Peter Hartmann
Kostengesetze

Beck'sche Kurz-Kommentare

Band 2

Kostengesetze

Gerichtskostengesetz, Gesetz über Gerichtskosten in Familiensachen, Gerichts- und Notarkostengesetz, Kostenvorschriften des Arbeitsgerichts-, Sozialgerichts- und Landwirtschaftsverfahrensgesetzes, Rechtsanwaltsvergütungsgesetz, Entschädigung der Handelsrichter, Gerichtsvollzieherkostengesetz, Justizvergütungs- und -entschädigungsgesetz, Insolvenzrechtliche Vergütungsverordnung, Patentkostengesetz, Justizverwaltungskostengesetz, Durchführungs- und Beitreibungsvorschriften sowie weitere Kostenvorschriften und Gebührentabellen

von

Dr. Dr. Peter Hartmann
Richter am Amtsgericht Lübeck a. D.

48. neu bearbeitete Auflage
2018

www.beck.de

ISBN 978 3 406 71797 0

© 2018 Verlag C. H. Beck oHG
Wilhelmstraße 9, 80801 München
Satz, Druck und Bindung: Druckerei C. H. Beck Nördlingen
(Adresse wie Verlag)
Umschlaggestaltung: Fotosatz Amman, Memmingen

Gedruckt auf säurefreiem, alterungsbeständigem Papier
(hergestellt aus chlorfrei gebleichtem Zellstoff)

EIN MEISTER IST · VEL WETEN ·
VNDE WEINICH SAGEN ·
NICHT ANTWORTEN UP ALLE FRAGEN

Altfriesisches Haus
Keitum/Sylt

Vorwort

Bei der Gesetzgebung zeigt die gründliche Überarbeitung dieses Jahrbuchs den Stand von mindestens etwa Anfang Juni, wenn nicht Juli 2018. Denn der neue Bundestag wird kaum früher etwas Einschlägiges zur Geltung bringen. Im übrigen enthält die Neuauflage beim Erscheinen Ende Februar 2018 den Stand vom Monatsanfang. Das ist das technisch Höchstmögliche.

17 Novellen sind bundesrechtlich eingearbeitet, dazu mannigfache landesrechtliche Änderungen. Mehrere tausend Aktualisierungen und sonstige Verbesserungen dutzenderart auf Grund von Entscheidungen und Beiträgen in über 40 Fachzeitschriften oder sonstigen Veröffentlichungen etwa in Festschriften spiegeln den auch im Kostenrecht unverändert breiten Strom der Haltungen und Meinungen.

Dogmatische Sorgfalt, auch bei der Bemühung um einen nicht immer leichtverständlichen Gesetzgeber, aber ebenso eine praktische Brauchbarkeit für den oft überlasteten Anwender und daher möglichst auf das Wesentliche konzentrierte rasch verständliche Darstellung bleiben Hauptziele der Kommentierung mit ihrer auf S. XIII–XIV im einzelnen beschriebenen Arbeitsweise. Sie erstrebt gute Vertretbarkeit der Vorschläge. Für freundliche Anregungen und Hinweise auch diesmal herzlichen Dank im voraus!

Lübeck, im Februar 2018   Peter Hartmann

Inhaltsübersicht

	Seite
Benutzungshinweise	XIII
Verzeichnis der abgedruckten Gesetzesvorschriften	XV
Abkürzungsverzeichnis	XIX

Einleitung 1
  I. Die Entwicklung der Kostengesetze seit der Vorauflage 1
  II. Gemeinsames und Besonderheiten der Kostengesetze 1
    A. Grundbegriffe 1
    B. Die Kosten im einzelnen 4

I. A. Gerichtskostengesetz 7
  Grundzüge 7
    Abschnitt 1. **Allgemeine Vorschriften.** §§ 1–5 10
    Abschnitt 2. **Fälligkeit.** §§ 6–9 33
    Abschnitt 3. **Vorschuss und Vorauszahlung.** §§ 10–18 41
    Abschnitt 4. **Kostenansatz.** §§ 19–21 62
    Abschnitt 5. **Kostenhaftung.** §§ 22–33 83
    Abschnitt 6. **Gebührenvorschriften.** §§ 34–38 115
      Anhang nach § 38. Mißbrauchsgebühr des BVerfG 129
    Abschnitt 7. **Wertvorschriften.** §§ 39–65 131
      Unterabschnitt 1. Allgemeine Wertvorschriften. §§ 39–47 131
      Anhang nach § 42. Streitwertkatalog für die Arbeitsgerichtsbarkeit 150
      Unterabschnitt 2. Besondere Wertvorschriften. §§ 48–60 172
      Anhang nach § 48. Der Streitwert nach §§ 3 bis 9 ZPO, 182 InsO, § 97a UrhG; Kosten nach dem VGG 181
        I. Regelung nach der ZPO 185
        II. Regelung nach § 182 InsO 261
        III. Abmahnungskosten nach dem UrhG 263
        IV. Gerichtskosten nach dem VGG 264
      Anhang nach § 51. Streitwertbegünstigung im Gewerblichen Rechtsschutz 273
        I. Patentstreitsachen 273
        II. Bürgerliche Rechtsstreitigkeiten nach dem MarkenG, GebrMG und DesignG 275
        III. Bürgerliche Rechtsstreitigkeiten nach dem UWG 275
        IV. Anfechtungs- und Nichtigkeitsklagen nach dem AktG 279
      Anhang nach § 52 294
        I. Streitwertschlüssel für die Verwaltungsgerichtsbarkeit 294
          A. Sondervorschriften 294
          B. Streitwertkatalog 294
        II. Streitwertschlüssel für die Finanzgerichtsbarkeit 322
          A. Beispiele zur Frage des Streitwerts 322
          B. Streitwertkatalog 326
        III. Streitwertkatalog für die Sozialgerichtsbarkeit 335
      Unterabschnitt 3. Wertfestsetzung. §§ 61–65 362
    Abschnitt 8. **Erinnerung und Beschwerde.** §§ 66–69a 381
    Abschnitt 9. **Schluss- und Übergangsvorschriften.** §§ 69b–73 ... 417
  Kostenverzeichnis (vollständige Gliederung s dort) ...... Gebühr Nr. 422
    Teil 1. **Zivilrechtliche Verfahren** usw .... 1100 ff 425
    Anhang nach KV 1252. Weitere Gerichtsgebühren im Verfahren vor Gericht in Patent-, Gebrauchsmuster-, Design-, Marken- oder Sortenschutzsachen 446

Inhaltsübersicht

	Gebühr Nr.	Seite
Anhang nach KV 1510. Regelung nach dem Haager Zivilprozeßübereinkommen		456
Teil 2. **Zwangsvollstreckung** usw	2110 ff	475
Teil 3. **Strafsachen** usw	3110 ff	495
Teil 4. **Verfahren nach dem Gesetz über Ordnungswidrigkeiten**	4110 ff	517
Teil 5. **Verfahren vor den Gerichten der Verwaltungsgerichtsbarkeit**	5110 ff	521
Teil 6. **Verfahren vor den Gerichten der Finanzgerichtsbarkeit**	6110 ff	530
Teil 7. **Verfahren vor den Gerichten der Sozialgerichtsbarkeit**	7110 ff	535
Teil 8. **Verfahren vor den Gerichten der Arbeitsgerichtsbarkeit**	8100 ff	542
Teil 9. **Auslagen**	9000 ff	551

I. B. Gesetz über Gerichtskosten in Familiensachen ... 572

Grundzüge ... 572
Abschnitt 1. **Allgemeine Vorschriften.** §§ 1–8 ... 574
Abschnitt 2. **Fälligkeit.** §§ 9–11 ... 578
Abschnitt 3. **Vorschuss und Vorauszahlung.** §§ 12–17 ... 580
Abschnitt 4. **Kostenansatz.** §§ 18–20 ... 581
Abschnitt 5. **Kostenhaftung.** §§ 21–27 ... 583
Abschnitt 6. **Gebührenvorschriften.** §§ 28–32 ... 585
    Anhang nach § 32. Mißbrauchsgebühr des BVerfG ... 587
Abschnitt 7. **Wertvorschriften.** §§ 33–56 ... 588
    Unterabschnitt 1. Allgemeine Wertvorschriften. §§ 33–42 ... 588
    Unterabschnitt 2. Besondere Wertvorschriften. §§ 43–52 ... 591
    Unterabschnitt 3. Wertfestsetzung. §§ 53–56 ... 605
Abschnitt 8. **Erinnerung und Beschwerde.** §§ 57–61 ... 606
Abschnitt 9. **Schluss- und Übergangsvorschriften.** §§ 61 a–64 ... 608

Kostenverzeichnis (vollständige Gliederung s dort) ... Gebühr Nr. 610
Teil 1. **Gebühren** ... 1110 ff ... 611
Teil 2. **Auslagen** ... 2000 ff ... 641

II. A. Arbeitsgerichtsverfahren ... 651

II. B. Sozialgerichtsverfahren ... 653

II. C. Patentkostengesetz ... 660

III. Gerichts- und Notarkostengesetz ... 669

Grundzüge ... 669
Inhaltsübersicht ... 670
Kapitel 1. **Vorschriften für Gerichte und Notare** ... 673
Abschnitt 1. Allgemeine Vorschriften ... 673
    Anhang nach § 1. Beispiele zur Frage eines Gebühren- und/oder Auslagenfreiheit ... 676
    Anhang nach § 2. Abgabenfreiheit nach dem BauGB ... 685
Abschnitt 2. Fälligkeit ... 690
Abschnitt 3. Sicherstellung der Kosten ... 691
Abschnitt 4. Kostenerhebung ... 697
Abschnitt 5. Kostenhaftung ... 715
    Unterabschnitt 1. Gerichtskosten ... 715
    Unterabschnitt 2. Notarkosten ... 722
    Unterabschnitt 3. Mehrere Kostenschuldner ... 724

Inhaltsübersicht

	Seite
Abschnitt 6. Gebührenvorschriften	726
Abschnitt 7. Wertvorschriften	727
Unterabschnitt 1. Allgemeine Wertvorschriften	727
Unterabschnitt 2. Besondere Geschäftswertvorschriften	743
Unterabschnitt 3. Bewertungsvorschriften	751
Anhang nach § 46. ImmoWertV	758
Kapitel 2. **Gerichtskosten**	789
Abschnitt 1. Gebührenvorschriften	789
Anhang nach § 58. I. Handelsregistergebührenverordnung	792
II. Gebührenverzeichnis	795
Abschnitt 2. Wertvorschriften	800
Unterabschnitt 1. Allgemeine Wertvorschriften	800
Unterabschnitt 2. Besondere Geschäftswertvorschriften	801
Unterabschnitt 3. Wertfestsetzung	809
Abschnitt 3. Erinnerung und Beschwerde	814
Kapitel 3. **Notarkosten**	828
Abschnitt 1. Allgemeine Vorschriften	828
Abschnitt 2. Kostenerhebung	831
Abschnitt 3. Gebührenvorschriften	836
Abschnitt 4. Wertvorschriften	843
Unterabschnitt 1. Allgemeine Wertvorschriften	843
Unterabschnitt 2. Beurkundung	843
Unterabschnitt 3. Vollzugs- und Betreuungstätigkeiten	879
Unterabschnitt 4. Sonstige notarielle Geschäfte	880
Abschnitt 5. Gebührenvereinbarung	884
Abschnitt 6. Gerichtliches Verfahren in Notarkostensachen	888
Kapitel 4. Schluss- und Übergangsvorschriften	905
Anhang nach § 134. Kosten bei der Nachprüfung von Justizverwaltungsakten (§ 30 EGGVG)	907

	Gebühr Nr.	
Kostenverzeichnis (vollständige Gliederung s dort)		910
Teil 1. **Gerichtsgebühren**	11 100 ff	912
Hauptabschnitt 1. Betreuungssachen usw	11 100 ff	912
Hauptabschnitt 2. Nachlasssachen	12 100 ff	918
Hauptabschnitt 3. Registersachen usw	13 100 ff	938
Hauptabschnitt 4. Grundbuchsachen usw	14 100 ff	946
Hauptabschnitt 5. Übrige Angelegenheiten usw	15 110 ff	972
Anhang nach KVfG 15 213. Kosten im gerichtlichen Verfahren nach dem Gesetz über die Wahrnehmung von Urheberrechten usw		978
Hauptabschnitt 6. Einstweiliger Rechtsschutz	16 110 ff	981
Hauptabschnitt 7. Besondere Gebühren	17 000 ff	985
Hauptabschnitt 8. Vollstreckung	18 000 ff	987
Hauptabschnitt 9. Rechtsmittel im Übrigen usw	19 110 ff	988
Teil 2. **Notargebühren**	21 100 ff	992
Hauptabschnitt 1. Beurkundungsverfahren	21 100 ff	992
Hauptabschnitt 2. Vollzug eines Geschäfts usw	22 110 ff	1000
Hauptabschnitt 3. Sonstige notarielle Verfahren	23 100 ff	1009
Hauptabschnitt 4. Entwurf und Beratung	24 110 ff	1020
Anhang nach KVfG 24 103. Notarkosten im Vermittlungsverfahren nach dem SachenRBerG		1026
Hauptabschnitt 5. Sonstige Geschäfte	25 100 ff	1039
Hauptabschnitt 6. Zusatzgebühren	26 000 ff	1054
Teil 3. **Auslagen**	31 000 ff	1059
Hauptabschnitt 1. Auslagen der Gerichte	31 000 ff	1059
Hauptabschnitt 2. Auslagen der Notare	32 000 ff	1068

Inhaltsübersicht

Seite

IV. Kosten nach dem Gesetz über das gerichtliche Verfahren in Landwirtschaftssachen 1077
Anhang nach §§ 35–41. Kosten in Höfesachen 1079

V. Justizvergütungs- und -entschädigungsgesetz 1085
Abschnitt 1. **Allgemeine Vorschriften.** §§ 1–4 c 1088
Anhang nach § 1 1099
   I. Vormünder- und Betreuervergütungsgesetz 1099
   II. Beistand, Betreuer, Pfleger, Vormund nach FamFG 1104
Abschnitt 2. **Gemeinsame Vorschriften.** §§ 5–7 1139
Abschnitt 3. **Vergütung von Sachverständigen, Dolmetschern und Übersetzern.** §§ 8–14 1152
Abschnitt 4. **Entschädigung von ehrenamtlichen Richtern.** §§ 15–18 ... 1230
Abschnitt 5. **Entschädigung von Zeugen und Dritten.** §§ 19–23 1235
Abschnitt 6. **Schlussvorschriften.** §§ 24, 25 1250
Anhang nach § 25. Bewilligung von Reiseentschädigungen an mittellose Personen und Vorschußzahlungen an Zeugen und Sachverständige usw 1252

VI. Entschädigung der Handelsrichter 1255

VII. Durchführungsvorschriften zu den Kostengesetzen 1257
  A. Kostenverfügung 1257
    Abschnitt 1. Allgemeine Bestimmungen. §§ 1–3 1259
    Abschnitt 2. Kostenansatz. §§ 4–26 1260
    Abschnitt 3. Weitere Pflichten des Kostenbeamten. §§ 27–32 1271
    Abschnitt 4. Veränderung von Ansprüchen. § 33 1273
    Abschnitt 5. Kostenprüfung. §§ 34–45 1273
    Abschnitt 6. Justizverwaltungskosten. §§ 46, 47 1276
    Abschnitt 7. Notarkosten. § 48 1277
  B. Weitere Ländervereinbarungen zur Durchführung der Kostengesetze 1277
    1. Vereinbarung zur Beschleunigung der Festsetzung und Anweisung von Vergütungen, Entschädigungen und Auslagen in Rechtssachen sowie des Kostenansatzes 1277
    2. Vereinbarung über den Ausgleich von Kosten in Verfahren vor den ordentlichen Gerichten usw (Anlage 3 zur KostVfg) 1278
    3. Vereinbarung über die Kosten in Einlieferungssachen 1280
    4. Vereinbarung über den Ersatz von Auslagen der zu Verteidigern bestellten Referendare 1281
    5. Durchführungsbestimmungen zur Prozess- und Verfahrenskostenhilfe sowie zur Stundung der Kosten des Insolvenzverfahrens (DB-PKH) 1282
    6. Vereinbarung über die Festsetzung der aus der Staatskasse zu gewährenden Vergütung der Rechtsanwältinnen, Rechtsanwälte, Patentanwältinnen, Patentanwälte, Rechtsbeistände, Steuerberaterinnen und Steuerberater 1292
    7. Aus dem Abkommen über die Zuständigkeit des AG Hamburg für Verteilungsverfahren nach der Schiffahrtsrechtlichen Verteilungsordnung 1297
  C. Rechnungsgebühren und Rechnungsbeamte 1297
  D. Stundung und Erlaß von Gerichtskosten und anderen Justizverwaltungsabgaben 1298
  E. Behandlung von Kleinbeträgen 1302
  F. Stundung der Kosten im Insolvenzverfahren 1304
  G. Unbare Zahlweise (ZahlVGJG) 1305

Inhaltsübersicht

	Seite
VIII. Justizverwaltungskosten	1307
A. Justizverwaltungskostengesetz	1307
Abschnitt 1. **Allgemeine Vorschriften.** §§ 1–5	1309
Abschnitt 2. **Fälligkeit und Sicherstellung der Kosten.** §§ 6–9	1310
Abschnitt 3. **Kostenerhebung.** §§ 10–13	1311
Abschnitt 4. **Kostenhaftung.** §§ 14–19	1312
Abschnitt 5. **Öffentlich-rechtlicher Vertrag.** §§ 20, 21	1313
Abschnitt 6. **Rechtsbehelf und gerichtliches Verfahren.** § 22	1313
Abschnitt 7. **Schluss- und Übergangsvorschriften.** §§ 23–25	1314

	Gebühr Nr.	Seite
Kostenverzeichnis (vollständige Gliederung s dort)		1315
Teil 1. **Gebühren**	1110 ff	1315
Hauptabschnitt 1. Register- und Grundbuchangelegenheiten	1110 ff	1315
Hauptabschnitt 2. Verfahren des Bundesamts für Justiz	1210 ff	1317
Anhang nach Nr. 1222 Gebühr nach VSBG		1318
Hauptabschnitt 3. Justizverwaltungsangelegenheiten mit Auslandsbezug	1310 ff	1319
Hauptabschnitt 4. Sonstige Gebühren	1400 ff	1320
Teil 2. **Auslagen**	2000 ff	1320

	Seite
B. Gebühren in Hinterlegungssachen	1322
IX. Beitreibung	1327
A. Justizbeitreibungsgesetz	1327
B. Einforderungs- und Beitreibungsanordnung	1333
X. Rechtsanwaltsvergütungsgesetz	1339
Grundzüge	1339
Abschnitt 1. **Allgemeine Vorschriften.** §§ 1–12 b	1348
Abschnitt 2. **Gebührenvorschriften.** §§ 13–15 a	1487
Abschnitt 3. **Angelegenheit.** §§ 16–21	1526
Abschnitt 4. **Gegenstandswert.** §§ 22–33	1569
Abschnitt 5. **Außergerichtliche Beratung und Vertretung.** §§ 34–36	1606
Abschnitt 6. **Gerichtliche Verfahren.** §§ 37–41	1630
Abschnitt 7. **Straf- und Bußgeldsachen sowie bestimmte sonstige Verfahren.** §§ 42, 43	1641
Abschnitt 8. **Beigeordneter oder bestellter Rechtsanwalt, Beratungshilfe.** §§ 44–59 a	1648
Abschnitt 9. **Übergangs- und Schlussvorschriften.** §§ 59 b–62	1740

	Gebühr Nr.	Seite
Vergütungsverzeichnis (vollständige Gliederung s dort)		1749
Teil 1. **Allgemeine Gebühren**	1000 ff	1750
Teil 2. **Außergerichtliche Tätigkeiten** usw	2100 ff	1800
Teil 3. **Bürgerliche Rechtsstreitigkeiten** usw	3100 ff	1826
Teil 4. **Strafsachen**	4100 ff	1983
Teil 5. **Bußgeldsachen**	5100 ff	2037
Teil 6. **Sonstige Verfahren**	6100 ff	2053
Teil 7. **Auslagen**	7000 ff	2071

	Seite
XI. Gerichtsvollzieherkostengesetz	2107
Grundzüge	2107
Abschnitt 1. **Allgemeine Vorschriften.** §§ 1–9	2111

Inhaltsübersicht

Seite

Abschnitt 2. **Gebührenvorschriften.** §§ 10–12 2150
Abschnitt 3. **Auslagenvorschriften.** § 12a 2156
Abschnitt 4. **Kostenzahlung.** §§ 13–17 2157
Abschnitt 5. **Übergangs- und Schlussvorschriften.** §§ 18, 19 2169
Kostenverzeichnis (vollständige Gliederung s dort) 2173

XII. A. **Einführungsgesetz zum Rechtsdienstleistungsgesetz (RDGEG)** (Auszug) 2237

B. **Anfechtung von Verwaltungsakten (§ 30a EGGVG)** 2240

Schlußanhang 2244
  A. Gebührentabelle für Gerichtskosten, § 34 I 3 GKG 2244
  B. Gebührentabelle für Gerichtskosten, § 28 I 3 FamGKG 2245
  C. Gebührentabellen A, B zu § 34 III GNotKG 2246
  D. Tabelle für Rechtsanwaltsgebühren, Anlage zu § 13 I 3 RVG 2247
  E. Insolvenzrechtliche Vergütungsverordnung (InsVV) 2248
  F. Vergütung des InsO-Verfahrenskoordinators 2258
  G. Vergütung nach der Zwangsverwalterverordnung (ZwVwV) .. 2260
  H. Gebühren nach der Bundesrechtsanwaltsordnung (BRAO) 2263
  I. Gebühren nach der Patentanwaltsordnung (PatAnwO) 2271
  J. Gebühren nach dem Steuerberatungsgesetz (StBerG) 2278
  K. Gebühren nach der Wirtschaftsprüferordnung (WiPrO) 2281
  L. Gebühren nach der Bundesnotarordnung (BNotO) 2285
  M. Gebührensatzung zum Testamentsregister 2290
  N. Gebührensatzung zum Vorsorgeregister 2292

Sachverzeichnis 2295

Benutzungshinweise

Gesetzestexte zeigen, wie im „Schönfelder", sowohl die Absatz- als auch die Satzzahlen in hochgestellten römischen oder arabischen Ziffern zwecks Erleichterung und Präzisierung des Zugriffs. Das gilt auch für die abgedruckten Nebengesetze.

Nebengesetze zum natürlich systematisch eingearbeiteten Bundes- wie Landesrecht lassen sich aus dem Gesetzesnachweis S XV erschließen. Sie stehen gegenüber den Hauptgesetzen eingerückt und durch kursiv gedruckte Überschriften (zunächst Gesetz, dann Paragraph usw) von den Hauptgesetzen optisch abgehoben. Nicht mitabgedruckte Nebengesetze finden sich fast stets in den Sammlungen von „Schönfelder" oder „Sartorius" (jeweils Haupt- oder Ergänzungsband).

Vorbemerkungen direkt hinter der jeweiligen Vorschrift zeigen in den ersten Jahren nach dem Inkrafttreten die Änderungsart und die Fundstelle im BGBl usw, den Zeitpunkt des Inkrafttretens sowie Hinweise auf das Übergangsrecht jeweils ganz präzise.

Schrifttum, das nicht in Aufsatzform vorliegt (Aufsätze finden sich ohnehin in der laufenden Kommentierung), steht möglichst überall dort, wo es einschlägig und im Rahmen dieses Kurzkommentars aktuell ist, zumindest in den Schrifttumsübersichten hinter der jeweiligen Vorschrift. Hinweise auf zugehörige Besprechungen erleichtern die Erstinformation dazu, ob man ein erst seit einiger Zeit erhältliches Werk erwerben und verwenden sollte.

Einleitung I nennt die jetzt eingearbeiteten Gesetze und Verordnungen sowie den Stand der Rechtspolitik.

Einleitung II enthält wesentliche Hauptprinzipien des Kostenrechts in ausführlicher Darstellung mit neuesten Fundstellen.

Einführungen, Grundzüge, Übersichten dienen der dogmatischen Zusammenfassung des folgenden Abschnitts wie der Darstellung übergreifender Begriffe oder Konstruktionen.

Gliederungsübersichten stehen vor allen wichtigen oder umfangreicheren Kommentierungen. Sie zeigen alle Gliederungsteile auf zwei Ebenen. Jede solche Ebene trägt ein oder mehrere Schlagwörter als Überschrift und möglichst auch schon als Zusammenfassung des Inhalts. Die römischen oder arabischen Zahlen und evtl Buchstaben am Ende einer Überschrift verweisen auf den Absatz oder Satz oder Halbsatz und evtl auf die weitere Untergliederung der hier kommentierten Gesetzesstellen.

Anmerkungen zeigen grundsätzlich folgende Ordnung: Systematik – Regelungszweck – Sachlicher Geltungsbereich – Persönlicher Geltungsbereich – Einzelkommentierung zu Begriffen, die in allen Teilen der Vorschrift vorkommen – übrige Einzelkommentierungen, geordnet möglichst nach der äußeren Reihenfolge. Dabei bedeuten, wie in den Gliederungsübersichten, zB I = Absatz 1, 1 = Satz 1, Hs 1 = Halbsatz 1 usw – Zuständigkeit – Verfahrensablauf – Entscheidungsform, -inhalt und -mitteilung – Kosten – Verstoßfolgen – Rechtsbehelfe. Ständige Querverweise vor allem auf die übergreifenden Begriffe oder Konstruktionen verdeutlichen die Zusammenhänge. Möglichst kurze Hauptsätze im Aktivstil präzisieren das handelnde Rechtssubjekt. Sie erhöhen insbesondere bei Zitaten die Lesbarkeit erheblich. Es gibt fast keine Abkürzungen und fast keinen Telegrammstil. Das erhöht die Lesbarkeit ebenfalls.

Systematik ist Gegenstand der jeweiligen Rn 1. Hier ergibt sich die dogmatische Einordnung und damit auch eine erste Auslegungshilfe (zB Grundsatznorm weit, Ausnahmen eng). Es erfolgen Hinweise auf Ergänzungsvorschriften und Verweise auf Parallelregelungen usw. Das dient sowohl der wissenschaftlichen als auch der praktischen Arbeit.

Regelungszweck ist Thema der jeweils folgenden Rn. Hier erfolgt die Rückführung auf die Hauptregeln des Prozeßrechts und Kostenrechts wie Rechtsidee mit ihren drei Komponenten Gerechtigkeit, Zweckmäßigkeit und Rechtssicherheit sowie

Benutzungshinweise

auf Parteiherrschaft, Prozeßwirtschaftlichkeit usw und eine eingehende und hochaktuelle Zweifel mitbeachtende Prüfung auf die zeitgemäße Brauchbarkeit einer Norm und die sich aus alledem ergebende Auslegbarkeit.
Geltungsbereich mit seiner Unterstellung in sachliche wie personelle Fragen schließt sich als Thema der jeweils nun folgenden Rn an. Hier klärt sich zB, ob die Vorschrift auch im WEG-Verfahren, beim FamFG, beim ArbGG oder beim SGG oder der VwGO anwendbar ist.
ABC-Stichwortreihen befinden sich an rd. 350 Stellen mit über 8500 Stichwörtern. Sie fächern die oft ganz außerordentlich umfangreichen aktuellen Stoffmengen auf. Querverweise erleichtern hier den Einstieg. Haupt-ABCs zeigen das jeweilige Stichwort am Zeilenanfang und die Kommentierung eingerückt. Unter-ABCs stehen, wo nötig, eingefügt und durch eine Gesamteinrückung nebst einem sog „Spiegelstrich" vor dem in Klammern gesetzten Unterstichwort ähnlich wie im Sachregister optisch hervorgehoben und von Haupt-ABC unterschiedlich angeordnet.
Zitate zeigen in mehreren hunderttausend Fällen aus den letzten etwa 40 Jahren aus weit über 40 systematisch ausgewerteten Fachzeitschriften und Entscheidungssammlungen sowie Festschriften und anderen Quellen jeweils zunächst die Rechtsprechung, dann das Schrifttum. Innerhalb der Rechtsprechung besteht der Grundsatz der Hierarchie, auf derselben Stufe derjenigen des Alphabets, jeweils zunächst in der ordentlichen Gerichtsbarkeit, dann bei den übrigen alphabetisch geordneten Gerichtsbarkeiten. Die Zitate erfolgen bei größeren hochaktuellen Streitfragen und evtl auch im übrigen möglichst vollständig. Ältere Fundstellen weichen wenn möglich stets neuesten. Das kann durchaus dazu führen, daß zB selbst eine neue Grundsatzentscheidung vor dem Redaktionsschluß einer noch aktuelleren Bestätigung durch dasselbe oder ein anderes Gericht schon wieder weichen muß. Fundstellen stehen im übrigen innerhalb einer Stufe usw räumlich vor den später veröffentlichten. National haben BVerfGE und bis Mitte 2006 auch BGHZ stets, die NJW ohnehin auch weiterhin oft den Vorrang. Es erfolgt das Zitat derjenigen Seite oder Spalte, auf der das Einschlägige tatsächlich steht, notfalls mit Zusatz „rechts oben" usw. Auch die oft beiläufigen wichtigen Gerichtshinweise (obiter dicta) finden sorgfältig Erörterung.
Dabei stehen *grundsätzlich* höchstens *drei* nach Rang oder Aktualität oder Aussagekraft bestgeeignete Belege für jede Ansicht, um den Charakter eines Kurzkommentars zu bewahren.
Streitfragen führen zunächst zur Darstellung der auch hier vertretenen Haltung oder Ansicht nebst Fundstellen, sodann abweichender oder gegenteiliger Fundstellen und schließlich meist in Klammern beginnend mit „aber" zu einer möglichst knappen ergänzenden Beurteilung über diejenige der Fundstellen hinaus, die ein Kurzkommentar auf ihren Kerngedanken konzentrieren darf und muß.
Einheitliche Meinung im gesamten Kommentar durch einen Alleinautor vermeidet insbesondere bei tausenden Streitfragen Widersprüchlichkeiten und Unklarheiten zusätzlicher Art. Urteils- statt Gutachtenstil spart Raum und strafft. Beide Merkmale finden sich überall ausgeprägt. In einem „Kurzkommentar" darf und muß man den Leser bitten, auch die Fundstellen nachzuprüfen. Zusätzliche Eigenargumente vertiefen Vorgefundenes.
Randnummern (Rn) erleichtern das Auffinden, auch bei Querverweisungen und in den Gliederungsübersichten.
Ortsnamen bedeuten abgekürzt meist den Sitz des OLG. Bei anderen Gerichten steht LG, AG usw vor dem Ortsnamen.
Inhalt-, Abkürzungs- und Sachverzeichnis sollen ebenfalls den Zugriff erleichtern.

Verzeichnis der abgedruckten Vorschriften

(Römische Zahlen = Nummern der Teile des Buches)

Aktiengesetz: § 247 I in I A § 51 Anh IV
Arbeitsgerichtsgesetz: §§ 11 a, 12 in II A
Asylgesetz: § 83 b in I A § 52 Anh I A Rn 1

Baugesetzbuch: § 151 I, II in III 2 Anh
Beratungshilfegesetz: § 4 I in X 55 Rn 21; §§ 9, 11, 12 sowie **Niedersächsische Verordnung** (in Arbeits- und Sozialsachen) vom 5. 1. 83 § 7 in X 44 Rn 1–13
Berufsordnung für Rechtsanwälte: §§ 21, 22 in X 3 a; vgl auch „Berufsregeln" usw
Berufsvormündervergütungsgesetz in V 1 Anh I
Beschleunigung des Kostenansatzes und der Festsetzung, Ländervereinbarung vom 22. 3. 58 in VII B 1
Betriebsverfassungsgesetz: § 76 a in X § 17 Rn 32
Beweisaufnahme: Europarecht, Verordnung (EG) 1206/2001: Art 18 in I A § 2 Rn 18
Bürgerliches Gesetzbuch: §§ 187 I, 188 II in XI § 4 Rn 13, § 367 in XI KVGv 430 Rn 7, § 670 in X Vorbem 7 vor VV 7000 Rn 1
Bundeshaushaltsordnung: § 59 I in I A § 38 Anh
Bundesnotarordnung: § 21 I, II in III KVfG 25 200 Rn 2, §§ 111 f, g sowie **Anlage** im Schlußanhang L
Bundesrechtsanwaltsordnung: §§ 49 b, 59 b I, II Z 7 in X 3 a, §§ 193–195 nebst **Anlage** im Schlußanhang H
Bundesreisekostengesetz: §§ 7, 8 S 1, 2, §§ 9, 13 I in V § 6 Rn 6
Bundesverfassungsgerichtsgesetz: § 34 II, III in I A § 38 Anh

CCBE: 3.3, 3.4 in X 3 a

Designgesetz: § 54 in I A § 51 Anh II

Einforderungs- und Beitreibungsanordnung: IX B
Einführungsgesetz zum Gerichtsverfassungsgesetz: § 30 in III § 134 Anh, § 30 a in XII B
Einführungsgesetz zum Rechtsdienstleistungsgesetz: § 4 in XII A
Einigungsvertrag, Einigungsvertragsgesetz: Die einschlägigen Teile sind, soweit noch sinnvoll und vertretbar, im Gesamtwerk an den am ehesten passenden Stellen eingearbeitet, teils in den Vorbemerkungen hinter dem jeweiligen Gesetzestext der ZPO, teils in den Anmerkungen, Grundzügen, Einführungen usw.
Einkommensteuergesetz: § 4 V 1 Z 5 S 2, § 9 IV a in V § 6 Rn 4
Einlieferungssachen, Ländervereinbarungen über die Kosten: in VII B 3
Energiewirtschaftsgesetz: § 105 bei I A § 50
Entschädigung der ehrenamtlichen Richter: V
Entschädigung der Handelsrichter: VI
Entschädigung von Zeugen und Sachverständigen: V
Erlaß und Stundung von Gerichtskosten usw: Bundesrecht: §§ 1, 2 VO vom 20. 3. 35 in VII D; Landesrecht: AV vom 20.4.17 usw (Schleswig-Holstein) jeweils in VII D
Ersatz von Auslagen der zu Verteidigern bestellten Referendare, Ländervereinbarungen vom 1.12.80 usw (Schleswig-Holstein) in VII B 4
Europäische Rechtsanwälte in Deutschland: § 28 EuRAG in X VV 2200, 2201

FamFG: §§ 111, 112 in I B § 1, **158 VII, VIII,** 168, 174, 191, 277, 292, 318 in V 1 Anh II
FamGKG I B
Festsetzung der aus der Staatskasse zu gewährenden Vergütung für Rechtsanwälte, Ländervereinbarungen vom 1.11.05 (Schleswig-Holstein) in VII B 5

Gebührenordnung für Ärzte: §§ 4 II–IV, 10 in V § 10 Rn 22; **Anlage Abschnitt O** in V § 10 Rn 21
Gebührentabellen: Schlußanhang A–D
Gebührenverzeichnis Handelsregister: in III 58 Anh

Abgedruckte Vorschriften

Gerichtskostengesetz: I A
Gerichts- und Notarkostengesetz: III
Gerichtsverfassungsgesetz: § 107 in VI
Gerichtsvollzieherkostengesetz: XI
Gerichtsvollzieherkostengesetz – Bürokosten, Verordnungen in XI Grdz 14 vor § 1
Gerichtsvollzieherkostengesetz – Durchführungsbestimmungen (DB-GvKostG): XI § 1 und fortlaufend

Haager Zivilprozeßübereinkommen: Artt 7, 16, 18, 19 in I KV 1510 Anh; **Ausführungsgesetz:** § 10 II in I A KV 1510 Anh
Handelsregistergebührenverordnung: in III § 58 Anh
Handelsrichter, Entschädigung der: VI
Hinterlegungskosten, Landesrecht vom 3.11.10 (Schleswig-Holstein) § 1 II mit **Anlage,** §§ 4–6 in VIII B
Höfeverfahrensordnung: § 1 in IV § 36 Anh

Immobilienwertermittlungsverordnung: in III Anh § 46
Insolvenzordnung: §§ 4 a–d in VII F; § 26 a bei § 11 InsVV, SchlAnh E; §§ 53–55 II, IV in I A § 33 Rn 2; § 63 II in VII F; § 63 III, 65 bei § 11 InsVV, SchlAnh E; § 177 in I A § 33 Rn 2; § 182 in I A § 48 Anh II; §§ 209, 269 in I A § 33 Rn 2; § 269 g in SchlAnh F
Insolvenzrechtliche Vergütungsordnung: Schlußanhang E
Insolvenzverfahren – Durchführungsbestimmungen: VII B 5

Jugendgerichtsgesetz: § 92 V in I A § 60 Rn 3
Justizbeitreibungsgesetz: IX A
Justizvergütungs- und -entschädigungsgesetz: V
Justizverwaltungskostengesetz: VIII A

Kleinbeträge, Ausführungsverordnungen vom 23. 11. 37/9. 12. 40/17. 1. 83: VII E
Kostenausgleichsvereinbarung: VII B 2
Kostenverfügung: VII A

Ländervereinbarungen zur Durchführung der Kostengesetze: VII B, C, D
Landwirtschaftssachen, Gesetz über das gerichtliche Verfahren in: §§ 1, 60 III in IV Einl; 34, 42, 44, 45, 48 in IV

Markengesetz: § 85 II in I A KV 1252 Anh Rn 5

Ordnungswidrigkeitsgesetz: § 62 in X § 57

Patentanwälte, Gesetz über Beiordnung bei Prozeßkostenhilfe: §§ 1, 2 Z 1, 2 in X 45 Rn 6
Patentanwaltsordnung: §§ 146–148 nebst **Anlage** im Schlußanhang I
Patentgesetz: § 102 II in I A KV 1252 Anh Rn 5; § 144 in I A § 51 Anh I
Patentkostengesetz: §§ 1–15, § 2 I **Anlage B** in II C; dazu **Patentkostenzahlungsverordnung** §§ 1–3 hinter § 1 PatKostG
Postgesetz: §§ 33, 34 in I A KV 9002 Rn 1
Prozess- und Verfahrenskostenhilfe – Durchführungsbestimmungen: VII B 5
PsychPbG: §§ 6–9 in X 1 Rn 16

Rechnungsgebühren: VII C
Rechtsanwaltsvergütungsgesetz: X
Rechtsdienstleistungsgesetz: § 10 I bei XII A § 4
Referendar, Auslagenersatz, Vereinbarung: Länderrecht vom 1.12.80 (Schleswig-Holstein) VII B 4
Reiseentschädigungen, Bewilligung an mittellose Personen in V § 25 Anh

Sachenrechtsbereinigungsgesetz: §§ 19, 100–102 in III KVfG 24 103 Anh I–III
Schiffahrtsrechtliche Verteilungsordnung: §§ 31 I, 32 II in I A § 13; **Zuständigkeitsvereinbarung:** VII B 7
Sozialgerichtsgesetz: §§ 183–197 b in II B
Staatskasse: Vergütungsvereinbarung: VII B 5
Steuerberatervergütungsverordnung: §§ 10, 13, 23–39 in X § 35
Steuerberatungsgesetz: § 9 a in X 4 a; § 146 nebst **Anlage** im Schlußanhang J
Strafprozeßordnung: § 379 a in I A § 16; § 466 in I A KV amtliche Vorbemerkung 3.1 Rn 23; § 471 IV in I A § 33 Rn 3
Streitwertkatalog zum ArbGG in I A § 42 Anhang

Abgedruckte Vorschriften

Streitwertkatalog zur FGO in I A § 52 Anh II B
Streitwertkatalog zum SGG in I A § 52 Anh III
Streitwertkatalog zur VwGO in I A § 52 Anh I B
Stundung von Gerichtskosten s Erlaß und Stundung; in Insolvenzverfahren: VII F

Testamentsregister-Gebührensatzung im Schlußanhang M
Therapieunterbringungsgesetz: § 20 I, III in X VV 6300–6303; § 20 II in X § 52

Unbare Zahlungsweise (ZahlVGVG): VII G
Unlauterer Wettbewerb, Gesetz gegen den: § 12 IV, V in I A § 51 Anh III
Urheberrechtsgesetz: § 97 a III in I A § 48 Anh III

Verbraucherstreitbeilegungsgesetz (VSBG): § 31 in VIII C
Vereinbarung über den Ausgleich von Kosten zum 2.1.02 in VII B 2
Verkehrsflächenbereinigungsgesetz: § 14 III 1, 2 in III 46 Rn 1
Vermögenszuordnungsgesetz: § 6 III in I A § 52 Anh I A Rn 5
Verwertungsgesellschaftengesetz (VGG): §§ 117–120, 123 in I A § 48 Anh IV
Vormünder- und Betreuervergütungsgesetz: §§ 1–9 in V § 1 Anh I
Vorsorgeregister-Gebührensatzung: in Schlußanhang N
VSBG VIII A 16 a, 1222 m Anh, **X** 34 Rn 9

Wettbewerbsbeschränkungen, Gesetz gegen: § 89 a bei I A § 50
Wirtschaftsprüferordnung: § 55 a in X 4 a; § 122 nebst Anlage im Schlußanhang K
Wohnungseigentumsgesetz: § 63 in III § 42 Rn 8

Zivilprozeßordnung: §§ 3–9 in I A § 48 Anh I; § 78 c II in X § 9 Rn 4; §§ 119, 122, 125, 126 in I A Üb 6 vor § 22; § 126 außerdem in X Grdz 28 vor § 1; § 788 I, III, IV in I A § 29 Rn 36
Zustellung gerichtlicher und außergerichtlicher Schriftstücke usw, Verordnung (EG) 1393/2007: Art 11 in I A § 2 Rn 18
Zwangsversteigerungsgesetz: § 152 a in X § 1 Rn 52 „Zwangsverwalter"
Zwangsverwalterverordnung: §§ 17–22 Schlußanhang G

Abkürzungsverzeichnis

Abk	Abkommen
ABl	Amtsblatt
aF	alte Fassung
AFG	Arbeitsförderungsgesetz
AG	Amtsgericht, Ausführungsgesetz
AGB	Allgemeine Geschäftsbedingungen
AGS	Anwaltsgebühren Spezial (Jahr und Seite)
AktG	Aktiengesetz, Aktiengesellschaft
aM	anderer Meinung oder Beurteilung
AmtlMitt	Amtliche Mitteilungen
AnfG	Anfechtungsgesetz
Anh	Anhang
Anl	Anlage
Anm	Anmerkung
AnO	Anordnung
AnwBl	Anwaltsblatt (Jahr und Seite)
AO	Abgabenordnung
ArbG	Arbeitsgericht
ArbGG	Arbeitsgerichtsgesetz
Art(t)	Artikel (mehrere Artikel)
Aufl	Auflage
AUG	Auslandsunterhaltsgesetz
ausf	ausführlich
AV	Allgemeine Verfügung
AVAG	Anerkennungs- und Vollstreckungsausführungsgesetz
B	Bundes-
BAföG	Bundesausbildungsförderungsgesetz
BAG	Bundesarbeitsgericht
BAnz	elektronischer Bundesanzeiger
Barnstedt/Steffen	LwVG, Kommentar, 8. Aufl 2011
BauGB	Baugesetzbuch
BauR	Baurecht (Jahr und Seite)
BaWü	Baden-Württemberg
BaWüVBl	Baden-Württembergisches Verwaltungsblatt (Jahr und Seite)
Bay	Bayern
Bayerlein	Praxishandbuch Sachverständigenrecht, 4. Aufl 2008
BayObLG	Bayerisches Oberstes Landesgericht (auch Sammlung seiner Entscheidungen in Zivilsachen, Jahr und Seite)
BB	Betriebs-Berater (Jahr und Seite)
BBesG	Bundesbesoldungsgesetz
BBG	Bundesbeamtengesetz
Bbg	Bamberg
Bd	Band
BDiszplG	Bundesdisziplinargericht
BDPZ	Binz/Dörndorfer/Petzold/Zimmermann, GKG, FamGKG, JVEG, Kommentar, 3. Aufl 2014 (§ und Randnummer)
begl	beglaubigt
Bek	Bekanntmachung
Bekl	Beklagter
BerHG	Beratungshilfegesetz
Beschl	Beschluß
BetrVG	Betriebsverfassungsgesetz
BeurkG	Beurkundungsgesetz
Beutling	Anwaltsvergütung in Verwaltungssachen, 2004
BFH	Bundesfinanzhof (auch Entscheidungen des BFH, Band und Seite)

XIX

Abkürzungsverzeichnis

BGB	Bürgerliches Gesetzbuch
BGBl	Bundesgesetzblatt (Teil, Jahr und Seite; soweit nicht hervorgehoben: Teil I)
BGesundhBl	Bundesgesundheitsblatt (Band und Seite)
BGG	Behindertengleichstellungsgesetz
BGH	Bundesgerichtshof (auch Entscheidungen des BGH in Zivilsachen, Band und Seite)
BGH GrZS	Bundesgerichtshof, Großer Senat in Zivilsachen
BGHSt	Bundesgerichtshof, Entscheidungen in Strafsachen (Band und Seite)
BGH VGrS	Bundesgerichtshof, Vereinigte Große Senate
BinnSchVerfG	Gesetz über das gerichtliche Verfahren in Binnenschiffahrtssachen
BJBCKKU	Bischof/Jungbauer/Bräuer/Klipstein/Klüsener/*Kerber*, RVG 8. Aufl 2018
BKGG	Bundeskindergeldgesetz
Bl	Blatt
BLAH	Baumbach/Lauterbach/Albers/Hartmann, ZPO, Kurzkommentar, 76. Aufl 2018 (§ und Randnummer)
Bln	Berlin
BMF	Bundesminister(ium) der Finanzen
BMJV	Bundesminister(ium) der Justiz und für Verbraucherschutz
BNotO	Bundesnotarordnung
BORA	Berufsordnung für Rechtsanwälte
BPersVG	Bundespersonalvertretungsgesetz
BR	Bundesrat
BRAGO	Bundesrechtsanwaltsgebührenordnung
BRAO	Bundesrechtsanwaltsordnung
Bre	Bremen
BRep	Bundesrepublik Deutschland
BRRG	Beamtenrechtsrahmengesetz
Brschw	Braunschweig
BSeuchG	Bundesseuchengesetz
BSG	Bundessozialgericht
BSHG	Bundessozialhilfegesetz
BStBl	Bundessteuerblatt (Jahr, Teil und Seite)
BT	Bundestag
BVFG	Gesetz über die Angelegenheiten der Vertriebenen und Flüchtlinge (BundesvertriebenenG)
BVerfG	Bundesverfassungsgericht (auch Entscheidungen des Bundesverfassungsgerichts, Band und Seite)
BVerfGG	Gesetz über das Bundesverfassungsgericht
BVerwG	Bundesverwaltungsgericht (auch Entscheidungen des Bundesverwaltungsgerichts, Band und Seite)
BZRG	Bundeszentralregistergesetz
CCBE	Standesregeln der Rechtsanwälte der Europäischen Gemeinschaft (Anlage zur BerufsO)
CIM	Internationales Übereinkommen über den Eisenbahnfrachtverkehr
CIV	Internationales Übereinkommen über den Eisenbahn-Personen- und Gepäckverkehr
DB	Der Betrieb (Jahr und Seite)
DB-GvKostG	Durchführungsbestimmungen zum Gerichtsvollzieherkostengesetz
DB-PKH	Durchführungsbestimmungen zur Prozess- und Verfahrenskostenhilfe sowie zur Stundung der Kosten des Insolvenzverfahrens
dch	durch
DDR	Deutsche Demokratische Republik
DesignG	DesignG
DGVZ	Deutsche Gerichtsvollzieherzeitung (Jahr und Seite)
Diss	Dissertation
DNotZ	Deutsche Notar-Zeitschrift (Jahr und Seite)

Abkürzungsverzeichnis

DÖD	Der öffentliche Dienst (Jahr und Seite)
DÖV	Die öffentliche Verwaltung (Jahr und Seite)
Dortm	Dortmund
DRiG	Deutsches Richtergesetz
DRiZ	Deutsche Richterzeitung (Jahr und Seite)
Drsd	Dresden
DS	Der Sachverständige (Jahr und Seite)
DStR	Deutsches Steuerrecht (Jahr und Seite)
DtZ	Deutsch-Deutsche Rechts-Zeitschrift (Jahr und Seite)
Düss	Düsseldorf
DV	Deutsche Verwaltung (Jahr und Seite)
DVBl	Deutsches Verwaltungsblatt (Jahr und Seite)
DVO	Durchführungsverordnung
EBAO	Einforderungs- und Beitreibungsordnung
EFG	Entscheidungen der Finanzgerichte (Jahr und Seite)
EG	Einführungsgesetz
EGMR	Europäischer Gerichtshof für die Menschenrechte
EHLMDA	von Eicken/Hellstab/Lappe/Dörndorfer/Asperger, Die Kostenfestsetzung, 23. Aufl 2018
Einf	Einführung
Einl	Einleitung (ohne Zusatz: am Anfang des Buches)
EKMR	Europäische Menschenrechtskommission
ENeuOG	Eisenbahnneuordnungsgesetz
EnWG	Energiewirtschaftsgesetz
ErbbauRG	Gesetz über das Erbbaurecht
Erl	Erlaß
ERVV	Elektronische Rechtsverkehrs-Verordnung
EStG	Einkommensteuergesetz
EU	Europäische Union
EUGewSchVG	EU-Gewaltschutzverfahrensgesetz
EuGH	Gerichtshof der Europäischen Gemeinschaften
EuGVVO	Verordnung (EU) 1215/2012 des Rates usw über die gerichtliche Zuständigkeit und die Anerkennung und Vollstreckung von Entscheidungen in Zivil- und Handelssachen
EuKoPfVO	Verordnung (EU) Nr 655/2014
EuKoPfVODG	Gesetz zur Durchführung der Verordnung (EU) Nr 655/2014
EuRAG	Gesetz über die Tätigkeit europäischer Rechtsanwälte in Deutschland
EuZW	Europäische Zeitschrift für Wirtschaftsrecht (Jahr und Seite)
EV	Einigungsvertrag
eV	eingetragener Verein
EVG	Einigungsvertragsgesetz
EWIV	Europäische wirtschaftliche Interessenvereinigung
Fam (-G)	Familie (-ngericht)
FamFG	Gesetz über das Verfahren in Familiensachen und in den Angelegenheiten der freiwilligen Gerichtsbarkeit
FamGKG	Gesetz über Gerichtskosten in Familiensachen
FamRZ	Zeitschrift für das gesamte Familienrecht (Jahr und Seite)
FER	NJW-Entscheidungsdienst Familien- und Erbrecht (Jahr und Seite)
ff	folgende
Ffm	Frankfurt am Main
Ffo	Frankfurt an der Oder
FG	Finanzgericht, Freiwillige Gerichtsbarkeit
FGG	Reichsgesetz über die freiwillige Gerichtsbarkeit
FGG-RG	Gesetz zur Reform des Verfahrens in Familiensachen und in den Angelegenheiten der freiwilligen Gerichtsbarkeit
FGO	Finanzgerichtsordnung
FinA	Finanzamt
FN	Fußnote
FPR	Familie/Partnerschaft/Recht (Jahr – bis 2013 – und Seite)

XXI

Abkürzungsverzeichnis

G	Gesetz, Gericht (in Zusammensetzungen), Gesellschaft
GBl	Gesetzblatt
GBO	Grundbuchordnung
Geb	Gebühr(en)
GebrMG	Gebrauchsmustergesetz
GenG	Gesetz betr die Erwerbs- und Wirtschaftsgenossenschaften
GewO	Gewerbeordnung
GFG	Graduiertenförderungsgesetz
GG	Grundgesetz für die Bundesrepublik Deutschland
GKG	Gerichtskostengesetz
GmbHG	Gesetz betreffend die Gesellschaften mit beschränkter Haftung
GmS	Gemeinsamer Senat der obersten Gerichtshöfe des Bundes
GNotKG	Gerichts- und Notarkostengesetz
GOÄ	Gebührenordnung für Ärzte
GPatG	Gemeinschaftspatentgesetz
Grdz	Grundzüge
GRUR	Gewerblicher Rechtsschutz und Urheberrecht (Jahr und Seite)
GRUR-RR	Gewerblicher Rechtsschutz und Urheberrecht. Rechtsprechungs-Report (Jahr und Seite)
GrZS, GSZ	Großer Zivilsenat
GSchm	Gerold/Schmidt, RVG (Kommentar), 23. Aufl 2017, bearbeitet von Müller-Rabe/Mayer/Burhoff (Name und Randnummer)
GüKG	Güterkraftverkehrsgesetz
GV	Gebührenverzeichnis der Anlage 1 zum Arbeitsgerichtsgesetz (Nr)
GVBl	Gesetz- und Verordnungsblatt
GVG	Gerichtsverfassungsgesetz
GVGA	Geschäftsanweisung für Gerichtsvollzieher
GVHR	Gebührenverzeichnis der Anlage zu § 1 der Handelsregistergebührenverordnung
GvKostG	Gerichtsvollzieherkostengesetz
GVO	Gerichtsvollzieherordnung
GWB	Gesetz gegen Wettbewerbsbeschränkungen
HaagUnterhÜbk	Haager Unterhaltsübereinkommen
HmbJVBl	Hamburgisches Justizverwaltungsblatt (Jahr und Seite)
Hann	Hannover
HansJVBl	Hanseatisches Justizverwaltungsblatt (Jahr und Seite)
Hbg	Hamburg
Hdb	Handbuch
HEntmAbk	Haager Abkommen über die Entmündigung usw
Hess	Hessen
HGB	Handelsgesetzbuch
HöfeVfO	Verfahrensordnung für Höfesachen
HRegGebVO	Handelsregistergebührenverordnung
HRS	Hartung/Schons/Enders, RVG (Kommentar), 2. Aufl 2013 (§ und Randnummer)
Hs	Halbsatz
HZPrAbk	Haager Abkommen über den Zivilprozeß vom 17. 7. 1905
HZPrÜbk	Haager Übereinkommen über den Zivilprozeß vom 1. 3. 1954
idF	in der Fassung
ImmoWertV	Immobilienwertermittlungsverordnung
InsO	Insolvenzordnung
InsVV	Insolvenzrechtliche Vergütungsverordnung
IntErbRVG	Internationales Erbrechtsverfahrensgesetz
IntFamRVG	Internationales Familienrechtsverfahrensgesetz
IStHG	Gesetz über die internationale Rechtshilfe in Strafsachen
JA	Jugendamt, auch Juristische Arbeitsblätter (Jahr und Seite)
JB	Das juristische Büro (Jahr und bis 1991 Spalte, seit 1992 Seite)
JBeitrG	Justizbeitreibungsgesetz
JBl	Justizblatt
JGG	Jugendgerichtsgesetz

Abkürzungsverzeichnis

JKassO	Justizkassenordnung
JKomG	Justizkommunikationsgesetz
JMBl	Justizministerialblatt
JR	Juristische Rundschau (Jahr und Seite)
JuS	Juristische Schulung (Jahr und Seite)
Just	Die Justiz, Amtsblatt des Justizministeriums Baden-Württemberg (Jahr und Seite)
JustVA	Justizverwaltungsabkommen
JVBl	Justizverwaltungsblatt
JVEG	Justizvergütungs- und -entschädigungsgesetz
JVKostG	Justizverwaltungskostengesetz
JZ	Juristenzeitung (Jahr und Seite)
KAGG	Gesetz über Kapitalanlagegesellschaften
KapMuG	Kapitalanleger-Musterverfahrensgesetz
Karlsr	Karlsruhe
Kblz	Koblenz
KfB	Kammer für Baulandsachen
KfH	Kammer für Handelssachen
KG	Kammergericht, Kommanditgesellschaft
KGaA	Kommanditgesellschaft auf Aktien
KindRG	Kindschaftsrechtsreformgesetz
KindUG	Kindsunterhaltsgesetz
Komm	Kommentar
Kor	Korintenberg, Gerichts- und Notarkostengesetz (Kommentar), 20. Aufl 2017
KostO	Kostenordnung
KostREuroUG	Gesetz zur Umstellung des Kostenrechts und der Steuerberatergebührenverordnung auf Euro
KostVfg	Kostenverfügung
Kreuzer	Notariats- und Gerichtskosten bei der Hofübergabe, 1988
krit	kritisch
KSpG	Kohlnendioxid-Speicherungsgesetz
KTS	Konkurs-, Treuhand- und Schiedsgerichtswesen (Jahr und Seite)
KV	Kostenverzeichnis zum Gerichtskostengesetz (Nr)
KVFam	Kostenverzeichnis zum Gesetz über Gerichtskosten in Familiensachen (Nr)
KVfG	Kostenverzeichnis zum Gerichts- und Notarkostengesetz (Nr)
KVGv	Kostenverzeichnis zum Gerichtsvollzieherkostengesetz (Nr)
KVJV	Kostenverzeichnis zum Justizverwaltungskostengesetz (Nr)
KWG	Gesetz über das Kreditwesen
LAG	Landesarbeitsgericht; Lastenausgleichsgesetz
Lange/Wulff/Lüdtke-Handjery	Landpachtrecht, 4. Aufl 1997
Lappe JKR	Justizkostenrecht, 2. Aufl 1995
LFzG	Lohnfortzahlungsgesetz
LG	Landgericht
LHJ	Lüdtke-Handjery/von Jensen, Höfeordnung, 11. Aufl 2015
LKV	Landes und Kommunalverwaltung (Jahr und Seite)
LPachtVG	Landpachtverkehrsgesetz
LPartG	Lebenspartnerschaftsgesetz
LS	Leitsatz
LSG	Landessozialgericht
LuftfzRG	Gesetz über Rechte an Luftfahrzeugen
LuftVG	Luftverkehrsgesetz
LVerwG	Landesverwaltungsgericht
LwVG	Gesetz über das gerichtliche Verfahren in Landwirtschaftssachen
Madert StrafS	Anwaltsgebühren in Straf- und Bußgeldsachen, 5. Aufl 2004
Madert VerwS	Anwaltsgebühren in Verwaltungs-, Sozial- und Steuersachen, 3. Aufl 2007

Abkürzungsverzeichnis

Madert ZivilS	Anwaltsgebühren in Zivilsachen, 4. Aufl 2000
Madert/von Seltmann	Der Gegenstandswert in bürgerlichen Rechtsangelegenheiten, 5. Aufl 2008
Mannh	Mannheim
Mayer/Kroiß	RVG (Kommentar), 6. Aufl 2013
MDR	Monatsschrift für Deutsches Recht (Jahr und Seite)
MedR	Medizinrecht (Jahr und Seite)
Meyer	im Teil I A/B dieses Buchs: GKG/FamGKG 2018 (Kommentar) 16. Aufl 2018 (§ oder KV/KVFam und Randnummer) im Teil XI dieses Buchs: GvKostG, Kommentar, 2005 (§ oder KVGv und Randnummer)
MHB	Meyer/Höver/Bach/Oberlack (Hrsg), JVEG, Kommentar, 27. Aufl 2018 (§ und Randnummer)
MinBl	Ministerialblatt
MittBayNot	Mitteilungen des Bayerischen Notarvereins (Jahr und Seite)
MRK	Menschenrechtskonvention
Mü	München
Münst	Münster
Mus	Musielak/Voit (Hrsg), ZPO, Kommentar, 14. Aufl 2017 (§ und Randnummer)
Mutschler	Kostenrecht in öffentlich-rechtlichen Streitigkeiten, 2003
MWSt	Mehrwertsteuer
Nds	Niedersachsen
NdsRpfl	Niedersächsische Rechtspflege (Jahr und Seite)
NEhelG	Gesetz über die rechtliche Stellung der nichtehelichen Kinder
nF	neue Fassung, neue Folge
NJ	Neue Justiz (Jahr und Seite)
NJW	Neue Juristische Wochenschrift (Jahr und Seite)
NK-GK	Schneider/Volpert/Fölsch (Hrsg), Gesamtes Kostenrecht (Kommentar), 2. Aufl 2016
Nov	Novelle
NRW	Nordrhein-Westfalen
NTS	Nato-Truppenstatut
Nürnb	Nürnberg
NVersZ	Neue Zeitschrift für Versicherung und Recht (Jahr und Seite)
NVwZ	Neue Zeitschrift für Verwaltungsrecht (Jahr und Seite)
NVwZ-RR	NVwZ-Rechtsprechungs-Report (Jahr und Seite)
NWVBl	Nordrhein-Westfälische Verwaltungsblätter (Jahr und Seite)
NZFam	Neue Zeitschrift für Familienrecht (Jahr – seit 2014 – und Seite)
NZM	Neue Zeitschrift für Miet- und Wohnungsrecht (Jahr und Seite)
NZS	Neue Zeitschrift für Sozialrecht (Jahr und Seite)
OGB	Gemeinsamer Senat der Obersten Gerichtshöfe des Bundes
OHG	Offene Handelsgesellschaft
OHT	Oestreich/Hellstab/Trenkle, GKG, FamGKG, Kommentar (Loseblattsammlung), seit 2010 (Randnummer)
Oldb	Oldenburg
OLG	Oberlandesgericht (mit Ortsnamen)
OLGR	OLG-Rechtsprechung (Jahr und Seite)
OLGZ	Entscheidungen der Oberlandesgerichte in Zivilsachen (Jahr und Seite)
OVG	Oberverwaltungsgericht (mit Ortsnamen)
OWiG	Gesetz über Ordnungswidrigkeiten
Pal	Palandt, BGB, bearbeitet von B*r*udermüller, *Ell*enberger, *Göt*z, *Grü*neberg, *H*errler, *S*prau, *Th*orn, *W*eidenkaff, *Weid*lich, *W*icke), Kurzkommentar (die Namen der Bearbeiter werden abgekürzt, zum Beispiel Pal*Bru*), 77. Aufl 2018 (Gesetz, § und Randnummer)
PatG	Patentgericht, Patentgesetz
PatKostG	Patentkostengesetz
PostStruktG	Poststrukturgesetz

Abkürzungsverzeichnis

PostVerfG	Postverfassungsgesetz
PrGe	Prütting/Gehrlein (Hrsg), ZPO, Kommentar, 9. Aufl 2017 (§ und Randnummer)
ProdHaftG	Gesetz über die Haftung für fehlerhafte Produkte (Produkthaftungsgesetz)
Proz, proz	Prozeß-, prozessual, prozeßrechtlich
ProzBev	Prozeßbevollmächtigter
PStG	Personenstandsgesetz
R, -r	Recht, Reich, -rechtlich
RdA	Recht der Arbeit (Jahr und Seite)
RdErl	Runderlaß
RDG	Rechtsdienstleistungsgesetz
RDGEG	Einführungsgesetz zum Rechtsdienstleistungsgesetz
RdL	Recht der Landwirtschaft (Jahr und Seite)
Reg	Regierung, Register
RegBl	Regierungsblatt
Rehberg	Gebühren- und Kostenrecht im Arbeitsrecht, 2000
Rev	Revision
RG	Reichsgericht
RGBl	Reichsgesetzblatt, ohne Ziffer = Teil I; mit II = Teil II
RhPf	Rheinland-Pfalz
RhSchiffG	Rheinschiffahrtsgericht
RJM	Reichsminister der Justiz; auch allgemeine Verfügung desselben
Rn	Randnummer
RoSGo	Rosenberg/Schwab/Gottwald, Zivilprozeßrecht, Erkenntnisverfahren, 17. Aufl 2010
Rpfl	Rechtspfleger
RpflAnpG	Rechtspflege-Anpassungsgesetz
Rpfleger	Der Deutsche Rechtspfleger (Jahr und Seite)
RpflEntlG	Gesetz zur Entlastung der Rechtspflege
RPflG	Rechtspflegergesetz
RR	NJW-Rechtsprechungs-Report (Jahr und Seite)
RS	Riedel/Sußbauer, RVG (Kommentar), 10. Aufl 2015
Rspr	Rechtsprechung
RVG	Rechtsanwaltsvergütungsgesetz
RVG-Letter	Monatsinformation zum anwaltlichen Vergütungsrecht, 2004
RVGreport	Gleichnamige Zeitschrift (Jahr und Seite)
S	Satz, Seite
s	siehe
Saarbr	Saarbrücken
SachenRÄndG	Sachenrechtsänderungsgesetz
Schaefer/Göbel	Das neue Kostenrecht in Arbeitssachen, 2004
Scherer	Grundlagen des Kostenrechts – RVG, 17. Aufl 2014
SchiedsVfG	Schiedsverfahrens-Neuregelungsgesetz
SchiffG	Schiffahrtsgericht
SchlAnh	Schlußanhang
Schlesw	Schleswig
SchlHA	Schleswig-Holsteinische Anzeigen (Jahr und Seite)
Schneider	Anwaltkommentar RVG, 8. Aufl 2017
SchrAG	Schriftgutaufbewahrungsgesetz
SchrK	Schröder-Kay, Das Kostenwesen der Gerichtsvollzieher, 13. Aufl bearbeitet von Gerlach und Winter, 2014
SchwBG	Schwerbehindertengesetz
SE	Europäische Gesellschaft
SeemO	Seemannsordnung
SG	Sozialgericht
SGB	Sozialgesetzbuch (mit Angabe des jeweiligen Buches, zB: X)
SGG	Sozialgerichtsgesetz
SKMOThH	Schneider/Kurpat/Monschau/Onderka/Thiel/Herget, Streitwert – Kommentar für Zivilprozess und FamFG – Verfahren, 14. Aufl 2015

XXV

Abkürzungsverzeichnis

sog	sogenannt
SpruchG	Spruchverfahrensgesetz
SRV	Schutzschriftenregisterverordnung
StA	Standesamt, Staatsanwalt(schaft)
StB	Der Steuerberater (Jahr und Seite)
StBerG	Steuerberatergesetz
StBVV	Steuerberatervergütungsverordnung
StGB	Strafgesetzbuch
Stgt	Stuttgart
StHG	Staatshaftungsgesetz
StPO	Strafprozeßordnung
Str, str	Streit, streitig
StraFo	Strafverteidiger Forum (Jahr und Seite)
StrEG	Gesetz über die Entschädigung für Strafverfolgungsmaßnahmen
StrRehaG	Strafrechtliches Rehabilitierungsgesetz
StrWK	Streitwertkatalog
StS	Strafsenat
StVG	Straßenverkehrsgesetz
StVO	Straßenverkehrsordnung
StVollzG	Strafvollzugsgesetz
StVZO	Straßenverkehrs-Zulassungs-Ordnung
SVertO	Schiffahrtsrechtliche Verteilungsordnung
SVF	*Schneider/Volpert/Fölsch* (Hrsg), Gesamtes Kostenrecht, 2. Aufl 2016
Tab	Tabelle
ThP	Thomas/Putzo, ZPO – Erläuterungen, bearbeitet von Reichold, Hüßtege, Seiler, 38. Aufl 2017
Tiedtke	Notarkosten im Grundstücksrecht, 2001
TSG	Transsexuellengesetz
Tüb	Tübingen
TÜV	Technischer Überwachungsverein
Üb	Übersicht
Übk	Übereinkommen
UKlaG	Unterlassungsklagengesetz
Ulrich	Der gerichtliche Sachverständige, 12. Aufl 2007
UmweltHG	Umwelthaftungsgesetz
UrhG	Urheberrechtsgesetz
USG	Unterhaltssicherungsgesetz
UStG	Umsatzsteuergesetz (Mehrwertsteuer)
UWG	Gesetz über den unlauteren Wettbewerb
v	vom
VBVG	Vormünder- und Betreuervergütungsgesetz
VereinhG	Gesetz zur Wiederherstellung der Rechtseinheit
Verf	Verfahren, Verfassung
VerfBev	Verfahrensbevollmächtigter
VersAusglG	Versorgungsausgleichsgesetz
VersR	Versicherungsrecht (Jahr und Seite)
Verw	Verwaltung
Vfg	Verfügung
VG	Verwaltungsgericht
VGG	Verwertungsgesellschaftengesetz
vgl, Vgl	vergleiche, Vergleich
VGrS	Vereinigte Große Senate
VO	Verordnung
VOBl	Verordnungsblatt
VollstrVergV	Vollstreckungsvergütungsverordnung
Vorbem	Vorbemerkung
VSBG	Verbraucherstreitbeilegungsgesetz
VSchDG	EG-Verbraucherschutzdurchsetzungsgesetz
VV	Vergütungsverzeichnis zum Rechtsanwaltsvergütungsgesetz (Nr)

Abkürzungsverzeichnis

VVG	Gesetz über den Versicherungsvertrag
VwGO	Verwaltungsgerichtsordnung
VwVfG	Verwaltungsverfahrensgesetz
VwVG	Verwaltungs-Vollstreckungsgesetz
VwZG	Verwaltungszustellungsgesetz
VZOG	Vermögenszuordnungsgesetz
WAG	Wertausgleichsgesetz
WBeschwO	Wehrbeschwerdeordnung
WDisziplO	Wehrdisziplinarordnung
WEG	Wohnungseigentumsgesetz
Wellmann/Hüttemann/Weidhaas	Der Sachverständige in der Praxis, 7. Aufl 2004
WertpMitt	Wertpapiermitteilungen (Jahr und Seite)
WG	Wechselgesetz
WGG	Wohngeldgesetz
Winterstein	Gerichtsvollzieherkostenrecht (Kommentar, Loseblattausgabe), 3. Aufl seit 1995
WoM	Wohnungswirtschaft und Mietrecht (Jahr und Seite)
WPflG	Wehrpflichtgesetz
WpÜG	Wertpapiererwerbs- und Übernahmegesetz
WRegG	Wettbewerbsregistergesetz
WRP	Wettbewerb in Recht und Praxis (Jahr und Seite)
Wü	Württemberg
Z	Ziffer
ZahlVGJG	Gesetz über den Zahlungsverkehr mit Gerichten und Justizbehörden
zB	zum Beispiel
ZDG	Zivildienstgesetz
Zi	Zimmermann, JVEG (Kommentar), 2005 (§ und Randnummer)
ZIP	Zeitschrift für Wirtschaftsrecht (Jahr und Seite)
ZivK	Zivilkammer
ZivProz, zivproz	Zivilprozeß, zivilprozessual
ZK	Zivilkammer
ZMR	Zeitschrift für Miet- und Raumrecht (Jahr und Seite)
Zö	Zöller, bearbeitet von *Feskorn, Geimer, Greger, Herget, Heß*ler, *Lorenz, Lückemann, Stöber, Vollkommer* (die Namen der Bearbeiter werden abgekürzt, zum Beispiel Zö*Gei*), ZPO, Kommentar, 32. Aufl 2018 (§ und Randnummer)
ZPO	Zivilprozessordnung
ZRHO	Rechtshilfeordnung in Zivilsachen
ZRP	Zeitschrift für Rechtspolitik (Jahr und Seite)
ZS	Zivilsenat
ZSchG	Zeugenschutzgesetz
ZSEG	Gesetz über die Entschädigung von Zeugen und Sachverständigen
ZSW	Zeitschrift für das gesamte Sachverständigenwesen (Jahr und Seite)
ZVertrR	Zeitschrift für Vertriebsrecht (Jahr und Seite)
ZVG	Zwangsversteigerungsgesetz
Zweibr	Zweibrücken
ZwV	Zwangsvollstreckung
ZwVwV	Zwangsverwalterverordnung
ZZP	Zeitschrift für Zivilprozeß (Band und Seite)

Einleitung

I. Die Entwicklung der Kostengesetze seit der Vorauflage

Über die Entwicklung bis Dezember 2017 unterrichtet die 47. Aufl. **1**
Weitere Änderungen ergaben sich durch **2**
- das Gesetz zur Strukturreform des Gebührenrechts des Bundes vom 7. 8. 13, BGBl 3154, mit seinen am 14. 8. 18 in Kraft tretenden Teilen;
- das Gesetz zur Änderung der Vorschriften zur Vergabe von Wegenutzungsrechten zur leitungsgebundenen Energieversorgung vom 27. 1. 17, BGBl 130;
- das Gesetz zur Erleichterung der Bewältigung von Konzerninsolvenzen vom 13. 4. 17, BGBl 866;
- das Gesetz zur Reform der strafrechtlichen Vermögensabschöpfung vom 13. 4. 17, BGBl 872;
- das Gesetz zur Umsetzung der Berufsanerkennungsrichtlinie und zur Änderung weiterer Vorschriften im Bereich der rechtsberatenden Berufe vom 12. 5. 17, BGBl 1121;
- das Gesetz zur Neuordnung der Aufbewahrung von Notariatsunterlagen und zur Einrichtung des Elektronischen Urkundenarchivs bei der Bundesnotarkammer sowie zur Änderung weiterer Gesetze vom 1. 6. 17, BGBl 1396, soweit dieses Gesetz bereits in Kraft getreten ist (Rest zum 1. 1. 22, Art. 11 I G);
- das Neunte Gesetz zur Änderung des Gesetzes gegen Wettbewerbsbeschränkungen vom 1. 6. 17, BGBl 1416;
- das Gesetz zur Durchführung der Verordnung (EU) 2015/848 über Insolvenzverfahren vom 5. 6. 17, BGBl 1476;
- das Zweite Gesetz zur Novellierung von Finanzmarktvorschriften auf Grund europäischer Rechtsakte (Zweites Finanzmarktnovellierungsgesetz – 2. FiMaNoG) vom 23. 6. 17, BGBl 1693;
- die Neufassung des Justizbeitreibungsgesetzes vom 27. 6. 17, BGBl 1926;
- das Gesetz zur Sachaufklärung in der Verwaltungsvollstreckung vom 30. 6. 17, BGBl 2094;
- das Gesetz zur Einführung der elektronischen Akte in der Justiz und zur weiteren Förderung des elektronischen Rechtsverkehrs vom 5. 7. 17, BGBl 2208;
- die 4. Verordnung zur Änderung steuerlicher Verordnungen vom 12. 7. 17, BGBl 2362;
- das Gesetz zur Einführung eines familiengerichtlichen Genehmigungsvorbehaltes für freiheitsentziehende Maßnahmen bei Kindern vom 17. 7. 17, BGBl 2424;
- das Siebte Gesetz zur Änderung des Bundeszentralregistergesetzes (7. BZRGÄndG) vom 18. 7. 17, BGBl 2732;
- das Gesetz zur Einführung eines Wettbewerbsregisters und zur Änderung des Gesetzes gegen Wettbewerbsbeschränkungen vom 18. 7. 17, BGBl 2739;
- die Verordnung über die technischen Rahmenbedingungen des elektronischen Rechtsverkehrs und über das besondere elektronische Behördenpostfach (Elektronischer Rechtsverkehr-Verordnung – ERVV) vom 24. 11. 17, BGBl 3803.

II. Gemeinsames und Besonderheiten der Kostengesetze

Schrifttum: *Schneider/Volpert/Fölsch* (Hrsg), Gesamtes Kostenrecht (Komm), 2. Aufl. 2017; *von König*, Zivilprozess- und Kostenrecht, 3. Aufl 2017.

A. Grundbegriffe

Gliederung

1) Kosten	1
2) Kostenrecht	2
3) Kostengesetzgebung	3
4) **Unterschiedliche Rechtsnatur**	4–6
5) **Gebühren**	7–14

Einl II A

A. Grundsatz: Öffentliche Geldleistungen 7, 8
B. Pauschgebühr 9
C. Wertgebühr 10, 11
D. Rahmengebühr 12, 13
E. Festgebühr 14
6) **Auslagen** 15

1 **1) Kosten.** Kosten sind diejenigen Abgaben, die der Staat für die Inanspruchnahme der Gerichte fordert, also die sog Gerichtskosten. Kosten im Sinn der Verfahrensgesetze sind aber auch diejenigen Aufwendungen, die jemandem für die Inanspruchnahme des Anwalts, des Notars und sonst bei der Durchführung eines Verfahrens entstehen, also die sog außergerichtlichen Kosten.

Soweit es sich um ein *Prozeßverfahren* handelt, regelt das Verfahrensrecht sowohl die Frage, wer die Kosten trägt, als auch die Frage, wie die zugehörige Auseinandersetzung zwischen den Parteien erfolgt, §§ 91 ff, 103 ff ZPO, 464 ff StPO, 154 ff VwGO, 192 SGG, §§ 135 ff FGO, §§ 80 ff FamFG.

2 **2) Kostenrecht.** Unter diesem Begriff wird in diesem Buch nur die Regelung derjenigen Gebühren und Auslagen ihrer Art und Zusammensetzung nach verstanden, die man an das Gericht, die Justizbehörde, den Anwalt, den Notar, den Gerichtsvollzieher oder den Rechtsbeistand für deren Inanspruchnahme zahlen muß (Kostenrecht im engeren Sinn).

3 **3) Kostengesetzgebung.** Sie gehört zum Verfahrensrecht im weiteren Sinn und damit zur konkurrierenden Gesetzgebung nach Art 74 Z 1 GG, LAG Stgt Rpfleger **81**, 371, VGH Kassel NVwZ-RR **15**, 87. Die Durchführung ist Ländersache, Art 83 GG. Es gibt eine Vielfalt von Kostenverfahren.

Kostenrecht ist *öffentliches Recht*. Es ist grundsätzlich zwingend, Roloff NZA **07**, 900. Eine Abweichung ist nur in Ausnahmefällen zulässig, zB nach §§ 13 JVEG, 4 RVG. Danach können mehrere am Verfahren Beteiligte in einem gewissen Umfang Vereinbarungen über die Kostenverteilung treffen.

Ziemlich unerfreulich sind Vorschläge wie zB bei Müller DRiZ **14**, 348, zwecks Entlastung der Gerichte die Gerichtsgebühren heraufzusetzen, besonders im unteren Streitwertbereich sei das dringend erforderlich, um der Prozessiersucht um nichtige Dinge endlich einmal einen Riegel vorzuschieben. In einem Rechtsstaat gehört ein funktionierendes Gerichtssystem zumindest zu Daseinsvorsorge im weiteren Sinn. Sind die Gerichte überlastet, muß der Staat bessern, ohne den Bürger noch stärker zu schröpfen. Ob die Richterschaft den Mut aufbringen sollte, so sorgfältig und damit zeitaufwendiger zu arbeiten, daß der Staat die Zahl der Richterstellen erhöhen *muß* (der nach Art 97 GG unabhängige Richter hat hier wie in keinem anderen Beruf Möglichkeiten der Ungreifbarkeit, die höchstens der Karriere schaden könnten), ist freilich eine andere Frage.

Prozeßsteuerung durch *Kosten* und *Streitwert* ist neuestens ein modisch anmutender Versuch einer eindeutig einseitigen Betrachtung eines allenfalls höchst teilweise evtl auch mitvorhandenen Geschehens. In der enormen Breite des schon durch Art 97 GG geschützten Ermessens in weiten Bereichen der Wertbestimmung und damit des meist maßgeblichen Ausgangspunkts der Kosten sowohl des Gerichts als auch der Anwaltschaft zeigt sich beruhigenderweise durchaus andere Bewertungsschwerpunkte. Das sollte man in der noch ziemlich am Rand verlaufenden Diskussion bei der Gewichtung der Argumente mitsehen. Zur Problematik Heese ZZP **128**, 99, Wolf ZZP **128**, 69 (rechtsvergleichend).

4 **4) Unterschiedliche Rechtsnatur.** Die Rechtsnatur der Kostenvorschriften ist nicht einheitlich. Soweit die Kosten dem Staat zufließen, betreffen die Kostenvorschriften öffentliche Abgaben, also kein Entgelt. Das gilt zB dann, wenn man Kosten wegen der Tätigkeit des Gerichts oder des Gerichtsvollziehers an die Gerichtskasse zahlen muß. Hierher zählen auch diejenigen Notargebühren, die dem Staat zufließen, Üb vor § 85 und § 135 GNotKG, Teil III dieses Buchs.

5 *Demgegenüber* handelt es sich bei der Inanspruchnahme eines Rechtsanwalts oder eines Notars insoweit, als dem letzteren die Gebühren selbst zufließen, und bei der Inanspruchnahme eines Rechtsbeistands um eine Vergütung. Eine solche ist auch die Zahlung an einen Sachverständigen, einen Dolmetscher oder Übersetzer sowie im

Grunde die Entschädigung eines Handels- oder sonstigen ehrenamtlichen Richters oder eines Dritten usw nach § 1 I Z 3 JVEG, Teil V dieses Buchs.

Die Kostenpflicht ist als Verfahrensgrundsatz *mit dem GG vereinbar*, Ffm Rpfleger **77**, 265. Der Kostengesetzgeber hat ein weites Ermessen, BVerfG NJW **99**, 3550. Der Gleichheitsgrundsatz nach Art 3 GG gilt nur innerhalb von Praktikabilität und Wirtschaftlichkeit, BVerfG NJW **99**, 3550.

5) Gebühren. Man sollte fünf Aspekte beachten.

A. Grundsatz: Öffentliche Geldleistungen. Die Kosten setzen sich aus Gebühren und Auslagen zusammen, BGH **98**, 320, Hbg FamRZ **88**, 537. Die Gebühren sind pauschale öffentliche Geldleistungen zwecks Kostendeckungsnähe aus Anlaß einer besonderen Inanspruchnahme des Staats, BVerfG **50**, 226, BAG GRUR **82**, 557, Mü FGPrax **11**, 253. Das gilt ohne Rücksicht darauf, ob und welcher tatsächliche Verwaltungsaufwand entstanden ist. Wegen Verwaltungsgebühren vgl das Bundesgebührengesetz v 7. 8. 13, BGBl 3154, nebst der Allgemeinen Gebührenverordnung (AGebV) v 11. 2. 15, BGBl 130.

In den *neuen Bundesländern* gelten seit 1. 7. 04 keine Besonderheiten mehr. Wegen des vorherigen Zustands vgl zB an dieser Stelle die Vorauflagen.

B. Pauschgebühr. Sie stellt die Gegenleistung für einen bestimmten Verfahrensabschnitt oder für einen bestimmten Akt dar. Sie entsteht grundsätzlich nur einmal, gilt also den gesamten Abschnitt oder Akt ab, ohne daß es im einzelnen Fall auf die Höhe der aufgewandten Mühe ankommt. Dieser Mühe trägt das Gesetz in anderer Weise Rechnung. Jede zu einem Abschnitt gehörende Handlung löst die einmalige Pauschgebühr aus. Beispiele einer Pauschgebühr: §§ 35 GKG, 15, 16 RVG, VV amtliche Vorbemerkung 4.1 II, Teile I A, X dieses Buchs.

C. Wertgebühr. Die Berechnung der Gebühr erfolgt im allgemeinen nach einem Streitwert oder Geschäftswert oder Gegenstandswert und in einer Straf- oder Bußgeldsache wegen der Gerichtskosten auf Grund der Höhe der rechtskräftig erkannten Strafe oder Geldbuße. Aus der Höhe dieses jeweiligen Werts ergibt sich nach der jeweiligen gesetzlichen Gebührentabelle die volle Gebühr oder 1,0 Gebühr. Der Wert und der Gebührenansatz ergeben erst zusammen die angemessene Gebühr des Einzelfalls, Lappe DNotZ **81**, 411. Man darf aber jedenfalls grundsätzlich nicht etwa die Höhe des Werts in eine Abhängigkeit zu derjenigen Gebühr bringen, die er auslöst, aM Lappe DNotZ **81**, 411.

Der Wert darf nicht so hoch ausfallen, daß kein *Justizgewährungsanspruch* nach Artt 2 I, 20 III GG mehr bestünde, BVerfG NJW **97**, 312. Das Gesetz bestimmt daher oft auch einen absoluten Höchstwert, § 40 II GKG, § 33 II FamGKG, § 36 II GNotKG, § 22 II RVG, Teile I A, B, III, X dieses Buchs. Im übrigen gibt es relative Mindest- oder Höchstgebühren, sei es als Bruchteile, sei es als EUR-Beträge. Es gibt ferner sog Auffanggebühren oder -werte. Der Gesetzgeber hat weite Spielräume, BVerfG WertpMitt **12**, 1073.

Um der Mühe des Gerichts oder des Anwalts usw gerecht zu werden, teilt das Gesetz das *Verfahren einer Instanz kostenmäßig im Regelfall in mehrere Abschnitte* auf, zB für die Anwaltskosten in das Verfahren im allgemeinen und in einen Termin. Daher können für dieselbe Instanz mehrere Gebühren entstehen. Die Höhe der Gebühren, für die ein Streitwert oder Geschäftswert oder Gegenstandswert maßgebend ist, bestimmt sich jetzt allgemein nach dem System der Wertklassen (vgl die Gebührentabellen SchlAnh A–D dieses Buchs). Das frühere System der Wertprozente ist weitgehend entfallen.

D. Rahmengebühr. Die Kostengesetze verwenden neben dem eben genannten System der Wertklassen gelegentlich auch sog Rahmengebühren, zB bei der Gebühr des Wahlverteidigers in einer Strafsache, VV 4100ff, Teil X dieses Buchs. Hier ist der Rahmen durch eine Höchst- und eine Mindestgebühr abgegrenzt (Betragsrahmen). Innerhalb des Rahmens richtet sich die Bemessung im Einzelfall nach seinen Gesamtumständen, insbesondere nach der Bedeutung der Sache, dem Umfang und der Schwierigkeit der anwaltlichen Tätigkeit, aber auch nach den finanziellen Verhältnissen des Auftraggebers, § 14 RVG.

Daneben kennt das RVG auch den *Gebührensatzrahmen*. Dann richtet sich zwar die Gebühr nach dem Gegenstandswert, die ihm entsprechende Gebühr entsteht aber je nach der Lage des Einzelfalls nur zu einem Bruchteil bis zur vollen Gebühr, zB VV 2100, 2300.

14 E. **Festgebühr.** Das Gesetz kennt ferner Festgebühren, also in EUR bestimmte Beträge. Sie entstehen nur indirekt wertabhängig. Beispiele: KV 1121, 1123, KVfG 11101, 11102, VV 2500–2508, KVGv 100 ff, Teile I A, III, X, XI dieses Buchs. „Rahmenmitte" kann praktisch Festgebühr bedeuten, zB bei VV 4141, dort Rn 12, Teil X dieses Buchs.

15 6) **Auslagen.** Vgl zunächst Rn 6. Auslagenvorschriften dienen auch dann, wenn sie Pauschalen nennen, dem Ersatz tatsächlicher Aufwendungen. Sie befinden sich zB in KV 9000 ff, KVfG 31000 ff, VV 7000 ff, KVGv 700 ff, Teile I, III, X, XI dieses Buchs. Zu den Auslagen gehören auch die Reisekosten sowie die für die Entschädigung eines Zeugen oder für die Vergütung eines Sachverständigen aufgewendeten Beträge. Diese regelt das JVEG, Teil V dieses Buchs.

Die Auslagen *umgrenzt* das Gesetz *fest*. Über die dort genannten Beträge hinaus darf man keine Auslagen erheben.

B. Die Kosten im einzelnen

Gliederung

1) **Gerichtskosten**	1–8
A. Rechtsnatur	1–3
B. Kostenansatz	4, 5
C. Kostenverfügung	6
D. Kassenbehörde	7
E. Auslegung der Kostenvorschriften	8
2) **Rechtsanwaltskosten**	9–14
A. Rechtsnatur	9–12
B. Erstattungsfähigkeit	13
C. Prozeßwirtschaftlichkeit	14
3) **Gerichtsvollzieherkosten**	15, 16
4) **Notarkosten**	17
5) **Kosten registrierter Personen**	18
6) **Kosten ehrenamtlicher Richter**	19
7) **Kosten der Zeugen, Dolmetscher, Übersetzer und Sachverständigen**	20
8) **Sonstige Kosten**	21

1 1) **Gerichtskosten.** Es gelten mehrere Unterscheidungsmerkmale.

A. **Rechtsnatur.** Gerichtskosten sind öffentliche Abgaben für die Tätigkeit der Gerichte, also eine Justizsteuer, Kblz Rpfleger **75**, 447, LG Hbg KTS **75**, 45, LG Karlsr VersR **77**, 1121. Dazu gehören auch Haftkostenbeiträge wegen schuldhafter Nichtarbeit während der Untersuchungshaft, LG Kblz JB **97**, 205. Die Gerichtskosten sind im GKG, im FamGKG, teilweise noch im ArbGG, dann direkt im GNotKG und im LwVG, im SGG und in anderen Gesetzen geregelt, zB im BVerfGG.

Das *Verhältnismäßigkeitsgebot* nach BLAH Einl III 23 setzt einem weiten Gestaltungsraum des Gesetzgebers zum Ob und Wie von Gerichtsgebühren Grenzen: Sie dürfen nicht völlig unabhängig von den Kosten der Staatsleistung sein, BVerfG NJW **12**, 2947.

2 Der *ordentliche Rechtsweg* ist sowohl dem Staat als auch dem Bürger verschlossen. Der Staat treibt die berechneten Kosten nach der JBeitrO bei, Teil IX A dieses Buchs, und nach der EBAO, Teil IX B dieses Buchs. Über die Erinnerung gegen den Kostenansatz entscheidet das Gericht des Ansatzes, §§ 66 GKG, 57 FamGKG, 18 GNotKG, Teile I A, B, III dieses Buchs, LG Kblz JB **97**, 205.

3 Über eine *Erinnerung* gegen die Art und Weise der Vollstreckung oder gegen das Verfahren des Vollziehungsbeamten entscheidet die Vollstreckungsbehörde, § 6 I Z 1 JBeitrO, Teil IX A dieses Buchs. Als weitere Rechtsbehelfe bei einer solchen Einwendung, die den beizutreibenden Anspruch selbst betrifft, stehen diejenigen des GKG, des FamGKG und des GNotKG, evtl auch der Klageweg zur Verfügung. Derjenige Dritte, bei dem eine Vollstreckung stattgefunden hat, hat die Rechtsbehelfe nach § 6 I Z 1 JBeitrO.

Eine solche *Zahlung*, die jemand für den Schuldner vornimmt, ist als eine Zahlung des Schuldners bewertbar.

II. Gemeinsames u. Besonderheiten d. Kostengesetze **Einl II B**

B. Kostenansatz. Ihn nimmt der Kostenbeamte vor, § 1 KostVfg, Teil VII A dieses Buchs. Der Kostenansatz ist eine Verwaltungstätigkeit. Der Kostenbeamte unterliegt daher insoweit der Aufsicht der vorgesetzten Dienstbehörde. Ihre Weisungen binden ihn. Eine Tätigkeit des Gerichts findet nur im Rahmen der gesetzlichen Vorschriften statt. Die Verjährung richtet sich nach den §§ 5 GKG, 7 FamGKG, 6 GNotKG, Teile I A, B, III dieses Buchs. Für den Kostenansatz ist es unerheblich, ob das zugrunde liegende Verfahren sachlichrechtlich oder prozeßrechtlich korrekt war. 4

Bei einer *offensichtlichen Unrichtigkeit* können allerdings §§ 21 GKG, 20 FamGKG, 21 GNotKG beachtbar sein. Eine Vermutung für ein richtiges Verfahren besteht nicht. Insofern besteht ein Unterschied zu der Beurteilung eines Sitzungsprotokolls. Soweit das Protokoll einen Verfahrensmangel ergibt, muß der Kostenbeamte zunächst klären, ob das Gericht das Protokoll berichtigen will. 5

C. Kostenverfügung. Die KostVfg, Teil VII A dieses Buchs, dient der Durchführung der Kostengesetze, soweit sie die Gerichtskosten betrifft (GKG, FamGKG, GNotKG). Die KostVfg ist zwar bundeseinheitlich beschlossen, dennoch aber eine Verwaltungsanweisung des jeweiligen Landes. Sie bindet den Richter nicht, auch nicht als Gewohnheitsrecht. 6

D. Kassenbehörde. Zu den Kassenbehörden zählen: Die Gerichtskasse beim AG, auch für die diesem angegliederten Behörden; die Gerichtskasse beim LG, auch für die diesem angegliederte Staatsanwaltschaft und für die diesem angegliederte Vollzugsanstalt; die Oberjustizkasse bei dem OLG, auch für die diesem angegliederte Generalstaatsanwaltschaft. S dazu die JKassO. 7

E. Auslegung der Kostenvorschriften. Man darf Gerichtskosten wie Notarkosten, also Gebühren und Auslagen, nur insoweit erheben, als das Gesetz sie ausdrücklich vorsieht, §§ 1 I 1 GKG, 1 S 1 FamGKG, 1 I 1, 1 I GNotKG, Teile I A, B, III dieses Buchs. Alle Handlungen, für die das Gesetz nicht eindeutig Kosten vorsieht, sind kostenfrei. Kostenvorschriften sind also vor allem insoweit eng auslegbar, als sie von einer allgemeinen Regel eine Ausnahme darstellen, Düss Rpfleger **77**, 460. 8

Indessen darf sich auch eine derartige Auslegung *nicht an den Wortlaut klammern,* sondern muß immerhin dem Sinn und Zweck der jeweiligen Vorschrift entsprechen, Lappe MDR **77**, 279, Salander Rpfleger **77**, 123.

2) Rechtsanwaltskosten. Es gelten im wesentlichen drei Aspekte. 9

A. Rechtsnatur. Zu den Anwaltskosten zählen diejenigen Gebühren und Auslagen, die der Anwalt von seiner Partei, seinem Auftraggeber, fordern kann. Das RVG, Teil X dieses Buchs, regelt grundsätzlich die Vergütung für jede Tätigkeit eines Anwalts, also auch diejenige für seine Tätigkeit vor einem Verwaltungs-, Sozial-, Finanzgericht.

Unberührt bleibt diejenige Vergütung, die ein Anwalt auf Grund einer besonderen *bürgerlichrechtlichen oder prozeßrechtlichen Stellung* erhält, zB: Als Vormund; als Betreuer; als Testamentsvollstrecker; als Insolvenzverwalter; als Schiedsrichter. Vgl insofern § 1 II RVG. 10

Die Rechtsbeziehungen zwischen einem Anwalt und seinem Auftraggeber richten sich nach dem *bürgerlichen Recht.* Nach richtiger Ansicht ist das Auftragsverhältnis des Anwalts zu seinem Auftraggeber grundsätzlich ein Dienstvertrag, der eine Geschäftsbesorgung zum Gegenstand hat. Ein Werkvertrag liegt nach Grdz 3 vor § 1 RVG nur insoweit vor, als der Auftraggeber ein Gutachten des Anwalts bestellt. 11

Im *Außenverhältnis* zum Prozeßgegner und zum Gericht kommt es jedoch im Rahmen eines Rechtsstreits vor allem auf den Umfang der Prozeßvollmacht an, also im Zivilprozeß auf denjenigen der Vollmacht nach § 80 ZPO. In einer Strafsache gibt die StPO Vorschriften über die Stellung des Verteidigers oder des Bevollmächtigten oder Beistands des Privat- oder Nebenklägers, ebenso wegen der Wirkung nach außen.

Die Stellung des Anwalts ähnelt in gewissem Umfang derjenigen eines *Beamten.* Seine Rechte und Pflichten ergeben sich insofern wesentlich auch aus dem RVG. Diese geht als Sonderrecht den zivilrechtlichen Bestimmungen vor. 12

Das RVG ordnet in erster Linie die *gebührenrechtlichen* Beziehungen zwischen dem Anwalt und seinem Auftraggeber. Sie regelt aber auch die Ansprüche des im Verfahren auf die Bewilligung einer Prozeß- oder Verfahrenskostenhilfe nach §§ 114ff

5

ZPO, 76 FamFG beigeordneten Anwalts und des Pflichtverteidigers gegen die Staatskasse nach §§ 45 ff RVG. Eine weitere Anspruchsgrundlage für den Anwalt enthält § 44 RVG bei einer Beratungshilfe.

13 B. **Erstattungsfähigkeit,** dazu *von Eicken,* Erstattungsfähige Kosten und Erstattungsverfahren, 5. Aufl 1990; *Schneider/Thiel,* ABC der Kostenerstattung, 3. Aufl 2014: Die Erstattungsfähigkeit der Kosten richtet sich nach der jeweils in Betracht kommenden *Verfahrensordnung.*

14 **C. Prozeßwirtschaftlichkeit.** Der Grundsatz der Prozeßwirtschaftlichkeit nach BLAH Grdz 14 vor § 128 ZPO gilt auch für die Anwaltskosten. Er hat folgende Auswirkungen: Aus dem bürgerlichrechtlichen Dienst- oder Werkvertrag folgt bereits, daß der Anwalt seiner Partei gegenüber die Kosten möglichst niedrig halten muß. Aus dem Prozeßrechtsverhältnis nach BLAH Grdz 4 vor § 128 ZPO folgt diese Pflicht für jede Partei nach BLAH Grdz 4 vor § 50 ZPO gegenüber dem Prozeßgegner. Daher muß auch der Anwalt als ProzBev einer Partei nach § 81 ZPO den Grundsatz der Prozeßwirtschaftlichkeit gegenüber dem Prozeßgegner beachten.

15 **3) Gerichtsvollzieherkosten.** Sie regelt das GvKostG, Teil XI dieses Buchs. Es handelt sich um diejenigen Kosten, die das Gesetz für die Tätigkeit eines Gerichtsvollziehers erhebt und grundsätzlich bundesrechtlich regelt.

Die Gerichtsvollzieherkosten werden *zugunsten der Staatskasse* erhoben. Der Gerichtsvollzieher erhält zu seinem festen Gehalt hiervon einen Teil und außerdem eine Entschädigung zum Ausgleich des Dienstaufwands nach dem Landesrecht.

16 Der Gerichtsvollzieher ist ein *Beamter.* Seine Handlung ist eine Amtshandlung. Das Gesetz spricht gleichwohl von einem Auftrag. Es kommt aber kein Dienstvertrag oder Werkvertrag zustande. Dem entsprechend haftet das jeweilige Bundesland für eine objektiv rechtswidrige Amtshandlung des Gerichtsvollziehers nach Art 34 GG, § 839 BGB.

Auch das GvKostG unterscheidet zwischen *Gebühren und Auslagen.* Auch insofern entsteht eine Gebühr nach § 1 I GvKostG nur, soweit das Gesetz sie als solche vorsieht.

17 **4) Notarkosten.** Über die Kosten der Notare §§ 85 ff GNotKG, KVfG 32000 ff, Teil III dieses Buchs.

18 **5) Kosten registrierter Personen.** Die Gebühren und Auslagen registrierter Erlaubnisinhaber usw regelt § 4 RDGEG, Teil XII A dieses Buchs.

19 **6) Kosten ehrenamtlicher Richter.** Vgl das JVEG, Teil V dieses Buchs sowie § 107 GVG (Handelsrichter), Teil VI dieses Buchs.

20 **7) Kosten der Zeugen, Dolmetscher, Übersetzer und Sachverständigen.** Sie regelt das JVEG, Teil V dieses Buchs.

21 **8) Sonstige Kosten.** Wegen der Kosten der Zwangsvollstreckung nach der AO gilt das Gesetz vom 12. 4. 61, BGBl 429, zuletzt geändert durch Gesetz vom 20. 5. 75, BGBl 1119. Das BGebG v 7. 8. 13, BGBl 3154, dazu Schlabach MDR **13**, 1443 (Üb), gilt nach Art 1 § 2 II Z 3, 7, III nicht für Kosten der Bundesbehörden der Justiz- und Gerichtsverwaltung, nach der BRAO, der PartAnwO, der BNotO, der WPrO, dem StBG und nach dem EU-Recht.

I. A. Gerichtskostengesetz (GKG)

in der Fassung der Neubek v 27. 2. 14, BGBl 154, zuletzt geändert
dch Art 2 VII G v 18. 7. 2017, BGBl 2739

Grundzüge

Schrifttum: *Binz/Dörndorfer/Petzold/Zimmermann,* GKG, FamGKG, JVEG, Kommentar, 3. Aufl 2014 (Bespr *Volze* NJW **14**, 3081); *Bonefeld,* Gebührenabrechnung familien- und erbrechtlicher Mandate nach dem RVG und GKG, 2004; *Hansens* AnwBl **04**, 142 (Üb); *Jungbauer,* RVG und GKG für Rechtsanwalts-Fachangestellte, 6. Aufl 2014; *Kroiß* NJW **15**, 454 (Rspr-Üb); *Lorenz,* InsVV – GKG – RVG, 3. Aufl 2016; *Lutz,* Gerichtskosten- und Rechtsanwaltsvergütungsgesetz, 6. Aufl 2014; *Meyer,* GKG/FamGKG (Kommentar), 16. Aufl 2018; *Meyer* JB **13**, 526 (Üb zum 2. KostRModG); *Oestreich/Hellstab/Trenkle,* GKG, FamGKG, Kommentar (Loseblattwerk), seit 2010; *Petzold/von Seltmann,* Das neue Kostenrecht, 2004; *Reimann* FamRZ **13**, 1257 (Üb); *Schäfer/Göbel,* Das neue Kostenrecht in Arbeitssachen, 2004; *Weigelt,* Kosten Zivilsachen GKG usw, 20. Aufl 2015.

Gliederung

1) Geschichtliches	1, 2
2) Amtliche Übersicht	3, 4
3) Sachlicher Geltungsbereich	5–8
4) Persönlicher Geltungsbereich	9
5) Grundsätzliche Kostenpflicht; Gebührenhöhe	10
6) Amtliche Überschriften	11

1) Geschichtliches. Über die Entwicklung bis November 2016 siehe 47. Aufl. **1**
Weitere Änderungen ergaben sich durch **2**
– das Gesetz zur Durchführung der Verordnung (EU) Nr 655/2014 sowie zur Änderung sonstiger zivilprozessualer, grundbuchrechtlicher und vermögensrechtlicher Vorschriften und zur Änderung der Justizbeitreibungsordnung (EuKoPfVODG) vom 21. 11. 16, BGBl 2591;
– das Gesetz zur Änderung der Vorschriften zur Vergabe von Wegenutzungsrechten zur leistungsgebundenen Energieversorgung vom 27. 1. 17, BGBl 130;
– das Gesetz zur Erleichterung der Bewältigung von Konzerninsolvenzen vom 13. 4. 17, BGBl 866;
– das Gesetz zur Reform der strafrechtlichen Vermögensabschöpfung vom 14. 4. 17, BGBl 872;
– das Gesetz zur Durchführung der Verordnung (EU) 2015/848 über Insolvenzverfahren vom 5. 6. 17, BGBl 1476;
– das Zweite Gesetz zur Novellierung von Finanzmarktvorschriften auf Grund europäischer Rechtsakte (Zweites Finanzmarktnovellierungsgesetz – 2. FiMaNoG) vom 23. 6. 17, BGBl 1693.

(Amtliche) Inhaltsübersicht **3**

Abschnitt 1. Allgemeine Vorschriften

	§§
Geltungsbereich	1
Kostenfreiheit	2
Höhe der Kosten	3
Verweisungen	4
Verjährung, Verzinsung	5
Elektronische Akte, elektronisches Dokument	5 a
Rechtsbehelfsbelehrung	5 b

Abschnitt 2. Fälligkeit

Fälligkeit der Gebühren im Allgemeinen	6
Zwangsversteigerung und Zwangsverwaltung	7
Strafsachen, Bußgeldsachen	8
Fälligkeit der Gebühren in sonstigen Fällen, Fälligkeit der Auslagen	9

Abschnitt 3. Vorschuss und Vorauszahlung

Grundsatz für die Abhängigmachung	10

GKG Grdz   I. A. Gerichtskostengesetz

	§§
Verfahren nach dem Arbeitsgerichtsgesetz	11
Verfahren nach der Zivilprozessordnung	12
Verfahren wegen überlanger Gerichtsverfahren und strafrechtlicher Ermittlungsverfahren	12 a
Verteilungsverfahren nach der Schifffahrtsrechtlichen Verteilungsordnung	13
Ausnahmen von der Abhängigmachung	14
Zwangsversteigerungs- und Zwangsverwaltungsverfahren	15
Privatklage, Nebenklage	16
Auslagen	17
Fortdauer der Vorschusspflicht	18

Abschnitt 4. Kostenansatz

Kostenansatz	19
Nachforderung	20
Nichterhebung von Kosten	21

Abschnitt 5. Kostenhaftung

Streitverfahren, Bestätigungen und Bescheinigungen zu inländischen Titeln	22
Insolvenzverfahren	23
Sanierungs- und Reorganisationsverfahren nach dem Kreditinstitute-Reorganisationsgesetz	23 a
Öffentliche Bekanntmachung in ausländischen Insolvenzverfahren	24
Verteilungsverfahren nach der Schifffahrtsrechtlichen Verteilungsordnung	25
Zwangsversteigerungs- und Zwangsverwaltungsverfahren	26
Bußgeldsachen	27
Auslagen in weiteren Fällen	28
Weitere Fälle der Kostenhaftung	29
Erlöschen der Zahlungspflicht	30
Mehrere Kostenschuldner	31
Haftung von Streitgenossen und Beigeladenen	32
Verpflichtung zur Zahlung von Kosten in besonderen Fällen	33

Abschnitt 6. Gebührenvorschriften

Wertgebühren	34
Einmalige Erhebung der Gebühren	35
Teile des Streitgegenstands	36
Zurückverweisung	37
Verzögerung des Rechtsstreits	38

Abschnitt 7. Wertvorschriften

Unterabschnitt 1. Allgemeine Wertvorschriften

Grundsatz	39
Zeitpunkt der Wertberechnung	40
Miet-, Pacht- und ähnliche Nutzungsverhältnisse	41
Wiederkehrende Leistungen	42
Nebenforderungen	43
Stufenklage	44
Klage und Widerklage, Hilfsanspruch, wechselseitige Rechtsmittel, Aufrechnung	45
(weggefallen)	46
Rechtsmittelverfahren	47

Unterabschnitt 2. Besondere Wertvorschriften

Bürgerliche Rechtsstreitigkeiten	48
(weggefallen)	49
Wohnungseigentumssachen	49 a
Bestimmte Beschwerdeverfahren	50
Gewerblicher Rechtsschutz	51
Verfahren nach dem Kapitalanleger-Musterverfahrensgesetz	51 a
Verfahren vor Gerichten der Verwaltungs-, Finanz- und Sozialgerichtsbarkeit	52
Einstweiliger Rechtsschutz und Verfahren nach § 148 Absatz 1 und 2 des Aktiengesetzes	53
Sanierungs- und Reorganisationsverfahren nach dem Kreditinstitute-Reorganisationsgesetz	53 a
Zwangsversteigerung	54
Zwangsverwaltung	55
Zwangsversteigerung von Schiffen, Schiffsbauwerken, Luftfahrzeugen und grundstücksgleichen Rechten	56
Zwangsliquidation einer Bahneinheit	57
Insolvenzverfahren	58
Verteilungsverfahren nach der Schifffahrtsrechtlichen Verteilungsordnung	59
Gerichtliche Verfahren nach dem Strafvollzugsgesetz, auch in Verbindung mit § 92 des Jugendgerichtsgesetzes	60

Unterabschnitt 3. Wertfestsetzung

Angabe des Werts	61

	§§
Wertfestsetzung für die Zuständigkeit des Prozessgerichts oder die Zulässigkeit des Rechtsmittels	62
Wertfestsetzung für die Gerichtsgebühren	63
Schätzung des Werts	64
Wertfestsetzung in gerichtlichen Verfahren nach dem Strafvollzugsgesetz, auch in Verbindung mit § 92 des Jugendgerichtsgesetzes	65

Abschnitt 8. Erinnerung und Beschwerde

Erinnerung gegen den Kostenansatz, Beschwerde	66
Beschwerde gegen die Anordnung einer Vorauszahlung	67
Beschwerde gegen die Festsetzung des Streitwerts	68
Beschwerde gegen die Auferlegung einer Verzögerungsgebühr	69
Abhilfe bei Verletzung des Anspruchs auf rechtliches Gehör	69 a

Abschnitt 9. Schluss- und Übergangsvorschriften

Verordnungsermächtigung	69 b
(weggefallen)	70
Bekanntmachung von Neufassungen	70 a
Übergangsvorschrift	71
Übergangsvorschrift aus Anlass des Inkrafttretens dieses Gesetzes	72
Übergangsvorschrift für die Erhebung von Haftkosten	73

Anlage 1 (zu § 3 Absatz 1 Satz 3)
Anlage 2 (zu § 34)
Dabei *Redaktionsfehler* des Gesetzgebers bei § 50 hier bereits verbessert.

Eine wichtige Ergänzung gibt die bundeseinheitliche *KostVfg,* die auch Vorschriften für den Kostenbeamten enthält, Teil VII A dieses Buchs. **4**

3) Sachlicher Geltungsbereich. Der sachliche Geltungsbereich des GKG ist nach § 1 begrenzt. Es umfaßt allerdings die Kosten des gerichtlichen Verfahrens nach den in § 1 umfangreich aufgezählten Verfahrensordnungen. **5**

Das Gesetz gilt auch nach *anderen Gesetzen* oder Verordnungen ganz oder teilweise. Es genügt auch eine Verweisung auf eines der in § 1 I 1 genannten anderen Gesetze, zB auf die ZPO in § 11 II 3 RVG, Teil X dieses Buchs. § 12 ArbGG enthält nur noch sehr begrenzte besondere Vorschriften für das Verfahren vor den Arbeitsgerichten, deren Verfahren nach § 1 II Z 4 grundsätzlich voll dem GKG unterliegt. **6**

Demgegenüber richten sich die Kosten im Verfahren der *freiwilligen Gerichtsbarkeit,* auch wenn es sich um ein dortiges streitiges Verfahren handelt, nach dem FamGKG, Teil I B dieses Buchs, oder nach dem GNotKG, Teil III dieses Buchs. Das gilt auch dann, wenn das FamFG auf die ZPO verweist. **7**

Wegen der Kosten des Rechtsbeschwerde- und Berufungsverfahrens vor dem BGH in einer *Patentsache* nach §§ 102 II, 110 II PatG, abgedruckt im Anh KV 1252, verweist das Gesetz ausnahmsweise ebenfalls auf das GKG, BGH GRUR **84**, 38. Für Auslagen im Verfahren vor dem BPatG ist das GKG nach § 1 PatKostG, Teil II C dieses Buchs, direkt anwendbar. Sondervorschriften enthalten zB wegen des berufsgerichtlichen Verfahrens die in SchlAnh F–M abgedruckten Vorschriften nebst Gebührenverzeichnissen. Wegen des VG-Richtlinie-Umsetzungsgesetzes § 48 Anh IV. **8**

4) Persönlicher Geltungsbereich. Das GKG regelt ausschließlich das Verhältnis des Kostenschuldners zur Staatskasse. Die kostenrechtlichen Beziehungen der Prozeßbeteiligten untereinander, zB die Frage, inwieweit ein Anspruch auf eine Kostenerstattung besteht, ergeben sich aus den Prozeßordnungen. **9**

5) Grundsätzliche Kostenpflicht; Gebührenhöhe. Regelmäßig ist ein gerichtliches Verfahren kostenpflichtig. Der Bund und die Länder erheben für die Tätigkeit ihrer Gerichte eine Abgabe. Sie soll besonders in Zivilsachen die Kosten einigermaßen abdecken. **10**

Die *Höhe* der Gebühren richtet sich im Zivilprozeß und im Verfahren nach dem FamFG, nach der VwGO sowie nach der FGO nach dem Streitwert. Im Strafverfahren richtet sich die Höhe der Gebühren nach der zuerkannten Strafe, im Verfahren nach dem OWiG nach der Geldbuße. Vgl auch Einl II A 4.

6) Amtliche Überschriften. Die Überschriften sind Teile des Gesetzes. **11**

Abschnitt 1. Allgemeine Vorschriften

Übersicht

1 1) **Systematik.** Abschnitt 1 gibt eine Reihe von Vorschriften für das ganze Gebiet der Gerichtskosten. Er enthält aber keineswegs alle gemeinsamen Vorschriften. Solche finden sich vielmehr auch in den weiteren Abschnitten.

Geltungsbereich

1 $^{I\ 1}$Für Verfahren vor den ordentlichen Gerichten
1. nach der Zivilprozessordnung, einschließlich des Mahnverfahrens nach § 113 Absatz 2 des Gesetzes über das Verfahren in Familiensachen und in den Angelegenheiten der freiwilligen Gerichtsbarkeit und der Verfahren nach dem Gesetz über das Verfahren in Familiensachen und in den Angelegenheiten der freiwilligen Gerichtsbarkeit, soweit das Vollstreckungs- oder Arrestgericht zuständig ist;
2. nach der Insolvenzordnung und dem Einführungsgesetz zur Insolvenzordnung;
3. nach der Schifffahrtsrechtlichen Verteilungsordnung;
4. nach dem Gesetz über die Zwangsversteigerung und die Zwangsverwaltung;
5. nach der Strafprozessordnung;
6. nach dem Jugendgerichtsgesetz;
7. nach dem Gesetz über Ordnungswidrigkeiten;
8. nach dem Strafvollzugsgesetz, auch in Verbindung mit § 92 des Jugendgerichtsgesetzes;
9. nach dem Gesetz gegen Wettbewerbsbeschränkungen;
10. nach dem Wertpapiererwerbs- und Übernahmegesetz, soweit dort nichts anderes bestimmt ist;
11. nach dem Wertpapierhandelsgesetz;
12. nach dem Anerkennungs- und Vollstreckungsausführungsgesetz;
13. nach dem Auslandsunterhaltsgesetz, soweit das Vollstreckungsgericht zuständig ist;
14. für Rechtsmittelverfahren vor dem Bundesgerichtshof nach dem Patentgesetz, dem Gebrauchsmustergesetz, dem Markengesetz, dem Designgesetz, dem Halbleiterschutzgesetz und dem Sortenschutzgesetz (Rechtsmittelverfahren des gewerblichen Rechtsschutzes);
15. nach dem Energiewirtschaftsgesetz;
16. nach dem Kapitalanleger-Musterverfahrensgesetz;
17. nach dem EG-Verbraucherschutzdurchsetzungsgesetz;
18. nach Abschnitt 2 Unterabschnitt 2 des Neunten Teils des Gesetzes über die internationale Rechtshilfe in Strafsachen;
19. nach dem Kohlendioxid-Speicherungsgesetz;
20. nach Abschnitt 3 des Internationalen Erbrechtsverfahrensgesetzes vom 29. Juni 2015 (BGBl. I S. 1042);
21. nach dem Zahlungskontengesetz und
22. nach dem Wettbewerbsregistergesetz.

werden Kosten (Gebühren und Auslagen) nur nach diesem Gesetz erhoben. ^{2}Satz 1 Nummer 1, 6 und 12 gilt nicht in Verfahren, in denen Kosten nach dem Gesetz über Gerichtskosten in Familiensachen zu erheben sind.

^{II} Dieses Gesetz ist ferner anzuwenden für Verfahren
1. vor den Gerichten der Verwaltungsgerichtsbarkeit nach der Verwaltungsgerichtsordnung;
2. vor den Gerichten der Finanzgerichtsbarkeit nach der Finanzgerichtsordnung;

Abschnitt 1. Allgemeine Vorschriften   § 1 GKG

3. vor den Gerichten der Sozialgerichtsbarkeit nach dem Sozialgerichtsgesetz, soweit nach diesem Gesetz das Gerichtskostengesetz anzuwenden ist;
4. vor den Gerichten für Arbeitssachen nach dem Arbeitsgerichtsgesetz und
5. vor den Staatsanwaltschaften nach der Strafprozessordnung, dem Jugendgerichtsgesetz und dem Gesetz über Ordnungswidrigkeiten.

III Dieses Gesetz gilt auch für Verfahren nach
1. der Verordnung (EG) Nr. 861/2007 des Europäischen Parlaments und des Rates vom 11. Juli 2007 zur Einführung eines europäischen Verfahrens für geringfügige Forderungen,
2. der Verordnung (EG) Nr. 1896/2006 des Europäischen Parlaments und des Rates vom 12. Dezember 2006 zur Einführung eines Europäischen Mahnverfahrens,
3. der Verordnung (EU) Nr. 1215/2012 des Europäischen Parlaments und des Rates vom 12. Dezember 2012 über die gerichtliche Zuständigkeit und die Anerkennung und Vollstreckung von Entscheidungen in Zivil- und Handelssachen,
4. der Verordnung (EU) Nr. 655/2014 des Europäischen Parlaments und des Rates vom 15. Mai 2014 zur Einführung eines Verfahrens für einen Europäischen Beschluss zur vorläufigen Kontenpfändung im Hinblick auf die Erleichterung der grenzüberschreitenden Eintreibung von Forderungen in Zivil- und Handelssachen wenn nicht das Familiengericht zuständig ist und
5. der Verordnung (EU) 2015/848 des Europäischen Parlaments und des Rates vom 20. Mai 2015 über Insolvenzverfahren.

IV Kosten nach diesem Gesetz werden auch erhoben für Verfahren über eine Beschwerde, die mit einem der in den Absätzen 1 bis 3 genannten Verfahren im Zusammenhang steht.

V Die Vorschriften dieses Gesetzes über die Erinnerung und die Beschwerde gehen den Regelungen der für das zugrunde liegende Verfahren geltenden Verfahrensvorschriften vor.

Vorbem. 2, III Z 3, 4 geändert, III Z 5 angefügt, I 1 Z 20 angefügt dch Art 12 Z 1 G v 29. 6. 15, BGBl 1042, in Kraft seit 17. 8. 15, Art 22 I G. Ferner I 1 Z 21 angefügt dch Art 8 G v 11. 4. 16, BGBl 720, in Kraft seit 18. 6. 16, Art 9 IV G. Schließlich III Z 2, 3 geändert, Z 4 angefügt dch Art 9 Z 1 a–c EuKoPfVODG v 21. 11. 16, BGBl 2591, in Kraft seit 18. 1. 17, Art 21 I G, I 1 Z 3, 4 geändert, Z 5 angefügt dch Art 4 G v 5. 6. 17, BGBl 1476, in Kraft seit 26. 6. 17, Z 9 I G. Sodann I 1 Z 22 angefügt dch Art 2 VII Z 1 a–c G v 18. 7. 17, BGBl 2739, in Kraft seit dem Inkrafttreten der in Art 3 II lt Hs G in Bezug genommene RVO nach § 10 des Wettbewerbsregistergesetzes. ÜbergangsR jeweils § 71 GKG.

Gliederung

1) Systematik, I–V	1
2) Regelungszweck, I–V	2
3) Ordentliche Gerichte, I–V	3–5
A. Geltungsbereich, I 1 Z 1–22	3
B. Begriff des ordentlichen Gerichts	4, 5
4) Rechtsmittelverfahren des gewerblichen Rechtsschutzes, I 1 Z 14	6
5) Vorrang des FamGKG, I 2	7
6) Verwaltungsgerichte, II Z 1	8
7) Finanzgerichte, II Z 2	9
8) Sozialgerichte, II Z 3	10
9) Arbeitsgerichte, II Z 4	11
10) Staatsanwaltschaft nach der StPO, dem JGG und dem OWiG, II Z 5	12
11) Sonstige Verfahrensarten, II Z 1–5	13
12) Kostenbegriff, I, II	14
13) Kostenerhebung „nur nach diesem Gesetz", I 1	15, 16
A. Ausschließlichkeit der Justizsteuer	15
B. Grundsatz der (bedingten) Kostenfreiheit	16
14) Kostenentstehung, I, II	17
15) EU-Verfahren, III	18
16) Beschwerdekosten im Nebenverfahren, IV	19
17) Vorrang des GKG bei Rechtsbehelfen, V	20

GKG § 1   I. A. Gerichtskostengesetz

1   **1) Systematik, I–V.** § 1 regelt zwei grundsätzliche Fragen. Die Vorschrift bestimmt den Geltungsbereich des GKG. Sie stellt außerdem in I 1 den grundlegenden Satz auf, daß sämtliche gerichtliche Handlungen kostenfrei sind, soweit das Gesetz einschließlich seines Kostenverzeichnisses (KV) oder ein anderes Bundesgesetz nichts anderes vorschreibt, BGH RR **06**, 1003, Karlsr Rpfleger **89**, 172, LG Bln JB **13**, 263.

2   **2) Regelungszweck, I–V.** Die Vorschrift soll einerseits klarstellen, daß der Staat nicht umsonst arbeitet. Sie soll andererseits die Grenzen der finanziellen Belastbarkeit des Bürgers verdeutlichen. Beides dient der Kostengerechtigkeit und der Rechtssicherheit nach BLAH Einl III 43, und damit auch der Prozeßwirtschaftlichkeit nach BLAH Grdz 14, 15 vor § 128 ZPO. Man muß vor allem das in Wahrheit vorliegende Prinzip der Kostenfreiheit mangels einer gesetzlichen Kostenvorschrift nach Rn 1 bei der Auslegung mitbeachten. Es führt grundsätzlich zu einer engen Auslegung, soweit es um die Kostenbelastung geht, BGH RR **06**, 1003. Das gilt auch im KV, Brdb FamRZ **99**, 1293.

3   **3) Ordentliche Gerichte, I 1.** Man muß den Geltungsbereich und den Begriff des ordentlichen Gerichts unterscheiden.

   A. Geltungsbereich, I 1 Z 1–22. Das GKG ist nur dann anwendbar, wenn es sich um eine nach § 3 I EGZPO vor ein ordentliches Gericht gehörende Rechtssache handelt und wenn auf diese Rechtssache eine der im Gesetz abschließend genannten Verfahrensordnungen anwendbar ist, also: ZPO; InsO; EGInsO; SVertO; ZVG; StPO, BGH NJW **00**, 1128; JGG; OWiG; StVollzG (vgl aber für Verwaltungskosten die JVKostG, Teil VIII A dieses Buchs), GWB, WpÜG, WpHG; AVAG; AUG, soweit vor dem Vollstreckungsgericht; Rechtsmittel des gewerblichen Rechtsschutzes; EnWG; KapMuG; EG-Verbraucherschutz; IStHG; KSpG; IntErbRVG; ZKG; WbRegG. Das GVG ist nicht genannt. Daher bleibt eine Beschwerde in einem Ordnungsmittelverfahren nach § 181 GVG kostenfrei. Auch im Bereich außerhalb von Z 13 zählt auch ein Rechtsmittelverfahren hierher.

   Es ist unerheblich, ob sich die Anwendbarkeit eine der vorgenannten Verfahrensordnungen durch früheres *Reichsrecht,* durch Bundesrecht oder durch Landesrecht gründet. Soweit ein Verfahren vor einer Verwaltungsbehörde stattfindet, gilt das GKG nicht.

   Wegen des Verfahrens vor dem *BVerfG* § 34 I BVerfGG (Grundsatz der Kostenfreiheit), ferner § 34 II, III BVerfGG (Mißbrauchsgebühr), letztere abgedruckt bei § 38 GKG Anh. Wegen des Verfahrens vor einem Entschädigungsgericht § 225 BEG.

4   **B. Begriff des ordentlichen Gerichts.** Zu den ordentlichen Gerichten zählen das AG, das LG, das OLG und der BGH, § 12 GVG, auch das Staatsgericht im schiedsrichterlichen Verfahren nach §§ 1025 ff ZPO, nicht auch ein Patentgericht, BPatG GRUR **92**, 691. Es kommt darauf an, ob ein Verfahren nach den genannten Verfahrensordnungen vor einem dieser Gerichte stattfindet oder stattfinden soll. Es ist unerheblich, ob dieses Gericht gesetzwidrig besetzt ist, es sei denn, daß eine nichtige Amtshandlung vorliegt, eine Scheinentscheidung nach BLAH Üb 11 vor § 300 ZPO, die nur das Gewand, aber nicht das Wesen einer Entscheidung hat, zB ein nicht verkündetes Urteil oder eine Beweisaufnahme durch einen Nichtrichter. Eine bloße Mangelhaftigkeit der Amtshandlung schadet nicht, BLAH Üb 19 vor § 300 ZPO. Die Beteiligung eines Dritten reicht, auch solche in einem bloßen Nebenverfahren oder Zwischenstreit.

5   Deshalb ist es auch unerheblich, ob das ordentliche Gericht tatsächlich *zuständig* ist und ob der *ordentliche Rechtsweg* statthaft ist.

   Keineswegs wird das GKG dadurch anwendbar, daß ein Gesetz das Verfahren gelegentlich unter einer *entsprechenden Anwendung der ZPO* ordnet, Mü MDR **87**, 856. Nicht hierher gehört auch zB die Vergütung des durch einen Vergleich berufenen Vorsitzenden einer Schiedskommission usw, Hamm Rpfleger **75**, 331.

6   **4) Rechtsmittelverfahren des gewerblichen Rechtsschutzes, I 1 Z 14.** Das GKG gilt auch für die Kosten im Rechtsmittelverfahren vor dem BGH in den in I 1 Z 14 genannten Sachen.

7   **5) Vorrang des FamGKG, I 2.** Bei I 1 Z 1, 6, 12 hat das FamGKG, Teil I B dieses Buchs, den Vorrang. Das gilt aber nur, soweit es auch den Fall mit einer „Kostenerhebung" regelt. Andernfalls kann § 1 anwendbar bleiben.

8   **6) Verwaltungsgerichte, II Z 1.** Wie die Vorschrift ausdrücklich bestimmt, gilt das GKG nur, soweit ein Gericht der Verwaltungsgerichtsbarkeit in einem solchen

Abschnitt 1. Allgemeine Vorschriften § 1 GKG

Verfahren tätig wird, auf das die VwGO anwendbar ist, also zB nicht in einem Verfahren nach dem PersVertrG und nicht in einem Verfahren nach dem VerwVerfG oder nach dem GrundsicherungsG, BVerwG NVwZ-RR **05**, 419.

7) Finanzgerichte, II Z 2. Wie die Vorschrift ausdrücklich bestimmt, gilt das 9 GKG nur, soweit ein Gericht der Finanzgerichtsbarkeit in einem solchen Verfahren tätig wird, auf das die FGO anwendbar ist. Dann aber gilt auch eben nur das GKG, BFH BB **89**, 619, Just DStR **08**, Heft 40 Beilage. Daher ist zB § 135 V 1, 2 FGO unanwendbar geworden, BFH BB **89**, 619. Bei mehreren Kostenschuldnern gilt also nur die gesamtschuldnerische Haftung nach (jetzt) § 32, soweit nicht das Gericht in der Kostengrundentscheidung wie nach BLAH Üb 35 vor § 91 ZPO eine andere Regelung trifft, BFH BB **89**, 619.

8) Sozialgerichte, II Z 3. Die Vorschrift macht das GKG ausdrücklich auch für 10 die Sozialgerichtsbarkeit anwendbar, soweit das SGG auf das GKG verweist. Vgl KV 7110 ff sowie §§ 183 ff SGG, letztere erläutert im Teil II B dieses Buchs. Im Mahnverfahren gilt § 182a SGG.

9) Arbeitsgerichte, II Z 4. Wie die Vorschrift ausdrücklich bestimmt, gilt das 11 GKG auch voll und weitgehend unabhängig vom restlichen § 12 ArbGG, Teil II A dieses Buchs, vor den Gerichten für Arbeitssachen, also vor dem ArbG, dem LAG oder dem BAG nach § 1 ArbGG. Das gilt freilich nur, soweit auf das Verfahren das ArbGG anwendbar ist, wie Z 5 klarstellt. Dann aber gilt auch eben nur das GKG.

10) Staatsanwaltschaft nach der StPO, dem JGG und dem OWiG, II Z 5. In 12 Betracht kommen im Verfahren nach dem OWiG anders als in den übrigen Verfahren sowohl Gebühren zB bei der Entscheidung über die Halterhaftung nach § 25a StVG als auch Auslagen zB bei der Entscheidung über die Anerkennung der entsprechenden Anwaltskosten als notwendige Auslagen nach § 109a OWiG.

Die Staatsanwaltschaft ist kein „ordentliches Gericht", überhaupt kein *„Gericht"*. Trotzdem ist das GKG auf das Verfahren vor ihr anwendbar. Das stellt II Z 5 jetzt nicht nur für das OWiG klar, OVG Kblz NJW **07**, 2426, sondern auch für die übrige Tätigkeit der Staatsanwaltschaft nach der StPO und dem JGG. Das ergibt sich ja auch aus dem Sinn und Zweck des § 1.

In Betracht kommen können insoweit auch *Auslagen*, KV 9015, 9016, auch im Rahmen von §§ 161, 163 StPO solche eines von der Staatsanwaltschaft herangezogenen Dritten.

Nicht hierher gehören Kosten der Staatsanwaltschaft, soweit sie nur in einem Verwaltungsverfahren tätig wird. Dann gilt § 107 OWiG.

11) Sonstige Verfahrensarten, II Z 1–5. Das GKG ist in den vom FamGKG 13 nach Teil I B dieses Buchs geregelten Verfahrensarten unanwendbar.

Das GKG ist *ferner unanwendbar:* Im Ehrengerichtsverfahren; im Disziplinarverfahren, BGH RR **06**, 1003, LG Lpz DRiZ **07**, 50; im Dienstaufsichtsverfahren; im Verfahren vor einer anderen Amtsstelle, etwa vor einer Polizeibehörde.

Wenn die Parteien in einem Prozeßvergleich nach BLAH Anh § 307 ZPO das Gericht bitten, den Vorsitzenden einer *Gutachterkommission* zu bestellen, und wenn der letztere eine Entschädigung erhält, liegen keine Gerichtskosten vor, Hamm Rpfleger **75**, 331.

12) Kostenbegriff, I, II. Kosten sind nach der Klammer in I 1 Gebühren und 14 Auslagen, BGH **98**, 320, Hbg FamRZ **88**, 537. Über den Unterschied Einl II A 6 ff.

13) Kostenerhebung „nur nach diesem Gesetz", I 1. Unter dieser Ein- 15 schränkung muß man die folgenden Gesichtspunkte verstehen.

A. Ausschließlichkeit der Justizsteuer. Der Staat ist in seinem Anspruch aus einer gerichtlichen Handlung auf die Zahlung von Gebühren und Auslagen des GKG angewiesen. Insofern besteht eine weitere Einschränkung durch §§ 114 ff ZPO bei der Prozeßkostenhilfe. Der Staat darf einer Partei unter keinem Vorwand für ihre bloße Akteneinsicht eine Gebühr abfordern, auch nicht nach dem Abschluß des Verfahrens.

B. Grundsatz der (bedingten) Kostenfreiheit. Alle gerichtlichen Handlungen 16 sind gebühren- und auslagenfrei, soweit nicht ein Bundesgesetz eine Kostenpflicht vorsieht, BGH FamRZ **07**, 1008. Solche Kostenpflicht enthalten Vorschriften des GKG einschließlich des KV, KG MDR **84**, 593, Karlsr Rpfleger **89**, 172, LG Kblz Rpfleger **86**, 54.

GKG §§ 1, 2 I. A. Gerichtskostengesetz

Eine Kostenpflicht kann auch ein *anderes Bundesgesetz* enthalten, KG MDR **84**, 593, LG Kblz Rpfleger **86**, 450. Denn natürlich gilt zB § 92 I 2 ZPO neben dem GKG. Die Vorschriften über die Prozeßkostenhilfe gehen dem GKG vor. Es besteht daher die Notwendigkeit einer engen Auslegung von kostenbringenden Vorschriften und einer weiten Auslegung von kostenermäßigenden oder -befreienden Vorschriften. Denn die ersteren sind systematisch schon gewisse Ausnahmen vom „eigentlichen" Grundsatz der Kostenfreiheit, selbst wenn die Praxis ihn fast ins Gegenteil durchlöchert hat. Es besteht also auch ein bedingtes Verbot der Analogie, Karlsr Rpfleger **89**, 172.

Ein Ersuchen *ins Ausland* ist eine Verwaltungshandlung. Daher ist insofern die Erhebung einer Verwaltungsgebühr statthaft.

17   **14) Kostenentstehung, I, II.** Die Worte „werden erhoben" in I 1 bedeuten: „entstehen". Über die Einziehung JBeitrO, Teil IX A dieses Buchs. Über die Verjährung § 5.

18   **15) EU-Verfahren, III.** Auch für die Verfahren nach III Z 1, 2 gilt das GKG. Zur VO (EG) Nr 861/2007 BLAH Einf 3 vor § 1097 ZPO. Zur VO (EG) Nr 1896/2006 BLAH Einf 3 vor § 1086 ZPO. Zur VO (EU) Nr 1215/2012 BLAH SchlAnh V C 2, ferner §§ 1110–1117 ZPO. Zur VO (EU) Nr 655/2014 BLAH Einf 3 vor § 946 ZPO.

19   **16) Beschwerdekosten im Nebenverfahren, IV.** Die Vorschrift stellt wie § 1 IV GNotGK klar, daß auch ein solches Beschwerdeverfahren dem GKG unterfällt, das ein bloßes Nebenverfahren darstellt, etwa bei § 33 III RVG, dort Rn 32, Teil X dieses Buchs, oder bei einer Rechtshilfe nach § 159 I 2, 3 GVG oder bei einer Ungebühr nach § 181 GVG, BGH NJW **00**, 1128.

17) Vorrang des GKG bei Rechtsbehelfen, V. Er gilt bei §§ 66–69.

Kostenfreiheit

2 ^{I} ^{1}In Verfahren vor den ordentlichen Gerichten und den Gerichten der Finanz- und Sozialgerichtsbarkeit sind von der Zahlung der Kosten befreit der Bund und die Länder sowie die nach Haushaltsplänen des Bundes oder eines Landes verwalteten öffentlichen Anstalten und Kassen. ^{2}In Verfahren der Zwangsvollstreckung wegen öffentlich-rechtlicher Geldforderungen ist maßgebend, wer ohne Berücksichtigung des § 252 der Abgabenordnung oder entsprechender Vorschriften Gläubiger der Forderung ist.

^{II} Für Verfahren vor den Gerichten für Arbeitssachen nach § 2a Absatz 1, § 103 Absatz 3, § 108 Absatz 3 und § 109 des Arbeitsgerichtsgesetzes sowie nach den §§ 122 und 126 der Insolvenzordnung werden Kosten nicht erhoben.

^{III} ^{1}Sonstige bundesrechtliche Vorschriften, durch die für Verfahren vor den ordentlichen Gerichten und den Gerichten der Finanz- und Sozialgerichtsbarkeit eine sachliche oder persönliche Befreiung von Kosten gewährt ist, bleiben unberührt. ^{2}Landesrechtliche Vorschriften, die für diese Verfahren in weiteren Fällen eine sachliche oder persönliche Befreiung von Kosten gewähren, bleiben unberührt.

^{IV} ^{1}Vor den Gerichten der Verwaltungsgerichtsbarkeit und den Gerichten für Arbeitssachen finden bundesrechtliche oder landesrechtliche Vorschriften über persönliche Kostenfreiheit keine Anwendung. ^{2}Vorschriften über sachliche Kostenfreiheit bleiben unberührt.

^{V} ^{1}Soweit jemandem, der von Kosten befreit ist, Kosten des Verfahrens auferlegt werden, sind Kosten nicht zu erheben; bereits erhobene Kosten sind zurückzuzahlen. ^{2}Das Gleiche gilt, soweit eine von der Zahlung der Kosten befreite Partei Kosten des Verfahrens übernimmt.

Vorbem. II sprachlich geändert dch die Neubek v 27. 2. 14, BGBl 154; ÜbergangsR § 71 GKG.

Gliederung

1) Systematik, I–V 1–3
2) Regelungszweck, I–V 4
3) Kostenfreiheit, I 5–10
   A. Bund, Länder, I 1 5
   B. Öffentliche Anstalt, Kasse, I 1 6

Abschnitt 1. Allgemeine Vorschriften **§ 2 GKG**

    C. Vollstreckung einer öffentlichrechtlichen Geldforderung, I 2 7
    D. Beispiele zur Frage einer Kostenfreiheit nach I 8–10
4) Arbeitsrechtliche Kostenfreiheit, II 11
5) Bundesrechtliche Kostenfreiheit, III 1 .... 12, 13
    A. Unabhängigkeit von I 12
    B. Beispiele zur Frage einer vollen oder teilweisen Kostenfreiheit nach III 1 13
6) Landesrechtliche Kostenfreiheit, III 2 .... 14, 15
7) Teilweise Kostenfreiheit, IV 16–19
    A. Allgemeines 17
    B. Europarecht 18
    C. Kirche 19
8) Bedeutung der Kostenfreiheit, V 20–26
    A. Grundsatz 20, 21
    B. Streitgenosse, Streithelfer 22, 23
    C. Rückzahlung 24, 25
    D. Zweitschuldnerhaftung 26
9) Auslagenfreiheit, I–V 27

1) Systematik, I–V. Kostenfreiheit bedeutet nach Einl II 1 Befreiung von Ge- **1**
bühren und Auslagen. Die Kostenfreiheit kann sachlich oder persönlich vorliegen. Sie
kann sich nämlich auf die Art des Vorgangs oder auf eine an ihm beteiligte natürliche
oder juristische Person beziehen. Sie kann auf dem Bundesrecht oder auf einem Landesrecht beruhen. I–IV betrifft die Wirkungen für den Befreiten, (jetzt) V betrifft diejenigen für den Gegner, Kblz JB **77**, 1779.

§ 2 bezieht sich nur auf solche Kosten, die man von vornherein nach § 1 dem *Gerichts-* **2**
fiskus schuldet, nicht aber auf diejenigen Kosten, die der Verlierer dem Sieger erstatten
muß. Daher muß ein unterliegendes Bundesland die Kosten des im Verfahren auf die
Bewilligung einer Prozeßkostenhilfe beigeordneten Anwalts des Gegners erstatten.

I, III erfassen die Verfahren vor den ordentlichen Gerichten und vor den Gerichten **3**
der Finanz- und Sozialgerichtsbarkeit. *II* erfaßt die dort abschließend genannten Arbeitsgerichtssachen. *IV* erfaßt die Verfahren vor den Gerichten der Verwaltungsgerichtsbarkeit und der Arbeitsgerichtsbarkeit, LAG Stgt Rpfleger **81**, 371 (die Vorschrift ist verfassungsgemäß). *V* erfaßt sämtliche in I–IV genannten Verfahren. Wegen
des Verhältnisses zu § 13 Rn 17, Teil V dieses Buchs.

Wegen der *Kirchen* Rn 19.

2) Regelungszweck, I–V. Die Vorschrift hat ihre Ursache in der Pflicht, den **4**
Aufwand für die Errichtung und Unterhaltung der Gerichtsorganisation als Träger der
Justizhoheit zu bezahlen, BGH Rpfleger **82**, 81, KG JB **96**, 42.

3) Kostenfreiheit, I. Das ist die Befreiung von der Pflicht zur Zahlung von Ge- **5**
bühren und Auslagen nach § 1. Sie hat in ihrem Umfang natürlich grundsätzlich
auch die Befreiung von der Pflicht zur Vorauszahlungspflicht zur Folge. Sie gilt mangels einer
abweichenden Spezialregelung für alle Rechtszüge. Es gelten je nach den Betroffenen unterschiedliche Regeln. Befreit ist die formelle Partei nach BLAH Grdz 4 vor
§ 50 ZPO, nicht zB ein Bürgermeister als Privatperson, LG Osnabr JB **10**, 658. Befreit ist der Vertretene und nicht sein Vertreter, Düss JB **11**, 432 links. Auslegbar ist
freilich, in welcher Eigenschaft man auftritt. Zur Vereinbarkeit von I mit dem EU-Recht BGH WertpMitt **14**, 1838.

A. Bund, Länder, I 1. Befreit sind der Bund, also sämtliche Bundesministerien
und deren Unterbehörden, ferner die Länder, also sämtliche Länderministerien, Landesämter, Regierungspräsidenten und deren Unterbehörden. Eine bloße Verwaltungsbefugnis genügt nicht, KG JB **96**, 42.

Die Kostenbefreiung gilt *vor sämtlichen Gerichten* des Bundes und der Länder. Es ist
erforderlich, daß der Rechtsträger unmittelbar als Partei nach BLAH Grdz 4 vor § 50
ZPO oder als ein rechtlich Beteiligter nach § 57 FGO auftritt, nicht nur als Vertreter,
Düss JB **11**, 432. Eine nur wirtschaftliche Beteiligung am Prozeß eines anderen, zB
des Insolvenzverwalters, reicht nicht aus, KG JB **94**, 520.

B. Öffentliche Anstalt, Kasse, I 1. I befreit ferner die nach den Haushaltsplä- **6**
nen des Bundes oder eines Landes für Rechnung des Bundes oder Landes verwalteten
öffentlichen Anstalten oder Kassen. Es muß sich um ein selbständiges Unternehmen
mit einer eigenen Verfassung und Verwaltung und einem sog Sondervermögen handeln, das nach außen als eine eigene Rechtsperson handelt, auch wenn es nach Rn 7

„Bundeseisenbahnvermögen" ein Teil des Fiskus ist. Das Unternehmen muß unmittelbar der Erfüllung öffentlicher Aufgaben des Bundes oder eines Landes dienen sollen. Es ist notwendig, daß der Haushaltsplan des Bundes oder Landes den Rechtsträger mit seinen gesamten Einnahmen und Ausgaben unmittelbar ausweist, BGH MDR **09**, 595 links unten, Drsd MDR **16**, 1293, AG Dietz DGVZ **01**, 95. Eine nur mittelbare Beziehung reicht nicht, BGH MDR **97**, 503, Hamm DGVZ **09**, 18.

Es *genügt nicht*, daß nur ein einzelner Einnahmeposten dort erscheint, nicht aber die Ausgaben, BGH VersR **82**, 145, Drsd MDR **16**, 1293, LG Stralsund DGVZ **11**, 34. Das gilt selbst dann, wenn es sich um einen wesentlichen Einnahmeposten handelt, BGH Rpfleger **78**, 305. Es genügt auch nicht, daß man regelmäßig über die Einnahmen und Ausgaben der eigenen Verwaltung dem Bund oder Land Rechnung legt, KG JB **96**, 42. Es genügt auch nicht, daß der Bund oder das Land einen einmaligen oder wiederkehrenden Zuschuß leistet oder leisten soll oder muß.

7 **C. Vollstreckung einer öffentlichrechtlichen Geldforderung, I 2.** Die dem § 2 I 2 GvKostG, Teil XI dieses Buchs, entsprechende Vorschrift klärt, daß bei der Vollstreckung einer öffentlichrechtlichen Geldforderung derjenige eine Kostenfreiheit hat, der ohne eine Berücksichtigung von § 252 AO usw Gläubiger ist. Danach gilt diejenige Körperschaft als Gläubigerin des vollstreckbaren Anspruchs, der die Vollstreckungsbehörde angehört, so schon AG Königswinter DGVZ **99**, 47, AG Leverkusen DGVZ **98**, 191, AG Neuwied DGVZ **98**, 95.

8 **D. Beispiele zur Frage einer Kostenfreiheit nach I**

Akademie: Sie ist *nicht* schon wegen dieser Struktur nach I kostenfrei. S aber I 2.
Arbeitsagentur: S „Bundesagentur für Arbeit".
Auslandsunterhalt: S „Bundesamt für Justiz".
Berufsgenossenschaft: Rn 9 „Genossenschaft".
Beteiligung: Sie reicht *nicht* schon als solche aus, selbst wenn sie nur durch den Bund oder ein Land erfolgt, BGH Rpfleger **82**, 81, Schlesw JB **95**, 209.
Bund: Nach I Hs 1 kostenfrei sind alle Bundesbehörden, zB: Ein Bundesminister; ein Bundesgerichtspräsident. Die zugehörigen Bundesunterbehörden sind ebenfalls nach I kostenfrei, etwa (jetzt) die Bundesanstalt für vereinigungsbedingte Sonderaufgaben, Mü DGVZ **96**, 119. Die Kostenhöhe ist jeweils unerheblich, LG Tüb MDR **96**, 1304, aM KG JB **97**, 149.
Bundesagentur für Arbeit: Sie ist *nicht* kostenfrei. Denn ihr Haushaltsplan entsteht nach § 71 a I SGB IV beim Vorstand. Daran ändert auch nichts der Umstand, daß der Haushaltsplan nach § 71 a II SGB IV eine Genehmigung der Bundesregierung braucht, KG FamRZ **09**, 1854, Mü NZA **05**, 838, Krauthausen DGVZ **84**, 5.
Bundesamt für Justiz: Er ist im Verfahren nach dem AUG *nicht* nach I kostenfrei. Denn er ist nicht Partei, sondern Bevollmächtigter. Freilich erhält das Kind nach § 9 AUG, Üb 6 vor § 22 grds eine Prozeßkostenhilfe, die zur endgültigen Befreiung von den in § 122 I ZPO genannten Kosten führen kann. Für das außergerichtliche Verfahren einschließlich der Entgegennahme und Behandlung der Gesuche durch die Justizbehörden gibt § 12 AUG eine Kostenfreiheit.
Bundesanstalt für Immobilienaufgaben: Sie ist *nicht* nach I kostenfrei, BGH MDR **09**, 594.
Bundesanstalt für Post und Telekommunikation: Sie ist *nicht* nach I kostenfrei.
Bundesanstalt für vereinigungsbedingte Sonderaufgaben: Sie kann nach I 2 kostenfrei sein, Mü MDR **96**, 1301, Nürnb VIZ **97**, 123, aM BGH MDR **97**, 503, KG JB **97**, 149, Mü MDR **98**, 502.
Bundesautobahn: Ihre Verwaltung ist nach I Hs 2 kostenfrei, G vom 2. 3. 51, BGBl 157.
Bundeseisenbahnvermögen: Es ist kostenfrei, BGH MDR **98**, 1120, Köln JB **97**, 204, aM KG JB **96**, 42. Damit ist die zwischenzeitliche Streitfrage praktisch beendet. Das gilt also zugunsten des Eisenbahn-Bundesamts, BGH MDR **98**, 1120, Bbg JB **98**, 653, Mü MDR **98**, 497.
Bundesoberseeamt: Es ist nach I Hs 2 kostenfrei, Art 87 I GG, VerwAnO vom 28. 11. 50, BGBl 768.
Bundesstraße: Ihre Verwaltung ist nach I Hs 2 kostenfrei, Art 87 I GG, G zuletzt vom 1. 10. 74, BGBl 2413, 2908.

Abschnitt 1. Allgemeine Vorschriften **§ 2 GKG**

Bundesverwaltung: Eine solche nach Art 87 I GG ist nach I Hs 2 kostenfrei.
Bundeswasserstraße: Ihre Verwaltung ist nach I Hs 2 kostenfrei, Art 87 I GG, G vom 21. 5. 51, BGBl 352, BayObLG MittBayNot **94**, 169 (Rhein-Donau-Kanal).
Deutsche Bahn AG: Sie ist *nicht* nach I kostenfrei, Düss JB **95**, 150. Vgl freilich (jetzt) § 71, Düss JB **96**, 488.
Deutsche Bundesbank: Sie ist *nicht* nach I kostenfrei.
Deutsche Landesrentenbank: Sie ist nach I Hs 2 kostenfrei, Art 87 I GG.
Deutsche Post AG: Sie ist *nicht* nach I Hs 1 kostenfrei. Vgl Rn 27.
Deutsche Postbank AG: Sie ist *nicht* nach I Hs 1, 2 kostenfrei. Vgl Rn 27.
Deutsche Telekom AG: Sie ist *nicht* nach I kostenfrei, Saarbr JB **96**, 657. Vgl Rn 27.
Eigenbetrieb: Er ist *nicht* nach I kostenfrei, BGH Rpfleger **82**, 81, Köln FGPrax **07**, 291, AG Kiel NVwZ-RR **11**, 791.
Einfuhr- und Vorratsstelle: Sie ist *nicht* nach I kostenfrei, BFH BB **75**, 165.
Fachhochschule: Sie ist *nicht* schon wegen dieser Struktur nach I kostenfrei. S aber I 2.
Gemeinde: Sie ist *nicht* nach I kostenfrei, BGH Rpfleger **77**, 249, Düss JB **07**, 432   **9**
(wirtschaftliches Unternehmen).
 S auch Rn 10 „Land" (wegen der Stadtstaaten).
Gemeindeunfallversicherungsverband: Er ist *nicht* kostenfrei, BGH MDR **78**, 1016.
Gemeindeverband: Er ist *grds nicht* schon bundesrechtlich nach I kostenfrei, BGH Rpfleger **77**, 249, Hamm Rpfleger **83**, 504 (auch wegen eines Landschaftsverbandes). Ausnahmen können landesrechtlich gelten, Rn 10 „Land", LG Flensb JB **75**, 58, LG Wuppert JB **79**, 403.
Genossenschaft: Sie ist *nicht* nach I kostenfrei, selbst wenn sie dem Staat gehört. Denn sie ist privatrechtlich organisiert, LG Bln Rpfleger, **83**, 503. Das gilt auch für eine Gemeinnützige Siedlungsgenossenschaft, ferner für eine Berufsgenossenschaft, Düss Rpfleger **81**, 456, LG Lüneb Rpfleger **82**, 200, AG Memmingen Rpfleger **83**, 127 (je wegen der Auslagenfreiheit).
Gräbergesetz: Sein § 11 I 2 idF v 16. 1. 12, BGBl 99, stellt eine sachliche Kostenfreiheit für Amtshandlungen bei der Durchführung her.
Hauptzollamt: Der Sozialversicherungsträger kann wegen seiner Stellung als Gläubiger einer wirklich öffentlichrechtlichen Forderung nach I 2 eine Befreiung auch dann erreichen, wenn er seine Forderung durch die Einschaltung zB des Hauptzollamts vollstreckt. Die diesbezügliche frühere Streitfrage ist überholt, so schon AG Cottbus DGVZ **01**, 79 (zum vergleichbaren § 2 I 2 GvKostG, Teil XI dieses Buchs).
 S auch Rn 8 „Bundesagentur für Arbeit".
Hochschule: Eine Hochschule des Landes kann kostenfrei sein, Schlesw JB **95**, 209. Das gilt freilich nur, soweit ihr Vermögen im Landeshaushalt mitverwaltet wird, AG Dietz DGVZ **01**, 95.
 Eine bloße Beteiligung reicht *nicht,* Schlesw JB **95**, 209.
Kapitalgesellschaft: Sie ist *nicht* nach I kostenfrei, selbst wenn der Bund oder ein Land sämtliche Anteile besitzt, LG Bln Rpfleger **83**, 503.
Kirche: Kostenfrei ist vor dem BGH nur ein als rechtsfähiger Verein oder in einer rechtsfähigen Form errichteter Träger von Kirchengut. Dazu gehört evtl auch der Träger der Moschee einer muslimischen Gemeinde, BGH RR **07**, 644.
Körperschaft: Rn 10 „Öffentlichrechtliche Körperschaft".
Kreis: S „Gemeindeverband".
Kreditanstalt für Wiederaufbau: Sie ist *nicht* nach I kostenfrei, Kblz MDR **12**, 1256, Köln JB **14**, 380.
Land: Nach I Hs 1 kostenfrei sind in den Grenzen Rn 6 alle Landesbehörden, zB: **10**
Ein Landesministerium; ein Regierungspräsident; ein Landesamt. Die zugehörigen Landesunterbehörden sind ebenfalls nach I kostenfrei.
 In den *Stadtstaaten* ist es unerheblich, ob man die Gemeindeangelegenheiten von den staatlichen trennt, BGH **14**, 305 (für Berlin), BGH **13**, 207 (für Hamburg). Bremen, das noch selbständige Gemeinden hat, ist nur in einer Landesangelegenheit befreit, BGH **13**, 207.
Landesamt: S „Land".

Landesarbeitsagentur: Rn 8 „Bundesagentur für Arbeit".
Landesbank: Sie ist *nicht* nach I kostenfrei.
Landesförderinstitut: Dasjenige in Mecklenburg-Vorpommern ist *nicht* kostenfrei, LG Stralsund DGVZ **11**, 34.
Landkreis: Rn 9 „Gemeindeverband".
Landschaftsverband: Rn 9 „Gemeindeverband".
Lotterie: Es gelten die Regeln Rn 6, BGH MDR **09**, 595 links unten.
Öffentlichrechtliche Körperschaft: Sie ist *nicht* schon wegen dieser Struktur nach I kostenfrei. S aber I 2.
Öffentlichrechtliche Rundfunkanstalt: Sie ist *nicht* schon wegen dieser Struktur nach I kostenfrei, Köln JB **87**, 560 (Deutschlandfunk). S aber I 2.
Öffentlichrechtliche Stiftung: Sie ist *nicht* schon wegen dieser Struktur nach I kostenfrei. S aber I 2.
Post: Rn 8 „Deutsche Post AG", „Deutsche Postbank AG".
Privatrechtliche Organisation: Sie genügt selbst dann *nicht*, wenn sie im Eigentum des Bundes oder eines Landes steht, wenn ihre Einnahmen und Ausgaben im Haushaltsplan stehen und wenn sie mittelbar einem öffentlichen Zweck dient.
Prozeßkostenhilfe: Sie genügt *nicht*. Denn sie stellt keine allgemeine Kostenfreiheit her, sondern erfolgt erst auf Grund einer individuellen Einzelfallprüfung (Bedürftigkeit, Erfolgsaussicht, Fehlen von Mutwillen), § 114 ZPO. Insofern sind §§ 122ff ZPO gegenüber § 2 GKG vorrangige Sondervorschriften.
Siedlungsgenossenschaft: Rn 9 „Genossenschaft".
Sozialversicherungsträger: Er kann nach I 2 kostenfrei sein. Im übrigen ist er nach § 64 III 2 SGB X *nicht* kostenfrei, BGH JB **06**, 206, BVerwG RR **00**, 189, Mü OLGR **04**, 498. Denn er wird nicht nach dem Haushaltsplan des Bundes verwaltet, Meyer 13, aM Mü MDR **95**, 1072. Außerdem erfassen §§ 3–7 SGB X nur eine Amtshilfe, nicht auch eine Rechtshilfe, § 1 II SGB X. Außerdem behält ein übergegangener Schadensersatzanspruch seinen bürgerlichrechtlichen Charakter, Stgt MDR **89**, 365.
S aber auch Rn 13 „Sozialleistung".
Studentenwerk: Es ist *nicht* kostenfrei, LG Tüb Just **78**, 473.
Telekom: Rn 8 „Deutsche Telekom AG".
Universität: Eine Landesuniversität ist nach I Hs 2 kostenfrei, Schlesw JB **95**, 209.
Versorgungskasse: Eine kommunale Versorgungskasse usw ist *nicht* nach I kostenfrei, LG Düss Rpfleger **77**, 115.

11   **4) Arbeitsrechtliche Kostenfreiheit, II,** dazu *Brinkmann* JB **10**, 119 (ausf): Eine Kostenfreiheit tritt ebenso wie im GKG immer dann ein, wenn eine gesetzliche Grundlage für einen Kostenansatz fehlt. Gebühren- und auslagenfrei sind bestimmte Fälle des BetrVG, zB: Angelegenheiten aus dem Mitbestimmungsgesetz; Entscheidungen über die Tariffähigkeit und die Tarifzuständigkeit einer Vereinigung nach § 2a I ArbGG; das Verfahren über die Ablehnung eines Schiedsrichters nach § 103 III ArbGG; das Verfahren der Niederlegung eines Schiedsspruchs nach § 108 III ArbGG; das Verfahren auf Vollstreckbarerklärung eines Schiedsspruchs nach § 109 ArbGG; das Verfahren auf eine arbeitsgerichtliche Zustimmung zur Durchführung einer Betriebsänderung im Insolvenzverfahren nach §§ 122, 126 InsO.
Eine *persönliche Gebührenfreiheit* entfällt nach IV 1. Eine sachliche Gebührenfreiheit bleibt nach IV 2 GKG möglich. Ob sie vorliegt, ergibt das Landesrecht, zB in Baden-Württemberg, Niedersachsen, Nordrhein-Westfalen Rn 15.
Eine *Beschwerde* ist unzulässig.
Auch im Bereich der Kostenfreiheit ist wegen § 33 I, III RVG, Teil X dieses Buchs, eine *Wertfestsetzung statthaft* und nach § 63 Rn 1 ratsam. Sie ist sogar oft notwendig, etwa bei einer Wertbeschwerde des ProzBev, LAG Köln MDR **00**, 1256. Der Wert beträgt nach § 23 III 2 RVG, Teil X dieses Buchs meist 4000 EUR. Übersicht über die Rechtsprechung bei Wenzel DB **77**, 723.
Unanwendbar ist II auf außergerichtliche Kosten. Diese muß jeder selbst tragen, BAG NZA **08**, 373.

12   **5) Bundesrechtliche Kostenfreiheit, III 1.** Auf Grund etwaiger besonderer europa- und bundesrechtlicher Vorschriften kann eine Kostenfreiheit eintreten.

Abschnitt 1. Allgemeine Vorschriften § 2 GKG

A. Unabhängigkeit von I. Eine Kosten- oder doch Gebührenfreiheit nach III 1 tritt unabhängig davon ein, ob die Voraussetzungen von I vorliegen. Daher muß man im Anschluß an I stets auch III 1 prüfen.

B. Beispiele zur Frage einer vollen oder teilweisen Kostenfreiheit nach III 1 13
Asylverfahren: Nach III 1 kostenfrei ist das Verfahren nach dem AsylVerfG vom 30. 6. 93, BGBl 1062 (dort § 83 b I).
Baurecht: S „Freiwillige Gerichtsbarkeit".
Deutsches Rotes Kreuz: Nach III 1 gebührenfrei (nicht auslagenfrei) war das Deutsche Rote Kreuz mit seinen Unterorganisationen, § 18 G vom 9. 12. 37, RGBl 1330. Das galt trotz seiner heute gegenüber damals andersartigen Struktur, Hbg MDR **07**, 432, Kblz Rpfleger **90**, 271, aM Kblz JB **95**, 650, Mü MDR **98**, 184 (aber § 18 G war nach Wortlaut und Sinn eindeutig, BLAH Einl III 39). Freilich endete die Gebührenfreiheit mit der Aufhebung des eben genannten G mit dem 30. 11. 10, Artt 7, 80 II G v 23. 11. 07, BGBl 2614, vgl auch Düss JB **11**, 432.
Disziplinarverfahren: Das gerichtliche Disziplinarverfahren ist nach §§ 37 V, 78 I 1 BDG grds gebührenfrei, aber nicht auslagenfrei. Vielmehr gilt bei ihnen nach § 78 I 2 BDG das GKG. Ergänzend gelten §§ 154 I, II, V, 158 I, 181 I VwGO.
Erinnerungsverfahren: Das (Erst-)Erinnerungs- *(nicht:* das Beschwerde-)Verfahren vor dem Rpfl nach § 11 IV RPflG ist gerichtsgebührenfrei *(nicht* auch auslagenfrei).
Freiwillige Gerichtsbarkeit: Eine für die freiwillige Gerichtsbarkeit gewährte Gebührenfreiheit erstreckt sich nach § 151 II BauGB, abgedruckt bei § 2 GNotKG Anh, Teil III dieses Buchs nicht auf die streitige Gerichtsbarkeit. Eine Ausnahme besteht bei einer etwaigen landesrechtlichen Kostenfreiheit, s dort. Wegen einer sachlichrechtlichen Kostenfreiheit § 2 GNotKG Rn 13, 14.
Kostenerlaß: Er gehört *nicht* zur Kostenfreiheit, sondern erfolgt im Einzelfall aus Billigkeitserwägungen, zB § 37 KostVfg, Teil VII A dieses Buchs, Erlaß Teil VII D dieses Buchs.
Organschaftliche Beziehung: Sie reicht *nicht* für III, LG Osnabr JB **10**, 658.
Rheinschiffahrtssache: Nach III 1 kostenfrei ist das Verfahren vor dem Rheinschiffahrtsgericht nach Art 39 RhSchAkte, BGBl **52**, 645, BGH **62**, 177.
Sozialleistung: Nach III 1 kostenfrei ist der Träger der Jugendhilfe und der Kriegsopferfürsorge in einem Verfahren nach § 64 III 1, 2 SGB X in Verbindung mit dort II 1, BGH JB **06**, 206, Mü AnwBl **96**, 413, Schlesw JB **95**, 210 (hat den Vorrang vor einem abweichenden Landesrecht). Kostenfrei ist ferner ein jugendhilferechtlicher Streitwert nach § 90 SGB VIII, § 188 S 2 VwGO, OVG Bln-Brdb NVwZ-RR **15**, 800. Ferner ist kostenfrei der Sozialhilfeträger beim auf ihn übergeleiteten Anspruch, Düss FER **00**, 41, Zweibr MDR **96**, 208, aM Düss MDR **95**, 102. Nach III 1 kostenfrei ist ein Jobcenter, KG FamRZ **09**, 1854.
Darüber hinaus besteht *keine* allgemeine Kostenfreiheit der Gemeinde als Sozialhilfeträger, Düss RR **99**, 1669, Jena MDR **97**, 692.
S auch Rn 10 „Sozialversicherungsträger".
Steuerberatung: Nach III 1 kostenfrei ist ein berufsgerichtliches Verfahren usw nach § 146 StBG (hier kommt allerdings nur eine Gebührenfreiheit in Betracht).
Therapieunterbringung: Nach III 1 in Verbindung mit § 19 ThVG kostenfrei ist das Verfahren über die Anordnung, Verlängerung oder Aufhebung einer Therapieunterbringung.
Vermögenszuordnung: Nach III 1 kostenfrei ist das Verfahren nach dem VZOG idF vom 29. 3. 94, BGBl 709 (dort § 6 III).

6) Landesrechtliche Kostenfreiheit, III 2. Soweit nach dem Landesrecht eine 14 Kostenfreiheit besteht, gilt sie fort, wenn nicht bundesrechtliche Bestimmungen etwas Abweichendes regeln, Kblz Rpfleger **81**, 497. Eine landesrechtliche Kostenfreiheit ergreift nur das betreffende Bundesland, BGH RR **11**, 934, AG Bonn DGVZ **07**, 95, dann aber ohne Rücksicht auf den Wohnsitz der Beteiligten.
Sie ergreift *nicht* zB das Verfahren vor einem Bundesgericht, zB vor dem Bundesgerichtshof, BGH RR **07**, 644. Im einzelnen gelten die folgenden Regelungen.
Baden-Württemberg: LJKostG idF vom 15. 1. 93, GBl 109, 244, zuletzt geändert 15 am 25. 4. 14, GBl 166; VO vom 29. 7. 14, GBl 670 (Vollstreckungskosten);
Bayern: LJKostG idF v 19. 5. 05, GVBl 159, zuletzt geändert am 24. 7. 17, GVBl 397;

19

GKG § 2
I. A. Gerichtskostengesetz

Berlin: G idF vom 25. 6. 92, GVBl 204, zuletzt geändert am 17. 3. 14, GVBl 70;
Brandenburg: JKostG vom 3. 6. 94, GVBl 172, zuletzt geändert am 26. 10. 10, GVBl Heft 33, 1; dazu KG NVwZ-RR **13**, 241. Vgl auch G v 10. 7. 14, GVOBl 35; § 16 II KitaG, OVG Bln-Brdb JB **15**, 419;
Bremen: JKostG idF vom 4. 8. 92, GBl 257, zuletzt geändert am 26. 1. 13, GBl 35. Keine Anwendung zugunsten eines Eigenbetriebs, Bre RR **99**, 1518;
Hamburg: LJKostG idF vom 5. 3. 86, GVBl 48, zuletzt geändert am 4. 12. 12, GVBl 520;
Hessen: JKostG vom 15. 5. 58, GVBl 60, zuletzt geändert am 23. 5. 13, GVBl 198;
Mecklenburg-Vorpommern: LJKostG vom 7. 10. 93, GVBl 843, zuletzt geändert am 13. 12. 12, GVBl 550;
Niedersachsen: § 1 G idF vom 24. 3. 06, GVBl 181, zuletzt geändert am 9. 11. 12, GVBl 431;
Nordrhein-Westfalen: G vom 21. 10. 69, GVBl 725, zuletzt geändert am 25. 10. 08, GVBl 646; dazu Düss JB **07**, 432 (Mietvertrag), Köln NVwZ-RR **98**, 469 (Abfall) und JB **08**, 97 (Abwasser), Hamm RR **16**, 382 (Krankenhaus);
Rheinland-Pfalz: G vom 5. 10. 90, GVBl 281, zuletzt geändert am 19. 12. 12, GVBl 411; vgl auch Zweibr MDR **93**, 1132;
Saarland: JKostG idF vom 5. 2. 97, ABl 258, zuletzt geändert am 12. 2. 14, ABl 146;
Sachsen: JG vom 24. 11. 00, GVBl 482, zuletzt geändert am 26. 6. 2009, GVBl 323;
Sachsen-Anhalt: JKostG vom 23. 8. 93, GVBl 449, zuletzt geändert am 26. 3. 13, GVBl 158, dazu Naumb JMBl **00**, 261 (Krankenhaus) und BauR **14**, 743 (Bauvertrag);
Schleswig-Holstein: G vom 23. 12. 69, GVBl **70**, 4, zuletzt geändert am 15. 7. 14, GVBl 132;
Thüringen: JKostG idF v 5. 2. 09, GVBl 21, zuletzt geändert am 28. 10. 13, GVBl 295.

16 **7) Teilweise Kostenfreiheit, IV.** Auch hier gelten je nach dem Betroffenen unterschiedliche Regeln. Die Vorschrift ist beim Zusammentreffen im selbständigen Beweisverfahren nach §§ 485 ff ZPO von Befreiten und Nichtbefreiten evtl anwendbar, KG MDR **07**, 986.

17 **A. Allgemeines.** Das Gesetz sieht gelegentlich eine *bloße Gebührenfreiheit* vor.
Im Verfahren vor einem Gericht der Verwaltungsgerichtsbarkeit oder der Arbeitsgerichtsbarkeit, das nach den Regeln der *VwGO oder des ArbGG* stattfindet, bleiben bundes- oder landesrechtliche Vorschriften unberührt, soweit sie eine sachliche Kostenfreiheit gewähren, zB § 188 S 2 VwGO in einem Verfahren wegen Sozialhilfe, also aller Fürsorgemaßnahmen, VGH Mü NVwZ-RR **13**, 1019, ferner wegen einer Begabtenförderung, VGH Mü JB **08**, 376, oder wegen einer Jugendhilfe vor allem nach dem JWG, Kriegsopferfürsorge, Schwerbehindertenfürsorge und Ausbildungsförderung sowie wegen eines Mutterschutzes, OVG Hbg NJW **83**, 1748, oder beim Streit um eine Befreiung von Rundfunkgebühren nach § 6 RGebStV, BVerwG NVwZ-RR **11**, 622. Diese Kostenfreiheit gilt auch für die öffentliche Hand, BVerwG **47**, 238.
Dagegen besteht keine sachliche Kostenfreiheit in einer *Kriegsgefangenen-Entschädigungssache* oder in einer Wohngeldsache, OVG Lüneb SchlHA **82**, 142.
Bundes- oder landesrechtliche Bestimmungen über eine *persönliche* Kostenfreiheit sind unbeachtlich, soweit sie sich auf das Gerichtsverfahren erstrecken, LAG Stgt Rpfleger **81**, 371.

18 **B. Europarecht.** Man muß mehrere Regelungen beachten.
Beweisaufnahme: Die VO (EG) 1206/2001 des Rates vom 28. 5. 01, in Kraft seit 1. 1. 04, abgedruckt auch bei BLAH Einf 3 vor § 1072 ZPO, bestimmt in

VO (EG) 1206/2001 Art 18. Kosten. [I] Für die Erledigung des Ersuchens nach Artikel 10 darf die Erstattung von Gebühren oder Auslagen nicht verlangt werden.
[II] [1] Falls jedoch das ersuchte Gericht dies verlangt, stellt das ersuchende Gericht unverzüglich die Erstattung folgender Beträge sicher:
– der Aufwendungen für Sachverständige und Dolmetscher und
– der Auslagen, die durch die Anwendung von Artikel 10 Absätze 3 und 4 entstanden sind. [2] Die Pflicht der Parteien, diese Aufwendungen und Ausla-

gen zu tragen, unterliegt dem Recht des Mitgliedstaats des ersuchenden Gerichts.

III [1] Wird die Stellungnahme eines Sachverständigen verlangt, kann das ersuchte Gericht vor der Erledigung des Ersuchens das ersuchende Gericht um eine angemessene Kaution oder einen angemessenen Vorschuss für die Sachverständigenkosten bitten. [2] In allen übrigen Fällen darf die Erledigung eines Ersuchens nicht von einer Kaution oder einem Vorschuss abhängig gemacht werden. [3] Die Kaution oder der Vorschuss wird von den Parteien hinterlegt bzw. einbezahlt, falls dies im Recht des Mitgliedstaats des ersuchenden Gerichts vorgesehen ist.

Prozeßkostenhilfe: Die Richtlinie 2003/8/EG des Rates vom 27. 1. 03, abgedruckt auch bei BLAH Einf 4 vor § 1076 ZPO, hat zum 30. 11. 04 zur Einführung der §§ 1076–1078 ZPO geführt. Nach § 1076 ZPO sind bei einer Streitsache mit einem grenzüberschreitenden Bezug §§ 114–127 a ZPO anwendbar, soweit §§ 1077, 1078 ZPO nichts Abweichendes bestimmen.

Zustellung: Die VO (EG) 1393/2007 des Rates vom 13. 11. 07, in Kraft seit 13. 11. 08, abgedruckt auch bei BLAH Einf 3 vor § 1067 ZPO, bestimmt in

VO (EG) 1393/2007 Art 11. Kosten der Zustellung. I Für die Zustellung gerichtlicher Schriftstücke aus einem anderen Mitgliedstaat darf keine Zahlung oder Erstattung von Gebühren und Auslagen für die Tätigkeit des Empfangsmitgliedstaats verlangt werden.

II [1] Der Antragsteller hat jedoch die Auslagen zu zahlen oder zu erstatten, die dadurch entstehen,
a) dass bei der Zustellung eine Amtsperson oder eine andere nach dem Recht des Empfangsmitgliedstaats zuständige Person mitwirkt;
b) dass ein besonderes Verfahren der Zustellung gewählt wird.
[2] Auslagen, die dadurch entstehen, dass bei der Zustellung eine Amtsperson oder eine andere nach dem Recht des Empfangsmitgliedstaats zuständige Person mitwirkt, müssen einer von diesem Mitgliedstaat nach den Grundsätzen der Verhältnismäßigkeit und der Nichtdiskriminierung im Voraus festgesetzten einheitlichen Festgebühr entsprechen. [3] Die Mitgliedstaaten teilen der Kommission die jeweiligen Festgebühren mit.

C. Kirche. Kirchen und anderen Religionsgemeinschaften des öffentlichen Rechts 19 bestätigte § 163 II VwGO aF unter einer Verweisung auf Art 140 GG eine Kostenfreiheit. Die Vorschrift ist weggefallen, ohne daß das insoweit eine Rechtsänderung bezwecke, Kblz JB **94**, 683. Das übersieht BVerwG JB **96**, 320 (wegen des früheren Preußen) und 547. Vgl also nach wie vor Art 140 GG, 136–139 WRV und damit eine fortbestehende grundsätzliche Kostenfreiheit, OVG Lüneb NVwZ **93**, 704 (Verwaltungsverfahren), Meyer 29, aM BFH NVwZ **98**, 882. Diese Vorschriften geben vor den Verwaltungsgerichten den Kirchen evtl keine Gebührenfreiheit, BVerfG NJW **01**, 1270, BFH DB **98**, 352 (Ev. Kirche in Hessen/Nassau; Freiheit von Gerichtsgebühren keine Staatsleistung), OVG Magdeb NVwZ-RR **15**, 640, aM Kblz JB **94**, 683 (leitet für die Kirchen in Rheinland-Pfalz aus § 1 I 1 des dortigen JustGebBefreiungsG nur eine Gebührenfreiheit und nicht auch eine Auslagenfreiheit ab).

8) **Bedeutung der Kostenfreiheit, V.** Man muß vier Aspekte beachten. 20
A. Grundsatz. Die Kostenfreiheit bedeutet: Kosten können zwar entstehen. Man kann sie aber nicht geltend machen, BGH MDR **09**, 653 rechts, Hbg MDR **93**, 183. Schon erhobene Kosten muß die Staatskasse zurückzahlen, BGH NJW **03**, 1322. Die Kostenfreiheit erfaßt jede beliebige Gebühr ohne Rücksicht auf ihren Rechtsgrund, also auch diejenige nach § 38, aM Meyer 9 (aber § 38 spricht ausdrücklich von „Gebühr"). Das gilt auch bei einer Kostenübernahme nach (jetzt) § 29 Z 2, Kblz JB **08**, 210, Mümmler JB **76**, 1158. Auch eine Haftung kraft Gesetzes nach § 29 Z 3 ändert nichts. Denn § 2 geht als eine Sondervorschrift vor. Soweit das Gericht einem Gebührenfreien durch eine Entscheidung die Kosten auferlegt oder soweit er sie übernimmt, etwa durch einen Prozeßvergleich nach BLAH Anh § 307 ZPO, darf man vom Gegner keine Gebühren erheben, auch nicht auf Grund von § 22, Brdb FamRZ **11**, 1323, Schlesw JB **81**, 403.

Der persönlich Befreite kann diesen Umstand aber nach § 2 GNotKG Rn 1, Teil III dieses Buchs nicht bei einer *Übernahme* von Kosten eines nicht Befreiten gel-

GKG §§ 2, 3 I. A. Gerichtskostengesetz

tend machen. Soweit also das Gericht den Befreiten zur Bezahlung von Kosten verurteilt hat, ist der siegende Gegner frei. Wegen der endgültigen Kostenfreiheit nach § 9 AUG Üb 8 vor § 22.

21 Die Kostenfreiheit erfaßt aber neben jeder Gebühr auch alle *Auslagen* nach § 1 I 1, also auch zB Sachverständigenhonorare. Das führt nach Mügler BB **92**, 798 zumindest im selbständigen Beweisverfahren nach §§ 485 ff ZPO zu einer verfassungsrechtlich bedenklichen Bevorzugung des Fiskus. Manche wenden wegen Art 6 MRK und des Grundsatzes eines fairen Verfahrens V 2 auch dann an, wenn ein Wahlverteidiger einen Dolmetscher bestellen mußte, weil das Gericht letzteren beizuordnen unterließ, Karlsr Rpfleger **00**, 238.

22 **B. Streitgenosse, Streithelfer.** Ein Streitgenosse nach §§ 59 ff ZPO und ein Streithelfer des Befreiten nach §§ 66 ff ZPO haften gemäß § 32 als Gesamtschuldner verringert um denjenigen Betrag, den ihnen der Befreite nach § 426 BGB ersetzen müßte, Bbg JB **92**, 685, Köln MDR **78**, 678, Oldb JB **93**, 482, aM AG Kblz JB **07**, 40. Evtl haftet der nicht Befreite also überhaupt nicht, Düss Rpfleger **83**, 39. Bei einer Aufhebung der Kosten nach § 98 ZPO muß demgemäß der Streitgenosse des Befreiten 25% tragen. Etwas anderes gilt insofern, als die Streitgegenstände verschieden sind.

23 Demgegenüber darf man die vollen *Vorschüsse* vom Streitgenossen erheben. Denn das Gericht kann der befreiten Partei weder Kosten auferlegen noch kann sie solche Kosten wirksam übernehmen. Im übrigen kann man nicht voraussehen, welche Entwicklung eintreten wird.

24 **C. Rückzahlung.** Die Staatskasse muß nach V 1 Hs 2 bereits erhobene Gebühren nach einer Entscheidung über die Kosten evtl unmittelbar ohne ein Kostenfestsetzungsverfahren zB nach §§ 103 ff ZPO zurückzahlen, Düss Rpfleger **83**, 39, LG Flensb JB **75**, 59. Das gilt auch schon vor der formellen Rechtskraft der Kostenentscheidung nach § 705 ZPO. Bei einer Kostenverteilung muß sie die vom Gegner bezahlten Kosten auf dessen Kostenschuld verrechnen. Den Überschuß muß sie zurückzahlen, BGH NJW **03**, 1324 links oben, KG JB **95**, 149.

Der siegende Gegner kann verauslagte Gerichtskosten nicht vom *Kostenbefreiten* verlangen, Düss Rpfleger **83**, 39, Kblz JB **77**, 1979. Denn dieser muß niemals Gerichtskosten zahlen. Vielmehr ist der Gegner auf die Erinnerung nach (jetzt) § 66 angewiesen, BGH MDR **03**, 596, Düss Rpfleger **83**, 39, Kblz JB **77**, 1778.

25 Hatte das Gericht dem Unterliegenden eine *Prozeßkostenhilfe* nach §§ 114 ff ZPO unter Ratenzahlungen usw bewilligt, braucht die Staatskasse einen vom Sieger als Beweisführer gezahlten Vorschuß nach § 31 Rn 16 nicht zurückzuzahlen.

26 **D. Zweitschuldnerhaftung.** IV gilt entsprechend (jetzt) nach § 31 III Hs 1 zu Gunsten des Zweitschuldners, Hamm NJW **77**, 2083, Markl NJW **77**, 2081, aM Düss Rpfleger **78**, 465.

27 **9) Auslagenfreiheit, I–V.** Die Auslagenfreiheit ist eine Folge der Kostenfreiheit nach Rn 1. Soweit eine Auslagenfreiheit besteht, bezieht sie sich auf sämtliche notwendige Auslagen. Eine Dokumentenpauschale läßt sich allerdings auch bei einer Kostenfreiheit im Rahmen des KV 9000 erheben. Die öffentlichrechtliche Anstalt Deutsche Bundespost ist nicht auslagenfrei, § 24 BAPostG (wegen Errichtung der Bundesanstalt), § 16 PTStifG (Art 10 PTNeuOG). Die Deutsche Post AG, die Deutsche Postbank AG und die Deutsche Telekom AG sind nicht auslagenfrei, Saarbr JB **96**, 657. Das Eisenbahnsondervermögen ist ebenfalls nicht auslagenfrei, Rn 10. Eine Befreiung nach III, IV gilt nur in dem bundesrechtlich oder landesrechtlich vorgesehenen Umfang. Eine Gebührenfreiheit bezieht sich nur auf die Gebühren, nicht auf die Auslagen, LG Flensb JB **75**, 59.

Höhe der Kosten

3 ^I Die Gebühren richten sich nach dem Wert des Streitgegenstands (Streitwert), soweit nichts anderes bestimmt ist.

^{II} Kosten werden nach dem Kostenverzeichnis der Anlage 1 zu diesem Gesetz erhoben.

1 **1) Kostenstreitwert, I.** Es gibt verschiedene Wertarten, Anh § 48 Einf 4. Der sog Kostenstreitwert stimmt meist, aber nicht stets mit den übrigen Wertarten über-

Abschnitt 1. Allgemeine Vorschriften §3 GKG

ein, BGH MDR **95**, 530. Er bestimmt grundsätzlich die Höhe der sog Wertgebühr, I. Hs 2 macht zB KV 1510 vorrangig, Kblz JB **15**, 596. Man ermittelt ihn wie folgt.
A. Streitgegenstand. Man muß den Wert des Streitgegenstands nach §§ 39ff feststellen. Streitgegenstand ist der prozessuale Anspruch, also der vom Kläger oder Widerkläger auf Grund eines bestimmten Sachverhalts begehrte und der inneren Rechtskraft fähige Rechtsausspruch des Gerichts. Man darf diesen prozessualen Anspruch nicht mit dem sachlichrechtlichen Anspruch verwechseln, BLAH § 2 ZPO Rn 3–5. Wegen der Herabsetzung des Werts vgl § 51 nebst Anhängen. Beim unbezifferten Antrag ist das nach § 3 ZPO schätzbare Interesse des Klägers maßgeblich. Vorstellungen des Klägers sind mitbeachtbar, BGH VersR **79**, 472. Ein Mindestantrag ist beachtbar. Ein bloßer Mindestvorschlag ist aber unverbindlich, Mü JB **80**, 125, Schlesw JB **80**, 604.

B. Antrag. Maßgebend ist der nach außen ausdrücklich oder stillschweigend 2 wirklich gestellte Antrag bei einer vernünftigen Auslegung nach BLAH Grdz 51, 52 vor § 128 ZPO unter einer Berücksichtigung seiner Begründung. Das gilt unabhängig davon, ob der Antrag des ProzBev nach § 81 ZPO von einer Weisung des Auftraggebers abweicht. Man muß einen offenbaren Rechenfehler wie bei § 319 ZPO berücksichtigen.

C. Beispiele zur Frage des Antrags, I 3
Anerkenntnis: *Unbeachtbar* ist die Frage, ob der Bekl den Klagantrag etwa nach § 307 ZPO anerkennt.
Anspruchsmehrheit: Rn 4.
Antragsüberschreitung: *Unbeachtbar* ist nach § 21 Rn 15 „Antragsüberschreitung", § 22 I eine eindeutige Überschreitung des § 308 I ZPO. Das gilt wegen § 47 II 1 auch beim Rechtsmittelgericht, § 47 Rn 8, BGH VersR **77**, 430, VGH Mannh NJW **77**, 1255. Es gilt ferner für einen noch nicht mitgeforderten Teil einer Gesamtforderung und nach § 61 S 1 selbst dann, wenn ein jetzt gefordertes Teilurteil nach § 301 ZPO nach einer Parteiabsprache auch für die Restforderung maßgeblich sein soll.
Arrest, einstweilige Verfügung oder Anordnung: *Unbeachtbar* sind bei ihm zB nach §§ 916ff, 935ff ZPO die Belange des Widersprechenden etwa nach §§ 924, 936 ZPO.
Aufrechnung: *Unbeachtbar* ist eine solche des Bekl, § 45 III.
Bedingung: Beachtbar und wertmindernd ist eine nach § 3 ZPO schätzbare Bedingung.
 S aber auch „Vorfrage".
Begründetheit des Antrags: *Unbeachtbar* ist diese Frage.
Eilverfahren: S „Arrest, einstweilige Verfügung oder Anordnung".
Einwendung des Beklagten: *Unbeachtbar* ist eine solche oder das Interesse des Bekl.
 S auch „Arrest, einstweilige Verfügung oder Anordnung".
Gegenleistung: *Unbeachtbar* ist die Frage, ob eine Gegenleistung infrage kommt.
Interesse des Beklagten: *Unbeachtbar* ist ein solches.
Prozeßkostenrisiko: *Unbeachtbar* ist diese Frage.
Statthaftigkeit des Verfahrens: *Unbeachtbar* ist diese Frage, BGH VersR **77**, 430.
Teilforderung: S „Antragsüberschreitung".
Unselbständiger Antragsteil: *Unbeachtbar* ist ein solcher Teil. Das gilt zB bei der Frage, ob der Bekl bei einer Eigentumsklage das Eigentum anerkennen soll.
Vorfrage: *Unbeachtbar* ist dasjenige, das das Gericht als eine Vorbedingung des geltend gemachten Anspruchs bescheidet.
 S aber auch „Bedingung".
Widerspruch: S „Arrest, einstweilige Verfügung oder Anordnung".
Zulässigkeit des Klagantrags: *Unbeachtbar* ist diese Frage.
 S auch „Statthaftigkeit des Verfahrens".
Zurückbehaltungsrecht: *Unbeachtbar* ist nach § 48 Anh I: § 6 ZPO Rn 2 die Frage, ob es möglich ist.

D. Anspruchsmehrheit. Man muß mehrere Ansprüche dann zusammenrechnen, 4 wenn der Kläger sie selbständig geltend macht. Bei einer Verbindung der Verfahren nach § 147 ZPO gilt der zusammengerechnete Wert, Meyer JB **09**, 239. Bisher entstandene Gebühren bleiben aber bestehen, Düss JB **09**, 542, Hamm JB **05**, 598, Kblz MDR **05**, 1017. Bei einer Trennung gelten die verbleibenden Einzelwerte. Man muß früher erho-

GKG §§ 3, 4 I. A. Gerichtskostengesetz

bene Gebühren dann anteilig anrechnen, FG Karlsr JB **98**, 94, OVG Münst NJW **11**, 871. Bei einem Haupt- und Hilfsantrag gilt § 45 I 2. Bei einem Wahlanspruch entscheidet die höhere Leistung, wenn der Kläger wählen muß. Soweit der Bekl wählen kann, muß man nach § 3 ZPO schätzen. Dabei muß man von der geringeren Leistung ausgehen. Weitere Einzelfälle § 48 Anh I: § 3 ZPO Rn 8 ff. Die Festsetzung nach dem Wert des Streitgegenstands, dem Streitwert, gilt auch in einem nichtstreitigen Verfahren.

5   **E. Unerheblichkeit des Streitwerts.** Bei mancher Gebühr entfällt ein Bezug auf den Streitwert nach I Hs 2. Das gilt zB: Bei einer Festgebühr, etwa nach KV 1121, 1123 usw; bei einer solchen Gebühr, die sich nach dem KV auf der Grundlage einer Geldbuße berechnet, zB KV 4110.

6   **2) Kostenverzeichnis, II.** Das Kostenverzeichnis (KV) in der amtlichen Anlage 1 zum GKG, abgedruckt und erläutert hinter § 72, gibt an, ob und welche Gebühr für den fraglichen Vorgang entsteht. Es gilt also abschließend, OVG Bautzen JB **99**, 260. Zum Teil muß man dazu die Tabelle nach § 34 I 3 in der amtlichen Anlage 2 zum GKG heranziehen, abgedruckt im SchlAnh A.

Verweisungen

4 I Verweist ein erstinstanzliches Gericht oder ein Rechtsmittelgericht ein Verfahren an ein erstinstanzliches Gericht desselben oder eines anderen Zweiges der Gerichtsbarkeit, ist das frühere erstinstanzliche Verfahren als Teil des Verfahrens vor dem übernehmenden Gericht zu behandeln.

II ¹ Mehrkosten, die durch Anrufung eines Gerichts entstehen, zu dem der Rechtsweg nicht gegeben oder das für das Verfahren nicht zuständig ist, werden nur dann erhoben, wenn die Anrufung auf verschuldeter Unkenntnis der tatsächlichen oder rechtlichen Verhältnisse beruht. ² Die Entscheidung trifft das Gericht, an das verwiesen worden ist.

Gliederung

1) Systematik, I, II	1
2) Regelungszweck, I, II	2
3) Geltungsbereich, I, II	3–5
4) Verweisung, I	6–11
A. Innerhalb des Gerichtszweigs	6, 7
B. Aus dem Gerichtszweig heraus	8–10
C. Auslagen	11
5) Mehrkosten, II	12–17
A. Grundsatz: Nur gerichtliche Rechtsmittelkosten	12–14
B. Verfahren	15
C. Entscheidung	16
D. Rechtsmittel	17

1   **1) Systematik, I, II.** § 4 behandelt eine Verweisung des gesamten Verfahrens an ein anderes Gericht. Die Vorschrift gilt fast wörtlich in allen Gerichtszweigen, zB in § 6 FamGKG, Teil I B dieses Buchs. § 37 behandelt eine Zurückverweisung an ein unteres Gericht. In beiden Fällen bildet das weitere Verfahren in demselben prozessualen Rechtszug auch dieselbe Kosteninstanz. Bei einer Verweisung an das Gericht eines anderen Bundeslands braucht man die Gebühr nicht nochmals zu entrichten, obwohl jedes Bundesland seinen eigenen Haushalt hat.

Der Verweisungsbeschluß darf grundsätzlich *keine Kostengrundentscheidung* nach BLAH Üb 35 vor § 91 ZPO enthalten. Eine in ihm etwa trotzdem enthaltene derartige Entscheidung läßt keine Gebühr entstehen. Die Verweisung bindet auch wegen der Kostenpflicht grundsätzlich schlechthin. Wegen der Ausnahmen BLAH § 281 ZPO Rn 33 ff.

2   **2) Regelungszweck, I, II.** Die Vorschrift bezweckt im Interesse der Kostengerechtigkeit und auch der Prozeßwirtschaftlichkeit nach BLAH Grdz 14 vor § 128 ZPO eine Angleichung an § 281 III ZPO, gleichzeitig aber eine notwendige Ersatzleistung dann, wenn das zunächst angerufene Gericht im Rechtsweg nicht zuständig war.

3   **3) Geltungsbereich, I, II.** § 4 erfaßt jede Verweisung des gesamten Verfahrens an ein anderes Gericht. Den Gegensatz bilden: Eine bloße Teilverweisung, soweit diese

eine Trennung bedeutet, Mü MDR **96**, 642, BLAH § 145 ZPO Rn 3; eine Abgabe lediglich an eine andere Abteilung oder ein anderes Kollegium desselben Gerichts. Für eine solche Abgabe gilt aber sachlich nichts anderes. Nach zB § 6 I 2 gilt bei einer Abgabe dasselbe wie bei einer Verweisung.

§ *4 erfaßt zB:* Eine Verweisung nach § 281 ZPO wegen einer sachlichen oder örtlichen Unzuständigkeit; eine Verweisung nach § 506 ZPO vom AG an das LG; eine Verweisung nach §§ 696 V, 700 ZPO im Mahnverfahren; eine Verweisung vom ordentlichen Gerichts an das Familiengericht und umgekehrt; eine Verweisung nach § 112 GenG; eine Verweisung vom LG als Berufungsgericht an dasselbe LG als Erstgericht; eine Verweisung vom BGH als Revisionsgericht an das BVerwG als Gericht erster Instanz, BVerwG Rpfleger **92**, 132; eine Verweisung vom ordentlichen Gericht an ein ArbG oder umgekehrt nach §§ 48, 48a ArbGG. Die Abgabe nach den §§ 696 I, 700 III 1 ZPO ist keine Verweisung, vgl aber Rn 3. 4

Soweit dasjenige Gericht, an das der Rechtsstreit verwiesen wurde, die Sache *zurückverweist*, weil in Wahrheit keine wirksame oder bindende Verweisung vorliege, entsteht auch durch eine solche Zurückverweisung keine Gebühr. 5

4) **Verweisung, I.** Die Form der Verweisung ist unerheblich. Man muß die folgenden Fallgruppen unterscheiden. 6

A. Innerhalb des Gerichtszweigs. Bei einer Verweisung innerhalb des Gerichtszweigs entstehen Kosten nur nach den für das übernehmende Gericht geltenden Vorschriften. Daher kann zB eine solche Gebühr wegfallen, die vor dem verweisenden Gericht entstanden war. Nach den Regeln vor dem übernehmenden Gericht muß man auch die Fragen der Fälligkeit, des Streitwerts oder eines Vorschusses beachten, BVerwG Rpfleger **92**, 132; Ffm JB **76**, 369. Evtl muß man auch zB § 17b GVG beachten, Hellstab Rpfleger **92**, 132. Schon entstandene Gebühren bleiben aber bestehen, Ffm JB **77**, 1114.

Insgesamt entstehen aber nach § 35 infolge einer solchen Verweisung *keine höheren Kosten* als diejenigen, die bei einer getrennten Berechnung angefallen wären. Denn § 4 soll den Kostenschuldner begünstigen, nicht belasten, aM Meyer 5. 7

B. Aus dem Gerichtszweig heraus. Bei etwa einer Verweisung eines ordentlichen Gerichts an ein Sozialgericht bestimmen ebenfalls die für das übernehmende Gericht geltenden Kostenvorschriften, ob und welche Kosten dort insgesamt entstehen, etwa nach dem GNotKG, Teil III dieses Buchs, vor einem Gericht der freiwilligen Gerichtsbarkeit. 8

Vgl freilich §§ 40 WEG, 12 III LwVG. Diese Vorschriften berücksichtigen einen Gebührentatbestand des Verfahrens vor dem verweisenden Gericht auch bei der Kostenberechnung vor dem übernehmenden Gericht. 9

Es findet eine *Anrechnung* der vor dem verweisenden Gericht entstandenen Kosten auf die nach dem GKG vor dem übernehmenden Gericht entstehenden Kosten statt. 10

C. Auslagen. Für die Auslagen gilt dasselbe wie für die Gebühren nach Rn 6–10. 11

5) **Mehrkosten, II.** Man sollte vier Gesichtspunkte beachten. 12

A. Grundsatz: Nur gerichtliche Rechtsmittelkosten. Die Vorschrift ergänzt den § 21 I 3. Sie betrifft nur die nach dem GKG anfallenden Kosten, soweit diese in der Rechtsmittelinstanz entstanden sind, Mümmler JB **75**, 1158. Die in II vorausgesetzte Unkenntnis ist zB dann „verschuldet", Ffm MDR **98**, 1122, wenn die Partei zB die Anschrift des Gegners vorwerfbar nicht sorgfältig genug ermittelt hat oder wenn der Vorderrichter auf seine Unzuständigkeit hingewiesen hatte, ohne daß der Beteiligte wenigstens hilfsweise einen zulässigen Verweisungsantrag gestellt hätte. Auch eine nur leichte Fahrlässigkeit ist schädlich, wie bei § 276 BGB. Das Verschulden eines gesetzlichen Vertreters oder eines ProzBev gilt nach §§ 51 II, 85 II ZPO als ein solches der Partei. Ein Mitverschulden des Gerichts kann ein Verschulden der Partei entfallen lassen (Fallfrage).

Bei einem *Zweifel* darüber, ob eine Unkenntnis vorlag und ob sie verschuldet war, entstehen keine Mehrkosten. Eine gewisse Unsicherheit zB über die Zuständigkeit und die Zulässigkeit des Rechtswegs ist unschädlich, solange nicht Zweifel an diesen Fragen naheliegen. § 4 GKG 13

Freilich muß man generell fordern, daß die Partei oder ihr gesetzlicher Vertreter oder ProzBev sich über eine solche Frage auch anhand der gängigen Literatur in 14

GKG §§ 4, 5   I. A. Gerichtskostengesetz

zumutbarem Umfang *informiert.* Kostenschuldner ist diejenige Partei, die vorwerfbar Mehrkosten verursacht hat.

15 **B. Verfahren.** Zuständig ist dasjenige Gericht, an das die Verweisung erfolgt ist. Auch sein Einzelrichter ist wie sonst zuständig. Das Verfahren erfolgt auf eine Anregung der Partei oder ganz von Amts wegen. Es besteht keine Frist. Das Gericht kann über die Mehrkosten auf Grund einer freigestellten mündlichen Verhandlung entscheiden. Es muß den Betroffenen vor einer ihm nachteiligen Entscheidung nach Artt 2 I, 20 III GG (Rpfl), BVerfG **101**, 404, Art 103 I GG (Richter) anhören.

16 **C. Entscheidung.** Die Entscheidung erfolgt im Urteil oder durch einen auch evtl nachfolgenden Beschluß. Das Gericht muß ihn grundsätzlich begründen, BLAH § 329 ZPO Rn 4. Es entsteht keine Gebühr. Das Gericht teilt seinen Beschluß dem Betroffenen formlos mit.

17 **D. Rechtsmittel.** Gegen den Beschluß ist die Beschwerde entsprechend § 66 II statthaft. Rechtsbehelfsbelehrung, Verstoß: §§ 5 b, 48 II 2.

Verjährung, Verzinsung

5 I [1] Ansprüche auf Zahlung von Kosten verjähren in vier Jahren nach Ablauf des Kalenderjahrs, in dem das Verfahren durch rechtskräftige Entscheidung über die Kosten, durch Vergleich oder in sonstiger Weise beendet ist. [2] Für die Ansprüche auf Zahlung von Auslagen des erstinstanzlichen Musterverfahrens nach dem Kapitalanleger-Musterverfahrensgesetz beginnt die Frist frühestens mit dem rechtskräftigen Abschluss des Musterverfahrens.

II [1] Ansprüche auf Rückerstattung von Kosten verjähren in vier Jahren nach Ablauf des Kalenderjahrs, in dem die Zahlung erfolgt ist. [2] Die Verjährung beginnt jedoch nicht vor dem in Absatz 1 bezeichneten Zeitpunkt. [3] Durch Einlegung eines Rechtsbehelfs mit dem Ziel der Rückerstattung wird die Verjährung wie durch Klageerhebung gehemmt.

III [1] Auf die Verjährung sind die Vorschriften des Bürgerlichen Gesetzbuchs anzuwenden; die Verjährung wird nicht von Amts wegen berücksichtigt. [2] Die Verjährung der Ansprüche auf Zahlung von Kosten beginnt auch durch die Aufforderung zur Zahlung oder durch eine dem Schuldner mitgeteilte Stundung erneut. [3] Ist der Aufenthalt des Kostenschuldners unbekannt, genügt die Zustellung durch Aufgabe zur Post unter seiner letzten bekannten Anschrift. [4] Bei Kostenbeträgen unter 25 Euro beginnt die Verjährung weder erneut noch wird sie gehemmt.

IV Ansprüche auf Zahlung und Rückerstattung von Kosten werden vorbehaltlich der nach Nummer 9018 des Kostenverzeichnisses für das erstinstanzliche Musterverfahren nach dem Kapitalanleger-Musterverfahrensgesetz geltenden Regelung nicht verzinst.

Vorbem. II 2 sprachlich winzig geändert dch Art 12 Z 2 G v 29. 6. 15, BGBl 1042, in Kraft seit 4. 7. 15, Art 22 II G, ÜbergangsR § 71 GKG.

Gliederung

1) Verjährung des Zahlungsanspruchs, I	1–3
A. Kosten, I 1	1
B. Beendigung, I 1	2
C. Auslagen beim KapMuG, I 2	3
2) Verjährung des Rückerstattungsanspruchs, II	4
3) Rechtsfolgen: Einrede, III	5, 6
4) Neubeginn der Verjährung, III	7–13
A. §§ 212, 213 BGB, III 1	7
B. Zahlungsaufforderung, III 2 Hs 1	8, 9
C. Stundung, III 2 Hs 2	10
D. Unbekannter Aufenthalt, III 3	11
E. Unter 25 EUR, III 4	12
F. Prozeßkostenhilfe	13
5) Verzinsung, IV	14, 15
A. Grundsatz: Keine Verzinsung	14
B. Ausnahme beim Kapitalanleger-Musterverfahren	15

Abschnitt 1. Allgemeine Vorschriften § **5 GKG**

1) Verjährung des Zahlungsanspruchs, I. Die Vorschrift gilt bei jedem Kostenschuldner gesondert. Sie erfaßt nur einen solchen Zahlungsanspruch, der sich direkt nach dem GKG errechnet. Nicht hierher gehört ein zunächst auf die Staatskasse übergegangener Anspruch etwa im Prozeßkostenhilfeverfahren nach §§ 114ff ZPO, LG Wuppert JB **75**, 359. Dort gelten §§ 195ff BGB.
A. Kosten, I 1. Der Anspruch auf die Zahlung von Kosten einschließlich der Auslagen nach § 1, Karlsr MDR **88**, 799, verjährt in vier Jahren. Die Verjährungsfrist beginnt mit dem Ablauf des Kalenderjahres der Beendigung. Der Begriff des Verfahrens ist derselbe wie bei § 20, dort Rn 16. Eine Beendigung liegt in einer formellen Rechtskraft gerade der Kostenentscheidung, BGH RR **97**, 831, Karlsr MDR **88**, 799. In einer Strafsache kommt für den Beschuldigten nur dieser Fall der Beendigung in Betracht.
B. Beendigung, I 1. In einem Zivilprozeß, einem Verwaltungsverfahren oder einem Finanzprozeß liegt die Beendigung auch in einer Klägerrücknahme nach § 269 III, IV ZPO oder in einer Rücknahme des Rechtsmittels, falls diese Rücknahme eine Rechtskraft eintreten läßt, § 515 III ZPO, oder in einer Kostenentscheidung nach § 91a ZPO. Dasselbe gilt in einem solchen Verfahren, in dem eine rechtskräftige Entscheidung bereits im Vorverfahren vorliegt, etwa in einem Urkundenprozeß nach §§ 592ff ZPO oder Wechselprozeß nach § 602 ZPO oder bei einem Urteil über den Grund des Anspruchs nach § 304 ZPO. Freilich kann die Verjährung nur den von dieser Entscheidung betroffenen Haftungsgrund erfassen, also bei einem solchen Urteil über den Grund, das keine Kostenentscheidung enthält, nur die Antragshaftung.
Auch ein *Vergleich* nach § 779 BGB oder nach BLAH Anh § 307 ZPO reicht als Auslöser der Verjährung aus. Er muß aber das Verfahren „beenden". Daher reicht ein Teil- oder Zwischenvergleich nur, soweit er beendend wirkt. Wegen § 98 ZPO braucht der Vergleich keine Kostenregelung zu enthalten. Er darf sie aber auch nicht dem Gericht vorbehalten. Denn dann beendet der Vergleich nicht die Kostenfrage.
„In sonstiger Weise" bedeutet: Auf rein tatsächliche Art, etwa durch eine Aussetzung auf unbestimmte Zeit zB nach §§ 148ff ZPO oder durch das Ruhen des Verfahrens nach § 251a ZPO, aM Meyer 6 (aber auch das ist oft das Ende des Verfahrens). Man muß notfalls den Parteiwillen ermitteln, Karlsr ZIP **13**, 800 (bei § 240 ZPO), Schlesw SchlHA **94**, 54. Meist endet das Verfahren mit der Weglegungsverfügung, Schlesw JB **94**, 680. Freilich ist der erkennbare Wille der Parteien mitbeachtbar, Köln JB **15**, 38. Für die Auslagen läuft keine besondere Verjährungsfrist. Auch für einen dritten Auslagenschuldner gilt die Verjährungsfrist nach I. Es kommt weder auf die Entstehung noch auf die Fälligkeit an, aM BGH JB **04**, 439, noch auf die Bezifferbarkeit, Karlsr MDR **88**, 799. Ebensowenig ist grundsätzlich der Zeitpunkt des Kostenansatzes nach §§ 19ff maßgeblich (Ausnahme: spätere Umstände). Freilich kann eine Verjährung nicht vor dem Kostenansatz beginnen, LG Wuppert JB **75**, 359.
C. Auslagen beim KapMuG, I 2. Als eine eng auslegbare Sondervorschrift läßt I 2 die Verjährung des Anspruchs auf eine Zahlung nur von Auslagen des erstinstanzlichen Musterverfahrens nach dem KapMuG, abgedruckt bei BLAH SchlAnh VIII, frühestens mit dem formell rechtskräftigen Abschluß des Musterverfahrens und damit mit der Rechtskraft des Musterentscheids des OLG nach §§ 16, 20 KapMuG beginnen. Erst dann werden nämlich die Auslagen nach § 9 I fällig. Es geht dabei um die Auslagen nach KV 9018.

2) Verjährung des Rückerstattungsanspruchs, II. Die Vorschrift ähnelt teilweise § 6 II GNotKG, Teil III dieses Buchs, und § 8 GvKostG, Teil XI dieses Buchs. Für den Anspruch auf die Rückerstattung von Kosten läuft eine vierjährige Frist. Sie beginnt nach II 1 mit dem Ablauf desjenigen Kalenderjahres, in dem die Zahlung ohne Rechtsgrund erfolgt ist, sei es als Überzahlung, sei es als Vorschußzahlung. Eine Kostenentrichtung durch Gerichtskostenmarken usw wird erst mit dem Eingang des Dokuments beim Gericht zu einer „Zahlung", LG Osnabr JB **03**, 596. Dieses fällt mit dem Beendigungsjahr nach I oft nicht zusammen. Dann beginnt II 2 beginnt die Verjährungsfrist jedoch nicht vor derjenigen des Kostenanspruchs nach I.
Bei einer *Nichterhebung* der Kosten wegen einer unrichtigen Behandlung nach § 21 entsteht der Rückerstattungsanspruch wegen II 2 noch nicht mit der Überzahlung, sondern erst mit der formellen Rechtskraft der Entscheidung nach § 21. Jeder Rechtsbehelf, also die Erinnerung, Beschwerde und weitere Beschwerde zwecks einer Rücker-

27

stattung hemmen nach II 3 die Verjährung wie eine Klagerhebung nach §§ 253, 261 ZPO, 204 I Z 1 BGB, BGH RR **97**, 831. Eine Verfassungsbeschwerde in der Hauptsache ist grundsätzlich unbeachtbar, BGH JB **04**, 439.

5   **3) Rechtsfolgen: Einrede, III.** Die Verjährung richtet sich grundsätzlich nach den §§ 194 ff BGB, Karlsr MDR **88**, 799. Das Gericht darf sie also nicht von Amts wegen berücksichtigen. Sie gibt dem Schuldner vielmehr nur ein Leistungsverweigerungsrecht nach § 214 I BGB. Eine vorbehaltlose Zahlung gibt selbst bei einer Unkenntnis der Verjährung kein Rückforderungsrecht. Der Schuldner muß sich auf sein Leistungsverweigerungsrecht durch eine Einrede berufen, krit Lappe NJW **04**, 2412, also durch eine Erinnerung oder Beschwerde nach § 5. Soweit der Kostenschuldner gegenüber einer Einziehung die Verjährung geltend macht, erfolgt diese Einrede nach § 66, vgl § 8 JBeitrO, Teil IX A dieses Buchs. Die Einrede kann zB bei einer Arglist unbeachtbar sein, vgl aber auch LG Kleve JB **85**, 1663.

Eine *Verwirkung* mit ihren viel weitergehenden Folgen eines von Amts wegen in jeder Verfahrenslage beachtbaren Untergang des Anspruchs kann wie sonst neben einer Verjährung in Betracht kommen. Das GKG regelt die Verwirkung nicht. Es gelten daher die allgemeinen Regeln etwa bei PalGrü § 242 BGB Rn 87 ff.

6   Man muß die Verjährung gegenüber dem *Erstschuldner* und dem *Zweitschuldner* getrennt beurteilen, Celle JB **08**, 324, Düss JB **08**, 210. Die Verjährung gegenüber dem Zweitschuldner ist gehemmt, solange nicht (jetzt) § 31 II anwendbar ist, Kblz NStZ-RR **05**, 254, LG Bln Rpfleger **82**, 313, aG Neuruppin JB **01**, 375. Im übrigen erfolgt eine Hemmung der Verjährung nach § 205 BGB. Jedoch hat eine Stundung keine Hemmungswirkung, sondern läßt die Verjährung neu beginnen. Die Einstellung der Einziehung ist eine Verwaltungssache. Sie hemmt, stundet nicht und läßt die Verjährung auch nicht erneut beginnen.

7   **4) Neubeginn der Verjährung, III.** Ein Neubeginn kommt in den folgenden Fällen in Betracht.

A. §§ 212, 213 BGB, III 1. Ein Neubeginn kann durch einen der in §§ 212, 213 BGB genannten Fälle eintreten.

8   **B. Zahlungsaufforderung, III 2 Hs 1.** Der Zugang einer Zahlungsaufforderung läßt die Verjährung ebenfalls neu beginnen. Es ist nicht erforderlich, daß die Zahlungsaufforderung in einer besonderen Form erfolgt. Es genügt die Kostenrechnung, Kblz Rpfleger **88**, 428. Das in ihr genannte Datum ist unerheblich. Es kommt vielmehr auf den Zugang an, Kblz NStZ-RR **05**, 254, LG Lüb JB **03**, 372. Auch die Zusendung eines sog Mithaftvorbehalts reicht, Düss JB **79**, 872.

9   Eine *Zustellung* ist mit der Übergabe an die Post erfolgt, zB durch den Einwurf in den Postbriefkasten. Es gibt keinen Anscheinsbeweis für den gar rechtzeitigen Zugang einer einfachen Brief-Aufforderung, BLAH Anh § 286 ZPO Rn 154 „Rechtsgeschäft", Kblz Rpfleger **84**, 434, aM Schneider MDR **84**, 281 (aber auch die geringe Verlustquote ändert nichts an der Erfahrung, daß ein einfacher Brief leider nicht stets den Empfänger erreicht, zumal sich die Beanstandungen mit Sicherheit weit unter der tatsächlichen Verlustzahl halten).

10   **C. Stundung, III 2 Hs 2.** Die ausdrückliche Mitteilung oder die stillschweigende eindeutige Gewährung einer Stundung läßt die Verjährung neu beginnen, LG Lüb JB **03**, 372. Sie hat also nicht nur eine Hemmungswirkung. Wenn die Verjährungsfrist noch nicht läuft, schiebt die Stundung den Beginn hinaus.

11   **D. Unbekannter Aufenthalt, III 3.** Wenn der Aufenthalt des Schuldners unbekannt ist, genügt eine förmliche Zustellung durch die Aufgabe zur Post nach § 184 ZPO. Ein einfacher Brief genügt dann. Einzelheiten BLAH § 184 ZPO Rn 11, 12.

12   **E. Unter 25 EUR, III 4.** Bei einer Kostenschuld von weniger als 25 EUR gegenüber der Staatskasse tritt allerdings nach III 4 weder ein Neubeginn der Verjährung noch deren Hemmung oder eine Ablaufhemmung ein.

13   **F. Prozeßkostenhilfe.** Die Bewilligung einer Prozeßkostenhilfe nach § 119 ZPO hemmt bis zum Erlaß eines Aufhebungsbeschlusses.

14   **5) Verzinsung, IV.** Einem Grundsatz steht eine Ausnahme gegenüber.

A. Grundsatz: Keine Verzinsung. Im Prinzip gilt: Weder ein Zahlungsanspruch noch ein Rückerstattungsanspruch wegen irgendwelcher Gebühren oder Auslagen können einen zugehörigen Zinsanspruch auslösen. Das stellt IV klar. Damit ist ein diesbezüglich vorübergehend aufgetretener Streit beendet, aM LG Drsd ZIP **12**, 2521 (aber der Gesetzestext ist eindeutig, BLAH Einl III 39).

B. Ausnahme beim Kapitalanleger-Musterverfahren. Ausnahmsweise findet 15 eine anteilige Verzinsung nur von Auslagen nach KV 9018 nebst seiner amtlichen Anmerkung statt, s dort.

Elektronische Akte, elektronisches Dokument

5a In Verfahren nach diesem Gesetz sind die verfahrensrechtlichen Vorschriften über die elektronische Akte und über das elektronische Dokument anzuwenden, die für das dem kostenrechtlichen Verfahren zugrunde liegende Verfahren gelten.

Gliederung

1) Systematik	1
2) Regelungszweck	2
3) Anwendbarkeit der Verfahrensregeln	3
4) Verstoß	4

1) Systematik. Die in alle Verfahrensordnungen eingeführte Form elektronischer 1 Bearbeitung erhält in § 5a für die in § 1 genannten Verfahren einen Teil der notwendigen kostenrechtlichen Anpassungsregeln. Weitere finden sich in §§ 9, 12, 17, 19, 28, 61, 66 und in KV 2114 und 9003. Dem § 5a entsprechen im Kern § 8 FamGKG, Teil I B dieses Buchs, § 7 GNotKG, Teil III dieses Buchs, § 4b JVEG, Teil V dieses Buchs, § 12b RVG, Teil X dieses Buchs. Es handelt sich um vorrangige Sondervorschriften.

2) Regelungszweck. Das Kostenrecht soll den Anforderungen der elektronischen 2 Übermittlungs- und Verwahrungstechnik genügen. Das scheint wegen des ständigen technischen Fortschritts eine weite Auslegung zu rechtfertigen. Andererseits unterliegen Spezialregeln grundsätzlich einer engen Auslegung. Man muß beide Gedanken möglichst spannungsfrei verbinden, um zu einer brauchbaren Handhabung zu kommen.

3) Anwendbarkeit der Verfahrensregeln. Es sind vor allem anwendbar: §§ 130a, 3 b, 164, 186, 253, 298, 298a, 299, 313b, 315, 319, 320, 340a, 371a, 416a, 734, 758a, 760, 813, 829 usw ZPO, das SchrAG und die entsprechenden Vorschriften derjenigen Verfahrensordnungen, in denen das GKG nach seinem § 1 anwendbar ist.

4) Verstoß. Ein Fristverstoß kann zB zur Unzulässigkeit der Eingabe wegen Ver- 4 spätung führen. Eine Einreichung beim unzuständigen Gericht heilt erst entsprechend § 129a ZPO mit der dortigen Weiterleitung und mit dem Eingang beim zuständigen Gericht. Ein Mangel im Sinn von I heilt erst mit der Nachreichung des Fehlenden oder mit einer neuen Eingabe, bei deren elektronischer Übermittlung also erst mit deren Aufzeichnungsende.

Rechtsbehelfsbelehrung

5b Jede Kostenrechnung und jede anfechtbare Entscheidung hat eine Belehrung über den statthaften Rechtsbehelf sowie über die Stelle, bei der dieser Rechtsbehelf einzulegen ist, über deren Sitz und über die einzuhaltende Form und Frist zu enthalten.

Vorbem. Eingefügt dch Art 8 Z 2 G v 5.12.12, BGBl 2418, in Kraft seit 1.1.14, Art 21 S 1 G, ÜbergangsR § 71 GKG.

Gliederung

1) Systematik	1, 2
2) Regelungszweck	3–5
3) Geltungsbereich	6, 7
4) Belehrungspflicht	8
5) Kostenrechnung	9
6) Entscheidung	10–12
7) Anfechtbarkeit	13–18

A. Rechtsbehelfsmöglichkeit 14–16
B. Keine Befristung 17
C. Keine Unanfechtbarkeit 18
8) **Belehrungsform** 19
9) **Belehrungsperson** 20
10) **Belehrungszeit** 21
11) **Belehrungsinhalt** 22–26
    A. Rechtsbehelfsart 22
    B. Rechtsbehelfsstelle 23, 24
    C. Rechtsbehelfsform und -frist 25
    D. Keine Belehrung über Zulässigkeit und Erfolgsaussicht 26
12) **Verstoß** 27

1 **1) Systematik.** Die Vorschrift beendet den Abschnitt „Allgemeine Vorschriften" in einer Anlehnung an § 232 S 1–3 ZPO. Sie findet ihre notwendige Ergänzung mit der Darstellung der teilweisen Rechtsfolgen eines Verstoßes weit entfernt in § 68 II 2, der seinerseits dem § 233 S 2 ZPO entspricht. Sie ist das Ergebnis eines zB bei § 139 ZPO auftretenden Denkens an eine umfassende gerichtliche Fürsorgepflicht. Diese paßt jedenfalls im Verfahren mit Parteiherrschaft nicht ganz unproblempatisch, eher im Amtsermittlungsverfahren.

2 *Ähnliche* und jeweils vorrangige spezielle *Vorschriften* gibt es außer den oben erwähnten ZPO-Regelungen vielfach in anderen Gesetzen, zB in §§ 26 II 2, 28 IV, 30a II 3 EGGVG, Teil XII B dieses Buchs, §§ 7a, 83 II 2 GNotKG, Teil III dieses Buchs, auch in §§ 17 II, 39 FamFG, §§ 8a, 59 II 2 FamGKG, Teil I B dieses Buchs, ferner in § 3a GvKostG, Teil XI dieses Buchs, weiter in § 4c JVEG, Teil V dieses Buchs, ferner in §§ 12c, 33 V 2, 52 IV 2 RVG, Teil X dieses Buchs, schließlich in §§ 115 IV, 115a III 2, 171 S 2 StPO, § 58 VwGO.

3 **2) Regelungszweck.** Der Betroffene soll seine Möglichkeiten einer Anfechtung jedenfalls durch einen Rechtsbehelf sogleich und von Amts wegen zuverlässig erfahren. Das paßt nicht ganz zum Rechtsstaat. Denn er muß grundsätzlich überhaupt keine weitere Instanz garantieren, wie das BVerfG geklärt hat. Immerhin hat das Gericht seine Kostenrechnung sorgfältig vorgenommen und auch eine Kostenentscheidung zumindest bei deren Urteilsform nach zB § 311 I ZPO ja „im Namen des Volkes" gefällt. Daher ist es nicht selbstverständlich, sogleich auf die Möglichkeit hinzuweisen, diese Entscheidung könne unrichtig (und ja nur dann sinnvoll anfechtbar) sein.

4 *Art und Umfang* der Belehrung müssen dem Gesetzeszweck gerecht werden. Ausreichen kann evtl schon eine bloße Wiedergabe des Gesetzestextes zum einschlägigen Rechtsbehelf. Freilich kommt es auf die Umstände an. Es kann durchaus mehr nötig sein. Allerdings kann es keineswegs notwendig sein, die Flut von Rechtsprechung und Lehre zu so manchem Rechtsbehelf durch einen Roman von unerträglichem Ausmaß zu schildern, nur um keine Fehlerhaftigkeit mit den Folgen nicht nur des § 68 II 2 zu riskieren. Ob der Aufwand richtiger und vollständiger Belehrung das überlastete Gericht nicht unverhältnismäßig beengt, bleibt skeptisch abzuwarten.

5 *Maßvolle Abwägung* bleibt ratsam. Im Zweifel lieber etwas ausgiebiger. Formularfassungen dürften sich einbürgern. Sie können helfen, sind aber selbst dann mit Vorsicht anwendbar, wenn sie von der Gerichtsverwaltung usw stammen. Der Spruchrichter bleibt ebenso wie der Kostenbeamte verantwortlich. Ihn darf schon deshalb keine Verwaltung zu einer Formulierung unter Druck setzen. Sie erfolgt jedenfalls beim Richter in seiner Unabhängigkeit.

6 **3) Geltungsbereich.** Die Vorschrift gilt personell im Bereich Rn 20 und sachlich in jedem Verfahren nach dem GKG und einem auf das GKG verweisenden Verfahrensgesetz. Als Bestimmung der Allgemeinen Vorschriften des Abschnitts 1 des GKG gilt sie an sich auch in allen Instanzen und Teilen des Gesetzes. § 5b gilt auch, soweit das Gericht zB den Kostenstreitwert nicht ganz korrekt in der Hauptsachenentscheidung mitbeschieden hat. Vgl aber auch Rn 18. Praktisch liegt die Grenze dort, wo kein Rechtsbehelf (mehr) statthaft ist, soweit es gerade um das GKG geht.

7 *Unanwendbar* ist § 5b daher zB dann, wenn nur eine Verfassungsbeschwerde oder die Anrufung des EuGH oder gar des EGMR infrage kommt. Denn ein solches Verfahren unterliegt nicht dem GKG, selbst wenn das Gericht auch dessen Vorschriften nachprüft. Unanwendbar ist § 5b ferner zB bei einem Behelf vor einer Verwaltungsbehörde außerhalb der vom GKG erfaßten Fälle.

Internationalrechtlich ist maßgebend, ob und wieweit deutsches Gerichtskostenrecht (GKG) gerade auf einen Rechtsbehelf gilt.

4) Belehrungspflicht. Die Vorschrift nennt zunächst die Voraussetzungen zum Ob. **8** Der Text nennt nur drei Bedingungen direkt. Der Sinn ergibt weitere Bedingungen. Erst wenn sie sämtlich vorliegen, besteht eine Belehrungspflicht schon nach § 5 b.

5) Kostenrechnung. Es kann zunächst um eine solche gehen. Was eine Kosten- **9** rechnung ist und was nicht, ergibt sich aus § 19 mit seinem Gesetzeswort „Kostenansatz" zusammen mit § 20 (Nachforderung). Eine Auslegungshilfe nennt das Wort „Jede" (Kostenrechnung). Der Begriff ist daher weit faßbar. Andererseits darf man ihn schon wegen des Worts „nur" in § 1 I 1 auch nicht zu weit zulasten eines Kostenschuldners handhaben. Vgl im einzelnen bei §§ 19, 20.

6) Entscheidung. Es mag auch oder nur um eine Entscheidung anderer Art als **10** einen Kostenansatz gehen. Was § 5 b mit „Entscheidung" meint, ergibt sich nur indirekt aus derselben Auslegungshilfe wie bei der „Kostenrechnung", nämlich aus dem auch hier vorhandenen Zusatz „jede" (Entscheidung). Es gelten dieselben Erwägungen wie bei der Kostenrechnung.

Jede Form und Art von Entscheidung zählt zu diesem alternativen weiteren Ausgangsbegriff, zB auch: eine Zwischenentscheidung, Eilentscheidung, Nebenentscheidung in jedem Verfahrensstadium sogar vor einem einleitenden Antrag etwa bei der Reaktion auf eine sog Schutzschrift nach BLAH Grdz 7 vor § 128 ZPO und nach §§ 945 a, b ZPO bis hin zur letzten Maßnahme bei Kostenfragen. Beschluß, Verfügung, einstweilige Anordnung sind die üblichen Formen.

Der Zusatz „gerichtliche" (Entscheidung) fehlt zwar in § 5 b im Gegensatz etwa zu **11** § 232 S 1 ZPO. Infrage kommt aber ohnehin meist nur eine gerichtliche Maßnahme. Den Gerichtsvollzieher und seine Anfechtbarkeit regelt vorrangig § 3 a GvKostG, Teil XI dieses Buchs.

Keine Entscheidung ist jedenfalls zB ein interner Vermerk oder bloßer Hinweis, eine **12** bloße Frage oder ein bloßes Bedenken. Freilich kann ein Zusatz mit einer halben Drohung schon eine Entscheidung sein. Es kommt also wiederum auf die Umstände an. Im Zweifel eher eine Entscheidung zugunsten des Kostenschuldners. Denn erst sie zwingt zur Belehrung zu seinen Gunsten gemäß dem Grundsatz „muß" im Text des § 1 I 1.

7) Anfechtbarkeit. Eine (gerichtliche) Entscheidung muß auch gerade ebenso wie **13** ohnehin eine Kostenrechnung „anfechtbar" sein. Was unanfechtbar ist, kann sinnvollerweise grundsätzlich auch keinen Rechtsbehelf ermöglichen. Wegen einer Ausnahme bei Hochstreitigkeit der Anfechtbarkeitsfrage Rn 18. Anfechtung ist ein gesetzlich nicht bestimmter Begriff. Man muß ihn bei genauer Betrachtung eingrenzen. Denn ersichtlich soll nicht jede Anfechtbarkeit zu einer Belehrung zwingen, sondern nur diejenige, die gerade durch einen Rechtsbehelf erfolgen müßte. Das ergibt sich aus dem Wort „Rechtsbehelf" in § 5 b.

A. Rechtsbehelfsmöglichkeit. Sie ist also der wahre alleinige Anknüpfungspunkt. **14** Aber auch hier muß man nochmals einengen, um Unstimmigkeiten zu vermeiden. Denn nach der allgemein üblichen Bestimmung des Begriffs Rechtsbehelf zB nach BLAH Grdz 1 vor § 511 ZPO zählt dazu auch jedes erste Mittel zur Durchsetzung eines Rechts, also auch eine Klage nach § 253 ZPO usw oder ein sonstiger verfahrenseinleitender Antrag. Das ist aber kein gerichtlicher Schritt, sondern eine Parteiverfahrenshandlung.

§ 5 b *meint* also in Wahrheit gerade nicht jeden Rechtsbehelf, sondern einen sol- **15** chen nach einer Kostenrechnung oder sonstige Entscheidung im Kostenrecht.

Statthaft muß der Rechtsbehelf nach dem klaren Gesetzestext sein. Statthaftigkeit **16** ist zB nach BLAH Grdz 5 vor § 511 ZPO die *allgemeine* Zulässigkeit nach der Art der tatsächlich stattgefundenen Maßnahme im Gegensatz zur Zulässigkeit im Einzelfall.

Nicht hierher zählen: Eine Dienstaufsichtsbeschwerde nach BLAH Grdz 5 vor § 567 ZPO; eine Gegenvorstellung nach BLAH Grdz 6 vor § 567 ZPO; wohl auch eine sog Untätigkeitsbeschwerde nach BLAH § 567 ZPO Rn 9.

B. Keine Befristung. Der Rechtsbehelf darf befristet sein. Das ist aber zur Beleh- **17** rungspflicht nicht nötig. Ein entgegengesetzter Plan ist nicht zum Gesetz geworden.

C. Keine Unanfechtbarkeit. Aus Rn 13 ff folgt schon: Keine Belehrungspflicht **18** besteht, soweit eine Kostenrechnung oder sonstige gerichtliche Entscheidung unanfechtbar ist. Indessen muß man bei genauer Prüfung auch hier eingrenzen: Unbeachtbar ist eine solche Anfechtbarkeit, die sich außerhalb des GKG ergibt, etwa über eine Anfechtbarkeit durch eine Verfassungsbeschwerde.

Eine *hochstreitige* entscheidungserhebliche Anfechtbarkeitsfrage mag ganz ausnahmsweise eine Rechtsbehelfsbelehrung ratsam machen. Zumindest kann dann ein Kurz-Aktenvermerk „Keine Belehrung wegen Unanfechtbarkeit" mit stichwortartiger Kurzbegründung sinnvoll sein, Hartmann NJW **14**, 117.

Bei einer *Wertfestsetzung* in den *Entscheidungsgründen* kann die Belehrung nach Rn 2 nur zur Wertfestsetzung im Anwaltsprozeß nach BLAH § 78 ZPO Rn 1 dazu führen, daß die Partei mangels Belehrung auch zur Hauptsache und ihrer Kostenentscheidung einen irrigen Eindruck diesbezüglicher Unanfechtbarkeit erhält, solange ihr ProzBev nach § 81 ZPO sie nicht ergänzend unterrichtet. Deshalb kann eine Klarstellung dazu durch das Gericht ratsam sein. Gerade bei einer Abhängigkeit der Statthaftigkeit eines Rechtsmittels von einem Mindest-Beschwerdewert etwa nach § 567 II ZPO (Kostenbeschwerde) kann man über die richtige Werthöhe oft ganz erheblich streiten. Deshalb ist eine vorsorgliche Rechtsbehelfsbelehrung dann durchaus sinnvoll und vertretbar.

19 **8) Belehrungsform.** § 5b schreibt sie nicht vor. Daher reicht an sich eine mündliche oder der Mündlichkeit gleichstehende Form, zB per Telefon. Das kann freilich in die Nähe eines Vorwurfs der Fehlerhaftigkeit nach § 68 II 2 führen. Im übrigen muß ja „die Kostenrechnung" oder „die Entscheidung" die Belehrung enthalten. Eine schriftlich erfolgende oder notwendige Maßnahme muß schon deshalb auch eine schriftliche Belehrung enthalten. Ob in den übrigen Fällen ein Aktenvermerk oder ein Mitschnitt reicht, kann zweifelhaft sein.

Schriftlichkeit ist daher wenn nicht notwendig, dann doch dringend ratsam. Das gilt jedenfalls für den erforderlichen Mindestinhalt der Belehrung. Dann mag man ihn mündlich gleichzeitig oder sogleich später ergänzen dürfen. Es ist wiederum nicht zwingend, aber ratsam, eine Kopie wenigstens des schriftlichen Mindestinhalts zur Akte zu nehmen. „Kopie nach Formular X" reicht nur dann, wenn dieses Formular beiliegt (in vergleichbaren Lagen erfahrungsgemäß leider keineswegs die Regel).

20 **9) Belehrungsperson.** § 5b schweigt scheinbar auch dazu. In Wahrheit muß derjenige belehren, der die anfechtbare Kostenrechnung oder Entscheidung trifft oder verkündet. Im letzteren Fall kann das der Vorsitzende des Kollegiums sein. Die schriftliche Belehrung braucht die Unterschrift aller Spruchpersonen.

21 **10) Belehrungszeit.** Auch zu ihr schweigt § 5b nur scheinbar. Aus der Fassung „Jede ... hat ... zu enthalten" wird aber deutlich: Grundsätzlich muß die Belehrung zugleich mit der Kostenrechnung oder Entscheidung erfolgen. Eine Nachholung soll also grundsätzlich unterbleiben. Sie mag freilich insbesondere bei Unverzüglichkeit wie bei § 121 I 1 BGB und bei einer bloßen Ergänzung des notwendigen Mindestinhalts sinnvoll sein und die Schuldlosigkeitsvermutung des § 68 II 2 nach dem entsprechend anwendbaren § 292 ZPO entkräften helfen. Dokumentation wie bei Rn 19.

22 **11) Belehrungsinhalt.** Hier tut sich ein weites Feld auf, von äußerster Sparsamkeit bis zur puren Geschwätzigkeit. Maßstab ist einerseits der Wortlaut der Vorschrift, andererseits ihr erkennbarer Sinn. Lieber zu viel als zu wenig.

A. Rechtsbehelfsart. Sie muß unmißverständlich sein. Ob es ratsam ist oder nötig wäre, sogar nach dem Meistbegünstigungsgrundsatz zB bei BLAH Grdz 28 vor § 511 ZPO vorzugehen und dabei etwa sogar *eine* der evtl mehreren Anfechtungs- oder Handhabungsmöglichkeiten vorzuschlagen oder doch als naheliegend anzudeuten, ist eine ziemlich heikle Frage.

23 **B. Rechtsbehelfsstelle.** Die Belehrung muß unzweideutig angeben, bei welcher Stelle (Behörde oder Gericht) man einen Rechtsbehelf einlegen darf oder muß. Dabei kann es nötig werden, auf die wenigstens in Rechtsprechung und/oder Schrifttum entwickelte Möglichkeit(en) hinzuweisen, ein Rechtsmittel wahlweise beim bisherigen Entscheider oder beim nächsthöheren einzulegen. Ob man auch auf die wahrhaft komplizierten Folgen einer zunächst bei der falschen Stelle eingelegten Anfechtung und bei einer Berichtigung binnen noch laufender Frist mithinweisen sollte, ist eine der vermutlich alsbald entstehenden Streitfragen. Vorsicht mit Überfürsorglichkeit, BLAH § 139 ZPO Rn 3, 4!

Bezeichnung und Postanschrift reichen. Telefon- oder Telefax-Nr braucht man nicht mitanzugeben. Funktionelle Angaben zur zuständigen Abteilung, Kammer usw sind nicht nötig. Auch Internetangaben sind entbehrlich. Sie alle könnten sogar zur Fehlerhaftigkeit führen.

Mehrere Stellen muß man bei deren nicht ganz entfernt parallelen Zuständigkeiten vorsorglich mitbenennen.

C. Rechtsbehelfsform und -frist. Im Prinzip scheinen diese Angaben einfach zu sein. Man wird das manchmal wahre Labyrinth der Beurteilungen und Ansichten dazu hoffentlich nicht zum Anlaß nehmen, sie alle in seine Belehrung aufzunehmen. Nur den Gesetzestext zu wiederholen kann nicht von vornherein unhaltbar sein. Es kommt auch hier auf die Umstände an. Es dürfte zB nicht nötig sein, nun auch noch die Chance einer etwaigen Fristverlängerung anzusprechen. Wo lägen die Grenzen zur Fehlerhaftigkeit in Gestalt einer Unvollständigkeit und damit eines „Unterbleibens" nach § 68 II 2?

D. Keine Belehrung über Zulässigkeit und Erfolgsaussicht. § 5b fordert eine Belehrung nur über das „Statthafte". Statthaftigkeit, Zulässigkeit und Begründetheit sind durchaus verschiedene Voraussetzungen, BLAH Grdz 5 vor § 511 ZPO. Bitte keineswegs mehr als schon nach dem Gesetzestext mit seiner Begrenzung nötig. Eine Rechtsbehelfsbelehrung bedeutet nicht eine Beurteilung der Zulässigkeit des Rechtsmittels, BGH MDR **14**, 739.

12) Verstoß. Ein Verstoß führt neben den bei jeder anfechtbaren Kostenrechnung oder Entscheidung möglichen Rechtsfolgen auch zu einer erheblichen Erleichterung einer Wiedereinsetzung nach § 68 II 2. Vgl dort. Es kann sogar ein Verstoß gegen Art 19 IV 1 GG vorliegen, (zum alten Recht) BVerfG NJW **13**, 39.

24
25
26
27

Abschnitt 2. Fälligkeit

Übersicht

1) Begriff. Man muß zwischen der Entstehung, also der Erfüllung eines Kostentatbestands, dem Erwachsen einer Kostenschuld, und ihrer Fälligkeit unterscheiden. Zwar wird die Kostenschuld grundsätzlich bereits mit ihrer Entstehung fällig. Indessen kommen im Gerichtskostenrecht ebenso wie zB bei § 8 I RVG, Teil X dieses Buchs, Abweichungen vor, vor allem bei einer Stundung und dann, wenn es sich um eine Strafsache handelt.

Die Fälligkeit tritt grundsätzlich mit dem *Beginn eines Verfahrens* oder eines Verfahrensabschnitts ein. In Strafsachen gelten andere Fälligkeitszeitpunkte. Die Fälligkeit hat den Kostenansatz zur Folge. Sie hat auch die Beitreibbarkeit durch die Gerichtskasse als Vollstreckungsbehörde zur Folge.

Die Gerichtskasse muß ab der Fälligkeit nach § 15 I 1 KostVfg, Teil VII A dieses Buchs grundsätzlich *unverzüglich handeln*, BGH JB **04**, 439 (daran ändert auch die Einlegung einer Verfassungsbeschwerde nichts). Sie muß grundsätzlich den Schuldner zunächst auffordern und mahnen. Sie darf die Beitreibung erst nach dem Ablauf von zwei Wochen seit der Aufforderung beginnen, § 5 JBeitrO, Teil IX A dieses Buchs. Die Beitreibung ist unabhängig davon, ob das Gericht von der Vorwegleistung abgesehen hatte oder nicht.

Im übrigen tritt die Fälligkeit mit der *Beendigung des Rechtszugs* oder mit der Anordnung des Ruhens des Verfahrens oder mit seinem Nichtbetreiben über sechs Monate ein.

2) Vorauszahlungspflicht. Sie besteht in allen denjenigen Verfahren, in denen das Gesetz sie vorschreibt oder das Gericht zu ihrer Anordnung ermächtigt. Die Vorauszahlungspflicht dient der Sicherung der Staatskasse, LG Hbg MDR **78**, 50. Die Vorauszahlung dient auch der Vereinfachung der Erhebung.

Im Verfahren vor den *Arbeitsgerichten* besteht nach § 11 keine Vorauszahlungspflicht.

3) Vorschuß. Ihn kann die Staatskasse für die Gerichtsgebühren im Zwangsversteigerungs- und Zwangsverwaltungsverfahren erheben, in Strafsachen vom Privat-

1
2
3
4
5

oder Nebenkläger, ferner bei einer mit Auslagen verbundenen Handlung nach § 17. Die Vornahme der gerichtlichen Handlung ist allerdings nur bei § 17 von der Zahlung des Vorschusses abhängig. Die Vorschußpflicht ist also nicht ohne weiteres eine Vorauszahlungspflicht.

6 Andererseits ist der Vorschuß eine *endgültige Kostenschuld* wie andere. Wenn der Schuldner sie nicht bezahlt, erfolgt ihre Beitreibung nach § 18. Der Vorschuß wird nach § 15 I 1 KostVfg, Teil VII A dieses Buchs grundsätzlich angesetzt, sobald er fällig ist.

Fälligkeit der Gebühren im Allgemeinen

6 ¹ ¹In folgenden Verfahren wird die Verfahrensgebühr mit der Einreichung der Klage-, Antrags-, Einspruchs- oder Rechtsmittelschrift oder mit der Abgabe der entsprechenden Erklärung zu Protokoll fällig:
1. in bürgerlichen Rechtsstreitigkeiten,
2. in Sanierungs- und Reorganisationsverfahren nach dem Kreditinstitute-Reorganisationsgesetz,
3. in Insolvenzverfahren und in schifffahrtsrechtlichen Verteilungsverfahren,
4. in Rechtsmittelverfahren des gewerblichen Rechtsschutzes und
5. in Prozessverfahren vor den Gerichten der Verwaltungs-, Finanz- und Sozialgerichtsbarkeit.

²Im Verfahren über ein Rechtsmittel, das vom Rechtsmittelgericht zugelassen worden ist, wird die Verfahrensgebühr mit der Zulassung fällig.

II Soweit die Gebühr eine Entscheidung oder sonstige gerichtliche Handlung voraussetzt, wird sie mit dieser fällig.

III In Verfahren vor den Gerichten für Arbeitssachen bestimmt sich die Fälligkeit der Kosten nach § 9.

Gliederung

1) Geltungsbereich, I–IV	1, 2
2) Fälligkeit, I–III	3–11
A. Einreichung oder Erklärung von Klage, Antrag, Einspruch, Rechtsmittel, I 1	3
B. Jede prozeßeinleitende Parteihandlung, I 1	4
C. Eingangszeitpunkt, I 1	5
D. Prozeßkostenhilfe, I 1	6, 7
E. Klagerweiterung usw, I 1	8
F. Rechtsmittelzulassung, I 2	9
G. Scheidungsfolgesachen usw, II	10
H. Entscheidung, gerichtliche Handlung, II	11
3) Verzug, I, II	12
4) Arbeitssache, III	13–23
A. Grundsatz: Abweichung von I, II	13–15
B. Urteil	16
C. Vollstreckungsbescheid, Widerspruch	17
D. Arrest, einstweilige Verfügung	18
E. Vergleich	19
F. Klagerücknahme	20
G. Ruhen	21
H. Nichtbestreiten	22
I. Zweitschuldnerhaftung	23

1 **1) Geltungsbereich, I–IV.** Die Vorschrift betrifft in I, II, IV die Fälligkeit nur der Verfahrensgebühren im Zivilprozeß einschließlich der folgenden Sachen.
– *I 1 Z 1:* Bürgerliche Rechtsstreitigkeiten;
– *I 1 Z 2:* Sanierungs- und Reorganisationsverfahren nach dem als Art 1 des RestrukturierungsG v 9. 12. 10, BGBl 1900, verkündeten Kreditinstitute-ReorganisationsG;
– *I 1 Z 3:* Insolvenzverfahren, in dem eine Stundung nach §§ 4 a–d InsO, abgedruckt in Teil VII F dieses Buchs, Vorrang hat; ferner schiffahrtsrechtliches Verteilungsverfahren;
– *I 1 Z 4:* Rechtsmittelverfahren des gewerblichen Rechtsschutzes nach § 1 Z 1 oder Verfahren nach dem ArbNEG vor dem für Patentstreitsachen zuständigen Kollegium des ordentlichen Gerichts, Düss RR **00**, 368, Mü JB **96**, 591;

Abschnitt 2. Fälligkeit § 6 GKG

– *I 1 Z 5:* Prozeßverfahren vor den Gerichten der Verwaltungs-, Finanz- und Sozialgerichtsbarkeit, OVG Münst NJW **11**, 871 (nennt irrig I Z 4). Dabei läßt § 184 I 2 SGG, Teil II B dieses Buchs, die dortigen Gebühren einer Streitsache erst mit deren Rechtshängigkeit „entstehen", also nicht schon mit der in § 6 I Z 5 für die Fälligkeit maßgebenden Anhängigkeit, nämlich der Einreichung. Danach würde hier die Fälligkeit der Entstehung vorausgehen. Das ist begrifflich falsch. Daher muß man an sich am ehesten einen Redaktionsfehler des Gesetzgebers annehmen und in § 184 I 2 SGG scheinbar erst die Fälligkeit von der Rechtshängigkeit abhängig machen. I Z 5 geht dem § 185 SGG als späteres Gesetz an sich vor. Indessen kann letztere Vorschrift als speziellere auch vorrangig sein (Fallfrage).

Das *paßt aber nicht* zu dem auch für eine sozialgerichtliche Streitsache im späteren Gesetz in § 6 I Z 5 geregelten Fälligkeitszeitpunkt der Anhängigkeit. Mag sich der Gesetzgeber für eine widerspruchsfreie Lösung entscheiden. Bis dahin dürfte jedenfalls § 6 I Z 5 als das spätere Gesetz entsprechend einer allgemeinen Regel vorgehen.

Wegen des *arbeitsgerichtlichen* Verfahrens gilt IV.

– *I 2:* Zugelassenes Rechtsmittel.

Über den Begriff der *bürgerlichen Rechtsstreitigkeit* § 48 I.

Die in §§ 6, 7 nicht geregelten Fälligkeiten richten sich nach der *Auffangvorschrift* des § 8.

Das GKG kennt noch die Pflicht zur *Vorauszahlung* nach § 12 und die Vorschuß- **2** pflicht, §§ 15 ff. Beide Pflichten muß man von der Fälligkeit unterscheiden, Köln MDR **14**, 568, Stgt RR **98**, 648.

Im Verfahren vor den Gerichten für *Arbeitssachen* werden die Gebühren nur nach § 9 fällig. Wegen des VG-Richtlinie-Umsetzungsgesetzes § 48 Anh IV.

2) Fälligkeit, I–III. Eine Fälligkeit bedeutet keineswegs stets auch eine Voraus- **3** zahlungspflicht nach § 12. Man muß für die Fälligkeit die folgenden Fälle unterscheiden.

A. Einreichung oder Erklärung von Klage, Antrag, Einspruch, Rechtsmittel, I. Die Vorschrift gilt im Mahnverfahren nach §§ 688 ff ZPO, BGH NJW **11**, 1594, und im weiteren Erkenntnis- wie Vollstreckungsverfahren, LG Mü Rpfleger **90**, 227, und in den anderen in Z 1–5 genannten Verfahrensarten. In diesem Bereich wird die Gebühr grundsätzlich fällig, einziehbar und nicht nur gestundet, sobald die Klage-, Antrags-, Einspruchs- oder Rechtsmittelschrift eingeht, Brdb FamRZ **07**, 2000, Nürnb MDR **03**, 835, Zweibr RR **01**, 1653. Natürlich muß die Einreichung wirksam sein, Brdb MDR **16**, 1353. Die Fälligkeit entsteht grundsätzlich ferner, sobald die entsprechende Erklärung zum Protokoll vorliegt, KG FamRZ **86**, 285, nur scheinbar aM LG Siegen JB **92**, 744. Wegen einer Ausnahme Rn 5. Nach einem Mahnverfahren treten die Entstehung und damit frühestens die Fälligkeit der Verfahrensgebühr in dem Umfang des streitigen Verfahrens nach § 697 ZPO mit dem Akteneingang beim Gericht des streitigen Verfahrens ein. Das ergibt sich aus KV 1210 S 1 Hs 1, dort Rn 23, Ffm RR **92**, 1342, Mü MDR **94**, 508, Stgt MDR **94**, 634.

B. Jede prozeßeinleitende Parteihandlung, I 1. Es braucht sich nicht um ei- **4** nen förmlichen Antrag oder um einen Sachantrag zu handeln. Vielmehr reicht jede auf eine gerichtliche Sachentscheidung gerichtete Handlung der Partei nach BLAH Grdz 4 vor § 50 ZPO aus, die notwendig ist, um ein gerichtliches Verfahren in Gang zu setzen, Schlesw SchlHA **81**, 56. Das gilt auch bei seiner Aufnahme nach § 250 ZPO, BGH ZIP **04**, 2293, Düss MDR **87**, 1031, oder bei einer Verfahrenstrennung nach § 146 ZPO, OVG Münst NJW **11**, 871 (nennt irrig I Z 4). In einer widerspruchsfreien Beteiligung an einem unkorrekt begonnenen Verfahrensabschnitt kann ein stillschweigender zugehöriger Antrag liegen, ferner in einer Kostenzahlung LG Mü JB **05**, 540. Es kann dann aber auch § 21 anwendbar sein. Ein nicht ersichtlich nur versehentlicher Doppelantrag kann eine doppelte Verfahrensgebühr auslösen, Düss RR **99**, 1670, Mü MDR **04**, 896. Das Fehlen einer notwendigen Unterschrift reicht selbst bei einer „Klage" nicht, Stgt MDR **11**, 635.

Trotz der Zweiteilung bei der Einlegung einer *Berufung oder Revision* nach §§ 519, 520, 549, 551 ZPO tritt die Fälligkeit nach dem klaren Wortlaut von § 6 bereits mit der Einreichung der Rechtsmittelschrift ein. Es kommt also nicht darauf an, ob auch eine Rechtsmittelbegründung erfolgt und ob und wann ein förmlicher Rechtsmittelantrag eingeht. Eine Verfassungsbeschwerde zur Hauptsache ändert an der Fälligkeit nichts, BGH JB **04**, 439.

5   **C. Eingangszeitpunkt, I 1.** Der Antrag gilt in demjenigen Zeitpunkt als eingereicht, in dem das Dokument elektronisch oder bei der Posteingangsstelle eines Gerichts eingeht, BGH NJW **11**, 1594, Düss MDR **99**, 1156, Schlesw SchlHA **96**, 305. Das ist grundsätzlich der Zeitpunkt der Anhängigkeit, BLAH § 261 ZPO Rn 1. Es kommt also grundsätzlich nicht auf den meist späteren Zeitpunkt der Zustellung der Klage usw und damit nicht auf die Rechtshängigkeit an, Düss MDR **99**, 1156, Köln JB **11**, 489. Dem Eingang steht ausdrücklich derjenige Zeitpunkt gleich, in dem der Antragsteller einen zum Protokoll des Urkundsbeamten erklärten Antrag nach seiner vollständigen Aufnahme unterschrieben übergibt. Es ist unerheblich, ob sich diese Vorgänge bei dem wirklich zuständigen Gericht ereignen oder ob das Annahmegericht die Vorgänge unverzüglich oder vorwerfbar spät an das in Wahrheit zuständige Gericht weiterleitet.

Erst recht unerheblich ist der Eingang auf der funktionell zuständigen *Geschäftsstelle*, Düss MDR **99**, 1156. Ein sonst auf die Einreichung noch vor der Rechtshängigkeit folgender Stillstand des Verfahrens ist für die ja schon eingetretene Fälligkeit unerheblich, Oldb JB **95**, 317. Vgl freilich KV 1211 Z 1.

6   **D. Prozeßkostenhilfe, I 1.** Die Fälligkeit tritt an sich auch dann ein, wenn der Kläger gleichzeitig mit der Klage einen Antrag auf die Bewilligung einer Prozeßkostenhilfe nach § 117 ZPO einreicht. Freilich kann sie nach Art 19 IV GG erst ab Entscheidung über die Prozeßkostenhilfe einforderbar sein, soweit der Antrag nicht offensichtlich aussichtslos ist, BVerfG NVwZ **15**, 296. Im übrigen mag der Kläger zumindest stillschweigend eindeutig erklärt haben, daß er nicht beide Verfahren nebeneinander in Gang setzen wolle, BGH RR **00**, 879, Brdb FamRZ **14**, 1221 (zu § 9 FamGKG), Kblz MDR **04**, 177, BLAH § 117 ZPO Rn 9. Nach einer derartigen Bedingung macht erst ein nach einer Ablehnung der Bewilligung gestellter Antrag auf die Durchführung des Hauptprozesses dessen Verfahrensgebühr fällig. Eine als Klageschrift bezeichnete Schrift muß man als zur Terminsbestimmung und zum weiteren Klageverfahren eingereicht ansehen, sofern der Absender sie nicht eindeutig als eine bloße Beilage oder Begründung eines Prozeßkostenhilfeantrags bezeichnet.

7   Falls er die Klageschrift als solche bereits unterschrieben hat, muß er sie zur Vermeidung der Annahme, er wolle sie auch schon als solche einreichen, kennzeichnen, etwa als einen bloßen „*Entwurf*", BLAH § 117 ZPO Rn 9.

8   **E. Klageweiterung usw, I 1.** Bei der Erweiterung eines Klagantrags oder bei einer auch etwa nur hilfsweisen Widerklage nach BLAH Anh § 253 ZPO mit einem nicht identischen Streitgegenstand nach BLAH § 2 ZPO Rn 4 erhöht sich die Gebühr mit dem Eintritt der Erweiterung oder der Erhebung der Widerklage, KV 1210, Mü MDR **03**, 1078. Die Gerichtskasse darf nach § 45 I 1 nur den Mehrbetrag unter einer Zugrundelegung der einheitlichen Streitwerts fordern.

Nur ein ordnungsgemäß *nachgereichter* Antrag beeinflußt den Wert. Ein nach dem Verhandlungsschluß zB nach §§ 136 IV, 296a ZPO eingereichter Antrag beeinflußt den Wert also nur bei einer Wiedereröffnung zB nach § 156 ZPO, Düss MDR **00**, 1458. Eine Verbindung läßt eine vorherige Fälligkeit bestehen.

9   **F. Rechtsmittelzulassung, I 2.** In diesen Fällen entsteht die Fälligkeit mit der Mitteilung der Zulassung.

10 **G. Scheidungsfolgesachen usw, II.** Da diese Vorschrift I unanwendbar macht, richtet sich die Fälligkeit in den von II erfaßten Fällen nach den Auffangvorschrift des § 9.

11 **H. Entscheidung, gerichtliche Handlung, II.** Sofern im Zivilprozeß das Entstehen einer Gerichtsgebühr voraussetzt, daß das Gericht eine Entscheidung oder eine sonstige Handlung beliebiger Form vorgenommen hat, entscheidet für die Fälligkeit dieser Gebühr derjenige Zeitpunkt, in dem die entsprechende Maßnahme des Gerichts wirksam wird. Vorher liegt nur ein innerer Vorgang vor. Er löst keine Gebühr aus.

Ein *typischer Fall* nach II ist die Verzögerungsgebühr nach § 38, ein anderer eine Terminsbestimmung oder eine Ladung. Wegen der Einzelheiten der verschiedenen derartigen Gebühren vgl die Erläuterungen zu den in Betracht kommenden Gebührenvorschriften.

3) Verzug, I, II. Der Verzug begründet grundsätzlich keine Verzugszinsen, Düss DNotZ **81**, 76.   12

4) Arbeitssache, III. Ein Grundsatz hat zahlreiche Auswirkungen.   13
A. Grundsatz: Abweichung von I, II. Gebühren und Auslagen werden nach § 9 fällig. Diese Regelung weicht (jetzt) von I, II völlig ab, LAG Hamm MDR **81**, 259. Sie gilt für sämtliche Instanzen und sämtliche vor den Gerichten der Arbeitsgerichtsbarkeit zu erhebenden Gebühren und Auslagen.

Soweit ein *ordentliches Gericht sachlich zuständig* ist, wie meist bei einer Zwangsvollstreckung nach § 62 II ArbGG, gelten allerdings I, III. In einer Sache nach dem ArbNEG gelten vor dem dann zuständigen Patentgericht ebenfalls I, III, Mü JB **96**, 591.   14

Aus § 11 folgt, daß eine *Vorauszahlungspflicht* im Verfahren vor einem Gericht der Arbeitsgerichtsbarkeit entfällt. Denn soweit keine Kosten fällig sind, kann man auch nicht ihre Zahlung verlangen.   15

B. Urteil. Das Verfahren endet mit dem Erlaß eines Endurteils, auch eines Versäumnisurteils zB nach §§ 330ff ZPO. Bei einem Einspruch gegen das Versäumnisurteil zB nach § 338 ZPO lebt die Instanz wieder auf. Die Zustellung von Amts wegen nach § 50 ArbGG hat eine Bedeutung nur für die Rechtsmittelfrist, nicht für die Beendigung der Instanz nach § 61 ArbGG. Rechtsbehelfsbelehrung, Verstoß: §§ 5b, 68 II 2.   16

C. Vollstreckungsbescheid, Widerspruch. Das Verfahren endet mit dem Erlaß eines Vollstreckungsbescheids nach § 699 ZPO oder mit dem Eingang eines Widerspruchs gegen einen Mahnbescheid nach § 694 ZPO. Es endet also nicht schon mit dem Erlaß des Mahnbescheids nach § 692 ZPO.   17

D. Arrest, einstweilige Verfügung. Das Verfahren endet mit dem Erlaß eines Arrests oder einer einstweiligen Verfügung. Es ist dann unerheblich, ob das Gericht durch einen Beschluß oder durch ein Urteil entscheidet. Dann liegt zugleich eine Beendigung nach Rn 13–15 vor.   18

E. Vergleich. Das Verfahren endet mit dem Abschluß eines Prozeßvergleichs nach BLAH Anh § 307 ZPO.   19

F. Klagerücknahme. Das Verfahren endet schließlich dann, wenn eine wirksame Klagerücknahme nach § 269 ZPO erfolgt.   20

G. Ruhen. Es muß eine Anordnung nach §§ 251, 251a III ZPO in Verbindung mit dem ArbGG vorliegen, LAG Hamm DB **87**, 2264. Ein Aussetzungsbeschluß nach §§ 148ff ZPO steht nicht gleich, LAG Hamm DB **87**, 2264.   21

H. Nichtbestreiten. Es ist erforderlich, daß die Parteien den Verfahrensfortgang überhaupt in der Hand haben, LAG Hamm DB **87**, 2264.   22

I. Zweitschuldnerhaftung. Die Haftung nach § 31 II besteht im Arbeitsgerichtsverfahren nicht mehr.   23

Zwangsversteigerung und Zwangsverwaltung

7 ^I [1] **Die Gebühren für die Entscheidung über den Antrag auf Anordnung der Zwangsversteigerung und über den Beitritt werden mit der Entscheidung fällig.** [2] **Die Gebühr für die Erteilung des Zuschlags wird mit dessen Verkündung und, wenn der Zuschlag von dem Beschwerdegericht erteilt wird, mit der Zustellung des Beschlusses an den Ersteher fällig.** [3] **Im Übrigen werden die Gebühren im ersten Rechtszug im Verteilungstermin und, wenn das Verfahren vorher aufgehoben wird, mit der Aufhebung fällig.**

^{II} [1] **Absatz 1 Satz 1 gilt im Verfahren der Zwangsverwaltung entsprechend.** [2] **Die Jahresgebühr wird jeweils mit Ablauf eines Kalenderjahres, die letzte Jahresgebühr mit der Aufhebung des Verfahrens fällig.**

1) Geltungsbereich wegen Gebühren, I, II. § 7 betrifft die Fälligkeit im Verfahren nach dem ZVG. Wegen des Vorschusses § 15. Den Begriff Zwangsverwaltung meint II nach § 55 Rn 1 nur im Fachsinn. §§ 54–56 regeln die Entstehung der Ge-   1 bühren. Eine wertabhängige Gebühr wird nicht vor der Wertfestsetzung oder dem Antrag auf Mitteilung des Einheitswerts fällig, BGH NJW **09**, 2066.

2 **2) Zwangsversteigerung, I.** Man sollte für die Fälligkeit die folgenden Situationen unterscheiden.

A. Anordnungsgebühr, I 1. Sie wird mit der Entscheidung über die Anordnung der Zwangsversteigerung oder über den Beitritt fällig. Maßgeblich ist die Verkündung oder die Hinausgabe zur Zustellung, Mümmler JB **75**, 1151. Es ist unerheblich, ob das Gericht den Versteigerungs- oder Beitrittsantrag zurückweist oder ob es ihm stattgibt. Es ist nicht erforderlich, daß die Entscheidung des Gerichts bereits formell rechtskräftig ist. Eine bloße Zwischenverfügung usw macht noch keine Anordnungsgebühr fällig. Bei einer Antragsrücknahme vor der Entscheidung entsteht keine Gebühr.

3 **B. Zuschlagsgebühr, I 2.** Sie wird mit der Verkündung des Zuschlags fällig, LG Lüneb Rpfleger **88**, 112. Es ist unerheblich, ob und wann der Zuschlagsbeschluß rechtskräftig wird. Soweit erst das Beschwerdegericht den Zuschlag erteilt, entsteht die Zuschlagsgebühr nach § 104 ZVG mit der Zustellung des Zuschlagsbeschlusses an den Ersteher.

4 **C. Verfahrens-, Termins- und Verteilungsgebühr, I 3.** Diese Gebühren werden nach § 105 ZVG im Verteilungstermin fällig, allerdings bei einer vorher erfolgten Aufhebung des Verfahrens bereits mit der Hinausgabe des Aufhebungsbeschlusses. Bei einer außergerichtlichen Verteilung nach §§ 143 ff ZVG tritt die Fälligkeit mit der Erbringung des Nachweises oder mit dem Ablauf der Zweiwochenfrist ein.

5 **3) Zwangsverwaltung, II.** Vgl zunächst Rn 1. Die Fälligkeit tritt nach II 1 in Verbindung mit I 1 bei der Anordnungsgebühr nach Rn 2 mit der Entscheidung ein. In allen anderen Fällen tritt die Fälligkeit nach II 2 grundsätzlich erst mit dem Aufhebungsbeschluß ein. Bei einer Dauer der Zwangsverwaltung über ein Jahr hinaus tritt die Fälligkeit jedoch nach §§ 151, 22 ZVG jeweils mit dem Ablauf des Kalendertags ein.

6 **4) Auslagen, I, II.** Vgl § 9.

7 **5) Vorschuß, I, II.** Vgl §§ 15, 17.

Strafsachen, Bußgeldsachen

8 [1]In Strafsachen werden die Kosten, die dem verurteilten Beschuldigten zur Last fallen, erst mit der Rechtskraft des Urteils fällig. [2]Dies gilt in gerichtlichen Verfahren nach dem Gesetz über Ordnungswidrigkeiten entsprechend.

1 **1) Fälligkeit erst ab Rechtskraft einer Kostenentscheidung, S 1, 2.** Der Verurteilte haftet im Strafverfahren einschließlich des Privatklageverfahrens und des Strafvollzugs und im gerichtlichen Bußgeldverfahren für Gebühren und Auslagen erst ab der formellen Rechtskraft einer gegen ihn gerichteten gerichtlichen Kostenentscheidung, BGH JB **81**, 372. Das gilt nach § 465 I 2 StPO auch, soweit das Gericht den Angeklagten mit einem Strafvorbehalt verwarnt oder von Strafe absieht oder soweit es nur auf eine Maßregel der Besserung und Sicherung erkennt. Vorher tritt also auch keine Fälligkeit ein. Soweit ein Beteiligter die Entscheidung über die Kosten oder die notwendigen Auslagen nach § 464 III StPO mit einer sofortigen Beschwerde anficht, tritt nur *deren* Fälligkeit erst mit der Wirksamkeit einer Beschwerderücknahme oder mit der Rechtskraft der Beschwerdeentscheidung ein.

Die Fälligkeit des *nicht* derart angefochtenen *Rests* der Kosten richtet sich nach der Teilrechtskraft. Denn andernfalls könnte der Kostenschuldner durch die Anfechtung eines kleinen Teils der Kostenentscheidung die Fälligkeit insgesamt verzögern. Das ist nicht der Sinn von § 8.

2 Diejenigen Kosten, die das Gericht einem für straffrei erklärten oder *außer Verfolgung gesetzten* Angeklagten nach §§ 467, 468 StPO auferlegt hat oder die er durch seinen Wiederaufnahmeantrag veranlaßt hat, fallen nicht unter § 8, sondern unter § 9 I, aM Meyer § 8. Das gilt selbst dann, wenn das Gericht den Antragsteller vorher rechtskräftig verurteilt hatte. Entsprechendes gilt für den Betroffenen nach §§ 70 I OWiG, 467 II StPO bei der Aufhebung eines Bußgeldbescheids, sofern das Gericht ihm diejenigen Kosten auferlegt, die durch seine schuldhafte Säumnis entstanden sind.

2) Unanwendbarkeit bei anderer Verfahrensbeendigung, S 1, 2. Soweit keine 3 Kostenentscheidung vorliegt, ist jedenfalls § 8 unanwendbar. Denn dann fallen die Kosten nicht gerade nach einem „Urteil" zur Last.

Hierher gehören zB: Eine Zurückverweisung, BGH FamRZ **81**, 253; ein Verfahrensstillstand, VGH Stgt Rpfleger **81**, 72; ein Ruhen des Verfahrens, VGH Mannh NJW **81**, 1047; eine Zurücknahme der Privatklage; der Tod des Beschuldigten oder Betroffenen, Meyer 5 (hilfsweise Haftung der Staatskasse).

Fälligkeit der Gebühren in sonstigen Fällen, Fälligkeit der Auslagen

9 ᴵ ¹Die Gebühr für die Anmeldung eines Anspruchs zum Musterverfahren nach dem Kapitalanleger-Musterverfahrensgesetz wird mit Einreichung der Anmeldungserklärung fällig. ²Die Auslagen des Musterverfahrens nach dem Kapitalanleger-Musterverfahrensgesetz werden mit dem rechtskräftigen Abschluss des Musterverfahrens fällig.

ᴵᴵ Im Übrigen werden die Gebühren und die Auslagen fällig, wenn

1. eine unbedingte Entscheidung über die Kosten ergangen ist,
2. das Verfahren oder der Rechtszug durch Vergleich oder Zurücknahme beendet ist,
3. das Verfahren sechs Monate ruht oder sechs Monate nicht betrieben worden ist,
4. das Verfahren sechs Monate unterbrochen oder sechs Monate ausgesetzt war oder
5. das Verfahren durch anderweitige Erledigung beendet ist.

ᴵᴵᴵ Die Dokumentenpauschale sowie die Auslagen für die Versendung von Akten werden sofort nach ihrer Entstehung fällig.

Gliederung

1) Geltungsbereich, I–III	1, 2
A. Gebühren	1
B. Auslagen	2
2) Gebühren, Auslagen nach dem KapMuG, I	3
3) Gebühren im übrigen, II	4–6
A. Persönlicher Geltungsbereich	4
B. Fälligkeit	5, 6
4) Auslagen im übrigen, II	7–11
A. Unbedingte Kostenentscheidung, II Z 1	8
B. Beendigung usw des Verfahrens oder der Instanz, II Z 2–5	9
C. Beispiele zur Frage einer Anwendbarkeit von II Z 2–5	10, 11
5) Dokumentenpauschale, Aktenversendung, III	12–14

1) Geltungsbereich, I–III. Man sollte die folgenden Situationen unterscheiden. 1
A. Gebühren. Die Vorschrift ist wegen der Gebühren und der meisten Auslagen eine Auffangbestimmung gegenüber den vorrangigen §§ 6–8, 17. I, III enthalten jeweils eine eigenständige Regelung der dort erfaßten Arten von Auslagen. II regelt die Fälligkeit von Gebühren in den von §§ 6–8 nicht erfaßten Lagen, zB in Strafsachen und in Verfahren nach dem StVollzG. Dieser Geltungsbereich ergibt sich aus den Worten „Im übrigen" in II, vgl § 1.

Im Verfahren vor den *Arbeitsgerichten* ist § 9 nach § 6 III anwendbar.

B. Auslagen. § 9 regelt ferner zusammen mit § 17 die Fälligkeit von Auslagen in 2 sämtlichen Angelegenheiten des GKG, soweit nicht II gilt. Einzelheiten bei den einzelnen Vorschriften. Vgl auch Rn 3.

2) Gebühren, Auslagen nach dem KapMuG, I. Die Gebühren werden nach 3 I 1 mit der Anmeldeerklärung nach § 10 II KapMuG fällig. Die Auslagen nach KV 9018 werden mit der Rechtskraft des Musterentscheids des OLG nach § 16 KapMuG fällig, abgedruckt bei BLAH SchlAnh VIII.

GKG § 9 I. A. Gerichtskostengesetz

4   **3) Gebühren im übrigen, II.** Man muß das Ob und das Wann klären.
A. Persönlicher Geltungsbereich. II erfaßt in den Verfahrensarten nach Rn 1 nur diejenigen Gebühren, die nicht dem Verurteilten zur Last fallen. Diese letzteren regelt § 8. Danach verbleiben für II diejenigen Gebühren, die folgende Personen schulden: Der Privatkläger; der Nebenkläger; der Einziehungsbeteiligte; der Anzeigende; der Verletzte, soweit sie das Anklageerzwingungsverfahren erfolglos betrieben haben; der Beschwerdeführer der nicht zugleich ein Beschuldigter ist.

5   **B. Fälligkeit.** Die Gebühren werden gegenüber den in Rn 4 genannten Personen dann fällig, wenn eine der folgenden Voraussetzungen eintritt.

Das Gericht mag zunächst eine unbedingte *Kostenentscheidung* gegenüber dem in Rn 4 genannten Kostenschuldner erlassen haben. Es ist unerheblich, ob und wann diese Entscheidung rechtskräftig wird.

Das Gericht mag sein Verfahren auch durch eine der in II Z 2–5 genannten Vorgänge nicht betreiben, ausgesetzt, unterbrochen oder *beendigt* haben. In keinem dieser Fälle kommt es darauf an, ob das Gericht eine Kostenentscheidung erlassen oder eine sonstige Kostenregelung getroffen hat, BGH NJW **81**, 1048, VGH Mannh NJW **02**, 1516.

6   Man darf aber *nicht* eine *Beendigung fingieren,* nur um dem Fiskus zur vorzeitigen Gebührenerhebung zu verhelfen, OVG Lüneb JB **91**, 955. Die Fälligkeit endet unter den Voraussetzungen des § 30.

7   **4) Auslagen im übrigen, II.** Die nicht schon in I geregelten Auslagen werden dann mit der alleinigen Ausnahme derjenigen Auslagen fällig, die ein Verurteilter in einer Strafsache oder in einer Bußgeldsache tragen muß (für diese gilt § 8), wenn eine der folgenden Voraussetzungen vorliegt.

8   **A. Unbedingte Kostenentscheidung, II Z 1.** Die Auslagen werden mit dem Wirksamwerden einer unbedingten Kostenentscheidung fällig. Die Wirksamkeit mag durch die Verkündung, durch die förmliche Zustellung, durch eine formlose Mitteilung oder auch schon durch die Hinausgabe zur Zustellung usw eingetreten sein. Eine bloße Kostenentscheidung reicht aus. Die Form der Entscheidung ist unerheblich. Eine „Kosten"entscheidung umfaßt nach § 1 I 1 auch Auslagen. Diese Entscheidung muß nicht rechtskräftig oder vollstreckbar sein, Roloff NZA **07**, 909. Die Instanz braucht auch noch nicht endgültig beendet zu sein, wie zB bei KV 8100. Daher zählt auch ein Versäumnisurteil hierher, ebenso ein Vorbehalts- oder Teilurteil nebst einer Kostengrundentscheidung.

Auch eine *Anfechtbarkeit* hindert die Fälligkeit nicht. Es ist ebenso unerheblich, ob das Gericht die Zwangsvollstreckung eingestellt hat. Eine bedingte Entscheidung macht zwar die Urteilsgebühr fällig, nicht aber die Auslagen. So kann es auch beim bloßen Mahnbescheid liegen. Bei einer Teilentscheidung über die Kosten tritt eine entsprechende Fälligkeit ein. Hierher gehören zB diejenigen Auslagen, die das Gericht einem Freigesprochenen auferlegt hat.

9   **B. Beendigung usw des Verfahrens oder der Instanz, II Z 2–5.** Mit der Wirksamkeit von Ereignissen nach II Z 2–5 tritt die Fälligkeit der Kosten ebenfalls ein, BGH NJW **81**, 1048, VGH Mannh NJW **81**, 1047. Dabei ist nur die objektive Verfahrensbeendigung maßgeblich, nicht die Kenntnis des Gericht von ihr. Man darf die Wirksamkeit nicht einfach unterstellen, OVG Lüneb JB **91**, 955.

10 **C. Beispiele zur Frage einer Anwendbarkeit von II Z 2–5**
Antragsrücknahme: Es gilt dasselbe wie bei einer „Klagerücknahme". Der Antragsteller ist Auslagenschuldner nach § 55.
Aussetzung: *Nicht ausreichend* ist dieser Vorgang, LAG Hamm DB **87**, 2264, solange die Aussetzung noch nicht sechs Monate dauert.
Erledigung der Hauptsache: Ausreichend ist sie.
Klagerücknahme: Ausreichend ist dieser Vorgang, auch bei einer Widerklage nach BLAH Anh § 253 ZPO. Dabei reicht auch ein teilweiser solcher Vorgang. Es ist unerheblich, ob das Gericht eine Kostenentscheidung getroffen hat, etwa nach §§ 269 III, IV, 516 III ZPO, § 136 FGO, § 155 II VwGO.
Ruhen des Verfahrens: Ausreichend ist ein sechsmonatiges nach § 251a ZPO, Roloff NZA **07**, 901, zum Problem VGH Mannh NJW **81**, 1047, OVG Weimar LKV **04**, 332, Scholz BaWüBl **82**, 6.

Abschnitt 3. Vorschuss und Vorauszahlung **§§ 9, 10 GKG**

Selbständiges Beweisverfahren: Ausreichend ist bei §§ 485 ff ZPO die Durchführung der Beweisaufnahme. Es darf freilich keine Entscheidung nach II Z 1 vorliegen, Saarbr JB **17**, 602. **11**
Stillstand: Ausreichend ist ein sechsmonatiger tatsächlicher Stillstand, VGH Stgt Rpfleger **81**, 72, Roloff NZA **07**, 901. Dann ist eine Anfrage bei den Parteien nicht mehr nötig, ob sie den Prozeß in absehbarer Zeit weiterbetreiben wollen.
Unterbrechung: Ausreichend ist eine solche kraft Gesetzes, zB infolge der Eröffnung eines Insolvenzverfahrens nach § 240 ZPO, Natter NZA **04**, 687.
Vergleich: Ausreichend ist ein Prozeßvergleich nach BLAH Anh § 307 ZPO oder ein außergerichtlicher Vergleich nach § 779 BGB, Roloff NZA **07**, 901, mit oder ohne Kostenregelung. Beim Widerrufsvergleich tritt die Fälligkeit erst mit dem Ablauf der Widerrufsfrist oder mit der Beendigung des Widerrufsstreits ein.
Nicht ausreichend ist ein bloßer Zwischenvergleich.
Vorbescheid: Ausreichend ist ein solcher mit einer Urteilswirkung nach §§ 90 III FGO, 84 II VwGO.
Zurückverweisung: Ausreichend ist eine Zurückverweisung zB nach § 538 II ZPO ohne eine Kostenentscheidung, BGH FamRZ **81**, 253.

5) Dokumentenpauschale, Aktenversendung, III. Die Vorschrift erfaßt die Pauschalen der KV 9000, 9003. Sie entspricht den KVfG 31 000, 32 101, Teil III dieses Buchs, ferner dem § 5 II VO über Verwaltungskosten beim Deutschen Patentamt. Sie gilt nach § 6 I Z 4 bedingt auch vor den Finanz-, Sozial- und Verwaltungsgerichten, § 1 Z 2–4, nach § 6 III auch vor den Arbeitsgerichten. **12**

Eine *Aktenversendung* liegt unter den Voraussetzungen § 28 Rn 5 vor.
Auslagen nach Rn 12 werden stets sofort nach der *Entstehung* fällig. Eine Zahlungspflicht entsteht also auch dann, wenn eine Antragsrücknahme zwar nach der Anfertigung des Dokuments erfolgt, aber vor der Absendung oder Aushändigung oder zwar nach der Fertigstellung zum Aktenversand (Portierung usw), aber vor dem Hinausgehen zur Post usw. Daher ist eine Rücknahme des Antrags auf die Erteilung einer Ausfertigung, Abschrift oder Kopie nach deren Herstellung unbeachtlich. Wegen der Wirkung der Prozeßkostenhilfe auf die Pflicht zur Erstattung von Auslagen Üb 12, 13 vor § 12. **13**

Kostenschuldner ist der in § 28 I, II jeweils Genannte. **14**

Abschnitt 3. Vorschuss und Vorauszahlung

Grundsatz für die Abhängigmachung

10 In weiterem Umfang als die Prozessordnungen und dieses Gesetz es gestatten, darf die Tätigkeit der Gerichte von der Sicherstellung oder Zahlung der Kosten nicht abhängig gemacht werden.

Gliederung

1) **Systematik, Regelungszweck**	1
2) **Geltungsbereich**	2–4
3) **Prozeßordnungen**	5–7
A. Zeuge, Sachverständiger, Augenschein	5
B. Insolvenzverfahren	6
C. Strafverfahren	7
4) **GKG**	8–13
A. Vorschuß	9–11
B. Vorauszahlung	12, 13
5) **Andere Gesetze**	14
6) **Rechtsmittel**	15

1) Systematik, Regelungszweck. Die Vorschrift ermöglicht einen alsbaldigen Kostenansatz. Sie dient der Sicherung des Staats für die Gerichtskosten. Diese Sicherung kann durch die Einforderung eines Vorschusses oder durch die Vorwegerhebung der Gebühr erfolgen. Das Gesetz kennt beide Wege. Man muß sie scharf unterscheiden. Eine Vorschußpflicht ergibt sich erst dann endgültig, wenn ein Kostenanspruch **1**

GKG § 10   I. A. Gerichtskostengesetz

entstanden, aber noch nicht fällig ist. Eine Vorauszahlungspflicht nach Rn 12, 13 ergibt sich erst bei der Fälligkeit, dann aber als eine Voraussetzung einer gerichtlichen Maßnahme auch sofort. Einen Vorschuß darf das Gericht nur in den gesetzlich geregelten Fällen verlangen. Eine Vorauszahlung erhält man nur in diesen Fällen ganz oder teilweise zurück.

2   **2) Geltungsbereich.** Ein Vorschuß oder eine Vorauszahlung läßt sich nur fordern, soweit die Prozeßordnungen nach § 1 Rn 2 ff oder das GKG oder ein anderes Bundesgesetz diese Möglichkeit vorsehen. Der Staat leistet also theoretisch grundsätzlich vor. § 10 gilt nur im Geltungsbereich des § 1. Das Gericht muß nicht stets seine Tätigkeit von einem Vorschuß oder einer Vorauszahlung abhängig machen.

3   Die *entsprechende* Anwendung der Vorschrift auf andere Fälle ist schon wegen der Ausnahmenatur des § 10 unzulässig, Düss RR 00, 368, Meyer 2, aM BFH NVwZ 05, 366. Vor allem entfällt jede Sicherung, soweit das Gericht einen Beweis von Amts wegen erheben muß, zB in einer Strafsache oder in einer Bußgeldsache. In einer anderen Sache kann allerdings auch bei einer von Amts wegen notwendigen Handlung des Gerichts ein Auslagenvorschuß nach § 17 III in Betracht kommen, etwa bei einer Zeugenladung nach §§ 273, 358 a ZPO.

4   Im Verfahren vor den *Arbeitsgerichten* kommt (nur) für die Dauer vor ihnen, Brdb MDR **98**, 1119, nach § 11 weder ein Vorschuß noch eine Vorauszahlung in Betracht. Wegen des VG-Richtlinie-Umsetzungsgesetzes § 48 Anh IV.

5   **3) Prozeßordnungen.** Die Prozeßordnungen nach § 1 sehen eine Vorschußzahlung auch eines Ausländers oder Staatenlosen nur in den folgenden Fällen und selbst dann nicht bei einer Gebührenfreiheit nach § 2 vor, Karlsr JB **07**, 660.

A. Zeuge, Sachverständiger, Augenschein. Ein Vorschuß ist notwendig, soweit die Ladung und Vernehmung eines Zeugen oder eines Sachverständigen oder ein Augenschein nach §§ 144, 273, 358 a, 379, 402 ZPO in Betracht kommt.

6   **B. Insolvenzverfahren.** Ein Vorschuß kommt im Insolvenzverfahren nach § 26 I 2 InsO in Betracht.

7   **C. Strafverfahren.** Im Strafverfahren kann das Gericht nach §§ 176, 379 a, 390 StPO demjenigen die Leistung einer Sicherheit auferlegen, der eine gerichtliche Entscheidung über die Erhebung der öffentlichen Klage beantragt.

8   **4) GKG.** Das GKG enthält die folgenden einschlägigen Vorschriften.

9   **A. Vorschuß.** Eine Vorschußzahlung ist nach dem GKG für folgende Fälle nötig.

Eine Pflicht zur Zahlung eines Vorschusses für *Gebühren* besteht nach § 15 in einer Zwangsversteigerungs- und Zwangsverwaltungssache nach § 869 ZPO und dem ZVG, ferner in einer Strafsache für den Privatkläger in der ersten Instanz sowie dann, wenn er eine Berufung oder Revision einlegt oder wenn er eine Wiederaufnahme betreibt. Dann kann nach § 16 I in Verbindung mit §§ 379 a, 390 IV StPO auch der Nebenkläger zahlungspflichtig sein. Vgl auch § 16 II.

10   Für *Auslagen* besteht nach § 17 I grundsätzlich eine Vorschußpflicht, soweit der Antragsteller eine mit Auslagen verbundene Handlung fordert. Darüber hinaus kann das Gericht auch wegen einer von Amts wegen notwendigen Handlung nach § 17 III anordnen, daß ein Vorschuß für die Auslagen erfolgen soll. In einer Strafsache besteht eine Pflicht zur Vorschußzahlung wegen der Auslagen für eine beantragte Handlung des Gerichts nach § 16 nur, soweit der Privatkläger, der Widerkläger oder der Nebenkläger Berufung oder Revision eingelegt hat.

11   Im übrigen besteht weder in einer Strafsache noch in einer Bußgeldsache für eine *von Amts wegen* erforderliche Handlung eine Pflicht zur Zahlung eines Auslagenvorschusses. Bei einer Prozeßkostenhilfe zugunsten des Klägers, Widerklägers, Rechtsmittelklägers ist auch der Gegner nach § 14 Z 1 und wegen § 122 II ZPO weitgehend befreit.

12   **B. Vorauszahlung.** Das GKG sieht eine Vorauszahlung in den folgenden Fällen vor.

Der Kläger muß die *Verfahrensgebühr* nach §§ 6 I, 12 grundsätzlich vorauszahlen. Von diesem Grundsatz gelten nach § 12 II Ausnahmen.

Der Antragsteller des Mahnverfahrens nach §§ 688 ff ZPO muß die *Mahngebühr* nach § 12 III vorauszahlen.

Abschnitt 3. Vorschuss und Vorauszahlung §§ 10–12 GKG

Der Gläubiger muß für das Verfahren auf die Erteilung einer Ablichtung oder Ab- 13
schrift eines zwecks Vermögensauskunft nach § 802c ZPO abgegebenen Vermögensverzeichnisses oder für den Antrag auf eine Einsicht in dieses Schriftstück nach § 12 IV Gebühren vorauszahlen.
    In der *sonstigen Zwangsvollstreckung* nach §§ 704ff ZPO besteht eine Vorauszahlungspflicht wegen der Gebühren und der Auslagen nach § 12 V.
    Im Verfahren nach der *SVertO* besteht eine Vorauszahlungspflicht wegen der Gebühren und Auslagen nach § 13.
    Wer eine *Ausfertigung, Ablichtung, Abschrift* oder einen *Ausdruck* beantragt, muß die Auslagen teilweise nach § 17 II vorauszahlen.
    5) Andere Gesetze. Eine Pflicht zur Zahlung eines Vorschusses oder einer Voraus- 14
zahlung besteht zB nach § 13 I JVEG, Teil V dieses Buchs, also dann, wenn sich die Parteien dem Gericht gegenüber mit einer bestimmten Vergütung für die Leistung eines Sachverständigen einverstanden erklärt haben. Sie besteht ferner zB nach § 4 GvKostG, Teil XI dieses Buchs.
    6) Rechtsmittel. Gegen die Anordnung eines Vorschusses oder einer Vorauszah- 15
lung ist die Beschwerde nach § 67 statthaft. Rechtsbehelfsbelehrung, Verstoß: §§ 5b, 68 II 2.

Verfahren nach dem Arbeitsgerichtsgesetz

11 ¹In Verfahren vor den Gerichten für Arbeitssachen sind die Vorschriften dieses Abschnitts nicht anzuwenden; dies gilt für die Zwangsvollstreckung in Arbeitssachen auch dann, wenn das Amtsgericht Vollstreckungsgericht ist. ²Satz 1 gilt nicht in Verfahren wegen überlanger Gerichtsverfahren (§ 9 Absatz 2 Satz 2 des Arbeitsgerichtsgesetzes).

Schrifttum: *Schäfer/Göbel,* Das neue Kostenrecht in Arbeitssachen, 2004.

    1) Systematik, Regelungszweck, S 1, 2. Es handelt sich um eine gegenüber 1
§§ 10, 12 ff vorrangige und deshalb eng auslegbare Sondervorschrift.
    2) Geltungsbereich, S 1, 2. S 1 gilt grundsätzlich in jedem beliebigen Urteils- 2
oder Beschlußverfahren vor dem ArbG, LAG oder BAG sowie vor dem AG als Vollstreckungsgericht in einer Arbeitssache.
    S 1 gilt ausnahmsweise *nicht* in dem in S 2 genannten Bereich.
    3) Kein Vorschuß, S 1. Ein Kostenvorschuß kommt im Bereich des S 1 unter 3
keinen Umständen infrage. S 1 geht sämtlichen Vorschriften des GKG und der ZPO über einen Gebühren- oder Auslagenvorschuß vor. Das gilt auch für die Zwangsvollstreckung, soweit das AG nach § 764 ZPO Vollstreckungsgericht ist. Auch der Gerichtsvollzieher darf dann keinen Gebührenvorschuß erheben, wenn er aus einer Entscheidung eines Arbeitsgerichts oder aus einem dort geschlossenen Prozeßvergleich wie nach BLAH Anh § 307 ZPO vollstrecken muß, § 4 I 4 GvKostG, Teil XI dieses Buchs. Allerdings braucht der Gerichtsvollzieher die Kosten für eine Handlung mit einem finanziellen Aufwand etwa für einen Transport nicht von sich aus vorzuschießen.
    Mit dem *Wegfall der Vorschußpflicht* entfällt aber keineswegs die etwaige Notwendig- 4
keit eines Antrags auf die Bewilligung einer Prozeßkostenhilfe wie nach §§ 114ff ZPO. Denn die Prozeßkostenhilfe kann auch noch im weiteren Verfahren fortwirken.
    4) Vorschuß bei Überlänge, S 2. Es handelt sich um das Verfahren nach § 9 II 2 5
ArbGG. Dieses entspricht §§ 198ff GVG, dazu BLAH dort ausf, sowie § 12a.

Verfahren nach der Zivilprozessordnung

12 ¹ ¹In bürgerlichen Rechtsstreitigkeiten soll die Klage erst nach Zahlung der Gebühr für das Verfahren im Allgemeinen zugestellt werden. ²Wird der Klageantrag erweitert, soll vor Zahlung der Gebühr für das Verfahren im Allgemeinen keine gerichtliche Handlung vorgenommen werden; dies gilt auch in der Rechtsmittelinstanz. ³Die Anmeldung zum Musterverfahren (§ 10 Absatz 2 des Kapitalanleger-Musterverfahrensgesetzes) soll erst nach Zahlung der Gebühr nach Nummer 1902 des Kostenverzeichnisses zugestellt werden.

II Absatz 1 gilt nicht
1. für die Widerklage,
2. für europäische Verfahren für geringfügige Forderungen,
3. für Rechtsstreitigkeiten über Erfindungen eines Arbeitnehmers, soweit nach § 39 des Gesetzes über Arbeitnehmererfindungen die für Patentstreitsachen zuständigen Gerichte ausschließlich zuständig sind, und
4. für die Restitutionsklage nach § 580 Nummer 8 der Zivilprozessordnung.

III ¹Der Mahnbescheid soll erst nach Zahlung der dafür vorgesehenen Gebühr erlassen werden. ²Wird der Mahnbescheid maschinell erstellt, gilt Satz 1 erst für den Erlass des Vollstreckungsbescheids. ³Im Mahnverfahren soll auf Antrag des Antragstellers nach Erhebung des Widerspruchs die Sache an das für das streitige Verfahren als zuständig bezeichnete Gericht erst abgegeben werden, wenn die Gebühr für das Verfahren im Allgemeinen gezahlt ist; dies gilt entsprechend für das Verfahren nach Erlass eines Vollstreckungsbescheids unter Vorbehalt der Ausführung der Rechte des Beklagten. ⁴Satz 3 gilt auch für die nach dem Gesetz über Gerichtskosten in Familiensachen zu zahlende Gebühr für das Verfahren im Allgemeinen.

IV ¹Absatz 3 Satz 1 gilt im Europäischen Mahnverfahren entsprechend. ²Wird ein europäisches Verfahren für geringfügige Forderungen ohne Anwendung der Vorschriften der Verordnung (EG) Nr. 861/2007 fortgeführt, soll vor Zahlung der Gebühr für das Verfahren im Allgemeinen keine gerichtliche Handlung vorgenommen werden.

V Über den Antrag auf Abnahme der eidesstattlichen Versicherung soll erst nach Zahlung der dafür vorgesehenen Gebühr entschieden werden.

VI ¹Über Anträge auf Erteilung einer weiteren vollstreckbaren Ausfertigung (§ 733 der Zivilprozessordnung) und über Anträge auf gerichtliche Handlungen der Zwangsvollstreckung gemäß § 829 Absatz 1, §§ 835, 839, 846 bis 848, 857, 858, 886 bis 888 oder § 890 der Zivilprozessordnung soll erst nach Zahlung der Gebühr für das Verfahren und der Auslagen für die Zustellung entschieden werden. ²Dies gilt nicht bei elektronischen Anträgen auf gerichtliche Handlungen der Zwangsvollstreckung gemäß § 829a der Zivilprozessordnung.

Vorbem. VI 1 sprachlich geändert dch die Neubek v 27. 2. 14, BGBl 154, ÜbergangsR § 71 GKG.

Gliederung

1) Systematik, I–VI	1
2) Regelungszweck, I–VI	2
3) Geltungsbereich, I–VI	3
4) Vorauszahlungspflicht bei Klage usw, I–VI	4–17
A. Klage, I 1	4
B. Beispiele zur Frage einer Klage, I 1	5–9
C. Klagerweiterung, I 2	10
D. Anmeldung, I 3	11
E. Mahnverfahren, III, IV	12
F. Eidesstattliche Versicherung, V	13
G. Verweisung, I, III, V	14
H. Vollstreckungsverfahren, VI	15
I. Schiffahrtsrechtliches Verteilungsverfahren, § 13	16
J. Verfahrensgebühr, I 1, IV 2	17
5) Keine Vorauszahlungspflicht, II	18–21
A. Widerklage, II Z 1	19
B. Europäisches Verfahren für geringfügige Forderungen, II Z 2	20
C. Arbeitnehmererfindungsstreit, II Z 3	20
D. Restitutionsklage, II Z 4	21
6) Vorauszahlungspflicht im nationalen Mahnverfahren, III	22, 23
A. Mahnbescheid, III 1, 2	22
B. Abgabe nach Widerspruch, III 3, 4	23
7) Verstoß, I–VI	24
8) Rechtsmittel, I–VI	25

Abschnitt 3. Vorschuss und Vorauszahlung § 12 GKG

1) Systematik, I–VI. Die Vorschrift regelt für fast alle Bereiche des GKG die 1 Frage, ob man und wer in welcher Höhe eine Vorauszahlung erbringen muß, bevor das Gericht tätig werden soll oder darf, Stgt RR **98**, 648. Sie gilt auch bei § 12 a, BFH JB **13**, 478. Auf Sondergebieten enthalten §§ 15 ff vorrangige Sonderregeln. In den Fällen § 14 Z 1–3 gilt § 12 nicht.

2) Regelungszweck, I–VI. Die Vorschrift dient der Verhinderung oder Vermin- 2 derung des zwar nicht rechtlichen, aber oft tatsächlichen Kostenrisikos der Staatskasse, Düss RR **00**, 368, Mü MDR **03**, 1078. Damit dient sie auch der Kostengerechtigkeit im weiteren Sinn. So, wie Haushaltsvorschriften einen Beamten trotz etwaiger formeller Verfügungsmacht doch zumindest im Verhältnis zum Dienstherrn binden, „soll" der Richter oder der Rpfl die Bestimmungen zur Vorauszahlungspflicht beachten.

Da der Gesetzgeber auch das Wort „muß" kennt, es aber hier wieder nicht benutzt hat, liegt dem klaren Wortlaut nach eine *bloße Sollvorschrift* vor, LG Mü RR **11**, 1384. Bei einem klaren Wortlaut bleibt grundsätzlich kein Raum für eine inhaltsändernde Auslegung, BLAH Einl III 39. Mag der Gesetzgeber sich endlich einmal anders entscheiden, wenn er ein „muß" meint. Auch ist das überlastete Gericht kein Zahlmeister und keine Steuer- oder Gebührenbehörde im Sinn einer den Prozeß durchweg hemmenden Vorrangigkeit von Vorschuß- oder Gebühreneintreibung.

Daher kann man den Richter oder Rpfl auch *nicht* einfach *haftbar* machen, wenn sie zwecks einer Prozeßförderung auch ohne einen derartigen Nachweis von einer bloßen Sollvorschrift keinen Gebrauch machen. Sie haben ein pflichtgemäßes Ermessen. Alles das muß man bei der Auslegung mitbeachten.

3) Geltungsbereich, I–VI. Die Vorschrift gilt nach I nur vor dem ordentlichen 3 Gericht und nur im bürgerlichen Rechtsstreit, dort freilich auch in jeder Rechtsmittelinstanz. Sie gilt nicht in den nach II ausgenommenen Fällen. III–VI regeln zahlreiche Sonderfälle. Sie gilt auch in der Zwangsvollstreckung zB bei §§ 722, 731, 767, 768, 771 ZPO, auch im WEG-Verfahren, LG Nürnb/Fürth NJW **09**, 374, AG Wiesb ZMR **08**, 581. Im schiffahrtsrechtlichen Verteilungsverfahren gilt nur § 13. Im Verfahren vor den Arbeitsgerichten aller Instanzen ist § 12 nach (jetzt) § 11 unanwendbar, LG Mü Rpfleger **90**, 227. Hatte dort bereits eine mündliche Verhandlung stattgefunden, darf man auch nach der Verweisung ans LG die Bestimmung eines weiteren Termins nicht von der Zahlung der Verfahrensgebühr abhängig machen, Brdb RR **99**, 291.

Ein *ProzBev* nach § 81 ZPO ist persönlich nie vorschußpflichtig, ebensowenig wie der Bekl. Wegen des Streits über eine Arbeitnehmererfindung Rn 20. In einer Baulandsache ist (jetzt) I nach § 221 IV BauGB unanwendbar. In einer Entschädigungssache läßt sich ein Vorschuß nach § 225 II 2 BEG nur bei einer offenbar mutwilligen Rechtsverfolgung fordern. Eine Befreiung kann sich aus einem LJustKostG ergeben, Karlsr JB **07**, 660.

4) Vorauszahlungspflicht bei Klage usw, I–VI. Eine gerichtliche Handlung ist 4 nach einer gesetzmäßig schriftlichen Anforderung grundsätzlich von der Zahlung einer Gebühr abhängig, Hbg NVersZ **02**, 133. Daher besteht eine Vorauszahlungspflicht. Sie besteht allerdings nach § 10 nur, soweit einer der folgenden Fälle vorliegt.

A. Klage, I 1. Die Vorauszahlungspflicht besteht nach Rn 10, 25 bei einer Klage nach § 253 ZPO usw. Die Klagart ist grundsätzlich unerheblich.

Keine Vorauszahlungspflicht besteht mit der Ausnahme einer Klageerweiterung nach Rn 10 bei der Einlegung eines Rechtsbehelfs, Ffm NJW **85**, 751, Köln MDR **14**, 568. Daran ändert nichts ein Kostenansatz nach §§ 4 ff KostVfg, Teil VII A dieses Buchs. Ein Eilverfahren nach §§ 916 ff, 935 ff ZPO zählt nach § 10 ebensowenig zu I 1. Denn es beginnt nicht mit einer „Klage" nach I 1. Das gilt unabhängig von § 6 und unabhängig davon, ob das Gericht auf den Eilantrag eine mündliche Verhandlung anordnet. I gilt auch bei einer Klage usw im Vollstreckungsverfahren nach §§ 722, 731, 767, 768, 771 ZPO.

Unanwendbar ist I bei einer Klage nach § 578 oder § 579 ZPO. Denn das sind Rechtsbehelfe eigener Art. Auch eine Widerklage nach BLAH Anh § 253 ZPO zählt nach Rn 19 nicht hierher.

GKG § 12   I. A. Gerichtskostengesetz

5 **B. Beispiele zur Frage einer Klage, I 1**
Beklagter: Rn 7 „Kostenschuldner".
Dritter: Rn 7 „Kostenschuldner".
6 **Frist:** Eine Frist für die Zahlung besteht nicht. Freilich kann eine Verzögerung nach Rn 17, § 167 ZPO schädlich sein. Die Gebühr ist mit dem Eingang der Klage fällig.
Klagefrist: Das Gericht muß trotz seines Ermessens nach Rn 9 „Soll ...", eine drohende Klagausschlußfrist beachten, soweit der Kläger eine Prozeßkostenhilfe oder eine einstweilige Befreiung nach § 14 beantragt hat.
7 **Kostenschuldner:** Kostenschuldner ist zwar der Kläger. Es reicht aber auch die Zahlung eines Dritten, natürlich auch des Bekl, Düss OLGZ **83**, 117. Er kann grds nicht durch einen Verzicht auf die Klagezustellung eine Terminsbestimmung erzwingen, Schlesw SchlHA **78**, 69. Eine Ausnahme gilt nach einer Verweisung vom ArbG an ein ordentliches Gericht. Der Bekl muß aber weder den Vorschuß berechnen noch ihn zahlen, Kblz JB **11**, 149, erst recht nicht ein ProzBev einer Partei nach Rn 3.
8 **Prozeßart:** Unerheblich ist, welcher Prozeßart die Klage angehört, sofern es sich eben nur um eine Klage handelt (Ausnahme: Fälle II) und nicht wie im Arrest- und einstweiligen Verfügungsverfahren um ein unter Umständen im Beschlußweg zu erledigendes Gesuch.
Rechtsbehelf: Rn 4.
Rückwirkung: Rn 10 „Zustellung".
„**Soll ...**": Dieses Wort bedeutet: Dem Gericht bleibt nach Rn 2 ein Ermessen, ob es erst nach einer Anforderung der Kosten und nach dem Zahlungseingang weiteres veranlaßt, BGH BB **93**, 1836, Kblz FamRZ **85**, 417. Der Kläger darf aber nicht einfach davon ausgehen, das Gericht werde ohne einen Vorschuß zustellen, BGH NJW **03**, 2831.
9 **Verjährung:** Das Gericht muß trotz seines Ermessens nach Rn 9 „Soll ...", eine drohende Verjährung beachten, soweit der Kläger eine Prozeßkostenhilfe oder eine einstweilige Befreiung nach § 14 beantragt hat.
Verstoß: Rn 24 „Verstoß".
Vorlage: S „Zuständigkeit".
Zuständigkeit: Der Kostenbeamte veranlaßt die Erhebung des Vorschusses nach § 20 II 2 KostVfg, Teil VII A dieses Buchs regelmäßig selbständig. § 12 gilt auch für den Einzelrichter nach §§ 348, 348a ZPO und den Vorsitzenden der Kammer für Handelssachen nach § 349 ZPO. Der Vorsitzende beraumt den Termin zB nach § 216 ZPO „nach der Zahlung" an. Der Urkundsbeamte der Geschäftsstelle muß daher bei Akten sofort nach seiner Kenntnis von der Zahlung mit dem entsprechenden Vermerk dem Vorsitzenden vorlegen.
Zustellung: Der Kläger braucht Auslagen für die Zustellung nicht mehr vorauszuzahlen. Denn sie fallen nach KV 9002 amtliche Anmerkung nur noch ausnahmsweise besonders an, wenn sie nämlich je Instanz für mehr als 10 Zustellungen anfallen. Das gilt unabhängig davon, ob es sich um ein Verfahren mit einem frühen ersten Termin nach § 275 ZPO oder um ein schriftliches Vorverfahren nach § 276 ZPO handelt, Schlesw SchlHA **78**, 69, oder nur ein solches nach § 495a ZPO. Denn der Richter bestimmt „sein" Verfahren frei. Unter „Gericht" darf man in § 495a ZPO nicht auch den Kostenbeamten verstehen, BLAH § 495a ZPO Rn 56.

Der Kläger darf auch bei *§ 167 ZPO* auf die Zahlungsaufforderung warten, BVerfG NJW **01**, 1125, BGH **161**, 140, LG Bonn ZMR **15**, 623. Das gilt selbst dann, wenn er die Höhe des Vorschusses schon selbst berechnet und im Klageschriftsatz nach § 253 ZPO oder im Mahnantrag nach § 690 ZPO an der dafür vorgesehenen Stelle eingetragen hat, BGH BB **93**, 1836, aM Düss MDR **81**, 591, Meyer 10 (aber der Kläger weiß oft beim besten Willen nicht, welche Summe das Gericht als den notwendigen Vorschuß berechnen wird). Der Kläger muß freilich eine vom Gericht nicht zu kurz bemessene Zahlungsfrist auch einhalten, BGH WoM **17**, 739, LG Nürnb-Fürth NJW **09**, 374 (2 Wochen im WEG-Verfahren). Es gibt keine absolute Höchstfrist, 2 Wochen reichen meist, BGH ZMR **12**, 563.

Wenn das Gericht jedoch einmal antragsgemäß die Klage *zugestellt* oder einen *Termin* bestimmt hat, kann es trotz einer Möglichkeit der nachträglichen Anforderung eines Vorschusses usw nicht mehr den ersten oder gar einen späteren Termin oder eine andere Handlung von einer Zahlung abhängig machen, Mü RR **89**, 64, LG Bre BB **93**, 1836. Es kann also auch nicht gegen den verhandlungsbereiten Kläger ein Versäumnisurteil nach § 330 ZPO erlassen, BGH **62**, 179, LG Bre MDR **97**, 894. Nach einer Verweisung vom ArbG an ein ordentliches Gericht behält das letztere sein Ermessen, Brdb RR **99**, 291.

C. Klagerweiterung, I 2. Die Vorauszahlungspflicht besteht grundsätzlich bei einer Klagerweiterung nach §§ 263, 264 ZPO. Erweitert der Kläger seinen Klagantrag, soll das Gericht also vor der Zahlung der etwa erforderlichen zusätzlichen Verfahrensgebühr grundsätzlich keine gerichtliche Handlung vornehmen, weder in der ersten Instanz nach Hs 1 noch in der Rechtsmittelinstanz nach Hs 2. Ausnahmen sind an sich nur nach (jetzt) § 14 möglich, Hamm RR **89**, 383. I 2 gilt nur zulasten des Klägers oder Rechtsmittelklägers. Wenn der Klagerweiterungsschriftsatz auch zur bisherigen Klage einen Vortrag enthält, sollte das Gericht den Parteien mitteilen, daß und warum zB eine technisch unvermeidbare Mitübermittlung der Klagerweiterung vor dem Eingang einer weiteren Zahlung keinen Verzicht auf I 2 darstellt. Der Gegner kann einen neuen Termin beantragen. Er kann auch ein Versäumnisurteil gegen den Kläger nach § 330 ZPO usw erwirken. Wenn die Erweiterung erst kurz vor oder gar im Verhandlungstermin erfolgt, entfällt praktisch eine weitere Vorauszahlungspflicht zumindest dann, wenn die Parteien sogleich verhandeln wollen, sei es in der ersten oder in einer höheren Instanz. 10

Wenn das Gericht auf Betreiben der einen oder der anderen Partei einmal die Klagerweiterung *zugestellt* hat, ist nach Rn 11 keine Zurückweisung der Erweiterung mehr möglich, BGH **62**, 178.

Die *Folgen einer unterlassenen Vorwegleistung* können nur die Klagerweiterung ergreifen, nicht etwa die ganze Klage, soweit sich eine gerichtliche Handlung überhaupt auf die Klagerweiterung begrenzen läßt. Daher darf eine versagende Entscheidung nur wegen der Klagerweiterung ergehen, während das Gericht im übrigen verhandeln lassen muß. Da „keine gerichtliche Handlung" erfolgen soll, darf der Urkundsbeamte der Geschäftsstelle nicht einmal eine Zustellung der Klagerweiterung nach §§ 253, 261 ZPO ohne eine Rücksicht auf den noch weitergehenden Inhalt jenes Schriftsatzes anordnen. Ebenso sind keine Maßnahmen nach § 273 ZPO möglich und erfolgt keine Terminsanberaumung nach § 216 ZPO.

D. Anmeldung, I 3. Bei § 10 II KapMuG, abgedruckt bei BLAH SchlAnh VIII, nennt I 3 als Sollvorschrift die Zahlung der Gebühr KV 1902 als Zustellungsvoraussetzung. 11

E. Mahnverfahren, III, IV. Die Vorauszahlungspflicht besteht bei jedem zeitlich selbständigen Antrag auf den Erlaß eines Mahnbescheids nach § 690 ZPO oder Vollstreckungsbescheids nach § 699 ZPO und beim Gläubiger (nur) der Durchführung des streitigen Verfahrens nach § 696 ZPO nach der Erhebung des Widerspruchs oder Einspruchs nach Rn 22. III 1 gilt beim Europäischen Mahnverfahren nach der VO (EG) Nr 1896/2006, dazu BLAH Einf 3 vor § 1086 ZPO, über IV 1 entsprechend. Bei einer Fortführung ohne diese VO gilt nach IV 2 dasselbe wie bei I 2. 12

Keine Vorauszahlungspflicht besteht nach einem Einspruch gegen den Vollstreckungsbescheid nach § 700 ZPO. Es unterbleibt dann allerdings bis zur Zahlung eine Abgabe an das Gericht des streitigen Verfahrens. Dasselbe gilt, soweit man wie so oft einen verspäteten Widerspruch als einen Einspruch umdeuten darf und muß, BLAH § 694 ZPO Rn 12.

F. Eidesstattliche Versicherung, V. Die Vorauszahlungspflicht besteht nach Rn 13 sowohl bei der Terminsbestimmung zur Abnahme der eidesstattlichen Versicherung (nur) nach dem bürgerlichen Recht nach § 889 ZPO als auch beim Antrag auf die Erteilung einer solchen Versicherung bei einer Vermögensauskunft nach § 802c III ZPO, (je zum alten Recht) LG Düss JB **91**, 698, aM LG Wuppert MDR **91**, 1204. 13

Nicht hierher gehört das Verfahren nach (jetzt) §§ 882bff ZPO.

G. Verweisung, I, III, V. Die Vorauszahlungspflicht besteht nach einer Verweisung von einem kostenfreien Verfahren in ein kostenpflichtiges, BGH **62**, 177, Brdb MDR **98**, 1118 (Verweisung vom ArbG an das ordentliche Gericht). 14

GKG § 12
I. A. Gerichtskostengesetz

15 **H. Vollstreckungsverfahren, VI.** Die Vorauszahlungspflicht besteht zunächst nach I bei einer Klage im Zwangsvollstreckungsverfahren nach Rn 4. Sie besteht ferner nach V nur bei §§ 733, 829 I, 835, 839, 846 bis 848, 857, 858, 886–888, 890 ZPO, also nicht bei § 829 ZPO, LG Stade JB **91**, 732, und nach I 3 nicht bei § 829a ZPO. Einzelheiten Rn 15.

Keine Vorauszahlungspflicht besteht nach VI 2 bei einem elektronischen Antrag nach § 829a ZPO.

16 **I. Schiffahrtsrechtliches Verteilungsverfahren, § 13.** Die Vorauszahlungspflicht besteht bei einem Antrag auf die Eröffnung des Schiffahrtsrechtlichen Verteilungsverfahrens.

17 **J. Verfahrensgebühr, I 1, IV 2.** Zahlen muß man die „erforderte Gebühr für das Verfahren im allgemeinen". Es besteht keine Zahlungsfrist, wohl aber eben die Obliegenheit mit der Folge, daß das Gericht mangels eines Zahlungseingangs den Prozeß nicht fördern muß. Man muß die notwendige Gebühr zahlen, auch wenn der Kostenbeamte zu wenig erfordert hat. Hat der Kläger sie gezahlt, hat er nur seine Vorauszahlungspflicht erfüllt, nicht auch seine Gebührenpflicht. Wenn das Gericht zuviel gefordert hatte, bleibt dem Kläger die Erinnerung aus § 66 I. Notfalls muß das Gericht zunächst den Wert nach § 63 festsetzen.

Hat der Kläger die Gebühr selbst berechnet und in bar oder in Kostenmarken entrichtet, muß der Urkundsbeamte der Geschäftsstelle einen etwa fehlenden Betrag *nachfordern,* andernfalls die Akten mit einem Vermerk der Richtigkeit dem Gericht vorlegen. Das gilt auch nach einer Werterhöhung. Der Richter prüft die Höhe nicht nach.

18 **5) Keine Vorauszahlungspflicht, II.** I gilt nicht in den folgenden Fallgruppen des II. Sie sind als solche eng auslegbar, Düss RR **00**, 368. I enthält anderseits nach Rn 4 eine abschließende Aufzählung der überhaupt vorauszahlungspflichtigen Vorgänge. Daher bleibt es schon nach I bei der Befreiung in den Eilverfahren nach Rn 4, ohne daß man dazu II beachten muß.

19 **A. Widerklage, II Z 1.** Auf eine solche nach BLAH Anh § 253 ZPO ist I nach II Z 1 unanwendbar, Ffm FamRZ **82**, 810, Jena MDR **08**, 593, Mü MDR **03**, 1077. Über sie muß das Gericht daher immer ohne eine Vorauszahlung verhandeln lassen, also auch ohne eine Rücksicht darauf, ob der Kläger einen Vorschuß für die Klage gezahlt hat, Ffm FamRZ **82**, 810.

20 **B. Europäisches Verfahren für geringfügige Forderungen, II Z 2.** Eine Vorauszahlungspflicht besteht wegen des öffentlichen Interesses an der baldigen Durchführung des Verfahrens nicht bei einem Verfahren nach der VO (EG) Nr 861/2007, dazu BLAH Einf 3 vor § 1097 ZPO.

C. Arbeitnehmererfindungsstreit, II Z 3. Dasselbe wie bei II Z 1, 2 gilt für Rechtsstreitigkeiten über Arbeitnehmererfindungen, soweit nach § 39 ArbNEG das für Patentstreitsachen zuständige Gericht ausschließlich zuständig ist, Düss RR **00**, 368, Mü JB **96**, 592.

21 **D. Restitutionsklage, II Z 4.** Dasselbe wie bei II Z 1–3 gilt für ein Restitutionsverfahren nach § 580 Z 8 ZPO.

22 **6) Vorauszahlungspflicht im nationalen Mahnverfahren, III.** Die Vorschrift gilt bei jedem selbständigen Mahnantrag, auch bei dessen Wiederholung. Man muß zwei Verfahrensabschnitte unterscheiden.

A. Mahnbescheid, III 1, 2. Im Mahnverfahren soll das Gericht den Mahnbescheid nach § 692 ZPO grundsätzlich nach III 1 erst nach der Zahlung der Mahngebühr KV 1110 durch den Antragsteller als Gebührenschuldner nach § 22 I erlassen. „Erlassen" meint die Hinausgabe zur Zustellung, BLAH § 329 ZPO Rn 24, 25. Ausnahmen gelten nach III 2 bei einer maschinellen Erstellung nach §§ 689 I 2, 690 III ZPO usw, BGH BB **93**, 1836. Eine Zustellauslagen-Vorauszahlung ist nach Rn 10 nicht mehr erforderlich.

„Soll" ist nach Rn 2, 9 dasselbe wie bei I 1, BGH BB **93**, 1836.

Keine Vorauszahlungspflicht besteht nach § 14 Z 1 beim Vollstreckungsbescheid nach § 699 ZPO sowie insoweit, als der Antragsteller eine Gebührenfreiheit nach §§ 2, 14 Z 2 hat oder eine Prozeßkostenhilfe erhält.

23 **B. Abgabe nach Widerspruch, III 3, 4.** Hat der Antragsgegner gegen den Mahnbescheid Widerspruch erhoben oder hat das Mahngericht einen Vollstreckungs-

bescheid auf den Widerspruch des Antragsgegners nach § 703 a II 4 ZPO nur unter dem Vorbehalt der Ausführung seiner Rechte erlassen, soll das Mahngericht die Sache nach III 3, 4 an das nach § 692 I Z 1 ZPO bezeichnete Gericht des streitigen Verfahrens erst nach der Zahlung der allgemeinen Verfahrensgebühr KV 1210 oder KVFam 1110 abgeben. Zur Verjährungshemmung infolge dieser Zahlung Karlsr RR **92**, 63. Diese Regelung ist verfassungsgemäß, auch wenn sich die Sache ohne eine Abgabe an das Streitgericht erledigt, LG Hbg MDR **98**, 1375.

Voraussetzung ist, daß gerade der *Antragsteller* (Gläubiger) eine *Abgabe beantragt* hat. Das verlangt der Text ausdrücklich. Also besteht keine Vorauszahlungspflicht des beantragenden Antragsgegners (Schuldners), Karlsr JB **95**, 43, LG Osnabr JB **03**, 372. Dieser ist aber Gebührenschuldner nach § 22 I, Karlsr JB **95**, 43, LG Osnabr JB **03**, 372, § 20 FamGKG, Teil I B dieses Buchs. Daher muß das Gericht dann die Gebühr evtl auch von ihm beitreiben. Es erfolgt keine Vorauszahlung, wenn das Gericht des streitigen Verfahrens nach § 696 V ZPO (weiter)verwiesen hat. Vgl im übrigen Rn 5. Der Antragsteller bleibt vorleistungspflichtig, wenn beide Parteien die Abgabe beantragen, Hamm RR **03**, 357.

Nach einer Abgabe auf Bitten des Antragstellers *ohne* weitere Vorauszahlung darf das Streitgericht keine solche mehr fordern, Köln MDR **13**, 115.

7) Verstoß, I–VI. Das Gericht bearbeitet die Sache bis zu seiner Behebung nicht weiter und läßt die Akten weglegen, Ffm Rpfleger **93**, 26, LG Frankenth Rpfleger **84**, 288, LG Kleve RR **96**, 939, aM AG Hbg-Altona ZMR **14**, 58 (Abweisung als unzulässig). 24

8) Rechtsmittel, I–VI. Eine Nichtzulassung ermöglicht eine Beschwerde nach § 67, Kblz FamRZ **85**, 417. Sie ist auch dann statthaft, wenn der Beschwerdeführer den Grund oder die Höhe der Zahlungsforderung für unberechtigt hält. Das gilt auch, wenn ein ArbG nach der Klagezustellung ans LG verweist. Rechtsbehelfsbelehrung, Verstoß: §§ 5 b, 68 II 2. 25

Verfahren wegen überlanger Gerichtsverfahren und strafrechtlicher Ermittlungsverfahren

12 a [1] In Verfahren wegen überlanger Gerichtsverfahren und strafrechtlicher Ermittlungsverfahren ist § 12 Absatz 1 Satz 1 und 2 entsprechend anzuwenden. [2] Wird ein solches Verfahren bei einem Gericht der Verwaltungs-, Finanz- oder Sozialgerichtsbarkeit anhängig, ist in der Aufforderung zur Zahlung der Gebühr für das Verfahren im Allgemeinen darauf hinzuweisen, dass die Klage erst nach Zahlung dieser Gebühr zugestellt und die Streitsache erst mit Zustellung der Klage rechtshängig wird.

Vorbem. S 2 angefügt dch Art 9 Z 2 G v 11. 10. 16, BGBl 2222, in Kraft seit 15. 10. 16, Art 10 G, ÜbergangsR § 71 GKG.

1) Systematik. S 1, 2. Es handelt sich um eine Ergänzung zu § 12. Die entsprechende Anwendbarkeit gilt für den Gesamtbereich des § 12. 1

2) Regelungszweck. S 1, 2. Es gilt dasselbe wie bei § 12 Rn 2. 2

3) Geltungsbereich. S 1, 2. Die Vorschrift gilt im Gerichtsverfahren nach sämtlichen Gesetzen mit einer Regelung überlanger Verfahrensdauer, also in: 3
ArbGG: § 9 II, dazu von Stein/Brand NZA **14**, 113 (Üb). Daher ist § 11 S 2 unanwendbar;
BNotO: §§ 96 V, 111 h;
BRAO: §§ 57 III, 74 a VII, 112 g, 116 S 2, Köln RR **14**, 637;
BVerfGG: §§ 97 a–e, 112 g S 1, 116 II 1, BVerfG NJW **13**, 2341, Zuck NVwZ **13**, 779 (Üb);
DesignG: § 23 I 4, II 3, III 2;
EG-VerbrSchDurchsG: § 22 S 2;
EnWG: §§ 85 Z 1, 87 IV 1;
FGO: § 155 S 2, BFH ZIP **14**, 2004 und AnwBl **15**, 101 links;
GebrMG: § 21;
GVG: §§ 198–201;

GKG §§ 12a–14　　　　　　　　　　　　　　　　　　I. A. Gerichtskostengesetz

GWB: §§ 73 Z 1, 75 IV 1;
HalblSchG: § 11 I;
MarkenG: § 96 a;
PatAnwO: §§ 94 f, 98 S 2;
PatG: § 128 a;
SGG: §§ 31 I 2, 33 II, 183 S 2, 197 e I 1 Hs 2, 202 S 2, vgl schon (zum alten Recht) EGMR 1126/05 v 16. 7./4. 8. 09;
StVollZG: §§ 109 ff, BGH ZIP **14**, 796 rechts unten;
VerfGVerf: zB § 49 II 1 Bln VerfGHG, VerfGH Bln-Brdb NVwZ-RR **14**, 792;
VwGO: § 82 I 2, BVerwG AnwBl **15**, 532, OVG Magdeb NJW **13**, 251. Grds kein Verfahrensmangel nach § 132 II Z 2, BVerwG NVwZ **15**, 755;
WBO: § 23 II 2;
WDiszplO: § 91 I 2.

4　4) **Entsprechende Anwendung** von § 12 I, S 1, BFH JB **13**, 478. Vgl dort.

5　5) **Hinweispflicht,** S 2. Sie besteht (nur) bei einem Verfahren nach der VwGO, der FGO oder dem SGG, dort aber stets.

Verteilungsverfahren nach der Schifffahrtsrechtlichen Verteilungsordnung

13 Über den Antrag auf Eröffnung des Verteilungsverfahrens nach der Schiffahrtsrechtlichen Verteilungsordnung soll erst nach Zahlung der dafür vorgesehenen Gebühr und der Auslagen für die öffentliche Bekanntmachung entschieden werden.

SVertO § 31. Kostentragung. I Der Antragsteller trägt folgende Kosten:
1. die Vergütung und die Auslagen des Sachwalters;
2. die von dem Sachwalter aufgewandten Kosten der Verwaltung und Verwertung von Sicherheiten.

SVertO § 32. Zahlung der vom Antragsteller zu tragenden Kosten. II Das Gericht soll die Eröffnung des Verteilungsverfahrens von der Einzahlung eines angemessenen Vorschusses auf die von dem Antragsteller nach § 31 Abs. 1 zu tragenden Kosten abhängig machen.

1　1) **Geltungsbereich.** Eine Vorauszahlungspflicht besteht im Eröffnungsverfahren nach der Schiffahrtsrechtlichen Verteilungsordnung. Sie besteht nur für einen stattgebenden Eröffnungsbeschluß. Sie besteht nicht nach § 13, sondern nach § 12, soweit das Verfahren nach der ZPO abläuft. Im Umfang des § 14 besteht keine Vorauszahlungspflicht. „Soll" meint dasselbe wie bei § 12 I 1, dort Rn 2.

Ausnahmen von der Abhängigmachung

14 Die §§ 12 und 13 gelten nicht,
1. soweit dem Antragsteller Prozesskostenhilfe bewilligt ist,
2. wenn dem Antragsteller Gebührenfreiheit zusteht oder
3. wenn die beabsichtigte Rechtsverfolgung weder aussichtslos noch ihre Inanspruchnahme mutwillig erscheint und wenn glaubhaft gemacht wird, dass
   a) dem Antragsteller die alsbaldige Zahlung der Kosten mit Rücksicht auf seine Vermögenslage oder aus sonstigen Gründen Schwierigkeiten bereiten würde oder
   b) eine Verzögerung dem Antragsteller einen nicht oder nur schwer zu ersetzenden Schaden bringen würde; zur Glaubhaftmachung genügt in diesem Fall die Erklärung des zum Prozessbevollmächtigten bestellten Rechtsanwalts.

Gliederung

1) Systematik, Regelungszweck, Z 1–3 1
2) Keine Vorauszahlungspflicht bei Prozeßkostenhilfe, Z 1 2
3) Keine Vorauszahlungspflicht bei Gebührenfreiheit, Z 2 3

Abschnitt 3. Vorschuss und Vorauszahlung § 14 GKG

4) **Keine Vorauszahlungspflicht bei Zahlungsschwierigkeit, Z 3 a** 4–9
 A. Keine Aussichtslosigkeit oder Mutwilligkeit der Rechtsverfolgung 5
 B. Glaubhaftigkeit von Zahlungsschwierigkeiten 6–9
5) **Keine Vorauszahlungspflicht bei Verzögerungsgefahr, Z 3 b** 10–15
 A. Keine Aussichtslosigkeit oder Mutwilligkeit der Rechtsverfolgung 11
 B. Glaubhaftigkeit der Gefahr eines Verzögerungsschadens 12–14
 C. Glaubhaftigkeit solcher Gefahr 15
6) **Zuständigkeit, Z 1–3** 16
7) **Weiteres Verfahren, Z 1–3** 17

1) Systematik, Regelungszweck, Z 1–3. Es handelt sich um eine gegenüber 1
§§ 12, 13 vorrangige, eng auslegbare Sondervorschrift. § 14 gilt wegen § 11 nicht vor
den Arbeitsgerichten, auch nicht in der dortigen Zwangsvollstreckung. § 14 gilt auch
nicht vor den in §§ 12, 13 nicht genannten Gerichten und Verfahren. Im Geltungsbereich nach Rn 2 gelten dieselben Zwecke wie bei § 12.

2) Keine Vorauszahlungspflicht bei Prozeßkostenhilfe, Z 1. Die Vorauszah- 2
lungspflicht entfällt von Amts wegen nach Z 1 für den Antragsteller, soweit das Gericht ihm nach §§ 12, 13 eine Prozeßkostenhilfe bewilligt hat. Das folgt schon aus
§ 122 I Z 1 a ZPO, der die Fälligkeit der Gebühr aufhebt. Das Gesuch hat diese Wirkung noch nicht. Hat das Gericht eine Prozeßkostenhilfe zum Teil bewilligt, muß der
Unterstützte insofern von Kosten freibleiben. Er muß den Unterschied zwischen der
Gebühr nach dem vollen Streitwert und dem von der Prozeßkostenhilfe gedeckten
Teil zahlen. Denn sonst würde ein doppelter Streitwert gelten, Düss *Rpfleger* 05,
268, Mü *MDR* 97, 299, Schlesw *MDR* 06, 176, aM Köln *JB* 81, 1013. Nach einer
Aufhebung der Prozeßkostenhilfe nach § 124 ZPO darf das Gericht jedenfalls den
weiteren Prozeßablauf nicht von einer Vorauszahlung abhängen lassen.

Der *Antragsgegner* ist von einer etwaigen Vorauszahlung befreit, soweit der Kläger,
Berufungskläger oder Revisionskläger nach § 122 II ZPO eine Prozeßkostenhilfe
ohne Ratenzahlung erhält, Mü *MDR* 97, 299.

3) Keine Vorauszahlungspflicht bei Gebührenfreiheit, Z 2. Die Pflicht des An- 3
tragstellers entfällt von Amts wegen auch, soweit ihm nach § 2 eine persönliche oder
sachliche Gebührenfreiheit zusteht. Die Gebührenfreiheit besteht als ein Teil der umfassenden Kostenfreiheit im Umfang des § 2. Eine bloße Auslagenfreiheit nach § 2 Rn 9
reicht also nicht. Eine volle Kostenfreiheit ist nicht erforderlich. Sie reicht aber natürlich
erst recht aus.

Unanwendbar ist Z 2 auf den Antragsteller, soweit nur sein Gegner eine Gebührenfreiheit hat.

4) Keine Vorauszahlungspflicht bei Zahlungsschwierigkeit, Z 3 a. Die Vor- 4
schrift gilt auch im Mahnverfahren nach §§ 688ff ZPO. Sie erfordert einen Antrag.
Das ergibt sich aus dem Wort „Antragsteller", Meyer 2, aM Schlesw *SchlHA* 76, 32.
Sie gilt für jeden Kläger, auch zB für die Partei kraft Amts nach BLAH Grdz 8, 9 vor
§ 50 ZPO. Man sollte mehrere Aspekte beachten.

A. Keine Aussichtslosigkeit oder Mutwilligkeit der Rechtsverfolgung. Als 5
erste Bedingung muß bei Z 3a, b das Folgende nicht nur glaubhaft sein, sondern als
glaubhaft „erscheinen", also für das Gericht ziemlich feststehen. Das ist allerdings eine
haarfeine Unterscheidung zur Glaubhaftmachung nach § 294 ZPO. Aber Z 3 Hs 1
spricht in einer erkennbaren Unterscheidung von Hs 2 eben nicht nur von einer Geltendmachung. In der Praxis verschwinden sich solche Haarspaltereien bald.

„*Weder aussichtslos noch die Inspruchnahme mutwillig*" darf die Rechtsverfolgung
„erscheinen", nicht aber direkt *sein.* Das ist beim ersten dieser beiden Begriffe eine
Umkehrung von § 114, beim zweiten Begriff eine wörtliche Übernahme dieser Vorschrift. Zu dieser Maßgabe BLAH § 114 ZPO Rn 80–132 mit der dortigen Darstellung der Problemfälle. Was das Gesetz dem Gericht auch noch auf dem weiteren Nebenschauplatz an Abwägungskunst zumutet, ist leider unverändert ziemlich grotesk.
Das ist um so bedauerlicher, als die ganze Kostenrechtsnovelle 2004 doch eine angebliche Vereinfachung als ein Hauptmotto gehabt haben sollte.

In der Praxis empfiehlt sich eine ebenso vorläufige wie großzügige Handhabung,
und zwar wegen des Wortes „nur" in § 1 zugunsten einer Befreiung von der Vorauszahlungspflicht als eines bloßen Teils der Gebührenpflicht. Anders würde man sich

GKG § 14   I. A. Gerichtskostengesetz

hier völlig neu in einem bei § 114 ZPO ja ohnehin schon bedenklichen Perfektionismus verlieren.

6 **B. Glaubhaftigkeit von Zahlungsschwierigkeiten.** Wenn die Voraussetzungen Rn 3–5 vorliegen, muß man außerdem auch noch glaubhaft machen können, daß man als Antragsteller bei einer alsbaldigen Zahlung der Kosten mit Rücksicht auf seine Vermögenslage oder aus sonstigen Gründen Schwierigkeiten und nicht bloß zumutbare Unbequemlichkeiten haben würde. Die Pflicht entfällt also dann, wenn der Antragsteller die erforderte Summe angesichts des Vermögens oder der Flüssigkeit seiner Mittel nicht ohne einen ernsthaften Schaden zahlen könnte, Hamm OLGZ **89**, 323, Karlsr FamRZ **01**, 1533 (Vaterschaftsanfechtung), Köln FamRZ **95**, 1589 (zu § 1408 II 2 BGB).

7 Die Erklärung, daß der Antragsteller *in Raten zahlen* könne, ist *nicht* ausreichend, aM Meyer 6 (aber Z 3 a spricht nicht von Raten, sondern meint die jetzige Lage). Z 3 a ist aber dann anwendbar, wenn der im Ausland befindliche Gläubiger in Deutschland klagen will, weil er sich den notwendigen Betrag in der anderen Währung nicht beschaffen oder überweisen kann, ebenso wenn sonst der Beschaffung der erforderlichen Geldmittel ernstliche Devisenschwierigkeiten entgegenstehen.

8 *Keine Befreiung* erfolgt dann, wenn sich der Antragsteller die Mittel zur Prozeßführung durch einen Vorschuß eines anderen beschaffen kann, zB des Ehepartners. Eine Befreiung ist ferner dann nicht möglich, wenn die Zahlung nicht nur vorübergehend, sondern dauernd Schwierigkeiten mit sich bringen würde. Denn dann mag er ine Prozeßkostenhilfe nach §§ 114ff ZPO beantragen und anschließend nach Z 1 einen Antrag stellen, Hamm AnwBl **90**, 46, Karlsr FamRZ **91**, 1459, Mü FamRZ **03**, 241.

9 Es ist ein *Hinweis* an den Kläger auf Z 3 a nötig, aM Schlesw SchlHA **76**, 32 (aber eine solche Hilfe ist schon wegen der Fürsorgepflicht des Gerichts nötig, BLAH Einl III 27). Der Antragsteller braucht keine natürliche Person zu sein. Er macht seine Angaben nach § 294 ZPO glaubhaft. Die Erleichterung Z 3 b Hs 2 ist hier nicht möglich. Der Richter kann sich aber mit der Erklärung des Anwalts begnügen. Keine Befreiung erfolgt, soweit Z 2 vorliegt.

10 **5) Keine Vorauszahlungspflicht bei Verzögerungsgefahr, Z 3 b.** Die Vorschrift gilt auch im Mahnverfahren nach §§ 688 ff ZPO. Auch hier ist ein Antrag erforderlich. Das ergibt sich auch hier aus dem Wort „Antragsteller", Meyer 2, aM Schlesw SchlHA **76**, 32. Eine Vorauszahlungspflicht entfällt weiter beim Zusammentreffen der folgenden Voraussetzungen.

11 **A. Keine Aussichtslosigkeit oder Mutwilligkeit der Rechtsverfolgung.** Auch bei Z 3 b müssen zunächst die Bedingungen Rn 4, 5 vorliegen. Das ergibt die Stellung von Z 3 Hs 1 vor a.

12 **B. Glaubhaftigkeit der Gefahr eines Verzögerungsschadens.** Nach einer Erfüllung der Bedingungen Rn 4, 5, 11 muß der Antragsteller außerdem nach Rn 15 glaubhaft machen, daß eine Verzögerung ihm einen nicht oder nur schwer ersetzbaren Schaden brächte, Drsd FamRZ **02**, 36 (zu § 1600b VI 2 BGB), Köln FamRZ **95**, 1589 (zu § 1408 II 2 BGB). „Verzögerung" ist hier nur das kurzfristige Hinausschieben der Zustellung oder Terminsbestimmung, des Mahnbescheids, der Verhandlung, der Eröffnung, nicht der Prozeßerledigung, BGH RR **95**, 253.

13 Bei einem *feststehenden Streitwert* und dann, wenn Kostenmarken bestehen, ist dieser Fall selten. Denn der Antragsteller kann ja zumindest die Gebühr ohne weiteres berechnen und durch Aufkleben der Marken entrichten. „Nicht zu ersetzender Schaden" ist ähnlich § 707 ZPO eine solche Wirkung, die man nicht beseitigen oder ausgleichen kann, BGH RR **95**, 213, Köln FamRZ **95**, 1589. Hierher gehören zB ein drohender Wegzug des Bekl ins Ausland oder sein Vermögensverfall und vor allem eine drohende Verjährung. Ein nur schwer ersetzbarer Schaden genügt jedoch bereits. Maßgeblich ist stets der Zeitpunkt der eigentlichen Vorauszahlungspflicht.

14 Hierher kann zB eine Gefährdung einer *Unterhaltsforderung* gehören, Düss FamRZ **92**, 80, Schlesw SchlHA **82**, 198. Das gilt freilich nur dann, wenn man den Gegner vorher vergeblich zur Schaffung einer Jugendamtsurkunde nach (damals) §§ 59 I, 60 KJHG aufgefordert hätte, Köln FER **96**, 42.

15 **C. Glaubhaftigkeit solcher Gefahr.** Es ist eine Glaubhaftmachung durch bestimmte Tatsachen nach § 294 ZPO notwendig, BGH RR **95**, 253. Schon deshalb ist ein Antrag oder Hinweis des Klägers auf (jetzt) Z 3 b nötig, aM Schlesw SchlHA **76**, 32.

Doch genügt hier nach Hs 2 „die Erklärung des zum Prozeßbevollmächtigten bestellten Rechtsanwalts", Düss FamRZ **92**, 80. Damit legt das Gesetz nur einem bestimmten Mittel der Glaubhaftmachung eine bindende Kraft bei, ein Fall einer gesetzlichen Beweisregel. Nicht etwa ist der Anwalt von der Pflicht frei, greifbare Tatsachen anzugeben, die er ja gerade glaubhaft machen soll, BGH RR **95**, 253 (auch zu § 254 BGB).

Andererseits sollte man die Anforderungen auch wegen der Stellung des ProzBev nach § 81 ZPO als eines Organs der Rechtspflege nach § 1 BRAO *nicht überspannen*. Keine Befreiung erfolgt, soweit Z 2 vorliegt.

6) Zuständigkeit, Z 1–3. Der Vorsitzende oder der Einzelrichter nach §§ 348, 348a ZPO entscheidet bei einer Zustellung oder Terminsbestimmung nach § 216, Hamm AnwBl **90**, 46. Der Amtsrichter entscheidet im Eröffnungsverfahren nach der SVertO. Der Rpfl oder der etwa landesrechtlich nach § 36b I 1 Z 2 RPflG betraute Urkundsbeamte der Geschäftsstelle entscheidet vor einem Mahnbescheid nach § 692 ZPO. Der Rpfl entscheidet nach der Eröffnung des Verfahrens nach der SVertO. Das Gericht entscheidet bei einer Klagerweiterung nach §§ 263, 264 ZPO. **16**

7) Weiteres Verfahren, Z 1–3. Es richtet sich nach §§ 19, 66 und auch nach § 20 KostVfg, Teil VII A dieses Buchs. Es besteht eine Prüfpflicht von Amts wegen, Brdb FamRZ **14**, 1224 (zu § 15 FamGKG). Auf eine Aktenvorlage entscheidet der Richter oder Rpfl durch einen Beschluß. Gegen ihn ist die Erinnerung nach § 11 RPflG oder die Beschwerde nach § 67 statthaft, und zwar nach § 67 Rn 5 ohne die Notwendigkeit eines Beschwerdewerts. Ein Stundungsrecht hat keine dieser Stellen. Die Fälligkeit der Gebühr wird durch die Entscheidung nicht berührt. **17**

Zwangsversteigerungs- und Zwangsverwaltungsverfahren

15 [I] Im Zwangsversteigerungsverfahren ist spätestens bei der Bestimmung des Zwangsversteigerungstermins ein Vorschuss in Höhe des Doppelten einer Gebühr für die Abhaltung des Versteigerungstermins zu erheben.

[II] Im Zwangsverwaltungsverfahren hat der Antragsteller jährlich einen angemessenen Gebührenvorschuss zu zahlen.

1) Zwangsversteigerung, I. Die Vorschrift gilt bei § 869 ZPO in Verbindung mit dem ZVG und wegen § 180 I ZVG auch im Teilungsversteigerungsverfahren. Der Antragsteller und der betreibende Gläubiger haften nach § 26 Rn 2 ff als Gesamtschuldner. Sie müssen spätestens im Zeitpunkt der Bestimmung des Versteigerungstermins einen Vorschuß in Höhe der doppelten Gebühr KV 2213, leisten, also 1,0 Gebühr. Das Gericht kann diesen Vorschuß allerdings schon nach der Anordnung des Versteigerungsverfahrens anfordern, BGH NJW **09**, 2066, ebenso nach der Terminsbestimmung, Drsd JB **07**, 531. Eine Vorschußpflicht besteht nur in der eben genannten Höhe. Der Wert richtet sich nach § 54. Der Gebührenschuldner ergibt sich aus § 26. Mehrere Antragsteller sind Gesamtschuldner. **1**

Daneben besteht die Pflicht zur Zahlung eines *Auslagenvorschusses* nach § 17. Wegen mehrerer Kostenschuldner § 17 Rn 6.

2) Zwangsverwaltung, II. Der Antragsteller muß einen Vorschuß in einer angemessenen Höhe leisten. Angemessen ist ein solcher Betrag, der die voraussichtlich entstehenden Gebühren und Auslagen für ein Jahr deckt. Vgl auch KV 2221, § 24 KostVfg, Teil VII A dieses Buchs. Der Wert richtet sich nach § 55. Der Gebührenschuldner ergibt sich aus § 26. Mehrere Antragsteller sind Gesamtschuldner. **2**

Der Antragsteller muß zum Beginn *jedes weiteren Jahres* der Zwangsverwaltung einen weiteren Vorschuß leisten, der die in diesem weiteren Jahr voraussichtlich entstehenden Gebühren und Auslagen deckt. Die Höhe des Vorschusses kann also je nach dem Ablauf des Verfahrens und den allgemeinen Kosten einer Zwangsverwaltung von Jahr zu Jahr schwanken.

Privatklage, Nebenklage

16 [I] [1]Der Privatkläger hat, wenn er Privatklage erhebt, Rechtsmittel einlegt, die Wiederaufnahme beantragt oder das Verfahren nach den §§ 435 bis 437 der Strafprozessordnung betreibt, für den jeweiligen Rechtszug einen Betrag in Höhe der entsprechenden in den Nummern 3311, 3321, 3331, 3340, 3410, 3431,

GKG § 16

3441 oder 3450 des Kostenverzeichnisses bestimmten Gebühr als Vorschuss zu zahlen. ²Der Widerkläger ist zur Zahlung eines Gebührenvorschusses nicht verpflichtet.

II ¹Der Nebenkläger hat, wenn er Rechtsmittel einlegt oder die Wiederaufnahme beantragt, für den jeweiligen Rechtszug einen Betrag in Höhe der entsprechenden in den Nummern 3511, 3521 oder 3530 des Kostenverzeichnisses bestimmten Gebühr als Vorschuss zu zahlen. ²Wenn er im Verfahren nach den §§ 435 bis 437 der Strafprozessordnung Rechtsmittel einlegt oder die Wiederaufnahme beantragt, hat er für den jeweiligen Rechtszug einen Betrag in Höhe der entsprechenden in den Nummern 3431, 3441 oder 3450 des Kostenverzeichnisses bestimmten Gebühr als Vorschuss zu zahlen.

StPO § 379a. Gebührenvorschuß. ¹ Zur Zahlung des Gebührenvorschusses nach § 16 Abs. 1 des Gerichtskostengesetzes soll, sofern nicht dem Privatkläger die Prozeßkostenhilfe bewilligt ist oder Gebührenfreiheit zusteht, vom Gericht eine Frist bestimmt werden; hierbei soll auf die nach Absatz 3 eintretenden Folgen hingewiesen werden.

II Vor Zahlung des Vorschusses soll keine gerichtliche Handlung vorgenommen werden, es sei denn, daß glaubhaft gemacht wird, daß die Verzögerung dem Privatkläger einen nicht oder nur schwer zu ersetzenden Nachteil bringen würde.

III ¹Nach fruchtlosem Ablauf der nach Absatz 1 gestellten Frist wird die Privatklage zurückgewiesen. ²Der Beschluß kann mit sofortiger Beschwerde angefochten werden. ³Er ist von dem Gericht, das ihn erlassen hat, von Amts wegen aufzuheben, wenn sich herausstellt, daß die Zahlung innerhalb der gesetzten Frist eingegangen ist.

Vorbem. I 1, II 1 geändert dch Art 16 XXII G v 13. 4. 17, BGBl 872, in Kraft seit 1. 7. 17. Art. 8 G, ÜbergangsR § 71 GKG.

Gliederung

1) **Vorschußpflicht des Privatklägers, I**	1–3
A. Erste Instanz	1
B. Höhere Instanz	2
C. Wiederaufnahmeverfahren	3
2) **Vorschußpflicht des Nebenklägers, II**	4–6
A. Erste Instanz	4
B. Höhere Instanz	5
C. Wiederaufnahmeverfahren	6
3) **Vorschußpflicht im Selbständigen Einziehungsverfahren, I, II**	7
4) **Vorschußhöhe, I, II**	8
5) **Vorauszahlungspflicht, I, II**	9–22
A. Notwendigkeit	9
B. Wegfall bei Prozeßkostenhilfe	10
C. Wegfall bei Gebührenfreiheit	11
D. Wegfall bei Nachteil	12, 13
E. Fristberechnung, -wahrung	14–17
F. Fristversäumung	18, 19
G. Vorschuß und gerichtliche Handlung	20–22
6) **Rechtsbehelfe, I, II**	23–26
A. Fristsetzung	23
B. Abstandnahme	24
C. Untätigkeit	25
D. Zurückweisung, Verwerfung	26

1 1) **Vorschußpflicht des Privatklägers, I.** Der Privatkläger muß einen Vorschuß unter den folgenden Voraussetzungen entrichten. Sie gelten nicht beim Widerkläger. Sie gelten auch im selbständigen Einziehungsverfahren nach §§ 440, 441 StPO.

A. **Erste Instanz.** In dieser Instanz muß der Privatkläger den Vorschuß stets zahlen.

2 B. **Höhere Instanz.** In der höheren Instanz braucht der Privatkläger einen Vorschuß nur insoweit zu zahlen, als gerade er Berufung oder Revision einlegt, § 390 IV StPO. Er braucht also insoweit nach I 2 keinen Vorschuß zu zahlen, als der Angeklagte das Rechtsmittel einlegt oder als der Privatkläger lediglich als Widerbekl ein Rechtsmittel einlegt.

C. Wiederaufnahmeverfahren. Der Privatkläger muß einen Vorschuß zahlen, so- 3
weit er als solcher und nicht nur als Widerbekl eine Wiederaufnahme des Verfahrens
beantragt.

2) Vorschußpflicht des Nebenklägers, II. Man muß drei Verfahrensabschnitte 4
unterscheiden.

A. Erste Instanz. Der Nebenkläger ist zur Zahlung eines Vorschusses in der ersten
Instanz nicht verpflichtet. Im übrigen besteht eine Vorschußpflicht unter den folgenden Voraussetzungen.

B. Höhere Instanz. Der Nebenkläger muß einen Vorschuß zahlen, sobald er als 5
solcher und nicht nur als Widerbekl Berufung oder Revision einlegt und soweit nicht
die Staatsanwaltschaft ebenfalls Rechtsmittel einlegt, aM Meyer 18.

C. Wiederaufnahmeverfahren. Der Nebenkläger muß einen Vorschuß ferner 6
entrichten, soweit er als solcher und nicht nur als Widerbekl nach § 401 I StPO die
Wiederaufnahme des Verfahrens beantragt.

3) Vorschußpflicht im Selbständigen Einziehungsverfahren, I, II. In einem 7
solchen Verfahren nach §§ 435–437, 444 III StPO muß der betreibende Privatkläger
nach I einen Vorschuß zahlen. Dasselbe gilt nach II dann, wenn er als solcher ein
Rechtsmittel einlegt oder die Wiederaufnahme des Verfahrens beantragt. Die Vorschußpflicht besteht aber insoweit nicht, als das gerichtliche Verfahren auf Grund des
Antrags der Staatsanwaltschaft beginnt. Der Nebenkläger ist in demselben Umfang
vorschußpflichtig wie bei Rn 4–6.

4) Vorschußhöhe, I, II. Der Vorschuß beträgt die in I, II jeweils genannten Ge- 8
bühren. Es ist unerheblich, ob am Verfahren mehrere Beschuldigte oder Privatkläger
beteiligt sind. Mehrere Privatkläger haften als Gesamtschuldner, § 33 in Verbindung
mit § 471 IV 1 StPO. Eine erheblich überhöhte Forderung kann den Beschluß unwirksam machen.

5) Vorauszahlungspflicht, I, II. Man muß zahlreiche Aspekte beachten. 9

A. Notwendigkeit. Eine Vorauszahlungspflicht besteht im Umfang der Vorschußpflicht. Das ergibt sich aus § 379a I StPO, abgedruckt vor Rn 1. Diese Vorschrift
wird durch § 390 IV StPO (Rechtsmittel des Privatklägers) ergänzt. Der Einziehungsberechtigte braucht keine Vorauszahlung zu erbringen. Denn § 379a StPO
nennt ihn nicht.

B. Wegfall bei Prozeßkostenhilfe. Eine Vorauszahlungspflicht entfällt, soweit das 10
Gericht dem Privatkläger eine Prozeßkostenhilfe bewilligt. Das ergibt sich auch schon
aus § 379a I StPO als einer vorrangigen Spezialvorschrift.

C. Wegfall bei Gebührenfreiheit. Eine Vorauszahlungspflicht entfällt auch, so- 11
weit dem Privatkläger eine persönliche oder sachliche Gebührenfreiheit zusteht.

D. Wegfall bei Nachteil. Eine Vorauszahlungspflicht entfällt schließlich, soweit 12
der Privatkläger nach § 294 ZPO wie bei § 14 Rn 15 glaubhaft macht, daß ihm die
Verzögerung einen nicht oder nur schwer ersetzbaren Nachteil nach § 14 Z 3b (die
Vorschrift spricht vom „Schaden") bringen würde wie bei § 14 Rn 12. Das kann zB
dann so sein, wenn sich der Beschuldigte dem Verfahren entzieht oder wenn er die
schwere Beleidigung weiter verbreitet oder einen unlauteren Wettbewerb fortsetzt.

Eine *Glaubhaftmachung* ist mit jedem im Strafprozeß statthaften Mittel zulässig. Das 13
Gericht muß eine Benachteiligung infolge einer Verzögerung nach § 379a I StPO
durch einen Beschluß feststellen.

E. Fristberechnung, -wahrung. Das Gericht „soll" nach § 379a I StPO dem 14
Privatkläger oder dessen ProzBev nach dem Eingang der Privatklage, dem Privat-
oder Nebenkläger nach dem Eingang der Rechtsmittelschrift oder eines Wiederaufnahmeantrags eine Frist zur Zahlung setzen. In Wahrheit *muß* das Gericht so vorgehen, schon wegen § 379a III 1 StPO. Es „soll" auch, in Wahrheit ebenfalls: muß ihn
zugleich auf die gesetzlichen Folgen einer unentschuldigten Fristversäumung hinweisen. Die Fristsetzung darf nur bei Rn 10–13 unterbleiben. Das Gericht kann die Frist
entweder nach Tagen oder nach Wochen oder auch kalendermäßig bemessen. Sie
muß eine angemessene Dauer haben. Sie darf nicht vor dem Ablauf der Rechtfertigungsfrist für das zugehörige Rechtsmittel ablaufen, Karlsr Just **81**, 48.

GKG § 16 I. A. Gerichtskostengesetz

15   Das Gericht muß denjenigen Beschluß nebst seiner Begründung, durch den es die *Frist* setzt, dem Privat- oder Nebenkläger in einer Ausfertigung oder in einer beglaubigten Kopie nach §§ 35 II, 37 StPO, 170 ZPO *zustellen*. Rechtsbehelfsbelehrung, Verstoß: §§ 5b, 68 II 2. Die Frist beginnt mit der Bekanntgabe des erforderlichen Betrags und der Einforderung. Das Gericht muß das Fristende im Beschluß klar bestimmen. Andernfalls liegt keine wirksame Frist vor. Ein Antrag auf die Bewilligung einer Prozeßkostenhilfe unterbricht die Frist nicht. Das Gericht kann aber evtl die Frist von Amts wegen oder auf einen vor ihrem Ablauf eingegangenen Antrag um einen angemessenen Zeitraum verlängern.

16   Mit der Bewilligung einer Prozeßkostenhilfe entfällt eine Fristsetzung kraft Gesetzes.

17   Der *Privat- oder Nebenkläger* wahrt die Frist durch den Eingang der Zahlung. Er braucht diesen Eingang nicht nachzuweisen. Das Gericht muß vielmehr von Amts wegen prüfen, ob die Zahlung rechtzeitig eingegangen ist. Es genügt die Gutschrift. Bis zur Gutschrift ist keine Zahlung erfolgt. Denn der Absender kann die Zahlung widerrufen. Nur eine volle Zahlung der vom Gericht verlangten Summe wahrt die Frist.

Unzureichend ist die bloße Zahlungsankündigung oder -zusage, etwa einer Versicherung oder eines Angehörigen, aber auch des Privat- oder Nebenklägers selbst.

18   **F. Fristversäumung.** Eine Fristversäumung zwingt das Gericht zur Zurückweisung der Privat- oder Nebenklage, zur Verwerfung des Rechtsmittels oder des Wiederaufnahmeantrags. Das Gericht darf eine Berufung des Nebenklägers nicht mehr wegen der Nichtzahlung des Vorschusses verwerfen, Ffm MDR **80**, 603, Hamm MDR **85**, 251.

Die *Zurückweisung oder Verwerfung* erfolgt durch einen Beschluß. Der Beschluß ist wirkungslos, soweit das Gericht dem Zahlungspflichtigen nicht die Höhe des erforderlichen Vorschusses gesetzmäßig bekanntgegeben hatte.

19   Das Gericht muß seinen Beschluß dann *aufheben*, wenn sich herausstellt, daß die Zahlung fristgemäß und vollständig eingegangen war oder daß der Privat- oder Nebenkläger eine sachliche oder persönliche Gebührenfreiheit hatte oder soweit das Gericht nachträglich eine Prozeßkostenhilfe bewilligt hat. Solange der Beschluß wirksam ist, muß die Staatskasse den Vorschuß beitreiben.

20   **G. Vorschuß und gerichtliche Handlung.** Vor dem Eingang des Vorschusses soll das Gericht nach Rn 12, 13, § 379a II StPO keine Handlung vornehmen, es sei denn, daß der Privatkläger glaubhaft macht, daß ihm die Verzögerung einen nicht oder nur schwer ersetzbaren Nachteil brächte. Zu den gerichtlichen Handlungen zählt auch die Mitteilung der Privatklage an den Beschuldigten oder an die Staatsanwaltschaft.

21   Eine *Verletzung* dieser Sollbestimmung bleibt aber *ohne prozessuale Folgen*. Trotzdem muß das Gericht die Einhaltung dieser Sollvorschrift als seine Amtspflicht behandeln. Man muß auch beachten, daß § 379a StPO nicht nur die Terminsbestimmung bedingt. Daraus folgt, daß das Gericht auch jede beliebige Handlung während des Verfahrens bis zum Erlaß des Urteils von einer Vorschußzahlung abhängig machen kann, soll und muß. Freilich kann eine Mitteilung an die Staatsanwaltschaft oder eine Anfrage bei ihr wegen öffentlichen Interesses zulässig und notwendig bleiben.

22   Auf den *Nebenkläger* ist § 379a III StPO unanwendbar. Das gilt jedenfalls insoweit, als auch die Staatsanwaltschaft ein Rechtsmittel eingelegt hat. Das Verfahren wird also insoweit durch die etwaige Anforderung des Vorschusses nicht aufgehalten.

23   **6) Rechtsbehelfe, I, II.** § 68 ist unanwendbar. Denn es geht nicht um einen Streitwert. Man sollte im übrigen vier Verfahrensabschnitte unterscheiden. Rechtsbehelfsbelehrung, Verstoß: §§ 5b, 68 II 2.

A. Fristsetzung. Gegen die Fristsetzung ist die Beschwerde nach § 304 StPO statthaft.

24   **B. Abstandnahme.** Gegen eine solche Entscheidung, durch das Gericht von einer Fristsetzung ausdrücklich Abstand nimmt, ist kein Rechtsbehelf statthaft.

25   **C. Untätigkeit.** Gegen eine bloße Untätigkeit des Gerichts ist allenfalls eine Dienstaufsichtsbeschwerde statthaft, soweit keinerlei Rechtsgrundlage für die bloße Untätigkeit erkennbar ist.

26   **D. Zurückweisung, Verwerfung.** Gegen denjenigen Beschluß des Gerichts, durch den es die Privat- und Nebenklage, das Rechtsmittel oder den Wiederaufnah-

meantrag wegen einer Versäumung der Frist nach § 379a III 1 StPO durch einen nach KV 3340, 3530 gebührenpflichtigen Beschluß verwirft oder zurückweist, ist die sofortige Beschwerde nach § 379a III 2 StPO statthaft.

Auslagen

17 ^I ¹Wird die Vornahme einer Handlung, mit der Auslagen verbunden sind, beantragt, hat derjenige, der die Handlung beantragt hat, einen zur Deckung der Auslagen hinreichenden Vorschuss zu zahlen. ²Das Gericht soll die Vornahme der Handlung von der vorherigen Zahlung abhängig machen.

^II Die Herstellung und Überlassung von Dokumenten auf Antrag sowie die Versendung von Akten können von der vorherigen Zahlung eines die Auslagen deckenden Vorschusses abhängig gemacht werden.

^III Bei Handlungen, die von Amts wegen vorgenommen werden, kann ein Vorschuss zur Deckung der Auslagen erhoben werden.

^IV ¹Absatz 1 gilt nicht in Musterverfahren nach dem Kapitalanleger-Musterverfahrensgesetz, für die Anordnung einer Haft und in Strafsachen nur für den Privatkläger, den Widerkläger sowie für den Nebenkläger, der Berufung oder Revision eingelegt hat. ²Absatz 2 gilt nicht in Strafsachen und in gerichtlichen Verfahren nach dem Gesetz über Ordnungswidrigkeiten, wenn der Beschuldigte oder sein Beistand Antragsteller ist. ³Absatz 3 gilt nicht in Strafsachen, in gerichtlichen Verfahren nach dem Gesetz über Ordnungswidrigkeiten sowie in Verfahren über einen Schuldenbereinigungsplan (§ 306 der Insolvenzordnung).

Gliederung

1) Systematik, I–IV	1, 2
2) Regelungszweck, I–IV	3
3) Geltungsbereich, I–IV	4
4) Voraussetzungen einer Vorschußpflicht, I, IV 1	5–12
A. Antrag	6
B. Beispiele zur Frage eines Antrags, I, IV 1	7–9
C. Auslagenschuldner	10–12
5) Umfang des Vorschusses, I–III	13, 14
6) Nachforderung, I–III	15
7) Fälligkeit des Vorschusses, I–III	16
8) Verrechnung des Vorschusses, I–III	17–19
9) Wegfall der Vorschußpflicht, Ermessen, I–III	20, 21
A. Wegfall	20
B. Ermessen	21
10) Kapitalanlegerschutz, Strafsache, Bußgeldsache, Schuldenbereinigung, IV	22–28
A. Gerichtshandlung auf Antrag	22–26
B. Gerichtshandlung von Amts wegen	27
C. Schuldenbereinigungsplan	28
11) Verfahren, I–IV	29
12) Rechtsmittel, I–IV	30

1) Systematik, I–IV. I, IV 1 begründen eine selbständige gesetzliche Pflicht zur **1** Zahlung eines hinreichenden Vorschusses zur Deckung von Auslagen nach KV 9000 ff in den in I–IV genannten Fällen, Meyer JB **02**, 240. Nur diese Fälle enthalten also eine gesetzliche Vorschußpflicht, BVerfG NJW **95**, 3177. Demgegenüber enthalten II, III sowie zB §§ 379, 402 ZPO gesetzliche Ermächtigungen des Gerichts, in den dort genannten Fällen Auslagenvorschüsse zu fordern. Diese Ermessensregeln binden als vorrangige Spezialvorschriften gegenüber dem allgemeineren § 17 den Kostenbeamten, Rn 2, Drsd JB **07**, 212, Stgt BauR **11**, 1710 links Mitte. Für das Schiffahrtsrechtliche Verteilungsverfahren enthält § 13 eine vorrangige Sondervorschrift.

Stets begründet also nicht allein das Gesetz, sondern erst die auf ihm beruhende *gerichtliche Anordnung* eine Zahlungspflicht, Bbg FamRZ **01**, 1387, Stgt MDR **87**, 1036. Auch diese bezieht sich nur auf Auslagen. Sie ist eine Vorschußpflicht im weiteren Sinn. Sie läßt sich auch als eine Vorwegleistungspflicht kennzeichnen.

Schließlich enthält § 12 sowohl für Gebühren als auch für gewisse Auslagen *Sollvorschriften zur Vorauszahlung*. Diese begründen allerdings für das Gericht eine Amtspflicht zur Beachtung. Man muß diese Vorauszahlungspflicht von den Pflichten nach § 17

GKG § 17   I. A. Gerichtskostengesetz

trotz teilweiser Überschneidungen der Anwendungsbereiche beider Vorschriften begrifflich unterscheiden. Freilich bleibt im Einzelfall ein gewisses Ermessen, etwa dann, wenn das Gericht auch von Amts wegen vorgehen darf, zB nach §§ 144, 273 ZPO, Rn 1.

2   Im einzelnen gehen *jüngere und speziellere Vorschriften* dem inhaltlich älteren und nur umgestellten § 17 vor. Das gilt zB für § 379 ZPO, BLAH dort Rn 1, Bbg FamRZ **01**, 1387, Stgt BauR **11**, 1710 links Mitte.

3   **2) Regelungszweck, I–IV.** Es gelten dieselben Erwägungen wie bei § 12, dort Rn 2.

4   **3) Geltungsbereich, I–IV.** § 17 III erweitert die Vorschußpflicht auf fast sämtliche Auslagen einschließlich derjenigen, die bei einer von Amts wegen erforderliche Handlung des Gerichts nach § 20 KostVfg, Teil VII A dieses Buchs entstehen, Kblz RR **02**, 432. Allerdings beschränkt IV die Vorschußpflicht im Musterverfahren nach dem KapMuG, abgedruckt bei BLAH SchlAnh VIII, sowie bei Strafsachen und gerichtlichen Verfahren nach dem OWiG. Bei einer bloßen Akteneinsicht entsteht keine Vorschußpflicht, BVerfG NJW **95**, 3177. Wegen der Rechtsbehelfe § 66.

     Nicht hierher gehören die Zustellungsauslagen beim Kostenfestsetzungsbeschluß nach § 104 ZPO, LG Bln Rpfleger **86**, 73.

     Im Verfahren vor den *Arbeitsgerichten* ist § 17 unanwendbar.

5   **4) Voraussetzungen einer Vorschußpflicht, I, IV 1.** Eine Vorschußpflicht setzt voraus, daß überhaupt Auslagen entstehen können oder ordnungsgemäß entstanden sind. Sie entsteht dann kraft Gesetzes. Sie besteht unter den folgenden Voraussetzungen.

6   **A. Antrag.** Es muß ein Antrag zur Vornahme einer mit Auslagen verbundenen gerichtlichen Handlung nach Rn 27 erforderlich sein und auch vorliegen. Eine von Amts wegen erforderliche Handlung etwa nach § 144 ZPO läßt grundsätzlich keine Vorschußpflicht entstehen, BGH NJW **00**, 744 (Ausnahmen: Rn 1), Schneider MDR **00**, 751. Unter einem Antrag versteht man jede formlose und selbst die stillschweigende Bitte um die Vornahme einer mit Auslagen verbundenen Handlung, auch wenn sie in einem vorbereitenden Schriftsatz enthalten ist.

     Das Wort Antrag gilt also *im weitesten Sinn* und nicht etwa nur im prozeßrechtlichen Sinn. Allerdings muß der Wille des Antragstellers klar zutage treten, das Gericht möge auf Grund seines Ansinnens eine Handlung vornehmen. Man braucht keinen bestimmten Sachverständigen zu benennen, BLAH § 404 ZPO Rn 7. Ein Antrag auf eine Ladung des Sachverständigen zB nach § 411 III ZPO ist ein neuer Antrag. „Zeuge N. N." ist noch kein ordnungsgemäßer Antrag, BLAH § 356 ZPO Rn 4. Antragsteller nach I, IV kann man sein, auch ohne Antragsteller des zugrundeliegenden Verfahrens zu sein, LG Osnabr JB **80**, 249. Ein „Protest gegen die Kosten" usw ändert nichts am Vorliegen eines Antrags. Das Beweisergebnis ist natürlich hier unbeachtlich.

7   **B. Beispiele zur Frage eines Antrags, I, IV 1**

Beweisantritt: Antrag ist ein solcher Vorgang nach §§ 371, 373, 403, 420 usw, Kblz VersR **88**, 702, Zweibr Rpfleger **89**, 81, LG Osnabr JB **80**, 249. Das gilt unabhängig von der Beweislast nach BLAH Anh § 286 ZPO, Oldb JB **13**, 648 links, vgl aber Rn 12. Auch ein Gegenbeweisantritt nach BLAH Einf 12 vor § 284 ZPO zählt nach Rn 12 hierher.

Insolvenzverfahren: Antrag ist die Forderung nach seiner Eröffnung, LG Mainz Rpfleger **75**, 253, AG Paderb JB **92**, 469.

     Wer die Eröffnung eines solchem Verfahren *betreibt, haftet* für alle Auslagen des Eröffnungsverfahrens einschließlich der Bekanntmachung des zugehörigen Eröffnungsbeschlusses, AG Paderb JB **92**, 469. Denn die Eröffnung eines Insolvenzverfahrens zieht zwangsläufig Zustellungen und öffentliche Bekanntmachungen nach sich.

     Für die weitere Durchführung des *Insolvenzverfahrens* besteht eine Vorschußpflicht nur nach III. Denn insofern nimmt das Gericht seine Handlung von Amts wegen vor. Das gilt auch für die etwaige Bestimmung eines besonderen Prüfungstermins.

Klage: Antrag ist eine Klage zB nach § 253 ZPO.

8   **Öffentliche Zustellung:** Antrag ist ein solcher nach § 186 ZPO, so schon LG Kblz MDR **99**, 1024.

Abschnitt 3. Vorschuss und Vorauszahlung §§ 16, 17 GKG

Parteivernehmung: Antrag ist ein Beweisantritt nach §§ 445–447 ZPO.
Prozeßleitende Anordnung: Antrag ist die Forderung nach ihrer Vornahme zB nach § 273 ZPO, § 79 FGO, § 87 VwGO.
Reisekosten: Antrag ist die Forderung einer mittellosen Partei nach der Bewilligung nach KV 9008 Z 2, KVFam 2007 Z 2, Anh § 25 I, II JVEG, Teil V dieses Buchs. 9
Selbständiges Beweisverfahren: Antrag ist eine Forderung nach §§ 485 ff ZPO auf Verfahrenseinleitung usw.
Vorwegnahme der Beweisaufnahme: Antrag ist eine Forderung nach § 358 a ZPO.
Zwangsversteigerungsverfahren: Antrag ist zB die Forderung nach einer zusätzlichen Terminsbekanntmachung.

C. **Auslagenschuldner.** Für die beantragte Handlung ist jeder Antragsteller vor- 10
schußpflichtig. Dabei kommt es weder auf seine Parteistellung noch auf seine etwaige Beweislast nach BLAH Anh § 286 ZPO an, Bbg FamRZ **01**, 1387, Oldb JB **13**, 648 links (s aber unten), Köln RR **09**, 1365, ebensowenig darauf, ob er sich an einer von einem anderen beantragten Handlung beteiligt.

Deshalb ist ein *Widerkläger* nach BLAH Anh § 253 ZPO nicht für eine solche Be- 11
weisaufnahme vorschußpflichtig, die das Gericht schon auf Grund des Antrags des Klägers vornehmen muß. Das gilt selbst dann, wenn die Entscheidung auch der Widerklage vom Ausgang dieser Beweisaufnahme abhängt.

Auch ein *Gegenbeweisantritt* nach BLAH Einf 12 vor § 284 ZPO fällt unter § 17. 12
Das gilt natürlich nur, soweit eine Beweisanordnung auch auf ihm beruht, Rn 1, Schlesw SchlHA **02**, 76, Stgt MDR **98**, 1036. Soweit beide Parteien denselben Beweis angetreten haben, haftet für Vorschüsse der Träger der Beweislast, BGH BB **99**, 1574, Stgt RR **02**, 143, ZöGre § 379 ZPO Rn 4, aM Schlesw SchlHA **02**, 76, Zweibr Rpfleger **89**, 81, Meyer 10 (Gesamtschuldner. Aber es geht ja zunächst um den Zeugen des Beweisbelasteten. Das gilt auch dann, wenn das Gericht zunächst einen Gegenzeugen vernehmen darf.)

5) **Umfang des Vorschusses, I–III.** Der Kostenbeamte ordnet einen Vorschuß 13
zunächst nach seinem pflichtgemäßen Ermessen an und fordert ihn ein, Kblz RR **02**, 432. Der Vorschuß soll die gesamten durch die gerichtlichen Handlungen voraussichtlich verursachten Auslagen decken, soweit sie unter KV 9000 ff fallen. Es kommt darauf an, was das Gericht auf Grund des Antrags veranlassen muß oder kann, ohne daß man die Zweckmäßigkeit seiner Maßnahmen nachprüfen darf. Man darf also keine Verrechnung nicht etwa nur auf diejenigen Auslagen vornehmen, zu deren Deckung der Vorschuß gezahlt worden war. Auch Reisekosten gehören in einen Vorschuß.

Wenn zB eine Partei durch die Bezeichnung der zu begutachtenden Punkte einen 14
Sachverständigenbeweis nach § 403 ZPO antritt und wenn das Gericht nun objektiv unzweckmäßig zugleich oder nacheinander vier Sachverständige vernimmt oder einen besonders teuren Sachverständigen beauftragt, muß der Antragsteller trotzdem den vom Gericht für alle Sachverständigen erforderten Vorschuß leisten. Etwas anderes gilt nur dann, wenn sich sein Antrag auf die Beauftragung eines von ihm bestimmt bezeichneten einzelnen Sachverständigen beschränkt.

6) **Nachforderung, I–III.** Das Gericht kann jederzeit einen weiteren Vorschuß 15
anfordern, soweit der bereits erforderte und eingezahlte nicht genügt, und zwar von jedem Gesamtschuldner, Zweibr Rpfleger **89**, 81 [jetzt] § 31 II bleibt beachtlich). Das gilt auch nach der Einholung eines gegenüber der vorherigen Schätzung teurer gewordenen Gutachtens, Hbg MDR **81**, 327, oder wegen einer gerade antragsgemäßen Gutachtenergänzung, Köln RR **09**, 1365. Wenn das Gericht infolge eines Beweisantritts oder infolge eines anderen Verlangens einer gar anwaltlich vertretenen Partei im Zivilprozeß nach § 185 I 1 GVG einen Dolmetscher hinzuziehen muß, muß der Antragsteller auch dessen Kosten vorschießen.

Pflichtwidrige Nichterhebung kann Folgen nach § 21 auslösen, dort Rn 38 „Vorschuß".

7) **Fälligkeit des Vorschusses, I–III.** Die Fälligkeit des Vorschusses tritt erst mit 16
der Anordnung der gerichtlichen Handlung ein, nicht schon mit dem etwaigen Antrag, Stgt MDR **87**, 1036. Diese Fälligkeit gilt auch bei einer von Amts wegen erforderlichen gerichtlichen Handlung.

17 **8) Verrechnung des Vorschusses, I–III.** Das Gericht muß den Vorschuß zunächst auf die Auslagen verrechnen, Köln Rpfleger **82**, 121. Er ist eine endgültige Kostenschuld, KG AnwBl **84**, 456. Der Kostenschuldner muß ihn also auch nach § 18 nachzahlen. Eine Rückzahlung erfolgt nur, soweit das Gericht den Vorschuß nicht verbraucht hat, KG AnwBl **84**, 456, Karlsr RR **10**, 499, oder soweit in Wahrheit unter keinem gesetzlichen Gesichtspunkt eine Kostenschuld des Einzahlers bestand, Köln VersR **93**, 1552. Zur Verzinsung eines Rückzahlungsanspruchs § 6 GNotKG Rn 5, Teil III dieses Buchs. Die Verrechnung des Überschusses erfolgt auch auf eine andere Kostenschuld der Partei ohne eine Rücksicht auf die Instanz. Das gilt auch dann, wenn ein Anwalt für seine Partei gezahlt hat.

18 Es findet aber *keine Verrechnung* auf die Kostenschuld des Prozeßgegners statt.

19 Die *Abrechnung* muß außer in Straf- oder Bußgeldsachen nach der Erledigung der vorschußpflichtigen Handlung erfolgen. Die Staatskasse darf einen nichtverbrauchten Vorschuß nicht schon deshalb einbehalten, weil sie damit rechnet und rechnen darf, daß ihr aus diesem Verfahren künftig noch weitere Forderungen gegen den Antragsteller entstehen könnten, Meyer JB **02**, 241.

20 **9) Wegfall der Vorschußpflicht, Ermessen, I–III.** Man muß zwei Situationen unterscheiden.

A. Wegfall. Eine Vorschußpflicht entfällt mit der Bewilligung einer Prozeßkostenhilfe nach § 122 I Z 1 a ZPO, soweit nicht das Gericht etwas Abweichendes bestimmt hat. Sie entfällt ferner meist für den Prozeßgegner des Unterstützten nach § 122 II ZPO, falls er Bekl oder Rechtsmittelbekl ist. Für einen nach § 2 persönlich Gebührenfreien gilt ein Wegfall aber nur insoweit, als er auch nach § 2 auslagenfrei ist. Vgl auch § 20 VI KostVfg, Teil VII A dieses Buchs.

Eine Vorschußpflicht besteht ferner nicht für die im Verfahren über den *gegnerischen Antrag* auf eine Ablehnung des Sachverständigen entstehenden Auslagen, Mü Rpfleger **81**, 73. Sie besteht auch dann nicht, wenn zB ein von der Partei gestellter („sistierter") Zeuge auf eine Entschädigung verzichtet.

21 **B. Ermessen.** Bei einer Handlung von Amts wegen „kann" das Gericht einen Auslagenvorschuß fordern. Das bedeutet sein pflichtgemäßes Ermessen nach § 20 II KostVfg. Dieses Ermessen geht aber nicht so weit, eine Abhängigkeit der Gerichtshandlung von einer Vorschußzahlung zu erlauben. Das Gericht darf daher bei einer von Amts wegen nötigen Handlung einen Auslagenvorschuß nicht zur Bedingung machen, sondern nur zur Begleitanordnung, BGH GRUR **10**, 367 links, Kblz RR **02**, 432.

22 **10) Kapitalanlegerschutz, Strafsache, Bußgeldsache, Schuldenbereinigung, IV.** Man muß die folgenden Fälle unterscheiden.

A. Gerichtshandlung auf Antrag. Soweit das Gericht in einer solchen Sache eine Handlung nur auf Grund des Antrags eines Beteiligten vornimmt, besteht eine Vorschußpflicht nach Rn 4 nicht nach dem KapMuG. Sie besteht im übrigen unter den folgenden Voraussetzungen.

23 Der *Privatkläger* ist für die Auslagen vorschußpflichtig, soweit er als solcher die gerichtliche Handlung beantragt, nicht etwa als Widerbekl oder als Rechtsmittelbekl. Er ist auch nicht etwa für solche Beweisanregungen vorschußpflichtig, die der Beschuldigte ausspricht. Denn der Privatkläger könnte dann durch die Nichtzahlung des Vorschusses die Beweiserhebung vereiteln, aM Thomas AnwBl **79**, 130 (aber die von ihm für möglich gehaltene Art der Wahrunterstellung schon wegen der Verweigerung eines Vorschusses ist äußerst problematisch).

Der Privatkläger braucht auch insofern keinen Auslagenvorschuß zu zahlen, als nur der *Angeklagte* eine *Berufung* eingelegt hat oder als das Berufungsverfahren nur auf Grund eines zulässigen Wiederaufnahmeantrags des Verurteilten erneut stattfindet.

24 Bei einer *Widerklage* gelten dieselben Regeln wie bei der Privatklage nach Rn 23. Es ist unerheblich, ob eine Widerklage allein oder neben der Privatklage vorliegt.

25 Der *Nebenkläger* ist nur insofern für die Auslagen vorschußpflichtig, als er eine Berufung oder Revision eingelegt hat. Dann gelten dieselben Regeln wie bei der Privatklage nach Rn 23. Der Beschuldigte ist nicht vorschußpflichtig.

26 Der *Beschuldigte* ist in keinem Fall vorschußpflichtig.

Abschnitt 3. Vorschuss und Vorauszahlung §§ 17, 18 GKG

B. Gerichtshandlung von Amts wegen. Soweit das Gericht eine Handlung von 27
Amts wegen vornehmen muß, besteht in einer Sache nach Rn 22 keine Vorschußpflicht, Hbg FamRZ **86**, 196, Hamm MDR **76**, 779, KG NJW **82**, 111.

C. Schuldenbereinigungsplan. Nach dem ausdrücklichen Text von IV 3 Hs 3 28
gilt I nicht im Verfahren nach § 306 InsO. Das gilt unabhängig davon, ob das Gericht
hier auf einen Antrag oder von Amts wegen tätig wird.

11) Verfahren, I–IV. Zur Anordnung ist zunächst der Urkundsbeamte nach Rn 13– 29
15 zuständig. Sodann ist das Prozeßgericht befugt, auch sein Einzelrichter nach
§§ 348, 348 a ZPO oder sein Rpfl, nicht aber ein nach §§ 361, 362 ZPO beauftragter oder ersuchter Richter. Dieser darf eine Anordnung anregen, aber nicht zur Bedingung seiner Tätigkeit machen.

Das Prozeßgericht *entscheidet* durch eine prozeßleitende Verfügung des Vorsitzenden bei § 273 ZPO, sonst durch einen Beschluß des Kollegiums. Eine Zahlungsfrist
muß ausreichend lang sein.

12) Rechtsmittel, I–IV. Gegen eine Entscheidung des Rpfl ist die Erinnerung 30
nach § 66 I statthaft. Gegen eine richterliche Entscheidung ist die Beschwerde nach
§ 67 statthaft. Rechtsbehelfsbelehrung, Verstoß: §§ 5b, 68 II 2.

Fortdauer der Vorschusspflicht

18 ¹**Die Verpflichtung zur Zahlung eines Vorschusses bleibt bestehen, auch
wenn die Kosten des Verfahrens einem anderen auferlegt oder von einem
anderen übernommen sind.** ²**§ 31 Absatz 2 gilt entsprechend.**

Vorbem. S 2 sprachlich geändert dch die Neubek v 27. 2. 14, BGBl 154, ÜbergangsR
§ 71 GKG.

1) Systematik, Regelungszweck, S 1, 2. Die Vorschußpflicht betrifft immer 1
eine endgültige Kostenschuld. Aus diesem Grundsatz zieht § 18 die Folgen. Der Vorschuß soll die Staatskasse wegen bestimmter Gebühren und Auslagen sichern. Er soll
ihr also insoweit eine endgültige Befriedigung verschaffen.

Mangels Entstehung einer Vorschußpflicht kann natürlich eine solche schon begrifflich auch nicht bestehenbleiben. Daher ist § 18 unanwendbar zB im Umfang einer
Gebühren- oder Auslagen- oder gar Kostenfreiheit nach § 2 usw und nach Maßgabe
der §§ 120, 122 Z 1, II ZPO auch bei einer Prozeßkostenhilfe.

2) Geltungsbereich, S 1, 2. Die Vorschrift gilt grundsätzlich in allen Verfahren, 2
auf die das GKG nach § 1 überhaupt anwendbar ist. Im Verfahren vor den Arbeitsgerichten ist § 18 nach § 11 unanwendbar.

3) Nachzahlungspflicht, S 1, 2. Die Vorschußpflicht wird durch die Vornahme 3
der zu bezahlenden Handlung nicht berührt, LG Hbg JB **00**, 89. Der Zahlungspflich-
tige ist und bleibt zu einer Nachzahlung verpflichtet, auch wenn das Gericht die
Beweisaufnahme schon beendet hat, Stgt Rpfleger **81**, 163, LG Hbg JB **00**, 89. Eine
Nachzahlungspflicht besteht auch dann, wenn sich die Instanz ohne den Erlaß einer
Kostenentscheidung erledigt hat. Der Vorschußzahler hat gegen die Staatskasse keinen
Rückzahlungsanspruch. Er hat evtl gegen den Prozeßgegner einen Erstattungsan-
spruch zB nach §§ 91 ff, 103 ff ZPO.

Die Nachzahlungspflicht besteht sogar dann, wenn das Gericht die Kosten einem 4
anderen Beteiligten auferlegt hat, Kblz VersR **87**, 996 (daher auch insofern kein Rückzahlungsanspruch), oder wenn ein anderer Beteiligter die Kosten übernommen hat,
Kblz VersR **87**, 996, LG Osnabr JB **80**, 249. Das gilt selbst dann, wenn das Gericht
ihm eine Prozeßkostenhilfe zB nach §§ 114 ff ZPO bewilligt hatte.

Wenn das Gericht zwar einen Vorschuß erfordert, die Handlung dann aber vor 5
dem Eingang des Vorschusses vorgenommen hatte und wenn die Handlung *geringere
Kosten* als die vorschußweise angeforderten verursacht hat, verringert sich die Nachzahlungspflicht auf den geringeren Endbetrag. Denn nur insoweit ist eine Kostenschuld
entstanden. Die Staatskasse muß dem Vorschuß zugrunde liegenden Kostenansatz
dann unverzüglich von Amts wegen berichtigen.

4) Verrechnung, S 1, 2. Vgl § 17 Rn 17. In einer Strafsache setzt die Verrech- 6
nung eine rechtskräftige Entscheidung voraus. Denn es ergibt sich erst aus ihr, welche

Kosten entstehen. Deshalb haftet der Privatkläger bis zur Rechtskraft der Verurteilung des Angeklagten allein.

Eine *Niederschlagung* der Schuld eines Kostenschuldners der §§ 22–28 wegen seiner Mittellosigkeit oder im Gnadenweg läßt die Vorschußschuld des Prozeßgegners unberührt. Denn die Niederschlagung betrifft nur das Verhältnis zwischen der Staatskasse und diesem Kostenschuldner.

7   An sich haften der Vorschußschuldner und der Kostenschuldner der §§ 22–28 als Gesamtschuldner nach § 31. Dessen II 1 bestimmt aber, daß der Vorschußschuldner gegenüber dem Entscheidungsschuldner und gegenüber dem Übernahmeschuldner nur als *Zweitschuldner* haftet. Hat eine Partei eine Prozeßkostenhilfe erhalten und in einem Vergleich Kosten übernommen, kann der Gegner als Zweitschuldner haften, solange er einen Auslagenvorschuß schuldet, LG Hbg JB 00, 89.

Abschnitt 4. Kostenansatz

Kostenansatz

19 I ¹Außer in Strafsachen und in gerichtlichen Verfahren nach dem Gesetz über Ordnungswidrigkeiten werden angesetzt:
1. die Kosten des ersten Rechtszugs bei dem Gericht, bei dem das Verfahren im ersten Rechtszug anhängig ist oder zuletzt anhängig war,
2. die Kosten des Rechtsmittelverfahrens bei dem Rechtsmittelgericht.

²Dies gilt auch dann, wenn die Kosten bei einem ersuchten Gericht entstanden sind.

II ¹In Strafsachen und in gerichtlichen Verfahren nach dem Gesetz über Ordnungswidrigkeiten, in denen eine gerichtliche Entscheidung durch die Staatsanwaltschaft zu vollstrecken ist, werden die Kosten bei der Staatsanwaltschaft angesetzt. ²In Jugendgerichtssachen, in denen eine Vollstreckung einzuleiten ist, werden die Kosten bei dem Amtsgericht angesetzt, dem der Jugendrichter angehört, der die Vollstreckung einzuleiten hat (§ 84 des Jugendgerichtsgesetzes); ist daneben die Staatsanwaltschaft Vollstreckungsbehörde, werden die Kosten bei dieser angesetzt. ³Im Übrigen werden die Kosten in diesen Verfahren bei dem Gericht des ersten Rechtszugs angesetzt. ⁴Die Kosten des Rechtsmittelverfahrens vor dem Bundesgerichtshof werden stets bei dem Bundesgerichtshof angesetzt.

III Hat die Staatsanwaltschaft im Fall des § 25a des Straßenverkehrsgesetzes eine abschließende Entscheidung getroffen, werden die Kosten einschließlich derer, die durch einen Antrag auf gerichtliche Entscheidung entstanden sind, bei ihr angesetzt.

IV Die Dokumentenpauschale sowie die Auslagen für die Versendung von Akten werden bei der Stelle angesetzt, bei der sie entstanden sind.

V ¹Der Kostenansatz kann im Verwaltungsweg berichtigt werden, solange nicht eine gerichtliche Entscheidung getroffen ist. ²Ergeht nach der gerichtlichen Entscheidung über den Kostenansatz eine Entscheidung, durch die der Streitwert anders festgesetzt wird, kann der Kostenansatz ebenfalls berichtigt werden.

Schrifttum: *Hünnekens,* Kostenabwicklung in Zivil- und Familiensachen und bei Prozeßkostenhilfe, 2. Aufl 1999; *Wolfstetter,* Verfahren der Kostenrechnung, 1998; *Zeuke/Brandenburg,* Kosten des finanzgerichtlichen Prozesses, 1997.

Gliederung

1) Systematik, Regelungszweck, I–V	1
2) Geltungsbereich, I–V	2, 3
3) Berichtigung, V	4–7
A. Bis zur Gebührenentscheidung, V 1	5
B. Ab Gerichtsentscheidung, V 2	6
C. Auslegbarkeit, V 1, 2	7

Abschnitt 4. Kostenansatz § 19 GKG

1) Systematik, Regelungszweck, I–V. § 19 regelt das aus Zweckmäßigkeits- 1
gründen dem Urkundsbeamten übertragene Kostenansatzverfahren, OVG Lüneb
NVwZ-RR **08**, 69. Die Vorschrift enthält im wesentlichen dieselbe Regelung wie
§ 5 KostVfg, Teil VII A dieses Buchs. Diese gilt neben § 19 weiter. Sie bindet aber
das Gericht nicht, Kblz MDR **05**, 1079. § 10 KostVfg gilt nur im Innenverhältnis
zwischen Land und Kostenbeamten, Oldb JB **16**, 248. III (jetzt) V 2 enthält einen
allgemeinen Rechtsgedanken, Köln DGVZ **00**, 75. Vorrangig gilt als eine Sondervorschrift § 8 AusfG zum HZivProzÜbk v 1. 3. 54, BGBl 939.

Kostenansatz ist die Kostenrechnung des Kostenbeamten. Die Einziehung erfolgt
nach der JBeitrO, Teil IX A dieses Buchs, BFH ZIP **16**, 1392, Düss JB **08**, 43. Der Kostenansatz ist nach Rn 4 ein Verwaltungsakt, Düss JB **08**, 43, Saarbr Rpfleger **01**, 461,
mit einer Weisungsgebundenheit, BVerfG NJW **70**, 853, Schütt MDR **01**, 358. Man
muß ihn von einer Kostenfestsetzung zB nach §§ 103 ff ZPO unterscheiden. Der Kostenansatz braucht eine nachvollziehbare Begründung, Köln JB **13**, 433 (zu [jetzt] § 18
GNotKG, Teil III dieses Buchs). Rechtsbehelfsbelehrung, Verstoß: §§ 5 b, 68 II 2.

2) Geltungsbereich, I–V. Die Vorschrift gilt im Gesamtbereich des § 1. Wegen 2
der jeweiligen Zuständigkeit gilt: Die Kosten eines ersuchten Gerichts erhalten nach
I 2 ihren Ansatz beim ersuchenden Gericht. Bei einer Verweisung erfolgt der Ansatz
bis zu ihr beim verweisenden Gericht, ab der Verweisung beim neuen Gericht, Brdb
MDR **98**, 1119. Bei einer Zurückverweisung geschieht der Ansatz der Rechtsmittelkosten beim Rechtsmittelgericht, der Rest nach Maßgabe der §§ 35, 37 beim
unteren Gericht.

Bei einer *Strafaussetzung* zur Bewährung ist die Staatsanwaltschaft zuständig. Denn sie
legt schon zur Überwachung, Mitteilung an das Bundeszentralregister usw ein Vollstreckungsheft an und „vollstreckt" in diesem Sinn. Bei einer Einstellung nach §§ 153 ff
StPO ist dagegen das Gericht zuständig, das die etwaige Geldbuße usw überwacht. Im
Fall eines Freispruchs auf Kosten der Landeskasse ist der Kostenbeamte des Gerichts zuständig, nicht derjenige der Staatsanwaltschaft, AG Freibg Rpfleger **79**, 229.

Bei einer *Halterhaftung* nach § 25 a StVG ist der Kostenbeamte der Staatsanwaltschaft zuständig, unabhängig davon, wer die Kosten trägt. Er ist nach II 2 Hs 2 auch
allein zuständig, soweit das Gericht sowohl nach dem Jugend- als auch nach dem Er-
wachsenenstrafrecht geurteilt hat. Ein Ansatz der Dokumentenpauschale und von
Auslagen für eine Versendung und elektronische Übermittlung von Akten ist nach IV
möglich. Vgl ferner §§ 81, 83 GNotKG, Teil III dieses Buchs.

I 2 gilt, anders als § 147 aF FGO, auch im Verfahren vor dem *BFH*.

Jede Instanz erhält eine gesonderte Kostenrechnung bei der Fälligkeit unabhängig 3
von einer Rechtskraft, BFH BStBl **76** II 462. Wegen des Erlasses vgl Teil VII D dieses
Buchs. Wegen der Behandlung von Kleinbeträgen vgl Teil VII E dieses Buchs.

3) Berichtigung, V. Die Tätigkeit des Urkundsbeamten der Geschäftsstelle bei 4
der Aufstellung der Kostenrechnung ist eine reine Verwaltungstätigkeit. Sie enthält
keine Entscheidung. Sie bindet das Gericht infolgedessen nicht, OVG Lüneb NVwZ-
RR **08**, 70. Der Kostenbeamte untersteht nach Rn 1 der Aufsicht seiner vorgesetzten
Behörde. Er muß ihre Anweisungen befolgen. Eine solche Anweisung trägt aber
selbst dann, wenn sie vom Aufsichtsrichter ausgehen würde, nicht den Charakter einer gerichtlichen Entscheidung. Sie stellt vielmehr nach § 43 KostVfg, Teil VII A
dieses Buchs auch ihrerseits nur eine Verwaltungsanordnung dar. Eine Umschreibung
zB von einer nicht existenten Gesellschaft auf eine natürliche Person ist unstatthaft,
Kblz JB **12**, 435 links Mitte.

A. Bis zur Gebührenentscheidung, V 1. Der Vorstand der Justizbehörde und 5
der Kostenprüfungsbeamte oder der Leiter des Rechnungsamts und der Bezirksrevisor nach § 42 KostVfg, Teil VII A dieses Buchs, dürfen den Kostenansatz beanstanden
und zur Änderung anweisen. Der Kostenbeamte darf nach § 43 KostVfg das Gericht
nicht von sich aus anrufen. Der Umstand, daß der Kostenschuldner die Kosten schon
bezahlt haben mag, ändert an dem Anweisungsrecht nichts.

Bis zur gerichtlichen Entscheidung ist eine Berichtigung nach V 1 statthaft und evtl von
Amts wegen notwendig. Es kommt eine Berichtigung zugunsten oder auch zulasten des
Kostenschuldners in Betracht. Stets muß der Kostenbeamte vor einer Nachforderung
§§ 20, 21 beachten. Dabei versteht die Vorschrift unter gerichtlicher Entscheidung eine

solche im Erinnerungs- oder Beschwerdeverfahren. Denn erst dann muß der Richter tätig werden. Der Kostenbeamte darf und muß im Berichtigungsverfahren die Regeln zur Rücknahme eines begünstigenden Verwaltungsakts mitbeachten, Saarbr Rpfleger 01, 461.

6   B. Ab Gerichtsentscheidung, V 2. Soweit das Gericht bereits entschieden hat, bindet das, OVG Lüneb NVwZ-RR 08, 70. Es entfällt damit grundsätzlich die Zulässigkeit einer Aufsichtsbeschwerde und die Möglichkeit einer Abänderung im Aufsichtsweg. Von diesem Grundsatz gilt insoweit eine Ausnahme, als das Gericht den Streitwert anschließend anders festsetzt. Denn dann ist nach V 2 wiederum eine Berichtigung des Kostenansatzes von Amts wegen zulässig. Die letzte, geänderte Fassung ist maßgeblich, Köln DGVZ 00, 75.

7   C. Auslegbarkeit, V 1, 2. Welchen Rechtsbehelf der Beschwerdeführer meint, das muß man im Weg einer Auslegung ermitteln. Rechtsbehelfsbelehrung, Verstoß: §§ 5 b, 68 II 2. Über das Zusammentreffen mit § 4 JVEG und die Möglichkeit des Kostenschuldners, im Weg der Erinnerung nach § 66 die dortige Festsetzung nicht gegen sich gelten zu lassen, vgl § 4 JVEG, Teil V dieses Buchs. § 9 JBeitrO, Teil IX A dieses Buchs, FG Hbg Rpfleger **12**, 158.

Nachforderung

20 [I] [1] Wegen eines unrichtigen Ansatzes dürfen Kosten nur nachgefordert werden, wenn der berichtigte Ansatz dem Zahlungspflichtigen vor Ablauf des nächsten Kalenderjahres nach Absendung der den Rechtszug abschließenden Kostenrechnung (Schlusskostenrechnung), in Zwangsverwaltungsverfahren der Jahresrechnung, mitgeteilt worden ist. [2] Dies gilt nicht, wenn die Nachforderung auf vorsätzlich oder grob fahrlässig falschen Angaben des Kostenschuldners beruht oder wenn der ursprüngliche Kostenansatz unter einem bestimmten Vorbehalt erfolgt ist.

[II] Ist innerhalb der Frist des Absatzes 1 ein Rechtsbehelf in der Hauptsache oder wegen der Kosten eingelegt worden, ist die Nachforderung bis zum Ablauf des nächsten Kalenderjahres nach Beendigung dieser Verfahren möglich.

[III] Ist der Wert gerichtlich festgesetzt worden, genügt es, wenn der berichtigte Ansatz dem Zahlungspflichtigen drei Monate nach der letzten Wertfestsetzung mitgeteilt worden ist.

Gliederung

1) Systematik, I–III	1
2) Regelungszweck, I–III	2
3) Geltungsbereich, I–III	3
4) Begriff der Nachforderung, I, II	4–7
A. Früherer Kostenansatz	4
B. Höherer Neuansatz	5
C. Instanzunabhängigkeit	6
D. Derselbe Kostenschuldner	7
5) Mitteilung, I, III	8
6) Unrichtiger Ansatz, I 1	9–11
7) Fristen für die Nachforderung, I 1, II, III	12–16
A. Fristbeginn	12–15
B. Fristablauf	16
8) Keine Frist, I 2	17
9) Wiedereinsetzung; Wiederaufnahme; Nachforderung, I–III	18
10) Rechtsmittel, I–III	19

1   **1) Systematik, I–III.** Es handelt sich um eine vorrangige Sondervorschrift mit einer Ausnahmeregelung, Köln RR **11**, 1295 (sie gilt nicht bei § 55 I RVG). Sie stimmt weitgehend mit § 19 FamGKG und mit § 20 GNotKG überein, Teile I B, III dieses Buches. (Jetzt) III entspricht einem allgemeinen Rechtsgedanken, Köln DGVZ **00**, 75.

2   **2) Regelungszweck, I–III.** § 20 soll den korrekten Kostenschuldner gegen eine verspätete Nachforderung von Gerichtskosten schützen, Düss Rpfleger **90**, 480, Kblz FamRZ **00**, 762, Köln RR **11**, 1295. I 2 schützt aber auch die Staatskasse vor einer Arglist des Kostenschuldners.

Abschnitt 4. Kostenansatz § 20 GKG

3) Geltungsbereich, I–III. Das Anwendungsgebiet der Vorschrift ist beschränkt. 3
§ 20 erfaßt auch ein Verfahren vor den Arbeitsgerichten. KG Rpfleger **81**, 457 wendet (jetzt) I 1 entsprechend auf eine Herabsetzung der Entschädigung eines Sachverständigen an. Die Verjährung einer Kostenschuld richtet sich nach § 5.

I 1 ist nach I 2 unanwendbar, soweit die Partei den irrigen Ansatz durch eine *zu niedrige Wertangabe* veranlaßt hat, vgl § 242 BGB (Treu und Glauben). Denn ein Rechtsmißbrauch verdient nirgends einen Schutz, BLAH Einl III 54.

4) Begriff der Nachforderung, I, II. Eine Nachforderung liegt beim Zusammentreffen der folgenden Voraussetzungen vor. 4

A. Früherer Kostenansatz. Es muß eine frühere Kostenanforderung vorliegen, ein „Ansatz" nach § 66. Dieser Ansatz darf noch nicht zu einer gerichtlichen Kostenentscheidung geworden sein oder auf ihr beruhen, etwa in einem Erinnerungs- oder Beschwerdeverfahren. Er muß nach I 2 vorbehaltlos sein. Der Kostenschuldner muß den Ansatz für endgültig gehalten haben, Kblz FamRZ **00**, 762. Er muß zu einer solchen Annahme auch berechtigt gewesen sein, ähnlich wie beim sog Umstandsmoment einer Verwirkung, dazu PalH § 242 BGB Rn 87ff. Eine solche Berechtigung liegt dann vor, wenn der Kostenschuldner eine vorbehaltlose oder „endgültige" Ratenberechnung bei einer Prozeßkostenhilfe zB nach §§ 114ff ZPO, Kblz FamRZ **00**, 762, oder bei einer Kostenrechnung erhalten hat, wenn der Kostenbeamte aber eine Gebühr wegen der Aussichtslosigkeit einer weiteren Beitreibung nicht angesetzt hatte und wenn er das dem Schuldner nicht mitgeteilt hatte, LG Würzb JB **78**, 1357.

Wenn die Kostenrechnung erst *nach dem Ablauf der Frist* des I 1 dem Kostenschuldner zugeht, ist eine Nachforderung nur noch unter den Voraussetzungen I 2 möglich. Eine Nachforderung liegt nach I 2 nicht vor, soweit Kosten später entstanden oder fällig geworden sind oder soweit der Kostenbeamte eine vorbehaltlose Kostenrechnung eindeutig erkennbar noch nicht erteilt hatte, so schon Celle NdsRpfl **75**, 68, Düss JB **79**, 872, LG Würzb JB **78**, 1358. Denn dann liegt jetzt eine Erst- und keine Nachforderung vor.

B. Höherer Neuansatz. Der neue Kostenansatz muß höher sein als der alte. Es 5 kommt allerdings nur auf die Gesamtsumme an, nicht auf einzelne Posten, Meyer 4, aM Düss Rpfleger **90**, 480 (aber es kann nur das Endergebnis zählen, wie bei jeder Beschwer).

C. Instanzunabhängigkeit. Es muß sich um Kosten nicht derselben Instanz nach 6 § 35 handeln, sondern um Kosten des gesamten Verfahrens, Meyer 8.

D. Derselbe Kostenschuldner. Der frühere Ansatz und die Nachforderung müssen sich an denselben Kostenschuldner wenden. Man muß natürlich jeden Kostenschuldner gesondert behandeln. Soweit eine Nachforderung nur gegenüber einem von mehreren Gesamtschuldnern ergeht, berührt sie den anderen Gesamtschuldner nicht, Celle JB **82**, 1861. Man muß dabei allerdings zwischen der Haftung eines Erst- und eines Zweitschuldners unterscheiden. Eine gesetzliche Haftung nach § 29 Z 3 bleibt beachtbar, BGH NJW **77**, 1879. 7

5) Mitteilung, I, III. Die Nachforderung erfolgt in derselben Weise wie der ursprüngliche Kostenansatz. Es genügt also eine einfache schriftliche Mitteilung. Rechtsbehelfsbelehrung, Verstoß: §§ 5b, 68 II 2. 8

6) Unrichtiger Ansatz, I 1. Ein Kostenansatz ist insoweit unrichtig, als sein Gesamtbetrag wegen irgendwelcher Fehler bei irgendwelchen Einzelposten zu niedrig ist. Es ist unerheblich, warum der Kostenbeamte einen Einzelposten zu niedrig angesetzt hatte, Kblz MDR **97**, 983. Ausreichend ist auch die völlige Auslassung eines Einzelpostens. Ausreichend ist ferner ein Rechtsirrtum oder eine Änderung der allgemeinen Rechtsansichten. Es genügt auch, daß eine nachträgliche anderweitige Streitwertfestsetzung den ursprünglichen Kostenansatz objektiv unrichtig gemacht hat, vgl auch III. 9

Hat der Kostenbeamte die Einzelposten nur *falsch zusammengezählt,* ist die Nachforderung nicht durch § 20 begrenzt. Man darf aber keinen solchen Posten einstellen, der nicht in die Rechnung gehört, zB nicht die Kosten der ersten Instanz in die Rechnung der zweiten. Lassen sich bei der Schlußrechnung noch nicht alle Posten 10

GKG § 20
I. A. Gerichtskostengesetz

übersehen, muß der Urkundsbeamte der Geschäftsstelle in der Rechnung solche Posten offenhalten, Kblz MDR **97**, 983.

11 Ein unrichtiger Ansatz liegt *nicht* vor, soweit der Urkundsbeamte der Geschäftsstelle aus irgendeinem Grund die Kosten gar nicht oder nur von einem Dritten erfordert hat oder wenn etwa erstinstanzliche Kosten fälschlich in der zweitinstanzlichen Kostenrechnung als erstinstanzliche miterscheinen.

12 **7) Fristen für die Nachforderung, I 1, II, III.** Es handelt sich um gesetzliche Ausschlußfristen, so schon Düss Rpfleger **90**, 480. Es sind die folgenden Prüfschritte sinnvoll.

A. Fristbeginn. Die Frist für die Nachforderung nach I 1 beginnt mit der Mitteilung der Schlußkosten- oder Jahresrechnung. Die Frist nach II beginnt mit der Beendigung des Verfahrens. Die Frist nach III beginnt mit der Mitteilung der letzten Wertfestsetzung. Ein Verfahren endet nach II dann, wenn das Gericht diejenigen Handlungen völlig abgeschlossen hat, die es nach den Verfahrensvorschriften vornehmen mußte, Rostock MDR **95**, 212 (zu § 269 III ZPO). Im Prozeß kann eine endgültige Beendigung auch durch eine Klage- oder Rechtsmittelrücknahme zustande kommen, durch einen Vergleich, durch einen tatsächlichen Stillstand. Er muß zu einer Anordnung des Ruhens hinzutreten, Meyer 10 (Aktenweglegung), aM Nürnb JB **81**, 1230. Eine endgültige Beendigung erfolgt natürlich auch durch den Eintritt der Rechtskraft.

13 Auch ein *Teilurteil* nach § 301 ZPO beendet in seinem Umfang endgültig, soweit es eine Kostenentscheidung enthält, während es den von ihm nicht erfaßten Teil des Prozesses natürlich unberührt läßt.

14 Der Begriff *Verfahren* ist in § 20 derselbe wie stets im GKG. Jedes im GKG allgemein als ein selbständiges Verfahren behandelte Verfahren gilt auch nach § 20 als ein selbständiges Verfahren, soweit es zu einer Kostenentscheidung führt. Infolgedessen muß man zB das Mahnverfahren nach §§ 688 ff ZPO, das Eilverfahren nach §§ 916 ff, 935 ff ZPO, das Güteverfahren nach § 278 ZPO, das Beschwerdeverfahren nach §§ 567 ff ZPO, das Kostenfestsetzungsverfahren nach §§ 103 ff ZPO gesondert behandeln.

Dasselbe gilt für die *Rückforderung* der aus der Staatskasse bezahlten Gebühren eines im Verfahren der Prozeßkostenhilfe nach § 121 ZPO beigeordneten Anwalts, Düss Rpfleger **95**, 421, KG Rpfleger **76**, 110. Soweit der Wegfall der Bereicherung eingetreten ist, kann man sich auf diesen Umstand nicht berufen.

15 Man muß notfalls durch eine *Anfrage* bei den Parteien feststellen, ob das Verfahren endgültig beendet ist, soweit sich die Beendigung nicht aus den Akten ergibt. Für eine Beendigung oder Erledigung des Verfahrens ist der Kostenschuldner beweispflichtig.

16 **B. Fristablauf.** Die Frist zur Nachforderung endet bei I 1 mit dem Ablauf desjenigen Kalenderjahrs, das auf dasjenige Kalenderjahr folgt, in dem die Schlußkostenrechnung oder die Jahresrechnung das Gericht im Weg der Absendung an den Zahlungspflichtigen verlassen hatte. Die Frist endet bei II mit dem Ablauf des nächsten Kalenderjahrs nach der Beendigung des Verfahrens nach Rn 12–15. Soweit die Gericht den Streitwert festgesetzt hat, reicht es nach III aus, daß der Kostenbeamte dem Kostenschuldner den auf Grund des neuen Werts angefertigten neuen Ansatz binnen 3 Monaten nach der letzten Wertfestsetzung mitteilt. Eine Wertfestsetzung bleibt für das Verfahrensende unbeachtbar.

Die *Dreimonatsfrist* beginnt mit der Mitteilung an den Zahlungspflichtigen.

17 **8) Keine Frist, I 2.** In beiden sehr unterschiedlichen Fällen des I 2 läuft keine Frist.

18 **9) Wiedereinsetzung; Wiederaufnahme; Nachforderung, I–III.** Eine Wiedereinsetzung in den vorigen Stand nach §§ 233 ff ZPO läßt ein früheres Verfahren wieder aufleben. Sie setzt also eine neue Frist in Lauf. Die Ablehnung einer Wiedereinsetzung hat diese Wirkung nicht. Eine Wiederaufnahmeklage nach §§ 579, 580 ZPO eröffnet ein neues Verfahren. Die Nachforderung erfolgt nach § 36 KostVfg, Teil VII A dieses Buchs.

19 **10) Rechtsmittel, I–III.** Gegen eine Nachforderung kann der Kostenschuldner die Erinnerung nach § 66 einlegen, Düss RR **00**, 1382. Die Staatskasse hat neben

Abschnitt 4. Kostenansatz § 20, Einf § 21 GKG

dem Nachforderungsrecht keine Erinnerung nach § 66. Denn damit könnte sie § 20 unterlaufen. Rechtsbehelfsbelehrung, Verstoß: §§ 5b, 68 II 2.

Einführung vor § 21
Stundung und Nichterhebung von Gerichtskosten

Gliederung

1) **Systematik, Regelungszweck**	1–4
A. Nichterhebung	2
B. Stundung	3
C. Unterbleiben der Kostenrechnung	4
2) **Voraussetzungen**	5–11
A. Nichterhebung wegen unrichtiger Sachbehandlung	5
B. Amtsvertagung	6
C. Unkenntnis der Verhältnisse	7
D. Härtefall	8
E. Stundung	9
F. Keine Kostenrechnung bei Prozeßkostenhilfe	10
G. Keine Kostenrechnung bei Unvermögen	11
3) **Zuständigkeit**	12–14
A. Gericht	12
B. Verwaltungsbehörde	13
C. Gnadenbehörde	14

1) Systematik, Regelungszweck. Das Gesetz unterscheidet zwischen dem Entstehen, der Nichterhebung von Gerichtskosten, der Stundung und dem Unterbleiben einer Kostenrechnung. 1

A. Nichterhebung. Die Nichterhebung führt zu einem Verlust des Kostenanspruchs des Staates, Köln DGVZ **88**, 138. Das Gesetz sieht eine Nichterhebung auf mehreren Wegen vor. In Betracht kommt die Anordnung, von der weiteren Einziehung der Gerichtskosten abzusehen. In Betracht kommt ferner die gesetzliche Möglichkeit oder Notwendigkeit, Gerichtskosten niederzuschlagen oder dem Schuldner zu erlassen. 2

B. Stundung. Sie führt nur zu einem zeitlich begrenzten Aufschub der Fälligkeit des fortbestehenden Kostenanspruchs des Staates. 3

C. Unterbleiben der Kostenrechnung. Dieser Weg dient dann der Verwaltungsvereinfachung, wenn die Beitreibung von Kosten als sinnlos erscheint. Seine Wirkungen gehen tatsächlich weiter als eine bloße Stundung. Das gilt auch dann, wenn dieser Weg theoretisch nicht zu einem Verlust des Kostenanspruchs des Staats führt, sondern ihm die spätere Geltendmachung der Kostenforderung theoretisch offenhält. 4

2) Voraussetzungen. Hier sind im wesentlichen die folgenden sieben Prüfschritte ratsam. 5

A. Nichterhebung wegen unrichtiger Sachbehandlung. Eine Nichterhebung kommt bei solchen Gebühren wie Auslagen in Betracht, die durch eine unrichtige Sachbehandlung entstanden sind. Es kommt also immer zunächst auf die in der Praxis oft übersehene Prüfung an, ob überhaupt Gerichtskosten entstanden sind, also Gebühren und/oder Auslagen, BGH NStZ **01**, 135, Kblz JB **05**, 215, OVG Bln NVwZ-RR **98**, 405. Erst anschließend entsteht überhaupt ein Rechtsschutzbedürfnis nach BLAH Grdz 33 vor § 253 ZPO für die ja oft unangenehme weitere Klärung, ob solche nun einmal entstandenen Kosten bei einer richtigen Sachbehandlung vermeidbar gewesen wären.

Unter den Voraussetzungen des § 21 I 1 besteht erst im letzteren Fall eine *Pflicht* zur Nichterhebung, Köln DGVZ **88**, 138. Vgl auch § 20 FamGKG, § 21 GNotKG, Teile I B, III dieses Buchs. Im übrigen besteht bei der Nichterhebung im Gnadenweg ein pflichtgemäßes Ermessen des zuständigen Beamten.

B. Amtsvertagung. Das Gericht darf nach § 21 I 2 nicht Auslagen für einen solchen Termin erheben, den es von Amts wegen verlegt oder vertagt hatte. 6

C. Unkenntnis der Verhältnisse. Wenn ein Antrag auf einer unverschuldeten Unkenntnis der tatsächlichen oder rechtlichen Verhältnisse beruhte, kommt die 7

Nichterhebung der Gerichtskosten (Gebühren und Auslagen) in Betracht, falls entweder der Antragsteller seinen Antrag zurücknahm oder falls ein abweisender Bescheid erging. In beiden Fällen steht die Nichterhebung im pflichtgemäßen Amtsermessen.

8   D. **Härtefall.** Eine Nichterhebung (Niederschlagung) kommt ferner dann in Betracht, wenn die Einziehung der Gerichtskosten mit erheblichen Härten für den Zahlungspflichtigen verbunden wäre. Die einschlägigen Vorschriften sind im Teil VII D dieses Buchs abgedruckt.

9   E. **Stundung.** Auch eine Stundung kommt dann in Betracht, wenn man infolge einer alsbaldigen Einziehung von Gerichtskosten mit erheblichen Härten für den Zahlungspflichtigen rechnen müßte und wenn der Anspruch durch eine Stundung auch nicht gefährdet wird. Auch die insofern einschlägigen Bestimmungen sind im Teil VII D dieses Buchs abgedruckt.

10 F. **Keine Kostenrechnung bei Prozeßkostenhilfe.** Solange der Kostenschuldner oder sein Prozeßgegner infolge der Zubilligung einer Prozeßkostenhilfe nach §§ 114 ff ZPO von der Pflicht zur Bezahlung von Gerichtskosten (Gebühren und Auslagen) freikommen, darf der Kostenbeamte keine Kostenrechnung aufstellen.

11 G. **Keine Kostenrechnung bei Unvermögen.** Die Aufstellung der Kostenrechnung unterbleibt auch, solange der Kostenschuldner offenkundig oder sonst bekanntermaßen zur Zahlung dauernd unvermögend ist. Das ist auch dann so, wenn nicht einmal die Zahlung eines Teilbetrags in einer absehbaren Zeit möglich ist, §§ 9, 10 KostVfg, Teil VII A dieses Buchs.

12 3) **Zuständigkeit.** Sie ist im wesentlichen folgendermaßen geregelt.

A. **Gericht.** Unter den Voraussetzungen des § 21 ist das Gericht zur Entscheidung zuständig. Vgl auch § 20 FamGKG, § 21 GNotKG, Teile I B, III dieses Buchs.

13 B. **Verwaltungsbehörde.** Unter den Voraussetzungen des § 37 KostVfg, Teil VII A dieses Buchs, ist der Präsident des Gerichts oder der Leiter der Staatsanwaltschaft für seinen jeweiligen Dienstbereich neben dem erkennenden Gericht zur Entscheidung zuständig.

14 C. **Gnadenbehörde.** Unter den im Teil VII D dieses Buchs genannten Voraussetzungen ist die jeweilige Gnadenbehörde zur Entscheidung zuständig.

Nichterhebung von Kosten

21 I [1]Kosten, die bei richtiger Behandlung der Sache nicht entstanden wären, werden nicht erhoben. [2]Das Gleiche gilt für Auslagen, die durch eine von Amts wegen veranlaßte Verlegung eines Termins oder Vertagung einer Verhandlung entstanden sind. [3]Für abweisende Entscheidungen sowie bei Zurücknahme eines Antrags kann von der Erhebung von Kosten abgesehen werden, wenn der Antrag auf unverschuldeter Unkenntnis der tatsächlichen oder rechtlichen Verhältnisse beruht.

II [1]Die Entscheidung trifft das Gericht. [2]Solange nicht das Gericht entschieden hat, können Anordnungen nach Absatz 1 im Verwaltungsweg erlassen werden. [3]Eine im Verwaltungsweg getroffene Anordnung kann nur im Verwaltungsweg geändert werden.

Schrifttum: *Schneider* MDR 01, 914 (Üb).

Gliederung

1) Systematik, I, II	1
2) Regelungszweck, I, II	2
3) Geltungsbereich, I, II	3
4) Unrichtige Sachbehandlung: Pflicht zur Nichterhebung, I 1	4
5) Voraussetzungen im einzelnen, I 1	5–40
A. Kostenentstehung	5
B. Fehler des Gerichts oder der Behörde	6, 7
C. Unrichtigkeit: Offensichtlicher schwerer Fehler	8–11
D. Prozeßwirtschaftlichkeit	12

Abschnitt 4. Kostenansatz **§ 21 GKG**

    E. Keine Nachprüfung der Sachentscheidung 13
    F. Beispiele zur Frage einer unrichtigen Sachbehandlung, I 1 14–40
6) Ursächlichkeit, I 1 41–42
    A. Objektiver Maßstab 41
    B. Beispiele zur Frage einer Ursächlichkeit, I 1 42
7) Terminsverlegung, Vertagung, I 2 43–45
8) Abweisung, Antragsrücknahme, I 3 46–48
    A. Entweder: Abweisung 47
    B. Oder: Antragsrücknahme 48
9) Unverschuldete Unkenntnis der Verhältnisse, I 3 49
10) Beispiele zur Frage einer Unverschuldetheit, I 3 50–53
11) Verfahren, II 54–64
    A. Zuständigkeit, II 1 54
    B. Verfahrensablauf, II 1 55–57
    C. Verwaltungsentscheidung, II 2, 3 .... 58, 59
    D. Gerichtliche Entscheidung, II 1 60–63
    E. Betroffene Kosten, II 1–3 64
12) Rechtsbehelfe, I, II 65–67
    A. Gegen Verwaltung 65
    B. Gegen Erstgericht 66
    C. Gegen Letztgericht 67

1) Systematik, I, II. Wegen der Begriffe, der allgemeinen Voraussetzungen und **1**
der Zuständigkeit Einf vor § 21. § 21 bezieht sich grundsätzlich wegen § 1 I 1 nur
auf die Gerichtskosten (Gebühren und Auslagen, BPatG GRUR **84**, 341, Düss MDR
85, 60), LG Bonn JB **07**, 590.
    Die Vorschrift bezieht sich also *nicht* auf die Kosten der Partei oder eines Beteiligten, OVG Bln NVwZ-RR **98**, 405, LG Saarbr RR **12**, 896, OVG Kblz RR **95**,
362, aM BGH WoM **85**, 35 (zu § [jetzt] § 21 GNotKG), LG Schweinf JB **80**, 573
(aber der Staat kann nicht wegen eines eigenen Fehlverhaltens auch noch die Parteien
um auch nur einen Teil ihrer Erstattungsansprüche bringen). Erst recht ist § 21 unanwendbar, soweit es um Gebühren und/oder Auslagen eines Anwalts oder eines anderen ProzBev nach § 81 ZPO geht, oder wenn es sich um einen Auslagenerstattungsanspruch nach §§ 465, 473 StPO handelt, BGH NStZ **00**, 499, Hamm NStZ-RR **00**, 320. Auch § 59 zählt nicht hierher.
    § 21 bezieht sich auch nicht auf die Kosten des *Gerichtsvollziehers*, dazu § 7 GvKostG,
Teil XI dieses Buchs. Denn diese Kosten regelt das GvKostG. Rechtssystematisch ist
das Verfahren der Nichterhebung ein Kostenansatzverfahren. In ihm kann der Kostenschuldner geltend machen, daß ein Kostenansatz von vornherein unberechtigt war,
Köln MDR **88**, 162, VGH Mü BayVBl **82**, 415. Das ist etwas ganz anderes als eine
Amtshaftung, Meyer 1, aM Karlsr JB **99**, 204. Polizeikosten können allenfalls im
Rahmen von § 1 Z 6 hierher zählen, also im Rahmen eines staatsanwaltschaftlichen
Ermittlungsverfahrens, aM LG Lüneb VersR **85**, 1200. Nicht anwendbar ist § 21
beim Fehler einer reinen Verwaltungsbehörde (Ausnahme: Finanzamt, Rn 6).
    Unberührt bleiben die Regeln des Bundes und der Länder zum *Kostenerlaß*, Teil
VII D dieses Buchs.
    2) Regelungszweck, I, II. Die Vorschrift dient der Kostengerechtigkeit, aber auch **2**
der Prozeßwirtschaftlichkeit, BLAH Grdz 14 vor § 128 ZPO. Denn nicht jeder kleine
Fehler kann zur Kostenniederschlagung führen, ohne das ja ohnehin oft pauschale
Kostengefüge empfindlich zu stören. Bei einer genaueren Prüfung würde die Zahl
der Nichterhebungsanträge und -verfahren dann ins Unerträgliche steigen, wenn man
jeden angeblichen oder wirklichen kleineren Fehler derart rügen könnte, BGH
MDR **05**, 956, Stgt MDR **08**, 1043. Das darf nach Rn 11 natürlich nicht zum Freibrief für eine Schludrigkeit des Gerichts werden. Alles das muß man bei der Auslegung mitbeachten.
    3) Geltungsbereich, I, II. Die Vorschrift ist im Gesamtbereich des § 1 anwend- **3**
bar. Sie ist nach § 98 PatG entsprechend anwendbar, BPatG GRUR **84**, 341. Vgl
ferner § 190 SGG, Teil II B dieses Buchs, §§ 155 IV, 162 III VwGO, VGH Mü
NVwZ-RR **16**, 400.
    4) Unrichtige Sachbehandlung: Pflicht zur Nichterhebung, I 1. Unter den **4**
nachfolgend erörterten Voraussetzungen darf das Gericht Kosten nicht erheben. Das
ergibt sich aus den Gesetzesworten „werden nicht erhoben". Das Gericht hat also

69

allenfalls bei der Prüfung der Frage ein pflichtgemäßes Ermessen, ob eine richtige oder unrichtige Sachbehandlung vorlag. Sobald es die objektive Unrichtigkeit der Sachbehandlung festgestellt hat, muß es die von dieser unrichtigen Sachbehandlung betroffenen Kosten von Amts wegen niederschlagen, Köln DGVZ **88**, 138.
Das gilt grundsätzlich *unabhängig von* einem *Verschulden,* KG JB **68**, 43, Karlsr JB **99**, 204, Schneider MDR **01**, 915. Freilich liegt bei einem offensichtlichen schweren Fehler obendrein oft ein Verschulden vor. Andererseits hängt die Nichterhebung nicht etwa davon ab, daß die Ursache der unrichtigen Sachbehandlung nur im Verantwortungsbereich des Gerichts gelegen hätte. Auch ein von einer Partei mitbegangenes Fehlverhalten kann zur Unrichtigkeit der Sachbehandlung beim Gericht führen, Rn 6.
Zu den Kosten zählen nach Einl II A 6 auch hier die *Gebühren und Auslagen* des Gerichts, BGH **98**, 320, BPatG GRUR **84**, 341, Kblz JB **05**, 215, also auch die Kosten des vom Gericht ernannten oder bestellten Sachverständigen zB nach §§ 402ff ZPO, KV 9005, Kblz JB **05**, 215, aM Düss VersR **81**, 538 (aber „Kosten" meint in I 1 nichts anderes als § 1 I 1 für das gesamte GKG). Hierher zählen ferner die Auslagen des Zeugen zB nach §§ 373ff ZPO, soweit das Gericht sie erstatten muß. I 2 enthält für Auslagen nicht etwa eine gegenüber I 1 spezielle abschließende, sondern eine den I 1 ergänzende Sonderregelung.

5 **5) Voraussetzungen im einzelnen, I 1.** Zur Niederschlagung von Kosten müssen die folgenden Voraussetzungen zusammentreffen.
A. Kostenentstehung. Man muß nach Einf 5 vor § 21 zunächst prüfen, ob überhaupt Gerichtskosten (Gebühren und/oder Auslagen, § 1 I 1) entstanden sind. Das ist weniger oft so, als man oft gedankenlos annimmt. Man muß das GKG einschließlich des KV und dort 9000ff sorgfältig durchprüfen und kann sich mangels einer Kostenentstehung alle weiteren oft kniffligen Prüfungen bei § 21 sparen. Für eine Entscheidung fehlt ja das stets erforderliche Rechtsschutzbedürfnis, wenn es gar keinen Anlaß zu ihr gibt.

6 **B. Fehler des Gerichts oder der Behörde.** Es muß sich um einen Fehler eines Gerichts handeln, BFH Rpfleger **92**, 365, oder um einen Fehler der sonst mit der Sache zuvor befaßten gerichtsartigen Behörde, BFH Rpfleger **92**, 365. Auch das Gericht muß schon und noch mit der Sache befaßt sein, Düss MDR **97**, 403. Es ist unerheblich, welcher Angehörige des Gerichts den Fehler begangen hat. Es reicht aus, daß ein Gerichtswachtmeister falsch handelt, KG JB **08**, 43, Kblz Rpfleger **81**, 37. Bei alledem ist es evtl unerheblich, ob sich eine Partei usw richtig oder auch unrichtig verhalten hat, Rn 4, BGH JB **90**, 406, aM Düss RR **97**, 1159, Nürnb JB **97**, 149. Freilich kann ein Parteiverschulden die Ursächlichkeit des Gerichtsfehlers nach Rn 41 verringern. Eine Arglist ist stets schädlich, BLAH Einl III 54, auch im Kostenrecht.
Es reicht auch eine unrichtige Behandlung durch einen Angehörigen der *Staatsanwaltschaft* aus, Mü JB **78**, 101. Das ergibt sich aus § 1 I 1 Z 6, Mü JB **78**, 101. Dasselbe gilt zB bei einem Fehler des Finanzamts, Lappe NJW **87**, 1860, Schall BB **88**, 380. Freilich muß der Fehler gerade bei der Behandlung der bestimmten einzelnen Sache entstanden sein, nicht zB bei der Organisation auswärtiger Gerichtstage, Schall BB **88**, 380, aM Lappe NJW **87**, 1860 (aber Wortlaut und Sinn von I 1 sind eindeutig: „Behandlung der Sache", BLAH Einl III 39).

7 § 21 ist unanwendbar, soweit lediglich ein *Sachverständiger* zB nach §§ 402ff ZPO einen Fehler begangen hat, Hbg MDR **78**, 237, Kblz MDR **15**, 119.

8 **C. Unrichtigkeit: Offensichtlicher schwerer Fehler.** Eine Unrichtigkeit liegt nur vor, soweit das Gericht usw gegen eine eindeutige gesetzliche Norm verstoßen hat und soweit der Verstoß auch offen zutage tritt, BPatG GRUR **06**, 263, Hbg MDR **13**, 424, Kblz MDR **16**, 123. Denn erst dann liegt überhaupt objektiv eine Amtspflichtverletzung vor. Mit dieser Auslegung klammert man keineswegs irgendwelche objektiven Pflichtverletzungen von der Staatshaftung aus.

9 Es liegt also *keineswegs* schon stets deshalb eine Unrichtigkeit vor, weil das Gericht usw *irgendeinen Verfahrensfehler* begangen hat. Denn das Gericht ist sogar verpflichtet, seine Beurteilung bis zur Entscheidung ständig selbstkritisch zu prüfen.

10 Vielmehr ist eine Differenzierung nötig: Nur ein *offensichtlicher schwerer* Verfahrensfehler kann ausreichen, BGH MDR **05**, 956, BAG NZA **14**, 744, Düss JB **09**, 39 links.

Ein *leichterer Verfahrensfehler reicht* in der Regel *nicht* aus, BGH MDR **05**, 956, BAG NZA **14**, 744, Karlsr RR **08**, 808. Schon gar nicht reicht eine abweichende Beurteilung einer Rechtsfrage, BGH RR **03**, 1294.

Die *gegenteilige Haltung* zB von KG JB **97**, 653, Kblz VersR **89**, 379, Schneider MDR **01**, 914 zwingt zur Nichterhebung zB immer dann, wenn eine höhere Instanz wegen einer abweichenden rechtlichen Beurteilung von der Entscheidung der unteren Instanz abweicht. Das entspricht eindeutig nicht der Absicht des Gesetzes, BGH **93**, 231, Stgt OLGZ **79**, 64. Deshalb kann man auch nicht überzeugend damit argumentieren, es handle sich um einen Abwehrmechanismus der Gerichte mit dem Ziel, eigene Fehler sanktionsfrei zu halten. **11**

D. Prozeßwirtschaftlichkeit. Natürlich darf die Handhabung des § 21 nicht zu derlei bloßen Mechanismen verkommen. Ebensowenig kann es aber praktikabel sein, jeden unrichtigen Buchstaben oder kleinen Gedanken, jede unerhebliche Unsauberkeit einer Begründung bereits als eine Unrichtigkeit nach § 21 zu beurteilen. Eine nicht endende Kette von Nichterhebungsverfahren wäre nur zu leicht die Folge und könnte auf solche Weise die Hauptarbeit stören, Rn 2. Eine Prozeßwirtschaftlichkeit wie nach BLAH Grdz 14 vor § 128 ZPO ist eben auch hier wichtig und wie stets mitbeachtlich, Kblz MDR **08**, 1306 (anschließend sehr streng!). Alles das gilt es zumindest mitzubedenken. **12**

E. Keine Nachprüfung der Sachentscheidung. Man kann überhaupt grundsätzlich nicht etwa mit einem Antrag nach § 21 eine Nachprüfung der Sachentscheidung auf ihre sachliche Richtigkeit erzwingen, vgl auch § 21 GNotKG Rn 2ff, Teil III dieses Buchs, BGH VersR **84**, 78, Düss RR **98**, 1695, Ffm JB **95**, 210, aM Lappe RpflBl **76**, 36, Schneider JB **75**, 877 (aber das würde auf eine Verlagerung der eigentlichen Fachprüfung auf den Nebenschauplatz des Kostenrechts hinauslaufen). **13**

F. Beispiele zur Frage einer unrichtigen Sachbehandlung, I 1 **14**

Ablehnung: Eine unrichtige Sachbehandlung kann vorliegen, soweit das Gericht einen begründeten Ablehnungsantrag zB nach §§ 42ff ZPO jedenfalls auch durch sein Verhalten herbeigeführt hat, oder soweit es einen solchen Sachverständigen vergütet hat, den eine Partei mit Recht abgelehnt hatte, Ffm NJW **77**, 1502, Kblz Rpfleger **81**, 37.

Ablichtung, Abschrift: Eine unrichtige Sachbehandlung kann vorliegen, soweit das Gericht zu viele Ablichtungen oder Abschriften angefordert hat, BGH WoM **85**, 35 (zu [jetzt] § 21 GNotKG).

Absoluter Revisionsgrund: Eine unrichtige Sachbehandlung liegt bei ihm stets vor, Rn 32 „Revision".

Akteneinsicht: Eine unrichtige Sachbehandlung kann bei einer Stattgabe oder Verweigerung zB nach § 299 ZPO vorliegen, BFH NJW **06**, 400.

Aktenverlegung: Eine unrichtige Sachbehandlung kann bei einer kurzfristigen Verlegung *fehlen,* sogar in Eilverfahren (Umstandsfrage).

Antrag: Eine unrichtige Sachbehandlung kann *fehlen,* soweit das Gericht in einem Anwaltsprozeß nach § 78 ZPO nicht auf einen solchen Antrag hingewirkt hat, der mit geringeren Kosten zu demselben Ergebnis hätte führen können, oder soweit es zB einen Beweisantrag übergangen hat, Saarbr MDR **96**, 1191, oder soweit ein Antrag auf eine Berichtigung oder Ergänzung des Urteils ein Rechtsmittelverfahren erübrigt hätte. **15**

S auch Rn 21 „Eilantrag".

Antragsüberschreitung: Eine unrichtige Sachbehandlung kann vorliegen, soweit das Gericht entgegen zB § 308 I ZPO über einen in Wahrheit gar nicht gestellten Antrag entschieden hat.

Anwaltswegfall: Rn 35 „Unterbrechung".

Anwaltszwang: Rn 18 „Belehrung".

Anweisung: Eine unrichtige Sachbehandlung kann schon bei einer unklaren Anweisung vorliegen, LG Bln DS **04**, 189 (streng).

Aufklärungspflicht: Eine unrichtige Sachbehandlung kann vorliegen, soweit das Gericht in einer entscheidungserheblichen Weise gegen § 139 ZPO verstoßen hat, BFH BStBl II **79**, 296, Hamm AnwBl **84**, 93, Karlsr JB **99**, 204. **16**

GKG § 21 I. A. Gerichtskostengesetz

Eine Unrichtigkeit kann *fehlen,* soweit das Gericht einen Anwalt als den ProzBev nach § 81 ZPO nicht auf einen drohenden Fristablauf hingewiesen hat.
Aufrechnung: Rn 24 „Hilfsaufrechnung".
Auslagenvorschuß: Rn 38 „Vorschuß".
17 **Aussetzung:** Eine unrichtige Sachbehandlung kann vorliegen, soweit das Gericht zB gegen § 249 ZPO verstoßen hat.
S auch Rn 27 „Mitteilungspflicht".
Auswahl: Eine unrichtige Sachbehandlung *fehlt* meist, soweit es um die Auswahl des Sachverständigen durch das Gericht zB nach § 404 ZPO geht, Karlsr RR **98**, 1696, es sei denn, diese Auswahl wäre ohne jedes naheliegende Nachdenken erfolgt.
18 **Beistand:** Eine unrichtige Sachbehandlung liegt evtl auch dann vor, wenn das Gericht seinen Fehler später berichtigt, KG JB **09**, 656.
Belehrung: Eine unrichtige Sachbehandlung kann ausnahmsweise *fehlen,* soweit das Gericht eine falsche Belehrung erteilt hat, Hamm MDR **77**, 940, Schlesw JB **78**, 1225, Zweibr NStZ-RR **00**, 319, soweit zB das OLG vor der Weiterleitung einer Beschwerde an den BGH nicht auf den dortigen Anwaltszwang nach § 78 I 3 ZPO hingewiesen hat, BGH NJW **02**, 3410, oder soweit es eine weitere Belehrung unterlassen hat, Kblz JB **12**, 435 links oben. Das gilt auch bei einer Rechtsbehelfsbelehrung zB nach § 5b. Vgl auch § 68 II 2.
S auch Rn 31 „Rechtsmittelbelehrung".
Berichtigung: S „Beistand".
Berufung: Eine unrichtige Sachbehandlung kann in folgenden Fällen vorliegen: Das Erstgericht hat eine verkündete Eilentscheidung zB nach §§ 916 ff, 935 ff ZPO nicht übersandt und auf eine Nachfrage keine Auskunft dazu erteilt, Ffm MDR **11**, 190; das Gericht hat eine Berufung offensichtlich gesetzwidrig zugelassen, Mü JB **78**, 102; das Revisionsgericht muß ein Berufungsurteil wegen eines absoluten Revisionsgrundes nach § 547 ZPO aufheben, BGH VersR **87**, 405 (Entscheidungsgründe fehlten bis zum Ablauf der Frist des § 552 ZPO); das Berufungsgericht hätte keine Trennung vornehmen dürfen, BGH RR **97**, 832; das Berufungsgericht hat eine gar nicht eingelegte Berufung zB nach § 522 ZPO verworfen, BVerwG NJW **09**, 164.
Besetzung des Gerichts: Eine unrichtige Sachbehandlung kann vorliegen, soweit das Gericht zumindest in der letzten mündlichen Verhandlung vor der fraglichen Entscheidung falsch besetzt war. Das gilt unabhängig von einem etwaigen Verschulden.
Eine Unrichtigkeit kann *fehlen,* soweit eine neue Besetzung des Gerichts die Lage anders beurteilt als die frühere Richterbank oder als der Vorsitzende, solange nur er zuständig war, Schlesw SchlHA **89**, 111.
S aber auch Rn 29 „Prozeßkostenhilfe".
Beweisaufnahme: Eine unrichtige Sachbehandlung kann grds vorliegen, soweit das Gericht einen ersichtlich entscheidungserheblichen Beweisantrag übergangen hat, Saarbr MDR **96**, 1191, oder soweit eine Beweisaufnahme offensichtlich überflüssig war, Brdb FamRZ **04**, 1662, Kblz MDR **13**, 1366, Mü RR **03**, 1294, oder soweit sie sogar unzulässig wäre, Naumb FamRZ **03**, 386, oder soweit eine teure Beweisaufnahme ohne einen ausreichenden erstmaligen oder weiteren Vorschuß erfolgte, Saarbr JB **95**, 316, oder soweit ihre Wiederholung notwendig wurde, BGH NStZ-RR **98**, 319 oder soweit das Gericht eine Beweislast zB nach BLAH Anh § 286 ZPO verkannt hat, Köln FamRZ **14**, 1801.
Eine unrichtige Sachbehandlung kann aber durchaus *fehlen,* soweit das Gericht eine Beweisaufnahme aus vertretbaren Gründen anordnet, ihr Ergebnis aber wegen einer Veränderung der tatsächlichen oder rechtlichen Beurteilung nicht verwertet, Kblz JB **09**, 267, Mü RR **03**, 1295, Schneider MDR **01**, 918, oder soweit eine Wiederholung der Beweisaufnahme nur wegen einer fehlerhaften erstinstanzlichen Protokollierung notwendig wurde, KG JB **97**, 653, oder infolge einer Zuständigkeitsänderung nicht mehr entscheidungserheblich blieb, LG Bre FamRZ **12**, 1746.
S auch Rn 26 „Ladung, Abladung".
Computer: Rn 21 „Einrichtung".
Darlegungslast: Eine unrichtige Sachbehandlung kann in der Verkennung der Darlegungslast liegen, Köln FamRZ **14**, 1801.

Dolmetscher: Eine unrichtige Sachbehandlung kann ferner bei einer schuldhaften 19
Nichtladung des offenkundig von vornherein nach § 185 I 1 GVG nötigen Dolmetschers und bei einer deshalb nötigen Vertagungsfolge vorliegen.

Eine unrichtige Sachbehandlung kann *fehlen,* soweit das Gericht einen solchen Dolmetscher eingeschaltet hat, den es dann trotz der Ausländereigenschaft des Betroffenen doch nicht benötigte, oder soweit es keinen solchen Dolmetscher einschaltete, der dann doch nötig wurde. Denn das Gericht kann den Grad der Kenntnis der deutschen Sprache beim Ausländer und/oder die eigene Fähigkeit, sich in der fremden Sprache zu informieren oder auszudrücken, nicht stets vorher genau abschätzen. Es begeht daher jedenfalls insofern keinen offen zutage tretenden Verstoß nach Rn 8 ff, Brdb FamRZ **07,** 162, Düss RR **98,** 1695, Stgt FamRZ **01,** 238, aM LAG Hamm MDR **86,** 172 (aber die Partei muß schon wegen der notwendigen Prozeßwirtschaftlichkeit nach Rn 11 auch von sich aus zur Entbehrlichkeit eines Dolmetschers Stellung nehmen).

Eilantrag: Eine unrichtige Sachbehandlung kann vorliegen, soweit das Gericht einen 20
Eilantrag zB nach §§ 920, 936 ZPO vorwerfbar verspätet aufgenommen hat, LG Ffm MDR **85,** 153.

Eingangsklärung: Eine unrichtige Sachbehandlung kann in ihrer Unterlassung liegen, Köln JB **12,** 34 rechts unten.

Einrichtung: Eine fehlerhafte mechanische, elektrische oder elektronische Einrichtung kann eine unrichtige Sachbehandlung verursachen.

Entscheidungsgründe: Eine unrichtige Sachbehandlung *fehlt* dann, wenn das Urteil 21
trotz § 313 a I ZPO einen Tatbestand und Entscheidungsgründe enthält, Brdb JB **07,** 536, aM Köln FamRZ **07,** 1759.

Entscheidungsverbund: Rn 23 „Folgesache".

Erkrankung: Rn 25 „Krankheit".

Ermessen: Eine unrichtige Sachbehandlung liegt beim Ermessensfehl- oder -miß- 22
brauch vor.

Eine unrichtige Sachbehandlung kann *fehlen,* soweit das Gericht von einem Ermessen in dessen Grenzen Gebrauch oder auch keinen Gebrauch gemacht hat, Brdb JB **07,** 536. Es kommt freilich auf den Grad der Nichtbeachtung mit an, etwa darauf, ob ein Ermessensverstoß offenkundig war, Düss RR **07,** 1151, Kblz FamRZ **02,** 1644.

Falschauskunft: Eine unrichtige Sachbehandlung kann in ihr vorliegen, Kblz JB **12,** 23
435 links unten.

Fristablauf: Rn 16 „Aufklärungspflicht".

Geschäftsunfähigkeit: Ihre Nichtbeachtung kann eine unrichtige Sachbehandlung sein, LG Kiel SchlHA **02,** 26.

Gesetzlicher Richter: Eine unrichtige Sachbehandlung kann bei einem Verstoß gegen das Gebot des gesetzlichen Richters nach Art 101 I 2 GG vorliegen, BGH WoM **04,** 162.

Grundurteil: Eine unrichtige Sachbehandlung *fehlt,* soweit das Gericht bei § 304 24
ZPO nach seinem pflichtgemäßen Ermessen nicht für das Betragsverfahren die Rechtskraft des Grundurteils abwartet, sondern nach dem Antrag des Klägers ins Betragsverfahren übergeht, aM Celle RR **03,** 788 (aber es geht nicht nur um den Bekl, sondern auch um den Kläger, der weiterkommen will), oder soweit das Gericht nicht schon zwecks einer Verfahrensbeschleunigung ein solches Grundurteil fällt, aM Celle BauR **06,** 392.

Gutachten: Es gibt manche Situationen.

– **(Keine Anhörung):** Unrichtigkeit dann, wenn das Gericht im Amtsverfahren ein Gutachten ohne vorherige Anhörung des Betroffenen einholt, LG BadBad ZfS **94,** 263, LG Lpz JB **09,** 598, AG Zschopau ZfS **94,** 422.

– **(Keine Anleitung):** Unrichtigkeit dann, wenn das Gericht den Sachverständigen nicht genügend nach § 404 a ZPO anleitet, Nürnb BauR **11,** 142.

– **(Kein Auftrag):** Eine unrichtige Sachbehandlung kann bei einer Vergütung trotz Fehlens eines korrekten Auftrags vorliegen, Celle BauR **15,** 1712.

– **(Blutgruppengutachten):** S „– (Entbehrlichkeit)".

– **(DNA-Analyse):** *Keine* Unrichtigkeit dann, wenn das Gericht trotz einer solchen Analyse ein Abstammungsgutachten einholt, Stgt MDR **08,** 1043.

GKG § 21

- **(Einkommensermittlung):** *Keine* Unrichtigkeit dann, wenn das Gericht den Sachverständigen bittet, das Einkommen eines selbständigen vertraglichen Unterhaltsschuldners zu ermitteln, Kblz FamRZ **02**, 1644.
- **(Entbehrlichkeit):** Unrichtigkeit dann, wenn das Gericht ein wegen offenkundig anderer Hautfarbe usw entbehrliches Blutgruppengutachten einholt, Schlesw SchlHA **89**, 78 (aber Vorsicht!).
  S aber auch „– (DNA-Analyse)".
- **(Kein Hinweis):** S „– (Übertridening)".
- **(Kein Hinweis):** S „– (Übertrieuerung)".
- **(Parteivorschläge):** *Keine* Unrichtigkeit dann, wenn das Gericht ein Gutachten trotz übereinstimmender anderer Vorschläge beider Parteien einholt, Zweibr JB **97**, 372.
- **(Rechtsgutachten):** Rn 31.
- **(Übertterueuerung):** Unrichtigkeit dann, wenn das Gericht ein Gutachten zu unverhältnismäßig hohen Kosten einholt, die zB zehnmal so hoch sind wie eine voraussichtliche Strafe oder Geldbuße, ohne den Antragsteller vorher auf solche Kostenfolge aufmerksam zu machen, LG Freib MDR **93**, 911.
- **(Vorschuß):** Rn 38.
- **(Langes Zuwarten):** Unrichtigkeit dann, wenn das Gericht zu lange zuwartet, Ffm FamRZ **16**, 480, aM KG 19 WF 157/10 v 16. 9. 11.

Hilfsaufrechnung: Eine unrichtige Sachbehandlung liegt vor, soweit das Gericht über eine oder mehrere zur Hilfsaufrechnung nach BLAH § 145 ZPO Rn 13 gestellte Gegenforderung(en) des Bekl entgegen § 308 I ZPO über den Betrag der Hauptforderung hinaus ohne eine entsprechende Widerklage nach BLAH Anh § 253 ZPO entscheidet.

Hinweis: Eine unrichtige Sachbehandlung kann vorliegen, soweit das Gericht einen notwendigen Hinweis unterlassen hat, Rn 16 „Aufklärungspflicht".

Insolvenz: Rn 35 „Unterbrechung".

25 **Klagart:** Eine unrichtige Sachbehandlung kann vorliegen, soweit das Gericht verkannt hat, daß der Kläger die falsche Klagart nach BLAH Grdz 7 ff vor § 253 ZPO gewählt hatte, Zweibr FamRZ **97**, 839.

Klageinreichung: Eine unrichtige Sachbehandlung kann *fehlen,* wenn das Gericht eine Doppeleinreichung derselben Klage nach § 253 ZPO bearbeitet, insbesondere ohne das zu bemerken, Düss JB **99**, 485.

Klagezustellung: Eine unrichtige Sachbehandlung kann vorliegen, soweit das Gericht die Klagezustellung nach § 270 ZPO derart verzögert, daß der Kläger eine Erledigung der Hauptsache nicht mehr erfolgreich nach § 91a ZPO erklären kann, Düss RR **93**, 828, oder wenn das Gericht bei einer Auslandszustellung nach § 183 ZPO Übersetzungsvorschriften mißachtet, Kblz MDR **10**, 101.

Eine unrichtige Sachbehandlung kann *fehlen,* soweit das Gericht die Klageschrift einer gelöschten GmbH zu Händen ihrer früheren Geschäftsführer zustellen läßt, die der Kläger ersichtlich persönlich verklagen will, Kblz VersR **83**, 671.

Kostenentscheidung: Eine unrichtige Sachbehandlung auch bei der Kostenentscheidung und beim Kostenansatz kann vorliegen, BGH JB **08**, 43 rechts unten.

Sie kann *fehlen,* soweit das Beschwerdegericht eine solche Kostenentscheidung getroffen hat, die sich erübrigt hätte, wenn die Rechtsmittelrücknahme dort rechtzeitig eingegangen wäre, BFH Rpfleger **92**, 365, Schlesw SchlHA **98**, 144.

Krankheit: Eine unrichtige Sachbehandlung *fehlt,* soweit sich eine Verzögerung nur infolge der Erkrankung einer Gerichtsperson ergeben hat, Hamm NStZ-RR **00**, 320.

26 **Ladung, Abladung:** Vgl zunächst Rn 44, 45. Eine unrichtige Sachbehandlung kann vorliegen, soweit das Gericht eine Ladung in einen falschen Sitzungsraum oder unter einer nicht zutreffenden Anschrift veranlaßt hat oder soweit es bei einer Maßnahme in letzter Minute nicht die technisch mögliche und auch kostenmäßig vertretbare Form gewählt hat, Hamm MDR **88**, 1066 (Abladung durch bloßen „Auftrag" an einen ProzBev). Sie kann auch bei einer vorsehbar gewesener Notwendigkeit einer Terminsänderung vorliegen, Düss MDR **78**, 339.

Eine Unrichtigkeit kann *fehlen,* soweit eine Eilpost unterblieb, die nicht direkt notwendig war, Kblz Rpfleger **87**, 435.

S auch Rn 38 „Vorschuß".

Abschnitt 4. Kostenansatz　　　　　　　　　　　　　　　　　　　　§ 21 GKG

Mediation: Eine unrichtige Sachbehandlung kann bei einer Zwangsmediation vor- 27
liegen, aM AG Eilenburg FamRZ **07**, 1670 (§ 122 ZPO).

Mitteilungspflicht: Eine unrichtige Sachbehandlung kann vorliegen, soweit das Gericht eine ihm vorgeschriebene Mitteilung unterlassen hat, falls einem Beteiligten dadurch ein Nachteil entstanden ist, Düss JB **94**, 302. Das kann zB auch dann so sein, wenn das Gericht einen Sachverständigen nicht von einer Aussetzung informiert hat.

Eine Unrichtigkeit kann *fehlen,* soweit das Gericht nur eine Mitteilungspflicht verletzt, etwa diejenige nach § 11 II 4 RPflG, aM Düss Rpfleger **94**, 75, Meyer-Stolte Rpfleger **76**, 300 (aber die Mitteilungspflicht steht nicht im Mittelpunkt des Erinnerungsverfahrens).

Nacherbfolge: Rn 35 „Unterbrechung".
Nachlaßpflegschaft: Rn 35 „Unterbrechung".
Nebenkläger: Seine Nichtzulassung kann eine unrichtige Sachbehandlung sein, Mü JB **78**, 101. Dasselbe gilt bei einer fehlerhaften Bestellung eines Beistands nach § 90 ZPO usw, KG JB **09**, 656.

Pflichtverteidiger: Eine unrichtige Sachbehandlung kann in folgenden Fällen *fehlen:* 28
Das Gericht hat dem Angeklagten gegen seinen Willen neben dem Wahlverteidiger einen Pflichtverteidiger bestellt. Denn diese Maßnahme kann wegen der Fürsorgepflicht des Gerichts nach dem bisherigen Verfahrensverlauf nötig gewesen sein, Düss AnwBl **83**, 462; das Gericht hat die Pflichtverteidigung trotz der nachträglichen Bestellung eines Wahlverteidigers deshalb aufrechterhalten, weil es damit rechnen konnte, der letztere werde alsbald niederlegen, um selbst zum Pflichtverteidiger bestellt zu werden, Düss JB **96**, 656, LG Mainz Rpfleger **87**, 478.

Prozeßbevollmächtigter: Eine unrichtige Sachbehandlung *fehlt,* soweit das Gericht nur auf Grund eines Fehlers des ProzBev nach § 81 ZPO handeln mußte, Düss RR **99**, 1670.

Prozeßfähigkeit: Eine unrichtige Sachbehandlung kann vorliegen, soweit das Gericht gegen § 53 ZPO verstoßen hat, BGH NJW **88**, 51, oder soweit es eine Prozeßunfähigkeit nicht beachtet hat, BGH NJW **88**, 51, Kblz RR **12**, 891, Mü RR **89**, 256.

S auch Rn 35 „Unterbrechung".

Prozeßkostenhilfe: Es gibt sehr unterschiedliche Situationen. 29
– **(Änderung der Beurteilung):** Anwendbar ist § 21 evtl dann, wenn das Gericht die Rechtslage in derselben Besetzung im Prozeßkostenhilfeverfahren anders als im Prozeß beurteilt, Schlesw SchlHA **89**, 111 (Vorsicht! Eine bessere Einsicht ehrt das Gericht und hat zwingende Folgen).
– **(Aktenzeichen):** Eine unrichtige Sachbehandlung kann dann vorliegen, wenn eine Partei die Klage nach Bewilligung einer Prozeßkostenhilfe unter Hinweis darauf, aber ohne deren Aktenzeichen einreicht und das Gericht nicht nach ihm fragt usw, aM Kblz RVGreport **15**, 78 (vgl aber § 139 ZPO).
– **(Anhörung):** Anwendbar ist § 21 dann, wenn das Gericht entgegen § 118 I 1 Hs 2 ZPO zu einem nach BLAH § 253 ZPO Rn 32 unschlüssigen Klagentwurf anhörrt, Kblz MDR **10**, 950.

Unanwendbar ist § 21 dann, wenn das Gericht den Gegner vor einer Klärung der Bedürftigkeitsfrage anhörte, Düss JB **98**, 39 links.
– **(Bedürftigkeit):** S „Anhörung".
– **(Begründung):** Anwendbar ist § 21 bei einer objektiv unhaltbaren Begründung, Brschw JB **79**, 870.
– **(Besetzung des Gerichts):** Rn 18.
– **(Keine Bezugnahme):** *Unanwendbar* ist § 21 dann, wenn der Kläger eine Klage ohne Bezugnahme auf eine schon erfolgte Bewilligung von Prozeßkostenhilfe eingereicht hat, Kblz MDR **11**, 1135.
– **(Entscheidungsreife):** S „Gleichzeitige Ablehnung".
– **(Gleichzeitige Ablehnung):** Anwendbar ist § 21 dann, wenn das Gericht zugleich sowohl das Prozeßkostenhilfegesuch als auch die Klage ablehnend beschieden hat, FG Lpz JB **09**, 600, OVG Hbg Rpfleger **86**, 68, VGH Kassel NJW **85**, 218, vorsichtiger VGH Kassel NJW **12**, 3738.

Freilich kann eine *Entscheidungsreife* nach BLAH § 300 ZPO Rn 6 für beides gleichzeitig eintreten und dann natürlich beachtbar sein.

S auch „Unbedingte Klage".

- **(Hinweis):** Anwendbar ist § 21 dann, wenn das Gericht den Kläger durch einen unrichtigen Hinweis zum Abstandnehmen von einem Vorbehalt oder von einer Klarstellung veranlaßt hat, er werde seine Klage nur im Umfang der Bewilligung von Prozeßkostenhilfe erheben, Köln JB **05**, 546, OVG Hbg Rpfleger **86**, 68.
S aber auch „Rechtshilfe".
- **(Rechtshilfe):** *Unanwendbar* ist § 21, soweit das Gericht nicht auf die Notwendigkeit eines Rechtshilfeersuchens nach §§ 156 ff GVG hingewiesen hat, Düss JB **10**, 316.
- **(Übersehen):** Anwendbar ist § 21 dann, wenn das Gericht einen begründeten Antrag auf Prozeßkostenhilfe übersehen hat und eine Bewilligung auch nicht nach § 119 rückwirkend nachholen kann.
- **(Unbedingte Klage):** *Unanwendbar* ist § 21 dann, wenn ein Prozeßkostenhilfegesuch und eine unbedingte Klage zusammentrafen, FG Düss JB **08**, 210.
S auch „Keine Bezugnahme".
- **(Unschlüssigkeit):** S „Anhörung".
- **(Verzögerung):** *Unanwendbar* kann § 21 dann sein, wenn der Bekl eine Verzögerung der Entscheidung über sein Prozeßkostenhilfegesuch hingenommen hat, Köln FamRZ **99**, 998.

30 **Rechtliche Beurteilung:** Eine unrichtige Sachbehandlung kann vorliegen, soweit das Gericht eine völlig unhaltbare Rechtsbeurteilung vornimmt, Mü MDR **90**, 348, VGH Mannh NVwZ-RR **16**, 80.
Ihre Änderung im Prozeß muß aber *keineswegs* eine unrichtige Sachbehandlung sein. Denn der Richter darf und muß selbstkritisch bleiben, Düss JB **99**, 485, Karlsr JB **99**, 204 und 425, VGH Mü NVwZ-RR **04**, 458, aM Hamm DRiZ **79**, 375, Brschw JB **77**, 1777, Köln NJW **79**, 1835.
Rechtliches Gehör: Eine unrichtige Sachbehandlung kann vorliegen, soweit das Gericht einem Beteiligten das rechtliche Gehör nach Art 103 I GG zu einer entscheidungserheblichen Frage versagt hat, BVerfG Rpfleger **74**, 12, BGH JZ **77**, 165, BFH NJW **77**, 1080, Saarbr MDR **96**, 1191. Das kann bei einer Entscheidung vor dem gerichtlich bestimmten Fristablauf so sein, OVG Münst NVwZ-RR **15**, 562.
Rechtsbehelfsbelehrung: Eine unrichtige Sachbehandlung kann vorliegen, soweit das Gericht durch eine falsche Rechtsbehelfsbelehrung die erfolglose Einlegung eines Rechtsmittels veranlaßt hat, BGH JB **80**, 460, BayObLG WoM **95**, 70 (zu [jetzt] § 21 GNotKG), OVG Magdeb DÖV **09**, 424.
Eine unrichtige Sachbehandlung *fehlt*, soweit ein Gericht dazu nicht direkt gesetzlich verpflichtet war und sie deshalb gar nicht vorgenommen hat, BGH NJW **02**, 3420, oder soweit der Anwalt die Unrichtigkeit sogleich hätte erkennen können, Zweibr NStZ-RR **00**, 319.
S auch Rn 18 „Belehrung".
Rechtsbeschwerde: Eine unrichtige Sachbehandlung kann vorliegen, soweit das Beschwerdegericht entgegen § 66 III 3 eine Rechtsbeschwerde nach § 574 I 1 Z 2 ZPO zugelassen hat. Sie wäre ja trotzdem unstatthaft, (zum alten Recht) BGH NJW **03**, 70 rechts. Auch die Kosten infolge einer nicht notwendigen Entscheidung des Berufungsgerichts können unter § 21 fallen, BGH NJW **06**, 695 links.
Rechtsbeugung: Eine unrichtige Sachbehandlung kann vorliegen, soweit das Gericht fast eine Rechtsbeugung nach § 339 StGB begeht, LG Ffm WoM **97**, 630.
Rechtsfrage: Rn 33 „Streitfrage".

31 **Rechtsgutachten:** Eine unrichtige Sachbehandlung kann vorliegen, soweit das Gericht entgegen § 293 ZPO ein Gutachten über inländisches Recht eingeholt hat, Düss RR **07**, 1151, Karlsr FamRZ **90**, 1367 (zu [jetzt] § 21 GNotKG, Teil III dieses Buchs).
S auch Rn 24 „Gutachten".
Rechtsmittelverzicht: Rn 21 „Entscheidungsgründe".
Rechtsmittelzulassung: Ihre offensichtliche Unhaltbarkeit kann eine unrichtige Sachbehandlung sein, Mü JB **78**, 102 (Berufung), BGH MDR **80**, 203 (Revision).
Rechtsprechungsänderung: Sie kann zur Nichterhebung führen, OVG Münst FamRZ **03**, 1136.

32 **Revision:** Eine unrichtige Sachbehandlung kann in folgenden Fällen vorliegen: Das Gericht hat die Revision offensichtlich zB entgegen § 543 I Z 2 ZPO zugelassen,

Abschnitt 4. Kostenansatz § 21 GKG

BGH MDR **80**, 203; das Revisionsgericht muß das Berufungsurteil wegen eines absoluten Revisionsgrundes zB nach § 547 ZPO aufheben, BGH NJW **92**, 2039 (ZPO) und NStZ **01**, 135 (StPO), BAG NZA **14**, 744.

Eine unrichtige Sachbehandlung *fehlt* grds bei übereinstimmenden Entscheidungen des Berufungs- und des Revisionsgerichts, Hbg MDR **04**, 474, oder dann, wenn es auf ein Gutachten nicht mehr ankommt, Karlsr RR **08**, 808. Natürlich können ausnahmsweise *beide* unrichtig gehandelt haben.

S auch Rn 35 „Urteilszustellung".

Rücknahme: Es gilt I 3, BGH MDR **05**, 956. Vgl Rn 46 ff.

Rückzahlung: Eine unrichtige Sachbehandlung kann infolge einer versehentlichen 33 Rückzahlung des Kostenbeamten vorliegen, Karlsr RR **10**, 500.

Sachverständiger: Rn 24 „Gutachten", Rn 26 „Ladung, Abladung", Rn 27 „Mitteilungspflicht", Rn 31 „Rechtsgutachten", Rn 38 „Vorschuß".

Schriftsatznachlaß: Seine Verweigerung zB entgegen § 283 ZPO kann eine unrichtige Sachbehandlung sein. Aber Vorsicht!

Selbständiges Beweisverfahren: Rn 21 „Eilantrag".

Streitfrage: Eine unrichtige Sachbehandlung kann *fehlen*, soweit es um die Beurteilung einer streitigen Rechtsfrage geht, BGH **93**, 213, Ffm JB **75**, 1224, Köln RR **01**, 1725, oder gar um die Beurteilung einer wissenschaftlichen Streitfrage, Schlesw SchlHA **86**, 46, aM BFH NVwZ-RR **00**, 552, Düss RR **07**, 1151, Karlsr OLGZ **77**, 486 (aber dann wäre die Ausübung des richterlichen Ermessens stets dann ein offensichtlicher schwerer Fehler, wenn das nächsthöhere Gericht eine andere Rechtsbeurteilung vornimmt). Letzteres gilt erst recht bei einer neuen solchen Frage, Köln RR **01**, 1725, aM BFH NVwZ-RR **00**, 552.

Tatbestand: Rn 21 „Entscheidungsgründe".

Teilurteil: Eine unrichtige Sachbehandlung kann in seinem Erlaß nach § 301 ZPO liegen, Köln RR **92**, 908.

Eine unrichtige Sachbehandlung *fehlt* bei einem Verstoß nur gegen das Gebot der Widerspruchsfreiheit nach BLAH § 301 ZPO Rn 5, Hbg MDR **13**, 424.

Telefax: Rn 21 „Einrichtung".

Terminsverlegung: Rn 26 „Ladung, Abladung", Rn 44, 45.

Testamentsvollstreckung: Rn 35 „Unterbrechung".

Tod: Rn 35 „Unterbrechung".

Trennung: Eine unrichtige Sachbehandlung kann vorliegen, soweit das Gericht eine 34 Trennung zB nach § 146 ZPO hochgradig fehlerhaft vorgenommen hat, BGH RR **97**, 832, Zweibr JB **07**, 322, OVG Bln-Brdb NVwZ-RR **16**, 720.

Eine unrichtige Sachbehandlung *fehlt*, soweit eine vertretbare Trennung höhere Kosten verursacht hat, OVG Münst NJW **78**, 720, oder ein Beteiligter die Trennung durch neue selbständige Anträge verursacht und das abgetrennte Verfahren rügelos weiterbetrieben hat, VGH Mü NVwZ-RR **04**, 458, OVG Münst NJW **11**, 871 (dort verneint), oder soweit Eilbedürftigkeit besteht, Bre MDR **15**, 1370 (zu § 20 FamGKG).

Überlänge: Eine unrichtige Sachbehandlung kann bei einem Verstoß gegen §§ 198 ff GVG vorliegen.

Übersetzung: Eine unrichtige Sachbehandlung kann dann vorliegen, wenn das Gericht zB bei einer Klagezustellung nach § 271 ZPO Übersetzungsvorschriften mißachtet, Kblz MDR **10**, 101, oder soweit es eine eindeutig unschlüssige Klage übersetzen läßt, Kblz JB **10**, 434.

Eine unrichtige Sachbehandlung *fehlt*, soweit das Gericht zwecks einer Beschleunigung eine Übersetzung anordnet, obwohl die zuständige ausländische Behörde möglicherweise auf eine Übersetzung verzichten könnte, Kblz RR **04**, 1296.

Unerheblichkeit: Eine unrichtige Sachbehandlung liegt bei der Einholung eines entscheidungsunerheblichen Gutachtens vor, Kblz FamRZ **16**, 67.

Unterbrechung: Eine unrichtige Sachbehandlung kann vorliegen, soweit das Ge- 35 richt gegen §§ 239 ff, 249 ZPO verstoßen hat.

Unzweckmäßigkeit: Eine unrichtige Sachbehandlung kann *fehlen*, soweit das Gericht lediglich unzweckmäßig gehandelt hat, etwa durch die unnötige Ladung eines Zeugen oder durch die unnötige Trennung eines Verfahrens vom anderen, aM OVG Münst NJW **78**, 720.

Urlaub: Eine unrichtige Sachbehandlung *fehlt,* soweit sich eine Verzögerung nur infolge des Urlaubs einer Gerichtsperson ergeben hat, Hamm NStZ-RR **00**, 320.
Ursächlichkeit: Rn 41.
Urteilszustellung: Eine unrichtige Sachbehandlung kann *fehlen,* soweit eine Partei gegen ein Urteil Revision zB nach § 542 ZPO und Nichtzulassungsbeschwerde zB nach § 544 ZPO eingelegt hatte und das Gericht das Urteil verspätet zugestellt hat, BAG **95**, 280.

36 **Verbindung:** Eine unrichtige Sachbehandlung liegt vor, soweit das Gericht einen gesetzlichen Verbindungszwang zB nach § 137 FamFG mißachtet, Celle JB **11**, 431 (zu § 20 FamGKG, Teil I B dieses Buchs).
Vergleich: Eine unrichtige Sachbehandlung kann in einer Entscheidung nach seinem Zustandekommen liegen, Kblz MDR **08**, 1306, Schlesw SchlHA **96**, 140. Aber Vorsicht!
Verhältnismäßigkeit: Rn 40 „Zustellung".
Verhandlungsdauer: Eine unrichtige Sachbehandlung kann dann *fehlen,* wenn das Gericht zwei Hauptverhandlungstage gebraucht hat, obwohl vielleicht rückblickend nur einer notwendig gewesen wäre, Hbg Rpfleger **83**, 175.
Verjährung: Eine unrichtige Sachbehandlung kann *fehlen,* soweit das Gericht eine überhaupt nicht näher dargelegte Einrede der Verjährung zunächst unbeachtet läßt, Schlesw JB **95**, 44, oder soweit es einen Rückforderungsanspruch gegen einen Sachverständigen verjähren läßt, Kblz BauR **13**, 513 rechts oben.
Verkündung: Eine unrichtige Sachbehandlung kann vorliegen, soweit eine Urteilsverkündung trotz einer wenn auch nur von *einem* der ProzBev mitgeteilten Einigung erfolgt, Kblz MDR **08**, 1306 (sehr streng!), Schlesw SchlHA **96**, 140, aM Zweibr NStZ-RR **00**, 319, oder soweit ein Verkündungsprotokoll fehlt. Der Vermerk § 315 ZPO reicht nicht, Brdb NJW **99**, 564.
S auch „Vergleich".
Verlust: Der Verlust zB einer Urkunde im Gerichtsbereich kann eine unrichtige Sachbehandlung sein, KG JB **08**, 43.
Verschulden: Rn 4.
Vertagung: Eine unrichtige Sachbehandlung kann in ihrer Ablehnung zB wegen eines Wechsels des ProzBev nach § 81 ZPO liegen, Köln NJW **79**, 1834. Aber Vorsicht!
Eine unrichtige Sachbehandlung *fehlt* dann, wenn das Gericht keine Vertagung anordnet, weil ein kranker Staatsanwalt dennoch an der Verhandlung teilnimmt, BGH NStZ **01**, 135.
S auch Rn 26 „Ladung, Abladung".

37 **Verweisung:** Eine unrichtige Sachbehandlung kann vorliegen, soweit das Gericht zB bei § 281 ZPO usw fehlerhaft nicht verweist, VGH Mü NVwZ-RR **16**, 400.
S auch Rn 40 „Zurückverweisung".
Verzögerung: S bei den einzelnen Verzögerungsgründen.

38 **Vorschuß:** Eine unrichtige Sachbehandlung kann vorliegen, soweit das Gericht unverhältnismäßig hohe Kosten einer öffentlichen Ladung nicht zB nach §§ 379, 402 ZPO als Vorschuß eingefordert hatte, (jetzt) § 17, LG Kblz MDR **99**, 10, 24. Sie kann auch infolge einer versehentlichen Rückzahlung des Kostenbeamten vorliegen, Karlsr RR **10**, 500, aM KG 19 WF 157/10 v 16. 9. 11. Sie kann bei falscher Verbuchung des eingezahlten Vorschusses vorliegen, Ffm RR **12**, 894.
Eine unrichtige Sachbehandlung kann *fehlen,* soweit das Gericht einen Sachverständigen oder Zeugen vernommen hat, ohne für ihn vorher einen ersten oder weiteren Vorschuß anzufordern, Düss VersR **85**, 504, Kblz JB **05**, 215, Saarbr JB **95**, 316.
Willkür: Eine unrichtige Sachbehandlung liegt bei einer Willkür nach BLAH § 281 ZPO Rn 39 ff vor.

39 **Zeuge:** Eine unrichtige Sachbehandlung kann dann vorliegen, wenn das Gericht einen Zeugen im letzten Moment nur durch die „Beauftragung" eines ProzBev nach § 81 ZPO abgeladen hat, Hamm MDR **88**, 1066.
Eine Unrichtigkeit kann *fehlen,* soweit das Gericht einen Zeugen nur unzweckmäßig oder unnötig geladen hat, Hamm NStZ-RR **00**, 320.
S auch Rn 18 „Beweisaufnahme", Rn 26 „Ladung, Abladung", Rn 38 „Vorschuß".

Abschnitt 4. Kostenansatz § 21 GKG

Zurückverweisung: Eine unrichtige Sachbehandlung kann durchaus vorliegen, soweit das untere Gericht einen offensichtlichen erheblichen Verfahrensfehler begangen hat, der zur Zurückverweisung durch das obere zB nach § 538 II ZPO führt, BGH NJW **00**, 3789, Brdb RR **14**, 202, KG MDR **06**, 48, oder soweit ein vergleichbar schwerer sachlichrechtlicher Fehler zur Zurückverweisung führt, Jena JB **99**, 437, Karlsr JB **99**, 425. Hierher kann ein absoluter Revisionsgrund zB nach § 547 ZPO zählen, Rn 32 „Revision", oder die Notwendigkeit wiederholter Zurückverweisungen in derselben Sache, Düss MDR **95**, 212, Rostock MDR **95**, 212. 40

Eine unrichtige Sachbehandlung kann aber dann auch *fehlen*, KG MDR **06**, 48, Kblz RR **96**, 1429, Mü MDR **90**, 348, aM Hamm DRiZ **79**, 375, KG JB **92**, 654 (aber es kann sich zB um einen doch leichteren Verfahrensfehler handeln, Mü MDR **90**, 348, oder um eine bisher höchstrichterlich ebenso beurteilte Frage, BGH **93**, 213, Hbg MDR **04**, 474, Köln RR **01**, 1725, aM Karlsr OLGZ **77**, 486, oder um eine neue Rechtsfrage, Rn 33 „Streitfrage". Es kann ja auch die Entscheidung des oberen Gerichts falsch sein. Es kommt daher auf ihre Überzeugungskraft an). Wegen (jetzt) KV 1210, 1211 kommt die Niederschlagung einer Urteilsgebühr nicht mehr in Betracht, Karlsr FamRZ **98**, 1310.

Zustellung: Eine unrichtige Sachbehandlung kann vorliegen, soweit das Gericht eine zB nach §§ 166 ff ZPO offenbar falsche Zustellung veranlaßt. Das gilt beim Tenor des Urteils, bei einer falschen Entscheidungsform, beim Tatbestand und seinem Fehlen, bei einer Verspätung, Düss RR **93**, 828.

Eine unrichtige Sachbehandlung kann *fehlen*, soweit die Kosten einer öffentlichen Zustellung etwa nach §§ 185 ff ZPO die Klageforderung erheblich übersteigen, LG Kblz RR **99**, 1744, LG Mü JB **99**, 424 (auch zu einer Ausnahme). Aber es gibt eine Grenze beim Verstoß gegen den Verhältnismäßigkeitsgrundsatz.

Zwangsvollstreckung: Eine unrichtige Sachbehandlung kann vorliegen, soweit das Gericht einen offensichtlich ungeeigneten Titel zur Vollstreckung nach § 750 ZPO ausreichen läßt.

Zweckmäßigkeit: Eine unrichtige Sachbehandlung *fehlt*, soweit sich nur die Unzweckmäßigkeit einer Maßnahme des Gerichts ergibt, Hamm NStZ-RR **00**, 320, Karlsr RR **08**, 808, LG Mü JB **99**, 424.

6) Ursächlichkeit, I 1. Ein einfacher Grundsatz hat manche Auswirkung. 41

A. Objektiver Maßstab. Eine unrichtige Behandlung muß für die Kosten objektiv ursächlich gewesen sein, Celle BauR **15**, 1712, Düss JB **09**, 39, OVG Lüneb NVwZ-RR **06**, 221, Schneider MDR **01**, 915. Man muß eine Ursächlichkeit grundsätzlich dann bejahen, wenn die Partei gerade auf Grund des Mangels ein Rechtsmittel eingelegt hat, Mü RR **89**, 256. Das gilt selbst dann, wenn die Einlegung objektiv vermeidbar war, Düss VersR **84**, 1154.

B. Beispiele zur Frage einer Ursächlichkeit, I 1 42

Arbeitstempo: *Nicht* ursächlich war ein zu langsames dann, wenn dieselben Kosten auch bei schnellerem entstanden wären und wenn die jetzt gewählte Maßnahme der Partei mindestens ebenso hohe Kosten auslöste, aM LG Stgt MDR **90**, 933.

Ausreichender anderer Grund: *Nicht* ursächlich ist folgende Lage: Das Gericht hat zwar die Ablehnung eines Antrags auf einen objektiv offenbar unhaltbaren Grund gestützt, es hätte den Antrag aber aus einem anderen zwar nicht erörterten, in Wahrheit aber objektiv zutreffenden Grund ebenso abweisen müssen. Denn dann wären die Kosten auch bei einer richtigen Behandlung entstanden, BPatG GRUR **06**, 263.

Ergebnisrichtigkeit: *Nicht* ursächlich ist eine unrichtige Sachbehandlung dann, wenn die Entscheidung im Ergebnis richtig ist.

Kostenschuldner: Ausreichend ist, daß die Kosten zwar auch bei einer richtigen Sachbehandlung entstanden wären, daß aber gerade dieser Kostenschuldner dann nicht gehaftet hätte, Ffm Rpfleger **79**, 152.

Mittelbare Folge: *Nicht* ursächlich ist sie selbst bei einer ganz unrichtigen Sachbehandlung, Düss VersR **84**, 1154.

Mitwirkendes Verschulden: Unbeachtbar ist ein solches der Partei, des gesetzlichen Vertreters nach § 51 II ZPO oder des ProzBev nach § 85 II ZPO, Düss JB

GKG § 21
I. A. Gerichtskostengesetz

94, 302, OVG Hbg Rpfleger **86**, 69, strenger Düss (10. ZS) MDR **97**, 403, Hamm FamRZ **86**, 1140 (krit Bosch), Nürnb MDR **97**, 302 (aber hier geht es nur um die objektive Ursächlichkeit). Eine nicht ganz unerhebliche Mitursächlichkeit reicht aus.
Übersehen: *Nicht* ursächlich ist das Übersehen eines Prozeßkostenhilfeantrags dann, wenn das Gericht ihn hätte abweisen müssen.
Verfahrensgebühr: *Nicht* ursächlich ist die Nichterhebung zB der Gebühr KV 1210 dann, wenn das Urteil sogar grobe Mängel zeigte und wenn sich die Parteien in der Berufungsinstanz vergleichen, KG JB **97**, 654.

43 **7) Terminsverlegung, Vertagung, I 2.** Vgl auch Rn 26 „Ladung, Abladung". Das Gericht darf solche Auslagen nicht erheben, die durch die von Amts wegen veranlaßte Verlegung eines Termins oder durch eine von Amts wegen veranlaßte Vertagung einer Verhandlung entstanden. Auslagen sind zB die Vergütung eines Sachverständigen oder Dolmetschers, die Entschädigung eines Zeugen oder ehrenamtlichen Richters, Kosten einer öffentlichen Bekanntmachung, einer Ladung, Umladung oder Abladung, Fahrt- und Übernachtungs- sowie sonstige Reisekosten.

44 Eine Verlegung usw erfolgt auch dann *von Amts wegen,* wenn ein Beteiligter sie aus einem gesetzlich zwingenden Grund beantragt oder anregt, etwa wegen der Nichteinhaltung einer Frist oder wegen einer Erkrankung usw. Die Verlegung oder Vertagung muß auf einem solchen Umstand beruhen, den die Partei nicht vertreten mußte. Sie muß etwa durch die Krankheit eines Richters oder Staatsanwalts oder eines Zeugen oder durch ein Verhalten des Gerichts entstanden, das einen Ablehnungsantrag zumindest mitbegründete.
Dann entstehen *keine* Gebühren. Der Kostenbeamte darf sie also nicht einsetzen.

45 Soweit eine Terminsverlegung oder eine Vertagung *nur* auf einem *Antrag* eines Beteiligten beruht, kommt I 2 nicht in Betracht. Wenn ein Verlegungs- oder Vertagungsantrag und eine Verlegung oder Vertagung von Amts wegen zusammentreffen, kommt es darauf an, ob das Gericht die Verlegung oder Vertagung auch unabhängig von dem zugleich oder vorher eingegangenen Antrag vorgenommen hätte. Nur dann kommt I 2 in Betracht.
Soweit die §§ 95 ZPO, 38 GKG anwendbar sind, ist I 2 unanwendbar.

46 **8) Abweisung, Antragsrücknahme, I 3.** Die Vorschrift erlaubt dem Gericht, nach seinem pflichtgemäßen Ermessen von der Kostenerhebung abzusehen, sofern einer der folgenden Fälle Rn 47 oder Rn 48 vorliegt und außerdem die Voraussetzungen Rn 49–53 vorliegen.

47 **A. Entweder: Abweisung.** Das Gericht mag entweder eine abweisende Entscheidung getroffen haben. Hierhin gehört jede Verwerfung oder Zurückweisung. Die Art und Form der Entscheidung, etwa durch einen Bescheid, eine Verfügung, einen Beschluß oder durch ein Urteil, und der förmliche oder sachliche Inhalt der Entscheidung sind unerheblich, BGH **98**, 319. Hier zählt zB auch ein belastender Kostenbeschluß nach einer Erledigung der Hauptsache, FG Hbg EFG **81**, 105.

48 **B. Oder: Antragsrücknahme.** Oder der Antragsteller mag ein Ersuchen beliebiger Art um die Vornahme einer gerichtlichen Handlung wirksam zurückgenommen haben. Hierhin gehören alle solchen Anträge, die Gebühren oder Auslagen verursachen, zB: Der Klagantrag nach § 253 II ZPO, Kblz RR **12**, 891; ein Scheidungsantrag nach § 133 FamFG; ein Prozeßkostenhilfegesuch nach § 117 ZPO; ein Einspruch nach §§ 338, 700 ZPO; eine Rechtsmitteleinlegung nach §§ 519 I, 549 I 1, 569 I 1, 575 I 1 ZPO, BGH MDR **05**, 956.

49 **9) Unverschuldete Unkenntnis der Verhältnisse, I 3.** Bei Rn 48 muß der Antrag außerdem auf einer vom Antragsteller nicht verschuldeten Unkenntnis der tatsächlichen oder rechtlichen Verhältnisse beruht haben. Unverschuldet ist nur dasjenige, was man bei einer zumutbaren Bemühung nicht vermeiden konnte. Die Partei darf auch bei einer Anwendbarkeit des sog Meistbegünstigungsgrundsatzes zB BLAH Grdz 28 vor § 511 ZPO nicht einfach davon ausgehen, das Gericht werde einem Fehler einen weiteren folgen lassen, BGH MDR **05**, 956. Dabei darf man freilich die Anforderungen vor allem an die Partei selbst auch nicht überspannen. Das Gericht muß in diesem Zusammenhang alle Umstände berücksichtigen, § 233 ZPO.

Abschnitt 4. Kostenansatz § 21 GKG

10) Beispiele zur Frage einer Unverschuldetheit, I 3
Abweisung: S „Belehrung". 50
Aufenthalt: *Nicht* unverschuldet ist evtl eine Unkenntnis des Aufenthaltsorts des Gegners, Kblz JB **95**, 529.
Belehrung: *Nicht* unverschuldet ist grds ein anschließendes Verhalten mit Berufung auf Unkenntnis der Verhältnisse. Eine Belehrung liegt auch in einer Zurückweisung des Antrags oder in seiner Verwerfung durch die Vorinstanz. Das Unterbleiben einer Belehrung durch das Finanzamt oder das Finanzgericht über etwa einschlägige Rechtsprechung führt noch nicht stets zur Schuldlosigkeit, FG Nürnb EFG **86**, 89.
Bildungsgrad: Er ist stets mitbeachtbar, s „Rechtsunkenntnis". 51
Erkrankung: Mitbeachtbar ist zB eine psychische, Kblz RR **12**, 801.
Internet: *Nicht* unverschuldet ist ein Verhalten auf Grund einer ministeriellen Bekanntmachung im Internet, Düss RR **09**, 1062 (?).
Neue Tatsache: Unverschuldet ist evtl ihre Unkenntnis dann, wenn man nur deshalb einen Antrag nicht zurückgenommen hat. Dann darf man freilich nur denjenigen Unterschiedsbetrag berücksichtigen, der zwischen dem an sich ansetzbaren und dem durch die Antragsrücknahme entstandenen Betrag liegt. 52
Prozeßbevollmächtigter: Man muß sein Verhalten zB nach § 85 II ZPO dem Vertretenen zurechnen, BGH MDR **05**, 956, Düss MDR **99**, 1150, ebenso beim Finanz- oder Verwaltungsgericht, Kopp/Schenke § 60 VwGO Rn 15.
Prozeßfähigkeit: Schwierigkeiten ihrer Klärung können beachtbar sein, VG Freibg FamRZ **15**, 68.
Rechtsunkenntnis: Sie mag unverschuldet oder verschuldet sein. Das hängt mit vom Bildungsgrad des Antragstellers und sonstigen Fallumständen ab, Kblz RR **12**, 891.
Tod: Unverschuldet ist evtl eine Unkenntnis vom Tod des Gegners, Kblz JB **95**, 429.
Vertreter: Man muß sein Verhalten zB nach § 51 II ZPO dem Vertretenen zurechnen, BGH MDR **05**, 956, Düss MDR **99**, 1150, ebenso beim Finanz- oder Verwaltungsgericht, Kopp/Schenke § 60 VwGO Rn 15. 53
Verwerfung: S „Belehrung".
Zurückweisung: S „Belehrung".

11) Verfahren, II. Man muß fünf Aspekte beachten. 54

A. Zuständigkeit, II 1. Zur Entscheidung ist grundsätzlich das Gericht der Instanz zuständig, Jena JB **99**, 435, KG JB **97**, 654, aM Kblz JB **92**, 113 (aber dort soll der Fehler entstanden sein). Der Einzelrichter ist wie sonst nach §§ 348, 348 a ZPO zuständig. Der nach §§ 361, 362 ZPO verordnete Richter ist nicht zuständig. Der Rpfl entscheidet, soweit das zugrunde liegende Geschäft ihm übertragen ist, § 4 RPflG. Soweit ein Antrag nach § 21 nach dem Zugang der Kostenrechnung eingeht, stellt er eine Erinnerung nach (jetzt) § 66 mit den dort erläuterten Folgen dar, BGH NJW **02**, 3410, Hbg MDR **13**, 424, VGH Kassel NJW **12**, 3738. Das höhere Gericht ist zuständig, soweit, sobald und solange es mit der Sache befaßt ist oder war, BGH NJW **00**, 3788, Brdb FamRZ **04**, 1662, KG JB **97**, 654. Das Beschwerdegericht wird also erst dann zuständig, wenn das Erstgericht der einfachen oder sofortigen Beschwerde nicht zB nach § 572 I 1 ZPO abgeholfen hat, Hamm DRiZ **79**, 375.

Das *Rechtsmittelgericht* darf und muß also wegen der in der Rechtsmittelinstanz entstandenen Kosten auch noch dann entscheiden, wenn es in der Hauptsache nichts mehr tun muß. Das gilt auch nach einer Zurückverweisung zB nach § 538 II ZPO auch wegen der Kostengrundentscheidung. Jedes Gericht kann aber nur über die Kosten seiner eigenen Instanz entscheiden, BGH NJW **00**, 3789, Hamm JB **80**, 104, VGH Mü BayVBl **82**, 415, aM DOHH 33. Nach einer Rechtsmittelrücknahme zB nach § 516 ZPO vor dem Eingang der Sache beim Rechtsmittelgericht bleibt das erstinstanzliche Gericht zuständig. Das Revisionsgericht ist für die Niederschlagung der Kosten beider Instanzen zuständig. Es kann aber auch noch die Kosten eines früheren Revisionsverfahrens niederschlagen.

B. Verfahrensablauf, II 1. Das Verfahren beginnt auf Grund eines Antrags oder 55 von Amts wegen. Daher kann auch eine Anregung des Vertreters der Staatskasse genügen, KG JB **77**, 1587, aM Bln JB **79**, 1391. Ein Anwaltszwang besteht nicht. Denn man kann den Antrag zum Protokoll des Urkundsbeamten der Geschäftsstelle einlegen, § 78 III Hs 2 ZPO.

56 Solange nicht feststeht, ob der Antragsteller *überhaupt Kosten tragen muß*, ist der Antrag nur bei einem bereits jetzt vorhandenen Rechtsschutzbedürfnis nach BLAH Grdz 33 vor § 253 ZPO zulässig, KG Rpfleger **77**, 227, Mü JB **78**, 101. Das Gericht kann zwar, muß aber nicht schon zusammen mit der Kostengrundentscheidung nach BLAH Üb 35 vor § 91 ZPO von Amts wegen auch bereits nach § 21 mitentscheiden. Es besteht keine Antragsfrist. Man kann den Antrag also auch nach dem Eintritt der formellen Rechtskraft und sogar noch nach der Zahlung der Kosten einlegen.

57 Das Gericht entscheidet auf Grund einer freigestellten mündlichen *Verhandlung*. Es muß den von seiner Entscheidung Betroffenen vorher anhören, Artt 2 I, 20 III GG (Rpfl), BVerfG **101**, 404, Art 103 I GG (Richter). Soweit das Gericht dem Antrag hätte stattgeben müssen, kommt eine *Stundung* durch die Verwaltung infrage, Rn 158. Bei einer Zurückverweisung wegen eines Verfahrensmangels werden die Kosten der Revisions- oder Berufungsinstanz nicht erhoben. Die Nichterhebung kommt aber nicht wegen solcher Kosten in Betracht, die durch die Berufungseinlegung entstanden sind.

58 **C. Verwaltungsentscheidung, II 2, 3.** Solange eine gerichtliche Entscheidung fehlt, kann die Entscheidung im Verwaltungsweg ergehen. Das gilt unabhängig davon, ob ein gerichtliches Verfahren nach § 21 bereits anhängig ist. Bereits eine erstinstanzliche stattgebende oder ablehnende Entscheidung des Gerichts macht ab ihrem Erlaß nach Rn 60 eine Entscheidung im Verwaltungsweg unzulässig. Das gilt erst recht für eine zweitinstanzliche Entscheidung.

59 Soweit die Verwaltung einen Antrag nach § 21 *ablehnt*, gilt nicht § 23 EGGVG (Anrufung des OLG), sondern § 66 (Anrufung des Gerichts) als der einfachere Weg. Über die zuständige Verwaltungsstelle vgl die KostVfg, Teil VII A dieses Buchs. Die Verwaltung darf ihre Entscheidung abändern, soweit nicht inzwischen das Gericht eine Entscheidung getroffen hat, II 3. Eine unzulässige Verwaltungsentscheidung ist wirkungslos.

60 **D. Gerichtliche Entscheidung, II 1.** Eine Entscheidung des Gerichts ergeht in der Form eines Beschlusses. Er muß grundsätzlich eine Begründung enthalten, BLAH § 329 ZPO Rn 4, §§ 113 II FGO, 122 II VwGO. Das Gericht teilt den Beschluß dem Betroffenen formlos mit. Es kann seine Entscheidung auch in ein Urteil aufnehmen. Das ändert an der Anfechtbarkeit durch eine Beschwerde nichts.

61 *Häufig wählt* das Gericht die Form: „Kosten bleiben außer Ansatz". Zulässig ist auch zB die Formulierung: „Die Kosten ... werden nicht erhoben (oder: niedergeschlagen)".

62 Soweit das Erstgericht einem Antrag *stattgegeben* hat, statt ihn aus zwingenden förmlichen Gründen abzulehnen, darf man die Kosten der zweiten Instanz nicht erheben und muß diejenigen der ersten Instanz dem Antragsteller auferlegen. Wenn das Erstgericht einen Antrag abgelehnt hat und das höhere Gericht ihm stattgibt, darf man die Kosten der zweiten Instanz nicht erheben.

63 Eine *unzulässige* gerichtliche Entscheidung wird von demselben Gericht oder im Beschwerdeweg aufgehoben, Karlsr Rpfleger **90**, 1367.
Das Gericht kann seine Entscheidung entsprechend § 66 abändern.

64 **E. Betroffene Kosten, II 1–3.** Das Gericht erhebt diejenigen Kosten (Gebühren und Auslagen, Rn 1) nicht, die bei einer richtigen Sachbehandlung nicht entstanden wären. Wenn das Gericht einen Antrag auf die Bewilligung einer Prozeßkostenhilfe nach § 117 ZPO nicht oder nur verspätet beschieden hat, kommt ein endgültiger Kostenerlaß nicht in Betracht. Soweit eine rückwirkende Bewilligung nicht mehr möglich ist, erfolgt die Nichterhebung vorbehaltlich der Aufhebung der Bewilligung, § 124 ZPO. Eine Nichterhebung ist nur insoweit zulässig, als Mehrkosten entstanden sind.

65 **12) Rechtsbehelfe, I, II.** Es gibt drei Stadien. Rechtsbehelfsbelehrung, Verstoß: §§ 5 b, 68 II 2.
A. Gegen Verwaltung. Gegen die ablehnende Entscheidung der Verwaltung ist die Anrufung des Gerichts nach § 66 statthaft, Düss JB **95**, 45, Jena JB **99**, 435. Eine

Anfechtung einer Verwaltungsentscheidung trotz des Vorliegens einer Gerichtsentscheidung erfolgt nach § 30a EGGVG, Teil XII B dieses Buchs. Gegen die Unterlassung einer Entscheidung nach § 21 schon zusammen mit der Kostenentscheidung nach Rn 56 ist mangels eines Rechtschutzbedürfnisses zunächst noch keine Beschwerde zulässig. Vielmehr muß der Kostenschuldner den Kostenansatz abwarten und kann erst gegen ihn angehen, § 66.

B. Gegen Erstgericht. Gegen die Entscheidung des Erstgerichts kann der Betroffene die Erinnerung und die einfache Beschwerde einlegen, (jetzt) § 66 II, BGH MDR **05**, 956, Kblz MDR **13**, 1366, Naumb FamRZ **03**, 385. Das gilt auch dann, wenn eine Partei die Erstentscheidung des LG in der Berufungsinstanz anficht, Celle JB **92**, 330. Dabei ist ein Beschwerdewert von über 200 EUR erforderlich. II 2 ist aber nicht anwendbar, wenn § 66 II 2 vorliegt, dort Rn 33, Mü MDR **01**, 1318. 66

Eine *unzulässige* gerichtliche Entscheidung wird von demselben Gericht oder im Beschwerdeweg aufgehoben, OVG Hbg Rpfleger **86**, 68. Die Entscheidung ist im übrigen rechtskräftig, OVG Münst FamRZ **86**, 493.

C. Gegen Letztgericht. Gegen einen letztinstanzlichen Beschluß ist evtl der Antrag auf eine Wiederaufnahme statthaft, OVG Münst FamRZ **86**, 493, aM Schneider MDR **87**, 288 (aber zB §§ 578 ff ZPO gelten uneingeschränkt). 67

Abschnitt 5. Kostenhaftung

Übersicht

Schrifttum: *Dörndofer*, Kostenhilferecht für Anfänger, 6. Aufl 2014.

Gliederung

1) Systematik, Regelungszweck	1
2) Begriffe	2–5
A. Entstehung, Fälligkeit	3
B. Vorauszahlungspflicht	4
C. Vorschuß	5
3) Prozeßkostenhilfe in Zivilsache	6–15
A. Grundsatz: Vorrang der §§ 114ff ZPO	6
B. Rechtszug	7–9
C. Wirkung	10, 11
D. Aufhebung	12, 13
E. Teilbewilligung	14
F. Kostenbehandlung	15
4) Prozeßkostenhilfe in Strafsache	16
5) Prozeßkostenhilfe in Finanz-, Sozial- und Verwaltungssache	17

1) Systematik, Regelungszweck. Der Abschnitt 5 regelt das öffentlichrechtliche Verhältnis des Zahlungspflichtigen zur Gerichtskasse, zum Staat, BGH MDR **97**, 198, Köln VersR **03**, 55. Er weicht von §§ 22ff GNotKG, Teil III dieses Buchs, dahin ab, daß die Vorschriften über den Kostenschuldner einen eigenen Abschnitt bilden und daß die Regeln über die Fälligkeit, den Vorschuß und die Sicherstellung der Kosten ihrerseits in selbständigen vorangegangenen Abschnitten stehen. Das System zeigt die Bemühung um eine Abwägung der Interessen der Beteiligten einschließlich der Staatskasse zwecks einer Kostengerechtigkeit. 1

Man muß die Beziehung des Kostenschuldners zu einem *Dritten* und insbesondere die Frage der Kostenerstattung gegenüber dem Prozeßgegner von der Frage der Zahlungspflicht gegenüber der Gerichtskasse sorgfältig trennen. Die Kostenerstattung wird in anderen Gesetzen geordnet, nämlich der ZPO und der StPO.

2) Begriffe. Man muß zwischen vier Begriffen unterscheiden. 2
   A. Entstehung, Fälligkeit. Vgl dazu Üb 1 vor § 6. 3
   B. Vorauszahlungspflicht. Vgl dazu Üb 4 vor § 6. 4
   C. Vorschuß. Vgl dazu Üb 5 vor § 6. 5
3) Prozeßkostenhilfe in Zivilsache. Es sind sechs Aspekte beachtlich. 6

GKG Übers § 22   I. A. Gerichtskostengesetz

A. Grundsatz: Vorrang der §§ 114 ff ZPO. Das Prozeßkostenhilfeverfahren ist als solches grundsätzlich gerichtsgebührenfrei, § 1 I 1 Z 1, BPatG GRUR 03, 88. Die Vorschriften über die Prozeßkostenhilfe der ZPO gehen denen des Abschnitts 5 vor, Kblz JB **80**, 1693. Die hier wesentlichen Vorschriften lauten wie folgt:

> *ZPO § 119. Bewilligung.* [I] [1] Die Bewilligung der Prozesskostenhilfe erfolgt für jeden Rechtszug besonders. [2] In einem höheren Rechtszug ist nicht zu prüfen, ob die Rechtsverfolgung oder Rechtsverteidigung hinreichende Aussicht auf Erfolg bietet oder mutwillig erscheint, wenn der Gegner das Rechtsmittel eingelegt hat.
>
> [II] Die Bewilligung von Prozesskostenhilfe für die Zwangsvollstreckung in das bewegliche Vermögen umfasst alle Vollstreckungshandlungen im Bezirk des Vollstreckungsgerichts einschließlich des Verfahrens auf Abgabe der eidesstattlichen Versicherung.
>
> *ZPO § 122. Wirkung der Prozesskostenhilfe.* [I] Die Bewilligung der Prozesskostenhilfe bewirkt, dass
>
> 1. die Bundes- oder Landeskasse
>   a) die rückständigen und die entstehenden Gerichtskosten und Gerichtsvollzieherkosten,
>   b) die auf sie übergegangenen Ansprüche der beigeordneten Rechtsanwälte gegen die Partei
>   nur nach den Bestimmungen, die das Gericht trifft, gegen die Partei geltend machen kann,
>
> 2. die Partei von der Verpflichtung zur Sicherheitsleistung für die Prozesskosten befreit ist,
>
> 3. die beigeordneten Rechtsanwälte Ansprüche auf Vergütung gegen die Partei nicht geltend machen können.
>
> [II] Ist dem Kläger, dem Berufungskläger oder dem Revisionskläger Prozesskostenhilfe bewilligt und ist nicht bestimmt worden, dass Zahlungen an die Bundes- oder Landeskasse zu leisten sind, so hat dies für den Gegner die einstweilige Befreiung von den in Absatz 1 Nr. 1 Buchstabe a bezeichneten Kosten zur Folge.
>
> *ZPO § 125. Einziehung der Kosten.* [I] Die Gerichtskosten und die Gerichtsvollzieherkosten können von dem Gegner erst eingezogen werden, wenn er rechtskräftig in die Prozesskosten verurteilt ist.
>
> [II] Die Gerichtskosten, von deren Zahlung der Gegner einstweilen befreit ist, sind von ihm einzuziehen, soweit er rechtskräftig in die Prozesskosten verurteilt oder der Rechtsstreit ohne Urteil über die Kosten beendet ist.
>
> *ZPO § 126. Beitreibung der Rechtsanwaltskosten.* [I] Die für die Partei bestellten Rechtsanwälte sind berechtigt, ihre Gebühren und Auslagen von dem in die Prozesskosten verurteilten Gegner im eigenen Namen beizutreiben.
>
> [II] [1] Eine Einrede aus der Person der Partei ist nicht zulässig. [2] Der Gegner kann mit Kosten aufrechnen, die nach der in demselben Rechtsstreit über die Kosten erlassenen Entscheidung von der Partei zu erstatten sind.

Wegen der Erläuterungen vgl BLAH. Hier nur einige Bemerkungen. Vgl ferner §§ 20–24 AUG, abgedruckt bei BLAH Anh § 168 GVG.

7   **B. Rechtszug.** Das Gericht muß die Prozeßkostenhilfe für jede Instanz besonders bewilligen, auch im Verfahren nach dem AUG. Der Begriff der Instanz ist dabei derselbe wie bei § 35.

Die für das *Mahnverfahren* nach §§ 688 ff ZPO bewilligte Prozeßkostenhilfe erstreckt sich auch auf das nachfolgende streitige Verfahren nach § 697 ZPO über denselben Anspruch. Denn man muß einen entsprechenden Willen des Gerichts annehmen, und es handelt sich ja praktisch um dasselbe Verfahren.

8   Eine Prozeßkostenhilfe erstreckt sich *nicht auf die folgenden Fälle:* Der Rechtsstreit geht nach einer Verweisung nach § 281 ZPO vor einem anderen Gericht fort; der Rechtsstreit findet seine Fortsetzung nach einer Zurückverweisung zB nach § 538 II ZPO; neben dem bereits laufenden Hauptprozeß beginnt ein Verfahren auf den Erlaß

Abschnitt 5. Kostenhaftung **Übers § 22 GKG**

eines Arrests oder einer einstweiligen Verfügung nach §§ 916 ff, 935 ff ZPO, und umgekehrt; gegenüber der bereits anhängigen Klage erhebt der Bekl eine Widerklage nach BLAH Anh § 253 ZPO, vgl freilich BLAH § 114 ZPO Rn 44; es erfolgt eine Anschließung zB nach § 524 ZPO; der Kläger erweitert die bisherige Klageforderung nach §§ 263, 264 ZPO.

Soweit das Gericht die Prozeßkostenhilfe zulässigerweise nach BLAH § 119 ZPO 9 Rn 10 ff *rückwirkend* gewährt hat, ist dieser Umstand auch für die Kostenhaftung maßgebend. Ohne eine Rückwirkung wirkt die Bewilligung der Prozeßkostenhilfe allerdings nur für die Zukunft. Freilich braucht das Gericht seinen Ausspruch nicht ausdrücklich zu formulieren. Sein Wille, die Prozeßkostenhilfe rückwirkend zu gewähren, muß nur eindeutig erkennbar sein.

C. Wirkung. Die Prozeßkostenhilfe bewirkt nach § 122 ZPO, daß die Staatskasse 10 rückständige und entstehende Gerichtskosten (Gebühren und Auslagen) einschließlich etwaiger Kosten des Gerichtsvollziehers nur nach den gerichtlichen Bestimmungen geltend machen darf. Das gilt gegenüber der Partei nach BLAH Grdz 4 vor § 50. Wenn das Gericht eine Prozeßkostenhilfe dem Kläger, dem Berufungskläger oder dem Revisionskläger bewilligt hat, gilt das nach Maßgabe des § 122 II ZPO auch dem Gegner gegenüber, BVerfG NJW **99**, 3186, es sei denn, der Mittellose wäre ein sog Übernahmeschuldner, BVerfG MDR **00**, 1157, Karlsr NJW **00**, 1121, Kblz NJW **00**, 1122. Vgl aber auch § 31 II 1. Im Verfahren nach dem AUG tritt sogar grundsätzlich eine endgültige gesetzliche Befreiung ein. Vgl auch § 59 RVG, Teil X dieses Buchs. Die Prozeßkostenhilfe bewirkt ferner eine Befreiung von Sicherungspflichten für die Prozeßkosten nach § 110 ZPO.

Wenn der Unterstützte als ein *Streitgenosse* nach §§ 59 ff ZPO klagt, ist der Prozeß- 11 gegner nur befreit, falls sämtliche Streitgenossen eine Prozeßkostenhilfe erhalten haben. Der Prozeßgegner ist nur für die Verteidigung befreit, nicht für einen Angriff, etwa eine Widerklage, eine Anschließung usw, auch nicht für eine von ihm betriebene Zwangsvollstreckung.

Die Befreiung wirkt nicht, soweit *bereits* vor der Bewilligung *eine Zahlung erfolgt* ist. Daher ist die Gerichtskasse zur Rückzahlung solcher Beträge nicht verpflichtet, Düss JB **90**, 381, Schlesw SchlHA **90**, 57, Meyer 11, aM Hbg MDR **97**, 1287, LG Hbg JB **99**, 477.

D. Aufhebung. Soweit das Gericht die Prozeßkostenhilfe widerruft oder aufhebt, 12 muß die Gerichtskasse die fraglichen Beträge einziehen, § 124 ZPO, AG Kblz FamRZ **99**, 1291. Die Einziehung vom Prozeßgegner kann für die ihm und für die dem Unterstützten erlassenen Gebühren und Auslagen erfolgen, soweit das Gericht den Prozeßgegner rechtskräftig in die Prozeßkosten verurteilt hat oder soweit der Rechtsstreit ohne ein Urteil über die Kosten beendet ist, § 125 II ZPO. Das letztere liegt vor, wenn die Parteien den Rechtsstreit seit geraumer Zeit nicht betreiben und wenn eine Fortsetzung nicht in einer baldigen sicheren Aussicht steht. Das Gericht muß die Gerichtskosten ferner dann vom Prozeßgegner einziehen, wenn er sie nach § 29 übernommen hat.

Gegen die Zahlungsanordnung steht dem Betroffenen die *sofortige Beschwerde* nach 13 § 127 II 2 ZPO zu. Das gilt auch für den beigeordneten Anwalt. Rechtsbehelfsbelehrung, Verstoß: §§ 5 b, 68 II 2.

E. Teilbewilligung. Soweit das Gericht die Prozeßkostenhilfe nur für einen Teil 14 des Rechtsstreits bewilligt hat, wirkt die Befreiung für den Unterstützten und den Prozeßgegner dementsprechend beschränkt, Mü MDR **97**, 299. Man muß also zunächst die Gebühren aus dem Gesamtwert errechnen und dann diejenigen Gebühren abziehen, die sich aus dem durch die Prozeßkostenhilfe bewilligten Teilwert ergeben. Auch eine Vorwegleistungspflicht ermäßigt sich entsprechend.

F. Kostenbehandlung. Über die Behandlung der Kosten in einer Prozeßkosten- 15 hilfesache durch den Kostenbeamten vgl ferner § 9 KostVfg, Teil VII A dieses Buchs.

4) Prozeßkostenhilfe in Strafsache. In einer Strafsache kommt eine Prozeß- 16 kostenhilfe nur für denjenigen Privatkläger oder für denjenigen Nebenkläger in Betracht, der unter den Voraussetzungen des § 16 einen Vorschuß zahlen muß. Eine Prozeßkostenhilfe ist allerdings auch für die Widerkläger statthaft. Er braucht freilich keinen Vorschuß zu leisten.

Der *Beschuldigte* kann keine Prozeßkostenhilfe erhalten. Soweit eine Prozeßkostenhilfe in Betracht kommt, sind die §§ 114 ff ZPO entsprechend anwendbar, § 379 StPO.

17   **5) Prozeßkostenhilfe in Finanz-, Sozial- und Verwaltungssache.** In einem Verfahren vor den Finanz-, Sozial- oder Verwaltungsgerichten gelten §§ 114 ff ZPO entsprechend, § 142 FGO, § 73a SGG, § 166 VwGO.

Streitverfahren, Bestätigungen und Bescheinigungen zu inländischen Titeln

22 [I] [1] In bürgerlichen Rechtsstreitigkeiten mit Ausnahme der Restitutionsklage nach § 580 Nummer 8 der Zivilprozessordnung sowie in Verfahren nach § 1 Absatz 1 Satz 1 Nummer 14, Absatz 2 Nummer 1 bis 3 sowie Absatz 4 schuldet die Kosten, wer das Verfahren des Rechtszugs beantragt hat. [2] Im Verfahren, das gemäß § 700 Absatz 3 der Zivilprozessordnung dem Mahnverfahren folgt, schuldet die Kosten, wer den Vollstreckungsbescheid beantragt hat. [3] Im Verfahren, das nach Einspruch dem Europäischen Mahnverfahren folgt, schuldet die Kosten, wer den Zahlungsbefehl beantragt hat. [4] Die Gebühr für den Abschluss eines gerichtlichen Vergleichs schuldet jeder, der an dem Abschluss beteiligt ist.

[II] [1] In Verfahren vor den Gerichten für Arbeitssachen ist Absatz 1 nicht anzuwenden, soweit eine Kostenhaftung nach § 29 Nummer 1 oder 2 besteht. [2] Absatz 1 ist ferner nicht anzuwenden, solange bei einer Zurückverweisung des Rechtsstreits an die Vorinstanz nicht feststeht, wer für die Kosten nach § 29 Nummer 1 oder 2 haftet, und der Rechtsstreit noch anhängig ist; er ist jedoch anzuwenden, wenn das Verfahren nach Zurückverweisung sechs Monate geruht hat oder sechs Monate von den Parteien nicht betrieben worden ist.

[III] Im Verfahren über Anträge auf Ausstellung einer Bestätigung nach § 1079 der Zivilprozessordnung, einer Bescheinigung nach § 1110 der Zivilprozessordnung oder nach § 57 des Anerkennungs- und Vollstreckungsausführungsgesetzes schuldet die Kosten der Antragsteller.

[IV] [1] Im erstinstanzlichen Musterverfahren nach dem Kapitalanleger-Musterverfahrensgesetz ist Absatz 1 nicht anzuwenden. [2] Die Kosten für die Anmeldung eines Anspruchs zum Musterverfahren schuldet der Anmelder. [3] Im Verfahren über die Rechtsbeschwerde nach § 20 des Kapitalanleger-Musterverfahrensgesetzes schuldet neben dem Rechtsbeschwerdeführer auch der Beteiligte, der dem Rechtsbeschwerdeverfahren auf Seiten des Rechtsbeschwerdeführers beigetreten ist, die Kosten.

Vorbem. III sprachlich und fachlich angepaßt dch Art 7 Z 3, 4 G v 8. 7. 14, BGBl 890, in Kraft: teils seit 10. 1. 15, Art 15 I G, teils seit 16. 7. 14, Art 15 II G. Sodann III ergänzt dch Art 3 Z 1 G v 10. 12. 14, BGBl 2082, Inkrafttreten nach Art 8 I G (Bek des BJM). I 1, 2, II 1, 2 sprachlich geändert dch die Neubek v 27. 2. 14, BGBl 154, ÜbergangsR § 71 GKG

Gliederung

1) Systematik, Regelungszweck, I–IV	1
2) Bürgerlicher Rechtsstreit, I	2–19
A. Grundsatz: Haftung des Antragstellers	2
B. Begriff des Antragstellers	3
C. Beispiele zur Frage eines Antragstellers, I 1	4–7
D. Mehrheit von Antragstellern	8–10
E. Rechtszug	11, 12
F. Beispiele zur Frage eines Rechtszugs, I 1	13–15
G. Kostenentscheidung zulasten des Prozeßgegners	16
H. Prozeßübernahme	17
I. Nach Einspruch gegen Vollstreckungsbescheid oder Europäischen Zahlungsbefehl	18
J. Nach Prozeßvergleich	19
3) Arbeitsgerichtsverfahren, II	20
4) Europäischer Vollstreckungstitel, AVAG, III	21
5) Kapitalanleger-Musterverfahren, IV	22

Abschnitt 5. Kostenhaftung § 22 GKG

1) Systematik, Regelungszweck, I–IV. Die Vorschrift enthält in I–III den Grundsatz, daß der Antragsteller als der Veranlasser in den dort genannten Verfahren ohne eine Rücksicht auf ihren Ausgang ein Kostenschuldner ist, Köln MDR **10**, 596, Oldb JB **06**, 147, Stgt MDR **87**, 1036. Neben ihm haftet nach § 29 derjenige gemäß § 31 I als derjenige Gesamtschuldner, dem das Gericht die Kosten durch eine unbedingte Entscheidung auferlegt hat oder der sie übernommen hat. Gegenüber einem Dritten entsteht eine Einigungsgebühr nach I 4 nur insoweit, als er sich am Verfahren beteiligt. Gegenüber dem Verurteilten und gegenüber einem Kostenübernehmer ist der Antragsteller lediglich ein sog Zweitschuldner nach § 31 II, Karlsr JB **95**, 43. Diese Haftung kann zB bei einer Zahlungsunfähigkeit des Erstschuldners eintreten. Zum Begriff der bürgerlichen Rechtsstreitigkeit § 48 Rn 1. Eine Vorauszahlungs- oder Vorschußpflicht ergibt sich aus §§ 10 ff.

Im *Arbeitsgerichtsverfahren* gelten die Abweichungen nach II. Beim *Europäischen Vollstreckungstitel* nach §§ 1079 ff ZPO und beim *AVAG*, abgedruckt bei BLAH SchlAnh V E, gelten Sonderregeln nach III. Im erstinstanzlichen Verfahren nach dem *KapMuG*, abgedruckt bei BLAH SchlAnh VIII, gibt es nach IV 1 keinen Antragschuldner, sondern muß man auf § 29 zurückgreifen. Demgegenüber erweitert sich für das zugehörige Rechtsbeschwerdeverfahren nach §§ 20, 26 KapMuG die Haftung des Rechtsbeschwerdeführers (Antragstellers) um eine Haftung auch desjenigen Beteiligten, der dem Rechtsbeschwerdeführer beigetreten ist und deshalb eine Rechtsstellung nach § 14 KapMuG hat.

2) Bürgerlicher Rechtsstreit, I. Ein einfacher Grundsatz erweist sich im einzelnen als oft problematisch. Zur Vereinbarkeit von I mit dem EU-Recht BGH Wertp-Mitt **14**, 1838.

A. Grundsatz: Haftung des Antragstellers. Es geht nur um die Staatskasse, nicht um den Gegner. Der jeweilige Antragsteller haftet der Staatskasse grundsätzlich für sämtliche Gebühren und Auslagen der Instanz, Hbg MDR **84**, 413, Köln VersR **03**, 55, aM Bre JB **76**, 349, KG Rpfleger **80**, 121 (vgl aber Üb 1 vor § 22). Das gilt unabhängig von einer Prozeßkostenhilfe für den Gegner nach §§ 114 ff ZPO, LG Flensb JB **07**, 39 (zustm Mayer). Der Antragsteller haftet auch für diejenigen Kosten, die eine bloße Verteidigungsmaßnahme des Bekl nach BLAH Einl III 70, 71 veranlaßt hat, KG MDR **84**, 154, Karlsr RR **10**, 499 (s aber auch Rn 5), oder für diejenigen des Nachverfahrens nach einem Vorbehaltsurteil zB nach § 600 ZPO. Der Antragsteller haftet ferner für die Gebühren eines solchen Zeugen, den das Gericht lediglich auf seine Veranlassung des Prozeßgegners geladen hat.

Allerdings entlastet den Antragsteller praktisch die *Vorschußpflicht* nach § 17. Soweit der Prozeßgegner eine Prozeßkostenhilfe erhalten hat, gilt § 31 III Hs 1. Wegen der Dokumentenpauschale nach KV 9000 und Versendungsauslagen nach KV 9003 muß man § 28 beachten.

B. Begriff des Antragstellers. Antragsteller ist meist (Ausnahme Rn 7) nur die Partei nach BLAH Grdz 4 vor § 50 ZPO selbst, nicht der gesetzliche Vertreter und auch nicht der ProzBev nach § 81 ZPO, Brdb JB **07**, 660, VG Brschw NVwZ-RR **03**, 912, Weis AnwBl **07**, 529. Das sollte der ProzBev schon zur Vermeidung von Umsatzsteuerproblemen bei der Antragstellung zum Ausdruck bringen, Bohnenkamp JB **07**, 570, Feuersänger MDR **05**, 1391.

C. Beispiele zur Frage eines Antragstellers, I 1

Abtretung: *Kein* Antragsteller ist der Abtretende wegen solcher Kosten, in die das Gericht den neuen Gläubiger verurteilt hat, zumindest nicht wegen eines angeblichen Scheinvertrags.
Anschlußberufung: Rn 6 „Klagerücknahme".
Anwalt ohne Auftrag: Antragsteller ist derjenige Antrag, der ohne einen Auftrag klagt oder ein Rechtsmittel einlegt usw, nicht etwa sein „Auftraggeber", Hbg MDR **01**, 1192 links.

Das gilt unabhängig davon, ob der Anwalt für sich *persönlich* handeln wollte, Kblz **97**, 536. Außerdem haftet die Partei aber zunächst insoweit, als sie von dem Antrag, Rechtsmittel usw eine Kenntnis hatte oder den Vorgang verhindern konnte,

1

2

3

4

GKG § 22

I. A. Gerichtskostengesetz

BGH MDR **97**, 198 (zustm Meyer JB **97**, 289), Kblz MDR **05**, 778, Köln VersR **03**, 55 oder soweit sie ihn genehmigte, Hbg MDR **01**, 1192, Kblz JB **97**, 536.
S auch Rn 7 „keine Vertretungsmacht".
Beklagter: Antragsteller ist er, soweit er zum Angriff übergeht. Dann haftet er für die durch seinen Antrag veranlaßten Kosten der Instanz. Das gilt zB: Für den eigenen Antrag auf die Durchführung des streitigen Verfahrens nach § 696 I 1 ZPO, Oldb JB **16**, 419. Karlsr JB **95**, 43, LG Kblz JB **96**, 205, aM Kblz MDR **15**, 1096; für die Widerklage nach BLAH Anh § 253 ZPO, die stets ein Angriff ist, auch soweit sie nur eine Verteidigung bezweckt, Hbg MDR **89**, 272; für einen eigenen Antrag im selbständigen Beweisverfahren nach §§ 485 ff ZPO, KV 1610 Rn 4, Celle BauR **08**, 1941, KG MDR **07**, 986, BLAH § 487 ZPO Rn 8, aM Mü RR **97**, 318 (aber es beginnt ein eigenes Verfahren); für die Hilfsaufrechnung des Rechtsmittelführers nach BLAH § 145 ZPO Rn 13, KG MDR **84**, 154.

Dagegen ist die Hilfsaufrechnung des Bekl in der ersten Instanz *kein* eigener Angriff, LG Drsd JB **03**, 322 (folgl bleibt der Kläger auch insoweit der Antragsteller).
Berufung ohne Auftrag: Wenn ein Anwalt der ersten Instanz ohne einen besonderen Auftrag Berufung einlegt, haftet die von ihm vertretene Partei. Denn der Anwalt handelt im Rahmen seiner Prozeßvollmacht nach § 81 ZPO.

5 **Dritter:** *Kein* Antragsteller ist ein zu Unrecht in den Prozeß hineingezogener Dritter, soweit er sich nur zulässig wehrt, etwa durch einen Einspruch, LG Bln Rpfleger **83**, 369 (Anscheinsvollmacht zu seinen Gunsten).
Festsetzung: Antragsteller ist der dieses Vergütungsfestsetzungsverfahren nach § 11 RVG, Teil X dieses Buchs, betreibende Anwalt, Brdb JB **07**, 660.
Genehmigung: Rn 4 „Anwalt ohne Auftrag".
Hilfsaufrechnung: Rn 4 „Beklagter".

6 **Klagerücknahme:** *Kein* Antragsteller ist der Bekl bei einer Zustimmung zu einer Klagerücknahme nach § 269 ZPO. Das gilt selbst dann, wenn dadurch eine Anschlußberufung nach § 524 ZPO hinfällig wird, § 522 I ZPO.
Mahnverfahren: Rn 4 „Beklagter".
Partei kraft Amts: Antragsteller ist auch sie nach BLAH Grdz 8 ff vor § 50 ZPO. Sie haftet freilich nur mit dem verwalteten Vermögen. Partei kraft Amts sind zB der Insolvenzverwalter, der Nachlaßverwalter, der Zwangsverwalter, der Testamentsvollstrecker.
Prozeßkostenhilfe: Wer sie erfolglos beantragt hat, haftet für die Auslagen des Verfahrens nach § 118 ZPO, etwa für Zeugenentschädigung und für eine Sachverständigenvergütung.
Prozeßstandschaft: Bei einer Prozeßstandschaft oder Prozeßgeschäftsführung nach BLAH Grdz 22 ff vor § 50 ZPO haftet der Antragsteller, nicht der Berechtigte. Das gilt zB dann, wenn jemand ein fremdes Recht verfolgt, etwa der Einziehungsabtretungsnehmer.

7 **Selbständiges Beweisverfahren:** Rn 4 „Beklagter".
Streithilfe: *Kein* Antragsteller ist derjenige Streithelfer nach §§ 66 ff ZPO, der ebenso wie die unterstützte Hauptpartei ein Rechtsmittel eingelegt hat und die durch die Streithilfe verursachten Kosten tragen muß, während die unterstützte Hauptpartei die übrigen Kosten tragen soll. Denn er ist nur ein Gehilfe. Auch zählen seine Kosten nicht zu denjenigen des Rechtsstreits, also der Partei.

Daher wird derjenige Streitgehilfe, der das von der Hauptpartei eingelegte *Rechtsmittel* allein weiterführt, auch nicht dadurch zum Kostenschuldner, daß die Hauptpartei ihren Klaganspruch nunmehr an ihn abgetreten hat und daß er den Rechtsstreit daher nunmehr im eigenen Interesse weiterführt. Legt er aber allein ein Rechtsmittel ein, ist er wegen § 51 ZPO dann, wenn sich die Partei am Rechtsmittel nicht beteiligt, auch für die Kosten des Rechtsmittels Gebührenschuldner. Vgl Rn 12–14.
Keine Vertretungsmacht: Der Vertreter ohne Vertretungsmacht ist grds selbst der alleinige Antragsteller, Hbg MDR **01**, 1192, Köln **03**, 55, Meyer JB **97**, 288. Die Grundgedanken zur Anscheinsvollmacht gelten freilich auch hier, Paulus/Henckel NJW **03**, 1692. § 29 Z 2 bleibt anwendbar.
S auch Rn 4 „Anwalt ohne Auftrag".

Abschnitt 5. Kostenhaftung § 22 GKG

Widerkläger: Rn 4 „Beklagter".
Soweit der Widerkläger nach BLAH Anh § 253 ZPO nach der *Erledigung der Klage* den Prozeß weiter betreibt, ist er von diesem Zeitpunkt an der alleinige Antragsteller, Hbg MDR **89**, 272. Dasselbe gilt dann, wenn er die abgewiesene Widerklage in der zweiten Instanz weiter verfolgt.
Zwischenurteil: Antragsteller ist der Kläger unabhängig davon, auf wessen Prozeßhandlung ein Zwischenurteil nach §§ 280, 302 ZPO beruht.

D. Mehrheit von Antragstellern. Mehrere Antragsteller haften als Gesamt- 8 schuldner nach §§ 31 I, 32 I 1, Karlsr JB **95**, 43. Ihre Haftung setzt nicht voraus, daß ihre Anträge denselben Streitgegenstand nach BLAH § 2 ZPO Rn 4 betreffen. Wenn zB zwei Streitgenossen nach §§ 59 ff ZPO ihre ganz selbständigen Forderungen in derselben Klage verbinden, muß man die Streitgegenstände zusammenrechnen. Für die Gerichtsgebühren haftet jeder Streitgenosse, soweit der Betrag für beide übereinstimmt, als Gesamtschuldner mit anderen Streitgenossen. Bei einer Klage und Widerklage nach BLAH Anh § 253 ZPO oder bei wechselseitigen Rechtsmitteln haften beide Parteien als Gesamtschuldner, soweit der Streitgegenstand derselbe ist.

Soweit der *Streitgegenstand verschieden* ist, haftet nach (jetzt) § 32 I 2 jeder Teil für 9 die durch das Verfahren über seine selbständigen Anträge entstandenen Kosten, Kblz JB **98**, 547. Eine gesamtschuldnerische Haftung tritt also nur für denjenigen Teil ein, der etwa gleich ist. Ferner haften beide für denjenigen Betrag, um den die nach dem gesamten Streitgegenstand berechnete Gebühr hinter den getrennt berechneten Gebühren zurückbleibt.

Hat ein *Streitgenosse* eine *Gebührenfreiheit* nach § 2, schuldet der Antragsteller nur die 10 Hälfte der Gebühren, also nach § 2 Rn 22, 23 in Höhe desjenigen Betrags, in der für ihn eine Ausgleichsmöglichkeit nach § 426 BGB entfällt. Einen Zwischenantrag nach §§ 302 IV, 600 II, 717 II, III ZPO muß man wie eine Widerklage behandeln.

E. Rechtszug. Kostenschuldner ist jeder, der den Antrag für den Rechtszug 11 wirksam gestellt hat, BFH BB **77**, 1138, BPatG GRUR **91**, 313, Karlsr JB **95**, 43. Der Widerkläger nach BLAH Anh § 253 ZPO ist also für die Kosten der Widerklage Kostenschuldner, Mü MDR **03**, 1078 (zustm Hartung). Der Kläger haftet nicht für die Mehrkosten der Hilfsaufrechnung des Bekl nach BLAH § 145 ZPO Rn 13, Oldb JB **06**, 147. Der Begriff des Rechtszugs ist derselbe wie bei § 35. Im Rechtsmittelverfahren ist der Rechtsmittelführer Antragsteller. Der Widerspruch gegen einen Arrest oder eine einstweilige Verfügung nach §§ 916 ff, 935 ff ZPO bringt keinen neuen Rechtszug. Natürlich muß man bei einer versehentlichen nochmaligen Einreichung derselben Klage usw nicht nochmals zahlen, Mü MDR **01**, 896.

Man muß die Kosten *nach den Rechtszügen getrennt behandeln.* Der prozessuale und 12 der kostenrechtliche Rechtszugsbegriff sind evtl unterschiedlich, Karlsr JB **95**, 43. Es findet keine Verrechnung von einer Instanz auf die andere statt.

F. Beispiele zur Frage eines Rechtszugs, I 1 13

Anschlußberufung: Eine unselbständige Anschlußberufung nach § 524 ZPO ist zwar kein Rechtsmittel. Wenn sie aber besondere Kosten verursacht, dann ist der sich Anschließende insofern Kostenschuldner, Mü JB **75**, 1231, Mümmler JB **77**, 1503.

Arrest, einstweilige Verfügung: Derselbe Rechtszug ist das Anordnungs- und das Widerspruchsverfahren nach § 924 ZPO.
Verschiedene Rechtszüge sind einerseits das Anordnungsverfahren, andererseits das Änderungs- und Aufhebungsverfahren nach § 927 ZPO; erst recht einerseits das Eilverfahren, andererseits der Hauptprozeß.

Dritter: Soweit die Parteien in einem Vergleich solche Ansprüche mitvergleichen, die nicht Gegenstand des Rechtsstreits sind, ist jeder Beteiligte Kostenschuldner, Rn 19, also auch ein beitretender Dritter.

Mahnverfahren: *Verschiedene* Rechtszüge sind das Mahnverfahren nach §§ 688 ff ZPO und das anschließende streitige Verfahren nach § 697 ZPO, KG Rpfleger **80**, 121, Karlsr JB **95**, 43, Mü MDR **84**, 948. Der Antragsteller haftet für die Kosten des streitigen Verfahrens dann, wenn er es nach § 696 I 1 ZPO verlangt hatte, KG Rpfleger **77**, 386, Mümmler JB **77**, 1505.

Nachverfahren: Derselbe Rechtszug ist das Verfahren bis zum Vorbehaltsurteil zB nach §§ 302, 599 ZPO und das zugehörige Nachverfahren nach § 600 ZPO.

GKG § 22
I. A. Gerichtskostengesetz

14 **Prozeßkostenhilfe:** *Verschiedene* Rechtszüge sind das Bewilligungsverfahren nach §§ 114 ff ZPO und das Hauptverfahren nach §§ 253 ff ZPO.
Schiedsrichterliches Verfahren: Derselbe Rechtszug ist das Verfahren nach §§ 1025 ff ZPO und ein Widerspruchsverfahren.
Selbständiges Beweisverfahren: *Verschiedene* Rechtszüge sind das Verfahren nach §§ 485 ff ZPO und der zugehörige Hauptprozeß, KG JB **76**, 1384, Schlesw JB **77**, 1626.

15 **Vergleich:** Rn 13 „Dritter".
Vermögensauskunft: Derselbe Rechtszug ist das Vollstreckungsverfahren und das Verfahren nach §§ 802 a ff ZPO.
Verschiedene Rechtszüge sind das Erkenntnisverfahren und das Auskunftsverfahren.
Versäumnis: Derselbe Rechtszug ist das Verfahren auf Grund eines rechtzeitigen Einspruchs nach § 338 ZPO gegen ein Versäumnisurteil, Mü MDR **84**, 948.
Verschiedene Rechtszüge sind das Verfahren bis zum Versäumnisurteil und dasjenige auf Grund eines Einspruchs des Bekl in Verbindung mit einem Wiedereinsetzungsantrag nach §§ 233 ff ZPO nach der formellen Rechtskraft nach § 705 ZPO.
Verweisung: Derselbe Rechtszug ist das Verfahren vor und nach einer Verweisung nach § 281 ZPO, solange kein anschließendes Rechtsmittel ergeht.
Vorbescheid: Derselbe Rechtszug ist das Verfahren vor und nach einem Vorbescheid zB nach § 90 FGO oder nach § 84 VwGO.
Wiederaufnahme: *Verschiedene* Rechtszüge sind das Erkenntnisverfahren nach §§ 253 ff ZPO und das Wiederaufnahmeverfahren nach §§ 578 ff ZPO.
Unanwendbar ist I 1 nach seinem Text bei § 580 Z 8 ZPO.
Zurückverweisung: Es gilt dasselbe wie bei „Verweisung".
Zwischenstreit: Derselbe Rechtszug ist der Hauptprozeß nach §§ 253 ff ZPO und ein Zwischenstreit zB nach § 71 ZPO.

16 **G. Kostenentscheidung zulasten des Prozeßgegners.** Die Haftung des Antragstellers bleibt auch insoweit bestehen, als das Gericht in einer Entscheidung dem Prozeßgegner nach §§ 91 ff ZPO Kosten auferlegt hat. Der Antragsteller und der Prozeßgegner haften dann gesamtschuldnerisch. Soweit das Gericht dem Antragsteller in der Entscheidung keine Kosten auferlegt hat, haftet er allerdings nur als Zweitschuldner nach § 31 II 1. Vgl aber bei einer Prozeßkostenhilfe § 31 II 2. Die Haftung nach § 22 und diejenige nach § 29 hat nicht stets denselben Umfang.

17 **H. Prozeßübernahme.** Soweit ein Dritter nach §§ 75 ff, 265 f ZPO den Prozeß übernimmt, haftet der bisherige Antragsteller neben dem Übernehmer gesamtschuldnerisch für die bis zur Übernahme entstandenen Kosten.

18 **I. Nach Einspruch gegen Vollstreckungsbescheid oder Europäischen Zahlungsbefehl.** Auf Grund des Einspruchs gegen einen Vollstreckungsbescheid oder gegen einen Zahlungsbefehl nach der VO (EG) Nr 1896/2006, dazu BLAH Einf 3 vor § 1087 ZPO, erfolgt anders als nach dem Widerspruch gegen den zugrunde liegenden Mahnbescheid eine Abgabe an das Gericht des streitigen Verfahrens von Amts wegen, § 700 III 1 ZPO, BLAH dort Rn 12. In diesem Verfahren ist nach I 4 Hs 2 Schuldner der Gebühren und Auslagen derjenige, der den Vollstreckungsbescheid beantragt hat, Düss JB **02**, 90, Schneider JB **03**, 7, also nicht etwa der Einspruchsführer. Er ist für den dem Einspruch folgenden Verfahrensabschnitt bis zum Beginn des streitigen Verfahrens auch kein Entscheidungsschuldner. Das streitige Verfahren beginnt erst mit dem Eingang der Akten beim Gericht, an das das Mahngericht abgegeben hat, BLAH § 700 ZPO Rn 13.

19 **J. Nach Prozeßvergleich.** Schuldner der Gebühr KV 1900 ist nach I 4 jeder am Vergleich nach BLAH Anh § 307 ZPO Beteiligte. Denn jeder ist infolge einer Beantragung der Protokollierung oder einer gerichtlichen Feststellung nach § 278 VI 1 ZPO Antragsteller. Alle Beteiligten haften als Gesamtschuldner nach § 31 I. Das gilt schon wegen der Anträge unabhängig vor einer etwaigen vergleichsweisen Kostenübernahme. Auch ein beigetretener Dritter wird als Beteiligter Antragsteller.

20 **3) Arbeitsgerichtsverfahren, II.** In einer Abweichung von I haftet der Antragsteller im arbeitsgerichtlichen Verfahren nach II 1 nicht, soweit ein Entscheidungsschuldner nach § 29 Z 1 oder ein Übernahmeschuldner nach § 29 Z 2 vorhanden ist. Solange ein solcher Schuldner nach einer Zurückverweisung des Rechtsstreits an die

Vorinstanz noch nicht feststeht und der Prozeß noch anhängig ist, haftet der Antragsteller nach II 2 Hs 1 grundsätzlich ebenfalls noch nicht. Wenn das Verfahren jedoch nach einer Zurückverweisung sechs Monate geruht hat oder wenn keine Partei es seit sechs Monaten betrieben hat, haftet der Antragsteller nach II 2 Hs 2 auch nach einer Zurückverweisung als Antragschuldner. Das gilt auch zB bei einer Unterbrechung infolge eines Insolvenzverfahrens, Natter NZA **04**, 687. Damit entsteht auf ihn ein kostenrechtlicher Druck zum Weiterbetreiben des Prozesses. Das muß man bei der Auslegung mitbeachten.

4) Europäischer Vollstreckungstitel, AVAG, III. Beim Antrag auf eine deutsche Bestätigung eines von deutscher Stelle erlassenen Europäischen Vollstreckungstitels nach § 1079 ZPO oder auf eine Bescheinigung nach § 1110 ZPO oder nach § 57 oder 58 AVAG ist der Antragsteller nach Rn 3–7 Kostenschuldner. 21

5) Kapitalanleger-Musterverfahren, IV. Vgl Rn 1 aE. 22

Insolvenzverfahren

23 ^{I} ^{1}Die Gebühr für das Verfahren über den Antrag auf Eröffnung des Insolvenzverfahrens schuldet, wer den Antrag gestellt hat. ^{2}Wird der Antrag abgewiesen oder zurückgenommen, gilt dies auch für die entstandenen Auslagen. ^{3}Die Auslagen nach Nummer 9017 des Kostenverzeichnisses schuldet jedoch nur der Schuldner des Insolvenzverfahrens. ^{4}Die Sätze 1 und 2 gelten nicht, wenn der Schuldner des Insolvenzverfahrens nach § 14 Absatz 3 der Insolvenzordnung die Kosten des Verfahrens trägt.

^{II} Die Kosten des Verfahrens über die Versagung oder den Widerruf der Restschuldbefreiung (§§ 296 bis 297a, 300 und 303 der Insolvenzordnung) schuldet, wer das Verfahren beantragt hat.

^{III} Die Kosten des Verfahrens wegen einer Anfechtung nach Artikel 36 Absatz 7 Satz 2 der Verordnung (EU) 2015/848 schuldet der antragstellende Gläubiger, wenn der Antrag abgewiesen oder zurückgenommen wird.

^{IV} Die Kosten des Verfahrens über einstweilige Maßnahmen nach Artikel 36 Absatz 9 der Verordnung (EU) 2015/848 schuldet oder antragstellende Gläubiger.

^{V} Die Kosten des Gruppen-Koordinationsverfahrens nach Kapitel V Abschnitt 2 der Verordnung (EU) 2015/848 trägt der Schuldner, dessen Verwalter die Einleitung des Koordinationsverfahrens beantragt hat.

^{VI} ^{1}Die Kosten des Koordinationsverfahrens trägt der Schuldner, der die Einleitung des Verfahrens beantragt hat. ^{2}Dieser Schuldner trägt Kosten auch, wenn der Antrag von dem Insolvenzverwalter, dem vorläufigen Insolvenzverwalter, dem Gläubigerausschuss oder dem vorläufigen Gläubigerausschuss gestellt wird.

^{VII} Im Übrigen schuldet die Kosten der Schuldner des Insolvenzverfahrens.

Vorbem. III–V eingefügt, früherer III zu VI dch Art 4 Z 2 a, b G v 5. 6. 17, BGBl 1476, in Kraft seit 26. 6. 17, Art 9 I G. Neuer VI eingefügt, dadch bisheriger VI zu VII dch Art 6 Z 1 a, b des vorgenannten G v 5. 6. 17, in Kraft seit 21. 4. 18, Art 9 II Hs 2 G. ÜbergangsR jeweils § 71 GKG.

Gliederung

1) Systematik, Regelungszweck, I–VII	1
2) Antragsteller als Gebührenschuldner, I 1	2–4
A. Eröffnungsverfahren	2
B. Besonderer Prüfungstermin	3
C. Beschwerdeverfahren	4
3) Antragsteller als Auslagenschuldner, I 2	5–8
A. Eröffnungsverfahren	5
B. Wiederaufnahme	6
C. Besonderer Prüfungstermin	7
D. Beschwerdeverfahren	8
4) Antragsteller als Kostenschuldner bei Versagung oder Widerruf der Restschuldbefreiung, II	9
5) Schuldner als Gebührenschuldner, I 4, VII	10
6) Schuldner als Auslagenschuldner, I 4, VII	11, 12
A. Insolvenzeröffnung	11
B. Beschwerdeverfahren	12
7) Verfahren nach III–VI	13

GKG § 23

1 **1) Systematik, Regelungszweck, I–III.** Vgl zunächst Üb 1, 2 vor § 22. Man muß mehrere Fallgruppen unterscheiden. Sie beziehen sich nur auf das gesetzliche Verhältnis des Kostenschuldners zur Staatskasse. Daher ist eine abweichende gerichtliche Kostenentscheidung mit dem Vorrang der §§ 29 Z 1, 31 II möglich und evtl zB nach § 91 a ZPO notwendig, AG Paderb Rpfleger **93**, 366, Uhlenbruck KTS **83**, 343.

2 **2) Antragsteller als Gebührenschuldner, I 1.** Der Antragsteller haftet in den folgenden Fällen für Gebühren, Köln MDR **10**, 596. Sein gesetzlicher Vertreter, ProzBev usw haftet nicht persönlich.
  A. Eröffnungsverfahren. Der Antragsteller haftet für die Eröffnungsgebühr, KV 2310, 2311. Mehrere Gläubiger haften anteilig, LG Gießen BB **96**, 486. Das gilt aber nicht zulasten des Gläubigers, soweit die Eröffnung etwa wegen übereinstimmender wirksamer Erledigterklärungen unterbleibt, Düss JB **06**, 650, Kblz JB **07**, 321, Köln MDR **00**, 471. Er haftet auch für Kosten einer Sequestration und anderer vorläufiger Maßnahmen, LG Gera ZIP **02**, 1736, AG Köln NZI **00**, 384, Holzer DGVZ **03**, 151.

3 **B. Besonderer Prüfungstermin.** Der Antragsteller haftet ferner für die Kosten eines besonderen Prüfungstermins wegen seiner Forderung, KV 2340. Das ergibt sich aus § 177 I 2 InsO. Als Antragsteller muß man hier nach § 33 den Gläubiger ansehen.

4 **C. Beschwerdeverfahren.** Der Antragsteller haftet für die Beschwerdegebühr, KV 2360 ff, sofern das Gericht seine Beschwerde verwirft oder zurückweist. Sofern es sich um die Beschwerde gegen die Eröffnung des Insolvenzverfahrens handelt, haftet der Beschwerdeführer nach KV 2360 auch beim Erfolg der Beschwerde. Er haftet allerdings nur als Zweitschuldner hinter dem verurteilten Gegner.

5 **3) Antragsteller als Auslagenschuldner, I 2.** Der Antragsteller haftet nach Hs 1 in den folgenden Fällen für Auslagen, auch wegen eines vorläufigen Insolvenzverwalters, Düss ZIP **09**, 1172, LG Osnabr JB **12**, 375, aM BGH Rpfleger **06**, 281 (aber I 2 ist eindeutig), bei KV 9017 freilich nach I 3 nur als Insolvenzschuldner.
  A. Eröffnungsverfahren. Der Antragsteller haftet bei einer Abweisung des Eröffnungsantrags, auch mangels Masse, Köln ZIP **10**, 637, LG Bonn ZIP **10**, 148, LG Gött ZIP **10**, 148, oder bei seiner Rücknahme. Die Vorschrift ist zwingend, LG Memmingen MDR **87**, 767. Mehrere Antragsteller können Gesamtschuldner sein, LG Gießen JB **96**, 486. Bei einer wirksamen Erledigterklärung ist I 2 unanwendbar, Düss JB **06**, 650, Kblz JB **07**, 321, Köln MDR **06**, 472, und kann man § 91 a ZPO entsprechend anwenden, Düss JB **06**, 650, LG Memmingen MDR **87**, 767.

6 **B. Wiederaufnahme.** Der Antragsteller haftet bei einer Wiederaufnahme vor der Entscheidung, auch wegen der Kosten einer auf einen Antrag erfolgten Sicherungsmaßnahme. GKG § 23 § 23 GKG

7 **C. Besonderer Prüfungstermin.** Der Antragsteller haftet für die Auslagen eines besonderen Prüfungstermins wegen seiner Forderung nach § 177 I 2 InsO, KV 2340. Als Antragsteller muß man nach § 33 den Gläubiger ansehen, auch wenn das Gericht den Termin nicht gerade wegen seiner Forderung anberaumt hat. Gesamtgläubiger haften gemeinsam. Im übrigen haftet jeder Gläubiger nur für seine Schuld.

8 **D. Beschwerdeverfahren.** Der Antragsteller haftet für die Auslagen des Beschwerdeverfahrens, soweit das Gericht die Beschwerde verwirft oder zurückweist oder soweit der Beschwerdeführer die Beschwerde zurücknimmt. Er haftet ferner dann, wenn das Beschwerdeverfahren sich gegen den Eröffnungsbeschluß richtet. Soweit die Beschwerde Erfolg hat, kommt eine Niederschlagung auch der Auslagen in Betracht.

9 **4) Antragsteller als Kostenschuldner bei Versagung oder Widerruf der Restschuldbefreiung, II.** Derjenige, der die Versagung oder den Widerruf der Restschuldbefreiung nach §§ 296–297 a, 300, 303 InsO beantragt, haftet unabhängig vom Erfolg oder Nichterfolg seines Antrags für die Gebühren und Auslagen dieses Verfahrens, § 1. Mehrere Antragsteller haften nach §§ 31 ff wie sonst mehrere Kostenschuldner.

10 **5) Schuldner als Gebührenschuldner, I 4, VII.** Der Schuldner haftet für die Durchführungsgebühr, KV 2330 ff, und bei § 14 III InsO. Die Kosten sind Massekosten. Auch der Insolvenzverwalter kann über § 33 Kostenschuldner sein, beschränkt auf die Insolvenzmasse. Er kann die Erinnerung nach § 66 umlegen.

11 **6) Schuldner als Auslagenschuldner, I 4, VII.** Der Schuldner haftet für die Auslagen in den folgenden Fällen.

Abschnitt 5. Kostenhaftung §§ 23–26 GKG

A. Insolvenzeröffnung. Soweit das Gericht das Insolvenzverfahren eröffnet hat und bei § 14 III InsO haftet der Schuldner für die Auslagen des gesamten Verfahrens.
B. Beschwerdeverfahren. Bei einem Beschwerdeverfahren haftet der Schuldner 12
nach Rn 4 in demselben Umfang wie der Antragsteller.
7) Verfahren nach III–VI. Keine Besonderheiten. 13

Sanierungs- und Reorganisationsverfahren nach dem Kreditinstitute-Reorganisationsgesetz

23a Die Kosten des Sanierungs- und Reorganisationsverfahrens schuldet nur das Kreditinstitut.

1) Systematik, Regelungszweck. Es handelt sich zusammen mit § 53a (Streit- 1
wert), KV 1650–1653 (Gerichtsgebühren) und mit § 24 RVG (Gegenstandswert), Teil X dieses Buchs, um eine vorrangige Spezialregelung im Verfahren nach dem ebenfalls seit 1. 1. 11 geltenden Kreditinstitute-Reorganisationsgesetz (KredReorgG).

2) Kostenschuldner: Kreditinstitut. Das ist jedes Unternehmen nach § 1 I KWG, 2
Sartorius Ergänzungsbd Nr 856. § 23a stellt dessen alleinige Stellung als Kostenschuldner klar. Es gibt also auch keine Hilfshaftung eines anderen, auch nicht der Bundesanstalt für Finanzdienstleistungen.

Öffentliche Bekanntmachung in ausländischen Insolvenzverfahren

24 Die Kosten des Verfahrens über den Antrag auf öffentliche Bekanntmachung ausländischer Entscheidungen in Insolvenzverfahren oder vergleichbaren Verfahren schuldet, wer das Verfahren beantragt hat.

1) Systematik. Es handelt sich um eine gegenüber §§ 22, 23 vorrangige Sonder- 1
vorschrift.

2) Kostenschuldner: Antragsteller. Er haftet für die Kosten, also nach § 1 I 1 2
für Gebühren wie für die Auslagen.

Verteilungsverfahren nach der Schifffahrtsrechtlichen Verteilungsordnung

25 Die Kosten des Verteilungsverfahrens nach der Schifffahrtsrechtlichen Verteilungsordnung schuldet, wer das Verfahren beantragt hat.

1) Antragsteller. Schuldner der Kosten, also nach § 1 I 1 der Gebühren für die Er- 1
öffnung nach KV 2410 und für die Durchführung nach KV 2420 und der Auslagen ist nach § 22 I grundsätzlich nur der jeweilige Antragsteller. Bei einer Mehrheit von Antragstellern gilt § 31. Der Antragsteller trägt nach §§ 31, 32 SVertO auch die Kosten eines Sachwalters und den insofern vom Gericht vor der Eröffnung einzufordernden Vorschuß. Wegen der von der Haftungssumme zu tragenden Kosten §§ 31 II, 33 SVertO.

Im *Beschwerdeverfahren* schuldet der in die Kosten verurteilte Beschwerdeführer die 2
Beschwerdegebühr nach KV 2440, 2441, aber nur hinter dem Entscheidungsschuldner nach § 29 Z 1. Der Beschwerdeführer haftet auch bei einer Verwerfung, Zurückweisung oder Rücknahme der Beschwerde für die Auslagen. Bei einem Erfolg der Beschwerde muß man die Auslagen nach § 21 niederschlagen.

2) Gläubiger. Er muß die Kosten eines besonderen Prüfungstermins nach KV 3
2430 dann tragen, wenn er nach § 18 SVertO sein Recht zu diesem besonderen Termin angemeldet hat.

3) Streitwert. § 33. 4

Zwangsversteigerungs- und Zwangsverwaltungsverfahren

26 [I] Die Kosten des Zwangsversteigerungs- und Zwangsverwaltungsverfahrens sowie des Verfahrens der Zwangsliquidation einer Bahneinheit schuldet vorbehaltlich des Absatzes 2, wer das Verfahren beantragt hat, soweit die Kosten nicht dem Erlös entnommen werden können.

GKG § 26 I. A. Gerichtskostengesetz

II ¹Die Kosten für die Erteilung des Zuschlags schuldet nur der Ersteher; § 29 Nummer 3 bleibt unberührt. ²Im Fall der Abtretung der Rechte aus dem Meistgebot oder der Erklärung, für einen Dritten geboten zu haben (§ 81 des Gesetzes über die Zwangsversteigerung und die Zwangsverwaltung), haften der Ersteher und der Meistbietende als Gesamtschuldner.
III Die Kosten des Beschwerdeverfahrens schuldet der Beschwerdeführer.

Gliederung

1) Systematik, Regelungszweck, I–III	1
2) Haftung des Antragstellers, I	2–6
A. Grundsatz: Umfassende Haftung, I Hs 1	2, 3
B. Ausnahmen, I Hs 2	4–6
3) Zuschlagskosten, II	7, 8
4) Beschwerdekosten, III	9

1 **1) Systematik, Regelungszweck, I–III.** Vgl zunächst Üb 1, 2 vor § 22. § 26 betrifft die Gebühren KV 2210 ff und die im Verfahren nach § 869 ZPO in Verbindung mit dem ZVG entstehenden Auslagen nach KV 9000 ff, vgl auch KVGv 401, 604, Teil XI dieses Buchs. Wegen der Fälligkeit der Gebühren § 7, der Auslagen § 9. Wegen des Vorschusses § 15. Die Gebühr für die Eintragung des Erstehers in das Grundbuch richtet sich nach KVfG 14110, Teil III dieses Buchs. Der Ersteher haftet für diese Gebühr allein. Er haftet nach § 23 GNotKG neben den Gläubigern auch für diejenigen Gebühren, die durch die Eintragung einer Sicherungshypothek für eine Forderung gegen den Ersteher entstehen.

2 **2) Haftung des Antragstellers, I.** Einem klaren Grundsatz stehen erhebliche Ausnahmen gegenüber. Antragsteller sind jeder das Verfahren betreibende Gläubiger, auch ein beitretender, ein antragsberechtigter Erbe, eine ihm nach § 175 ZVG gleichstehende Person, ein Gemeinschafter nach § 180 ZVG und eine Partei kraft Amtes, zB der Nachlaßverwalter, Testamentsvollstrecker oder der Insolvenzverwalter nach § 172 ZVG.

A. Grundsatz: Umfassende Haftung, I Hs 1. Der Antragsteller haftet für das Anordnungsverfahren bei einer Zwangsversteigerung oder Zwangsverwaltung, auch wegen eines Beitritts nach KV 2210, unabhängig von der Höhe seiner persönlichen Forderung, mit der er beigetreten ist. Das gilt auch bei einer Beitrittserklärung in einem anderen Verfahren, BGH NJW **09**, 2066. Er haftet ferner für die allgemeine Verfahrensgebühr KV 2211.
Er haftet für *jede statthafte* gerade auch ihn betreffende *selbständige* Entscheidungsgebühr. Das gilt zB bei § 133 ZVG. Das gilt nach § 21 natürlich dann nicht, wenn die Mehrheit der Entscheidungen auf einem Verfahrensfehler beruht. Eine einzige Entscheidung statt mehrerer ebendeshalb löst nur eine einzige Gebühr aus. Vor einer Verbindung entstandene Gebühren bleiben bestehen. Eine spätere Trennung löst keine höheren Gebühren aus.
Der Antragsteller haftet auch für die Kosten des *Versteigerungstermins* nach KV 2213. Er haftet für die Kosten des Verteilungsverfahrens nach KV 2215 sowie für die Jahresgebühr der Zwangsverwaltung nach KV 2221, für die Gebühr wegen der Eröffnung der Zwangsliquidation einer Bahneinheit nach KV 2230 und für das Verfahren nach KV 2231, soweit es sich nicht um Beschwerdegebühren handelt.

3 Die Haftung des Antragstellers erstreckt sich auch auf die im Verfahren entstehenden *Auslagen,* demgemäß auch auf diejenigen Auslagen, die bei der Überwachung des Sequesters durch das Gericht entstehen. Wegen eines Vorschusses gelten §§ 15, 17 III.
Außer dem Antragsteller haftet der *Vollstreckungsschuldner* wegen der notwendigen Vollstreckungskosten. Das sind diejenigen Kosten, die selbst für einen objektiven Betrachter im Zeitpunkt der Antragstellung und der weiteren Vollstreckung vernünftigerweise notwendig waren, wie bei §§ 91, 788 ZPO. Ferner haftet der gesetzlich Verpflichtete nach § 29 Z 3, 4. Der Bevollmächtigte oder gesetzliche Vertreter und eine Partei kraft Amts haftet aber nicht mit dem eigenen Vermögen, anders als der vollmachtlose Vertreter, solange der Vertretene nicht rückwirkend genehmigt. Die

Partei kraft Amtes haftet nur mit dem verwalteten Vermögen. Mehrere Antragsteller haften als Gesamtschuldner. Eine Kostenfreiheit bleibt bestehen. Mit einer Verfahrenseinstellung erlischt die Mithaftung des davon betroffenen Mitgläubigers für Kosten während der Einstellung.

B. Ausnahmen, I Hs 2. Die Haftung entfällt, soweit das Gericht die Kosten dem 4 Erlös entnehmen kann. Eine Vorwegentnahme ist für die Verfahrenskosten der Zwangsversteigerung möglich. Davon gilt eine Ausnahme für die Kosten der Anordnung des Verfahrens und die Kosten des Beitritts eines Gläubigers, ferner bei einer Prozeßkostenhilfe für den Antragsteller (dann muß man die Forderung anmelden).

Wegen einer *nachträglichen Verteilungshandlung* s §§ 109 I, 155 I ZVG.

Eine *Vorwegentnahme* ist auch bei der Gebührenfreiheit eines Beteiligten statthaft. 5 Bei der Nichtberichtigung des Bargebots muß man die Forderung gegen den Ersteher wegen der Kosten nach § 118 ZVG auf die Gerichtskasse übertragen. Der Antragsteller wird dann frei, wenn die Gerichtskasse nicht binnen 3 Monaten dem Gericht gegenüber auf die Rechte aus der Übertragung verzichtet.

Der *Beigetretene* haftet als Antragsteller nur für diejenigen durch eine gerichtliche 6 Handlung entstehenden Kosten, für die er die Rechtsstellung eines Gläubigers hat. Wenn zB die Versteigerung nur auf Grund des Antrags des eigentlichen Antragstellers stattgefunden hat, während das Gericht das Verfahren für den Beigetretenen eingestellt hatte, haftet der Beigetretene nur für die Verfahrensgebühren.

3) Zuschlagskosten, II. Für die Zuschlagskosten nach KV 2214, 9000ff haften 7 nur der Ersteher nach der gesetzlichen Kostenschuldner nach § 29 Z 3, nicht der Antragsteller. Das gilt folglich auch für die Kosten der Zustellung des Zuschlagsbeschlusses nach § 88 ZVG, LG Freibg Rpfleger **91**, 383. Mehrere Ersteher haften nach § 31 I als Gesamtschuldner, soweit sie gemeinsam erwerben. Andernfalls haftet jeder Ersteher nur für seinen Teil. Bei einer Wiederversteigerung nach § 133 ZVG haftet der Ersteher nicht für die Kosten des früheren Zuschlags.

Bei einer *Abtretung der Rechte* aus dem Meistgebot oder bei der Aufdeckung eines Bietungsauftrags nach § 81 ZVG haftet der Meistbietende neben dem Ersteher als Gesamtschuldner und auch seinerseits als Erstschuldner, LG Lüneb Rpfleger **88**, 113. Das gilt auch dann, wenn der Ersteher persönlich kein aus dem Grundstück Berechtigter ist, LG Lüneb Rpfleger **88**, 113. Der Dritte haftet bei § 61 ZVG nicht.

Gegenüber der auf dem Kostenrecht begründeten persönlichen Inanspruchnahme 8 ist eine Berufung auf eine *persönliche Gebührenfreiheit* zulässig. Man darf die Gebühr und die Zustellungsauslagen nach § 109 ZVG nicht dem Versteigerungserlös entnehmen, LG Freibg Rpfleger **91**, 383.

4) Beschwerdekosten, III. Die Haftung für die Beschwerdegebühr nach KV 9 2240, 2241 und für die zugehörigen Auslagen nach KV 9000ff trifft den Beschwerdeführer nach III. Das gilt auch wegen etwaiger Sachverständigenkosten, Kblz JB **05**, 215. Die Haftung richtet sich also nach dieser gegenüber § 22 vorrangigen Sondervorschrift. Eine Vorwegentnahme aus dem Versteigerungserlös ist nicht statthaft. Denn III verweist nicht auf I Hs 2.

Bußgeldsachen

27 Der Betroffene, der im gerichtlichen Verfahren nach dem Gesetz über Ordnungswidrigkeiten den Einspruch gegen einen Bußgeldbescheid zurücknimmt, schuldet die entstandenen Kosten.

1) Geltungsbereich. § 27 gilt bei einer Rücknahme des Einspruchs gegen einen 1 Bußgeldbescheid im gerichtlichen Verfahren nach dem OWiG, LG Zweibr MDR **95**, 1076. Dazu zählt das Zwischenverfahren nach § 69 IV OWiG ebensowenig wie das sonstige Verfahren vor der Staatsanwaltschaft, etwa nach § 25 a StVG (Halterhaftung). Die Rücknahme muß nach §§ 71 OWiG, 411 III StPO wirksam erfolgt sein. Eine Gebühr entsteht dann nicht.

Der Betroffene trägt die *Kosten,* also nach § 1 I 1 die Gebühren und die Auslagen, LG Darmst MDR **98**, 309 (Sachverständigenkosten), aM Meyer 1 (aber „Kosten" ist eindeutig). Das gilt freilich nur für die gerade im gerichtlichen Verfahren entstandenen, nicht für verwaltungsbehördliche. Sie werden nach § 8 S 2 mit der Rücknahme des Einspruchs fällig, also mit der daraus folgenden Rechtskraft des Bußgeldbescheids, LG Zweibr MDR **95**, 1076. Eine Kostenentscheidung ist unnötig. Denn die Haftung entsteht kraft Gesetzes, LG Zweibr MDR **95**, 1076.

2 **2) Fälligkeit.** Sie richtet sich nach § 8.

Auslagen in weiteren Fällen

28 I ¹Die Dokumentenpauschale schuldet ferner, wer die Erteilung der Ausfertigungen, Kopien oder Ausdrucke beantragt hat. ²Sind Kopien oder Ausdrucke angefertigt worden, weil die Partei oder der Beteiligte es unterlassen hat, die erforderliche Zahl von Mehrfertigungen beizufügen, schuldet nur die Partei oder der Beteiligte die Dokumentenpauschale.

II Die Auslagen nach Nummer 9003 des Kostenverzeichnisses schuldet nur, wer die Versendung der Akte beantragt hat.

III Im Verfahren auf Bewilligung von Prozesskostenhilfe einschließlich des Verfahrens auf Bewilligung grenzüberschreitender Prozesskostenhilfe ist der Antragsteller Schuldner der Auslagen, wenn
1. der Antrag zurückgenommen oder vom Gericht abgelehnt wird oder
2. die Übermittlung des Antrags von der Übermittlungsstelle oder das Ersuchen um Prozesskostenhilfe von der Empfangsstelle abgelehnt wird.

Gliederung

1) Systematik, I–III	1
2) Regelungszweck, I–III	2
3) Dokumentenpauschale, I	3–5
A. Grundsatz: Antragstellerhaftung, I 1	3
B. Beispiele zur Frage einer Antragstellerhaftung, I 1	4
C. Ausnahme: Unterlasserhaftung, I 2	5
4) Auslagen für Aktenversendung oder -übermittlung, II	6–9
A. Schuldner: Antragsteller	6
B. Versendung usw	7, 8
C. Unanwendbarkeit	9
5) Auslagen im Prozeßkostenhilfeverfahren, III	10

Vorbem. Fassg Art 3 I Z 13 a–c des 2. KostRModG v 23. 7. 13, BGBl 2586, in Kraft seit 1. 8. 13, Art 50 G, ÜbergangsR § 71 GKG.

1 **1) Systematik, I–III.** Vgl zunächst Üb 1, 2 vor § 22. Die Vorschrift schafft für die Dokumentenpauschale und für Auslagen aus Anlaß einer Aktenversendung einen eigenen Schuldner, BGH NJW **11**, 3041, VGH Mü NJW **07**, 1484. Neben diesem haften bei solche Auslagen nach I grundsätzlich für die entstandenen notwendigen Kosten die Schuldner der §§ 22–26, 29. Das ergibt das Wort „ferner" in I 1. Eine solche zusätzliche Haftung besteht aber nicht bei einer Aktenversendung. Für deren Kosten haftet nach II ja „nur" der Antragsteller, aM VG Brschw NVwZ-RR **03**, 912 (aber am klaren Wortlaut scheitert eine Praktikabilitätsfrage).

2 **2) Regelungszweck, I–III.** Die Vorschrift dient in I 2 der Kostendämpfung. Denn der Antragsteller hat es in der Hand, durch die eigene Anfertigung der erforderlichen Kopien, Ausdrucke und Ausfertigungen bei I 2 eine Dokumentenpauschale zu verhindern. Er kann auch Telefaxe fertigen, aM VGH Mannh NJW **08**, 537 (aber das Fax hat sich völlig eingebürgert). Im übrigen bezweckt § 28 eine Kostengerechtigkeit: Wer Kosten verursacht, soll sie bezahlen, BGH NJW **11**, 3041, Oldb JB **10**, 483 (zustm Lohle), VGH Mannh NJW **08**, 537.

3 **3) Dokumentenpauschale, I.** Dem Grundsatz stehen Ausnahmen gegenüber.

A. Grundsatz: Antragstellerhaftung, I 1. Die Vorschrift erfaßt die Übersendung einer nach KV 9000 Z 1 gerade auf Grund eines Antrags und nicht etwa nur von Amts wegen erteilten auslagenpflichtigen Ausfertigung oder Kopie oder eines Ausdrucks der etwaigen elektronischen Fassung oder seiner Kopie nach KV 9000 Rn 1. Das gilt auch dann, wenn man hätte Akteneinsicht nehmen können, AG Gött

Abschnitt 5. Kostenhaftung § 28 GKG

ZIP **11**, 1230. Schuldner dieser Auslagen ist neben den in Rn 1 Genannten immer auch derjenige, der diesen Antrag unmittelbar gestellt hat, BGH NJW **11**, 3041. Das ist nicht stets der Antragsteller des § 22.

B. Beispiele zur Frage einer Antragstellerhaftung, I 1 4

Beistand: Nach I 1 haften kann auch er nach § 90 ZPO.
Neben Entscheidungsschuldner: Nach I 1 haftet man neben einem Entscheidungsschuldner nach § 31 II 1 nur als Zweitschuldner.
Gebührenfreiheit: Bei ihr gelten §§ 22, 29.
GKG § 22: *Nicht stets* haftet nach I 1 ein Antragsteller des § 22.
Prozeßbevollmächtigter: Nach I 1 haften kann auch er nach § 81 ZPO, aM KG MDR **84**, 592.
S aber auch „Vertreter".
Prozeßkostenhilfe: Ihre Bewilligung kann nach § 122 I ZPO eine Stundung der Pflicht zur Auslagenerstattung zur Folge haben. Das gilt aber nur für notwendige Auslagen als Teil notwendiger Kosten nach § 91 ZPO. Ein in die Prozeßkosten rechtskräftig verurteilter Prozeßgegner haftet nach § 125 ZPO auch für die notwendigen Auslagen.
Übernahmeschuldner: Nach I 1 kann auch ein solcher nach § 29 Z 2 haften unabhängig von einer Erstattbarkeit im Innenverhältnis etwa zwischen dem Auftraggeber und seinem ProzBev nach § 81 ZPO.
Verteidiger: Nach I 1 haften kann auch er zB nach §§ 137 ff StPO, BVerfG NJW **95**, 3177, LG Ravensb AnwBl **95**, 153 (grds der Vertreter), AG Bln-Tiergarten AnwBl **95**, 571, aM Düss Rpfleger **02**, 225, AG Bielef AnwBl **95**, 571, AG Marsberg AnwBl **95**, 154 (aber warum kann der Verteidiger kein Antragsteller sein?).
Vertreter: *Nicht* nach I 1 haftet er, soweit er nur im Namen des Vertretenen einen Antrag stellt, VG Brschw NVwZ-RR **03**, 912, aM OVG Lüneb NJW **10**, 1394. Ob das so ist, hängt von den Umständen ab.
Zweitkopie usw: *Nicht* nach I 1 mag eine Haftung dann eintreten, wenn ein Anwalt eine solche Kopie usw verlangt, die er der Partei nicht berechnen darf, etwa eine zweite Kopie oder die Ausfertigung usw einer gerichtlichen Entscheidung oder eines Protokolls, BFH DB **77**, 570. Ein derartiges Verlangen liegt aber noch nicht in einer stillschweigend akzeptierten örtlichen Übung der Gerichtsverwaltung, den Anwälten einfach stets Kopien zu übersenden usw, BFH DB **77**, 570, Hamm Rpfleger **75**, 37, aM Meyer 6 (aber das wäre eine Überspannung von § 683 S 1 BGB. Mag sich die Verwaltung auf ihre Pflicht zur Antragsbearbeitung beschränken).

C. Ausnahme: Unterlasserhaftung, I 2. Wenn die Partei nach BLAH Grdz 4 5
vor § 50 ZPO oder der Beteiligte für ein von Amts wegen zuzustellendes Dokument nicht nach KV 9000 die erforderliche Zahl von Kopien usw liefert, haftet unabhängig von einer gerichtlichen allgemeinen Kostengrundentscheidung nur die Partei oder der Beteiligte für solche Auslagen, VGH Mü BayVerwBl **79**, 380, VG Ffo JB **08**, 654 (keine Erstattbarkeit). Es haftet also weder derjenige, der das Verfahren der Instanz beantragt hat, noch der Entscheidungsschuldner dieser Instanz.
Die Haftung tritt auch dann ein, wenn die Partei bei einem durch *Telefax* usw eingereichten Schriftsatz weder sogleich auf demselben Weg die erforderlichen Kopien mitgeliefert noch diese im Original angekündigt und fristgerecht nachgeliefert hat, Oldb JB **10**, 483, AG Reutlingen ZMR **13**, 239, VGH Kassel NJW **91**, 316. Freilich muß auch das Gericht verfahrensfehlerfrei handeln, VGH Kassel NJW **92**, 3055.

4) Auslagen für Aktenversendung oder -übermittlung, II. Es gibt mehrere 6
Aspekte.

A. Schuldner: Antragsteller. Schuldner der Auslagen für die Versendung von Akten nach KV 9003 ist nach Rn 2 derjenige, der diese Versendung beantragt hat, also zB die Partei nach BLAH Grdz 4 vor § 50 ZPO, Düss JB **08**, 375, VGH Mü NJW **07**, 1484, aM LG Mainz RR **08**, 126, der ProzBev nach § 81 ZPO, VG Meiningen JB **06**, 36, oder der Verteidiger, BVerfG NJW **97**, 1433, Kblz MDR **97**, 202 (LS), LG Kblz NJW **96**, 1223, aM LG Bayr JB **97**, 433, VG Brschw JB **03**, 210 (je: nur der Auftraggeber des beantragenden Anwalts. Vgl aber Rn 3). „Nur" dieser Antragsteller haftet, Rn 1, BVerfG NJW **95**, 3177, OVG Lüneb NJW **10**, 1393.

7   **B. Versendung usw.** Sie liegt nur vor, soweit die erforderlichen Maßnahmen über eine bloße Aushändigung mit oder ohne eine Quittung hinausgehen, etwa an einen Anwalt durch das Einlegen in sein an demselben Ort vorhandenes Anwaltsfach, AG Ahaus AnwBl **95**, 154, VG Meiningen JB **06**, 36, oder an einen in der Geschäftsstelle erscheinenden auswärtigen Anwalt. Eine solche weitergehende Maßnahme liegt also vor allem bei der Versendung per Post vor, aber auch etwa bei einer Verwendung von Telefax usw, aM Meyer 7 (aber das ist eine durch die Technik überholte Engauslegung). Die Art der Versendung und der Zwischenstationen ist unerheblich, KV 9003, AG Marsberg AnwBl **95**, 154, BReg AnwBl **95**, 138. Die Hin- und Rücksendung gelten nach KV 9003 amtliche Anmerkung I zusammen als nur eine einzige Sendung.

8   Die Versendung usw von mehr als einem losen einzelnen Dokument mit oder ohne Anlagen usw ist bereits eine „Akten"-Versendung. Denn sonst wäre überhaupt keine Grenze unterhalb der vollständigen Akten ziehbar, und selbst dann wäre zB unklar, ob die Versendung nur der Hauptakten usw genügen könnte. Vgl auch (zur Fälligkeit) § 9 Rn 1. Bei § 129a II 1 ZPO liegt aber eine von Amts wegen erforderliche und daher nicht unter II fallende Maßnahme vor.

9   **C. Unanwendbarkeit.** Nicht hierher gehört die in KV 9000 Z 2 besonders geregelte Überlassung elektronisch gespeicherter Dateien.

10 **5) Auslagen im Prozeßkostenhilfeverfahren, III.** Der Antragsteller ist sowohl im nationalen Bereich als auch bei einer grenzüberschreitenden Prozeßkostenhilfe nach §§ 114ff, 1076–1078 Auslagenschuldner nur, soweit er den Antrag zurücknimmt oder soweit das Gericht eine Bewilligung ablehnt oder soweit schon die Übermittlungsstelle die bloße Antragsübermittlung oder gar das Prozeßkostenhilfe-Gesuch ablehnt.

Weitere Fälle der Kostenhaftung

29 Die Kosten schuldet ferner,

1. wem durch gerichtliche oder staatsanwaltschaftliche Entscheidung die Kosten des Verfahrens auferlegt sind;
2. wer sie durch eine vor Gericht abgegebene oder dem Gericht mitgeteilte Erklärung oder in einem vor Gericht abgeschlossenen oder dem Gericht mitgeteilten Vergleich übernommen hat; dies gilt auch, wenn bei einem Vergleich ohne Bestimmung über die Kosten diese als von beiden Teilen je zur Hälfte übernommen anzusehen sind;
3. wer für die Kostenschuld eines anderen kraft Gesetzes haftet und
4. der Vollstreckungsschuldner für die notwendigen Kosten der Zwangsvollstreckung.

Gliederung

1) Systematik, Regelungszweck, Z 1–4	1, 2
2) Entscheidungsschuldner, Z 1	3–10
A. Entscheidung	3
B. Beispiele zur Frage einer Entscheidung, Z 1	4, 5
C. Kostenauferlegung	6
D. Teilauferlegung	7, 8
E. Fehlen einer Kostenentscheidung	9, 10
3) Übernahmeschuldner, Z 2	11–20
A. Übernahmeerklärung	12
B. Beispiele zur Frage einer Übernahmeerklärung, Z 2	13–16
C. Vergleich	17
D. Beispiele zur Frage eines Vergleichs, Z 2	18–20
4) Gesetzliche Haftung, Z 3	21–35
A. Grundsatz: Haftung wie jeder andere Kostenschuldner	21–24
B. Haftung bei Zugewinngemeinschaft	25
C. Haftung bei Gütergemeinschaft	26
D. Haftung des Inhabers der elterlichen Sorge	27
E. Haftung als Vermögensübernehmer	28
F. Haftung als Erbe des Kostenschuldners, Erbschaftskäufer	29
G. Haftung als Erwerber des Handelsgeschäfts bei Fortführung der Firma	30

Abschnitt 5. Kostenhaftung § 29 GKG

- H. Haftung als Gesellschafter 31
- I. Haftung als Nießbraucher 32
- J. Haftung als Gesellschaftsschuld 33
- K. Haftung als Verein 34
- L. Haftung als Treugeber 35
- 5) **Vollstreckungsschuldner, Z 4** 36–42
  - A. Direkthaftung 37
  - B. Nur für notwendige Kosten 38–40
  - C. Unanwendbarkeit 41
  - D. Erstattbarkeit, Z 4 42

1) Systematik, Regelungszweck, Z 1–4. Vgl zunächst Üb 1, 2 vor § 22. § 29 **1**
gilt für alle dem GKG unterliegenden Verfahren. In Strafsachen enthält die Vorschrift
abgesehen von §§ 16–18, 27, 28, 33 die einzige Grundlage für Kostentitel. § 29 tritt
zu (jetzt) §§ 22–27 hinzu, Kblz VersR **80**, 1149. Eine Haftung kann sich auch gleichzeitig aus mehreren Vorschriften ergeben. Soweit das Gericht eine Prozeßkostenhilfe
nach §§ 114ff ZPO bewilligt hatte, muß man aber auch § 31 III Hs 1 sowie § 125 II
ZPO als vorrangig beachten.

Die Entscheidung, die Kostenübernahme usw bestimmen den *Umfang der Haftung*. **2**
Wegen derselben Kosten können mehrere Schuldner haften. Das geschieht nach § 31 I
grundsätzlich als Gesamtschuldnerschaft. Streitgenossen nach §§ 59ff ZPO haften
nach § 29 schlechthin als Gesamtschuldner, also nicht beschränkt wie bei § 22. Das gilt
nach § 32 Rn 5 auch für die Haftung als Entscheidungsschuldner, soweit nicht die
Entscheidung eine andere Kostenverteilung vorsieht, MüKo/Belz § 100 ZPO Rn 60,
aM Bbg JB **92**, 684. Ein späterer Kostenvergleich läßt nach § 30 Rn 2 die Haftung
des Entscheidungsschuldners gegenüber der Staatskasse unberührt. Den Mithaftenden
zieht § 8 II KostVfg heran, Teil VII A dieses Buchs. Man muß eine Erinnerung gegen
die Heranziehung stets an das Gericht derjenigen Instanz zu richten, die die Heranziehung ausgesprochen hat.

2) Entscheidungsschuldner, Z 1. Er ist nach § 31 III 1 stets Erstschuldner. Aus **3**
einer klaren Voraussetzung ergeben sich im übrigen unterschiedliche Auswirkungen.

A. Entscheidung. Eine gesetzlich statthafte staatsgerichtliche oder staatsanwaltliche Entscheidung nach Z 1 braucht grundsätzlich weder nach § 705 ZPO formell
rechtskräftig noch nach §§ 708ff ZPO vollstreckbar zu sein, KG MDR **04**, 56, Dölling
NJW **14**, 2472, Müller DGVZ **95**, 182. Ausnahmen gelten nach Rn 5 bei § 125 ZPO
und bei einer Straf- oder Bußgeldsache.

B. Beispiele zur Frage einer Entscheidung, Z 1 **4**
Arrest, einstweilige Verfügung: Entscheidung kann auch diese Maßnahme nach
§§ 916ff, 935ff ZPO sein, Ffm Rpfleger **81**, 118, AG Neuruppin Rpfleger **10**,
551. Die Eilanordnung muß freilich noch vollziehbar sein, zB nach §§ 929, 936
ZPO, Kblz RR **00**, 732.
Beschluß: Entscheidung ist auch er.
Bezeichnung als Kostenschuldner: Entscheidung nach § 29 ist eine eindeutige
Bezeichnung einer Partei als Kostenschuldner.
Entstehung: *Keine* Entscheidung ist ein bloß entstandener, aber noch nicht durch
Mitteilung, s dort, wirksamer Schritt des Gerichts.
Insolvenz: Eine Unterbrechung wegen Insolvenz nach § 240 ZPO wirkt nicht auf
den Ansatz von Gerichtskosten gegen einen von der Insolvenz nicht betroffenen
Entscheidungsschuldner, Stgt MFR **91**, 1097. Wegen der Besonderheiten bei der
Unterbrechung infolge eines Insolvenzverfahrens während der höheren Haupt-
sacheinstanz BLAH § 240 ZPO Rn 2.
Mahnbescheid: *Keine* Entscheidung nach § 29 ist der bloße Mahnbescheid nach
§ 692 I Z 3 ZPO, BLAH dort § 5, Schneider JB **03**, 4.
Mitteilung: Entscheidung ist nur ein gesetzlich mitgeteilter und damit wirksamer
Schritt des Gerichts, KG RR **00**, 1240, Kblz RR **00**, 1239, BLAH § 329 ZPO Rn 86.
Rechtskraft: S „Strafsache".
Rechtsmitteleinlegung: Entscheidung nach § 29 bleibt nach (jetzt) § 30 die erstin-
stanzliche, solange das Rechtsmittelgericht sie noch nicht abgeändert hat, BFH
JB **77**, 233, Ffm Rpfleger **81**, 118, Müller DGVZ **95**, 182.
Strafbefehl: Entscheidung ist auch er. **5**

GKG § 29
I. A. Gerichtskostengesetz

Strafsache: Entscheidung liegt erst bei Rechtskraft vor. Das folgt zwar nicht aus § 29, wohl aber daraus, daß vor der Rechtskraft nach § 8, KV amtliche Vorbemerkung 3.11 I keine Kostenschuld besteht.
Unrichtigkeit: Entscheidung ist grds auch eine unrichtige. Eine Ausnahme kann bei grober Unrichtigkeit nach § 21 vorliegen.
Unterbrechung: Rn 4 „Insolvenz".
Urteil: Entscheidung ist natürlich ein Urteil zB nach §§ 300 ff ZPO.
Verfügung: Entscheidung sein kann auch sie.
Vergleich: Er kann eine noch nicht durch Zahlung beendete Haftung nach Z 1 nicht beseitigen, Düss RR **97**, 1295.
Vollstreckungsbescheid: Entscheidung ist auch er nach § 699 ZPO.
Vorbehaltener Betrag: Ausreichen kann er zB im Strafverfahren, Kblz JB **06**, 323.
Vorbehaltsurteil: Entscheidung ist auch ein solches zB nach §§ 302, 599 ZPO oder nach § 10 AnfG, Kblz Rpfleger **87**, 338.
Vorbescheid: Entscheidung sein kann auch er, zB nach § 90 III FGO oder nach § 84 II VwGO.
Wirksamkeit: S „Mitteilung".

6 **C. Kostenauferlegung.** Das Gericht muß einen Beteiligten vor einer ihm nachteiligen Entscheidung anhören, Hbg MDR **99**, 60, AG Grevenbroich MDR **99**, 767 (je: Parteizustellung nach § 929 II versäumt). Es muß sodann eine Kostengrundentscheidung nach BLAH Üb 35 vor § 91 ZPO treffen, Bbg JB **92**, 684, VGH Mannh JB **99**, 205, LG Zweibr Rpfleger **83**, 369. Eine Haftung besteht nur für die eindeutig auferlegten Kosten. Es mag eine Kostenentscheidung nur für einen Verfahrensabschnitt oder etwa zur Säumnis nach § 331 ZPO oder Verweisung nach § 281 ZPO oder zur bisherigen Instanz vorliegen. Auch mag das Gericht nur einen von mehreren Beteiligten zum Kostenschuldner gemacht haben, etwa bei § 269 III, IV ZPO oder bei § 38. Eine spätere Übernahme ändert nichts an der höheren Kostenauferlegung, Nürnb RR **04**, 1007.

Wenn das Gericht dem Beteiligten die *gesamten Kosten* des Verfahrens auferlegt, umfaßt diese Entscheidung nur diejenigen Kosten nicht, die nach § 91 ZPO entbehrlich waren oder über die das Gericht eine besondere Entscheidung getroffen hat, etwa eine Verzögerungsgebühr nach § 38 oder diejenige, die das Gericht oder das Gesetz ausdrücklich ausnehmen. Nach § 91 III ZPO gehören auch die dort genannten Kosten eines Güteverfahrens zur Kostengrundentscheidung. Bei § 344 ZPO fallen hierunter nicht diejenigen Gerichtskosten, die nur deshalb bestehen bleiben, weil vor einer Klagerücknahme das Versäumnisurteil vorgang, Mü JB **97**, 95.

Auch die *Dokumentenpauschale* nach § 28 zählt nicht hierher, es sei denn, daß es sich um notwendige Auslagen nach § 28 Rn 2 handelt.

7 **D. Teilauferlegung.** Soweit das Gericht die Kosten einem Beteiligten nur zu einem Bruchteil auferlegt hat, muß man alle Gebühren und Auslagen zusammenrechnen und dem Bruchteil demgemäß verteilen. Wenn das Gericht die Kosten gegeneinander aufgehoben hat, trägt nach §§ 92 I 2 ZPO, 136 I FGO, 155 VwGO jede Partei oder jeder Beteiligte 50% der Gerichtskosten. Das gilt auch im Verhältnis zur Staatskasse. Bei einem teilweisen Freispruch erfolgt eine Verurteilung zu Kosten korrekterweise nur nach § 465 I 1, 2, II StPO. Maßgeblich ist aber die Kostenentscheidung des Gerichts.

8 Wenn das Gericht bei einer *Klage und Widerklage* oder bei wechselseitigen Rechtsmitteln die Kosten fälschlich nicht nach Bruchteilen verteilt, sondern gesondert hat, muß man nach § 22 verfahren, Meyer 10, aM Mümmler JB **78**, 1137 (Verteilung nach Streitwerten).

9 **E. Fehlen einer Kostenentscheidung.** Hier muß man prüfen, ob die Kosten zu denjenigen eines anderen Verfahrens gehören oder ob sie zum gesamten Verfahren zählen und ob dessen Kostenentscheidung deshalb miterfaßt und mitergreifen darf, Hbg MDR **99**, 60, AG Grevenbroich MDR **99**, 60. Die letztere Frage erfordert aber nur eine begrenzte Amtsprüfung, KG RR **00**, 732. Dann besteht auch für die Kosten mit dem Erlaß der Kostenentscheidung eine Entscheidungshaftung nach Z 1.

Die Kosten eines *selbständigen Beweisverfahrens* nach §§ 485 ff ZPO zählen zu den außergerichtlichen Kosten, Düss Rpfleger **07**, 228, Kblz MDR **04**, 840, BLAH § 91

Abschnitt 5. Kostenhaftung § 29 GKG

ZPO Rn 198, aM BGH NJW **05**, 294 (ohne jede Erwähnung oder gar Erörterung der vorstehenden Beurteilungen und Ansichten), Kblz MDR **03**, 718, Mü MDR **99**, 637.
Ferner muß man auf diese Weise zB folgende Kosten behandeln: Diejenigen eines **10** Verfahrens auf den Erlaß eines Arrests oder einer einstweiligen Verfügung nach §§ 916ff, 935ff ZPO, soweit dort eine Kostenentscheidung nicht gegenüber dem Betroffenen wirksam ergangen ist, Vollkommer Rpfleger **11**, 96; diejenigen bloßen Kostenvorschüsse, die das Gericht einem Beteiligten auferlegt hat, etwa in einer einstweiligen Anordnung oder nach §§ 379, 402 ZPO; diejenigen einer Einstellung der Zwangsvollstreckung nach § 707 ZPO; diejenigen aus einer anderen die Parteien betreffenden Zwischenentscheidung zB nach § 280 ZPO. Sehr oft muß man die infrage kommende Entscheidung auslegen.

3) Übernahmeschuldner, Z 2. Auch er ist Erstschuldner nach § 31 III 1, evtl **11** als Gesamtschuldner zusammen mit einem Entscheidungsschuldner. Eine Vorschußpflicht bleibt nach § 18 S 1 bestehen. Auch hier muß man aus einer klaren Voraussetzung unterschiedliche Folgen ziehen. Mehrere Übernahmeschuldner haften als Gesamtschuldner, können aber im Innenverhältnis Ausgleichsansprüche haben, AG Lpz FamRZ **09**, 243.

A. Übernahmeerklärung. Eine Kostenübernahme ist in sämtlichen Sachen statt- **12** haft, auch zB in einem Strafverfahren, LG Zweibr Rpfleger **83**, 369, Mayer JB **92**, 4, aM AG Euskirchen AnwBl **90**, 52 (aber eine solche Bereitschaft kann ungeachtet Rn 15 wesentlich zur Einstellung beitragen).
Die Regelung ist *mit dem GG vereinbar,* BVerfG **51**, 296 = BGBl **79**, 1216. Ihr Inhalt ist die dem Gericht gegenüber formlos abgegebene Erkl, die Kosten ganz oder zu einem bestimmten Teil zu übernehmen. Die Erkl muß dem Gericht zugehen.

B. Beispiele zur Frage einer Übernahmeerklärung, Z 2 **13**

Anfechtung: Die zivilrechtlichen Anfechtungsgründe wegen eines Willensmangels sind unanwendbar, LG Zweibr Rpfleger **83**, 369. Denn es handelt sich um eine Parteiprozeßhandlung, BGH RR **94**, 568 (Auslegbarkeit), Bbg JB **77**, 1594, Naumb FamRZ **01**, 831 (Rechtsmittelverzicht).
Annahme der Erklärung: Sie ist *nicht* erforderlich.
Bedingung: Die Übernahme läßt grds *keine* Bedingung zu, LG Zweibr Rpfleger **83**, 369 (Ausnahme: § 470 Z 2 StPO, AG Bayreuth JB **81**, 591), auch nicht diejenige eines bestimmten Verfahrensausgangs, Stgt Rpfleger **85**, 169.
Deshalb *fehlt* eine Übernahme sogar, wenn der Beschuldigte nur für den Fall einer Einstellung des Verfahrens wegen Geringfügigkeit erklärt, Kosten zu „übernehmen".
S aber auch „Befristung".
Befristung: Sie ist statthaft.
S aber auch „Bedingung".
Ergänzungspfleger: Seine Kosten können unter Z 1 fallen, Brschw MDR **16**, 1339.
Erklärender: Eine Erklärung oder Mitteilung kann nur durch den Übernehmer oder durch einen berechtigten Vertreter erfolgen. Die Prozeßvollmacht ermächtigt zur Übernahmeerklärung oder -mitteilung zB nach § 81 lt Hs ZPO. Übernehmer kann eine Partei nach BLAH Grdz 4 vor § 50 ZPO sein, aber auch ein Dritter, zB die Rechtsschutzversicherung.
S auch Rn 15 „Prozeßkostenhilfe".
Formulierung: Die Formulierung „Ich mache mich für die Kosten (Auslagen) **14** stark" kann eine Übernahme nach Z 2 bedeuten, Düss JB **97**, 374. Die ähnliche Formulierung „Ich sage für die Kosten gut" kann bedeuten, daß im voraussehbaren Umfang nach § 27 GNotKG Rn 4ff, Teil III dieses Buchs nur eine Bürgschaft vorliegt, Hamm Rpfleger **75**, 37, aM Schneider JB **75**, 1034 bei der Formulierung „Ich sage mich für den Vorschuß stark".
S auch Rn 16 „Umfang".
Gesetzliche Haftung: Die Übernahme der Kosten läßt eine Kostenhaftung kraft Gesetzes unberührt, zB als Antragsschuldner, Mü Rpfleger **85**, 328, oder als Entscheidungsschuldner, BGH RR **01**, 285. Dasselbe gilt bei einer anderen Parteivereinbarung, Kblz JB **76**, 104. Die Übernahme befreit das Gericht nach Rn 6 nicht von der Pflicht, über die Kosten des Verfahrens nach Maßgabe der Gesetze zu ent-

scheiden. Der gesetzliche Kostenschuldner erhält aber infolge der Übernahmeerklärung des anderen einen Freistellungsanspruch gegen ihn.
15 **Mitteilung:** Sie steht einer Erklärung nach Z 2 gleich.
Parteivereinbarung: Sie ist *nicht* erforderlich.
S auch Rn 14 „Gesetzliche Haftung".
Prozeßkostenhilfe: Übernehmen kann auch eine durch Prozeßkostenhilfe nach § 122 ZPO begünstigte Partei, BVerfG NJW **00**, 3271, BGH JB **04**, 204, Ffm RR **12**, 317 und 318 rechts, KG RR **12**, 1021, aM Rostock JB **10**, 148, LG Ffm NJW **00**, 1120 (aber eine solche Hilfe verbietet der Partei nichts).
S auch Rn 16 „Umfang".
Rechtsschutzversicherung: Sie kann Übernehmerin sein. Es genügt eine vom Proz-Bev für sie eingereichte unmißverständliche Erklärung, etwa „Kosten zahlen wir". Eine vorbehaltlose Zahlung kann eine Übernahme bedeuten. Sie will freilich meist eine Übernahme nur abhängig vom Verfahrensausgang erklären, Stgt Rpfleger **85**, 169 (das ist aber grds unwirksam).
16 **Umfang:** Er ist natürlich eine Auslegungsfrage. Durchweg ergreift die Übernahme diejenigen Kosten, auf die sie sich eindeutig erkennbar bezieht, keineswegs andere als die von der Partei geschuldeten Kosten. Das gilt auch bei der Erklärung eines bisher Kostenfreien. Es gilt auch wegen der Kosten des gegnerischen Prozeßkostenhilfeanwalts.
S auch Rn 14 „Formulierung".
Widerruf: Die Übernahmeerklärung ist wie grds jede Parteiprozeßhandlung nach BLAH Grdz 47, 58 vor § 128 ZPO unwiderruflich, Bbg JB **77**, 1594, LG Zweibr Rpfleger **83**, 369.
Wirksamkeitsprüfung: Wenn der angebliche Übernehmer die Richtigkeit der Mitteilung eines anderen bestreitet, dann darf der Kostenbeamte die Wirksamkeit der Übernahmeerklärung nicht nachprüfen.
Zeitpunkt: Die Übernahme kann vor oder nach der Entstehung der Gebühr oder ihrer Fälligkeit erfolgen, LG Zweibr Rpfleger **83**, 369. Sie ist auch nach der Beendigung des Verfahrens statthaft.
17 **C. Vergleich.** Übernahmeschuldner ist auch derjenige, der die Kosten durch einen Prozeßvergleich nach BLAH Anh § 307 ZPO übernommen hat, Ffm NJW **11**, 2147, KG RR **12**, 1021, Kblz FamRZ **14**, 1799, aM Ffm JB **12**, 155.

D. Beispiele zur Frage eines Vergleichs, Z 2
18 **Änderung des Vergleichs:** Eine Übernahme bleibt ab ihrer Wirksamkeit auch bei einer Vergleichsänderung bestehen.
Anzeige des Vergleichs: Wenn die Parteien dem Gericht gemeinsam den Abschluß eines in einem anderen Rechtsstreit abgeschlossenen Prozeßvergleichs oder eines außergerichtlichen Vergleichs nach § 779 BGB jeweils mit einer Kostenverteilung auch wegen der Kosten des hier interessierenden Verfahrens anzeigen oder wenn der Prozeßgegner den von der anderen Partei mitgeteilten außergerichtlichen Vergleich bestätigt, liegt im mitgeteilten Umfang eine Übernahme nach Z 2 vor, Meyer JB **03**, 242.
Dritter: Auch er kann Übernehmer sein, zB bei einer „Anzeige des Vergleichs", soweit gerade auch er der Kostenregelung beigetreten ist.
Vor Entscheidung: Die Regeln „Nach Entscheidung" gelten entsprechend, zB in einer Ehescheidungssache.
19 **Nach Entscheidung:** Ein der gerichtlichen Entscheidung nachfolgender Vergleich kann zwar die Ansprüche aus der Entscheidung aufheben, nicht aber die Entscheidung selbst. Er berührt darum nach § 30 S 1 die Haftung der Staatskasse gegenüber nicht.
Erledigterklärung: S „Zugeständnis".
Insolvenzverwalter: Wenn der Insolvenzverwalter einen *außergerichtlichen* Vergleich nicht mitgeteilt hat, sind die Kosten keine Massekosten. Wenn in einem außergerichtlichen Vergleich eine Kostenregelung fehlt, muß man ebenfalls § 98 ZPO entsprechend anwenden.
Keine Kostenregelung: Etwas anderes gilt natürlich dann, wenn der Vergleich die ausdrückliche Bestimmung enthält, daß er die Kosten nicht mitregelt oder daß das Gericht zur Kostenfrage entscheiden soll. Vgl auch BLAH § 98 ZPO Rn 9, 43.

Abschnitt 5. Kostenhaftung § 29 GKG

Keine Kostenvereinbarung: Dann gelten grds § 98 ZPO, § 160 VwGO.
Prozeßkostenhilfe: Übernehmer bleibt man nach § 31 trotz erhaltener Prozeß- 20
kostenhilfe.
Sachlichrechtliche Wirksamkeit: Sie ist für die Kostenhaftung beim Prozeßvergleich unerheblich.
Unwirksamkeit des Vergleichs: *Keine* Übernahme liegt vor, soweit das Prozeßgericht den Vergleich für unwirksam erklärt oder soweit die Unwirksamkeit offenkundig ist.
Zugeständnis: *Keine* Übernahme liegt im bloßen Zugeständnis, die Sache sei durch einen Vergleich erledigt.
  4) **Gesetzliche Haftung, Z 3.** Ein einfacher Grundsatz zeigt in zahlreichen Fall- 21
gruppen Auswirkungen.
  A. **Grundsatz: Haftung wie jeder andere Kostenschuldner.** Kostenschuldner ist auch derjenige, der kraft Gesetzes (Privatrecht oder öffentliches Recht) und nicht auf Grund eines Vertrags für die Kostenschuld eines anderen der Staatskasse gegenüber unmittelbar haftet, zB der Erbe für die vom Erblasser oder vom Testamentsvollstrecker eingegangene Verbindlichkeit nach § 1967 BGB, Schlesw SchHA **84**, 167, oder der Erbschaftskäufer nach §§ 2382, 2383 BGB. Das gilt aber dann nicht, wenn dem Erblasser eine Prozeßkostenhilfe nach §§ 114ff ZPO zustand, Düss MDR **99**, 830, KG Rpfleger **86**, 281. Freilich können Kosten infolge der Aufnahme des Prozesses durch den Erben nach § 250 ZPO in seiner Person neu entstehen, Düss MDR **87**, 1031.
  Kostenschuldner ist *ferner* der persönlich haftende Gesellschafter einer Offenen Handelsgesellschaft oder einer Kommanditgesellschaft nach §§ 28, 128–130, 161 HGB, Stgt MDR **85**, 946, LAG Köln AnwBl **96**, 416, Hellstab Rpfleger **93**, 375, oder der Partner einer Partnerschaft nach dem PartGG, ferner die Nachfolgegemeinde bei einer Eingemeindung. Während des Insolvenzverfahrens über das Vermögen der KG kann man einen Gesellschafter nicht persönlich für eine Kostenschuld des Komplementärs haftbar machen, BGH Rpfleger **02**, 94.
  Eine nur *mittelbare Haftung* gegenüber der Staatskasse allenfalls aus einer unmittelbaren Haftung im Innenverhältnis zu einem Dritten *genügt nicht,* Meyer 23, aM BVerwG Rpfleger **93**, 374 (wegen einer Prozeßkostenvorschußpflicht, abl Hellstab).
  Die Staatskasse kann den so Haftenden wie *jeden anderen Kostenschuldner* in An- 22
spruch nehmen. Das gilt auch gegenüber demjenigen, der nur auf eine Duldung haftet. Die Kostenhaftung tritt auch ohne eine entsprechende gerichtliche Entscheidung ein, Schlesw SchHA **84**, 167, LAG Köln AnwBl **96**, 416.
  Der Kostenbeamte muß die etwa notwendigen *Ermittlungen von Amts wegen* anstel- 23
len und muß die gesetzliche Kostenhaftung nachweisen. Wenn aber die Staatskasse bereits einen dinglichen Zugriff auf das Grundstück des Kostenschuldners nach Z 3 genommen hat, kann sie nicht den späteren Erwerber des Grundstücks als einen zusätzlichen persönlichen Schuldner in Anspruch nehmen.
  Der Belangte hat grundsätzlich alle Einwendungen oder Einreden desjenigen, für 24
den er haftet. Er kann gegen die Heranziehung nach § 66 die *Erinnerung* einlegen, vgl auch §§ 4, 8 JBeitrO, Teil IX A dieses Buchs, BGH Rpfleger **02**, 95.
  B. **Haftung bei Zugewinngemeinschaft.** Beim gesetzlichen Güterstand der 25
Zugewinngemeinschaft besteht eine gesetzliche gegenseitige Haftung der Eheleute für Kostenschulden des anderen grundsätzlich nicht. Allerdings haften beide Eheleute im Rahmen des § 1357 BGB. Es ist in jedem Güterstand ein Ehegatte nach § 1360a IV BGB verpflichtet, dem anderen die Kosten eines Rechtsstreits in einer persönlichen Angelegenheit vorzuschießen. Aus dieser Pflicht folgt aber nicht eine unmittelbare gesetzliche Kostenhaftung nach Z 3. In der Zwangsvollstreckung muß man allerdings § 739 ZPO beachten.
  C. **Haftung bei Gütergemeinschaft.** Im vertraglichen Güterstand der Güter- 26
gemeinschaft besteht eine Haftung des alleinverwaltenden Ehegatten (nicht umgekehrt) nach §§ 1437 II, 1438 II BGB. Wenn die Ehegatten das Gesamtgut gemeinsam verwalten, haftet jeder Ehegatte für die Gerichtskosten als Gesamtschuldner nach §§ 1459 II, 1460 II BGB.
  D. **Haftung des Inhabers der elterlichen Sorge.** Eine solche Haftung besteht 27
nicht. Die Eltern haften dem Kind zwar für die Kosten eines lebenswichtigen Rechts-

streits. Sie haften aber nicht einem Dritten gegenüber, daher auch nicht gegenüber der Staatskasse. Eltern haften für Kosten eines Strafverfahrens gegen das Kind nur mit seinem Vermögen und nur im Rahmen ihrer Verwaltungsbefugnis.

28 E. **Haftung als Vermögensübernehmer.** Die frühere Haftung nach § 419 aF BGB ist entfallen.

29 F. **Haftung als Erbe des Kostenschuldners, Erbschaftskäufer.** Sie haften nach allgemeinen Grundsätzen zB nach § 27 HGB, § 1967 BGB, Schlesw SchlHA **84**, 167, §§ 2382, 2383 BGB. Die Erben des Verurteilten haften nach § 465 III StPO nur dann, wenn die Kostenentscheidung zu seinen Lebzeiten rechtskräftig geworden war. S auch Rn 4.

30 G. **Haftung als Erwerber des Handelsgeschäfts bei Fortführung der Firma.** Er haftet nach § 25 HGB, auch als Erbe nach § 27 HGB.

31 H. **Haftung als Gesellschafter.** Der Gesellschafter einer Offenen Handelsgesellschaft, der persönlich haftende Gesellschafter und der Kommanditist einer Kommanditgesellschaft haften als Gesamtschuldner nach §§ 128, 171 HGB. Der Kommanditist haftet in Höhe der noch nicht geleisteten Einlage. Dabei ist er nur dafür beweispflichtig, daß er die Einlage voll erbracht hat. Die Staatskasse muß demgegenüber darlegen und beweisen, daß man die Einlage später ganz oder teilweise zurückgezahlt hatte, BGH DB **79**, 436, BFH BStBl II **78**, 651. Der Gesellschafter einer BGB-Gesellschaft ist Gesamtschuldner, BGH GRUR-RR **12**, 184 links unten, LSG Bln-Brdb JB **14**, 430.

32 I. **Haftung als Nießbraucher.** Der Nießbraucher eines Vermögens haftet nach § 1086 HGB.

33 J. **Haftung als Gesellschaftsschuld.** Vgl § 735 BGB, § 28 HGB.

34 K. **Haftung als Verein.** Wegen der Haftung eines nicht rechtsfähigen Vereins § 54 BGB. Diese Haftung setzt ein Rechtsgeschäft voraus. Eine Parteiprozeßhandlung ist als solche kein Rechtsgeschäft, BVerwG JB **99**, 599, BLAH Grdz 48 vor § 128 ZPO. Daher haftet der Vorstand nicht, soweit der Verein Kosten schuldet, BVerwG JB **99**, 599, aM VGH Mannh JB **99**, 205.

35 L. **Haftung als Treugeber.** Er haftet nicht für die Kosten des Treunehmers, etwa des Inkassoabtretungsnehmers.

36 **5) Vollstreckungsschuldner, Z 4.** Er haftet nur für die notwendigen Kosten der Zwangsvollstreckung.

> **ZPO § 788. *Kosten der Zwangsvollstreckung*.** I ¹Die Kosten der Zwangsvollstreckung fallen, soweit sie notwendig waren (§ 91), dem Schuldner zur Last; sie sind zugleich mit dem zur Zwangsvollstreckung stehenden Anspruch beizutreiben. ²Als Kosten der Zwangsvollstreckung gelten auch die Kosten der Ausfertigung und der Zustellung des Urteils. ³Soweit mehrere Schuldner als Gesamtschuldner verurteilt worden sind, haften sie auch für die Kosten der Zwangsvollstreckung als Gesamtschuldner; § 100 Abs. 3 und 4 gilt entsprechend.
>
> II ...
>
> III Die Kosten der Zwangsvollstreckung sind dem Schuldner zu erstatten, wenn das Urteil, aus dem die Zwangsvollstreckung erfolgt ist, aufgehoben wird.
>
> IV Die Kosten eines Verfahrens nach den §§ 765a, 811a, 811b, 829, 850k, 850l, 851a und 851b kann das Gericht ganz oder teilweise dem Gläubiger auferlegen, wenn dies aus besonderen, in dem Verhalten des Gläubigers liegenden Gründen der Billigkeit entspricht.

37 A. **Direkthaftung.** Die Vorschrift schafft zusätzlich zur etwaigen Haftung des Antragstellers nach § 22 eine unmittelbare Haftung des Vollstreckungsschuldners. Gesamtschuldner bleiben auch in der Zwangsvollstreckung solche. Sein gesetzlicher Vertreter haftet nicht persönlich. Der Vollstreckungsschuldner haftet trotz einer Kostenfreiheit nach § 2 oder einer Prozeßkostenhilfe nach §§ 114ff ZPO zugunsten des Gläubigers, Hbg ZIP **13**, 790, LG Osnabr JB **12**, 319. Man muß die Notwendigkeit der Kosten wie bei §§ 788, 91 ZPO beurteilen, BGH BB **75**, 1218, Köln Rpfleger **86**, 240, LG Wuppert JB **97**, 549.

B. Nur für notwendige Kosten. Der Vollstreckungsschuldner haftet also nur für solche Kosten, die zur zweckentsprechenden Durchführung der Zwangsvollstreckung vernünftigerweise objektiv wirklich erforderlich waren, BGH NJW **10**, 1007, Köln Rpfleger **14**, 390, Saarbr BauR **11**, 1869, aM Zweibr DGVZ **98**, 9, AG Ibbenbüren DGVZ **97**, 94, Meyer 39 (je: sog parteiobjektiver Maßstab. Aber das widerspricht dem klaren Wortlaut und Sinn des § 788 ZPO, wie bei § 91 ZPO, BLAH Einl III 39). 38

Nicht notwendig sind zB sinnlose wiederholte oder unnötig gehäufte Pfändungs- 39 versuche oder sonstige Anträge, BGH NJW **05**, 2460. Der Gläubiger braucht den Schuldner nicht gesondert aufzufordern oder zu belehren oder nach einer Vermögensauskunft zu befragen, LG Nürnb-Fürth AnwBl **82**, 122, oder ihm stets eine Frist zu gewähren, LG Ulm AnwBl **75**, 239. Die Notwendigkeit läßt sich im etwaigen Kostenfestsetzungsverfahren nach §§ 103 ff ZPO klären. Man muß § 788 ZPO im Interesse der Prozeßwirtschaftlichkeit nach BLAH Grdz 14 vor § 128 ZPO eher großzügig auslegen.

Trotzdem muß ein *unmittelbarer Zusammenhang* zwischen den Kosten und der ei- 40 gentlichen Zwangsvollstreckung vorhanden sein, um die Kosten nach § 788 ZPO anerkennen zu können, Kblz Rpfleger **77**, 67, AG Köln DGVZ **99**, 46.

C. Unanwendbarkeit. Wenn der Vollstreckungstitel infolge einer Aufhebung weg- 41 fällt, muß die Staatskasse dem Vollstreckungsschuldner nach § 788 III ZPO die Kosten erstatten. Etwas anderes gilt bei der bloßen Aufhebung einer zunächst zulässig und begründet gewesenen Vollstreckungsmaßnahme oder beim bloßen Verzicht des Gläubigers auf die Rechte aus dem Vollstreckungstitel.

Z 4 bezieht sich nicht auf die der Staatskasse durch eine *Zwangsbeitreibung* von Gerichtskosten entstehenden Kosten. Für diese gelten § 1 I 1 Z 4, § 4 JBeitrO, Teil IX A dieses Buchs. Z 4 gilt nicht bei Kosten eines Absonderungsberechtigten in einem Zwangsversteigerungsverfahren, Hbg ZIP **13**, 790, Zweibr ZIP **09**, 1239.

D. Erstattbarkeit, Z 4. Vgl die umfangreiche Darstellung nebst ABC bei BLAH 42 § 788 ZPO Rn 17 ff.

Erlöschen der Zahlungspflicht

30 ¹Die durch gerichtliche oder staatsanwaltschaftliche Entscheidung begründete Verpflichtung zur Zahlung von Kosten erlischt, soweit die Entscheidung durch eine andere gerichtliche Entscheidung aufgehoben oder abgeändert wird. ²Soweit die Verpflichtung zur Zahlung von Kosten nur auf der aufgehobenen oder abgeänderten Entscheidung beruht hat, werden bereits gezahlte Kosten zurückerstattet.

Schrifttum: *Scheffer* Rpfleger **08**, 13 (Üb).

Gliederung

1) Systematik, Regelungszweck, S 1, 2	1
2) Erlöschen der Zahlungspflicht, S 1	2–4
A. Andere gerichtliche Entscheidung	2
B. Vergleich, Zurückverweisung	3
C. Erlöschensfolge	4
3) Zurückzahlung, S 2	5, 6
4) Vorschuß und Nachzahlung, S 1, 2	7

1) Systematik, Regelungszweck, S 1, 2. Vgl zunächst Üb 1, 2 vor § 22. Die 1 Vorschrift bezieht sich nur auf die Entscheidungshaftung, Müller DGVZ **95**, 182. Da diese Haftung auf einer gerichtlichen oder staatsanwaltlichen Entscheidung beruht, muß sie insoweit entfallen, als die Entscheidung selbst wegfällt. Die anderen Haftungsgründe der §§ 22, 29 bleiben von der eng auslegbaren Sondervorschrift des § 30 unberührt. Es findet also keine Rückzahlung statt, soweit sich aus den letzteren Vorschriften eine Zahlungspflicht ergibt.

§ 30 ist dann *nicht* entsprechend anwendbar, wenn das *höhere Gericht* keine nach (jetzt) § 45 III der inneren Rechtskraft fähige Entscheidung getroffen hat, Saarbr AnwBl **80**, 155.

2 **2) Erlöschen der Zahlungspflicht, S 1.** Die Entscheidungshaftung für die Kosten erlischt nicht schon dadurch, daß außer dem bisherigen Kostenschuldner noch ein anderer Beteiligter zum Kostenschuldner wird, Karlsr RR **01**, 1365, Naumb JB **08**, 325. Sie erlischt vielmehr nur insoweit, als das Gericht die Entscheidung gerade gegenüber diesem Entscheidungsschuldner aufhebt oder abändert. Seine Haftung zB nach § 22 führt dann nur dazu, daß er evtl bloßer Zweitschuldner nach § 31 II wird.

A. Andere gerichtliche Entscheidung. Diese Maßnahme kann nur durch eine neue gerichtliche Entscheidung geschehen. Sie kann durch ein anderes oder durch dasselbe Gericht erfolgen. Sie kann in einer anderen Instanz oder im Wiederaufnahmeverfahren nach §§ 578 ff ZPO geschehen. Eine Zurückverweisung zB nach § 538 II ZPO kann nach Rn 4 reichen. Die neue Entscheidung muß wirksam entstanden sein. Sie braucht aber grundsätzlich ebensowenig nach § 705 ZPO formell rechtskräftig oder auch nur nach §§ 708 ff ZPO vorläufig vollstreckbar zu sein wie die erste Entscheidung, auf der die Haftung aus (jetzt) § 29 beruht, Schlesw JB **92**, 403. Die Rechtskraft ist nur bei § 125 ZPO nötig. Eine erst nach einer Kostengrundentscheidung nach BLAH Üb 35 vor § 91 ZPO auf Grund eines Vergleichs erfolgte Klagerücknahme oder sonstige Änderung der Kostenentscheidung reicht als solche trotz § 269 III 1 ZPO nicht aus, BGH RR **01**, 285, Brdb FamRZ **11**, 1323, Karlsr RR **01**, 1365. Auch eine Scheidungsvereinbarung reicht nicht, KG MDR **76**, 318. Ebensowenig reicht eine einstweilige Einstellung der Zwangsvollstreckung zB nach §§ 707, 719 ZPO.

Ein solcher Beschluß, durch den das Gericht nach einer *Klagerücknahme* gemäß § 269 III 2, IV ZPO lediglich bestätigend feststellt, daß der Kläger die Kosten tragen muß, reicht ebenfalls nicht aus, aM ZöHe 4 vor § 91 ZPO (aber dann ist die ursprüngliche Kostenentscheidung nicht durch eine weitere Entscheidung weggefallen, sondern kraft Gesetzes). Anders liegt es bei einem Beschluß nach § 269 III 3, IV ZPO. Denn er ist eine echte Kostengrundentscheidung. Ausreichend sind auch ein Beschluß nach § 344 ZPO, BLAH § 269 ZPO Rn 34, oder eine Erledigung der Hauptsache nach § 91 a ZPO in der Rechtsmittelinstanz.

3 **B. Vergleich, Zurückverweisung.** Ein außergerichtlicher Vergleich nach § 779 BGB oder ein Prozeßvergleich nach BLAH Anh § 307 ZPO kann die Entscheidung des Gerichts weder aufheben noch ändern oder ersetzen. Das stellt S 1 klar, Karlsr RR **01**, 1365, Naumb JB **08**, 325, AG Kblz FamRZ **09**, 1617. Er berührt nur die Ansprüche aus der Entscheidung und bleibt für den Kostenansatz außer Betracht, Düss Rpfleger **01**, 88. Daher kann die Partei eine aus dem Vergleich folgende Überzahlung nur dem Prozeßgegner gegenüber geltend machen, nicht gegenüber der Staatskasse, Karlsr RR **01**, 1365, Scheffer (vor Rn 1) 17.

4 **C. Erlöschensfolge.** Eine Zurückverweisung bewirkt ein Erlöschen nur aus § 29 Z 1, nicht bei den anderen Haftungsgründen. Die Folge des Erlöschens ist: Die Staatskasse darf unbezahlte Kosten nicht mehr einziehen und muß bezahlte Kosten grundsätzlich zurückzahlen. Das Erlöschen tritt mit dem Wirksamwerden der neuen Entscheidung ein.

5 **3) Zurückzahlung, S 2.** Eine Zurückzahlung erfolgt, soweit die Zahlungspflicht nur auf der aufgehobenen oder abgeänderten Entscheidung beruhte und soweit nur aus diesem Grund eine Zahlung erfolgte. Es ist unerheblich, ob die Gerichtskasse die Kosten zwangsweise beigetrieben hatte, Müller DGVZ **95**, 182. Überzahlte Kosten der einen Instanz darf man nicht auf die Kosten einer anderen Instanz verrechnen. Die Zurückzahlungspflicht besteht nur gegenüber demjenigen, dessen Kostenschuld erloschen ist, Stgt Rpfleger **85**, 169.

6 Soweit eine Kostenpflicht auch aus einem *anderen Grunde* besteht, zB nach § 22, erfolgt keine Rückzahlung oder ist trotz einer irrig erfolgten Rückzahlung an den Entscheidungsschuldner eine „erneute" Inanspruchnahme als Antragsschuldner zulässig, LG Frankenth JB **93**, 98. Abgesehen davon erfolgt aber auch dann eine Rückzahlung, wenn die Kostenforderung wegfällt. Dasselbe gilt für denjenigen Betrag, den der Kostenschuldner nach einer anderen als seiner Haftung als Entscheidungsschuldner nicht hätte zahlen müssen. Er erhält dann also diese Differenz zurück. Das gilt etwa infolge einer Kostenniederschlagung nach § 21 oder soweit einem neuen Entscheidungsschuldner nach § 2 V eine Gebührenfreiheit zusteht.

Abschnitt 5. Kostenhaftung §§ 30, 31 GKG

Wenn das Gericht im Lauf des Verfahrens eine *Prozeßkostenhilfe* nach §§ 114ff ZPO bewilligt, besteht kein Rückzahlungsanspruch. Denn die Bewilligung befreit nach § 122 I Z 1a ZPO grundsätzlich nur von rückständigen und künftigen Kosten. Etwas anderes gilt allerdings bei einer rückwirkenden Bewilligung der Prozeßkostenhilfe.

4) Vorschuß und Nachzahlung, S 1, 2. Die Vorschuß- und Nachzahlungspflichten nach §§ 16–18 bleiben neben § 30 bestehen. Denn sie entstehen überhaupt nicht durch eine gerichtliche Entscheidung, sondern kraft Gesetzes. 7

Mehrere Kostenschuldner

31 ^{I} **Mehrere Kostenschuldner haften als Gesamtschuldner.**

$^{II\ 1}$ **Soweit ein Kostenschuldner aufgrund von § 29 Nummer 1 oder 2 (Erstschuldner) haftet, soll die Haftung eines anderen Kostenschuldners nur geltend gemacht werden, wenn eine Zwangsvollstreckung in das bewegliche Vermögen des ersteren erfolglos geblieben ist oder aussichtslos erscheint.** ^{2}**Zahlungen des Erstschuldners mindern seine Haftung aufgrund anderer Vorschriften dieses Gesetzes auch dann in voller Höhe, wenn sich seine Haftung nur auf einen Teilbetrag bezieht.**

$^{III\ 1}$ **Soweit einem Kostenschuldner, der aufgrund von § 29 Nummer 1 haftet (Entscheidungsschuldner), Prozesskostenhilfe bewilligt worden ist, darf die Haftung eines anderen Kostenschuldners nicht geltend gemacht werden; von diesem bereits erhobene Kosten sind zurückzuzahlen, soweit es sich nicht um eine Zahlung nach § 13 Absatz 1 und 3 des Justizvergütungs- und -entschädigungsgesetzes handelt und die Partei, der die Prozesskostenhilfe bewilligt worden ist, der besonderen Vergütung zugestimmt hat.** ^{2}**Die Haftung eines anderen Kostenschuldners darf auch nicht geltend gemacht werden, soweit dem Entscheidungsschuldner ein Betrag für die Reise zum Ort einer Verhandlung, Vernehmung oder Untersuchung und für die Rückreise gewährt worden ist.**

^{IV} **Absatz 3 ist entsprechend anzuwenden, soweit der Kostenschuldner aufgrund des § 29 Nummer 2 haftet, wenn**

1. der Kostenschuldner die Kosten in einem vor Gericht abgeschlossenen oder gegenüber dem Gericht angenommenen Vergleich übernommen hat,

2. der Vergleich einschließlich der Verteilung der Kosten von dem Gericht vorgeschlagen worden ist und

3. das Gericht in seinem Vergleichsvorschlag ausdrücklich festgestellt hat, dass die Kostenregelung der sonst zu erwartenden Kostenentscheidung entspricht.

Vorbem. II 1, III 1 sprachlich geändert dch die Neubek v 27. 2. 14, BGBl 154, ÜbergangsR § 71 GKG.

Gliederung

1) Systematik, Regelungszweck, I–III	1
2) Geltungsbereich, I–III	2, 3
3) Gesamthaftung, I	4–6
A. Begriff	4
B. Voraussetzungen: Schuldnermehrheit und Schuldeinheit	5, 6
4) Erst- und Zweitschuldner, II	7–10
A. Grundsatz: Rangfolge von Amts wegen	7
B. Beachtung von Amts wegen	8
C. Verstoß	9
D. Unanwendbarkeit	10
5) Voraussetzungen der Hilfshaftung, II–IV	11–24
A. Erfolglose oder aussichtslose Zwangsvollstreckung, II	12
B. Beispiele zur Frage einer Anwendbarkeit von II	13–15
C. Prozeßkostenhilfe, Reisekostenentschädigung, III	16–18
D. Rückzahlungspflicht, III	19, 20
E. Beiderseitige Prozeßkostenhilfe, III	21
F. Teilweise Prozeßkostenhilfe, III	22
G. Unanwendbarkeit beim Übernahmeschuldner usw, III	23
H. Unanwendbarkeit beim Vergleichsschuldner, IV	24

GKG § 31 I. A. Gerichtskostengesetz

1   **1) Systematik, Regelungszweck, I–III.** Vgl zunächst Üb 1, 2 vor § 22. Die Vorschrift regelt die Haftung einer Mehrheit von Kostenschuldnern sowohl für die Gebühren als auch für die Auslagen mit Ausnahme derjenigen des § 28. Man muß im übrigen zwischen dem Erstschuldner und dem Zweitschuldner unterscheiden. § 31 setzt voraus, daß die mehreren Kostenschuldner in derselben Sache dieselben Kosten schulden. § 135 V 1 FGO, § 159 S 1 VwGO haben jeweils den Nachrang, Just NVwZ **11**, 204.
I dient dem Interesse der Staatskasse. *II* dient dem sog Zweitschuldner, darf aber nicht die Staatskasse schädigen, Düss JB **94**, 111. *III* dient dem Schutz des Hilfeempfängers vor dem Rückgriff des Zweitschuldners, BVerfG NJW **13**, 2883, BGH NJW **01**, 3188. Vgl ferner § 788 I 3 ZPO, abgedruckt bei § 29 Rn 36. Zum Sinn von III vgl Rn 17.

2   **2) Geltungsbereich, I–III.** Die Vorschrift gilt nicht bei Streitgenossen nach §§ 59 ff ZPO. Diesen Fall regelt § 32. Die Vorschrift gilt auch dann nicht, wenn mehrere Personen haften, jedoch jeder für einen anderen Kostenbetrag, zB der Gläubiger für die Mahngebühr nach KV 1100, beide Parteien für die Verfahrensgebühr kraft eines Antrags auf die Durchführung des streitigen Verfahrens nach § 696 I 1 ZPO, auf die nur beim Antragsteller des Mahnverfahrens nach KV 1210 amtliche Anmerkung S 1 Hs 2 eine Anrechnung der Gebühr KV 1100 erfolgt.

3   Über die Behandlung in der *Kostenrechnung* vgl § 8 KostVfg, Teil VII A dieses Buchs, Bbg JB **76**, 644. Wegen eines Kleinbetrags vgl Teil VII E dieses Buchs, Mü RR **00**, 1744.
§ 31 ist im Verfahren vor den *Arbeits-, Finanz-, Sozial- und Verwaltungsgerichten* anwendbar, § 1 II Z 2. III ist nach Rn 23 im Bereich des GNotKG unanwendbar. II, III sind bei § 18 entsprechend anwendbar, Karlsr RR **01**, 1366.

4   **3) Gesamthaftung, I.** Man muß den Begriff und seine Voraussetzungen klären.
A. Begriff. Bei einer gesamtschuldnerischen Haftung haftet jeder Schuldner dem Gläubiger, hier also der Staatskasse, für die Bezahlung der vollen Schuld, Düss JB **09**, 372. Er kann sich der Staatskasse gegenüber allenfalls auf II berufen. Die Zahlung eines Schuldners befreit aber im Außenverhältnis sämtliche weiteren Schuldner nach §§ 421 ff BGB.
Im *Verhältnis zueinander* sind die Gesamtschuldner nach § 426 BGB grundsätzlich zu gleichen Teilen verpflichtet, sofern sich nichts anderes aus dem Gesetz oder etwa aus der Entscheidung des Gerichts ergibt, KG MDR **02**, 1276, VGH Stgt Rpfleger **81**, 72. Dementsprechend hat der zahlende Gesamtschuldner einen Rückgriffsanspruch gegen die übrigen Gesamtschuldner, soweit er mehr als seinen Teil gezahlt hat. Im Fall des § 15 vgl aber § 109 ZVG.

5   **B. Voraussetzungen: Schuldnermehrheit und Schuldeinheit.** Eine Gesamthaftung nach I tritt dann ein, wenn die folgenden Voraussetzungen zusammentreffen. Es müssen mehrere Schuldner vorhanden sein. Diese mehreren Schuldner müssen auch gerade dieselbe Kostenschuld zahlen sollen. Die Kostenschuld muß in derselben Instanz bestehen. Es ist dann unerheblich, aus welchem Rechtsgrund diese Kostenschuld entstanden ist. Auch eine Klage und eine Widerklage nach BLAH Anh § 253 ZPO rechnen hierher, ebenso zB eine Berufung und eine Anschlußberufung nach § 524 ZPO, Mü JB **75**, 1230, nicht aber § 38. Von drei Kostenschuldnern mag der eine auf Grund seines Antrags nach § 22 haften, Mü JB **75**, 1230, LG Gießen JB **96**, 486, der andere auf Grund einer Kostenübernahme nach § 29 Z 2, der dritte auf Grund einer gerichtlichen Entscheidung nach § 29 Z 1, Mü JB **75**, 1230.
Eine *BGB-Außengesellschaft* darf als solche auftreten, BGH **146**, 341, Habersack BB **01**, 477, Schmidt NJW **01**, 993, evtl auch eine WEG. Dann ist nur *ein* Schuldner vorhanden. Daneben oder anstelle der Gesellschaft können mehrere oder alle Gesellschafter oder Gemeinschafter auftreten, zB aus Kostenerwägungen. Diese letzteren sind jeder ein Schuldner. Die Situation ist derjenigen in § 7 RVG ähnlich, dort Rn 7 „BGB-Gesellschaft", Teil X dieses Buchs, ebenso derjenigen in § 32 GNotKG, dort Rn 5, Teil III dieses Buchs.

6   Die Gesamthaft geht *in keinem Fall weiter als die Kostenschuld*. Wenn die mehreren Kostenschuldner für eine Gebühr haften, zB nur zu einem Teil alle, besteht nur für diesen Teil eine Gesamthaft.

4) Erst- und Zweitschuldner, II. Grundsatz und Ausnahmen stehen gegenüber. 7

A. Grundsatz: Rangfolge von Amts wegen. Nach II haften neben dem Entscheidungsschuldner nach § 29 Z 1 und dem Übernahmeschuldner nach § 29 Z 2 alle übrigen Kostenschuldner und damit der Antragsschuldner nach § 22 und der Vollstreckungsschuldner nach § 29 Z 4 erst an zweiter Stelle als sog Zweitschuldner. Beim Vergleich ohne eine Kostenregelung liegt eine Übernahmehaftung wegen § 98 ZPO vor.

Das bedeutet keine Beeinträchtigung der Gesamthaft. Vielmehr enthält II eine *Ordnungsvorschrift*. Das ergibt sich schon aus dem Wort „soll" in II 1. Die Regelung ist verfassungsgemäß. Die Staatskasse soll zunächst versuchen, sich aus dem Vermögen des Entscheidungsschuldners oder des Übernahmeschuldners zu befriedigen. Dabei kann sie frei wählen, welchen von mehreren Erstschuldnern sie zunächst zur Zahlung auffordert.

B. Beachtung von Amts wegen. Diese Ordnungsvorschrift bedeutet allerdings 8 für die Staatskasse eine Amtspflicht, Mü JB **01**, 597, Stgt JB **01**, 597, AG Neuruppin JB **01**, 375, aM Bbg Rpfleger **91**, 36 (wegen § 8 II KostVfg habe die Staatskasse einen Ermessensspielraum. Vgl aber § 10 KostVfg, Teil VII A dieses Buchs).

C. Verstoß. Ein Verstoß gegen II gibt dem an erster Stelle belangten sonstigen 9 Schuldner die Möglichkeit der Erinnerung nach § 66 bis zur formellen Rechtskraft des Kostenansatzes, Hbg JB **01**, 34. Über die Heranziehung des Zweitschuldners befindet der Kostenbeamte derjenigen Instanz, um deren Kosten es sich handelt. Wenn der Zweitschuldner einmal haftet, dann haftet er endgültig. Mehrere Zweitschuldner haften als Gesamtschuldner, auch wenn sie Streitgenossen sind.

D. Unanwendbarkeit. II gilt nicht im Verhältnis mehrerer Entscheidungsschuld- 10 ner nach § 29 Z 1 und Übernahmeschuldner nach § 29 Z 2 zueinander, Düss JB **09**, 372, Kblz JB **06**, 323. Die Vorschrift gilt auch nicht beim Kostenschuldner kraft bürgerlichen Rechts nach § 29 Z 3 und beim Vollstreckungsschuldner nach § 29 Z 4 jeweils als Erstschuldnern. Sie bezieht sich nicht auf einen bezahlten Betrag, sondern nur auf den noch nicht bezahlten, Düss RR **97**, 1296, Zweibr JB **98**, 595. II gilt nur, solange mehrere Gesamtkostenschuldner vorhanden sind. Die Vorschrift gilt also dann nicht mehr, wenn es nur noch einen Kostenschuldner gibt. Das gilt selbst dann, wenn dieser Zustand infolge eines Gnadenakts eingetreten ist. II gilt ferner dann nicht, wenn der Anspruch der Staatskasse getilgt ist. Deshalb hat man gegen die Staatskasse auch keinen Anspruch auf die Rückzahlung eines Vorschusses, Köln MDR **93**, 807. II gilt überhaupt nicht bei einem Vorschuß nach § 18.

Bei *wechselseitigen Rechtsmitteln* besteht die Hilfshaftung nach II nur im Verhältnis derjenigen Gesamtkosten, die durch das eigene Rechtsmittel entstanden sind.

5) Voraussetzungen der Hilfshaftung, II–IV. Die Vorschrift regelt die Reihen- 11 folge der Inanspruchnahme-Möglichkeit bei mehreren Kostenschuldnern, Stgt ZIP **11**, 1076. Die Hilfshaftung nach II tritt dann ein, wenn eine der folgenden Voraussetzungen vorliegt, die gleichwertig sind, LG Kblz JB **06**, 651, AG Paderb Rpfleger **93**, 366.

A. Erfolglose oder aussichtslose Zwangsvollstreckung, II. „Eine" und nicht 12 „die" Zwangsvollstreckung gerade in das bewegliche Vermögen aller Erstschuldner muß entweder bereits erfolglos geblieben sein, LG Gött Rpfleger **91**, 36, LG Kblz JB **06**, 651, oder sie muß als aussichtslos erscheinen, Düss JB **06**, 323, LG Kblz JB **06**, 651, AG Gött ZIP **09**, 1532. Ob eine Zwangsvollstreckung in das bewegliche Vermögen als aussichtslos erscheint, muß man unter einer Würdigung aller Umstände von Amts wegen prüfen, Celle JB **12**, 538, KG MDR **03**, 1320, VGH Mannh NJW **02**, 1516. Eine gewisse Wahrscheinlichkeit reicht, KG MDR **03**, 1320, Oldb JB **13**, 649 links.

B. Beispiele zur Frage einer Anwendbarkeit von II 13

Art der Vollstreckung: Die Art der Zwangsvollstreckung in das bewegliche Vermögen ist unerheblich.

Aufenthalt unbekannt: Man darf den Zweitschuldner noch nicht dann in Anspruch nehmen, wenn der Aufenthalt des Erstschuldners nur unbekannt ist, sofern immerhin noch irgendwelche zugriffsfähigen Gegenstände des beweglichen Vermögens des Erstschuldners bestehen, Kblz JB **10**, 372.

GKG § 31

Ausländer im Inland: Wenn ein *Ausländer* im Inland kein Vermögen besitzt, ist die Eröffnung des Insolvenzverfahrens über sein Vermögen nur dann ein Anlaß, die Aussichtslosigkeit der Zwangsvollstreckung nach II anzunehmen, wenn auch eine Zwangsvollstreckung im Ausland nach der allgemeinen Erfahrung keinen baldigen Erfolg verspricht. Diese Befürchtung mag wegen irgendwelcher Devisenschwierigkeiten oder dann bestehen, wenn eine Auslandsvollstreckung voraussichtlich sehr lange dauern würde, Düss JB **08**, 43, FG Düss JB **12**, 318, oder wenn sie unverhältnismäßig hohe Kosten verursachen würde, BGH Rpfleger **75**, 432, FG Düss JB **12**, 318. Man kann die Vermittlungstätigkeit der Auslandsvertretung nicht in Anspruch zu nehmen, VGH Mannh NJW **02**, 1516. Mann braucht das aber auch nicht zu tun, Kblz Rpfleger **85**, 510. Eine Aussichtslosigkeit liegt noch nicht dann vor, wenn der ausländische Kostenschuldner eine Zahlungsaufforderung der Landeskasse nicht beantwortet hat, Kblz MDR **05**, 1079, FG Düss JB **12**, 318.

Auslandswohnsitz: Ein Erstschuldner im Ausland kann evtl reichen, Düss JB **08**, 43. Beim inländischen Zweitschuldner mit einem Dauerwohnsitz im Ausland kommt es auf die Dauer einer Zwangsvollstreckung an, Düss JB **94**, 111, oder auf seine Zahlungsunwilligkeit, Kblz Rpfleger **85**, 510.

14 **Einziger Vollstreckungsversuch:** Anwendbar ist II in aller Regel schon nach diesem ersten Versuch, KG MDR **03**, 1320, Kblz MDR **00**, 976, Stgt JB **01**, 597.

Erbschaft: Anwendbar sein kann II nach zB sechs Erbauszahlungen, Brdb FamRZ **04**, 384.

Insolvenzverfahren: Anwendbar sein kann II schon bei einem Antrag auf ein Insolvenzverfahren über das Vermögen des Erstschuldners, AG Paderb Rpfleger **93**, 366, oder gar nach der Eröffnung eines solchen Verfahrens, LG Kblz JB **06**, 651, aber natürlich erst recht nach der Ablehnung dieser Eröffnung mangels Masse, Mü MDR **86**, 684, aM AG Gött ZIP **09**, 1532.

S auch Rn 13 „Ausländer im Inland".

Kostenerlaß: *Unanwendbar* ist II nach einem solchen Vorgang gegenüber dem Erstschuldner, Jena JB **00**, 424.

Mehrere Erstschuldner: Die Voraussetzungen Rn 12 müssen auf alle zutreffen.

15 **Pfändungsversuch:** Anwendbar ist II nach einem erfolglosen solchen Vorgang.

Prozeßkostenhilfe: Anwendbar ist II meist bei einer jetzigen Prozeßkostenhilfe mit oder ohne Raten nach III 1, Drsd JB **10**, 148.

Unanwendbar ist II bei einer schon vor Jahren erfolgten Prozeßkostenhilfe, BGH MDR **82**, 308, LG Münst JB **91**, 1507.

Unbewegliches Vermögen: *Unanwendbar* ist II schon nach dem Wortlaut von II 1 bei einer Vollstreckung nach §§ 864ff ZPO, Kblz Rpfleger **85**, 510.

Vermögensauskunft: *Unanwendbar* sind bei II (jetzt) §§ 802a ff ZPO, KG MDR **03**, 1320, Kblz MDR **00**, 976, Oldb JB **92**, 810.

Freilich läßt sich die Aussichtslosigkeit nach II 1 nach der Abgabe einer eidesstattlichen Versicherung vermuten, KG MDR **03**, 1320, LG Marbg MDR **10**, 716.

Vermögenslosigkeit: Anwendbar ist II bei einer amtsbekannten Vermögenslosigkeit des Erstschuldners und einer deshalb erfolgten Auftragsrückgabe durch den Gerichtsvollzieher.

S auch Rn 14 „Insolvenzverfahren".

Verteidigungskosten: Anwendbar sein kann II auch auf solche Kosten des Gegners, Düss JB **06**, 323.

Vorschuß: *Unanwendbar* ist II bei der Verrechnung eines Vorschusses nach § 18.

16 **C. Prozeßkostenhilfe, Reisekostenentschädigung, III.** Das Gericht mag dem Entscheidungsschuldner (Erstschuldner) nach III 1 eine Prozeßkostenhilfe mit oder ohne Ratenzahlungen nach §§ 114ff ZPO gewährt haben, Mü Rpfleger **01**, 49. Es mag auch nach III 2 eine Reisekostenentschädigung nach den im Anh nach § 25 JVEG, Teil V dieses Buches, abgedruckten Vorschriften bewilligt haben. Insoweit darf der Kostenbeamte solche Kosten, von denen der Mittellose befreit ist, von ihm nicht anfordern und nicht auf ihn ansetzen. Dasselbe gilt dann, wenn das Gericht im selbständigen Beweisverfahren nach §§ 485ff ZPO eine Prozeßkostenhilfe gewährt hatte und wenn dann im zugehörigen Hauptprozeß eine Verurteilung dieser Partei erfolgt, LG Saarbr RR **01**, 1152.

Abschnitt 5. Kostenhaftung § 31 GKG

Das alles gilt freilich nur, solange nicht das Gericht die Bewilligung der Prozeßkostenhilfe nach § 124 ZPO *aufgehoben* hat, Celle MDR **15**, 918, Düss MDR **89**, 365, LG Marburg MDR **10**, 716, aM BVerfG NJW **13**, 2883 (stark übertrieben. Die Aufhebung darf nur aus triftigem Grund erfolgen!) oder solange das Gericht nicht die Rückzahlung der Entschädigung veranlaßt hat. Freilich darf und muß der Kostenbeamte evtl nach § 10 V KostVfg, Teil VII A dieses Buchs auf einen Beschluß nach § 124 ZPO hinwirken, LG Gött Rpfleger **91**, 36.

Trotzdem soll die Staatskasse die Haftung eines *anderen* Kostenschuldners als des **17** Entscheidungsschuldners nicht geltend machen, Celle MDR **13**, 495, Drsd MDR **13**, 184 (auch bei 2 Erstschuldnern), Hamm NJW **77**, 2083 (zustm Markl), aM Ffm NJW **12**, 2049.

Der *Sinn der Regelung* besteht in der folgenden Überlegung: Würde die Staatskasse gegen den Zweitschuldner vorgehen, könnte der Zweitschuldner gegen den mittellosen Entscheidungsschuldner nach § 29 Z 1 Ansprüche nach § 123 ZPO geltend machen, KG AnwBl **79**, 434, Kblz JB **91**, 954, Nürnb FamRZ **97**, 755 (krit Rasch 1411). Infolgedessen würde der mittellose Entscheidungsschuldner zwar nicht der Staatskasse zahlen müssen, wohl aber dem Prozeßgegner gegenüber. Das soll wegen seiner Mittellosigkeit unterbleiben, Celle MDR **13**, 495, Ffm Rpfleger **89**, 40, Saarbr Rpfleger **01**, 601.

Die Regelung ist *mit dem GG vereinbar,* BVerfG **51**, 296 = BGBl **79**, 1216, Kblz **18** MDR **86**, 243, Naumb RR **14**, 190, aM Rostock FamRZ **11**, 1752. Das Wort „darf" (nicht) bedeutet genau wie das Wort „soll" (nicht) in II 1 eine Amtspflicht der Staatskasse, Rn 8.

D. Rückzahlungspflicht, III. Die Staatskasse muß (jetzt eindeutig) nach III 1 **19** Hs 2, III 2 einen etwa vom Zweitschuldner erhaltenen Vorschuß grundsätzlich an diesen zurückzahlen, so schon (je zum alten Recht) Düss JB **00**, 87, Kblz JB **00**, 259, AG Marbg AnwBl **88**, 248. Das geschieht aber nach § 66 ohne Zinsen, Hamm NJW **01**, 1287, AG Bad Kreuzn RR **00**, 951.

Vom vorstehenden Grundsatz der Rückzahlungspflicht gilt nach III 1 Hs 3 nur dann eine *Ausnahme,* wenn es sich um eine vereinbarte Vergütung nach § 13 I, III JVEG handelt, Teil V dieses Buchs, und soweit die Partei der besonderen Vergütung zugestimmt hatte.

Die *Staatskasse zahlt* daher solche Kosten zurück, die ein Kostenschuldner *endgültig* **20** gezahlt hat. Damit ist eine weitere frühere Streitfrage jetzt durch III 1 Hs 2 erledigt.

E. Beiderseitige Prozeßkostenhilfe, III. Soweit das Gericht beiden Parteien **21** eine Prozeßkostenhilfe bewilligt hat, darf die Staatskasse auch nach (jetzt) III 1 Hs 1 eine Nachzahlung einer bloßen Antragsschuldnerin erst dann anordnen, wenn eine Nachzahlung der Entscheidungsschuldnerin nicht in Betracht kommt, Düss Rpfleger **88**, 164, KG Rpfleger **79**, 153.

F. Teilweise Prozeßkostenhilfe, III. Das Wort „soweit" ergibt: III kommt nur für **22** diejenige Instanz in Betracht, für die das Gericht eine Prozeßkostenhilfe bewilligt hat, BGH MDR **82**, 307. Die Regelung gilt bei einer nur teilweisen Prozeßkostenhilfe auch innerhalb derselben Instanz nur im Umfang dieser Teilbewilligung, Düss JB **00**, 425.

G. Unanwendbarkeit beim Übernahmeschuldner usw, III. III ist unanwendbar, **23** soweit überhaupt keine Gerichtsentscheidung vorliegt, Kblz MDR **08**, 473, oder soweit der Mittellose auch ein Übernahmeschuldner nach § 29 Z 2 ist, BVerfG NJW **00**, 3271, BGH NJW **04**, 366, Ffm NJW **11**, 2147, Hamm RR **12**, 1151, aM Drsd Rpfleger **02**, 214, Ffm JB **02**, 1418, Vester NJW **02**, 3225 (aber eine Haftung entfällt nicht schon wegen des Hinzutritts eines weiteren Haftungsgrundes). Denn eine Kostenübernahme ist etwas anderes als eine Kostenentscheidung. Deshalb kommt es grundsätzlich auch nicht darauf an, ob die Übernahme der sachlichrechtlichen Lage entspricht. Eine Ausnahme gilt bei einer Arglist, BLAH Einl III 54. III ist ferner unanwendbar, soweit ein Rechtsübergang nach § 59 RVG erfolgt ist, Teil X dieses Buchs, Köln FamRZ **86**, 926.

H. Unanwendbarkeit beim Vergleichsschuldner, IV, dazu *Dölling* MDR **13**, **24** 1009, *Schneider/Thiel* NJW **13**, 3222 (zum Altfall), *Wiese* NJW **12**, 3126 (krit): Die Regelung Rn 23 gilt bei jeder der in IV Z 1–3 abschließend aufgezählten, eng auslegbaren Situationen, zB nach § 278 VI ZPO, BLAH dort Rn 59 ff (ausf). Die Feststellung ist nicht nachholbar, Bbg FamRZ **15**, 525, Ffm JB **17**, 648 (je: zum entsprechenden § 26 IV Z 3 FamGKG, Teil I B dieses Buchs).

Haftung von Streitgenossen und Beigeladenen

32 [I] [1] Streitgenossen haften als Gesamtschuldner, wenn die Kosten nicht durch gerichtliche Entscheidung unter sie verteilt sind. [2] Soweit einen Streitgenossen nur Teile des Streitgegenstands betreffen, beschränkt sich seine Haftung als Gesamtschuldner auf den Betrag, der entstanden wäre, wenn das Verfahren nur diese Teile betroffen hätte.

[II] Absatz 1 gilt auch für mehrere Beigeladene, denen Kosten auferlegt worden sind.

Gliederung

1) Geltungsbereich, I, II	1, 2
2) Voraussetzungen, I	3–9
A. Streitgenossenschaft	3
B. Keine abweichende Entscheidung	4–6
C. Kostenverteilung	7–9
D. Nur Teile des Streitgegenstands	10
3) Beigeladener, II	11

1 **1) Geltungsbereich, I, II.** Die Vorschrift ergänzt § 31. Sie gilt: Im Zivilprozeß; im Zwangsversteigerungsverfahren; im Zwangsverwaltungsverfahren; im Insolvenzverfahren; in allen Gerichtsbarkeiten des § 1, so schon (für die Finanzgerichte), BFH BB **89**, 619, und auch aus II. § 135 V 1 FGO (Kopfhaftung) ist also nicht mehr anwendbar, so schon (zum alten Recht) BFH BB **89**, 619. Die Vorschrift erfaßt Gebühren, Auslagen und Vorschüsse.

2 Im *Strafverfahren* gilt § 32 grundsätzlich nicht. Denn ihm gehen die amtliche Vorbemerkung 3.1 VI 1, §§ 466, 471 IV StPO mit § 33 vor. Allerdings haften mehrere vorschußpflichtige Privat- und Nebenkläger als Gesamtschuldner, sei es nach § 32 oder nach §§ 18, 31. Ebenso haften mehrere Anzeigende im Fall des § 469 StPO wohl nach § 32. § 135 V 1 FGO, § 159 S 1 VwGO haben jeweils den Nachrang, Just NVwZ **11**, 204.

3 **2) Voraussetzungen, I.** Man sollte vier Aspekte beachten.
A. Streitgenossenschaft. Die gesamtschuldnerische Haftung mehrerer Kostenschuldner nach §§ 421 ff BGB tritt in allen Fällen der Streitgenossenschaft nach §§ 59 ff ZPO ein, sei es auf der Kläger-, sei es auf der Beklagtenseite, sei es eine einfache oder eine notwendige nach § 62 ZPO. Hierher zählen auch eine streitgenössische Streithilfe nach § 69 ZPO und eine erst infolge einer Prozeßverbindung nach § 147 ZPO hervorgerufene Streitgenossenschaft. Bei der BGB-Außengesellschaft muß man unterscheiden. Treten nur mehrere oder alle Gesellschafter auf, können sie Streitgenossen sein. Tritt aber statt dessen oder daneben die Gesellschaft nach BGH **146**, 341 zulässigerweise als solche auf, ist sie als solche nur *ein* Schuldner. Sie kann allerdings neben den einzelnen Gesellschaftern ein weiterer Streitgenosse sein. Entsprechendes gilt bei der Wohnungseigentümergemeinschaft. Im Insolvenzverfahren genügt es nach KV 2310 ff, daß mehrere Personen einen übereinstimmenden Antrag stellen.

4 **B. Keine abweichende Entscheidung.** Eine gesamtschuldnerische Haftung der Streitgenossen nach § 32 tritt nach § 29 Rn 2 nur ein, soweit nicht das Gericht eine andere Verteilung der Kosten in einer Entscheidung vorgenommen hat, BFH BB **89**, 619. Es reicht nicht aus, daß überhaupt irgendeine gerichtliche Kostenentscheidung vorliegt. Sie muß vielmehr eine Kostenverteilung nach Bruchteilen zB nach § 92 I 1 Hs 2 ZPO enthalten. Im letzteren Fall ist es unerheblich, ob die mehreren Kostenschuldner nach § 100 I ZPO für die Kostenerstattung nach Kopfteilen haften. Gegenüber der Staatskasse haften sie nach § 32 gesamtschuldnerisch.

5 Auch bei einer *gerichtlichen Kostenverteilung* bleibt eine gesamtschuldnerische Antragshaftung bestehen. Es gilt aber § 31 II. Eine gesamtschuldnerische Haftung tritt auch ohne eine gerichtliche Entscheidung immer dann ein, wenn mehrere Antragsteller nach § 22 haften. Im übrigen tritt nach § 100 IV ZPO mangels einer gerichtlichen Kostenverteilung eine Gesamtschuldnerschaft ein, Kblz RR **00**, 71, aM KG MDR **02**, 1276 (aber die Staatskasse braucht nicht das Innenverhältnis der Kostenschuldner zu kennen oder gar zu ermitteln).

Jeder Gesamtschuldner haftet nur *bis zum Betrag seiner Kosten*, Stgt JB **91**, 952. § 32 **6** bestimmt nur, *wie* gehaftet wird. Demgegenüber bestimmen (jetzt) §§ 22, 29, *wer* haftet, Bbg JB **92**, 684. Soweit mehrere die Kostenschuld nach § 29 übernommen haben, haften sie mangels einer abweichenden Erklärung als Gesamtschuldner.

C. Kostenverteilung. Was I 1 „Kostenverteilung" nennt, ist die Verteilung nach **7** § 100 II, III ZPO. Infrage kommt also entweder die Mehrbelastung eines Streitgenossen, soweit er in einem erheblich größeren Umfang am Verfahren beteiligt war, oder die alleinige Belastung eines Streitgenossen mit den durch sein besonderes Angriffs- oder Verteidigungsmittel veranlaßten Kosten.

Soweit das Gericht eine derartige Kostenverteilung vorgenommen hat, gilt sie auch für das *Verhältnis zur Staatskasse*. Auch dann kann ein Streitgenosse also nicht für eine Gebühr haften, die allein gegen einen anderen entstanden ist.

Wenn daher in den oben genannten Fällen bei einer *verschiedenen Beteiligung* ver- **8** schieden hohe Kosten entstanden sind, besteht eine Gesamthaftung nach I 1 nur insoweit, als die Streitgegenstände nach BLAH § 2 ZPO Rn 4 zusammenfallen und die Kosten gegen alle entstanden sind, und in entsprechender Höhe, BVerwG Rpfleger **93**, 374 (zustm Hellstab), Düss Rpfleger **86**, 157, Stgt JB **91**, 952. Wegen I 2 vgl Rn 10. Zur Berechnung bei Prozeßkostenhilfe für nur einen der Streitgenossen Bre JB **91**, 953.

Auch neben einer Entscheidungshaftung bei der Belastung eines Streitgenossen mit **9** den durch sein *besonderes Angriffs- oder Verteidigungsmittel* nach BLAH Einl III 70, 71 veranlaßten Kosten bleibt eine gesamtschuldnerische Antragshaftung nach §§ 22, 29, 31 als eine zweitschuldnerische Haftung bestehen. Soweit das Gericht in der Kostenentscheidung die unterschiedliche Beteiligung von Streitgenossen unberücksichtigt gelassen hat, bleibt es für die Kostenfestsetzung bei der im Urteil genannten Quote, Mü MDR **89**, 167.

D. Nur Teile des Streitgegenstands. Soweit einen Streitgenossen nur Teile des **10** Streitgegenstands nach BLAH § 2 ZPO Rn 4 betreffen, haftet er nach I 2 nur bis zu demjenigen Betrag, der dann entstanden wäre, wenn das Verfahren nur diese Teile betroffen hätte. Das gilt auch dann, wenn das Gericht eine Kostenverteilung vorgenommen hat.

3) **Beigeladener, II.** Die vorstehende Regelung gilt entsprechend für die Haf- **11** tung mehrerer Beigeladener nach §§ 60 FGO, 65 VwGO usw.

Verpflichtung zur Zahlung von Kosten in besonderen Fällen

33 Die nach den §§ 53 bis 55, 177, 209 und 269 der Insolvenzordnung sowie den §§ 466 und 471 Absatz 4 der Strafprozessordnung begründete Verpflichtung zur Zahlung von Kosten besteht auch gegenüber der Staatskasse.

Vorbem. Sprachlich geändert dch die Neubek v 27. 2. 14, BGBl 154.

1) Systematik, Regelungszweck. Vgl zunächst Üb 1, 2 vor § 22. Nach § 33 **1** besteht eine durch andere Gesetze begründete Kostenhaftung auch gegenüber der Staatskasse. Diese Bestimmungen sind ein wesentlicher Bestandteil des GKG. Die Staatskasse kann die aus den betreffenden Bestimmungen Verpflichteten daher genauso in Anspruch nehmen wie andere Kostenschuldner, also ohne einen weiteren Titel. Andererseits steht dem Betroffenen die Erinnerung aus § 66 offen. Im Verfahren vor den Arbeitsgerichten ist § 33 anwendbar.

2) **Insolvenzordnung.** Infrage kommen: **2**

InsO § 53. Massegläubiger. **Aus der Insolvenzmasse sind die Kosten des Insolvenzverfahrens und die sonstigen Masseverbindlichkeiten vorweg zu berichtigen.**

InsO § 54. Kosten des Insolvenzverfahrens. **Kosten des Insolvenzverfahrens sind:**
1. die Gerichtskosten für das Insolvenzverfahren;

GKG § 33 I. A. Gerichtskostengesetz

2. die Vergütungen und die Auslagen des vorläufigen Insolvenzverwalters, des Insolvenzverwalters und der Mitglieder des Gläubigerausschusses.

InsO § 55. Sonstige Masseverbindlichkeiten. ¹ Masseverbindlichkeiten sind weiter die Verbindlichkeiten:

1. die durch Handlungen des Insolvenzverwalters oder in anderer Weise durch die Verwaltung, Verwertung und Verteilung der Insolvenzmasse begründet werden, ohne zu den Kosten des Insolvenzverfahrens zu gehören;
2. aus gegenseitigen Verträgen, soweit deren Erfüllung zur Insolvenzmasse verlangt wird oder für die Zeit nach der Eröffnung des Insolvenzverfahrens erfolgen muß;
3. aus einer ungerechtfertigten Bereicherung der Masse.

II ¹Verbindlichkeiten, die von einem vorläufigen Insolvenzverwalter begründet worden sind, auf den die Verfügungsbefugnis über das Vermögen des Schuldners übergegangen ist, gelten nach der Eröffnung des Verfahrens als Masseverbindlichkeiten. ²Gleiches gilt für Verbindlichkeiten aus einem Dauerschuldverhältnis, soweit der vorläufige Insolvenzverwalter für das von ihm verwaltete Vermögen die Gegenleistung in Anspruch genommen hat.

III (hier nicht abgedruckt)

IV Verbindlichkeiten des Insolvenzschuldners aus dem Steuerschuldverhältnis, die von einem vorläufigen Insolvenzverwalter oder vom Schuldner mit Zustimmung eines vorläufigen Insolvenzverwalters begründet worden sind, gelten nach Eröffnung des Insolvenzverfahrens als Masseverbindlichkeit.

InsO § 177. Nachträgliche Anmeldungen. I ¹Im Prüfungstermin sind auch die Forderungen zu prüfen, die nach dem Ablauf der Anmeldefrist angemeldet worden sind. ²Widerspricht jedoch der Insolvenzverwalter oder ein Insolvenzgläubiger dieser Prüfung oder wird eine Forderung erst nach dem Prüfungstermin angemeldet, so hat das Insolvenzgericht auf Kosten des Säumigen entweder einen besonderen Prüfungstermin zu bestimmen oder die Prüfung im schriftlichen Verfahren anzuordnen. ³Für nachträgliche Änderungen der Anmeldung gelten die Sätze 1 und 2 entsprechend.

II Hat das Gericht nachrangige Gläubiger nach § 174 Abs. 3 zur Anmeldung ihrer Forderungen aufgefordert und läuft die für diese Anmeldung gesetzte Frist später als eine Woche vor dem Prüfungstermin ab, so ist auf Kosten der Insolvenzmasse entweder ein besonderer Prüfungstermin zu bestimmen oder die Prüfung im schriftlichen Verfahren anzuordnen.

III ¹Der besondere Prüfungstermin ist öffentlich bekanntzumachen. ²Zu dem Termin sind die Insolvenzgläubiger, die eine Forderung angemeldet haben, der Verwalter und der Schuldner besonders zu laden. ³§ 74 Abs. 2 Satz 2 gilt entsprechend.

InsO § 209. Befriedigung der Massegläubiger. I Der Insolvenzverwalter hat die Masseverbindlichkeiten nach folgender Rangordnung zu berichten, bei gleichem Rang nach dem Verhältnis ihrer Beträge:

1. die Kosten des Insolvenzverfahrens;
2. die Masseverbindlichkeiten, die nach der Anzeige der Masseunzulänglichkeit begründet worden sind, ohne zu den Kosten des Verfahrens zu gehören;
3. die übrigen Masseverbindlichkeiten, unter diesen zuletzt der nach den §§ 100, 101 Abs. 1 Satz 3 bewilligte Unterhalt.

II Als Masseverbindlichkeiten im Sinne des Absatzes 1 Nr. 2 gelten auch die Verbindlichkeiten

1. aus einem gegenseitigen Vertrag, dessen Erfüllung der Verwalter gewählt hat, nachdem er die Masseunzulänglichkeit angezeigt hatte;
2. aus einem Dauerschuldverhältnis für die Zeit nach dem ersten Termin, zu dem der Verwalter nach der Anzeige der Masseunzulänglichkeit kündigen konnte;
3. aus einem Dauerschuldverhältnis, soweit der Verwalter nach der Anzeige der Masseunzulänglichkeit für die Insolvenzmasse die Gegenleistung in Anspruch genommen hat.

Abschnitt 6. Gebührenvorschriften §§ 33, 34 GKG

InsO § 269. Kosten der Überwachung. ¹Die Kosten der Überwachung trägt der Schuldner. ²Im Falle des § 260 Abs. 3 trägt die Übernahmegesellschaft die durch ihre Überwachung entstehenden Kosten.

3) Strafprozeßordnung. Infrage kommen: 3

StPO § 466 (ist bei KV amtliche Vorbemerkung 3.1. Rn 23 abgedruckt).

StPO § 471. Privatklagekosten. ᴵⱽ ¹Mehrere Privatkläger haften als Gesamtschuldner. ²Das gleiche gilt hinsichtlich der Haftung mehrerer Beschuldigter für die dem Privatkläger erwachsenen notwendigen Auslagen.

Zu § 466: „Dieselbe Tat" bedeutet derselbe strafrechtliche Vorgang. Sie liegt daher auch vor bei einer Begünstigung und Hehlerei oder bei einer aktiven und passiven Bestechung, nicht aber dann, wenn sich die Tätigkeit der mehreren in verschiedenen strafrechtlichen Richtungen äußert, wie bei gegenseitigen Beleidigungen. S auch KV amtliche Vorbemerkung 3.1, Rn 23.

Zu § 471: Gilt auch für den Nebenkläger. Kosten des unterbevollmächtigten auswärtigen Anwalts sind in Höhe der Reisekosten des Hauptbevollmächtigten erstattungsfähig.

Abschnitt 6. Gebührenvorschriften

Wertgebühren

34 ᴵ ¹Wenn sich die Gebühren nach dem Streitwert richten, beträgt die Gebühr bei einem Streitwert bis 500 Euro 35 Euro. ²Die Gebühr erhöht sich bei einem

Streitwert bis ... Euro	für jeden angefangenen Betrag von weiteren ... Euro	um ... Euro
2 000	500	18
10 000	1 000	19
25 000	3 000	26
50 000	5 000	35
200 000	15 000	120
500 000	30 000	179
über 500 000	50 000	180

³Eine Gebührentabelle für Streitwerte bis 500 000 Euro ist diesem Gesetz als Anlage 2 [in diesem Buch SchlAnh A] **beigefügt**.

ᴵᴵ Der Mindestbetrag einer Gebühr ist 15 Euro.

1) Geltungsbereich, I, II. Die Wertabhängigkeit ist verfassungsgemäß, BVerfG 1 NJW 07, 2032 (Mahnverfahren). II 2, 3 sind nach § 145 S 2 TKG auf das dortige außergerichtliche Streitbeilegungsverfahren und nach § 146 S 3 Hs 2 TKG auf das dortige Vorverfahren entsprechend anwendbar. Wegen des Verfahrens nach dem VG-Richtlinie-UmsetzungsG § 48 Anh IV.

2) Streitwertabhängigkeit, I 1. Es gilt dasselbe wie bei § 3 Rn 1–3. 2

3) Tabelle, I 2, 3. Die Ergänzungstabelle nach I 3 (Anlage 2) befindet sich im 3 SchlAnh A.

4) Mindestbetrag, II. Einen Mindestbetrag sieht das Gesetz nur für die Gebüh- 4 ren vor, nicht für die Auslagen. „Gebühr" ist die im Einzelfall maßgebliche. Also ist auch der Mindestbetrag der 0,25 Gebühr der Betrag von 15 EUR.

5) Keine Auf- und Abrundung mehr. Es gibt im GKG keine Auf- oder Ab- 5 rundung mehr, anders als in § 2 II 2 RVG.

GKG § 35 I. A. Gerichtskostengesetz

Einmalige Erhebung der Gebühren

35 Die Gebühr für das Verfahren im Allgemeinen und die Gebühr für eine Entscheidung werden in jedem Rechtszug hinsichtlich eines jeden Teils des Streitgegenstands nur einmal erhoben.

Gliederung

1) Systematik	1
2) Regelungszweck	2
3) Geltungsbereich	3
4) Rechtszug	4–19
A. Begriff	4
B. Beginn, Ende	5
C. Beispiele zur Frage einer Abgrenzung der Rechtszüge	6–19
5) Einmaligkeit der Gebührenerhebung	20

1 **1) Systematik.** Die Vorschrift enthält den Grundsatz der Einmaligkeit der Regelgebühr, auf dem das Pauschalsystem beruht. Das Gesetz durchbricht diesen Grundsatz an nur noch wenigen Stellen für eine Entscheidungsgebühr. Bei demselben Streitgegenstand nach BLAH § 2 ZPO Rn 4 entsteht die Verfahrensgebühr nicht nochmals dann, wenn der Bekl die Widerklage nach BLAH Anh § 253 ZPO auf eine bisher am Rechtsstreit nicht beteiligte Person ausdehnt.

2 **2) Regelungszweck.** Die Vorschrift dient der Klarstellung im Interesse der Kostengerechtigkeit. Sie soll verhindern, daß wegen Unklarheiten über den jeweiligen Streitgegenstand Gebührenverdoppelungen eintreten, die der Gesetzgeber nicht gewollt hat.

3 **3) Geltungsbereich.** Die Vorschrift ist im Bereich des GKG voll anwendbar, § 1, also auch im Verfahren vor den Arbeits-, ferner vor den Finanz-, Sozial- und Verwaltungsgerichten. Sie gilt auch im Zwangsversteigerungs- und im Zwangsverwaltungsverfahren und im Insolvenzverfahren sowie im Schiffahrtsrechtlichen Verteilungsverfahren.

4 **4) Rechtszug.** Ein scheinbar einfacher Begriff erweist sich im Einzelfall oft als kompliziert.

A. Begriff. Der Begriff des Rechtszugs ist nicht derselbe wie derjenige der Instanz in der ZPO, Bre JB **76**, 350. Er ist auch nicht derselbe wie derjenige des Rechtszugs nach (jetzt) § 15 II 2 RVG, Teil X dieses Buchs, Zehendner BB **81**, 846. Dort beginnen die drei Rechtszüge mit der Klagerhebung nach §§ 253, 261 ZPO oder der Einlegung des Rechtsmittels zB nach § 519 I ZPO und enden mit der Erledigung des gesamten dem Gericht der Instanz vorliegenden Prozeßstoffs, also nicht immer mit einem Urteil nach § 300 ZPO, zB nicht mit einem Zwischenurteil nach § 303 ZPO. Dort begründet die Zurückverweisung zB nach § 538 II ZPO keine neue Instanz. Demgegenüber gilt im GKG anders wiederum als im RVG folgendes.

5 **B. Beginn, Ende.** Der Rechtszug beginnt mit der Einreichung, nicht erst mit der Zustellung der Klage, einer Rechtsmittelschrift oder eines gebührenpflichtigen Antrags, Düss FamRZ **06**, 628. Der Rechtszug endet mit dem Wirksamwerden des Schlußurteils, zB mit seiner Verkündung, Düss FamRZ **06**, 628. Er endet ferner mit dem Abschluß eines Prozeßvergleichs nach BLAH Anh § 307 ZPO oder mit der Mitteilung eines außergerichtlichen Vergleichs nach § 779 BGB. Maßgebend ist dabei der Eingang beim Gericht. Der Rechtszug endet ferner mit der wirksamen Rücknahme der Klage nach § 269 ZPO oder eines Rechtsmittels zB nach § 516 ZPO, Düss FamRZ **06**, 628, Köln NJW **95**, 2728. Er kann auch mit übereinstimmenden wirksamen Vollerledigterklärungen nach BLAH § 91a ZPO Rn 96 enden, Düss FamRZ **06**, 628. Er kann beendet sein, aber durch spätere Ereignisse gleichwohl wieder aufleben.

6 **C. Beispiele zur Frage einer Abgrenzung der Rechtszüge**

Anfechtungsklage: Die Anfechtungsklage im Aufgebotsverfahren stellt einen *neuen* Rechtszug dar.

Antragswiederholung: Rn 7 „Erneuter Antrag".

Arrest, einstweilige Verfügung: Der Hauptprozeß nach §§ 253ff ZPO ist ein *neuer* Rechtszug, Karlsr Just **77**, 98.

Abschnitt 6. Gebührenvorschriften § 35 GKG

Beschwerdeverfahren: Es eröffnet einen *neuen* Rechtszug.
Drittschuldner: Derselbe Rechtszug liegt bei einer Pfändung und Überweisung mehrerer Forderungen gegenüber verschiedenen Drittschuldnern nach § 840 ZPO vor, LG Zweibr Rpfleger **77**, 76.
Einspruch: Rn 16 „Versäumnisurteil".
Erledigung der Hauptsache: Im Verfahren gegenüber mehreren Streitgenossen nach §§ 59ff ZPO stellen solche Vorgänge, die zur Erledigung nach § 91a ZPO im Verhältnis zum einen Streitgenossen führen, und solche, die zur Erledigung im Verhältnis zum anderen Streitgenossen führen, Vorgänge desselben Rechtszugs dar.
Erneuter Antrag: Nach der Zurücknahme einer Klage nach § 269 ZPO oder Widerklage nach BLAH Anh § 253 ZPO oder eines Rechtsmittels zB nach § 516 ZPO und nach der Verwerfung eines Rechtsmittels etwa nach § 522 ZPO kann eine erneute Klage oder Widerklage oder ein rechtzeitig erneutes Rechtsmittel deshalb einen Vorgang desselben Rechtszugs darstellen, weil er nur wiederauflebt, ähnlich wie nach einem Ruhen des Verfahrens nach § 251a ZPO. Nach einem solchen Beschluß, der den Berufungskläger der Berufung nach § 516 III 1 ZPO verlustig erklärt, oder nach dem Hinfälligwerden einer Anschlußberufung nach § 524 IV ZPO stellt eine neue Berufung einen Vorgang desselben Rechtszugs dar, § 15 RVG Rn 22ff, Teil X dieses Buchs, Pantle NJW **88**, 2775. Auch eine Ermäßigung mit einer anschließenden erneuten Erhöhung kann zum Rechtszug gehören, Bbg JB **76**, 866.   7

Nach der Abweisung einer Klage als unzulässig nach BLAH § 313 ZPO Rn 12 „Unzulässigkeit" eröffnet eine neue Klage einen *neuen* Rechtszug.
Gehörsverletzung: Das Abhilfeverfahren nach § 321a ZPO gehört zum Rechtszug.
Grund des Anspruchs: Das Verfahren über den Grund des Anspruchs und das Betragsverfahren nach § 304 ZPO stellen Vorgänge desselben Rechtszugs dar. Das gilt auch nach dem Erlaß eines Zwischenurteils nach § 304 ZPO. Das gilt selbst dann, wenn inzwischen ein Rechtsmittel schwebte, Bre JB **76**, 484. Wenn der Rechtsmittelführer wegen einiger Zweifel an der Zulässigkeit des bereits eingelegten Rechtsmittels vorsorglich ein gleichartiges Rechtsmittel nochmals einlegt, liegt für beide Rechtsmittel derselbe Rechtszug vor.   8

Wenn der Rechtsmittelführer *gleichzeitig* gegen dieselbe Entscheidung eine *Berufung und eine sofortige Beschwerde* nach §§ 567ff ZPO oder eine Sprungrevision nach § 566 ZPO und eine Berufung nach § 511 ZPO einlegt, eröffnet er *verschiedene* Rechtszüge. Sie liegen auch dann vor, wenn sich eine Berufung gegen ein Grundurteil und eine weitere Berufung gegen das spätere Betragsurteil richten. Etwas anderes gilt erst nach einer Verbindung der beiden Berufungsverfahren nach § 147 ZPO.
Klagänderung: Das Verfahren nach der Zulassung einer Klagänderung nach §§ 263, 264 ZPO zählt zu demselben Rechtszug wie das Verfahren vor der Klagänderung. Das gilt auch dann, wenn sich die Klage nunmehr statt auf den ursprünglichen Anspruch selbst auf einen inzwischen abgeschlossenen außergerichtlichen Vergleich stützt.   9
Klagerücknahme: Rn 7 „Erneuter Antrag".
Nachverfahren: Das Verfahren bis zum Erlaß eines Vorbehaltsurteils und das Nachverfahren nach §§ 302, 599 ZPO stellen denselben Rechtszug dar.   10
Wenn aber zunächst gegen das Vorbehaltsurteil und später gegen das in derselben Sache ergangene Nachurteil Rechtsmittel eingehen, liegen *verschiedene* Rechtszüge vor. Dann muß man also die Verfahrensgebühr für jedes der beiden Rechtsmittel gesondert ansetzen.
Pfändung und Überweisung: Es liegt bei §§ 829, 835 ZPO auch bei mehreren Forderungen gegen verschiedene Dritte derselbe Rechtszug vor, LG Zweibr Rpfleger **77**, 76.
Prozeßtrennung: Eine Prozeßtrennung nach § 145 läßt für beide nun getrennten Verfahren denselben Rechtszug bestehen. Nach der Trennung können natürlich getrennte Gebühren entstehen. Früher entstandene muß man im Verhältnis der Werte anrechnen, FG Hbg EFG **76**, 354.   11

GKG § 35 I. A. Gerichtskostengesetz

12 **Prozeßverbindung:** Bei der Verbindung mehrerer Prozesse nach § 147 ZPO liegt derselbe Rechtszug vor. Eine vor einer Verbindung entstandene Gebühr bleibt bestehen, BGH WertpMitt **13**, 1447, Düss JB **09**, 542, OVG Greifsw JB **10**, 532.
Prozeßvergleich: Das Verfahren vor dem Prozeßgericht nach BLAH Anh § 307 ZPO bis zum Abschluß des Prozeßvergleichs und das Verfahren vor demselben Gericht im Streit über die Wirksamkeit des Prozeßvergleichs nach BLAH Anh § 307 ZPO Rn 37 stellen denselben Rechtszug dar, BGH MDR **77**, 308, Kblz JB **78**, 702.
Beim Auslegungsstreit entsteht aber ein *neuer* Rechtszug, BGH MDR **77**, 308.

13 **Rechtsmittel:** Soweit beide Parteien oder mehrere Streitgenossen nach §§ 59ff ZPO gegen dasselbe Urteil Rechtsmittel einlegen, liegt derselbe Rechtszug vor. Das gilt auch bei getrennten Rechtsmittelschriften.
Soweit eine Partei *mehrere* in derselben Sache ergangene *Urteile* durch getrennte Rechtsmittel anficht, liegen *verschiedene* Rechtszüge vor. Das gilt nach Rn 10 auch bei einem Vorbehalts- und Nachurteil. Soweit eine Partei in einer früher zB nach § 538 II ZPO zurückverwiesenen Sache ein neues Rechtsmittel einlegt, liegt ebenfalls ein *neuer* Rechtszug vor.
S auch Rn 6 „Beschwerdeverfahren", Rn 7 „Erneuter Antrag".
Selbständiges Beweisverfahren: Der Hauptprozeß nach §§ 253ff ZPO ist bei seiner zeitlichen Nachfolge hinter einem Verfahren nach §§ 485ff ZPO ein *neuer* Rechtszug, KG MDR **76**, 846.
Streitgenossen: Auch ein unterschiedlicher Verlauf ändert bei §§ 59ff ZPO nichts an demselben Rechtszug.
Streitwerterhöhung: Sie ändert nichts am Rechtszug, soweit das Gericht sie zuläßt.
Stufenklage: Alle Stufen nach § 254 ZPO gehören zum Rechtszug.

14 **Teilurteil:** Mehrere Berufungen gegen solche Teilurteile nach § 301 ZPO, die einzelne gesamtschuldnerisch belangte Streitgenossen nach §§ 59ff ZPO betreffen, stellen denselben Rechtszug dar.

15 **Unterbrechung:** Ein Ruhen nach § 251a ZPO oder die Fortsetzung nach § 250 ZPO gehören zum Rechtszug.
Urteilsvervollständigung: Eine Vervollständigung desjenigen in abgekürzter Form ergangenen Versäumnis- oder Anerkenntnisurteils nach § 313b ZPO, das im Ausland zur Anerkennung und Vollstreckung kommen soll, durch die Hinzufügung von Tatbestand und Entscheidungsgründen ergeht in demselben Rechtszug. Vgl § 19 I 2 Z 6 RVG, Teil X dieses Buchs.

16 **Vergleich:** Rn 12 „Prozeßvergleich".
Versäumnisurteil: Der Einspruch nach § 338 ZPO gehört zum Rechtszug.
Verweisung: Das Verfahren vor und nach einer Verweisung an eine andere Kammer oder Abteilung oder an ein anderes Gericht zB nach § 281 ZPO sowie das Verfahren vor und nach der Zurückverweisung an dasselbe Gericht nach § 37 stellen denselben Rechtszug dar, Ffm JB **77**, 1114, Köln NJW **95**, 2728.
S auch Rn 18 „Zurückverweisung".

17 **Wiederaufnahme:** Das Wiederaufnahmeverfahren zB nach §§ 578ff ZPO eröffnet einen *neuen* Rechtszug, und zwar nochmals denselben wie denjenigen, dessen Entscheidung der Kläger anficht, BFH BB **85**, 985.

18 **Zulässigkeitsrüge:** Das Verfahren über eine Zulässigkeitsrüge zB nach § 280 ZPO und das Verfahren zur Hauptsache stellen denselben Rechtszug dar. Das gilt auch dann, wenn inzwischen schon ein Urteil nach §§ 300ff ZPO vorliegt.
Zurückverweisung: Nach einer Zurückverweisung zB nach § 538 II ZPO eröffnet ein *neues* Rechtsmittel einen *neuen* Rechtszug, aM Hbg MDR **04**, 474.

19 **Zuständigkeitsbestimmung:** Das Verfahren vor einer Zuständigkeitsbestimmung nach § 36 I ZPO, das Verfahren der Zuständigkeitsbestimmung nach § 37 ZPO und das anschließende Verfahren vor dem als zuständig bestimmten Gericht stellen denselben Rechtszug dar.
Zwischenurteil: Die Fortsetzung des Verfahrens nach einem solchen Urteil nach § 303 ZPO gehört zum Rechtszug.

20 **5) Einmaligkeit der Gebührenerhebung.** Jede Regelgebühr entsteht in demselben Rechtszug nach Rn 4 wegen eines jeden Teils des Streitgegenstands nach

BLAH § 2 ZPO Rn 4 nur einmal. Soweit sich aber der Streitgegenstand verändert, ist § 36 anwendbar.

Teile des Streitgegenstands

36 I Für Handlungen, die einen Teil des Streitgegenstands betreffen, sind die Gebühren nur nach dem Wert dieses Teils zu berechnen.

II Sind von einzelnen Wertteilen in demselben Rechtszug für gleiche Handlungen Gebühren zu berechnen, darf nicht mehr erhoben werden, als wenn die Gebühr von dem Gesamtbetrag der Wertteile zu berechnen wäre.

III Sind für Teile des Gegenstands verschiedene Gebührensätze anzuwenden, sind die Gebühren für die Teile gesondert zu berechnen; die aus dem Gesamtbetrag der Wertteile nach dem höchsten Gebührensatz berechnete Gebühr darf jedoch nicht überschritten werden.

Gliederung

1) Systematik, Regelungszweck, I–III	1
2) Geltungsbereich, I–III	2, 3
3) Einzelne Wertteile, II	4–7
A. Grundsatz: Obergrenze Gesamtwert	4–6
B. Mehrere Streitgenossen oder Streitgegenstände	7
4) Verschiedene Gebührensätze, III	8–10

1) Systematik, Regelungszweck, I–III. Die mit § 15 III RVG, Teil X dieses **1** Buchs, ähnliche Vorschrift betrifft nach ihrem klaren Wortlaut in Verbindung mit § 1 I 1 nur „Gebühren", nicht „Auslagen", aM Mü MDR **89**, 166 (entsprechend anwendbar). § 36 gilt nicht, soweit vorrangige Spezialregeln einen Vorgang beim „gesamten" Verfahren fordern oder voraussetzen, zB bei KV 1211 usw. Für eine solche gerichtliche Handlung, die eine Gebühr auslösen kann, entsteht eine Gebühr zwecks einer Kostengerechtigkeit nur nach demjenigen abspaltbaren Wert des Streitgegenstands nach BLAH § 2 ZPO Rn 4, den diese Handlung selbst betrifft, Kblz JB **99**, 188, Oldb JB **92**, 190.

Beispiel: Die Klage betrifft 1000 EUR. Eine Berufung erfolgt nur wegen 700 EUR. Die zweitinstanzliche Verfahrensgebühr errechnet sich aus 700 EUR.

2) Geltungsbereich, I–III. Die Vorschrift gilt im Gesamtbereich des § 1, Hbg **2** MDR **97**, 890. Wegen derjenigen Handlung, die nur eine Nebenforderung nach § 43 betrifft, gilt § 43. Wenn das Gericht auf Grund eines Rechtsmittels gegen ein Teilurteil nach § 301 ZPO nicht nur dieses aufgehoben hat, sondern wenn es auch den Restanspruchs abgewiesen hat, ist der Streitwert trotzdem nur ein Betrag in Höhe des Teilurteils.

Die Vorschrift ist also auch vor den *Arbeits-, Finanz-, Sozial- und Verwaltungsgerich-* **3** *ten* anwendbar.

3) Einzelne Wertteile, II. Innerhalb einer Obergrenze ergeben sich recht unter- **4** schiedliche Situationen.

A. Grundsatz: Obergrenze Gesamtwert. In jedem Rechtszug nach § 36 und für jeden Wertteil darf die Verfahrensgebühr nur einmal entstehen. Es ist nun aber denkbar, daß mehrere gleiche gebührenerzeugende Handlungen innerhalb derselben Instanz verschiedene Wertteile betreffen.

Beispiel: Die Klage lautet über 800 EUR. Der Kläger erweitert die Klageforderung auf 1000 EUR. Teilvergleiche ergehen zunächst über 200 EUR, dann über weitere 300 EUR.

Für solche Fälle bestimmt II, daß die *Gesamtgebühr* für gleichartige gebührenerzeu- **5** gende Handlungen nicht höher sein darf als nach dem ganzen betroffenen Streitwert. Das gilt auch für ein Ergänzungsurteil nach § 321 ZPO. Es gilt natürlich auch für Ermäßigungen.

In dem genannten Beispiel müßte man also die Ermäßigung der Verfahrensgebüh- **6** ren zwar nach den einzelnen Handlungen berechnen. Ihr Gesamtbetrag dürfte aber nicht höher sein, als wäre die Verfahrensgebühr nach einem Streitwert von 500 EUR einmalig entstanden. Anders ausgedrückt: Nur der *Unterschiedsbetrag* zwischen der

GKG §§ 36, 37 I. A. Gerichtskostengesetz

erstmalig berechneten und der nach dem ganzen später betroffenen Streitwert zu berechnenden Gebühr ist maßgeblich. Das gilt auch nach einem Mahnverfahren nach §§ 688 ff ZPO, Düss JB **80**, 106, Hbg MDR **01**, 294, LG Kref MDR **78**, 854, oder nach einem selbständigen Beweisverfahren, Kblz RR **00**, 1239.

7 **B. Mehrere Streitgenossen oder Streitgegenstände.** Wenn eine Handlung nur einen Streitgenossen nach §§ 59 ff ZPO berührt, entsteht die Gebühr nur gegen diesen. Wenn die Handlung mehrere Streitgenossen berührt, entsteht die Gebühr nur einmal, soweit sich der Streitgegenstand deckt. Das gilt nach § 35 Rn 5 ff dann, wenn etwa wegen jedes Streitgenossen ein Teilurteil nach § 301 ZPO vorliegt und wenn jeder Streitgenosse gegen das ihn betreffende Teilurteil ein Rechtsmittel einlegt, wenn also bereits mit der ersten Berufung der ganze Streitgegenstand nach BLAH § 2 ZPO Rn 4 in die zweite Instanz kommt. Wenn die Streitgegenstände verschieden sind, entsteht die Gebühr gegen jeden Streitgenossen besonders, ihre Gesamthöhe ist aber durch II begrenzt. Bei einer Verbindung nach § 147 ZPO ist II anwendbar, OVG Greifsw JB **10**, 532, Meyer JB **99**, 240, ebenso bei einer Trennung nach § 145 ZPO, Mü JB **99**, 484.

Keine verschiedenen Teile des Streitgegenstands sind Nebenforderungen nach § 43, § 3 ZPO.

8 **4) Verschiedene Gebührensätze, III.** Wenn für Teile des Gegenstands nach BLAH § 2 ZPO Rn 4 bei derselben Gebührenart verschiedene Gebührensätze maßgeblich sind, muß man die Gebühr für die Teile gesondert berechnen. Das gilt etwa bei § 15 III RVG, Teil X dieses Buchs. Es kommt jedoch höchstens diejenige Gebühr zum Ansatz, die nach dem Gesamtwert dieser Teile nach dem höchsten Gebührensatz entsteht, OVG Greifsw JB **10**, 532. Im Mahnverfahren haben KV 1210, 8220 Vorrang.

9 *Beispiel:* Die Berufung lautet über 20 000 EUR. Der Berufungskläger nimmt sie in Höhe von 15 000 EUR zurück. Berechnung nach III: KV 1222 (= 2,0 Gebühr) nach 15 000 EUR = 534 EUR + KV 1220 (= 4,0 Gebühr) nach 5000 EUR = 584 EUR, also insgesamt = 1118 EUR. Die nach III Hs 2 zulässige Höchstgebühr wäre eine 4,0 Gebühr von 20 000 EUR = 1276 EUR. Dieser Betrag wird nicht überschritten. Das Endergebnis lautet also: 1118 EUR.

10 Schlesw SchlHA **88**, 65 wendet III entsprechend bei einem *Teilanerkenntnisurteil* nach § 307 ZPO und streitigem Schlußurteil an. Bei § 38 ist III unanwendbar. Dasselbe gilt bei einem Vergleich auch über einen nicht anhängigen Gegenstand nach KV 1900 Rn 13, Köln RR **10**, 1512.

Zurückverweisung

37 Wird eine Sache zur anderweitigen Verhandlung an das Gericht des unteren Rechtszugs zurückverwiesen, bildet das weitere Verfahren mit dem früheren Verfahren vor diesem Gericht im Sinne des § 35 einen Rechtszug.

1 **1) Geltungsbereich.** Die Vorschrift ergänzt § 35. Sie gilt im Gesamtbereich des § 1. Das gilt auch beim Eilverfahren nach § 53. § 37 gilt auch bei einer Zurückverweisung durch das BVerfG, Hbg MDR **04**, 474. § 37 erfaßt den Fall, daß ein höheres Gericht die Sache nach Rn 2 an das niedere Gericht zurückverweist. Es ist unerheblich, aus welchem Grund diese Zurückverweisung geschieht. Insofern besteht ein Unterschied zur Verweisung nach § 4. § 36 bleibt anwendbar. § 37 gilt auch vor den Arbeitsgerichten.

Bei einer ersten oder erneuten Zurückverweisung muß man gebührenrechtlich unterstellen, daß der untere Rechtszug *nicht abgeschlossen* war. Das gilt nicht nur bei einem Zwischenurteil nach § 303 ZPO oder bei einem Vorbehaltsurteil nach § 302 ZPO, sondern auch in anderen Fällen. Der tatsächlich beendete untere Rechtszug lebt gebührenrechtlich wieder auf.

2 **2) Fälle.** Eine Zurückverweisung liegt zB in folgenden Fällen vor: §§ 538, 539, 563, 566 VIII 1, 572 ZPO, § 127 FGO, §§ 130, 144 VwGO. Wenn das Revisionsgericht an das Gericht der ersten Instanz zurückweist („Gericht des unteren Rechtszugs"), gilt das auch für die Gebühr dieses Rechtszugs. § 37 ist nach Rn 1 auch bei einer Zurückverweisung durch das BVerfG anwendbar. Eine Klagerücknahme nach

§ 269 ZPO, ein Anerkenntnisurteil nach § 307 ZPO, ein Verzichtsurteil nach § 306 ZPO, ein außergerichtlicher Vergleich nach § 779 BGB oder ein Prozeßvergleich nach BLAH Anh § 307 ZPO können nach KV 1211 gebührenermäßigend wirken, aM Nürnb MDR **03**, 416 (inkonsequent).

Wenn aber gegen das neue Urteil ein *Rechtsmittel* eingeht, entstehen auch neue Gebühren. Denn dann findet keine Zusammenfassung der Rechtsmittelverfahren statt.

3) Folgen der Nämlichkeit des Rechtszugs. Da die Einheit des Rechtszugs 3
nach § 35 durch die Zurückverweisung erhalten bleibt, bleiben die früher entstandenen Gebühren unberührt, Schlesw JB **15**, 192.

Neue Regelgebühren können nur entstehen, soweit sich der *Streitgegenstand* nach BLAH § 2 ZPO Rn 4 etwa durch eine Klagerhöhung *erhöht* oder soweit ein anderer Teil von einem Akt betroffen wird.

Verzögerung des Rechtsstreits

38 [1] Wird außer im Fall des § 335 der Zivilprozessordnung durch Verschulden des Klägers, des Beklagten oder eines Vertreters die Vertagung einer mündlichen Verhandlung oder die Anberaumung eines neuen Termins zur mündlichen Verhandlung nötig oder ist die Erledigung des Rechtsstreits durch nachträgliches Vorbringen von Angriffs- oder Verteidigungsmitteln, Beweismitteln oder Beweiseinreden, die früher vorgebracht werden konnten, verzögert worden, kann das Gericht dem Kläger oder dem Beklagten von Amts wegen eine besondere Gebühr mit einem Gebührensatz von 1,0 auferlegen. [2] Die Gebühr kann bis auf einen Gebührensatz von 0,3 ermäßigt werden. [3] Dem Kläger, dem Beklagten oder dem Vertreter stehen gleich der Nebenintervenient, der Beigeladene, der Vertreter des Bundesinteresses beim Bundesverwaltungsgericht und der Vertreter des öffentlichen Interesses sowie ihre Vertreter.

Schrifttum: *Krbetscheck* NJW **17**, 517 (Üb); (zum alten Recht) *Schmidt* MDR **01**, 308.

Gliederung

1) Systematik, S 1–3	1
2) Regelungszweck, S 1–3	2
3) Geltungsbereich, S 1–3	3, 4
4) Anwendungsfälle, S 1	5–7
A. Vertagung	5, 6
B. Neuer Termin	7
5) **Verschulden der Partei oder ihres Vertreters, S 1**	8–14
A. Grundsatz: Ausreichen von Fahrlässigkeit	8–10
B. Beispiele zur Frage eines Verschuldens, S 1	11–14
6) **Nachträglichkeit des Vorbringens, S 1**	15–19
A. Angriffs- und Verteidigungsmittel usw	16
B. Beispiele zur Frage eines Angriffs- oder Verteidigungsmittels, S 1	17
C. Verzögerung	18
D. Möglichkeit früheren Vortrags	19
7) **Verfahren, S 1**	20–25
A. Zuständigkeit	20
B. Weiteres Verfahren	21
C. Entscheidung	22, 23
D. Kosten	24
E. Weitere Möglichkeiten	25
8) **Höhe der Gebühr, S 1, 2**	26
9) **Streitwert, S 1, 2**	27
10) **Fälligkeit, Gebührenschuldner, S 1–3**	28
11) **Beschwerde, S 1–3**	29

1) Systematik, S 1–3. § 38 ist ein Gegenstück zu § 21, Schneider JB **76**, 18. Die 1
Vorschrift sieht einen nur in Grenzen strafähnlichen Kostennachteil vor, so schon *Düss* MDR **95**, 1172, strenger *Hamm* FamRZ **03**, 1192 („echter Strafcharakter"). Ihn kann das Gericht dann verhängen, wenn eine Partei nach BLAH Grdz 4 vor § 50 ZPO ihre gesetzliche Prozeßförderungspflicht nach BLAH Grdz 12 vor § 128 ZPO oder nach § 282 ZPO schuldhaft verletzt hat und wenn es dadurch zu einer Verzögerung des Verfahrens gekommen ist, Mü RR **01**, 72, und zwar nach Rn 17 ohne ein Mitverschulden des Gerichts. § 38 ist mit dem GG vereinbar.

GKG § 38 I. A. Gerichtskostengesetz

Voraussetzung der Anwendung des § 38 ist ein *Verstoß* der Partei als solcher. Er kann auch dann vorliegen, wenn das Gericht die Partei zur Aufklärung des Sachverhalts nach § 141 ZPO anhören wollte. Ein derartiger Verstoß ist aber dann unerheblich, wenn er im Zusammenhang mit einer förmlichen Parteivernehmung nach §§ 445 ff ZPO erfolgt ist. Die Verzögerungsgebühr ist von einer Kostenverteilung nach § 92 ZPO unabhängig, Völker MDR **01**, 1327. Deshalb ist eine Maßnahme nach § 38 wirkungsvoller als eine Maßnahme nach § 95 ZPO oder nach § 192 SGG. Diese sind aber neben § 38 statthaft, Völker JB **01**, 569. Vor dem BVerfG gilt § 34 BVerfGG.

2   2) **Regelungszweck, S 1–3.** Die Vorschrift dient der Prozeßwirtschaftlichkeit nach BLAH Grdz 14 vor § 128 ZPO. Sie ist eine Folge der Prozeßförderungspflicht der Parteien nach BLAH Grdz 12 vor § 128 ZPO. Ihr Sinn ist also eine Ahndung begangener prozessualer Verstöße und damit eine Abschreckung davor, Reither JB **17**, 60, Völker MDR **01**, 1325. Das muß man bei der Auslegung mitbeachten. Die Praxis beachtet die Vorschrift wenig, Krbetscheck NJW **17**, 521. Das gilt auch für den Familienrichter, Völker FamRZ **01**, 1332. Im übrigen bleibt ein Rest Problematik. Wer prozessuale Obliegenheiten vorwerfbar vernachlässigt, mag wegen der Parteiherrschaft nach BLAH Grdz 18 vor § 128 ZPO die Nachteile bis zum Prozeßverlust tragen. Der Richter braucht eine solche Nachlässigkeit nicht unbedingt auch noch zusätzlich zu ahnden, Schneider JB **76**, 5.

3   3) **Geltungsbereich, S 1–3.** Das Gericht kann § 38 in jedem Verfahren nach der ZPO anwenden, Düss MDR **95**, 1172, Hamm FamRZ **03**, 1192, Mü FamRZ **79**, 300, sofern in ihm eine notwendige oder zB nach § 128 II ZPO freigestellte mündliche Verhandlung stattfinden kann oder muß. Das gilt auch bei einer Prozeßkostenhilfe nach §§ 114 ff ZPO oder bei einer sonstigen Gebührenfreiheit nach § 2, Völker MDR **01**, 1328. Die Bestimmung ist daher auch anwendbar: Im Verfahren auf den Erlaß eines Arrests oder einer einstweiligen Verfügung nach §§ 916 ff, 935 ff ZPO; im Beschwerdeverfahren nach §§ 567 ff ZPO; im Verfahren zur Vollstreckbarerklärung eines Schiedsspruchs nach §§ 1060, 1061 ZPO.

4   Im Verfahren vor den *Arbeitsgerichten* ist § 38 nach § 1 I Z 4 anwendbar. Dasselbe gilt nach § 1 II Z 2 für das Verfahren vor den Finanzgerichten, vor den Verwaltungsgerichten und nach (jetzt) § 1 II Z 3 vor den Sozialgerichten, BFH DB **82**, 1444.

5   4) **Anwendungsfälle, S 1.** Man muß zwei Fallgruppen unterscheiden.

A. Vertagung. Das Gericht muß eine anberaumte mündliche Verhandlung vertagen, zB nach §§ 227, 251a, 337 ZPO, aber nach I 1 nicht § 335 ZPO. Diese Entscheidung setzt nicht voraus, daß eine mündliche Verhandlung bereits begonnen hatte. Sie braucht auch nicht etwa nur bis zum etwaigen Vertagungsantrag begonnen zu haben. Es ist nicht einmal erforderlich, daß das Gericht die Sache schon nach § 220 ZPO aufgerufen hatte, aM Meyer 5 (aber das würde eine wichtige Fallgruppe ausschließen). Daher ist es auch nicht nötig, daß eine Partei schon am Gerichtsort wartete.

Es genügt vielmehr, daß ein *Verhandlungstermin* anstand, daß das Gericht ihn aber auf Grund eines Antrags einer Partei oder von Amts wegen verlegen mußte, Völker MDR **01**, 1329. Deshalb reicht es auch aus, daß die eine Partei oder die andere oder beide im Zeitpunkt der Vertagung nach §§ 330 ff ZPO säumig sind, aM Meyer 5, Reither JB **17**, 61 (aber § 251 a III hat keinen Vorrang). Es reicht ferner aus, daß eine einseitige Verhandlung stattfindet. Das Gesetz hat allerdings § 335 ZPO ausdrücklich ausgenommen. Eine nicht gerade gesetzlich als „mündlich" bezeichnete Verhandlung gehört nicht hierher. Daher reichen weder eine ja gerade noch nicht „mündliche" Verhandlung nach § 278 II 1 ZPO oder ein bloßer Beweistermin, wohl aber ein solcher nach § 370 ZPO, Völker MDR **01**, 1328. Vor dem nach §§ 361, 362 ZPO beauftragten oder ersuchten Richter findet keine mündliche Verhandlung statt. Stattdessen gelten dort §§ 380, 409.

6   Wenn die erschienene *Partei* eine *Vertagung* deshalb beantragt, weil die Voraussetzungen einer Versäumnisentscheidung nicht vorliegen, darf das Gericht eine Verzögerungsgebühr keineswegs verhängen. Das gilt auch dann, wenn man ein Verschulden bejahen muß.

7   **B. Neuer Termin.** Statt einer Vertagung nach Rn 5, 6 reicht es auch aus, daß das Gericht nach seinem pflichtgemäßen Ermessen einen neuen Termin zu einer münd-

Abschnitt 6. Gebührenvorschriften § 38 GKG

lichen Verhandlung anberaumen muß, Kblz VersR **84**, 1175, Mü RR **01**, 71. Diese Maßnahme setzt nicht voraus, daß bereits früher eine mündliche Verhandlung stattgefunden hat. Hierher gehört nach Rn 12 auch eine Terminsanberaumung nach einem Einspruch gegen ein Versäumnisurteil nach § 338 ZPO. Die Terminsanberaumung mag nach Rn 13 „Vertagung" auch dann nötig werden, wenn die Parteien mit einer Entscheidung ohne eine mündliche Verhandlung nach § 128 II 1 ZPO einverstanden sind. Eine bloße Nachfrist nach § 283 reicht nach Rn 17 nicht aus.

5) Verschulden der Partei oder ihres Vertreters, S 1. Ein einfacher Grundsatz führt in der Praxis manchmal zu Problemen. **8**

A. Grundsatz: Ausreichen von Fahrlässigkeit. Die Partei nach BLAH Grdz 4 vor § 50 ZPO oder ihr Vertreter müssen eine Vertagung oder einen neuen Termin mindestens fahrlässig verschuldet haben, Hamm Rpfleger **89**, 303, Kblz VersR **84**, 1175, Reither JB **17**, 61. Ein schuldhaftes Verhalten liegt dann vor, wenn man die im Prozeß notwendige Sorgfalt verletzt hat, BLAH Einl III 68. Es fehlt, solange sich die Partei prozeßordnungsmäßig verhält, Hamm FamRZ **03**, 1192, Naumb BauR **12**, 1838. Es kommt auch eine Verzögerungsgebühr gegen beide Parteien oder ProzBev infrage, Düss VersR **77**, 726.

Ein *grobes* und überdies offen zutage tretendes Verschulden braucht *nicht* vorzuliegen, Kblz JB **75**, 1358, Beckmann MDR **04**, 430, Reither JB **17**, 61, aM Hamm OLGZ **89**, 364, LAG Halle AnwBl **01**, 444 (§ 38 meine eine Leichtfertigkeit, Gewissenlosigkeit, Gleichgültigkeit. Aber „Verschulden" nach S 1 meint nach dem allgemeinen juristischen Sprachgebrauch auch leichte Fahrlässigkeit, wie zB § 276 I 1 BGB. Auch der Kostengesetzgeber kennt nämlich „grobes" Verschulden zumindest aus anderen Gesetzen, etwa aus § 296 II ZPO. Das Gesetz engt daher eben *nicht* die Voraussetzungen auf ein grobes Verschulden ein). Noch weniger braucht eine Verschleppungsabsicht vorzuliegen. Andererseits reicht kein solches Verhalten aus, das der Partei prozessual freisteht, Düss MDR **95**, 1172.

Man darf die Anforderungen an die Partei und ihren ProzBev auch wegen der zurückhaltenden Auslegung des § 21 (Gerichtsfehler) *nicht überspannen*. Eine Vergleichsbemühung ist nicht vorwerfbar, solange sie nicht ersichtlich sinnlos geworden ist.

Als eine Partei gilt auch der *Streithelfer* nach §§ 66 ff ZPO, soweit sein Handeln **9** maßgeblich ist. Als einen Parteivertreter muß man auch den gesetzlichen Vertreter und den ProzBev ansehen, aber auch alle diejenigen anderen Personen ansehen, deren Verschulden nach §§ 51 II, 85 II ZPO als ein Verschulden der Partei gilt, Hamm OLGZ **89**, 363, Kblz VersR **84**, 1175, also etwa einen Terminsvertreter. Dann reicht es aus, daß der Vertreter schuldhaft handelte.

Das Gericht kann auch offen lassen, ob der Vertreter oder die Partei persönlich Schuld hatte, sofern nur feststeht, daß *einer von beiden schuldhaft* handelte.

Das Verschulden muß eine Vertagung oder die Anberaumung eines neuen Termins **10** „veranlaßt" haben. Es muß also für diese gerichtlichen Maßnahmen ursächlich geworden sein, Hamm Rpfleger **89**, 303.

B. Beispiele zur Frage eines Verschuldens, S 1 **11**

Ablehnung: Ein Verschulden kann vorliegen, soweit die Partei einen offensichtlich unbegründeten Ablehnungsantrag nach §§ 42 ff ZPO stellt, Düss MDR **84**, 857.

Augenschein: Ein Verschulden kann darin liegen, daß die Partei einen Augenschein des Gerichts oder des Sachverständigen nach §§ 371, 402 ZPO vereitelt, LG Flensb JB **96**, 44.

Auskunft: Ein Verschulden kann *fehlen,* soweit die Partei auf eine gerichtliche Nachfrage hin nur eine ungenügende Auskunft gibt, Bbg FamRZ **79**, 299, Mü FamRZ **79**, 300.

Außergerichtliche Erledigung: Ein Verschulden *fehlt* meist, soweit sich die Parteien nach § 779 BGB außergerichtlich geeinigt haben.

Flucht in die Säumnis: Rn 12 „Säumnis".

Frist: Ein Verschulden *fehlt,* soweit das Gericht eine notwendige Frist nicht oder zu kurz gesetzt hatte, VGH Kassel NVwZ **97**, 669.

Gerichtsfehler: Ein Verschulden der Partei kann dann natürlich *fehlen,* Naumb BauR **12**, 1772.

Krankheit: Ein Verschulden *fehlt,* soweit eine Verzögerung nur auf einer Erkrankung beruht.
Nichterscheinen: Ein Verschulden kann beim Ausbleiben einer Partei trotz einer richterlichen Anordnung ihres Erscheinens zB nach § 141 ZPO vorliegen.
12 **Rechtsschutzversicherung:** Rn 13 „Vorschuß".
Säumnis, dazu *Reither* JB **17,** 59 (Üb): Ein Verschulden kann auch beim oder nach einem Einspruch gegen ein Versäumnisurteil nach § 338 ZPO vorliegen, Beckmann MDR **04,** 430. Es kann ferner vorliegen, soweit eine Partei gegen eine echte prozessuale Pflicht und nicht nur gegen eine Obliegenheit verstößt, LAG Halle MDR **01,** 444, oder soweit der ProzBev nach § 81 ZPO nach einer unklaren Antragsankündigung zu zwei Terminen weder selbst erscheint noch einen informierten Unterbevollmächtigten entsendet, Kblz VersR **84,** 1175, oder wenn eine Partei nicht zum mit dem Sachverständigen vereinbarten Termin erscheint, LG Flensb JB **96,** 44.

Ein Verschulden *fehlt* bei § 355 ZPO. Es kann fehlen, soweit der Bekl ein Versäumnisurteil nach § 333 gegen sich ergehen läßt, um nicht mit einem Vortrag wegen Verspätung ausgeschlossen zu werden, Hamm RR **95,** 1406, LAG Hamm RR **01,** 383, BLAH § 342 ZPO Rn 2, 3, strenger Celle RR **07,** 1726, LAG Halle MDR **01,** 444 (aber er nutzt ein Recht aus), oder wenn der erschienene ProzBev gegen den säumigen Gegner keinen zur Entscheidungsreife nach BLAH § 300 ZPO Rn 6 führenden Sachantrag nach BLAH § 297 ZPO Rn 4 ff stellt und dazu auch nicht verpflichtet ist, Hamm OLG **89,** 363.
Schriftsatz: Ein Verschulden kann vorliegen, soweit die Partei ihr Vorbringen nach §§ 253 III, 275, 276, 277, 282 ZPO ungenügend schriftsätzlich vorbereitet.

Es kann *fehlen,* soweit ein rechtzeitiger Schriftsatz wegen seines Umfangs zur Vertagung nach § 227 ZPO zwingt.
Überlastung: Ein Verschulden kann vorliegen, soweit die Partei oder ihr ProzBev eine Überlastung vermeiden konnte.
Überrumplung: Ein Verschulden liegt vor, soweit eine Partei zB durch eine Zurückhaltung des Vortrags nach § 282 ZPO bis zum letzten Moment den Gegner überrumpeln will.
13 **Verspätung:** Ein Verschulden kann vorliegen, soweit der Bekl seinen Anwalt verspätet beauftragt, Kblz NJW **75,** 395. Das gilt insbesondere dann, wenn das Gericht dem Bekl eine Frist zur Klagerwiderung nach §§ 275–277 ZPO oder eine Frist nach §§ 139, 141, 273, 697 ZPO gesetzt hatte, Celle NdsRpfl **76,** 136, Kblz JB **75,** 1356. Das gilt selbst dann, wenn der Fristablauf vor dem Tag der Terminsbestimmung lag, Büttner NJW **75,** 1349, aM Mü NJW **75,** 495.

Dabei muß man freilich ausgehen vom Zeitpunkt nicht der Zustellung des Mahnbescheids nach § 692 ZPO, sondern einer einigermaßen vollständigen *Klagebegründung* nach § 253 II ZPO. 10 Tage sind bei einem nicht ganz einfachen Sachverhalt zu kurz, um einem Verschulden annehmen zu können, Köln JB **78,** 282 (Fallfrage). Weitere Fälle von Verschulden: Eine Partei nimmt zu einem Gutachten erst nach dem Ablauf einer angemessenen Frist und ohne einen Antrag auf eine Fristverlängerung Stellung, Mü RR **01,** 72; eine Partei teilt einen Schriftsatz verspätet mit, § 132 ZPO, Kblz NJW **75,** 395, Köln JB **75,** 797.

S auch Rn 12 „Säumnis".
Vertagung: Ein Einverständnis des Gegners mit einer Vertagung schließt ein Verschulden nicht aus. Denn die Parteien können nach § 227 I Z 3 ZPO keine wirksame Vereinbarung zwecks einer Vertagung treffen, Völker MDR **01,** 1329.

Freilich *fehlt* ein Verschulden meist bei einem solchen Einverständnis wegen schwebender Vergleichsverhandlungen.
Vorschuß: Ein Verschulden kann vorliegen, soweit die Partei einen vom Gericht nach § 379, evtl in Verbindung mit § 402 ZPO, erforderten Vorschuß nicht zahlt oder verspätet zahlt, Düss VersR **77,** 726 (das gilt selbst dann, wenn der Gegner ebenso oder/und wenn man eine Rechtsschutzversicherung aufgefordert hat).
14 **Wahrhaftigkeitspflicht:** Ein Verschulden kann vorliegen, soweit die Partei ihre Wahrhaftigkeitspflicht nach § 138 I, II ZPO verletzt.
Widerklage: Ein Verschulden *fehlt,* soweit der Bekl eine Widerklage nach BLAH Anh § 253 ZPO erhebt, Düss MDR **95,** 1172.
Zurückhaltung: Es entscheiden die Umstände, zB Rn 12 „Überrumplung".

6) Nachträglichkeit des Vorbringens, S 1. Unabhängig davon, ob ein Verschulden nach Rn 5–14 eine Vertagung oder die Anberaumung eines neuen Termins veranlaßt hat, kann eine Verzögerungsgebühr auch dann notwendig sein, wenn eine Partei durch ein nachträgliches Vorbringen von Angriffs- oder Verteidigungsmitteln nach Rn 16 eine Verzögerung des Verfahrens herbeigeführt hat. In diesem Zusammenhang gelten die folgenden Voraussetzungen. 15

A. Angriffs- und Verteidigungsmittel usw. Die Partei muß ihre Angriffs- oder Verteidigungsmittel, Beweismittel oder -Einreden nach §§ 282, 286 ZPO nachträglich vorgebracht haben. Sie müssen zB schon in einem früheren Termin möglich gewesen sein. Wenn das Gericht für einen früheren Vortrag der Partei hätte sorgen müssen, hat die Partei insofern nicht nachträglich vorgetragen, BGH NJW **75**, 1745. 16

Angriffs- und Verteidigungsmittel ist alles, was dem Prozeßangriff und seiner Abwehr dient, soweit es um einen solchen Vortrag geht, der für sich allein rechtsbegründend oder -vernichtend ist, BGH NJW **80**, 1794, LG Hagen RR **13**, 403.

B. Beispiele zur Frage eines Angriffs- oder Verteidigungsmittels, S 1 17
von Amts wegen: S „Prozeßvoraussetzung".
Anschlußberufungsantrag: *Kein* Angriffs- oder Verteidigungsmittel, sondern der Angriff usw selbst ist der Antrag des Anschlußberufungsklägers nach § 524 ZPO, aM KG JB **10**, 375.
Anschlußrevision: *Kein* Angriffs- oder Verteidigungsmittel, sondern der Angriff selbst ist dieser Vorgang, aM BAG NZA **10**, 1128.
Anspruchsbegründung: Bei § 697 I ZPO gilt dasselbe wie bei der „Klagebegründung".
Aufgliederung, Aufstellung: *Kein* selbständiges Angriffs- oder Verteidigungsmittel ist zB ein Posten in einer solchen Zusammenstellung nach § 253 II Z 2 ZPO, BGH MDR **97**, 288.
S auch „Sachantrag".
Aufrechnung: Verteidigungsmittel ist eine Aufrechnung, BGH **91**, 303, oder eine Hilfsaufrechnung zB nach § 45 Rn 40 ff.
Vgl aber auch § 533 II ZPO.
Beanstandung: Verteidigungsmittel ist eine Beanstandung beliebiger Art, zB eines Gutachtens, Hbg MDR **82**, 60, KG MDR **07**, 49 links oben, Kblz OLGR **02**, 275.
Behauptung: Angriffs- wie Verteidigungsmittel ist eine Behauptung, LG Hagen RR **13**, 403.
Berufungsantrag: *Kein* Angriffsmittel, sondern der Antrag selbst ist wie der Klagantrag der Berufungsantrag nach § 520 III 1 Z 1 ZPO. Das gilt auch dann, wenn er eine notwendige Aufgliederung des Klagantrags nach § 253 II Z 2 ZPO nachholt, BGH NJW **97**, 870.
Berufungsgrund: Angriffsmittel ist ein Berufungsgrund nach § 513 ZPO.
Beschränkte Erbenhaftung: Verteidigungsmittel ist zB bei § 780 ZPO ihre Geltendmachung, Düss FamRZ **04**, 1222, Hamm MDR **06**, 695.
Beschwerdegrund: Angriffsmittel ist ein Beschwerdegrund zB nach §§ 567 ff ZPO.
Bestreiten: Verteidigungsmittel ist ein Bestreiten, BGH JZ **77**, 102, Kblz RR **07**, 1623, LG Hagen RR **13**, 403, auch dasjenige mit Nichtwissen nach BLAH § 138 ZPO Rn 45.
Beweisantrag: Angriffs- wie Verteidigungsmittel ist ein Beweisantrag beliebiger Art zB nach BLAH Einl 23 vor § 284 ZPO, BGH NJW **04**, 2830, LG Hagen RR **13**, 403. Das gilt selbst beim „Zeugen N. N.", BLAH § 356 ZPO Rn 4.
Beweiseinrede: Verteidigungsmittel ist eine Beweiseinrede beliebiger Art, zB nach §§ 146, 282 I ZPO, BGH NJW **84**, 1964.
Beweismittel: Angriffs- wie Verteidigungsmittel ist ein Beweismittel beliebiger Art zB nach §§ 373 ff ZPO, BGH MDR **09**, 281.
Einrede: Verteidigungsmittel ist eine Einrede beliebiger Art zB nach BLAH Üb 8 ff vor § 253 ZPO, BGH NJW **04**, 2828, Hamm MDR **06**, 695, sei sie rechtshemmend oder -vernichtend usw.
S auch „Einwendung", „Verjährung".

GKG § 38 I. A. Gerichtskostengesetz

Einspruch: *Kein* Angriffs- oder Verteidigungsmittel, sondern der Angriff oder die Verteidigung selbst sind der Einspruch zB nach §§ 338, 700 ZPO oder dessen Rücknahme.
Einwendung: Verteidigungsmittel ist eine Einwendung beliebiger Art zB nach BLAH Üb 7 vor § 253 ZPO, sie sei rechtshemmend oder -vernichtend usw, LG Hagen RR **13**, 403. Die letztere muß der Einwendende darlegen, BAG NZA **13**, 471.
   S auch „Einrede".
Ergänzung: Angriffs- oder Verteidigungsmittel ist eine Ergänzung des Tatsachenvortrags ohne eine Klagänderung usw, Schneider MDR **82**, 627 (zu § 531 ZPO).
Fälligkeit: *Kein* Angriffs- oder Verteidigungsmittel ist die Erörterung einer sachlich-rechtlichen Fälligkeit, BGH VersR **07**, 500.
Gutachten: S zunächst „Beweismittel". Angriffs- oder Verteidigungsmittel ist auch ein Gutachten und dessen Beanstandung, KG MDR **07**, 49 links oben.
Hilfsaufrechnung: S „Aufrechnung".
Klagänderung: *Kein* Angriffsmittel, sondern ein (geänderter) Angriff selbst ist eine Klagänderung nach §§ 263, 264 ZPO, BGH NJW **01**, 1211, Ffm RR **88**, 1536, Karlsr NJW **79**, 879. Das gilt unabhängig von ihrer Zulässigkeit und Schlüssigkeit nach BLAH § 253 ZPO Rn 32. Freilich kann das Gericht bei ihrer Verspätung ihre Sachdienlichkeit verneinen.
   S auch „Klagerweiterung".
Klagantrag: *Kein* Angriffsmittel ist der Angriff selbst, also der Klagantrag nach § 253 II Z 2 ZPO, BGH FamRZ **96**, 1071.
Klagebegründung: Angriffsmittel ist die Klagebegründung nach § 253 II Z 2 ZPO, BGH NJW **95**, 1224, Schenkel NJW **04**, 790, Schneider Festschrift für Madert (2006) 211, unabhängig von ihrer Schlüssigkeit nach BLAH § 253 ZPO Rn 32. Das gilt auch bei einer Klagerweiterung, s dort, BGH NJW **86**, 2257, Karlsr NJW **79**, 879.
Klagerücknahme: *Kein* Angriffs- oder Verteidigungsmittel, sondern das prozessuale Gegenstück eines Angriffs selbst ist eine teilweise oder gänzliche Klagerücknahme oder -beschränkung.
Klagerweiterung: *Kein* Angriffsmittel, sondern ein neuer Angriff ist eine Klagerweiterung nach §§ 263, 264, 533 ZPO als eine Art der Klagänderung, s dort, BGH NJW **01**, 1201, Mü RR **95**, 740, Butzer NJW **93**, 2649.
   S auch „Klagebegründung".
Parteiwechsel: *Kein* Angriffs- oder Verteidigungsmittel ist wie bei einer Klagänderung, s dort, ein bloßer Parteiwechsel nach BLAH § 263 ZPO Rn 5 ohne eine Änderung des Sachantrags nach BLAH § 297 ZPO Rn 4, BGH NJW **97**, 870, Bbg OLGR **02**, 444, Rostock MDR **05**, 1011. Vgl aber § 533 ZPO.
Patentanspruch: Angriffsmittel ist eine Neufassung des Patentanspruchs.
Privatgutachten: *Kein* Angriffs- oder Verteidigungsmittel ist ein solches Gutachten nach BLAH § 91 ZPO Rn 102.
Prozeßantrag: *Kein* Angriffs- oder Verteidigungsmittel ist ein bloßer solcher Antrag nach BLAH § 297 ZPO Rn 5.
Prozeßvoraussetzung: Angriffs- oder Verteidigungsmittel ist eine Prozeßvoraussetzung nach BLAH Grdz 12 vor § 253 ZPO, BGH NJW **07**, 495.
Rechtsausführung: Angriffs- wie Verteidigungsmittel kann auch eine Rechtsansicht oder -ausführung sein, BLAH § 282 ZPO Rn 15, aM Deubner NJW **77**, 921 (aber auch sie kann eine Bedeutung für das weitere Prozeßgeschehen haben).
   Kein derartiges Mittel ist eine in der ersten Instanz gar nicht erwähnte von Amts wegen prüfbare Anspruchsgrundlage, BGH RR **03**, 1322.
Rechtsbehelf: *Kein* Angriffs- oder Verteidigungsmittel ist ein Rechtsbehelf als solcher nach BLAH Grdz 1 vor § 511 ZPO, Schenkel MDR **05**, 727.
Rechtsmittel: *Kein* Angriffs- oder Verteidigungsmittel ist ein Rechtsmittel zB nach §§ 511 ff, 524, 542 ff, 567 ff ZPO.
Replik: Selbständiges Angriffsmittel nach BLAH § 146 ZPO Rn 4 ist eine Stellungnahme des Klägers zur Klagwiderung (sog Replik) zB nach §§ 275 IV, 276 III, 277 IV ZPO.
Revisionsgrund: Angriffsmittel ist ein Revisionsgrund nach §§ 546 ff ZPO.

Rüge: Verteidigungsmittel ist eine Rüge unabhängig von ihrer Zulässigkeit und Begründetheit.
S auch „Zulässigkeitsrüge".
Sachantrag: *Kein* Angriffs- oder Verteidigungsmittel ist der Sachantrag nach BLAH § 297 ZPO Rn 4 selbst, BGH NJW **97**, 870. Das gilt einschließlich der nach § 253 II Z 2 ZPO erforderlichen etwaigen Aufgliederung, BGH MDR **97**, 288, oder eines selbständigen Teilanspruchs, BGH NJW **97**, 870.
Sachlichrechtliche Erklärung: Angriffs- wie Verteidigungsmittel kann eine solche Erklärung sein. Vgl aber auch BGH RR **05**, 1688.
S auch „Aufrechnung".
Schweigepflicht: Angriffs- oder Verteidigungsmittel ist die Entbindung von einer Schweigepflicht zB nach BLAH § 383 ZPO Rn 11, VerfGH Mü AS **37**, 176.
Selbständiges Beweisverfahren: Angriffsmittel ist ein Antrag nach §§ 485 ff ZPO, BGH NJW **03**, 1323, KG Rpfleger **79**, 143, AG Bielef RR **00**, 1240.
Tatsache: *Kein* Angriffs- oder Verteidigungsmittel ist eine einzelne Tatsache nach BLAH Einf 17 vor § 284 ZPO.
S aber auch „Aufrechnung", „Einwendung" usw.
Teilanspruch: S „Sachantrag".
Verjährung: Verteidigungsmittel ist ihre Einrede, BGH NJW **09**, 685, Celle RR **06**, 1531, Karlsr NJW **08**, 928.
S auch „Einrede".
Widerklagantrag: *Kein* Verteidigungsmittel ist der Gegenangriff selbst, also der Widerklagantrag nach BLAH Anh § 253 ZPO Rn 5 in Verbindung mit § 253 II Z 2 ZPO, BGH NJW **01**, 1210, Köln MDR **04**, 962, aM LG Bln MDR **83**, 63 (es komme darauf an, ob zwar die Klage, nicht aber die Widerklage entscheidungsreif sei. Aber man muß begrifflich scharf unterscheiden und darf die Entscheidungsreife nach BLAH § 300 ZPO Rn 6 erst anschließend klären). Zur „Flucht in die Widerklage" nach BLAH Üb 2 vor § 330 ZPO krit Gounalakis MDR **97**, 216.
Zeuge N. N.: S „Beweisantrag".
Zinsantrag: *Kein* Angriffsmittel ist der zum Sachantrag gehörende Zinsantrag als ein Teil des Angriffs selbst, aM BGH WertpMitt **77**, 173 (inkonsequent).
Zulässigkeitsrüge: Selbständiges Verteidigungsmittel nach BLAH § 146 ZPO Rn 4 ist eine Zulässigkeitsrüge nach §§ 280, 282 III ZPO.
Zurückbehaltungsrecht: Verteidigungsmittel ist die Geltendmachung eines Zurückbehaltungsrechts, Düss VersR **05**, 1737.
Zutritt: Angriffs- oder Verteidigungsmittel ist seine Gestattung oder Versagung zB bei einer Ortsbesichtigung, Mü NJW **84**, 807.

C. Verzögerung. Gerade das nachträgliche Vorbringen muß eine Verzögerung der Erledigung des Prozesses nach §§ 296, 530, 531 ZPO verursacht haben, Hamm Rpfleger **89**, 303, Mü RR **01**, 71, Schmidt MDR **01**, 311, aM LAG Halle AnwBl **01**, 444 (aber § 38 GKG steht *neben* den genannten ZPO-Vorschriften). Dazu ist meist notwendig und genügt in der Regel, daß das Vorbringen einen neuen Termin erforderlich macht, LG Kblz AnwBl **78**, 103. Die Dauer der Verzögerung ist nicht maßgeblich, solange sie einen ganz unerheblich kurzen Zeitraum von einigen wenigen Tagen überschreitet, Hamm NJW **75**, 2026, Köln JB **75**, 796, Schneider JB **76**, 9. Doch bedeutet eine Vertagung nicht stets eine Verzögerung, Mü NJW **75**, 937, zB nicht bei einer außergerichtlichen Einigung nach § 779 BGB vor einem weiteren Termin, Völker MDR **01**, 1329, oder bei einer Erledigung der Hauptsache nach § 91 a ZPO.

Das Gericht muß vor einer Ahndung auch in diesem Zusammenhang alle zulässigen Möglichkeiten der *Verhinderung* einer Verzögerung ausschöpfen, zB nach §§ 273, 283 ZPO, Düss RR **95**, 638, Mü RR **01**, 72, Zweibr JB **78**, 269. Die Notwendigkeit, einen Verkündungstermin nach § 218 ZPO anzusetzen, kann zur Annahme einer Verzögerung ausreichen, aM Meyer 7 (aber auch dann tritt ein Zeitverlust ein). Es ist nicht erforderlich, daß durch den Prozeß ohne die Verspätung nach BLAH § 300 ZPO Rn 6 entscheidungsreif gewesen wäre, Mü RR **01**, 72, aM Hamm OLGZ **89**, 363. Ein unzureichender Parteivortrag kann eine Verzögerung herbeiführen.

18

GKG § 38 I. A. Gerichtskostengesetz

Eine Verzögerungsgebühr ist grundsätzlich unabhängig davon zulässig, ob das Gericht das *verspätete Vorbringen* nach den §§ 296, 530 ZPO *zurückweist,* aM ZöHe § 95 ZPO Rn 5 (nur wenn das Gericht nicht zurückweist, aber zurückweisen könnte). Die Verzögerungsgebühr kann also zB dann in Betracht kommen, wenn das verspätete Vorbringen zulässig ist, falls trotzdem ausnahmsweise eine Verzögerung eintritt.

19   **D. Möglichkeit früheren Vortrags.** Das Vorbringen muß früher möglich gewesen sein. Die Partei muß also entweder das verspätete Vorbringen oder das Unterlassen einer rechtzeitigen Ermittlung verschuldet haben. Sie muß sich also entweder zum Zweck der Verzögerung oder der Verschleppung des Prozesses oder aus einer Nachlässigkeit so verhalten haben.

20   **7) Verfahren, S 1.** Es sind fünf Prüfschritte ratsam.

A. Zuständigkeit. Zur Entscheidung über eine Verzögerungsgebühr ist „das Gericht", also das Prozeßgericht zuständig. Es ist also auch der Einzelrichter nach §§ 348, 348 a, 526, 527 ZPO zuständig, nicht aber der nach §§ 361, 362 ZPO beauftragte oder der ersuchte Richter. Der Urkundsbeamte ist allenfalls insoweit zuständig, als das Landesrecht ihm das Verfahren übertragen hat, etwa nach §§ 688 ff ZPO, BLAH Grdz 4 vor § 688 ZPO. Der letztere muß die Entscheidung dem Prozeßgericht überlassen.

21   **B. Weiteres Verfahren.** Das Prozeßgericht hat ein pflichtgemäßes Ermessen, Düss AnwBl 75, 235. Es sollte eine Verzögerungsgebühr immer dann auferlegen, wenn sie angebracht und zweckdienlich ist. Ein solches Verfahren ist kein Ablehnungsgrund nach § 42 ZPO, BFH JB 77, 936. Das Gericht kann gegen jede Partei nach § 38 vorgehen. Es muß die betroffene Partei vor einer Entscheidung nach Art 103 I GG anhören, Hamm MDR 78, 150, sowie evtl nach § 139 II, III ZPO. Das Gericht muß zur Verschuldensfrage unter Umständen von Amts nach BLAH Grdz 38 vor § 128 ZPO wegen Ermittlungen anstellen.

22   **C. Entscheidung.** Die Entscheidung ergeht von Amts wegen bei einer nach § 128 II 4 ZPO freigestellten mündlichen Verhandlung durch einen Beschluß, Celle MDR **01,** 350 (auch zu einer Ausnahme), Krbetscheck NJW **17,** 520, Roloff NZA **07,** 901. Das Gericht muß seinen Beschluß begründen, BLAH § 329 ZPO Rn 4. Es kann die Entscheidung in jeder Lage des Verfahrens treffen, spätestens aber im Zeitpunkt der Verkündung des Schlußurteils, LAG Düss MDR **96,** 1196. Soweit das Gericht die Gebühr in den Urteilstenor aufnimmt, hat dieser Tenor einen Beschlußcharakter, Roloff NZA **07,** 901, und ist als ein solcher anfechtbar, Celle MDR **01,** 350, Meyer 28, aM Schmidt MDR **01,** 308 (aber es gilt der allgemein anerkannte Grundsatz der sog Meistbegünstigung nach BLAH Grdz 28 vor § 511 ZPO). Rechtsbehelfsbelehrung, Verstoß: §§ 5 b, 68 II 2. Das Gericht muß seinen Beschluß von Amts wegen zustellen. Denn er ist ein Vollstreckungstitel nach § 329 III ZPO.

Er kann auch gegenüber einer solchen Partei ergehen, die eine *Prozeßkostenhilfe* beansprucht. Denn § 122 I ZPO befreit die so begünstigte Partei nicht von der Zahlung einer solchen Summe, die man nicht zu den Kosten des Rechtsstreits rechnen kann. Ebensowenig ist der Gegner derjenigen Partei befreit, der das Gericht eine Prozeßkostenhilfe bewilligt hat, und zwar aus denselben Erwägungen.

23   Die Festsetzung einer Verzögerungsgebühr erfolgt evtl *gegenüber beiden Parteien.* Selbst wenn aber der Vertreter der Partei schuldhaft handelte, setzt das Gericht die Verzögerungsgebühr doch stets nur gegenüber seiner Partei fest. Die Partei kann den Vertreter dann unter Umständen im Innenverhältnis insoweit haftbar machen.

24   **D. Kosten.** Das Verhängungsverfahren und der Beschluß lösen neben der eigentlichen Verzögerungsgebühr nicht etwa zusätzlich noch eine Verfahrensgebühr aus. Ein Antragsteller und damit ein Antragschuldner liegen nicht vor. Denn das Gericht muß von Amts wegen befinden, auch wenn ein Beteiligter eine solche Gebühr angeregt hat.

25   **E. Weitere Möglichkeiten.** Das Gericht kann im Lauf des Verfahrens auch mehrere Verzögerungsgebühren gegenüber derselben Partei, gegenüber mehreren Streitgenossen nach §§ 59 ff ZPO oder gegenüber mehreren Parteien verhängen, Krbetscheck NJW **17,** 520. § 35 gilt für die Verzögerungsgebühr nicht. Das Gericht kann

einen wirksam gewordenen Anordnungsbeschluß nur im Beschwerdeverfahren abändern.

8) Höhe der Gebühr, S 1, 2. Grundsätzlich muß das Gericht als Verzögerungsgebühr 1,0 Gebühr auferlegen, Mü RR **01**, 72, LG Kblz AnwBl **78**, 103, Meyer 22, aM Schneider JB **76**, 5, 17 (aber [jetzt] S 1 spricht klar nur von einen Gebührensatz von 1,0). Das Gericht kann die Gebühr aber nach seinem pflichtgemäßen Ermessen ausnahmsweise nach S 1, 2 unter Berücksichtigung der Umstände bis auf 0,3 Gebühr ermäßigen. Dabei kann es einen Gebührenbruchteil oder einen EUR-Betrag aussprechen. Dabei kommt es auf den Grad der Verzögerung, deren Nachteile und den Verschuldensgrad an. Auch ein höheres Gericht verhängt grundsätzlich nach demselben Maßstab wie das Erstgericht, also nicht etwa eine automatisch erhöhte Gebühr. Vgl im übrigen KV 1901. **26**

9) Streitwert, S 1, 2. Streitwert ist derjenige des Prozesses nach §§ 3ff ZPO oder des sonstigen Verfahrens im Zeitpunkt der Verhängung der Verzögerungsgebühr, soweit sich die Verzögerung auf das gesamte Verfahren auswirkt, aM Meyer 24 (maßgeblich sei der „Tat"-Zeitpunkt. Aber man kann die Lage erst bei Entscheidungsreife nach BLAH § 300 ZPO Rn 6 beurteilen). Wenn sie nur einen Teil des Verfahrens betrifft und wenn das Gericht ein Teilurteil nach § 301 ZPO für unangebracht hält, ist der ganze Prozeß verzögert und daher sein Gesamtwert maßgebend. Bei Streitgenossen nach §§ 59ff ZPO muß man den für die Höhe der Verzögerungsgebühr ja maßgeblichen Streitwert für jeden gesondert ermitteln. **27**

Nicht maßgeblich ist der Zeitpunkt des Verzögerungsverhaltens, aM Meyer 23 (aber das führt zu einer weiteren Differenzierung. Sie ist nicht prozeßwirtschaftlich und überspannt die Handhabung. Es handelt sich ja auch nur um einen in Grenzen strafähnlichen Kostennachteil, Rn 1).

10) Fälligkeit, Gebührenschuldner, S 1–3. Gebührenschuldner ist nur diejenige Partei nach BLAH Grdz 4 vor § 50 ZPO oder derjenige Beteiligte, der oder dem gegenüber das Gericht die Gebühr verhängt hat, Völker MDR **01**, 1330, Meyer 22, aM Schneider JB **76**, 8. Der gesetzliche Vertreter oder der ProzBev nach § 81 ZPO sind aber trotz §§ 51 II, 85 II ZPO nicht persönlich Gebührenschuldner, ebensowenig die in S 3 genannten weiteren Amtspersonen. Für sie wird vielmehr der Fiskus Gebührenschuldner im Außenverhältnis. Auch § 29 Z 1 ist unanwendbar. Anwendbar bleibt aber § 29 Z 2. Die Fälligkeit der Verzögerungsgebühr tritt in demjenigen Zeitpunkt ein, in dem der Anordnungsbeschluß wirksam wird, §§ 6 III, 9 II. Im Arbeitsgerichtsverfahren hat § 11 den Vorrang. Da die Verzögerungsgebühr eine Sondergebühr ist, befreit eine etwaige persönliche Gebührenfreiheit der Partei nicht von dieser Verzögerungsgebühr. Eine etwa nach § 119 ZPO bewilligte Prozeßkostenhilfe befreit ebenfalls nicht. **28**

11) Beschwerde, S 1–3. Vgl § 69. Rechtsbehelfsbelehrung, Verstoß: §§ 5b, 68 II 2. **29**

Anhang nach § 38. Mißbrauchsgebühr des BVerfG

BVerfGG § 34. ... Auferlegung einer Gebühr. ... II **Das Bundesverfassungsgericht kann eine Gebühr bis zu 2600 Euro auferlegen, wenn die Einlegung der Verfassungsbeschwerde oder der Beschwerde nach Artikel 41 Abs. 2 des Grundgesetzes einen Mißbrauch darstellt oder wenn ein Antrag auf Erlaß einer einstweiligen Anordnung (§ 32) mißbräuchlich gestellt ist.**

III Für die Einziehung der Gebühr gilt § 59 Abs. 1 der Bundeshaushaltsordnung entsprechend.

BHO § 59. Veränderung von Ansprüchen. I [1]**Das zuständige Bundesministerium darf Ansprüche nur**

1. **stunden, wenn die sofortige Einziehung mit erheblichen Härten für den Anspruchsgegner verbunden wäre und der Anspruch durch die Stundung nicht gefährdet wird. Die Stundung soll gegen angemessene Verzinsung und in der Regel nur gegen Sicherheitsleistung gewährt werden,**

GKG Anh § 38 I. A. Gerichtskostengesetz

2. niederschlagen, wenn feststeht, daß die Einziehung keinen Erfolg haben wird, oder wenn die Kosten der Einziehung außer Verhältnis zur Höhe des Anspruchs stehen,

3. erlassen, wenn die Einziehung nach Lage des einzelnen Falles für den Anspruchsgegner eine besondere Härte bedeuten würde. Das gleiche gilt für die Erstattung oder Anrechnung von geleisteten Beträgen und für die Freigabe von Sicherheiten.

²Das zuständige Bundesministerium kann seine Befugnisse übertragen.

Schrifttum: *Winker,* Die Missbrauchsgebühr im Prozessrecht, 2011. Rechtspolitisch *Zuck* NVwZ **12,** 1291 (sog Mutwillensgebühr).

1 **1) Systematik.** Als eine Ausnahme von der in § 34 I BVerfGG geregelten grundsätzlichen Gerichtskostenfreiheit des Verfahrens vor dem BVerfG bringt II eine ein wenig an § 95 ZPO und an § 38 GKG erinnernde Gebühr als Folge eines unkorrekten Verhaltens der Partei oder des Antragstellers. Sie ist keine Strafe, aber doch eine deutliche Mißbilligung in der Form eines unter Umständen erheblichen finanziellen Nachteils.

2 **2) Regelungszweck.** Wegen der grundsätzlichen Kostenfreiheit des Verfahrens besteht natürlich eine trotz aller vorhandenen Hochachtung vor dem Gericht doch eventuell verführerische Gefahr einer allzu rasch verlangter Entscheidung. Die Überlastung des BVerfG zwingt zur Bemühung um die Eindämmung einer solchen Entwicklung. Daher muß eine finanziell spürbare Barriere vorhanden sein. Ihre Begrenzung auf einen echten Mißbrauch ist schon eine Beschränkung auf das unbedingt Notwendige. Die Auslegung sollte daher mit dem Mißbrauchsbegriff auch nicht allzu vorsichtig umgehen.

3 **3) Mißbrauch.** Er ist sowohl bei der eigentlichen Verfassungsbeschwerde als auch bei der Forderung nach einer zugehörigen einstweiligen Anordnung eine Voraussetzung der Gebühr.

Mißbrauch liegt unter anderem dann vor, wenn das Verlangen offensichtlich unzulässig oder offensichtlich unbegründet ist und wenn jeder Einsichtige es als völlig aussichtslos ansehen muß, BVerfG NJW **04,** 2959, zB dann, wenn die Aufrechterhaltung der Verfassungsbeschwerde derart unhaltbar ist, BVerfG NJW **12,** 143. Ein Mißbrauch kann beim Beschwerdeführer persönlich vorliegen, bei seinem gesetzlichen Vertreter oder bei seinem Bevollmächtigten, BVerfG NJW **12,** 143. Ein Anwalt muß sich zur Vermeidung eines Mißbrauchsvorwurfs mit der verfassungsrechtlichen Materie auseinandersetzen, BVerfGG NJW **04,** 2959.

Er muß die *Rechtsprechung des BVerfG* zu den aufgeworfenen Fragen prüfen, die Erfolgsaussichten eingehend abwägen und sich auch entsprechend verhalten, BVerfG NJW **10,** 3150 und 3151. Dabei genügt ein grober Verstoß ohne Vorsatz oder gar Absicht, BVerfG NVwZ-RR **17,** 945 (falsche Angaben, reichlich streng angesichts der ja nun wahrhaft komplizierten Rechtslage in den meisten Fällen. Immerhin verlangt § 34 II einen wirklichen „Mißbrauch". Natürlich kommt auch er bedauerlicherweise durchaus vor. Aber man darf nicht aus noch so verständlicher Überlastung und Verärgerung über nicht genug Achtung das Wort Mißbrauch nun selbst fehlgebrauchen, Überlastung ist ein Problem nicht des Beschwerdeführers, sondern der Rechtspolitik). Ein Beschwerdeführer darf sich zB keineswegs auf Beschimpfungen der Instanzgerichte oder gar des BVerfG beschränken, BVerfG NJW **04,** 2959. Er darf erst recht nicht dergleichen auch noch in einem nur kurzen Zeitabstand in mehreren Verfahren wiederholen, BVerfG NJW **04,** 2959.

4 **4) Mißbrauchsgebühr.** Das BVerfG ist zu ihrer Verhängung berechtigt, aber nicht verpflichtet, solange es nach seinem Ermessen ein solche Maßnahme für entbehrlich hält. Es darf weit unter 2600 EUR bleiben. Eine Stundung, Niederschlagung oder ein Erlaß finden nur durch das zuständige Bundesministerium oder dessen Unterbehörde unter den Voraussetzungen des § 34 III BVerfGG in Verbindung mit § 59 I BHO statt, oben abgedruckt.

Abschnitt 7. Wertvorschriften

Unterabschnitt 1. Allgemeine Wertvorschriften

Grundsatz

39 ^{I} In demselben Verfahren und in demselben Rechtszug werden die Werte mehrerer Streitgegenstände zusammengerechnet, soweit nichts anderes bestimmt ist.

^{II} Der Streitwert beträgt höchstens 30 Millionen Euro, soweit kein niedrigerer Höchstwert bestimmt ist.

1) Systematik, I, II. Es handelt sich bei I um eine nur für den Zivilprozeß in § 5 1
Hs 1 ZPO angeführte Vorschrift. Vgl im übrigen § 33 FamGKG, Teil I B dieses Buchs.

2) Regelungszweck, I, II. Die Vorschrift bezweckt in I für alle Gerichtsbarkeiten 2
eine Klarstellung. Sie ist demgemäß weit auslegbar. II bezweckt wie zahlreiche weitere Einzelregelungen eine Kostendämpfung aus sozialen Erwägungen und zur Wahrung des Verhältnismäßigkeitsgrundsatzes nach BLAH Einl III 23, dazu EGMR NJW **03**, 2221, BVerfG JZ **10**, 611, krit Wenner/Schuster BB **05**, 230.

3) Grundsatz: Zusammenrechnung, I Hs 1. Es gelten ähnliche Erwägungen 3
wie bei § 5 ZPO, § 48 Anh I: § 5 ZPO, Celle MDR **15**, 912, OVG Lüneb JB **15**, 479, VGH Mü NVwZ-RR **14**, 408. Natürlich setzt I voraus, daß der Kläger mehrere Streitgegenstände nach BLAH § 2 ZPO Rn 4 überhaupt gleichzeitig nebeneinander geltend macht, Stgt MDR **12**, 314, OVG Kblz BauR **11**, 1954, VGH Mannh NVwZ-RR **16**, 280. Hierzu kann auch ein sog unechter Hilfsantrag zählen, KG RR **18**, 63.

Nicht ausreichend ist also ein bloßes Nacheinander, Ffm RR **09**, 1079 links oben, Karls JB **16**, 423, aM Mü MDR **17**, 244, oder dasselbe wirtschaftliche Interesse mehrerer unselbständiger Anträge, BVerw DÖV **82**, 414, Celle ZMR **10**, 627, VGH Mannh NVwZ-RR **17**, 943, aM VGH Mü NVwZ-RR **14**, 408.

4) Vorrang anderer Bestimmungen, I Hs 2. Die Vorschrift stellt ihn klar. Kei- 4
ne Zusammenrechnung erfolgt zB bei einer bloßen Nebenforderung nach § 43. Das folgt aus § 4 ZPO, Anh I § 48 VGH, Mannh NVwZ-RR **09**, 456 (dort steht § 5 ZPO –?). Den Vorrang haben ferner zB §§ 43, 44, 45 I 2, II, 48 III.

5) Grundsatz: Absoluter Höchstwert, II Hs 1. Die Vorschrift ist verfassungs- 5
mäßig, BVerfG NJW **07**, 2098. Der absolute Höchstwert gilt allgemein, zB im Insolvenzverfahren, Ffm ZIP **14**, 1238, AG Osnabr JB **13**, 645 (zustm Lohle).

6) Vorrang anderer Bestimmungen, II Hs 2. Er kann sich nach dem klaren 6
Wortlaut allenfalls nach unten und keineswegs nach oben ergeben.

Zeitpunkt der Wertberechnung

40 Für die Wertberechnung ist der Zeitpunkt der den jeweiligen Streitgegenstand betreffenden Antragstellung maßgebend, die den Rechtszug einleitet.

1) Systematik, Regelungszweck. Die gegenüber § 4 ZPO vorrangige Vor- 1
schrift knüpft zwecks einer Prozeßwirtschaftlichkeit nach BLAH Grdz 14 vor § 128 ZPO an den einen Rechtszug einleitenden Antrag an, soweit nicht Spezialregeln gelten, etwa bei § 42 I. Der Zweck der Regelung ist also eine Vereinfachung der Wertermittlung und -festsetzung, Drsd JB **03**, 472, Kblz JB **03**, 474, FG Karlsr JB **01**, 480. Das muß man bei der Auslegung mitbeachten.

2) Geltungsbereich. § 41 gilt für sämtliche vom GKG erfaßten Verfahren und 2
Instanzen, im arbeitsgerichtlichen Verfahren mit der Einschränkung des § 69 II ArbGG. Die Vorschrift gilt also auch zB für einen Antrag auf den Erlaß eines Arrests oder einer einstweiligen Verfügung nach §§ 916 ff, 935 ff ZPO oder einer einstweiligen Anordnung nach § 49 FamFG oder für die Zwangsvollstreckung nach §§ 704 ff ZPO. Die Vorschrift ist auch bei einem nichtvermögensrechtlichen Streit anwendbar. Sie ist gegenüber § 4 ZPO vorrangig.

GKG § 40 I. A. Gerichtskostengesetz

§ 40 ist auch anwendbar, soweit sich der *Streitgegenstand* selbst *ändert,* etwa infolge einer Klagerweiterung nach §§ 263, 264 ZPO. Das stellt der Wortlaut klar. Für den zusätzlich eingeführten Streitgegenstand kommt es also auf den zugehörigen ersten Antrag an.
Unanwendbar ist § 40 im Insolvenzverfahren, § 58 I 1 hat als eine Spezialvorschrift den Vorrang.

3 **3) Maßgeblichkeit des den Rechtszug einleitenden Antrags.** Für die Wertberechnung ist grundsätzlich der Zeitpunkt des den jeweiligen Streitgegenstand nach BLAH § 2 ZPO Rn 4 betreffenden und diesen Rechtszug einleitenden Antrags entscheidend, also sein Eingang und damit die Anhängigkeit, BPatG GRUR-RR **15**, 230, Stgt ZMR **12**, 560, Schlesw MDR **14**, 494, nicht erst die Rechtshängigkeit, KG RR **00**, 215, aM Drsd JB **04**, 378. Erst recht nicht kommt es auf eine Verhandlung an. Zu den Begriffen BLAH § 261 ZPO Rn 1.
Es kommt also *nicht* auf eine *Werterhöhung* an, BGH RR **98**, 1452, Kblz JB **03**, 474, aM VGH Mü BayVBl **84**, 221, Zweibr FamRZ **02**, 255 (aber der Wortlaut und der Sinn des § 40 sind eindeutig, BLAH Einl III 39). Es bleibt bei einer Verbindung nach § 147 ZPO bei den früheren Werten, Mü JB **99**, 484. Es kommt auch nicht auf eine Wertminderung während der Instanz an, Mü FamRZ **97**, 34, Oldb RR **99**, 942. Die Zwangsvollstreckung leitet für das GKG einen besonderen Rechtszug ein. Wegen einer Ausnahme § 48 Anh I: § 3 ZPO Rn 76 „Mahnverfahren".

4 **4) Beispiele zur Frage einer Einleitung des Rechtszugs**
Arrestantrag: Ein solcher nach § 290 ZPO leitet den Rechtszug ein.
Eilantrag: Ein solcher zB nach §§ 920, 936 ZPO, 49 FamFG leitet den Rechtszug ein.
Insolvenz: § 40 gilt auch dann, aM LAG Stgt ZIP **12**, 1480 (evtl Stufenwert, aber der Wortlaut ist eindeutig, BLAH Einl 39).
Klage: Sie leitet natürlich den Rechtszug ein, Stgt ZMR **12**, 560.
Klagerücknahme: *Nicht* instanzeinleitend wirkt eine teilweise Klagerücknahme nach § 269 ZPO, KG RR **00**, 215.
Klagerweiterung: Diejenige nach §§ 263, 264 ZPO leitet (nur) für den sie betreffenden Teil den Rechtszug ein, Düss RR **00**, 1594, OVG Magdeb NVwZ-RR **10**, 823.

5 **Mahnbescheidsantrag:** Derjenige nach § 690 ZPO leitet nebst einem Abgabeantrag für den Fall eines etwaigen Widerspruchs den Rechtszug ein, Hbg MDR **01**, 294.
Patentstreit: Auch im Nichtigkeitsverfahren gilt der einleitende Antrag, BPatG GRUR **14**, 1136.
Prozeßkostenhilfe: Der Antrag auf ihre Bewilligung nach § 117 ZPO leitet den Rechtszug des Hauptprozesses nach §§ 253 ff ZPO dann *nicht* ein, wenn die zugehörige Klage nur bedingt ist. Vgl freilich § 42 IV 2.
Rechtsmittelschrift: Diejenige zB nach §§ 519, 524, 549, 566, 569, 575 ZPO leitet den zugehörigen Rechtsmittelzug ein, BPatG GRUR-RR **15**, 230, Hamm MDR **97**, 506, Oldb RR **99**, 942.
Schiedsrichterliches Verfahren: Der Antrag an das Staatsgericht zB nach § 1050 ZPO leitet dessen zugehörigen Rechtszug vor ihm ein.
Selbständiges Beweisverfahren: Der Antrag nach § 486 ZPO leitet den Rechtszug eines besonderen Verfahrens ein, BGH NJW **04**, 3488, Karlsr JB **97**, 531, Schlesw JB **99**, 595.
Nicht instanzeinleitend wirkt ein solcher Wert, der sich erst am Ende des Verfahrens ergibt, Meyer 6, aM Düss JB **97**, 532, Köln RR **00**, 802, Naumb RR **00**, 286 (je gegen den klaren Wortlaut und Sinn, Rn 1).
Streithilfe: Es bleibt beim Interesse des Klägers bei §§ 66 ff ZPO bei der Einleitung des Rechtszugs, Celle JB **11**, 306.
Stufenklage: Bei § 254 ZPO gilt nichts Besonderes, Schlesw MDR **14**, 494.

6 **Verfahrensende:** Rn 5 „Selbständiges Beweisverfahren".
Verhandlungsschluß: *Nicht* instanzeinleitend wirkt ein nach dem Verhandlungsschluß nach §§ 136 IV, 296a ZPO eingereichter Antrag, soweit er nicht zur Wiedereröffnung nach § 156 ZPO führt, Düss MDR **00**, 1458.
Verteilungsverfahren: Der Antrag auf dieses Verfahren zB nach §§ 872 ff ZPO leitet den zugehörigen Rechtszug ein.

Vollstreckung: Der Antrag auf ihre Vornahme nach §§ 704 ff ZPO leitet den zugehörigen Rechtszug ein, BGH JB **10**, 201.

Widerklage: Eine solche zB nach BLAH Anh § 253 ZPO leitet (nur) für den sie betreffenden Anspruch den Rechtszug ein.

Miet-, Pacht- und ähnliche Nutzungsverhältnisse

41 [I] [1]Ist das Bestehen oder die Dauer eines Miet-, Pacht- oder ähnlichen Nutzungsverhältnisses streitig, ist der Betrag des auf die streitige Zeit entfallenden Entgelts und, wenn das einjährige Entgelt geringer ist, dieser Betrag für die Wertberechnung maßgebend. [2]Das Entgelt nach Satz 1 umfasst neben dem Nettogrundentgelt Nebenkosten dann, wenn diese als Pauschale vereinbart sind und nicht gesondert abgerechnet werden.

[II] [1]Wird wegen Beendigung eines Miet-, Pacht- oder ähnlichen Nutzungsverhältnisses die Räumung eines Grundstücks, Gebäudes oder Gebäudeteils verlangt, ist ohne Rücksicht darauf, ob über das Bestehen des Nutzungsverhältnisses Streit besteht, das für die Dauer eines Jahres zu zahlende Entgelt maßgebend, wenn sich nicht nach Absatz 1 ein geringerer Streitwert ergibt. [2]Wird die Räumung oder Herausgabe auch aus einem anderen Rechtsgrund verlangt, ist der Wert der Nutzung eines Jahres maßgebend.

[III] Werden der Anspruch auf Räumung von Wohnraum und der Anspruch nach den §§ 574 bis 574 b des Bürgerlichen Gesetzbuchs auf Fortsetzung des Mietverhältnisses über diesen Wohnraum in demselben Prozess verhandelt, werden die Werte nicht zusammengerechnet.

[IV] Bei Ansprüchen nach den §§ 574 bis 574 b des Bürgerlichen Gesetzbuchs ist auch für die Rechtsmittelinstanz der für den ersten Rechtszug maßgebende Wert zugrunde zu legen, sofern nicht die Beschwer geringer ist.

[V] [1]Bei Ansprüchen auf Erhöhung der Miete für Wohnraum ist der Jahresbetrag der zusätzlich geforderten Miete, bei Ansprüchen des Mieters auf Durchführung von Instandsetzungsmaßnahmen der Jahresbetrag einer angemessenen Mietminderung und bei Ansprüchen des Vermieters auf Duldung einer Durchführung von Modernisierungs- oder Erhaltungsmaßnahmen der Jahresbetrag einer möglichen Mieterhöhung, in Ermangelung dessen einer sonst möglichen Mietminderung durch den Mieter maßgebend. [2]Endet das Mietverhältnis vor Ablauf eines Jahres, ist ein entsprechend niedrigerer Betrag maßgebend.

Gliederung

1) Systematik, I–V	1
2) Regelungszweck, I–V	2
3) Streit über Bestehen oder Dauer, I	3–23
A. Anwendungsbereich	3–6
B. Beispiele zur Frage einer Anwendbarkeit von I	7–19
C. Wertgrundsatz: Höchstens Einjahresmiete	20
D. Nebenkosten, I 2	21, 22
E. Beispiele zur Frage einer Wertberechnung, I	23
4) Räumung wegen Beendigung des Rechtsverhältnisses, II 1	24, 25
A. Anwendungsbereich, II 1	24
B. Streitwert, II 1	25
5) Räumung auch aus anderem Rechtsgrund, II 2	26–30
A. Beispiele zur Frage des Anwendungsbereichs, II 2	27–29
B. Streitwert, II 2	30
6) Klage auf Räumung und Zahlung, II 1, 2	31
7) Räumung und Fortsetzungsanspruch, III, IV	32–34
8) Erhöhung der Wohnungsmiete, V 1 Hs 1, V 2	35, 36
9) Mangel der Mietsache, V 1 Hs 2, V 2	37
10) Modernisierung oder Erhaltung, V 1 Hs 3, V 2	38

1) Systematik, I–V. § 41 gilt als eine Spezialvorschrift gegenüber § 8 ZPO nur **1** für die Wertfestsetzung zur Gebührenberechnung, BGH JB **10**, 201. Für die Festsetzung zur Bestimmung der sachlichen Zuständigkeit und für die Rechtsmittelbeschwer gilt § 8 ZPO, § 48 Anh I, BGH NZM **06**, 378, Düss FGPrax **00**, 189. § 40 ist auch hier anwendbar. Es entscheidet dann also evtl die Miete usw im Zeitpunkt

GKG § 41 I. A. Gerichtskostengesetz

des Urteils. Ein Feststellungsantrag nach BLAH Grdz 9 vor § 253 ZPO hat keinen höheren Wert als ein für dieselbe Zeitspanne erhobener Leistungsanspruch nach BLAH Grdz 8 vor § 253 ZPO.

Bei einem *gemischten Vertrag* und insbesondere bei einem Hauswartsvertrag ist für die Anwendbarkeit von § 41 maßgeblich, welcher Teil des Vertrags der wesentliche ist. Es kommt also darauf an, ob der Anteil des Dienstvertrags oder der Anteil des Mietvertrags an dem gesamten Vertragsverhältnis überwiegt.

2 **2) Regelungszweck, I–V.** Die Vorschrift dient vorwiegend sozialen Erwägungen, Düss FGPrax **00**, 189, KG ZMR **08**, 449, Karlsr JB **97**, 478. Daher ist sie trotz ihrer Spezialregelung oft ziemlich weit auslegbar, Ffm AnwBl **84**, 203 (auch zu den Grenzen), KG MDR **14**, 1309, Köln FamRZ **01**, 239, aM Düss MDR **01**, 354, Hbg WoM **95**, 595.

3 **3) Streit über Bestehen oder Dauer, I.** Ein Grundsatz hat zahlreiche Auswirkungen.

A. Anwendungsbereich. I erfaßt den Streit gerade über das Bestehen oder die Dauer eines Miet-, Pacht- oder ähnlichen Nutzungsverhältnisses wegen einer beweglichen oder unbeweglichen Sache. Dahin würde begrifflich auch der Streit um eine Räumung wegen der Beendigung eines solchen Verhältnisses gehören. Indessen schafft II für den Räumungsstreit vorrangige Sonderregeln, Hamm RR **97**, 511, Karlsr JB **97**, 774, Nürnb JB **04**, 377, aM Düss NZM **10**, 600, KG JB **96**, 364, Stgt NZM **98**, 881.

4 Zum Mietverhältnis nach §§ 535 ff BGB gehört auch das *Untermietverhältnis*, Celle NZM **00**, 190. Zum Pachtverhältnis nach §§ 581 ff BGB, gehört auch das Unterpachtverhältnis.

5 I setzt *nicht voraus*, daß ein dort genanntes Nutzungsverhältnis *wirksam* besteht. Eine Feststellungsklage nach § 256 ZPO genügt, BGH-RR **06**, 378, KG MDR **14**, 1309 (auch eine verneinende), LG Bln JB **01**, '96. Es reicht aus, daß ein Streit über seinen Bestand oder über seine Dauer besteht, Hbg WoM **95**, 197, Nürnb MDR **12**, 1025. Um die Natur des Streits erkennen zu können, muß man auch die Einlassung des Bekl beachten, KG ZMR **08**, 449. Wendet dieser ein, es liege ein Miet-, Pacht- oder ähnliches Nutzungsverhältnis vor, dann ist es unerheblich, ob der Kläger seine Klage auf sein Eigentum oder auf eine andere Anspruchsgrundlage stützt, BGH JB **10**, 201, KG JB **78**, 892, Kblz RR **14**, 197.

6 Etwas anderes gilt allerdings, wenn der Bekl gegenüber einer Herausgabeklage nicht Miete usw einwendet, sondern *etwas anderes*. Dann gilt § 20. Denn II 2 trifft dann nicht mehr zu. Die Prozeßparteien nach BLAH Grdz 4 vor § 50 ZPO brauchen nicht mit den Vertragsparteien identisch zu sein, LG Köln ZMR **96**, 269.

7 **B. Beispiele zur Frage einer Anwendbarkeit von I**

Ausbau: I ist *unanwendbar*, soweit es um eine Klage auf die Gestattung geht, einen Mietraum auszubauen.
S auch Rn 17 „Umgestaltung".
Automatenaufstellvertrag: I ist *unanwendbar*, soweit es um einen Automatenaufstellvertrag der üblichen Art geht. Dann gilt § 3 ZPO, Kblz VersR **80**, 1123.

8 **Besitz:** I ist *unanwendbar* bei einer Besitzstörung, Meyer 8, aM Rostock JB **06**, 646, LG BadBad WoM **85**, 127, LG Bielef FamRZ **92**, 1095.
S auch Rn 11 „Gebrauchsüberlassung", Rn 17 „Umgestaltung".
Bürgschaft: I ist anwendbar, soweit es um die Klage des Vermieters gegen den Bürgen des Mieters geht.

9 **Dauerwohnrecht:** I ist in folgenden Fällen anwendbar: Es geht um ein mietähnliches Dauerwohnrecht, etwa nach §§ 1093 ff BGB; es geht um ein Dauerwohnrecht nach § 31 WEG, jedenfalls wenn der Kläger gleichzeitig die Feststellung des Nichtbestehens und die Löschung verlangt; der Kläger verlangt Löschung, der Bekl behauptet den Fortbestand.

I ist *unanwendbar* beim Vermächtnis auf eine unentgeltliche Überlassung von Wohnraum, Köln JB **06**, 477, LG Bayreuth JB **81**, 756, Meyer 6, aM KG JB **78**, 892.
S auch Rn 14 „Nießbrauch", Rn 19 „Wohnungseigentum".

Dingliches Wohnrecht: I ist anwendbar, BGH NZM **00**, 1227, Köln JB **06**, 477, Mü ZMR **99**, 179.
Dritter: I ist *unanwendbar*, soweit es sich um die Klage auf eine Feststellung der Wirksamkeit eines mit einem Dritten abgeschlossenen Pachtvertrags handelt. Dann gilt § 3 ZPO, Kblz ZMR **78**, 64, oder § 4 ZPO, MDR **04**, 906.
Eigenheimvertrag: Rn 19 „Wohnungseigentum". 10
Einzelanspruch: Bei ihm ist § 41 *unanwendbar*, BGH NJW **06**, 3061.
Franchisevertrag: Bei ihm ist I *unanwendbar*, Stgt JB **07**, 144.
Gebrauchsüberlassung: I ist anwendbar, soweit es um die Klage des Mieters auf die 11
Gebrauchsüberlassung geht, LG Halle WoM **94**, 532, aM Celle MDR **89**, 272 (dann sei II anwendbar. Aber II ist als eine Sonderregel eng auslegbar).
   I ist *unanwendbar*, soweit das Miet- oder Pachtverhältnis unstreitig ist oder soweit es um eine unentgeltliche Überlassung geht. Dann gilt § 6 ZPO.
Geldzahlung: I ist *unanwendbar*, soweit es um einen Anspruch auf die Zahlung von Geld oder auf eine sonstige Leistung geht, etwa um die Räumungs- und Herausgabeklage des Verkäufers von Wohnungseigentum gegenüber dem Käufer. Dann gilt § 6 ZPO, Rn 19 „Wohnungseigentum".
Hausvertrag: I ist anwendbar, Stgt RR **05**, 1733.
Inhalt des Vertrags: Rn 18 „Vertragsinhalt". 12
Jagdpachtvertrag: I ist anwendbar, soweit es um das Bestehen oder die Dauer eines Jagdpachtvertrages geht, LG Saarbr JB **91**, 582.
Kaufvertrag: I ist anwendbar auf eine Räumungsklage nach dem Rücktritt usw vom 13
Kaufvertrag über einen Raum, Schlesw SchlHA **99**, 136.
   Unanwendbar ist I bei einem Übergangsverhältnis zwischen Verkäufer und Käufer, Hamm RR **12**, 19.
Konkurrentenklage: *Unanwendbar* ist I dann, BGH MDR **07**, 202.
Kündigung: I ist in folgenden Fällen anwendbar: Es geht um die Feststellung, ein Mietvertrag sei mit einem bestimmten Tag infolge einer fristlosen Kündigung erloschen, BGH NZM **06**, 138; es geht um die Feststellung, eine Kündigung sei wirksam erfolgt; es geht um die außergerichtlichen Kündigungskosten, AG Lübeck WoM **07**, 126.
Künftige Miet- und Pachtzahlung: I ist *unanwendbar*, soweit die Vertragsdauer feststeht und die Parteien „nur" über künftige Miet- oder Pachtzahlungen nach §§ 257ff ZPO streiten. Denn dann gilt § 9 ZPO, § 48 Anh I: § 3 ZPO Rn 80 „Mietverhältnis", BGH RR **05**, 938.
Leasing: Es gelten dieselben Grundsätze wie bei der Miete, § 48 Anh I: § 3 ZPO Rn 75 „Leasing", Celle JB **94**, 113, Ffm MDR **78**, 145, LG Freib JB **11**, 89.
Leihvertrag: I ist anwendbar, Brschw OLGR **99**, 231.
Lebensgemeinschaft: I ist *unanwendbar*, Ffm OLGR **09**, 930 (§ 3 ZPO).
Löschung: Rn 9 „Dauerwohnrecht".
Miete: I ist *unanwendbar* bei der Klage auf ihre Zahlung, Rn 18 „Vertragsinhalt". 14
Hierher gehört auch der Streit um einen Sachmangel, Düss MDR **01**, 354, aM LG Bln JB **03**, 253, oder um eine Besitzstörung. Es gilt § 9 ZPO. Bei einer Feststellung des Fortbestands des Mietverhältnisses gibt LG Bln WoM **14**, 154 als Wert eine Netto-Jahresmiete an, auch bei mehreren Kündigungen.
Mischvertrag: I kann anwendbar sein, Celle JB **94**, 113.
Mitmieter: I ist anwendbar auf die Feststellung der Mitmietergemeinschaft, LG Bln JB **01**, 96.
Nichteheliche Lebensgemeinschaft: Man kann § 41 entsprechend anwenden, Jena MDR **98**, 63.
Nichtigkeit: I ist anwendbar, soweit eine Klage auf die Feststellung der Nichtigkeit eines Mietvertrags vorliegt.
Nießbrauch: I kann anwendbar sein, soweit es um einen dinglichen Nießbrauch geht, Köln MDR **81**, 767.
   S auch Rn 9 „Dauerwohnrecht".
Nutzungsentschädigung: I ist anwendbar, soweit es um den Bestand des Nutzungsverhältnisses geht, BGH NZM **04**, 423, KG ZMR **08**, 449, aM Ffm FamRZ **14**, 1733 (evtl § 9 ZPO. Aber § 41 paßt besser). Sie läßt sich bei einer Räumung mit 6 Monatsmieten berechnen, LG Nürnb-Fürth WM **05**, 664.

GKG § 41
I. A. Gerichtskostengesetz

I ist *unanwendbar,* soweit es um eine künftige Leistung bei einem vertragslosen Zustand geht, Ffm MDR **80**, 761.

Öffentliches Recht: I ist anwendbar, soweit es um ein öffentlichrechtliches auf eine Gebrauchsüberlassung gerichtetes Leistungsverhältnis geht, etwa nach § 1 BLG.

15 **Pacht:** I ist *unanwendbar* bei der Klage auf ihre Zahlung, Rn 18 „Vertragsinhalt". Es gilt § 9 ZPO.

Person des Berechtigten: I ist anwendbar, soweit es um einen Streit darüber geht, wer aus einem Rechtsverhältnis der Berechtigte ist.

Räumung: Rn 24.

16 **Räumungsfrist:** I ist anwendbar, soweit es um die Bewilligung oder die Dauer einer Räumungsfrist nach § 721 III ZPO geht.

Rückgabe der Mietsache: *II* ist anwendbar.

Rückgabe weiterer Teile: Sie kann zusätzlich bewertbar sein, Düss WoM **89**, 543.

Schadensersatz: I ist bei einer unerlaubten Vermietung *unanwendbar,* Mümmler JB **78**, 1293 (§ 48, § 3 ZPO).

Staffelmiete: Es zählt der höchste Jahresbetrag, BGH NZM **07**, 935.

17 **Umgestaltung:** I ist *unanwendbar,* soweit es um eine Klage auf eine Umgestaltung und eine anschließende Besitzeinräumung geht, LG Mannh MDR **76**, 1025. S auch Rn 7 „Ausbau".

Unentgeltliche Überlassung: Rn 11 „Gebrauchsüberlassung".

18 **Vertragsabschluß:** I ist in folgenden Fällen *unanwendbar:* Es geht um die Klage auf den Abschluß eines Mietvertrags mit einer bestimmten Person, BGH MDR **07**, 202, Kblz JB **77**, 1132; es geht um den Abschluß des Hauptvertrags auf Grund eines Vorvertrags.

Vertragsinhalt: I ist *unanwendbar,* soweit es sich um eine Feststellungsklage über den Inhalt des Mietvertrags handelt, nicht um seine Dauer. Dann gelten §§ 3ff, 9 ZPO, BGH RR **05**, 938, KG JB **06**, 258, Kblz ZMR **78**, 64.

Vorvertrag: S „Vertragsabschluß".

19 **Wertsicherungsklausel:** I ist *unanwendbar* bei der Änderung einer Wertsicherungsklausel, Meyer 8.

Wohnrecht: I ist anwendbar, Köln WoM **95**, 719, Schlesw OLGR **98**, 424, aM Nürnb JB **04**, 377.

Rn 9 „Dauerwohnrecht", „Dingliches Wohnrecht".

Wohnungseigentum: I ist *anwendbar,* soweit es um ein Dauerwohnrecht nach § 31 WEG geht, Rn 9, jedenfalls wenn der Kläger gleichzeitig die Feststellung des Nichtbestehens und die Löschung verlangt.

I ist *unanwendbar,* soweit es um eine Räumungs- und Herausgabeklage nach dem Verkauf von Wohnungseigentum geht. Dann ist § 6 ZPO anwendbar. Das gilt selbst dann, wenn mit dem Wohnungseigentum ein Nutzungsverhältnis verbunden war, aM Köln JB **78**, 1054 (Rücktritt von einem Bewerbervertrag). I ist auch dann unanwendbar, wenn es um eine Störung durch Baumbewuchs geht, Düss ZMR **00**, 783.

20 **C. Wertgrundsatz: Höchstens Einjahresmiete.** Wegen des Werts für die Anwaltsgebühren § 25 I Z 1 RVG, Teil X dieses Buchs. Wegen der Gerichtsgebühren gilt: Maßgebend ist in I die auf die streitige Zeit fallende Miete. Wenn die einjährige Miete geringer ist, ist sie maßgebend. Bei einer mehrjährigen schwankenden Miete ist der höchste Jahresbetrag maßgebend, BGH NZM **06**, 183. „Entgelt" nach *I 1* ist nicht stets nur das „Nettogrundentgelt", also nicht nur der eigentliche Miet- und Pachtzins in Geld oder Naturalien. Man muß die Miethöhe notfalls schätzen, LG Bayreuth JB **77**, 1424 (erzielbarer Betrag). Zur Miete gehört die gesetzliche Mehrwertsteuer, BGH RR **06**, 378, Düss JB **06**, 428, KG MDR **13**, 561.

21 **D. Nebenkosten, I 2.** Man muß auch evtl Nebenkosten hinzurechnen, also auch vertragliche Gegenleistungen anderer Art. Das ergibt sich (jetzt) aus I 2, Mü NZM **99**, 304, LG Rostock RR **02**, 1523, AG Hbg-Bergedorf RR **02**, 948. Die frühere Ansicht, nur die Nettomiete gelte, ist daher überholt. Dasselbe gilt von der früheren Meinung, maßgeblich sei nur die Bruttomiete.

Freilich gilt das alles nur, soweit die beiden folgenden *Voraussetzungen* zusammentreffen. Das stellt das Wort „und" in I 2 klar.

Abschnitt 7. Wertvorschriften § 41 GKG

– *Pauschalvereinbarung.* Die Parteien müssen die Nebenkosten gerade als eine Pauschale vereinbart haben. Es muß also ein Festbetrag oder ein fester Prozentsatz der Miete usw ein Vertragsbestandteil sein, BGH NZM **07**, 935, Düss JB **06**, 428, KG MDR **13**, 561.
– *Keine gesonderte Abrechnung.* Die Partner dürfen nicht vereinbart haben, daß gerade der *Vermieter* über die mögliche Art von Nebenkosten gesondert abrechnen müsse, (zum alten Recht) Düss JB **06**, 428, Hbg MDR **04**, 502.

Nicht hinzurechnen darf man daher solche Leistungen nebensächlicher Art und sonstige Leistungen, die man im Verkehr *nicht* als ein Entgelt oder als eine Gegenleistung für die Gebrauchsüberlassung ansieht oder die der *Mieter* selbst einzeln und nicht pauschalmäßig abrechnet, Düss JB **06**, 428, LG Gött WoM **03**, 643, LG Köln WoM **96**, 50, aM Düss WoM **02**, 501. Hierher zählt zB (je zum alten Recht) das Entgelt für Heizung und Warmwasser, Düss JB **92**, 114, LG Lpz WoM **96**, 234. 22

E. Beispiele zur Frage einer Wertberechnung, I. Vgl auch das umfangreiche ABC in Anh I § 48 (§ 9 ZPO) Rn 6 ff. 23

Beseitigungsanspruch: Er hat einen Zusatzwert, BGH MDR **05**, 1439, Düss OLGR **08**, 720, Hbg RR **01**, 576, aM BGH RR **95**, 781 (aber es gelten die allgemeinen Regeln des § 5 ZPO, Anh I § 48).

Feststellungsklage: Die Regeln Rn 20–22 gelten auch bei einer behauptenden oder verneinenden Feststellungsklage nach § 256 ZPO. Es erfolgt also auch bei ihr ausnahmsweise meist kein Abschlag, BGH RR **06**, 378 (ohne Vorlage nach § 132 GVG), Meyer 16, aM BGH RR **99**, 302, Jena JB **08**, 534, LG Bln JB **01**, 96.

Gegenleistung: Sie bleibt außer Betracht.

Löschungsbewilligung: Wenn eine Partei bei einem Streit um das Fortbestehen eines Wohnrechts die Bewilligung seiner Löschung geltendmacht, ist die einjährige Miete maßgeblich.

Miethöhe: Sie bemißt sich nach dem Vertrag, soweit man nicht eine gesetzliche Miete zugrundelegen muß, LG Köln ZMR **96**, 269. Notfalls muß man von dem objektiv angemessenen Betrag ausgehen.

S auch „Staffelmiete".

Räumungsfrist: Bei dem Streit über eine solche Frist nach § 721 a ZPO ist die einjährige Miete maßgebend.

Rückstand: Er erhöht den Räumungswert nach II.

Staffelmiete: Bei ihr muß man annehmen, daß die gesamte restliche Vertragsdauer streitig ist. Dann muß man den höchsten Betrag zugrundelegen, BGH NZM **05**, 945.

Teil der Räume: Bei einem Streit nur um einen Teil der Räume gilt ein entsprechend geringerer Wert.

Unbestimmte Mietdauer: Bei einem Mietvertrag auf unbestimmt lange Dauer muß man die Zeit nach dem nächstzulässigen Kündigungstermin zuzüglich der Kündigungsfrist berechnen, LG Würzb JB **77**, 706.

Untermiete: Maßgebend ist *ihre* Höhe, KG ZMR **13**, 337, aM Düss MDR **98**, 126, KG WoM **13**, 426 (Hauptmiete).

Wohnrecht: S „Löschungsbewilligung".

Zeitmiete: Maßgebend ist der Zeitraum bis zum wahrscheinlichen Ende, Düss NZM **06**, 583.

4) Räumung wegen Beendigung des Rechtsverhältnisses, II 1. Die Vorschrift erfaßt den Streit um die Frage, ob der Bekl wegen der angeblichen Beendigung eines Miet-, Untermiet-, Pacht-, Unterpacht- oder ähnlichen Nutzungsverhältnisses das Grundstück, das Gebäude oder den Gebäudeteil räumen muß, BGH MDR **95**, 530, Ffm ZMR **12**, 204, Stgt JB **12**, 303. 24

A. Anwendungsbereich, II 1. Die Vorschrift gilt auch nach einer Vertragsanfechtung, Bbg JB **81**, 1047, oder nach einer Zwangsversteigerung, LG Bln Rpfleger **90**, 35, evtl zB eines Nießbrauchs, Köln WoM **85**, 125, oder bei einem Heimvertrag, Stgt NZM **05**, 966.

Maßgebend ist der *in der Klage genannte Räumungsgrund.* Es ist unerheblich, auf wieviele Kündigungen der Kläger diesen Räumungsanspruch stützt, KG MDR **12**, 455, Mü NZM **01**, 749. Auch die Zahl der Räumungsgründe ist unerheblich, Mü NZM **01**, 749. Es ist auch unerheblich, ob zugleich über das Bestehen des Nutzungsverhältnisses insgesamt oder in einzelnen Teilen ein Streit besteht, BGH MDR **95**,

530, LG Erfurt WoM **96**, 234, LG Köln WoM **93**, 555, ob das Nutzungsverhältnis also in Wahrheit bereits nicht mehr besteht. Ein vergleichsweises Erlöschen reicht, sogar eine angebliche Nichtigkeit oder das angebliche Fehlschlagen eines Bewerbervertrags, Köln JB **78**, 1054.

25 **B. Streitwert, II 1.** Streitwert ist das auf die streitige Zeit entfallende Entgelt, Stgt NZM **09**, 320, und höchstens der Jahresbetrag, BGH NJW **08**, 1889 links oben, Ffm ZMR **12**, 204, Stgt JB **12**, 303, aM Düss ZMR **11**, 806 (stets der Jahresbetrag), Stgt RR **97**, 1303 (§ 9). Das gilt aus sozialen Gründen, Ffm AnwBl **84**, 203, KG MDR **13**, 561, LG Düss FGPrax **00**, 189. Zum Jahresbetrag zählt die Mehrwertsteuer, Düss ZMR **11**, 806, KG MDR **13**, 561, LG Paderb MDR **03**, 56. Maßgeblich ist der Zeitraum seit der Rechtshängigkeit, nicht erst seit der Rechtsmitteleinlegung, Bbg JB **91**, 1126 (seit Klag-„Einreichung"). Wenn die streitige Zeit weniger als ein Jahr ausmacht, ist der geringere Streitwert maßgebend, BGH RR **97**, 648, LG Hbg NZM **00**, 759, LG Kref WoM **05**, 263. Bei einer streitigen Länge kommt es auf die längere Zeit an, auch dann begrenzt durch ein Jahr. Dabei sind die Behauptungen beim Prozeßbeginn maßgebend, § 40. Unmaßgeblich ist natürlich die Prozeßdauer.

26 **5) Räumung auch aus anderem Rechtsgrund, II 2.** Die Vorschrift erfaßt als eine ebenfalls gegenüber I vorrangige Sonderregelung den Fall, daß der Kläger „auch" und nicht nur aus einem anderen Rechtsgrund als demjenigen der Beendigung eines Miet-, Pacht- oder ähnlichen Nutzungsverhältnisses die Räumung oder Herausgabe verlangt, Hbg WoM **95**, 197, KG MDR **13**, 561, LG Kassel Rpfleger **87**, 425 (Zuschlag). Das gilt sogar dann, wenn der Kläger zB nur § 985 BGB nennt, wenn sein Tatsachenvortrag aber auch einen Anspruch nach § 546 BGB rechtfertigt, Karlsr MDR **04**, 906. Soweit das eine Objekt vermietet, das andere vertragslos genutzt wird, muß man zusammenrechnen, Bbg JB **88**, 516. Beim Räumungsanspruch des zurückgetretenen Verkäufers gilt § 6, Nürnb JB **04**, 377.

A. Beispiele zur Frage des Anwendungsbereichs, II 2

27 **Nur anderer Rechtsgrund:** *Unanwendbar* ist II 2 bei einem Streit um eine Herausgabe nur aus einem anderen Grund als Miete, Pacht usw und solange sich der Bekl auch nicht auf Miete, Pacht usw beruft, Rn 26, Bbg JB **92**, 625, LG Augsb DGVZ **05**, 95, LG Kassel Rpfleger **87**, 425.
Bereicherung: *Anwendbar* ist II 2 bei einer Klage auf Herausgabe einer ungerechtfertigten Bereicherung, auch dann, wenn dieser Grund zu einem solchen nach I hinzutritt.
Besitz: *Anwendbar* ist II 2 bei einer auf Besitz gestützten Klage, und zwar auch dann, wenn dieser Grund zu einem solchen nach I hinzutritt.
Eigentum: *Anwendbar* ist II 2 bei einer auf Eigentum gestützten Klage, BGH NZM **16**, 892, KG MDR **13**, 561, LG Augsb DGVZ **05**, 95. Das gilt auch dann, wenn dieser Grund zu einem solchen nach I hinzutritt.
S auch „Nutzungsverhältnis".

28 **Gebrauchsüberlassung:** S „Miete".
Kaufvertrag: *Unanwendbar* ist II 2 beim Streit zwischen Käufer und Verkäufer eines Hauses oder einer Eigentumswohnung auf deren Räumung, Ffm AnwBl **84**, 203, Karlsr JB **97**, 478.
Miete: *Unanwendbar* ist II 2 bei einer Klage des Mieters auf eine Gebrauchsüberlassung, Rn 7ff.
Nutzungsverhältnis: *Anwendbar* ist II 2 auch dann, wenn der Bekl ein solches einwendet. Denn dann muß das Gericht auch zur Frage seiner Beendigung mitentscheiden, falls es bestanden hat, Bbg JB **92**, 625, Düss Rpfleger **08**, 160, KG JB **78**, 892.

29 **Renovierung:** *Anwendbar* ist II 2 auch dann, wenn der Kläger nur eine vorübergehende Räumung etwa zwecks Renovierung fordert.
Vorübergehende Räumung: S „Renovierung".
Zwangsversteigerung: *Unanwendbar* sein kann II 2 bei einer Räumung auf Grund eines Zuschlagsbeschlusses. Denn dann kann man auf den Verkehrswert abstellen, LG Kleve DGVZ **87**, 90.

30 **B. Streitwert, II 2.** In allen diesen Fällen ist als Wert stets der einjährige Nutzungsbetrag maßgebend, Hamm RR **11**, 1224, KG MDR **13**, 561, Kblz WoM **06**, 581. Er ist meistens ebenso hoch wie der einjährige Mietzins. Er kann aber einen

anderen Betrag ausmachen. Eine Beseitigung kann gesondert bewertbar sein, Hbg WoM **00**, 365. Eine im Räumungsvergleich vereinbarte Zahlung für zurückgelassene Mietersachen erhöht den Wert, LG Meiningen JB **07**, 593, Meyer JB **09**, 16. Es kann ein Einigungsmehrwert hinzutreten, Karlsr NZM **09**, 296.

6) Klage auf Räumung und Zahlung, II 1, 2. Soweit der Kläger neben der Räumung den Mietzins oder Nutzungswert einklagt, muß man den Wert des Räumungsanspruchs nach II und den Wert des Zahlungsanspruchs nach § 12 zusammenrechnen. 31

7) Räumung und Fortsetzungsanspruch, III, IV. III bestimmt, daß bei der Verbindung einer Klage auf die Räumung von Wohnraum und der Geltendmachung der Sozialklausel nach den §§ 574–574b BGB als Streitwert für die Kosten nach § 19 Rn 5, 6 stets nur der Jahreszins ansetzbar ist, soweit das Gericht über beide Ansprüche in demselben Prozeß verhandelt. Das gilt allerdings nicht stets auch für ein Rechtsmittel, LG Bln ZMR **85**, 387. 32

Es ist *unerheblich, in welcher prozessualen Form* die Parteien eine Räumung und die Sozialklausel geltend machen. Nach III muß man auch den Fall bewerten, daß der Vermieter noch im Besitz der Wohnung ist und daß der Mieter die Überlassung und die Verlängerung der Mietzeit fordert.

Der Jahreszins richtet sich nach der derzeitigen *Höhe der Miete.* Wenn der Mieter der Räumung widerspricht und die Verlängerung des Mietverhältnisses gegen eine Mieterhöhung anbietet, etwa im Weg einer Feststellungswiderklage, muß man den erhöhten Wert ansetzen. Dasselbe gilt dann, wenn das Gericht den Räumungsanspruch abgewiesen und dahin entschieden hat, daß das Mietverhältnis gegen die Zahlung einer entsprechend erhöhten Miete fortzusetzen sei, II. 33

Wenn das Gericht den Mieter zur Räumung verurteilt hat, wenn das *Rechtsmittelgericht* jedoch den Räumungsanspruch abweist und dahin entscheidet, daß das Mietverhältnis gegen die Zahlung einer erhöhten Miete fortzusetzen sei, bleibt es bei dem Streitwert der ersten Instanz. Dasselbe gilt dann, wenn der Vermieter in der Rechtsmittelinstanz nur eine erhöhte Miete fordert. 34

8) Erhöhung der Wohnungsmiete, V 1 Hs 1, V 2. Bei einer Klage auf die Zustimmung des Wohnungsmieters zur Erhöhung der Miete nach §§ 558ff BGB ist zunächst I anwendbar. Jedoch benennt *V 1 Hs 1* als eine beim Wohnraum gegenüber § 9 ZPO vorrangige Spezialvorschrift den Wert grundsätzlich mit dem Jahresbetrag der jetzt zusätzlich geforderten Miete, BGH WoM **07**, 32, Saarbr WoM **98**, 234, AG Mü WoM **14**, 437. Man kann darin sogar etwas kühn einen allgemeinen Rechtsgedanken sehen, KG JB **06**, 258. *V 2* läßt nur bei einer kürzeren restlichen Vertragsdauer einen entsprechend niedrigeren Betrag maßgebend sein, LG Bln RR **97**, 652. 35

Den *Unterschiedsbetrag* zwischen dem bisherigen und dem geforderten höheren Mietzins berechnet man ausgehend von derjenigen Miete, die im Zeitpunkt der Klagerhebung galt, LG Köln JB **99**, 305. Ihr muß man nach § 40 denjenigen Betrag gegenüberstellen, den der Vermieter bei der Klagerhebung oder später im Weg einer Klagerhöhung fordert und den der Mieter bis zu diesem jeweiligen Zeitpunkt nach Rn 19 nicht bezahlen will, aM LG Bre WoM **82**, 131 (eine freiwillige teilweise Zahlung vor der Rechtshängigkeit könne den Streitwert mindern. Aber V stellt nur auf die zusätzliche Forderung ab). Was zur Miete gehört, bestimmt sich wie bei Rn 76ff. Das alles gilt auch für den Rechtsmittelwert, LG Hann MDR **94**, 1148.

Durch V ist der langjährige *Streit* zur Wertbemessung beim Wohnraum *überholt.* Vgl im übrigen § 48 Anh I: § 3 ZPO Rn 76ff „Mietverhältnis". 36

V gilt aber *nur beim Wohnraum.* Das stellt schon der Wortlaut von V 1 klar. Beim Geschäftsraum gilt § 9 ZPO, § 48 Anh I: § 3 ZPO Rn 79, Hbg MDR **90**, 1024, Schlesw SchlHA **92**, 180, Mümmler JB **94**, 332. V gilt auch nicht bei der Erhöhung von Erbbauzins, Mümmler JB **80**, 971, und nicht bei einer Pacht.

9) Mängel der Mietsache, V 1 Hs 2, V 2. Der Anspruch des Mieters auf die Durchführung von Instandsetzungsmaßnahmen, also auf eine Mangelbeseitigung, bemißt sich (jetzt) nach V 1 Hs 2 grundsätzlich ebenso wie der Mieterhöhungsanspruch der Rn 35, 36 nach dem Jahresbetrag einer angemessenen Mietminderung, KG JB **10**, 594, LG Dessau-Roßlau NZM **12**, 457, AG Mü WoM **14**, 437, aM Düss MDR **01**, 354. Das gilt entsprechend bei einer sonstigen Mietminderung, LG Bln WoM **16**, 44. 37

GKG §§ 41, 42 I. A. Gerichtskostengesetz

Bei einer bloßen Feststellungsklage gelten zusätzlich Anh I § 48: § 3 ZPO Rn 53, 54, KG ZMR **14**, 381, aber auch § 9 ZPO „Miete", KG JB **16**, 476, Karlsr MDR **14**, 248, Woitkewitsch ZMR **05**, 842. Zum Problem KG MDR **10**, 1493 (abl Gellwitzki JB **11**, 12).

Das alles gilt auch bei einem zugehörigen *selbständigen Beweisverfahren* nach §§ 485 ff ZPO. LG Bln WoM **12**, 286 nennt dann sogar den 4,5fachen Jahresbetrag einer angemessenen Mietminderung. Man muß eine Klage auf die künftige Vollmiete gegenüber einer Minderung nach dem in Rn 2 dargestellten sozialen Regelungszweck des gesamten § 41 ebenfalls mit dem Jahresbetrag der Differenz bewerten. Nur bei einer kürzeren restlichen Vertragsdauer läßt V 2 auch hier einen entsprechend niedrigeren Betrag maßgebend sein. § 287 ZPO erlaubt notfalls eine Schätzung.

Unanwendbar ist V 1 Hs 2 bei einem Einzelanspruch wegen eines Konkurrenzverbots bei einer Geschäftsraummiete, BGH NJW **06**, 3061.

38 **10) Modernisierung oder Erhaltung, V 1 Hs 3, V 2.** Der Anspruch des Vermieters auf die Bildung einer Durchführung von Modernisierungs- oder Erhaltungsmaßnahmen bemißt sich (jetzt) nach *V 1 Hs 3* grundsätzlich ebenso wie der Mieterhöhungsanspruch Rn 35, 36 und der Mangelbeseitigungsanspruch Rn 37 nach dem Jahresbetrag einer möglichen Mieterhöhung und in Ermangelung dessen nach einer sonst möglichen Mietminderung, (teils zum alten Recht) KG WoM **12**, 512 (verneinende Feststellung), LG Hbg DWW **93**, 264, LG Köln WoM **01**, 345, aM KG NZM **10**, 740 (Klägerinteresse, höchstens Jahresbetrag). Das alles gilt auch bei einem zugehörigen selbständigen Beweisverfahren nach § 485 ZPO. Auch hier bleibt bei einer kürzeren restlichen Vertragsdauer nach *V 2* ein entsprechend niedriger Betrag maßgebend. Auch hier erlaubt § 287 ZPO notfalls eine Schätzung.

Wiederkehrende Leistungen

42 I ¹Bei Ansprüchen auf wiederkehrende Leistungen aus einem öffentlich-rechtlichen Dienst- oder Amtsverhältnis, einer Dienstpflicht oder einer Tätigkeit, die anstelle einer gesetzlichen Dienstpflicht geleistet werden kann, bei Ansprüchen von Arbeitnehmern auf wiederkehrende Leistungen sowie in Verfahren vor Gerichten der Sozialgerichtsbarkeit, in denen Ansprüche auf wiederkehrende Leistungen dem Grunde oder der Höhe nach geltend gemacht oder abgewehrt werden, ist der dreifache Jahresbetrag der wiederkehrenden Leistungen maßgebend, wenn nicht der Gesamtbetrag der geforderten Leistungen geringer ist. ²Ist im Verfahren vor den Gerichten der Verwaltungs- und Sozialgerichtsbarkeit die Höhe des Jahresbetrags nicht nach dem Antrag des Klägers bestimmt oder nach diesem Antrag mit vertretbarem Aufwand bestimmbar, ist der Streitwert nach § 52 Absatz 1 und 2 zu bestimmen.
II ¹Für die Wertberechnung bei Rechtsstreitigkeiten vor den Gerichten für Arbeitssachen über das Bestehen, das Nichtbestehen oder die Kündigung eines Arbeitsverhältnisses ist höchstens der Betrag des für die Dauer eines Vierteljahres zu leistenden Arbeitsentgelts maßgebend; eine Abfindung wird nicht hinzugerechnet. ²Bei Rechtsstreitigkeiten über Eingruppierungen ist der Wert des dreijährigen Unterschiedsbetrags zur begehrten Vergütung maßgebend, sofern nicht der Gesamtbetrag der geforderten Leistungen geringer ist.
III ¹Die bei Einreichung der Klage fälligen Beträge werden dem Streitwert hinzugerechnet; dies gilt nicht in Rechtsstreitigkeiten vor den Gerichten für Arbeitssachen. ²Der Einreichung der Klage steht die Einreichung eines Antrags auf Bewilligung der Prozesskostenhilfe gleich, wenn die Klage alsbald nach Mitteilung der Entscheidung über den Antrag oder über eine alsbald eingelegte Beschwerde eingereicht wird.

Gliederung

1) Systematik, I–III	1
2) Regelungszweck, I–III	2
3) Geltungsbereich, I–III	3–23
4) Anspruch auf wiederkehrende Leistung, I	24–28
A. Anwendungsbereich, I 1	24

Abschnitt 7. Wertvorschriften § 42 GKG

    B. Beispiele zur Frage einer Anwendbarkeit, I 1 25–27
    C. Bewertung, I 1, 2 28
5) **Einzelfragen, I** 29–31
    A. Abänderungsklage 29
    B. Nachforderungsklage 30
    C. Umwandlung 31
6) **Arbeitsrechtlicher Streit, II** 32–57
    A. Wertfestsetzung, II 1, 2 .... 33, 34
    B. Bestand des Arbeitsverhältnisses, Kündigung, II 1 35–38
    C. Eingruppierung, II 2 39
    D. Beispiele zur Frage einer Anwendbarkeit, II 1, 2 40–57
7) **Rückstand, III** 58–61
    A. Grundsatz: Hinzurechnung 58
    B. Zeitpunkt: Einreichung 59
    C. Beispiele zur Frage einer Anwendbarkeit, III 60, 61

1) Systematik, I–III. Diese Spezialvorschrift hat den Vorrang gegenüber § 9   **1**
ZPO, Hamm FamRZ **88**, 402, der für die Zuständigkeit und die Rechtsmittelbeschlüsse gilt. § 42 gibt in I, II Regeln für die Bewertung nur der dort genannten Ansprüche, Köln JB **92**, 698. Das gilt für den Zeitraum ab dem Beginn des Monats der Klageinreichung, also nicht erst ab der Klagezustellung und damit nicht erst ab der Rechtshängigkeit nach § 261 ZPO, Ffm FamRZ **89**, 297, Schlesw SchlHA **88**, 145. II ist eine Ausprägung des Grundrechts auf effektiven Rechtsschutz nach Artt 2 I, 20 III GG, BVerfG NVwZ **11**, 549. Die Vorschrift ist dennoch eng auslegbar, Meyer JB **04**, 286. (Jetzt) III 1 erfaßt in einer Abweichung von dem nachrangigen § 40 mit einer zusätzlichen Bewertungsvorschrift den Zeitraum vor der Einreichung der Klage, Schlesw SchlHA **88**, 145, oder nach III 2 vor der Einreichung eines Prozeßkostenhilfegesuchs nach § 117 ZPO. Bei einem Arrest, einer einstweiligen Anordnung oder Verfügung nach §§ 916 ff, 935 ff ZPO, § 49 FamFG hat § 53 den Vorrang. Im zugehörigen Hauptprozeß nach § 253 ZPO usw gilt der volle Wert nach § 42 und nicht nur der das Eilverfahren übersteigende Betrag, Karlsr RR **99**, 583. § 51 FamGKG, Teil I B dieses Buchs hat den Vorrang. Im Berufungsverfahren zB nach §§ 511 ff ZPO gilt § 47 II zumindest entsprechend, BGH FamRZ **03**, 1274. § 62 S 1 geht nicht vor.

2) Regelungszweck, I–III. Die Vorschrift dient sozialen Zwecken, OGB ZIP **10**,   **2**
2420, also einer Wertbegrenzung, Brdb MDR **03**, 335, LAG Nürnb NZA-RR **14**, 262, OVG Münst FamRZ **02**, 35, OVG Saarlouis JB **00**, 421. Die Vorschrift soll eine zu geringe Bewertung der von ihr erfaßten Vorgänge verhindern. Das muß man bei der Auslegung mitbeachten.

3) Geltungsbereich, I–III. § 42 gilt auch bei der Anerkennung eines ausländi- **3–23**
schen Urteils nach §§ 722, 723 ZPO oder nach der EuGVVO, BLAH SchlAnh V A 2, Drsd FamRZ **06**, 564, und auch im arbeitsgerichtlichen Verfahren, III, ferner im finanz-, verwaltungs- und sozialgerichtlichen Verfahren, § 1 Z 2–5. Freilich gehört eine Sozialhilfe zu (jetzt) § 52 III, OVG Bre JB **02**, 80.

4) Anspruch auf wiederkehrende Leistung, I. Man sollte zwei Aspekte unter-   **24**
scheiden.
A. Anwendungsbereich, I 1. Es muß sich um einen solchen Anspruch handeln, der eine dauernd gleichartige wiederkehrende Leistung in einer abhängigen Stellung betrifft und nicht vor den Arbeitsgerichten abläuft, Köln JB **95**, 255 (dann [jetzt] II), AG Kblz JB **06**, 250. Hierher gehören alle wiederkehrenden Leistungen aus den in I genannten Rechtsverhältnissen. Dabei ist nach § 52 Anh I Rn 10 „Beamtenrechtliche Angelegenheit" eine weite Auslegung notwendig, BGH JB **05**, 543 (Hauptgeschäftsführer einer Handwerkskammer), Hamm AnwBl **76**, 166 (angestellter Arzt), Meyer 23, aM BVerwG NVwZ-RR **00**, 188.

B. Beispiele zur Frage einer Anwendbarkeit, I 1   **25**
Arbeitsverhältnis: Wegen der Bewertung einer Klage zum Bestehen oder Nichtbestehen eines Arbeitsverhältnisses einschließlich der Eingruppierungsstreitigkeit vgl II. Die Vorschrift gilt allerdings nur in arbeitsgerichtlichen Verfahren, Köln RR **95**, 318.
Aufwandsentschädigung: Anwendbar ist I 1 auf sie.
Beihilfe: *Unanwendbar* ist I 1 auf sie.

Betriebsvereinbarung: Anwendbar ist I 1 auch auf den Anspruch aus einer solchen Absprache, BAG NZA **15**, 1471, LAG Hamm NZA-RR **06**, 596.
Dienst- oder Werkwohnung: *Unanwendbar* ist I 1 auf sie. Dann gilt § 41.
Firmenwagen: Anwendbar ist I 1 auf ihn, LAG Hbg JB **13**, 25.
Freiberufler: *Unanwendbar* ist I 1 auf den Anspruch eines Freiberuflers. S auch „Handelsvertreter".
Gehalt: Anwendbar ist I 1 beim Gehalt, evtl auch eines Gesellschafters, Kblz JB **76**, 647.
Gewinnbeteiligung: *Unanwendbar* ist I 1 auf eine solche Leistung.
Handelsgesellschaft: Rn 26 „Juristische Person".
Handelskammer: Rn 35.
Handelsvertreter: *Unanwendbar* ist I 1 auf den Anspruch eines Handelsvertreters, Nürnb NZA-RR **01**, 53.
Hinterbliebenenanspruch: Anwendbar ist I 1 bei einem solchen Anspruch.

26 **Juristische Person:** Anwendbar ist I 1 auf den Anspruch eines Organmitglieds einer juristischen Person oder eines Vorstandsmitglieds einer Handelsgesellschaft. Denn es handelt sich auch dann um eine wirtschaftlich abhängige Tätigkeit, der regelmäßig wiederkehrende Leistungen in Gestalt von Gehalts- und Versorgungsansprüchen gegenüberstehen, BGH MDR **05**, 1376 (ohne Vorlage nach § 132 GVG), Bbg JB **75**, 65, aM BGH BB **80**, 1271 (wegen eines Insolvenz-Sicherungsanspruchs), Kblz Rpfleger **80**, 68, Schlesw SchlHA **80**, 151.
Lohn: Anwendbar ist I 1 beim Lohn.

27 **Naturalleistung:** Anwendbar ist I 1 bei einer Naturalleistung.
Organmitglied: Rn 26 „Juristische Person".
Pension: Anwendbar ist I 1 bei einer Pension.
Rente: Anwendbar ist I 1 auf einen Rentenanspruch gegen ein berufsständisches Versorgungswerk, OVG Münst JB **97**, 197, OVG Saarlouis AnwBl **99**, 182, evtl auch auf den Rentenanspruch eines Gesellschafters, Kblz JB **76**, 647, oder nach § 843 I BGB, Enders JB **14**, 337.
Rückzahlung: *Unanwendbar* ist I 1 auf sie.
Selbständiger: *Unanwendbar* ist I 1 auf den Anspruch eines Selbständigen. S auch Rn 25 „Handelsvertreter".
Sozialhilfe: *Unanwendbar* ist I 1 auf sie, OVG Bre JB **02**, 80.
Sozialversicherung: Anwendbar ist I 1 auf einen Schadensersatzanspruch auf Grund der schuldhaften Nichtabführung von Beiträgen zur Sozialversicherung gegen den Arbeitgeber.
Strafrechtliche Rehabilitation: Anwendbar sein kann I, OVG Lüneb JB **14**, 362.
Urlaubsgeld: *Unanwendbar* ist I 1 evtl auf eine solche Leistung. Maßgeblich ist dabei, ob ein wirklicher Anspruch vorliegt.
Versorgungswerk: Anwendbar ist I 1 auf eine berufsständische solche Organisation, OVG Münst JB **97**, 197, OVG Saarlouis NVwZ-RR **98**, 789.
Vorstand: Rn 26 „Juristische Person".
Weihnachtsgeld: *Unanwendbar* ist I 1 auf einen solchen Anspruch.

28 **C. Bewertung, I 1, 2.** Bei einer Klage der in II 1 genannten Art ist der dreifache Jahresbetrag dann maßgebend, OVG Münst AnwBl **83**, 281, wenn nicht der Gesamtbetrag geringer ist, LAG Köln NZA-RR **04**, 434. Im letzteren Fall gilt der geringere Betrag. Wenn die Partner einen Arbeitsvertrag auf unbestimmte Zeit mit dem Kündigungsrecht eines Vertragspartners abgeschlossen hatten, muß man mindestens vom Zeitraum bis zum nächstmöglichen Vertragsende ausgehen, Köln RR **95**, 318, LAG Stgt AnwBl **88**, 181.

Unter Umständen muß man einen *längeren Zeitraum* zugrunde legen. Das gilt etwa bei einem Arbeitsvertrag zwischen Ehegatten. Es ist unerheblich, ob der Vertrag eine Kündigungsmöglichkeit aus wichtigem Grund vorsieht.
Bei *I 2* ist § 52 I anwendbar.

29 **5) Einzelfragen, I.** Man muß drei Fallgruppen unterscheiden.
A. Abänderungsklage. Die Abänderungsklage nach §§ 323–323b ZPO hat zum Streitwert den Unterschied zwischen dem bisherigen und den neu begehrten Jahresbetrag, Brdb JB **96**, 598. Nach einer Berufungsrücknahme kann eine unselbständige Anschlußberufung nach §§ 323, 524 ZPO maßgeblich sein, Karlsr FamRZ **99**, 1289.

Abschnitt 7. Wertvorschriften § 42 GKG

B. Nachforderungsklage. Die Nachforderungsklage nach § 324 ZPO läßt sich 30 nach I bewerten. Eine nachträgliche Antragserweiterung wegen eines späteren Zeitraumes kann unbeachtbar sein, Karls RR **16**, 190.

C. Umwandlung. Die Umwandlung einer gesetzlichen Rente in eine vertrag- 31 liche ändert nichts an der Anwendbarkeit des § 42.

6) Arbeitsrechtlicher Streit, II, dazu *Meier/Oberthür,* Gebühren, Streitwerte usw 32 im Arbeitsrecht, 4. Aufl 2016: Es muß um ein Verfahren vor dem Arbeitsgericht gehen, Brinkmann JB **05**, 119. Vor dem ordentlichen Gericht gilt I, BGH MDR **05**, 1376, BAG MDR **03**, 532, Köln RR **94**, 318. Nach einer Verweisung an das ordentliche Gericht gilt meist § 3 ZPO, Mümmler JB **79**, 173.

A. Wertfestsetzung, II 1, 2, dazu *Baldus/Deventer,* Gebühren, Kostenerstattung 33 und Streitwertfestsetzung in Arbeitssachen, 1993; *Brinkmann* JB **10**, 177 (Üb); *Hecker* AnwBl **84**, 116 (ausf); *Meier/Oberthür,* Gebühren, Streitwerte und Rechtsschutzversicherung im Arbeitsrecht, 4. Aufl 2016; *Tschöpe/Ziemann/Altenburg,* Streitwert und Kosten im Arbeitsrecht, 2013 (Bespr *Jörchel* NZA **13**, 772, krit Vogelsang DRiZ **13**, 341); vgl ferner den zwar formell nicht bindenden, aber mitbeachtbaren „Streitwertkatalog" der Präsidenten der LAGe im Anh nach § 42, dazu LAG Nürnb NZA-RR **14**, 212; *Bader/Jörchel* NZA **13**, 809; *Willemsen/Schipp/Oberthür* NZA **14**, 886: Das ArbG setzt den Streitwert im Urteil nach § 61 I ArbGG fest. Das geschieht im Tenor oder in den Entscheidungsgründen, LAG Kiel AnwBl **88**, 294, Wenzel DB **81**, 166. Diese Festsetzung hat eine Bedeutung für die Rechtsmittelfähigkeit, BAG AnwBl **84**, 146, LAG Hbg AnwBl **89**, 167, LAG Hamm MDR **84**, 259. § 61 I ArbGG ist eine Zusatzvorschrift zu (jetzt) § 63, LAG Hamm MDR **84**, 259, Wenzel DB **81**, 163, aM Strobelt DB **81**, 2382 (aber § 1 ist die allgemeine Grundlage für Gerichtskosten). Ein Wertfestsetzungsantrag ist während der Instanz jederzeit zulässig, LAG Hamm DB **82**, 1470.

Dasselbe gilt in der *Berufungsinstanz* für § 69 II ArbGG, Wenzel DB **81**, 165.

Die Wertfestsetzung ist als eine Entscheidung auch nach § 25 ArbGG kostenrechtlich beachtlich.

Sie ist auch *bindend,* soweit nicht (jetzt) § 63 Abänderungen usw zuläßt, Wenzel DB **81**, 165, aM Strobelt DB **81**, 2382 (aber die Bindungswirkung ist ein Hauptzweck der Festsetzung). (Jetzt) § 63 ist also für die weitere Behandlung der im Urteil erfolgten Wertfestsetzung voll anwendbar, (jetzt) § 1 Z 5, LAG Hamm MDR **84**, 259, LAG Mainz DB **92**, 2512, Wenzel DB **81**, 166, aM LAG Hbg AnwBl **89**, 167, LAG Kiel AnwBl **88**, 294, LAG Mü AnwBl **84**, 147 (aber der Wortlaut und der Sinn von § 68 III sind eindeutig, BLAH Einl III 39).

Das *Berufungsgericht* kann für seinen Rechtszug einen eigenen Kostenstreitwert fest- 34 setzen, LAG Mü AnwBl **85**, 96.

B. Bestand des Arbeitsverhältnisses, Kündigung, II 1. Der Rechtsstreit mag 35 um das Bestehen oder Nichtbestehen des Arbeitsverhältnisses oder um seine Kündigung gehen. Soweit er sich auf solche Fragen beschränkt, gilt der Wert unabhängig von der bisherigen Dauer des Arbeitsverhältnisses, LAG Mü MDR **86**, 698, LAG Stgt NZA-RR **14**, 152, aM LAG Bln MDR **01**, 838, LAG Mainz MDR **09**, 454 und NZA-RR **09**, 219 (Dauer im Kündigungszeitpunkt). Der Wert gilt höchstens je Kündigung. Er gilt so bei verschiedenen Rechtssubjekten, selbst bei einem zeitlichen Zusammenhang, LAG Mainz NZA-RR **09**, 220. Ein Vertrag mit dem Hauptgeschäftsführer zählt zu I, nicht zu II, BGH JB **05**, 543.

Der Wert kann den *Vierteljahresbetrag* des Arbeitsentgelts ausmachen, BAG MDR **05**, 532, LAG Erfurt MDR **01**, 538, LAG Mü NZA-RR **12**, 551, aM LAG Hamm DB **81**, 986. Das gilt zB bei einer Kündigungsschutzklage, LAG Bln DB **00**, 484, LAG Hbg AnwBl **91**, 165, LAG Hann AnwBl **94**, 152.

Der Vierteljahresbetrag ist aber bereits der *Höchstbetrag,* LAG Halle NZA-RR **13**, 36 216. Innerhalb dieser Grenze muß das Gericht den wahren Streitwert schätzen, LAG Mainz NZA-RR **05**, 131. Das geschieht nach § 3 ZPO, (jetzt) § 48 GKG Anh I, BAG BB **85**, 1472, LAG Ffm MDR **99**, 427 und 945, LAG Hamm MDR **02**, 1015, aM LAG Mü AnwBl **86**, 706, Popp DB **90**, 482 (aber es ist stets eine Einzelfallabwägung nötig). Natürlich kann zB ein noch nicht fälliges Gehalt hinzutreten, LAG Mainz MDR **09**, 454.

37 Dabei ist wegen (jetzt) § 1 Z 5, §§ 41, 42 I 2 der *streitige Zeitraum seit dem streitigen Ereignis* maßgebend, LAG Köln MDR **99**, 1449. Deshalb kommt ein Streitwert mit einem geringeren Betrag als dem Vierteljahresbetrag des Arbeitsentgelts dann infrage, wenn sich das Interesse des Klägers auf einen kürzeren Zeitraum beschränkt, LAG Bln AnwBl **81**, 154, LAG Düss AnwBl **82**, 316, LAG Köln AnwBl **82**, 393, aM LAG Ffm BB **82**, 53, LAG Halle JB **13**, 309 (bei 6 Monaten: nur *ein* Monatslohn), LAG Hann AnwBl **82**, 315 (Obergrenze nur dann wesentlich unterschreiten, wenn ungewöhnliche Umstände vorliegen. Aber eine Obergrenze ist bereits ein Randfall). Eine Abfindung ist nach II 1 Hs 2 nicht hinzurechenbar, aM LAG Hbg JB **13**, 251, LAG Köln NZA-RR **08**, 382, Fischer NZA **04**, 1187.

38 Stets muß das Gericht eine Wertfestsetzung unterhalb des Vierteljahresbetrags des Entgelts *begründen*.

39 **C. Eingruppierung, II 2.** In einem Rechtsstreit über sie ist nach (jetzt) II 2 der Unterschiedsbetrag zwischen der gewährten und der begehrten Vergütung für die Dauer von 3 Jahren maßgeblich, sofern nicht der Gesamtbetrag der geforderten Leistung geringer ist, BAG DB **96**, 2552, LAG Hamm AnwBl **97**, 292, LAG Köln NZA-RR **05**, 488 (auch bei einer bloßen Feststellung). Das gilt auch dann, wenn mehr als 3 Jahre umstritten sind, LAG Bln MDR **88**, 346, LAG Hamm MDR **87**, 169, aM LAG Hamm AuR **79**, 92, LAG Stgt AnwBl **85**, 101 (sie kürzen beim Eingruppierungsstreit dann um 20%).

40 **D. Beispiele zur Frage einer Anwendbarkeit, II 1, 2**
Abfindung: Wegen einer Abfindung LAG Düss MDR **01**, 598 (3 Monatsgehälter) und einer solchen nach einem Sozialplan BAG JB **05**, 146, LAG Ffm BB **77**, 1549, LAG Hbg AnwBl **84**, 315. Maßgeblich ist der Kapitalbetrag, LAG Mainz NZA-RR **15**, 440, Deller VersR **13**, 434. Wegen einer Hinzurechnung Rn 37. Evtl Zusatzwert, LAG Bln AnwBl **88**, 486, LAG Düss JB **05**, 745.
S auch Rn 41 „Arbeitsentgelt", Rn 55 „Vergleich".
Abmahnung: Ihr Wert kann ein Drittel des Werts eines fiktiven Kündigungsprozesses ausmachen, LAG Kiel BB **95**, 1596. Meist gilt ein Monatseinkommen, BAG NZA **07**, 831, LAG Bln-Brdb JB **15**, 192, LAG Nürnb JB **13**, 25 (je: bei Wiederholungen je ein Drittel davon). Der Wert des Anspruchs auf die Entfernung einer Abmahnung aus der Personalakte läßt sich mit einem bis zwei Monatseinkommen ansetzen, BAG NZA **07**, 831, LAG Erfurt JB **13**, 250, LAG Stgt NZA-RR **13**, 550. Man kann ihn aber bei einer Häufung von Abmahnungen auch ganz erheblich höher ansetzen, LAG Ffm MDR **00**, 1278, LAG Halle JB **13**, 250, aM LAG Kiel MDR **07**, 987. Mehrere Abmahnungen bilden nach Einzelbewertungen einen Gesamtwert, LAG Bln-Brdb JB **15**, 192, höchstens im 3-Monats-Einkommen, LAG Drsd NZA-RR **15**, 268.
Änderungsschutzklage, dazu *Künzl/von der Ehe* NZA **15**, 1217 (Üb): § 2 KSchG BAG JB **00**, 309 (grds 3-Monats-Differenz; auch zum Vergleich usw), LAG Köln JB **10**, 478, LAG Stgt NZA-RR **10**, 47, aM LAG Halle AnwBl **01**, 634, LAG Nürnb JB **06**, 146 (je: [jetzt] III 1), LAG Bln MDR **99**, 170 (2 Monatsbeträge), LAG Bre AnwBl **99**, 485, LAG Köln MDR **99**, 1448, LAG Köln AnwBl **01**, 636 (je: [jetzt] IV 2 direkt oder entsprechend), Meyer JB **04**, 286 (II), LAG Mainz NZA-RR **07**, 604 (Unterschied von vorbehaltloser und vorbehaltlicher Annahme). Nur 50% des 3-Monats-Verdiensts sind bei einer Änderung nur einzelner Arbeitsbedingungen angemessen, LAG Mainz NZA-RR **10**, 609.
Annahmeverzug: Ihre Feststellung läßt sich mit einem Monatslohn bewerten, LAG Hbg MDR **03**, 178.
Arbeitgeberweisung: Maßgebend ist grds ein Bruttomonatslohn, im schweren Fall sind es zwei solche Löhne, LAG Hbg NZA-RR **14**, 612.
Arbeitnehmererfindung: Bei der Klage auf eine angemessene Vergütung braucht man den sozialen Zweck des § 38 ArbNEG nicht mitzubeachten, Düss (jetzt) GRUR-RR **12**, 184.
Arbeitsbedingungen: S „Arbeitgeberweisung".

41 **Arbeitsbescheinigung:** S „Arbeitspapiere".
Arbeitsentgelt: Hierzu zählen zB bei einem Chefarzt alle vertraglich erlaubten Nebentätigkeiten, LAG Hamm AnwBl **76**, 167. Ein 13. Gehalt ist anteilig hinzu-

Abschnitt 7. Wertvorschriften § 42 GKG

nehmbar, LAG Ffm MDR **00**, 165. Man darf eine Abfindung allerdings nicht hinzurechnen, LG Saarbr AnwBl **77**, 253, ebensowenig ein anteiliges Weihnachts- oder Urlaubsgeld, LAG Ffm MDR **00**, 165, LAG Köln DB **82**, 1226, überhaupt nicht eine Gratifikation, LAG Köln BB **95**, 317. Freilich gilt dann, wenn ein sonstiger Leistungsanspruch hinzutritt, nur der höhere Betrag, LAG Saarbr AnwBl **77**, 252, aM LAG Köln JB **96**, 195, LAG Nürnb JB **92**, 738 (Kündigungsschutzklage und Weiterbeschäftigungsanspruch gesondert bewerten). Beim Streit um Tarifrecht ist ein 3-Monatsbetrag angemessen. LAG Kiel JB **09**, 536 links oben.

Man muß den Antrag auf eine Lohnzahlung, die in die Zeit *vor* oder *nach* der Kündigung fällt, besonders berücksichtigen, LAG Bln AnwBl **85**, 98, aM LAG Bre AnwBl **83**, 38 (für die ersten 3 Monate der Kündigungsfrist), Schumann BB **83**, 505. Je Lohnabrechnung können 300 EUR angemessen sein, LAG Mainz JB **08**, 253.

Arbeitslosigkeit: Rn 50 „Psychische Lage".
Arbeitspapiere: Für die Ausfüllung und Herausgabe sind je Papier (jetzt ca) 250 EUR ansetzbar, LAG Drsd MDR **01**, 960, LAG Köln MDR **00**, 670, AG Köln DB **00**, 432. S auch Rn 57 „Zeugnis".
Arbeitsvertrag: Rn 55 „Vertragsart".
Arbeitszeit: Bei einer Willenserklärung zwecks Erhöhung der Arbeitszeit kommen 1–3 Monatslöhne infrage, LAG Köln JB **16**, 422. Der Streit über ihre Herabsetzung läßt sich mit zwei Monatsgehältern bewerten, LAG Bln JB **01**, 252, LAG Düss MDR **02**, 1777, oder mit einem einzigen, LAG Stgt NZA-RR **11**, 43, höchstens mit dreien, LAG Ffm MDR **02**, 891, großzügiger LAG Stgt JB **08**, 250 (höchstens immerhin 20 000 EUR). Den Streit um ihre Verlängerung muß man nach § 3 ZPO ähnlich wie im Änderungsschutzverfahren bewerten, LAG Bln MDR **04**, 967.
Aufhebungsvertrag: Der 3-Monats-Betrag gilt auch für einen die Kündigung des Arbeitgebers vermeidenden Aufhebungsvertrag, BAG DB **00**, 2436. 42
Auflösungsantrag: Der 3-Monats-Betrag gilt auch dann, wenn eine Partei einen Auflösungsantrag nach § 7 KSchG stellt, LAG Saarbr JB **75**, 800, aM LAG Bln DB **00**, 484 (zusätzlich ein Monatsbetrag), LAG Hamm DB **89**, 2032 (66,6% des Werts des Feststellungsantrags der Kündigungsschutzklage). Der Auflösungsantrag nach § 9 KSchG hat keinen besonderen Wert, LAG Chemnitz JB **06**, 33, LAG Nürnb NZA-RR **06**, 44.
Aufrechnung: Rn 50 „Rückstand".
Aushilfsentschädigung: Rn 57 „Zustimmungsersetzung".
Außerordentliche Kündigung: Bei derjenigen eines Betriebsratsmitglieds gilt der 3-Monats-Betrag, Rn 43 „Betriebsratsmitglied", LAG Düss NZA-RR **17**, 503. S auch Rn 54 „Unwirksamkeit der Kündigung".
Auszubildender: (Jetzt) III gilt auch im Ausbildungsverhältnis entsprechend, BAG BB **84**, 1943, LAG Ffm AnwBl **85**, 100, ArbG Siegen AnwBl **84**, 156.
Bedingung: Sie ist natürlich mitbeachtbar, LAG Köln JB **08**, 424.
Beschäftigungsanspruch: Er läßt sich mit einem 2-Monats-Betrag bewerten, LAG 43 Düss AnwBl **87**, 554, LAG Hamm MDR **87**, 85, evtl auch höher, LAG Stgt NZA-RR **16**, 662, aM LAG Hbg MDR **03**, 178, LAG Kiel JB **07**, 257 links unten (je: ein Monatslohn), LAG Mainz AnwBl **83**, 36 (Hälfte des Werts des Kündigungsschutzantrags).
S auch Rn 56 „Weiterbeschäftigung".
Beschäftigungsverbot: Ein nachvertragliches läßt sich mit einem Jahreseinkommen und im Eilverfahren weniger bewerten, LG Köln NZA-RR **05**, 547.
Bestandsschutz: Rn 45 „Fortbestand".
Betriebskredit: LAG Bre AnwBl **85**, 100.
Betriebsratsmitglied: Bei einer Ersetzung der Zustimmung zu seiner außerordentlichen Kündigung gilt der 3-Monats-Betrag, LAG Bre DB **85**, 396, LAG Mainz NZA-RR **04**, 373.
Betriebsrente: Bei ihrer Klärung in einem Vergleich ergibt sich keine Werterhöhung, LAG Köln NZA-RR **09**, 504.
Betriebsübergang: Es mag nur *ein* Streitgegenstand vorliegen, LAG Drsd JB **13**, 139. Zur Vordienstzeit LAG Mainz NZA-RR **08**, 206.
Bruttolohn: Rn 54 „Unbezifferter Bruttolohn".

GKG § 42

Darlehen: Rn 43 „Betriebskredit".
Drittschuldner: Zum Wert der Klage des Pfändungsgläubigers gegen den Drittschuldner nach § 840 ZPO LAG Hamm AnwBl **83**, 38, LAG Kiel JB **01**, 196.

44 **Eingruppierung:** Rn 39.
Einstellungsanspruch: Der Wert beträgt höchstens ein 3-Monats-Entgelt, LAG Bln MDR **06**, 1319.
Entlassungsentschädigung: Soweit der Arbeitnehmer neben einer Kündigungsschutzklage eine Entlassungsentschädigung verlangt, muß man die Streitwerte zusammenrechnen, LAG Bln MDR **00**, 527, LAG Hamm MDR **82**, 259.
Erfindervergütung: § 3 ZPO, § 48 Anh I, ist anwendbar auch beim unbezifferten Antrag, BGH MDR **12**, 875 (Untergrenze: beantragter Mindestbetrag).
Ersetzung der Zustimmung: Rn 75 „Zustimmungsersetzung".

45 **Feststellung:** I 1 ist anwendbar, BAG NZA **15**, 1471.
S auch „Fortbestand", Rn 51 „Schleppnetzantrag", Rn 52 „Soziale Ungerechtigkeit".
Firmenwagen: Bei seiner Rückgabepflicht in einem Vergleich ergibt sich kein Mehrwert, LAG Köln NZA-RR **09**, 504.
Folgekündigung: Sie mag gering bewertbar sein, LAG Ffm JB **05**, 312 (Monatslohn). Vgl aber bei mehreren Folgekündigungen LAG Nürnb JB **11**, 138.
Fortbestand: Bei einer Klage auf die Feststellung des Fortbestandes eines Arbeitsverhältnisses auf unbestimmte Dauer ist der 3-Monats-Betrag grds angemessen, LAG Mü AnwBl **81**, 456, LAG Stgt NZA-RR **14**, 152. Bei einer Fortbestands-Mitteilung für die Versicherung sind (jetzt ca) 250 EUR angemessen, LAG Köln AnwBl **01**, 634. Neben einem Antrag auf eine Feststellung, daß ein Arbeitsverhältnis durch eine bestimmte Kündigung nicht aufgelöst ist, ist ein allgemeiner Fortbestehensantrag nicht werterhöhend, LAG Nürnb MDR **04**, 718. Beim Vergleich ergibt sich kein Mehrwert, LAG Köln NZA-RR **09**, 504, aM LAG Hbg NZA-RR **16**, 663.
Freistellung: Bei einer Weiterzahlung des Lohns ist dieser maßgeblich, und zwar für den Freistellungszeitraum, LAG Bln MDR **03**, 896, LAG Kiel JB **07**, 257, LAG Mainz JB **08**, 478, aM LAG Bln MDR **02**, 59, LAG Hbg NZA-RR **04**, 657, LAG Hamm JB **08**, 147 (je: 1 Monatslohn auch bei längerer Freistellung), LAG Mainz JB **09**, 139 (10% des Bruttolohns im Freistellungszeitraum). Eine vergleichsweise Freistellung ohne einen vorherigen Streit zur Beschäftigung während der Kündigungsfrist ergibt wegen der letzteren Frage keine Werterhöhung, LAG Köln NZA-RR **09**, 504, LAG Nürnb MDR **04**, 779.
Gehalt: Rn 41 „Arbeitsentgelt".
Gratifikation: Rn 41 „Arbeitsentgelt".

46 **Herausgabe:** Rn 41 „Arbeitspapiere".
Hilfsantrag: § 45 IV ist auf den sog unechten Hilfsantrag unanwendbar, LAG Hamm BB **88**, 1754.
Konkurrenzschutz: Rn 56 „Wettbewerbsverbot".
Kündigungsmehrheit: Rn 49 „Mehrheit von Kündigungen".

47 **Kündigungsschutz:** S zunächst Rn 52 „Soziale Ungerechtigkeit". Maßgebend ist der wirtschaftliche Wert des Klageziels, LAG Mainz NZA-RR **12**, 155.
– **(Betriebserwerb):** S „Zweiter Prozeß".
– **(Dauer der Betriebszugehörigkeit):** Sie ist stets mitbeachtbar, LAG Mainz NZA-RR **10**, 265.
– **(Dauer: Bis 6 Monate):** Man kann ein einziges Monatsentgelt ansetzen, LAG Bln MDR **01**, 838, aber auch schon drei Monatsentgelte, LAG Ffm NZA-RR **14**, 384.
– **(Dauer: Bis 12 Monate):** Man kann zwei Monatsentgelte ansetzen, auch drei Entgelte, LAG Ffm JB **14**, 75.
– **(Dauer: Über 12 Monate):** Man kann drei Monatsentgelte ansetzen, LAG Köln AnwBl **02**, 185.
– **(Fehlen eines Kündigungsschutzes):** Bei § 23 I 2 KSchG kann ein Monatslohn reichen, LAG Kiel NZA-RR **06**, 157, LAG Saarbr NZA-RR **12**, 156.
– **(Folgekündigung):** Anh § 42 Nr 20.3; LAG Düss JB **17**, 530.
– **(Hilfsweise Kündigung):** Eine solche ordentliche erhöht den Streitwert nicht, LAG Drsd NZA-RR **13**, 492.

Abschnitt 7. Wertvorschriften § 42 GKG

- **(Leistung und Kündigungsschutz):** Die Ansprüche sind grds nur bei ihrer Selbständigkeit voneinander zusammenrechenbar, LAG Bre AnwBl **01**, 633, LAG Düss NZA-RR **17**, 503, aM LAG Mainz MDR **07**, 1046 (höherer Betrag).
- **(Ordentliche Kündigung):** Bei einer nachgeschobenen solchen wegen betrieblicher Gründe kann man den Zweitprozeß geringer bewerten, LAG Bre BB **97**, 479, LAG Hamm DB **86**, 1184, LAG Köln MDR **89**, 673, aM LAG Düss JB **12**, 365 (insgesamt nur einmal 3-Monats-Lohn).
- **(Umwandlung):** Rn 54.
- **(Vorfristige Kündigung):** Bei einer Beschränkung auf diese Frage ist nur dieser Zeitraum maßgebend, LAG Mainz MDR **07**, 1164.
- **(Vorläufige Weiterbeschäftigung):** Rn 56 „Weiterbeschäftigung".
- **(Weitere Feststellung):** Bei einer solchen im Erstprozeß nachgeschobenen mag keine Werterhöhung stattfinden, LAG Mainz NZA-RR **12**, 442, ArbG Dortm JB **03**, 255.
- **(Zweiter Prozeß):** Man muß einen solchen, der sich gegen den Betriebserwerber richtet, mit drei weiteren Monatsentgelten gesondert bewerten, aM LAG Mainz NZA-RR **05**, 386.

S auch „Ordentliche Kündigung".

Kündigungstermin: Der Gesamtbetrag der geforderten Leistungen errechnet sich für den Streitwert bei einem vor dem Ablauf von drei Jahren kündbaren Vertrag nach dem nächstzulässigen Kündigungstermin, LAG Stgt AnwBl **88**, 181, aM LAG Köln MDR **97**, 755 (auch dann 3-Jahres-Betrag).

Künftiger Lohn: Es gilt (jetzt) II 1, nicht I 1, BAG NZA **15**, 1471. Zum Problem LAG Hamm JB **02**, 312, Heimann JB **03**, 7, Vossen DB **86**, 326 (je: ausf zum alten Recht).

Leitungsfunktion: Bei der Klage auf eine Feststellung der Unwirksamkeit ihrer Entziehung können 2,5 Monatsgehälter als Wert angemessen sein, LAG Hamm DB **86**, 1932. 48

Lohn: Rn 41 „Arbeitsentgelt".

Mehrheit von Kündigungen, dazu *Zintl/Naumann* NZA-RR **14**, 1 (ausf): Bei 2 Kündigungen kann man die zweite mit 2 Monatsbeträgen bewerten, LAG Bln BB **87**, 479. Beim Zusammentreffen einer fristlosen und einer fristgerechten Kündigung kommt keine Werterhöhung in Betracht, LAG Bln MDR **03**, 1203, LAG Köln JB **91**, 64, LAG Stgt JB **91**, 212. Dasselbe gilt beim Hinzutreten einer Feststellung, LAG Köln NZA-RR **08**, 381. Wenn der Kläger mehrere zu unterschiedlichen Terminen in einem noch nahen Zusammenhang erklärte Kündigungen in demselben Verfahren angreift, bleibt es beim 3-Monats-Betrag, BAG JB **11**, 88, LAG Mainz MDR **07**, 1105, LAG Nürnb JB **08**, 252, aM VerfGH Bln JB **13**, 480, LAG Bln MDR **06**, 358 (je: Zusammentreffen der Einzelwerte abzüglich Überschneidungen), LAG Mainz NZA-RR **06**, 657 rechts. Ohne einen solchen nahen Zusammenhang rechnet man für die erste Kündigung mit drei Monatsgehältern, für jede weitere mit weiteren ihre Dauer betreffenden, LAG Mainz NZA-RR **11**, 435. Man kann auch für die spätere Beendigung die Zeitdifferenz zwischen den Beendigungstatbeständen ansetzen, LAG Köln NZA-RR **08**, 381 (etwas komplizierter). 49

Nebentätigkeit: Bei ihrer Zulassung in einem Vergleich ergibt sich kein Mehrwert, LAG Köln NZA-RR **09**, 504.

Personalakte: Rn 40 „Abmahnung".

Personalvertretung: Man kann 4000 EUR ansetzen, BVerwG JB **06**, 427.

Prozeßvergleich: Rn 55 „Vergleich".

Psychische Lage: Man darf und muß sie mitbeachten, etwa bei drohender Arbeitslosigkeit, Fischer NZA **04**, 1187. 50

Rechtswegbestimmung: Man kann bei §§ 17 ff GVG 30% der Hauptsache ansetzen, LAG Hamm JB **07**, 425.

Revision: Rn 41 „Arbeitsentgelt".

Rückstand: Man darf einen solchen aus der Zeit vor der Klagerhebung nach §§ 253, 261 ZPO nicht hinzurechnen, (jetzt) III 1 Hs 2, BAG BB **03**, 532 (zustm Brinkmann JB **03**, 306), LAG Köln NZA-RR **04**, 434. Das gilt unabhängig davon, wann die Rechtshängigkeit eingetreten ist, LAG Hamm AnwBl **81**, 504. Es gilt auch unabhängig von einer die Rückstände umfassenden Aufrechnung, LAG

Hamm BB **82**, 1860. Man darf auch nicht die Rückstände während des Prozesses hinzurechnen, LAG Bre MDR **88**, 609.
51 **Schadensersatz:** Rn 56 „Wiederkehrende Leistung".
Schleppnetzantrag: Soweit der Kläger beantragt festzustellen, daß das Arbeitsverhältnis „ungekündigt fortbestehe" (sog Schleppnetzantrag), gilt der 3-Monats-Betrag, LAG Köln MDR **99**, 101.
52 **Sonderprämie:** Rn 56 „Wiederkehrende Leistung".
Soziale Ungerechtigkeit: Der Wert einer Klage auf eine Feststellung nach § 4 KSchG sowie auf die Feststellung der Verpflichtung zur Weiterzahlung des Vertragslohns ist jeweils zunächst gesondert ansetzbar, LAG Stgt BB **86**, 262, aM LAG Bre MDR **89**, 765, LAG Mainz NZA-RR **06**, 657 links oben. Der Gesamtwert beträgt grds etwa 80% des 3-Monats-Lohns, LAG Hamm DB **83**, 1246.
S auch Rn 44 „Entlassungsentschädigung".
Sozialplan: Rn 40 „Abfindung".
53 **Tarif:** 3-Monats-Lohn, LAG Kiel JB **09**, 533.
Teilzeitarbeit: Die Regeln zur Änderungsschutzklage gelten entsprechend, LAG Köln JB **10**, 478. Die Klage auf eine Herabsetzung der Arbeitszeit läßt sich mit zwei Monatseinkommen bewerten, LAG Bln MDR **01**, 636, LAG Düss MDR **02**, 177. Man muß die Regeln zur Änderungsschutzklage oder -kündigung nach Rn 57 mitbeachten, LAG Köln NZA **05**, 1135. Bei einer Leistungs- und Befriedigungsverfügung unterbleibt im Eilverfahren ein Abschlag, LAG Nürnb NZA **04**, 103.
Titulierungsinteresse: Ein nicht nur bekräftigendes ist beachtbar, LAG Hamm NZA-RR **07**, 439 links.
Trennung: Zum Wert nach einer Trennung in mehrere Verfahren LAG Hamm MDR **83**, 874.
Trennungsentschädigung: Rn 55 „Vergleich".
Turboklausel: II 2 erfaßt sie mit, LAG Düss JB **16**, 638.
54 **Umwandlung:** Bei der Umwandlung einer fristlosen in eine ordentliche, vier Monate später wirksame Kündigung kann man die Kündigungsschutzklage mit 2 Monatsbeträgen bewerten, LAG Hamm MDR **86**, 787.
Unbezifferter Bruttolohn: Der Antrag auf die Zahlung eines nicht bezifferten Bruttolohns „gemäß BAT II (bestehend aus Grundvergütung, Ortszuschlag, Zulage)" für vier kalendermäßig bestimmte Monate liegt unter dem 4-Monats-Betrag, LAG Hamm DB **81**, 2548.
Unechter Hilfsantrag: Rn 46 „Hilfsantrag".
Unterstützungskasse: (Jetzt) III gilt auch beim Streit zwischen dem Arbeitnehmer und einer solchen Kasse, LAG Stgt DB **81**, 945.
Unwirksamkeit der Kündigung: Wenn der Kläger nur die Feststellung der Unwirksamkeit einer Kündigung als einer außerordentlichen begehrt, ist nur der Zeitraum von ihrem angeblichen Wirksamwerden bis zum Ablauf der ordentlichen Kündigungsfrist maßgeblich, die infolge einer Umdeutung begonnen haben kann, BAG DB **80**, 312.
Urlaubsgeld: Rn 41 „Arbeitsentgelt".
55 **Vergleich:** Soweit die Parteien in ihn die bisher noch nicht rechtshängigen, aber streitigen Gehaltsbezüge einbezogen haben, ändern eine höhere Abfindung oder eine Trennungsentschädigung den Wert nicht, aM LAG Hamm AnwBl **84**, 157. Es kommt aber darauf an, ob die Parteien auch weitere Abwicklungspflichten regeln, etwa die Erstellung der Arbeitspapiere oder eines Zeugnisses, LAG Köln MDR **02**, 1441. Eine Befristung wirkt nicht werterhöhend, Köln FamRZ **10**, 754.
Vergütungsdifferenz: Beim Streit um solche Differenzen aus vier Jahren ist (jetzt) II 2 entsprechend anwendbar (Differenz aus drei Jahren), LAG Hamm BB **86**, 2132, LAG Mainz NZA **08**, 660 links und rechts.
Versetzung mit Lohnänderung: Sie läßt sich mit der dreifachen Jahresdifferenz bewerten, Enders JB **03**, 461.
Versetzung ohne Lohnänderung: Sie kann (jetzt ca) 250 EUR wert sein, LAG Mü AnwBl **88**, 486. Sie kann aber auch den 3-Monats-Betrag erreichen, wenn die Folgen weitreichend sind, LAG Bre AnwBl **89**, 168.
Vertragsart: Der 3-Monats-Betrag kommt auch dann in Betracht, wenn der Streit darum geht, ob überhaupt gerade ein Arbeitsvertrag vorliegt.

Verweisung: Bei solcher an das ordentliche Gericht und überhaupt vor dem letzteren gilt § 3 ZPO oder (jetzt) § 42, LAG Bln MDR **01**, 636, LAG Düss JB **02**, 144, Mümmler JB **79**, 173.
Weihnachtsgeld: Rn 41 „Arbeitsentgelt". 56
Weisung: Beim Streit um eine Weisung des Arbeitgebers kommt ein Monatslohn als Wert in Betracht, LAG Drsd DB **99**, 1508.
Weiterbeschäftigung: Es erfolgt dann keine Zusammenrechnung, wenn neben einem Feststellungsantrag nach § 256 ZPO ein Weiterbeschäftigungsantrag vorliegt, BAG NZA **14**, 1359, LAG Chemnitz JB **96**, 147. Der Anspruch auf sie hat einen eigenen Wert. Dieser kann auf einen Monatslohn lauten, LAG Ffm NZA-RR **13**, 661, LAG Köln NZA-RR **08**, 381, LAG Stgt NZA-RR **10**, 376, aM LAG Mainz AnwBl **83**, 36 (Hälfte des Werts des Kündigungsschutzantrags), oder auf einen 2-Monats-Betrag, LAG Düss AnwBl **87**, 554, LAG Köln NZA-RR **06**, 434 links, oder auf einen 3-Monats-Betrag, LAG Köln MDR **02**, 1441, bis auf mehr als den 3-Monats-Betrag hinaus, LAG Nürnb JB **00**, 82. Hat der Kläger seinen Antrag auf eine Weiterbeschäftigung nur für den Fall des Scheiterns des Gütegesprächs angekündigt, findet keine Werterhöhung statt, LAG Bln JB **01**, 253. Ein nachträgliches Beschäftigungsverbot läßt sich mit einem Jahreseinkommen und im Eilverfahren mit weniger bewerten, LAG Köln NZA-RR **05**, 547. Weiterbeschäftigung nebst Auflösungsvereinbarung führen zu einer Werterhöhung, LAG Köln NZA-RR **10**, 433 (3-Monats-Verdienst).
S auch Rn 43 „Beschäftigungsanspruch".
Wettbewerbsverbot: Wegen eines nachvertraglichen derartigen Verbots LAG Hamm AnwBl **84**, 156.
Wiederaufleben: Bei der Kündigung des nach dem Ende einer Organstellung wiederaufgelebten Arbeitsverhältnisses ist das letzte Gehalt maßgeblich, Haasler NZA-RR **12**, 562.
Wiedereinstellung: Sie ist mit einem weiteren Monatslohn gesondert bewertbar, ArbG Regensb JB **01**, 310. Zum Problem Heimann JB **01**, 287.
Wiederkehrende Leistung: In einem Rechtsstreit über sie ist grds der 3-Jahres-Betrag maßgeblich, II 1. Das gilt auch bei einer jährlich wiederkehrenden Sonderprämie, LAG Bre AnwBl **84**, 165, oder bei einer einmaligen Auszahlung einer Schadenersatzsumme für viele Jahre im voraus, LAG Hamm BB **90**, 2196. Bei einer Kapitalabfindung ist der Betrag maßgebend, Deller VersR **13**, 439.
Zeitwertkonto: II gilt entsprechend, LAG Nürnb NZA-RR **14**, 262.
Zeugnis: Zum Wert des Zeugnisses oder Zwischenzeugnisses § 48 Anh I: § 3 ZPO 57 Rn 142 „Zeugnis".
Zwischenzeugnis: S „Zeugnis".
Zustimmungsersetzung: Man muß den Wert eines Beschlußverfahrens nach §§ 99 IV, 103 II BetrVG in einer Anlehnung an (jetzt) II 1 schätzen, LAG Hamm MDR **89**, 571, LAG Köln DB **99**, 1072 (3 Monate abzüglich 20%), aM LAG Kiel NZA-RR **07**, 541 (2 Monate), LAG Köln JB **98**, 420, LAG Mainz BB **01**, 528 (je: [jetzt] § 23 III RVG). Er beträgt daher zB 1,5 Monatsentgelte, wenn es um eine dreimonatige Aushilfsentschädigung geht, LAG Hamm DB **87**, 1847.

7) Rückstand, III. Man muß ihn zusätzlich bewerten. 58
A. Grundsatz: Hinzurechnung. Die Vorschrift stellt klar, daß es nur auf die sachlichrechtliche Fälligkeit bei der Einreichung der Klage und evtl schon des Prozeßkostenhilfegesuchs ankommt, Rn 60. Der Rückstand kann den nach I, II errechneten Wert übersteigen, Ffm JB **05**, 97 (zu § 767 ZPO).

B. Zeitpunkt: Einreichung. Entscheidender Zeitpunkt ist die Einreichung, Hbg 59 FamRZ **03**, 1198, Karlsr JB **11**, 530, Naumb FamRZ **07**, 2086, also die Anhängigkeit, BLAH § 261 ZPO Rn 1, Karlsr JB **11**, 530, Saarbr FamRZ **09**, 1172, nicht erst die Rechtshängigkeit nach § 261 ZPO und nicht der erst anschließende Verfahrenszeitraum, Nürnb JB **08**, 33. Das gilt auch bei einer Abänderungsklage nach § 323 ZPO, Köln FamRZ **01**, 1386 und bei einer Vollstreckungsabwehrklage nach § 767 ZPO, Köln FamRZ **01**, 1386.

In der Praxis entscheidet also der erste Eingangsstempel des Gerichts, also seiner Posteinlaufstelle, nicht etwa der zuständigen Geschäftsstelle. Falls er fehlt oder falsch ist, kommt es auf den sonst nachweisbaren Tag des Eingangs bei der Posteinlaufstelle oder den sonstigen ersten Eingang beim Gericht an. Da der Schuldner den laufenden Betrag meist im voraus zahlen muß, zählt der Einreichungsmonat voll zum Rückstand, (zum alten Recht) Brdb FamRZ **07**, 2000, Karlsr JB **11**, 530, Meyer JB **01**, 580.

60   C. **Beispiele zur Frage einer Anwendbarkeit, III,** dazu *Mayer/Mayer* JB **93**, 454 (Üb): Man muß stets auf alle Umstände abstellen, Saarbr FamRZ **09**, 1172.

Arbeitssache: OVG Münst AnwBl **83**, 281 schränkt (jetzt) III erheblich ein und läßt Rückstände während eines erforderlichen Antrags- oder Widerspruchsverfahrens unberücksichtigt. Das überzeugt gerade bei einem ja meist notwendigen derartigen Verfahren keineswegs, Lappe NJW **04**, 2411.

Arrest, einstweilige Verfügung: Anwendbar ist III auch in einem solchen Eilverfahren nach §§ 916 ff, 935 ff ZPO. Man muß die dort bis zum Übergang in das Hauptsacheverfahren entstandenen Beträge als Rückstände beurteilen.

Auslandsurteil: Anwendbar sein kann III auch bei einem ausländischen Urteil. Bei seiner Anerkennung nach § 328 ZPO usw ist dessen Tenor maßgebend, Drsd FamRZ **06**, 564. Man darf einen Rückstand aus der Zeit nach dem Erlaß des Titels nicht hinzurechnen, BGH FamRZ **09**, 222.

Feststellung: Anwendbar ist (jetzt) III auch neben einer verneinenden Feststellungsklage nach § 256 ZPO, Hamm JB **88**, 778, Köln FamRZ **01**, 1386, aM Karlsr FamRZ **97**, 39 (aber III gilt allgemein).

Klagerhöhung: *Unanwendbar* ist III bei einer Klagerhöhung nach §§ 263, 264 ZPO. Denn durch sie entsteht kein Rückstand, BGH JB **75**, 326, Brdb MDR **03**, 335, Nürnb JB **08**, 33, aM Karlsr FamRZ **86**, 195, Köln FamRZ **04**, 1226, Schneider MDR **91**, 198 (Rückwirkung sogar beim Vergleich. Aber eine Klagerhöhung ist ein prozessualer Vorgang, wenn auch natürlich wegen einer weiteren sachlichrechtlichen Forderung).

61   **Parteiwechsel:** *Unanwendbar* ist III bei einem Parteiwechsel. Man muß ihn ja wie eine Klagänderung beurteilen, BLAH § 263 ZPO Rn 5 ff. S daher Rn 61 „Klagänderung", im übrigen Karlsr RR **99**, 582.

Prozeßkostenhilfe: Anwendbar ist III auch im Verfahren nach §§ 114 ff ZPO. Ein Prozeßkostenhilfeantrag nach § 117 ZPO kann einer Klageinreichung gleichstehen, Bbg FamRZ **01**, 779, Brdb MDR **07**, 1262 (Ausnahme: Bedingte Klage), Karlsr JB **11**, 530 (keine solche Ausnahme). Das gilt nach IV 2, 3 freilich nur dann, wenn die Klage alsbald nach der Mitteilung über den Prozeßkostenhilfeantrag oder über eine alsbald eingelegte sofortige Beschwerde eingehen. „Alsbald" ist dasselbe wie zB bei § 696 III ZPO, BLAH dort Rn 14, oder wie „demnächst" nach § 167 ZPO, BLAH dort Rn 15 ff. Es darf also keine schuldhafte Verzögerung eingetreten sein. Vgl §§ 286, 287 BGB (Verzug).

Stufenklage: Anwendbar ist III auch bei einer Stufenklage nach § 254 ZPO. Dann wird auch der zunächst noch nicht bezifferbare Zahlungsanspruch bereits mit der Klageinreichung anhängig, BGH RR **95**, 513, Brdb FamRZ **07**, 55, Saarbr FamRZ **09**, 1172.

Vergleich: Rn 61 „Klagerhöhung".

Verzicht: Anwendbar ist III auch bei einem Anspruchsverzicht. Man kann ihn mit 12 Monatsbeträgen ansetzen, Düss JB **90**, 52, aber auch mit einem höheren Wert, Drsd FamRZ **99**, 1290, Naumb FamRZ **01**, 433 (18 Monatsbeträge).

Wirtschaftliche Bedeutung: III kann sich beim Gebot ihrer Berücksichtigung auswirken, BAG NZA-RR **17**, 271.

Zwischen Instanzen: *Unanwendbar* ist IV auf denjenigen Betrag, der zwischen dem Abschluß der Erstinstanz und der Einlegung der Berufung aufgelaufen ist, § 48 Anh I: § 4 ZPO Rn 8.

Anhang nach § 42
Streitwertkatalog für die Arbeitsgerichtsbarkeit

Beschlossen im Mai 2013 und in überarbeiteter Fassung zuletzt am 5. 4. 16 von der Streitwertkommission der Präsidenten des LAG, NZA **16**, 926, dazu *Jörchel* (dort – Einf), *Schäder/Weber*, Praxiskommentar zum Streitwertkatalog Arbeitsrecht, 2016;

Er bindet zwar das Gericht nicht, sollte aber auch dort Beachtung finden, LAG Hbg NZA-RR **16**, 614, LAG Köln JB **16**, 357, LAG Nürnb NZA-RR **13**, 549.

Streitwertkatalog für die Arbeitsgerichtsbarkeit
überarbeitete Fassung 5. 4. 2016

Vorbemerkung

Auf der Basis der ersten Fassung eines einheitlichen Streitwertkatalogs für die Arbeitsgerichtsbarkeit aus dem Jahre 2013 hat die Streitwertkommission unter Auswertung der Stellungnahmen und Vorschläge aus der Anwaltschaft, von Seiten der Gewerkschaften und der Arbeitgeberverbände, von Seiten der Versicherungswirtschaft und aus der Richterschaft eine mehrfach überarbeitete Fassung des Streitwertkatalogs erstellt. Auch künftig soll der Streitwertkatalog weiter entwickelt werden.

Der Streitwertkatalog kann selbstverständlich nur praktisch wichtige Fallkonstellationen aufgreifen, ebenso selbstverständlich sind die darin enthaltenen Bewertungsvorschläge zugeschnitten auf die entsprechenden typischen Fallkonstellationen.

Trotz dieser Einschränkungen versteht sich der Streitwertkatalog als Angebot auf dem Weg zu einer möglichst einheitlichen Wertrechtsprechung in Deutschland, im Interesse der Rechtssicherheit und Rechtsklarheit für alle Beteiligten. Er beansprucht jedoch keine Verbindlichkeit.

I. Urteilsverfahren

Nr.	Gegenstand
1.	**Abfindung und Auflösungsantrag, tarifliche Abfindung, Sozialplanabfindung, Nachteilsausgleich**
	Wird im Kündigungsrechtsstreit eine gerichtliche Auflösung des Arbeitsverhältnisses beantragt (§§ 9, 10 KSchG; § 13 I 3–5, II KSchG; § 14 II 2 KSchG), führt dies nicht zu einer Werterhöhung.
	Wird in der Rechtsmittelinstanz isoliert über die Auflösung gestritten, gilt § 42 II 1 GKG; wird isoliert über die Abfindungshöhe gestritten, ist maßgebend der streitige Differenzbetrag, höchstens jedoch das Vierteljahresentgelt.
	Eine im Vergleich vereinbarte Abfindung in entsprechender Anwendung der §§ 9, 10 KSchG ist nicht streitwerterhöhend; Vereinbarungen über andere Abfindungen oder einen Nachteilsausgleich im Vergleich können hingegen zu einer Werterhöhung führen.
	Wird hingegen über eine Sozialplanabfindung, über eine tarifliche Abfindung oder über einen Fall des Nachteilsausgleichs nach § 113 I BetrVG gestritten, richtet sich der Wert nach dem streitigen Betrag. Ggf. ist das zum Hilfsantrag (siehe I. Nr. 18) Ausgeführte zu beachten.
2.	**Abmahnung**
2.1	Der Streit über eine Abmahnung wird – unabhängig von der Anzahl und der Art der darin enthaltenen Vorwürfe und unabhängig von dem Ziel der Klage (Entfernung, vollständige Entfernung, ersatzlose Entfernung, Zurücknahme/Widerruf, Feststellung der Unwirksamkeit) – mit 1 Monatsvergütung bewertet.
2.2	Mehrere in einem Verfahren angegriffene Abmahnungen werden mit maximal dem Vierteljahresentgelt bewertet.
3.	**Abrechnung**
	Reine Abrechnung nach § 108 GewO, gegebenenfalls auch kumulativ mit einer Vergütungsklage: 5 % der Vergütung für den geltend gemachten Abrechnungszeitraum.
4.	**Änderungskündigung** – bei Annahme unter Vorbehalt – und sonstiger **Streit über den Inhalt des Arbeitsverhältnisses:**
4.1	1 Monatsvergütung bis zu einem Vierteljahresentgelt je nach dem Grad der Vertragsänderung.
4.2	Bei Änderungskündigungen mit Vergütungsänderung oder sonstigen messbaren wirtschaftlichen Nachteilen: 3-fache Jahresdifferenz, mindestens 1 Monatsvergütung, höchstens die Vergütung für ein Vierteljahr.

GKG Anh § 42 I. A. Gerichtskostengesetz

Nr.	Gegenstand

5. Altersteilzeitbegehren
Bewertung entsprechend I. Nr. 4.

6. Annahmeverzug
Wird in einer Bestandsstreitigkeit im Wege der Klagehäufung Annahmeverzugsvergütung geltend gemacht, bei der die Vergütung vom streitigen Fortbestand des Arbeitsverhältnisses abhängt, so besteht nach dem Beendigungszeitpunkt eine wirtschaftliche Identität zwischen Bestandsstreit und Annahmeverzug. Nach § 45 I 3 GKG findet keine Wertaddition statt. Der höhere Wert ist maßgeblich.

7. Arbeitspapiere
7.1 Handelt es sich hierbei nur um reine Bescheinigungen z. B. hinsichtlich sozialversicherungsrechtlicher Vorgänge, Urlaub oder Lohnsteuer: pro Arbeitspapier 10% einer Monatsvergütung.
7.2 Nachweis nach dem Nachweisgesetz: 10% einer Monatsvergütung.

8. Arbeitszeitveränderung
Bewertung entsprechend I. Nr. 4.

9. Auflösungsantrag nach dem KSchG
Dazu wird auf I. Nr. 1 verwiesen.

10. Auskunft/Rechnungslegung/Stufenklage
(für leistungsabhängige Vergütung z. B. Provision oder Bonus):
10.1 **Auskunft (isoliert):** von 10% bis 50% der zu erwartenden Vergütung, je nach Bedeutung der Auskunft für die klagende Partei im Hinblick auf die Durchsetzung des Zahlungsanspruchs.
10.2 **Eidesstattliche Versicherung (isoliert):** 10% der Vergütung.
10.3 **Zahlung:** Nennbetrag (ggf. nach der geänderten Erwartung der klagenden Partei, unter Berücksichtigung von § 44 GKG).

11. Befristung, sonstige Beendigungstatbestände
Für den Streit über die Wirksamkeit einer Befristungsabrede, einer auflösenden Bedingung, einer Anfechtung des Arbeitsvertrags, einer Eigenkündigung und eines Auflösungs- oder Aufhebungsvertrags gelten die Bewertungsgrundsätze der I. Nr. 19 und 20 sowie der Nr. 17.

12. Beschäftigungsanspruch
1 Monatsvergütung.

13. Betriebsübergang
Bestandsschutzklage gegen Veräußerer und Feststellungs- bzw. Bestandsschutzklage gegen Erwerber: allein Bewertung der Beendigungstatbestände nach I. Nr. 11, 19 und 20, keine Erhöhung nur wegen subjektiver Klagehäufung (also z.B. bei Klage gegen eine Kündigung des Veräußerers und Feststellungsklage gegen Erwerber im selben Verfahren: Vergütung für ein Vierteljahr).
Bestandsschutzklage gegen Veräußerer und Beschäftigungsklage/Weiterbeschäftigungsklage gegen Erwerber: Bewertung nach I. Nr. 11, 12, 19 und 20, keine Erhöhung allein wegen subjektiver Klagehäufung (also z.B. bei Klage gegen eine Kündigung des Veräußerers und Beschäftigungsklage gegen Erwerber im selben Verfahren): 4 Monatsvergütungen.
Alleiniger Streit in Rechtsmittelinstanz über Bestand Arbeitsverhältnis mit Betriebserwerber: Vergütung für ein Vierteljahr.

14. Direktionsrecht – Versetzung
Von in der Regel 1 Monatsvergütung bis zu einem Vierteljahresentgelt, abhängig vom Grad der Belastungen aus der Änderung der Arbeitsbedingungen für die klagende Partei.

15. Einstellungsanspruch/Wiedereinstellungsanspruch
Die Vergütung für ein Vierteljahr; ggf. unter Berücksichtigung von I. Nr. 18.

Abschnitt 7. Wertvorschriften **Anh § 42 GKG**

Nr.	Gegenstand

16. Einstweilige Verfügung
16.1 Bei Vorwegnahme der Hauptsache: 100% des allgemeinen Werts.
16.2 Einstweilige Regelung: Je nach Einzelfall, i.d.R. 50% des Hauptsachestreitwerts.

17. Feststellungsantrag, allgemeiner (Schleppnetzantrag):
17.1 Allgemeiner Feststellungsantrag isoliert: höchstens Vergütung für ein Vierteljahr.
17.2 Allgemeiner Feststellungsantrag neben punktuellen Bestandsschutzanträgen (Schleppnetzantrag): keine zusätzliche Bewertung (arg. § 42 II 1 GKG).

18. Hilfsantrag
Auch uneigentlicher/unechter Hilfsantrag: Es gilt § 45 I 2 und 3 GKG.

19. Kündigung (eine)
Die Vergütung für ein Vierteljahr, es sei denn unter Auslegung des Klageantrags und der Klagebegründung ist nur ein Fortbestand des Arbeitsverhältnisses von unter 3 Monaten im Streit (dann entsprechend geringerer Wert).

20. Kündigungen (mehrere):
20.1 Außerordentliche Kündigung, die hilfsweise als ordentliche erklärt wird (einschließlich Umdeutung nach § 140 BGB): höchstens die Vergütung für ein Vierteljahr, unabhängig davon, ob sie in einem oder in mehreren Schreiben erklärt werden.
20.2 Mehrere Kündigungen ohne Veränderung des Beendigungszeitpunktes: keine Erhöhung.
20.3 Folgekündigungen mit Veränderung des Beendigungszeitpunktes: Für jede Folgekündigung die Entgeltdifferenz zwischen den verschiedenen Beendigungszeitpunkten, maximal jedoch die Vergütung für ein Vierteljahr für jede Folgekündigung. Die erste Kündigung – bewertet nach den Grundsätzen der I. Nr. 19 – ist stets die mit dem frühesten Beendigungszeitpunkt, auch wenn sie später ausgesprochen und später angegriffen wird.
Die Grundsätze des Absatzes 1 gelten jeweils für die betreffende Instanz. Fallen Klagen gegen einzelne Kündigungen im Laufe des Verfahrens in einer Instanz weg, gelten die Grundsätze des ersten Absatzes ab diesem Zeitpunkt für die in dieser Instanz verbleibenden Kündigungen.

21. Rechnungslegung: siehe Auskunft (I. Nr. 10.)

22. Vergleichsmehrwert
22.1 Ein Vergleichsmehrwert fällt nur an, wenn durch den Vergleichsabschluss ein weiterer Rechtsstreit und/oder außergerichtlicher Streit erledigt und/oder die Ungewissheit über ein Rechtsverhältnis beseitigt werden. Der Wert des Vergleichs erhöht sich nicht um den Wert dessen, was die Parteien durch den Vergleich erlangen oder wozu sie sich verpflichten.
Beispiele:
22.1.1 Die Veränderung des Beendigungszeitpunkts führt (auch bei Verknüpfung mit einer Erhöhung des Abfindungsbetrages – Turbo- oder Sprinterklausel) nicht zu einem Vergleichsmehrwert.
22.1.2 Wird im Rahmen eines Abmahnungsrechtsstreits oder des Streits über eine Versetzung die Beendigung des Arbeitsverhältnisses vereinbart, ist dies zusätzlich nach I. Nr. 19 zu bewerten.
22.1.3 Typischer Weise wird das Merkmal der „Ungewissheit" insbesondere bei Vereinbarung eines Arbeitszeugnisses mit inhaltlichen Festlegungen zum Leistungs- und Führungsverhalten in einem Rechtsstreit über eine auf Verhaltens- oder Leistungsmängel gestützte Kündigung gegeben sein; dies ist zusätzlich nach I. Nr. 25 zu bewerten.
22.1.4 Nur wenn eine Partei sich eines Anspruchs auf oder eines Rechts zur Freistellung berühmt hat, wird die Freistellungsvereinbarung mit bis zu

GKG Anh § 42   I. A. Gerichtskostengesetz

Nr.	Gegenstand
	1 Monatsvergütung (unter Anrechnung des Werts einer Beschäftigungs- oder Weiterbeschäftigungsklage) bewertet. Die Freistellung wird nur zukunftsbezogen ab dem Zeitpunkt des Vergleichsabschlusses berücksichtigt, etwaige Zeiten einer Freistellung zuvor spielen keine Rolle.
22.1.5	Ausgleichsklauseln erhöhen den Vergleichswert nur, wenn durch sie ein streitiger oder ungewisser Anspruch erledigt wird.
22.2	Ist ein Anspruch unstreitig und gewiss, aber seine Durchsetzung ungewiss, wird das Titulierungsinteresse mit 20% des Wertes des Anspruches bewertet.
23.	**Weiterbeschäftigungsantrag incl. Anspruch nach § 102 V BetrVG** 1 Monatsvergütung.
24.	**Wiedereinstellungsanspruch:** siehe Einstellungsanspruch (I. Nr. 15).
25.	**Zeugnis**
25.1	Erteilung oder Berichtigung eines einfachen Zeugnisses: 10% einer Monatsvergütung.
25.2	Erteilung oder Berichtigung eines qualifizierten Zeugnisses: 1 Monatsvergütung, und zwar unabhängig von Art und Inhalt eines Berichtigungsverlangens, auch bei kurzem Arbeitsverhältnis.
25.3	Zwischenzeugnis: Bewertung wie I. Nr. 25.2. Wird ein Zwischen- und ein Endzeugnis (kumulativ oder hilfsweise) im Verfahren verlangt: Insgesamt 1 Monatsvergütung.

II. Beschlussverfahren

Nr.	Verfahrensgegenstand
1.	**Betriebsänderung/Personalabbau**
1.1	Realisierung des Verhandlungsanspruchs: Ausgehend vom Hilfswert nach § 23 III 2 RVG wird gegebenenfalls unter Berücksichtigung der Umstände des Einzelfalles, z. B. Inhalt und Bedeutung der Regelungsfrage, eine Erhöhung bzw. ein Abschlag vorgenommen.
1.2	Unterlassung der Durchführung einer Betriebsänderung: Ausgehend vom Hilfswert erfolgt eine Erhöhung nach der Staffelung von II. Nr. 13.7.
2.	**Betriebsratswahl**
2.1	Bestellung des Wahlvorstands: Ausgehend vom Hilfswert des § 23 III 2 RVG kann abhängig vom Gegenstand des Mitbestimmungsrechts und der Bedeutung des Einzelfalls sowie des Aufwands eine Herauf- oder Herabsetzung erfolgen; bei zusätzlichem Streit über die Größe des Wahlvorstandes bzw. Einzelpersonen: Erhöhung jeweils um $^1/_2$ Hilfswert nach § 23 III 2 RVG.
2.2	Maßnahmen innerhalb des Wahlverfahrens (incl. einstweilige Verfügungen) z. B.: Abbruch der Wahl: $^1/_2$ Wert der Wahlanfechtung (siehe II. Nr. 2.3). Zurverfügungstellung von Unterlagen (auch Herausgabe der Wählerlisten): $^1/_2$ Hilfswert von § 23 III 2 RVG.
2.3	Wahlanfechtung (incl. Prüfung der Nichtigkeit der Wahl): ausgehend vom doppelten Hilfswert nach § 23 III 2 RVG, Steigerung nach der Staffel gemäß § 9 BetrVG mit jeweils $^1/_2$ Hilfswert.
3.	**Bertriebsvereinbarung** Ausgehend vom Hilfswert nach § 23 III 2 RVG wird gegebenenfalls unter Berücksichtigung der Umstände des Einzelfalles, z. B. Inhalt und Bedeutung der Regelungsfrage, eine Erhöhung bzw. ein Abschlag vorgenommen.
4.	**Einigungsstelle, Einsetzung nach § 100 ArbGG** bei Streit um:
4.1	Offensichtliche Unzuständigkeit: Höchstens Hilfswert nach § 23 III 2 RVG.
4.2	Person des Vorsitzenden: Grundsätzlich $^1/_4$ Hilfswert nach § 23 III 2 RVG.

Nr.	Verfahrensgegenstand

4.3 Anzahl der Beisitzer: Grundsätzlich insgesamt ¼ Hilfswert nach § 23 III 2 RVG.

5. **Einigungsstelle, Anfechtung des Spruchs**
Ausgehend vom Hilfswert nach § 23 III 2 RVG wird gegebenenfalls unter Berücksichtigung der Umstände des Einzelfalls, z. B. Inhalt und Bedeutung der Regelungsfrage, eine Erhöhung bzw. ein Abschlag vorgenommen.

6. **Einigungsstelle, Anfechtung des Spruchs über Sozialplan**
6.1 Macht der Arbeitgeber eine Überdotierung geltend, dann entspricht der Wert des Verfahrens der vollen Differenz zwischen dem festgesetzten Volumen und der von ihm als angemessen erachteten Dotierung.
6.2 Beruft sich der anfechtende Betriebsrat nur auf eine Unterdotierung, dann finden die Grundsätze von § 23 III 2 RVG Anwendung.

7. **Einstweilige Verfügung**
7.1 Bei Vorwegnahme der Hauptsache: 100 % des allgemeinen Werts.
7.2 Einstweilige Regelung: Je nach Einzelfall, i. d. R. 50 % des Hauptsachestreitwerts.

8. **Freistellung eines Betriebsratsmitglieds**
8.1 Freistellung von der Arbeitspflicht im Einzelfall (§ 37 II und III BetrVG): Bewertung nach § 23 III 2 RVG, abhängig von Anlass und Dauer der Freistellung kann eine Herauf- oder Herabsetzung des Wertes erfolgen.
8.2 Zusätzliche Freistellung (§ 38 BetrVG):
Ausgehend vom doppelten Hilfswert des § 23 III 2 RVG kann abhängig von der Bedeutung des Einzelfalls sowie des Aufwands eine Herauf- oder Herabsetzung erfolgen.

9. **Informations- und Beratungsansprüche**
9.1 Ausgehend vom Hilfswert des § 23 III 2 RVG kann abhängig vom Gegenstand des Mitbestimmungsrechts und der Bedeutung des Einzelfalls sowie des Aufwands eine Herauf- oder Herabsetzung des Wertes erfolgen.
9.2 Sachverständige/Auskunftsperson:
Nichtvermögensrechtliche Streitigkeit: Es ist vom Hilfswert nach § 23 III 2 RVG auszugehen, einzelfallabhängig kann eine Herauf- oder Herabsetzung erfolgen.

10. **Mitbestimmung in sozialen Angelegenheiten**
Streit über das Bestehen eines Mitbestimmungsrechts:
Ausgehend vom Hilfswert des § 23 III 2 RVG kann abhängig vom Gegenstand des Mitbestimmungsrechts und der Bedeutung des Einzelfalls (organisatorische und wirtschaftliche Auswirkungen, Anzahl der betroffenen Arbeitnehmer u. a.) eine Herauf- oder Herabsetzung des Wertes ohne Staffelung erfolgen.

11. **Mitbestimmung in wirtschaftlichen Angelegenheiten:**
Siehe II. Nr. 1.

12. **Nichtigkeit einer Betriebsratswahl**
Siehe Betriebsratswahl (II. Nr. 2.3).

13. **Personelle Einzelmaßnahmen nach §§ 99, 100, 101 BetrVG**
13.1 **Grundsätzliches:** Es handelt sich um nichtvermögensrechtliche Angelegenheiten; entscheidend sind die Aspekte des Einzelfalles, z. B. die Dauer und Bedeutung der Maßnahme und die wirtschaftlichen Auswirkungen, die zur Erhöhung oder Verminderung des Wertes führen können.
13.2 **Einstellung:**
Als Anhaltspunkte für die Bewertung können dienen:
13.2.1 der Hilfswert von § 23 III 2 RVG **oder**
13.2.2 die Regelung von § 42 II 1 GKG, wobei eine Orientierung am 2-fachen Monatsverdienst des Arbeitnehmers sachgerecht erscheint.

GKG Anh § 42

Nr.	Verfahrensgegenstand

13.3 **Eingruppierung/Umgruppierung:**
Die Grundsätze zu II. Nr. 13.1 und 13.2 gelten unter Berücksichtigung des Einzelfalles auch bei diesem Mitbestimmungsrecht, wobei bei der Wertung gemäß II. Nr. 13.2.2 die Orientierung an § 42 II 2 GKG vorzunehmen ist. Bei der 36-fachen Monatsdifferenz erfolgt ein Abschlag i. H. v. 25 % wegen der nur beschränkten Rechtskraftwirkung des Beschlussverfahrens für den fraglichen Arbeitnehmer.

13.4 **Versetzung**
Je nach Bedeutung der Maßnahme Hilfswert (bei Vorgehensweise nach II. Nr. 13.2.1) oder Bruchteil davon **bzw.** (bei Vorgehensweise nach II Nr. 13.2.2) 1 bis 2 Monatsgehälter, angelehnt an die für eine Versetzung im Urteilsverfahren genannten Grundsätze.

13.5 Das Verfahren nach **§ 100 BetrVG** wird mit dem $^1/_2$ Wert des Verfahrens nach § 99 IV BetrVG bewertet.

13.6 Das Verfahren nach **§ 101 BetrVG** wird als eigenständiges Verfahren wie das Verfahren nach § 99 IV BetrVG bzw. nach § 100 BetrVG bewertet.
Als kumulativer Antrag in einem Verfahren mit $^1/_2$ Wert des Verfahrens nach § 99 IV bzw. § 100 BetrVG.

13.7 Bei **Massenverfahren** (objektive Antragshäufung) mit wesentlich gleichem Sachverhalt, insbesondere bei einer einheitlichen unternehmerischen Maßnahme und
parallelen Zustimmungsverweigerungsgründen und/oder vergleichbaren Eingruppierungsmerkmalen, erfolgt – ausgehend von vorgenannten Grundsätzen – ein linearer Anstieg des Gesamtwertes, wobei als Anhaltspunkt folgende Staffelung für eine Erhöhung angewendet wird:
– beim 2. bis einschließlich 20. parallel gelagerten Fall wird für jeden Arbeitnehmer der für den Einzelfall ermittelte Ausgangswert mit 25 % bewertet,
– beim 21. bis einschließlich 50. parallel gelagerten Fall wird für jeden Arbeitnehmer der für den Einzelfall ermittelte Ausgangswert mit 12,5 % bewertet,
– ab dem 51. parallel gelagerten Fall wird für jeden Arbeitnehmer der Ausgangswert mit 10 % bewertet.

14. **Sachmittel – Kostenerstattung nach § 40 BetrVG**

14.1 Vermögensrechtliche Streitigkeit:
Entscheidend ist die Höhe der angefallenen Kosten/des Wertes der Aufwendungen; bei dauernden Kosten, z. B. Mietzinszahlungen: Max. 36 Monatsaufwendungen.

14.2 Schulungskosten:
Vermögensrechtliche Streitigkeit: Entscheidend ist die Höhe der Schulungskosten, inklusive Fahrtkosten.

15. **Unterlassungsanspruch**
Sowohl für den allgemeinen Unterlassungsanspruch als auch den Anspruch nach § 23 III BetrVG:
Festsetzung entsprechend dem Wert des streitigen Mitbestimmungs- oder Mitwirkungsrechts.

16. **Zuständigkeitsstreitigkeiten/Kompetenzabgrenzung**

16.1 Abgrenzung Zuständigkeit Betriebsratsgremien:
Ausgehend vom Hilfswert nach § 23 III 2 RVG kann unter Berücksichtigung der Umstände des Einzelfalles eine Erhöhung bzw. ein Abschlag in Betracht kommen.

16.2 Abgrenzung Betrieb/gemeinsamer Betrieb/Betriebsteil:
Ausgehend vom Hilfswert nach § 23 III 2 RVG kann unter Berücksichtigung der Umstände des Einzelfalles eine Erhöhung bzw. ein Abschlag in Betracht kommen.

17. **Zustimmungsersetzungsantrag (§ 103 BetrVG)**
Vergütung des betroffenen Arbeitnehmers für ein Vierteljahr (wegen der Rechtskraftwirkung).

Abschnitt 7. Wertvorschriften Anh § 42, § 43 GKG

Allgemeiner Hinweis:
Personenbezogene Bezeichnungen beziehen sich auf beide Geschlechter. Zur besseren Lesbarkeit wird im Text nur die männliche Form verwendet.

Nebenforderungen

43 ^I Sind außer dem Hauptanspruch auch Früchte, Nutzungen, Zinsen oder Kosten als Nebenforderungen betroffen, wird der Wert der Nebenforderungen nicht berücksichtigt.

^{II} Sind Früchte, Nutzungen, Zinsen oder Kosten als Nebenforderungen ohne den Hauptanspruch betroffen, ist der Wert der Nebenforderungen maßgebend, soweit er den Wert des Hauptanspruchs nicht übersteigt.

^{III} Sind die Kosten des Rechtsstreits ohne den Hauptanspruch betroffen, ist der Betrag der Kosten maßgebend, soweit er den Wert des Hauptanspruchs nicht übersteigt.

Gliederung

1) Systematik, Regelungszweck, I–III	1
2) Geltungsbereich, I–III	2
3) Nebenforderung neben Hauptanspruch, I	3–3e
A. Früchte	3a
B. Nutzungen	3b
C. Zinsen	3c
D. Kosten	3d
E. Schaden	3e
4) Nebenforderung ohne Hauptanspruch, II	4–6
A. Lediglich Nebenforderung	4
B. Hauptanspruch noch vorhanden	5
C. Streitwert	6
5) Kosten, III	7–12
A. Voraussetzungen	7–10
B. Streitwert	11, 12

1) Systematik, Regelungszweck, I–III. § 43 behandelt vorrangig einen Unterfall des § 36, dort Rn 1. **1**

2) Geltungsbereich, I–III. Die Vorschrift gilt nach § 1 im Gesamtbereich des GKG, also gilt auch im Verfahren vor den Arbeits-, Finanz-, Sozial- und Verwaltungsgerichten. **2**

3) Nebenforderung neben Hauptanspruch, I. Eine Nebenforderung gerade **3** zusätzlich und daher „außer" einer schon und noch anhängigen Hauptforderung nebst der gerade auf sie anfallenden gesondert zu addierenden Umsatzsteuer bleibt nach I und nach §§ 4 I Hs 2 ZPO unberücksichtigt, BGH NJW **08**, 999, Stgt JB **07**, 33. Das gilt auch in der Zwangsvollstreckung. Denn der frühere II ist weggefallen. Erst sobald die Nebenforderung aber selbst zur Hauptforderung wird, dient sie als Grundlage der Gebührenberechnung. Wenn das Gericht wegen der Nebenforderung eine Handlung vornimmt, obwohl dieselbe Handlung den Hauptanspruch betroffen hat, wenn auch nur zum kleinsten Teil, dann entsteht keine weitere Gebühr.

Nebenforderung ist eine solche Forderung, die vom Hauptanspruch rechtlich abhängig ist, BGH NJW **07**, 1752, Ffm RR **14**, 219, Oldb JB **07**, 314. Das gilt auch bei einer Vollstreckungsabwehrklage nach § 767 ZPO, Kblz JB **99**, 197. Hauptbeispiele sind Zinsen, auch bei unterschiedlichen Prozentsätzen für mehrere Zeitabschnitte, Nürnb JB **14**, 536. Daneben erfaßt I nur die drei dort ausdrücklich genannten Arten von Nebenforderungen, also Früchte, Nutzungen und Kosten nebst der gerade nur auf solche Nebenforderungen anfallenden Umsatzsteuer, BGH NJW **77**, 583. Andere Nebenforderungen muß man folglich dem Streitwert hinzurechnen.

A. Früchte. Das sind nach § 99 I BGB die Erzeugnisse einer Sache und deren **3a** sonstige bestimmungsgemäße Ausbeute, nach § 99 II BGB die bestimmungsgemäßen Erträge eines Rechts und nach § 99 III BGB auch die Erträge einer Sache oder eines Rechts infolge eines Rechtsverhältnisses.

B. Nutzungen. Das sind nach § 100 BGB die Früchte einer Sache oder eines **3b** Rechts und die Gebrauchsvorteile.

GKG § 43 I. A. Gerichtskostengesetz

3c **C. Zinsen.** Sie sind das Entgelt für die Kapitalüberlassung, BGH NJW **98**, 2060, Celle JB **10**, 88. Hauptfall sind Verzugszinsen nach § 288 BGB, Celle JB **10**, 88. Sie bleiben neben einer Hauptforderung selbst dann unberücksichtigt, wenn der Kläger sie im Klagantrag kapitalisiert hat, BGH RR **00**, 1025, Celle JB **10**, 88 (Ausnahme: der Hauptanspruch ist nicht mehr im Streit), Kblz JB **12**, 79. Zinsen bleiben insoweit bei I unberücksichtigt, als noch ein zugehöriger Teil der Hauptforderung anhängig ist, BGH NJW **12**, 2447, Ffm MDR **14**, 858, Schlesw SchlHA **76**, 14. Eine zur Nebenforderung Zinsen zählende Mehrwertsteuer ist ebenfalls eine Nebenforderung, BGH NJW **77**, 583.

Keine Zinsen sind solche eines abstrakten Schuldanerkenntnisses nach § 781 BGB, Kblz JB **99**, 197, oder vergleichsweise übernommene Zinsen, Düss JB **84**, 1865, oder solche Hinterlegungszinsen, die das Gericht in einem Bescheid gesondert festgesetzt hat, BGH MDR **95**, 196, Köln JB **80**, 281, FG Düss EFG **77**, 513, oder ein Zinsgewinn bei einer Kapitalanlage, Stgt RR **11**, 714, oder dort ein Gewinn aus einer Alternativanlage, aM Ffm RR **14**, 1213 (zu konstruiert).

3d **D. Kosten.** Das sind nach Rn 7 nicht die in III gesondert geregelten als Hauptanspruch geltend gemachten Prozeßkosten, sondern nur die als bloße Nebenforderung geltend gemachten Kosten, zB Prozeßkosten einschließlich der Vorbereitungskosten, BGH JB **07**, 313, BLAH § 91 ZPO Rn 71 ff (ausführliches ABC).

3e **E. Schaden.** Er ist keine Nebenforderung, BGH NJW **98**, 2060, Brdb JB **01**, 95, Mü RR **94**, 1484. Man muß ihm vielmehr der Hauptforderung zurechnen, § 48 Anh I: § 4 ZPO Rn 19 (zum Begriff der Nebenforderung dort Rn 9).

4 **4) Nebenforderung ohne Hauptanspruch, II.** Die Vorschrift ist nur dann anwendbar, wenn die folgenden Voraussetzungen zusammentreffen.

A. Lediglich Nebenforderung. Die Handlung darf keinen Teil des Hauptspruchs berühren. Sie darf lediglich Früchte, Zinsen, Nutzungen, Kosten betreffen. Wenn sie doch irgendeinen Teil des Hauptanspruchs berührt, bemessen sich die Gebühren ausschließlich nach dem betroffenen Teil des Hauptanspruchs, etwa bei einer Rückzahlung nebst Schadensersatz, Ffm RR **14**, 219. „Kosten" bedeutet hier nicht etwa die Kosten des Prozesses, von denen III handelt, sondern die Kosten nach § 4 ZPO, § 48 Anh I.

5 **B. Hauptanspruch noch vorhanden.** Die Nebenforderung muß noch eine solche sein. Es muß also noch ein Hauptanspruch bestehen, Wielgoss JB **99**, 127. Nach seinem Wegfall wird die Nebenforderung selbst zum Hauptanspruch. Man muß die Kosten dann nach ihrem Wert berechnen, BGH NJW **08**, 999, Ffm MDR **14**, 858, Schlesw JB **76**, 238. Näheres über die Nebenforderungen § 48 Anh I: § 4 ZPO.

6 **C. Streitwert.** Wenn die Voraussetzungen von Rn 3, 4 vorliegen, berechnet sich der Streitwert zwar nach der von der Handlung betroffenen Nebenforderung. Jedoch ermäßigen sich die Kosten unter Umständen auf die nach dem vollen Hauptanspruch zu berechnende entsprechende Gebühr, so wie sich dessen Streitwert zur Zeit darstellt.
Beispiel: Das Gericht erläßt über 100 EUR Zinsen ein Urteil, während der Hauptanspruch 800 EUR beträgt. Die Verfahrensgebühr wird nach dem Streitwert von 100 EUR berechnet.
Wenn eine gleiche Gebühr *bereits vom Hauptanspruch* entstanden ist, muß man zwar nach § 36 jede Gebühr besonders ansetzen, aber den Gesamtbetrag auf die vom Hauptanspruch berechnete Gebühr ermäßigen.

7 **5) Kosten, III.** Aus sorgfältig zu klärenden Voraussetzungen folgt eine einfache Berechnung.

A. Voraussetzungen. Im Gegensatz zu den „Kosten" in I, II behandelt III nach Rn 3 die wirklichen Prozeßkosten dieses Verfahrens. „Rechtsstreit" bedeutet freilich nicht einen Prozeß schlechthin, sondern jedes in KV Teil 1 geregelte Verfahren.

8 Voraussetzung ist, daß eine gebührenpflichtige Handlung vorliegt, daß sie nach der Erledigung „des Hauptanspruchs", also aller Hauptforderungen *ausschließlich die Kosten betrifft* und daß die Kosten eben jetzt zur Hauptforderung geworden sind. Indessen ist auch der Begriff des Hauptanspruchs, wie sich aus der Gegenüberstellung des Hauptanspruchs und der Kosten ergibt, in III nicht derselbe wie in I, II. Er umfaßt in III eben alles, was § 99 ZPO „Hauptsache" im Gegensatz zum Kostenpunkt nennt.

III erfaßt auch nicht erstattbare Anwaltskosten, Enders JB **04**, 59. Ein Anspruch des Versicherungsnehmers gegen seinen Haftpflichtversicherer auf eine Freihaltung von Kosten, die ihm ein Gericht auferlegt hat, gehört nicht nach III, sondern nach I, II, BGH MDR **76**, 649.

Solange darum *auch nur ein Teil der Zinsen* oder der Kosten nach I, II *streitig* ist, ist III nicht anwendbar, § 48 Anh I: § 3 ZPO Rn 142 „Zinsen", § 4 ZPO Rn 12, 13, Oldb MDR **89**, 1006. Das gilt, mag der eigentliche Hauptanspruch noch ganz oder teilweise mit oder ohne Nebenforderungen anhängig sein, KG JB **77**, 1427, Mü JB **76**, 801, Schneider JB **79**, 1594, oder mag er längst erledigt sein. Auch eine Widerklage hindert die Anwendung von III bis zu ihrer Erledigung. 9

III ist aber anwendbar, wenn Gegenstand des *Rechtsmittelverfahrens* ausschließlich diejenigen Kosten sind, die das Gericht in einem Schlußurteil oder Ergänzungsurteil dem Unterliegenden auferlegt hat. 10

B. Streitwert. Bei III muß man als den Streitwert die Summe der gerichtlichen und außergerichtlichen Kosten aller Beteiligten einschließlich etwaiger Mehrwertsteuer ansetzen, soweit sie bis zur Erledigung der Hauptsache aufgelaufen sind. Denn um sie geht der Streit. Was infolge des Streits an Kosten weiter entsteht, ist wiederum eine Nebenforderung dieses Anspruchs. 11

§ 36 ist bei III *nicht anwendbar*. Denn die Kosten sind kein Teil des Streitgegenstands. Auch der Wert nach III ist nach Rn 5, 6 ebenso wie derjenige nach II durch denjenigen der Hauptsache begrenzt. Wenn sich die Klage erledigt, nicht aber der Widerklage, wird die Widerklage zum Hauptanspruch. Dasselbe gilt dann, wenn nach der Rücknahme der Berufung der einen Partei die Berufung der anderen anhängig bleibt, Hamm RR **96**, 1279. Daher ist dann III unanwendbar. 12

Stufenklage

44 Wird mit der Klage auf Rechnungslegung oder auf Vorlegung eines Vermögensverzeichnisses oder auf Abgabe einer eidesstattlichen Versicherung die Klage auf Herausgabe desjenigen verbunden, was der Beklagte aus dem zugrunde liegenden Rechtsverhältnis schuldet, ist für die Wertberechnung nur einer der verbundenen Ansprüche, und zwar der höhere, maßgebend.

Schrifttum: *Assmann,* Die Stufenklage, 1990, § 7.

Gliederung

1) Systematik	1
2) Regelungszweck	2
3) Geltungsbereich	3
4) Wertberechnung	4–12
A. Rechnungslegung, Vermögensverzeichnis	5
B. Eidesstattliche Versicherung	6
C. Leistungsanspruch	7
D. Wertänderung	8, 9
E. Teilabweisung	10
F. Leistungs- und Stufenklage	11
G. Stufen- und Widerklage	12

1) Systematik, dazu *Schneider* Rpfleger **77**, 92 (Üb): § 45 enthält eine gegenüber § 5 ZPO vorrangige Sondervorschrift für die Stufenklage, vor allem für diejenige nach § 254 ZPO. 1

Unanwendbar ist § 44 auf eine „unechte" Stufenklage mit einem nur hilfsweise wie nach BLAH § 260 ZPO Rn 8 angekündigten Auskunftsantrag usw, Schlesw RR **12**, 1020.

2) Regelungszweck. Man kann das Geschuldete erst nach der Erledigung der vorbereitenden Ansprüche ermitteln, also nach der Rechnungslegung u evtl der Offenbarungsversicherung. Der Kläger hat aber nur an der Herausgabe ein wirkliches Interesse, Bbg FamRZ **97**, 40, Hamm AnwBl **81**, 69, Karlsr FamRZ **90**, 74. Daher läßt § 44 abweichend von § 5 ZPO nur den höchsten der Ansprüche maßgebend sein, Kblz AnwBl **89**, 397. 2

GKG § 44 I. A. Gerichtskostengesetz

3 **3) Geltungsbereich.** Die Vorschrift gilt für die Kosten. Für die sachliche Zuständigkeit und für die Zulässigkeit eines Rechtsmittels gilt § 44 nach § 62 S 1 Hs 2 nicht. Insofern muß man vielmehr die Ansprüche zusammenrechnen, ebenso beim Zusammentreffen einer Leistungsklage und einer Stufenklage, BGH RR **03**, 68, Ffm MDR **95**, 207, Mü MDR **89**, 646. S auch § 48 Anh I: § 3 ZPO. § 45 ist nach § 1 im Verfahren vor den Arbeitsgerichten anwendbar, ebenso im Verfahren vor den Finanz-, Sozial- und Verwaltungsgerichten. Bei § 255 ZPO ist § 44 unanwendbar.

4 **4) Wertberechnung.** Vgl § 48 GKG Anh I: § 3 ZPO Rn 108ff „Stufenklage". Maßgeblich ist das Interesse des Klägers, Celle MDR **03**, 55, Rostock JB **08**, 88. Es ist nur der höchste Anspruch maßgebend, Brdb FamRZ **07**, 71, KG MDR **08**, 46, Köln FamRZ **05**, 1848, aM Celle JB **11**, 483, Drsd MDR **97**, 691 (nach einer Rücknahme der späteren Stufen nur der Auskunftsanspruch. Aber es kommt auf den einleitenden Vorgang an, § 40). Daher muß man sämtliche nach § 260 ZPO verbundenen Ansprüche sogleich bei der Klagerhebung nach § 3 ZPO schätzen, Brdb FamRZ **07**, 71, Celle FamRZ **09**, 452, KG (12. ZS) MDR **08**, 46, aM BGH NJW **02**, 3477 (nur der Wert der Auskunft bei Zurückverweisung im übrigen), KG (16. ZS) MDR **97**, 598, Meyer 6 (je: Instanzende), Schlesw MDR **95**, 643 (nur Rechnungslegungsanspruch, wenn der Kläger den Leistungsanspruch auch nicht nachträglich beziffert hat. Vgl aber wiederum § 40).

5 **A. Rechnungslegung, Vermögensverzeichnis.** Der Wert eines Rechnungslegungsanspruch ergibt sich aus zahlreichen Vorschriften des BGB und zB auch aus § 340 HGB. Er richtet sich nach dem Interesse des Klägers daran, sich die Begründung des Zahlungsanspruchs zu erleichtern, Bbg JB **79**, 251, KG AnwBl **84**, 612, Köln VersR **76**, 1154. Dieses Interesse mag so hoch wie der Leistungsanspruch sein, wenn nämlich der Kläger ohne die Rechnungslegung keinerlei Anhaltspunkte hätte, Ffm MDR **87**, 509. Höher als der Wert des Leistungsanspruchs kann auch der Wert des Rechnungslegungsanspruchs in keinem Fall sein, Kblz AnwBl **89**, 397. Durchweg ist der Wert des Rechnungslegungsanspruchs niedriger als derjenige des Leistungsanspruchs. Man kann zB 25% des mutmaßlichen Zahlungsanspruchs ansetzen, Köln VersR **76**, 1154.

Der Wert richtet sich im übrigen nach dem Zeitpunkt der *verfahrenseinleitenden Antragstellung*, (jetzt) § 40, Kblz AnwBl **89**, 397. Soweit eine Berufung nur die eidesstattliche Versicherung des Bekl betrifft, können zB 50% des Auskunftsanspruchs maßgebend sein, Köln Rpfleger **77**, 116. Auch der Antrag auf die Ermittlung des Werts eines zum Nachlaß gehörenden Grundstücks ist nach dem Grundsatz bewertbar, daß der höchste der verbundenen Ansprüche maßgebend ist, Hamm AnwBl **81**, 69.

Vorlegung eines Vermögensverzeichnisses kann der Kläger zB nach §§ 260 I, 1377, 2027, 2028, 2127, 2314, 2362 BGB fordern. Eine eidesstattliche Versicherung dazu kann zB nach §§ 259, 260, 2028, 2057 BGB notwendig sein.

6 **B. Eidesstattliche Versicherung.** Das Interesse des Klägers daran, daß der Bekl die eidesstattliche Versicherung ablege, bestimmt sich gemäß § 3 ZPO, § 48 Anh I, nach demjenigen Mehrbetrag, den sich der Kläger aus dieser Versicherung verspricht, Bbg FamRZ **97**, 40. Meist reichen etwa 50% des Rechnungslegungsanspruchs, Köln Rpfleger **77**, 116. Man muß den Beschwerdewert nach dem Aufwand von Zeit und Kosten berechnen, BGH RR **94**, 898.

7 **C. Leistungsanspruch.** Man muß seinen Wert nach dem Wert des Leistenden bemessen, KG AnwBl **84**, 612. Das ist schon wegen § 40 auch dann notwendig, wenn der Prozeß nicht mehr in die Leistungsstufe kommt, Bbg FamRZ **98**, 312.

8 **D. Wertänderung.** Es ergibt sich meist, daß für die Verfahrensgebühr der Leistungsanspruch allein maßgebend ist. Für spätere Gebühren kann der Leistungsanspruch niedriger sein. Höher ist er auch dann praktisch nie. Denn wenn der Kläger auf Grund der gelegten Rechnung einen höher bezifferten Antrag auf die Leistung stellt, muß man auch für das übrige Verfahren den Streitwert nach § 40 erhöhen.

Etwas anderes gilt nur dann, wenn sich der Leistungsanspruch nach einer Rechnungslegung infolge einer *Teilleistung* des Schuldners ermäßigt.

9 Wenn der Kläger nur auf die Erteilung einer *Auskunft* und die Leistung der *eidesstattlichen Versicherung* klagt, ist für die Wertfestsetzung die Vorstellung des Klägers darüber maßgebend, was er durch dieses Verfahren erlangen könnte, Bbg JB **85**, 595, Mümmler

JB 80, 983. Evtl muß man einen dann nachgeschobenen Zahlungsanspruch niedriger bewerten, Düss FamRZ **87**, 1282, Ffm FamRZ **87**, 85, KG MDR **93**, 696.

E. Teilabweisung. Wenn das Gericht bereits den Auskunftsanspruch als unbegründet abweisen mußte, ist die Vorstellung des Klägers davon maßgeblich, was er durch die Auskunft und die Leistung der eidesstattlichen Versicherung vom Bekl erhalten könnte. Anders ausgedrückt: Wenn der Kläger die Anträge aller Stufen gestellt hatte und wenn das Gericht bereits den ersten Antrag abgewiesen hat, ist der Wert aller Stufen maßgeblich, BGH MDR **92**, 1091, Düss FamRZ **92**, 1095, Ffm JB **99**, 303, aM Stgt FamRZ **90**, 652 (aber die Antragstellung war einerseits zum Teil unnötig, andererseits zulässig). 10

F. Leistungs- und Stufenklage. Man muß die Werte zusammenrechnen, Rn 3. 11

G. Stufen- und Widerklage. Man muß die Werte zusammenrechnen, Karlsr AnwBl **84**, 203. 12

Klage und Widerklage, Hilfsanspruch, wechselseitige Rechtsmittel, Aufrechnung

45 ^I ¹In einer Klage und in einer Widerklage geltend gemachte Ansprüche, die nicht in getrennten Prozessen verhandelt werden, werden zusammengerechnet. ²Ein hilfsweise geltend gemachter Anspruch wird mit dem Hauptanspruch zusammengerechnet, soweit eine Entscheidung über ihn ergeht. ³Betreffen die Ansprüche im Fall des Satzes 1 oder 2 denselben Gegenstand, ist nur der Wert des höheren Anspruchs maßgebend.

^{II} Für wechselseitig eingelegte Rechtsmittel, die nicht in getrennten Prozessen verhandelt werden, ist Absatz 1 Satz 1 und 3 entsprechend anzuwenden.

^{III} Macht der Beklagte hilfsweise die Aufrechnung mit einer bestrittenen Gegenforderung geltend, erhöht sich der Streitwert um den Wert der Gegenforderung, soweit eine der Rechtskraft fähige Entscheidung über sie ergeht.

^{IV} Bei einer Erledigung des Rechtsstreits durch Vergleich sind die Absätze 1 bis 3 entsprechend anzuwenden.

Schrifttum: *Schulte,* Die Kostenentscheidung bei der Aufrechnung durch den Beklagten im Zivilprozeß, 1990.

Gliederung

1) **Systematik, I–IV**	1
2) **Regelungszweck, I–IV**	2
3) **Geltungsbereich, I–IV**	3
4) **Widerklage, I 1, 3**	4–7
A. Begriff	4
B. Nicht getrennte Prozesse	5–7
5) **Nämlichkeit des Streitgegenstands, I 1, 3**	8–25
A. Grundsatz: Prüfung mehrerer Voraussetzungen	8, 9
B. Keine Bestandsfähigkeit beider Ansprüche nebeneinander	10
C. Dasselbe Interesse	11, 12
D. Beispiele zur Frage einer Nämlichkeit des Streitgegenstands, I 1, 3	13–25
6) **Wertberechnung, I 1, 3**	26–29
A. Verschiedene Streitgegenstände, I 1	26
B. Nämlichkeit des Streitgegenstands, I 3	27
C. Hilfswiderklage	28
D. Kostenschuldner	29
7) **Hilfsanspruch, I 2**	30–33
A. Grundsatz: Abhängigkeit von Entscheidung	30–32
B. Anwendbarkeitsgrenzen	33
8) **Wechselseitige Rechtsmittel, II**	34–39
A. Grundsatz: Prüfung, ob verschiedene Streitgegenstände	34, 35
B. Verhandlung in demselben Rechtsmittelverfahren	36
C. Beispiele zur Frage desselben Rechtsmittelverfahrens, II	37–39
9) **Hilfsaufrechnung, III**	40–49
A. Grundsatz: Möglichkeit einer Wertaddition	40, 41
B. Wirkliche Aufrechnung	42
C. Beispiele zur Frage einer wirklichen Aufrechnung, III	43
D. Bloße Hilfsaufrechnung	44
E. Streitigkeit und Entscheidungsbedürftigkeit der Hilfsaufrechnung	45

F. Rechtskraftfähige Entscheidung	46
G. Beispiele zur Frage einer ausreichenden Entscheidung, III	47
H. Rechtsmittelinstanz	48, 49
10) **Vergleich, IV**	50

1   **1) Systematik, I–IV.** Die Vorschrift enthält vorrangige Spezialregelungen für eine Gruppe von rechtsähnlichen Situationen. Die Verschachtelung von Verweisungen innerhalb I–IV ist nach wie vor gründlich mißglückt. Man muß scharf aufpassen. Tragende Begriffe fehlen im Gesetzestext. § 46 hat vor § 45 den Vorrang, § 46 Rn 1. Auf die Hilfswiderklage ist für den Wert I 2, III entsprechend anwendbar, § 48 Anh I: § 3 ZPO Rn 71 „Hilfswiderklage".

2   **2) Regelungszweck, I–IV.** Der Zweck ist eine Kostengerechtigkeit. Ob dieses Ziel wegen der mißratenen Gesetzesfassung, erreichbar ist, läßt sich bezweifeln. Immerhin darf und muß man den Gesetzeszweck bei der Auslegung mitbeachten.

3   **3) Geltungsbereich, I–IV.** Die Vorschrift gilt im Gesamtbereich des § 1. Sie gilt für vermögens- wie für nichtvermögensrechtliche Ansprüche. Die Vorschrift ist auch vor den Arbeits-, Finanz-, Sozial- und Verwaltungsgerichten anwendbar. § 46 gilt nicht für die sachliche Zuständigkeit. Für sie darf man den Wert nicht zusammenrechnen, § 5 ZPO. Eine Bewertung für die sachliche Zuständigkeit oder für die Zulässigkeit eines Rechtsmittels hat nach § 62 S 1 Hs 2 keinen Vorrang vor § 45.

4   **4) Widerklage, I 1, 3.** Man muß Voraussetzungen und Folgen unterscheiden; BLAH Anh § 253 ZPO.

     A. Begriff. I setzt voraus, daß eine echte Widerklage und nicht nur eine bloße Einwendung vorliegt. Widerklage ist die vom Bekl und Widerkläger im Lauf des Prozesses gegen den Kläger und Widerbekl und evtl zusätzlich gegen einen Dritten geltend gemachte Klage, BGH **147**, 222, Hamm FamRZ **87**, 711. Eine rechtsvernichtende Einrede verursacht demgegenüber keine Sonderkosten. Die Widerklage muß wenigstens durch die Einreichung der Erhebungsschrift beim Gericht vorliegen. Eine förmliche Zustellung an den Widerbekl nach §§ 167, 253, 261 II ZPO ist also nicht erforderlich. Es ist unerheblich, ob die Widerklage zulässig ist. Wegen der unzulässigen Haupt- oder Hilfswiderklage allein gegen einen Dritten § 48 Anh I: § 3 ZPO Rn 138 „Widerklage".

     Eine *Hilfswiderklage* (Eventualwiderklage) reicht aus, BGH **132**, 398, Köln VersR **98**, 98, BLAH Anh § 253 ZPO Rn 11. Sie verursacht ebenfalls Gebühren, zumal ihr Anspruch mit ihrer Erhebung zunächst rechtshängig wird, Stgt Rpfleger **80**, 488, Hamm JB **78**, 64 (die Fälligkeit richtet sich nach § 6). Das gilt auch dann, wenn man die Hilfswiderklage für unzulässig hält, falls und soweit sich das Verfahren auf sie erstreckt. Es entsteht insofern also zumindest die Verfahrensgebühr.

     Ein *Zwischenantrag* nach §§ 302 IV, 600 II, 717 ZPO steht der Widerklage sachlich und folglich auch kostenrechtlich gleich. Soweit eine Widerklage bei einem gleichbleibendem Streitgegenstand nach BLAH § 2 ZPO Rn 4 auch gegen eine bisher am Rechtsstreit nicht beteiligte dritte Person vorliegt, entstehen keine Gebühren.

5   **B. Nicht getrennte Prozesse.** I ist grundsätzlich nur anwendbar, soweit das Gericht über die Klage und die Widerklage in demselben Prozeß verhandeln läßt, BGH MDR **03**, 716. Es darf also insbesondere keine gerichtliche Anordnung der Verhandlung in getrennten Prozessen nach § 145 I, II ZPO bestehen. Vom Zeitpunkt der Trennung ab und natürlich erst recht in von Anfang an gesonderten Prozessen erfolgt eine gesonderte Kostenberechnung. Man muß eine vor der Trennung erfolgte Zahlung anrechnen. Ausnahmsweise ordnet § 41 III an, daß entgegen § 45 I keine Zusammenrechnung zwischen dem Wohnraum-Räumungswert und demjenigen des gegnerischen Anspruchs auf eine Fortsetzung des Mietverhältnisses stattfindet.

6   Eine Anordnung des Gerichts nach § 146 ZPO auf eine *Beschränkung der Verhandlung* zunächst auf eines oder auf einige von mehreren Angriffs- oder Verteidigungsmitteln nach BLAH Einl III 70, 71 gehört nicht hierher. Dasselbe gilt folglich beim Teilurteil über die Klage oder Widerklage nach § 301 ZPO. Bei einer Prozeßverbindung nach § 147 ZPO wandelt das Gericht evtl eine Klage in eine Widerklage um, nämlich dann, wenn die Parteien in den vorher getrennten Prozessen gegenseitige Ansprüche betrieben hatten.

Die Verbindung kann aber *nur für die Zukunft* wirken. Sie berührt also die bereits 7
entstandenen Gebühren nicht, auch nicht bei einem Verbindungszwang, Hamm JB
05, 598, Kblz MDR 05, 1017.

5) **Nämlichkeit des Streitgegenstands, I 1, 3,** dazu *Müller-Rabe* JB 15, 3 (Üb): 8
Ein Grundsatz hat vielfältige Auswirkungen.

A. **Grundsatz: Prüfung mehrerer Voraussetzungen.** Soweit das Gericht über die Klage und die Widerklage in demselben Prozeß verhandeln läßt, kommt es für die Höhe der Gebühren darauf an, ob die Klage und die Widerklage denselben Streitgegenstand nach BLAH § 2 ZPO Rn 4 betrifft, VGH Mannh NVwZ-RR 16, 280 (nennt irrig einen grds nicht existenten II 3). Dabei gilt eine wirtschaftliche Betrachtung, BGH RR 05, 506, Köln RR 12, 615, Mü MDR 15, 984. Nur dann darf und muß man die Gebühren nach dem Wert des höheren Anspruchs dieses Gegenstands berechnen, Stgt FamRZ 06, 1055. Das ergibt sich aus dem Zusammenwirken von I 1 und 3. Soweit die Klage und die Widerklage demgegenüber verschiedene Streitgegenstände nach BLAH § 2 ZPO Rn 4 betreffen, muß man für die Kosten die Gegenstände zusammenrechnen. Auch das folgt aus dem Zusammenspiel von I 1 und 3.

Eine Nämlichkeit des Streitgegenstands der Klage und Widerklage liegt nur dann 9
vor, wenn die *folgenden Voraussetzungen zusammentreffen.*

B. **Keine Bestandsfähigkeit beider Ansprüche nebeneinander.** Der Anspruch 10
des Klägers und derjenige des Widerklägers dürfen nicht nebeneinander bestehen können. Anders ausgedrückt: Das Gericht darf zwar die Klage wie die Widerklage abweisen. Aber es darf nicht beiden Anträgen gleichzeitig stattgeben können, BGH RR 92, 1404, Lappe NJW 04, 2412. Die Anträge der Klage und der Widerklage müssen *sich also gegenseitig ausschließen,* BGH RR 06, 378, Düss NJW 09, 1515, Köln RR 12, 615, aM Karlsr FamRZ 98, 574 (aber dann würde man wirtschaftlich und wertmäßig evtl krass unterschiedliche Ergebnisse erhalten. Das kann nicht richtig sein).

C. **Dasselbe Interesse.** Die Klage und die Widerklage müssen dasselbe Interesse 11
betreffen, Brdb JB 01, 95, Köln MDR 94, 316, Köln RR 12, 615. Dabei muß man auch eine wirtschaftliche Betrachtung vornehmen, LAG Stgt JB 92, 626.

Es *entscheidet* also weder eine Verschiedenheit der Anträge noch eine Verschieden- 12
heit der Klagegründe.

D. **Beispiele zur Frage einer Nämlichkeit des Streitgegenstands, I 1, 3** 13
Abänderung – Rückgabe: Derselbe Gegenstand: Der Kläger begehrt durch eine Abänderungsklage zB nach § 323 ZPO den Wegfall seiner (jetzt) vertraglichen Unterhaltspflicht und für den Erfolgsfall eine Rückzahlung, KG FamRZ 11, 755 links oben; der Widerkläger verlangt die Rückgabe eines beigetriebenen Betrags nach § 717 ZPO, Karlsr FamRZ 99, 609 links.
Aktien A – Aktien B: Derselbe Gegenstand: Es geht um mehrere Kläger oder Widerkläger mit einem verschiedenen Aktienbesitz, Stgt NZG 01, 522.
Auflassung – Zahlung: *Verschiedene* Gegenstände: Der Kläger fordert eine Auflas- 14
sung, der Widerkläger verlangt den Restkaufpreis, Karlsr MDR 88, 1067.
Bürgschaft: Derselbe Gegenstand: Es geht um die Herausgabe der Urkunde und um die Forderung, Düss RR 16, 1215.
Drittwiderspruch – Vollstreckung: *Verschiedene* Gegenstände: Der Kläger verlangt nach § 771 ZPO die Beendigung der Zwangsvollstreckung, der Widerkläger fordert die Herausgabe an den Gerichtsvollzieher, LG Saarbr JB 91, 310.
Eilverfahren – Hauptprozeß: *Verschiedene* Gegenstände: Der Kläger geht im Eilver- 15
fahren nach §§ 916 ff, 935 ff ZPO vor, der Widerkläger fordert im Hauptprozeß die Freigabe einer zur Abwendung des Arrests hinterlegten Summe.
Einlagenrückzahlung – Abfindung: Derselbe Gegenstand, Zweibr MDR 14, 1346.
Gesellschaftsauflösung – Ausschluß: *Verschiedene* Gegenstände: Der Kläger verlangt die Auslösung einer Gesellschaft, der Widerkläger verlangt den Ausschluß eines Gesellschafters. Denn selbst wenn bei einem Erfolg dieses Widerklägers ein Rechtsschutzbedürfnis für diesen Kläger nicht mehr vorläge, schließen sich doch die Anträge der Klage und der Widerklage nicht gegenseitig aus, Mü FamRZ 07, 750.
Gruppe A – Gruppe B: Derselbe Gegenstand, LAG Brdb JB 01, 95.
Hinterleger – Dritter: Derselbe Gegenstand: Der Kläger fordert die Auszahlung des 16
Hinterlegten an den Hinterleger, der Widerkläger fordert sie an einen Dritten.

Hypothek – Löschungsvormerkung: Derselbe Gegenstand: Der Kläger fordert die Eintragung einer Hypothek zur Sicherung einer Forderung, der Widerkläger beantragt die Löschung der zugehörigen Vormerkung.

17 **Kfz-Brief:** Derselbe Gegenstand: Der Kläger fordert die Herausgabe eines Kfz, der Widerkläger verlangt die Herausgabe des zugehörigen Kraftfahrzeugbriefs, aM Hamm Rpfleger **90**, 40.

Kfz-Brief – Zahlung: Derselbe Gegenstand: Der Kläger fordert die Herausgabe des Kraftfahrzeugbriefs, der Widerkläger fordert den restlichen Kaufpreis.

18 **Kündigung – Weiterbeschäftigung:** *Verschiedene* Gegenstände: Der Kläger geht auf Grund einer Kündigung vor, der Widerkläger fordert eine Weiterbeschäftigung, LAG Hbg JB **12**, 27, LAG Nürnb JB **00**, 82.

Leistung – Nichtigkeit: Derselbe Gegenstand liegt hier vor, BGH RR **92**, 1404, Brschw MDR **75**, 848.

Leistung – Vollstreckungsabwehr: *Verschiedene* Gegenstände zB bei § 767 ZPO.

Lieferung – Schadensersatz: *Verschiedene* Gegenstände: Der Kläger fordert die Lieferung einer Kaufsache, der Widerkläger verlangt einen Schadensersatz, BGH RR **00**, 285.

19 **Löschung – Zahlung:** Derselbe Gegenstand: Der Kläger verlangt die Löschung einer Hypothek, der Widerkläger fordert die Zahlung der zugrundeliegenden Forderung.

Mehr – Weniger: *Verschiedene* Gegenstände: Der Kläger verlangt ein Mehr zB an Rente, der Widerkläger ein Weniger als bisher, Hamm JB **80**, 737; Naumb JB **04**, 379.

20 **Miete – Feststellung der Nichtmiete:** Derselbe Gegenstand: Der Kläger verlangt die Miete, der Widerkläger fordert eine Feststellung des Nichtbestehens eines Mietverhältnisses, BGH NZM **06**, 139, Brschw MDR **75**, 848.

Mietfeststellung – Räumung: Derselbe Gegenstand: Der Kläger verlangt die Feststellung eines Mietverhältnisses, der Widerkläger fordert die Räumung, Mü NZM **11**, 175.

Minderung, Schadensersatz: Derselbe Gegenstand liegt bei mehreren Gründen vor, BGH RR **06**, 378.

21 **Nichteigentum – Herausgabe:** Derselbe Gegenstand: Der Kläger fordert die Feststellung, daß der Bekl nicht der Kfz-Eigentümer sei, der Widerkläger verlangt das Kfz heraus.

Restbetrag – Rückzahlung: *Verschiedene* Gegenstände: Der Kläger verlangt einen Restbetrag, der Widerkläger fordert die Rückzahlung seiner Anzahlung, Bbg JB **79**, 252, Düss JB **09**, 85.

22 **Teilanspruch 1 – Teilanspruch 2:** *Verschiedene* Gegenstände: Der Kläger fordert einen Teilanspruch 1, der Widerkläger beschäftigt sich mit einem anderen Teilanspruch 2 aus demselben Rechtsverhältnis, BGH NJW **14**, 1456 (unvollständig zitierend), Nürnb AnwBl **83**, 89, Schlesw AnwBl **84**, 205.

Teilforderung – Kein Mehranspruch: *Verschiedene* Gegenstände: Der Kläger macht einen Teilanspruch geltend, der Widerkläger begehrt die Feststellung, daß kein höherer als der eingeklagte Anspruch bestehe, Düss JB **09**, 484, LG Hbg WoM **93**, 477 (zustm Ihlefeld).

Unterlassung – Verurteilung: Derselbe Gegenstand, Bbg JB **11**, 368.

23 **Versicherung – Darlehen:** *Verschiedene* Gegenstände: Der Kläger fordert eine Kaskoversicherungsleistung, der Widerkläger verlangt die Rückzahlung eines anläßlich des Schadensfalls gewährten Darlehens, BGH RR **05**, 506.

Vertragsleistung – Nichtvertrag: Derselbe Gegenstand: Der Kläger fordert eine Vertragsleistung, der Widerkläger verlangt die Feststellung des Nichtbestehens des Vertrags, BGH RR **92**, 1404, Brschw MRD **75**, 848, Kblz VersR **96**, 521.

Werklohn – Mangelbeseitigung: Derselbe Gegenstand, Kblz JB **05**, 266.

24 **Zahlung – Herausgabe:** Derselbe Gegenstand: Der Kläger verlangt eine Zahlung, der Widerkläger verlangt die Herausgabe des Schuldscheins oder der Bürgschaftsurkunde für die Klageforderung, Stgt MDR **80**, 678.

Zahlung – Quittung: Derselbe Gegenstand: Der Kläger verlangt die Zahlung einer Restforderung, der Widerkläger fordert eine Gesamtquittung.

Zahlung – Zahlung: *Verschiedene* Gegenstände möglich.

Abschnitt 7. Wertvorschriften § 45 GKG

Zeiträume nebeneinander: *Verschiedene* Gegenstände: Der Kläger bezieht sich auf einen Zeitraum A, der Widerkläger auf einen anderen Zeitraum B, Düss MDR **03**, 236, LG Hbg WoM **93**, 477 (zustm Ihlefeld). 25

Zugewinn: *Verschiedene* Gegenstände können bei Antrag und Widerantrag vorliegen, Köln NZFam **14**, 607.

6) Wertberechnung, I 1, 3. Man muß vier Situationen unterscheiden. 26

A. Verschiedene Streitgegenstände, I 1. Dann muß man die Werte der Streitgegenstände der Klage und der Widerklage zusammenrechnen, Ffm GRUR-RR **14**, 280, Köln MDR **01**, 941, Naumb JB **04**, 379. Es erfolgt eine wirtschaftliche Betrachtung, also eine solche Werthäufung, BGH GRUR-RR **13**, 528 rechts oben, Ffm GRUR-RR **14**, 280 (bei Ähnlichkeit Erhöhung evtl nur um 10%).

B. Nämlichkeit des Streitgegenstands, I 3. Dann berechnet man die Gebühren grundsätzlich nach dem höheren der beiden Werte der Klage und der Widerklage, BGH NJW **14**, 1456 (wirtschaftliche Betrachtung), Celle MDR **11**, 492 (zu § 39 FamGKG, Teil I B dieses Buchs), Hbg JB **01**, 27, Stgt NZG **01**, 522, Düss NJW **09**, 1515 (wegen einer Ausnahme). 27

Nicht denselben Streitgegenstand haben der Kündigungsschutz und ein Nachteilsausgleichsanspruch, LAG Ffm NZA-RR **14**, 51.

C. Hilfswiderklage. Bei einer Hilfswiderklage erfolgt eine Zusammenrechnung nur dann, falls derjenige Eventualfall eintritt, für den der Widerkläger sie erhoben hatte, BGH NJW **10**, 681, Köln JB **75**, 506 (Einbeziehung in einen Vergleich), LG Freibg Rpfleger **82**, 357. Sonst würde die Rechtshängigkeit rückwirkend wegfallen. 28

Keine Hilfswiderklage ist der Antrag, nur Zug um Zug leisten zu müssen. Dann ist für eine Zusammenrechnung kein Raum, schon gar nicht dann, wenn das Gericht rechtswidrig eine Hilfswiderklage annimmt, aM BGH JB **17**, 529 (vgl aber § 21).

D. Kostenschuldner. Durch die Widerklage kann evtl eine Erhöhung der Verfahrensgebühr eintreten. Dann muß der Widerkläger nur den Unterschiedsbetrag gegenüber der vom Kläger vorausgeleisteten Gebühr zahlen. Er haftet aber für die gesamte Gebühr gesamtschuldnerisch. Der Widerkläger ist zu einer Vorauszahlung nach § 12 nicht verpflichtet. Er ist Kostenschuldner nach § 22 I. Kläger und Widerkläger haften bei einer Nämlichkeit des Streitgegenstands als Gesamtschuldner nach § 31. 29

7) Hilfsanspruch, I 2. Man muß den Hilfsanspruch und die in III geregelte Hilfsaufrechnung unterscheiden. Ein Grundsatz hat vielerlei Auswirkungen. 30

A. Grundsatz: Abhängigkeit von Entscheidung. Zur Entstehungsgeschichte Ffm MDR **79**, 411, Schneider NJW **75**, 2106. Man muß den Hilfsanspruch mit dem Hauptanspruch zusammenrechnen, soweit das Gericht über den Hilfsanspruch durch eine Stattgabe oder durch seine Abweisung als unbegründet und nicht nur als unzulässig entscheidet, BGH NJW **01**, 3616, Ffm GRUR **12**, 960 (krit Labesius GRUR-RR **12**, 317), LAG Nürnb MDR **05**, 120 (je: auch zum Vergleich). Auch eine Zurückverweisung kann eine solche Entscheidung bedeuten.

Eine solche *Entscheidung fehlt* dann, wenn der Kläger den Hilfsanspruch nur im Rahmen einer Klagänderung erhoben hat, BGH MDR **16**, 1345, und wenn das Gericht die Klagänderung nicht zuläßt, Düss Rpfleger **82**, 161, Nürnb MDR **80**, 238, Schlesw SchlHA **02**, 26, oder wenn der Kläger seine Klage zum Hauptantrag zurücknimmt, bevor es zu einer Entscheidung nach I 2 gekommen ist, Köln JB **97**, 435, oder wenn sich die Hauptsache durch eine Erfüllung zum Hilfsanspruch erledigt hat. Sonst ist ein höherer Wert des Hilfsanspruchs unerheblich, ein gleich hoher oder niedrigerer ohnehin, Düss Rpfleger **82**, 161. 31

Es findet also schon nach dem Wortlaut des I 2 eine Zusammenrechnung *unabhängig* von der Höhe des *Hilfsanspruchs* statt. Das gilt freilich nur, soweit eine Entscheidung über den Hilfsanspruch ergeht. Zusammenrechnung muß nicht volle Addition bedeuten, sondern kann aus einer nach dem wirtschaftlichen Interesse berechneten Werterhöhung bestehen, Kodde GRUR **15**, 42. 32

Keine Zusammenrechnung erfolgt, soweit das Gericht die Zulässigkeit des Hauptantrags offen läßt und bei seiner Verneinung über den Hilfsantrag entscheidet, BGH RR **99**, 1157, oder wenn die Verurteilung nach dem einen Antrag zur Abweisung des anderen zwänge, BGH GRUR-RR **13**, 528 rechts oben, oder wenn ein Vergleich zustandekommt, LAG Drsd NZA-RR **17**, 317.

33 **B. Anwendbarkeitsgrenzen.** Auf die Hilfswiderklage ist (jetzt) I 2, III entsprechend anwendbar, Schneider MDR **88**, 464, aM Meyer 19. I 2 ist wegen auf den sog unechten Hilfsantrag vor dem Arbeitsgericht unanwendbar. I 2 ist auch nur auf Gerichtskosten anwendbar, nicht auf Anwaltsgebühren allein, LAG Köln AnwBl **02**, 185.

34 **8) Wechselseitige Rechtsmittel, II.** Aus einem Grundsatz ergeben sich auch hier zahlreiche Folgen.

A. Grundsatz: Prüfung, ob verschiedene Streitgegenstände. Wechselseitige Rechtsmittel liegen dann vor, wenn beide Parteien gegen dasselbe Urteil oder gegen mehrere Urteile der Vorinstanz selbständig oder durch eine Anschließung ein Rechtsmittel einlegen, BFH **120**, 160, Saarbr BauR **14**, 887, auch eine Beschwerde. Die Rücknahme einer selbständigen Berufung vor der Einlegung einer Anschlußberufung nach § 524 ZPO ist unschädlich.

35 Auch bei wechselseitigen Rechtsmitteln gilt der Grundsatz von I 1, 3. Es kommt darauf an, ob die Rechtsmittel *verschiedene Streitgegenstände* betreffen, BGH RR **03**, 712. Dann muß man die Werte zusammenrechnen, II in Verbindung mit I 1, OVG Hbg NVwZ-RR **07**, 566. Andernfalls entscheidet der höhere Wert, II in Verbindung mit I 3, BGH RR **03**, 712. Eine Verschiedenheit der Streitgegenstände liegt jedenfalls immer dann vor, wenn die Berufung und die Anschließung sich auf verschiedene Teile derselben Forderung beziehen. Eine Zusammenrechnung ist auch dann erforderlich, wenn eine unselbständige Anschlußrevision durch die Nichtannahme der Revision ihre Wirkung verliert, BGH (GSZ) **72**, 340, Schneider MDR **77**, 917.

36 **B. Verhandlung in demselben Rechtsmittelverfahren.** Nach II kommt es weiterhin darauf an, ob das Gericht über die wechselseitigen Rechtsmittel „nicht in getrennten Prozessen" verhandeln läßt, sondern in demselben Rechtsmittelverfahren. Eine Trennung führt zu mehreren selbständigen Rechtsmittelverfahren mit gesonderten Gebührenberechnungen.

37 **C. Beispiele zur Frage desselben Rechtsmittelverfahrens, II**
Anschließung: Eine Anschließung zB nach § 524 ZPO stellt grds kein neues Verfahren dar, Celle RR **14**, 256, es sei denn, das Gericht hätte das Anschlußrechtsmittel vorweg als unzulässig verworfen, Hamm JB **77**, 1716.
Gegen Klage und Widerklage: Wenn eine Partei wegen der Klage *und* der Widerklage Rechtsmittel einlegt, handelt es sich um ein einseitiges Rechtsmittel. Dann muß man die Gebühren in der zweiten Instanz ebenso wie in der ersten berechnen. Man muß dann also prüfen, ob eine Nämlichkeit des Streitgegenstands vorliegt oder ob die Streitgegenstände verschieden sind.
Gegenseitiger Ausschluß: Eine Berechnung nur nach dem höheren Wert ist auch dann erforderlich, wenn sich die Ansprüche gegenseitig ausschließen, Celle MDR **07**, 1286.
Gesamtschuldner: II führt in Verbindung mit I 1, 3 dann zur Ermäßigung, wenn das Gericht den einen Gesamtschuldner verurteilt hat, die Klage gegen den anderen Gesamtschuldner aber abgewiesen hat und wenn der verurteilte Gesamtschuldner und der Kläger Rechtsmittel einlegen, letzterer im Umfang der Klagabweisung.

38 **Nebenforderung:** Wenn ein Rechtsmittel eine Nebenforderung betrifft, darf man diese nach §§ 43 I, 48 I, § 4 ZPO, § 48 Anh I niemals neben der gleichfalls in die Rechtsmittelinstanz gelangten Hauptforderung berücksichtigen. Geht es nur noch um die Nebenforderung, kann sie maßgeblich sein, Köln RR **89**, 1215.
Teilsieg: Wenn das Gericht den Klaganspruch teils zugesprochen, teils abgewiesen hat, muß man wegen der Verschiedenheit stets zusammenrechnen.
Mehrere Teilurteile: S „Verschiedene Urteile".

39 **Verschiedene Urteile:** *Nicht* dasselbe Rechtsmittelverfahren liegt beim Angriff gegen verschiedene Urteile vor, auch gegen mehrere Teilurteile nach § 301 ZPO. Es kommt dann allenfalls eine Prozeßverbindung nach § 147 ZPO infrage.
Wiederholung: *Nicht* dasselbe Verfahren beginnt bei einer Rechtsmittelwiederholung gegen dasselbe Urteil durch dieselbe Partei. Es kommt dann allenfalls eine Prozeßverbindung nach § 147 ZPO infrage.

§ 45 GKG

9) Hilfsaufrechnung, III. Man muß die Hilfsaufrechnung nach BLAH § 145 **40** ZPO Rn 13 und den in I 2 geregelten Hilfsanspruch unterscheiden, ferner den Gebühren- und den Zuständigkeitswert, AG Grevenbroich JB **11**, 32. Zur Systematik Kanzlsperger MDR **95**, 883; Madert, Der Streitwert bei der Eventualaufrechnung usw, Festschrift für Schmidt (1981) 67; Schneider MDR **84**, 196.

A. Grundsatz: Möglichkeit einer Wertaddition. I 2 hat eine endgültige Abkehr von der früheren einhelligen Rechtsprechung vorgenommen, wonach keine Streitwertaddition zulässig war. Deshalb sind die zum früheren Recht ergangenen Entscheidungen überholt, BGH (GSZ) **59**, 17. Vielmehr knüpft III an BGH **48**, 212 und die diesem folgende Rechtsprechung und Lehre an.

I 2 ist *auf die Hilfsaufrechnung unanwendbar*, Zweibr Rpfleger **85**, 328, aM Ffm JB **41** 80, 1544 (aber dann gilt III).

Wegen der *Hilfswiderklage* Rn 28, 50. Eine Erhöhung des Streitwerts um den Wert der Aufrechnungsforderung erfolgt nur dann, wenn die folgenden Voraussetzungen zusammentreffen, Schlesw SchlHA **81**, 189. Dabei kommt es nur im Verhältnis zum Hilfsaufrechnenden zur etwaigen Werterhöhung, aM KG MDR **09**, 586 (aber nur *seine* Parteiprozeßhandlung nach BLAH Grdz 47 vor § 128 ZPO gibt Veranlassung).

B. Wirkliche Aufrechnung. Es muß sich um eine echte Aufrechnung nach **42** §§ 387ff BGB handeln, BGH NZM **04**, 423, also um einen ausreichend bezifferten Anspruch mit einem von der Klageforderung unabhängigen Wert, BGH NJW **94**, 1538, Düss MDR **99**, 957, KG JB **00**, 419, aM Düss BauR **97**, 888. Die Aufrechnung mag vor gerade diesem Prozeß oder während gerade dieses Prozesses erfolgt sein, Mü JB **17**, 636.

C. Beispiele zur Frage einer wirklichen Aufrechnung, III **43**

Bürgschaft: *Keine* Aufrechnung besteht bei einer Aufrechnung des Bürgen mit einer Gegenforderung nur des Hauptschuldners.

Einrede, Einwendung: *Keine* Aufrechnung besteht bei einer bloßen Einrede oder Einwendung des Bekl, BGH NJW **11**, 541, Düss MDR **99**, 957.

S auch „Mängelrüge", „Nichterfüllung", „Schlechterfüllung".

Kontokorrent: *Keine* Aufrechnung besteht bei einer solchen mit nur einer einzelnen Gegenforderung gegen eine Saldoklage aus einem Kontokorrent, BGH RR **97**, 1157.

Mängelrüge: Eine Aufrechnung besteht im Ergebnis bei einem Vorgehen des Bekl nach (jetzt) § 634 Z 2 BGB (Mangelbeseitigung usw), Düss AnwBl **84**, 614, aM Mü MDR **87**, 670 (aber auch eine Mängelrüge kann auf dasselbe hinauslaufen).

Keine Aufrechnung besteht evtl bei einer bloßen solchen Rüge des Bekl, BGH NJW **11**, 541, Hamm RR **06**, 457, KG RR **00**, 757.

S auch „Einrede, Einwendung", „Schadensersatzanspruch".

Minderung: *Keine* Aufrechnung besteht bei einer Minderung durch den Bekl, Düss AnwBl **84**, 614.

Nichterfüllung: *Keine* Aufrechnung besteht bei der Einrede der Nichterfüllung eines Vertrags, BGH FamRZ **09**, 1664 links oben, Düss MDR **01**, 113.

S auch „Einrede, Einwendung".

Pfandrecht: *Keine* Aufrechnung besteht bei der Geltendmachung eines Pfandrechts durch den Bekl, soweit er wegen dieses Rechts keine Widerklage nach BLAH Anh § 253 ZPO erhoben hat.

Prozeßvoraussetzung: *Keine* (Hilfs-)Aufrechnung besteht dann, wenn sich der Bekl in erster Linie nur mit der Rüge des Fehlens einer Prozeßvoraussetzung nach BLAH Grdz 12ff vor § 253 ZPO verteidigt, Karlsr MDR **98**, 1249 (internationale Unzuständigkeit).

Schadensersatzanspruch: *Keine* Aufrechnung besteht bei einem Schadensersatzspruch des Bekl im Zusammenhang mit einer Mängelrüge, BGH NJW **11**, 541, KG RR **00**, 757.

S auch „Mängelrüge".

Schlechterfüllung: *Keine* Aufrechnung besteht bei der Einrede der Schlechterfüllung eines Vertrags, BGH FamRZ **09**, 1664 links oben, Düss MDR **01**, 113.

S auch „Einrede, Einwendung".

Selbständiges Beweisverfahren: *Keine* Aufrechnung ist ein bloßer Gegenantrag nach BLAH § 487 ZPO Rn 8, LG Osnabr JB **98**, 548.
Überzahlung: *Keine* Aufrechnung besteht bei der Geltendmachung einer Überzahlung, KG JB **00**, 419.
Verzug: Eine Aufrechnung kann wegen eines Verzugs bestehen, Hamm JB **05**, 541.
Vollstreckungsabwehrklage: Eine (Hilfs-)Aufrechnung kann *neben* anderen Einwendungen in einer solchen Klage nach § 767 ZPO erfolgen, Düss MDR **99**, 1092, LG Marb JB **02**, 533.
Zurückbehaltungsrecht: *Keine* Aufrechnung besteht bei der Ausübung eines solchen Rechts, BGH RR **05**, 367.

44 **D. Bloße Hilfsaufrechnung.** Mindestens *ein* Bekl darf die zur Aufrechnung gestellte Forderung lediglich nach BLAH § 145 ZPO Rn 13 hilfsweise geltend gemacht haben, BGH NZM **04**, 423, Hbg JB **09**, 645, KG JB **09**, 314. Er muß also in erster Linie die Hauptforderung bestritten haben, Drsd MDR **99**, 119, Düss BauR **10**, 938, Mü JB **17**, 636, sei es auch nur wegen einer Einwendung, LG Erfurt JB **97**, 584. Wenn er dann mit einer unstreitigen Gegenforderung aufrechnet, bleibt das eine bloße Hilfsaufrechnung, Düss BauR **10**, 938. Man muß seine Erklärungen wie sonst nach BLAH Grdz 51, 52 vor § 128 ZPO auslegen, Köln JB **96**, 645. Eine Hauptaufrechnung macht III vom Zeitpunkt ihrer Erklärung an unanwendbar, Drsd MDR **99**, 120, Karlsr MDR **95**, 643, Köln FamRZ **92**, 1461, aM Ffm RR **86**, 1064, Hamm JB **02**, 316 (schon vorher), Schneider MDR **89**, 302 (aber erst die Aufrechnungserklärung gibt einen Anlaß zur Beschäftigung mit der Aufrechnungsforderung).

III ist also auch dann *unanwendbar*, wenn auf eine zunächst nur hilfsweise Anrechnung nun eine Hauptaufrechnung folgt, BGH RR **99**, 1736, Hamm JB **02**, 316, Karlsr RR **99**, 223. Das gilt auch dann, wenn der Bekl bei einer Unzulässigkeit seiner Hauptaufrechnung diese Aufrechnungsforderung durch eine Hilfswiderklage nach Rn 28 geltend macht, BGH RR **99**, 1736.

Etwas anderes gilt dann, wenn zur Haupt- eine *Hilfsaufrechnung mit einer anderen Forderung* tritt. Dann erfolgt in der geltend gemachten Reihenfolge eine Zusammenrechnung, BGH MDR **92**, 307, Karlsr MDR **89**, 921, LG Erfurt JB **97**, 535. Dabei bleibt freilich die erste, unbedingte Aufrechnung unberücksichtigt, falls mehrere hilfsweise gestaffelte Gegenforderungen folgen, BGH **73**, 249, Köln VersR **92**, 1027, Zweibr Rpfleger **85**, 328.

45 **E. Streitigkeit und Entscheidungsbedürftigkeit der Hilfsaufrechnung.** Die zur Hilfsaufrechnung gestellte Forderung muß entweder von vornherein streitig gewesen oder doch im Lauf des Rechtsstreits streitig geworden sein, BGH NZM **04**, 423, Hamm MDR **00**, 296, sei es wegen einer angeblichen Unzulässigkeit, sei es wegen einer angeblichen Unbegründetheit der Hilfsaufrechnung. § 15 stellt auf jeden dieser Fälle ab.

Es kommt also auch *nicht* darauf an, ob der *Kläger* die Hilfsaufrechnung für *unzulässig* oder für *unbegründet* hält. Denn III berücksichtigt die Mehrarbeit des Gerichts infolge der Hilfsaufrechnung, Saarbr AnwBl **80**, 155, Zweibr Rpfleger **85**, 328. Eine solche Mehrarbeit kann auch schon durch die von Amts wegen erforderliche vorrangige Prüfung der Zulässigkeit der Hilfsaufrechnung entstehen.

Es muß auch ein *Entscheidungsbedürfnis* über die Hilfsaufrechnung bestehen. Daran fehlt es, solange das Gericht den Hauptanspruch nicht abgewiesen hat, BGH RR **99**, 1157.

46 **F. Rechtskraftfähige Entscheidung.** Über die streitige Hilfsaufrechnung muß eine der inneren und nicht nur einer formellen Rechtskraft nach § 705 ZPO, sondern auch der inneren nach § 322 II ZPO fähige Entscheidung ergangen sein, BGH NJW **09**, 232 (krit Hansens AnwBl **09**, 205), Düss BauR **10**, 938, Köln VersR **96**, 125. Maßgeblich ist das Urteil, Karlsr MDR **95**, 643, auch das Urkunden- oder Scheckvorbehaltsurteil nach §§ 599, 605a ZPO usw, nicht der überdies noch etwa höhere Vergleich, Ffm MDR **80**, 64, Köln JB **79**, 566, LAG Bln JB **01**, 253, aM Celle BauR **11**, 886, Mü JB **98**, 260 (aber er ist keine „Entscheidung"). Das Gericht muß sich im Urteil mit der hilfsweisen Aufrechnung beschäftigt haben. Maßgeblich ist auch nicht die Aufrechnungserklärung, BGH RR **97**, 1157, Düss RR **98**, 643, Schlesw SchlHA **83**, 198. Schon gar nicht maßgeblich ist eine Durchsetzbarkeit des

Abschnitt 7. Wertvorschriften § 45 GKG

Hilfsaufrechnungsanspruchs, aM Ffm MDR **81**, 57 (aber es kommt eben nur auf die innere Rechtskraft der Entscheidung an).
Es kommt für den erstinstanzlichen Wert nur auf die Entscheidung *dieser* ersten Instanz an, BGH Rpfleger **87**, 38, Ffm MDR **01**, 776, LG Kassel RR **92**, 831, aM Mü MDR **90**, 934, Schlesw SchlHA **83**, 61 (aber der Wert richtet sich nur nach der jeweiligen Entscheidung). Es darf zB nicht in Wahrheit nur um das Entstehen der Klageforderung gehen, BGH RR **00**, 285, KG VersR **81**, 860, Köln MDR **79**, 413.

G. Beispiele zur Frage einer ausreichenden Entscheidung, III   47

Aufrechnungserklärung: *Nicht* ausreichend ist die bloße Aufrechnungserklärung, BGH RR **97**, 1157, Düss RR **98**, 643, Schlesw SchlHA **83**, 198.
Beschwer: Wegen ihrer Feststellung BAG DB **76**, 444.
Keine Erörterung: *Nicht* ausreichend ist eine Klagabweisung ohne erkennbare Erörterung der Hilfsaufrechnung.
„Gleichlauf": *Nicht* ausreichend ist es, zB beim Werklohn einen Mangel als Hauptverteidigung mit Noch-Nicht-Fälligkeit und hilfsweise als Aufrechnung darzustellen, KG RR **15**, 319.
Höhe: Nach § 322 II ZPO ist eine Entscheidung, daß die Gegenforderung nicht bestehe, nur bis zur Höhe desjenigen Betrags der inneren Rechtskraft fähig, für den die Aufrechnung erfolgt, BGH NJW **98**, 995, Düss MDR **96**, 1299, Karlsr MDR **95**, 493.
Insolvenz: Man kann die zur Hilfsaufrechnung gestellte Forderung auch dann bis zur vollen Höhe der ursprünglichen Klageforderung zulassen, wenn der Kläger im Prozeß im Insolvenzverfahren zu einer Feststellungsklage nach § 256 ZPO übergegangen ist und wenn das Prozeßgericht den Wert dieses Feststellungsantrags mit 10% der Ursprungsforderung festgesetzt hat, Schlesw SchlHA **81**, 189.
Instanz: Ausreichend ist die Entscheidung gerade dieser ersten Instanz, BGH Rpfleger **87**, 38, Ffm MDR **01**, 776, LG Kassel RR **92**, 831, aM Mü MDR **90**, 934, Schlesw SchlHA **83**, 61 (aber der Wert richtet sich nur nach der jeweiligen Entscheidung).
Klagerücknahme: *Nicht* ausreichend ist eine Klagerücknahme nach § 269 ZPO im Anschluß an eine Hilfsaufrechnung.
Mehrheit von Aufrechnungen: Bei einer Mehrheit von Aufrechnungsforderungen kommt es ebenfalls nur diejenigen an, über die das Gericht mit einer inneren Rechtskraft nach § 322 II ZPO entscheidet, BGH NJW **92**, 912, Düss BauR **10**, 938 (ausf). Dabei ist diejenige Reihenfolge maßgeblich, die der Bekl angibt, auch hier natürlich nur bis zur Höhe der Klageforderung, BGH NJW **98**, 995, Ffm JB **80**, 1544, von König JB **01**, 235.
Substantiierung: Ausreichend ist es, daß das Gericht die Hilfsaufrechnung als nicht genügend nach BLAH § 253 ZPO Rn 32 substantiiert erklärt hat, BGH NJW **94**, 1538, Kblz JB **02**, 197.
Unentschiedenheit: *Nicht* ausreichend ist es, daß das Gericht in einem Vorbehaltsurteil nach §§ 302, 599 ZPO die Entscheidung über die Hilfsaufrechnung offengelassen hat.
Unzulässigkeit: *Nicht* ausreichend ist grds eine Bezeichnung der Hilfsaufrechnung als unzulässig, BGH NJW **01**, 3616, Drsd JB **03**, 475, Düss WoM **97**, 428, aM Düss JB **82**, 265, Köln JB **82**, 245.
Urteil: Ausreichend ist natürlich das Urteil nach § 313 ZPO, Karlsr MDR **95**, 643.
Versäumnisurteil: Ausreichend ist ein Versäumnisurteil zB nach §§ 331 ff ZPO, aM KG JB **98**, 652 (aber auch dieses ist der inneren Rechtskraft fähig, BLAH § 322 ZPO Rn 1).
Verspätung: Ausreichend ist die Zurückweisung des Vortrags als verspätet, zB nach § 296 ZPO, Ffm MDR **84**, 239.
Vollstreckbarkeit: *Nicht* ausreichend ist eine Durchsetz- oder Vollstreckbarkeit des Hilfsaufrechnungsanspruchs, aM Ffm MDR **81**, 57 (aber es kommt eben nur auf die innere Rechtskraft der Entscheidung an, Rn 46).
Vorbehaltsurteil: Ausreichend ist auch ein solches Urteil zB nach §§ 302, 599 ZPO.
S aber auch „Unentschiedenheit".

48 H. **Rechtsmittelinstanz.** In ihr kommt es darauf an, ob das Vordergericht oder das Rechtsmittelgericht über die Hilfsaufrechnung entschieden hatte, BGH Rpfleger **87**, 38, Brdb JB **06**, 596, Ffm RR **01**, 1653, aM Jena MDR **02**, 480, Stgt RR **05**, 507, Lappe Rpfleger **95**, 401 (aber aus der Frage, wer entschieden hat, leitet sich der Wert ab).

49 Eine *Verwerfung des Rechtsmittels* reicht nicht aus, KG MDR **90**, 259, aM ZöHe § 3 ZPO Rn 16 „Aufrechnung" (aber das ist keine Fachentscheidung). Wird infolge einer Rechtsmittelrücknahme zB nach § 516 ZPO die erstinstanzliche Entscheidung über die Hilfsaufrechnung rechtskräftig, erhöht sich der Kostenstreitwert der Rechtsmittelinstanz nicht, Brdb JB **06**, 596, Köln JB **95**, 485. Nimmt der Bekl sein Rechtsmittel vor der Entscheidung zurück, ergeht keine solche über seine Hilfsaufrechnung, Köln JB **95**, 144.

50 **10) Vergleich, IV.** Bei einer Erledigung des Rechtsstreits durch einen Vergleich gelten I 1, 3 entsprechend, LAG Bln NZA-RR **04**, 374, VGH Mü NVwZ-RR **04**, 620, ArbG Nürnb MDR **04**, 907. Dasselbe gilt für I 2, LAG Ffm NZA-RR **15**, 663. Vgl auch § 48 Anh I: § 3 ZPO Rn 127, 128 „Vergleich". Es kommt zB darauf an, ob die Parteien einen Hilfsanspruch mitgeregelt haben, Düss JB **10**, 424, KG MDR **04**, 56, Mü MDR **98**, 680. Auch ein außergerichtlicher Vergleich kann IV anwendbar machen, Mü JB **98**, 260, aM Karlsr MDR **13**, 424 LAG Bln JB **01**, 253 (aber auch er kann den bisherigen Streit mitbeenden).

46 (weggefallen)

Rechtsmittelverfahren

47 [I] [1]Im Rechtsmittelverfahren bestimmt sich der Streitwert nach den Anträgen des Rechtsmittelführers. [2]Endet das Verfahren, ohne dass solche Anträge eingereicht werden, oder werden, wenn eine Frist für die Rechtsmittelbegründung vorgeschrieben ist, innerhalb dieser Frist Rechtsmittelanträge nicht eingereicht, ist die Beschwer maßgebend.

[II] [1]Der Streitwert ist durch den Wert des Streitgegenstands des ersten Rechtszugs begrenzt. [2]Das gilt nicht, soweit der Streitgegenstand erweitert wird.

[III] Im Verfahren über den Antrag auf Zulassung des Rechtsmittels und im Verfahren über die Beschwerde gegen die Nichtzulassung des Rechtsmittels ist Streitwert der für das Rechtsmittelverfahren maßgebende Wert.

Gliederung

1) Systematik, Regelungszweck, I–III	1
2) Geltungsbereich, I–III	2
3) Maßgeblichkeit des Antrags, I 1	3, 4
A. Frist, Auslegung	3
B. Beschränkung, Rücknahme	4
4) Beschwer, I 2	5–7
A. Kein rechtzeitiger Antrag	5
B. Überhaupt kein Antrag	6
C. Berechnung der Beschwer	7
5) Begrenzung des Streitwerts, II	8, 9
A. Grundsatz: Erstinstanzlicher Wert als Obergrenze, II 1	8
B. Ausnahme: Erweiterung des Streitgegenstands, II 2	9
6) Rechtsmittelzulassung, III	10

1 **1) Systematik, Regelungszweck, I–III.** Die Vorschrift ergänzt §§ 48, 52 usw und knüpft zwecks einer Prozeßwirtschaftlichkeit nach BLAH Grdz 14 vor § 128 ZPO an die Anträge an, hilfsweise an die Beschwer nach Rn 7. § 62 S 1 Hs 2 kann zu einer Abweichung des Rechtsmittel-Zulässigkeitswerts vom Rechtsmittel-Kostenwert führen, BFH BB **77**, 1034.

2 **2) Geltungsbereich, I–III.** Die Vorschrift gilt in allen Rechtsmittelverfahren (Berufung, einfache und sofortige Beschwerde, Revision, Sprungrevision, Rechtsbeschwerde, Erinnerung, Gegenvorstellung, Anschlußrechtsmittel usw). Sie gilt nach § 1 Z 2–5 auch im WEG-Streitverfahren, (zum alten Recht) LG Köln WoM **89**, 661, und im Verfahren des ArbGG, der FGO, des SGG oder VwGO.

§ 47 GKG

3) Maßgeblichkeit des Antrags, I 1. Im Rechtsmittelverfahren ist für den Streitwert grundsätzlich der gestellte Antrag des Rechtsmittelführers maßgeblich, BGH WertpMitt **13**, 2098 rechts, BVerwG JB **95**, 255, Stgt FPR **08**, 121, aM Mü JB **92**, 252 (bei einer Absicht, I 2 zu umgehen). Das entspricht der Erkenntnis, daß sich das Interesse des Rechtsmittelführers von demjenigen der übrigen Prozeßbeteiligten unterscheiden kann, BVerwG Rpfleger **89**, 129. Bei einem unveränderten Streitgegenstand nach BLAH § 2 ZPO Rn 4 bleibt es freilich grundsätzlich beim erstinstanzlichen Streitwert, BGH NJW **99**, 2516, BVerwG Rpfleger **89**, 129, Hamm JB **05**, 598, aM Düss MDR **75**, 1027. Der Wert der angefochtenen Entscheidung ist grundsätzlich unbeachtlich. Es ist kostenrechtlich ebenso unerheblich, ob der Antrag prozeßrechtlich zulässig und begründet ist, BFH BStBl II **75**, 304, Mü MDR **04**, 966, Rostock MDR **07**, 1398.

A. Frist, Auslegung. Der Rechtsmittelführer braucht einen Antrag nach §§ 520 III Z 1, 551 III Z 1 ZPO, 120 II 2 FGO, 139 II 2 VwGO erst am Ende der Rechtsmittelbegründungsfrist zu stellen. Das übersieht BGH FamRZ **10**, 365 (Eingang des Rechtsmittels). Bis zum Ablauf der Begründungsfrist bleibt der Streitwert also evtl ungeklärt. Das Gericht kann Kosten der Rechtsmittelinstanz nach § 6 allerdings schon dann einfordern, wenn die Rechtsmittelschrift usw eingeht.

Man muß für den Streitwert einen unklaren Antrag nach dessen Begründung *auslegen*, BGH NJW **92**, 2970, BFH BStBl II **77**, 306. Ein eindeutiger Antrag ist aber für den Kostenstreitwert auch dann bindend, wenn seine Begründung eine in Wahrheit geringere Beschwer ergibt, Schneider MDR **75**, 1028, aM Düss MDR **75**, 1027, Hamm JB **77**, 705 (aber die Vorschrift stellt eben auf den Antrag ab). Anders ist es bei der Ermittlung der Zulässigkeit des Rechtsmittels, BGH BB **76**, 815.

B. Beschränkung, Rücknahme. Soweit der Rechtsmittelführer das Rechtsmittel ohne eine Antragsstellung einlegt und es dann auf einen geringfügigen Betrag beschränkt oder zB nach § 516 ZPO zurücknimmt, bleibt es bei der Maßgeblichkeit des (ersten) Antrags, BGH WertMitt **13**, 2098 rechts, und liegt nicht stets ein Rechtsmißbrauch nach BLAH Einl III 54 vor, jedenfalls nicht, soweit das Gesetz eine derart lange Überlegungsfrist gestattet, Bbg JB **78**, 891, Hamm MDR **79**, 591, Schlesw SchlHA **88**, 192. Freilich kann ein offensichtlicher krasser Fall einen Rechtsmißbrauch bedeuten und dann den reduzierten Antrag deshalb unerheblich machen, weil es dem Rechtsmittelführer in Wahrheit nicht um eine Sachentscheidung des Rechtsmittelgerichts geht, BGH RR **98**, 335, Düss JB **01**, 642, Schlesw JB **04**, 141. Das Gericht darf und muß evtl im Rahmen des § 63 zB durch Fragen klären.

4) Beschwer, I 2. Die Beschwer nach Rn 7 ist für den Kostenstreitwert maßgebend, wenn eine der folgenden Situationen vorliegt, Schulte MDR **00**, 807. Mangels einer Beschwer gilt der Mindestwert nach § 34 S 1.

A. Kein rechtzeitiger Antrag. Das Gesetz muß für die Rechtsmittelbegründung zB nach § 520 II ZPO eine Frist vorgeschrieben haben und der Rechtsmittelführer muß innerhalb dieser Frist keine Rechtsmittelanträge eingereicht haben, Bbg JB **76**, 483, LG Köln WoM **89**, 661. Einreichung ist der Eingang im Gericht, Bbg JB **76**, 483. Ein späterer Antrag mit einem geringeren Wert bleibt außer Betracht, BGH **70**, 365.

B. Überhaupt kein Antrag. Das Rechtsmittelverfahren mag auch geendet haben, ohne daß der Rechtsmittelführer überhaupt einen Rechtsmittelantrag nach Rn 5 eingereicht hat, LG Köln WoM **89**, 661. Das ist zB dann so, wenn sich die Sache innerhalb der Rechtsmittelfrist durch eine Rechtsmittelrücknahme zB nach § 516 ZPO erledigt hat, KG MDR **11**, 880 (auch nach einem Anerkenntnis), Köln MDR **84**, 766, Zweibr MDR **08**, 1244, oder durch einen Vergleich oder durch die Anordnung des Ruhens des Verfahrens zB nach § 251a ZPO, Ffm JB **91**, 107.

C. Berechnung der Beschwer. Die Beschwer ergibt sich aus dem Vergleich der Anträge des Rechtsmittelführers im vorigen Rechtszug und aus dem dort erzielten Ergebnis, BGH RR **07**, 138, KG MDR **11**, 880, Zweibr MDR **08**, 1244. Dabei kann ein Wechselkurs maßgeblich sein, FamRZ **10**, 365. Es mag zB nur noch um eine Zug-um-Zug-Gegenleistung gehen. Bei einer Rechtsmittelbeschränkung wegen der Erledigung der Hauptsache vor der Einlegung des Rechtsmittels ist dieselbe Berechnung notwendig. Denn der Rechtsmittelführer beabsichtigt dann im Umfang der Rechtsmittelbeschränkung keine Urteilsänderung mehr. I 2 stellt nur klar, daß sich der Kostenstreitwert beim Fehlen oder bei der Verspätung einer Rechtsmittelbeschränkung nach dem ganzen Umfang des Unterliegens in der Vorinstanz richtet, Bbg FamRZ **97**, 38 oben.

Bei *Streitgenossen* nach §§ 59 ff ZPO und bei einer Abweisung durch mehrere Teilurteile nach § 301 ZPO gilt für jedes Rechtsmittel trotz der Gesamtschuldnerhaftung der volle Wert als Beschwer. Es kommt nicht darauf an, wie der Rechtsmittelführer sein Rechtsmittel bezeichnet hat, sondern darauf, als welches Rechtsmittel das Gericht die Eingabe behandelt hat, Hamm JB **92**, 891.

8 **5) Begrenzung des Streitwerts, II.** Einem Grundsatz stehen Ausnahmen gegenüber.

A. Grundsatz: Erstinstanzlicher Wert als Obergrenze, II 1. Im Rechtsmittelverfahren ist der Kostenstreitwert grundsätzlich durch den Wert des Streitgegenstands des 1. Rechtszugs nach BLAH § 2 ZPO Rn 4 begrenzt, BGH FamRZ **03**, 1274 links Mitte, BVerwG JB **93**, 738 (auch zu einer Ausnahme bei II 1), Mü NJW **06**, 383. Maßgeblich ist zunächst die erstinstanzliche Wertfestsetzung nach § 63 I 1, 2 oder II. Das Rechtsmittelgericht darf und muß sie evtl nach § 63 III ändern. Es ist nicht etwa die sachlichrechtliche Beschwer auch für den Kostenstreitwert maßgeblich.

Dieser Grundsatz gilt auch dann, wenn zB der *Wert* des unveränderten Streitgegenstandes *steigt,* aM BGH RR **98**, 1452 (aber der Wortlaut von II 1 ist eindeutig anders), oder wenn das Interesse des Beigeladenen nach der VwGO von dem Interesse des Klägers abweicht oder wenn es um ein Rechtsmittel des Klägers geht, aM BVerwG Rpfleger **89**, 171 (aber der Wortlaut von II 1 ist eben eindeutig, BLAH Einl III 39). Beim Verstoß gilt § 21, dort Rn 15 „Antragsüberschreitung".

9 **B. Ausnahme: Erweiterung des Streitgegenstands, II 2.** Die Vorschrift läßt sich verfassungsgemäß auslegen, Mü NJW **06**, 383. Die Begrenzung durch den Wert der Vorinstanz gilt ausnahmsweise nicht, soweit der Streitgegenstand im Rechtsmittelverfahren eine Erweiterung erfährt, Mü NJW **06**, 383. Dann ist der Streitwert des Rechtsmittelverfahrens ebenso hoch wie der Wert des Streitgegenstands nach seiner Erweiterung, BGH RR **98**, 572 (auch zu den Grenzen). Das kann durch eine Klagerweiterung nach §§ 263, 264 ZPO unabhängig von ihrer etwaigen Unzulässigkeit geschehen, BFH AnwBl **79**, 113, Celle FamRZ **09**, 74. Es kann auch dadurch erfolgen, daß zB das Berufungsgericht nach einem erstinstanzlichen bloßen Auskunftsurteil die Stufenklage nach § 254 ZPO jetzt ganz abweist, BGH RR **92**, 1021. Wenn dagegen innerhalb desselben Rechtszugs eine Werterhöhung stattfindet, bleibt diese nach § 40 unbeachtet. II 2 gilt nach Rn 2 entsprechend auch dann, wenn es nur noch um eine Folgesache geht.

10 **6) Rechtsmittelzulassung, III.** Im Verfahren über die Zulassung oder Nichtzulassung eines Rechtsmittels zB nach § 544 ZPO und dann im Beschwerdeverfahrens gegen die Nichtzulassung ist Streitwert jeweils der für das Rechtsmittelverfahren maßgebende Wert. Es gelten also wiederum I, II, folglich in erster Linie die Anträge auf eine Zulassung bzw auf eine Aufhebung der Nichtzulassung, sonst (I 2) die Beschwer, Madert NJW **98**, 581, Otto JB **97**, 286.

Unterabschnitt 2. Besondere Wertvorschriften

Übersicht

Gliederung

1) Systematik	1
2) Regelungszweck	2
3) Geltungsbereich	3
4) Gebührenfreiheit	4–6
A. Grundsatz: Gebührenpflicht nur bei gesetzlicher Regelung	4
B. Beispiele zur Frage einer Gebührenfreiheit	5, 6
5) Entstehung	7, 8

1 **1) Systematik.** Man kann die Gebühren ihrer Art nach einteilen in Verfahrensgebühren, die ein Verfahren besteuern, also den ganzen Prozeß oder einen in sich abgeschlossenen Teil des Prozesses, und Aktgebühren, die aus der Vornahme einer einzel-

Abschnitt 7. Wertvorschriften　　　　　　　　**Übers § 48 GKG**

nen Prozeßhandlung nach BLAH Grdz 46 vor § 128 ZPO entstehen. Das GKG kennt beide Arten.

2) Regelungszweck. Die Gebührenregelung des GKG beruht aus Vereinfachungs- 2
gründen auf dem Pauschalsystem nach Einl II A 9. Es wird also nicht eine Gebühr durch eine Reihe gleichartiger Handlungen fällig, sondern alle diese Handlungen gilt dieselbe ohne Rücksicht auf die Arbeitslast erhobene Gebühr ab. Die übrigen Prozeßhandlungen bleiben unbesteuert.

3) Geltungsbereich. §§ 48 ff regeln die Wertberechnung in den nach der ZPO, 3
der VwGO, dem SGG und der FGO behandelten Angelegenheiten. Für die Höhe der Gebühren und für die Bemessung der Auslagen gilt das KV. Aus dem Rahmen des Abschnitts fällt die Verzögerungsgebühr des § 38.

4) Gebührenfreiheit. Ein Grundsatz hat vielfältige Auswirkungen. 4

A. Grundsatz: Gebührenpflicht nur bei gesetzlicher Regelung. Soweit das GKG keine Gebühr vorsieht, ist der Akt nach § 1 Rn 16, 17 gebührenfrei oder gilt ihn eine anfallende Verfahrensgebühr auch mit ab.

B. Beispiele zur Frage einer Gebührenfreiheit 5
Ablehnung: Die Entscheidung über die Ablehnung einer Gerichtsperson zB nach §§ 42 ff ZPO ist gebührenfrei.
Berichtigung: Rn 6 „Urteilsberichtigung".
Erinnerung: Das Verfahren nach § 766 ZPO ist gebührenfrei.
Feiertag: Rn 6 „Zustellung".
Kostenfestsetzungsverfahren: Dasjenige zB nach §§ 103 ff ZPO ist gebührenfrei.
Nachtzeit: Rn 6 „Zustellung".
Notfristzeugnis: Seine Erteilung nach § 706 ZPO ist gebührenfrei.
Ordnungsmittel: Die Entscheidung über die Verhängung eines Ordnungsmittels gegenüber einem Zeugen oder Sachverständigen zB nach §§ 380, 409 ZPO ist gebührenfrei.
Prozeßkostenhilfeverfahren: Die Bewilligung der Prozeßkostenhilfe nach § 119 ZPO ist gebührenfrei.
Prozeß- und Sachleitung: Diejenige zB nach § 136 ZPO ist gebührenfrei.
Rechtskraftzeugnis: Seine Erteilung nach § 706 ZPO ist gebührenfrei.
Sicherheitsleistung: Die Entscheidung über die Rückgabe einer Sicherheitsleistung zB nach § 109 ZPO ist gebührenfrei.
Sonntag: Rn 6 „Zustellung".
Urteilsberichtigung: Diejenige zB nach § 319 ZPO ist gebührenfrei. 6
Verweisung: Die Entscheidung über eine Verweisung an ein anderes Gericht zB nach § 281 ZPO ist gebührenfrei.
 Etwas anderes gilt für die im bisherigen Verfahren entstandenen Kosten, § 281 III ZPO.
Verzögerungsgebühr: Die Entscheidung über die Verhängung einer Verzögerungsgebühr nach § 38 ist gebührenfrei.
 Nur *sie selbst* muß man natürlich bezahlen.
Vollstreckbare Ausfertigung: Die Erteilung einer weiteren vollstreckbaren Ausfertigung nach §§ 724 ff ZPO ist gebührenfrei.
Vollstreckungserinnerung: Rn 5 „Erinnerung".
Vollstreckungsersuchen: Ein solches Ersuchen an eine Behörde ist gebührenfrei.
Vollstreckungsklausel: Die Erteilung der Klausel nach §§ 724 ff ZPO ist gebührenfrei.
Zustellung: Das Verfahren über die Bewilligung einer Zustellung an einem Sonn- oder Feiertag oder zur Nachtzeit zB nach §§ 758, 758a ZPO ist gebührenfrei.

5) Entstehung. Das Entstehen der Gebühr ergibt sich stets aus der Handlung einer 7
Partei nach BLAH Grdz 4 vor § 50 ZPO oder eines Beteiligten oder des Gerichts. Eine Vorschußpflicht besteht für Gebühren nicht. Etwas anderes gilt für Auslagen nach KV 9000 ff. Es besteht aber nach Üb 5 vor § 22 regelmäßig eine Vorwegleistungspflicht.
 Jede Gebühr entsteht in derselben Instanz *nur einmal.* Der Begriff der Instanz ist 8
nach § 35 nicht derselbe wie im Zivilprozeß. Neben der Verfahrensgebühr entsteht im Zivilprozeß nur ausnahmsweise eine andere Gebühr. Die Mahngebühr ist im Grunde eine ermäßigte Verfahrensgebühr.

GKG § 48 I. A. Gerichtskostengesetz

Bürgerliche Rechtsstreitigkeiten

48 I ¹In bürgerlichen Rechtsstreitigkeiten richten sich die Gebühren nach den für die Zuständigkeit des Prozessgerichts oder die Zulässigkeit des Rechtsmittels geltenden Vorschriften über den Wert des Streitgegenstands, soweit nichts anderes bestimmt ist. ²In Rechtsstreitigkeiten aufgrund des Unterlassungsklagengesetzes darf der Streitwert 250 000 Euro nicht übersteigen.

II ¹In nichtvermögensrechtlichen Streitigkeiten ist der Streitwert unter Berücksichtigung aller Umstände des Einzelfalls, insbesondere des Umfangs und der Bedeutung der Sache und der Vermögens- und Einkommensverhältnisse der Parteien, nach Ermessen zu bestimmen. ²Der Wert darf nicht über eine Million Euro angenommen werden.

III Ist mit einem nichtvermögensrechtlichen Anspruch ein aus ihm hergeleiteter vermögensrechtlicher Anspruch verbunden, ist nur ein Anspruch, und zwar der höhere, maßgebend.

Gliederung

1) Systematik, I–III	1
2) Regelungszweck, I–III	2
3) Geltungsbereich, I–III	3
4) Nichtvermögensrechtliche Streitigkeit, I, II	4–13
A. Grundsatz: Maßgeblichkeit der Rechtsnatur	4
B. Abgrenzung zum vermögensrechtlichen Anspruch	5
C. Beispiele zur Frage eines vermögens- oder nichtvermögensrechtlichen Anspruchs, I, II	6–13
5) Wertberechnung, II	14–19
A. Gesamtabwägung, II 1	14
B. Kein Ausgangswert	15–17
C. Höchstwert, II 2	18
D. Kein Regelwert	19
6) Einzelfaktoren, II 1	20–35
A. Grundsatz: Beachtlichkeit aller Umstände	20–22
B. Umfang der Sache	23
C. Beispiele zur Frage eines Umfangs der Sache, II 1	24, 25
D. Bedeutung der Sache	26, 27
E. Vermögens- und Einkommensverhältnisse	28
F. Beispiele zur Frage der Vermögensverhältnisse, II 1	29–31
G. Beispiele zur Frage der Einkommensverhältnisse, II 1	32–35
7) Verbindung verschiedenartiger Ansprüche, III	36–38

1 **1) Systematik, I–III.** §§ 48 ff enthalten im Anschluß an die allgemeinen Wertvorschriften §§ 39–47 besondere Wertregelungen und damit weitere Grundsätze der Berechnung des Kostenstreitwerts. I verweist auf alle diejenigen Wertvorschriften auch und gerade außerhalb des GKG, die für die Zuständigkeit des Prozeßgerichts oder für die Zulässigkeit eines Rechtsmittels maßgeblich sind. Die wesentlichen Vorschriften dieser Art sind im Anh I, II § 48 zusammengestellt und kommentiert. Hinzu treten zB §§ 511 ff ZPO, BLAH dort.

§§ 3–9 ZPO, 182 InsO dienen zunächst der Ermittlung der *sachlichen Zuständigkeit*. Sie sind daher nach I 1 mit seiner mittelbaren Verweisung nur anwendbar, soweit nicht §§ 48 ff Sondervorschriften enthalten.

II 1 stimmt fast wörtlich, II 2 im Kern mit § 43 I 1, 2 FamGKG überein, Teil I B dieses Buchs.

2 **2) Regelungszweck, I–III.** Die Vorschrift bezweckt zusammen mit den in Anh I, II § 48 usw aufgeführten Bestimmungen eine Klärung, durch welches Nadelöhr der Justiz sich fast ein jedes Gerichtsverfahren zwängen muß. Denn vom Wert hängen zahlreiche Kostenberechnungen entscheidend ab. Die Vielfalt der Lebenssachverhalte bringt oft ganz erhebliche Probleme beim Bemühen um einen „richtigen" Wert mit sich. Die Kostengerechtigkeit erfordert eine feine, oft feinste Aufsplitterung. Das Gebot der Prozeßwirtschaftlichkeit nach BLAH Grdz 14 vor § 128 ZPO fordert eine halbwegs übersehbar bleibende Einfachheit auf diesem Nebenschauplatz des Prozeßrechts, das schon kompliziert genug ist. Das muß man trotz der oft wirtschaftlich erheblichen Auswirkungen bei der Auslegung mitbeachten. Man sollte sich vor einem Streitwertkult mit einem zu ausgeprägten Eigenleben bewahren.

Abschnitt 7. Wertvorschriften § 48 GKG

3) Geltungsbereich, I–III. Die Vorschrift gilt zwingend in bürgerlichrechtlichen 3
Rechtsstreitigkeiten, I. Vor den Arbeitsgerichten gilt § 48 nur, soweit nicht § 42 III
mit seinem Anhang als eine Spezialvorschrift den Vorrang hat. Vor den Gerichten der
Finanz-, Sozial- und Verwaltungsgerichtsbarkeit gilt § 52 mit seinen Anhängen.
Bürgerliche Rechtsstreitigkeiten sind alle solche vor ein ordentliches Gericht gehörenden Rechtssachen, auf die die ZPO anwendbar ist. Weder die Zulässigkeit des
Rechtswegs nach §§ 17aff GVG ist erheblich noch die Ordnungsmäßigkeit des Vorgangs, der die Gebühr zum Entstehen bringt. Es kommt nur auf die äußere Form an.
Familiensachen und Sachen nach § 107 FamFG unterliegen den Wertvorschriften
§§ 33ff FamGKG, Teil I B dieses Buchs.

4) Nichtvermögensrechtliche Streitigkeit, I, II 4

Schrifttum: *Baum,* Vermögensrechtliche und nichtvermögensrechtliche Streitigkeiten
im Zivilprozeß, Diss Bonn 2000; *Gerhardt,* Nichtvermögensrechtliche Streitigkeiten – eine
Besonderheit im Zivilprozeß?, Festschrift für *Schumann* (2001) 133.

A. Grundsatz: Maßgeblichkeit der Rechtsnatur. Wegen II, III und damit mittelbar auch für die sachliche Zuständigkeit, ferner wegen § 708 Z 11 ZPO kommt es oft
auf die Abgrenzung zwischen einem vermögens- und einem nichtvermögensrechtlichen
Anspruch an, aM Gerhardt 146 (eine solche Abgrenzung sei weder erforderlich noch
gerechtfertigt. Die Praxis denkt vielfach anders). Mehrere Ansprüche führen grundsätzlich zur Zusammenrechnung, § 48 Anh I: § 5 ZPO. Eine Ausnahme gilt bei § 46 I 2.
Bei einer Klage und bei einer Widerklage nach BLAH Anh § 253 ZPO gilt § 45.

Für die Frage, ob die eine oder die andere Art von Anspruch vorliegt, kommt es
allein nach dem nach BLAH § 253 ZPO Rn 32 schlüssigen Tatsachenvortrag des
Klägers auf die *Natur desjenigen Rechts* an, für das der Kläger einen Schutz verlangt,
BGH NJW **84,** 1104, Drsd OLGR **05,** 50, KG RR **01,** 1509. Es ist folglich unerheblich, was der Bekl mit seinem Einwand bezweckt. Es können natürlich auch verschiedenartige Ansprüche nebeneinander vorliegen und daher gesondert bewertbar
sein, zB der Anspruch auf die Unterlassung einer Ehrenkränkung und der Anspruch
auf deren Widerruf, LAG Mainz NZA-RR **07,** 542.

B. Abgrenzung zum vermögensrechtlichen Anspruch. Vermögensrechtlich 5
ist jeder Anspruch, der entweder auf einer vermögensrechtlichen Beziehung beruht
oder im wesentlichen wirtschaftlichen Interessen dienen soll, BGH **89,** 200, LAG Bre
AnwBl **84,** 165, LAG Mainz NZA-RR **07,** 542. Hierher gehört natürlich vor allem
derjenige Anspruch, der auf Geld oder Geldeswert geht, BGH **83,** 109, LAG Bre
AnwBl **84,** 165, LAG Mü AnwBl **87,** 287, ohne eine Rücksicht auf den Ursprung
und den Zweck. Deshalb ist ein Unterhaltsanspruch oder ein Unterlassungsanspruch
des gewerblichen Rechtsschutzes immer vermögensrechtlich. Der Anspruch kann
sich zwar auch auf ein nichtvermögensrechtliches Verhältnis gründen. Er ist aber
gleichwohl dann vermögensrechtlich, wenn er eine vermögenswerte Leistung zum
Gegenstand hat, Ffm JB **03,** 644. Der Kostenstreit in einer nichtvermögensrechtlichen Sache ist insoweit vermögensrechtlich, als er zur Hauptsache geworden ist.

Maßgeblicher Zeitpunkt ist der Eingang des verfahrenseinleitenden Antrags. Freilich
ist grundsätzlich § 63 mitbeachtbar. Es kommt aber nicht mehr nur auf den Schluß
der letzten mündlichen Verhandlung nach §§ 136 IV, 296a ZPO an, Meyer 34, aM
Bbg JB **76,** 54. Jede Instanz rechnet gesondert.

C. Beispiele zur Frage eines vermögens- oder nichtvermögensrechtlichen 6
Anspruchs, I, II
Ablehnung: Es kommt auf den Charakter des zugehörigen Hauptverfahrens an,
 Meyer 11, aM Kblz JB **91,** 1509, Köln Rpfleger **87,** 166.
Abmahnung: Vermögensrechtlich ist eine mit einer Kündigungsdrohung verbundene Abmahnung, BAG MDR **82,** 694.
 S auch Rn 11 „Personalakte".
Abstammung: *Nichtvermögensrechtlich* ist eine solche Sache nach §§ 169ff FamFG.
Änderung des Streitgegenstands: Eine solche Änderung kann die Rechtsnatur ändern, zB dann, wenn in einer bisher nichtvermögensrechtlichen Sache wegen übereinstimmender voller wirksamer Erledigterklärungen beider Parteien nach BLAH
 § 91a ZPO Rn 98 die Kosten zur Hauptsache werden, Rn 10 „Kostenstreit".

Arbeitsrecht: Vermögensrechtlich ist ein Freistellungsanspruch, LAG Hamm NZA-RR **11**, 213, LAG Mainz JB **08**, 478. Vermögensrechtlich ist ein Anspruch auf eine andere Berechnung der Arbeitszeit, LAG Stgt JB **09**, 533.

Nichtvermögensrechtlich sind: Ein Anspruch nach § 99 IV BetrVG, LAG Hann AnwBl **84**, 166; meist ein Beschlußverfahren zwischen dem Arbeitgeber und dem Betriebsrat, LAG Hbg NZA **93**, 43 (Mitbestimmung), LAG Mü AnwBl **87**, 287; ein Streit über die Verkürzung der Arbeitszeit LAG Bln MDR **04**, 967, LAG Mü JB **04**, 85; ein Anspruch auf eine Teilzeitarbeit, LAG Mainz MDR **06**, 57; ein Urlaubsstreit, LAG Mainz JB **09**, 431.

S auch „Abmahnung", Rn 8 „Ehre", Rn 11 „Personalakte", „Rufschädigung".
Attest: Seine Herausgabe ist meist *nichtvermögensrechtlich*, AG Mü JB **11**, 261.
Auskunft, dazu *Abel,* Der Gegenstand des Auskunftsanspruchs usw, in: Festschrift für *Pagenberg* (2006): Vermögensrechtlich ist der Auskunftsanspruch nach §§ 1361 IV 4, 1605 BGB, BGH NJW **82**, 1651.

S auch Rn 12 „Unterhalt".
Ausschließung: Rn 10 „Körperschaft".
Aussetzung: Rn 8 „Ehe".
7 **Berufsehre:** Rn 8 „Ehre".
Berufsrecht: *Nichtvermögensrechtlich* ist ein nur körperloses Berufs- oder Familienrecht.
Betriebsrat: Rn 6 „Arbeitsrecht".
Bild: *Nichtvermögensrechtlich* ist grds eine vorbeugende Unterlassungsklage wegen der Verletzung des Rechts am eigenen Bild, BGH NJW **96**, 1000 (Ausnahme: Wahrung wirtschaftlicher Belange).

Es gilt auch § 43 FamGKG, Teil I B dieses Buchs.
Drittwiderspruchsklage: Vermögensrechtlich ist meist die Klage nach § 771 ZPO.
8 **Ehe:** *Nichtvermögensrechtlich* sind: Eine Ehesache nach §§ 121 ff FamFG, Anh I § 48: § 3 ZPO Rn 25 „Aussetzungsantrag"; die Gestattung des Getrenntlebens; der Schutz des räumlichen Bereichs der Ehe; die Anerkennung einer ausländischen Entscheidung nach (jetzt) § 107 FamFG, BayObLG FamRZ **99**, 608.

Ehre: Vermögensrechtlich ist ein Anspruch zB auf einen Widerruf dann, wenn er allein oder auch aus wirtschaftlichen Gründen erfolgt, BGH NJW **85**, 979. Vermögensrechtlich kann ein Rechtsstreit nach dem Inhalt des Klaganspruchs auch dann sein, wenn es dem Kläger nur um die Verteidigung seiner Ehre geht, BGH GRUR **81**, 297.

Nichtvermögensrechtlich ist allerdings grundsätzlich der Ehrenanspruch, also der soziale Geltungsanspruch, BGH NJW **85**, 979, auch des Arbeitnehmers, LAG Hamm AnwBl **84**, 156, etwa der den Angriff auf die Ehre abwehrende und auf § 823 II BGB, §§ 185, 186 StGB gestützte Unterlassungsanspruch, BGH NJW **85**, 979. Das gilt selbst dann, wenn es um die Berufsehre des Verletzten geht, BGH VersR **91**, 202 und 792, Schlesw JB **02**, 316, oder um Vermögensinteressen des Gegners, BGH VersR **83**, 832, oder wenn ein Vermögensschaden vorliegt, falls der Kläger ihn nicht mit geltendmacht, es sei denn, sein Rechtsschutzbegehren solle wesentlich auch wirtschaftlichen Belangen dienen, BGH NJW **85**, 979, Mü JB **77**, 852.

S auch Rn 10 „Körperschaft".
Erbausschlagung: Vermögensrechtlich ist zB eine Genehmigung dazu, Mü FamRZ **12**, 1962.
Erledigung der Hauptsache: Ein *nichtvermögensrechtlicher* Anspruch wird nicht schon dadurch zu einem vermögensrechtlichen, daß der Kläger nach BLAH § 91a ZPO Rn 62 einseitig die Erledigung der Hauptsache erklärt, BGH NJW **82**, 767.

S aber auch Rn 10 „Kostenstreit".
Familiensache: Sie kann beide Anspruchsarten betreffen, Huber SchiedsVZ **84**, 280, Schumacher FamRZ **04**, 1677.
9 **Feststellung:** Sie kann beide Anspruchsarten betreffen. Es ist unerheblich, ob es sich um eine Feststellungs- oder um eine Leistungsklage handelt.
Firma: Rn 11 „Name".
Gegendarstellung: *Nichtvermögensrechtlich* ist der Anspruch auf die Veröffentlichung einer Gegendarstellung.
Gemeinschaft: Rn 10 „Hausbesichtigung".
Genossenschaft: Rn 10 „Körperschaft".

Abschnitt 7. Wertvorschriften § 48 GKG

Geschäftsbezeichnung: Rn 11 „Name".
Getrenntleben: Rn 8 „Ehe".
Gewerblicher Rechtsschutz: Vermögensrechtlich ist jeder Unterlassungsanspruch des gewerblichen Rechtsschutzes, Brdb JB **97**, 594, KG RR **91**, 41.
Grab: *Nichtvermögensrechtlich* sind: Der Anspruch auf die Beisetzung in einem bestimmten Grab; eine Umbettung.
Grundrecht: *Nichtvermögensrechtlich* ist eine Verfassungsbeschwerde wegen seiner Verletzung.
Hausbesichtigung: Vermögensrechtlich ist der Anspruch auf eine Hausbesichtigung nach §§ 745, 2038 BGB, BGH NJW **82**, 1765.
Herausgabe: Rn 6 „Attest", Rn 12 „Tagebuch".
Hundehaltung: Rn 11 „Miete".
Körperschaft: Vermögensrechtlich ist der Anspruch auf die Ausschließung aus einer Körperschaft, soweit es nicht auch um die Ehre und die allgemeine Achtung geht, sondern um wirtschaftliche Interessen, BGH NJW **09**, 3162, Ffm JB **03**, 644, Köln MDR **84**, 153.
Nichtvermögensrechtlich ist der Streit um den Ausschluß aus einer Genossenschaft wegen eines ehrenrührigen Verhaltens.
S auch Rn 8 „Ehre".
Kostenstreit: Vermögensrechtlich ist der Kostenstreit in einer nichtvermögensrechtlichen Sache insoweit, als er zur Hauptsache geworden ist, Brdb FamRZ **11**, 1616, aM Düss MDR **12**, 1098 (ganz systemwidrig). Das gilt zB nach übereinstimmenden wirksamen vollen Erledigterklärungen beider Parteien nach BLAH § 91a ZPO Rn 98.
Kreditgefährdung: Vermögensrechtlich ist der Unterlassungsanspruch nach § 824 BGB, LG Bayreuth JB **75**, 1356.
Kündigung: Rn 6 „Abmahnung".
Lebenspartner: Vermögensrechtlich sind: Der Anspruch auf Unterhalt nach § 5 LPartG; der Vermögensstand nach § 6 LPartG; der Lebenspartnerschaftsvertrag nach § 7 LPartG; eine sonstige vermögensrechtliche Wirkung nach § 8 LPartG; das Erbrecht nach § 10 LPartG; Unterhalt, Haushaltsverteilung und Wohnungszuweisung beim Getrenntleben nach §§ 12–14 LPartG; nachpartnerschaftlicher Unterhalt nach § 16 LPartG; ein Streit über die Wohnung und den Haushalt nach der Aufhebung nach §§ 18, 19 LPartG.
Nichtvermögensrechtlich sind: Die Begründung der Lebenspartnerschaft nach § 1 LPartG; Teile der Pflicht zur gemeinsamen Lebensgestaltung nach § 2 LPartG; der Lebenspartnerschaftsname nach § 3 LPartG; Teile der sorgerechtlichen Befugnisse nach § 9 LPartG; Teile der sonstigen Wirkungen nach § 11 LPartG.
Leistungsklage: Rn 9 „Feststellungsklage".
Mahnung: Rn 6 „Abmahnung".
Marke: Rn 11 „Name".
Miete: Vermögensrechtlich ist ein mietrechtlicher Unterlassungsanspruch, etwa wegen einer Hundehaltung, LG Mannh ZMR **92**, 546.
Mitbestimmung: Rn 6 „Arbeitsrecht".
Name: Bei einer Klage aus einem Namensrecht muß man unterscheiden. Soweit es sich um die wirtschaftliche Verwertung des Namens handelt, etwa in einer Firma, einer Marke, einer sonstigen geschäftlichen Bezeichnung, ist der Name vermögensrechtlich.
In den übrigen Fällen hat er *keinen* Vermögenswert.
Patientenverfügung: Meist *nichtvermögensrechtlich*.
Persönlichkeitsrecht: *Nichtvermögensrechtlich* sind: Das Persönlichkeitsrecht; ein Beseitigungsanspruch zum Schutz des Persönlichkeitsrechts, BGH VersR **82**, 296.
S auch Rn 12 „Telefonbelästigung".
Personalakte: Vermögensrechtlich ist der Anspruch auf die Entfernung einer Abmahnung aus der Personalakte, LAG Hamm MDR **84**, 877.
Nichtvermögensrechtlich ist der Anspruch auf eine Einsicht in die Personalakte, Köln VersR **80**, 490.
Personenstand: Rn 8 „Ehe".

Politische Partei: *Nichtvermögensrechtlich* ist ein Streit über die Auflösung des Landesverbandes einer politischen Partei.
Presserecht: Rn 7 „Bild", Rn 8 „Ehre", Rn 9 „Gegendarstellung".
Privatklage: Auch ihre Miterledigung im Zivilprozeß ändert nichts am *nichtvermögensrechtlichen* Charakter des Hauptverfahrens, Köln JB **94**, 743.
Rufschädigung: Vermögensrechtlich ist ein daraus folgender Unterlassungsanspruch, LAG Mainz NZA-RR **10**, 432.

12 **Schmerzensgeld:** Vermögensrechtlich ist ein Anspruch auf Schmerzensgeld. Das gilt auch dann, wenn die Ehre verletzt wurde, Köln VersR **94**, 875.
Standesrecht: *Nichtvermögensrechtlich* ist ein nur körperloses Standes- oder Familienrecht.
Stiftung: Vermögensrechtlich ist der Streit um die personelle Besetzung eines Stiftungskuratoriums, Hamm OLGZ **94**, 100.
Tagebuch: *Nichtvermögensrechtlich* ist der Anspruch auf die Herausgabe eines Tagebuchs.
Telefonbelästigung: *Nichtvermögensrechtlich* ist ein Anspruch auf die Unterlassung solcher Telefonanrufe, die nur eine Störung und Belästigung des persönlichen Bereichs darstellen, BGH NJW **85**, 809.
  S auch Rn 11 „Persönlichkeitsrecht".
Tierhaltung: Rn 11 „Miete".
Unerlaubte Handlung: Rn 10 „Kreditgefährdung".
Unterhalt: Vermögensrechtlich ist jeder vertragliche Unterhaltsanspruch zB nach §§ 231 ff FamFG.
  S auch Rn 6 „Auskunft".
Unterlassung: Der Anspruch kann vermögensrechtlich sein, Schmidt KTS **04**, 246.
  S auch Rn 7 „Bild", Rn 8 „Ehre", Rn 10 „Kreditgefährdung", Rn 11 „Miete", Rn 12 „Telefonbelästigung", „Urheberrecht", Anh I § 48 Rn 147.
Urheberrecht: Vermögensrechtlich ist ein urheberrechtlicher Unterlassungsanspruch, soweit es sich neben den ideellen Belangen auch um die wirtschaftliche Auswertung des Werks handelt.
Verein: Es entscheidet seine Rechtsnatur, Köln MDR **84**, 153. Vermögensrechtlich ist der Streit um einen Mitgliedsbeitrag.
  Nichtvermögensrechtlich ist die Frage der Zugehörigkeit zu einem Idealverein, Köln MDR **84**, 153, wohl auch ein Streit über eine Vorstandswahl, Düss AnwBl **97**, 680, LG Saarbr JB **95**, 26.
  S auch Rn 10 „Körperschaft", Rn 11 „Politische Partei".
Veröffentlichung: Rn 9 „Gegendarstellung".
Vollstreckungsabwehrklage: Die Klage nach § 767 ZPO kann beide Anspruchsarten betreffen.

13 **Wettbewerbsrecht:** Rn 9 „Gewerblicher Rechtsschutz".
Widerruf: Rn 8 „Ehre".
Zeugnis: Vermögensrechtlich ist der Anspruch auf die Erteilung eines Zeugnisses nach § 73 HGB.
Zeugnisverweigerungsrecht: Maßgeblich ist der Charakter des Hauptprozesses.
Zwangsgeld: Der Streit dazu ist stets vermögensrechtlich, Düss Rpfleger **12**, 682.
Zwischenstreit: § 48 Anh I: § 3 ZPO Rn 147.

14 **5) Wertberechnung, II.** Man muß den Streitwert in einer nichtvermögensrechtlichen Sache nach II 1 wie folgt bestimmen.

  A. Gesamtabwägung, II 1. Man muß alle Umstände berücksichtigen, Bbg JB **76**, 217, 799, Düss JB **95**, 252, Hamm Rpfleger **89**, 104. Wer das nachvollziehbar tut, handelt jedenfalls nicht willkürlich, selbst wenn er erheblich vom Üblichen abweicht, BLAH § 281 ZPO Rn 40, aM (zum alten Recht) BVerfG NJW **09**, 1198.

15 **B. Kein Ausgangswert.** Einen generell bezifferten Ausgangswert nennt das Gesetz nicht. Es kennt vielmehr nur Einsatz-, Mindest-, Höchst- und Festwerte zwecks einer Vereinfachung.

16 *Nicht hierher zählen zB:* Eine andere Sache oder eine andere unter das FamGKG fallende Sache.

17 Bei den letzteren Sachen gelten vielmehr §§ 1 ff FamGKG, Teil I B dieses Buchs.

C. Höchstwert, II 2. Die Vorschrift bestimmt einen Höchstwert für sämtliche 18
nichtvermögensrechtlichen Sachen von 1 000 000 EUR.

D. Kein Regelwert. Vgl Rn 15, 16. 19

6) Einzelfaktoren, II 1. Es sind die folgenden Prüfschritte ratsam. 20
A. Grundsatz: Beachtlichkeit aller Umstände. Die Vorschrift nennt die dort genannten Einzelfaktoren zwar nur beispielsweise. Sie bestimmt aber, daß man diese Einzelfaktoren „insbesondere" berücksichtigen soll. Das bedeutet keineswegs, daß man nur sie zu erörtern braucht. Die Vorschrift ist offen gefaßt. Sie erlaubt und gebietet vielmehr nach einem pflichtgemäßen Ermessen die Berücksichtigung aller Umstände, soweit sie nur einen sachgemäßen Bezug zur Gebührenerhebung haben, BVerfG **80**, 107, Düss JB **95**, 252, Mü JB **92**, 350.

Man sollte *jede Quotierung vermeiden*, Meyer 14, aM Ffm JB **78**, 1851 (33,3%), 21
Zweibr JB **79**, 1333 (25%). Eine unterdurchschnittliche Schwierigkeit ist beachtbar, Ffm JB **77**, 379. Sie kann einen Abschlag bis zu 40% rechtfertigen, AG Lüdenscheid FamRZ **07**, 750. Ein Höchstwert erfordert nicht das Zusammentreffen von Höchstwerten bei allen Einzelfaktoren. Der Mindestwert von II 2 bleibt auch beim Zusammentreffen von Mindestwerten bei allen Einzelfaktoren bestehen.

Zum Ermessen gehört mindestens ein *kurzer Hinweis* darauf, daß weitere denkbare 22
Faktoren im konkreten Einzelfall keinerlei Bedeutung erlangt haben.

B. Umfang der Sache. Man sollte ihn nur dann besonders beachten, wenn er 23
aus dem üblichen Rahmen fällt, Düss AnwBl **86**, 250, Kblz JB **99**, 475, AG Westerstede FamRZ **08**, 1207. Berücksichtigen muß man den Umfang der Sache für das Gericht, Bbg JB **77**, 1590, Celle JB **76**, 797, Düss AnwBl **86**, 250. Dabei darf man natürlich nur auf eine ordnungsgemäße Arbeitsweise des Gerichts abstellen, Schneider JB **75**, 1558. Maßgeblich ist nur die jeweilige Instanz.

C. Beispiele zur Frage eines Umfangs der Sache, II 1 24
Aktenumfang: Er kann beachtbar sein.
Antragsrücknahme: Rn 25 „Verfahrensstand".
Auslandsrecht: Beachtbar ist ein Auslandsbezug, BayObLG RR **99**, 1375, Karlsr FamRZ **07**, 751 rechts unten, Zweibr JB **94**, 899.
Beiakte: Beachtbar ist der Umfang einer zu prüfenden Beiakte.
Beweisaufnahme: Beachtbar sind ihre Häufigkeit und ihr Umfang, Schneider JB **75**, 1558.
Parteivortrag: Beachtbar sind die Kürze oder die Länge des Parteivortrags.
Prozeßdauer: Beachtbar ist sie, soweit man sie auf das Verhalten der Parteien nach BLAH Grdz 4 vor § 50 ZPO oder ihrer ProzBev nach § 81 ZPO zurückführen muß, Hamm JB **76**, 800.
Rechtsfrage: Beachtbar ist ihre Schwierigkeit, Kblz JB **75**, 1092, Nürnb JB **75**, 1620. 25
Sachverhaltsklärung: Beachtbar ist ihre Schwierigkeit, Nürnb JB **75**, 1620.
Streitigkeit: Beachtbar ist der Grad der Streitigkeit oder Unstreitigkeit, Düss AnwBl **86**, 250, Karlsr AnwBl **81**, 405, aM Mü JB **92**, 349 (aber das ist ein erfahrungsgemäß sehr erheblicher Faktor).
Tatsachenumfang: Beachtbar ist der tatsächliche Umfang der Sache, nicht der mögliche.
Unrichtige Sachbehandlung: Solche des Gerichts nach § 21 kann mitbeachtbar sein, Schneider JB **75**, 1558.
Verfahrensstandschaft: Beachtbar ist die Frage, wieweit das Verfahren bis zur Beendigung vorangekommen war, Bbg JB **77**, 1590, Hbg JB **94**, 492 (alsbaldige Antragsrücknahme), Schlesw SchlHA **85**, 180. Man muß dabei vom Leitbild der ZPO vom Ablauf einer streitigen Verhandlung und nicht nur von Leerformeln ausgehen, Bbg JB **76**, 220, 486.
Vorprozessuale Betreuung: *Nicht* beachtbar ist hier das Ausmaß der vorgerichtlichen Arbeit des Anwalts, Bbg JB **76**, 217, Köln JB **76**, 1538, Zweibr JB **79**, 1864, aM AG Langenfeld AnwBl **89**, 398 (aber es geht im GKG gerade um die Gerichtskosten).

D. Bedeutung der Sache. Man muß ferner die Bedeutung der Sache berücksichtigen. Auch hier kommt es sowohl auf eine tatsächliche Bedeutung als auch auf 26
eine rechtliche an.

179

27   *Beachtbar* sind zB: Die Bedeutung der Sache als ein Musterprozeß; die Stellung einer Partei im öffentlichen Leben; das Ansehen, der Name, die Auswirkung wirtschaftlicher Art auf ein Unternehmen oder auf Angehörige, Schlesw JB **02**, 316, LAG Rostock MDR **01**, 337 (Betriebsrat), aM ZöHe § 3 ZPO Rn 16 „Ehesache" (aber darauf kommt es oft ganz wesentlich an); die Höhe einer Abfindung; die Anwendung ausländischen Rechts, Hamm FamRZ **96**, 501.

Unbeachtlich ist zB hier ein öffentliches Interesse, Köln JB **80**, 577; ein Rechtsmißbrauch. Denn der Wert ist kein Mittel der Ahndung.

28   **E. Vermögens- und Einkommensverhältnisse.** Dieser Faktor ist verfassungsgemäß und zwingend, BVerfG FamRZ **09**, 491. Er ist auch im übrigen unbedenklich. Er ist zwar wichtig, Düss FamRZ **94**, 249 (hohes Privatvermögen). Aber er ist eben doch nur ein Einzelfaktor, Bbg JB **76**, 1233, Kblz FamRZ **93**, 827, Oldb FamRZ **09**, 1174. Es kommt auf die Gesamtverhältnisse beider Parteien an, Düss FamRZ **94**, 249, Kblz JB **79**, 1675, nicht aber auf eine Zusammenrechnung. Maßgeblicher Zeitpunkt ist § 40 (zum alten Recht), Kblz JB **03**, 474, Nürnb MDR **09**, 511.

Jeder *Schematismus* ist *unzulässig*, Rn 29 „Erträgnisse", Bbg JB **80**, 409, Hamm Rpfleger **89**, 104, Mü JB **79**, 1541.

29   **F. Beispiele zur Frage der Vermögensverhältnisse, II 1**
Aufwendungen: Sie können abziehbar sein, Meyer 18.
Belastungen: S „Erträgnisse".
Betriebsbewertung: *Wenig* beachtbar ist eine Bewertung durch den Betriebsinhaber.
Erträgnisse: Beachtbar sind natürlich die Erträgnisse. Man darf jedoch nach Rn 28 kein noch so praxisbequemes Schema bilden, etwa derart, daß das Vermögen 5% oder 10% des Streitwerts darstelle. Denn das paßt nicht zur Beachtlichkeit aller Einzelumstände nach Rn 22, aM Ffm FamRZ **94**, 250, Köln FamRZ **97**, 37, Schlesw FamRZ **97**, 36 (aber man darf nicht einzelne Faktoren noch gar pauschalieren).

Ein Vermögen ist *nicht* schon deshalb belanglos, weil es keine Erträge abwirft oder weil es *belastet* ist, Schmidt JB **75**, 505, aM Düss JB **75**, 505 (wegen eines Nießbrauchs), Mü JB **80**, 894, Schlesw JB **76**, 1091.

30   **Grundvermögen:** Hamm FamRZ **06**, 353, Mü AnwBl **85**, 203 (maßgebend ist zumindest als Ausgangswert der Verkehrswert, nicht der Einheitswert, Brdb FamRZ **11**, 756, Mü AnwBl **85**, 203). Beim selbst bewohnten Haus kann mangels eines Verkehrswerts die Mieterspannis maßgebend sein, Drsd MDR **03**, 535. Ein Einfamilienhaus oder eine Eigentumswohnung ist nicht stets ein außergewöhnliches Vermögen, Köln FamRZ **87**, 183, AG Groß Gerau JB **92**, 113. Zu einem Nießbrauch AG Altena FamRZ **00**, 1518.
Haus: S „Grundvermögen". Man kann beim Einfamilienhaus drei Kaltmieten ansetzen, Köln FamRZ **08**, 2051.
Haushalt: *Nicht* beachtbar sind die üblichen Haushaltssachen.
Kurzlebiges Wirtschaftsgut: Es ist *nicht* beachtbar, Ffm JB **77**, 703.

31   **Lebensstandard:** Beachtbar ist der Lebenszuschnitt der Eheleute im Zeitpunkt des Urteils, Bbg JB **77**, 1424, Düss FamRZ **94**, 249, Kblz JB **79**, 1675, aM Ffm FamRZ **94**, 250, Hamm MDR **84**, 766, Oswald NJW **76**, 2254 (aber es kommt auf die Gesamtlage an).
Nießbrauch: Rn 29 „Erträgnisse", Rn 30 „Grundvermögen".
Pkw: *Nicht* beachtbar ist ein solcher der Mittelklasse, Mümmler JB **76**, 4.
Sparguthaben: Beachtbar ist ein hohes, *nicht* beachtbar ein kleines, Bbg JB **76**, 1231, Düss JB **75**, 504, Köln JB **75**, 503.
Steuerbescheid: *Wenig* beachtbar ist ein Steuerbescheid usw, Ffm JB **77**, 703, aM Brschw JB **80**, 239, Dresd JB **03**, 474, Kblz JB **03**, 474 (60 000 EUR je Ehegatte).
Wohnungseigentum: Rn 29 „Grundvermögen".

32   **G. Beispiele zur Frage der Einkommensverhältnisse, II 1**
Arbeitslosengeld II: Es ist beachtbar, Köln FamRZ **09**, 638, Schlesw (1. FamS) JB **08**, 594, aM Hamm JB **09**, 33, Naumb FamRZ **09**, 639, Schlesw (13. FamS) JB **09**, 193.
Belastungen: Beachtbar sind zB beim Haus ungewöhnliche Ausgaben, Mü JB **80**, 894, Schlesw JB **76**, 1091.
Betriebsentnahme: Beachtbar ist eine solche Entnahme selbst dann, wenn der Betrieb mit einem Verlust arbeitet.

Abschnitt 7. Wertvorschriften § 48, Anh § 48 (Einf) GKG

Einkommensarten: Beachtbar sind alle. 33
Hartz IV: Es ist beachtbar, Hamm FamRZ **06**, 632, aM Celle RR **07**, 1152.
Kindergeld: Es ist beachtbar, Karlsr FamRZ **08**, 2051, Zweibr FamRZ **08**, 2052.
Kinderzahl: Sie ist beachtbar.
Krankengeld: Es ist beachtbar.
Laufende Ausgaben: Beachtbar ist ihre Höhe.
Prozeßkostenhilfe: *Nicht* beachtbar ist ihre Leistung nach §§ 114 ff ZPO, Schlesw 34 FamRZ **06**, 52, Stgt FamRZ **00**, 1518, AG Westerstede FamRZ **08**, 1207, aM Mü FamRZ **03**, 683 (aber sie erfolgt nach einer nur vorläufigen Beurteilung).
Schulden: Sie sind beachtbar, aM Karlsr FamRZ **92**, 707 (aber sie gehören nun einmal zur Gesamtlage).
Schwankendes Einkommen: Beachtbar ist grds der Jahresbetrag, ausnahmsweise aber nur ein Dreimonatsbetrag.
SGB: Beachtbar ist ein Einkommen zB nach dem SGB II, Brdb FamRZ **11**, 1423, Düss FamRZ **09**, 453, Zweibr FamRZ **11**, 992, aM Jena FamRZ **10**, 1936, KG FamRZ **09**, 1854, Saarbr MDR **13**, 1231.
Steuerbescheid: Nur *bedingt* beachtbar ist er wegen der Abzugsmöglichkeiten, 35 Mümmler JB **78**, 12.
   Unbeachtbar wäre eine Art Ersatz-Veranlagung, Bbg JB **77**, 1426.
Tabelle: *Nicht* wesentlich beachtbar ist eine Tabelle als ein zu grober Anhaltspunkt, Rn 28 (kein Schematismus), Düss AnwBl **75**, 139.
Tatsächliches Einkommen: Beachtbar ist nur dieses, Rn 41.
Unterhaltsgeld: Es ist beachtbar, Karlsr FER **99**, 306.
Unterhaltspflicht: Sie ist beachtbar, KG NJW **76**, 900 (in der Regel je Kind vom 3-Monats-Einkommen ca 300 EUR absetzen); Mü FamRZ **09**, 1703 (je Kind ca 250 EUR, auch bei verschiedenen Eltern).
Wohnkostenzuschuß: Beachtbar ist ein solches Einkommen, Düss FamRZ **09**, 453.

7) Verbindung verschiedenartiger Ansprüche, III. Das Gesetz meint nicht 36 alle Fälle der Anspruchshäufung, sondern nur die Verbindung eines nichtvermögensrechtlichen Anspruchs mit einem aus ihm objektiv und nicht nur nach Parteiansicht hergeleiteten vermögensrechtlichen, Hamm VersR **08**, 1236.

III ist daher *zB anwendbar* bei einer Unterlassung ehrenrühriger Behauptungen und bei einem Schmerzensgeld, Köln VersR **94**, 875.

Wenn der Kläger *mehrere* nichtvermögensrechtliche Ansprüche geltend macht, muß 37 man die Ansprüche nach § 5 ZPO zusammenrechnen. Vgl Rn 4.

Welcher von den in III genannten Ansprüchen der höhere und damit für den 38 Streitwert allein maßgeblich ist, das muß man durch einen *Vergleich* und notfalls durch die *Schätzung* beider Ansprüche ermitteln. Dabei muß man den Wert des nichtvermögensrechtlichen Anspruchs nach § 3 ZPO schätzen.

Anhang nach § 48
Der Streitwert nach §§ 3 bis 9 ZPO, § 182 InsO, § 97 a UrhG;
Kosten nach dem VGG

Einführung (§§ ohne Zusatz sind solche der ZPO)

Gliederung

1) Systematik	1
2) Regelungszweck	2
3) Geltungsbereich	3
4) **Wertarten**	4–6
A. Zuständigkeitswert	4
B. Kostenwert	5
C. Beschwerdewert	6
5) **Festsetzungsarten:** Auf Antrag oder von Amts wegen	7
6) **Höhere Instanz**	8
7) **Verfahren**	9
8) **Rechtsbehelfe**	10–15
A. Zuständigkeitswert	10

GKG Anh § 48 (Einf) I. A. Gerichtskostengesetz

    B. Kostenwert 11–14
    C. Rechtsmittelwert 15
   9) **Arbeitsgerichtsverfahren** 16
 10) **Finanzgerichtsverfahren** 17
 11) **Baulandsache** 18

1   **1) Systematik.** Der Streitwert hat vielfache Bedeutung, Schumann NJW **82**, 1257. Er ist nach Rn 4 ein Abgrenzungsmerkmal für die sachliche Zuständigkeit, nach Rn 5 für die Höhe von Kosten und nach Rn 6 für die Zulässigkeit eines Rechtsmittels.

Richtige Wertermittlung entscheidet also unter anderem darüber, vor welches Gericht ein Streit gehört, was er kostet, ob man eine Entscheidung anfechten kann und ob man eine Kostenhilfe erhoffen darf. Ein nicht von dem Kläger brauchbar bestimmt bezifferter Anspruch erhält einen gerichtlich bezifferten Wert mithilfe eines zwar pflichtgemäßen, aber doch meist außerordentlich weiten Ermessens. Dieses verengt sich zwar evtl infolge fester Rechtsprechungsgewohnheiten. Es kann aber selbst dann noch Abwandlungen oder Erweiterungen aus allen möglichen Erwägungen erhalten, die zudem von Gericht zu Gericht schwanken mögen und sich keineswegs stets mitanfechten lassen. Ein wenig begeisternder, aber faktisch unvermeidbarer Zustand mit erheblichen Unberechenbarkeitsrisiken für alle, die evtl zahlen müssen. Anlaß zu umso mehr Aufmerksamkeit bei der Klärung bisheriger Wertregeln.

Zeitgemäß ist das Streitwertprinzip unverändert, DJT **14**, 106. Die ganz andere Frage, wie hoch man im Einzelfall einen Streitwert ansetzen darf oder muß, ändert nichts an der Brauchbarkeit eines Ausgangspunkts der Kosten in einem Wert. Ob Festgebühren nach Einl II A 9 oder Rahmengebühren nach Einl II A 12 ff sinnvoller wären, läßt sich endlos diskutieren.

2   **2) Regelungszweck.** In allen Fällen Rn 4–6 dienen §§ 3–9 der Rechtssicherheit wie der nicht nur kostenmäßigen Gerechtigkeit. Man muß sie daher an sich durchweg streng auslegen. Indessen zwingen die unendlichen Varianten im Einzelfall oft auch zu einer gewissen Beweglichkeit bei der Auslegung.

3   **3) Geltungsbereich.** §§ 3 ff gelten grundsätzlich in allen Verfahrensarten nach der ZPO. Vgl ferner Rn 16 ff.

4   **4) Wertarten.** Man muß mehrere Wertarten unterscheiden, Kblz BauR **14**, 1192 links unten, Mü MDR **98**, 1243.

    A. Zuständigkeitswert. Die Wertfestsetzung erfolgt dann nach §§ 3–9, wenn der Wert eine Bedeutung für die sachliche Zuständigkeit nach §§ 23 ff, 71 GVG usw oder für die Zulässigkeit eines Rechtsmittels zB nach §§ 511 ff usw hat, BVerfG NJW **96**, 1531, oder für die vorläufige Vollstreckbarkeit nach §§ 708 ff.

5   **B. Kostenwert.** § 48 I 1 GKG verweist in bürgerlichen Rechtsstreitigkeiten auf alle diejenigen Wertvorschriften auch und gerade außerhalb des GKG, die für die Zuständigkeit der Prozeßgerichte oder für die Zulässigkeit eines Rechtsmittels maßgeblich sind. Die wesentlichen Vorschriften dieser Art sind in diesem Anh I, II zusammengestellt und kommentiert. Hinzu treten zB §§ 511 ff.

Die *Wertfestsetzung* erfolgt dann nach § 63 GKG, wenn der Wert eine Grundlage für die Berechnung der Gerichtsgebühren und der Anwaltsgebühren bilden soll. §§ 13, 22 ff RVG nennen den Wert Gegenstandswert. Trotz einer Festsetzung nach § 63 GKG können die Parteien den Wert zB in einem Prozeßvergleich abweichend vereinbaren. Eine solche Regelung ist dann allerdings nur für die Berechnung und Verrechnung der außergerichtlichen Gebühren beachtbar. Sie ist dagegen für die entsprechende Behandlung der Gerichtskosten unbeachtbar, Hamm AnwBl **75**, 96.

Wenn das Gericht den Wert nach §§ 3–9 festgesetzt hat, ist diese Festsetzung auch für die *Gebührenberechnung* maßgeblich, (jetzt) § 62 GKG, KG VersR **80**, 873, Mü MDR **88**, 973. Das gilt mit Ausnahme vor allem eines Miet- oder Pachtanspruchs, eines vertraglichen Unterhaltsanspruchs, einer Stufenklage nach § 254, einer Widerklage nach BLAH Anh § 253, eines Arrests und einer einstweiligen Anordnung oder Verfügung nach §§ 916 ff, 935 ff ZPO, §§ 41–53 GKG. Das Gericht darf einen Wert nicht so hoch ansetzen, daß kein Justizgewährungsanspruch nach Artt 2 I, 20 III GG mehr bestünde, BVerfG NJW **97**, 312 (unzumutbares Kostenrisiko genügt).

C. Beschwerdewert. Er stimmt nicht notwendigerweise mit dem Kosten- oder Zuständigkeitswert überein, BGH NZM **99**, 561. Maßgebend sind die Regeln § 511 II, BVerfG NJW **96**, 1531, BGH MDR **04**, 406 (also § 3).

5) Festsetzungsarten: Auf Antrag oder von Amts wegen. Die Voraussetzungen einer Wertfestsetzung sind davon abhängig, ob die Wertfestsetzung für die Zuständigkeit oder für die Kostenberechnung erfolgen soll.

Eine Festsetzung für die sachliche *Zuständigkeit* nach §§ 23 ff GVG usw erfolgt regelmäßig nur dann, wenn die Parteien nach BLAH Grdz 4 vor § 50 über die Zuständigkeit oder über die Zulässigkeit des Rechtsmittels streiten. Das Gericht darf dann bereits zu Beginn des Rechtsstreits oder in dessen Verlauf durch einen Beschluß entscheiden, Karlsr JB **87**, 363. Es muß seine Entscheidung aber erst im Urteil nach § 313 treffen. Das Gericht darf und muß den Zuständigkeitswert aber auch von Amts wegen festsetzen. Das gilt zB dann, wenn seine sachliche Zuständigkeit nach dem Tatsachenvortrag des Klägers fehlt und daher eine Verweisung nach § 281 in Betracht kommt.

Demgegenüber erfolgt eine Festsetzung für die *Kosten* in folgenden Fällen, stets durch einen Beschluß:
- *Antrag.* Eine Partei, ihr ProzBev nach § 81 oder die Staatskasse mag einen Antrag stellen. Das Gericht muß ihn dann zurückweisen, wenn das auch hier erforderliche Rechtsschutzbedürfnis nach BLAH Grdz 33 vor § 253 fehlt, BFH BB **75**, 545, wenn zB der Wert unzweideutig feststeht, wie bei einer Forderung auf die Zahlung einer bestimmten Geldsumme.
- *Von Amts wegen.* Das Gericht darf und muß nach § 63 I 1 GKG vorläufig oder nach § 63 II 1 GKG endgültig auch eine Wertfestsetzung von Amts wegen vornehmen, etwa um Zweifel des Kostenbeamten zu beheben.

6) Höhere Instanz. Sowohl bei einer Wertfestsetzung für die Zuständigkeit oder für die Zulässigkeit eines Rechtsmittels als auch bei einer Wertfestsetzung für die Kosten setzt das höhere Gericht den Wert grundsätzlich nach seinem eigenen pflichtgemäßen Ermessen fest, BGH WertpMitt **18**, 22, LAG Mü AnwBl **85**, 96, Wenzel DB **81**, 162 (für das arbeitsgerichtliche Verfahren). Wenn das für die sachliche Zuständigkeit nach §§ 23 ff GVG usw geschehen ist, muß das untere Gericht den Wert bei einer etwa zeitlich nachfolgenden gleichartigen Entscheidung mindestens so hoch festsetzen, daß die Zuständigkeitsgrenze und die Grenze des Beschwerdewerts erreicht werden.

Das *höhere* Gericht kann den Kostenwert für die untere Instanz bindend festsetzen. Wenn eine solche Festsetzung nicht vorliegt, ist das untere Gericht insoweit frei. Wenn das untere Gericht seine sachliche Zuständigkeit mit Recht oder zu Unrecht bejaht, bindet das das Beschwerdegericht. Der Wert liegt dann nicht unterhalb jener Grenze, Köln JB **75**, 1315.

7) Verfahren. Das Gericht muß die Parteien grundsätzlich nach § 3 Rn 6 anhören. Es muß seinen Wertfestsetzungsbeschluß grundsätzlich nach BLAH § 329 Rn 4 begründen, Ffm GRUR **89**, 934, KG Rpfleger **75**, 109. Die Begründung läßt sich im Abhilfe- oder Nichtabhilfebeschluß nachholen, Ffm GRUR **89**, 934. Die Begründung kann sich aus dem engen Zusammenhang mit einem Verweisungsbeschluß nach § 281 ergeben, Mü MDR **88**, 973. Eine krasse Abweichung vom Üblichen braucht eine sorgfältige Begründung. BVerfG NJW **09**, 1198 sieht dann sogar einen Mutwillen drohen. Vgl aber BLAH Einl III 47.

Das Gericht teilt den Beschluß allen Beteiligten nach § 329 II 1 grundsätzlich von Amts wegen *formlos mit,* also allen denjenigen, deren Gebührenschuld oder Gebührenanspruch die Entscheidung berührt, KG Rpfleger **75**, 109. Bei § 107 II stellt das Gericht seinen Beschluß allerdings nach § 329 II 2 *förmlich zu.*

Das Gericht darf und muß seine Wertfestsetzung von Amts wegen *ändern,* sobald die Rechtslage die Änderung verlangt. Das gilt auch dann, wenn die Sache inzwischen beim Rechtsmittelgericht anhängig ist. Eine solche Änderung ist nach § 63 II GKG allerdings nur innerhalb von sechs Monaten seit der formellen Rechtskraft der Entscheidung in der Hauptsache nach § 329, 705 oder nach § 63 III GKG seit einer anderweitigen Erledigung des Verfahrens zulässig.

Gebühren: Das Verfahren ist nach § 1 I 1 GKG gerichtsgebührenfrei. Der Anwalt erhält nach § 19 I 2 Z 14 RVG ebenfalls keine Gebühr.

GKG Anh § 48 (Einf) I. A. Gerichtskostengesetz

10 8) **Rechtsbehelfe.** Es kommt auch hier auf die Wertart an. Rechtsbehelfsbelehrung, Verstoß: §§ 5 b, 68 II 2 GKG.

A. Zuständigkeitswert. Wenn das Gericht den Wert nur für die sachliche Zuständigkeit nach §§ 23 ff GVG usw festgesetzt hat, ist gegen einen etwaigen bloßen Wertfestsetzungsbeschluß kein Rechtsmittel statthaft. Denn die Wertfestsetzung für die sachliche Zuständigkeit stellt nur eine vorläufige Entscheidung dar, Karlsr JB **07**, 363, Köln WoM **10**, 96, Stgt JB **07**, 145, aM Bre RR **93**, 191, LG Mü RR **02**, 425 (aber dann wäre zB § 506 sinnlos).

Ein *Verweisungsbeschluß* ist nach BLAH § 281 Rn 27 grundsätzlich unanfechtbar. Im übrigen ist nur diejenige Entscheidung anfechtbar, durch die das Gericht über seine Zuständigkeit entschieden hat, Stgt JB **07**, 145. Das gilt unabhängig davon, ob das in einem Urteil oder in einem Beschluß geschehen ist.

Auch § 495 a ändert nichts an der grundsätzlichen Unanfechtbarkeit, aM LG Mü MDR **01**, 713 (da kein Zuständigkeitswert vorliege. Aber auch bei der Abgrenzung des Kleinverfahrens geht es um eine funktionelle Zuständigkeitsfrage mit einer nur vorläufigen Festsetzung).

11 **B. Kostenwert.** Wenn das Gericht den Kostenstreitwert festgesetzt hat, ist die Beschwerde nach § 68 I GKG unter folgenden Voraussetzungen statthaft: Die Staatskasse hält den Streitwert für zu niedrig; der Anwalt hält den Streitwert nach § 32 II RVG für zu niedrig; eine Partei nach BLAH Grdz 4 vor § 50 hält den Streitwert für zu hoch.

In anderen Fällen fehlt die *Beschwer* wie nach BLAH Grdz 4 vor § 511, Hbg MDR **77**, 407, falls die vom Gegner zu erstattenden Anwaltsgebühren hinter denjenigen zurückbleiben, die man nach der eigenen Honorarvereinbarung zahlen muß. Denn nur die gesetzliche Vergütung ist nach § 91 erstattungsfähig, Hbg MDR **77**, 407, aM Pabst/Rössel MDR **04**, 733.

Die *andere Partei* ist im Beschwerdeverfahren kein Gegner, selbst wenn sie widerspricht, VGH Kassel AnwBl **84**, 49. Denn es handelt sich nicht um einen Parteienstreit, sondern um eine Festsetzung zum Zweck der Berechnung der Gerichts- und Anwaltskosten.

12 **C. Kostenbeschwerde.** Die Beschwerdesumme muß nach § 567 II, § 68 I 1 GKG 200 EUR übersteigen. Dieser Betrag errechnet sich nach den Unterschiedsbetrag derjenigen Gebühren, derentwegen man eine Festsetzung des Kostenstreitwerts beantragt hat.

13 Eine *weitere Beschwerde* ist unter den Voraussetzungen des § 68 I 4 GKG zulässig. Im Beschwerdeverfahren ergeht eine Kostenentscheidung nach § 97 I nur dann, wenn das Beschwerdegericht die Beschwerde *zurückweist*. Wenn die Beschwerde nämlich Erfolg hat, fehlt ein Gegner. Daher ist dann § 91 nicht anwendbar.

14 Im *Beschwerdeverfahren* entsteht nach § 68 III 1 GKG keine Gerichtsgebühr. Vgl im übrigen KV 1811. Man kann das Beschwerdeverfahren auch noch dann fortsetzen, wenn das Urteil in der Sache selbst bereits nach § 705 formell rechtskräftig ist. Wenn sich dann ein Wert ergibt, der zur Folge hat, daß die Kostenentscheidung unrichtig geworden ist, gilt das bei BLAH § 319 Rn 5 Ausgeführte.

15 **D. Rechtsmittelwert.** Das Gericht muß ihn nachvollziehbar begründen, BGH RR **14**, 124, Wenn das Berufungsgericht den Wert zB zur Vorbereitung eines Verwerfungsbeschlusses nach § 522 I 3 festgesetzt hat, um darauf hinzuweisen, daß die Berufungssumme des § 511 II Z 1 nicht vorliege, ist keine Beschwerde statthaft.

16 9) **Arbeitsgerichtsverfahren,** dazu *Baldus/Deventer,* Gebühren, Kostenerstattung und Streitwertfestsetzung in Arbeitssachen, 1993; *Brinkmann* JB **10**, 177 (Üb); *Hecker* AnwBl **84**, 116 (ausf): In diesem Verfahren erfolgt die Wertfestsetzung nach § 61 I ArbGG, im Urteil und zwar entweder im Tenor nach § 313 I 4 oder in den Entscheidungsgründen nach § 313 III, Wenzel DB **81**, 166. Dieser Urteilsstreitwert ist für das Rechtsmittelverfahren der Hauptsache grundsätzlich unanfechtbar und bindend, BAG AnwBl **84**, 146, LAG Hamm DB **84**, 1685. Unabhängig davon kann das ArbG den Kostenstreitwert aber gesondert festsetzen. Das gilt, soweit Bedenken gegen die Richtigkeit des Urteilsstreitwerts bestehen, LAG Hamm MDR **84**, 259, LAG Mainz DB **92**, 2512, aM LAG Mü AnwBl **84**, 147 (aber auch die „Muttervorschrift" § 63 III 1 GKG enthält eine Änderungsmöglichkeit, s unten).

Der Gebührenstreitwert richtet sich nicht nach dem zuletzt gestellten Antrag, sondern nach dem *höchsten Wert der Instanz,* der eine Gebühr ausgelöst hat, Wenzel DB

81, 166. Das mit der Hauptsache befaßte Rechtsmittelgericht kann die Streitwertfestsetzung nach (jetzt) § 63 III 1 GKG von Amts wegen oder auf Grund eines Antrags ändern, Wenzel DB **81**, 166. Es kann für das Rechtsmittelverfahren einen eigenen Kostenstreitwert festsetzen, LAG Mü AnwBl **85**, 96.

Gegen die mit dem Urteil verbundene Wertfestsetzung findet nach (jetzt) § 68 GKG unabhängig von einem etwaigen Rechtsmittel in der Hauptsache die *Beschwerde* statt, Wenzel DB **81**, 166, aM LAG Kiel AnwBl **88**, 294. Gegen die Streitwertfestsetzung durch das LAG ist nach § 63 GKG Rn 22 die Gegenvorstellung zulässig. Das LAG kann den Urteilsstreitwert durch einen Beschluß berichtigen. Wenn das Urteil keine Wertfestsetzung enthält, sind §§ 319, 321 anwendbar.

S auch § 3 Rn 15 „Arbeitsverhältnis".

10) Finanzgerichtsverfahren, dazu *Zanker/Brandenburg,* Kosten des finanzgerichtlichen Prozesses, 1997: In diesem Verfahren ist gegen die Wertfestsetzung des Gerichts (jetzt) Beschwerde nach § 68 GKG statthaft. **17**

11) Baulandsache. In diesem Verfahren entscheidet über eine Streitwertbeschwerde der Zivilsenat des OLG in der Besetzung mit drei Berufsrichtern. **18**

I. Regelung nach der ZPO
Wertfestsetzung nach freiem Ermessen

ZPO § 3. Der Wert wird von dem Gericht nach freiem Ermessen festgesetzt; es kann eine beantragte Beweisaufnahme sowie von Amts wegen die Einnahme des Augenscheins und die Begutachtung durch Sachverständige anordnen.

Schrifttum: *Anders/Gehle/Kunze,* Streitwert-Lexikon, 4. Aufl 2002; *Dörndorfer,* Der Streitwert für Anfänger, 6. Aufl 2015; *Dörndorfer,* Rechtsanwalts- und Gerichtsgebühren in Familiensachen, 2009; *Finke,* Streitwerttabelle, 8. Aufl 2014; *Hillach/Rohs,* Handbuch des Streitwerts in Zivilsachen, 9. Aufl 1995; *Hirte* ZRP **99**, 182 (rechtspolitisch); *Madert/von Seltmann,* Der Gegenstandswert in bürgerlichen Rechtsangelegenheiten, 5. Aufl 2008; *Oestreich/Winter/Hellstab,* Streitwerthandbuch, 2. Aufl 1998; *Roth,* Billigkeitsargumente im Streitwertrecht, Festschrift für *Kollhosser* (2004) 559; *Schmidtchen/Kirstein,* Abkopplung der Prozeßkosten vom Streitwert? usw, Festschrift für *Lüke* (1997) 741 (rechtspolitisch); *Schneider* AnwBl **07**, 773 (Streitfragen-Üb); *Schneider/Herget,* Streitwertkommentar für Zivilprozess und FamGKG, 14. Aufl 2016 (Bespr *Christl* FamRZ **16**, 1736, *Müller-Rabe* NJW **16**, 1225).

Gliederung

1) Systematik	1
2) Regelungszweck	2
3) Geltungsbereich	3
4) Ermessen	4–7
A. Verkehrswert	4, 5
B. Umfang der Prüfung	6, 7
5) Beispiele zum Streitwert	8–147

1) Systematik. Vgl zunächst Einf vor §§ 3–9. Das Gericht setzt den Wert in den Grenzen Einf 4 vor §§ 3–9 nach seinem pflichtgemäßen Ermessen fest, BGH FamRZ **03**, 1268. Das gilt freilich nur, soweit §§ 4–9 ZPO, 40ff GKG unanwendbar sind oder soweit der Streitgegenstand, der Beschwerdegegenstand, die Beschwer oder die Verurteilung nicht schon in einer bestimmten Geldsumme bestehen. Eine etwaige Uneinbringlichkeit ist nur bei § 182 InsO beachtbar, Anh II. Einen Zwischenzins darf man nicht abziehen. **1**

2) Regelungszweck. Der Streitwert ist das Nadelöhr der Justiz. Man muß jeden Anspruch zu einer Geldsumme machen, soweit nicht für das Gericht wie für die Anwälte Festbeträge als Gebühren bestehen und auch die Zuständigkeit nicht vom Wert abhängt, ebensowenig eine Anfechtungsmöglichkeit. Diese letzteren Fälle sind aber Ausnahmen. **2**

Enormer Spielraum steht dem Gericht bei der mithin meist erforderlichen Bewertung zur Verfügung, soweit es nicht von vornherein um einen klar bezifferten Geldzahlungsanspruch geht – und das ist nur ein Teil der denkbaren Anliegen des Klägers oder Widerklägers. Trotz aller mit deutscher Überperfektion betriebenen äußersten

GKG Anh I § 48 (§ 3 ZPO) I. A. Gerichtskostengesetz

Bemühung vor allem erlesener Kostenrechtsspezialisten um eine immer feiner aufgegliederte Einzelfallgerechtigkeit bleibt oft ein Unbehagen. Das gilt umso mehr, als es ja über die Wertfestsetzung um die evtl extremen Prozeßkosten geht. Solange das Gesetz zwar hier und dort Wertobergrenzen festlegt, den Parteien aber sogar in Verfahren ohne eine Parteiherrschaft mit den Anwälten wertunabhängige Vergütungsvereinbarungen erlaubt, hätte auch so mancher sozialpolitische Dämpfungsversuch nur eine begrenzte Wirkung.

Kostengerechtigkeit ist das Hauptziel einer richtigen Bewertung. Es mag auch zu einer als sehr hoch empfundenen Bewertung zwingen. Gerichte wie Anwälte müssen nicht selten auch für solche beim Gericht natürlich nur an den Staat fließenden Beträge arbeiten, die weit unter vergleichbaren Stundenlöhnen anderer Berufsgruppen liegen. Das darf und muß auch gelegentlich über eine hohe Bewertung zu hohen Kosten führen. Freilich bleiben in der Praxis schon mangels einer durchgängig möglichen höchstrichterlichen Kostenrechtsprechung erstaunliche, verständliche, aber nicht begeisterungsfähige Unterschiede in der Bewertung bestehen. Man sollte sie wenigstens dadurch erträglicher machen, daß man sich bemüßigt fühlt, eine Bewertung stets einigermaßen nachvollziehbar zu begründen.

Das bedeutet eine in der Praxis so manches Mal ebenfalls erstaunlich vernachlässigte, umso dringender notwendige *Selbstkontrolle* zum Schutz vor einer verborgenen Willkür nach BLAH Einl III 21. Willkür droht gerade auf diesem Gebiet. Denn sie wird manchen gar nicht mehr bewußt. Das gilt trotz der enormen wirtschaftlichen Auswirkung so manchen Wertansatzes. Es bleibt der Appell an Verantwortungsbewußtsein und Behutsamkeit. Sie dürfen nicht zu einer Überbetonung der Anforderungen auf diesem nur scheinbaren Nebenschauplatz des Prozesses führen, aber auch nicht zu einer verborgenen Gleichgültigkeit. Beides zu vermeiden erfordert ein erhebliches Feingefühl.

3 3) **Geltungsbereich.** Vgl Einf 3 vor § 3.

4 4) **Ermessen.** § 3 gibt eine Freiheit, begrenzt sie aber auch.

A. **Verkehrswert.** Der Ausdruck „freies Ermessen" in § 3 befreit das Gericht nicht von der Pflicht, den vollen Wert zu ermitteln und festzusetzen. Das Gericht hat nur insofern eine Freiheit, als es darum geht, ob es überhaupt eine Wertfestsetzung vornehmen will. Wenn es sich zu einer Wertfestsetzung entschließt oder dazu verpflichtet ist, muß es ein pflichtgemäßes Ermessen ausüben, BGH FamRZ **10**, 882 links, LAG Stgt JB **90**, 1333, Pabst/Rössel MDR **04**, 731. Von der Notwendigkeit, den vollen Streitwert festzusetzen, gelten Ausnahmen bei §§ 12 UWG, 144 PatG, §§ 85 II 3, 142 MarkenG, §§ 247, 249 I, 256 VII, 275 IV AktG, § 51 GKG Anh. Willkür ist natürlich nach BLAH Einl III 54 unstatthaft, Hamm MDR **12**, 1367. Manipulation kann Betrugsversuch usw sein, Brand/Brand AnwBl **13**, 85.

Maßgebend sind zunächst etwaige *gesetzliche Sonderregeln,* Schumann NJW **82**, 1263, jedoch grundsätzlich auf der Grundlage des *Antrags des Klägers* nach § 253 II Z 2, BVerfG NJW **97**, 312, Brdb JB **96**, 589, LSG Schlesw JB **08**, 425. An diesem Grundsatz ändert auch die in Rn 6 erörterte Entscheidung BVerfG RR **00**, 946 eigentlich nichts, aM Roth (vor Rn 1) 564. Das gilt unabhängig von dessen Zulässigkeit und Begründetheit, Düss AnwBl **82**, 435. Soweit Sonderregeln fehlen, ist das *wahre Interesse,* der *objektive Verkehrswert* maßgeblich, BGH MDR **01**, 292, BayObLG AnwBl **83**, 30. Unerheblich ist daher ein bloßer Liebhaberwert oder der Wert nur für den Kläger. Es kommt also nicht nur auf diejenige wirtschaftliche Bedeutung an, die gerade dem Kläger seinen Anträgen beimißt, BGH WertpMitt **97**, 643, Hbg OLGR **07**, 425, Saarbr OLGR **08**, 703, aM Bbg JB **77**, 851, Karlsr MDR **12**, 1493 (aber dann bliebe jede vernünftige Korrektur unerzwingbar).

Freilich sind die Wertangaben des Klägers ein wichtiger *Anhaltspunkt* für den wahren Streitwert, Ffm BauR **17**, 1251, Hbg OLGR **07**, 425, Saarbr OLGR **08**, 703. Generalpräventive Erwägungen sind unerheblich, Celle GRUR-RR **12**, 270, Ffm GRUR-RR **05**, 71. Die Durchsetzbarkeit etwa einer bezifferten Forderung ist unerheblich, LAG Hamm MDR **91**, 1204. Maßgeblicher Zeitpunkt ist nach § 40 GKG die Klageinreichung, Brschw JB **98**, 259, LAG Stgt JB **91**, 1537. Nach dem Verhandlungsschluß sind wegen § 296a grundsätzlich solche Umstände unerheblich, die das Gericht erst jetzt erfährt, aM Saarbr JB **98**, 363 (aber der Verhandlungsschluß bildet die Urteilsgrundlage).

„*Einigung*" durch Vergleich oder auch ohne gegenseitiges Nachgeben ist zwar als Ansatzpunkt für das Gerichtsermessen wohl fast stets erheblich mitbeachtbar. Sie befreit aber nicht von den zuvor dargestellten weiteren Aspekten bei der Ermittlung des Streitwerts. Die Parteiherrschaft nach BLAH Grdz 18 vor § 128 kann sich zwar durchaus auch auf Verfahrensfragen erstrecken, zB bei einer Erledigung der Hauptsache nach § 91a oder bei einer Klagerücknahme nach § 269 oder bei einem Anerkenntnis nach § 307. Sie kann aber nicht eine Grundlage des Kostenrechts aushebeln. Das zeigt nicht nur § 308 II. Andernfalls wären Manipulationen oder auch weniger bedenkliche, aber eben doch in Wahrheit unvertretbare Abweichungen nach oben und unten im Streitwert als Kostenbasis als einem oft sehr wesentlichen Faktor des Ob, Wo und Wie des ganzen Prozesses eine unvermeidbare Folgemöglichkeit, ein „deal", den man weder im Staatsinteresse noch im wahren Interesse der übrigen Prozeßbeteiligten hinnehmen kann. Parteianregung darf nicht zum Zwang für das Ermessen werden.

Die *Belange des Bekl* sind nach BLAH § 2 Rn 5 grundsätzlich *unerheblich*, KG ZMR **5** 93, 346. Das Gericht muß die Ausführungen des Bekl aber mitberücksichtigen, um die Eigenart und die wirtschaftliche Bedeutung der Klage richtig zu erkennen.

Wenn der Kläger dazu übergegangen ist, nach § 264 Z 3 das *Interesse* zu fordern, entscheidet das Interesse. Wenn der Anspruch für jede Partei einen anderen Wert hat, entscheidet grundsätzlich der Verkehrswert für den Kläger, Schmidt AnwBl **76**, 123. Die Klagegründung nach BLAH § 253 Rn 32 dient als ein Auslegungsmittel nach BLAH Grdz 52 vor § 128. Das Gericht darf und muß offenbare Schreibfehler oder Rechenfehler der Klageschrift berichtigen. Sie verändern den Streitwert nicht.

In der *höheren Instanz* entscheidet nach (jetzt) § 47 I GKG das wahre Interesse, wie es sich aus dem Antrag des Rechtsmittelführers ergibt, LG Mannh ZMR **76**, 90.

B. Umfang der Prüfung. Das „freie Ermessen" darf nicht zur Beseitigung des **6** Justizgewährungsanspruchs durch eine Festsetzung weit über dem wirtschaftlichen Wert führen, BVerfG RR **00**, 946. Freilich ist zugunsten eins ProzBev nach § 81 auch Art 12 I GG mitbeachtbar, BVerfG AnwBl **07**, 380, Brdb OLGR **09**, 971. Es darf nicht zum Ermessensfehlgebrauch kommen, BGH FamRZ **10**, 882 links. Es darf erst recht nicht zu einer Willkür des Gerichts kommen, BAG DB **88**, 187, LAG Stgt JB **91**, 1537. Freilich ist eine nachvollziehbare sorgfältige Abwägung selbst dann jedenfalls keine Willkür, wenn sie erheblich vom Üblichen abweicht, BLAH § 281 ZPO Rn 40, aM (zum alten Recht) BVerfG NJW **09**, 1198. Im übrigen fehlen oft die notwendigen Unterlagen. Dann muß die Schätzung oft ziemlich willkürlich sein. Das Gericht braucht keinen Beweis zu erheben, Mü Rpfleger **92**, 409. Das ergibt sich aus dem Wort „kann" im Gesetzestext.

Das Gericht darf und muß das *Verhalten der Parteien* berücksichtigen, zB eine Glaubhaftmachung nach § 294 oder ihr Fehlen, BGH FER **00**, 27 (ohne Vorlage nach § 132 GVG), strenger BGH RR **98**, 573 (nur bei § 511 III). Auch spricht die Hinzuziehung eines Privatgutachters nach BLAH Üb 21 vor § 402 für einen höheren Wert. Die vor einer Benachteiligung stets notwendige Anhörung der Parteien nach Artt 2 I, 20 III GG (Rpfl), BVerfG **101**, 404, Art 103 I GG (Richter), BVerfG AnwBl **16**, 933, ist unter Umständen zusätzlich nach § 139 erforderlich, BGH RR **01**, 569.

Die Parteien sollen nach § 61 S 1 GKG, § 253 III den *Wert bei jedem solchen Antrag* **7** nach BLAH § 297 Rn 4 *angeben*, der nicht auf die Zahlung einer bestimmten Geldsumme hinausläuft oder dessen Wert sich nicht aus früheren Anträgen ergibt. Ein „Einverständnis" ist als eine Anregung mitbeachtbar, Karlsr JB **10**, 200. Wenn das Gericht Beweise erhebt, geschieht das auch zum Nutzen der Staatskasse. Man kann hilfsweise (jetzt) § 52 II GKG entsprechend anwenden, Brschw JB **77**, 403. Ein erstinstanzliches Ermessen ist auch für das Beschwerdegericht maßgeblich, solange es keine neuen Tatsachen beurteilen muß, BAG DB **88**, 188.

Wenn das Gericht lediglich den *Kostenstreitwert* nach Einf 5 vor §§ 3–9 festsetzt, entstehen für die Partei Kosten nur nach § 64 GKG. Wenn das Gericht den Wert für die sachliche *Zuständigkeit* nach Einf 4 vor §§ 3–9 festsetzt, entstehen allenfalls Auslagen, jedenfalls keine Gerichtsgebühren.

5) Beispiele zum Streitwert. Die Rechtsprechung ist unübersehbar umfang- **8** reich. Die Tendenzen schwanken. Man kann daher Entscheidungen nur zurückhal-

GKG Anh I § 48 (§ 3 ZPO)

tend als Anhaltspunkte benutzen. Wenn nichts anderes gesagt ist, sollte man den Wert nach § 3 an Hand der Fingerzeige *schätzen*.
Nicht näher bezeichnete Vorschriften sind solche der ZPO.

9 **Abänderungsklage:** Maßgeblich sind §§ 9 ZPO, 42 GKG, 238 FamGKG, Nürnb FamRZ **09**, 1620, und zwar auf der Basis der Differenz zwischen dem nach §§ 323 ff usw abzuändernden Vollstreckungstitel und dem jetzt geforderten Betrag, Hbg FamRZ **82**, 322. Man muß evtl die Werte der Klage und der Widerklage nach BLAH Anh § 253 evtl addieren, soweit verschiedene Streitgegenstände nach BLAH § 2 Rn 4 vorliegen, Hamm JB **81**, 737. Bei einem Vertragsunterhalt gilt § 9. Eine Rückzahlung wegen Überzahlung erhöht den Wert, aM Köln FamRZ **10**, 1933 links Mitte (aber dann tritt eine Bereicherung hinzu), und zwar für den jeweils vollen Monat, Hbg JB **90**, 1336, KG JB **91**, 1124. Eine Erschwerung der Durchsetzbarkeit ist unbeachtbar, BGH-RR **12**, 1087.
Abberufung: Rn 62 „Gesellschaft".
Abfindungsvergleich: Maßgeblich ist der Vergleichsgegenstand, Düss JB **92**, 51, Karlsr JB **15**, 191, Schlesw JB **80**, 411, aM Ffm Rpfleger **80**, 239 (in erster Linie die Abfindung. Aber erst der ganze Vergleich zeigt den vollen Wert), Stgt JB **09**, 596. Es kommt nur auf den Inhalt an, nicht zB auf nur sprachlich einbezogene und in Wahrheit bereits vorher geklärte Punkte, Schlesw SchlHA **80**, 23.
S auch Rn 127 „Vergleich".

10 **Ablehnung des Richters,** dazu *Schneider* MDR **01**, 132 (Üb): Grundsätzlich ist der Wert der Hauptsache maßgeblich, VerfGH Stgt RR **17**, 832, Bre MDR **11**, 1134, Ffm JB **17**, 364, es sei denn, daß die Befangenheit nur wegen eines einzelnen Anspruchs besteht, BayObLG WoM **97**, 70 (WEG), Brdb RR **00**, 1092, Ffm JB **06**, 370, aM BFH BStBl **76** II 691, Kblz Rpfleger **88**, 508 (je abgelehnten Richter 10% des Werts der Hauptsache), Ffm MDR **07**, 1399 (im Beschwerdeverfahren 25% der Hauptsache), LAG Köln AnwBl **96**, 644, VGH Kassel JB **93**, 108 (10– 33,3% der Hauptsache. Aber solche natürlich „menschenfreundlichen" Vereinfachungen passen nicht zum Gewicht des bisherigen Richters in seiner Entscheidungsfunktion). Manche halten eine Bewertung nach (jetzt) § 48 II GKG für richtig, da es sich um eine nichtvermögensrechtliche Sache nach § 48 GKG Rn 4 ff handle, Kblz JB **80**, 1509, Köln Rpfleger **87**, 166, Nürnb MDR **83**, 846, aM BGH AGS **04**, 159. Andere wenden (jetzt) § 48 II GKG auch in einer vermögensrechtlichen Sache an, Köln Rpfleger **87**, 166.
Im *Insolvenzverfahren* muß man die voraussichtliche Insolvenzquote beachten, BayObLG NJW **89**, 44.
S auch Rn 11 „Ablehnung des Schiedsrichters", Rn 141 „Wohnungseigentum".

11 **Ablehnung des Sachverständigen:** Der Wert liegt meist unter dem Wert der Hauptsache, BGH AGS **04**, 159, Mü MDR **10**, 1012, Naumb BauR **12**, 843 (je: 33,3%). Es entscheidet das Interesse daran, daß dieser Sachverständige nicht mitwirke, Bre JB **76**, 1357, Ffm JB **80**, 279. Daraus ergibt sich, daß man als Wert im allgemeinen die Wichtigkeit des Beweispunkts ansetzen muß, *Schneider* ABC „Ablehnung" Nr 3, aM Kblz RR **98**, 1222, Mü JB **80**, 1055 (Wert der Hauptsache. Aber der Sachverständige entscheidet nach BLAH Üb 5 vor § 402 jedenfalls offiziell nicht den Prozeß). Man kann aber auch (jetzt) § 48 II GKG anwenden, soweit es sich bei der Hauptsache um eine nichtvermögensrechtliche Sache handelt, Köln MDR **76**, 322.
Ablehnung des Schiedsrichters: Maßgeblich ist bei § 1035 grds der Wert der Hauptsache, Düss RR **94**, 1086, Hamm JMBlNRW **78**, 87, aM Ffm RR **94**, 957, VGH Mannh NVwZ-RR **94**, 303, Kröll SchiedsVZ **11**, 133. Vgl aber die Argumente Rn 10).
S auch Rn 10 „Ablehnung des Richters", Rn 97 „– (Beschlußverfahren)".

12 **Abmahnung:** In einer Mietsache gilt das Interesse an der Fortsetzung des umstrittenen Verhaltens, AG Köln WoM **99**, 237.
Abnahme der Kaufsache: Maßgeblich ist das Interesse des Klägers an der Abnahme, solange der Verkäufer nicht auch den dann maßgebenden Kaufpreis verlangt, Bbg JB **94**, 361 (evtl nur 10%), AG Osnabr JB **01**, 144. § 6 ist unanwendbar. Lagerkosten sind beachtbar, Bbg JB **94**, 361. Man darf den Anspruch auf die Kaufpreisforderung und denjenigen auf die Abnahme der Kaufsache nach § 5 Rn 7

„Kaufpreis" nicht zusammenrechnen. Bei einer Bierabnahme ist die Umsatzminderung der Brauerei maßgeblich, Bbg MDR **77**, 935, Brschw JB **79**, 436.
Abrechnung: Maßgeblich ist das wirtschaftliche und evtl auch das ideelle Interesse an ihrer Erteilung.
S auch Rn 108 „Stufenklage: – (Rechnungslegung)", Rn 144 „Zwangsvollstreckung: a) Erwirkung von Handlungen und Unterlassungen".
Absonderungsrecht: Maßgeblich ist § 6 Rn 10.
Abstammung: Nach § 47 I FamGKG, Teil I B diese Buchs, muß man 2000 EUR ansetzen.
Abstandszahlung: Es ist ihr Betrag und nicht das Erfüllungsinteresse maßgebend, LG Münst AnwBl **78**, 147.
Abstraktes Schuldanerkenntnis: Rn 14 „Anerkenntnis".
Abtretung: Maßgeblich ist zunächst § 6, also die abzutretende Forderung, BGH RR **97**, 1562, Mü Rpfleger **77**, 176, im Zweifel das Interesse des Klägers (Wertangabe der Klageschrift), Karlsr JB **06**, 201. Bei der Abtretung eines wiederkehrenden Rechts gilt jedoch § 9. Bei einer Klage auf die Abtretung einer Nachlaßforderung gegen einen Miterben muß man seinen Erbanteil abziehen, BGH MDR **75**, 741, Schneider JB **77**, 433.
Abwehranspruch: Rn 33 „Eigentum".
Akkreditiv: Maßgeblich ist die Forderung, BGH JB **92**, 537.
Aktie: Rn 137 „Wertpapier".
Allgemeine Geschäftsbedingungen: Maßgeblich ist das Interesse des Klägers an 13 der Durchsetzung seines Unterlassungsanspruchs, Bunte DB **80**, 486. Man muß es wie beim Widerrufsanspruch nach § 3 schätzen. Bei Gemeinnutz ist das Interesse der Allgemeinheit an der Ausschaltung der umstrittenen Klausel maßgeblich, aM BGH RR **01**, 352.
Der *Höchstwert* beträgt nach (jetzt) § 48 I 2 GKG 250 000 EUR, Celle NJW **95**, 890. Je angegriffene Klausel kann man (jetzt ca) 1500–2500 EUR festsetzen, soweit nicht eine Klausel eine grundlegende Bedeutung für einen ganzen Wirtschaftszweig hat, BGH WoM **06**, 635, Mü WoM **97**, 631, Naumb WoM **95**, 547. Im Verbandsprozeß ist nämlich das Interesse an der Beseitigung einer gesetzwidrigen AGB-Klausel maßgeblich, BGH RR **91**, 179, Karlsr GRUR **16**, 424. Es kann zur Erhöhung auf 25 000 EUR führen, BGH ZIP **14**, 98.
S auch Rn 118 „Unterlassung: – (Allgemeine Geschäftsbedingungen)".
Altenteil: Das Wohnrecht läßt sich nach § 3 schätzen. Bei einer dinglichen Sicherung ist nach § 6 der Betrag der zu sichernden Forderung maßgeblich. Soweit kein gesetzlicher Unterhalt vorliegt, gilt gebührenrechtlich § 9. Sonst gilt § 51 FamGKG, Teil I B dieses Buchs.
Anerkenntnis: Ein solches nach § 307 führt grds nicht zu einer Verringerung des 14 Streitwerts, Düss FamRZ **87**, 1281, Mü MDR **17**, 120, Nürnb MDR **05**, 120. Ein Teilanerkenntnis kann den Wert einer Beweisaufnahme mindern, soweit es erhebliche Tatsachen nach BLAH Einf 17 vor § 284 betrifft, Bbg JB **90**, 771, Mü MDR **17**, 120, Nürnb MDR **05**, 120. Mit der Hauptforderung zusammengerechnete Zinsen bleiben nur beim deklaratorischen Anerkenntnis unberücksichtigt, Kblz JB **99**, 97. Im Beschwerdeverfahren ist das Kosteninteresse beachtbar, Ffm AnwBl **81**, 155.
Anfechtung: Rn 62 „Gesellschaft", § 6 Rn 16.
Anmeldung zum Handelsregister: Der Wert einer Mitwirkung läßt sich nach § 3 schätzen. Dabei kommt es auf das Interesse des Klägers an der Klarstellung der Beteiligung oder an einer Änderung an, Karlsr JB **07**, 364, ferner auf die Frage, ob eine Tatsache streitig ist. Dabei ist die Höhe der Einlage oder des Gesellschaftsanteils ein bloßer Anhaltspunkt, BGH BB **79**, 647. Oft sind 10%–25% des Klägeranteils angemessen, Bbg JB **84**, 756. Der Wert kann aber auch höher liegen, BGH BB **79**, 674. Vgl ferner §§ 105 ff GNotKG, Teil III dieses Buchs.
Annahmeverzug: Maßgebend ist die Einsparung des Aufwands des Angebots der eigenen Leistung, BGH WertpMitt **10**, 1674, Naumb OLGR **00**, 368, LG Essen MDR **99**, 1226, aM Ffm JB **91**, 410 ([jetzt ca] 50 EUR, oder 1%, Düss JB **94**, 496, oder (jetzt) ca 150 EUR, BGH RR **89**, 826 (aber das ist zu unbeweglich). Beim Antrag Zug um Zug wirkt der zusätzliche Feststellungsantrag nach § 256 auf

GKG Anh I § 48 (§ 3 ZPO) I. A. Gerichtskostengesetz

einen Annahmeverzug nicht werterhöhend, BGH WertpMitt 10, 1674, Düss MDR 09, 57, Naumb RR 12, 1213.

Anschlußrechtsmittel: Die Streitwerte des Rechtsmittels und des unselbständigen Anschlußrechtsmittels können bei einer Ablehnung des ersteren zusammenrechenbar sein, sofern das letztere überhaupt einen eigenen Streitwert hat, soweit es also zB nicht bloß um Zinsen geht, BGH MDR 85, 52. Dasselbe gilt beim „Hilfsanschlußrechtsmittel", BGH VersR 89, 647.

Anspruchsmehrheit: *Frank,* Anspruchsmehrheiten im Streitwertrecht, 1986 (Üb). Sie kann auch bei demselben Verstoß mehrerer Personen vorliegen, auch zB einer juristischen Person und ihres gesetzlichen Vertreters, Hbg MDR 13, 1240. Man muß addieren, Celle MDR 15, 912, Hbg MDR 13, 1240, KG JB 11, 90.

Anwaltsbeiordnung: Bei §§ 78b, 116 ist das Interesse nach § 3 schätzbar, ZöHe 16 „Anwaltsbeiordnung", aM Bre JB 77, 91, Mü MDR 02, 724 ($^1/_3$ der Hauptsache), Zweibr JB 77, 1001 (geplante Hauptsache. Aber das kann zu hoch sein).

Anwaltsvergleich: Rn 132 „Vollstreckbarerklärung".

Anwartschaft: § 3 ist anwendbar, KG AnwBl 78, 107.

15 **Arbeitsverhältnis:** Vgl Anh Rn 93 „Rechtswegverweisung", ferner § 42 Rn 32ff.

Arrest: Man muß den Kostenstreitwert nach (jetzt) § 53 I 1 GKG nach dem Interesse des Antragstellers an der Sicherstellung nach § 3 schätzen, Brschw RR 96, 256 links, Düss WettbR 96, 44, Kblz MDR 94, 738. Man muß von dem Wert des zu sichernden Anspruchs ausgehen und ihn wie sonst ansetzen, Brdb JB 01, 94, Brschw RR 96, 256, Köln FamRZ 01, 432. Da das Arrestverfahren nach §§ 916ff aber nur eine vorläufige Klärung bringen kann, ist der Wert grds geringer als derjenige des Hauptanspruchs. Er beträgt je nach der Sachlage zB ein Drittel oder die Hälfte des Werts des Hauptanspruchs, Brdb JB 01, 94, Karlsr OLGR 98, 386, Oldb RR 96, 946. Das darf aber nicht schematisch erfolgen, Düss WettbR 96, 44. Ein noch geringerer Bruchteil wäre meist noch gerechtfertigt, aM Köln GRUR 88, 726 (15–12,5%; mit Recht abl Ahrens), Nürnb JB 97, 196. Beim Notbedarfsanspruch ist meist ein 6-Monats-Betrag angemessen, KG MDR 88, 154, Nürnb JB 97, 196. Der Wert im vorläufigen Verfahren kann aber ausnahmsweise den Wert des Hauptanspruchs fast erreichen.

Der Wert des Eilverfahrens darf aber grds *keineswegs* über demjenigen der Hauptsache liegen, Köln FamRZ 01, 432.

16 – **(Aufhebung):** S „– (Einstellung)", Rn 17 „– (Veränderung der Umstände)", „– (Vollziehung)", „– (Widerspruch)".

– **(Ausländischer Antragsgegner):** Ein Arrest in sein ganzes Inlandsvermögen ermöglicht den Hauptsachewert, Drsd AGS 07, 259, Kblz JB 92, 191.

– **(Ausverkauf):** Fast der Hauptsachewert kann bei einer Unterlassung eines Ausverkaufs oder einer zugehörigen Werbung gelten.

– **(Befriedigung):** Eine solche tatsächlich erreichte kann den Hauptsachewert ermöglichen.

– **(Besitz):** Das Sicherungsinteresse des Antragstellers gilt auch im Besitzstreit, Düss AnwBl 86, 37.

– **(Einstellung):** Das Interesse des Antragstellers entscheidet evtl auch dann, wenn es um die Einstellung der Zwangsvollstreckung zB nach § 775 Z 1 auf Grund eines solchen Urteils geht, das einen Arrestbeschluß aufgehoben hat.

– **(Einstweilige Verfügung):** Rn 35ff.

– **(Familienstreitsache):** Es gilt nichts Besonderes, Mü FamRZ 11, 747.

– **(Forderungspfändung):** Rn 17 „– (Vollziehung)".

– **(Formalität):** Ein geringerer Wert als der nach Rn 15 meist übliche kann dann gelten, wenn es nur noch um eine formelle Beseitigung des Arrests geht, KG JB 02, 479.

– **(Kostenpauschquantum):** Rn 17 „– (Unterhalt)".

– **(Kostenwiderspruch):** Rn 18 „– (Widerspruch)".

– **(Leistungsverfügung):** Rn 15 gilt auch bei einer sog Leistungsverfügung nach Grdz 6ff vor § 916, Mü FamRZ 97, 691.

– **(Markensache):** Bei ihr kommt es auf die Gefährlichkeit der unbefugten Benutzung an, Kblz GRUR 96, 139. Im Widerspruchs-Beschwerdeverfahren nach §§ 924, 567 setzt BPatG GRUR 99, 65 für (jetzt) § 33 RVG, Teil X dieses Buchs, grds (jetzt ca) 10 000 EUR an.

Abschnitt 7. Wertvorschriften (§ 3 ZPO) Anh I § 48 GKG

- **(Nichtvermögensrecht):** In einem solchen Streit nach BLAH Grdz 11 vor § 1 muß man (jetzt) von § 48 II 1 GKG ausgehen, LG Saarbr JB **95**, 26.
- **(Persönlicher Arrest):** Bei einem solchen Arrest nach § 918 sind dieselben Regeln wie beim dinglichen Arrest nach § 916 anwendbar, Kblz JB **92**, 191.
- **(Seeschiff):** Bei ihm können 75% der Arrestforderung nach § 916 ansetzbar sein, Hbg MDR **91**, 1196.
- **(Unterhalt):** In einer gesetzlichen Unterhaltssache läßt sich der Wert nach § 51 FamFG berechnen, bei einer vertraglichen nach § 42 I GKG. Das gilt grds auch für einen Arrest, Brschw RR **96**, 256 links, Düss FamRZ **85**, 1155, aM Schneider MDR **89**, 389 ([jetzt] § 53 II 1 GKG entsprechend. Aber § 51 FamGKG spricht auch vom „Antrag" und ist deshalb spezieller). Dieser Wert gilt auch für eine einstweilige Verfügung nach § 1615 o BGB. Das Kostenpauschquantum läßt sich berücksichtigen. Das Gericht darf auch hier keinen höheren Wert als denjenigen der Hauptsache annehmen, Düss FamRZ **85**, 1156.
- **(Veränderung der Umstände):** Bei § 927 ist Obergrenze derjenige Wert, den der aufzuhebende Titel bei der Klagerhebung nach §§ 253, 261 auch für den Kläger hat.
- **(Vereitelung):** Das Sicherungsinteresse des Antragstellers gilt auch dann, wenn der Antragsgegner sonst die Vollstreckung ganz vereiteln könnte, Köln ZMR **95**, 258, LG Darmst JB **76**, 1090.
- **(Vollstreckbarkeit):** Fast der Hauptsachewert kann dann gelten, wenn nur ein Arrest eine Vollstreckungsmöglichkeit schafft und genügend Pfändbares erbringt, LG Darmst JB **76**, 1090. Unbeachtbar ist das Problem, einen Vollstreckungsgegenstand zu finden, LG Darmst JB **76**, 1090.
  S auch „– (Vereitelung)".
- **(Vollziehung):** Das Interesse des Schuldners entscheidet dann, wenn es um den Vollzug nach §§ 928 ff geht, KG Rpfleger **91**, 126, Karlsr Rpfleger **99**, 509 (je: Obergrenze: Wert der Anordnung), Köln Rpfleger **93**, 508, aM Düss JB **10**, 648 links (evtl Hauptsachewert), oder wenn es um die Aufhebung des Vollzugs nach § 934 geht. Eine Forderungspfändung nach § 930 ist unbeachtbar.
- **(Widerspruch):** Im Widerspruchs- und Aufhebungsverfahren nach §§ 924 ff muß das Gericht grds denselben Wert wie im Antragsverfahren ansetzen. Denn auch in diesem Verfahrensabschnitt ist das Interesse des Antragstellers maßgeblich, weil der Widerspruch kein Rechtsmittel ist, aM KG JB **02**, 479 (bei § 926 II weniger). Nur bei einem auf die Kostenfrage beschränkten Widerspruch nach BLAH § 924 Rn 5 ist das bloße Kosteninteresse maßgeblich, BGH NJW **13**, 3104, Karlsr MDR **07**, 1455, Nürnb RR **13**, 635.
  S auch Rn 16 „– (Markensache)".

Aufgebot: Maßgebend ist bei §§ 433 ff FamFG nach § 3 das Interesse des Antragstellers. Es kommt auf das Objekt des Aufgebots an. Im Aufgebotsverfahren wegen eines Hypothekenbriefs, eines Grundschuldbriefs oder eines Rentenbriefs nach § 447 FamFG darf man als den Streitwert daher nicht stets den Betrag der Hypothekenforderung ansetzen. Denn es handelt sich nicht um diese. Maßgeblich ist bei einer geplanten Löschung sogar der Nennbetrag, LG Potsd MDR **08**, 653. Es kann aber auch nur 10–20% des Nennwerts der Hypothek infragekommen, soweit nicht der Grundstückswert usw geringer ist, LG Bln Rpfleger **88**, 549. Wenn es um ein Aufgebotsverfahren nach dem G v 18. 4. 50, BGBl 88, geht, sind §§ 3 und 6 nicht anwendbar. Dann ist die Hypothek nicht der Gegenstand der Verfügung.

Aufhebung: Rn 60 „Gemeinschaft", Rn 98 „Schiedsrichterliches Verfahren: d) Aufhebungsantrag".

Auflassung: § 6 Rn 2. Entgegennahme Rn 12 „Abnahme der Kaufsache", aM Bbg JB **94**, 361, Ffm RR **96**, 636 (§ 3). Es mag nur der noch streitige Kaufpreisrest maßgebend sein, Düss BauR **15**, 723 links unten.
S auch Rn 41 „Erbrechtlicher Anspruch".

Auflassungsvormerkung: § 6 Rn 14, 15.

Auflösung: S bei den Gegenständen der Auflösung.

Aufopferung: Die Entschädigung wegen eines Impfschadens läßt sich nach § 42 I GKG bewerten.

GKG Anh I § 48 (§ 3 ZPO) I. A. Gerichtskostengesetz

22 **Aufrechnung: Hauptaufrechnung,** dazu *Kanzlsperger* MDR **95**, 883; *Schulte,* Die Kostenentscheidung bei der Aufrechnung durch den Beklagten im Zivilprozeß, 1990; *Sonnenberg/Steder* Rpfleger **95**, 60 (ausf): In einer Familiensache gilt § 39 FamGKG, Teil I B dieses Buchs. Für den Kostenstreitwert muß man im übrigen die folgende Unterscheidung vornehmen.

– **(Streitigkeit der Gegenforderung):** Auch soweit der Bekl nach BLAH § 145 Rn 9 mit einer oder mehreren streitigen Gegenforderungen aufrechnet, ist nur die Klageforderung maßgeblich, aM Hamm AnwBl **86**, 204 (aber auch dann geht es sogleich um den Bestand der Klageforderung).

– **(Unstreitigkeit der Gegenforderung):** Bei einer unbedingten Hauptaufrechnung oder dann, wenn der Bekl eine unstreitige Gegenforderung mit einer Haupt- oder Hilfsaufrechnung geltend macht, ist nur die Klageforderung maßgeblich, Hbg JB **09**, 645, Köln FamRZ **92**, 1461, aM Pfennig NJW **76**, 1074 (aber es geht sogleich um den Bestand der Klageforderung). Macht der Bekl in 2. Instanz nur die Hauptaufrechnung geltend und wird er verurteilt, ohne daß das Gericht die Zahlung von der Erfüllung einer Nachbesserung abhängig macht, beschwert der Wert der ursprünglichen Zug-um-Zug-Leistung den Bekl nicht, BGH DB **92**, 89.

Aufrechnung: Hilfsaufrechnung mit streitiger Gegenforderung. Vgl dazu § 45 II GKG. Zur Systematik *Kanzlsperger* MDR **95**, 883, *Madert,* Der Streitwert bei der Eventualaufrechnung usw, Festschrift für *Schmidt* (1981) 67, *Schneider* MDR **84**, 196: Die Erhöhung des Streitwerts um den Wert der nach BLAH § 145 Rn 13 zur Hilfsaufrechnung gestellten Forderung erfolgt nur dann, wenn die folgenden Bedingungen zusammentreffen, BGH JB **92**, 563, Schlesw SchlHA **81**, 189. Dabei kommt es nur im Verhältnis zum Hilfsaufrechnenden zur etwaigen Werterhöhung, aM KG MDR **09**, 586 (aber nur *seine* Parteiprozeßhandlung nach BLAH Grdz 47 vor § 128 gibt Veranlassung).

– **(Wirkliche Aufrechnung):** Es muß sich um eine echte Aufrechnung nach BLAH § 145 Rn 9 handeln, BGH NZM **04**, 423, und zwar gerade dieses Bekl, nicht seines Streitgenossen nach §§ 59 ff, aM KG MDR **09**, 586. Es muß also um einen Anspruch mit einem von der Klageforderung unabhängigen Wert gehen, BGH NJW **94**, 1538, KG JB **00**, 419, Stgt JB **12**, 364, etwa wegen eines Verzugs, Hamm JB **05**, 541. Es darf also nicht etwa nur um eine Einrede oder eine sonstige Einwendung des Bekl wie eine Mängelrüge gehen, BGH FamRZ **09**, 1664 links oben, Hamm RR **06**, 457, Köln VersR **93**, 460, oder nur um ein Zurückbehaltungsrecht, die Einrede des sonstwie nichterfüllten oder schlechterfüllten Vertrags, BGH FamRZ **09**, 1664 links oben, Düss MDR **01**, 113, einen Rücktritt, eine Minderung, Düss AnwBl **84**, 614, eine Überzahlung, KG JB **00**, 419, ein geltend gemachtes Pfandrecht, soweit der Bekl ihretwegen keine Widerklage nach BLAH Anh § 253 erhoben hat. Der Aufrechnungszeitpunkt ist unerheblich, BGH WertpMitt **92**, 627.

Eine *Hilfsaufrechnung* nach BLAH § 145 Rn 13 kann auch neben anderen Einwendungen in einer Vollstreckungsabwehrklage nach § 767 erfolgen, Düss MDR **99**, 1092, LG Marbg JB **02**, 533. Der Einwand des Bürgen, der Hauptschuldner habe aufgerechnet, genügt nicht, aM ZöHe § 3 Rn 16 „Aufrechnung" (aber das ist keine echte Hilfsaufrechnung gerade des Hauptschuldners). Eine Hilfsaufrechnung fehlt dann, wenn der Bekl sich in erster Linie nur mit der Aufrechnung und bei ihrer Unzulässigkeit mit einer Hilfswiderklage wegen der Aufrechnungsforderung verteidigt, BGH RR **99**, 1736, oder wenn sich der Bekl in erster Linie nur mit der Rüge des Fehlens einer Prozeßvoraussetzung nach BLAH Grdz 12 ff vor § 253 verteidigt, Karlsr MDR **98**, 1249 (internationale Zuständigkeit). Der Aufrechnung steht im Ergebnis ein Vorgehen nach (jetzt) § 634 Z 2 BGB gleich, Düss AnwBl **84**, 614, aM Mü MDR **87**, 670 (aber auch eine Mängelrüge läuft auf dasselbe hinaus).

– **(Bloße Hilfsaufrechnung):** Der Bekl darf die zur Aufrechnung gestellte Forderung nach BLAH § 145 Rn 13 lediglich hilfsweise geltend gemacht haben, BGH NZM **04**, 423, Hbg JB **09**, 645. Er muß also in erster Linie die Hauptforderung bestritten haben, Drsd MDR **99**, 119, Düss BauR **10**, 938, LG Bayreuth JB **92**, 761, sei es auch nur wegen einer Einwendung, LG Bayreuth JB **92**,

761. Wenn er dann mit einer unstreitigen Gegenforderung aufrechnet, bleibt das eine bloße Hilfsaufrechnung, Düss BauR **10**, 938. Man muß seine Erklärungen wie sonst nach BLAH Grdz 52 vor § 128 auslegen, Köln JB **96**, 645, LG Lübeck JB **15**, 578. Eine Hauptaufrechnung macht III vom Zeitpunkt ihrer Erklärung an unanwendbar, Drsd MDR **99**, 120, Hbg OLGR **09**, 163, Karlsr MDR **95**, 643, aM Ffm RR **86**, 1064, Hamm JB **02**, 316 (schon vorher), Stgt NJW **11**, 541 (aber erst die Aufrechnungserklärung gibt Anlaß zur Beschäftigung mit der Aufrechnungsforderung). Etwas anderes gilt dann, wenn zur Haupt- eine Hilfsaufrechnung mit einer anderen Forderung tritt. Dann erfolgt in der geltend gemachten Reihenfolge eine Zusammenrechnung, BGH MDR **92**, 307, Karlsr MDR **89**, 921, LG Erfurt JB **97**, 535. Dabei bleibt freilich die erste unbedingte Aufrechnung unberücksichtigt, falls wohin hilfsweise gestaffelte Gegenforderungen folgen, BGH **73**, 249, Köln VersR **92**, 1027, Zweibr Rpfleger **85**, 328.

- (**Entscheidungsbedürftigkeit der Hilfsaufrechnung**): Die zur Hilfsaufrechnung gestellte Forderung muß entweder von vornherein streitig gewesen oder doch im Lauf des Rechtsstreits streitig geworden sein, BGH NZM **04**, 423, Hamm MDR **00**, 296, sei es wegen einer angeblichen Unzulässigkeit, sei es wegen einer angeblichen Unbegründetheit der Hilfsaufrechnung. § 40 GKG stellt auf jeden dieser Fälle ab. Es kommt also auch nicht darauf an, ob der Kläger die Hilfsaufrechnung für unzulässig oder für unbegründet hält. Denn III berücksichtigt die Mehrarbeit des Gerichts infolge der Hilfsaufrechnung, Saarbr AnwBl **80**, 155, Zweibr Rpfleger **85**, 328. Eine solche Mehrarbeit kann auch schon durch die von Amts wegen erforderliche vorrangige Prüfung der Zulässigkeit der Hilfsaufrechnung entstehen.

Es muß auch ein *Entscheidungsbedürfnis* über die Hilfsaufrechnung bestehen. Daran fehlt es, solange das Gericht den Hauptanspruch nicht abgewiesen hat, BGH RR **99**, 1157, oder noch einem Vergleich.

- (**Erste Instanz**): Es kommt für den erstinstanzlichen Wert nur auf die Entscheidung dieses Erstgerichts an, BGH Rpfleger **87**, 38, Ffm RR **01**, 1653, LG Kassel RR **92**, 831, aM Mü MDR **90**, 934, Schlesw SchlHA **83**, 61 (aber der Wert richtet sich nur nach der jeweiligen Entscheidung). Man kann die zur Hilfsaufrechnung gestellte Forderung auch dann bis zur vollen Höhe der ursprünglichen Klageforderung zulassen, wenn der Kläger im Prozeß im Insolvenzverfahren zu einer Feststellungsklage nach § 256 übergegangen ist und wenn das Prozeßgericht den Wert dieses Feststellungsantrags mit 10% der Ursprungsforderung festgesetzt hat, Schlesw SchlHA **81**, 189. Wegen der Feststellung der Beschwer BAG DB **76**, 444.

- (**Rechtskraftfähigkeit der Entscheidung**): Über die streitige Hilfsaufrechnung muß eine der inneren Rechtskraft nach § 322 und nicht nur formellen Rechtskraft nach § 705 fähige Entscheidung ergangen sein, BGH NJW **09**, 232 (krit Hansens AnwBl **09**, 205), Düss BauR **10**, 938, Kblz JB **02**, 197, auch zB durch ein Versäumnisurteil gegen den Bekl nach § 331 II Hs 1. Denn auch dieses ist der inneren Rechtskraft nach BLAH § 322 Rn 1 fähig. Es darf zB nicht in Wahrheit bloß unklar sein, ob die Klageforderung entstanden ist, BGH RR **00**, 285, KG VersR **81**, 860, Köln MDR **79**, 413. Es reicht auch grds nicht aus, daß das Gericht die Hilfsaufrechnung als unzulässig bezeichnet, BGH MDR **09**, 1251, Drsd JB **03**, 475, Düss WoM **97**, 428, oder daß nur ein Vergleich entsteht, aM Celle BauR **11**, 886. Eine Zurückweisung des tatsächlichen Vorbringens zur Hilfsaufrechnung nach § 296 als verspätet ist aber ausreichend, Ffm MDR **84**, 239, aM Hamm OLGR **99**, 178, ebenso diejenige der Hilfsaufrechnung als nicht ausreichend wie nach BLAH § 253 Rn 32 substantiiert, Kblz JB **02**, 197.

Nach § 322 II ist die Entscheidung, daß die Gegenforderung nicht bestehe, bis zur Höhe desjenigen Betrags der Rechtskraft fähig, für den die Aufrechnung erfolgt, BGH RR **00**, 285, Celle AnwBl **84**, 311, Düss MDR **96**, 1299. Man darf daher evtl mehrere Gegenforderungen nicht höher addieren, Ffm JB **86**, 1388, aM BGH Rpfleger **92**, 225, Düss Rpfleger **94**, 129, Köln JB **92**, 683. Maßgeblich ist das Urteil, BGH NJW **94**, 1538, auch das Urkunden- oder Scheckvorbehaltsurteil usw nach § 599, nicht der Vergleich nach BLAH Anh § 307, Ffm MDR **80**, 64, Köln JB **79**, 566, aM Mü JB **98**, 260 (aber er ist keine

GKG Anh I § 48 (§ 3 ZPO) I. A. Gerichtskostengesetz

„Entscheidung"). Maßgeblich ist auch nicht die Aufrechnungserklärung, BGH RR **97**, 1157, schon gar nicht eine Durchsetzbarkeit des Hilfsaufrechnungsanspruchs, aM Ffm MDR **81**, 57 (aber es kommt eben nur auf die Rechtskraft der Entscheidung an).

– **(Rechtsmittelinstanz):** Sie erhält eine eigene Bewertung, BGH Rpfleger **87**, 37, Mü JB **90**, 1337, Stgt RR **05**, 507. In der Rechtsmittelinstanz kommt es darauf an, ob das Vordergericht oder das Rechtsmittelgericht über die Hilfsaufrechnung entschieden hatte, BGH Rpfleger **87**, 38, Düss MDR **98**, 497, Köln VersR **96**, 125, aM Jena MDR **02**, 480, Mü MDR **90**, 934, Lappe Rpfleger **95**, 401 (aber aus der Frage, wer entschieden hat, leitet sich der Wert ab). Eine Verwerfung des Rechtsmittels zB nach §§ 522 I 2, 552 I 2 reicht nicht aus, KG MDR **90**, 259, aM ZöHe § 3 Rn 16 „Aufrechnung" (aber da ist keine Sachentscheidung). Wird infolge einer Rechtsmittelrücknahme zB nach §§ 516, 565 die erstinstanzliche Entschädigung über die Hilfsaufrechnung nach § 705 formell rechtskräftig, erhöht sich der Kostenstreitwert der Rechtsmittelinstanz nicht, Köln JB **95**, 485.

– **(Vergleich):** Bei einer Erledigung des Rechtsstreits durch einen Vergleich nach BLAH Anh § 307 gilt nach Rn 127 „Vergleich" § 45 I–III GKG nach § 45 IV GKG entsprechend, Düss JB **10**, 423, LAG Bln NZA-RR **04**, 374, VGH Mü NVwZ-RR **04**, 620, aM Karlsr MDR **13**, 424 (aber auch ein außergerichtlicher Vergleich kann den Streit beenden).

23 – **(Zuständigkeitswert):** Maßgeblich ist nur die Klageforderung, KG MDR **99**, 439.

Auseinandersetzung: Rn 60 „Gemeinschaft".
Ausgleichsanspruch: Rn 41 „Erbrechtlicher Anspruch", Rn 67 „Handelsvertreter".

24 **Auskunft,** dazu *Schulte* MDR **00**, 805 (Üb): Der Wert hängt von dem Interesse an der Auskunftserteilung ab, § 3, BGH WertpMitt **18**, 22, Brdb NZFam **14**, 86, LAG Mainz NZA-RR **08**, 324. Ein minimaler Höchstwert etwa von 600 EUR (Folge: § 495a ZPO) gar bei einem ganzen Nachlaß ist nun wirklich nicht allgemein haltbar, aM BGH RR **08**, 889 (aber das Interesse kann sehr viel höher sein). Er beträgt in der Regel einen Bruchteil desjenigen Anspruchs, dessen Geltendmachung die Auskunft erleichtern soll, BGH RR **07**, 1301, Bbg FamRZ **97**, 40, Brdb JB **08**, 314, aM Rostock JB **09**, 105 (Hauptsache).

Der Wert beträgt zB dann nur wie *geringen Bruchteil*, etwa 10% des zu schätzenden Leistungsanspruchs dann, wenn die fraglichen Verhältnisse fast bekannt sind, etwa wenn es um den Lohn des Gegners geht, Schlesw SchlHA **78**, 22, oder 10–20%, Schlesw JB **02**, 81, oder 10–25%, BGH FamRZ **06**, 619 (ohne Vorlage nach § 132 GVG), Saarbr OLGR **09**, 381, oder 20%, Hamm FamRZ **07**, 163, Zweibr FamRZ **07**, 1113. Er kann auch 25% betragen, Ffm MDR **05**, 164, KG FamRZ **96**, 500, Rostock RR **13**, 1016.

Es ist auch ein *höheres Interesse möglich*, BGH FamRZ **93**, 1189, Ffm RR **12**, 762, Kblz JB **05**, 39. Das gilt etwa dann, wenn der Kläger einen Zahlungsanspruch ohne die Auskunft voraussichtlich nicht weiter verfolgen kann. Dann kann der Wert der Auskunft fast den Wert des Zahlungsanspruchs erreichen, Ffm MDR **87**, 509. Der Auskunftswert kann aber nicht den Hauptsachewert übertreffen, Bbg JB **89**, 1306, Ffm MDR **87**, 508, Köln FamRZ **84**, 1029. Das Interesse des Bekl, die Auskunft zu erschweren, ist in erster Instanz unerheblich, BGH Rpfleger **78**, 53. Das übersieht LG Kiel FamRZ **96**, 47.

Andererseits darf das Gericht nicht außer Acht lassen, ob eine *Ungewißheit* über bestimmte Geschäfte entfällt, selbst wenn das nicht in der gehörigen Form geschieht.

– **(Aktienrecht):** § 132 V 5, 6 AktG, KG GRUR **92**, 611.
– **(Anspruchsmehrheit):** Jeder Anspruch zählt gesondert, Mü JB **04**, 376.
– **(Anspruchsteil):** Er kann ausreichen, LG Ffm ZMR **14**, 48.
– **(Aufwand):** S „,– (Rechtsmittel des Beklagten)".
– **(Auskunft, aber keine Zahlung):** Die Regeln „– (Kostennachteil)" gelten auch dann, wenn das Erstgericht bei einer Stufenklage nach § 254 sowohl den Auskunftsanspruch als auch den zugehörigen Zahlungsanspruch abgewiesen hatte, wenn dann das Berufungsgericht den Bekl zur Auskunft verurteilt und den Zahlungsanspruch schließlich ebenfalls abweist.

- **(Beschwerde):** Der Beschwerdewert kann beim Kl als Beschwerdeführer anders sein als beim Bekl als Beschwerdeführer, BGH **128**, 85, Drsd FamRZ **11**, 1681, LG Bochum VersR **00**, 1431. Beim Bekl ist das Interesse daran maßgeblich, die Auskunft nicht erteilen zu müssen, BGH WertpMitt **18**, 22 (Zeit- und Kostenaufwand nach dem JVEG). Zu § 61 FamFG BGH MDR **17**, 105 rechts.
  S auch „– (Rechtsmittel)".
- **(Buchauszug):** BGH WertpMitt **14**, 2142 (Zeit und Kosten), Köln OLGR **99**, 113.
- **(Eidesstattliche Versicherung):** Rn 33.
- **(Erfüllungskosten):** Sie sind *nicht* maßgeblich, Rostock JB **09**, 105, aM BGH NJW **95**, 664 (aber man sollte insgesamt abwägen).
- **(Erhoffter Betrag):** S „– (Schätzung)".
- **(Feststellung):** S „– (Schadensersatz)".
- **(Geheimhaltung):** S „– (Rechtsmittel des Beklagten)".
- **(Gesellschaft):** Rn 62.
- **(Hauptanspruch):** *Unbeachtbar* ist das Interesse des Bekl, den Hauptanspruch nicht erfüllen zu müssen, BVerfG NJW **97**, 2229, BGH NJW **95**, 2020.
- **(Hilfskraft):** Auch ihre notwendigen Kosten können mitbeachtbar sein, BGH MDR **09**, 521.
- **(Kosten):** Für die Gerichts- und Anwaltskosten entscheidet bei einer Stufenklage nach § 254 Rn 108 ff („Stufenklage") der höchste Wert nach § 44 GKG.
- **(Kostennachteil):** *Nicht* maßgeblich ist grds das Interesse des Bekl an der Vermeidung einer ihm nachteiligen Kostengrundentscheidung nach BLAH Üb 35 vor § 91, BVerfG NJW **97**, 2229, BGH FamRZ **98**, 364 ohne Vorlage nach § 132 GVG (Erbe) und 365 (Betreuer), Mü FamRZ **99**, 453 (anders nur bei einer Unbrauchbarkeit des Titels), aM BGH NJW **94**, 1740, KG RR **88**, 1214, Saarbr JB **85**, 1238 (aber es geht um die Abwehr des Auskunftsverlangens).
- **(Markenrecht):** § 140 MarkenG, KG GRUR **92**, 611.
- **(Mietrecht):** Rn 77 „Mietverhältnis: Klage auf Auskunft".
- **(Rechnungslegung):** Eine Zusammenfassung mit dem Wert der Rechnungslegung ist zulässig.
- **(Rechtsmittel des Beklagten):** Hier ist das Interesse des Bekl daran maßgeblich, die Auskunft nicht leisten zu müssen, BGH WertpMitt **18**, 22, Brdb NJW **09**, 51 rechts unten, LG Oldb MDR **16**, 1289, aM Stgt MDR **01**, 112, Gehrlein NJW **07**, 2833 (je: unpraktischer). Maßgeblich ist dabei derjenige Aufwand an Zeit und Kosten, den die Erfüllung gerade und nur des titulierten Anspruchs erfordert, BVerfG NJW **97**, 2229, BGH NJW **17**, 739, Brdb NZM **09**, 52. Beachtbar ist auch § 20 JVEG, Teil V dieses Buchs, BGH MDR **17**, 1186 links oben. Ausnahmen können bei einer Treuhand vorliegen, BGH ZIP **18**, 70. Höchstens kommen dabei nach § 22 S 1 JVEG, Teil V dieses Buchs, 17 EUR je Stunde infrage, BGH FamRZ **10**, 891 links, Hamm MDR **14**, 111, Rostock FamRZ **07**, 1762. Eine Bedeutung hat auch das etwaige schutzwürdige Geheimhaltungsinteresse des Verurteilten, BGH WertpMitt **18**, 22 (erneut) (ohne Vorlage nach § 132 GVG), LG Bochum VersR **00**, 1431, aM BGH NJW **05**, 3349, Stgt MDR **01**, 113 (auch dann das Interesse des Klägers. Aber er wehrt jetzt nur ab). Dazu muß man nach BLAH § 253 Rn 32 substantiiert vortragen und evtl nach § 294 glaubhaft machen, BGH RR **14**, 1347. Maßgeblich ist der Zeitpunkt der Einlegung des Rechtsmittels, BGH NJW **10**, 2812, LG Oldb MDR **16**, 1289.
  S auch „– (Beschwerde)", „– (Kostennachteil)".
- **(Rechtsmittel des Klägers):** Hier bleibt das Interesse des Klägers maßgeblich, BGH NJW **16**, 714. Das gilt auch beim Anspruch auf eine Auskunft Zug um Zug, BGH NJW **93**, 3206.
  S auch „– (Beschwerde)".
- **(Schadensersatz):** Man muß die Feststellung einer Schadensersatzpflicht neben der Auskunftserteilung besonders bewerten.
- **(Schätzung):** Man muß natürlich stets schätzen, von welchem Betrag man ausgehen soll, BGH NJW **05**, 3349. Dabei kann die Angabe des erhofften Betrags nur einen Anhaltspunkt bieten. 600 EUR können bei Kosten einer umfangreichen Sache zu wenig sein, BGH NJW **09**, 2218.

GKG Anh I § 48 (§ 3 ZPO)

- **(Stufenklage):** Rn 108 ff.
- **(Unterhalt):** Es mögen nur 100 EUR reichen, BGH NZFam **17**, 157.
- **(Wertveränderung):** S „– (Zeitpunkt)".
- **(Zeitpunkt):** Maßgeblich ist der Zeitpunkt der Einreichung der Klage nach §§ 253, 261, Ffm MDR **87**, 508. Bei einer Wertsteigerung während des Verfahrens kommt ihr Zeitpunkt infrage (Auslegung nach BLAH Grdz 52 vor § 128), Karlsr FamRZ **04**, 1048. Der Wert ermäßigt sich also dann nicht, wenn sich auf Grund einer Auskunft ergibt, daß der Leistungsanspruch weniger oder gar nichts wert ist, Düss AnwBl **92**, 286, Köln FamRZ **05**, 1847, Mü MDR **06**, 1134, aM Ffm MDR **87**, 508 (vgl aber § 40 GKG).
- **(Zug um Zug):** Auch beim Auskunftsanspruch Zug um Zug ist das Interesse des Klägers maßgeblich, BGH NJW **93**, 3206.
- **(Zugewinnausgleich):** Bei § 1379 I 1 BGB ist er der Ausgangspunkt, Zweibr JB **00**, 251.
- **(Zurückbehaltungsrecht):** Rn 142.
- **(Zurückverweisung):** Auch hier kann der Zeit- und Kostenaufwand maßgeblich sein, BGH RR **09**, 793.
- **(Zwangsgeld):** Ein solches nach § 888 I 1 ist *nicht* maßgeblich, Rostock JB **09**, 105.

25 **Auslandswährung:** Maßgeblich ist nach BLAH § 253 Rn 97 „Währung" der Umrechnungsbetrag in EUR, Ffm NJW **91**, 643, Ritten NJW **99**, 1215, und zwar grds im Zeitpunkt der Klagerhebung nach §§ 253, 261 oder der Rechtsmitteleinlegung nach §§ 517, 549, Ffm NJW **91**, 643 (beim Währungsverfall evtl im Zeitpunkt der letzten Verhandlung). Eine spätere Kursänderung ist also grds unbeachtbar. Beim Kostenstreitwert muß man § 40 GKG beachten, Mü FamRZ **97**, 34, Oldb RR **99**, 942.
S auch Rn 59 „Geldforderung".

Ausscheiden und Ausschließung: Maßgeblich ist § 3, BGH WertpMitt **16**, 97. Dies gilt sowohl beim wirtschaftlichen Verein als auch bei der Gesellschaft, auch der stillen atypischen. Man muß den Wert der Kapitalanteile der Kläger mitberücksichtigen, Ffm JB **85**, 1083. Es kommen zB 20–35% der Hauptsache infrage, Hbg MDR **02**, 479, Kblz MDR **06**, 289, evtl mehr, Hamm OLGR **97**, 354. Beim Idealverein ist § 48 II 1 GKG maßgeblich.
S auch Rn 62 „Gesellschaft".

Aussetzungsantrag: Maßgeblich ist bei §§ 148 ff das Interesse der Parteien nach BLAH Grdz 4 vor § 50 an der Aussetzung, nicht der Wert des Hauptverfahrens, Bbg JB **78**, 1243, Hbg MDR **02**, 479 (je: grds 20%). Manche setzen keineswegs mehr als etwa 33,3% des Werts des Hauptverfahrens an, ThP § 3 Rn 24 „Aussetzung". Indessen kann gerade an einer Aussetzung zB nach § 149 zur „Vorklärung" im Strafverfahren ein derartiges Interesse bestehen, daß 33,3% keineswegs ausreichen.
Im *Abgabenprozeß* sind 5% des streitigen Betrags maßgeblich.
Im *Beschwerdeverfahren* nach §§ 567 ff sind grds 20% des Hauptsachewerts ansetzbar, aM Ffm RR **94**, 957 (33,3%).

Aussonderung: Maßgeblich ist § 6.
Auswechslung des Streitgegenstands: Maß muß evtl addieren, KG MDR **08**, 173.

26 **Bank:** Im Eilverfahren wegen eines Kontos nach §§ 916 ff, 935 ff kann das regelmäßige Entgelt der Bank maßgeblich sein, LG Lübeck NJW **01**, 83.
Baubeschränkung: Maßgeblich ist § 7.
Bauhandwerkersicherungshypothek: Es kommt auf das Interesse an der Eintragung an, LG Ffm AnwBl **83**, 556, meist also nur auf die zu sichernde Forderung, Nürnb MDR **03**, 1382. Bei der Eintragung einer Vormerkung ist 25–33,3% des Hypothekenrechts ansetzbar, Bbg JB **75**, 649, Bre JB **82**, 1052, Ffm JB **77**, 719, aM Saarbr JB **87**, 1218 (50%; zu hoch). Bei der Klage auf die Bewilligung der Bauhandwerkerhypothek ist der Wert der zu sichernden Forderung maßgeblich, Düss MDR **09**, 322, Ffm JB **77**, 1136, LG Tüb BauR **84**, 309. Bei der Löschung gilt ein Forderungsteil, Bbg JB **75**, 940, Bre JB **82**, 1052. Die Hypothek und Werklohn erhalten eine Zusammenrechnung, Drsd JB **14**, 584.
S auch Rn 35–39 „Einstweilige Verfügung" sowie § 5 Rn 4, § 6 Rn 15.

Baulandsache: Bei einer vorzeitigen Besitzeinweisung nach § 116 BauGB muß man das Interesse an der Aufhebung grds mit 20% des Grundstückswerts ansetzen, BGH

61, 252, Mü NVwZ-RR **04**, 712, OVG Münst BauR **04**, 379. In einem Verfahren nach § 224 BauGB beträgt der Wert ca 15% des Grundstückswerts. Bei einer unbezifferten Leistungsklage nach BLAH Grdz 8 vor § 253 liegt der angemessene Entschädigungsbetrag im Rahmen der etwa genannten Mindest- und Höchstbeträge. Wenn es um die Anfechtung der Einleitung eines *Umlegungsverfahrens* geht, beträgt der Wert ebenso wie bei einer Zuweisung von Ersatzland statt einer Geldentschädigung und umgekehrt 20% des Werts der einziehbaren Fläche und etwaiger Aufbauten. Dasselbe gilt bei einer Anfechtung des Umlegungsplans nach § 66 BauGB.

Wenn es um eine *Grenzregulierung* geht, ist der Wert der abzugebenden Teilfläche maßgeblich. Bei einer Aufhebung des Umlegungsplans zur Schaffung einer besseren Zufahrt muß man 10% der einbezogenen Fläche als Streitwert ansetzen. S auch Rn 40 „Enteignung".

Bausparvertrag: Es gelten §§ 3, 9 BGH NJW **17**, 2342.

Bauverpflichtung: Sie läßt sich nach § 3 bewerten (geringerer Bruchteil der Baukosten).

Bedingter Anspruch: Man muß ihn nach § 3 schätzen, BGH MDR **82**, 36. Dabei kommt es auf den Grad der Wahrscheinlichkeit des Bedingungseintritts an.

Befangenheit: Rn 10, 11.

Beförderung: Es ist § 9 beachtbar, BGH DRiZ **08**, 291.

Befreiung: Maßgeblich ist der vom Kläger genannte Geldbetrag der Verbindlichkeit, BGH WertpMitt **17**, 1263, KG JB **09**, 197, Rostock JB **09**, 197, aM BGH ZIP **11**, 1686 ohne Vorlage nach § 132 GVG (wirtschaftliche Bedeutung. Aber sie liegt gerade in der Befreiung).

– **(Arbeitsrecht):** Bei einem arbeitsrechtlichen Freistellungsvergleich kann man 25% der Vergütung für den Freistellungszeitraum ansetzen, LAG Kiel JB **07**, 257 rechts unten, aber auch den vollen Betrag.

Das gilt natürlich dann *nicht*, wenn gar keine Berufung auf Freistellung erfolgt, LAG Mainz NZA-RR **17**, 154.

– **(Bürgschaft):** Beim Streit um eine Befreiung von einer Bürgschaft ist der Schuldbetrag maßgeblich, BGH RR **95**, 197.

– **(Feststellung):** Beim Streit um eine bloße Feststellung erfolgt eine Ermäßigung, BGH RR **90**, 985 (20%).

– **(Gesamtschuld):** Beim Streit um die Befreiung eines Gesamtschuldners im Innenverhältnis ist der Wert des übernommenen Anteils maßgeblich, Düss FamRZ **94**, 57 (Unterhaltsvergleich), Karlsr FamRZ **14**, 1225, Rostock JB **09**, 197.

S auch „– (Unterhalt)".

– **(Hypothek):** Beim Streit um die Befreiung von der persönlichen Haftung für eine Hypothek ist der Schuldbetrag maßgeblich. Man darf die persönliche und die dingliche Haftung nicht zusammenzählen.

– **(Kosten):** Diejenigen des Vorprozesses sind keine bloßen Nebenforderungen nach § 4, BGH MDR **76**, 649, Bre JB **03**, 83.

– **(Unterhalt):** Beim Streit um die Befreiung von einer gesetzlichen Unterhaltspflicht ist wegen § 113 I 2 FamFG für den Wert § 3 anwendbar, nicht § 9, aM BGH JB **75**, 325, und auch nicht § 51 FamFG, (zum alten Recht) BGH RR **95**, 197, OldB FamRZ **91**, 966.

S auch „– (Gesamtschuld)".

– **(Vorprozeß):** S „– (Kosten)".

– **(Wiederkehrende Nutzung usw):** Mitbeachtbar ist § 9, BGH JB **75**, 325.

S auch „– (Unterhalt)".

– **(Zinsen):** Die Zinsen desjenigen Anspruchs, von dem der Kläger die Befreiung verlangt, können Nebenforderungen nach § 4 sein, aM Görmer JB **10**, 68 (aber § 4 gilt uneingeschränkt).

Befristeter Anspruch: Man muß den Wert nach § 3 schätzen, Köln FamRZ **89**, 417, und zwar nach § 4 im Zeitpunkt der Geltendmachung des Anspruchs. Dabei muß man die Fälligkeit oder den Zeitpunkt des Wegfalls des Anspruchs berücksichtigen.

Beleidigung: Rn 32 „Ehre".

Bereicherung: Bei einer Sache ist § 6 maßgeblich, sonst nach § 3 grds der Betrag der Forderung.

GKG Anh I § 48 (§ 3 ZPO)
I. A. Gerichtskostengesetz

Berichtigung der Entscheidung: Im Verfahren nach *§ 319* ist grds § 3 anwendbar. Es ist also das Interesse des Antragstellers maßgeblich. Es kann von 20% der Hauptsache, Saarbr JB **89**, 522 (vorübergehende Unterlassung der Vollstreckung), bis zu 100% reichen, Ffm JB **80**, 1893, Saarbr JB **89**, 522 (je: endgültige Beseitigung der Vollstreckbarkeit).
Im Verfahren nach *§ 320* ist die Bedeutung der Berichtigung für das weitere Verwahren maßgeblich, Schlesw JB **16**, 247.
Berichtigung des Grundbuches: Maßgebend ist wegen § 113 I 2 FamFG das Interesse des Klägers nach § 3, Köln JB **14**, 537, Saarbr AnwBl **78**, 106. Man kann den Wert der Klage auf eine Zustimmung zur Berichtigung nach dem Berichtigungsinteresse schätzen, LG Drsd JB **00**, 83. Er kann nach § 6 den Verkehrwert erreichen, BezG Potsd VersR **93**, 1382. Das gilt auch im Eilverfahren nach § 49 FamFG, §§ 916 ff, 935 ff, Köln ZMR **95**, 258. Er kann aber auch erheblich darunter bleiben, etwa bei einer Unstreitigkeit der Verhältnisse, Zweibr JB **87**, 265, LG Bayreuth JB **79**, 1884, oder bei valutierenden dinglichen Lasten, Bbg JB **77**, 1278, LG Köln NJW **77**, 255, aM BGH ZIP **82**, 221, KG MDR **01**, 56, Köln JB **95**, 368 (aber § 3 geht über die Besitzfrage des § 6 hinaus, und auch § 3 kennt Wertminderungsumstände).
Berufung: Maßgeblich ist bei §§ 511 ff grds das Interesse an der Änderung des Urteils, die Beschwer nach BLAH Grds 14 ff vor § 511, meist also der Antrag des Berufungsklägers nach § 520 III 1 Z 1. Freilich kommt es nicht allein auf § 511 IV an, AG Köln WoM **02**, 670. Wegen des Ausspruchs auf den Verlust der Berufung Rn 129 „Verlustigkeitsbeschluß". Der Wert der versehentlich eingelegten Berufung kann den gesetzlichen Tabellen-Mindestwert betragen, Ffm MDR **84**, 237. Der Wert der mangels einer Beschwer unzulässigen Berufung beträgt mindestens (jetzt) 600,01 EUR, Ffm MDR **84**, 502.
Mangels einer Beschwer gilt die Mindestgebühr, Düss MDR **09**, 1188. Denn es liegt nun einmal eine Berufung vor. Erst ihr Wert führt zur Gebühr. Erfolgt die Berufung nur wegen einer Gegenleistung, ist diese maßgeblich. Eine Zug-um-Zug-Leistung erhöht den Wert nicht. Bei wechselseitigen Berufungen gilt § 45 II GKG. Mindestens ist das Interesse des Bekl an der Vermeidung einer ihm nachteiligen Kostenentscheidung maßgeblich, BGH NJW **94**, 1740.
S auch Rn 14 „Anschlußrechtsmittel".

29 **Beschwerde:** Rn 104 „Sofortige Beschwerde".
Beseitigung: § 49 GKG. Vgl ferner § 7 Rn 4.
Besichtigung: Rn 83.
Besitzstreit: Der Wert richtet sich im Prozeß nach § 6 Rn 2. Bei der einstweiligen Verfügung usw nach §§ 935 ff richtet sich der Wert nach (jetzt) § 53 GKG, Düss AnwBl **86**, 37. Bei einer Besitzstörung ist für die Gebühren § 3 maßgeblich, Brdb MDR **07**, 1225 (Miete/Pacht), Düss MDR **12**, 1187 (Besitzungskosten), Naumb JB **10**, 306, LG Bielef FamRZ **92**, 1095 (1-Jahres-Wert bei Wiedereinräumung). § 41 I 1 GKG bildet den Höchstwert. Für die Zuständigkeit sind §§ 8, 9 maßgeblich, KG NZM **06**, 720.
Bestimmung der Zuständigkeit: Rn 143 „Zuständigkeit".
Betagter Anspruch: Maßgeblich ist § 3. Man darf einen Zwischenzins nicht abziehen, Voormann MDR **87**, 722, aM LAG Köln MDR **87**, 169 (zustm Hirte. Aber auch für einen Zwischenzins gilt § 4).
Betreuer: Bei seiner Auswahl kann man 3000 EUR ansetzen, BayObLG JB **04**, 140.
Betriebskostenabrechnung: Bei ihrer Überprüfung gilt der geforderte Nachzahlungsbetrag, AG Düss JB **09**, 256.
Beweisaufnahme: Der Wert richtet sich bei §§ 355 ff nach dem Gegenstand des Beweises, BGH NJW **04**, 3488, Düss OLGR **09**, 364, Schlesw MDR **09**, 1302. Falls sich die Beweisaufnahme nur auf einen Teil der Klageforderung erstreckt, ist also nur dieser Teil maßgeblich, Celle FamRZ **08**, 1197, Düss JB **83**, 1042. Das gilt auch bei Streitgenossen nach § 59 ff, Celle RR **09**, 1678, KG RR **00**, 1622, Rostock JB **08**, 364. Es entscheidet das Klägerinteresse: Bei einem Abbruch, BGH WoM **05**, 525; bei einer Antenne, PrGe 71; bei einer Ersatzvornahme, BGH MDR **94**, 839; bei einer bloßen Feststellung, BGH WoM **04**, 352; bei einer Nutzungsentschädigung nach § 9; bei einer Räumung; bei einer Reklame, Saarbr JB

80, 280; bei einer Versorgungsleitung, BGH MDR **06**, 1374; bei einem Zaun usw, AG Königstein NZM **01**, 112.
Beweissicherung: Rn 102 „Selbständiges Beweisverfahren".
Bezifferung: Sie ist grds verbindlich, LAG Stgt NZA-RR **15**, 98.
Bezugsverpflichtung: Der Wert orientiert sich nicht am Umsatz, sondern am Gewinn. Man muß ihn nach § 3 schätzen, BGH RR **89**, 381, Bbg JB **85**, 441, LG Münst JB **75**, 1621 (Rückkaufswert).
Bierlieferung: Maßgebend ist der erwartbare Gewinn, Bbg JB **85**, 444, Brschw JB **79**, 436.
Bilanzerstellung: Maßgebend kann das Abwehrinteresse sein, Saarbr NZG **17**, 468.
Buchauszug, -einsicht: Rn 24 „Auskunft", „– (Buchauszug)".
Bürgschaft: Maßgeblich ist nach § 6 Rn 9 der Betrag der gesicherten oder zu sichernden Forderung ohne Rücksicht auf eine etwaige Betagung oder Bedingung. Das Interesse des Mieters an der Freigabe der Bankbürgschaft entspricht der Bürgschaftssumme, BGH WoM **06**, 215. Man muß eine nicht valutierte Summe schätzen, Karlsr MDR **91**, 1197. Bei der Klage gegen den Hauptschuldner und den Bürgen erfolgt keine Zusammenrechnung nach 5. Bei der Klage gegen den Bürgen ist für die Zinsen und Kosten § 4 I anwendbar. Bei der Klage des Bürgen gegen den Hauptschuldner zählen die vom Bürgen gezahlten Zinsen und Kosten als ein Teil der Hauptforderung. Beim Streit um die Herausgabe einer Bürgschaft nach § 648 a BGB nimmt Drsd BauR **15**, 1892 40% des Bürgschaftshöchstbetrags und weitere 80% der voraussichtlichen Avalkosten als Wert an.

S auch Rn 69 „Herausgabe: – (Urkunde allgemein)".
CD-Raubkopie: Es entscheidet das Interesse des Gestörten, AG Mü GRUR-RR **08**, 263.
Darlehen: Maßgeblich ist grds nach § 4 die streitige Darlehenssumme ohne Nebenforderung, BGH NJW **16**, 2428, Karlsr WertpMitt **15**, 1810, Köln OLGR **99**, 220, abzüglich eines etwaigen Ablösungsbetrags. Bei Befreiung gilt nur sie, Ffm OLGR **02**, 96. Im Rechtsmittelverfahren ist der aberkannte Betrag maßgebend, BGH WertpMitt **85**, 279. Beim Widerruf gilt das Interesse, Karlsr ZIP **15**, 2017, Kblz JB **16**, 25, Stgt JB **15**, 473, 474 und 475, Zweibr JB **15**, 580, aM LG Saarbr JB **15**, 476 (Zinsansprüche), Ffm JB **17**, 635 (Verbraucherdarlehen), aM BGH WertpMitt **16**, 2300 (Hauptforderung, systemwidrig). Es ändert die weitere Zahlung evtl nichts, Ffm RR **17**, 755, KG JB **16**, 370. Bei mehreren Teilsummen kann § 9 anwendbar sein, Celle MDR **15**, 1263.
Dauervertrag: Man berechnet den Wert nach § 3 und nicht nach § 9. Denn ein Dauervertrag läuft regelmäßig kürzer als ein Vertrag der in § 9 genannten Art, Bre Rpfleger **89**, 427 (Stromlieferung: 5-Jahresdurchschnittskosten – sehr hoch! –), aM BGH WoM **10**, 438 rechts oben, Schlesw OLGR **98**, 347. Der Umsatz ist bei einem langfristigen Liefervertrag nur ein Anhaltspunkt. Daneben ist der Gewinn maßgeblich, Bbg MDR **77**, 935.

Ein *Automatenaufstellvertrag* der üblichen Art läßt sich nicht nach § 41 GKG bewerten, sondern nach § 3, Kblz VersR **80**, 1123. Beim Miet- und Pachtvertrag usw ist § 41 GKG anwendbar. Beim Arbeitsvertrag muß man zunächst § 42 II GKG beachten.
Dauerwohnrecht: Der Wert der Inhaberschaft richtet sich nach § 9, aM Brschw NZM **08**, 423 ([jetzt] § 52 GNotKG, Teil III dieses Buchs), AG Ffm AnwBl **84**, 449 (§§ 3, 6. Aber § 9 ist eine vorrangige Spezialvorschrift). Im übrigen gilt § 41 GKG. Der Wert seiner Löschung läßt sich nach § 3 berechnen. Maßgeblich ist dabei die Wertminderung des Grundstücks durch das Wohnrecht.
Deckungsprozeß: Rn 130 „Versicherung: a) Deckungsprozeß".
Deklaratorisches Schuldanerkenntnis: Rn 14 „Anerkenntnis".
Dienstbarkeit: Der Wert läßt sich nach § 7 berechnen, BayObLG JB **95**, 27, ähnlich Kblz RR **14**, 401 (§ 3, je: Klägerinteresse).
Dienstvertrag: Maßgeblich ist § 3, soweit es um die Anstellung, die Beendigung usw geht, BGH RR **86**, 676. Jedoch gelten für die Zuständigkeit § 9 und für die Kosten § 42 I GKG, soweit das Entgelt umstritten ist, BGH JB **05**, 543. Die letztere Vorschrift kann auch ein Ausgangswert bei der Feststellung des Bestehens des

GKG Anh I § 48 (§ 3 ZPO)   I. A. Gerichtskostengesetz

Vertrags sein, BGH RR **86**, 676. (Jetzt) § 42 II GKG gilt nur für das arbeitsgerichtliche Verfahren, BGH RR **86**, 676.

Dingliche Sicherung: Es ist § 6 anwendbar.

Domain: Ihre Freigabe kann 25 000 EUR wert sein, Köln GRUR-RR **06**, 67.

Drittschuldnerprozeß: Soweit der Gläubiger den Drittschuldner zB nach §§ 829, 840 II 2 auf eine Zahlung verklagt, ist wie stets der Wert *dieser* Klageforderung maßgeblich, also die dem Drittschuldner abverlangte Summe, Köln MDR **91**, 899, Saarbr JB **92**, 849, LAG Düss MDR **92**, 59, aM LAG Kiel JB **01**, 196, LAG Stgt JB **02**, 196 (je: 36facher Monats-Pfändungsbetrag. Aber es geht schlicht um den Gesamtwert der eingeklagten Forderung). Wertprivilegien der eingeklagten Forderung können beachtbar sein, Köln JZ **91**, 987.

Drittwiderspruchsklage: Rn 139 „Widerspruchsklage: a) Widerspruchsklage des Dritten, § 771".

Duldung der Begutachtung: Maßgeblich ist das Interesse des Gläubigers, wie stets, also gerade nicht dasjenige des Schuldners. Das übersieht BGH NZM **99**, 65.

Duldung der Zwangsvollstreckung: Die Duldung hat nach § 5 neben einem Anspruch auf eine Verurteilung zu einer Leistung keinen besonderen Wert. Maßgeblich ist also die vollstreckbare Forderung nebst Zinsen und Kosten, BGH RR **99**, 1080, Saarbr MDR **01**, 897. Beim selbständigen Anspruch auf eine Duldung muß man ihn dem vollen Wert der Forderung oder der Haftungsmasse gleichsetzen, je nachdem, ob die Forderung oder die Haftungsmasse kleiner ist, KG AnwBl **79**, 229.

S auch Rn 144 „Zwangsvollstreckung".

Durchsuchung: Bei §§ 758, 758a muß man einen Bruchteil der vollstreckbaren Forderung oder des Werts des pfändbaren Gegenstands ansetzen, Köln MDR **88**, 329 (50%).

32 **eBay:** Rn 121.

Ehesache: Es gilt § 43 FamGKG, Teil I B dieses Buchs.

Ehewohnungssache: § 43 FamGKG, Teil I B dieses Buchs.

Ehre: Man muß den Wert (jetzt) nach § 48 II–IV GKG berechnen, BAG BB **98**, 1487, Karlsr VersR **09**, 949, LG Oldb JB **95**, 369, aM BGH WoM **06**, 396 ohne Vorlage nach dem RsprEinhG, BLAH Anh § 140 GVG (§ 3. Aber § 48 GKG ist spezieller). Bei mehreren Verstößen muß man addieren, Mü MDR **93**, 286. Beim Zusammentreffen vermögensrechtlicher und ideeller Wirkungen entscheidet die weitergehende, Karlsr VersR **09**, 949, LAG Mainz MDR **07**, 1045.

S auch Rn 119 „Unterlassung: – (Belästigung, Beleidigung)", Rn 129 „Veröffentlichungsbefugnis", Rn 138 „Widerruf".

33 **Eidesstattliche Auskunft oder Versicherung:** Wegen der Festgebühren nach KV 2110ff ist keine Wertfestsetzung für die Gerichtskosten notwendig, aM Hbg NJW **17**, 835. Für die Anwaltsvergütung gilt § 25 I Z 4 RVG (höchstens 1500 EUR), Teil X dieses Buchs. Bei § 883 II gilt § 6, LG Köln JB **77**, 404.

Der *Beschwerdewert* bei einer eidesstattlichen Auskunft richtet sich nach dem Aufwand an Zeit und Kosten, BGH MDR **18**, 49. Soweit im erfolglosen Beschwerdeverfahren keine Änderung des Streitgegenstands nach BLAH § 2 Rn 4 erfolgt, gilt nur die Festgebühr des (jetzt) KV 1811, aM BGH NZM **99**, 65 (aber die Vorschrift gilt uneingeschränkt).

S auch Rn 24 „Auskunft".

Eigentum: Bei einer Störung nach § 1004 BGB ist § 3 maßgeblich, BGH ZMR **14**, 300 (Wertverlust), Düss MDR **91**, 353 (Kosten der Beseitigung der Störung), Kblz JB **95**, 27 (Wert des Verbots für den Kläger), Naumb JB **10**, 306 (Unterlassungsinteresse). Nachteile für den Bekl sind unbeachtbar, Köln JB **90**, 246 (Notweg). Bei einer Beseitigung von Sondermüll sind die Entsorgungskosten maßgebend, Düss MDR **91**, 353. Im übrigen gilt § 6 Rn 2, auch wegen eines Eigentumsvorbehalts. Der Beschwerdewert kann den Streitwert übersteigen, BGH **124**, 315. Beim Miteigentum muß man den Klägeranteil abziehen, Karlsr Just **80**, 148.

S auch Rn 141 „Wohnungseigentum".

Einrede der Nichterfüllung: Rn 58 „Gegenseitiger Vertrag".

Einsichtnahme: Maßgebend sind der Zeitaufwand und die Kosten, BGH BB **01**, 752. Man kann zB bei Arztunterlagen 10% der Hauptsache ansetzen, Köln VersR **10**, 693.

S auch Rn 62 „Gesellschaft".

Einstweilige Anordnung: Man muß den Wert bei den in § 53 III GKG genannten 34
Verfahren nach dieser Vorschrift berechnen. Im übrigen gilt § 41 FamGKG,
Teil I B dieses Buchs. Der Hauptsachewert kann maßgeblich sein, Düss NJW **10**,
1385, VGH Mannh DB **10**, 201. Man darf den Hauptsachewert nicht überschreiten, Köln FamRZ **01**, 432. Es kann die Hälfte des Werts des Hauptverfahrens infragekommen, Zweibr FamRZ **17**, 54.
Einstweilige Einstellung: Rn 145 „Zwangsvollstreckung: b) Einstellung, Beschränkung, Aufhebung". 35
Einstweilige Verfügung: Man muß bei §§ 935 ff den Wert für die Gebührenberechnung nach § 3 gemäß (jetzt) § 53 I GKG nach dem Interesse (nur) des Antragstellers an der begehrten Sicherstellung zur Zeit des instanzeinleitenden Antrags schätzen, Düss NZM **06**, 159, Kblz WoM **08**, 37 (33,3%), LG Bonn NZM **08**, 664. Er liegt meist unter dem Wert der Hauptsache, Karlsr GRUR-RR **11**, 288. Denn das Verfahren auf den Erlaß einer einstweiligen Verfügung kann eben grds nach BLAH Grdz 5 vor § 916 nur eine vorläufige Regelung herbeiführen. Im allgemeinen beträgt der Wert 33,3%–50% des Werts der Hauptsache, Brdb JB **01**, 94, Kblz WoM **08**, 37, Schlesw RR **14**, 1343, evtl auch 66,6%, Hamm VersR **11**, 1329, LG Wuppert WoM **15**, 177, oder 75%, Kblz JB **05**, 537. Das darf aber nicht schematisch erfolgen, Düss WettbR **96**, 44. Ein noch geringerer Bruchteil wäre meist nicht gerechtfertigt, aM Köln GRUR **88**, 726 (15%–12,5%; abl Ahrens). Wenn die einstweilige Verfügung nur einen bestimmten Gegenstand erfaßt, zB das Bankdepot eines Ausländers im Inland, liegt der Wert nicht höher als derjenige dieses Gegenstands.
Der Wert kann sich jedoch nach Rn 64 demjenigen der *Hauptsache nähern,* Bbg 36
JB **78**, 1552, Ffm MDR **91**, 354, Rostock GRUR-RR **09**, 39 (selbst bei Antragsrücknahme). Das gilt zB dann, wenn das Gericht den Streit durch die einstweilige Verfügung nach BLAH Grdz 6 ff vor § 916 praktisch auch bereits zur Hauptsache entschieden hat, Kblz JB **09**, 429, Stgt MDR **11**, 1316, VGH Mannh JB **10**, 201.
– **(ArbGG):** Im Verfahren nach dem ArbGG ist § 3 anwendbar. 37
– **(Arrest):** Rn 11 ff.
– **(Aufhebungsverfahren):** Im Verfahren nach §§ 927, 936 gelten die Bewertungsregeln ebenso wie im Erlaßverfahren.
– **(Bank):** Rn 26.
– **(Bauhandwerkerforderung):** Rn 39 „– (Vormerkung)".
– **(BetrVG):** Im Verfahren zB nach § 102 V 2 BetrVG ist § 3 anwendbar.
– **(Einstellung der Zwangsvollstreckung):** (Nur) das Interesse des Antragstellers ist auch dann maßgeblich, wenn es um eine Einstellung der Zwangsvollstreckung zB nach § 775 auf Grund eines solchen Urteils geht, das eine einstweilige Verfügung aufgehoben hat.
– **(FGO):** Im Verfahren zB um eine Eilentscheidung nach §§ 324 ff AO sind meist ca 50% der Hauptsache angemessen, und zwar bei einer einstweiligen Verfügung in einen bestimmten Gegenstand begrenzt durch seinen Wert. Er beträgt die Hälfte der Hinterlegungssumme. Wegen §§ 69 III, IV, 114 FGO vgl §§ 52 I, 53 I GKG.
– **(Gewaltschutzgesetz):** Vgl §§ 49 ff, 210 ff FamFG. Bei ihm kann sich der Wert demjenigen einer Hauptsache nach §§ 210 ff FamFG nähern, (zum alten Recht) LG Flensb RR **04**, 1509. Es können auch 500 EUR angemessen sein, Saarbr RR **08**, 746.
– **(Gewerblicher Rechtsschutz):** Rn 63 ff.
– **(Grundbuchwiderspruch):** Maßgebend sind 25% der Hauptsache, Kblz JB **06**, 537.
– **(Bis zur Hauptsache):** Wenn der Antragsteller nur eine Regelung bis zur 38
Hauptsachenentscheidung erstrebt, gilt meist etwa ein Sechsmonatsbetrag, KG MDR **88**, 154, Zweibr FamRZ **93**, 1336, Schneider MDR **89**, 389, also beim sog Notbedarf, KG MDR **88**, 154, Nürnb JB **97**, 196. Das gilt selbst dann, wenn das Gericht keine ausdrückliche derartige Begrenzung vornimmt, Hamm JB **91**, 1535. Der Wert liegt jedenfalls niedriger als derjenige der Hauptprozesses.
– **(Wie Hauptsache):** Rn 36.
– **(Herausgabe):** Maßgebend ist oft die Hauptsache, Kblz MDR **09**, 1575, Köln OLGR **99**, 336.

GKG Anh I § 48 (§ 3 ZPO) I. A. Gerichtskostengesetz

- **(Konkurrenzschutz):** Rn 65.
- **(Kostenwiderspruch):** Bei einem solchen nach BLAH § 924 Rn 9, § 936 gilt nach Rn 12 dasselbe wie beim Arrest, Ffm JB **90**, 1332.
- **(Leistungsverfügung):** Bei derjenigen nach BLAH Grdz 6 ff vor § 916 kann sich der Wert demjenigen der Hauptsache nähern, Ffm MDR **91**, 354, Mü FamRZ **97**, 691, oder ihn ganz erreichen.
- **(Löschungsbewilligung):** (Nur) das Interesse des Antragstellers ist dann maßgeblich, wenn es um eine Löschungsbewilligung geht, Köln MDR **77**, 495.
- **(Nichtvermögensrecht):** In einem nichtvermögensrechtlichen Streit nach BLAH Grdz 11 vor § 1 muß man (jetzt) von § 48 II 1 GKG ausgehen, Zweibr FamRZ **93**, 1336, LG Saarbr JB **95**, 26.
- **(Nießbrauch):** Wenn es um seine Einräumung geht, muß man die voraussichtliche Lebensdauer des Berechtigten schätzen und dann etwa 25% des sich ergebenden Werts ansetzen.

39
- **(Notbedarf):** Rn 38 „– (Bis zur Hauptsache)".
- **(Räumung):** Der Wert kann sich der Hauptsache nähern, Celle OLGR **09**, 1024, LG Bln WoM **16**, 572.
- **(Stadtplanauschnitt):** Rn 104.
- **(Unterhaltsrente):** Von einer gesetzlichen muß man evtl (jetzt) von § 51 FamGKG ausgehen, Teil I B dieses Buchs, falls der Hauptprozeß schon und noch anhängig ist, soweit der Antragsteller nicht ohnehin meist nur eine kürzer begrenzte Regelung begehrt, Düss JB **82**, 285, Hbg MDR **79**, 854, Luthin FamRZ **87**, 780.
- **(Unterlassung):** Bei einem solchen Anspruch nach BLAH § 253 Rn 89 kann sich der Wert demjenigen der Hauptsache nach Rn 36 nähern, Köln JB **95**, 486, Mü JB **09**, 484, etwa wegen eines Ausverkaufs oder einer zugehörigen Werbung. Meist liegt er aber niedriger als der Hauptsachewert, Karlsr GRUR-RR **11**, 288.
- **(Veränderte Umstände):** Rn 37 „(Aufhebungsverfahren)".
- **(Vergleich):** Soweit es zu einem Vergleich nach BLAH Anh § 307 auch über die Hauptsache kommt, muß man zusammenrechnen.
- **(Vollstreckbarkeit):** Bei ihr kann sich der Wert demjenigen der Hauptsache nähern, LG Darmst JB **76**, 1090.
- **(Vollzugsverfahren):** Im Verfahren nach §§ 928 ff, 936 gelten dieselben Regeln wie im Erlaßverfahren nach §§ 920 ff, 936, LG Darmst JB **76**, 1091.
- **(Vormerkung):** Bei einer drohenden Zwangsversteigerung oder dann, wenn es um den Verkauf eines Grundstücks geht, kann man die Eintragung einer Vormerkung zur Sicherung für die Bestellung einer Hypothek oder Grundschuld deren Betrag annähern, Bbg JB **78**, 1552. Denn hier wäre die Zwangsversteigerung oder der Verkauf ein völliger Rechtsverlust. Wenn es um eine Vormerkung wegen einer Bauhandwerkerhypothek geht, beträgt der Wert etwa 33,3%–50% der Forderung des Handwerkers, Bbg JB **91**, 1690, Bre OLGR **97**, 363, Oldb MDR **91**, 955, aM Bre AnwBl **76**, 441, LG Saarbr AnwBl **81**, 70 (je: 90% des Werts der Handwerkerforderung. Aber das ist eine Überschätzung einer bloßen Vormerkung). Man muß das sog Kostenpauschquantum berücksichtigen. Man darf aber den Wert der Hauptsache nicht überschreiten.
- **(Widerspruchsverfahren):** Im Verfahren nach §§ 924, 936 gelten die Bewertungsregeln ebenso wie im Erlaßverfahren, aM KG JB **02**, 479 (evtl niedriger). S auch Rn 32 „– (Kostenwiderspruch)".
- **(Wohnrecht):** Es gilt dasselbe wie beim „– (Nießbrauch)".

40 **Eintragungsbewilligung:** Man muß von demjenigen Anspruch ausgehen, auf dem die Eintragung beruhen soll. Daher gilt zB beim Eigentum § 6, bei einer Grunddienstbarkeit § 7, bei einer Reallast § 9. Das gilt auch beim Berichtigungsanspruch. Bei einer nur formalen Klärung kann nach § 3 ein geringerer Wert infragekommen, Zweibr JB **87**, 267. Es kann auch der zu zahlende Kaufpreisrest maßgeblich sein, Bbg JB **96**, 85.

Einwilligung: S „Eintragungsbewilligung", Rn 71 „Hinterlegung".
Elterliche Sorge: Maßgeblich ist § 45 I Z 1 FamGKG, Teil I B dieses Buchs.
E-Mail: Es entscheidet das Interesse des Gestörten, Hamm RR **14**, 613, Schlesw GRUR-RR **09**, 160, AG Mülheim GRUR-RR **12**, 95. Das Interesse eines Un-

ternehmers kann viel höher sein als dasjenige eines Privatmanns, Kblz JB **15**, 252. Im Eilverfahren können 500 EUR reichen, Ffm MDR **16**, 916.
S auch Rn 72 „Internet", Rn 104 „SMS-Störung", Rn 121.

Energie: Bei einer Entfernung des Zählers gilt der Jahresstrompreis, Mü MDR **11**, 1268 (Jahresabschlag), AG Neuruppin WoM **05**, 596, aM Kblz WoM **08**, 37 (evtl Kosten anderer Versorgungsarten), Kblz MDR **12**, 996, Schlesw NZM **09**, 680 (je: Interesse des Versorgers), Celle JB **13**, 643, Düss MDR **13**, 809, LG Wuppert WoM **15**, 177 (je: 6-Monatsabschlag, im Eilverfahren davon $^2/_3$), LG Duisb NZM **07**, 896, LG Potsd NZM **09**, 159 (je: Fallfrage), Ffm RR **12**, 445 (Prozeßdauer), Streitwertanpassung § 105 EnWG, abgedruckt bei § 50 GKG. Zu einer Erlösobergrenze nach § 90 EnWG Brdb JB **10**, 203. Eine Einspeisevergütung kann maßgeblich sein, Naumb NVwZ-RR **14**, 448. Bei §§ 46 ff EnWG gilt § 53 I Z 4 GKG.

Enteignung: Maßgeblich ist der Sachwert, der objektive Verkehrswert, BGH WoM **00**, 32. Ihn muß man nach § 6 berechnen, Ffm JB **77**, 1136. Das gilt auch bei einer Teilfläche und bei einer Rückenteignung, Mü JB **79**, 896. Danach bemißt sich sowohl der Wert des Antrags auf die Einleitung des Enteignungsverfahrens als auch der Wert eines Antrags auf den Erlaß einer gerichtlichen Entscheidung gegen die Enteignung. Zinsen auf den Entschädigungsbetrag sind unbeachtbar. Beim Streit nur um die Höhe der Entschädigung ist nach § 3 der Unterschied zwischen dem festgesetzten und dem begehrten Betrag maßgeblich. Eine etwaige Wertminderung des Restgrundstücks ist unerheblich.
S auch Rn 26 „Baulandsache".

Erbbaurecht: Sein Wert läßt sich nach § 3 feststellen, BGH JB **82**, 697 (Übertragung), **41** Mü WoM **95**, 193, aM Saarbr AnwBl **78**, 106 (§ 6 bei Bestellung). Der Wert setzt sich zusammen aus dem nach § 9 kapitalisierten Erbbauzins und dem Gebäudewert, Nürnb JB **92**, 52, aM Bbg JB **92**, 429 (ohne Gebäude. Aber das ist der Kern des Erbbaurechts). Wenn es um eine Erhöhung des Erbbauzinses geht, gilt § 9, Ffm JB **77**, 1132, Mü JB **77**, 1002. Der Wert beträgt also nach § 9 Rn 8, 10 das 3,5fache des Jahres-Erhöhungsbetrags. Beim Heimfallrecht ist nicht § 41 II GKG anwendbar, sondern es ist der Verkehrswert ohne Belastungen maßgeblich, Bbg JB **85**, 1705, Bre AnwBl **96**, 411, Nürnb JB **92**, 52 (Kaufpreis als Anhaltspunkt). Auf die Feststellung der Wirksamkeit des Erbbaurechtsvertrags ist § 3 anwendbar, Düss JB **95**, 485.

Erbrechtlicher Anspruch, dazu *Schneider* Rpfleger **82**, 268 (zu Miterbenklagen): Es **42** ist grds § 3 maßgeblich. Dabei muß man eine wirtschaftliche Betrachtung vornehmen, BGH MDR **75**, 741, Meyer JB **10**, 464.

– **(Ausgleichspflicht):** Bei einer Klage auf ihre Feststellung ist das Interesse des Klägers an ihr maßgeblich.

– **(Auskunft):** Maßgeblich sind etwa 50% des mutmaßlichen Nachlaßwerts, Kblz JB **05**, 39.
S auch Rn 43 „– (Nachlaßverzeichnis)".

– **(Dritter):** Bei einem Streit um die Auflassung des Grundstücks an einen Dritten ist der ganze Wert maßgeblich, soweit der beklagte Erbe bei der Auflassung mitwirken soll. Dasselbe gilt dann, wenn es um die Herausgabe des ganzen Nachlasses an einen Dritten zwecks Versteigerung geht.

– **(Erbauseinandersetzung):** Maßgeblich ist das Interesse des Klägers an seinem Erbteil, BGH NJW **75**, 1415, BayObLG JB **93**, 227, Celle OLGR **01**, 142. Bei der Klage auf eine Zustimmung zu ihr ist das Interesse des Antragstellers an seinem Auseinandersetzungsplan maßgeblich, BGH NJW **75**, 1415, Hbg JB **94**, 364, Kblz JB **11**, 30 (Quote), aM Schmidt NJW **75**, 1417 (voller Nachlaßwert. Aber die Zustimmung ist erst der Beginn des eigentlichen Ziels). Wenn es um die Klage auf die Feststellung der Unzulässigkeit einer Auseinandersetzungsversteigerung geht, ist das Interesse des Klägers am Fortbestand der Erbengemeinschaft maßgeblich, Hamm JB **77**, 1616. Wenn bei einer Erbauseinandersetzung über mehrere Grundstücke nur die Verteilung einiger dieser Grundstücke streitig ist, ist nur der Wert der streitigen Grundstücke maßgeblich. Man muß den Erbteil des Klägers abziehen, Meyer JB **10**, 464. Der Wert eines Prozeßvergleichs nach BLAH Anh § 307 auf Grund einer Auseinandersetzungsklage richtet sich nach dem wirtschaftlichen Interesse der betreibenden Miterben, Kblz JB **91**, 103.

GKG Anh I § 48 (§ 3 ZPO)   I. A. Gerichtskostengesetz

- **(Erbschein):** Im Einziehungsverfahren ist der Wert des beanspruchten Erbteils maßgeblich, BGH JZ **77**, 137, BayObLG FamRZ **05**, 822.
- **(Erbunwürdigkeit):** Bei einer solchen Klage ist nur derjenige Vorteil maßgeblich, den der Kläger erstrebt, aM Kblz MDR **97**, 693 (aber es geht nur um sein wirtschaftliches Ziel).
- **(Feststellung):** Man kann bei der behauptenden 20% abziehen, evtl mehr, BGH FamRZ **89**, 958 (Vorerbe). Bei der verneinenden gilt wie stets der volle Wert, BGH FamRZ **07**, 464, aM Ffm OLGR **94**, 66 (systemwidrig).
- **(Haftungsbeschränkung):** Sie ist erst bei einer Zwangsvollstreckung erheblich und daher im Erkenntnisverfahren noch unbeachtbar.
- **(Miterbschaft):** Man kann wie folgt unterscheiden:
  - **(Miterbschaft: Aufhebung der Gemeinschaft):** Maßgeblich ist das Klägerinteresse, BGH NJW **75**, 1415.
  - **(Miterbschaft: Auflassung):** Bei der Klage auf Mitwirkung an einer Auflassung ist der Grundstückswert abzüglich des Werts des Anteils der schon erfolgten Mitwirkung maßgeblich. Denn dem Bekl verbleibt sein Anteil, Stgt NJW **75**, 394.
  - **(Miterbschaft: Feststellung des Erbrechts):** Maßgeblich ist das Interesse des Miterben, also sein Anteil, seine Besserstellung, BGH NJW **75**, 1415, Bbg JB **75**, 1367. Bei der Klage auf Feststellung, der Bekl sei kein Erbe, gilt der volle Erbschaftswert, BGH FamRZ **07**, 464 rechts.
  - **(Miterbschaft: Grundbuchberichtigung):** Bei der Klage dahin, daß anstelle des beklagten Miterben alle einzutragen sind, entscheidet der Grundstückswert abzüglich des Werts des schon Eingetragenen, BayObLG JB **93**, 228, Köln JB **75**, 939.
  - **(Miterbschaft: Herausgabe):** Bei der Klage auf Herausgabe oder Hinterlegung zugunsten des Nachlasses muß man die Forderung um den Beklagtenanteil kürzen, Karlsr Rpfleger **92**, 254, Köln OLGR **95**, 246.
  - **(Miterbschaft: Löschungsbewilligung):** Bei der Klage auf Zustimmung zur Löschung ist der Grundstückswert abzüglich des Werts des schon erfolgten Bewilligungsvorgangs maßgeblich, Ffm JB **81**, 775.
  - **(Miterbschaft: Nachlaßgläubiger):** Macht der Kläger eine gegen den Nachlaß gerichtete Forderung anderen Miterben gegenüber geltend, belastet sie seinen Anteil mit. Deshalb muß man ihn abziehen. Wenn ein Miterbe eine Forderung gegen den Nachlaß bestreitet, ist das Klägerinteresse an der Befreiung von der Verbindlichkeit maßgeblich.
  - **(Miterbschaft: Nachlaßschuldner):** Bei der Klage gegen einen Nachlaßschuldner auf Leistung an alle Miterben nach § 2039 BGB ist der Wert der ganzen Leistung und nicht nur das anteilige Interesse maßgeblich.
    S aber auch „– (Miterbschaft: Herausgabe)".
  - **(Miterbschaft: Pflichtteil):** Einen unstreitigen muß man stets abziehen, BGH MDR **75**, 389.
  - **(Miterbschaft: Übertragung):** Bei einer Klage auf Übertragung auf den Kläger ist dessen Anteil maßgeblich, Hbg JB **94**, 364.
  - **(Miterbschaft: Unterlassung der Umschrift):** Bei einer Klage auf Unterlassung einer Eigentumsumschrift nur auf einen Miterben ist dessen Anteil maßgeblich, Köln JB **75**, 939.
  - **(Miterbschaft: Vertragswirksamkeit):** Bei einer Klage auf Feststellung der Wirksamkeit des Vertrags der Gemeinschaft mit einem Dritten ist das Klägerinteresse maßgeblich.
- **(Nacherbschaft):** Bei der Zustimmung zur Löschung eines Nacherbenvermerks gilt 10%–30% des Grundstückswerts, Bbg JB **12**, 249.
  S auch „– (Vorerbschaft)".
- **(Nachlaßverzeichnis):** Wenn es sich um die Klage auf die Vorlegung eines Nachlaßverzeichnisses und um eine Auskunft über den Verbleib von Erbschaftsgegenständen handelt, kommt es auf das Interesse des Klägers an, Schwierigkeiten bei der Ermittlung des Erbschaftsbestands zu überwinden. Der Wert der Gegenstände hat also nur eine mittelbare Bedeutung.
- **(Nichtigkeit des Testaments):** Das Interesse an dieser Feststellung ist maßgeblich.

- **(Pflichtteil):** Man bewertet nach § 3, BGH JB **75**, 460.
  S auch „– (Miterbschaft)".
- **(Teilungsversteigerung):** Maßgebend kann ein Interesse am Fortbestand sein, Hamm JB **77**, 1616.
- **(Testamentsvollstrecker):** Rn 114.
- **(Vermächtnis):** Beim Streit um seine Herausgabe von Miterben gilt sein voller Wert, Nürnb MDR **12**, 978.
- **(Vorerbschaft):** Bei der Klage des Vorerben auf eine Zustimmung ist § 3 anwendbar. Der Vorerbe hat auch dann wertmäßig eine schwächere Stellung als der Nacherbe, wenn der Nacherbfall erst mit dem Tod des Vorerben eintritt, BGH FamRZ **89**, 959.
  S auch Rn 42 „– (Feststellung)", Rn 60 „Gemeinschaft", Rn 114 „Testamentsvollsteckung".
- **(Vorkaufsrecht):** Bei § 2034 BGB gilt der Wert des verkauften Erbteils, LG Bayreuth JB **80**, 1248.

Erfüllung: Rn 58 „Gegenseitiger Vertrag". **44**

Erledigterklärung: Hier muß man sehr unterschiedliche Situationen beachten. Es **45** kommt daher eine Verringerung des Streitwerts keineswegs schon ab Einreichung einer Erledigterklärung infrage, aM Karlsr RR **13**, 444.

- **Bis zur Klagezustellung):** Stellt das Gericht eine „Erledigterklärung" vor oder zugleich mit der Klage zu, liegt in Wahrheit keine Erledigung der Hauptsache vor. Denn vor dem Eintritt der Rechtshängigkeit nach BLAH § 261 Rn 1 ist kein Prozeßrechtsverhältnis entstanden, BLAH § 91a Rn 68.
- **(Mahnverfahren):** Im Mahnverfahren nach §§ 688ff muß man den Übergang von der Anhängigkeit zur Rechtshängigkeit nach § 696 III beurteilen, aM Mü MDR **98**, 62 (aber § 696 III gilt natürlich auch bei einem solchen Ausgang des Streitverfahrens mit).
- **(Einseitige Ganzerledigterklärung; Beklagter säumig):** Wenn der Kläger **46** nach BLAH § 91a Rn 62 beantragt, die gesamte Hauptsache für erledigt zu erklären, und der Bekl beantragt, die Klage abzuweisen, oder wenn der Bekl nach § 331 I 1 säumig ist, muß das Gericht eine Entscheidung in der Hauptsache treffen. Sie bleibt also der Streitgegenstand, VGH Mü NVwZ-RR **16**, 478, BLAH § 91a Rn 170. Daher muß man als den Wert den Betrag der Klageforderung nach § 253 II 2 ansetzen, BGH FamRZ **10**, 1900, Hamm FamRZ **12**, 242, VGH Kassel NVwZ-RR **07**, 428 (unrichtig zitiert). Alle nachfolgend genannten Abweichungen übersehen diesen einfachen Kern des Streits.

  Anderer Meinung sind, untereinander ebenfalls uneinig, BGH WoM **11**, 247 ohne Vorlage nach dem RsprEinhG, BLAH Anh § 140 GVG (ohne Erörterung der Streitigkeit), KG JB **06**, 201, Nürnb JB **06**, 478 (je: maßgeblich sei der Betrag der bisherigen Kosten, begrenzt auf das Hauptsacheinteresse), BFH DB **89**, 28, Bbg JB **78**, 1393, Hamm RR **95**, 960 (für den Beschwerdewert), KG MDR **99**, 380, Köln VersR **94**, 954 (50% der Hauptsache), Mü RR **95**, 1086, Rostock MDR **93**, 1019 (nur „aus Gründen der Rechtssicherheit, obwohl die besseren Argumente für … einen unveränderten Streitwert" sprächen!), KG JB **03**, 644, Naumb FamRZ **02**, 680, Stgt MDR **89**, 266 (je: maßgeblich sei nur die Summe derjenigen Kosten, die bis zum Zeitpunkt der Erledigterklärung des Klägers entstanden seien, ebenso Köln AnwBl **82**, 199 bei einer Erledigterklärung alsbald nach der Zustellung des Mahnbescheids nach § 693 vor der Abgabe der Akten an das Streitgericht nach § 696 I 1).

  Der Kostenstreitwert und der Beschwerdewert sind evtl auch in diesen Fällen *unterschiedlich hoch,* Schneider MDR **77**, 967. Bei § 926 II setzt Ffm GRUR **87**, 652 nur das Kosteninteresse an.

  S auch Rn 85 „Nichtvermögensrechtlicher Anspruch".

- **(Beiderseitige wirksame Ganzerledigterklärungen):** Bei beiderseitigen Er- **47** ledigterklärungen wegen der gesamten Hauptsache kommt es nach BLAH § 91a Rn 68–95 zunächst auf deren Wirksamkeit an, LG Köln VersR **86**, 1246, aM Köln JB **14**, 143, Abramenko Rpfleger **05**, 16 (je: systemfremd). Sodann und nicht schon bei einer nur tatsächlichen Erledigung nach BLAH § 91a Rn 68 ist

GKG Anh I § 48 (§ 3 ZPO)

als Wert grds der Betrag der bisher entstandenen Kosten maßgeblich, BGH MDR **15**, 51 links, Brdb JB **96**, 193, Hbg MDR **97**, 890.

Das gilt auch dann, wenn die Parteien die Hauptsache durch einen *Vergleich* erledigen oder wenn die Parteien über eine den beiderseitigen Erledigterklärungen zugrunde liegende Zahlung irrten. Noch unklare außergerichtliche Kosten bleiben außer Ansatz, KG MDR **88**, 236. Der Wert der Hauptsache bildet die Obergrenze, LG Gött WoM **89**, 410.

48 – **(Beiderseitige wirksame Teilerledigterklärungen):** Bei beiderseitigen wirksamen Teilerledigterklärungen nach BLAH § 91a Rn 202 ist als Wert nach (jetzt) § 43 III GKG nunmehr der Betrag der restlichen Hauptforderung nebst den Kosten des erledigten Teils maßgeblich, BGH RR **95**, 1090 (ohne Vorlage nach § 132 GVG), Stgt JB **09**, 250, Zweibr ZMR **01**, 227 (WEG), aM BGH NJW **94**, 1869 (ohne Vorlage nach § 132 GVG), Nürnb RR **87**, 1279, LG Wuppert AnwBl **78**, 108 (restliche Hauptforderung nebst Zinsen, § 4), Köln VersR **74**, 605 (restliche Hauptforderung nebst Zinsen und Kosten), BGH RR **91**, 510, KG JB **98**, 538, Köln JB **14**, 143 (je: restliche Hauptforderung. Alle diese Varianten übergehen den einfachen Kern des Reststreits nach Rn 45).

Beim *Kostenvergleich* nebst übereinstimmenden Resterledigterklärungen kann man zum Vergleichswert diejenigen Kosten hinzurechnen, die die Resterledigung betreffen.

49 – **(Einseitige wirksame Teilerledigterklärung):** Bei einer wirksamen einseitigen Teilerledigterklärung nach BLAH § 91a Rn 204 ist der Wert der gesamten Hauptsache maßgeblich, Bbg JB **92**, 762, Stgt JB **75**, 1500, LG Duisb MDR **04**, 963, aM BGH VerR **93**, 626 (grds zur Beschwer, auch zu einer Ausnahme bei einer Widerklage), Hbg JB **90**, 911, Mü MDR **98**, 62, Nürnb JB **06**, 478 (je: restliche Hauptforderung und Kosten des für erledigt erklärten Teils), Ffm BauR **17**, 158, Köln FamRZ **91**, 1207, Liebheit AnwBl **00**, 73 (nur noch die bisherigen Kosten. Alle diese Varianten übersehen, daß das Gericht nach Rn 45 unverändert über die gesamte Hauptsache entscheiden muß). Zinsen bleiben unbeachtet, Celle MDR **88**, 414.

50 **Ermessensantrag:** § 3 Rn 3. S auch Rn 99 „Schmerzensgeld".
Errichtung eines Vermögensverzeichnisses: Rn 136 „Vornahme einer Handlung".
Ersatzvornahme: Rn 144 „Zwangsvollstreckung: a) Erwirkung einer Handlung oder Unterlassung".
Erwerbsrecht: Maßgeblich ist § 14 III 1 VerkFlG, abgedruckt bei § 46 GNotKG Rn 1, Teil III dieses Buchs.
Erwerbsverbot: Rn 35ff „Einstweilige Verfügung" sowie § 6.
51 **Erwirkung einer Handlung:** Rn 136 „Vornahme einer Handlung", Rn 144 „Zwangsvollstreckung: a) Erwirkung einer Handlung oder Unterlassung".
Erzwingung: Rn 87 „Ordnungs- und Zwangsmittel".
Eventualantrag: Rn 71 „Hilfsantrag".
Eventualwiderklage: Rn 71 „Hilfswiderklage".
52 **Fälligkeit:** Maßgebend ist grds der Wert der geltendgemachten Leistung, Hbg MDR **82**, 335, Schmidt AnwBl **80**, 257, aM Schlesw SchlHA **83**, 142, LG Bielef AnwBl **80**, 256 (Interesse des Bekl an der Hinauszögerung der Fälligkeit. Aber es geht im Ergebnis um die Pflicht zur gesamten Leistung).
Familiensache: Rn 32 „Ehesache", Rn 117 „Unterhalt", Rn 131 „Versorgungsausgleich".
Fernwärme: Rn 137 „Wärmelieferungsvertrag".
53 **Feststellungsklage:** Man muß vier Situationen unterscheiden.
– **(Behauptende Feststellungsklage):** Bei ihr gilt das wahre Interesse, BGH JB **17**, 363, Ffm MDR **16**, 485. Es gilt im allgemeinen ein etwas geringerer Wert als derjenige des Leistungsanspruchs ohne Zinsen, Ffm JB **91**, 410, LAG Stgt NZA-RR **09**, 670. Man sollte nach § 9 Rn 8 grds etwa 20% abziehen, BGH VersR **15**, 912, KG VersR **15**, 127, LAG Stgt NZA-RR **15**, 98. Ausnahmsweise können 50% des Werts des Leistungsanspruchs genügen, BGH RR **01**, 316, Saarbr OLGR **05**, 603, oder sogar nur 40%, Ffm AnwBl **82**, 436, oder doch über 20%, LAG Mainz NZA-RR **08**, 159, oder ein wesentlich geringerer Betrag, BGH RR **01**, 316, Celle VersR **08**, 1516 (je: 20%), etwa bei der Feststellung eines Schuld-

nerverzugs, Ffm JB **91**, 410, oder bei einer erst nach Jahrzehnten fälligen Versicherungsleistung, Ffm VersR **02**, 913.

Wenn sicher ist, daß der Bekl auf Grund eines Feststellungsurteils zahlen wird, kann der Wert der Feststellungsklage den *Wert einer Leistungsklage* nach BLAH Grdz 8 vor § 253 erreichen, BGH NJW **16**, 2428 (ohne Vorlage nach § 132 GVG), Schneider MDR **85**, 268, aM BGH RR **99**, 362, Köln JB **86**, 1403 (aber auch hier entscheidet eine wirtschaftliche Betrachtungsweise). Dasselbe gilt bei einer Feststellung der Miterbenhaft. Bei der Feststellung von Eigentum gilt § 3, nicht § 6. § 8 hat den Vorrang, BGH NZM **09**, 51 links. Bei einer Zwischenfeststellungsklage nach § 256 II muß man vom etwa zusätzlichen Wert das Risiko einer Gegenforderung abziehen, LG Mü JB **09**, 430. Es können bei § 256 II auch 70% des Leistungsanspruch reichen, Mü MDR **13**, 1435.

Der Wert der Feststellungsklage ist aber *unter keinen Umständen höher als* der Wert der *Leistungsklage,* BGH NZM **04**, 423. Bei einer zeitlich begrenzten Feststellungsklage auf einen Fortbestand des Arbeitsverhältnisses gilt höchstens die Bruttovergütung für diesen Zeitraum, begrenzt (jetzt) durch § 42 III 1 GKG, LAG MDR **99**, 427. Ideelle Belange des Klägers bleiben unberücksichtigt. Wenn es um die Feststellung eines ziffernmäßig unbestimmten Anspruchs geht, erfolgt eine Schätzung nach dem wahren Interesse des Klägers, Karlsr JB **16**, 257, Köln JB **09**, 257. Den Wert begrenzt dann die Höhe des Anspruchs.

Es kommt auch darauf an, wie hoch das Risiko eines *künftigen Schadens* und einer tatsächlichen Inanspruchnahme des Bekl durch den Kläger ist, BGH RR **91**, 509. Wenn der Eintritt eines Schadens unwahrscheinlich ist, gilt evtl nur ein „Erinnerungswert", BGH AnwBl **92**, 451, Düss JB **75**, 232. „Alle künftigen Schäden" meint nur die ab Klageinreichung mutmaßlichen, Kblz RR **17**, 64. Maßgeblich ist stets der Verhandlungsschluß nach §§ 136 IV, 296 a, Bbg JB **80**, 1865, Ffm MDR **89**, 743. Bei der Klage auf eine Feststellung des Fortbestehens einer Kfz-Versicherung kann der Wert die dreieinhalbfache Jahresprämie erreichen, BGH NVersZ **01**, 92. Bei einer Unfallversicherung kommen 10%, aber auch 20% des Leistungsbetrags infrage, LG Drsd VersR **08**, 1256.

S auch Rn 30 „Darlehen", Rn 74 „Kaufvertrag", Rn 126 „Vaterschaftsanerkenntnis", Rn 137 „Wandlung".

– **(Verneinende Feststellungsklage):** Es gilt grds der volle Wert der vom Gegner aus dem Rechtsverhältnis abgeleiteten und nicht nur der etwa eingeklagten Forderung. Denn die Klage soll die Möglichkeit jeder Leistungsklage des Gegners ausschließen, BGH FamRZ **07**, 464 rechts, KG GRUR-RR **09**, 160, Zweibr JB **16**, 203. Es gilt also nicht etwa derselbe Wert wie bei einer behauptenden Feststellungsklage, etwa aus der Erwägung, daß sich das Interesse des Klägers einer verneinenden Feststellungsklage nicht mit dem Interesse des Gegners an einer Leistungsklage decke. Denn das Interesse des Klägers besteht darin, daß er überhaupt nicht zu leisten braucht, Bbg JB **90**, 1659, Brdb JB **03**, 85 (soweit der Bekl nicht nur endgültig einen bloßen Teil fordert), Hamm AnwBl **03**, 597, aM Karlsr JB **17**, 364 (evtl nur 20%) und 366, LAG Mü JB **07**, 256. Deshalb liegt ein negatives Spiegelbild der Leistungsklage vor, KG GRUR-RR **09**, 160. 54

Deshalb ist es auch *unrichtig,* bei einer verneinenden Feststellungsklage betreffend die Fälligkeit auf *alle Umstände* abzustellen, insbesondere auf die Zeit bis zur Fälligkeit, aM Kblz MDR **96**, 103 (zu eng). Das gilt auch bei einer verneinenden Feststellungswiderklage nach Rn 138 „Widerklage", bei wiederkehrenden Leistungen, Mü RR **88**, 190, und bei einem Unterlassungsanspruch, aM Mü DB **86**, 1920 (aber hier gelten dieselben Regeln wie in den entsprechenden Fällen). Unerheblich sind eine Gegenleistung oder eine Zug-um-Zug-Leistung, Hamm AnwBl **03**, 597, oder ein Zweifel an der Zahlungsfähigkeit des Klägers. Wenn die Höhe auf einer Schätzung beruht, ist eine zahlenmäßige Angabe des Bekl nicht unbedingt maßgebend. Bei einer offensichtlich aus der Luft gegriffenen Forderung mag der Wert ihres Bestreitens niedriger als ihr Nennbetrag sein, Brdb JB **03**, 85, Drsd JB **04**, 141, Düss MDR **03**, 236.

S auch § 9 Rn 8.

– **(Zusammentreffen einer Feststellungs- und einer Leistungsklage):** Dann muß man nach § 5 prüfen, ob die Feststellung eine selbständige Bedeutung hat, 55

BGH MDR **11**, 1474, Bbg VersR **09**, 702, Karlsr JB **07**, 648 links und rechts. Der Wert einer Zwischenklage nach § 280 ist für die Kosten nicht durch den Wert des ursprünglichen Streitgegenstands begrenzt. Etwas anderes gilt für den Beschwerdewert. Bei einer Feststellungs- neben einer Leistungsklage (erstere statthaft nur für die Zukunft) entsteht evtl kein höherer Wert, BGH MDR **11**, 1474, aM Ffm VersR **11**, 92 (systemwidrig). Es können aber auch 20% der Leistungsklage reichen, Oldb MDR **10**, 991, oder sogar nur 5%, Drsd MDR **08**, 50. Eine Rückforderung erhöht den Wert der Feststellungsklage nicht stets, Karlsr FamRZ **97**, 39.

56 **– (Zusatzfragen bei einer Insolvenzfeststellungsklage):** Der Wert richtet sich nach der voraussichtlichen Insolvenzdividende, BAG NZA **17**, 598, LAG Ffm ZIP **14**, 444. Nur bei Realisierbarkeit kann der volle Forderungswert gelten, Kblz JB **12**, 79, LG Mühlhausen JB **04**, 597 (evtl bis 100%). Das gilt ohne Rücksicht auf sonstige Sicherungsrechte, § 48 GKG Anh II (§ 182 InsO) Rn 4, Rn 72 „Insolvenzverfahren", Rn 136 „Vorrecht".

57 **Firma:** Rn 85 „Name".
Fischereirecht: Man muß § 3 anwenden. Als Anhaltspunkte dienen: Der im gewöhnlichen Geschäftsverkehr erzielbare Kaufpreis; bei einer Feststellung der Jahresertrag; eine Wertminderung des an den Fischgrund angrenzenden Grundstücks und ein 20facher Jahresbetrag, der sich bei einer solchen Verpachtung erzielen läßt, die nur auf eine vorübergehende Zeit erfolgen würde.
Folgesache: Rn 32 „Ehesache".
Forderung: Maßgeblich ist grds der Nennbetrag. Bei der Klage auf die Erfüllung ist der Wert der Sachforderung entscheidend. Wenn ihre Fälligkeit streitig ist, gilt nach Rn 52 „Fälligkeit" grds ihr voller Betrag. Wenn der Schuldner eine verneinende Feststellungsklage nach § 256 dahin erhoben hat, die Forderung sei noch nicht fällig, gilt sein Interesse an dieser Feststellung als der Wert. S auch Rn 59 „Geldforderung", Rn 99 „Schmerzensgeld".
Franchise: Maßgeblich ist das Interesse des Franchisenehmers an der Fortführung des Franchisevertrags, Stgt JB **07**, 144, oder an seiner Auflösung, Düss JB **11**, 592.
Freigabe eines Bankguthabens: Maßgeblich ist der volle Betrag und nicht nur das Interesse an der sofortigen Verfügungsmöglichkeit.
Freistellung: Rn 27 „Befreiung".

58 **Gebrauchsmuster:** Rn 121 „Unterlassung: – (Gewerblicher Rechtsschutz)".
Gegendarstellung: Maßgeblich ist § 48 II, III GKG.
Gegenleistung: § 6 Rn 6.
Gegenseitiger Vertrag: Bei einem Anspruch auf die Erfüllung des Vertrags gilt der Wert der verlangten Leistung ohne einen Abzug der Gegenleistung, Kblz MDR **94**, 738, LG Kiel WoM **95**, 320. Das gilt nach § 6 Rn 7 auch bei einer Leistung Zug um Zug. Eine Gegenleistung ist überhaupt nicht beachtbar. Andernfalls würde bei einer Gleichwertigkeit der Leistung und der Gegenleistung ein Wert völlig fehlen, OVG Bre AnwBl **84**, 50. Beim Streit um die Art der Erfüllung gilt nach § 3 das Interesse des Klägers, BGH MDR **82**, 36. Beim Streit um die Einrede der Nichterfüllung kann die volle Forderung maßgeblich sein, BGH MDR **95**, 1162.
Bei einem Anspruch auf eine *Nichtigerklärung* ist das Interesse des Klägers am Nichtbestehen maßgeblich, Brschw JB **83**, 434, Ffm AnwBl **82**, 247, aM Celle AnwBl **84**, 448, Schmidt AnwBl **85**, 29 (voller Ursprungswert. Aber das Klägerinteresse begrenzt stets einen Streitwert). Das gilt nach BLAH § 2 Rn 3–5 selbst dann, wenn der Anspruch auf die Nichtigerklärung eine selbständige Bedeutung hat. Dabei muß man die Vorteile und Nachteile miteinander abwägen. Man darf nicht etwa die weiteren Folgen der Aufrechterhaltung berücksichtigen.

59 **Gehalt:** Maßgeblich § 42 I–III GKG. Bei der Forderung des Vertretungsorgans einer Handelsgesellschaft ist § 9 Rn 3, 4 beachtbar.
Geldforderung: Maßgeblich ist der Betrag der Klageforderung, also in EUR, Art 8 I VO (EG) 974/98, Ritten NJW **99**, 1215. Das gilt auch dann, wenn es um die Freigabe eines Guthabens geht. Dann kommt es also nicht auf das Interesse an der Freigabe an. Bei einem unbezifferten Antrag gilt nach Rn 52 evtl der zugesprochene Betrag als maßgeblich.

Abschnitt 7. Wertvorschriften (§ 3 ZPO) Anh I § 48 GKG

Wenn die *Fälligkeit streitig* ist, ist nach Rn 52 der volle Betrag der Forderung maßgeblich. Hat der Schuldner eine verneinende Feststellungsklage dahin erhoben, die Forderung sei noch nicht fällig, ist das Interesse an dieser Feststellung maßgeblich.
S auch Rn 25 „Auslandswährung", Rn 57 „Forderung", Rn 99 „Schmerzensgeld".
Gemeinschaft: Bei der Klage auf ihre Aufhebung ist nach § 3 das Interesse des Klägers maßgeblich. Wenn es um ihre Teilung geht, ist grds der volle Wert des zu verteilenden maßgeblich, Brdb JB **98**, 421, aM Düss JB **06**, 644, Karlsr JB **97**, 531, ZöHe § 3 Rn 16 „Gemeinschaft" (nur der Anteil des Klägers), ThP § 3 Rn 73, Schlesw SchlHA **02**, 292 (je: der Anteil des Klägers bleibe außer Betracht. Aber alle diese Varianten übersehen den vollen wirtschaftlichen Umfang des Streits). Etwas anderes gilt nur bei einem Streit um die Art der Teilung, aM Schlesw SchlHA **79**, 57, oder um ihren Zeitpunkt. Evtl gilt aber der Wert desjenigen einzelnen Gegenstands, um den es zB bei einer Scheidungsvereinbarung nach § 134 FamFG ausschließlich geht, Stgt JB **76**, 371.   60

Bei einer Klage auf die Vornahme eines *vorzeitigen Zugewinnausgleichs* sind grds 25% des zu erwartenden Ausgleichs maßgeblich. Kurz vor der Scheidung darf man einen geringeren Wert ansetzen, Schlesw SchlHA **79**, 180. Bei einer Verbindung mit einer Klage auf die Zahlung des Ausgleiches muß man nach § 5 addieren. Bei einer Klage mit dem Ziel der Aufhebung einer fortgesetzten Gütergemeinschaft ist die Hälfte des Anteils des Klägers maßgeblich.

Vgl auch Rn 41 „Erbrechtlicher Anspruch", Rn 141 „Wohnungseigentum".
Genehmigung: Maßgeblich ist der Wert des zu genehmigenden Vorgangs.
Genossenschaft: Wenn es um die Feststellung der Unwirksamkeit einer Ausschließung geht und soweit der Anspruch nach BLAH Grdz 11 ff vor § 1 vermögensrechtlich ist, gelten nicht der Mietwert der Genossenschaftswohnung oder das Vorstandsgehalt, sondern der Wert des Anteils mit allen Vorteilen der Mitgliedschaft. Bei einer Anfechtungsklage ist § 247 I AktG entsprechend anwendbar, Bbg JB **80**, 759, Naumb JB **99**, 310.
Gesamtschuldner: § 5 Rn 5.   61
Geschäftsanteil: Rn 62 „Gesellschaft".
Geschäftsbedingungen: Rn 13 „Allgemeine Geschäftsbedingungen".
Gesellschaft: Es zeigen sich zahlreiche Aspekte.   62
– **(Abberufung):** Bei der Abberufung eines Organmitglieds einer Kapitalgesellschaft ist das Interesse der Gesellschaft an seiner Fernhaltung oder sein Gegeninteresse maßgeblich, BGH RR **95**, 1502. Bei einer Abberufung des Geschäftsführers kann sein Anstellungsvertrag bestehengeblieben sein. Daher ist dann nur § 3 anwendbar, nicht § 9 Rn 3, BGH MDR **09**, 815, Stgt JB **13**, 308.
– **(Änderung):** Man muß pflichtgemäß ermessen, BGH MDR **95**, 319.
– **(Anfechtung):** Bei der Anfechtung eines Beschlusses der Hauptversammlung einer AG muß man nach § 247 I AktG den Wert auf Grund des gesamten Verhältnisses und des Interesses der Gesellschaft an einer Aufrechterhaltung des Beschlusses festsetzen, BGH RR **99**, 910. Es gilt auch das Ziel des Anfechtenden, Saarbr ZIP **13**, 999. Der Wert des Gegenstands der Vollstreckung bildet die Obergrenze, BGH JB **08**, 368. § 247 I AktG ist je Instanz beachtbar, BGH MDR **93**, 184, Ffm BB **85**, 1360. Diese Lösung ist auch bei einer GmbH entsprechend anwendbar, BGH RR **99**, 1485, KG JB **10**, 425, LG Bayreuth JB **85**, 768, nicht aber bei einer zweigliedrigen KG, BGH RR **02**, 823. Dabei muß man die Möglichkeiten nach §§ 114 ff mitbeachten, Ffm OLGZ **90**, 352. Zinsen und Kosten treten hinzu, BGH WertpMitt **82**, 435.
S auch „– (Entlastung)".
– **(Anpassung):** Das Gericht darf nach § 247 II AktG den Kostenstreitwert der wirtschaftlichen Lage einer Partei anpassen, BGH MDR **93**, 184, Ffm JB **76**, 347. Das gilt auch in der Berufungsinstanz, Ffm BB **85**, 1360. Es gilt freilich nicht bei einer rechtsmißbräuchliehen Aktionärsklage, BGH NJW **92**, 569. Dasselbe gilt auch bei einer Nichtigkeitsklage nach §§ 249, 256 VII, 275 IV AktG.
– **(Anteil):** Maßgeblich ist sein Verkehrswert, Ffm JB **80**, 606, KG JB **10**, 426.
– **(Auflösung):** Bei der Auflösung einer OHG ist das Interesse des Klägers maßgeblich, Köln BB **82**, 1384. Dasselbe gilt bei einer GmbH, Köln DB **88**, 281, Schneider MDR **89**, 303.

GKG Anh I § 48 (§ 3 ZPO)

- **(Auskunft):** Wegen ihrer Erzwingung nach § 132 AktG Stgt DB **92**, 1179.
- **(Ausscheiden):** Beim Ausscheiden eines Gesellschafters muß man den Anteilswert des Klägers mitbeachten, BVerfG NJW **97**, 312 (Grenze: unzumutbares Kostenrisiko). Das gilt auch beim Ziel der Eintragung des Ausscheidens, BGH Rpfleger **79**, 194 (der Wert beträgt dann etwa 25% des Klägeranteils). S auch Rn 25.
- **(Ausschließung):** Bei der Ausschließung eines Gesellschafters muß man den Anteilswert des Klägers mitbeachten, BGH NJW **09**, 3161, Ffm JB **85**, 1083. Der Wert kann in einer bloßen Vergütung bestehen, BGH WertpMitt **15**, 381. S auch Rn 25.
- **(Einsichtnahme):** S „– (Geschäftsunterlagen)".
- **(Einzahlung):** Bei der Einzahlung eines Anteils an die Gesellschaft muß man den Anteilswert des Klägers mitbeachten, BGH NJW **01**, 2638.
- **Einziehung:** Es gilt der Wert des betroffenen Anteils, BGH NJW **01**, 2638.
- **(Entlastung):** Bei einer Anfechtungsklage gegen die Entlastung eines Aufsichtsratsvorsitzenden muß man die Interessen des Klägers und die wirtschaftlichen Auswirkungen beachten, Stgt BB **95**, 2442, Janizewski JB **03**, 455.
- **(Entnahme):** Bei einer wiederholten gilt § 9, Bbg JB **82**, 284.
- **(Fortbestehen):** Bei einer Feststellung des Fortbestehens usw des Gesellschaftsvertrags muß man alle Faktoren ohne das Interesse der übrigen Gesellschafter beachten, Köln ZIP **82**, 1006.
- **(Geringe Beteiligung):** Der Kläger kann sich nicht auf eine nur geringe Beteiligung an der Gesellschaft berufen.
- **(Geschäftsunterlagen):** Man sollte eine Einsichtnahme in solche Dokumente nach dem geschäftlichen oder privaten Interesse an ihr bewerten, Ffm DB **91**, 272.
- **(Handelsregister):** Maßgeblich ist das Klägerinteresse.
- **(Leistung an Gesellschaft):** Bei der Klage eines Gesellschafters gegen einen Mitgesellschafter auf eine Leistung an die Gesellschaft ist ihr voller Betrag ohne einen Abzug des Anteils des Klägers maßgeblich, aM ZöHe § 3 Rn 16 „Gesellschaft" (aber das wirtschaftliche Ziel liegt in der Stärkung der Gesellschaft).
- **(Mehrheit von Beschlüssen):** Man muß mehrere Beschlüsse stets gesondert bewerten, Ffm WertpMitt **84**, 655, Schneider MDR **85**, 355.
- **(Nichtigkeit):** S „– (Anpassung)".
- **(Prokura):** Bei der Eintragung einer Gesamtprokura muß man den Anteilswert des Klägers mitbeachten.
- **(Rechtsmißbrauch):** BLAH Einl III 54.
  S auch „– (Anpassung)".
- **(Stille Gesellschaft):** Bei ihrer Rückabwicklung kann man die ganze Vertragsleistung ansetzen, Mü JB **05**, 39.
- **(Übertragung):** Es gilt das Klägerinteresse, Ffm JB **80**, 606.
- **(Vergütung):** Es gilt § 9.
- **(Verkaufswert):** Es kommt stets auf ihn und nicht auf den Nennwert an.
- **(Vorbehalt):** Bei § 64 GmbHG ist die Aussicht auf Durchsetzbarkeit maßgeblich, BGH ZIP **13**, 1251.
- **(Wirtschaftliche Lage):** S „– (Anpassung)".

Getrenntleben: Rn 32 „Ehesache".
Gewaltschutz: Maßgeblich ist § 49 FamGKG, Teil I B dieses Buchs.

63 **Gewerblicher Rechtsschutz,** dazu *Kur,* Streitwert und Kosten im Verfahren wegen unlauteren Wettbewerbs usw, 1980; *Ulrich* GRUR **89**, 401 (ausf): Es gibt zahlreiche Aspekte auf Grund von Tatsachen nach BLAH Einf 17 vor § 284, Brdb MDR **97**, 1069, Köln MDR **94**, 267. Ein Regelwert ist wenig sinnvoll, Nürnb GRUR **07**, 815, aM Brdb MDR **97**, 1069, Schlesw OLGR **08**, 628 (je: zu vereinfachend). Vgl zunächst § 51 GKG. In seinem Rahmen gilt:

64 - **(Art der Verletzung):** Mitbeachtbar ist die Art der Verletzungshandlung, Stgt RR **87**, 429.
- **(Dritter):** *Unbeachtbar* ist das Verhalten eines Dritten, LG Mosbach BB **83**, 2073.
- **(Einfache Sache):** Ein Eilverfahren nach §§ 916ff, 935ff ist nicht schon deshalb eine einfache Sache, Hamm GRUR **91**, 259.

Abschnitt 7. Wertvorschriften (§ 3 ZPO) Anh I § 48 GKG

Nicht mehr einfach ist eine solche Sache, die drei Instanzen durchläuft, BGH RR **90**, 1323, oder wenn der Antragsgegner verschiedene Einwendungen erhoben und umfangreiche Unterlagen vorgelegt hat, Kblz GRUR **90**, 58.
- **(Einstweilige Verfügung)**: Bei ihr nach §§ 935 ff erledigt ein gerichtliches Verbot oft den ganzen Streit. Dann nähert sich der Wert nach Rn 36 demjenigen der Hauptsache. Das bedenken Bre OLGR **97**, 363, Oldb MDR **91**, 955 (grds 50%) nicht genug. Das gilt auch bei einer solchen Markenverletzung, bei der die Rufschädigung infolge einer schlechten Qualität und eine Verwässerungsgefahr besonders wesentlich sein kann. Ein Eilverfahren ist nicht schon deshalb eine einfache Sache, Hamm GRUR **91**, 259.
- **(e-mail)**: Bei der Untersagung einer e-mail-Werbung können 350 EUR ansetzbar sein, KG JB **02**, 371.
- **(Gebührenverringerung)**: § 12 IV, V UWG, § 51 GKG Anh III.
- **(Gefährlichkeit)**: Mitbeachtbar ist die Gefährlichkeit der Verletzungshandlung, Stgt RR **87**, 429.
- **(Geschädigter)**: Mitbeachtbar sind die Bedeutung und der Umsatz des Geschädigten, Karlsr JB **75**, 108.
- **(Herabsetzung)**: Vgl gemäß § 51 II GKG und Anh I–IV § 52 GKG diejenigen Vorschriften, die eine Herabsetzung des Streitwerts zugunsten des wirtschaftlich Unterlegenen ermöglichen: §§ 26 GebrMG, 144 PatG, 142 MarkenG, 54 DesignG, 247 II, III AktG, ferner § 12 IV UWG (in Wahrheit: Gebührenverringerung). Sie sind mit dem GG vereinbar, BVerfG NJW **97**, 312 (Grenze: unzumutbares Kostenrisiko), BGH BB **94**, 678 (Einzelfallabwägung), BGH BB **98**, 1443 (Verband), Ffm GRUR **89**, 133, Kblz GRUR **88**, 474 (die Vorschriften regeln nur den Kostenstreitwert), KG GRUR **88**, 148 (Anwendbarkeit auf eine verneinende Feststellungsklage), Kblz GRUR **88**, 474 (Herabsetzung als Schutzmaßnahme gegen einen Rechtsmißbrauch durch Verbandsklagen usw), Kblz GRUR **89**, 764, Köln RR **88**, 304 (nicht erforderlich ist der Art nach einfach nach [jetzt] § 12 IV UWG), Köln MDR **94**, 267 (Zeitungsanzeige als „einfach gelagerte" Sache), Köln GRUR **88**, 775 (es reicht, daß jedenfalls *auch* ein Verstoß gegen § 12 IV UWG vorliegt), Schlesw SchlHA **87**, 60 (kein Schematismus, abl KG GRUR **87**, 453 – regelmäßig Herabsetzung auf 50% –), Ffm GRUR **89**, 932, Stgt RR **88**, 304 (MarkenG-Verstoß reicht, freilich nur dann, wenn auch ein UWG-Verstoß vorliegt). 65
- **(Kartellrecht)**: Rn 74 „Kartellsache".
- **(Konkurrenzschutz)**: Maßgebend sind 33,3–50% der Hauptsache, Düss NZM **06**, 158.
- **(Markenrecht)**: Bei einer Markenverletzung kann sich nach Rn 64 „– (Einstweilige Verfügung)" der Wert eines Eilverfahrens nach §§ 916 ff, 935 ff demjenigen der Hauptsache nähern.
- **(Mehrere Beklagte)**: Man muß addieren, BGH RR **06**, 67, Hbg GRUR-RR **06**, 392.
- **(Produktionsfähigkeit)**: Beachtbar ist der Umstand, daß sich die Produktionsfähigkeit nicht voll ausnutzen läßt, Ffm JB **76**, 368 und 1249.
- **(Prozeßarbeit)**: Mitbeachtbar ist der Umfang der Arbeit des Gerichts und der ProzBev nach § 81, Brdb MDR **97**, 1070.
- **(Prozeßführungsbefugnis)**: *Unbeachtbar* kann ein Streit über diese Befugnis nach BLAH Grdz 21 vor § 50 sein, Kblz GRUR **91**, 66.
- **(Rechtsmittel)**: Im Rechtsmittelverfahren nach §§ 511 ff, 542 ff, 567 ff ist nur *sein* Ziel maßgeblich, BGH GRUR **05**, 972.
- **(Regelstreitwert)**: Rn 63.
- **(Schätzung)**: Das Gericht muß die Schädigung schätzen, zB nach § 287. S auch „– (Regelstreitwert)".
- **(Umfang der Verletzung)**: Mitbeachtbar ist der Umfang der Verletzungshandlung, Stgt RR **87**, 429.
- **(Umsatz)**: Das Gericht muß eine Umsatzschmälerung des Klägers beachten, Düss WettbR **96**, 44, Karlsr MDR **80**, 59, ebenso eine Umsatzsteigerung, Nürnb WRP **82**, 551.

GKG Anh I § 48 (§ 3 ZPO)　　　　I. A. Gerichtskostengesetz

　　　Man darf aber die Umsatzentwicklung *nicht* als die alleinige Berechnungsgrundlage verwerten, BGH NJW **82**, 2775, Ffm GRUR **92**, 459.
– **(Unterlassung):** Rn 121 „Unterlassung: e) Gewerblicher Rechtsschutz".
– **(Verbandsklage):** Wegen einer Verbandsklage zB nach § 8 III UWG vgl Rn 118 „Unterlassung: a) Allgemeine Geschäftsbedingungen".
– **(Veröffentlichung):** Das Interesse an der Veröffentlichung einer Entscheidung geht oft im Interesse am Unterlassungsanspruch voll auf. Es läßt sich daher grds nicht besonders bewerten. Es kann aber auch insbesondere bei einer schädigenden Äußerung erheblich über den Unterlassungsanspruch hinausgehen.
– **(Verschulden):** Mitbeachtbar sein kann der Verschuldensgrad, Ffm JB **83**, 1249.

66　**Grundbuch:** Rn 28 „Berichtigung des Grundbuchs", Rn 40 „Eintragungsbewilligung".
Grund des Anspruchs: Bei einer Entscheidung nach § 304 ist der gesamte Anspruch des Klägers maßgeblich. Das gilt selbst dann, wenn das Gericht später im Betragsverfahren eine geringere Forderung als die begehrte zuerkannt hat, BGH VersR **76**, 988.
Grunddienstbarkeit: Man muß den Wert nach § 7 berechnen. Das gilt auch während der Nichtausübung, BGH RR **14**, 1297.
Grundpfandrecht: § 6 Rn 10–15.
Grundschuld: § 6 Rn 14. Beim Brief ist § 3 anwendbar, Ffm JB **03**, 537 (Nennwert). Bei einer Umwandlung ist der ursprüngliche Wert unbeachtbar, LG Memmingen JB **17**, 253.
Grundstück: Rn 20 „Auflassung", Rn 33 „Eigentum".

67　**Haftpflichtversicherung:** Rn 130 „Versicherung".
Handelsregister: Rn 14 „Anmeldung zum Handelsregister".
Handelsvertreter: Vgl Mü AnwBl **77**, 468, Schneider BB **76**, 1298. Es gilt bei einem unbezifferten Antrag diejenige Summe, die nach dem Tatsachenvortrag des Klägers nach BLAH § 253 Rn 32 schlüssig wäre. Der Auskunftsanspruch läßt sich mit 20% der erhofften Zahlung bewerten. Man muß einen zusätzlichen Ausgleichsanspruch nach § 89b HGB hinzurechnen, LG Bayreuth JB **77**, 1747. Seine Klage auf die Feststellung der Unwirksamkeit einer ihm gegenüber erklärten Kündigung bestimmt sich nach § 3, nicht nach (jetzt) § 42 II GKG, Mü DB **85**, 645, aM Bbg JB **91**, 1693 (aber diese Vorschrift paßt schon deshalb nicht, weil sie ein öffentlichrechtliches Verhältnis regelt). Beim Ruhegeld gilt § 3, LAG Nürnb NZA-RR **01**, 53.
Handlung: Rn 145 „Zwangsvollstreckung: – (Erwirkung einer Handlung oder Unterlassung)".
Hauptsache: Sie umfaßt den ganzen Streitgegenstand nach BLAH § 2 Rn 4 auch nach einem vorangegangenen Eilverfahren nach §§ 916 ff, 935 ff, Celle NZFam **14**, 374.
Hauptversammlung: Bei der Anfechtungsklage muß man § 247 AktG beachten, § 51 Anh IV.
Haushaltssache: Es gilt § 48 FamGKG, Teil I B dieses Buchs.
Heimfall: Rn 41 „Erbbaurecht".

68　**Herausgabe:** Es gilt nach § 6 grds der Wert der Sache, zB der Vorbehaltsware, selbst wenn nur noch ein Restbetrag der Kaufpreisforderung aussteht, Ffm AnwBl **84**, 94. Wenn der Wert jedoch infolge einer Rücknahme oder Wegnahme nachhaltig gesunken ist, muß man diesen Umstand wertmindernd berücksichtigen, BGH NJW **91**, 3222. Das gilt zB dann, wenn gelieferte Einbauten beschädigt wurden.
– **(Arbeitsbescheinigung):** Die Erteilung einer solchen Bescheinigung nach § 133 AFG mag 250 EUR wert sein, LAG Hamm DB **85**, 1897.
– **(Attest):** Maßgebend ist das Interesse, AG Mü JB **11**, 261.
– **(Auskunft):** Rn 24.
– **(Behandlungsunterlagen):** Man kann 20% der voraussichtlichen Haftungsklage ansetzen, Nürnb MDR **10**, 1418.
– **(Bürgschaftsurkunde):** Man darf den Wert einer Klage auf ihre Herausgabe bei einer gleichzeitigen Zahlungsklage nicht mitberücksichtigen. Er entspricht jedenfalls dann, wenn der Kläger die Inanspruchnahme des Bürgen durch den Bekl verhindern will, dem Wert der durch die Bürgschaft gesicherten Forderung und nicht nur dem Kostenaufwand der Erlangung oder des Fortbestands der

Bürgschaft, BGH RR **94**, 758, Schlesw BauR **14**, 1525, LG Hbg JB **02**, 82, aM Düss BauR **14**, 1517, Stgt JB **80**, 896, LG Köln AnwBl **82**, 437 (mangels besonderer Umstände Bruchteil des Werts der Forderung, etwa 5–30%. Aber es geht wirtschaftlich um die ganze Hauptforderung). Im übrigen darf das Gericht nach § 3 schätzen, BGH RR **94**, 758.

- **(Frist):** Bei einem Zusatzantrag nach § 255, dem Bekl eine Herausgabefrist zu setzen und ihn nach deren ergebnislosem Ablauf zum Schadensersatz zu verurteilen, gilt der Wert des höheren Antrags, LG Köln MDR **84**, 501, aM Schneider MDR **84**, 853 (aber der höhere Wert gilt in allen vergleichbaren Lagen).
- **(Generalschlüssel):** Maßgeblich ist der Wert der ganzen Anlage, LAG Kiel JB **07**, 258 links oben.
- **(Grundschuldbrief):** Bei seiner Herausgabe muß man denjenigen Wert schätzen, der dem Interesse des Klägers am Besitz der Urkunde entspricht, BGH RR **02**, 573, Köln VersR **92**, 256, LAG Mainz NZA-RR **08**, 324, aM Ffm JB **03**, 537 (Nennwert. Der kann aber viel höher sein als das Interesse). Wenn beide Parteien nach BLAH Grdz 4 vor § 50 den Brief jeweils als angeblicher Gläubiger herausverlangen, ist der Wert des verbrieften Rechts maßgeblich.
- **(Grundstück):** Maßgeblich ist sein Verkehrswert.
- **(Haustier):** §§ 3, 6 sind anwendbar, Köln FamRZ **11**, 1326.
- **(Hypothekenbrief):** Es gilt dasselbe wie beim „– (Grundschuldbrief)".
- **(Kraftfahrzeugbrief):** Bei ihm gilt das Klägerinteresse und weder der Gebührenbetrag für eine Neuanschaffung noch der Wert des Wagens. Denn der Wert des Fahrzeugs wird nicht geringer. Die letzteren Gesichtspunkte können aber eine mitentscheidende Bedeutung haben, Düss MDR **99**, 891 (evtl 33,3%), Saarbr JB **90**, 1661, LG Augsb JB **01**, 143 (50% des Fahrzeugwerts).
- **(Räumung):** Rn 92.
- **(Rechtsmißbrauch):** Beim Streit um eine rechtsmißbräuchliche Nutzung einer Sache gilt das Interesse an deren Unterlassung, BGH FamRZ **92**, 170. Dabei kann der Betrag einer Sicherheitsleistung nach § 273 III BGB ausreichen, Bre Rpfleger **85**, 78.
- **(Schuldschein):** Bei demjenigen nach § 371 BGB können 20–30% der Forderung reichen, Köln MDR **97**, 204.
- **(Sparkassenbuch):** Beim Streit um seine Herausgabe nebst Sicherungskarte ist das eingetragene Guthaben maßgeblich.
- **(Unveräußerlichkeit):** Beim Streit um die Herausgabe einer unveräußerlichen Sache gilt § 48 II GKG.
- **(Urkunde allgemein):** Bei ihrer Vorlegung ist das Interesse des Klägers am Erhalt maßgeblich, BGH FamRZ **92**, 170, Düss RR **16**, 1215, KG WoM **11**, 316. Es kann dann erheblich sein, wenn zB erst eine Vorlegung weitere Maßnahmen ermöglicht, Mü MDR **12**, 869, etwa eine Schadensberechnung, Rn 147 „Zwischenstreit".
- **(Urteil):** Es gilt dasselbe wie beim „– (Grundschuldbrief)".
- **(Verdienstbescheinigung):** Die Erteilung einer solchen Urkunde zwecks eines Insolvenzausfallgelds mag 250 EUR wert sein, LAG Hamm DB **85**, 1897.
- **(Versicherungsnachweisheft):** Seine Herausgabe mag (jetzt) etwa 2350 EUR wert sein, LAG Hamm DB **85**, 1897, LAG Köln BB **98**, 543.
- **(Versicherungspolice):** Die Herausgabe einer solchen Urkunde mag 33,3% der Versicherungssumme wert sein, LAG Stgt VersR **02**, 913.
- **(Vollstreckungstitel):** Für seine Herausgabe darf das Gericht nach § 3 frei schätzen, BGH NJW **04**, 2904 (Abwehrklage nach § 767).
- **(Vornahme einer Handlung):** Zum Wert bei § 510b Schneider MDR **87**, 60, aM LG Karlsr MDR **87**, 60.
- **(Wechsel):** S „– (Wertpapier)".
- **(Wertpapier):** Beim Streit um seine Herausgabe ist der Wert des verbrieften Rechts maßgeblich, zB der Kurswert, KG MDR **03**, 1383, aber nach § 15 GKG nicht beim Verhandlungsschluß, sondern zur Zeit des die Instanz einleitenden Antrags, BGH FamRZ **92**, 169 (ohne Vorlage nach § 132 GVG), Düss AnwBl **94**, 47 (Herausgabe eines fälligen, noch nicht bezahlten Wechsels), Köln MDR **75**, 60,

GKG Anh I § 48 (§ 3 ZPO)   I. A. Gerichtskostengesetz

aM BGH NJW **89**, 2755 (der Wert der Beschwer beschränke sich auf das Interesse an der Herausgabe. Aber das ist doch durchweg der Wert zB der Wechselsumme).
– **(Zurückbehaltungsrecht):** Es ist unbeachtbar.

71 **Hilfsantrag:** § 5 Rn 6, wegen der Gebühren aber § 45 I 2 GKG, Ffm GRUR **12**, 960 (krit Labesius GRUR-RR **12**, 317). In einer Familiensache gilt § 39 FamGKG, Teil I B dieses Buchs. Im übrigen muß man den Hilfsanspruch mit dem Hauptanspruch nach BLAH § 260 Rn 8 zusammenrechnen, soweit das Gericht über den Hilfsanspruch entscheidet, Köln JB **96**, 476, LAG Bln NZA-RR **04**, 492, ArbG Nürnb MDR **04**, 907 (je: auch zum Vergleich). Eine Entscheidung über den Hilfsanspruch fehlt auch, wenn der Kläger den Hilfsanspruch nur im Rahmen einer Klagänderung nach §§ 263, 264 geltendmachte und wenn das Gericht diese Klagänderung nicht zugelassen hat, Nürnb MDR **80**, 238. Sonst ist ein höherer Wert unerheblich. Ein gleich hoher oder ein niedrigerer Wert sind ohnehin unerheblich.

Es findet also nach dem Wortlaut des § 45 I 2 GKG eine *Zusammenrechnung* unabhängig von der Höhe des Hilfsanspruchs statt. Das gilt freilich nur, soweit eine Entscheidung über den Hilfsanspruch ergeht.

Hilfsaufrechnung: § 45 GKG Rn 40 ff.
Hilfswiderklage: § 45 I 2, III GKG ist entsprechend anwendbar, Kblz MDR **97**, 404. Beim Vergleich nach BLAH Anh § 307 darf man nur dann zusammenrechnen, wenn er auch die Forderung der Hilfswiderklage einbezogen hat, Düss MDR **06**, 297, Köln JMBlNRW **75**, 143.

S auch „Hilfsantrag".

Hinterlegung: Beim Streit um ihre Vornahme muß das Gericht den Wert nach dem Klägerinteresse nach § 3 schätzen. Bei einer Klage nach § 13 II Z 2 HO war der Wert der Sache maßgeblich, Köln JB **80**, 281. Wenn es um die Einwilligung zur Herausgabe des Hinterlegten geht, ist § 6 anwendbar, KG JB **78**, 427. Die Zinsen zählen nicht zu den Nebenforderungen nach § 4, KG JB **80**, 281, Schlesw JB **76**, 239. Bei mehreren Berechtigten muß man den Mitberechtigungsanteil abziehen, KG AnwBl **78**, 107. Bei mehreren Bekl können die Werte unterschiedlich hoch sein.
Hypothek: § 3 ist anwendbar, Bre Rpfleger **85**, 77, Düss MDR **00**, 543, Saarbr MDR **01**, 897 (je: Nennbetrag).

72 **Immission:** Maßgeblich ist diejenige Wertminderung, die man wegen der voraussichtlichen Dauer der Störung befürchten muß, Kblz JB **95**, 27, LG Bonn JB **01**, 593, aM Schneider ABC (maßgeblich sei eine unbestimmte Dauer der Störung. Aber auch eine zeitliche Begrenzung des Klägerinteresses setzt eine Wertgrenze). Bei einer Mehrheit von Klägern findet keine Werterhöhung statt. Denn das gestörte Grundstück bleibt dasselbe.

73 **Insolvenzverfahren:** § 48 GKG Anh II.
Internet: Beim Fehlen einer Widerrufsbelehrung kann man 2000 EUR ansetzen, Naumb JB **08**, 149.
Investition: Maßgeblich ist das Interesse des Berechtigten, Düss Rpfleger **94**, 520, Hamm JB **94**, 555.
Jagdrecht: Man muß § 3 anwenden. Bei einer Klage über das Bestehen oder die Beendigung der Jagdpacht ist für die Zuständigkeit und die Beschwer § 8 ZPO und für die Gebühren (jetzt) § 41 GKG anwendbar, LG Saarbr JB **91**, 582.

74 **Kapitalabfindung:** Rn 9 „Abfindungsvergleich".
KapMuG: § 51a GKG. Es können 50% der Hauptsache maßgebend sein, Mü RR **08**, 132.
Kartellsache: Maßgebend ist das Interesse an der Änderung der Entscheidung der Kartellbehörde. Wegen einer Streitwertanpassung § 89a GWB, abgedruckt bei § 50 GKG. Wegen einer Beschwerde § 50 GKG.
Kaufvertrag: Sein Nichtbestand ist mit dem Preis bewertbar, Hamm JB **03**, 537, Kblz JB **94**, 738. Bloße Feststellung der Pflicht zu einer erfolgten Nacherfüllung ist evtl nur $1/3$ der Kosten eines erfolgten selbständigen Beweisverfahrens nach §§ 485 ff wert, LG Nürnb-Fürth BauR **15**, 1372.
Kaution: Rn 103 „Sicherheitsleistung".
Kindschaftssache: Es gelten §§ 45, 46 FamGKG, Teil I B dieses Buchs.
Klage und Widerklage: Rn 138 „Widerklage".

Abschnitt 7. Wertvorschriften (§ 3 ZPO) Anh I § 48 GKG

Klagänderung, Klageerweiterung: Grds ist bei §§ 263, 264, § 36 III GKG, § 15 II 1 RVG, Teil X dieses Buchs nur der höchste Wert maßgeblich, Düss RR **00**, 1594, aM Celle OLGR **08**, 630, Hamm OLGR **06**, 324, KG MDR **08**, 173 (evtl Addition; je: systemwidrig). Man muß evtl die Werte für die Verfahrensabschnitte vor und nach ihrer Vornahme gesondert bewerten, Bbg JB **77**, 960. Das alles gilt auch bei einer unzulässigen Klagänderung, aM Bbg MDR **13**, 624 (aber auch sie ist ein gebührenpflichtiger Vorgang).
Klage und Widerklage: Rn 138 „Widerklage".
Klagenhäufung: § 5.
Klagerücknahme: Beim Antrag nach § 269 III 2 oder 3, IV ist § 3 anwendbar, aM ThP § 3 Rn 94 „Klagerücknahme" (nur die bis zur Klagerücknahme entstandenen Kosten. Aber bis zur Rücknahme ging es um die volle Forderung). Beim Streit um die Wirksamkeit der Klagerücknahme oder beim Vergleich nach BLAH Anh § 307 mit einer Klagerücknahmepflicht ist der Wert der Hauptsache maßgeblich. Kosten bleiben selbst bei einer von § 269 III, IV abweichenden Vereinbarung unbeachtbar.
S auch Rn 76 „Mahnverfahren".
Kleinverfahren: Bei § 495 a ist § 3 anwendbar, LG Mainz WoM **12**, 508.
Kosten: § 4 I ZPO, § 43 I–III GKG.
Kostenfestsetzung: Maßgeblich ist bei §§ 103 ff der noch verlangte oder bestrittene Betrag.
Kostengefährdung, § 110: Rn 90 „Prozeßvoraussetzungen".
Kraftfahrzeugbrief: Es gilt § 3, Düss MDR **99**, 891, Saarbr JB **90**, 1661, LG Augsb JB **01**, 143 (je: 50% des Fahrzeugwerts, sehr hoch).
Kraftloserklärung: Rn 19 „Aufgebot".
Kreditschädigung: Maßgeblich ist § 3, LG Bayreuth JB **75**, 1356.
Kündigung: Maßgebend ist die Restleistung ohne wirksame Kündigung, Karlsr MDR **11**, 1421.
Lagerkosten: § 4 Rn 17.
Leasing: Es gelten meist dieselben Grundsätze wie bei der Miete, Celle MDR **93**, 1020, Ffm MDR **78**, 145 (bei einem Streit um den Bestand gelten evtl §§ 41 GKG, 6 ZPO).
S auch Rn 130 „Versicherung: – (Deckungsprozeß)".
Lebenspartnerschaft: Rn 32 „Ehesache".
Lebensversicherung: Rn 130 „Versicherung: – (Todesfallrisiko)".
Leibrente: § 9 Rn 3.
Leistung: Der Antrag ist auch beim Verstoß des Gerichts gegen § 308 I maßgeblich. Bei einer künftigen Leistung nach § 257 gilt § 3.
Löschung: Man muß die folgenden Fälle unterscheiden.
 – **(Auflassungsvormerkung):** § 6 Rn 12.
 – **(Bewilligung):** § 6 Rn 10–15.
 – **(Grundschuld oder Hypothek):** § 6 Rn 12, 13.
 – **(Marke oder Gebrauchsmuster):** Maßgeblich ist das Interesse des Klägers nach § 3 an der Löschung. Bei einer Volksklage (Popularklage) zB nach § 55 II Z 1 MarkenG ist das Interesse der Allgemeinheit an der Beseitigung des Wettbewerbs maßgeblich, BPatG GRUR **17**, 544 (LS). Dasselbe gilt bei der Löschung eines Patents, BPatG GRUR **78**, 535.
S auch Rn 76 „Markensache".
Lohn: Rn 59 „Gehalt".
Mahnverfahren: Nach einer teilweisen Rücknahme des Antrags auf ein streitiges Verfahren nach § 697 kann trotz (jetzt) § 40 GKG der ermäßigte Anspruch maßgeblich sein, Hbg MDR **01**, 295 (zustm Schütt), Rostock MDR **02**, 666.
Markensache: Maßgeblich sind bei der Löschung der Markenwert und die Gefährlichkeit der Verletzung, BGH GRUR **06**, 704, KG GRUR-RR **13**, 272 (je: grds 50 000 EUR), Ffm GRUR-RR **05**, 239. Bei einer Verletzung kann ein kleinerer Wert ansetzbar sein, Nürnb GRUR **07**, 815. Ein Antrag nach § 142 MarkenG kann nach BLAH Einl III 54 mißbräuchlich sein, Ffm GRUR-RR **05**, 296. Eine Löschung und Verletzung sind aber zweierlei, Nürnb JB **07**, 364. Eine Domain-Nutzung wirkt wertsteigernd, Ffm GRUR-RR **11**, 288.
S auch Rn 16 „Arrest", Rn 121.

GKG Anh I § 48 (§ 3 ZPO)
I. A. Gerichtskostengesetz

Mehrheit von Ansprüchen: Rn 14 „Anspruchsmehrheit".
Mehrwertsteuer: § 4 Rn 22 „Umsatzsteuer".
Mietverhältnis: Allgemeines, dazu *Fölsch* NZM **16**, 500; *Gies* NZM **03**, 886; *Grüber,* Streitwerte und Anwaltsgebühren im Mietrecht, 3. Aufl 2013 (je: Üb): Maßgeblich sind für die Zuständigkeit § 8, beim Wohnraum § 29 a. Für den Kostenstreitwert gilt jedoch § 41 GKG. Zum Anwaltsgebühren-Gegenstandswert Wiesner AnwBl **85**, 237. Die Regelung gilt auch für die Untermiete.
Mietverhältnis: Abschluß eines Mietvertrags. Es gilt § 3, LG Dortm WoM **91**, 358 (Jahresmiete).

77 **Mietverhältnis: Auskunft über die Miete.** Der Wert einer Klage, nach § 29 NMVO eine Auskunft über die Ermittlung und Zusammensetzung der zulässigen Miete zu geben und durch eine Wirtschaftlichkeitsberechnung sowie durch die Vorlage der zugehörigen Unterlagen zu belegen, läßt sich mit (jetzt ca) 500 EUR festsetzen, AG Köln WoM **81**, 283. Der Wert einer Einsicht außerhalb des Orts der Wohnung läßt sich nach den Aufwendungen usw des Vermieters schätzen, LG Kiel WoM **88**, 283.

78 **Mietverhältnis: Bestehen oder Dauer des Vertrags.** S zunächst § 8, LG Bln WoM **92**, 462, und wegen der Räumung § 41 II GKG. Hierher gehört auch die bloße Feststellung nach § 256. LG Bln WoM **14**, 154 nennt eine Nettojahresmiete auch bei mehreren Kündigungen.

Zur *Miete* nach (jetzt) § 41 GKG zählen nicht nur der eigentliche Mietzins (einschließlich Mehrwertsteuer, LG Duisb JB **89**, 1306), aM Rostock MDR **94**, 628, LG Dortm NZM **01**, 986, LG Stgt MDR **83**, 763 (aber man muß stets das wirtschaftliche Gesamtinteresse des Klägers beachten).

- **(Baukostenzuschuß):** Hierher gehört seine Übernahme, Drsd ZMR **97**, 527.
- **(Feuerversicherungsprämie):** Hierher gehört ihre Übernahme, Drsd ZMR **97**, 527.
- **(Gebrauchsüberlassung):** Nach (jetzt) § 41 I GKG ist auch der Anspruch des Mieters auf eine Gebrauchsüberlassung bewertbar, aM Celle MDR **89**, 272 ([jetzt] § 41 II GKG. Aber das ist eine eng auslegbare Sondervorschrift).
- **(Grundsteuer):** S „– (Öffentliche Abgabe)".
- **(Heizung):** *Nicht* hierher gehört das Entgelt für Heizung und Warmwasser, LG Köln WoM **89**, 436, LG Mü WoM **85**, 125, LG Saarbr MDR **94**, 316, aM Celle NJW **03**, 368, Düss WoM **02**, 501, Köln WoM **96**, 288 (je: Nettomiete), Zweibr NZM **01**, 420, LG Heilbr MDR **89**, 750 rechts, LG Köln JB **99**, 304 (je: Bruttomiete. Aber trotz aller Vereinfachungsmöglichkeiten muß man doch den wirtschaftlichen Wert manchmal mühsamer ermitteln, um möglichst genau zu bleiben). Zum Problem Mutter MDR **95**, 343. Zur Modernisierung AG Hbg – St Georg ZMR **11**, 646.
- **(Instandsetzung):** Hierher gehört die Übernahme ihrer Kosten, Drsd ZMR **97**, 527.
- **(Miethöhe):** Sie bestimmt sich nach dem Vertrag, sofern man nicht eine gesetzliche Miete zugrundelegen muß.
- **(Nebenkostenvorauszahlung):** *Nicht* hierher gehört eine solche Leistung, BGH ZMR **99**, 615 (frühestens ab einer Erkennbarkeit der verbrauchsunabhängigen Endkosten).
- **(Nutzungsentschädigung):** Hierher gehört eine solche künftige Leistung, Düss NZM **06**, 583, Stgt Rpfleger **11**, 198, aber auch eine bisherige, Naumb NZFam **15**, 136. Bei einer Nutzungsentschädigung bis zur Räumung muß man nach § 3 den Jahresbetrag ansetzen, Hbg WoM **16**, 447, KG MDR **07**, 645, oder auch bei bloßer Feststellung 80%, LG Itzehoe MDR **11**, 1015. Auch bei einer Nutzung während der Trennungszeit kann § 3 mitbeachtbar sein, ferner § 14 GKG, aM Ffm FamRZ **14**, 1733 (wendet § 9 an).
- **(Öffentliche Abgabe):** Hierher gehört eine Übernahme öffentlicher Abgaben, LG Saarbr JB **97**, 197, zB der Grundsteuer, Hamm Rpfleger **76**, 435.
- **(Option):** Hierher gehört ein Optionsrecht auf eine Vertragsverlängerung, Hbg WoM **94**, 553.
- **(Warmwasser):** Es gilt dasselbe wie bei „– (Heizung)".

Abschnitt 7. Wertvorschriften　　　　　　(§ 3 ZPO) Anh I § 48 GKG

Mietverhältnis: Erhöhung der Miete: nach §§ 558 ff BGB: Zumindest als Kosten- 79
wert ist beim Wohnraum nach § 41 V 1 Hs 1 GKG, dort Rn 35, 36 (jetzt) grds der
Jahresbetrag der zusätzlich geforderten Miete maßgebend, (teils zum alten Recht)
BVerfG NJW **93**, 3130, LG Görlitz WoM **03**, 39, LG Bln WoM **12**, 511. Damit ist
eine jahrelange Streitfrage überholt. Der Berufungsbeschluss bei einer Zustim-
mungsklage liegt beim 3,5fachen Wert der jährlichen Erhöhung erster Instanz,
BGH WoM **14**, 427.

Die Zahlung eines *Teils* des Erhöhungsbetrags bereits vor der Rechtshängigkeit
nach BLAH § 261 Rn 1 oder gar nach ihrem Eintritt hat auf die Streitwerthöhe
grds keinen Einfluß. Denn diese richtet sich nur nach dem Klagevorbringen und
einer etwaigen Klagerhöhung, LG Wuppert WoM **93**, 478, aM LG Bre WoM **82**,
131 (aber [jetzt] § 40 GKG ist eindeutig, BLAH Einl III 39).

Die Vorschrift gilt aber *nur bei Wohnräumen*. Das stellt § 41 GKG V 1 klar. Beim
Gewerberaum gilt statt § 41 V GKG die Vorschrift des § 9, Hbg WoM **95**, 595,
Köln MDR **95**, 545, Mü SchiedsVZ **07**, 330, aM (§ 3) Hamm JB **76**, 1683.

Mietverhältnis: Künftige Miete: Hier gilt bei einer unbestimmten Mietdauer § 3, 80
aM Stgt WoM **97**, 278 (§ 9). § 8 ZPO und § 41 GKG sind unanwendbar. Denn es
ist weder das Bestehen noch die Dauer streitig. § 41 GKG regelt ohnehin nur unbestimmte Verhältnisse. Demgegenüber macht der Kläger bei einem Anspruch auf
die Feststellung der Verpflichtung des Bekl zu einer erhöhten Mietzahlung nach
§ 256 einen bestimmten Anspruch geltend. Es entscheidet das Interesse des Klägers
an der Feststellung und an dem mutmaßlichen Eintritt der Erhöhung, BGH RR
05, 938. Es liegt nahe, auf den Beschwerdewert (jetzt) § 41 V GKG entsprechend
anzuwenden, LG Köln JB **99**, 305, aM LG Bln WoM **89**, 440, LG Hbg WoM **89**,
430 (3fache Jahresmiete, evtl abzüglich 20%).

Dasselbe gilt bei der Feststellung des *Vertragsinhalts*, sofern die Wirksamkeit des
Vertrags unstreitig ist, Kblz ZMR **78**, 64. Manche wollen auch bei einem langen
Mietvertrag nur den vollen Jahresbetrag anwenden, da (jetzt) § 41 I GKG die Obergrenze bilde, BGH JB **04**, 378, und da man den Streitwert für einen einzelnen vertraglichen Anspruch auch über § 3 nicht höher festsetzen könne als für den Bestand des ganzen Vertrags, LG Bln ZMR **75**, 218 (Vermieterreparatur).

Demgegenüber gilt § 9 dann, wenn die *künftige* Miete oder Pacht auf Grund eines *auf bestimmte Zeit* abgeschlossenen Vertrags streitig ist, Ffm NZM **15**, 216, LG
Hbg WoM **96**, 287 (Minderung), aM Ffm Rpfleger **80**, 299, Hamm Rpfleger **76**,
435, Karlsr MDR **77**, 407 (§ 3. Aber § 9 ist hier spezieller).

Mietverhältnis: Mangel der Mietsache. Beim Anspruch auf seine Beseitigung gilt 81
nach § 41 V 1 Hs 2 GKG (jetzt) grds der Jahresbetrag einer angenommenen Mietminderung, KG WoM **16**, 445, LG Bln NJW **12**, 693, LG Stgt Just **97**, 443, aM
BGH WoM **07**, 207 rechts Mitte, LG Hbg NZM **10**, 515, AG Köln RR **03**, 233
(je: § 9). Bei einer bloßen Feststellungsklage nach § 256 gelten zusätzlich Rn 53, 54,
KG WoM **16**, 445 (Jahreswert), Woitkewitsch ZMR **05**, 842, aM BGH WoM **16**,
632, LG Bln JB **11**, 528, LG Hbg ZMR **10**, 855 (§ 9). Nur bei einer kürzeren Vertragsdauer läßt § 41 III 2 GKG einen entsprechend niedrigeren Betrag zu.

Mietverhältnis: Modernisierung oder Erhaltung: Hier gilt nach § 41 V 1 Hs 3 82
GKG (jetzt) grds der Jahresbetrag der möglichen Mieterhöhung usw. Dadurch ist
eine langjährige Streitfrage überholt. Zur Heizungsmodernisierung AG Hbg –
St Georg ZMR **11**, 646.

Mietverhältnis: Sonstige Fälle: Es ergibt sich eine Fülle von Situationen. 83
– **(Antenne):** Beim Streit um die Anbringung oder Entfernung einer Antenne
  setzt LG Cottbus NZM **14**, 584 300 EUR an, nehmen LG Bre WoM **00**, 364,
  LG Hbg WoM **91**, 359 als Wert (jetzt ca) 500 EUR an und setzt LG Kiel WoM
  96, 632 die Beseitigungskosten an. LG Ffm JB **02**, 531 setzt 750 EUR an. LG
  Ffin WoM **02**, 378, LG Wuppert WoM **97**, 324 setzen ca 1000 EUR an. Köln
  NZM **05**, 224 setzt den Antennenwert + Wiederherstellungskosten an. Die Be-
  schwer ergibt sich aus dem Wertverlust des Hauses, BGH NJW **06**, 2639.
– **(Balkonplane):** Beim Streit um ihre Entfernung setzt LG Hbg WoM **89**, 10
  etwa (jetzt) 250 EUR an.
– **(Besichtigung):** Bei einer Besichtigung durch Mietinteressenten gilt § 3, oft
  1 Monatsmiete, LG Saarbr ZMR **08**, 974.

GKG Anh I § 48 (§ 3 ZPO) I. A. Gerichtskostengesetz

- **(Besitzstörung):** Bei einer solchen durch den Vermieter ist die evtl nur teilweise Jahresmiete der Ausgangswert, Brdb MDR **07**, 1225 (beim Eilverfahren weniger), Rostock JB **06**, 645.
  S auch „– (Lärm)".
- **(Eigenbedarf):** Beim Widerspruch nach § 574 BGB ist § 9 entsprechend anwendbar, BVerfG NZM **15**, 142.
- **(Entfernung von Sachen):** § 3 ist anwendbar, soweit keine Räumung, LG Cottb ZMR **14**, 382.
- **(Gas):** Beim Streit um die Gasversorgung kann man 50% des Jahresentgelts ansetzen, AG Kerpen MDR **90**, 929.
- **(Geschäftsraummiete):** Beim Streit um ein Konkurrenzangebot kann man den Gewinnausfall von 42 Monaten ansetzen, BGH NJW **06**, 3061.
- **(Haustier):** Beim Streit um eine Haustierhaltung kommt es auf die gedachte Zusatzabnutzung an, LG Hbg WoM **86**, 232. Man muß die Mieterinteressen mitberücksichtigen, LG Bln NZM **01**, 41 ([jetzt ca] 300 EUR), LG Hbg WoM **89**, 10, LG Mü NZM **02**, 820 (410 EUR), LG Hann WoM **89**, 567, LG Mannh ZMR **92**, 546 ([jetzt ca] 600 EUR), LG Brschw WoM **96**, 291 ([jetzt ca] 1000 EUR), LG Mü NZM **02**, 734 ([jetzt ca] 1500 EUR). AG Rüsselsheim ZMR **87**, 344 schlägt dann monatlich (jetzt ca) 12,50–17,50 EUR auf. LG Würzb WoM **88**, 157 bewertet den Antrag auf die Entfernung eines Zwergschnauzers nebst einer Unterlassung der Hundehaltung mit (jetzt ca) 500 EUR je Instanz. LG Bln WoM **15**, 526 setzt grds höchstens 600 EUR an. LG Hbg ZMR **92**, 506 setzt beim Streit um eine Hauskatze (jetzt ca) 750 EUR an, LG Hbg MDR **93**, 90 setzt dann (jetzt ca) 500 EUR) an, LG Bln NZM **01**, 41 setzt bei 2 Katzen (jetzt ca) 400 EUR an. LG Wiesb WoM **94**, 486, AG Kenzingen WoM **86**, 248 bewerten die Unterlassung der Hundehaltung außergerichtlich meist mit bis zu (jetzt ca) 1000 EUR, LG Mü WoM **92**, 495 nimmt selbst beim angeblichen Musterprozeß dazu nur (jetzt ca) 1000 EUR an.
- **(Heizung):** Beim Streit um eine ordnungsgemäße Beheizung kann man den Jahresbetrag einer möglichen Mietminderung ansetzen, LG Hbg JB **94**, 116.
- **(Hund):** S „– (Haustier)".
- **(Katze):** S „– (Haustier)".
- **(Kaution):** S „– (Mietsicherheit)".
- **(Lärm):** Bei einer Klage eines Mieters gegen den anderen wegen Lärms kann als Wert der Jahresbetrag einer berechtigten Mietminderung in Betracht kommen, Ffm RR **08**, 534. Man muß natürlich auch die Dauer und Intensität der Störungen mitbeachten, Meyer JB **13**, 633.
- **(Mietsicherheit),** dazu *Schneider* NZM **10**, 466 (ausf): Es gelten dieselben Regeln wie bei den „– (Nebenkosten)", AG Neumünst WoM **96**, 632, AG Pinneb WoM **99**, 337 (jetzt etwa 300 EUR). Der Nachweis getrennter Anlage mag 25% der Kaution wert sein, Köln WoM **10**, 96.
- **(Müllcontainer):** Beim Streit darüber, ob man einen Müllcontainer schon am Vorabend der Leerung auf der Straße abstellen darf, setzt LG Köln WoM **90**, 394 den Jahresbetrag einer möglichen Mietminderung an.
- **(Nebenkosten):** Bei einer Rechnungslegung wegen Nebenkosten kann man 25%–33,3% des etwaigen Zahlungsanspruchs ansetzen, LG Bonn JB **92**, 117, AG Mü JB **11**, 28 links (je: 25%), LG Ffm NZM **00**, 759, AG Witten NZM **03**, 851, aM LG Freibg WoM **91**, 504, LG Köln WoM **97**, 447, AG Mü JB **11**, 28 rechts (je: 10%–20%), AG Düss JB **09**, 256 (volle Nachforderung).
- **(Nutzungsentschädigung):** Maßgebend ist der Jahresbetrag, Celle MDR **14**, 568, KG MDR **07**, 645, LG Landau WoM **09**, 416, bei bloßer Feststellung 80%, LG Itzehoe MDR **11**, 1016. Bei künftiger gilt § 3, Düss NZM **06**, 583, KG JB **06**, 957, Stgt JB **11**, 198.
- **(Schneeräumen):** Die Pflicht dazu läßt sich mit 900 EUR bewerten, LG Münst WoM **07**, 69.
- **(Strom):** Beim Streit um die Stromversorgung kann man 50% des Jahresentgelts ansetzen, AG Kerpen MDR **90**, 929, auch einen 6-Monats-Abschlag, Hbg NZM **11**, 792.

Abschnitt 7. Wertvorschriften (§ 3 ZPO) Anh I § 48 GKG

- **(Treppenhaus):** Beim Streit um seinen Mißbrauch setzt LG Mannh WoM **99**, 224 statt nach § 3 verfehlt nach § 9 an.
- **(Unfallauslagenwagnis):** Man kann etwa 3000 EUR ansetzen, LG Trier WoM **07**, 626.
- **(Untervermietung):** Beim Streit um eine Zustimmung zu ihr kann man den Jahresbetrag des angebotenen Mietzuschlags ansetzen, KG NZM **06**, 519, LG Bad Kreuzn WoM **89**, 433, aM Celle NZM **00**, 190, KG JB **06**, 258, LG Bln MDR **16**, 232 zum Gebührenstreitwert (je: Jahresbetrag der Untermiete), LG Kiel WoM **95**, 320 (Einjahresbetrag der Entlastung durch Untervermietung), LG Hbg WoM **92**, 264 (3jährige Differenz), Hbg MDR **17**, 1271, KG WoM **16**, 756 (je: 3,5jährige Differenz). Beim Streit um eine Untermiete ist der Zins-Zuschlag für einen höheren Aufwand ansetzbar, BGH RR **97**, 648.
- **(Verzug):** S „– (Zahlungsverzug)".
- **(Wasser):** Beim Streit um die Wasserversorgung kann man 50% des Jahresentgelts ansetzen, AG Kerpen MDR **90**, 929.
- **(WiStG):** Beim Streit, ob ein Verstoß gegen § 5 WiStG vorliegt, gilt die dreijährige Differenz, LG Hbg WoM **87**, 61.
- **(Zähler):** Beim Zutritt zu einem Zähler kommt ein 6-Monats-Betrag der Vorauszahlungen als Wert infrage, Brschw NZM **06**, 840, Celle NZM **10**, 639. Bei seiner Wegnahme kann man den Jahresabschlag ansetzen, Hbg ZMR **08**, 891, LG Itzehoe ZMR **08**, 800.
- **(Zahlung erhöhter Miete):** Wegen der Zustimmung Rn 79. Bei der Klage auf die Zahlung einer wirksam erhöhten Miete ist der Jahresbetrag der Erhöhung maßgeblich, LG Hbg WoM **89**, 435.
- **(Zahlungsverzug):** Bei einem ständigen Zahlungsverzug sind für eine Klage nach § 259 20% der Jahresmiete ansetzbar, AG Kerpen WoM **91**, 439. Vgl auch Rn 68 „Herausgabe", Rn 92 „Räumung", Rn 118 „Unterlassung", Rn 124 „Urkunde", Rn 137 „Wärmelieferungsvertrag".
- **(Zutritt):** Man kann $1/12$ des Hauptsachewerts ansetzen, KG JB **10**, 84.

Milchreferenzmenge: § 3 ist anwendbar, BGH NVwZ-RR **04**, 232.
Minderung: Maßgeblich ist derjenige Betrag, um den der Kläger den Preis herabsetzen lassen will. (Jetzt) § 45 III GKG ist unanwendbar, Köln MDR **79**, 413.
Miteigentum: Rn 33 „Eigentum", Rn 139 „Widerspruchsklage: – (Teilungsversteigerung, § 180 ZVG)".
Miterbe: Rn 41 „Erbrechtlicher Anspruch".
Musterprozeß: Es gilt grds kein höherer Wert als im „normalen" Prozeß, LG Mü WoM **92**, 495.
Nachbarrecht: Der Wert einer Klage auf die Beseitigung eines 16 m langen Jägerzauns beträgt (jetzt ca) 600 EUR, AG Königstein NZM **01**, 112. Nachbarlärm durch viele Tiere läßt sich mit (jetzt ca) 1500 EUR bewerten, LG Bonn JB **01**, 594. Bei § 920 BGB muß man die Klägerinteresse schätzen. Rückschnitt von Bäumen kann, muß aber nicht 5000 EUR wert sein, Mü NZM **17**, 94.
Nacherbe: Rn 41 „Erbrechtlicher Anspruch".
Nachforderung: Bei der Klage nach § 324 ist wegen der Sicherstellung § 6 Rn 9 anwendbar.
Nachlaßverzeichnis: Rn 41 „Erbrechtlicher Anspruch".
Nachverfahren: Maßgeblich ist derjenige Betrag, dessentwegen das Gericht dem Bekl die Ausführung seiner Rechte nach § 600 vorbehalten hat, Mü MDR **87**, 766. Es kommt also eine Ermäßigung im Vorverfahren an, zB durch ein Teilanerkenntnis, Schneider MDR **88**, 270.
Name: Der Streit ist nach § 48 II, III GKG in der Regel nichtvermögensrechtlich. Vgl aber auch BLAH Üb 15 vor § 1. Der geschäftliche Name ist vermögensrechtlich. Das gilt insbesondere für die Firma. Maßgeblich ist nur das Klägerinteresse, Stgt WettbR **96**, 197.
Nebenforderung: Der Wert läßt sich nach § 4 und für die Kosten nach § 43 GKG berechnen.
Nebenintervention: Rn 106 „Streithilfe".
Nichterfüllung: Rn 58 „Gegenseitiger Vertrag".
Nichtigkeit: Rn 27 „Befreiung".

GKG Anh I § 48 (§ 3 ZPO)
I. A. Gerichtskostengesetz

Nichtigkeitsklage: Es gilt bei § 579 der Wert derjenigen Verurteilung, deren Aufhebung der Kläger begehrt, BGH AnwBl **78**, 260, Bbg JB **90**, 1659, Düss AnwBl **94**, 47.

Nichtvermögensrechtlicher Anspruch: Maßgeblich ist (jetzt) § 48 II, III GKG, Mü MDR **89**, 360, § 48 GKG Rn 3 ff. Die Anwendung von § 52 I 2 GKG ist gekünstelt. Ein nichtvermögensrechtlicher Anspruch wird nicht dadurch zu einem vermögensrechtlichen nach BLAH § 1 Rn 11 ff, daß der Kläger nach BLAH § 91 a Rn 62 einseitig die Hauptsache für erledigt erklärt, BGH NJW **82**, 767.

Nichtzulassungsbeschwerde: § 3 gilt, BGH MDR **06**, 1361. Der Wert gleicht nicht stets dem Revisionsbeschwerderecht, BGH GRUR-RR **11**, 440 links Mitte. Evtl muß man bei einer Teilzulassung addieren, BGH MDR **07**, 352.

86 **Nießbrauch:** Bei der Einräumung gilt § 3, BGH RR **88**, 396, Celle OLGR **99**, 330. Bei der Erfüllung, Aufhebung und Löschung gilt § 6. Maßgeblich ist der Wert nach dem Reinertrag abzüglich der Unkosten für die voraussichtliche Dauer des Nießbrauchs. Der Wert einer Vormerkung ist niedriger. Bei einem Einzelgegenstand kann § 6 anwendbar sein, LG Bochum AnwBl **94**, 368. Für den Kostenstreitwert kann (jetzt) § 41 II GKG („ähnliches Nutzungsverhältnis") gelten, Köln WoM **85**, 125, aM Schlesw SchlHA **86**, 46 (§ 3).

Notanwalt, §§ 78 b, c: Maßgeblich ist meist der Wert der Hauptsache, Bre JB **77**, 91, Zweibr JB **77**, 1001, aM Mü MDR **02**, 724 (krit Schneider): 33,3% (aber meist geht es ja um die volle Durchsetzbarkeit).

Notweg: § 7 Rn 3.

Nutzung: Sofern der Kläger sie als eine Nebenforderung macht, gilt § 4. Bei einer als Hauptsache geltend gemachten wiederkehrenden Nutzung gilt nach § 8 Rn 4, der § 9 und für die Kosten § 41 GKG.

Nutzungsentschädigung: Rn 78.

Nutzungsverhältnis: § 41 I GKG gilt auch für ein der Miete oder Pacht ähnliches Nutzungsverhältnis. S daher Rn 76 „Mietverhältnis".

87 **Öffentliche Zustellung:** Rn 143 „Zustellung".

Offenbarung: Rn 33 „Eidesstattliche Versicherung".

Ordnungs- und Zwangsmittel: Bei der Verhängung gegen eine Partei nach § 141, gegen einen Zeugen nach § 380, gegen einen Sachverständigen nach §§ 409, 411 oder im Weg der Anordnung nach §§ 177, 178 GVG ist der verhängte Betrag ausschlaggebend, soweit nicht eine Bewertung beim Kostenwert wegen der Festgebühren des KV entfällt. Bei einer Festsetzung nach §§ 888, 890 ist nicht die Schwere der Maßnahme maßgeblich, auch nicht der Wert der Hauptsache, aM ThP § 3 Rn 115 „Ordnungsmittel", „Zwangsvollstreckung". Vielmehr gilt das Interesse an der Abwehr eines weiteren Verstoßes, Mü OLGZ **84**, 66, Nürnb MDR **84**, 762.

Dieses Interesse läßt sich oft mit 30–50% der Hauptsache bewerten, Hbg WRP **82**, 592, Karlsr WRP **92**, 198, Mü MDR **83**, 1029. Das Interesse kann sich aber bei einer Fortsetzung der Verletzungen oder bei einer sehr groben Verletzung dem Wert der Hauptsache nähern. Auch bei der Androhung eines Zwangsmittels oder Ordnungsmittels ist das Interesse an der Durchsetzung des vollstreckbaren Anspruchs maßgeblich. Bei einem Verfahren auf den Erlaß eines Arrests oder einer einstweiligen Verfügung nach §§ 916 ff, 935 ff sind von dem Wert der zugehörigen Hauptsache in der Regel 25–33,3% maßgeblich. Im Beschwerdeverfahren nach §§ 567 ff liegt die untere Wertgrenze bei dem angefochtenen Betrag, Brschw JB **77**, 1148, Düss MDR **77**, 676. Man kann 20% des zulässigen Höchstbetrags zugrundelegen.

88 **Pachtverhältnis:** Es gilt auch für die Unterpacht § 8 und für den Kostenstreitwert § 41 GKG. Ein Streit über die Einordnung gilt als Bestandsstreit, BGH JB **10**, 201. Bei einem Streit nur über die Höhe der Pacht ist § 3 und nicht § 9 anwendbar, Ffm JB **75**, 372, Karlsr JB **06**, 539 (Jahrespacht), aM Brschw AnwBl **82**, 487.
S auch Rn 72 „Jagdrecht".

Parteiwechsel: Er kann unbeachtbar sein, BGH WertpMitt **15**, 1339.

Patent: Vgl zunächst § 51 GKG. Übereinstimmende nicht offensichtlich falsche Parteiangaben sind meist beachtbar, BGH MDR **12**, 1429. Im Beschwerdeverfahren vor dem Patentgericht und im Nichtigkeitsverfahren ist das Interesse der Allgemeinheit an der Patentvernichtung maßgeblich. Dieses Interesse entspricht meist dem allgemeinen Wert des Patents im Zeitpunkt der Klagerhebung nach §§ 253, 261, BPatG GRUR **87**, 287, oder im Zeitpunkt der Berufungseinlegung nach § 517 zuzüglich der etwa aufgelaufenen Schadensersatzansprüche, BPatG JB **96**, 197. Zur Problematik Struif GRUR **85**, 248.

Bei einem Streit um eine *Unterlassung,* eine Auskunft, eine Schadensersatzpflicht sind die Art und der Umfang der Verletzung maßgeblich, aber auch der Umsatz des Geschädigten, Karlsr BB **75**, 109. Im Berufungs- und im Rechtsbeschwerdeverfahren nach § 574 muß man den Wert nach § 3 schätzen. Gebührenrechtlich besteht nach §§ 102 II, 121 I, 144 PatG, § 51 GKG Anh I, III A die Möglichkeit, im Patentverfahren bei einer Gefährdung der wirtschaftlichen Lage einer Partei den Wert niedriger anzusetzen, BGH GRUR **13**, 1288 (auch zu Grenzen). Zur zeitlichen Grenze des Antrags BPatG GRUR **82**, 363. Zur Parteienhäufung BPatG GRUR-RR **16**, 276.

Patientenverfügung: Man kann 3000 EUR ansetzen.
Persönlichkeitsrecht: (Jetzt) § 48 II, III GKG, BAG BB **98**, 1487.   89
S auch Rn 99 „Schmerzensgeld".
Pfändung: Bei der Pfändung einer Forderung oder eines sonstigen Rechts nach § 829 muß man für die Gerichtsgebühren die Festgebühren KV 1811, 2110 beachten. Für die Anwaltsgebühren ist der Betrag der vollstreckbaren Forderung maßgeblich. Wenn der Wert des gepfändeten Rechts niedriger ist, gilt nach § 6 Rn 11 ff dieser geringere Wert. Bei einem künftig fällig werdenden Arbeitseinkommen nach § 850d III gilt nur der Wert der vollstreckbaren Forderung, aM Köln MDR **87**, 61, LG Detm Rpfleger **92**, 538, AG Freyung MDR **85**, 858 (evtl nur der Wert des Pfandgegenstands. Aber wirtschaftlich ist die Forderung der Kern). Wegen des Werts eines Unterhaltsanspruchs § 6 Rn 16. Im Beschwerdeverfahren nach §§ 567ff muß man 25 II 1 RVG (Interesse des Beschwerdeführers) beachten.
Pfandrecht: Es ist § 6 anwendbar.
Pflichtteilsanspruch: Rn 41 „Erbrechtlicher Anspruch", Rn 53 „Feststellungsklage", Rn 59 „Geldforderung".
Preisbindung: Rn 63 ff „Gewerblicher Rechtsschutz".
Prozeßhindernde Einrede: S „Prozeßvoraussetzungen".   90
Prozeßkostenhilfe: Man darf den Wert bei §§ 114ff nicht zwecks einer weiteren Verringerung der Anwaltsvergütung als nach § 49 RVG herabsetzen, Teil X dieses Buchs, BVerfG NJW **07**, 2033, VGH Mü JB **06**, 596. Maßgeblich ist bei einer Kostenentscheidung nach BLAH § 127 Rn 20 die Festgebühr KV 2110. Man darf also für die Gerichtskosten keinen Wert ermitteln. Bei einer nur teilweisen Verwerfung oder Zurückweisung der sofortigen Beschwerde nach § 572 II kann das Gericht nach KV 2110 die Festgebühr von 15 EUR ermäßigen oder die Nichterhebung der Festgebühr anordnen. Auch insoweit läßt sich also kein Wert ermitteln. Für die Anwaltskosten in der Beschwerdeinstanz VV 3335 Rn 18, Teil X dieses Buchs, BGH FamRZ **12**, 1968 links oben.
Prozeßkostensicherheit: S „Prozeßvoraussetzungen".
Prozeßtrennung, -verbindung: Rn 114 „Trennung", Rn 126 „Verbindung".
Prozeßvergleich: Rn 127ff „Vergleich".
Prozeßvoraussetzungen: Maßgeblich ist bei BLAH Grdz 12ff vor § 253 stets der Wert der Hauptsache, BGH VersR **91**, 122, Zweibr NJW **95**, 538.
S auch Rn 93 „Rechtswegverweisung".
Quittung: Es gilt § 3.
Rangfolge: Man muß den Wert nach § 3 schätzen.   91
Ratenzahlung: Der Wert einer Vereinbarung läßt sich nach § 3 schätzen. Dabei muß man die in den einheitlich vereinbarten Gesamtbetrag des Kredits einbezogenen Nebenforderungen auch in den Streitwert aufnehmen, Mü JB **76**, 237, aM Bbg JB **76**, 343, LG Kblz JB **90**, 1620.
Räumung: Es gilt § 8 ZPO, BGH WoM **14**, 794 (erneut ohne Vorlage nach § 132   92
GVG), aM BGH WoM **11**, 257, AG Stolzenau JB **11**, 529 (je: evtl § 3).
(Nur) für die *Gebühren* gilt (jetzt) § 41 II GKG, BGH NZM **07**, 935, Kblz RR **14**, 197, Stgt JB **12**, 303.
– **(Beseitigung):** Sie kann gesondert bewertbar sein, BGH RR **12**, 1103, KG MDR **13**, 430, Rostock MDR **14**, 1138.

GKG Anh I § 48 (§ 3 ZPO)

- **(Bestandsstreit):** Es kommt nicht darauf an, ob über das Bestehen des Nutzungsverhältnisses insgesamt oder nur in einzelnen Teilen Streit besteht, BGH MDR **95**, 530, LG Erfurt WoM **96**, 234, LG Köln WoM **93**, 555, ob das Nutzungsverhältnis also in Wahrheit bereits erloschen ist.
- **(Grundsteuer):** S „– (Umlagen)".
- **(Heizkosten):** S „– Umlagen)".
- **(Instandsetzung):** S „– (Umlagen)".
- **(Jahresmiete):** Maßgebend ist höchstens die für die Dauer eines Jahres zu entrichtende Miete, wenn sich nicht nach (jetzt) § 41 I GKG ein geringerer Wert ergibt, BGH RR **97**, 648, Düss ZMR **11**, 806, KG MDR **06**, 957, aM Stgt RR **97**, 1303 (§ 9). Das gilt aus sozialen Gründen, Düss FGPrax **00**, 189, Ffm AnwBl **84**, 203, KG NZM **00**, 459. Es gilt ohne Rücksicht darauf, auf wieviele Kündigungen der Kläger diesen Räumungsanspruch stützt, Mü NZM **01**, 749, AG Hbg WoM **93**, 479.
- **(Kündigungszahl):** S „– (Jahresmiete)".
- **(Mehrheit von Ansprüchen):** Werden der Anspruch auf eine Räumung von Wohnraum und der Anspruch nach §§ 574, 575 a II BGB auf eine Fortsetzung des Mietverhältnisses über diesen Wohnraum in demselben Prozeß verhandelt, darf man die Werte nach § 41 III GKG nicht zusammenrechnen.
- **(Mehrheit von Nutzungsarten):** Soweit das eine Objekt gemietet, das andere vertragslos genutzt wird, muß man zusammenrechnen, Bbg JB **88**, 516.
- **(Mehrwertsteuer):** S „– (Umsatzsteuer)".
- **(Nebenkosten):** S „– (Umlagen)".
- **(Nutzungsentschädigung):** Sie läßt sich mit sechs Monatsmieten ansetzen, LG Nürnb-Fürth WoM **05**, 664. BGH NZM **07**, 499, Drsd WoM **12**, 511 (zustm Mack ZMR **13**, 699) wenden § 3 an.
- **(Rückgabe weiterer Teile):** Sie kann zusätzlich bewertbar sein, Düss WoM **09**, 543.
- **(Rücktritt):** Beim Räumungsanspruch des zurückgetretenen Verkäufers gilt § 6, Nürnb JB **04**, 377.
- **(Schornsteinreinigung):** S „– (Umlagen)".
- **(Sozialerwägungen):** S „– (Jahresmiete)".
- **(Staffelmiete):** Maßgeblich ist der höchste Jahresbetrag, BGH NZM **07**, 935 (zustm Gies WoM **08**, 79).
- **(Straßenreinigung):** S „– (Umlagen)".
- **(Umlagen):** Zur Miete zählen grds die gleichbleibenden Umlagen, zB für Grundsteuer, Hamm Rpfleger **76**, 435, Feuerversicherungsprämien, Instandsetzungskosten, Baukostenzuschüsse, Straßenreinigung, Schornsteinreinigung, Drsd ZMR **97**, 527, Düss JB **92**, 114, LG Hagen AnwBl **89**, 620. Auch eine Nebenkostenpauschale zählt jetzt wegen § 41 I 2 GKG zur Miete, BGH WoM **08**, 417 links, Düss NZM **05**, 240, LG Kblz ZMR **87**, 24.

  Nicht dazu zählen aber die Leistungen nebensächlicher Art und nicht solche sonstigen Nebenkosten, die im Verkehr nicht als ein Entgelt für die eigentliche Gebrauchsüberlassung gelten oder die der Mieter selbst abrechnet, Hbg MDR **04**, 502, LG Gött WoM **03**, 643, LG Köln WoM **96**, 50, aM Düss WoM **02**, 501. Nicht einrechenbar sind zB: Heizkosten und Warmwasser, Düss JB **92**, 114, LG Lpz WoM **96**, 234, aM Celle NJW **03**, 368, Hbg MDR **04**, 502, LG Köln NZM **03**, 233 (je: man dürfe neben der Nettomiete überhaupt keine gesondert vereinbarten Nebenleistungen ansetzen), LG Mainz WoM **03**, 643, LG Paderb MDR **03**, 56 (je: hinzu trete eine Nebenkostenvorauszahlung), Hamm MDR **01**, 1377, KG RR **01**, 443, AG Hbg-Bergedorf RR **02**, 948 (je: meist Bruttomiete. Vgl aber Rn 78).
- **(Umsatzsteuer):** Zur Miete zählt die Mehrwertsteuer, Düss JB **06**, 428, KG NZM **07**, 518, LG Paderb MDR **03**, 56.
- **(Umzugskosten):** Nicht werterhöhend wirkt eine zugehörige Hilfe, Düss WoM **09**, 543.
- **(Untermiete):** Maßgebend ist die Jahres-Untermiete, KG ZMR **13**, 337, aM KG WoM **12**, 426 (Hauptmiete).
- **(Warmwasserkosten):** S „– (Umlagen)".

Abschnitt 7. Wertvorschriften　　　　　(§ 3 ZPO) Anh I § 48 GKG

- **(Weiterer Räumungsgrund):** Verlangt der Kläger die Räumung oder Herausgabe „*auch*" und nicht nur aus einem anderen Rechtsgrund als demjenigen der Beendigung eines Miet-, Pacht- oder ähnlichen Nutzungsverhältnisses, ist nach (jetzt) § 41 II 2 GKG, BGH NZM **16**, 892, der Wert der Nutzung eines Jahres maßgebend, Hbg WoM **95**, 197, LG Kassel Rpfleger **87**, 425 (Zuschlag).
- **(Zurücklassung):** Eine im Räumungsvergleich vereinbarte Zahlung für zurückgelassene Mietsachen erhöht den Wert, LG Meiningen JB **07**, 593.

Räumungsfrist: Im Verfahren nach §§ 721, 794a muß man den Wert nach § 3 nach dem Interesse an der Bewilligung, Verlängerung oder Abkürzung der Frist schätzen. Er beträgt also die Miete oder Nutzungsentschädigung für die begehrte Frist, jedoch höchstens für 1 Jahr, errechnet nach §§ 721 V 2 oder 794a III. Wegen eines Verfahrens nach § 765a vgl Rn 134 „Vollstreckungsschutz".

Reallast: Maßgeblich ist § 9, Ffm MDR **82**, 411. Bei der Forderung nach einer Rente und deren Absicherung durch eine Reallast erfolgt keine Zusammenrechnung.

Rechnungslegung: Maßgeblich ist zB bei § 254 nach § 3 das Interesse des Klägers an der Erleichterung der Begründung des Zahlungsanspruchs, BGH NJW **01**, 1284. In der Regel ist nur ein geringer Bruchteil des mutmaßlichen Zahlungsanspruchs ansetzbar, Köln VersR **76**, 1154 (25%), Schlesw JB **02**, 80 (10%), AG Konst WoM **92**, 494 (33,3%).

Das Gericht muß auch den etwaigen Umstand berücksichtigen, daß der Bekl die Unklarheit über die Höhe des Hauptanspruchs vielleicht schon *weitgehend beseitigt* hat. Der Wert kann denjenigen der Hauptsache dann fast erreichen, wenn der Kläger für die Geltendmachung des Hauptanspruchs die Rechnungslegung braucht, Ffm MDR **87**, 509, LG Landau ZMR **90**, 21.

Durch einen Streit *über den Grund* erhöht sich der Wert *nicht*. Bei einem Rechtsmittel nach §§ 511, 542, 567, 574 gilt das Interesse des Beschwerdeführers an der Nichteinlegung, begrenzt durch das Interesse des Gegners, Köln JB **93**, 165. Dasselbe gilt bei einem Streit wegen der Erteilung eines Buchauszugs nach § 87c HGB. Kostenrechtlich gilt bei der Stufenklage § 44 GKG. Bei den Kosten der Rechnungslegung muß man auch auf notwendige Fremdkosten abstellen, BGH NJW **01**, 1284.

S auch Rn 108 „Stufenklage".

Rechtshängigkeit: Bei einem Streit über die Rechtshängigkeit nach BLAH § 261 Rn 1 ist der volle Wert des Anspruchs maßgebend, Celle JB **12**, 531.

Rechtsmittel: Maßgeblich ist bei §§ 511, 542, 567, 574 der § 47 GKG, und zwar der tatsächliche Antrag, nicht seine Zulässigkeit usw, Karlsr NJW **75**, 1933. Beim Anschlußrechtsmittel nach §§ 524, 554 ist § 45 II GKG beachtbar. Beim Verfahren auf eine Zulassung des Rechtsmittels nach §§ 511 II Z 2, 543, 544, 566 I 1 Z 2, 574 I 1 Z 2 ist dessen Wert maßgebend, VGH Mannh JB **98**, 94. Zu Wertgrenzen Toussaint Festschrift für *Krüger* (2017) 507.

Rechtswegverweisung: Im Beschwerdeverfahren nach § 17a IV 2 GVG ist das Interesse des Beschwerdeführers maßgeblich, Karlsr MDR **94**, 415, Köln VersR **94**, 499, aM BGH NJW **98**, 909, BayObLG WoM **99**, 232, OVG Weimar NVwZ-RR **16**, 759 (je: 20–33,3% des Klaganspruchs), Brdb NVwZ **11**, 640 (25%), LAG Hamm JB **07**, 425 (30%), LAG Köln MDR **93**, 915 (voller Kloganspruch. Aber das Klägerinteresse prägt und begrenzt stets den Wert).

Registeranmeldung: Rn 14 „Anmeldung zum Handelsregister".

Regulierungswert nach Unfall: Mardner NJW **16**, 1546 (ausf).

Rente: Man muß den Wert nach § 9 berechnen, den Kostenwert nach § 42 I GKG, vgl auch Rn 21 „Aufopferung".

Restitutionsklage: Rn 85 „Nichtigkeitsklage".

Revision: Rn 14 „Anschlußrechtsmittel", Rn 93 „Rechtsmittel".

Richterablehnung: Rn 10 „Ablehnung des Richters".

Rückauflassung: § 6 Rn 3 „Rückgewähr".

Rückerstattung: Bei einer Rückerstattung nach § 717 ist der Wert nicht höher als derjenige des vorangegangenen Rechtsstreits. Man darf die Zinsen und Kosten nicht hinzurechnen.

S auch Rn 125 „Urteilsänderung".

Rückkauf: § 3 (Bestand), § 6 (Herausgabe).

Rücknahme der Berufung: Maßgeblich sind bei § 516 die bis dahin entstandenen Kosten, aM Rostock MDR **07**, 1398 (Hauptsachewert).
Rücknahme einer Sache: Maßgeblich ist § 3.
Rückstand: Rn 117 „Unterhalt".
Rücktritt: Bei (jetzt) § 437 Z 2 Hs 1 BGB gilt § 3, Düss JB **86**, 433 (Vermögensbeeinträchtigung). Entgangener Gewinn kann 10–20% des Kaufpreises ausmachen, AG Bad Hersfeld JB **10**, 365. Bei der Durchführung des Rücktritts gilt der Wert der Forderung oder der Sache, aM Hamm MDR **99**, 1225 (evtl 25% des Kaufpreises. Aber es geht um das Ganze). Bei der Klage auf die Rücknahme der Sache ist § 3 anwendbar. Beim Rücktritt einer 98jährigen kann es auf die statistische Lebenserwartung beim Vertragsabschluß ankommen, Kblz RR **00**, 163.
S auch Rn 27 „Befreiung" sowie bei den einzelnen Rücktrittsgründen.
Sachenrechtsbereinigungsgesetz: Bei § 108 I des G ist der Wert des bebauten Grundstücks maßgeblich, BGH MDR **99**, 1022, es sei denn, das Gebäude ist kein wesentlicher Grundstücksbestandteil, BGH MDR **01**, 292.
Sachlichrechtlicher Anspruch: Schneider NJW **08**, 3317 (Üb.).
Sachverständigenablehnung: Rn 11 „Ablehnung des Sachverständigen".
Sachverständiger: IHK Mü/Oberbayern DS **16**, 76 (Üb).

95 **Schadensersatz:** Bei einer bezifferten Summe ist sie nach § 3 maßgeblich, BGH VersR **17**, 1282 (Anwaltsfolgekosten). Bei einer unbezifferten Summe kann eine Schätzung nach §§ 3, 287 in Betracht kommen, vgl Rn 99 „Schmerzensgeld". Bei einer Wiederherstellung des früheren Zustands in natura kommen §§ 3, 6 als Ausgangspunkte in Betracht. Bei einer Verbindung mit anderen Ansprüchen muß man wie stets nach § 5 zusammenrechnen, aM LG Karlsr MDR **87**, 60 (aber die Vorschrift gilt uneingeschränkt).
S auch Rn 53 „Feststellungsklage".
Schätzung: Wenn der Kläger den fraglichen Betrag in das Ermessen des Gerichts gestellt hat, bleibt im allgemeinen eine etwaige eigene Schätzung des Klägers außer Betracht. Sein tatsächliches Vorbringen nach BLAH § 253 Rn 32 ist aber beachtbar. Mangels jeglicher Anhaltspunkte nennt Brschw NdsRpfl **77**, 126 (jetzt) 2000 EUR.
S auch Rn 99 „Schmerzensgeld".
Scheck: Rn 59 „Geldforderung", Rn 69 „Herausgabe: – (Urkunde allgemein").
Scheidung: Rn 32 „Ehesache".
Scheidungsfolgen: Rn 32 „Ehesache".

96 **Schiedsrichterablehnung:** Rn 11 „Ablehnung des Schiedsrichters".
Schiedsrichterliches Verfahren: Soweit in dem Verfahren vor dem Schiedsgericht nach §§ 1025 ff nach der Schiedsvereinbarung gemäß §§ 1029, 1042 überhaupt wertabhängige Gebühren entstehen, sind die allgemeinen Wertregeln zumindest entsprechend anwendbar. Bei der Feststellung der Zulässigkeit des Verfahrens nach § 1032 usw und bei § 1035 III kann man grds 33,3% der Hauptforderung ansetzen, Kröll SchiedsVZ **12**, 144. Soweit das Staatsgericht tätig wird, muß man die folgenden Fälle unterscheiden.
– **(Aufhebungsantrag):** Im Verfahren nach §§ 1059, 1062 ff ist der Wert der Abweisung maßgeblich. Man darf einen schon durch das Schiedsgericht abgewiesenen Betrag nicht hinzurechnen. Die Kosten und Zinsen darf man nicht mitrechnen. Bei § 1062 I Z 2 ist die Hauptforderung maßgebend, bei § 1062 I Z 4 etwa 33,3% davon, Mü SchiedsVZ **07**, 330.

97 – **(Beschlußverfahren):** Im Verfahren zB nach §§ 1034 II, 1035 III–V, 1037 III, 1038 I, 1041 II, III, 1050 ist das Interesse des Antragstellers an der Maßnahme maßgeblich. Das gilt auch beim Streit um das Erlöschen der Schiedsvereinbarung. Die Bestellung und die Ablehnung eines Schiedsrichters betreffen den ganzen Anspruch, Mü MDR **06**, 1308, aM Ffm SchiedsVZ **06**, 330 (20%), Mü SchiedsVZ **07**, 280 (33,3%). Da es sich um einen vorbereitenden Akt handelt, ermäßigt schon KV 1620–1629, VV 3327, 3331 die Gebühr. Der Bestellungsbeschluß kann mitbeachtbar sein, aM Mü BauR **16**, 2132 (LS. Warum denn nicht?).
S auch Rn 11 „Ablehnung des Schiedsrichters".

98 – **(Vollstreckbarerklärung):** Im Verfahren nach §§ 1060, 1061 ist der volle Wert des Schiedsspruchs maßgeblich. Denn erst die Vollstreckbarerklärung stellt den

Vollstreckungstitel als rechtswirksam fest. Das gilt grds auch dann, wenn nur ein Teil des Titels vollstreckbar ist.
Die Partei kann aber ihren Antrag auf einen *Teil des Schiedsspruchs* beschränken. Das kann auch stillschweigend geschehen, Düss Rpfleger **75**, 257. Dann ist als Wert nur dieser Teilbetrag ansetzbar, Düss Rpfleger **75**, 257, aM Ffm JB **75**, 229, LG Bonn NJW **76**, 1981 (stets nur derjenige Teil des Vergleichs, der dem Antragsteller günstig sei. Aber maßgeblich ist das, was gerade der Antragsteller begehrt). Dasselbe gilt bei zwei Ansprüchen, von denen einer abgewiesen wurde und darum nicht vollstreckbar ist. Bei § 1062 gilt § 3, Ffm SchiedsVZ **04**, 168 (33,3% bei der Bestellung des Vorsitzenden).
Schiffahrtsrechtliches Verteilungsverfahren: Es ist § 59 GKG anwendbar.
Schlußurteil: Es kommt auf seinen Umfang an. Die Zinsen können nach § 4 I 2 jetzt selbständig bewertbar sein.
Schmerzensgeld: Maßgeblich ist stets zunächst die etwaige präzise Bezifferung des Klägers nach BLAH § 253 Rn 56, Ffm JB **17**, 587, KG VersR **08**, 1235 links (zustm Jaeger). Erst mangels einer solchen Bezifferung gilt: Maßgeblich ist diejenige Summe, die sich auf Grund des Tatsachenvortrags des Klägers nach BLAH § 253 Rn 32 bei dessen objektiver Würdigung als angemessen ergibt, BayObLG AnwBl **89**, 164, KG MDR **10**, 889, Steinle VersR **92**, 425, aM Zweibr JB **98**, 260 (nicht stets), LG Karlsr AnwBl **81**, 445 (erkennbare Vorstellung des Klägers vom Streitwert. Aber die subjektive Wertvorstellung des Klägers ist bei § 3 nur mitbeachtbar). Eine vom Kläger genannte Mindestsumme ist im allgemeinen also nicht schon als eine solche subjektive Meinung maßgeblich, Ffm VersR **79**, 265, aM BayObLG AnwBl **89**, 164, Mü NJW **86**, 3089, Zweibr JB **98**, 260 (aber es kommt eben nicht nur auf ihn an).

Problematisch genug bleibt das Abstellen auf das Angemessene. Weshalb etwa in den USA Schmerzensgeld das Tausendfache des in Deutschland Üblichen bis hin zum „Strafschadensersatz" nach BLAH § 328 Rn 44 betragen darf oder muß, ist wahrhaft schwer nachfolziehbar. Genau dürfte umgekehrt ein amerikanisches Gericht rätseln. Natürlich soll aus einem Schmerz kein Geschäft werden. Die etwa maßlose Hocheinschätzung seelischer Beeinträchtigung nach hiesigen Maßstäben in jener ausländischen Rspr mag aber auch auf einem rechtspolitisch äußerst unterschiedlichen und nicht von vornherein in der hiesigen Handhabung überzeugenderen Wertverständnis etwa der Menschenwürde mitberuhen. Eine zurückhaltende Handhabung läßt ebensolche Fragen offen wie eine extensive.

In der Regel ist der Wert aber auch bei der eben erforderlichen objektiven Würdigung nicht geringer als derjenige Betrag, den der Kläger *mindestens begehrt,* KG MDR **10**, 889, Mü VersR **95**, 1117, LG Hbg JB **92**, 699. Das gilt auch für eine Beschwer nach BLAH Grdz 14 vor § 511, BGH RR **04**, 103. Wenn der Kläger einen höheren Betrag als denjenigen nennt, den das Gericht an sich für angemessen hält, sollte es diesen Umstand in der Regel mitberücksichtigen, Mü MDR **87**, 851, Zweibr JZ **78**, 109.

Ein *bloßer Wertvorschlag* beim unbezifferten Antrag läßt eine Abweichung von 20% bei der Wertfestsetzung zu, Ffm MDR **82**, 674. Die im Urteil zugesprochene Summe ist nur dann für die Wertfestsetzung maßgeblich, wenn die nach dem Tatsachenvortrag des Klägers bei seiner objektiven Bewertung maßgeblichen Bemessungsumstände auch der Entscheidung zugrunde lagen. Das ist dann nicht so, wenn zB die Klagebehauptungen ganz oder zum Teil unbewiesen geblieben sind. Dann muß man als den Wert wiederum denjenigen Betrag ansetzen, der nach dem Tatsachenvortrag des Klägers angemessen gewesen wäre, wenn er seine Behauptungen voll bewiesen hätte, Ffm MDR **76**, 432, Kblz JB **77**, 718. Natürlich bleibt § 92 anwendbar.

Dasselbe gilt bei einer *teilweisen Klagerücknahme.* Wegen einer Wertänderung in der Berufungsinstanz Zweibr JZ **78**, 244.
Schuldanerkenntnis: Rn 14 „Anerkenntnis".
Schuldbefreiung: Rn 27 „Befreiung".
Schuldschein: Es gilt § 3, Köln RR **97**, 381 (bis 30% der Forderung). S auch Rn 69 „Herausgabe: b) Herausgabe einer Urkunde".
Selbständiges Beweisverfahren, dazu *Wirges* JB **97**, 565 (ausf): Bei jedem derartigen Verfahren nach §§ 485ff während des Prozesses nach §§ 253ff gilt dessen

GKG Anh I § 48 (§ 3 ZPO)
I. A. Gerichtskostengesetz

Streitwert, BGH NJW **04**, 3489, Karlsr JB **16** 368, Kblz BauR **15**, 313, aM Rostock RR **93**, 1086. Das gilt auch bei einer Werterhöhung im Rechtsmittelverfahren, Kblz JB **00**, 484. Grundsätzlich gilt das materielle Interesse des Antragstellers, Düss BauR **16**, 882, Ffm NJW **10**, 1822, Stgt BauR **15**, 1023. Er kann mit dem Hauptsachewert übereinstimmen, LG Köln RR **13**, 924.
- **(Gegenantrag):** Ein Gegenantrag ist nach § 487 unstatthaft und unbeachtbar, LG Osnabr JB **98**, 548 (bei Unselbständigkeit).
- **(Je Verfahren):** Bei jedem *isolierten* selbständigen Beweisverfahren ist der Wert des zu sichernden Anspruchs bei der Verfahrenseinleitung maßgeblich, Kblz JB **12**, 80, evtl also auch derjenige der Hauptsache oder des noch nicht oder auch schon im Streit befindlichen Teils der Hauptsache, BGH NJW **04**, 3489, Celle MDR **10**, 1014 (abzüglich § 641 III BGB), Stgt JB **08**, 595, aM Brdb JB **07**, 315, Rostock JB **08**, 369 rechts, Stgt MDR **09**, 234 (je: Beseitigungskosten), Düss JB **07**, 426, Karlsr JB **97**, 531, Schlesw MDR **04**, 230, OVG Weimar NVwZ-RR **16**, 759 (je: 50%), Stgt JB **96**, 373 (Interesse an der Maßnahme, also evtl nur ein Bruchteil des Werts des Hauptanspruchs. Aber keine dieser Varianten berücksichtigt genug den wahren wirtschaftlichen Anlaß des Beweisverfahrens). Das gilt grds auch im verwaltungsgerichtlichen Verfahren, OVG Münst NVwZ-RR **07**, 826 (auch zu Ausnahmen), aM VGH Mannh NVwZ-RR **98**, 526 (33,3%), VGH Mü NVwZ-RR **01**, 278 (50%) und NJW **08**, 2664 (selbständige Berechnung).
- **(Mehrere Antragsgegner):** Bei einer grds zulässigen Mehrheit von Antragsgegnern nach BLAH Üb 3 vor § 485 ist die etwa genau angegebene jeweilige Beteiligung maßgeblich. Sonst gilt gegenüber jedem der volle Wert, Nürnb MDR **99**, 1522, Rostock JB **08**, 369 links, aM Celle RR **09**, 1678. Evtl kommt die halbe Differenz der Parteibewertungen infrage, Celle FamRZ **08**, 1197.
- **(Mehrere Verfahren):** Bei mehreren Rechtsstreitigkeiten findet eine Aufteilung im Verhältnis der Streitwerte statt, Düss RR **98**, 358, aM Ffm AnwBl **79**, 431 (die Kosten seien in derjenigen Höhe erstattbar, in der sie bei einer Zugrundelegung des Streitwerts der Hauptsache anfallen würden. Aber hier geht es um den Wert. Aus ihm mag sich dann die Erstattung mitergeben).
- **(Miete):** Es gilt § 41 V 1 GKG, Düss OLGR **07**, 535.
- **(Schätzung):** Soweit eine Schätzung erst durch den Sachverständigen möglich ist, gilt sie grds für den endgültigen Wert, BGH NJW **04**, 3489 (evtl im Einzelfall geringer), Karlsr MDR **10**, 1418, Kblz BauR **15**, 313, aM Celle Rpfleger **97**, 452, Kblz MDR **05**, 312 (aber das war das wahre Interesse des Antragstellers).
- **(Streitgenossen):** Der Wert kann bei einfachen Streitgenossen nach §§ 59ff unterschiedlich hoch sein, KG RR **00**, 1622.
- **(Unstreitigkeit):** Ein solcher Teilanspruch scheidet für die Wertberechnung aus.
- **(Wert oberhalb Hauptsache):** Dann gilt dasselbe wie bei „– (Mehrere Verfahren)".
- **(Zugewinnausgleich):** Maßgebend ist die Differenz der Parteivorstellungen, Hamm MDR **14**, 179.
- **(Zuständigkeit):** Wegen derjenigen bei der Festsetzung Hamm NJW **76**, 116.

103 **Sicherheitsleistung:** Bei einer Einrede der mangelnden Sicherheitsleistung nach § 110 entspricht der Wert nach BLAH § 718 Rn 3 demjenigen der Klage, BGH VersR **91**, 122, Zweibr NJW **95**, 537, aM Karlsr MDR **86**, 594 (Wert der Sicherheitsleistung). Es kann auch die Beschwer des Schuldners maßgeblich sein, Karlsr MDR **86**, 593. Bei einer drohenden Uneinbringlichkeit kann ebenfalls der Hauptsachewert maßgeblich sein. Bei § 713 ist ebenfalls der Wert der Hauptsache maßgeblich. Bei § 716 ist ein Bruchteil der Hauptsache (Ausfallgefahr) maßgeblich. Bei § 718 ist das Interesse des Antragstellers maßgeblich.

Bei einer *sofortigen Beschwerde* gegen die Unterlassung oder Aufhebung der Anordnung einer Sicherheitsleistung nach § 769 muß man grds 10% des Werts der Hauptsache ansetzen, Mü Rpfleger **81**, 371.

Das Interesse an der *Art* der Sicherheitsleistung läßt sich mit 5% ihrer Höhe bewerten, Hbg MDR **90**, 252, Köln JB **79**, 1701, LG Bln Rpfleger **90**, 137. Bei der Klage auf die Rückzahlung einer Kaution muß man die Zinsen einrechnen, LG Köln WoM **95**, 719, AG Michelstadt WoM **87**, 353.

S auch Rn 32 „Ehesache".

Sicherstellung: Es ist § 6 anwendbar. 104
Sicherungshypothek: § 6 Rn 12, 13.
Sicherungsübereignung: § 6 Rn 9.
SMS-Störung: Man kann 2000 EUR ansetzen, KG JB **06**, 645.
Sofortige Beschwerde. Eine Bewertung ist bei §§ 567 ff nur erforderlich, soweit keine Festgebühr entsteht, Rostock RR **14**, 320. Die Bewertung erfolgt also bei KV 1122, 1220, 1221 usw. Maßgeblich ist das Interesse des Beschwerdeführers an einer Änderung der angefochtenen Entscheidung nach § 572 II, BGH NJW **89**, 2755, Hbg MDR **12**, 1379. Die Wertfestsetzung gehört zur Prüfung der Zulässigkeit der Beschwerde nach § 572 II, BGH NJW **89**, 2755. Eine etwaige Gegenleistung bleibt unberücksichtigt, auch wenn der Schuldner sie von vornherein angeboten hatte.

Wenn eine *Zug um Zug* nötige Gegenleistung der alleinige Gegenstand der Beschwerde ist, ist der Wert dieser Gegenleistung maßgeblich. Ihn begrenzt nach oben der Wert des Klaganspruchs nach § 253 II Z 2. Bei einer Zinsforderung mit einem ungewissen Erfüllungszeitpunkt erfolgt eine Schätzung nach § 3, BGH BB **81**, 1491. Bei einer Teilabhilfe kann es nur noch auf den Restwert ankommen, KG MDR **07**, 235.

S auch Rn 10 „Ablehnung des Richters", Rn 74 „Kartellsache", Rn 87 „Ordnungs- und Zwangsmittel", Rn 103 „Sicherheitsleistung".
Sommersache: Man kann bei § 227 III 1 20% der Hauptsache ansetzen.
Sorgerecht: Es gilt § 45 I Z 1 FamGKG, Teil I B dieses Buchs.
Stadtplanausschnitt: Spezialregelung in § 49 GKG. Zuvor galt: Es konnten 10 000 EUR angemessen sein, sogar im Eilverfahren nach §§ 916 ff, 935 ff, KG GRUR **05**, 88.
Stationierungsschaden: Nach einem Vergleich nach § 779 BGB vor der Erhebung der Klage nach §§ 253, 261 muß man der Berechnung der Anwaltsgebühr nach dem RVG den zuerkannten Ersatzbetrag zugrunde legen. Dieser Betrag ist auch dann maßgeblich, wenn es um ein Schmerzensgeld und einen merkantilen Minderwert geht.
Stiftung: Der vermögensrechtliche Streit nach BLAH Grdz 12 vor § 1 um die personelle Besetzung eines Stiftungskuratoriums läßt sich nach § 3 bewerten, Hamm OLGZ **94**, 100.

S auch Rn 93 „Rechtswegverweisung".
Streitgenossenschaft: Es findet bei §§ 59 ff keine Addition statt, soweit es wirt- 105
schaftlich um nur *einen* Gegenstand geht, Karlsr MDR **91**, 353. Das ist auch dann so, wenn es um eine Verbindung persönlicher und dinglicher Klagen geht oder um mehrere Ansprüche oder um eine zusätzliche Forderung gegen einen der Streitgenossen. Im übrigen muß man nach § 5 zusammenrechnen.
Streithilfe: Maßgeblich ist bei §§ 66 ff derjenige Teil des Anspruchs der Hauptpartei, 106
auf den sich das Interesse des Streithelfers erstreckt, Brdb BauR **13**, 818, Mü BauR **12**, 681, Stgt BauR **14**, 1351, also die Auswirkung des Urteils auf ihn, Celle BauR **11**, 1060, Köln VersR **93**, 48, Schmeel MDR **12**, 14, aM Rostock BauR **15**, 313 (stets nur der Wert des Hauptprozesses). Maßgeblich sind evtl 20% Abzug vom Hauptanspruch, kaum je aber ein höherer Wert als derjenige des Hauptspruchs, Kblz Rpfleger **77**, 175, Stgt AnwBl **79**, 431 (Ausnahme: Einbeziehung eines bisher nicht nach § 261 rechtshängigen Gegenstands, Stgt BauR **15**, 1024 rechts oben).

Wenn der Streithelfer *dieselben Anträge* wie die Hauptpartei stellt, ist grds der Wert der Hauptsache maßgeblich, BGH JB **13**, 477, Ffm OLGR **09**, 763, Mü BauR **12**, 681, aM Brdb BauR **13**, 818, Düss BauR **12**, 548, Stgt BauR **14**, 1351 (je: es sei auch dann nur das Interesse des Streithelfers maßgeblich, jedenfalls in der ersten Instanz, Kblz MDR **83**, 59. Aber der Streithelfer will formell dasselbe Ziel erreichen wie die Hauptpartei). Dann kann sogar ein Antrag des Streithelfers fehlen, Mü JB **07**, 426.

Bei einem Streit nur um die *Zulassung* des Streithelfers nach § 71 ist sein Interesse am Beitritt maßgeblich. Der Wert kann unter dem Wert des Hauptprozesses liegen, Karlsr RR **13**, 534 (nicht schon bei §§ 485 ff). In einem Gebrauchsmuster-Löschungsverfahren kann das wirtschaftliche Interesse der Allgemeinheit maßgeblich sein, BPatG GRUR **85**, 524.
Streitwertbeschwerde: Maßgeblich ist der Unterschiedsbetrag zwischen dem fest- 107
gesetzten und dem angestrebten Wert. Die Auslagenpauschale ist unbeachtbar, LG Stade AnwBl **82**, 438.

GKG Anh I § 48 (§ 3 ZPO) I. A. Gerichtskostengesetz

108 Stufenklage, dazu *Siegel,* Die Kostenfrage der Stufenklage, 2009: Vgl zunächst Rn 24 „Auskunft", Rn 87 „Offenbarung", Rn 93 „Rechnungslegung", Rn 117 „Unterhalt", § 5 Rn 8 „Stufenklage", Schneider Rpfleger 77, 92. Maßgeblich ist bei § 254 das Interesse des Klägers, Nürnb FamRZ **04**, 962, Schlesw JB **02**, 81, Stgt FPR **09**, 194. Dabei kommt es auf eine realistische Wertung an, Hamm FamRZ **13**, 1420. Es ist nach § 44 GKG grds nur der höchste Anspruch maßgebend, Hamm FamRZ **13**, 1420, Kblz RR **15**, 832, Stgt FamRZ **11**, 387, aM Drsd MDR **97**, 691 (nach der Rücknahme der späteren Stufen nur der Auskunftsanspruch. Vgl aber § 40 GKG). Daher muß das Gericht jeden der verbundenen Ansprüche sogleich bei der Klagerhebung nach § 3 schätzen, Brdb FamRZ **07**, 71, Hamm FamRZ **14**, 1224, KG MDR **08**, 46, aM BGH NJW **02**, 3477 (nur der Wert der Auskunft bei einer Zurückverweisung im übrigen), KG (16. ZS) MDR **97**, 598, Köln JB **13**, 477 (nur der Rechnungslegungs- oder Leistungserwartungsanspruch, wenn der Kläger seinen Herausgabeanspruch auch nicht nachträglich beziffere. Vgl aber je § 40 GKG), Ffm FamRZ **16**, 2149, Stgt FPR **09**, 194 (geringer bei Erledigung vor Bezifferung).
– **(Auskunft, Rechnungslegung):** Vgl zunächst Rn 24 „Auskunft". Ihr Wert richtet sich nach dem Interesse des Klägers daran, sich die Begründung des Zahlungsanspruchs zu erleichtern, BGH FamRZ **14**, 1453, Kblz OLGR **08**, 490, Köln VersR **76**, 1154. Dieses Interesse kann so groß wie der Herausgabeanspruch sein. Das gilt dann, wenn der Kläger ohne eine Rechnungslegung keinerlei Anhaltspunkte hätte, Ffm MDR **87**, 509. Im allgemeinen darf und muß man aber das Interesse an der Rechnungslegung niedriger ansetzen, BGH RR **93**, 1154, Kblz RR **15**, 832, Köln MDR **12**, 919, zB auf 25% des mutmaßlichen Zahlungsanspruchs, Köln RR **12**, 640, Rostock RR **13**, 1016, oder auf weniger, Brdb JB **08**, 314, Köln MDR **12**, 919. Maßgeblich ist nach § 40 GKG der Zeitpunkt der Klagerhebung nach §§ 253, 261, Kblz MDR **12**, 919. Soweit eine Berufung nur die eidesstattliche Versicherung zur Vermögensauskunft betrifft, kann zB 50% des Auskunftsanspruchs maßgeblich sein, Köln Rpfleger **77**, 116.
Auch den Antrag auf die Ermittlung des Werts eines zum *Nachlaß* gehörenden Grundstücks muß das Gericht nach dem Grundsatz behandeln, daß der höchste der verbundenen Ansprüche maßgebend ist, Hamm AnwBl **81**, 69.

109 – **(Eidesstattliche Versicherung):** Das Interesse an ihrer Abnahme bestimmt sich nach demjenigen Mehrbetrag, den sich der Kläger von diesem Verfahren verspricht, Bbg FamRZ **97**, 40. Man muß den Beschwerdewert nach dem Aufwand von Zeit und Kosten berechnen, BGH RR **94**, 898.
– **(Familiensache),** dazu *Thiel/Schneider* FPR **12**, 279 (Üb): In einer Familiensache gilt § 38 FamGKG, Teil I B dieses Buchs.

110 – **(Leistungsanspruch):** Sein Wert ist auch dann maßgeblich, wenn es nicht mehr zu dieser Stufe kommt, Brdb FPR **09**, 326, Jena JB **13**, 26, Karlsr FamRZ **08**, 1205 (Klägererwartung). Man muß ihn ebenso hoch wie den Wert desjenigen ansetzen, das der Bekl leisten soll, KG AnwBl **84**, 612, Stgt MDR **13**, 243. Maßgeblich ist wegen (jetzt) § 40 GKG für den Kostenstreitwert der Instanzbeginn, Celle JB **11**, 483, KG (12. ZS) MDR **08**, 46, Köln FamRZ **98**, 1601, aM KG (16. ZS) MDR **97**, 598 (Instanzende. Aber § 40 GKG gilt uneingeschränkt). Bei der noch unbezifferten Leistungsstufe ist die Erwartung des Klägers maßgeblich, BGH NJW **97**, 1016 (§ 9), Jena JB **17**, 130, Schlesw FamRZ **13**, 240.
Geringer ist der Wert evtl dann, wenn der Kläger die Leistung erst später in einem gesonderten Verfahren fordern will, Köln JB **09**, 314. Zum Wert von Bezifferung Schneider NZFam **14**, 591.

111 – **(Leistungs- und Stufenklage):** Man muß die Werte zusammenrechnen, Ffm MDR **95**, 207, Mü MDR **89**, 646, LG Bayreuth JB **77**, 1734.
– **(Stufen- und Widerklage):** Man muß die Werte zusammenrechnen, Karlsr AnwBl **84**, 203.

112 – **(Teilabweisung):** Wenn das Gericht bereits den Auskunftsanspruch als unbegründet abweisen mußte, ist die Vorstellung des Klägers davon maßgeblich, was er durch die Auskunft und die Leistung der eidesstattlichen Versicherung der Bekl erhalten könnte. Anders ausgedrückt: Wenn der Kläger die Anträge aller Stufen gestellt hatte und wenn das Gericht bereits den ersten Antrag abgewiesen hat, ist der Wert aller Stufen maßgeblich, BGH NJW **02**, 71, Düss FamRZ **92**,

Abschnitt 7. Wertvorschriften (§ 3 ZPO) Anh I § 48 GKG

1095, Ffm JB **99**, 303, aM Stgt FamRZ **90**, 652 (aber die Antragstellung war einerseits zum Teil unnötig, andererseits zulässig).
- **(Wertänderung):** Es ergibt sich meist, daß für die Verfahrensgebühr der Wert des Leistungsanspruchs allein maßgeblich ist. Für spätere Gebühren kann der Leistungsanspruch niedriger sein. Höher ist er auch dann praktisch nicht. Denn wenn der Kläger auf Grund der erhaltenen Rechnungslegung einen höher bezifferten Antrag auf eine Leistung stellt, muß man den Streitwert auch für das übrige Verfahren nach (jetzt) § 40 GKG erhöhen, Bbg FamRZ **94**, 640, Düss JB **92**, 419, KG MDR **93**, 696.

Etwas anderes gilt nur dann, wenn sich der Leistungsanspruch nach der Rechnungslegung infolge einer *Teilleistung* ermäßigt. Wenn die Klage nur auf eine Auskunftserteilung und auf die Leistung der eidesstattlichen Versicherung abzielt, ist für die Wertfestsetzung die Vorstellung des Klägers davon maßgebend, was er durch dieses Verfahren erlangen könnte. Evtl kann dann der nachgeschobene Leistungsanspruch niedriger sein, Düss FamRZ **87**, 1282, Ffm FamRZ **87**, 85, KG MDR **93**, 696, aM Karlsr FamRZ **11**, 1883 (s aber Rn 108).

Teilklage: Maßgeblich ist der geforderte Teilanspruch. Bei einer Widerklage nach BLAH Anh § 253 wegen des Rests muß man zusammenrechnen, Bbg JB **79**, 252 (unterschiedliche Streitgegenstände). Bei einer Abweisung der Gesamtklage durch das Rechtsmittelgericht gilt der Gesamtwert.

Teilstreitwert: Maßgeblich ist § 36 GKG.

Teilungsklage: Rn 60 „Gemeinschaft".

Teilungsversteigerung: Das Interesse an der Aufrechterhaltung der Miteigentumsgemeinschaft läßt sich mit 10% des halben Grundstückswerts bemessen, LG Bielef FamRZ **06**, 1048.

S auch Rn 139 „Widerspruchsklage: – (Teilungsversteigerung)".

Teilzahlung: Man darf die während des Prozesses gezahlten Teilbeträge wegen § 366 I BGB nur mangels einer vorrangigen Bestimmung des Schuldners in der Reihenfolge des § 366 II BGB verrechnen. Im Antrag „… abzüglich × EUR" liegt meist eine Bestimmung nach § 366 I BGB. Das übersieht ZöHe § 3 Rn 16 „Teilzahlung". Im übrigen muß man trotz allmählicher Teilzahlungen grds addieren, Kblz WoM **06**, 45.

Telefaxwerbung: Rn 121.

Telekommunikationsgesetz: §§ 3–9 sind auf das außergerichtliche Streitbeilegungsverfahren nach § 145 S 3 TKG und auf das Vorverfahren nach § 146 S 3 Hs 2 TKG entsprechend anwendbar.

Testament: Rn 41 „Erbrechtlicher Anspruch".

Testamentsvollstrecker: Maßgeblich ist § 3. Bei der Klage des Testamentsvollstreckers auf seine Einsetzung wenden manche § 9 als die Ausgangsvorschrift an. Beim Streit um das Bestehen und die Reichweite seiner Befugnisse setzt BGH FamRZ **04**, 865 nur 0,5% des Vermögens an. Der Streit um die Beendigung des Amts hat einen geringeren Wert als das Erbteil des Klägers, BayObLG FamRZ **04**, 1304 (10%).

Titulierungsinteresse: § 17 GKG Rn 8.

Trennung: Ab einer Trennung in mehrere Prozesse nach § 145 ist eine Aufspaltung in die Einzelwerte notwendig, FG Bln EFG **83**, 198, aM FG Hbg EFG **83**, 254 (aber eine Trennung gilt eben auch kostenrechtlich). Vorher entstandene Gebühren bleiben bestehen. Eine Beschwer hat grds einen eigenen Wert, BGH RR **00**, 217.

Überbau: § 7 Rn 3, § 9 Rn 6.

Übereignung: Maßgeblich ist wie bei einer Herausgabe, § 6 Rn 1, 2.

Übergabe einer Sache: Maßgeblich ist wie bei einer Herausgabe § 6.

Überweisung einer Forderung: Maßgeblich ist § 6, also ist der Wert des Pfandrechts die Obergrenze.

Umlegungsverfahren: Der Streit um die Einbeziehung eines Grundstücks in das Umlegungsverfahren ist kein Eigentumsstreit. Daher ist § 6 grds unanwendbar, Karlsr AnwBl **84**, 202. Man muß vielmehr als Wert grds 20% des Werts des eingeworfenen Grund und Bodens annehmen, Bbg JB **98**, 542, Celle OLGR **95**, 23, Karlsr RR **06**, 1250. Beim Pächter gilt der Wert des Nutzungsrechts, Karlsr JB **06**, 539 links unten. Dabei muß man die etwa vorhandenen Aufbauten, Anpflanzungen und sonstigen Einrichtungen einbeziehen.

GKG Anh I § 48 (§ 3 ZPO)
I. A. Gerichtskostengesetz

Derselbe Grundsatz gilt bei der *Anfechtung* eines Umlegungsplans nach § 66 BauGB oder bei einem Streit um die Zustellung eines Auszugs aus der Bestandskarte und dem Bestandsverzeichnis, BGH Rpfleger **78**, 95. Steht ein Flächenverlust im Vordergrund, mag ausnahmsweise der Verkehrswert gelten, Bbg JB **98**, 548.

Umweltschutz: Das UmweltHG enthält keine Streitwertregelung. Maßgeblich ist das Interesse des Klägers und nicht das Interesse des Bekl. Je nach der Begründung der Klage ist entweder § 3 dann anwendbar, wenn der Kläger eine Störung des Eigentums oder des Besitzes behauptet, oder § 48 II GKG dann, wenn er eine Beeinträchtigung des Persönlichkeitsrechts behauptet.

Unbezifferter Antrag: Rn 7.

S auch Rn 99 „Schmerzensgeld".

Unerlaubte Handlung: Ihre Feststellung zusätzlich zur Zahlungsklage erhöht deren Wert, Köln JB **09**, 257, freilich um höchstens 5%, Brdb FamRZ **12**, 1743, Drsd MDR **08**, 50.

116 **Unfall:** Man muß verschiedenartige Ansprüche zusammenzählen, § 9 Rn 3. Wenn der Kläger einen Anspruch mit der Einschränkung stellt, er verlange die Leistung nur, „soweit die Ansprüche nicht auf den Sozialversicherungsträger übergegangen sind", muß man die übergegangenen Ansprüche abziehen.

117 **Unlauterer Wettbewerb:** Rn 63, 121 „Gewerblicher Rechtsschutz".

Unterhalt: Es gilt § 51 FamFKG, Teil I B dieses Buchs. Zum Beschwerderecht Celle RR **12**, 1352 (bitte lesen).

118 **Unterlassung,** dazu *Büttner,* Streit über den Streitgegenstand der Unterlassungsklage, Festschrift für *Doepner* (2008) 107: Maßgeblich ist das Interesse an der Beendigung der Störung, BGH GRUR **17**, 212, Hamm MDR **14**, 561, Saarbr MDR **13**, 1244. Hier muß man viele Fallgruppen unterscheiden.

– **(Allgemeine Geschäftsbedingungen):** Bei einer Klage nach dem UKlaG darf man als Wert nach § 48 I 2 GKG höchstens 250000 EUR ansetzen. Maßgeblich ist im übrigen das Interesse des Klägers, Bunte DB **80**, 486. Kann man erwarten, daß der Bekl sich einem schon zugunsten eines anderen Verletzten ergangenen Titel fügen wird, kann der Wert des nachgehenden Parallelstreits geringer sein, Ffm WRP **83**, 523, Kblz WRP **85**, 45. Je angegriffene Klausel kann man (jetzt ca) 1500–2500 EUR ansetzen, Bunte DB **80**, 485.

119 – **(Belästigung, Beleidigung):** Man muß von (jetzt) § 48 II, III GKG ausgehen, LG Oldb JB **95**, 369. Maßgeblich ist das Klägerinteresse am Verbot, LAG Kiel NZA-RR **04**, 208, LAG Mainz NZA-RR **10**, 432. Das Ausmaß der Rufbeeinträchtigung kann den Streitwert natürlich erheblich beeinflussen, Ffm AnwBl **83**, 89, OVG Münst NJW **11**, 2824. Eine störende E-mail-Werbung kann mit 7500 EUR bewertbar sein, KG MDR **07**, 923. „Winkeladvokat" kann 4000 EUR Wert haben, Köln JB **12**, 656. Trennungsbedingte Belästigungen lassen sich meist mit höchstens 5000 EUR bewerten, Köln RR **02**, 1724. Man muß evtl die wirtschaftliche Auswirkung mitberücksichtigen, Mü JB **77**, 852. Man muß die Streitwerte eines Widerrufs- und eines Unterlassungsanspruchs zusammenrechnen, Düss AnwBl **80**, 358. Es gilt zumindest der höhere Wert, Köln JB **94**, 492.

– **(Beseitigung):** Das Interesse des Verurteilten an ihr entspricht meist dem Klägerinteresse, BGH GRUR-RR **11**, 440 links untere Mitte, Köln JB **90**, 246.

120 – **(Besitz- und Eigentumsstörung):** Die Schuldform ist evtl mitbeachtbar, Köln OLGR **99**, 220 (gleiche Werte).

– **(Dienstbarkeit):** Bei einer Abwehrklage gegen eine Dienstbarkeit § 7 Rn 3.

121 – **(Gewerblicher Rechtsschutz,** dazu *Ulrich* GRUR **84**, 177): Vgl zunächst (jetzt) § 51 GKG, dazu Zweibr GRUR-RR **01**, 285 und Rn 63 ff. Maßgeblich ist die Beeinträchtigung des Rechts des Klägers, Brdb MDR **10**, 39, Düss ZMR **93**, 377, KG JB **06**, 645, also seine voraussichtliche Jahresumsatzschmälerung, BGH WertpMitt **90**, 2058, Saarbr OLGR **05**, 952, Stgt WettbR **97**, 207, aM BezG Drsd DB **91**, 2283 (evtl das höhere Interesse des Bekl. Aber es kommt beim Wert stets auf dasjenige des Klägers an), LG Mosbach BB **83**, 2073, LAG Nürnb BB **99**, 1929 (je: maßgeblich sei der drohende Schaden. Aber der Umsatz hat einen wirtschaftlichen Eigenwert).

– **(Gewerblicher Rechtsschutz: Automatenaufstellung):** Es gilt § 3, Kblz Rpfleger **80**, 486.

Abschnitt 7. Wertvorschriften   (§ 3 ZPO) Anh I § 48 GKG

- **(Gewerblicher Rechtsschutz: eBay):** Es können 3000 EUR angemessen sein, Karlsr JB **10**, 531.
- **(Gewerblicher Rechtsschutz: Einstweilige Verfügung):** Wenn es um die Unterlassung einer Kritik an einem wirtschaftlichen Unternehmen usw durch eine einstweilige Verfügung nach §§ 935 ff geht, ist die Höhe der Gefahr eines Schadens bis zum Erlaß des Hauptsacheurteils maßgebend, Mü JB **09**, 484. Der Wert kann denjenigen der Hauptsache erreichen, Bbg JB **83**, 269.
   S auch „– (Gewerblicher Rechtsschutz: Wertherabsetzung)".
- **(Gewerblicher Rechtsschutz: e-mail-Werbung):** Es kommen im Eilverfahren nach §§ 916 ff, 935 ff 15 000 EUR infrage, KG JB **03**, 142, oder nur 10 000 EUR, Kblz JB **06**, 645, oder etwa 7700 EUR, KG JB **03**, 142, oder etwa 7500 EUR, KG MDR **07**, 923, aber evtl auch nur 6000 EUR, Zweibr AnwBl **05**, 796, oder nur 4000 EUR, Hamm MDR **14**, 561, oder nur 2500 EUR, LG Bln JB **03**, 143, oder nur 500 EUR, AG Mühlheim GRUR-RR **12**, 95. Im Internet können 2000 EUR ausreichen, Naumb JB **08**, 140. Auch das Ausmaß der Störung ist beachtbar, Schlesw GRUR-RR **09**, 160. Es können auch nur 100 EUR infragekommen, Hamm RR **14**, 613.
   S auch Rn 40.
- **(Gewerblicher Rechtsschutz: Feststellungswirkung):** Man muß beachten, daß jedes Unterlassungsurteil auch eine der inneren Rechtskraft nach § 322 fähigen Feststellungswirkung enthält, BLAH Einf 15 vor §§ 322–327. Vgl auch BGH GRUR **86**, 93 (Marktverwirkung).
- **(Gewerblicher Rechtsschutz: Foto):** Maßgebend ist ein Lizenzschaden, Brschw GRUR-RR **12**, 93.
- **(Gewerblicher Rechtsschutz: Gefährlichkeit):** Sie ist mitbeachtbar, Stgt RR **87**, 429. Es ist eine Prognose nötig, BGH GRUR **14**, 207.
- **(Gewerblicher Rechtsschutz: Gesundheitsschaden):** Der Wert ist nicht gering, Celle GRUR-RR **13**, 360.
- **(Gewerblicher Rechtsschutz: Immission):** Bei der Unterlassung einer Einwirkung (Immission) muß man die Wertminderung des gestörten Grundstücks beachten, Kblz JB **95**, 27 (10 000 EUR), LG Bonn JB **01**, 593 (3000 EUR beim Haustier). § 7 kann zwar einen Anhalt geben, ist aber nicht direkt anwendbar.
- **(Gewerblicher Rechtsschutz: Immobilienwerbung):** Bei ihr können 10% des Kaufpreises maßgebend sein, KG GRUR **89**, 629.
- **(Gewerblicher Rechtsschutz: Intensität des Angriffs):** Sie ist mitbeachtbar, Ffm JB **83**, 1249, Köln GRUR-RR **10**, 176.
- **(Gewerblicher Rechtsschutz: Internet):** S „– (e-mail-Werbung)".
- **(Gewerblicher Rechtsschutz: Markenrecht):** Man muß die Verwirrung des Verkehrs und die Verwässerung einer Marke infolge des Verhaltens des Bekl nach § 3 mitbeachten.
- **(Gewerblicher Rechtsschutz: Mehrheit von Abmahnungen):** Zu einer Wertherabsetzung bei einer Häufung von Abmahnungen Düss GRUR **84**, 218.
- **(Gewerblicher Rechtsschutz: Mehrheit von Ansprüchen):** Keine schematische Werterhöhung, sondern Abwägung, Köln GRUR-RR **15**, 402.
- **(Gewerblicher Rechtsschutz: Mehrheit von Klägern):** Wenn entweder mehrere natürliche oder juristische Personen oder eine wirtschaftliche Interessenvereinigung klagen, ist die Summe der Interessen aller Kläger maßgebend, also die Summe derjenigen Beträge, die durch eine Abwerbung jährlich hätten verlorengehen können, Karlsr MDR **80**, 59. Evtl muß man dann einen höheren Wert ansetzen, wenn die Kläger auch Belange von Nichtmitgliedern wahrnehmen.
   S auch „– (Verbandsklage)".
- **(Gewerblicher Rechtsschutz: Nachahmungsgefahr):** Sie ist stets mitbeachtbar, Düss JB **75**, 229.
- **(Gewerblicher Rechtsschutz: Prognose):** Sie ist stets nötig, BGH GRUR **14**, 207.
- **(Gewerblicher Rechtsschutz: Rechtsberatung):** Bei der Klage eines Anwalts auf eine Unterlassung der Ankündigung einer unerlaubten Rechtsberatung kann sein Interesse maßgeblich sein, LG Ffm AnwBl **82**, 85.

GKG Anh I § 48 (§ 3 ZPO)   I. A. Gerichtskostengesetz

- **(Gewerblicher Rechtsschutz: Rechtsmittel):** Maßgeblich ist bei §§ 511 ff, 542 ff, 567 ff, 574 ff das Ziel des Rechtsmittelführers an der Aufhebung des Verbots für den Zeitraum seit der Rechtsmittelentscheidung, BGH GRUR **13**, 1068. Außerdem muß man das Interesse des Rechtsmittelführers an der Beseitigung der Feststellungswirkung des Unterlassungsurteils berücksichtigen, also das Interesse daran, daß das Gericht über die Unterlassung nicht anders entscheidet, und zwar auch nicht als eine Vorfrage.
- **(Gewerblicher Rechtsschutz: Regelwert):** Es gibt *keinen* solchen Wert, etwa von 5000 EUR, AG Bln-Charlottenb GRUR-RR **06**, 72, oder gar von (jetzt) etwa 50 000 EUR, KG WettbR **98**, 139.
- **(Gewerblicher Rechtsschutz: Regionale Störung):** Ihre Wirkung ist mitbeachtbar, BGH MDR **90**, 986, Oldb MDR **91**, 955.
- **(Gewerblicher Rechtsschutz: SMS-Wertung):** Man kann 2000 EUR ansetzen, KG JB **06**, 645.
- **(Gewerblicher Rechtsschutz: Sportler):** S „– (Vermarktung)".
- **(Gewerblicher Rechtsschutz: Telefaxwerbung):** Bei ihr kann man etwa 4000 EUR ansetzen, AG Siegburg MDR **02**, 849, oder auch 2500–10 000 EUR, Schmittmann JB **03**, 401 (Üb).
- **(Gewerblicher Rechtsschutz: Telefonwerbung):** Es können bei einer Verbandsklage sogar 30 000 EUR als Wert angemessen sein, KG MDR **10**, 839. Im Einzelfall mögen 1000–3000 EUR reichen.
- **(Gewerblicher Rechtsschutz: Verbandsklage):** Bei einer solchen Klage nach BLAH Grdz 30 vor § 253 gilt das Interesse der Allgemeinheit als der Wert, also nicht nur das Interesse der gesamten Mitglieder oder der jeweils betroffenen Mitglieder, Hamm AnwBl **87**, 45, Oldb RR **96**, 946, aM BGH MDR **98**, 1237, Karlsr BB **84**, 689, Marotzke ZZP **98**, 199 (aber das Allgemeininteresse gibt überhaupt erst den Anlaß zur Zulassung der Verbandsklage). Es entscheidet dann also auch die allg Bedeutung der beanstandeten Handlung. Die Verbandsgröße ist weniger beachtbar, BGH RR **90**, 1322.
- **(Gewerblicher Rechtsschutz: Verletzungsumfang):** Er ist beachtbar, Düss JB **75**, 229.
- **(Gewerblicher Rechtsschutz: Vermarktung):** Es kann die Beeinträchtigung einer Möglichkeit der Vermarktung beachtbar sein, zB bei einem Spitzensportler, Stgt WettbR **97**, 91.
- **(Gewerblicher Rechtsschutz: Werbeschreiben):** Es können 4000 EUR angemessen sein, Hamm MDR **13**, 999 (viermal in 6 Monaten).
- **(Gewerblicher Rechtsschutz: Wertherabsetzung):** Sie kann erfolgen bei einer wirtschaftlich schwachen Partei, BGH RR **95**, 44 (nicht beim Verband) oder bei einer nach Art und Umfang einfach gelagerten Sache, Hamm GRUR **91**, 259 (nicht bei 3 Instanzen). Dann kann das Gericht den Wert für die Gebührenrechnung nach §§ 85 II, 142 MarkenG, § 12 IV UWG, § 51 Anh II, III niedriger festsetzen, vgl aber Düss DB **77**, 1598, Ffm OLGR **05**, 842 (es kann nämlich evtl ein Rechtsmißbrauch nach BLAH Einl III 54 vorliegen), KG AnwBl **78**, 142 (man muß ein gewisses Verhältnis zu dem an sich angemessenen Wert herstellen).
- **(Gewerblicher Rechtsschutz: Widerrufsbelehrung):** Ihr Wert liegt beim Verbraucherverband höher als sonst, Ffm GRUR-RR **12**, 95.

122
- **(Mietvertrag):** Eine Unterlassungsklage auf Grund eines Mietvertrags läßt sich nicht nach § 41 GKG bewerten, sondern nach § 3, BGH MDR **07**, 202, LG Hann WoM **85**, 128, aM BGH NJW **06**, 3060, LG Mannh WoM **99**, 224 (evtl § 9). Wegen Tierhaltung Rn 83 „Mietverhältnis: – (Sonstige Fälle)".
- **(Straftat):** Man darf beim Interesse des Klägers die Strafandrohung mitbeachten, Saarb MDR **13**, 1244.
- **(UKlaG):** Maßgeblich ist das Allgemeininteresse, BGH VersR **16**, 140.
- **(Urheberrechtsstreit):** Rn 124 „Urheberrecht".
  Außergerichtlich vgl § 97 a UrhG, Anh III § 48 GKG.

123
- **(Zwangsvollstreckung):** Bei einer Klage auf eine Unterlassung der Zwangsvollstreckung aus einem angeblich erschlichenen Urteil gilt § 4 und bleiben die nach diesem Urteil zahlbaren Zinsen und Kosten außer Betracht, Karlsr MDR

91, 353, Mü BB **88**, 1843, LG Hbg RR **90**, 624, aM Hbg MDR **88**, 1060 (aber Unterlassung ist kein Schadensersatz). Maßgeblich sein können 33,3% des Hauptsachewerts, Celle JB **09**, 442, LAG Hbg NZA-RR **15**, 214 (25–33,3%).
Unternehmen: *Hüttemann*, Richterliche Unternehmensbewertung zwischen Rechts- und Tatfragen, Festschrift für *Schilken* (2015) 317.
Unzulässigkeit: Rn 134 „Vollstreckungsklausel".
Urheberrecht: Maßgebend sind natürlich die Einzelumstände, BGH MDR **16**, 1466. Das Ziel einer wirkungsvollen Abschreckung kann den Streitwert mitbestimmen, Hbg GRUR-RR **04**, 342, KG GRUR **04**, 88 (auch Nachahmungsgefahr), Schlesw SchlHA **09**, 362 (3,5fache Lizenzkosten). Das gilt auch beim Computerspiel, Schlesw JB **16**, 486, und beim Internetstörer, Brdb RR **14**, 227 (Lizenzschaden), Hbg GRUR-RR **07**, 375 (streng), Hamm RR **14**, 229 (2000 EUR bei Filesharing), aM Schlesw GRUR-RR **10**, 126 (aber zum Interesse des Gestörten zählt auch eine Abschreckung). Auch die Angriffsintensität ist beachtbar, BGH NJW **17**, 816, Köln GRUR-RR **10**, 176. Zu § 97 UrhG Lütke GRUR-RR **17**, 129 (Üb).
Unbeachtbar sind generalpräventive Gesichtspunkte, Celle GRUR **12**, 270.
S auch Rn 104 „Stadtplanausschnitt" sowie Anh III § 48 GKG.
Urheberrechtsschiedstelle: Nach § 13 III VO v 20. 12. 85, BGBl 2543, gilt die ZPO.
Urkunde: Beim Streit um ihre Feststellung gilt § 3, ebenso beim Streit um ihre Vorlegung zur Einsichtnahme, BGH FamRZ **10**, 968 rechts, Köln MDR **83**, 321 (25% des Hauptsachewerts).
S auch Rn 69 „Herausgabe: – (Urkunde allgemein)", Rn 147 „Zwischenstreit".
Urteilsänderung: Wenn es um einen Anspruch nach § 717 geht, findet keine Erhöhung des Werts statt, falls der Antragsteller diesen Anspruch in demselben Verfahren geltendmacht, ohne daß er einen weitergehenden Schaden ersetzt verlangt. Das gilt auch bei einem einfachen Antrag nach § 717 II, LAG Bln DB **88**, 612. Man darf auch weder Zinsen noch Kosten hinzurechnen. Das gilt nach BLAH § 717 Rn 14 unabhängig davon, in welcher Klageform der Kläger den Schadensersatz verlangt, Stgt AnwBl **76**, 133. Entsprechendes gilt bei §§ 302 IV, 600 II.
Urteilsberichtigung: Rn 28 „Berichtigung der Entscheidung".
Urteilsergänzung: Bei §§ 321, 716, 721 I 3 ist das Interesse des Antragstellers maßgeblich.
Valuta: Rn 25 „Auslandswährung".
Vaterschaftsanerkenntnis: Es gilt § 47 FamGKG, Teil I B dieses Buchs.
Veräußerungsverbot: § 6 Rn 3 „Veräußerungsverbot".
Verbandsklage: Rn 13 „Allgemeine Geschäftsbedingungen".
Verbindung: § 5 Rn 3.
Verbundverfahren: Rn 32 „Ehesache".
Verein: Bei der Zugehörigkeit zum Verein entscheidet nach § 48 Rn 12 für die Zuständigkeit stets § 3 und für die Gebühren seine Natur. Das öffentliche Interesse ist grds unbeachtbar, LG Saarbr JB **95**, 26. Bei einer Vorstandswahl kann man evtl 10 000 EUR ansetzen, Düss AnwBl **97**, 680. Bei einer vermögensrechtlichen Sache ist auch dann § 3 maßgebend. Nichtvermögensrechtlich nach (jetzt) § 48 II, III GKG ist der Streit beim Idealverein, Düss AnwBl **97**, 680, Ffm JB **85**, 1083, Köln MDR **84**, 153 ([jetzt ca] 500 EUR), oder der Streit über die Auflösung des Landesvorstands einer politischen Partei. Beim Zusammentreffen beider Anspruchsarten muß man grds nach § 5 zusammenrechnen (Ausnahme: § 48 III GKG). Das wirtschaftliche Interesse kann auch beim Idealverein mitbeachtbar sein, Ffm JB **03**, 644. § 247 I AktG gilt nicht entsprechend, BGH MDR **93**, 183.
S auch Rn 25 „Ausscheiden und Ausschließung".
Verfügungsbeschränkung: § 6 Rn 3 „Verfügungsbeschränkung".
Vergabeverfahren: Es gelten § 50 II GKG, BGH MDR **11**, 1206, außer bei einer bloßen Kostenentscheidung, Kblz AnwBl **17**, 672. Hilfsweise gilt § 3, Brdb JB **10**, 426, Naumb JB **04**, 86, Rostock JB **06**, 369 (meist: Auftragswert).
Vergleich: Maßgeblich ist der Wert sämtlicher streitigen Ansprüche, die die Parteien nach BLAH Grdz 4 vor § 50 in den Vergleich nach § 779 BGB oder nach BLAH Anh § 307 einbezogen haben, *über die* sie sich also einigen, Ffm RR **10**, 177, Karlsr VersR **15**, 1531, LAG Stgt JB **11**, 258. Maßgebend ist also *nicht* derjenige Betrag

GKG Anh I § 48 (§ 3 ZPO) I. A. Gerichtskostengesetz

oder Wert, *auf den* sich die Parteien einigen, Düss RR **08**, 1697, Karlsr WoM **08**, 617, Stgt MDR **09**, 1252, auch bei Prozeßkostenhilfe, Nürnb FamRZ **02**, 685, aM AG Lüdenscheid JB **08**, 90, LAG Köln NZA-RR **09**, 504.
- **(Abfindung):** Rn 9.
- **(Anderes Verfahren):** Es ist für den Wert unbeachtbar, ob die Parteien den Vergleich in einem anderen Verfahren geschlossen haben, Hamm Rpfleger **83**, 504.
- **(Anfechtung):** Maßgeblich ist das Klägerinteresse, BGH BauR **17**, 2208.
- **(Arrest, einstweilige Verfügung):** Bei der Einbeziehung eines Eilverfahrens nach §§ 916 ff, 935 ff muß man zusammenrechnen, Düss JB **05**, 310, Hbg MDR **91**, 904, Köln JB **15**, 645.
- **(Aufrechnung):** Rn 22.
- **(Deklaratorischer Vergleich):** Man muß einen rein rechtsbestätigenden Vergleich wertmäßig weitgehend unberücksichtigt lassen, LAG Stgt DB **84**, 784.
- **(Durchsetzbarkeit):** Wenn ein zur Aufrechnung gestellter Anspruch auch nur evtl nicht durchsetzbar ist, zB wegen einer Verjährung, bleibt das beim Streitwert unbeachtbar, aM Karlsr MDR **81**, 57 (aber es gehört zum Wesen des Vergleichs, gerade eine Ungewißheit zu beseitigen).

  Nicht ausreichend ist eine aus der Luft gegriffene und schon deshalb keineswegs realisierbare Forderung, Ffm RR **10**, 177.

  S auch „Teilverzicht".
- **(Einbeziehung weiterer Ansprüche):** Sie kann den Wert erhöhen, Saarbr OLGR **04**, 582, Stgt BauR **15**, 1024, LAG Mainz MDR **05**, 480, aM KG JB **09**, 86. Das gilt aber nur, soweit die Parteien einen weiteren Streit dadurch beilegen, LAG Kiel NZA-RR **17**, 97, LAG Nürnb NZA-RR **16**, 274.
- **(Konstitutiver Vergleich):** Man muß beachten, ob zumindest vorsorglich eine Rechtsbegründung oder doch ein besonderer Vollstreckungstitel nach § 794 I Z 1 entstehen sollte, Köln VersR **17**, 1486 (jetzt Leistung statt Feststellung).
- **(Kosten):** Sie bleiben unbeachtet, Düss JB **84**, 1865, Schneider MDR **84**, 265.
- **(Kostenvergleich):** Beim Vergleich nur über die Kosten des Rechtsstreits ist der Betrag aller bisher entstandenen Kosten maßgeblich.

  S auch „– (Zinsen)".
- **(Ratenzahlung):** Rn 91.
- **(Rechtsmittelrücknahme):** Die Übernahme der Verpflichtung zur Rücknahme eines in einem anderen Verfahren gegen einen Dritten eingelegten Rechtsmittels nach §§ 516, 565 braucht den Vergleichswert nicht zu erhöhen, LAG Hamm MDR **80**, 613.
- **(Stationierungsschaden):** Rn 104.
- **(Streithelfer):** Sein Anspruch kann den Wert erhöhen, Kblz JB **99**, 196.
- **(Teilverzicht):** Wenn eine Partei im Vergleich auf einen Teil des bisher nicht eingeklagten Anspruchs verzichtet, weil dessen Durchsetzbarkeit zweifelhaft ist, erhöht sich der Vergleichswert nur um einen angemessenen Teilbetrag, LG Bayreuth JB **81**, 606, LAG Hbg JB **86**, 752, LAG Hamm MDR **80**, 613 (abl Schmidt AnwBl **84**, 363).
- **(Titulierung):** S „– (Unsicherheit)".
- **(Totalschaden):** Die Regeln Rn 127 gelten auch beim Totalschaden.
- **(Umzugshilfe):** Sie kann den Wert eines Räumungsvergleichs erhöhen, AG Köln NZM **03**, 106, aM Düss WoM **09**, 543 (nicht bei Unstreitigkeit).
- **(Unsicherheit):** Man muß den Begriff Unsicherheit bei § 779 BGB weit auslegen, Bbg JB **92**, 628, Nürnb JB **94**, 737, Zweibr MDR **78**, 496 (je: Interesse an der Titulierung), aM Schneider Rpfleger **86**, 83 (aber es ist stets eine umfassende wirtschaftliche Betrachtung notwendig).
- **(Unterhaltsverzicht):** Beim wechselseitigen derartigen Verzicht sind oft (jetzt) 1200–1800 EUR angemessen, Düss JB **84**, 1542.
- **(Verjährung):** S „– (Durchsetzbarkeit)".
- **(Vollstreckungsaussicht):** Rn 134.
- **(Wirksamkeit):** Beim Streit um die Wirksamkeit des Vergleichs nach BLAH Anh § 307 Rn 37 ist bis zu einer etwaigen Einbeziehung weiterer Forderungen der Wert des ursprünglichen Klagantrags nach § 253 II Z 2 maßgeblich, BGH MDR **12**, 1436 (ohne Vorlage nach § 132 GVG), Düss MDR **00**, 1099, Ffm

Abschnitt 7. Wertvorschriften   (§ 3 ZPO) Anh I § 48 GKG

RR **04**, 1296, aM BGH FamRZ **07**, 630, Bbg JB **98**, 541 (je: das Interesse). Vgl auch Schneider Rpfleger **86**, 81.
- **(Wirtschaftliche Betrachtung):** Sie ist stets notwendig, Stgt OLGR **09**, 799, LAG Köln MDR **02**, 265.
- **(Zinsen):** Sie bleiben unbeachtet, Düss JB **84**, 1865, KG JB **07**, 33, Schneider MDR **84**, 265.
- **(Zuständigkeit):** Es ist für den Vergleichswert unbeachtbar, ob für die Prüfung einer Gegenforderung ein anderes Gericht zuständig gewesen wäre, etwa das FamG, KG Rpfleger **83**, 505.

Verhandlungsschluß: Nach seinem Eintritt nach §§ 136, 296a erhöht sich der Wert nur, soweit ein nachgereichter Antrag zur Wiedereröffnung nach § 156 führt, Düss MDR **00**, 1458.

Verkehrswert: Maßgeblich ist eine freie Veräußerbarkeit.

Verlagsrecht: Rn 124 „Urheberrecht".

Verlustigkeitsbeschluß: Bei §§ 516 III, 565 auch in Verbindung mit § 346 sind   129 diejenigen gerichtlichen und außergerichtlichen Kosten maßgeblich, die bis zum Antrag auf den Erlaß der Verlustigkeitserklärung und der Kostenentscheidung entstanden sind, Kblz JB **96**, 307, Schlesw SchlHA **76**, 142, aM Rostock MDR **07**, 1398 (Hauptsachewert), ZöHe § 3 Rn 16 „Berufungszurücknahme" (§ 3, oberhalb des Kosteninteresses).

Vermächtnis: Rn 43.

Vermessung: Maßgebend ist die Fehlerbeseitigung, Bbg JB **82**, 1720.

Veröffentlichungsbefugnis: Man muß ihren Wert neben demjenigen einer Unterlassungs- oder Schadensersatzklage besonders berechnen, Hbg MDR **77**, 142.

Versicherung: Hier muß man viele Fallgruppen unterscheiden.   130
- **(Berufsunfähigkeit):** Ein Vergleich kann werterhöhend wirken, KG MDR **14**, 1344. Maßgebend sind beim Abfindungsvergleich 20% des 3,5fachen Jahreswerts der Leistungen, Karlsr VersR **15**, 1531.
- **(Deckungsprozeß):** §§ 3 und 9 sind anwendbar, BGH VersR **12**, 204, Ffm OLGR **00**, 142, Köln OLGR **08**, 99. Das gilt wegen (jetzt) § 42 I 2 GKG auch für den Kostenstreitwert, BGH NJW **82**, 1399, aM Hamm JB **91**, 1536 (Wert des behaupteten Haftpflichtanspruchs, begrenzt durch die Versicherungssumme und einen üblichen Abschlag beim bloßen Feststellungsantrag), Schlesw VersR **76**, 333 (die Begrenzung gelte nur dann, wenn man ausschließlich dem Rückgriffsanspruch vorbeuge).

Man muß eine *Selbstbeteiligung* abziehen, aM BGH VersR **06**, 717 (aber sie mindert das Interesse). Bei der Deckungsklage eines Autoleasingnehmers aus einer Fahrzeugversicherung muß man auf die Verhältnisse des Leasinggebers abstellen, BGH RR **91**, 1150.
- **(Krankenhaustagegeld):** Bei dieser Versicherung ist § 3 anwendbar, BGH RR **17**, 153, Köln JB **77**, 1131 (das Gericht geht von einer Fünfjahresprämie aus), Nürnb MDR **15**, 1035. Bei einer ungewissen Dauer kann man 6 Monate zugrundelegen, BGH RR **17**, 153, Karlsr VersR **07**, 416.
- **(Kündigung):** Es gilt § 3.
- **(Lebensversicherung):** S „Todesfallrisiko".
- **(Police):** Es gilt § 3, LAG Stgt VersR **02**, 913 (33,3% der Versicherungssumme).
- **(Rechtsschutzversicherung):** Beim Streit über ihr Bestehen kann man 80% der 3,5fachen Jahresprämie ansetzen, BGH VersR **12**, 204.
- **(Rücktritt):** Beim Streit um seine Wirksamkeit gelten Rn 53ff.
- **(Todesfallrisiko):** Bei einer Versicherung auf dieses Risiko ist § 3 anwendbar, Hamm NVersZ **01**, 357, Saarbr JB **93**, 738 (Lebensversicherung). Man kann § 6 mit heranziehen, Brschw JB **75**, 1099. Es kann das Interesse an der Befreiung von Prämien maßgeblich sein. Zu Einzelfragen BGH RR **92**, 608. Bei der Kapitalversicherung können 80% gelten, BGH VersR **08**, 988. Bei der Risikoversicherung gelten 20%, BGH RR **05**, 259. Bei der Feststellung des Fortbestands einer Lebensversicherung können 50% des Werts einer Leistungsklage ausreichend sein, BGH RR **05**, 260. Der Rückkaufwert nach einer Sicherungsabtretung ist bei einer wirtschaftlichen Einheit unbeachtbar, BGH FamRZ **06**, 946 links unten.
- **(Unfall):** Bei der Unfallversicherung gelten 10%, LD Dortm RR **07**, 1040.

GKG Anh I § 48 (§ 3 ZPO) I. A. Gerichtskostengesetz

- **(Vergleich):** S „– (Berufsunfähigkeit)".
- **(Versicherungsagentur):** Sie hat keinen über die Substanz hinausgehenden Wert, Stgt VersR **96**, 753.
- **(Versicherungsschein):** Eine Neuausstellung mag nur 300 EUR wert sein, Köln VersR **10**, 1243.

131 **Versorgungsausgleich:** Maßgeblich ist § 50 FamGKG, Teil I B dieses Buchs, Kblz JB **11**, 306, Köln FamRZ **13**, 1160, Stgt NJW **10**, 2221 und RR **10**, 1376.

Vertagung: Maßgeblich ist nach § 3 bei § 227 evtl die Hauptsache, Düss JB **94**, 158, meist aber weniger, etwa 33,3%, Düss AnwBl **90**, 324.

Verteilungsverfahren: Maßgeblich ist bei §§ 872ff die Verteilungsmasse ohne einen Abzug der Kosten und ohne eine Hinzurechnung von Zinsen. Wenn ein Überschuß für den Schuldner verbleibt, ist nach § 6 der verteilte und für die Kosten verwendete Betrag maßgeblich. Beim Widerspruch gegen den Teilungsplan ist das Interesse des Klägers daran maßgeblich, daß man seine Forderung vorrangig berücksichtigen werde, Bbg JB **91**, 1691.

Vertragsabschluß: Maßgeblich ist § 3, Brschw JB **75**, 1099, Düss MDR **10**, 716 (evtl nur Zinsvorteil), LAG Stgt JB **92**, 627 (Interesse am Abschluß). § 41 GKG ist nicht anwendbar.

Vertragsaufhebung: Maßgebend ist das Klägerinteresse, Celle AnwBl **84**, 448, Hamm RR **99**, 1403.

Vertragsentwurf: Wegen des Gegenstandswerts gelten beim Anwalt § 23 III RVG, VV 2300ff in Verbindung mit zB KVfG 24100ff, Teil III dieses Buchs.

Vertragserfüllung: Rn 58 „Gegenseitiger Vertrag".

Vertragsstrafe: Vgl *Bürglen,* Streitwertgrenze zur Landesgerichtsinstanz als Bemessungskriterium für ein angemessenes Vertragsstrafeversprechen?, in: Festschrift für *Erdmann* (2002).

Vertretbare Handlung: Maßgebend ist bei § 887 das Klägerinteresse, BayObLG JB **01**, 142.

Veruntreuung: Bei Mandantengeldern können 10000 EUR ansetzbar sein, Schlesw JB **02**, 316.

Verwahrung: § 6 Rn 3 „Verwahrung".

Verwalter: § 49a GKG.

Verweisung: Rn 143 „Zuständigkeit".

Verzugszinsen: Neben der Hauptforderung muß man Zinsen nach § 4 ZPO, § 43 GKG beurteilen, auch bei einer Kapitalisierung, Schneider MDR **84**, 265. Es kann auch das bloße Fälligkeitsinteresse maßgebend sein. Wenn der Kläger Verzugszinsen selbstständig geltend macht, ist § 3 und nicht etwa § 9 anwendbar, Düss JB **93**, 166.

Vollmacht: Rn 138 „Widerruf".

132 **Vollstreckbarerklärung:** Maßgeblich ist § 3, also zB beim Anwaltsvergleich nach § 796a dessen Wert, Düss FamRZ **00**, 1520, Oldb MDR **12**, 868. Kosten sind nur bei einer Bezifferung im ausländischen Titel beachtbar, Zweibr JB **86**, 1404. Zinsen sind grds unbeachtbar, Ffm JB **94**, 117.
S auch Rn 98 „Schiedsrichterliches Verfahren: – (Vollstreckbarerklärung)", Rn 144 „Zwangsvollstreckung".

133 **Vollstreckungsabwehrklage:** Maßgeblich ist bei § 767 der Umfang der Ausschließung der Zwangsvollstreckung, BGH ZIP **15**, 2295, KG FamRZ **11**, 668, Mü FamRZ **13**, 148.

- **(Aufrechnung):** Unbeachtet bleibt der die Klage übersteigende Teil, Hbg MDR **14**, 857.
- **(Auskunft):** Rn 24.
- **(Einstweilige Ausschließung):** S „– (Fälligkeit)".
- **(Einstweilige Einstellung):** Der Umfang der Ausschließung der Zwangsvollstreckung ist auch bei § 769 maßgeblich, Köln MDR **80**, 852.
  In der *Beschwerdeinstanz* nach § 793 gegenüber einer Maßnahme nach § 769 darf man nur einen nach § 3 bemessenen Bruchteil des Werts der Hauptsache ansetzen, KG Rpfleger **82**, 308.
- **(Fälligkeit):** Ist nur eine Fälligkeit streitig, gilt nur der Wert einer einstweiligen Ausschließung, Schlesw SchlHA **83**, 142.
- **(Hinterlegung):** Ihr Betrag gilt, Ffm JB **08**, 315.

Abschnitt 7. Wertvorschriften (§ 3 ZPO) Anh I § 48 GKG

- **(Kosten)**: Wenn das Gericht auf Grund des streitigen Vollstreckungstitels Kosten festgesetzt hatte, sind diese nach § 4 eine Nebenforderung. Man darf sie daher dem Wert nicht hinzurechnen, BGH ZIP **15**, 2296, Celle OLGR **09**, 834, KG JB **09**, 486. Als Hauptforderung sind sie aber natürlich beachtbar, BGH NJW **95**, 3318, Stgt MDR **04**, 355.
- **(Notarielle Urkunde)**: Der Umfang der Ausschließung der Zwangsvollstreckung ist auch bei derjenigen auf Grund einer notariellen Urkunde nach § 794 I Z 5 maßgeblich, Ffm JB **08**, 316.
- **(Rückgängigmachung)**: Wenn der Kläger gleichzeitig beantragt, eine schon durchgeführte Vollstreckungsmaßnahme rückgängig zu machen, erhöht sich der Wert durch diesen Zusatzantrag nicht.
- **(Teilerfüllung)**: Soweit es nach einer unstreitigen Teilerfüllung um die Unzulässigkeit gleichwohl geht, schätzt Kblz VersR **88**, 1304 den Wert der Teilerfüllung nur nach § 3, ähnlich Bbg JB **84**, 1398, Hamm OLGR **97**, 335 (je: voller Wert). Falls der Kläger allerdings nur die Unzulässigkeitserklärung eines Teils des Vollstreckungstitels erreichen will, ist nur jener Teil maßgeblich, BGH FamRZ **06**, 620, Ffm JB **08**, 316, Köln OLGR **04**, 140.
- **(Vermögensverfall)**: Der Umfang der Ausschließung der Zwangsvollstreckung ist auch beim Vermögensverfall maßgeblich, und zwar der Nennbetrag, BGH NJW **15**, 252.
- **(Verwirkung)**: Grds Nennbetrag der Forderung, AG Brdb RR **17**, 1148.
- **(Zeitaufwand)**: Bei § 767 kann der nötige Zeitaufwand der verlangten Handlung maßgebend sein, Köln JB **07**, 488.
- **(Zinsen)**: Es gilt dasselbe wie bei „– (Kosten)", KG JB **09**, 486, Karlsr MDR **91**, 353, soweit die Zinsen nicht nach § 4 Rn 11 zur Hauptforderung werden, Stgt JB **07**, 33.
- **(Zwangsvollstreckung)**: Rn 144.

Vollstreckungsaussicht: Sie läßt sich nicht bei § 3 beachten, sondern allenfalls zB 134 bei der Prüfung einer Erfolgsaussicht nach BLAH § 114 Rn 80, aM LAG Mainz JB **10**, 530.

Vollstreckungsklausel: Bei einer Klage auf die Erteilung der Klausel nach § 731 ist der Wert desjenigen Anspruchs ohne Zinsen und Kosten maßgeblich, den der Gläubiger beitreiben will, Ffm JB **94**, 117, Köln MDR **80**, 852, Zweibr OLGR **98**, 376. Bei § 733 gilt der Wert des zu vollstreckenden Anspruchs, LG Mü JB **99**, 326. Bei § 768 ist der Umfang der Ausschließung der Zwangsvollstreckung maßgeblich, Köln MDR **80**, 852. Dasselbe gilt bei § 732, LG Aachen JB **85**, 264. Bei § 733 gilt der Wert des zu vollstreckenden Anspruchs, LG Mü JB **99**, 326. S auch Rn 144 „Zwangsvollstreckung".

Vollstreckungsschaden: Rn 94 „Rückerstattung".

Vollstreckungsschutz: Während des Rechtsstreits zur Hauptsache gilt kein besonderer Wert. Im Verfahren nach § 765a entsteht nach KV 2112 für die Gerichtskosten eine Festgebühr. Es gibt also keinen Wert festzustellen, LG Mü WoM **96**, 235 (Schutzdauer), LG Münst WoM **95**, 663. Für die Anwaltsgebühren muß man, soweit überhaupt erforderlich, nach § 3 und nach § 25 II RVG schätzen, meist mit einem Bruchteil der Hauptsache, Bbg JB **83**, 200, Kblz NZM **05**, 360 (Nutzungsausfall), LG Münst WoM **95**, 663. Im Verfahren nach § 813b ist nach § 3 der Unterschiedsbetrag zwischen dem gewöhnlichen Verkaufswert und dem geschätzten Versteigerungserlös maßgeblich.

Vollstreckungstitel: Es gilt § 3, BGH JB **04**, 540, Köln JB **79**, 1701.

Vorbehalt: Er kann den Wert erhöhen, Ffm BauR **14**, 151.

Vorbereitender Anspruch: Rn 68ff „Herausgabe", Rn 93 „Rechnungslegung", 135 Rn 108 „Stufenklage".

Vorfrage: Sie ist für den Wert unerheblich, BGH VersR **09**, 562.

Vorkaufsrecht: Wenn es um den Antrag auf die Herausgabe eines solchen Gegenstands geht, der einem Vorkaufsrecht unterliegt, ist § 6 anwendbar. Bei einer Klage nach § 256 auf die Feststellung des Bestehens oder Nichtbestehens des Vorkaufsrechts oder auf die Feststellung, ob man das Vorkaufsrecht rechtzeitig ausgeübt hat, ist § 3 anwendbar. Daher ist das Interesse an der Feststellung maßgeblich, AG

Lahnstein JB **78**, 1563. Bei einer Aufhebung oder Löschung ist § 3 anwendbar, BayObLG JB **96**, 267, Naumb OLGR **99**, 336.
Vorläufige Vollstreckbarkeit: Bei § 718 besteht der Wert im Interesse des Antragstellers an der Entscheidung. Man kann es mit 10% der Hauptsache bewerten.
Vorlegung einer Urkunde: Rn 69 „Herausgabe": „– (Urkunde allgemein)", Rn 124 „Urkunde", Rn 147 „– (Zwischenstreit)".
Vormerkung: § 6 Rn 14, 15.

136 **Vornahme einer Handlung:** Bei der Klage ist § 3 anwendbar. Daher gilt das volle Interesse des Klägers ohne die erforderlichen Kosten, begrenzt durch den etwa erwarteten Hauptanspruch, BGH RR **96**, 460, zB beim Vermögensverzeichnis.
S auch Rn 144 „Zwangsvollstreckung: Erwirkung einer Handlung oder Unterlassung".
Vorrang: § 6 Rn 12.
Vorrecht: Bei einem Vorrecht im Insolvenzverfahren richtet sich der Wert nach § 182 InsO, § 48 GKG Anh II. Bei einer Vollstreckungsklage ist der Wert der niedrigeren Forderung ohne Zinsen und Kosten maßgeblich.
Vorschußzahlung: Man darf die unter einem Vorbehalt erfolgte Vorschußzahlung nicht von der Klageforderung abziehen.
S auch Rn 114 „Teilzahlung".
Vorzugsklage: Maßgeblich ist der Wert der geringeren vollstreckbaren Forderung ohne Zinsen und Kosten.

137 **Währung:** Rn 25 „Auslandswährung".
Wärmelieferungsvertrag: Das Interesse des Klägers läßt sich nach § 3 schätzen, nicht nach § 8, BGH RR **89**, 381.
Wahlschuld: Man muß zwei Fallgruppen unterscheiden.
– **(Wahlrecht des Beklagten):** Hier ist die niedrigere Leistung maßgeblich.
– **(Wahlrecht des Klägers):** Maßgeblich ist die höhere Leistung, soweit der Kläger nicht die niedrigere Leistung wählt. Beim Streit nur um die Person des Wahlberechtigten ist § 3 maßgeblich, also der etwaige Unterschiedsbetrag.
Wechsel: Rn 59 „Geldforderung". Für die Nebenforderungen gilt § 4 II.
S auch Rn 69 „Herausgabe: – (Urkunde allgemein)".
Wegerecht: Maßgeblich ist der Bodenwert.
Wegnahme: Rn 31 „Duldung der Zwangsvollstreckung".
Weiterbelieferung: Maßgeblich ist das nach § 3 schätzbare wirtschaftliche Interesse des Klägers. Es hängt vom drohenden Gewinnausfall im Klagezeitraum ab.
Weitere vollstreckbare Ausfertigung: Rn 134 „Vollstreckungsklausel".
Werkvertrag: Die Abnahme läßt sich mit einem Bruchteil des Lohns bewerten, der Lohn nach seiner Höhe, die Herstellung nach ihrem wirtschaftlichen Wert, die Mängelbeseitigung nach ihren Kosten, Düss RR **96**, 1469, Hamm RR **12**, 1166. Man kann ein Teilunterliegen des Unternehmers bei einer Verurteilung Zug-um-Zug grds mit 1,5 der Mangelbeseitigungskosten bewerten, Köln MDR **08**, 621. Keine Erhöhung erfolgt schon wegen § 648a BGB, Brdb BauR **12**, 997, Stgt NJW **14**, 3251. Eine Bauhandwerkersicherungshypothek und Werklohn erhalten eine Zusammenrechnung, Drsd JB **14**, 584.
Wertangabe: Sie ist ein Anzeichen für den wahren Wert, Bbg JB **89**, 1306, KG WRP **89**, 725, Köln MDR **85**, 153 (Widerlegbarkeit).
Wertpapier: Rn 69 „Herausgabe: – (Urkunde allgemein)".
Wertpapiererwerb: Maßgebend ist der Kurswert beim Vertragsabschluß. Wegen einer Beschwerde nach § 48 WpÜG gilt § 50 I 1 GKG. Wegen § 39b VI WpÜG vgl § 73 GNotKG, Teil III dieses Buchs.
Wertsicherungsklausel: Maßgeblich ist das Klägerinteresse, LAG Hbg MDR **03**, 178.
Wettbewerbsrecht: Rn 63 „Gewerblicher Rechtsschutz".

138 **Widerklage:** In einer Familiensache gilt für den Zuständigkeitsakt § 39 FamGKG, Teil I B dieses Buchs. Man muß bei einer Widerklage nach BLAH Anh § 253 den § 5 anwenden. Die nach BLAH Anh § 253 Rn 3 unstatthafte Widerklage allein gegen einen Dritten ist auch bei einer nur hilfsweisen Erhebung unabhängig von (jetzt) § 45 I 2 GKG selbständig bewertbar, Mü MDR **84**, 499. Bei einer Widerklage nach § 256 gegen einen Restbetrag gilt die Differenz zum früheren Teil, Düss JB **09**, 484. Eine Drittwiderklage erhöht den Wert der Leistungsklage, aM

Celle OLGR **09**, 1025. Für den Kostenstreitwert gilt im übrigen (jetzt) § 45 GKG, Bbg FamRZ **95**, 493, Köln MDR **01**, 941, Naumb JB **04**, 379.
S auch Rn 71 „Hilfswiderklage".
Widerruf: Maßgeblich ist § 3, BGH RR **16**, 1203, LG Oldb JB **95**, 369, AG Ludwigsb JB **15**, 249. Soweit es um einen nichtvermögensrechtlichen Anspruch nach § 48 Rn 6 ff geht, gilt (jetzt) § 48 II, III GKG, LG Oldb JB **95**, 369.
Widerspruch: Es gilt § 3, BGH RR **16**, 1203, dabei evtl nur 10% des Grundstückswerts, evtl auch 25%, Kblz JB **06**, 537.
Widerspruchsklage: Man muß drei Fallgruppen unterscheiden. **139**
- **(Teilungsversteigerung, § 180 ZVG):** Maßgeblich ist § 3, BGH FamRZ **91**, 547, Celle OLGR **94**, 96, Karlsr FamRZ **04**, 1221 (20%). Ein Einstellungsverfahren ist selbständig bewertbar, Schneider MDR **88**, 361.
- **(Widerspruchsklage des Dritten, § 771),** dazu *Foerste* NJW **17**, 2588 (Üb): Maßgeblich ist die Höhe derjenigen Forderung, für die eine Pfändung erfolgte, und zwar ohne Zinsen und Kosten. Der Wert beträgt jedoch höchstens nach § 6 den Wert des Pfändungsgegenstands, BGH JB **17**, 263, Düss Rpfleger **78**, 426, Mü Rpfleger **77**, 336. Das gilt für jeden Gläubiger besonders, auch für jede Forderung, Mü JB **89**, 848. Ausnahmsweise ist § 3 anwendbar, LG Ffm Rpfleger **75**, 322, aM Karlsr FamRZ **04**, 1221 (stets § 3). Wert-Privilegien der eingeklagten Forderung sind beachtbar, Köln JB **91**, 987.
- **(Widerspruchsklage des Nacherben, § 773):** Bei einer solchen Widerspruchsklage ist nach Rn 41 „Erbrechtlicher Anspruch" der Gesamtwert der Leistung maßgeblich.
Wiederaufnahme: § 4 Rn 25. Maßgeblich ist § 3, nach oben begrenzt durch den Wert **140** des aufzunehmenden Verfahrens, BGH AnwBl **78**, 260, ohne Zinsen und Kosten.
S auch Rn 85 „Nichtigkeitsklage".
Wiederkehrende Leistung: Vgl bei den einzelnen Leistungsarten.
Willenserklärung: Beim Streit um ihre Abgabe muß man das Interesse des Klägers nach § 3 schätzen, Düss JB **95**, 254, Kblz RR **02**, 379, Mü OLGR **95**, 72. Man muß dabei berücksichtigen, ob durch die Willenserklärung ein vermögensrechtlicher, nichtvermögensrechtlicher oder kombinierter Erfolg eintritt. Eine solche Willenserklärung, die nach einer Beurkundung der Auflassung weiter der Vollziehung dient, kann 10–25% des Grundstückswerts wert sein, BGH MDR **02**, 295, Jena OLGR **98**, 350, Mü AnwBl **88**, 645.
Wohnrecht: Auf das mietähnliche Dauerwohnrecht ist § 41 GKG anwendbar, dort Rn 9 „Dauerwohnrecht", aM Köln JB **06**, 477. Im übrigen gilt: Der Wert läßt sich nach §§ 3, 9 bestimmen, BGH RR **94**, 909, Ffm NZM **02**, 1046, LG Heidelb AnwBl **84**, 373. Bei einer Beschwerde ist § 3 anwendbar, BGH RR **94**, 909, Köln JB **06**, 477.
Wohnungseigentum: § 49a GKG. **141**
Zählerentfernung: Maßgeblich ist der in den nächsten 6 Monaten drohende Schaden des Versorgers, Oldb MDR **09**, 1407.
Zeugnis: Wenn es um die Ausstellung eines Zeugnisses geht, ist § 3 anwendbar, LAG **142** Bln-Brdb JB **15**, 250, LAG Köln MDR **04**, 1067. Beim endgültigen qualifizierten Zeugnis kann man grds einen Monatslohn ansetzen, LAG Hbg NZA-RR **11**, 152, LAG Kiel JB **10**, 306, LAG Nürnb JB **14**, 76, krit LAG Kiel NZA-RR **15**, 47, LAG Stgt NZA **06**, 537 (je: Fallabwägung). Man kann auch einen Festbetrag ansetzen, LAG Ffm NZA-RR **03**, 660 (250–500 EUR), LAG Hbg JB **13**, 425 (500 EUR). LAG Nürnb MDR **04**, 1387 (300 EUR). Beim Zwischenzeugnis kann man einen halben Monatslohn ansetzen, LAG Chemnitz JB **12**, 250, LAG Köln NZA-RR **12**, 95, LAG Mainz NZA-RR **05**, 327, aber auch einen vollen, LAG Kiel AnwBl **88**, 497, LAG Stgt JB **09**, 537, ArbG Hbg JB **05**, 428, evtl auch nur (jetzt ca) 250 EUR, LAG Erfurt MDR **01**, 538. Bei einer Zeugnisänderung kommt es auf die erhoffte Verbesserung an, LAG Stgt NZA **06**, 537, Einzelbeispiele LAG Düss JB **16**, 642. Beim Beendigungsvergleich erhöht sich der Wert durch die Pflicht zu einem qualifiziertem Zeugnis nicht, LAG Kiel NZA-RR **15**, 47, LAG Köln NZA-RR **08**, 382. Erteilung und spätere Berichtigung sind 2 Werte, LAG Bln-Brdb JB **15**, 250.
Zeugnisverweigerungsrecht: Maßgeblich ist bei §§ 383 ff entweder § 3, BayObLG FamRZ **86**, 1237, oder im nach § 48 GKG Rn 6 ff nichtvermögensrechtlich be-

GKG Anh I § 48 (§ 3 ZPO) I. A. Gerichtskostengesetz

gründeten Verweigerungsfall § 48 I GKG. Man muß den Wert der Hauptsache im Zwischenstreit nach § 387 mitberücksichtigen, nach Rn 147 auch die Bedeutung der etwaigen Aussage, soweit sie erkennbar ist.

Zinsen: Es sind §§ 3, 4 anwendbar, Naumb JB **07**, 489. Für den Kostenstreitwert gilt § 43 GKG. Soweit Zinsen zur Hauptforderung werden, gilt § 3, nicht § 9, auch in der Beschwerdeinstanz, BGH BB **81**, 1491.

Zugewinnausgleich: Beim vorzeitigen entscheidet das Interesse an ihm, Stgt FamRZ **09**, 1621.

Zug-um-Zug-Leistung: Es entscheidet das wirtschaftliche Interesse, BGH RR **12**, 1087, LG Dessau-Roßlau BauR **13**, 136.

S auch Rn 14 „Annahmeverzug", Rn 24 „Auskunft", Rn 103 „Sicherheitsleistung", § 6 Rn 7.

Zurückbehaltungsrecht: § 6 Rn 6, 8.

Zurückverweisung: Wegen der Einheitlichkeit der Instanz ist zB bei §§ 538, 563 IV der alte Wert maßgeblich.

143 **Zuständigkeit,** dazu *Cuypers* MDR **12**, 381 (Üb): Bei einer abgesonderten Verhandlung über die Zuständigkeit ist der Wert der Hauptsache maßgeblich, BayObLG RR **02**, 882 (WEG). Im Verfahren nach §§ 36, 37 können 25% des Hauptsachewerts angemessen sein, BayObLG JB **92**, 700, Stgt Just **93**, 143 (untere Tabellengrenze), auch 20%, Hamm RR **13**, 1341. In der Berufungsinstanz sind bei einem Hilfsantrag auf eine Verweisung 33,3% des Werts der Hauptsache ansetzbar.

Zustellung: Die Zulassung einer öffentlichen Zustellung läßt sich nach § 3 bewerten, Ffm MDR **99**, 1402 (bei Ablehnung Teil der Hauptsache).

Zustimmung: Rn 28 „Berichtigung des Grundbuches", Rn 140 „Willenserklärung".

Zutritt: Maßgeblich ist § 3, BGH WoM **11**, 299, Celle JB **13**, 643, LG Wuppert WoM **15**, 177.

Zwangsversteigerung: Bei einer Beschwerde nach § 74 V ZVG gelten 50% des erstrebten Heraufsetzungsbetrags, Düss JB **10**, 143.

S auch Rn 139 „Widerspruchsklage: – (Teilungsversteigerung)", Rn 145 „Zwangsvollstreckung: – (Einstellung, Beschränkung, Aufhebung)".

144 **Zwangsvollstreckung:** Vgl zunächst die Festgebühren KV 2110ff im dortigen Geltungsbereich. Man muß im übrigen sechs Fallgruppen unterscheiden.

145 – **(Einstellung, Beschränkung, Aufhebung):** Bei zB §§ 707, 719, 765a, 769, 771 III, 785, 786 gilt nach § 6 der Rest der Schuld auf Grund des Vollstreckungstitels, LG Kblz JB **91**, 110, ohne Zinsen und Kosten. Wenn es um einen bloßen Aufschub geht, ist ein nach § 3 bemessener Bruchteil der Restforderung maßgeblich, etwa 20% der Hauptsache, BGH NJW **91**, 2282, KG Rpfleger **82**, 308, Kblz JB **91**, 109. Bei einer Zwangsversteigerung ist der Grundstückswert maßgeblich, jedoch durch die Forderungshöhe begrenzt, Stgt Just **86**, 413. Wenn die Zwangsvollstreckung nur wegen der Kosten möglich ist, sind nur der Kosten maßgeblich.

– **(Erwirkung einer Handlung oder Unterlassung):** Maßgeblich ist der Wert einer Durchführung der Zwangsvollstreckung für den Gläubiger, BayObLG NZM **02**, 491, Rostock JB **09**, 162, LG Bln WoM **91**, 584. Das gilt auch in der Beschwerdeinstanz, BayObLG **88**, 444. Man muß diesen Wert in der Regel ebenso hoch wie den Wert der Hauptsache ansetzen, Köln JB **92**, 251, Rostock JB **09**, 162, LG Bln AnwBl **94**, 425, aM Hbg WRP **82**, 592, Nürnb MDR **84**, 762 (Fallfrage, mitbeachtbar sei die Art des Verstoßes. Aber wirtschaftlich geht es um die Hauptsache).

Die Höhe eines *Zwangsmittels oder Ordnungsmittels* ist grds unerheblich, Köln OLGR **05**, 259, Rostock OLGR **09**, 75, LG Bln AnwBl **94**, 425, aM Celle JB **14**, 438. Man muß den Betrag eines Zwangs- oder Ordnungsmittels aber im Beschwerdeverfahren bei §§ 888, 890 beachten, Düss MDR **77**, 676, aM Mü MDR **83**, 1029, LAG Bre AnwBl **88**, 174, LAG Stgt AnwBl **86**, 106 (aber auch dieses Zwangs- oder Ordnungsmittel hat stets einen Wert).

Der Wert ist allerdings unter Umständen höher, nämlich dann, wenn zusätzlich ein Streit darüber besteht, ob der Schuldner das zugrundeliegende Verhalten *wiederholen* darf, Düss MDR **77**, 676. Bei einer Klage auf die Beschaffung einer Genehmigung des Betreuungsgerichts zum Abschluß eines Kaufvertrags über ein Grundstück ist der Wert des Grundstücks maßgeblich.

Abschnitt 7. Wertvorschriften (§§ 3, 4 ZPO) Anh I § 48 GKG

- **(Unzulässigkeit):** Rn 133. Bei einer Klage auf die Unzulässigkeit der Zwangsvollstreckung ist die Höhe des gesamten Zahlungsanspruchs maßgeblich. Falls der Kläger die Zwangsvollstreckung nur wegen eines Teils der Ansprüche für unzulässig hält, ist nur der umstrittene Teil maßgeblich.
- **(Vollstreckungsabwehrklage):** Rn 133.
- **(Vollstreckungsklage, § 722):** Maßgebend ist der Wert desjenigen Anspruchs, aus dem die Vollstreckung erfolgen soll.
- **(Zinsen, Kosten):** Man muß sie nach § 4 ZPO und (jetzt) § 43 GKG auch in der Zwangsvollstreckung wie sonst behandeln, Ffm JB **94**, 117, Karlsr MDR **91**, 353, Mü BB **88**, 1843, aM Köln DGVZ **86**, 151 (wegen – jetzt – KV 1821, 2110, § 25 I Z 1 RVG müsse man die Zinsen im Beschwerdeverfahren hinzurechnen. Aber § 4 gilt uneingeschränkt). Man muß die Prozeßkosten hinzurechnen. Die Kosten der Zwangsvollstreckung darf man aber nach § 6 nicht hinzurechnen. 146

S auch Rn 31 „Duldung der Zwangsvollstreckung", Rn 89 „Pfändung", Rn 123 „Unterlassung. g) Zwangsvollstreckung", Rn 132 „Vollstreckbarerklärung", Rn 133 „Vollstreckungsabwehrklage", Rn 134 „Vollstreckungsschutz".

Zwischenfeststellungsklage: Rn 53 ff „Feststellungsklage".
Zwischenstreit: Man muß den Wert nach § 3 zB bei §§ 280, 303 nach dem Wert der Aussage des Zeugen für die Hauptsache schätzen, Köln MDR **83**, 321 (25% des Hauptsachewerts). Es gilt also nicht etwa unabhängig von dem Wert der Hauptsache § 48 II GKG. Denn die vermögensrechtliche Beziehung ist oft auch für den Zwischenstreit die Grundlage. Wenn es um den ausschlaggebenden evtl sogar einzigen Zeugen geht, kann der Wert des Zwischenstreits den Wert der Hauptsache erreichen. Vgl auch Schneider JB **78**, 26. 147

S auch Rn 90 „Prozeßvoraussetzungen", Rn 124 „Urkunde", Rn 143 „Zuständigkeit".

Zwischenzeugnis: Rn 142.

Wertberechnung; Nebenforderungen

ZPO § 4. I Für die Wertberechnung ist der Zeitpunkt der Einreichung der Klage, in der Rechtsmittelinstanz der Zeitpunkt der Einlegung des Rechtsmittels, bei der Verurteilung der Zeitpunkt des Schlusses der mündlichen Verhandlung, auf die das Urteil ergeht, entscheidend; Früchte, Nutzungen, Zinsen und Kosten bleiben unberücksichtigt, wenn sie als Nebenforderungen geltend gemacht werden.

II Bei Ansprüchen aus Wechseln im Sinne des Wechselgesetzes sind Zinsen, Kosten und Provision, die außer der Wechselsumme gefordert werden, als Nebenforderungen anzusehen.

Gliederung

1) Systematik, Regelungszweck, I, II 1
2) Geltungsbereich, I, II 2
3) Zeitpunkt für die Wertberechnung, I 3–9
   A. Klageinreichung 3
   B. Berufung 4
   C. Revision 5
   D. Sonstiges Rechtsmittel 6
   E. Verurteilung 7
   F. Sonstige Fälle 8
   G. Verfahren 9
4) Nebenforderung, I 10–26
   A. Grundsatz: Keine Berücksichtigung 10
   B. Ausnahmen beim Hauptanspruch 11
   C. Andere Unkosten 12
   D. Beispiele zur Frage einer Hinzurechnung nach I .. 13–26
5) Wechselanspruch, II 27
6) Scheckanspruch, II 28

1) Systematik, Regelungszweck, I, II. Bei der Kostenberechnung muß man außer § 4 auch §§ 40, 43, 47 GKG, §§ 23 ff RVG beachten, Teil X dieses Buchs. Nach § 40 GKG ist zwecks einer Vereinfachung und Vereinheitlichung der Wert zur Zeit der die Instanz diesbezüglich einleitenden Antragstellung maßgebend, BLAH § 137 Rn 7. Er kann also im Verlauf des Verfahrens infolge einer Erweiterung des 1

GKG Anh I § 48 (§ 4 ZPO) I. A. Gerichtskostengesetz

Streitgegenstands nach BLAH § 2 Rn 4 steigen, etwa bei einer Klagerweiterung nach § 264 Z 2, nicht aber zB infolge eines bloßen Ansteigens des Börsenkurses. Eine Wertverminderung im Verlauf der Instanz bleibt unbeachtet, Düss AnwBl **81**, 444. Vgl aber auch § 47 II GKG. Die Fälligkeit der Gebühr richtet sich nach § 6 GKG. Wegen des *Regelungszwecks* Einf 2 vor §§ 3–9, Schumann NJW **82**, 1258.

2 2) **Geltungsbereich, I, II.** Einf 2, 19, 20 vor §§ 3–9, also in einer Familiensache § 34 FamGKG, Teil I B dieses Buchs.

3 3) **Zeitpunkt für die Wertberechnung, I.** Man muß sieben Fallgruppen unterscheiden.

A. **Klageinreichung.** Zunächst kommt der Zeitpunkt der Einreichung der Klage oder Antragsschrift beliebiger Art in Betracht, BGH MDR **06**, 1064, Celle GRUR-RR **12**, 270, also der Zeitpunkt ihres Eingangs beim Gericht, nicht etwa der Zeitpunkt der Klagerhebung, also nicht etwa der Zeitpunkt der Zustellung an den Bekl nach §§ 253, 261. Es ist unerheblich, ob das Gericht zuständig war und ob die Klage bei ihrer Einreichung mangelhaft oder ordnungsgemäß war. Eine Änderung der Umstände ohne eine Änderung des Streitgegenstands nach BLAH § 2 Rn 4 ist für die Zuständigkeit ab Rechtshängigkeit nach § 261 III Z 2 unbeachtbar, Bbg OLGR **98**, 282, unklar Köln JB **96**, 31.

Nach einem *Mahnverfahren* nach §§ 688 ff ist der Zeitpunkt des Akteneingangs beim Gericht des streitigen Verfahrens maßgeblich, BLAH § 696 Rn 12. Das gilt auch bei einer Erledigung oder Teilerledigung nach § 91 a, LG Bayreuth JB **87**, 1692, aM Bbg JB **92**, 762. Evtl findet freilich eine Rückwirkung nach § 167 statt.

4 B. **Berufung.** Ferner kommt der Zeitpunkt der Einlegung der Berufung nach § 518 in Betracht, BGH WertpMitt **16**, 365, BAG NZA **04**, 1239. Der Eingang der Berufungsbegründung ist nach BLAH § 519 Rn 17 dann maßgeblich, wenn erst sie den Sachantrag enthält, oder wenn eine frühere Nebenforderung jetzt als Hauptforderung einrechenbar ist, BGH WoM **11**, 177. Wegen der Gebührenberechnung gilt § 40 GKG. Der Zeitpunkt der Einlegung der Berufung hat aber nur dann eine Bedeutung, wenn sich der Wert zwischen der Einreichung der Klage und der Einlegung des Rechtsmittels verändert hat. Wegen einer Zinsberechnung Köln RR **93**, 1215.

Der *Beschwerdewert* nach BLAH Anh § 511 kann den Wert der ersten Instanz übersteigen. Man muß beide Werte im Zeitpunkt der Einlegung miteinander vergleichen. Wenn der Berufungskläger die Berufung freiwillig unter die Rechtsmittelgrenze ermäßigt, wird sein Rechtsmittel unzulässig, BAG NZA **07**, 56, BayObLG ZMR **03**, 49, Düss FamRZ **82**, 498. Etwas anderes gilt dann, wenn die Ermäßigung unfreiwillig erfolgte, etwa ausdrücklich zur Abwendung der Zwangsvollstreckung, Hamm NJW **75**, 1843, oder wenn der Berufungsbekl seinen Abweisungsantrag aufrechterhält und nur nach BLAH § 260 Rn 8 hilfsweise die Hauptsache nach BLAH § 91 a Rn 62 für erledigt erklärt oder wenn eine Wiedererweiterung des Rechtsmittels erfolgt, BayObLG ZMR **03**, 49.

5 C. **Revision.** Maßgeblich ist der Zeitpunkt der Einlegung der Revision nach § 549, BGH VersR **82**, 591.

6 D. **Sonstiges Rechtsmittel.** Maßgeblich ist der Zeitpunkt seiner Einlegung zB nach § 544, BGH MDR **07**, 1093, oder nach § 569 I 1, BayObLG ZMR **03**, 49 (WEG).

7 E. **Verurteilung.** Maßgeblich ist der Schluß der letzten mündlichen Verhandlung nach §§ 136 IV, 296 a. Wenn keine mündliche Verhandlung stattgefunden hat, ist derjenige Zeitpunkt maßgeblich, der dem Schluß einer mündlichen Verhandlung nach § 128 II 2 gleichsteht. Bei § 495 a kommt es auf den vom Gericht gesetzten Schlußzeitpunkt der Änderungsmöglichkeit an, soweit keine Verhandlung stattfand.

8 F. **Sonstige Fälle.** Maßgeblich ist der Zeitpunkt des Eingangs des Antrags.

9 G. **Verfahren.** Die nach der Klageinreichung nach § 253 fällig gewordenen Beträge bleiben außer Betracht, Oldb FamRZ **79**, 64. Wenn der Kläger zunächst eine Feststellungsklage nach § 256 eingereicht hatte und nun wegen der inzwischen fällig gewordenen Beträge zur Leistungsklage nach BLAH Grdz 8 vor § 253 übergegangen ist, muß man die Werte nach § 9 Rn 2 zusammenrechnen.

Eine *Verbindung* nach § 147 oder eine Trennung der Prozesse nach § 145 hat auf die sachliche Zuständigkeit des Gerichts nach §§ 23 ff GVG keinen Einfluß. Eine solche

Abschnitt 7. Wertvorschriften   **(§ 4 ZPO) Anh I § 48 GKG**

Maßnahme wirkt wegen des Kostenstreitwerts nur für die Zukunft. Eine Minderung des Verkehrswerts der Streitsache während des Verfahrens in derselben Instanz ist unerheblich.

Eine *Erweiterung* der Klage oder eine Widerklage nach § 264 Z 2, BLAH Anh § 253 können eine Verweisung vom AG an das LG nach § 506 notwendig machen. § 4 gilt dann nicht, wenn die Sondervorschrift des § 8 anwendbar ist. Bei einem Verstoß gegen § 308 I bleibt der Antrag maßgeblich. Rechtsbehelfsbelehrung, Verstoß: §§ 232, 233 S 2.

4) Nebenforderung, I. Man muß drei Fallgruppen unterscheiden. 10

A. Grundsatz: Keine Berücksichtigung. Eine Forderung bleibt bei der Wertberechnung dann unberücksichtigt, wenn der Kläger sie als eine bloße Nebenforderung geltend macht, BGH GRUR-RR **12**, 271 links unten. Eine Nebenforderung ist ein solcher Anspruch, den dieselbe Partei nach BLAH Grdz 4 vor § 50 gegen denselben Gegner neben dem Hauptanspruch erhebt und der sachlichrechtlich objektiv den Nachrang hat, BGH NJW **07**, 3289, der also vom beliebigartigen Hauptanspruch abhängt, BGH NJW **07**, 1752, Celle MDR **13**, 53, Rostock JB **13**, 195. Die Höhe der Nebenforderung ist für ihre Einordnung unerheblich. Wenn der Kläger die fragliche Forderung jedoch als eine weitere Hauptforderung geltend macht oder wenn das vorerwähnte Abhängigkeitsverhältnis fehlt, muß man die bisherige Nebenforderung der bisherigen Hauptforderung hinzurechnen, BGH RR **12**, 1088 rechts, Brdb JB **01**, 95, Ffm WertpMitt **12**, 445, aM PrGe 15.

B. Ausnahmen beim Hauptanspruch. Man muß eine bisherige Nebenforde- 11
rung hinzurechnen, soweit sie zum alleinigen oder weiteren Hauptanspruch wird, BGH NJW **12**, 2524, etwa wegen eines Schuldanerkenntnisses nach § 307, Kblz MDR **99**, 197, oder nach der Erledigung des bisherigen Hauptanspruchs nach BLAH § 91a Rn 23, Brdb MDR **01**, 588, Schlesw Rpfleger **82**, 301. Ob eine Zahlung usw auf den Hauptanspruch erfolgt ist, richtet sich nach §§ 366, 367 BGB, aM AG Hagen JB **92**, 192 (abl Mümmler. Denn es handelt sich bei der Erfüllung stets um eine Frage des sachlichen Rechts).

Erledigt sich nur ein *Teilbetrag* des Hauptanspruchs, werden auch die zu diesem Teilbetrag gehörenden Zinsen neben dem in derselben Instanz weiterhin geltend gemachten Rest des Hauptanspruchs zu einem weiteren Hauptanspruch, BGH NJW **08**, 999, Ffm JB **78**, 591.

C. Andere Unkosten. Nur die in § 4 aufgeführten Nebenforderungen bleiben 12
unberücksichtigt. Man muß alle anderen Nebenforderungen hinzurechnen.

D. Beispiele zur Frage einer Hinzurechnung nach I 13
Aktienrecht: Hinzurechnen muß man das Bezugsrecht auf junge Aktien neben dem Anspruch auf die Herausgabe der Aktien.
Anfechtungsgesetz: Hinzurechnen muß man Kosten oder Zinsen in einem Anfechtungsprozeß außerhalb eines Insolvenzverfahrens. Denn sie erhöhen die Forderung, BGH WertpMitt **82**, 435.
Anlagezinsen: Hinzurechnen darf man evtl solche Zinsen neben einer Rückforderung der Einlage, Ffm WertpMitt **12**, 445.
Anschlußrechtsmittel: *Nicht* hinzurechnen darf man mit einer Anschlußberufung nach § 524 geforderte Kosten und Zinsen, BGH RR **95**, 706, BayObLG WoM **89**, 470, Hamm JB **88**, 1550. Wegen einer Anschlußrevision nach § 554 BGH MDR **85**, 52.
Anwaltskosten: *Grundsätzlich nicht* hinzurechnen darf man vorprozessuale nicht anrechenbare Anwaltskosten, Celle MDR **13**, 53, Mü JB **07**, 146, aM LG Aachen JB **07**, 146.

Davon gilt nach beiderseitigen vollen wirksamen Erledigterklärungen nach BLAH § 91a Rn 96 eine *Ausnahme* nach § 3 Rn 47, BGH NJW **08**, 999. Dasselbe gilt bei vorprozessualen Kosten wegen einer solchen Hauptforderung, die kein Gegenstand des Prozesses geworden ist, BGH FamRZ **09**, 867, oder die zur Widerklage wurden, Rostock JB **13**, 195, oder die nicht in das Rechtmittel kamen, BGH NJW **13**, 2124 links.
Aufwendung: Eine solche Aufwendung, die man im Prozeß auf die Hauptsache macht, muß man hinzurechnen. Denn es liegen keine Kosten nach I Hs 2 vor. Das

GKG Anh I § 48 (§ 4 ZPO) I. A. Gerichtskostengesetz

gilt zB: Für Frachtspesen; für Futterkosten; für ein Lagergeld; für Mangelfeststellungskosten, Oldb JB **07**, 315.
S auch Rn 20 „Rechtsgeschäft".
Ausländisches Urteil: Rn 24 „Vollstreckungsklage, § 722".
Außergerichtliche Kosten: Es gelten die Regeln Rn 18 „Kosten". Das gilt selbst dann, wenn diese Unkosten sich auf solche Teile des Hauptanspruchs beziehen, die nicht mehr im Streit stehen.
Befreiung: Hinzurechnen muß man Kosten des Vorprozesses nach BLAH § 3 Rn 27.
Nicht hinzurechnen darf man Zinsen desjenigen Anspruchs, von dem der Kläger eine Befreiung begehrt, BGH NJW **91**, 2014, aM BGH RR **95**, 362 (ohne Vorlage nach § 132 GVG).
Beschwerdesumme: Sie läßt sich *nicht* dadurch erhöhen oder erreichen, daß man die Zinsen hinzurechnet.
Bezifferung: Rn 17 „Kapitalisierung".
14 **Darlehen:** Rn 20 „Rechtsgeschäft".
Dingliche Klage: Die Regeln Rn 18 „Kosten" gelten für die Kosten der Befriedigung aus einem Grundstück bei einer dinglichen Klage.
Dritter: Hinzurechnen muß man solche Kosten oder Zinsen eines Dritten, die man mit dem Rückgriff geltend macht, BGH MDR **76**, 649, Bre JB **03**, 82, Görmer NJW **99**, 1309.
Enteignung: *Nicht* hinzurechnen darf man eine Enteignungsentschädigung nach § 17 IV LandbeschG oder nach dem BauGB, Zweibr Rpfleger **87**, 156.
Erledigung der Hauptsache: Sie kann nach Rn 18 „Kosten" Zinsen oder vorprozessuale Anwaltskosten jetzt nach BLAH § 91a Rn 106 ff zur Hauptsache machen.
Erschleichung: Bei einer Klage auf die Unterlassung der Zwangsvollstreckung aus einem nach BLAH Einl III 54 erschlichenen Urteil und aus dem zugehörigen Kostenfestsetzungsbeschluß nach § 104 gelten die Regeln Rn 18 „Kosten" für die festgesetzten Beträge.
Feststellung neben Leistung: *Nicht* hinzurechnen darf man bei demselben Gegenstand nach BLAH § 2 Rn 4, BGH RR **13**, 1022.
15 **Frachtspesen:** Rn 13 „Aufwendung".
Früchte: *Nicht* hinzurechnen darf man nach I Hs 2 Früchte nach § 99 BGB, soweit der Kläger sie als eine Nebenforderung geltend macht.
Früherer Prozeß: Rn 26 „Zwangsvollstreckung".
Futterkosten: Rn 13 „Aufwendung".
Gebrauchsvorteil: *Nicht* hinzurechnen darf man ihn, BGH NJW **06**, 1582.
Gewinn: Er kann bei einem Gesellschaftsanteil *nicht* hinzurechenbar sein, BGH NJW **12**, 2447. Dasselbe gilt beim entgangenen Gewinn als gleichbleibendem Prozentsatz, BGH NJW **13**, 3101 (krit Junglas).
16 **Hinterlegung:** Hinzurechnen muß man bei einer Klage auf die Einwilligung in eine Auszahlung des hinterlegten Betrages die bis zur Einlegung des Rechtsmittels aufgelaufenen Zinsen. Denn es liegt ein einheitliches Verfahren vor. Es handelt sich also nicht um eine bloße Nebenforderung gegenüber dem Bekl. Vielmehr muß der Staat den Betrag verzinsen, BGH RR **00**, 1015, Köln JB **80**, 281.
S auch Rn 20 „Rechtsgeschäft".
Inkassokosten: Es gelten die Regeln Rn 18 „Kosten", Saarbr JB **77**, 1277. Das gilt selbst dann, wenn diese Unkosten sich auf nicht mehr im Streit befindlichen Teile des Hauptanspruchs beziehen.
17 **Kapitalisierung:** Hinzurechnen muß man kapitalisierte bezifferte Zinsen erst nach der Erledigung aller anderen Hauptansprüche, BGH RR **95**, 707, Ffm FamRZ Rpfleger **89**, 523. Bis dahin bleiben sie auch bei einer Bezifferung als Nebenansprüche *außer Betracht*, BGH RR **88**, 1199, Köln VersR **01**, 736, Mü JB **13**, 251, aM Hamm AnwBl **84**, 504 (abl Chemnitz). Hinzurechnen muß man Zinsen allerdings ausnahmsweise insoweit, als man sie kontokorrentmäßig oder vertraglich zum Kapital zuschlagen darf, Bbg JB **76**, 344, Düss JB **84**, 1865 (Vergleich), Mü JB **76**, 238.
Klagerücknahme: „Kapitalisierung".
Klageerweiterung: *Nicht* hinzurechnen darf man eine zB erst nach dem Verhandlungsschluß nach §§ 136 IV, 296a erfolgte und daher unzulässige, Karlsr OLGR **07**, 592.

Kosten: Hierher zählen alle im Prozeß und grds auch vor dem Prozeß entstandenen 18
Unkosten zur Durchsetzung des Anspruchs, BLAH § 91 Rn 15, 70 ff, BGH VersR
17, 509 (erneut ohne Vorlage nach § 132 GVG), KG RR **08**, 880, LG Bln JB **05**,
427, aM BGH NJW **07**, 3289 (vorprozessuale Kosten). Sie bleiben nach I Hs 2 nur
neben der Hauptforderung *unberücksichtigt*. Sie werden erst nach der Erledigung aller Hauptansprüche zum neuen Hauptanspruch, BGH MDR **12**, 738, Brdb MDR
01, 538, Mü JB **94**, 745. Die Kosten einer nur teilweise erledigten Hauptsache
werden nicht zum Hauptanspruch. Dasselbe gilt dann, wenn gegen ein Teilurteil
nach § 301 die Berufung und gegen die Kostenentscheidung des Schlußurteils
nach BLAH § 99 Rn 29 ebenfalls die Berufung erfolgt. Man darf auch dann die
Kosten auf Grund des Schlußurteils nicht dem Wert der Beschwer aus dem Teilurteil hinzufügen, Jena OLGR **02**, 196.

Wenn der Kläger ein Rechtsmittel gegenüber *mehreren Bekl* eingelegt hat, einem
der Bekl gegenüber aber nur deshalb, weil er den Rechtsstreit in der Hauptsache
ihm gegenüber nicht nach BLAH § 91a Rn 62 für erledigt erklärt hat, muß man
den Wert einheitlich festsetzen. Das Gericht muß das insoweit bestehende Kosteninteresse des Klägers mitberücksichtigen.

S auch bei den einzelnen Hauptanspruchs- und Kostenarten in diesem ABC.

Kredit: Rn 20 „Rechtsgeschäft". 19
Lagergeld: Rn 13 „Aufwendung".
Mahnung: Für die Kosten einer Mahnung gelten die Regeln Rn 18 „Kosten".
Mehrwertsteuer: Rn 22 „Umsatzsteuer".
Mietsicherheit: Beim Rückzahlungsanspruch sind die Zinsen hinzurechenbar, LG
Köln WoM **95**, 719.
Nutzungen: *Nicht* hinzurechnen darf man nach I Hs 2 Nutzungen nach § 100 BGB,
soweit der Kläger sie als Nebenforderungen geltend macht, BGH NJW **98**, 2354,
Karlsr MDR **17**, 1053.
Protokoll: Für die Kosten eines Protokolls gelten die Regeln Rn 18 „Kosten". 20
Rechtsgeschäft: Die Regeln Rn 18 „Kosten" gelten auch für solche Unkosten, die
bei der Vornahme des der Klage zugrunde liegenden Rechtsgeschäfts entstanden
sind, etwa für die Kosten einer Kreditgebühr, Bbg JB **76**, 344, einer Versendung,
einer Hinterlegung nach Rn 16, oder für eine Provision, BGH **80**, 2074.

S auch Rn 13 „Aufwendung".
Rechtsmißbrauch: Rn 14 „Erschleichung".
Rückgriff: Hinzurechnen muß man evtl einen rückständigen Betrag neben einer
wiederkehrenden Leistung nach Rn 8, Mü RR **94**, 1484.

S auch Rn 14 „Dritter".
Rückstand: Hinzurechnen muß man nach Rn 8 evtl einen rückständigen Betrag
neben einer wiederkehrenden Leistung, Mü RR **94**, 1484.
Sachverständiger: Hinzurechenbar sind meist seine Kosten, BGH NJW **07**, 1752. 21
Das gilt aber *nicht* beim Privatgutachten im Rahmen von § 91, Karlsr VersR **13**,
1151.
Schaden: Man muß ihn hinzurechnen. Denn es liegen keine Kosten nach I Hs 2
vor, Brdb JB **01**, 95.
Schiedsrichterliches Verfahren: *Nicht* hinzurechnen darf man die im Schiedsspruch zuerkannten Zinsen und Kosten bei einem Antrag auf die Aufhebung des
Schiedsspruchs, Mü SchiedsVZ **09**, 69.
Selbsthilfeverkauf: Für seine Kosten gelten die Regeln Rn 18 „Kosten".
Steuerrecht: *Nicht* hinzurechnen darf man einen Steuersäumniszuschlag, BGH Rpfleger **79**, 111.
Teilerledigung: Rn 11. 22
Umsatzsteuer: Wenn Zinsen Nebenforderungen sind, ist auch die auf die Zinsen
etwa entfallende Umsatzsteuer (Mehrwertsteuer) eine bloße Nebenforderung,
BGH Rpfleger **76**, 427. Vgl freilich auch Ffm JB **89**, 1735, KG OLGZ **80**, 246.
Unfallfinanzierung: Es gelten die Regeln Rn 18 „Kosten".
Unkostenpauschale: Man muß sie hinzurechnen, BGH RR **08**, 898.
Versendung: Rn 20 „Rechtsgeschäft". 23
Verzugsschaden: Rn 21 „Schaden", Rn 26 „Zinsen".
Verzugszinsen: Rn 26 „Zinsen".

GKG Anh I § 48 (§ 4 ZPO) I. A. Gerichtskostengesetz

24 **Vollstreckungsabwehrklage:** § 4 gilt auch bei einer Vollstreckungsabwehrklage nach § 767.
Die *Kosten* des Vorprozesses darf man als eine Nebenforderung *nicht* hinzurechnen.
Vollstreckungsklage, § 722: Hinzurechnen muß man die in dem ausländischen Urteil ziffernmäßig allein oder neben der Hauptforderung erscheinenden Kosten. Denn dann liegt keine Nebenforderung vor, Ffm JB **94**, 117.
Nicht hinzurechnen darf man die Zinsen nach Rn 26 „Zinsen" und die Verfahrenskosten.
Vollstreckungskosten: § 4 gilt auch bei ihnen, BGH WertpMitt **15**, 1574 links.
Vollstreckungsschaden: § 4 gilt auch dann, wenn der Kläger einen Vollstreckungsschaden infolge einer Änderung des Urteils nach BLAH § 717 Rn 14 geltend macht.
Vorbereitungskosten: Diejenigen nach BLAH § 91 Rn 270 ff wirken *nicht* werterhöhend, BGH GRUR-RR **13**, 448 links unten.
Vorprozeß: Rn 26 „Zwangsvollstreckung".
Vorrecht: § 3 Anh Rn 136 „Vorrecht".
25 **Wandlung:** Rn 20 „Rechtsgeschäft".
Widerspruchsklage: § 3 Anh Rn 139 „Widerspruchsklage".
Wiederaufnahme: § 4 gilt auch bei einer Wiederaufnahmeklage nach §§ 578 ff.
26 **Zinsen:** Hinzurechnen muß man Zinsen aus einem nicht miteingeklagten Kapital. Das gilt auch beim Teilungsplan nach § 874, BGH RR **98**, 1284, oder dann, wenn sie nach Rn 11 zum Hauptanspruch werden, Ffm MDR **14**, 858, etwa als alleiniger Rechtsmittelgegenstand dieser Partei, Brdb MDR **01**, 588.
- **(Anleger-Zinsgewinn):** Hinzurechnen darf man ihn, Stgt RR **11**, 715, aM Bre MDR **13**, 1488 bei gesonderter Geltendmachung.
- **(Auslandsurteil):** Hinzurechnen darf man auch solche Zinsen, die ein ausländisches Gericht zuerkannt hat, soweit es jetzt um eine Klage zwecks Vollstreckbarerklärung zB nach § 722 geht, Ffm JB **94**, 117.
- **(Bereicherung):** Hinzurechnen darf man auch dann, wenn es um einen Bereicherungsanspruch geht, BGH RR **00**, 1015 (Ausnahme: Rn 11).
- **(Bürgschaft):** Hinzurechnen darf man auch dann, wenn der Kläger nunmehr einen Bürgen für die Zinsen in Anspruch nimmt, Nürnb VersR **78**, 854.
- **(Kapitalisierung):** Hinzurechnen darf man auch solche Zinsen, die der Kläger ausgerechnet hat und nach Rn 17 als einen Kapitalbetrag zusätzlich zur eigentlichen und in Wahrheit alleinigen Hauptforderung geltend macht.
- **(Kontokorrent):** Hinzurechenbar sind Zinsen bei einem Saldo, StJR 23.
- **(Nebenforderung):** *Nicht* hinzurechnen darf man Zinsen, soweit der Kläger sie nach Rn 10 als eine bloße Nebenforderung geltend macht, Kblz MDR **99**, 197, Zweibr JB **99**, 590, LG Köln WoM **95**, 719 (aM bei Kautionszinsen). Hierher gehören vertragliche und gesetzliche Zinsen, BGH NJW **90**, 2754, Köln VersR **01**, 736, Mü BB **88**, 1843.
- **(Rechtsmittel des Gegners):** *Nicht* hinzurechnen darf man Zinsen, soweit die Hauptforderung Gegenstand eines gegnerischen Rechtsmittels ist, BGH MDR **13**, 1316 links oben.
- **(Schaden):** S „– (Verzug)".
- **(Stundung):** *Nicht* hinzurechenbar ist sie, BGH NJW **98**, 2060.
- **(Versicherung):** Hinzurechnen darf man auch dann, wenn der Kläger nunmehr eine Versicherung für die Zinsen in Anspruch nimmt, Nürnb VersR **78**, 854.
- **(Verzug):** *Nicht* hinzurechnen darf man Verzugszinsen, falls der Kläger sie neben dem Hauptanspruch geltend macht und falls sie vom Hauptanspruch abhängen. Denn dann liegt keine Hauptforderung über Zinsen vor, sondern ihre bloße Nebenforderung, Bbg JB **78**, 1549, Hbg JB **94**, 364, Köln JB **80**, 578. S aber auch „– (Kapitalisierung)".
- **(Vorfälligkeit):** Wegen Vorfälligkeitszinsen BGH NJW **98**, 2060.
Zubehör: *Nicht hinzurechnen* darf man ein bloßes Zubehör.
Zusammenfassung: Rn 17 „Kapitalisierung".
Zuwachs: Seine Kosten muß man hinzurechnen. Denn es liegen keine Kosten nach I Hs 2 vor.

Abschnitt 7. Wertvorschriften **(§§ 4, 5 ZPO) Anh I § 48 GKG**

Zwangsvollstreckung: Hinzurechnen muß man Kosten eines früheren Prozesses bei einer Maßnahme der Zwangsvollstreckung nach §§ 704 ff, BGH RR **90**, 958, aM Nürnb VersR **78**, 854, oder Duldungskosten, BGH RR **99**, 1080.
  S auch Rn 14 „Erschleichung", Rn 24 „Vollstreckungsabwehrklage", „Vollstreckungsklage", „Vollstreckungskosten", „Vollstreckungsschaden".
  5) Wechselanspruch, II. Bei ihm sind die Zinsen, die Kosten und die Provisionen Nebenforderungen. Das gilt sowohl im Wechselprozeß nach § 602 als auch im ordentlichen Verfahren. Etwas anderes gilt bei einer Klage aus dem Grundgeschäft. Zum Begriff des Wechselanspruchs vgl bei § 602.   27
  6) Scheckanspruch, II. II gilt im Scheckprozeß des § 605a entsprechend.   28

Mehrere Ansprüche
  ZPO § 5. Mehrere in einer Klage geltend gemachte Ansprüche werden zusammengerechnet; dies gilt nicht für den Gegenstand der Klage und der Widerklage.

Gliederung

1) Systematik, Regelungszweck, Hs 1, 2	1
2) Geltungsbereich, Hs 1, 2	2
3) Mehrere Ansprüche, Hs 1	3–11
A. Grundsatz, Zusammenrechnung	3
B. Beispiele zur Frage einer Zusammenrechnung, Hs 1	4–10
C. Nebenforderung	11
4) Klage und Widerklage, Hs 2	12

1) Systematik, Regelungszweck, Hs 1, 2. Hs 1 ist auch für die Gebührenberechnung anwendbar. Kostenrechtlich gelten aber im übrigen vorrangige Sonderregeln, zB §§ 41, 44, 45 I 3, 46, 48 II, III GKG. Wegen des Beschwerdewerts bei einer Klage und einer Widerklage BLAH bei § 511. Die Zusammenrechnung für den Kostenstreitwert erfolgt im Interesse der Kostengerechtigkeit zwecks einer Vermeidung zu hoher Kosten. Das gilt freilich nach Rn 3 nur dann, wenn die Klage und die Widerklage nach §§ 45 I 1, 3 GKG, § 23 RVG, Teil X dieses Buchs nicht denselben Streitgegenstand nach BLAH § 2 Rn 4 betreffen.   1

2) Geltungsbereich, Hs 1, 2. Die Vorschrift ist in allen Verfahren nach der ZPO anwendbar, auch im WEG-Verfahren. Im Verfahren vor dem Arbeitsgericht gilt vorrangig (jetzt) § 42 III GKG, LAG Hbg MDR **77**, 525. Es ist die Wertfestsetzung sachlichrechtlich zugleich eine Festsetzung des Beschwerdewerts der höheren Instanz, BGH VersR **81**, 157, BAG NZA **04**, 1239. In einer Baulandsache kann § 5 entsprechend anwendbar sein, BGH NJW **89**, 1039. Dasselbe gilt nach § 173 S 1 VwGO im dortigen Verfahren, OVG Lüneb JG **15**, 480. Für die Anwaltsgebühren erfolgt evtl abweichend von § 5 keine Zusammenrechnung.   2

3) Mehrere Ansprüche, Hs 1. Schon Hs 1 enthält einen Grundsatz und eine Ausnahme.   3
  A. Grundsatz: Zusammenrechnung. Man muß mehrere gleichzeitig zB in derselben Klage nach § 253 zulässig geltend gemachte Ansprüche zusammenrechnen, BGH RR **12**, 1103, LAG Hbg JB **02**, 480. Das betrifft sowohl die Klägerhäufung (subjektive Klagenhäufung) nach §§ 59 ff, BGH VersR **91**, 360, als auch die Anspruchshäufung (objektive Klagenhäufung) nach § 260, BGH VersR **81**, 157, BAG NZA **04**, 1239, Ffm JB **06**, 538, natürlich erst nach deren Zusammentreffen, Mü MDR **93**, 286. Die Anspruchsbegründung nach BLAH § 253 Rn 32 ist nach Rn 7 „Mehrheit von Anspruchsbegründungen" unbeachtbar. Auch die Zulässigkeit oder Begründetheit ist unbeachtbar. Der Grundsatz der Zusammenrechnung gilt nach BLAH § 147 Rn 12 auch dann, sobald eine Verbindung erfolgt, Köln JB **12**, 651, OVG Greifsw JB **10**, 532, VGH Mannh JB **98**, 83 (je: nicht schon bei einer bloß tatsächlich gleichzeitigen Verhandlung rechtlich getrennt bleibender Prozesse).
  Die Ansprüche müssen aber einen selbständigen Wert und daher *verschiedene Streitgegenstände* nach BLAH § 2 Rn 4 haben, BGH MDR **16**, 122, Ffm JB **06**, 538, LG Hbg ZMR **12**, 967. Die Verbindung läßt die vor ihrer Vornahme entstandenen Werte und Kosten unberührt, Köln VersR **92**, 518, Mü AnwBl **81**, 155, strenger BGH NJW **00**, 217 (nur nach willkürlicher Trennung).

4 B. Beispiele zur Frage einer Zusammenrechnung, Hs 1
Abänderung: Rn 7 „Rückforderung".
Abnahme: Rn 7 „Kaufpreis".
Anfechtungsgesetz: *Nicht* zusammenrechnen darf man einen Anspruch des Anfechtungsgläubigers auf die Zahlung eines Wertersatzes und auf die Duldung der Zwangsvollstreckung über den Rechtsnachfolger.
Annahmeverzug: *Nicht* zusammenrechnen darf man den Leistungsantrag nach BLAH Grdz 8 vor § 253 und den Antrag auf die Feststellung des Annahmeverzugs des Bekl mit der Rücknahme von Gegenständen, LG Mönchengladb ZMR **85**, 164.
Anschlußberufung: Zusammenrechnen muß man nach § 524 bei einer Verschiedenheit der Streitgegenstände nach BLAH § 2 Rn 4, LG Bln JB **85**, 259.
Anspruchshäufung: Zusammenrechnen muß man bei ihr nach § 260, BGH NZM **12**, 534.
Anzahlung: Zusammenrechnen muß man bei einer Klage auf eine Anzahlung und einer Widerklage auf eine volle Erfüllung, Celle NdsRpfl **85**, 1.
Arrest, einstweilige Anordnung oder Verfügung: Zusammenrechnen muß man auch in diesem Eilverfahren nach §§ 916, 935 ff, §§ 49 ff FamFG.
Aufrechnung: Zusammenrechnen muß man wegen § 322 II dann, wenn die Klage zwar begründet ist, wenn das Gericht aber feststellt, daß eine Gegenforderung nicht besteht, oder wenn die Parteien die letztere Feststellung in einem Vergleich nach BLAH Anh § 307 schließen.
S auch § 3 Anh Rn 15 ff „Aufrechnung".
Auskunftsklage: Rn 8 „Stufenklage".
Auswechslung: Rn 5 „Gesamtforderung".
Bauhandwerkersicherungshypothek: Sie zählt neben dem Werklohnanspruch *nicht* gesondert, Drsd BauR **14**, 1352, Nürnb MDR **03**, 1382, Stgt BauR **03**, 131, aM Düss MDR **09**, 322, Hamm BauR **11**, 1546, Mü OLGR **99**, 347.
Befreiung: *Nicht* zusammenrechnen darf man nach § 3 Rn 27 die dingliche und die persönliche.
Bürge: *Nicht* zusammenrechnen darf man die Ansprüche gegenüber dem Hauptschuldner und dem Bürgen. Denn es liegt wirtschaftlich eine Nämlichkeit vor. Dasselbe gilt bei Herausgabe der Urkunde und Widerklage auf Erteilung, Stgt OLGR **98**, 427 (höherer Wert).
Darlehen: *Nicht* zusammenrechnen darf man den Anspruch und einen mit der Auszahlung begründeten Gegenanspruch, Karlsr OLGR **05**, 353, oder den Rückkaufwert einer zugehörigen Lebensversicherung, BGH FamRZ **06**, 946.
Drittwiderspruchsklage: *Nicht* zusammenrechnen darf man bei § 771.
Duldung: *Nicht* zusammenrechnen darf man den Anspruch auf die Leistung gegenüber dem einen Schuldner und den Anspruch auf die Duldung der Zwangsvollstreckung demselben gegenüber, Celle OLGR **02**, 11, KG AnwBl **79**, 229 (wirtschaftliche Nämlichkeit), oder gegenüber dem anderen Schuldner. Denn derselbe Anspruch geht hier in zwei verschiedene Richtungen. Das gilt zB bei einem Anspruch des Anfechtungsgläubigers nach dem AnfG auf die Zahlung eines Wertersatzes und auf die Duldung der Zwangsvollstreckung über den Rechtsnachfolger.
Vgl Einf 19 vor § 3–9.
Ehescheidung: Zusammenrechnen muß man den Anspruch auf die Gestattung des Getrenntlebens und denjenigen auf die Übertragung des elterlichen Sorgerechts nach § 33 I FamGKG, Teil I B dieses Buchs.
Eigentumsvorbehalt: Rn 7 „Kaufpreis".
Einstweilige Verfügung: Rn 3 „Arrest, einstweilige Anordnung oder Verfügung".
Entschädigung: Rn 9 „Vornahme einer Handlung".
Erbrecht: *Nicht* zusammenrechnen darf man den Anspruch auf die Herausgabe eines Erbteils und eine Erbunwürdigkeitsklage.

5 Feststellung: Evtl zusammenrechnen darf man einen Leistungs- und einen Feststellungsantrag, BGH MDR **11**, 1474, aM Celle OLGR **09**, 1025. Das gilt zB bei § 850 f II, Jena MDR **10**, 1211, Stgt RR **09**, 708.
S auch Rn 8 „Teilbetrag".

Abschnitt 7. Wertvorschriften **(§ 5 ZPO) Anh I § 48 GKG**

Gesamtforderung: Sie ist im für die Wertfeststellung maßgebenden Zeitpunkt entscheidend, zB nach Auswechslung, Drsd JB **07**, 315, Ffm RR **09**, 1078.
Gesamtgläubiger: *Nicht* zusammenrechnen darf man wegen des Anspruchs mehrerer Gesamtgläubiger auf dieselbe Leistung, Schneider Festschrift für Madert (2006) 212, zB auf eine Unterlassung, BGH BB **87**, 641, oder bei einem Anspruch eines Gesamtgläubigers und einem Anspruch des Gesamtschuldners dann, wenn jeweils das Ganze im Streit ist, LAG Hamm BB **82**, 374. Wenn man gegen einen Streitgenossen ein Rechtsmittel eingelegt hat, muß das Gericht allerdings die Werte zusammenrechnen, soweit die Ansprüche gegenüber diesem Streitgenossen identisch sind.
Gesamtschuldner: *Nicht* zusammenrechnen darf man den Anspruch eines Gesamtgläubigers und den Anspruch eines Gesamtschuldners dann, wenn jeweils das Ganze im Streit ist, LAG Hamm BB **82**, 374. Wenn man gegen einen Streitgenossen nach § 59 ein Rechtsmittel einlegt, muß das Gericht allerdings die Werte zusammenrechnen, soweit die Ansprüche gegenüber diesem Streitgenossen identisch sind.
Nicht zusammenrechnen darf man ferner beim Anspruch auf eine *unteilbare* Leistung gegenüber mehreren Schuldnern.
S auch Rn 10 „Wertersatz".
Getrenntleben: Rn 4 „Ehescheidung".
Herausgabe: Rn 7 „Kaufpreis", Rn 10 „Wertersatz". **6**
Hilfsantrag: Zusammenrechnen muß man nach (jetzt) § 45 I 2 GKG den Haupt- und den Hilfsantrag nach BLAH § 260 Rn 8 dann, wenn das Gericht über beide entschieden hat, Bbg JB **94**, 112, oder wenn der Hilfsantrag vom Hauptantrag unabhängig ist und wenn das Gericht den Hauptantrag abweist, ferner dann, wenn das Gericht den Bekl auf Grund des Hilfsantrags verurteilt oder wenn es die Klage auf Grund des Hilfsantrags des Bekl abgewiesen hat.
Nicht zusammenrechnen darf man nach § 45 I 2 GKG den Haupt- und den Hilfsantrag im übrigen kostenrechtlich wie für die Zuständigkeit. Maßgeblich ist in den letzteren Fällen nur der höhere Wert.
Hilfswiderklage: § 3 Rn 71 „Hilfswiderklage".
Kaufpreis: *Nicht* zusammenrechnen darf man: Die Kaufpreisforderung und den Anspruch auf die Abnahme der Kaufsache; den Anspruch auf die Herausgabe einer solchen Ware, die man unter einem Eigentumsvorbehalt geliefert hat, und den Anspruch auf die Zahlung des Restkaufpreises. **7**
S auch Rn 4 „Annahmeverzug".
Klagänderung: *Nicht* zusammenrechnen darf man den vor der Klagänderung nach §§ 263, 264 geltendgemachten Anspruch und den jetzigen. Denn der Kläger erhebt die Ansprüche unter diesen Umständen nicht nebeneinander.
Klagerweiterung: Rn 8 „Streitgenossen".
Kündigungsschutz: *Nicht* zusammenrechnen darf man ihn mit dem Gehalts- oder Lohnanspruch, LAG Mainz MDR **07**, 1046, oder mit einem Auflösungsantrag, LAG Chemnitz JB **06**, 33, LAG Nürnb JB **06**, 82.
Mahnverfahren: Zusammenrechnen muß man auch im Mahnverfahren nach §§ 688 ff.
Mehrheit von Ansprüchen: Zusammenrechnen muß man nach Rn 2 mehrere in derselben Klage geltend gemachte Ansprüche, BGH VersR **81**, 157, Kblz GRUR **84**, 909. Das gilt auch bei § 8 IV UWG gegenüber mehreren selbständigen Konzernmitgliedern, Hbg GRUR-RR **06**, 392, oder gegenüber einer Person und ihrem gesetzlichen Vertreter, Hamm GRUR-RR **16**, 384.
Nicht zusammenrechnen darf man unabhängige Ansprüche in einer Klage und einer Widerklage nach BLAH Anh § 253, Köln JB **90**, 241.
Mehrheit von Anspruchsbegründungen: *Nicht* zusammenrechnen darf man, wenn für denselben Anspruch nur mehrere rechtliche Begründungen vorliegen oder infragekommen, BGH NJW **05**, 748.
Mehrheit von Klägern: Zusammenrechnen muß man nach Rn 2 mehrere in derselben Klage geltendgemachte Ansprüche. Das gilt auch bei einer Klägerhäufung nach § 59, BGH VersR **91**, 360.
Miete: Die Regeln Rn 5 „Feststellung" gelten auch hier, BGH JB **06**, 369 (für denselben Zeitraum).

GKG Anh I § 48 (§ 5 ZPO) I. A. Gerichtskostengesetz

Nichtvermögensrechtlicher Anspruch: Man muß ihn mit einem vermögensrechtlichen Anspruch nach § 48 Rn 6 ff zusammenrechnen. Das darf man jedoch nach § 48 III GKG (dann nur der höhere) *nicht* tun, soweit der Kläger aus dem nichtvermögensrechtlichen einen vermögensrechtlichen Anspruch herleitet.
Patentverfahren: Eine Zusammenrechnung ist jedenfalls im Nichtigkeitsverfahren erster Instanz *unstatthaft,* BPatG GRUR **92**, 690.
Quittung: Rn 10 „Zwangsvollstreckung".
Rückforderung: *Nicht* zusammenrechnen darf man eine Abänderungsforderung des Schuldners und seine Rückforderung des schon Gezahlten, Hbg FamRZ **98**, 311.

8 **Sicherungsanspruch:** *Nicht* zusammenrechnen darf man einen Sicherungsanspruch etwa aus einer Pfandklage und eine persönliche Forderung, Ffm JB **77**, 1136, Schlesw SchlHA **86**, 184, oder aus einem Werkvertrag und die Werklohnforderung, Hamm JB **17**, 587 (bitte lesen), KG BauR **11**, 144, Stgt MDR **13**, 741, oder aus einem Zahlungsanspruch.
Sorgerecht: Rn 4 „Ehescheidung".
Streitgenossen: *Nicht* zusammenrechnen darf man Ansprüche gegen mehrere notwendige Streitgenossen nach § 62 auf dieselbe Leistung. Das gilt auch bei einer nachträglichen Klagerweiterung nach §§ 263, 264, Kblz AnwBl **85**, 203. Im übrigen kann man wie sonst zusammenrechnen, OVG Münst JB **02**, 532. Bei Rechtsmitteln ist unerheblich, ob alle sie einlegen und wie das geschieht, BGH NJW **01**, 231 (freilich bleibt das bloße Kosteninteresse unbeachtlich).
S auch Rn 5 „Gesamtschuldner".
Streithelfer: Bei ihm nach § 66 und bei einer Einheit des Streitgegenstands nach BLAH § 2 Rn 4 und der Urteilswirkung erfolgt *keine* Zusammenrechnung, BGH NJW **01**, 2639.
Stufenklage: Zusammenrechnen muß man bei § 254 den Anspruch der ersten beiden Stufen und die schließliche Leistungsforderung, vgl freilich auch (jetzt) § 44 GKG, Brdb MDR **02**, 537, Schneider Rpfleger **77**, 92.
   Nicht zusammenrechnen darf man dann, wenn der Kläger von dem zunächst erhobenen Auskunftsanspruch zum Schadensersatzanspruch übergeht.
Teilbetrag: Zusammenrechnen darf man beim Zusammentreffen einer teilweisen Erledigung nach BLAH § 91a Rn 200 oder bei einer teilweisen Klagerücknahme nach § 269 und einer anschließenden Einführung eines neuen Gegenstands nach BLAH § 2 Rn 4, KG MDR **08**, 173.
   Nicht zusammenrechnen darf man die Feststellung des gesamten Rechtsverhältnisses nach § 256 und einen Anspruch auf die Leistung eines Teilbetrags, BGH NZM **04**, 423. Bei der Anfechtung eines Teilurteils nach § 301 gilt in der Rechtsmittelinstanz der Wert des gesamten Rechtsverhältnisses.
Unteilbare Leistung: Rn 5 „Gesamtschuldner".
Unterhalt: Bei einer Verbindung der Forderungen auf eine rückwirkende Herabsetzung und auf eine Rückzahlung darf man *nicht* zusammenrechnen, Hbg JB **94**, 493. *Nicht* zusammenrechnen darf man seine Verlängerung und seine Abkürzung, Stgt FamRZ **08**, 1205.
Unterlassung: Zusammenrechnen muß man nach Rn 5, soweit keine Gesamtschuldner vorliegen, Bbg JB **87**, 1831, Kblz WRP **85**, 45.

9 **Vaterschaft:** Zusammenrechnen muß man den Anspruch aus einem Vaterschaftsanfechtungsantrag gegenüber dem einen wie dem anderen Geschwister.
Verbindung: Rn 3.
Vergleich: Rn 4 „Aufrechnung".
Vollstreckungsabwehrklage: *Nicht* zusammenrechnen darf man den Anspruch aus einer Vollstreckungsabwehrklage nach § 767 und den Anspruch auf die Rückgewähr der Leistung oder auf Titelherausgabe, BGH JB **04**, 540, Hamm JB **91**, 1237.
S auch Rn 10 „Zwangsvollstreckung".
Vornahme einer Handlung: *Nicht* zusammenrechnen darf man den Vornahmeanspruch und den Anspruch auf eine Entschädigung nach § 510b.
Vorschuß: *Nicht* zusammenrechnen darf man seine Forderung und eine Ersatzvornahme nach § 887 I, II, PrGe 5.

Abschnitt 7. Wertvorschriften (§§ 5, 6 ZPO) Anh I § 48 GKG

Wahlantrag: *Nicht* zusammenrechnen darf man nach § 3 Rn 137 „Wahlschuld" Wahl- 10
anträge.
Weiterbeschäftigung: Zusammenrechnen darf man mit einer Feststellung des Betriebsübergangs, LAG Kiel JB **07**, 257.
Wertersatz: *Nicht* zusammenrechnen darf man: Den Anspruch auf die Herausgabe einer Sache und den Anspruch auf die Zahlung einer Geldsumme als eines Wertersatzes bei einer Unmöglichkeit der Herausgabe; den Anspruch des Anfechtungsgläubigers nach dem AnfG auf die Zahlung eines Wertersatzes und auf die Duldung der Zwangsvollstreckung über den Rechtsnachfolger.
Widerklage: *Nicht* zusammenrechnen darf man die Klage und die zugehörige (Feststellungs-)Widerklage nach BLAH Anh § 253, Brdb FamRZ **04**, 962, Düss MDR **03**, 236, aM Ffm JB **85**, 1083.
Wirtschaftliche Selbständigkeit: Rn 3.
Zug-um-Zug: *Nicht* zusammenrechnen darf man eine solche Leistung mit einer Forderung auf Abnahme oder auf Feststellung des Annahmeverzugs, Düss MDR **09**, 57, KG MDR **05**, 898, Karlsr OLGR **04**, 388.
Zwangsvollstreckung: *Nicht* zusammenrechnen darf man den Anspruch auf die Feststellung der Unzulässigkeit der Zwangsvollstreckung nach §§ 256, 775 und den Anspruch auf die Aushändigung einer löschungsfähigen Quittung oder einer Löschungsbewilligung, aM Düss MDR **00**, 543 (aber es liegt eben doch eine wirtschaftliche Einheit vor);
S auch Rn 4 „Duldung", Rn 9 „Vollstreckungsabwehrklage".

C. Nebenforderung. Eine solche bleibt nach § 4 unberücksichtigt. Eine nach- 11
trägliche Prozeßverbindung nach § 147 oder eine Prozeßtrennung nach § 145 sind nach Rn 3 für die Gebühren evtl bedeutungslos. Man muß sie allerdings bei der Beurteilung der weiteren sachlichen Zuständigkeit nach §§ 23 ff, 71 ff GVG beachten. Wenn für den einen der Ansprüche eine ausschließliche Zuständigkeit besteht, für den anderen nur eine gewöhnliche Zuständigkeit, darf man die Ansprüche zur Beurteilung der Zuständigkeit nicht zusammenrechnen.
Man kann zB nur vor das AG gehörende *Vollstreckungsabwehrklage* nach § 767 nicht mit einer anderen Klage zusammenrechnen, um das LG zuständig zu machen. Wegen des Kostenstreitwerts § 43 GKG. Wenn das AG nach § 23 Z 2 GVG ohne eine Rücksicht auf den Streitwert zuständig ist, darf man einen derartigen Anspruch nach § 506 nicht mit einem anderen zusammen beim LG erheben.
Eine Zusammenrechnung erfolgt also auch dann *nur für* den *Kostenstreitwert*. Für den Beschwerdewert gilt bei allen Rechtsmitteln § 5 entsprechend.

4) Klage und Widerklage, Hs 2. In einer Familiensache gilt § 39 FamGKG, 12
Teil I B dieses Buchs. Im übrigen: Man darf die Klage und die Widerklage nach BLAH Anh § 253 zur Beurteilung der Zuständigkeit nicht zusammenrechnen, LAG Mainz NZA-RR **05**, 275, Schneider MDR **88**, 271. Es gilt also nur der höhere Wert. Für den Kostenstreitwert vgl Rn 1. Wegen des Beschwerdewerts BLAH bei § 511. Zeitlich getrennte Ansprüche der Widerklage können einzeln und zusammengerechnet eine Verweisung nach § 506 erforderlich machen. Wegen eines Ersatzanspruchs auf Grund einer Änderung des Urteils § 3 Rn 125 „Urteilsänderung".

Besitz; Sicherstellung; Pfandrecht

ZPO § 6. ¹Der Wert wird bestimmt: durch den Wert einer Sache, wenn es auf deren Besitz, und durch den Betrag einer Forderung, wenn es auf deren Sicherstellung oder ein Pfandrecht ankommt. ²Hat der Gegenstand des Pfandrechts einen geringeren Wert, so ist dieser maßgebend.

Gliederung

1) Besitzstreit, Eigentumsstreit, S 1, 2	1–8
A. Grundsatz: Sachwert	1
B. Beispiele zur Frage einer Anwendbarkeit, S 1, 2	2, 3
C. Verkehrswert	4
D. Lasten	5

GKG Anh I § 48 (§ 6 ZPO)   I. A. Gerichtskostengesetz

 E. Gegenleistung 6, 7
 F. Beispiele zur Frage eines Sachwerts, S 1, 2 8
2) **Sicherstellung einer Forderung, S 1, 2** 9
3) **Pfandrecht, S 1, 2** 10–15
 A. Geltungsbereich 10
 B. Wertgrundsatz: Forderung; evtl nur Pfandrecht 11
 C. Beispiele zur Frage eines Forderungswerts, S 1, 2 12–15
4) **Sinngemäße Anwendung, S 1, 2** 16

1   **1) Besitzstreit, Eigentumsstreit, S 1, 2.** Die Vorschrift bringt eine vorrangige Spezialregelung, BGH RR **94**, 256, Nürnb JB **04**, 377. Sie gilt bei jeder Klagart, KG AnwBl **78**, 107 (Freigabe), LG Drsd JB **00**, 83 (bei § 2039 BGB). Sie gilt für alle drei Wertarten nach Einf 1–5 vor §§ 3–9, aM Ffm JB **81**, 759, Schneider MDR **84**, 266 (beim Kostenwert nur entsprechend. Aber für solche Einschränkung gibt das Gesetz nichts her).
 A. Grundsatz: Sachwert. Soweit es auf den Besitz einer Sache oder auf ihr Eigentum ankommt, ist der Wert der Sache maßgeblich.

2   **B. Beispiele zur Frage einer Anwendbarkeit, S 1, 2**
Abnahme: § 6 ist *unanwendbar* auf eine Klage des Verkäufers auf die Abnahme der Kaufsache. Dann gilt § 3.
Abwehrklage: § 6 ist *unanwendbar* auf eine Abwehrklage (negatorische Klage).
Anfechtung: Rn 16.
Arrest, Einstweilige Anordnung oder Verfügung: § 6 ist *unanwendbar* auf den Antrag auf eine nur vorläufige Regelung mit einem Arrest oder einer einstweiligen Anordnung oder Verfügung nach §§ 49 ff FamFG, §§ 916 ff, 935 ff, aM Köln OLGR **99**, 336, LG Köln FamRZ **16**, 2147. Vielmehr gilt dann Anh § 3 Rn 11 sowie (jetzt) der vorrangige § 53 GKG, Köln VersR **76**, 740 und § 41 FamGKG, Teil I B dieses Buchs.
Auflassung: § 6 ist nach Rn 4 ff anwendbar auf eine Klage auf die Erteilung einer Auflassung, BGH RR **01**, 518, KG MDR **08**, 1417, Rostock JB **12**, 196, aM BGH (7. ZS) NJW **02**, 684 (ohne Vorlage nach § 132 GVG), Hamm BauR **13**, 995, Stgt MDR **09**, 1353 (je: § 3), Celle BauR **12**, 515 (nur, wenn auch Herausgabe. Aber in allen diesen Varianten hat die Spezialregelung des § 6 Vorrang). Beim ideellen Grundstücksteil gilt dessen Wert, KG MDR **08**, 1417, Schlesw Rpfleger **80**, 239. Beim Zusammentreffen einer Auflassung und einer Löschung bereits eingetragener Lasten ist der Grundstückswert der Höchstwert, Köln JB **88**, 1388. Bei einer bloßen Zustimmung zum Auflassungsvollzug gilt § 3, BGH NJW **02**, 684, Karlsr JB **06**, 145.
 S auch „Eigentumsfeststellung", Rn 3 „Rückgewähr", Rn 14, 15 wegen einer Vormerkung.
Bauhandwerkersicherung: Maßgeblich ist die zu sichernde Forderung, Stgt BauR **12**, 1989.
Baulandsache: § 6 ist *unanwendbar* auf die Klage auf eine vorzeitige Besitzeinweisung in einer Baulandsache nach dem BauGB. Vielmehr gilt dann § 20 GKG entsprechend und es entscheidet das Interesse des Klägers, meist etwa 33,3% des Werts der Fläche. Vgl aber auch § 52 GKG.
Befreiung: § 3 Rn 27 „Befreiung".
Berichtigung des Grundbuchs: § 3 Rn 28 „Berichtigung des Grundbuchs".
Besitzeinweisung: S „Baulandsache".
Besitzklage: § 6 ist anwendbar auf eine Besitzklage jeder Art, LG Bln Rpfleger **90**, 35, aM Ffm MDR **81**, 589 (§ 3). Das gilt auch einer Besitzstörung.
Beweisurkunde: § 6 ist *unanwendbar* auf eine Klage auf die Herausgabe einer Beweisurkunde oder einer anderen Urkunde nach §§ 415 ff, die keine Wertträger sind, BGH RR **95**, 312, Bre Rpfleger **85**, 72, LG Würzb JB **90**, 108.
Ehewohnung: Es gilt § 48 FamGKG, Teil I B dieses Buchs, Köln MDR **99**, 637.
Eigentumsfeststellung: § 6 ist *unanwendbar* auf eine Klage auf die Feststellung des Eigentums.
 S auch „Auflassung".
Eigentumsübertragung: Rn 3 „Zugewinnausgleich".

Abschnitt 7. Wertvorschriften **(§ 6 ZPO) Anh I § 48 GKG**

Eigentumsvorbehalt: § 6 ist anwendbar auf eine Klage auf die Herausgabe einer unter einem Eigentumsvorbehalt gelieferten Sache, Naumb JB **11**, 29. Das gilt auch bei der Feststellung der Wirksamkeit des Eigentumsvorbehalts.
Enteignung: § 3 Rn 40.
Erbbaurecht: § 6 ist anwendbar auf eine Klage mit dem Ziel der Bestellung eines Erbbaurechts, Saarbr AnwBl **78**, 107, und auf die Herausgabe nach dem Erbbaurechtsende, Hbg AnwBl **96**, 411.
Freistellung: S „Befreiung".
Grundschuldbrief: § 3 Rn 66.
Herausgabe: § 6 ist anwendbar, BGH RR **01**, 518, Mü MDR **15**, 984, Naumb JB **11**, 29 (Verkehrswert –?–), aM Hamm MDR **90**, 449 bei Kurzzeit. Für die Bewertung kommt es auf den wirtschaftlichen Zweck der Herausgabe evtl mit an, Mü MDR **15**, 984. Bei einer Miete und Pacht gelten § 8 sowie § 41 GKG.
S auch „Beweisurkunde", „Eigentumsvorbehalt", „Hinterlegung", Rn 3 „Rückgewähr", „Wertpapier".
Hinterlegung: § 6 ist anwendbar auf eine Klage auf die Erteilung einer Einwilligung zur Herausgabe einer hinterlegten Sache, KG AnwBl **78**, 107.
S auch § 3 Rn 68 „Herausgabe: a) Herausgabe einer Sache".
Miete: Rn 2 „Besitzklage", Rn 3 „Räumungsklage", „Rückgewähr". 3
Räumungsklage: Es gilt § 8, BGH NZM **05**, 677, aM LG Bln ZMR **16**, 920 (§ 6). Für die Kosten gilt § 41 II GKG, LG Bln ZMR **16**, 920.
Rückgewähr: § 6 ist anwendbar auf eine Klage auf die Rückgewähr einer Sache wegen einer Nichterfüllung, Karlsr Rpfleger **80**, 308 (WEG), Schlesw Rpfleger **80**, 293 (beim ideellen Anteil gilt dieser), LG Bayreuth JB **77**, 1116. § 6 ist ferner anwendbar bei einem Anspruch auf eine Rückgewähr wegen der Nichtigkeit eines Vertrags, ferner bei (jetzt) § 437 Z 2 BGB, aM Schlesw JB **98**, 421 (§ 3. Aber § 6 gilt als eine Spezialvorschrift auch hier vorrangig). § 6 ist anwendbar auf einen Anspruch auf die Rückgewähr einer Mietsicherheit, LG Essen MDR **04**, 206.
Scheidung: S „Zugewinnausgleich".
Sparbuch: Rn 2 „Beweisurkunde".
Teilungsversteigerung: § 6 ist nach § 3 Rn 139 „Widerspruchsklage: c) Teilungsversteigerung" *unanwendbar* auf eine Widerspruchsklage bei § 180 ZVG.
Testamentvollstrecker: Rn 2 „Besitzklage".
Übergabe: § 6 ist anwendbar auf eine Klage des Käufers auf die Übergabe der Kaufsache.
S auch Rn 2 „Abnahme", „Eigentumsvorbehalt", Rn 3 „Zugewinnausgleich".
Umlegungsstreit: § 6 ist *unanwendbar* auf eine Klage dazu, ob ein Grundstück in ein Umlegungsverfahren kommen soll.
Urkunde: § 6 ist anwendbar bei eigenem Wert, BGH NJW **89**, 2755.
S auch Rn 2 „Beweisurkunde", Rn 3 „Wertpapier".
Veräußerungsverbot: § 6 ist anwendbar auf ein gesetzliches oder vertragliches Veräußerungsverbot. Maßgeblich ist nur der Verkehrswert, also nicht das wirtschaftliche Ziel.
Verbotene Eigenmacht: Rn 2 „Besitzklage".
Verfügungsbeschränkung: Ähnlich wie beim Veräußerungsverbot muß man vom Verkehrswert ausgehen und die Gefährdung beachten.
Verwahrung: Die vorzeitige Rückgabe läßt sich nach § 3 (Zeitinteresse) behandeln, die endgültige nach § 6.
Vorbereitende Klage: § 6 ist nach § 3 Rn 135 *unanwendbar* auf eine nur vorbereitende Klage.
S auch Rn 2 „Arrest, Einstweilige Verfügung".
Vorkaufsrecht: § 3 Rn 40.
Vorläufige Regelung: Rn 2 „Arrest, Einstweilige Anordnung oder Verfügung".
Wertpapier: Es entscheidet nach § 3 Rn 70 „Herausgabe: – (Wertpapier)" sein Kurswert.
Widerspruchsklage: S „Teilungsversteigerung".
Zugewinnausgleich: § 6 ist in Verbindung mit § 113 I 2 FamFG anwendbar auf eine Klage des Käufers auf die Übergabe der Sache nebst einer Eigentumsübertragung unter einer Anrechnung auf den Zugewinnausgleich, Ffm MDR **90**, 58.

GKG Anh I § 48 (§ 6 ZPO) I. A. Gerichtskostengesetz

Zug-um-Zug: Rn 7.
Zwangsversteigerung: S „Teilungsversteigerung".

4   C. **Verkehrswert.** Maßgebend ist der Wert der Sache, also der objektive Verkehrswert nach § 3 Rn 3, BGH RR **01**, 518, Köln MDR **05**, 299, AG Königstein RR **03**, 949. Das gilt bei einem Grundstück und bei der Klage auf die Feststellung des Eigentums. Maßgebend ist also nicht der Einheitswert. Bei der Auflassung eines Erbbaurechtsgrundstücks gilt nur der Bodenwert, Bbg JB **92**, 629. Bei einem noch zu vermessenden Teil muß man nach § 3 schätzen. Der Verkehrswert gilt auch dann, wenn es um ein Mietwohngrundstück geht. Dasselbe gilt beim geleasten Gegenstand, LAG Mainz JB **09**, 140 (Firmen-Pkw). Also entscheidet hier nicht der Ertragswert. Beim Geschäftsraum kann man auf den 17fachen Jahresmietwert abstellen, LG Mü WoM **95**, 197. Beim Einbau gilt der Wert nach der Trennung, BGH RR **91**, 3221.

Der *Kaufpreis* ist *nicht* maßgeblich, Köln MDR **05**, 299, aM Ffm RR **96**, 636. Er erbringt aber meist einen Anscheinsbeweis nach BLAH Anh § 286 Rn 15 für die Höhe des Verkehrswerts. Bei einem Edelmetall ist der Ankaufskurs maßgeblich, BGH RR **91**, 1210. Stets kommt es auf den Zeitpunkt der Entscheidungsreife nach BLAH § 300 Rn 6 oder des Schlusses der letzten Verhandlung nach §§ 136 IV, 296 a an, BGH RR **91**, 1210. Daher muß man zB bei der Rückauflassung eines inzwischen bebauten Grundstücks die Bebauung mitbewerten.

5   D. **Lasten.** Ein valutierendes Grundpfandrecht mindert den Wert auf das wirtschaftliche Interesse des Klägers an der Herausgabe usw herab, Bbg JB **77**, 1278, aM BGH RR **01**, 518, KG MDR **08**, 1417, Karlsr FamRZ **04**, 43 (nur bei einer Beeinträchtigung der wirtschaftlichen Benutzung, daher nicht beim Nießbrauch. Aber gerade auch bei ihm ist infolge der stets notwendigen wirtschaftlichen Betrachtungsweise wohl fast stets eine Beeinträchtigung des Verkehrswerts sehr wohl vorhanden. Ein belastetes Grundstück kostet weniger). Das Gesetz nennt zwar keinen Mindestbetrag, Schlesw Rpfleger **80**, 239. Eine völlige Wertlosigkeit liegt aber keineswegs vor, soweit man um eine Sache streitet, LG Köln NJW **77**, 256. Selbst bei einem zur Zeit nicht einlösbaren Wechsel kann ein gewisses Interesse an der Herausgabe durchaus bestehen, Ffm MDR **81**, 590, Köln MDR **75**, 60, LG Köln NJW **77**, 255, aM Düss JB **94**, 496, Mü MDR **81**, 501 (aber die Verhältnisse können sich bessern. Das darf und muß man schon jetzt mitbeachten).

6   E. **Gegenleistung.** Eine Gegenleistung bleibt grundsätzlich außer Betracht, BGH FamRZ **05**, 265, Hamm MDR **02**, 1458, Stgt JB **02**, 424, aM ZöHe 16 „Auflassung" (aber § 6 erwähnt die Gegenleistung gerade nicht mit).

Das gilt zB für das Angebot der geschuldeten Gegenleistung (etwas anderes gilt natürlich dann, wenn man einen aufgerechneten Betrag abziehen muß) oder nach Rn 7 für den Einwand, der Schuldner brauche nur Zug um Zug zu erfüllen, Bbg JB **78**, 428, Stgt JB **02**, 424. Beim auf die Gegenleistung beschränkten Rechtsmittel ist nach Rn 8 allerdings nur die Gegenleistung maßgeblich.

Wenn nur ein *Zurückbehaltungsrecht* des Bekl streitig ist, ist das Zurückbehaltungsrecht für die Wertberechnung unerheblich, BGH FamRZ **05**, 265, Mü MDR **81**, 501, Müller MDR **03**, 250, aM KG RR **03**, 787, LG Bln WoM **16**, 693 rechts oben (aber § 6 hat als eine sehr wohl anwendbare Spezialvorschrift den Vorrang). Das gilt unabhängig davon, ob der das Zurückbehaltungsrecht begründende Anspruch gegenüber dem Kläganspruch höher oder geringer ist, Celle MDR **77**, 672, Waldner NJW **80**, 217.

7   Wenn der Kläger vom Bekl eine Zahlung *Zug um Zug* gegen die Lieferung des verkauften Kraftfahrzeugs fordert, ist der Preis des Fahrzeugs maßgeblich. Das gilt auch dann, wenn die Parteien nur über den Wert eines in Zahlung gegebenen Altwagens streiten. Bei einer Verurteilung nur Zug um Zug gegen eine Mängelbeseitigung liegt der Beschwerdewert für den Kläger bei den Beseitigungskosten, Düss MDR **99**, 628. Bei einer Verurteilung Zug um Zug gegen eine Zahlung von (nur) X EUR (statt X + Y EUR) kann Y EUR der richtige Wert sein. Denn nur Y ist im Streit.

8   F. **Beispiele zur Frage eines Sachwerts, S 1, 2**
Bauland: Anh § 3 Rn 26 „Baulandsache".
Duldung: S „Herausgabe, Herausnahme".
Eigentum: Es zählt zu § 6, Hamm MDR **02**, 1458.

Abschnitt 7. Wertvorschriften　　　　　　(§ 6 ZPO) Anh I § 48 GKG

Erbrecht: Anh § 3 Rn 41 „Erbrechtlicher Anspruch".
Gesamthand: Wenn der Kläger gegen diejenigen Gesamthandeigentümer vorgeht, die eine Herausgabe verweigern, während die übrigen Gesamthandeigentümer die Herausgabe bewilligen, ist der Verkaufswert der Rechtsfolge maßgeblich, also der Wert des gesamten Grundstücks.
Herausgabe oder Herausnahme: Wenn der Kläger eine Duldung der Entfernung oder nur die Herausgabe einer eingebauten Sache verlangt, muß man den durch die Wegnahme oder Herausgabe verminderten Wert ansetzen, BGH NJW **91**, 3222.
Hinterlegung: S „Teil der Sache".
Mietersache: Wenn es um eine in das Mietgrundstück eingebaute und dann getrennte Mietersache geht, ist ihr Wert maßgeblich.
Räumungsfrist: Wenn der Bekl nur eine kurze Räumungsfrist nach § 721 beantragt, muß man den Wert nach § 3 in Verbindung mit § 41 II GKG schätzen.
Schlüssel: Evtl gilt der Wert der ganzen Anlage, Düss OLGR **93**, 79, LAG Kiel JB **07**, 258.
Teil der Sache: Wenn der Kläger nur einen Teil der Sache beansprucht, ist der Wert dieses Teils maßgeblich. Das gilt auch bei einem Hinterlegungsgläubiger, KG AnwBl **78**, 107, Schlesw JB **76**, 239.
Wegnahme: S „Herausgabe, Herausnahme".
Zurückbehaltungsrecht: Wenn in der höheren Instanz nur noch streitig ist, ob der Bekl auf Grund seines Zurückbehaltungsrechts nur Zug um Zug leisten muß, ist der Wert des Zurückbehaltungsrechts maßgeblich, BGH BB **91**, 937, KG JB **03**, 593, Saarbr AnwBl **79**, 154. Diesen Wert begrenzt der volle Wert des Auskunftsanspruchs, BGH BB **91**, 937.

2) Sicherstellung einer Forderung, S 1, 2. Wenn man um eine beliebige bestehende oder erst noch zu bestellende Sicherheit streitet, etwa um eine Bürgschaft, entscheidet der Betrag der gesicherten oder zu sichernden Forderung ohne eine Rücksicht auf eine etwaige Betagung oder Bedingung, BGH WoM **06**, 215, Ffm AnwBl **80**, 460, Stgt MDR **80**, 678, oder Gegenforderung, Hamm JB **81**, 434. Wegen des Streits um ein Pfandrecht Rn 11. Bei der Eintragung eines Widerspruchs ist immer § 3 anwendbar. Wenn es um die Herausgabe einer zur Sicherung übereigneten Sache geht, ist der Wert der Forderung maßgeblich, falls dieser Wert unter demjenigen der Sache selbst liegt, Ffm OLGR **02**, 376. Denn man muß das Sicherungseigentum eher wie ein Pfandrecht behandeln, LG Stgt MDR **77**, 676. Wenn der Kläger dagegen eine unter einem Eigentumsvorbehalt verkaufte Sache zurückverlangt, ist der volle Sachwert maßgeblich. 9

3) Pfandrecht, S 1, 2. Man muß unterschiedliche Gesichtspunkte beachten. 10
A. Geltungsbereich. § 6 betrifft das Fahrnispfandrecht und das Grundstückspfandrecht. Das Gesetz verwendet also den Ausdruck „Pfandrecht" nicht in dem beschränkten Sinne des BGB. Die Art der Klage ist unerheblich. Es ist auch unerheblich, ob das Pfandrecht vertraglich oder gesetzlich entstand.
Beispiele: Die Widerspruchsklage nach § 771, Anh § 3 Rn 139; eine Klage auf die Löschung einer Hypothek; ein Absonderungsanspruch im Insolvenzverfahren; eine Erinnerung gegen eine Pfändung und Überweisung. Der Wert beträgt dann höchstens die gepfändete Forderung; ein Streit über die Art und Weise der Verwertung eines Pfandrechts.

B. Wertgrundsatz: Forderung; evtl nur Pfandrecht. Die Wertberechnung erfolgt nach dem Betrag der Forderung, Saarbr MDR **01**, 897. Wenn der Gegenstand des Pfandrechts aber einen geringeren Wert als den Betrag der Forderung hat, ist dieser geringere Wert maßgeblich, Ffm MDR **03**, 356. Diese Regelung gilt für ein bestehendes Pfandrecht. Wenn man das Pfandrecht erst noch bestellen muß, gilt sie auch für dieses Pfandrecht, falls der Kläger für die Sicherung der Forderung einen bestimmten Gegenstand bezeichnet hat. Man muß die Forderung nach § 4 berechnen. 11

Gegenstand des Pfandrechts ist die *Pfandsache.* Man darf ein Vorpfandrecht nicht berücksichtigen. Denn jede Pfändung ergreift den ganzen Gegenstand. Andernfalls müßte man bei einer Erschöpfung des Werts durch vorangegangene Vorpfandrechte das nachfolgende Vorpfandrecht mit 0 EUR bewerten, aM StJR 27 (legt nur den Überschuß zugrunde). Dasselbe gilt bei einer Widerspruchsklage nach § 771, BGH

GKG Anh I § 48 (§ 6 ZPO) I. A. Gerichtskostengesetz

WertpMitt **83**, 246. Wenn es sich um eine Zwangsüberweisung nach § 825 handelt, ist der Wert der Pfandsache maßgeblich, falls dieser geringer ist.

C. Beispiele zur Frage eines Forderungswerts, S 1, 2

12 **Auflassungsvormerkung:** Bei einer Eintragung gilt der volle Rechtswert, aM Hamm JB **87**, 887, LG Bayreuth JB **81**, 758, LG Kassel JB **97**, 154 (je: Interesse). Bei ihrer Löschung ist die Höhe derjenigen Nachteile maßgeblich, die durch die Löschung wirtschaftlich entstehen. Man kann von 25% des Verkehrswerts ausgehen, aber nach einer Zwangsversteigerung nur 5% des Verkehrswerts als Wert annehmen. Andere Lösungen: Bbg JB **90**, 1511 (Interesse an der Beseitigung der Vormerkung), Ffm AnwBl **83**, 174, Köln MDR **83**, 495 (je: 10%), Mü JB **78**, 1564 (25%), BGH NJW **02**, 3180 (33,3%), Bre AnwBl **76**, 441 (90%), Nürnb NJW **77**, 857, Saarbr AnwBl **79**, 114, Schneider MDR **83**, 639 (kein allgemeiner Prozentsatz). Bbg JB **75**, 649 nimmt bei der Eintragung der Vormerkung wegen einer Bauhandwerkerhypothek 25–33,3% des Hypothekenwerts an. Bbg JB **75**, 940 geht bei einer Löschung einer solchen Vormerkung von demselben Wert aus. Bbg JB **76**, 1094, Ffm JB **75**, 514 gehen bei der Löschung einer Vormerkung von 25% des Hypothekenwerts aus.

Bierlieferung: Maßgebend ist der Lieferungswert, BGH RR **89**, 381.

13 **Dritter:** Rn 14 „Herausgabe".

Einstweilige Verfügung: Bei derjenigen mit dem Ziel der Eintragung einer Vormerkung zur Sicherung einer Forderung nach BLAH § 940 Rn 34 „Grundbuch" muß man von dieser Forderung ausgehen und das Interesse des Antragstellers an der Sicherung nach § 3 schätzen. Man muß also einen Bruchteil feststellen, Bre AnwBl **76**, 441 (90%), LG Frankenth AnwBl **83**, 557 (33,3%), LG Lpz JB **95**, 26 (25–33,3%).

14 **Grundschuld:** Bei der Löschung einer Grundschuld oder Hypothek ist grds ihr Nennbetrag maßgeblich, BVerfG WertpMitt **12**, 1073, BGH MDR **17**, 608 rechts (ohne Vorlage nach § 132 GVG), Roth MDR **17**, 1153, aM BGH WertpMitt **10**, 1476 (40% des Nominalwerts), Ffm OLGR **08**, 321, Nürnb MDR **09**, 218, Stgt MDR **10**, 778 (je: 20% des Nominalwerts), Drsd MDR **08**, 1005, Hbg MDR **75**, 847, Kblz JB **09**, 430 (je: Restbetrag der Hypothek), Köln BB **95**, 952 (§ 6, soweit die zu sichernde Forderung noch besteht, im übrigen aber Interesse des Klägers an der Löschung nach § 3, Düss OLGR **93**, 348, Ffm OLGR **02**, 376. Aber in allen diesen Varianten geht es wirtschaftlich um die Befreiung von der vollen Eintragung. Ein Erwerber usw muß ja vom Grundbuch ausgehen). Freilich darf die Festsetzung nicht weit über dem wirtschaftlichen Wert liegen, BVerfG WertpMitt **12**, 1073, KG MDR **03**, 1383, Saarbr MDR **01**, 897.

Herausgabe: Bei einer Klage auf die Herausgabe einer Pfandsache ist deren höherer Wert unerheblich. Wenn ein Dritter die Pfandsache herausverlangt und wenn der Besitzer die Sache wegen eines Pfandrechts zurückhält, gilt § 6. Denn der Dritte kann die Sache ja auslösen.

Höchstbetragshypothek: Bei ihrer Löschung ist derjenige Höchstbetrag der Forderung maßgeblich, der sich aus dem Grundbuch ergibt, Drsd JB **08**, 476. Denn das Grundstück haftet evtl bis zu dieser Höhe. Wenn es um die Abtretung einer Hypothek geht, ist ihr Nennwert und nicht ihre Valutierung maßgeblich.

Hypothek: S „Grundschuld".

15 **Löschung:** S bei den zu löschenden Eintragungen.

Mehrere Grundstücke: Bei der Eintragung auch zulasten eines anderen Grundstücks ist § 6 anwendbar.

Rangstreit: Maßgeblich ist die kleinere Forderung. Man kann beim Anspruch auf einen Vorrang (jetzt) § 45 GNotKG entsprechend anwenden, Ffm AnwBl **82**, 111.

16 **4) Sinngemäße Anwendung, S 1, 2.** § 6 ist bei einer Anfechtung außerhalb und innerhalb eines Insolvenzverfahrens entsprechend anwendbar, BGH JB **08**, 369. Man muß dann von dem Wert des Zurückzugewährenden abzüglich der Belastungen ausgehen, soweit nicht diejenige Forderung geringer ist, derentwegen die Anfechtung erfolgt ist, BGH KTS **82**, 449. Entsprechend und nicht nach § 42 GKG ist der Wert auch bei einem Unterhaltsanspruch ansetzbar. Zinsen und Kosten gehören als ein Teil des Hauptanspruchs zur Forderung, BGH KTS **82**, 449. Eine Nebenforderung bleibt nach § 4 I außer Ansatz.

Abschnitt 7. Wertvorschriften **(§§ 6, 7 ZPO) Anh I § 48 GKG**

Wenn die Anfechtung ein Grundstück der *Zwangsvollstreckung* unterwerfen soll, gilt der Grundstückswert abzüglich der Lasten als maßgeblich. In diesem Zusammenhang kommt es darauf an, inwieweit der Kläger mit einer Befriedigung rechnen kann (Versteigerungswert). Köln VersR **82**, 50 hält § 6 für den Kostenstreitwert überhaupt nur für entsprechend anwendbar und fordert eine einschränkende Auslegung.
S auch § 3 Rn 3 „Duldung der Zwangsvollstreckung", Rn 41 „Erbrechtlicher Anspruch".

Grunddienstbarkeit
ZPO § 7. Der Wert einer Grunddienstbarkeit wird durch den Wert, den sie für das herrschende Grundstück hat, und wenn der Betrag, um den sich der Wert des dienenden Grundstücks durch die Dienstbarkeit mindert, größer ist, durch diesen Betrag bestimmt.

1) **Systematik, Regelungszweck.** § 7 bezieht sich auf Grunddienstbarkeiten nach § 1018 BGB, nicht auf persönliche Dienstbarkeiten oder auf Reallasten. Denn bei den letzteren handelt es sich nicht um Beziehungen zwischen Grundstücken. Diesem Unterschied trägt das Gesetz im Interesse der Kostengerechtigkeit Rechnung, BGH RR **94**, 1150.

2) **Geltungsbereich.** Vgl zunächst Rn 1.
A. Nachbarrechtsbeschränkung. § 7 ist auf Nachbarrechtsbeschränkungen nach §§ 906 ff BGB dann entsprechend anwendbar, wenn diese Beschränkungen ähnlich wie eine Dienstbarkeit wirken.

B. Beispiele zur Frage des Geltungsbereichs
Abbaurecht: Anwendbar ist § 7 bei einem solchen Recht, BayObLG JB **95**, 28 (Wirtschaftswert).
Arrest, einstweilige Verfügung: Anwendbar ist § 7 auch im Verfahren nach §§ 916 ff, 935 ff, aM StJR 8 (aber § 7 gilt allgemein).
Dienstbarkeit: Anwendbar ist § 7 beim Streit über ihr Bestehen oder ihren Umfang, Celle OLGR **06**, 534. Das gilt auch beim Streit über ihre Einräumung oder Beseitigung. Bei einem Abwehranspruch ist die Vorschrift nur dann anwendbar, wenn die Störung gerade in der Ausübung einer Dienstbarkeit besteht oder sich gegen eine Dienstbarkeit richtet, ZöHe 3, aM BGH RR **86**, 737. Andernfalls ist § 3 anwendbar. In einem bloßen Streit über eine Wiederholungsgefahr ist § 3 anwendbar.
Fischereirecht: Anwendbar ist § 7 bei ihm, KG OLGZ **75**, 138.
Grenzstreit: Meist *unanwendbar* ist § 7. Vielmehr gilt grds § 3, Ffm OLGR **09**, 887 (Verlegung).
Licht- und Fensterrecht: Anwendbar ist § 7 bei ihnen.
Nießbrauch: *Unanwendbar* ist § 7 auf einen solchen nach §§ 1030 ff BGB, PrGe 4.
Notwegrecht: Anwendbar ist § 7 bei ihm, BGH NZM **17**, 54, Jena MDR **99**, 196, Köln JB **11**, 262, aM Kblz JB **10**, 199 (Herstellung + 3,5fach), Köln JB **91**, 1386 (§ 9, und zwar 3,5fach), ZöHe 16 „Notweg" (§§ 3, 7, 9).
Reallast: Anwendbar ist § 7 bei einer solchen nach §§ 1105 I, 1106 BGB, aM PrGe 3.
Tankstellenvertrag: Hier gilt § 9.
Überbau: *Unanwendbar* ist § 7 bei seiner Beseitigung, BGH RR **86**, 737, Mü OLGR **97**, 140, aM LG Bayreuth JB **85**, 441 (aber man muß den Wert nach dem Klägerinteresse schätzen, BGH WoM **11**, 432 wegen Vorlage nach § 132 GVG).
Vorkaufsrecht: *Unanwendbar* ist § 7 bei ihm, MusHe 4.
Wiederholungsgefahr: S „Dienstbarkeit".

3) **Wertberechnung.** Man muß den Wert für das herrschende Grundstück und die Wertminderung beim dienenden Grundstück miteinander vergleichen und beide Werte nach § 3 einschätzen, BGH MDR **04**, 296, Jena JB **99**, 196, LG Bayreuth JB **80**, 930. Infrage kommen die Herstellungskosten und eine 3,5-Jahresrente, Kblz JB **10**, 199. Der höhere Wert entscheidet, BGH RR **94**, 1150. Man muß die Kosten der Beseitigung der als unerlaubt bekämpften Anlage berücksichtigen, einen Abbruchaufwand nicht begrenzt, BGH NZM **07**, 300. In der Revisionsinstanz nach §§ 542 ff ist nur das Interesse des Revisionsklägers maßgebend. In diesem Abschnitt findet kein Wertvergleich nach § 7 statt. Es ist kein Schematismus statthaft, Celle OLGR **06**, 534.

GKG Anh I § 48 (§§ 8, 9 ZPO) I. A. Gerichtskostengesetz

Pacht- oder Mietverhältnis
ZPO § 8. Ist das Bestehen oder die Dauer eines Pacht- oder Mietverhältnisses streitig, so ist der Betrag der auf die gesamte streitige Zeit entfallenden Pacht oder Miete und, wenn der 25fache Betrag des einjährigen Entgelts geringer ist, dieser Betrag für die Wertberechnung entscheidend.

1 **1) Systematik, Regelungszweck.** § 8 ist eine Sondervorschrift gegenüber § 6. § 4 hat aber gegenüber § 8 den Vorrang. § 8 gilt nur für die Feststellung der sachlichen Zuständigkeit nach §§ 23 ff, 71 GVG, BGH NZM **07**, 362, Düss FGPrax **00**, 189, KG NZM **06**, 720. Das gilt, soweit nicht § 23 Z 2a GVG oder § 7 eingreifen. § 8 gilt auch für den Rechtsmittelwert, BVerfG NZM **06**, 578, BGH NZM **07**, 355, Schneider NZM **07**, 512. Für die Kosten gilt bei einer mehr als einjährigen Dauer des Miet- oder Pachtverhältnisses (jetzt) § 41 I GKG, BGH NZM **06**, 378, LG Saarbr JB **91**, 582. Das übersieht LG Zweibr JB **78**, 255. Bei einer Räumung ist § 8 maßgeblich, BGH MDR **16**, 122, auch für den etwaigen Rechtsmittelwert, BGH WoM **07**, 639. Dagegen gilt (jetzt) § 41 II GKG auch hier für die Kosten, BGH MDR **95**, 530.
Wegen des *Regelungszwecks* Einf 2 vor § 3.

Wiederkehrende Nutzungen oder Leistungen
ZPO § 9. ¹Der Wert des Rechts auf wiederkehrende Nutzungen oder Leistungen wird nach dem dreieinhalbfachen Wert des einjährigen Bezuges berechnet. ²Bei bestimmter Dauer des Bezugsrechts ist der Gesamtbetrag der künftigen Bezüge maßgebend, wenn er der geringere ist.

Gliederung

1) Systematik, Regelungszweck, S 1, 2	1–3
2) Geltungsbereich, S 1, 2	4
3) Voraussetzungen, S 1, 2	5–7
A. Recht auf wiederkehrende Nutzungen oder Leistungen	5
B. Beispiele zur Frage wiederkehrender Nutzungen und Leistungen, S 1, 2	6
C. Keine Dauernutzung	7
4) Wertberechnung, S 1, 2	8–10
A. 3,5facher Betrag, S 1	8
B. Geringerer Höchstbetrag bei bestimmter Dauer, S 2	9
C. Schwankende Beträge usw, S 1, 2	10

1–3 **1) Systematik, Regelungszweck, S 1, 2.** Die Vorschrift ist mit dem GG vereinbar, Ffm JB **94**, 738, aM Lappe NJW **93**, 2785 (aber eine verfassungskonforme Auslegung nach BLAH Einl III 36 ff kann alle Probleme lösen). Das Gericht sollte bei einer Streitwertfestsetzung erkennen und zum Ausdruck bringen, daß wegen der Kostengerechtigkeit § 9 grundsätzlich nur für die sachliche Zuständigkeit nach §§ 23 ff, 71 GVG und die Zulässigkeit eines Rechtsmittels nach BLAH Grdz 6 vor § 511 gilt, BVerfG AnwBl **96**, 643, BGH NZM **07**, 356, (jetzt) § 42 GKG demgegenüber nur für die Gebühren, BVerfG AnwBl **96**, 643, BGH RR **86**, 676, AG Reutlingen WoM **16**, 189, aM Köln MDR **96**, 1194 (aber § 42 GKG hat grundsätzlich nur im Kostenrecht den Vorrang). § 9 gilt für die Gebühren daher nur, soweit § 42 GKG eine Lücke aufweist.

4 **2) Geltungsbereich, S 1, 2.** Einf 3 vor § 3 und oben Rn 1–3.

5 **3) Voraussetzungen, S 1, 2.** Es müssen die folgenden Voraussetzungen zusammentreffen.
A. Recht auf wiederkehrende Nutzungen oder Leistungen. Vgl § 100 BGB. § 9 erfaßt nach seinem Sinn und Zweck auch ein solches Recht, das seiner Natur nach auf Dauer besteht, Bre Rpfleger **89**, 427. Auch die in Rn 1–3 genannten Ansprüche gehören hierher.
Das Recht muß *wiederkehrend* sein. Es muß sich also in einem gleichen oder nahezu gleichen Zwischenraum aus demselben Rechtsgrund wiederholen, Köln VersR **10**, 1058, Stgt JB **07**, 144. Der Zwischenraum braucht nicht ein Jahr zu umfassen.
B. Beispiele zur Frage wiederkehrender Nutzungen und Leistungen, S 1, 2
6 **Abfindung:** *Unanwendbar* ist § 9 bei einer einmaligen Kapitalabfindung.
Altenteilsvertrag: Anwendbar ist § 9 bei einem solchen Vertrag.

Abschnitt 7. Wertvorschriften　　　　(§ 9 ZPO) Anh I § 48 GKG

Anfechtung: Man muß die Regeln Rn 8–10 auch bei einer Anfechtungsklage beachten, soweit es um eine wiederkehrende Leistung geht.
Aufopferung: Anwendbar ist § 9 in solcher Lage, aM Schneider BB **76**, 1300.
Bausparvertrag: Anwendbar ist § 9, BGH NJW **17**, 2342, Karlsr NZG **17**, 120.
Beamtenbeförderung: Entsprechend anwendbar sein kann § 9 in diesem Fall, BGH MDR **08**, 829 rechts.
Bedingtes Recht: *Unanwendbar* ist § 9 bei einem solchen Recht. Dann gilt vielmehr § 3.
Beförderungsvertrag: Anwendbar ist § 11 bei ihm, BGH DRiZ **08**, 291.
Befreiung: S „Unterhalt".
Beitrag: Es gilt dasselbe wie beim „Unterhalt", Mü JB **00**, 416.
Darlehen: Anwendbar sein kann § 9 bei einem solchen Vertrag über mehrere Teilsummen, Celle MDR **15**, 1263, Köln OLGR **99**, 404.
Dienstvertrag: Anwendbar ist § 9 bei ihm, BGH NZG **16**, 868.
Erbbauzins: Anwendbar ist § 9 natürlich bei ihm, BGH NZM **12**, 473, Ffm JB **77**, 1132, Mü JB **77**, 1003.
Feststellung: Man muß die Regeln Rn 8–10 beachten, Karlsr MDR **14**, 248. Anwendbar ist § 9 auch auf eine verneinende Feststellungsklage nach § 256, KG MDR **10**, 47, aM Ffm MDR **09**, 353.
Fischereirecht: *Unanwendbar* ist § 9 bei ihm wegen seines Dauercharakters von vornherein.
Franchise: *Unanwendbar* ist § 9, Stgt JB **07**, 144.
Gehalt: S „Lohn".
Handelsvertreter: *Unanwendbar* ist § 9 beim Anspruch eines solchen Klägers, Schneider BB **76**, 1300.
Instandhaltung: Anwendbar sein kann § 9 bei ihr, LG Hbg WoM **99**, 344 (großzügig: Sie müssen keineswegs stets in etwa demselben Zeitabstand erfolgen. Denn das hängt auch von der Nutzungsintensität ab).
Jagdrecht: Es gilt dasselbe wie beim „Fischereirecht".
Leibgedingevertrag: Anwendbar ist § 9 bei einem solchen Vertrag.
Lohn: Anwendbar ist § 9 natürlich bei ihm, BGH GmbHR **94**, 244.
Maklervertrag: Anwendbar sein kann § 9 dann, wenn und soweit die Vergütung (Courtage) in aufeinander folgenden Zeitabschnitten zahlbar ist, Köln OLGR **00**, 78.
Miete: S zunächst § 3 Rn 81 „Mangel der Mietsache". § 9 ist beim Wohnraum *unanwendbar*, aM BGH WoM **17**, 162, KG WoM **16**, 510, LG Bln WoM **16**, 513. Er ist auch beim Anspruch „auf" die Erhöhung einer Miete für Wohnraum unanwendbar, KG RR **10**, 372 (aber anwendbar beim Anspruch „aus" oder „infolge" solcher Erhöhung), aM LG Wuppert WoM **17**, 328. § 9 ist aber bei demjenigen für einen Gewerberaum aber anwendbar, BGH WoM **07**, 328 (krit Flatow 438), Brdb JB **96**, 193, LG Wiesb WoM **00**, 617 (Mischmiete), aM BGH WoM **14**, 219 (ohne Vorlage nach § 132 GVG), Karlsr MDR **14**, 248, AG Mü ZMR **15**, 738 (je: § 9 auch bei Wohnraum), Schneider MDR **91**, 501, ZöHe 4 ([jetzt] § 41 V GKG entsprechend). § 577 a BGB ändert nichts, BGH WoM **15**, 313.
Nachbarrecht: Anwendbar ist § 9 auf die Pflicht zum jährlichen Heckenrückschnitt, BGH WoM **11**, 698.
Nießbrauch: *Unanwendbar* ist § 9 bei einem nicht periodischen, sondern andauernden, aM Schlesw SchlHA **86**, 46.
Notwegrente: Anwendbar ist § 9 bei einer solchen Rente, Köln JB **91**, 1386.
Pacht: Anwendbar ist § 9 für den Zuständigkeitswert nach Einf 4 vor §§ 3–9, BGH JB **17**, 363 (beim Gebührenwert der einfache Betrag).
Provision: *Unanwendbar* ist § 9 auf sie.
Raten: *Unanwendbar* ist § 9. Denn es besteht von vornherein eine einzige Schuld und daher keine „wiederkehrende", Mü OLGR **01**, 220.
Räumung: Anwendbar ist § 9 bei unbestimmter Mietdauer, BGH NJW **15**, 2419.
Raumnutzung: § 41 Rn 14 „Nutzungsentschädigung".
Reallast: Anwendbar ist § 9 bei einer Reallast, Ffm OLGR **93**, 47.
Regress: Anwendbar ist § 9 bei ihm wegen einer hierher zählenden Forderung, Düss FamRZ **04**, 1225.

GKG Anh I § 48 (§ 9 ZPO)

I. A. Gerichtskostengesetz

Rente: Anwendbar ist § 9 bei einer laufenden Rente, BAG NZA **12**, 470, Hamm VersR **13**, 920.

Unanwendbar ist § 9 für die Gebühren in folgenden Fällen: Es geht um einen gesetzlichen Rentenzahlungsanspruch wegen einer Körperverletzung oder einer Haftpflichtverletzung sowie um einen wiederkehrenden Anspruch aus einem Beamtenverhältnis oder einem Arbeitsverhältnis oder um den Anspruch eines Dritten wegen des Wegfalls eines Dienstes nach § 845 BGB. Dann ist höchstens der 5jährige oder 3jährige Bezug maßgeblich. Denn dann ist ausnahmsweise § 42 I GKG anwendbar; es geht um den Anspruch des Organmitglieds einer Gesellschaft aus seinem Anstellungsvertrag, BGH RR **90**, 1124, Bbg JB **75**, 65, aM Kblz Rpfleger **80**, 68, Schlesw SchlHA **80**, 151.

Stammrecht: Anwendbar ist § 9 nur dann, wenn die Klage das Stammrecht mitbetrifft, Düss JB **93**, 166, KG JB **10**, 84, Janiszewski JB **03**, 455, aM Ffm OLGR **09**, 255.

Stille Gesellschaft: Anwendbar ist § 9 bei wiederkehrenden Einlagepflichten, Karlsr MDR **12**, 1482.

Stromlieferung: *Unanwendbar* ist § 9 nach Anh § 3 Rn 30 „Dauervertrag" beim Stromlieferungsvertrag.

Tankstellenvertrag: Anwendbar ist § 9.

Überbaurente: Anwendbar ist § 9 bei einer solchen Rente, Köln JB **91**, 1386.

Unterhalt: Man muß die Regeln Rn 8–10 bei einem Anspruch auf die Befreiung von einer vertraglichen Unterhaltspflicht beachten, BGH FamRZ **99**, 1497, Düss FamRZ **84**, 1225.

Unanwendbar ist § 9 für die Gebühren in folgenden Fällen: Es geht um einen gesetzlichen Unterhaltsanspruch. Dann gilt § 51 FamGKG, Teil I B dieses Buchs. Wenn streitig ist, ob eine solche vertragliche Verpflichtung vorliegt, die über eine gesetzliche Verpflichtung hinausgeht, gilt § 9 nur für denjenigen Betrag, der die gesetzliche Verpflichtung übersteigt, Karlsr JB **06**, 146. Im übrigen ist dann ausnahmsweise (jetzt) § 51 FamGKG anwendbar, Hbg FamRZ **82**, 322. Auch beim bloßen Verweigern eines Vollstreckungstitels bleibt der volle Streitwert eines Verweigerns jeder Zahlung maßgeblich, Karlsr FamRZ **84**, 585.

Der Anspruch der Eltern auf den Ersatz ihrer vertraglichen Unterhaltsaufwendungen für ein wegen fehlgeschlagener Sterilisation *entgegen der Familienplanung* geborenes gesundes Kind ist auch für die Kosten entsprechend § 9 bewertbar, (jetzt) § 51 FamGKG ist insoweit unanwendbar, BGH NJW **81**, 1318.

S auch „Beitrag", „Vergleich".

Vereinsbeitrag: Anwendbar ist § 9 bei ihm, PrGe 3.

Vergleich: *Unanwendbar* ist § 9 bei einer Unterhaltssumme auf Grund eines Vergleichs bei einer Scheidung. Dann gilt evtl § 42 GKG oder § 51 FamGKG.

Versicherung: Anwendbar ist § 9 auf laufende Versicherungsleistungen, BGH VersR **11**, 238, Celle VersR **08**, 1516, Hamm VersR **17**, 1546, aM Hamm NVersZ **00**, 168, Köln VersR **10**, 1058 (aber auch hier paßt § 9 am ehesten).

– **(Beitragsbefreiung):** Anwendbarkeit, BGH VersR **01**, 492.

– **(Berufsunfähigkeit):** Anwendbarkeit, BGH JB **13**, 28, Hamm MDR **13**, 342, Karlsr VersR **16**, 1211.

– **(Haftpflicht):** Anwendbarkeit, BGH MDR **00**, 850 (Kfz).

– **(Krankentagegeld):** Anwendbarkeit, Karlsr VersR **07**, 416.

– **(Krankenversicherung):** Anwendbarkeit, BGH MDR **12**, 26, Ffm OLGR **00**, 142.

– **(Lebensversicherung):** Anwendbarkeit, BGH RR **00**, 1266.

– **(Unfallversicherung):** Anwendbarkeit, KG VersR **15**, 127.

Versorgungsanspruch: Anwendbar ist § 9, BGH WertpMitt **17**, 1526 links.

Vertragsrente: Anwendbar ist § 9 bei einer solchen Rente, BGH FamRZ **95**, 730, BAG NJW **09**, 172, Düss FamRZ **04**, 1226.

Verzugszinsen: *Unanwendbar* ist § 9 bei bloßen Verzugszinsen mangels Mitbetroffenheit des Stammrechts, Düss JB **93**, 166.

Windenergieanlage: Anwendbar ist § 9, Oldb Rpfleger **98**, 171 (Gegenleistung).

Winterdienst: *Unanwendbar* ist nach „Miete" § 9 auch auf den Winterdienst eines Wohnungsmieters, aM BGH WoM **08**, 681.

Abschnitt 7. **(§ 9 ZPO, § 182 InsO) Anh I, II § 48 GKG**

Wohnungseigentum: Anwendbar ist § 9 auf das Gehalt des Verwalters, BGH RR **11**, 589.
Wohnrecht: *Unanwendbar* ist § 9 wegen seines Dauercharakters von vornherein, aM BGH RR **94**, 909.
Zinsen: Es gilt dasselbe wie bei „Raten", BGH NJW **81**, 2360, Naumb JB **07**, 489, OVG Bautzen NVwZ-RR **13**, 248, aM Stgt WertpMitt **15**, 1147 (§ 9 sei mitbeachtbar).

C. Keine Dauernutzung. Die Nutzung darf nicht dauernd sein, wie der Nießbrauch oder ein Wohnrecht. Das letztere läßt sich unter einer Beachtung des § 52 GNotKG nach § 3 schätzen. 7

4) **Wertberechnung, S 1, 2.** Man muß drei Fallgruppen unterscheiden. 8
A. 3,5facher Betrag, S 1. Diese Berechnung ist für den Zuständigswert nach Einf 4 vor §§ 3–9 dann anwendbar, wenn die Dauer des Bezugsrechts unbestimmt ist, BGH WertpMitt **17**, 1526 links, Hamm VersR **13**, 920, Karlsr MDR **14**, 248. Das gilt zunächst dann, wenn das Stammrecht 3,5 Jahre dauern kann, Ffm OLGR **04**, 201, Janiszewski JB **03**, 455, aM Ffm RR **97**, 1303, Nürnb JB **92**, 50, ThP 4. Es muß außerdem zwar gewiß sein, daß das Recht wegfallen wird, wenn zB bei einer Rente ihr spätester Wegfallzeitpunkt feststeht, Hamm AnwBl **87**, 47, aber ungewiß sein, wann der Wegfall eintreten wird. Ob der Wegfall ungewiß ist, das bestimmt sich nach § 4 nach dem Zeitpunkt der Einreichung der Klage oder der Einlegung des Rechtsmittels. Man darf diejenigen Beträge nicht hinzurechnen, die seit der Einreichung der Klage oder seit dem Erlaß des Urteils aufgelaufen sind, BGH NVersZ **99**, 239, Hamm RR **17**, 154.
Wohl aber muß man nach § 4 Rn 8 die *vor* diesen Zeitpunkten *rückständig* gewordenen Beträge hinzurechnen. In diesem Zusammenhang ist dann der Zeitpunkt der Einlegung einer Berufung nach § 518 unerheblich.
Der 3,5fache Betrag ist ferner dann maßgeblich, wenn ein *Wegfall und die Dauer zweifelhaft* sind, aM Ffm JB **76**, 1097, Köln VersR **89**, 378, Nürnb JB **92**, 50 (§ 3. Aber § 9 ist spezieller und paßt auch hier). Bei einer behaupteten Feststellungsklage können 20% abziehbar sein, BGH JB **13**, 28, Hamm VersR **13**, 920, Karlsr NZG **17**, 120. Wenn es dabei aber auch um einen evtl schon bestehenden Anspruch geht, kommt auch zumindest insoweit eine Werterhöhung in Betracht, BGH NVersZ **02**, 22, Kblz VersR **05**, 1751. Es kann auch zB bei einer Gebäudeversicherung die 3,5fache Jahresprämie ansetzbar sein, BGH VersR **08**, 988. Bei einer verneinenden Feststellungsklage muß man den Wert voll ansetzen. Denn diese Klage schließt die Möglichkeit einer Leistungsklage nach BLAH Grdz 8 vor § 253 aus, BGH RR **05**, 938, Ffm OLGR **09**, 255, KG MDR **10**, 47.

B. Geringerer Höchstbetrag bei bestimmter Dauer, S 2. Wenn bei einer bestimmten Dauer des Bezugsrechts ein geringerer Höchstbetrag als der 3,5fache Jahresbetrag feststeht, ist dieser geringere Betrag maßgebend, Hamm VersR **17**, 1546. Das gilt etwa dann, wenn ein Rentenanspruch nur noch zwei Jahre andauern wird. Etwas anderes gilt dann, wenn der frühere Wegfall nur wahrscheinlich ist. Wenn es um unregelmäßige Bezüge geht, etwa um eine Baulast usw, muß man die Berechnung nach dem jährlichen Durchschnitt vornehmen. 9

C. Schwankende Beträge usw, S 1, 2. Bei schwankenden Beträgen erfolgt eine Berechnung nach den 3,5 höchsten Jahressätzen, LG Essen MDR **76**, 676. Denn sonst würde man den höheren Anspruch niedriger bewerten. Voraussetzung für diese Berechnung ist aber, daß überhaupt so viele Beträge streitig sind. Andernfalls darf man nur die Zahl der streitigen Höchstjahresbeträge ansetzen, und zwar im Höchstfall insgesamt 3,5 Jahresbeträge seit der Klagerhebung nach § 253, BGH WertpMitt **17**, 1526 links. 10
Das gilt auch bei einem Streit um die Erhöhung des *Erbbauzinses,* Ffm JB **77**, 1132, Mü JB **77**, 1003.

II. Regelung nach § 182 InsO

InsO § 182. Streitwert. Der Wert des Streitgegenstands einer Klage auf Feststellung einer Forderung, deren Bestand vom Insolvenzverwalter oder von einem Insolvenzgläubiger bestritten worden ist, bestimmt sich nach dem Betrag, der bei der Verteilung der Insolvenzmasse für die Forderung zu erwarten ist.

GKG Anh II § 48 (§ 182 InsO)   I. A. Gerichtskostengesetz

Gliederung

1) Systematik, Regelungszweck	1
2) Geltungsbereich	2
3) Beispiele zur Frage einer Anwendbarkeit von § 182 InsO	3
4) **Wertgrundsatz: Dividende**	4
5) Teilungsmasse	5
6) Schuldenmasse	6
7) Ermessen	7–10

1 **1) Systematik, Regelungszweck.** § 182 InsO gilt nur für eine eigentliche Insolvenzforderung. Das ergibt sich eindeutig aus der Stellung der Vorschrift im System der InsO. Die Vorschrift dient einer Anpassung an die tatsächlichen Verhältnisse im Interesse der Kostengerechtigkeit, BGH MDR **07**, 681.

2 **2) Geltungsbereich.** Die Vorschrift gilt im Gesamtbereich der InsO.

3 **3) Beispiele zur Frage einer Anwendbarkeit von § 182 InsO**
Absonderung: Bei einer Klage auf Grund eines Absonderungsrechts ist § 6 anwendbar, Ffm KTS **80**, 66.
Aktenverwertung: Das Gericht muß evtl die Insolvenzakten mitauswerten, BGH BB **99**, 2374.
Von Amts wegen: Das Gericht muß alle Erkenntnismöglichkeiten ausschöpfen.
Auskunft: Das Gericht muß evtl eine Auskunft zB nach BLAH Üb 25 vor § 402 einholen, BGH BB **99**, 2374.
Aussonderung: Es gilt dasselbe wie bei einer „– (Absonderung)".
Dividende: Maßgeblich ist die voraussichtliche Dividende an die Insolvenzgläubiger. Bei einer höheren bei der Beendigung der Instanz feststehenden Dividende ist § 40 I GKG anwendbar.
Insolvenzanfechtung: Es gilt § 3, aber evtl auch § 6, BGH KTS **82**, 449.
Insolvenzfeststellungsklage: Bei Realisierbarkeit kann der volle Forderungswert gelten, Kblz JB **12**, 79, LG Mühlhausen JB **04**, 597.
Insolvenzverwalter: Bei ihm entscheidet oft sein Vergütungsinteresse, BGH RR **10**, 87.
Massegläubiger: Für seine Klage muß das Gericht den Streitwert nach § 3 bestimmen, nicht nach § 182 InsO.
Postsperre: Bei einer Beschwerde gegen eine Postsperre gilt § 3, nicht (jetzt) § 58 GKG, Köln ZIP **00**, 1901.
Prozeßaufnahme: Maßgebend ist der Zeitpunkt der Eröffnung des Insolvenzverfahrens, Kblz JB **10**, 202.
Quote = 0: Selbst bei einer voraussichtlichen Quote von 0 EUR muß man für die Feststellung einer Forderung zur Tabelle einen gewissen Wert ansetzen. Denn der Vollstreckungstitel nach BLAH § 794 Rn 49 „Insolvenz" stellt zumindest dann einen Vermögenswert dar, wenn der Schuldner später neu etwas erwirbt. Es empfiehlt sich, den Wert auf mindestens 10% der Forderung zu bemessen, Ffm KTS **86**, 709, LAG Ffm BB **90**, 44, aM BGH MDR **93**, 287, LAG Hamm MDR **01**, 114, LAG Köln AnwBl **95**, 380 (niedrigste Gebührenstufe. Aber man muß stets eine wirtschaftliche Gesamtbetrachtung vornehmen).
Rechtsbeschwerde: Im Verfahren nach §§ 574 ff können 20% der Hauptsache maßgeblich sein, BGH RR **07**, 630 links oben.
Restschuldbefreiung: Bei ihr ist das wirtschaftliche Interesse maßgeblich, BGH JB **03**, 253 (evtl 1200 EUR). Es kann zB 25% des Nennwerts betragen, BGH NJW **09**, 920 (ohne Vorlage nach § 132 GVG), aber auch 4000 EUR, BGH JB **07**, 315, Düss JB **08**, 32, oder den vollen Wert, Hamm OLGR **07**, 229 (bei Vorsatz).
Unerlaubte Handlung: Bei einer Feststellung nach § 184 InsO sind die Vollstreckungsaussichten maßgeblich, Hamm ZIP **16**, 2430, Kblz MDR **15**, 59.
Zeitpunkt: Maßgeblich ist der Zeitpunkt der Klagerhebung nach §§ 253, 261, Ffm KTS **80**, 66, oder derjenige der Aufnahme des Verfahrens gegenüber dem Insolvenzverwalter nach § 240 S 1, BGH KTS **80**, 247, Drsd JB **07**, 531, OVG Greifsw NVwZ-RR **04**, 799.

4 **4) Wertgrundsatz: Dividende.** Das Gericht setzt den Streitwert nach seinem „freien" und in Wahrheit wie stets pflichtgemäßen weiten Ermessen nach Rn 7 entsprechend dem Verhältnis der Teilungsmasse zur Schuldenmasse fest, also nach der voraussichtlichen Insolvenzdividende, LAG Ffm ZIP **14**, 444.

5) Teilungsmasse. Teilungsmasse ist dasjenige, was nach einer Befriedigung der Absonderungsberechtigten und der Massegläubiger übrig bleibt.

6) Schuldenmasse. Schuldenmasse ist dasjenige, was die Gläubiger an Forderungen mit oder ohne den Anspruch auf ein Vorrecht zum Insolvenzverfahren angemeldet haben. Dabei muß man eine bestrittene Forderung mit einer der Wahrscheinlichkeit entsprechenden Quote ansetzen. Wenn nur ein Vorrecht und nicht die zugrunde liegende Forderung streitig ist, ist Streitwert der Unterschiedsbetrag zwischen der Dividende der bevorrechtigten und der nichtbevorrechtigten Forderung.

7) Ermessen. § 182 InsO erklärt nicht die Insolvenzdividende schlechthin für maßgebend, sondern die nach einem „freien" Ermessen festsetzbare, also die nach einem in Wahrheit pflichtgemäßen Ermessen nach Rn 4 schätzbare. Daher ist es unerheblich, ob die Dividende bei der Beendigung des Insolvenzverfahrens niedriger ist als ursprünglich angenommen. Das Gericht muß alle Erkenntnismöglichkeiten ausschöpfen, BGH MDR **07**, 681. Es muß evtl die Insolvenzakten auswerten oder eine freilich nicht bindende Auskunft des Insolvenzverwalters einholen, BGH BB **99**, 2374. Maßgebend ist der Zeitpunkt der Klagerhebung nach §§ 253, 261, Ffm KTS **80**, 66, oder der Aufnahme des Verfahrens gegenüber dem Insolvenzverwalter nach § 240, BGH KTS **80**, 247, Kblz JB **80**, 201, OVG Greifsw NVwZ-RR **04**, 799.

Der Vollstreckungstitel stellt zumindest dann einen Vermögenswert dar, wenn der Schuldner *später Vermögen* neu erwirbt. Deshalb muß man selbst bei einer voraussichtlichen Insolvenzquote von 0 für die Feststellung einer Forderung zur Tabelle einen gewissen Wert ansetzen. Dann empfiehlt es sich, den Wert auf 10% der Forderung zu bemessen, Ffm KTS **86**, 709, LAG Ffm BB **90**, 928, Meyer JB **07**, 518, aM BGH MDR **93**, 287, LAG Hamm MDR **01**, 114, LAG Köln AnwBl **95**, 380 (niedrigste Gebührenstufe. Aber man muß stets eine wirtschaftliche Gesamtbetrachtung vornehmen). Im Rechtsbeschwerdeverfahren nach § 574 können 20% der Hauptsache maßgeblich sein, BGH RR **07**, 630 links oben.

Falls im Zeitpunkt der Beendigung der Instanz eine *höhere Dividende* als ursprünglich angenommen feststeht, ist das wegen § 40 GKG unbeachtlich.

Bei einer *Restschuldbefreiung* ist das wirtschaftliche Interesse maßgeblich, BGH JB **03**, 253. Es kann 25% des Nennwert betragen, BGH NJW **09**, 920. Beim Insolvenzverwalter entscheidet oft sein Verprüfungsinteresse, BGH RR **10**, 87.

III. Abmahnungskosten nach dem UrhG

UrhG § 97a. Abmahnung. III ¹Soweit die Abmahnung berechtigt ist und Absatz 2 Satz 1 Nummer 1 bis 4 entspricht, kann der Ersatz der erforderlichen Aufwendungen verlangt werden. ²Für die Inanspruchnahme anwaltlicher Dienstleistungen beschränkt sich der Ersatz der erforderlichen Aufwendungen hinsichtlich der gesetzlichen Gebühren auf Gebühren nach einem Gegenstandswert für den Unterlassungs- und Beseitigungsanspruch von 1000 Euro, wenn der Abgemahnte

1. eine natürliche Person ist, die nach diesem Gesetz geschützte Werke oder andere nach diesem Gesetz geschützte Schutzgegenstände nicht für ihre gewerbliche oder selbständige berufliche Tätigkeit verwendet, und
2. nicht bereits wegen eines Anspruchs des Abmahnenden durch Vertrag, auf Grund einer rechtskräftigen gerichtlichen Entscheidung oder einer einstweiligen Verfügung zur Unterlassung verpflichtet ist.

³Der in Satz 2 genannte Wert ist auch maßgeblich, wenn ein Unterlassungs- und ein Beseitigungsanspruch nebeneinander geltend gemacht werden. ⁴Satz 2 gilt nicht, wenn der genannte Wert nach den besonderen Umständen des Einzelfalles unbillig ist.

Schrifttum: *Hartmann* GRUR-RR **14**, 97; *Hewicker/Marquardt/Neurauter* NJW **14**, 2753 (je: Üb).

1) Systematik, Regelungszweck, III 1–4. Die Vorschrift hat den Vorrang vor § 97 II UrhG, AG Hbg GRUR-RR **15**, 100. Ihre jetzt speziellere Fassung dürfte aus denselben Gründen wie bei § 3 a KVG Rn 12 verfassungsgemäß sein, BVerfG GRUR **14**, 169 (– ? –). Sie bringt im Bereich der außergerichtlichen Anwaltsgebühren eine Anpassung der früheren Wertbegrenzung auf immerhin das Zehnfache (1000 statt 100 EUR) des Werts im genauer gefaßten sachlichen Geltungsbereich, der demjenigen des neuen § 104 a UrhG teils entspricht, aber noch enger begrenzt ist, III 2 Z 2. Zur Problematik Hbg GRUR-RR **14**, 109, LG Hbg GRUR-RR **14**, 110 und 112. Die Generalklausel III 4 eröffnet ein weites Feld von Aufweichungen der Wertbegrenzung: „unbillig" ist ein Ermessensbegriff, bei dem die Voraussetzung „besonderer Umstände des Einzelfalls" kaum etwas an der fast völligen Aufweichung von III 2 ändert, wenn man den offiziellen Zweck einer Eindämmung rechtsmißbräuchlicher und nach BGH NJW **14**, 403 evtl strafbarer Anwalts-Abmahnungspraxis nicht wirklich maßgebend bleiben läßt. Rechtsmißbrauch, dazu BLAH Einl III 54, kann § 97 a UrhG unanwendbar machen, AG Hbg GRUR-RR **14**, 197. Eine erste Tendenz, den Wert hoch zu halten, überzeugt wenig. Er mag zB beim filesharing nur 100 EUR betragen, AG Hbg GRUR-RR **14**, 197.

IV. Gerichtskosten nach dem VGG

VVG § 117. Kosten des Verfahrens. [1] Für das Verfahren vor der Schiedsstelle erhebt die Aufsichtsbehörde Gebühren und Auslagen (Kosten).

[II] [1] Die Gebühren richten sich nach dem Streitwert. [2] Ihre Höhe bestimmt sich nach § 34 des Gerichtskostengesetzes. [3] Der Streitwert wird von der Schiedsstelle festgesetzt. [4] Er bemisst sich nach den Vorschriften, die für das Verfahren nach der Zivilprozessordnung vor den ordentlichen Gerichten gelten.

[III] [1] Für Verfahren nach § 92 Absatz 1 Nummer 2 und Absatz 2 sowie nach § 94 wird eine Gebühr mit einem Gebührensatz von 3,0 erhoben. [2] Wird das Verfahren anders als durch einen Einigungsvorschlag der Schiedsstelle beendet, ermäßigt sich die Gebühr auf einen Gebührensatz von 1,0. [3] Dasselbe gilt, wenn die Beteiligten den Einigungsvorschlag der Schiedsstelle annehmen.

[IV] Für Verfahren nach § 92 Absatz 1 Nummer 1 und § 93 wird eine Gebühr mit einem Gebührensatz von 1,0 erhoben.

[V] Auslagen werden in entsprechender Anwendung der Nummern 9000 bis 9009 und 9013 des Kostenverzeichnisses zum Gerichtskostengesetz erhoben.

VGG § 118. Fälligkeit und Vorschuss. [1] Die Gebühr wird mit der Beendigung des Verfahrens, Auslagen werden sofort nach ihrer Entstehung fällig.

[II] Die Zustellung des verfahrenseinleitenden Antrags soll von der Zahlung eines Vorschusses durch den Antragsteller in Höhe eines Drittels der Gebühr abhängig gemacht werden.

VGG § 119. Entsprechende Anwendung des Gerichtskostengesetzes. § 2 Absatz 1, 3 und 5 des Gerichtskostengesetzes, soweit diese Vorschriften für Verfahren vor den ordentlichen Gerichten anzuwenden sind, die §§ 5, 17 Absatz 1 bis 3, die §§ 20, 21, 22 Absatz 1, § 28 Absatz 1 und 2, die §§ 29, 31 Absatz 1 und 2 und § 32 des Gerichtskostengesetzes über die Kostenfreiheit, die Verjährung und die Verzinsung der Kosten, die Abhängigmachung der Tätigkeit der Schiedsstelle von der Zahlung eines Auslagenvorschusses, die Nachforderung und die Nichterhebung der Kosten sowie den Kostenschuldner sind entsprechend anzuwenden.

VGG § 120. Entscheidung über Einwendungen. [1] Über Einwendungen gegen Verwaltungsakte bei Vollzug der Kostenvorschriften entscheidet das Amtsgericht, in dessen Bezirk die Aufsichtsbehörde ihren Sitz hat. [2] Die Einwendungen sind bei der Schiedsstelle oder der Aufsichtsbehörde zu erheben. [3] § 19 Absatz 5 und § 66 Absatz 5 Satz 1, 5 und Absatz 8 des Gerichtskostengesetzes sind entsprechend anzuwenden; über die Beschwerde entscheidet das im Rechtszug nächsthöhere Gericht. [4] Die Erhebung von Einwendungen und die Beschwerde haben keine aufschiebende Wirkung.

VGG § 123. Entschädigung von Zeugen und Vergütung der Sachverständigen. [1] Zeugen erhalten eine Entschädigung und Sachverständige eine Vergütung nach Maßgabe der §§ 3, 5 bis 10, 12 und 19 bis 22 des Justizvergütungs- und -entschädigungsgesetzes; die §§ 2 und 13 Absatz 1 und 2 Satz 1 bis 3 des Justizvergütungs- und -entschädigungsgesetzes sind entsprechend anzuwenden.

II Die Aufsichtsbehörde setzt die Entschädigung fest.

III [1] Zeugen und Sachverständige können die gerichtliche Festsetzung beantragen. [2] Über den Antrag entscheidet das Amtsgericht, in dessen Bezirk die Schiedsstelle ihren Sitz hat. [3] Der Antrag ist bei der Aufsichtsbehörde einzureichen oder zu Protokoll der Geschäftsstelle des Amtsgerichts zu erklären. [4] Die Aufsichtbehörde kann dem Antrag abhelfen. [5] Kosten werden nicht erstattet.

Vorbem. Fassgen Art 1 VG-Richtlinie-UmsetzungsG v 24. 5. 16, BGBl 1190, in Kraft seit 1. 6. 16, Art 7 S 1 G, ÜbergangsR § 39 VGG. Es handelt sich um die deutsche Durchführungsregelung der Richtlinie 2014/26/EU des Europäischen Parlaments und des Rates v 26. 2. 14, ABl L 84 v 20. 3. 14 S 72. Das VVG wurde geändert dch Art 2 G v 20. 12. 16, BGBl 3037 (hier nicht einschlägig).

49 (weggefallen)

Wohnungseigentumssachen

49a

I [1] Der Streitwert ist auf 50 Prozent des Interesses der Parteien und aller Beigeladenen an der Entscheidung festzusetzen. [2] Er darf das Interesse des Klägers und der auf seiner Seite Beigetretenen an der Entscheidung nicht unterschreiten und das Fünffache des Wertes ihres Interesses nicht überschreiten. [3] Der Wert darf in keinem Fall den Verkehrswert des Wohnungseigentums des Klägers und der auf seiner Seite Beigetretenen übersteigen.

II [1] Richtet sich eine Klage gegen einzelne Wohnungseigentümer, darf der Streitwert das Fünffache des Wertes ihres Interesses sowie des Interesses der auf ihrer Seite Beigetretenen nicht übersteigen. [2] Absatz 1 Satz 3 gilt entsprechend.

Schrifttum: *Bünneke/Wessel* ZMR 17, 958 (Üb, krit).

Gliederung

1) Systematik, I, II	1
2) Regelungszweck, I, II	2
3) Geltungsbereich, I, II	3
4) Ausgangswert: Halbes Interesse, I 1	4
5) Mindest-, Höchstwert, I 2	5
6) Absoluter Höchstwert, I 3	6
7) Klage nur gegen einzelne Wohnungseigentümer, II	7
8) Beispiele zur Frage des Streitwerts, I, II	8–13

1) Systematik, I, II. Die Vorschrift bestätigt den schon lange vor ihrem Inkrafttreten gegoltenen Grundsatz einer Interessenabwägung. Sie setzt indessen Mindest- und Höchstwerte fest, freilich nicht durch absolute EUR-Beträge, sondern wiederum nur durch eine Begrenzung des jeweiligen Interesses oder durch den Verkehrswert. Insofern hat § 49a GKG als eine Spezialvorschrift den Vorrang vor §§ 3 ff ZPO und vor § 48 III WEG aF, LG Brschw ZMR 11, 481. Streitwert und Beschwer sind nicht stets gleich hoch, LG Stgt ZMR 17, 430. 1

2) Regelungszweck, I, II, dazu *Steiner* NZM 14, 505: Die in Rn 1 genannten Begrenzungen stellen eigentlich fast Selbstverständlichkeiten klar. Daher bleibt es bei einem im Kern ziemlich weiten pflichtgemäßen Ermessen auf einer bewährten Basis, Kblz ZMR 11, 57, Stgt ZMR 12, 561. Das dient sowohl der Gerechtigkeit als auch der Prozeßwirtschaftlichkeit nach BLAH Grdz 14 vor § 128 ZPO. Man darf und muß die Vorschrift unter einer Mitbeachtung der lange herangereiften Erkenntnisse zum bisherigen Recht elastisch handhaben. 2

3) Geltungsbereich, I, II. Es muß entsprechend der amtlichen Überschrift um eine Wohnungseigentumssache gehen, also um ein Verfahren nach dem WEG vor dem ordentlichen Gericht im Verfahren nach der ZPO. 3

4) Ausgangswert: Halbes Interesse, I 1. Maßgeblich ist das Interesse gerade an der Sachentscheidung, BGH WoM 17, 62, LG Mü ZMR 11, 415. Man muß die Interessen der beiden Parteien heranziehen, Celle NZM 12, 352, und das Interesse und aller nach § 48 I WEG Beigeladenen mitaddieren, LG Mü WoM 08, 244. Maßgeblich ist der 4

GKG § 49a

jeweilige Vortrag, Kblz ZMR **11**, 58, und zwar bei der Verfahrenseinleitung, LG Mü ZMR **15**, 61. Notwendig ist eine wirtschaftliche Betrachtung, BGH NZM **17**, 635 und 637, Stgt ZMR **12**, 560, AG Idstein ZMR **16**, 318. Eine bezifferte Forderung ist Ausgangspunkt der Halbierung. Wer zwar beizuladen war, aber nicht beigeladen worden ist, dessen Interesse zählt hier nicht mit, unabhängig davon, warum die Beiladung unterblieb. Eine wirksame Beiladung reicht aus, ein entsprechender Beitritt nach § 48 II 2 WEG ist bei I 1 noch nicht erforderlich. Er wird erst bei I 2 beachtbar. I 1 bildet auch bei I 2 die Obergrenze, LG Köln ZMR **10**, 773.

5 **5) Mindest-, Höchstwert, I 2.** Der nach I 1 ermittelte Wert findet seine Untergrenze im Interesse des Klägers und des ihm Beigetretenen nach § 48 II 2 WEG, beide addiert, LG Mü WoM **08**, 244. Das Fünffache dieses Mindestwerts bildet den Höchstwert, Köln NJW **07**, 1759, LG Lüneb ZMR **12**, 578, AG Düss WoM **11**, 440. Er geht vom Anteil am Verwalterhonorar während der Restlaufzeit seines Vertrags aus, Mü WoM **09**, 607, LG Hbg ZMR **10**, 144. Er geht über diesen Anteil aber auch evtl hinaus, LG Mü NZM **09**, 626. LG Ffm WoM **17**, 238 wendet § 9 ZPO mit an.

6 **6) Absoluter Höchstwert, I 3.** Sowohl bei I 1 als auch bei I 2 bildet der nach I 3 zu berechnende Wert die absolute Obergrenze. Er stellt freilich auf den Verkehrswert und daher auf eine Größe ab, die ihrerseits wieder eine erhebliche Beurteilungsbreite aufweisen kann. Insofern bleibt es eben trotz aller Begrenzungsbemühungen des Gesetzes bei einem zwar pflichtgemäßen, aber doch weiten Ermessen des Gerichts nach Rn 2. Bei mehreren Klägern ist die Wohnung mit dem höchsten Wert maßgebend, LG Ffm WoM **15**, 387.

7 **7) Klage nur gegen einzelne Wohnungseigentümer, II.** Hier bringt II 1, 2 zwei Höchstgrenzen in einer Anlehnung oder direkten Bezugnahme auf I. II hat den Vorrang vor I.

8 **8) Beispiele zur Frage des Streitwerts, I, II,** dazu *Einsiedler* ZMR **08**, 765; *Riecker/v Rechenberg* MDR **16**, 141 (je: Üb): Es kommt auf eine Interessenabwägung an, BGH WoM **17**, 425 und 426, BayObLG WoM **05**, 278, Kblz ZMR **12**, 457. Das gilt auch im Beschwerdeverfahren nach §§ 567ff ZPO, BayObLG WoM **05**, 604, Köln NZM **00**, 686, und im Rechtsbeschwerdeverfahren nach §§ 574ff ZPO, BGH ZMR **12**, 651, BayObLG NZM **01**, 144.

Abberufung: Bei einer Abberufung des Verwalters ist das wirtschaftliche Interesse wie bei Rn 4 maßgeblich, BGH NZM **17**, 635 und 637. Es kann das restliche Vertragshonorar maßgeblich sein, BGH NJW **12**, 1885, Mü OLGR **09**, 842, Zweibr JB **10**, 36, aM Celle NJW **10**, 1154, LG Lüneb ZMR **10**, 228, LG Mü NZM **09**, 626 (je: davon nur 50%), Schlesw RR **12**, 528 (dreifacher Rest-Anteilsbetrag). Das gilt auch bei vorzeitiger Kündbarkeit, LG Hbg ZMR **17**, 1005. Man mag auch die Faktoren Wohngeld, Anzahl der Wohnungen und Dauer der Verwaltung mitbeachten, Köln NZM **07**, 216, AG Bergisch Gladbach NZM **08**, 454 (komplizierter; krit Elzer 433), LG Saarbr ZMR **13**, 51 (1000 EUR), AG Saarbr ZMR **10**, 77 (2000 EUR bei einer Mehrhausanlage). Bei Bestellung auf mehr als 5 Jahre ist die Vorstellung des Verwalters bei Antragstellung beachtbar, Kblz ZMR **14**, 135. Bei der Abberufung nebst Neubestellung des Nachfolgers zählt man zusammen, BGH NZM **17**, 637, jedoch nur mit einem etwa überschießenden Interesse, BGH WoM **16**, 581.

Abmahnung: Eine der Entziehung vorausgegangene Abmahnung richtet sich nach ihrem jeweiligen Interesse, BayObLG WoM **93**, 211. Sie läßt sich mit 33,3% des Werts der Entziehung ansetzen, LG Bre WoM **99**, 599. Den zugehörigen Beschwerdewert kann man zumindest mit über (jetzt ca) 750 EUR bewerten, Düss NZM **00**, 879.

Abrechnung: Maßgebend sein können 105% des Streitbetrags, LG Saarbr ZMR **10**, 642, jedenfalls nicht 50%, LG Kblz WoM **14**, 109.
S auch „Anfechtung", Rn 10 „Jahresabrechnung".

Anfechtung: Der Gegenstand des angefochtenen Beschlusses kann trotz eines Vergleichs maßgeblich sein, BayObLG WoM **02**, 692, LG Ffm WoM **15**, 321, LG Stgt ZMR **16**, 573, strenger Ffm WoM **14**, 629. BGH WoM **16**, 313, Kblz ZMR **12**, 457, LG Hbg ZMR **17**, 184 rechnen nach einer eigenen Formel. Das Anfechtungsmotiv ist unerheblich, BayObLG WoM **03**, 533. Es mag im Teilaspekt maßgeblich sein, KG WoM **16**, 583. Anfechtung und Verpflichtung fallen nicht unter

Abschnitt 7. Wertvorschriften § 49a GKG

§ 39, Celle ZMR **10**, 627. Maßgeblich sind 20–25% der Abrechnung, Ffm WoM **14**, 437 und 629, Ffo ZMR **14**, 652, LG Hbg ZMR **17**, 184, oder des Wohnungswerts, BGH WertpMitt **11**, 2390. Es können auch 50% der Herstellungskosten infragekommen, LG Bln ZMR **16**, 557, LG Hbg ZMR **14**, 382. LG Ffm WoM **17**, 238 wendet § 9 ZPO mit an. Anfechtung und Verpflichtung sind nicht addierbar, LG Hbg ZMR **14**, 382. Einzel- und Gesamtabrechnung führen nicht zur Verdoppelung, Hbg ZMR **17**, 991.
S auch „Abrechnung", „Blankettanfechtung", „Entlastung", „Versammlung".
Anfechtungsurteil: Es ist unerheblich, BayObLG WoM **03**, 533.
Antenne: Beim Streit um die Entfernung einer Parabolantenne setzen LG Bre WoM **97**, 70 sogar (jetzt ca) 2500 EUR und Kblz VersR **10**, 321 sogar 3000 EUR an (vgl aber Anh I § 48: § 3 ZPO Rn 83). Höchstwert ist der Berufungswert, BGH NJW **06**, 2639.
Auskunft: Beim Auskunftsanspruch können 25% des dahinterstehenden Anspruchs maßgebend sein, LG Erfurt NZM **00**, 519.
Bauliche Veränderung: Bei ihrer Beseitigung gilt zunächst I 1, jedoch sind I 2, 3, II mitbeachtbar, BGH WoM **17**, 62.
Baum: Beim Streit um störende Bäume können (jetzt ca) 750 EUR angemessen sein, Düss FGPrax **00**, 197 (mehrere Bäume).
S auch Rn 11 „Optik".
Bestellung: Beim Streit um die Bestellung des Verwalters oder eines Hausmeisters kommt als Wert dessen Vergütung infrage, BayObLG RR **04**, 524, LG Köln NZM **09**, 364 (je: sogar für die volle Vertragsdauer), Mü OLGR **09**, 842.
Blankettanfechtung: Sie führt nicht zu einer Bevorzugung des Anfechtenden, LG Hbg ZMR **10**, 990.
Dachbodennutzung: Beim Streit ist die Hälfte seines Verkehrswerts ansetzbar, LG Ffm BMR **16**, 171 links.
Dachsanierung: BayObLG WoM **96**, 247.
Einsicht: LG Hbg BMR **16**, 561.
Einstweilige Maßnahme: Bei ihr kommen (jetzt ca) 1250 EUR in Betracht, BayObLG NZM **99**, 1059.
Entlassung: Maßgeblich ist der Wert eines etwaigen Anspruchs gegen den Verwalter, BGH WoM **11**, 390.
S auch Rn 8 „Abberufung".
Entlastung: Bei einer Anfechtung der Entlastung des Verwalters können 10% des Jahresumsatzes der Gemeinschaft maßgeblich sein, Köln NZM **03**, 125, oder sogar nur 1000 EUR, Ffo ZMR **14**, 652, LG Ffm WoM **15**, 321, oder 2000 EUR, Köln ZMR **15**, 993. Beim Beirat sind meist etwa 500 EUR maßgeblich, LG Hbg ZMR **17**, 915. Der Wert des angefochtenen Beschlusses kann trotz eines Vergleichs maßgeblich sein, LG Stgt WoM **97**, 128.
Entziehung: Bei einer Entziehung des Wohnungseigentums nach §§ 18, 19 WEG ist das Interesse des Klägers am Eigentumswechsel maßgeblich, in der Regel also der objektive Verkehrswert, BGH NJW **06**, 3428, Kblz ZMR **11**, 58, Köln NZM **11**, 553, aM LG Hbg WoM **91**, 55 (Höhe des streitigen Wohngelds. Aber es geht wirtschaftlich um das ganze Wohneigentum).
S auch „Abmahnung".
Feststellung: Stgt ZMR **16**, 219 nimmt beim Einzelinteresse eine Minderung von mehr als 20% an.
Forderungsdurchsetzung: Maßgeblich ist die Forderungshöhe, nicht die Anwaltskosten, LG Hbg ZMR **15**, 994.
Formmangel: Man kann den Wert um 50% kürzen, LG Düss ZMR **11**, 888.
Gemeinschaftseigentum: Beim Streit um seine Nutzung sind die Interessen der Beteiligten maßgeblich, BayObLG NZM **01**, 150, Düss ZMR **01**, 21, Schlesw WoM **96**, 305.
Gerichtsverfahren: In ihm gilt als Wert das Interesse aller Beteiligten, BayObLG WoM **02**, 692 (Rechtsmittel). Das gilt für jede Art von WEG-Verfahren, BayObLG WoM **02**, 575.
Hamburger Formel: AG Hbg ZMR **12**, 586, aM LG Mü ZMR **15**, 61.
Hausmeister: S „Bestellung".

GKG § 49a

I. A. Gerichtskostengesetz

Herausgabe: Bei der Klage auf die Herausgabe einer Wohnung ist § 6 ZPO anwendbar, also nicht (jetzt) § 41 II 2 GKG, Ffm AnwBl **84**, 203. Bei der Herausgabe von Unterlagen gilt das Parteiinteresse, AG Hbg ZMR **09**, 232 (1000 EUR). Bei der Herausgabe einer Eigentümerliste gilt nur ein sehr geringer Bruchteil des Hauptsachewerts, LG Ffm WoM **13**, 637.
Instandhaltung: Maßgeblich sind ihre Kosten, BayObLG NZM **04**, 114, LG Hbg ZMR **12**, 968.
Jahresabrechnung: Zum Streitwert bei der Anfechtung eines Eigentümerbeschlusses über eine Jahresabrechnung und über einen Wirtschaftsplan BGH ZMR **17**, 572, LG Ffo ZMR **14**, 652. LG Hbg ZMR **17**, 764. Der 5-Jahreswert ist die Obergrenze, LG Hbg ZMR **17**, 833 rechts oben, LG Lüneb ZMR **12**, 578, LG Mü ZMR **17**, 673. Das Gesamtinteresse der Parteien ist evtl nicht ebenso hoch wie der Wert der Jahresabrechnung, Ffm WoM **15**, 116.
Kauf: Beim Scheitern des Kaufs einer Eigentumswohnung kann § 41 II GKG entsprechend anwendbar sein, unabhängig von § 985 BGB, Köln ZMR **95**, 550. S auch „Veräußerung".
Klägermehrheit: Man darf die Interessen addieren, LG Ffm WoM **16**, 64.
Kostenunterschied: Beim Streit um zwei kostenunterschiedliche Möglichkeiten gilt die Differenz, BayObLG WoM **98**, 313, Hamm FGPrax **99**, 49.
11 **Notverwaltung:** Es kommt das Jahreshonorar in Betracht, Stgt ZMR **03**, 784.
Optischer Gesamteindruck: Wegen seiner Störung Düss WoM **00**, 568 (Ermessen). S auch Rn 9 „Baum".
Parabolantenne: S „Antenne".
Prostitution: Bei der Klage auf ihre Unterlassung durch einen Mieter und bei einer Forderung an den Vermieter, deshalb vom Mieter dessen Räumung zu verlangen, können (jetzt ca) 15 000 EUR angemessen sein, LG Augsb WoM **95**, 73. Zur Abwägung LG Drsd WoM **15**, 705.
Protokoll: Bei der Berichtigung des Versammlungsprotokolls ist statt der Kosten das Interesse maßgeblich, BayObLG WoM **96**, 728.
Rechtsmittel: Maßgeblich ist das Interesse des Rechtsmittelführers, BayObLG WoM **94**, 565, Karlsr OLGR **04**, 213.
Rechtsweg: Wegen einer Verweisung Anh I § 48: § 3 ZPO Rn 93 „Rechtswegverweisung".
Reparatur: Wegen einer Dachsanierung BayObLG WoM **96**, 247.
Schadensersatz: Maßgeblich ist der Forderungsanteil des Klägers, BGH ZMR **17**, 906.
Teilungserklärung: Wegen einer Zustimmung zu ihrer Änderung BGH WoM **17**, 175.
Umbau: Wegen einer baulichen Veränderung allgemein BGH WoM **17**, 425, BayObLG JB **00**, 624, Köln NZM **03**, 855.
Umlage: Zum Umlagenschlüssel Celle NZM **10**, 409.
Unterlassung: Stgt ZMR **16**, 219 setzt nur $^1/_3$ des Interesses an, nicht folgen zu müssen (?).
Veräußerung: Beim Streit um eine Zustimmung zur Veräußerung sind meist 10%–20% des Kaufpreises angemessen, BayObLG **90**, 27, Celle NZM **11**, 814, KG NZM **08**, 48, aM Ffm NZM **04**, 159 (§ 41), Köln JB **92**, 648 (§ 9 ZPO), Hamm MDR **15**, 938, Mü WoM **14**, 436, LG Ffm WoM **16**, 317 (je: Kaufpreis). S auch „Kauf".
Verfahrensfehler: Bei einer nur auf ihn gestützten Anfechtung kann man den Wert auf die Kosten einer neuen Versammlung begrenzen, LG Köln RR **89**, 81.
Vermietung: Beim Streit um eine Zustimmung des Miteigentümers zu einer Vermietung kann man (jetzt) § 41 GKG entsprechend anwenden, Ffm NZM **04**, 159, aM Köln JB **92**, 698 (§ 9 ZPO).
Versammlung: Bei einer nur auf Verfahrensfehler gestützten Anfechtung eines Beschlusses der Wohnungseigentümer in ihrer Versammlung kann man den Wert auf die Kosten einer neuen Versammlung begrenzen, LG Köln RR **89**, 81. Generell gilt das Interesse an der Behandlung eines verlangten Tagesordnungspunkts, BGH WoM **11**, 184. Zum Wert der Pflicht des Verwalters zur Einberufung der Eigentümerversammlung LG Ffm WoM **16**, 316 links.

Abschnitt 7. Wertvorschriften §§ 49a, 50 GKG

Vertrauensstörung: Sie kann 1000 EUR Wert haben, KG ZMR **12**, 280.
Verwalter: S bei seinen einzelnen Tätigkeitsarten.
Wirtschaftsplan: Rn 10 „Jahresabrechnung". 12
Wohngeld: II setzt nur eine Unter- oder Obergrenze, Ffm NJW **10**, 1154. Beim Streit darüber, ob ein Eigentümerbeschluß die Fälligkeit von Wohngeld herbeiführt, können (jetzt ca) 2500 EUR angemessen sein, KG WoM **90**, 238.
Zuständigkeit: Anh I § 48: § 3 ZPO Rn 143 „Zuständigkeit". 13
Zustimmung: Rn 11 „Veräußerung".
Zustimmung: Rn 11 „Veräußerung".
Zutritt: Beim Streit um einen Zutritt des Verwalters nennt BayObLG WoM **98**, 54 nur (jetzt) ca 500 EUR.

Bestimmte Beschwerdeverfahren

50 [I] [1]In folgenden Verfahren bestimmt sich der Wert nach § 3 der Zivilprozessordnung:
1. über Beschwerden gegen Verfügungen der Kartellbehörden und über Rechtsbeschwerden (§§ 63 und 74 des Gesetzes gegen Wettbewerbsbeschränkungen),
2. über Beschwerden gegen Entscheidungen der Regulierungsbehörde und über Rechtsbeschwerden (§§ 75 und 86 des Energiewirtschaftsgesetzes oder § 35 Absatz 3 und 4 des Kohlendioxid-Speicherungsgesetzes),
3. über Beschwerden gegen Verfügungen der Bundesanstalt für Finanzdienstleistungsaufsicht (§ 48 des Wertpapiererwerbs- und Übernahmegesetzes und § 113 Absatz 1 des Wertpapierhandelsgesetzes),
4. über Beschwerden gegen Entscheidungen der zuständigen Behörde und über Rechtsbeschwerden (§§ 13 und 24 des EG-Verbraucherschutzdurchsetzungsgesetzes) und
5. über Beschwerden gegen Entscheidungen der Registerbehörde (§ 11 des Wettbewerbsregistergesetzes).

[2]Im Verfahren über Beschwerden eines Beigeladenen (§ 54 Absatz 2 Nummer 3 des Gesetzes gegen Wettbewerbsbeschränkungen, § 79 Absatz 1 Nummer 3 des Energiewirtschaftsgesetzes und § 16 Nummer 3 des EG-Verbraucherschutzdurchsetzungsgesetzes) ist der Streitwert unter Berücksichtigung der sich für den Beigeladenen ergebenden Bedeutung der Sache nach Ermessen zu bestimmen.

[II] Im Verfahren über die Beschwerde gegen die Entscheidung der Vergabekammer (§ 171 des Gesetzes gegen Wettbewerbsbeschränkungen) einschließlich des Verfahrens über den Antrag nach § 169 Absatz 2 Satz 5 und 6, Absatz 4 Satz 2, § 173 Absatz 1 Satz 3 und § 176 des Gesetzes gegen Wettbewerbsbeschränkungen beträgt der Streitwert 5 Prozent der Bruttoauftragssumme.

GWB § 89a. Streitwertanpassung. [I] [1]Macht in einer Rechtsstreitigkeit, in der ein Anspruch nach den §§ 33, 33a Absatz 1 oder § 34a geltend gemacht wird, eine Partei glaubhaft, dass die Belastung mit den Prozesskosten nach dem vollen Streitwert ihre wirtschaftliche Lage erheblich gefährden würde, so kann das Gericht auf ihren Antrag anordnen, dass die Verpflichtung dieser Partei zur Zahlung von Gerichtskosten sich nach einem ihrer Wirtschaftslage angepassten Teil des Streitwerts bemisst. [2]Das Gericht kann die Anordnung davon abhängig machen, dass die Partei glaubhaft macht, dass die von ihr zu tragenden Kosten des Rechtsstreits weder unmittelbar noch mittelbar von einem Dritten übernommen werden. [3]Die Anordnung hat zur Folge, dass die begünstigte Partei die Gebühren ihres Rechtsanwalts ebenfalls nur nach diesem Teil des Streitwerts zu entrichten hat. [4]Soweit ihr Kosten des Rechtsstreits auferlegt werden oder soweit sie diese übernimmt, hat sie die von dem Gegner entrichteten Gerichtsgebühren und die Gebühren seines Rechtsanwalts nur nach dem Teil des Streitwerts zu erstatten. [5]Soweit die außergerichtlichen Kosten dem Gegner auferlegt werden oder ihm übernommen werden, kann der Rechtsanwalt der begünstigten Partei seine Gebühren von dem Gegner nach dem für diesen geltenden Streitwert beitreiben.

[II] [1]Der Antrag nach Absatz 1 kann vor der Geschäftsstelle des Gerichts zur Niederschrift erklärt werden. [2]Er ist vor der Verhandlung zur Hauptsache anzubringen. [3]Danach ist er nur zulässig, wenn der angenommene oder festge-

GKG § 50

setzte Streitwert später durch das Gericht heraufgesetzt wird. ⁴Vor der Entscheidung über den Antrag ist der Gegner zu hören.

III ¹Ist in einer Rechtsstreitigkeit, in der ein Anspruch nach § 33a Absatz 1 geltend gemacht wird, ein Nebenintervenient einer Hauptpartei beigetreten, hat der Gegner, soweit ihm Kosten des Rechtsstreits auferlegt werden oder soweit er sie übernimmt, die Rechtsanwaltskosten der Nebenintervention nur nach dem Gegenstandswert zu erstatten, den das Gericht nach freiem Ermessen festsetzt. ²Bei mehreren Nebeninterventionen darf die Summe der Gegenstandswerte der einzelnen Nebeninterventionen den Streitwert der Hauptsache nicht übersteigen.

EnWG § 105. Streitwertanpassung. I ¹Macht in einer Rechtsstreitigkeit, in der ein Anspruch nach dem § 32 geltend gemacht wird, eine Partei glaubhaft, dass die Belastung mit den Prozesskosten nach dem vollen Streitwert ihre wirtschaftliche Lage erheblich gefährden würde, so kann das Gericht auf ihren Antrag anordnen, dass die Verpflichtung dieser Partei zur Zahlung von Gerichtskosten sich nach einem ihrer Wirtschaftslage angepassten Teil des Streitwerts bemisst. ²Das Gericht kann die Anordnung davon abhängig machen, dass die Partei glaubhaft macht, dass die von ihr zu tragenden Kosten des Rechtsstreits weder unmittelbar noch mittelbar von einem Dritten übernommen werden. ³Die Anordnung hat zur Folge, dass die begünstigte Partei die Gebühren ihres Rechtsanwalts ebenfalls nur nach diesem Teil des Streitwerts zu entrichten hat. ⁴Soweit ihr Kosten des Rechtsstreits auferlegt werden oder soweit sie diese übernimmt, hat sie die von dem Gegner entrichteten Gerichtsgebühren und die Gebühren seines Rechtsanwalts nur nach dem Teil des Streitwerts zu erstatten. ⁵Soweit die außergerichtlichen Kosten dem Gegner auferlegt oder von ihm übernommen werden, kann der Rechtsanwalt der begünstigten Partei seine Gebühren von dem Gegner nach dem für diesen geltenden Streitwert beitreiben.

II ¹Der Antrag nach Absatz 1 kann vor der Geschäftsstelle des Gerichts zur Niederschrift erklärt werden. ²Er ist vor der Verhandlung zur Hauptsache anzubringen. ³Danach ist er nur zulässig, wenn der angenommene oder festgesetzte Streitwert später durch das Gericht heraufgesetzt wird. ⁴Vor der Entscheidung über den Antrag ist der Gegner zu hören.

Vorbem. Umnumerierung in II dch Art 2 III Z 1 G v. 17. 2. 16, BGBl 203. Sodann Änderg von I 1 Z 3 dch Art 24 IV 2. FiMaNoG v 23. 6. 17, BGBl 2208, in Kraft seit 3. 1. 18, Art 26 V G. Schließlich I 1 Z 5 angefügt dch Art 2 VII Z 2a–c G v 18. 7. 17, BGBl 2739, in Kraft seit dem Inkrafttreten der in Art 3 II lt Hs G in Bezug genommenen RVO nach § 10 des Wettbewerbsregistergesetzes. ÜbergangsR jeweils § 71 GKG.

1 **1) Systematik, Regelungszweck, I, II.** Die Vorschrift enthält eine vorrangige Sonderregelung in ihrem sachlichen Geltungsbereich. Sie läßt außerhalb dieses Bereichs die allgemein gesetzlichen oder von Rechtsprechung und Lehre entwickelten Regeln unberührt, zB § 48 Anh I: 3 ZPO Rn 73 „Kartellsache". § 53 hat den Vorrang, Brdb BauR **12**, 698. § 50 bezweckt eine angemessene weder zu niedrige noch zu hohe Bewertung. Die Vorschrift enthält wie die oben abgedruckten §§ 89a GWB, 105 EnWG und ebenso wie der in Anh III nach § 51 abgedruckte und ausführlich kommentierte § 12 IV UWG keine allgemeine Herabsetzung des Streitwerts zugunsten des wirtschaftlich Unterlegenen, BayObLG JB **03**, 307. Das alles muß man bei der Auslegung mitbeachten.

2 **2) Beschwerde nach §§ 63, 74 GWB, I 1 Z 1.** Der Wert bestimmt sich nach § 3 ZPO, § 48 Anh I: § 3 ZPO Rn 73 „Kartellsache". Man kann auch bei § 128 IV 3 GWB 5% ansetzen, Brdb JB **05**, 38.

3 **3) Beschwerde, Rechtsbeschwerde nach §§ 75, 86 EnWG, § 35 III, IV KSpG, I 1 Z 2.** Der Wert bestimmt sich nach § 3 ZPO, § 48 Anh I: § 3 ZPO Rn 40 „Energiewirtschaft".

4 **4) Beschwerde nach § 48 WpÜG oder § 113 I WertpHG, I 1 Z 3.** Der Wert bestimmt sich nach § 3 ZPO, § 48 Anh I: § 3 ZPO Rn 138 „Wertpapiererwerb".

5 **5) Beschwerde, Rechtsbeschwerde nach §§ 13, 24 VSchDG, I 1 Z 4.** Der Wert bestimmt sich nach § 3 ZPO, § 48 Anh I.

6) Beschwerde nach § 11 WettRegG, I 1 Z 5. Der Wert bestimmt sich nach 6
§ 3 ZPO, § 48 Anh I.
7) Beschwerde nach § 54 II Z 3 GWB, I 2. Hier ist das Interesse des Beigela- 7
denen maßgebend. Man muß es nach einem pflichtgemäßen Ermessen ansetzen. Sein
etwaiger Antrag ist nicht allein maßgebend. Das Gesetz nennt keinen Höchstwert.
Eine Wertanpassung erfolgt nach dem oben abgedruckten § 89a GWB.
8) Beschwerde nach § 171 GWB, II. Der Wert beträgt 5% der Bruttoauftrags- 8
oder Bruttoangebotssumme, (zum alten Recht) BayObLG JB **03**, 307, (zum neuen
Recht) Brdb JB **09**, 259. Auftragssumme ist der Wert des sachlichrechtlichen Auftrags, Naumb JB **04**, 86. Man kann hilfsweise 5% der Angebotssumme ansetzen, BayObLG JB **02**, 362, Rostock JB **06**, 369. Auch der Wert einer Erfüllungsbürgschaft mag
notfalls mitbeachtbar sein, Jena JB **02**, 435. Dasselbe gilt für ein Optionsrecht der Vergabestelle, BGH MDR **14**, 626 rechts, KG JB **10**, 251. Sie können auch über (jetzt)
§ 23 I 2 RVG, Teil X dieses Buchs, für den Gegenstandswert maßgebend sein, BayObLG JB **03**, 307, Naumb JB **04**, 86. Die Vorschrift gilt auch im Nachprüfungsverfahren vor der Vergabekammer, BGH MDR **11**, 1206, KG Rpfleger **10**, 126, Naumb
BauR **12**, 698. Das selbst dann, wenn es dort nicht so sehr um den Zuschlag geht, sondern um die Aufhebung der Ausschreibung, Naumb BauR **13**, 2072 (weites Ermessen). Keine Kürzung der Obergrenze nach den Quoten der Kostengrundentscheidung, BGH WertpMitt **13**, 23.

Gewerblicher Rechtsschutz

51 ^I In Rechtsmittelverfahren des gewerblichen Rechtsschutzes (§ 1 Absatz 1
Satz 1 Nummer 14) und in Verfahren über Ansprüche nach dem Patentgesetz, dem Gebrauchsmustergesetz, dem Markengesetz, dem Designgesetz,
dem Halbleiterschutzgesetz und dem Sortenschutzgesetz ist der Wert nach billigem Ermessen zu bestimmen.
^{II} In Verfahren über Ansprüche nach dem Gesetz gegen den unlauteren Wettbewerb ist, soweit nichts anderes bestimmt ist, der Streitwert nach der sich aus
dem Antrag des Klägers für ihn ergebenden Bedeutung der Sache nach Ermessen
zu bestimmen.
^{III 1}Ist die Bedeutung der Sache für den Beklagten erheblich geringer zu bewerten als der nach Absatz 2 ermittelte Streitwert, ist dieser angemessen zu
mindern. ²Bietet der Sach- und Streitstand für die Bestimmung des Streitwerts
hinsichtlich des Beseitigungs- oder Unterlassungsanspruchs keine genügenden
Anhaltspunkte, ist insoweit ein Streitwert von 1000 Euro anzunehmen, auch
wenn diese Ansprüche nebeneinander geltend gemacht werden.
^{IV} Im Verfahren des einstweiligen Rechtsschutzes ist der sich aus den Absätzen 2 und 3 ergebende Wert in der Regel unter Berücksichtigung der geringeren Bedeutung gegenüber der Hauptsache zu ermäßigen.
^V Die Vorschriften über die Anordnung der Streitwertbegünstigung (§ 12 Absatz 4 des Gesetzes gegen den unlauteren Wettbewerb, § 144 des Patentgesetzes,
§ 26 des Gebrauchsmustergesetzes, § 142 des Markengesetzes, § 54 des Designgesetzes) sind anzuwenden.

Gliederung

1) Systematik, I–V	1
2) Regelungszweck, I–V	2
3) Geltungsbereich, I–V	3
4) Billiges Ermessen, I–V	4
5) Rechtsmittelverfahren, I Hs 1	5
6) UWG: Klägerinteresse, II	6
7) UWG: Geringeres Beklagteninteresse, III 1	7
8) Kein genügender Wertanhaltspunkt, III 2	8
9) Ermäßigung im Eilverfahren, IV	9
10) Wertbegünstigung, V	10

1) Systematik, I–V. Die Vorschrift hat in ihrem Geltungsbereich nach Rn 3 als 1
Sonderbestimmung den Vorrang. Der Sache nach wiederholt I den Grundsatz nach
§ 3 ZPO, § 48 GKG Anh I, II, III enthalten für den Hauptprozeß, IV für ein Eilver-

fahren nach §§ 916ff, 935ff ZPO Wertermäßigungsregeln. V ermöglicht dasselbe für die dort in Bezug genommenen ähnlichen Verfahren.

2   **2) Regelungszweck, I–V.** Er ist in I die Beibehaltung eines breiten Ermessensraums, in II–V eine Chance effektiven Rechtsschutzes für denjenigen, den man sonst zu sehr wegen eines Kostenrisikos abschrecken würde. Das muß man bei der Auslegung mitbeachten.

3   **3) Geltungsbereich, I–V.** I Hs 1 gilt nur im Rechtsmittelverfahren, I Hs 2 schlechthin in einem Verfahren nach einem jeden der dort abschließend aufgezählten Gesetze. II–IV gilt nur im Verfahren nach dem UWG, und zwar in II, III im Hauptprozeß, in IV im Eilverfahren nach §§ 916ff, 935ff ZPO, jeweils aller Instanzen. V gilt im Bereich der jeweils präzisierten Gesetzesvorschriften.

4   **4) Billiges Ermessen, I–V.** Dieser Begriff taucht direkt zwar nur in I auf. Der Sache nach gilt er auch in den übrigen Teilen der Vorschrift. Er ist zu unscharf. Der Sache nach hat das Gericht in den Grenzen von II–V ein pflichtgemäßes Ermessen, BGH MDR **13**, 1316 links unten, LG Düss GRUR-RR **17**, 168. Eine Aufteilung auf mehrere Kläger ist grundsätzlich unstatthaft, BGH MDR **13**, 1316 links unten (Ausnahme: unterschiedliche Interessen). Das bedeutet eine Freiheit zur Entscheidung zwischen mindestens zwei Bewertungsmöglichkeiten, nicht etwa eine Freiheit davon, überhaupt eine Bewertung vorzunehmen, und im übrigen stets eine Pflicht zur Abwägung aller Fallumstände der jeweils in I–V genannten Art, § 48 Anh I: § 3 ZPO Rn 2. Der Zusatz „billiges" Ermessen bedeutet nur, daß der Spielraum innerhalb der wie stets pflichtgemäßen Abwägung nicht zu eng sein darf, Wessing/Basor GRUR **12**, 1217. Übereinstimmende Wertangaben der Parteien binden das Gericht nicht, BGH NJW **11**, 2979.

5   **5) Rechtsmittelverfahren, I Hs 1.** Hier geht es um das in § 1 I 1 Z 14 abschließend aufgezählte Verfahren vor dem BGH. Maßgeblich ist nur das Rechtsmittel, BGH GRUR **05**, 972.

6   **6) UWG: Klägerinteresse, II.** Im Verfahren über einen Anspruch nach dem UWG gilt nach *II Hs 1* zunächst nur das Interesse des Klägers. Es ergibt sich aus seinem Antrag nach § 253 II Z 2 ZPO und genauer: nach der Bedeutung der Sache gerade für ihn, soweit man diese bei einer vernünftigen Auslegung seines Antrags aus ihm ableiten kann. Freilich gilt diese Regelung nach *Hs 2* nur mangels einer anderweitigen Bestimmung, also nur hilfsweise neben solcher etwaigen Spezialvorschrift.

Gemeint ist das *wirtschaftliche* Interesse, also nicht nur eine ideelle Bedeutung. Das Interesse hängt auch von seiner Größe und von der Wirtschaftskraft sowie von der Gefährlichkeit der Verletzung, Zweibr JB **01**, 418 (hoher Wert trotz geringer Störung).

7   **7) UWG: Geringeres Beklagteninteresse, III 1.** Das Interesse ist beim Bekl ebenso ermittelbar wie beim Kläger nach Rn 6. Erst wenn dabei ein erheblich geringerer Wert herauskommt, darf und muß das Gericht im Rahmen des objektiv Angemessenen eine Wertminderung vornehmen. Erheblich ist ein Unterschied wohl meist erst ab mindestens etwa 10%, ähnlich wie bei § 323 ZPO oder § 238 FamFG.

8   **8) Kein genügender Wertanhaltspunkt, III 2.** Diese Vorschrift gilt nur bei einem Beseitigungs- und/oder Unterlassungsanspruch nach dem UWG. Denn III 2 folgt unmittelbar dem III 1 mit dessen Verweisung auf II und steht nicht etwa gesondert in einem eigenen Absatz.

Ungenügend sind Anhaltspunkte nicht erst dann, wenn sie überhaupt fehlen, sondern schon dann, wenn sie Unklarheiten oder Zweifel offenlassen, wenn man verschiedener Meinung sein kann. Dabei muß das Gericht den gesamten Sach- und Streitstand beachten, Celle MDR **14**, 953 (einschränkende Auslegung nötig).

1000 EUR sind dann der zwingende Hilfswert sowohl beim bloßen Beseitigungs- oder Unterlassungsanspruch als auch bei deren Zusammentreffen. Insofern hat III 2 Hs 2 also Vorrang vor § 5 Hs 1 ZPO, § 48 Anh I.

9   **9) Ermäßigung im Eilverfahren, IV.** Beim einstweiligen Rechtsschutz nach §§ 916ff, 935ff ZPO usw muß man zunächst wie nach II, III rechnen. Anschließend muß das Gericht aber „in der Regel" eine Ermäßigung vornehmen, erst recht bei einem Kleinunternehmen, Zweibr MDR **14**, 1470. Insofern besteht also theoretisch kein volles Ermessen. Freilich darf und muß das Gericht dabei eine etwa geringere Bedeutung gegenüber der zugehörigen etwaigen Hauptsache mitbeachten. Hier

kann es ausnahmsweise zu dem Ergebnis kommen, daß das Eilverfahren zumindest für den Antragsteller wirtschaftlich dieselbe Bedeutung wie eine Hauptsache hat. Das mag zB bei einer sog Leistungsverfügung (Befriedigungs- oder Regelungsverfügung) zutreffen, zu ihr BLAH Grdz 6 ff vor § 916 ZPO. Dann bleibt es beim Wert der Hauptsache. Bei einer Verbraucherschutzvereinigung besteht selbst im Eilverfahren ein Wert von mindestens 15 000 EUR, Karlsr MDR **16**, 1116.

Unerheblich ist, ob schon und noch eine zugehörige Hauptsache anhängig oder gar rechtshängig ist.

10) **Wertbegünstigung, V.** Aus den in Rn 4 genannten Gründen muß man die in V aufgezählten Vorschriften zur Wertbegünstigung anwenden. Dem Gericht steht es nicht frei, sie überhaupt zu beachten: sie „sind anzuwenden". Zu den Einzelheiten § 51 Anh. 10

Anhang nach § 51
Streitwertbegünstigung im Gewerblichen Rechtsschutz

(Patentstreitsachen, Streitsachen nach Marken-, Design- und Gebrauchsmustergesetz, Gesetz gegen den unlauteren Wettbewerb, Aktiengesetz).

Schrifttum: *Gruber* MDR **16**, 310 (Üb).

I. Patentstreitsachen

PatG § 144. Streitwertbegünstigung. I [1]Macht in einer Patentstreitsache eine Partei glaubhaft, daß die Belastung mit den Prozeßkosten nach dem vollen Streitwert ihre wirtschaftliche Lage erheblich gefährden würde, so kann das Gericht auf ihren Antrag anordnen, daß die Verpflichtung dieser Partei zur Zahlung von Gerichtskosten sich nach einem ihrer Wirtschaftslage angepaßten Teil des Streitwerts bemißt. [2]Die Anordnung hat zur Folge, daß die begünstigte Partei die Gebühren ihres Rechtsanwalts ebenfalls nur nach diesem Teil des Streitwerts zu entrichten hat. [3]Soweit ihr Kosten des Rechtsstreits auferlegt werden oder soweit sie diese übernimmt, hat sie die von dem Gegner entrichteten Gerichtsgebühren und die Gebühren seines Rechtsanwalts nur nach dem Teil des Streitwerts zu erstatten. [4]Soweit die außergerichtlichen Kosten dem Gegner auferlegt oder von ihm übernommen werden, kann der Rechtsanwalt der begünstigten Partei seine Gebühren von dem Gegner nach dem für diesen geltenden Streitwert beitreiben.

II [1]Der Antrag nach Absatz 1 kann vor der Geschäftsstelle des Gerichts zur Niederschrift erklärt werden. [2]Er ist vor der Verhandlung zur Hauptsache anzubringen. [3]Danach ist er nur zulässig, wenn der angenommene oder festgesetzte Streitwert später durch das Gericht heraufgesetzt wird. [4]Vor der Entscheidung über den Antrag ist der Gegner zu hören.

Gliederung

1) Systematik, I, II	1
2) Regelungszweck, I, II	2
3) Geltungsbereich, I, II	3
4) **Voraussetzungen, I**	4–9
A. Patentstreitsache	4
B. Gefährdung der wirtschaftlichen Lage	5, 6
C. Keine Prüfung der Prozeßaussichten	7
D. Aber auch keine Mutwilligkeit	8
E. Keine Gegenseitigkeitsprüfung	9
5) **Verfahren, I, II**	10–14
A. Antrag	10
B. Zeitgrenze	11
C. Anhörung	12
D. Entscheidung	13
E. Rechtsmittel	14
6) **Haftungsfolgen, I**	15–17
A. Der Staatskasse gegenüber	15
B. Dem Prozeßbevollmächtigten gegenüber	16
C. Dem Prozeßgegner gegenüber	17
7) **Wirkung, I, II**	18

GKG Anh I § 51 (§ 144 PatG) I. A. Gerichtskostengesetz

1 **1) Systematik, I, II.** § 144 PatG durchbricht den Grundsatz der vollen Kostenhaftung gegenüber dem Gegner und der Staatskasse, BGH GRUR **82**, 672.

2 **2) Regelungszweck, I, II.** Ein mittelloser Erfinder oder kleiner Patentverwerter soll finanziell imstande sein, einen Prozeß mit einem Großunternehmen überhaupt durchführen zu können, BVerfG NJW **97**, 312 (Justizgewährungsanspruch allgemein), BGH GRUR **82**, 672. Meist handelt es sich ja um einen hohen Wert und um die Notwendigkeit eines Rechtsstreits durch alle Instanzen. Eine Prozeßkostenhilfe wäre kein vollwertiger Ersatz der Vergünstigung des § 144 PatG. Denn die letztere Vorschrift wirkt endgültig und auch gegenüber dem siegenden Gegner. § 144 PatG bleibt also auch neben den §§ 114ff ZPO anwendbar. Das ist für die Erstattungspflicht nach Rn 17 wichtig.

3 **3) Geltungsbereich, I, II.** § 144 PatG gilt entsprechend auch im Berufungsverfahren vor dem BGH und im Nichtigkeitsverfahren vor dem BPatG, BGH GRUR **82**, 672, ferner im Eilverfahren nach §§ 916ff, 935ff ZPO, Köln WRP **76**, 261. Der Wert kann im Nichtigkeitsverfahren unabhängig vom Verletzungsverfahren sein, BPatG JB **12**, 309 rechts Mitte. Im Rechtsbeschwerdeverfahren vor dem BGH nach §§ 574ff ZPO gilt § 144 PatG entsprechend nach §§ 102 II, 121 I PatG.

4 **4) Voraussetzungen, I.** Es müssen die folgenden Bedingungen zusammentreffen.
A. Patentstreitsache. Es muß eine Patentstreitsache vorliegen. Das ist nach § 143 I PatG eine solche Klage, durch die man einen Anspruch aus einem im PatG geregelten Rechtsverhältnis geltend macht. Es ist eine weite Auslegung notwendig, BGH GRUR **82**, 672. Hierher gehören alle Ansprüche aus dem Erfinderrecht und dem Patentrecht und alle mit solchen Ansprüchen zusammenhängenden Ansprüche. Es reicht auch aus, daß eine Patentverletzung im Ausland erfolgt ist. Im Nichtigkeitsverfahren setzt BGH GRUR **09**, 1100 einfach die volle Klagesumme ein.

5 **B. Gefährdung der wirtschaftlichen Lage.** Die Partei muß nach § 294 ZPO glaubhaft machen, daß die Kostenlast nach dem vollen Streitwert ihre wirtschaftliche Lage erheblich gefährden würde, BGH GRUR **13**, 1288. Es ist unerheblich, ob die Partei die Kosten zunächst aufbringen könnte. Es kommt vielmehr darauf an, wie ihre wirtschaftliche Lage beim Unterliegen sein würde. Die wirtschaftlichen Schwierigkeiten mögen auch erst nach der Antragstellung entstanden sein, Struif GRUR **85**, 252. Dabei muß man für jede Instanz besonders beantragen und entscheiden, Ffm JB **76**, 347. Eine Partei kann sehr wohl imstande sein, die Kosten der ersten Instanz ohne Schwierigkeiten zu bestreiten, während sie außerstande sein mag, die Kosten der weiteren Instanzen zu tragen.

6 Es ist eine *erhebliche Gefährdung* bei ziemlich strenger Prüfung notwendig, BGH GRUR **13**, 1288, Köln WRP **76**, 261. Eine nur fühlbare Belastung reicht nicht aus. Auch eine juristische Person kann die Vergünstigung erhalten, ohne daß die Voraussetzungen des § 116 Z 2 ZPO vorzuliegen brauchen.

7 **C. Keine Prüfung der Prozeßaussichten.** Das Gericht darf die Aussichten des Prozesses nicht etwa wie bei der Prozeßkostenhilfe nach §§ 114ff ZPO prüfen. Trotzdem darf man die Rechtslage im Prozeß natürlich nicht gänzlich unberücksichtigt lassen. Denn das würde bedeuten, die Vergünstigung des § 144 PatG auch dann zu geben, wenn die Prozeßchancen minimal sind. Das wiederum ließe sich nicht mit dem Umstand vereinbaren, daß der Steuerzahler jedenfalls indirekt durch einen Verzicht des Fiskus auf den wahren Streitwert entsprechende Einnahmen hier die finanzielle Hauptlast tragen soll.

8 **D. Aber auch keine Mutwilligkeit.** Wenn der Prozeß für den Antragsteller also offensichtlich gänzlich aussichtslos oder gar wie nach BLAH § 114 ZPO Rn 106ff mutwillig ist, muß man schon nach Treu und Glauben, die auch im Prozeß gelten, BLAH Einl III 54, die Vergünstigung des § 144 PatG ablehnen.

9 **E. Keine Gegenseitigkeitsprüfung.** Einen Ausländer darf man unabhängig davon begünstigen, ob die Gegenseitigkeit nach § 328 I Z 5 ZPO verbürgt ist, BGH **73**, 315.

10 **5) Verfahren, I, II.** Man muß seine zwei Abschnitte unterscheiden.
A. Antrag. Antragsberechtigt ist jede Partei nach BLAH Grdz 4 vor § 50 ZPO, also auch der Bekl. Der Antrag unterliegt keinem Anwaltszwang nach § 78 ZPO.

Man kann ihn nach § 4 InsO in Verbindung mit § 78 III Hs 2 ZPO zum Protokoll des Urkundsbeamten der Geschäftsstelle stellen.

B. Zeitgrenze. Der Antrag ist grundsätzlich nach II 2 nur vor der Verhandlung zur **11** Hauptsache nach BLAH § 137 ZPO Rn 15 zulässig, BLAH § 39 ZPO Rn 6, Struif GRUR **85**, 252. Später ist er nach II 3 nur dann zulässig, wenn das Gericht später den zunächst angenommen oder festgesetzten Streitwert heraufsetzt, Struif GRUR **85**, 252, oder wenn das Gericht den Streitwert erst später erstmals festsetzt. Der Urkundsbeamte der Geschäftsstelle nimmt vorher keinen Streitwert an.

Es kommt darauf an, ob die Partei *erst nach der Verhandlung* zur Hauptsache *erfahren* hat, daß sie mehr Kosten zahlen muß, als sie vor der Antragstellung annehmen mußte, BPatG GRUR **82**, 363. Infrage kommt auch eine erst nach der Verhandlung eingetretene ganz entscheidende Verschlechterung der wirtschaftlichen Lage, nicht aber zB die Sperrung eines weiteren Kredits, Düss GRUR **85**, 219.

C. Anhörung. Soweit der Antragsteller die Vergünstigung vor der Verhandlung **12** zur Hauptsache beantragt hat, muß das Gericht immer den Prozeßgegner nach Art 103 I GG anhören. Diese Vorschrift zwingt auch zur Anhörung der Staatskasse vor einer ihr nachteiligen Entscheidung. Wenn eine Partei zunächst die Heraufsetzung beantragt und anschließend zur Hauptsache verhandelt, muß sie sich auch an ihrem Antrag festhalten lassen.

D. Entscheidung. Das Gericht entscheidet nach § 63 durch einen Beschluß. Es **13** muß seinen Beschluß grundsätzlich begründen, BLAH § 329 ZPO Rn 4. Die Herabsetzung des Streitwerts setzt voraus, daß das Gericht den ordentlichen Streitwert vorher oder gleichzeitig festgesetzt hat. Das ist schon deshalb erforderlich, weil der ordentliche Streitwert für den Gegner maßgebend bleibt. Das Gericht darf den Streitwert für die finanziell stärkere Partei nicht höher bemessen, als das nach allgemeinen Grundsätzen geschehen müßte.

Soweit die Voraussetzungen nach Rn 3–9 vorliegen, *muß* das Gericht den Streitwert *niedriger festsetzen,* Ffm JB **76**, 347. Das Wort „kann" in I 1 eröffnet insofern keinen Ermessensspielraum, sondern es stellt nur die Zuständigkeit klar.

E. Rechtsmittel. Gegen die Entscheidung ist die Beschwerde nach § 68 wie **14** sonst statthaft, Ffm JB **76**, 347. Rechtsbehelfsbelehrung, Verstoß: §§ 5b, 68 II 2.

6) Haftungsfolgen, I. Eine Herabsetzung des Streitwerts nach I hat für den Be- **15** günstigten die folgenden Haftungswirkungen.

A. Der Staatskasse gegenüber. Der Begünstigte haftet der Staatskasse für die Gerichtskosten nur nach dem geringeren Streitwert, unabhängig davon, aus welchem Rechtsgrund er haftet.

B. Dem Prozeßbevollmächtigten gegenüber. Der Begünstigte haftet dem ei- **16** genen ProzBev gegenüber ebenfalls nur nach dem geringeren Streitwert, unabhängig davon, aus welchem Rechtsgrund.

C. Dem Prozeßgegner gegenüber. Der Begünstigte ist dem Prozeßgegner ge- **17** genüber zu einer Erstattung von Kosten ebenfalls nur nach dem geringeren Streitwert verpflichtet, unabhängig davon, aus welchem Rechtsgrund.

7) Wirkung, I, II. Die Anordnung wirkt auch für eine spätere Instanz. Sie wirkt **18** nur für den Begünstigten. Daher tritt bei seinem Unterliegen eine Zweithaftung des Prozeßgegners nur für entsprechende Kosten und eine Ersthaftung nur insoweit ein, als er einen Antrag gestellt hatte. Die Staatskasse haftet dem im Verfahren der Prozeßkostenhilfe nach § 121 ZPO beigeordneten Anwalt nach dem nicht herabgesetzten Streitwert. Der Prozeßgegner muß seinem eigenen Anwalt und dem gegnerischen Anwalt die Gebühren nach dem höheren Streitwert ersetzen. Für die Auslagen hat § 144 PatG keine Bedeutung.

II. Bürgerliche Rechtsstreitigkeiten nach dem MarkenG, GebrMG und DesignG

1) Systematik, Regelungszweck. Vgl zunächst § 51 II GKG, § 142 MarkenG, KG **1** MDR **17**, 252, auch in Verbindung mit § 8 II 3 MarkenG, § 26 GebrMG, auf den § 11 II Halbleiterschutzgesetz verweist, sind mit § 144 PatG inhaltlich gleich. Zum nachfol-

GKG Anh III § 51 (UWG) I. A. Gerichtskostengesetz

genden DesignG auch die DesignV v 2. 1. 14, BGBl 18, zuletzt geändert dch Art 6 XXVII G v 13. 4. 17, BGBl 872.

DesignG § 54. Streitwertbegünstigung. [I] Macht in bürgerlichen Rechtsstreitigkeiten, in denen durch Klage ein Anspruch aus einem der in diesem Gesetz geregelten Rechtsverhältnisse geltend gemacht wird, eine Partei glaubhaft, dass die Belastung mit den Prozesskosten nach dem vollen Streitwert ihre wirtschaftliche Lage erheblich gefährden würde, so kann das Gericht auf ihren Antrag anordnen, dass die Verpflichtung dieser Partei zur Zahlung von Gerichtskosten sich nach einem ihrer Wirtschaftslage angepassten Teil des Streitwerts bemisst.

[II] [1]Die Anordnung nach Absatz 1 hat zur Folge, dass die begünstigte Partei die Gebühren ihres Rechtsanwalts ebenfalls nur nach diesem Teil des Streitwerts zu entrichten hat. [2]Soweit ihr Kosten des Rechtsstreits auferlegt werden oder soweit sie diese übernimmt, hat sie die von dem Gegner entrichteten Gerichtsgebühren und die Gebühren seines Rechtsanwalts nur nach dem Teil des Streitwerts zu erstatten. [3]Soweit die außergerichtlichen Kosten dem Gegner auferlegt oder von ihm übernommen werden, kann der Rechtsanwalt der begünstigten Partei seine Gebühren von dem Gegner nach dem für diesen geltenden Streitwert beitreiben.

[III] [1]Der Antrag nach Absatz 1 kann vor der Geschäftsstelle des Gerichts zur Niederschrift erklärt werden. [2]Er ist vor der Verhandlung zur Hauptsache zu stellen. [3]Danach ist er nur zulässig, wenn der angenommene oder festgesetzte Streitwert später durch das Gericht heraufgesetzt wird. [4]Vor der Entscheidung über den Antrag ist der Gegner zu hören.

III. Bürgerliche Rechtsstreitigkeiten nach dem UWG

UWG § 12. Streitwertminderung. [IV] [1]Macht eine Partei in Rechtsstreitigkeiten, in denen durch Klage ein Anspruch aus einem der in diesem Gesetz geregelten Rechtsverhältnisse geltend gemacht wird, glaubhaft, dass die Belastung mit den Prozesskosten nach dem vollen Streitwert ihre wirtschaftliche Lage erheblich gefährden würde, so kann das Gericht auf ihren Antrag anordnen, dass die Verpflichtung dieser Partei zur Zahlung von Gerichtskosten sich nach einem ihrer Wirtschaftslage angepassten Teil des Streitwerts bemisst. [2]Die Anordnung hat zur Folge, dass

1. die begünstigte Partei die Gebühren ihres Rechtsanwalts ebenfalls nur nach diesem Teil des Streitwerts zu entrichten hat,
2. die begünstigte Partei, soweit ihr Kosten des Rechtsstreits auferlegt werden oder soweit sie diese übernimmt, die von dem Gegner entrichteten Gerichtsgebühren und die Gebühren seines Rechtsanwalts nur nach dem Teil des Streitwerts zu erstatten hat und
3. der Rechtsanwalt der begünstigten Partei, soweit die außergerichtlichen Kosten dem Gegner auferlegt oder von ihm übernommen werden, seine Gebühren von dem Gegner nach dem für diesen geltenden Streitwert beitreiben kann.

[V] [1]Der Antrag nach Absatz 4 kann vor der Geschäftsstelle des Gerichts zur Niederschrift erklärt werden. [2]Er ist vor der Verhandlung zur Hauptsache anzubringen. [3]Danach ist er nur zulässig, wenn der angenommene oder festgesetzte Streitwert später durch das Gericht heraufgesetzt wird. [4]Vor der Entscheidung über den Antrag ist der Gegner zu hören.

Schrifttum: *Köhler* NJW 13, 3474 (Üb).

Gliederung

1) Systematik, IV, V	1
2) Regelungszweck, IV, V	2
3) Sachlicher Geltungsbereich: UWG-Streit, IV 1 Hs 1	3
4) Persönlicher Geltungsbereich: Jede Partei, IV 1 Hs 1	4
5) Erhebliche wirtschaftliche Gefährdung, IV 1 Hs 1	5–8
6) Glaubhaftmachung, IV 1 Hs 1	9
7) Verringerung der Zahlungspflicht bei Gerichtskosten, IV 1 Hs 2	10
8) Anordnungsfolgen, IV 2	11–13

Abschnitt 7. Wertvorschriften **Anh III § 51 (UWG) GKG**

    A. Verringerung der Anwaltsgebühren des Antragstellers, IV 2 Z 1 11
    B. Verringerung einer Erstattungspflicht des Antragstellers, IV 2 Z 2 12
    C. Verringerung des Beitreibungsanspruchs des Anwalts des Antragstellers,
       IV 2 Z 3 13
9) Verfahren, IV 1 Hs 2, V 14–20
    A. Antrag 14
    B. Antragsfrist 15
    C. Anhörung des Gegners 16
    D. Entscheidung 17
    E. Ermessen 18
    F. Mitteilung 19
    G. Rechtsbehelfe 20

1) Systematik, IV, V. Zur Verfassungsmäßigkeit nach bisherigem Recht BVerfG 1
NJW **97**, 312 (unzumutbares Kostenrisiko), BGH BB **94**, 678 (Einzelfallabwägung),
BGH BB **98**, 1443 (Verband). Das dürfte auch zur Neufassung gelten. Die Vorschrift
ähnelt stark dem § 89a GWG und dem § 105 EuWG, abgedruckt jeweils bei § 50 GKG.
    Als *Spezialregel* hat die Vorschrift den Vorrang vor anderen Begünstigungen. Sie tastet
aber trotz der verbliebenen irreführend gewordenen amtlichen Teilüberschrift des
IV „Streitwertminderung" und der ebenfalls irreführenden Formulierung „Streitwertbegünstigung" in § 51 V UWG die Wertregeln in Wahrheit keineswegs an. Vielmehr
bleiben alle diesbezüglichen Vorschriften und daher auch Übungen zur Wertermittlung
zB nach § 51 III–V und zur vorläufigen wie endgültigen Festsetzung wie zu deren Änderung und zu den zugehörigen Rechtsbehelfen nach §§ 61 ff bestehen. Neu ist nur die
zusätzliche Möglichkeit einer Gebührenverringerung auf der Basis eines nur zu diesem
Zweck unterstellten Teils des an sich unveränderten Streitwerts.

2) Regelungszweck, IV, V. Es geht um einen rechtsstaatlich gesicherten Zugang 2
zum Gericht und um eine Sicherung des Schutzes für einen Minderbemittelten nach
BLAH Üb 3 vor § 114 ZPO wie um eine Verhinderung von Rechtsmißbrauch nach
BLAH Einl III 54 und damit stets um soziale Zwecke. Das wird gerade wegen des im
UWG-Fall oft hohen Streitwerts nötig. Solcher Schutz ist formell als Ausnahme von
Grundsatz einer Wertabhängigkeit von Gebühren nach BLAH Einl III 36 eng ausleg-
bar. Eine vernünftig abwägende Handhabung bleibt statthaft und Aufgabe des Ge-
richts bei seiner zentralen Anordnung einer Gebührenverringerung.

3) Sachlicher Geltungsbereich: UWG-Streit, IV 1 Hs 1. Es muß sich um ein 3
Verfahren mit einem solchen Streitgegenstand nach BLAH § 2 ZPO Rn 4 handeln, der
zumindest auch ein Rechtsverhältnis wie bei BLAH § 256 ZPO Rn 5ff nach dem
UWG betrifft, (je zum alten Recht) Ffm GRUR **89**, 932, Köln GRUR **88**, 775, Stgt
RR **88**, 304. Diese Anspruchsart muß sich gerade aus der „Klage" ergeben. Auch eine
Widerklage nach BLAH Anh § 253 ZPO ist eine Klage (das Bekl und Widerklägers).
Auch ein Eilantrag nach §§ 916 ff, 935 ff ZPO gehört hierher, (je zum alten Recht)
Hbg GRUR **85**, 148, Karlsr JB **10**, 531, Köln WRP **76**, 261, ferner eine verneinende
Feststellungsklage nach § 256 ZPO. Eine auch aus anderen Gesetzen ableitbare An-
spruchsbegründung reicht, soweit diejenige nach dem UWG nicht ersichtlich nur vor-
geschützt ist. Eine Schlüssigkeit nach BLAH § 253 ZPO Rn 32 ist aber nicht nötig.

4) Persönlicher Geltungsbereich: Jede Partei, IV 1 Hs 1. Die Vorschrift gilt 4
zugunsten jeder Partei nach BLAH Grdz 4 vor § 50 ZPO, auch einer juristischen
oder einer Partei kraft Amts nach BLAH Grdz 8, 9 vor § 56 ZPO. Sie wirkt sich
auch dem Gegner der „begünstigten" Partei und bei den beiderseitigen anwaltlichen
ProzBev aus.
    Unanwendbar ist die Vorschrift auf eine Nichtpartei nach BLAH Grdz 19 vor § 50
ZPO, also auf einen Dritten, selbst wenn er wirtschaftlich oder gar rechtlich Mitbe-
teiligter oder Mitbetroffener sein sollte. Ein Streithelfer nach §§ 66 ff ZPO ist zwar an
sich gerade nicht (Haupt)Partei. Er kann aber ab wirksamem Beitritt parteigleiche
Rechte haben. Dasselbe gilt beim Streitverkünder nach §§ 72 ff ZPO.

5) Erhebliche wirtschaftliche Gefährdung, IV 1 Hs 1. Es muß dem An- 5
tragsteller gerade durch seine Belastung mit Prozeßkosten nach dem ja unverändert
ermittelbaren Streitwert eine „erhebliche" Gefährdung gerade seiner wirtschaftlichen
Lage drohen. Maßgeblich ist der Zeitpunkt einer Entscheidungsreife über den Antrag
wie nach BLAH § 300 ZPO Rn 6.
    Nicht mehr beachtbar ist eine einfache Sachlagerung nach IV aF.

GKG Anh III § 51 (UWG) I. A. Gerichtskostengesetz

6 „*Erheblich*" ist mehr als „normal" oder „durchschnittlich", aber weniger als „hoch" oder gar „unzumutbar" oder „unerträglich". „Gefährdung" ist mehr als „Betroffenheit", aber weniger als „sichere Belastung". Eine nur nicht ganz ausschließbare Gefährdung reicht nicht. Eine höchstwahrscheinliche Gefährdung ist nicht nötig. Das alles zeigt: Man darf sich mit einer behutsamen Abwägung auf nicht allzu großzügiger Basis begnügen. Es kann naturgemäß eine bloße Prognose ähnlich wie zB bei der Prüfung einer Erfolgsaussicht im Prozeßkostenhilfeverfahrens nach §§ 114 ff ZPO ausreichen.

7 „*Wirtschaftlich*" muß die Gefährdung sein. Eine rein rechtliche reicht nicht. Sie kommt freilich praktisch auch kaum infrage. Eine rein immaterielle Auswirkung ohne wirtschaftliche Begleitfolgen reicht zwar nicht, ist aber ebensowenig denkbar.

8 „*Prozeßkosten*" sind hier dasselbe wie „Kosten des Rechtsstreits" nach §§ 91 ff ZPO. Sie umfassen also gerichtliche wie außergerichtliche und sonstige Gebühren und Auslagen unabhängig von einer Erstattbarkeit.

9 **6) Glaubhaftmachung, IV 1 Hs 1.** Die erhebliche wirtschaftliche Gefährdung muß glaubhaft sein, und zwar ebenfalls im Zeitpunkt der Entscheidungsreife über den Antrag. Eine Glaubhaftmachung erfolgt nach § 294 ZPO. Ihre Nachholung ist bis zur Entscheidungsreife nach BLAH § 300 ZPO Rn 6 statthaft. Wegen der unter Rn 6 genannten bloßen Prognose sollte man an eine Glaubhaftigkeit keine zu scharfen Anforderungen stellen. Es mag zB erst im Lauf des Prozesses ein erheblicher Vorschuß für Sachverständige nach §§ 379, 402 ZPO erkennbar notwendig werden. Freilich ersetzen bloße Floskeln keine Glaubhaftmachung. Andererseits ist kaum je die Vorlage einer Steuererklärung usw verlangbar.

10 **7) Verringerung der Zahlungspflicht bei Gerichtskosten, IV 1 Hs 2.** Sie ist das Ziel des ganzen Verfahrens nach IV, V. Das Gericht soll anordnen, daß der Antragsteller nur nach einem solchen Teilbetrag des Streitwerts zahlen muß, den es seiner Wirtschaftslage „anpaßt". Diese Anpassung erfolgt nach dem Wortlaut von IV 1 Hs 2 zwar nur bei den Gerichtskosten. IV 2 Z 1–3 zeigen aber, wie deutlich sich die Anordnung auch auf außergerichtliche Kosten mitauswirken kann. Im übrigen wirkt sich die Anordnung in Wahrheit gar nicht auf Kosten (also nach § 1 I 1 Gebühren und Auslagen) aus, sondern nur auf Gebühren, freilich auch auf Anwaltsgebühren.

11 **8) Anordnungsfolgen, IV 2.** Die Vorschrift zählt in Z 1–3 Folgen auf. Jede von ihnen kann unabhängig von einer der anderen eintreten. Jede Folge kann zu einem anderen Zeitpunkt als die andere eintreten.

A. Verringerung der Anwaltsgebühren des Antragstellers, IV 2 Z 1. Der Anwalt der begünstigten Partei kann von ihr seine Gebühren nach dem RVG, Teil X dieses Buchs, dem Grunde nach wie sonst fordern, der Höhe nach aber nur nach demjenigen Teil des wahren Streitwerts, den das Gericht bemessen hat. Das gilt für seine Tätigkeit ab Wirksamkeit der Anordnung, nicht aber auch für vorher entstandene Gebühren. Denn die Vorschrift nennt keine Rückwirkung, und einmal entstandene Gebühren bleiben dann von späteren prozessualen Vorgängen unberührt. Die Verringerung umfaßt nur eine wertabhängige Gebühr, keine Festgebühr und keine Auslagen des Anwalts.

Unanwendbar ist IV 2 Z 1 auf Gebühren des Anwalts des Antrags*gegners*. Hier mögen Z 2 oder Z 3 infragekommen.

12 **B. Verringerung einer Erstattungspflicht des Antragstellers, IV 2 Z 2.** Der Antragsteller braucht als Kostenschuldner gegnerischer Forderungen (Entscheidungs- oder Übernahmeschuldner nach § 29) Gerichts- und Anwaltsgebühren nur nach dem in der Anordnung des Gerichts bemessenen Wertteil zu erstatten. Auch hier geht es nur um Wert- und nicht um Festgebühren und nicht um Auslagen.

13 **C. Verringerung des Beitreibungsanspruch des Anwalts des Antragstellers, IV 2 Z 3.** Der Anwalt des Begünstigten kann vom gegnerischen Kostenschuldner seine Anwaltsgebühren nach § 126 I ZPO nur nach dem für den Gegner geltenden und evtl verringerten Betrag auf Grund einer Gerichtsanordnung beitreiben. Gegenüber dem eigenen Auftraggeber bleibt der Anwaltsanspruch aber restlich bestehen. Auch bei Z 3 geht es nur um Wertgebühren, nicht um Auslagen.

9) Verfahren, IV 1 Hs 2, V. Man muß mehrere Aspekte beachten. 14
  A. Antrag. Eine Anordnung erfolgt nicht von Amts wegen, sondern nach I 1 Hs 2 nur auf Grund eines Antrags. Er unterliegt auch im Verfahren mit grundsätzlichem Anwaltszwang nach § 78 ZPO keinem solchen. Das folgt aus der Möglichkeit, ihn nach V 1 in Verbindung mit § 78 III Hs 2 ZPO vor der Geschäftsstelle zu stellen. Der Antrag ist wie jede Parteiprozeßhandlung auslegbar, BLAH Grdz 52 vor § 128 ZPO. Statthaft ist zB die Umdeutung eines Antrags auf „Streitwertermäßigung" oder auf „Prozeßkostenhilfe" (Vorsicht, letztere kann ein zusätzliches oder gar alleiniges Antragsziel sein!). Das Gericht darf und muß evtl nach § 139 ZPO klären, sollte aber zur Vermeidung des Vorwurfs einer Befangenheit nach § 42 ZPO mit einer Anregung auf Antragstellung zurückhaltend bleiben. Im Zweifel gilt ein Antrag für alle Rechtszüge. Zuständig zur Bearbeitung ist das Prozeßgericht der Instanz, evtl auch das Vollstreckungsgericht nach §§ 764, 802 ZPO (je: Richter). Der Antrag läßt sich widerrufen. Denn darin läge kein Verstoß gegen den Regelungszweck nach Rn 2, BLAH Grdz 58 vor § 128 ZPO.
  B. Antragsfrist. Grundsätzlich ist der Antrag nur vor Beginn einer Verhandlung 15 gerade dieses Antragstellers zur Hauptsache nach BLAH § 137 ZPO Rn 15 statthaft. Es reicht dazu aber ein Eingang auf der Eingangsgeschäftsstelle des zuständigen Gerichts. Ein unzuständiges darf und muß ihn wie bei § 121 I 1 BGB unverzüglich weiterreichen, braucht dazu aber keineswegs alles stehen- und liegenzulassen.
  Ausnahmsweise ist der Antrag nach V 3 (nur) dann statthaft, wenn das Gericht einen vorher formlos mitgeteilten oder förmlich festgesetzten Kostenstreitwert (nicht: Zuständigkeits- oder Rechtsmittelstreitwert, Auslegungsfrage) erst nach dem Beginn einer Verhandlung gerade dieses Antragstellers zur Hauptsache wirksam nach § 63 III heraufgesetzt hatte. Die Reihenfolge der Vorgänge sollte sich aus dem Protokoll ergeben. Eine Protokollberichtigung kommt nach § 164 ZPO infrage.
  C. Anhörung des Gegners. Ihre Notwendigkeit ergibt sich unabhängig von V 4 16 schon aus Art 103 I GG. Das Gericht muß eine angemessene Äußerungsfrist gewähren, zB 2–3 Wochen. Es braucht seine Absicht etwa zur Höhe einer Verringerung dabei noch nicht mitzuteilen.
  D. Entscheidung. Sie erfolgt durch einen Beschluß nach § 329 ZPO. Er enthält 17 entweder eine Zurückweisung oder eine teilweise oder gänzliche Stattgabe, erstere dann, wenn der Antragsteller etwa eine bezifferte weitergehende Verringerung als die nun erfolgende begehrt hatte. Aus dem Antragserfordernis nach Rn 14 folgt eine zumindest entsprechende Anwendbarkeit des § 308 I ZPO: Das Gericht darf nicht über einen im Antrag ausdrücklich oder erkennbar erbetenen Grad der Verringerung hinausgehen.
  E. Ermessen. Innerhalb der Grenzen nach Rn 17 handelt das Gericht zum Ob 18 und Wie nach pflichtgemäßem Ermessen unter einer nach § 329 ZPO in Verbindung mit § 313 ZPO nachvollziehbaren Abwägung. Eine Verringerung mag in Prozenten des Streitwerts ohne dessen Bezifferung oder Festsetzung oder zugleich mit letzterer ergehen, aber auch zB in Form einer in EUR bezifferten Summe unterhalb eines wahren Werts, oder in einem Bruchteil des Werts. Eine Kostenentscheidung für das Verringerungsverfahren erfolgt nicht.
  Es darf *kein Schematismus* stattfinden. Vielmehr muß das Gericht zwischen der wirtschaftlichen Lage der Partei und der Kostenhöhe abwägen, BGH BB **98**, 1443, Kzlb GRUR **89**, 764, Köln JB **00**, 648, aM KG GRUR **87**, 453 (regelmäßig Herabsetzung auf 50%. Aber man muß stets eine Gesamtabwägung vornehmen). Auch das öffentliche Interesse kann mitbeachtbar sein, BGH JB **11**, 418 (Verbraucherverband). Zur Problematik Ulrich GRUR **89**, 401.
  F. Mitteilung. Sie erfolgt wie sonst nach § 329 ZPO. 19
  G. Rechtsbehelfe. Es gelten keine Besonderheiten. §§ 66 ff sind allenfalls ent- 20 sprechend anwendbar. Denn die Verringerung ist ja gerade keine Entscheidung zum Streitwert, Rn 1.

IV. Anfechtungs- und Nichtigkeitsklagen nach dem AktG

AktG § 247. Streitwert. [I] [1] Den Streitwert bestimmt das Prozeßgericht unter Berücksichtigung aller Umstände des einzelnen Falles, insbesondere der Bedeu-

GKG Anh IV (AktG), § 51a

tung der Sache für die Parteien, nach billigem Ermessen. ²Er darf jedoch ein Zehntel des Grundkapitals oder, wenn dieses Zehntel mehr als 500 000 Euro beträgt, 500 000 Euro nur insoweit übersteigen, als die Bedeutung der Sache für den Kläger höher zu bewerten ist.

1) Systematik, Regelungszweck, S 1, 2. I geht davon aus, daß es nicht gerechtfertigt ist, den Streitwert nur nach dem wirtschaftlichen Interesse des Klägers an der Beseitigung des beanstandeten Beschlusses zu bemessen, weil man im Hinblick auf die erweiterte Rechtskraftwirkung des § 248 AktG auch die Bedeutung der Sache für die Gesellschaft und die anderen Aktionäre berücksichtigen muß, BGH MDR **82**, 209.

2   Bei der Beurteilung der Frage, ob eine Belastung mit Kosten die wirtschaftliche Lage der Partei erheblich gefährdet, muß man ein erfolgreiches *Prozeßkostenhilfeverfahren* berücksichtigen, Ffm OLGZ **90**, 352.

3   **2) Geltungsbereich, S 1, 2.** II und III entsprechen dem § 144 I, II PatG fast wörtlich. Die Entscheidung nach II ist noch in der *Berufungsinstanz* zulässig, Ffm BB **85**, 1360. Jede Instanz setzt aber für sich fest, BGH DB **92**, 2492. § 247 gilt für eine Anfechtungsklage nach § 246 AktG und ferner sinngemäß für die Nichtigkeitsklage nach § 249 I AktG, für eine Klage auf die Feststellung der Nichtigkeit des festgestellten Jahresabschlusses nach § 256 VII AktG, für eine Klage auf die Nichtigerklärung der Gesellschaft nach § 275 IV AktG.

Beispiele für II: BGH DB **92**, 82 (Unanwendbarkeit bei Rechtsmißbrauch), Ffm BB **85**, 1360. Vgl auch § 48 GKG Anh I: § 3 ZPO Rn 62 „Gesellschaft".

4   Auf einen *Verein* sind die vorstehenden Regeln *unanwendbar*, BGH MDR **93**, 183.

Verfahren nach dem Kapitalanleger-Musterverfahrensgesetz

51a ᴵ Für die Anmeldung eines Anspruchs zum Musterverfahren (§ 10 Absatz 2 des Kapitalanleger-Musterverfahrensgesetzes) bestimmt sich der Wert nach der Höhe des Anspruchs.

ᴵᴵ Im Rechtsbeschwerdeverfahren ist bei der Bestimmung des Streitwerts von der Summe der in sämtlichen nach § 8 des Kapitalanleger-Musterverfahrensgesetzes ausgesetzten Verfahren geltend gemachten Ansprüche auszugehen, soweit diese von den Feststellungszielen des Musterverfahrens betroffen sind.

ᴵᴵᴵ Der Musterkläger und die Beigeladenen schulden im Rechtsbeschwerdeverfahren Gerichtsgebühren jeweils nur nach dem Wert, der sich aus den von ihnen im Ausgangsverfahren geltend gemachten Ansprüchen, die von den Feststellungszielen des Musterverfahrens betroffen sind, ergibt.

ᴵⱽ Die Musterbeklagten schulden im Rechtsbeschwerdeverfahren Gerichtsgebühren jeweils nur nach dem Wert, der sich aus den gegen sie im Ausgangsverfahren geltend gemachten Ansprüchen, die von den Feststellungszielen des Musterverfahrens betroffen sind, ergibt.

1   **1) Systematik, I–IV.** Es handelt sich um eine vorrangige eng auslegbare Spezialvorschrift sowohl für den Streitwert und damit über § 23 RVG für den anwaltlichen Gegenstandswert als auch für die Frage, wieweit Kostenschuldner haften.

2   **2) Regelungszweck, I–IV.** Einerseits muß das Musterverfahren schon wegen seiner über den Einzelfall weit hinausreichenden Bedeutung einen den wahren Verhältnissen angepaßten Wert haben. Andererseits würde es natürlich kein Besonnener mehr wagen, den Musterverfahrensantrag nach § 2 KapMuG etwa gegenüber einer Großbank mit einer Rechtsbeschwerde zu verfolgen, wenn er infolge der damit verbundenen Werterhöhung beim Unterliegen im Hauptprozeß selbst nach dem Erhalt einer Prozeßkostenhilfe in die Insolvenz geraten dürfte. Deshalb begrenzt II, III dieses Risiko auf eine halbwegs erträgliche Höhe. In diesem Sinn sollte man die Vorschrift insgesamt handhaben.

3   **3) Geltungsbereich, I–IV.** Die Vorschrift erfaßt innerhalb des Musterverfahrens nach §§ 1 ff KapMuG, abgedruckt bei BLAH SchlAnh VIII, die Anmeldung nach § 10 II KapMuG und das Rechtsbeschwerdeverfahren nach § 20 KapMuG vor dem BGH gegen einen Musterentscheid des OLG nach § 16 KapMuG, BGH WertpMitt **17**, 339. Das ergibt sich schon aus der amtlichen Überschrift des § 51a und aus den Eingangswörtern „Im Rechtsbeschwerdeverfahren" in II–IV beziehen sich sachlich auf I und nur auf dessen Bereich, auch wenn sie bei isolierter Betrachtung die Be-

Abschnitt 7. Wertvorschriften §§ 51a, 52 GKG

grenzung auf das Rechtsbeschwerdeverfahren scheinbar nicht übernehmen. Im übrigen braucht man keine Wertregelung, soweit gar keine Gebühren entstehen. Nach KV amtliche Vorbemerkung 1.2.1 entstehen im erstinstanzlichen Musterverfahren schon deshalb keine gesonderten Gebühren, weil es als ein Teil des erstinstanzlichen Hauptprozesses gilt.

4) Streitwert: Summe der ausgesetzten Ausgangsverfahren, I. (Nur) im 4
Rechtsbeschwerdeverfahren nach Rn 3 ist Streitwert die Summe der in sämtlichen nach § 8 KapMuG ausgesetzten Prozeßverfahren zum Streitgegenstand gewordenen Ansprüche. Nach § 8 I KapMuG setzt das Prozeßgericht nach der Bekanntmachung des Musterverfahrens durch das OLG von Amts wegen alle bereits anhängigen oder bis zum Erlaß des Musterentscheids nach § 14 KapMuG anhängig werdenden Verfahren aus, deren Entscheidung von der im Musterverfahren erforderlichen Feststellung oder von der dort zu klärenden Rechtsfrage abhängt.

Damit kann ein *hoher* Streitwert entstehen. Es gibt keine absolute Obergrenze. Den erforderlichen auch sozial wichtigen Ausgleich schaffen II, III. Einzelheiten BGH WertpMitt **17**, 340.

5) Grenzen bei Kostenschuldnerschaft, II–IV. Während der Streitwert des I 5
wegen § 32 RVG, Teil X dieses Buchs, auch für die Anwaltsgebühren maßgeblich sein kann, zieht II für den Musterkläger und die nach § 9 KapMuG Beteiligten eine Grenze der Kostenhaftung. Dementsprechend behandelt III die Prozeßgegner. Das bedeutet jeweils keine Streitwertabsenkung, sondern „nur" eine Begrenzung der Kostenschuldnerschaft mittels Rückzugs im Rechtsbeschwerdeverfahren auf denjenigen Teil des nach I vorhandenen Gesamtwerts, der sich aus den gerade in diesem einzelnen ausgesetzten Ausgangsverfahren errechnet, aM BGH RR **14**, 509 (Beschränkung auf die diesem Kläger „zurechenbaren" Teile des Gesamtwerts. Nicht mit dem klaren Wortlaut von II vereinbar).

Verfahren vor Gerichten der Verwaltungs-, Finanz- und Sozialgerichtsbarkeit

52 I In Verfahren vor den Gerichten der Verwaltungs-, Finanz- und Sozialgerichtsbarkeit ist, soweit nichts anderes bestimmt ist, der Streitwert nach der sich aus dem Antrag des Klägers für ihn ergebenden Bedeutung der Sache nach Ermessen zu bestimmen.

II Bietet der Sach- und Streitstand für die Bestimmung des Streitwerts keine genügenden Anhaltspunkte, ist ein Streitwert von 5000 Euro anzunehmen.

III ¹Betrifft der Antrag des Klägers eine bezifferte Geldleistung oder einen hierauf bezogenen Verwaltungsakt, ist deren Höhe maßgebend. ²Hat der Antrag des Klägers offensichtlich absehbare Auswirkungen auf künftige Geldleistungen oder auf noch zu erlassende, auf derartige Geldleistungen bezogene Verwaltungsakte, ist die Höhe des sich aus Satz 1 ergebenden Streitwerts um den Betrag der offensichtlich absehbaren zukünftigen Auswirkungen für den Kläger anzuheben, wobei die Summe das Dreifache des Werts nach Satz 1 nicht übersteigen darf. ³In Verfahren in Kindergeldangelegenheiten vor den Gerichten der Finanzgerichtsbarkeit ist § 42 Absatz 1 Satz 1 und Absatz 3 entsprechend anzuwenden; an die Stelle des dreifachen Jahresbetrags tritt der einfache Jahresbetrag.

IV In Verfahren

1. vor den Gerichten der Finanzgerichtsbarkeit, mit Ausnahme der Verfahren nach § 155 Satz 2 der Finanzgerichtsordnung und der Verfahren in Kindergeldangelegenheiten, darf der Streitwert nicht unter 1500 Euro,
2. vor den Gerichten der Sozialgerichtsbarkeit und bei Rechtsstreitigkeiten nach dem Krankenhausfinanzierungsgesetz nicht über 2 500 000 Euro und
3. vor den Gerichten der Verwaltungsgerichtsbarkeit über Ansprüche nach dem Vermögensgesetz nicht über 500 000 Euro

angenommen werden.

V Solange in Verfahren vor den Gerichten der Finanzgerichtsbarkeit der Wert nicht festgesetzt ist und sich der nach den Absätzen 3 und 4 Nummer 1 maßgebende Wert auch nicht unmittelbar aus den gerichtlichen Verfahrensakten ergibt, sind die Gebühren vorläufig nach den in Absatz 4 Nummer 1 bestimmten Mindestwert zu bemessen.

GKG § 52   I. A. Gerichtskostengesetz

VI ¹In Verfahren, die die Begründung, die Umwandlung, das Bestehen, das Nichtbestehen oder die Beendigung eines besoldeten öffentlich-rechtlichen Dienst- oder Amtsverhältnisses betreffen, ist Streitwert
1. die Summe der für ein Kalenderjahr zu zahlenden Bezüge mit Ausnahme nicht ruhegehaltsfähiger Zulagen, wenn Gegenstand des Verfahrens ein Dienst- oder Amtsverhältnis auf Lebenszeit ist,
2. im Übrigen die Hälfte der für ein Kalenderjahr zu zahlenden Bezüge mit Ausnahme nicht ruhegehaltsfähiger Zulagen.

²Maßgebend für die Berechnung ist das laufende Kalenderjahr. ³Bezügebestandteile, die vom Familienstand oder von Unterhaltsverpflichtungen abhängig sind, bleiben außer Betracht. ⁴Betrifft das Verfahren die Verleihung eines anderen Amts oder den Zeitpunkt einer Versetzung in den Ruhestand, ist Streitwert die Hälfte des sich nach den Sätzen 1 bis 3 ergebenden Betrags.

VII Ist mit einem in Verfahren nach Absatz 6 verfolgten Klagebegehren ein aus ihm hergeleiteter vermögensrechtlicher Anspruch verbunden, ist nur ein Klagebegehren, und zwar das wertmäßig höhere, maßgebend.

VIII Dem Kläger steht gleich, wer sonst das Verfahren des ersten Rechtszugs beantragt hat.

Vorbem. VII geändert dch Art 12 Z 3 G v 29. 6. 15, BGBl 1042, in Kraft seit 4. 7. 15, Art 22 II G. ÜbergangsR § 71 GKG.

Schrifttum: *Zimmer/Schmidt,* Der Streitwert im Verwaltungs- und Finanzprozeß, 1991.

Gliederung

1) **Systematik, I–VIII**	1–3
A. Streitwert	1, 2
B. Gegenstandswert	3
2) **Wertgrundregeln, I–VIII**	4–7
A. Sachbedeutung	4
B. Weitere Wertvorschriften	5
C. Ergänzende Bestimmungen	6
D. Sonstige Vorschriften	7
3) **Bedeutung der Sache für den Kläger, I**	8–19
A. Antrag als Grundlage	8
B. Beispiele zur Frage einer Bedeutung des Antrags, I	9
C. Antrag in Rechtsmittelinstanz	10
D. Bedeutung der Sache	11
E. Wirtschaftliche Auswirkung	12
F. Langzeitwirkung	13
G. Rechtliche Auswirkung	14
H. Beispiele zur Frage der Auswirkungen bei den Klagarten, I	15
I. Maßgeblicher Zeitpunkt	16
J. Ermessen	17
K. Ermessensobergrenze	18
L. Ziel: Einheitliche Rechtsprechung	19
4) **Auffangwert, II**	20–23
A. Hilfswert	21
B. Starre Größe	22
C. Beispiele zur Frage einer Anwendbarkeit des Auffangwerts, II	23
5) **Bezifferte Geldleistung, III**	24, 25
A. Grundsatz: Leistungshöhe, III	24
B. Ausnahme: Zukunftsbedeutung, III 2	24a
C. Kindergeldsache, III 3	24b
D. Beispiele zur Frage einer bezifferten Geldleistung, III	25
6) **Mindestwert, Höchstwert, IV, V**	26–29a
A. Finanzgerichtsbarkeit, Kindergeld: Mindestwert grundsätzlich 1500 EUR, IV Z 1	26
B. Sozialgerichtsbarkeit: Höchstwert 2 500 000 EUR, IV Z 2 Hs 1	27
C. Krankenhausfinanzierungsgesetz: Höchstwert 2 500 000 EUR, IV Z 2 Hs 2	28
D. Vermögensgesetz: Höchstwert 500 000 EUR, IV Z 3	29
E. Finanzgerichtsbarkeit: Höchstwert vor Festsetzung usw, V	29a
7) **Statusstreitigkeit im öffentlichen Dienst, VI, VII**	30–33
A. Regelfall, VI 1–3	30
B. Sonderfälle, VI 4	31
C. Verbindung verschiedenartiger Ansprüche, VII	32
D. Sonstige Verfahren, VI, VII	33
8) **Festsetzung des Werts, I–VIII**	34, 35

Abschnitt 7. Wertvorschriften § 52 GKG

1) **Systematik, I–VIII.** Soweit nicht Sondervorschriften nach Anh I A eingreifen, 1
gelten die folgenden Regeln. Im zugehörigen Eilverfahren gilt § 53.
   A. Streitwert. Die Wertberechnung nach § 52 betrifft nur die Grundlage für die Erhebung der Gerichtsgebühren nach § 3 I und damit auch der Anwaltsgebühren nach § 23 RVG in allen Verfahren vor den Gerichten der Verwaltungsgerichtsbarkeit. Soweit es sich um die Zuständigkeit und die Zulässigkeit eines Rechtsmittels handelt, zB nach § 131 VwGO, gelten dagegen die zB nach § 173 VwGO oder § 155 FGO sinngemäß anwendbaren §§ 3 ff ZPO, § 48 Anh I, BFH BStBl 77 II 614, OVG Münst NVwZ-RR **96**, 548.
   Im Verfahren vor den Gerichten der *Sozialgerichtsbarkeit* ist § 52 nach § 1 II Z 3 in Verbindung mit § 197 a I 1 SGG, Teil II B dieses Buchs nur dann anwendbar, wenn in dem Rechtszug weder der Kläger noch der Bekl zu den in § 183 SGG genannten Personen gehört, auch wegen der in § 183 SGG genannten Personen (in erster Linie Versicherte, Leistungsempfänger und Behinderte oder deren Sonderrechtsnachfolger). Zum Wert bei einer vertragsärztlichen Tätigkeit Wenner/Bernard NZS **03**, 568 (Üb). V ist in der Sozialgerichtsbarkeit nicht anwendbar. Für wiederkehrende Leistungen gilt § 42 II.
   Außerhalb dieses Bereichs gilt § 52 an sich nicht. Jedoch ist die Vorschrift in den 2 in VV amtliche Vorbem 6.2 III bezeichneten Sachen entsprechend anwendbar, Teil X dieses Buchs, Brdb MDR **09**, 634 (sogar im Zivilprozeß –?–). Sie ist ferner in ehren- und berufsgerichtlichen Verfahren evtl entsprechend anwendbar, zB nach § 194 BRAO, SchlAnh G, und nach § 111 g BNotO, SchlAnh L, auch im Rahmen von §§ 62 I Z 2–4, 66 I, 78 Z 2–4 DRiG. Das gilt, soweit nicht Sondervorschriften wie § 202 II BRAO bestehen. Dasselbe gilt in Verfahren wegen des Verlusts von Dienstbezügen vor einem Disziplinargericht, VGH Mü NVwZ-RR **89**, 54. Man darf den Grundgedanken des II auch in der Zivilgerichtsbarkeit heranziehen, wenn für eine Schätzung nach § 3 ZPO genügende Anhaltspunkte fehlen, Brschw NdsRpfl **77**, 126 oder wenn im Rahmen von (jetzt) § 48 II 1 keine besonderen Bemessungsumstände vorliegen, BAG NZA **98**, 670, aM Mü MDR **89**, 360.
   B. Gegenstandswert. Sofern in bestimmten Streitigkeiten vor den Verwaltungs- 3 gerichten keine Gerichtskosten entstehen, also zB nach § 2 II, entfällt die Festsetzung eines Streitwerts für die Gerichtsgebühren, VG Mü NVwZ-RR **03**, 907. Der nach § 33 RVG festsetzbare und für die Anwaltsgebühren maßgebliche Gegenstandswert bemißt sich in diesen Fällen nach § 23 I 1 RVG, Teil X dieses Buchs, nach den für die Gerichtsgebühren geltenden Wertvorschriften, OVG Hbg NVwZ-RR **07**, 639. Denn diese Kostenvorschriften sind nur bei einer sachlicher Gebührenfreiheit nicht anwendbar, BVerwG BayVBl **89**, 285, FG Bre EFG **94**, 317, VG Drsd VIZ **96**, 352, aM BVerwG JB **95**, 537 (ohne Vorlage nach § 132 GVG), VGH Mannh NVwZ-RR **95**, 424, OVG Münst ZBR **87**, 255. Anwendbar sind also auch insoweit §§ 52 ff.
   Die Festsetzung eines Gegenstandswertes nach *§ 18 RVG* kommt auch in Betracht, soweit die Parteien in einem auch außergerichtlichen Vergleich einen bisher nicht rechtshängigen Anspruch mitverglichen haben, OVG Bln AS **22**, 32.
2) **Wertgrundregeln, I–VIII.** Bei der Wertberechnung unterscheidet man nicht 4 zwischen vermögensrechtlichen und anderen Streitigkeiten. Denn diese Unterscheidung führte in der Praxis der Verwaltungsgerichte zu erheblichen Schwierigkeiten.
   A. Sachbedeutung. Soweit die folgenden Vorschriften nichts Abweichendes bestimmen, muß man den Streitwert (Gegenstandswert) vielmehr in allen Sachen nach I nach der sich aus dem Antrag des Klägers bei einer objektiven Beurteilung, OVG Münst NVwZ-RR **15**, 960, VG Saarlouis JB **14**, 539, und nicht nach der subjektiven Vorstellung des Klägers in Wahrheit für ihn ergebenden Bedeutung der Sache bestimmen, OVG Lüneb NVwZ-RR **10**, 455, VGH Mannh NVwZ-RR **09**, 1021, VGH Mü NVwZ-RR **14**, 447. Das ist eine sog Generalklausel, VGH Kassel NVwZ-RR **05**, 366. Wenn der Antrag eine bezifferte Geldleistung oder einen hierauf gerichteten Verwaltungsakt erstrebt, ist nach III 1 zwar die Höhe dieser Leistung maßgebend. Das gilt zB bei der Anfechtung eines Abgabenbescheids und bei einer Klage auf die Bewilligung einer bestimmten Zahlung. Man muß aber eine Zukunftsbedeutung nach III 2, 3 werterhöhend beachten.
   B. Weitere Wertvorschriften. Die Grundregel gilt nach I nur, „soweit nichts an- 5 deres bestimmt ist". Daher sind ferner §§ 4 ff anwendbar. Sie gehen § 52 I, III vor,

283

GKG § 52   I. A. Gerichtskostengesetz

soweit sie Sonderbestimmungen enthalten. Neben oder statt § 52 sind demgemäß die folgenden Vorschriften anwendbar.

§ 36 (Teile des Streitgegenstandes): Unmittelbar anwendbar, OVG Lüneb NJW 77, 917, VGH Mannh VBlBW **81**, 322;

§ 40 (Zeitpunkt der Wertberechnung): Unmittelbar anwendbar, dazu § 40 Rn 1 ff;

§ 41 (Miet-, Pacht- und ähnliche Nutzungsverhältnisse): I, II, V sind entsprechend anwendbar beim Streit über einen öffentlichrechtlichen Nutzungsvertrag, BVerwG NVwZ-RR **94**, 420, ebenso in Streitigkeiten über einen Wohnraum, zB nach dem Obdachlosenrecht, weil die sozialen Gründe für eine Begrenzung des Streitwerts auch hier gelten, ZiSchm 39;

§ 42 (Wiederkehrende Leistungen): III, V sind nur für Zahlungsklagen anwendbar, ferner entsprechend für die mit Unterhaltsklagen vergleichbaren Streitigkeiten, zB nach BAföG und BSHG, VGH Mü NVwZ **91**, 1198, ZiSchm 25. III gilt entsprechend für wiederkehrende Leistungen aus einem öffentlich-rechtlichen Rechtsverhältnis, BVerwG NVwZ **88**, 1019, OVG Münst JB **95**, 590, aM BVerwG NVwZ-RR **89**, 280 (ohne Vorlage nach § 132 GVG). Vgl dazu § 52 Anh I B Rn 16, 19 und 36;

§ 43 (Nebenforderungen): Unmittelbar anwendbar; im Fall des § 161 II VwGO oder § 138 FGO gilt § 43 III;

§ 44 (Stufenklage): Unmittelbar anwendbar, soweit entsprechende Streitigkeiten in der Verwaltungs- und Finanzgerichtsbarkeit vorkommen, BLAH § 254 ZPO Rn 23;

§ 45 (Klage und Widerklage, wechselseitige Rechtsmittel, Aufrechnung, Hilfsanspruch): Unmittelbar anwendbar, OVG Münst JB **94**, 360;

§ 47 (Wertberechnung im Rechtsmittelverfahren) anwendbar, Madert NJW **98**, 581, Otto JB **97**, 286;

§ 53 (einstweilige Maßnahmen): Anwendbar sind I ergänzend zu § 52 (nur) im gerichtlichen Verfahren über eine Arrestmaßnahme der Verwaltung, § 53 Rn 11 ff, OVG Münst JB **14**, 145, und III unmittelbar, StrWK I Nr 7, § 53 Rn 23 ff.

6   **C. Ergänzende Bestimmungen.** Sofern §§ 41 ff nichts anderes besagen, darf und muß man ferner die einschlägigen Bestimmungen der ZPO beachten, falls sie nach § 173 VwGO oder § 155 FGO sinngemäß anwendbar sind und auch im Zivilverfahren für die Gebührenberechnung gelten. Das trifft zB zu auf *§ 4 I Hs 1 ZPO* (Zeitpunkt der Wertberechnung, ergänzt durch §§ 40, 47), OVG Münst RiA **89**, 80, und auf *§ 5 Hs 1 ZPO* (mehrere Ansprüche), § 48 Anh I, BVerwG NJW **82**, 1257, OVG Bln MDR **96**, 1079, OVG Münst NVwZ-RR **96**, 548, Anh I B Rn 3, 4, Anh II Rn 10.

Nicht entsprechend anwendbar ist *§ 6 ZPO*. Man kann dieser Vorschrift freilich einen gewissen Maßstab für den Gebührenwert entnehmen. Dasselbe gilt für *§ 9 ZPO*. Die darin festgesetzte Obergrenze ist für die Bewertung länger dauernder Leistungen neben (jetzt) IV beachtbar, VGH Kassel NVwZ-RR **97**, 118, VGH Mü NVwZ-RR **98**, 788, OVG Münst NVwZ-RR **00**, 732.

7   **D. Sonstige Vorschriften.** Unmittelbar anwendbar sind *§ 35* (einmalige Erhebung der Gebühren), *§ 61* (Angabe des Wertes), *§ 62* (Maßgeblichkeit des Zulässigkeitswerts, §§ 131, 146 III VwGO, § 128 III FGO), *§ 64* (Festsetzung des Gebührenwerts). Dagegen kommt eine Schätzung des Streitwerts durch Sachverständige im Sinn von § 64 S 1 wegen § 52 II nicht in Betracht.

Wegen der *gesetzlichen Sondervorschriften* für einzelne Rechtsgebiete vgl Anh I A.

8   **3) Bedeutung der Sache für den Kläger, I.** Jedes Verfahren hat grundsätzlich für § 52 nur *einen* Wert, OVG Bln MDR **96**, 1079. Es gibt zahlreiche Aspekte.

A. Antrag als Grundlage. Maßgeblich ist nach Rn 4 allein die sich aus dem Antrag des Klägers bei einer objektiven Beurteilung und nicht nach seiner subjektiven Vorstellung in Wahrheit für ihn ergebende Bedeutung der Sache, VGH Kassel NVwZ-RR **16**, 951, VGH Mü NVwZ-RR **14**, 447, OVG Münst NVwZ-RR **15**, 960. Zur Verfassungsmäßigkeit BVerfG NVwZ **99**, 1104. Dabei kommt es nur auf die objektive Bedeutung für den Kläger oder sonstigen Antragsteller nach VII an. Daher darf man die Auswirkungen der Entscheidung für den Bekl oder einen Beigeladenen nicht berücksichtigen, BVerwG AnwBl **77**, 507, VGH Mü BauR **12**, 1772, OVG Münst NVwZ **00**, 335, mögen sie auch noch so schwerwiegend sein. Maßgeblich ist im Zweifel der Antrag, wie ihn das Gericht verstanden hat, VGH Mü NVwZ

Abschnitt 7. Wertvorschriften § 52 GKG

91, 1198. Solche Umstände, die über den konkreten Antrag hinausgehen, bleiben außer Betracht, BFH BStBl II **76**, 685. Niemals darf ein fiktives und nur in der Vorstellung des Gerichts bestehendes Begehren maßgeblich werden, OVG Hbg NVwZ-RR **98**, 341, VGH Mannh NJW **77**, 827. Eine Streitwertangabe erfordert eine zurückhaltende Beurteilung, OVG Lüneb JB **08**, 425. Notfalls gilt II und § 61.

B. Beispiele zur Frage einer Bedeutung des Antrags, I 9

Auslegung: S „Fehlen eines Antrags".
Baubeseitigung: Maßgeblich ist der Zeitwert nebst Abrißkosten, OVG Kblz BauR **11**, 1952.
Beigeladener: Rn 8.
  Ausnahmsweise kommt dann nach § 36 eine besondere Wertfestsetzung infrage, wenn die Parteien allein über die Erforderlichkeit der Beiladung streiten, BFH/NV **98**, 348, oder wenn sich die Beiladung nur auf einen Teil des Streitgegenstands bezieht. Das muß man nach wirtschaftlichen Gesichtspunkten entscheiden, OVG Lüneb NVwZ-RR **01**, 278, VGH Mü BayVBl **85**, 414. Maßgeblich bleibt aber auch dann die Bedeutung dieses Teils der Sache für den Kläger, aM BFH/NV **98**, 398, VGH Mü BayVBl **85**, 414.
Beklagter: Rn 8.
Disziplinarsache: Bei einer Einstellung können 300 EUR reichen, OVG Lüneb NVwZ-RR **10**, 295.
Erfolg: Maßgeblich ist der unmittelbar erstrebte Erfolg, Rn 12.
Fehlen eines Antrags: Maßgeblich ist das Klagebegehren so, wie es sich bei einer vernünftigen Auslegung aus dem Klägervortrag ergibt, §§ 88 VwGO, 96 I 2 FGO.
Feststellung: Maßgeblich ist das Klägerinteresse an ihr, OVG Lüneb NVwZ-RR **10**, 40, VGH Mü NVwZ-RR **14**, 447.
Geldleistung: Vgl III 2, 3.
Grenzfeststellung: I ist anwendbar, OVG Greifsw NVwZ-RR **15**, 799.
Kosten: *Unmaßgeblich* ist der Versuch einer Kostenverringerung, OVG Lüneb JB **08**, 426.
Liebhaberwert: *Unmaßgeblich* ist ein bloßer Liebhaberwert, VGH Mannh NJW **77**, 827.
Mehrheit von Gegenständen: Maßgeblich ist das Gesamtinteresse, VGH Mü AnwBl **80**, 220.
Musterprozeß: *Unmaßgeblich* sind Umstände über den konkreten Antrag hinaus wie zB beim sog Musterprozeß, BFH BStBl II **76**, 685, aM VGH Mü NVwZ **91**, 1198.
Nachbarschutz: *Unmaßgeblich* sind die Auswirkungen auf den Nachbarn als Bekl, Rn 8.
Nebenbestimmungen: Maßgeblich sind ihre Mehrkosten, VGH Mü JB **10**, 89.
Prozeßkostenhilfe: Maßgeblich bleibt ihre Möglichkeit, BVerfG NVwZ-RR **94**, 107, aM OVG Koblenz NVwZ-RR **94**, 384.
Schwierigkeit: *Unmaßgeblich* ist die Schwierigkeit des Falls, BVerwG DVBl **77**, 653.
Sicherungsmaßnahme: Maßgeblich ist zB bei § 809 VwGO das Sicherungsinteresse, OVG Lüneb BauR **15**, 1153.
Sozialrecht: LSG Mü JB **15**, 411 (Statusfeststellung).
Umfang: *Unmaßgeblich* ist der Sachumfang, BVerwG AnwBl **77**, 507.
Vorzeitige Beendigung: *Unmaßgeblich* ist dieser Vorgang für den Wert schon nach § 40, VGH Mannh NJW **77**, 827, VGH Mü BayVBl **75**, 403.
Wirtschaftliche Verhältnisse: *Unmaßgeblich* sind grds die wirtschaftlichen Verhältnisse der Beteiligten, BVerwG DVBl **77**, 653, KG AnwBl **14**, 1061.
  S aber auch „Beigeladener".
Zahlung: Vgl III 2, 3.
Zulässigkeit: *Unmaßgeblich* ist die Zulässigkeit des Antrags, BFH BStBl II **75**, 234.

C. Antrag in Rechtsmittelinstanz. Das alles gilt auch in der Rechtsmittelinstanz. 10
Nach § 47 II 1 bestimmt sich der Wert durch die Anträge des Rechtsmittelführers, also zB des Bekl oder des Beigeladenen, hilfsweise durch die Beschwer nach BLAH Grdz 14 ff vor § 511 ZPO, Madert NJW **98**, 581, jeweils nach § 47 II 1 begrenzt durch den Wert der ersten Instanz. Aber auch hier ist für seine Bemessung die Bedeutung für den Kläger maßgeblich. Daher ist der Wert bei unverändertem Streitgegenstand nach

GKG § 52

I. A. Gerichtskostengesetz

BLAH § 2 ZPO Rn 4 auch für Rechtsmittel des Bekl oder des Beigeladenen mit dem Wert der ersten Instanz identisch, BVerwG NVwZ-RR **89**, 280, VGH Mannh JB **90**, 1207, OVG Münst NVwZ **00**, 335, aM VGH Kassel NVwZ-RR **90**, 223, Zimmer NVwZ **91**, 549. Geht es in beiden Instanzen zB um die Genehmigung desselben Großvorhabens, kann aber der Gebührenwert bei der Berufung eines Beigeladenen schwerlich etwa nach II auf 5000 EUR sinken.

Die *Obergrenze* (jetzt) nach § 47 II 1 gilt auch für Verfahren nach § 80 VII VwGO, aM VGH Mannh NVwZ-RR **98**, 787. Sie bestimmt sich nicht nach dem in der ersten Instanz festgesetzten Streitwert, sondern nach dem objektiv angemessenen. Das Rechtsmittelgericht muß ihn evtl neu festsetzen, Zimmer NVwZ **95**, 142. Eine Sondervorschrift für die Verfahren auf eine Zulassung des Rechtsmittels nach §§ 124a, 146 IV–VI VwGO und über eine Nichtzulassungsbeschwerde nach § 133 VwGO ist § 47 III, dort Rn 10.

11 **D. Bedeutung der Sache.** Die Vorschrift ist mit dem GG vereinbar, BVerfG NVwZ **99**, 1104. Ihre Bedeutung für den Kläger oder sonstigen Antragsteller nach VII entspricht seinem Interesse an der erstrebten Entscheidung. Maßgeblich ist nicht die subjektive Bedeutung, die der Kläger der Sache beimißt (Affektionsinteresse), sondern derjenige Wert, den die Sache bei einer objektiven Beurteilung für den Kläger hat, Rn 4. In dieser Weise bewertbar sind demnach die rechtliche Tragweite der Entscheidung und die Auswirkungen, die ein Erfolg des Begehrens für die wirtschaftliche oder sonstige Lage des Klägers hat. Dabei kommt es auch auf die Bedeutung des in seiner Person betroffenen Rechts an, Redeker DVBl **75**, 925. Außer Betracht bleiben die Auswirkungen der Entscheidung auf andere Beteiligte oder andere Verfahren, Rn 8. Bei einer bezifferten Leistung muß man I nach III 2, 3 vorrangig mitbeachten. Es kann ein Wert von nur 1 EUR herauskommen, VGH Mü NVwZ-RR **13**, 982.

12 **E. Wirtschaftliche Auswirkung.** Meist bestimmen allein die wirtschaftlichen Auswirkungen des Siegs den Streit, BVerwG NVwZ-RR **03**, 904, LSG Bre NZS **04**, 560, OVG Lüneb NVwZ-RR **10**, 455, aM BVerwG JB **16**, 23 (zu Anh I B nach § 52: Nr. 34.4). Maßgeblich sein kann nämlich der Vermögenswert, den der Kläger behält, zB der Sachwert des Gebäudes, dessen Abbruch die Behörde verlangt hatte, oder der Wert der Aufwendungen bei der Anfechtung eines Leistungsgebots, etwa auf eine Auskunft, OVG Greifsw NVwZ-RR **01**, 279, oder bei der Befestigung des Straßenrands entlang einer Zufahrt, VGH Mü NVwZ-RR **04**, 912 (2000 EUR) oder auf die Beseitigung einer baulichen Anlage, OVG Münst NVwZ-RR **05**, 582 (Werbetafeln), oder bei einer Dienstleistungserlaubnis, Schwan/Jüngel JB **06**, 459.

Es kann auch auf denjenigen *Vermögenswert* ankommen, den der Kläger als Sieger hinzugewinnen will, etwa auf den Wert der erstrebten Erlaubnis, OVG Lüneb NVwZ-RR **10**, 455 (Sportwette: 100000 EUR), VGH Mannh NVwZ-RR **90**, 386, OVG Münst NVwZ-RR **09**, 408 rechts (Jahresgewinn beim Arzneimittel). Zusätzlich oder allein ergibt sich der Streitwert aus sonstigen Auswirkungen der begehrten Entscheidung, etwa auf die Stellung des Klägers in der Gesellschaft oder Familie zB bei einer Klage auf eine Einbürgerung, Namensänderung usw oder auf andere ideelle Interessen zB bei der Klage einer Gemeinde gegen eine Planung und bei einer Verbandsklage, BVerwG NVwZ-RR **96**, 237. Man muß die Bedeutung solcher Auswirkungen in Geld schätzen.

13 **F. Langzeitwirkung.** Erstrecken sich die Auswirkungen auf eine längere Zeit, zB beim Streit um eine Berufszulassung oder um die Ausübung eines Gewerbes, muß man diesen Umstand gebührend berücksichtigen. Das gilt etwa bei einer Klage auf die Erteilung der ärztlichen Approbation, BSG AnwBl **82**, 30. Dabei ist eine Pauschalierung zulässig und notwendig, Rn 19. Der Jahreswert wird aber bei Dauerverhältnissen der Bedeutung der Sache meist nicht gerecht. Bei wiederkehrenden Leistungen aus einem öffentlichrechtlichen Rechtsverhältnis muß man nach Rn 24, Anh I Üb 3 entsprechend § 42 II vom Dreijahresbetrag ausgehen.

Wenn eine Leistung für eine *bestimmte Zeit* streitig ist, zB für einen Veranlagungs- oder Bewilligungszeitraum, muß man diesen zugrunde legen. Dabei muß man beachten, daß sich die Rechtskraft beim Streit um die gänzliche oder teilweise Versagung einer Hilfe auf die Zeit bis zur Entscheidung erstrecken kann, zB beim Wohngeld, BVerwG **44**, 266, nicht dagegen bei einer Leistung nach dem BAföG, BVerwG

Abschnitt 7. Wertvorschriften § 52 GKG

FamRZ **81**, 824. Doch greift dann meist eine Begrenzung des Streitwerts ein, zB nach § 41 I, Anh I Üb 3.

G. Rechtliche Auswirkung. Das Interesse des Klägers oder sonstigen Antragstellers nach III bestimmt sich stets durch die rechtliche Tragweite der erstrebten Entscheidung. Daher muß man den Streitwert für die einzelnen Klagarten evtl verschieden hoch bemessen müssen. 14

H. Beispiele zur Frage der Auswirkungen bei den Klagarten, I 15
Anfechtung: Bei einer Anfechtungsklage ist das Interesse am Wegfall des Verwaltungsakts maßgeblich. Bei der Klage gegen einen Zahlungsgrundbescheid muß man den vermutlichen Gesamtbetrag meist um 20% kürzen, BVerwG NVwZ **88**, 1019. Richtet sich eine Anfechtungsklage prozessual ausnahmsweise zulässig gegen die Ablehnung einer Vergünstigung etwa einer Baugenehmigung, muß man vom Interesse an der Vergünstigung ausgehen und den so gefundenen Wert angemessen kürzen.
Aussetzung, Ruhen: $1/4$ des Hauptsachewerts, OVG Greifsw NVwZ-RR **15**, 239.
Bescheidung: Bei einer Klage auf eine bloße Bescheidung ist der Wert häufig geringer, je nachdem, inwieweit sie den Kläger seinem Endziel näher bringt, FG Bre EFG **93**, 253, OVG Hbg ZBR **80**, 289, FG Karlsr EFG **94**, 268. Beispiel: Wert der Klage auf die Erteilung der Baugenehmigung 20 000 EUR, Wert der Bescheidungsklage 15 000 EUR (75%), wenn die Behörde die Bebaubarkeit schlechthin verneint hatte, aber nur 10 000 EUR (50%), wenn der Kläger nur eine neue Ermessensausübung erstrebt. Entsprechendes gilt für eine Klage auf anderes Tätigwerden, OVG Münst NVwZ-RR **99**, 700. Anders liegt es, wenn zB nur die genaue Verrechnung einer Geldleistung offen bleibt. Dann braucht man keine Kürzung vorzunehmen. Eine Verpflichtung nur dem Grunde nach läßt sich meist niedriger bewerten als die geltend gemachte Forderung, wenn die Festsetzung im Ermessen der Behörde steht oder wenn auch die Höhe der Forderung streitig ist.

Der Streitwert der *sonstigen Leistungsklage* ergibt sich aus dem Wert der Leistung für den Kläger. Hier kann man auf die von den Zivilgerichten entwickelten Grundsätze § 48 Anh I zurückgreifen. Beim Streit um ein Vorkaufsrecht kann man vom Grundstückswert 5% abziehen, OVG Bautzen NVwZ-RR **95**, 237.
Feststellung: Die behauptende Feststellungsklage läßt sich meist geringer als eine entsprechende Leistungsklage bewerten, es sei denn, der Erfolg kommt einem Grundurteil gleich, etwa bei einem Zahlungsanspruch gegen den Staat, VGH Mü BayVBl **86**, 60. Die verneinende prozessual nur ausnahmsweise zulässige Feststellungsklage läßt sich mit dem vollen Wert des bestrittenen Rechts ansetzen, wenn sie eine künftige Leistung ausschließt, VGH Mü NVwZ-RR **01**, 277.
Fortsetzungsklage: Der Wert der Fortsetzungsfeststellungsklage, nach §§ 113 I 4 VwGO, 100 I 4 FGO usw ist meist geringer und nie höher als der Wert der Hauptklage, BFH/NV **96**, 927 (50%), BVerwG AnwBl **89**, 235, VGH Kassel NVwZ-RR **92**, 218, aM StrWK I 5, Anh I Rn 5, ZiSchm 46. Ähnliches gilt im Abänderungsverfahren nach § 80 VII VwGO, OVG Lüneb NVwZ-RR **99**, 813.
Verpflichtung: Der Streitwert der Verpflichtungsklage entspricht dem Interesse des Klägers am begehrten Verwaltungsakt.

I. Maßgeblicher Zeitpunkt. Er ergibt sich aus § 4 ZPO in Verbindung mit 16
§ 173 VwGO, § 155 FGO sowie aus §§ 40, 47, Rn 5, 6, LAG Lüneb JB **13**, 426. Ermäßigt der Kläger seinen Antrag, werden mehrere Ansprüche getrennt oder ergeht ein Teilurteil, ist für die später anfallenden Gebühren ein zweiter und meist geringerer Wert ansetzbar, VGH Mü BayVBl **84**, 221, Kopp/Schenke § 189 VwGO Rn 9.

J. Ermessen. Das Gericht darf und muß den Streitwert nach seinem pflichtgemäßen Ermessen bestimmen, OVG Bre NVwZ-RR **10**, 824, OVG Münst NVwZ-RR **15**, 960. Das geschieht nach den Anhaltspunkten aus dem bisherigen Sach- und Streitstand, II. Einen Pauschalstreitwert sieht § 6 VIII VZOG vor, Anh I A Rn 4. Mit dem Ermessen erhält das Gericht ebenso wie nach § 3 ZPO, § 48 Anh I, Spielraum für die Beurteilung der Bedeutung der Sache und für ihre Bewertung eingeräumt, OVG Münst NJW **11**, 2824. Das Gericht darf den Wert schätzen und dabei auch den Umsatzverlust mitbeachten, VGH Mannh NVwZ-RR **08**, 430. Es darf sich sowohl einer Schematisierung als auch einer Pauschalierung bedienen, BFH FamRZ **06**, 702, OVG Münst NJW **11**, 2824. Das Gericht sollte stets die Beteiligten anhören. Es ist 17

GKG § 52

I. A. Gerichtskostengesetz

nicht an Wertfestsetzungen des BVerfG in anderen Fällen gebunden, BVerfG NVwZ 99, 1104. Eine Beweiserhebung zur Ermittlung der dafür maßgeblichen Merkmale ist nach Rn 20 (jetzt) freilich nach II ausgeschlossen, VGH Mü BayVBl 78, 221.

Eine Berücksichtigung der *wirtschaftlichen* oder sozialen Lage des Klägers, um zu einem für ihn „tragbaren" Streitwert zu kommen (sog Sozialrabatt), ist *nicht* zulässig, ZiSchm 7, 34 (eingehend), aM VGH Mannh NVwZ-RR 90, 385, OVG Münst GewArch 76, 381 (aber § 52 verweist gerade nicht auf alle Umstände, sondern knüpft nur an die Bedeutung der Sache für den Kläger an, Rn 8, die man objektiv bestimmen muß, Rn 11. Diese Gleichstellung mit entsprechenden Verfahren vor den Zivilgerichten etwa nach dem BauGB ist im Hinblick auf Art 19 IV GG unbedenklich, Fromm DÖV 82, 206).

18   **K. Ermessensobergrenze.** Jedoch darf man nach dem Rechtsstaatsprinzip den Streitwert nicht so unangemessen hoch festsetzen, daß es dem Bürger praktisch unmöglich würde, das Gericht anzurufen, BVerfG NJW 97, 311. Sonst besteht für die Bemessung keine obere Grenze. Insbesondere ist (jetzt) § 48 III 2 nicht entsprechend anwendbar. Jedoch darf man bei einem Anspruch nach dem Vermögensgesetz den Streitwert nach IV lt Hs nicht höher als mit 500 000 EUR ansetzen.

19   **L. Ziel: Einheitliche Rechtsprechung.** Um das Kostenrisiko für die Beteiligten überschaubar zu machen, ist eine möglichst einheitliche Praxis der Gerichte dringend erforderlich. An ihr hat es lange Zeit gefehlt, Bräutigam NVwZ 89, 1022, Zimmer NVwZ 88, 706. Abhilfe für einzelne Materien sollte notfalls der Gesetzgeber schaffen, wie es bereits für das Beamtenrecht in V, VI sowie für das Asylverfahren geschehen ist, Anh I A Rn 1. Da gegen Streitwertbeschlüsse der OVG (VGH) und FG nach § 68 I 4 in Verbindung mit § 66 III 2 keine Beschwerde statthaft ist, ist es wünschenswert und hilfreich, daß BVerwG und BFH Bewertungsrichtlinien zu I entwickeln. Ihnen sollten die Instanzgerichte grundsätzlich folgen, Anh I B Üb 2.

Solche Richtlinien enthält der *Streitwertkatalog* für die Verwaltungsgerichtsbarkeit, abgedruckt und erläutert als Anh I B. Im Interesse der Rechtssicherheit und der Gleichbehandlung ist eine weitgehende Schematisierung und bei einer Leistung auch eine Pauschalierung für gleichartige Streitigkeiten zulässig und notwendig, aM BVerfG NJW 92, 1674. Das gilt zB für beamtenrechtliche Ansprüche, Berufszulassungen, Bau- und Gewerbegenehmigungen usw. Zum sog Teilstatus OVG Weimar JB 08, 33.

20   **4) Auffangwert, II.** Nur wenn der bisherige Sach- und Streitstand bis zum Verfahrensende keine genügenden Anhaltspunkte für die Bemessung bietet, ist als ein sog Auffangwert ein Streitwert von (jetzt) 5000 EUR maßgeblich, BFH JB 13, 478 (auch zu Grenzen), LSG Mainz JB 17, 417, OVG Münst NVwZ-RR 15, 960. Das gilt je Kläger, VGH Mannh NVwZ-RR 06, 653, und nach § 39 I je Streitgegenstand nach BLAH § 2 ZPO Rn 4, OVG Greifsw NVwZ-RR 11, 840. Danach ist eine Beweiserhebung zur Ermittlung der nach I maßgebenden Merkmale nicht zulässig, OVG Greifsw NJW 08, 2936 rechts. Jedoch muß das Gericht den Beteiligten hier wie auch sonst ausreichend eine Gelegenheit geben, sich zum Streitwert zu äußern, Art 103 I GG. Sie sind nach § 61 verpflichtet, Angaben zu machen. II dient also keineswegs der bequemen Umgehung von I, III ff. II begünstigt freilich auch nicht den Kläger, der sich entgegen § 61 vorwerfbar nicht ausreichend äußert, BFH BB 78, 292.

21   **A. Hilfswert.** Aus II ergibt sich nicht etwa ein solcher Ausgangswert, an den sich die Festsetzung nach I anlehnen müßte, und erst recht kein Regelwert, BVerfG AnwBl 75, 438, BVerwG NJW 89, 3233. Bei dem Betrag von 5000 EUR handelt es sich vielmehr um einen Auffangwert (fiktiven Streitwert) oder um einen hilfsweisen Ausnahmewert, LSG Bre NZS 04, 560, VGH Mannh NVwZ-RR 04, 619, Noll NJW 76, 221. Er tritt immer und nur dann ein, soweit und solange eine individuelle Bemessung noch nicht möglich ist, weil hinreichende Anhaltspunkte fehlen, VGH Mannh BWVPr 76, 202.

22   **B. Starre Größe.** Der gesetzliche Auffangwert ist als solcher eine starre Größe. Falls die Bedeutung des Antrags erkennbar in ihrem Wert über oder unter 5000 EUR liegt, muß man den Streitwert nicht nach II, sondern nach der in I enthaltenen Grundregel entsprechend höher oder niedriger festsetzen, BFH/NV 96, 576, BVerwG NVwZ-RR 96, 237, OVG Hbg NVwZ 13, 1099 rechts ($^1/_4$), aM VGH Mü NVwZ-RR 91, 391, OVG Schlesw NordÖR 00, 372, Geiger BayVBl 97, 108 (aber II ist eben nur ein Hilfs-

Abschnitt 7. Wertvorschriften § 52 GKG

wert). Im Hinblick auf den durch I eingeräumten Beurteilungsspielraum ist eine von 5000 EUR ausgehende prozentuale Niedriger- oder Höherbewertung unbedenklich, um ein bloßes „Greifen" des Wertes auszuschließen, aM VGH Mannh NVwZ-RR **99**, 813, VGH Mü NVwZ-RR **91**, 391, Geiger BayVBl **97**, 108. Gibt es einen über 5000 EUR liegenden konkreten Mindestwert, ist dieser maßgeblich.

C. Beispiele zur Frage einer Anwendbarkeit des Auffangswerts, II 23

Abschiebung: Anwendbar ist II bei der Abschiebung eines Ausländers alsbald nach seiner erstmaligen Einreise.

Akteneinsicht: Anwendbar ist II bei der Klage auf eine Akteneinsicht wegen der Unsicherheit ihrer Auswirkung, grds ebenso OVG Bautzen NVwZ-RR **11**, 216 (dort freilich nur 500 EUR).

Altersteilzeit: Anwendbar ist II, nicht V, OVG Münst JB **13**, 364.

Altkleidercontainer: Es können 5000 EUR angemessen sein, OVG Münst NVwZ-RR **13**, 983 (nennt I – ? –).

Anspruchshäufung: Anwendbar sein kann II auch dann, OVG Saarlouis NVwZ-RR **16**, 976. Man muß ihn aber entsprechend vervielfachen, BFH BStBl II **82**, 705, FG Karlsr EFG **86**, 146, Lappe NJW **83**, 1469.

Ärztliche Untersuchung: Anwendbar ist zB beim Beamten II, OVG Lüneb NVwZ-RR **14**, 448.

Aufenthaltsrecht: Anwendbar ist II bei einer Nebenbestimmung einer Wohnsitzauflage, OVG Bautzen JB **15**, 577, VGH Kassel NVwZ-RR **14**, 904, OVG Lüneb JB **09**, 540. Es gilt grds je Person, OVG Magdeb JB **10**, 143 (auch zu einer Ausnahme), und bei einer Aufenthaltserlaubnis und deren Rücknahme, OVG Greifsw NVwZ-RR **11**, 840, VGH Mannh NVwZ-RR **11**, 840.

Baubeseitigung: Bei einer Versetzungsmöglichkeit ist das Interesse am Standorterhalt nach II schätzbar, VGH Mannh NVwZ-RR **11**, 216.

Befangenheit: Anwendbar ist II bei der Ablehnung eines Richters, VGH Kassel NVwZ-RR **93**, 109.

Beurteilung: Anwendbar ist II bei der Klage auf die Änderung einer Beurteilung oder überhaupt auf ihre Vornahme, OVG Münst NVwZ-RR **09**, 407.

Keine Bezifferung: *Unanwendbar* ist II beim bloßen Fehlen der Bezifferung einer Herabsetzung. Denn dann kann man den Wert auf die Hälfte der bisherigen Festsetzung beziffern.

Buchführung: Anwendbar ist II beim Streit um eine Erleichterung der Buchführung, FG Hbg EFG **79**, 514.

Dienstaufsichtsbeschwerde: Anwendbar ist II, OVG Lüneb JB **13**, 364.

Eintragung: Anwendbar ist II beim Streit um die Eintragung einer bestimmten Person als des Leiters der Beratungsstelle eines Lohnsteuerhilfevereins, BFH BStBl II **81**, 105.

Fahrerlaubnis: Anwendbar ist II beim Streit um eine Fahrerlaubnis, VGH Mü NVwZ-RR **91**, 391. Beim erlaubnisfreien Fahrzeug gilt 50% des Auffangwerts, OVG Bautzen NVwZ-RR **10**, 1000, aM OVG Weimar JB **12**, 590 (nur im Eilverfahren).

Fahrtenbuch: Anwendbar ist II beim Streit um eine Auflage im Fahrtenbuch, VGH Mü NZV **92**, 128.

Gaststättenerlaubnis: Anwendbar ist II beim Streit um eine solche Erlaubnis, VGH Kassel NVwZ-RR **93**, 672.

Gewerbeanmeldung: Anwendbar ist II beim Streit um eine solche Anmeldung, VGH Mannh NVwZ-RR **95**, 62.

Hochschulzulassung: Anwendbar ist II bei der Klage auf eine solche Zulassung wegen der Unsicherheit der Auswirkung, OVG Bautzen NVwZ-RR **06**, 219 (2500 EUR), OVG Bre JB **11**, 419.

Investition: Anwendbar ist II beim Streit um einen Investitionsbescheid, OVG Magdeb VIZ **93**, 217.

Konzession: S „Gaststättenerlaubnis".

Kostenfreiheit: *Unanwendbar* ist II im gerichtskostenfreien Verfahren. Dann gilt für den Anwalt § 23 III RVG, Teil X dieses Buchs, VG Hann NVwZ-RR **09**, 224.

Kündigung: Anwendbar ist II bei derjenigen eines Schwerbehinderten, OVG Münst RR **92**, 448.

Namensänderung: Anwendbar ist II bei der Klage auf eine Namensänderung.

GKG § 52 I. A. Gerichtskostengesetz

Nebenbestimmung: Anwendbar ist II bei ihr, OVG Lüneb JB **09**, 539.
Personalvertretung: Anwendbar ist II grds in einer solchen Sache.
Prüfung: Anwendbar ist II bei einer Prüfungssache wegen der Unsicherheit der Auswirkung, OVG Bautzen NVwZ-RR **06**, 219 (2500 EUR), VGH Mü NVwZ **91**, 579.
Rechtsberatung: Anwendbar ist II bei einer Beschwerde gegen die Zurückweisung eines Funktionärs eines Verbands bei einer vorsorglichen Klage gegen eine Steuerschätzung, FG Kassel EFG **78**, 344.
Richterablehnung: S „Befangenheit".
Rundfunkgebühr: Anwendbar ist II beim Streit um eine solche Gebühr, OVG Hbg NVwZ-RR **04**, 620.
Rundfunkrat: Anwendbar ist II beim Streit um einen Sitz in diesem Organ.
Keine Schätzbarkeit: Anwendbar ist II dann, wenn man nicht wenigstens schätzen kann, was und wieviel der Kläger begehrt, FG Karlsr EFG **86**, 146, FG Kassel EFG **78**, 344.
Überleitungsanzeige: Anwendbar ist II bei solchem Streit, VGH Mü RR **93**, 334.
Unbestimmter Gegenstand: Anwendbar ist II auch dann, wenn das Klägervorbringen keinen bestimmten Streitgegenstand erkennen läßt, BFH BStBl II **78**, 135.
Vertriebenenausweis: Anwendbar ist II bei solchem Streit, OVG Kblz RR **92**, 387.
Vorläufiger Rechtsschutz: II Z 2 kann anwendbar sein, VGH Mannh NVwZ-RR **11**, 342.
Wählerverzeichnis: Anwendbar ist II beim Streit um die Eintragung in ein solches Verzeichnis, VGH Mannh NVwZ-RR **90**, 386.
Waffenbesitzkarte: Anwendbar ist II beim Streit um eine solche Urkunde, OVG Lüneb JB **09**, 195.
Wechsel des Dienstherrn: Anwendbar ist II in einem solchen Fall, OVG Münst NVwZ-RR **09**, 824.
Wirtschaftliches Motiv: Anwendbar ist II auch dann, OVG Mü NVwZ **12**, 1056.
Zeugnis: S „Beurteilung".

24 **5) Bezifferte Geldleistung, III.** Ein einfacher Grundsatz hat viele Auswirkungen.

A. Grundsatz: Leistungshöhe, III 1. Betrifft der Antrag des Klägers oder des sonstigen Antragstellers nach VII eine bezifferte Geldleistung direkt an den Kläger oder einen hierauf gerichteten Verwaltungsakt, ist nach III 1 grundsätzlich die Höhe dieser Geldleistung maßgeblich.

24a **B. Ausnahme: Zukunftsbedeutung, III 2.** Es kann aber nach dieser Vorschrift (jetzt) wegen der „Bedeutung für die Zukunft" ein höherer Wert als nach III 1 maßgebend sein, Schneider NJW **14**, 527, höchstens das Dreifache des Werts nach III 1, OVG Lüneb NVwZ-RR **16**, 274. Ob eine solche Zukunftsbedeutung vorliegt, muß das Gericht nach pflichtgemäßem Ermessen klären. Infrage kommt zB die Wahrscheinlichkeit wiederkehrender gleichgelagerter Verwaltungsakte, OVG Lüneb Anwbl **15**, 100.

Eine *Ermäßigung* aus *sozialen* Gründen ist nach Rn 14 und Anh I Üb 3 nicht zulässig und wegen der Möglichkeit einer Prozeßkostenhilfe auch nicht erforderlich. Einen „symbolischen" Streitwert wegen der Klärung einer abstrakten Rechtsfrage kennt das Gesetz nicht, BFH/NV **94**, 255.

24b **C. Kindergeldsache, III 3.** Vor den Finanzgerichten gilt § 42 I 1, III entsprechend mit nur dem einfachen Jahresbetrag, BFH JB **15**, 87, aM VGH Mannh NVwZ-RR **15**, 680 (dreifacher Jahresbetrag nach I). FG Münst JB **14**, 415 ist daher überholt.

25 **D. Beispiele zur Frage einer bezifferten Geldleistung, III**
Anfechtung: Anwendbar ist III bei der Klage auf die Anfechtung eines Leistungsbescheids oder eines Rücknahmebescheids, OVG Magdeb NVwZ-RR **02**, 77, oder eines Umlagebescheids mit Geltung auch für Folgejahre, OVG Magdeb NVwZ-RR **14**, 326.
Bedeutung der Sache: Anwendbar ist III. Die Bedeutung entspricht oft der streitigen Leistung, OVG Bre AnwBl **93**, 41 (Darlehen). Vgl auch Rn 24a.
Bedingung: Anwendbar ist III auch bei einer mit der geforderten Zahlung verbundenen Bedingung, OVG Bre AnwBl **84**, 50.

Abschnitt 7. Wertvorschriften § 52 GKG

Befreiung: Anwendbar ist III bei der Klage auf einen Befreiungsbescheid zB über eine Steuer oder Abgabe jeweils über einen bestimmten Betrag.
Bloße Bestimmbarkeit: *Unanwendbar* ist III in einem solchen Fall. Dann gilt vielmehr (jetzt) I, BVerwG NVwZ **88**, 1019, aM OVG Münst VerwRspr **31**, 762.
Bewilligung: Anwendbar ist III bei der Klage auf eine Verpflichtung zur Erteilung einer Bewilligung in Höhe eines bestimmten Betrags.
Darlehen: Anwendbar ist III dann, wenn die Geldleistung direkt in das Vermögen des Empfängers übergeht, mag sie auch als Darlehen erfolgen, VGH Kassel MDR **96**, 321, OVG Lüneb JB **08**, 149.
Depotpflicht: *Unanwendbar* ist III bei einer solchen Leistung. Dann gilt vielmehr (jetzt) I, OVG Lüneb JB **08**, 149.
Feststellung: Anwendbar ist III auf eine verneinende Feststellungsklage dann, wenn sie eine künftige Leistung ausschließt, VGH Mü NVwZ-RR **01**, 277.
Folgebescheid: *Unanwendbar* ist III beim Fehlen einer Auswirkung auf einen Folgebescheid. Dann gilt vielmehr (jetzt) II, FG Hbg EFG **99**, 1157.
Gegenpflicht: Anwendbar ist III auch bei einer mit der geforderten Zahlung verbundenen Gegenpflicht zB auf eine Rückzahlung, OVG Bre AnwBl **84**, 50.
Grundbescheid: *Unanwendbar* ist III bei einem solchen Vorgang. Dann gilt vielmehr (jetzt) I, BVerwG NVwZ-RR **00**, 188, OVG Lüneb NVwZ-RR **95**, 62, VG Regensb NVwZ-RR **99**, 407.
Kindergeld: Rn 24 b.
Nur Mittelbarkeit: *Unanwendbar* ist III dann, wenn sich ein Verwaltungsakt nur mittelbar auf eine Geldleistung auswirkt. Dann gilt (jetzt) I, VGH Mü BayVBl **01**, 222, Anh II § 52 „Einheitsbewertung" und „Einheitliche Gewinnfeststellung".
Nebenverfahren: *Unanwendbar* ist III in einem solchen Verfahren. Vielmehr gilt dann § 43.
Ordnungsgeld: Anwendbar ist III auch hier, OVG Greifsw Rpfleger **10**, 80.
Pauschale: *Unanwendbar* ist III dann, wenn es für einen Streit einen Pauschalwert gibt, zB nach § 6 III VZOG, Anh I § 52 Rn 4.
Rundfunkbeitrag: Er kann zu III 1 zählen, OVG Kblz NVwZ-RR **16**, 632.
Rückzahlung: S „Gegenpflicht".
Sicherheitsleistung: *Unanwendbar* ist III bei einer solchen Leistung. Dann gilt vielmehr (jetzt) I, OVG Lüneb JB **08**, 149.
Sozialhilfe: Anwendbar ist III auch bei einer Sozialhilfe, OVG Bre JB **02**, 80.
Steuerfreiheit: Anwendbar sein kann III bei solchem Bescheid, Meyer 24.
Studiengebühr: *Unanwendbar* ist III bei einer Studiengebühr für die gesamte weitere Studiendauer, VGH Mannh NVwZ-RR **09**, 622 (3,5-Jahreswert).
Stundung: Anwendbar ist III bei einem Stundungsbegehren, OVG Münst NVwZ-RR **00**, 732 (dreifacher Jahresbetrag).
Teilbetrag: Maßgebend ist nur der streitig gebliebene Teilbetrag, OVG Bautzen JB **09**, 538.
Trennungsgeld: III 1 hat den Vorrang vor Nr 1.6 und 10.7 des Streitwertkatalogs in Anh I B nach § 52, VGH Mannh NVwZ-RR **17**, 632.
Verwarnungsgeld: Anwendbar ist III auch hier, VGH Mannh NVwZ-RR **10**, 542 links.
Vorverfahren: Anwendbar ist III zB für den Wert der anwaltlichen Tätigkeit im Verwaltungsvorverfahren, VG Cottbus LKV **98**, 321.
Widerspruchskosten: Sie lassen II anwendbar, OVG Magdeb NVwZ-RR **13**, 982.
Wiederkehrende Leistung: *Unanwendbar* ist III bei der Klage auf eine wiederkehrende Leistung. Dann ist vielmehr zunächst § 42 anwendbar, aM VGH Mannh JB **10**, 141 (es gelte I).
Soweit diese Vorschrift *nicht paßt*, muß man denjenigen Zeitraum zugrunde legen, für den die Geldleistung erfolgen soll, etwa den konkreten Veranlagungs- oder Bewilligungszeitraum nach der anwendbaren Vorschrift, VGH Mü BayVBl **78**, 471.
Zahlung: Anwendbar ist III bei einer Zahlungsklage. Vgl auch III 2, 3, Rn 24 a.
Zukunftsbedeutung: Anwendbar ist III 2, 3, Rn 24 a.
Zwangsgeld: *Unanwendbar* ist III 2 bei der Androhung seiner Festsetzung, OVG Lüneb NVwZ-RR **17**, 79.

GKG § 52

26 **6) Mindestwert, Höchstwert, IV, V.** Die Vorschrift nennt absolute Mindest- oder Höchstwerte nur in den folgenden vier Fallgruppen.
A. Finanzgerichtsbarkeit, Kindergeld: Mindestwert grundsätzlich 1500 EUR, IV Z 1. Es kommt vor dem FG oder dem BFH nach unten nicht auf die Einzelverhältnisse an, sondern auf die Rechtmäßigkeit des Steuerbescheids. Man muß grundsätzlich (Ausnahme: Verfahren nach § 155 S 2 FGO) mindestens 1500 EUR ansetzen, FG Köln JB **16**, 299 (Hinterziehungszinsen nach § 235 AO 1977). Das gilt nicht im Eilverfahren, BFH BStBl II **08**, 199.

27 **B. Sozialgerichtsbarkeit: Höchstwert 2500000 EUR, IV Z 2 Hs 1.** Nach oben ist der Streitwert stets mit 2500000 EUR begrenzt.

28 **C. Krankenhausfinanzierungsgesetz: Höchstwert 2500000 EUR, IV Z 2 Hs 2.** Der Streit mag in der Sozial- oder Verwaltungsgerichtsbarkeit ablaufen. Soweit er nach dem G idF vom 10. 4. 91, BGBl 886, zuletzt geändert am 27. 4. 01, BGBl 886, erfolgt, beträgt der Höchstwert zum Schutz der Sozialversicherungsträger 2500000 EUR.

29 **D. Vermögensgesetz: Höchstwert 500000 EUR, IV Z 3.** Zu den finanziellen Erblasten der Wiedervereinigung gehört die Regelung der Eigentums- und sonstigen Ansprüche im Zusammenhang mit enteignenden und enteignungsgleichen Maßnahmen in der früheren DDR. Diese Ansprüche regelt das VermG. Wegen des Rechtsweges nach diesem Gesetz BLAH § 13 GVG Rn 67. Soweit danach die Verwaltungsgerichte entscheiden, richtet sich der Streitwert nach I, II.
Danach ist für Ansprüche auf *Rückübertragung* meist der aktuelle Verkehrswert maßgeblich, BVerwG NJW **95**, 609, Anh I B. Indessen gilt ein absoluter Höchstwert von 500000 EUR. Durch eine Trennung von Verfahren nach § 93 VwGO tritt auch bei IV eine Erhöhung des Streitwerts ein, BVerwG NVwZ-RR **98**, 685. In zivilrechtlichen Streitigkeiten über Vermögen in der früheren DDR gilt IV nicht. Man kann IV Z 3 entsprechend auf Streitigkeiten nach dem InvestitionsvorrangG vom 4. 8. 97, BGBl 1996, zuletzt geändert am 19. 6. 01, BGBl 1149, anwenden, BVerwG Buchholz 360 § 13 Nr 102.
Unanwendbar ist IV Z 3 auf einen Anspruch nach dem früheren DDR-Entschädigungserfüllungsgesetz, BVerw NVwZ-RR **17**, 855.

29a **E. Finanzgerichtsbarkeit: Vor Festsetzung usw, V.** Dann gelten zunächst III, IV Z 1, hilfsweise der Mindestwert nach IV 1.

30 **7) Statusstreitigkeit im öffentlichen Dienst, VI, VII.** VI schreibt als eine gegenüber I–IV vorrangige Sondervorschrift beim Statusstreit der Beamten, Richter, Berufssoldaten und Soldaten auf Zeit eine von den Besonderheiten des Einzelfalles nach Rn 9ff unabhängige pauschale Bewertung vor, BVerwG JB **10**, 141. Sie führt in einer Anlehnung an § 42 III zu einem für die Betroffenen tragbaren Streitwert. In anderen als Statusstreitigkeiten bleibt es bei der Anwendung der §§ 42 II, 52 I–III.
A. Regelfall, VI 1–3. Die Grundregel für die Bewertung von Statusstreitigkeiten gilt für bestehende oder angestrebte besoldete öffentlichrechtliche Dienst- oder Amtsverhältnisse, nicht also für Streitigkeiten von Ehrenbeamten. Es muß sich um die Begründung oder Umwandlung eines solchen Verhältnisses handeln, um sein Bestehen oder Nichtbestehen oder um seine Beendigung oder um die Versetzung in den Ruhestand und nicht nur dessen Zeitpunkt, BVerfG NVwZ-RR **09**, 823, BVerwG NVwZ-RR **10**, 127. Die Altersteilzeit zählt nicht hierher, OVG Weimar JB **08**, 34.
VI 1 Z 1: Ist Gegenstand des Verfahrens ein Dienst- oder Amtsverhältnis auf Lebenszeit, ist Streitwert stets der Jahresbetrag des vom Ausgang des Verfahrens abhängigen monatlichen Endgrundgehalts, OVG Lüneb JB **15**, 30, oder des monatlichen Festgehalts nach Maßgabe der §§ 20ff oder 37, 38 BBesG nebst Anlagen zuzüglich etwaiger nicht ruhegehaltfähiger Zulagen, aM OVG Weimar JB **08**, 34 (nur 12facher Betrag. Aber der Wortlaut von VI I Z 1 ist eindeutig, BLAH Einl III 39, Schneider NJW **14**, 553). Auch eine Reaktivierung zählt hierher, OVG Lüneb NVwZ-RR **10**, 943.
VI 1 Z 2: In sonstigen Fällen von Statusstreitigkeiten der genannten Arten zB beim Beamten auf Probe (auch wenn sich der Beamte gegen die Verlängerung der Probezeit wehrt, OVG Greifsw NVwZ-RR 02, 901) oder beim Beamten auf Widerruf, beim Soldaten auf Zeit und beim Anwärter auf die Beamtenlaufbahn ist Streitwert die Hälfte

Abschnitt 7. Wertvorschriften § 52 GKG

jenes Betrags oder des entsprechenden Betrags der Anwärtervergütung oder des zB nach § 8a III BundesbahnG und § 12 V PoststrukturG für ein Jahr vereinbarten Gehalts, aM OVG Münst NVwZ-RR **14**, 903 (nur 25% bei Verlängerung nur auf Zeit), OVG Münst NVwZ-RR **17**, 632 (nur 25%, aber von VI 1 Z 1, im Eilverfahren wegen einer Probeeinstellung).

Bei Streitigkeiten wegen eines *Teilstatus* bemißt man den Streitwert nach dem zweifachen Jahresbetrag der Differenz, BVerwG NVwZ-RR **10**, 188, OVG Hbg DÖV **03**, 509, OVG Weimar DÖD **99**, 288.

VI 2: Maßgebend ist das Kalenderjahr.

VI 3: Unbeachtbar sind Bezüge, die vom Familienstand und von Unterhaltspflichten abhängen.

B. Sonderfälle, VI 4. Betrifft das Verfahren die Verleihung eines anderen Amts 31 etwa durch eine Beförderung, OVG Lüneb NVwZ-RR **07**, 828, VGH Mannh NVwZ-RR **10**, 943, OVG Münst NVwZ-RR **10**, 296, oder einen Laufbahnwechsel (nicht aber bloßer Wechsel der Amtsbezeichnung, OVG Greifsw NVwZ-RR **03**, 577), oder nur den Zeitpunkt der Versetzung in den Ruhestand, BVerwG NVwZ-RR **09**, 823, OVG Lüneb NVwZ-RR **10**, 296, ist Streitwert die Hälfte des sich nach oben A ergebenden Betrags, also bei einem Dienst- oder Amtsverhältnis auf Lebenszeit die Hälfte, BVerwG JB **95**, 371 (zum alten Recht), VGH Mannh NVwZ **17**, 171, im Eilverfahren ein Viertel, VGH Kassel DRiZ **15**, 32, OVG Lüneb NVwZ-RR **15**, 237, OVG Münst NVwZ-RR **17**, 632 (vgl aber auch Rn 30), und bei anderen Bediensteten ein Viertel des nach VI 1 Z 1 maßgebenden Betrages.

Zu den Streitigkeiten über die Verleihung eines *anderen Amts* zählt auch die Klage auf Schadensersatz wegen einer unterbliebenen oder verspäteten Beförderung, BVerwG NVwZ-RR **03**, 246, OVG Bautzen NVwZ-RR **11**, 584, und die sog Konkurrentenklage, durch die ein Bediensteter seine eigene Ernennung dadurch erreichen oder ermöglichen will, daß er die Ernennung eines anderen Bewerbers verhindert. Auch dann muß man den Wert auf die Hälfte der mit dem erstrebten Amt verbundenen Bezüge festsetzen, OVG Ffo NVwZ-RR **03**, 606, OVG Lüneb NVwZ-RR **07**, 638, VGH Kassel NVwZ-RR **06**, 656, aM VGH Mü NVwZ-RR **00**, 332, Meyer 28 (je: Auffangwert. Aber es geht auch bei der Konkurrentenklage zumindest nichtvermögensrechtlich direkt um das erstrebte Amt). Eine weitere Halbierung ist bei einem Streit um die Aufnahme in den Kreis der Beförderungsbewerber gerechtfertigt, OVG Greifsw NVwZ-RR **02**, 156. Auch die Aufhebung einer Teilzeitbeschäftigung soll hierher zählen, OVG Münst NVwZ-RR **11**, 879 (?), ferner die Verlängerung einer befristeten Beschäftigung (Soldat auf Zeit), OVG Münst JB **14**, 587.

C. Verbindung verschiedenartiger Ansprüche, VII. Ist mit einem Statusverfahren 32 nach Rn 24–26 etwa auf die Feststellung des Bestehens eines Dienstverhältnisses ein aus ihm hergeleiteter vermögensrechtlicher Anspruch etwa auf die Zahlung der vorenthaltenen Bezüge verbunden, darf man die Werte nicht zusammenzurechnen, Zimmer NVwZ **95**, 139. Vielmehr ist nur der jeweils wertmäßig höhere Anspruch maßgeblich.

D. Sonstige Verfahren, VI, VII. Wegen aller Streitigkeiten, die nicht unter V 33 fallen, bleibt es bei den allgemeinen Regeln, nämlich §§ 42 II, 52 I–III. Das gilt etwa für Streitigkeiten um Versetzungen, Abordnungen, Umsetzungen, eine Beurlaubung, eine dienstliche Beurteilung, die Genehmigung einer Nebenbeschäftigung oder für Klagen auf höhere Bezüge, Anh I B Rn 19 „Beamtenrecht".

8) Festsetzung des Werts, I–VIII. Für sie gelten §§ 62, 63, für die Arbeits- und 34 Finanzgerichtsbarkeit mit der Sondervorschrift des § 63 II 2. §§ 3 ff ZPO sind mitbeachtlich, OVG Münst JB **04**, 31 rechts unten (§ 9 ZPO bei der Rücknahme einer Stundung). Wegen der Zuständigkeit s § 87a VwGO und § 79a FGO. Der Streitwertbeschluß muß in nachvollziehbarer Weise die Erwägungen des Gerichts erkennen lassen, BVerfG NVwZ-RR **94**, 106, VGH Mannh Just **90**, 107. Den Wert müssen die Beteiligten nach § 61 angeben. Die Festsetzung des Gegenstandswerts für die Anwaltsvergütung richtet sich nach § 33 RVG Rn 7 ff.

Auch für die *Anfechtung* der Festsetzung gelten § 66 GKG, § 33 RVG. Sie gehen 35 den allgemeinen Beschwerdevorschriften vor, OVG Greifsw NVwZ-RR **00**, 732, VGH Mannh Just **97**, 486, VGH Mü NVwZ-RR **03**, 604, aM OVG Hbg HbgJVBl **94**, 18.

GKG § 52, Anh I A, B § 52 I. A. Gerichtskostengesetz

Unanfechtbar ist eine Wertfestsetzung, soweit ein Sondergesetz die Anfechtbarkeit von Beschlüssen allgemein ausschließt, zB § 80 AsylVfG, VGH Kassel NVwZ **96**, Beil 3 S 21, VGH Mü BayVBl **94**, 411, VG Freiburg NVwZ **94** Beil 3 S 19. Eine Beschwerde an ein Oberstes Bundesgericht ist in allen Fällen unstatthaft, (jetzt) § 66 III 3 GKG, § 33 IV 2 RVG, BFH/NV **97**, 258. Zur Gegenvorstellung gegen unanfechtbare Festsetzungen OVG Münst NVwZ-RR **99**, 479.

Anhang nach § 52

I. Streitwertschlüssel für die Verwaltungsgerichtsbarkeit

A. Sondervorschriften

1 **1) Asylgesetz**

Asylgesetz § 83 b. Gerichtskosten, Gegenstandswert. Gerichtskosten (Gebühren und Auslagen) werden in Streitigkeiten nach diesem Gesetz nicht erhoben.

Vorbem. Statt früher AsylVerfG jetzt: AsylG, Art 1 Z 1 G v 20. 10. 15, BGBl 1722.

Schrifttum: *Lappe* NJW **94**, 1192; *Marx,* AsylVfG (Kommentar), 6. Aufl 2005; *Zimmer* NVwZ **95**, 139.

Für die *Anwaltsgebühren* richtet sich der ja nur noch dort erforderliche Gegenstandswert nach § 30 RVG, Teil X dieses Buchs.

2 **2) Beamtenrecht.** Vgl §§ 42 III, 52 V, VI.

3 **3) Nichtzulassungsbeschwerde und Antrag auf Zulassung eines Rechtsmittels.** Vgl § 47 III.

4 **4) Vermögensgesetz.** Vgl § 53 IV.

5 **5) Vermögenszuordnungsgesetz**

VZOG § 6 III. ¹Gerichtskosten werden in Verfahren nach diesem Gesetz nicht erhoben. ²Der Gegenstandswert beträgt unabhängig von der Zahl und dem Wert der jeweils betroffenen Vermögensgegenstände 5000 Euro.

Bem. Das Gesetz regelt die Feststellung der Zuordnung von ehemals volkseigenem Vermögen in der früheren DDR, und zwar unter anderem die Zuständigkeit (§ 1), den Begriff des Vermögens im Sinne des Gesetzes (§ 1a) und den Rechtsweg (§ 6), Messerschmidt NJW **94**, 2519. Danach ist für Streitigkeiten nach dem VZOG der Verwaltungsrechtsweg statthaft, I; die Kostenregelung enthält III. Der Gegenstandswert ist nicht nach den Besonderheiten des Einzelfalles festsetzbar, sondern pauschal auf (jetzt wohl) 5000 Euro (bisher 10 000 DM) für jedes Begehren unabhängig von Zahl und Wert der jeweils betroffenen Vermögensgegenstände. Das gilt auch dann, soweit der Antrag eine bezifferte Geldleistung betrifft, § 52 Rn 20.

Bei einer *Anspruchshäufung* mehrerer Kläger muß man die Werte zusammenrechnen. In Verfahren des einstweiligen Rechtsschutzes gilt § 53 III. Für den Gegenstandswert ist insoweit § 60 RVG maßgeblich.

B. Streitwertkatalog

Übersicht

1 **1) Bedeutung.** Der StrWK enthält nach Rn 3, 4, formell nichtbindende bloße Empfehlungen (Richtwerte) für die Praxis, OVG Münst NVwZ-RR **11**, 424. Er enthält nicht aber normative Festsetzungen, BVerfG NVwZ-RR **94**, 107, VGH Mü NVwZ-RR **04**, 158. Soweit sie der Ausübung des Ermessens im Sinn von § 52 I 1 dienen und dabei von der Möglichkeit der Schematisierung und Pauschalierung Gebrauch machen, sollten die Gerichte diesen Empfehlungen grundsätzlich folgen, um die Vereinheitlichung der Streitwertbemessung zu erreichen, OVG Kblz NVwZ-RR **15**, 317, OVG Münst NVwZ-RR **11**, 880. Sie ist aus Gründen der Praktikabilität und der Rechtssicherheit im Interesse sowohl der Rechtsuchenden als auch der Gerichte notwendig. Von diesem Gedanken läßt sich die Praxis zunehmend leiten, OVG Lüneb NVwZ-RR **09**, 405 links und 406, indem sie Bedenken zurückstellt und manche bisherige Übung aufgibt, VGH Mannh NVwZ **91**, 597, Zimmer NVwZ **95**, 138.

Es kann bei § 52 I wie bei allen Ermessensentscheidungen *nicht* darum gehen, einen 2
absolut „richtigen" Streitwert zu ermitteln BVerwG JB **92**, 488, OVG Hbg NVwZ-RR
93, 53, OVG Münst DVBl **94**, 651, aM BVerwG NVwZ-RR **98**, 142 (ohne Vorlage
nach § 132 GVG), OVG Greifsw NVwZ-RR **98**, 269, VGH Mü NVwZ-RR **96**,
543 (aber Gerechtigkeit läßt sich durch immer unübersehbarer werdende Bemühung
im Einzelfall fühlbar steigern).

2) Grenzen. Der Befolgung der im StrWK enthaltenen Empfehlungen entstehen 3
dadurch Schranken, daß die Bemessung des Streitwerts sich ausschließlich an der Bedeutung der Sache orientieren darf, § 52 Rn 9 ff, OVG Münst JB **04**, 31 links oben und
rechts oben, soweit nicht § 52 I 2 oder § 52 II anwendbar ist. Hieraus ergeben sich gewichtige Bedenken gegen den im StrWK befolgten Grundsatz, den Streit um das Bestehen eines auf Lebenszeit oder eines auf längere unbestimmte Zeit angelegten Verhältnisses mit dem Jahresbetrag des Nutzens zu bewerten, zB im Gewerbe- und Berufsrecht.

Diese Bewertung wird der Bedeutung der Sache *schwerlich gerecht* und steht nicht
im Einklang mit der allgemeinen Übung anderer oberster Bundesgerichte in vergleichbaren Fällen, etwa der Zulassung als Anwalt oder als Kassenarzt, BSG AnwBl
82, 308. Es leuchtet auch nicht ein, daß andererseits im Fall des Abgabenrechts der
fünffache Jahresbetrag maßgeblich sein soll. Ob und inwieweit soziale oder politische
Gesichtspunkte eine Herabsetzung des Streitwerts rechtfertigen, darf nicht das Gericht beurteilen, sondern allein der Gesetzgeber entscheiden, wie er es vielfach auch
getan hat, VGH Mannh NVwZ-RR **91**, 670.

Nicht voll überzeugen können die Richtwerte auch insoweit, als sie für Sachver- 4
halte, die unter § 52 II fallen, in einzelnen Fällen eine Bewertung mit dem *halben Auffangwert* vorschlagen, zB im Friedhofsrecht, Geiger BayVBl **97**, 108. Rationell faßbare
Anhaltspunkte für diese Abweichungen vom Auffangwert lassen sich hier schwer finden, VGH Mannh NVwZ-RR **99**, 813. Trotzdem sollten die Gerichte solche Bedenken im Interesse der Rechtssicherheit zurückstellen und den Richtwerten auch
hier folgen. Maßgebend sein sollte schon wegen § 40 stets der Zeitpunkt der Antragseinreichung, (zum alten Recht) Schlesw SchlHA **98**, 230.

(Fassung 31.5./1.6.13/18.7.13)

Vorbem. 1. [1] Seit der Bekanntgabe im Juli 2004 (NVwZ 2004, 1327; DVBl. 2004, 1
1525; JurBüro 2005, 7) ist der Streitwertkatalog 2004 für die Verwaltungsgerichtsbarkeit
unverändert geblieben. [2] Die Präsidentinnen und Präsidenten des Bundesverwaltungsgerichts und der Oberverwaltungsgerichte bzw. der Verwaltungsgerichtshöfe haben die
Streitwertkommission reaktiviert und gebeten zu prüfen, ob der Streitwertkatalog zu
ergänzen oder vorgeschlagene Werte auf Grund neuerer Erkenntnisse anzupassen sind.

2. [1] Wie schon bei der Erstellung der Streitwertkataloge 1996 und 2004 orientiert 2
sich die Kommission grundsätzlich an der im Wege einer Umfrage erhobenen Rechtsprechung des Bundesverwaltungsgerichts und an der Streitwertpraxis der Oberverwaltungsgerichte bzw. Verwaltungsgerichtshöfe. [2] Die Kommission hat in ihre Überlegungen auch Anregungen der Bundesrechtsanwaltskammer und des Deutschen
Anwaltsvereins einbezogen. [3] Ferner wurden die sich aus dem 2. Kostenrechtsmodernisierungsgesetz (vgl. BGBl. 2013, I 2586) ergebenden Änderungen des § 52 Abs. 3
GKG berücksichtigt. [4] Soweit unter den Nrn. 5301, 5400 und 5502 des Kostenverzeichnisses zu § 3 GKG eine Festgebühr vorgeschrieben ist, sieht die Kommission
davon ab, Streitwerte für Zwischenverfahren vorzuschlagen.

3. Mit dem Katalog werden – soweit nicht auf gesetzliche Bestimmungen hinge- 3
wiesen wird – Empfehlungen ausgesprochen, denen das Gericht bei der Festsetzung
des Streitwertes bzw. des Wertes der anwaltlichen Tätigkeit (§ 33 Abs. 1 RVG) *aus
eigenem Ermessen* folgt oder nicht, VGH Mü NVwZ-RR **14**, 447.

Streitwertkatalog 4

1. Allgemeines

1.1 Klage-/Antragshäufung, Vergleich 5

1.1.1 Werden mehrere Anträge mit selbstständiger Bedeutung gestellt, so werden die
Werte addiert, wenn die Streitgegenstände jeweils einen selbstständigen wirtschaftlichen Wert oder einen selbstständigen materiellen Gehalt haben (vgl § 39 GKG).

GKG Anh I B § 52

1.1.2 Wird in einen Vergleich ein weiterer Gegenstand einbezogen, so ist dafür zusätzlich ein gesonderter Vergleichswert festzusetzen (§ 45 Abs. 4 i.V.m Abs. 1 GKG, Nr. 5600 KV – Anlage 1 zu § 3 Abs. 2 GKG).
1.1.3 Klagen mehrere Kläger gemeinschaftlich, sind die Werte der einzelnen Klagen zu addieren, es sei denn sie begehren oder bekämpfen eine Maßnahme als Rechtsgemeinschaft.
1.1.4 Für Hilfsanträge gilt § 45 I S 2 und 3 GKG.

Zu 1.1: Sinngemäß ist § 5 ZPO anwendbar, § 48 Anh I, wenn die Anträge selbständige Bedeutung haben, mithin nicht auf denselben Gegenstand gerichtet sind oder keine wirtschaftliche Einheit darstellen, § 52 Rn 6. Das gilt zB bei einer Klage auf eine Anfechtung und Folgenbeseitigung, zB Erstattung, weil damit ein Doppeltitel erstrebt wird, VGH Mannh AnwBl **80**, 220, VGH Mü BayVBl **79**, 700, aM VGH Mü BayVBl **98**, 444, OVG Saarlouis NVwZ-RR **91**, 392 (keine Zusammenrechnung).

Die Werte sind nicht zusammenrechenbar, wenn ein Kläger dasselbe Begehren mit mehreren Anträgen verfolgt, zB eine Nachbarklage sich gegen eine Baugenehmigung und einen Bauvorbescheid richtet, VGH Mannh JB **95**, 539, oder wenn mehrere Kläger das in Rechtsgemeinschaft tun, zB sich als Miteigentümer oder Gesamtschuldner gegen ein Gebot oder Verbot wenden, OVG Bre NordOR **00**, 27, OVG Lüneb NVwZ-RR **94**, 703, VGH Mü BayVBl **02**, 57 auch bei einer gemeinsamen Klage gegen formelle getrennte Verwaltungsakte, VGH Mü BayVBl **86**, 221. Es gilt auch, wenn Anträge wirtschaftlich identisch sind, etwa in einer Vereinssache.

Dagegen findet eine Zusammenrechnung statt, wenn sonst mehrere Kläger denselben Verwaltungsakt anfechten oder erstreben, wenn zB Eigentümer verschiedener Grundstücke gemeinschaftlich eine Nachbarklage erheben, VGH Kassel MDR **94**, 735, VGH Mü BayVBl **81**, 29, aM (§ 80 VwGO) VGH Mannh FamRZ **94**, 41, oder wenn sie eine Wahl anfechten, aM VGH Mü NVwZ-RR **97**, 755, oder wenn sieb einen Normenkontrollantrag stellen, OVG Weimar DVBl **00**, 650, oder wenn sie mehrere Familienangehörige eigene Aufenthaltsansprüche verfolgen, OVG Bautzen AuAS **00**, 90. Eine nur tatsächlich gemeinsame Verhandlung führt nicht zur Zusammenrechnung der Streitwerte, VGH Mannh NVwZ-RR **89**, 543. Wegen eines Haupt- und Hilfsantrags sowie wegen einer Klage und einer Widerklage s § 46.

6   1.2 Verbandsklagen: Maßgeblich sind die Auswirkungen der begehrten Entscheidung auf die vertretenen Interessen, mindestens 15 000,– € – 30 000,– €.
Zu 1.2: Zur Bewertung von Verbandsklagen StrWK Nr 16.3 und BVerwG NVwZ-RR **96**, 237, OVG Lüneb NVwZ-RR **09**, 406.

7   1.3 Feststellungsklagen und Fortsetzungsfeststellungsklagen sind in der Regel ebenso zu bewerten wie eine auf das vergleichbare Ziel gerichtete Anfechtungs- bzw. Verpflichtungsklage.

8   1.4 Wird lediglich Bescheidung beantragt, so kann der Streitwert einen Bruchteil, mindestens jedoch ½ des Wertes der entsprechenden Verpflichtungsklage betragen.
Zu 1.3, 1.4: Die Gleichstellung der Feststellungs- und Fortsetzungsfeststellungsklagen mit Anfechtungs- und Verpflichtungsklagen überzeugt nach § 52 Rn 12 nicht, aM OVG Lüneb NVwZ-RR **15**, 318. Sie kommen in ihrer Bedeutung nicht stets solchen Klagen gleich. Insbesondere Fortsetzungsfeststellungsklagen haben häufig eine geringere Bedeutung, zB wenn sich die Anfechtung der Entlassung eines Beamten erledigt hat und wenn der Kläger mit der nachträglichen Feststellungsklage allein seine Rehabilitation betreibt, OVG Hbg NVwZ-RR **10**, 128. Wegen der Bescheidungsklage § 52 Rn 12. Zur Bewertung des Streits um die Wirksamkeit eines Vergleichs OVG Weimar NVwZ-RR **95**, 551 (Z 1.3 entsprechend).

9   1.5 [1] In Verfahren des vorläufigen Rechtsschutzes beträgt der Streitwert in der Regel ½, in den Fällen des § 80 Abs. 2 Satz 1 Nr. 1 VwGO und bei sonstigen auf bezifferte Geldleistungen gerichteten Verwaltungsakten ¼ des für das Hauptsacheverfahren anzunehmenden Streitwertes. [2] In Verfahren des vorläufigen Rechtsschutzes, die die Entscheidung in der Sache ganz oder zum Teil vorwegnehmen, kann der Streitwert bis zur Höhe des für das Hauptsacheverfahren anzunehmenden Streitwerts angehoben werden.
Zu 1.5: Vgl § 53 Rn 23ff, OVG Bln-Brdb NVwZ-RR **11**, 87, OVG Bre NVwZ-RR **10**, 824, VGH Mü NVwZ-RR **14**, 407. Wenn der Antragsteller nach dem Abschluß des

Abschnitt 7. Wertvorschriften **Anh I B § 52 GKG**

Widerspruchverfahrens einen vorläufigen Rechtsschutz für das Klageverfahren begehrt, läßt sich 25% des Werts der Hauptsache ansetzen, OVG Hbg NordÖR **02**, 483, aber auch mit 50%, VGH Mü NVwZ-RR **14**, 407, OVG Münst NVwZ-RR **13**, 903 rechts. Zum Streitwert des Abänderungsverfahrens OVG Lüneb NVwZ-RR **99**, 813. Zu einer Wassersperre VGH Mannh NVwZ-RR **17**, 804.

S 2 gilt nicht im Verfahren der Zulassungsbeschwerde, VGH Mannh NVwZ **98**, 866, und nicht bei einem Vergleich, OVG Bautzen NVwZ-RR **06**, 851.

1.6 Beim Trennungsgeld hat III 1 den Vorrang, VGH Mannh NVwZ-RR **17**, 632. Betrifft der Antrag des Klägers eine bezifferte Geldleistung oder einen hierauf gerichteten Verwaltungsakt, kann mit Blick auf ein in der Zukunft liegendes wirtschaftliches Interesse des Klägers der Streitwert bis zum Dreifachen des bezifferten Betrages erhöht werden (§ 52 Abs. 3 S. 2 GKG).

10

1.7 Vollstreckung

11

1.7.1 ¹In selbstständigen Vollstreckungsverfahren entspricht der Streitwert der Höhe des festgesetzten Zwangsgeldes oder der geschätzten Kosten der Ersatzvornahme; im Übrigen beträgt er ¹/₄ des Streitwertes der Hauptsache, VGH Mannh NVwZ-RR **17**, 944. ²Bei der Androhung von Zwangsmitteln ist die Hälfte des sich nach Satz 1 ergebenden Betrages festzusetzen und ist III 2 unanwendbar, OVG Lüneb NVwZ-RR **17**, 79. Also ist nicht das Zwangsgeld maßgeblich, sondern der Streitwert (zur Hälfte), VGH Mü NVwZ-RR **17**, 512.

1.7.2 ¹Wird in dem angefochtenen Bescheid neben einer Grundverfügung zugleich ein Zwangsgeld oder die Ersatzvornahme angedroht, so bleibt dies für die Streitwertfestsetzung grundsätzlich außer Betracht. ²Soweit die Höhe des angedrohten Zwangsgeldes bzw. des für die Ersatzvornahme zu entrichtenden Vorschusses höher ist als der für die Grundverfügung selbst zu bemessende Streitwert, ist dieser höhere Wert festzusetzen.

Zu 1.7: Die Vorschrift gilt für die Verwaltungsvollstreckung, BFH NVwZ-RR **05**, 294 (Zwangsgeldandrohung), VGH Kassel NVwZ-RR **00**, 330, VGH Mü BayVBl **02**, 118 (Ersatzvornahme), aM VGH Mannh NVwZ-RR **06**, 219, OVG Schlesw NordÖR **00**, 372 (je: Zwangsgeldandrohung). Vgl § 52 Anh II Rn 18. Zur Zusammenrechnung mit dem Wert der Hauptsache OVG Bln NVwZ-RR **01**, 276, VGH Kassel NVwZ-RR **00**, 330 (Streitfrage). Zu (jetzt) 1.7.1 OVG Münst NVwZ-RR **13**, 1023.

Für die Vollstreckung einer Gerichtsentscheidung nach § 172 VwGO gilt Z 1.7.1 nicht. Vielmehr ist dann der Wert der Hauptsache maßgeblich, § 48 Anh I Rn 144–146, OVG Magdeb NVwZ-RR **10**, 543, OVG Mannh NVwZ-RR **01**, 72.

Abänderung: Bei § 80 VII VwGO muß man unabhängig vom Aussetzungsverfahren bewerten, OVG Lüneb NVwZ-RR **99**, 813.

Sachgebiet	Streitwert	12
2. Abfallentsorgung	¹Es gelten grundsätzlich die nachstehend aufgeführten Werte. ²Soweit diese die Bedeutung der Genehmigung, des Vorbescheides oder der Anfechtung einer belastenden Maßnahme für den Kläger nicht angemessen erfassen, gilt stattdessen das geschätzte wirtschaftliche Interesse bzw. der Jahresnutzwert.	
2.1 Klage des Errichters/Betreibers		
2.1.1 auf Zulassung einer Anlage oder Anlagenänderung	2,5% der Investitionssumme	
2.1.2 gegen Nebenbestimmung	Betrag der Mehrkosten	
2.1.3 gegen Untersagung des Betriebs	1% der Investitionssumme	
2.1.4 gegen sonstige Ordnungsverfügung	Betrag der Aufwendungen	
2.1.5 gegen Mitbenutzungsanordnung	Anteil der Betriebskosten (einschl. Abschreibung) für Dauer der Mitbenutzung	

GKG Anh I B § 52   I. A. Gerichtskostengesetz

Sachgebiet	Streitwert
2.2 Klage eines drittbetroffenen Privaten	
2.2.1 wegen Eigentumsbeeinträchtigung	Betrag der Wertminderung des Grundstücks, höchstens 50% des geschätzten Verkehrswertes
2.2.2 wegen sonstiger Beeinträchtigungen	15 000,– €
2.2.3 gegen Vorbereitungsarbeiten	7500,– €
2.3 Klage einer drittbetroffenen Gemeinde	60 000,– €
2.4 Klage des Abfallbesitzers	
2.4.1 Beseitigungsanordnung	20,– € je m³ Abfall
2.4.2 Untersagungsverfügung	20 000,– €

Bem. Bei der Anfechtung einer abfallrechtlichen Mitbenutzungsanordnung nach Nr. 2.1.5 kann man pro 1000 t Abfall einen Streitwert von (jetzt ca) 4000 EUR ansetzen, VGH Kassel JB **92**, 188. Beim Anschluß- und Benutzungszwang kann man § 52 II anwenden, OVG Schlesw NVwZ-RR **16**, 160. Nach Nr. 2.2.1 kommt es zB bei einer enteignenden, Vorwirkung des Planes auf den Verkehrswert an, BVerwG NVwZ-RR **89**, 459, Zimmer NVwZ **95**, 140. Zu Nr. 2.2.2 OVG Kblz NVwZ-RR **10**, 293 (Kosten) und NVwZ-RR **17**, 312 (mehrere Anlagen), OVG Lüneb NVwZ-RR **15**, 240, OVG Münst NVwZ-RR **10**, 291, zur Verbandsklage BVerwG NVwZ-RR **96**, 237.

Abbruchgenehmigung
Bem. Meist sind ²/₃ des Werts des Bauwerks ansetzbar, Meyer 10.

Sachgebiet	Streitwert
3. Abgabenrecht	
3.1 Abgabe	Betrag der streitigen Abgabe (§ 52 Abs. 3 GKG); bei wiederkehrenden Leistungen: dreifacher Jahresbetrag, sofern nicht die voraussichtliche Belastungsdauer geringer ist
3.2 Stundung	6 v. H. des Hauptsachewertes je Jahr (§ 238 AO)
3.3 Normenkontrollverfahren	mindestens Auffangwert

Bem. Zu „Abgabe" BVerwG NVwZ-RR **89**, 279. Nötig ist ein zeitlich unbestimmter Abschnitt (sonst gilt § 52 III), VGH Mannh JB **10**, 142. Bei einer Grundlagenfeststellung kann man 66,6% des (jetzt) Dreieinhalbjahresbetrags ansetzen, OVG Kblz NVwZ-RR **95**, 62. Bei einem Beitragsgrundbescheid ist nach § 52 Rn 20 ein Abschlag nötig. Sind Vorauszahlungen angerechnet, ergibt sich der Wert aus dem veranlagten Betrag, wenn der Kläger die Forderung dem Grunde nach bestreitet, OVG Lüneb NVwZ-RR **95**, 622, VGH Mü BayVBl **98**, 60. Bei einer Teilanfechtung der Höhe bestimmt sich der Streitwert nach dem streitigen Betrag, zB nach dem nach der Meinung des Klägers durch eine Anrechnung getilgten. Zum Streitwert in Verfahren des vorläufigen Rechtsschutzes § 53 Rn 33, 36, OVG Hbg NVwZ-RR **93**, 53 (25%), VGH Mü NVwZ-RR **98**, 205, OVG Münst NVwZ-RR **92**, 386.

Einzelfälle: Die Klage auf eine Erteilung der für die Grunderwerbsteuerbefreiung nötigen Bescheinigung läßt sich meist mit 75% der abzuwehrenden Steuerbelastung bewerten, OVG Münst KStZ **75**, 77, aM OVG Lüneb AnwBl **88**, 67 (100%). Der Streitwert einer Klage auf die Bescheinigung für eine Grundsteuervergünstigung nach §§ 82, 83 2. WoBauG entspricht der damit erzielten Grundsteuerersparnis für die Dauer von 10 Jahren, OVG Hbg ZMR **80**, 249. Man muß die Auswirkungen auf die Grunderwerbsteuer und auf etwaige Grundbuchkosten hinzurechnen. OVG Hbg ZMR **80**, 249. Bei Steuern auf wiederkehrende Entgelte kann man entsprechend § 9 ZPO den dreieinhalbfachen Jahresbetrag ansetzen, VGH Kassel NVwZ-RR **97**, 118, auch bei Studiengebühren, VGH Mannh NVwZ-RR **09**, 622, ebenso nach Nr 3.2 bei einer Stundung, VGH Mü NVwZ-RR **98**, 788. Bei einer Bescheinigung zur Umsatzsteuerbefreiung kann man § 52 II anrechnen, OVG Münst NVwZ-RR **11**, 920. Vgl hierzu und im übrigen **Anh II**.

Abschnitt 7. Wertvorschriften **Anh I B § 52 GKG**

Abgrabung
Bem. Maßgeblich ist der Erlös, OVG Münst NVwZ-RR **99**, 479.

Abitur
Bem. 20% der Hauptsache, Obergrenze 5000 EUR, VGH Kassel MDR **93**, 302, VGH Mannh MDR **94**, 338.

Ablehnung eines Richters
Bem. S oben Rn 9.

Abwahl
Bem. Maßgeblich ist das Interesse des Abgewählten, § 42 III entsprechend, Meyer 10.

Abwasser
Bem. Maßgeblich ist die Höhe der Kosten. Evtl Wert der Teilforderung, OVG Bautzen JB **09**, 538. Wegen Stundung OVG Bautzen JB **10**, 142.

Ackerflächen
Bem. Maßgeblich ist die Höhe einer Stillegungsprämie, VGH Kassel AgrarR **94**, 55.

Altlast
Bem. Maßgeblich ist die Höhe der Sanierungskosten, evtl der Auffangwert, OVG Bln NVwZ-RR **04**, 277.

Anerkennungsbescheid
Bem. Maßgeblich ist der ersparte Steuerbetrag, OVG Hbg ZMR **80**, 249.

Artenschutz
Bem. Man kann einen Teil des Verkehrswerts ansetzen, Meyer 10.

Sachgebiet	Streitwert
4. **Arzneimittelrecht**	siehe Lebensmittelrecht

Bem. Beim Zulassungsstreit kann man den erwarteten Jahresgewinn ansetzen, BVerwG NVwZ **91**, 1180, OVG Münst NVwZ-RR **11**, 216.

Arztrecht
Bem. S Rn 22 „Gesundheitsverwaltungsrecht".

Sachgebiet	Streitwert
5. **Asylrecht**	siehe § 30 RVG

Bem. Vgl Anh I A Rn 1.

Sachgebiet	Streitwert
6. **Atomrecht**	
6.1 Klage des Errichters/Betreibers	
6.1.1 auf Genehmigung oder Teilgenehmigung oder Planfeststellung einer Anlage, §§ 7, 9, 9b AtG	2,5% der Investitionssumme
6.1.2 auf Aufbewahrungsgenehmigung, § 6 AtG	1% der für die Aufbewahrung(-sanlage) getätigten Investitionssumme
6.1.3 gegen Nebenbestimmung	Betrag der Mehrkosten
6.1.4 auf Vorbescheid nach § 7a AtG	1% der Investitionssumme für die beantragten Maßnahmen
6.1.5 auf Standortvorbescheid	1% der Gesamtinvestitionssumme
6.1.6 gegen Einstellung des Betriebes	wirtschaftlicher Verlust infolge Betriebseinstellung

14

15

GKG Anh I B § 52
I. A. Gerichtskostengesetz

Sachgebiet	Streitwert
6.2 Klage eines drittbetroffenen Privaten	wie Abfallentsorgung Nr 2.2
6.3 Klage einer drittbetroffenen Gemeinde	60 000,– €

Bem. Maßgeblich ist das Interesse des Antragstellers. Eine Ermäßigung im Interesse eines beigeladenen Drittbetroffenen ist nur nach § 21 zulässig, § 52 Rn 8, aM OVG Kblz NVwZ-RR **94**, 384. Für die Anfechtungsklage des Betriebsrates kann man (jetzt ca) 30 000 EUR ansetzen, BVerwG NVwZ-RR **94**, 384. Zustm zu Nr 6.2 BVerwG NVwZ **95**, 1009. Bei Klagen mehrerer gegen dieselbe Anlage muß man die Werte zusammenrechnen, Rn 4. Wie 6.1.6 schon BVerwG NVwZ **93**, 177.

Aufenthaltserlaubnis
Bem. Bei Nebenleistungen gilt der volle Auffangwert, OVG Bautzen JB **08**, 535. Beim Streit um eine höherwertige Erlaubnis sind 2500 EUR vertretbar, OVG Lüneb JB **12**, 84. Bei einer Verteilung nach § 15a I AufenthG ist grds der Auffangort des § 52 II maßgeblich, OVG Hbg NVwZ-RR **16**, 196. Im einstweiligen Verfahren kann man den halben Auffangwert ansetzen, OVG Bre JB **11**, 484, OVG Hbg NVwZ-RR **16**, 196. OVG Saarlouis JB **00**, 420, ähnlich VGH Mannh NVwZ-RR **16**, 886 links unten (bei § 18 II AufenthG $^1/_8$ des Jahresbruttolohns). Bei einem familienbezogenen Aufenthaltstitel setzt VGH Mannh NVwZ **17**, 983 entgegen BVerwG 7500 EUR an.

Sachgebiet	Streitwert
7. Ausbildungsförderung	
7.1 Klage auf bezifferte Leistung	geforderter Betrag (§ 52 Abs. 3 GKG)
7.2 Klage auf Erhöhung der Förderung	Differenzbetrag im Bewilligungszeitraum
7.3 Klage auf Verpflichtung zur Leistung in gesetzlicher Höhe	gesetzlicher Bedarfssatz für den streitigen Bewilligungszeitraum
7.4 Klage auf Änderung der Leistungsform	$^1/_2$ des bewilligten Förderbetrages
7.5 Klage auf Vorabentscheidung	gesetzlicher Bedarfssatz im ersten Bewilligungszeitraum

Bem. Für die Festsetzung des Gegenstandswerts ist bei einer Klage auf eine Förderung durch einen Zuschuß und ein Grunddarlehen der streitige Gesamtbetrag für die Dauer des Bewilligungszeitraums maßgeblich, jedoch entsprechend § 42 I nie mehr als der Jahresbetrag. Dasselbe gilt bei einer Klage auf eine Förderung allein durch ein Darlehen, in beiden Fällen ohne eine Hinzurechnung der Rückstände, VGH Mannh NJW **77**, 317, Scholz VBlBW **81**, 4. Bei einer Klage auf einen Zuschuß statt eines Zusatzdarlehns kann man die Hälfte des begehrten jährlichen Zuschußbetrages ansetzen. Bei einer Klage auf die Umwandlung eines verzinslichen Darlehens sind 75% des Gesamtbetrages ansetzbar, VGH Mü BayVBl **02**, 317, OVG Münst NVwZ-RR **01**, 412. Beim Streit um eine Rückzahlung ist der volle Betrag ansetzbar, dagegen weniger beim Streit um die Modalitäten. Beim Streit um eine Auskunftspflicht nach § 47 IV BAföG, gilt meist (jetzt) § 52 II, OVG Münst NVwZ-RR **01**, 413. Das Begehren nach einer Stundung von Rückzahlungsraten läßt sich mit 25% des zu stundenden Betrags bewerten, OVG Münst FamRZ **01**, 1628.
Der Streitwert einer Klage gegen eine öffentlichrechtliche Auskunftspflicht bemißt sich nach (jetzt) § 52 I 1 nach dem Wert des Interesses, die verlangte Auskunft nicht zu erteilen, § 48 Anh I Rn 24, OVG Bre NVwZ-RR **05**, 71, OVG Greifsw NVwZ-RR **00**, 279, VG Ffm NVwZ-RR **03**, 608.

Ausfuhrgenehmigung
Bem. Maßgeblich ist 33,3% des erhofften Jahresgewinns, VGH Kassel MDR **94**, 217.

Auskunft
Bem. Maßgeblich ist das wirtschaftliche Interesse, also der Zeitaufwand zur Klärung für den Kläger, OVG Greifswald NVwZ-RR **01**, 279.

Abschnitt 7. Wertvorschriften **Anh I B § 52 GKG**

Sachgebiet	Streitwert	17
8. Ausländerrecht		
8.1 Aufenthaltstitel	Auffangwert pro Person; keine Erhöhung durch eventuell beigefügte Abschiebungsandrohung	
8.2 Ausweisung	Auffangwert pro Person; keine Erhöhung durch eventuell beigefügte Abschiebungsandrohung	
8.3 Abschiebung; isolierte Abschiebungsandrohung	$^1/_2$ Auffangwert pro Person	
8.4 Pass/Passersatz	Auffangwert pro Person	

Bem. Zu **Nr. 8.1:** „Pro Person": OVG Magdeb JB **10**, 143. Das gilt auch bei einer Familie, VG Mü NVwZ-RR **11**, 304. Bei (isoliertem) Streit um das Aufenthaltsrecht BVerwG NVwZ-RR **97**, 752 bei Klagen von Familienangehörigen Zusammenrechnung, BVerwG NVwZ-RR **97**, 739, OVG Bautzen AuAS **00**, 90, VGH Mü BayVBl **01**, 670. Bei einer Klage wegen Aufenthaltserlaubnis und Aufhebung der Ausweisung gilt der zweifache Auffangwert. Bei bloßen Nebenbestimmungen gilt II. OVG Lüneb JB **09**, 539. Abschiebungsandrohung: OVG Saarlouis JB **00**, 420.

Zu **Nr. 8.2:** BVerwG NVwZ-RR **91**, 669, aM VGH Kassel NVwZ-RR **93**, 56, VGH Mannh NVwZ-RR **16**, 839 (10 000,– EUR). Zum Streitwert der Klage auf Befristung der Wirkung einer Ausweisung BVerwG NVwZ-RR **91**, 669.

Zu **Nr. 8.3:** BVerwG NVwZ-RR **00**, 938, VGH Mü BayVBl **01**, 91, aM (voller Auffangwert) VGH Mannh NVwZ-RR **08**, 143. Zum Auffangwert OVG Saarlouis JB **00**, 420. Wegen der Einbürgerung Rn 37 „Staatsangehörigkeitsrecht". Zur Aussetzung der Abschiebung OVG Bautzen NVwZ-RR **16**, 719.

Sachgebiet	Streitwert	18
9. Bau- und Raumordnungsrecht	[1] Es gelten grundsätzlich die nachstehend aufgeführten Werte. [2] Soweit diese die Bedeutung der Genehmigung, des Vorbescheides oder der Anfechtung einer belastenden Maßnahme für den Kläger nicht angemessen erfassen, gilt stattdessen das geschätzte wirtschaftliche Interesse bzw. der Jahresnutzungswert.	
9.1 Klage auf Erteilung einer Baugenehmigung für		
9.1.1 Wohngebäude		
9.1.1.1 Einfamilienhaus	20 000,– €	
9.1.1.2 Doppelhaus	25 000,– €	
9.1.1.3 Mehrfamilienhaus	10 000,– € je Wohnung	
9.1.2 Gewerbliche und sonstige Bauten		
9.1.2.1 Einzelhandelsbetrieb	150,– €/m² Verkaufsfläche	
9.1.2.2 Spielhalle	600,– €/m² Nutzfläche (ohne Nebenräume)	
9.1.2.3 Werbeanlagen		
9.1.2.3.1 Großflächige Werbetafel	5000,– €	
9.1.2.3.2 Wechselwerbeanlage	250,– €/m²	
9.1.2.4 Imbissstand	6000,– €	
9.1.2.5 Windkraftanlagen soweit nicht 19.1.2	10% der geschätzten Herstellungskosten	
9.1.2.6 sonstige Anlagen	je nach Einzelfall: Bruchteil der geschätzten Rohbaukosten oder Bodenwertsteigerung	
9.2 Erteilung eines Bauvorbescheides	Bruchteil des Streitwerts für eine Baugenehmigung, sofern nicht Anhaltspunkte für eine Bodenwertsteigerung bestehen	

GKG Anh I B § 52
I. A. Gerichtskostengesetz

Sachgebiet	Streitwert
9.3 Abrissgenehmigung	wirtschaftliches Interesse am dahinterstehenden Vorhaben
9.4 Bauverbot, Stillegung, Nutzungsverbot, Räumungsgebot	Höhe des Schadens oder der Aufwendungen (geschätzt)
9.5 Beseitigungsanordnung	Zeitwert der zu beseitigenden Substanz plus Abrisskosten (20,– – 30,– €/m³ umbauten Raumes)
9.6 Vorkaufsrecht	
9.6.1 Anfechtung des Käufers	25% des Kaufpreises
9.6.2 Anfechtung des Verkäufers	Preisdifferenz, mindestens Auffangwert
9.7 Klage eines Drittbetroffenen	
9.7.1 Nachbar	7500,– € – 15 000,– €, soweit nicht ein höherer wirtschaftlicher Schaden feststellbar
9.7.2 Nachbargemeinde	30 000,– €
9.8 Normenkontrolle	
9.8.1 Privatperson gegen Bebauungsplan oder Flächennutzungsplan	7500,– € – 60 000,– €
9.8.2 Privatperson gegen Raumordnungsplan	30 500,– € – 60 000,– €
9.8.3 Nachbargemeinde gegen Bebauungsplan, Flächennutzungsplan oder Raumordnungsplan	60 000,– €
9.8.4 Normenkontrolle gegen Veränderungssperre	½ der Werte zu 9.8.1 und 9.8.3
9.9 Genehmigung eines Flächennutzungsplanes	mindestens 10 000,– €
9.10 Ersetzung des Einvernehmens der Gemeinde	15 000,– €

Bem. Gerade auf diesem Gebiet sollte man dem StrWK nach Möglichkeit folgen, um die Voraussehbarkeit der Wertfestsetzung zu fördern, BVerwG NVwZ-RR **93**, 108, OVG Hbg NVwZ-RR **93**, 108 (Nachbarklage), VGH Mü JB **94**, 361, aM OVG Lüneb NVwZ-RR **93**, 167 (eigene Tabellen), OVG Münst NWVBl **97**, 110.
Zu **Nr 9.1** (Baugenehmigung) Zimmer NVwZ **95**, 141. Anwendbarkeit auch dann, wenn der Kläger nicht Eigentümer ist, VGH Mannh JB **16**, 531. Baugenehmigung Nachbarhaus: 7500 EUR, OVG Saarlouis NVwZ-RR **11**, 304. Bewertung des Streits um eine Baugenehmigung unter Beachtung des Beeinträchtigungsgrads, OVG Greifsw NVwZ-RR **13**, 1024, mindestens dann mit dem Jahresnutzwert, BVerwG DÖV **97**, 258, OVG Münst NVwZ-RR **15**, 679, wenn nur geringe Baukosten anfallen, zB je Abstellplatz 250 EUR. Beim Streit um die Bebaubarkeit im Zweifel Wert der Baugenehmigung, BVerwG NVwZ-RR **04**, 307, OVG Lüneb BauR **15**, 253. Ansatz eines Pauschsatzes für Einfamilienhäuser, 9.1.1.1, BVerwG NVwZ **01**, 1055, VGH Mü NVwZ-RR **04**, 158 (Anbau), OVG Münst JB **04**, 31 links und rechts oben (Baulast). 10 000 EUR für nur 67 m², OVG Greifsw NVwZ-RR **16**, 640. Ansatz von (jetzt) 150 EUR/qm nach Nr 9.1.2.1, BVerwG NVwZ **97**, 389; OVG Bln NVwZ-RR **97**, 574, OVG Lüneb JB **14**, 194. Ansatz eines Pauschsatzes von (jetzt) 600 EUR/qm nach Nr 9.1.2.2: BVerwG JB **94**, 360, OVG Greifsw NVwZ-RR **96**, 547, VGH Mü NVwZ-RR **94**, 62. Erhöhung, wenn die Baugenehmigung eine Anlage nachträglich legalisieren soll, OVG Bre NordÖR **99**, 23. Ebenso beim Streit um die Baugenehmigung für ein betreutes Wohnen, OVG Lüneb NVwZ-RR **02**, 156. Keine Abweichung beim Streit um eine Verlängerung, VGH Mannh NVwZ-RR **00**, 331, oder um ein Fortbestehen, OVG Magdeb NVwZ-RR **08**, 431. Werbetafel: Wie Nr 9.1.2.3.1 dann, wenn nicht bes Umstände vorliegen, VGH Mannh NVwZ-RR **02**, 470, OVG Saarlouis NVwZ-RR **15**, 959, aM OVG Münst NVwZ-RR **05**, 864 (250 EUR/qm). Zu 9.1.2.3.2 OVG Greifswald NVwZ-RR **17**, 120 (Werbebanner). Bei Beleuchtung Verdopplung, VGH Mannh BauR **17**, 1022. Baugenehmigung für eine Windkraftanlage 9.1.2.5: 10% der Herstellungskosten, OVG Lüneb NVwZ-RR **10**, 822, OVG Münst JB **01**, 479. Zu 9.1.8: Denkmalrechtl Genehmigung: 10% der Herstellungskosten, OVG Lüneb JB **15**, 86. Nebenbestimmung: nach II 5000 EUR, VGH Mü NVwZ-RR **16**, 596.

Abschnitt 7. Wertvorschriften **Anh I B § 52 GKG**

Zu **Nr 9.**2 (Bauvorbescheid) BVerwG NVwZ-RR **01**, 802, OVG Lüneb NVwZ-RR **10**, 822, VGH Mannh BauR **17**, 1359 dann, wenn im Prozeß die Bebaubarkeit geklärt werden soll, BVerwG NVwZ **01**, 1055, OVG Münst JB **04**, 30, Hellstab JB **95**, 539, aM VGH Mannh JB **99**, 197, VGH Mü BayVBl **02**, 156 einerseits und **02**, 158 andererseits. Zur Teilungserlaubnis, Nr. 9.2, abweichend vom StrWK OVG Münst **KR** Nr 556.
Zu **Nr 9.**4 (Baunutzungsverbot) OVG Greifsw JB **04**, 543.
Zu **Nr 9.**5 (Klage gegen eine Beseitigungsanordnung): VGH Mü BayVBl **95**, 542, OVG Münst NVwZ-RR **90**, 110 (Nutzungsverbot), OVG Saarlouis NVwZ-RR **97**, 391 (Hellstab JB **97**, 198). Im Eilverfahren bei Vorwegnahme der Hauptsache keine Halbierung, wie sonst, OVG Lüneb NVwZ-RR **08**, 143.
Bei *Versetzbarkeit* des Bauwerks kann das Interesse am Erhalt des Standorts und notfalls der Auffangwert maßgebend sein, VGH Mannh NVwZ-RR **11**, 216.
Zu **Nr 9.**6 (Vorkaufsrecht): OVG Kblz NVwZ-RR **15**, 317, OVG Lüneb NVwZ-RR **02**, 156, aM OVG Bautzen NVwZ-RR **95**, 237, VGH Mü BayVBl **99**, 669, OVG Münst NVwZ-RR **95**, 622. Zur Bewertung einer entwicklungsrechtlichen Auflassungsgenehmigung OVG Bln AS **22**,28. Nr 9.6 schließt die Anwendbarkeit von Nr 1 nicht aus, OVG Schlesw NVwZ-RR **05**, 864.
Zu **Nr 9.**7 (Drittbetroffener): BVerwG NVwZ **99**, 879 (Minderung des Grundstückswerts), VGH Mannh NVwZ-RR **02**, 469, OVG Saarlouis NVwZ-RR **02**, 898 (Beseitigung einer Rohrleitung); zu Nr 9.7.1 OVG Bautzen JB **04**, 598 (Abweichung vom Katalog möglich) und NVwZ-RR **17**, 264 (Flugroutenlage); VGH Mannh NVwZ-RR **17**, 752 (wirtschaftliches Interesse evtl wertsteigernd); VGH Mü NVwZ-RR **16**, 159 (Asylbewerberunterkunft: 10000 EUR); OVG Saarlouis NVwZ-RR **07**, 564 (gegen Betonwand), OVG Schlesw JB **04**, 543 (gegen Windkraftanlage: 15000 EUR), OVG Weimar BauR **17**, 1023 (bei Vorläufigkeit: Nr 1.5); zu Nr 9.7.2 VGH Mü BayVBl **01**, 373. Klagt der Bauherr gegen eine vom Nachbarn erwirkte Aufhebung der Baugenehmigung, muß man den Wert entsprechend (jetzt) § 47 II 1 durch das Nachbarninteresse an der Aufhebung begrenzen, VGH Mü NVwZ-RR **03**, 77. Spätere Klärung anfänglicher Übertreibung erlaubt keine Wertverringerung, OVG Lüneb JB **14**, 191.
Zu **Nr. 9.**8 (Normenkontrolle): BVerwG JB **95**, 538, OVG Hbg HJVBl **99**, 118, VGH Kassel NVwZ **95**, 1017. Bei einer Verbandsklage muß man den Mindestwert nach Rn 4 beachten.
Wert einer Klage gegen die Anordnung zur Mängelbeseitigung mit einer Androhung der Ersatzvornahme: vorläufig nur die von der Behörde veranschlagte Kosten: OVG Bln MDR **97**, 1168. Streitwert bei der Abwehr eines Wohnnutzungsgebots: pauschalierend (jetzt ca) 4000,- EUR, OVG Münst NVwZ-RR **98**, 79.
Streit um eine Bodenverkehrsgenehmigung: 50% des Grundstückswerts, OVG Bautzen NVwZ-RR **98**, 460.
Zu Art. **9.8.1**: Bei einer Windkraftanlage evtl 60000 EUR, OVG Saarlouis BauR **16**, 1528.

Baumschaden: Bei einer Ersatzpflanzung 1000 EUR, VGH Mü NVwZ-RR **13**, 1024.

Sachgebiet	Streitwert	19
10. Beamtenrecht		
10.1 (Großer) Gesamtstatus: Begründung, Umwandlung, Bestehen, Nichtbestehen, Beendigung eines Beamtenverhältnisses, Versetzung in den Ruhestand	§ 52 Abs. 5 S. 1 Nr. 1, 2, S. 2, 3 GKG	
10.2 (Kleiner) Gesamtstatus: Verleihung eines anderen Amtes, Streit um den Zeitpunkt der Versetzung in den Ruhestand, Schadensersatz wegen verspäteter Beförderung, Zahlung einer Amtszulage, Verlängerung der Probezeit	§ 52 Abs. 5 S. 4 i. V.m. S. 1–3 GKG: Hälfte von 10.1	
10.3 Neubescheidung eines Beförderungsbegehrens	Hälfte des sich aus § 52 Abs. 5 S. 4 GKG ergebenden Betrages ($^1/_4$ von 10.1)	
10.4 Teilstatus: (Streit um Umfang/Teilzeitbeschäftigung, um Übergang von	2-facher Jahresbetrag der Differenz zwischen innegehabtem und	

GKG Anh I B § 52

I. A. Gerichtskostengesetz

Sachgebiet	Streitwert
Teilzeit auf Vollzeit, höhere Versorgung, Besoldung oder Zulagen sowie Berücksichtigung von Vordienstzeiten bei Versorgung, Zeiten für BDA, Unfallausgleich, Unfallruhegehalt, Unterhaltsbeitrag, Hinterbliebenenversorgung	erstrebtem Teilstatus bzw. des erstrebten Unfallausgleichs etc.
10.5 dienstliche Beurteilung	Auffangwert
10.6 Streit um Nebentätigkeit	Gesamtbetrag der Einkünfte aus der Nebentätigkeit, höchstens Jahresbetrag
10.7 Gewährung von Trennungsgeld	Gesamtbetrag des Trennungsgeldes, höchstens Jahresbetrag
10.8 Anerkennung eines Dienstunfalles	Auffangwert
10.9 Bewilligung von Urlaub	Auffangwert

Bem. Die Rechtsvereinheitlichung auf diesem Gebiet ist im wesentlichen (jetzt) durch § 52 V, VI erfolgt. Für die davon nicht erfaßten Fälle sollte man weiterhin auf den StrWK zurückgreifen. Bei einer Aufhebung von Sonderurlaub mögen 28000 EUR (!) angemessen sein, OVG Magdeb NVwZ-RR 08, 739.

Zu **Nr 10.1**: BVerwG NVwZ-RR 00, 188, OVG Münst NVwZ-RR 13, 624 links und rechts (Laufbahnwechsel, Dienstfähigkeit) Bei der Anfechtung einer Entlassung aus dem Probedienst kann man den Jahresbetrag des niedrigsten Endgrundgehalts ansetzen.

Bei einer Konkurrentenklage kann man den Auffangwert ansetzen, VGH Mü NVwZ-RR 00, 332, aM VGH Mü NVwZ-RR 13, 702 (V 2).

Zu **Nr 10.2**: Ein Streit um eine Laufbahnprüfung für den höheren Dienst läßt sich mit (jetzt) 10 000 EUR bewerten, BVerwG NVwZ-RR 98, 75. Reaktivierung entspricht Zurruhesetzung OVG Bln-Brdb JB 12, 308. Bei Freihaltung einer Beförderungsstelle im Eilverfahren voller Auffangwert nach § 52 II, OVG Bln-Brdb NVwZ-RR 14, 79 rechts unten. Sonst bei Konkurrentenstreit im Eilverfahren § 52 V 1 Z 2, V 2, OVG Bln-Brdb NVwZ-RR 14, 58 und 78. Bei vielen Bewerbern Obergrenze (jetzt) nach § 52 V 1–4, VGH Mannh NVwZ-RR 13, 864. Eine Bewerbung auf mehrere Posten muß nicht den Streitwert erhöhen, OVG Saarlouis NVwZ-RR 16, 976.

Zu **Nr 10.4**: BVerwG NVwZ-RR 00, 188, OVG Bautzen NVwZ-RR 11, 584 und 663. Bei der Anerkennung als Dienstausfall gilt das 24fache der Differenz, OVG Lüneb NVwZ-RR 10, 944.

Zu **Nr 10.7**: Ebenso OVG Kblz NVwZ-RR 01, 279 (Jahresbetrag). Beim Antrag auf ein Trennungsgeld hat § 52 III den Vorrang, VGH Mannh NVwZ-RR 17, 632. Einen nicht bezifferten Anspruch aus einem Teilstatus kann man mit dem zweijährigen Betrag bewerten, BVerwG NWVBl 00, 176, OVG Bln-Brdb JB 15, 87. Zur Bewertung einer Konkurrentenklage § 52 Rn 24.

Zum Besoldungsdienstalter VGH Mannh JB 91, 1688 (wie Ruhegehalt).

Zu **Nr 10.9**: Man kann bei einem Erholungsurlaub eine Pauschale je Urlaubstag zugrunde legen, OVG Kblz NVwZ-RR 01, 279.

Beigeladener

Bem. Maßgeblich ist der Anteil des Streitwerts für den Kläger, OVG Lüneb NVwZ-RR 01, 278.

Sachgebiet	Streitwert
11. Bergrecht	[1] Es gelten grundsätzlich die nachstehend aufgeführten Werte. [2] Soweit diese die Bedeutung der Genehmigung, des Vorbescheides oder der Anfechtung einer belastenden Maßnahme für den Kläger nicht angemessen erfassen, gilt stattdessen das geschätzte wirtschaftliche Interesse bzw. der Jahresnutzwert.
11.1 Klage des Unternehmers	
11.1.1 auf Planfeststellung eines Rahmenbetriebsplans	2,5% der Investitionssumme

Abschnitt 7. Wertvorschriften **Anh I B § 52 GKG**

Sachgebiet	Streitwert
11.1.2 auf Zulassung eines Rahmenbetriebsplans	1% der Investitionssumme
11.1.3 auf Zulassung eines Sonder- oder Hauptbetriebsplans	2,5% der Investitionssumme
11.1.4 gegen belastende Nebenbestimmungen	Betrag der Mehrkosten
11.2 Klage eines drittbetroffenen Privaten	wie Abfallentsorgung Nr 2.2
11.3 Klage einer drittbetroffenen Gemeinde	60 000,– €

Zu **Nr 11:** Maßgeblich ist auch die Bedeutung der Sache für den Kläger, BVerwG JB **97**, 88.
Zu **Nr 11.1.2:** Vgl BVerwG NVwZ-RR **96**, 611.
Zu **Nr 11.1.4:** „Mehrkosten": VGH Mü JB **10**, 89.
Zu **Nr 11.2:** OVG Bautzen NVwZ-RR **02**, 78.
Zu **Nr 11.3:** Die Vorschrift ist für die Klage einer Gemeinde anwendbar. Wenn es um die Verlängerung einer Betriebsplanungszulassung geht, kann man (jetzt) 25 000 EUR ansetzen, BVerwG NVwZ-RR **96**, 611 (zustm zu Nr 11.1.2).

Berufserlaubnis
Bem. Maßgeblich ist das erwartbare Netto-Jahreseinkommen, VGH Mannh AnwBl **88**, 677.

Betriebsregister: Es gilt II, OVG Magdeb JB **14**, 78.

Beweissicherung: Rn 35 „Selbständiges Beweisverfahren".

Darlehen: Bem. Maßgeblich ist sein Betrag abzüglich Tilgungen, OVG Bre JB **91**, 580.

Sachgebiet	Streitwert
12. Denkmalschutzrecht	
12.1 Feststellung der Denkmaleigenschaft, denkmalschutzrechtliche Anordnungen, Bescheinigungen	wirtschaftlicher Wert, sonst Auffangwert
12.2 Abrissgenehmigung	wie 9.3
12.3 Vorkaufsrecht	wie Nr. 9.6

Dritter
Bem. Bei einer Klage zum Tätigwerden gegenüber einem Dritten bleibt das Interesse des Klägers maßgeblich, OVG Münst NVwZ-RR **99**, 790.

Einwegverpackung
Bem. Der Wert richtet sich nach der wirtschaftlichen Bedeutung. Er kann je nach der Größe und Bedeutung des Unternehmens zwischen 100 000 und 10 Millionen EUR schwanken, BVerwG NVwZ-RR **03**, 904.

Einziehung: Man muß eine zusätzliche Herausgabeforderung gesondert bewerten, OVG Bautzen NVwZ-RR **14**, 368.

Emissionsstörung
Bem. Maßgeblich ist die Höhe der voraussichtlichen Kosten des Klägers, VGH Kassel NVwZ-RR **98**, 786.

Enteignung
Bem. Maßgeblich ist der Sachwert nach § 6 ZPO (Verkehrswesen des Grundstücks), BVerwG NVwZ-RR **89**, 459. Denn es kommt auf den Gegenwert der Entschädigung nicht an, BVerwG JB **92**, 331, VGH Mannh NVwZ **91** 597, VGH Mü BayVBl **87**, 380. Das gilt auch beim Streit über die Rückübertragung, krit Lappe NJW **86**, 2553. Beim Streit um eine vorläufige Besitzeinweisung kann man 20% des Sachwerts ansetzen, VGH Mannh Just **86**, 60. Verlangt der Kläger als Entschädigung ein Ersatzland statt Geld, kommt es auf sein Interesse an, VGH Mü BayVBl **85**, 444.
Vgl auch § 48 Anh I: § 3 ZPO Rn 26, 40.

GKG Anh I B § 52 I. A. Gerichtskostengesetz

Entwicklungsrechtliche Genehmigung
Bem. Maßgeblich sind 10% des Kaufpreises, OVG Bln MDR **96**, 1079.

Erhaltungssatzung: Bem. Maßgeblich ist der drohende Wertverlust, Meyer 14.

Erholungsurlaub
Bem. Man kann 50 EUR pro Tag ansetzen, OVG Kblz NVwZ-RR **01**, 279.

Erledigung der Hauptsache: Bem. S § 43 III.

Ersatzvornahme
Bem. Maßgeblich sind ihre Kosten, OVG Bln NVwZ-RR **01**, 276.

Fahrlehrererlaubnis: Ihr Ruhen (sofortige Entziehung) läßt sich im Hauptverfahren mit 12 500 EUR bewerten, OVG Münst NVwZ-RR **15**, 319.

Feststellungsklage
Bem. Wie im bürgerlichen Rechtsstreit gilt bei der verneinenden Feststellungsklage der volle Wert. Bei der bejahenden gilt der Auffangwert, VGH Mü NVwZ-RR **01**, 277.

Flughafenausbau
Bem. Maßgeblich ist der Wertverlust, VGH Mannh NVwZ-RR **90**, 385.

Sachgebiet	Streitwert
13. Flurbereinigung/Bodenordnung	
13.1 Anordnung des Verfahrens	Auffangwert
13.2 Entscheidungen im Verfahren	
13.2.1 Wertermittlung	Auswirkungen der Differenz zwischen festgestellter und gewünschter Wertverhältniszahl
13.2.2 Abfindung	Auffangwert, es sei denn abweichendes wirtschaftliches Interesse kann festgestellt werden
13.2.3 sonstige Entscheidungen	Auffangwert, es sei denn abweichendes wirtschaftliches Interesse kann festgestellt werden

Sachgebiet	Streitwert
14. Freie Berufe (Recht der freien Berufe)	
14.1 Berufsberechtigung, Eintragung, Löschung	Jahresbetrag des erzielten oder erwarteten Gewinns, mindestens 15 000,- €
14.2 Mitgliedschaft in einem berufsständischen Versorgungswerk, Befreiung	dreifacher Jahresbetrag des Beitrages
14.3 Rentenanspruch	dreifacher Jahresbetrag der Rente

Bem. Die Begrenzung des Streitwerts bei der Klage, die eine Berufsberechtigung betrifft, auf den Jahresbetrag wird die Bedeutung der Sache nicht gerecht, Üb 3. Sofern es um eine unbefristete Berechtigung geht, muß man vielmehr die erwartete Erhöhung des Gewinns für die Dauer von 3 Jahren zugrunde legen, Üb 3. Vgl auch Rn 22 „Gesundheitsverwaltungsrecht". Bei einer Klage auf ein Fortbestehen der Mitgliedschaft kann man § 52 II anwenden. Für den Streit um die Befreiung von der Beitragspflicht zu einem berufsständischen Versorgungswerk ist entsprechend § 42 III der dreifache Jahresbetrag ansetzbar, OVG Münst NVwZ-RR **98**, 527.
Zu **Nr 14.3:** Ebenso OVG Hbg NordÖR **02**, 434, OVG Kblz NVwZ-RR **17**, 80, OVG Saarlouis NVwZ-RR **98**, 789.

Freizügigkeit: Beim Drittstaater 10 000,- EUR, VGH Mannh NVwZ-RR **16**, 886 rechts Mitte.

Abschnitt 7. Wertvorschriften **Anh I B § 52 GKG**

Sachgebiet	Streitwert
15. Friedhofsrecht	
15.1 Grabnutzungsrechte	Auffangwert
15.2 Umbettung	Auffangwert
15.3 Grabmalgestaltung	½ Auffangwert
15.4 Gewerbliche Betätigung auf Friedhöfen	Betrag des erzielten oder erwarteten Jahresgewinns, mindestens 15 000,– €

Sachgebiet	Streitwert
16. Gesundheitsverwaltungsrecht	
16.1 Approbation	Jahresbetrag des erzielten oder erwarteten Verdienstes, mindestens 30 000,– €
16.2 Facharzt-, Zusatzbezeichnung	15 000,– €
16.3 Erlaubnis nach § 10 BÄO	20 000,– €
16.4 Notdienst	Auffangwert
16.5 Beteiligung am Rettungsdienst	15 000,– € pro Fahrzeug

Bem. Der in 16.1 zugrunde gelegte Jahresbetrag wird der Bedeutung der Sache nicht hinreichend gerecht, Üb 3. Vielmehr muß man die erzielten oder erwarteten Brutto-Einnahmen abzüglich der Praxisunkosten für die Dauer von mindestens 3 Jahren zugrundelegen, BSG AnwBl **82**, 308 (Kassenarzt), LSG Stgt JB **10**, 251 (Psychotherapeut, 40% Betriebskosten), aM OVG Münst NJW **99**, 2762 (Pauschalierung), OVG Münst NVwZ-RR **09**, 408 links (50 000 EUR). Entsprechendes gilt für die Entziehung. Es gibt dort also keine Pauschalierung. Entsprechend läßt sich der Streit um eine Zusatzbezeichnung bewerten.

Die Klage auf eine Befreiung vom ärztlichen Notdienst läßt sich meist nach § 52 II mit 4000 EUR bewerten. Bei der Klage auf die Zulassung eines Arzneimittels bemißt sich der Streitwert nach dem erwarteten Gewinn. Dabei kann man meist drei Jahresbeträge zugrunde legen, Üb 3, aM BVerwG NVwZ **91**, 1180 (Jahresbetrag). Mit 16.5 ist OVG Lüneb JB **15**, 85 einverstanden.

Sachgebiet	Streitwert
17. Gewerberecht	s. Wirtschaftsverwaltungsrecht, Nr. 54

Grundstücksverkehrsgenehmigung
Bem. Man kann 20% des Grundstückswerts ansetzen, OVG Bautzen NVwZ-RR **98**, 460.
Grundurteil: Man kann § 52 II anrechnen, OVG Schlesw NVwZ-RR **11**, 919.
Konkurrentenklage: OVG Kblz NVwZ-RR **94**, 303.
Heilkunde
Bem. Die Untersagung ihrer Ausübung läßt sich mit mindestens 25 000 EUR bewerten, OVG Münst JB **98**, 474.

Sachgebiet	Streitwert
18. Hochschulrecht, Recht der Führung akademischer Grade	
18.1 Anerkennung der Hochschulreife, Zulassung zum Studium, Immatrikulation, Exmatrikulation	Auffangwert
18.2 Zulassung zu einzelnen Lehrveranstaltungen bzw. Modulen	½ Auffangwert
18.3 Zwischenprüfung	Auffangwert
18.4 Bachelor	10 000,– €
18.5 Diplomprüfung, Graduierung, Nachgraduierung, Master	15 000,– €
18.6 Leistungsnachweis	½ Auffangwert
18.7 Promotion, Entziehung des Doktorgrades	15 000,– €

GKG Anh I B § 52

I. A. Gerichtskostengesetz

Sachgebiet	Streitwert
18.8 Nostrifikation	15 000,– €
18.9 Habilitation	20 000,– €
18.10 Lehrauftrag	Auffangwert
18.11 Ausstattung eines Instituts/ Lehrstuhls	10% des Wertes der streitigen Mehrausstattung, mindestens 7500,– €
18.12 Hochschulwahlen	Auffangwert

Bem. Die Klage auf Verbesserung der Note fällt nicht hierunter. Eine Beurlaubung kann den Auffangwert nach II haben, OVG Münst NVwZ-RR **17**, 392.
Zu **Nr 18.1**: Man kann den Auffangwert und im Eilverfahren denselben Wert ansetzen, OVG Bautzen NVwZ-RR **15**, 680, OVG Bre JB **87**, 735, oder 3750 EUR, OVG Hbg NVwZ-RR **13**, 344, oder auch nur davon 25%, OVG Münst JB **97**, 88, evtl mehr, Hellstab JB **97**, 89.
Zu **Nr 18.4**: Gilt nur für ein Hochschulstudium, nicht für eine Laufbahnprüfung, OVG Münst NVwZ-RR **15**, 960.
Zu **Nr 18.5**: Gilt auch für die Erste und Zweite Juristische Staatsprüfung, BVerwG JB **95**, 371. Bei einer Vorprüfung kann man den halben Auffangwert ansetzen, bei einer Zwischenprüfung oder Wiederholungsprüfung den Auffangwert.
Zu **Nr 18.6**: Bei der Anfechtung eines Bescheids über das Nichtbestehen einer Leistungskontrolle kann man (jetzt) 5000 EUR ansetzen, BVerwG NVwZ-RR **93**, 304.
Zu **Nr 18.7**: Keine weitere Differenzierung, VG Saarlouis JB **14**, 539.
Zu **Nr 18.8**: „Nostrifikation" ist die Anerkennung ausländischer Prüfungen.
Zu **Nr 18.10**: Beim Privatdozenten kann man 5000 EUR ansetzen.
Zu **Nr 18.11**: OVG Bautzen NVwZ-RR **10**, 522 (Mindestbetrag 10 000 EUR); OVG Hbg NVwZ-RR **99**, 349. Krit zu den Abstufungen VGH Mannh NVwZ **91**, 597. Vgl dazu Üb 4.
S auch Rn 33 „Prüfungsrecht". Die Aufhebung eines Studiengangs läßt sich sogar im Eilverfahren mit 50 000 EUR bewerten, VG Schlesw AnwBl **03**, 597.

25

Sachgebiet	Streitwert
19. Immissionsschutzrecht	[1] Es gelten grundsätzlich die nachstehend aufgeführten Werte. [2] Soweit diese die Bedeutung der Genehmigung, des Vorbescheides oder der Anfechtung einer belastenden Maßnahme für den Kläger nicht angemessen erfassen, gilt stattdessen das geschätzte wirtschaftliche Interesse bzw. der Jahresnutzwert.
19.1 Klage des Errichters/Betreibers	
19.1.1 auf Genehmigung oder Teilgenehmigung oder Planfeststellung einer Anlage	2,5% der Investitionssumme, mindestens Auffangwert
19.1.2 auf Genehmigung von Windkraftanlagen	10% der geschätzten Herstellungskosten
19.1.3 gegen Nebenbestimmung	Betrag der Mehrkosten
19.1.4 auf Vorbescheid	50% des Wertes zu 19.1.1 bzw. 19.1.2, mindestens Auffangwert
19.1.5 auf Standortvorbescheid	50% des Wertes zu 19.1.1 bzw. 19.1.2, mindestens Auffangwert
19.1.6 gegen Stillegung, Betriebsuntersagung	50% des Wertes zu 19.1.1 bzw. 19.1.2; soweit nicht feststellbar: entgangener Gewinn, mindestens Auffangwert
19.1.7 gegen sonstige Anordnungen im Einzelfall	Betrag der Aufwendungen
19.2 Klage eines drittbetroffenen Privaten	s. Abfallentsorgung Nr. 2.2
19.3 Klage einer drittbetroffenen Gemeinde	60 000,– €

Abschnitt 7. Wertvorschriften   **Anh I B § 52 GKG**

Bem. Zu **Nr 19**: BVerwG NVwZ-RR **93**, 445.
Zu **Nr 19.1.1**: OVG Lüneb NVwZ-RR **09**, 405 links (differenzierend) OVG Münst NVwZ-RR **11**, 215, aM OVG Münst NVwZ-RR **11**, 880 (19.2).
Zu **Nr. 19.1.2**: Es können 10% der Herstellungskosten ansetzbar sein, OVG Hbg NVwZ-RR **15**, 600.
Zu **Nr 19.1.3**: VGH Kassel NVwZ-RR **98**, 786, OVG Münst NVwZ-RR **11**, 663.
Zu **Nr 19.1.7**: VGH Mannh NVwZ-RR **10**, 542 rechts (wirtschaftliches Interesse).
Zu **Nr 19.2**: Zur Bewertung „sonstiger Beeinträchtigungen" eines Privaten (jetzt) mit 15 000 EUR („Abfallentsorgung" Nr 2.2), VGH Kassel NVwZ **95**, 300, VGH Mannh NVwZ-RR **98**, 418. Man muß den Wert bei vorübergehender Beeinträchtigung geringer ansetzen, OVG Lüneb NVwZ-RR **95**, 62 (Straßenfest), VGH Mü BayVBl **93**, 285. Zur Verbandsklage BVerwG NVwZ-RR **96**, 237. Im Eilverfahren mögen bei einer Windkraftanlage 15 000 EUR angemessen sein, OVG Münst NVwZ-RR **15**, 798.

Insolvenzsicherung
Bem. Bei einer Beitragskürzung BVerwG NVwZ **88**, 1919.

Investitionsvorrang
Bem. Der Streitwertkatalog gilt entsprechend, BVerwG VIZ **99**, 214.

Sachgebiet	Streitwert
20. Jagdrecht	
20.1 Bestand und Abgrenzung von Jagdbezirken	10 000,– €
20.2 Verpachtung von Jagdbezirken	Jahresjagdpacht
20.3 Erteilung/Entzug des Jagdscheins	8000,– €
20.4 Jägerprüfung	Auffangwert

Zu **Nr 20.2**: Die Empfehlung läßt sich nach (jetzt) § 52 II auch dann anwenden, wenn es um eine neue Auswahlentscheidung geht, aM VGH Kassel NJW **93**, 475.

Jubiläumsdienstalter
Bem. Bei Anrechnungsproblemen kann man 1/2 der Zuwendung ansetzen.

Kiesabbau
Bem. Maßgeblich ist der erreichbare Gewinn, VGH Mannh JB **90**, 911.

Sachgebiet	Streitwert
21. Kinder- und Jugendhilferecht	
21.1 laufende Leistungen	Wert der streitigen Leistung, höchstens Jahresbetrag
21.2 einmalige Leistungen, Kostenerstattung, Aufwendungsersatz, Kostenersatz	Wert der streitigen Leistung
21.3 Überleitung von Ansprüchen	höchstens Jahresbetrag
21.4 Heranziehung zur Kostentragung	höchstens Jahresbetrag
21.5 Erteilung der Erlaubnis, § 45 SGB VIII	Jahresgewinn aus dem Betrieb, mindestens 15 000,– €
21.6 Pflegeerlaubnis	Auffangwert

Zu **Nr 21.1**: Die Empfehlung gilt auch für einen Anspruch nach dem UVG, OVG Münst FEVS **02**, 68.
Zu **Nr 21.4**: Man kann den Streitwert für die Heranziehung der Eltern nach (jetzt) § 42 I, V ansetzen, BVerwG FamRZ **02**, 391, aM OVG Saarlouis NVwZ-RR **16**, 197 (auch hier höchstens der Jahresbetrag).
Zu **Nr 21.6**: Für die Erteilung der Erlaubnis nach § 45 KJHG den Jahresgewinn zugrundezulegen, entspricht nicht der Bedeutung der Sache, Üb 3. Beim Streit, ob die Behörde die Kündigung eines nach § 18 I BErzG geschützten Elternteils für zulässig erklären durfte, gilt der Auffangwert.

Kleingarten
Bem. Maßgeblich ist bei einer Wohnraumnutzung die halbe Jahresmiete für eine gleichgroße Wohnung, OVG Bre JB **86**, 1542.

GKG Anh I B § 52   I. A. Gerichtskostengesetz

27	Sachgebiet	Streitwert
	22. Kommunalrecht	
	22.1 Kommunalwahl	
	22.1.1 Anfechtung durch Bürger	Auffangwert
	22.1.2 Anfechtung durch Partei, Wählergemeinschaft	mindestens 15 000,– €
	22.1.3 Anfechtung durch Wahlbewerber	mindestens 7500,– €
	22.2 Sitzungs- und Ordnungsmaßnahmen	Auffangwert
	22.3 Benutzung/Schließung einer Gemeindeeinrichtung	wirtschaftliches Interesse, sonst Auffangwert
	22.4 Anschluss- und Benutzungszwang	ersparte Anschlußkosten, mindestens 5000,– €
	22.5 Kommunalaufsicht	15 000,– €
	22.6 Bürgerbegehren	5000,– €
	22.7 Kommunalverfassungsstreit	10 000,– €

Bem. Ebenso wie Nr 22.1.1 VGH Mü NVwZ-RR **97**, 755 (s aber oben Rn 4); aM zu Nr 19.1.2, 3 VGH Mannh NVwZ-RR **07**, 638 (Auffangwert), ebenso zu Nr 22.1.3 VGH Mü NVwZ-RR **97**, 755; zustm zu Nr 22.1.3 VGH Mannh NVwZ-RR **02**, 899. Wie Nr 22.4 OVG Lüneb NVwZ-RR **02**, 469.

28	Sachgebiet	Streitwert
	23. Krankenhausrecht	
	23.1 Aufnahme in den Krankenhausbedarfsplan	50 000,– €
	23.2 Planbettenstreit	500,– € pro Bett
	23.3 Festsetzung von Pflegesätzen	streitiger Anteil des Pflegesatzes × Bettenzahl × Belegungsgrad

Bem. Zum Streit um die Auflösung eines Versorgungsvertrags OVG Bln NVwZ-RR **95**, 361.

Kriegsdienstverweigerung
Bem. Maßgeblich ist der Auffangwert.

29	Sachgebiet	Streitwert
	24. Land- und Forstwirtschaft	
	24.1 Festsetzung einer Referenzmenge	streitige Referenzmenge × 0,10 €/kg
	24.2 Zuteilung der zahlenmäßigen Obergrenze prämienberechtigter Tiere	Jahresmehrbetrag

Bem. Zu **Nr 24.1**: VGH Mannh NVwZ-RR **02**, 900.
Zu **Nr 24.2**: OVG Saarlouis NVwZ-RR **07**, 563.

Sachgebiet	Streitwert
25. Lebensmittel-/Arzneimittelrecht	
25.1 Einfuhr-, Verkaufsverbot (Verbot bestimmte Erzeugnisse eines Betriebs in Verkehr zu bringen), Vernichtungsauflage	Verkaufswert der betroffenen Waren (Jahresbetrag der erwarteten wirtschaftlichen Auswirkungen/Gewinnerwartung)
25.2 Sonstige Maßnahmen	Jahresbetrag der erwarteten wirtschaftlichen Auswirkung, sonst Auffangwert

Bem. Wegen des Ansatzes des Jahresbetrages Üb 3.
Zu **Nr 25.2**: Man muß Auswirkungen außerhalb des Zuständigkeitsbereichs der Behörde berücksichtigen, aM OVG Münst NVwZ-RR **00**, 120.

Abschnitt 7. Wertvorschriften **Anh I B § 52 GKG**

Sachgebiet	Streitwert
26. Erlaubnis für Luftfahrtpersonal	
26.1 Privatflugzeugführer	10 000,– €
26.2 Berufsflugzeugführer	Jahresbetrag der erzielten oder erwarteten Verdienstes, mindestens 20 000,– €
26.3 Verkehrsflugzeugführer	Jahresbetrag des erzielten oder erwarteten Verdienstes, mindestens 30 000,– €
26.4 sonstige Erlaubnisse für Luftfahrtpersonal	Jahresbetrag des erzielten oder erwarteten Verdienstes, mindestens 7500,– €
26.5 sonstige Erlaubnisse nach dem Luftsicherheitsgesetz	Auffangwert

Medizinische Einrichtung
Bem. Beim Streit um ihre Zulassung kann man den erhofften Erfolg und mindestens 500 000 EUR ansetzen, BSG JB **03**, 86.
Mehrarbeit: Rn 37 „Überstunden".
Modernisierung
Bem. Man kann 20% der streitigen Maßnahme ansetzen, VGH Kassel JB **91**, 105.

Sachgebiet	Streitwert
27. Mutterschutzrecht	
27.1 Zustimmung zur Kündigung	Auffangwert
27.2 Zulässigkeitserklärung gemäß § 18 BEEG	Auffangwert

Nachbarrecht
Bei einer Beeinträchtigung durch Grundstücksnutzungen in der Nachbarschaft sind 15 000 EUR ansetzbar. OVG Schlesw AnwBl **05**, 724. Bei einer Aufhebung der Baugenehmigung eines Nachbarn können 7500–15 000 EUR angemessen sein, OVG Bautzen NVwZ-RR **17**, 392.

Sachgebiet	Streitwert
28. Namensrecht	
28.1 Änderung des Familiennamens oder Vornamens	Auffangwert
28.2 Namensfeststellung	Auffangwert

Bem. Vgl BVerwG DVBl **94**, 651, OVG Münst DVBl **94**, 651. Bei jedem Kind gilt ein eigener Auffangwert, VG Darmst NJW **98**, 2992.

Sachgebiet	Streitwert
29. Naturschutz	[1] Es gelten grundsätzlich die nachstehend aufgeführten Werte. [2] Soweit diese die Bedeutung der Genehmigung oder der Anfechtung einer belastenden Maßnahme für den Kläger nicht angemessen erfassen, gilt stattdessen das geschätzte wirtschaftliche Interesse bzw. der Jahresnutzwert.
29.1 Klage auf Erteilung einer Fällgenehmigung	Auffangwert
29.2 Normenkontrolle gegen Schutzgebietsausweisung	wie Bebauungsplan (Nr. 9.8)

30

GKG Anh I B § 52   I. A. Gerichtskostengesetz

Bem. Rn 25 „Immissionsschutzrecht". Für Verbandsklagen ist der Mindestbetrag nach Rn 4 beachtbar. Zur Bemessung im Einzelfall BVerwG NVwZ-RR **96**, 237 (Berücksichtigung ideeller Interessen).

Nichtzulassungsbeschwerde
Bem. S oben Rn 10.

Normenkontrolle
Bem. Der Wert bestimmt sich nach der bei der Gültigkeit der Norm eintretenden Belastung, OVG Magdeb LKV **01**, 41.
S auch Rn 31 „Planfeststellungsrecht".

Obdachlosen-Einweisung: Im Eilverfahren 0,5 Auffangwert, VGH Mannh NVwZ-RR **14**, 704.

Parteienfinanzierung
Bem. Maßgeblich ist die Bedeutung der Sache für den Kläger, OVG Münst NVwZ-RR **00**, 333.

Sachgebiet	Streitwert
30. Passrecht	
30.1 Personalausweis, Reisepass	Auffangwert

Bem. Es gibt keine degressive Staffelung bei Eheleuten.

Sachgebiet	Streitwert
31. Personalvertretungsrecht	Auffangwert

Bem. Als Gegenstandswert nach § 52 läßt sich beim Streit über die Mitbestimmung wegen des objektiven Charakters des Verfahrens meist der Auffangwert ansetzen, OVG Hbg HJVBl **99**, 123, VGH Mannh NVwZ-RR **95**, 424, VGH Mü BayVBl **00**, 478, aM für die Anfechtung der Wahl einer größeren Personalvertretung VGH Kassel NVwZ-RR **94**, 477 (bis zu 15 000 EUR). In anderen Sachen gelten (jetzt) § 52 I–III, zB beim Streit über eine Kostenerstattung, BVerwG JB **95**, 537.

Sachgebiet	Streitwert
32. Personenbeförderungsrecht	vgl. Verkehrswirtschaftsrecht

Sachgebiet	Streitwert
33. Pflegegeld	Wert der streitigen Leistung, höchstens Jahresbetrag

Sachgebiet	Streitwert
33 a. Pflegezeitrecht	
33 a.1 Zustimmung der obersten Landesbehörde nach § 5 Abs. 2 PflegeZG	Auffangwert

Bem. Man kann (jetzt) § 42 I, V entsprechend anwenden, VGH Mü BayVBl **92**, 414, Rn 36 „Sozialhilfe".

Sachgebiet	Streitwert
34. Planfeststellungsrecht	[1] Es gelten grundsätzlich die nachstehend aufgeführten Werte. [2] Soweit diese die Bedeutung der Genehmigung, des Vorbescheides oder der Anfechtung einer belastenden Maßnahme für den Kläger nicht angemessen erfassen, gilt stattdessen das geschätzte wirtschaftliche Interesse bzw. der Jahresnutzwert.

Abschnitt 7. Wertvorschriften **Anh I B § 52 GKG**

Sachgebiet	Streitwert
34.1 Klage des Errichters/Betreibers	
34.1.1 auf Planfeststellung einer Anlage oder Änderung des Planfeststellungsbeschlusses	2,5% der Investitionssumme
34.1.2 gegen Nebenbestimmung	Betrag der Mehrkosten
34.2 Klage eines drittbetroffenen Privaten	wie Abfallentsorgung Nr. 2.2
34.2.1 wegen Eigentumsbeeinträchtigung – soweit nicht einer der Pauschalierungsvorschläge 34.2.1.1 bis 34.2.3 greift:	Betrag der Wertminderung des Grundstücks, höchstens 50% des geschätzten Verkehrswerts
34.2.1.1 Beeinträchtigung eines Eigenheimgrundstücks oder einer Eigentumswohnung	15 000,– €
34.2.1.2 Beeinträchtigung eines Mehrfamilienhauses	Wohnungszahl × 15 000,– €, höchstens 60 000,– € bei Klägeridentität
34.2.2 Beeinträchtigung eines Gewerbebetriebes	60 000,– €
34.2.3 Beeinträchtigung eines Landwirtschaftbetriebes	Haupterwerb 60 000,– €, Nebenerwerb 30 000,– €
34.2.4 Dauerhafte Inanspruchnahme landwirtschaftlicher Flächen	0,50 €/m²
34.2.5 wegen sonstiger Beeinträchtigungen soweit nicht einer der Pauschalierungsvorschläge greift	15 000,– €
34.2.6 gegen Vorbereitungsarbeiten	7500,– €
34.2.7 gegen nachträgliche Anordnung von Schutzauflagen	5000,– € je betroffenen Grundstück
34.3 Klage einer in ihrem Selbstverwaltungsrecht betroffenen Gemeinde	60 000,– €
34.4 Verbandsklage eines Naturschutzvereins oder einer anderen NRO	Auswirkungen der begehrten Entscheidung auf die vertretenen Interessen; in der Regel 15000,– € – 30 000,– €

Bem. Zu **Nr 34**: BVerwG NVwZ-RR **93**, 331.
Zu **Nr 34.2** (je zum alten Recht): BVerfG NVwZ **99**, 1104 (bei einer Anfechtung 30–50% des fraglichen Flächenwerts), BVerwG NVwZ **98**, 504, 850, OVG Hbg NVwZ-RR **99**, 700 (10000 EUR, bei einer Gefährdung + 5000 EUR je Kläger). Bei einer enteignenden Vorwirkung ist für die Klage meist 33,3–50% des betroffenen Eigentümers der Verkehrswert maßgeblich, BVerfG NVwZ **99**, 1104, BVerwG NVwZ **96**, 1016, VGH Mannh NVwZ-RR **04**, 309. Ausnahmsweise gilt der volle Wert, BVerwG NVwZ **91**, 567, VGH Mannh NVwZ-RR **91**, 670, OVG Saarlouis NVwZ-RR **93**, 166. Entsprechendes gilt bei einem Normenkontrollantrag, der der Abwehr der Enteignung dient, BVerwG JB **92**, 331. In anderen Fällen gilt der Auffangwert, OVG Schlesw NVwZ-RR **00**, 332.
Zu **Nr 34.2.3**: Grds: 60000 EUR, OVG Lüneb NVwZ-RR **14**, 223 (jedoch ausnahmsweise nur 30000 EUR bei bloßer Änderung vorhandener Störung).
Zu **Nr 34.3**: BVerwG JB **97**, 255, VGH Mü NVwZ-RR **01**, 229.
Zu **Nr 34.4**: BVerwG JB **16**, 23.
Vgl im übrigen Rn 12 und 34.4, auch zur Verbandsklage, BVerwG NVwZ-RR **96**, 237.

Sachgebiet	Streitwert
35. Polizei- und Ordnungsrecht	
35.1 polizei- und ordnungsrechtliche Verfügung, polizeiliche Sicherstellung	wirtschaftliches Interesse, sonst Auffangwert
35.2 Anordnung gegen Tierhalter	Auffangwert; sofern die Anordnung einer Gewerbeuntersagung gleichkommt, wie Nr. 54.2.1
35.3 Obdachloseneinweisung	Auffangwert
35.4 Wohnungsverweisung	½ Auffangwert

GKG Anh I B § 52 I. A. Gerichtskostengesetz

Sachgebiet	Streitwert
35.5 Streit um erkennungsdienstliche Maßnahmen und kriminalpolizeiliche Unterlagen	Auffangwert
35.6 Normenkontrolle	wirtschaftliches Interesse, sonst Auffangwert

Bem. Die Klage gegen eine Ordnungsverfügung läßt sich mit den zur Erfüllung nötigen Aufwendungen bewerten.

Prozeßkostenhilfe
Bem. Rn 11.

Prozeßvergleich
Bem. Maßgeblich ist der zunächst streitig gewesene Betrag, OVG Münst NVwZ-RR **00**, 332. Anders kann es beim bloßen Teilvergleich sein.

Sachgebiet	Streitwert
36. Prüfungsrecht	
36.1 noch nicht den Berufszugang eröffnende (Staats-)Prüfung, Einzelleistungen, deren Nichtbestehen zur Beendigung des Studiums führen	7500,– €
36.2 den Berufszugang eröffnende abschließende (Staats-)Prüfung, abschließende ärztliche oder pharmazeutische Prüfung	Jahresbetrag des erzielten oder erwarteten Verdienstes, mindestens 15 000,– €
36.3 Sonstige berufseröffnende Prüfungen	Jahresbetrag des erzielten oder erwarteten Verdienstes, mindestens 15 000,– €
36.4 Sonstige Prüfungen	Auffangwert

Bem. Nr 36 hat als speziellere Vorschrift Vorrang vor Nr 18, OVG Hbg JB **17**, 23. Bei der Bachelorprüfung gilt Z 36.1, OVG Lüneb JB **10**, 250. Zur Bewertung abschließender Prüfungen mit (jetzt) mindestens 15 000 EUR BVerwG NVwZ-RR **98**, 75 (Laufbahnprüfung), VGH Mannh Just **97**, 412, aM VGH Mü NVwZ **91**, 597 (Auffangwert. Vgl aber Üb 4). Bei dem Streit um das endgültige Nichtbestehen der studienbegleitenden Leistungskontrollen ließ sich der Wert nach altem Recht auf 5000 EUR festsetzen, BVerwG NVwZ-RR **93**, 304. Beim bloßen Notenstreit gilt der Auffangwert, OVG Hbg NVwZ-RR **08**, 851. Der Prüfungswert gilt auch bei einer Vorableistung (Klausur), OVG Kblz NVwZ-RR **11**, 878. Beim unentschuldigten Nichterscheinen zur Prüfung ist Z 36.4 nicht stets anwendbar (Fallfrage), OVG Lüneb NVwZ-RR **16**, 320.

Räumungsanordnung
Bem. Maßgeblich ist meist der Auffangwert, VGH Mü BayVBl **88**, 476.

Sachgebiet	Streitwert
37. Rundfunkrecht	
37.1 Hörfunkkonzession	200 000,– €
37.2 Fernsehkonzession	350 000,– €
37.3 Kanalbelegung	wie Hörfunk-/Fernsehkonzession
37.4 Einräumung von Sendezeit	15 000,– €, bei bundesweit ausgestrahltem Programm: 500 000,– €

Bem. Für eine nichtkommerzielle Fernsehkonzession setzt OVG Greifsw NVwZ-RR **00**, 732 nur den Auffangwert an. Bei der Befreiung von der Gebührenpflicht kann man den Jahresbetrag ansetzen, OVG Hbg JB **00**, 534. Bei 37.4 können 500 000 EUR maßgeblich sein, so schon OVG Kblz NVwZ-RR **13**, 862.

Abschnitt 7. Wertvorschriften **Anh I B § 52 GKG**

Rundfunkgebühren
Bem. Maßgeblich ist die Höhe der Gebühren in dem Zeitraum, um dessen Gebührenbefreiung es geht, OVG Lüneburg NVwZ-RR **07**, 252.

Sachverständiger
Bem. Im Zulassungsstreit kann man eine mögliche Jahresvergütung ansetzen, VGH Mü BayVBl **82**, 668, Schlesw JB **92**, 330. Wegen einer öffentlicher Bestallung usw sind 5000 EUR vertretbar.

Sachgebiet	Streitwert
38. Schulrecht	
38.1 Errichtung, Zusammenlegung, Schließung einer Schule (Klage der Eltern bzw. Schüler)	Auffangwert
38.2 Genehmigung zum Betrieb einer Ersatzschule	30 000,– €
38.3 Schulpflicht, Einweisung in eine Sonderschule, Entlassung aus der Schule	Auffangwert
38.4 Aufnahme in eine bestimmte Schule oder Schulform	Auffangwert
38.5 Versetzung, Zeugnis	Auffangwert
38.6 Reifeprüfung	Auffangwert

Bem. Allgemein: OVG Schlesw NVwZ-RR **92**, 280.
Zu **Nr 38.2:** Zur Genehmigung einer privaten Schule als Bekenntnisschule BVerwG JB **92**, 488. Wegen der Abstufungen im Rahmen von § 52 II vgl Üb 4.
Zu **Nr 3.8.4:** Untersagung der Fortführung eines Auswahlverfahrens und vorläufige Aufnahme in eine bestimmte Schule sind unterschiedliche Anträge und verdoppeln den Streitwert, VGH Kassel NVwZ-RR **17**, 848.
Zu **Nr 38.5:** Für geringere Schulstrafen ist ein Streitwert von 1000 EUR meist angemessen, aM OVG Schlesw NVwZ-RR **92**, 280 (Auffangwert). Beim Streit um die Ermäßigung der Unterrichtsverpflichtung gilt der Auffangwert.

Sachgebiet	Streitwert
39. Schwerbehindertenrecht	
39.1 Zustimmung des Integrationsamtes	Auffangwert

Bem. Die jetzige Fassung hat dem früheren Streit (zu [jetzt] § 42 IV) beendet. Das gilt, zumal sie vor allem auf sozialen Erwägungen beruht, Rn 3, Zimmer NVwZ **95**, 142.

Selbständiges Beweisverfahren
Bem. Vgl § 48 Anh I (§ 3 ZPO) Rn 102. Ansetzbar ist im Verfahren vor den Verwaltungsgerichten meist die Hälfte des Wertes der Hauptsache, VGH Mannh NVwZ-RR **98**, 526, VGH Mü NVwZ-RR **01**, 278, Kopp/Schenke § 189 Rn 11, aM OVG Lüneb NVwZ-RR **05**, 863 (Wert des Hauptanspruchs).

Sachgebiet	Streitwert
40. Soldatenrecht	
40.1 Berufssoldaten	wie Beamte auf Lebenszeit
40.2 Soldaten auf Zeit	wie Beamte auf Probe

Bem. Vgl § 13 IV, dort Rn 22 ff.

Sondernutzungserlaubnis: 5000 EUR, OVG Münst JB **14**, 79.

Sachgebiet	Streitwert
41. Sozialhilfe/Kriegsopferfürsorge	siehe Streitwertkatalog i. d. F. v. Jan. 1996 (NVwZ 1996, 562; DVBl 1996, 605)

Bem. Der Gegenstandswert laufender Hilfe ist entsprechend (jetzt) § 42 I durch den Jahresbetrag begrenzt, VGH Kassel JB **94**, 362, VGH Mü BayVBl **94**, 93, OVG Münst

GKG Anh I B § 52 I. A. Gerichtskostengesetz

FEVS **02**, 68, aM OVG Bre NordÖR **01**, 183, Rotter ZfSH/SGB **83**, 211 (aber der Schutzzweck des § 42 I gebietet dessen entsprechende Anwendung auf die Sozialhilfe, ebenso auf Ansprüche nach dem UVG, OVG Münst FamRZ **02**, 34). Einen Rückstand darf man allerdings nicht entsprechend (jetzt) § 42 V hinzurechnen, VGH Kassel JB **94**, 362, aM VGH Mü NVwZ-RR **93**, 334 und 414. Bei einer Rücknahme der Bewilligung oder bei einem Widerspruch kommt die bisherige Billigungssumme zum Ansatz, OVG Bre JB **02**, 80, OVG Münst JB **01**, 419.

Zu **Nr 41.1 aF:** BVerwG NVwZ-RR **94**, 182.

Zu **Nr 41.3 aF:** Bei der Anfechtung einer Überleitung nach (jetzt) § 90 SGB XII kann man auch die Höhe der übergeleiteten Forderung und bei wiederkehrenden Leistungen höchstens den Jahresbetrag zugrunde legen, BVerwG NVwZ-RR **98**, 142. Viele setzen den Wert mit der Hälfte der übergeleiteten Beträge an und bewerten laufende Ansprüche mit der Hälfte des Jahreswerts, LSG Stgt JB **08**, 535. Für den Übergang eines Unterhaltsanspruchs gilt (jetzt) das SGB XII (Zivilrechtsweg). Der Streit um einen Rahmenvertrag nach (jetzt) dem SBG XII läßt sich mit einem Bruchteil des Jahreswerts der Leistungen bewerten, OVG Lüneb NdsRpfl **00**, 112.

Zu **Nr 41.4 aF:** Das Auskunftsverlangen nach (jetzt) SGB XII läßt sich nach dem Interesse an der Nichterteilung bewerten, VGH Mannh JB **93**, 108. Dieses Interesse läßt sich mit dem halben Auffangwert pauschal bewerten. Die Anfechtung eines Rücknahmebescheides läßt sich mit der Summe der Leistungen bewerten, OVG Münst JB **01**, 419. Beim Streit um eine Eingliederungshilfe zur Einschulung in eine geeignete Sonderschule gilt der Auffangwert, OVG Greifsw NordÖR **03**, 220.

S auch Rn 30 „Pflegegeld".

Sondernutzung: 5000 EUR bei Aufstellung eines Alttextilcontainers, OVG Bautzen NVwwZ-RR **16**, 437.

Sachgebiet	Streitwert
42. Staatsangehörigkeitsrecht	
42.1 Einbürgerung	doppelter Auffangwert pro Person
42.2 Feststellung der Staatsangehörigkeit	doppelter Auffangwert pro Person

Bem. Zu **Nr 42.1:** BVerwG NVwZ-RR **94**, 182, aM VGH Mannh NVwZ-RR **99**, 813 (einfacher Auffangwert. Aber es handelt sich um außerordentlich weitreichende Auswirkungen). Bei der Beteiligung mehrerer Personen kann man § 5 ZPO entsprechend anwenden. Bei einem Streit über den Verzicht auf die deutsche Staatsangehörigkeit sollte man wegen der ebenfalls weitreichenden Wirkung den doppelten Auffangwert einsetzen.

Zu **Nr 42.2:** *Unanwendbar* bei einem „Rechtsträger", OVG Münst NJW **17**, 425 (stattdessen § 52 II).

Stiftung

Strafvollzug: Maßgeblich ist nur die Bedeutung für den Gefangenen, Rostock JB **17**, 475.

Bem. Maßgeblich ist der notfalls schätzbare Jahresertrag, OVG Münst NWVBl **94**, 393.

Sachgebiet	Streitwert
43. Straßen- und Wegerecht (ohne Planfeststellung), Straßenreinigung	
43.1 Sondernutzung	zu erwartender Gewinn bis zur Grenze des Jahresbetrages, mindestens 500,– €
43.2 Sondernutzungsgebühr	siehe Abgabenrecht
43.3 Widmung, Einziehung	wirtschaftliches Interesse, mindestens 7500,– €
43.4 Anfechtung einer Umstufung zur Vermeidung der Straßenbaulast	dreifacher Jahreswert des Erhaltungs- und Unterhaltungsaufwandes
43.5 Straßenreinigungspflicht	Auffangwert

Bem. Zur Abgrenzung zu Nutzungsverträgen BVerwG VBlBW **94**, 96. Wegen einer Herabstufung BVerwG JB **98**, 263. Wegen einer Widmung VGH Mü JB **98**, 94. Zur Bewertung des Streits über einen Gebührengrundbescheid nach (jetzt) § 52 I BVerwG NVwZ-RR **89**, 279, VG Regensb **99**, 407. Der Auffangwert kann statt Nr 43.1 bei der Sondernutzung durch eine politische Partei maßgeblich sein, VGH Mü BayVBl **01**, 603.

Abschnitt 7. Wertvorschriften **Anh I B § 52 GKG**

Es lassen sich dann aber auch je Tag 1000 EUR ansetzen, OVG Greifsw JB **03**, 144. Man kann 10% des vom Konkurrenten erbrachten Jahresumsatzes ansetzen, OVG Schlesw AnwBl **92**, 281. Beim Nachbarstreit kann man (jetzt) § 52 II anwenden, VGH Mü NVwZ-RR **04**, 308. Beim Verkauf einer öffentlichen Straße auf einem Privatgrundstück kommt es auf den Wert dieser Teilfläche an, VGH Mü JB **05**, 543.
    Zu **Nr 43**.3: VGH Mü NVwZ-RR **13**, 904, OVG Münst JB **02**, 532.
    Zu **Nr 43**.4: VGH Mannh NVwZ-RR **07**, 827 (Abstufung einer Kreisstraße).

Sachgebiet	Streitwert
44. Subventionsrecht	
44.1 Vergabe einer Subvention	
44.1.1 Leistungsklage	streitiger Betrag (§ 52 Abs. 3 GKG)
44.1.2 Konkurrentenklage	50% des Subventionsbetrages
44.2 Bescheinigung als Voraussetzung für eine Subvention	75% der zu erwartenden Subvention
44.3 Zinsloses oder zinsermäßigtes Darlehen	Zinsersparnis, im Zweifel pauschaliert: zinsloses Darlehen 25%, zinsermäßigtes Darlehen 10% des Darlehensbetrages

Bem. Vgl OVG Greifsw NVwZ-RR **02**, 155, OVG Magdeb DÖV **01**, 177 (Rückforderung). Die in einem Rückforderungsbescheid angesetzten Zinsen bleiben entsprechend § 43 außer Betracht, OVG Greifsw NordÖR **02**, 902.

Überstunden: Beim Beamten kann eine Mehrarbeitsvergütungsverordnung maßgeblich werden, OVG Münst NVwZ-RR **13**, 309 links.

Untätigkeitsklage
Bem. Maßgeblich der Verzögerungsschaden für den Kläger, Meyer 29. Möglich sind 10–25% des Werts einer Anfechtungs- oder Leistungsklage, LSG Mainz JB **17**, 417.

Unterrichtsverpflichtung
Bem. Maßgeblich ist der Auffangwert.

Sachgebiet	Streitwert
45. Vereins- und Versammlungsrecht	
45.1 Vereinsverbot	
45.1.1 durch oberste Landesbehörde	15 000,– €
45.1.2 durch oberste Bundesbehörde	30 000,– €
45.2 Anfechtung eines Verbots durch einzelne Mitglieder	Auffangwert je Kläger
45.3 Auskunftsverlangen	Auffangwert
45.4 Versammlungsverbot, Auflage	½ Auffangwert

Bem. Konnte der Verein nicht bundesweit tätig sein, rechtfertigt sich eine angemessene Überschreitung des Richtwerts von 25 000 EUR, BVerwG MDR **92**, 734. Der Auffangwert gilt auch beim Streit um eine Auflage, OVG Hbg NordÖR **01**, 183. Bei einer Mehrheit von Klägern erfolgt keine Zusammenrechnung.
    Zu **Nr 45.1**: Bei der Nachbarklage gegen ein fünftägiges Straßenfest kann man (jetzt) 500 EUR ansetzen, OVG Kblz NVwZ-RR **95**, 62.

Vergleich
    Zur Festsetzung des Gegenstandswerts OVG Bln NVwZ-RR **97**, 754, OVG Münst NVwZ-RR **00**, 332, OVG Weimar NVwZ-RR **95**, 551.

Sachgebiet	Streitwert
46. Verkehrsrecht	
46.1 Fahrerlaubnis Klasse A	Auffangwert
46.2 Fahrerlaubnis Klasse A M, A 1, A 2	½ Auffangwert
46.3 Fahrerlaubnis Klasse B, BE	Auffangwert
46.4 Fahrerlaubnis Klasse C, CE	1½ Auffangwert

GKG Anh I B § 52 I. A. Gerichtskostengesetz

Sachgebiet	Streitwert
46.5 Fahrerlaubnis Klasse C 1, C 1E	Auffangwert
46.6 Fahrerlaubnis Klasse D, DE	1½ Auffangwert
46.7 Fahrerlaubnis Klasse D 1, D 1E	Auffangwert
46.8 Fahrerlaubnis Klasse L	½ Auffangwert
46.9 Fahrerlaubnis Klasse T	½ Auffangwert
46.10 Fahrerlaubnis zur Fahrgastbeförderung	2-facher Auffangwert
46.11 Fahrtenbuchauflage	400,– € je Monat
46.12 Teilnahme an Aufbauseminar	½ Auffangwert
46.13 Verlängerung der Probezeit	½ Auffangwert
46.14 Verbot des Fahrens erlaubnisfreier Fahrzeuge	Auffangwert
46.15 Verkehrsregelnde Anordnung	Auffangwert
46.16 Sicherstellung, Stilllegung eines Kraftfahrzeugs	½ Auffangwert

Bem. Üb *Geiger* DAR **05**, 491; *Zimmer* NVwZ **95**, 142.

Zu **Nr 46.1–5:** OVG Bautzen LKV **94**, 224, VGH Mannh DÖV **02**, 788 (Umschreibung), VGH Mü BayVBl **02**, 779 (Androhung der Entziehung). Bei einer Klage wegen einer Entziehung der Fahrerlaubnis für mehrere Klassen bestimmt sich der Streitwert nach der Addition der eigenständigen Klassen Nr 46.1 ff, (jetzt) VGH Mannh JB **08**, 203. Die gleichzeitige Entziehung der Erlaubnis zur Fahrgastbeförderung wirkt sich streitwerterhöhend aus, OVG Lüneb JB **05**, 597. Keine Erhöhung des Auffangwerts bei einer Wiedererteilung, OVG Hbg JB **05**, 479, 959, aM Geiger DAR **05**, 492 (vgl aber § 52 Rn 22).

Zu **Nr 46.6:** BVerwG NJW **89**, 1624, OVG Lüneb NVwZ-RR **94**, 183, VGH Mü BayVBl **02**, 349 (mit „Mengenrabatt"), aM VGH Mü NVwZ-RR **92**, 164 (Auffangwert).

Zu **Nr 46.11:** BVerwG NJW **89**, 1624, OVG Lüneb NVwZ-RR **94**, 183, OVG Magdeb NVwZ-RR **13**, 663. Kein Mengenrabatt, VGH Mannh JB **16**, 141.

Zu **Nr 46.15:** Der Auffangwert überzeugt, OVG Lüneb NVwZ **93**, 704. Bei der Entziehung der Fahrerlaubnis ist ihre berufliche Nutzung zur mitbeachtbar, aM OVG Hbg JB **05**, 475 (aber dann ist sie viel mehr wert). OVG Münst NVwZ-RR **11**, 424 billigt bei einer „aG-light"-Parkerleichterung nur 500 EUR zu.

Zu **Nr 46.16:** VGH Mannh NVwZ-RR **05**, 144. Die Sicherstellung eines Radarwarngeräts läßt sich mit 500 EUR bewerten, OVG Greifsw NordÖR **02**, 464.

Sachgebiet	Streitwert
47. Verkehrswirtschaftsrecht	[1]Es gelten grundsätzlich die nachstehend aufgeführten Werte. [2]Soweit diese die Bedeutung der Genehmigung oder der Anfechtung einer belastenden Maßnahme für den Kläger nicht angemessen erfassen, gilt stattdessen das geschätzte wirtschaftliche Interesse bzw. der Jahresnutzwert.
47.1 Güterfernverkehrsgenehmigung, Gemeinschaftslizenz für EG Ausland, grenzüberschreitender Verkehr	30 000,– €
47.2 Bezirksverkehrsgenehmigung	20 000,– €
47.3 Nahverkehrsgenehmigung	15 000,– €
47.4 Taxigenehmigung	15 000,– €
47.5 Mietwagengenehmigung	10 000,– €
47.6 Linienverkehr mit Omnibussen	20 000,– € je Linie
47.7 Gelegenheitsverkehr mit Omnibussen	20 000,– €

Zu **Nr 47.1:** Man kann bei gefährlichen Gütern auch den erwarteten Jahresgewinn mitbeachten, OVG Bln NVwZ-RR **91**, 672.

Zu **Nr 47.4:** Im Eilverfahren kann man (jetzt) 5000 EUR je Fahrzeug ansetzen, OVG Münst JB **98**, 542.

Zu **Nr 47.5:** Im Eilverfahren kann man (jetzt) 2500 EUR je Fahrzeug ansetzen, OVG Münst JB **98**, 542.

Abschnitt 7. Wertvorschriften **Anh I B § 52 GKG**

Sachgebiet	Streitwert
48. Vermögensrecht	
48.1 Rückübertragung	
48.1.1 Grundstück	aktueller Verkehrswert; klagen einzelne Mitglieder einer Erbengemeinschaft auf Leistung an die Erbengemeinschaft, so ist das wirtschaftliche Interesse nach dem Erbanteil zu bemessen.
48.1.2 Unternehmen	aktueller Verkehrswert
48.1.3 sonstige Vermögensgegenstände	wirtschaftlicher Wert
48.2 Besitzeinweisung	30% des aktuellen Verkehrswerts
48.3 Investitionsvorrangbescheid	30% des aktuellen Verkehrswerts
48.4 Einräumung eines Vorkaufsrechts	50% des aktuellen Verkehrswerts

Bem. Man muß die Obergrenze von 500 000 EUR nach § 52 IV lt Hs beachten.
Zu **Nr 48.1.1:** BVerwG NJW **95**, 609.
Zur Bewertung von Sachen nach dem VZOG.

Versammlungsrecht
Bem. Meist gilt der Regelwert nach § 52 II, VGH Mü NVwZ-RR **14**, 447.

Versorgungstarif
Bem. Beim Genehmigungsstreit kann man 70% des voraussichtlichen Jahresertrags ansetzen, OVG Bautzen NVwZ-RR **98**, 459.

Sachgebiet	Streitwert
49. Vertriebenen- und Flüchtlingsrecht	
49.1 Erteilung oder Entziehung eines Vertriebenenausweises	Auffangwert
49.2 Erteilung oder Rücknahme eines Aufnahmebescheides/einer Bescheinigung nach § 15 BVFG	Auffangwert

Bem. Wie hier OVG Kblz NVwZ-RR **92**, 387, VGH Mü NVwZ-RR **96**, 543.

Vollstreckungsrecht
Bem. Eine Herabsetzung des Werts erfolgt nur dann, wenn das Vollstreckungsverfahren ein bloßes Nebenverfahren ist, OVG Münst NVwZ-RR **14**, 744.

Vorbescheid
Bem. Es kommt auf das Ausmaß seiner Wirkung an. Sie kann 30–50% des Verkehrswerts einer Fläche erreichen, BVerwG JB **99**, 195, VGH Mü NVwZ-RR **99**, 413.

Vorkaufsrecht
Bem. Man kann 10–25% des Kaufpreises ansetzen, OVG Lüneb JB **02**, 424.

Vorverfahren
Bem. Es gilt der Wert des zugehörigen Prozesses, VGH Mü NVwZ-RR **93**, 334.

Sachgebiet	Streitwert
50. Waffenrecht	
50.1 Waffenschein	7500,– €
50.2 Waffenbesitzkarte	Auffangwert zuzügl. 750,– € je weitere Waffe
50.3 Munitionserwerbsberechtigung	1500,– €
50.4 Waffenhandelserlaubnis	s. Gewerbeerlaubnis Nr. 54.2.1

Zu **Nr 50.1:** BVerwG NVwZ **00**, 442, VGH Mannh NVwZ-RR **92**, 448.
Zu **Nr 50.2:** OVG Weimar NVwZ-RR **17**, 432, aM BVerwG GewArch **92**, 314, VGH Mannh Just **99**, 125 (Auffangwert), OVG Lüneb JB **99**, 530 (wie 50.1). Zum Problem Zimmer NVwZ **95**, 142.

GKG Anh I B § 52 I. A. Gerichtskostengesetz

Sachgebiet	Streitwert
51. Wasserrecht (ohne Planfeststellung)	
51.1 Erlaubnis, Bewilligung	wirtschaftlicher Wert
51.2 Anlagen an oder in Gewässern	
51.2.1 gewerbliche Nutzung	Jahresgewinn, mindestens Auffangwert
51.2.2 nichtgewerbliche Nutzung	Auffangwert
51.2.3 Steganlagen incl. ein Bootsliegeplatz	Auffangwert zzgl. 750,– € für jeden weiteren Liegeplatz

Sachgebiet	Streitwert
52. Wehrdienst	
52.1 Anerkennung als Kriegsdienstverweigerer	Auffangwert
52.2 Wehrübung	Auffangwert

Zu (jetzt) **Nr 52.2:** BVerwG JB **94**, 118.

Sachgebiet	Streitwert
53. Weinrecht	
53.1 Veränderung der Rebfläche	1,50 €/m² Rebfläche
53.2 Genehmigung zur Vermarktung oder Verarbeitung von nicht verkehrsfähigem Wein	2,– €/Liter

Windenergie
Bem. Ein Vorbescheid kann 2,5% der Herstellungskosten ausmachen, OVG Kblz BauR **12**, 470. Eine Drittanfechtungsklage gegen eine Windkraftanlage kann 15 000 EUR wert sein, im Eilverfahren die Hälfte, VGH Mü NVwZ-RR **16**, 560.

Sachgebiet	Streitwert
54. Wirtschaftsverwaltungsrecht	
54.1 Gewerbeerlaubnis, Gaststättenkonzession	Jahresbetrag des erzielten oder erwarteten Gewinns, mindestens 15 000,– €
54.2 Gewerbeuntersagung	
54.2.1 ausgeübtes Gewerbe	Jahresbetrag des erzielten oder erwarteten Gewinns, mindestens 15 000,– €
54.2.2 erweiterte Gewerbeuntersagung	Erhöhung um 5000,– €
54.3 Handwerksrecht	
54.3.1 Eintragung/Löschung in der Handwerksrolle	Jahresbetrag des erzielten oder erwarteten Gewinns, mindestens 15 000,– €
54.3.2 Meisterprüfung	15 000,– €
54.3.3 Gesellenprüfung	7500,– €
54.4 Sperrzeitregelung	Jahresbetrag des erzielten oder erwarteten zusätzlichen Gewinns, mindestens 7500,– €
54.5 Zulassung zu einem Markt	erwarteter Gewinn, mindestens 300,– € pro Tag

Bem. Die Anknüpfung an den Jahresbetrag wird der nach § 52 I maßgeblichen Bedeutung der Sache nicht gerecht, Üb 3. Wenn keine Anhaltspunkte für eine andere Bewertung im Einzelfall bestehen, sollte der Dreijahresbetrag zugrundeliegen, BSG JB **96**, 148 (Hinweis auf § 25 KostO), notfalls der dreifache Auffangwert, VGH Kassel NVwZ-RR **93**, 672. Zur Konkurrentenklage OVG Kblz NVwZ-RR **94**, 303. Zur Begrenzung auf den Jahresbetrag und zum Mindestbetrag OVG Münst NVwZ-RR **97**, 196. Für die Zulassung zu einem eintägigen Markt sind 500 EUR angemessen, VGH Mannh GewArch **94**, 112. Unselbständige eine Untersagung begleitende Verfügungen bleiben außer Betracht, Zimmer NVwZ **95**, 141.
Zu **Nr 54.1**: Beim Spielautomaten kann man 2000 EUR je Gerät ansetzen, BVerwG GewArch **92**, 63. Bei einer bloßen Gewerbeanmeldung kann man 4000 EUR ansetzen, VGH

Abschnitt 7. Wertvorschriften Anh I B § 52 GKG

Mannh NVwZ-RR **95**, 62, aber auch 6000 EUR, BVerwG NVwZ-RR **92**, 516 (Spielhalle), oder den Dreijahresbetrag, mindestens 15 000 EUR, OVG Münst NVwZ-RR **05**, 215.
Zu **Nr 54.2**: Für die Klage einer Handwerkskammer auf eine Untersagung des Gewerbes gilt nicht Nr 54.2, sondern (jetzt) § 52 II, VGH Mannh NVwZ-RR **97**, 575, aM BVerwG GewArch **93**, 331. Ebenso ist für die Klage gegen das Gebot, ein Gewerbe anzuzeigen, der Auffangwert ansetzbar, VGH Mannh GewArch **94**, 417. Bei Widerruf oder Ablehnung einer Erlaubnis kommt ein halber Jahresgewinn in Betracht, mindestens 7500 EUR, OVG Münst NVwZ-RR **05**, 215 (bei einer Untersagung ein voller Jahresgewinn, mindestens 8000 EUR). Eine Festsetzung von Zwang läßt sich mit mindestens 3750 EUR bewerten, OVG Münst NVwZ-RR **05**, 215. Nr 54.2 kann bei der Untersagung gewerblicher Hundehaltung entsprechend anwendbar sein, VGH Mannh NVwZ-RR **11**, 726. Eine Halbierung kommt beim Eilverfahren mit einer gleichzeitigen Hauptsacheentscheidung in Frage, OVG Lüneb NVwZ-RR **07**, 828 links oben. Unter 54.2.1 kann ein Wohn- und Betreuungsangebot fallen, OVG Münst NVwZ-RR **15**, 959, auch ein Glückspiel im Internet, VGH Mü NVwZ-RR **17**, 949 (evtl 50 000 EUR).
Zu **Nr 54.3**: BVerwG NVwZ-RR **92**, 516 (6000 EUR). Man kann diese Bewertung auch für die Anerkennung eines Sachverständigen benutzen, OVG Schlesw AnwBl **92**, 303.
Zu **Nr 54.3.2**: VGH Mannh NJW **97**, 145. In Verfahren wegen der Erteilung einer Ausnahmebewilligung für die Eintragung in die Handwerksrolle und für eine Klage der Handwerkskammer kann man 6000 EUR ansetzen, NVwZ-RR **92**, 516.
Der Streit um die Anerkennung als Sachverständiger läßt sich nach den Grundsätzen der Berufszulassung bewerten, OVG Schlesw AnwBl **92**, 280. Zur Konkurrentenklage OVG Kblz NVwZ-RR **94**, 303, zur Nachbarklage OVG Kblz JB **00**, 81.

Sachgebiet	Streitwert	40
55. Wohngeldrecht		
55.1 Miet- oder Lastenzuschuß	streitiger Zuschuss, höchstens Jahresbetrag	
56. Wohnraumrecht		
56.1 Anerkennung als steuerbegünstigte Wohnung	Gesamtbetrag der Steuerersparnis	
56.2 Bewilligung öffentlicher Mittel	Zuschussbetrag zuzüglich 10% der Darlehenssumme	
56.3 Erteilung einer Wohnberechtigungsbescheinigung	Auffangwert	
56.4 Fehlbelegungsabgabe	streitiger Betrag, höchstens dreifacher Jahresbetrag	
56.5 Freistellung von der Wohnungsbindung	Auffangwert je Wohnung	
56.6 Zweckentfremdung		
56.6.1 Erlaubnis mit Ausgleichszahlung	Jahresbetrag der Ausgleichszahlung, bei laufender Zahlung: Jahresbetrag	
56.6.2 Erlaubnis ohne Ausgleichszahlung	Auffangwert	
56.6.3 Aufforderung, Wohnräume wieder Wohnzwecken zuzuführen	Falls eine wirtschaftlich günstigere Nutzung stattfindet: Jahresbetrag des Interesses, sonst Auffangwert je Wohnung	
56.7 Wohnungsaufsichtliche Anordnung	veranschlagte Kosten der geforderten Maßnahme	

Bem. Zu **Nr 56.4**: aM OVG Hbg RR **93**, 335.
Zu **Nr 56.6.3**: OVG Münst NWVBl **97**, 435.

Zulassung der Berufung nach § 124a IV–VI VwGO: 41
Bem. Maßgeblich ist der Wert des Hauptsacheverfahrens, § 48 Rn 10.
Zivilarbeit: Rn 37 „Überstunden".
Zwischenstreit
Bem. Maßgeblich ist ein Bruchteil des Werts der Hauptsache, VGH Mü NVwZ-RR **02**, 156 (meist 20%).

GKG Anh II A § 52

II. Streitwertschlüssel für die Finanzgerichtsbarkeit

1) Bedeutung der Sache. Der Mindestwert beträgt nach IV 1000 EUR im Hauptverfahren. Im Eilverfahren gilt § 53. Wenn man nicht den bezifferten Geldbetrag nach § 52 III ansetzen muß, ist die Bedeutung der Sache für den Kläger (Antragsteller) maßgeblich, (jetzt) § 52 I, VII, BFH NVwZ **95**, 416. Sie errechnet sich durch das finanzielle Interesse an der erstrebten Änderung für den streitigen Veranlagungszeitraum. Bemessungsgrundlage ist der unmittelbar streitige Steuerbetrag. Ist der Betrag für ein Jahr streitig, bleiben mitttelbare Auswirkungen auf die Besteuerung der folgenden Jahre meist außer Betracht.

Geht es um eine *einheitliche Rechtsmittelentscheidung* für mehrere Veranlagungszeiträume, ist der zusammengerechnete Betrag maßgeblich. Bleibt die aus formellen Gründen beantragte Aufhebung eines Bescheids als solche ohne steuerliche Auswirkung, kann man 10% der festgesetzten Steuer als den Wert annehmen, FG Nürnb EFG **94**, 980. Läßt sich der Betrag der verlangten Herabsetzung nicht ermitteln, kann man als den Wert die Hälfte der festgesetzten Steuer ansetzen, BFH/NV **95**, 1008. Streitwertkatalog: NVwZ **91**, 1156.

2 **A. Beispiele zur Frage des Streitwerts**

Schrifttum: *Gräber* Vor § 135 FGO Rn 35 ff; *Hübschmann/Hepp/Spitaler* § 139 FGO Rn 68–130; *Madert*, AnwGeb in Verw-, Sozial- und Steuersachen, IV A 85; *Tipke/Kruse* Tz 81 ff, insbes „ABC der Streitwerte" Tz 103; *Zenke/Brandenburg*, Kosten des finanzgerichtlichen Prozesses mit Streitwert-ABC, 1997; *Ziemer/Haarmann/Lohse/Beermann*, Rechtsschutz in Steuersachen, Tz 10379 ff.

Ergänzend ist Anh I B anwendbar.

Ablehnung von Richtern und Sachverständigen: Anh I B Rn 9. Man kann pauschal 10% des Werts der Hauptsache für die Ablehnung eines Richters annehmen, BFH Rpfleger **77**, 250. Bei einer Ablehnung mehrerer Richter kann man einen entsprechend größeren Bruchteil zugrunde legen, BFH/NV **96**, 431.
Abrechnungsbescheid: Maßgeblich ist die Steuerforderung.
Arrest: Der Wert entspricht der Hälfte der Hinterlegungssumme, BFH BStBl **82** II 691, Schall StB **96**, 26.
Artfeststellung: Rn 5 „Einheitsbewertung".
Aufrechnung: § 46 Rn 36 ff. Ist Gegenstand des Streits der Bestand der Aufrechnungsforderung, bemißt sich der Streitwert nach deren vollem Wert, BFH NVwZ **92**, 208. Die Anfechtung einer Aufrechnung des FA mit Steuerforderungen läßt sich mit 10% dieser Forderungen bewerten, wenn es nur um die Zulässigkeit der Aufrechnung geht, FG Bln EFG **76**, 583.
Auskunftsbegehren: Man kann 10% der Hauptsache ansetzen. Sofern das finanzielle Interesse nicht erkennbar ist, sind für jedes Begehren (jetzt) nach § 52 II 5000 EUR ansetzbar, BFH BStBl **82** II 705, aM FG Karlsr EFG **95**, 227 (Betrag der nötigen Aufwendungen).
Außenprüfung: Ansetzbar sind 50% der mutmaßlichen Mehrsteuer, notfalls nach § 52 II 5000 EUR.
3 **Aussetzung der Vollziehung,** § 69 FGO: In der Regel sind 10% des fraglichen Betrags maßgeblich, BFH BStBl **01** II 498, FG Lpz JB **02**, 640, FG Köln EFG **02**, 223, aM BFH **87**, 410 (33,3%), FG Gotha EFG **01**, 106.
Beigeladener: § 52 Rn 8.
Beitreibung: Maßgeblich ist die beizutreibende Summe, BFH BB **78**, 347.
Berufszulassung: Rn 16 „Steuerberater", Anh I Rn 21.
Bescheidungsklage: § 52 Rn 12, FG Bre EFG **93**, 253, FG Karlsr EFG **95**, 401.
Besteuerungszeitraum: Für den Streit um die Verschiebung einer unstreitigen Steuerschuld in einen späteren Zeitraum bemißt sich der Streitwert nach dem Zinsvorteil entsprechend § 238 AO, BFH/NV **92**, 127.
Betriebsprüfung: Für den Streit über die Anordnung kann man meist 50% der zu erwartenden Mehrsteuer ansetzen, notfalls 5000 EUR, (jetzt) § 52 II, BFH BStBl **85** II 257. Die Klage auf eine Wiederholung ist mit 50% der endgültig erstrebten Steuerherabsetzung bewertbar.

Betriebsvermögen: Rn 5 „Einheitsbewertung".
Bevollmächtigter: Für die Beschwerde gegen die Anordnung, einen Bevollmächtigten zu bestellen, sind 10% des Streitwerts der Hauptsache angemessen, BFH BB **78**, 347. Bei seiner Zurückweisung kann man 10% des Hauptsachewerts ansetzen, BFH NVwZ **83**, 376.
Branntwein: Maßgeblich ist der halbe Wert der sichergestellten Sachen, BFH BB **78**, 488.
Buchführungspflicht, dazu FG Hbg EFG **79**, 514: Da mittelbare Auswirkungen außer Betracht bleiben, ist meist ein Wert von 5000 EUR angemessen, (jetzt) § 52 II, BFH BStBl **84** II 39, aM Lappe NJW **85**, 1880 (aber der Auffangwert gilt allgemein).
Duldungsbescheid: Maßgebend ist der Wert der zugrunde liegenden Steuerforderung, evtl der abweichende Wert der betroffenen Gegenstände, BFH/NV **92**, 690, FG Kassel EFG **89**, 652.
Eidesstattliche Versicherung: Man kann 50% des Steuerrückstands ansetzen, BFH BB **77**, 1034.
Eigenheimzulage: BFH/NV **03**, 66, FG Saarbr JB **02**, 533 (gesamter Förderzeitraum). 4
Einfamilienhaus: Rn 5 „Einheitsbewertung".
Einfuhrumsatzsteuer: Maßgeblich ist ihr Betrag ohne einen Vorsteuerabzug, BFH **113**, 407.
Einheitliche Feststellung von Einkünften, dazu *Schall* StB **96**, 28 (Üb): Maßgeblich ist das durch die Auswirkungen auf die Steuerpflicht nach § 182 AO bestimmte Interesse des in diesem Verfahren unmittelbar Betroffenen, FG Karlsr EFG **94**, 981, FG Saarbr EFG **88**, 258. Man kann es pauschal mit einem Prozentsatz des streitigen Gewinnanteils bewerten, BFH/NV **03**, 383. Folgewirkungen für andere Personen bleiben außer Betracht, BFH BStBl **78** II 409. Meist läßt sich der Streit um die Verteilung des Gewinns mit 25% des streitigen Teils bewerten, BFH/NV **03**, 338, FG Karlsr EFG **00**, 237. Das gilt auch beim Streit um einen Verlustanteil und bei einer Verpflichtungsklage gegen einen negativen Feststellungsbescheid, BFH BStBl **75** II 827.
Nach den Auswirkungen auf die beteiligten *Mitunternehmer* können im Einzelfall auch höhere Prozentsätze maßgeblich sein, BFH BStBl **82** II 542, FG Hann EFG **01**, 712, zB 50% beim Ausgleich positiver Einkünfte durch die angestrebten höheren Verlustbeträge, BFH BStBl **88** II 289, oder bei einer Besteuerung nach entsprechend hohen Sätzen, BFH/NV **94**, 817, FG Saarlouis EFG **88**, 258.
Begehrt *nur ein* Gesellschafter oder Erbe die ersatzlose Aufhebung des Feststellungsbescheids, ist der ihm zugerechnete Gewinnanteil die Bemessungsgrundlage, BFH BStBl **79** II 608, FG Düss EFG **88**, 137 (zustm Lappe NJW **89**, 3257). Höher ansetzbar ist der Wert, wenn der festgestellte oder erstrebte Gewinnanteil der einzelnen Beteiligten höher ([jetzt ca] 7500 EUR) ist, BFH/NV **93**, 118, aM FG Nürnb EFG **85**, 413: [jetzt ca] 15 000 EUR). Nur etwa 10% kommen in Betracht, wenn die Aufteilung zwischen Ehegatten streitig ist, BFH BStBl **62** III 404. Nur etwa 1% ist angemessen, wenn Auswirkungen auf die Einkommensteuer fehlen, aM FG Karlsr EFG **00**, 237 (aber dann gibt es kaum einen wirtschaftlichen Wert).
Wenn man die steuerliche *Auswirkung* im Einzelfall genau und ohne Schwierigkeit ermitteln kann, kann man sie natürlich zugrundelegen, FG Düss EFG **76**, 298, FG Karlsr EFG **94**, 98. Zum Wert der Klage einer Bauherrengemeinschaft FG Karlsr EFG **85**, 413, FG Saarlouis EFG **88**, 654.
Einheitsbewertung: Man kann die für den Streitwert maßgeblichen steuerlichen 5 Auswirkungen pauschal bemessen, BFH/NV **97**, 375, FG Kassel EFG **02**, 867. Für die Bewertung sind meist 3% des Unterschieds zwischen dem festgestellten und dem begehrten Einheitswert ansetzbar, BFH BStBl **82** II 512, FG Neust/W EFG **88**, 44. Das läßt sich bei einer kürzeren als der dreijährigen Wirkungsdauer anteilig ermäßigen, BFH BStBl **82** II 512. Beim Streit über die Aufteilung kommen 1,5% in Betracht, BFH BStBl **84** II 721, in einer Erbschaftssteuersache 10%, FG Kassel EFG **02**, 867, in einem Streit um das Betriebsvermögen 10%, BFH **115**, 304.
Ist die Artfeststellung *„Betriebsgrundstück"* streitig, kann man 20% ansetzen, BFH BStBl **76** II 774. Beim Streit um die Artfeststellung „Einfamilienhaus" kommen 6% des ganzen Einheitswerts in Frage, BFH BStBl **84** II 421 (ohne Vorlage nach § 132 GVG), FG Düss EFG **86**, 90, aM BFH BB **75**, 75, Offerhaus NJW **75**, 1951 (je: 50%). Der Streitwert bei Artfortschreibung läßt sich nach § 52 I schätzen, FG

GKG Anh II A § 52   I. A. Gerichtskostengesetz

Düss EFG **77**, 288, und notfalls nach § 52 II festsetzen. Wegen einer Wertfortschreibung BFH/NV **95**, 724. Bei der Klage auf eine ersatzlose Aufhebung beträgt der Wert 25% des festgestellten Gesamtgewinns, BFH BStBl **76** II 22.

6 **Einkommensteuer:** Maßgeblich ist der Unterschied zwischen dem festgesetzten und dem erstrebten Steuerbetrag für ein Jahr ohne Zuschläge und Abgaben, die vom Einkommen oder der Einkommensteuer abhängen, BFH **79** II 441. Zum Streitwert bei einer erstrebten Festsetzung auf 0 FG Karlsr EFG **95**, 853. Auch Folgesteuern wie zB die Kirchensteuer bleiben außer Betracht, BFH BStBl **75** II 145, es sei denn, die Kirchensteuer ist ebenfalls Gegenstand des Streits, FG Saarlouis EFG **84**, 253. Ebenso bleiben etwa einbehaltene Steuerabzugsbeträge außer Betracht, BFH BStBl **78** II 58. Dasselbe gilt bei einer gleichzeitigen Anfechtung der einheitlichen Gewinnfeststellung, BFH BB **78**, 347. Zum Wert eines Streits um die Feststellung eines höheren Teilwerts nach § 55 V EStG BFH BStBl **84** II 33, aM FG Düss EFG **79**, 515. Zum Streit um eine gesonderte Gewinn- oder Verlustfeststellung FG Düss EFG **96**, 158.

Zum Streit um *Vorauszahlungen* FG Kassel EFG **83**, 369, FG Nürnb EFG **88**, 136 (meist Jahressoll, bei einer Festsetzung für mehrere Veranlagungszeiträume Addition, FG Hbg EFG **88**, 536), aM beim Fehlen von Auswirkungen auf die Veranlagung FG Münst EFG **89**, 370, FG Nürnb EFG **88**, 654 (10%). Zur Anfechtung der Zusammenveranlagung FG Nürnb EFG **90**, 78. Zum Streit über die Höhe des Grundfreibetrags BFH BStBl **92** II 256. Zum Streit über einen Folgebescheid bei einer gleichzeitigen Anhängigkeit des Grundlagenbescheidsverfahrens FG Düss EFG **94**, 268. Zum Streit um eine Verlustfeststellung FG Karlsr EFG **94**, 765. Zum Streit um einen Abrechnungsbescheid FG Bre EFG **95**, 293. Zum Streit über die Zurechnung von Einkünften FG Saarlouis EFG **98**, 690. Zum Streitwert bei Gewinn nach § 34 II Z 1 EStG BFH NJW **12**, 880.
Einstweilige Anordnung, § 114 FGO: § 53 Rn 27, FG Hbg EFG **97**, 495.
Erbschaftsteuer: Bei Streitigkeiten über den Wert des Grundbesitzer ist der Streitwert danach bestimmbar, inwieweit die beantragte Wertminderung sich auf die Höhe der Erbschaftsteuer auswirkt, FG Düss EFG **02**, 1630, aM FG Karlsr EFG **02**, 924, FG Kassel EFG **02**, 867.
Ergänzungsabgabe: Maßgeblich ist ihr umstrittener Betrag.
Erhöhung: Maßgeblich ist ihr umstrittener Betrag.
Erlaß, § 227 AO: Maßgeblich ist der Betrag, um dessen Erlaß der Streit geht, BFH BStBl **91** II 258. Bei einer bloßen Bescheidungsklage kommt die Hälfte in Betracht, FG Karlsr EFG **95**, 401. Es gibt keine Zusammenrechnung, wenn der Kläger neben einer Herabsetzung der Steuer hilfsweise ihren Erlaß begehrt, es sei denn, das Gericht entscheidet über den Erlaß, § 45 IV.
Erledigung der Hauptsache: Es gilt § 43 III.
Erstattung: Maßgeblich ist ihr umstrittener Betrag.
7 **Fälligkeit:** Der Streit allein um die Fälligkeit einer nach Grund und Höhe unstreitigen Forderung läßt sich mit 10% dieser Forderung bewerten. Bei einem Streit um eine Vorverlegung der Fälligkeit nach § 221 AO ist der Jahresbetrag des Zinsnachteils maßgeblich, FG Saarlouis EFG **75**, 24.
Familienkasse: Maßgeblich ist höchstens der Jahresbetrag, Meyer JB **99**, 182.
Forderungspfändung: Rn 3 „Beitreibung".
8 **Gewerbesteuer:** Der Wert entspricht dem Unterschied zwischen dem festgesetzten und dem erstrebten Steuerbetrag, vervielfältigt mit dem jeweiligen Hebesatz, BFH/NV **94**, 55 (zur Heraufsetzungsklage einer Kommune).
Grundbescheid: § 52 Rn 20.
Grunderwerbsteuer: Maßgeblich ist ihr umstrittener Betrag.
Grundsteuer: Ansetzbar ist das Vierfache der auf den streitigen Meßbetrag entfallenden Jahresgrundsteuer, auch in den Fällen der Grundsteuervergünstigung.
9 **Haftung:** Streitwert ist die im Bescheid festgestellte Haftungsschuld, BFH/NV **95**, 720. Das gilt, wenn das Finanzamt mehrere Gesamtschuldner mit getrennten Bescheiden in Anspruch nimmt, bei einer Streitgenossenschaft nicht nur dann, wenn das Leistungsgebot sich auf den jeweiligen Anteil beschränkt, Anh I B Rn 4, BFH/NV **95**, 720, sondern auch sonst, FG Münst EFG **78**, 475.
Hauptfeststellung: Rn 5 „Einheitsbewertung".

Abschnitt 7. Wertvorschriften **Anh II A § 52 GKG**

Hilfeleistung: Maßgeblich ist bei ihrer Untersagung meist das letzte Jahreseinkommen, BFH NJW **79**, 1176.
Insolvenz: Vgl § 182 InsO, § 48 Anh II.
Kindergeld: Maßgeblich ist sein Jahresbetrag, wenn die geforderten Leistungen nicht geringer sind, BFH/NV **02**, 68, FG Düss EFG **03**, 191, FG Karlsr EFG **01**, 236, aM FG Hbg EFG **97**, 906 (Dreijahresbetrag). Man muß einen vor der Klagerhebung entstandenen Rückstand bei einer Leistungsklage hinzurechnen, BFH/NV **02**, 68, FG Düss EFG **03**, 191, FG Karlsr EFG **00**, 893. Maßgeblich ist nur das Kindergeld des betroffenen Kindes, nicht dasjenige weiterer Anspruchsberechtigter, BFH NJW **06**, 256.
Kirchensteuer: Rn 6 „Einkommensteuer". 10
Klagenhäufung: Man muß die Werte nach § 5 ZPO zusammenrechnen, § 48 Anh I. Das gilt zB bei einer Verbindung mehrerer Klagen sowohl eines Steuerpflichtigen, BFH NV **00**, 852, FG Mü EFG **99**, 1156, als auch mehrerer Steuerpflichtiger, wenn die Begehren jeweils eine selbständige Bedeutung haben, BFH BStBl **84** II 206, FG Bre EFG **97**, 496, FG Düss EFG **99**, 583 (krit Lappe NJW **00**, 1151). Mehrere Klagen gegen einen einheitlichen Einspruchsbescheid über verschiedene Veranlagungszeiträume sind bis zur Verbindung selbständige Angelegenheiten mit eigenen Streitwerten. Vgl auch Anh I.
Körperschaftsteuer: Rn 6 „Einkommensteuer". Zum Streitwert bei einer gesonderten Feststellung nach § 47 KStG FG Düss EFG **94**, 714, FG Hbg EFG **89**, 34, FG Lpz EFG **01**, 1464. Wegen einer Klage gegen den Ansatz verdeckter Gewinnausschüttungen FG Saarlouis EFG **94**, 124.
Kraftfahrzeugsteuer: Bei einer unbefristeten Festsetzung ist der auf den regelmäßigen Entrichtungszeitraum (1 Jahr) entfallende Betrag maßgeblich, bei befristeter Festsetzung der ganze Betrag.
Leistungsklage: Anh I. 11
Lohnsteuer: Beim Streit um einen Freibetrag entspricht der Wert dem sich daraus ergebenden Steuerbetrag für höchstens 1 Jahr. Beim Jahresausgleich ist der umstrittene Betrag für das jeweilige Jahr maßgeblich. Nicht erheblich sind die Auswirkungen auf die Zukunft. Bei einer Klage auf die Durchführung des Ausgleichs ist der beantragte Erstattungsbetrag ansetzbar, BFH BStBl **75** II 145.
Lohnsteuerhilfeverein: Der Streit um die Eintragung einer bestimmten Person als Leiter einer Beratungsstelle läßt sich nach (jetzt) § 52 II mit 5000 EUR bewerten, BFH BStBl **81** II 105 (zum Revisionsswert, krit Lappe NJW **82**, 1739). Wenn es um den Bestand des Vereins geht, ist bei einer Klage der Mitglieder die Summe aller jährlichen Mitgliedsbeiträge maßgeblich, BFH BStBl **82** II 360. Sonst ist § 52 I 2 anwendbar, FG Hbg EFG **99**, 350.
Nachprüfungsvorbehalt, § 164 AO: Meist sind nach (jetzt) § 52 II 5000 EUR an- 12 setzbar, BFH BStBl **80** II 417.
Nichtigkeitsklage: Der Wert errechnet sich wie bei einer Anfechtungsklage auf eine ersatzlose Aufhebung, BFH/NV **00**, 727.
Nichtzulassungsbeschwerde, § 115 III FGO: Streitwert ist wie im Verwaltungsstreitverfahren der Wert der angestrebten Revision, BFH/NV **96**, 244. Er ist also evtl niedriger als der Klagestreitwert, BFH/NV **94**, 572.
Prozeßkostenhilfe: Anh I B Rn 11, BFH BStBl **87** II 201. 13
Rechtsbehelfsentscheidung: Wird nur sie angefochten, entspricht der Wert dem- 14 jenigen der Sache selbst, BFH/NV **88**, 457. Etwas anderes gilt dann, wenn die Betroffenen nicht identisch sind, FG Münst EFG **98**, 1290.
Säumniszuschlag: Er hat als Nebenforderung nach § 22 GKG keinen gesonderten Wert.
Schätzung: Maßgebend ist der Unterschied zwischen einer Festsetzung und einer Schätzbarkeit, BFH BStBl **79** II 565.
Schlußbesprechung, § 201 AO: Der Streit um die Verpflichtung zu ihrer Abhaltung 15 läßt sich mit 10% der steuerlichen Auswirkungen ansetzen, BFH BStBl **80** II 751.
Selbständiges Beweisverfahren: Auch I B Rn 35.
Steuerberater (Steuerbevollmächtigter): Die Zulassung ist mit dem Mehrbetrag der 16 Einkünfte für 5 Jahre bewertbar, BezG Magdeb EFG **92**, 296, aM BFH/NV **92**, 406, ZiSchm 418ff. Der Streit um die Anerkennung einer Steuerberatungsgesellschaft ist höher bewertbar, meist mit (jetzt ca) 25 000 EUR, BFH/NV **96**, 350,

325

GKG Anh II A, B § 52 I. A. Gerichtskostengesetz

Lappe NJW **91**, 1214, aM FG Münst EFG **90**, 445 (bei einer Klage gegen die Anerkennung, [jetzt] 5000 EUR nach § 52 II). Ansetzbar sind nach (jetzt) § 52 II 5000 EUR zB pauschal bei einer Klage auf die Zulassung zum Seminar gemäß § 157 StBerG, BFH BStBl **78** II 599, oder zur Prüfung, BFH/NV **85**, 109, aM FG Bln EFG **00**, 399. Beim Streit um ihr Bestehen gilt mindestens der Richtwert nach Anh I Rn 33, BFH BStBl **83** II 422 (krit Lappe NJW **84**, 1214), aM FG Bln EFG **00**, 399, FG Kassel EFG **01**, 1075 (25 000 EUR). Bei einer Untersagung der Hilfeleistung in einer Steuersache oder beim Widerruf der Bestellung als Steuerberater kann man (jetzt ca) 25 000 EUR ansetzen, BFH/NV **03**, 647.
Steuerbescheid: Maßgeblich ist der Unterschied zwischen der festgesetzten und der erstrebten Steuer, BFH JB **99**, 373.
Steuererklärung: Der Streit um die Verpflichtung zur Abgabe ist mit der Hälfte des mutmaßlichen Steuerbetrags bewertbar, wenn es auch um die Steuerpflicht geht, FG Karlsr EFG **83**, 146, sonst nach (jetzt) § 52 II, FG Bln EFG **88**, 504.
Steuergeheimnis: Für die Klage wegen seiner Verletzung gilt der Auffangwert nach (jetzt) § 52 II, wenn keine weiteren Anhaltspunkte bestehen, FG Saarlouis EFG **99**, 189 (Gewerbeuntersagung).
Stundung: Regelmäßig sind 10% desjenigen Steuerbetrags maßgeblich, dessen Stundung streitig ist, Mümmler JB **78**, 1294.

17 **Umsatzsteuer:** § 53 III. Zum Streitwert für eine Klage wegen des Besteuerungszeitraums BFH/NV **95**, 428.
Unbezifferte Forderung: Maßgeblich ist die Bedeutung der Sache für den Kläger und im Zweifel der Auffangwert.
Untätigkeitsklage: Bei der Klage auf ein Tätigwerden sind meist 10% des Steuerbetrags ansetzbar. Bei der Klage auf eine bestimmte Sachentscheidung ist deren voller Wert maßgeblich.
Vergnügungssteuer: Man kann ähnlich wie bei § 9 ZPO vom 3,5fachen Jahresbetrag ausgehen, aber eine kürzere Belastungsdauer mitbeachten, OVG Münst NVwZ-RR **08**, 740.

18 **Verjährung:** Maßgeblich ist der etwa verjährte Betrag.
Vermögenssteuer: Maßgeblich ist der streitige Dreijahresbetrag, BFH BStBl **83** II 528.
Vermögensverzeichnis § 284 AO: S „Vollstreckung".
Vollstreckung: Maßgeblich ist die Höhe der Forderung. Beim Streit um eine Pfändung gilt jedoch höchstens der Wert des gepfändeten Rechts, BFH BB **78**, 347, bei einem Dauerbezug entsprechend (jetzt) § 42 III, BFH BStBl **89** II 625 (abl Lappe NJW **90**, 2365), FG Karlsr EFG **00**, 654. Beim Streit um die Anordnung der Zwangsverwaltung sind die wirtschaftlichen Auswirkungen maßgeblich, FG Saarlouis EFG **99**, 189. Beim Streit um die Zwangsversteigerung ist der Anteil des Finanzamts am Erlös maßgeblich, FG Karlsr, EFG **96**, 197.
Das Verfahren über die Vorlage eines *Vermögensverzeichnisses* usw nach § 284 AO läßt sich meist mit 50% dieses Betrages ansetzen, BFH/NV **94**, 118. Ein Vollstreckungsaufschub nach § 258 AO und eine Anordnung der einstweiligen Einstellung lassen sich mit 10% der Vollstreckungsforderung bewerten, BFH BStBl **78** II 159, FG Karlsr EFG **90**, 655. Zum Zwangsgeld FG Kassel EFG **93**, 811.
Vollziehung: Rn 3 „Aussetzung der Vollziehung".
Vorläufigkeitserklärung: Rn 3 „Aussetzung der Vollziehung", FG Nürnb EFG **93**, 604, aM BFH/NV **95**, 633, FG Hann EFG **93**, 676 (Auffangwert).

19 **Zinsen:** Sie bleiben als Nebenforderungen außer Betracht, § 43. Das gilt auch für die nach § 3 II GrStEigWoG festgesetzten Zinsen, FG Karlsr EFG **92**, 418, aM BFH/NV **96**, 165, FG Saarlouis EFG **93**, 252.
Zolltarifauskunft: Der Wert beträgt je Auskunftsbegehren meist nach (jetzt) § 52 III 5000 EUR, BFH/NV **92**, 542. Das gilt auch bei einer Aufhebungsklage.
Zurückweisung eines Prozeßbevollmächtigten: 10% des Wertes der Hauptsache, BFH NVwZ **83**, 376.

B. Streitwertkatalog

Beschlossen auf der Arbeitstagung der Präsidenten der Finanzgerichte der Bundesrepublik Deutschland am 15. und 16. Juni 2009 in Hannover. Vgl NVwZ **91**, 1156.

Abschnitt 7. Wertvorschriften **Anh II B § 52 GKG**

Vorbemerkungen

Der Streitwertkatalog enthält eine Zusammenstellung der finanzgerichtlichen Rechtsprechung zur Streitwertfestsetzung. Er versteht sich vor dem Hintergrund der mit In-Kraft-Treten des Kostenrechtsmodernisierungsgesetzes am 1. 7. 2004 ausgeschlossenen Streitwertbeschwerde an den Bundesfinanzhof als Beitrag zur Vereinheitlichung und Vorhersehbarkeit der Streitwertfestsetzung und folgt mit dieser Intention den bereits für die Verwaltungsgerichtsbarkeit und Sozialgerichtsbarkeit vorliegenden Streitwertkatalogen.

Der Streitwertkatalog erhebt weder Anspruch auf Vollständigkeit noch auf Verbindlichkeit. Mit den in diesem Katalog angegebenen Werten werden – soweit diese nicht auf gesetzlichen Bestimmungen beruhen – lediglich Empfehlungen ausgesprochen. Die verbindliche Festsetzung des im Einzelfall zutreffenden Streitwertes obliegt allein dem zuständigen Gericht.

Entsprechend dem Grundgedanken des Katalogs sind in der Regel Richtwerte und keine Rahmenwerte angegeben worden.

Der Streitwertkatalog will zugleich einen Beitrag zur gerichtsbarkeitsübergreifenden Vereinheitlichung der Streitwertrechtsprechung leisten. Die empfohlenen Richtwerte orientieren sich deshalb, soweit nicht Besonderheiten des finanzgerichtlichen Verfahrens entgegenstehen, an dem Streitwertkatalog für die Verwaltungsgerichtsbarkeit.

Der Streitwertkatalog wird in regelmäßigen Zeitabständen aktualisiert und fortgeschrieben.

A) Allgemeines

Der Streitwert ist Bemessungsgrundlage für die Gerichtsgebühren sowie für die Gebühren der bevollmächtigten Rechtsanwälte, Steuerberater und anderer Prozessbevollmächtigter, die geschäftsmäßige Hilfe in Steuersachen leisten. Darüber hinaus hat der Streitwert Bedeutung im Rahmen des § 94a FGO, wonach das Gericht sein Verfahren nach billigem Ermessen bestimmen kann, wenn der Streitwert bei einer Klage, die eine Geldleistung oder einen hierauf gerichteten Verwaltungsakt betrifft, 500 EUR nicht übersteigt.

1. Gesetzliche Grundlagen

Soweit gesetzlich nichts anderes bestimmt ist, ist in Verfahren vor den Gerichten der Finanzgerichtsbarkeit der Streitwert nach sich aus dem Antrag des Klägers für ihn ergebenden Bedeutung der Sache nach Ermessen zu bestimmen (§ 52 Abs. 1 GKG).

Betrifft der Antrag des Klägers eine bezifferte Geldleistung oder einen hierauf gerichteten Verwaltungsakt, so ist deren Höhe maßgebend (§ 52 Abs. 3 GKG).

Der Streitwert in Verfahren vor den Gerichten der Finanzgerichtsbarkeit darf gemäß § 52 Abs. 4 GKG 1000 EUR nicht unterschreiten (sog. Mindeststreitwert).

Bietet der Sach- und Streitstand für die Bestimmung des Streitwerts keine genügenden Anhaltspunkte, so ist als sog. Auffangstreitwert ein Streitwert von 5000 EUR anzunehmen (§ 52 Abs. 2 GKG).

Diese Grundsätze gelten – mit Ausnahme des Mindeststreitwertes – auch für Verfahren des vorläufigen Rechtsschutzes (§ 53 Abs. 3 GKG).

2. Objektive Klagehäufung

Werden in einer Klage mehrere selbständige Klagebegehren (§ 43 FGO) zusammen verfolgt, sind die Werte der einzelnen Begehren zu einem Gesamtstreitwert zu addieren (§ 39 Abs. 1 GKG).

3. Subjektive Klagehäufung

Die subjektive Klagehäufung führt zu keiner Erhöhung des Streitwertes, wenn und soweit die verfolgten Klagebegehren wirtschaftlich identisch sind.

4. Nebenforderungen

Sind Nebenforderungen (z. B. Zinsen) neben der Hauptforderung streitig, werden sie bei der Streitwertberechnung nicht berücksichtigt (§ 43 Abs. 1 GKG); ist die streitgegenständliche Nebenforderung aber durch einen gesonderten Bescheid festgesetzt worden, gilt § 43 Abs. 2 GKG.

Sind Nebenforderungen ohne den Hauptanspruch streitig, bemisst sich der Streitwert nach dem Wert der Nebenforderungen, soweit er den Wert der Hauptforderung nicht übersteigt (§ 43 Abs. 2 GKG).

Sind allein die Kosten des Rechtsstreits ohne den Hauptanspruch betroffen, ist der Betrag der Kosten maßgebend, soweit er den Wert des Hauptanspruchs nicht übersteigt (§ 43 Abs. 3 GKG).

5. Verbindung von Verfahren

Seit dem 1. 7. 2004 wird das gesamte Verfahren vor den Finanzgerichten durch eine pauschale Verfahrensgebühr abgegolten. Ein Verbindungsbeschluss hat deshalb keine Auswirkungen auf die Höhe der vor der Verbindung der Verfahren jeweils bereits entstandenen Verfahrensgebühr; diese bemisst sich jeweils allein nach dem für das jeweilige Klageverfahren zu bildenden (Einzel-)Streitwert. Ein Gesamtstreitwert ist lediglich für die gegebenenfalls nach einer Verbindung nach dem Rechtsanwaltsvergütungsgesetz (RVG) entstandenen Gebühren zu bilden.

6. Trennung von Verfahren

Werden mehrere in einem Verfahren zusammengefasste Klagegegenstände getrennt, so ist für jedes einzelne Verfahren rückwirkend zum Zeitpunkt der Klageerhebung ein Streitwert anzusetzen.

7. Hilfsanträge

Hilfsanträge wirken sich nur streitwerterhöhend aus, wenn das Gericht über sie entscheidet (§ 45 Abs. 1 Satz 2 GKG). Umfasst der Hilfsantrag (teilweise) denselben Gegenstand, ist nur der Wert des weitergehenden Antrags maßgebend (§ 45 Abs. 1 Satz 3 GKG).

8. Aussetzung der Vollziehung

In Verfahren auf Aussetzung der Vollziehung ist nach überwiegender Auffassung der Streitwert mit 10% des Betrages zu bemessen, dessen Aussetzung begehrt wird. Vereinzelt wird für eine Erhöhung auf 25% des Hauptsachestreitwertes eingetreten. Die Regelung über den Mindeststreitwert (§ 52 Abs. 4 GKG) findet keine Anwendung.

Wird im Aussetzungsverfahren die Entscheidung in der Hauptsache ganz oder zum Teil vorweggenommen, kann der Streitwert bis zur Höhe des Wertes des Hauptsacheverfahrens angehoben werden.

9. Einstweilige Anordnung

Der Streitwert im Anordnungsverfahren ist in der Regel mit $^1/_3$ des Hauptsachestreitwertes zu bemessen. Die Regelung über den Mindeststreitwert (§ 52 Abs. 4 GKG) findet keine Anwendung.

Wird die einstweilige Einstellung von Vollstreckungsmaßnahmen erstrebt, ist der Streitwert entsprechend den Grundsätzen zur Aussetzung der Vollziehung zu bestimmen.

Soll durch die einstweiligen Anordnung ein endgültiger Zustand erreicht werden, ist der Streitwert bis zur vollen Höhe des Wertes der Hauptsache anzuheben. Ist als Wert der Hauptsache der Auffangstreitwert (§ 52 Abs. 2 GKG) anzusetzen, gilt dieser Wert auch für das Antragsverfahren.

10. Verfahren vor dem Gerichtshof der Europäischen Gemeinschaften

Das Verfahren vor dem EuGH beeinflusst den Streitwert nicht.

11. Erledigung der Hauptsache

Übereinstimmende Erledigungserklärungen der Beteiligten lassen den ursprünglichen Streitwert unverändert.

12. Gesonderte und einheitliche Feststellung von Besteuerungsgrundlagen

a) Allgemeine Grundsätze

Im Verfahren der gesonderten und einheitlichen Gewinnfeststellung bemisst sich der Streitwert nach der typisierten einkommensteuerlichen Bedeutung für die Gesellschafter, die grundsätzlich mit 25% des streitigen Gewinns oder Verlustes zu bemessen ist, sofern die Feststellung des laufenden, nicht tarifbegünstigten Gewinns streitig ist.

Die tatsächlichen einkommensteuerrechtlichen Auswirkungen bei den einzelnen Gesellschaftern werden grundsätzlich nicht ermittelt.

Der Ansatz eines höheren Prozentsatzes kommt in Betracht, wenn ohne besondere Ermittlungen im Gewinnfeststellungsverfahren erkennbar ist, dass der Pauschalsatz von 25% den tatsächlichen einkommensteuerlichen Auswirkungen nicht gerecht wird. Die Obergrenze des Pauschalsatzes orientiert sich an dem für das Streitjahr geltenden Höchststeuersatz wie folgt: Veranlagungszeitraum 2000 und älter: 50%, Veranlagungszeitraum 2001 bis 2003: 45%, Veranlagungszeitraum 2004: 42%, Veranlagungszeitraum 2005 und 2006: 40%, Veranlagungszeitraum 2007 und 2008: 42%. Nach § 35 EStG begünstigte gewerbliche Einkünfte führen zu einem weiteren pauschalen Abschlag in Höhe von 5%.

Abweichend von den vorstehend beschriebenen Grundsätzen sind vor allem folgende Sonderfälle zu berücksichtigen:

b) Tarifbegünstigter Veräußerungsgewinn
Der Streitwert ist im Regelfall mit 15% des streitigen Betrages anzusetzen, der bei sehr hohen Veräußerungsgewinnen aber angemessen auf bis zu 25% angehoben werden kann. Ist nur die Behandlung eines unstreitig entstandenen Gewinns als tarifbegünstigter Veräußerungsgewinn streitig, ist der Streitwert in der Regel mit einem Betrag von 10% anzusetzen, der bei sehr hohen Gewinnen angemessen angehoben werden kann.

c) Aufhebung eines Gewinnfeststellungsbescheides
Es gelten die unter A. beschriebenen Grundsätze einschließlich der ab dem Veranlagungszeitraum 2001 zu berücksichtigenden Obergrenzen. Beschränkt sich der Streit auf die gemeinschaftliche Einkünfteerzielung oder formelle Mängel, ist der Streitwert mit 10% des festgestellten Gewinns anzusetzen.

d) Verluste bzw. Verlustanteile bei Abschreibungsgesellschaften oder Bauherrengemeinschaften
50% des streitigen Verlustbetrages; ab Veranlagungszeitraum 2001 sind die oben unter A) aufgelisteten Obergrenzen zu beachten.

e) Einkünfteverteilung
Bei Streit nur über die Einkünfteverteilung: 25% der laufenden bzw. 15% der tarifbegünstigten Einkünfte; bei zusammen veranlagten Ehegatten sind 10% der laufenden bzw. 5% der tarifbegünstigten Einkünfte anzusetzen.

f) Einkünftequalifizierung
25% der im Wege der Umqualifizierung begehrten Freibeträge oder Freigrenzen. Ergeben sich aus der begehrten Umqualifizierung keine einkommensteuerrechtlichen Auswirkungen, beträgt der Streitwert 1% der umzuqualifizierenden Einkünfte.

13. Gesonderte Feststellung von Besteuerungsgrundlagen

Maßgeblich für die Streitwertbestimmung bei der gesonderten Gewinnfeststellung sind grundsätzlich die konkreten einkommensteuerlichen Auswirkungen. Sind die tatsächlichen Auswirkungen nicht zu ermitteln, ist der Streitwert mit 20% des festgestellten Betrages (bis zum Streitjahr 2000: 25%) anzusetzen.

B) Besondere Wertansätze

Abgabe einer eidesstattlichen Versicherung	50% der rückständigen Steuerbeträge, jedoch nicht mehr als 500 000 EUR
Abrechnungsbescheid	– Höhe des streitigen Steueranspruchs – Erteilung eines Abrechnungsbescheides als solchen: Auffangstreitwert
Akteneinsicht	Auffangstreitwert
Anhörungsrüge	Gerichtsgebühr beträgt streitwertunabhängig 50 EUR, sofern die Rüge in vollem Umfang verworfen oder zurückgewiesen wird
Arrestanordnung	50% der Arrestsumme

Aufrechnung	bei Streit um den Bestand bzw. die Höhe der zur Aufrechnung gestellten Gegenforderung: streitige Gegenforderung – bei Streit nur um die Zulässigkeit der Aufrechnung: 10% der zur Aufrechnung gestellten Steuerforderung.
Ausfuhrerstattung	– Ausfuhrnachweis: Auffangstreitwert – Fristverlängerung hinsichtlich des Nachweises der Erfüllung der Einfuhrzollförmlichkeiten: Auffangstreitwert – Gewährung: beantragter Erstattungsbetrag – Rückforderung: streitiger Rückforderungsbetrag – Sanktion: streitiger Sanktionsbetrag – Vorfinanzierung bzw. Vorauszahlung: beantragter Vorfinanzierungs- bzw. Vorauszahlungsbetrag ohne Berücksichtigung der Sicherheitsleistung
Auskunftsbegehren	Auffangstreitwert, sofern das konkrete Interesse des Klägers an der Auskunftserteilung nicht bestimmbar ist
Aussetzung des Verfahrens	Bestimmung des Streitwerts nach allgemeinen Grundsätzen
Aussetzung der Vollziehung	s. A) 8
Aussetzungszinsen	s. A) 4
Außenprüfung	Anfechtung der Prüfungsanordnung oder einzelner Prüfungsmaßnahmen: 50% der mutmaßlich zu erwartenden Mehrsteuern; bei Fehlen geeigneter Schätzungsgrundlagen Auffangstreitwert
Beiladung	Eine Beiladung wirkt sich auf den Streitwert des Verfahrens nicht aus; auch wird für den Beigeladenen grundsätzlich kein gesonderter Streitwert festgesetzt.
Bescheidungsklage	50% des für eine Verpflichtungsklage anzusetzenden Wertes
Bewertungsgesetz	– Grundbesitzbewertung für die Erbschaft- oder Schenkungsteuer: 10%, 20% bzw. 25% der Wertdifferenz bei Grundstückswerten ≤ 512 000 EUR, ≤ 12 783 000 EUR bzw. > 12 783 000 EUR – Einheitswertbescheid: 80 v. T. (bis 1997: 60 v. T.) des streitigen Wertunterschieds
Duldungsbescheid	Höhe der zugrunde liegenden Forderung, maximal aber Wert des Vollstreckungsgegenstandes
Eigenheimzulage	Wert der Eigenheimzulage über den gesamten streitigen Förderzeitraum
Einfuhrumsatzsteuer	streitiger Einfuhrumsatzsteuerbetrag; dies gilt auch, wenn der Steuerpflichtige zum vollen Vorsteuerabzug berechtigt ist
Einkommensteuer	Differenz zwischen dem festgesetzten und dem begehrten Steuerbetrag; sog. Folgesteuern, die nicht ebenfalls ausdrücklich angefochten sind, bleiben außer Betracht

Abschnitt 7. Wertvorschriften **Anh II B § 52 GKG**

Einspruchsentscheidung	– Klage auf Erlass einer Einspruchsentscheidung: Auffangstreitwert, maximal Höhe der streitigen Steuerforderung – isolierte Anfechtung einer Einspruchsentscheidung: Wert des der Einspruchsentscheidung zugrunde liegenden Verwaltungsaktes
einstweilige Anordnung	s. A) 9
Energiesteuer	– Abgabe: streitiger Abgabenbetrag – Erlaubnis zur steuerfreien Verwendung von Energieerzeugnissen: Durchschnittlicher jährlicher Nutzen der Vergünstigung, teilweise werden die bei Einreichung der Klage bereits fälligen Beträge hinzugerechnet – Rücknahme einer Erlaubnis zur steuerfreien Verwendung von Energieerzeugnissen: Auffangstreitwert – Vergütung: Betrag der streitigen Vergütung
Erlass	begehrter Erlassbetrag
Erzwingungsgeld	angedrohter bzw. festgesetzter Betrag
Fälligkeit einer Steuerforderung	10% der Steuerforderung, sofern diese nach Grund und Höhe unstreitig ist.
fehlende Bezeichnung des Klagebegehrens (§ 65 FGO)	grundsätzlich Auffangstreitwert, höchstens jedoch Höhe der festgesetzten Steuer, sofern sie den Mindeststreitwert übersteigt; teilweise wird der Auffangstreitwert aber nicht nur pro Verfahren, sondern je Streitgegenstand angesetzt
Feststellungsbescheid	– einheitliche u. gesonderte Feststellung: s. A) 12 – gesonderte Feststellung: s. A) 13)
Fortsetzungsfeststellungsklage	wie eine auf das gleiche Ziel gerichtete Anfechtungs- bzw. Verpflichtungsklage
Freistellungsbescheinigung	– nach § 44a Abs. 5 EStG: das Dreifache des auf Seiten des Steuerpflichtigen ohne die Bescheinigung eintretenden Zinsverlusts – nach § 48b Abs. 1 EStG: 10% der Abzugssteuer – nach § 50d Abs. 2 EStG: die aufgrund der Freistellungsbescheinigung zu erwartende Steuerersparnis
Gemeinnützigkeit	Bei Streit um die Anerkennung der Körperschaft als gemeinnützig: Auffangstreitwert pro Streitjahr und Steuerart, sofern die festgesetzte Steuer nicht höher ist
Gewerbesteuer	– Gewerbesteuerbescheid: Differenz zwischen festgesetzter und begehrter Steuer – Gewerbesteuermessbescheid: gewerbesteuerliche Auswirkungen ausgedrückt durch die Differenz zwischen festgesetztem und begehrtem Steuermessbetrag multipliziert mit dem für das jeweilige Jahr geltenden Hebesatz – Gewerbesteuerzerlegungsbescheid: konkrete steuerliche Auswirkungen
Grunderwerbsteuer	Differenz zwischen festgesetzter und begehrter Steuer

Grundsteuer	das 6-fache der auf den streitigen Messbetrag entfallenden Jahressteuer
Haftungsbescheid	grundsätzlich streitige Haftungssumme; bei gleichzeitiger Anfechtung des Leistungsgebotes wird teilweise für einen Zuschlag von 10% eingetreten
Hilfsanträge	s. A) 7
Hinterziehungszinsen	s. A) 4
Insolvenzverfahren	Aufnahme des durch die Eröffnung des Insolvenzverfahrens unterbrochenen Rechtsstreits durch den Insolvenzverwalter: Für das Verfahren ab Aufnahme des Rechtsstreits bestimmt sich der Streitwert nach dem Betrag, der bei der Verteilung der Insolvenzmasse für die noch unerfüllte Steuerforderung zu erwarten ist. Für die bis zur Aufnahme des Rechtsstreits durch den Insolvenzverwalter entstandenen Kosten bleibt der ursprüngliche Streitwert maßgebend.
Kindergeld	– (erstmalige) Festsetzung und Auszahlung, unbestimmte Dauer: Jahresbetrag des Kindergeldes zuzüglich der bis zur Klageerhebung bereits entstandenen Beträge – Aufhebung einer Kindergeldfestsetzung von unbestimmter Dauer: Jahresbetrag des Kindergeldes zuzüglich der bis zur Klagerhebung zu zahlenden Kindergeldbeträge – Rückforderung Kindergeld: streitiger Rückforderungsbetrag
Kirchensteuer	Streitiger Kirchensteuerbetrag, sofern die Kirchensteuer nach Grund oder Höhe gesondert angegriffen wird; s. A) 4

Körperschaftsteuer	– Grundsatz: Unterschied zwischen festgesetzter und erstrebter Steuer.
	– verdeckte Gewinnausschüttung: Bruchteil des streitigen Ausschüttungsbetrages, Erhöhungen oder Minderungen nach § 27 KStG a. F. bleiben außer Ansatz:
	  – bis 1993: $9/16$,
	  – 1994 bis 2000/2001: $3/7$
	  – 2001/2002 bis 2007: 25%
	  – ab 2008: 15%
	– gesonderte Feststellung nach § 47 Abs. 1 KStG a. F.: 10% des geltend gemachten Unterschiedsbetrages; wird zugleich der KSt-Bescheid angefochten, ohne dass spezifische Einwendungen betr. das verwendbare Eigenkapital erhoben werden, so kann der Streitwert für die Feststellung mit 300 EUR bemessen werden
	– gesonderte Feststellung nach § 47 Abs. 2 KStG a. F.: 10% der streitigen Feststellung
	– § 27 KStG n. F.: 10% des streitigen Einlagebetrages
	– § 36 KStG n. F.: 10% des streitigen Erhöhungs- bzw. Herabsetzungsbetrages
	– § 37 KStG n. F.: Höhe des streitigen Körperschaftsteuerguthabens bzw. $1/6$ der streitigen Gewinnausschüttung

Abschnitt 7. Wertvorschriften **Anh II B § 52 GKG**

	– § 38 KStG n. F.: $3/7$ (ab 2008: $3/100$) des streitigen Erhöhungsbetrages bzw. der streitigen Leistungen – Verlustfeststellung: 10% des streitigen Erhöhungsbetrages, sofern die steuerlichen Auswirkungen nicht hinreichend bestimmbar sind
Kraftfahrzeugsteuer	– bei unbefristeter Steuerfestsetzung: der bez. des Entrichtungszeitraumes streitige Steuerbetrag – bei befristeter Steuerfestsetzung: der bez. des konkreten Zeitabschnitts streitige Steuerbetrag
Lohnsteuer	– Eintragung eines Freibetrags auf der Lohnsteuerkarte: Unterschiedsbetrag im Ermäßigungszeitraum zwischen Lohnsteuer, die ohne Gewährung des beantragten Freibetrags zu zahlen ist, und der Lohnsteuer, die bei Gewährung des beantragten Freibetrags zu zahlen ist – Durchführung Lohnsteuerjahresausgleich: Wert der beantragten Erstattung
Lohnsteuer-Hilfeverein	– Eintragung in das Verzeichnis der Lohnsteuerhilfevereine: Auffangstreitwert – Streit über die Person eines Leiter der Beratungsstelle: Auffangstreitwert – Widerruf einer Anerkennung: Auffangstreitwert
Milchquote	Gewährung einer höheren Referenzmenge: Abgabenbetrag, der für die streitige Referenzmenge für einen zwölfmonatigen Entrichtungszeitraum zu zahlen wäre
Nebenforderungen	s. A) 4
Nichtigkeit eines Verwaltungsaktes	Feststellung der Nichtigkeit: wie bei einer entsprechenden Anfechtungsklage
Objektive Klagehäufung	s. A) 2
Richterablehnung	keine Beeinflussung des Streitwerts
Ruhen des Verfahrens	Bestimmung des Streitwerts nach allgemeinen Grundsätzen
Säumniszuschlag	s. A) 4
Schätzungsbescheid	Antrag auf Aufhebung ohne nähere Begründung oder unbezifferter Antrag auf Herabsetzung: wie „fehlende Bezeichnung des Klagebegehrens"
Solidaritätszuschlag	Streitiger Solidaritätszuschlag, sofern dessen Festsetzung nach Grund oder Höhe ausdrücklich angefochten wird; s. A) 4
Steuerberater	– Bestehen der Steuerberaterprüfung: pauschal 25 000 EUR; bei Rechtsanwälten bzw. Fachanwälten für Steuerrecht Reduzierung auf 50% bzw. 25% – prüfungsfreie Bestellung als Steuerberater: pauschal 25 000 EUR – Widerruf der Bestellung eines Steuerberaters: pauschal 50 000 EUR; ggf. Reduzierung entspr. 1. Spiegelstrich – Zulassung zur Prüfung: Auffangstreitwert
Steuerberatungsgesellschaft	– Anerkennung bzw. Rücknahme oder Widerruf der Anerkennung: pauschal 25 000 EUR

	– Genehmigung nach § 50 Abs. 3 StBerG: pauschal 25 000 EUR
Steuererklärung	– Streit über die Verpflichtung zur Abgabe: Auffangstreitwert – Übersendung von Erklärungsvordrucken: Auffangstreitwert – Verlängerung der Abgabefrist: Auffangstreitwert
Stromsteuer	s. Energiesteuer
Stundung	Auffangstreitwert, höchstens jedoch 10% des Steuerbetrages, dessen Stundung begehrt wird
subjektive Klagehäufung	s. A) 3
Tabaksteuer	– Anfechtung Abgabenbescheid: streitiger Abgabenbetrag – Steuerzeichen: Differenz zwischen der Steuer für beantragten und der Steuer für die zugewiesenen Steuerzeichen
Trennung von Verfahren	s. A) 6
Umsatzsteuer	Differenz zwischen festgesetzter und erstrebter Steuer
unzulässige Klage	grds. keine Unterschiede bei der Streitwertberechnung zwischen Unzulässigkeit und Unbegründetheit der Klage, s. aber auch „fehlende Bezeichnung des Klagebegehrens"
Verbindung von Verfahren	s. A) 5
verdeckte Gewinnausschüttung	s. Körperschaftsteuer
Vermögensteuer	das 3-fache des strittigen Jahresbetrages
Vollstreckungsverfahren	– grundsätzlich Höhe der zu vollstreckenden Forderung, sofern der Wert der gepfändeten Forderung nicht niedriger ist – Antrag nach § 152 FGO: Höhe der zu vollstreckenden Forderung – Antrag nach § 258 AO: 10% des streitigen Beitreibungsbetrages – Zwangsgeldfestsetzung: Höhe des festgesetzten Zwangsgeldes – Zwangsgeldandrohung: 50% des angedrohten Zwangsgeldes
Vorbehalt der Nachprüfung	Streit über die Beifügung des Vorbehalts als solchem: Auffangstreitwert
Vorlage eines Vermögensverzeichnisses einschließlich der Abgabe der eidesstattlichen Versicherung	50% der rückständigen Steuerbeträge, jedoch nicht mehr als 500 000 EUR
Vorläufige Veranlagung	Streit über die Beifügung des Vorläufigkeitsvermerks als solchem: Auffangstreitwert, höchstens jedoch die streitige Steuer, sofern sie den Mindeststreitwert übersteigt
Zolltarifauskunft	Auffangstreitwert

Abschnitt 7. Wertvorschriften   Anh II B, III A § 52 GKG

Zusammenveranlagung nach vorangegangener getrennter Veranlagung	Differenz zwischen der im Wege der getrennten Veranlagung festgesetzten Einkommensteuer und dem auf den Kläger entfallenden Anteil an der im Wege der Zusammenveranlagung festzusetzenden Einkommensteuer
Zwangsgeld	s. Vollstreckungsverfahren

III. Streitwertkatalog für die Sozialgerichtsbarkeit
Vom 1. Mai 2012

Überarbeitung des von der Konferenz der Präsidentinnen und Präsidenten der Landessozialgerichte am 16. Mai 2006 auf Vorschlag des Landessozialgerichts Rheinland-Pfalz beschlossenen Streitwertkatalogs 2006.

A. Vorbemerkungen

1. Der **Streitwert** (Wert des Streitgegenstandes; § 3 des Gerichtskostengesetzes – GKG –) ist auch in den Verfahren vor den Gerichten der Sozialgerichtsbarkeit maßgebend für die Höhe der gerichtlichen Kosten (Gebühren und Auslagen). Kosten werden nur in den Verfahren erhoben, in denen § 197a des Sozialgerichtsgesetzes (SGG) anzuwenden ist (§ 1 Abs. 1 Nr. 4 des GKG).

2. Für die Festsetzung der **Höhe des Streitwerts** gilt grundsätzlich:

a) Der Streitwert ist nach der sich aus dem Antrag des Klägers für ihn ergebenden Bedeutung der Sache nach Ermessen zu bestimmen (§ 52 Abs. 1 GKG).

b) Bietet der Sach- und Streitstand für die Bestimmung des Streitwerts keine genügenden Anhaltspunkte, ist ein Streitwert von 5000 Euro anzunehmen (§ 52 Abs. 2 GKG: Regelstreitwert [BSG, 20. 10. 2004 – B 6 KA 15/04 R –; 1. 2. 2005 – B 6 KA 70/04 B –]; auch: Auffangwert [BSG, 28. 2. 2006 – B 2 U 31/05 R –; 9. 5. 2006 – B 2 U 34/05 R –; LSG Schleswig-Holstein, 14. 3. 2006 – L 4 KA 3/04 –; Hartmann, Kostengesetze, 36. Aufl., § 52 Rdnr. 17]).

c) Betrifft der Antrag des Klägers eine bezifferte Geldleistung oder einen hierauf gerichteten Verwaltungsakt, ist deren Höhe maßgebend (§ 52 Abs. 3 GKG).

d) In Verfahren des einstweiligen Rechtsschutzes nach § 86b SGG bestimmt sich der Streitwert nach § 52 Abs. 1 und 2 GKG (§ 53 Abs. 3 Nr. 4 GKG).

e) Werden Ansprüche auf wiederkehrende Leistungen dem Grunde oder der Höhe nach geltend gemacht oder abgewehrt, ist der dreifache Jahresbetrag der wiederkehrenden Leistungen maßgebend, wenn nicht der Gesamtbetrag der geforderten Leistungen geringer ist (§ 42 Abs. 1 GKG).
Ist die Höhe des Jahresbetrags nicht nach dem Antrag des Klägers bestimmt oder nach diesem Antrag mit vertretbarem Aufwand bestimmbar, ist der Streitwert nach § 52 Abs. 1 und 2 GKG zu bestimmen (§ 42 Abs. 3 Satz 2 GKG).

f) Sind außer dem Hauptanspruch noch Nebenforderungen (z. B. Zinsen, Kosten) betroffen, wird der Wert der Nebenforderungen nicht berücksichtigt (§ 43 Abs. 1 GKG).
Sind Nebenforderungen ohne den Hauptanspruch betroffen, ist der Wert der Nebenforderungen maßgebend, soweit er den Wert des Hauptanspruchs nicht übersteigt (§ 43 Abs. 2 GKG).
Sind die Kosten des Rechtsstreits ohne den Hauptanspruch betroffen, ist der Betrag der Kosten maßgebend, soweit er den Wert des Hauptanspruchs nicht übersteigt (§ 43 Abs. 3 GKG).

g) Für die Wertberechnung ist der Zeitpunkt der den jeweiligen Streitgegenstand betreffenden Antragstellung maßgebend, die den Rechtszug einleitet (§ 40 GKG). Nach teilweiser Erledigung des Rechtsstreits ist für die danach anfallenden Gebühren ein geringerer Streitwert anzusetzen (Hartmann, Kostengesetze, 36. Aufl., § 52 Rdnr. 13; LSG Rheinland-Pfalz, 13. 3. 2007 – L 5 B 373/06 KNK –).

3. Der Streitwert ist sogleich mit der Einreichung der Klage-, Antrags- oder Rechtsmittelschrift oder mit der Abgabe der entsprechenden Erklärung zu Protokoll **vorläufig festzusetzen** (§ 63 Abs. 1 Satz 1 GKG).

GKG Anh III A, III B § 52   I. A. Gerichtskostengesetz

Spätestens nach Abschluss des Verfahrens ist der Streitwert **endgültig festzusetzen** (§ 63 Abs. 2 GKG).
Diese Festsetzungen sind auch für die Gebühren des Rechtsanwalts maßgebend (§ 32 Abs. 1, § 3 Abs. 1 Satz 2 des Rechtsanwaltsvergütungsgesetzes – RVG –).
4. Der Streitwertkatalog soll dazu beitragen, die Maßstäbe der Festsetzung des Streitwerts zu **vereinheitlichen** und die Entscheidungen der Gerichte **vorhersehbar** zu machen.
Der Streitwertkatalog ist eine **Empfehlung** auf der Grundlage der Rechtsprechung der Gerichte der Sozialgerichtsbarkeit unter Berücksichtigung der einschlägigen Rechtsliteratur. Die Empfehlungen sind Vorschläge ohne verbindliche Wirkung für die Gerichte der Sozialgerichtsbarkeit.
5. Der Streitwertkatalog wird in regelmäßigen Zeitabständen aktualisiert und fortgeschrieben werden. Zuständig hierfür ist das Landessozialgericht Rheinland-Pfalz.

B. Allgemeines; Verfahrensrecht

1. Grundsätzliches

1.1 [1]Für die Anwendung des § 197a SGG ist auf die Stellung eines Beteiligten im jeweiligen Rechtszug abzustellen. [2]Ein Kostenprivilegierter hat auch dann keine Gerichtskosten zu tragen, wenn er in seiner ursprünglichen Rolle als Beigeladener in einem Prozess zwischen Nichtprivilegierten Rechtsmittel einlegt. [3]Diese Kostenprivilegierung erstreckt sich dann auch auf einen nicht privilegierten Rechtsmittelführer (BSG, 13. 4. 2006 – B 12 KR 21/05 B –; 29. 5. 2006 – B 2 U 391/05 B –); vgl. auch B.5.5.
1.2 [1]Versicherter gem. § 183 Satz 1 SGG ist – unabhängig vom Ausgang des Verfahrens – jeder Beteiligte, über dessen Status als Versicherter gestritten wird. [2]Auch wenn der Beteiligte die vom Versicherungsträger behauptete Versicherteneigenschaft bestreitet, gilt der insoweit allgemeine Rechtsgedanke des § 183 Satz 3 SGG (BSG, 5. 10. 2006 – B 10 LW 5/05 R –).
1.3 Die Kostenprivilegierung des § 183 Satz 1 SGG entfällt bei einem Beteiligtenwechsel vor dem Beginn des Rechtszuges; vgl. auch § 183 Satz 2 SGG (BSG, 3. 8. 2006 – B 3 KR 24/05 R –).
1.4 Für die Festsetzung des Streitwerts ist die sich aus dem Antrag des Klägers für ihn ergebende Bedeutung der Sache maßgebend, dh in der Regel das wirtschaftliche Interesse an der erstrebten Entscheidung (§ 52 Abs. 1 GKG; BSG, 5. 10. 1999 – B 6 Ka 24/98 R –).
1.5 Der mittelbare wirtschaftliche Wert eines endgültigen oder vorläufigen Prozesserfolgs ist bei der Streitwertfestsetzung nicht zu berücksichtigen (BSG, 9. 5. 2000 – B 6 Ka 72/97 R –).
1.6 Bei Musterverfahren sind die wirtschaftlichen Folgewirkungen für andere Klageansprüche nicht zu berücksichtigen (BSG, 25. 9. 1997 – 6 RKa 65/91 –).
1.7 Die Höhe des Streitwerts unterliegt nicht der Dispositionsfreiheit der Beteiligten (arg. § 61, § 63 Abs. 1 Satz 1, Abs. 2 Satz 1 GKG).

2. Feststellungsklage

2.1 [1]Der Streitwert ist grundsätzlich niedriger als der Streitwert der Leistungsklage (Bay. LSG, 15. 7. 2005 – L3 B 154/05 KA –). [2]Bei einer Feststellungsklage, die mit einer Leistungsklage gleichwertig ist, bemisst sich der Streitwert nach dem Betrag, den der Kläger letztlich erstrebt. [3]Ein Abzug ist nicht vorzunehmen (BSG, 5. 10. 1999 – B 6 Ka 24/98 R –).

3. Bescheidungsklage

3.1 Der Wert des Streitgegenstandes beträgt drei Viertel bis zur Hälfte des Streitwerts der „Hauptsache" (Hälfte: SG Stuttgart, 30. 12. 1999 – S 10 KA 6840/99 W-A –; drei Viertel: LSG Niedersachsen-Bremen, 31. 1. 2000 – L 5 B 197/98 KA –; LSG Schleswig-Holstein, 22. 9. 2003 – L 6 SF 22/03 SG –).

4. Untätigkeitsklage

4.1 Der Wert des Streitgegenstandes beträgt 10 bis 25 v.H. des Streitwerts der „Hauptsache" (LSG Rheinland-Pfalz, 11. 8. 1994 – L 3 Sb 19/94 –).

Abschnitt 7. Wertvorschriften   **Anh III B § 52 GKG**

5. Klage-/Antragshäufung

5.1 Richtet sich eine Klage gegen mehrere Beklagte, so ist der Streitwert auf ein Mehrfaches des wirtschaftlichen Wertes für den Kläger (§ 39 Abs. 1 GKG; BSG, 8. 4. 2005 – B 6 Ka 60/04 B –), hilfsweise auf ein Mehrfaches des Regelstreitwertes festzusetzen.
5.2 Ein hilfsweise geltend gemachter Anspruch wird mit dem Hauptanspruch zusammengerechnet, soweit über ihn entschieden wird (§ 45 Abs. 1 S. 2 GKG).
5.3 Bei subjektiver Klagehäufung kommt es nicht auf die Anzahl der Prozessrechtsverhältnisse, sondern darauf an, ob mehrere unterschiedliche Streitgegenstände vorliegen (BSG, 14. 9. 2006 – B 6 KA 24/06 B –; 19. 9. 2006 – B 6 KA 30/06 B –).
5.4 [1]Ist bei teilbarem Streitgegenstand nur ein Teil kostenprivilegiert, so ist bei der Kostenentscheidung nach den Streitgegenständen zu differenzieren. [2]Dies gilt sowohl bei einer objektiven Klagehäufung als auch bei einer Eventualklagehäufung (BSG, 27. 7. 2006 – B 3 KR 6/06 B –; 26. 9. 2006 – B 1 KR 1/06 R –).
5.5 [1]Ist bei unteilbarem Streitgegenstand ein kostenrechtlich privilegierter Hauptbeteiligter, gilt für die jeweilige Instanz einheitlich die Regelung für Kostenprivilegierte. [2]Dies gilt auch bei subjektiver Klagehäufung mit einem nicht Kostenprivilegierten (BSG, 29. 5. 2006 – B 2 U 391/05 B –; 26. 7. 2006 – B 3 KR 6/06 B; 26. 9. 2006 – B 1 KR 1/06 R –).

6. Beigeladene

6.1 [1]Für Beigeladene ist grundsätzlich der Antrag des Klägers maßgebend. [2]Eine gesonderte Streitwertfestsetzung ist zulässig (BSG, 19. 2. 1996 – 6 RKa 40/93 –). [3]Der Streitwert darf jedoch nicht höher als der für die Hauptbeteiligten festgesetzt werden (BSG, 25. 11. 1992 – 1 RR 1/91 –).

7. Einstweilige Anordnung

7.1 [1]Bei Regelungsanordnungen nach § 86b Abs. 2 SGG: Der Streitwert beträgt ein Viertel bis zur Hälfte des Streitwerts der Hauptsache je nach deren wirtschaftlicher Bedeutung. [2]Bei Vorwegnahme der Hauptsache ist in der Regel der volle Streitwert festzusetzen.
7.2 Bei Verfahren nach § 86a Abs. 2 Nr. 1 SGG: ein Viertel des Hauptsachestreitwertes (LSG Baden-Württemberg, 14. 2. 2007 – L 5 KR 2854/06 W-A –).

8. Gegenvorstellung

8.1 Gegen unanfechtbare Beschlüsse ist die Gegenvorstellung statthaft. Die Einlegung muss innerhalb eines Monats erfolgen (BSG, 8. 9. 1997 – 3 RK 27/95 –).

9. Rechtswegbeschwerde

9.1 [1]Im Verfahren über eine Rechtswegbeschwerde ist eine Entscheidung über den Streitwert zu treffen (BSG, 9. 2. 2006 – B 3 SF 1/05 R –). [2]Der Streitwert beträgt 1/5 des Begehrens in der Hauptsache (LSG Baden-Württemberg, 30. 8. 2005 – L 9 SF 863/05 B –).

10. Nichtzulassungsbeschwerde

10.1 Der Streitwert bemisst sich gemäß § 47 Absatz 3 GKG nach dem Streitwert des Rechtsmittelverfahrens (BSG, 12. 9. 2006 – B 6 KA 70/05 B –).

11. Beschwerde gegen Festsetzung des Streitwerts

11.1 [1]Das Gericht ist an keine Anträge gebunden. [2]Es gilt auch nicht das Verschlechterungsverbot (BSG, 5. 10. 2006 – B 10 LW 5/05 R –; vgl auch B.1.7).
11.2 Auf eine unzulässige Streitwertbeschwerde darf das Rechtsmittelgericht den Streitwert nicht von Amts wegen ändern (LSG Rheinland-Pfalz, 20. 7. 2006 – L 5 ER 130/06 KA –).
11.3 Der Rechtsanwalt kann aus eigenem Recht eine Streitwertbeschwerde erheben (§ 32 Abs. 2 RVG; LSG Nordrhein-Westfalen, 24. 2. 2006 – L 10 B 21/05 KA –); dies gilt nicht bei einer vorläufigen Festsetzung des Streitwerts (LSG Rheinland-Pfalz, 21. 12. 2006 – L 5 B 350/06 KA –).
11.4 Das Verfahren ist gebührenfrei (§ 68 Abs. 3 Satz 1 GKG).
11.5 Außergerichtliche Kosten sind nicht zu erstatten (§ 68 Abs. 3 Satz 2 GKG).

GKG Anh III B, III C § 52 I. A. Gerichtskostengesetz

12. Abänderung des Streitwerts durch das Rechtsmittelgericht

12.1 ¹Für den Wert des Streitgegenstands des ersten Rechtszuges ist gemäß § 47 Absatz 2 GKG nicht der in erster Instanz festgesetzte, sondern der objektiv angemessene Streitwert maßgeblich. ²Die Abänderung der erstinstanzlichen Streitwertfestsetzung steht gemäß § 63 Absatz 3 Satz 1 GKG im Ermessen des Rechtsmittelgerichts (BSG, 19. 9. 2006 – B 6 KA 30/06 B –).

12.2 Eine unterbliebene Streitwertfestsetzung kann vom Rechtsmittelgericht jedenfalls bei betragsmäßig von vornherein feststehendem und offensichtlich gleich gebliebenem Streitwert in erweiternder Auslegung des § 63 Absatz 3 Satz 1 GKG nachgeholt werden (BSG, 5. 10. 2006 – B 10 LW 5/05 R –).

13. Einseitige Erledigungserklärung durch den Kläger

13.1 Der Kläger hat nicht zwingend die Kosten gemäß § 197a SGG i. V. m. § 155 Abs. 2 VwGO zu tragen, sondern das Gericht entscheidet nach billigem Ermessen (§ 161 Abs. 2 VwGO; LSG Nordrhein-Westfalen, 7. 3. 2005 – L 10 KA 36/03 –).

14. Verjährung

14.1 ¹Es gilt keine Verjährung für den Antrag auf Festsetzung des Streitwertes (BSG, 15. 2. 2001 – 6 RKa 20/83 –). ²Nach § 63 Absätze 1 und 2 GKG ist der Streitwert von Amts wegen festzusetzen.

15. Zurückweisung des Bevollmächtigten im Widerspruchsverfahren (§ 13 Abs. 5 SGB X); Klage des Bevollmächtigten

15.1 Höhe des Gebührenanspruchs des Bevollmächtigten für die begehrte Vertretung (LSG Baden-Württemberg, 3. 1. 2007 – L 13 AL 4889/05 W-B –).

C. Streitwertkatalog

Sachgebiet	Streitwert
I. Arbeitsförderungsrecht	
1. Arbeitsgenehmigung (Arbeitserlaubnis, Arbeitsberechtigung) (§ 284 Abs. 1, Abs. 2 SGB III)	
1.1 Erteilung (§ 284 SGB III)	Wirtschaftliches Interesse des Unternehmers (HessLSG, 31. 8. 1998 – L 6 AL 1106/97 ER –).
1.2 Gebühr für die Erteilung (§ 287 Abs. 1, Abs. 2 SGB III, § 3 ASAV)	Höhe der Gebühr (BSG, 13. 12. 2000 – B 7 AL 58/99 R –).
2. Arbeitnehmerüberlassung	
2.1 Erteilung der Erlaubnis (§ 2 AÜG)	Unmittelbares wirtschaftliches Interesse.
2.2 Rücknahme, Widerruf der Erlaubnis (§ 4, § 5 AÜG)	Unmittelbarer wirtschaftlicher „Schaden" (LSG Niedersachsen-Bremen, 6. 5. 2003 – L 8 AL 336/02 ER –) bzw. bei normalem Geschäftsbetrieb erzielbarer Unternehmensgewinn (Bay. LSG, 13. 12. 2006 – L 9 B 823/06 AL ER –), hilfsweise Regelstreitwert (LSG Niedersachsen-Bremen, 21. 1. 2003 – L 8 B 158/03 AL –).
2.3 Auflage (§ 2 AÜG)	Regelstreitwert bei Klage des Arbeitnehmers und fehlenden Anhaltspunkten für das wirtschaftliche Interesse (SG Koblenz, 5. 9. 2006 – S 9 ER 102/06 AL –).

Abschnitt 7. Wertvorschriften **Anh III C § 52 GKG**

Sachgebiet	Streitwert
3. Zulassung als förderungsfähige Bildungsmaßnahme (§ 61, § 77 SGB III)	Hälfte des Streitwerts für die Genehmigung einer Ersatzschule: 15 000 € (Nr. 38.2 Streitwertkatalog Verwaltungsgerichtsbarkeit; LSG Baden-Württemberg, 4. 4. 2005 – L 13 AL 219/05 W-A –).
4. Eingliederungszuschüsse (§§ 217 ff SGB III)	Keine Streitwertfestsetzung, da gerichtskostenfrei nach § 183 SGG (BSG, 22. 9. 2004 – B 11 AL 33/03 R –).
5. Erstattungspflicht des Arbeitgebers (§ 147 a SGB III)	
5.1 Grundlagenbescheid	Regelstreitwert (BSG, 22. 3. 2001 – B 11 AL 91/00 R; 4. 9. 2001 – B 7 AL 6/01 R –).
5.2 Abrechnungsbescheid	Höhe der Erstattungsforderung (BSG, 3. 3. 1998 – 11 RAr 103/96 –).
6. Kurzarbeitergeld, Klagen des Arbeitnehmers oder der Betriebsvertretung (§§ 169 ff SGB III)	Keine Streitwertfestsetzung, da gerichtskostenfrei nach § 183 SGG (Meyer-Ladewig/Keller/Leitherer, SGG, 8. Aufl., § 183 Rdnr. 6).
7. Vermittlungsgutschein (§ 421 g SGB III)	
7.1 Ausstellung des Vermittlungsgutscheins	Wert des Gutscheins.
7.2 Ablehnung der Auszahlung der Vermittlungsvergütung	Der Vermittler ist kein Leistungsempfänger im Sinne des §183 SGG (BSG, 6. 4. 2006 – B 7 a AL 56/05 R –); 1000 € als Teilbetrag der ersten oder zweiten Rate (LSG Sachsen, 16. 2. 2005 – L 3 B 64/04 AL –; 20. 7. 2005 – L 3 AL 132/04 –).
8. Winterbau – Umlage (§§ 354 ff SGB III)	
8.1 Grundlagenbescheid	Regelstreitwert.
8.2 Festsetzung der Umlagenhöhe	Dreifacher Jahresbetrag der Umlage (BSG, 20. 6. 1995 – 10 RAr 7/94 –).
9. Anzeigepflichtige Entlassungen (§§ 17 ff KSchG); Klage eines Arbeitnehmers gegen den Bescheid der Bundesagentur	Der Arbeitnehmer ist kein Versicherter im Sinne des § 183 SGG; Regelstreitwert (LSG Baden-Württemberg, 8. 1. 2007 – L 9 AL 3242/06 AK-A –).
10. Insolvenzgeld; Übertragung des Anspruchs auf Arbeitsentgelt auf einen Dritten (§ 188 Abs. 1 SGB III)	Dritter ist Leistungsempfänger im Sinne des § 183 SGG; kein Fall der Rechtsnachfolge nach § 183 S. 2 SGG (BSG, 5. 12. 2006 – B 11a AL 19/05 R –).
II. Aufsichtsrecht	
1. Genehmigung zur Errichtung oder Erweiterung einer Krankenkasse (§§ 147 ff, §§ 157 ff SGB V, §§ 87 ff SGB IV)	Bedeutung der Sache: bei bis zu 1000 betroffenen Pflichtmitgliedern 20-facher, bei bis zu 5000 Pflichtmitgliedern 30-facher Regelstreitwert (BSG, 12. 12. 1996 – 1 RR 5/90 –).
2. Genehmigung zur Ermäßigung der Beiträge einer Krankenkasse (§ 220 Abs. 3 SGB V)	Dreifacher Regelstreitwert (LSG Baden-Württemberg, 9. 2. 2005 – L 1 A 5378/04 W-B –); bei Erwartung eines konkreten Mitgliederzuwachses

GKG Anh III C § 52

I. A. Gerichtskostengesetz

Sachgebiet	Streitwert
	wie II.1. (LSG Schleswig-Holstein, 4. 3. 2004 – L 1 B 23/04 KR ER –).
3. Genehmigung der Verlegung des Sitzes einer Krankenkasse (§ 195 SGB V iVm Satzung)	Regelstreitwert (LSG Berlin-Brandenburg, 9. 9. 2005 – L 24 B 1038/05 KR ER –).

III. Beitragsrecht

1. Gesamtsozialversicherungsbeitrag (§ 28 d, § 28 e SGB IV)	Höhe der Forderung (BSG, 1. 6. 2006 – B 12 KR 34/05 B –).
2. Säumniszuschlag (§ 24 SGB IV)	
2.1 Von der Hauptforderung getrennte Erhebung	Höhe der Forderung.
2.2 Erhebung zusammen mit der Hauptforderung	a) als Nebenforderung nicht zu berücksichtigen nach § 43 Abs. 1 GKG analog („Zinsen") (LSG Rheinland-Pfalz, 3. 11. 2005 – L 5 B 192/05 KR –).
	b) streitwerterhöhend zu berücksichtigen bei Haftungsbescheid gegenüber Gesellschafter einer VorGmbH (§ 11 Abs. 2 GmbHG) (LSG Rheinland-Pfalz, 2. 12. 2005 – L 2 B 129/05 R –).
3. Künstlersozialversicherung (KSVG)	
3.1 Erfassungsbescheid gegenüber einem Unternehmer nach §§ 23 ff KSVG	Betrag der zu erwartenden Künstlersozialabgabe in den ersten drei Jahren (BSG, 30. 5. 2006 – B 3 KR 7/06 R –).
3.2 Beitragsbescheid gegen einen Unternehmer	Höhe der festgesetzten Künstlersozialabgabe. Keine Erhöhung nach § 42 Abs. 3 Satz 1 GKG (wiederkehrende Leistungen), da jahresbezogene einmalige Leistung (BSG, 7. 12. 2006 – B 3 KR 2/06 R –).

IV. Krankenversicherung

1. Klage des Herstellers gegen das Hilfsmittelverzeichnis (§ 128, § 33 SGB V)

1.1 Änderung einer Produktgruppe	5 v. H. des durchschnittlichen Jahresumsatzes in einem Zeitraum von zwei Jahren (LSG Baden-Württemberg, 17. 10. 2005 – L 5 KR 2351/05 W-A –).
1.2 Streichung einer Produktuntergruppe	Gewinn in einem Zeitraum von fünf Jahren (LSG Baden-Württemberg, 15. 6. 2005 – L 11 KR 1158/05 W-A –), hilfsweise mehrfacher Regelstreitwert.

2. Krankentransportleistungen (§ 133 SGB V)

2.1 Abschluss einer Vergütungsvereinbarung	Dreifacher Betrag der zu erwartenden Einnahmen (LSG Berlin-Brandenburg, 27. 11. 2003 – L 4 B 75/03 KR ER –), hilfsweise dreifacher Regelstreitwert.

Abschnitt 7. Wertvorschriften **Anh III C § 52 GKG**

Sachgebiet	Streitwert
3. Erstattung von Arbeitgeberaufwendungen bei Entgeltfortzahlung (§ 1 des Aufwendungsausgleichsgesetzes – AAG –; bis 31. 12. 2005: § 10 LFZG)	Keine Streitwertfestsetzung, da gerichtskostenfrei nach § 183 SGG (BSG, 20. 12. 2005 – B 1 KR 5/ 05 B –).
4. Mitgliederwerbung	Regelstreitwert (LSG Rheinland-Pfalz, 3. 5. 2005 – L 1 ER 11/05 KR –, 14. 6. 06 – L 5 ER 57/ 06 KR –; LSG Saarland, 21. 6. 2006 – L 2 B 5/06 KR –).
5. Sonderkündigungsrecht der Mitglieder (§ 175 Abs. 4 Satz 5 SGB V), (unzulässiges) Feststellungsbegehren zwischen Krankenkassen	Wirtschaftliche Bedeutung der Sache: wie bei II.1.
6. Feststellung der Versicherungspflicht durch die Einzugsstelle (Krankenkasse; § 28 h SGB IV) (§ 25 Abs. 1 Satz 1 SGB III, § 5 Abs. 1 Nr. 1 SGB V, § 1 Satz 1 Nr. 1 SGB VI, § 20 Abs. 1 Satz 2 Nr. 1 SGB XI)	
6.1 Klage des Arbeitnehmers	Keine Streitwertfestsetzung, da gerichtskostenfrei nach § 183 SGG.
6.2 Klage des Arbeitgebers	Höhe der Beiträge.
7. Zulassungsstreitigkeiten	
7.1 Krankenhäuser und Rehabilitationseinrichtungen (§§ 108 ff SGB V)	Überschuss aus den Gesamteinnahmen und den Betriebsausgaben innerhalb von drei Jahren; Vergleichsberechnung anhand bestehender Einrichtungen gleicher Art und Größe möglich (BSG, 10. 11. 2005 – B 3 KR 36/05 B –); bei fehlendem Zahlenmaterial pauschaler Streitwert von 2 500 000 € (BSG, 11. 11. 2003 – B 3 KR 8/03 B –).
7.2 Nichtärztliche Leistungserbringer (§ 124; § 126 SGB V)	Überschuss aus den Gesamteinnahmen und den Betriebsausgaben innerhalb von drei Jahren; Vergleichsberechnung anhand bestehender Praxen gleicher Art und Größe möglich (BSG 10. 11. 2005 – B 3 KR 36/05 B –).
7.3 Widerruf der Zulassung zur Abgabe von Hilfsmitteln (§ 126 Abs. 4 SGB V)	Fünf Prozent der Bruttoauftragssumme entsprechend § 50 Abs. 2 GKG; bei weit in die Zukunft hineinragenden Genehmigungen für drei Jahre (LSG Baden-Württemberg, 10. 10. 2006 – L 5 KR 897/06 W-A –).
8. Vergütung von Krankenhausbehandlungen (§ 109 Abs. 4 Satz 3 SGB V iVm dem Krankenhausbehandlungsvertrag nach § 112 Abs. 2 Nr. 1 SGB V)	Höhe der Vergütung.
9. Feststellung der Eignung für die Leitung eines ambulanten Krankenpflegedienstes (§ 132 a Abs. 2 SGB V)	Zu schätzender Betrag der künftigen verminderten Einkünfte für drei Jahre (BSG, 7. 12. 2006 – B 3 KR 5/06 R –).
10. Arzneimittelabrechnung im Datenträgeraustauschverfahren (§ 300 SGB V)	Voraussichtliche Kosten der Umstellung des Abrechnungsverfahrens (LSG Nordrhein-Westfalen, 6. 10. 2005 – L 16 KR 232/04 –).

GKG Anh III C § 52 I. A. Gerichtskostengesetz

Sachgebiet	Streitwert
V. Pflegeversicherung	
1. Zulassung zur Pflege durch Versorgungsvertrag (§ 72 SGB XI)	Wie bei Nr. IV.7.2.
2. Kündigung des Versorgungsvertrages (§ 74 SGB XI)	Erzielbare Einnahmen für drei Jahre (Hess. LSG, 26. 9. 2005 – L 14 P 1300/00 –; LSG Berlin-Brandenburg, 31. 8. 2006 – L 24 B 31/06 P ER –).
3. Pflegesatzvereinbarung; Auskunftsklage zur Vorbereitung einer Zahlungsklage (§§ 82 ff SGB XI)	Grad der Abhängigkeit der Durchsetzbarkeit der Ansprüche von der Auskunft, idR ein Fünftel des Zahlungsanspruches (LSG Schleswig-Holstein, 14. 10. 2005 – L 3 P 4/05 –).
4. Private Pflegeversicherung	
4.1 Übergang von Ansprüchen im Wege der Gesamtrechtsnachfolge	Jedenfalls bei Ehegatten findet die Kostenprivilegierung des § 183 Satz 1 SGG entsprechende Anwendung (BSG, 28. 9. 2006 – B 3 P 3/05 R –).
VI. Rentenversicherung	
1. Betriebsprüfung, Feststellung der Versicherungspflicht (§ 28 p SGB IV)	
1.1 Klage des Arbeitnehmers	Keine Streitwertfestsetzung, da gerichtskostenfrei nach § 183 SGG.
1.2 Klage des Arbeitgebers	Höhe der Beiträge.
2. Anfrageverfahren (§ 7 a SGB IV)	
2.1 Klage des Arbeitnehmers	Keine Streitwertfestsetzung, da gerichtskostenfrei nach § 183 SGG.
2.2 Klage des Arbeitgebers	Dreifacher Regelstreitwert angesichts der Bedeutung des zukunftsgerichteten Verfahrens (Bay. LSG, 29. 11. 2006 – L 5 B 572/06 KR –).
3. Klage eines Geldinstituts gegen Rücküberweisung von Rentenleistungen (§ 118 Abs. 3 Satz 2 SGB VI)	Höhe des Betrags.
VII. Sozialhilfe	
1. Abschluss von Vereinbarungen mit Einrichtungen (§§ 75 ff SGB XII)	Gewinn bzw. Mindereinnahmen im angestrebten Vereinbarungszeitraum (LSG Baden-Württemberg, 13. 7. 2006 – L 7 SO 1902/06 ER-B –).
2. Erteilung einer Auskunft über die Einkommens- und Vermögensverhältnisse (§ 117 SGB XII)	Hälfte des Regelstreitwerts.
VIII. Unfallversicherung	
1. Anfechtung der Wahl der Vertreterversammlung (§ 46, § 57 SGB IV)	Regelstreitwert (LSG Baden-Württemberg, 6. 8. 2004 – L 7 U 3170/04 W-A –); vgl. auch IX. 14.
2. Beitragsforderung (§ 150, § 168 SGB VII); Gefahrtarif, Gefahrklassen (§§ 157 ff SGB VII)	
2.1 Veranlagungsbescheid	Das Zweifache des Differenzbetrages zwischen dem geforderten und dem bei einem Erfolg der Klage zu erwartenden Jahresbeitrag, mindestens der

Abschnitt 7. Wertvorschriften Anh III C § 52 GKG

Sachgebiet	Streitwert
	dreifache Regelstreitwert (BSG, 3. 5. 2006 – B 2 U 415/06 B –; a.A.: LSG Baden-Württemberg, 25. 9. 2006 – L 10 U 1403/06 W-A [L 10 U 2726/05] –: Tatsächliche bzw. zu erwartende Beitragslast für die ersten drei Umlagejahre, sofern der Gefahrtarif keine kürzere Laufzeit hat; bei Nichtfeststellbarkeit der erstrebten Beitragsersparnis die Hälfte der Beitragslast für die ersten drei Beitragsjahre).
2.2 Beitragsbescheid	Höhe der Forderung.
3. Mitgliedschaft bei Berufsgenossenschaft (§§ 121 ff, § 136 SGB VII); Zuständigkeitsstreit	Dreifacher Jahresbeitrag des Unfallversicherungsträgers, gegen dessen Zuständigkeit sich der Kläger wendet, mindestens der vierfache Regelstreitwert (BSG, 28. 2. 2006 – B 2 U 31/05 R –; 9. 5. 2006 – B 2 U 34/05 R –).
4. Versicherungspflicht als Unternehmer (§ 2 SGB VII)	Keine Streitwertfestsetzung, da gerichtskostenfrei nach § 183 SGG, wenn zugleich Versicherter (LSG Sachsen, 2. 5. 2005 – L 2 B 236/04 U/LW/ER –; 22. 11. 2005 – L 2 B 206/05 U –; Bay. LSG, 29. 6. 2005 – L 1/3 U 291/04 –; a.A.: Meyer-Ladewig/Keller/Leitherer, SGG, 8. Aufl., § 183 Rdnr. 5).
IX. Vertragsarztrecht	
1. Genehmigung zur Erbringung und Abrechnung von Leistungen außerhalb der Zulassung (§ 72 Abs. 2, § 82 Abs. 1 S. 1 SGB V iVm den Verträgen)	– beim Vorhandensein von Umsatzzahlen oder Umsatzerwartungen: Honorareinnahmen abzüglich der Praxiskosten für zwei Jahre (LSG Sachsen, 10. 5. 2004 – L 1 B 2/03 KA-ER –) – ansonsten: Regelstreitwert (BSG, 26. 2. 1996 – 6 RKa 20/95 –).
2. Anstellung eines Arztes in der Vertragsarztpraxis (§ 95 Abs. 9, § 115, § 98 Abs. 2 Nr. 13 iVm Zulassungsverordnung)	– bei einem Dauerassistenten: 80 v.H. der zu erwartenden Umsatzsteigerung für zwei Jahre abzüglich der Praxiskosten und des Gehalts (BSG, 7. 1. 1998 – 6 RKa 84/95 –) – bei einem Vorbereitungsassistenten: Regelstreitwert; im Sonderfall einer nachträglichen Genehmigung: die Mehreinnahmen (LSG Niedersachsen-Bremen, 26. 9. 2005 – L 3 B 16/05 KA –).
3. Belegarzt (§ 121 SGB V, Vertrag nach § 82 Abs. 1 SGB V)	Honorareinnahmen abzüglich der Betriebskosten für drei Jahre (Wenner/Bernard, NZS 2006, 1, 4).

GKG Anh III C § 52 I. A. Gerichtskostengesetz

Sachgebiet	Streitwert
4. Budgetierungsmaßnahmen (§ 87 Abs. 1 S. 1 SGB V, einheitlicher Bewertungsmaßstab)	
4.1 Budgeterweiterung	Differenz der Fallpunktzahl im streitigen Zeitraum, hilfsweise für zwei Jahre; dabei ist der Punktwert des letzten vor Klageerhebung abgerechneten Quartals zugrunde zu legen (LSG Sachsen, 23. 10. 2002 – L 1 B 66/02 KA –; LSG Baden-Württemberg, 22. 9. 1998 – L 5 KA 2660/98 W-B –).
4.2 Budgetüberschreitung	Höhe der Honorarkürzung.
4.3 Budgetfreistellung	Regelstreitwert.
4.4 Fallzahlzuwachsbegrenzung (§ 85 Abs. 4 SGB V, Honorarverteilungsmaßstab)	Höhe der Honorarkürzung.
5. Disziplinarmaßnahmen (§ 81 Abs. 5 SGB V iVm Disziplinarordnung)	
5.1 Verwarnung, Verweis, Geldbuße	Regelstreitwert zuzüglich des Betrages der Geldbuße (BSG, 1. 2. 2005 – B 6 KA 70/04 B –).
5.2 Anordnung des Ruhens der Zulassung	Mutmaßlicher Umsatz im Ruhenszeitraum abzüglich der Praxiskosten, Zuschlag von 25 v. H. wegen der Folgewirkungen (u. a. „Abwandern" von Patienten) (Bay. LSG, 23. 6. 1993 – L 12 B 163/92 Ka –).
6. Ermächtigung (§ 98 Abs. 2 Nr. 11 SGB V iVm Zulassungsverordnung)	
6.1 persönliche Ermächtigung von Krankenhausärzten zur Teilnahme an der vertragsärztlichen Versorgung (§ 116 SGB V)	– erzielbare Einnahmen abzüglich der Praxiskosten und Abgaben an das Krankenhaus im streitigen Zeitraum (BSG, 6. 9. 1993 – 6 RKa 25/91 –) – bei Streit über Inhalt bzw. Umfang der erteilten Ermächtigung: Regelstreitwert.
6.2 Ermächtigung ärztlich geleiteter Einrichtungen (§§ 117 bis 120 SGB V)	Bruttoeinnahmen im streitigen Zeitraum abzüglich der Einnahmen aus erteilten oder zu Unrecht nicht erteilten Ermächtigungen, bei fehlenden Anhaltspunkten: pauschaler Abzug von 50 v. H. (BSG, 21. 12. 1995 – 6 RKa 7/92 –), a. A.: LSG Berlin, 15. 12. 1998 – L 7 KA S 53/98 – dreifacher Jahresbetrag des Einkommens abzüglich der Praxisunkosten.
6.3 Konkurrentenklage gegen Ermächtigung	Im Einzelfall zu schätzender Anteil der Umsatzeinbuße der von der Ermächtigung betroffenen Leistungen abzüglich der Praxiskosten (BSG, 24. 2. 1997 – 6 BKa 54/95 –).
6.4 Ermächtigung zur Teilnahme an der vertragspsychotherapeutischen Versorgung	Geschätzter Jahresgewinn für den streitigen – im Regelfall zweijährigen – Zeitraum (BSG, 19. 7. 2006 – B 6 KA 33/05 B –).

Abschnitt 7. Wertvorschriften **Anh III C § 52 GKG**

Sachgebiet	Streitwert
7. Gemeinschaftspraxis (§ 98 Abs. 2 Nr. 13 SGB V iVm Zulassungsverordnung)	
7.1 Genehmigung	Schätzung anhand der Einkommensverhältnisse und der Schwierigkeit der Angelegenheit (BSG, 6. 1. 1984 – 6 RKa 7/81 –).
7.2 Anordnung der Auflösung	Regelstreitwert (LSG Hessen, 6. 1. 2003 – L 7 KA 1116/02 ER –).
7.3 Vergütungsanspruch	Keine Berechnung von Einzelstreitwerten, da Gesellschaft bürgerlichen Rechts (BSG, 20. 10. 2004 – B 6 KA 15/04 R –).
7.4 Genehmigung der Verlegung des Vertragsarztsitzes durch den Praxispartner; Klage des verbleibenden Praxispartners	Dreifacher Regelstreitwert (entspr. Nr. IX.16.4.: BSG, 14. 3. 2002 – B 6 KA 60/00 B –).
8. Gesamtvergütung, Klage der KÄV/ KZÄV gegen die Krankenkasse (§ 85 Abs. 1, 2 SGB V)	Höhe des Zahlungsanspruchs.
9. Verlangen der Herausgabe von Krankenunterlagen eines Arztes zur Prüfung eines Schadensregresses	Bei geringem in Betracht kommenden Schadensregressbetrag: Hälfte des Regelstreitwertes (LSG Baden-Württemberg, 25. 6. 1997 – L 5 Ka 855/97 W-A –).
10. Honorarstreitigkeiten (§ 85 Abs. 4 ff SGB V)	
10.1 Honoraransprüche oder Honorarberichtigungen	Höhe des geltend gemachten Honorars oder der vorgenommenen Honorarberichtigung (BSG, 6. 11. 1996 – 6 RKa 19/95 –; LSG Nordrhein-Westfalen, 18. 4. 2006 – L 10 B 1/06 KA –; 5. 7. 2006 – L 10 B 8/06 KA –) bei Zugrundelegung eines durchschnittlichen oder geschätzten Punktwertes (Wenner/Bernard, NZS 2001, 57, 61).
10.2 Einheitlicher Bewertungsmaßstab (EBM) (§ 87 Abs. 1 S. 1 SGB V)	Bei Abwertung von Leistungspositionen: Höhe der Honorareinbuße (BSG, 15. 11. 1996 – 6 RKa 49/95; 6. 2. 1997 – 6 RKa 48/95 –); wenn nicht konkretisierbar: Regelstreitwert (BSG, 10. 5. 2004 – B 6 KA 129/ 03 B –).
10.3 Abrechenbarkeit einer Gebührennummer (§ 87 Abs. 1 S. 1 SGB iVm EBM)	Wert der Leistung für ein Jahr (vgl. Nr. IX. 10.4.2).
10.4 Honorarverteilungsmaßstäbe (HVM) (§ 85 Abs. 4 SGB V)	
10.4.1 Zuordnung zum Honorarfonds der Fachärzte	Höhe der Nachvergütung der streitigen Quartale (LSG Sachsen, 27. 1. 2005 – L 1 KA 6/04 –).
10.4.2 Zuordnung zu anderer Arztgruppe (EBM)	Nachvergütungsbetrag eines Quartals mal vier (ein Jahr; BSG, 20. 10. 2004 – B 6 KA 15/04 R –).
10.5 Praxiskosten	Kein Abzug vom Streitwert (Wenner/Bernard, NZS 2001, 57, 61).

GKG Anh III C § 52

I. A. Gerichtskostengesetz

Sachgebiet	Streitwert
10.6 Fallpunktzahlmenge (§ 85 Abs. 4 ff SGB V)	Differenz der abgerechneten und der maximal zustehenden Punkte (BSG, 5. 5. 2000 – B 6 KA 71/97 –; 9. 5. 2000 – B 6 KA 72/97 R –).
10.7 Zusätzliches Honorar bei „fachfremder" Behandlung (Überweisungsverbot; zulassungsrelevante Entscheidung) (§ 73 SGB V)	Erzielbare Einnahmen für drei Jahre unter Abzug der Praxiskosten; bei einem Überweisungsverbot unter Abzug der erzielbaren Einnahmen aus dem „Verkauf" an andere Vertragsärzte (BSG, 3. 3. 1997 – 6 RKa 21/95 –).
10.8 (unzulässige) vorbeugende Unterlassungsklage gegen Honorarbescheid	Regelstreitwert (LSG Niedersachsen-Bremen, 7. 10. 2005 – L 3 KA 139/05 ER –).
10.9 Verhinderung einer Honorarverteilung durch Schiedsspruch (Weitergeltung der früheren günstigeren Honorarverteilung; § 89 SGB V)	50 000 € (LSG Niedersachsen-Bremen, 22. 12. 2004 – L 3 KA 368/04 ER –).
11. Notdienst (§ 75 Abs. 1 S. 2 SGB V iVm Satzungsregelung der KÄV/KZÄV, § 81 SGB V)	
11.1 Abberufung als Vorsitzender der Notdienstkommission	Regelstreitwert (LSG Sachsen, 15. 7. 2002 – L 1 B 12/02 KA –).
11.2 Befreiung vom Notdienst	Regelstreitwert (LSG Schleswig-Holstein, 25. 2. 2005 – L 4 KA 32/04 KA ER –; LSG Hessen, 25. 2. 2005 – L 6/7 B 99/04 KA –; LSG Niedersachsen-Bremen, 25. 8. 2005 – L 3 KA 74/05 ER –).
11.3 Eingliederung von Fachärzten in den allgemeinen Notdienst	Regelstreitwert (SG Dresden, 10. 2. 2005 – S 11 KA 260/04 –).
11.4 Klage auf Teilnahme am Notdienst	zusätzliche Honorarsumme im Quartal für zwei Jahre (LSG Niedersachsen-Bremen, 11. 8. 2005 – L 3 KA 78/05 ER –).
11.5 Vertretung für den Notfalldienst	Kosten der Vertretung (LSG Rheinland-Pfalz, 29. 8. 1977 – L 6 Ka 5/76 –).
12. Praxisübernahme	
12.1 Praxiskauf	Kaufpreis (LSG Berlin, 23. 9. 1997 – L 7 Ka – SE 27/97 –).
12.2 Antrag auf zusätzliche Zulassung bei angestrebtem Praxiskauf	Siehe Erstzulassung (vgl. Nr. IX. 16.4), da Zulassungsstreit (LSG Baden-Württemberg, 27. 8. 1999 – L 5 KA 1576/99 W-B –).
13. Schiedsverfahren (§ 89 SGB V)	Regelstreitwert (LSG Niedersachsen, 20. 9. 2001 – L 3 B 252/01 KA –).
14. Wahlanfechtung (§ 80, § 81 Abs. 1 Nr. 2 SGB V iVm Wahlordnung)	Regelstreitwert; mehrfacher Regelstreitwert (§ 39 Abs. 1 GKG), wenn die Besetzung mehrerer Positionen angefochten wird, für die jeweils gesonderte Wahlhandlungen vorgesehen sind. Die Zahl der die Wahlanfechtungen betreibenden Kläger ist ohne

Abschnitt 7. Wertvorschriften **Anh III C § 52 GKG**

Sachgebiet	Streitwert
	Bedeutung (BSG, – 14. 9. 2006 – B 6 KA 24/06 B –; 19. 9. 2006 – B 6 KA 30/06 B –).
15. Wirtschaftlichkeitsprüfung (§ 106 SGB V)	
15.1 Beratung (§ 106 Abs. 1a SGB V)	Ein Viertel des Regelstreitwertes (Bay. LSG, 7. 9. 1998 – L 12 B 350/97 KA –).
15.2 Bescheidungsantrag bei Honorarkürzung oder Regress	Höhe des Kürzungs- oder des Regressbetrages ohne Abschlag (BSG, 23. 2. 2005 – B 6 KA 72/03 R –); dies gilt auch bei einer Klage der Krankenkasse gegen die Ablehnung eines Regresses; keine Herabsetzung, wenn auch Versicherte anderer Kassen betroffen sind, mit Ausnahme einer Einzelfallprüfung (LSG Rheinland-Pfalz, 24. 8. 2006 – L 5 KA 201/06 KA –).
15.3 Honorarkürzung oder Regress	Höhe des Kürzungs- oder des Regressbetrages (BSG, 15. 6. 1998 – 6 RKa 40/96 –); wenn nur eingeschränkte Anfechtung in nicht quantifizierbarem Umfang: Hälfte der Differenz zwischen dem zuerkannten und dem abgerechneten Honorar (LSG Niedersachsen-Bremen, 19. 8. 2003 – L 3 B 38/03 KA –).
16. Zulassungsverfahren von Ärzten, Zahnärzten und Psychotherapeuten (§ 95 SGB V iVm der Zulassungsverordnung nach § 98 SGB V)	
16.1 Eintragung in das Arztregister als Vorstufe der Zulassung (§§ 95a, 95c SGB V)	– bei faktischer Vorwegnahme der Zulassung: Höhe der Einnahmen wie bei Nr. IX. 16.4 – im übrigen: Höhe der Einnahmen in dem streitigen Zeitraum der Weiterbildung (BSG, 21. 3. 1997 – 6 RKa 29/95 –).
16.2 Einstweilige Anordnung	Höhe der Einnahmen (wie bei Nr. IX.16.4) während der voraussichtlichen Verfahrensdauer von einem Jahr ohne Abschlag (Wenner/Bernard, NZS 2001, 57, 59; 2003, 568, 571; 2006, 1, 3f.).
16.3 Entziehung der Zulassung	Wie bei Nr. IX.16.4, wobei auf die konkret erzielten Umsätze zurückgegriffen werden kann (BSG, 7. 4. 2000 – B 6 KA 61/99 B –).
16.4 Erstzulassung	– Höhe der bundesdurchschnittlichen Umsätze der Arztgruppe (in den neuen Bundesländern: Durchschnitt dieser Länder) abzüglich des durchschnittlichen Praxiskostenanteils in einem Zeitraum von drei Jahren (BSG, 1. 9. 2005 – B 6 KA 41/04 R –; 12. 10. 2005 – B 6 KA 47/04 B –)

GKG Anh III C § 52
I. A. Gerichtskostengesetz

Sachgebiet	Streitwert
	– bei fehlenden Daten bzgl Umsätzen und Praxiskostenanteilen: Rückgriff auf durchschnittliche Werte aller Arztgruppen (BSG, 12. 10. 2005 – B 6 KA 47/04 B –)
	– bei fehlenden Daten bzgl Praxiskostenanteilen: Rückgriff auf einen „pauschal gegriffenen Kostensatz" von 50 v. H. (BSG, 12. 10. 2005 – B 6 Ka 47/04 B –)
	– Unterschreiten des „Berechnungszeitraums" von drei Jahren möglich, wenn kürzere Tätigkeit zu erwarten ist (BSG, 28. 1. 2000 – B 6 KA 22/99 R –)
	– in einem atypischen Fall, in welchem die durchschnittlichen Umsätze der Arztgruppe dem wirtschaftlichen Interesse des Arztes nicht annähernd entsprechen, ist für jedes Quartal des Dreijahreszeitraums der Regelstreitwert ohne Abzug von Praxiskosten anzusetzen (BSG, 12. 9. 2006 – B 6 KA 70/05 B –).
16.5 Erteilung einer weiteren Zulassung	Mehreinnahmen innerhalb eines Zeitraumes von drei Jahren (BSG, 11. 11. 2005 – B 6 KA 12/05 B –).
16.6 Konkurrentenklage gegen Zulassung	– Zulassung: dreifacher Regelstreitwert (a. A.: (Mehr-)Einnahmen einer durchschnittlichen Praxis innerhalb von drei Jahren, SG Dresden, 8. 3. 2001 – S 1 KA 202/00 KO –).
	– Praxisübernahme: Durchschnittsumsatz in der Arztgruppe ohne Abzug von Praxiskosten (Wenner/Bernard, NZS 2001, 57, 60).
16.7 Nebenbestimmungen zu einer Zulassung (Bedingung)	Wie bei Nr. IX.16.4.
16.8 Verlegung des Arztsitzes	Dreifacher Regelstreitwert (Wenner/Bernard, NZS 2001, 57, 60).
16.9 Weiterführung von Behandlungen nach Versagung der Zulassung zur vertragspsychotherapeutischen Versorgung	Zu erwartendes Honorar (BSG, 8. 4. 2005 – B 6 KA 52/04 B –).
16.10 Zweigpraxis	Dreifacher Regelstreitwert (Wenner/Bernard, NZS 2003, 568, 572).
16.11 Erteilung einer Nebentätigkeitsgenehmigung als Konsiliararzt	Voraussichtliche Honorareinnahmen für drei Jahre abzüglich der Betriebskosten (LSG Nordrhein-Westfalen, 24. 2. 2006 – L 10 B 21/05 KA –).

Abschnitt 7. Wertvorschriften § 53 GKG

Einstweiliger Rechtsschutz und Verfahren nach § 148 Absatz 1 und 2 des Aktiengesetzes

53 ^I In folgenden Verfahren bestimmt sich der Wert nach § 3 der Zivilprozessordnung:
1. über die Anordnung eines Arrests, zur Erwirkung eines Europäischen Beschlusses zur vorläufigen Kontenpfändung, wenn keine Festgebühren bestimmt sind, und auf Erlass einer einstweiligen Verfügung sowie im Verfahren über die Aufhebung, den Widerruf oder die Abänderung der genannten Entscheidungen,
2. über den Antrag auf Zulassung der Vollziehung einer vorläufigen oder sichernden Maßnahme des Schiedsgerichts,
3. auf Aufhebung oder Abänderung einer Entscheidung auf Zulassung der Vollziehung (§ 1041 der Zivilprozessordnung),
4. nach § 47 Absatz 5 des Energiewirtschaftsgesetzes über gerügte Rechtsverletzungen, der Wert beträgt höchstens 100 000 Euro, und
5. nach § 148 Absatz 1 und 2 des Aktiengesetzes; er darf jedoch ein Zehntel des Grundkapitals oder Stammkapitals des übertragenden oder formwechselnden Rechtsträgers oder, falls der übertragende oder formwechselnde Rechtsträger ein Grundkapital oder Stammkapital nicht hat, ein Zehntel des Vermögens dieses Rechtsträgers, höchstens jedoch 500 000 Euro, nur insoweit übersteigen, als die Bedeutung der Sache für die Parteien höher zu bewerten ist.

^{II} In folgenden Verfahren bestimmt sich der Wert nach § 52 Absatz 1 und 2:
1. über einen Antrag auf Erlass, Abänderung oder Aufhebung einer einstweiligen Anordnung nach § 123 der Verwaltungsgerichtsordnung oder § 114 der Finanzgerichtsordnung,
2. nach § 47 Absatz 5, § 80 Absatz 5 bis 8, § 80a Absatz 3 oder § 80b Absatz 2 und 3 der Verwaltungsgerichtsordnung,
3. nach § 69 Absatz 3, 5 der Finanzgerichtsordnung,
4. nach § 86b des Sozialgerichtsgesetzes und
5. nach § 50 Absatz 3 bis 5 des Wertpapiererwerbs- und Übernahmegesetzes.

Vorbem. I Z 1 idF Art 9 Z 2 EuKoPfVODG v 21. 11. 16, BGBl 2591, in Kraft seit 18. 1. 17, Art 21 I G. I Z 4 eingefügt, dadch bisherige I Z 4 zu I Z 5 dch Art 2 Z 1–3 G v 27. 1. 17, BGBl 130, in Kraft seit 3. 2. 17, Art 3 G. ÜbergangsR je § 71 GKG.

Gliederung

1) Systematik, Regelungszweck, I, II	1
2) Arrest, vorläufige Kontenpfändung, einstweilige Verfügung, Eilmaßnahme des Schiedsgerichts, I Z 1–3	2–10
A. Grundsatz: Teil des Hauptsachewerts	2
B. Evtl fast Hauptsachewert	3
C. Höchstens Hauptsachewert	4
D. Beispiele zur Frage des Streitwerts, I Z 1–3	5–10
3) Gerügte Rechtsverletzung, I Z 4	11
4) Verfahren nach § 148 I, II AktG, I Z 4	12–14
A. Geltungsbereich	12
B. Regelwert	13
C. Höchstwert	14
5) Einstweilige Anordnung usw, II	15–30
A. Grundsatz: Interesse des Antragstellers, II Z 1–3	15, 16
B. § 123 VwGO, II Z 1 Hs 1	17, 18
C. § 114 FGO, II Z 1 Hs 2	19, 20
D. § 47 VIII VwGO, II Z 2 Hs 1	21, 22
E. § 80 V–VIII VwGO, II Z 2 Hs 2	23–26
F. §§ 80a III, 80b II VwGO, II Z 2 Hs 3	27
G. § 69 III, V FGO, II Z 3	28
H. § 86b SGG, II Z 4	29
I. § 50 III–V WpÜG, II Z 5	30

1) Systematik, Regelungszweck, I, II. Die Vorschrift faßt zur Klarstellung eine **1** Reihe höchst unterschiedlicher Fallgruppen mit vorrangigen Sonderregeln zusam-

GKG § 53

men. Der nur vorläufige Charakter der Maßnahmen bedingt eine Wertbemessung meist unterhalb des jeweiligen Hauptsachewerts.

2 **2) Arrest, vorläufige Kontenpfändung, einstweilige Verfügung, Eilmaßnahme des Schiedsgerichts, I Z 1–3.** Die Regelung gilt nur hilfsweise, I Z 1 Hs 2, zB hinter § 51 IV. Ein Grundsatz zeigt zahlreiche Auswirkungen.
A. Grundsatz: Teil des Hauptsachewerts. Man muß den Wert bei §§ 916 ff, 935 ff, 946 ff ZPO und auch bei § 1041 II oder III ZPO nach einem pflichtgemäßen Ermessen unter einer Abwägung der Umstände nach dem wahren Interesse des Antragstellers an der Sicherstellung nach § 3 ZPO schätzen, Düss NZM **06**, 159, Naumb JB **10**, 306, LG Bonn NZM **08**, 664. Das Interesse des Antragsgegners bleibt unbeachtet, LG Bonn NZM **08**, 664. Maßgeblich ist nach § 40 der Zeitpunkt des Antragseingangs. Das alles gilt auch beim Besitzstreit, Düss AnwBl. **86**, 37, Köln VersR **76**, 740.

Da es sich aber um eine nur vorläufige Maßnahme handelt, erreicht der Wert in der Regel *nicht* denjenigen der *Hauptsache*, sondern bleibt im allgemeinen erheblich *unter* jenem, etwa bei 33,3–50% des Werts der Hauptsache, Brdb JB **01**, 94, Kblz WoM **08**, 37, Oldb RR **96**, 946, evtl auch bei 75%, Kblz JB **06**, 537. Das darf aber nicht schematisch erfolgen, Düss WettbR **96**, 44.

Ein *noch geringerer Bruchteil* wäre meist *nicht gerechtfertigt*, Meyer 4, aM Köln GRUR **88**, 726 (12–15%; abl Ahrens). Man darf den etwaigen gesetzlichen Mindestwert der Hauptsache kaum unterschreiten. Beim Notbedarfsanspruch ist meist ein 6-Monats-Betrag angemessen, KG MDR **88**, 154, Nürnb JB **97**, 196.

3 **B. Evtl fast Hauptsachewert.** Der Wert des vorläufigen Verfahrens kann sich allerdings auch dem Wert der Hauptsache nähern, Bbg JB **75**, 793, Rostock GRUR-RR **09**, 39 (selbst bei Antragsrücknahme). Das gilt etwa dann, wenn das Gericht im vorläufigen Verfahren praktisch schon endgültig über die Sache entscheiden muß, BVerfG NVwZ-RR **94**, 105, Düss JB **10**, 647 (Räumung), Kblz JB **09**, 429. Dasselbe gilt überhaupt bei der sog Leistungsverfügung, BLAH Grdz 6 ff vor § 916 ZPO, Kblz JB **09**, 429 (Herausgabe), Mü FamRZ **97**, 691, oder wenn der Antragsgegner andernfalls die Vollstreckung nach §§ 704, 929, 936 ZPO ganz vereiteln könnte, Köln ZMR **95**, 258, LG Darmst JB **76**, 1090.

4 **C. Höchstens Hauptsachewert.** Man darf den Wert der Hauptsache in keinem Fall überschreiten, Hamm JB **79**, 875, Köln FamRZ **01**, 432. In einem nichtvermögensrechtlichen Streit muß man von § 48 II 1 ausgehen, LG Saarbr JB **95**, 26. Man muß mehrere Ansprüche wie sonst zusammenrechnen. Ein Antrag auf einen dinglichen und persönlichen Arrest nach §§ 916, 918 ZPO hat nur *einen* Wert, anders als beim Zusammentreffen von Arrest- und Verfügungsantrag.

5 **D. Beispiele zur Frage des Streitwerts, I Z 1–3**

Arbeitsrecht: I gilt auch vor den Arbeitsgerichten nach § 1 II Z 4, zB wegen eines Anspruchs nach § 102 V 2 BetrVG.
Aufhebungsverfahren: Die Bewertungsregeln gelten auch im Aufhebungsverfahren nach §§ 927, 936 ZPO. Dabei bilden das Anordnungs- und das Aufhebungsverfahren je ein gesondertes Verfahren nach KV amtliche Vorbemerkung 1.4.1.
   S auch Rn 10 „Vollzug".
Ausverkauf: Rn 3 gilt auch dann, wenn es um die Unterlassung eines Ausverkaufs oder einer solchen Werbung geht.
Bankdepot: Wenn der Gläubiger die einstweilige Verfügung nur in einen bestimmten Gegenstand vollziehen kann, zB in ein Bankdepot eines Ausländers im Inland, ist der Wert nicht höher als derjenige dieses Gegenstands.
Bauhandwerker: Bei einer einstweiligen Verfügung mit dem Ziel der Eintragung einer Vormerkung wegen einer Bauhandwerkerhypothek kann man ca 33,3–50% der Handwerkerforderung ansetzen, Düss JB **75**, 649, Ffm JB **77**, 719, aM Bre AnwBl **76**, 441, LG Saarbr AnwBl **81**, 70 (90% der Hauptforderung).
Beseitigung: Bei der formellen Beseitigung des Arrests ist ein geringerer Wert als beim Vollzug ansetzbar, KG JB **02**, 479.
Besitzstörung: Bei verbotener Eigenmacht nach §§ 858 ff BGB gilt evtl der Hauptsachewert. Andernfalls weniger, Naumb JB **10**, 306, zB 50%, Köln VersR **76**, 740.
Betriebsverfassung: S „Arbeitsrecht".

Abschnitt 7. Wertvorschriften **§ 53 GKG**

Einzelgegenstand: Rn 7 „Bankdepot". 6
Finanzgerichtssache: Im Verfahren nach §§ 324 ff AO muß man meist den Hauptsachewert halbieren.
Gewaltschutz: Man kann 500 EUR ansetzen, Saarbr RR **08**, 746.
Gewerblicher Rechtsschutz: Rn 3 gilt auch auf diesem Gebiet, Ffm JB **81**, 605.
Hauptsache: Rn 10 „Vergleich". 7
Hilfsantrag: Es gilt § 45.
Kostenpauschquantum: Man muß es mitbeachten, aM Meyer 8.
  Man darf auch hier aber keinen höheren Wert als denjenigen der *Hauptsache* ansetzen, Düss FamRZ **85**, 1156.
Kostenwiderspruch: Rn 10 „Widerspruchsverfahren".
Löschungsbewilligung: Maßgebend ist auch hier grds nur das Interesse des Antragstellers, Köln MDR **77**, 495.
Markensache: Es kommt auf die Gefährlichkeit einer unbefugten Benutzung an, 8
Kblz GRUR **96**, 139, Schlesw SchlHA **98**, 163. Im Widerspruchs-Beschwerdeverfahren setzt BPatG GRUR **99**, 65 (jetzt) für § 33 RVG, Teil X dieses Buchs, grds (jetzt ca) 10 000 EUR an.
Nebenforderung: Sie bleibt nach § 4 ZPO *unbeachtet*.
Nießbrauch: Bei ihm muß man die voraussichtliche Lebensdauer des Berechtigten schätzen und dann etwa 25% des sich so ergebenden Werts ansetzen.
Persönlicher Arrest: Auch bei ihm nach § 918 ZPO kann man die Wertregeln des dinglichen Arrests nach §§ 916, 917 ZPO anwenden, Kblz JB **92**, 191.
Pfändbarkeit: Rn 3 gilt dann, wenn nur ein Arrest genug nach §§ 803 ff ZPO Pfändbares erbringt, LG Darmst JB **76**, 1090.
Pfändung: *Unbeachtbar* ist eine Forderungspfändung nach § 930 ZPO.
Rechtsverlust: Es gilt dasselbe wie bei Rn 10 „Zwangsversteigerung". 9
Schiedsrichterliches Verfahren: Die Bewertungsregeln gelten auch im Verfahren nach § 1041 II oder III ZPO. Man darf also nicht das Interesse des Gegners mitbeachten, zumal man sein Bestreiten ja auch sonst nicht wertet. Vielmehr bleibt allein das Interesse des Antragstellers maßgeblich.
Seeschiff: Man kann 75% der Arrestforderung ansetzen, Hbg MDR **91**, 1196.
Stellenbesetzung: Maßgebend ist § 52 II, OVG Münst NVwZ-RR **10**, 944.
Unterhalt: In einer vertraglichen Unterhaltssache kann man den Wert nach (jetzt) § 42 I ansetzen, auch für einen Arrest, Brschw RR **96**, 256 links, Düss FamRZ **85**, 1155, aM Schneider MDR **89**, 389 (jetzt II 1 entsprechend. Aber § 42 I spricht auch von einem „Antrag" und ist deshalb spezieller). Dieser Wert gilt auch für eine einstweilige Verfügung.
  In einer *gesetzlichen* Unterhaltssache gilt das FamGKG, Teil I B dieses Buchs.
Verbotene Eigenmacht: Rn 3 gilt auch bei §§ 858 ff BGB.
Vergaberecht: Man kann 5% der Angebotssumme zugrundelegen, Brdb BauR **12**, 698.
Vergleich: Soweit es zu einem außergerichtlichen Vergleich nach § 779 BGB oder 10
zu einem Prozeßvergleich nach BLAH Anh § 307 ZPO auch über die Hauptsache kommt, muß man zusammenrechnen.
Vollzug: Die Bewertungsregeln gelten auch im Vollzugsverfahren nach §§ 929 ff, 936 ZPO, KG Rpfleger **91**, 126, Karlsr Rpfleger **99**, 509 (je: Obergrenze/Wert der Anordnung), Köln Rpfleger **93**, 508. Das gilt auch bei einer Aufhebung des Vollzugs nach §§ 934, 936 ZPO, aM Meyer 3 (Addition).
  Unbeachtbar ist das Problem, einen Vollzugsgegenstand zu finden, LG Darmst JB **76**, 1090.
  S auch Rn 5 „Beseitigung".
Vorläufige Kontenpfändung: Beim Verfahren nach §§ 946 ff ZPO kommt eine Wertklärung in infrage, soweit das Gesetz keine Festgebühr bestimmt, also nicht bei KV 2112.
Vormerkung: Maßgeblich sind etwa 33,3% der Hauptforderung, Düss JB **75**, 649.
Widerspruchsverfahren: Die Bewertungsregeln gelten auch im Widerspruchsverfahren nach §§ 924, 926, 936 ZPO. Nur bei einem auf die Kostenfrage beschränkten Widerspruch nach BLAH § 924 ZPO Rn 9 ist das bloße Kosteninteresse maßgeblich, Ffm JB **90**, 1210 und 1331, Hbg JB **98**, 150, Meyer JB **03**, 525.

Wohnungsrecht: Es gilt dasselbe wie Rn 8 „Nießbrauch".
Zwangsversteigerung: Bei ihrem Drohen nach § 869 ZPO in Verbindung mit dem ZVG kann die Eintragung einer Vormerkung zur Sicherung für eine Hypothekenbestellung annähernd dem Hypothekenbetrag angleichen, Bbg JB **78**, 1552.

11 **3) Gerügte Rechtsverletzung, I Z 4.** Es geht um das Verfahren nach §§ 935 ff ZPO auf Grund einer von einem Unternehmen gerügten Rechtsverletzung bei einem Wegenutzungsrecht zur leitungsgebundenen Energieversorgung nach §§ 46 ff Energiewirtschaftsgesetz (EnWG, Sartorius Nr 830). Die Gemeinde darf nicht abgeholfen haben. Die Rüge muß binnen 15 Kalendertagen ab Zugang der Information nach § 47 I EnWG beim Gericht eingegangen sein. Ein Verfügungsgrund im Sinn von §§ 935, 940 ZPO braucht nach § 47 V 3 EnWG nicht nach § 294 ZPO glaubhaft vorliegen.

Höchstwert nach I Z 4 Hs 2 je Verfahren 100 000 EUR.

12 **4) Verfahren nach § 148 I, II AktG, I Z 4.** Im Geltungsbereich gelten ein Regel- und ein oberer Begrenzungswert.

A. Geltungsbereich. Es gibt mehrere voneinander unabhängige Bereiche.

Nach § *148 I, II AktG* kann derjenige Aktionär, dessen Anteil 1% des Grundkapitals oder 100 000 EUR erreicht, die Zulassung beantragen, die aus § 147 I 1 AktG genannten Ersatzansprüche der Gesellschaft in eigenem Namen geltend zumachen. Dieses sog Klagezulassungsverfahren löst einen Wert nach § 53 I 1 Z 4 aus.

13 **B. Regelwert.** In dem Beschlußverfahren nach Rn 11 beträgt der Regelwert den nach § 3 ZPO berechneten Betrag, § 48 Anh I: § 3 ZPO Rn 1 ff. Das Gericht entscheidet also nach seinem pflichtgemäßen Ermessen auf der Basis des Interesses des Klägers.

14 **C. Höchstwert.** Man muß den nach Rn 12 ermittelten Regelwert nach oben korrigieren, soweit die Voraussetzungen I 2 vorliegen. Sie sehen sowohl beim Vorhandensein eines Grund- oder Stammkapitals als auch bei seinem Fehlen beim übertragenden oder formwechselnden Rechtsträger einen an sich absoluten Höchstwert von 500 000 EUR vor. Ihn darf man nur ganz ausnahmsweise nochmals überschreiten, wenn und soweit man die Bedeutung der Sache für beide Parteien und daher abweichend von § 3 ZPO nicht nur für den Kläger höher bewerten muß. Diese Ausnahmevorschrift ist eng auslegbar. Eine nur unerheblich höhere Bedeutung sollte nicht zur Überschreitung von 500 000 EUR führen.

15 **5) Einstweilige Anordnung usw, II.** Die Regelung ähnelt §§ 935 ff ZPO. Ein Grundsatz gilt in vier Fallgruppen.

A. Grundsatz: Interesse des Antragstellers, II Z 1–3, dazu *Finkelnburg/Jank* Rn 400–402, 834–836, *Schoch,* Vorläufiger Rechtsschutz und Risikoverteilung im Verwaltungsrecht, 1988; *Tipke/Kruse* Tz 93 und 103:

Die Verweisung auf § 52 I, II bedeutet, daß auch in den in II genannten Fällen die Bedeutung der Sache maßgeblich ist, OVG Bln-Brdb NVwZ-RR **06**, 652, OVG Bre AnwBl **87**, 337, also das *Interesse des Antragstellers* an dem Erlaß einer einstweiligen Anordnung oder am Aufschub der Vollziehung usw, VGH Kassel NVwZ-RR **05**, 366, VG Hbg GewArch **83**, 261. Bei mehreren Antragstellern, die jeweils eigene Rechte verfolgen, muß man die Werte entsprechend § 5 ZPO zusammenrechnen, VGH Mannh NJW **77**, 1790.

16 Man darf den Wert der *Hauptsache* nur dann ansetzen, wenn die Bedeutung des vorläufigen Verfahrens dem Hauptverfahren gleichkommt, etwa weil die Eilanordnung bereits vollendete Tatsachen schafft. Das gilt zB: Bei einer einstweiligen Anordnung auf die Einräumung einer Sendezeit; bei der unbefristeten Zuweisung eines Studienplatzes; bei einer Aussetzung der Vollziehung eines Versammlungsverbots; in einer Asyl-Sache nach Rn 29, 30, OVG Bre AnwBl **87**, 337, OVG Kblz NVwZ **83**, 172, VG Kblz AnwBl **86**, 108; bei einer Abschreibungs-Aussetzung, VGH Mannh NVwZ-RR **11**, 214. In der Regel hat aber eine Maßnahme nach II eine geringere Bedeutung, VGH Mü BayVBl **78**, 60. Man muß also meinen Bruchteil des Werts der Hauptsache annehmen, VGH Kassel NVwZ-RR **05**, 366, VGH Mannh NVwZ-RR **05**, 366, VGH Mü NVwZ-RR **17**, 264. Der Auffangwert des § 52 II ist ebenfalls unter seinen Voraussetzungen nach § 53 II anwendbar. Man darf diesen Festwert nicht nochmals nur wegen der Einstweiligkeit der Regelung herabsetzen, Meyer 23.

Zum Streitwert bei einer Beförderungssache OVG Lüneb NVwZ-RR **09**, 454 (ausf zur Streitfrage, bitte nachlesen).

B. § 123 VwGO, II Z 1 Hs 1. Die Bewertung mit nicht weniger als etwa 33,3% 17 des Werts der Hauptsache nach Rn 19 ist in der Regel angemessen, OVG Lüneb NVwZ-RR **07**, 638. Oft ist aber auch 50% des Werts der Hauptsache angemessen, OVG Magdeb NVwZ-RR **14**, 373. Das gilt etwa bei einer zeitlich begrenzten Zuweisung eines Studienplatzes, OVG Hbg JB **06**, 201, VGH Mannh BWVPr **76**, 278, oder in einer Angelegenheit nach dem BAföG, es sei denn, der Eilantrag bezöge sich auf einen kürzeren Zeitraum als der Antrag in der Hauptsache.

Wenn die Bedeutung des vorläufigen Verfahrens demjenigen der Hauptsache nahe- 18 kommt, kann im vorläufigen Verfahren 75% des Werts der *Hauptsache* angemessen sein, etwa bei einer unbefristeten Zuteilung eines Studienplatzes. Daher können zB 2000 EUR angemessen sein.

Ein Bruchteil ist auch dann ansetzbar, wenn sich der Wert der Hauptsache nach dem *Auffangwert des § 52 II* bestimmt, OVG Lüneb NVwZ-RR **07**, 829, VGH Mannh NVwZ-RR **04**, 619 (Ruhestand wegen Dienstunfähigkeit: 50% des Auffangwerts). Ausnahmsweise darf und muß man den vollen Wert ansetzen, Rn 15.

C. § 114 FGO, II Z 1 Hs 2. Vgl zunächst Rn 17, 18. Eine Pauschalierung mit 19 10% des Werts der Hauptsache wird der Regelung des II nicht gerecht. Wenn der Antragsteller nämlich die erstrebte Leistung beziffert hat, muß man die daraus erkennbare Bedeutung der einstweiligen Anordnung für ihn berücksichtigen. Wenn eine einstweilige Anordnung ziemlich endgültige Ergebnisse bezweckt, mag der Streitwert denjenigen der Hauptsache erreichen. Wenn die einstweilige Anordnung hinter der Entscheidung in der Hauptsache zurückbleiben würde und wenn keine besonderen Umstände vorliegen, ist in der Regel etwa 33,3% des Werts der Hauptsache angemessen, BFH JB **80**, 520, aM FG Stgt EFG **82**, 205 (50% des Werts der Hauptsache). Eine Sicherungsmaßnahme bleibt unbeachtet.

Wenn sich die einstweilige Anordnung gegen eine *Vollstreckungsmaßnahme* richtet, 20 sind 10% der Forderung ansetzbar, BFH KTS **83**, 151. Das gilt auch dann, wenn sich die einstweilige Anordnung auf ein Verbot der Vollziehung während des Klageverfahrens richtet, FG Hbg EFG **78**, 94 (5% des Werts der Forderung), aM BFH NJW **77**, 1216.

D. § 47 VIII VwGO, II Z 2 Hs 1. Die Bedeutung der Sache ergibt sich aus 21 dem „schweren Nachteil", den man ja aber abwehren will. Sie ergibt sich auch durch die ebenfalls ausreichenden „anderen wichtigen Gründe", ferner durch das „dringende Gebot" der einstweiligen Anordnung.

Diese Gesichtspunkte können vermögensrechtlich oder nichtvermögensrechtlich 22 sein. Das Interesse des Antragstellers ist nicht allein maßgeblich. Man muß auch das *öffentliche Interesse* beachten.

E. § 80 V–VIII VwGO, II Z 2 Hs 2. Die Bedeutung der Sache ergibt sich aus 23 den Auswirkungen der erstrebten Maßnahme. Man muß unter Umständen die zur Abwehr sonstiger Nachteile erforderlichen Kosten zugrunde legen. Wenn eine Aussetzung vollendete Tatsachen schafft, etwa beim Verbot einer Demonstration, oder wenn die Bedeutung der Aussetzung sonst derjenigen der Hauptsache gleichkommt, ist der Wert der Hauptsache maßgebend, VGH Mannh JB **10**, 200. Das gilt etwa nach Rn 15, 16 bei der Abschiebung eines solchen Ausländers, der sich in Deutschland eine Existenz geschaffen hat, VGH Gött JB **05**, 597 (Wiederherstellung aufschiebender Wirkung einer Klage gegen einen sofort vollziehbaren Widerruf einer Aufenthaltserlaubnis: 5000 EUR), VGH Mannh BWVPr **76**, 277.

Meist ist die *Bedeutung des Aufschubs* geringer, VGH Mü BayVBl **76**, 276. Dann 24 muß man einen Bruchteil des Werts der Hauptsache ansetzen, Noll 128 ff (auch bei [jetzt] § 52 II). Oft können 50% des Werts der Hauptsache richtig sein, VGH Mü JB **94**, 241 (Rückforderung von Sozialhilfe). Bei einer Annäherung des Werts des vorläufigen Verfahrens an denjenigen der Hauptsache kann man 75% des Werts der Hauptsache ansetzen, OVG Kblz NJW **77**, 1356.

Andernfalls sind für die aufschiebende Wirkung der Klage etwa 33,3% des Werts der Hauptsache angemessen und für die aufschiebende Wirkung des Widerspruchs grundsätzlich ebenfalls etwa 33,3% des Werts der Hauptsache, OVG Hbg HmbJVBl

89, 45 (etwa 17% nur dann, wenn der Antrag zeitlich auf den Abschluß des Widerspruchsverfahrens beschränkt ist), Melullis MDR **90**, 17.

25 In einer *Abgabensache* kann man unter Umständen nur 10% des streitigen Betrags als Wert annehmen, OVG Hbg HmbJVBl **89**, 46, OVG Münst MDR **84**, 344, aM OVG Lüneb III B 118/76, VGH Mü BayVBl **90**, 189 und 221 (etwa 33,3% des streitigen Betrags), VGH Mannh AnwBl **83**, 281, VGH Mü BayVBl **82**, 443 (25%).

26 Für das kostenrechtlich selbständige Verfahren nach § *80 VII VwGO* ist nach seiner Bedeutung ein neuer Wert angemessen. Zum Wert mehrerer Klagen gegen denselben Verwaltungsakt VGH Mü DVBl **82**, 211.

27 F. §§ 80a III, 80b II VwGO, II Z 2 Hs 3. Maßgeblich ist das Interesse des nach § 80a I VwGO vorgehenden Dritten an der Aufhebung usw des einen anderen begünstigenden Verwaltungsakts, begrenzt durch die nach § 80a III VwGO ja allenfalls erzielbare Aufhebung oder Änderung. Eine Sicherungsmaßnahme bleibt auch hier unbeachtet.

28 G. § 69 III, V FGO, II Z 3. Regelmäßig muß man 10% desjenigen Betrags ansetzen, für den der Antragsteller eine Aussetzung beantragt, aM FG Lpz JB **14**, 642 (25%). Dasselbe gilt im Streit um die Vollziehbarkeit des Widerrufs der Aussetzung, BFH DStR **76**, 351. Wenn der Streit nur darum geht, ob bei einer Aussetzung eine Sicherheitsleistung erforderlich wird, beträgt der Wert 10% der geforderten Sicherheit, FG Münst EFG **76**, 24. Wenn neben der Aussetzung auch die Sicherheit streitig ist, bleibt es bei 10% der betroffenen Forderung, FG Hann EFG **77**, 383 (15% der betroffenen Forderung), VGH Mü BayVBl **90**, 189 und 221.

Bei einem Antrag auf eine zinslose *Aussetzung* kann man 6% als Jahreszinsen (§ 238 AO) hinzurechnen, FG Mü EFG **78**, 560.

29 H. § 86b SGG, II Z 4. Es gelten dieselben Regeln wie Rn 14–16.
30 I. § 50 III–V WpÜG, II Z 5. Es gelten dieselben Wertmaßstäbe wie bei Rn 15–28.

Sanierungs- und Reorganisationsverfahren nach dem Kreditinstitute-Reorganisationsgesetz

53a Die Gebühren im Sanierungs- und Reorganisationsverfahren werden nach der Bilanzsumme des letzten Jahresabschlusses vor der Stellung des Antrags auf Durchführung des Sanierungs- oder Reorganisationsverfahrens erhoben.

1 **1) Systematik, Regelungszweck.** Es handelt sich zusammen mit § 23a (Kostenschuldner), KV 1650–1653 (Gebühren) und mit § 24 RVG (Gegenstandswert), Teil X dieses Buchs, um eine vorrangige Spezialregelung auf Grund des ebenfalls seit 1. 1. 11 geltenden Kreditinstitute-ReorganisationsG (KredReorgG).

2 **2) Streitwert/Letzte Bilanzsumme.** Maßgeblich ist die Bilanz des letzten Jahresabschlusses vor dem Tag der Einreichung eines Antrags nach § 2 KredReorgG (verkündet als Art 1 RestrukturierungsG). Bilanzsumme ist dasselbe wie in § 267 I Z 1, II Z 1 HGB. Vgl auch im übrigen §§ 266ff HGB. Jahresabschluß ist dasselbe wie in § 340a I HGB.

Zwangsversteigerung

54 [1] [1]Bei der Zwangsversteigerung von Grundstücken sind die Gebühren für das Verfahren im Allgemeinen und für die Abhaltung des Versteigerungstermins nach dem gemäß § 74a Absatz 5 des Gesetzes über die Zwangsversteigerung und die Zwangsverwaltung festgesetzten Wert zu berechnen. [2]Ist ein solcher Wert nicht festgesetzt, ist der Einheitswert maßgebend. [3]Weicht der Gegenstand des Verfahrens vom Gegenstand der Einheitsbewertung wesentlich ab oder hat sich der Wert infolge bestimmter Umstände, die nach dem Feststellungszeitpunkt des Einheitswerts eingetreten sind, wesentlich verändert oder ist ein Einheitswert noch nicht festgestellt, ist der nach den Grundsätzen der Einheitsbewertung geschätzte Wert maßgebend. [4]Wird der Einheitswert nicht nachgewiesen, ist das Finanzamt um Auskunft über die Höhe des Einheitswerts zu ersuchen; § 30 der Abgabenordnung steht der Auskunft nicht entgegen.

Abschnitt 7. Wertvorschriften § 54 GKG

II ¹Die Gebühr für die Erteilung des Zuschlags bestimmt sich nach dem Gebot ohne Zinsen, für das der Zuschlag erteilt ist, einschließlich des Werts der nach den Versteigerungsbedingungen bestehen bleibenden Rechte zuzüglich des Betrags, in dessen Höhe der Ersteher nach § 114a des Gesetzes über die Zwangsversteigerung und die Zwangsverwaltung als aus dem Grundstück befriedigt gilt. ²Im Fall der Zwangsversteigerung zur Aufhebung einer Gemeinschaft vermindert sich der Wert nach Satz 1 um den Anteil des Erstehers an dem Gegenstand des Verfahrens; bei Gesamthandeigentum ist jeder Mitberechtigte wie ein Eigentümer nach dem Verhältnis seines Anteils anzusehen.

III ¹Die Gebühr für das Verteilungsverfahren bestimmt sich nach dem Gebot ohne Zinsen, für das der Zuschlag erteilt ist, einschließlich des Werts der nach den Versteigerungsbedingungen bestehen bleibenden Rechte. ²Der Erlös aus einer gesonderten Versteigerung oder sonstigen Verwertung (§ 65 des Gesetzes über die Zwangsversteigerung und die Zwangsverwaltung) wird hinzugerechnet.

IV Sind mehrere Gegenstände betroffen, ist der Gesamtwert maßgebend.

V ¹Bei Zuschlägen an verschiedene Ersteher wird die Gebühr für die Erteilung des Zuschlags von jedem Ersteher nach dem Wert der auf ihn entfallenden Gegenstände erhoben. ²Eine Bietergemeinschaft gilt als ein Ersteher.

Gliederung

1) Systematik, Regelungszweck, I–V	1
2) Verfahrensgebühr, I	2–4
A. Grundsatz: Maßgeblichkeit des § 74a V ZVG, I 1, 2	2
B. Abweichung vom Einheitswert, I 3	3
C. Auskunft des Finanzamts, I 4	4
3) Zuschlagsgebühr, II	5–7
4) Verteilungsgebühr, III	8
5) Mehrheit von Gegenständen, IV	9
6) Verschiedene Ersteher, V	10

1) Systematik, Regelungszweck, I–V. Für die Entscheidung über den Antrag 1 auf die Anordnung einer Zwangsversteigerung nach § 869 ZPO in Verbindung mit dem ZVG entsteht nach KV 2210 eine Festgebühr nach Einl II A 14. § 54 regelt die Wertermittlung für die Gebühren im anschließenden Verfahren sowie für die Abhaltung des Versteigerungstermins nach KV 2211–2216, und zwar zwecks Prozeßwirtschaftlichkeit nach BLAH Grdz 14 vor § 128 ZPO in Anlehnung an das ZVG.

2) Verfahrensgebühr, I. Man muß drei Aspekte beachten.

A. Grundsatz: Maßgeblichkeit des § 74a V ZVG, I 1, 2. Man muß die Ge- 2 bühr für das Verfahren grundsätzlich von demjenigen Wert berechnen, den das Vollstreckungsgericht nach § 74a V ZVG festsetzt, I 1, LG Paderb Rpfleger **89**, 168, evtl nach einer Anhörung von Sachverständigen.

Die zusätzliche Festsetzung des Werts derjenigen *beweglichen Gegenstände,* auf die sich die Zwangsversteigerung erstreckt, erfolgt auf Grund einer pflichtgemäßen Schätzung unter einer Berücksichtigung aller Umstände. Die rechtskräftige Wertfestsetzung des Vollstreckungsgerichts nach §§ 764, 802 ZPO bindet für die Gebührenberechnung.

Gegen den Wertfestsetzungsbeschluß der Vollstreckungsgerichts ist nach § 74a V 3 ZVG, § 11 I RPflG die sofortige Beschwerde statthaft. Dann ist dafür der Beschwerdewert maßgebend, Düss JB **10**, 143. Soweit das Vollstreckungsgericht keinen Wert festgesetzt hat, ist nach I 2 der Einheitswert maßgebend. Der Kostenschuldner muß ihn nachweisen. Für eine Eintragung im Grundbuch gilt ausschließlich das GNotKG, Zweibr Rpfleger **88**, 409. Teil III dieses Buchs.

B. Abweichung vom Einheitswert, I 3. Wenn sich eine wesentliche Abwei- 3 chung des Gegenstands des Verfahrens vom Einheitswert ergibt, zB dadurch, daß dem Zwangsversteigerungs- oder Zwangsverwaltungsverfahren auch Maschinen und Betriebsanlagen unterliegen, oder wenn infolge einer unverhältnismäßigen Höherbelastung oder einer wesentlichen Veränderung des Werts nach der letzten Einheitsbewertung irgendwelche auch gerade für sie maßgebenden Veränderungen eintreten, muß das Gericht nach I 3 Hs 1 den Wert nach den Grundsätzen der Einheitsbewertung nach dem BewG ermitteln, wie bei § 48 GNotKG, Teil III dieses Buchs. Dasselbe gilt nach I 3 Hs 2, soweit der Einheitswert noch nicht festgestellt worden ist.

4   **C. Auskunft des Finanzamts, I 4.** Soweit der Antragsteller den Einheitswert dem Gericht nicht nachweist und auch nicht glaubhaft macht (das könnte genügen), muß das Gericht nach I 4 Hs 1 das Finanzamt um eine Auskunft über die Höhe des Einheitswerts ersuchen, BGH NJW **09**, 2066. Das kann auch gleich nach der Verfahrensanordnung geschehen, BGH NZM **09**, 744. Das Finanzamt kann sich nach I 4 Hs 2 trotz § 30 AO nicht auf seine Schweigepflicht berufen, so auch BGH NJW **08**, 1958. Es darf aber auch nur dasjenige mitteilen, was zur Kostenberechnung nötig ist, LG Stgt NZM **09**, 365 (notfalls Auskunftsklage der Wohnungseigentümer gegen den Schuldner). Der mitgeteilte Wert ist in der Regel maßgeblich, aber nicht stets zwingend. Denn man muß bei einer Abweichung nach I 3 letztlich eine „Schätzung" vornehmen.

5   **3) Zuschlagsgebühr, II.** Die Zuschlagsgebühr nach KV 2214 bestimmt sich nicht mehr nach dem festgesetzten Wert oder nach den sonstigen Grundsätzen des I, sondern nach II 1 Hs 1 nach demjenigen Gebot ohne Zinsen, für das das Gericht den Zuschlag erteilt hat, einschließlich des Werts der nach den Versteigerungsbedingungen oder nach den vertraglichen Bedingungen bestehenbleibenden Rechte, §§ 52, 74a I 1 ZVG, BGH WertpMitt **11**, 1760 rechts Mitte, LG Kref Rpfleger **76**, 332 (abl Stöber), aM Mümmler JB **77**, 1503 (aber das ist die allgemein anerkannte und übliche Berechnung). Es kommt also nicht auf ein zwar höheres, aber zurückgewiesenes Gebot an. Auch eine nach § 60 ZVG bewilligte Zahlungsfrist ist unbeachtlich. Nur ein bestehenbleibendes Recht ist beachtlich, keine bestehenbleibende Belastung. Die Eintragungsgebühr des Ersteigerers richtet sich auch wertmäßig (jetzt) nach dem GNotKG, LG Bayreuth JB **76**, 85.

Das gilt auch dann, wenn der Ersteher für diese Rechte schon vor der Erteilung des Zuschlags ganz oder teilweise *persönlich haftet*, etwa aus einer Gesamthypothek. Hinzurechnen muß man nach II 1 Hs 2 denjenigen Betrag, in dessen Höhe der Ersteher nach § 114a ZVG als befriedigt gilt, also soweit den Anspruch des aus dem Grundbuch berechtigten Erstehers sein Meistgebot nicht deckt, aber ein Gebot zum Betrag der 70%-Grenze decken würde. Durch diese Regelung ist der Streit zur Anwendung von II 1 bei § 85a ZVG erledigt, LG Mönchengladb Rpfleger **03**, 148.

6   Sie ist wegen § 26 II 2, dort Rn 7, 8, auch dann anwendbar, wenn der aus dem Grundstück Berechtigte seine Rechte aus dem Meistgebot an einen Dritten *abtritt*. Das gilt selbst dann, wenn dieser letztere nicht aus dem Grundstück berechtigt ist, LG Lüneb Rpfleger **88**, 113.

7   Bei einer *Teilungsversteigerung* nach § 180 ZVG vermindert sich der nach I 1 errechnete Wert nach II 2 Hs 1 um den Anteil des Erstehers am Gegenstand des Verfahrens. Dasselbe gilt beim Bruchteilseigentum, Meyer 10. Bei einem Gesamthandeigentum muß man nach II 2 Hs 2 jeden Mitberechtigten wie einen Miteigentümer ansehen.

8   **4) Verteilungsgebühr, III.** Die Verteilungsgebühr nach KV 2215, 2216 berechnet sich zunächst nach III 1 ebenso wie bei II nach demjenigen Gebot ohne Zinsen, das zum Zuschlag geführt hat, einschließlich derjenigen Rechte, die nach den Versteigerungsbedingungen bestehen bleiben, ebenso nach III 2 des Erlöses aus einer Sonderverwertung nach § 65 ZVG. Ein nach § 91 II ZVG vereinbartes bestehenbleibendes Recht gehört nicht hierher, LG Kref Rpfleger **78**, 392.

Nicht einrechnen darf man aber insofern anders als bei II 1 denjenigen Betrag, in dessen Höhe ein *Ersteher* nach § 114a ZVG *als* aus dem Grundstück *befriedigt gilt*. Es gibt also keine Absetzung des sog Erstehungsanteils. Denn die Verteilung umfaßt auch dann den genannten Erlös, wenn ein Miteigentümer Ersteher ist.

9   **5) Mehrheit von Gegenständen, IV.** Bei § 18 ZVG ist der Gesamtwert für alle Gebühren maßgeblich, soweit der abgegoltene Verfahrensteil sich auf die mehreren Gegenstände bezieht. Nach einer Verfahrenstrennung gelten die Einzelwerte. Es erfolgt eine Anrechnung. Eine Mehrheit von Gegenständen liegt dann vor, wenn jeder Gegenstand ein gesondertes Verfahren begründen könnte.

10 **6) Verschiedene Ersteher, V.** Man muß die Zuschlagsgebühr nach V 1 von jedem Ersteher nach dem Wert des von ihm nach seinem Einzelgebot Ersteigerten

Abschnitt 7. Wertvorschriften §§ 54–57 GKG

besonders berechnen, und nach § 26 II 1 gesondert erheben. Wenn das Gericht das Verfahren teils durchgeführt, teils eingestellt hat, erfolgt eine getrennte Berechnung der einzelnen Gebühren. Bei einem Zuschlag an eine Personenmehrheit zur gesamten Hand oder an eine sonstige Bietergemeinschaft erfolgt nach V 2 eine einheitliche Berechnung.

Zwangsverwaltung

55 Die Gebühr für die Durchführung des Zwangsverwaltungsverfahrens bestimmt sich nach dem Gesamtwert der Einkünfte.

1) Geltungsbereich. Die Vorschrift erfaßt das Verfahren nach § 869 ZPO in Verbindung mit §§ 146 ff, 172, 173 ZVG und eine Zwangsverwaltung nach § 77 II ZVG. Nicht hierher gehören: Eine Sicherung nach § 25 ZVG; die gerichtliche Verwaltung nach § 94 ZVG; eine Anordnung nach § 165 ZVG oder nach § 171c ZVG; eine Sequestration nach § 938 ZPO. Die Person des Zwangsverwalters ist unerheblich. Das Verfahren beginnt mit der Beschlagnahme oder mit dem Eintragungsersuchen beim Grundbuchamt. Es endet mit der Wirksamkeit der Aufhebung oder mit der Antragsrücknahme. Maßgebend ist der Gesamtbetrag der Jahreseinkünfte nach § 7 II. Dieser Bezugszeitraum ergibt sich daraus, daß auch KV 2221 von jedem angefangenen Jahr ausgeht. Das Jahr beginnt mit dem Tag der Beschlagnahme. Es endet mit dem Vortag der Wiederkehr der Beschlagnahme evtl vor dem Jahresablauf, nicht aber schon mit dem Zuschlag der Zwangsversteigerung.

„*Jahreseinkünfte*" sind die tatsächlich erzielten Bruttoerträgnisse (Nutzungen) einschließlich Zinsen, nicht bloß die Überschüsse nach § 155 II ZVG. Man darf eine Vergütung des Zwangsverwalters oder anderer Aufsichtspersonen ebensowenig abziehen wie öffentliche oder private Lasten oder Mittel nach § 149 III 1 ZVG.

Bei *mehreren* Grundstücken muß man die Einkünfte innerhalb desselben Verfahrens entsprechend § 54 IV zusammenzählen.

Zwangsversteigerung von Schiffen, Schiffsbauwerken, Luftfahrzeugen und grundstücksgleichen Rechten

56 Die §§ 54 und 55 gelten entsprechend für die Zwangsversteigerung von Schiffen, Schiffsbauwerken und Luftfahrzeugen sowie für die Zwangsversteigerung und die Zwangsverwaltung von Rechten, die den Vorschriften der Zwangsvollstreckung in das unbewegliche Vermögen unterliegen, einschließlich der unbeweglichen Kuxe.

1) Geltungsbereich. § 56 unterstellt den §§ 54, 55 die Zwangsversteigerung 1 eines Binnen- oder Seeschiffs oder Schiffsbauwerks nach § 869 ZPO in Verbindung mit §§ 162 ff ZVG, auch eines Bruchteilseigentums daran, ferner die Zwangsversteigerung eines Luftfahrzeugs nach § 110 LuftfG, §§ 171a ff ZVG, die Zwangsversteigerung und Zwangsverwaltung eines grundstücksähnlichen Rechts nach § 49 GNotKG Rn 1, Teil III dieses Buchs, einschließlich Erbbaurecht und Stockwerkseigentum, unbeweglicher Kux, Bergwerksberechtigung oder Hochseekabel, die Zwangsversteigerung nach §§ 172 ff ZVG und die Zwangsversteigerung von Wohnungseigentum nach dem WEG. Bei einem Schiff, einem Schwimmdock oder einem Luftfahrzeug ist eine Zwangsverwaltung nach § 870a I ZPO, § 99 LuftfG unstatthaft. Bei einer Schiffspart nach §§ 489 ff HGB gilt § 858 ZPO.

2) Streitwert. Es gelten §§ 54, 55. Mangels einer Wertfestsetzung nach § 74a 2 ZVG gilt § 61, beim Binnenschiff gilt § 15 G RGBl **33**, 289, 365, **34**, 251, 1082.

Zwangsliquidation einer Bahneinheit

57 Bei der Zwangsliquidation einer Bahneinheit bestimmt sich die Gebühr für das Verfahren nach dem Gesamtwert der Bestandteile der Bahneinheit.

GKG §§ 57, 58
I. A. Gerichtskostengesetz

1   **1) Geltungsbereich.** Die Zwangsliquidation einer Bahneinheit tritt bei einer Einstellung des Betriebs oder beim Erlöschen der Betriebsgenehmigung ein. Sie dient der abgesonderten Befriedigung der Bahngläubiger.
Unanwendbar ist § 57 auf die freiwillige Liquidation und auf eine Zwangsversteigerung oder Zwangsverwaltung. Dann gelten §§ 54, 55.

2   **2) Streitwert.** Man muß sind zwei Situationen unterscheiden.
A. Eröffnungsantrag. Für die Entscheidung über den Antrag auf die Eröffnung der Zwangsliquidation entsteht eine Festgebühr von 50 EUR, KV 2230.

3   **B. Verfahren.** Der Wert für die Gebühren nach KV 2231, 2232, 2241, 2243 richtet sich nach dem Gesamtwert der Bestandteile der Bahneinheit, also ihres beweglichen und unbeweglichen Vermögens. Es kommt nicht auf den Einheitswert an, sondern auf den Verkehrswert. Maßgebend ist nach § 40 zunächst der Wert bei der Eröffnung der Zwangsliquidation, aber evtl der am Verfahrensende höhere Wert. Man darf Lasten nicht abziehen.

Insolvenzverfahren

58 [I] [1]Die Gebühren für den Antrag auf Eröffnung des Insolvenzverfahrens und für die Durchführung des Insolvenzverfahrens werden nach dem Wert der Insolvenzmasse zur Zeit der Beendigung des Verfahrens erhoben. [2]Gegenstände, die zur abgesonderten Befriedigung dienen, werden nur in Höhe des für diese nicht erforderlichen Betrags angesetzt.

[II] Ist der Antrag auf Eröffnung des Insolvenzverfahrens von einem Gläubiger gestellt, wird die Gebühr für das Verfahren über den Antrag nach dem Betrag seiner Forderung, wenn jedoch der Wert der Insolvenzmasse geringer ist, nach diesem Wert erhoben.

[III] [1]Bei der Beschwerde des Schuldners oder des ausländischen Insolvenzverwalters gegen die Eröffnung des Insolvenzverfahrens oder gegen die Abweisung des Eröffnungsantrags mangels Masse gilt Absatz 1. [2]Bei der Beschwerde eines Gläubigers gegen die Eröffnung des Insolvenzverfahrens oder gegen die Abweisung des Eröffnungsantrags gilt Absatz 2.

[IV] Im Verfahren über einen Antrag nach Artikel 36 Absatz 7 Satz 2 der Verordnung (EU) 2015/848 bestimmt sich der Wert nach dem Mehrbetrag, den der Gläubiger bei der Verteilung anstrebt.

[V] Im Verfahren über Anträge nach Artikel 36 Absatz 9 der Verordnung (EU) 2015/848 bestimmt sich der Wert nach dem Betrag der Forderung des Gläubigers.

[VI] Im Verfahren über die sofortige Beschwerde nach Artikel 102 c § 26 des Einführungsgesetzes zur Insolvenzordnung gegen die Entscheidung über die Kosten des Gruppen-Koordinationsverfahrens bestimmt sich der Wert nach der Höhe der Kosten.

Vorbem. III idF, IV–VI angefügt dch Art 4 Z 3a, b G v 5. 6. 17, BGBl 1476, in Kraft seit 26. 6. 17, Art 9 I G, ÜbergangsR § 71 GKG.

Schrifttum: *Keller,* Vergütung und Kosten im Insolvenzverfahren, 4. Aufl 2016.

Gliederung

1) Systematik, Regelungszweck, I–VI	1
2) Regelberechnung, I	2–5
A. Insolvenzmasse, I 1	2
B. Absonderungsrechte, I 2	3
C. Schätzung, I 1	4
D. Berechnungszeitpunkt, I 1	5
3) Insolvenzantrag des Gläubigers, II	6–8
A. Forderungsbetrag	6, 7
B. Insolvenzmasse	8
4) Beschwerde, III	9–13
A. Gegen Eröffnungsbeschluß, III 1 Hs 1	10, 11
B. Schuldnerbeschwerde gegen Abweisung mangels Masse, III 1 Hs 2	12
C. Beschwerde eines anderen Antragstellers gegen Abweisung mangels Masse, III 2	13
5) EU-Verfahren, IV–VI	14

Abschnitt 7. Wertvorschriften § 58 GKG

1) Systematik, Regelungszweck, I–VI. Jedes Insolvenzverfahren erfordert eine 1
gesonderte Bewertung. Das gilt auch dann, wenn das Gericht Verfahren über mehrere
Schuldner durch denselben Beschluß eröffnet. Die Vorschrift stellt zwecks Kostengerechtigkeit den Grundsatz auf, daß sich die Durchführungsgebühr nach der Insolvenzmasse oder der geringeren Schuldenmasse berechnet und daß sich die Eröffnungsgebühr ebenso berechnet, jedoch mit der Einschränkung nach II.

2) Regelberechnung, I. Man sollte vier Gesichtspunkte beachten. 2
A. Insolvenzmasse, I 1. Regelmäßig entscheidet für die Eröffnungsgebühr wie
für die Durchführungsgebühr der Wert der Insolvenzmasse zur Zeit der Beendigung
des Verfahrens nach Rn 5. Diese umfaßt die gesamte Insolvenzmasse, Düss ZIP **10**,
1912, LG Kassel Rpfleger **99**, 288. Sie ist das dem Schuldner zur Zeit der Verfahrenseröffnung gehörende und von ihm während des Verfahrens erlangte Vermögen nach
§ 35 InsO einschließlich der Früchte, Nutzungen und Zinsen, Düss ZIP **10**, 1912. Es
kommt nicht darauf an, ob ein Vermögensstück einer Zwangsvollstreckung unterliegt, aM Mü MDR **17**, 1035 (bei Betriebsfortführung: gesamter Umsatz seither).
§ 39 II ist mit seinem Höchstwert von 30 000 000 EUR anwendbar, Schoppmeyer
ZIP **13**, 816. § 43 ist unanwendbar, soweit es wie hier nicht um Forderungen des
Gläubigers geht (etwas anderes gilt bei Rn 6). Bei Betriebsfortführung ist der Gesamtumsatz maßgebend, LG Konst ZIP **13**, 1241, nicht nur der erwirtschaftete Überschuß, aM Kblz ZIP **14**, 386. Kosten sind abziehbar, Stgt JB **14**, 416. Zur Behandlung einer rechtsgrundlosen Zahlung auf ein Sonderkonto des Insolvenzverwalters
BGH ZIP **16**, 1450.

Nicht zur Insolvenzmasse zählen diejenigen Gegenstände, die einem Aussonderungsrecht unterliegen, LG Wuppert ZIP **10**, 1255, oder die der Insolvenzverwalter freigegeben hat, oder Betriebskosten, Hamm ZIP **13**, 470.

B. Absonderungsrechte, I 2. Abziehen muß man diejenigen Gegenstände, die 3
einer abgesonderten Befriedigung nach §§ 49–52 InsO unterliegen, KG ZIP **13**,
1973, zB einem Pfandrecht, LG Kassel Rpfleger **99**, 288, und zwar in Höhe des dazu
nötigen Betrags.

Massekosten und Masseschulden oder vom Insolvenzverwalter freigegebene Gegenstände darf man nicht absetzen, BGH WertpMitt **15**, 736, LG Konst ZIP **13**, 1241,
Schoppmeyer ZIP **13**, 814.

C. Schätzung, I 1. Man muß die zur Insolvenzmasse gehörenden oder sie ver- 4
mindernden Gegenstände und Rechte nach ihrem objektiven Wert pflichtgemäß
schätzen, Düss ZIP **12**, 1090, AG Gött ZIP **12**, 2362 (zu § 270b InsO), Meyer-Stolte
Rpfleger **86**, 110, aM Mü JB **12**, 660 (bei Betriebsfortführung gesamter Umsatz seither). Die Einschränkungen der §§ 4–9 ZPO gelten nicht. Grundsätzlich bildet das
Inventar des Insolvenzverwalters die Grundlage der Schätzung. Bei einer Fortführung
des Geschäfts durch den Insolvenzverwalter muß man der Insolvenzmasse nur den
Reinerlös zuschlagen, nicht den Produktionserlös, LG Wuppert ZIP **10**, 1255,
Schoppmeyer ZIP **13**, 815, aber auch die Kosten, Hamm ZIP **13**, 1924.

D. Berechnungszeitpunkt, I 1. Für die Berechnung der Insolvenzmasse und der 5
Schuldenmasse entscheidet der Zeitpunkt der Beendigung des Insolvenzverfahrens,
Düss ZIP **12**, 1029, Hamm ZIP **13**, 1924, LG Wuppert ZIP **10**, 1255, etwa der Wert
einer Verwertung, also der Erlös, Düss ZIP **12**, 1090. Man muß wegen der früheren
Fälligkeit der Gebühr nach § 6 eine vorläufige Berechnung vornehmen und diese
später unter Umständen richtigstellen.

3) Insolvenzantrag des Gläubigers, II. Wenn ein Gläubiger die Eröffnung des 6
Insolvenzverfahrens beantragt, berechnet sich die Eröffnungsgebühr (nicht die Durchführungsgebühr) nach den folgenden Regeln.

A. Forderungsbetrag. Grundsätzlich berechnet sich die Eröffnungsgebühr nach
dem Betrag der Forderung dieses Gläubigers, jedoch wegen § 43 ohne eine Berücksichtigung der Nebenforderungen. Das gilt auch bei einer Zurücknahme des Antrags
oder der Abweisung mangels Masse. Dabei ist der wirkliche Nennbetrag der Hauptforderung maßgeblich, auch wenn der Gläubiger einen geringeren Betrag angegeben
hat. Unerheblich ist, ob und wie weit ein Beteiligter die angemeldete Forderung
bestritten hat.

7 Wenn der Gläubiger zunächst nur einen *Teil* seiner Forderung nennt, bestimmt sich die Antragsgebühr nur nach diesem. Meldet er später weitere Teile oder den Rest an, wird der sich daraus ergebende Gesamtbetrag zur „Forderung" nach II, LG Freibg Rpfleger **92**, 312.

8 **B. Insolvenzmasse.** Wenn die Insolvenzmasse geringer als der wirkliche Nennbetrag der Forderung des Gläubigers ist, entscheidet der Betrag der Insolvenzmasse, Meyer 2, aM LG Kref Rpfleger **83**, 332 (abl Meyer-Stolte). Das gilt auch bei einer Zurücknahme des Antrags oder der Abweisung mangels Masse. Maßgebend ist dann die Mindestgebühr (jetzt) KV 2311, Meyer-Stolte Rpfleger **83**, 332 und 375, aM LG Kref Rpfleger **83**, 332, LG Mainz Rpfleger **86**, 110 (maßgeblich sei auch dann die Forderung), AG Osnabr JB **13**, 647 (evtl Sachverständigenschätzung), Meyer 6 (§ 34. Aber KV 2311 nennt als eine vorrangige Spezialvorschrift eine eigene Mindestgebühr).

9 **4) Beschwerde, III.** Rechtsbehelfsbelehrung, Verstoß: §§ 5b, 68 II 2. Die Vorschrift erfaßt nur die dort abschließend genannten Fälle. Das muß man bei der Auslegung beachten. Die Vorschrift gilt auch bei einer Wiederaufnahme des Verfahrens. Sie gilt aber zB nicht bei der Beschwerde gegen eine Postsperre. Dann gilt § 3 ZPO, Köln ZIP **00**, 1901 (zum alten Recht), aM Meyer 10. III gilt für jede Beschwerde gesondert, abweichend von § 35. Das gilt auch dann, wenn sie sich gegen dieselbe Entscheidung richten. Man sollte die folgenden Situationen unterscheiden.

Unanwendbar ist III auf einen anderen Rechtsbehelf.

10 **A. Gegen Eröffnungsbeschluß, III 1 Hs 1.** Bei einer sofortigen Beschwerde des Schuldners gegen die Eröffnung des Insolvenzverfahrens nach § 34 II InsO muß man wiederum wie folgt unterscheiden.

Soweit das Gericht das Verfahren auf Grund des Antrags des *Schuldners* eröffnet hat, beträgt der Streitwert nach § 35 InsO für eine sofortige Beschwerde gegen den Eröffnungsbeschluß soviel wie der Wert der Insolvenzmasse.

11 Soweit das Gericht das Verfahren auf Grund des Antrags eines *Gläubigers* eröffnet hat, ist für die sofortige Beschwerde gegen den Eröffnungsbeschluß die Forderung dieses Gläubigers ohne Nebenforderungen maßgebend. Wenn jedoch der Betrag der Insolvenzmasse geringer als die Forderung des Gläubigers ist, ist nach §§ 43, 58 II der Betrag der Insolvenzmasse maßgeblich.

12 **B. Schuldnerbeschwerde gegen Abweisung mangels Masse, III 1 Hs 2.** Soweit es nach § 26 InsO um die sofortige Beschwerde des Schuldners gegen die Abweisung des Eröffnungsantrags mangels Masse geht, gilt ebenfalls § 58 I, dort Rn 2–5.

13 **C. Beschwerde eines anderen Antragstellers gegen Abweisung mangels Masse, III 2.** In diesem Fall gilt § 58 II, dort Rn 6–8, aM LG Bln ZIP **12**, 937 (aber man muß dann auch mangels Forderung mindestens entsprechend anwenden).

14 **5) EU-Verfahren, IV–VI.** Es geht um die VO (EU) 2015/848 v 20. 5. 15 über Insolvenzverfahren, ABl (EU) L 141 v 5. 6. 15 S 19, und in VI um ein Gruppen-Koordinationsverfahren nach Art 77 IV dieser VO in Verbindung mit Art 102c § 26 EGInsO, Schönfelder Nr 111, also um KV 2382.

Verteilungsverfahren nach der Schifffahrtsrechtlichen Verteilungsordnung

59 [1]Die Gebühren für den Antrag auf Eröffnung des Verteilungsverfahrens nach der Schifffahrtsrechtlichen Verteilungsordnung und für die Durchführung des Verteilungsverfahrens richten sich nach dem Betrag der festgesetzten Haftungssumme. [2]Ist diese höher als der Gesamtbetrag der Ansprüche, für deren Gläubiger das Recht auf Teilnahme an dem Verteilungsverfahren festgestellt wird, richten sich die Gebühren nach dem Gesamtbetrag der Ansprüche.

1 **1) Systematik, Regelungszweck, S 1, 2.** Man darf das Schiffahrtsrechtliche Verteilungsverfahren nach der SVertO nicht mit dem Dispacheverfahren nach § 728 HGB nach § 68 GNotKG verwechseln, Teil III dieses Buchs. Das Schiffahrtsrechtliche Verteilungsverfahren bezweckt einen geordneten Rechtsgang bei der Einzahlung und Verteilung derjenigen Haftungssumme, durch die ein Reeder seine Haftung nach

Abschnitt 7. Wertvorschriften §§ 59, 60 GKG

§§ 486 ff HGB beschränken kann. Das Verfahren ist unter anderem dem Verfahren der §§ 872–882 ZPO nachgebildet. Diese Vorschriften sind daher nach § 3 SVertO hilfsweise anwendbar.
Sachlich zuständig ist das AG. Die Gerichtsstände ergeben sich aus § 2 SVertO. *Funktionell zuständig* ist nach § 3 Z 2h RPflG grundsätzlich der Rpfl, jedoch im Eröffnungsverfahren und in einigen weiteren Fällen nach § 19b RPflG der Richter. Wegen der Kosten des Sachwalters §§ 31–33 SVertO. 2

2) Streitwert, S 1, 2. Als Streitwert gilt die vom Gericht nach § 487a HGB, § 5 SVertO festgesetzte und evtl nach § 30 II SVertO erhöhte Haftungssumme, jedoch höchstens die Summe der am Verteilungsverfahren teilnehmenden Ansprüche, die das Gericht im Prüfungsverfahren feststellt, §§ 13 ff SVertO. Die festgesetzte Haftungssumme ist nach § 5 III SVertO auch dann maßgeblich, wenn man ihre Einzahlung durch eine Sicherheitsleistung ersetzen kann und wenn die Sicherheitsleistung die Haftungssumme nicht voll deckt. 3

3) Gebührenhöhe, S 1, 2. Es gelten KV 2410–2441. 4

4) Fälligkeit, Vorschuß, Kostenschuldner usw, S 1, 2. Die Fälligkeit richtet sich nach § 6 I Z 2. Ein Vorschuß für die Gerichtskosten richtet sich nach § 13. Ein Vorschuß für die Sachwalterkosten usw richtet sich nach § 32 II SVertO. Der Kostenansatz erfolgt nach § 13 KostVfg, Teil VII A dieses Buchs. 5
Kostenschuldner ist der Antragsteller, § 25. Als solcher gilt nach § 30 V SVertO auch derjenige, der eine Erweiterung des Verfahrens nach § 30 SVertO beantragt.

Gerichtliche Verfahren nach dem Strafvollzugsgesetz, auch in Verbindung mit § 92 des Jugendgerichtsgesetzes

60 Für die Bestimmung des Werts in gerichtlichen Verfahren nach dem Strafvollzugsgesetz, auch in Verbindung mit § 92 des Jugendgerichtsgesetzes, ist § 52 Absatz 1 bis 3 entsprechend anzuwenden; im Verfahren über den Antrag auf Aussetzung des Vollzugs einer Maßnahme der Vollzugsbehörde oder auf Erlass einer einstweiligen Anordnung gilt § 52 Absatz 1 und 2 entsprechend.

1) Systematik. Das StVollzG regelt von der Planung über die Durchführung bis zur Beendigung alle Stadien und alle Einzelfragen des Vollzugs einer Freiheitsstrafe oder einer freiheitsentziehenden Maßregel der Besserung und Sicherung. Gegen eine Maßnahme zur Regelung einer einzelnen Angelegenheit im Strafvollzug kann der Verurteilte eine gerichtliche Entscheidung beantragen. Er kann nach §§ 109–115 StVollzG auch den Erlaß einer abgelehnten oder unterlassenen Maßnahme beantragen. 1
Für diese Entscheidungen ist diejenige Strafvollstreckungskammer des LG örtlich *zuständig*, in deren Bezirk die Vollzugsbehörde ihren Sitz hat. Die Entscheidung erfolgt ohne eine mündliche Verhandlung durch einen Beschluß. 2
Gegen den Beschluß ist nach §§ 116–121 StVollzG die *Rechtsbeschwerde* zulässig, soweit es notwendig ist, zur Rechtsfortbildung oder zur Sicherung einer einheitlichen Rechtsprechung eine Nachprüfung zu ermöglichen. Für Rechtsbehelfe im Vollzug des Jugendarrests, der Jugendstrafe und der Unterbringung in einem psychiatrischen Krankenhaus oder einer Erziehungsanstalt gilt § 92 JGG. Sein V lautet: 3

JGG § 92. V Für die Kosten des Verfahrens gilt § 121 des Strafvollzugsgesetzes mit der Maßgabe, dass entsprechend § 74 davon abgesehen werden kann, dem Jugendlichen Kosten und Auslagen aufzuerlegen.

2) Regelungszweck. Das Gericht muß in der das Verfahren abschließenden Entscheidung nach § 121 StVollzG eine Kostenentscheidung treffen, zum Teil in Verbindung mit § 92 JGG, §§ 464–473 StPO. Eine Prozeßkostenhilfe ist nach § 120 II StVollzG in entsprechender Anwendung der §§ 114 ff ZPO möglich. 4

3) Geltungsbereich. Die Vorschrift meint nach Rn 3 ein gerichtliches Verfahren nach den §§ 109–121 StVollzG, also einschließlich des Verfahrens über die Rechtsbeschwerde. § 60 regelt den Streitwert. Wegen einer Prozeßkostenhilfe Rn 4. 5

GKG §§ 60, 61

6 **4) Verfahren.** Eine Wertfestsetzung erfolgt von Amts wegen, § 65 S 1. Rechtsbehelfsbelehrung, Verstoß: §§ 5b, 68 II 2. Eine Änderung ist nach § 63 III 1 von Amts wegen statthaft. Das gilt jedoch nur innerhalb von 6 Monaten seit dem Eintritt der Rechtskraft der Entscheidung im Verfahren nach den §§ 109 ff StVollzG oder nach der Erledigung eines solchen Verfahrens nach § 63 III 2.

7 Eine *Beschwerde* ist nur unter den Voraussetzungen des § 68 statthaft. Das Beschwerdeverfahren ist nach § 68 III 1 gebührenfrei. Es findet nach § 68 III 2 keine Kostenerstattung statt.

8 **5) Streitwert.** Aus der Verweisung auf § 52 I–III ergibt sich: Grundsätzlich ist für den Streitwert nach §§ 111 II, 151 StVollzG diejenige Bedeutung maßgeblich, die die Sache für den Gefangenen nach dem Antrag des Gefangenen oder der Vollzugsbehörde nach § 111 I StVollzG hat oder die sie im Verfahren vor dem OLG oder dem BGH nach dem Antrag der Aufsichtsbehörde hat, also der Landesjustizverwaltung.

Bei einer *bezifferten* Geldleistung oder deren Abwehr oder einer hierauf gerichteten Verwaltung ist deren Höhe maßgeblich. Aus der Verweisung auf § 114 II StVollzG ergibt sich: Bei einer Aussetzung des Vollzugs oder einer einstweiligen Anordnung bestimmt sich der Wert nach § 52 I, II.

Soweit keine anderen genügenden Anhaltspunkte vorliegen, muß man nach § 52 II von *5000 EUR* ausgehen. Das Gericht darf und muß diesen Auffangwert evtl berichtigen, § 63. Stets übt das Gericht bei der Festsetzung des Streitwerts nach § 52 I ein pflichtgemäßes Ermessen aus.

9 **6) Gebührenhöhe.** KV 3810–3821 regeln die Höhe der Gebühren des Gerichts. VV 3100 ff, 4200 ff, Teil X dieses Buchs, regeln die Höhe der Gebühren des Anwalts.

Unterabschnitt 3. Wertfestsetzung
Angabe des Werts

61 ¹Bei jedem Antrag ist der Streitwert, sofern dieser nicht in einer bestimmten Geldsumme besteht, kein fester Wert bestimmt ist oder sich nicht aus früheren Anträgen ergibt, und nach Aufforderung auch der Wert eines Teils des Streitgegenstands schriftlich oder zu Protokoll der Geschäftsstelle anzugeben. ²Die Angabe kann jederzeit berichtigt werden.

Gliederung

1) Systematik S 1, 2	1
2) Regelungszweck, S 1, 2	2
3) Geltungsbereich, S 1, 2	3
4) Notwendigkeit einer Wertangabe, S 1, 2	4
5) Entbehrlichkeit einer Wertangabe, S 1, 2	5–8
A. Bestimmte Summe	5
B. Bestimmter Wert	6
C. Ergänzungsantrag	7
D. Festwert, Festgebühr	8
6) Verfahren, S 1, 2	9, 10
7) Verstoß, S 1, 2	11
8) Berichtigung, S 1, 2	12

1 **1) Systematik, S 1, 2.** § 61 erweitert § 253 III ZPO auf alle Anträge in einem selbständigen Verfahren, das § 1 nennt und das eine Gebührenpflicht herbeiführen kann, Wessing/Basar GRUR **12**, 1216.

2 **2) Regelungszweck, S 1, 2.** Die Vorschrift dient der Prozeßförderung und Prozeßwirtschaftlichkeit nach BLAH Grdz 12, 14 vor § 128 ZPO.

3 **3) Geltungsbereich, S 1, 2.** Die Vorschrift gilt im Gesamtbereich des GKG nach § 1. Sie gilt also auch im Verfahren vor den Arbeits-, Finanz-, Sozial- und Verwaltungsgerichten.

4 **4) Notwendigkeit einer Wertangabe, S 1, 2.** Die Angabe des Werts des gesamten Streitgegenstands nach BLAH § 2 ZPO Rn 4 ist bei jedem Antrag notwendig, der ein gebührenpflichtiges Verfahren einleitet, also zB: Bei einer Klage ähnlich

wie bei § 253 III Z 2 ZPO; bei einer Klagerweiterung nach §§ 263, 264 ZPO; bei einer Widerklage nach BLAH Anh § 253 ZPO; bei einem Rechtsmittel oder der zugehörigen Anschlußerklärung zB nach § 524 ZPO; beim Antrag auf ein selbständiges Beweisverfahren nach §§ 485 ff ZPO, KG RR **17**, 703; bei der Ablehnung eines Richters nach §§ 42 ff ZPO oder eines Sachverständigen nach § 406 ZPO; bei einem Antrag auf den Erlaß eines Arrests oder einer einstweiligen Verfügung nach §§ 916 ff, 935 ff ZPO; bei einem Antrag auf die Durchführung einer Vollstreckungsmaßnahme nach §§ 704 ff ZPO durch das Gericht; beim Antrag auf die Abnahme einer eidesstattlichen Versicherung nach § 802 c ZPO; bei einem Antrag auf eine in das Ermessen des Gerichts gestellte Handlung, Mü JB **76**, 1359.

Die Angabe des Werts eines *größenmäßigen Teils* eines Antrags ist nur dann erforderlich, wenn das Gericht den Antragsteller dazu auffordert, etwa bei § 37. Die Angabe muß ehrlich sein, Düss GRUR-RR **10**, 406 (kein Mogeln durch Kosteneinsparung).

5) Entbehrlichkeit einer Wertangabe, S 1, 2. Eine Wertangabe ist dann entbehrlich, wenn einer der folgenden Fälle vorliegt. 5

A. Bestimmte Summe. Die Wertangabe ist dann nicht erforderlich, wenn der Antrag auf eine bestimmte Summe in EUR lautet. Das ist auch dann so, wenn es um eine Feststellungsklage nach § 256 ZPO usw oder um eine Vollstreckungsabwehrklage nach § 767 ZPO usw geht.

Es ist aber dann *nicht* so, wenn der Antrag auf eine bezifferte Summe in einer ausländischen Währung lautet. Denn es kommt darauf an, welchen Kurswert die auswärtige Währung im Entscheidungszeitpunkt haben wird. Das kann man beim Beginn des Verfahrens höchstens abschätzen. Daher muß man doch immer dann den Wert angeben, wenn eine Schätzung nötig wird oder wenn es um die nichtvermögensrechtliche Forderung geht.

B. Bestimmter Wert. Die Wertangabe ist natürlich auch insoweit entbehrlich, als 6 schon und noch ein bestimmter Wert vorliegt, den das Gericht auf einen Antrag oder von Amts wegen in gerade diesem Verfahren festgesetzt hatte.

C. Ergänzungsantrag. Eine Wertangabe ist schließlich entbehrlich, soweit der 7 Wert des jetzigen Antrags aus demjenigen eines früher gestellten Antrags deshalb hervorgeht, weil der Antragsteller ihn damals angegeben hatte.

D. Festwert, Festgebühr. Eine Wertangabe ist natürlich dann entbehrlich, wenn 8 das Gesetz selbst einen Festwert oder eine Festgebühr nach Einl II A 14 vorschreibt.

6) Verfahren, S 1, 2. Nur der Antragsteller muß wie bei § 121 I 1 BGB unverzüglich einen Wert angeben, Schlesw JB **99**, 595. Der Antragsgegner braucht sich nicht von sich aus zu äußern. Er muß aber vor einer Wertfestsetzung nach Art 103 I GG eine Gelegenheit zur Äußerung erhalten. Der Antrag ist schriftlich, zum Protokoll des Urkundsbeamten der Geschäftsstelle oder durch ein elektronisches Dokument zulässig. Daraus folgt, daß er auch in einem Verfahren mit einem grundsätzlichen Anwaltszwang nach § 78 III Hs 2 ZPO nicht diesem Anwaltszwang unterliegt. 9

Die *Wertangabe* soll dem Gericht nur einen Anhalt für die Wertfestsetzung bieten, 10 Wessing/Basar GRUR **12**, 1220. Das Gericht kann die Wertangabe nicht erzwingen, Wessing/Basar GRUR **12**, 1216. Ein ProzBev nach § 81 ZPO muß allerdings eine Anfrage des Gerichts nach dem Streitwert beantworten. Er darf und muß dazu eine Rückfrage bei der Partei halten, statt den Streitwert einfach von sich aus zu schätzen, Wessing/Basar GRUR **12**, 1216, aM Schlesw JB **99**, 595. Er sollte aber wegen § 167 ZPO den Wert möglichst bereits im Zeitpunkt der Einreichung des Antrags angeben. Er mag notgedrungen nur einen vorläufigen Wert angeben können, Naumb MDR **99**, 1093, Wessing/Basar GRUR **12**, 1216. Er darf evtl seine eigene Bewertung derjenigen des Auftraggebers hinzufügen, Wessing/Basar GRUR **12**, 1216. Eine Kostenschätzung kann reichen, strenger KG RR **17**, 703. Er muß eine Anfrage des Gerichts zumindest unverzüglich beantworten.

Der Antragsteller kann nach S 2 seine Wertangabe jederzeit *berichtigen*. Weder eine anfängliche Wertangabe des Antragstellers noch eine berichtigende solche Angabe bindet das Gericht. Selbst übereinstimmende Wertangaben aller Beteiligten binden weder den Urkundsbeamten der Geschäftsstelle noch den Richter, Wessing/Basar GRUR **12**, 1216.

11 **7) Verstoß, S 1, 2.** Soweit eine nach § 61 erforderliche Wertangabe trotz einer Aufforderung des Gerichts und trotz einer ausreichenden Frist zur Nachreichung der Angaben ohne eine Mitteilung ausreichender Entschuldigungsgründe unterbleibt oder ersichtlich unvollständig oder gar falsch erfolgt, läuft der Antragsteller Gefahr, daß das Gericht den Wert bei der dann von Amts wegen notwendigen Bewertung zu hoch schätzt, Schlesw JB **99**, 595, Wessing/Basar GRUR **12**, 1217. Das gilt vor allem bei einer Abschätzung nach § 64. Dann kann nach § 64 S 2 auch ein Kostennachteil entstehen, etwa infolge der Einschaltung eines dann unvermeidbaren Sachverständigen. Es kann auch eine Verzögerungsgebühr nach § 38 nötig werden. Freilich sind gegen eine derartige Wertfestsetzung die Rechtsmittel des § 68 zulässig. Dennoch bleibt es ratsam, die Wertangabe sorgfältig vorzunehmen und am besten auch nachvollziehbar zu begründen, BGH RR **97**, 884, Köln JB **79**, 1474.

12 **8) Berichtigung, S 1, 2.** Eine Berichtigung erst nach einer förmlichen Festsetzung des Streitwerts läßt sich als ein Antrag auf eine Änderung nach § 63 III oder als eine Beschwerde nach § 68 I umdeuten, Kblz WRP **81**, 333.

Wertfestsetzung für die Zuständigkeit des Prozessgerichts oder die Zulässigkeit des Rechtsmittels

62 ¹Ist der Streitwert für die Entscheidung über die Zuständigkeit des Prozessgerichts oder die Zulässigkeit des Rechtsmittels festgesetzt, ist die Festsetzung auch für die Berechnung der Gebühren maßgebend, soweit die Wertvorschriften dieses Gesetzes nicht von den Wertvorschriften des Verfahrensrechts abweichen. ²Satz 1 gilt nicht in Verfahren vor den Gerichten für Arbeitssachen.

Gliederung

1) Systematik, S 1, 2	1
2) Regelungszweck, S 1, 2	2
3) Geltungsbereich, S 1, 2	3
4) Grundsatz: Möglichkeit abweichender Festsetzungen, S 1	4–9
A. Wirkliche Entscheidung	5, 6
B. Ursächlichkeit für Zuständigkeit usw	7
C. Keine unterschiedlichen Zeitpunkte	8
D. Wirkung	9

1 **1) Systematik, S 1, 2.** Über die beiden verschiedenen Arten der Wertfestsetzung und ihre Bedeutung § 48 Anh I: Einf 1. In der Regel setzt das Gericht den Streitwert für die Entscheidung über die Zuständigkeit oder über die Zulässigkeit des Rechtsmittels in den Entscheidungsgründen des Urteils nach § 313 I Z 6 ZPO oder auch zB in der Begründung eines ein Rechtsmittel verwerfenden Beschlusses fest. Das Gericht kann die Festsetzung des Zuständigkeitswerts oder des Rechtsmittelwerts aber zwecks Rechtssicherheit und Prozeßwirtschaftlichkeit nach BLAH Grdz 14 vor § 128 ZPO durch eine Vermeidung widersprüchlicher Entscheidungen auch in einem besonderen Beschluß vornehmen, BVerfG NJW **93**, 3130.
Er erfordert zwar eine erkennbar nähere Prüfung, KG JB **80**, 1220. Diese kann aber sogar stillschweigend erfolgen, Köln JB **75**, 1354. Die Entscheidung ist grundsätzlich *nicht* selbständig *anfechtbar*, § 48 Anh: Einf 10, § 68 Rn 1, Stgt RR **05**, 942, insbesondere nicht zum Zweck der Erörterung der Rechtsmittelgrenze. Vielmehr ist ein solcher Beschluß grundsätzlich nur zusammen mit der Hauptentscheidung anfechtbar, Kblz MDR **04**, 709.
Eine Anfechtung ist aber zum Zweck der *Aufhebung einer unzulässigen Beschwerdeentscheidung* zulässig. Anfechtbar sind nach § 32 RVG Rn 19, Teil X dieses Buchs, auch ein solcher Beschluß, der auf die Gebühren des Anwalts Auswirkungen hat, Bre AnwBl **88**, 71, und ein solcher abändernder Beschluß, der nicht zum Zweck der Bestimmung der Zuständigkeit erfolgt, sondern zur Festsetzung des Kostenstreitwerts.

2 **2) Regelungszweck, S 1, 2.** Es soll durchweg sicher sein, daß die Gerichtsgebühren demselben Wert wie demjenigen der Hauptsache folgen. Das erlaubt eine weite Auslegung.

Abschnitt 7. Wertvorschriften §§ 62, 63 GKG

3) Geltungsbereich, S 1, 2. Die Vorschrift gilt im Gesamtbereich des GKG, mit 3
Ausnahme der Gebührenermäßigung nach §§ 48–54 und des Verfahrens vor den
Arbeitsgerichten nach S 2, LAG Hamm AnwBl **80**, 74. Man muß also wie bisher
zwischen dem Urteilsstreitwert nach § 61 I ArbGG und dem nach § 63 erfolgenden
Gebührenstreitwert unterscheiden, Natter NZA **04**, 688.

4) Grundsatz: Möglichkeit abweichender Festsetzungen, S 1. Das Gericht 4
darf den Kostenstreitwert abweichend von einem bereits festgesetzten Verfahrensstreitwert festsetzen, Mü MDR **88**, 973. Freilich muß es die Zuständigkeitsgrenze
beachten, Mü MDR **88**, 973, Schneider MDR **92**, 218. Nur soweit eine besondere
Festsetzung des Kostenstreitwerts nicht vorliegt, ergibt sich: Eine Wertfestsetzung zur
Zuständigkeit usw ist für die Gebührenberechnung unter den folgenden Voraussetzungen maßgebend. Rechtsbehelfsbelehrung, Verstoß: §§ 5b, 68 II 2.

A. Wirkliche Entscheidung. Es muß eine wirkliche Entscheidung zum Kosten- 5
streitwert und nicht in Wahrheit nur zur Zulässigkeit vorliegen, KG VersR **80**, 873,
Karlsr FamRZ **03**, 1848, Köln OLGR **02**, 154. Das ist dann so, wenn das Gericht
entweder den Streitwert ziffernmäßig bestimmt oder die Zulässigkeit der Berufung
oder Revision wegen der Erreichung des Streitwerts nach § 511 II Z 1 ZPO ausdrücklich bejaht hat.

Es genügt nicht, daß das Gericht *aus anderen Gründen* oder ohne jede Begründung
das Rechtsmittel für zulässig erklärt. In beiden Fällen besteht nach § 48 Anh: Einf 1
die Bindung nur insofern, als das Gericht die das Rechtsmittel begründende Mindestgrenze festgestellt hat, KG JB **80**, 1220, nicht im übrigen. Wenn das Gericht also
die Zuständigkeit des LG oder die Zulässigkeit eines Rechtsmittels bejaht hat, muß es
die Grenze überschreiten. Hat das Gericht die Zulässigkeit des Rechtsmittels verneint, darf es die Grenze nicht überschreiten. Wohl aber steht der anderweitigen Festsetzung innerhalb dieser Grenzen nichts im Weg.

Wenn das Gericht also im Urteil den Streitwert auf einen bestimmten Betrag fest- 6
gesetzt hat, ist nur die *Zuständigkeitsbegrenzung* maßgebend, nicht der Betrag.

B. Ursächlichkeit für Zuständigkeit usw. Auf der Entscheidung über den 7
Streitwert muß der Anspruch des Gerichts über die Zuständigkeit oder die Zulässigkeit des Rechtsmittels beruhen. Das gilt auch bei der Festsetzung einer notwendigen
Beschwerdesumme.

C. Keine unterschiedlichen Zeitpunkte. Die Wertberechnung für die Kosten 8
muß nach denselben Grundsätzen geschehen wie diejenige nach § 62. Es dürfen also
für die Wertfestsetzung keine unterschiedlichen Zeitpunkte maßgeblich sein, wie sie
nach den §§ 41 ff möglich wären.

Eine *Ausnahme* von der Regel des § 62 gilt ferner bei §§ 41 ff (Miet-, Unterhalts-,
Rentenanspruch, Stufenklage, Widerklage, Arrest, einstweilige Verfügung).

D. Wirkung. Eine Entscheidung nach § 62 wirkt nur für den ihr zugrunde geleg- 9
ten Streitgegenstand, also zB nicht auf eine Klagerweiterung nach §§ 263, 264 ZPO
oder auf eine Klagermäßigung. Sie wirkt nur für dieses Verfahren. Sie wirkt nur für
diejenige Instanz, für die sie ergeht, Schneider MDR **92**, 218. Eine Wertfestsetzung
mit einer Wirkung für die nachgeordneten Instanzen ist anders als bei § 63 nicht
statthaft. Trotzdem muß das untere Gericht die erörterten Grenzen einhalten. Denn
andernfalls würde es den ihn bindenden Ausspruch über die Zulässigkeit oder Unzulässigkeit des Rechtsmittels angreifen. Dementsprechend darf dasjenige AG, an das das
LG die Sache verwiesen hat, nicht über die Höchstsumme seiner Zuständigkeit hinaus festsetzen.

Wertfestsetzung für die Gerichtsgebühren

63 [1] [1] Sind Gebühren, die sich nach dem Streitwert richten, mit der Einreichung der Klage-, Antrags-, Einspruchs- oder Rechtsmittelschrift oder mit
der Abgabe der entsprechenden Erklärung zu Protokoll fällig, setzt das Gericht
sogleich den Wert ohne Anhörung der Parteien durch Beschluss vorläufig fest,
wenn Gegenstand des Verfahrens nicht eine bestimmte Geldsumme in Euro ist
oder gesetzlich kein fester Wert bestimmt ist. [2] Einwendungen gegen die Höhe
des festgesetzten Werts können nur im Verfahren über die Beschwerde gegen

365

GKG § 63   I. A. Gerichtskostengesetz

den Beschluss, durch den die Tätigkeit des Gerichts aufgrund dieses Gesetzes von der vorherigen Zahlung von Kosten abhängig gemacht wird, geltend gemacht werden. [3]Die Sätze 1 und 2 gelten nicht in Verfahren vor den Gerichten der Finanzgerichtsbarkeit.

II [1]Soweit eine Entscheidung nach § 62 Satz 1 nicht ergeht oder nicht bindet, setzt das Prozessgericht den Wert für die zu erhebenden Gebühren durch Beschluss fest, sobald eine Entscheidung über den gesamten Streitgegenstand ergeht oder sich das Verfahren anderweitig erledigt. [2]In Verfahren vor den Gerichten für Arbeitssachen oder der Finanzgerichtsbarkeit gilt dies nur dann, wenn ein Beteiligter oder die Staatskasse die Festsetzung beantragt oder das Gericht sie für angemessen hält.

III [1]Die Festsetzung kann von Amts wegen geändert werden

1. von dem Gericht, das den Wert festgesetzt hat, und
2. von dem Rechtsmittelgericht, wenn das Verfahren wegen der Hauptsache oder wegen der Entscheidung über den Streitwert, den Kostenansatz oder die Kostenfestsetzung in der Rechtsmittelinstanz schwebt.

[2]Die Änderung ist nur innerhalb von sechs Monaten zulässig, nachdem die Entscheidung in der Hauptsache Rechtskraft erlangt oder das Verfahren sich anderweitig erledigt hat.

Gliederung

1) Systematik, Regelungszweck, I–III	1–4
A. Wertarten	1
B. Verhältnis zum formlosen Kostenansatz	2
C. Keine Richterpflicht bei bestimmtem Betrag	3, 4
2) Geltungsbereich, I–III	5
3) **Vorläufige Wertfestsetzung, I**	6–15
A. Zweck: Erleichterung der Kostenberechnung usw	6
B. Voraussetzung: Sogleich Fälligkeit	7
C. Weitere Voraussetzung: Wertabhängigkeit	8
D. Weitere Voraussetzungen: Keine bestimmte Euro-Forderung, keine gesetzliche Wertbestimmung	9
E. Zeitpunkt: Klageeingang usw	10
F. Keine Anhörung	11, 12
G. Beschluß	13
H. Kein Rechtsmittel	14
I. Änderung der vorläufigen Wertfestsetzung	15
4) **Endgültige Wertfestsetzung, II**	16–19
A. Keine Bindung nach § 62	16
B. Entscheidung über gesamten Streitgegenstand	17
C. Anderweitige Erledigung	18
D. Antrag	19
5) **Verfahren, II**	20–37
A. Festsetzung von Amts wegen	20
B. Form	21
C. Zuständigkeit	22, 23
D. Anhörungspflicht	24
E. Rechtsschutzbedürfnis	25
F. Beschluß	26
G. Kein Zwang zur Erwähnung einer vorläufigen Festsetzung	27
H. Notwendigkeit einer Begründung	28
I. Entbehrlichkeit einer Begründung	29, 30
J. Kosten	31
K. Mitteilung	32
L. Wirkung	33, 34
M. Instanzfragen	35–37
6) **Änderung der endgültigen Wertfestsetzung, III**	38–41
A. Zulässigkeit, Notwendigkeit	38
B. Kein Antragszwang	39
C. Auswirkung auf die Kostenentscheidung	40, 41
7) **Voraussetzungen im einzelnen, III**	42–56
A. Änderung durch das Gericht der Instanz, III 1 Z 1	43
B. Noch keine Festsetzung durch das höhere Gericht	44
C. Änderung der Verhältnisse	45, 46
D. Änderung durch das Rechtsmittelgericht, III 1 Z 2	47

Abschnitt 7. Wertvorschriften § 63 GKG

 E. Beispiele zur Frage einer Änderung, III 1 Z 2 48–51
 F. Zeitliche Grenzen, III 2 52
 G. Fristbeginn mit Hauptsache-Rechtskraft, III 2 Hs 1 53
 H. Fristbeginn mit Erledigung, III 2 Hs 2 54
 I. Beispiele zur Frage einer Erledigung, III 2 Hs 2 55
 J. Verstoß, III 1, 2 56
8) **Beschwerde, I–III** 57

1) Systematik, Regelungszweck, I–III. Man sollte zwei Aspekte beachten.   **1**

A. Wertarten. Es gibt mehrere Wertarten: Den Zuständigkeitswert; den Beschwerdewert; den Kostenwert. Über ihr Verhältnis zueinander § 48 Anh: Einf 1–4. Wegen der Festsetzung des Zuständigkeits- auch des Beschwerdewerts vgl den insoweit vorrangigen § 62, Schneider JB **94**, 823. Für die Festsetzung des Kostenstreitwerts muß man § 63 beachten.

Die Vorschrift dient der Rechtssicherheit nach BLAH Einl III 43, Nürnb RR **99**, 654. Sie dient aber auch der Prozeßwirtschaftlichkeit nach BLAH Grdz 14 vor § 128 ZPO. Sie zwingt oft zu einer *vorläufigen* Festsetzung nach I und meist zu einer *endgültigen* nach II. Beide müssen grundsätzlich von Amts wegen erfolgen. Die erstere ist nach I 2 in Verbindung mit § 67 nur sehr begrenzt anfechtbar. Die letztere ist nach § 68 eher anfechtbar. Beide Festsetzungsarten dienen der leichteren Bearbeitung der Kostenfragen beim Gericht wie bei den übrigen Prozeßbeteiligten. Das muß man bei der Auslegung stets mitbeachten.

B. Verhältnis zum formlosen Kostenansatz. Zu einer formlosen vorläufigen   **2**
Annahme oder Schätzung des Kostenstreitwerts ist bei einer bestimmten Geldforderung in EUR stets der Urkundsbeamte der Geschäftsstelle als das zum Kostenansatz, zur Kostenberechnung berufene Organ zuständig. Er darf und muß im Rahmen des eigenen pflichtgemäßen Ermessens einen Kostenstreitwert annehmen, nach ihm nach §§ 4 I, 5 I KostVfg, Teil VII A dieses Buchs die Kosten berechnen und den Kostenschuldner feststellen. Dabei binden den Urkundsbeamten das Gesetz und die Verwaltungsanordnungen, insbesondere die KostVfg. Angaben der Parteien binden ihn nicht, auch nicht übereinstimmende Angaben.

C. Keine Richterpflicht bei bestimmtem Betrag. Der Urkundsbeamte kann   **3**
zwar bei einer Forderung auf eine bestimmte Geldsumme in EUR die Akten dem Richter mit der Bitte um eine Festsetzung des Kostenstreitwerts von Amts wegen vorlegen. Er kann den Richter aber auf diesem Weg jedenfalls nicht zu einer vorläufigen Festsetzung nach I 1 zwingen. Wenn der Richter die Akten mit der Bemerkung zurückgibt, der Kostenbeamte möge den Kostenstreitwert in seiner eigenen Zuständigkeit ansetzen, muß der Kostenbeamte die Kosten in der eigenen Zuständigkeit ansetzen.

Er kann den Richter zu einer vorläufigen Festsetzung des Kostenstreitwerts von   **4**
Amts wegen auch *nicht* dadurch zwingen, daß der Urkundsbeamte einen *Antrag* einer Partei nach BLAH Grdz 4 vor § 50 ZPO, eines Beteiligten oder der Staatskasse anregt. Denn für eine vorläufige Wertfestsetzung besteht bei einer bestimmten Geldsumme kein Rechtsschutzbedürfnis nach BLAH Grdz 33 vor § 253 ZPO. Es besteht ebensowenig dann, wenn das Gesetz selbst einen bestimmten Wert festlegt, sei es auch nur als den Regelwert, solange kein Anlaß zur Abweichung von ihm besteht. Das folgt im Umkehrschluß aus I 1 letzter Hs.

2) Geltungsbereich, I–III. § 63 gilt im Gesamtbereich des § 1 GKG, Ffm JB **76**,   **5**
347, mit Ausnahme von I 1, 2. Sie gelten nach I 3 nicht vor den Finanzgerichten. Dort gilt vielmehr § 52 III, V. Im Verfahren vor den Arbeitsgerichten ist die von Amts wegen in den Tenor oder in die Entscheidungsgründe des Urteils gehörende Wertfestsetzung nach § 61 I ArbGG unabhängig von dieser für das Rechtsmittelverfahren der Hauptsache grundsätzlich unanfechtbaren und bindenden Urteilsstreitwert doch jedenfalls für den Kostenstreitwert nicht bindend, soweit Bedenken gegen die Richtigkeit des Urteilsstreitwerts bestehen, § 48 GKG Anh: Einf 16.

§ 63 ist *auch im übrigen* voll anwendbar, auch im Mahnverfahren nach §§ 688 ff ZPO, aM LAG Augsb JB **99**, 532, LAG Düss JB **99**, 532 (aber die Vorschrift gilt im Gesamtbereich des § 1). Freilich erfolgt dort eine endgültige Wertfestsetzung nur

GKG § 63

unter der Voraussetzungen II 2. Ein Wertfestsetzungsanhang ist während der Instanz jederzeit zulässig, LAG Hamm DB **82**, 1470.
Vgl ferner § 48 Anh: Einf 16.

6 **3) Vorläufige Wertfestsetzung, I.** Es empfehlen sich die folgenden Prüfschritte.
A. Zweck: Erleichterung der Kostenberechnung usw. Soweit § 6 eine Anfangsfälligkeit begründet, kann der Kostenbeamte ihre Höhe nur dann ohne weiteres ermitteln, wenn das KV eine Festgebühr nach Einl II A 14 nennt. Andernfalls braucht er zunächst einen Wertansatz, BGH GRUR **13**, 540. Soweit es sich um eine Klageforderung auf eine bestimmte Geldsumme in EUR oder um einen gesetzlich bestimmten (Regel-)Wert handelt, kann er aus ihr den Wert mühelos ableiten. Soweit eine andere Klageforderung vorliegt, müßte der Kostenbeamte die ja oft genug selbst für den Fachjuristen außerordentlich komplizierten Regeln zur Streitwertermittlung beherrschen. Damit wäre er zeitlich stark belastet und fachlich oft überfordert.

Auch der Richter kann solche Probleme haben. I mutet ihre Bewältigung dem Richter gleichwohl mit Recht eher zu als dem Kostenbeamten. Von Anfang an soll ein vorläufig festgesetzter Wert allen Beteiligten eine *brauchbare Berechnungsgrundlage* geben. Das Gesetz nimmt die damit verbundene Verlagerung der Arbeit auf den Richter in Kauf.

7 **B. Voraussetzung: Sogleich Fälligkeit.** Erste Voraussetzung einer vorläufigen Festsetzung ist nach § 6 I Z 1–4 eine Fälligkeit sogleich beim Verfahrensbeginn, also nicht mehr eine Vorauszahlungspflicht. Ohne eine solche Fälligkeit gibt es keinen Anlaß zu einer vorläufigen Festsetzung, wohl aber evtl einen solchen zur endgültigen nach II. Das gilt zB beim Eilverfahren nach §§ 916 ff, 935 ff ZPO. Daran ändert auch ein verständliches wirtschaftliches Interesse an einer Risikoverringerung grundsätzlich nichts.

8 **C. Weitere Voraussetzung: Wertabhängigkeit.** Weitere Voraussetzung einer vorläufigen Festsetzung ist, daß die in Betracht kommende Gebühr nach dem KV überhaupt von einem Kostenstreitwert abhängt. Das ist nicht so, soweit das KV eine Festgebühr nach Einl II A 14 nennt oder soweit das GKG selbst einen (Regel-)Wert angibt oder gar keine Gebühr fordert, Karlsr MDR **09**, 587, Rostock JB **09**, 540. Soweit beide Gebührenarten zusammentreffen, ist eine vorläufige Festsetzung des gesamten Kostenstreitwerts erforderlich, um dem Kostenbeamten die nach dem Regelungszweck gemäß Rn 6 erstrebte Erleichterung zu verschaffen.

9 **D. Weitere Voraussetzungen: Keine bestimmte Euro-Forderung, keine gesetzliche Wertbestimmung.** Weitere Voraussetzung einer vorläufigen Festsetzung ist, daß Gegenstand des Verfahrens, also Streitgegenstand nach BLAH § 2 ZPO Rn 4, zumindest auch eine nicht bestimmte Geldsumme in EUR ist und daß auch kein gesetzlich bestimmter (Regel-)Wert vorliegt, OVG Magdeb NJW **09**, 3115. Dem Regelungszweck nach Rn 6 entsprechend muß man den Kreis der vorläufig festsetzbaren Streitgegenstände weit ziehen. Hierher gehört daher auch das Zusammentreffen einer bestimmten Euro-Forderung und einer anderen Forderung, zB eine Zahlungs- und eine Räumungsklage.

Dann muß das Gericht also *insgesamt* vorläufig festsetzen. Eine in fremder Währung bezifferte Summe kommt ebenso in Betracht wie etwa eine Forderung „über einen Diskontsatz hinaus" oder eine an einen Lebenskostenindex anknüpfende Forderung. Natürlich gehören hierher auch zB: Eine Forderung auf einen in das Ermessen des Gerichts gestellten Euro-Betrag, etwa auf ein derartiges Schmerzensgeld, Kblz RR **00**, 71, oder eine Forderung auf eine Herausgabe, auf eine Räumung, auf die Abgabe einer Willenserklärung, auf die Vornahme oder Unterlassung einer Handlung, auf eine Mitwirkung usw.

10 **E. Zeitpunkt: Klageingang usw.** Beim Zusammentreffen der Voraussetzungen Rn 6–9 setzt das Gericht den Wert von Amts wegen vorläufig fest, sobald der das Verfahren dieser Instanz einleitende Schriftsatz beim Gericht vorliegt. Das ist der Zeitpunkt der Instanzanhängigkeit nach BLAH § 261 ZPO Rn 1 grundsätzlich also in erster Instanz nicht erst derjenige der Rechtshängigkeit. Natürlich legt die Posteingangsstelle den Eingang zunächst der Geschäftsstelle vor. Sobald diese aber die Sache erstmalig dem Richter vorlegt, muß dieser eine etwa notwendige vorläufige Wertfest-

Abschnitt 7. Wertvorschriften § 63 GKG

setzung von Amts wegen unverzüglich wie bei § 121 I 1 BGB vornehmen. Das gilt trotz eines etwaigen Ablehnungsverfahrens gegen einen Sachverständigen zB nach § 406 ZPO, Jena BauR **12**, 1150.

Das alles gilt evtl nochmals, sobald ein der vorläufigen Festsetzung bedürftiger *Gegenantrag* eingeht, also etwa eine Widerklage nach BLAH Anh § 253 ZPO, oder soweit zu einer bereits im Wert vorläufig festgesetzten Klageforderung eine in EUR bezifferte oder nicht so bezifferte Gegenforderung usw hinzutritt. Soweit der Kläger oder Antragsteller dergleichen im Verhandlungstermin einreicht oder zum Protokoll erklärt, entsteht eine Pflicht zur vorläufigen Festsetzung sogleich.

Ein *Antrag* auf eine vorläufige Festsetzung ist bei einer Pflicht zur Festsetzung von Amts wegen eine Anregung, sonst aber ein vollgültiger entscheidungsbedürftiger Antrag.

F. Keine Anhörung. Nach dem klaren Wortlaut von I 1 erfolgt eine vorläufige **11** Wertfestsetzung im Gegensatz zur endgültigen nach Rn 4 *ohne* eine Anhörung der Parteien. Das ist kein Verstoß gegen Artt 2 I, 20 III GG (Rpfl), BVerfG **101**, 404, Art 103 I GG (Richter). Denn es handelt sich nur um eine vorläufige Festsetzung. Sie hat auf die endgültige Kostenpflicht nur einen indirekten Einfluß. Das Gesetz kennt ohnehin an so mancher Stelle Entscheidungen ohne eine vorherige Anhörung des Betroffenen, etwa beim Arrest oder bei der einstweiligen Verfügung nach §§ 916 ff, 935 ff ZPO, ohne daß dergleichen gleich einen Verfassungsverstoß bedeutet.

Die Anhörung ist *nicht einmal stets erlaubt*. Soweit sich die Notwendigkeit einer vor- **12** läufigen Festsetzung erst im Verhandlungstermin ergibt, ist natürlich eine Anhörung schon wegen ihrer praktischen Unvermeidbarkeit erforderlich. Der Richter darf sie aber nicht etwa durch eine Fristsetzung vornehmen und damit Zeit verlieren, es sei denn, er müßte wegen einer Unklarheit nach § 61 rückfragen.

G. Beschluß. Die vorläufige Wertfestsetzung erfolgt durch einen Beschluß des **13** Gerichts, nicht nur des Vorsitzenden. Das Gericht muß ihn den Parteien wie bei § 121 I 1 BGB unverzüglich mitteilen, zB dem Bekl zusammen mit der Zustellung der Klageschrift nach §§ 253, 261 ZPO, oder es muß ihn verkünden. Das Gericht muß seinen Beschluß nach Rn 14 wegen der wenn auch nur indirekten Anfechtbarkeit nach I 2 in Verbindung mit § 67 nach BLAH § 329 ZPO Rn 4 wenigstens stichwortartig begründen, BVerfG **58**, 357, Jena FamRZ **01**, 780. Die Nichtbehandlung eines wesentlichen Tatsachenvortrags läßt schon hier auf seine Nichtbeachtung schließen, BVerfG **86**, 146. Eine formlose Übersendung genügt. Denn es kommt nach Rn 14 kein befristetes Rechtsmittel in Betracht. Rechtsbehelfsbelehrung evtl, Verstoß: §§ 5 b, 68 II 2.

H. Kein Rechtsmittel. Gegen die vorläufige Wertfestsetzung nach I 1 kann man **14** Einwendungen zur Höhe nach dem klaren Wortlaut von I 2 nur im Verfahren nach (jetzt) § 67 geltend machen, Ffm MDR **12**, 733, Saarbr FamRZ **12**, 472, Schneider NJW **17**, 3765. Eine Beschwerde darüber hinaus ist also unstatthaft, Rostock JB **11**, 208, Saarbr FamRZ **12**, 472, OVG Bautzen NVwZ-RR **09**, 744, aM Schneider MDR **00**, 381 (aber der Wortlaut läßt eine solche Auslegung nicht zu und ergibt auch keine Beschränkung auf das Verhältnis zwischen dem Gericht [Staatskasse] und der Partei, für die ja der Anwalt regelmäßig auch handelt). Das entspricht dem Regelungszweck, Rn 6. Anfechtbar ist erst die endgültige Wertfestsetzung nach II. Das ergibt sich aus § 68 I 1.

I. Änderung der vorläufigen Wertfestsetzung. Eine Änderung der ja ohnehin **15** nur vorläufigen Wertfestsetzung kommt nach Rn 10 zB dann in Betracht, wenn sich der Gesamt-Kostenstreitwert infolge einer Änderung des Gesamt-Streitgegenstands nach BLAH § 2 ZPO Rn 4 ändert, aM OVG Hbg NVwZ-RR **11**, 662 (auch beim Streit um eine Rechtsmittelzulassung). Im übrigen kann natürlich auch die endgültige Wertfestsetzung nach II zu einer anderen Bewertung führen. Das ist aber keine Änderung der vorläufigen Wertfestsetzung, sondern eine Vornahme der endgültigen.

Eine *förmliche Erwähnung* der vorläufigen Festsetzung bei der endgültigen ist freilich zur Vermeidung von Mißverständnissen ratsam, etwa dahin, daß die endgültige Festsetzung in „Übereinstimmung" oder „Änderung" der vorläufigen erfolge. Es ist aber keine förmliche Aufhebung oder Abänderung der vorläufigen Festsetzung nötig,

GKG § 63

I. A. Gerichtskostengesetz

wenn die endgültige ergeht. Eine Formulierung, die vorläufige Festsetzung werde bei der endgültigen „aufrechterhalten", mag zulässig sein. Zwingend ist sie nicht. Mit der endgültigen Festsetzung verliert die vorläufige kraft Gesetzes ihre Wirkung, wenn natürlich auch nicht in dem Sinn rückwirkend, daß die auf Grund der vorläufigen Festsetzung erfolgten Maßnahmen stets gesetzeswidrig gewesen wären und eine Amtshaftung auslösen könnten. Letzteres ist vielmehr eine Fallfrage.

16 **4) Endgültige Wertfestsetzung, II,** dazu *Bader* NZA-RR **05**, 346 (Üb in Hessen): Eine endgültige Wertfestsetzung nach II 1 erfolgt nur für die Gerichtsgebühren, Karlsr RR **09**, 1366, Rostock JB **09**, 540. Das stellt der Wortlaut des Gesetzes klar. Sie erfolgt also nicht für die Zuständigkeit oder für die diesbezügliche Rechtsmittelfähigkeit. Sie ist nur dann notwendig, wenn eine Wertabhängigkeit wie bei Rn 8 vorliegt, VGH Kassel NJW **10**, 2681. Denn I 1 gilt insofern natürlich auch für II. Eine endgültige Wertfestsetzung ist also nur dann zulässig und notwendig, wenn die folgenden Voraussetzungen vorliegen.

A. Keine Bindung nach § 62. Es darf keine Entscheidung nach § 62 S 1 vorliegen oder nach § 62 S 2 binden, Drsd OLGR **08**, 42, Köln JB **09**, 314. Ob eine solche Bindungswirkung vorliegt, ergibt sich aus § 62 Rn 4 ff. Grundsätzlich bindet eine vorläufig erfolgte Festsetzung nicht bei der endgültigen, OVG Magdeb NVwZ-RR **10**, 823.

17 **B. Entscheidung über gesamten Streitgegenstand.** Es reicht aus, daß eine solche Entscheidung vorliegt oder gleichzeitig erfolgen darf und muß, die den gesamten evtl restlichen Streitgegenstand nach BLAH § 2 ZPO Rn 4 erfaßt, BayObLG BB **00**, 1155, Brdb JB **97**, 394 (Stufenklage), OVG Magdeb NVwZ-RR **17**, 848 (dort verneint). Die Art und Form der Entscheidung ist unerheblich. Die Entscheidung mag auch nur eine bereits kraft Gesetzes eingetretene Rechtsfolge bestätigen, etwa der Kostenanspruch nach einer wirksamen Klagerücknahme nach § 269 III 2, IV ZPO.

Ausreichend ist zB ein Vorbehaltsurteil nach §§ 302, 599 ZPO. Denn es beendet den Streit zunächst.

Unzulässig ist eine solche wie immer geartete solche Entscheidung, die den evtl restlichen Streitgegenstand noch nicht vollständig erfaßt, OVG Magdeb NJW **09**, 3115. Das gilt zB im Grundurteil nach § 304 ZPO oder im Teilurteil nach § 301 ZPO oder bei einer einseitigen Teilerledigung nach BLAH § 91a ZPO Rn 204, Mü JB **96**, 368, oder bei einer Aussetzung nach §§ 148 ff ZPO oder einer Unterbrechung nach §§ 239 ff ZPO, BGH NJW **00**, 1199.

18 **C. Anderweitige Erledigung.** Es reicht auch aus, daß sich das gesamte evtl restliche Verfahren auf eine andere Weise als durch eine Entscheidung nach Rn 17 erledigt hat, Stgt ZMR **12**, 458. Hierher gehören zB: Nach einem selbständigen Beweisverfahren nach §§ 485 ff ZPO die Beendigung des Hauptprozesses, KG RR **00**, 1622, Naumb MDR **99**, 1093; eine Erledigung nach § 118 I 3 ZPO, Nürnb MDR **03**, 835; ein widerrufsfreier Prozeßvergleich nach BLAH Anh § 307 ZPO, LAG Nürnb JB **09**, 196; beiderseitige wirksame Erledigterklärungen nach BLAH § 91a ZPO Rn 96; aus praktischen Gründen auch eine Aussetzung und das Ruhen des Verfahrens nach § 251a ZPO, auch in Verbindung mit § 173 S 1 VwGO, OVG Magdeb NVwZ-RR **17**, 848. Denn irgendwann muß man es dort kostenrechtlich mitbeenden; eine wirksame vollständige Klagerücknahme nach § 269 ZPO, Rostock MDR **95**, 212, aM BVerwG JB **97**, 255. Das gilt auch dann, wenn der Bekl keinen Antrag nach § 269 III, IV ZPO stellt.

19 **D. Antrag.** Ein Antrag ist nur im Verfahren vor den *Arbeits- oder Finanzgerichten* und auch dort nach Rn 20 nur insoweit erforderlich, als das Gericht eine Festsetzung nicht für angemessen erachtet. Da man nicht stets wissen kann, ob das Gericht im Rahmen seines pflichtgemäßen Ermessens eine solche Festsetzung von Amts wegen vornehmen wird, empfiehlt sich ein Antrag vor den Arbeits- oder Finanzgerichten jedenfalls, solange unklar ist, ob eine Festsetzung von Amts wegen erfolgen wird. Ein Antrag vor den Arbeits- oder Finanzgerichten zwingt zur unverzüglichen Vornahme einer Festsetzung in der vom Gericht als richtig ermittelten Höhe, also nicht etwa auch in einer Bindung an den Vorschlag des Antragstellers zur Höhe.

Abschnitt 7. Wertvorschriften § 63 GKG

In allen *anderen* Gerichtsbarkeiten gilt: Obwohl das Antragserfordernis fehlt, kann ein Antrag zumindest als eine Anregung zur Überprüfung dienen, ob die Voraussetzungen einer endgültigen Wertfestsetzung vorliegen, Karlsr JB **10**, 200. Den Antrag darf jede Partei stellen. Zum Antrag ist nach § 32 II RVG, Teil X dieses Buchs auch jeder am Verfahren beteiligte Anwalt berechtigt. Eine Erinnerung nach § 66 läßt sich evtl als ein Antrag nach § 63 auslegen, Bbg JB **76**, 185, Ffm JB **79**, 601. Eine Antragsfrist besteht nach § 32 II 1 RVG nicht.

Den Antrag darf ferner die *Staatskasse* stellen. Das stellt für das arbeits- und das finanzgerichtliche Verfahren II 2 zusätzlich klar. Sie wird durch den zuständigen Bezirksrevisor tätig. Der Urkundsbeamte der Geschäftsstelle kann eine Festsetzung nur anregen. Er hat aber nach Rn 4 kein eigenes Antragsrecht. Er ist auch nicht ohne weiteres der Vertreter der Staatskasse. Er hat daher auch keinen Rechtsbehelf gegen die Ablehnung oder gegen die angeblich unrichtige Festsetzung.

Schließlich darf den Antrag *jeder weitere* am Verfahren Beteiligte stellen. Das stellt für das arbeits- und finanzgerichtliche Verfahren II 2 zusätzlich klar.

5) Verfahren, II. Es empfehlen sich die folgenden Prüfschritte. 20

A. Festsetzung von Amts wegen. Soweit und sobald die Voraussetzungen Rn 16–18 vorliegen, muß das Gericht nach Rn 19 den endgültigen Wert von Amts wegen im arbeits- oder finanzgerichtlichen Verfahren insoweit festsetzen, als es die Festsetzung pflichtgemäß für angemessen hält. Das mag zB bei tatsächlichen oder rechtlichen Schwierigkeiten erforderlich sein, Natter NZA **04**, 688. So mag es etwa beim Auseinanderfallen des Urteils- und des Gebührenstreitwerts oft liegen, Natter NZA **04**, 688, oder beim Wechsel des Streitwerts im Lauf des Verfahrens. In allen anderen Verfahrensarten ist es dazu stets berechtigt und verpflichtet, OVG Münst NVwZ-RR **99**, 402. Es besteht also in den letzteren Verfahrensarten ab einer pflichtgemäßen Erkenntnis der Angemessenheit einer Wertfestsetzung zwar ein Ermessen zum Wie (hoch), aber nicht ein Ermessen zum Ob. Die wie bei § 121 I 1 BGB unverzügliche endgültige Festsetzung ist eine Amtspflicht. Dabei kommt es weder auf die Zulässigkeit noch auf die Begründetheit eines Klaganspruchs an, Kblz JB **07**, 34, auch nicht auf seine Streitigkeit, Brdb MDR **97**, 106.

Die *Sommersachenregelung* des § 227 III ZPO ist unanwendbar. Vorstellungen oder Wünsche der Parteien binden das Gericht im Rahmen der Festsetzung von Amts wegen nicht, Brdb MDR **97**, 106. Eine Festsetzung von Amts wegen ist auch nicht etwa davon abhängig, daß der Richter dem Urkundsbeamten der Geschäftsstelle eine richtige Festsetzung nicht zumuten könnte oder nicht zutrauen möchte oder daß der Urkundsbeamte bereits einen offenbar unrichtigen Wert angenommen hätte. Maßgebender Bewertungszeitpunkt ist der Schluß der mündlichen Verhandlung nach § 296a ZPO oder der ihm gleichstehende Zeitpunkt, Bbg JB **80**, 1865.

Teile des Streitgegenstands oder ein einzelner Prozeßabschnitt lassen ebenfalls eine endgültige Wertfestsetzung unter der Voraussetzung der endgültigen diesbezüglichen Entscheidung in dieser Instanz zu.

B. Form. Ein etwaiger nach II 2 notwendiger, in den übrigen Fällen wegen Rn 20 freiwilliger, aber nicht erforderlicher Antrag auf die endgültige Festsetzung des Kostenstreitwerts ist schriftlich oder elektronisch nach § 5a ZPO oder zum Protokoll des Urkundsbeamten der Geschäftsstelle zulässig. Er unterliegt also nach § 78 III Hs 2 ZPO keinem Anwaltszwang. 21

C. Zuständigkeit. Zunächst ist der Urkundsbeamte der Geschäftsstelle zur Annahme eines Werts zuständig, Rn 2–4. Er nimmt aber keine förmliche vorläufige oder gar eine endgültige Wertfestsetzung vor. Zur letzteren ist nur der Richter oder Rpfl zuständig. 22

Zur förmlichen Festsetzung des Kostenstreitwerts ist das *Prozeßgericht* zuständig, und zwar dasjenige der jeweiligen Instanz, für die die Festsetzung erfolgen soll, BGH Rpfleger **87**, 38, Hamm JB **80**, 238, KG VersR **81**, 151. Für die höhere Instanz ist also das Rechtsmittelgericht zuständig, freilich außerhalb § 68 auch nur für seine Instanz, Köln DGVZ **86**, 151, dort freilich auch ohne ein Verschlechterungsverbot, LAG Erfurt MDR **01**, 538. Der Vorsitzende der Kammer für Handelssachen ist nach § 349 II Z 11 ZPO zu einer Wertfestsetzung ohne die Mitwirkung der Handelsrichter befugt.

GKG § 63

I. A. Gerichtskostengesetz

Es ist unerheblich, ob die Instanz bereits beendet ist. Der Einzelrichter nach §§ 348, 348a ZPO usw entscheidet, soweit er die Sache beendet oder soweit seine Entscheidung zweckmäßig ist, etwa vor oder bei einem Prozeßvergleich nach BLAH Anh § 307 ZPO, aM OVG Bautzen NVwZ-RR **09**, 744 (nicht nach einem Vergleich vor dem Kollegium).

Auch das *Arrestgericht* nach §§ 919, 936 ZPO *oder das Vollstreckungsgericht* nach §§ 764, 802 ZPO kann zuständig sein. Beim selbständigen Beweisverfahren nach §§ 485 ff ZPO ist dasjenige Gericht zuständig, das das Verfahren durchgeführt hat, und nicht dasjenige der späteren bloßen Auswertung, Hamm NJW **76**, 116. Nach einer Verweisung zB nach § 281 ZPO setzt das jetzige Gericht auch für das verweisende fest, freilich nach Rn 36 nur innerhalb derselben Instanz, Köln DGVZ **86**, 151, LAG Erfurt MDR **01**, 538, oder durch eine Änderung im Beschwerdeverfahren. Auch ein Schiedsgericht kann nach der Schiedsvereinbarung nach § 1029 ZPO zuständig sein.

23 Soweit der *Rechtspfleger* das Geschäft bearbeitet, nimmt er nach § 4 I RPflG die endgültige Festsetzung des Kostenstreitwerts in seiner eigenen Zuständigkeit vor.

24 **D. Anhörungspflicht.** Das Gericht nimmt die endgültige Wertfestsetzung anders als die vorläufige des I 1 nach Rn 11 erst *nach* einer Anhörung der Beteiligten vor, Artt 2 I, 20 III GG (Rpfl), BVerfG **101**, 404, Art 103 I GG (Richter), Ffm BauR **17**, 777, LAG Ffm JB **99**, 306. Beteiligt ist auch der Streithelfer nach § 66ff ZPO, Mü RR **98**, 420. Erörterungsbedürftig ist jeder entscheidungsbedürftige Umstand, KG NJW **75**, 743 (evtl aber zB keine vertraulichen Zahlen). Man sollte Wertwünsche eines Beteiligten zurückhaltend beurteilen, OVG Lüneb JB **08**, 425. Das Gericht kann zwar, muß aber nicht über den Kostenstreitwert mündlich verhandeln. Das gilt auch dann, wenn ein Antragsteller eine mündliche Verhandlung beantragt hat. In einer Verhandlung besteht kein Anwaltszwang nach § 78 ZPO. Mangels Anhörung erfolgt aufgrund einer Beschwerde eine Aufhebung, Ffm BauR **17**, 777.

25 **E. Rechtsschutzbedürfnis.** Im Zeitpunkt der Entscheidung muß das Rechtsschutzbedürfnis nach BLAH Grdz 33 vor § 253 ZPO als eine Zulässigkeitsvoraussetzung einer jeden gerichtlichen Entscheidung vorliegen, BFH BStBl **88** II 289. Ein Rechtsschutzbedürfnis für eine Wertfestsetzung kann auch insoweit bestehen, als der Kostenbeamte schon nach Rn 2–4 einen Kostenansatz vorgenommen hat, BFH BB **78**, 1507. Es kann vor allem theoretisch auch insoweit bestehen, als man den Kostenstreitwert ohne irgendwelche Schwierigkeit errechnen kann, zB bei einer bezifferten Zahlungsklage.

Denn die endgültige Wertfestsetzung nach II ist nach dessen Wortlaut im Gegensatz zu der vorläufigen nach I 1 auch dann von Amts wegen notwendig, wenn es um eine bestimmte Geldsumme in EUR oder um einen gesetzlich bestimmten (Regel-) Wert geht, um den endgültigen Kostenansatz usw zu erleichtern. Deshalb ist eine Beschränkung auf einen nicht bezifferten Teilanspruch formell unzulässig. Sie ist zumindest wenig hilfreich. Natürlich kann der Wert für den einen Verfahrensabschnitt anders als für den anderen lauten, etwa bei einer Beweisaufnahme.

Indessen führt eine strenge Anwendung dieses Wortlauts zu einer enormen zusätzlichen Entscheidungs-, Schreib- und oft auch Mitteilungsarbeit, die in keinem vernünftigen Verhältnis zu dem Ziel einer Erleichterung zugunsten des Kostenbeamten steht. Was soll zB bei einer Klage auf eine Zahlung von 500 EUR eine entsprechende Wertfestsetzung? Daher sollte man in einer solchen Lage getrost eine endgültige Festsetzung von einem Antrag oder irgendeiner tatsächlichen oder rechtlichen Unsicherheit abhängig machen. Auch das ist eine in Wahrheit „teleologische Reduktion". Es kommt nämlich auf den vernünftigen Sinn an.

Ein Rechtsbedürfnis kann zumindest dann *fehlen*, wenn mit Sicherheit keine Gerichtskosten anfallen, LG Mü AnwBl **88**, 72, und wenn auch nicht eine Abhängigkeit von Anwaltskosten von einer gerichtlichen Festsetzung nach § 63 besteht.

26 **F. Beschluß.** Das Gericht setzt den endgültigen Kostenstreitwert durch einen Beschluß fest. Ein Beschluß ist auch dann nötig, wenn das Gericht eine Festsetzung ablehnt, LG Köln JB **87**, 1886, oder wenn es diese Festsetzung zulässigerweise in die Urteilsformel nach § 313 I Z 4 ZPO oder in die Entscheidungsgründe des Urteils nach § 313 I Z 6 ZPO aufgenommen hat, Brdb FamRZ **04**, 962, OVG Saarbr JB **97**,

199, Wenzel DB **81**, 164. Ein Beschluß liegt aber nur insoweit vor, als man einen eindeutigen Willen des Prozeßgerichts erkennen kann, gerade den Kostenstreitwert endgültig festzusetzen, Köln RR **88**, 279, Mü MDR **98**, 1241. Rechtsbehelfsbelehrung, Verstoß: §§ 5 b, 68 II 2.

G. Kein Zwang zur Erwähnung einer vorläufigen Festsetzung. Es besteht 27 kein Zwang dazu, in der endgültigen Festsetzung eine etwa erfolgte vorläufige zu erwähnen. In der Praxis ist die Bezugnahme zwecks einer Begründung üblich, soweit es bei den bisherigen Erwägungen bleibt. Das ist natürlich zulässig und meist auch ausreichend, soweit das Gericht die vorläufige Festsetzung mit einer zwar vielleicht nur sehr kurzen, aber immerhin nachprüfbaren Begründung versehen hatte. Andernfalls gilt Rn 28. Vgl im übrigen Rn 15.

H. Notwendigkeit einer Begründung. Vgl zunächst Rn 13, 27. Das Gericht 28 muß den endgültigen Festsetzungsbeschluß grundsätzlich mit einer wenigstens stichwortartigen Begründung versehen, BGH FamRZ **14**, 1364 rechts oben, BAG NJW **12**, 2460, Saarbr FamRZ **11**, 745. Das folgt schon aus Art 6 I EMRK, EGMR NJW **99**, 2409, und aus Art 20 III, 103 I GG. Denn sonst würden die Grundlagen der Nachprüfbarkeit durch die Partei nach BLAH Grdz 4 vor § 50 ZPO wie durch das Gericht fehlen, BVerfG **71**, 135, BGH MDR **10**, 1210 rechts unten (ohne Vorlage nach § 132 GVG), KG GRUR-RR **13**, 272, aM BGH FamRZ **88**, 943. Floskeln sind keine Begründung, Saarbr FamRZ **11**, 745. Die Nichtbehandlung eines wesentlichen Tatsachenvortrags läßt auch hier auf seine Nichtbeachtung schließen, BVerfG **86**, 146.

Es ist dringend ratsam, zur Vermeidung von Mißverständnissen und wegen der unterschiedlichen Anfechtungsmöglichkeiten im Beschluß ganz klar zum Ausdruck zu bringen, daß es sich um die *endgültige* Festsetzung nach II 1 handelt, Bbg JB **91**, 1690, Ffm GRUR **89**, 934, Köln FamRZ **91**, 1212, aM LG Köln MDR **91**, 935 (aber die Rechtssicherheit nach BLAH Einl III 43 erfordert stets eine völlige Klarheit). Eine Bezugnahme auf die etwaige Begründung einer früheren vorläufigen Festsetzung nach Rn 13 kann reichen, ebenso die Bezugnahme auf einen nachvollziehbar begründeten Wertvorschlag eines Beteiligten.

Das Gericht muß eine zunächst fehlende Begründung spätestens dann *nachholen*, wenn es einer Beschwerde gegen seinen Beschluß nicht abhilft, Hamm MDR **04**, 412, Mü MDR **04**, 291, Nürnb MDR **04**, 169. Andernfalls droht eine Zurückverweisung nach § 572 III ZPO, Jena FamRZ **01**, 781 (FGG), Köln VersR **97**, 601, Nürnb MDR **01**, 893.

I. Entbehrlichkeit einer Begründung. Soweit allerdings der Beschluß in keinerlei Rechte eines Beteiligten eingreift, darf eine Begründung ausnahmsweise fehlen, BVerfG NJW **57**, 298. Das gilt zB dann, wenn das Gericht in seinem wenn auch von Amts wegen notwendigen endgültigen Festsetzungsbeschluß den etwa zusätzlich erfolgten übereinstimmenden Anträgen aller Beteiligten voll entsprochen hat. Dann wäre eine Beschwerde mangels einer Beschwer unzulässig, Bbg JB **75**, 1463. Bei einer bezifferten Forderung mag aus den Erwägungen Rn 25 ein einziger Satz als Begründung reichen.

Eine Begründung ist auch dann entbehrlich, wenn alle Beteiligten die Erwägungen des Gerichts *schon einwandfrei kennen,* etwa aus einer mündlichen Verhandlung, oder wenn sich alle Erwägungen des Gerichts ohne weiteres aus den Akten ergeben, Bbg JB **85**, 1849, Ffm JB **82**, 888. Es empfiehlt sich aber, dann zusätzlich zu der stets erforderlichen Beschlußformel in das Verhandlungsprotokoll einen Vermerk darüber aufzunehmen, daß das Gericht die Fragen des Kostenstreitwerts erörtert hatte.

Eine Begründung ist schließlich dann entbehrlich, wenn alle Parteien einen ein- 30 deutigen *Rechtsmittelverzicht* wirksam erklärt haben, Köln MDR **00**, 472, Mü JB **00**, 141 (evtl nicht schon bei übereinstimmenden Wertäußerungen der Parteien). Sie ist ferner dann entbehrlich, wenn sich schließlich der richtige Kostenstreitwert aus dem Streitstoff selbst einwandfrei ergibt, Bbg JB **78**, 1360. Das gilt etwa dann, wenn das Gericht auf Grund eines bereits bezifferten Antrags eine Wertfestsetzung vorgenommen hatte.

Es ist weder eine Entscheidung noch gar deren Begründung, wenn irgendwo im Urteilskopf steht: „*Wert* × *EUR*".

31 **J. Kosten.** Die Entscheidung ist nach § 1 gebührenfrei.

32 **K. Mitteilung.** Das Gericht muß seinen Beschluß nach §§ 166 ff ZPO förmlich zustellen. Denn seine Entscheidung unterliegt nach § 68 I 3 einem befristeten Rechtsmittel, aM OVG Hbg NVwZ-RR **93**, 167. Es genügt also keine formlose Mitteilung von Amts wegen. Eine förmliche Zustellung ist außerdem bei einer anderweitigen Festsetzung wegen einer Streitwertänderung nach § 107 ZPO wegen der dann anlaufenden Erinnerungsfrist nach §§ 329 II 2 ZPO, 56 VwGO, 53 FGO notwendig.

33 **L. Wirkung.** Der endgültige Wertfestsetzungsbeschluß wirkt in den Instanzgrenzen Rn 35–37 für und gegen alle Beteiligten, Natter NZA **04**, 688. Das gilt über § 32 I, II RVG, Teil X dieses Buchs, auch für den Anwalt. Es gilt auch für den Kostenansatz bindend, auch für die Kostenerstattung und für die Kostenfestsetzung nach §§ 103 ff ZPO. Außergerichtliche Kosten sind hier anders als bei (jetzt) § 68 III 2 erstattbar, Meyer 29, aM Ffm NJW **75**, 742, Schlesw SchlHA **75**, 67.

34 Eine *rechtskräftige* Entscheidung über die Anwaltsgebühren im Prozeß zwischen dem Anwalt und der Partei steht eine Abänderbarkeit des Kostenstreitwertbeschlusses nicht entgegen. Eine inhaltlich falsche Festsetzung des Kostenstreitwerts kann eine Amtshaftung auslösen, Matzen AnwBl **76**, 333.

35 **M. Instanzfragen.** Jede Instanz setzt für sich endgültig fest, BGH Rpfleger **87**, 38, BFH BStBl **77** II 42, KG VersR **81**, 151. Daher läßt ein Wertfestsetzungsbeschluß den anderen Instanzen freie Hand, auch den nachgeordneten, KG VersR **81**, 860. Solange das untere Gericht keine endgültige Festsetzung des Kostenstreitwerts vorgenommen hat, darf das Rechtsmittelgericht diesen Wert nicht für die untere Instanz festsetzen, Köln DGVZ **86**, 151, aM OVG Lüneb NVwZ-RR **15**, 678. Das gilt schon zur Vermeidung eines auch wegen Art 103 I GG unstatthaften Instanzverlustes. Das Erstgericht könnte ja trotzdem für seine Instanz anders als das Rechtsmittelgericht für dessen Instanz entscheiden. Das müßte das Rechtsmittelgericht ja bei einem Rechtsmittel gegen die endgültige Festsetzung des Erstgerichts neu beachten.

Wohl aber darf und muß das höhere Gericht für seine Entscheidung auch nur *vorläufig* einen Wert dann annehmen, wenn das untere Gericht noch keine Festsetzung vorgenommen hat, Celle OLGR **02**, 188.

Das gilt auch dann, wenn es für die *Zulässigkeit des Rechtsmittels* auf den endgültigen Wert ankommt. Es ist ein alltäglicher Vorgang, daß verschiedene Gerichte einen verschiedenen Kostenstreitwert annehmen. Das höhere Gericht kann zwar anregen, das untere möge den Wert festsetzen. Das höhere Gericht kann aber eine Festsetzung durch das untere nicht erzwingen und die eigene Entscheidung nicht von der Befolgung einer solchen Anregung abhängig machen.

36 Allerdings darf das Rechtsmittelgericht die endgültige Festsetzung des Erstgerichts *ändern, (jetzt) III 1*, BFH BStBl **77** II 42, Nürnb JB **75**, 1352. Wegen der Voraussetzungen hierfür Rn 38 ff.

37 *In keinem Fall* darf das untere Gericht den Kostenstreitwert endgültig mit einer *bindenden* Wirkung *für die höhere Instanz* festsetzen. Von diesem Grundsatz gilt nur im Verfahren vor den Arbeitsgerichten eine Ausnahme. Soweit das AG den Rechtsstreit an das LG verwiesen hat, muß das LG den Kostenstreitwert auch für einen im Verfahren vor dem AG etwa bereits erledigten Anspruch endgültig festsetzen.

38 **6) Änderung der endgültigen Wertfestsetzung, III.** Aus sorgfältig zu klärenden Voraussetzungen folgt eine Reihe von Auswirkungen.

A. Zulässigkeit, Notwendigkeit. Eine Änderung der endgültigen Festsetzung des Kostenstreitwerts ist dann, wenn die Rechtslage es verlangt, nicht nur zulässig, sondern auch notwendig. Das Wort „kann" in (jetzt) III 1 stellt kein Ermessen zur Verfügung, sondern regelt nur die Zuständigkeit, Düss GRUR-RR **10**, 406, KG JB **10**, 84, VGH Mü NVwZ-RR **16**, 478, aM BVerwG JB **91**, 1245 (abl Mümmler), Ulrich GRUR **84**, 182 (aber eine Festsetzung ist oft genug eindeutig notwendig. Das liegt im Wort „kann"). Es gibt kein Verschlechterungsverbot, Brdb JB **97**, 196, Celle JB **10**, 88, Rostock OLGR **09**, 223. Das höhere Gericht darf durchaus mehr prüfen als nur einen Ermessensfehler des Erstgerichts, LAG Nürnb NZA-RR **14**, 562.

B. Kein Antragszwang. Die Änderung ist von Amts wegen oder auf Grund der 39 Anregung eines Beteiligten zulässig und erforderlich, VGH Mannh JB **92**, 110. Ein förmlicher Antrag ist nicht erforderlich. Übereinstimmende Anregungen aller Beteiligten können ausreichen, Kblz JB **99**, 188, VGH Mü JB **99**, 197, aM Köln JB **79**, 1554. Wenn das Gericht einer Anregung zur Änderung des Kostenstreitwerts nicht gefolgt ist, muß man eine solche Anregung als eine Beschwerde gegen die Wertfestsetzung ansehen, falls der Anregende beschwert ist, Bbg JB **80**, 1865, aM Zweibr JB **79**, 405. Die Notwendigkeit einer Änderung kann sich aus einem Irrtum des Gerichts oder infolge eines neuen Umstands ergeben, zB infolge eines Gutachtens im selbständigen Beweisverfahren nach §§ 485 ff ZPO, Köln VersR **97**, 1030, oder auf Grund einer Änderung der höchstrichterlichen Rechtsprechung, Meyer 37, aM Hamm MDR **79**, 591, LG Kiel VersR **75**, 1037.

Von einer Änderung der Wertfestsetzung muß man die bloße *Berichtigung* einer als offenbar unrichtig erkannten Wertfestsetzung nach § 319 ZPO unterscheiden, Celle JB **76**, 1338.

C. Auswirkung auf die Kostenentscheidung. Eine Änderung der endgültigen 40 Festsetzung des Kostenstreitwerts ist auch dann zulässig und evtl notwendig, wenn durch diese Maßnahme die bisherige Kostenentscheidung unrichtig wird, OVG Münst NVwZ-RR **07**, 213, Schneider NJW **07**, 3766. Denn eine Berichtigung der Kostenentscheidung ist dann zulässig, wenn die Berichtigung in der Sache sie bedingt. Das gilt auch dann, wenn das Gericht über die Kosten praktisch unbrauchbar entschieden hat. Strenggenommen ist diese Lösung dogmatisch falsch. Sie stellt aber den einzigen Ausweg dar, wenn kein Rechtsbehelf möglich ist. Man darf auch nicht als Ausweg § 319 ZPO zu weit ausdehnen, Köln FamRZ **07**, 164, aM Meyer 38.

Das gilt auch dann, wenn die Kostenentscheidung nach § 99 I ZPO *unanfechtbar* 41 ist, Düss MDR **01**, 1074, Köln FamRZ **07**, 164, BLAH § 319 ZPO Rn 5, aM BGH FamRZ **08**, 1925, OVG Greifswald MDR **95**, 425, Köln JB **77**, 1134 (je: eine Änderung sei unzulässig), Düss RR **92**, 1407, Köln JB **93**, 741, VGH Kassel AnwBl **88**, 180 (je: eine Änderung sei ohne Rücksicht auf die Abänderbarkeit der Kostenentscheidung zulässig). Aber beide Varianten erkennen nicht ausreichend den logischen Vorrang der Wertfestsetzung vor einer wertabhängigen Kostengrundentscheidung.).

7) Voraussetzungen im einzelnen, III. Eine Änderung der endgültigen Festset- 42 zung des Kostenstreitwerts ist dann zulässig, wenn es gerade um dasjenige Verfahren geht, für das eine Wertfestsetzung erfolgte, BVerwG NVwZ-RR **98**, 142, wenn eine der beiden Voraussetzungen Rn 33–36 oder Rn 37–41 vorliegt und wenn man außerdem die zeitlichen Grenzen des III 2 nach Rn 52–55 eingehalten hat. Die Vorschrift ist weit auslegbar, OVG Lüneb NVwZ-RR **10**, 293.

A. Änderung durch das Gericht der Instanz, III 1 Z 1. Das den Kostenstreit- 43 wert endgültig festsetzende Gericht kann seinen Beschluß nur für seine Instanz unter den folgenden Voraussetzungen ändern, Stgt BauR **15**, 1023, OVG Magdeb NVwZ-RR **17**, 848. Soweit der Einzelrichter nach §§ 348, 348a ZPO usw oder der Rpfl den Wert festgesetzt hatte, ist auch er zur Änderung zuständig. Die jetzige funktionelle Umbesetzung ist unschädlich. Nach einer Verweisung ändert das jetzt zuständige Gericht.

B. Noch keine Festsetzung durch das höhere Gericht. Zur Zuständigkeit 44 gilt ferner: Die Sache muß entweder noch in derselben Instanz schweben oder darf zwar bereits in der höheren Instanz anhängig sein. Im letzteren Fall darf aber das Rechtsmittelgericht noch nicht eine endgültige Festsetzung des Kostenstreitwerts auch für die untere Instanz vorgenommen haben. Es darf also deren Entscheidung noch nicht bereits abgeändert haben, Ffm MDR **82**, 589. Vgl aber Rn 37–41. Soweit das Rechtsmittelgericht den Wert für die untere Instanz festgesetzt hat, darf das untere Gericht ihn nicht mehr anders festsetzen, Ffm MDR **82**, 589, Schneider NJW **07**, 3766. Eine Entscheidung nach § 62 macht eine nachträgliche Änderung nach § 63 III insoweit unzulässig, als es dadurch die Zuständigkeit oder die Zulässigkeit eines Rechtsmittels berührt.

C. Änderung der Verhältnisse. Eine Änderung der endgültigen Festsetzung des 45 Kostenstreitwerts ist im allgemeinen nur dann erforderlich, wenn sich zB die Verhältnisse geändert haben, Bbg JB **77**, 1423, oder wenn das Gericht bei seiner ersten Festsetzung eine bereits vorhandene Rechtsprechung nicht berücksichtigt hatte, oder wenn die Parteien aus welchem Grund auch immer den Wert zB zu niedrig angegeben haben, Düss GRUR-RR **10**, 406.

46 Eine Änderung der endgültigen Festsetzung ist zB in folgenden Fällen *nicht erforderlich:* Die einschlägige Rechtsprechung hat sich erst nach dem Erlaß des ersten Festsetzungsbeschlusses geändert, LG Kiel VersR **75**, 1037; das Gericht kommt in seiner jetzigen Besetzung bei einem zulässigen Ermessen zu einer wesentlich anderen Bewertung des Kostenstreitwerts, Köln VersR **79**, 945.

47 **D. Änderung durch das Rechtsmittelgericht, III 1 Z 2.** Das Rechtsmittelgericht kann den vom Erstgericht festgesetzten Kostenstreitwert von Amts wegen oder auf Anregung *erstmalig* nur dann endgültig ändern, soweit und solange das Verfahren wegen der Hauptsache erstmalig oder erneut in der Rechtsmittelinstanz schwebt, BGH VersR **89**, 817, Kblz JB **04**, 32, OVG Magdeb NVwZ-RR **17**, 848, aM LG Aachen MDR **90**, 63 (aber mit der Instanz zur Hauptsache ergibt sich auch die Instanz zur Wertfestsetzung).

48 **E. Beispiele zur Frage einer Änderung, III 1 Z 2**

Begründungsmangel: Zulässig, aber nicht notwendig ist eine Änderung durch das Erstgericht, soweit das Rechtsmittelgericht den Kostenstreitwert zuvor vom Erstgericht endgültig abweichend ohne ausreichende Begründung festgesetzt hatte.

Bestätigung: *Unzulässig* ist für das Beschwerdegericht eine Änderung einer auf Beschwerde bestätigten erstinstanzlichen Festsetzung, BGH MDR **86**, 654, Düss JB **10**, 427, Hamm MDR **90**, 63.

49 **Erneute Änderung:** Zulässig ist in der Rechtsmittelinstanz auch eine erneute Änderung, Kblz JB **04**, 32, OVG Saarlouis JB **94**, 240. Bei ihr ist das Rechtsmittelgericht zeitlich frei, BGH VersR **89**, 817, Brdb JB **98**, 648.

Hauptsacheteil: Zulässig ist eine Änderung durch das Rechtsmittelgericht im Verfahren über einen Teil der Hauptsache, VGH Kassel AnwBl **88**, 180.

50 **Kostenansatz:** Zulässig ist eine Änderung durch das Rechtsmittelgericht im Verfahren über einen Kostenansatz.

Kostenfestsetzung: Zulässig ist eine Änderung im Verfahren der Festsetzung für die Rechtsmittelinstanz nach § 99 II ZPO, Brdb JB **98**, 648. Zulässig bleibt eine Änderung auch nach einer im Verfahren nach §§ 55, 56 RVG, Teil X dieses Buchs, fälschlich als Streitwertbeschwerde beurteilten Kostenerinnerung, LAG Nürnb NZA-RR **14**, 560.

Unzulässig ist aber eine Änderung durch das Beschwerdegericht wegen einer schon früher von ihm festgesetzten Summe, Kblz JB **04**, 32.

Nichtzulassungsbeschwerde: *Unzulässig* ist eine Änderung schon mangels Anfalls einer Hauptsache, BGH RR **17**, 1471.

Prozeßkostenhilfe: *Unzulässig* ist eine Änderung durch das Rechtsmittelgericht insoweit, als es über einen Antrag auf Prozeßkostenhilfe nach § 117 ZPO oder über eine Beschwerde gegen deren Versagung nach § 127 ZPO entscheiden muß, aM KG JB **78**, 1700, Köln JB **81**, 1011 (aber die letzteren Verfahren haben Vorrang).

51 **Rechtsmittelrücknahme:** *Unzulässig* ist eine Wertänderung nach III 1 Hs 2 ab der Mitteilung einer Entscheidung zB nach § 516 III 2 ZPO.

Selbständiges Beweisverfahren: Nach seinem Übergang in §§ 485 ff ZPO in ein Hauptsacheverfahren ist dessen Gericht zur Änderung nach III 1 zuständig, aM LG Köln RR **13**, 924 (III 2 entsprechend. Aber dann bleibt die erste Instanz und ist III 2 unnötig hergeholt).

Unzulässigkeit des Rechtsmittels: *Unzulässig* ist dann auch eine Wertänderung durch das Rechtsmittelgericht, OVG Bre NVwZ-RR **10**, 824, OVG Hbg NVwZ-RR **10**, 502, OVG Lüneb NVwZ-RR **10**, 904, aM Celle JB **10**, 88, LAG Düss JB **17**, 311, OVG Hbg NVwZ-RR **14**, 704 (aber „schwebt" ist unscharf, und eine Instanz darf für den Kostenpunkt nicht weiter gehen als in der Hauptsache).

Zuständigkeit: Im Rechtsmittelinstanz ist auch der Entscheidende Richter nach § 526 ZPO und der Vorbereitende Richter nach § 527 ZPO zuständig, Ffm JB **91**, 1387.

52 **F. Zeitliche Grenzen, III 2.** Von der endgültigen Festsetzung des Kostenstreitwerts hängt die Höhe der Gerichtskosten und der Anwaltsgebühren ab. Deshalb darf der endgültige Kostenstreitwert nur innerhalb gewisser zeitlicher Grenzen abänderbar sein.

Abschnitt 7. Wertvorschriften § 63 GKG

Andernfalls würde die Rechtssicherheit nach BLAH Einl III 43 leiden, Nürnb RR **99**, 654. Deshalb begrenzt III 2 die Änderungsmöglichkeit zeitlich. Wegen einer Gegenvorstellung vgl bei § 68.

Diese zeitlichen Grenzen gelten aber nur für eine *echte Abänderung* einer schon vorher erfolgten Festsetzung des endgültigen Kostenstreitwerts, Ffm MDR **87**, 244, OVG Magdeb NVwZ-RR **17**, 848. Sie gelten also nicht für eine erste Festsetzung des endgültigen Kostenstreitwerts, BGH MDR **79**, 577, Düss Rpfleger **90**, 272, Kblz AnwBl **89**, 678. Das gilt auch bei § 55 III 2 FamGKG, und zwar unabhängig davon, ob noch eine nach § 137 FamFG abgetrennte Folgesache rechtshängig bleibt, Hamm FamRZ **13**, 1511.

Die *Sechsmonatsfrist* errechnet sich nach §§ 186 ff BGB, §§ 221 ff ZPO, Nürnb AnwBl **81**, 499, VGH Mannh JB **96**, 645. Gegen die Versäumung der Frist nach (jetzt) III 2 ist keine Wiedereinsetzung nach §§ 233 ff ZPO zulässig, Nürnb RR **99**, 654, VGH Mannh JB **96**, 645.

G. Fristbeginn mit Hauptsache-Rechtskraft, III 2 Hs 1. Die Sechsmonatsfrist **53** beginnt mit dem Eintritt der formellen Rechtskraft der Entscheidung in der Hauptsache nach § 705 ZPO, BFH JB **01**, 593, Stgt BauR **15**, 1023, OVG Magdeb NVwZ-RR **17**, 848, und zwar einschließlich Nebenforderungen und Kosten, Nürnb AnwBl **81**, 499. Das gilt auch beim Eilverfahren nach §§ 916 ff, 935 ff ZPO usw, Hbg MDR **11**, 258, Zweibr MDR **11**, 562, VGH Mü NVwZ-RR **14**, 119, und nach unrichtigen Angaben der Parteien, Nürnb RR **99**, 613. Eine Erledigung nur einer Instanz genügt nicht, Hbg MDR **11**, 258, Mü JB **91**, 951, aM BGH **70**, 368.

H. Fristbeginn mit Erledigung, III 2 Hs 2. Die Frist beginnt auch dann, wenn **54** sich das gesamte Verfahren bei allen Beteiligten anders als durch den Eintritt der formellen Rechtskraft in der Hauptsache nach § 91a ZPO erledigt hat, Mü JB **91**, 951, OVG Magdeb NVwZ-RR **17**, 848. Das ist zB in folgender Situation so: Das selbständige Beweisverfahren ist nach BLAH § 494 ZPO Rn 6, 7 beendet, Kblz MDR **05**, 826, Köln MDR **13**, 809, Nürnb MDR **02**, 538, aM KG MDR **02**, 1453.

Wenn beide Parteien die Hauptsache nach BLAH § 91a ZPO Rn 96 wirksam voll für *erledigt* erklärt haben, gilt III 2 Hs 2. Die Sechsmonatsfrist beginnt dann mit der Wirksamkeit der Erledigterklärungen, also meist mit dem Eingang der letzten, Brdb FamRZ **07**, 2000, VGH Kassel JB **17**, 588, VGH Mannh NVwZ-RR **07**, 826. Man braucht also den Eintritt der formellen Rechtskraft des Beschlusses nach § 91a ZPO nicht abzuwarten.

I. Beispiele zur Frage einer Erledigung, III 2 Hs 2

Ausscheiden: Erledigung liegt im Ausscheiden des Bekl aus dem Prozeß. **55**
S aber auch „Parteiwechsel".
Außergerichtliche Einigung: Erledigung liegt bei ihr vor, BGH **70**, 365.
Finanzgerichtsbescheid: Erledigung liegt in ihm, falls kein Beteiligter noch eine mündliche Verhandlung beantragt, BFH JB **01**, 593.
Folgesache: Erledigung liegt unabhängig davon vor, ob in einer Scheidungssache noch eine Folgesache anhängig ist, Mü JB **91**, 951, Schlesw SchlHA **81**, 119.
Gesamtschuldner: Erledigung liegt dann vor, wenn sie alle Ansprüche gegenüber allen Gesamtschuldnern erfaßt.
Klagerücknahme: Erledigung liegt dann vor, wenn das Gericht anschließend den Wert nach § 269 III, IV ZPO endgültig festgesetzt hat, Rostock MDR **95**, 212.
Keine Kostengrundentscheidung: *Keine* Erledigung liegt vor, solange keine Kostengrundentscheidung zB nach BLAH Üb 35 vor § 91 ZPO besteht, Düss MDR **97**, 692.
Parteiwechsel: *Keine* Erledigung liegt in einem bloßen Parteiwechsel.
S aber auch „Ausscheiden".
Prozeßvergleich: Erledigung liegt bei ihm vor, Kblz AnwBl **95**, 267.
Rechtsmittelrücknahme: Erledigung liegt im Beschluß zB nach § 516 III 2 ZPO.
Ruhen des Verfahrens: *Keine* Erledigung liegt schon in ihm, OVG Magdeb NVwZ-RR **17**, 848.
Selbständiges Beweisverfahren: Erledigung liegt in seiner Beendigung, Kblz MDR **05**, 826, Köln MDR **13**, 809, Nürnb MDR **02**, 538, aM KG MDR **02**, 1453 (bei einem folgenden Hauptverfahren erst mit dessen Abschluß. Aber auch im

Hauptverfahren liegt der Schluß der Beweisnahme regelmäßig vor dem Verfahrensende).

Unterbrechung: Erledigung liegt bei einer Unterbrechung des Verfahrens zB nach §§ 239 ff ZPO vor, sofern keine Aussicht auf seine erneute Aufnahme zB nach § 250 ZPO besteht.

Zurückverweisung: *Keine* Erledigung liegt schon in einer bloßen Zurückverweisung.

56 **J. Verstoß, III 1, 2.** Eine pflichtwidrige Unterlassung einer notwendigen Änderung der Wertfestsetzung kann eine Amtshaftung auf Schadensersatz begründen, OVG Münst NJW 75, 1183.

57 **8) Beschwerde, I–III.** Vgl (jetzt) § 68. Rechtsbehelfsbelehrung, Verstoß: §§ 5b, 68 II 2.

Schätzung des Werts

64 [1] Wird eine Abschätzung durch Sachverständige erforderlich, ist in dem Beschluss, durch den der Wert festgesetzt wird (§ 63), über die Kosten der Abschätzung zu entscheiden. [2] Diese Kosten können ganz oder teilweise der Partei auferlegt werden, welche die Abschätzung durch Unterlassen der ihr obliegenden Wertangabe, durch unrichtige Angabe des Werts, durch unbegründetes Bestreiten des angegebenen Werts oder durch eine unbegründete Beschwerde veranlasst hat.

Gliederung

1) Systematik, S 1, 2	1
2) Regelungszweck, S 1, 2	2
3) Geltungsbereich, S 1, 2	3
4) Abschätzung, S 1, 2	4–9
A. Erforderlichkeit	4
B. Zuständigkeit	5
C. Weiteres Verfahren	6
D. Entscheidung	7–9
5) Kosten der Abschätzung, S 1, 2	10–17
A. Grundsatz: Kostenlast des Staats	10
B. Ausnahmen: Parteiverschulden	11
C. Verschuldensbegriff	12
D. Verschulden des Antragstellers	13, 14
E. Verschulden des Antragsgegners	15
F. Verschulden des Beschwerdeführers	16
G. Verfahren, Entscheidung	17
6) Rechtsmittel, S 1, 2	18, 19

1 **1) Systematik, S 1, 2.** Die Vorschrift bezieht sich nur auf § 63 GKG in Verbindung mit § 3 ZPO, nicht auf eine Wertfestsetzung nach § 62. Das ergibt sich bereits aus dem Gesetzeswortlaut. Die Kosten einer im Rahmen des § 62 stattfindenden Abschätzung fallen unter die Prozeßkosten.

2 **2) Regelungszweck, S 1, 2.** Die Vorschrift dient der Prozeßwirtschaftlichkeit nach BLAH Grdz 14 vor § 128 ZPO auch im Kostenbereich. Sie schafft eine begrenzte Kostengrundentscheidung nach BLAH Üb 35 vor § 91 ZPO zwecks einer baldigen Klärung von Nebenfragen. Das sollte man bei der Auslegung mitbeachten.

3 **3) Geltungsbereich, S 1, 2.** Die Vorschrift ist im Bereich des GKG voll anwendbar, dort § 1 Rn 2 ff.

4 **4) Abschätzung, S 1, 2.** Nach dem eindeutigen Wortlaut ist § 64 nur insoweit anwendbar, als es um eine Abschätzung gerade durch einen Sachverständigen geht. § 1 I 1 erlaubt „nur" in den dort genannten Lagen eine Kostenpflicht. Daher darf man § 64 nicht schon deshalb auch auf einen Augenschein nach § 371 ZPO und andere Methoden anwenden, weil das sinnvoll wäre, aM Meyer 3. Man sollte vier Aspekte berücksichtigen.

A. Erforderlichkeit. Eine Abschätzung des Streitwerts durch einen Sachverständigen ist nur selten erforderlich. Sie kann zB in einem schwierigen Fall des Gewerblichen Rechtsschutzes notwendig sein. Das gilt etwa dann, wenn das Gericht den

Abschnitt 7. Wertvorschriften § 64 GKG

Wert des Patents, die Beeinträchtigung des Wettbewerbers und andere Nachteile nicht selbst wertmäßig beurteilen kann. Sie kommt ferner dann in Betracht, wenn das Gericht erkennt, daß die Parteien einen zu niedrigen Wert angeben. Sie ist aber vor allem auch dann erforderlich, wenn der Antragsteller die nach § 61 erforderliche Wertangabe trotz einer Aufforderung zur Nachholung innerhalb einer angemessenen Frist unterlassen hat.

Soweit eine Abschätzung durch einen *Sachverständigen* objektiv erforderlich wird, ist das Gericht zu einer Beschlußfassung nach S 1 nicht nur berechtigt, sondern auch verpflichtet. Das ergibt sich aus den Worten „so ist" in S 1. Insofern besteht also kein Ermessen des Gerichts. Das Gericht ist von einem Antrag unabhängig. Es kann trotz übereinstimmender „Anträge" aller Beteiligten von einer Anordnung absehen. Es sollte das aber nachprüfbar begründen, schon wegen der Anfechtbarkeit nach Rn 18, 19.

Soweit das Gericht gleichwohl eine Entscheidung nach S 1 *vergessen* hat, ist auf Grund des Antrags eines Beteiligten ein Ergänzungsverfahren in einer entsprechenden Anwendung des § 321 ZPO oder von Amts wegen unter den Voraussetzungen des § 319 I ZPO auch eine entsprechende Berichtigung oder Ergänzung zulässig und notwendig.

B. Zuständigkeit. Zur Anordnung einer Abschätzung durch einen Sachverständigen sind nur der Richter und evtl der das Verfahren als Gericht leitende Rpfl befugt, nicht der Urkundsbeamte der Geschäftsstelle. Denn der letztere darf keinen förmlichen Wertfestsetzungsbeschluß erlassen. Eine Anhörung des Antragstellers vor einem solchen Beschluß ist jedenfalls dann notwendig, wenn das Gericht damit rechnen muß, daß eine Kostenentscheidung nach S 2 zulasten des Antragstellers in Betracht kommt. 5

Die *Anhörung* liegt aber durchweg bereits darin, daß das Gericht dem Antragsteller anheimgibt, innerhalb einer angemessenen Frist die unterlassene Wertangabe nachzuholen. Das Gericht braucht dann nicht ausdrücklich darauf hinzuweisen, daß es nach einem ergebnislosen Fristablauf nach § 64 verfahren will. Das gilt insbesondere dann, wenn der Antragsteller einen Anwalt hat.

C. Weiteres Verfahren. Das Gericht braucht vor der Entscheidung der Abschätzung nach § 64 keine mündliche Verhandlung abzuhalten. 6

D. Entscheidung. Eine Entscheidung ist wegen der grundsätzlichen Kostenlast des Staats nach Rn 10 nur bei S 2 notwendig. Dann aber muß sie nach Rn 11 auch gegenüber einem an sich nach § 2 Kostenfreien ergehen, ähnlich wie bei § 38. Die Entscheidung erfolgt durch einen Beweisbeschluß nach § 358 ZPO. Das Gericht kann ihn mit dem Wertfestsetzungsbeschluß verbinden. Es kann aber auch in einem Ergänzungsbeschluß entscheiden, sogar noch nach einem Verfahren nach § 66. Der Beschluß braucht grundsätzlich eine Begründung, BLAH § 329 ZPO Rn 4. Das Gericht teilt den Beschluß den Beteiligten formlos mit. Rechtsbehelfsbelehrung, Verstoß: §§ 5 b, 68 II 2. 7

Das Gericht kann die nach § 64 S 1 entstehenden *Auslagen* selbst dann teilweise oder ganz dem Staat auferlegen, wenn eine Partei nach S 2 schuldhaft handelte. Es hat ein Ermessen. Es muß dieses Ermessen aber pflichtgemäß und nachprüfbar handhaben. Es muß dabei abwägen, welche Umstände für eine Kostenentscheidung zulasten der Partei sprechen und welche für eine solche zulasten des Staats. 8

Die Entscheidung ist nur insofern eine solche nach § 64, als das Gericht darüber befindet, *wem* es die Sachverständigenkosten auferlegt. Das gilt auch bei einer Verteilung dieser Kosten auf den Staat und die Partei. Die Frage, welche Gebühren und Auslagen der Sachverständige überhaupt erstattet fordern kann, richtet sich auch dann nach § 4 JVEG, Teil V dieses Buchs, wenn das Gericht sie mit einem Beschluß nach § 64 GKG verbunden hat. Dasselbe gilt zur Anfechtbarkeit. 9

5) Kosten der Abschätzung, S 1, 2. Das sind die Gebühren und Auslagen des Sachverständigen nach KV 9005 in Verbindung mit dem JVEG, Teil V dieses Buchs. Zur Kostenlast hat ein einfacher Grundsatz zahlreiche Ausnahmen. 10

A. Grundsatz: Kostenlast des Staats. Grundsätzlich trägt der Staat die Kosten der Abschätzung, § 1.

B. Ausnahmen: Parteiverschulden. Ausnahmsweise darf und muß das Gericht nach seinem pflichtgemäßen Ermessen nach Rn 8 die Kosten der Abschätzung ganz oder teilweise derjenigen Partei nach BLAH Grdz 4 vor § 50 ZPO als Erstschuldne- 11

GKG § 64

I. A. Gerichtskostengesetz

rin (Entscheidungsschuldnerin) nach § 31 II 1 auferlegen, die die Abschätzung vorwerfbar veranlaßt hat, aM VGH Mannh NVwZ-RR **91**, 670 (aber S 2 nennt eindeutig Verschuldensgründe). Die Verteilung kann auf Gesamtschuldner lauten. Sie kann nach Bruchteilen geschehen. Die Grundgedanken des § 92 ZPO sind mitverwendbar. Bei § 32 II 1 RVG, Teil X dieses Buchs, mag auch der Anwalt nach Rn 17 Kosten tragen müssen. Die Notwendigkeit eines Verschuldens dieser Partei ergibt sich zwar nicht unmittelbar aus dem Wortlaut von S 2, wohl aber aus dem Sinn dieser eng auslegbaren Ausnahmevorschrift, aM VGH Mannh RR **91**, 670, Meyer 9. Als Partei gilt auch der Streithelfer nach §§ 66ff ZPO, soweit seine Erklärung statt derjenigen der Partei oder neben dieser gilt. Als Partei gilt nach Rn 11, § 32 II 1 RVG, Teil X dieses Buchs auch derjenige Anwalt, der die Wertfestsetzung aus eigenem Recht beantragt. Überhaupt bezieht sich § 64 auf Auslagen, nicht auf Gebühren.

12 **C. Verschuldensbegriff.** Ein Verschulden kann dann vorliegen, wenn die Partei vorwerfbar handelte, also soweit sie ohne eine rechtzeitige Mitteilung ausreichender Hinderungsgründe eine ihr nach § 61 vorgeschriebene Wertangabe unterlassen hat. Ein Verschulden des gesetzlichen Vertreters oder des ProzBev gilt wie stets nach §§ 51 II, 85 II ZPO als ein solches der Partei. Freilich kann zB der Anwalt für eine persönliche vorwerfbare Veranlassung bei einer nach § 32 II im eigenen Interesse betriebenen Wertfestsetzung auch selbst haften. Ein Verschulden setzt voraus, daß das Gericht die Partei eindeutig zur Angabe nach § 23 aufgefordert und ihr auch eine angemessene Frist zur Antwort gelassen hat. Zur Wertangabe ist nach § 61 Rn 1 stets nur der Antragsteller verpflichtet.

13 **D. Verschulden des Antragstellers.** Ein Verschulden kann auch darin liegen, daß der Antragsteller eine objektiv unrichtigen Wert *angegeben* hat. Hier kann allerdings auch den Antragsgegner eine entsprechendes Verschulden treffen, soweit er sich sei es auf eine Anforderung des Gerichts, sei es von sich aus geäußert und einen unrichtigen Wert angeregt hat. Freilich muß aus den Umständen erkennbar werden, daß derjenige, der sich zum Wert geäußert hat, diesen bei der ihm zuzumutenden Sorgfalt hätte genauer und richtiger angeben können und müssen. Dabei muß man auf die Kenntnisse derjenigen Partei abstellen, die objektiv unrichtige Angaben macht.

14 An die Sorgfaltspflicht des *Antragstellers* muß man wegen § 61 einen *schärferen Maßstab* anlegen als an diejenige des Prozeßgegners. Soweit der letztere sich ohne eine Aufforderung des Gerichts von sich aus geäußert hat, ist das ihm zumutbare Sorgfaltsmaß keineswegs stets geringer als dann, wenn er sich auf Grund einer Aufforderung oder Anheimgabe des Gerichts geäußert hat. Es kommt auch in diesem Zusammenhang ganz auf die Umstände und das wirtschaftliche Interesse der Beteiligten an.

15 **E. Verschulden des Antragsgegners.** Ein Verschulden kann auch darin liegen, daß der Prozeßgegner das Antragstellers dessen Wertangaben bestreitet, obwohl sie objektiv richtig waren. Auch in diesem Zusammenhang kommt es darauf an, ob man dem Prozeßgegner eine größere Sorgfalt bei der Stellungnahme zur gegnerischen Wertangabe zumuten konnte.

16 **F. Verschulden des Beschwerdeführers.** Ein Verschulden kann schließlich in einer objektiv unbegründeten Beschwerde gegen die Festsetzung des Kostenstreitwerts liegen.

17 **G. Verfahren, Entscheidung.** Es gelten nach Rn 5, 6 dieselben Regeln wie bei S 1.

18 **6) Rechtsmittel, S 1, 2.** Rechtsbehelfsbelehrung, Verstoß: §§ 5b, 68 II 2. Gegen den Beschluß des Gerichts ist grundsätzlich die Beschwerde nach § 68 statthaft. Sie ist nach § 99 I ZPO entsprechend immer nur zusammen mit der Wertfestsetzung nach § 63 II zulässig. Gegen eine isolierte Entscheidung nach § 64 ist das Rechtsmittel des § 66 statthaft. Der Beschwerdeführer kann die Höhe der dem Sachverständigen zu erstattenden Gebühren und Auslagen nicht mit der Beschwerde gegen den nach § 26 ergangenen Beschluß bemängeln, sondern nur im Rahmen eines Beschwerdeverfahrens nach § 4 JVEG, Teil V dieses Buchs.

19 Eine Beschwerde ist *ohne* die Beschränkung des *§ 99 I ZPO* statthaft, soweit der Beschwerdeführer einen ihn von Kosten nach § 64 entlastenden Beschluß beantragt hatte und soweit das Gericht einen solchen Beschluß überhaupt nicht erlassen hat.

Abschnitt 8. Erinnerung und Beschwerde §§ 64–66 GKG

Denn mit der Beschwerde bemängelt der Beschwerdeführer dann das Fehlen einer Kostenentscheidung.

Wertfestsetzung in gerichtlichen Verfahren nach dem Strafvollzugsgesetz, auch in Verbindung mit § 92 des Jugendgerichtsgesetzes

65 ^{1} In gerichtlichen Verfahren nach dem Strafvollzugsgesetz, auch in Verbindung mit § 92 des Jugendgerichtsgesetzes, ist der Wert von Amts wegen festzusetzen. ^{2} § 63 Absatz 3 gilt entsprechend.

1) Geltungsbereich. Die Vorschrift erfaßt auch Teile des Verfahrens. Dieses ist im wesentlichen in § 60, 63 III geregelt.

Abschnitt 8. Erinnerung und Beschwerde

Erinnerung gegen den Kostenansatz, Beschwerde

66 I ^{1} Über Erinnerungen des Kostenschuldners und der Staatskasse gegen den Kostenansatz entscheidet das Gericht, bei dem die Kosten angesetzt sind. ^{2} Sind die Kosten bei der Staatsanwaltschaft angesetzt, ist das Gericht des ersten Rechtszugs zuständig. ^{3} War das Verfahren im ersten Rechtszug bei mehreren Gerichten anhängig, ist das Gericht, bei dem es zuletzt anhängig war, auch insoweit zuständig, als Kosten bei den anderen Gerichten angesetzt worden sind. ^{4} Soweit sich die Erinnerung gegen den Ansatz der Auslagen des erstinstanzlichen Musterverfahrens nach dem Kapitalanleger-Musterverfahrensgesetz richtet, entscheidet hierüber das für die Durchführung des Musterverfahrens zuständige Oberlandesgericht.

II ^{1} Gegen die Entscheidung über die Erinnerung findet die Beschwerde statt, wenn der Wert des Beschwerdegegenstands 200 Euro übersteigt. ^{2} Die Beschwerde ist auch zulässig, wenn sie das Gericht, das die angefochtene Entscheidung erlassen hat, wegen der grundsätzlichen Bedeutung der zur Entscheidung stehenden Frage in dem Beschluss zulässt.

III ^{1} Soweit das Gericht die Beschwerde für zulässig und begründet hält, hat es ihr abzuhelfen; im Übrigen ist die Beschwerde unverzüglich dem Beschwerdegericht vorzulegen. ^{2} Beschwerdegericht ist das nächsthöhere Gericht. ^{3} Eine Beschwerde an einen obersten Gerichtshof des Bundes findet nicht statt. ^{4} Das Beschwerdegericht ist an die Zulassung der Beschwerde gebunden; die Nichtzulassung ist unanfechtbar.

IV ^{1} Die weitere Beschwerde ist nur zulässig, wenn das Landgericht als Beschwerdegericht entschieden und sie wegen der grundsätzlichen Bedeutung der zur Entscheidung stehenden Frage in dem Beschluss zugelassen hat. ^{2} Sie kann nur darauf gestützt werden, dass die Entscheidung auf einer Verletzung des Rechts beruht; die §§ 546 und 547 der Zivilprozessordnung gelten entsprechend. ^{3} Über die weitere Beschwerde entscheidet das Oberlandesgericht. ^{4} Absatz 3 Satz 1 und 4 gilt entsprechend.

V ^{1} Anträge und Erklärungen können ohne Mitwirkung eines Bevollmächtigten schriftlich eingereicht oder zu Protokoll der Geschäftsstelle abgegeben werden; § 129a der Zivilprozessordnung gilt entsprechend. ^{2} Für die Bevollmächtigung gelten die Regelungen der für das zugrunde liegende Verfahren geltenden Verfahrensordnung entsprechend. ^{3} Die Erinnerung ist bei dem Gericht einzulegen, das für die Entscheidung über die Erinnerung zuständig ist. ^{4} Die Erinnerung kann auch bei der Staatsanwaltschaft eingelegt werden, wenn die Kosten bei dieser angesetzt worden sind. ^{5} Die Beschwerde ist bei dem Gericht einzulegen, dessen Entscheidung angefochten wird.

VI ^{1} Das Gericht entscheidet über die Erinnerung durch eines seiner Mitglieder als Einzelrichter; dies gilt auch für die Beschwerde, wenn die angefochtene Entscheidung von einem Einzelrichter oder einem Rechtspfleger erlassen wurde. ^{2} Der Einzelrichter überträgt das Verfahren der Kammer oder dem Senat, wenn die Sache besondere Schwierigkeiten tatsächlicher oder rechtlicher Art aufweist oder die Rechtssache grundsätzliche Bedeutung hat. ^{3} Das Gericht entscheidet

GKG § 66
I. A. Gerichtskostengesetz

jedoch immer ohne Mitwirkung ehrenamtlicher Richter. [4]Auf eine erfolgte oder unterlassene Übertragung kann ein Rechtsmittel nicht gestützt werden.

VII [1]Erinnerung und Beschwerde haben keine aufschiebende Wirkung. [2]Das Gericht oder das Beschwerdegericht kann auf Antrag oder von Amts wegen die aufschiebende Wirkung ganz oder teilweise anordnen; ist nicht der Einzelrichter zur Entscheidung berufen, entscheidet der Vorsitzende des Gerichts.

VIII [1]Die Verfahren sind gebührenfrei. [2]Kosten werden nicht erstattet.

Gliederung

1) Systematik, I–VIII	1
2) Regelungszweck, I–VIII	2
3) (Erst-)Erinnerungsberechtigte, I 1	3–10
A. Kostenschuldner	3
B. Beispiele zur Frage einer Erinnerungsberechtigung, I 1	4–10
4) Gegenstand der (Erst-)Erinnerung: Kostenansatz, I 1	11–13
5) Abgrenzung zur Vollstreckungserinnerung, I 1	14
6) Form- und Fristfreiheit; kein Wert, keine Zulassung, I 1, III 1	15, 16
7) Inhalt der (Erst-)Erinnerung im einzelnen, I 1	17–23
A. Kostenansatz	18
B. Wertfestsetzung	19
C. Auslagen	20
D. Kostengrundentscheidung	21
E. Zahlungspflicht	22
F. Beispiele zur Frage einer Zahlungspflicht, I 1	23
8) Verfahren bei (Erst-)Erinnerung, I, V, VI, VIII	24–30
A. Zuständigkeit, I, VI, VIII	24
B. Beispiele zur Frage einer Zuständigkeit, I, VI, VIII	25, 26
C. Einlegung, V 3, 4	27
D. Verhandlung, VI	28
E. Entscheidung über die (Erst-)Erinnerung, VI	29
F. Abänderung von Amts wegen, VI	30
9) Statthaftigkeit der Beschwerde, II–IV	31–36
A. Zulässigkeit, II 1	31
B. Entweder: Beschwerdewert, II 1	32
C. Oder: Zulassung, II 2, III 4	33
D. Keine Beschwerde an Obersten Gerichtshof des Bundes, III 3	34
E. Weitere Beschwerde, IV	35
F. Keine neue Beschwerde, II–IV	36
10) Gegen Rechtspfleger mangels Beschwerdewert: Befristete Zweiterinnerung, II 1, § 11 II 1 RPflG	37
11) Einlegung der (Erst-)Erinnerung oder Beschwerde, V	38–40
A. Form: Schriftlich, zu Protokoll, elektronisch usw, V 1, 2	38
B. Zuständigkeit: Gericht oder Staatsanwaltschaft, V 1, 3, 5	39
C. Keine Frist	40
12) Entscheidung über die Beschwerde, III, VI, VII	41–46
A. Abhilferecht und -pflicht durch Erstgericht, III 1	41
B. Zuständigkeit des Beschwerdegerichts, III 2	42
C. Grundsatz: Keine aufschiebende Wirkung, VII 1	43
D. Ausnahme: Anordnung aufschiebender Wirkung, VII 2	44
E. Weiteres Verfahren, III 1, VI	45
F. Entscheidung, VI	46
13) Keine Notwendigkeit eines Bevollmächtigten, V 1 Hs 1	47
14) Kosten, VIII	48, 49

1 **1) Systematik, I–VIII.** Rechtsbehelfsbelehrung, Verstoß: §§ 5 b, 68 II 2. Die Vorschriften haben nach § 1 V den Vorrang, auch zB vor § 766 ZPO, AG Bad Segeberg RR **14**, 510. Die Gerichtskosten sind eine öffentlichrechtliche Abgabe, eine Justizsteuer nach Einl II B 16. Daraus folgt: Der Rechtsweg ist nicht zulässig, BGH NJW **84**, 871. Der vom Gesetz gegebene Rechtsbehelf weicht von §§ 33 III ff RVG ab, Teil X dieses Buchs. Er ist auch etwas anderes als eine gegen den Anspruch oder die Haftung gerichtete Einwendung nach §§ 1 Z 4, 8 JBeitrG, Teil IX A dieses Buchs. Er ist aber etwas ähnlich wie bei § 56 RVG.

§ 66 *regelt* zunächst nur die von einer befristeten Zweiterinnerung zu unterscheidende Erst-Erinnerung, BFH Rpfleger **92**, 365. Das ist eine gegen den Kostenansatz erhobene Vorstellung, die zu einer Nachprüfung des Ansatzes durch das Gericht führt, BGH NJW **84**, 871. Da es sich um eine im Rahmen des Gerichtsaufbaus er-

Abschnitt 8. Erinnerung und Beschwerde § 66 GKG

hobene Abgabe handelt, liegt insofern mittelbar doch ein beschränkter „Rechtsweg" vor. Eine Dienstaufsichtsbeschwerde bleibt statthaft.

§ 66 hat den *Vorrang* vor § 139 I GVG, BGH NJW **15**, 2194, §§ 23 ff EGGVG und auch vor der bloßen Auffangbestimmung (jetzt) des § 30 a EGGVG, Teil XII B dieses Buchs, Köln JB **99**, 261. Freilich schließt sich an die Erinnerung unter den Voraussetzungen II ff die Möglichkeit einer Beschwerde und evtl sogar anschließend einer weiteren Beschwerde an – ein luxuriöses Gesamtscenario auf einem solchen Nebenschauplatz, das finanziell so verhängnisvolle Wirkungen haben kann.

Unanwendbar ist § 66 auf den Ansatz von Gerichtsvollzieherkosten, aM Meyer 1 (aber § 5 GvKostG, Teil XI dieses Buchs, schafft eine eigene Regelung). Soweit man nur die Art und Weise der Zwangsvollstreckung beanstandet, gilt nur § 766 ZPO auch dann, wenn es um Gerichtskosten geht. Unanwendbar ist § 66 auf andere als Kostenrechtsfragen, Drsd Rpfleger **14**, 102, Düss JB **17**, 311.

2) Regelungszweck, I–VIII. Das Rechtsbehelfssystem des § 66 ist alles andere 2 als einfach. Darin kommt die Bemühung um Gerechtigkeit selbst evtl auf Kosten der Zweckmäßigkeit zu einem typisch deutschen Ausdruck. Indessen paßt sich § 66 ähnlichen Regelungen im Kostenrecht weitgehend an. So betrachtet entsteht eine gewisse Rechtssicherheit infolge einer gewissen Einheitlichkeit der Anfechtungsmöglichkeiten. II 2, IV bezwecken eine Einheitlichkeit der Rechtsprechung. Auch das sollte man bei der Auslegung mitbeachten.

3) (Erst-)Erinnerungsberechtigte, I 1. Zur Einlegung der (Erst-)Erinnerung 3 nach I sind die folgenden Beteiligten berechtigt.

A. Kostenschuldner. Der Kostenschuldner kann die (Erst-)Erinnerung einlegen, BGH NJW **03**, 1324 links oben (auch beim Rückzahlungsanspruch), BFH Rpfleger **92**, 365, LG Wuppert JB **92**, 480. Wer Kostenschuldner ist, ergibt sich aus §§ 22 ff, 31 II.

B. Beispiele zur Frage einer Erinnerungsberechtigung, I 1 4

Amtsverteidiger: Erinnerungsberechtigt ist der gerichtlich bestellte Verteidiger, soweit die ihm aus der Staatskasse zustehende und festgesetzte Vergütung zu gering ist, § 56 RVG, Teil X dieses Buchs. Ein an ihn gezahlter Betrag kommt in die Kostenrechnung, KV 9007. Deshalb hat auch insofern der Kostenschuldner die Möglichkeit der (Erst-)Erinnerung.

Aufforderung: Erinnerungsberechtigt ist ein Kostenschuldner auch schon vor dem Erhalt der Kostenrechnung, Mü MDR **90**, 62, aM Düss RR **16**, 1472 (aber das Gesetz nennt eine solche Voraussetzung nicht mit).

Beigeordneter Anwalt: Erinnerungsberechtigt ist der im Verfahren der Prozeß- 5 kostenhilfe nach § 121 ZPO beigeordnete Anwalt darf ebenfalls die (Erst-)Erinnerung einlegen, § 56 RVG. Freilich handelt es sich dann um solche Parteikosten, die nur äußerlich in den Kostenansatz kamen.

Benennung: Erinnerungsberechtigt ist derjenige, den die Kostenrechnung nach der KostVfg als Kostenschuldner benennt, Teil VII A dieses Buchs, BayObLG JB **75**, 492, Düss Rpfleger **85**, 255, Schlesw SchlHA **81**, 71, aM Mü MDR **90**, 62, VG Wiesb DRiZ **94**, 346 (aber seine Benennung ist eigentlich selbstverständlich).

Nicht erinnerungsberechtigt ist derjenige, den die Kostenrechnung nicht als Kostenschuldner benennt. Das gilt unabhängig davon, ob ein Kostenschuldner ihn auf eine Kostenerstattung in Anspruch nimmt, BGH Rpfleger **78**, 45, Mü JB **79**, 122.

Ersteigerer: *Nicht* erinnerungsberechtigt ist der Ersteigerer. Denn er haftet nicht für 6 Kosten. Das gilt zumindest, solange das Gericht ihn nicht (zu Unrecht) in Anspruch nimmt. Letzteres liegt noch nicht in der Aufforderung zu einer Wertangabe.

Gesamtschuldner: Erinnerungsberechtigt ist er auch ohne Nennung in der Kostenrechnung, Mü JB **90**, 357.

Nichtschuldner: Erinnerungsberechtigt ist auch der zu Unrecht als Kostenschuldner 7 Belangte, VGH Mannh JB **99**, 205. Freilich muß dazu die Kostenrechnung überhaupt wirksam geworden sein. Sie muß also wenigstens einem Beteiligten zugegangen sein, Mü Rpfleger **82**, 239.

Rechtsnachfolger: Erinnerungsberechtigt ist auch der Rechtsnachfolger eines Kostenschuldners.

Rechtsschutzbedürfnis: Ein solches wie nach BLAH Grdz 33 vor § 253 ZPO muß stets vorliegen, BFH ZIP **16**, 1392.

GKG § 66 I. A. Gerichtskostengesetz

8 **Staatskasse:** Erinnerungsberechtigt ist auch der Vertreter der Staatskasse, LAG Düss MDR **07**, 370. Der Bezirksrevisor oder der Leiter des Rechnungsamts vertritt sie. Die Staatskasse kann auch eine Verjährung des Anspruchs des im Verfahren der Prozeßkostenhilfe beigeordneten Anwalts geltend machen. Sie soll allerdings nur bei einer grundsätzlichen Streitfrage eine (Erst-)Erinnerung einlegen, soweit es als angemessen erscheint, eine gerichtliche Entscheidung herbeizuführen. In anderen Fällen soll die Staatskasse zur Berichtigung im Verwaltungsverfahren nach § 45 KostVfg anweisen, Teil VII A dieses Buchs.

Die Staatskasse kann sowohl dann die (Erst-)Erinnerung einlegen, wenn ihr der Kostenansatz als *zu niedrig* erscheint, als auch dann, wenn er ihr als *zu hoch* erscheint, KG Rpfleger **77**, 227, LG Gießen DGVZ **89**, 184 (auch zu § 766 II ZPO). Im letzteren Fall ist die Erinnerung keineswegs zugunsten des Schuldners, sondern zugunsten der eigenen, nämlich sonst mit einer Rückforderung bedrohten Kasse, LG Gießen DGVZ **89**, 184. Eine Erinnerung vor der Bekanntgabe des Kostensatzes ist unwirksam, aM KG RR **03**, 1724 (aber man kann nicht etwas angreifen, was einem selbst gegenüber noch gar nicht existiert).

Eine *Abänderung* im Aufsichtsweg hat ganz andere Voraussetzungen und Folgen als eine gerichtliche Entscheidung.

9 **Streitgenosse:** *Nicht* erinnerungsberechtigt ist derjenige bemittelte Streitgenosse nach §§ 59 ff ZPO, für dessen Hauptpartei das Gericht eine Prozeßkostenhilfe nach § 119 ZPO bewilligt hatte. Das gilt auch wegen der Kosten eines dort nach § 121 ZPO beigeordneten Anwalts. Der bemittelte Streitgenosse mag höchstens sachlichrechtlich haften.

10 **Versicherer:** Erinnerungsberechtigt ist evtl auch derjenige Versicherer, der für den Kostenschuldner unmittelbar an die Staatskasse gezahlt hat, Brdb JB **13**, 156, Düss VersR **83**, 251, aM Meyer 11. Er hat aber keinen eigenen sachlichrechtlichen Rückzahlungsanspruch nur wegen einer Herabsetzung des Streitwerts.
Vertreter: Erinnerungsberechtigt kann auch derjenige sein, der sich zulässig vertreten läßt, BFH Rpfleger **92**, 365. Je nach der Verfahrensart mag dazu freilich eine schriftliche Vollmacht nötig sein, zB nach § 64 III 1 FGO, BFH Rpfleger **92**, 365.
Vollstreckungsverbot: Es darf nicht zB nach § 210 InsO vorliegen, BFH ZIP **16**, 1392.

11 **4) Gegenstand der (Erst-)Erinnerung: Kostenansatz, I 1.** Die (Erst-)Erinnerung richtet sich zulässig nur gegen die Inanspruchnahme durch einen Kostenansatz nach Rn 18, Düss RR **16**, 1472. Dieser besteht in der Aufstellung der Kostenrechnung nach § 4 I KostVfg zugunsten der Staatskasse. Eine „Erinnerung" gegen die Kostenfestsetzung läßt sich in eine Erinnerung nach I 1 umdeuten, Düss JB **06**, 143. Ein „Widerspruch" läßt sich als Erinnerung umdeuten, BGH WoM **08**, 623. Die Kostenrechnung muß außer der Bezeichnung der Sache folgende Einzelheiten enthalten: Sie muß den Kostenansatz im einzelnen darstellen; sie muß einen etwa gezahlten Kostenvorschuß nennen, Stgt Rpfleger **81**, 163; sie muß die angewendete Vorschrift bezeichnen; soweit es um eine Wertgebühr geht, muß sie den zugrunde gelegten Wert nennen; sie muß den Gesamtbetrag der Kosten nennen; sie muß nach § 24 I Z 4, II, III KostVfg, Teil VII A dieses Buchs den Namen und die Anschrift der Kostenschuldner angeben. Es reicht nach Rn 18, daß man als Zweitschuldner zahlen soll oder daß man eine Kostenfreiheit beansprucht oder die Art, Höhe oder Fälligkeit der Kosten bestreitet.

12 Der Kostenansatz ist eine *Einheit*. Deshalb begründet die Unrichtigkeit eines einzelnen Postens nicht die Erinnerung, soweit das Gesamtergebnis richtig ist. Freilich gilt das nur in rechnerischer Hinsicht. Die (Erst-)Erinnerung kann aber auch nach § 21 Rn 54 zum Ziel haben, statt einer Rückerstattung lediglich eine Berichtigung des Kostenansatzes vorzunehmen, KG Rpfleger **83**, 326, Kblz JB **93**, 425, oder die Nichterhebung von Gerichtskosten zu erreichen. Wegen § 17 II dort Rn 5. Ein Kostenansatz kann unabhängig davon vorliegen, ob auch schon eine Zahlungsaufforderung vorliegt.

13 *Auslagen* umfassen auch die Vergütung oder Entschädigung der Zeugen und Sachverständigen, Dolmetscher und Übersetzer nach dem JVEG, KV 9005, BGH NJW **84**, 871. Man kann § 66 bei einer Schlechterfüllung durch den Pflichtverteidiger ebenfalls anwenden, Düss JB **96**, 43, Lammel MDR **77**, 630.

5) Abgrenzung zur Vollstreckungserinnerung, I 1. Gegen die Art und Weise 14
der Kostenerhebung, vor allem gegen die Art der Beitreibung, ist nicht die (Erst-)Erinnerung nach § 66 statthaft, sondern die Vollstreckungserinnerung nach § 6 I Z 1 JBeitrG, Teil IX A dieses Buchs, in Verbindung mit § 766 ZPO. Diese Vollstreckungserinnerung richtet sich an das Vollstreckungsgericht.
Gegen seine Entscheidung ist die *sofortige Beschwerde* nach § 793 ZPO statthaft.
Als *Vollstreckungsgericht* ist dasjenige nach den §§ 764, 828 II ZPO zuständig. Es entscheidet nach § 20 I Z 17 S 2 RPflG durch den Richter. In diesem Verfahren entstehen Kosten nach § 788 ZPO. Vgl im übrigen §§ 151 I 2 FGO, 167 I 2 VwGO.

6) Form- und Fristfreiheit; kein Wert, keine Zulassung, I 1, III 1. Die 15
(Erst-)Erinnerung ist nach III 1 nicht an eine Form und nicht an einen Bevollmächtigten und auch nicht an eine Frist gebunden. Sie wird durch eine Bezahlung der Kosten nicht unzulässig, solange keine Verjährung eingetreten ist. Eine Verwirkung ist wie sonst beim Zusammentreffen des sog Zeitmoments und des sog Umstandsmoments möglich, Ffm JB **78**, 100. Zum Problem Köln JB **14**, 312. Man braucht keine Wertgrenze wie bei der Beschwerde nach II 1 und auch keine Zulassung wie dort nach II 2 zu beachten.
Die (Erst-)Erinnerung *erledigt sich* für die erinnernde Partei, soweit der Kostenbe- 16
amte der (Erst-)Erinnerung nach § 35 II KostVfg stattgibt. Eine Zahlungspflicht besteht trotz der (Erst-)Erinnerung weiter, solange die Staatskasse nicht auf Grund des Antrags des Erinnerungsführers die Einziehung eingestellt hat.

7) Inhalt der (Erst-)Erinnerung im einzelnen, I 1. Die (Erst-)Erinnerung rügt 17
eine Verletzung des Kostenrechts irgendwelcher Art bei der Aufstellung der Kosten, BGH NJW **92**, 1458. Sie rügt eine Beschwer des Erinnerungsführers, Düss Rpfleger **85**, 255. Solche Beschwer fehlt nach Rn 12 bei einem nur in Einzelposten unrichtigen, aber im Ergebnis richtigen Kostenansatz oder bei einer zu hohen Belastung nur des Gegners, Karlsr JB **01**, 315. Sie kann sich insbesondere auf die folgenden Situationen erstrecken.

A. Kostenansatz. Die (Erst-)Erinnerung ist nur wegen einer Verletzung des 18
Kostenrechts statthaft, BGH NJW **15**, 2194, Saarbr FamRZ **10**, 1359, LSG Mü JB **16**, 33. Sie kann sich gegen den wirksam gewordenen Kostenansatz richten, BGH NJW **92**, 1458, BFH ZIP **15**, 1392, Saarbr FamRZ **10**, 1359. Freilich kann man auch zunächst nach § 104 ZPO vorgehen (müssen), Celle JB **10**, 206, Düss JB **12**, 534. Sie ist nicht schon vor der Aufstellung des Kostenansatzes zulässig, Karlsr JB **16**, 425, aM KG Rpfleger **77**, 227 (aber er gibt nirgendwo einen wirksamen Rechtsbehelf gegen eine noch gar nicht entstandene Maßnahme). Zum Kostenansatz gehören auch die Berücksichtigung der KostVfg, Teil VII A dieses Buchs, BGH NJW **92**, 1458, KG MDR **02**, 1276, Karlsr JB **16**, 425, aM LG Paderb JB **79**, 565, Meyer 14.
Zum Kostenansatz gehört auch die *Fälligkeit* der Kosten. Soweit der Kostenansatz auf einer irrigen Annahme des Streitwerts beruht, kann sich die (Erst-)Erinnerung auf diesen Fehler stützen, Saarbr FamRZ **10**, 1359. Die (Erst-)Erinnerung der Landeskasse kann zu einer Nachforderung nach (jetzt) § 20 führen, Düss Rpfleger **95**, 421.
Nicht zum Kostenansatz zählt das Innenverhältnis zum ProzBev nach § 81 ZPO, BGH RR **98**, 503, KG JB **06**, 651, Schlesw SchlHA **95**, 301, oder die Kostengrundentscheid. nach BLAH Üb 35 vor § 91 ZPO usw, BGH GRUR-RR **13**, 528 links unten, Düss JB **17**, 311.

B. Wertfestsetzung. Soweit das Gericht den Streitwert nach (jetzt) § 63 festge- 19
setzt hat, muß man zunächst diesen Festsetzungsbeschluß mit der Beschwerde angreifen, Oldb JB **92**, 169. Sonst bindet der Festsetzungsbeschluß, VG Trier JB **15**, 594 (abl Hellstab). Das übersieht BFH ZIP **16**, 1392. Eine „(Erst-)Erinnerung" ist dann evtl als eine Beschwerde auslegbar, Oldb JB **92**, 169. Erst anschließend an das Beschwerdeverfahren wird die (Erst-)Erinnerung statthaft. Man darf und muß grundsätzlich das Erinnerungsverfahren bis zur Beendigung des Beschwerdeverfahrens des § 63 aussetzen. Dann kann eine Umdeutung auch nach § 67 infragekommen.

C. Auslagen. Die (Erst-)Erinnerung kann sich auch gegen die Entstehung und 20
Höhe von Auslagen nach KV 9000ff richten, BGH NJW **00**, 1128, Drsd RR **01**, 862, Düss JB **78**, 1847, aM Düss JB **06**, 143. Dann darf man aber grundsätzlich (Aus-

GKG § 66 I. A. Gerichtskostengesetz

nahme: § 21) nicht auch diejenige Anordnung, die die Auslagen verursacht hat, mit der (Erst-)Erinnerung nach (jetzt) § 66 bemängeln, Düss AnwBl **83**, 462, VG Wiesb DRiZ **94**, 346. Denn die (Erst-)Erinnerung ist grundsätzlich nicht auch oder nur gegen die Kostengrundentscheidung statthaft, BGH NJW **92**, 1458.

Die (Erst-)Erinnerung ist auch zur Nachprüfung der Berechtigung einer Auslagenforderung einer am Ermittlungsverfahren beteiligten *anderen Behörde* statthaft. Denn der Kostenbeamte würde durch ein solches Verfahren evtl Art 19 IV GG verletzen, BVerfG NJW **70**, 853. Zulässig ist auch eine (Erst-)Erinnerung zur Prüfung der Frage, ob eine richtige Verrechnung eines Vorschusses vorliegt, Düss JB **99**, 477, und zur Klärung, ob Zeugen- oder Sachverständigengelder usw überzahlt worden sind, Drsd RR **01**, 862, Kblz VersR **88**, 297, Schlesw FamRZ **09**, 1706. Vgl auch § 4 JVEG, Teil V dieses Buchs, dazu Kblz JB **06**, 213.

21 **D. Kostengrundentscheidung.** Unzulässig ist eine solche Einwendung aus dem Mandatsverhältnis, die eine ausgeurteilte Kostentragungspflicht betrifft, BGH GRUR-RR **11**, 39, Schlesw SchlHA **95**, 301, oder eine Einwendung gegen die Kostengrundentscheidung nach BLAH Üb 35 vor § 91 ZPO usw, BGH NJW **14**, 2509 rechts unten.

22 **E. Zahlungspflicht.** Die (Erst-)Erinnerung kann sich auch gegen eine Frage der Zahlungspflicht richten. Sie kann sich ferner gegen die Reihenfolge der Inanspruchnahme mehrerer Kostenschuldner richten.

23 **F. Beispiele zur Frage einer Zahlungspflicht, I 1**

Aufrechnung: Statthaft ist die (Erst-)Erinnerung zur Klärung der Wirksamkeit einer Aufrechnung mit einer Gegenforderung, soweit die letztere anerkannt oder nach § 8 I JBeitrG, Teil IX A dieses Buchs gerichtlich festgestellt worden ist.
Dritter: Statthaft ist die (Erst-)Erinnerung zur Klärung der Frage der Zahlungspflicht desjenigen Dritten, der kein Kostenschuldner ist, BGH FamRZ **06**, 190, Kblz JB **93**, 425.
Duldung der Vollstreckung: Statthaft ist die (Erst-)Erinnerung zur Klärung einer Verpflichtung zur Duldung einer Vollstreckung.
Erbenhaftung: *Unstatthaft* ist hier eine aufschiebende Einwendung einer nur beschränkten Haftung nach §§ 781–784, 786 ZPO. Man darf sie nur durch eine Klage nach § 785 ZPO geltend machen, § 8 II JBeitrG, Teil IX A dieses Buchs, Mü JB **94**, 112.
Erfüllung: Statthaft ist die (Erst-)Erinnerung zur Klärung der Frage, ob der Erinnerungsführer eine Erfüllung seiner Zahlungspflicht nach § 8 I JBeitrG, Teil IX A dieses Buchs nachgewiesen und nicht nur nach § 294 ZPO glaubhaft gemacht hat.
Gesetzverstoß: Wegen eines offensichtlichen solchen Vorgangs s „Nichterhebung", § 21.
Klagauftrag: *Unstatthaft* ist die (Erst-)Erinnerung zur Klärung der Frage, ob man dem eigenen ProzBev nach § 81 ZPO überhaupt einen Klagauftrag erteilt hatte, Kblz VersR **85**, 672.
Kostengrundentscheidung: *Unstatthaft* ist hier ein Einwand gegen die dem Kostenansatz zugrundeliegende Kostengrundentscheidung nach BLAH Üb 35 vor § 91 ZPO, Kblz JB **93**, 425. Sie ist ja die Grundlage des Verfahrens nach § 66. Sie bindet den Kostenbeamten wie auch das Rechtsmittelgericht, Ffm AnwBl **88**, 179. S aber auch „Nichterhebung", „Unhaltbarkeit".
Nachforderung: Statthaft ist die (Erst-)Erinnerung zur Klärung der Frage einer Nachforderung nach § 20.
Nichterhebung: Statthaft ist die (Erst-)Erinnerung der Klärung der Frage einer Nichterhebung der Kosten nach § 21.
Partei kraft Amts: Statthaft ist die (Erst-)Erinnerung zur Klärung der Zahlungspflicht einer Partei kraft Amts nach BLAH Grdz 8, 9 vor § 50 ZPO persönlich.
Prozeßkostenhilfe: *Unstatthaft* ist die (Erst-)Erinnerung wegen einer Bewilligung der Prozeßkostenhilfe nach § 119 ZPO oder wegen der Aufhebung der Bewilligung nach § 124 ZPO ist nicht statthaft. Das gilt, obwohl die Vorschriften der ZPO zum Verfahren der Prozeßkostenhilfe ein Teil des Kostenrechts sind. §§ 114 ff ZPO sind unanwendbar, Celle NJW **13**, 486.
Terminsanberaumung: *Unstatthaft* ist die (Erst-)Erinnerung zwecks Bekämpfung der Anberaumung eines auswärtigen Termins.

Abschnitt 8. Erinnerung und Beschwerde § 66 GKG

Unhaltbarkeit: Wegen einer offensichtlichen völligen Unhaltbarkeit der Entscheidung s „Nichterhebung", § 21.
Verjährung: Statthaft ist nach § 5 die (Erst-)Erinnerung zur Klärung der Verjährung.
Vorschuß: Vgl § 67, Stgt Just **84**, 366.
8) Verfahren bei (Erst-)Erinnerung, I, V, VI, VIII. Es ist im wesentlichen die 24 folgende Prüfungsreihenfolge ratsam.
A. Zuständigkeit, I, VI, VIII. Zur Entscheidung über die (Erst-)Erinnerung ist nach I 1 dasjenige Gericht zuständig, dessen Kostenbeamter der Geschäftsstelle den Kostenansatz aufgestellt hat, BGH MDR **07**, 917, Düss NStZ-RR **99**, 128, Karlsr Rpfleger **91**, 338. Das letztere Gericht ergibt sich aus § 19.

B. Beispiele zur Frage einer Zuständigkeit, I, VI, VIII   25
Beauftragter Richter: Er ist wegen § 19 I 2 *unzuständig*.
Bezirksrevisor: Wenn er die (Erst-)Erinnerung einer Partei für begründet erklärt, prüft das Gericht nur noch, ob eine Nichterhebung nach § 21 notwendig ist, LG Bln MDR **80**, 678.
Durchgriffserinnerung: Sie ist *unstatthaft*, Mü Rpfleger **78**, 111.
Einzelrichter – Kollegium: Innerhalb eines Kollegialgerichts ist nach VI 1 Hs 1 grundsätzlich funktionell der Einzelrichter nach §§ 348, 348a ZPO usw zuständig, BGH NJW **15**, 2194, OVG Mannh JB **12**, 320, VGH Mü NVwZ-RR **13**, 904. Er darf und muß nach VI 2 das Verfahren der Kammer oder dem Senat dann übertragen, wenn die Sache besondere Schwierigkeiten tatsächlicher oder rechtlicher Art aufweist oder wenn die Rechtssache eine grundsätzliche Bedeutung hat, KG MDR **13**, 114. Nach dem klaren Wortlaut ist diese Übertragung beim Vorliegen ihrer nach einem pflichtgemäßen Ermessen klärbaren Voraussetzungen nicht mehr in ein weiteres Ermessen des Einzelrichters gestellt. Sie ist dann vielmehr seine Amtspflicht. Denn er „kann" nicht etwa übertragen, sondern „überträgt" einfach. Eine Übertragung kann stillschweigend erfolgen, OVG Mannh JB **12**, 320 (erkennbar durch Kollegiumsentscheidung).
  Die Voraussetzungen der Übertragung stimmen mit denjenigen einer Vorlage nach § 348 III 1 Z 1, 2 ZPO überein, BLAH dort Rn 34–41. Freilich geht die Rechtsfolge einer Übertragung nach § 66 GKG erheblich weiter als die Rechtsfolge der bloßen Vorlage nach § 348 ZPO. Das Kollegium entscheidet also ohne eine eigene Prüfungsbefugnis der Wirksamkeit der Übertragung. Es entscheidet nach VI 3 ohne eine Mitwirkung seiner etwaigen ehrenamtlichen Richter. Die Übertragung ist nach VI 4 ebenso unanfechtbar wie ihre Unterlassung. Das übersieht Schlesw JB **96**, 42.
Ersuchter Richter: Er ist wegen § 19 I 2 *unzuständig*.
KapMuG: Soweit es sich um Auslagen nach KV 9019 im erstinstanzlichen *Musterverfahren* nach dem KapMuG geht, abgedruckt bei BLAH SchlAnh VIII, ist nach I 4 das für den Musterbescheid nach § 16 KapMuG zuständige OLG auch für die Erinnerung zuständig, aM BGH RR **14**, 509 (der Senat des BGH. Systemwidrig).
  Nicht zu I 4 zählen für Mü ZIP **14**, 2312 Veröffentlichungskosten des Antrags nach § 3 II KapMuG.
Mehrere Gerichte: Soweit das Verfahren in erster Instanz bei mehreren Gerichten anhängig war, gilt die Sonderregelung des I 3 mit der Zuständigkeit des Gerichts der letzten Anhängigkeit. Dasselbe gilt entsprechend in der Rechtsmittelinstanz.
Rechtsmittelverfahren: Im Rechtsmittelverfahren ist das Rechtsmittelgericht zu- 26 ständig. Es ist unerheblich, ob dieser Kostenbeamte zuständig war, aM BayObLG Rpfleger **93**, 485.
Rechtspfleger: Er entscheidet über die (Erst-)Erinnerung nach § 4 RPflG, soweit das Gesetz das zugrunde liegende Geschäft ihm übertragen hat, KG JB **87**, 406, LG Mainz Rpfleger **84**, 80, AG Bad Segeberg RR **14**, 510 (notfalls Rückgabe an ihn), aM LG Bln JB **77**, 533, LG Kblz Rpfleger **84**, 435.
Staatsanwalt: Soweit ein Beamter der Staatsanwaltschaft Kosten angesetzt hat, ist ungeachtet der Zuständigkeiten zur Einlegung der (Erst-)Erinnerung nach Rn 38 zur Entscheidung und daher nach I 2 für das weitere Verfahren bis zu dieser aus praktischen Erwägungen das Erstgericht zuständig, BGH NJW **00**, 1128, Düss AnwBl **85**, 153.
Trennung: Bei ihr ist jedes zuletzt befaßte Gericht zuständig.

GKG § 66

Verbindung: Ergänzend gilt § 4 I.
Verweisung: Ergänzend gilt § 4 I.
Zurückverweisung: Bei einer Zurückverweisung zB nach § 538 II ZPO wird dasjenige Gericht, an das sie erfolgte, wegen aller Kosten dieser Instanz vor und nach der Zurückverweisung zuständig.
Zweiterinnerung: Zur befristeten Zweiterinnerung Rn 37.

27 C. **Einlegung,** V 3, 4. Vgl Rn 38, 39.

28 D. **Verhandlung, VI.** Das Gericht kann auf Grund einer freigestellten mündlichen Verhandlung entscheiden. Sie kommt aber praktisch kaum vor.

29 E. **Entscheidung über die (Erst-)Erinnerung, VI.** Der Kostenbeamte darf und muß evtl der Erinnerung ganz oder teilweise abhelfen. Er darf den Kostenansatz nach § 19 V 1 bis zu einer gerichtlichen Entscheidung auch zum Nachteil des Kostenschuldners ändern, solange kein Fristablauf nach § 20 und keine Verjährung vorliegen. Mangels einer Abhilfe legt er die Akten nach § 38 KostVfg, Teil VII A dieses Buchs, dem Bezirksrevisor vor. Dieser hilft entweder durch eine Anweisung an den Kostenbeamten ab oder leitet die Akten dem Gericht zur Entscheidung über die Erinnerung im Rahmen von Rn 24–26 zu.

Die Entscheidung des Gerichts ergeht durch einen Beschluß. Er braucht grundsätzlich eine Begründung nach BLAH § 329 ZPO Rn 4, §§ 113 II FGO, 122 II VwGO. Er ergeht nach VIII 1, § 11 IV RPflG gebührenfrei, aber nicht auslagenfrei, Ffm JB **78**, 1848.

Das Gericht *teilt* den Beschluß dem (Erst-)Erinnerungsführer *formlos mit*. Ein (Erst-)Erinnerungsgegner fehlt. Bei einer Änderung zulasten der Staatskasse macht das Gericht dem zur Vertretung der Staatskasse zuständigen Beamten eine formlose Mitteilung nach § 38 II KostVfg, Teil VII A dieses Buchs. Eine förmliche Zustellung ist nach § 329 II 1 ZPO, §§ 53 I FGO, 56 I VwGO nicht erforderlich.

Es findet *keine Kostenerstattung* statt, VIII 2.

30 F. **Abänderung von Amts wegen, VI.** Eine Abänderung des Beschlusses des Gerichts nach Rn 29 von Amts wegen ist unstatthaft. Allerdings ist eine bloße Berichtigung offenbarer Schreib- oder Rechenfehler usw entsprechend § 319 ZPO zulässig.

31 **9) Statthaftigkeit der Beschwerde, II–IV,** dazu schon *Felskorn* NJW **03**, 857 (Üb): Rechtsbehelfsbelehrung, Verstoß: §§ 5 b, 68 II 2. Man sollte in der folgenden Reihenfolge der Prüfung vorgehen.

A. **Zulässigkeit, II 1.** Gegen den Beschluß des Gerichts über die (Erst-)Erinnerung ist als eine eigenständige vorrangige Regelung nach II 1 eine einfache Beschwerde des Kostenschuldners oder der Staatskasse bei deren Beschwer zulässig, BGH NJW **84**, 871, Kblz JB **07**, 212, LAG Düss MDR **07**, 370 (nicht schon wegen eines falschen Kostenschuldners –?–). Es kann wegen Art 19 IV 1 GG auch ein Sachverständiger beschwerdeberechtigt sein, vgl S 4 JVEG Rn 22, Teil V dieses Buchs, Kblz MDR **14**, 925. Das alles gilt freilich nur, soweit der in Rn 32 erörterte Beschwerdewert vorliegt. Soweit der Rpfl nach Rn 26 über die (Erst-)Erinnerung nach I entschieden hat, gilt § 11 I RPflG. Dann verläuft das Verfahren wegen dieses § 11 I RPflG ebenso wie bei einer Beschwerde gegen eine richterliche Erinnerung, also nach V–VIII.

Die Beschwerde ist auch dann statthaft, wenn sonstige Beschwerden durch ein *Spezialgesetz* ausscheiden, zB bei den Verwaltungsgerichten in Wehrpflicht- und Lastenausgleichsachen, aM Mü BayVBl **94**, 411 (aber II hat als eine nach § 1 umfassende und überdies neuere Regelung Vorrang). Eine Anschlußbeschwerde ist statthaft, *Kirchner* NJW **76**, 592.

Nicht beschwerdeberechtigt ist der bloße Vertreter des Kostenschuldners, Kblz JB **08**, 263. Arglist macht eine Beschwerde unstatthaft, VGH Mannh NVwZ-RR **11**, 918.

32 B. **Entweder: Beschwerdewert, II 1.** Die Beschwerde setzt nach II 1 voraus, daß entweder der Wert des Beschwerdegegenstands 200 EUR übersteigt, Schlesw JB **87**, 1695, OVG Bln-Brdb NVwZ-RR **15**, 800. Es muß also der Beschluß im (Erst-)Erinnerungsverfahren, nicht etwa der ursprüngliche Ansatz, den Beschwerdeführer um mehr als 200 EUR beschweren. Das alles gilt auch bei einer greifbaren Gesetzwidrigkeit usw, Schlesw SchlHA **88**, 39. Es ist ratsam, die Beschwer in der Beschwerdeschrift nachvollziehbar zu begründen. Das Fehlen solcher Begründung macht die Beschwer-

Abschnitt 8. Erinnerung und Beschwerde § 66 GKG

de aber nicht unzulässig. Vielmehr errechnet dann das Beschwerdegericht den wahren Wert der Beschwer von Amts wegen selbst. Man kann den Beschwerdewert nicht durch eine nachträgliche Antragserhöhung im Beschwerdeverfahren erreichen. Erinnerungskosten gehören nicht zum Beschwerdewert. Bei einer teilweisen Abhilfe nach Rn 29 bleibt die Restbeschwer maßgeblich, Schneider JB 75, 1424. Jede Beschwerde errechnet sich selbständig.

C. Oder: Zulassung, II 2, III 4. Soweit der Beschwerdewert *fehlt* und eine befristete Zweiterinnerung nach Rn 37 ausscheidet, kann die Beschwerde auch durch eine Zulassung nach II 2 durch das Erstgericht möglich werden. Die Zulassung hängt von grundsätzlicher Bedeutung der zur Entscheidung stehenden Kostenfrage ab, also nicht von einer derartigen Bedeutung nur der sonstigen Fragen. Damit gelten etwa dieselben Bedingungen wie zB bei der Zulassungsrevision nach § 543 II Z 1 ZPO. Das ist eine zweifelhafte Komplikation auf diesem Nebenschauplatz des Verfahrens, der freilich finanzielle enorme Auswirkungen haben kann. Das Gericht entscheidet praktisch nach seinem pflichtgemäßen Ermessen, ob der sog unbestimmte Rechtsbegriff einer grundsätzlichen Bedeutung der entscheidungserheblichen Kostenfrage erfüllt ist. 33

Eine Zulassung darf aber nur im *erstinstanzlichen* Beschluß erfolgen, nicht mehr erst nachträglich, abgesehen von einer bloßen Berichtigung, BGH NJW **84**, 2389. Das ergibt sich aus den Worten „in dem Beschluss" in II 2, Mü JB **10**, 487, LG Kblz FamRZ **05**, 1583. Nur eine wirksame Zulassung bindet nach III 4 Hs 1 das Beschwerdegericht, Mü JB **10**, 487. Eine Zulassung wie Nichtzulassung sind für die Beteiligten nach III 4 Hs 2 unanfechtbar. Es gibt also wenigstens keine Nichtzulassungsbeschwerde.

D. Keine Beschwerde an Obersten Gerichtshof des Bundes, III 3. Eine Beschwerde an einen Obersten Gerichtshof des Bundes ist nach III 3 unstatthaft, BGH RR **17**, 1471. Das gilt für die Erstentscheidung eines OLG, BGH MDR **09**, 45, oder eines LAG, BAG DB **97**, 884, oder eines OVG. Es gilt trotz einer etwaigen Zulassung durch das Beschwerdegericht, BGH MDR **13**, 560 rechts oben. Vgl aber §§ 190, 192 VwGO. Eine Gegenvorstellung kann bei § 63 III statthaft sein, BGH RR **17**, 1471. 34

E. Weitere Beschwerde, IV. Sie findet nur unter den Voraussetzungen IV 1–4 statt, also nach IV 1 Hs 1 nach einer Entscheidung des LG als Beschwerdegericht, BGH RR **16**, 188, Mü MDR **17**, 367, Schütt MDR **05**, 1150, aM Hbg MDR **05**, 1195 (aber das widerspricht III 3). Als eine weitere Voraussetzung muß eine Zulassung durch das LG nach IV 1 Hs 2 wegen einer grundsätzlichen Bedeutung der zur Entscheidung ausstehenden Frage erfolgt sein, BGH RR **16**, 188, Mü MDR **17**, 367. Sie ist außerdem nur bei einer Rechtsverletzung nach IV 2 in Verbindung mit §§ 546, 547 ZPO statthaft, aber eben nicht als eine solche Rechtsbeschwerde, BGH RR **09**, 424. Wegen ihres weiteren Verfahrens vgl IV 3, 4 (Zuständigkeit des OLG usw). Eine *Gegenvorstellung* nach BLAH Grdz 6 ff vor § 567 ZPO ist grundsätzlich denkbar, Düss MDR **77**, 235, Hamm JB **76**, 1120, Schmidt JB **75**, 1311, aM Celle JB **83**, 406. 35

F. Keine neue Beschwerde, II–IV. Eine neue (Erst-)Erinnerung oder Beschwerde ist wegen der zugesprochenen oder aberkannten Posten der Kostenrechnung nach dem Abschluß des Beschwerdeverfahrens nicht mehr statthaft, KG JB **07**, 255, Mü MDR **83**, 585. 36

10) Gegen Rechtspfleger mangels Beschwerdewert: Befristete Zweiterinnerung, II 1, § 11 II 1 RPflG. Rechtsbehelfsbelehrung, Verstoß: §§ 5b, 68 II 2. Soweit der Rpfl über die (Erst-)Erinnerung nach Rn 26 entschieden hat und soweit eine Beschwerdemöglichkeit wegen des Nichterreichens des Beschwerdewerts nach Rn 32 oder aus anderen Gründen nach II 1 entfällt, muß man wie in den vergleichbaren Fällen § 11 RPflG beachten. Vergleichbar sind das JVEG, Teil V dieses Buchs, und § 16 RVG, Teil X dieses Buchs. Nach § 11 RPflG findet dann aus den bei § 11 RVG Rn 88, Teil X dieses Buchs, erläuterten verfassungsrechtlichen Gründen eine befristete Erinnerung in dem dort Rn 106–126 erläuterten besonderen Verfahren statt. Über sie entscheidet mangels einer Abhilfe durch den Rpfl sein Richter abschließend. Sie ist also in Wahrheit auch hier eine Zweiterinnerung. 37

11) Einlegung der (Erst-)Erinnerung oder Beschwerde, V. Man muß drei Aspekte beachten. 38

GKG § 66

A. Form: Schriftlich, zu Protokoll, elektronisch usw, V 1, 2. Die Erinnerung wie die Beschwerde sowie jeder weitere Antrag und jede weitere Erklärung beliebiger Art sind nach § 5a, § 129a ZPO schriftlich, zum Protokoll der Geschäftsstelle oder elektronisch möglich. Bei Schriftlichkeit ist eine Unterschrift nötig, bei Elektronik eine qualifizierte Signatur nach §§ 130a–d ZPO, (zum alten Recht) BFH JB **16**, 581. Es besteht also nach V 1 und § 78 III Hs 2 ZPO kein besonderer Formzwang und kein Bevollmächtigen – oder gar Anwaltszwang, OVG Bautzen NVwZ-RR **11**, 216, OVG Bln-Brdb NVwZ-RR **16**, 720, VGH Mannh NJW **06**, 251. Das gilt auch vor dem Rechtsmittelgericht, OVG Bautzen NVwZ **09**, 1573, VGH Mannh NJW **06**, 251, aM OVG Magdeb NVwZ **09**, 854, auch vor dem BGH, BGH RR **12**, 1466. Eine einfache e-mail reicht nicht, VG Arnsberg Rpfleger **14**, 31. Der Erinnerungs- oder Beschwerdeführer kann sich bei der Einlegung vertreten lassen, BGH Rpfleger **92**, 365, Stgt JB **75**, 1102. Eine Fehlbezeichnung ist unschädlich und auslegbar. Die Bevollmächtigung beurteilt man nach V 2 nach der zugehörigen Verfahrensordnung, zB §§ 79, 80 ZPO.

Eine *Begründung* ist kein Zwang, aber fast selbstverständlich. Das Gericht darf eine Begründungsfrist setzen. Es darf dann nicht vor deren Ablauf oder vor dem Eingang der Begründung entscheiden.

39 **B. Zuständigkeit: Gericht oder Staatsanwaltschaft, V 1, 3, 5.** Zur Entgegennahme zuständig ist nach Z 24–26 der Urkundsbeamte der Geschäftsstelle bei demjenigen Gericht, das für die Entscheidung über die (Erst-)Erinnerung zuständig ist. Das gilt für die Einlegung der (Erst-)Erinnerung als auch für die Einlegung der Beschwerde, OVG Magdeb NVwZ-RR **14**, 536. Man muß die letztere also nach V 4 stets beim ja zur Abhilfeprüfung nach Rn 41 zuständigen „judex a quo" einlegen. § 129a ZPO gilt nach V 1 Hs 2 entsprechend. Örtlich ist jedes AG zur Entgegennahme und unverzüglichen Weiterleitung an das richtige Gericht zuständig. Mit einer Zustimmung des Erklärenden kann man ihm die Übermittlung des Protokolls überlassen.

Man kann die (Erst-)Erinnerung (nicht die Beschwerde) nach V 3 auch bei derjenigen *Staatsanwaltschaft* einlegen, die die Kosten angesetzt hat.

40 **C. Keine Frist.** (Erst-)Erinnerung wie Beschwerde sind fristlos möglich, BGH NJW **03**, 1324 links oben (zum alten Recht), OVG Bln-Brdb NVwZ-RR **15**, 800, VGH Mannh NJW **08**, 537. § 66 besagt das nicht direkt, nennt aber eben auch keine Frist.

41 **12) Entscheidung über die Beschwerde, III, VI, VII.** Es empfiehlt sich die folgende Prüfungsreihenfolge.

A. Abhilferecht und -pflicht durch Erstgericht, III 1. Dasjenige Gericht, das über die (Erst-)Erinnerung nach Rn 24–26 entschieden hat, kann nicht nur der Beschwerde abhelfen, sondern „hat" abzuhelfen, soweit es die Beschwerde für zulässig und begründet hält. Es muß daher zunächst in seiner eigenen Zuständigkeit prüfen, ob diese Voraussetzungen vorliegen. Es muß daher eine Nichtabhilfe begründen. Bloße Leerfloskeln wie „aus den zutreffenden Gründen der angefochtenen Entscheidung, an denen das Beschwerdevorbringen nichts ändert" usw können unzureichend sein und zur Zurückverweisung durch das Beschwerdegericht führen. Die Staatsanwaltschaft kann bei V 3 abhelfen. Der Gegner muß vor einer ihm nachteiligen Entscheidung das rechtliche Gehör nach Art 103 I GG erhalten, BVerfG **34**, 346.

42 **B. Zuständigkeit des Beschwerdegerichts, III 2.** Über die Beschwerde entscheidet mangels einer Abhilfe durch den Vorderrichter das allgemein im Rechtszug nach der Gerichtsorganisation nächsthöhere Gericht, Hbg ZMR **10**, 873, Köln MDR **09**, 1408, Stgt ZMR **12**, 458 (je: nach einer Entscheidung des LG als Berufungsgericht das OLG). Das gilt auch nach einer bloßen Teilabhilfe wegen des Rests ohne eine besondere Zulassung unabhängig davon, ob er einen Wert von 200 EUR übersteigt. Es gilt ferner auch nach einem Kostenansatz beim Rechtsmittelgericht sowie bei einer Sprungrevision nach § 566 ZPO. Es soll grundsätzlich unterbleiben, daß über eine Kostenbeschwerde gegen eine Entscheidung des AG das OLG ohne eine Zwischentätigkeit des LG (als Berufungsgericht) entscheiden müßte. Im Verfahren nach §§ 403 ff StPO ist das OLG zuständig, Jena JB **05**, 479.

43 **C. Grundsatz: Keine aufschiebende Wirkung, VII 1.** (Erst-)Erinnerung und Beschwerde haben grundsätzlich keine aufschiebende Wirkung. Das ergibt sich aus VII 1. Diese Regelung ist als Grundsatz weit auslegbar. Daher ist von ihr nicht schon

Abschnitt 8. Erinnerung und Beschwerde § 66 GKG

wegen einer „normalen" wirtschaftlichen Benachteiligung des Beschwerdeführers eine verweichende Abweichung zulässig.

D. Ausnahme: Anordnung aufschiebender Wirkung, VII 2. Ausnahmsweise ist die Anordnung der aufschiebenden Wirkung der Beschwerde (also nicht der Ersterinnerung) zulässig, soweit die Beschwerde überhaupt statthaft ist, BGH NJW **92**, 1458. Sie kann auf einen Antrag oder von Amts wegen erfolgen. Diese letztere Möglichkeit bedeutet ein pflichtgemäßes Ermessen, Mü MDR **85**, 333. Seine Ausübung gehört auch beim Fehlen eines Antrags zu den Amtspflichten. Deshalb sollte das Gericht die Unterlassung einer Anordnung in den Akten wenigstens stichwortartig begründen, falls es keinen Antrag bescheiden muß. 44

Aufschiebungsgründe können zB sein: Eine Wahrscheinlichkeit des Erfolgs, OVG Bautzen NVwZ-RR **09**, 702; eine unbillige Härte einer Fortsetzung der Vollstrekkung, OVG Bautzen NVwZ-RR **09**, 702.

Zuständig sind nach VII 2 der Einzelrichter und nach einer Übertragung auf das Kollegium der Vorsitzende des Erstgerichts oder des Beschwerdegerichts. Das Kollegium ist also nicht zuständig. Die Anordnung einer aufschiebenden Wirkung ist ganz oder teilweise möglich. Eine Aufschiebung in vollem Umfang erfordert noch triftigere Gründe als eine nur teilweise. Der Beschluß ist unanfechtbar, Mü MDR **85**, 333, OVG Hbg NVwZ-RR **16**, 366.

E. Weiteres Verfahren, III 1, VI. Das Beschwerdegericht wird grundsätzlich nach VI 1 Hs 1 durch den Einzelrichter tätig, BVerwG NVwZ **06**, 479, OVG Bautzen NVwZ-RR **16**, 719, VGH Mü NVwZ-RR **17**, 264, aM OVG Lüneb NVwZ-RR **07**, 817. Bei VI 1 Hs 2 kann das Kollegium zuständig sein, falls erstinstanzlich kein Einzelrichter tätig war, VGH Mü NVwZ-RR **14**, 447. Das ist evtl nur derjenige nach § 6 VwGO, VGH Mannh NVwZ-RR **10**, 943. Es wird nur nach dessen Übertragung wegen VI 2 durch das Kollegium tätig. Die Übertragung kann stillschweigend erfolgen, OVG Kblz NJW **12**, 1530. Es amtiert aber nach VI 3 stets ohne einen ehrenamtlichen Beisitzer. Man kann die Beschwerde auf neue Tatsachen stützen. Eine Antragserweiterung ist statthaft. Man kann aber nach Rn 32 nicht erst mit ihrer Hilfe den Beschwerdewert erzielen. Eine Anschlußbeschwerde ist denkbar, Kirchner NJW **76**, 592. Das Beschwerdegericht entscheidet auf Grund einer freigestellten mündlichen Verhandlung. Es muß wegen Art 103 I GG den Beschwerdegegner vor einer ihm nachteiligen Entscheidung anhören, BVerfG **34**, 346. Ein Gehörsverstoß macht allerdings eine sonst unstatthafte Beschwerde nicht statthaft, BFH BStBl **77** II 628. Das Beschwerdegericht prüft beim Ermessen des Erstgerichts nach Rn 44 nur die Einhaltung von dessen Grenzen, Kblz ZMR **11**, 57. Es entscheidet bei § 11 II RPflG in seiner vollen Besetzung. 45

Im übrigen gelten auch ohne eine ausdrückliche Verweisung sinnvollerweise grundsätzlich die in der jeweiligen Verfahrensordnung einschlägigen Beschwerdevorschriften, also §§ 567ff ZPO, 146ff VwGO, 78ff ArbGG. Das Gericht darf wie bei § 308 I ZPO nicht über die Anträge des Beschwerdeführers hinausgehen. In diesen Grenzen klärt es den Sachverhalt von Amts wegen. Es gibt kein Verschlechterungsverbot, LSG Mü JB **15**, 479.

F. Entscheidung, VI. Das Beschwerdegericht entscheidet durch einen Beschluß. Es weist die Beschwerde zurück oder hebt den angefochtenen Beschluß auf und entscheidet zur Kostenfrage selbst oder weist den Kostenbeamten zur Änderung seines Kostenansatzes an. Der Beschluß braucht grundsätzlich eine Begründung nach BLAH § 329 ZPO Rn 4, § 122 II VwGO. Das Gericht teilt den Beschluß dem Beschwerdeführer nach §§ 329 I 2 ZPO, 35 II StPO, 56 VwGO formlos mit. Wegen der Kosten Rn 47, 48. Eine Gegenvorstellung nach BLAH Grdz 6 vor § 567 ZPO ist statthaft, Düss MDR **77**, 235, Hamm JB **76**, 1120, strenger Mü JB **83**, 1221. Eine Rechtsbeschwerde wie nach §§ 574ff ZPO ist unstatthaft, BGH MDR **04**, 355. Das Gericht muß eine vom Vorderrichter zugelassene Rechtsbeschwerde verwerfen, BGH RR **07**, 285. Rechtsbehelfsbelehrung, Verstoß: §§ 5b, 68 II 2. 46

13) Keine Notwendigkeit eines Bevollmächtigten, V 1 Hs 1. Im Verfahren über die (Erst-)Erinnerung und über die Beschwerde ist die Mitwirkung eines Bevollmächtigten nicht zwingend. Das gilt sowohl im Nichtabhilfeverfahren als auch im Verfahren vor dem Beschwerdegericht. Es besteht also weder ein Anwaltszwang nach § 78 ZPO noch ein Zwang zur Einschaltung eines sonstigen Bevollmächtigten, so- 47 weit nicht das letztere zB wegen Zweifeln an der Geschäftsfähigkeit notwendig ist. Das alles ergibt sich aus V 1 Hs 1 in Verbindung mit dem zumindest entsprechend anwendbaren § 78 III Hs 2 ZPO. Es gilt nicht nur für die Einlegung der (Erst-)Erinnerung oder Beschwerde, sondern für das gesamte Verfahren, also auch für eine Rücknahmeerklärung.

48   14) **Kosten, VIII.** Die Vorschrift dient der Vermeidung solcher Kostenverfahren, die sich aus anderen Kostenverfahren ergeben, BGH NJW **03**, 70. Das gilt freilich nur, wenn eine Sachentscheidung möglich ist, BGH NJW **03**, 70, Kblz RR **00**, 1239. Das Verfahren über die (Erst-)Erinnerung und über die Beschwerde ist nach (jetzt) VIII 1 gebührenfrei, BGH NJW **84**, 871, Rostock JB **16**, 360. Das gilt auch bei einer Unzulässigkeit der Erinnerung, aM Köln JB **13**, 594 (aber der Wortlaut von VIII ist eindeutig). Das Verfahren über die befristete Zweiterinnerung ist nach § 11 IV RPflG ebenfalls gebührenfrei. Eine Auslagenfreiheit entsteht allerdings jeweils nicht, Kblz RR **00**, 1239.

Eine *Kostenerstattung* findet nach VIII 2 *nicht* statt. Diese Vorschrift soll neuen Streit verhindern helfen, BGH NJW **93**, 2542. Sie ist mit dem GG vereinbar, Mü MDR **77**, 502. Etwa entstehende Auslagen trägt der Zahlungspflichtige. Dahin gehören vor allem die durch eine amtliche Ermittlung verursachten Kosten. Alle Ermittlungen geschehen hier von Amts wegen.

Dasselbe gilt bei einer nach II 3 Hs 2 eindeutig unzulässigen *weiteren Beschwerde* gegen eine Entscheidung des LG als Beschwerdegericht über Kosten.

49   Es ergeht keine Entscheidung über eine *Kostenrückzahlung*. Eine solche Rückzahlung müssen der Kostenbeamte oder die Aufsichtsbehörde veranlassen, Kblz JB **77**, 1430. Der Kassenleiter verfügt sie, § 91 JKassO. Sie ist also eine reine Verwaltungstätigkeit.

Beschwerde gegen die Anordnung einer Vorauszahlung

67 I ¹ Gegen den Beschluss, durch den die Tätigkeit des Gerichts nur aufgrund dieses Gesetzes von der vorherigen Zahlung von Kosten abhängig gemacht wird, und wegen der Höhe des in diesem Fall im Voraus zu zahlenden Betrags findet stets die Beschwerde statt. ² § 66 Absatz 3 Satz 1 bis 3, Absatz 4, 5 Satz 1 und 5, Absatz 6 und 8 ist entsprechend anzuwenden. ³ Soweit sich die Partei in dem Hauptsacheverfahren vor dem Gericht, dessen Entscheidung angefochten werden soll, durch einen Prozessbevollmächtigten vertreten lassen muss, gilt dies auch im Beschwerdeverfahren.

II Im Fall des § 17 Absatz 2 ist § 66 entsprechend anzuwenden.

1   1) **Systematik, Regelungszweck, I, II.** Die Vorschrift hat nach § 1 V den Vorrang. Sie ergänzt § 10. Sie hat keine verfassungsrechtliche Notwendigkeit. Sie ist aber verfassungsgemäß, BVerfG RR **00**, 1738 (zum alten Recht). Sie eröffnet im Interesse der Rechtsstaatlichkeit nach Art 20 I GG eine Beschwerdemöglichkeit, BGH RR **16**, 188, und damit ein selbständiges Zwischenverfahren, BVerfG RR **00**, 1738. §§ 567 ff ZPO sind ergänzend anwendbar, Brdb FamRZ **14**, 1224 (zu § 15 FamGKG), soweit nicht das GKG eine Regelung enthält, Fölsch JB **02**, 626. Der Betroffene soll durch einen Vorschuß, den er für übersetzt hält, nicht rechtlos werden, KG RR **04**, 864.

2   2) **Geltungsbereich, I, II.** § 67 gilt nur, soweit das Prozeßgericht seine richterliche oder rechtspflegerische Tätigkeit von der Zahlung eines Kostenvorschusses oder einer Vorauszahlung gerade nur „auf Grund dieses Gesetzes" abhängig macht, BGH RR **06**, 1504, also zB nach den §§ 12, 17.

Soweit das Gericht seine Tätigkeit von derartigen Zahlungen auf Grund *anderer Vorschriften* abhängig macht, zB nach den §§ 379, 402 ZPO, 379a StPO, ist eine Anfechtung allenfalls nach jenen Verfahrensordnungen zulässig, Drsd JB **07**, 212.

3   3) **Voraussetzungen, I 1.** Eine Beschwerde ist statthaft, soweit eine der folgenden beiden Voraussetzungen erfüllt ist.

A. Abhängigkeit überhaupt. Die Beschwerde kann sich gegen die Anordnung überhaupt richten. Das Prozeßgericht und dort auch der Einzelrichter muß seine Tätigkeit nämlich von der Zahlung eines Vorschusses auf eine noch nicht fällige Gebühr oder wegen der Vorauszahlung einer bereits fälligen Gebühr abhängig gemacht haben, zB nach den §§ 12, 17. Das muß durch einen Beschluß eindeutig geschehen sein, Celle JB **12**, 433 (zum entsprechenden § 58 FamGKG), Köln FER **96**, 42 (Un-

Abschnitt 8. Erinnerung und Beschwerde §§ 67, 68 GKG

tätigkeit reicht also nicht), Rostock JB **11**, 208 (auch durch eine Verfügung). Die Beschwerde richtet sich dann meist gegen eine Verfügung des Richters, Brdb RR **99**, 291. Nach einer Entscheidung des nach §§ 361, 362 ZPO beauftragten oder ersuchten Richters muß man zunächst die Entscheidung des Prozeßgerichts nach §§ 576 I ZPO, 133 FGO oder 151 VwGO herbeiführt haben.

Unanwendbar ist I 1, soweit das Prozeßgericht eine Vorschuß- oder Vorauszahlungsanordnung abgelehnt hat. Daher ist der Bezirksrevisor nicht beschwerdeberechtigt.

B. Höhe des Vorschusses. Die Beschwerde kann sich auch auf die Höhe des 4 verlangten Vorschusses beschränken, BGH RR **16**, 188. Der Urkundsbeamte der Geschäftsstelle setzt die Höhe fest, sobald der Richter die Vorschußpflicht dem Grunde nach angeordnet und nicht schon selbst die Höhe bestimmt hat.

Dagegen ist gegen einen *Kostenansatz* nach §§ 19 ff zunächst nur die befristete Erinnerung nach § 573 I 1 ZPO an das Gericht des Urkundsbeamten und erst gegen die Entscheidung des Gerichts die einfache Beschwerde nach § 66 zulässig, Düss JB **09**, 542. Das ist eine Spezialregelung gegenüber § 572 II ZPO. Unzureichend ist eine Wertfestsetzung etwa nach § 32 II RVG.

4) Kein Beschwerdewert, I 1. Da es sich um die Zulässigkeit der Gewährung 5 des Rechtsschutzes für die Hauptsache handelt, ist die Zulässigkeit der Beschwerde nicht von der Einhaltung eines Beschwerdewerts abhängig, Brdb FamRZ **14**, 1223 (zu § 58 FamGKG). Das ergibt sich aus dem Wort „stets" in I 1. Vgl im übrigen bei § 66. Wegen des Fehlens eines Beschwerdewerts ist keine Zulassung erforderlich.

5) Keine Beschwerdefrist, I 2. Es gibt keine Beschwerdefrist, ebensowenig wie 6 nach dem von I 2 in Bezug genommenen § 66 1–3, IV, V 1, 4, VI, VIII. Eine Verwirkung leibt beim Zusammentreffen des sog Zeitmoments und des sog Umstandsmoments möglich.

6) Weiteres Verfahren, I 2, 3, II. Vgl zunächst die in I 2 genannten Teile des 7 § 66. Ein Anwaltszwang nach § 78 ZPO gilt trotz § 66 V 1 Hs 1 dennoch bei einem solchen des Hauptverfahrens auch im Beschwerdeverfahren wie sonst, I 3. Mangels einer Verweisung auch auf § 66 VII braucht der Kostenschuldner nicht vor der formellen Rechtskraft der Entscheidung des Beschwerdegerichts zu zahlen. Daher darf das Prozeßgericht auch nicht vorher prozessuale diesbezügliche Nachteile verhängen.

II verweist auf § 66 für den Vorschuß für die Herstellung und Überlassung von 8 Dokumenten und eine Aktenversendung nach § 17 II.

Beschwerde gegen die Festsetzung des Streitwerts

68 I [1] Gegen den Beschluss, durch den der Wert für die Gerichtsgebühren festgesetzt worden ist (§ 63 Absatz 2), findet die Beschwerde statt, wenn der Wert des Beschwerdegegenstands 200 Euro übersteigt. [2] Die Beschwerde findet auch statt, wenn es das Gericht, das die angefochtene Entscheidung erlassen hat, wegen der grundsätzlichen Bedeutung der zur Entscheidung stehenden Frage in dem Beschluss zulässt. [3] Die Beschwerde ist nur zulässig, wenn sie innerhalb der in § 63 Absatz 3 Satz 2 bestimmten Frist eingelegt wird; ist der Streitwert später als einen Monat vor Ablauf dieser Frist festgesetzt worden, kann sie noch innerhalb eines Monats nach Zustellung oder formloser Mitteilung des Festsetzungsbeschlusses eingelegt werden. [4] Im Fall der formlosen Mitteilung gilt der Beschluss mit dem dritten Tage nach Aufgabe zur Post als bekannt gemacht. [5] § 66 Absatz 3, 4, 5 Satz 1, 2 und 5 sowie Absatz 6 ist entsprechend anzuwenden. [6] Die weitere Beschwerde ist innerhalb eines Monats nach Zustellung der Entscheidung des Beschwerdegerichts einzulegen.

II [1] War der Beschwerdeführer ohne sein Verschulden verhindert, die Frist einzuhalten, ist ihm auf Antrag von dem Gericht, das über die Beschwerde zu entscheiden hat, Wiedereinsetzung in den vorigen Stand zu gewähren, wenn er die Beschwerde binnen zwei Wochen nach Beseitigung des Hindernisses einlegt und die Tatsachen, welche die Wiedereinsetzung begründen, glaubhaft macht. [2] Ein Fehlen des Verschuldens wird vermutet, wenn eine Rechtsbehelfsbelehrung unterblieben oder fehlerhaft ist. [3] Nach Ablauf eines Jahres, von dem Ende der versäumten Frist an gerechnet, kann die Wiedereinsetzung nicht mehr beantragt werden. [4] Gegen die Ablehnung der Wiedereinsetzung findet die Beschwerde statt. [5] Sie ist nur zulässig, wenn sie innerhalb von zwei Wochen eingelegt wird. [6] Die Frist beginnt mit der Zustellung der Entscheidung. [7] § 66 Absatz 3 Satz 1 bis 3, Absatz 5 Satz 1, 2 und 5 sowie Absatz 6 ist entsprechend anzuwenden.

III [1] Die Verfahren sind gebührenfrei. [2] Kosten werden nicht erstattet.

Gliederung

1) Systematik, I–III	1
2) Regelungszweck, I–III	2
3) Voraussetzungen, I 1, 2	3–10
A. Beschwerdefähiger Wertfestsetzungsbeschluß	4
B. Beschwer	5
C. Beispiele zur Frage einer Beschwer, I 1, 2	6–9
D. Beschwerdewert oder Zulassungsbeschwerde	10
4) Beschwerdeverfahren, I 3–6, III	11–21
A. Zuständigkeit	11
B. Form	12
C. Frist	13
D. Wiedereinsetzung	14
E. Anhörung	15
F. Einzelrichter	16
G. Abhilfe	17
H. Weiteres Verfahren	18
I. Abänderung	19
J. Weitere Beschwerde	20
K. Entscheidung	21
5) Gegenvorstellung, I–III	22–28
A. Grundsatz: Statthaftigkeit	23
B. Zulässigkeit einer Beschwerde	24
C. Rechtsschutzbedürfnis	25
D. Verfahren	26–28

1   **1) Systematik, I–III.** Es handelt sich um eine gegenüber § 66 vorrangige, selbständig neben §§ 67, 69 stehende Spezialregelung, BGH RR **06**, 1504. Sie hat auch nach § 1 V einen Vorrang. Ergänzend gilt § 32 II RVG, Teil X dieses Buchs. § 68 ist bei einer Wertfestsetzung nach § 62 unanwendbar. Das zeigt schon der Wortlaut von I 1. Deshalb ist dort kein selbständiges Rechtsmittel statthaft, § 62 Rn 1, Stgt RR **05**, 992, LG Stgt RR **08**, 1168. In einer Wehrpflichtsache versagt § 34 III 2 WehrpflG eine Beschwerde. Dasselbe gilt im Bereich des § 137 III 1 TKG, OVG Münst Rpfleger **10**, 79.

2   **2) Regelungszweck, I–III.** Es gelten ungeachtet des Spezialcharakters nach Rn 1 dieselben Erwägungen wie bei § 66 Rn 2. I 3 dient dem Vertrauensschutz, Karlsr RR **04**, 499.

3   **3) Voraussetzungen, I 1, 2.** Die befristete Beschwerde ist nach § 66 Rn 32 statthaft, auch wenn eine allgemeine Beschwerde sondergesetzlich grundsätzlich unstatthaft wäre. Das Beschwerderecht des § 68 weicht von demjenigen der §§ 567 ff ZPO ab, Kblz JB **02**, 310, Stgt ZMR **12**, 458, Rummel MDR **02**, 623. Die Beschwerde nach § 68 ist zwar teilweise mit der sofortigen Beschwerde nach §§ 567 ff ZPO vergleichbar, Kblz JB **02**, 310. Die Beschwerde ist zulässig, soweit die folgenden Voraussetzungen zusammentreffen. Rechtsbehelfsbelehrung, Verstoß: §§ 5 b, 68 II 2.

4   **A. Beschwerdefähiger Wertfestsetzungsbeschluß.** Es muß ein beschwerdefähiger endgültiger Wertfestsetzungsbeschluß vorliegen, Hamm FamRZ **05**, 1767 (sonst allenfalls § 67), Köln FamRZ **17**, 468 (zu § 58 I 1 FamGKG), VGH Mü NVwZ-RR **14**, 407. Er muß gerade zumindest auch zum Kostenstreitwert nach § 63 II und nicht nur zum Zuständigkeits- oder Rechtsmittelwert nach § 62 vorliegen, Anh § 48 GKG: Einf 10, Teil I A dieses Buchs. Die Wertfestsetzung kann nach § 63 Rn 26 in dem Tenor oder in den Entscheidungsgründen eines Urteils nach zB § 313 I Z 1, 4 ZPO stecken. Sie kann nach § 63 Rn 39 auch in der Vornahme oder Ablehnung einer Änderung liegen. Eine Ablehnung der ersten endgültigen Wertfestsetzung reicht nicht für I 1. Denn diese Vorschrift verlangt klar eine Festsetzung. Es mag dann eine sofortige Beschwerde nach § 567 I Z 2 ZPO zulässig sein. Eine „vorläufige" Wertfestsetzung nach (jetzt) § 63 I 1 genügt nach § 63 Rn 14 nicht. Noch

Abschnitt 8. Erinnerung und Beschwerde § 68 GKG

weniger reicht nach § 63 Rn 30 eine formlose Angabe „Wert × EUR". Man muß in dem endgültigen Festsetzungsbeschluß oder in dem Nichtabhilfebeschluß des Erstgerichts erkennen können, um was es sich handelt, es sei denn, daß sich der Gegenstand der Entscheidung eindeutig auch ohne eine nähere Darlegung ergibt. Eine Auslegung und eine Umdeutung sind denkbar.

Man muß ferner erkennen können, *auf welcher Grundlage* das Gericht den Kostenstreitwert endgültig festgesetzt hat. Denn andernfalls würde man dem Beschwerdeführer die Beschwerdebegründung und dem Beschwerdegericht die Entscheidung unnötig erschweren.

Gegen eine Entscheidung des Vorsitzenden im Verfahren nach *§ 80 VII 1 VwGO* ist die *Beschwerde* statthaft. Sie kommt grundsätzlich auch nach einer Wertfestsetzung des Rechtsmittelgerichts in Betracht, Celle OLGR **06**, 270, Rostock JB **06**, 645. Gegen eine Entscheidung des OLG oder des OVG ist aber nach I 5 in Verbindung mit § 66 III 3 ausnahmsweise keine Beschwerde statthaft, BGH MDR **07**, 1285. Das ArbG muß eindeutig auch den Kostenwert festgesetzt haben, LAG Düss MDR **00**, 708.

Eine Anfechtung des Wertfestsetzungsbeschlusses ist auch *nicht zusammen mit* der Anfechtung einer *Verwerfung* der Berufung nach § 522 I 1 ZPO oder einer Zurückweisung nach § 522 II 1 ZPO statthaft. Das Revisionsgericht kann aber von Amts wegen einen anderen Kostenstreitwert festsetzen.

B. Beschwer. Wie bei jedem Rechtsmittel ist auch für eine Beschwerde gegen 5 die endgültige Festsetzung des Kostenstreitwerts eine Beschwer erforderlich, Ffm NJW **13**, 3382, Karlsr MDR **09**, 587, Nürnb RR **13**, 635.

Beschwer ist der Unterschied zwischen bisher Beantragtem und bisher Erreichten, BGH NJW **02**, 212, BLAH Grdz 14 vor § 511 ZPO. Beschwerdegegenstand ist demgegenüber derjenige Teil der Beschwer, dessen Beseitigung man jetzt noch begehrt, Schneider NJW **17**, 3765.

Es kann sich ein Anwalt aus *eigenem* Recht nach § 32 II RVG, Teil X dieses Buchs, nur über eine zu niedrige endgültige Wertfestsetzung beschweren, BGH RR **86**, 737, Kblz JB **08**, 254, Schneider NJW **17**, 3765. Das gilt unabhängig von Wünschen des Auftraggebers, Kblz JB **11**, 367. Es gilt auch wegen einer Tätigkeit vor einer Verweisung. Der Anwalt kann aber auch nur im Namen des Auftraggebers handeln und insoweit auch eine zu hohe Wertfestsetzung rügen. Tut er das letztere, sollte man seine Beschwerde demgemäß im Zweifel auch als solche nur seiner Partei auslegen, und umgekehrt, Schwab/Maatje NZA **11**, 772. Die Partei kann sich grundsätzlich nur über eine ihr nachteilige zu hohe Wertfestsetzung beschweren, BGH WoM **12**, 114, KG MDR **16**, 422, Köln MDR **12**, 185 (je: auch bei einer Honorarvereinbarung), Nürnb JB **16**, 533, aM Ffm RR **16**, 764. Das gilt auch beim Zweitschuldner nach §§ 29, 31 GKG, Teil I A dieses Buchs, Ffm JB **75**, 367, Köln MDR **12**, 185. Soweit gar keine Gerichtsgebühren anfallen, gibt es auch keine Beschwer, Karlsr RR **09**, 1366, Rostock MDR **10**, 115. Eine zu niedrige Festsetzung kann evtl derjenige beanstanden, der mit seinem ProzBev eine höhere Honorarabrede getroffen hatte, OVG Lüneb NVwZ-RR **11**, 664. Aber Vorsicht!

C. Beispiele zur Frage einer Beschwer, I 1, 2 6

Aktienrechtsstreit: Beschwert ist die Partei evtl auch dann, wenn der Gegner eine Streitwertbegünstigung nach § 247 I AktG, abgedruckt § 51 Anh IV, erhalten hat.

Auftraggeber gegen Anwalt: Die Partei desjenigen Anwalts, der eine Beschwerde einlegt, kann ein ihm entgegengesetztes Ziel verfolgen wollen. Deshalb muß das Gericht ihr vor einer Heraufsetzung des Werts das rechtliche Gehör geben, Kblz JB **02**, 310. Das kann freilich an sich wegen § 172 ZPO nur über den ProzBev nach § 81 ZPO gehen, etwa dahin, er möge mitteilen, ob, wann und wie er seinem Auftraggeber seinen Antrag mitgeteilt habe und wie dieser reagiert habe. Der Anwalt darf nicht ohne Wissen des Auftraggebers nur auf „Anweisung" des Rechtsschutzversicherers eine Beschwerde einlegen, LAG Düss MDR **95**, 1075. Ein Gegner ist aber weder hier noch bei anderen Antragstellern vorhanden. Das gilt auch dann, wenn das Gericht die Partei oder einen anderen am Streitwert Interessierten anhört, VGH Kassel AnwBl **84**, 49.

Außergerichtliche Kosten: *Nicht* beschwert ist derjenige, der nur solche Kosten ohne eine Mitteilung nach § 29 Z 2 übernommen hat.

GKG § 68

I. A. Gerichtskostengesetz

Designstreit: Beschwert ist die Partei evtl auch dann, wenn der Gegner eine Streitwertbegünstigung nach § 54 DesignG, abgedruckt § 51 Anh II, erhalten hat.
Einverständnis: Das erstinstanzliche hindert nicht eine Beschwerde, Ffm NJW **13**, 3382, Karlsr JB **10**, 200.
7 **Gebrauchsmusterstreit:** Beschwert ist die Partei evtl auch dann, wenn der Gegner eine Streitwertbegünstigung nach § 54 GebrMG erhalten hat.
Halbleiterschutzstreit: Beschwert ist die Partei evtl auch dann, wenn der Gegner eine Streitwertbegünstigung nach § 11 II HalbleiterschutzG in Verbindung mit § 54 GebrMG erhalten hat.
Honorarvereinbarung: Beschwert ist die Partei evtl auch dann, wenn sie mit dem Anwalt ein über das Gesetz hinausgehendes höheres Honorar nach § 3a RVG vereinbart hat, Teil X dieses Buchs, Ffm BauR **12**, 1289. Solche Vereinbarung hindert den Anwalt übrigens nicht, eine Erhöhung des endgültig festgesetzten Kostenstreitwerts zu fordern, BFH NJW **76**, 208. Wäre eine Beschwer bei einer Honorarvereinbarung unnötig, dann könnte die Partei das erhöhte Honorar auf denjenigen Gegner abwälzen, der sich bereits auf einen endgültig festgesetzten Kostenstreitwert eingerichtet hat und nicht mit einer Streitwerterhöhung nur deshalb rechnen muß, weil sein Gegner einen teureren Anwalt beschäftigt hat, VGH Mü NVwZ-RR **97**, 195, aM Celle JB **92**, 762, VGH Mü AnwBl **82**, 445, OVG Saarlouis NJW **08**, 312. Unter Umständen muß eine Umdeutung erfolgen, Bbg JB **76**, 1677. Die Partei kann durch eine zu geringe Wertfestsetzung beschwert sein und dann ausnahmsweise eine höhere fordern, OVG Bautzen NVwZ-RR **06**, 654, aM LG Bayr JB **79**, 405.
Kosteninteresse: Maßgebend für eine Beschwer ist das Kosteninteresse des Beschwerdeführers, Karlsr JB **05**, 543, zB der (Partei an einer Klärung als Widerklägerin nach BLAH Anh § 253 ZPO oder als Zweitschuldnerin nach § 31 III, Ffm WRP **75**, 164.
Markenstreit: Beschwert ist die Partei evtl auch dann, wenn der Gegner eine Streitwertbegünstigung nach § 142 MarkenG auch in Verbindung mit § 8 II 3 MarkenG, abgedruckt KV 1252 Anh I Rn 4, erhalten hat.
8 **Patentstreit:** Beschwert ist die Partei evtl auch dann, wenn der Gegner eine Streitwertermäßigung nach § 144 PatG, abgedruckt § 51 Anh, erhalten hat.
Rechtsmittelzulässigkeit: Keine Beschwer liegt dann vor, wenn man in Wahrheit nur die Zulässigkeit des Hauptsache-Rechtsmittels herbeiführen will, LG Bayreuth JB **79**, 405.
Selbständiges Beweisverfahren: Nach einem solchen Verfahren nach §§ 485ff ZPO kann eine Beschwer schon wegen eines etwaigen sachlichrechtlichen Ersatzanspruchs vorliegen, LG Münst MDR **89**, 554, aM LG Brşchw JB **85**, 1213 (aber ein Ersatzanspruch steht hinter jedem solchen Verfahren).
Selbstvertretung: Der sich selbst vertretende Anwalt kann in beiden Funktionen unterschiedlich beschwert sein.
Staatskasse: Beschwert ist evtl auch sie, Düss MDR **00**, 789. Das gilt sowohl bei einer zu niedrigen endgültigen Festsetzung als auch bei einer zu hohen, Bbg AnwBl **84**, 95. Das gilt im letzteren Fall aber nur insoweit, als sie deshalb dem im Verfahren der Prozeßkostenhilfe nach § 121 ZPO beigeordneten Anwalt mehr vergüten muß, Brdb JB **01**, 94, KG AnwBl **84**, 612, VGH Mannh JB **92**, 420.
VwGO: Beschwerdeberechtigt ist jeder Beteiligte, evtl auch zB der Beigeladene.
9 **Wertherabsetzung:** Beschwert ist evtl auch der erstinstanzliche Sieger bei einer solchen Herabsetzung, Schmidt Rpfleger **75**, 265, aM OVG Münst Rpfleger **75**, 148.
Wettbewerbsstreit: Beschwert ist die Partei evtl auch dann, wenn der Gegner eine Streitwertminderung nach § 12 IV 1 UWG, abgedruckt § 51 Anh III, erhalten hat.
Widerklage: Rn 7 „Kosteninteresse".
Zustimmung zur Festsetzung: Beschwert ist die Partei evtl auch trotz einer Zustimmung der ProzBev nach § 81 ZPO im erstinstanzlichen Festsetzungsverfahren nach einem Wegfall ihrer früheren Beschwer, Celle JB **05**, 429.

Nicht beschwert ist derjenige, der einer Festsetzung des Kostenstreitwerts zugestimmt hat, Hbg MDR **77**, 407, Hamm FamRZ **97**, 691, Karlsr JB **10**, 200,

aM Mü JB **01**, 141 (aber in solcher Zustimmung liegt der Verzicht auf eine Anfechtung).
Zweitschuldner: Rn 7 „Kosteninteresse".

D. Beschwerdewert oder Zulassungsbeschwerde. Entweder muß nach I 1 der Beschwerdewert für jede Beschwerde im Zeitpunkt ihrer Einlegung 200 EUR übersteigen, aM Brdb FamRZ **10**, 2098 (aber I 1 ist eindeutig). Das gilt auch im verwaltungsgerichtlichen Verfahren, OVG Bln-Brdb NVwZ-RR **11**, 87, OVG Bre NVwZ-RR **10**, 660, VGH Kassel MDR **94**, 737. Der Beschwerdewert ergibt sich aus dem wahren üblichen Gebührenunterschied dieser Instanz, und zwar bei einer Partei auf Grund der wahren Gerichtskosten und der insgesamt von dem Beschwerdeführer dem eigenen Anwalt zu zahlenden und dem Gegner für dessen Anwalt zB nach §§ 91ff ZPO zu erstattenden Gebühren, Karlsr JB **05**, 543, OVG Lüneb NVwZ-RR **10**, 904, Schwab/Maatje NZA **11**, 772, einschließlich der Umsatzsteuer. Bei der Staatskasse kommt es auch auf die einem bestellten oder beigeordneten Anwalt zustehende Vergütung an, bei der Staatskasse unter einer Mitbeachtung von Kosten eines etwa beigeordneten Anwalts, jeweils einschließlich der Mehrwertsteuer. Infolge einer teilweise Abhilfe kann der restliche Beschwerdewert unter 200 EUR fallen und damit zur Unzulässigkeit führen, Hamm JB **82**, 582. Eine Antragserweiterung kann auch den Beschwerdewert erhöhen, sofern sie nicht nur zwecks Erzielung der Zulässigkeit der Beschwerde erfolgt (Rechtsmißbrauch).

Unzureichend ist eine bloße *Abweichung* des geltend gemachten Werts vom festgesetzten, Karlsr JB **05**, 543.

Oder es muß nach I 2 eine *Zulassung* wegen einer grundsätzlichen Bedeutung erfolgen, OVG Bre NVwZ-RR **10**, 660. Dazu gelten dieselben Regeln wie bei § 66 II 2.

4) Beschwerdeverfahren, I 3–6. Das Verfahren weicht von demjenigen der §§ 567ff ZPO ab, so schon Kblz JB **02**, 310, Rummel MDR **02**, 623. Es empfiehlt sich die folgende Prüfreihe.

A. Zuständigkeit. Gegen eine Wertfestsetzung durch den Rpfl ist zunächst nur der Rechtsbehelf nach § 11 RPflG möglich. Soweit der Urkundsbeamte der Geschäftsstelle einen Kostenstreitwert angesetzt und noch nicht festgesetzt hatte, muß man zunächst die Entscheidung seines Gerichts nach § 66 I 1 herbeiführen, Pabst/Rössel MDR **04**, 731. Erst dann ist die endgültige Wertfestsetzung durch den Richter mit der Beschwerde nach § 68 statthaft, Pabst/Rössel MDR **04**, 731. Gegen eine erstinstanzliche WEG-Wertfestsetzung ist das Beschwerdegericht zuständig, LG Wiesb ZMR **13**, 565, BLAH § 72 GVG Rn 2. Gegen eine Festsetzung durch das LG als Berufungsgericht ist das OLG zuständig, Ffm WoM **14**, 437, KG NZM **10**, 740, Kblz BauR **14**, 1192. In einer Familiensache ist der Familien-Senat des OLG zuständig, § 59 FamGKG Teil I B dieses Buchs. Vgl Rn 16.

B. Form. Die Einlegung der Beschwerde kann nach I 5 in Verbindung mit § 66 V 1 Hs 1, 2 schriftlich oder nach § 5a elektronisch oder zum Protokoll des Urkundsbeamten der Geschäftsstelle erfolgen, OVG Lüneb NVwZ-RR **10**, 904. Es genügt nach § 129a ZPO I 5 in Verbindung mit § 66 V 1 Hs 2 die rechtzeitige Einlegung bei jedem AG. Es besteht daher auch nach § 78 III Hs 2 ZPO zumindest entsprechend kein Anwaltszwang, Düss JB **11**, 645, und zwar auch vor dem OVG nicht, OVG Bautzen JB **98**, 94, VGH Mü NVwZ-RR **04**, 158, OVG Saarlouis NVwZ-RR **07**, 564. Er besteht auch dann nicht, wenn sich der Anwalt nach § 32 II RVG beschwert, Teil X dieses Buchs. Es besteht kein Antragszwang, sondern Auslegbarkeit. Neuer Vortrag ist statthaft.

C. Frist. Die Beschwerde ist nach I 3 grundsätzlich nach § 63 Rn 52ff dann unzulässig, wenn sie später als nach der in § 63 III 2 genannten Sechsmonatsfrist seit der formellen Rechtskraft oder anderweitigen Erledigung des Verfahrens eingeht, Brdb JB **05**, 429, Kblz MDR **05**, 826, Köln MDR **13**, 809. Das gilt auch bei einer Gegenvorstellung, BGH NJW **17**, 739. Bei Gesamtschuldnern kommt es auf die Rechtskraft oder Erledigung wegen aller Ansprüche an. Ein Vergleich löst die Frist aus, Karlsr RR **04**, 499. Dasselbe gilt bei einer Klagerücknahme nach § 269 ZPO, OVG Bln-Brdb NVwZ-RR **10**, 296. Wenn also auch die ändernde Entscheidung ergehen kann, kann man eine Änderung doch nicht mehr mit einer späteren Beschwerde veranlassen. § 569 ZPO ist unanwendbar, Hbg FamRZ **03**, 1198.

Wenn das Gericht den Streitwert später als einen Monat vor dem Ablauf der in § 63 III 2 genannten Frist festsetzt oder ändert, läuft die Beschwerdefrist nach I 3 Hs 2 ausnahmsweise noch einen Monat nach der förmlichen Zustellung oder formlosen Mitteilung des Festsetzungsbeschlusses, Düss JB **90**, 914.

Eine *weitere* Beschwerde ist nach I 6 an eine Monatsfrist seit der Zustellung der Entscheidung des Beschwerdegerichts gebunden.

14 **D. Wiedereinsetzung.** II gibt die Möglichkeit einer Wiedereinsetzung nach einem Fristablauf in einem den §§ 233 ff ZPO entsprechenden Verfahren. Ähnliches gilt zB nach § 30 a II 4 EGGVG, Teil XII B dieses Buchs, § 17 II FamFG, § 59 II 2 FamGKG, Teil I B dieses Buchs, § 83 II 2 GNotKG, Teil III dieses Buchs, § 33 V 2 RVG, Teil X dieses Buchs.

Fehlen eines Verschuldens am Ablauf der Einhaltungsfrist ist nach *II 1* die wichtigste Voraussetzung. Man muß diese Schuldlosigkeit nach *II 2* dann vermuten, wenn eine nach § 5 b erfolgte oder gar nötige Rechtsbehelfsbelehrung unterblieben oder fehlerhaft war. Solche Vermutung unterfällt grundsätzlich dem entsprechend anwendbaren § 292 ZPO mit. Denn es handelt sich nach seinem S 1 um eine gesetzliche Vermutung einer Tatsache, nämlich eben der Unterlassung oder Fehlerhaftigkeit einer Belehrung. Daran ändert der Umstand nichts, daß solche Tatsache auch einer rechtlichen Bewertung unterliegt, wie hier.

Widerlegbar ist solche Vermutung nach demselben § 292 S 1 Hs 1 ZPO. Denn er erlaubt den Beweis des Gegenteils. Dieser wäre nur dann unstatthaft, wenn das Gesetz selbst „ein anderes vorschreibt". Weder II 2 noch eine andere alte oder neue Vorschrift enthält eine solche Anordnung.

Beweis des Gegenteils richtet sich nach den von Rechtsprechung und Lehre entwickelten Regeln. Er liegt grundsätzlich erst dann vor, wenn das Gericht vom Gegenteil der gesetzlichen Vermutung voll überzeugt ist, BLAH Einf 11, 12 vor § 284 ZPO. Es muß dazu der Gewißheitsgrad einem restlichen Zweifel Schweigen gebieten, ohne ihn völlig ausschließen zu müssen, BVerfG NJW **01**, 1640, BGH VersR **12**, 850, Brschw RR **14**, 798.

Kein Beweis des Gegenteils liegt dann vor, wenn man die Überzeugung des Gerichts von der Schuldlosigkeit der Partei am Fristablauf wegen Unterlassung oder Fehlerhaftigkeit einer Rechtsbehelfsbelehrung nur erschüttern könnte, BVerfG NJW **92**, 225, BGH NJW **90**, 2125 (ohne Vorlage nach § 132 GVG), Köln RR **03**, 803, aM BGH NJW **86**, 2572 (aber das begünstigt unzulässig den Gegner des Hauptbeweisführers).

15 **E. Anhörung.** Das Gericht muß einem Beteiligten das rechtliche Gehör vor einer ihm nachteiligen Entscheidung geben, LG Mosbach MDR **85**, 593, Schneider MDR **85**, 358. Wenn der angefochtene Festsetzungsbeschluß keine Begründung enthält, wenn es sich außerdem um eine schwierige Sache handelt und wenn obendrein etwa noch weitere erhebliche Verfahrensfehler vorliegen, ist eine Zurückverweisung zulässig, Bbg JB **78**, 1360.

16 **F. Einzelrichter.** Wenn das AG an das LG verwiesen hatte, entscheidet das OLG. Das gilt auch wegen eines vor der Verweisung vom AG gefaßten Beschlusses nach § 63 und nicht nach § 62. Das weitere Verfahren verläuft nach I 5 in Verbindung mit § 66 III–V 1, 2, 5, VI. Der Einzelrichter des § 568 I 1 ZPO ist also nach § 66 VI 1 Hs 2 grundsätzlich als gesetzlicher Richter nach Art 101 I 2 GG funktionell auch dann zuständig, wenn in erster Instanz der Einzelrichter entschieden hatte, (je zum alten Recht) Ffm GRUR **05**, 164, Hbg FamRZ **03**, 1198. Das gilt auch nach einer Streitwertentscheidung des Vorsitzenden oder des Berichterstatters nach §§ 80, V, 87 a I Z 4, III VwGO), OVG Bautzen NVwZ-RR **16**, 719, OVG Bre NVwZ-RR **16**, 440 (freilich nicht nach einer Sachentscheidung des Kollegiums), aM OVG Lüneb NVwZ-RR **89**, 744. I 5 verbietet nicht einen Proberichter als Einzelrichter, BVerfG RR **10**, 269. In anderen Fällen ist das Kollegium zuständig, OVG Magdeb NJW **09**, 3115, OVG Münst NJW **11**, 2824, wohl aM VGH Mü NVwZ-RR **13**, 904. Bei einer besonderen Schwierigkeit tatsächlicher oder rechtlicher Art oder bei einer grundsätzlichen Bedeutung der Rechtssache wie bei § 543 II Z 1 ZPO darf und muß der Einzelrichter des Beschwerdegerichts das Verfahren nach I 5 in Verbindung mit § 66 VI 2 dem Kollegium vorlegen, KG MDR **13**, 114.

Abschnitt 8. Erinnerung und Beschwerde § 68 GKG

G. Abhilfe. Das festsetzende Gericht kann der Beschwerde ganz oder teilweise 17
nach I 5 in Verbindung mit § 66 III 1 Hs 1 abhelfen, Natter NZA **04**, 689. Es muß
das auch evtl tun. Es muss eine Sachüberprüfung auch neuen Vortrags erfolgen, Rostock JB **12**, 196. Eine pflichtwidrige Nichtabhilfe ist ein Verfahrensfehler. Er kann
zur Zurückverweisung führen. Dabei fingiert I 4 bei einer formlosen Mitteilung den
Zugang des Beschlusses in verfassungsrechtlich hier wie in allen ähnlichen Gesetzesfällen problematischer Weise mit 3 Tagen seit der Absendung. Bei einer teilweisen
Nichtabhilfe erfolgt die notwendige Vorlage eben wegen des Rests. Nur er bestimmt
jetzt den Beschwerdewert, Ffm Rpfleger **88**, 30, Hamm JB **82**, 582, Kblz JB **86**, 363,
aM GSchm § 32 Rn 201. Die Streitwertfestsetzung des Prozeßgerichts bindet das
Beschwerdegericht nicht, LAG Nürnb JB **09**, 196. Es kann über den Antrag des Beschwerdeführers nach § 308 II ZPO hinausgehen.

H. Weiteres Verfahren. Eine Beschwerde an einen Obersten Gerichtshof des 18
Bundes ist nach I 5 in Verbindung mit § 66 III 4 unstatthaft, BGH MDR **04**, 355,
BAG MDR **03**, 956 (zustm Brinkmann JB **03**, 422), KG ZMR **08**, 449. Daher ist
eine Entscheidung eines FG oder eines LAG unanfechtbar, Natter NZA **04**, 689. Das
alles gilt selbst nach einem schweren Verfahrensverstoß etwa gegen Art 103 I GG.
Dann bleibt natürlich eine Verfassungsbeschwerde denkbar.

Eine Streitwertbeschwerde ist auch noch dann zulässig, wenn die Entscheidung in
der Hauptsache bereits *rechtskräftig* geworden ist. Durch eine Beschwerdeentscheidung
kann also wegen einer erheblichen Veränderung des Streitwerts die Kostenentscheidung der Hauptsache unrichtig werden.

Gegen die Versäumung der Frist nach I 3–5 ist unter den den §§ 233 ff ZPO ähnelnden Voraussetzungen II eine *Wiedereinsetzung* zulässig. Dazu muß feststehen, daß
trotz aller zumutbaren Sorgfalt die Versäumung der Beschwerdefrist nicht vorwerfbar
war, OVG Münst NJW **08**, 1339.

I. Abänderung. Das höhere Gericht kann auch von Amts wegen die Entschei- 19
dung des Vordergerichts abändern, Oldb RR **96**, 946, Zweibr Rpfleger **80**, 201,
VGH Mü MDR **99**, 197. Es darf durchaus nicht als nur einen Ermessensfehler des Erstgerichts, LAG Nürnb NZA-RR **14**, 562. Soweit die Beschwerde innerhalb der Frist des I 3, 4 einging, ist die Abänderung von Amts wegen auch nach dem
Fristablauf zulässig, BVerwG NVwZ **88**, 1019. Eine Abänderung von Amts wegen ist
auch zum Nachteil des Beschwerdeführers zulässig. Es besteht also kein Verschlechterungsverbot, Düss MDR **09**, 1188, LG Hbg ZMR **12**, 968, OVG Bautzen NVwZ-RR **13**, 1022, krit Schneider NJW **17**, 3765. Es gibt keine Rechtsbeschwerde, BAG
BB **03**, 422.

J. Weitere Beschwerde. Eine weitere Beschwerde ist in einer Abweichung von 20
§ 574 ZPO unter den Voraussetzungen I 5 in Verbindung mit § 66 IV statthaft, also
nur dann, wenn das LG als Beschwerdegericht entschieden hat und wenn es die weitere Beschwerde wegen der grundsätzlichen Bedeutung der zur Entscheidung stehenden Frage bereits in seinem Beschluß zugelassen hat, Düss JB **10**, 426. Die weitere
Beschwerde ist innerhalb der Monatsfrist des I 6 zulässig. Zur Entscheidung ist das
OLG zuständig. Es entscheidet in voller Besetzung, Düss JB **10**, 426.

K. Entscheidung. Das Beschwerdegericht überprüft den vorinstanzlichen Festset- 21
zungsbeschluß im vollen Umfang seiner Anfechtung. Es übt bei der Wertfestsetzung
sein volles pflichtgemäßes Ermessen aus, Bbg JB **78**, 1061. Es begründet seine Entscheidung nachprüfbar. Das Gericht stellt seine Beschwerdeentscheidung dem Beschwerdeführer und dem Prozeßgegner schon wegen der Fristgebundenheit einer
etwaigen weiteren Beschwerde nach Rn 20 und wegen der nach § 107 II ZPO etwa
anlaufenden Frist nach § 329 III ZPO förmlich zu. Rechtsbehelfsbelehrung, Verstoß:
§§ 5b, 68 II 2.

Im Beschwerdeverfahren entstehen nach *III 1 keine Gebühren,* soweit die Beschwerde zulässig ist, sonst aber grundsätzlich sehr wohl, BGH NJW **03**, 69, Celle JB
13, 60, Düss JB Lüneb **14**, 380, aM Ffm MDR **12**, 811, OVG Münst JG **16**, 197
(aber Unzulässigkeit darf nicht auch nach jetzigem Recht noch gebührenfrei bleiben).
Ganz unproblematisch ist diese Sichtweise allerdings nicht. Nicht jede Unzulässigkeit
grenzt an den stets verbotenen Rechtsmißbrauch. Es mag zB ganz schwierig gewesen
sein, einen Beschwerdewert nach Rn 10 richtig abzuschätzen oder eine Beschwerde-

frist nach Rn 12 korrekt zu errechnen. Dann wäre die nach III ja dem Wortlaut nach immer vorhandene Gebührenfreiheit nicht so ohne weiteres aus dem dortigen Sinn ins Gegenteil umkehrbar. Das darf das Gericht mitbeachten.
Es können *Auslagen* nach KV 9000 ff entstehen. Es findet nach *III 1* grundsätzlich keine Kostenerstattung wie nach §§ 91 ff ZPO statt. Das soll einen neuen Streit verhindern helfen, BGH NJW **93**, 2542, Kblz MDR **04**, 709, Schneider NJW **11**, 2630 (je: Ausnahme: Unstatthaftigkeit der Beschwerde). Es gibt keine Kostenentscheidung zulasten des Prozeßgegners des Beschwerdeführers, LG Ffm Rpfleger **85**, 208, nach III 1 auch nicht wegen Gerichtsauslagen. Denn er ist kein Gegner, BFH NJW **76**, 1864, OVG Bautzen LKV **94**, 64, VGH Mü MDR **99**, 197.
Wegen einer etwaigen *Berichtigung der Kostengrundentscheidung* gilt dasselbe wie bei § 63 Rn 40, 41.

22   **5) Gegenvorstellung, I–III**

Schrifttum: Bauer, Die Gegenvorstellung im Zivilprozeß, 1990; *Bauer* NJW **91**, 1711; *Koch*, Rechtsschutz durch Gegendarstellung in Frankreich und Deutschland, 1995; *Kummer*, Die Gegenvorstellung, in: Festschrift für *Krasney* (1997); *Schumann* Festschrift für *Baumgärtel* (1990) 491.

23   **A. Grundsatz: Statthaftigkeit.** Die Gegenvorstellung ist ein Rechtsbehelf nach BLAH Grdz 1 vor § 511 ZPO. Sie ist eine Ausprägung des Art 17 GG, Karlsr MDR **93**, 289. Sie richtet sich an das bisherige Gericht und erbittet lediglich dessen nochmalige Überprüfung, BGH WoM **11**, 323 rechts Mitte, KG BauR **06**, 149. Sie ist grundsätzlich in jeder Lage des Verfahrens statthaft, BVerfG NJW **09**, 829, BGH NJW **06**, 861, BSG NJW **06**, 860. Sie kann sogar vor einer Verfassungsbeschwerde notwendig sein, Rn 28. Das alles gilt trotz des aus allgemeinen prozessualen Grundsätzen folgenden Verbots einer Umgehung des gesetzlich zur Verfügung stehenden Rechtsbehelfs, BGH RR **86**, 737, BSG MDR **92**, 386, Köln MDR **11**, 477. Eine Gegenvorstellung ist jedoch nur zulässig, wenn die folgenden Voraussetzungen zusammentreffen.

24   **B. Zulässigkeit einer Beschwerde.** Eine Beschwerde nach I–III muß insofern zulässig sein, als die angegriffene Entscheidung ihrer Art nach beschwerdefähig sein muß, BGH NJW **14**, 1597 links. Denn die Gegenvorstellung unterscheidet sich von der Beschwerde unter anderem durch das Fehlen einer Anrufung des übergeordneten Gerichts. Sie kann überdies als eine Anregung zur Änderung von Amts wegen nach § 63 III gelten. Die Gegenvorstellung kommt auch dann in Betracht, wenn ein Beschwerdegericht fehlt oder wenn eine Beschwerdesumme nicht erreicht ist, BVerfG NJW **02**, 3387, BGH RR **86**, 737. Die Beschwerdefrist darf nicht abgelaufen sein, BGH JB **86**, 1027, BVerwG NVwZ-RR **11**, 709, Nürnb RR **99**, 654.

25   **C. Rechtsschutzbedürfnis.** Es muß ein Rechtsschutzbedürfnis nach BLAH Grdz 33 vor § 253 ZPO vorliegen, BGH FamRZ **09**, 1131 (krit Steeper ZZP **122**, 490), Bre JB **78**, 602. Man darf ein Rechtsschutzbedürfnis wegen der stets erforderlichen Beschwerdemöglichkeit nur ausnahmsweise bejahen.

26   **D. Verfahren.** Rechtsbehelfsbelehrung, Verstoß: §§ 5 b, 68 II 2. Eine Gegenvorstellung gegen den Festsetzungsbeschluß des Rechtsmittelgerichts wegen des vorinstanzlichen Werts ist in der Regel unzulässig, (je zum alten Recht) BGH RR **86**, 737, Düss JB **10**, 426, Hamm MDR **90**, 63.

27   Das gilt zumindest dann, wenn der Beschwerdeführer sie *später als 6 Monate seit der Erledigung* der Hauptsache einlegt. Von diesem Grundsatz mag dann eine Ausnahme gelten, wenn das Gericht gegen das Gebot des rechtlichen Gehörs des Beschwerdegegners verstoßen hat, Artt 2 I, 20 III GG (Rpfl), BVerfG **101**, 404, Art 103 I GG (Richter), Hamm JB **76**, 1121, oder wenn es sich um eine Änderung oder Klarstellung nach § 319 ZPO handelt oder wenn die Voraussetzungen II vorliegen.

28   Man muß die *Frist* (jetzt) *des I 3, 4 einhalten*, BGH RR **86**, 373. (Jetzt) § 63 III 2 Hs 2 ist entsprechend anwendbar, Kblz MDR **90**, 63, OVG Münst NVwZ-RR **99**, 479. Innerhalb der Frist kommt gegen eine Entscheidung des BGH nie Gegenvorstellung in Betracht, BVerfG NJW **02**, 3387. Diese muß man vor einer Verfassungsbeschwerde auch selbst dann einlegen, wenn ihr Erfolg zweifelhaft sein kann, BVerfG NJW **02**, 3387.

Abschnitt 8. Erinnerung und Beschwerde §§ 68–69a GKG

Im Verfahren auf eine Gegenvorstellung entstehen *keine Gerichtsgebühren,* § 1, KG FamRZ **75**, 104.

Beschwerde gegen die Auferlegung einer Verzögerungsgebühr

69 ¹Gegen den Beschluss nach § 38 findet die Beschwerde statt, wenn der Wert des Beschwerdegegenstands 200 Euro übersteigt oder das Gericht, das die angefochtene Entscheidung erlassen hat, die Beschwerde wegen der grundsätzlichen Bedeutung der zur Entscheidung stehenden Frage *in dem Beschluss* zugelassen hat. ²§ 66 Absatz 3, 4, 5 Satz 1, 2 und 5, Absatz 6 und 8 ist entsprechend anzuwenden.

Vorbem. In S 1 hat der Gesetzgeber die Wörter „in dem Beschluss" infolge eines offensichtlichen redaktionellen Versehens zunächst hinter dem Wort „Bedeutung" statt wie hier oben hinter dem Wort „Frage" eingerückt. In der Neubek v 27. 2. 14, BGBl 154, fehlen die Worte „in dem Beschluss" nun ganz. Das widerspricht der überall sonst aus gutem Grund ins Gesetz eingerückten solchen Einschränkung, zB bei § 66 II 2, dort Rn 33. Deshalb wahrscheinlich insoweit ein weiteres redaktionelles Versehen des Gesetzgebers.

1) Systematik, S 1, 2. Es handelt sich um eine gegenüber §§ 66–68 vorrangige **1**
Spezialvorschrift zur Ergänzung des § 38. Sie hat auch nach § 1 V einen Vorrang.

2) Regelungszweck, S 1, 2. Auch bei einem Beschwerdewert von höchstens **2**
200 EUR kann eine Beschwerde statthaft werden, um eine Grundsatzfrage klären zu können. Das muß man bei der Auslegung mitbeachten.

3) Geltungsbereich, S 1, 2. Dieses Rechtsmittel ist auch dann möglich, wenn **3**
das Gericht die Gebühr in den Urteilstenor nach § 313 I Z 4 ZPO aufgenommen hatte, (jetzt) § 38 Rn 22, Celle MDR **01**, 350. Beschwerdeberechtigt ist nach § 38 Rn 24 nur die beschwerte Partei nach BLAH Grdz 4 vor § 50 ZPO selbst, nicht ihr schuldhafter oder schuldloser Vertreter oder ein „Antragsteller". Erst recht nicht beschwerdeberechtigt ist der Prozeßgegner. Auch die Staatskasse hat kein Beschwerderecht. Nur ein Anordnungsbeschluß ist anfechtbar, nicht ein Aufhebungsbeschluß und erst recht nicht eine Unterlassung oder Untätigkeit des Gerichts. Wenn das Gericht freilich einen Anordnungsbeschluß von Amts wegen unzulässig aufgehoben hatte, obwohl keine Beschwerde vorlag, kann die Staatskasse die Erinnerung nach § 66 einlegen. Die Vorschrift gilt in allen von § 1 erfaßten Verfahrensarten.

4) Zulässigkeit, S 1. Die Beschwerde ist gegen die Verzögerungsgebühr sowohl **4**
dem Grunde nach als auch gegen ihre Höhe statthaft. Es muß zumindest eine der folgenden Voraussetzungen vorliegen.

A. Entweder: Beschwerderecht über 200 EUR, Hs 1. Entweder muß der Wert des Beschwerdegegenstands und damit die Höhe der beanstandeten teilweisen oder gänzlichen Verzögerungsgebühr 200 EUR übersteigen. Dazu gilt dasselbe wie bei § 66 II 1.

B. Oder: Zulassung wegen grundsätzlicher Bedeutung, Hs 2. Oder das **5**
Gericht muß die Beschwerde wegen einer grundsätzlichen Bedeutung der zur Entscheidung stehenden Frage zugelassen haben. Dazu gilt dasselbe wie bei § 66 II 2.

5) Verfahren, S 2. Es gelten dieselben Regeln wie bei § 66 III–V 1, 2, 5, VI, VIII. **6**
Das pflichtgemäße Ermessen des erstinstanzlichen Gerichts ist natürlich überprüfbar. Rechtsbehelfsbelehrung, Verstoß: §§ 5 b, 68 II 2.

Abhilfe bei Verletzung des Anspruchs auf rechtliches Gehör

69a ¹ Auf die Rüge eines durch die Entscheidung beschwerten Beteiligten ist das Verfahren fortzuführen, wenn
1. ein Rechtsmittel oder ein anderer Rechtsbehelf gegen die Entscheidung nicht gegeben ist und
2. das Gericht den Anspruch dieses Beteiligten auf rechtliches Gehör in entscheidungserheblicher Weise verletzt hat.

II ¹Die Rüge ist innerhalb von zwei Wochen nach Kenntnis von der Verletzung des rechtlichen Gehörs zu erheben; der Zeitpunkt der Kenntniserlangung ist glaubhaft zu machen. ²Nach Ablauf eines Jahres seit Bekanntmachung der angegriffenen Entscheidung kann die Rüge nicht mehr erhoben werden. ³Formlos mitgeteilte Entscheidungen gelten mit dem dritten Tage nach Aufgabe zur Post als bekannt gemacht. ⁴Die Rüge ist bei dem Gericht zu erheben, dessen Entscheidung angegriffen wird; § 66 Absatz 5 Satz 1 und 2 gilt entsprechend. ⁵Die Rüge muss die angegriffene Entscheidung bezeichnen und das Vorliegen der in Absatz 1 Nummer 2 genannten Voraussetzungen darlegen.

III Den übrigen Beteiligten ist, soweit erforderlich, Gelegenheit zur Stellungnahme zu geben.

IV ¹Das Gericht hat von Amts wegen zu prüfen, ob die Rüge an sich statthaft und ob sie in der gesetzlichen Form und Frist erhoben ist. ²Mangelt es an einem dieser Erfordernisse, so ist die Rüge als unzulässig zu verwerfen. ³Ist die Rüge unbegründet, weist das Gericht sie zurück. ⁴Die Entscheidung ergeht durch unanfechtbaren Beschluss. ⁵Der Beschluss soll kurz begründet werden.

V Ist die Rüge begründet, so hilft ihr das Gericht ab, indem es das Verfahren fortführt, soweit dies aufgrund der Rüge geboten ist.

VI Kosten werden nicht erstattet.

Schrifttum (teils zum alten Recht): *Hinz* WoM **05**, 83 (Üb); *Kettinger*, Die Verfahrensgrundrechtsrüge usw, 2007; *Poelzig* ZZP **121**, 233 („Vorlagerüge"); *Polep/Rensen*, Die Gehörsrüge (§ 321a ZPO), 2004; *Schmidt* MDR **05**, 915 (Üb); *Schnabl*, Die Anhörungsrüge nach § 321a ZPO, 2007; *Schneider* MDR **06**, 969 (Üb); *Schneider*, Die Gehörsrüge – eine legislative Missgeburt, Festschrift für *Madert* (2006) 187; *Treber* NJW **05**, 97 (Üb); *Vollkommer*, Erste praktische Erfahrungen mit der neuen Gehörsrüge gemäß § 321a ZPO, Festschrift für *Musielak* (2004) 619; *Vollkommer*, Streit- und Zweifelsfragen bei der schrittweisen Einführung der Gehörsrüge in dem deutschen Zivilprozess, Festschrift für *Georgiades* (2006) 589; *Zuck* MDR **11**, 399 (Üb). Rechtsvergleichend *Liu* Festschrift für *Gottwald* (2014) 398.

Gliederung

1) Systematik, I–VI	1
2) Regelungszweck, I–VI	2, 3
3) Geltungsbereich, I–VI	4
4) Ausschluß von §§ 319–321, 329 ZPO usw, I–VI	5–9
A. Keine Berichtigung nach §§ 319, 329 ZPO usw	6
B. Keine Tatbestandsberichtigung nach §§ 320, 329 ZPO usw	7, 8
C. Keine Ergänzung der Entscheidung nach §§ 321, 329 ZPO usw	9
5) Unbeachtbarkeit von § 156 ZPO, I–VI	10
6) Unstatthaftigkeit, Unzulässigkeit eines Rechtsmittels oder anderen Rechtsbehelfs, I Z 1	11–14
A. Maßgeblichkeit nur der Entscheidung nach dem GKG	12
B. Unstatthaftigkeit, Unzulässigkeit jedes anderen Rechtsbehelfs	13, 14
7) Entscheidungserhebliche Verletzung des Anspruchs auf rechtliches Gehör, I Z 2	15–20
A. Gehörsverletzung gerade zulasten des Beschwerten	16
B. Gehörsbegriff	17, 18
C. Entscheidungserheblichkeit des Gehörsverstoßes	19
D. Nicht nur bei Endentscheidung, I Z 1, 2	20
8) Notwendigkeit einer Rüge, I, II	21
9) Rügefrist, II 1–3	22–25
A. Fristbeginn mit Kenntnis der Verletzung, II 1 Hs 1	23
B. Glaubhaftmachung, II 1 Hs 2	24
C. Jahres-Ausschlußfrist, II 2, 3	25
10) Zuständigkeit, Rügeform, II 4	26, 27
A. Schriftform oder elektronisch	26
B. Auch zum Protokoll	27
11) Rügeinhalt, II 5	28–39
A. Bezeichnung der angegriffenen Entscheidung, II 5 Hs 1	28
B. Darlegung der Gehörsverletzung, II 5 Hs 2	29, 30
C. Darlegung der Entscheidungserheblichkeit der Gehörsverletzung, II 5 Hs 2	31–34
D. Voraussichtlichkeit, II 5 Hs 1, 2	35
E. Beispiele zur Frage einer Gehörsverletzung, II 5 Hs 1, 2	36–39
12) Stellungnahme des Gegners, III	40–42
A. Erforderlichkeit	40
B. Stellungnahmefrist	41
C. Gegenäußerung des Rügeführers	42

- 13) **Verwerfung, Zurückweisung, IV** 43–52
  - A. Amtsprüfung der Statthaftigkeit und Zulässigkeit, IV 1 .... 43, 44
  - B. Freigestellte mündliche Verhandlung, IV 1 45
  - C. Bei Unstatthaftigkeit oder Unzulässigkeit: Verwerfungsbeschluß, IV 2, 4, 5 ... 46
  - D. Begründung der Verwerfung 47, 48
  - E. Verwerfungskosten 49
  - F. Bei Unbegründetheit: Zurückweisungsbeschluß, IV 3–5 50
  - G. Begründung der Zurückverweisung 51
  - H. Zurückweisungskosten 52
- 14) **Abhilfe: Verfahrensfortführung, V** 53–56
  - A. Entbehrlichkeit einer Fortführungsentscheidung, V 1 54
  - B. Zurückversetzung des Verfahrens, V 2, 4 55
  - C. Neue Entscheidung, V 3 56
- 15) **Einstellung der Zwangsvollstreckung usw, § 707 ZPO** 57, 58
- 16) **Keine Kostenerstattung, VI** 59
- 17) **Verstoß, I–VI** 60
- 18) **Rechtsbehelfe, Verfassungsbeschwerde, I–VI** 61–67
  - A. Nicht bei greifbarer Gesetzwidrigkeit 62
  - B. Keine Gegenvorstellung 63
  - C. „Ergänzende" Rechtsbeschwerde 64
  - D. Meistbegünstigung 65
  - E. Verfassungsbeschwerde 66
  - F. Gegen Abhilfe 67

1) Systematik, I–VI. Die Vorschrift ist kein Rechtsmittel nach BLAH Grdz 3 vor **1** § 511 ZPO, BGH RR **12**, 978 (zu § 321 a ZPO). Sie ist eine notwendige Ergänzung zu §§ 66 ff. Denn sie regelt eine dort nicht eindeutig oder gar nicht erfaßte Situation. § 69 a gilt deshalb neben §§ 66–69 nur hilfsweise, eben nur, soweit diese letzteren Bestimmungen nicht ausreichen. Daher muß man zunächst stets prüfen, ob §§ 66–69 anwendbar sind. Nur bei deren Unanwendbarkeit entsteht ein Rechtsschutzbedürfnis nach BLAH Grdz 33 vor § 253 ZPO zum Verfahren nach § 69a, Celle MDR **03**, 593 (zu § 321 a ZPO). Dann aber tritt eine etwa geplante außerordentliche Beschwerde wegen „greifbarer Gesetzwidrigkeit" zurück. Zur befristeten Gegenvorstellung Rn 63. Zur Frage einer entsprechenden Anwendbarkeit bei Art 101 I 2 GG BGH GRUR **06**, 347 (zu § 321 a ZPO).

2) Regelungszweck, I–VI. Die Vorschrift bezweckt die Heilung eines Verstoßes **2** gegen Art 103 I GG und nur dieses Verstoßes, so jetzt auch BVerfG RR **11**, 1610 (zu § 321a ZPO, kunstvoll ausparend zitierend), LG Bln WoM **16**, 418, weitergehend BVerfG NZA **08**, 1201 (zu § 78a ArbGG). Sie dient der Selbstkorrektur des bisherigen Gerichts, krit Kroppenberg ZZP **116**, 437, Rensen JZ **05**, 197. Sie dient aber auch der Entlastung des BVerfG, BGH NJW **12**, 3088 (zu § 321a ZPO), Oldb NJW **03**, 149. Gravenhorst MDR **03**, 888 schlägt stattdessen für den Zivilprozeß eine „kleine Verfassungsbeschwerde" mit §§ 577 a–e ZPO vor (so sein Entwurf). Deshalb darf man nach BLAH Einl III 17 das BVerfG erst nach dem Abschluß eines Verfahrens nach § 321 a ZPO anrufen, BVerfG FamRZ **15**, 734. Das BVerfG soll sich nicht mit einem solchen Verstoß gegen Art 103 I GG befassen müssen, den das Verfahrensgericht aus einer Gleichgültigkeit oder Gedankenlosigkeit oder sogar ohne jede Vorwerfbarkeit begangen hatte und den es bei einer nochmaligen Prüfung voraussichtlich selbst beheben kann, BVerfG NJW **07**, 2241 und 2243. Das rechtfertigt zB im Zivilprozeß die Durchbrechung der Bindung an die eigene Entscheidung nach §§ 318, 329 ZPO und sogar der inneren Rechtskraft nach § 322 ZPO. Es erübrigt auch ein ohnehin meist erst unter anderen Umständen mögliches Abänderungsverfahren nach § 323, 323a ZPO oder eine jetzt unzulässige weitere Beschwerde, KG MDR **02**, 1086 (zu § 321a ZPO).

Gerechtigkeit nach BLAH Einl III 9, 36 ist also das Hauptziel. Daneben dient § 69a aber **3** eben auch der Prozeßwirtschaftlichkeit nach BLAH Grdz 14 vor § 128 ZPO. Das gilt zwar nicht zugunsten des Verfahrensgerichts, wohl aber zugunsten des überlasteten BVerfG. Deshalb muß man die Vorschrift im Zweifel nach BLAH Einl III 36 zulasten des Verfahrensgerichts auslegen. Man muß ihre Voraussetzungen also großzügig bejahen, aM Jena MDR **11**, 1377 (zu § 321a ZPO). Freilich sollte eine solche Auslegung nun auch keineswegs dazu führen, einer unterlegenen Partei einen billigen Vorwand zu geben, statt eines Rechtsmittelrisikos bequem einen Gehörsverstoß zu behaupten und damit einfach eine Wiedereröffnung der Verhandlung an § 156 ZPO vorbei zu erreichen, um dann dasjenige ergänzend vortragen und beweisen zu können, was sie längst

GKG § 69a
I. A. Gerichtskostengesetz

hätte tun können und müssen. Auch diese Gefahr muß man bei der Auslegung mitbeachten.
Rechtssicherheit nach BLAH Einl III 43 ist ein weiteres Ziel. Denn eine rechtzeitige Rüge nach § 69a hemmt den Eintritt der formellen Rechtskraft nach § 705 ZPO und damit auch der inneren nach § 322 ZPO.
Zeitgemäß ist die Vorschrift allemal. Zwar ist eine Gehörsrüge im ohnehin äußerst komfortabel ausgestalteten System einer Überprüfbarkeit gerichtlichen Handelns ein weiterer Schritt, das Verfahren schon dieser Instanz noch einmal zeitlich zu verlängern und auch durchaus zu komplizieren. Fast endlose Geduld ist aber auch ein Zeichen gelassener Rechtsstaatlichkeit auf hohem Niveau, keineswegs verfassungsrechtlich nötig, trotzdem verfassungsgemäß und der Gerechtigkeit nach BLAH Einl III 9 geradezu grenzenlos dienend. Wenn die Beteiligten es nicht bis zum Rechtsmißbrauch nach BLAH Einl III 54 strapazieren, sondern vernünftig abwägend handhaben, erfüllt es unverändert einen wichtigen Schlußzweck und kann eine weitere Instanz verhindern helfen.

4 3) **Geltungsbereich, I–VI.** Die Vorschrift ist dem § 321a ZPO nachgebildet, Diese Vorschrift ist in allen Verfahren nach der ZPO uneingeschränkt anwendbar, auch im Prozeßkostenhilfeverfahren nach §§ 114ff ZPO, Naumb FamRZ **07**, 917, auch im Wiedereinsetzungsverfahren nach einer Gewährung nach § 238 ZPO, BGH FamRZ **09**, 685, Düss BauR **15**, 1719, sowie im Urkunden-, Scheck- und Wechselprozeß der §§ 592ff ZPO (Vor- wie Nachverfahren) und im Eilverfahren auf Arrest nach §§ 920ff ZPO oder auf eine einstweilige Verfügung nach §§ 935ff ZPO sowie im WEG-Verfahren. Das gilt auch zB: Beim Kostenansatz; bei einer Erinnerung und bei einer Beschwerde; bei der Wertfestsetzung; beim Vorschuß; beim Zurückbehaltungsrecht; bei einer unrichtigen Sachbehandlung; bei der Bestimmung des Zahlungspflichtigen.

In *anderen* Gerichtsverfahren gelten entsprechende Vorschriften, §§ 72a, 78a ArbGG, BVerfG NZA **08**, 1201, BAG NZA **17**, 139, ArbG Oldb NZA **10**, 527, § 83a EnWG, § 44 FamFG, § 61 FamGKG, Teil I B dieses Buchs, § 133a FGO, BFH NVwZ-RR **09**, 703, FG Kassel NZA-RR **06**, 80, § 81 III GBO, § 131 GNotKG, Teil III dieses Buchs, § 5 II 2 GvKostG, Teil XI dieses Buchs, § 71a GWB, § 55 IV JGG, § 4a JVEG, Teil V dieses Buchs, §§ 83 III, 89a MarkenG, BPatG GRUR **07**, 156 (Vorrang), § 12a RVG, Teil X dieses Buchs, § 178a SGG, § 89 II SchiffsRegO, §§ 32a, 356a StPO, § 152a VwGO, § 121a WDiszplO.

5 4) **Ausschluß** von §§ 319–321, 329 ZPO usw, I–VI. Vor einer Prüfung der Voraussetzungen nach I muß man nach Rn 1 als Gericht wie Partei nach BLAH Grdz 4 vor § 50 ZPO oder als ProzBev nach § 81 ZPO klären, ob das Rechtsschutzbedürfnis nach BLAH Grdz 33 vor § 253 ZPO für ein Verfahren nach § 69a schon deshalb fehlt, weil einer der Wege einer Berichtigung oder Ergänzung des Urteils nach §§ 319–321, 329 ZPO usw infrage kommt.

6 **A. Keine Berichtigung nach §§ 319, 329 ZPO usw.** Das Gericht muß zunächst schon von Amts wegen prüfen, ob eine Berichtigung wegen einer offenbaren Unrichtigkeit im Hinblick auf die hier natürlich allein interessierende Frage einer entscheidungserheblichen Gehörsverletzung möglich und daher notwendig ist. Das kann zB dann so sein, wenn das Gericht das rechtliche Gehör nach Art 103 I GG zumindest nach seiner wahren Ansicht erteilt und nur vergessen hatte, das Ergebnis dieser Erteilung in der Entscheidung zum Ausdruck zu bringen. Denn dann kann schon infolge einer Berichtigung im einfacheren und schnelleren Verfahren zB nach §§ 319, 329 ZPO, § 42 FamFG usw eine Rüge nach § 69a usw unnötig werden, das Rechtsschutzbedürfnis beseitigen und eine verständige Partei bereits deshalb von ihr absehen, großzügiger BVerfG NJW **04**, 3552, Köln FamRZ **05**, 2075 (je zu § 321a ZPO). Die Berichtigung mag im Tenor, Tatbestand oder den Entscheidungsgründen nach § 313 III ZPO oder Protokollgründen etwa hier beachtbaren Kostenentscheidung etwa nach §§ 313a I 2, 540 I 2 ZPO notwendig sein.

7 **B. Keine Tatbestandsberichtigung nach §§ 320, 329 ZPO usw.** Sodann muß man bei einem Urteil wie bei einem Beschluß nach §§ 313a I 2, 540 I 2 ZPO usw prüfen, ob wenigstens eine Berichtigung des etwaigen Tatbestands oder Sachverhalts nach § 320, 329 ZPO usw wiederum im Hinblick auf eine entscheidungserhebliche

Abschnitt 8. Erinnerung und Beschwerde § 69a GKG

Gehörsverletzung nach Art 103 I GG infrage kommt. Das kann nicht nur diejenige Partei nach BLAH Grdz 4 vor § 50 ZPO prüfen, die ja einen nach §§ 320 I, III, 329 ZPO notwendigen Antrag stellen müßte. Vielmehr darf und muß auch das Gericht eine solche Prüfung zwecks Anregung eines etwaigen Parteiantrags vornehmen. Zwar bezieht sich die Erörterungs- und Hinweispflicht des § 139 ZPO auf den Verfahrensabschnitt „mündliche Verhandlung". Diese ist ja spätestens mit der Maßnahme nach §§ 136 IV, 296a S 1 ZPO jedenfalls zunächst beendet gewesen. Indessen zielt § 69a V ja gerade auf die „Fortführung des Verfahrens" ab, also jedenfalls beim Verfahren mit einer möglichen oder notwendigen mündlichen Verhandlung nach § 128 I ZPO auf den Wiedereintritt in sie. Im übrigen gilt die Fürsorgepflicht des Gerichts nach BLAH Einl III 27 in allen Verfahrensabschnitten.

Mit § 320 V ZPO usw *erzielt man* freilich vordergründig nur eine Verbesserung des Tatbestands, nicht der Entscheidungsgründe. Sie mag aber auch und gerade in der Frage der Erteilung oder Verletzung des rechtlichen Gehörs Auswirkungen bis hin zur Anfechtbarkeit des Urteils und damit zum Entfallen des Verfahrens nach § 69a mit sich bringen, wenn auch sicher nur selten. Im übrigen kann ja ein Verfahren nach §§ 320, 329 ZPO ein solches nach § 321 ZPO zur Folge haben, das ebenfalls einen Vorrang vor demjenigen nach § 69a hätte. 8

C. **Keine Ergänzung der Entscheidung nach §§ 321, 329 ZPO usw.** Schließlich muß man klären, ob eine Ergänzung der Entscheidung nach §§ 321, 329 ZPO usw infrage kommt. Auch diese Prüfung ist eine Aufgabe nicht nur der Partei, sondern trotz des Erfordernisses ihres Antrags auch des Gerichts wegen seiner in Rn 7 dargelegten hier ebenso bestehenden Fürsorgepflicht. Auch bei § 321 ZPO kommt es hier natürlich nur auf eine etwaige entscheidungserhebliche Gehörsverletzung an. Immerhin kann sie gerade auch bei §§ 321, 329 ZPO usw ein Anlaß zur Ergänzung der Entscheidung sein und damit ein Verfahren nach § 69a erübrigen. 9

5) Unbeachtbarkeit von § 156 ZPO, I–VI. Dagegen ist im Zivilprozeß § 156 ZPO bei § 69a zunächst unbeachtbar. Denn die Geltungsbereiche überschneiden sich zunächst nicht. § 156 ZPO setzt zwar voraus, daß das Gericht die mündliche Verhandlung bereits nach §§ 136 IV, 296a S 1 ZPO geschlossen hatte. Die Vorschrift gilt aber nur bis zur Verkündung oder sonstigen gesetzmäßigen Mitteilung der Entscheidung. Demgegenüber hat § 69a gerade eine bereits wirksam erlassene Entscheidung zur Voraussetzung. Ob im Verfahren nach § 69a dann nach dem Schluß der dortigen Verhandlung, aber vor der Entscheidung über die Rüge eine Wiedereröffnung dieser letzteren Verhandlung nach § 156 ZPO notwendig wird, ist eine andere Frage. Diese läßt sich an diesem Anfang der Prüfschritte des § 69a noch nicht beantworten. Natürlich kann ein Verstoß gegen § 156 ZPO die Rüge nach § 69a eröffnen. 10

6) Unstatthaftigkeit, Unzulässigkeit eines Rechtsmittels oder anderen Rechtsbehelfs, I Z 1. Ein Abhilfeverfahren nach § 69a setzt das Zusammentreffen mehrerer Bedingungen voraus. Es sind mehrere Prüfschritte erforderlich. 11

A. **Maßgeblichkeit nur der Entscheidung nach dem GKG.** Es kommt bei I Z 1 nur auf eine solche Entscheidung an, die das Gericht gegenüber einem gerade nach dem GKG Beteiligten getroffen hat. 12

B. **Unstatthaftigkeit, Unzulässigkeit jedes anderen Rechtsbehelfs.** Es darf gegen die Entscheidung auch kein Rechtsmittel und überhaupt kein anderer Rechtsbehelf irgendeiner Art statthaft oder schon und noch zulässig sein. Hierher kann auch ein Fristablauf zählen. Damit erweitert I Z 1 den Kreis der zunächst durchzuprüfenden Rechtsbehelfe im weitestmöglichen Sinn und engt dadurch zugleich die Möglichkeit einer Anhörungsrüge ungeachtet ihrer nach Rn 3 eher weiten Auslegbarkeit doch wieder ein. 13

Daher darf man nun auch *nicht* gleich wieder mit dem schon nach altem Recht genügend problematisch gewesenen „*außerordentlichen Rechtsmittel*" wegen „greifbarer Gesetzwidrigkeit" nach BLAH § 567 ZPO Rn 10 die Einschränkung des I Z 1 unterlaufen oder überhöhen, je nach Betrachtungsweise und Wunschrichtung. Auch eine Gegenvorstellung nach BLAH Grdz 6ff vor § 567 ZPO muß nicht vorangehen. Denn § 69a tritt ja gerade an deren Stelle. Freilich kann nach Rn 21 eine hilfsweise Gehörsrüge in Betracht kommen. 14

GKG § 69a
I. A. Gerichtskostengesetz

Ein Verstoß gegen *Art 101 I 2 GG* kann § 69 a entsprechend anwendbar machen, BGH RR **07**, 1454.

15 **7) Entscheidungserhebliche Verletzung des Anspruchs auf rechtliches Gehör, I Z 2.** Nach der Abklärung, ob eine der Situationen Rn 5–9 vorliegt, und nach der Feststellung, daß ein Rechtsmittel oder ein anderer Rechtsbehelf nach Rn 11–14 unstatthaft ist, hängt die Statthaftigkeit des Abhilfeverfahrens nach § 69 a davon ab, daß außerdem auch das Gericht des bisherigen Rechtszugs den Anspruch des Rügeführers auf das rechtliche Gehör nach Art 103 I GG in einer entscheidungserheblichen Weise verletzt hat, BGH WoM **11**, 562. Hier muß man mehrere Unterfragen prüfen.

Ein Verstoß gegen *Art 101 I 2 GG* kann § 69 a entsprechend anwendbar machen, BGH RR **07**, 1654.

16 **A. Gehörsverletzung gerade zulasten des Beschwerten.** Gerade das angegangene Gericht muß gerade das rechtliche Gehör gerade demjenigen Beteiligten versagt haben, den die Entscheidung beschwerte und der jetzt als Rügeführer auftritt, BGH MDR **10**, 100, BSG NZA-RR **05**, 603. Also reicht keine andere Art von Verfahrensverstoß, BGH MDR **10**, 100, Celle MDR **08**, 1180, Kblz FamRZ **08**, 1967 (je zu § 321 a ZPO), weitergehend BVerfG NZA **08**, 1201 (zu § 78 a ArbGG). Der Verstoß mag zB im Zivilprozeß vor dem Schluß einer etwaigen mündlichen Verhandlung nach §§ 136 IV, 296 a ZPO oder im etwaigen Wiedereintrittsverfahren nach § 156 ZPO entstanden sein, im schriftlichen Verfahren bis zum Schluß der Frist zum Vortrag nach § 128 II 2 ZPO. Er mag in nur einem oder in mehreren Punkten vorliegen. Er mag sich auf eine Tatsache nach BLAH Einf 17 vor § 284 ZPO oder auf eine Rechtsfrage beziehen, zB § 139 II 1 ZPO. Er mag auch nur den Kostenpunkt nach §§ 91 ff ZPO usw betreffen, Celle FamRZ **03**, 1578, Düss MDR **10**, 1487 (je zu § 321 a ZPO). Er mag nur diesen Rügeführer oder neben ihm auch andere beschweren. Auch die Staatskasse kann eine Beteiligte sein.

Besteht ein Verstoß nur gegenüber einem *anderen Beteiligten*, entfällt für den Rügeführer die Möglichkeit nach I Z 2. Denn diese Vorschrift spricht vom Anspruch auf Gehör gerade „diesen" Beteiligten. I Z 2 soll natürlich nicht auch dem durch einen Gehörsverstoß gar nicht Betroffenen eine Rügemöglichkeit eröffnen, Bre MDR **14**, 493. Deshalb ist auch bei einfachen Streitgenossen nach §§ 59–61 ZPO nur der persönlich Beschwerte rügeberechtigt. Bei notwendigen Streitgenossen nach § 62 ZPO kommt es auf die Umstände an. Auch dann muß aber der Rügeführer zumindest mit durch eine Gehörsverletzung beschwert sein. Das kann auch ein Streithelfer nach § 66 ZPO sein, BGH NJW **09**, 2681.

17 **B. Gehörsbegriff.** Rechtliches Gehör muß man wie bei BLAH Einl III 16 und Grdz 41 vor § 128 ZPO beurteilen. Es erfordert also bei aller manchmal gefährlich schillernden Unschärfe des Begriffs und seiner oft allzu zweckorientierten Auslegung doch im Kern die ausreichende Möglichkeit einer Äußerung zu einer tatsächlichen oder rechtlichen Frage innerhalb einer nach den Umständen angemessenen nicht allzu großzügig ansetzbaren Frist. Eine allzu weite Auslegung ist gefährlich, großzügiger Köln FamRZ **05**, 2075.

18 *Gesetz und Gesamtumstände* sind dabei mitbeachtbar, letztere zumindest hilfsweise und evtl sogar vorrangig. Im übrigen sei auf die Erörterungen möglicher Gehörsverletzungen bei den einzelnen Vorschriften der ZPO, des GVG usw verwiesen. Eine Bereitschaft zur Selbstkritik ist eine gebieterische Forderung an das Gericht gerade im Verfahren nach § 69 a. Das gilt besonders bei der Beurteilung, ob man das Gehör verletzt hatte. Eine Ängstlichkeit ist freilich keineswegs ratsam. Zwar sollte das Gericht nach den Anregungen Rn 3 vorgehen. Es sollte aber eben auch nicht eine Beibehaltung der Entscheidung dann scheuen, wenn es sich einigermaßen bestätigt fühlt. Mag dann eben eine Verfassungsbeschwerde folgen müssen.

19 **C. Entscheidungserheblichkeit des Gehörverstoßes.** Gerade der Verstoß gegen das Gebot rechtlichen Gehörs muß für den Rügeführer in der Endentscheidung auch nur evtl nachteilige Auswirkungen gehabt haben, BVerfG NJW **09**, 1586, BGH WertpMitt **11**, 1804, LG Bln WoM **16**, 418 (je zu § 321 a ZPO). Er muß dadurch also beschwert sein. Diese Ursächlichkeit muß nach Rn 29, 30 zweifelsfrei feststehen. Sonst scheitert die Rüge, Zuck NJW **08**, 2081 (zur Nichtzulassungsbeschwerde bei

§ 321 a ZPO). Die Nichtbeachtung einer argumentativen Stellungnahme ist grundsätzlich entscheidungserheblich, BGH WertpMitt **10**, 1789. Eine Mitursächlichkeit genügt. Es ist nicht eine nachteilige Auswirkung in der Hauptsache erforderlich. Anders als bei § 139 II 1 ZPO reicht auch eine nachhaltige Auswirkung wegen einer Kostenforderung. Begriff der Ursächlichkeit BLAH § 287 ZPO Rn 6–8.

Umfangserheblichkeit des Verstoßes ist *nicht* erforderlich. Denn Entscheidungserheblichkeit ist etwas anderes als ein erhebliches Ausmaß. Daher reicht theoretisch ein Nachteil von sehr geringer Summe. Freilich dürfte das Rechtsschutzbedürfnis nach BLAH Grdz 33 vor § 253 ZPO bei winzigen Auswirkungen fehlen: minima non curat praetor. Vor diesem Gedanken sollte der Richter auch bei § 69 a nicht furchtsam zurückweichen. In einem allzu kraß geringfügig „entscheidungserheblichen" Fall dürfte in einer Rüge nach § 69 a sogar ein Rechtsmißbrauch nach BLAH Einl III 54 liegen. Freilich sollte sich das Gericht hüten, diesen Gedanken zum faulen Abschmettern einer Abhilfebitte zu mißbrauchen.

D. Nicht nur bei Endentscheidung, I Z 1, 2. Eine Anhörungsrüge kommt anders als bei § 321 a I 2 ZPO nicht nur beim Verstoß einer Endentscheidung infrage. Sie ist vielmehr bei jeder Entscheidung des Richters, Rpfl oder Urkundsbeamten welcher Form auch immer statthaft. Hierzu zählt also zB auch eine Zwischen- oder Teilentscheidung. 20

Unerheblich ist für die Abgrenzung die jeweilige Bezeichnung der Entscheidung. Maßgeblich ist vielmehr der durch eine Auslegung nach den Grundsätzen BLAH Grdz 52 vor § 128 ZPO ermittelte Inhalt der Entscheidung.

Unanwendbar ist § 69 a bei einem bloßen Verwaltungsakt.

8) Notwendigkeit einer Rüge, I, II. Das Gericht muß nach Rn 7 ein Verfahren nach § 69 a zwar evtl von Amts wegen anregen. Das Verfahren beginnt aber nach I nur auf Grund einer Rüge, also eines hier besonders benannten Antrags. Er ist eine Parteiprozeßhandlung des nach dem GKG Beteiligten nach BLAH Grdz 47 vor § 128 ZPO. Er hat die in BLAH Grdz 51 ff vor § 128 ZPO erläuterten Folgen für die Auslegung, einen Widerruf usw. Die unrichtige Bezeichnung ist unschädlich, soweit die Zweckrichtung einer Bitte um Abhilfe gerade wegen einer Gehörsverletzung eindeutig erkennbar ist. Die Gehörsrüge kann auch neben einem Rechtsbehelf oder Rechtsmittel hilfsweise erfolgen. 21

9) Rügefrist, II 1–3. Man muß die Rügeschrift nach II 1 innerhalb von zwei Wochen einreichen. Die Rechtzeitigkeit ist eine Voraussetzung der Zulässigkeit der Rüge. Das ergibt sich aus IV 1, 2. Die Zweiwochenfrist ist abweichend von § 321 a II 1 ZPO keine Notfrist. Eine gerichtliche Fristkürzung oder -verlängerung ist mangels einer entsprechenden gesetzlichen Regelung nicht zulässig. Es ist aber nach BLAH § 233 ZPO Rn 8 „Rechtliches Gehör" eine Wiedereinsetzung statthaft. Eine dem § 224 I 1 ZPO entsprechende Regelung fehlt im GKG, einem selbständigen Gesetz. Man kann § 224 I 1 ZPO innerhalb der Zeitgrenze des II 2 auch nicht einfach sinngemäß als Grundregel anwenden. Denn Fristen sind als ein formelles Recht grundsätzlich streng auslegbar. Wegen der Einreichung beim unzuständigen Gericht Rn 26. 22

A. Fristbeginn mit Kenntnis der Verletzung, II 1 Hs 1. Die Rügefrist beginnt mit der Kenntnis des Rügeführers oder seines ihm gleichgestellten gesetzlichen Vertreters nach § 51 ZPO oder ProzBev nach § 81 ZPO von der Verletzung des rechtlichen Gehörs, BVerfG RR **11**, 1610, BAG NZA **17**, 139 (zu § 78 a ArbGG), Jena RR **11**, 1694 (zu § 321 a ZPO). Die Rügefrist kann für jeden Betroffenen je nach dem Zeitpunkt gerade seiner Kenntnis unterschiedlich anlaufen. Zum Nachweis des Zustellungszeitpunkts gelten die sonst üblichen Regeln, zB im Zivilprozeß BLAH § 418 ZPO Rn 5 „Post", „Zustellungsurkunde". 23

Kenntnis ist mehr als bloßes Kennenmüssen, – sollen oder – können. Ähnlich wie zB bei § 814 BGB kommt es auf ein positives direktes Wissen an, BAG NZA **17**, 139 (ohne Vorlage nach dem RsprEinh, BLAH Anh § 140 GVG), Rensen MDR **07**, 697, aM BGH FamRZ **06**, 1029 (je zu § 321 a ZPO). Nach dem klaren Wortlaut von II 1 Hs 1 ist eine Kenntnis aber nur von der Verletzung notwendig, nicht auch von deren Entscheidungserheblichkeit, Rieble/Vielmeier JZ **11**, 925. In der Praxis sollte man deshalb an die Kenntnis keine überscharfen Anforderungen stellen.

GKG § 69a
I. A. Gerichtskostengesetz

Unerheblich ist der Zustellungszeitpunkt der Entscheidung, aM BGH MDR **13**, 421, Oldb MDR **09**, 764, ZöV 11 (je zu § 321a ZPO. Aber Wortlaut und Sinn sind eindeutig, BLAH Einl III 39). Natürlich bleibt ein Rechtsmißbrauch nach BLAH Einl III 54 unstatthaft, BVerfG RR **10**, 1215, Jena RR **11**, 1694, Oldb MDR **09**, 764 (je: bewußte Nichtkenntnisnahme, je zu § 321a ZPO). Nichtlesen ist aber noch nicht stets Rechtsmißbrauch.

24 **B. Glaubhaftmachung, II 1 Hs 2.** Der Rügeführer muß den Zeitpunkt seiner Kenntnis von der Gehörsverletzung nicht nur darlegen, sondern auch glaubhaft machen. Das geschieht wie stets nach § 294 ZPO, also mit allen Beweismitteln, auch und vor allem mit einer eidesstattlichen Versicherung. Die falsche wäre nach § 156 StGB strafbar. Man kann die Glaubhaftmachung im Zivilprozeß nur innerhalb einer vom Gericht etwa nach § 139 ZPO setzbaren angemessenen Frist nachholen.

Nicht erforderlich ist ein über eine überwiegende Wahrscheinlichkeit hinausgehender Beweisantritt oder gar ein Beweis bis zur vollen Überzeugung des Gerichts nach BLAH § 286 ZPO Rn 18. Freilich kann ein Anscheinsbeweis für oder gegen den Rügeführer nach den Regeln BLAH Anh § 286 ZPO Rn 15ff vorliegen. Er kann zu einer Verschärfung wie Verringerung der Anforderungen an die Glaubhaftmachung führen.

25 **C. Jahres-Ausschlußfrist, II 2, 3.** Nach dem Ablauf eines Jahres seit der Bekanntgabe der angegriffenen Entscheidung an den Beteiligten, seinen gesetzlichen Vertretern oder seinen ProzBev ist die Rüge nach II 2 unzulässig. Dabei gilt eine nur formlos mitgeteilte Entscheidung nach der verfassungsrechtlich hier wie bei ähnlichen Regelungen problematischen Unterstellung mit dem dritten Tag nach der etwaigen Aufgabe zur Post nach II 3 als bekanntgegeben, BVerfG NJW **07**, 2244 (zu § 321a ZPO). Es handelt sich bei der Jahresfrist um eine Ausschlußfrist nach BLAH Üb 11 vor § 214 ZPO. Sie läßt ebensowenig wie bei § 234 III ZPO eine Wiedereinsetzung zu. Die Aufgabe zur Post ergibt sich aus den Gerichtsakten (Abvermerk der Postausgangsstelle). Fehlt ein Abgangsvermerk oder ist er widersprüchlich oder unklar, läuft die Frist allenfalls seit dem einwandfreien Datum der sonstigen Bekanntgabe. II 3 gilt nicht bei einem anderen Übermittlungsweg als der Aufgabe zur Post.

26 **10) Zuständigkeit, Rügeform, II 4.** Zuständig ist nach II 4 Hs 1 dasjenige Gericht, dessen Entscheidung der Rügeführer angreift, nicht etwa das nächsthöhere Gericht.

Die Einreichung bei einem *unzuständigen* Gericht wahrt die Rügefrist des II 1–3 wegen der Verweisung in II 4 Hs 2 auf § 66 V 1, 2 nur unter den Voraussetzungen der § 129a ZPO, § 25 III 2 FamFG (rechtzeitige Weiterleitung an das zuständige Gericht). Es gilt die normale Besetzung, BGH RR **06**, 64 (zu § 321a ZPO).

Als *Rügeform* schreibt II 4 mangels einer elektronischen Einreichung einen herkömmlichen Schriftsatz vor, BGH NJW **05**, 2017 (zu § 321a ZPO). Eine nur telefonische Einlegung ist also unzulässig und wirkungslos. Erst recht ist eine nur stillschweigende Rüge unzureichend, mag sie auch sonst denkbar sein wie etwa im finanzgerichtlichen Verfahren, BGH BB **01**, 2459. Im übrigen muß man bei einer genaueren Prüfung wie folgt unterscheiden.

A. Schriftform oder elektronisch, II 4 Hs 1. Die Rüge kann nach II 4 Hs 1 mangels einer elektronischen Übermittlung schriftlich erfolgen. Die Einreichung durch ein Telefax ist wie sonst statthaft. Sie unterliegt den auch zur Unterschrift dort entwickelten Regeln, BLAH § 129 ZPO Rn 44 „Telefax".

27 **B. Auch zum Protokoll, II 4 Hs 2.** Es kommt auch nach zB § 129a ZPO die Einreichung durch eine Erklärung zum Protokoll der Geschäftsstelle eines jeden AG infrage, BGH FamRZ **12**, 1866 links oben (zu § 44 FamFG), Hinz WoM **02**, 10, aM Schmidt MDR **02**, 916 (aber die eben genannte Vorschrift gilt allgemein). Das folgt aus der Verweisung des II 4 Hs 2 auf § 66 V 1 Hs 2. Daher gibt es auch zB anders als evtl im Zivilprozeß keinen Anwaltszwang wie bei §§ 78 III Hs 2, 129a ZPO. Wegen der Bevollmächtigung gilt die jeweilige Verfahrensordnung nach II 4 Hs 2 in Verbindung mit § 66 V 2, dort Rn 38. Freilich liegt auch dann eine rechtzeitige Einreichung im Sinn von II 1–4 wegen § 129a II 2 ZPO erst mit dem Eingang auf der Posteinlaufstelle desjenigen Gerichts vor, das erstinstanzlich entschieden hatte.

Abschnitt 8. Erinnerung und Beschwerde § 69a GKG

11) Rügeinhalt, II 5. Unabhängig von der Rügeform nach Rn 26, 27 muß die 28
Rügeschrift stets zur Wirksamkeit den folgenden Mindestinhalt haben, und zwar bis
zum Ablauf der Rügefrist nach Rn 22 ff, Kblz FamRZ **08**, 1460 (zu § 321 a ZPO),
auch auf eine evtl zB nach § 139 ZPO notwendige Anheimgabe durch das Gericht.
  A. Bezeichnung der angegriffenen Entscheidung, II 5 Hs 1. Der Rügeführer muß die angegriffene Entscheidung bezeichnen. In der Regel genügen das vollständige Aktenzeichen und das Gericht. Natürlich sollte man auch das Datum und bei mehreren an demselben Tag ergangenen Entscheidungen etwa über verschiedene Verfahrensteile diejenige Entscheidung im einzelnen bezeichnen, um deren Unrichtigkeit es geht. Unvollständige oder fehlerhafte Angaben muß das Gericht wie bei allen Parteiprozeßhandlungen nach den Regeln BLAH Grdz 51 ff vor § 128 ZPO durch eine Auslegung wenn möglich klären, auch durch eine Rückfrage nach § 139 ZPO, evtl nebst einer Fristsetzung. Verbleibende Unklarheiten können zur Unzulässigkeit der Rüge führen.

  B. Darlegung der Gehörsverletzung, II 5 Hs 2. Der Rügeführer muß zusätz- 29
lich zu den Angaben Rn 28 auch darlegen, daß das Gericht seinen Anspruch auf das rechtliche Gehör überhaupt jetzt neu und eigenständig verletzt habe, BVerfG NJW **08**, 2635, BGH MDR **16**, 1350 links, Jena MDR **11**, 450, aM Olzen JR **06**, 351, Zuck NJW **08**, 168 (je zu eng). Diese Darlegung ist derjenigen nach § 520 III 2 Z 2 ZPO (Berufungsbegründung) vergleichbar, ebenso derjenigen nach § 551 III Z 2 ZPO (Revisionsbegründung) und derjenigen nach § 575 III Z 3 ZPO (Rechtsbeschwerdebegründung).
  Darlegen ist weniger als glaubhaft machen oder Beweis antreten, aber mehr als eine 30
bloße floskelhafte Wiederholung des Gesetzestextes oder als eine Beschränkung auf eine vage Rechtsansicht. Darlegen bedeutet: Bestimmte Umstände tatsächlicher und/oder rechtlicher Art benennen, aus denen man zumindest eine nicht ganz hergesuchte Möglichkeit einer Gehörsverletzung vernünftigerweise ableiten kann, wenn nicht muß, BVerfG RR **93**, 983. Eine ganz entfernte Möglichkeit wie „es läßt sich nicht völlig ausschließen, daß" reicht nicht aus. Eine hochgradige Gewißheit wie „es läßt sich zwingend nur folgern, daß" ist nicht notwendig, strenger Hamm RR **11**, 140 (zu § 321 a ZPO: Schriftsatzeingang nötig). Ein Mittel nach § 294 ZPO oder ein Beweisantritt ersetzt nicht die logisch vorher notwendige Darlegung, wozu das Mittel und der Beweisantritt dienen sollen. Eine Wiederholung zB der Begründung einer Nichtzulassungsbeschwerde nach § 544 II 1 ZPO kann genügen, aM BGH NJW **09**, 1609 (zu § 321 a ZPO. Aber es kann ziemlich entbehrlich sein, eine dort eingehende Auseinandersetzung neu zu formulieren).
  Eine *Flut von Zitaten* und Fundstellen ist erst in Verbindung mit dem konkreten Fall interessant. Man sollte weder zu hohe noch zu geringe Anforderungen an die Darlegung stellen. Was vernünftigerweise eigentlich ganz plausibel klingt, sollte ausreichen. Ohne eine gewisse Auseinandersetzung mit der Rechtsprechung und Lehre zum oft gefährlich schillernden Begriff der Verletzung des rechtlichen Gehörs dürfte eine Darlegung aber leider oft nicht ausreichen. Im Verfahren ohne einen Anwaltszwang nach BLAH § 78 ZPO Rn 1 darf das Gericht weniger harte Anforderungen stellen. Auch dort ist aber eine Phrasendrescherei kein Weg, sich eine Abhilfe nach § 69 a zu verschaffen. Ein kluges Gericht wägt in einer Bereitschaft zur Selbstkritik ruhig ab.

  C. Darlegung der Entscheidungserheblichkeit der Gehörsverletzung, II 5 31
Hs 2. Der Rügeführer muß zusätzlich zu den Angaben Rn 28–30 schließlich auch darlegen, daß und inwieweit die von ihm behauptete Verletzung des rechtlichen Gehörs gerade ihm gegenüber nachteilig entscheidungserheblich war, und zwar gerade in der jetzt gerügten Entscheidung, BGH GRUR-RR **11**, 391 rechts unten, Bbg MDR **10**, 833 (je: zu § 321 a ZPO). Das ist der oft schwierigste Teil der Rügebegründung. Mängel können zur Unzulässigkeit der Rüge führen. Deshalb ist gerade auch hier jede Sorgfalt notwendig.
  Entscheidungserheblichkeit ist ein vom Gesetz nicht näher umschriebener Begriff. Er 32
erfordert eine doppelte Prüfung, am besten in der folgenden Reihenfolge.
  Ursächlichkeit ist das erste notwendige Erfordernis. Der Begriff der Ursächlichkeit 33
ist in seiner schillernden Vieldeutigkeit in BLAH § 287 ZPO Rn 6 erläutert. Dort

GKG § 69a
I. A. Gerichtskostengesetz

ergibt sich auch der Hauptunterschied zwischen einer haftungsbegründenden und einer haftungsausfüllenden Ursächlichkeit. Dieser für die Anwendbarkeit des strengeren § 286 ZPO oder des milderen § 287 ZPO wesentliche Unterschied spielt auch hier eine Rolle, wo es nicht um die Haftung des Staats geht, sondern um eine Fortführung des erstinstanzlich scheinbar schon beendeten Prozesses. Je nach der Art der Ursächlichkeit ist das Gericht also in seiner Entscheidung über eine Fortführung der Instanz freier oder gebundener.

34   *Erheblichkeit* ist nach einer Bejahung der Ursächlichkeit ein weiteres Merkmal, von dessen Vorliegen eine Abhilfe abhängt. Erheblichkeit ist ein weiterer schillernder Begriff. Die Floskel, alles nicht mehr ganz Unerhebliche sei eben erheblich, wirkt nur auf den ersten Blick als Wortklauberei. In Wahrheit hilft sie oft ganz gut, die richtige Abgrenzung zu finden. Jedenfalls deutet sie die vernünftige Auslegungsrichtung an. Man sollte wie ja überhaupt nach Rn 2 eine Erheblichkeit eher bejahen als verneinen. Andererseits darf nicht jede winzige Ungenauigkeit oder Unterlassung zur Bejahung einer Entscheidungserheblichkeit führen. Auch hier gilt es also behutsam und vernünftig abzuwägen.

35   **D. Voraussichtlichkeit, II 5 Hs 1, 2.** Bei allen Prüfschritten Rn 28 ff ist letzthin eine nachträgliche Prognose erforderlich: Wie hätte das Gericht ohne seinen Gehörsverstoß mit einiger Sicherheit entscheiden müssen? Das ist fast dieselbe schwierige Fragestellung wie zB dann, wenn es um ein angebliches Anwaltsverschulden und seine Auswirkungen auf den Prozeß geht. Auch hier kommt es wie dort nach BLAH Anh § 286 ZPO Rn 179 nicht darauf an, wie dieses Gericht entschieden *hätte*, sondern wie es hätte entscheiden *müssen*, BGH NJW **05**, 3072, Düss VersR **88**, 522, Hamm RR **95**, 526. Auch hier ist eine weder zu strenge noch zu großzügige Handhabung notwendig.

36   **E. Beispiele zur Frage einer Gehörsverletzung, II 5 Hs 1, 2.** Bei allen Einzelvorschriften befinden sich Hinweise auf mögliche Verstöße gegen Art 103 I GG in den Kommentierungen. Deshalb hier nur einige häufigere Beispiele. Man muß bei § 69a beachten, daß nicht nur ein Verstoß gerade der Entscheidung beachtbar ist.

von Amts wegen: Eine Gehörsverletzung kann vorliegen, soweit das Gericht einen von Amts wegen beachtbaren Umstand außer acht läßt. Das gilt, obwohl das Gericht nach den Regeln BLAH Grdz 39 (nicht 38) vor § 128 ZPO nur auf Bedenken aufmerksam macht. Denn es muß ja eine Gelegenheit zur Stellungnahme geben.
   Erst recht gilt das bei einer notwendigen Amtsermittlung nach BLAH Grdz 38 vor § 128 ZPO.

Befangenheit: Eine Gehörsverletzung liegt vor, soweit der Richter unter einem Verstoß zB gegen § 47 ZPO verfrüht entscheidet. Denn vor der Erledigung des Ablehnungsgesuchs darf er in dieser Sache überhaupt nicht entscheiden, solange noch ein Aufschub erlaubt ist.
   Eine Gehörsverletzung *fehlt*, soweit das Ablehnungsgesuch zB nach BLAH § 42 ZPO Rn 7 unbeachtbar, weil rechtsmißbräuchlich ist oder soweit eine Ablehnungsentscheidung unanfechtbar ist, BGH NJW **07**, 3789 (abl Fölsch, beide zu § 321a ZPO).

Besetzungsfehler: Eine Gehörsverletzung liegt vor, soweit das Gericht in einer gesetzwidrigen Besetzung entscheidet. Denn darin liegt ein Entzug des gesetzlichen Richters nach Art 102 I 2 GG, der allein entscheiden darf und folglich auch selbst (mit)anhören muß.

Beweisantrag: Eine Gehörsverletzung liegt vor, soweit das Gericht einen ordnungsgemäßen Beweisantrag zB nach §§ 355 ZPO übergeht, BVerfG RR **96**, 184 (zu § 321a ZPO). Denn gerade in der Beweiserhebung liegt oft die entscheidende Chance des Beweisführers, sich mit seinen Tatsachenbehauptungen Gehör zu verschaffen. Die nun notwendige Erheblichkeitsprüfung erfolgt nach Rn 31–35.

37   **Formverstoß:** Eine Gehörsverletzung liegt vor, soweit das Gericht eine zum rechtlichen Gehör erforderliche Form mißachtet, soweit es etwa eine Frist ohne die förmliche Zustellung nach §§ 166 ff ZPO einer nach BLAH § 129 ZPO Rn 9 ff ordnungsgemäß unterschriebenen Fristverfügung bewilligt, sodaß weder ihr Anlauf noch ihr Ablauf feststellbar ist.
   Eine Gehörsverletzung *fehlt* nach Rn 6, soweit das Gericht die Entscheidung lediglich nach § 319 ZPO irrig falsch bezeichnet hat.

Abschnitt 8. Erinnerung und Beschwerde § 69a GKG

Fristverstoß: Eine Gehörsverletzung liegt vor, soweit das Gericht vor dem Ablauf der gesetzlichen oder von ihm selbst gesetzten richterlichen Frist diejenige Entscheidung trifft, vor der es die Frist gerade abwarten mußte. Das gilt unabhängig von einem Verschulden des Gerichts. Ein Fristverstoß liegt auch vor, soweit die Entscheidung zwar äußerlich nach dem Fristablauf erfolgt, aber ohne eine Berücksichtigung einer noch im Gang von der Posteinlaufstelle zum Richter befindlichen Stellungnahme, die der Absender etwa unter einer erlaubten Ausnutzung der Frist bis zur letzten Minute eingereicht hatte.

Zu kurze Fristen stehen an sich ausreichenden, aber nicht abgelaufenen gleich.

S auch Rn 39 „Zustellung".

Gerichtsstand: Eine Gehörsverletzung *fehlt* durchweg, soweit das Gericht lediglich örtlich unzuständig ist. Denn es entscheidet dann im übrigen in seiner dort richtigen Besetzung usw.

Heilung: Sie bleibt möglich, BVerfG NJW **09**, 1584 (zu § 321a ZPO).

Kostenvorschuß: Er kann ausreichen.

Mündliche Erörterung: Nach ihr *fehlt* zu diesem Punkt eines Gehörsverletzung, BGH RR **07**, 1370.

Nachfrist: S „Fristverstoß".

Neuer Sachvortrag: Er ist unstatthaft, BGH FamRZ **07**, 1463.

Örtliche Unzuständigkeit: Es gilt bei §§ 12ff ZPO dasselbe wie bei Rn 38 „Sachliche Unzuständigkeit".

Präklusion: Sie kann zB bei §§ 283, 296 ZPO eine Gehörsverletzung darstellen, 38 Köln FamRZ **05**, 2075. Aber Vorsicht!

Prozeßkostenhilfe: Eine Gehörsverletzung kann vorliegen, soweit das Gericht eine Prozeßkostenhilfe nach § 127 I ZPO fälschlich versagt oder nach BLAH § 119 ZPO Rn 5 verspätet über sie entscheidet. Denn von ihrer ordnungsgemäßen Gewährung kann wesentlich mitabhängen, welchen zumindest vorschußpflichtigen Beweisantrag die bedürftige Partei stellt und wozu sie es zur streitigen und damit Beweiskostenrisiken auslösenden Verhandlung kommen läßt, um nur einige der Auswirkungen zu skizzieren.

Prozeßvoraussetzung: Rn 36 „von Amts wegen".

Rechtliche Beurteilung: Eine Gehörsverletzung kann vorliegen, soweit das Gericht seiner Entscheidung eine Rechtsansicht zugrundelegt, die es zB unter einem Verstoß gegen § 139 ZPO nicht rechtzeitig vor dem Verhandlungsschluß nach §§ 136 IV, 296a ZPO oder vor dem nach § 128 II 2 ZPO gleichstehenden Zeitpunkt dem dann Benachteiligten zur etwaigen Stellungnahme als eine freilich nur vorläufige Bewertung mitgeteilt hat.

Eine Gehörsverletzung *fehlt* bei einer im übrigen bloßen Falschbeurteilung, BGH NJW **09**, 1609 (zu § 321a ZPO), BFH NVwZ-RR **09**, 703 (zu § 133a FGO).

Rechtsweg: Eine Gehörsverletzung liegt vor, soweit das Gericht im Rechtsweg nach § 13 GVG unzuständig ist. Denn darin liegt ein Verstoß auch gegen das Gebot des gesetzlichen Richters nach Art 102 I 2 GG.

S aber auch „Sachliche Unzuständigkeit".

Sachliche Unzuständigkeit: Eine Gehörsverletzung *fehlt*, soweit das Gericht lediglich nach dem GVG sachlich unzuständig ist. Denn auf diesen Verstoß könnte man zB im Zivilprozeß nicht einmal eine Berufung nach § 513 II ZPO stützen.

S aber auch „Rechtsweg".

Sachverständiger: Eine Gehörsverletzung kann vorliegen, soweit das Gericht trotz eigener Sachunkenntnis ihn nicht befragt hat, BGH MDR **11**, 382 rechts oben (zu § 321a ZPO).

Säumnis: Eine Gehörsverletzung liegt meist vor, soweit das Gericht objektiv unrichtig nach §§ 296, 330ff ZPO eine Säumnis der Partei annimmt und darauf eine Entscheidung auch nur mitstützt. Dabei kommt es nicht darauf an, ob das Gericht eine Entschuldigung hätte annehmen dürfen und müssen. Freilich darf man zB nach BLAH § 337 ZPO Rn 37 „Verkehrsprobleme" nicht jede Verspätung bis nach dem Urteilserlaß stets schon wegen eines Verkehrsstaus als eine nachträgliche Entschuldigung bewerten.

Schriftsatz: Rn 30.

GKG § 69a
I. A. Gerichtskostengesetz

39 Terminierung: Eine Gehörsverletzung *kann vorliegen,* soweit das Gericht den Verhandlungstermin mit einer nach §§ 217, 274 III ZPO gesetzwidrig kurzen Einlassungs- oder Ladungsfrist anberaumt, insbesondere bei einer Auslandszustellung nach § 183 ZPO.
Eine Gehörsverletzung *fehlt,* soweit das Gericht eine wenn auch scheinbar kurze gesetzliche Frist einhält. Angesichts heutiger Übermittlungsgeschwindigkeiten per Telefax, Elektronik usw sind manche früher reichlich knappen gesetzlichen Fristen durchaus nicht mehr zu kurz.
Terminsänderung: S „Vertagung".
Überraschungsurteil: Eine Gehörsverletzung liegt vor, soweit das Gericht in seiner Entscheidung entgegen BLAH § 139 ZPO Rn 36 eine solche Bewertung vornimmt, mit der der Benachteiligte nicht zu rechnen braucht, mag diese Bewertung sich nun auf eine Tatsache nach BLAH Einf 17 vor 284 ZPO oder auf eine rechtliche Beurteilung beziehen.
Unrichtigkeit: Sie kann eine Gehörsverletzung darstellen, Köln FamRZ **05**, 2075. Aber Vorsicht!.
Unzuständigkeit: Rn 37 „Örtliche Unzuständigkeit", Rn 38 „Rechtsweg", „Sachliche Unzuständigkeit".
Verhandlungsleitung: Eine Gehörsverletzung kann vorliegen, soweit der Vorsitzende gegen eine wesentliche Vorschrift seiner Verhandlungsleitung nach § 136 ZPO usw verstößt, soweit er etwa einen Beteiligten nicht ausreichend zu Wort kommen läßt oder die Verhandlung verfrüht schließt. Freilich ist nach Rn 10 zB im Zivilprozeß § 156 ZPO nach dem Urteilserlaß unbeachtbar. Gerade ein Verstoß gegen diese Vorschrift kann aber die Rüge einer Gehörsverletzung eröffnen.
Verkürzte Berücksichtigung: Eine Gehörsverletzung kann bei ihr vorliegen, BVerwG NVwZ **13**, 226.
Verschulden: Es ist unbeachtbar, BVerfG **62**, 353 (zu § 321a ZPO).
Verspäteter Vortrag: Eine Gehörsverletzung kann vorliegen, soweit das Gericht einen Vortrag objektiv zu Unrecht zB nach §§ 283, 296 ZPO als verspätet zurückweist und darauf seine Entscheidung stützt.
Vertagung: Eine Gehörsverletzung liegt vor, soweit das Gericht eine nach § 227 ZPO objektiv notwendige Vertagung ablehnt oder nicht wenigstens mit dem Betroffenen erörtert. Denn er mag zu ihr einen bisher nicht notwendig zur Sprache gekommenen Grund haben.
Willkür: Eine Gehörsverletzung kann natürlich bei einer nach BLAH Einl III 21 und § 281 ZPO Rn 39 willkürlichen Entscheidung vorliegen.
Zurückweisung wegen Verspätung: S „Verspäteter Vortrag".
Zustellung: Eine Gehörsverletzung kann vorliegen, soweit das Gericht infolge einer objektiv unrichtigen Bewertung eine Zustellung nach §§ 166ff, 191ff, 317 ZPO usw nicht für notwendig hält oder eine nur versuchte als gesetzmäßig korrekt ausgeführt ansieht und folglich zu seiner Entscheidung kommt, statt zB eine Zustellung richtig nachholen zu lassen. Freilich kann zB im Zivilprozeß § 189 ZPO geheilt haben.
S auch Rn 37 „Fristverstoß".

40 12) Stellungnahme des Gegners, III. Das Gericht muß dem Gegner des Rügeführers eine Gelegenheit zur Stellungnahme geben, freilich nur, „soweit erforderlich", BGH NJW **12**, 3088 (zu § 321a ZPO). Es soll also einen weiteren Verstoß gegen Art 103 I GG verhindern.

A. Erforderlichkeit. Die Anhörung des Rügegegners darf unterbleiben, soweit das Gericht eine Verwerfung als unzulässig oder Zurückweisung als unbegründet nach IV plant. Denn dann erleidet der Gegner des Rügeführers durch die Entscheidung nach § 69a keinen Rechtsnachteil, Müller NJW **02**, 2744 (zu § 321a ZPO). Die Lage ist insofern nicht anders als in zahllosen vergleichbaren prozessualen Fällen. Natürlich kann es trotzdem ratsam oder doch sinnvoll sein, dem Gegner eine Gelegenheit zur Äußerung zu geben, schon damit das Gericht prüfen kann, ob der Gegner die geplante Beurteilung über den Rügeführer teilt oder ob der Gegner sogar noch zusätzliche tatsächliche Umstände oder rechtliche Argumente für eine Verwerfung oder Zurückweisung der Rüge benennen kann, durch die man den Rügeführer noch eher überzeugen könnte. Jedenfalls ist eine Anhörung auch vor einer geplanten Verwerfung oder Zurückweisung keineswegs unstatthaft, auch nicht zwecks einer Prozeßwirtschaftlichkeit nach BLAH Grdz 14 vor § 128 ZPO. Freilich verbietet sich auch im Abhilfeverfahren etwas ersichtlich Unnötiges etwa bei einem eindeutigen Fristverstoß.

Unzulässig ist es, einfach Ergänzungen des früheren Vortrags unter dem Vorwand nachzuschieben, der Gegner oder man selbst habe kein ausreichendes Gehör gehabt.

B. Stellungnahmefrist. Wenn das Gericht sich entschließt, dem Gegner eine Gelegenheit zur Stellungnahme zu geben, dann muß es ihm dazu auch eine ausreichende Frist setzen. Ihre Länge richtet sich nach den Umständen. Die moderne Technik mag eine nur elektronische oder telefonische Rückfrage ausreichen lassen oder etwa bei einer Fristsetzung per Telefax eine kürzere Frist als bei einer schriftlichen Fristsetzung zulassen. Überfallartige Schnellfristen muß das Gericht ebenso vermeiden wie allzu großzügige Fristen in diesem ja ohnehin die jeweilige Instanz verlängernden Verfahrensabschnitt, durch den ein Rügeführer vielleicht nur Zeit bis zur Leistungsfähigkeit gewinnen will. In einem nicht zu komplizierten Fall mögen 2–3 Wochen genügen. Freilich kann man die oft schwierigen Fragen einer Gehörsverletzung nach II 1 auch nicht zwischen Tür und Angel sorgfältig überprüfen. Immerhin hatte ja auch der Rügeführer evtl nur zwei Wochen zur Rüge Zeit. Es heißt also auch hier behutsam abwägen. Eine Woche mehr ist besser als eine zu wenig. 41

C. Gegenäußerung des Rügeführers. III sieht sie nicht ausdrücklich vor oder ermöglicht sie auch nur anders als zB §§ 275 IV, 276 III ZPO. Das ändert nichts dran, daß eine nach III eingeholte Stellungnahme das Gericht zur Vermeidung eines weiteren Verstoßes gegen Art 103 I GG dazu zwingen kann, auch den Rügeführer unter einer Übersendung der gegnerischen Äußerung noch kurz anzuhören, insbesondere vor einer Verwerfung oder Zurückweisung der Rüge. 42

13) Verwerfung, Zurückweisung, IV. Das weitere Verfahren hängt davon ab, ob das Gericht die Rüge als erfolglos oder erfolgreich erachtet. Das gilt auch bei einer nur teilweisen derartigen Beurteilung. Soweit die Rüge neben einem Rechtsbehelf oder Rechtsmittel hilfsweise vorliegt, ist sie beim Erfolg der ersteren gegenstandslos geworden. Nach einem Richterwechsel kommt es für den jetzt zuständigen Richter darauf an, wie seine Vorgänger hätte beurteilen müssen, Schneider MDR 05, 249. 43

A. Amtsprüfung der Statthaftigkeit und Zulässigkeit, IV 1. Stets muß das Gericht zunächst und vorrangig von Amts wegen nach Rn 46 prüfen, ob die Rüge an sich statthaft ist und ob der Rügeführer sie außerdem sowohl in der gesetzlichen Form als auch innerhalb der gesetzlichen Frist erhoben hat. Die Prüfung erfolgt am besten in der vorstehenden Reihenfolge. Sie hat jedenfalls den Vorrang vor der Begründetheitsprüfung. Zwar dürfte das Gericht die Rüge als unstatthaft oder unzulässig, hilfsweise als unbegründet erachten. Es dürfte aber die ersteren beiden Prüfschritte nach BLAH Grdz 17 vor § 253 ZPO nicht wegen der zusätzlichen Unbegründetheit offen lassen. IV 1 ähnelt § 589 I 1 ZPO weitgehend schon im Wortlaut. Zuständig ist die Besetzung des angegriffenen Gerichts, BGH FamRZ 05, 1831 (zu § 321a ZPO). § 320 IV 2 ZPO ist unanwendbar, BGH FamRZ 05, 1831.

Von Amts wegen muß das Gericht diese Prüfung nach dem klaren Wortlaut und Sinn des IV 1 vornehmen. Eine Amtsprüfung nach BLAH Grdz 39 vor § 128 ZPO ist etwas anderes und weniger als eine Amtsermittlung nach BLAH Grdz 38 vor § 128 ZPO. Das Gericht nimmt daher keine amtliche Untersuchung vor. Es macht vielmehr nur von Amts wegen auf gewisse Bedenken aufmerksam und fordert dazu auf, sie durch Nachweise zu entkräften. Das geschieht nach Rn 40–42 im einzelnen nach III. 44

B. Freigestellte mündliche Verhandlung, IV 1. Soweit es um die Prüfung der Statthaftigkeit und Zulässigkeit der Rüge geht, darf das Gericht eine mündliche Verhandlung anordnen. Es muß das aber nicht tun. Das ergibt sich daraus, daß seine Entscheidung nach IV 2, 4 durch einen Beschluß ergeht. Denn zB im Zivilprozeß kann eine solche Entscheidung, die kein Urteil ist, nach § 128 IV ZPO ohne eine mündliche Verhandlung ergehen, soweit das Gesetz nichts anderes bestimmt. § 69a IV enthält keine derartige andere Bestimmung. Es gelten also die allgemeinen Regeln zur freistehenden mündlichen Verhandlung nach BLAH § 128 ZPO Rn 10. 45

Auch bei einer Unbegründetheit ist eine mündliche Verhandlung zulässig. Denn das Wort „Entscheidung" in IV 4 bezieht sich auf IV 2 und 3.

46 **C. Bei Unstatthaftigkeit oder Unzulässigkeit: Verwerfungsbeschluß, IV 2, 4, 5.** Soweit die Rüge entweder schon an sich überhaupt unstatthaft oder doch jedenfalls mangels rechter Form und Frist im Einzelfall unzulässig ist, muß das Gericht sie durch einen Beschluß verwerfen, Düss WoM **04**, 161 (zu § 321 a ZPO), VGH Kassel NVwZ-RR **08**, 70. IV 2 spricht systematisch teilweise unscharf von einer Verwerfung als „unzulässig" statt als „unstatthaft oder unzulässig", meint aber dasselbe. IV 2 ähnelt dem § 589 I 2 ZPO schon in Wortlaut weitgehend. Der Beschluß ist nach IV 4 unanfechtbar.

47 **D. Begründung der Verwerfung.** Begründen *soll* das Gericht seinen Beschluß „kurz" nach IV 5, einer wiederum etwas systemwidrigen unklaren Anordnung. An sich braucht ein unanfechtbarer Beschluß nach BLAH § 329 ZPO Rn 6 keine Begründung. Indessen erfordert nicht nur eine Anstandspflicht (nobile officium) eine gewisse eben nur „kurze" Begründung. Deshalb bringt die formell bloße Sollvorschrift doch wie so oft eine praktisch weitgehende Notwendigkeit einer Begründung. Es fordert eben auch der Gesetzestext eine vollwertige Begründung. Zwar ist nach Rn 46 die Verwerfung nach IV 4 unanfechtbar. Indessen mag nunmehr erst recht eine Gehörsverletzung in Wahrheit jedenfalls vor dem etwa trotz aller Entlastungsversuche des Gesetzgebers doch noch anrufbaren BVerfG zutage treten. Schon deshalb muß das Gericht in Wahrheit ohne ein Ermessen zum Ob seine Gründe der Verwerfung nachprüfbar offenbaren, Kblz MDR **15**, 118, Sangmeister NJW **07**, 2364 (je: zu § 321 a ZPO), aM BVerfG NJW **11**, 1497 zu § 321 a ZPO (!? Es sollte dankbar sein). Eine Unanfechtbarkeit nach IV 4 meint ja wie stets in einer vergleichbaren Lage keine Unzulässigkeit einer Verfassungsbeschwerde zum BVerfG.

48 *Kurz und klar* sollen und dürfen die Gründe sein. Sie sollten bei einem Fristverstoß eindeutig erkennen lassen, welche der unterschiedlichen Fristen des II 3 der Rügeführer nicht eingehalten hatte.

49 **E. Verwerfungskosten.** Kostenrechtlich gelten §§ 91 ff ZPO. Es entsteht nur bei einer vollen Verwerfung oder Zurückweisung der Rüge eine Gerichtsgebühr nach KV 1700 usw als die Verfahrensfestgebühr von 50 EUR, aM Celle MDR **12**, 1067, LG Saarbr JB **16**, 302 (aber KV 1700 ist schon nach seinem Wortlaut eindeutig anwendbar, BLAH Einl III 39). Bei einer auch nur teilweisen Statthaftigkeit, Zulässigkeit und Begründetheit entsteht diese Gebühr nach § 1 I 1 weder im Umfang dieses Teilerfolgs noch wegen des erfolglosen Rügerests. Auslagen entstehen beim Gericht schon wegen VV 9002 amtliche Anmerkung, Teil X dieses Buchs, in aller Regel ebenfalls nicht. Daher besteht insoweit keineswegs stets ein Anlaß zu einer Grundentscheidung über Gerichtskosten nach BLAH Üb 35 vor § 91 ZPO. Anwaltsgebühren entstehen nicht für denjenigen Anwalt, der schon vor dem Abhilfeverfahren tätig war. Denn dann gehört seine Tätigkeit zum Rechtszug nach § 19 I 2 Z 5 RVG, auch wenn das Abhilfeverfahren dort nicht als „insbesondere zugehörig" gilt. Soweit der Anwalt nur im Verfahren nach § 69a tätig ist, entsteht unabhängig von seinem Ergebnis nach VV 3330 eine Vergütung.

§ 96 ZPO ist unanwendbar. Denn die Rüge ist kein Angriffs- oder Verteidigungsmittel nach BLAH Einl III 70, sondern die Fortsetzung des Angriffs selbst. Auch § 97 ZPO ist nicht einmal entsprechend anwendbar. Denn es liegt kein Rechtsmittel nach BLAH Grdz 1 ff vor § 511 ZPO vor, sondern aus den obigen Gründen nach BLAH § 97 ZPO Rn 15 allenfalls ein Rechtsbehelf ohne eine Anfallwirkung.

50 **F. Bei Unbegründetheit: Zurückweisungsbeschluß, IV 3–5.** Soweit die Rüge zwar nach Rn 43–50 statthaft und zulässig ist, sich aber als unbegründet erweist, muß das Gericht über sie ebenfalls durch einen Beschluß entscheiden. Es verwirft sie dann freilich nicht, sondern „weist sie zurück", am klarsten mit dem freilich nicht notwendigen Zusatz „als unbegründet". Rechtsbehelfsbelehrung, Verstoß: §§ 5b, 68 II 2.

51 **G. Begründung der Zurückverweisung.** Kurz begründen soll das Gericht diesen Beschluß nach Rn 47, 48 wie bei einer Verwerfung, Rensen MDR **05**, 184 (zu § 321 a ZPO). Soweit das Gericht schon eine Gehörsverletzung verneint, braucht es natürlich zur nachrangigen Grund der Entscheidungsunerheblichkeit Stellung zu nehmen. Es darf und sollte das aber hilfsweise zur zusätzlichen Stützung seiner Beurteilung tun. Es muß natürlich zur Ursächlichkeitsfrage verneinend Ausführungen machen, soweit es eine Gehörsverletzung einräumt oder zulässigerweise mangels einer Ursächlichkeit offen lassen will.

Abschnitt 8. Erinnerung und Beschwerde § 69a GKG

H. Zurückweisungskosten. Kostenrechtlich gilt Rn 49 auch hier, BGH WoM 52
05, 475 (zu § 321a ZPO). §§ 96, 97 ZPO sind auch hier unanwendbar.

14) Abhilfe: Verfahrensfortführung, V. Soweit das Gericht die Rüge für statt- 53
haft, zulässig und begründet erachtet, muß es ihr nach V 1 abhelfen, indem es das
Verfahren fortführt. Das gilt nach Hs 2 freilich nur, soweit die Fortführung auf Grund
der Rüge nicht bloß zweckmäßig, sondern geradezu notwendig ist. Eine solche Beschränkung ist eigentlich selbstverständlich. Denn schon mit ihr war und ist das Ziel
des ganzen Abhilfeverfahrens erreicht. Noch nicht erreicht hat der Rügeführer schon
jetzt eine Änderung der bisherigen Entscheidung. Sie kann sich erst am Ende des nun
fortzuführenden Verfahrens nochmals unverändert ergeben. Sie ist aber noch keineswegs sicher. Insoweit ähnelt V 2 der Situation nach einem ordnungsgemäßen Einspruch gegen ein Versäumnisurteil oder gegen einen Vollstreckungsbescheid nach
§§ 342, 700 I ZPO. Es gibt wegen des Fehlens der Rechtsmitteleigenschaft einer
Rüge nach § 69a kein Verschlechterungsverbot nach BLAH § 528 ZPO Rn 12,
BGH RR **12**, 978 (zu § 321a ZPO). § 590 ZPO ist unanwendbar.

A. Entbehrlichkeit einer Fortführungsentscheidung, V 1. Will das Gericht 54
das Verfahren fortführen, faßt es grundsätzlich weder einen Aufhebungsbeschluß noch
einen besonderen Fortführungsbeschluß, OVG Lüneb FamRZ **12**, 1314 (zu § 321a
ZPO). Der erstere wäre verfrüht. Denn es kann sich ja erst durch das Fortführungsverfahren ergeben, was aus der bisherigen Entscheidung wird. Der letztere wäre ebenso
überflüssig wie zB bei §§ 342, 700 I ZPO, Schmidt MDR **02**, 917 (zu § 321a ZPO).
Er wäre freilich unschädlich. Es kann insofern ratsam sein, als sonst unklar bliebe, in
welchem Umfang das Verfahren seinen Fortgang nehmen soll. Die Entscheidung bindet das Gericht nicht, (je zu § 321a ZPO) BGH MDR **14**, 1338, Petry MDR **07**,
498, aM Kblz MDR **07**, 544 systemwidrig.

B. Zurückversetzung des Verfahrens, V 2, 4, BGH WoM **11**, 179. Die Vor- 55
schrift ähnelt dem § 342 ZPO schon im Wortlaut weitgehend. Daher sind BLAH
dort Rn 2ff hier mitverwendbar. Das gilt insbesondere zur Behandlung von Verspätungsfragen oder einem früheren Anerkenntnis. Die Zurückversetzung erfolgt nur in
den Stand „vor dem Schluß der mündlichen Verhandlung" nach §§ 136 IV, 296a
ZPO oder im schriftlichen Verfahren in den Zeitpunkt, bis zu dem man nach § 128
II 2 ZPO Schriftsätze einreichen darf. Beides erfolgt außerdem nur in den Grenzen
Rn 53. Eine zeitlich noch weitere Zurückversetzung ist nicht zulässig.

C. Neue Entscheidung, V 3. § 343 ZPO gilt entsprechend, BGH NJW **11**, 1516 56
(zu § 321a ZPO). Soweit also die nach der neuen Verhandlung notwendige Entscheidung mit der bisherigen übereinstimmt, muß das Gericht die bisherige in seiner neuen
Entscheidung ausdrücklich aufrechterhalten. Andernfalls muß das Gericht in seiner
neuen Entscheidung die bisherige aufheben oder teilweise ändern und zur Sache neu
erkennen, AG Magdeb ZMR **03**, 45 (zu § 321a ZPO). Das kann auch zum Nachteil
des Rügeführers geschehen (kein Verbot einer reformatio in peius), Ffm NJW **04**,
168 (zu § 321a ZPO). Eine Aufrechterhaltung wie eine Aufhebung oder Änderung
gehören in den Tenor der jetzt erforderlichen andersartigen neuen Entscheidung, etwa
in einem jetzt erforderlichen Kostenbeschluß nach § 91a ZPO. Im übrigen gelten die
zu § 343 ZPO entwickelten Regeln entsprechend. Rechtsbehelfsbelehrung, Verstoß:
§§ 5b, 68 II 2.

15) Einstellung der Zwangsvollstreckung usw, § 707 ZPO. Diese Vorschrift 57
nennt in I 1 auch § 321a ZPO. Das heißt auch hier: § 66 VII 2 ist nur sehr begrenzt
mitbeachtbar und keineswegs vorrangig. Denn dort geht es um eine aufschiebende
Wirkung und damit schon von den Beginn einer Vollstreckung unabhängig von einer
Sicherheitsfrage. Letztere schließt sich erst an. Das Gericht kann auf einen Antrag
nach § 707 I 1 ZPO anordnen, daß die Zwangsvollstreckung gegen eine Sicherheitsleistung einstweilen eingestellt werde oder nur gegen eine Sicherheitsleistung stattfinde und daß die Vollstreckungsmaßregeln gegen eine Sicherheitsleistung aufzuheben
seien. Dagegen kommt eine Einstellung der Zwangsvollstreckung ohne eine Sicherheitsleistung selbst dann nicht in Betracht, wenn nach § 294 ZPO glaubhaft ist, daß
der Schuldner zur Sicherheitsleistung nicht in der Lage ist und daß die Vollstreckung
ihm einen nicht ersetzbaren Nachteil bringen würde. Denn diese letztere Möglichkeit
ergibt sich nur aus dem hier nicht ebenfalls für anwendbar erklärten § 707 I 2 ZPO.

GKG § 69a   I. A. Gerichtskostengesetz

58   *Sicherheitsleistung* muß das Gericht bei § 707 I 1 ZPO und folglich nach §§ 108 ff ZPO beurteilen. Infrage kommt also wohl nach § 108 I 2 Hs 1 ZPO in erster Linie eine schriftliche, unwiderrufliche, unbedingte und unbefristete Bürgschaft eines im Inland zum Geschäftsbetrieb befugten Kreditinstituts.
    Das *Verfahren* erfordert nach § 707 II 1 ZPO keine mündliche Verhandlung. Eine Anfechtung der Entscheidung ist nach § 707 II 2 ZPO unstatthaft. Das gilt unabhängig davon, ob die Entscheidung in der neuen Hauptsacheentscheidung ergeht oder durch einen gesonderten Beschluß, von dem § 707 II 2 ZPO unvollständig spricht. Wenn das Gericht sie in der neuen Hauptsacheentscheidung mittrifft, ist deren übriger Inhalt natürlich wie sonst anfechtbar. Dazu kann eine Beschwer wie sonst zB nach BLAH Grdz 14 vor § 511 ZPO notwendig sein, aM Saarbr RR **09**, 1152 (aber § 69 a befreit nicht von solcher Grundbedingung). Rechtsbehelfsbelehrung, Verstoß: §§ 5 b, 68 II 2.

59   **16) Keine Kostenerstattung, VI.** Die Vorschrift ordnet das wie allgemein im Kostenrecht an.

60   **17) Verstoß, I–VI.** Soweit das Gericht gegen § 69 a verstößt, mag daran ein erneuter Verstoß auch gegen Art 103 I GG liegen. Indessen würde dessen Beachtbarkeit schon in diesen Verfahrensabschnitt womöglich zu ewigen Wiederholungen des Abhilfeverfahrens führen. Das ist mit dem Grundsatz der durch § 69 a ohnehin schon strapazierten Prozeßwirtschaftlichkeit nach BLAH Grdz 14 vor § 128 ZPO nicht vereinbar. Deshalb macht ja auch IV 4 zumindest einen Verwerfungs- oder Zurückweisungsbeschluß unanfechtbar, VerfGH Mü RR **11**, 430, Nürnb FamRZ **15**, 270 (je zu § 321a ZPO). Vielmehr ist dann, wenn sich der Verstoß vor der Entscheidung des Abhilfeverfahrens nicht mehr beheben läßt, gegen eine Verwerfung oder Zurückweisung nur die Verfassungsbeschwerde nach Rn 66 denkbar. Gegen eine Abhilfe kommt nur der im fortgeführten Verfahren mögliche sonstige Rechtsbehelf infrage, BGH WertpMitt **12**, 325 rechts (evtl keine Bindung des Rechtsmittelgerichts).
    Kosten: Evtl § 21.

61   **18) Rechtsbehelfe, Verfassungsbeschwerde, I–VI.** Rechtsbehelfsbelehrung, Verstoß: §§ 5 b, 68 II 2. Eine Verwerfung oder Zurückweisung ist nach IV 4 unanfechtbar. Dasselbe gilt zumindest zunächst für eine Abhilfe. Erst die nach der Verfahrensfortführung ergehende Entscheidung zur Sache mag wie sonst anfechtbar sein.

62   **A. Nicht bei greifbarer Gesetzwidrigkeit.** Eine nach früherer Ansicht möglich gewesene außerordentliche Beschwerde wegen greifbarer Gesetzwidrigkeit war in Wahrheit schon nach dem alten Recht grundsätzlich wegen Verstoßes gegen das Gebot der Rechtsmittelklarheit nach BLAH § 567 ZPO Rn 10 unstatthaft, BVerfG NJW **03**, 1924, BGH FamRZ **06**, 696 (ohne Vorlage nach dem RsprEinhG, BLAH Anh § 140 GVG, BFH (1. Sen) NJW **04**, 2853, BVerwG NVwZ **05**, 232 (ohne Vorlage nach dem RsprEinhG), aM BFH (4. Sen) NJW **04**, 2854, Schuschke NZM **03**, 466 (WEG). Sie ist außerdem zumindest im Zivilprozeß wegen § 574 ZPO unstatthaft, BGH FamRZ **06**, 696, BFH BB **03**, 514, KG FGPrax **05**, 66, aM BFH NJW **05**, 3374 (ohne Vorlage nach dem RsprEinhG), Bloching/Kettinger NJW **05**, 863 (sie sei „dem Tod noch einmal von der Schippe gesprungen").
    Sie läßt sich auch wegen BVerfG NJW **03**, 1924 nicht mehr in eine fristgebundene bisher vielfach als zulässig erachtete Gegenvorstellung nach § 68 Rn 22 ff *umdeuten*, wie es bisher zB BFH NJW **03**, 919, Köln NZM **03**, 247, Naumb RR **03**, 313 taten.

63   **B. Keine Gegenvorstellung.** Eine Gegenvorstellung nach § 68 Rn 22 ff ist aus den bei BLAH Grdz 6 vor § 567 ZPO dargelegten Gründen auch bei § 69 a nicht auch nur entsprechend statthaft, BVerfG NJW **06**, 2907, BGH NJW **07**, 3789 ohne Vorlage nach dem RsprEinhG, BLAH Anh § 140 GVG (abl Fölsch, beide zu § 321 a ZPO), Mü MDR **15**, 1320, großzügiger BVerfG NJW **14**, 681 (Prozeßkostenhilfe -?-), BFH NJW **06**, 861, Kblz MDR **14**, 986. Die Erfolglosigkeit einer Nichtzulassungsbeschwerde nach § 544 ZPO mag aber eine Anhörungsrüge notwendig machen, BVerfG NJW **07**, 3419 (zu § 321 a ZPO).

64   **C. „Ergänzende" Rechtsbeschwerde.** Demgegenüber bejaht BGH FamRZ **07**, 1642 rechts Mitte eine „ergänzende" Rechtsbeschwerde bei einer willkürlichen Nichtzulassung (!?, strenger grundsätzlich denn auch BGH **161**, 347 (zustm Rimmelspacher LMK **05**, 94), ähnlich BGH MDR **13**, 422 (ohne Vorlage nach § 132 GVG). Der Beschwerdeführer kann eine Rechtsbeschwerde freilich nicht bloß zur Ergänzung der Begründung einlegen, BGH FamRZ **06**, 408 links Mitte. Zum Problem Gaul DGVZ **05**, 113.

D. Meistbegünstigung. Allenfalls ist im Zivilprozeß der sog Meistbegünstigungs- 65 grundsatz nach BLAH Grdz 28 vor § 511 ZPO anwendbar, BGH **161**, 348 (falscher Gerichtshinweis), Althammer/Löhnig NJW **04**, 1569.

E. Verfassungsbeschwerde, dazu *Allgayer* NJW **13**, 3484, *Rieble/Vielmeier* JZ **11**, 66 923 (je: ausf): Grundsätzlich nur, soweit das Gericht eine umfassende Anhörungsrüge nach IV 4 unanfechtbar verworfen oder zurückgewiesen hat, kommt vernünftigerweise nun erst jetzt nach § 90 II 1 BVerfGG eine Verfassungsbeschwerde in Betracht, BVerfG AnwBl **13**, 666 links und rechts, VerfGH Mü NVwZ-RR **16**, 890, HessStGH NJW **05**, 2217 und 2219, strenger VerfG Brdb FamRZ **11**, 1243, VerfGH Mü NJW **14**, 683, Jooß NJW **16**, 1212 (je zu § 321 a ZPO). § 69 a soll sie ja nach Rn 2, 3 nur auf ein möglichst geringes Maß beschränken und sie nicht etwa völlig ausschließen. Das letztere wäre einem einfachen Bundesgesetz ja auch gar nicht möglich. Ausnahmsweise darf man nach BLAH Einl III 20 vor der Erschöpfung des Rechtswegs das Verfassungsgericht anrufen, BVerfG AnwBl **13**, 666 links, VerfGH Bln FamRZ **08**, 168 (zu § 321 a ZPO). Das gilt zB dann, wenn kein Verstoß gegen Art 103 I GG infragekommt, BVerfG NJW **11**, 2276, oder wenn eine Anhörungsrüge offensichtlich aussichtslos wäre, BVerfG NJW **10**, 1588, oder wenn sie zeitlich unzumutbar wäre, BVerfG FamRZ **10**, 865. Ein Rechtsmittelverzicht reicht aber dazu nicht, aM Schnabl AnwBl **08**, 190 (aber genau diese Belastungsursache beim BVerfG soll ja gerade möglichst unterbleiben). Ebensowenig reicht dazu die Rücknahme der Anhörungsrüge, VerfGH Bln NJW **08**, 3421 (zu § 321 a ZPO).

F. Gegen Abhilfe. Eine Abhilfe läßt sich mit demjenigen Rechtsbehelf bekämp- 67 fen, der gegen die Entscheidung im nun fortgeführten Verfahren infrage kommt, Jooß NJW **16**, 1212 (zu § 321 a ZPO).

Abschnitt 9. Schluss- und Übergangsvorschriften

Verordnungsermächtigung

69b ¹Die Landesregierungen werden ermächtigt, durch Rechtsverordnung zu bestimmen, dass die von den Gerichten der Länder zu erhebenden Verfahrensgebühren über die in den Nummern 1211, 1411, 5111, 5113, 5211, 5221, 6111, 6211, 7111, 7113 und 8211 des Kostenverzeichnisses bestimmte Ermäßigung hinaus weiter ermäßigt werden oder entfallen, wenn das gesamte Verfahren nach einer Mediation oder nach einem anderen Verfahren der außergerichtlichen Konfliktbeilegung durch Zurücknahme der Klage oder des Antrags beendet wird und in der Klage- oder Antragsschrift mitgeteilt worden ist, dass eine Mediation oder ein anderes Verfahren der außergerichtlichen Konfliktbeilegung unternommen wird oder beabsichtigt ist, oder wenn das Gericht den Parteien die Durchführung einer Mediation oder eines anderen Verfahrens der außergerichtlichen Konfliktbeilegung vorgeschlagen hat. ²Satz 1 gilt entsprechend für die in den Rechtsmittelzügen von den Gerichten der Länder zu erhebenden Verfahrensgebühren; an die Stelle der Klage- oder Antragsschrift tritt der Schriftsatz, mit dem das Rechtsmittel eingelegt worden ist.

Gliederung

1) Systematik, Regelungszweck, S 1, 2	1
2) Geltungsbereich, S 1, 2	2
3) Klage- oder Antragsrücknahme, S 1 Hs 1	3–6
A. Mediationsankündigung	4
B. Mediation usw	5
C. Klage- oder Antragsrücknahme	6
4) **Oder: Gerichtsvorschlag einer Mediation, usw, S 1 Hs 2**	7, 8
5) **Rechtsmittelgebühren, S 2**	9
6) **Ermäßigung oder Wegfall, S 1, 2**	10
7) **Verstoß, S 1, 2**	11

GKG § 69b
I. A. Gerichtskostengesetz

1 **1) Systematik, Regelungszweck, S 1, 2.** Die dem § 61a FamGKG, Teil I B dieses Buchs, inhaltlich entsprechende Vorschrift ergänzt vorrangig die in S 1 aufgezählten Bestimmungen in den in S 1 genannten Spezialfällen. Der Sinn ist die Ermöglichung weitergehender Verringerungen der Gerichtskosten. Deshalb ist § 69b nach § 1 Rn 2 grundsätzlich weit auslegbar. Freilich darf das auch nicht zur Uferlosigkeit zugunsten des Kostenschuldners führen, auch nicht bei den zugehörigen Rechtsverordnungen der Länder.

2 **2) Geltungsbereich, S 1, 2.** Die Vorschrift gilt nur im Bereich des GKG. Beim FamFKG gilt dessen § 61a. Es ist stets eine Rechtsverordnung eines Landes Grundbedingung. Die Länder haben die folgenden Verordnungen erlassen:

Baden-Württemberg:
Bayern:
Berlin:
Brandenburg:
Bremen:
Hamburg:
Hessen:
Mecklenburg-Vorpommern:
Niedersachsen:
Nordrhein-Westfalen:
Rheinland-Pfalz:
Saarland:
Sachsen:
Sachsen-Anhalt:
Schleswig-Holstein:
Thüringen:

3 **3) Klage- oder Antragsrücknahme, S 1 Hs 1.** Eine Kostenverringerung kommt unter zwei gleichrangigen Voraussetzungen infrage. Von ihnen müssen die eine oder die andere oder beide vorliegen. Die erstere Möglichkeit folgt aus S 1 Hs 1. Er enthält mehrere Bedingungen. Diese lauten in zeitlicher Reihenfolge:

4 **A. Mediationsankündigung.** Der Kläger oder Antragsteller muß schon „im" verfahrenseinleitenden Klage- oder Antragsschriftsatz nach § 253 III Z 1 ZPO mitgeteilt haben, daß er eine Mediation oder ein anderes Verfahren einer außergerichtlichen Konfliktbeilegung entweder bereits unternommen habe oder doch zumindest beabsichtige. Das muß er zwar nicht formell nach § 294 ZPO glaubhaft, aber doch einigermaßen nachvollziehbar und damit schlüssig darstellen. Keineswegs ist eine rein floskelhafte, nicht erkennbar wirklich ernstgemeinte Mitteilung mit dem Sinn und Zweck des § 69b vereinbar. Das Gericht darf und muß daher ziemlich strenge Anforderungen stellen. Eine Nachholung der Ankündigung reicht nicht.

5 **B. Mediation usw.** Es muß vor oder in dem Verfahren eine Mediation nach dem MediationsG oder eine andere Form außergerichtlicher Konfliktbeilegung erfolgt sein, mit welchem Ergebnis auch immer. Denn S 1 gilt nur „nach" ihr. Ein bloßer Ansatz ohne Eintritt in die Mediation usw reicht nicht.

6 **C. Klage- oder Antragsrücknahme.** Anschließend an die Schritte Rn 4, 5 muß das gesamte Verfahren durch eine wirksame Rücknahme oder Klage nach § 269 ZPO oder des entsprechenden Antrags geendet haben.

7 **4) Oder: Gerichtsvorschlag einer Mediation usw, S 1 Hs 2.** Als gleichrangige andere Voraussetzung statt Rn 3–6 nennt Hs 2 den Fall, daß das Prozeßgericht und nicht nur ein Güterichter nach § 278 V ZPO oder ein Mediator nach dem MediationsG beiden Parteien und nicht nur einer von ihnen die Durchführung einer Mediation oder eines anderen Verfahrens der gerade außergerichtlichen Konfliktbeilegung vorgeschlagen hatte. Auch dann muß die Rücknahme wie nach Rn 6 gefolgt sein.

8 *Vorschlag* ist mehr als bloßer Hinweis auf eine Möglichkeit oder bloße Anheimgabe. Die Grenzen fließen. Das Gericht muß aber eindeutig gehandelt haben. Vorschlag ist etwas Erstgemeintes in Erfolgshoffnung.

9 **5) Rechtsmittelgebühren, S 2.** S 1 gilt nur für solche Gebühren eines Landes, also nicht des Bundes. Im übrigen gilt S 1 entsprechend.

Abschnitt 9. Schluss- und Übergangsvorschriften §§ 69b–71 GKG

6) Ermäßigung oder Wegfall, S 1, 2. Die Länder haben nach S 1 eine Er- 10
mächtigung, aber keine Pflicht. Das gilt zum Ob und zum Umfang, aber nicht zu
den Voraussetzungen nach Rn 3–9. Es können je Land unterschiedliche Regelungen
eintreten. Wie weit das gegen Art 3 GG verstoßen könnte, bleibt abzuwarten. Maßgebend ist, welches Land die jeweilige Verfahrensgebühr erheben darf: „zu erhebende" Gebühr ist nicht eine „erhobene" Gebühr.

7) Verstoß, S 1, 2. Es gelten mangels Sonderregelung in S 1, 2 die allgemeinen 11
Vorschriften.

Rechnungsgebühren

70 (weggefallen)

Bekanntmachung von Neufassungen

70a ¹Das Bundesministerium der Justiz und für Verbraucherschutz kann nach Änderungen den Wortlaut des Gesetzes feststellen und als Neufassung im Bundesgesetzblatt bekannt machen. ²Die Bekanntmachung muss auf diese Vorschrift Bezug nehmen und angeben

1. den Stichtag, zu dem der Wortlaut festgestellt wird,
2. die Änderungen seit der letzten Veröffentlichung des vollständigen Wortlauts im Bundesgesetzblatt sowie
3. das Inkrafttreten der Änderungen.

Übergangsvorschrift

71 ᴵ ¹In Rechtsstreitigkeiten, die vor dem Inkrafttreten einer Gesetzesänderung anhängig geworden sind, werden die Kosten nach bisherigem Recht erhoben. ²Dies gilt nicht im Verfahren über ein Rechtsmittel, das nach dem Inkrafttreten einer Gesetzesänderung eingelegt worden ist. ³Die Sätze 1 und 2 gelten auch, wenn Vorschriften geändert werden, auf die dieses Gesetz verweist.

ᴵᴵ In Strafsachen, in gerichtlichen Verfahren nach dem Gesetz über Ordnungswidrigkeiten und nach dem Strafvollzugsgesetz, auch in Verbindung mit § 92 des Jugendgerichtsgesetzes, werden die Kosten nach dem bisherigen Recht erhoben, wenn die über die Kosten ergehende Entscheidung vor dem Inkrafttreten einer Gesetzesänderung rechtskräftig geworden ist.

ᴵᴵᴵ In Insolvenzverfahren, Verteilungsverfahren nach der Schifffahrtsrechtlichen Verteilungsordnung und Verfahren der Zwangsversteigerung und Zwangsverwaltung gilt das bisherige Recht für Kosten, die vor dem Inkrafttreten einer Gesetzesänderung fällig geworden sind.

Gliederung

1) Systematik, Regelungszweck, I–III	1
2) Erste Instanz, I 1	2–5
A. Begriff	2
B. Anhängigkeit, Gesetzesänderung	3, 4
C. Streitwert	5
3) Verfahren über ein Rechtsmittel, I 2	6, 7
4) Verweisungsvorschrift, I 3	8
5) Strafsache, Bußgeldsache, Strafvollzugssache, II	9
6) Insolvenzverfahren usw, III	10

1) Systematik, Regelungszweck, I–III. § 71 sieht grundsätzlich von einer Rück- 1
wirkung ab, BVerwG JB 95, 45, Bbg JB 78, 1646, Düss JB 96, 488. Das ist rechtsstaatlich notwendig, Kblz Rpfleger 75, 447. § 71 knüpft an § 30a EGGVG an, Teil XII B dieses Buchs an. Die Vorschrift gibt unterschiedliche Anknüpfungspunkte

für die einzelnen Gebührenarten. Vgl im übrigen §§ 63 FamGKG, 134 GNotKG, 24 JVEG, 60 RVG, Teile I B, III, V, X dieses Buchs.
§ 72 hat in seinem Geltungsbereich als eine Spezialvorschrift den Vorrang. § 62 WEG, abgedruckt bei § 49 a, hat ebenfalls als eine weitere Spezialvorschrift den Vorrang. Dasselbe gilt für Art 111 FGG-RG, Grdz 2 vor § 1 FamGKG, Teil I B dieses Buchs.

2 **2) Erste Instanz, I 1.** Man muß drei Aspekte beachten.
A. Begriff. Zu den erstinstanzlichen Rechtsstreitigkeiten zählen alle selbständigen Verfahren nach der ZPO, LG Bln (wegen §§ 926 II, 927), nach der VwGO, der FGO, dem ArbGG, dem SGG.

Nicht hierher zählen Verfahren nach der StPO, dem StVollzG, dem OWiG, II, der InsO, der SVertO, dem ZVG, III (zB wegen der Rechnungsgebühren, [jetzt] § 70, Mümmler JB **76**, 761, aM AG Nürnb JB **76**, 761). Wegen der Unanwendbarkeit bei § 6 III V ZOG BVerwG JB **95**, 45.

3 **B. Anhängigkeit, Gesetzesänderung.** Der Zeitpunkt der Anhängigkeit der Sache ist für das anwendbare Recht maßgeblich, BezG Erfurt FamRZ **92**, 1209. Wenn die Anhängigkeit vor dem Inkrafttreten einer Gesetzesänderung lag, gilt unabhängig von der Art der Kostenhaftung das alte Recht, Düss JB **96**, 488, Mü MDR **95**, 1072. Andernfalls gilt das neue Recht. Anhängigkeit bedeutet nicht notwendig Rechtshängigkeit. Vielmehr reicht bereits das Schweben eines beliebigen prozessualen Verfahrens aus, BLAH § 261 ZPO Rn 1.

4 Wenn also ein *Mahnverfahren* zB nach §§ 688 ff ZPO vor dem Inkrafttreten einer Gesetzesänderung anhängig war und nach dem Inkrafttreten aber in ein streitiges Urteilsverfahren übergeleitet wurde, entstehen Gebühren und Auslagen nach dem alten Recht, Kblz MDR **96**, 969, aM LG Bayreuth JB **95**, 148, LG Frankenth MDR **95**, 1175, Mü MDR **95**, 10072 (aber Mahn- und streitiges Verfahren zB nach § 697 ZPO bilden einen einheitlichen Zivilprozeß). Dasselbe gilt natürlich für die Kosten einer vor dem Inkrafttreten einer Gesetzesänderung eingegangenen Klage und für eine erst später erhobene Widerklage nach BLAH Anh § 253 ZPO einschließlich späterer Klagerweiterungen nach §§ 263, 264 ZPO oder Widerklagerweiterungen. Für eine Kosten- oder Gebührenfreiheit nach § 2 kommt es ebenfalls auf die Anhängigkeit und daher nicht auf eine spätere Rechtsänderung an, Düss JB **96**, 488.

5 **C. Streitwert.** Der Zeitpunkt der Anhängigkeit nach Rn 3, 4 ist auch für die Frage maßgeblich, nach welchem Recht das Gericht den Streitwert festsetzen muß, BVerwG VIZ **98**, 674, Ffo JB **94**, 25 (zum EV), VGH Mannh NJW **02**, 1893 (zum KostREuroUG).

6 **3) Verfahren über ein Rechtsmittel, I 2.** In diesen Verfahren entscheidet für die Kosten der Zeitpunkt der Einlegung des Rechtsmittels, BGH MDR **16**, 241, Düss VersR **78**, 570, Mü MDR **80**, 253, also der Eingang beim Rechtsmittelgericht zB nach §§ 519 I, 549 I 1 und im Fall der sofortigen Beschwerde grundsätzlich der Eingang bei demjenigen Gericht, dessen Entscheidung man zB nach § 569 I 1 Hs 1 ZPO anficht. Der Zeitpunkt des Eingangs eines späteren Anschlußrechtsmittels zB nach § 524 ZPO ist unerheblich, Düss VersR **78**, 570, Wege SchlHA **76**, 53.

7 Das *Kostenfestsetzungsverfahren* zB nach §§ 103 ff ZPO und der Kostenansatz nach §§ 19 ff richten sich als ein Anhang zum Verfahren des Rechtszugs in einer vor dem Inkrafttreten einer Gesetzesänderung anhängig gewordenen Sache nach dem alten Recht, VGH Mü NVwZ-RR **06**, 150. Dagegen gilt für die Zulässigkeit eines *Rechtsmittels* die Regelung nach I 2.

Bei einer *Zurückverweisung* etwa nach § 538 II ZPO nach dem Inkrafttreten einer Gesetzesänderung ist für das weitere Verfahren das neue Recht anwendbar, Hbg MDR **76**, 764, Mü MDR **80**, 253. Falls das Gericht in einem Grundverfahren eine Entscheidung über das Rechtsmittel vor dem Inkrafttreten einer Gesetzesänderung getroffen hat, gilt für ein nach diesem Inkrafttreten anhängig gewordenes Betragsverfahren das neue Recht.

8 **4) Verweisungsvorschrift, I 3.** Die Zeitpunkte I 1, 2 gelten auch dann, wenn sich auch oder nur eine solche Vorschrift geändert hat, auf die das GKG lediglich verweist, zB §§ 3–9 ZPO.

Abschnitt 9. Schluss- und Übergangsvorschriften §§ 71–73 GKG

5) Strafsache, Bußgeldsache, Strafvollzugssache, II. Es kommt darauf an, ob 9 die Kostenentscheidung vor oder nach dem Inkrafttreten einer Gesetzesänderung rechtskräftig geworden ist.

6) Insolvenzverfahren usw, III. Die gegenüber I vorrangige Sondervorschrift 10 stellt klar, daß in den dort genannten Verfahren nach der InsO, der SVertO und dem ZVG die Fälligkeit vor oder nach dem Inkrafttreten einer Gesetzesänderung über die Anwendbarkeit des alten oder neuen Rechts zu Gebühren, Auslagen und zum Streitwert maßgeblich ist. Denn III geht als eine Sonderregel dem I vor und erfaßt die Kosten der in III genannten Verfahren ohne jede Ausnahme. Das alles gilt auch dann, wenn es sich im einzelnen um eine echte Rechtsstreitigkeit handelt, etwa um eine Klage nach § 179 InsO. Die Fälligkeit richtet sich nach den etwaige Sondervorschriften der einschlägigen Verfahrensordnungen, sonst nach §§ 6 ff.

Übergangsvorschrift aus Anlass des Inkrafttretens dieses Gesetzes

72 Das Gerichtskostengesetz in der Fassung der Bekanntmachung vom 15. Dezember 1975 (BGBl. I S. 3047), zuletzt geändert durch Artikel 2 Absatz 5 des Gesetzes vom 12. März 2004 (BGBl. I S. 390), und Verweisungen hierauf sind weiter anzuwenden

1. in Rechtsstreitigkeiten, die vor dem 1. Juli 2004 anhängig geworden sind; dies gilt nicht im Verfahren über ein Rechtsmittel, das nach dem 1. Juli 2004 eingelegt worden ist;
2. in Strafsachen, in gerichtlichen Verfahren nach dem Gesetz über Ordnungswidrigkeiten und nach dem Strafvollzugsgesetz, wenn die über die Kosten ergehende Entscheidung vor dem 1. Juli 2004 rechtskräftig geworden ist;
3. in Insolvenzverfahren, Verteilungsverfahren nach der Schifffahrtsrechtlichen Verteilungsordnung und Verfahren der Zwangsversteigerung und Zwangsverwaltung für Kosten, die vor dem 1. Juli 2004 fällig geworden sind.

1) Systematik, Z 1–3. Es handelt sich um eine gegenüber § 71 vorrangige Spezialvorschrift. 1

2) Regelungszweck, Z 1–3. Wie in den anderen Kostengesetzen, soll im Ge- 2 gensatz zum Grundsatz des Verfahrensrechts der Geltung des neuen Rechts auch für Altfälle, BLAH Einl III 78, das bisherige Kostenrecht im Umfang von Z 1–3 zwecks Rechtssicherheit nach BLAH Einl III 43 bestehenbleiben. Das ändert freilich nichts daran, daß auch im Kostenrecht das Prinzip besteht, das neue Recht ab seinem Inkrafttreten möglichst voll anzuwenden, wie es ja auch § 71 miterkennbar macht. Das muß man bei der Auslegung mitbeachten.

3) Geltungsbereich, Z 1–3. Die Aufzählung ist in sich abgeschlossen. Man darf 3 sie nicht durch zu eine allzu großzügige Handhabung ausweiten.

4) Anhängigkeit, Z 1. Es gilt dasselbe wie bei § 71 Rn 3, 4, OVG Weimar 4 NVwZ **05**, 235. Z 1 Hs 2 gilt nur für ein Rechtsmittel in der Hauptsache, BGH FamRZ **06**, 1107, Kblz JB **09**, 267, OVG Münst NVwZ **09**, 123. Es gilt dann aber auch beim Wert, Brdb FamRZ **07**, 71.

5) Strafsache, Bußgeldsache, Strafvollzugssache, Z 2. Es gilt dasselbe wie bei 5 § 71 Rn 9. Es kommt auf die Rechtskraft und nicht schon auf den Erlaß einer Kostengrundentscheidung an, aM AG Westerburg JB **05**, 41.

6) Insolvenzverfahren usw, Z 3. Es gilt dasselbe wie bei § 71 Rn 10. 6

Übergangsvorschrift für die Erhebung von Haftkosten

73 Bis zum Erlass landesrechtlicher Vorschriften über die Höhe des Haftkostenbeitrags, der von einem Gefangenen zu erheben ist, sind die Nummern 9010 und 9011 des Kostenverzeichnisses in der bis zum 27. Dezember 2010 geltenden Fassung anzuwenden.

Anlage 1
(zu § 3 Absatz 2)

Kostenverzeichnis (KV)

(Amtliche) Gliederung

Vorbem. Die Abkürzung KV ist nichtamtlich

	KV
Teil 1. Zivilrechtliche Verfahren vor den ordentlichen Gerichten	1100–1902
Hauptabschnitt 1. Mahnverfahren	1100
Hauptabschnitt 2. Prozessverfahren	1210–1256
Abschnitt 1. Erster Rechtszug	1210–1215
Unterabschnitt 1. Verfahren vor dem Amts- oder Landgericht	1210, 1211
Unterabschnitt 2. Verfahren vor dem Oberlandesgericht	1212, 1213
Unterabschnitt 3. Verfahren vor dem Bundesgerichtshof	1214, 1215
Abschnitt 2. Berufung und bestimmte Beschwerden	1220–1223
Abschnitt 3. Revision, Rechtsbeschwerden nach § 74 GWB, § 86 EnWG, § 35 KSpG und § 24 VSchDG	1230–1232
Abschnitt 4. Zulassung der Sprungrevision, Beschwerde gegen die Nichtzulassung der Revision sowie der Rechtsbeschwerden nach § 74 GWB, § 86 EnWG, § 35 KSpG und § 24 VSchDG	1240–1243
Abschnitt 5. Rechtsmittelverfahren des gewerblichen Rechtsschutzes vor dem Bundesgerichtshof	1250–1256
Unterabschnitt 1. Berufungsverfahren	1250–1252
Unterabschnitt 2. Beschwerdeverfahren und Rechtsbeschwerdeverfahren	1253–1256
Hauptabschnitt 3. (weggefallen)	
Hauptabschnitt 4. Arrest, Europäischer Beschluss zur vorläufigen Kontenpfändung und einstweilige Verfügung	1410–1431
Abschnitt 1. Erster Rechtszug	1410–1412
Abschnitt 2. Berufung	1420–1423
Abschnitt 3. Beschwerde	1430, 1431
Hauptabschnitt 5. Vorbereitung der grenzüberschreitenden Zwangsvollstreckung	1510–1523
Abschnitt 1. Erster Rechtszug	1510–1514
Abschnitt 2. Rechtsmittelverfahren	1520–1523
Hauptabschnitt 6. Sonstige Verfahren	1610–1643
Abschnitt 1. Selbständiges Beweisverfahren	1610
Abschnitt 2. Schiedsrichterliches Verfahren	1620–1629
Unterabschnitt 1. Erster Rechtszug	1620–1627
Unterabschnitt 2. Rechtsbeschwerde	1628, 1629
Abschnitt 3. Besondere Verfahren nach dem Gesetz gegen Wettbewerbsbeschränkungen, dem Wertpapiererwerbs- und Übernahmegesetz und dem Wertpapierhandelsgesetz	1630–1632
Abschnitt 4. Besondere Verfahren nach dem Aktiengesetz und dem Umwandlungsgesetz	1640–1644
Unterabschnitt 1. Erster Rechtszug	1640–1642
Unterabschnitt 2. Beschwerde	1643, 1644
Abschnitt 5. Sanierungs- und Reorganisationsverfahren nach dem Kreditinstitute-Reorganisationsgesetz	1650–1653
Hauptabschnitt 7. Rüge wegen Verletzung des Anspruchs auf rechtliches Gehör	1700
Hauptabschnitt 8. Sonstige Beschwerden und Rechtsbeschwerden	1810–1827
Abschnitt 1. Sonstige Beschwerden	1810–1812
Abschnitt 2. Sonstige Rechtsbeschwerden	1820–1827
Hauptabschnitt 9. Besondere Gebühren	1900–1902
Teil 2. Zwangsvollstreckung nach der Zivilprozessordnung, Insolvenzverfahren und ähnliche Verfahren	2110–2500
Hauptabschnitt 1. Zwangsvollstreckung nach der Zivilprozessordnung	2110–2124
Abschnitt 1. Erster Rechtszug	2110–2119
Abschnitt 2. Beschwerden	2120–2124
Unterabschnitt 1. Beschwerde	2120, 2121
Unterabschnitt 2. Rechtsbeschwerde	2122–2124
Hauptabschnitt 2. Verfahren nach dem Gesetz über die Zwangsversteigerung und die Zwangsverwaltung; Zwangsliquidation einer Bahneinheit	2210–2243
Abschnitt 1. Zwangsversteigerung	2210–2216
Abschnitt 2. Zwangsverwaltung	2220, 2221
Abschnitt 3. Zwangsliquidation einer Bahneinheit	2230–2232

Gliederung vor 1100 KV

	KV
Abschnitt 4. Beschwerden	2240–2243
Unterabschnitt 1. Beschwerde	2240, 2241
Unterabschnitt 2. Rechtsbeschwerde	2242, 2243
Hauptabschnitt 3. Insolvenzverfahren	2310–2364
Abschnitt 1. Eröffnungsverfahren	2310, 2311
Abschnitt 2. Durchführung des Insolvenzverfahrens auf Antrag des Schuldners	2320–2322
Abschnitt 3. Durchführung des Insolvenzverfahrens auf Antrag eines Gläubigers	2330–2332
Abschnitt 4. Besonderer Prüfungstermin und schriftliches Prüfungsverfahren (§ 177 InsO)	2340
Abschnitt 5. Restschuldbefreiung	2350
Abschnitt 6. Besondere Verfahren nach der Verordnung (EU) 2015/848	2360–2362
Abschnitt 7. Koordinationsverfahren	2370, 2371
Abschnitt 8. Beschwerden	2388–2386
Unterabschnitt 1. Beschwerde	2870, 2381
Unterabschnitt 2. Rechtsbeschwerde	2382–2386
Hauptabschnitt 4. Schifffahrtsrechtliches Verteilungsverfahren	2410–2441
Abschnitt 1. Eröffnungsverfahren	2410
Abschnitt 2. Verteilungsverfahren	2420
Abschnitt 3. Besonderer Prüfungstermin und schriftliches Prüfungsverfahren (§ 18 Satz 3 SVertO, § 177 InsO)	2430
Abschnitt 4. Beschwerde und Rechtsbeschwerde	2440, 2441
Hauptabschnitt 5. Rüge wegen Verletzung des Anspruchs auf rechtliches Gehör	2500
Teil 3. Strafsachen und gerichtliche Verfahren nach dem Strafvollzugsgesetz, auch in Verbindung mit § 92 des Jugendgerichtsgesetzes, sowie Verfahren nach dem Gesetz über die internationale Rechtshilfe in Strafsachen	3110–3920
Hauptabschnitt 1. Offizialverfahren	3110–3341
Abschnitt 1. Erster Rechtszug	3110–3119
Abschnitt 2. Berufung	3120, 3121
Abschnitt 3. Revision	3130, 3131
Abschnitt 4. Wiederaufnahmeverfahren	3140, 3141
Abschnitt 5. Psychosoziale Prozessbegleitung	3150–3152
Hauptabschnitt 2. Klageerzwingungsverfahren, unwahre Anzeige und Zurücknahme des Strafantrags	3200
Hauptabschnitt 3. Privatklage	3310–3341
Abschnitt 1. Erster Rechtszug	3310, 3311
Abschnitt 2. Berufung	3320, 3321
Abschnitt 3. Revision	3330, 3331
Abschnitt 4. Wiederaufnahmeverfahren	3340, 3341
Hauptabschnitt 4. Einziehung und verwandte Maßnahmen	3410–3451
Abschnitt 1. Antrag des Privatklägers nach § 435 StPO	3410
Abschnitt 2. Beschwerde	3420
Abschnitt 3. Berufung	3430, 3431
Abschnitt 4. Revision	3440, 3441
Abschnitt 5. Wiederaufnahmeverfahren	3450, 3451
Hauptabschnitt 5. Nebenklage	3510–3531
Abschnitt 1. Berufung	3510, 3511
Abschnitt 2. Revision	3520, 3521
Abschnitt 3. Wiederaufnahmeverfahren	3530, 3531
Hauptabschnitt 6. Sonstige Beschwerden	3600–3602
Hauptabschnitt 7. Entschädigungsverfahren	3700
Hauptabschnitt 8. Gerichtliche Verfahren nach dem Strafvollzugsgesetz, auch in Verbindung mit § 92 des Jugendgerichtsgesetzes	3810–3830
Abschnitt 1. Antrag auf gerichtliche Entscheidung	3810, 3811
Abschnitt 2. Beschwerde und Rechtsbeschwerde	3820, 3821
Abschnitt 3. Vorläufiger Rechtsschutz	3830
Hauptabschnitt 9. Sonstige Verfahren	3910–3920
Abschnitt 1. Vollstreckungshilfeverfahren wegen einer im Ausland rechtskräftig verhängten Geldsanktion	3910, 3911
Abschnitt 2. Rüge wegen Verletzung des Anspruchs auf rechtliches Gehör	3920
Teil 4. Verfahren nach dem Gesetz über Ordnungswidrigkeiten	4110–4500
Hauptabschnitt 1. Bußgeldverfahren	4110–4131
Abschnitt 1. Erster Rechtszug	4110–4112
Abschnitt 2. Rechtsbeschwerde	4120, 4121
Abschnitt 3. Wiederaufnahmeverfahren	4130, 4131
Hauptabschnitt 2. Einziehung und verwandte Maßnahmen	4210–4231
Abschnitt 1. Beschwerde	4210

KV vor 1100 Gliederung

	KV
Abschnitt 2. Rechtsbeschwerde	4220, 4221
Abschnitt 3. Wiederaufnahmeverfahren	4230, 4231
Hauptabschnitt 3. Besondere Gebühren	4300–4304
Hauptabschnitt 4. Sonstige Beschwerden	4400, 4401
Hauptabschnitt 5. Rüge wegen Verletzung des Anspruchs auf rechtliches Gehör	4500
Teil 5. Verfahren vor den Gerichten der Verwaltungsgerichtsbarkeit	5110–5601
Hauptabschnitt 1. Prozessverfahren	5110–5132
Abschnitt 1. Erster Rechtszug	5110–5115
Unterabschnitt 1. Verwaltungsgericht	5110, 5111
Unterabschnitt 2. Oberverwaltungsgericht (Verwaltungsgerichtshof)	5112, 5113
Unterabschnitt 3. Bundesverwaltungsgericht	5114, 5115
Abschnitt 2. Zulassung und Durchführung der Berufung	5120–5124
Abschnitt 3. Revision	5130–5132
Hauptabschnitt 2. Vorläufiger Rechtsschutz	5210–5241
Abschnitt 1. Verwaltungsgericht sowie Oberverwaltungsgericht (Verwaltungsgerichtshof) und Bundesverwaltungsgericht als Rechtsmittelgerichte in der Hauptsache	5210, 5211
Abschnitt 2. Oberverwaltungsgericht (Verwaltungsgerichtshof)	5220, 5221
Abschnitt 3. Bundesverwaltungsgericht	5230, 5231
Abschnitt 4. Beschwerde	5240, 5241
Hauptabschnitt 3. Besondere Verfahren	5300, 5301
Hauptabschnitt 4. Rüge wegen Verletzung des Anspruchs auf rechtliches Gehör	5400
Hauptabschnitt 5. Sonstige Beschwerden	5500–5502
Hauptabschnitt 6. Besondere Gebühren	5600, 5601
Teil 6. Verfahren vor den Gerichten der Finanzgerichtsbarkeit	6110–6600
Hauptabschnitt 1. Prozessverfahren	6110–6122
Abschnitt 1. Erster Rechtszug	6110–6113
Unterabschnitt 1. Verfahren vor dem Finanzgericht	6110, 6111
Unterabschnitt 2. Verfahren vor dem Bundesfinanzhof	6112, 6113
Abschnitt 2. Revision	6120–6122
Hauptabschnitt 2. Vorläufiger Rechtsschutz	6210–6221
Abschnitt 1. Erster Rechtszug	6210, 6211
Abschnitt 2. Beschwerde	6220, 6221
Hauptabschnitt 3. Besondere Verfahren	6300, 6301
Hauptabschnitt 4. Rüge wegen Verletzung des Anspruchs auf rechtliches Gehör	6400
Hauptabschnitt 5. Sonstige Beschwerden	6500–6502
Hauptabschnitt 6. Besondere Gebühr	6600
Teil 7. Verfahren vor den Gerichten der Sozialgerichtsbarkeit	7110–7601
Hauptabschnitt 1. Prozessverfahren	7110–7132
Abschnitt 1. Erster Rechtszug	7110–7115
Unterabschnitt 1. Verfahren vor dem Sozialgericht	7110, 7111
Unterabschnitt 2. Verfahren vor dem Landessozialgericht	7112, 7113
Unterabschnitt 3. Verfahren vor dem Bundessozialgericht	7114, 7115
Abschnitt 2. Berufung	7120–7122
Abschnitt 3. Revision	7130–7132
Hauptabschnitt 2. Vorläufiger Rechtsschutz	7210–7221
Abschnitt 1. Erster Rechtszug	7210, 7211
Abschnitt 2. Beschwerde	7220, 7221
Hauptabschnitt 3. Beweissicherungsverfahren	7300
Hauptabschnitt 4. Rüge wegen Verletzung des Anspruchs auf rechtliches Gehör	7400
Hauptabschnitt 5. Sonstige Beschwerden	7500–7504
Hauptabschnitt 6. Besondere Gebühren	7600, 7601
Teil 8. Verfahren vor den Gerichten der Arbeitsgerichtsbarkeit	8100–8700
Hauptabschnitt 1. Mahnverfahren	8100
Hauptabschnitt 2. Urteilsverfahren	8210–8235
Abschnitt 1. Erster Rechtszug	8210–8215
Abschnitt 2. Berufung	8220–8223
Abschnitt 3. Revision	8230–8235
Hauptabschnitt 3. Arrest, Europäischer Beschluss zur vorläufigen Kontenpfändung und einstweilige Verfügung	8310–8331
Abschnitt 1. Erster Rechtszug	8310, 8311
Abschnitt 2. Berufung	8320, 8323
Abschnitt 3. Beschwerde	8330, 8331
Hauptabschnitt 4. Besondere Verfahren	8400, 8401

Kostenverzeichnis **Gliederung, Vorbem 1, 1100 KV**

KV

Hauptabschnitt 5. **Rüge wegen Verletzung des Anspruchs auf rechtliches Gehör** 8500
Hauptabschnitt 6. **Sonstige Beschwerden und Rechtsbeschwerden** 8610–8624
  Abschnitt 1. Sonstige Beschwerden 8610–8614
  Abschnitt 2. Sonstige Rechtsbeschwerden 8620–8624
Hauptabschnitt 7. **Besondere Gebühr** 8700
Teil 9. **Auslagen** 9000–9019

Teil 1. Zivilrechtliche Verfahren vor den ordentlichen Gerichten

(Amtliche) Vorbemerkung 1:
Die Vorschriften dieses Teils gelten nicht für die in Teil 2 geregelten Verfahren.

Hauptabschnitt 1. Mahnverfahren

Nr.	Gebührentatbestand	Gebühr oder Satz der Gebühr nach § 34 GKG
1100	**Verfahren über den Antrag auf Erlass eines Mahnbescheids oder eines Europäischen Zahlungsbefehls**	0,5 – mindestens 32,00 €

1) **Geltungsbereich.** KV 1100 setzt 0,5 Gebühr für das nationale zB nach 1 §§ 688 ff ZPO wie für das Europäische Mahnverfahren nach §§ 1087 ff ZPO fest, ordnet aber stets eine evtl gegenüber dem Streitwert erhebliche Mindestgebühr an. Die 0,5 Gebühr oder die Mindestgebühr entsteht also auch dann, wenn das Mahnverfahren ohne eine gerichtliche Entscheidung endet, zB wegen einer Antragsrücknahme, Fischer MDR 97, 707, Schneider JB 03, 4.
Grundgedanke war da die Überlegung, das Mahnverfahren möglichst zu fördern. Dieses Verfahren sollte nicht zu teuer werden. Die Mindestgebühr schränkt diese soziale Überlegung gerade für den minderbemittelten Antragsteller beim kleinen Alltagsfall erheblich ein. Freilich muß evtl der unterliegende Gegner als ein Entscheidungsschuldner die Mahngebühr erstatten.
Man muß bei einem anschließenden *streitigen* Verfahren auf die dortige 3,0 Gebühr 2 die Gebühr des KV 1100 im Rahmen von KV 1210 amtliche Anmerkung S 1 Hs 2 anrechnen. Wegen der Anrechnung von KV 1121 vgl KV 1210 amtliche Anmerkung S 2. Dann entsteht also bei einer Anrechnung von KV 1100 nur im ganzen eine 2,5 Gebühr oder mindestens eine um 32 EUR geminderte Gebühr KV 1210. Freilich erreicht das Gesetz diese Absicht nach Rn 5 nur dann, wenn das streitige Verfahren auch stattfindet. Die Zurücknahme des Antrags auf ein streitiges Verfahren nach § 696 IV ZPO ist für KV 1100 unerheblich.
Im Verfahren vor den *Arbeitsgerichten* nach §§ 46 a, b ArbGG gelten KV 8100 sowie KV 8210 amtliche Anmerkung II. Im Verfahren vor dem Sozialgericht schreibt § 184 I 3 SGG, Teil II B dieses Buchs, eine Anrechnung vor.

2) **Verfahrensgebühr.** Die Mahngebühr ist eine Verfahrensgebühr. Sie entsteht, 3 sobald ein Antrag auf den Erlaß eines Mahnbescheids zB nach § 690 ZPO bei dem richtigen oder falschen Gericht eingeht, Wolff NJW 03, 553, aM Fischer MDR 94, 124 (aber § 6 I Z 1 ist eindeutig). Sie entsteht auch bei einem unzulässigen Mahnverfahren. Sie bleibt unabhängig vom weiteren Verlauf des Mahnverfahrens bestehen. Sie gilt auch den Vollstreckungsbescheid zB nach § 699 ZPO ab, ebenso einen zB Kostenbeschluß nach § 91 a ZPO im Mahnverfahren. Sie wird nicht zurückgezahlt und allenfalls nach Rn 2 angerechnet. Sie entsteht für jedes Mahnverfahren unabhängig von der Zahl der Antragsteller und/oder Antragsgegner nur einmal. Das ergibt schon der Wortlaut von KV 1100.

425

KV 1100, Vorbem 1.2.1, 1210 Kostenverzeichnis

4 **3) Weitere Einzelfragen.** Streitwert ist der Wert des im Mahnverfahren verfolgten Anspruchs unabhängig vom Umfang eines Widerspruchs zB nach § 696 ZPO und von einer etwaigen Klagerweiterung nach §§ 263, 264 ZPO im anschließenden streitigen Verfahren. Schuldner ist der Antragsteller, § 22, vgl auch § 29. Mehrere Antragsteller sind Gesamtschuldner der Kosten. Es ist unbedenklich, dem Mahnschuldner bei einer persönlichen Gebührenfreiheit des Antragstellers nach § 2 oder bei der Bewilligung einer Prozeßkostenhilfe zu Gunsten des Antragstellers nach §§ 114 ff ZPO die Kostenzahlung aufzugeben. Es ist zulässig, die Kosten erst nach dem Erlaß des Vollstreckungsbescheids einzuziehen.

Hauptabschnitt 2. Prozessverfahren

Abschnitt 1. Erster Rechtszug

(Amtliche) Vorbemerkung 1.2.1:

Die Gebühren dieses Abschnitts entstehen nicht im Musterverfahren nach dem KapMuG; das erstinstanzliche Musterverfahren gilt als Teil des ersten Rechtszugs des Prozessverfahrens.

Unterabschnitt 1. Verfahren vor dem Amts- oder Landgericht

Nr.	Gebührentatbestand	Gebühr oder Satz der Gebühr nach § 34 GKG
1210	Verfahren im Allgemeinen	3,0
	I ¹Soweit wegen desselben Streitgegenstands ein Mahnverfahren vorausgegangen ist, entsteht die Gebühr mit dem Eingang der Akten bei dem Gericht, an das der Rechtsstreit nach Erhebung des Widerspruchs oder Einlegung des Einspruchs abgegeben wird; in diesem Fall wird eine Gebühr 1100 nach dem Wert des Streitgegenstands angerechnet, der in das Prozessverfahren übergegangen ist. ²Satz 1 gilt entsprechend, wenn wegen desselben Streitgegenstands ein Europäisches Mahnverfahren vorausgegangen ist. II Soweit der Kläger wegen desselben Streitgegenstands einen Anspruch zum Musterverfahren angemeldet hat (§ 10 Abs. 2 KapMuG), wird insoweit die Gebühr 1902 angerechnet.	

Gliederung

1) Systematik	1
2) Regelungszweck	2
3) Geltungsbereich	3
4) Verfahrensgebühr nach Mahnverfahren, amtliche Anmerkung I	4–9
A. Widerspruch	4
B. Nichtbetreiben	5
C. Mehrere Widersprüche	6
D. Einspruch	7
E. Nachverfahren	8
5) Anrechnung, amtliche Anmerkung II	9
6) Verfahrensgebühr bei Klage usw: Pauschale	10–12
7) Entstehung, Fälligkeit	13–18
A. Klage	13
B. Klagerweiterung	14
C. Widerklage	15
D. Rechtsmittelschrift	16
E. Antrag auf streitiges Verfahren; Einspruch	17
F. Unabhängigkeit vom Klageschicksal	18
8) Kostenschuldner usw	19–22
9) Streitwert	23–27
A. Nach Mahnverfahren	23, 24

Kostenverzeichnis **1210 KV**

    B. Bei Klage usw 25
    C. Keine nachträgliche Verminderung 26
    D. Wertänderung 27

1) Systematik. Im „Prozeßverfahren", einer unglücklichen Wortbildung (aus- 1
reichen würde „Prozeß" oder etwa „Klageverfahren"), entsteht regelmäßig die Gebühr KV 1210 für das gesamte Verfahren im allgemeinen, Stgt MDR **15**, 1103. Es entsteht nach Rn 11 in keiner Instanz eine Urteilsgebühr, Stgt MDR **15**, 1103. Hinzu kann evtl die Vergleichsgebühr KV 1900 treten. Sie entsteht zwar im Prozeß, aber nicht durch den Prozeß. Denn sie entsteht nur insoweit, als der Wert des Vergleichs den Wert des Streitgegenstands überschreitet. Jede dieser Gebühren ist von der anderen unabhängig und kann von einem eigenen Streitwert entstehen.

Ein *Musterverfahren* nach dem KapMuG, abgedruckt bei BLAH SchlAnh VIII, gilt nach der amtlichen Vorbemerkung 1.2.1 Hs 2 als Teil des erstinstanzlichen Prozeßverfahrens, in das es sich ja nach § 1 KapMuG nur hineinschiebt. Folglich entstehen nach der amtlichen Vorbemerkung 1.2.1 Hs 1 für das Musterverfahren neben den Gebühren für das Ausgangs-Prozeßverfahren nach KV 1210ff im ersten Rechtszug scheinbar keine zusätzlichen derartigen Gebühren. KV 1902 hat aber, auch als jüngere Spezialvorschrift, den Vorrang (wahrscheinlich hat der Gesetzgeber vergessen, die anteilige Vorbemerkung 1.2.1 mitzubedenken).

2) Regelungszweck. Die Vorschrift soll die Anrufung des Gerichts durch eine 2
hohe Pauschalgebühr verteuern und dadurch die Prozeßflut eindämmen, Stgt MDR **01**, 1134. Sie soll außerdem im Interesse der Prozeßwirtschaftlichkeit nach BLAH Grdz 14 vor § 128 ZPO die Abrechnung erstinstanzlicher Prozesse vereinfachen, LG Hbg MDR **98**, 1375. Beides muß man bei der Auslegung mitbeachten.

3) Geltungsbereich. Mit dem Begriff „Prozeßverfahren" meint der gesamte 3
Hauptabschnitt 2 den eigentlichen Prozeß, also das durch eine Klage nach § 253 ZPO oder durch den Übergang vom Mahnverfahren in das streitige Verfahren nach § 697 ZPO eingeleitete und durch ein Endurteil endende Verfahren, nach Rn 11 auch durch ein Versäumnisurteil nach §§ 330ff ZPO. Dahin gehören auch: Der Urkundenprozeß nach §§ 592ff ZPO; der Scheckprozeß nach §§ 602ff ZPO; der Wechselprozeß nach § 605a ZPO; eine im Prozeßweg erledigte Schiedssache (Aufhebungsklage) nach § 1032 ZPO.

Nicht hierher gehören: Das Eilverfahren nach §§ 916ff, 935ff ZPO, KV 1410ff; eine Vollstreckbarerklärung im schiedsrichterlichen Verfahren nach §§ 1059ff ZPO, KV 1620ff.

4) Verfahrensgebühr nach Mahnverfahren, amtliche Anmerkung I. Ein Pro- 4
zeßverfahren oder streitiges Verfahren findet nach einem vorausgegangenen Mahnverfahren in den folgenden Fällen statt.

A. Widerspruch. Ein Prozeßverfahren beginnt prozessual dann, wenn nach einem Widerspruch gegen einen Mahnbescheid eine der Parteien nach § 696 I 1 ZPO einen Antrag auf die Durchführung eines streitigen Verfahrens stellt, Bbg (7. ZS) JB **98**, 653, LG Fulda RR **99**, 221, LG Kblz JB **99**, 260, aM Bbg (4. ZS) RR **01**, 574 (erst bei einer Abgabe an das Streitgericht). Es ist unerheblich, welche der Parteien den Antrag stellt, Düss RR **97**, 704, Mü MDR **97**, 891, LG Fulda RR **99**, 221.

Soweit eine Partei den Antrag bereits zusammen mit dem Mahnantrag vorsorglich gestellt hat, sei es mit einem oder ohne einen vorsorglichen Verweisungsantrag, beginnt das Prozeßverfahren *kostenrechtlich* nach der amtlichen Anmerkung Hs 1 mit dem Eingang der vollständigen *Akten* beim Gericht des streitigen Verfahrens, (je zum alten Recht) Hamm JB **02**, 89, KG JB **02**, 86, Rostock MDR **02**, 666. Dadurch ist der frühere Streit beendet. Das gilt auch nach einem Einspruch gegen einen Vollstreckungsbescheid. Der Akteneingang beim unzuständigen Gericht reicht aus. Die Zahlung der Gebühr KV 1210 nach einer Anfrage des Gerichts, ob man ein streitiges Verfahren beantrage, reicht daher nicht mehr aus.

Das alles gilt nur für die Frage der *Entstehung* der Gebühr KV 1210 und für die *daraus* abgeleitete Frage der *Anrechenbarkeit* der Mahngebühr KV 1100. Es kommt dabei auf den etwaigen Posteingangsstempel und nur bei dessen Fehlen auf den Eingangsstempel der Geschäftsstelle der Abteilung oder Kammer an.

KV 1210

5 **B. Nichtbetreiben.** Ein Nichtbetreiben des Verfahrens nach dem Widerspruch, aber vor dem Antrag auf ein streitiges Verfahren genügt zwar an sich nicht, LG Würzb JB **98**, 147. Nach einem solchen Antrag bleibt aber KV 1210 trotz eines etwaigen Nichtbetreibens anwendbar, Düss RR **98**, 1077, Hbg MDR **98**, 1121, LG Bbg JB **98**, 147, aM LG Bautzen MDR **01**, 1379, AG Hbg RR **99**, 1298 (Vorlage beim BVerfG. Aber der Antrag löste nun einmal eine weitere Gebühr aus, selbst wenn sich der Antragsteller anschließend zu ihm gegenläufig verhielt), Zimmermann JB **97**, 230.

6 **C. Mehrere Widersprüche.** Wenn gegen *mehrere Mahnbescheide* Widersprüche nach § 694 ZPO vorliegen und das Gericht die Verfahren gleichzeitig verbindet, tritt keine Rückwirkung der Widersprüche auf den Zeitpunkt vor der Verbindung ein. Deshalb bleiben die Einzelstreitwerte maßgeblich, Hamm Rpfleger **83**, 177, Oldb JB **03**, 322. Wenn ein Prozeßverfahren gegen mehrere Widersprechende bei verschiedenen Gerichten anhängig wird, entsteht die Gebühr KV 1210 für jedes Prozeßverfahren nach dem jeweiligen Streitwert, Hamm Rpfleger **83**, 177.

7 **D. Einspruch.** Ein Prozeßverfahren beginnt ferner mit einem Einspruch gegen einen Vollstreckungsbescheid nach Rn 22.

8 **E. Nachverfahren.** Ein Prozeßverfahren entsteht schließlich dann, wenn das Gericht einen Urkunden-, Wechsel- oder Scheckmahnbescheid nach § 703 a ZPO erlassen hatte und wenn der Antragsgegner nun nur den Antrag stellt, das Nachverfahren nach § 600 ZPO einzuleiten. Das Prozeßverfahren beginnt dann mit der Ladung des Gegners zum Nachverfahren, aM Meyer 15 (Akteneinfügung beim Prozeßgericht). Die Gebühr KV 1100 wird nach KV 1210 amtliche Anmerkung Hs 2 *angerechnet*.

9 **5) Anrechnung, amtliche Anmerkung II.** Sie erfolgt bei § 10 II KapMuG, abgedruckt bei BLAH SchlAnh VIII, wegen der Gebühr KV 1902 bei demselben Streitgegenstand nach BLAH § 2 ZPO Rn. 4.

10 **6) Verfahrensgebühr bei Klage usw: Pauschale.** Die Verfahrensgebühr besteuert das „Verfahren im allgemeinen". Sie entsteht durch jede einzelne durch das Gericht oder dem Gericht gegenüber im Lauf des Prozesses erfolgte Prozeßhandlung neu, Schlesw JB **96**, 204. Sie entsteht auch durch irgendeine nach der Aufhebung der Bewilligung einer Prozeßkostenhilfe nach § 124 ZPO erfolgte Prozeßhandlung nach BLAH Grdz 46, 47 vor § 128 ZPO. Sie entsteht aber nach Rn 11, 15 insgesamt nur einmal, Kblz JB **13**, 213.

Sie entsteht im übrigen dann *nicht,* wenn der Kläger die Klage nach der Aufhebung der Bewilligung der Prozeßkostenhilfe sofort nach § 269 ZPO *zurücknimmt* oder nach einer Versagung der Prozeßkostenhilfe nach § 127 I ZPO eine bedingte Klage nicht weiterbetreibt, Kblz FamRZ **98**, 312 (KV 1211). Denn diese Klagerücknahme ist keine solche Prozeßhandlung, die sich gerade auf den Fortgang des Verfahrens richtet.

11 Eine *Urteilsgebühr* entsteht *nicht* mehr, auch nicht als ein trennbarer Bestandteil der Pauschale, Düss MDR **97**, 301. Die Verfahrensgebühr gilt nach § 35 sämtliche Prozeßhandlungen ab, für die das Gesetz keine besonderen Gebühren vorsieht. Sie gilt insbesondere mit ab: Ein nichtstreitiges Urteil, also ein Versäumnisurteil gegenüber der säumigen Partei nach §§ 330, 331 II Hs 1 ZPO, KV 1211 Rn 2 (also keine Ermäßigung), Düss MDR **97**, 301, Hbg MDR **98**, 623, KG JB **99**, 152; ein Anerkenntnisurteil nach § 307 ZPO; ein Verzichtsurteil nach § 306 ZPO, Stgt JB **99**, 423 (vgl freilich die Ermäßigung KV 1211 Z 2); einen außergerichtlichen Vergleich nach § 779 BGB oder einen Prozeßvergleich nach BLAH Anh § 307 ZPO (die Vergleichsgebühr nach KV 1900 betrifft nur den nicht im Prozeß befangenen Teil. Vgl freilich die Ermäßigung KV 1211 Z 3), Kblz JB **13**, 213. Wegen der EuGVVO vgl KV 1510.

12 Die Verfahrensgebühr gilt auch ein sog *unechtes Versäumnisurteil* gegenüber dem Kläger nach § 331 II Hs 2 ZPO ab.

13 **7) Entstehung, Fälligkeit.** Die Verfahrensgebühr entsteht und wird fällig, soweit eine der folgenden Voraussetzungen vorliegt.

A. Klage. Die Verfahrensgebühr entsteht nach (jetzt) § 6 I mit der Einreichung der unbedingten und auch unterschriebenen Klageschrift beim Gericht, Kblz FamRZ **13**, 1245, Stgt MDR **11**, 635, OVG Magdeb NVwZ-RR **10**, 823. Es kommt also nicht darauf an, ob der Klägervertreter anschließend darum bittet, die Sache vorerst liegen zu lassen, Kblz MDR **95**, 1269, oder ob das Gericht die Klageschrift dem Gegner nach

§ 271 ZPO zustellen läßt, ob der Kläger also die Klage auch nach §§ 253, 261 ZPO erhebt, KG JB **98**, 429, Mü MDR **96**, 1075, Schlesw AnwBl **97**, 288 („Erledigung" vor Rechtshängigkeit), aM Düss MDR **00**, 1457. Nach einem Widerspruch nach § 694 ZPO wird nach der amtlichen Anmerkung Hs 1 die weitere Gebühr mit der Anhängigkeit beim Gericht des streitigen Verfahrens fällig, LG Memmingen JB **97**, 434. Wegen der Fälligkeit der anzurechnenden Mahngebühr § 6 I.

Prozeßkostenhilfe nach §§ 114 ff ZPO kann eine zulässige Bedingung der Klagerhebung sein. Dann tritt eine Fälligkeit erst mit der Bewilligung oder dann ein, wenn der Kläger aus welchem Grund auch immer erklärt, er wünsche jetzt die Klage unabhängig vom Prozeßkostenhilfeverfahren einzureichen, oder wenn er nun den Vorschuß mit einer Rücknahme des Prozeßkostenhilfegesuchs oder ohne sie zahlt, Meyer 22, aM Mü MDR **97**, 890. Die Anforderung einer Kostenrechnung oder einer Wertfestsetzung hat dieselbe Folge.

B. Klagerweiterung. Die Verfahrensgebühr entsteht ferner, soweit der Kläger die **14** Klage durch einen mündlichen Vortrag oder durch die Einreichung eines Schriftsatzes nach §§ 256 II, 263, 264 ZPO erweitert, OVG Magdeb NVwZ-RR **10**, 823. Die zur Erhebung der erweiterten Klage notwendige Zustellung ist nach § 6 ebenso wie diejenige der ersten Klage entbehrlich.

C. Widerklage. Die Verfahrensgebühr entsteht nicht zweimal, sondern nur einmal **15** dann, wenn der Bekl eine Widerklage nach BLAH Anh § 253 ZPO einreicht. Das gilt selbst dann, wenn das Gericht die Klage und eine Widerklage zunächst getrennt behandelt hat und in beiden Verfahren das persönliche Erscheinen der Parteien zB nach § 141 ZPO angeordnet hat, sofern es hier im weiteren Verfahrensverlauf zur gemeinsamen Verhandlung kommt, KG Rpfleger **78**, 270. Man muß auch einen im Prozeß geltend gemachten Ersatzanspruch nach §§ 302 IV, 600 II, 717 II ZPO als eine Widerklage nach KV 1210 ansehen, obwohl ein solcher Ersatzanspruch prozessual keine Widerklage zu sein braucht.

Auch eine *Hilfswiderklage* nach BLAH Anh § 253 ZPO Rn 12 läßt nach § 45 Rn 3 die Verfahrensgebühr entstehen. Jedoch kann die Verfahrensgebühr später rückwirkend entfallen, sofern das Gericht über die Hilfswiderklage nicht zu entscheiden braucht.

D. Rechtsmittelschrift. Eine Verfahrensgebühr entsteht ferner mit der Einrei- **16** chung einer Berufungsschrift, Revisionsschrift oder Anschließungsschrift nach KV 1220, 1230. Auch dann reicht die bloße Einreichung aus.

E. Antrag auf streitiges Verfahren; Einspruch. Die Verfahrensgebühr entsteht **17** schließlich dann, wenn im Anschluß an ein Mahnverfahren eine der Parteien nach Rn 5 den Antrag auf die Durchführung des streitigen Verfahrens nach § 696 IV ZPO stellt oder wenn der Bekl gegen einen Vollstreckungsbescheid nach § 700 ZPO Einspruch einlegt und die Akten daraufhin beim Gericht des streitigen Verfahrens eingehen, amtliche Anmerkung Hs 1, oder wenn das ArbG einen Termin anberaumt. Hatte der Kläger seinen Antrag auf die Durchführung des streitigen Verfahrens wie meist bereits mit dem Mahnantrag verbunden, tritt die Fälligkeit ebenfalls erst im vorgenannten Zeitpunkt ein. Eine nachträgliche Rücknahme des Antrags auf die Durchführung des streitigen Verfahrens läßt die Gebühr KV 1210 unverändert bestehenbleiben.

F. Unabhängigkeit vom Klageschicksal. Es ist kostenrechtlich belanglos, ob **18** der Kläger seine Klage usw prozessual zulässig oder ordnungsmäßig erhoben hat, BFH BB **85**, 985, Stgt MDR **11**, 635. Soweit eine Verfahrensgebühr entstanden ist, bleibt das spätere Schicksal der Klage usw unerheblich, Mü JB **78**, 1853, LG Hbg KTS **75**, 45. Ffm RR **17**, 448 läßt die Verfahrensgebühr sogar bei einer versehentlichen Doppeleinreichung nochmals entstehen (? Zu formell?).

Ausnahmsweise ermäßigt sich der Gebührenanspruch nach KV 1211, 1222 usw, sofern eine *Klagerücknahme usw* oder eine Rechtsmittelrücknahme usw vorliegen.

8) Kostenschuldner usw. Nach § 22 haftet derjenige für die Kosten, der das Ver- **19** fahren der Instanz beantragt hat. Mit dem streitigen Verfahren beginnt nach (jetzt) § 22 Rn 13 gegenüber dem Mahnverfahren eine neue kostenrechtliche Instanz, Düss JB **92**, 102, Hbg MDR **84**, 413, Köln Rpfleger **83**, 460.

Hat nun der Antrag*steller* des Mahnverfahrens das streitige Verfahren beantragt, haf- **20** tet er und muß nach (jetzt) § 12 III 3 vorwegleisten, Düss RR **97**, 704. Das gilt un-

KV 1210

abhängig davon, ob er den Antrag vor oder nach dem Erlaß des Mahnbescheids gestellt hatte, LG Kblz JB **99**, 260.

21 Hat der Antrags*gegner* des Mahnverfahrens das streitige Verfahren beantragt, ist er auch Kostenschuldner, Düss RR **97**, 704, Zweibr JB **07**, 372, LG Osnabr JB **03**, 371, aM Bre JB **76**, 349, KG Rpfleger **80**, 121 (aber Antrag bleibt Antrag).

22 Bei einem Einspruch gegen einen *Vollstreckungsbescheid* nach § 700 III ZPO ist kein Antrag auf die Durchführung des streitigen Verfahrens notwendig, Düss JB **92**, 102, Köln Rpfleger **83**, 460, Schneider JB **03**, 4. Daher beginnt das Prozeßverfahren kostenmäßig dann nach der amtlichen Anmerkung Hs 1 bereits mit dem Eingang der Akten bei demjenigen Gericht des streitigen Verfahrens, das das Mahngericht im Mahnbescheid nach § 692 I Z 1 ZPO bezeichnet hatte. Antragschuldner ist dann nach § 22 Rn 18 nur derjenige, der den Vollstreckungsbescheid nach § 699 ZPO beantragt hat.

23 **9) Streitwert.** Man muß zwei Situationen unterscheiden.

A. Nach Mahnverfahren. Streitwert ist für das streitige Verfahren derjenige Wert, der in diese Instanz gelangt, Drsd JB **04**, 378, Hbg MDR **01**, 294, Mü AnwBl **01**, 127. Wenn das Gericht also einen Mahnbescheid über 1000 EUR erlassen hat und wenn nun eine Partei ein streitiges Verfahren wegen des Gesamtbetrags beantragt, ist dieser Betrag von 1000 EUR maßgebend, selbst wenn es später zB zu einer Teilerledigung usw kommt, LG Hagen MDR **97**, 790, aM Mü AnwBl **01**, 127 (aber § 40 gilt auch hier).

Wenn eine Partei ein streitiges Verfahren aber nur wegen eines *Teilbetrags* beantragt hat, beträgt der Streitwert für dieses streitige Verfahren nur diesen Teilbetrag, Düss RR **98**, 1077, Mü MDR **99**, 508, Stgt MDR **99**, 634, aM (je zum alten Recht) Bbg JB **98**, 653, Hbg MDR **98**, 1121. Man muß dann auf die nach KV 1210 nach diesem bloßen Teilbetrag errechnete 3,0 Gebühr die nach KV 1100 nach demselben Teilbetrag entstehende Gebühr anrechnen. Das ergibt sich aus der amtlichen Anmerkung Hs 2. Es gilt auch dann, wenn der Antragsteller im Mahnverfahren seine höhere Forderung nur versehentlich gestellt hatte, Düss RR **98**, 1077. Stets bleibt aber die Mindestgebühr von 23 EUR nach KV 1100 (Vorrang vor § 34 II) auch bei der Berechnung des nach der amtlichen Anmerkung Hs 2 anrechenbaren Betrags bestehen.

24 Wenn das Gericht nach der Abgabe oder nach einer Verweisung einen *Termin* anberaumt, ist für den Streitwert derjenige Betrag maßgebend, der in das streitige Verfahren gekommen ist. Sofern der Schuldner inzwischen Abzahlungen geleistet hat, ist derjenige Betrag maßgeblich, den der Gläubiger noch am Tag des Akteneingangs bei demjenigen Gericht verlangt hat, an das das Mahngericht die Sache abgegeben oder verwiesen hat. Denn nur in dieser Höhe ist die Sache nach § 697 I 4 ZPO in Wahrheit in das streitige Verfahren gelangt.

25 **B. Bei Klage usw.** Der Streitwert berechnet sich nach demjenigen der Klage. Bei einer Klagerweiterung nach §§ 263, 264 ZPO erhöht sich die Gebühr nach § 40 Rn 3, 4 entsprechend, OVG Magdeb NVwZ-RR **10**, 823. Denn sie entsteht als eine Verfahrensgebühr nach dem neuen Streitwert. Man muß also den alten und den neuen Streitwert vergleichen. Das gilt auch insofern, als das Gericht einen Antrag auf eine Prozeßkostenhilfe für die Klagerweiterung abgelehnt hat, sofern es die Prozeßkostenhilfe für den ursprünglichen Klaganspruch bewilligt hatte. Denn man würde andernfalls den Kläger durch die Ablehnung des Antrags im Umfang der Klagerweiterung mittelbar mit Kosten belasten. Bei einer Verbindung nach § 147 ZPO muß man nach § 5 ZPO bis zur Grenze (jetzt) des § 36 II addieren, Hamm JB **05**, 598, Kblz MDR **05**, 1017, Meyer JB **99**, 240.

26 **C. Keine nachträgliche Verminderung.** Die Verfahrensgebühr kann sich nicht nachträglich vermindern, Köln JB **11**, 489. Daraus folgt: Bei einer Erledigung eines Teils des Anspruchs nach § 91a ZPO und der anschließenden Wiedererhöhung des Klaganspruchs durch einen neuen Anspruch muß man diesen neuen dem Streitwert hinzurechnen, sofern keine Klagrücknahme nach § 269 ZPO vorliegt, KG MDR **08**, 173, Mü MDR **97**, 688.

Beispiel: Die Klageforderung beträgt 5000 EUR. Nach einer Verhandlung zur Sache erledigt sich die Hauptsache in Höhe von 2000 EUR. Anschließend erweitert der Kläger die Klageforderung um 2000 EUR auf Grund eines anderen Sachverhalts. Der Streitwert beträgt jetzt 7000 EUR.

Kostenverzeichnis **1210, 1211 KV**

D. Wertänderung. Eine Wertänderung ist beachtlich, § 40. Das gilt zB bei einer 27
Prozeßverbindung nach § 147 ZPO. In der höheren Instanz berechnet sich der Streitwert nach § 47 I 1 nach den Anträgen des Rechtsmittelklägers, andernfalls nach S 2, stets begrenzt gemäß § 47 II. Die Verfahrensgebühr erhöht sich dann nicht, wenn ein Vergleich den Streitgegenstand nach BLAH § 2 ZPO Rn 4 überschreitet. Denn der überschießende Teil gehört ja nicht zum streitigen Verfahren, KV 1900 Rn 6 ff. Eine Prozeßverbindung läßt die bereits entstandenen Verfahrensgebühren unberührt.

Nr.	Gebührentatbestand	Gebühr oder Satz der Gebühr nach § 34 GKG

1211	Beendigung des gesamten Verfahrens durch
	1. Zurücknahme der Klage
	   a) vor dem Schluss der mündlichen Verhandlung,
	   b) in den Fällen des § 128 Abs. 2 ZPO vor dem Zeitpunkt, der dem Schluss der mündlichen Verhandlung entspricht,
	   c) im Verfahren nach § 495a ZPO, in dem eine mündliche Verhandlung nicht stattfindet, vor Ablauf des Tages, an dem eine Ladung zum Termin zur Verkündung des Urteils zugestellt oder das schriftliche Urteil der Geschäftsstelle übermittelt wird,
	   d) im Fall des § 331 Abs. 3 ZPO vor Ablauf des Tages, an dem das Urteil der Geschäftsstelle übermittelt wird oder
	   e) im europäischen Verfahren für geringfügige Forderungen, in dem eine mündliche Verhandlung nicht stattfindet, vor Ablauf des Tages, an dem das schriftliche Urteil der Geschäftsstelle übermittelt wird,
	wenn keine Entscheidung nach § 269 Abs. 3 Satz 3 ZPO über die Kosten ergeht oder die Entscheidung einer zuvor mitgeteilten Einigung der Parteien über die Kostentragung oder der Kostenübernahmeerklärung einer Partei folgt,
	2. Anerkenntnisurteil, Verzichtsurteil oder Urteil, das nach § 313a Abs. 2 ZPO keinen Tatbestand und keine Entscheidungsgründe enthält, oder nur deshalb Tatbestand und die Entscheidungsgründe enthält, weil zu erwarten ist, dass das Urteil im Ausland geltend gemacht wird (§ 313a Abs. 4 Nr. 5 ZPO),
	3. gerichtlichen Vergleich oder Beschluss nach § 23 Abs. 3 KapMuG oder
	4. Erledigungserklärungen nach § 91a ZPO, wenn keine Entscheidung über die Kosten ergeht oder die Entscheidung einer zuvor mitgeteilten Einigung der Parteien über die Kostentragung oder der Kostenübernahmeerklärung einer Partei folgt,
	es sei denn, dass bereits ein anderes als eines der in Nummer 2 genannten Urteile, eine Entscheidung über einen Antrag auf Erlass einer Sicherungsanordnung oder ein Musterentscheid nach dem KapMuG vorausgegangen ist:
	Die Gebühr 1210 ermäßigt sich auf ....
		1,0

	¹Die Zurücknahme des Antrags auf Durchführung des streitigen Verfahrens, des Widerspruchs gegen den Mahn-	

KV 1211

Nr.	Gebührentatbestand	Gebühr oder Satz der Gebühr nach § 34 GKG
	bescheid oder des Einspruchs gegen den Vollstreckungsbescheid stehen der Zurücknahme der Klage gleich. ²Die Vervollständigung eines ohne Tatbestand und Entscheidungsgründe hergestellten Urteils (§ 313a Abs. 5 ZPO) steht der Ermäßigung nicht entgegen. ³Die Gebühr ermäßigt sich auch, wenn mehrere Ermäßigungstatbestände erfüllt sind.	

Gliederung

1) Systematik, Z 1–4 1
2) Regelungszweck, Z 1–4 2
3) Notwendigkeit einer Gesamtbeendigung, Z 1–4 ... 3
4) Klagerücknahme, Z 1 4–10
   A. Begriff, Z 1 a–e 4
   B. Beispiele zur Frage einer Klagerücknahme, Z 1 a–e ... 5
   C. Zurücknahme vor Verhandlungsschluß, Z 1 a ... 6
   D. Zurücknahme vor dem in § 128 II ZPO genannten Zeitpunkt, Z 1 b ... 7
   E. Zurücknahme vor dem jeweils maßgebenden Zeitpunkt im Kleinverfahren nach § 495a ZPO, Z 1 c ... 8
   F. Zurücknahme beim Versäumnisurteil im schriftlichen Vorverfahren, § 331 III ZPO, Z 1 d ... 9
   G. Zurücknahme im europäischen Verfahren Z 1 e ... 10
5) Anerkenntnis- oder Verzichtsurteil oder Urteil nach § 313a II ZPO usw, Z 2 ... 11–15
   A. Begriffe, Z 2 11
   B. Teilanerkenntnis 12
   C. „Verwahrung gegen die Kosten" 13
   D. „Stuhlurteil" 14
   E. Unanwendbarkeit 15
6) Gerichtlicher Vergleich, Beschluß nach § 23 III KapMuG, Z 3 ... 16
7) Erledigterklärungen, Z 4 17
8) Zusammentreffen mehrerer Ermäßigungstatbestände, amtliche Anmerkung S 3 ... 18

1   **1) Systematik, Z 1–4.** Die Verfahrensgebühren und die verwandten Gebühren entstehen nach § 6 I jeweils mit dem Eingang des Antrags. KV 1211 ist eine Ausnahme vom Grundsatz des KV 1210, Kblz MDR **05**, 119, Nürnb MDR **97**, 400, Oldb RR **99**, 942. Die Vorschrift schafft durch eine erhebliche Ermäßigung der Gebühr KV 1210 Vergünstigungen, solange das gesamte Verfahren vor demjenigen Zeitpunkt endet, den KV 1211 nach seinem Gesamttext jeweils bestimmt. Die Vorschrift nennt jetzt eine wesentlich einfacher ermittelbare Reihe von Voraussetzungen einer Ermäßigung. Von einem Gebührenwegfall spricht KV 1211 nicht. Wegen weitergehender Ermäßigungs- oder Wegfallmöglichkeiten § 69b.

2   **2) Regelungszweck, Z 1–4.** Die Regelung dient der Kostengerechtigkeit, Roloff NZA **07**, 902. Sie stellt auf einfach faßbare Voraussetzungen einer Gebührenermäßigung ab. Sie dient insofern der Prozeßwirtschaftlichkeit nach BLAH Grdz 14 vor § 128 ZPO, Roloff NZA **07**, 902. Das muß man bei der Auslegung mitbeachten, Kblz MDR **05**, 119. Andererseits verbietet der Ausnahmecharakter nach Rn 1 eine zu weite Auslegung, Brschw BauR **16**, 543, KG FamRZ **12**, 1165 (zu KVFam 1221), Stgt MDR **15**, 1103, aM Schneider MDR **99**, 463 (aber man darf eine Ausnahmevorschrift fast nie weit auslegen, BLAH Einl III 36).

Indessen hat der Kostengesetzgeber einen weiten Gestaltungsrahmen. Es gilt der *Gleichheitsgrundsatz* des Art 3 GG nur in den *Grenzen* der Praktikabilität und Wirtschaftlichkeit, BVerfG NJW **99**, 3550 (zu § 91a ZPO).

Das *Versäumnisurteil* gegen den Kläger nach § 330 ZPO oder gegen den Bekl nach § 331 II Hs 1 ZPO führt nach KV 1210 Rn 12 *nicht* zu einer Ermäßigung, KG FamRZ **12**, 1165 (zu KVFam 1221), Kblz JB **08**, 92, Roloff NZA **07**, 904, aM Nürnb MDR **97**, 400, LG Kblz RR **04**, 72, Schneider NJW **06**, 887. Das ist verfassungsgemäß, BVerfG NJW **99**, 3550.

1211 KV

3) Notwendigkeit einer Gesamtbeendigung, Z 1–4. Eine Ermäßigung nach KV 1211 tritt nur dann ein, wenn das Prozeßverfahren wegen sämtlicher Anträge und wegen aller Beteiligten insgesamt endet, Brschw BauR **16**, 543, KG WertpMitt **12**, 527, OVG Münst NJW **08**, 457 (zum entsprechenden KV 5124), sei es auch nur durch eine Aktenweglegung mangels eines Vorschusses nach § 12 oder nach §§ 379, 402 ZPO, LG Bbg JB **98**, 147, LG Hbg RR **99**, 581. Eine nur teilweise Klagerücknahme nach Rn 4 usw läßt also die Gebühr KV 1210 bestehen, Bbg JB **98**, 653, Hbg MDR **98**, 1121, KG WertpMitt **12**, 527, aM KG MDR **02**, 722, Schneider MDR **99**, 463 (vgl aber Rn 2). Auch ein Zwischenurteil nach § 303 ZPO ist keine Gesamtbeendigung, Düss MDR **99**, 764, Karlsr MDR **07**, 1104, Kblz MDR **05**, 119, aM Mü JB **03**, 320 (aber man darf den Ausnahmecharakter des KV 1211 nicht zu sehr aufweichen). Das gilt unabhängig von seiner Rechtmäßigkeit und seinem Inhalt, Kblz MDR **05**, 119.

Ein *Teilurteil* nach § 301 ZPO führt selbst nach einer anschließenden Zurückverweisung zB nach § 538 II ZPO nebst einer vollen Klagerücknahme nach Rn 4 nicht zur Ermäßigung, Nürnb MDR **03**, 416. Eine Fortsetzung nach § 321a ZPO schadet nicht, Schneider NJW **02**, 1094. Die bloße Mitteilung, der Gegner habe gezahlt, ist keine Klagerücknahme. Das alles gilt grundsätzlich bei jedem der in KV 1211 genannten Fälle. Vgl aber auch Rn 16.

4) Klagerücknahme, Z 1. Es sind mehrere Gesichtspunkte beachtlich.
A. Begriff, Z 1 a–e. Das GKG versteht unter einer Klagerücknahme nicht unbedingt dasselbe wie die ZPO. Z 1 umfaßt den Fall, daß der Kläger das Gericht vor dem Eintritt der Rechtshängigkeit nach §§ 253 I, 261 I ZPO bittet, von weiteren Maßnahmen abzusehen, Mü MDR **96**, 1076, aM Celle MDR **12**, 1378, oder daß er die „Klage" und in Wahrheit: das Rechtsschutzgesuch zurücknimmt, Hamm MDR **97**, 206, KG RR **00**, 415, Mü JB **97**, 603, daß er also die Sache vor einer „Klagerhebung" dann als „erledigt" bezeichnet, wenn nach Z 1 Hs 2 keine echte Kostengrundentscheidung nach § 269 III 3 Hs 1 ZPO usw ergeht. Es darf aber auch keine Kostengrundentscheidung nach dem leidigen § 269 III 3 Hs 2 ZPO ergangen sein, KG RR **09**, 1412, Karlsr JB **07**, 41, Deckenbrock/Dötsch MDR **04**, 1218.

Es genügt also ein solches Verhalten der betreibenden Partei nach BLAH Grdz 4 vor § 50 ZPO, das den Prozeß *tatsächlich erledigt* und das dem Gericht eine weitere Arbeit erspart, Düss MDR **99**, 1465, Mü RR **97**, 639, LG Bayreuth JB **75**, 795. Die Klagerücknahme muß wirksam und vollständig erfolgen, Kblz AnwBl **03**, 187. Ihre Gründe sind unbeachtbar.

B. Beispiele zur Frage einer Klagerücknahme, Z 1 a–e
Anerkenntnisurteil: Klagerücknahme ist evtl auch diejenige nach dem Erlaß eines solchen (Teil-)Urteils nach § 307, Hbg MDR **01**, 1261. Denn die Klagerücknahme ist nach Z 1a bis zum Schluß der letzten mündlichen Verhandlung nach §§ 136 IV, 296a ZPO zulässig, Düss RR **00**, 363.
Anwaltszwang: Derjenige nach § 78 ZPO kann bei § 281 vom AG an ein LG zunächst entfallen, Kblz RR **12**, 891.
Arrestgesuch: Klagerücknahme ist evtl auch die Rücknahme eines Arrestgesuchs nach § 920 ZPO, KV 1410 Rn 6.
Außergerichtlicher Vergleich: Als Klagerücknahme gilt auch die Rücknahmeerklärung auf Grund eines außergerichtlichen Vergleichs nach § 779 BGB, LG Karlsr RR **96**, 1407. Das gilt natürlich nur, soweit diese Rücknahme *vor* dem Schluß der Verhandlung nach §§ 136 IV, 296a ZPO erfolgt, Ffm MDR **99**, 1286, Mü MDR **00**, 787.
Keine derartige „Klagerücknahme" sind außergerichtliche vergleichsweise Erledigterklärungen nach § 91a ZPO, aM Brdb MDR **99**, 189, Mü AnwBl **98**, 287, Nürnb RR **98**, 720 (je: zu weite Auslegung des Begriffs „vor Gericht").
Erledigung: S „Außergerichtlicher Vergleich", „Prozeßvergleich".
Gerichtsverstoß: Er kann dennoch KV 1211 anwendbar machen, Kblz RR **12**, 891.
Klagerweiterung: Klagerücknahme ist auch die Rücknahme einer in der ersten Instanz nach §§ 263, 264 ZPO erweiterten Klage nunmehr insgesamt, KG JB **97**, 93, aM Mü MDR **97**, 688 (aber das rechtliche wie wirtschaftliche Ergebnis ist das-

KV 1211   Kostenverzeichnis

selbe wie bei der Rücknahme einer unveränderten Klage). Es gilt erst recht für die Rücknahme einer erst in der zweiten Instanz anhängig gewordenen Klagerweiterung, aM Nürnb MDR **03**, 416.

Kostenentscheidung: Soweit das Gericht nach einer wirksamen Klagerücknahme auf Grund eines Antrags des Bekl nach § 269 III 2, IV ZPO feststellt, daß der Kläger die Kosten tragen muß, ist dieser Ausspruch gebührenfrei. Bei einer echten Kostengrundentscheidung nach § 269 III 3, IV ZPO entsteht eine Ermäßigung dagegen nach KV 1211 Z 1 Hs 2 nur dann, wenn das Gericht in seiner Entscheidung einer zuvor von den Parteien mitgeteilten Einigung über die Kostentragung oder einer Kostenübernahmeerklärung einer Partei folgt oder es nur eine gesetzliche Regelung wiederholt, LSG Mü JB **16**, 249 (reichlich breit).

Mahnverfahren: Klagerücknahme ist nach der amtlichen Anmerkung S 1 im Ergebnis auch die Rücknahme des Antrags des Klägers oder des Bekl nach § 696 I 1, IV ZPO, Hamm JB **02**, 90, Stgt MDR **99**, 635, LG Osnabr JB **03**, 372. Klagerücknahme ist ferner nach S 2 die Rücknahme des Widerspruchs gegen den Mahnbescheid nach § 697 IV ZPO oder des Einspruchs gegen den Vollstreckungsbescheid nach §§ 700 I, 346 ZPO, aM LG Nürnb-Fürth JB **97**, 144, Meyer 32 (aber alle diese Fälle gleichen zumindest im wirtschaftlichen Ergebnis dem Vorgang der Rücknahme eines jeden Antrags, wenn auch mit unterschiedlichen Zielrichtungen). Das gilt freilich nach S 1 am Ende (bezieht sich auch auf Z 1 c) nur dann, wenn nicht inzwischen ein anderes Urteil als ein solches nach Z 2 voraufgegangen ist.

Nichtbetreiben: *Keine* Klagerücknahme ist ein solches Verhalten zB nach einer Aussetzung nach §§ 148 ff ZPO, einer Anordnung des Ruhens nach § 251 a ZPO oder nach einer Unterbrechung nach §§ 239 ff ZPO, Zweibr JB **08**, 94, oder nach Nichtzahlung des Vorschusses und folgender Weglegung der Akte.

Parteiwechsel: Klagerücknahme ist evtl auch eine solche nach einem Parteiwechsel, KG JB **97**, 93.

Prozeßvergleich: Klagerücknahme ist ein solcher Vergleich nach BLAH Anh § 307 ZPO an sich nur nach Z 3 und daher allenfalls ausnahmsweise dann, wenn er im Verfahren auf eine Prozeßkostenhilfe nach § 118 I 3 Hs 2 ZPO ergeht und den beabsichtigten Prozeß erledigt.

Restitutionsklage: Klagerücknahme ist auch die Rücknahme einer vor dem Berufungsgericht erhobenen Restitutionsklage nach § 580 ZPO.

Verhandlungsschluß: Klagerücknahme ist auch eine solche bis zum Schluß der letzten mündlichen Verhandlung nach §§ 136 IV, 296 a ZPO, Z 1 a, Düss RR **00**, 363. Deshalb reicht eine Wiedereröffnung der Verhandlung nach § 156 ZPO, BVerwG NVwZ-RR **10**, 335, oder eine erfolgreiche Gehörsrüge zB nach § 321 a ZPO, Schneider NJW **02**, 1094.

Keine Ermäßigung tritt aber bei einer Klagerücknahme erst nach diesem Schluß ein. Das gilt selbst dann, wenn das Gericht in der Verhandlung zB nach § 283 ZPO eine Überlegungsfrist eingeräumt hatte, Mü MDR **00**, 787.

Versäumnis: Rn 2.

Widerklage: Klagerücknahme ist auch die Rücknahme einer Widerklage nach BLAH Anh § 253 ZPO, aM Schlesw MDR **03**, 176 (aber das bleibt zu stark am Wortlaut und beachtet nicht den Sinn der Vorschrift nach Rn 2: Man muß die Widerklage kostenrechtlich wie eine Klage behandeln, ja sogar auch prozessual, BLAH Anh § 253 ZPO Rn 1). Das gilt nach KV 1221 auch bei der Rücknahme einer erst in der zweiten Instanz erhobenen Widerklage.

Zulässigkeitsbedenken: Klagerücknahme ist evtl auch eine solche erst nach Bedenken des Gerichts gegen die Zulässigkeit der Klage, Hbg MDR **01**, 1261. Denn die Klagerücknahme ist nach Z 1 a bis zum Schluß der letzten mündlichen Verhandlung nach § 136 IV, 296 a ZPO zulässig, Düss RR **00**, 363.

6   **C. Zurücknahme vor Verhandlungsschluß, Z 1 a.** Die Klagerücknahme kann dann zur Ermäßigung führen, wenn sie vor dem Schluß der letzten mündlichen Verhandlung wirksam wird, Düss MDR **99**, 1465, Mü MDR **97**, 1402. Man muß die Wirksamkeit nach § 269 ZPO beurteilen, BLAH dort Rn 5 ff. Sie ist daher ab dem Beginn der mündlichen Verhandlung des Bekl zur Hauptsache nach BLAH § 269 ZPO Rn 14 ff nur bei einer Einwilligung des Bekl wirksam. Der Verhandlungsschluß nach

§ 296a ZPO richtet sich nach der entsprechenden Maßnahme des Vorsitzenden nach § 136 IV ZPO. Das gilt evtl nach einer vorangegangenen Wiedereröffnung nach § 156 ZPO, Mü MDR **00**, 787, VG Schlesw NVwZ-RR **09**, 312 (zu KV 5111). Jena JB **16**, 1601 läßt auch eine Frist zur Klagerücknahme nach Verhandlungsschluß reichen (?). Das gilt auch bei einer Stufenklage nach § 254 ZPO, Wielgoss JB **00**, 632. Freilich darf nach S 1 am Ende (bezieht sich auch auf Z 1a) kein anderes Urteil als ein solches nach Z 2, keine Entscheidung über einen Antrag auf eine Sicherungsanordnung nach § 283a ZPO und kein Musterentscheid nach § 16 KapMuG vorausgegangen sein. Ein klagabweisendes Versäumnisurteil nach § 330 ZPO zählt nicht hierher, AG Siegburg JB **00**, 424. Eine Rücknahme nach dem bisherigem Verhandlungsschluß ist dann ausreichend, wenn sich nach der Aktenlage die Notwendigkeit einer nochmaligen Verhandlung ergibt, Mü MDR **97**, 402. Z 1a tritt gegenüber Z 1b zurück, Karlsr MDR **06**, 236.

D. Zurücknahme vor dem in § 128 II ZPO genannten Zeitpunkt, Z 1b. 7
Die Vorschrift gilt auch, soweit der Richter bei § 495a ZPO ein schriftliches Verfahren wählt, Karlsr MDR **06**, 236. Die Klagerücknahme kann auch dann zur Ermäßigung führen, wenn sie vor demjenigen Zeitpunkt wirksam wird, der im Verfahren nach § 128 II ZPO dem Schluß der mündlichen Verhandlung entspricht. Freilich darf nach S 1 am Ende (bezieht sich auch auf Z 1b) kein anderes Urteil als ein solches nach Z 2 vorausgegangen sein. Z 1b hat den Vorrang vor Z 1a, Karlsr MDR **06**, 236.

E. Zurücknahme vor dem jeweils maßgebenden Zeitpunkt im Kleinver- 8
fahren nach § 495a ZPO, Z 1c. Die Klagerücknahme kann auch dann zur Ermäßigung führen, wenn sie im Verfahren nach § 495a ZPO ohne eine tatsächliche mündliche Verhandlung wirksam wird, entweder bevor derjenige Tag endet, an dem die wirksame Zustellung einer Ladung oder genauer eine Nachricht vom Termin zur Verkündung gerade des Urteils und nicht nur einer anderen Entscheidung erfolgt, oder bevor derjenige Tag abläuft, an dem das schriftliche Urteil auf der Geschäftsstelle der zuständigen Abteilung eingegangen ist.
Soweit das Gericht nur Gründe nach § 313a I 2 Hs 2 ZPO nur in das *Protokoll* nach §§ 159ff ZPO wirksam aufgenommen hat, entscheidet trotzdem der Eingang nicht des Protokolls, sondern des eigentlichen Urteils auch ohne einen Tatbestand und Entscheidungsgründe. Denn dann besteht das Urteil nach § 313a I 2 Hs 2 ZPO eben gerade nicht auch aus Gründen und ist gleichwohl ein schriftliches nach Z 1c. Es ist dringend ratsam, den Eingangstag auf der Geschäftsstelle zu vermerken. Die Angabe der Uhrzeit ist entbehrlich. Im Zweifel ist noch kein dortiger Eingang erfolgt gewesen. Freilich darf nach S 1 am Ende (bezieht sich auch auf Z 1c) kein anderes Urteil als ein solches nach Z 2 vorausgegangen sein. Die Vervollständigung des Urteils nach § 313a IV (gemeint nur: IV Z 5, V) führt nach Rn 9 ebenfalls zur Ermäßigung. Ermäßigung nicht entgegen.

F. Zurücknahme beim Versäumnisurteil im schriftlichen Vorverfahren, 9
§ 331 III ZPO, Z 1d. Die Klagerücknahme kann auch dann zur Ermäßigung führen, wenn sie nach einem Versäumnisurteil gegen den Bekl im schriftlichen Vorverfahren nach § 331 III ZPO vor dem Ende desjenigen Tages wirksam wird, an dem dieses Versäumnisurteil auf der Geschäftsstelle eingegangen ist, dazu Rn 7. Freilich darf nach S 1 am Ende (bezieht sich [jetzt] auch auf Z 1d) kein anderes Urteil als ein solches nach Z 2 vorausgegangen sein, Mü MDR **96**, 968, LG Bonn JB **01**, 595. Ein abweisendes Versäumnisurteil nach § 330 ZPO reicht nicht zur Ermäßigung, LG Kblz RR **04**, 72.

G. Zurücknahme im Europäischen Verfahren, Z 1e. Hier geht es um ein 10
Verfahren nach §§ 1097ff ZPO.

5) Anerkenntnis- oder Verzichtsurteil oder Urteil nach § 313a II ZPO 11
usw, Z 2. Es gibt mehrere Aspekte.
A. Begriffe, Z 2. Eine Ermäßigung kann dann eintreten, wenn das gesamte Prozeßverfahren zumindest schließlich durch ein Anerkenntnisurteil nach § 307 ZPO oder durch ein Verzichtsurteil nach § 306 ZPO endet, Ffm RR **01**, 717, Hbg MDR **05**, 1195, Zweibr NJW **06**, 2564. Das gilt auch dann, wenn eines dieser Urteile im Verfahren nach §§ 128 II oder 495a ZPO ergeht. Das gilt unabhängig davon, ob auch die Voraussetzungen Z 1b, c vorliegen. Freilich darf nach S 1 am Ende (bezieht sich auch auf [jetzt] Z 2) kein anderes Urteil als ein solches nach Z 2 und auch kein Musterbescheid des OLG nach § 16 KapMuG, abgedruckt bei BLAH SchlAnh VIII, vorausge-

KV 1211

gangen sein, KG MDR **06**, 596, Kblz JB **06**, 206, Mü RR **07**, 288. Die Nichterwähnung des Versäumnisurteils ist nach KV 1210 Rn 11 kein bloßes redaktionelles Versehen des Gesetzgebers, Düss MDR **97**, 301, Mü RR **07**, 288 (je: also volle Pauschale).

12 **B. Teilanerkenntnis.** Ein bloßes solches Anerkenntnis reicht grundsätzlich nicht, auch nicht in Verbindung mit einer Rest-Erledigterklärung nach § 91a ZPO, Ffm RR **01**, 717, aM Rostock JB **07**, 323 links oben, LG Kblz FamRZ **02**, 1136 (aber KV 1211 verlangt ausdrücklich die Beendigung des „gesamten" Verfahrens). Es reicht aber nach Rn 5 ausnahmsweise in Verbindung mit „einer restlichen Klagerücknahme, Hbg MDR **01**, 1261 (zum alten Recht).

13 **C. „Verwahrung gegen Kosten".** Bei dem einem Anerkenntnisurteil nach § 307 ZPO zugrunde liegenden Anerkenntnis ist es unerheblich, ob der Bekl es „unter Verwahrung gegen die Kosten" abgibt, soweit nur feststeht, daß es sich überhaupt um ein wirksames, also unter anderem: in Wahrheit unbedingtes Anerkenntnis handelt, wie meist. Der Bekl will dann nämlich nur anregen, die Kosten dem Gegner aufzuerlegen. Das ergibt sich, wenn man ihn vorsorglich insofern befragt. Über die Kosten muß das Gericht auch bei § 93 ZPO ohnehin nach § 308 II ZPO von Amts wegen befinden. Es genügt daher zur Gebührenermäßigung, daß überhaupt ein Anerkenntnisurteil vorliegt, Hamm JB **07**, 151, Kblz JB **07**, 152, Rostock JB **07**, 323, aM Hbg MDR **05**, 1195, Karlsr JB **01**, 374, LG Magdeb JB **04**, 325. Maßgeblich ist nicht, was der Bekl hätte erklären *können*, sondern was er erklärt *hat*, Mü AnwBl **96**, 414 (zum alten Recht).

14 **D. „Stuhlurteil".** Beim Urteil nach § 313a II ZPO tritt ebenfalls die Ermäßigung ein. Das Gericht muß sein Urteil als sog Stuhlurteil in demjenigen Termin verkündet haben, in dem es die mündliche Verhandlung nach §§ 136 IV, 296a ZPO geschlossen hatte, wenn auch evtl erst nach einer Pause „am Schluß der Sitzung". Die Verkündung darf also nicht erst in einem besonderen bloßen Verkündungstermin nach § 218 ZPO erfolgt sein. Außerdem muß zumindest diejenige Partei sogleich auf ein Rechtsmittel gegen das Urteil zB nach § 515 ZPO verzichtet haben, für die das Urteil anfechtbar war, Mü RR **03**, 1656. Eine gleichzeitige oder spätere Vervollständigung nach § 313a IV (gemeint nur: IV Z 5, V) ZPO führt nach *Z 2 Hs 2* ebenfalls zur Ermäßigung.

15 **E. Unanwendbarkeit.** Nicht hierher gehört ein nur freiwillig irgendwie aus irgendeinem Motiv begründetes Urteil, Brdb JB **07**, 536, Meyer MDR **08**, 1011, aM Köln MDR **07**, 1458 (aber Z 2 stellt auf das Fehlen und nicht auf ein bloßes Fehlendürfen ab). Nicht hierher gehört ferner ein nach § 313a I ZPO ergangenes Urteil, Roloff NZA **07**, 905. Denn es ist unzweifelhaft unanfechtbar. Das gilt auch bei § 495a ZPO, soweit nicht das AG die Berufung nach § 511 II Z 2 ZPO im Urteil zugelassen hat. Nicht hierher gehört ferner ein Zwischenurteil nebst Entscheidungsgründen, LG Osnabr RR **14**, 1343. Nicht hierher gehört auch ein bloßer Beschluß nach § 91a ZPO nebst einem Rechtsmittelverzicht zB nach § 515 ZPO, Oldb RR **12**, 1467, aM Celle JB **11**, 488, Mü RR **03**, 1656, LG Bonn MDR **04**, 476, großzügiger Mü MDR **98**, 739 (aber die amtliche Anmerkung S 3 zeigt zumindest bei einer Klagerücknahme nach § 269 ZPO die Eigenständigkeit eines solchen Vorgangs, wie er auch bei § 91a ZPO vorliegt). Nicht hierher gehört ein bloßer Begründungsverzicht, Brschw BauR **16**, 543, auch bei einem Vergleich, Düss NJW **16**, 3074. Bei § 91a ZPO kommt vielmehr Z 4 als eine abschließende Spezialregelung infrage.

16 **6) Gerichtlicher Vergleich, Beschluß nach § 23 III KapMuG, Z 3.** Eine Ermäßigung kann dann eintreten, wenn das gesamte (auch restliche) Prozeßverfahren durch den Abschluß eines Vergleichs vor Gericht nach BLAH Anh § 307 ZPO endet, Düss JB **01**, 313 und zwar einschließlich der Kostenregelung im Vergleich, BAG NZA **08**, 784, Brschw BauR **16**, 543, Celle RR **11**, 1294. Auch ein Vergleich in einem der von § 278 VI ZPO geregelten Fälle gehört hierher. Freilich darf nach S 1 am Ende (bezieht sich auch auf Z 2) kein anderes Urteil als ein solches nach Z 2 voraufgegangen sein, Hbg JB **01**, 317 rechts, Karlsr FamRZ **04**, 1663 (Teilurteil nach § 301 ZPO über Auskunftsanspruch bei einer Stufenklage nach § 254 ZPO), LG Stgt JB **05**, 656, aM AG Neuwied JB **03**, 430 (aber auch ein Versäumnisurteil gegen den Kläger nach § 330 ZPO ist ein Urteil nach Rn 2, Oldb JB **17**, 469).

Nicht ausreichend ist ein bloßer Teilvergleich, Hbg JB **01**, 317, Schlesw MDR **03**, 176, Roloff NZA **07**, 908. Denn KV 1211 verlangt die Beendigung des „gesamten"

Verfahrens. Ebensowenig reicht die bloße Mitteilung eines ohne jede Mitwirkung des Gerichts rein außergerichtlich nach § 779 BGB geschlossenen Vergleichs, Düss MDR **00**, 415, Mü RR **99**, 1232. Auch eine gerichtliche bloße Anregung außerhalb der Lage nach § 278 VI ZPO reicht dann nicht, ebensowenig eine an den Vergleich anschließende Verhandlung usw, LG Stgt Jb **05**, 656.

Anwendbar ist Z 3 *ferner* bei *§ 23 III KapMuG*, abgedruckt bei BLAH SchlAnh VIII, also bei einer gerichtlichen Beendigung durch Beschluß ohne Beitrittserklärung des Klägers.

7) Erledigterklärungen, Z 4. Die Vorschrift ist verfassungsmäßig, (zum alten Recht) BVerfG NJW **99**, 3549. Nicht jede Verringerung der Mühe des Gerichts ergibt schon eine Gebührenvergünstigung. Z 4 läßt die Verfahrensgebühr zwar evtl dann verringern, soweit beide Parteien den Rechtsstreit in der Hauptsache nach BLAH § 91a ZPO Rn 96 wirksam für erledigt erklären. Das gilt nach dem klaren Wortlaut von Z 4 aber grundsätzlich nur dann, wenn das Gericht gerade *nicht* deshalb nur noch über die Kosten entscheiden muß, (je zum alten Recht) Karlsr JB **01**, 315, Köln RR **98**, 1293, Mü MDR **99**, 957. An dem klaren Wortlaut des Gesetzes scheitert nach Rn 2 eine andere Auslegung, BLAH Einl III 39. Danach kommt es nicht darauf an, ob das Gericht bei dieser Entscheidung viel oder wenig Mühe hatte, LG Kleve JB **01**, 261. Das gilt, zumal die Parteien wegen § 308 II ZPO auch beim bloßen Kostenbeschluß nach § 91a ZPO des Gericht nicht von der Eigenverantwortung entbinden können. Das übersieht LG Trier WoM **96**, 780. Ein bloßer Begründungsverzicht reicht nicht, Brschw BauR **16**, 543, LG Aachen JB **17**, 470. 17

Nach demselben Wortlaut kann freilich jetzt eine doch noch erfolgte Kostenentscheidung *ausnahmsweise* dann *unschädlich* sein, wenn die Parteien *vorher* nach § 98 ZPO eine Kosteneinigung mitgeteilt hatten oder wenn eine Partei *vorher* eine Kostenübernahme erklärt hat, Kblz JB **12**, 485, oder wenn der Kläger dem Gericht mitteilt, der Bekl habe voll geleistet. Dadurch sind die früheren Streitfragen erledigt.

Sofern nur eine *einseitige Erledigterklärung* nach BLAH § 91a ZPO Rn 168 ff vorliegt, ist Z 4 unanwendbar. Dann bleibt die Gebühr KV 1210 voll bestehen. Denn Z 4 ist nicht ausdehnend auslegbar. Das KV behandelt ja Ermäßigungen nur als Ausnahmen von der jeweils vorangestellten Gebührenpflicht.

8) Zusammentreffen mehrerer Ermäßigungstatbestände, amtliche Anmerkung S 3. Die Vorschrift stellt zusätzlich zur Wortstellung der Fälle S 1 klar, daß „die" *eine* Ermäßigung und nicht etwa eine weitere Ermäßigung auch dann eintritt, wenn zwei oder noch mehrere Ermäßigungstatbestände gleichzeitig oder nacheinander zusammentreffen, Hbg MDR **01**, 1261, LG Bonn MDR **04**, 476, LG Wuppert JB **97**, 536. Es genügt andererseits natürlich, daß schließlich oder bei genauer Beurteilung doch nur ein einziger Ermäßigungstatbestand übriggeblieben ist. Wenn freilich inzwischen schon eine Fälligkeit eintrat und eine Zahlung erfolgt ist, gelten die für alle derartigen Lagen vorgesehenen Regeln wie sonst. Soweit zunächst zB eine teilweise Erledigung nach BLAH § 91a ZPO Rn 200 eintritt, dann aber wegen des Rests eine Klagerücknahme nach § 269 ZPO usw folgen, ist eine Ermäßigung statthaft, LG Wuppert JB **97**, 536. Nach einer vorangegangenen Verbindung nach § 147 ZPO ermäßigt sich jede der schon entstandenen Gebühren, Hbg MDR **99**, 830, Mü AnwBl **99**, 414. 18

Unanwendbar ist S 3 dann, wenn es zur Erledigung nur eines Teils der zuvor selbständigen Streitgegenstände nach BLAH § 2 ZPO Rn 4 kommt, Meyer JB **03**, 187.

Nr.	Gebührentatbestand	Gebühr oder Satz der Gebühr nach § 34 GKG
	Unterabschnitt 2. **Verfahren vor dem Oberlandesgericht**	
1212	Verfahren im Allgemeinen	4,0
1213	Beendigung des gesamten Verfahrens durch 1. Zurücknahme der Klage a) vor dem Schluss der mündlichen Verhandlung,	

Nr.	Gebührentatbestand	Gebühr oder Satz der Gebühr nach § 34 GKG
	b) in den Fällen des § 128 Abs. 2 ZPO vor dem Zeitpunkt, der dem Schluss der mündlichen Verhandlung entspricht, oder	
	c) im Fall des § 331 Abs. 3 ZPO vor Ablauf des Tages, an dem das Urteil der Geschäftsstelle übermittelt wird, wenn keine Entscheidung nach § 269 Abs. 3 Satz 3 ZPO über die Kosten ergeht oder die Entscheidung einer zuvor mitgeteilten Einigung der Parteien über die Kostentragung oder der Kostenübernahmeerklärung einer Partei folgt,	
	2. Anerkenntnisurteil, Verzichtsurteil oder Urteil, das nach § 313a Abs. 2 ZPO keinen Tatbestand und keine Entscheidungsgründe enthält,	
	3. gerichtlichen Vergleich oder	
	4. Erledigungserklärungen nach § 91a ZPO, wenn keine Entscheidung über die Kosten ergeht oder die Entscheidung einer zuvor mitgeteilten Einigung der Parteien über die Kostentragung oder der Kostenübernahmeerklärung einer Partei folgt,	
	es sei denn, dass bereits ein anderes als eines der in Nummer 2 genannten Urteile vorausgegangen ist: Die Gebühr 1212 ermäßigt sich auf	2,0
	Die Gebühr ermäßigt sich auch, wenn mehrere Ermäßigungstatbestände erfüllt sind.	
	Unterabschnitt 3. **Verfahren vor dem Bundesgerichtshof**	
1214	Verfahren im Allgemeinen	5,0
1215	Beendigung des gesamten Verfahrens durch 1. Zurücknahme der Klage a) vor dem Schluss der mündlichen Verhandlung, b) in den Fällen des § 128 Abs. 2 ZPO vor dem Zeitpunkt, der dem Schluss der mündlichen Verhandlung entspricht, oder c) im Fall des § 331 Abs. 3 ZPO vor Ablauf des Tages, an dem das Urteil der Geschäftsstelle übermittelt wird, wenn keine Entscheidung nach § 269 Abs. 3 Satz 3 ZPO über die Kosten ergeht oder die Entscheidung einer zuvor mitgeteilten Einigung der Parteien über die Kostentragung oder der Kostenübernahmeerklärung einer Partei folgt, 2. Anerkenntnisurteil, Verzichtsurteil oder Urteil, das nach § 313a Abs. 2 ZPO keinen Tatbestand und keine Entscheidungsgründe enthält, 3. gerichtlichen Vergleich oder 4. Erledigungserklärungen nach § 91a ZPO, wenn keine Entscheidung über die Kosten ergeht oder die Entscheidung einer zuvor mitgeteilten Einigung der Parteien über die Kostentragung oder der Kostenübernahmeerklärung einer Partei folgt,	

Nr.	Gebührentatbestand	Gebühr oder Satz der Gebühr nach § 34 GKG
	es sei denn, dass bereits ein anderes als eines der in Nummer 2 genannten Urteile vorausgegangen ist: Die Gebühr 1214 ermäßigt sich auf .... Die Gebühr ermäßigt sich auch, wenn mehrere Ermäßigungstatbestände erfüllt sind.	3,0

Zu KV 1212–1215:

1) **Systematik.** Die Vorschriften entsprechen KV 1210, 2011. Vgl daher dort. 1

Abschnitt 2. Berufung und bestimmte Beschwerden

(Amtliche) Vorbemerkung 1.2.2:
Dieser Abschnitt ist auf Beschwerdeverfahren nach
1. den §§ 63 und 171 GWB,
2. § 48 WpÜG,
3. § 37 u Abs. 1 WpHG,
4. § 75 EnWG,
5. § 13 VSchDG,
6. § 35 KSpG und
7. nach dem WRegG
anzuwenden.

Vorbem. Zunächst Z 1 umnumeriert dch Art 2 III Z 2a G v 17. 2. 16, BGBl 203, in Kraft seit 18. 4. 16, Art 3 S 2 G. Sodann Z 7 angefügt dch Art 2 VII Z 3a–c G v 18. 7. 17, BGBl 2739, in Kraft seit dem Inkrafttreten der in Art 3 II in Bezug genommenen RVO nach § 10 WRegG. ÜbergangsR jeweils § 71 GKG.

Nr.	Gebührentatbestand	Gebühr oder Satz der Gebühr nach § 34 GKG
1220	Verfahren im Allgemeinen	4,0

1) **Geltungsbereich.** KV 1220 ff sind nach § 169, 170 BauGB auch in einer Baulandsache anwendbar. Vor KV 1220 haben KV 1222, 1223 Vorrang, Celle RR **11**, 1294. KV 1220 ist verfassungsgemäß, KG RR **06**, 1223. Die Vorschrift gilt auch bei einer Berufung nur zur Fristwahrung, Düss RR **97**, 1159, und bei § 522 II ZPO. Sie gilt auch bei einer Anschlußberufung nach § 524 ZPO. Freilich entsteht sie dann nicht bei demselben Anspruch. Sie gilt auch für einen erstinstanzlichen Eilantrag beim Berufungsgericht als dem Gericht der Hauptsache nach § 943 ZPO sowie für eine in der Berufungsinstanz erhobene Zwischenfeststellungsklage nach § 256 II ZPO und für die Berufung gegen ein Vorbehaltsurteil nach §§ 302, 599 ZPO. Bei einer Wiederaufnahmeklage nach §§ 578 ff ZPO, mag es sich um eine Nichtigkeits- oder Restitutionsklage handeln, entsteht die Gebühr je nach derjenigen Instanz, vor der eine Verhandlung stattfindet. Bei einer Verweisung im Wiederaufnahmeverfahren greift § 4 ein. Auch eine Berufungseinlegung durch die Partei selbst nach § 519 I ZPO trotz eines Anwaltszwangs nach § 78 ZPO löst die Gebühr aus, BFH BB **85**, 985, Zweibr JB **07**, 372, LG Kblz FamRZ **07**, 231.
Im übrigen gelten die Ausführungen zu KV 1210 hier entsprechend. 1

2) **Streitwert.** Der Streitwert im Rechtsmittelverfahren richtet sich nach § 47. 2

KV 1221

Nr.	Gebührentatbestand	Gebühr oder Satz der Gebühr nach § 34 GKG
1221	Beendigung des gesamten Verfahrens durch Zurücknahme des Rechtsmittels, der Klage oder des Antrags, bevor die Schrift zur Begründung des Rechtsmittels bei Gericht eingegangen ist: Die Gebühr 1220 ermäßigt sich auf	1,0
	Erledigungserklärungen nach § 91 a ZPO stehen der Zurücknahme gleich, wenn keine Entscheidung über die Kosten ergeht oder die Entscheidung einer zuvor mitgeteilten Einigung der Parteien über die Kostentragung oder der Kostenübernahmeerklärung einer Partei folgt.	

Gliederung

1) Rücknahme vor Begründung 1
   A. Form 2, 3
   B. Nicht nach Terminsanberaumung 4
   C. Gebührenfreiheit 5
2) Umfang der Anfechtung 6, 7
3) Unanwendbarkeit bei Teilrücknahme 8
4) Anschlußberufung 9
5) Erledigterklärungen, amtliche Anmerkung 10

1 **1) Rücknahme vor Begründung.** KV 1221–1223 enthalten drei unterschiedlich hohe Ermäßigungsmöglichkeiten. Davon nennt KV 1221 die weitestgehende. Sie setzt die geringstmögliche Gerichtstätigkeit voraus, nämlich, daß man die Berufung, die Beschwerde, die Klage oder den Antrag vor dem Eingang der Schrift zur Begründung des Rechtsmittels nach § 520 I, IV ZPO vor dem Gericht nach § 516 I ZPO zurücknimmt und daß das Berufungsverfahren usw dadurch insgesamt endet. Das gilt auch im Berufungsverfahren auf Grund einer Nichtigkeitsklage nach dem PatG. Haben mehrere Beteiligte Berufung usw eingelegt, müssen sie alle zurücknehmen.

2 **A. Form.** Man muß die Rücknahme nach § 516 II 1 ZPO gegenüber dem Gericht erklären. Der Begriff ist weit gemeint, BGH RR **05**, 584. Es genügt die Erklärung des Willens, die Sache nicht weiter zu verfolgen. Eine solche Erklärung kann in einem Hinweis auf einen beiliegenden außergerichtlichen Vergleich nach § 779 BGB oder in einer Erledigterklärung nach BLAH § 91 a ZPO Rn 62 ff nebst einer Folge nach KV 1221 amtliche Anmerkung liegen. Denn auch dann kann man als gesetzgeberischen Grund die Ersparung der Mühe des Gerichts ansehen. Daher muß man die Rücknahme eines Rechtsmittels infolge eines Vergleichs oder innerhalb eines Vergleichs so wie dort beurteilen. Das gilt auch nach einer „gerichtlichen Mediation", Drsd MDR **09**, 1074 (die gibt es evtl bei § 278 V 2 ZPO durch den Güterichter).

3 Für die Kostenberechnung genügt die *einseitige Anzeige* des Rücknehmenden. Es ist unerheblich, ob er die Rücknahme vor oder nach dem Ablauf der Begründungsfrist nach § 520 II ZPO erklärt hat. Maßgeblich ist der Eingang „bei Gericht", also auf dessen Posteingangsstelle und nicht erst auf der Geschäftsstelle der Kammer oder des Senats.

4 **B. Nicht nach Terminsanberaumung.** Dagegen tritt keine Gebührenermäßigung nach KV 1221 ein, soweit die Zurücknahme der Berufung, Beschwerde, Klage oder des Antrags erst nach der Anordnung eines solchen Termins nach § 523 ZPO erfolgt, den das Gericht wieder aufhebt. Wegen der Zurücknahme einer erst in der zweiten Instanz erweiterten Klage oder Widerklage KV 1211. Eine Ermäßigung tritt ferner dann nicht ein, wenn die Berufungsrücknahme wirksam nach einer Verwerfung gemäß § 522 I 1 ZPO oder nach einer Beschlußzurückweisung nach § 522 II 1 ZPO erfolgt, KG Rpfleger **91**, 435, oder wenn man überhaupt keine solche Erklärung abgibt, die sich als eine Rücknahme nach Rn 2 auslegen läßt.

5 **C. Gebührenfreiheit.** Bei einer Rücknahme einer zweiten unwirksamen Berufung entsteht keine Gebühr. Die Entscheidung des Gerichts, nach einer Rücknahme des Rechtsmittels dem Rechtsmittelführer nach § 516 III ZPO die Kosten aufzuerlegen, ist gebührenfrei. Wegen der Rücknahme von Berufung und Anschlußberufung Rn 9.

2) Umfang der Anfechtung. Wenn der Rechtsmittelführer das Rechtsmittel zunächst ohne eine Umgrenzung der Anfechtung eingelegt hat, würde evtl erst der Berufungsantrag ergeben, inwieweit er eine Anfechtung vornimmt. In der Regel ist der Berufungsantrag erst in einer ausreichenden Rechtsmittelbegründungsschrift nach § 520 III ZPO vollständig vorhanden. Sie darf aber für KV 1221 noch gar nicht eingegangen sein. Daher muß man bei einer nicht klar auf Teile der Rechtsmitteleinlegung beschränkten Rücknahme von einer vollen Rücknahme ausgehen. 6

Wenn der Rechtsmittelführer in der Rechtsmittelfrist *keinen Antrag* stellt, liegt eine Rücknahme im Zweifel voll vor. 7

3) Unanwendbarkeit bei Teilrücknahme. Unanwendbar ist KV 1221 bei einer nur teilweisen Rücknahme. Insoweit gilt dasselbe wie im ersten Rechtszug bei KV 1211 Rn 3. 8

4) Anschlußberufung. Bei § 524 ZPO ist KV 1221 voll anwendbar. Die Gegenmeinung hätte zur Folge, die Anschließung in einer sachlich nicht beabsichtigten Weise zu benachteiligen. KV 1221 ist aber erst dann anwendbar, wenn auch die Berufungsrücknahme nach § 516 ZPO und nicht nur die Rücknahme der Anschlußbefreiung erfolgt, Mü RR 05, 1016. 9

5) Erledigterklärungen, amtliche Anmerkung. Wegen der erforderlichen Einigung der Parteien über die Kostentragung nach übereinstimmenden vollständigen wirksamen Erledigterklärungen BLAH § 98 ZPO Rn 21ff. 10

Nr.	Gebührentatbestand	Gebühr oder Satz der Gebühr nach § 34 GKG
1222	Beendigung des gesamten Verfahrens, wenn nicht Nummer 1221 anzuwenden ist, durch	
	1. Zurücknahme des Rechtsmittels, der Klage oder des Antrags a) vor dem Schluss der mündlichen Verhandlung, b) in den Fällen des § 128 Abs. 2 ZPO vor dem Zeitpunkt, der dem Schluss der mündlichen Verhandlung entspricht,	
	2. Anerkenntnisurteil, Verzichtsurteil oder Urteil, das nach § 313a Abs. 2 ZPO keinen Tatbestand und keine Entscheidungsgründe enthält,	
	3. gerichtlichen Vergleich oder	
	4. Erledigungserklärungen nach § 91a ZPO, wenn keine Entscheidung über die Kosten ergeht oder die Entscheidung einer zuvor mitgeteilten Einigung der Parteien über die Kostentragung oder der Kostenübernahmeerklärung einer Partei folgt,	
	es sei denn, dass bereits ein anderes als eines der in Nummer 2 genannten Urteile, eine Entscheidung über einen Antrag auf Erlass einer Sicherungsanordnung oder ein Beschluss in der Hauptsache vorausgegangen ist: Die Gebühr 1220 ermäßigt sich auf	2,0
	Die Gebühr ermäßigt sich auch, wenn mehrere Ermäßigungstatbestände erfüllt sind.	

1) Geltungsbereich, Z 1–4. Die Vorschrift gilt hilfsweise, soweit KV 1221 nicht anwendbar ist. Sie gilt neben KV 1223. Sie stimmt in Z 1a, b mit KV 1211 Z 1a, b wörtlich überein. Vgl daher dort Rn 5, 6. Z 2–4 stimmen mit KV 1211 Z 2–4 praktisch wörtlich überein. Vgl daher dort Rn 9–11, Celle RR **11**, 1294. 1

2) Rücknahme, Z 1. Eindeutig, vollständig und rechtzeitig muß die Rücknahme nach § 516 II 1 ZPO dem Gericht gegenüber erfolgt sein, also vor dem Ende der Verhandlung nach §§ 136 IV, 296a, 525 ZPO, Düss JB **08**, 601. Dabei gelten die üblichen 2

KV 1222–1230

Auslegungsregeln für Parteiprozeßhandlungen nach BLAH Grdz 52 vor § 128 ZPO. Eine Teilrücknahme reicht nicht. Eine Zurückverweisung nach § 538 II ZPO kann nach § 37 unschädlich sein.

3 **3) Nach jeder Berufungsentscheidung, Z 1.** Unerheblich ist bei *Z 1,* ob die Berufungsentscheidung ein Sach- oder Prozeßurteil nach BLAH Grdz 14 vor § 253 ZPO wäre, LG Bayreuth JB **77**, 79, und ob es sich um ein streitiges Urteil handeln würde, Bbg JB **77**, 243, Mümmler JB **77**, 1508. Hierher gehört auch eine irrig in einer Beschlußform ergangene Entscheidung. Unerheblich sind auch gerichtliche Maßnahmen vor der Rücknahme, zB eine Terminsbestimmung nach § 523 ZPO, Hbg MDR **98**, 927, Mü MDR **03**, 717, oder eine Vorbereitung der Entscheidung vor den in Z 1 a, b genannten Zeitpunkten. Ein Hinweis nach § 522 II 2 ZPO ist noch kein „Beschluß in der Hauptsache", sondern erst deren Vorbereitung, Kblz JB **07**, 152.

4 **4) Nach Anerkenntnisurteil usw, Z 2.** Maßgeblich ist bei § 313a ZPO nur, daß das Urteil eben keinen Tatbestand und keine Entscheidungsgründe enthält, nicht aber, daß eine Fristversäumung nach § 313 III ZPO vorliegt, und auch nicht, ob tatsächlich eine Arbeitsersparnis beim Gericht eingetreten ist, Mü NJW **15**, 1765.

5 **5) Unanwendbarkeit, Z 1–4.** Unanwendbar ist KV 1222 nach einem echten Versäumnisurteil nach §§ 331, 525 ZPO oder nach einem Verwerfungsbeschluß nach § 522 ZPO, Brdb MDR **09**, 1363.

Nr.	Gebührentatbestand	Gebühr oder Satz der Gebühr nach § 34 GKG
1223	Beendigung des gesamten Verfahrens durch ein Urteil, das wegen eines Verzichts der Parteien nach § 313a Abs. 1 Satz 2 ZPO keine schriftliche Begründung enthält, wenn nicht bereits ein anderes als eines der in Nummer 1222 Nr. 2 genannten Urteile, eine Entscheidung über einen Antrag auf Erlass einer Sicherungsanordnung oder ein Beschluss in der Hauptsache vorausgegangen ist: Die Gebühr 1220 ermäßigt sich auf .... Die Gebühr ermäßigt sich auch, wenn daneben Ermäßigungstatbestände nach Nummer 1222 erfüllt sind.	3,0

1 **1) Geltungsbereich.** Die Vorschrift gilt hilfsweise, soweit KV 1221 nicht anwendbar ist. Sie gilt neben KV 1222, Celle JB **11**, 489. Sie ähnelt KV 1211 Z 2 lt Hs ein wenig, behandelt aber den dort gerade nicht genannten Fall des § 313 a I 2 ZPO. Die geringe Ermäßigung auf immerhin noch 3,0 Gebühr erfolgt nur dann, wenn noch nicht schon ein anderes Urteil als ein solches nach KV 1222 Z 2 oder eine Entscheidung nach § 283a ZPO oder eine Entscheidung nach § 283a ZPO oder ein Beschluß in der Hauptsache vorausgegangen ist. Das ähnelt KV 1211 S 1 Hs 2. Vgl daher dort. Die Vorschrift gilt auch bei einem Teilurteil nach § 301 ZPO und nach einer Zurückverweisung nach § 538 II ZPO oder nach einem Teilvergleich zB nach BLAH Anh § 307 ZPO Rn 7.

Unanwendbar ist KV 1223 nach einer Berufungsrücknahme nach § 516 ZPO, Düss JB **08**, 601, oder bei einer Einigung dahin, die Kostenentscheidung dem Gericht zu überlassen oder auf eine Begründung der Kostenentscheidung zu verzichten, Düss RR **16**, 1472.

Abschnitt 3. Revision, Rechtsbeschwerden nach § 74 GWB, § 86 EnWG, § 35 KSpG und § 24 VSchDG

Nr.	Gebührentatbestand	Gebühr oder Satz der Gebühr nach § 34 GKG
1230	Verfahren im Allgemeinen	5,0

1 **1) Geltungsbereich.** Die Vorschrift gilt im Revisionsverfahren nach §§ 542, 543, 545 ff ZPO, BGH RR **07**, 1148, und in den Rechtsbeschwerdeverfahren nach § 74

Kostenverzeichnis **1230–1232 KV**

GWB, § 86 EnWG, § 35 KSpG, § 24 VSchDG. Für die Zulassung der Sprungrevision nach § 566 ZPO und bei der Nichtzulassungsbeschwerde nach § 544 ZPO, § 74 GWB gelten KV 1240–1243, BGH FamRZ 07, 136. KV 1230 stimmt mit KV 1210 (erste Instanz), 1220 (Berufung) wörtlich überein. Vgl daher dort.

2) Fälligkeit. Vgl § 6 Rn 3–8.   2

Nr.	Gebührentatbestand	Gebühr oder Satz der Gebühr nach § 34 GKG
1231	Beendigung des gesamten Verfahrens durch Zurücknahme des Rechtsmittels, der Klage oder des Antrags, bevor die Schrift zur Begründung des Rechtsmittels bei Gericht eingegangen ist: Die Gebühr 1230 ermäßigt sich auf .... Erledigungserklärungen nach § 91a ZPO stehen der Zurücknahme gleich, wenn keine Entscheidung über die Kosten ergeht oder die Entscheidung einer zuvor mitgeteilten Einigung der Parteien über die Kostentragung oder der Kostenübernahmeerklärung einer Partei folgt.	1,0

1) Geltungsbereich. KV 1231 entspricht der im Berufungsverfahren geltenden 1 Regelung des KV 1221. Vgl daher dort. Natürlich muß ein Rechtsmittel vorliegen, BGH RR **05**, 584.

Nr.	Gebührentatbestand	Gebühr oder Satz der Gebühr nach § 34 GKG

1232	Beendigung des gesamten Verfahrens, wenn nicht Nummer 1231 anzuwenden ist, durch
	1. Zurücknahme des Rechtsmittels, der Klage oder des Antrags
	  a) vor dem Schluss der mündlichen Verhandlung,
	  b) in den Fällen des § 128 Abs. 2 ZPO vor dem Zeitpunkt, der dem Schluss der mündlichen Verhandlung entspricht,
	2. Anerkenntnis- oder Verzichtsurteil,
	3. gerichtlichen Vergleich oder
	4. Erledigungserklärungen nach § 91a ZPO, wenn keine Entscheidung über die Kosten ergeht oder die Entscheidung einer zuvor mitgeteilten Einigung der Parteien über die Kostentragung oder der Kostenübernahmeerklärung einer Partei folgt,
	es sei denn, dass bereits ein anderes als eines der in Nummer 2 genannten Urteile, eine Entscheidung über einen Antrag auf Erlass einer Sicherungsanordnung oder ein Beschluss in der Hauptsache vorausgegangen ist:
	Die Gebühr 1230 ermäßigt sich auf ....
	
	Die Gebühr ermäßigt sich auch, wenn mehrere Ermäßigungstatbestände erfüllt sind.
		3,0

1) Geltungsbereich. KV 1232 entspricht der im Berufungsverfahren geltenden 1 Regelung des KV 1222. Vgl daher dort.

KV 1240–1243   Kostenverzeichnis

Abschnitt 4. Zulassung der Sprungrevision, Beschwerde gegen die Nichtzulassung der Revision sowie der Rechtsbeschwerden nach § 74 GWB, § 86 EnWG, § 35 KSpG und § 24 VSchDG

Nr.	Gebührentatbestand	Gebühr oder Satz der Gebühr nach § 34 GKG
1240	Verfahren über die Zulassung der Sprungrevision: Soweit der Antrag abgelehnt wird	1,5

1   **1) Geltungsbereich.** Die Vorschrift enthält für § 566 ZPO trotz der Abhängigkeit vom Verfahrensausgang doch nach dem klaren Wortlaut von KV 1240 nur eine Verfahrensgebühr, keine Entscheidungsgebühr. Das gilt freilich nur dann, wenn das Revisionsgericht einen Antrag auf die Zulassung einer Sprungsrevision nach § 566 VI ZPO usw durch einen Beschluß ablehnt. Für das Verfahren über die Nichtzulassungsbeschwerde gelten KV 1242, 1243. Bei Zulassung gelten KV 1230–1232.

Teilablehnung macht KV 1230, 1231 anwendbar und wirkt sich beim Streitwert nach §§ 48, 51, 63 aus.

Nr.	Gebührentatbestand	Gebühr oder Satz der Gebühr nach § 34 GKG
1241	Verfahren über die Zulassung der Sprungrevision: Soweit der Antrag zurückgenommen oder das Verfahren durch anderweitige Erledigung beendet wird .... Die Gebühr entsteht nicht, soweit die Sprungrevision zugelassen wird.	1,0
1242	Verfahren über die Beschwerde gegen die Nichtzulassung des Rechtsmittels: Soweit die Beschwerde verworfen oder zurückgewiesen wird	2,0
1243	Verfahren über die Beschwerde gegen die Nichtzulassung des Rechtsmittels: Soweit die Beschwerde zurückgenommen oder das Verfahren durch anderweitige Erledigung beendet wird .. Die Gebühr entsteht nicht, soweit der Beschwerde stattgegeben wird	1,0

Zu KV 1241–1243:

1   **1) Geltungsbereich.** Die Vorschriften erfassen als eng auslegbare Sonderregeln nicht nur die Nichtzulassung der Revision nach § 543 ZPO, sondern auch diejenige der Rechtsbeschwerde nach § 574 ZPO, § 74 GWB. Bei der Rechtsbeschwerde nach §§ 574 ff ZPO fehlt eine Nichtzulassungsbeschwerde. KV 1242 gilt bei einer Verwerfung nach § 544 IV 1 ZPO oder Zurückweisung, nicht aber bei einer Zurücknahme der Beschwerde. KV 1243 gilt bei einer Zurücknahme oder bei einer anderweitigen Erledigung der Nichtzulassungsbeschwerde, auch bei der Rücknahme nur gegenüber einem von mehreren Gegnern, BGH FamRZ 07, 136. Zum Rücknahmebegriff gilt ähnliches wie bei KV 1211, dort Rn 4 ff. Es handelt sich trotz der Abhängigkeit vom Verfahrensausgang doch nach dem klaren Wortlaut von KV 1242, 1243 jeweils um Verfahrensgebühren, keine Entscheidungsgebühren. Das gilt freilich nur für den dort jeweils genannten Fall.

Teilverwerfung usw wirkt sich beim Streitwert nach §§ 48, 51, 63 aus, BGH MDR 04, 472.

Unanwendbar sind KV 1242, 1243 bei § 544 VII ZPO, BGH FamRZ 07, 1008 (Gerichtskostenfreiheit), oder bei einer Revision nebst hilfsweiser Nichtzulassungsbeschwerde, BGH GRUR 15, 304 (dann nur Revisionsgebühren).

2   **2) Fälligkeit, Kostenschuldner.** Wegen des Charakters von Verfahrensgebühren treten die Fälligkeiten theoretisch mit einer Beschwerdeeinigung ein, § 6 I. Indessen

kann man ja die Gebührenhöhe erst je nach dem Verfahrensausgang bestimmen. Daher tritt die Fälligkeit erst nach dem vorrangigen § 6 III mit der Entscheidung (Verwerfung oder Zurückweisung und praktisch auch Wirksamkeit der Rücknahme entsprechend § 6 III) ein.
Kostenschuldner: §§ 22, 29.

Abschnitt 5. Rechtsmittelverfahren des gewerblichen Rechtsschutzes vor dem Bundesgerichtshof

Unterabschnitt 1. Berufungsverfahren

Nr.	Gebührentatbestand	Gebühr oder Satz der Gebühr nach § 34 GKG
1250	Verfahren im Allgemeinen	6,0

1) **Geltungsbereich.** Es geht um das von § 1 S 1 Z 1 n miterfaßte Berufungsverfahren vor dem BGH nach §§ 110–121 PatG und nach § 20 GebrMG in Verbindung mit §§ 110–121 PatG. Die erhebliche Erhöhung der Gebühr beruht auf dem Wegfall der früheren Urteilsgebühren. Es handelt sich jetzt um eine Verfahrensgebühr ähnlich derjenigen nach KV 1220. Vgl daher auch dort.

Nr.	Gebührentatbestand	Gebühr oder Satz der Gebühr nach § 34 GKG
1251	Beendigung des gesamten Verfahrens durch Zurücknahme der Berufung oder der Klage, bevor die Schrift zur Begründung der Berufung bei Gericht eingegangen ist: Die Gebühr 1250 ermäßigt sich auf .... Erledigungserklärungen nach § 91a ZPO i. V. m. § 121 Abs. 2 Satz 2 PatG, § 20 GebrMG stehen der Zurücknahme gleich, wenn keine Entscheidung über die Kosten ergeht oder die Entscheidung einer zuvor mitgeteilten Einigung der Parteien über die Kostentragung oder der Kostenübernahmeerklärung einer Partei folgt.	1,0

1) **Geltungsbereich.** Die Vorschrift hat den Vorrang vor KV 1252. Sie stimmt mit KV 1221, 1231 praktisch wörtlich überein. Vgl daher dort.

Nr.	Gebührentatbestand	Gebühr oder Satz der Gebühr nach § 34 GKG
1252	Beendigung des gesamten Verfahrens, wenn nicht Nummer 1251 anzuwenden ist, durch 1. Zurücknahme der Berufung oder der Klage vor dem Schluss der mündlichen Verhandlung, 2. Anerkenntnis- oder Verzichtsurteil, 3. gerichtlichen Vergleich oder 4. Erledigungserklärungen nach § 91a ZPO i. V. m. § 121 Abs. 2 Satz 2 PatG, § 20 GebrMG, wenn keine Entscheidung über die Kosten ergeht oder die Entscheidung einer zuvor mitgeteilten Einigung der Parteien über die Kostentragung oder der Kostenübernahmeerklärung einer Partei folgt, es sei denn, dass bereits ein anderes als eines der in Nummer 2 genannten Urteile vorausgegangen ist: Die Gebühr 1250 ermäßigt sich auf	3,0

KV 1252, Anh 1252

Nr.	Gebührentatbestand	Gebühr oder Satz der Gebühr nach § 34 GKG
	Die Gebühr ermäßigt sich auch, wenn mehrere Ermäßigungstatbestände erfüllt sind.	

1 **1) Geltungsbereich.** Die Vorschrift gilt nach ihrem klaren Wortlaut nur hilfsweise hinter KV 1251. Sie stimmt mit KV 1222, 1232 praktisch wörtlich überein. Vgl daher dort.

Anhang nach KV 1252

Weitere Gerichtsgebühren im Verfahren vor Gericht in Patent-, Gebrauchsmuster-, Design-, Marken- oder Sortenschutzsachen

Einführung

Gliederung

1) Systematik, Regelungszweck 1
2) Geltungsbereich 2–4
3) Rechtsmittel 5–10
   A. Markensache 6
   B. Patentsache: § 110 PatG 7
   C. Gebrauchsmustersache: § 110 PatG 8
   D. Patentsache: § 122 PatG 9
   E. Gebrauchsmustersache: § 122 PatG 10

1 **1) Systematik, Regelungszweck.** Nach § 65 I 1 PatG wird das Patentgericht als ein selbständiges und unabhängiges Bundesgericht tätig. Es ist für die Entscheidung über eine Beschwerde gegen einen Beschluß der Prüfungsstelle oder der Patentabteilung des Patentamts sowie über eine Klage auf die Erklärung der Nichtigkeit eines Patents und im Zwangslizenzverfahren nach §§ 81, 85 PatG zuständig.

Das *Patentkostengesetz* (PatKostG), Teil II C dieses Buchs, gilt nach seinem § 1 I nur, „soweit gesetzlich nichts anderes bestimmt ist". Es hat die nachfolgenden Vorschriften nicht aufgehoben.

2 **2) Geltungsbereich.** Wenn ein Beteiligter in einer Patent-, Gebrauchsmuster-, Design-, Marken-, oder Sortenschutzsache eine Beschwerde einlegt oder wenn es um eine Nichtigkeitsklage geht oder um eine Klage auf die Zurücknahme eines Patents oder um eine Klage auf die Erteilung einer Zwangslizenz oder um einen Antrag auf den Erlaß einer einstweiligen Verfügung in einer Patent- oder Gebrauchsmustersache oder um eine Einlegung der Berufung in einer Patent- oder Gebrauchsmustersache oder um die Einlegung der Beschwerde gegen die Entscheidung über den Antrag auf den Erlaß einer einstweiligen Verfügung beim Patentgericht, muß der Antragsteller stets gleichzeitig eine Gebühr entrichten, und zwar nach dem unten abgedruckten GV des dort genannten Gesetzes vom 18. 8. 76, BGBl 2188, zuletzt geändert durch Art 20 G vom 25. 10. 94, BGBl 3082, oder nach § 66 V MarkenG oder nach § 34 II Hs 1 SortenSchG.

3 Wenn der Antragsteller die Gebühr *nicht rechtzeitig zahlt*, gilt die Beschwerde oder Berufung als nicht eingelegt, §§ 73 III, 110 I PatG, 18 II GebrMG, 10a I DesignG, 66 V 2 MarkenG, 34 II Hs 2 SortenSchG. Die Klage gilt als nicht erhoben. Der Antrag auf den Erlaß einer einstweiligen Verfügung gilt als nicht gestellt.

4 Für die *Auslagen* gilt im Verfahren vor dem Patentgericht grundsätzlich das GKG entsprechend, § 82 I 3 MarkenG, § 98 PatG, BGH GRUR **84**, 38, also KV 1100 ff. Ein Auslagenvorschuß läßt sich gemäß § 17 GKG beurteilen. In Markensachen gilt vorrangig § 71 MarkenG.

5 **3) Rechtsmittel.** Gegen einen Beschluß des Beschwerdesenats des Patentgerichts findet unter den Voraussetzungen der §§ 83 MarkenG, 100 PatG, 35 SortenSchG die Rechtsbeschwerde statt. Gegen ein Urteil des Nichtigkeitssenats des Patentgerichts

findet die Berufung statt, § 110 PatG. Gegen ein Urteil über den Erlaß einer einstweiligen Verfügung wegen der Erteilung einer Zwangslizenz findet die Beschwerde statt, § 122 PatG. Sämtliche vorgenannten Rechtsmittel gehen an den BGH. Vgl ferner §§ 18 V, 20 GebrMG, 10 a II DesignG, 36 SortenSchG.

MarkenG § 85. Rechtsbeschwerde. II In dem Rechtsbeschwerdeverfahren vor dem Bundesgerichtshof gelten die Bestimmungen des § 142 über die Streitwertbegünstigung entsprechend.

PatG § 102. Rechtsbeschwerde. II In dem Rechtsbeschwerdeverfahren vor dem Bundesgerichtshof gelten die Bestimmungen des § 144 über die Streitwertfestsetzung entsprechend.

A. Markensache. Die Rechtsbeschwerde richtet sich nach § 102 I PatG an den BGH. Deshalb entsteht keine Beschwerdegebühr nach dem Tarif bei der Einlegung wie zB im Fall einer Berufungseinlegung im Nichtigkeitsstreit nach § 110 I PatG.

Das Gericht kann auf Grund des Antrags einer *bedürftigen Partei* anordnen, daß sie Gerichtskosten nach § 144 PatG, § 51 GKG Anh I nur nach einem ihrer Wirtschaftslage angepaßten Teil des Streitwerts zahlen muß. Wegen der Auslagen KV 9000 ff. Ein Auslagenvorschuß richtet sich nach § 17 GKG. Das Kostenfestsetzungsverfahren richtet sich nach §§ 103 ff ZPO, § 80 V PatG.

Dieselbe Regelung gilt auch für die *Rechtsbeschwerde* in einer Gebrauchsmuster- oder Markensache nach §§ 18 V GebrMG, 10 a II DesignG, 85 I, 90 IV, 142 MarkenG, 35, 36 SortenSchG.

B. Patentsache: § 110 PatG. Der Nichtigkeitssenat des Patentgerichts muß über eine Klage auf die Erklärung der Nichtigkeit oder Zurücknahme eines Patents oder einer Erteilung einer Zwangslizenz nach §§ 81 I, 84 I PatG entscheiden. Es greift evtl § 144 PatG ein.

Die *Fälligkeit* der Gebühr richtet sich nach § 6 GKG. Auslagen entstehen nach KV 9000 ff. Ein Auslagenvorschuß richtet sich nach § 17 GKG. Das gilt insbesondere dann, wenn es um ein Sachverständigengutachten geht.

C. Gebrauchsmustersache: § 110 PatG. § 110 PatG ist auch in einer Gebrauchsmustersache nach § 20 GebrMG in Verbindung mit § 110 PatG entsprechend anwendbar.

D. Patentsache: § 122 PatG. Aus der Bezugnahme auf § 110 II 1 PatG (oben abgedruckt) folgt, daß für die Auslagen die Vorschriften des GKG maßgebend sind.

E. Gebrauchsmustersache: § 122 PatG. § 122 PatG ist auch in einer Gebrauchsmustersache nach § 20 GebrMG in Verbindung mit § 122 PatG entsprechend anwendbar.

Unterabschnitt 2.
Beschwerdeverfahren und Rechtsbeschwerdeverfahren

Nr.	Gebührentatbestand	Gebühr oder Satz der Gebühr nach § 34 GKG
1253	Verfahren über die Beschwerde nach § 122 PatG oder § 20 GebrMG i. V. m. § 122 PatG gegen ein Urteil über den Erlass einer einstweiligen Verfügung in Zwangslizenzsachen	2,0

1) Geltungsbereich. Die Vorschrift stimmt praktisch wörtlich mit KV 1221, 1251 überein. Vgl daher dort.

Nr.	Gebührentatbestand	Gebühr oder Satz der Gebühr nach § 34 GKG
1254	Beendigung des gesamten Verfahrens durch Zurücknahme der Beschwerde, bevor die Schrift zur Begründung der Beschwerde bei Gericht eingegangen ist: Die Gebühr 1253 ermäßigt sich auf	1,0

Nr.	Gebührentatbestand	Gebühr oder Satz der Gebühr nach § 34 GKG
	Erledigungserklärungen nach § 91a ZPO i. V. m. § 121 Abs. 2 Satz 2 PatG, § 20 GebrMG stehen der Zurücknahme gleich, wenn keine Entscheidung über die Kosten ergeht oder die Entscheidung einer zuvor mitgeteilten Einigung der Parteien über die Kostentragung oder der Kostenübernahmeerklärung einer Partei folgt.	
1255	Verfahren über die Rechtsbeschwerde	750,00 €
1256	Beendigung des gesamten Verfahrens durch Zurücknahme der Rechtsbeschwerde, bevor die Schrift zur Begründung der Rechtsbeschwerde bei Gericht eingegangen ist: Die Gebühr 1255 ermäßigt sich auf	100,00 €
	Erledigungserklärungen in entsprechender Anwendung des § 91a ZPO stehen der Zurücknahme gleich, wenn keine Entscheidung über die Kosten ergeht oder die Entscheidung einer zuvor mitgeteilten Einigung der Parteien über die Kostentragung oder der Kostenübernahmeerklärung einer Partei folgt.	

Zu VK 1255, 1256:

1 **1) Geltungsbereich.** Die Vorschrift stimmt fast wörtlich mit KV 1221, 1231, 1242 überein. Vgl daher dort.

Hauptabschnitt 3 (weggefallen)

Hauptabschnitt 4. Arrest, Europäischer Beschluss zur vorläufigen Kontenpfändung und einstweilige Verfügung

(Amtliche) Vorbemerkung 1.4:

[III] [1] Im Verfahren zur Erwirkung eines Europäischen Beschlusses zur vorläufigen Kontenpfändung werden Gebühren nach diesem Hauptabschnitt nur im Fall des Artikels 5 Buchstabe a der Verordnung (EU) Nr. 655/2014 erhoben. [2] In den Fällen des Artikels 5 Buchstabe b der Verordnung (EU) Nr. 655/2014 bestimmen sich die Gebühren nach Teil 2 Hauptabschnitt 1.

[II] [1] Im Verfahren auf Anordnung eines Arrests oder auf Erlass einer einstweiligen Verfügung sowie im Verfahren über die Aufhebung oder die Abänderung (§ 926 Abs. 2, §§ 927, 936 ZPO) werden die Gebühren jeweils gesondert erhoben. [2] Im Fall des § 942 ZPO gilt das Verfahren vor dem Amtsgericht und dem Gericht der Hauptsache als ein Rechtsstreit.

[III] Im Verfahren zur Erwirkung eines Europäischen Beschlusses zur vorläufigen Kontenpfändung sowie im Verfahren über den Widerruf oder die Abänderung werden die Gebühren jeweils gesondert erhoben.

Vorbem. Überschrift, amtliche Vorbemerkung 1.4 idF Art 9 Z 3b, c EuKoPfVODG v 21. 11. 16, BGBl 2591, in Kraft seit 18. 1. 17, Art 21 I G, ÜbergangsR § 71 GKG.

Abschnitt 1. Erster Rechtszug

Nr.	Gebührentatbestand	Gebühr oder Satz der Gebühr nach § 34 GKG
1410	Verfahren im Allgemeinen	1,5

1410 KV

Unterabschnitt 1. Erster Rechtszug

Gliederung

1) Systematik, Regelungszweck 1
2) Geltungsbereich 2
3) Beispiele zur Frage des Geltungsbereichs 3, 4
4) Weiteres Verfahren 5
5) Gebührenhöhe 6–8
6) Streitwert 9
7) Fälligkeit, Kostenschuldner 10

1) Systematik, Regelungszweck. Der Europäische Beschluß, Arrest und die einstweilige Verfügung sind Ergebnisse dreier selbständiger Verfahren nach §§ 916 ff, 935 ff, 946 ff ZPO, LG Bln MDR **89**, 366. Sie sind keine Akte der Zwangsvollstreckung nach §§ 704 ff ZPO, obwohl die ZPO sie im Buch 8 regelt. KV 1410 ff regeln die Gebühren für das vorläufige Verfahren zum Teil abweichend vom ordentlichen Prozeß. Das vorläufige Verfahren ist ein selbständiger Vorgang. Daher findet auch keine gesonderte Abrechnung statt. Die im Hauptprozeß entstehenden Gebühren sind unabhängig von denjenigen im vorläufigen Verfahren und umgekehrt. Es können also beim Eil- und Hauptverfahren jeweils die zugehörigen Gebühren entstehen. Es gilt ebenso, wenn man einen Arrest- oder Verfügungsantrag mit einer Klage verbindet oder wenn das Gericht etwa in demselben Urteil Entscheidungen über den Verfügungsantrag und über den Antrag in der Hauptsache getroffen hat. **1**

2) Geltungsbereich. KV 1410 ff gelten grundsätzlich für alle in der amtlichen Vorbemerkung 1.4.1 genannten Verfahrensarten. **2**

3) Beispiele zur Frage des Geltungsbereichs **3**
ArbGG: Vgl KV 8310 ff.
Arresthypothek: KV 1410 gilt auch ein Ersuchen auf ihren Eintrag nach § 931 ZPO als Nebenantrag mit ab.
Arrestvollzug: KV 1410 gilt auch den Vollzug nach § 929 ZPO mit ab, soweit nicht KV 1210 anwendbar ist.
Aufhebung: S „Klagefristversäumung", „Veränderte Umstände".
EuGVVO: Vgl KV 1510.
FGO: Vgl KV 6210 ff.
Klagefristversäumung: Anwendbar ist KV 1410 bei § 926 II ZPO oder § 936 ZPO, (zum alten Recht) Mü MDR **99**, 59, LG Bln MDR **89**, 366.
Klagerhebung: *Unanwendbar* ist KV 1410 bei § 926 I ZPO. Dann gilt KV 1210.
Mehrere Anträge: Ein Arrestantrag und ein Antrag auf eine einstweilige Verfügung leiten nach der amtlichen Vorbemerkung 1.4 S 1 zwei getrennte Verfahren ein.
Mündliche Verhandlung: Unerheblich ist bei KV 1410, ob sie stattfindet. **4**
Nebenantrag: KV 1410 gilt auch ihn mit ab. Vgl bei den einzelnen derartigen Fällen.
Schutzschrift: *Unanwendbar* ist KV 1410 bei einer solchen nach §§ 945 a, b ZPO.
SGG: Vgl KV 7210 ff.
Veränderte Umstände: Anwendbar ist KV 1410 bei § 927 ZPO in Verbindung mit der amtlichen Vorbemerkung 1.4 S 1.
Vergleich: Die Gebühr KV 1410 entsteht auch dann, wenn die Parteien zB einen Prozeßvergleich nach BLAH Anh § 307 schließen. Wenn der Vergleichswert den Streitwert übersteigt, etwa beim Mitvergleich der Hauptsache im Eilverfahren, ist KV 1900 anwendbar.
Vormerkung: KV 1410 gilt auch das Ersuchen auf eine Vormerkung als Nebenantrag mit ab.
VwGO: Vgl 5210 ff.

4) Weiteres Verfahren. Die anderen Fälle sind völlig neue Verfahren. Infolgedessen entstehen dort Gebühren nach KV 1410 ff unabhängig von den für das Anordnungsverfahren erhobenen Gebühren. Die Gebühren sind in diesen neuen Verfahren dieselben wie im Anordnungsverfahren. Die Entscheidung erfolgt immer durch ein Urteil nach §§ 300 ff ZPO. Schon der Antragseingang löst die Verfahrensgebühr aus, Mü MDR **98**, 63. **5**

KV 1410, 1411 Kostenverzeichnis

6   5) **Gebührenhöhe.** Für das Verfahren über den Antrag auf den Erlaß eines Arrests oder einer einstweiligen Verfügung nach §§ 920, 936 ZPO entsteht jeweils 1,5 Gebühr, sofern es nicht zu einem Fall nach KV 1411 kommt, und in einem solchen letzteren Fall eine 3,0 Gebühr. Wegen § 36 vgl unten Rn 9. In das Anordnungsverfahren gehört nicht nur die Anordnung durch einen Beschluß nach §§ 922 I 1 Hs 2, 931 ZPO, auch diejenige nach § 942 ZPO durch das AG, amtliche Vorbemerkung 1.4.1 S 2, vgl § 35. In das Anordnungsverfahren gehört vielmehr auch das Ersuchen um eine Eintragung an das Grundbuchamt oder an die Registerbehörde nach § 941 ZPO. Hierher gehört ferner grundsätzlich auch das gesamte Widerspruchs- oder Aufhebungsverfahren nach §§ 924, 927 ZPO und das Rechtfertigungsverfahren, Mü MDR **99**, 59, einschließlich der darin ergehenden Entscheidungen beliebiger Art. Als eine Ausnahme gilt der sog Kostenwiderspruch nach BLAH § 924 ZPO Rn 9, KV 1411 amtliche Anmerkung (Fall des Anerkenntnisurteils).

7   Ein Antrag auf den Erlaß eines Arrests und ein solcher auf den Erlaß einer einstweiligen Verfügung leiten nach der amtlichen Vorbemerkung 1.4.1 S 1 Hs 1 zwei getrennte Verfahren ein.

8   Die Klagerhebung nach *§ 926 I ZPO* läßt Gebühren nach KV 1210 ff entstehen. Eine Verbindung der Hauptsache und der Arrestsache nach § 147 ZPO berührt die Höhe der Gebühren nicht. Eine erstinstanzliche Antragsrücknahme nach BLAH § 920 ZPO Rn 18 beseitigt im Verfahren ohne eine mündliche Verhandlung die Gebühr KV 1310 nicht. Denn KV 1411 erfaßt nur den Fall einer mündlichen Verhandlung, Ffm Rpfleger **87**, 128, Hbg MDR **05**, 418, Rostock MDR **97**, 1067. Dasselbe gilt bei § 91 a, Hbg MDR **97**, 890.

Die *Beschwerdegebühr* nach KV 1416 kann neben den erstinstanzlichen Gebühren entstehen.

9   6) **Streitwert.** Der Streitwert errechnet sich nach § 53. § 36 bleibt anwendbar. Das übersieht Hbg MDR **95**, 102 (beim Kostenwiderspruch, § 48 Anh I: § 3 ZPO Rn 17). Wegen einer Erledigung der Hauptsache des Eilverfahrens § 48 Anh I: § 3 ZPO Rn 45 ff, Hbg MDR **06**, 1376, KG MDR **97**, 889. Im Aufhebungsverfahren nach § 927 ZPO gilt der Wert des Anordnungsverfahrens, soweit der Antragsgegner nicht nur eine teilweise Aufhebung betreibt. Man muß wie stets eine Wertänderung beachten, Mü MDR **96**, 424. (Jetzt) § 40 ist anwendbar, aM Köln JB **98**, 374 (aber die Vorschrift gilt allgemein und uneingeschränkt).

10 7) **Fälligkeit, Kostenschuldner.** Die Fälligkeit der Verfahrensgebühr tritt nach (jetzt) § 6 I mit der Einreichung des Antrags ein, Mü MDR **98**, 63, Zweibr RR **01**, 1653, LG Bln MDR **89**, 366. Eine Vorwegleistungspflicht besteht in der 1. Instanz nicht. Denn § 12 I 1 setzt eine Klage voraus.

Kostenschuldner sind: Grundsätzlich der Antragsteller, § 22; ausnahmsweise der Antragsgegner, soweit das Gericht ihm im Beschluß oder Urteil nach § 29 Z 1 Kosten auferlegt.

Nr.	Gebührentatbestand	Gebühr oder Satz der Gebühr nach § 34 GKG

1411	Beendigung des gesamten Verfahrens durch
	1. Zurücknahme des Antrags
	  a) vor dem Schluss der mündlichen Verhandlung oder
	  b) wenn eine mündliche Verhandlung nicht stattfindet, vor Ablauf des Tages, an dem der Beschluss der Geschäftsstelle übermittelt wird,
	2. Anerkenntnisurteil, Verzichtsurteil oder Urteil, das nach § 313 a Abs. 2 ZPO keinen Tatbestand und keine Entscheidungsgründe enthält,
	3. gerichtlichen Vergleich oder
	4. Erledigungserklärungen nach § 91 a ZPO, wenn keine Entscheidung über die Kosten ergeht oder	

Kostenverzeichnis 1411 KV

Nr.	Gebührentatbestand	Gebühr oder Satz der Gebühr nach § 34 GKG
	die Entscheidung einer zuvor mitgeteilten Einigung der Parteien über die Kostentragung oder der Kostenübernahmeerklärung einer Partei folgt, es sei denn, dass bereits ein Beschluss nach § 922 Abs. 1, auch i. V. m. § 936 ZPO, oder ein anderes als eines der in Nummer 2 genannten Urteile vorausgegangen ist: Die Gebühr 1410 ermäßigt sich auf	1,0
	¹Die Vervollständigung eines ohne Tatbestand und Entscheidungsgründe hergestellten Urteils (§ 313 a Abs. 5 ZPO) steht der Ermäßigung nicht entgegen. ²Die Gebühr ermäßigt sich auch, wenn mehrere Ermäßigungstatbestände erfüllt sind.	
1412	Es wird durch Urteil entschieden oder es ergeht ein Beschluss nach § 91a oder § 269 Abs. 3 Satz 3 ZPO, wenn nicht Nummer 1411 erfüllt ist: Die Gebühr 1410 erhöht sich nach dem Wert des Streitgegenstands, auf den sich die Entscheidung bezieht, auf	3,0

Zu KV 1411, 1412:

Vorbem. KV 1411 Z 1 idF Art 9 Z 3 d EuKoPfVODG v 21. 11. 16, BGBl 2591, in Kraft seit 18. 1. 17, Art 21 I G, ÜbergangsR § 71 GKG.

1) **Gebührenermäßigung, KV 1411.** Es tritt gegenüber KV 1410 eine Ermäßigung der Gebühr ein. Sie beläuft sich auf 66,6% der Verfahrensgebühr KV 1410. Es tritt damit eine Ermäßigung nicht in demselben Grad wie bei KV 1211 ein, aber doch in einem spürbaren Umfang. Vgl im übrigen wie bei KV 1211. Eine Widerspruchsrücknahme steht einer Antragsrücknahme nach KV 1411 Z 1 nicht (mehr) gleich, Drsd JB 09, 656, Köln MDR 09, 1419. Wegen weitergehender Ermäßigungs- oder Wegfallmöglichkeiten über KV 1411 hinaus § 69b.

2) **Gebührenerhöhung, KV 1412.** Gegenüber KV 1410 kommt es zu einer Verdopplung, gegenüber KV 1411 sogar zu einer Verdreifachung der Gebühr, soweit einer der folgenden Fälle eintritt.

A. Urteil. Eine Erhöhung gegenüber KV 1410 und erst recht gegenüber KV 1411 kommt dann infrage, wenn das Erstgericht §§ 922 I 1 Hs 1, 936 ZPO durch ein Urteil nach §§ 300 ff ZPO statt durch einen Beschluß entscheidet. Es kommt kostenrechtlich nicht darauf an, ob eine mündliche Verhandlung stattgefunden hat und welche Entscheidungsform zulässig oder notwendig war, sondern nur darauf, in welcher Form das Gericht entschieden *hat*, Roloff NZA 07, 910. Nur bei den in KV 1411 Z 2 und amtliche Anmerkung S 1 genannten Urteilen bleibt es bei der dortigen Ermäßigung. Dabei kann ungeachtet der Bezeichnung die jeweils in Wahrheit andere Entscheidungsart vorliegen. Allein diese letztere ist dann maßgeblich, auch vor etwaiger Berichtigung nach §§ 319, 329 ZPO.

B. Beschluß nach § 91a ZPO oder nach § 269 III 3 ZPO. Für eine Erhöhung reicht auch statt der Bedingung Rn 2 aus, daß das Gericht über die Kosten nach beiderseitigen wirksamen Vollerledigterklärungen nach BLAH § 91a ZPO Rn 96 durch einen Beschluß entscheidet, Hbg MDR 97, 890, oder daß es nach § 269 III 3, IV ZPO eine echte Kostengrundentscheidung nach BLAH Üb 35 vor § 91 ZPO fällt. Auch hier kommt es wie beim Urteil auf diejenige Entscheidungsart an, die das Gericht in Wahrheit gewählt *hat*.

3) **Streitwert bei KV 1412.** KV 1412 berechnet man „nach dem Wert des Streitgegenstands, auf den sich die Entscheidung bezieht". Auch im Eilverfahren mit einer

KV 1412–1421

mündlichen Verhandlung oder mit einem Urteil statt eines Beschlusses als der Entscheidungsform ist Streitgegenstand nach BLAH § 2 ZPO Rn 4 nicht der sachlichrechtliche Anspruch eines Hauptprozesses, sondern die Zulässigkeit einer einstweiligen Regelung oder Sicherung des sachlichrechtlichen Hauptanspruchs, Ffm FamRZ **89**, 297, Hamm MDR **87**, 589, Menne FamRZ **04**, 8. Deshalb ist der Streitwert im Eilverfahren in aller Regel niedriger als im etwaigen Hauptprozeß, § 48 Anh I: § 3 ZPO Rn 16 „Arrest", § 53 Rn 2. KV 1412 verweist also nicht etwa auf den Hauptsachewert, sondern auf diesen geringeren Eilsachenwert, aM Meyer 106. Beim Teilurteil nach § 301 ZPO gilt nur dessen Wert, KG JB **09**, 149.

5   Das gilt selbst dann, wenn sich das Gericht in der mündlichen Verhandlung auch mit der *Hauptsache* befaßt. Natürlich können die Klage und ein Eilantrag zusammentreffen. Dann liegen mehrere Verfahren mit jeweils gesonderten Werten und Gebühren vor. Solange aber die Verhandlung im Eilverfahren stattfindet, bleibt es auch dann beim dortigen Wert, wenn das Gericht die Hauptsache mitbedenkt, wie so oft. Ob der Eilwert denjenigen der Hauptsache fast oder ganz erreichen kann, ist eine andere Frage, auch dazu § 48 Anh I: § 3 ZPO Rn 16, § 53 Rn 3.

Beim bloßen *Kostenwiderspruch* nach BLAH § 924 ZPO Rn 9 bleibt es beim Wert in der Höhe nur des Kosteninteresses, § 48 Anh I: § 3 ZPO Rn 17, § 53 Rn 9, Hbg MDR **06**, 1376.

Abschnitt 2. Berufung

Nr.	Gebührentatbestand	Gebühr oder Satz der Gebühr nach § 34 GKG
1420	Verfahren im Allgemeinen	4,0

1   **1) Systematik.** In der Berufungsinstanz ist unerheblich, ob es sich um ein Anordnungsverfahren nach §§ 920 ff ZPO handelt oder um ein Widerspruchsverfahren nach § 924 ZPO, um ein Abänderungsverfahren nach § 927 ZPO oder um ein Aufhebungsverfahren. Entstehen kann nur die Verfahrensgebühr KV 1420 mit ihren etwaigen Ermäßigungen KV 1421–1423, nicht eine Entscheidungsgebühr.

2   Die Gebühr KV 1420 entsteht auch, wenn das *Berufungsgericht in 1. Instanz* tätig wird, weil es als Gericht der Hauptsache zuständig ist. Denn auch dann wird es tätig, weil es als Berufungsgericht mit der Sache befaßt ist.

3   *Kostenschuldner* ist der Rechtsmittelkläger nach § 22. Die Fälligkeit tritt nach § 6 I mit der Einreichung der Berufungsschrift ein.

4   In der *Beschwerdeinstanz* ist nicht KV 1420–1423 anwendbar, sondern KV 1430 ff.

Nr.	Gebührentatbestand	Gebühr oder Satz der Gebühr nach § 34 GKG
1421	**Beendigung des gesamten Verfahrens durch Zurücknahme der Berufung, des Antrags oder des Widerspruchs, bevor die Schrift zur Begründung der Berufung bei Gericht eingegangen ist:** Die Gebühr 1420 ermäßigt sich auf	**1,0**
	Erledigungserklärungen nach § 91a ZPO stehen der Zurücknahme gleich, wenn keine Entscheidung über die Kosten ergeht oder die Entscheidung einer zuvor mitgeteilten Einigung der Parteien über die Kostentragung oder der Kostenübernahmeerklärung einer Partei folgt.	

1   **1) Geltungsbereich.** Die Vorschrift stimmt nahezu wörtlich mit KV 1221, 1251, 1321 überein. Vgl daher dort.

Kostenverzeichnis 1422–1431 KV

Nr.	Gebührentatbestand	Gebühr oder Satz der Gebühr nach § 34 GKG

1422	Beendigung des gesamten Verfahrens, wenn nicht Nummer 1421 erfüllt ist, durch
	1. Zurücknahme der Berufung oder des Antrags
	   a) vor dem Schluss der mündlichen Verhandlung,
	   b) in den Fällen des § 128 Abs. 2 ZPO vor dem Zeitpunkt, der dem Schluss der mündlichen Verhandlung entspricht,
	2. Anerkenntnis- oder Verzichtsurteil,
	3. gerichtlichen Vergleich oder
	4. Erledigungserklärungen nach § 91 a ZPO, wenn keine Entscheidung über die Kosten ergeht oder die Entscheidung einer zuvor mitgeteilten Einigung der Parteien über die Kostentragung oder der Kostenübernahmeerklärung einer Partei folgt,
	es sei denn, dass bereits ein anderes als eines der in Nummer 2 genannten Urteile vorausgegangen ist:
	Die Gebühr 1420 ermäßigt sich auf ....
	Die Gebühr ermäßigt sich auch, wenn mehrere Ermäßigungstatbestände erfüllt sind.
		2,0

1) Geltungsbereich. Die Vorschrift stimmt nahezu wörtlich mit KV 1222, 1252, **1**
1322 überein. Vgl daher dort.

Nr.	Gebührentatbestand	Gebühr oder Satz der Gebühr nach § 34 GKG
1423	Beendigung des gesamten Verfahrens durch ein Urteil, das wegen eines Verzichts der Parteien nach § 313 a Abs. 1 Satz 2 ZPO keine schriftliche Begründung enthält, wenn nicht bereits ein anderes als eines der in Nummer 1422 Nr. 2 genannten Urteile mit schriftlicher Begründung oder ein Versäumnisurteil vorausgegangen ist: Die Gebühr 1420 ermäßigt sich auf .... Die Gebühr ermäßigt sich auch, wenn daneben Ermäßigungstatbestände nach Nummer 1422 erfüllt sind.	3,0

1) Geltungsbereich. Die Vorschrift stimmt nahezu wörtlich mit KV 1223, 1323 **1**
überein. Vgl daher dort.

Abschnitt 3. Beschwerde

Nr.	Gebührentatbestand	Gebühr oder Satz der Gebühr nach § 34 GKG
1430	Verfahren über die Beschwerde 1. gegen die Zurückweisung eines Antrags auf Anordnung eines Arrests oder eines Antrags auf Erlass einer einstweiligen Verfügung oder 2. in Verfahren nach der Verordnung (EU) Nr. 655/2014	1,5
1431	Beendigung des gesamten Verfahrens durch Zurücknahme der Beschwerde: Die Gebühr 1430 ermäßigt sich auf	1,0

KV 1431

Zu KV 1430, 1431:

Vorbem. KV 1430 idF Art 9 Z 3 e EuKoPfVODG v 21. 11. 16, BGBl 2591, in Kraft seit 18. 1. 17, Art 21 I G, ÜbergangsR § 71 GKG.

1 **1) Geltungsbereich.** Soweit das Gericht den Antrag auf den Erlaß eines Arrests oder einer einstweiligen Verfügung oder nach der EuKoPfVO 655/2014 durch einen Beschluß und nicht etwa durch ein Urteil zurückweist, mag die Beschlußform fehlerhaft oder richtig sein, ist die sofortige Beschwerde nach § 567 I Z 2 ZPO zulässig.

A. Zurückweisung. Sie liegt auch in der Anordnung einer vorherigen Sicherheitsleistung.

Im *Beschwerdeverfahren* entsteht die Gebühr KV 1430. Das gilt unabhängig vom Erfolg der sofortigen Beschwerde nach §§ 567 ff ZPO. Die Falschbezeichnung einer in Wahrheit vorliegenden Beschwerde ist unerheblich. Es kann bei einer unrichtigen Sachbehandlung freilich § 21 anwendbar sein. Mehrere gleichzeitige oder nacheinander erhobene Beschwerden oder Anschlußbeschwerden eines oder mehrerer Beteiligten gegen dieselbe Entscheidung lösen dann nur *eine* Verfahrensgebühr aus, wenn das Beschwerdegericht sie in demselben Beschwerdeverfahren behandelt. Soweit sich dagegen mehrere Beschwerden gegen mehrere Entscheidungen richten, entstehen die Gebühren KV 1430, 1431 auch mehrmals. Das gilt auch bei einer Verbindung und bei nur *einer* Beschwerdentscheidung. Nach einer Zurückverweisung nach BLAH § 572 ZPO Rn 14 entstehen für das weitere erstinstanzliche Verfahren die Gebühren KV 1410–1412 nach §§ 35, 37 nicht nochmals. Die Gebühr KV 1430 entsteht bei einer sofortigen Beschwerde gegen einen zweiten Zurückweisungsbeschluß erneut.

2 **B. Stattgabe; Zurücknahme.** Soweit das Gericht einem solchen Antrag durch einen Beschluß stattgibt, mag die Beschlußform zulässig oder unzulässig gewesen sein, ist nur der Widerspruch statthaft.

Die *Verhandlung über den Widerspruch* vor dem unteren Gericht findet dort auch dann statt, wenn erst das obere Gericht den Arrest oder die einstweilige Verfügung erlassen hatte, BLAH § 924 ZPO Rn 11. Dann lebt die Arrestinstanz wieder auf und entsteht bei einem Urteil eine weitere Gebühr. Gebührenschuldner ist dann also der Arrestkläger.

Die *Zurücknahme* der sofortigen Beschwerde löst bei einer Beendigung des gesamten Beschwerdeverfahrens die Ermäßigung nach KV 1431 aus. Bei einer nur teilweisen Rücknahme oder Verfahrensbeendigung bleibt es bei KV 1430.

3 **C. Anderer Rechtsbehelf.** Unanwendbar sind KV 1430, 1431 wegen § 1 S 1 („nur") auf andere Rechtsbehelfe, etwa auf eine Erinnerung, einen Widerspruch, einen Einspruch, eine Berufung, Anschlußberufung, Revision, Anschlußrevision, Sprungrevision, eine Gegenvorstellung oder auf eine Dienstaufsichtsbeschwerde. Auch eine weitere Beschwerde oder eine Rechtsbeschwerde zählen nicht hierher. Denn unabhängig von der Frage ihrer Statthaftigkeit erfassen KV 1430, 1431 doch ersichtlich nur die Erstbeschwerde „gegen die Zurückweisung" usw, und das GKG hat an anderen Stellen vielfach Sonderregelungen für die Rechtsbeschwerde, zB in KV 1255, 1628, 1629 usw, nicht aber im Eilverfahren des Unterabschnitts 3. Deshalb liegt dann auch kein neues Beschwerdeverfahren vor, aM Meyer 112.

4 **2) Verfahrensgebühr.** Es gilt dasselbe wie bei KV 1810 Rn 6–9. Die Verfahrensgebühr gilt das gesamte Beschwerdeverfahren und damit auch zB eine dortige Beweisaufnahme und die Beschwerdeentscheidung gleich welcher Form und welchen Inhalts ab. Natürlich kann daneben eine Vergleichsgebühr nach KV 1900 entstehen. Die Beschwerdegebühr entsteht neben sonstigen Gebühren des Eil- oder gar des Hauptverfahrens. Die Verfahrensgebühr ist vom Erfolg der Beschwerde unabhängig.

5 **3) Streitwert.** Der Beschwerdewert bemißt sich nach dem Interesse des Beschwerdeführers und nach seinem Antrag. Er ist also durchweg ebenso hoch wie der Wert der angefochtenen Entscheidung oder, falls eine Teilung möglich ist, der Wert des angefochtenen Teils, § 6 ZPO (Wert der Vollstreckungsforderung). Bei einer Aussetzung nach §§ 148 ff ZPO muß man den Streitwert nach dem Interesse der Parteien an der Aussetzung bemessen.

6 Soweit ein *Dritter* beschwerdeberechtigt ist, zB nach § 387 ZPO, muß man als den Streitwert das Interesse des Dritten am Erfolg der Beschwerde ansehen.

Im Beschwerdeverfahren gegen eine Versagung der *Prozeßkostenhilfe* nach § 127 ZPO ist derjenige Betrag maßgeblich, den der Beschwerdeführer nun zur Rechtsverfolgung aufwenden muß. VV 3334 amtliche Anmerkung I ist eine Sonderbestimmung und hier nicht anwendbar.

Eine sofortige Beschwerde gegen eine *Zwischenentscheidung* wird schon nach dem Interesse des Beschwerdeführers bewerten.

4) Fälligkeit, Kostenschuldner usw. Die Gebühr wird nach § 6 I Z 1, 3 schon mit dem Eingang der Beschwerdeschrift fällig.

Kostenschuldner sind die in §§ 22, 29 Genannten.

Hauptabschnitt 5. Vorbereitung der grenzüberschreitenden Zwangsvollstreckung

(Amtliche) Vorbemerkung 1.5:
Die Vollstreckbarerklärung eines ausländischen Schiedsspruchs oder deren Aufhebung bestimmt sich nach Nummer 1620.

1) Geltungsbereich. KV 1510 erfaßt jetzt grundsätzlich alle ausländischen Vollstreckungstitel. Die Vorschrift erfaßt nur die erstinstanzliche pauschale Verfahrensgebühr. Die Bescheinigungsgebühr KV 1511 tritt evtl hinzu. Man muß die Rechtsmittelinstanz nach KV 1520 berechnen.

Unanwendbar sind KV 1510–1512, soweit nach einem Staatsvertrag gerade für die Vollstreckbarerklärung eine *Gebührenfreiheit* besteht, zB nach Artt 16, 19 HZPrÜbk, Anh KV 1510. Das ergibt sich aus § 2 III 1. Eine bloße Auslagenfreiheit etwa für eine Zustellung oder auch eine Kosten- oder Gebührenfreiheit für Zustellungen oder andere Vorgänge außerhalb der eigentlichen Vollstreckbarerklärung ändert aber an der Anwendbarkeit von KV 1510–1512 nichts.

2) Einzelfragen. Bei einer Teilrücknahme gilt § 36. Streitwert ist der volle Wert des vom Antrag betroffenen Teils des Schiedsspruchs nach § 1054 ZPO. Denn die Bedeutung der Vollstreckbarerklärung nach §§ 1059 ff ZPO geht über die Ermöglichung der Zwangsvollstreckung deshalb hinaus, weil sie die Unanfechtbarkeit des Schiedsspruchs bis auf Restitutionsgründe feststellt. Bei einem Schiedsspruch mit vereinbartem Wortlaut nach § 1053 II ZPO gilt dasselbe. Man darf also nicht von einem vollstreckungsfähigen Teil sprechen.

Abschnitt 1. Erster Rechtszug

Nr.	Gebührentatbestand	Gebühr oder Satz der Gebühr nach § 34 GKG
1510	Verfahren über Anträge auf 1. Vollstreckbarerklärung ausländischer Titel, 2. Feststellung, ob die ausländische Entscheidung anzuerkennen ist, 3. Erteilung der Vollstreckungsklausel zu ausländischen Titeln, 4. Aufhebung oder Abänderung von Entscheidungen in den in den Nummern 1 bis 3 genannten Verfahren und 5. Versagung der Anerkennung oder der Vollstreckung (§ 1115 ZPO) oder über die Klage auf Erlass eines Vollstreckungsurteils	240,00 €

1) Geltungsbereich. KV 1510 regelt jeweils die Gebühren für jedes Verfahren über Anträge auf eine Vollstreckbarerklärung oder auf die Feststellung, ob man die

KV 1510, Anh 1510

ausländische Entscheidung zB nach § 722 ZPO anerkennen kann, oder auf die Erteilung der Vollstreckungsklausel sowie im Verfahren der Aufhebung oder Abänderung der Vollstreckbarerklärung oder der Feststellung oder der Vollstreckungsklausel, ferner für eine Versagung der Anerkennung oder der Vollstreckung nach § 1115 ZPO und schließlich für eine Klage auf den Erlaß eines Vollstreckungstitels. Das gilt bei sämtlichen ausländischen Schuldtiteln mit Ausnahme des nach der amtlichen Vorbemerkung 5.1 dem KV 1620 unterfallenden ausländischen Schiedsspruchs nach §§ 1062, 1063 ZPO. Es gilt also nicht nur bei einem Urteil, sondern auch bei einem Beschluß, einem Schiedsspruch, einem Anwalts- oder Notarvergleich, einer vollstreckbaren Urkunde. Ein solcher Titel braucht auch nicht von einem Gericht herzurühren.

2   KV 1510 gilt aber nur für ein auf einem Staatsvertrag beruhendes *vereinfachtes Verfahren*, nicht auch für die Vollstreckungsklage. Für diese sind KV 1210ff unmittelbar anwendbar. Wegen der in Betracht kommenden Staatsverträge VV amtliche Vorbemerkung 3.2.1 I Z 3, Teil X dieses Buch.

3   KV 1510 gilt nicht, soweit ein Staatsvertrag nach der amtlichen Anmerkung, § 2 III 1, amtliche Vorbemerkung 1.5 Rn 2 bestimmt, daß das Gericht einen Titel *kostenfrei* für vollstreckbar erklären muß. Das gilt zB auf Grund des HZPrÜbk, KV 1510 Anh.

2) Gebührenhöhe. Es gelten erstinstanzlich KV 1510–1512 und im Rechtsmittelverfahren KV 1520. Das ist eine Festgebühr nach § 3 I Hs 2, Kblz JB **15**, 596.

4   **3) Fälligkeit, Kostenschuldner usw.** Die Fälligkeit ergibt sich aus § 9 II, III.

Der *Kostenschuldner* ergibt sich aus §§ 22, 29.

Anhang nach KV 1510. Regelung nach dem Haager Zivilprozeßübereinkommen

vom 1. 3. 54, BGBl **58** II 577, und dem deutschen AusfG vom 18. 12. 58, BGBl 939

HZPrÜbk Art 7. I Für Zustellungen dürfen Gebühren oder Auslagen irgendwelcher Art nicht erhoben werden.

II Der ersuchte Staat ist jedoch vorbehaltlich anderweitiger Vereinbarung berechtigt, von dem ersuchenden Staat die Erstattung der Auslagen zu verlangen, die in den Fällen des Artikels 3 dadurch entstanden sind, daß bei der Zustellung ein Gerichtsbeamter mitgewirkt hat oder daß bei ihr eine besondere Form angewandt worden ist.

1   **Bem.** S § 3 AusfG. Zusatzvereinbarungen zu II bestehen mit Belgien, Dänemark, Luxemburg, den Niederlanden, Österreich, Schweden und der Schweiz.

HZPrÜbk Art 16. I Für die Erledigung von Ersuchen dürfen Gebühren oder Auslagen irgendwelcher Art nicht erhoben werden.

II Der ersuchte Staat ist jedoch vorbehaltlich anderweitiger Vereinbarung berechtigt, von dem ersuchenden Staat die Erstattung der an Zeugen oder Sachverständige gezahlten Entschädigungen sowie der Auslagen zu verlangen, die dadurch entstanden sind, daß wegen Nichterscheinens von Zeugen die Mitwirkung eines Gerichtsbeamten erforderlich war oder daß nach Artikel 14 Absatz 2 verfahren worden ist.

1   **Bem.** Art 14 II betrifft das Verlangen des ersuchenden Staates, nach einer besonderen Form zu verfahren.

Zu Art 7 und 16:

HZPrÜbk Art 18. I War der Kläger oder Intervenient von der Sicherheitsleistung, der Hinterlegung oder der Vorschußpflicht auf Grund des Artikels 17 Abs. 1 und 2 oder der im Staate der Klageerhebung geltenden Rechtsvorschriften befreit, so wird eine Entscheidung über die Kosten des Prozesses, die in einem Vertragstaat gegen ihn ergangen ist, gemäß einem auf diplomatischem Wege zu stellenden Antrag in jedem anderen Vertragstaat durch die zuständige Behörde kostenfrei für vollstreckbar erklärt.

Kostenverzeichnis **Anh 1510–1512 KV**

II Das gleiche gilt für gerichtliche Entscheidungen, durch die der Betrag der Kosten des Prozesses später festgesetzt wird.

III ......

Bem. Eine entsprechende Bestimmung enthält Art 9 Z 3 des Europäischen Nie- 1
derlassungsabkommens vom 13. 12. 55, dem die BRep durch G vom 30. 9. 59, BGBl II 997, zugestimmt hat.

HZPrÜbk Art 19. IV ¹Die für die Entscheidung über den Antrag auf Vollstreckbarerklärung zuständige Behörde hat, sofern die Partei dies gleichzeitig beantragt, den Betrag der in Absatz 2 Nr. 3 erwähnten Kosten der Bescheinigung, der Übersetzung und der Beglaubigung bei der Vollstreckbarerklärung zu berücksichtigen. ²Diese Kosten gelten als Kosten des Prozesses.

AusfG § 10. I .....

II Für die Übermittlung eines Antrags auf Bewilligung des Armenrechts durch den diplomatischen oder konsularischen Vertreter der Bundesrepublik Deutschland werden Gebühren und Auslagen nicht erhoben.

Nr.	Gebührentatbestand	Gebühr oder Satz der Gebühr nach § 34 GKG
1511	Beendigung des gesamten Verfahrens durch Zurücknahme der Klage oder des Antrags vor dem Schluss der mündlichen Verhandlung oder, wenn eine mündliche Verhandlung nicht stattfindet, vor Ablauf des Tages, an dem die Entscheidung der Geschäftsstelle übermittelt wird: Die Gebühr 1510 ermäßigt sich auf .... Erledigungserklärungen nach § 91a ZPO stehen der Zurücknahme gleich, wenn keine Entscheidung über die Kosten ergeht oder die Entscheidung einer zuvor mitgeteilten Einigung der Parteien über die Kostentragung oder der Kostenübernahmeerklärung einer Partei folgt.	90,00 €

1) **Systematik, Regelungszweck.** In der zunehmenden Reihe vergleichbarer 1
Ermäßigungsvorschriften nach Art von KV 1211, 1221 usw ergänzt KV 1511 die Grundregel KV 1510 entsprechend. Auch hier gibt das Gesetz einen kostenrechtlichen Anreiz zu einem solchen Verhalten, das die Arbeit des Gerichts verringert und das Verfahren rascher beendet. Das dient wie zB bei KV 1211 der Prozeßwirtschaftlichkeit. Es darf aber auch KV 1211 Rn 2 wegen des formellen Ausnahmecharakters wie dort auch nicht eine zu weite Auslegung erlauben.

2) **Notwendigkeit einer Gesamtbeendigung.** Es gelten dieselben Erwägungen 2
wie bei KV 1211 Rn 3.

3) **Antrags- oder Klagerücknahme.** Es gelten dieselben Erwägungen wie bei 3
KV 1211 Rn 4.

4) **Zurücknahme vor Verhandlungsschluß.** Es gelten dieselben Erwägungen 4
wie bei KV 1211 Rn 5.

5) **Zurücknahme Entscheidungsübermittlung.** Es gelten dieselben Erwägun- 5
gen wie bei KV 1211 Rn 7.

6) **Erledigterklärung, amtliche Anmerkung.** Es gelten dieselben Erwägungen 6
wie bei KV 1211 Z 4, dort Rn 11.

Nr.	Gebührentatbestand	Gebühr oder Satz der Gebühr nach § 34 GKG
1512	Verfahren über Anträge auf Ausstellung einer Bescheinigung nach § 57 AVAG oder § 27 IntErbRVG ...	15,00 €

KV 1512–1514

Vorbem. Ergänzung dch Art 12 Z 4 G v 29. 6. 15, BGBl 1042, in Kraft seit 17. 8. 15, Art 22 I G, ÜbergangsR § 71 GKG.

1 **1) Geltungsbereich.** Nach § 57 AVAG liegt zumindest bei einer Bescheinigung aus dem Bereich der EuGVVO v 20. 12. 12, ABl (EU) L 351, über die gerichtliche Zuständigkeit und die Anerkennung usw die Zuständigkeit für die Erteilung bei demjenigen Gericht usw, das die vollstreckbare Ausfertigung des Titels erteilen muß (erste, evtl höhere Instanz während einer dortigen Anhängigkeit). Dasselbe gilt bei § 27 IntErbRVG v 29. 6. 15, BGBl 1042. Diese jeweilige Tätigkeit berechnet sich nach KV 1512.

Das Rechtsmittelverfahren unterfällt KV 1523 Z 1.

Nr.	Gebührentatbestand	Gebühr oder Satz der Gebühr nach § 34 GKG
1513	Verfahren über Anträge auf Ausstellung einer Bestätigung nach § 1079 ZPO oder über Anträge auf Ausstellung einer Bescheinigung nach § 1110 ZPO oder nach § 58 AVAG	20,00 €

1 **1) Geltungsbereich.** Es geht um die Ausstellung einer Bestätigung oder Bescheinigung nach §§ 1079, 1110 ZPO oder nach § 58 AVHG, BLAH SchlAnh V B, durch diejenige Stelle (Gericht, Behörde oder Notar), die für die Erteilung einer vollstreckbaren Ausfertigung des Titels zuständig sind. Ausreichend ist auch eine Teilbestätigung oder Teilbescheinigung.

Miterfaßt ist ein Verfahren erster Instanz nach Art 10 VO über die Berichtigung oder dem Widerruf der Bestätigung oder Bescheinigung.

Rechtsmittel unterliegen KV 1523, Verweigerungs-, Aussetzungs- oder Beschränkungsverfahren nach § 1084 ZPO unterliegen KV 2118.

2 **2) Fälligkeit; Kostenschuldner.** Die Fälligkeit richtet sich nach § 6 I. Der *Kostenschuldner* ergibt sich aus §§ 22, 29.

Nr.	Gebührentatbestand	Gebühr oder Satz der Gebühr nach § 34 GKG
1514	Verfahren nach § 3 Abs. 2 des Gesetzes zur Ausführung des Vertrages zwischen der Bundesrepublik Deutschland und der Republik Österreich vom 6. Juni 1959 über die gegenseitige Anerkennung und Vollstreckung von gerichtlichen Entscheidungen, Vergleichen und öffentlichen Urkunden in Zivil- und Handelssachen in der im Bundesgesetzblatt Teil III, Gliederungsnummer 319-12, veröffentlichten bereinigten Fassung, das zuletzt durch Artikel 23 des Gesetzes vom 27. Juli 2001 (BGBl. I S. 1887) geändert worden ist	60,00 €

1 **1) Geltungsbereich.** Der deutsch-österreichische Vertrag ist zum Ende Februar 2002 weitgehend außer Kraft getreten, Artt 66 II, 69, 70 EuGVVO, idF v 20. 12. 12, ABl (EU) L 351. Ihn ersetzt insoweit die vorgenannte EuGVVO mit Wirkung seit 10. 1. 15, Art 81 II EuGVVO, Übergangsrecht Art 70 EuGVVO.

2 **2) Fälligkeit; Kostenschuldner.** Die Fälligkeit richtet sich nach § 6 I. Der *Kostenschuldner* ergibt sich aus §§ 22, 29.

Abschnitt 2. Rechtsmittelverfahren

Nr.	Gebührentatbestand	Gebühr oder Satz der Gebühr nach § 34 GKG
1520	Verfahren über Rechtsmittel in den in den Nummern 1510 und 1514 genannten Verfahren	360,00 €
1521	Beendigung des gesamten Verfahrens durch Zurücknahme des Rechtsmittels, der Klage oder des Antrags, bevor die Schrift zur Begründung des Rechtsmittels bei Gericht eingegangen ist: Die Gebühr 1520 ermäßigt sich auf	90,00 €
1522	Beendigung des gesamten Verfahrens durch Zurücknahme des Rechtsmittels, der Klage oder des Antrags vor dem Schluss der mündlichen Verhandlung oder, wenn eine mündliche Verhandlung nicht stattfindet, vor Ablauf des Tages, an dem die Entscheidung der Geschäftsstelle übermittelt wird, wenn nicht Nummer 1521 erfüllt ist: Die Gebühr 1520 ermächtigt sich auf	180,00 €
	Erledigungserklärungen nach § 91a ZPO stehen der Zurücknahme gleich, wenn keine Entscheidung über die Kosten ergeht oder die Entscheidung einer zuvor mitgeteilten Einigung der Parteien über die Kostentragung oder der Kostenübernahmeerklärung einer Partei folgt.	

Zu KV 1520–1522:

1) Systematik, Regelungszweck. Die Vorschriften entsprechen KV 1221, 1222, die ja ihrerseits der erstinstanzlichen Grundregel folgen, auch im Zweck eines kostenrechtlichen Anreizes nach KV 1211 Rn 2.   1

2) Notwendigkeit einer Gesamtbeendigung. Es gelten dieselben Erwägungen wie bei KV 1211 Rn 3.   2

3) Zurücknahme. Es gelten dieselben Erwägungen wie bei KV 1211 Rn 4, KV 1221 Rn. 1–5.   3

4) Vor Eingang einer Rechtsmittelbegründung. Es gelten dieselben Erwägungen wie bei KV 1221 Rn 2 ff.   4

5) Vor Verhandlungsschluß usw. Es gelten dieselben Erwägungen wie bei KV 1211 Rn 5, 7.   5

6) Erledigterklärung, amtliche Anmerkung. Es gelten dieselben Erwägungen wie bei KV 1211 Z 4, dort Rn 11.   6

Nr.	Gebührentatbestand	Gebühr oder Satz der Gebühr nach § 34 GKG
1523	Verfahren über Rechtsmittel in 1. den in den Nummern 1512 und 1513 genannten Verfahren und 2. Verfahren über die Berichtigung oder den Widerruf einer Bestätigung nach § 1079 ZPO: Das Rechtsmittel wird verworfen oder zurückgewiesen	60,00 €

1) Geltungsbereich, Z 1, 2. Die Festgebühr entsteht nur, soweit das Gericht ein Rechtsmittel als unzulässig verwirft oder als unbegründet zurückweist. Auch dann muß einer der Fälle Z 1, 2 vorliegen. Jeder dieser Fälle kann eine Festgebühr auslösen.   1

KV 1523, 1610

2 **A. Bescheinigung nach § 56 AVAG, Z 1.** Es geht um die Verwerfung oder Zurückweisung des Rechtsmittels gegen die Ausstellung oder Versagung einer Bescheinigung nach KV 1512.

3 **B. Bestätigung nach § 1079 ZPO, Z 1.** Es geht um die Verwerfung oder Zurückweisung des Rechtsmittels gegen die Ausstellung oder Versagung einer Bestätigung nach KV 1513.

4 **C. Berichtigung oder Widerruf nach § 1079 ZPO, Z 2.** Es geht um die Verwerfung oder Zurückweisung eines Rechtsmittels gegen die Vornahme oder Verweigerung einer Berichtigung oder eines Widerrufs der Bestätigung nach Z 2, § 1079 ZPO.

5 **2) Fälligkeit; Kostenschuldner.** Die Fälligkeit richtet sich nach § 6 I. Der *Kostenschuldner* ergibt sich aus §§ 22, 29.

Hauptabschnitt 6. Sonstige Verfahren
Abschnitt 1. Selbständiges Beweisverfahren

Nr.	Gebührentatbestand	Gebühr oder Satz der Gebühr nach § 34 GKG
1610	Verfahren im Allgemeinen	1,0

1 **1) Systematik.** Die Vorschrift erfaßt ein Verfahren nach §§ 485 ff ZPO. Das selbständige Beweisverfahren kann im Rahmen eines Zivilprozesses oder außerhalb von ihm erfolgen. Es kann beim Prozeßgericht nach § 486 I ZPO ablaufen, ferner beim künftigen Prozeßgericht nach § 486 II ZPO oder in einem dringenden Fall beim AG des Aufenthalts oder der Belegenheit nach § 486 II, III ZPO. Wenn es in einer höheren Instanz stattfindet, erhöht sich die Gebühr nicht.

2 **2) Geltungsbereich.** KV 1610 gilt grundsätzlich für jedes selbständige Beweisverfahren. Die Beweisaufnahme nach dem Binnenschiffahrts- und Flößereirechts fällt ebenso wie eine seerechtliche Verklarung unter das GNotKG, Teil III dieses Buchs.

Das Verfahren kann das *Ziel* haben, ein Beweismittel zu sichern. Dann stellt das ganze Verfahren auf dieses Beweismittel ab. Kein anderes Beweismittel kann dann in diesem Verfahren an seine Stelle treten. Das Verfahren kann auch zB nach § 485 II 1 Z 1 ZPO das Ziel haben, den Zustand einer Sache festzustellen. Dann kann der Antragsteller Beweismittel jeder Art und nicht nur gleichartige im Verfahren nachschieben. Eine Antragsrücknahme bewirkt keinen Erlaß der Gebühr mehr.

3 **3) Pauschalgebühr.** Die Gebühr gilt die gesamte Tätigkeit des Gerichts im selbständigen Beweisverfahren ab, auch die Bestellung eines Vertreters nach § 494 ZPO.

Es gibt *keine Anrechnung* von KV 1610 auf die allgemeine Verfahrensgebühr des etwa zugehörigen Hauptprozesses.

4 **4) Neuer Antrag usw.** Jeder neue Antrag begründet eine neue Gebühr. Das gilt selbst dann, wenn das Gericht über mehrere Anträge gemeinsam entscheidet. Demgegenüber leitet ein Antrag auf eine Ergänzung oder auf eine Berichtigung kein neues Verfahren ein. Ob nur ein solcher Antrag vorliegt, kann zweifelhaft sein.

Ein neues Verfahren liegt jedenfalls dann vor, wenn das Gericht über eine *neue Tatsache* nach BLAH Einf 17 ff vor § 284 ZPO einen Beweis erheben soll. Das gilt also auch dann, wenn nun der Antragsgegner seinerseits die Vernehmung eines Zeugen beantragt, BLAH § 487 Rn 6, aM Mü RR **97**, 318 (vgl aber § 22 Rn 5). Es würde aber zu weit gehen, schon in der Nachschiebung eines gleichartigen Beweismittels durch den bisherigen Antragsteller zu demselben Punkt ein neues Verfahren zu sehen. Dergleichen läßt sich auch nicht aus § 487 Z 3 ZPO folgern.

5 **5) Streitwert.** Vgl § 48 GKG Anh I: § 3 ZPO Rn 102 „Selbständiges Beweisverfahren".

6 **6) Fälligkeit, Kostenschuldner usw.** Die Gebühr entsteht mit der Einreichung des Antrags.

Kostenverzeichnis **1610, 1620–1627 KV**

Kostenschuldner ist der Antragsteller nach § 22. Das gilt insbesondere für die Auslagen nach KV 9000 ff, soweit er sie verursacht hat, Mü JB **75**, 1230.
Ein *Auslagenvorschuß* läßt sich nach § 17 beurteilen. Eine im Hauptprozeß ergehende Kostengrundentscheidung nach BLAH Üb 35 vor § 91 ZPO bewirkt auch eine nach § 31 II vorrangige Haftung aus § 29 (vgl aber § 96 ZPO).

7) Kostenerstattung. Für die Frage der Erstattungsfähigkeit im Hauptprozeß 7 muß man die Kosten eines zugehörigen selbständigen Beweisverfahrens als *außergerichtliche* Kosten einstufen, Hamm JB **00**, 257, Mü MDR **99**, 893, Nürnb JB **96**, 33, aM BGH NJW **03**, 1323 (eingangs irrtümlich das Wort „*unzutreffend*" benutzend!), Karlsr JB **00**, 590, Kblz MDR **03**, 718 (es handle sich stets um Gerichtskosten. Davon spricht aber § 493 ZPO nicht mit. Entgegen BGH ist die Selbständigkeit des Verfahrens nach §§ 485 ff ZPO gerade stärker geworden als früher. Auch sprachlich bleibt der BGH irreführend: „Wortsinn" = Wortlaut oder Sinn oder beides? KV 1610 fordert keineswegs die Behandlung als einen Teil der Gerichtskosten eines ohnehin nur evtl folgenden Hauptprozesses. Über dessen Gerichtskosten befindet erst *dessen* Kostenentscheidung. Zum Problem BLAH § 91 Rn 193 ausf).

Abschnitt 2. Schiedsrichterliches Verfahren

Unterabschnitt 1. Erster Rechtszug

Nr.	Gebührentatbestand	Gebühr oder Satz der Gebühr nach § 34 GKG
1620	Verfahren über die Aufhebung oder die Vollstreckbarerklärung eines Schiedsspruchs oder über die Aufhebung der Vollstreckbarerklärung	2,0
	Die Gebühr ist auch im Verfahren über die Vollstreckbarerklärung eines ausländischen Schiedsspruchs oder deren Aufhebung zu erheben.	
1621	Verfahren über den Antrag auf Feststellung der Zulässigkeit oder Unzulässigkeit des schiedsrichterlichen Verfahrens	2,0
1622	Verfahren bei Rüge der Unzuständigkeit des Schiedsgerichts	2,0
1623	Verfahren bei der Bestellung eines Schiedsrichters oder Ersatzschiedsrichters	0,5
1624	Verfahren über die Ablehnung eines Schiedsrichters oder über die Beendigung des Schiedsrichteramts	0,5
1625	Verfahren zur Unterstützung bei der Beweisaufnahme oder zur Vornahme sonstiger richterlicher Handlungen	0,5
1626	Verfahren über die Zulassung der Vollziehung einer vorläufigen oder sichernden Maßnahme oder über die Aufhebung oder Änderung einer Entscheidung über die Zulassung der Vollziehung	2,0
	Im Verfahren über die Zulassung der Vollziehung und in dem Verfahren über die Aufhebung oder Änderung einer Entscheidung über die Zulassung der Vollziehung werden die Gebühren jeweils gesondert erhoben.	
1627	Beendigung des gesamten Verfahrens durch Zurücknahme des Antrags: Die Gebühren 1620 bis 1622 und 1626 ermäßigen sich auf	1,0

Zu KV 1620–1627:

KV 1627 Kostenverzeichnis

Gliederung

1) Systematik 1
2) Regelungszweck 2
3) Geltungsbereich 3–14
   A. Aufhebung, Vollstreckbarerklärung usw, KV 1620 3–5
   B. Zulässigkeit des schiedsrichterlichen Verfahrens, KV 1621 6
   C. Rüge der Unzuständigkeit, KV 1622 7
   D. Bestellung eines Schiedsrichters usw, KV 1623 8
   E. Ablehnung, Beendigung des Amts, KV 1624 .... 9, 10
   F. Unterstützung bei Beweisaufnahme, sonstige staatsrichterliche Handlung, KV 1625 11
   G. Zulassung, Aufhebung, Änderung bei vorläufiger Maßnahme, KV 1626 ...... 12, 13
   H. Antragsrücknahme, KV 1627 14
4) Pauschale 15
5) Streitwert 16
6) Fälligkeit; Kostenschuldner 17

1 **1) Systematik.** KV 1620–1627 erfassen das Verfahren nach dem Buch 10 der ZPO, soweit eine Tätigkeit des Staatsgerichts erfolgt. Wegen der sonstigen Kosten des schiedsrichterlichen Verfahrens gelten § 1057 ZPO und bei den Anwaltskosten VV 3327, Teil X dieses Buchs. Staatsgerichtskosten entstehen wegen § 1 I 1 „nur" in den von KV 1620–1627, 9000 ff abschließend genannten Fällen sowie bei der Vollstreckbarerklärung eines ausländischen Schiedsspruchs nach KV 1510 und im Aufhebungsprozeß nach KV 1210.

2 **2) Regelungszweck.** Der Zweck von KV 1620–1627 ist eine angemessene und der besonderen Mühe der Einarbeitung in ein nicht staatsgerichtliches Verfahren mit oft vielen Besonderheiten entsprechende Vergütung des Staats für seine unentbehrlichen Hilfen. Das muß man bei der Auslegung mitbeachten.

3 **3) Geltungsbereich.** Das Gesetz nennt abschließend die folgenden Fallgruppen, Rn 1.
A. Aufhebung, Vollstreckbarerklärung usw, KV 1620. Die Vorschrift erfaßt zunächst das Verfahren vor dem Staatsgericht nach § 1059 ZPO auf die Aufhebung eines Schiedsspruchs. Das gilt unabhängig davon, welcher der dort aufgeführten Aufhebungsgründe dem Aufhebungsantrag nach § 1059 I ZPO zugrundeliegt und ob infolge der Aufhebung die Schiedsvereinbarung nach § 1059 V ZPO wiederauflebt oder ob eine Zurückverweisung an das Schiedsgericht nach § 1059 IV ZPO erfolgt. Auch die Zurückweisung des Aufhebungsantrags ist ein Fall des KV 1620. Denn die Gebühr entsteht bereits im Verfahren über den Aufhebungsantrag.

4 Die Vorschrift erfaßt ferner das Verfahren nach § 1061 ZPO auf die *Vollstreckbarerklärung* eines Schiedsspruchs, sei es eines inländischen nach § 1060 ZPO, sei es eines ausländischen nach KV 1620 amtliche Anmerkung. Auch hier kommt es nicht auf das Verfahrensergebnis an. Schon das Verfahren läßt vielmehr die Gebühr entstehen.

Schließlich ist die Vorschrift anwendbar auf das Verfahren zwecks einer *Aufhebung der Vollstreckbarerklärung* eines ausländischen Schiedsspruchs nach § 1061 III ZPO. Auch hier entsteht die Gebühr schon für das Verfahren nach § 1062 I Z 4 Hs 2 ZPO unabhängig von dessen Ergebnis.

5 *Jede der* vorgenannten *Verfahrensarten* löst die Gebühr KV 1620 aus. Sie kann auch bei einer Wiederholung derselben Verfahrensart wiederholt entstehen.

6 **B. Zulässigkeit des schiedsrichterlichen Verfahrens, KV 1621.** Die Vorschrift erfaßt das Verfahren über den Antrag auf eine Feststellung der Zulässigkeit oder Unzulässigkeit des schiedsrichterlichen Verfahrens nach §§ 1032 II, 1062 I Z 2 Hs 1, II ZPO, auch eines derartigen ausländischen Verfahrens, etwa nach ICSID, Ffm SchiedsVZ **13**, 127, Nabinger/Lichstein SchiedsVZ **13**, 81. Das gilt unabhängig davon, ob während der Anhängigkeit eines solchen Verfahrens ein schiedsrichterliches Verfahren nach § 1032 III ZPO beginnt oder fortläuft oder ob ein Schiedsspruch ergeht. Es gilt auch unabhängig vom Ergebnis des Feststellungsverfahrens. Denn es handelt sich auch bei KV 1621 um eine Verfahrensgebühr. Auch sie kann bei der Wiederholung eines Feststellungsverfahrens wiederholt entstehen.

C. Rüge der Unzuständigkeit, KV 1622. Die Vorschrift erfaßt das Verfahren bei einer Rüge der Unzuständigkeit des Schiedsgerichts, also nicht des Staatsgerichts nach §§ 1040 III 2, 1062 I Z 2 Hs 2 ZPO. Das gilt nach § 1040 III 3 ZPO unabhängig davon, ob während der Anhängigkeit eines solchen Rügezwischenstreits das Schiedsgericht das schiedsrichterliche Verfahren im übrigen fortsetzt und einen Schiedsspruch erläßt. Es gilt ferner wegen der Eigenschaft einer Verfahrensgebühr unabhängig vom Ergebnis des Rügeverfahrens. Eine Wiederholung dieses Verfahrens kann zur wiederholten Entstehung von KV 1622 führen. 7

D. Bestellung eines Schiedsrichters usw, KV 1623. Die Vorschrift erfaßt das Verfahren bei der Bestellung eines Schiedsrichters nach §§ 1034, 1035, 1062 I Z 1 Hs 1 ZPO oder eines Ersatzschiedsrichters nach § 1039 I 2 ZPO usw in Verbindung mit § 1062 I Z 1 Hs 1 ZPO. Erfolgt die Bestellung in demselben Verfahren wegen mehrerer oder aller Schiedsrichter oder Ersatzschiedsrichter, entsteht die Verfahrensgebühr KV 1622 wegen einer jeden solchen Persönlichkeit gesondert („... eines"). Es kann ja auch von Person zu Person sehr unterschiedliche Probleme und eine sehr unterschiedliche Arbeitsintensität geben. Man würde sie nicht gebührenmäßig angemessen berücksichtigen, wenn es keinen Unterschied machen würde, ob es um einen oder um fünf Schiedsrichter usw geht. Mehrere selbständige Bestellungsverfahren lassen mehrere Gebühren entstehen, wiederum nach den vorgenannten Grundsätzen. Das Verfahrensergebnis ist unerheblich. Eine Ablehnung und eine Amtsbeendigung unterfallen KV 1624. 8

E. Ablehnung, Beendigung des Amts, KV 1624. Die Vorschrift erfaßt das Verfahren nach §§ 1037 III 1, 1062 I Z 1, V ZPO über die Ablehnung eines Schiedsrichters, soweit eben das Staatsgericht entscheiden muß, nämlich das OLG. Soweit mehrere Ablehnungsanträge gegen denselben Schiedsrichter in dieses Stadium kommen, entsteht die Gebühr nur einmal. Soweit allerdings das OLG schon entschieden hatte und nun wegen eines weiteren Ablehnungsantrags gegen denselben oder einen anderen Schiedsrichter entscheiden muß, entsteht die Gebühr mehrmals. Dasselbe gilt dann, wenn das OLG von vornherein in demselben Verfahren über Anträge gegen mehrere Schiedsrichter entscheiden muß. 9

Soweit das Staatsgericht nach §§ 1038, 1062 I Z 1, V ZPO über die *Beendigung* des Schiedsrichteramts entscheiden muß, gelten die bei einer Ablehnung maßgeblichen vorstehenden Regeln ebenso. 10

F. Unterstützung bei Beweisaufnahme, sonstige staatsrichterliche Handlung, KV 1625. Die Vorschrift erfaßt zum einen das Verfahren vor dem AG zwecks einer Unterstützung der schiedsrichterlichen Beweisaufnahme nach § 1050 ZPO. Sie erfaßt zum anderen jede sonstige staatsrichterliche Handlung des AG, soweit das Schiedsgericht oder mit seiner Zustimmung eine Partei es beantragen und soweit das Schiedsgericht nicht zu der Handlung befugt ist, zB bei einer Beeidigung nach §§ 1050, 1062 IV ZPO. Für jedes Verfahren vor dem AG von seinem Beginn bis zu seinem Ende einschließlich einer Antragserweiterung entsteht die Gebühr neu. Es ist unerheblich, ob die staatsrichterliche Handlung dann, wenn der Antragsteller sie nicht wie vorstehend nach § 1050 ZPO beantragt hätte, gebührenfrei wäre und wo sie stattfindet. 11

G. Zulassung, Aufhebung, Änderung bei vorläufiger Maßnahme, KV 1626. Die Vorschrift erfaßt die Tätigkeit des OLG beim einstweiligen Rechtsschutz nach §§ 1041 II, III, 1062 I Z 3, II, V ZPO. Dabei stellt die amtliche Anmerkung klar, daß die Gebühr zunächst im Verfahren über die Zulassung der Vollziehung entsteht und daß sie sodann sowohl im Verfahren über die Änderung als auch im Verfahren über die Aufhebung der Entscheidung über die Zulassung jeweils neu entstehen kann, insgesamt also je vorläufiger schiedsrichterlicher Maßnahme dreimal oder bei mehreren Änderungen sogar noch öfter. Soweit das OLG mehrere schiedsrichterliche vorläufige oder ruhende Maßnahmen beurteilen muß, gilt das vorstehende Gebührensystem jeweils gesondert. 12

Nicht zulässig wäre es, aus dem Fehlen eines der amtlichen Anmerkung entsprechenden Satzes in KV 1620–1625 den *Umkehrschluß* zu ziehen, in den letzteren Fällen könne die Gebühr nicht mehrmals entstehen. Denn KV 1626 amtliche Anmerkung erfaßt nur den dort genannten Sonderfall, daß wegen *derselben* schiedsrichterlichen 13

KV 1627–1630

Eilmaßnahme zwei oder mehr staatsgerichtliche Entscheidungen erforderlich werden. KV 1626 erfaßt nach Rn 1 § 1033 ZPO nicht mit. Unanwendbar ist KV 1626 bei § 1063 III 1 Hs 1 ZPO, Jena SchiedsVZ **17**, 147 (im Ergebnis zustm Buntenbroich).

Als eine *Verfahrensgebühr* ist auch KV 1626 vom jeweiligen staatsrichterlichen Ergebnis unabhängig.

14 **H. Antragsrücknahme, KV 1627.** Die Vorschrift gilt in allen Fällen KV 1620–1622 und 1626, aber nicht auch bei KV 1623–1625. Das ergibt der klare Wortlaut. Die Ermäßigung gilt bei jeder einzelnen der infrage kommenden Gebühren. Sie kann also bei jeder Gebühr ebenso mehrfach eintreten, wie diese Gebühr zunächst entstehen konnte. Antragsrücknahme meist dasselbe wie Klagerücknahme in KV 1211 Z 1.

15 **4) Pauschale.** Stets gilt die jeweilige Gebühr das ganze durch gerade diesen Antrag veranlaßte Verfahren einschließlich einer Beweisaufnahme ab. Eine Anrechnung auf andere Gebühren findet nicht statt.

16 **5) Streitwert.** Der Streitwert ergibt sich aus § 48. Es ist also bei KV 1620, 1622, 1623 der volle Wert maßgeblich, Meyer 138, aM BayObLG JB **92**, 700 (aber es gelten die allgemeinen Regeln). Bei KV 1625 muß man alle Umstände abwägen. Dabei hat bei KV 1625 die unterstützte Maßnahme besondere Bedeutung.

17 **6) Fälligkeit; Kostenschuldner.** Die Fälligkeit tritt mit dem Eingang des Antrags ein, § 6. Eine Antragsrücknahme bewirkt keinen Gebührenerlaß mehr.

Kostenschuldner ist lediglich der Antragsteller nach § 22. Antragsteller ist jedoch nicht etwa das Schiedsgericht, auch nicht bei KV 1625 Hs 2. Antragsteller sind vielmehr die Partei oder die Parteien gesamtschuldnerisch. Das gilt auch bei einem offenbar unzulässigen Ersuchen. Denn die Ermächtigung der Schiedsrichter bezieht sich auf das gesamte Verfahren.

Unterabschnitt 2. Rechtsbeschwerde

Nr.	Gebührentatbestand	Gebühr oder Satz der Gebühr nach § 34 GKG
1628	Verfahren über die Rechtsbeschwerde in den in den Nummern 1620 bis 1622 und 1626 genannten Verfahren	3,0
1629	Beendigung des gesamten Verfahrens durch Zurücknahme der Rechtsbeschwerde oder des Antrags: Die Gebühr 1628 ermäßigt sich auf	1,0

Zu KV 1628, 1629:

1 **1) Geltungsbereich.** Schon nach dem Wortlaut handelt es sich um echte Verfahrensgebühren, BGH RR **04**, 287. KV 1628 entsteht in den Grenzen von KV 1629 unabhängig vom Verfahrensausgang und deshalb zB auch bei einer Zurückweisung als unzulässig.

2 **2) Streitwert.** Es gilt dasselbe wie bei KV 1620–1627 Rn 16.

3 **3) Fälligkeit, Kostenschuldner usw.** Es gilt dasselbe wie bei KV 1620–1627 Rn 17.

Abschnitt 3. Besondere Verfahren nach dem Gesetz gegen Wettbewerbsbeschränkungen, dem Wertpapiererwerbs- und Übernahmegesetz und dem Wertpapierhandelsgesetz

Nr.	Gebührentatbestand	Gebühr oder Satz der Gebühr nach § 34 GKG
1630	Verfahren über einen Antrag nach § 169 Abs. 2 Satz 5 und 6, Abs. 4 Satz 2, § 173 Abs. 1 Satz 3 oder nach § 176 GWB	3,0

Vorbem. Umnumeriergen dch Art 3 III Z 2 b G v 17. 2. 16, BGBl 203, in Kraft seit 18. 4. 16, Art 3 S 2 G, ÜbergangsR § 71 GKG.

Nr.	Gebührentatbestand	Gebühr oder Satz der Gebühr nach § 34 GKG
1631	Beendigung des gesamten Verfahrens durch Zurücknahme des Antrags: Die Gebühr 1630 ermäßigt sich auf	1,0
1632	Verfahren über den Antrag nach § 50 Abs. 3 bis 5 WpÜG, auch i. V. m. § 37 u Abs. 2 WpHG	0,5
	Mehrere Verfahren gelten innerhalb eines Rechtszugs als ein Verfahren.	

Abschnitt 4. Besondere Verfahren nach dem Aktiengesetz und dem Umwandlungsgesetz

Unterabschnitt 1. Erster Rechtszug

Nr.	Gebührentatbestand	Gebühr oder Satz der Gebühr nach § 34 GKG
1640	Verfahren nach § 148 Abs. 1 und 2 des Aktiengesetzes	1,0
1641	Verfahren nach den §§ 246 a, 319 Abs. 6 des Aktiengesetzes, auch i. V. m. § 327 e Abs. 2 des Aktiengesetzes oder § 16 Abs. 3 UmwG	1,5
1642	Beendigung des gesamten Verfahrens ohne Entscheidung: Die Gebühren 1640 und 1641 ermäßigen sich auf	0,5
	I Die Gebühr ermäßigt sich auch im Fall der Zurücknahme des Antrags vor Ablauf des Tages, an dem die Entscheidung der Geschäftsstelle übermittelt wird.	
	II Eine Entscheidung über die Kosten steht der Ermäßigung nicht entgegen, wenn die Entscheidung einer zuvor mitgeteilten Einigung der Parteien über die Kostentragung oder der Kostenübernahmeerklärung einer Partei folgt.	

Unterabschnitt 2. Beschwerde

Nr.	Gebührentatbestand	Gebühr oder Satz der Gebühr nach § 34 GKG
1643	Verfahren über die Beschwerde in den in Nummer 1640 genannten Verfahren	1,0
1644	Beendigung des Verfahrens ohne Entscheidung: Die Gebühr 1643 ermäßigt sich auf	0,5
	I Die Gebühr ermäßigt sich auch im Fall der Zurücknahme der Beschwerde vor Ablauf des Tages, an dem die Entscheidung der Geschäftsstelle übermittelt wird.	
	II Eine Entscheidung über die Kosten steht der Ermäßigung nicht entgegen, wenn die Entscheidung einer zuvor mitgeteilten Einigung der Parteien über die Kostentragung oder der Kostenübernahmeerklärung einer Partei folgt.	

KV 1650–1653, 1700

Abschnitt 5. Sanierungs- und Reorganisationsverfahren nach dem Kreditinstitute-Reorganisationsgesetz

Nr.	Gebührentatbestand	Gebühr oder Satz der Gebühr nach § 34 GKG
1650	Sanierungsverfahren	0,5
1651	Die Durchführung des Sanierungsverfahrens wird nicht angeordnet: Die Gebühr 1650 beträgt	0,2
1652	Reorganisationsverfahren	1,0
1653	Die Durchführung des Reorganisationsverfahrens wird nicht angeordnet: Die Gebühr 1652 beträgt	0,2

Zu KV 1650–1653:

1   **1) Systematik, Regelungszweck.** Es handelt sich zusammen mit § 23 a (Kostenschuldner), § 53 a (Streitwert) und mit RVG § 24 (Gegenstandswert), Teil X dieses Buchs, um eine vorrangige Spezialregelung.

2   **2) Gebühren.** Man muß zwei Verfahrensarten und in einer jeden von ihnen einen Grundsatz und eine Ausnahme beachten.
     A. Sanierung, KV 1650, 1651. Es geht um ein Verfahren nach §§ 2–6 KredReorgG (Art 1 RestrukturierungsG). Sobald das OLG die Durchführung nach § 3 I 1 KredReorgG anordnet, entsteht die Pauschale KV 1650. Maßgeblich ist die Hinausgabe des Beschlusses wie bei BLAH § 329 ZPO Rn 24 ff.
     Mangels Anordnung nach Rn 2 entsteht nur die Gebühr KV 1651.

3   **B. Reorganisations, KV 1652, 1653.** Es geht hier um ein Verfahren nach §§ 7–23 KredReorgG (Art 1 RestrukturierungsG). Sobald das OLG die Durchführung nach § 7 IV 1, 2 KredReorgG anordnet, entsteht die Pauschale KV 1652. Maßgeblich ist auch hier die Hinausgabe des Beschlusses wie bei BLAH § 329 ZPO Rn 24 ff.
     Zurückweisung des Durchführungsantrags nach § 7 III 1 KredReorgG oder das Unterbleiben einer Durchführungsanordnung nach Rn 4 aus anderem Grund löst nur die Gebühr KV 1653 aus.

4   **3) Streitwert, Kostenschuldner, KV 1650–1653.** Vgl Rn 1.

Hauptabschnitt 7.
Rüge wegen Verletzung des Anspruchs auf rechtliches Gehör

Nr.	Gebührentatbestand	Gebühr oder Satz der Gebühr nach § 34 GKG
1700	Verfahren über die Rüge wegen Verletzung des Anspruchs auf rechtliches Gehör (§ 321 a ZPO, auch i. V. m. § 122 a PatG oder § 89 a MarkenG, § 71 a GWB): Die Rüge wird in vollem Umfang verworfen oder zurückgewiesen	60,00 €

1   **1) Geltungsbereich.** Die Vorschrift erfaßt das in § 321 a ZPO, auch in Verbindung mit § 122 a PatG oder mit § 89 a Markengesetz, und in § 71 a GWB geregelte durch eine förmliche Rüge ausgelöste Verfahren auf eine Fortführung des bereits durch eine Endentscheidung beendeten Zivilprozesses oder Patent- oder Markenoder Kartellrechtsverfahrens zugunsten derjenigen Partei nach BLAH Grdz 4 vor § 50 ZPO, die sich durch einen Verstoß des Gerichts gegen Art 103 I GG beeinträchtigt sieht, aber kein Rechtsmittel oder einen anderen Rechtsbehelf nach BLAH Grdz 1 vor § 511 ZPO gegen die Entscheidung einlegen kann.

Kostenverzeichnis **1700, 1810 KV**

Nur bei einer *gänzlichen Erfolglosigkeit* entsteht die Festgebühr nach Einl II A 14, aber nicht bei einem nicht ganz unerheblichen Teilsieg. Eine solche Lage kann zB dann vorliegen, wenn nicht alle Gehörsverletzungen entscheidungserheblich waren.

2) Unanwendbarkeit. Unanwendbar ist KV 1700, soweit eine Partei eine Rüge 2 schon vor der Entscheidung erhoben hatte, etwa in einem nachgereichten oder nachgelassenen Schriftsatz mit oder ohne eine Wiedereröffnung der mündlichen Verhandlung nach § 156 ZPO oder bei einer Rücknahme der Anhörungsrüge, anders als zB bei KV 1431.

Hauptabschnitt 8.
Sonstige Beschwerden und Rechtsbeschwerden

Abschnitt 1. Sonstige Beschwerden

Nr.	Gebührentatbestand	Gebühr oder Satz der Gebühr nach § 34 GKG
1810	Verfahren über Beschwerden nach § 71 Abs. 2, § 91a Abs. 2, § 99 Abs. 2, § 269 Abs. 5 oder § 494a Abs. 2 Satz 2 ZPO	90,00 €

Gliederung

1) Geltungsbereich	1
2) Einzelfälle	2–5
A. Zulässigkeit einer Streithilfe, § 71 II ZPO	2
B. Erledigung der Hauptsache, § 91a II ZPO	3
C. Anerkenntnis, § 99 II ZPO	4
D. Klagerücknahme, § 269 V ZPO	5
3) Verfahrensgebühr	6–9
A. Instanz	7
B. Mehrere Beschwerden	8
C. Gebührenhöhe	9
4) Fälligkeit, Kostenschuldner usw	10

1) Geltungsbereich. KV 1810 gilt nur für die dort abschließend genannten Fälle 1 und für diejenigen Fälle, in denen die ZPO eine entsprechende Anwendung von KV 1810 anordnet. Die Vorschrift ist auf andere Rechtsbehelfe unanwendbar, etwa auf eine Erinnerung nach § 766 ZPO, einen Widerspruch nach § 694, 924 ZPO, einen Einspruch nach §§ 338, 700 ZPO, eine Berufung nach §§ 511ff ZPO, eine Anschlußberufung nach § 524 ZPO, eine Revision nach §§ 542ff ZPO, eine Anschlußrevision nach § 554 ZPO, auf eine Gegenvorstellung nach BLAH Grdz 6ff vor § 567, oder auf einer Dienstaufsichtsbeschwerde nach BLAH Grdz 5 vor § 567 ZPO. Sie entsteht zusätzlich zu den Gebühren für das Hauptverfahren gleich welcher Instanz. Sie entsteht je Beschwerdeverfahren unabhängig von dessen Statthaftigkeit oder Zulässigkeit. Eine irrige Bezeichnung des Rechtsbehelfs nach §§ 574ff ZPO schadet nicht. Eine unrichtige Einordnung oder sonstige Sachbehandlung macht § 21 anwendbar. Demgegenüber ist KV 1811 eine hilfsweise geltende Auffangvorschrift.

2) Einzelfälle. KV 1810 behandelt nach Maßgabe von Rn 1 abschließend die fol- 2 genden Einzelfälle.

A. Zulässigkeit einer Streithilfe, § 71 II ZPO. Das Gericht entscheidet korrekterweise durch ein Zwischenurteil nach § 303 ZPO. Das ändert nichts an der Zulässigkeit der sofortigen Beschwerde und an der Entstehung der Beschwerdegebühr, soweit das Gericht die Zulässigkeit der Streithilfe fälschlich im Endurteil oder durch einen Beschluß ausgesprochen hat. Dann kann aber jeweils § 21 anwendbar werden. Soweit der Unterlegene zu Unrecht Berufung einlegt und das Gericht sie als solche behandelt, ist KV 1810 nicht anwendbar, sondern KV 1250–1252 anwendbar.

Beschwerdegegner ist diejenige Partei nach BLAH Grdz 4 vor § 50 ZPO, die die Zurückweisung der Streithilfe beantragt, oder der Streithelfer, BLAH § 71 ZPO Rn 1.

KV 1810

3   **B. Erledigung der Hauptsache, § 91 a II ZPO.** Vgl zunächst KV 1211 Z 4, 1222 Z 4 usw. Eine Kostenentscheidung ergeht dann, wenn beide Parteien die Hauptsache nach BLAH § 91 a ZPO Rn 96 übereinstimmend wirksam ohne eine Kosteneinigung oder Kostenübernahmeerklärung für vollständig erledigt erklärt haben, durch einen Beschluß. Gegen ihn ist unter den Voraussetzungen des § 567 II ZPO die sofortige Beschwerde zulässig. In diesem Verfahren entsteht die Gebühr KV 1810. Eine Ermäßigung bei einer Zurücknahme oder einer teilweisen Erledigung usw entsteht bei KV 1810 nicht.

4   **C. Anerkenntnis, § 99 II ZPO.** Soweit das Gericht nach der Erledigung der Hauptsache auf Grund eines Anerkenntnisses eine beliebig geartete Kostenentscheidung getroffen hat, ist die sofortige Beschwerde zulässig. In diesem Verfahren entsteht die Gebühr KV 1810.

5   **D. Klagerücknahme, § 269 V ZPO.** Soweit das Gericht nach einer wirksamen Klagerücknahme auf Grund des Antrags des Bekl durch einen Beschluß nach § 269 IV formell „entscheidet", in Wahrheit aber nur nach § 269 III 2 ZPO feststellt, daß der Kläger kraft Gesetzes die Kosten tragen muß, oder soweit es über die Kosten nach § 269 III 3 ZPO im Rahmen seines dortigen Ermessens nach § 269 IV wirklich entscheidet, ist gegen diesen Beschluß jeweils die sofortige Beschwerde unter den Voraussetzungen des § 269 V 1, 2 ZPO zulässig, also zB nicht, wenn gegen die Entscheidung über den Festsetzungsantrag nach § 104 ZPO ein Rechtsmittel nach BLAH Grdz 1 vor § 511 ZPO nicht zulässig ist, § 269 V 2 ZPO. In diesem Beschwerdeverfahren entsteht jeweils die Gebühr KV 1810.

Nicht hierher gehört eine nach §§ 516 III, 565 ZPO unzulässige Beschwerde nach einer Zurücknahme der Berufung oder Revision. Eine entsprechende Anwendung von KV 1810 kommt wegen Rn 1, 2 kaum in Betracht, aM Meyer 157. Vielmehr gilt dann KV 1811.

6   **3) Verfahrensgebühr.** Die Beschwerdegebühr gilt als eine Verfahrensgebühr das gesamte Verfahren über die sofortige Beschwerde ab. Dazu gehört auch eine etwaige mündliche Verhandlung und eine Beweisaufnahme. Eine gesonderte Entscheidungsgebühr entsteht nicht. Es ist unerheblich, ob die Beschwerde einen Erfolg hat. Demgegenüber entsteht die Vergleichsgebühr KV 1900, soweit deren Voraussetzungen vorliegen.

7   **A. Instanz.** Die Instanz beginnt mit der Einlegung der sofortigen Beschwerde nach § 569 I 1 ZPO, auch wenn der Beschwerdeführer sich an das unzuständige Gericht wendet. Die Instanz endet mit der Abhilfe durch das Erstgericht nach § 572 I 1 ZPO oder mit der Zurücknahme der Beschwerde oder mit einem Vergleich oder mit der abschließenden Entscheidung des Beschwerdegerichts nach § 572 II–IV ZPO. Eine Rechtsbeschwerde nach § 574 ZPO eröffnet stets eine neue Instanz, KV 1820, 1821.

8   **B. Mehrere Beschwerden.** Mehrere sofortige Beschwerden *gegen dieselbe Entscheidung* begründen dann nur *ein* Verfahren, wenn die zeitlich erste Beschwerde noch nicht erledigt war. Wenn dieselbe Partei nach BLAH Grdz 4 vor § 50 ZPO dieselbe Entscheidung mit mehreren sofortigen Beschwerden angreift, liegt nur *ein* Verfahren vor, soweit die Beschwerden denselben Punkt betreffen, so daß die eine von ihnen als nur vorsorglich eingelegt ansehbar ist.

Etwas anderes gilt, wenn eine Partei eine erledigte sofortige Beschwerde *wiederholt* oder wenn das Erstgericht über mehrere selbständige Aufträge entschieden hat und wenn der Beschwerdeführer nun gegen diese Entscheidungen eine sofortige Beschwerde einlegt, selbst wenn die Beschwerdeentscheidung nur in einem Beschluß ergeht.

Mehrere sofortige Beschwerden gegen verschiedene Entscheidungen leiten verschiedene Verfahren ein. Das gilt auch bei deren Verbindung nach § 147 ZPO. Eine Erweiterung der sofortigen Beschwerde begründet kein neues Verfahren.

9   **C. Gebührenhöhe.** Die Gebühr ist immer eine Festgebühr nach Einl II A 14. Das gilt auch bei einer Rücknahme, Verwerfung, Zurückweisung oder vergleichsweiser oder sonstiger Erledigung der sofortigen Beschwerde. Die Gebühr ist unabhängig davon, ob und welche Gebühr in der Vorinstanz entstanden war, zB bei einer Zurückweisung der sofortigen Beschwerde gegen die Versagung einer Prozeßkostenhilfe.

10   **4) Fälligkeit, Kostenschuldner usw.** Die Beschwerdegebühr wird mit der Einlegung der sofortigen Beschwerde fällig, also ihrem Eingang beim Gericht, § 6 I.

Kostenverzeichnis **1810–1812 KV**

Eine Rücknahme der sofortigen Beschwerde führt keine Ermäßigung herbei, auch nicht bei § 91a ZPO. Die Gebühr entsteht ohne jede Rücksicht auf den Ausgang des Beschwerdeverfahrens.
Kostenschuldner ist der Antragsteller nach § 22 oder der im Beschwerdeverfahren Unterlegene nach §§ 29, 31 II.

Nr.	Gebührentatbestand	Gebühr oder Satz der Gebühr nach § 34 GKG
1811	Beendigung des Verfahrens ohne Entscheidung: Die Gebühr 1810 ermäßigt sich auf .... I Die Gebühr ermäßigt sich auch im Fall der Zurücknahme der Beschwerde vor Ablauf des Tages, an dem die Entscheidung der Geschäftsstelle übermittelt wird. II Eine Entscheidung über die Kosten steht der Ermäßigung nicht entgegen, wenn die Entscheidung einer zuvor mitgeteilten Einigung der Parteien über die Kostentragung oder der Kostenübernahmeerklärung einer Partei folgt.	60,00 €

1) Systematik, Regelungszweck. Die Vorschrift ähnelt der mit KV 1211, 1221 1 begonnenen Reihe von Ermäßigungsregeln teilweise. Sie erfaßt den Geltungsbereich insofern weiter als bei einigen jener sonst vergleichbaren Vorschriften, als es nur darauf ankommt, daß das Gericht entweder gar keine Entscheidung mehr fällt oder daß eine Beschwerderücknahme vor dem Tag der Übermittlung einer Entscheidung in die Geschäftsstelle nun beim Beschwerdegericht eingeht.
Zweck ist auch hier ein Kostenanreiz zur Verringerung der Arbeit des Gerichts und zur Beschleunigung des Verfahrens wie bei KV 1211 Rn 2.

2) Notwendigkeit einer Beendigung. Zwar fehlt in einer Abweichung von KV 2 1211, 1221 usw das Wort „gesamtes" (Verfahren). Ersichtlich meint aber auch KV 1811 eine Beendigung des ganzen Beschwerdeverfahrens. Daher gelten im Ergebnis dieselben Erwägungen wie bei KV 1211 Rn 3.

3) Beschwerderücknahme, amtliche Anmerkung I. In einer erheblichen 3 Ausweitung des sonst bei Vergleichsvorschriften geltenden Zeitraums einer Rücknahme ermäßigt die amtliche Anmerkung die Gebühr selbst dann, wenn schon die Beschwerdeentscheidung auf der Geschäftsstelle des Beschwerdegerichts vorliegt, falls die Beschwerderücknahme wenigstens noch an demselben Tag beim Beschwerdegericht eingeht. Damit soll die leidige Unklarheit über die Uhrzeit der beiden Eingänge unerheblich bleiben. Man muß nun beachten: Die Beschwerderücknahme muß nur auf der Eingangsgeschäftsstelle des Beschwerdegerichts vorliegen, nicht auf der Geschäftsstelle der zuständigen Beschwerdekammer usw.
Maßgeblich ist der *Posteingangsstempel* einerseits und der Tagesstempel, den der Ur- 4 kundsbeamte der Beschwerdekammer usw tunlichst sogleich beim Einlauf der Beschwerdeentscheidung auf sie setzen sollte. Er läßt sich wahrheitsgemäß nachholen. Im Zweifel gilt schon wegen § 1 I 1 mit seinem Wort „nur" die für den Kostenschuldner günstigere Lösung, also die Ermäßigung nach KV 1811.

4) Unschädlichkeit einer Kostenentscheidung, amtliche Anmerkung II. 5 Die Vorschrift entspricht KV 1221 amtliche Anmerkung. Wegen der erforderlichen Einigung der Parteien über die Kostentragung nach übereinstimmenden vollständigen wirksamen Erledigterklärungen BLAH § 98 ZPO Rn 21 ff.

Nr.	Gebührentatbestand	Gebühr oder Satz der Gebühr nach § 34 GKG
1812	Verfahren über nicht besonders aufgeführte Beschwerden, die nicht nach anderen Vorschriften gebührenfrei sind: Die Beschwerde wird verworfen oder zurückgewiesen	60,00 €

KV 1812

Kostenverzeichnis

Nr.	Gebührentatbestand	Gebühr oder Satz der Gebühr nach § 34 GKG
	Wird die Beschwerde nur teilweise verworfen oder zurückgewiesen, kann das Gericht die Gebühr nach billigem Ermessen auf die Hälfte ermäßigen oder bestimmen, dass eine Gebühr nicht zu erheben ist.	

Gliederung

1) Systematik, Regelungszweck: Hilfsnatur 1
2) Geltungsbereich 2
3) Beispiele zur Frage des Geltungsbereichs 3
4) Auslegung der Kostenentscheidung 4–7
   A. Bewilligung der Kostenfreiheit 5
   B. Bloße Feststellung 6
   C. Irrtum über Gebührenfreiheit 7
5) Festgebühr 8
6) Fälligkeit, Kostenschuldner usw 9

1   **1) Systematik, Regelungszweck: Hilfsnatur.** Vgl zunächst KV 1810. KV 1811 ist eine hilfsweise Auffangbestimmung. Man muß sie entsprechend weit auslegen. Rechtsbeschwerden unterstehen freilich KV 1820, 1821. In allen nicht gesetzlich besonders geordneten Fällen entsteht eine Gebühr für das Beschwerdeverfahren kraft Gesetzes auch ohne eine Kostengrundentscheidung nach BLAH Üb 35 vor § 91 ZPO, LG Kblz NJW **11**, 2063. Sie entsteht überhaupt nur, soweit das Gericht die Beschwerde nach § 572 II 2 ZPO als unzulässig verwirft oder als unbegründet zurückweist. Hierher zählt auch die Zurückweisung der Beschwerde gegen eine gebührenfreie Entscheidung über einen Antrag mit dem Ziel der Ablehnung eines Richters.

2   **2) Geltungsbereich.** Die Hilfsnatur von KV 1812 nach Rn 1 kommt auch dadurch zum Ausdruck, daß die Vorschrift ausdrücklich ihre Anwendbarkeit auf diejenigen der nicht besonders aufgeführten Beschwerden beschränkt, die nicht nach anderen Vorschriften bereits gebührenfrei (nicht notwendig auch auslagenfrei) sind, zB §§ 66 VIII 1, 67 I 2, 68 III 1, ferner im Kostenfestsetzungsverfahren § 104 III ZPO. Es ist unerheblich, in welcher Instanz das Hauptverfahren schwebt. Wegen der Gleichstellung von Verwerfung und Zurückweisung ist es auch unerheblich, ob die Beschwerde unstatthaft, unzulässig oder unbegründet ist.

3   **3) Beispiele zur Frage des Geltungsbereichs**
Berufung: *Unanwendbar* ist KV 1812 auf sie.
Beschwerde: Anwendbar sein kann KVFam 1912 (und daher KV 1812) nach Zurückweisung eines Eilantrags, KG FamRZ **17**, 61.
Dienstaufsichtsbeschwerde: *Unanwendbar* ist KV 1812 auf sie.
Einspruch: *Unanwendbar* ist KV 1812 auf ihn.
Erinnerung: *Unanwendbar* ist KV 1812 auf eine Erinnerung nach § 766 ZPO. Sie kann freilich zur Beschwerde werden. Vgl dazu dann wie bei „Gegenvorstellung".
Erledigung der Hauptsache: *Unanwendbar* ist KV 1812 dann, wenn es zu einer Erledigung nach § 91 a ZPO und daher zu keiner Sachentscheidung kommt oder wenn das Gericht nach einer Erklärung als erledigt keine Kostengrundentscheidung nach BLAH Üb 35 vor § 91 ZPO trifft.
Gegenvorstellung: *Unanwendbar* ist KV 1812 auf eine solche nach BLAH Grdz 6 vor § 567 ZPO. Sie kann zwar zur Beschwerde werden. Dazu müssen aber die Voraussetzungen zB der §§ 11 II 4, 5 RPflG, 573 II, 576 ZPO vorliegen. Das Beschwerdeverfahren beginnt dann mit dem Eingang der Beschwerdeschrift beim Beschwerdegericht.
Mehrere Beschwerden: Es gilt KV 1810 Rn 8 entsprechend.
Prozeßkostenhilfeverfahren: Anwendbar ist KV zB bei § 127 II 2 ZPO, LG Kblz NJW **11**, 2063.
Revision: *Unanwendbar* ist KV 1812 auf sie.
Rücknahme: *Unanwendbar* ist KV 1812 dann, wenn es zur Rücknahme einer Beschwerde und daher zu keiner Entscheidung kommt.

Stattgabe: *Unanwendbar* ist KV 1812 dann, wenn das Gericht einer Beschwerde stattgibt.

Teilerfolg: Dann gilt die amtliche Anmerkung. Das Gericht kann also nach seinem „billigen" und in Wahrheit wie stets pflichtgemäßem weiten Ermessen die Beschwerdegebühr auf die Hälfte ermäßigen oder bestimmen, daß überhaupt keine Beschwerdegebühr entsteht, aM LG Kblz JB **10**, 95 bei einem bloß winzigen Teilerfolg).

Vergleich: *Unanwendbar* ist KV 1812 dann, wenn es zu einem Vergleich und daher zu keiner Entscheidung kommt. Dann gilt KV 1900.

Widerspruch: *Unanwendbar* ist KV 1812 auf ihn.

Zurückverweisung: *Unanwendbar* ist KV 1812 bei einer gänzlichen oder teilweisen Zurückverweisung nach BLAH § 572 ZPO Rn 14 insoweit. Denn es hat kein ausscheidbarer Teil bereits endgültig einen Erfolg gehabt.

4) Auslegung der Kostenentscheidung. Der Ausspruch des Gerichts „Die Entscheidung ist gebührenfrei" ist auslegungsbedürftig. Was das Gericht gemeint hat, muß es erläutern. Die Vermutung spricht gegen eine Kostenniederschlagung. Es ergeben sich im einzelnen die folgenden Auslegungsmöglichkeiten. 4

A. Bewilligung der Kostenfreiheit. Das Gericht mag bewußt eine Gebührenfreiheit bewilligt haben. Dann hat es regelmäßig auch eine Auslagenfreiheit wegen der in KV amtliche Vorbemerkung 9 I, II genannten Auslagen nach § 21 GKG bewilligt. Eine Entscheidung über die Erstattungspflicht außergerichtlicher Kosten erfolgt demgegenüber grundsätzlich im Endurteil zur Sache. 5

B. Bloße Feststellung. Das Gericht mag auch die nach dem Gesetz in Wahrheit bereits eingetretene Gebührenfreiheit überflüssigerweise nochmals besonders festgestellt haben. 6

C. Irrtum über Gebührenfreiheit. Das Gericht mag auch irrig angenommen haben, es bestehe nach dem Gesetz eine Gebührenfreiheit, und es mag deswegen eine entsprechende Feststellung getroffen haben. Dann fehlt in Wahrheit eine Kostenentscheidung. Das Gericht muß sie nachholen, BLAH § 329 ZPO Rn 19. Den Kostenbeamten bindet das GKG und nicht eine derartige zunächst in Wahrheit fehlende Kostenentscheidung, LG Bln Rpfleger **90**, 137. 7

5) Festgebühr. Es entsteht grundsätzlich für jedes Beschwerdeverfahren eine Festgebühr nach Einl II A 14. Sie deckt das gesamte Beschwerdeverfahren ab, einschließlich der Beweisaufnahme, Verhandlung, Zwischenentscheidungen usw. Freilich kann bei einem Vergleich zusätzlich die Vergleichsgebühr KV 1900 entstehen. Deshalb spielt ein Streitwert weder der ersten Instanz noch der Beschwerdeinstanz eine Rolle, VGH Kassel NJW **10**, 2681 (erst recht nicht mangels Verwerfung; zu KV 5502). Auch bei Herabsetzung nach der amtlichen Anmerkung gilt dasselbe. 8

6) Fälligkeit, Kostenschuldner usw. Die Fälligkeit richtet sich nach § 9. Der *Kostenschuldner* ergibt sich aus §§ 22, 29. 9

Abschnitt 2. Sonstige Rechtsbeschwerden

Nr.	Gebührentatbestand	Gebühr oder Satz der Gebühr nach § 34 GKG
1820	Verfahren über Rechtsbeschwerden gegen den Beschluss, durch den die Berufung als unzulässig verworfen wurde (§ 522 Abs. 1 Satz 2 und 3 ZPO)	2,0
1821	Verfahren über Rechtsbeschwerden nach § 20 KapMuG	5,0
1822	Beendigung des gesamten Verfahrens durch Zurücknahme der Rechtsbeschwerde, bevor die Schrift zur Begründung der Rechtsbeschwerde bei Gericht eingegangen ist: Die Gebühren 1820 und 1821 ermäßigen sich auf ...... Erledigungserklärungen nach § 91a ZPO stehen der Zurücknahme gleich, wenn keine Entscheidung über die Kosten ergeht oder die Entscheidung einer zuvor mitge-	1,0

KV 1822–1900

Nr.	Gebührentatbestand	Gebühr oder Satz der Gebühr nach § 34 GKG
	teilten Einigung der Parteien über die Kostentragung oder der Kostenübernahmeerklärung einer Partei folgt.	
1823	Verfahren über Rechtsbeschwerden in den Fällen des § 71 Abs. 1, § 91a Abs. 1, § 99 Abs. 2, § 269 Abs. 4, § 494a Abs. 2 Satz 2 oder § 516 Abs. 3 ZPO	180,00 €
1824	Beendigung des gesamten Verfahrens durch Zurücknahme der Rechtsbeschwerde, des Antrags oder der Klage, bevor die Schrift zur Begründung der Rechtsbeschwerde bei Gericht eingegangen ist: Die Gebühr 1823 ermäßigt sich auf	60,00 €
1825	Beendigung des gesamten Verfahrens durch Zurücknahme der Rechtsbeschwerde, des Antrags oder der Klage vor Ablauf des Tages, an dem die Entscheidung der Geschäftsstelle übermittelt wird, wenn nicht Nummer 1824 erfüllt ist: Die Gebühr 1823 ermäßigt sich auf	90,00 €
1826	Verfahren über nicht besonders aufgeführte Rechtsbeschwerden, die nicht nach anderen Vorschriften gebührenfrei sind: Die Rechtsbeschwerde wird verworfen oder zurückgewiesen	120,00 €
	Wird die Rechtsbeschwerde nur teilweise verworfen oder zurückgewiesen, kann das Gericht die Gebühr nach billigem Ermessen auf die Hälfte ermäßigen oder bestimmen, dass eine Gebühr nicht zu erheben ist.	

Zu KV 1820–1826:

1   **1) Systematik, Regelungszweck.** Die Vorschriften stimmen weitgehend mit KV 1521, 1522, 1810–1812 überein. Vgl daher dort.

Nr.	Gebührentatbestand	Gebühr oder Satz der Gebühr nach § 34 GKG
1827	Verfahren über die in Nummer 1826 genannten Rechtsbeschwerden: Beendigung des gesamten Verfahrens durch Zurücknahme der Rechtsbeschwerde, des Antrags oder der Klage vor Ablauf des Tages, an dem die Entscheidung der Geschäftsstelle übermittelt wird	60,00 €

1   **1) Systematik, Regelungszweck.** Die Vorschrift entspricht KV 1825. Vgl daher dort.

Hauptabschnitt 9. Besondere Gebühren

Nr.	Gebührentatbestand	Gebühr oder Satz der Gebühr nach § 34 GKG
1900	Abschluss eines gerichtlichen Vergleichs: Soweit ein Vergleich über nicht gerichtlich anhängige Gegenstände geschlossen wird	0,25
	[1] Die Gebühr entsteht nicht im Verfahren über die Prozesskostenhilfe. [2] Im Verhältnis zur Gebühr für das Verfahren im Allgemeinen ist § 36 Abs. 3 GKG entsprechend anzuwenden.	

Kostenverzeichnis **1900 KV**

Gliederung

1) Systematik, Regelungszweck	1
2) Geltungsbereich	2
3) Voraussetzungen	3–13
A. Gerichtsverfahren	3
B. Gerichtlicher Vergleich	4, 5
C. Überschreitung des Streitwerts	6–9
D. Maßgeblichkeit aller einbezogenen Ansprüche	10, 11
E. Beitritt eines Dritten	12
F. Unanwendbarkeit	13
4) Gebührenhöhe	14, 15

1) Systematik, Regelungszweck. Die Vorschrift stimmt wörtlich mit KVFam 1500 überein, Teil I B dieses Buchs. KV 1900 setzt 0,25 Gebühr nach Rn 6, 7 nur für denjenigen Teil eines vor Gericht geschlossenen Prozeßvergleichs nach BLAH Anh § 307 ZPO fest, der über einen bisher nicht gerichtlich anhängig gewesenen Gegenstand nach BLAH § 2 ZPO Rn 4 erfolgt. Die Gebühr ist eine Handlungs- oder Aktgebühr. Sie ist keine Verfahrensgebühr, auch nicht ein Ersatz für sie, aM (zum alten Recht) ZöHe § 98 ZPO Rn 7 (aber der Wortlaut stellt eindeutig auf das Ergebnis ab, BLAH Einl III 39). Sie tritt vielmehr zur Verfahrensgebühr hinzu. Sie ist auch keine Urteilsgebühr. **1**

2) Geltungsbereich. KV 1900 gilt für jeden Prozeßvergleich vor dem ordentlichen Gericht. Sie gilt jedoch nach Rn 3 nicht bei § 118 ZPO. Im Verfahren vor den Arbeitsgerichten besteht bei §§ 2a I, 103 III, 108 III, 109 ArbGG eine Gebührenfreiheit nach § 2 II Hs 1. **2**

3) Voraussetzungen. Es müssen die folgenden Voraussetzungen zusammentreffen. **3**

A. Gerichtsverfahren. Die Parteien müssen in einem gerichtlichen Verfahren einen gerichtlichen Vergleich nach Rn 4 geschlossen haben. Es ist unerheblich, um welche Verfahrensart es sich dabei im einzelnen handelt. Ausreichend ist also auch ein vorläufiges Verfahren, etwa ein Arrestverfahren nach §§ 916ff ZPO, ein Güteverfahren nach § 278 II–VI ZPO, ein Beschwerdeverfahren nach §§ 567ff ZPO, ein selbständiges Beweisverfahren nach §§ 485ff ZPO oder ein Vollstreckungsverfahren nach §§ 704ff ZPO, evtl auch ein solches FamFG-Verfahren, auf das die ZPO anwendbar ist.

Ein im *Prozeßkostenhilfeverfahren* nach § 118 ZPO geschlossener Vergleich ist gerichtsgebührenfrei, amtliche Anmerkung, aM Meyer 152. Das gilt selbst dann, wenn die Parteien ihn vor der Einlegung eines Rechtsmittels im Prozeßkostenhilfeverfahren höherer Instanz geschlossen haben und wenn sie weitere Ansprüche in den Vergleich hineingezogen haben. Das ergibt sich aus der kostenrechtlichen Begünstigung des Prozeßkostenhilfeverfahrens.

B. Gerichtlicher Vergleich. Die Parteien müssen in diesem Gerichtsverfahren auch gerade einen gerichtlichen Vergleich vor dem Richter oder Rpfl abgeschlossen haben. Er erfordert im Gegensatz zur Einigung nach VV 1000, Teil X dieses Buchs, ein gegenseitiges Nachgeben der Parteien. Es ist nicht erforderlich, daß die Voraussetzungen des § 794 I Z 1 ZPO vorliegen. Es kann also ausreichen, daß die Beteiligten die Einigung trotz eines Anwaltszwangs nach § 78 ZPO ohne die Mitwirkung von Anwälten dann schließen, wenn diese Einigung vor dem Gericht stattfindet, Mümmler JB **78**, 161. Auch ein Vergleich nach § 278 VI ZPO ist ausreichend, LAG Hamm NZA-RR **07**, 438. **4**

Ein gerichtlicher Vergleich liegt auch dann *nicht* vor, wenn die Parteien einen Vergleichsvorschlag des Gerichts nur außerhalb von § 278 VI ZPO lediglich nach § 779 BGB *außergerichtlich* annehmen oder wenn es sich um einen Anwaltsvergleich nach §§ 796a–c ZPO handelt, bei dem das Gericht ja nur für die Vollstreckbarerklärung zuständig ist, nicht für sein Zustandekommen oder für seinen Inhalt. Es liegt auch kein gerichtlicher Vergleich vor, falls die Einigung vor einer Gütestelle nach BLAH § 794 ZPO Rn 4 stattfindet. Eine rückwirkende Nichtigkeit des Prozeßvergleichs ist beachtbar, Hamm JB **80**, 1027, seine rückwirkend vereinbarte Aufhebung nicht. **5**

C. Überschreitung des Streitwerts. Den gerichtlichen Vergleich gilt die allgemeine Verfahrensgebühr der Instanz ab, soweit er lediglich den bisherigen Verfahrenswert betrifft, Mü JB **09**, 491. Eine Erklärung im Vergleich, zB eine Auflassung, **6**

KV 1900 Kostenverzeichnis

löst auch nicht noch andere Gebühren aus, etwa diejenigen nach dem GNotKG, Teil III dieses Buchs.

7   Eine Vergleichsgebühr entsteht nach Rn 1 also nur, soweit jeweils nach § 48 ein Vergleich über einen bisher nicht gerichtlich anhängigen Gegenstand zustandekommt, BGH JB **79**, 1796. Dabei ist Vergleichsgegenstand der vom Vergleich betroffene Gegenstand, nicht etwa der danach geschuldete, LAG Hamm NZA-RR **07**, 438. Um also zu ermitteln, ob und inwieweit KV 1900 anwendbar ist, muß man den Gegenstand des bisherigen Verfahrens nach BLAH § 2 ZPO Rn 4 und denjenigen des gerichtlichen Vergleichs miteinander vergleichen.

8   Soweit der Verfahrenswert selbst bei *unterschiedlichen* Verfahrensgegenständen gleich hoch bleibt, entsteht keine Gebühr. Das gilt zB dann, wenn der Kläger einen vertraglichen Unterhalt für ein Jahr einklagt, wenn sich die Parteien aber für einen unbeschränkten Zeitraum vergleichen. Denn der Streitwert bleibt dann unverändert. Verschieden sind die Streitwerte dagegen fast immer dann, wenn die Parteien die Hauptsache im Arrest- oder Verfügungsverfahren nach §§ 916 ff, 935 ff ZPO vergleichen. Die beiden Verfahren dienen ja verschiedenen Zwecken, BLAH Grdz 2 vor § 916 ZPO.

9   Man muß die Bedeutung einer Generalklausel *„zur Abfindung aller Ansprüche"* und ähnlicher Formulierungen im Einzelfall ermitteln. Eine solche Klausel kann den Verfahrensgegenstand betreffen, aber auch alle Ansprüche einer oder beider Parteien, Ffm MDR **77**, 590.

10 **D. Maßgeblichkeit aller einbezogenen Ansprüche.** Maßgeblich für den Vergleichswert sind alle irgendwie streitigen, aber bisher nicht anhängig gewesenen Ansprüche. Bei einer Einbeziehung eines bisher unstreitigen Rechtsverhältnisses muß man zwar von § 779 BGB ausgehen. Man muß den dortigen Begriff „Unsicherheit" aber weit auslegen, Zweibr MDR **78**, 496 (Interesse an der Titulierung), LAG Hamm NZA-RR **07**, 439 links, Markl Festschrift für Schmidt (1981) 87.

11 Man muß also zB unterscheiden, ob der Vergleich das Rechtsverhältnis *nur aufklärend* (deklaratorisch) behandelt, so daß dieser Punkt unberücksichtigt bleibt, oder ob die Parteien einen *besonderen Vollstreckungstitel* nach § 794 Z 1 ZPO auch für diesen Punkt schaffen wollten, oder ob in Wahrheit nur eine unstreitige Erklärung beurkundet werden sollte, um zB die Kosten einer Auflassung zu ersparen, Schmidt MDR **75**, 26.

12 **E. Beitritt eines Dritten.** Der Beitritt eines Dritten zum gerichtlichen Vergleich erhöht den Vergleichsgegenstand nicht. Denn er betrifft keinen neuen Verfahrensgegenstand.

Beispiel für die Anwendbarkeit von KV 1900: Der Kläger hat einen Teilbetrag von 1000 EUR eingeklagt. Die Parteien haben den gesamten Anspruch dahin verglichen, daß der Bekl 8000 EUR zahlt.

Die Parteien haben den gerichtlichen Vergleich erst dann wirksam abgeschlossen, wenn eine etwaige *Widerrufsfrist abgelaufen* ist.

13 **F. Unanwendbarkeit.** Wenn die Parteien mehrere Verfahren miteinander führen und sich in einem von ihnen miteinander vergleichen, ist im anderen Verfahren KV 1900 unanwendbar, Köln RR **10**, 1512. Das gilt unabhängig davon, ob die Verfahren in derselben Instanz oder in verschiedenen Instanzen anhängig sind. Es entsteht keine Gebühr. Das muß auch dann gelten, wenn die betroffenen Verfahren verschiedene Gebühren auslösen. Es gilt aber nicht dann, wenn eines der betroffenen Verfahren gar nicht mehr anhängig ist oder wenn die Verfahrensgebühr infolge einer wirksamen Antragsrücknahme völlig weggefallen ist. Vgl auch Rn 16, 17.

14 **4) Gebührenhöhe.** Die Gebühr berechnet sich nach dem Unterschied der Gegenstände nach Rn 6–12. Für die Einzelwerte gelten die §§ 48 ff GKG, 3 ZPO. Wenn sich die Gebühr trotz unterschiedlicher Werte nicht nach der Tabelle zu § 34 I 2 erhöht, entsteht wegen Rn 7 trotzdem die Gebühr VV 1900, Mü 11 W 2504/08 v 10. 12. 08. Wenn der Kläger eine einzelne Rentenrate eingeklagt hat und wenn der Prozeßvergleich den gesamten Rentenanspruch ergreift, berechnet man die Vergleichsgebühr nach § 42 II aus demjenigen Zeitraum, um den 5 Jahre die Zeit übersteigen, für die der Kläger die Klage erhoben hat. Die Gebühr berechnet sich auch in der höheren Instanz ohne eine Erhöhung. Sie beträgt also immer eine 0,25 Gebühr.

Die *Verfahrensgebühr* erhöht sich durch einen gerichtlichen Vergleich nicht, Mü JB 09, 491. Die Vergleichsgebühr wird nicht etwa im Ergebnis auf die Verfahrensgebühr angerechnet, Meyer 171, aM ZöHe § 98 Rn 7 (aber die Verfahrensgebühr ist, wenn überhaupt, vor dem Entstehen der Vergleichsgebühr entstanden). Natürlich gilt das nach Rn 13–15 erst für eine Verfahrensgebühr für ein anderes Verfahren. Sind für Teile des Gegenstands verschiedene Gebührensätze anwendbar, gilt nach der amtlichen Anmerkung S 2 der § 36 III entsprechend.

15

Nr.	Gebührentatbestand	Gebühr oder Satz der Gebühr nach § 34 GKG
1901	Auferlegung einer Gebühr nach § 38 GKG wegen Verzögerung des Rechtsstreits	wie vom Gericht bestimmt

1) Geltungsbereich. Vgl die Anm zu § 38. Neben der vom Gericht der Höhe nach bestimmten Verzögerungsgebühr entsteht also nicht etwa zusätzlich noch eine Verfahrensgebühr nach § 38 Rn 24.

1

Nr.	Gebührentatbestand	Gebühr oder Satz der Gebühr nach § 34 GKG
1902	Anmeldung eines Anspruchs zum Musterverfahren (§ 10 Abs. 2 KapMuG)	0,5

1) **Geltungsbereich.** Die vorrangige Spezialvorschrift ergänzt die amtliche Vorbemerkung 1.2.1. Vgl dort Rn 1. § 10 II KapMuG ist abgedruckt bei BLAH Schl-Anh VIII.

Teil 2. Zwangsvollstreckung nach der Zivilprozessordnung, Insolvenzverfahren und ähnliche Verfahren

Hauptabschnitt 1. Zwangsvollstreckung nach der Zivilprozessordnung

(Amtliche) Vorbemerkung 2.1:
¹Dieser Hauptabschnitt ist auch auf Verfahren zur Erwirkung eines Europäischen Beschlusses zur vorläufigen Kontenpfändung im Fall des Artikels 5 Buchstabe b der Verordnung (EU) Nr. 655/2014 sowie auf alle Verfahren über Anträge auf Einschränkung oder Beendigung der Vollstreckung eines Europäischen Beschlusses zur vorläufigen Kontenpfändung (§ 954 Abs. 2 ZPO i. V. m. Artikel 34 der Verordnung (EU) Nr. 655/2014) anzuwenden. ²Im Übrigen bestimmen sich die Gebühren nach Teil 1 Hauptabschnitt 4 oder Teil 8 Hauptabschnitt 1.

Vorbem. Amtliche Vorbemerkung 2.1 eingefügt dch Art 9 Z 3f EuKoPfVODG v 21. 11. 16, BGBl 2591, in Kraft seit 18. 1. 17, Art 21 I G. ÜbergangsR § 71 GKG.

Abschnitt 1. Erster Rechtszug

Nr.	Gebührentatbestand	Gebühr oder Satz der Gebühr nach § 34 GKG
2110	Verfahren über den Antrag auf Erteilung einer weiteren vollstreckbaren Ausfertigung (§ 733 ZPO)	20,00 €

¹Die Gebühr wird für jede weitere vollstreckbare Ausfertigung gesondert erhoben. ²Sind wegen desselben Anspruchs in einem Mahnverfahren gegen mehrere Personen

KV 2110, 2111

Kostenverzeichnis

Nr.	Gebührentatbestand	Gebühr oder Satz der Gebühr nach § 34 GKG
	gesonderte Vollstreckungsbescheide erlassen worden und werden hiervon gleichzeitig mehrere weitere vollstreckbare Ausfertigungen beantragt, wird die Gebühr nur einmal erhoben.	

1 **1) Systematik, Regelungszweck.** Die Vorschrift erfaßt das Verfahren über den Antrag auf eine weitere vollstreckbare Ausfertigung nach § 733 ZPO, LG Bonn JB **10**, 374. Das hat seinen Grund in der amtlichen Anmerkung mit ihrer teilweisen Neuregelung bei mehreren weiteren vollstreckbaren Ausfertigungen.

Zweck ist eine dem tatsächlichen Aufwand entsprechende Regelung der Gebühren in diesen letzteren Fällen. Im Zweifel darf man schon wegen des Worts „nur" in § 1 I 1 die Gebühr KV 2110 nach der amtlichen Anmerkung S 2 nur einmal erheben. Die Vorschrift läßt sich aber nach Rn 4 verhältnismäßig leicht in ihrem Geltungsbereich abgrenzen.

2 **2) Grundsatz: Gebühr je weitere Ausfertigung, amtliche Anmerkung S 1.** Beim nicht maschinellen Mahnverfahren nach § 689 I 2 ZPO fällt für jede antragsgemäß erteilte weitere vollstreckbare Ausfertigung die Festgebühr an. Das gilt unabhängig vom Antragsgrund und davon, ob der Antragsteller die mehreren weiteren Ausfertigungen gleichzeitig oder nacheinander beantragt, ob es einen oder mehrere Antragsteller oder -gegner gibt usw. Unberührt bleiben ein Kostenerstattungsanspruch nach § 788 ZPO, LG Bonn JB **10**, 374, und § 21, vgl auch KG JB **08**, 43.

3 **3) Ausnahme: Nur einmal Gebühr, amtliche Anmerkung S 2.** Nur teilweise ähnlich wie nach KV 2111 amtlichen Anmerkung fällt nur eine einzige Festgebühr an, soweit die folgenden Voraussetzungen zusammentreffen.

A. Derselbe Anspruch, dasselbe Mahnverfahren, mehrere Antragsgegner. Es muß sich um denselben Anspruch nach § 688 I ZPO handeln. Er muß sich gegen mehrere Antragsgegner richten. Der Antragsteller muß ihn in demselben Mahnverfahren geltend gemacht haben.

4 **B. Vorliegen gesonderter Mahnbescheide.** Das Mahngericht muß gegen jeden Antragsgegner einen gesonderten Mahnbescheid nach § 692 ZPO erlassen haben. Das geschieht praktisch nur im maschinellen Mahnverfahren nach § 689 I 2 ZPO. Dabei muß das Mahngericht die Antragsgegner als Gesamtschuldner behandelt haben.

5 **C. Gleichzeitigkeit der Anträge.** Es muß eine gleichzeitige Antragstellung auf mehrere weitere vollstreckbare Ausfertigungen erfolgt sein. Gleichzeitigkeit liegt auch noch bei einem nur ganz unerheblichen Nacheinander vor, etwa am nächsten Arbeitstag. Das gilt vor allem bei einer praktisch gleichzeitigen Absendung und bei einem nur unterschiedlich langen Weg zum Gericht.

Nr.	Gebührentatbestand	Gebühr oder Satz der Gebühr nach § 34 GKG
2111	**Verfahren über Anträge auf gerichtliche Handlungen der Zwangsvollstreckung gemäß § 829 Abs. 1, §§ 835, 839, 846 bis 848, 857, 858, 886 bis 888 oder § 890 ZPO sowie im Verfahren zur Erwirkung eines Europäischen Beschlusses zur vorläufigen Kontenpfändung im Fall des Artikels 5 Buchstabe b der Verordnung (EU) Nr. 655/201** .... [1]Richtet sich ein Verfahren gegen mehrere Schuldner, wird die Gebühr für jeden Schuldner gesondert erhoben. [2]Mehrere Verfahren innerhalb eines Rechtszugs gelten als ein Verfahren, wenn sie denselben Anspruch und denselben Vollstreckungsgegenstand betreffen.	20,00 €

Vorbem. Ergänzg dck Art 9 Z 3 g EuKoPfVODG v 21. 11. 16, BGBl 2591, in Kraft seit 18. 1. 17, Art 21 I G, ÜbergangsR § 71 GKG.

Kostenverzeichnis **2111, 2112 KV**

1) Geltungsbereich. Zu KV 2111 gehören die folgenden abschließend aufgezählten Fallgruppen, auch im Rahmen des Arrestvollzugs.
A. Forderungspfändung. Hierher zählt ein Verfahren nach § 829 I ZPO.
B. Forderungsüberweisung. Hierher zählt ein Verfahren nach den §§ 835, 839 ZPO.
C. Pfändung von Anspruch auf Herausgabe. Hierher zählt ein Verfahren nach den §§ 846–848 ZPO.
D. Pfändung eines anderen Vermögensrechts. Hierher zählt ein Verfahren nach § 857 ZPO.
E. Zwangsvollstreckung in eine Schiffspart. Hierher zählt ein Verfahren nach § 858 ZPO.
F. Überweisung des Herausgabeanspruchs; vertretbare, unvertretbare Handlung; Unterlassung. Hierher zählen die Verfahren nach §§ 886–888, 890.
G. Vorläufige Kontenpfändung. Hierzu zählt ein Verfahren nach Art 5 b EuKoPfVO 655/2014, abgedruckt bei BLAH Einf 3 vor § 946 ZPO.
H. Unanwendbarkeit. Nicht unter KV 2111 gehören zB: Ein Antrag nach § 727 ZPO; eine Durchsuchungsanordnung nach § 758 a ZPO; eine Erinnerung nach § 766 ZPO, BGH **69**, 148; ein Ersuchen um die Mitwirkung einer anderen Behörde; eine Zwangsvollstreckung im Ausland nach § 791 ZPO; die Ermächtigung zur Umschreibung nach § 822 ZPO; eine Ermächtigung zur Wiederinkurssetzung nach § 823 ZPO; die Anordnung einer besonderen Verwertung nach § 825 ZPO; die Anordnung einer anderweitigen Verwertung nach § 844 ZPO; die Berichtigung eines Pfändungsbeschlusses nach § 850 IV ZPO; die Ernennung eines Sequesters nach eines zuständigen Gerichtsvollziehers nach § 854 ZPO; ein Pfändungsantrag, soweit das Gericht schon den gleichzeitigen Arrestantrag abweist; die Anordnung der Versteigerung und Hinterlegung nach § 930 ZPO; die Aufhebung des Vollzugs nach § 934 ZPO; die Ernennung eines Sequesters nach § 938 ZPO.

2) Fälligkeit usw. Die Gebühr entsteht nach § 6 I mit dem Antrag. Die Festgebühr entsteht auch dann nur einmal, wenn der Gläubiger auf Grund derselben Forderung nach § 829 ZPO einen Antrag auf eine Pfändung und Überweisung mehrerer Forderungen des Schuldners gegenüber verschiedenen Drittschuldnern stellt, LG Zweibr Rpfleger **77**, 76. Denn das sind keine Verfahren „gegen mehrere Schuldner" nach der amtlichen Anmerkung S 1. Dagegen gilt dieser S 1 dann, wenn der Gläubiger im Verfahren gegen mehrere Gesamtschuldner deren Ansprüche auf die jeweilige Lohnsteuererstattung pfändet, (zum alten Recht) AG Hagen Rpfleger **86**, 111.
Jeder *neue Antrag* leitet ein neues Verfahren ein. Wenn mehrere verbundene oder in verschiedenen Verfahren gestellte Anträge gegen denselben Schuldner denselben Anspruch und denselben Gegenstand innerhalb desselben Rechtszugs betreffen, entsteht die Festgebühr nach der amtlichen Anmerkung ebenfalls nur einmal, etwa bei einer Pfändung und Überweisung derselben Forderung nach §§ 829, 835 ZPO.

3) Kostenschuldner. Kostenschuldner ist der Antragsteller nach § 22, möglicherweise auch der Vollstreckungsschuldner nach § 29 Z 4.

4) Beschwerdeverfahren. Vgl KV 2121.

Nr.	Gebührentatbestand	Gebühr oder Satz der Gebühr nach § 34 GKG
2112	In dem Verfahren zur Erwirkung eines Europäischen Beschlusses zur vorläufigen Kontenpfändung wird ein Antrag auf Einholung von Kontoinformationen gestellt: Die Gebühr 2111 erhöht sich auf	33,00 €

Vorbem. Eingefügt dch Art 9 Z 3 h EuKoPfVODG v 21. 11. 16, BGBl 2591, in Kraft seit 18. 1. 17, Art 21 I G, ÜbergangsR § 71 GKG. Bisheriger KV 2112 = KV 2113.

KV 2112–2115

1   **1) Geltungsbereich.** Es geht um einen Antrag nach § 948 ZPO auf Einholung von Kontoinformationen im Verfahren nach der EuKoPfVO 655/2014, abgedruckt bei BLAH Einf 3 vor § 946 ZPO.
2   **2) Fälligkeit, Kostenschuldner usw.** Es gilt dasselbe wie bei KV 2111 Rn 9, 10.
3   **3) Beschwerdeverfahren.** Vgl KV 2121.

Nr.	Gebührentatbestand	Gebühr oder Satz der Gebühr nach § 34 GKG
2113	Verfahren über den Antrag auf Vollstreckungsschutz nach § 765 a ZPO	20,00 €

Vorbem. Früher KV 2112. Umnumerierg dch Art 9 Z 3 i EuKoPfVODG v 21. 11. 16, BGBl 2591, in Kraft seit 18. 1. 17, Art 21 I G, ÜbergangsR § 71 GKG.

1   **1) Geltungsbereich.** Die Vorschrift ist auch dann anwendbar, wenn neben dem Verfahren nach § 765 a ZPO ein Verfahren nach § 30 a ZVG mit einer besonderen Gebühr anhängig ist, Düss VersR **77**, 726. Ein Erinnerungsverfahren nach § 766 ZPO fällt nicht unter KV 2113. Wegen des Beschwerdeverfahrens KV 2121.
2   **2) Fälligkeit, Kostenschuldner usw.** Es gilt dasselbe wie bei KV 2111 Rn 9, 10.
3   **3) Beschwerdeverfahren.** Vgl KV 2121.

Nr.	Gebührentatbestand	Gebühr oder Satz der Gebühr nach § 34 GKG
2114	Verfahren über den Antrag auf Erlass eines Haftbefehls (§ 802 g Abs. 1 ZPO)	20,00 €

Vorbem. Früher KV 2113. Umnumerierg dch Art 9 Z 3 i EuKoPfVODG v 21. 11. 16, BGBl 2591, in Kraft seit 18. 1. 17, Art 21 I G, ÜbergangsR § 71 GKG.

1   **1) Geltungsbereich.** Zu KV 2114 gehört das Verfahren des Haftbefehls zwecks Erzwingung einer Vermögensauskunft nach §§ 802 b, g I ZPO.
2   **2) Pauschalgebühr.** Gebührenpflichtig ist nur das Verfahren gerade auf den Haftbefehl unabhängig von seinem Verlauf und Ausgang. Daher entsteht zB auch dann nur eine Gebühr, wenn mehrere Anordnungen ergehen. Falls freilich ein Verfahren nach § 802 g I ZPO abgeschlossen ist und nun später ein neues beginnt, sei es auch auf einen Antrag desselben Gläubigers, entsteht die Gebühr als Pauschale für das neue Verfahren erneut.
3   **3) Fälligkeit, Kostenschuldner.** Die Festgebühr wird nach (jetzt) § 6 I mit der Antragstellung fällig, LG Heilbr Rpfleger **91**, 328, LG Mü Rpfleger **90**, 227.

Kostenschuldner ist der Antragsteller nach § 22, auch der Vollstreckungsschuldner nach § 29 Z 4, auch der in die Kosten Verurteilte nach § 29 Z 1.

4   **4) Beschwerdeverfahren.** Vgl KV 2121.

Nr.	Gebührentatbestand	Gebühr oder Satz der Gebühr nach § 34 GKG
2115	Verfahren über den Antrag auf Abnahme der eidesstattlichen Versicherung nach § 889 ZPO	35,00 €

Vorbem. Früher KV 2114. Umnumerierg dch Art 9 Z 3 i EuKoPfVODG v 21. 11. 16, BGBl 2591, in Kraft seit 18. 1. 17, Art 21 I G, ÜbergangsR § 71 GKG.

1   **1) Geltungsbereich.** Es handelt sich um eine Verfahrensgebühr für denjenigen Teil des Verfahrens auf die Abnahme der eidesstattlichen Versicherung nur nach dem bürgerlichen Recht vor dem Rpfl nach § 889 ZPO, Düss FamRZ **97**, 1496, LG Bochum Rpfleger **99**, 404. Es geht hier also nicht um die Versicherung vor dem Gerichtsvollzieher nach §§ 802 b ff ZPO. KV 2115 erfaßt die gesamte gerichtliche Tätigkeit unabhängig von deren Dauer oder Schwierigkeit. Für jeden Antrag kann in

Kostenverzeichnis **2115–2119 KV**

zugehörigen gerichtlichen Verfahren eine neue Gebühr entstehen. Eine Antragsrücknahme läßt diese Verfahrensgebühr bestehenbleiben, AG Augsb DGVZ **07**, 95.

Nr.	Gebührentatbestand	Gebühr oder Satz der Gebühr nach § 34 GKG
2116	(weggefallen)	

Nr.	Gebührentatbestand	Gebühr oder Satz der Gebühr nach § 34 GKG
2117	Verteilungsverfahren	0,5

1) Geltungsbereich. Die Gebühr gilt grundsätzlich das gesamte Verfahren nach den §§ 872 ff ZPO ab. Darunter fällt also auch ein „anderweitiges" Verfahren nach § 880 ZPO. Denn es stellt nur eine Fortsetzung dar. Es kommt nicht auf die Zahl der Verteilungspläne an. 1

Dagegen fällt eine Klage nach den §§ *878ff* ZPO unter KV 1210 ff. Das Schifffahrtsrechtliche Verteilungsverfahren fällt unter KV 2410 ff.

2) Streitwert. Als Streitwert gilt die Verteilungsmasse ohne einen Abzug der Kosten, aber nach §§ 48 I, 43 I in Verbindung mit §§ 5, 6 ZPO ohne eine Hinzurechnung der Zinsen. Bleibt ein Überschuß zugunsten des Schuldners, ist Streitwert entsprechend § 6 ZPO der verteilte und für die Kosten verwendete Betrag. Soweit wiederkehrende Bezüge hinterlegt werden, etwa Gehaltsbezüge, erhöht sich durch die späteren Hinterlegungen zwar der Streitwert. Das Verfahren bleibt aber einheitlich. 2

3) Fälligkeit. Das Verteilungsverfahren beginnt nicht auf Grund eines Antrags, sondern beim Vorliegen seiner Voraussetzungen von Amts wegen. Deshalb wird die Gebühr nach § 6 III grundsätzlich bereits mit der Einleitung fällig, also mit der Aufforderung des Gerichts an die Gläubiger, eine Berechnung ihrer Ansprüche einzureichen, § 873 ZPO. 3

4) Gebührenhöhe. Die Höhe der Gebühr ergibt sich allerdings erst infolge der Abhaltung des Verteilungstermins endgültig. Das Gericht entnimmt die Kosten der Masse nach § 874 II ZPO. 4

5) Kostenschuldner. Das ist nur der Vollstreckungsschuldner. Denn ein Antragsteller fehlt oder ist jedenfalls nicht erforderlich. 5

Nr.	Gebührentatbestand	Gebühr oder Satz der Gebühr nach § 34 GKG
2118	Verfahren über die Vollstreckbarerklärung eines Anwaltsvergleichs nach § 796 a ZPO	60,00 €

1) Geltungsbereich. KV 2118 erfaßt das gesamte gerichtliche Verfahren nach §§ 796 a ZPO erster Instanz. Das gilt sowohl bei einer Stattgabe wie auch im Fall der Ablehnung. 1

Demgegenüber richtet sich die Vergütung des Notars für seine Tätigkeit im Verfahren des §§ 796 a–c ZPO nach KVfG 23800, 23801, Teil III dieses Buchs.

2) Fälligkeit; Kostenschuldner. Die Fälligkeit richtet sich nach § 6 I. Der *Kostenschuldner* ergibt sich aus §§ 22, 29. 2

Nr.	Gebührentatbestand	Gebühr oder Satz der Gebühr nach § 34 GKG
2119	Verfahren über Anträge auf Beendigung, Verweigerung, Aussetzung oder Beschränkung der Zwangsvollstreckung nach § 954 Abs. 2, § 1084 ZPO auch i. V. m. § 1096 oder § 1109 ZPO oder § 31 AUG	30,00 €

KV 2119–2124

Vorbem. Änderg dch Art 9 Z 3 j EuKoPfVODG v 21. 11. 16, BGBl 2591, in Kraft seit 18. 1. 17, Art 21 I G, ÜbergangsR § 71 GKG.

1 **1) Geltungsbereich.** Die Festgebühr entsteht für das Verfahren nach § 954 II oder § 1084 ZPO, auch in Verbindung mit § 1096 oder § 1109 ZPO oder mit § 31 AUG. Diese Vorschrift erfaßt in ihrem I 1 Anträge auf die Beendigung, Verweigerung, Aussetzung oder Beschränkung der Zwangsvollstreckung aus einem Europäischen Beschluß über eine vorläufige Kontenpfändung nach der EuKoPfVO, abgedruckt bei BLAH Einf 3 vor § 946 ZPO, oder aus einem Europäischen Vollstreckungstitel über eine unbestrittene Forderung nach Artt 21, 23 VO (EG) Nr 805/2004, abgedruckt bei BLAH Einf 3 vor § 1079 ZPO. Die Berichtigung oder der Widerruf einer Bestätigung als Europäischen Vollstreckungstitels unterfällt KV 1512, das zugehörige Rechtsmittelverfahren unterfällt KV 1521 Z 3.

2 **2) Fälligkeit; Kostenschuldner.** Die Fälligkeit richtet sich nach § 6 I.
Kostenschuldner ist in dem reinen Antragsverfahren der §§ 954 II, 1084 ZPO der Antragsteller nach § 22, ferner der Entscheidungsschuldner nach § 29.

Abschnitt 2. Beschwerden

Unterabschnitt 1. Beschwerde

Nr.	Gebührentatbestand	Gebühr oder Satz der Gebühr nach § 34 GKG
2120	Verfahren über die Beschwerde im Verteilungsverfahren: Soweit die Beschwerde verworfen oder zurückgewiesen wird	1,0
2121	Verfahren über nicht besonders aufgeführte Beschwerden, die nicht nach anderen Vorschriften gebührenfrei sind: Die Beschwerde wird verworfen oder zurückgewiesen	30,00 €
	Wird die Beschwerde nur teilweise verworfen oder zurückgewiesen, kann das Gericht die Gebühr nach billigem Ermessen auf die Hälfte ermäßigen oder bestimmen, dass eine Gebühr nicht zu erheben ist.	

Zu KV 2120, 2121:

1 **1) Geltungsbereich.** KV 2120 entspricht im Kern KV 1810. KV 2121 entspricht KV 1811. Vgl daher jeweils dort.

Unterabschnitt 2. Rechtsbeschwerde

Nr.	Gebührentatbestand	Gebühr oder Satz der Gebühr nach § 34 GKG
2122	Verfahren über die Rechtsbeschwerde im Verteilungsverfahren: Soweit die Beschwerde verworfen oder zurückgewiesen wird	2,0
2123	Verfahren über die Rechtsbeschwerde im Verteilungsverfahren: Soweit die Beschwerde zurückgenommen oder das Verfahren durch anderweitige Erledigung beendet wird ..	1,0
	Die Gebühr entsteht nicht, soweit der Beschwerde stattgegeben wird.	
2124	Verfahren über nicht besonders aufgeführte Rechtsbeschwerden, die nicht nach anderen Vorschriften gebührenfrei sind:	

Kostenverzeichnis **2124, Übers 2210, Vorbem 2.2, 2210 KV**

Nr.	Gebührentatbestand	Gebühr oder Satz der Gebühr nach § 34 GKG
	Die Rechtsbeschwerde wird verworfen oder zurückgewiesen .... Wird die Rechtsbeschwerde nur teilweise verworfen oder zurückgewiesen, kann das Gericht die Gebühr nach billigem Ermessen auf die Hälfte ermäßigen oder bestimmen, dass eine Gebühr nicht zu erheben ist.	60,00 €

Zu KV 2122–2124:

1) Geltungsbereich. KV 2122 entspricht im Kern KV 1820. KV 2123 entspricht 1 teilweise KV 1821. KV 2124 entspricht KV 1823. Vgl daher jeweils dort.

Hauptabschnitt 2. Verfahren nach dem Gesetz über die Zwangsversteigerung und die Zwangsverwaltung; Zwangsliquidation einer Bahneinheit
Übersicht

1) **Systematik.** Die Liegenschaftszwangsvollstreckung gehört zur streitigen Ge- 1 richtsbarkeit. Nur die Gebühr für die Eintragung einer Zwangshypothek nach § 867 ZPO regelt das GNotKG, Teil III dieses Buchs.

2) **Geltungsbereich.** Zu KV 2210 ff gehören die folgenden Fallgruppen. 2

A. **Zwangsversteigerung.** Hierher gehört die Zwangsversteigerung eines Grundstücks; eines grundstücksgleichen Rechts, einschließl der unbeweglichen Kuxe; eines Schiffs; eines Schiffsbauwerks; eines Luftfahrzeugs nach § 110 LuftfG. Hierher gehört auch eine Zwangsversteigerung auf Grund des Antrags des Insolvenzverwalters. Ferner gehört hierher eine echte Zwangsversteigerung zur Aufhebung einer Gemeinschaft nach § 180 ZVG, Schneider/Thiel NZFam **18**, 64 (ausf).

Demgegenüber zählt eine freiwillige Versteigerung zur Aufhebung einer Gemeinschaft zur freiwilligen Gerichtsbarkeit. Sie löst daher Gebühren nach § 116 GNotKG, KVfG 23600 ff aus, Teil III dieses Buchs.

B. **Zwangsverwaltung.** Hierher gehört ferner das Zwangsverwaltungsverfahren 3 nach § 866 I ZPO.

C. **Zwangsliquidation.** Hierher gehört schließlich das Verfahren zur Zwangsli- 4 quidation einer Bahneinheit.

3) **Fälligkeit, Kostenschuldner usw.** Die Fälligkeit richtet sich nach § 7. Ein 5 Vorschuß ist nach § 15 erforderlich.

Kostenschuldner sind der Antragsteller, soweit man die Kosten nicht dem Erlös entnehmen kann, und im Beschwerdeverfahren der Beschwerdeführer, § 26.

(Amtliche) Vorbemerkung 2.2:
[1] Die Gebühren 2210, 2220 und 2230 werden für jeden Antragsteller gesondert erhoben. [2] Wird der Antrag von mehreren Gesamtgläubigern, Gesamthandsgläubigern oder im Fall der Zwangsversteigerung zum Zweck der Aufhebung der Gemeinschaft von mehreren Miteigentümern gemeinsam gestellt, gelten diese als ein Antragsteller. [3] Betrifft ein Antrag mehrere Gegenstände, wird die Gebühr nur einmal erhoben, soweit durch einen einheitlichen Beschluss entschieden wird. [4] Für ein Verfahren nach § 765a ZPO wird keine, für das Beschwerdeverfahren die Gebühr 2240 erhoben; richtet sich die Beschwerde auch gegen eine Entscheidung nach § 30a ZVG, gilt Satz 2 entsprechend.

Abschnitt 1. Zwangsversteigerung

Nr.	Gebührentatbestand	Gebühr oder Satz der Gebühr nach § 34 GKG
2210	Entscheidung über den Antrag auf Anordnung der Zwangsversteigerung oder über den Beitritt zum Verfahren	100,00 €

KV 2110–2212

1 **1) Geltungsbereich.** Die Festgebühr ist eine Entscheidungs- und keine Verfahrensgebühr. Diese Entscheidungsgebühr entsteht in den folgenden Fällen.
  A. Antrag. Die Gebühr entsteht für die Entscheidung über den Antrag auf die Durchführung einer Zwangsversteigerung. Der Inhalt der Entscheidung ist unerheblich. Hierher gehört auch der Antrag auf eine Zwangsversteigerung in besonderen Fällen. Dazu zählen zB: Der Antrag des Insolvenzverwalters oder eines Erben zur Aufhebung einer Gemeinschaft nach den §§ 172 ff ZVG, Drischler JB **81**, 1776; der Antrag eines Landlieferungsverbandes; ein Antrag im Verwaltungszwangsverfahren oder nach der AO oder dem JBeitrG, Teil IX A dieses Buchs.
  Bei einer *Wiederversteigerung* nach den §§ 132 ff ZVG entsteht eine neue Gebühr.
  Nicht hierher zählt eine *Sequestration* nach § 938 ZPO.

2 **B. Beitritt.** Die Gebühr entsteht ferner für die Entscheidung über den Beitritt zu einem Zwangsversteigerungsverfahren, § 27 ZVG.

3 **2) Einzelfragen.** Vgl die amtlichen Vorbemerkungen 2.2 S 1–3. Der dortige S 4 betrifft jeden Einzelantrag. Ein Ersuchen um die Eintragung eines Zwangsversteigerungsvermerks gehört noch hierher.

4 **3) Fälligkeit, Kostenschuldner usw.** Die Fälligkeit tritt nach § 7 I 1 GKG mit dem Erlaß der Entscheidung ein.
  Wegen des *Kostenschuldners* Üb 5 vor KV 2210. Bei einer Prozeßkostenhilfe für den Schuldner ist eine Mitteilung der Zweitschuldnerrechnung an die Kasse zwecks einer Anmeldung zum geringsten Gebot erforderlich, § 45 ZVG. Eine Vorschußpflicht besteht nach § 15.

Nr.	Gebührentatbestand	Gebühr oder Satz der Gebühr nach § 34 GKG
2211	Verfahren im Allgemeinen	0,5

1 **1) Geltungsbereich.** KV 2211 gilt die gesamte Tätigkeit des Gerichts für den Zeitabschnitt nach der Anordnung des Verfahrens zum Zweck seiner weiteren Durchführung bis zum Beginn des Versteigerungstermins ab, ohne daß eine besondere Handlung des Gerichts erforderlich wäre. Sie ermäßigt sich nach KV 2212. Die Gebühr gilt zB ab: Alle Ermittlungen; eine Belehrung; ein Einstellungsverfahren; die Bestimmung des Versteigerungstermins; die Bestimmung des Verkehrswerts; die Abschlußverfügung im Anschluß an die Rücknahme des Versteigerungsantrags.

2 Ein Ersuchen um die Eintragung des *Zwangsversteigerungsvermerks* gehört aber noch zu KV 2210, dort Rn 3.

3 **2) Streitwert.** Vgl § 54.

4 **3) Fälligkeit, Kostenschuldner usw.** Die Fälligkeit richtet sich nach § 7 I 3 GKG.
  Wegen des *Kostenschuldners* Üb 5 vor KV 2210.

Nr.	Gebührentatbestand	Gebühr oder Satz der Gebühr nach § 34 GKG
2212	Beendigung des Verfahrens vor Ablauf des Tages, an dem die Verfügung mit der Bestimmung des ersten Versteigerungstermins unterschrieben ist: Die Gebühr 2211 ermäßigt sich auf	0,25

1 **1) Geltungsbereich.** Maßgeblich ist grundsätzlich nicht derjenige Tag, *an* dem das Gericht unterschrieben hat, sondern derjenige, *unter* dem es unterschrieben hat. Denn nur der letztere ist aktenkundig feststellbar. Eine Ausnahme mag bei einer nachweisbar falschen Datierung gelten.

2 **2) Streitwert.** Vgl § 54.

3 **3) Fälligkeit, Kostenschuldner usw.** Es gilt dasselbe wie bei KV 2111 Rn 4.

Kostenverzeichnis **2213–2216 KV**

Nr.	Gebührentatbestand	Gebühr oder Satz der Gebühr nach § 34 GKG
2213	Abhaltung mindestens eines Versteigerungstermins mit Aufforderung zur Abgabe von Geboten .... Die Gebühr entfällt, wenn der Zuschlag aufgrund des § 74a oder des § 85a ZVG versagt bleibt.	0,5

1) Geltungsbereich. Es handelt sich um eine Terminsgebühr für jeden neuen 1 Versteigerungstermin, der keine bloße Fortsetzung des bisherigen darstellt. Das ergibt sich schon aus dem Wort „mindestens", aM LG Cottbus JB **07**, 323. Das Gericht muß in einem dieser Termine nach § 66 II ZVG auch gerade zur Abgabe von Geboten aufgefordert haben. Ein etwaiger bloßer Erörterungstermin nach § 62 Hs 2 ZVG zählt noch zu KV 2211. Ein Vergleich kann die Gebühr KV 1900 auslösen.

2) Zuschlagsversagung, amtliche Anmerkung. Nur die dort abschließend ge- 2 nannten Fälle führen zum Wegfall von KV 2213.

3) Streitwert. Vgl § 54. 3

4) Fälligkeit, Kostenschuldner usw. Die Fälligkeit richtet sich nach § 7 I 2, 3 4 GKG.
Wegen des *Kostenschuldners* Üb 5 vor KV 2210.

Nr.	Gebührentatbestand	Gebühr oder Satz der Gebühr nach § 34 GKG
2214	Erteilung des Zuschlags .... Die Gebühr entfällt, wenn der Zuschlagsbeschluss aufgehoben wird.	0,5

1) Geltungsbereich. Die 0,5 Gebühr gilt nach § 81 ZVG die Erteilung des Zu- 1 schlags ab. Die besondere Versteigerung beweglicher Sachen nach § 65 ZVG fällt unter KV 2210. Denn auch in diesem Versteigerungstermin fordert das Gericht zu einem Gebot auf. Bei einer Aufhebung des Zuschlagsbeschlusses entfällt die Erteilungsgebühr nach der amtlichen Anmerkung. Dasselbe gilt bei einer Versagung des Zuschlags. In beiden Fällen muß die Staatskasse eine schon gezahlte Gebühr zurückerstatten.

2) Streitwert. Vgl § 54. 2

3) Fälligkeit, Kostenschuldner usw. Es gilt dasselbe wie bei KV 2111 Rn 4. 3 Der *Ersteher* und nicht etwa der Erlös muß auch die Gebühren und Auslagen tragen, LG Freib Rpfleger **91**, 382.

Nr.	Gebührentatbestand	Gebühr oder Satz der Gebühr nach § 34 GKG
2215	Verteilungsverfahren	0,5
2216	Es findet keine oder nur eine beschränkte Verteilung des Versteigerungserlöses durch das Gericht statt (§§ 143, 144 ZVG): Die Gebühr 2215 ermäßigt sich auf	0,25

Zu *KV 2215, 2216:*

1) Geltungsbereich, KV 2215. Die Verteilungsgebühr gilt das gesamte Vertei- 1 lungsverfahren nach §§ 105ff ZVG ab, auch mehrere Verteilungstermine und nachträgliche Verteilungen sowie die Auszahlung, Überweisung oder Hinterlegung, ferner ein Verteilungsverfahren im Wiederversteigerungsverfahren, aM Meyer 23. Auch die Verteilungsgebühr beträgt grundsätzlich 0,5 Gebühr.

2) Ermäßigung, KV 2216. Die Verteilungsgebühr ermäßigt sich jedoch dann 2 auf eine 0,25 Gebühr, wenn entweder die Beteiligten nachweisen, daß sie sich nach § 143 ZVG über den gesamten Erlös geeinigt haben, oder wenn der Nachweis erfolgt, daß die Berechtigten nach § 144 ZVG ihre Befriedigung erhalten haben. In

KV 2216–2221   Kostenverzeichnis

beiden Fällen muß der ganze Versteigerungserlös betroffen sein. Andernfalls bleibt es bei der Gebühr KV 2215, also auch wegen des nachgewiesenen Teils.

3   **3) Streitwert.** Streitwert ist das Gebot ohne Zinsen, einschließlich des Werts der bestehenbleibenden Rechte. Vgl im übrigen § 54 Rn 8.

Abschnitt 2. Zwangsverwaltung

Nr.	Gebührentatbestand	Gebühr oder Satz der Gebühr nach § 34 GKG
2220	**Entscheidung über den Antrag auf Anordnung der Zwangsverwaltung oder über den Beitritt zum Verfahren**	100,00 €

1   **1) Geltungsbereich.** Vgl zunächst KV 2210 Rn 1. Es handelt sich um eine Entscheidungsgebühr unabhängig vom Ergebnis der Prüfung. Es muß ein Antrag nach §§ 146 ff, 172 ff ZVG vorliegen. Die Vorschrift gilt auch für die Entscheidung über eine Zwangsverwaltung auf Grund einer einstweiligen Verfügung nach §§ 935 ff ZPO. Vgl aber Rn 2. Sie kann auch neben den Gebühren für ein Zwangsversteigerungsverfahren nach KV 2210 ff entstehen.

Das Ersuchen um die Eintragung eines *Vermerks über die Zwangsverwaltung* im Grundbuch gehört noch hierher.

2   **2) Unanwendbarkeit.** Unanwendbar ist KV 2220 auf eine Sequestration nach § 938 ZPO und auf Verwaltungsanordnungen im Rahmen eines Zwangsversteigerungsverfahrens zB nach §§ 25, 94, 165, 171 c ZVG. Unanwendbar ist KV 2220 ferner bei einer Anordnung der Fortsetzung eines ergebnislos verlaufenen Zwangsversteigerungsverfahrens als Zwangsverwaltungsverfahren nach § 77 II ZVG. Dann gilt KV 2211. Erst das folgende Zwangsverwaltungsverfahren fällt unter KV 2221.

Nr.	Gebührentatbestand	Gebühr oder Satz der Gebühr nach § 34 GKG
2221	**Jahresgebühr für jedes Kalenderjahr bei Durchführung des Verfahrens** .... Die Gebühr wird auch für das jeweilige Kalenderjahr erhoben, in das der Tag der Beschlagnahme fällt und in dem das Verfahren aufgehoben wird.	0,5 – mindestens 120,00 €, im ersten und letzten Kalenderjahr jeweils mindestens 60,00 €

1   **1) Geltungsbereich.** Die Jahresgebühr entsteht zunächst mit der Beschlagnahme nach §§ 22, 146, 151 ZVG, amtliche Anmerkung Hs 1 und zwar zu dem danach frühesten Zeitpunkt. Sie entsteht jährlich neu in Höhe von grundsätzlich 0,5 Gebühr. Im ersten und letzten Kalenderjahr beträgt die Mindestgebühr jeweils 60 EUR, sonst 120 EUR. Sie entsteht nach der amtlichen Anmerkung Hs 2 zuletzt im Kalenderjahr der Aufhebung.

2   **2) Pauschale.** Die Jahresgebühr gilt die gesamte Tätigkeit des Gerichts für jedes angefangene Jahr ab der Beschlagnahme ab, zB: Die Aufstellung des Teilungsplans; die Beaufsichtigung des Verwalters; Ermittlungen jeder Art. Eine Einweisung des Zwangsverwalters nach § 150 II ZVG ist unerheblich. Die Kosten lassen sich nach § 155 ZVG dem Erlös auch dann entnehmen, wenn ein Beteiligter persönlich kostenfrei ist. Das Verfahren endet mit der Wirksamkeit des Zwangsverwaltungs-Aufhebungsbeschlusses. Das gilt auch bei einem Zuschlag im gleichzeitigen Zwangsversteigerungsverfahren. Es gilt auch dann, wenn die Rechnungslegung erst nachfolgt. Das

Kostenverzeichnis **2221–2240 KV**

Verfahren endet auch mit dem Eingang einer Antragsrücknahme, falls es überhaupt vor diesem Zeitpunkt begonnen hatte.
3) Streitwert. Der Streitwert richtet sich nach § 55. 3
4) Fälligkeit, Kostenschuldner usw. Die Fälligkeit richtet sich nach § 7 II 2. Ein 4
Vorschuß ist nach §§ 15 II, 17 erforderlich, vgl § 24 KostVfg, Teil VII A dieses Buchs.
Der *Kostenschuldner* ergibt sich aus § 26 I.

Abschnitt 3. Zwangsliquidation einer Bahneinheit

Nr.	Gebührentatbestand	Gebühr oder Satz der Gebühr nach § 34 GKG
2230	Entscheidung über den Antrag auf Eröffnung der Zwangsliquidation	60,00 €

1) Geltungsbereich. Es handelt sich um eine Entscheidungsgebühr unabhängig 1
davon, ob das Gericht dem Antrag stattgibt oder ob es ihn als unzulässig oder unbegründet zurückweist. Stets muß zunächst ein Eröffnungsantrag vorliegen.
Unanwendbar ist KV 2230 auf eine Zwangsversteigerung, eine Zwangsverwaltung oder eine freiwillige Liquidation.
2) Festgebühr. Sie gilt die Gerichtstätigkeit bis zur Entscheidung ab, sofern nicht 2
ohnehin eine Gebührenfreiheit nach § 2 besteht. Sie entsteht nicht beim Verfahrensende ohne eine Entscheidung.
3) Fälligkeit, Kostenschuldner usw. Die Fälligkeit richtet sich nach § 9 I. 3
Der *Kostenschuldner* ergibt sich aus §§ 22, 29.

Nr.	Gebührentatbestand	Gebühr oder Satz der Gebühr nach § 34 GKG
2231	Verfahren im Allgemeinen	0,5
2232	Das Verfahren wird eingestellt: Die Gebühr 2231 ermäßigt sich auf	0,25

Zu KV 2231, 2232:

1) Geltungsbereich. Vgl § 57 Rn 1–3. KV 2231 erfaßt das gesamte Verfahren ab 1
seiner Eröffnung bis zur Einstellung oder sonstigen Beendigung. KV 2232 gilt nur bei einer Einstellung vor einer abschließenden Durchführung.
2) Streitwert. Vgl § 57. 2
3) Fälligkeit, Kostenschuldner usw. Die Fälligkeit richtet sich nach § 9. 3
Der *Kostenschuldner* ergibt sich aus §§ 22, 29.

Abschnitt 4. Beschwerden

Unterabschnitt 1. Beschwerde

Nr.	Gebührentatbestand	Gebühr oder Satz der Gebühr nach § 34 GKG
2240	Verfahren über Beschwerden, wenn für die angefochtene Entscheidung eine Festgebühr bestimmt ist: Die Beschwerde wird verworfen oder zurückgewiesen Wird die Beschwerde nur teilweise verworfen oder zurückgewiesen, kann das Gericht die Gebühr nach billigem Ermessen auf die Hälfte ermäßigen oder bestimmen, dass eine Gebühr nicht zu erheben ist.	120,00 €

KV 2241–2243　　　　　　　　　　　　　　　　　　　　Kostenverzeichnis

Nr.	Gebührentatbestand	Gebühr oder Satz der Gebühr nach § 34 GKG
2241	Verfahren über nicht besonders aufgeführte Beschwerden, die nicht nach anderen Vorschriften gebührenfrei sind: Soweit die Beschwerde verworfen oder zurückgewiesen wird	1,0

Zu KV 2240, 2241:

1　1) **Systematik, Regelungszweck.** Im Zwangsversteigerungsverfahren besteht eine Beschwerdemöglichkeit nur mit der Beschränkung des § 95 ZVG. Sie entsteht außerdem nach § 74a V ZVG, ferner in einem Zwischenverfahren zB nach einem Ablehnungsgesuch, Düss JB **08**, 376. Im Zwangsverwaltungsverfahren ist die Beschwerde unbeschränkt zulässig.

2　2) **Grundsatz: Gebührenfreiheit; Ausnahmen.** Das Beschwerdeverfahren ist grundsätzlich gebührenfrei. Von diesem Grundsatz gelten nach KV 2240, 2241 eng auslegbare Ausnahmen bei einer Verwerfung oder Zurückweisung der Beschwerde. Bei einer nur teilweisen Verwerfung oder Zurückverweisung und des dann entstehenden gerichtlichen Ermessens gilt KV 2240 amtliche Anmerkung. Bei einer gänzlichen oder teilweisen Zurücknahme der Beschwerde entsteht wie zB bei KV 1700, 1812 keine Gebühr. Auslagen entstehen stets nach KV 9000 ff, unabhängig vom Ausgang des Beschwerdeverfahrens.

Mehrere Beschwerden gegen verschiedene Entscheidungen haben nach der amtlichen Vorbemerkung vor 2.2 S 1 mehrere Gebühren zur Folge.

3　Soweit der Beschwerdeführer das Rechtsmittel sowohl auf § 30a ZVG als auch auf § 765a ZPO stützt, gilt die amtliche Vorbemerkung 2.2 S 4.

4　Eine *Erinnerung* nach § 766 ZPO ist stets gebührenfrei. Bei einer Beschwerde gegen die Entscheidung über die Erinnerung sind KV 2240, 2241 anwendbar. Für eine Rechtsbeschwerde gelten KV 2242, 2243.

5　3) **Streitwert.** Der Streitwert bestimmt sich bei KV 2241 nach § 54 (Verkehrswert, evtl Einheitswert usw). Eine Richterablehnung hat keinen selbständigen Wert, Düss JB **08**, 376, Mü Rpfleger **85**, 377.

6　4) **Fälligkeit, Kostenschuldner usw.** Die Fälligkeit richtet sich nach § 6 I. Der *Kostenschuldner* ergibt sich aus § 29 I.

Unterabschnitt 2. Rechtsbeschwerde

Nr.	Gebührentatbestand	Gebühr oder Satz der Gebühr nach § 34 GKG
2242	Verfahren über Rechtsbeschwerden, wenn für die angefochtene Entscheidung eine Festgebühr bestimmt ist: Die Rechtsbeschwerde wird verworfen oder zurückgewiesen	240,00 €
	Wird die Rechtsbeschwerde nur teilweise verworfen oder zurückgewiesen, kann das Gericht die Gebühr nach billigem Ermessen auf die Hälfte ermäßigen oder bestimmen, dass eine Gebühr nicht zu erheben ist.	
2243	Verfahren über nicht besonders aufgeführte Rechtsbeschwerden, die nicht nach anderen Vorschriften gebührenfrei sind: Soweit die Rechtsbeschwerde verworfen oder zurückgewiesen wird	2,0

Zu KV 2242, 2243:

1　1) **Geltungsbereich.** Die Vorschriften stimmen weitgehend mit KV 1418, 1419 überein. Vgl daher dort.

Hauptabschnitt 3. Insolvenzverfahren

(Amtliche) Vorbemerkung 2.3:
Der Antrag des ausländischen Insolvenzverwalters steht dem Antrag des Schuldners gleich.

Schrifttum: *Keller,* Vergütung und Kosten im Insolvenzverfahren, 3. Aufl 2010.

Abschnitt 1. Eröffnungsverfahren

Nr.	Gebührentatbestand	Gebühr oder Satz der Gebühr nach § 34 GKG
2310	Verfahren über den Antrag des Schuldners auf Eröffnung des Insolvenzverfahrens .... Die Gebühr entsteht auch, wenn das Verfahren nach § 306 InsO ruht.	0,5
2311	Verfahren über den Antrag eines Gläubigers auf Eröffnung des Insolvenzverfahrens	0,5 – mindestens 180,00 €

Zu KV 2310, 2311:

Gliederung

1) **Systematik**	1–3
2) **Streitwert**	4
3) **Fälligkeit**	5
4) **Gebührenschuldner**	6–9
A. Eröffnungsantrag des Gläubigers	7, 8
B. Eröffnungsantrag des Schuldners	9
5) **Auslagenschuldner**	10–12
A. Ablehnung, Rücknahme	11
B. Eröffnung	12
6) **Mehrheit selbständiger Anträge**	13
7) **Mehrheit zusammenhängender Anträge**	14

1) Systematik. KV 2310, 2311 gelten das gesamte Verfahren über den Eröffnungsantrag ab, Delhaes KTS **87**, 599 (Üb). Das Verfahren beginnt mit dem Eingang des Antrags. Es endet mit der Eröffnung des Insolvenzverfahrens, mit der Abweisung des Antrags, mit der Nichtzulassung oder mit der Rücknahme des Antrags. Abgegolten sind vor allem alle Ermittlungen, Anordnungen nach §§ 20 ff InsO und die Aufhebung vorläufiger Maßnahmen. Maßnahmen bei oder ab der Eröffnung des Insolvenzverfahrens fallen unter KV 2320 ff. Das Beschwerdeverfahren fällt unter KV 2360. Vgl dort aber auch Rn 1.   **1**

Der Antrag eines *Sozialversicherungsträgers* auf die Eröffnung des Insolvenzverfahrens ist anders als im Verfahren mit dem Ziel der Abgabe einer eidesstattlichen Offenbarungsversicherung kein Rechtshilfeantrag. Daher ist dieser Antrag nicht gebührenfrei. Dasselbe Ergebnis hat der Antrag eines ausländischen Insolvenzverwalters nach der amtlichen Vorbemerkung 2.3.   **2**

Der Eröffnungsantrag des *Bundesaufsichtsamts* nach § 46 b S 3 KWG ist gebührenfrei, LG Stgt Rpfleger **80**, 181.   **3**

Kosten des *vorläufigen* Insolvenzverwalters sind bei einer Ablehnung der Eröffnung des Insolvenzverfahrens keine Auslagen. Die Staatskasse muß sie tragen, LG Ffm Rpfleger **86**, 496.

2) Streitwert. Der Streitwert errechnet sich nach § 58.   **4**

3) Fälligkeit. Die Fälligkeit tritt nach § 6 I Z 3 mit dem Eingang des Eröffnungsantrags beim Gericht ein, Zimmer Rpfleger **09**, 16. Das Gericht darf im Eröffnungsverfahren seine Tätigkeit aber nicht von der Zahlung abhängig machen.   **5**

KV 2311, Vorbem 2.3.2, 2320, 2321 Kostenverzeichnis

6   **4) Gebührenschuldner.** Gebührenschuldner ist der Antragsteller § 23 I 1. Im übrigen muß man für die Gebühren die folgende Unterscheidung treffen.

7   **A. Eröffnungsantrag des Gläubigers.** Sofern das Gericht den Antrag *abweist* oder sofern der Gläubiger den Antrag *zurücknimmt*, ist nach § 23 I 1 nur der Gläubiger Gebührenschuldner.

8   Bei einer *Eröffnung* des Verfahrens ist nach § 23 I 1 der Gläubiger neben dem Schuldner Gebührenschuldner. Die Gebühr gehört nach § 54 Z 1 InsO zu den Kosten des Insolvenzverfahrens. Soweit der Gläubiger die Gebühr bezahlt hat, gehört sein Erstattungsanspruch zu den Kosten des Insolvenzverfahrens.

9   **B. Eröffnungsantrag des Schuldners.** Hier findet keine Anrechnung statt. Es gilt KV 2310. Der Antrag eines ausländischen Insolvenzverwalters steht nach der amtlichen Vorbemerkung 2.3 einem Schuldnerantrag gleich.

10 **5) Auslagenschuldner.** Schuldner der Auslagen, zB §§ 8, 21, 23, 25 I InsO, sind die folgenden Personen.

11 **A. Ablehnung, Rücknahme.** Bei einer Ablehnung oder Rücknahme des Eröffnungsantrags ist der Antragsteller nach § 23 I 2 auch Auslagenschuldner. Wegen der Auslagen nach KV 9017 gilt § 23 I 3, aM LG Ffm Rpfleger **86**, 496 (Staatskasse als Schuldner).

12 **B. Eröffnung.** Bei einer Eröffnung des Insolvenzverfahrens ist nach § 23 III der Schuldner Auslagenschuldner. Die Schuld gehört dann nach § 54 Z 1 InsO zu den Kosten des Insolvenzverfahrens.
Ein nach § 26 I 2 InsO vorgeschossener Betrag haftet für Gebühren und Auslagen.

13 **6) Mehrheit selbständiger Anträge.** Mehrere Anträge begründen jeweils dann Gebühren, wenn sie selbständig erfolgen. Selbständige Anträge liegen dann vor, wenn der Gläubiger und der Schuldner jeweils einen Eröffnungsantrag stellen. Das gilt nach § 58 schon deshalb, weil dann die Wertberechnung verschieden ist. Mehrere Anträge liegen grundsätzlich dann vor, wenn mehrere Gläubiger einen Eröffnungsantrag stellen, LG Gießen JB **96**, 486, Uhlenbruck KTS **87**, 565.
Die Unterscheidung, ob die Anträge *gemeinsam oder getrennt* sind, ist wegen des Fehlens eines inneren Zusammenhangs und wegen der Unanwendbarkeit des § 5 ZPO grundsätzlich unbrauchbar.

14 **7) Mehrheit zusammenhängender Anträge.** Etwas anderes gilt ausnahmsweise dann, wenn zwischen den Eröffnungsanträgen wirklich ein innerer Zusammenhang besteht, also zB dann, wenn Gesamtgläubiger solche Anträge stellen. Dann entsteht nur eine Gebühr. Dementsprechend entsteht auch dann nur eine Gebühr, wenn zB mehrere gesetzliche Vertreter zusammen oder getrennt die Eröffnung beantragen, etwa die Vorstandsmitglieder einer Aktiengesellschaft. Einzelheiten Uhlenbruck KTS **87**, 565.

Abschnitt 2. Durchführung des Insolvenzverfahrens auf Antrag des Schuldners

(Amtliche) Vorbemerkung 2.3.2:

Die Gebühren dieses Abschnitts entstehen auch, wenn das Verfahren gleichzeitig auf Antrag eines Gläubigers eröffnet wurde.

Nr.	Gebührentatbestand	Gebühr oder Satz der Gebühr nach § 34 GKG
2320	Durchführung des Insolvenzverfahrens	2,5
	Die Gebühr entfällt, wenn der Eröffnungsbeschluss auf Beschwerde aufgehoben wird.	
2321	Einstellung des Verfahrens vor dem Ende des Prüfungstermins nach den §§ 207, 211, 212, 213 InsO: Die Gebühr 2320 ermäßigt sich auf	0,5

Nr.	Gebührentatbestand	Gebühr oder Satz der Gebühr nach § 34 GKG
2322	Einstellung des Verfahrens nach dem Ende des Prüfungstermins nach den §§ 207, 211, 212, 213 InsO: Die Gebühr 2320 ermäßigt sich auf	1,5

Abschnitt 3. Durchführung des Insolvenzverfahrens auf Antrag eines Gläubigers

(Amtliche) Vorbemerkung 2.3.3:
Dieser Abschnitt ist nicht anzuwenden, wenn das Verfahren gleichzeitig auf Antrag des Schuldners eröffnet wurde.

Nr.	Gebührentatbestand	Gebühr oder Satz der Gebühr nach § 34 GKG
2330	Durchführung des Insolvenzverfahrens .... Die Gebühr entfällt, wenn der Eröffnungsbeschluss auf Beschwerde aufgehoben wird.	3,0
2331	Einstellung des Verfahrens vor dem Ende des Prüfungstermins nach den §§ 207, 211, 212, 213 InsO: Die Gebühr 2330 ermäßigt sich auf	1,0
2332	Einstellung des Verfahrens nach dem Ende des Prüfungstermins nach den §§ 207, 211, 212, 213 InsO: Die Gebühr 2330 ermäßigt sich auf	2,0

Zu KV 2330–2332:

1) Systematik. Sobald das Gericht das Insolvenzverfahren eröffnet hat, wird seine gesamte weitere Tätigkeit bis zur Beendigung des Verfahrens durch die unterschiedlich hohen Verfahrensgebühren KV 2320 (zumindest auch Antrag des Schuldners) oder KV 2330 (zumindest auch Antrag nur von Gläubigerseite) abgegolten. Neben ihnen können besondere Gebühren nur nach den KV 2340, 2360, 2363 entstehen. Eine nachträgliche Berücksichtigung nach § 192 InsO kann die Gebühr nur insoweit beeinflussen, als sie den Wert der Insolvenzmasse erhöht. Über den Zeitpunkt des Kostenansatzes § 14 Z 1 KostVfg, Teil VII A dieses Buchs.

2) Gebührenhöhe. Einem Grundsatz stehen zwei Ausnahmegruppen gegenüber.

A. Grundsatz, KV 2320, 2330. Die Gebühr beträgt grundsätzlich 2,5 Gebühr, soweit zumindest auch der Schuldner den Eröffnungsantrag gestellt hatte. Sie beträgt aber grundsätzlich 3,0 Gebühr, soweit ein Eröffnungsantrag nur des Gläubigers vorgelegen hatte.

B. Ermäßigung nach KV 2321, 2331. Eine Ermäßigung auf 0,5 Gebühr (Antrag zumindest auch des Schuldners) oder auf 1,0 Gebühr (Antrag nur mit Gläubigerseite) tritt nach Rn 1 ein, soweit das Gericht das Verfahren vor dem Ende des Prüfungstermins nach §§ 207, 211, 212, 213 InsO einstellt, Zimmer Rpfleger **09**, 16.

C. Ermäßigung nach KV 2322, 2332. Eine geringere Ermäßigung tritt ein, soweit das Gericht das Insolvenzverfahren später als nach Rn 3 einstellt. In diesem Fall ist es unerheblich, welchen Stand das Verfahren im Zeitpunkt der Einstellung hatte.

3) Streitwert. Der Streitwert errechnet sich nach § 58.

4) Fälligkeit, Kostenschuldner. Der Eröffnungsbeschluß ist nur eine zeitliche Voraussetzung der Durchführung, nicht eine kostenrechtliche. Der Eröffnungsbeschluß gehört außerdem einem anderen Verfahren an. Der Umstand, daß die Höhe der Durchführungsgebühr erst bei einer Beendigung des Insolvenzverfahrens feststeht, hat mit ihrer Fälligkeit nichts zu tun und begründet nur einen Aufschub der Erhebung. Deshalb ist für die Fälligkeit erst der *Beginn der Durchführung* entscheidend, Zimmer Rpfleger **09**, 16, auch wenn ein Eröffnungsbeschluß zu Unrecht fehlt. Wenn eine

KV 2332–2361

nachträgliche Ermäßigung eintritt, muß man das zuviel Gezahlte zurückzahlen, ein im Kostenrecht sehr häufiger Fall.

8   *Gebührenschuldner* ist der Schuldner nach § 23 III, nicht der inländische Insolvenzverwalter, wohl aber der ausländische nach der amtlichen Vorbemerkung 2.3. Ein Vorschuß richtet sich nach § 26 I 2 InsO. Kostenverzeichnis Kostenverzeichnis.

Abschnitt 4. Besonderer Prüfungstermin und schriftliches Prüfungsverfahren (§ 177 InsO)

Nr.	Gebührentatbestand	Gebühr oder Satz der Gebühr nach § 34 GKG
2340	Prüfung von Forderungen je Gläubiger	20,00 €

1   **1) Geltungsbereich.** Die Gebühr (jetzt) KV 2340 ist eine Aktgebühr, Uhlenbruck KTS **75**, 17. Sie entsteht erst dann, wenn der besondere Prüfungstermin auch tatsächlich stattfindet oder wenn das Insolvenzgericht die besondere Prüfung im schriftlichen Verfahren tatsächlich anordnet. Die Gebühr entsteht auch dann, wenn diese besondere Prüfung auch jeweils zur Klärung anderer Forderungen führt. Wenn das Gericht also im Termin auch andere Forderungen ohne einen Widerspruch eines Beteiligten mitprüft oder noch andere Geschäfte vornimmt, berührt das die Gebühr KV 2340 nicht. Aus einer solchen Mitprüfung entsteht auch keine Neugebühr für einen anderen Gläubiger.
Es handelt sich um eine *Festgebühr*. Sie deckt nach KV 9004 amtliche Anmerkung auch die Kosten der öffentlichen Bekanntmachung ab.

2   **2) Kostenschuldner.** Gebührenschuldner ist derjenige Gläubiger, der den besonderen Prüfungstermin beantragt hat. Bei mehreren Schuldnern muß man die Gebühr für jeden gesondert berechnen. Die Gläubiger der ohne einen Widerspruch mitgeprüften Forderungen haften nicht mit.

Abschnitt 5. Restschuldbefreiung

Nr.	Gebührentatbestand	Gebühr oder Satz der Gebühr nach § 34 GKG
2350	Entscheidung über den Antrag auf Versagung oder Widerruf der Restschuldbefreiung (§§ 296 bis 297a, 300 und 303 InsO)	35,00 €

1   **1) Geltungsbereich.** Aus dem gesamten Verfahren der Restschuldbefreiung nach §§ 286 ff InsO sind nach § 1 nur die in KV 2350 abschließend genannten Entscheidungen nach §§ 296–297a 300, 303 InsO besonders gebührenpflichtig. Dabei kommt es nicht darauf an, wer den jeweiligen Antrag stellt und ob der Antrag Erfolg hat oder nicht.

2   **2) Streitwert.** Seine Ermittlung entfällt. Denn KV 2350 nennt eine Festgebühr.

3   **3) Fälligkeit, Kostenschuldner.** Gebührenschuldner ist nach § 23 II derjenige Insolvenzgläubiger, der die Versagung oder den Widerruf der Restschuldbefreiung beantragt.

Abschnitt 6. Besondere Verfahren nach der Verordnung (EU) 2015/848

Nr.	Gebührentatbestand	Gebühr oder Satz der Gebühr nach § 34 GKG
2360	Verfahren über einen Antrag nach Artikel 36 Abs. 7 Satz 2 der Verordnung (EU) 2015/848	3,0
2361	Verfahren über einstweilige Maßnahmen nach Artikel 36 Abs. 9 der Verordnung (EU) 2015/848	1,0

Kostenverzeichnis 2362–2380 KV

Nr.	Gebührentatbestand	Gebühr oder Satz der Gebühr nach § 34 GKG
2362	Verfahren über einen Antrag auf Eröffnung eines Gruppen-Koordinationsverfahrens nach Artikel 61 der Verordnung (EU) 2015/848	4000,00 €

Zu KV 2360–2362:

Vorbem. Eingefügt dch Art 4 Z 4 b G v 5. 6. 17, BGBl 1476, in Kraft seit 26. 6. 17, Art 9 I G, ÜbergangsR § 71 GKG.

1) Geltungsbereich. Es geht um die Vorschriften der VO (EU) 2015/848 v 20. 5. 15   1
über Insolvenzverfahren, ABl L 141 v 5. 6. 15 S 19, zu dem das in der Vorbem genannte
G v 5. 6. 17 die deutsche Ausführung bildet.

Abschnitt 7. Koordinationsverfahren

Nr.	Gebührentatbestand	Gebühr oder Satz der Gebühr nach § 34 GKG
2370	Verfahren im Allgemeinen	500,00 €
2371	In dem Verfahren wird ein Koordinationsplan zur Bestätigung vorgelegt: Die Gebühr 2370 beträgt	1000,00 €

Zu KV 2370, 2371:

Vorbem. Zunächst eingefügt dch Art 4 Z 2 b G v 13. 4. 17, BGBl 866, in Kraft seit 21. 4. 18, Art 10 G. Sodann umnumeriert dch Art 4 c, d G v 5. 6. 17, BGBl 1476, in Kraft seit 26. 6. 17, Art 9 I G. Anschließend nochmalige Umnumerierg dch Art 6 Z 2 d desselben vorgenannten G v 5. 6. 17, in Kraft seit 21. 4. 18, Art 9 II Hs 2 G. ÜbergangsR jeweils § 71 GKG.

1) Geltungsbereich. Es geht um das Koordinationsverfahren nach §§ 269 ff InsO   1
vor einem Koordinationsgericht auf Antrag jedes nach § 3 a InsO gruppenangehörigen Schuldners oder eines der in § 269 d II 2 InsO genannten weiteren Beteiligten. Die allgemeine Verfahrensgebühr KV 2370 entsteht mit der Einleitung des Koordinationsverfahrens durch das Koordinationsgericht nach § 269 d I InsO. Sie gilt als Pauschale jede Tätigkeit dieses Gerichts ab. Die Vergütung des von ihm nach § 269 e I InsO zu bestellenden Verfahrenskoordinatoren richtet sich nach § 269 InsO.

2) Erhöhung wegen Koordinationsplan-Vorlage. KV 2371. Sobald der Ver-   2
fahrenskoordinator einen nach § 269 f I 2 InsO in sein pflichtgemäßes Ermessen gestellten Koordinationsplan vorlegt, also beim Koordinationsgericht einreicht, erhöht sich die Verfahrensgebühr KV 2370 nach KV 2371 auf 1000 EUR. Eine vor einer Einreichung stattfindende Tätigkeit des Verfahrenskoordinators führt wegen § 1 I 1 noch nicht zur Erhöhung nach KV 2371, wohl freilich zu einer Mitbeachtung bei der Vergütung des Verfahrenskoordinators.

3) Streitwert. Seine Ermittlung entfällt bei den Gerichtsgebühren KV 2370, 2371.   3
Denn es handelt sich um Festgebühren.

4) Fälligkeit, Kostenschuldner. Gebührenschuldner ist nach § 23 III jeder dort   4
benannte Schuldner.

Abschnitt 8. Beschwerden
Unterabschnitt 1. Beschwerde

Nr.	Gebührentatbestand	Gebühr oder Satz der Gebühr nach § 34 GKG
2380	Verfahren über die Beschwerde gegen die Entscheidung über den Antrag auf Eröffnung des Insolvenzverfahrens	1,0

KV 2380–2382

Vorbem. Zunächst KV 2360 umnumeriert dch Art 4 Z 2 c, d G v 13. 4. 17, BGBl 866, in Kraft seit 21. 4. 18, Art 10 G. Sodann weitere Umnumerierg dch Art 6 Z 2 c G v 5. 6. 17, BGBl 1476, in Kraft seit 21. 4. 18, Art 9 II Hs 2 G. ÜbergangsR jeweils § 71 GKG.

1 **1) Geltungsbereich.** Zum Beschwerdeverfahren nach KV 2380 gehört dasjenige gegen einen Eröffnungsbeschluß nach § 34 II InsO wie gegen einen zurückweisenden Beschluß nach § 34 I InsO. Das Beschwerdeverfahren beginnt mit dem Eingang des Rechtsmittels. Es endet mit dessen abschließender Bearbeitung. Es kommt nicht darauf an, ob die Beschwerde statthaft, zulässig und begründet ist. Eine Rücknahme der Beschwerde ist unerheblich. Eine Aufhebung des Eröffnungsbeschlusses läßt KV 2310, 2311 bestehen, soweit nicht § 21 anwendbar wird.

2 **2) Streitwert.** Vgl § 58 I, III. Nur in diesen Grenzen gilt das wirtschaftliche Interesse des Antragstellers, BGH JB **03**, 253.

3 **3) Fälligkeit, Kostenschuldner usw.** Die Fälligkeit tritt nach § 6 I mit dem Eingang der Beschwerde ein.

Man muß den *Gebührenschuldner* in einer entsprechenden Anwendung des § 23 I ermitteln, nicht nach § 22. Beim Erfolg der Beschwerde haftet ferner der in die Kosten verurteilte Gegner nach §§ 29 Z 1, 31 II.

Nr.	Gebührentatbestand	Gebühr oder Satz der Gebühr nach § 34 GKG
2381	Verfahren über nicht besonders aufgeführte Beschwerden, die nicht nach anderen Vorschriften gebührenfrei sind: Die Beschwerde wird verworfen oder zurückgewiesen	60,00 €
	Wird die Beschwerde nur teilweise verworfen oder zurückgewiesen, kann das Gericht die Gebühr nach billigem Ermessen auf die Hälfte ermäßigen oder bestimmen, dass eine Gebühr nicht zu erheben ist.	

Vorbem. Umnumeriert wie bei KV 2380, s dort.

1 **1) Geltungsbereich.** Es handelt sich um eine Auffangbestimmung. Für ein nicht unter KV 2380 fallendes Beschwerdeverfahren entsteht die Festgebühr nur, soweit das Beschwerdegericht die Beschwerde zurückweist oder verwirft. Bei jedem anderen Ergebnis entsteht keine Gebühr. Sie entsteht also auch wie zB bei KV 1700, 1812 dann nicht, wenn der Beschwerdeführer die Beschwerde zurücknimmt.

2 **2) Fälligkeit, Kostenschuldner usw.** Die Fälligkeit tritt nach § 6 I mit der Entscheidung ein.

Gebührenschuldner ist der Beschwerdeführer nach § 29 Z 1. Ist der Insolvenzverwalter Beschwerdeführer, haftet die Masse. Ist der Schuldner des Insolvenzverfahrens der Beschwerdeführer, zahlt er aus seinem freien Vermögen. Die Auslagen sind beim Erfolg der Beschwerde Kosten des Insolvenzverfahrens und Massekosten nach § 54 InsO.

Nr.	Gebührentatbestand	Gebühr oder Satz der Gebühr nach § 34 GKG
2382	Verfahren über die sofortige Beschwerde gegen die Entscheidung über die Kosten des Gruppen-Koordinationsverfahrens nach Artikel 102 c § 26 EGInsO	1,0

Vorbem. Eingefügt dch Art 4 Z 4 e G v 5. 6. 17, BGBl 1476, in Kraft seit 26. 6. 17, Art 9 I G. Anschließend Umnumerierg dch Art 6 Z 2 d desselben G v 5. 6. 17, in Kraft seit 21. 4. 18, Art 9 II Hs 2 G. ÜbergangsR jeweils § 71 GKG.

1 **1) Geltungsbereich.** Es geht um das Verfahren nach Art 102 c § 26 EGInsO idF Art 3 des in der Vorbem genannten G v 5. 6. 17, Schönfelder Nr 111.

Kostenverzeichnis 2383–2410 KV

Unterabschnitt 2. Rechtsbeschwerde

Nr.	Gebührentatbestand	Gebühr oder Satz der Gebühr nach § 34 GKG
2383	Verfahren über die Rechtsbeschwerde gegen die Beschwerdeentscheidung im Verfahren über den Antrag auf Eröffnung des Insolvenzverfahrens	2,0
2384	Beendigung des gesamten Verfahrens durch Zurücknahme der Rechtsbeschwerde oder des Antrags: Die Gebühr 2383 ermäßigt sich auf	1,0
2385	Verfahren über nicht besonders aufgeführte Rechtsbeschwerden, die nicht nach anderen Vorschriften gebührenfrei sind: Die Rechtsbeschwerde wird verworfen oder zurückgewiesen	120,00 €
	Wird die Rechtsbeschwerde nur teilweise verworfen oder zurückgewiesen, kann das Gericht die Gebühr nach billigem Ermessen auf die Hälfte ermäßigen oder bestimmen, dass eine Gebühr nicht zu erheben ist.	

Zu KV 2383–2385:

Vorbem. Umnumerierungen zunächst dch Art 4 Z 2 d–f G v 13. 4. 17, BGBl 866, in Kraft seit 21. 4. 18, Art 10 G. Sodann weitere Umnumerierungen dch Art 4 Z 4 f–h G v 5. 6. 17, BGBl 1476, in Kraft seit 26. 6. 17, § 9 I G, und schließlich dch Art 6 Z 2 e desselben G v 5. 6. 17. ÜbergangsR jeweils § 71 GKG.

1) Geltungsbereich. Die Vorschriften stimmen weitgehend mit KV 1823–1826 weitgehend überein. Vgl daher dort.   **1**

Nr.	Gebührentatbestand	Gebühr oder Satz der Gebühr nach § 34 GKG
2386	Verfahren über die Rechtsbeschwerde gegen die Beschwerdeentscheidung über die Kosten des Gruppen-Koordinationsverfahrens nach Artikel 102 c § 26 EGInsO i. V. m. § 574 ZPO	2,0

Vorbem. Eingefügt dch Art 4 Z 4 i G v 5. 6. 17, BGBl 1476, in Kraft seit 26. 6. 17, Art 9 I G. Anschließend Umnumerierg dch Art 6 Z 2 f desselben G v 5. 6. 17, in Kraft seit 21. 4. 18, Art 8 II Hs 2 G. ÜbergangsR jeweils § 71 GKG.

1) Geltungsbereich. Es geht wie bei KV 2382 um das Verfahren nach Art 102 c § 26   **1**
EGInsO idF Art 2 des in der Vorbem genannten G v 5. 6. 17, Schönfelder Nr 111, in Verbindung mit § 574 ZPO.

Hauptabschnitt 4. Schifffahrtsrechtliches Verteilungsverfahren

Abschnitt 1. Eröffnungsverfahren

Nr.	Gebührentatbestand	Gebühr oder Satz der Gebühr nach § 34 GKG
2410	Verfahren über den Antrag auf Eröffnung des Verteilungsverfahrens	1,0

1) Geltungsbereich. Vgl KV 2310, 2311 Rn 1–3 entsprechend. Das Verfahren   **1**
beginnt mit dem Antragseingang nach § 4 SVertO beim Gericht. Es endet mit dem Beschluß nach § 7 SVertO. Die Gebühr KV 2410 deckt alle Maßnahmen im Eröffnungsverfahren ab. Es ist unerheblich, ob der Antrag statthaft, zulässig und begrün-

493

KV 2410–2440

det ist. Eine Antragsrücknahme ist ebenfalls unerheblich. Die bei oder ab der Eröffnung getroffenen weiteren Maßnahmen fallen unter KV 2420, zB solche nach §§ 9 ff SVertO. Es gibt keine Ermäßigungsvorschrift.

2 2) **Streitwert.** Der Streitwert errechnet sich nach § 59.
3 3) **Fälligkeit, Kostenschuldner usw.** Vgl § 59 Rn 3.

Abschnitt 2. Verteilungsverfahren

Nr.	Gebührentatbestand	Gebühr oder Satz der Gebühr nach § 34 GKG
2420	Durchführung des Verteilungsverfahrens	2,0

1 1) **Geltungsbereich.** Auch die zu KV 2410 hinzutretende Durchführungsgebühr ist eine Verfahrensgebühr. Sie gilt die gesamte an den Eröffnungsbeschluß anschließende Tätigkeit des Gerichts zB nach §§ 9 ff SVertO bis zur Beendigung des Verfahrens durch eine Aufhebung oder Einstellung ab. Besondere Gebühren entstehen daneben nur nach KV 2430, 2440, 2441. Auch eine Nachtragsverteilung nach § 26 VI SVertO ist mitabgegolten.

2 2) **Streitwert.** Der Streitwert errechnet sich nach § 59.
3 3) **Fälligkeit, Kostenschuldner usw.** Die Fälligkeit tritt mit der Verfahrenseröffnung ein, § 7 III.
Der *Kostenschuldner* ergibt sich nach § 25.

Abschnitt 3. Besonderer Prüfungstermin und schriftliches Prüfungsverfahren (§ 18 Satz 3 SVertO, § 177 InsO)

Nr.	Gebührentatbestand	Gebühr oder Satz der Gebühr nach § 34 GKG
2430	Prüfung von Forderungen je Gläubiger	20,00 €

1 1) **Geltungsbereich.** Das Prüfungsverfahren ist demjenigen der InsO nachgebildet. § 18 SVertO verweist wegen nachträglicher Anmeldungen unter anderem auf § 177 InsO, abgedruckt in § 33 Rn 2. Die besondere Prüfungsgebühr ist eine Aktgebühr. Vgl wegen der Einzelheiten KV 2340 Rn 1.

2 2) **Fälligkeit, Kostenschuldner usw.** Die Fälligkeit tritt nach § 7 III mit der Anberaumung des Prüfungstermins ein. Man braucht keinen Auslagenvorschuß zu zahlen. Denn das Gericht muß den Prüfungstermin nach § 17 von Amts wegen anberaumen.
Kostenschuldner ist nach §§ 18 SVertO, 177 I, II InsO derjenige Gläubiger, der seine Forderung zu einem besonderen Prüfungstermin anmeldet. Bei einer Mehrheit von Gläubigern gilt KV 2430 Rn 1 entsprechend.

Abschnitt 4. Beschwerde und Rechtsbeschwerde

Nr.	Gebührentatbestand	Gebühr oder Satz der Gebühr nach § 34 GKG
2440	Verfahren über Beschwerden, die nicht nach anderen Vorschriften gebührenfrei sind: Die Beschwerde wird verworfen oder zurückgewiesen	60,00 €
	Wird die Beschwerde nur teilweise verworfen oder zurückgewiesen, kann das Gericht die Gebühr nach billigem Ermessen auf die Hälfte ermäßigen oder bestimmen, dass eine Gebühr nicht zu erheben ist.	

Nr.	Gebührentatbestand	Gebühr oder Satz der Gebühr nach § 34 GKG
2441	**Verfahren über Rechtsbeschwerden:** Die Rechtsbeschwerde wird verworfen oder zurückgewiesen	120,00 €
	Wird die Rechtsbeschwerde nur teilweise verworfen oder zurückgewiesen, kann das Gericht die Gebühr nach billigem Ermessen auf die Hälfte ermäßigen oder bestimmen, dass eine Gebühr nicht zu erheben ist.	

Zu KV 2440, 2441:

1) Geltungsbereich. Die Vorschriften stimmen wesentlich mit KV 1812 überein. 1
Vgl daher dort.

Hauptabschnitt 5. Rüge wegen Verletzung des Anspruchs auf rechtliches Gehör

Nr.	Gebührentatbestand	Gebühr oder Satz der Gebühr nach § 34 GKG
2500	**Verfahren über die Rüge wegen Verletzung des Anspruchs auf rechtliches Gehör (§ 321 a ZPO, § 4 InsO, § 3 Abs. 1 Satz 1 SVertO):** Die Rüge wird in vollem Umfang verworfen oder zurückgewiesen	60,00 €

1) Geltungsbereich. Die Vorschrift stimmt weitgehend mit KV 1700 überein. 1
Vgl daher dort.

Teil 3. Strafsachen und gerichtliche Verfahren nach dem Strafvollzugsgesetz, auch in Verbindung mit § 92 des Jugendgerichtsgesetzes, sowie Verfahren nach dem Gesetz über die internationale Rechtshilfe in Strafsachen

Übersicht

Schrifttum: *Oestreich/Winter/Hellstab,* Gerichtskosten in Strafsachen und gerichtlichen OWiG-Verfahren, 1999.

1) Geltungsbereich. Strafsache im Sinn des GKG ist nach § 1 I Z 5 nur ein solches Verfahren nach der StPO oder dem JGG oder dem IRG vor einem ordentlichen Gericht, das sich auf die Verhängung einer öffentlichen Strafe richtet, einschließlich des Verfahrens nach §§ 440 ff StPO. 1
Demgemäß ist das *GKG nicht anwendbar:* Auf ein Ehrengerichtsverfahren; auf ein Dienststrafverfahren; auf ein Verfahren der Finanzbehörde; auf ein solches Verfahren vor einem ordentlichen Gericht, das nur eine Ordnungsmaßnahme zB nach §§ 380 I 2, 390 I 2, 409 I 2 ZPO oder eine Zwangsmaßnahme etwa nach § 888 I 2 ZPO oder eine Maßnahme wegen einer Ungebühr zB nach § 178 GVG oder eine Strafvollstreckung betrifft.

2) Gebührenpflicht. Die Gebührenpflicht in Strafsachen knüpft grundsätzlich 2
nicht wie diejenige im bürgerlichen Rechtsstreit an eine bestimmte gerichtliche Handlung an, sondern an die Tatsache, daß das Gericht nach der amtlichen Vorbemerkung 3.1 I rechtskräftig auf eine Strafe oder Maßnahme der Besserung und Sicherung nach §§ 61 ff StPO erkannt hat. Die Gebührenhöhe richtet sich nach der Höhe

KV Übers, Vorbem 3, 3.1 Kostenverzeichnis

der Strafe, KV 3110 ff, oder nach einem festen Satz, also nicht nach einem Streitwert nach § 3 I.

Voraussetzung der Entstehung einer Gebühr ist grundsätzlich eine rechtskräftige gerichtliche *Entscheidung* über die Kosten des Verfahrens. Ohne eine solche Kostenentscheidung besteht allenfalls eine Zahlungspflicht in einer Privatklagesache nach §§ 374 ff StPO, in der Rechtsmittelinstanz nach §§ 296 ff StPO oder für das Wiederaufnahmeverfahren nach §§ 359 ff StPO. Das gilt auch für den Nebenkläger nach §§ 395 ff StPO, wegen der Auslagen auch für den Widerkläger nach § 388 StPO.

3 Die Gebühren sind Festgebühren oder nach der Strafe *pauschaliert*. Die Fälligkeit der Kosten tritt nach § 8 I mit der Rechtskraft einer verurteilenden Entscheidung ein. Soweit das Gesetz keine Gebühr vorsieht, besteht nach § 1 I 1 eine Gebührenfreiheit. In einer Strafvollzugssache nach §§ 449 ff StPO gilt das GKG nach § 1 I Z 8, KV 3810–3821 ebenfalls.

Das staatsanwaltschaftliche *Ermittlungsverfahren* nach §§ 160 ff StPO läßt Kosten nach § 1 I Z 5 im Rahmen der StPO entstehen. *Auslieferungsverfahren* ist gebührenfrei.

Auslagen muß man gemäß KV 9000 ff berechnen, soweit sie entstanden sind.

4 3) **Privatklagesache.** In einem solchen Verfahren nach §§ 374 ff StPO entstehen Gebühren nach KV 3310 ff nach verschiedenen Grundsätzen. Der Privatkläger und der Nebenkläger nach §§ 395 ff StPO sind nach § 16 vorschußpflichtig.

5 4) **Bußgeldverfahren.** Wegen dieses Verfahrens nach dem OWiG vgl KV 4110 ff.

(Amtliche) Vorbemerkung 3:

I § 473 Abs. 4 StPO und § 74 JGG bleiben unberührt.

II ¹Im Verfahren nach Wiederaufnahme werden die gleichen Gebühren wie für das wiederaufgenommene Verfahren erhoben. ²Wird jedoch nach Anordnung der Wiederaufnahme des Verfahrens das frühere Urteil aufgehoben, gilt für die Gebührenerhebung jeder Rechtszug des neuen Verfahrens mit dem jeweiligen Rechtszug des früheren Verfahrens zusammen als ein Rechtszug. ³Gebühren werden auch für Rechtszüge erhoben, die nur im früheren Verfahren stattgefunden haben. ⁴Dies gilt auch für das Wiederaufnahmeverfahren, das sich gegen einen Strafbefehl richtet (§ 373 a StPO).

Hauptabschnitt 1. Offizialverfahren

(Amtliche) Vorbemerkung 3.1:

I In Strafsachen bemessen sich die Gerichtsgebühren für alle Rechtszüge nach der rechtskräftig erkannten Strafe.

II Ist neben einer Freiheitsstrafe auf Geldstrafe erkannt, ist die Zahl der Tagessätze der Dauer der Freiheitsstrafe hinzuzurechnen; dabei entsprechen 30 Tagessätze einem Monat Freiheitsstrafe.

III Ist auf Verwarnung mit Strafvorbehalt erkannt, bestimmt sich die Gebühr nach der vorbehaltenen Geldstrafe.

IV Eine Gebühr wird für alle Rechtszüge bei rechtskräftiger Anordnung einer Maßregel der Besserung und Sicherung und bei rechtskräftiger Festsetzung einer Geldbuße gesondert erhoben.

V ¹Wird aufgrund des § 55 Abs. 1 StGB in einem Verfahren eine Gesamtstrafe gebildet, bemisst sich die Gebühr für dieses Verfahren nach dem Maß der Strafe, um das die Gesamtstrafe die früher erkannte Strafe übersteigt. ²Dies gilt entsprechend, wenn ein Urteil, in dem auf Jugendstrafe erkannt ist, nach § 31 Abs. 2 JGG in ein neues Urteil einbezogen wird. ³In den Fällen des § 460 StPO und des § 66 JGG verbleibt es bei den Gebühren für die früheren Verfahren.

VI ¹Betrifft eine Strafsache mehrere Angeschuldigte, ist die Gebühr von jedem gesondert nach Maßgabe der gegen ihn erkannten Strafe, angeordneten Maßregel der Besserung und Sicherung oder festgesetzten Geldbuße zu erheben. ²Wird in einer Strafsache gegen einen oder mehrere Angeschuldigte auch eine Geldbuße gegen eine juristische Person oder eine Personenvereinigung festgesetzt, ist eine Gebühr auch von der juristischen Person oder der Personenvereinigung nach Maßgabe der gegen sie festgesetzten Geldbuße zu erheben.

Kostenverzeichnis   **Vorbem 3.1 KV**

VII ¹ Wird bei Verurteilung wegen selbstständiger Taten ein Rechtsmittel auf einzelne Taten beschränkt, bemisst sich die Gebühr für das Rechtsmittelverfahren nach der Strafe für diejenige Tat, die Gegenstand des Rechtsmittelverfahrens ist. ² Bei Gesamtstrafen ist die Summe der angefochtenen Einzelstrafen maßgebend. ³ Ist die Gesamtstrafe, auch unter Einbeziehung der früher erkannten Strafe, geringer, ist diese maßgebend. ⁴ Wird ein Rechtsmittel auf die Anordnung einer Maßregel der Besserung und Sicherung oder die Festsetzung einer Geldbuße beschränkt, werden die Gebühren für das Rechtsmittelverfahren nur wegen der Anordnung der Maßregel oder der Festsetzung der Geldbuße erhoben. ⁵ Die Sätze 1 bis 4 gelten im Fall der Wiederaufnahme entsprechend.

VIII Das Verfahren über die vorbehaltene Sicherungsverwahrung und das Verfahren über die nachträgliche Anordnung der Sicherungsverwahrung gelten als besondere Verfahren.

Gliederung

1) Geltungsbereich, I–VIII	1
2) Maßgeblichkeit der Strafe, I	2–14
A. Begriff des Rechtszugs	2
B. Verweisung; mehrere Urteile	3
C. Verurteilung	4
D. Freispruch	5
E. Zurückverweisung	6
F. Weitere Einzelfragen	7, 8
G. Rechtskräftig erkannte Strafe	9
H. Strafbegriff	10, 11
I. Formelle Rechtskraft	12
J. Jugendstrafe	13
K. Erziehungsmaßregel usw	14
3) Geldstrafe neben Freiheitsstrafe, II	15, 16
A. Beide Strafen als Hauptstrafen	15
B. Ersatzweise Freiheitsstrafe	16
4) Verwarnung mit Strafvorbehalt, III	17
5) Besserungs- und Sicherungsmaßregeln, Geldbuße, IV	18
6) Gesamtstrafe, V 1	19
7) Einbeziehung einer Jugendstrafe, V 2	20
8) Nachträgliche Gesamtstrafe, Ergänzung rechtskräftiger Entscheidungen, V 3	21
9) Mehrheit von Angeschuldigten, VI	22–25
A. Gebühr	22
B. Auslagen	23–25
10) Rechtsmittelbeschränkung, VII	26–28
A. Bei Bestrafung, VII 1–3	26
B. Bei Maßregel der Besserung und Sicherung, VII 4	27
C. Bei Wiederaufnahme, VII 5	28
11) Vorbehaltene und nachträgliche Sicherungsverwahrung VIII	29

1) Geltungsbereich, I–VIII. Die Vorschrift bezieht sich auf jede beliebige Strafsache nach Üb 1 vor § 40. Zum Strafverfahren gehört auch das staatsanwaltliche Ermittlungsverfahren nach §§ 160 ff StPO. Wegen einer juristischen Person gilt VI 2. **1**

2) Maßgeblichkeit der Strafe, I. Voraussetzung ist eine gerichtliche Kostengrundentscheidung nach § 29 Z 1. Sie bindet für die gesamte Kostenberechnung. I bestimmt, daß sich die Gerichtsgebühren für alle Rechtszüge an demselben Bemessungsmaßstab orientieren, nämlich an der schließlich rechtskräftig erkannten Strafe. Das bedeutet: Die letzte Instanz ist maßgeblich. **2**

A. Begriff des Rechtszugs. Die Gebühr deckt die gesamte gerichtliche Tätigkeit dieser Instanz ab, soweit das Gesetz nicht eine besondere Gebühr vorsieht. Rechtszug nach I ist das Verfahren vom ersten Tätigwerden der zur Entscheidung berufenen Stelle der ersten oder der höheren Instanz bis zum Erlaß des Urteils oder bis zur Einstellung nach §§ 153 ff StPO, bis zur Nichtannahme oder Verwerfung des Rechtsmittels zB nach §§ 313 I 1 II 1, 322, 322a StPO oder bis zur Zurücknahme des Rechtsmittels nach § 302 StPO. Auch eine anschließende zugehörige Amtshandlung kann noch zum Rechtszug zählen. Jede Gebühr entsteht für jeden Rechtszug nur einmal. Eine Wiedereinsetzung in den vorigen Stand nach §§ 42 ff StPO oder ein Einspruch gegen einen Strafbefehl nach § 410 StPO begründen keinen neuen Rechtszug. Wegen einer Wie-

KV Vorbem 3.1

Kostenverzeichnis

deraufnahme des Verfahrens nach §§ 362 ff StPO gelten KV 3140, 3141, 3340, 3341 usw. Eine Verbindung zB nach §§ 4, 13 II 1 StPO schafft einen Rechtszug. Eine Trennung begründet mehrere Rechtszüge.

3 **B. Verweisung; mehrere Urteile.** Eine Verweisung an ein anderes Gericht zB nach § 270 StPO bringt keinen neuen Rechtszug. Wenn in demselben Rechtszug mehrere auf eine Strafe lautende rechtskräftige Urteile ergehen, entsteht die Gebühr mit jedem Urteil neu. Man muß sie nach seinem Inhalt berechnen. Die Gebühren dürfen den Betrag der Strafe nicht übersteigen.

4 **C. Verurteilung.** Sofern eine rechtskräftige Verurteilung erfolgt, entstehen die Gerichtsgebühren für diese Instanz und für sämtliche Vorinstanzen nach dem Betrag der rechtskräftig erkannten Strafe. Das gilt unabhängig davon, mit welchem Ergebnis die Vorinstanzen endeten.

5 **D. Freispruch.** Wenn das Gericht den Angeklagten im letzten Rechtszug rechtskräftig freigesprochen hat, entsteht für keine Instanz irgendeine Gerichtsgebühr. Auch dann ist es also unerheblich, wie die Vorinstanzen endeten.

6 **E. Zurückverweisung.** Soweit das Gericht das Verfahren nach § 328 StPO zurückverweist, kommt es auf das nach der Zurückverweisung verhängte endgültige Urteil an. Soweit dieses Urteil bei der bereits vor der Zurückverweisung erkannten Strafe bleibt, muß der Angeklagte auch die Rechtsmittelkosten tragen. Soweit dieses neue Urteil von demjenigen vor der Zurückverweisung unterschiedlich ist, entscheidet diejenige Strafe, die das Gericht nach der Zurückverweisung in der nunmehr letzten Instanz verhängt hat. Freilich hat eine etwaige Kostengrundentscheidung anläßlich der Zurückverweisung auch hier wie überhaupt nach Rn 2 eine Bindungswirkung und daher den Vorrang.

Ein *erneutes Rechtsmittel* nach einer Zurückverweisung begründet ebenfalls keinen neuen Rechtszug, anders als im Zivilprozeß. Das gilt auch und gerade bei der Zurückverweisung an ein anderes Gericht. Bei einem nach der Zurückverweisung erneuten Rechtsmittel entsteht gebührenmäßig kein neuer Rechtsmittelzug.

7 **F. Weitere Einzelfragen.** Stets kann man die Gebühr eines Rechtszugs nur nach derjenigen Strafe bemessen, über die das Gericht in diesem Rechtszug entschieden hat. Das gilt freilich nur in den Grenzen des in Rn 4 genannten vorrangigen Grundsatzes.

8 Soweit sich das Rechtsmittel nur gegen eine der in V genannten Verurteilungen richtet, ist nur die jeweilige Festgebühr nach KV 3420 ff maßgebend. Wie stets, bleibt schon wegen des Worts „nur" in § 1 I 1 ein Vorgang kostenfrei, soweit das GKG ihn nicht ausdrücklich gebühren- und/oder auslagenpflichtig macht.

9 **G. Rechtskräftig erkannte Strafe.** Maßgeblich ist die rechtskräftig erkannte Strafe, KV 3110 ff. Allerdings stehen folgende Maßnahmen einer Verurteilung gleich: Die Anordnung einer Maßnahme der Besserung und Sicherung nach §§ 61 ff StPO, IV Hs 1; eine Verwarnung mit einem Strafvorbehalt nach §§ 59 ff StPO, III; eine Straffreierklärung, das Absehen von einer Strafe zB nach §§ 84 IV, 89 III, 129 V StGB, §§ 260 IV 4, 465 I StPO.

Einer Bestrafung stehen zB folgende Entscheidungen *nicht gleich:* Das Absehen von der Erhebung der öffentlichen Klage durch die Staatsanwaltschaft nach § 153 a I StPO; die Einstellung des Verfahrens nach § 153 a II StPO; eine Einstellung des Verfahrens aus einem anderen Grund; ein Freispruch.

10 **H. Strafbegriff.** „Strafe" ist im Sinn des GKG nur die Hauptstrafe. Eine Ersatzfreiheitsstrafe und eine Nebenstrafe bleiben unberücksichtigt. Strafe ist die Gesamtstrafe, nicht die Summe der Einzelfreiheitsstrafen. Bei mehreren Geldstrafen als Hauptstrafen muß man natürlich zusammenzählen.

11 Neben einer Strafe bleiben vor allem *folgende Maßnahmen unbeachtet:* Der Verlust der Amtsfähigkeit usw nach § 45 StGB; eine Veröffentlichungsbefugnis; ein Gnadenerweis; eine Amnestie; die Anrechnung der Untersuchungshaft.

12 **I. Formelle Rechtskraft.** Das Gericht muß die Strafe oder Maßnahme rechtskräftig verhängt haben. Demnach entsteht die Gerichtsgebühr erst mit der formellen Rechtskraft der Entscheidung, mag es sich um ein Urteil oder um einen Strafbefehl handeln. Sie gilt dann aber das gesamte vorangegangene Verfahren ab. Sie ist also keine Aktgebühr, sondern eine Verfahrensgebühr.

J. Jugendstrafe. Auch bei einer Verurteilung zu einer Jugendstrafe nach § 17 JGG 13
vor dem Jugendgericht oder vor dem Erwachsenengericht entstehen Gerichtskosten
erst mit der rechtskräftigen Verurteilung. Eine Strafaussetzung ändert an der Gebühr
nichts, wohl aber eine Aussetzung der Entscheidung über die Verhängung einer Jugendstrafe.
Dann kommt es darauf an, ob das Gericht die Jugendstrafe doch noch
rechtskräftig verhängt. Im Verfahren gegen einen Jugendlichen kann das Gericht aber
nach § 74 JGG von der Auferlegung von Kosten oder Auslagen absehen. Dasselbe gilt
im Verfahren gegen einen Heranwachsenden (18, aber noch nicht 21 Jahre alt), soweit
nach §§ 105 ff JGG eine Jugendstrafe in Betracht kommt, soweit das Gericht also
das allgemeine Strafrecht nicht anwendet.

K. Erziehungsmaßregel usw. Die Verhängung einer Erziehungsmaßregel oder 14
eines Zuchtmittels nach §§ 9–16 JGG ist keine Strafe. Dann entstehen also keine
Gebühren, wohl aber Auslagen, falls das Gericht nicht auch nach § 74 JGG davon
absieht, die Auslagen dem Angeklagten aufzuerlegen.

3) Geldstrafe neben Freiheitsstrafe, II. Man muß die folgenden Situationen 15
unterscheiden.

A. Beide Strafen als Hauptstrafen. Soweit das Gericht sowohl eine Geldstrafe
als auch daneben eine Freiheitsstrafe als Hauptstrafen verhängt, muß man die Zahl der
Tagessätze der Dauer der Freiheitsstrafe hinzurechnen und die einheitliche Gebühr
aus der um die Tagessätze erhöhten Freiheitsstrafe berechnen. Dabei gelten 30 Tagessätze
als 1 Monat Freiheitsstrafe.

B. Ersatzweise Freiheitsstrafe. Soweit das Gericht in erster Linie eine Geldstrafe 16
und nur ersatzweise eine Freiheitsstrafe verhängt, kommt es nur auf die Geldstrafe
an.

4) Verwarnung mit Strafvorbehalt, III. Bei §§ 59 ff StGB richtet sich die Gerichtsgebühr 17
nach der vorbehaltenen Geldstrafe, also nach der Zahl der Tagessätze.

5) Besserungs- und Sicherungsmaßregel, Geldbuße, IV. Für eine solche 18
rechtskräftig verhängte Maßregel nach §§ 61 ff StPO entsteht stets für jeden Rechtszug
eine Gebühr. Das gilt unabhängig davon, ob das Gericht diese Maßregel selbständig
oder neben einem Freispruch oder neben einer Strafe anordnet. Im letzteren Fall
muß man sowohl für die Strafe als auch für die Maßregel eine Gebühr berechnen.
Mehrere gleichzeitige Maßregeln lösen die Festgebühr KV 3116 nach ihrem klaren
Wortlaut nur einmal aus, Kblz JB **03**, 430, aM Meyer 39.

6) Gesamtstrafe, V 1. Bei einer Gesamtstrafe durch eine Erhöhung der höchsten 19
Einzelstrafe nach §§ 55 I, 54 I StGB und dann, wenn das Gericht in mehreren Verfahren
auf eine Strafe erkennt (Zusatzstrafe), bleibt die für das erste Verfahren berechnete
Gebühr unberührt. Dagegen richtet sich die Gebühr in den späteren Verfahren
nach der Zusatzstrafe, nicht nach der Einzelstrafe. Das gilt auch dann, wenn die Gebühr
für die frühere Strafe und diejenige für die neue Gesamtstrafe in derselben Gebührenstufe
liegen. Wenn sich ein Rechtsmittel nur gegen eine Einzelstrafe richtet, ist
sie auch für die zugehörige Gebühr allein maßgebend.

7) Einbeziehung einer Jugendstrafe, V 2. Wenn das Gericht unter einer Einbeziehung 20
des Urteils nach § 31 JGG nur einheitlich auf Maßnahmen oder auf eine
Jugendstrafe erkennt, nachdem es vorher nur auf eine Erziehungsmaßnahme oder auf
ein Zuchtmittel erkannt hatte, entsteht jetzt die Gebühr. Hatte das Gericht schon auf
eine Jugendstrafe erkannt, ist die Zusatzstrafe maßgeblich.

8) Nachträgliche Gesamtstrafe, Ergänzung rechtskräftiger Entscheidungen, 21
V 3. Wenn das Gericht eine Gesamtstrafe nachträglich aus mehreren rechtskräftigen
Strafen durch einen besonderen Beschluß nach § 460 StPO bildet, ist dieser gebührenfrei.
Entsprechendes gilt bei § 66 JGG. Die früheren Gebühren bleiben unberührt.

9) Mehrheit von Angeschuldigten, VI. Man sollte zwei Kostenarten unterscheiden. 22

A. Gebühr, I. Für jeden von mehreren in demselben Verfahren Verurteilten muß
man nach VI 1 die Gebühr unabhängig von der Art der etwaigen Beteiligung nach
der gerade nur gegen ihn verhängten Strafe oder Geldbuße oder der gegen ihn erkannten
Maßregel der Besserung und Sicherung nach §§ 61 ff StPO getrennt berech-

KV Vorbem 3.1 Kostenverzeichnis

nen. Wenn das Gericht alle Angeklagten in die Kosten verurteilt hat, schulden doch nur die zu einer Strafe Verurteilten Kosten. Das alles gilt auch im Privatklageverfahren nach §§ 374ff StPO und im Nebenklageverfahren nach § 395 StPO. Bei einer selbständig festgesetzten Geldbuße gegen eine juristische Person oder eine Personenvereinigung nach § 444 III StPO muß man nach VI 2 die Gebühr nach Maßgabe der Geldbuße erheben. Das gilt auch schon in der ersten Instanz.

23 **B. Auslagen, VI.** Für sie gilt

StPO § 466. Haftung Mitverurteilter für Auslagen als Gesamtschuldner. [1]**Mitangeklagte, gegen die in bezug auf dieselbe Tat auf Strafe erkannt oder eine Maßregel der Besserung und Sicherung angeordnet wird, haften für die Auslagen als Gesamtschuldner.** [2]**Dies gilt nicht für die durch die Tätigkeit eines bestellten Verteidigers oder eines Dolmetschers und die durch die Vollstreckung, die einstweilige Unterbringung oder die Untersuchungshaft entstandenen Kosten sowie für Auslagen, die durch Untersuchungshandlungen, die ausschließlich gegen einen Mitangeklagten gerichtet waren, entstanden sind.**

Diese Haftung tritt *kraft Gesetzes* ein. Das gilt auch dann, wenn das Urteil sie nicht ausspricht. „In bezug auf dieselbe Tat" verlangt nur eine Tätigkeit der mehreren in Richtung auf die Tat. Daher kann ein unbewußtes und ungewolltes Zusammenwirken in diesem Zusammenhang genügen. Aus diesem Grund besteht eine Gesamthaftung zB beim Diebstahl oder bei der Hehlerei.

Eine Verurteilung in *getrennten Entscheidungen* genügt.

24 Solche Auslagen, die eindeutig nur wegen anderer Personen wegen selbständiger Straftaten entstanden sind, scheiden hier aus. Wenn einem Verurteilten bei einer Amnestie die Kosten erlassen werden, wirkt diese Maßnahme auch für die anderen Verurteilten insoweit, als sie bei einer Inanspruchnahme als Gesamtschuldner gegen den Amnestierten einen Rückgriff nehmen könnten. Das gilt zB wegen der vom Staat verauslagten Verteidigergebühren für den Amnestierten.

25 Von der Gesamthaftung nimmt § 466 S 2 StPO ausdrücklich diejenigen Auslagen aus, die durch die Tätigkeit eines bestellten *Verteidigers* oder *Dolmetschers* oder durch die Vollstreckung, durch die einstweilige Unterbringung oder durch die Untersuchungshaft entstanden sind. Ebenso sind diejenigen Auslagen ausgenommen, die durch eine vorwerfbare Säumnis eines einzelnen Mitbeschuldigten oder durch eine solche Beweiserhebung oder sonstige Untersuchungshandlung entstanden sind, die ausschließlich gegen einen Mitangeklagten gerichtet war. Schließlich ergibt sich keine Gesamthaftung für Auslagen vor einer Verbindung und nach einer Trennung.

26 **10) Rechtsmittelbeschränkung, VII.** Die Vorschrift übernimmt eine Reihe von Rechtsprechungsregeln. Sie spiegelt im Kostenrecht zwecks Kostengerechtigkeit den Grundsatz, daß die Beschränkung eines Rechtsbehelfs auf Teile der Verurteilung auch eine Beschränkung der Überprüfung des Urteils zur Folge hat. Das gilt unabhängig von der Statthaftigkeit, Zulässigkeit und Begründetheit einer solchen Beschränkung.

A. Bei Bestrafung, VII 1–3. Vgl zunächst Rn 7. Wenn also zB in der ersten Instanz ein Urteil oder ein Strafbefehl wegen zweier Straftaten ergangen ist, derentwegen das Gericht nach §§ 54ff StGB eine Gesamtstrafe festgesetzt hat, und wenn der Angeklagte ein Rechtsmittel nur wegen der einen Straftat eingelegt hat, ist in der höheren Instanz die Einzelstrafe wegen dieser einen Straftat maßgebend. Nur sie oder eine etwa erkannte geringere Strafe kann den Wertmesser dieses Rechtszugs bilden.

Soweit das Rechtsmittel nur eine *Nebenfolge* betrifft, die allein keine Gebühr verursacht, können auch durch das Urteil der höheren Instanz keine solchen Gebühren entstehen.

VII 2 verhindert, daß für ein beschränktes Rechtsmittel höhere Gebühren als für ein unbeschränktes anfallen.

27 **B. Bei Maßregel der Besserung und Sicherung, VII 4.** Die Vorschrift übernimmt nach Rn 1, 2 den Grundgedanken von I, soweit der Verurteilte sich nur gegen eine Maßregel der Sicherung und Besserung nach §§ 61ff StPO wendet.

28 **C. Bei Wiederaufnahme, VII 5.** Die Vorschrift stellt klar, daß die Grundsätze Rn 26, 27 auch dann gelten, wenn es um eine Wiederaufnahme nach §§ 359ff StPO geht. Damit ist die insofern teilweise abweichende Lehre und Rechtsprechung überholt.

Kostenverzeichnis **Vorbem 3.1, 3110–3117 KV**

11) Vorbehaltene und nachträgliche Sicherungsverwahrung, VIII. Die Verfahren zur vorbehaltenen oder zur nachträglichen Sicherungsverwahrung nach § 275a StPO gelten jeweils als besondere Verfahren. Jedes dieser Verfahren löst also gesondert Gebühren aus. 29

Abschnitt 1. Erster Rechtszug

Nr.	Gebührentatbestand	Gebühr oder Satz der jeweiligen Gebühr 3110 bis 3117, soweit nichts anderes vermerkt ist
	Verfahren mit Urteil, wenn kein Strafbefehl vorausgegangen ist, bei	
3110	– Verurteilung zu Freiheitsstrafe bis zu 6 Monaten oder zu Geldstrafe bis zu 180 Tagessätzen	140,00 €
3111	– Verurteilung zu Freiheitsstrafe bis zu 1 Jahr oder zu Geldstrafe von mehr als 180 Tagessätzen	280,00 €
3112	– Verurteilung zu Freiheitsstrafe bis zu 2 Jahren	420,00 €
3113	– Verurteilung zu Freiheitsstrafe bis zu 4 Jahren	560,00 €
3114	– Verurteilung zu Freiheitsstrafe bis zu 10 Jahren	700,00 €
3115	– Verurteilung zu Freiheitsstrafe von mehr als 10 Jahren oder zu einer lebenslangen Freiheitsstrafe	1000,00 €
3116	– Anordnung einer oder mehrerer Maßregeln der Besserung und Sicherung	70,00 €
3117	– Festsetzung einer Geldbuße	10 % des Betrags der Geldbuße – mindestens 50,00 € – höchstens 15 000,00 €

Zu KV 3110–3117:

1) Geltungsbereich. Über die das Strafverfahren beherrschenden Grundsätze für die Gebührenerhebung Teil 3 Üb. KV 3110ff gelten die gesamte erste Instanz ab, soweit das Gericht keinen Strafbefehl nach §§ 407ff StPO erlassen hat. Wegen des letzteren gelten KV 3120, 3121. Zur ersten Instanz gehört die gerichtliche Tätigkeit im Vorverfahren und ab dem Eingang einer Anklage nach § 199 oder § 212 StPO bis zur instanzbeendenden Entscheidung und sogar noch nach dem Eintritt der Rechtskraft des Urteils, soweit das Gesetz sie nach § 462 StPO der Staatsanwaltschaft oder dem Gericht erster Instanz zuweist, sowie die Tätigkeit nach einer Zurückverweisung. 1

Eine *Trennung mehrerer Anklagen* in mehrere Aburteilungen vor demselben Gericht oder in eine Aburteilung und in eine Verweisung begründet mehrere Instanzen. Eine Verbindung nach § 237 StPO vereinigt zu derselben Instanz. Vorher angefallene Gebühren bleiben bestehen. 2

2) Gebührenhöhe. Man muß die beiden Strafarten unterscheiden. 3

A. Freiheitsstrafe. Eine Untersuchungshaft ist unerheblich.

B. Geldstrafe. Die Gebühr darf den Strafbetrag übersteigen. Man muß mehrere Geldstrafen in demselben Urteil zusammenrechnen. Dieselbe Geldstrafe liegt nach der amtlichen Vorbemerkung 3.1, Rn 16 auch insoweit vor, als das Gericht auf eine Freiheitsstrafe nur ersatzweise erkannt hat. 4

Über das *Zusammentreffen* einer Freiheitsstrafe und einer Geldstrafe amtliche Vorbemerkung 3.1 Rn 15.

KV 3117, 3118

5 C. Straffreierklärung, Absehen von Strafe. Trotz einer Straffreierklärung kann das Gericht den Angeklagten nach § 468 StPO in die Kosten verurteilen. Man muß auch ein Absehen von einer Strafe im kostenrechtlichen Sinn nach § 465 I 2 StPO als eine Verurteilung bewerten. Dieser Fall bleibt allerdings gebührenfrei. Es entsteht nur die Pflicht zum Ersatz von Auslagen. Wegen eines Jugendlichen amtliche Vorbemerkung 3.1 Rn 13, 14.

6 D. Besserungs- und Sicherungsmaßregel. Eine solche Maßnahme nach §§ 61 ff StPO läßt eine Gebühr von 60 EUR entstehen. Hierher gehört auch eine Anordnung der Sicherungsverwahrung auf Grund eines Vorbehalts der Anordnung im Urteil nach § 275 a StPO. Hierher gehört ferner die Entziehung der Fahrerlaubnis. Ihr steht die Verhängung einer Sperre vor der Neuerteilung einer Fahrerlaubnis gleich. Mehrere verschiedene oder gar gleichartige gleichzeitige Maßregeln lassen doch nur *eine* Gebühr (jetzt) KV 3116 entstehen, Kblz JB 03, 430, aM Meyer 66 (vgl aber amtliche Vorbemerkung 3.1 Rn 18). Wenn das Gericht die Sperre auf Grund eines Strafbefehls verhängt hat, gilt nur KV 3118. Soweit das Gericht die Sperre auf Grund der Verurteilung wegen eines weiteren Verkehrsverstoßes verlängert, entsteht nochmals eine Gebühr von 70 EUR.

Eine *Ermäßigung* ist *nicht* zulässig. Eine bloß feststellende Bekräftigung einer kraft Gesetzes bereits eingetretenen Rechtsfolge läßt keine Gebühr entstehen, LG Kblz RR 99, 352.

7 E. Geldbuße. Soweit sie nicht im Verfahren nach dem OWiG entsteht, für das Teil 4 gilt, sondern im Strafverfahren, gilt KV 3117, etwa dann, wenn der Strafrichter die Tat doch nicht als Straftat erachtet, sondern als bloße Ordnungswidrigkeit. Hier gibt es eine Mindest- und eine Höchstgebühr. Eine Bewährungsauflage oder eine Auflage nach § 153 a II Z 3 StPO usw ist keine Geldbuße im Sinn von KV 3117.

Nr.	Gebührentatbestand	Gebühr oder Satz der jeweiligen Gebühr 3110 bis 3117, soweit nichts anderes vermerkt ist
3118	Strafbefehl .... ¹Die Gebühr wird auch neben der Gebühr 3119 erhoben. ²Ist der Einspruch beschränkt (§ 410 Abs. 2 StPO), bemisst sich die Gebühr nach der im Urteil erkannten Strafe.	0,5

1 1) Geltungsbereich. KV 3118 bezieht sich auf den Strafbefehl nach §§ 407 ff StPO. Es ist nach den allgemeinen Grundsätzen des Kostenrechts unerheblich, ob das Gericht einen solchen Strafbefehl auch innerhalb seiner sachlichen Zuständigkeit erlassen hat.

2 2) Entscheidung durch Strafbefehl. Es handelt sich um eine Entscheidungsgebühr. Die Gebühr entsteht nach § 8 S 1, amtliche Vorbemerkung 3.1 I erst dann, wenn der Strafbefehl oder das ihm auf Einspruch folgende Urteil rechtskräftig geworden sind. Ein Einspruch nach § 410 StPO muß also entweder fehlen, oder das Gericht muß ihn nach § 411 StPO verworfen oder der Beschuldigte muß ihn nach § 302 StPO zurückgenommen haben oder er muß erfolglos gewesen sein. Eine Wiedereinsetzung in den vorigen Stand nach §§ 42 ff StPO wegen der Versäumung der Einspruchsfrist ist nur als solche gebührenfrei. Die Rücknahme oder die Verwerfung des Einspruchs sind insofern gebührenfrei, als diese Folgen vor dem Beginn der Hauptverhandlung eintreten.

3 3) Gebührenhöhe. Die Gebühr beträgt 0,5. Die Gebühr darf nach der amtlichen Vorbemerkung 3.1 Rn 4 die Geldstrafe übersteigen. Bei einem nach § 410 II StPO beschränkten Einspruch ist nach der amtlichen Anmerkung S 2 nur die im Urteil verhängte Strafe maßgeblich.

Nr.	Gebührentatbestand	Gebühr oder Satz der jeweiligen Gebühr 3110 bis 3117, soweit nichts anderes vermerkt ist
3119	Hauptverhandlung mit Urteil, wenn ein Strafbefehl vorausgegangen ist .... Vorbemerkung 3.1 Abs. 7 gilt entsprechend.	0,5

1) Hauptverhandlung mit Urteil. Die Gebühr erhöht sich auf 1,0 Gebühr, also 1 um eine weitere 0,5 Gebühr, sobald das Gericht eine Hauptverhandlung über den Einspruch nach § 411 I 2 StPO anberaumt und den Angeklagten in ihr verurteilt hat, sei es auch nur in der Form einer Verwerfung des Einspruchs wegen seiner Unzulässigkeit (etwa nach einem Form- oder Fristfehler) oder wegen eines unentschuldigten Ausbleibens des Angeklagten, § 412 StPO.

2) Freispruch, Einstellung usw. Soweit das Gericht dagegen auf Grund der 2 Hauptverhandlung den Angeklagten freispricht oder das Verfahren einstellt oder von einer Strafe absieht, bleibt das gesamte voraufgegangene Verfahren nach KV 3118 Rn 2 gebührenfrei.

3) Neue Strafverfolgung. Soweit gegen den Angeklagten nach dem Eintritt der 3 Rechtskraft der in der mündlichen Verhandlung ergangenen Entscheidung wegen desselben Sachverhalts eine neue Strafverfolgung aus einem anderen rechtlichen Gesichtspunkt beginnt, entsteht eine neue selbständige Gebühr. Auf sie erfolgt keine Anrechnung. Eine Anrechnung findet jedoch evtl in Höhe der im Strafbefehl genannten Strafe nach § 8 statt.

4) Teileinspruch. Soweit der Angeklagte nach § 410 II StPO nur wegen einer 4 von mehreren Straftaten einen Einspruch erhebt und das Gericht über diesen Einspruch durch ein Urteil entscheidet, gilt nach der amtlichen Anmerkung die amtliche Vorbemerkung 3.1 VII entsprechend.

Abschnitt 2. Berufung

Nr.	Gebührentatbestand	Gebühr oder Satz der jeweiligen Gebühr 3110 bis 3117, soweit nichts anderes vermerkt ist
3120	Berufungsverfahren mit Urteil	1,5

1) Geltungsbereich. Die Berufungsinstanz beginnt nach KV 1210 Rn 16 mit 1 dem Eingang der Berufungsschrift nach § 314 I StPO. Sie beginnt also nicht erst mit dem ersten Tätigwerden des zur Entscheidung berufenen Rechtsmittelgerichts. Bei einer Einreichung beim unzuständigen Gericht ist der Eingang beim zuständigen maßgeblich. Es ist unerheblich, ob die Berufung statthaft, zulässig und begründet ist. Das Berufungsverfahren dauert bis zum Wirksamwerden des Urteils oder bis zur wirksamen Erledigung durch einen Beschluß zB auf eine Verwerfung des Rechtsmittels zB nach § 322 I StPO oder bis zur Rücknahme des Rechtsmittels nach § 302 StPO. Eine Erhöhung der Gebühr tritt nicht ein. Eine Beschränkung der Berufung nach § 318 StPO ist unerheblich.

Soweit nach einer *Zurückverweisung* erneut ein Rechtsmittel eingeht, entsteht dadurch gegenüber der früheren gleichen Instanz keine neue Rechtsmittelinstanz. Das gilt selbst dann, wenn dasselbe Rechtsmittelgericht entscheidet, selbst wenn also zB der Angeklagte ein OLG statt des BGH als Revisionsgericht anruft.

2) Gebührenhöhe. Die 1,5 Gebühr entsteht, wenn die folgenden Voraussetzungen 2 zusammentreffen.

A. Hauptverhandlung. In der Rechtsmittelinstanz muß eine Hauptverhandlung nach §§ 223 ff StPO stattgefunden haben.

KV 3120, 3121

3 **B. Verurteilung.** Es muß nach der amtlichen Vorbemerkung 3.1 Rn 9 eine rechtskräftige Verurteilung ergangen sein. Es ist unerheblich, ob das Gericht das Rechtsmittel aus förmlichen Gründen verwirft oder wegen einer wenigstens teilweisen sachlichen Grundlosigkeit erkennt. Eine Einziehung zB nach § 232 StPO, eine Unbrauchbarmachung nach §§ 442, 472b StPO usw sind nach KV 3430ff behandelbar. Wegen einer Maßregel der Besserung und Sicherung nach §§ 61ff StPO vgl KV 3116.

Soweit das Gericht auf eine *Straffreiheit* erkennt, entsteht trotz § 468 StPO wegen § 1 I 1 keine Gebühr.

4 **3) Teilweiser Erfolg.** Soweit das Rechtsmittel einen teilweisen Erfolg hat, muß das Gericht nach der amtlichen Vorbemerkung 3.1 Rn 4ff verfahren, falls es nicht § 473 StPO, § 74 JGG anwendet, vgl die amtliche Vorbemerkung 3 I. Bei einem teilweisen Erfolg darf und muß das Gericht also die Gebühr entsprechend und evtl bis zur Mindestgebühr des § 34 II ermäßigen, § 473 IV StPO. Der Verurteilte hat darauf einen Anspruch.

Ein teilweiser Erfolg liegt bereits dann vor, wenn das Gericht die Strafe *mildert* oder wenn der Angeklagte nach § 318 I 1 StPO nur wegen des Strafmaßes Berufung eingelegt hatte. Denn das Ergebnis des gesamten Strafverfahrens ist auch in diesem Fall nur ein Teilerfolg.

5 Es findet *keine Verteilung nach Bruchteilen* statt. Soweit das Gericht den Angeklagten wegen einer von mehreren angeblichen Straftaten freispricht, ist § 473 I StPO unanwendbar. In diesem Fall gilt § 465 StPO. Das Gericht darf dem Angeklagten also keine Kosten auferlegen, soweit es ihn freigesprochen hat.

Den Ersatz der *Auslagen* regeln §§ 465 II, 473 IV StPO.

Nr.	Gebührentatbestand	Gebühr oder Satz der jeweiligen Gebühr 3110 bis 3117, soweit nichts anderes vermerkt ist
3121	**Erledigung des Berufungsverfahrens ohne Urteil** .... Die Gebühr entfällt bei Zurücknahme der Berufung vor Ablauf der Begründungsfrist.	0,5

1 **1) Geltungsbereich.** Eine Ermäßigung auf 0,5 Gebühr tritt ein, sofern eine der folgenden Voraussetzungen vorliegt.

A. Zurücknahme vor Beginn der Hauptverhandlung. Der Beschwerdeführer muß das Rechtsmittel nach dem Ablauf der Begründungsfrist nach § 317 StPO und noch vor dem Beginn der Hauptverhandlung nach § 302 StPO zurückgenommen haben. Es ist dann unerheblich, ob das Verfahren wegen eines anderen Rechtsmittels etwa der Staatsanwaltschaft seinen Fortgang nimmt, § 473 StPO. Das gilt auch dann, wenn die Staatsanwaltschaft das Rechtsmittel zugunsten des Angeklagten eingelegt hat und das Gericht daraufhin die Strafe mildert.

Die *Hauptverhandlung beginnt* mit dem Aufruf der Sache nach §§ 243 I, 324 I StPO. Eine Rücknahme *vor Ablauf der Begründungsfrist* läßt KV 3121 ganz entfallen, amtliche Anmerkung.

2 **B. Verwerfung des Rechtsmittels.** Das Gericht muß die Berufung durch einen Beschluß nach § 322a StPO nicht angenommen oder nach §§ 313 II 2, 319 I, 322 I 1 StPO als unzulässig verworfen haben. Soweit der Angeklagte demgegenüber eine Entscheidung des Rechtsmittelgerichts nach § 319 II StPO verlangt, entstehen durch dieses Verfahren keine weiteren Kosten.

3 **C. Zurücknahme nach Beginn der Hauptverhandlung.** Der Rechtsmittelführer muß die Berufung nach dem Beginn der Hauptverhandlung nach Rn 2 gemäß § 302 StPO zurückgenommen haben. Es ist unerheblich, ob er die Zurücknahme innerhalb oder außerhalb der Hauptverhandlung erklärt hat. Es reicht aus, daß er die Zurücknahme nach einer Vertagung erklärt hat.

2) **Gebührenhöhe.** Nach KV 3121 entsteht grundsätzlich 0,5 Gebühr, mindestens 4 jedoch die Gebühr des § 34 II. Die Obergrenze aller Gebühren liegt nicht bei dem Betrag der Strafe.

Abschnitt 3. Revision

Nr.	Gebührentatbestand	Gebühr oder Satz der jeweiligen Gebühr 3110 bis 3117, soweit nichts anderes vermerkt ist
3130	Revisionsverfahren mit Urteil oder Beschluss nach § 349 Abs. 2 oder 4 StPO	2,0

1) **Geltungsbereich.** Vgl zunächst die Anm zu KV 3120, 3121. Dem Revisions- 1 urteil steht ein Beschluß des Revisionsgerichts nach § 349 II oder IV StPO über eine offensichtlich unbegründete oder einstimmig für begründet erklärte Revision gleich. Ein Beschluß nach § 349 I StPO auf eine Verwerfung als unzulässig steht einem Revisionsurteil nicht gleich. Dann ist KV 3131 anwendbar.

Nr.	Gebührentatbestand	Gebühr oder Satz der jeweiligen Gebühr 3110 bis 3117, soweit nichts anderes vermerkt ist
3131	Erledigung des Revisionsverfahrens ohne Urteil und ohne Beschluss nach § 349 Abs. 2 oder 4 StPO .... Die Gebühr entfällt bei Zurücknahme der Revision vor Ablauf der Begründungsfrist.	1,0

1) **Geltungsbereich.** Die Gebühr fällt für die Revisionsinstanz fort, soweit der 1 Rechtsmittelführer die Revision vor dem Ablauf seiner Begründungsfrist nach § 302 StPO zurückgenommen hat. Das gilt also vor dem Ablauf eines Monats nach dem Ablauf einer Woche seit der Urteilsverkündung oder bei einer Abwesenheit des Angeklagten nach der Urteilszustellung nach §§ 345 I, 341 StPO oder dann, wenn das Gericht das Urteil zu diesem Zeitpunkt noch nicht zugestellt hatte, vor dem Ablauf eines Monats seit der Zustellung nach § 345 I 2 StPO. Bei einer Rechtzeitigkeit der Rücknahme ist eine vorherige Einarbeitung des Gerichts unschädlich.

Die *Zurücknahme* eines noch unbestimmten Rechtsmittels ist keine Revisionsrück- 2 nahme.

2) **Auslagen.** Trotz der Gebührenfreiheit wegen rechtzeitiger Rücknahme können 3 nach KV 9007 Auslagen zB wegen eines Verteidigers entstehen, Zweibr Rpfleger **91**, 125.

Abschnitt 4. Wiederaufnahmeverfahren

Nr.	Gebührentatbestand	Gebühr oder Satz der jeweiligen Gebühr 3110 bis 3117, soweit nichts anderes vermerkt ist
3140	Verfahren über den Antrag auf Wiederaufnahme des Verfahrens: Der Antrag wird verworfen oder abgelehnt	0,5

1) **Geltungsbereich.** KV 3140 behandelt nur das Verfahren nach §§ 359 ff StPO 1 vom Antrag nach §§ 365, 366 StPO bis zur Entscheidung nach §§ 367, 368, 370 I StPO. Das anschließende erneute Hauptverfahren nach § 373 StPO löst demgegenüber nach

KV 3140, 3141, Vorbem 3.1.5, 3150–3152

der amtlichen Vorbemerkung 3 II Gebühren aus. KV 3140 gilt also nur, soweit das Gericht den Wiederaufnahmeantrag verwirft oder zurückweist. Soweit der Antragsteller den Wiederaufnahmeantrag vor einer solchen Entscheidung des Gerichts zurückgenommen hat, entsteht keine Gebühr. Soweit die Wiederaufnahme nur teilweise einen sachlichen Erfolg hat, gilt die amtliche Vorbemerkung 3.1 Rn 4 ff entsprechend.

2 2) **Gebührenhöhe.** 0,5 Gebühr entsteht stets dann, wenn bereits der Wiederaufnahmeantrag ergebnislos bleibt, also dann, wenn das Gericht ihn nach §§ 363, 366 II, 368 StPO, als unzulässig verwirft oder nach § 370 StPO als unbegründet zurückweist oder ihn nach § 371 StPO ablehnt. Das alles gilt auch bei einem Antrag auf eine Wiederaufnahme des Verfahrens nach dem Erlaß eines Strafbefehls. Die Mindestgebühr des § 34 II bleibt stets bestehen.

Nr.	Gebührentatbestand	Gebühr oder Satz der jeweiligen Gebühr 3110 bis 3117, soweit nichts anderes vermerkt ist
3141	Verfahren über die Beschwerde gegen einen Beschluss, durch den ein Antrag auf Wiederaufnahme des Verfahrens hinsichtlich einer Freiheitsstrafe, einer Geldstrafe, einer Maßregel der Besserung und Sicherung oder einer Geldbuße verworfen oder abgelehnt wurde: Die Beschwerde wird verworfen oder zurückgewiesen	1,0

1 1) **Geltungsbereich.** Die Vorschrift erfaßt das dem Antragsverfahren nach dessen Verwerfung oder Ablehnung folgende Beschwerdeverfahren. Sie erfaßt nicht auch eine Beschwerde der Staatsanwaltschaft. Vgl im übrigen beim vergleichbaren KV 1811.

2 2) **Gebührenhöhe.** § 473 IV StPO hat Vorrang. Stets bleibt die Mindestgebühr des § 34 II bestehen.

Abschnitt 5. Psychosoziale Prozessbegleitung

(Amtliche) Vorbemerkung 3.1.5:
Eine Erhöhung nach diesem Abschnitt tritt nicht ein, soweit das Gericht etwas anderes angeordnet hat (§ 465 Abs. 2 Satz 4 StPO).

Nr.	Gebührentatbestand	Gebühr oder Satz der jeweiligen Gebühr 3110 bis 3117, soweit nichts anderes vermerkt ist
3150	Dem Verletzten ist ein psychosozialer Prozessbegleiter beigeordnet: – für das Vorverfahren: Die Gebühren 3110 bis 3116 und 3118 erhöhen sich um	520,00 €
3151	– für das gerichtliche Verfahren im ersten Rechtszug: Die Gebühren 3110 bis 3116 und 3118 erhöhen sich um .... ¹Die Erhöhung der Gebühr 3116 tritt nur ein, wenn ausschließlich diese Gebühr zu erheben ist. ²Die Erhöhungen nach den Nummern 3150 und 3151 können nebeneinander eintreten.	370,00 €
3152	Dem Verletzten ist für das Berufungsverfahren ein psychosozialer Prozessbegleiter beigeordnet: Die Gebühren 3120 und 3121 erhöhen sich um	210,00 €

Kostenverzeichnis 3152, 3200 KV

Nr.	Gebührentatbestand	Gebühr oder Satz der jeweiligen Gebühr 3110 bis 3117, soweit nichts anderes vermerkt ist
	Die Erhöhung der Gebühr 3120 oder 3121 für die Anordnung einer oder mehrerer Maßregeln der Besserung und Sicherung tritt nur ein, wenn ausschließlich diese Gebühr zu erheben ist.	

Zu KV 3150–3152:

Vorbem. Abschn 5 eingefügt dch Art 3 Z 1, 2 G v 21. 12. 15, BGBl 2525, in Kraft seit 1. 1. 17, Art 5 S 2 G, ÜbergangsR § 71 GKG.

Länderrecht: Es gelten die folgenden Regelungen:
Baden-Württemberg: VO v 2. 1. 17, GBl 40;
Bayern:
Berlin: G v 23. 2. 17, GVBl 222; VO v 24. 3. 17, GVBl 290;
Brandenburg:
Bremen:
Hamburg:
Hessen:
Mecklenburg-Vorpommern: VO zuletzt v 16. 1. 17, GVBl 6;
Niedersachsen: G v 15. 12. 16, GVBl 282;
Nordrhein-Westfalen: VO v 2. 1. 17, GVBl 103;
Rheinland-Pfalz: VO v 3. 11. 16, GVBl 592;
Saarland: G v 18. 1. 17, GVBl 114; VO v 24. 3. 17, GVBl 349;
Sachsen-Anhalt:
Schleswig-Holstein: G v 2. 12. 16, GVBl 859; VO v 13. 1. 17, GVBl 23;
Thüringen: G v 14. 12. 16, GVBl 559.

Hauptabschnitt 2. Klageerzwingungsverfahren, unwahre Anzeige und Zurücknahme des Strafantrags

Nr.	Gebührentatbestand	Gebühr oder Satz der jeweiligen Gebühr 3110 bis 3117, soweit nichts anderes vermerkt ist
3200	Dem Antragsteller, dem Anzeigenden, dem Angeklagten oder Nebenbeteiligten sind die Kosten auferlegt worden (§§ 177, 469, 470 StPO) .... Das Gericht kann die Gebühr bis auf 15,00 € herabsetzen oder beschließen, dass von der Erhebung einer Gebühr abgesehen wird.	70,00 €

Gliederung

1) **Erfolgloser Antrag** 1–6
   A. Verwerfung als unzulässig; Zurücknahme 2
   B. Verwerfung aus sachlichen Gründen 3
   C. Keine Sicherheitsleistung 4
   D. Freispruch im Wiederaufnahmeverfahren 5
   E. Mehrere Anträge 6
2) **Grundlose Strafanzeige** 7
3) **Antragsrücknahme** 8–12
   A. Eröffnung des Hauptverfahrens 9
   B. Notwendiger Strafantrag 10

KV 3200

Kostenverzeichnis

  C. Antragsrücknahme 11
  D. Fälligkeit 12
  4) **Gebührenhöhe** 13
  5) **Kostenschuldner** 14

1   **1) Erfolgloser Antrag.** Soweit die Staatsanwaltschaft die Erhebung der Anklage ablehnt, kann der Verletzte nach § 172 II StPO eine gerichtliche Entscheidung beantragen. Soweit dieser Antrag erfolglos bleibt, muß man kostenrechtlich die folgenden Situationen unterscheiden.

2   **A. Verwerfung als unzulässig; Zurücknahme.** Soweit das Gericht den Antrag wegen eines Mangels bei den förmlichen Voraussetzungen nach § 174 I StPO verwirft oder soweit der Antragsteller den Antrag vor der Entscheidung des Gerichts zurücknimmt, entstehen keine Gebühren, Bre MDR **84**, 164, Kblz NJW **77**, 1462.

3   **B. Verwerfung aus sachlichen Gründen.** Soweit das Gericht den Antrag aus sachlichen Gründen nach § 174 I StPO verwirft, entsteht die Entscheidungsgebühr KV 3200. Der Antragsteller trägt dann nämlich die Kosten nach §§ 174, 177 StPO. Er trägt auch die notwendigen Auslagen des Beschuldigten im Verfahren vor dem OLG.

4   **C. Keine Sicherheitsleistung.** Soweit der Antragsteller eine ihm vom Gericht nach § 176 I StPO auferlegte Sicherheitsleistung nicht fristgemäß leistet, entsteht ebenfalls die Gebühr KV 3200. Das Gericht erklärt nämlich dann den Antrag nach § 176 II StPO als zurückgenommen und erlegt dem Antragsteller die Kosten nach § 177 StPO auf.

5   **D. Freispruch im Wiederaufnahmeverfahren.** KV 3200 ist auch dann anwendbar, wenn das Gericht den Angeklagten im Wiederaufnahmeverfahren nach § 371 StPO freispricht.
  Die *Fälligkeit* tritt bei Rn 2–4 mit der Entscheidung ein, § 6 III. Denn es liegt keine rechtskräftige Bestrafung usw nach § 8 S 1 vor.

6   **E. Mehrere Anträge.** Wenn mehrere Anträge vorliegen, muß man eine Trennung vornehmen, soweit die einzelnen Verletzten getrennte Straftaten behaupten. Soweit mehrere Anträge wegen derselben Straftat gegen mehrere Personen vorliegen, entsteht nur eine Gebühr. Mehrere Entscheidungen begründen mehrere Gebühren. Ein Auslagenersatz kommt nur insoweit in Betracht, als die Auslagen nach der Antragstellung entstanden sind. Mehrere Antragsteller haften gesamtschuldnerisch nach §§ 471 IV StPO, 33, 37 GKG.

7   **2) Grundlose Strafanzeige.** Die Gebühr KV 3200 entsteht, soweit das Gericht entsprechend § 469 StPO demjenigen die Kosten auferlegt, der durch eine vorsätzlich oder leichtfertig erstattete unwahre Anzeige ein auch nur außergerichtliches Verfahren veranlaßt hat. Die Voraussetzungen einer solchen Entscheidung sind also nicht so streng wie die Voraussetzungen der Bestrafung wegen einer falschen Verdächtigung nach § 164 StGB. Es ist also keine Anzeige wider besseres Wissen erforderlich.
  Die *Fälligkeit* tritt mit dem Wirksamwerden des Beschlusses ein. Bei einer Beteiligung mehrerer gilt Rn 6 entsprechend.

8   **3) Antragsrücknahme.** Soweit das Gericht das Verfahren einstellt, bleibt der Angeklagte grundsätzlich gebührenfrei. Nach § 470 StPO muß aber das Gericht dem Antragsteller die Kosten und die Auslagen des Beschuldigten und eines Nebenbeteiligten nach §§ 431 I 1, 442, 444 I 1 StPO auferlegen, soweit das Gericht bei einem nur auf Grund eines Strafantrags verfolgbaren Delikt die Einstellung wegen der Rücknahme des Strafantrags aussprechen muß. Freilich können auch der Angeklagte oder ein Nebenbeteiligter Übernahmeerklärungen abgeben. Dann muß das Gericht die Kosten diesen Personen nach § 470 II StPO auferlegen.
  Stets läßt KV 3200 eine Gebühr gegenüber dem Antragsteller entstehen, soweit die *folgenden Voraussetzungen zusammentreffen.*

9   **A. Eröffnung des Hauptverfahrens.** Das Gericht muß das Hauptverfahren eröffnet oder einen Strafbefehl erlassen haben. Bei § 212 StPO steht der Aufruf zur Sache dem Eröffnungsbeschluß gleich. Wenn der Verletzte den Strafantrag schon vorher zurückgenommen hatte, darf das Gericht nach § 470 StPO nur die Auslagen auferlegen.

B. Notwendiger Strafantrag. Das Verfahren muß durch den Strafantrag bedingt gewesen sein. Deshalb entstehen keine Gebühren, soweit das Verfahren auch ohne einen Strafantrag von Amts wegen notwendig war. 10

C. Antragsrücknahme. Das Gericht muß das Verfahren gerade nur wegen der Antragsrücknahme insgesamt eingestellt haben. Es ist unerheblich, ob die Einstellung durch einen Beschluß oder im Urteil erfolgt ist und ob das Gericht dem Antragsteller die Kosten auferlegt hat. 11

D. Fälligkeit. Bei Rn 9–11 entsteht die Gebühr nach § 6 III mit dem Wirksamwerden der Entscheidung. Sie entsteht nur einmal unabhängig von der Zahl der angeblichen Straftaten. Das gilt selbst dann, wenn mehrere Antragsteller ihre Strafanträge zurücknehmen oder wenn die Rücknahme mehrere Beschuldigte betrifft. Mehrere Antragsteller haften als Gesamtschuldner nach § 58. 12

4) Gebührenhöhe. Statt der grundsätzlichen Festgebühr von 70 EUR kann das Gericht nach der amtlichen Anmerkung die Gebühr nach seinem pflichtgemäßen Ermessen von Amts wegen beliebig bis auf die Mindestgebühr des § 34 II von 15 EUR herabsetzen oder sogar von einer Gebühr ganz absehen, ähnlich wie bei KV 2121, 2123 jeweils amtliche Anmerkung. Vgl daher dort. § 21 bleibt ohnehin bestehen. 13

5) Kostenschuldner. Er ergibt sich aus § 29 Z 1, sobald eine Entscheidung ergeht. Vorher ist § 22 anwendbar. Es ist auch eine Kostenübernahme mit der Folge einer Kostenhaftung nach § 29 Z 2 möglich. Mehrere Kostenschuldner haften als Gesamtschuldner nach § 31 I. 14

Hauptabschnitt 3. Privatklage

(Amtliche) Vorbemerkung 3.3:
Für das Verfahren auf Widerklage werden die Gebühren gesondert erhoben.

Abschnitt 1. Erster Rechtszug

Nr.	Gebührentatbestand	Gebühr oder Satz der jeweiligen Gebühr 3110 bis 3117, soweit nichts anderes vermerkt ist
3310	Hauptverhandlung mit Urteil	140,00 €
3111	Erledigung des Verfahrens ohne Urteil	70,00 €

Zu KV 3310, 3311:

1) Geltungsbereich. Die Gebühr KV 3310 entsteht unabhängig von der Frage, ob das Urteil auf eine Bestrafung oder eine andere mißbilligende Rechtsfolge lautet. Auch eine Einstellung durch ein Urteil nach § 389 StPO gehört hierher. Beim Teilfreispruch und bei einer Teilverurteilung gilt nur KV 3310. Bei KV 3311 ist unerheblich, ob eine Erledigung ohne ein Urteil infolge einer Klagerücknahme, Einstellung, Zurückweisung usw erfolgt.
Der auf Grund einer *Widerklage* nach § 388 StPO bestrafte Privatkläger muß nach der amtlichen Vorbemerkung 3.3 nach KV 3310ff zahlen, und zwar als Entscheidungsschuldner nach § 29 Z 1. Man darf die Strafen des Privatklägers und des Widerklägers nicht zusammenrechnen. Bei einem Freispruch tritt eine Haftung nach § 22 ein. 1

KV 3320–3341

Abschnitt 2. Berufung

Nr.	Gebührentatbestand	Gebühr oder Satz der jeweiligen Gebühr 3110 bis 3117, soweit nichts anderes vermerkt ist
3320	Berufungsverfahren mit Urteil	290,00 €
3321	Erledigung der Berufung ohne Urteil .... Die Gebühr entfällt bei Zurücknahme der Berufung vor Ablauf der Begründungsfrist.	140,00 €

Zu KV 3310–3321:

1   **1) Geltungsbereich.** Es gilt dasselbe wie bei KV 3310, 3311 Rn 1. KV 3321 ist zB bei §§ 319, 322, 329 StPO anwendbar. Auslagen können trotz des Falls der amtlichen Anmerkung entstanden sein.

Abschnitt 3. Revision

Nr.	Gebührentatbestand	Gebühr oder Satz der jeweiligen Gebühr 3110 bis 3117, soweit nichts anderes vermerkt ist
3330	Revisionsverfahren mit Urteil oder Beschluss nach § 349 Abs. 2 oder 4 StPO	430,00 €
3331	Erledigung der Revision ohne Urteil und ohne Beschluss nach § 349 Abs. 2 oder 4 StPO .... Die Gebühr entfällt bei Rücknahme der Revision vor Ablauf der Begründungsfrist.	290,00 €

Zu KV 3330, 3331:

1   **1) Geltungsbereich.** Es gilt dasselbe wie bei KV 3320, 3321.

Abschnitt 4. Wiederaufnahmeverfahren

Nr.	Gebührentatbestand	Gebühr oder Satz der jeweiligen Gebühr 3110 bis 3117, soweit nichts anderes vermerkt ist
3340	Verfahren über den Antrag auf Wiederaufnahme des Verfahrens: Der Antrag wird verworfen oder abgelehnt	70,00 €
3341	Verfahren über die Beschwerde gegen einen Beschluss, durch den ein Antrag auf Wiederaufnahme des Verfahrens verworfen oder abgelehnt wurde: Die Beschwerde wird verworfen oder zurückgewiesen	140,00 €

Zu KV 3340, 3341:

1   **1) Geltungsbereich.** KV 3340, 3341 behandeln die Wiederaufnahme nach §§ 359 ff StPO auf Grund des Antrags eines jeden Beteiligten nach §§ 365, 366 StPO. Man muß die folgenden Situationen unterscheiden.

2) Verwerfung oder Ablehnung. Soweit das Gericht den Antrag auf eine Wiederaufnahme des Verfahrens nach § 368 StPO als unzulässig verwirft oder nach § 370 StPO als unbegründet ablehnt, entsteht die Festgebühr KV 3340.

3) Beschwerde gegen Verwerfung oder Ablehnung. In diesem Verfahren nach § 372 I StPO gilt KV 3341.

4) Wiederaufnahme. Soweit keine Verwerfung oder Ablehnung erfolgt, muß man die amtliche Vorbemerkung 3 II beachten.

Hauptabschnitt 4.
Einziehung und verwandte Maßnahmen

(Amtliche) Vorbemerkung 3.4:

I ¹Die Vorschriften dieses Hauptabschnitts gelten für die Verfahren über die Einziehung, dieser gleichstehende Rechtsfolgen (§ 439 StPO) und die Abführung des Mehrerlöses. ²Im Strafverfahren werden die Gebühren gesondert erhoben.

II ¹Betreffen die in Absatz 1 genannten Maßnahmen mehrere Angeschuldigte wegen derselben Tat, wird nur eine Gebühr erhoben. ² § 31 GKG bleibt unberührt.

Vorbem. I geändert dch Art 6 XXII Z 2a G v 13. 4. 17, BGBl 872, in Kraft seit 1. 7. 17, Art 8 G, ÜbergangsR § 71 GKG.

Abschnitt 1. Antrag des Privatklägers nach § 435 StPO

Vorbem. Überschrift geändert dch Art 6 XXII Z 2c G v 13. 4. 17, BGBl 872, in Kraft seit 1. 7. 17, Art 8 G, ÜbergangsR § 71 GKG.

Nr.	Gebührentatbestand	Gebühr oder Satz der jeweiligen Gebühr 3110 bis 3117, soweit nichts anderes vermerkt ist
3410	Verfahren über den Antrag des Privatklägers: Der Antrag wird verworfen oder zurückgewiesen	35,00 €

1) Geltungsbereich. Es ist unerheblich, ob das Gericht nach § 384 StPO den Antrag durch ein Urteil oder durch einen Beschluß verwirft oder zurückweist. Eine Antragsrücknahme löst keine Gebühr KV 3410 aus.

Abschnitt 2. Beschwerde

Nr.	Gebührentatbestand	Gebühr oder Satz der jeweiligen Gebühr 3110 bis 3117, soweit nichts anderes vermerkt ist
3420	Verfahren über die Beschwerde nach § 434 Abs. 2, auch i. V. m. § 436 Abs. 2 StPO: Die Beschwerde wird verworfen oder zurückgewiesen	35,00 €

Vorbem. Änderg dch Art 6 XXII Z 2d G v 13. 4. 17, BGBl 872, in Kraft seit 1. 7. 17, Art 8 G, ÜbergangsR § 71 GKG.

1) Geltungsbereich. Eine Gebühr KV 3420 entsteht unabhängig davon, ob das zugehörige erstinstanzliche Verfahren gebührenpflichtig oder gebührenfrei war. Es ist stets ein förmlicher Beschluß nach § 441 II StPO nötig.

Abschnitt 3. Berufung

Nr.	Gebührentatbestand	Gebühr oder Satz der jeweiligen Gebühr 3110 bis 3117, soweit nichts anderes vermerkt ist
3430	Verwerfung der Berufung durch Urteil	70,00 €
3431	Erledigung der Berufung ohne Urteil	35,00 €
	Die Gebühr entfällt bei Zurücknahme der Berufung vor Ablauf der Begründungsfrist.	

Abschnitt 4. Revision

Nr.	Gebührentatbestand	Gebühr oder Satz der jeweiligen Gebühr 3110 bis 3117, soweit nichts anderes vermerkt ist
3440	Verwerfung der Revision durch Urteil oder Beschluss nach § 349 Abs. 2 oder 4 StPO	70,00 €
3441	Erledigung der Revision ohne Urteil und ohne Beschluss nach § 349 Abs. 2 oder 4 StPO	35,00 €
	Die Gebühr entfällt bei Zurücknahme der Revision vor Ablauf der Begründungsfrist.	

Abschnitt 5. Wiederaufnahmeverfahren

Nr.	Gebührentatbestand	Gebühr oder Satz der jeweiligen Gebühr 3110 bis 3117, soweit nichts anderes vermerkt ist
3450	Verfahren über den Antrag auf Wiederaufnahme des Verfahrens: Der Antrag wird verworfen oder zurückgewiesen	35,00 €
3451	Verfahren über die Beschwerde gegen einen Beschluss, durch den ein Antrag auf Wiederaufnahme des Verfahrens verworfen oder abgelehnt wurde: Die Beschwerde wird verworfen oder zurückgewiesen	70,00 €

Zu KV 3430–3451:

1 1) **Geltungsbereich.** Die Vorschriften sind auch bei einem Rechtsmittel nach § 390 StPO oder beim Wiederaufnahmeantrag eines Einziehungsbeteiligten anwendbar. KV 3430 ff und 3120 ff können nebeneinander entstehen. Bei mehreren Beteiligten entsteht je Tat eine gesonderte Gebührenpflicht.

Hauptabschnitt 5. Nebenklage

(Amtliche) Vorbemerkung 3.5:
Gebühren nach diesem Hauptabschnitt werden nur erhoben, wenn dem Nebenkläger die Kosten auferlegt worden sind.

Abschnitt 1. Berufung

Nr.	Gebührentatbestand	Gebühr oder Satz der jeweiligen Gebühr 3110 bis 3117, soweit nichts anderes vermerkt ist
3510	Die Berufung des Nebenklägers wird durch Urteil verworfen; aufgrund der Berufung des Nebenklägers wird der Angeklagte freigesprochen oder für straffrei erklärt	95,00 €
3511	Erledigung der Berufung des Nebenklägers ohne Urteil .... Die Gebühr entfällt bei Zurücknahme der Berufung vor Ablauf der Begründungsfrist.	50,00 €

Abschnitt 2. Revision

Nr.	Gebührentatbestand	Gebühr oder Satz der jeweiligen Gebühr 3110 bis 3117, soweit nichts anderes vermerkt ist
3520	Die Revision des Nebenklägers wird durch Urteil oder Beschluss nach § 349 Abs. 2 StPO verworfen; aufgrund der Revision des Nebenklägers wird der Angeklagte freigesprochen oder für straffrei erklärt	140,00 €
3521	Erledigung der Revision des Nebenklägers ohne Urteil und ohne Beschluss nach § 349 Abs. 2 StPO .... Die Gebühr entfällt bei Zurücknahme der Revision vor Ablauf der Begründungsfrist.	70,00 €

Abschnitt 3. Wiederaufnahmeverfahren

Nr.	Gebührentatbestand	Gebühr oder Satz der jeweiligen Gebühr 3110 bis 3117, soweit nichts anderes vermerkt ist
3530	Verfahren über den Antrag des Nebenklägers auf Wiederaufnahme des Verfahrens: Der Antrag wird verworfen oder abgelehnt	50,00 €
3531	Verfahren über die Beschwerde gegen einen Beschluss, durch den ein Antrag des Nebenklägers auf Wiederaufnahme des Verfahrens verworfen oder abgelehnt wurde: Die Beschwerde wird verworfen oder zurückgewiesen ..	95,00 €

Zu KV 3510–3531:

1) Geltungsbereich. Jede Entscheidung nach §§ 395 ff StPO löst die Gebühr KV 3520 aus, BGH NJW **13**, 1831. Maßgeblich für die Haftung als Kostenschuldner ist noch nicht eine Zurückverweisung, sondern erst der Enderfolg, BGH NJW **13**, 1831.

Hauptabschnitt 6. Sonstige Beschwerden

(Amtliche) Vorbemerkung 3.6:
Die Gebühren im Kostenfestsetzungsverfahren bestimmen sich nach den für das Kostenfestsetzungsverfahren in Teil 1 Hauptabschnitt 8 geregelten Gebühren.

Nr.	Gebührentatbestand	Gebühr oder Satz der jeweiligen Gebühr 3110 bis 3117, soweit nichts anderes vermerkt ist
3600	Verfahren über die Beschwerde gegen einen Beschluss nach § 411 Abs. 1 Satz 3 StPO: Die Beschwerde wird verworfen oder zurückgewiesen ..	0,25
3601	Verfahren über die Beschwerde gegen eine Entscheidung, durch die im Strafverfahren einschließlich des selbständigen Verfahrens nach den §§ 435 bis 437, 444 Abs. 3 StPO eine Geldbuße gegen eine juristische Person oder eine Personenvereinigung festgesetzt worden ist: Die Beschwerde wird verworfen oder zurückgewiesen .. Eine Gebühr wird nur erhoben, wenn eine Geldbuße rechtskräftig festgesetzt ist.	0,5
3602	Verfahren über nicht besonders aufgeführte Beschwerden, die nicht nach anderen Vorschriften gebührenfrei sind: Die Beschwerde wird verworfen oder zurückgewiesen .. [1] Von dem Beschuldigten wird eine Gebühr nur erhoben, wenn gegen ihn rechtskräftig auf eine Strafe, auf Verwarnung mit Strafvorbehalt erkannt, eine Maßregel der Besserung und Sicherung angeordnet oder eine Geldbuße festgesetzt worden ist. [2] Von einer juristischen Person oder einer Personenvereinigung wird eine Gebühr nur erhoben, wenn gegen sie eine Geldbuße festgesetzt worden ist.	60,00 €

Zu KV 3600–3602:

Vorbem. KV 3601 geändert dch Art 6 XXII Z 2e G v 13. 4. 17, BGBl 872, in Kraft seit 1. 7. 17, Art 8 G, ÜbergangsR § 71 GKG.

1 **1) Geltungsbereich.** *KV 3601* ist nur auf die sog Verbandsgeldbuße nach § 30 OWiG dann anwendbar, wenn die Anknüpfungstat eine Straftat ist. Das gilt auch bei einer selbständigen Festsetzung nach § 30 IV 1 OWiG. Soweit eine bloße Ordnungswidrigkeit die Anknüpfungstat ist, gilt im zugehörigen Bußgeldverfahren nach § 46 I OWiG in Verbindung mit § 444 III StPO oder nach § 88 OWiG nur KV 4400.

KV 3602 gilt als eine Auffangvorschrift für alle im KV nicht besonders aufgeführte Beschwerden nach der StPO, die auch nicht nach anderen Vorschriften gebührenfrei sind.

Soweit der Beschwerdeführer seine Beschwerde *zurücknimmt*, entsteht keine Gebühr. Dasselbe gilt dann, wenn sich die Beschwerde ohne eine gerichtliche Entscheidung erledigt oder soweit das Gericht der Beschwerde stattgibt.

Soweit das Gericht die Beschwerde als unzulässig verwirft oder als unbegründet *zurückweist*, ist der Beschwerdeführer gebührenpflichtig.

Eine *Dienstaufsichtsbeschwerde* gehört nicht hierher.

Die Gebühr darf die *Strafe übersteigen*. Wegen der Auslagen vgl die amtliche Vorbemerkung 9.

Kostenverzeichnis **3602, 3700 KV**

2) Fälligkeit, Kostenschuldner usw. Während andere Beschwerdeführer die Gebühr sofort mit deren Fälligkeit schulden, ist die Fälligkeit einer vom Beschuldigten zu zahlenden Beschwerdegebühr nach § 8 S 1 durch eine rechtskräftige Verurteilung zu einer Strafe oder zu einer Verwarnung mit einem Strafvorbehalt oder durch eine rechtskräftige Anordnung einer Maßregel der Besserung und Sicherung aufschiebend bedingt.

Das *Fehlen einer Kostenentscheidung* im Beschwerdebeschluß ist unschädlich. Das Gericht holt seine Kostenentscheidung dann durch die Auferlegung der Kosten des Verfahrens nach. Wenn der Beschluß eine Kostenentscheidung enthält, muß man die Einziehung der Gebühr mit Rücksicht auf die oben genannte Bedingung bis zum Eintritt der Rechtskraft der Beschwerdeentscheidung aussetzen.

Es reicht aus, daß das Gericht den Beschuldigten wegen irgendwelcher Straftat in demselben Verfahren verurteilt hat. Ein *Zusammenhang* mit der Beschwerde kann völlig fehlen.

2

3

4

Hauptabschnitt 7. Entschädigungsverfahren

Nr.	Gebührentatbestand	Gebühr oder Satz der Gebühr nach § 34 GKG
3700	Urteil, durch das dem Antrag des Verletzten oder seines Erben wegen eines aus der Straftat erwachsenen vermögensrechtlichen Anspruchs stattgegeben wird (§ 406 StPO) .... Die Gebühr wird für jeden Rechtszug nach dem Wert des zuerkannten Anspruchs erhoben.	1,0

1) Geltungsbereich. §§ 403 ff StPO geben dem Verletzten oder seinem Erben das Recht, im Strafverfahren auch einen solchen vermögensrechtlichen Schadensersatzanspruch nach BLAH § 1 ZPO Rn 11 ff zu erheben, der zur Zuständigkeit der ordentlichen Gerichte gehört und den er noch nicht anderweitig geltend gemacht hat. KV 3700 bezieht sich nur auf diesen vermögensrechtlichen Anspruch. Das zeigt die Verweisung auf § 406 StPO.

2) Gebührenhöhe. Für jeden Rechtszug entsteht eine 1,0 Gebühr nach dem Wert des zuerkannten Anspruchs, amtliche Anmerkung. Es kommt also nicht auf den Antrag an, sondern auf das Urteil. Bei einer teilweisen Zuerkennung entsteht die Gebühr also nach dem anerkannten Teil. Soweit der Antragsteller den Antrag zurücknimmt, entsteht keine Gebühr KV 3700. Dasselbe gilt, soweit sich die Parteien gerichtlich oder außergerichtlich vergleichen oder soweit das Gericht von der Zubilligung eines Schadensersatzes absieht oder ihn nur dem Grunde nach zuspricht. Das ergibt sich aus der amtlichen Anmerkung. Maßgebend ist die letzte Instanz. Endet sie zB durch einen außergerichtlichen Vergleich nach § 779 BGB oder durch einen Prozeßvergleich wie bei BLAH Anh § 307 ZPO, entsteht für keine Instanz eine Gebühr KV 3700.

3) Streitwert. Der Streitwert richtet sich nach den §§ 3 ff ZPO, 48 GKG.

4) Fälligkeit, Kostenschuldner usw. Die Fälligkeit tritt mit der Rechtskraft des Urteils ein, § 8 S 1.

Kostenschuldner ist allein der verurteilte Angeklagte. § 22 ist unanwendbar. Soweit das Gericht aber von einem Schadensersatz absieht, dem Verletzten einen Teil des Anspruchs nicht zuerkennt oder soweit der Verletzte den Antrag zurücknimmt, entscheidet das Gericht nach seinem pflichtgemäßen Ermessen darüber, wer die insoweit entstandenen gerichtlichen und insoweit den Beteiligten entstandenen notwendigen Auslagen trägt. Das Gericht kann die gerichtlichen Auslagen nach § 472a II StPO der Staatskasse auferlegen, soweit eine Belastung der Beteiligten unbillig wäre.

1

2

3

4

KV 3810–3830, Vorbem 3.9.1

Hauptabschnitt 8. Gerichtliche Verfahren nach dem Strafvollzugsgesetz, auch in Verbindung mit § 92 des Jugendgerichtsgesetzes

Abschnitt 1. Antrag auf gerichtliche Entscheidung

Nr.	Gebührentatbestand	Gebühr oder Satz der Gebühr nach § 34 GKG
	Verfahren über den Antrag des Betroffenen auf gerichtliche Entscheidung:	
3810	Der Antrag wird zurückgewiesen	1,0
3811	Der Antrag wird zurückgenommen	0,5

Zu KV 3810, 3811:

1 1) **Geltungsbereich.** Eine Gebühr entsteht weder bei der Ablehnung eines Antrags auf den Erlaß einer einstweiligen Anordnung noch bei einer Verwerfung der dagegen gerichteten Beschwerde, Celle Rpfleger **82**, 314.

Abschnitt 2. Beschwerde und Rechtsbeschwerde

Nr.	Gebührentatbestand	Gebühr oder Satz der Gebühr nach § 34 GKG
	Verfahren über die Beschwerde oder die Rechtsbeschwerde:	
3820	Die Beschwerde oder die Rechtsbeschwerde wird verworfen	2,0
3821	Die Beschwerde oder die Rechtsbeschwerde wird zurückgenommen	1,0

Zu KV 3820, 3821:

1 1) **Geltungsbereich.** Der Antrag auf eine gerichtliche Entscheidung richtet sich nach § 109 StVollzG. Wegen vorläufigen Rechtsschutzes, § 114 II StVollzG, KV 3812 Rn 1. Die Beschwerde richtet sich nach § 119a V StVollzG. Die Rechtsbeschwerde richtet sich nach § 116 StVollzG.

2 2) **Streitwert.** Der Wert richtet sich nach § 60. Seine Festsetzung erfolgt nach § 65.

Abschnitt 3. Vorläufiger Rechtsschutz

Nr.	Gebührentatbestand	Gebühr oder Satz der Gebühr nach § 34 GKG
3830	Verfahren über den Antrag auf Aussetzung des Vollzugs einer Maßnahme der Vollzugsbehörde oder auf Erlass einer einstweiligen Anordnung: Der Antrag wird zurückgewiesen	0,5

1 1) **Geltungsbereich.** Die Vorschrift erfaßt die Zurückweisung eines Antrags auf die Aussetzung der Vollziehung oder auf eine einstweilige Anordnung im Vollzug. Sie ist an die Stelle des früheren KV 3812 getreten.

Hauptabschnitt 9. Sonstige Verfahren

Abschnitt 1. Vollstreckungshilfeverfahren wegen einer im Ausland rechtskräftig verhängten Geldsanktion

(Amtliche) Vorbemerkung 3.9.1:
Die Vorschriften dieses Abschnitts gelten für gerichtliche Verfahren nach Abschnitt 2 Unterabschnitt 2 des Neunten Teils des Gesetzes über die internationale Rechtshilfe in Strafsachen.

Nr.	Gebührentatbestand	Gebühr oder Satz der Gebühr nach § 34 GKG
3910	Verfahren über den Einspruch gegen die Entscheidung der Bewilligungsbehörde: Der Einspruch wird verworfen oder zurückgewiesen.. [1] Wird auf den Einspruch wegen fehlerhafter oder unterlassener Umwandlung durch die Bewilligungsbehörde die Geldsanktion umgewandelt, kann das Gericht die Gebühr nach billigem Ermessen auf die Hälfte ermäßigen oder bestimmen, dass eine Gebühr nicht zu erheben ist. [2] Dies gilt auch, wenn hinsichtlich der Höhe der zu vollstreckenden Geldsanktion von der Bewilligungsentscheidung zugunsten des Betroffenen abgewichen wird.	50,00 €
3911	Verfahren über die Rechtsbeschwerde: Die Rechtsbeschwerde wird verworfen oder zurückgewiesen .... [I] Die Anmerkung zu Nummer 3910 gilt entsprechend. [II] Die Gebühr entfällt bei Rücknahme der Rechtsbeschwerde vor Ablauf der Begründungsfrist.	75,00 €

Abschnitt 2. Rüge wegen Verletzung des Anspruchs auf rechtliches Gehör

Nr.	Gebührentatbestand	Gebühr oder Satz der Gebühr nach § 34 GKG
3920	Verfahren über die Rüge wegen Verletzung des Anspruchs auf rechtliches Gehör (§§ 33a, 311a Abs. 1 Satz 1, § 356a StPO, auch i. V. m. § 55 Abs. 4, § 92 JGG und § 120 StVollzG): Die Rüge wird in vollem Umfang verworfen oder zurückgewiesen	60,00 €

Zu KV 3910–3920:

1) Geltungsbereich. Die Vorschriften gelten bei den dort genannten Verfahrensordnungen bei einer Verwerfung als unstatthaft oder unzulässig oder bei einer Zurückweisung als unbegründet. Eine nur teilweise derartige Beurteilung reicht nach dem klaren Wortlaut nicht. Zur Anhörungsrüge vgl § 69a. 1

Teil 4. Verfahren nach dem Gesetz über Ordnungswidrigkeiten

(Amtliche) Vorbemerkung 4:
[I] § 473 Abs. 4 StPO, auch i. V. m. § 46 Abs. 1 OWiG, bleibt unberührt.
[II] [1] Im Verfahren nach Wiederaufnahme werden die gleichen Gebühren wie für das wiederaufgenommene Verfahren erhoben. [2] Wird jedoch nach Anordnung der Wiederaufnahme des Verfahrens die frühere Entscheidung aufgehoben, gilt für die Gebührenerhebung jeder Rechtszug des neuen Verfahrens mit dem jeweiligen Rechtszug des früheren Verfahrens zusammen als ein Rechtszug. [3] Gebühren werden auch für Rechtszüge erhoben, die nur im früheren Verfahren stattgefunden haben.

Hauptabschnitt 1. Bußgeldverfahren

(Amtliche) Vorbemerkung 4.1:
[I] [1] In Bußgeldsachen bemessen sich die Gerichtsgebühren für alle Rechtszüge nach der rechtskräftig festgesetzten Geldbuße. [2] Mehrere Geldbußen, die in demselben Verfahren gegen denselben Betroffenen festgesetzt werden, sind bei der Bemessung der Gebühr zusammenzurechnen.

KV Vorbem 4.1, 4110–4130

II ¹Betrifft eine Bußgeldsache mehrere Betroffene, ist die Gebühr von jedem gesondert nach Maßgabe der gegen ihn festsetzten Geldbuße zu erheben. ²Wird in einer Bußgeldsache gegen einen oder mehrere Betroffene eine Geldbuße auch gegen eine juristische Person oder eine Personenvereinigung festgesetzt, ist eine Gebühr auch von der juristischen Person oder Personenvereinigung nach Maßgabe der gegen sie festgesetzten Geldbuße zu erheben.

III ¹Wird bei Festsetzung mehrerer Geldbußen ein Rechtsmittel auf die Festsetzung einer Geldbuße beschränkt, bemisst sich die Gebühr für das Rechtsmittelverfahren nach dieser Geldbuße. ²Satz 1 gilt im Fall der Wiederaufnahme entsprechend.

Abschnitt 1. Erster Rechtszug

Nr.	Gebührentatbestand	Gebühr oder Satz der Gebühr 4110, soweit nichts anderes vermerkt ist
4110	Hauptverhandlung mit Urteil oder Beschluss ohne Hauptverhandlung (§ 72 OWiG)	10% des Betrags der Geldbuße – mindestens 50,00 € – höchstens 15 000,00 €
4111	Zurücknahme des Einspruchs nach Eingang der Akten bei Gericht und vor Beginn der Hauptverhandlung	0,25 – mindestens 15,00 €
	Die Gebühr wird nicht erhoben, wenn die Sache an die Verwaltungsbehörde zurückverwiesen worden ist.	
4112	Zurücknahme des Einspruchs nach Beginn der Hauptverhandlung	0,5

Zu KV 4110–4112:

1 **Bem.** KV 4111 gilt auch dann, wenn die Einspruchsrücknahme gegenüber der Bußgeldbehörde nach dem Akteneingang beim Gericht erfolgt, AG Ratingen JB **17**, 472.

Abschnitt 2. Rechtsbeschwerde

Nr.	Gebührentatbestand	Gebühr oder Satz der Gebühr 4110, soweit nichts anderes vermerkt ist
4120	Verfahren mit Urteil oder Beschluss nach § 79 Abs. 5 OWiG	2,0
4121	Verfahren ohne Urteil oder Beschluss nach § 79 Abs. 5 OWiG	1,0
	Die Gebühr entfällt bei Rücknahme der Rechtsbeschwerde vor Ablauf der Begründungsfrist.	

Abschnitt 3. Wiederaufnahmeverfahren

Nr.	Gebührentatbestand	Gebühr oder Satz der Gebühr 4110, soweit nichts anderes vermerkt ist
4130	Verfahren über den Antrag auf Wiederaufnahme des Verfahrens:	
	Der Antrag wird verworfen oder abgelehnt	0,5

Nr.	Gebührentatbestand	Gebühr oder Satz der Gebühr 4110, soweit nichts anderes vermerkt ist
4131	Verfahren über die Beschwerde gegen einen Beschluss, durch den ein Antrag auf Wiederaufnahme des Verfahrens verworfen oder abgelehnt wurde: Die Beschwerde wird verworfen oder zurückgewiesen	1,0

Hauptabschnitt 2. Einziehung und verwandte Maßnahmen

(Amtliche) Vorbemerkung 4.2:

I ¹Die Vorschriften dieses Hauptabschnitts gelten für die Verfahren über die Einziehung, dieser gleichstehende Rechtsfolgen (§ 439 StPO i. V. m. § 46 Abs. 1 OWiG) und die Abführung des Mehrerlöses. ²Im gerichtlichen Verfahren werden die Gebühren gesondert erhoben.

II ¹Betreffen die in Absatz 1 genannten Maßnahmen mehrere Betroffene wegen derselben Handlung, wird nur eine Gebühr erhoben. ² § 31 GKG bleibt unberührt.

Vorbem. I 1 geänderd dch Art 6 XXII Z 2f G v 13. 4. 17, BGBl 872, in Kraft seit 1. 7. 17, Art 8 G, ÜbergangsR § 71 GKG.

Abschnitt 1. Beschwerde

Nr.	Gebührentatbestand	Gebühr oder Satz der Gebühr 4110, soweit nichts anderes vermerkt ist
4210	Verfahren über die Beschwerde nach § 434 Abs. 2, auch i. V. m. § 436 Abs. 2 StPO wiederum i. V. m. § 46 Abs. 1 OWiG: Die Beschwerde wird verworfen oder zurückgewiesen	60,00 €

Vorbem. Änderg dch Art 6 XXII Z 2g G v 13. 4. 17, BGBl 872, in Kraft seit 1. 7. 17, Art 8 G, ÜbergangsR § 71 GKG.

Abschnitt 2. Rechtsbeschwerde

Nr.	Gebührentatbestand	Gebühr oder Satz der Gebühr 4110, soweit nichts anderes vermerkt ist
4220	Verfahren mit Urteil oder Beschluss nach § 79 Abs. 5 OWiG: Die Rechtsbeschwerde wird verworfen	120,00 €
4221	Verfahren ohne Urteil oder Beschluss nach § 79 Abs. 5 OWiG .... Die Gebühr entfällt bei Rücknahme der Rechtsbeschwerde vor Ablauf der Begründungsfrist.	60,00 €

Abschnitt 3. Wiederaufnahmeverfahren

Nr.	Gebührentatbestand	Gebühr oder Satz der Gebühr 4110, soweit nichts anderes vermerkt ist
4230	Verfahren über den Antrag auf Wiederaufnahme des Verfahrens: Der Antrag wird verworfen oder abgelehnt	35,00 €

KV 4231–4304, Vorbem 4.4

Nr.	Gebührentatbestand	Gebühr oder Satz der Gebühr 4110, soweit nichts anderes vermerkt ist
4231	Verfahren über die Beschwerde gegen einen Beschluss, durch den ein Antrag auf Wiederaufnahme des Verfahrens verworfen oder abgelehnt wurde: Die Beschwerde wird verworfen oder zurückgewiesen	70,00 €

Hauptabschnitt 3. Besondere Gebühren

Nr.	Gebührentatbestand	Gebühr oder Satz der Gebühr 4110, soweit nichts anderes vermerkt ist
4300	Dem Anzeigenden sind im Fall einer unwahren Anzeige die Kosten auferlegt worden (§ 469 StPO i. V. m. § 46 Abs. 1 OWiG)	35,00 €
	Das Gericht kann die Gebühr bis auf 15,00 € herabsetzen oder beschließen, dass von der Erhebung einer Gebühr abgesehen wird.	
4301	Abschließende Entscheidung des Gerichts im Fall des § 25a Abs. 1 StVG	35,00 €
4302	Entscheidung der Staatsanwaltschaft im Fall des § 25a Abs. 1 StVG	20,00 €
4303	Verfahren über den Antrag auf gerichtliche Entscheidung gegen eine Anordnung, Verfügung oder sonstige Maßnahme der Verwaltungsbehörde oder der Staatsanwaltschaft oder Verfahren über Einwendungen nach § 103 OWiG: Der Antrag wird verworfen	30,00 €
	Wird der Antrag nur teilweise verworfen, kann das Gericht die Gebühr nach billigem Ermessen auf die Hälfte ermäßigen oder bestimmen, dass eine Gebühr nicht zu erheben ist.	
4304	Verfahren über die Erinnerung gegen den Kostenfestsetzungsbeschluss des Urkundsbeamten der Staatsanwaltschaft (§ 108a Abs. 3 Satz 2 OWiG): Die Erinnerung wird zurückgewiesen	30,00 €
	Wird die Erinnerung nur teilweise verworfen, kann das Gericht die Gebühr nach billigem Ermessen auf die Hälfte ermäßigen oder bestimmen, dass eine Gebühr nicht zu erheben ist.	

Hauptabschnitt 4. Sonstige Beschwerden

(Amtliche) Vorbemerkung 4.4:

Die Gebühren im Kostenfestsetzungsverfahren bestimmen sich nach den für das Kostenfestsetzungsverfahren in Teil 1 Hauptabschnitt 8 geregelten Gebühren.

Nr.	Gebührentatbestand	Gebühr oder Satz der Gebühr 4110, soweit nichts anderes vermerkt ist
4400	Verfahren über die Beschwerde gegen eine Entscheidung, durch die im gerichtlichen Verfahren nach dem OWiG einschließlich des selbständigen Verfahrens nach den §§ 88 und 46 Abs. 1 OWiG i. V. m. den §§ 435 bis 437, 444 Abs. 3 StPO eine Geldbuße gegen eine juristische Person oder eine Personenvereinigung festgesetzt worden ist: Die Beschwerde wird verworfen oder zurückgewiesen Eine Gebühr wird nur erhoben, wenn eine Geldbuße rechtskräftig festgesetzt ist.	0,5
4401	Verfahren über nicht besonders aufgeführte Beschwerden, die nicht nach anderen Vorschriften gebührenfrei sind: Die Beschwerde wird verworfen oder zurückgewiesen Von dem Betroffenen wird eine Gebühr nur erhoben, wenn gegen ihn eine Geldbuße rechtskräftig festgesetzt ist.	60,00 €

Zu KV 4400:

Vorbem. Änderg dch Art 6 XXII Z 2 h G v 13. 4. 17, BGBl 872, in Kraft seit 1. 7. 17, Art 8 G, ÜbergangsR § 71 GKG.

Hauptabschnitt 5. Rüge wegen Verletzung des Anspruchs auf rechtliches Gehör

Nr.	Gebührentatbestand	Gebühr oder Satz der Gebühr 4110, soweit nichts anderes vermerkt ist
4500	Verfahren über die Rüge wegen Verletzung des Anspruchs auf rechtliches Gehör (§§ 33 a, 311 a Abs. 1 Satz 1, § 356 a StPO i. V. m. § 46 Abs. 1 und § 79 Abs. 3 OWiG): Die Rüge wird in vollem Umfang verworfen oder zurückgewiesen	60,00 €

Teil 5. Verfahren vor den Gerichten der Verwaltungsgerichtsbarkeit

Hauptabschnitt 1. Prozessverfahren

(Amtliche) Vorbemerkung 5.1:
Wird das Verfahren durch Antrag eingeleitet, gelten die Vorschriften über die Klage entsprechend.

1) Geltungsbereich. Hierher gehört vor allem das Normenkontrollverfahren nach § 47 VwGO. 1

Abschnitt 1. Erster Rechtszug
Unterabschnitt 1. Verwaltungsgericht

Nr.	Gebührentatbestand	Gebühr oder Satz der Gebühr nach § 34 GKG
5110	Verfahren im Allgemeinen	3,0

Nr.	Gebührentatbestand	Gebühr oder Satz der Gebühr nach § 34 GKG

5111	Beendigung des gesamten Verfahrens durch
	1. Zurücknahme der Klage
	  a) vor dem Schluss der mündlichen Verhandlung,
	  b) wenn eine solche nicht stattfindet, vor Ablauf des Tages, an dem das Urteil oder der Gerichtsbescheid der Geschäftsstelle übermittelt wird, oder
	  c) im Fall des § 93a Abs. 2 VwGO vor Ablauf der Erklärungsfrist nach § 93a Abs. 2 Satz 1 VwGO,
	2. Anerkenntnis- oder Verzichtsurteil,
	3. gerichtlichen Vergleich oder
	4. Erledigungserklärungen nach § 161 Abs. 2 VwGO, wenn keine Entscheidung über die Kosten ergeht oder die Entscheidung einer zuvor mitgeteilten Einigung der Beteiligten über die Kostentragung oder der Kostenübernahmeerklärung eines Beteiligten folgt,
	wenn nicht bereits ein anderes als eines der in Nummer 2 genannten Urteile oder ein Gerichtsbescheid vorausgegangen ist:
	Die Gebühr 5110 ermäßigt sich auf ....
	Die Gebühr ermäßigt sich auch, wenn mehrere Ermäßigungstatbestände erfüllt sind.
		1,0

Zu KV 5110, 5111:

1   1) **Systematik.** Die gesamte Regelung ist derjenigen vor den ordentlichen Gerichten sehr ähnlich. Vgl daher stets zunächst KV 1210ff, BVerwG NVwZ-RR **10**, 335. Auch nach KV 5111 muß das gesamte Verfahren betroffen sein, VGH Mannh NVwZ-RR **09**, 453. Die Gebühren fallen dann an, wenn ein Hauptsacheverfahren in Gang gekommen ist, Brehm/Zimmerling NVwZ **04**, 1207, Stuttmann DVBl **04**, 681. Prozeßverfahren ist dasjenige nach §§ 81ff VwGO, soweit es sich um ein selbständiges Verfahren handelt. Eine Sonderregelung wegen des Verfahrens nach §§ 80 V, 80a III VwGO ist in KV 5210ff vorhanden. Eine Sonderregelung wegen des selbständigen Beweisverfahrens enthält KV 5300. Eine Sonderregelung wegen eines Prozeßvergleichs enthält KV 5600. Wegen einer Verzögerungsgebühr gilt KV 5601. Das Beschwerdeverfahren ist in KV 5240–5242, 5500–5502 geregelt. Wegen weitergehender Ermäßigungs- oder Wegfallmöglichkeiten über KV 5111 hinaus § 69b.

2   2) **Geltungsbereich.** Für ein nichtstreitiges Verfahren etwa nach § 24 VwGO entsteht keine Verfahrensgebühr nach KV 5110. Das Vollstreckungsverfahren nach §§ 167ff VwGO ist grundsätzlich gerade kein Prozeßverfahren mehr. Eine Gebühr entsteht im Fall KV 5301. Bei einer Vollstreckungsabwehrklage gilt allerdings wiederum KV 5110ff.

3   3) **Zurücknahme.** Auf eine Anordnung nach § 87 VwGO kommt es nicht mehr an. Die Klage gilt auch dann nach § 92 II 1 VwGO grundsätzlich als zurückgenommen, wenn der Kläger das Verfahren trotz einer Gerichtsaufforderung länger als drei Monate nicht betreibt. Maßgeblich ist evtl der Tag, *unter* dem das Gericht gehandelt hat. Das gilt auch dann, wenn es das Datum irrig unrichtig eingesetzt hatte. Bei einer nachweisbaren Falschdatierung gilt der wahre Handlungstag. Die Erledigung der Hauptsache ist nach KV 5111 Z 4 evtl ein Ermäßigungsgrund.

4   4) **Streitwert.** Der Streitwert ergibt sich aus § 52, dort Anh I.

5   5) **Fälligkeit, Kostenschuldner usw.** Die Fälligkeit tritt bei KV 5110 nach § 6 I Z 4 mit der Anhängigkeit, die Ermäßigung nach KV 5111 mit der Verfahrensbeendigung ein, § 9 I. Wegen der Auslagen § 9 II.

Kostenverzeichnis 5111–5115 KV

Man muß den *Kostenschuldner* nach §§ 22, 29 ermitteln. Es besteht keine Vorauszahlungspflicht nach § 10.

Unterabschnitt 2. Oberverwaltungsgericht (Verwaltungsgerichtshof)

Nr.	Gebührentatbestand	Gebühr oder Satz der Gebühr nach § 34 GKG
5112	Verfahren im Allgemeinen	4,0

5113	Beendigung des gesamten Verfahrens durch
	1. Zurücknahme der Klage
	   a) vor dem Schluss der mündlichen Verhandlung,
	   b) wenn eine solche nicht stattfindet, vor Ablauf des Tages, an dem das Urteil, der Gerichtsbescheid oder der Beschluss in der Hauptsache der Geschäftsstelle übermittelt wird,
	   c) im Fall des § 93a Abs. 2 VwGO vor Ablauf der Erklärungsfrist nach § 93a Abs. 2 Satz 1 VwGO,
	2. Anerkenntnis- oder Verzichtsurteil,
	3. gerichtlichen Vergleich oder
	4. Erledigungserklärungen nach § 161 Abs. 2 VwGO, wenn keine Entscheidung über die Kosten ergeht oder die Entscheidung einer zuvor mitgeteilten Einigung der Beteiligten über die Kostentragung oder der Kostenübernahmeerklärung eines Beteiligten folgt, es sei denn, dass bereits ein anderes als eines der in Nummer 2 genannten Urteile, ein Gerichtsbescheid oder Beschluss in der Hauptsache vorausgegangen ist:
	Die Gebühr 5112 ermäßigt sich auf ....
		2,0

	Die Gebühr ermäßigt sich auch, wenn mehrere Ermäßigungstatbestände erfüllt sind.	

Zu KV 5112, 5113:

1) **Geltungsbereich.** Das OVG ist erstinstanzlich nach §§ 47, 48 VwGO zuständig. Der Geltungsbereich und der Aufbau von KV 5112, 5113 entsprechen ganz den Regelungen KV 5110, 5111. Vgl daher dort. KV 5112, 5113 gelten nur für erstinstanzliche Prozeßverfahren. Bei einer Berufung gelten KV 5120–5123, bei einer Revision KV 5130–5132, beim einstweiligen Rechtsschutz KV 5210 ff. Wegen weitergehender Ermäßigungs- oder Wegfallmöglichkeiten über KV 5113 hinaus § 69b. 1

Unterabschnitt 3. Bundesverwaltungsgericht

Nr.	Gebührentatbestand	Gebühr oder Satz der Gebühr nach § 34 GKG
5114	Verfahren im Allgemeinen	5,0

5115	Beendigung des gesamten Verfahrens durch
	1. Zurücknahme der Klage
	   a) vor dem Schluss der mündlichen Verhandlung,
	   b) wenn eine solche nicht stattfindet, vor Ablauf des Tages, an dem das Urteil oder der Gerichtsbescheid der Geschäftsstelle übermittelt wird,
	   c) im Fall des § 93a Abs. 2 VwGO vor Ablauf der Erklärungsfrist nach § 93a Abs. 2 Satz 1 VwGO,
	2. Anerkenntnis- oder Verzichtsurteil,	

KV 5115–5123

Kostenverzeichnis

Nr.	Gebührentatbestand	Gebühr oder Satz der Gebühr nach § 34 GKG
	3. gerichtlichen Vergleich oder 4. Erledigungserklärungen nach § 161 Abs. 2 VwGO, wenn keine Entscheidung über die Kosten ergeht oder die Entscheidung einer zuvor mitgeteilten Einigung der Beteiligten über die Kostentragung oder der Kostenübernahmeerklärung eines Beteiligten folgt, es sei denn, dass bereits ein anderes als eines der in Nummer 2 genannten Urteile, ein Gerichtsbescheid oder ein Beschluss in der Hauptsache vorausgegangen ist: Die Gebühr 5114 ermäßigt sich auf .... Die Gebühr ermäßigt sich auch, wenn mehrere Ermäßigungstatbestände erfüllt sind.	3,0

Zu KV 5114, 5115:

1   1) **Geltungsbereich.** Das BVerwG ist erstinstanzlich insbesondere nach § 50 VwGO zuständig. Es gelten dieselben Erwägungen wie bei KV 5112, 5113 Rn 1. Z 1 a ist auch nach einer Wiedereröffnung anwendbar, BVerwG JB **10**, 258.

Abschnitt 2. Zulassung und Durchführung der Berufung

Nr.	Gebührentatbestand	Gebühr oder Satz der Gebühr nach § 34 GKG
5120	Verfahren über die Zulassung der Berufung: Soweit der Antrag abgelehnt wird	1,0
5121	Verfahren über die Zulassung der Berufung: Soweit der Antrag zurückgenommen oder das Verfahren durch anderweitige Erledigung beendet wird ..	0,5
	Die Gebühr entsteht nicht, soweit die Berufung zugelassen wird.	
5122	Verfahren im Allgemeinen	4,0

Zu KV 5120–5122:

1   1) **Geltungsbereich.** Vgl zunächst KV 1220, 5110, 5111 Rn 1, 2. Soweit das Zulassungsverfahren nicht als ein Rechtsmittelverfahren abläuft, zB wegen einer Antragsrücknahme, entsteht keine Gebühr, Hornung Rpfleger **97**, 517, Otto JB **97**, 286.

2   2) **Fälligkeit; Kostenschuldner.** Die Fälligkeit tritt nach § 9 I mit der Beendigung des Verfahrens ein.

Man muß den *Kostenschuldner* nach den §§ 22, 29 ermitteln. Der Streitwert wird nach den § 52, § 52 Anh I berechnet. Die Sonderregelung nach KV 5210 tritt auch dann ein, wenn der Antragsteller seinen Antrag erstmals bei dem Berufungsgericht stellt.

Nr.	Gebührentatbestand	Gebühr oder Satz der Gebühr nach § 34 GKG
5123	Beendigung des gesamten Verfahrens durch Zurücknahme der Berufung oder der Klage, bevor die Schrift zur Begründung der Berufung bei Gericht eingegangen ist: Die Gebühr 5122 ermäßigt sich auf .... Erledigungserklärungen nach § 161 Abs. 2 VwGO stehen der Zurücknahme gleich, wenn keine Entscheidung über die Kosten ergeht oder die Entscheidung einer zuvor	1,0

Kostenverzeichnis 5123–5132 KV

Nr.	Gebührentatbestand	Gebühr oder Satz der Gebühr nach § 34 GKG
	mitgeteilten Einigung der Beteiligten über die Kostentragung oder der Kostenübernahmeerklärung eines Beteiligten folgt.	

5124	Beendigung des gesamten Verfahrens, wenn nicht Nummer 5123 erfüllt ist, durch
	1. Zurücknahme der Berufung oder der Klage
	   a) vor dem Schluss der mündlichen Verhandlung,
	   b) wenn eine solche nicht stattfindet, vor Ablauf des Tages, an dem das Urteil oder der Beschluss in der Hauptsache der Geschäftsstelle übermittelt wird, oder
	   c) im Fall des § 93a Abs. 2 VwGO vor Ablauf der Erklärungsfrist nach § 93a Abs. 2 Satz 1 VwGO,
	2. Anerkenntnis- oder Verzichtsurteil,
	3. gerichtlichen Vergleich oder
	4. Erledigungserklärungen nach § 161 Abs. 2 VwGO, wenn keine Entscheidung über die Kosten ergeht oder die Entscheidung einer zuvor mitgeteilten Einigung der Beteiligten über die Kostentragung oder der Kostenübernahmeerklärung eines Beteiligten folgt,
	es sei denn, dass bereits ein anderes als eines der in Nummer 2 genannten Urteile oder ein Beschluss in der Hauptsache vorausgegangen ist:
	Die Gebühr 5122 ermäßigt sich auf ....
	Die Gebühr ermäßigt sich auch, wenn mehrere Ermäßigungstatbestände erfüllt sind.
		2,0

Zu KV 5123, 5124:

1) Geltungsbereich. Die Vorschriften stimmen weitgehend mit KV 1221, 1222   **1** überein. Vgl daher dort. Eine vorherige Zurückverweisung kann unschädlich sein, OVG Kblz NVwZ-RR **11**, 711. Ein Einverständnis mit einer Kostentragung nach Erledigung der Hauptsache ist nicht stets ein Kostenvergleich nach VV 1000, OVG Kblz NVwZ-RR **14**, 862.

Abschnitt 3. Revision

Nr.	Gebührentatbestand	Gebühr oder Satz der Gebühr nach § 34 GKG
5130	Verfahren im Allgemeinen	5,0
5131	Beendigung des gesamten Verfahrens durch Zurücknahme der Revision oder der Klage, bevor die Schrift zur Begründung der Revision bei Gericht eingegangen ist: Die Gebühr 5130 ermäßigt sich auf .... Erledigungserklärungen nach § 161 Abs. 2 VwGO stehen der Zurücknahme gleich, wenn keine Entscheidung über die Kosten ergeht oder die Entscheidung einer zuvor mitgeteilten Einigung der Beteiligten über die Kostentragung oder der Kostenübernahmeerklärung eines Beteiligten folgt.	1,0
5132	Beendigung des gesamten Verfahrens, wenn nicht Nummer 5131 erfüllt ist, durch 1. Zurücknahme der Revision oder der Klage	

KV 5132, Vorbem 5.2, 5210

Nr.	Gebührentatbestand	Gebühr oder Satz der Gebühr nach § 34 GKG
	a) vor dem Schluss der mündlichen Verhandlung, b) wenn eine solche nicht stattfindet, vor Ablauf des Tages, an dem das Urteil oder der Beschluss in der Hauptsache der Geschäftsstelle übermittelt wird, oder c) im Fall des § 93a Abs. 2 VwGO vor Ablauf der Erklärungsfrist nach § 93a Abs. 2 Satz 1 VwGO, 2. Anerkenntnis- oder Verzichtsurteil, 3. gerichtlichen Vergleich oder 4. Erledigungserklärungen nach § 161 Abs. 2 VwGO, wenn keine Entscheidung über die Kosten ergeht oder die Entscheidung einer zuvor mitgeteilten Einigung der Beteiligten über die Kostentragung oder der Kostenübernahmeerklärung eines Beteiligten folgt, es sei denn, dass bereits ein anderes als eines der in Nummer 2 genannten Urteile oder ein Beschluss in der Hauptsache vorausgegangen ist: Die Gebühr 5130 ermäßigt sich auf .... Die Gebühr ermäßigt sich auch, wenn mehrere Ermäßigungstatbestände erfüllt sind.	3,0

Zu KV 5130–5132:

1 **1) Geltungsbereich.** Die Vorschrift stimmen weitgehend mit KV 1230–1232 überein. Vgl daher dort. Es ist bei KV 5131 unerheblich, ob die Revisionsbegründung bereits gleichzeitig mit der Revisionsschrift oder später beim Revisionsgericht eingeht. Es kommt nur darauf an, ob die Revision oder die Klage vor dem Eingang der Revisionsbegründung zurückgenommen wird, Bieler DStR **75**, 626 (zu [jetzt] KV 6121).

Hauptabschnitt 2. Vorläufiger Rechtsschutz

(Amtliche) Vorbemerkung 5.2:

I Die Vorschriften dieses Hauptabschnitts gelten für einstweilige Anordnungen und für Verfahren nach § 80 Abs. 5, § 80a Abs. 3 und § 80b Abs. 2 und 3 VwGO.

II ¹Im Verfahren über den Antrag auf Erlass und im Verfahren über den Antrag auf Aufhebung einer einstweiligen Anordnung werden die Gebühren jeweils gesondert erhoben. ²Mehrere Verfahren nach § 80 Abs. 5 und 7, § 80a Abs. 3 und § 80b Abs. 2 und 3 VwGO gelten innerhalb eines Rechtszugs als ein Verfahren.

Abschnitt 1. Verwaltungsgericht sowie Oberverwaltungsgericht (Verwaltungsgerichtshof) und Bundesverwaltungsgericht als Rechtsmittelgerichte in der Hauptsache

Nr.	Gebührentatbestand	Gebühr oder Satz der Gebühr nach § 34 GKG
5210	Verfahren im Allgemeinen	1,5

1 **1) Geltungsbereich.** Die Vorschrift gilt wie der ganze Hauptabschnitt 2 bei allen Arten von einstweiligen Anordnungen, also zB bei §§ 47 VIII, 80 III und V, 123 VwGO und zu Verfahren nach §§ 80 V, 80a III VwGO. Das Verfahren vor dem Vorsitzenden und das Verfahren vor Gericht gelten als dasselbe Verfahren.

Die Vorschrift gilt nur für die in der Überschrift des Abschnitts 1 genannten Instanzen. Abschnitte 2–4 enthalten für die in den amtlichen zugehörigen Vorbemer-

Kostenverzeichnis **5210, 5211, Vorbem 5.2.2, 5220, 5221 KV**

kungen genannten Zuständigkeiten formell eigene Regeln, ein reichlich kompliziert geratenes Nebeneinander.

Die amtliche Vorbemerkung 5.2 II 2 ist auch dann anwendbar, wenn der Kläger *mehrere Anträge* nacheinander stellt, wenn er zB zunächst die aufschiebende Wirkung des Widerspruchs und später die aufschiebende Wirkung der Klage begehrt hat, so schon Waldner MDR **82**, 81, aM VG Ansbach MDR **82**, 80. Die Art der Entscheidungen der etwaigen mehreren Verfahren ist unerheblich, BFH BStBl **82**, II 137 (zu KV 1332 aF). Allerdings muß der Abschluß in derselben Instanz erfolgt sein. Im Fall eines Änderungsantrags nach § 80 V oder § 80a III VwGO gegen einen erstinstanzlichen Beschluß, den der Antragsteller in der Berufungsinstanz beim Gericht der Hauptsache stellt, entsteht die Gebühr KV 5210 noch einmal. 2

Nicht erfaßt, § 1 S 1, ist ein Verfahren nach § 80b II VwGO, OVG Bautzen JB **99**, 260.

2) Streitwert. Der Streitwert richtet sich nach § 53 III. 3

3) Fälligkeit, Kostenschuldner usw. Die Fälligkeit tritt nach § 9 I mit der Beendigung des Verfahrens ein. 4

Den *Kostenschuldner* ergeben §§ 22, 29.

Nr.	Gebührentatbestand	Gebühr oder Satz der Gebühr nach § 34 GKG

5211	Beendigung des gesamten Verfahrens durch
	1. Zurücknahme des Antrags
	   a) vor dem Schluss der mündlichen Verhandlung oder,
	   b) wenn eine solche nicht stattfindet, vor Ablauf des Tages, an dem der Beschluss der Geschäftsstelle übermittelt wird,
	2. gerichtlichen Vergleich oder
	3. Erledigungserklärungen nach § 161 Abs. 2 VwGO, wenn keine Entscheidung über die Kosten ergeht oder die Entscheidung einer zuvor mitgeteilten Einigung der Beteiligten über die Kostentragung oder der Kostenübernahmeerklärung eines Beteiligten folgt,
	es sei denn, dass bereits ein Beschluss über den Antrag vorausgegangen ist:
	Die Gebühr 5210 ermäßigt sich auf ....
	Die Gebühr ermäßigt sich auch, wenn mehrere Ermäßigungstatbestände erfüllt sind.
		0,5

Abschnitt 2. Oberverwaltungsgericht (Verwaltungsgerichtshof)

(Amtliche) Vorbemerkung 5.2.2:
Die Vorschriften dieses Abschnitts gelten, wenn das Oberverwaltungsgericht (Verwaltungsgerichtshof) auch in der Hauptsache erstinstanzlich zuständig ist.

Nr.	Gebührentatbestand	Gebühr oder Satz der Gebühr nach § 34 GKG
5220	Verfahren im Allgemeinen	2,0

5221	Beendigung des gesamten Verfahrens durch
	1. Zurücknahme des Antrags
	   a) vor dem Schluss der mündlichen Verhandlung oder,
	   b) wenn eine solche nicht stattfindet, vor Ablauf des Tages, an dem der Beschluss der Geschäftsstelle übermittelt wird,
	2. gerichtlichen Vergleich oder	

KV 5221–5231, Vorbem 5.2.4, 5240, 5241   Kostenverzeichnis

Nr.	Gebührentatbestand	Gebühr oder Satz der Gebühr nach § 34 GKG
	3. Erledigungserklärungen nach § 161 Abs. 2 VwGO, wenn keine Entscheidung über die Kosten ergeht oder die Entscheidung einer zuvor mitgeteilten Einigung der Beteiligten über die Kostentragung oder der Kostenübernahmeerklärung eines Beteiligten folgt, es sei denn, dass bereits ein Beschluss über den Antrag vorausgegangen ist: Die Gebühr 5220 ermäßigt sich auf .... Die Gebühr ermäßigt sich auch, wenn mehrere Ermäßigungstatbestände erfüllt sind.	0,75

Abschnitt 3. Bundesverwaltungsgericht

(Amtliche) Vorbemerkung 5.2.3:
Die Vorschriften dieses Abschnitts gelten, wenn das Bundesverwaltungsgericht auch in der Hauptsache erstinstanzlich zuständig ist.

Nr.	Gebührentatbestand	Gebühr oder Satz der Gebühr nach § 34 GKG
5230	Verfahren im Allgemeinen	2,5
5231	Beendigung des gesamten Verfahrens durch:	

	1. Zurücknahme des Antrags
	   a) vor dem Schluss der mündlichen Verhandlung oder,
	   b) wenn eine solche nicht stattfindet, vor Ablauf des Tages, an dem der Beschluss der Geschäftsstelle übermittelt wird,
	2. gerichtlichen Vergleich oder
	3. Erledigungserklärungen nach § 161 Abs. 2 VwGO, wenn keine Entscheidung über die Kosten ergeht oder die Entscheidung einer zuvor mitgeteilten Einigung der Beteiligten über die Kostentragung oder der Kostenübernahmeerklärung eines Beteiligten folgt, es sei denn, dass bereits ein Beschluss über den Antrag vorausgegangen ist: Die Gebühr 5230 ermäßigt sich auf .... Die Gebühr ermäßigt sich auch, wenn mehrere Ermäßigungstatbestände erfüllt sind.
		1,0

Abschnitt 4. Beschwerde

(Amtliche) Vorbemerkung 5.2.4:
Die Vorschriften dieses Abschnitts gelten für Beschwerden gegen Beschlüsse des Verwaltungsgerichts über einstweilige Anordnungen (§ 123 VwGO) und über die Aussetzung der Vollziehung (§§ 80, 80 a VwGO).

Nr.	Gebührentatbestand	Gebühr oder Satz der Gebühr nach § 34 GKG
5240	Verfahren über die Beschwerde	2,0
5241	Beendigung des gesamten Verfahrens durch Zurücknahme der Beschwerde: Die Gebühr 5240 ermäßigt sich auf	1,0

Kostenverzeichnis **5241–5501 KV**

Zu KV 5240, 5241:

1) **Geltungsbereich.** Die Vorschrift stimmen teilweise mit KV 1240, 1430 überein. Vgl daher dort.

Hauptabschnitt 3. Besondere Verfahren

Nr.	Gebührentatbestand	Gebühr oder Satz der Gebühr nach § 34 GKG
5300	Selbständiges Beweisverfahren	1,0

1) **Geltungsbereich.** Vgl KV 1610. Die Fälligkeit tritt bei der Anhängigkeit einer Hauptsache dann ein, wenn dort eine Kostenentscheidung ergeht oder wenn sich die Hauptsache anderweitig erledigt. Andernfalls tritt die Fälligkeit nach § 9 I mit der Beendigung des selbständigen Beweisverfahrens ein.

Nr.	Gebührentatbestand	Gebühr oder Satz der Gebühr nach § 34 GKG
5301	Verfahren über Anträge auf gerichtliche Handlungen der Zwangsvollstreckung nach den §§ 169, 170 oder § 172 VwGO	20,00 €

1) **Geltungsbereich.** Die Vorschrift stimmt inhaltlich im Kern ganz mit KV 2110 überein. Vgl daher dort.

Hauptabschnitt 4. Rüge wegen Verletzung des Anspruchs auf rechtliches Gehör

Nr.	Gebührentatbestand	Gebühr oder Satz der Gebühr nach § 34 GKG
5400	Verfahren über die Rüge wegen Verletzung des Anspruchs auf rechtliches Gehör (§ 152a VwGO): Die Rüge wird in vollem Umfang verworfen oder zurückgewiesen	60,00 €

1) **Geltungsbereich.** Die Vorschrift ist verfassungsgemäß, OVG Kblz NJW **12**, 1530, OVG Mannh JB **12**, 320. Sie stimmt ganz mit KV 1700 überein. Vgl daher dort.

Hauptabschnitt 5. Sonstige Beschwerden

Nr.	Gebührentatbestand	Gebühr oder Satz der Gebühr nach § 34 GKG
5500	Verfahren über die Beschwerde gegen die Nichtzulassung der Revision: Soweit die Beschwerde verworfen oder zurückgewiesen wird	2,0
5501	Verfahren über die Beschwerde gegen die Nichtzulassung der Revision: Soweit die Beschwerde zurückgenommen oder das Verfahren durch anderweitige Erledigung beendet wird Die Gebühr entsteht nicht, soweit die Revision zugelassen wird.	1,0

KV 5502–6110 Kostenverzeichnis

Nr.	Gebührentatbestand	Gebühr oder Satz der Gebühr nach § 34 GKG
5502	Verfahren über nicht besonders aufgeführte Beschwerden, die nicht nach anderen Vorschriften gebührenfrei sind: Die Beschwerde wird verworfen oder zurückgewiesen Wird die Beschwerde nur teilweise verworfen oder zurückgewiesen, kann das Gericht die Gebühr nach billigem Ermessen auf die Hälfte ermäßigen oder bestimmen, dass eine Gebühr nicht zu erheben ist.	60,00 €

Zu KV 5500–5502:

1 **1) Geltungsbereich.** KV 5500 stimmt wesentlich mit KV 1241 überein. KV 5501 stimmt wesentlich mit KV 1242 überein. KV 5502 stimmt wesentlich mit KV 1812 überein. Vgl daher jeweils dort.

Hauptabschnitt 6. Besondere Gebühren

Nr.	Gebührentatbestand	Gebühr oder Satz der Gebühr nach § 34 GKG
5600	Abschluss eines gerichtlichen Vergleichs: Soweit ein Vergleich über nicht gerichtlich anhängige Gegenstände geschlossen wird .... ¹Die Gebühr entsteht nicht im Verfahren über die Prozesskostenhilfe. ²Im Verhältnis zur Gebühr für das Verfahren im Allgemeinen ist § 36 Abs. 3 GKG entsprechend anzuwenden.	0,25

1 **1) Geltungsbereich.** Die Vorschrift stimmt weitgehend mit KV 1900 überein. Vgl daher dort.

Nr.	Gebührentatbestand	Gebühr oder Satz der Gebühr nach § 34 GKG
5601	Auferlegung einer Gebühr nach § 38 GKG wegen Verzögerung des Rechtsstreits	wie vom Gericht bestimmt

1 **1) Geltungsbereich.** Die Vorschrift stimmt wörtlich mit KV 1700 überein. Vgl daher dort.

Teil 6. Verfahren vor den Gerichten der Finanzgerichtsbarkeit

Hauptabschnitt 1. Prozessverfahren

Abschnitt 1. Erster Rechtszug

Unterabschnitt 1. Verfahren vor dem Finanzgericht

Nr.	Gebührentatbestand	Gebühr oder Satz der Gebühr nach § 34 GKG
6110	Verfahren im Allgemeinen, soweit es sich nicht nach § 45 Abs. 3 FGO erledigt	4,0

Kostenverzeichnis **6110–6113 KV**

1) Geltungsbereich. Teil 6 ähnelt ebenfalls dem Teil 1 weitgehend. Vgl daher 1
KV 1210 ff. Prozeßverfahren ist das Verfahren nach §§ 63 ff FGO, soweit es sich um ein selbständiges Verfahren handelt. KV 6210, 6211 enthalten Sonderregelungen wegen der Verfahren nach §§ 69 III, V FGO. KV 6300 enthält eine Sonderregelung für das selbständige Beweisverfahren. KV 6600 regelt die Höhe einer Verzögerungsgebühr nach § 38. KV 6220, 6221, 6500–6502 enthalten die Regelung des Beschwerdeverfahrens. Das Vollstreckungsverfahren nach §§ 150 ff FGO ist kein Prozeßverfahren mehr. Wegen § 152 FGO gilt KV 6301.

2) Streitwert. Der Streitwert richtet sich nach § 58, vgl dort Anh II. 2

3) Fälligkeit, Kostenschuldner usw. Die Fälligkeit tritt nach § 6 I Z 4 ein. Wegen der Auslagen gilt § 9. 3

Der *Kostenschuldner* ergibt sich nach §§ 22, 29. Es besteht nach § 10 keine Vorauszahlungspflicht.

Nr.	Gebührentatbestand	Gebühr oder Satz der Gebühr nach § 34 GKG

6111	Beendigung des gesamten Verfahrens durch
	1. Zurücknahme der Klage
	   a) vor dem Schluss der mündlichen Verhandlung oder,
	   b) wenn eine solche nicht stattfindet, vor Ablauf des Tages, an dem das Urteil oder der Gerichtsbescheid der Geschäftsstelle übermittelt wird, oder
	2. Beschluss in den Fällen des § 138 FGO,
	es sei denn, dass bereits ein Urteil oder ein Gerichtsbescheid vorausgegangen ist:
	Die Gebühr 6110 ermäßigt sich auf ....
	Die Gebühr ermäßigt sich auch, wenn mehrere Ermäßigungstatbestände erfüllt sind.
		2,0

1) Geltungsbereich. Die Vorschrift stimmt im Kern mit KV 1211 überein. Vgl 1
daher dort. Wegen weitergehender Ermäßigungs- oder Wegfallmöglichkeiten § 69 b.

Unterabschnitt 2. Verfahren vor dem Bundesfinanzhof

Nr.	Gebührentatbestand	Gebühr oder Satz der Gebühr nach § 34 GKG
6112	Verfahren im Allgemeinen	5,0

6113	Beendigung des gesamten Verfahrens durch
	1. Zurücknahme der Klage
	   a) vor dem Schluss der mündlichen Verhandlung oder,
	   b) wenn eine solche nicht stattfindet, vor Ablauf des Tages, an dem das Urteil oder der Gerichtsbescheid der Geschäftsstelle übermittelt wird, oder
	2. Beschluss in den Fällen des § 138 FGO,
	es sei denn, dass bereits ein Urteil oder ein Gerichtsbescheid vorausgegangen ist:
	Die Gebühr 6112 ermäßigt sich auf ....
	Die Gebühr ermäßigt sich auch, wenn mehrere Ermäßigungstatbestände erfüllt sind.
		3,0

Zu KV 6112, 6113:

1) Systematik. Die Vorschriften entsprechen KV 1210, 1211. Vgl daher dort. 1

KV 6120–6122, Vorbem 6.2

Abschnitt 2. Revision

Nr.	Gebührentatbestand	Gebühr oder Satz der Gebühr nach § 34 GKG
6120	Verfahren im Allgemeinen	5,0

1   **1) Geltungsbereich.** Die Vorschrift stimmt weitgehend mit KV 1230 überein. Vgl daher dort.

Nr.	Gebührentatbestand	Gebühr oder Satz der Gebühr nach § 34 GKG
6121	Beendigung des gesamten Verfahrens durch Zurücknahme der Revision oder der Klage, bevor die Schrift zur Begründung der Revision bei Gericht eingegangen ist: Die Gebühr 6120 ermäßigt sich auf .... Erledigungen in den Fällen des § 138 FGO stehen der Zurücknahme gleich.	1,0

1   **1) Geltungsbereich.** Die Vorschrift stimmt weitgehend mit KV 1231 überein. Vgl daher dort.

Nr.	Gebührentatbestand	Gebühr oder Satz der Gebühr nach § 34 GKG

6122	Beendigung des gesamten Verfahrens, wenn nicht Nummer 6121 erfüllt ist, durch
	1. Zurücknahme der Revision oder der Klage
	   a) vor dem Schluss der mündlichen Verhandlung oder,
	   b) wenn eine solche nicht stattfindet, vor Ablauf des Tages, an dem das Urteil, der Gerichtsbescheid oder der Beschluss in der Hauptsache der Geschäftsstelle übermittelt wird, oder
	2. Beschluss in den Fällen des § 138 FGO,
	es sei denn, dass bereits ein Urteil, ein Gerichtsbescheid oder ein Beschluss in der Hauptsache vorausgegangen ist:
	Die Gebühr 6120 ermäßigt sich auf ....
	Die Gebühr ermäßigt sich auch, wenn mehrere Ermäßigungstatbestände erfüllt sind.
		3,0

1   **1) Geltungsbereich.** Die Vorschrift stimmt weitgehend mit KV 1232 überein. Vgl daher dort.

Hauptabschnitt 2. Vorläufiger Rechtsschutz

(Amtliche) Vorbemerkung 6.2:

[I] Die Vorschriften dieses Hauptabschnitts gelten für einstweilige Anordnungen und für Verfahren nach § 69 Abs. 3 und 5 FGO.

[II] [1] Im Verfahren über den Antrag auf Erlass und im Verfahren über den Antrag auf Aufhebung einer einstweiligen Anordnung werden die Gebühren jeweils gesondert erhoben. [2] Mehrere Verfahren nach § 69 Abs. 3 und 5 FGO gelten innerhalb eines Rechtszugs als ein Verfahren.

Kostenverzeichnis **6210, 6211, Vorbem 6.2.2, 6220, 6221 KV**

Abschnitt 1. Erster Rechtszug

Nr.	Gebührentatbestand	Gebühr oder Satz der Gebühr nach § 34 GKG
6210	Verfahren im Allgemeinen	2,0

1) Geltungsbereich. Die Vorschrift stimmt im Kern mit KV 1410 überein. Vgl 1
daher bedingt dort. Mehrere Verfahren nach (jetzt) der amtlichen Vorbemerkung 6.2
II 2 liegen auch dann vor, wenn der Antragsteller den ersten Antrag zurückgenommen hat und wenn das Gericht auch auf Grund des zweiten Antrags keine Sachentscheidung getroffen hat, BFH/NV **96**, 845, FG Münst EFG **91**, 502, aM FG Karlsr EFG **99**, 343, FG Saarbr EFG **85**, 577.
Wenn das Gericht in einem Aussetzungsverfahren nach § 69 FGO dem *vollmachtlosen Vertreter* des Steuerpflichtigen die Kosten auferlegt und in einem weiteren Aussetzungsverfahren desselben Rechtszugs dem Steuerpflichtigen, entfällt die Wirkung des ersten Kostenausspruchs, FG Mü EFG **81**, 204.

2) Streitwert. Der Streitwert ergibt sich aus § 53 III. 2
3) Fälligkeit, Kostenschuldner usw. Die Fälligkeit tritt nach § 6 I ein. 3
Der *Kostenschuldner* ergibt sich aus §§ 22, 29.

Nr.	Gebührentatbestand	Gebühr oder Satz der Gebühr nach § 34 GKG

6211	Beendigung des gesamten Verfahrens durch
	1. Zurücknahme des Antrags
	   a) vor dem Schluss der mündlichen Verhandlung oder,
	   b) wenn eine solche nicht stattfindet, vor Ablauf des Tages, an dem der Beschluss (§ 114 Abs. 4 FGO) der Geschäftsstelle übermittelt wird, oder
	2. Beschluss in den Fällen des § 138 FGO,
	es sei denn, dass bereits ein Beschluss nach § 114 Abs. 4 FGO vorausgegangen ist:
	Die Gebühr 6210 ermäßigt sich auf ....
	Die Gebühr ermäßigt sich auch, wenn mehrere Ermäßigungstatbestände erfüllt sind.
		0,75

1) Geltungsbereich. Die Vorschrift stimmt weitgehend mit KV 1421 überein. 1
Vgl daher dort.

Abschnitt 2. Beschwerde

(Amtliche) Vorbemerkung 6.2.2:
Die Vorschriften dieses Abschnitts gelten für Beschwerden gegen Beschlüsse über einstweilige Anordnungen (§ 114 FGO) und über die Aussetzung der Vollziehung (§ 69 Abs. 3 und 5 FGO).

Nr.	Gebührentatbestand	Gebühr oder Satz der Gebühr nach § 34 GKG
6220	Verfahren über die Beschwerde	2,0
6221	Beendigung des gesamten Verfahrens durch Zurücknahme der Beschwerde: Die Gebühr 6220 ermäßigt sich auf	1,0

Zu KV 6220, 6221:

1) Geltungsbereich. KV 6220 stimmt weitgehend mit KV 1423 überein. KV 6221 1
stimmt weitgehend mit KV 1430 überein. Vgl daher jeweils dort.

KV 6300–6502

Hauptabschnitt 3. Besondere Verfahren

Nr.	Gebührentatbestand	Gebühr oder Satz der Gebühr nach § 34 GKG
6300	Selbständiges Beweisverfahren	1,0

1 1) **Geltungsbereich.** Die Vorschrift stimmt wörtlich mit KV 1610 überein. Vgl daher dort.

2 2) **Fälligkeit, Kostenschuldner usw.** Soweit eine Hauptsache anhängig ist, tritt die Fälligkeit mit deren Kostenentscheidung oder anderweitiger Erledigung ein. Andernfalls tritt die Fälligkeit nach § 6 I ein.
Der *Kostenschuldner* ergibt sich aus §§ 22, 29.

Nr.	Gebührentatbestand	Gebühr oder Satz der Gebühr nach § 34 GKG
6301	Verfahren über Anträge auf gerichtliche Handlungen der Zwangsvollstreckung gemäß § 152 FGO	20,00 €

Hauptabschnitt 4. Rüge wegen Verletzung des Anspruchs auf rechtliches Gehör

Nr.	Gebührentatbestand	Gebühr oder Satz der Gebühr nach § 34 GKG
6400	Verfahren über die Rüge wegen Verletzung des Anspruchs auf rechtliches Gehör (§ 133 a FGO): Die Rüge wird in vollem Umfang verworfen oder zurückgewiesen	60,00 €

1 1) **Geltungsbereich.** Die Vorschrift stimmt fast wörtlich mit KV 1700 überein. Vgl daher dort.

Hauptabschnitt 5. Sonstige Beschwerden

Nr.	Gebührentatbestand	Gebühr oder Satz der Gebühr nach § 34 GKG
6500	Verfahren über die Beschwerde gegen die Nichtzulassung der Revision: Soweit die Beschwerde verworfen oder zurückgewiesen wird	2,0
6501	Verfahren über die Beschwerde gegen die Nichtzulassung der Revision: Soweit die Beschwerde zurückgenommen oder das Verfahren durch anderweitige Erledigung beendet wird .... Die Gebühr entsteht nicht, soweit die Revision zugelassen wird.	1,0
6502	Verfahren über nicht besonders aufgeführte Beschwerden, die nicht nach anderen Vorschriften gebührenfrei sind: Die Beschwerde wird verworfen oder zurückgewiesen	60,00 €

Kostenverzeichnis **6502–7111 KV**

Nr.	Gebührentatbestand	Gebühr oder Satz der Gebühr nach § 34 GKG
	Wird die Beschwerde nur teilweise verworfen oder zurückgewiesen, kann das Gericht die Gebühr nach billigem Ermessen auf die Hälfte ermäßigen oder bestimmen, dass eine Gebühr nicht zu erheben ist.	

Zu KV 6500–6502:

1) Geltungsbereich. KV 6500 stimmt wörtlich mit KV 1241 überein. KV 6501 stimmt wörtlich mit KV 1242 überein. KV 6502 stimmt wörtlich mit KV 1811 überein. Vgl daher jeweils dort. 　1

Hauptabschnitt 6. Besondere Gebühr

Nr.	Gebührentatbestand	Gebühr oder Satz der Gebühr nach § 34 GKG
6600	Auferlegung einer Gebühr nach § 38 GKG wegen Verzögerung des Rechtsstreits	wie vom Gericht bestimmt

1) Geltungsbereich. Die Vorschrift stimmt wörtlich mit KV 1901 überein. Vgl daher dort. 　1

Teil 7. Verfahren vor den Gerichten der Sozialgerichtsbarkeit

Vorbem. Wegen §§ 183 ff SGG s. Teil II B dieses Buchs.

Hauptabschnitt 1. Prozessverfahren

Abschnitt 1. Erster Rechtszug

Unterabschnitt 1. Verfahren vor dem Sozialgericht

Nr.	Gebührentatbestand	Gebühr oder Satz der Gebühr nach § 34 GKG
7110	Verfahren im Allgemeinen	3,0

1) Geltungsbereich. Die Vorschrift stimmt weitgehend mit KV 1210 überein. Vgl daher dort. 　1

Nr.	Gebührentatbestand	Gebühr oder Satz der Gebühr nach § 34 GKG
7111	Beendigung des gesamten Verfahrens durch 1. Zurücknahme der Klage 　a) vor dem Schluss der mündlichen Verhandlung oder, 　b) wenn eine solche nicht stattfindet, vor Ablauf des Tages, an dem das Urteil oder der Gerichtsbescheid der Geschäftsstelle übermittelt wird, 2. Anerkenntnisurteil, 3. gerichtlichen Vergleich oder angenommenes Anerkenntnis oder	

KV 7111–7115

Nr.	Gebührentatbestand	Gebühr oder Satz der Gebühr nach § 34 GKG
	4. Erledigungserklärungen nach § 197a Abs. 1 Satz 1 SGG i. V. m. § 161 Abs. 2 VwGO, wenn keine Entscheidung über die Kosten ergeht oder die Entscheidung einer zuvor mitgeteilten Einigung der Beteiligten über die Kostentragung oder der Kostenübernahmeerklärung eines Beteiligten folgt,	
	es sei denn, dass bereits ein Urteil oder ein Gerichtsbescheid vorausgegangen ist:	
	Die Gebühr 7110 ermäßigt sich auf	1,0
	Die Gebühr ermäßigt sich auch, wenn mehrere Ermäßigungstatbestände erfüllt sind.	

1   1) **Geltungsbereich.** Die Vorschrift stimmt weitgehend mit KV 1211 überein Vgl daher dort.

Nr.	Gebührentatbestand	Gebühr oder Satz der Gebühr nach § 34 GKG
	Unterabschnitt 2. **Verfahren vor dem Landessozialgericht**	
7112	Verfahren im Allgemeinen	4,0
7113	Beendigung des gesamten Verfahrens durch	
	1. Zurücknahme der Klage	
	a) vor dem Schluss der mündlichen Verhandlung oder,	
	b) wenn eine solche nicht stattfindet, vor Ablauf des Tages, an dem das Urteil oder der Gerichtsbescheid der Geschäftsstelle übermittelt wird,	
	2. Anerkenntnisurteil,	
	3. gerichtlichen Vergleich oder angenommenes Anerkenntnis oder	
	4. Erledigungserklärungen nach § 197a Abs. 1 Satz 1 SGG i. V. m. § 161 Abs. 2 VwGO, wenn keine Entscheidung über die Kosten ergeht oder die Entscheidung einer zuvor mitgeteilten Einigung der Beteiligten über die Kostentragung oder der Kostenübernahmeerklärung eines Beteiligten folgt,	
	es sei denn, dass bereits ein Urteil oder ein Gerichtsbescheid vorausgegangen ist:	
	Die Gebühr 7112 ermäßigt sich auf	2,0
	Die Gebühr ermäßigt sich auch, wenn mehrere Ermäßigungstatbestände erfüllt sind.	
	Unterabschnitt 3. **Verfahren vor dem Bundessozialgericht**	
7114	Verfahren im Allgemeinen	5,0
7115	Beendigung des gesamten Verfahrens durch	
	1. Zurücknahme der Klage	
	a) vor dem Schluss der mündlichen Verhandlung oder,	
	b) wenn eine solche nicht stattfindet, vor Ablauf des Tages, an dem das Urteil oder der Gerichtsbescheid der Geschäftsstelle übermittelt wird,	

Kostenverzeichnis 7115–7122 KV

Nr.	Gebührentatbestand	Gebühr oder Satz der Gebühr nach § 34 GKG
	2. **Anerkenntnisurteil,** 3. **gerichtlichen Vergleich oder angenommenes Anerkenntnis oder** 4. **Erledigungserklärungen nach § 197a Abs. 1 Satz 1 SGG i. V. m. § 161 Abs. 2 VwGO, wenn keine Entscheidung über die Kosten ergeht oder die Entscheidung einer zuvor mitgeteilten Einigung der Beteiligten über die Kostentragung oder der Kostenübernahmeerklärung eines Beteiligten folgt,** es sei denn, dass bereits ein Urteil oder ein Gerichtsbescheid vorausgegangen ist: Die Gebühr 7114 ermäßigt sich auf .... Die Gebühr ermäßigt sich auch, wenn mehrere Ermäßigungstatbestände erfüllt sind.	3,0

Zu KV 7112–7115:

1) **Systematik.** Die Vorschriften entsprechen KV 1210, 1211. Vgl daher dort. 1
Wegen weitergehender Ermäßigungs- oder Wegfallmöglichkeiten über KV 7123
hinaus § 69 b.

Abschnitt 2. Berufung

Nr.	Gebührentatbestand	Gebühr oder Satz der Gebühr nach § 34 GKG
7120	Verfahren im Allgemeinen	4,0

1) **Geltungsbereich.** Die Vorschrift stimmt weitgehend mit KV 1220 überein. 1
Vgl daher dort.

Nr.	Gebührentatbestand	Gebühr oder Satz der Gebühr nach § 34 GKG
7121	Beendigung des gesamten Verfahrens durch Zurücknahme der Berufung oder der Klage, bevor die Schrift zur Begründung der Berufung bei Gericht eingegangen ist und vor Ablauf des Tages, an dem die Verfügung mit der Bestimmung des Termins zur mündlichen Verhandlung der Geschäftsstelle übermittelt wird und vor Ablauf des Tages, an dem die den Beteiligten gesetzte Frist zur Äußerung abgelaufen ist (§ 153 Abs. 4 Satz 2 SGG): Die Gebühr 7120 ermäßigt sich auf .... Erledigungserklärungen nach § 197a Abs. 1 Satz 1 SGG i. V. m. § 161 Abs. 2 VwGO stehen der Zurücknahme gleich, wenn keine Entscheidung über die Kosten ergeht oder die Entscheidung einer zuvor mitgeteilten Einigung der Beteiligten über die Kostentragung oder der Kostenübernahmeerklärung eines Beteiligten folgt.	1,0
7122	Beendigung des gesamten Verfahrens, wenn nicht Nummer 7121 erfüllt ist, durch 1. Zurücknahme der Berufung oder der Klage a) vor dem Schluss der mündlichen Verhandlung oder,	

KV 7122–7132

Nr.	Gebührentatbestand	Gebühr oder Satz der Gebühr nach § 34 GKG
	b) wenn eine solche nicht stattfindet, vor Ablauf des Tages, an dem das Urteil oder der Beschluss in der Hauptsache der Geschäftsstelle übermittelt wird, 2. Anerkenntnisurteil, 3. gerichtlichen Vergleich oder angenommenes Anerkenntnis oder 4. Erledigungserklärungen nach § 197a Abs. 1 Satz 1 SGG i. V. m. § 161 Abs. 2 VwGO, wenn keine Entscheidung über die Kosten ergeht oder die Entscheidung einer zuvor mitgeteilten Einigung der Beteiligten über die Kostentragung oder der Kostenübernahmeerklärung eines Beteiligten folgt, es sei denn, dass bereits ein Urteil oder ein Beschluss in der Hauptsache vorausgegangen ist: Die Gebühr 7120 ermäßigt sich auf .... Die Gebühr ermäßigt sich auch, wenn mehrere Ermäßigungstatbestände erfüllt sind.	2,0

Zu KV 7121, 7122:

1 1) **Geltungsbereich.** Die Vorschriften stimmen in etwa mit KV 1221, 1222 überein. Vgl daher dort.

Abschnitt 3. Revision

Nr.	Gebührentatbestand	Gebühr oder Satz der Gebühr nach § 34 GKG
7130	Verfahren im Allgemeinen	5,0
7131	Beendigung des gesamten Verfahrens durch Zurücknahme der Revision oder der Klage, bevor die Schrift zur Begründung der Revision bei Gericht eingegangen ist: Die Gebühr 7130 ermäßigt sich auf .... Erledigungserklärungen nach § 197a Abs. 1 Satz 1 SGG i. V. m. § 161 Abs. 2 VwGO stehen der Zurücknahme gleich, wenn keine Entscheidung über die Kosten ergeht oder die Entscheidung einer zuvor mitgeteilten Einigung der Beteiligten über die Kostentragung oder der Kostenübernahmeerklärung eines Beteiligten folgt.	1,0

7132	Beendigung des gesamten Verfahrens, wenn nicht Nummer 7131 erfüllt ist, durch
	 1. Zurücknahme der Revision oder der Klage,
	    a) vor dem Schluss der mündlichen Verhandlung oder,
	    b) wenn eine solche nicht stattfindet, vor Ablauf des Tages, an dem das Urteil oder der Beschluss in der Hauptsache der Geschäftsstelle übermittelt wird,
	 2. Anerkenntnisurteil,
	 3. gerichtlichen Vergleich oder angenommenes Anerkenntnis oder	

Kostenverzeichnis **7132, Vorbem 7.2, 7210, 7211 KV**

Nr.	Gebührentatbestand	Gebühr oder Satz der Gebühr nach § 34 GKG
	4. Erledigungserklärungen nach § 197a Abs. 1 Satz 1 SGG i. V. m. § 161 Abs. 2 VwGO, wenn keine Entscheidung über die Kosten ergeht oder die Entscheidung einer zuvor mitgeteilten Einigung der Beteiligten über die Kostentragung oder der Kostenübernahmeerklärung eines Beteiligten folgt, wenn nicht bereits ein Urteil oder ein Beschluss in der Hauptsache vorausgegangen ist: Die Gebühr 7130 ermäßigt sich auf .... Die Gebühr ermäßigt sich auch, wenn mehrere Ermäßigungstatbestände erfüllt sind.	3,0

1) **Geltungsbereich.** Die Vorschriften stimmen weitgehend mit KV 1231, 1232 1 überein. Vgl daher dort.

Hauptabschnitt 2. Vorläufiger Rechtsschutz

(Amtliche) Vorbemerkung 7.2:

[I] Die Vorschriften dieses Hauptabschnitts gelten für einstweilige Anordnungen und für Verfahren nach § 86b Abs. 1 SGG.

[II] [1] Im Verfahren über den Antrag auf Erlass und im Verfahren über den Antrag auf Aufhebung einer einstweiligen Anordnung werden die Gebühren jeweils gesondert erhoben. [2] Mehrere Verfahren nach § 86b Abs. 1 SGG gelten innerhalb eines Rechtszugs als ein Verfahren.

Abschnitt 1. Erster Rechtszug

Nr.	Gebührentatbestand	Gebühr oder Satz der Gebühr nach § 34 GKG
7210	Verfahren im Allgemeinen	1,5

1) **Geltungsbereich.** Die Vorschrift stimmt wesentlich mit KV 1410 überein. Vgl 1 daher dort.

Nr.	Gebührentatbestand	Gebühr oder Satz der Gebühr nach § 34 GKG
7211	Beendigung des gesamten Verfahrens durch 1. Zurücknahme des Antrags a) vor dem Schluss der mündlichen Verhandlung oder, b) wenn eine solche nicht stattfindet, vor Ablauf des Tages, an dem der Beschluss (§ 86b Abs. 4 SGG) der Geschäftsstelle übermittelt wird, 2. gerichtlichen Vergleich oder angenommenes Anerkenntnis oder 3. Erledigungserklärungen nach § 197a Abs. 1 Satz 1 SGG i. V. m. § 161 Abs. 2 VwGO, wenn keine Entscheidung über die Kosten ergeht oder die Entscheidung einer zuvor mitgeteilten Einigung der Beteiligten über die Kostentragung oder der Kostenübernahmeerklärung eines Beteiligten folgt,	

KV 7211, Vorbem 7.2.2, 7220–7400

Nr.	Gebührentatbestand	Gebühr oder Satz der Gebühr nach § 34 GKG
	es sei denn, dass bereits ein Beschluss (§ 86 b Abs. 4 SGG) vorausgegangen ist: Die Gebühr 7210 ermäßigt sich auf .... Die Gebühr ermäßigt sich auch, wenn mehrere Ermäßigungstatbestände erfüllt sind.	0,5

1   1) **Geltungsbereich.** Die Vorschrift stimmt wesentlich mit KV 1421 überein. Vgl daher dort.

Abschnitt 2. Beschwerde

(Amtliche) Vorbemerkung 7.2.2:
Die Vorschriften dieses Abschnitts gelten für Beschwerden gegen Beschlüsse des Sozialgerichts nach § 86 b SGG.

Nr.	Gebührentatbestand	Gebühr oder Satz der Gebühr nach § 34 GKG
7220	Verfahren über die Beschwerde	2,0
7221	Beendigung des gesamten Verfahrens durch Zurücknahme der Beschwerde: Die Gebühr 7220 ermäßigt sich auf	1,0

Zu KV 7220, 7221:

1   1) **Geltungsbereich.** KV 7220 stimmt wesentlich mit KV 1423 überein. KV 7221 stimmt wesentlich mit KV 1430 überein. Vgl daher jeweils dort.

Hauptabschnitt 3. Beweissicherungsverfahren

Nr.	Gebührentatbestand	Gebühr oder Satz der Gebühr nach § 34 GKG
7300	Verfahren im Allgemeinen	1,0

1   1) **Geltungsbereich.** Die Vorschrift stimmt fast wörtlich mit KV 1610 überein. Vgl daher dort.

Hauptabschnitt 4. Rüge wegen Verletzung des Anspruchs auf rechtliches Gehör

Nr.	Gebührentatbestand	Gebühr oder Satz der Gebühr nach § 34 GKG
7400	Verfahren über die Rüge wegen Verletzung des Anspruchs auf rechtliches Gehör (§ 178 a SGG): Die Rüge wird in vollem Umfang verworfen oder zurückgewiesen	60,00 €

1   1) **Geltungsbereich.** Die Vorschrift stimmt fast wörtlich mit KV 1700 überein. Vgl daher dort.

Kostenverzeichnis 7500–7600 KV

Hauptabschnitt 5. Sonstige Beschwerden

Nr.	Gebührentatbestand	Gebühr oder Satz der Gebühr nach § 34 GKG
7500	Verfahren über die Beschwerde gegen die Nichtzulassung der Berufung: Soweit die Beschwerde verworfen oder zurückgewiesen wird	1,5
7501	Verfahren über die Beschwerde gegen die Nichtzulassung der Berufung: Soweit die Beschwerde zurückgenommen oder das Verfahren durch anderweitige Erledigung beendet wird	0,75
	Die Gebühr entsteht nicht, soweit die Berufung zugelassen wird.	
7502	Verfahren über die Beschwerde gegen die Nichtzulassung der Revision: Soweit die Beschwerde verworfen oder zurückgewiesen wird	2,0
7503	Verfahren über die Beschwerde gegen die Nichtzulassung der Revision: Soweit die Beschwerde zurückgenommen oder das Verfahren durch anderweitige Erledigung beendet wird	1,0
	Die Gebühr entsteht nicht, soweit die Revision zugelassen wird.	
7504	Verfahren über nicht besonders aufgeführte Beschwerden, die nicht nach anderen Vorschriften gebührenfrei sind: Die Beschwerde wird verworfen oder zurückgewiesen	60,00 €
	Wird die Beschwerde nur teilweise verworfen oder zurückgewiesen, kann das Gericht die Gebühr nach billigem Ermessen auf die Hälfte ermäßigen oder bestimmen, dass eine Gebühr nicht zu erheben ist.	

Hauptabschnitt 6. Besondere Gebühren

Nr.	Gebührentatbestand	Gebühr oder Satz der Gebühr nach § 34 GKG
7600	Abschluss eines gerichtlichen Vergleichs: Soweit ein Vergleich über nicht gerichtlich anhängige Gegenstände geschlossen wird	0,25
	[1] Die Gebühr entsteht nicht im Verfahren über die Prozesskostenhilfe. [2] Im Verhältnis zur Gebühr für das Verfahren im Allgemeinen ist § 36 Abs. 3 GKG entsprechend anzuwenden.	

1) Geltungsbereich. Die Vorschrift stimmt weitgehend mit KV 1900 überein. **1**
Vgl daher dort.

KV 7601, Vorbem 8, 8100

Nr.	Gebührentatbestand	Gebühr oder Satz der Gebühr nach § 34 GKG
7601	Auferlegung einer Gebühr nach § 38 GKG wegen Verzögerung des Rechtsstreits	wie vom Gericht bestimmt

Teil 8. Verfahren vor den Gerichten der Arbeitsgerichtsbarkeit

(Amtliche) Vorbemerkung 8:
¹ Bei Beendigung des Verfahrens durch einen gerichtlichen Vergleich entfällt die in dem betreffenden Rechtszug angefallene Gebühr; im ersten Rechtszug entfällt auch die Gebühr für das Verfahren über den Antrag auf Erlass eines Vollstreckungsbescheids oder eines Europäischen Zahlungsbefehls. ² Dies gilt nicht, wenn der Vergleich nur einen Teil des Streitgegenstands betrifft (Teilvergleich).

1 1) **Gebührenwegfall, S 1.** Nach dem klaren Wortlaut muß ein „gerichtlicher" Vergleich vorliegen. Es reicht daher *kein* nur außergerichtlicher, LAG Hamm NZA-RR **11**, 272.

Hauptabschnitt 1. Mahnverfahren

Nr.	Gebührentatbestand	Gebühr oder Satz der Gebühr nach § 34 GKG
8100	Verfahren über den Antrag auf Erlass eines Vollstreckungsbescheids oder eines Europäischen Zahlungsbefehls .... ¹ Die Gebühr entfällt bei Zurücknahme des Antrags auf Erlass des Vollstreckungsbescheids. ² Sie entfällt auch nach Übergang in das streitige Verfahren, wenn dieses ohne streitige Verhandlung endet; dies gilt nicht, wenn ein Versäumnisurteil ergeht. ³ Bei Erledigungserklärungen nach § 91a ZPO entfällt die Gebühr, wenn keine Entscheidung über die Kosten ergeht oder die Kostenentscheidung einer zuvor mitgeteilten Einigung der Parteien über die Kostentragung oder der Kostenübernahmeerklärung einer Partei folgt.	0,4 – mindestens 26,00 €

1 1) **Geltungsbereich.** Das Mahnverfahren nach § 46a ArbGG ähnelt stark §§ 688 ff ZPO. Es entsteht jetzt eine Verfahrensgebühr wie bei KV 1110. Sie knüpft nicht schon an den Antrag auf einen Mahnbescheid an, sondern erst an denjenigen auf den zugehörigen Vollstreckungsbescheid, Natter NZA **04**, 690, oder an einen Europäischen Zahlungsbefehl nach §§ 1087 ff ZPO. Sie hat wie dort durch eine Mindestgebühr eine Grenze. Nach § 11 GKG besteht keine Vorauszahlungspflicht. Die amtliche Vorbemerkung 8 gilt für alle Rechtszüge, Natter NZA **04**, 690.

2 2) **Gebührenwegfall.** Durch einen gerichtlichen Vergleich über den gesamten Streitgegenstand oder mehr entfällt die Mahngebühr, amtliche Vorbemerkung 8 S 1 Hs 2. Das gilt auch in beiden Fällen des § 278 VI ZPO. Denn in beiden Fällen wirkt erst die gerichtliche Feststellung prozessual. Ein Teilvergleich bewirkt nach der amtlichen Vorbemerkung 8 S 2 keineswegs eine entsprechende Gebührenverringerung. Auch ein außergerichtlicher Vergleich zählt nicht hierher, selbst wenn die Parteien ihn dem Gericht mitgeteilt haben, Natter NZA **04**, 690, Roloff NZA **07**, 908. Bei §§ 2a I, 103 III, 108 III, 109 ArbGG besteht nach § 2 II eine Kostenfreiheit. Eine

Beendigung des streitigen Verfahrens ohne streitige Verhandlung läßt nach der amtlichen Anmerkung S 1, S 2 Hs 1 die Gebühr KV 8100 grundsätzlich entfallen. Von diesem Grundsatz enthält die amtliche Anmerkung in S 2 Hs 2 eine Ausnahme. Das alles gilt ähnlich wie bei KV 1211 Z 4. Vgl daher auch dort.

Hauptabschnitt 2. Urteilsverfahren

Abschnitt 1. Erster Rechtszug

Nr.	Gebührentatbestand	Gebühr oder Satz der Gebühr nach § 34 GKG
8210	**Verfahren im Allgemeinen**	2,0
	I ¹Soweit wegen desselben Anspruchs ein Mahnverfahren vorausgegangen ist, entsteht die Gebühr nach Erhebung des Widerspruchs, wenn ein Antrag auf Durchführung der mündlichen Verhandlung gestellt wird, oder mit der Einlegung des Einspruchs; in diesem Fall wird eine Gebühr 8100 nach dem Wert des Streitgegenstands angerechnet, der in das Prozessverfahren übergegangen ist, sofern im Mahnverfahren der Antrag auf Erlass des Vollstreckungsbescheids gestellt wurde. ²Satz 1 gilt entsprechend, wenn wegen desselben Streitgegenstands ein Europäisches Mahnverfahren vorausgegangen ist.	
	II ¹Die Gebühr entfällt bei Beendigung des gesamten Verfahrens ohne streitige Verhandlung, wenn kein Versäumisurteil ergeht. ² Bei Erledigungserklärungen nach § 91a ZPO entfällt die Gebühr, wenn keine Entscheidung über die Kosten ergeht oder die Kostenentscheidung einer zuvor mitgeteilten Einigung der Parteien über die Kostentragung oder der Kostenübernahmeerklärung einer Partei folgt.	

1) Geltungsbereich. Die Vorschrift erfaßt als ein Teil des Hauptabschnitts 2 nur das Urteilsverfahren, wie seine Überschrift klärt. Das Beschlußverfahren des Hauptprozesses bleibt daher wegen des Worts „nur" in § 1 I 1 gebührenfrei. Dasselbe gilt für das Urteilsverfahren in den Fällen nach §§ 2a I, 103 III, 108 III, 109 ArbGG. Das ergibt sich aus § 2 II. **1**

2) Fälligkeit, amtliche Anmerkung I Hs 1. Sie tritt nach § 6 IV am Instanzende usw ein. Nach einem Mahnverfahren entsteht die Gebühr zwar schon nach der amtlichen Anmerkung I Hs 1 je nach der dort genannten Lage. Ihre Entstehung macht aber nicht stets auch schon fällig. Vielmehr bleibt es bei § 6 IV. **2**

3) Anrechnung von KV 8100, amtliche Anmerkung I Hs 2. Sie erfolgt nach **3** demjenigen Streitwert, der in das streitige Verfahren übergegangen ist, und auch nur dann, wenn der Antragsteller im deutschen oder Europäischen Mahnverfahren nach §§ 688 ff oder 1087 ff ZPO den Antrag auf Vollstreckungsbescheid gestellt hatte. Das entspricht nach KV 1210 amtliche Anmerkung S 1 Hs 2 dem Prozeß vor einem ordentlichen Gericht. Vgl daher dort.

4) Gebührenwegfall, amtliche Anmerkung II. Er erfolgt nach deren II 1 ähn- **4** lich KV 8100 amtliche Anmerkung S 1 in einer vorrangigen spezielleren Abweichung von § 36 mit der Beendigung des „gesamten" Urteilsverfahrens ohne eine streitige Verhandlung, wenn auch kein Versäumnisurteil ergeht. Praktisch wichtig ist der Fall einer Klagerücknahme, Natter NZA **04**, 690. Vgl aber auch KV 8211 Z 1. Bei einem Kostenbeschluß nach § 91a ZPO entfällt die Verfahrensgebühr erst unter den in der amtlichen Anmerkung II 2 genannten, KV 1211 Z 4 ähnlichen Voraussetzungen. Vgl daher dort. Auch ein gerichtlicher Gesamtvergleich läßt die Gebühr nach der amtlichen Vorbemerkung 8 S 1 Hs 1 entfallen.

Unanwendbar ist II 1 bei einer bloßen Teilbeendigung, zB bei einer nur teilweisen Klagerücknahme, Bader NZA **05**, 971.

KV 8211–8215 Kostenverzeichnis

Nr.	Gebührentatbestand	Gebühr oder Satz der Gebühr nach § 34 GKG
8211	Beendigung des gesamten Verfahrens nach streitiger Verhandlung durch	
	1. Zurücknahme der Klage vor dem Schluss der mündlichen Verhandlung, wenn keine Entscheidung nach § 269 Abs. 3 Satz 3 ZPO über die Kosten ergeht oder die Entscheidung einer zuvor mitgeteilten Einigung der Parteien über die Kostentragung oder der Kostenübernahmeerklärung einer Partei folgt,	
	2. Anerkenntnisurteil, Verzichtsurteil oder Urteil, das nach § 313a Abs. 2 ZPO keinen Tatbestand und keine Entscheidungsgründe enthält, oder	
	3. Erledigungserklärungen nach § 91a ZPO, wenn keine Entscheidung über die Kosten ergeht oder die Entscheidung einer zuvor mitgeteilten Einigung der Parteien über die Kostentragung oder der Kostenübernahmeerklärung einer Partei folgt,	
	es sei denn, dass bereits ein anderes als eines der in Nummer 2 genannten Urteile vorausgegangen ist:	
	Die Gebühr 8210 ermäßigt sich auf	0,4
	[1] Die Zurücknahme des Widerspruchs gegen den Mahnbescheid oder des Einspruchs gegen den Vollstreckungsbescheid stehen der Zurücknahme der Klage gleich. [2] Die Gebühr ermäßigt sich auch, wenn mehrere Ermäßigungstatbestände erfüllt sind oder Ermäßigungstatbestände mit einem Teilvergleich zusammentreffen.	

1 1) **Geltungsbereich, Z 1–3.** Die Vorschrift stimmt mit den für das arbeitsgerichtliche Verfahren ebenso verwertbaren Teilen von KV 1211 praktisch wörtlich überein. Vgl daher dort. Dem gerichtlichen Gesamtvergleich nach KV 1211 Z 3 entspricht die amtliche Vorbemerkung 8 S 1 Hs 1. Vgl daher im Ergebnis ebenfalls bei KV 1211. Zum Gebührenwegfall vgl die amtliche Vorbemerkung 8 S 1 Hs 1. Zur Kostenfreiheit vgl § 2 II. Wegen weitergehender Ermäßigungs- oder Wegfallmöglichkeiten § 69b.

Nr.	Gebührentatbestand	Gebühr oder Satz der Gebühr nach § 34 GKG
8212	Verfahren wegen eines überlangen Gerichtsverfahrens (§ 9 Abs. 2 Satz 2 des Arbeitsgerichtsgesetzes) vor dem Landesarbeitsgericht: Die Gebühr 8210 beträgt	4,0
8213	Verfahren wegen eines überlangen Gerichtsverfahrens (§ 9 Abs. 2 Satz 2 des Arbeitsgerichtsgesetzes) vor dem Landesarbeitsgericht: Die Gebühr 8211 beträgt	2,0
8214	Verfahren wegen eines überlangen Gerichtsverfahrens (§ 9 Abs. 2 Satz 2 des Arbeitsgerichtsgesetzes) vor dem Bundesarbeitsgericht: Die Gebühr 8210 beträgt	5,0
8215	Verfahren wegen eines überlangen Gerichtsverfahrens (§ 9 Abs. 2 Satz 2 des Arbeitsgerichtsgesetzes) vor dem Bundesarbeitsgericht: Die Gebühr 8211 beträgt	3,0

Zu KV 8212–8215:

Kostenverzeichnis **8215–8222 KV**

1) **Systematik.** Die Vorschriften ergänzen KV 8210, 8211 beim Verfahren nach 1
§ 9 ArbGG wegen Überlänge. Sie schaffen Verfahrenspauschalen. Vgl im einzelnen
bei KV 8210, 8211.

Abschnitt 2. Berufung

Nr.	Gebührentatbestand	Gebühr oder Satz der Gebühr nach § 34 GKG
8220	Verfahren im Allgemeinen	3,2

1) **Geltungsbereich.** Die Vorschrift stimmt wörtlich mit KV 1220 überein. Vgl 1
daher dort. Zum Gebührenwegfall vgl die amtliche Vorbemerkung 8 S 1 Hs 1, Natter NZA **04**, 690. Zur Kostenfreiheit vgl § 2 II.

Nr.	Gebührentatbestand	Gebühr oder Satz der Gebühr nach § 34 GKG
8221	Beendigung des gesamten Verfahrens durch Zurücknahme der Berufung oder der Klage, bevor die Schrift zur Begründung der Berufung bei Gericht eingegangen ist: Die Gebühr 8220 ermäßigt sich auf	0,8
	Erledigungserklärungen nach § 91a ZPO stehen der Zurücknahme gleich, wenn keine Entscheidung über die Kosten ergeht oder die Entscheidung einer zuvor mitgeteilten Einigung der Parteien über die Kostentragung oder der Kostenübernahmeerklärung einer Partei folgt.	

1) **Geltungsbereich.** Die Vorschrift stimmt weitgehend mit KV 1221 überein. 1
Vgl daher dort. Zum Gebührenwegfall vgl die amtliche Vorbemerkung 8 S 1 Hs 1.
Zur Kostenfreiheit vgl § 2 II.

Nr.	Gebührentatbestand	Gebühr oder Satz der Gebühr nach § 34 GKG
8222	Beendigung des gesamten Verfahrens, wenn nicht Nummer 8221 erfüllt ist, durch 1. Zurücknahme der Berufung oder der Klage vor dem Schluss der mündlichen Verhandlung, 2. Anerkenntnisurteil, Verzichtsurteil oder Urteil, das nach § 313a Abs. 2 ZPO keinen Tatbestand und keine Entscheidungsgründe enthält, oder 3. Erledigungserklärungen nach § 91a ZPO, wenn keine Entscheidung über die Kosten ergeht oder die Entscheidung einer zuvor mitgeteilten Einigung der Parteien über die Kostentragung oder der Kostenübernahmeerklärung einer Partei folgt, es sei denn, dass bereits ein anderes als eines der in Nummer 2 genannten Urteile vorausgegangen ist: Die Gebühr 8220 ermäßigt sich auf	1,6
	Die Gebühr ermäßigt sich auch, wenn mehrere Ermäßigungstatbestände erfüllt sind oder Ermäßigungstatbestände mit einem Teilvergleich zusammentreffen.	

1) **Geltungsbereich, Z 1–3.** Die Vorschrift stimmt weitgehend mit KV 1222, 1
8211 überein. Vgl daher dort. Zum Gebührenwegfall vgl die amtliche Vorbemerkung 8 S 1 Hs 1. Zur Kostenfreiheit vgl § 2 II.

KV 8223–8232

Nr.	Gebührentatbestand	Gebühr oder Satz der Gebühr nach § 34 GKG
8223	Beendigung des gesamten Verfahrens durch ein Urteil, das wegen eines Verzichts der Parteien nach § 313a Abs. 1 Satz 2 ZPO keine schriftliche Begründung enthält, wenn nicht bereits ein anderes als eines der in Nummer 8222 Nr. 2 genannten Urteile oder ein Beschluss in der Hauptsache vorausgegangen ist: Die Gebühr 8220 ermäßigt sich auf .... Die Gebühr ermäßigt sich auch, wenn daneben Ermäßigungstatbestände nach Nummer 8222 erfüllt sind oder Ermäßigungstatbestände mit einem Teilvergleich zusammentreffen.	2,4

1 1) **Geltungsbereich.** Die Vorschrift stimmt weitgehend mit KV 1223 überein. Vgl daher dort. Den Fall § 313a II ZPO regelt KV 8222. Demgegenüber erfaßt KV 8223 den Fall § 313a I 2 ZPO, also die Lage, daß ein Rechtsmittel unzweifelhaft unzulässig ist, Natter NZA **04**, 690. Dazu gehört das Urteil eines LAG wegen der Statthaftigkeit einer Nichtzulassungsbeschwerde grundsätzlich nicht, Natter NZA **04**, 690. Eine Ausnahme kann zB nach § 72 IV ArbGG im Eilverfahren gelten, Natter NZA **04**, 690 (empfiehlt Klärung des Verzichtsgrunds im Protokoll). Zur Kostenfreiheit § 2 II.

Abschnitt 3. Revision

Nr.	Gebührentatbestand	Gebühr oder Satz der Gebühr nach § 34 GKG
8230	Verfahren im Allgemeinen	4,0

1 1) **Geltungsbereich.** Die Vorschrift stimmt weitgehend mit KV 1230 überein. Vgl daher dort. Zum Gebührenwegfall vgl die amtliche Vorbemerkung 8 S 1 Hs 1. Zur Kostenfreiheit vgl § 2 II.

Nr.	Gebührentatbestand	Gebühr oder Satz der Gebühr nach § 34 GKG
8231	Beendigung des gesamten Verfahrens durch Zurücknahme der Revision oder der Klage, bevor die Schrift zur Begründung der Revision bei Gericht eingegangen ist: Die Gebühr 8230 ermäßigt sich auf .... Erledigungserklärungen nach § 91a ZPO stehen der Zurücknahme gleich, wenn keine Entscheidung über die Kosten ergeht oder die Entscheidung einer zuvor mitgeteilten Einigung der Parteien über die Kostentragung oder der Kostenübernahmeerklärung einer Partei folgt.	0,8

1 1) **Geltungsbereich.** Die Vorschrift stimmt weitgehend mit KV 1231, überein. Vgl daher dort. Wegen des Gebührenwegfalls vgl die amtliche Vorbemerkung 8 S 1 Hs 1. Zur Kostenfreiheit vgl § 2 II.

Nr.	Gebührentatbestand	Gebühr oder Satz der Gebühr nach § 34 GKG
8232	Beendigung des gesamten Verfahrens, wenn nicht Nummer 8231 erfüllt ist, durch 1. Zurücknahme der Revision oder der Klage vor dem Schluss der mündlichen Verhandlung,	

Nr.	Gebührentatbestand	Gebühr oder Satz der Gebühr nach § 34 GKG
	2. Anerkenntnis- oder Verzichtsurteil oder 3. Erledigungserklärungen nach § 91a ZPO, wenn keine Entscheidung über die Kosten ergeht oder die Entscheidung einer zuvor mitgeteilten Einigung der Parteien über die Kostentragung oder der Kostenübernahmeerklärung einer Partei folgt, es sei denn, dass bereits ein anderes als eines der in Nummer 2 genannten Urteile vorausgegangen ist: Die Gebühr 8230 ermäßigt sich auf .... Die Gebühr ermäßigt sich auch, wenn mehrere Ermäßigungstatbestände erfüllt sind oder Ermäßigungstatbestände mit einem Teilvergleich zusammentreffen.	2,4

1) Geltungsbereich, Z 1–3. Die Vorschrift stimmt weitgehend mit KV 1232 1
überein. Vgl daher dort. Zur Kostenfreiheit vgl § 2 II.

Nr.	Gebührentatbestand	Gebühr oder Satz der Gebühr nach § 34 GKG
8233	Verfahren wegen eines überlangen Gerichtsverfahrens (§ 9 Abs. 2 Satz 2 des Arbeitsgerichtsgesetzes): Die Gebühr 8230 beträgt	5,0
8234	Verfahren wegen eines überlangen Gerichtsverfahrens (§ 9 Abs. 2 Satz 2 des Arbeitsgerichtsgesetzes): Die Gebühr 8231 beträgt	1,0
8235	Verfahren wegen eines überlangen Gerichtsverfahrens (§ 9 Abs. 2 Satz 2 des Arbeitsgerichtsgesetzes): Die Gebühr 8232 beträgt	3,0

Zu KV 8233–8235:

1) Systematik. Die Vorschriften ergänzen KV 8212–8215. Vgl daher dort. 1

Hauptabschnitt 3. Arrest, Europäischer Beschluss zur vorläufigen Kontenpfändung und einstweilige Verfügung

(Amtliche) Vorbemerkung 8.3:

I ¹Im Verfahren zur Erwirkung eines Europäischen Beschlusses zur vorläufigen Kontenpfändung werden Gebühren nach diesem Hautabschnitt nur im Fall des Artikels 5 Buchstabe a der Verordnung (EU) Nr. 655/2014 erhoben. ²In den Fällen des Artikels 5 Buchstabe b der Verordnung (EU) Nr. 655/2014 bestimmen sich die Gebühren nach Teil 2 Hauptabschnitt 1.

II ¹Im Verfahren auf Anordnung eines Arrests oder auf Erlass einer einstweiligen Verfügung sowie im Verfahren über die Aufhebung oder die Abänderung (§ 926 Abs. 2, §§ 927, 936 ZPO) werden die Gebühren jeweils gesondert erhoben. ²Im Fall des § 942 ZPO gilt das Verfahren vor dem Amtsgericht und dem Gericht der Hauptsache als ein Rechtsstreit.

III Im Verfahren zur Erwirkung eines Europäischen Beschlusses zur vorläufigen Kontenpfändung sowie im Verfahren über den Widerruf oder die Abänderung werden die Gebühren jeweils gesondert erhoben.

Vorbem. Überschrift, amtliche Vorbemerkung 8.3 idF Art 9 Z 3k, l EuKoPfVODG v 21. 11. 16, BGBl 2591, in Kraft seit 18. 1. 17, Art 21 I G, ÜbergangsR § 71 GKG.

547

KV 8310–8323 Kostenverzeichnis

Abschnitt 1. Erster Rechtszug

Nr.	Gebührentatbestand	Gebühr oder Satz der Gebühr nach § 34 GKG
8310	Verfahren im Allgemeinen	0,4
8311	Es wird durch Urteil entschieden oder es ergeht ein Beschluss nach § 91a oder § 269 Abs. 3 Satz 3 ZPO, es sei denn, der Beschluss folgt einer zuvor mitgeteilten Einigung der Parteien über die Kostentragung oder der Kostenübernahmeerklärung einer Partei: Die Gebühr 8310 erhöht sich auf	2,0
	[1]Die Gebühr wird nicht erhöht, wenn durch Anerkenntnisurteil, Verzichtsurteil oder Urteil, das nach § 313a Abs. 2 ZPO keinen Tatbestand und keine Entscheidungsgründe enthält, entschieden wird. [2]Dies gilt auch, wenn eine solche Entscheidung mit einem Teilvergleich zusammentrifft.	

Abschnitt 2. Berufung

Nr.	Gebührentatbestand	Gebühr oder Satz der Gebühr nach § 34 GKG
8320	Verfahren im Allgemeinen	3,2
8321	Beendigung des gesamten Verfahrens durch Zurücknahme der Berufung, des Antrags oder des Widerspruchs, bevor die Schrift zur Begründung der Berufung bei Gericht eingegangen ist: Die Gebühr 8320 ermäßigt sich auf	0,8
	Erledigungserklärungen nach § 91a ZPO stehen der Zurücknahme gleich, wenn keine Entscheidung über die Kosten ergeht oder die Entscheidung einer zuvor mitgeteilten Einigung der Parteien über die Kostentragung oder der Kostenübernahmeerklärung einer Partei folgt.	
8322	Beendigung des gesamten Verfahrens, wenn nicht Nummer 8321 erfüllt ist, durch 1. Zurücknahme der Berufung oder des Antrags vor dem Schluss der mündlichen Verhandlung, 2. Anerkenntnisurteil, Verzichtsurteil oder Urteil, das nach § 313a Abs. 2 ZPO keinen Tatbestand und keine Entscheidungsgründe enthält, oder 3. Erledigungserklärungen nach § 91a ZPO, wenn keine Entscheidung über die Kosten ergeht oder die Entscheidung einer zuvor mitgeteilten Einigung der Parteien über die Kostentragung oder der Kostenübernahmeerklärung einer Partei folgt, es sei denn, dass bereits ein anderes als eines der in Nummer 2 genannten Urteile vorausgegangen ist: Die Gebühr 8320 ermäßigt sich auf	1,6
	Die Gebühr ermäßigt sich auch, wenn mehrere Ermäßigungstatbestände erfüllt sind oder Ermäßigungstatbestände mit einem Teilvergleich zusammentreffen.	
8323	Beendigung des gesamten Verfahrens durch ein Urteil, das wegen eines Verzichts der Parteien nach § 313a Abs. 1 Satz 2 ZPO keine schriftliche Begründung enthält, wenn nicht bereits ein anderes als eines	

Kostenverzeichnis **8323–8500 KV**

Nr.	Gebührentatbestand	Gebühr oder Satz der Gebühr nach § 34 GKG
	der in Nummer 8322 Nr. 2 genannten Urteile oder ein Beschluss in der Hauptsache vorausgegangen ist: Die Gebühr 8320 ermäßigt sich auf	2,4
	Die Gebühr ermäßigt sich auch, wenn daneben Ermäßigungstatbestände nach Nummer 8322 erfüllt sind oder solche Ermäßigungstatbestände mit einem Teilvergleich zusammentreffen.	

Abschnitt 3. Beschwerde

Nr.	Gebührentatbestand	Gebühr oder Satz der Gebühr nach § 34 GKG
8330	Verfahren über die Beschwerde 1. gegen die Zurückweisung eines Antrags auf Anordnung eines Arrests oder eines Antrags auf Erlass einer einstweiligen Verfügung oder 2. in Verfahren nach der Verordnung (EU) Nr. 655/2014	1,2
8331	Beendigung des gesamten Verfahrens durch Zurücknahme der Beschwerde: Die Gebühr 8330 ermäßigt sich auf	0,8

Zu KV 8330, 8331:

Vorbem. KV 8330 idF Art 9 Z 3 m EuKoPfVODG v 21. 11. 16, BGBl 2591, in Kraft seit 18. 1. 17, Art 21 I G, ÜbergangsR § 71 GKG.

Hauptabschnitt 4. Besondere Verfahren

Nr.	Gebührentatbestand	Gebühr oder Satz der Gebühr nach § 34 GKG
8400	Selbständiges Beweisverfahren	0,6

1) Geltungsbereich. Die Vorschrift stimmt fast wörtlich (zusammenfassend) mit KV 1610 überein. Vgl daher dort. 1

Nr.	Gebührentatbestand	Gebühr oder Satz der Gebühr nach § 34 GKG
8401	Verfahren über Anträge auf Ausstellung einer Bestätigung nach § 1079 ZPO	15,00 €

Hauptabschnitt 5. Rüge wegen Verletzung des Anspruchs auf rechtliches Gehör

Nr.	Gebührentatbestand	Gebühr oder Satz der Gebühr nach § 34 GKG
8500	Verfahren über die Rüge wegen Verletzung des Anspruchs auf rechtliches Gehör (§ 78 a des Arbeitsgerichtsgesetzes): Die Rüge wird in vollem Umfang verworfen oder zurückgewiesen	50,00 €

1) Geltungsbereich. Die Vorschrift stimmt weitgehend mit KV 1700, überein. 1 Vgl daher dort.

KV 8610–8622

Hauptabschnitt 6. Sonstige Beschwerden und Rechtsbeschwerden

Abschnitt 1. Sonstige Beschwerden

Nr.	Gebührentatbestand	Gebühr oder Satz der Gebühr nach § 34 GKG
8610	Verfahren über Beschwerden nach § 71 Abs. 2, § 91a Abs. 2, § 99 Abs. 2, § 269 Abs. 5 oder § 494a Abs. 2 Satz 2 ZPO	70,00 €
8611	Beendigung des Verfahrens ohne Entscheidung: Die Gebühr 8610 ermäßigt sich auf	50,00 €
	I Die Gebühr ermäßigt sich auch im Fall der Zurücknahme der Beschwerde vor Ablauf des Tages, an dem die Entscheidung der Geschäftsstelle übermittelt wird.	
	II Eine Entscheidung über die Kosten steht der Ermäßigung nicht entgegen, wenn die Entscheidung einer zuvor mitgeteilten Einigung der Parteien über die Kostentragung oder der Kostenübernahmeerklärung einer Partei folgt.	
8612	Verfahren über die Beschwerde gegen die Nichtzulassung der Revision: Soweit die Beschwerde verworfen oder zurückgewiesen wird	1,6
8613	Verfahren über die Beschwerde gegen die Nichtzulassung der Revision: Soweit die Beschwerde zurückgenommen oder das Verfahren durch anderweitige Erledigung beendet wird	0,8
	Die Gebühr entsteht nicht, soweit die Revision zugelassen wird.	
8614	Verfahren über nicht besonders aufgeführte Beschwerden, die nicht nach anderen Vorschriften gebührenfrei sind: Die Beschwerde wird verworfen oder zurückgewiesen	50,00 €
	Wird die Beschwerde nur teilweise verworfen oder zurückgewiesen, kann das Gericht die Gebühr nach billigem Ermessen auf die Hälfte ermäßigen oder bestimmen, dass eine Gebühr nicht zu erheben ist.	

Abschnitt 2. Sonstige Rechtsbeschwerden

Nr.	Gebührentatbestand	Gebühr oder Satz der Gebühr nach § 34 GKG
8620	Verfahren über Rechtsbeschwerden in den Fällen des § 71 Abs. 1, § 91a Abs. 1, § 99 Abs. 2, § 269 Abs. 4, § 494a Abs. 2 Satz 2 oder § 516 Abs. 3 ZPO	145,00 €
8621	Beendigung des gesamten Verfahrens durch Zurücknahme der Rechtsbeschwerde, des Antrags oder der Klage, bevor die Schrift zur Begründung der Rechtsbeschwerde bei Gericht eingegangen ist: Die Gebühr 8620 ermäßigt sich auf	50,00 €
8622	Beendigung des gesamten Verfahrens durch Zurücknahme der Rechtsbeschwerde, des Antrags oder der Klage vor Ablauf des Tages, an dem die Entscheidung	

Kostenverzeichnis 8622–8700, Üb 9000 KV

Nr.	Gebührentatbestand	Gebühr oder Satz der Gebühr nach § 34 GKG
	der Geschäftsstelle übermittelt wird, wenn nicht Nummer 8621 erfüllt ist: Die Gebühr 8620 ermäßigt sich auf	70,00 €
8623	Verfahren über nicht besonders aufgeführte Rechtsbeschwerden, die nicht nach anderen Vorschriften gebührenfrei sind: Die Rechtsbeschwerde wird verworfen oder zurückgewiesen	95,00 €
	Wird die Rechtsbeschwerde nur teilweise verworfen oder zurückgewiesen, kann das Gericht die Gebühr nach billigem Ermessen auf die Hälfte ermäßigen oder bestimmen, dass eine Gebühr nicht zu erheben ist.	
8624	Verfahren über die in Nummer 8623 genannten Rechtsbeschwerden: Beendigung des gesamten Verfahrens durch Zurücknahme der Rechtsbeschwerde, des Antrags oder der Klage vor Ablauf des Tages, an dem die Entscheidung der Geschäftsstelle übermittelt wird	50,00 €

Zu KV 8620–8624:

1) Geltungsbereich, KV 8624. BAG NZA-RR 08, 540 hält die Beschränkung 1 auf die Gebühr 8623 für ein offensichtliches Redaktionsversehen des Gesetzgebers und wendet KV 8624 daher auch bei einer sonstigen Zurücknahme einer Rechtsbeschwerde an.

Hauptabschnitt 7. Besondere Gebühr

Nr.	Gebührentatbestand	Gebühr oder Satz der Gebühr nach § 34 GKG
8700	Auferlegung einer Gebühr nach § 38 GKG wegen Verzögerung des Rechtsstreits	wie vom Gericht bestimmt

1) Geltungsbereich. Die Vorschrift stimmt praktisch wörtlich mit KV 1901 über- 1 ein. Vgl daher dort.

Teil 9. Auslagen

Übersicht

1) Systematik. Auslagen schuldet man nur nach KV 9000 ff. Soweit diese Vor- 1 schriften keinen Auslagenersatz vorsehen, entsteht nach § 1 I 1 auch keine Ersatzpflicht. Das gilt insbesondere wegen der Verwendung von Papier, Verpackung usw. Ein Anspruch läßt sich auch nicht darauf stützen, daß aus der vom Staat bezahlten Auslage eine Bereicherung des Begünstigten entstanden sei. Denn die Gebühren gelten grundsätzlich die Auslagen schon mit ab.

2) Geltungsbereich. KV 9000 ff gelten für sämtliche Verfahren, auf die das GKG 2 anwendbar ist, LG Bln JB **13**, 263, zB in einer Markensache vor dem Patentgericht nach § 82 I 3 MarkenG, und vor dem BGH nach § 85 II 1 MarkenG sowie im Verfahren vor dem BPatG nach Grdz 8 vor § 1.

KV 9000 ff gelten nicht für solche Auslagen, die ein *Dritter* veranlaßt hat, etwa 3 durch seinen Antrag auf die Erteilung einer Kopie. Solche Auslagen setzt die Justizverwaltung nach den Verwaltungsvorschriften fest, zB nach dem JVKostG, Teil VIII dieses Buchs.

KV Üb 9000, Vorbem 9, 9000

4 **3) Verauslagung.** Die Barauslagen müssen wirklich entstanden sein. Sie sind ohne einen Mindestsatz und ohne eine Aufrundung ersetzbar. Postentgelte entstehen grundsätzlich nicht. Die Verfahrenspauschgebühr gilt sie ab. Vgl aber KV 9001, 9002 und die amtliche Vorbemerkung 9 I, II. Das gilt auch für Ladungen und Zustellungen sowie für Aktenversendungen.

Es entsteht *kein* Anspruch der Staatskasse auf den Ersatz ihrer *Fernsprechgebühren*.

5 **4) Auslagenfreiheit.** Man muß die Auslagenfreiheit von der Gebührenfreiheit unterscheiden. Eine Kostenfreiheit nach § 2 schließt eine Auslagenfreiheit ein. Der Auslagenschuldner ergibt sich aus § 27. Ein Auslagenvorschuß richtet sich nach § 17.

6 **5) Prozeßkostenhilfe.** Eine Prozeßkostenhilfe befreit nach § 122 I ZPO grundsätzlich von allen baren Auslagen. Wenn das Gericht die Prozeßkostenhilfe nur für einen Teil bewilligt hat und wenn die Auslagen für den gesamten Anspruch entstanden sind, muß man eine angemessene Verteilung vornehmen.

7 **6) Nichterhebung.** Eine Nichterhebung der Auslagen ist evtl nach § 21 I 2 erforderlich.

(Amtliche) Vorbemerkung 9:

^{I} Auslagen, die durch eine für begründet befundene Beschwerde entstanden sind, werden nicht erhoben, soweit das Beschwerdeverfahren gebührenfrei ist; dies gilt jedoch nicht, soweit das Beschwerdegericht die Kosten dem Gegner des Beschwerdeführers auferlegt hat.

^{II} Sind Auslagen durch verschiedene Rechtssachen veranlasst, werden sie auf die mehreren Rechtssachen angemessen verteilt.

Zu KV 8620–8624:

1 **1) Geltungsbereich, I, II.** Nach der amtlichen Vorbemerkung 9 I entsteht eine Erstattungspflicht bei einer die Vorinstanz aufhebenden, stattgebenden oder zurückverweisenden Beschwerdeentscheidung nur in den folgenden Fällen.

A. Gebührenpflicht. Die Auslagen entstehen, soweit das Gericht eine Gebühr erhebt. Gebührenfrei ist eine erfolgreiche Beschwerde zB, soweit erst eine Verwerfung oder Zurückweisung gebührenpflichtig wäre. Trotzdem kann eine Auslagenpflicht entstehen, soweit schon der Vorderrichter sie hätte entstehen lassen müssen.

2 **B. Kostenauferlegung.** Auslagen entstehen auch insoweit, als das Gericht die Kosten dem Gegner des Beschwerdeführers auferlegt. Diese Entscheidung kommt aber nach § 63 Rn 49ff zB nicht bei einer Streitwertbeschwerde in Betracht. Auslagenschuldner ist dann nach § 29 Z 4 dieser Gegner.

3 **2) Verfahren, I.** Wegen einer Nichterhebung vgl § 21. Die Auslagen einer erfolglosen Beschwerde trägt der Beschwerdeführer. Bei einem Teilerfolg ist die amtliche Vorbemerkung § 9 I entsprechend anwendbar, soweit sich Auslagen aussondern lassen, Ffm JB 78, 1849. Die Zurückverweisung genügt auch dann, wenn der Vorderrichter anschließend erneut ebenso wie vor dem Rechtsmittel entscheidet. Eine Rücknahme oder sonstige Erledigung vor einer Beschwerdeentscheidung genügt nicht.

4 **3) Verteilung, II.** Verschiedene Rechtssachen liegen bei mehreren selbständigen Verfahren vor. Dabei kann es sich um Vorgänge handeln, die man teilweise nach anderen Gesetzen als dem GKG oder dem JVEG, Teil V dieses Buchs abrechnen muß, etwa nach dem GNotKG, Teil III dieses Buchs. Eine Verschiedenheit liegt nicht schon dann stets vor, wenn das Gericht nur mehrere Beweispersonen hört. Bei einer Anhörung in verschiedenen Sachen muß man die Auslagen entsprechend verteilen.

Nr.	Auslagentatbestand	Höhe
9000	Pauschale für die Herstellung und Überlassung von Dokumenten: 1. Ausfertigungen, Kopien und Ausdrucke bis zur Größe von DIN A 3, die a) auf Antrag angefertigt oder auf Antrag per Telefax übermittelt worden sind oder	

Kostenverzeichnis **9000 KV**

Nr.	Auslagentatbestand	Höhe
	b) angefertigt worden sind, weil die Partei oder ein Beteiligter es unterlassen hat, die erforderliche Zahl von Mehrfertigungen beizufügen; der Anfertigung steht es gleich, wenn per Telefax übermittelte Mehrfertigungen von der Empfangseinrichtung des Gerichts ausgedruckt werden:	
	für die ersten 50 Seiten je Seite	0,50 €
	für jede weitere Seite	0,15 €
	für die ersten 50 Seiten in Farbe je Seite	1,00 €
	für jede weitere Seite in Farbe je Seite	0,30 €
	2. Entgelte für die Herstellung und Überlassung der in Nummer 1 genannten Kopien oder Ausdrucke in einer Größe von mehr als DIN A 3	in voller Höhe
	oder pauschal je Seite	3,00 €
	oder pauschal je Seite in Farbe	6,00 €
	3. Überlassung von elektronisch gespeicherten Dateien oder deren Bereitstellung zum Abruf anstelle der in den Nummern 1 und 2 genannten Ausfertigungen, Kopien und Ausdrucke:	
	je Datei	1,50 €
	für die in einem Arbeitsgang überlassen, bereitgestellten oder in einem Arbeitsgang auf denselben Datenträger übertragenen Dokumente insgesamt höchstens	5,00 €
	[I] [1]Die Höhe der Dokumentenpauschale nach Nummer 1 ist in jedem Rechtszug und für jeden Kostenschuldner nach § 28 Abs. 1 GKG gesondert zu berechnen; Gesamtschuldner gelten als ein Schuldner. [2]Die Dokumentenpauschale ist auch im erstinstanzlichen Musterverfahren nach dem KapMuG gesondert zu berechnen.	
	[II] Werden zum Zweck der Überlassung von elektronisch gespeicherten Dateien Dokumente zuvor auf Antrag von der Papierform in die elektronische Form übertragen, beträgt die Dokumentenpauschale nach Nummer 2 nicht weniger, als die Dokumentenpauschale im Fall der Nummer 1 beantragen würde.	
	[III] [1] Frei von der Dokumentenpauschale sind für jede Partei, jeden Beteiligten, jeden Beschuldigten und deren bevollmächtigte Vertreter jeweils	
	1. eine vollständige Ausfertigung oder Kopie oder ein vollständiger Ausdruck jeder gerichtlichen Entscheidung und jedes vor Gericht abgeschlossenen Vergleichs,	
	2. eine Ausfertigung ohne Tatbestand und Entscheidungsgründe und	
	3. eine Kopie oder ein Ausdruck jeder Niederschrift über eine Sitzung.	
	[2] § 191a Abs. 1 Satz 5 GVG bleibt unberührt.	
	[IV] Bei der Gewährung der Einsicht in Akten wird eine Dokumentenpauschale nur erhoben, wenn auf besonderen Antrag ein Ausdruck einer elektronischen Akte oder ein Datenträger mit dem Inhalt einer elektronischen Akte übermittelt wird.	

Vorbem. (Amtliche) Anmerkg IV angefügt dch Art 24 G v 5. 7. 17, BGBl 2208, in Kraft seit 1. 1. 18, Art 33 I G, ÜbergangsR § 71 GKG.

KV 9000

Kostenverzeichnis

Gliederung

1) Systematik, Z 1–3, amtliche Anmerkung I–IV 1
2) Begriff der Ausfertigung, amtliche Anmerkung III Z 1, 2 2
3) Höhe der Dokumentenpauschale, Z 1–3, amtliche Anmerkung I 3
4) Zahlungspflicht, Z 1–3 4–9
   A. Anfertigung oder Übermittlung auf Antrag einer Partei usw, Z 1, 2 a 4
   B. Anfertigung oder Übermittlung als Amtspflicht, Z 1, 2 b 5
   C. Fehlen von Mehrfertigungen, Z 1, 2 b 6
   D. Beifügungspflicht, Z 1, 2 Hs 2 b 7
   E. Keine Beifügungspflicht, Z 1, 2 b 8
   F. Elektronisch gespeicherte oder bereitgestellte Dateien, Z 3 9
5) Auslagenfreiheit, amtliche Anmerkung III 10–16
   A. Vollständige Fassung einer Entscheidung oder eines Vergleichs, amtliche Anmerkung III 1 Z 1 .... 10, 11
   B. Ausfertigung ohne Tatbestand und Entscheidungsgründe, amtliche Anmerkung III 1 Z 2 12
   C. Protokollablichtung, amtliche Anmerkung III 1 Z 3 .... 13, 14
   D. Vertretung durch einen Bevollmächtigten, amtliche Anmerkung III 1 Z 1–3 .. 15
   E. Blindenschrift usw, amtliche Anmerkung III 2 16
6) Akteneinsicht, amtliche Anmerkung IV 17

1 **1) Systematik, Z 1–3, amtliche Anmerkung I–IV.** Eine Pflicht zur Erstattung von Auslagen für eine Ausfertigung oder Kopie oder für einen Ausdruck der elektronischen Fassung besteht nur dann, wenn einer der Fälle Rn 3 ff vorliegt, Bund JB **08**, 625 (Üb). Kopie ist auch ein Computerausdruck.

Infolge der Streichung des Begriffs „*Abschrift*" ist wegen des Worts „nur" in § 1 I 1 eine wirkliche Abschrift trotz des gegenüber einer bloßen Kopie ungleich höheren Zeitaufwands formell auslagenfrei. Es wäre also systemwidrig Umgehung des Gesetzes, die Abschrift einer Kopie einfach gleichzustellen. Der Gesetzgeber hat eben nicht „Abschrift *oder* Kopie" geschrieben. Freilich hat er das ersichtlich nur in der richtigen Annahme getan, daß heute niemand mehr abschreibt statt zu kopieren. Mag sich die Praxis in den wenigen Restfällen mit einer formell systemwidrigen Entsprechung behelfen.

2 **2) Begriff der Ausfertigung, amtliche Anmerkung III Z 1, 2.** Dieser Begriff ist im GKG nicht derselbe wie in der ZPO. Nach der ZPO liegt eine Ausfertigung nur vor, soweit die Urschrift bei den Akten bleibt. Nach dem GKG liegt eine Ausfertigung vor, soweit es sich um ein beglaubigtes oder unbeglaubigtes Dokument urkundlichen Charakters handelt, das der Richter oder der Urkundsbeamte unterzeichnet hat und das zur Hinausgabe bestimmt ist und keine Urschrift darstellt. Eine Urschrift braucht dann nicht bei den Akten zurückzubleiben.

Hierher gehören also auch: Eine Ladung; ein Rechtskraftzeugnis zB nach § 706 ZPO; eine Auskunft aus dem Schuldnerverzeichnis nach §§ 882 b ff ZPO. KV 9000 hat den Vorrang vor dem Landesrecht, zB vor Z 2.2 der Anlage zu § 1 II des LJVerwKG Schleswig-Holstein, Teil VIII B dieses Buchs.

3 **3) Höhe der Dokumentenpauschale, Z 1–3, amtliche Anmerkung I.** Für jede gerade vom Gericht erstellte und weder von der Partei noch von einem Zeugen oder Sachverständigen und dann nach KV 9005 mitzuvergütende angefangene Seite entstehen nach der amtlichen Anmerkung *I* 1 für jeden Rechtszug für die ersten 50 Seiten je 0,50 EUR (in Farbe 1,00 EUR) und für jede weitere Seite 0,15 EUR (in Farbe 0,30 EUR), (zum alten Recht) Hamm Rpfleger **91**, 269, LG Mü JB **97**, 483. Das gilt unabhängig von deren Format, von dem Zeitaufwand oder von der Herstellungsart und von den tatsächlichen vermeidbar hohen oder unvermeidbaren Kosten, Mü MDR **89**, 367, LG Mü JB **97**, 483, aM Köln Rpfleger **87**, 433, LG Mü Rpfleger **89**, 383. Es gilt ferner unabhängig davon, in welcher Form und in welcher Sprache man die Ausfertigung oder Kopie oder den Ausdruck der elektronischen Fassung verfaßt hat, und unabhängig vom Marktpreis, LG Mü JB **97**, 484. Für die Seitenzahl ist die Kopie usw und nicht die Zahl der dort abgebildeten Vorlagen maßgeblich. Der Inhalt ist unmaßgeblich.

I 2 stellt systematisch überflüssigerweise für das erstinstanzliche Verfahren nach dem KapMuG, abgedruckt bei BLAH SchlAnh VIII, die Geltung von I 1 verdeutlichend klar. Das bedeutet aber nicht etwa eine Unanwendbarkeit von I 1 im Rechtsbeschwerdeverfahren nach § 20 KapMuG. Denn es heißt in I 2 nicht etwa, die gesonderte Berechnung der Dokumentenpauschale erfolge *nur* im erstinstanzlichen Verfahren, sondern sie erfolge „*auch*" dort.

Die Berechnung ist *für jeden Kostenschuldner* gemäß § 28 nach der amtlichen Anmerkung I Hs 1 *gesondert* erforderlich. Gesamtschuldner nach §§ 421 ff BGB gelten nach der amtlichen Anmerkung I Hs 2 als nur *ein* Schuldner. Eine Änderung oder Ergänzung eines Formulars oder eines dem Gericht zur Verfügung gestellten Entwurfs läßt gleichwohl die Dokumentenpauschale entstehen, wie bei KVGv 700, Teil XI dieses Buchs. Wegen der Kostenerstattung VV 7000, Teil X dieses Buchs.

Bei einer *Übertragung* von Papier auf Elektronik gibt die amtliche Anmerkung *II* nähere Berechnungsregeln.

4) Zahlungspflicht, Z 1–3. Eine Pflicht zur Erstattung einer Pauschale besteht nur, wenn einer der folgenden Fälle vorliegt. **4**

A. Anfertigung oder Übermittlung auf Antrag einer Partei usw, Z 1, 2 a.
Das Gericht muß zunächst eine Kopie usw gerade nur auf Grund eines Antrags erteilt, anfertigt oder per Telefax übermittelt haben. Der Antrag darf sich aber nur auf die Ausfertigung oder Kopie usw beziehen, nicht auf die Entscheidung. Ein allgemeiner Antrag genügt.
Gerade eine *Partei* oder ein Beteiligter muß den Antrag gestellt haben. Das ergibt sich aus Z 16, 2 mit. Beteiligt ist natürlich auch ein Beschuldigter, Angeklagter, Verurteilter, Betroffener, ein Streitgenosse, ein Beigeladener und Beigetretener oder ein Streitgehilfe. Nicht beteiligt ist ein Dritter, etwa die Presse oder ein Wissenschaftler. Dann gilt § 4 JVKostG, Teil VIII dieses Buchs, BPatG GRUR **92**, 434. Düss JB **78**, 548. Ein ProzBev nach § 81 ZPO stellt einen Antrag meist erkennbar nur auf Kosten des Auftraggebers, OVG Bautzen JB **09**, 543.

B. Anfertigung oder Übermittlung als Amtspflicht, Z 1, 2 b. Soweit das **5**
Gericht die Ausfertigung oder Kopie usw auch ohne einen Antrag hätte erteilen müssen, etwa bei einer Entscheidung, entsteht die Dokumentenpauschale allenfalls nach Z 1, noch strenger Naumb MDR **13**, 124 (keine Auslagen). Das gilt bei allen von Amts wegen bekanntzugebenden Dokumenten, zB bei der Mitteilung des Pfändungs- und Überweisungsbeschlusses an den Gläubiger. Ein zugehöriger unnötiger „Antrag" oder eine entsprechende Anregung schaffen insoweit keine Auslagenpflicht. Eine Auskunft aus dem Schuldnerverzeichnis ist pauschalenfrei. Dasselbe gilt für ein Notfristzeugnis, für ein Rechtskraftzeugnis oder für eine Beglaubigung.

C. Fehlen von Mehrfertigungen, Z 1, 2 b. Eine Zahlungspflicht besteht ferner, **6**
soweit eine Partei oder ein Beteiligter es unterlassen hat, einem von Amts wegen zuzustellenden Dokument die erforderliche Zahl von Mehrfertigungen beizufügen, Kbl MDR **17**, 307, LG Stgt SR **13**, 649, AG Bersenbrück JB **11**, 603, oder wenn die Empfangseinrichtung des Gerichts die per Telefax übermittelten Mehrfertigungen ausgedruckt hat.

D. Beifügungspflicht, Z 1, 2 Hs 2 b. Eine Beifügungspflicht *besteht* zB nach **7**
§§ 103 II, 133 I, 169 II, 253 V, 340 a, 520 IV, 550 I, 551 IV ZPO, 381 StPO, also für die Kostenrechnung, vorbereitende Dokumente, Klage-, Einspruchs- und Rechtsmittelschriften, Berufungs-, Revisionsbegründung, Privatklage. Es ist unerheblich, ob eine förmliche Zustellung erforderlich ist oder ob eine formlose Mitteilung genügt. Hierher gehört auch der Fall, daß eine Partei die vorgeschriebenen Kopien usw nicht einreicht und daß das Gericht diese Kopien usw für eine gesetzlich notwendige Mitteilung anfertigen muß, etwa zum Zweck eines rechtlichen Gehörs nach Art 103 I GG.

E. Keine Beifügungspflicht, Z 1, 2 b. Sofern dagegen die Partei eine Erklä- **8**
rung zum Protokoll des Urkundsbeamten der Geschäftsstelle abgibt, entstehen zwar dem Staat infolge der Anfertigung von Kopien usw Kosten. Die Partei hat aber keine gesetzlichen Obliegenheiten verletzt, und zwar auch nicht bei einer Erklärung nach § 129 a ZPO. Dann können allenfalls Dokumentenauslagen zB nach KV 9001 wegen der Notwendigkeit einer Übersendung nach § 129 a II ZPO entstehen. Bei § 105 II ZPO (Festsetzungsgesuch durch die Einreichung der Kostenberechnung vor der Verkündung) ist die Anfertigung der Kopien usw auf Staatskosten ausdrücklich vorgeschrieben.

KV 9000 Kostenverzeichnis

Alleiniger *Auslagenschuldner* ist nach § 28 I 2 derjenige, der die Einreichung versäumt hat. Soweit das GNotKG anwendbar ist, gilt (jetzt) Z 1 nicht, LG Kref Rpfleger **82**, 488.

9 **F. Elektronisch gespeicherte oder bereitgestellte Dateien, Z 3.** Soweit es um die Überlassung oder Bereitstellung von elektronisch gespeicherten Dateien anstelle von Ausfertigungen oder Kopien geht, gilt vorrangig Z 2. Das kann auch für eine Datei im Zusammenhang mit einer Anlage nach der zu § 130a II 2 ZPO erlassenen ERVV gelten. Maßgeblich ist die Zahl der hergestellten Dateien, Meyer JB **13**, 9. Ein sog Ordner kann also mehrere Dateien enthalten. Man muß dabei den Höchstbetrag von 5 EUR beachten, soweit es nur um *einen* Arbeitsgang geht.

10 **5) Auslagenfreiheit, amtliche Anmerkung III.** Frei von Auslagen sind für jede Partei, jeden Beteiligten und jeden Beschuldigten und jeden ihrer bevollmächtigten Vertreter jeweils Ausfertigungen und Kopien oder Ausdrucke der elektronischen Fassung, soweit einer der folgenden, nebeneinander möglichen Fälle vorliegt.

A. Vollständige Fassung einer Entscheidung oder eines Vergleichs, amtliche Anmerkung III 1 Z 1. Frei von einer Zahlungspflicht ist eine erste vollständige Ausfertigung, Abschrift oder Kopie oder ein erster Ausdruck jeder gerichtlichen Entscheidung und jedes vor dem Gericht abgeschlossenen Prozeßvergleichs einschließlich desjenigen nach § 278 VI 1 Hs 1, 2 ZPO, sofern das Gericht sie der Partei, einem Beteiligten oder dem Beschuldigten erteilt. Eine bloße Vervollständigung, Ergänzung oder Berichtigung gehört zum Erstexemplar.

11 *Entscheidung* ist nur ein Urteil oder ein Beschluß mit einer unmittelbaren Rechtsfolge mit oder ohne eine Prozeßbeendigung. Hierher zählen zB: Ein Beweisbeschluß; ein Vollstreckungsbescheid; ein Arrestbefehl; eine einstweilige Anordnung oder Verfügung; ein Pfändungs- und Überweisungsbeschluß; ein Vorbescheid; ein Gerichtsbescheid.

Nicht hierher zählen zB: Ein nur außergerichtlicher Vergleich (§ 278 VI 1 Hs 1 ZPO gehört aber sehr wohl zu Z 1); eine prozeßleitende Verfügung, etwa ein Hinweis; eine Aufforderung; eine Anfrage, OVG Münst Rpfleger **81**, 125; ein Erörterungsbeschluß, und zwar auch dann nicht, wenn eine solche prozeßleitende Verfügung eine Frist in Lauf setzt. Denn auch dann soll die Verfügung ja erst eine etwa nachfolgende Entscheidung vorbereiten.

12 **B. Ausfertigung ohne Tatbestand und Entscheidungsgründe, amtliche Anmerkung III 1 Z 2.** Frei von einer Zahlungspflicht ist ferner die Erteilung einer Ausfertigung ohne einen Tatbestand und ohne Entscheidungsgründe. Das gilt unabhängig davon, ob ein Tatbestand oder Entscheidungsgründe überhaupt zu einer vollständigen Ausfertigung oder Kopie usw gehören würden, §§ 313a, 540 ZPO, und ob das Gericht schon eine vollständige Ausfertigung oder Kopie usw erteilt hat.

13 **C. Protokollablichtung, amtliche Anmerkung III 1 Z 3.** Frei von der Zahlungspflicht ist ferner die Erteilung einer Kopie usw jeder Niederschrift über „eine", genauer: jede Sitzung auch zB des verordneten Richters nach § 362 II ZPO. Auslagenfrei ist gegenüber der nicht durch einen Bevollmächtigten vertretenen Partei nur eine einzige Kopie usw eines jeden Protokolls. Wegen der durch einen Bevollmächtigten vertretenen Partei Rn 15. Zur Protokollanlage gehört nach § 160 V ZPO zur Niederschrift usw, sofern das Gericht die Anlage in einem eigentlichen Protokoll auch als Anlage bezeichnet hat. Das gilt zB bei einem solchen Antrag, den die Partei nach § 297 I 2 ZPO verlesen hat. Man kann auch die Kopie usw eines schriftlichen Gutachtens wegen Art 103 I GG hierher rechnen, LG Münst Rpfleger **92**, 225, aM Meyer 26 (aber man darf dabei nicht schon wegen § 411 I 1 ZPO zu formstreng sein). Auch ein Protokollentwurf kann hierzu zählen.

14 Bei einer Abschrift oder Kopie einer *Vermögensauskunft* gehört nach § 802c ZPO gilt Rn 17. Die Auslagenfreiheit ist lediglich eine Kostenregelung. Man kann ihr *keineswegs* eine Pflicht des Gerichts entnehmen, *von Amts wegen* eine *Protokollkopie* usw *zu übermitteln,* noch gar unverzüglich. Daran ändert auch nicht ein verbreiteter Brauch solcher Art etwas. Schon gar nicht kann eine Partei aus der Nichtübersendung einen prozessualen Anspruch etwa nach § 156 ZPO ableiten, solange nicht besondere Umstände hinzutreten.

Kostenverzeichnis **9000–9002 KV**

D. Vertretung durch einen Bevollmächtigten, amtliche Anmerkung III 1 15
Z 1–3. Frei von der Zahlungspflicht ist die Erteilung einer weiteren vollständigen Ausfertigung oder Kopie usw bei der Vertretung durch einen Bevollmächtigten unabhängig von deren Notwendigkeit. Das gilt für alle Fälle Rn 10–19. Diese weitere Ausfertigung oder Kopie usw muß vollständig sein. Eine weitere abgekürzte reicht nicht aus. Es muß ferner ein Bevollmächtigter im Zeitpunkt des Antrags oder der Erteilung vorhanden sein. Jeder Bevollmächtigte erhält eine weitere vollständige Ausfertigung oder Kopie usw auslagenfrei. Eine Sozietät ist nur *ein* Bevollmächtigter. Der bloße Verkehrsanwalt ist kein Bevollmächtigter im vorstehenden Sinn. Eine aus mehreren Personen bestehende Partei kann je Person eine solche Auslagenfreiheit beanspruchen, selbst bei einer Vertretung durch denselben Bevollmächtigten.

E. Blindenschrift usw, amtliche Anmerkung III 2. Frei von der Erstattungs- 16
pflicht sind die Auslagen(kosten) der Anfertigung oder der Bereitstellung in einer für den Blinden oder Sehbehinderten wahrnehmbaren Form eines für ihn bestimmten Dokuments vor Gericht. Das ergibt sich aus § 191a I 5 GVG.

6) Akteneinsicht, amtliche Anmerkung IV. Voraussetzung einer Dokumen- 17
tenpauschale ist ein besonderer Antrag nebst Ausdruck oder Datenträger als Folge.

Nr.	Auslagentatbestand	Höhe
9001	Auslagen für Telegramme	in voller Höhe

1
1) Geltungsbereich. Nur noch Telegramme lassen eine Zahlungspflicht entstehen. Das gilt freilich stets unabhängig von der in KV 9002 amtliche Anmerkung nur für den dortigen Geltungsbereich zu prüfenden Lage. Denn KV 9001 enthält keine solche amtliche Anmerkung.

Telefax- und sonstige Telekommunikationskosten und insbesondere Telefon- oder Internetkosten zählen *nicht* zu KV 9001. Das besagt die eindeutige Beschränkung auf Telegramme im Gesetzestext.

Die Zahlungspflicht entsteht daher auch dann jedenfalls nicht nach KV 9001, wenn ein Beteiligter das *falsche Gericht* angerufen hat und wenn dieses den Vorgang zB per Telefax an das richtige Gericht weiterleitet usw. Sie entsteht ferner dann nicht, wenn bei § 129a II 1 ZPO die erforderliche Unverzüglichkeit der Weiterleitung an das richtige Gericht eine Übersendung per Telefax notwendig macht. Es ist unerheblich, ob infolge einer solchen Übermittlung anderweitige Kosten erspart bleiben.

Nicht hierher zählen erst recht die Kosten einer Telefonüberwachung, Karlsr Rpfle- 2
ger 89, 172, aM Ffm Rpfleger **85**, 170.

2) Höhe der Auslagen. Die Kosten der Erledigung per Telegramm sind in voller 3
Höhe zahlungspflichtige Auslagen. Maßgeblich sind die jeweiligen Allgemeinen Geschäftsbedingungen und Preislisten der Deutschen Post AG.

Nr.	Auslagentatbestand	Höhe
9002	Pauschale für Zustellungen mit Zustellungsurkunde, Einschreiben gegen Rückschein oder durch Justizbedienstete nach § 168 Abs. 1 ZPO je Zustellung	3,50 €
	[1]Neben Gebühren, die sich nach dem Streitwert richten, mit Ausnahme der Gebühr 3700, wird die Zustellungspauschale nur erhoben, soweit in einem Rechtszug mehr als 10 Zustellungen anfallen. [2]Im erstinstanzlichen Musterverfahren nach dem KapMuG wird die Zustellungspauschle für sämtliche Zustellungen erhoben.	

Gliederung

1) Systematik 1
2) Geltungsbereich 2
3) Beispiele zur Frage des Geltungsbereichs 3, 4

KV 9002

4) **Erforderlichkeit der Zustellung** 5, 6
   A. Grundsatz: Notwendigkeit 5
   B. Ausnahme: Auch ohne Notwendigkeit 6
5) **Niederschlagung** 7, 8
6) **Höhe der Pauschale** 9
7) **Erhebungsgrenzen, amtliche Anmerkung S 1** 10–13
   A. Neben Wertgebühr 10
   B. Kein Fall von KV 3700 11
   C. Je Rechtszug nicht mehr als 10 Zustellungen 12
   D. Folge: Nichterhebung 13
8) **Keine Erhebungsgrenzen, amtliche Anmerkung S 2** 14

1 **1) Systematik.** Kosten für eine Zustellung mittels einer Zustellungsurkunde oder für eine Zustellung nach § 168 I ZPO sind auslagenpflichtig.
Im übrigen muß man Vorschriften des PostG beachten.

PostG § 33. Verpflichtung zur förmlichen Zustellung. $^{I\,\,1}$**Ein Lizenznehmer, der Briefzustelldienstleistungen erbringt, ist verpflichtet, Schriftstücke unabhängig von ihrem Gewicht nach den Vorschriften der Prozeßordnungen und der Gesetze, die die Verwaltungszustellung regeln, förmlich zuzustellen.** ^{2}**Im Umfang dieser Verpflichtung ist der Lizenznehmer mit Hoheitsbefugnissen ausgestattet (beliehener Unternehmer).**

$^{II\,\,1}$Die Regulierungsbehörde hat den verpflichteten Lizenznehmer auf dessen Antrag von der Verpflichtung nach Absatz 1 zu befreien, soweit der Lizenznehmer nicht marktbeherrschend ist. ^{2}Die Befreiung ist ausgeschlossen, wenn zu besorgen ist, daß hierdurch die förmliche Zustellung nach Absatz 1 nicht mehr flächendeckend gewährleistet wäre. ^{3}Die Befreiung kann widerrufen werden, wenn der Lizenznehmer marktbeherrschend wird oder die Voraussetzung des Satzes 2 vorliegt. ^{4}Der Antrag auf Befreiung kann mit dem Antrag auf Erteilung der Lizenz verbunden werden.

PostG § 34. Entgelt für die förmliche Zustellung. ^{1}Der verpflichtete Lizenznehmer hat Anspruch auf ein Entgelt. ^{2}Durch dieses werden alle von dem Lizenznehmer erbrachten Leistungen einschließlich der hoheitlichen Beurkundung und Rücksendung der Beurkundungsunterlagen an die auftraggebende Stelle abgegolten. ^{3}Das Entgelt hat den Maßstäben des § 20 Abs. 1 und 2 zu entsprechen. ^{4}Es bedarf der Genehmigung durch die Regulierungsbehörde. ^{5}Das Bundesministerium der Justiz und für Verbraucherschutz und das Bundesministerium des Innern sind unverzüglich über beabsichtigte Entgeltgenehmigungen zu informieren.

Die „Beleihung" in § 33 I 2 PostG ist durch § 168 I 2 Hs 1 ZPO in der Fassung Art 1 ZustRG vom 25. 6. 02, BGBl 1206, überholt, soweit es um den Charakter der Postzustellungsurkunde (bisher nur: der Deutschen Post AG!) geht.

2 **2) Geltungsbereich.** Solche Kosten sind nur dann ersatzpflichtig, wenn sie für eine nach dem Gesetz oder nach dem pflichtgemäßen gerichtlichen Ermessen notwendige förmliche Zustellung der vorstehenden Art entstehen, Rn 5.
Auch diese Kosten treffen aber den Verlierer und geben ihm evtl einen sachlichrechtlichen Ersatzanspruch. Sie treffen stets den Verursacher. Denn §§ 91 ff ZPO regeln die prozessuale Kostenpflicht abschließend, BLAH Üb 27 vor § 91 ZPO. Das übersieht LAG Bre Rpfleger **88**, 165.

3) Beispiele zur Frage des Geltungsbereichs

3 **Aufgabe zur Post:** *Unanwendbar* ist KV 9002 bei dieser Übermittlungsart nach § 184 ZPO. Denn dann gilt die Sendung nach § 184 II ZPO bestimmte Zeit nach der Aufgabe als zugestellt. Demgegenüber entscheidet bei einem Zustellungsauftrag die Übergabe durch den Zusteller nach § 193 ZPO.
Beschluß: Anwendbar ist KV 9002 bei einer förmlichen Zustellung eines Beschlusses zB nach § 329 II Z 1, III ZPO.
EU-Zustellung: Im Verfahren nach §§ 1067–1071 ZPO richtet sich eine Erstattung zunächst nach Art 11 VO (EU) Nr 1393/2007, abgedruckt bei BLAH Einf 3 vor § 1067 ZPO, und erst sodann nach KV 9002.
Formlose Mitteilung: *Unanwendbar* ist KV dann. Das gilt unabhängig davon, ob sie gesetzlich ausreicht.

Kostenverzeichnis **9002 KV**

Kostenfestsetzung: Anwendbar ist KV 9002 auch bei ihr nach §§ 103, 104 ZPO, **4**
AG Itzehoe SchlHA **96**, 260, AG Kiel JB **96**, 261, AG Rendsb JB **96**, 318, aM LG
Kiel SchlHA **96**, 259, AG Kiel SchlHA **96**, 261, Meyer 40 (aber die Kostenfestsetzung gehört zur Instanz).
Kein Rückschein: *Unanwendbar* ist KV 9002, sofern das Gericht einen Einwurf- oder Übergabe-Einschreibebrief gerade ohne Rückschein anordnet. Denn die Vorschrift setzt gerade einen Rückschein voraus.
Sachverständiger: Anwendbar ist KV 9002 bei seiner vom Gericht ordnungsgemäß angeordneten förmlichen Ladung durch Zustellungsurkunde, etwa nach §§ 377, 402 ZPO, LAG Bre Rpfleger **88**, 165.
Urteil: Anwendbar ist KV 9002 bei der Zustellung eines Urteils von Amts wegen nach §§ 310 III, 317 I ZPO in Verbindung mit § 168 I 1 ZPO.
Wiederholung: Die Regeln gelten auch dann, wenn eine Wiederholung der Zustellung notwendig wird, zB wegen einer unrichtigen Anschrift.
Zeuge: Anwendbar ist KV 9002 bei seiner vom Gericht ordnungsgemäß angeordneten förmlichen Ladung durch Zustellungsurkunde etwa nach § 377 ZPO, LAG Bre Rpfleger **88**, 165.

4) Erforderlichkeit der Zustellung. Einem Grundsatz steht eine nicht unerheb- **5**
liche Ausnahme gegenüber.

A. Grundsatz: Notwendigkeit. Soweit das Gericht eine nach dem Gesetz oder nach einem pflichtgemäßen gerichtlichen Ermessen nicht erforderliche förmliche Zustellung gewählt hat, entstehen grundsätzlich keine Auslagen nach KV 9002. Vielmehr muß das Gericht evtl die Auslagen nach § 21 niederschlagen. Das gilt etwa bei einer vorwerfbar unwirksam formfehlerhaft durchgeführten und deshalb wiederholungsbedürftigen Zustellung. Vgl freilich Rn 7, 8. Ob die Zustellung objektiv erforderlich war, läßt sich aber nicht nach dem abstrakten Gesetzestext beurteilen, sondern nur nach den Umständen des konkreten Einzelfalls und nach dem pflichtgemäßen gerichtlichen Ermessen.

Wegen der verbreiteten Nachlässigkeit gegenüber gerichtlichen Vorladungen usw ist im Interesse des dringend notwendigen zügigen Verfahrensablaufs und einer Vermeidung überflüssiger weiterer Termine grundsätzlich eine *förmliche Zustellung* mit einer Zustellungsurkunde oder zumindest mittels Einschreibens gegen Rückschein bei jeder Ladung objektiv notwendig. Das gilt insbesondere beim Zeugen, auch beim Polizisten als Zeugen.

Nur so kann das Gericht nämlich oft genügend *zuverlässig klären,* ob die Ladung den Prozeßbeteiligten überhaupt und wann etwa erreicht hat. Nur bei einer Zustellung mit Zustellungsurkunde läßt sich darüber hinaus zuverlässig klären, ob das Gericht eine Ladungsfrist eingehalten hat usw. Nur so lassen sich auch zB das Vorliegen der Voraussetzungen einer Verhängung von Ordnungsmitteln oder einer zwangsweisen Vorführung nach § 380 ZPO usw zuverlässig und ohne eine vermeidbare Mehrarbeit spätestens im Termin klären. Deshalb muß der Kostenbeamte grundsätzlich davon ausgehen, daß eine vom Gericht angeordnete förmliche Zustellung objektiv erforderlich war.

B. Ausnahme: Auch ohne Notwendigkeit. Ausnahmsweise entstehen Ausla- **6**
gen auch für alle nicht unter Rn 5 fallenden Zustellungen im Verfahren nach dem KapMuG, abgedruckt bei BLAH SchlAnh VIII. Das ergibt sich aus dem eindeutigen Wortlaut der amtlichen Anmerkung S 2: Bei „sämtlichen" Zustellungen werden Auslagen erhoben. Das ändert freilich nichts an der Geltung des § 21 auch in diesem Verfahren, etwa bei ganz offenkundig sinnlosen Zustellungsversuchen. Man sollte dergleichen aber nur zurückhaltend annehmen.

5) Niederschlagung. Soweit statt einer an sich ausreichenden Zustellung mittels **7**
Einschreibens gegen Rückschein eine solche mit Zustellungsurkunde erfolgte, liegt meist schon wegen der etwaigen Unklarheit über den genauen Zustellungszeitpunkt beim bloßen Rückschein keine unrichtige Sachbehandlung vor. Vgl im übrigen Rn 6.

Im Zweifel muß er eine dienstliche *Auskunft des Richters* einholen. Er ist zu ihrer **8**
Abgabe verpflichtet, soweit sich die objektive Notwendigkeit nicht bereits eindeutig aus dem bisherigen Akteninhalt ergibt.

KV 9002, 9003 Kostenverzeichnis

Nichterhebung nach Z 10–13 ist nicht mit einer Niederschlagung nach Rn 7, 8 zu verwechseln.

9 **6) Höhe der Pauschale.** Man muß zunächst prüfen, ob eine Nichterhebung nach Rn 10–13 alle weiteren Fragen erübrigt. Wenn nicht, ergeben sich anstelle der tatsächlichen Aufwendungen (jetzt) je Zustellung pauschal 3,50 EUR. Man muß im ersteren Fall nur diese Pauschale je Zustellung zahlen, nicht das außerdem erforderliche Porto. Man darf das in § 34 PostG, abgedruckt in Rn 1, geregelte Entgelt nicht mit der Auslagenregelung des KV 9002 verwechseln.

10 **7) Erhebungsgrenzen, amtliche Anmerkung S 1.** Die Pauschale fällt nach der amtlichen Anmerkung S 1 evtl dann *nicht* an, wenn die folgenden Voraussetzungen zusammentreffen.

A. Neben Wertgebühr. Die Pauschale muß neben einer vom Streitwert abhängigen Gebühr entstanden sein, zB neben der allgemeinen Verfahrensgebühr KV 1210. Neben einer Festgebühr etwa nach KV 1810–1821 gibt es keine Auslagenbegrenzung.

11 **B. Kein Fall von KV 3700.** Es darf sich nicht um die Urteilsgebühr im sog Adhäsionsverfahren nach § 406 StPO handeln.

12 **C. Je Rechtszug nicht mehr als 10 Zustellungen.** Es dürfen je Instanz nicht mehr als 10 Zustellungen angefallen sein, auch an Streitverkündete unabhängig von einem Beitritt, Hbg JB **16**, 643.

13 **D. Folge: Nichterhebung.** Beim Zusammentreffen der Bedingungen Rn 10–12 darf das Gericht keine Pauschale nach KV 9002 erheben.

14 **8) Keine Erhebungsgrenzen, amtliche Anmerkung S 2.** Es gilt das in Rn 6 Ausgeführte.

Nr.	Auslagentatbestand	Höhe
9003	Pauschale für die bei der Versendung von Akten auf Antrag anfallenden Auslagen an Transport- und Verpackungskosten je Sendung .... I Die Hin- und Rücksendung der Akten durch Gerichte oder Staatsanwaltschaften gelten zusammen als eine Sendung. II Die Auslagen werden von demjenigen Kostenschuldner nicht erhoben, von dem die Gebühr 2116 zu erheben ist.	12,00 €

Schrifttum: *Volpert* NJW **16**, 218 (Üb.)

1 **1) Systematik,** dazu *Enders* JB **97**, 393, *Hower* NJW **13**, 2077, *Notthoff* AnwBl **95**, 538 (je: ausf): Die Vorschrift ist zwingendes Bundesrecht, AG Lpz JB **05**, 547. Deshalb ist eine Vereinbarung mit einem privaten Dienstleister wie bei einem transportierenden Anwaltsverein unbeachtbar, Saarbr JG **16**, 32, aM Köln RR **15**, 1343. KV 9003 ist mit dem GG vereinbar, BVerfG NJW **96**, 2222 (zur aF). „Akten" bedeutet: Mehr als einzelne lose Dokumente oder Anlagen mit oder ohne Kopien, OVG Münst NJW **13**, 2378. Auch Aktenteile können unter dieser Voraussetzung die Gebühr KV 9003 auslösen, OVG Münst NJW **13**, 2378. Das gilt auch für Beiakten, OVG Münst, NJW **13**, 2378.

2 **2) Geltungsbereich: Versendung auf Antrag.** Die Vorschrift gilt bei einer Rücksendungspflicht, OVG Münst NJW **13**, 2378. Sie gilt auch vor der Staatsanwaltschaft, OVG Kblz NJW **07**, 2427, vor den Arbeitsgerichten, LAG Kiel NJW **07**, 2510, und vor den Sozialgerichten, LSG Schlesw AnwBl **97**, 48, SG Stralsund JB **98**, 370, aM SG Ffm NZS **98**, 256 (aber KV 9003 gilt im Gesamtbereich des GKG). Es ist unerheblich, ob die Versendung der Akten zB an einen gerichtlich bestellten Verteidiger erfolgt, LG Frankenth NJW **95**, 2801, aM LG Tüb AnwBl **95**, 569.
Es ist *ferner unerheblich*, ob die Versendung innerhalb oder außerhalb des Gerichtsbezirks erfolgt, LG Frankenth MDR **96**, 104. Es ist unerheblich, ob die Sendung aus einem oder mehreren Dokumenten besteht und auf welchem Weg und in welcher

Art sie erfolgt, LG Kleve JB **15**, 419. Eine wiederholte Versendung läßt KV 9003 mehrmals entstehen, LG Frankenth NJW **95**, 2801.

Keine Versendung ist ein Transport zwischen verschiedenen Justizgebäuden an denselben Ort, LG Görlitz AnwBl **14**, 657. Keine Versendung ist ferner ist eine bloße Aushändigung bei der Einlegung in das oder bei der Abholung auf der Geschäftsstelle oder aus dem Gerichtsfach, LG Chemnitz JB **10**, 257, AG Düss JB **97**, 433 (auch wenn Staatsanwalt und LG nicht an demselben Ort residieren), OVG Kblz NJW **13**, 2137, aM Kblz MDR **13**, 495 (Anwaltsfach am Ort), Köln MDR **09**, 955, LG Frankenth NJW **95**, 2801 (je: beim anwaltlichen Gerichtsfach eines örtlich entfernten Gerichts). Das gilt auch dann, wenn die Akte zwecks Abholung aus dem Anwaltsfach zwischen verschiedenen Justizgebäuden mittels Dienstwagen hin und hergelangen, Kblz AnwBl **14**, 657, Nürnb AnwBl **16**, 438.

Kostenpflichtig ist nach KV 9003 nur die Versendung *auf Antrag*, nicht diejenige von Amts wegen, Jena JB **08**, 602, etwa nach § 129a II 1 ZPO, oder diejenige im Weg einer Amtshilfe. Im letzteren Fall kann KV 9001, 9002 anwendbar sein. Man muß beantragte Einzelkopien statt Akten nach KV 9000 berechnen. Das wird daher meist teurer. Das kostenfreie Einsichtsrecht an der Gerichtsstelle bleibt auch sonst unberührt, Kblz MDR **97**, 202, AG Kblz AnwBl **95**, 380.

3) Fälligkeit, Kostenschuldner. Die Fälligkeit tritt mit der Entstehung der Auslagen ein, LG Kblz NJW **96**, 1223. 3

Der Antragsteller selbst ist *Kostenschuldner* nach (jetzt) § 28 Rn 6, LG Bayreuth JB **97**, 433, VG Brschw NVwZ-RR **03**, 912. Das muß nicht stets die Partei sein, sondern kann auch der ProzBev sein, LG Mainz JB **07**, 597, VG Meiningen JB **06**, 36, Bohnenkamp JB **07**, 569, auch der Pflichtverteidiger, Düss JB **02**, 308, Kblz MDR **97**, 202, AG Mainz NStZ-RR **99**, 128. Es kommt darauf an, in wessen Namen der Antrag erfolgt. Nicht maßgeblich ist, in wessen Interesse sie erfolgt, aM VG Düss JB **06**, 90, LG Mainz JB **07**, 597. Im Zweifel liegt ein Antrag nur im Namen des Auftraggebers mit der Folge von nur dessen Haftung vor, LG Memmingen JB **08**, 375 (Akteneinsicht), VG Brschw JB **03**, 210, Weis AnwBl **07**, 529.

4) Hin- und Rücksendung, amtliche Anmerkung I. Die Hin- und Rück- 4
sendung (nur) durch ein Gericht oder eine Staatsanwaltschaft gelten infolge dieser klarstellenden Vorschrift als nur *eine* Sendung, AG Lpz **05**, 547. Das gilt jedenfalls, solange es sich auch nur teilweise um dieselben Akten handelt. Daher löst zB eine Rücksendung durch mehrere Pakete statt des früheren einzigen Hinpakets doch nur *eine* Summe nach KV 9003 aus, Büttner NJW **05**, 3109, Hower NJW **13**, 2079, aM Henke AnwBl **05**, 494 (aber Pauschale bleibt Pauschale). Folglich muß das Gericht keinen Freiumschlag für die Rücksendung beifügen, Kblz (2. ZS) JB **06**, 207 rechts, aM Kblz NJW **06**, 1072 rechts (aber keine Erstattung des vom Antragsteller bezahlten Rückportos).

Ob *Anwalts*auslagen entstehen, richtet sich überhaupt nicht nach KV 9003, Jena JB **07**, 598, sondern nach VV 7000ff, hier also nach VV 7001, 7002, Teil X dieses Buchs, (je zum alten Recht) Hamm NJW **06**, 1077, LG Kblz JB **06**, 89, AG Rockenhausen JB **05**, 207. Das ergibt sich aus den (jetzigen) Wörtern „durch Gerichte oder Staatsanwaltschaften" in der amtlichen Anmerkung I, aM Naumb JB **08**, 374. Justizinterne Kosten sind keine Auslagen, Celle AnwBl **16**, 439.

Nr.	Auslagentatbestand	Höhe
9004	Auslagen für öffentliche Bekanntmachungen	in voller Höhe
	I ¹Auslagen werden nicht erhoben für die Bekanntmachung in einem elektronischen Informations- und Kommunikationssystem, wenn das Entgelt nicht für den Einzelfall oder nicht für ein einzelnes Verfahren berechnet wird. ²Nicht erhoben werden ferner Auslagen für die Bekanntmachung eines besonderen Prüfungstermins (§ 177 InsO, § 18 SVertO).	
	II Die Auslagen für die Bekanntmachung eines Vorlagebeschlusses gemäß § 6 Abs. 4 KapMuG gelten als Auslagen des Musterverfahrens.	

KV 9004, 9005

1 **1) Geltungsbereich.** Erstattbar sind die durch eine öffentliche Bekanntmachung entstehenden Kosten mit Ausnahme nur der Bekanntmachungskosten im Umfang der amtlichen Anmerkung nach Rn 2, 3. Zur öffentlichen Bekanntmachung gehört auch die öffentliche Zustellung etwa nach §§ 185 ff ZPO. Soweit das Gericht einen Auftrag zur öffentlichen Bekanntmachung zurücknimmt, sind die bereits entstandenen Kosten erstattungspflichtig.
Außer Betracht bleiben neben den Portokosten des Gerichts für den Antrag diejenigen für die Übersendung der Belege. Bei einer Beweisaufnahme nach §§ 1072–1075 ZPO richtet sich die Bezahlung zunächst nach Art 10 II, IV, 18 VO (EG) Nr 1206/2001, abgedruckt bei BLAH Einf 1 vor § 1072 ZPO, und sodann nach KV 9004.

2 **2) Elektronisches System, amtliche Anmerkung I 1.** Es kann auslagenfrei bleiben. Es kommt darauf an, ob der Staat für die Veröffentlichung zB im Internet auch auf Grund einer Vereinbarung mit einem gebietsmäßigen Anbieter entweder gar nichts oder jedenfalls kein Entgelt für den Einzelfall oder ein einzelnes Verfahren zahlen muß, sondern nur eine wie immer berechnete Pauschale.

3 **3) Prüfungstermin, amtliche Anmerkung I 2.** Er kann ebenfalls zur Auslagenfreiheit führen. Im Fall des § 177 InsO gilt nur KV 2340, freilich bei einer Verbindung mit einem Schlußtermin nur wegen des besonderen Prüfungstermins. Im Fall des § 18 SVertO gilt nur KV 2430.

4 **4) Vorlagebeschluß, II.** Bei § 6 IV KapMuG, BLAH SchlAnh VIII, gelten die amtliche Anmerkung II und damit §§ 16 II, 26 KapMuG.

Nr.	Auslagentatbestand	Höhe
9005	Nach dem JVEG zu zahlende Beträge	in voller Höhe
	I Nicht erhoben werden Beträge, die an ehrenamtliche Richter (§ 1 Abs. 1 Satz 1 Nr. 2 JVEG) gezahlt werden.	
	II ¹Die Beträge werden auch erhoben, wenn aus Gründen der Gegenseitigkeit, der Verwaltungsvereinfachung oder aus vergleichbaren Gründen keine Zahlungen zu leisten sind. ²Ist aufgrund des § 1 Abs. 2 Satz 2 JVEG keine Vergütung zu zahlen, ist der Betrag zu erheben, der ohne diese Vorschrift zu zahlen wäre.	
	III Auslagen für Übersetzer, die zur Erfüllung der Rechte blinder oder sehbehinderter Personen herangezogen werden (§ 191a Abs. 1 GVG), werden nicht, Auslagen für Gebärdensprachdolmetscher (§ 186 Abs. 1 GVG) werden nur nach Maßgabe des Absatzes 4 erhoben.	
	IV Ist für einen Beschuldigten oder Betroffenen, der der deutschen Sprache nicht mächtig, hör- oder sprachbehindert ist, im Strafverfahren oder im gerichtlichen Verfahren nach dem OWiG ein Dolmetscher oder Übersetzer herangezogen worden, um Erklärungen oder Schriftstücke zu übertragen, auf deren Verständnis der Beschuldigte oder Betroffene zu seiner Verteidigung angewiesen ist oder soweit dies zur Ausübung seiner strafprozessualen Rechte erforderlich war, werden von diesem die dadurch entstandenen Auslagen nur erhoben, wenn das Gericht ihm diese nach § 464c StPO oder die Kosten nach § 467 Abs. 2 Satz 1 StPO, auch i. V. m. § 467a Abs. 1 Satz 2 StPO, auferlegt hat; dies gilt auch jeweils i. V. m. § 46 Abs. 1 OWiG.	
	V Im Verfahren vor den Gerichten für Arbeitssachen werden Kosten für vom Gericht herangezogene Dolmetscher und Übersetzer nicht erhoben, wenn ein Ausländer Partei und die Gegenseitigkeit verbürgt ist oder ein Staatenloser Partei ist.	

Kostenverzeichnis 9005 KV

Gliederung

1) Geltungsbereich 1, 2
2) Keine Erhebung von Richterbeträgen, amtliche Anmerkung I 3
3) Erhebung trotz Verwaltungsabrede usw, amtliche Anmerkung II 1 4
4) Erhebung auch für Behördenleistung, amtliche Anmerkung II 2 5
5) Übersetzer für Blinden usw, amtliche Anmerkung III 6
6) Ausländer, Hörbehinderter usw, amtliche Anmerkung IV 7
7) Heranziehung, amtliche Anmerkung II–IV 8
8) Besonderheiten in Arbeitssache, amtliche Anmerkung V 9

1) Geltungsbereich. Die Vorschrift verstößt zumindest wegen eines Gebärdendolmetschers nach § 186 GVG für einen (jetzt) Hör- oder Sprachbehinderten nicht gegen Art 3 GG, LG Hbg JB **99**, 599 (zum alten Recht). Sie ist auch mit Artt 2 I, 20 III GG vereinbar, BVerfG NJW **13**, 2883. Erstattungspflichtig sind die Gebühren und solche Auslagen, die das Gericht an einen Zeugen zahlen muß, BPatG GRUR **91**, 312, KG 19 WF 157/10 v 16. 9. 11, auch an einen vorläufigen Insolvenzverwalter, Düss JB **09**, 266. Hierher gehören auch Zahlungen an einen Sachverständigen, Dolmetscher, OVG Greifsw NVwZ-RR **11**, 712, oder Gebärdendolmetscher oder Übersetzer (Ausnahme: Übersetzer beim Hör- oder Sprachbehinderten, amtliche Anmerkung III). 1

Grundlage der Zahlungspflicht ist jeweils das JVEG, Teil V dieses Buchs. Für die Erstattungspflicht kommt es also nicht darauf an, welche Beträge das Gericht tatsächlich gezahlt hat, sondern auf diejenigen Beträge, die es zahlen muß oder mußte, also auf die „zu zahlenden" Beträge, nicht auf „gezahlte", Düss AnwBl **89**, 237, Schlesw MDR **85**, 80. Soweit das Gericht eine Überzahlung vorgenommen hat, kann der Auslagenschuldner freilich auch nach § 66 die Erinnerung einlegen. Wegen des Verhältnisses zu § 13 JVEG dort Rn 17.

Bei einer *schriftlichen Bekundung* nach § 377 III ZPO darf das Gericht dem Zeugen nur seine Auslagen erstatten, § 401 ZPO. Soweit das Gericht im Verfahren auf die Bewilligung einer Prozeßkostenhilfe eine Beweisaufnahme vorgenommen hat und den Antrag anschließend zurückweist, muß der Antragsteller die entstandenen Auslagen erstatten. Die Kosten einer nach der StPO zulässig erfolgten Telefonüberwachung werden nach (jetzt) § 23 JVEG erstattet, Kblz Rpfleger **00**, 565, LG Kblz NStZ **01**, 221, LG Nürnb-Fürth JB **92**, 685. Das gilt freilich nicht für ein bloßes Hilfsmittel der Telefonüberwachung, Celle NStZ **01**, 221 (Computermiete). Bei einer Tätigkeit nach §§ 1072–1075 ZPO richtet sich die Erstattung zunächst nach Art 18 VO (EG) Nr 1206/2001, abgedruckt bei BLAH Einf 1 vor § 1072 ZPO, auch sodann nach KV 9005. 2

Verzinsung der Auslagen nach KV 9005 entsteht im erstinstanzlichen Musterverfahren nach dem KapMuG, abgedruckt bei BLAH SchlAnh VIII, nach KV 9018 und dessen amtlicher Anmerkung I–III, s dort.

2) Keine Erhebung von Richterbeträgen, amtliche Anmerkung I. Solche Beträge, die die Staatskasse an ehrenamtliche Richter nach § 1 I 1 Z 2 JVEG gezahlt hat, werden nicht nach KV 9005 miterhoben. 3

3) Erhebung trotz Verwaltungsabreden usw, amtliche Anmerkung II 1. Der Kostenbeamte muß notfalls die Zeit- und sonstigen Angaben vom Sachverständigen erfragen. Diese Auslagen entstehen auch dann, wenn aus Gründen der Gegenseitigkeit, Verwaltungsvereinfachung usw tatsächlich die Gerichtskasse an die andere Kasse oder den Beamten nicht zu zahlen braucht, amtliche Anmerkung II 2. Denn der Schuldner hat von solchen Abrechnungsvereinfachungen keinen Vorteil. 4

4) Erhebung auch für Behördenleistung, amtliche Anmerkung II 2. Sofern ein Sachverständiger usw nach § 1 II 2 JVEG, Teil V dieses Buchs, deshalb keine Vergütung beanspruchen kann, weil er als ein Angehöriger einer Behörde oder sonstigen öffentlichen Stelle das Gutachten in einer Erfüllung seiner Dienstaufgaben erstattet, vertreten oder erläutert hat, entsteht nach KV 9005 amtliche Anmerkung II 2 eine Erstattungspflicht evtl trotzdem nach dem Einzelfall, allerdings keineswegs stets, Stgt Rpfleger **87**, 388. 5

5) Übersetzer für Blinden usw, amtliche Anmerkung III. Die amtlichen Anmerkung III erfaßt mit unterschiedlichen Anweisungen auch einen hör- oder sprachbehinderten Inländer oder Ausländer. 6

7 **6) Ausländer, Hörbehinderter usw, amtliche Anmerkung IV.** Art 6 III e MRK verbietet die Auferlegung von Dolmetscherkosten, soweit der Betroffene deutsch nicht spricht oder nicht versteht. Dem trägt die amtliche Anmerkung IV scheinbar nur eingeschränkt Rechnung, indem sie die Erstattungspflicht bei §§ 464 c, 467 II 1, 467 a I 2 (Auslagenauferlegung wegen Verschuldens) evtl je in Verbindung mit § 46 I OWiG bestehenläßt. Indessen soll natürlich Art 6 III e MRK ein solches Verschulden nicht belohnen, EGMR NJW **79**, 1091, Mü NJW **82**, 2740 (auch nicht als Pflichtverteidigungskosten), aM Oldb Rpfleger **81**, 125, LG Mainz Rpfleger **84**, 35 (aber sie übersehen dieses Problem). Da Art 6 III c MRK jeden Betroffenen begünstigt, ist die amtliche Anmerkung IV unabhängig von der Frage der formellen Vorrangigkeit der MRK auch im Bußgeldverfahren direkt anwendbar. Der frühere Streit um seine entsprechende Anwendbarkeit ist damit überholt.

8 **7) Heranziehung, amtliche Anmerkung II–IV.** Das alles gilt freilich nur, sofern das Gericht den Dolmetscher gerade amtlich herangezogen hat, Düss AnwBl **86**, 107, Ffm NJW **81**, 533, LG Hbg JB **99**, 599 (§ 286 GVG). Der Begriff „herangezogen" ist derselbe wie bei § 1 JVEG, Teil V dieses Buchs.

9 **8) Besonderheiten in Arbeitssache, amtliche Anmerkung V.** Die Vorschrift enthält eine gegenüber KV 9005 Haupttext und amtliche Anmerkung I–IV vorrangige Sonderregelung. Sie ist als solche wie stets eng auszulegen. Wegen der Besonderheiten vor den Arbeitsgerichten § 12 V a ArbGG, Teil II A dieses Buchs.

Nr.	Auslagentatbestand	Höhe
9006	Bei Geschäften außerhalb der Gerichtsstelle	
	1. die den Gerichtspersonen aufgrund gesetzlicher Vorschriften gewährte Vergütung (Reisekosten, Auslagenersatz) und die Auslagen für die Bereitstellung von Räumen	in voller Höhe
	2. für den Einsatz von Dienstkraftfahrzeugen für jeden gefahrenen Kilometer	0,30 €

1 **1) Sachlicher Geltungsbereich, Z 1, 2.** Ein Auslagenersatz kommt nur wegen einer Tätigkeit des Gerichts in einem der in § 1 genannten Verfahren gerade außerhalb der Gerichtsstelle in Betracht. Gerichtsstelle ist derjenige Raum, in dem das Gericht seine Tätigkeit bestimmungsgemäß regelmäßig vornimmt. Das ist auch am Ort des Gerichtstags der Fall, FG Neustadt/W EFG **86**, 626. Allerdings muß der Gerichtstag planmäßig bestehen. Unter KV 9006 fällt vor allem ein einzelner sog Ortstermin. Infrage kommt jede Art von Amtshandlung.

Ein einzelner oder mehrere auswärtige *Termine* in einzelnen Sachen schaffen noch keinen Gerichtstag, FG Neust/W EFG **86**, 626 (abl Lappe NJW **87**, 1860, zustm Schall BB **88**, 380).

Nicht hierher gehört eine Tätigkeit in der Gerichts- oder Justizverwaltung. Bei dem Zusammentreffen beider Tätigkeitsarten muß man KV 9006 auf denjenigen Teil anwenden, der sich nach § 1 beurteilen läßt.

2 **2) Persönlicher Geltungsbereich, Z 1, 2.** Die hierher gehörigen Personen sind zum einen die Gerichtspersonen im engeren Sinn, also Richter, auch Handelsrichter, Referendare, Beamte der Staatsanwaltschaft, Urkundsbeamte, Gerichtswachtmeister, Fahrer, soweit alle diese Personen überhaupt auf Grund gesetzlicher Vorschriften eine Vergütung erhalten haben. Die Höhe der Vergütung bemißt sich nach dem BRKG v 26. 5. 06, BGBl 1418, dazu AuslRKVO v 21. 5. 91, BGBl 1140, zuletzt Änderg v 6. 10. 14, BGBl 1591, in der jeweils festgesetzten Höhe. Hierher gehören aber auch die Gerichtspersonen im weiteren Sinn, also nichtbeamtete Beisitzer wie Schöffen, Beisitzer der Arbeitsgerichte, Mitschöffen usw.

Nicht hierher gehören ProzBev, sonstige gesetzliche oder rechtsgeschäftliche Vertreter, Parteien, Beweispersonen wie Zeugen, Sachverständige, sachverständige Zeugen, außergerichtliche Mediatoren, Drsd RR **07**, 81, oder Rechtsanwälte.

3) Auslagenbegriff, Z 1. An Auslagen kommen jedoch nur Reisekostenver- 3
gütungen und der Auslagenersatz nach dem JVEG gerade wegen der auswärtigen
Amtshandlung in Betracht, Teil V dieses Buchs. Eine Entschädigung wegen der Zeitversäumnis gehört nicht hierher.
    Soweit das Gericht in derselben Sitzung mehrere Angelegenheiten erledigt, gilt die
amtliche Vorbemerkung 9 II.
    Nicht hierher gehören Fahrtkosten zur Vertretung eines erkrankten, beurlaubten
oder sonstwie ausgefallenen Amtskollegen oder Fahrtkosten des Vertreters der Amts-
oder Staatsanwaltschaft.

4) Höhe der Auslagen, Z 1, 2. Die „Kosten für die Bereitstellung von Räumen" 4
umfassen die Miete, Heizung, Beleuchtung, Reinigung, Ausstattung gerade zu dieser
auswärtigen Tätigkeit usw. Alle Auslagen lassen sich jedoch nur mit dem wirklich
gezahlten und zahlbaren Betrag fordern. Dazu zählen freilich auch Kosten für einen
Dienstwagen (je gefahrenen km 0,30 EUR), selbst wenn man sie dem Benutzer weder anlasten noch erstatten darf.

Nr.	Auslagentatbestand	Höhe
9007	An Rechtsanwälte zu zahlende Beträge mit Ausnahme der nach § 59 RVG auf die Staatskasse übergegangenen Ansprüche	in voller Höhe

1) Geltungsbereich. Hierher gehören auch die Kosten des für ein Verfahren nach 1
§ 1 gerichtlich beigeordneten oder bestellten Anwalts nach (jetzt) §§ 44 ff RVG,
Teil X dieses Buchs, Zweibr Rpfleger **91**, 125.
    Das gilt nach KV 9005 Rn 7 freilich nur, soweit nicht *Art 6 I MRK* entgegensteht,
BGH Rpfleger **79**, 413, Düss Rpfleger **85**, 329, LG Osnabr JB **91**, 718. Auch die
Kosten des gegen den Willen des Angeklagten zusätzlich zum Wahlverteidiger recht-
mäßig bestellten Pflichtverteidigers zählen ohne einen Verstoß gegen Art 6 III e
MRK hierher, Düss AnwBl **83**, 462, Hamm NStZ-RR **00**, 160. Vgl freilich § 10 I
KostVfg, Teil VII A dieses Buchs, Hamm NStZ **00**, 160, Köln JB **91**, 856.
    Zu den nach KV 9007 zu erstattenden Beträgen gehören allerdings *nicht* die Kosten 2
der Kopie des *Hauptverhandlungsprotokolls,* Mü Rpfleger **82**, 486.
    Nicht hierher gehören ferner nach KV 9007 die im *Prozeßkostenhilfeverfahren* vom 3
Staat an den beigeordneten Anwalt gezahlten Gebühren. Denn (jetzt) § 59 RVG re-
gelt den Ersatz dieser Kosten abschließend, Zweibr Rpfleger **84**, 118. Vgl dazu die
JBeitrO, Teil IX A dieses Buchs. Nicht hierher gehören Ablichtungskosten zum
Hauptverhandlungsprotokoll beim Pflichtverteidiger, Mü Rpfleger **82**, 486. Nicht
hierher gehören auch die Kosten des vorläufigen Insolvenzverwalters als solchen,
Celle MDR **00**, 1031.

2) Höhe der Auslagen. Die Zahlung erfolgt in voller Höhe der gesetzmäßig be- 4
rechneten Kosten.

Nr.	Auslagentatbestand	Höhe
9008	Auslagen für	
	1. die Beförderung von Personen	in voller Höhe
	2. Zahlungen an mittellose Personen für die Reise zum Ort einer Verhandlung, Vernehmung oder Untersuchung und für die Rückreise	bis zur Höhe der nach dem JVEG an Zeugen zu zahlenden Beträge

KV 9008, 9009

1 **1) Personenbeförderung, Z 1.** Der Auslagenschuldner muß nach Z 1 diejenigen Auslagen erstatten, die zur Beförderung von Personen entstanden sind.

2 *Hierher zählt zB:* Die Vorführung einer Partei, des Beschuldigten, eines Zeugen, Hamm NStZ-RR 00, 320, des Schuldners im Insolvenzverfahren; die Überführung des Verhafteten in die Haftanstalt, des Beschuldigten in eine Anstalt und die Beförderung zum Zweck der Vollstreckung einer Strafe, Kblz JB **91**, 420, soweit nicht das JVKostG vorrangig gilt, s unten; Gefangenentransportkosten, soweit der Transport zur Vernehmung als Zeuge in einem gerichtlichen oder staatsanwaltschaftlichen Verfahren oder zu einem gerichtlichen Termin in einer solchen Sache erfolgt, die nicht im Zusammenhang mit demjenigen Verfahren steht, in dem das Gericht eine Freiheitsstrafe verhängt oder die Untersuchungshaft angeordnet hat, Hamm NStZ-RR 00, 320. Reisekosten der Partei können ebenfalls hierher zählen, soweit das Gericht sie veranlaßt hat, Brdb RR **04**, 63, BLAH § 122 ZPO Rn 15.

Die Justizvollzugsanstalt braucht die *Höhe* der Gefangenentransportkosten evtl nach dem Landesrecht nur insoweit mitzuteilen, als sie zu dem nach Nr 7 GTV an sie zu richtenden Transportersuchen hierum ersucht.

3 *Nicht hierher zählen zB:* Kosten der Beförderung zum Zweck der Vollstreckung einer Strafe.

4 **2) Unterstützung mittelloser Partei, Z 2.** Der Kostenschuldner muß ferner nach Z 2 die Kosten der Unterstützung einer mittellosen Partei insoweit als Auslagen ersetzen, als das Gericht das persönliche Erscheinen dieser Partei angeordnet hat oder sie vernehmen will. Hierher gehört auch die Zahlung an einen mittellosen Beschuldigten für die Hin- und Rückreise, auch zur Blutentnahme oder zur Vornahme einer erbbiologischen Untersuchung. Die Unterstützung kann auch zugunsten eines Streitverkündeten oder eines Schuldners im Verfahren nach §§ 802a ff ZPO oder eines Beschuldigten oder einer Begleitperson notwendig geworden sein.

5 **3) Einzelheiten, Z 1, 2.** Zu den Reisekosten gehören die notwendigen Mehraufwendungen für Verpflegung und Übernachtung. Die Zahlung erfolgt infolge eines Vorschusses oder nachträglich. Wegen der Reiseentschädigung an mittellose Personen § 25 JVEG Anh, Teil V dieses Buchs. Eine Einstufung als Auslagen erfolgt allerdings bei diesen Personen nur bis zur Höhe der nach dem JVEG möglichen Beträge. Der Kostenbeamte muß also evtl insofern eine rechnerische Kürzung ungeachtet der tatsächlich gezahlten Beträge vornehmen. Zu „Reisekosten" zählen auch Übernachtungskosten, nicht aber ein Verdienstausfall oder ein Zeitaufwand.

6 Eine geleistete Zahlung bleibt mit dieser Einschränkung ein *Teil der Gerichtskosten,* nicht etwa der außergerichtlichen Kosten. Das gilt selbst dann, wenn die Landeskasse den Gegner nach § 22 I 1 in Anspruch genommen hat und wenn er sie nun von demjenigen erstattet fordert, dem das Gericht die Prozeßkostenhilfe bewilligt hatte, Zweibr Rpfleger **84**, 118.

Nr.	Auslagentatbestand	Höhe
9009	An Dritte zu zahlende Beträge für	
	1. die Beförderung von Tieren und Sachen mit Ausnahme der für Postdienstleistungen zu zahlenden Entgelte, die Verwahrung von Tieren und Sachen sowie die Fütterung von Tieren	in voller Höhe
	2. die Beförderung und die Verwahrung von Leichen	in voller Höhe
	3. die Durchsuchung oder Untersuchung von Räumen und Sachen einschließlich der die Durchsuchung oder Untersuchung vorbereitenden Maßnahmen	in voller Höhe
	4. Die Bewachung von Schiffen und Luftfahrzeugen ..	in voller Höhe

Kostenverzeichnis **9009–9011 KV**

1) Geltungsbereich, Z 1–4. Eine Zahlungspflicht besteht wegen der folgenden Auslagen. **1**

A. Beförderung von Tieren und Sachen usw, Z 1. Hierher gehört die Beförderung von Überführungsstücken, Beweisgegenständen, zB die Überführung eines zum Zweck des Beweises erforderlichen Kraftfahrzeugs. Hierher gehört auch die Beförderung eines der Einziehung unterworfenen Gegenstands. Denn Z 1 schränkt nicht auf einen bestimmten Beförderungszweck ein. Hierher gehört ferner der Transport von Akten außer denjenigen zu der Sache selbst. Hierher gehört nach dem Gesetzestext auch die Verwahrung eines Tieres oder einer Sache etwa wegen deren Beschlagnahme zB bei einer Behörde oder bei einem Dritten sowie die Fütterung eines Tieres einschließlich Pflege, Bewachung, tierärztlicher Betreuung und Versicherung. Soweit ein Eigentümer auf die Rückgabe verzichtet, so daß keine Entscheidung mehr insofern erfolgt, kommt es für die Höhe nach § 19 auf die Rechtskraft der Hauptsacheentscheidung an, Kblz JB **95**, 541, Meyer JB **97**, 619. Daher fallen zB spätere Verwahrungskosten nicht unter Z 1, BGH NJW **05**, 988, Kblz NStZ-RR **98**, 128.

Die bei einer solchen Beförderung entstehenden *Postentgelte* sind ebenfalls nicht erstattbar. Dagegen sind die Entgelte eines privaten Paketdienstes oder der Deutschen Bahn AG, der Lufthansa usw erstattungsfähig. **2**

Nicht unter Z 1 fallen Kosten einer Sequestration zB nach § 938 ZPO. Denn sie ist mehr als eine bloße Verwahrung. Sie gehören zu den Kosten nach § 788 ZPO.

B. Beförderung und Verwahrung von Leichen, Z 2. Die Vorschrift stellt klar, daß auch die vorstehenden Vorgänge zu einer Zahlungspflicht in voller Höhe führen. **3**

C. Durchsuchung oder Untersuchung von Räumen und Sachen usw, Z 3. Wie der Text klarstellt, gehört auch eine Vorbereitung dazu, etwa das Öffnen von Räumen zB durch die Inanspruchnahme eines Schlüsseldienstes und von Behältern, der Ausbau und das Zerlegen von Sachen. Ebenso gehört hierher das Wiedereinräumen nach der Durchsuchung usw, LG Flensb JB **97**, 147. Denn es sieht ja meist dann dort schlimm genug aus. **4**

D. Bewachung eines Schiffes oder Luftfahrzeugs, Z 4. Diese Bewachung zB nach § 931 IV ZPO macht insoweit zahlungspflichtig, als die zugehörigen Kosten nicht bereits nach KV 9013, 9014 entstehen. **5**

Nr.	Auslagentatbestand	Höhe
9010	Kosten einer Zwangshaft, auch aufgrund eines Haftbefehls nach § 802 g ZPO	in Höhe des Haftkostenbeitrags
	Maßgebend ist die Höhe des Haftkostenbeitrags, der nach Landesrecht von einem Gefangenen zu erheben ist.	

1) Geltungsbereich. Hierher gehört zB eine Zwangshaft nach §§ 802 g, 888, 889 II, 918, 933 ZPO, § 70 II StPO. **1**

Nr.	Auslagentatbestand	Höhe
9011	Kosten einer Haft außer Zwangshaft, Kosten einer einstweiligen Unterbringung (§ 126 a StPO), einer Unterbringung zur Beobachtung (§ 81 StPO, § 73 JGG) und einer einstweiligen Unterbringung in einem Heim der Jugendhilfe (§ 71 Abs. 2, § 72 Abs. 4 JGG)	in Höhe des Haftkostenbeitrags
	[1] Maßgebend ist die Höhe des Haftkostenbeitrags, der nach Landesrecht von einem Gefangenen zu erheben ist. [2] Diese Kosten werden nur angesetzt, wenn der Haftkostenbeitrag auch von einem Gefangenen im Strafvollzug zu erheben wäre.	

KV 9011–9013

1 **1) Geltungsbereich.** Hierher gehören zB: Die Untersuchungshaft; ferner die Haft nach §§ 380, 390 ZPO; die Haft nach § 890 ZPO; Kosten auf Grund eines Unterbringungsbefehls, Ffm Rpfleger **96**, 370, und überhaupt einer einstweiligen Unterbringung nach § 126 a StPO oder nach § 71 II JGG, einer Unterbringung nach § 81 StPO, § 73 JGG; Haftkostenbeiträge wegen einer vorwerfbaren Nichtarbeit, BVerfG NStZ-RR **99**, 255, LG Itzehoe SchlHA **00**, 179, LG Kblz JB **97**, 205. Vgl aber § 14 S 2 KostVfg, Teil VII A dieses Buchs.
  Nicht hierher gehören Kosten infolge der Selbstverletzung usw eines Untersuchungshäftlings, BGH **109**, 359.

Nr.	Auslagentatbestand	Höhe
9012	Nach § 12 BGebG, dem 5. Abschnitt des Konsulargesetzes und der Besonderen Gebührenverordnung des Auswärtigen Amts nach § 22 Abs. 4 BGebG zu zahlende Beträge	in voller Höhe

Vorbem. Änderg dch Art 4 XXXXVII G v 7. 8. 13, BGBl 3154, in Kraft seit 14. 8. 18, Art 5 III G, ÜbergangsR § 71 GKG.

1 **1) Geltungsbereich.** Die Vorschrift erfaßt die Kosten einer Amtshandlung einer deutschen Auslandsvertretung. Sie bestimmen sich nach den im Auslagentatbestand genannten Vorschriften. Das Auslandskostengesetz ist dch Art 4 XXXIII des in der Vorbem genannten G aufgehoben worden. Hierher gehören zB Kosten für die Tätigkeit eines Vertrauensanwalts nach § 3 III KonsularG v 11. 9. 74, BGBl 2317, zuletzt geändert durch Art 20 G v 17. 12. 08, BGBl 2586.

2 **2) Höhe der Auslagen.** Die Zahlungspflicht besteht in voller Höhe der Auslagen. Das gilt bei KV 9012 anders als bei KV 9013, 9015, 9016 unabhängig von den für KV 9000 bis 9011 bzw bis 9013 geltenden Höchstsätzen.

Nr.	Auslagentatbestand	Höhe
9013	An deutsche Behörden für die Erfüllung von deren eigenen Aufgaben zu zahlende Gebühren sowie diejenigen Beträge, die diesen Behörden, öffentlichen Einrichtungen oder Bediensteten als Ersatz für Auslagen der in den Nummern 9000 bis 9011 bezeichneten Art zustehen .... Die als Ersatz für Auslagen angefallenen Beträge werden auch erhoben, wenn aus Gründen der Gegenseitigkeit, der Verwaltungsvereinfachung oder aus vergleichbaren Gründen keine Zahlungen zu leisten sind.	in voller Höhe, die Auslagen begrenzt durch die Höchstsätze für die Auslagen 9000 bis 9011

1 **1) Geltungsbereich.** Zu KV 9013 gehören zB die folgenden Fälle.
  A. Heil- oder Pflegekosten. Wegen der Unterbringung nach der StPO oder nach dem JGG vgl KV 9011.

2 **B. Verpflichtung gegenüber Fachbehörde.** Eine Zahlung des Gerichts an eine Fachbehörde für ein Gutachten oder für ihre Auskunft ist erstattungsfähig, KV 9005, 9015, § 12 I 2 Z 1 JVEG, Teil V dieses Buchs. Hierzu gehören auch die Kosten für eine behördliche Untersuchung, die dem Verurteilten zur Last fallen, §§ 42 III Leb-MittelG, 58 VII WeinG, 27 III Milch- und FettG. Freilich kann die Behörde nach dieser Vorschrift Proben ohne ein Entgelt entnehmen. Vgl auch § 5 II Z 2 KostVfg, Teil VII A dieses Buchs.

3 **C. Leistung an Gerichtsvollzieher.** Auch eine solche Leistung auf Grund eines Gerichtsauftrags etwa bei einer Zwangsversteigerung macht zahlungspflichtig. Denn

Kostenverzeichnis **9013–9017 KV**

auch der angestellte und nicht beamtete Gerichtsvollzieher etwa in den neuen Bundesländern ist „öffentlicher Bediensteter".

D. Auslagen der Polizei. Solche Auslagen machen zahlungspflichtig, soweit die 4
Polizei das Ersuchen des Gerichts oder der Staatsanwaltschaft ausgeführt hat. Infrage kommt ferner die Tätigkeit der Polizei als Ermittlungspersonen nach § 163 StPO, § 5 III Z 1 KostVfg, Teil VII A dieses Buchs.

Eine Zahlung an den *Insolvenzverwalter* gehört nicht hierher. Eine solche Vergütung 5 fällt vielmehr unter die Massekosten. Bei einer Zahlung an eine andere Behörde findet keine Nachprüfung durch das Gericht statt, auch nicht nach § 66.

In allen Fällen entstehen die Auslagen aber nur insoweit, als sie *dem Berechtigten* 6 nach KV 9000–9011 *zustehen.* Wegen der Gegenseitigkeit usw KV 9005 Rn 4.

Nr.	Auslagentatbestand	Höhe
9014	Beträge, die ausländischen Behörden, Einrichtungen oder Personen im Ausland zustehen, sowie Kosten des Rechtshilfeverkehrs mit dem Ausland	in voller Höhe
	Die Beträge werden auch erhoben, wenn aus Gründen der Gegenseitigkeit, der Verwaltungsvereinfachung oder aus vergleichbaren Gründen keine Zahlungen zu leisten sind.	

1) **Geltungsbereich.** Über diese Auslagen §§ 98 ff ZRHO. Hierher gehören auch 1 die Auslagen einer Auslieferung. Anders als im Fall KV 9013 findet keine Begrenzung auf die Auslagen nach KV 9000–9011 oder auf deren Höchstsätze statt. Vielmehr muß man die vollen den ausländischen Stellen zustehenden Beträge erheben.

Nr.	Auslagentatbestand	Höhe
9015	Auslagen der in den Nummern 9000 bis 9014 bezeichneten Art, soweit sie durch die Vorbereitung der öffentlichen Klage entstanden sind	begrenzt durch die Höchstsätze für die Auslagen 9000 bis 9013
9016	Auslagen der in den Nummern 9000 bis 9014 bezeichneten Art, soweit sie durch das dem gerichtlichen Verfahren vorausgegangene Bußgeldverfahren entstanden sind	begrenzt durch die Höchstsätze für die Auslagen 9000 bis 9013
	Absatz 3 der Anmerkung zu Nummer 9005 ist nicht anzuwenden.	
9017	An den vorläufigen Insolvenzverwalter, den Insolvenzverwalter, die Mitglieder des Gläubigerausschusses oder die Treuhänder auf der Grundlage der Insolvenzrechtlichen Vergütungsverordnung aufgrund einer Stundung nach § 4a InsO zu zahlende Beträge	in voller Höhe

1) **Geltungsbereich.** Es geht um Zahlungen nach § 4a InsO, also um Zahlungen 1 auf Grund der Beiordnung im Stundungsverfahren im Zusammenhang mit einer Restschuldbefreiung. KV 9017 ist nicht ausdehnend auslegbar, (zum alten Recht) Düss ZIP **09**, 1172.

KV 9017, 9018

2 *In voller Höhe* machen solche Auslagen zahlungspflichtig. „Beträge" sind weit gemeint.

Nr.	Auslagentatbestand	Höhe
9018	Im ersten Rechtszug des Prozessverfahrens: Auslagen des erstinstanzlichen Musterverfahrens nach dem KapMuG zuzüglich Zinsen	anteilig
	I Die im erstinstanzlichen Musterverfahren entstehenden Auslagen nach Nummer 9005 werden vom Tag nach der Auszahlung bis zum rechtskräftigen Abschluss des Musterverfahrens mit 5 Prozentpunkten über dem Basiszinssatz nach § 247 BGB verzinst.	
	II Auslagen und Zinsen werden nur erhoben, wenn der Kläger nicht innerhalb von einem Monat ab Zustellung des Aussetzungsbeschlusses nach § 8 KapMuG seine Klage in der Hauptsache zurücknimmt.	
	III ¹ Der Anteil bestimmt sich nach dem Verhältnis der Höhe des von dem Kläger geltend gemachten Anspruchs, soweit dieser von den Feststellungszielen des Musterverfahrens betroffen ist, zu der Gesamthöhe der vom Musterkläger und den Beigeladenen des Musterverfahrens in den Prozessverfahren geltend gemachten Ansprüche, soweit diese von den Feststellungszielen des Musterverfahrens betroffen sind. ² Der Anspruch des Musterklägers oder eines Beigeladenen ist hierbei nicht zu berücksichtigen, wenn er innerhalb von einem Monat ab Zustellung des Aussetzungsbeschlusses nach § 8 KapMuG seine Klage in der Hauptsache zurücknimmt.	

1 **1) Systematik.** Die Vorschrift erfaßt als eine vorrangige eng auslegbare Spezialregelung die Auslagen nur des ersten Rechtszugs eines Kapitalanleger-Musterverfahrens nach §§ 1 ff KapMuG, abgedruckt bei BLAH SchlAnh VIII. Sie behandelt diese Auslagen als solche des ersten Rechtszugs auch desjenigen Prozesses, in dem eine Partei nach § 2 KapMuG den erforderlichen Musterverfahrensantrag gestellt hat. Denn in jene erste Instanz schiebt sich ja das ganze Musterverfahren vom Antrag über den Musterentscheid des OLG nach § 16 KapMuG bis zur etwaigen Entscheidung des BGH im dort zugehörigen Rechtsbeschwerdeverfahren nach § 20 KapMuG hinein, bis sich der zunächst wegen des Musterverfahrens nach § 8 KapMuG ausgesetzte Hauptprozeß nach der Rechtskraft der Zwischenentscheidung (des Musterentscheids) fortsetzen läßt.

2 **2) Regelungszweck.** Es soll eine den Besonderheiten des ja evtl sehr weitreichenden Musterverfahrens angemessene Regelung dadurch erfolgen, daß die erstinstanzlichen Auslagen nur „anteilig" entstehen. Man muß also die Gesamtauslagen nach der amtlichen Anmerkung III auf alle an diesem Musterverfahren nach § 9 KapMuG Beteiligten aufteilen, also auf den Musterkläger, den Musterbekl und auf alle Beigeladenen, nämlich auf die Kläger und Bekl anderer nach § 8 KapMuG ausgesetzter Verfahren. Nur mit dem jeweiligen Auslagenanteil haftet ein Beteiligter.

3 **3) Geltungsbereich.** Die Vorschrift gilt nur in der ersten Instanz vom Musterverfahrensantrag bis zum Musterentscheid des OLG nach § 16 KapMuG. Im Rechtsbeschwerdeverfahren vor dem BGH gelten für den Wert und die Gebühren § 51 a und für die Auslagen KV 9000–9017.

4 **4) Verzinsung, amtliche Anmerkung I.** In einer vorrangigen Abweichung von § 5 regelt die Vorschrift eine Verzinslichkeit ab dem Eingang des ersten Musterverfahrensantrags nach § 2 KapMuG bis zur Rechtskraft des Musterentscheids nach § 16 KapMuG oder bis zur Wirksamkeit eines Vergleichs nach §§ 17 ff II KapMuG.

5 **5) Einfluß einer Klagerücknahme, amtliche Anmerkung II.** Auslagen und Zinsen entstehen nur dann, wenn der Kläger nicht binnen 1 Monat seit der Zustellung des Aussetzungsbeschlusses nach § 8 KapMuG seine Klage in der Hauptsache nach § 269 ZPO wirksam zurückgenommen hat. Eine einseitige Erledigterklärung nach § 91a ZPO steht der Klagerücknahme ebensowenig gleich wie übereinstimmende wirksame Erledigterklärungen beider Parteien des Hauptprozesses. Eine Rücknahme des Musterverfahrensantrags nach § 2 KapMuG steht einer Rücknahme der Hauptsacheklage ebenfalls nicht gleich. Denn der eindeutige Wortlaut der amtlichen Anmerkung II stellt weder auf das eine noch auf das andere Ereignis solcher Art außerhalb einer Klagerücknahme ab. Sie muß natürlich wirksam und uneingeschränkt voll erfolgt sein, um bei einer Rechtzeitigkeit die Auslagen und Zinsen unerhoben zu lassen.

6) Anteilsbestimmung, amtliche Anmerkung III. Nicht die Zahl der am 6 Musterverfahren Beteiligten entscheidet, sondern nach der amtlichen Anmerkung III 1 die Höhe des Klaganspruchs im Prozeß des Klägers einerseits, die Gesamthöhe der Klagansprüche und Beigeladenenansprüche, die mit zum Gegenstand des Musterverfahrens geworden sind, andererseits. Auch hier darf man ähnlich wie bei der Verzinsung einen Anspruch des Musterklägers oder eines Beigeladenen nicht miteinrechnen, wenn dieser Musterkläger binnen 1 Monat seit der Zustellung des Aussetzungsbeschlusses seine Klage zur Hauptsache wirksam zurücknimmt, amtliche Anmerkung III 2. Dazu gilt im einzelnen dasselbe wie bei Rn 5.

Nr.	Auslagentatbestand	Höhe
9019	Pauschale für die Inanspruchnahme von Videokonferenzverbindungen: je Verfahren für jede angefangene halbe Stunde	15,00 €

1) Systematik. Es handelt sich um eine vorrangige Spezialvorschrift. Sie ist als 1 solche eher eng auslegbar.

2) Regelungszweck. Wie jede Pauschale gilt auch diese den Gesamtaufwand 2 zwecks Vereinfachung der sonst kaum präzise ermittelbaren Einzelkosten ab, und zwar mit erstaunlich geringen Festbeträgen, wohl auch als Anreiz zur Nutzung der Möglichkeiten.

3) Geltungsbereich. Die Vorschrift gilt bei: § 128a ZPO; § 91a FGO; § 110a 3 SGG; §§ 58b, 118a II 2, 3, 138d IV 2, 163 III 1, 163a I 2, 233 II 2, 247a, 462 II 2 StPO; § 115 Ia StVollzG; § 102a VwGO.

4) Inanspruchnahme. Die Art der Verbindungen ist unerheblich. Mehrere Ver- 4 bindungsarten erbringen nur *eine* Pauschale. Das zeigt schon der Wortlaut von KV 9019.

5) Auslagenhöhe. Je angefangene halbe Stunde = 15 EUR. Die Gesamtzeit aller 5 Verbindungen ist maßgeblich.

I. B. Gesetz über Gerichtskosten in Familiensachen (FamGKG)

idF Art 2 FGG-RG v 17. 12. 08, BGBl 2586, zuletzt geändert
dch Art 3 G v 17. 7. 17, BGBl 2424

Grundzüge

Schrifttum: *Baronin von König/Bischof,* Kosten in Familiensachen, 2. Aufl. 2015; *Binz/Dörndorfer/Petzold/Zimmermann,* GKG · FamGKG · JVEG, 3. Aufl 2014; *Dörndofer,* Rechtsanwalts- und Gerichtskosten in Familiensachen, 2009; *Groß* FPR **10**, 305, *Heinemann* MDR **13**, 884 (je: Üb); *Keidel,* FamFG (mit FamGKG), 18. Aufl 2014; *Kellner,* Kosten in Familiensachen – FamGKG, 5. Aufl 2016; *Keske,* Das neue FamGKG, 2009; *Keske* FPR **12**, 241 (Üb); *Kroiß* NJW **14**, 437 (Üb); *Meyer,* GKG/FamGKG (Kommentar), 16. Aufl 2018; *Meyer* JB **13**, 526 (Üb zum 2. KostRModG); *Oestreich/Hellstab/Trenkle,* GKG, FamGKG, Kommentar (Loseblatt), seit 2. Aufl 2014; *Prütting/Helms,* FamFG mit FamGKG, 3. Aufl 2014; *Schneider,* Gebühren in Familiensachen, 2. Aufl 2017; *Schneider/Volpert/Fölsch* (Hrsg), FamGKG, 2. Aufl 2014; *Schneider,* Gebühren in Familiensachen, 2. Aufl 2013.

Gliederung

1) Entwicklung 1
2) Übergangsrecht 2, 3
3) (Amtliche) Inhaltsübersicht 4
4) Sachlicher Geltungsbereich 5, 6
5) Persönlicher Geltungsbereich 7
6) Grundsätzliche Kostenpflicht; Gebührenhöhe 8

1 **1) Entwicklung.** Das Gesetz zur Reform des Verfahrens in Familiensachen und in den Angelegenheiten der freiwilligen Gerichtsbarkeit (FGG-Reformgesetz – FGG-RG), enthält als Art 2 das Gesetz über Gerichtskosten in Familiensachen (FamGKG) mit einem gleichzeitigen Inkrafttreten. Dieses FamGKG ist mehrfach geändert worden, zuletzt durch Art 3 G v 17. 7. 17, BGBl 2424. Das bisherige GKG ist zwar durch Art 47 I Z 1–14 u FGG-RG umfangreich und teils einschneidend verändert worden, im übrigen aber anders als das gleichzeitig außer Kraft getretene FGG in Kraft geblieben, ebenso wie eine Reihe entsprechend angepaßter weiterer Kostengesetze, unter ihnen das RVG und das GvKostG, Teile X, XI dieses Buchs. An die Stelle des FGG ist durch Art 1 FGG-RG ein neues Gesetz über das Verfahren in Familiensachen und in den Angelegenheiten der freiwilligen Gerichtsbarkeit (FamFG) getreten. Dieses ist zum Zeitpunkt seines Inkrafttretens am 1. 9. 09 bereits mehrfach geändert worden.

Vorrang hat das FamGKG vor dem GNotKG, dort § 1 III, Teil III dieses Buchs.

Verweisungen kennzeichnen genau entgegen einem der erklärten Hauptziele des Gesetzgebers in Wahrheit mehr verstärkt zumindest das FamFG, und zwar auf diejenigen Teile der ZPO, die nicht wie ihr Buch 6 und 9 aufgehoben worden sind. Auch kostenrechtlich finden sich zumindest inhaltlich in den meisten Fällen in Wahrheit solche fast oder praktisch wörtlichen Verweisungen, daß man besser getan hätte, das bisherige GKG nicht umnumeriert im FamGKG mehr oder minder nachzubilden, *Meyer* JB **09**, 457, von relativ wenigen wirklichen Neuregelungen abgesehen. Wahrhaft keine Meisterleistung des Gesetzgebers.

2 **2) Übergangsrecht,** dazu *Hartmann* NJW **09**, 2655 (Prüfschema), *Kemper* FPR **10**, 69 (Üb): Kostenrechtlich gilt § 63 FamGKG, Teil I B dieses Buchs. Art 111 FGG-RG brachte verfahrensrechtlich eine solche Vorschrift, die vom jahrzehntelangen Verfahrensrecht der Geltung des neuen Rechts ab Inkrafttreten einer Novelle, BGH RR **08**, 222 (auch zu einer begrenzten Ausnahme), bei I in das genaue Gegenteil umschlägt und das bisherige Recht noch auf viele Jahre hinaus weiterbestehen läßt, *Keske* FPR **10**, 79, *Meyer* JB **09**, 456.

3 *Vorrang* hat Art 111 Fam-RG vor § 63 FamGKG, Celle NJW **10**, 3792, und vor § 134 GNotKG, Teil III dieses Buchs, KG JB **11**, 539. Denn Art 111 ist spezieller auf

I. B. Gerichtskosten in Familiensachen **Grundz FamGKG**

den 1. 9. 09 ausgerichtet. Demgegenüber erfaßt § 63 erst spätere etwaige Gesetzesänderungen. Es gilt dasselbe wie zwischen dem vorrangigen § 72 GKG und dem nachrangigen § 71 GKG usw.

3) (Amtliche) Inhaltsübersicht 4

Abschnitt 1. Allgemeine Vorschriften §§

Geltungsbereich	1
Kostenfreiheit	2
Höhe der Kosten	3
Umgangspflegschaft	4
Lebenspartnerschaftssachen	5
Verweisung, Abgabe, Fortführung einer Folgesache als selbständige Familiensache	6
Verjährung, Verzinsung	7
Elektronische Akte, elektronisches Dokument	8
Rechtsbehelfsbelehrung	8a

Abschnitt 2. Fälligkeit

Fälligkeit der Gebühren in Ehesachen und selbständigen Familienstreitsachen	9
Fälligkeit bei Vormundschaften und Dauerpflegschaften	10
Fälligkeit der Gebühren in sonstigen Fällen, Fälligkeit der Auslagen	11

Abschnitt 3. Vorschuss und Vorauszahlung

Grundsatz	12
Verfahren nach dem Internationalen Familienrechtsverfahrensgesetz	13
Abhängigmachung in bestimmten Verfahren	14
Ausnahmen von der Abhängigmachung	15
Auslagen	16
Fortdauer der Vorschusspflicht	17

Abschnitt 4. Kostenansatz

Kostenansatz	18
Nachforderung	19
Nichterhebung von Kosten	20

Abschnitt 5. Kostenhaftung

Kostenschuldner in Antragsverfahren, Vergleich	21
Kosten bei Vormundschaft und Dauerpflegschaft	22
Bestimmte sonstige Auslagen	23
Weitere Fälle der Kostenhaftung	24
Erlöschen der Zahlungspflicht	25
Mehrere Kostenschuldner	26
Haftung von Streitgenossen	27

Abschnitt 6. Gebührenvorschriften

Wertgebühren	28
Einmalige Erhebung der Gebühren	29
Teile des Verfahrensgegenstands	30
Zurückverweisung, Abänderung oder Aufhebung einer Entscheidung	31
Verzögerung des Verfahrens	32

Abschnitt 7. Wertvorschriften
Unterabschnitt 1. Allgemeine Wertvorschriften

Grundsatz	33
Zeitpunkt der Wertberechnung	34
Geldforderung	35
Genehmigung einer Erklärung oder deren Ersetzung	36
Früchte, Nutzungen, Zinsen und Kosten	37
Stufenantrag	38
Antrag und Widerantrag, Hilfsanspruch, wechselseitige Rechtsmittel, Aufrechnung	39
Rechtsmittelverfahren	40
Einstweilige Anordnung	41
Auffangwert	42

Unterabschnitt 2. Besondere Wertvorschriften

Ehesachen	43
Verbund	44
Bestimmte Kindschaftssachen	45
Übrige Kindschaftssachen	46
Abstammungssachen	47
Ehewohnungs- und Haushaltssachen	48

FamGKG Grundz, § 1   I. B. Gerichtskosten in Familiensachen

	§§
Gewaltschutzsachen	49
Versorgungsausgleichssachen	50
Unterhaltssachen und sonstige den Unterhalt betreffende Familiensachen	51
Güterrechtssachen	52

Unterabschnitt 3. Wertfestsetzung

Angabe des Werts	53
Wertfestsetzung für die Zulässigkeit der Beschwerde	54
Wertfestsetzung für die Gerichtsgebühren	55
Schätzung des Werts	56

Abschnitt 8. Erinnerung und Beschwerde

Erinnerung gegen den Kostenansatz, Beschwerde	57
Beschwerde gegen die Anordnung einer Vorauszahlung	58
Beschwerde gegen die Festsetzung des Verfahrenswerts	59
Beschwerde gegen die Auferlegung einer Verzögerungsgebühr	60
Abhilfe bei Verletzung des Anspruchs auf rechtliches Gehör	61

Abschnitt 9. Schluss- und Übergangsvorschriften

Verordnungsermächtigung	61 a
(weggefallen)	62
Bekanntmachung von Neufassungen	62 a
Übergangsvorschrift	63
Übergangsvorschrift für die Erhebung von Haftkosten	64

Anlage 1 (zu § 3 Absatz 2)
Anlage 2 (zu § 28 Absatz 1)

Eine wichtige Ergänzung gibt auch beim FamGKG wie beim GKG die bundeseinheitliche *KostVfg*, Teil VII A dieses Buchs, die auch Vorschriften für den Kostenbeamten enthält. Sie ist im Teil VII A dieses Buchs abgedruckt.

5   4) **Sachlicher Geltungsbereich.** Er ist begrenzt, § 1. Er umfaßt nur die dort genannten Sachen und Angelegenheiten. In diesem Bereich hat das FamGKG freilich für die ab seinem Inkrafttreten beantragten oder eingeleiteten Fälle als das speziellere Gesetz den Vorrang vor dem im übrigen geltenden und in Altfällen ohnehin voll fortgeltenden GKG.

6   Vgl *im übrigen* Grdz 5, 6 vor § 1 GKG, Teil I A dieses Buchs.

7   5) **Persönlicher Geltungsbereich.** Es gilt dasselbe wie zum GKG. Vgl daher Grdz vor § 1 GKG.

8   6) **Grundsätzliche Kostenpflicht, Gebührenhöhe.** Es gilt dasselbe wie zum GKG. Vgl daher Grdz vor § 1 GKG.

Abschnitt 1. Allgemeine Vorschriften

Geltungsbereich

1 [I] [1]In Familiensachen einschließlich der Vollstreckung durch das Familiengericht und für Verfahren vor dem Oberlandesgericht nach § 107 des Gesetzes über das Verfahren in Familiensachen und in den Angelegenheiten der freiwilligen Gerichtsbarkeit werden Kosten (Gebühren und Auslagen) nur nach diesem Gesetz erhoben, soweit nichts anderes bestimmt ist. [2]Dies gilt auch für Verfahren über eine Beschwerde, die mit einem Verfahren nach Satz 1 in Zusammenhang steht. [3]Für das Mahnverfahren werden Kosten nach dem Gerichtskostengesetz erhoben.

[II] Die Vorschriften dieses Gesetzes über die Erinnerung und die Beschwerde gehen den Regelungen der für das zugrunde liegende Verfahren geltenden Verfahrensvorschriften vor.

FamFG § 111. Familiensachen. Familiensachen sind

1. Ehesachen,

2. Kindschaftssachen,

3. Abstammungssachen,

I. B. Gerichtskosten in Familiensachen §§ 1–3 FamGKG

    4. Adoptionssachen,
    5. Ehewohnungs- und Haushaltssachen,
    6. Gewaltschutzsachen,
    7. Versorgungsausgleichssachen,
    8. Unterhaltssachen,
    9. Güterrechtssachen,
  10. sonstige Familiensachen,
  11. Lebenspartnerschaftssachen.

FamFG § 112. Familienstreitsachen. Familienstreitsachen sind folgende Familiensachen:
1. Unterhaltssachen nach § 231 Abs. 1 und Lebenspartnerschaftssachen nach § 269 Abs. 1 Nr. 8 und 9,
2. Güterrechtssachen nach § 261 Abs. 1 und Lebenspartnerschaftssachen nach § 269 Abs. 1 Nr. 10 sowie
3. sonstige Familiensachen nach § 266 Abs. 1 und Lebenspartnerschaftssachen nach § 269 Abs. 2.

1) Systematik, I, II. I 1 stimmt bis auf den Geltungsbereich fast wörtlich mit § 1 I 1 GKG überein, Teil I A dieses Buchs. I 2 zeigt dieselbe weitgehende Übereinstimmung mit § 1 I 2 GKG. I 3 verweist schlicht und vollständig auf das GKG, zB auf dessen § 12 III und auf KV 1100. Vgl daher jeweils dort. I 1 Hs 2 „soweit nichts anderes bestimmt ist" weicht von dem klaren Grundsatz des § 1 I 1 GKG nur scheinbar ab. Es gab und gibt noch andere Grundlagen der Kostenpflicht als das FamGKG, vgl zum GKG dort § 1 Rn 16.

2) Familiensache, I, II. Das FamGKG gilt nicht etwa für alle FamFG-Sachen, sondern nur für seine Familiensachen nach § 111 Z 1–11 FamFG einschließlich der Familienstreitsachen nach § 112 Z 1–3 FamFG, also zB *nicht* für Aufgebotssachen, Betreuungssachen, Unterbringungssachen, Nachlaß- und Teilungssachen, Registersachen, Unternehmensrechtliche Verfahren, weitere Angelegenheiten der freiwilligen Gerichtsbarkeit, Freiheitsentziehungsverfahren. In diesen Fällen gelten wie bisher das GKG, Teil I A dieses Buchs, oder das GNotKG, Teil III dieses Buchs.

Kostenfreiheit

2 ᴵ Der Bund und die Länder sowie die nach Haushaltsplänen des Bundes oder eines Landes verwalteten öffentlichen Anstalten und Kassen sind von der Zahlung der Kosten befreit.

ᴵᴵ Sonstige bundesrechtliche oder landesrechtliche Vorschriften, durch die eine sachliche oder persönliche Befreiung von Kosten gewährt ist, bleiben unberührt.

ᴵᴵᴵ ¹ Soweit jemandem, der von Kosten befreit ist, Kosten des Verfahrens auferlegt werden, sind Kosten nicht zu erheben; bereits erhobene Kosten sind zurückzuzahlen. ²Das Gleiche gilt, soweit ein von der Zahlung der Kosten befreiter Beteiligter Kosten des Verfahrens übernimmt.

1) Systematik, I–III. I stimmt mit § 2 I 1 GKG, Teil I A dieses Buchs, inhaltlich ganz überein. II stimmt mit § 2 III 1 GKG inhaltlich ganz überein III 1, 2 stimmen mit § 2 V 1, 2 GKG wörtlich überein. Vgl daher jeweils dort.

Höhe der Kosten

3 ᴵ Die Gebühren richten sich nach dem Wert des Verfahrensgegenstands (Verfahrenswert), soweit nichts anderes bestimmt ist.

ᴵᴵ Kosten werden nach dem Kostenverzeichnis der Anlage 1 zu diesem Gesetz erhoben.

FamGKG §§ 3–5 I. B. Gerichtskosten in Familiensachen

1 **1) Systematik, I, II.** I stimmt praktisch wörtlich, II wörtlich mit § 3 GKG überein, Teil I A dieses Buchs. Vgl daher dort.

2 **2) Kostenverzeichnis (KVFam), II.** In diesem Buch heißt das amtliche Kostenverzeichnis KVFam, um es vom KV des GKG, vom KV des GNotKG (KVfG), vom VV des RVG und vom KVGv (GvKostG) zu unterscheiden. Die Abkürzung KVFam ist also nichtamtlich. Das KVFam befindet sich hinter § 63.

Umgangspflegschaft

4 Die besonderen Vorschriften für die Dauerpflegschaft sind auf die Umgangspflegschaft nicht anzuwenden.

1 **1) Geltungsbereich.** Die Vorschrift hat wegen des Worts „nur" in § 1 S 1 eine nur bekräftigende Bedeutung. Sie gilt sowohl für den Wert als auch für eine Gebühr und macht daher zB KVFam 1311, 1312 unanwendbar.

Lebenspartnerschaftssachen

5 In Lebenspartnerschaftssachen nach § 269 des Gesetzes über das Verfahren in Familiensachen und in den Angelegenheiten der freiwilligen Gerichtsbarkeit sind für

1. Verfahren nach Absatz 1 Nr. 1 dieser Vorschrift die Vorschriften für das Verfahren auf Scheidung der Ehe,

2. Verfahren nach Absatz 1 Nr. 2 dieser Vorschrift die Vorschriften für das Verfahren auf Feststellung des Bestehens oder Nichtbestehens einer Ehe zwischen den Beteiligten,

3. Verfahren nach Absatz 1 Nr. 3 bis 12 dieser Vorschrift die Vorschriften für Familiensachen nach § 111 Nr. 2, 4, 5 und 7 bis 9 des Gesetzes über das Verfahren in Familiensachen und in den Angelegenheiten der freiwilligen Gerichtsbarkeit und

4. Verfahren nach den Absätzen 2 und 3 dieser Vorschrift die Vorschriften für sonstige Familiensachen nach § 111 Nr. 10 des Gesetzes über das Verfahren in Familiensachen und in den Angelegenheiten der freiwilligen Gerichtsbarkeit

entsprechend anzuwenden.

1 **1) Geltungsbereich, Z 1–4.** Es ergibt sich ein wieder einmal bei genauer Prüfung erschreckend schwer durchschaubares Bild von Verweisungen auf ineinander verschachtelte Vorschriften des FamGKG, des LPartG, des FamFG und des BGB. Man muß geduldig und außerordentlich genau in diesen umfangreichen Gesetzen hin- und herblättern, um keinen Irrtum zu begehen. Das alles verwirrt umso mehr, als der Gesetzgeber ja genau diese Verweisungstechnik im FGG-RG geflissentlich mit enormen Mühen vermeiden wollte. Wahrhaft kein Glanzstück der Gesetzgebung. Quantität macht noch lange keine Qualität. Andere rechtlich hochstehende Länder kommen mit einem winzigen Gesetzesbruchteil aus! Im einzelnen:

A. Aufhebung, Z 1. Es geht um eine Aufhebung der Lebenspartnerschaft, § 269 I Z 1 FamFG.

2 **B. Feststellung des Bestehens oder Nichtbestehens, Z 2.** Es geht um die Feststellung solcher Art nach § 269 I Z 2 FamFG.

3 **C. Sorge, Umgang, Kindesherausgabe, Z 3.** Es geht um die elterliche Sorge, das Umgangsrecht oder die Herausgabe eines gemeinsamen Kindes nach § 269 I Z 3 FamFG.

4 **D. Wohnungszuweisung, Z 3.** Es geht um eine solche Sache nach § 269 I Z 4 FamFG, §§ 14, 18 LPartG.

5 **E. Haushalt, Z 3.** Es geht um eine solche Sache nach § 269 I Z 5 FamFG, § 13 oder nach § 19 LPartG.

6 **F. Versorgungsausgleich, Z 3.** Es geht um diese Aufgabe nach § 269 I Z 7 FamFG.

G. Unterhalt für Minderjährigen, Z 3. Es geht um die gesetzliche Unterhalts- 7
pflicht für ein gemeinsames minderjähriges Kind nach § 269 I Z 7 FamFG.

H. Unterhalt für Partner, Z 3. Es geht um die durch die Lebenspartnerschaft 8
begründete gesetzliche Unterhaltspflicht nach § 269 Z 8 FamFG.

I. Güterrecht, Z 3. Es geht um das partnerschaftliche Güterrecht, auch bei der 9
Beteiligung eines Dritten nach § 269 I Z 9 FamFG.

J. Güterstand, Z 3. Es geht um eine Entscheidung nach § 6 LPartG in 10
Verbindung mit §§ 1365 II, 1369 II, 1382, 1383 BGB oder nach § 269 I Z 10
FamFG.

K. Partnerschaftsvertrag, Z 3. Es geht um eine Entscheidung nach § 7 11
LPartG in Verbindung mit §§ 1426, 1430, 1452 BGB oder nach § 269 I Z 11
FamFG.

L. Versprechen, Z 4. Es geht um die Folgen eines Versprechens auf eine Lebens- 12
partnerschaft nach § 1 III 2 LPartG in Verbindung mit (nur) §§ 1298–1301 BGB
oder nach § 269 II Z 1 FamFG.

M. Anspruch aus Partnerschaft, Z 4. Es geht um einen Anspruch aus einer 13
Lebenspartnerschaft nach § 269 II Z 2 FamFG.

N. Trennung, Aufhebung, Z 4. Es geht um einen Anspruch im Zusam- 14
menhang mit der Trennung oder Aufhebung einer Lebenspartnerschaft nach § 269 II
Z 3 FamFG.

O. Lebensbedarf bei Getrenntleben, Z 4. Es geht schließlich um einen An- 15
spruch auf eine Deckung des Lebensbedarfs beim Getrenntleben der Partner nach
§ 269 III FamFG in Verbindung mit § 1357 II 1 BGB.

2) Verweisungen, Z 1–4. In einem jeden der Fälle Rn 1–15 gelten die dort je- 16
weils angedeuteten zahlreichen vergleichbaren Vorschriften des FamGKG in seinen
verschiedenen Teilen der §§ und des KVFam. Deren Aufzählung würde hier nur zu
ermüdenden Wiederholungen führen.

Verweisung, Abgabe, Fortführung einer Folgesache als selbständige Familiensache

6 I ¹Verweist ein erstinstanzliches Gericht oder ein Rechtsmittelgericht ein
Verfahren an ein erstinstanzliches Gericht desselben oder eines anderen Zweiges der Gerichtsbarkeit, ist das frühere erstinstanzliche Verfahren als Teil des Verfahrens vor dem übernehmenden Gericht zu behandeln. ²Das Gleiche gilt,
wenn die Sache an ein anderes Gericht abgegeben wird.

II Wird eine Folgesache als selbständige Familiensache fortgeführt, ist das frühere Verfahren als Teil der selbständigen Familiensache zu behandeln.

III ¹Mehrkosten, die durch Anrufung eines Gerichts entstehen, zu dem der
Rechtsweg nicht gegeben oder das für das Verfahren nicht zuständig ist, werden
nur dann erhoben, wenn die Anrufung auf verschuldeter Unkenntnis der tatsächlichen oder rechtlichen Verhältnisse beruht. ²Die Entscheidung trifft das
Gericht, an das verwiesen worden ist.

1) Geltungsbereich, I–III. I 1 stimmt wörtlich mit § 4 I GKG überein, Teil I A die- 1
ses Buchs. III 1, 2 stimmt wörtlich mit § 4 II 1, 2 GKG überein. Vgl daher jeweils
dort.

I 2 übernimmt die Regelung I 1 für den Fall einer bloßen Abgabe, etwa vor dem 2
Eintritt der Rechtshängigkeit, ferner nach § 4 FamFG aus einem wichtigen Grund.
Auch insoweit vgl daher bei § 4 GKG.

II erfaßt den Fall § 137 V 2 FamFG. Danach kann das FamG eine abgetrennte 3
Folgesache nach § 137 III als eine selbständige (Familien-)Sache fortführen. Unter
§ 137 III FamFG fallen solche Kindschaftssachen, die die Übertragung oder Entziehung der elterlichen Sorge, des Umgangsrechts oder die Herausgabe eines gemeinsamen Kinds oder das Umgangsrecht eines Ehegatten mit einem Kind des anderen
betreffen. Dann gilt das frühere Verfahren entsprechend dem Grundgedanken des I als
ein Teil der fortgeführten selbständigen Familiensache.

FamGKG §§ 7–8a, Übers § 9   I. B. Gerichtskosten in Familiensachen

Verjährung, Verzinsung

7 I ¹Ansprüche auf Zahlung von Kosten verjähren in vier Jahren nach Ablauf des Kalenderjahres, in dem das Verfahren durch rechtskräftige Entscheidung über die Kosten, durch Vergleich oder in sonstiger Weise beendet ist. ²Bei Vormundschaften und Dauerpflegschaften beginnt die Verjährung mit der Fälligkeit der Kosten.

II ¹Ansprüche auf Rückerstattung von Kosten verjähren in vier Jahren nach Ablauf des Kalenderjahres, in dem die Zahlung erfolgt ist. ²Die Verjährung beginnt jedoch nicht vor dem im Absatz 1 bezeichneten Zeitpunkt. ³Durch Einlegung eines Rechtsbehelfs mit dem Ziel der Rückerstattung wird die Verjährung wie durch Klageerhebung gehemmt.

III ¹Auf die Verjährung sind die Vorschriften des Bürgerlichen Gesetzbuchs anzuwenden; die Verjährung wird nicht von Amts wegen berücksichtigt. ²Die Verjährung der Ansprüche auf Zahlung von Kosten beginnt auch durch die Aufforderung zur Zahlung oder durch eine dem Schuldner mitgeteilte Stundung erneut. ³Ist der Aufenthalt des Kostenschuldners unbekannt, genügt die Zustellung durch Aufgabe zur Post unter seiner letzten bekannten Anschrift. ⁴Bei Kostenbeträgen unter 25 Euro beginnt die Verjährung weder erneut noch wird sie gehemmt.

IV Ansprüche auf Zahlung und Rückerstattung von Kosten werden nicht verzinst.

1   **1) Systematik, Regelungszweck, I–IV.** Die Vorschrift stimmt in I 1, II–IV wörtlich mit § 5 GKG überein, Teil I A dieses Buchs. Vgl daher insofern dort.

2   **2) Vormundschaft, Dauerpflegschaft, I 2.** Hier beginnt die Verjährung mit der Fälligkeit nach § 10.

Elektronische Akte, elektronisches Dokument

8 In Verfahren nach diesem Gesetz sind die verfahrensrechtlichen Vorschriften über die elektronische Akte und über das elektronische Dokument anzuwenden, die für das dem kostenrechtlichen Verfahren zugrunde liegende Verfahren gelten.

1   **1) Systematik, I–III.** Die Vorschrift stimmt wörtlich mit § 5a GKG überein, Teil I A dieses Buchs. Vgl daher dort.

Rechtsbehelfsbelehrung

8a Jede Kostenrechnung und jede anfechtbare Entscheidung hat eine Belehrung über den statthaften Rechtsbehelf sowie über das Gericht, bei dem dieser Rechtsbehelf einzulegen ist, über dessen Sitz und über die einzuhaltende Form und Frist zu enthalten.

1   **1) Systematik.** Die Vorschrift entspricht fast wörtlich dem § 5b GKG, Teil I A dieses Buchs. Vgl daher dort.

2   **2) Verstoß.** § 59 II 2.

Abschnitt 2. Fälligkeit

Übersicht

1) Begriff usw. Es gelten dieselben Erwägungen wie beim GKG, Teil I A dieses Buchs. Vgl daher Üb 1–3 vor § 6 GKG.

Fälligkeit der Gebühren in Ehesachen und selbständigen Familienstreitsachen

9 I In Ehesachen und in selbständigen Familienstreitsachen wird die Verfahrensgebühr mit der Einreichung der Antragsschrift, der Einspruchs- oder Rechtsmittelschrift oder mit der Abgabe der entsprechenden Erklärung zu Protokoll fällig.

II Soweit die Gebühr eine Entscheidung oder sonstige gerichtliche Handlung voraussetzt, wird sie mit dieser fällig.

1) Systematik, Regelungszweck, I, II. Die Vorschrift stimmt in I mit § 6 I Z 1a GKG teilweise überein, in II wörtlich mit § 6 (jetzt) II GKG, Teil I A dieses Buchs. Vgl daher insofern dort. 1

2) Geltungsbereich Ehesache, selbständige Familienstreitsache, I. Es muß gerade um eine der vorgenannten Sachen gehen, §§ 111 Z 1, 121 Z 1–3 oder § 112 Z 1–3 FamFG. 2

Unanwendbar ist I also in den vorstehend nicht mitgenannten Sachen. Dazu gehören scheinbar auch Scheidungssachen und Folgesachen. Denn sie haben in dem Unterabschnitt 2 der §§ 133 ff FamFG eine gegenüber dem Unterabschnitt 1 der §§ 121 ff FamFG „Ehesachen" selbständige gleichrangige Regelung. Sie gehören auch nicht zur Aufzählung der „Familienstreitsachen" in § 112 FamFG. Das paßt aber nicht zu dem Umstand, daß die Wertgebühren KVFam 1110–1140 nach der amtlichen Überschrift dieses Hauptabschnitts 1 in Ehesachen „einschließlich aller Folgesachen" entstehen. In Wahrheit meint I 1 mit „Ehesachen" also auch die zugehörigen Folgesachen. 3

Fälligkeit bei Vormundschaften und Dauerpflegschaften

10 Bei Vormundschaften und bei Dauerpflegschaften werden die Gebühren nach den Nummern 1311 und 1312 des Kostenverzeichnisses erstmals bei Anordnung und später jeweils zu Beginn eines Kalenderjahres, Auslagen sofort nach ihrer Entstehung fällig.

1) Geltungsbereich: Vormundschaft, Dauerpflegschaft. § 10 gilt nur bei den Gebühren KVFam 1311, 1312, vgl dort. 1

Fälligkeit der Gebühren in sonstigen Fällen, Fälligkeit der Auslagen

11 I Im Übrigen werden die Gebühren und die Auslagen fällig, wenn

1. eine unbedingte Entscheidung über die Kosten ergangen ist,
2. das Verfahren oder der Rechtszug durch Vergleich oder Zurücknahme beendet ist,
3. das Verfahren sechs Monate ruht oder sechs Monate nicht betrieben worden ist,
4. das Verfahren sechs Monate unterbrochen oder sechs Monate ausgesetzt war oder
5. das Verfahren durch anderweitige Erledigung beendet ist.

II Die Dokumentenpauschale sowie die Auslagen für die Versendung von Akten werden sofort nach ihrer Entstehung fällig.

1) Systematik, I, II. Die Vorschrift stimmt wörtlich mit § 9 II, III GKG überein, Teil I A dieses Buchs. Vgl daher dort. 1

FamGKG §§ 12–15   I. B. Gerichtskosten in Familiensachen

Abschnitt 3. Vorschuss und Vorauszahlung

Grundsatz

12 In weiterem Umfang als das Gesetz über das Verfahren in Familiensachen und in den Angelegenheiten der freiwilligen Gerichtsbarkeit, die Zivilprozessordnung und dieses Gesetz es gestatten, darf die Tätigkeit des Familiengerichts von der Sicherstellung oder Zahlung der Kosten nicht abhängig gemacht werden.

Schrifttum: *Volpert* FPR **10**, 327 (Üb).

1   1) **Systematik.** Die Vorschrift stimmt mit § 10 GKG inhaltlich ganz überein, Teil I A dieses Buchs. Vgl daher dort und Saarbr NJW **12**, 163.

Verfahren nach dem Internationalen Familienrechtsverfahrensgesetz

13 In Verfahren nach dem Internationalen Familienrechtsverfahrensgesetz sind die Vorschriften dieses Abschnitts nicht anzuwenden.

1   1) **Systematik.** Die Vorschrift ist eigentlich wegen des Worts „nur" in § 1 S 1 zumindest teilweise überflüssig. Sie stellt klar, daß im Verfahren nach dem IntFamRVG weder ein Vorschuß noch eine Vorauszahlung infragekommt.

2   2) **Regelungszweck.** Nach § 53 IntFamRVG entstehen keine Gerichtskosten, soweit deren Erhebung nach dem Europäischen Sorgerechtsübereinkommen oder dem Haager Kindesentführungsübereinkommen ausgeschlossen ist. Wo keine Kosten, natürlich auch kein Vorschuß und keine Vorauszahlung.

3   3) **Geltungsbereich.** Es geht um jedes Verfahren nach dem IntFamRVG.

Abhängigmachung in bestimmten Verfahren

14 ^{I} ^{1}In Ehesachen und selbständigen Familienstreitsachen soll die Antragsschrift erst nach Zahlung der Gebühr für das Verfahren im Allgemeinen zugestellt werden. ^{2}Wird der Antrag erweitert, soll vor Zahlung der Gebühr für das Verfahren im Allgemeinen keine gerichtliche Handlung vorgenommen werden; dies gilt auch in der Rechtsmittelinstanz.

^{II} Absatz 1 gilt nicht für den Widerantrag, ferner nicht für den Antrag auf Erlass einer einstweiligen Anordnung, auf Anordnung eines Arrests oder auf Erlass eines Europäischen Beschlusses zur vorläufigen Kontenpfändung.

^{III} Im Übrigen soll in Verfahren, in denen der Antragsteller die Kosten schuldet (§ 21), vor Zahlung der Gebühr für das Verfahren im Allgemeinen keine gerichtliche Handlung vorgenommen werden.

Vorbem. II idF Art 10 Z 1 EuKoPfVODG v 21. 11. 16, BGBl 2591, in Kraft seit 18. 1. 17, Art 21 I G, ÜbergangsR §§ 63, 64 FamGKG.

1   1) **Geltungsbereich, I–III.** I 1 stimmt fast wörtlich, I 2 wörtlich, II fast wörtlich mit § 12 I 1, 2, II Z 1 GKG überein, Teil I A dieses Buchs. III nimmt den Grundgedanken des § 12 I 1 GKG für alle diejenigen Sachen nach dem FamFG auf, die nicht Ehesachen oder selbständige Familienstreitsachen nach §§ 98, 112, 121 FamFG sind, aber auch keine Antragsverfahren nach § 21 I darstellen oder einen Vergleichsschuldner nach § 21 II auslösen. Vgl daher bei § 12 GKG in seinen eben genannten Teilen, ferner KG FamRZ **12**, 239.

Ausnahmen von der Abhängigmachung

15 § 14 gilt nicht,
1. soweit dem Antragsteller Verfahrenskostenhilfe bewilligt ist,
2. wenn dem Antragsteller Gebührenfreiheit zusteht oder

3. wenn die beabsichtigte Rechtsverfolgung weder aussichtslos noch ihre Inanspruchnahme mutwillig erscheint und wenn glaubhaft gemacht wird, dass
   a) dem Antragsteller die alsbaldige Zahlung der Kosten mit Rücksicht auf seine Vermögenslage oder aus sonstigen Gründen Schwierigkeiten bereiten würde oder
   b) eine Verzögerung dem Antragsteller einen nicht oder nur schwer zu ersetzenden Schaden bringen würde; zur Glaubhaftmachung genügt in diesem Fall die Erklärung des zum Bevollmächtigten bestellten Rechtsanwalts.

Schrifttum: *Volpert* FPR **13**, 538 (Üb).

1) Systematik, Z 1–3. Die Vorschrift stimmt fast wörtlich mit § 14 Z 1–3 GKG überein, Teil I A dieses Buchs. Vgl daher dort. 1

Auslagen

16 I ¹Wird die Vornahme einer Handlung, mit der Auslagen verbunden sind, beantragt, hat derjenige, der die Handlung beantragt hat, einen zur Deckung der Auslagen hinreichenden Vorschuss zu zahlen. ²Das Gericht soll die Vornahme einer Handlung, die nur auf Antrag vorzunehmen ist, von der vorherigen Zahlung abhängig machen.

II Die Herstellung und Überlassung von Dokumenten auf Antrag sowie die Versendung von Akten können von der vorherigen Zahlung eines die Auslagen deckenden Vorschusses abhängig gemacht werden.

III Bei Handlungen, die von Amts wegen vorgenommen werden, kann ein Vorschuss zur Deckung der Auslagen erhoben werden.

IV Absatz 1 gilt nicht für die Anordnung einer Haft.

1) Systematik, I–IV. Die Vorschrift stimmt in I 1 wörtlich, in I 2 fast wörtlich, in II, III wörtlich und in IV inhaltlich mit § 17 I–IV GKG überein, Teil I A dieses Buchs. Vgl daher jeweils dort. Bei III darf das Gericht die Handlung nicht vom Vorschuß abhängig machen, Hamm Rpfleger **14**, 18, AG Aachen FamRZ **12**, 239. 1

Fortdauer der Vorschusspflicht

17 ¹Die Verpflichtung zur Zahlung eines Vorschusses bleibt bestehen, auch wenn die Kosten des Verfahrens einem anderen auferlegt oder von einem anderen übernommen sind. ²§ 26 Abs. 2 gilt entsprechend.

1) Systematik, S 1, 2. Die Vorschrift stimmt in S 1 wörtlich, in S 2 praktisch wörtlich mit § 18 S 1, 2 GKG überein, Teil I A dieses Buchs. Vgl daher dort. 1

Abschnitt 4. Kostenansatz

Kostenansatz

18 I ¹Es werden angesetzt
1. die Kosten des ersten Rechtszugs bei dem Gericht, bei dem das Verfahren im ersten Rechtszug anhängig ist oder zuletzt anhängig war,
2. die Kosten des Rechtsmittelverfahrens bei dem Rechtsmittelgericht.

²Dies gilt auch dann, wenn die Kosten bei einem ersuchten Gericht entstanden sind.

II Die Dokumentenpauschale sowie die Auslagen für die Versendung von Akten werden bei der Stelle angesetzt, bei der sie entstanden sind.

III ¹Der Kostenansatz kann im Verwaltungsweg berichtigt werden, solange nicht eine gerichtliche Entscheidung getroffen ist. ²Ergeht nach der gerichtlichen Entscheidung über den Kostenansatz eine Entscheidung, durch die der Verfahrenswert anders festgesetzt wird, kann der Kostenansatz ebenfalls berichtigt werden.

FamGKG §§ 18–20   I. B. Gerichtskosten in Familiensachen

1 **1) Systematik, I–III.** Die Vorschrift stimmt mit § 19 GKG nach der folgenden Tabelle überein, Teil I A dieses Buchs. Vgl daher jeweils bei § 19 GKG,

§ 18 FamGKG		§ 19 GKG
I 1	etwa	I 1
Z 1	=	Z 1
2	etwa	2
2	=	2
II	=	IV
III 1	=	V 1
2	etwa	2

Nachforderung

19 [I] [1] Wegen eines unrichtigen Ansatzes dürfen Kosten nur nachgefordert werden, wenn der berichtigte Ansatz dem Zahlungspflichtigen vor Ablauf des nächsten Kalenderjahres nach Absendung der den Rechtszug abschließenden Kostenrechnung (Schlusskostenrechnung), bei Vormundschaften und Dauerpflegschaften der Jahresrechnung, mitgeteilt worden ist. [2] Dies gilt nicht, wenn die Nachforderung auf vorsätzlich oder grob fahrlässig falschen Angaben des Kostenschuldners beruht oder wenn der ursprüngliche Kostenansatz unter einem bestimmten Vorbehalt erfolgt ist.

[II] Ist innerhalb der Frist des Absatzes 1 ein Rechtsbehelf wegen des Hauptgegenstands oder wegen der Kosten eingelegt oder dem Zahlungspflichtigen mitgeteilt worden, dass ein Wertermittlungsverfahren eingeleitet ist, ist die Nachforderung bis zum Ablauf des nächsten Kalenderjahres nach Beendigung dieser Verfahren möglich.

[III] Ist der Wert gerichtlich festgesetzt worden, genügt es, wenn der berichtigte Ansatz dem Zahlungspflichtigen drei Monate nach der letzten Wertfestsetzung mitgeteilt worden ist.

1 **1) Systematik, Regelungszweck, I–III.** Die Vorschrift stimmt in I 1 fast wörtlich, in I 2 ganz, in II weitgehend und in III wörtlich mit § 20 I–III GKG überein, Teil I A dieses Buchs. Vgl daher zunächst dort und Drsd JB **17**, 313.

2 **2) Wertermittlungsverfahren, II.** Die Wertermittlung ist wegen des Amtsbetriebs nach § 26 FamFG jederzeit möglich. Für die Zulässigkeit einer Nachforderung genügt dann eine entsprechende Mitteilung. Sie ist aber auch notwendig, und zwar natürlich vor dem in II genannten Zeitpunkt.

Einführung vor § 20
Stundung und Nichterhebung von Gerichtskosten

1 Es gilt dasselbe wie beim GKG, Teil I A dieses Buchs. Vgl daher Einf vor § 21 GKG.

Nichterhebung von Kosten

20 [I] [1] Kosten, die bei richtiger Behandlung der Sache nicht entstanden wären, werden nicht erhoben. [2] Das Gleiche gilt für Auslagen, die durch eine von Amts wegen veranlasste Verlegung eines Termins oder Vertagung einer Verhandlung entstanden sind. [3] Für abweisende Entscheidungen sowie bei Zurücknahme eines Antrags kann von der Erhebung von Kosten abgesehen werden, wenn der Antrag auf unverschuldeter Unkenntnis der tatsächlichen oder rechtlichen Verhältnisse beruht.

[II] [1] Die Entscheidung trifft das Gericht. [2] Solange nicht das Gericht entschieden hat, können Anordnungen nach Absatz 1 im Verwaltungsweg erlassen werden. [3] Eine im Verwaltungsweg getroffene Anordnung kann nur im Verwaltungsweg geändert werden.

1 **1) Systematik, I, II.** Die Vorschrift stimmt wörtlich mit § 21 I, II GKG überein, Teil I A dieses Buchs. Vgl daher dort.

Abschnitt 5. Kostenhaftung

Übersicht

1) Systematik, Regelungszweck, Begriffe. Es gilt grundsätzlich dasselbe wie in Üb 1, 2 vor §§ GKG. Vgl daher dort. 1

2) Verfahrenskostenhilfe. Es gilt grundsätzlich dasselbe wie zur Prozeßkostenhilfe in Üb 6 vor § 22 GKG, Teil I A dieses Buchs. Vgl daher dort. 2

Kostenschuldner in Antragsverfahren, Vergleich

21 [I] [1]In Verfahren, die nur durch Antrag eingeleitet werden, schuldet die Kosten, wer das Verfahren des Rechtszugs beantragt hat. [2]Dies gilt nicht
1. für den ersten Rechtszug in Gewaltschutzsachen und in Verfahren nach dem EU-Gewaltschutzverfahrensgesetz,
2. im Verfahren auf Erlass einer gerichtlichen Anordnung auf Rückgabe des Kindes oder über das Recht zum persönlichen Umgang nach dem Internationalen Familienrechtsverfahrensgesetz,
3. für einen Minderjährigen in Verfahren, die seine Person betreffen, und
4. für einen Verfahrensbeistand.

[3]Im Verfahren, das gemäß § 700 Abs. 3 der Zivilprozessordnung dem Mahnverfahren folgt, schuldet die Kosten, wer den Vollstreckungsbescheid beantragt hat.

[II] Die Gebühr für den Abschluss eines gerichtlichen Vergleichs schuldet jeder, der an dem Abschluss beteiligt ist.

Vorbem. I 2 Z 1 ergänzt dch Art 3 Z 1 G v 5. 12. 14, BGBl 1964, in Kraft seit 11. 1. 15, Art 5 I G, ÜbergangsR § 63 FamGKG.

1) Geltungsbereich, I, II. I 1, 3 stimmt fast wörtlich, II wörtlich mit § 22 I 1 1 GKG überein, Teil I A dieses Buchs. Vgl daher dort. Das in I 2 Z 2 genannte EU-GewSchVG ist Art 1 des vorgenannten G v 5. 12. 14.

2) Keine Antragshaftung, I 2. In einem der in I 2 Z 1–4 genannten Verfahren 2 entsteht dann keine Antragshaftung, wenn und soweit ein verfahrenseinleitender Antrag nach § 23 FamFG erforderlich ist. Das gilt erst recht, soweit das FamG ein solches Verfahren auch von Amts wegen einleiten darf und soweit ein Beteiligter dann nach § 24 I FamFG eine solche Einleitung anregt. Das übersieht Saarbr NJW **12**, 163. Der Minderjährige ist bei I 2 Z 3 kein Vorschußschuldner, Hamm FamRZ **12**, 812.

Unberührt bleibt in allen diesen Fällen eine Kostenhaftung nach §§ 22–27 Fam- 3 GKG, vor allem eine Haftung des Entscheidungsschuldners nach § 24 Z 1 oder des Übernahmeschuldners nach § 24 Z 2.

Kosten bei Vormundschaft und Dauerpflegschaft

22 [1]Die Kosten bei einer Vormundschaft oder Dauerpflegschaft schuldet der von der Maßnahme betroffene Minderjährige. [2]Dies gilt nicht für Kosten, die das Gericht einem anderen auferlegt hat.

1) Keine Haftung nach S 1 bei Kostenentscheidung gegen Dritten, S 2. 1 Dann gilt dem Dritten gegenüber nur statt einer Antragshaftung die Haftung des Entscheidungsschuldners nach § 24 Z 1. Vgl daher insofern dort.

Bestimmte sonstige Auslagen

23 [I] [1]Die Dokumentenpauschale schuldet ferner, wer die Erteilung der Ausfertigungen, Kopien oder Ausdrucke beantragt hat. [2]Sind Kopien oder Ausdrucke angefertigt worden, weil der Beteiligte es unterlassen hat, die erforderliche Zahl von Mehrfertigungen beizufügen, schuldet nur der Beteiligte die Dokumentenpauschale.

FamGKG §§ 23–26 I. B. Gerichtskosten in Familiensachen

II Die Auslagen nach Nummer 2003 des Kostenverzeichnisses schuldet nur, wer die Versendung der Akte beantragt hat.

III Im Verfahren auf Bewilligung von Verfahrenskostenhilfe und im Verfahren auf Bewilligung grenzüberschreitender Prozesskostenhilfe ist der Antragsteller Schuldner der Auslagen, wenn
1. der Antrag zurückgenommen oder von dem Gericht abgelehnt wird oder
2. die Übermittlung des Antrags von der Übermittlungsstelle oder das Ersuchen um Prozesskostenhilfe von der Empfangsstelle abgelehnt wird.

1   1) **Systematik, I–III.** Die Vorschrift stimmt fast wörtlich mit § 28 I–III GKG überein, Teil I A dieses Buchs. Vgl daher dort. Hat der VerfBev das Notwendige unterlassen, kann er Kostenschuldner sein, Kblz MDR **16**, 735, Oldb JB **10**, 483 (zustm Lohle).

Weitere Fälle der Kostenhaftung

24 Die Kosten schuldet ferner,
1. wem durch gerichtliche Entscheidung die Kosten des Verfahrens auferlegt sind;
2. wer sie durch eine vor Gericht abgegebene oder dem Gericht mitgeteilte Erklärung oder in einem vor Gericht abgeschlossenen oder dem Gericht mitgeteilten Vergleich übernommen hat; dies gilt auch, wenn bei einem Vergleich ohne Bestimmung über die Kosten diese als von beiden Teilen je zur Hälfte übernommen anzusehen sind;
3. wer für die Kostenschuld eines anderen kraft Gesetzes haftet und
4. der Verpflichtete für die Kosten der Vollstreckung; dies gilt nicht für einen Minderjährigen in Verfahren, die seine Person betreffen.

1   1) **Systematik, Regelungszweck, Z 1–4.** Die Vorschrift stimmt in Z 1 fast wörtlich, in Z 2, 3 ganz und in Z 4 weitgehend mit § 29 Z 1–4 GKG überein, Teil I A dieses Buchs. Vgl daher insofern dort.

2   2) **Keine Haftung des Minderjährigen für Vollstreckungskosten, Z 4 Hs 2.** Er ist nur dann von einer Haftung frei, wenn und soweit das Verfahren gerade seine Person und nicht einen Dritten betrifft. Diese Regelung ist als eine Ausnahme eng auslegbar.

Erlöschen der Zahlungspflicht

25 ¹Die durch gerichtliche Entscheidung begründete Verpflichtung zur Zahlung von Kosten erlischt, soweit die Entscheidung durch eine andere gerichtliche Entscheidung aufgehoben oder abgeändert wird. ²Soweit die Verpflichtung zur Zahlung von Kosten nur auf der aufgehobenen oder abgeänderten Entscheidung beruht hat, werden bereits gezahlte Kosten zurückerstattet.

1   1) **Systematik, S 1, 2.** Die Vorschrift stimmt mit § 30 GKG praktisch wörtlich überein, Teil I A dieses Buchs. Vgl daher dort.

Mehrere Kostenschuldner

26 I Mehrere Kostenschuldner haften als Gesamtschuldner.

II ¹Soweit ein Kostenschuldner aufgrund von § 24 Nr. 1 oder Nr. 2 (Erstschuldner) haftet, soll die Haftung eines anderen Kostenschuldners nur geltend gemacht werden, wenn eine Zwangsvollstreckung in das bewegliche Vermögen des ersteren erfolglos geblieben ist oder aussichtslos erscheint. ²Zahlungen des Erstschuldners mindern seine Haftung aufgrund anderer Vorschriften dieses

Gesetzes auch dann in voller Höhe, wenn sich seine Haftung nur auf einen Teilbetrag bezieht.

III [1] Soweit einem Kostenschuldner, der aufgrund von § 24 Nr. 1 haftet (Entscheidungsschuldner), Verfahrenskostenkostenhilfe bewilligt worden ist, darf die Haftung eines anderen Kostenschuldners nicht geltend gemacht werden; von diesem bereits erhobene Kosten sind zurückzuzahlen, soweit es sich nicht um eine Zahlung nach § 13 Abs. 1 und 3 des Justizvergütungs- und -entschädigungsgesetzes handelt und die Partei, der die Verfahrenskostenhilfe bewilligt worden ist, der besonderen Vergütung zugestimmt hat. [2] Die Haftung eines anderen Kostenschuldners darf auch nicht geltend gemacht werden, soweit dem Entscheidungsschuldner ein Betrag für die Reise zum Ort einer Verhandlung, Anhörung oder Untersuchung und für die Rückreise gewährt worden ist.

IV Absatz 3 ist entsprechend anzuwenden, soweit der Kostenschuldner aufgrund des § 24 Nummer 2 haftet, wenn

1. der Kostenschuldner die Kosten in einem vor Gericht abgeschlossenen, gegenüber dem Gericht angenommenen oder in einem gerichtlich gebilligten Vergleich übernommen hat,
2. der Vergleich einschließlich der Verteilung der Kosten, bei einem gerichtlich gebilligten Vergleich allein die Verteilung der Kosten, von dem Gericht vorgeschlagen worden ist und
3. das Gericht in seinem Vergleichsvorschlag ausdrücklich festgestellt hat, dass die Kostenregelung der sonst zu erwartenden Kostenentscheidung entspricht.

1) Systematik, I–IV. Die Vorschrift stimmt mit § 31 GKG fast wörtlich überein, Teil I A dieses Buchs. Vgl daher dort. 1

Haftung von Streitgenossen

27 [1] Streitgenossen haften als Gesamtschuldner, wenn die Kosten nicht durch gerichtliche Entscheidung unter sie verteilt sind. [2] Soweit einen Streitgenossen nur Teile des Streitgegenstandes betreffen, beschränkt sich seine Haftung als Gesamtschuldner auf den Betrag, der entstanden wäre, wenn das Verfahren nur diese Teile betroffen hätte.

1) Systematik, S 1, 2. Die Vorschrift stimmt wörtlich mit § 32 I 1, 2 GKG überein, Teil I A dieses Buchs. Vgl daher dort. 1

Abschnitt 6. Gebührenvorschriften

Wertgebühren

28 I [1] Wenn sich die Gebühren nach dem Verfahrenswert richten, beträgt die Gebühr bei einem Verfahrenswert bis 500 Euro 35 Euro. [2] Die Gebühr erhöht sich bei einem

Verfahrenswert bis ... Euro	für jeden angefangenen Betrag von weiteren ... Euro	um ... Euro
2 000	500	18
10 000	1 000	19
25 000	3 000	26
50 000	5 000	35
200 000	15 000	120
500 000	30 000	179
über 500 000	50 000	180

FamGKG §§ 28–31   I. B. Gerichtskosten in Familiensachen

³ Eine Gebührentabelle für Verfahrenswerte bis 500 000 Euro ist diesem Gesetz als Anlage 2 beigefügt.

ᴵᴵ Der Mindestbetrag einer Gebühr ist 15 Euro.

Schrifttum: *Klüsener* JB **16**, 57 (Üb).

1   1) **Systematik, I, II.** Die Vorschrift stimmt mit § 34 GKG fast wörtlich überein, Teil I A dieses Buchs. Nur das dortige Wort Streitwert heißt hier Verfahrenswert. Vgl daher bei § 34 GKG.

2   2) **Gebührentabelle, I 3.** Sie befindet sich im SchlAnh B.

Einmalige Erhebung der Gebühren

29 Die Gebühr für das Verfahren im Allgemeinen und die Gebühr für eine Entscheidung werden in jedem Rechtszug hinsichtlich eines jeden Teils des Verfahrensgegenstands nur einmal erhoben.

1   1) **Systematik.** Die Vorschrift stimmt mit § 35 GKG fast wörtlich überein, Teil I A dieses Buchs. Nur das dortige Wort Streitgegenstand heißt hier Verfahrensgegenstand. Vgl daher bei § 35 GKG.

2   2) **Rechtszug.** Es gilt grundsätzlich dasselbe wie bei § 35 GKG. Freilich gibt es beim FamG kein Urteil mehr. Der Klagerhebung entspricht der verfahrenseinleitende Antrag.

Teile des Verfahrensgegenstands

30 ᴵ Für Handlungen, die einen Teil des Verfahrensgegenstands betreffen, sind die Gebühren nur nach dem Wert dieses Teils zu berechnen.

ᴵᴵ Sind von einzelnen Wertteilen in demselben Rechtszug für gleiche Handlungen Gebühren zu berechnen, darf nicht mehr erhoben werden, als wenn die Gebühr von dem Gesamtbetrag der Wertteile zu berechnen wäre.

ᴵᴵᴵ Sind für Teile des Gegenstands verschiedene Gebührensätze anzuwenden, sind die Gebühren für die Teile gesondert zu berechnen; die aus dem Gesamtbetrag der Wertteile nach dem höchsten Gebührensatz berechnete Gebühr darf jedoch nicht überschritten werden.

1   1) **Systematik, I–III.** Die Vorschrift stimmt mit § 36 GKG fast wörtlich überein, Teil I A dieses Buchs. Nur das dortige Wort Streitgegenstand heißt hier Verfahrensgegenstand. Vgl daher bei § 36 GKG.

Zurückverweisung, Abänderung oder Aufhebung einer Entscheidung

31 ᴵ Wird eine Sache an ein Gericht eines unteren Rechtszugs zurückverwiesen, bildet das weitere Verfahren mit dem früheren Verfahren vor diesem Gericht einen Rechtszug im Sinne des § 29.

ᴵᴵ ¹Das Verfahren über eine Abänderung oder Aufhebung einer Entscheidung gilt als besonderes Verfahren, soweit im Kostenverzeichnis nichts anderes bestimmt ist. ²Dies gilt nicht für das Verfahren zur Überprüfung der Entscheidung nach § 166 Abs. 2 und 3 des Gesetzes über das Verfahren in Familiensachen und in den Angelegenheiten der freiwilligen Gerichtsbarkeit.

1   1) **Geltungsbereich, I, II.** I stimmt praktisch wörtlich mit § 37 GKG überein, Teil I A dieses Buchs. Vgl daher dort II neu.

2   2) **Abänderung, Aufhebung, II 1.** Ein solches Verfahren kann nach dem KVFam als ein Teil des zugrundeliegenden Verfahrens gelten. Soweit dort keine solche Anweisung besteht, gilt das Abänderungs- oder Aufhebungsverfahren als ein besonderes, also neues Verfahren. Im Zweifel muß man wegen des Grundsatzes § 1 S 1 („nur") eine „andere Bestimmung" im KVFam annehmen, obwohl der Wortlaut von II 1 Hs 2 eine andere Auslegung nahelegen würde, wenn man ihn isoliert betrachtet.

3) **Abänderung, Überprüfung, II 2.** Nach § 166 II, III FamFG muß das FamG 3 eine länger dauernde kinderschutzrechtliche Maßnahme in angemessener Zeit überprüfen und nach dem Absehen von einer Maßnahme nach §§ 1666–1667 BGB eine solche Überprüfung sogar in der Regel schon nach jeweils drei Monaten vornehmen. In diesen Fällen bleibt es kostenrechtlich abweichend von II 1 bei einem einheitlichen und nicht zusätzlich einem besonderen Verfahren.

Verzögerung des Verfahrens

32 [1] Wird in einer selbständigen Familienstreitsache außer im Fall des § 335 der Zivilprozessordnung durch Verschulden eines Beteiligten oder seines Vertreters die Vertagung einer mündlichen Verhandlung oder die Anberaumung eines neuen Termins zur mündlichen Verhandlung nötig oder ist die Erledigung des Verfahrens durch nachträgliches Vorbringen von Angriffs- oder Verteidigungsmitteln, Beweismitteln oder Beweiseinreden, die früher vorgebracht werden konnten, verzögert worden, kann das Gericht dem Beteiligten von Amts wegen eine besondere Gebühr mit einem Gebührensatz von 1,0 auferlegen. [2] Die Gebühr kann bis auf einen Gebührensatz von 0,3 ermäßigt werden. [3] Dem Antragsteller, dem Antragsgegner oder dem Vertreter stehen der Nebenintervenient und sein Vertreter gleich.

Schrifttum: *Krause* FPR **10**, 336 (Üb).

1) **Systematik, Regelungszweck, S 1–3.** Die Vorschrift stimmt mit § 38 S 1, 2 1 GKG fast wörtlich überein, Teil I A dieses Buchs. Allerdings ist der Geltungsbereich hier enger, Rn 2. Vgl im übrigen bei § 38 GKG.

2) **Geltungsbereich; Selbständige Familienstreitsache, S 1–3.** Die Vorschrift 2 gilt nur in einer Sache nach § 112 Z 1–3 FamFG, also in einer der dort abschließend aufgezählten Sachen und nicht auch in einer der in § 111 FamFG aufgezählten Familiensachen. Diese Einengung mag wenig überzeugen. Sie bindet aber wegen der klaren Unterschiede der Begriffe Familiensache einerseits, Familienstreitsache andererseits.

A. **Unterhaltssache usw, § 112 Z 1 FamFG.** Es mag um eine Unterhaltssache 3 nach § 231 I FamFG gehen, also um eine durch Verwandtschaft begründete gesetzliche Unterhaltspflicht (dort Z 1) oder um die durch die Ehe begründete gesetzliche Unterhaltspflicht (dort Z 2) oder um einen Anspruch nach § 1615 l BGB oder nach § 1615 m BGB (Z 3), oder es mag um eine Lebenspartnerschaftssache nach § 269 I Z 7, 8 FamFG gehen, also um die gesetzliche Unterhaltspflicht für ein gemeinschaftliches minderjähriges Kind der Lebenspartner oder um die durch die Lebenspartnerschaft begründete gesetzliche Unterhaltspflicht.

B. **Güterrechtssache usw, § 112 Z 2 FamFG.** Es mag auch um eine Güter- 4 rechtssache nach § 261 I FamFG gehen, also um ein solches Verfahren, das einen Anspruch aus dem ehelichen Güterrecht betrifft, auch wenn ein Dritter an dem Verfahren beteiligt ist, oder es mag um eine Lebenspartnerschaftssache nach § 269 I Z 9 FamFG gehen, also um einen Anspruch aus dem lebenspartnerschaftlichen Güterrecht, auch wenn ein Dritter an dem Verfahren beteiligt ist.

C. **Sonstige Familiensache, § 112 Z 3 FamFG.** Es mag schließlich um eine 5 sonstige Familiensache nach § 266 I FamFG gehen, also um die dort unter Z 1–5 genannten Ansprüche, sofern sie unter den in § 112 FamFG zur Bedingung gemachten Oberbegriff einer Familienstreitsache fallen, Rn 2, oder es mag schließlich um eine Lebenspartnerschaftssache nach § 269 II FamFG gehen, also um ein solches Verfahren, das einen der dort unter Z 1–3 genannten Ansprüche zum Gegenstand hat, nicht aber einen der in § 269 III FamFG genannten Ansprüche.

Anhang nach § 32. Mißbrauchsgebühr des BVerfG

Es gilt dasselbe wie beim GKG, Teil I A dieses Buchs. Vgl daher Anh § 38 GKG. 1

Abschnitt 7. Wertvorschriften

Unterabschnitt 1. Allgemeine Wertvorschriften

Grundsatz

33 ^{I} ^{1}In demselben Verfahren und in demselben Rechtszug werden die Werte mehrerer Verfahrensgegenstände zusammengerechnet, soweit nichts anderes bestimmt ist. ^{2}Ist mit einem nichtvermögensrechtlichen Anspruch ein aus ihm hergeleiteter vermögensrechtlicher Anspruch verbunden, ist nur ein Anspruch, und zwar der höhere, maßgebend.

^{II} Der Verfahrenswert beträgt höchstens 30 Millionen Euro, soweit kein niedrigerer Höchstwert bestimmt ist.

Schrifttum: *Schneider* AnwBl **09**, 777; *Thiel/Schneider* FPR **10**, 323 (je: Üb).

1   1) **Geltungsbereich, I, II.** I 1 stimmt praktisch wörtlich mit § 39 I GKG überein, Teil I A dieses Buchs. I 2 stimmt wörtlich mit § 48 IV GKG überein. II stimmt praktisch wörtlich mit § 39 II GKG überein. Vgl daher jeweils dort.
2   *Unanwendbar* ist I 2 bei § 44 II 3, dort Rn 5.

Zeitpunkt der Wertberechnung

34 ^{1}Für die Wertberechnung ist der Zeitpunkt der den jeweiligen Verfahrensgegenstand betreffenden ersten Antragstellung in dem jeweiligen Rechtszug entscheidend. ^{2}In Verfahren, die von Amts wegen eingeleitet werden, ist der Zeitpunkt der Fälligkeit der Gebühr maßgebend.

Schrifttum: *Schneider* NZFam **15**, 955 (Üb).

1   1) **Systematik, S 1, 2.** S 1 stimmt mit § 40 GKG inhaltlich ganz überein, Teil I A dieses Buchs, Bre NZFam **14**, 234. Es heißt nur statt Streitgegenstand hier Verfahrensgegenstand, und statt „den Rechtszug einleitend" hier „erste Antragstellung in dem jeweiligen Rechtszug", Karlsr NZW **15**, 3044. Vgl daher bei § 40 GKG. Für einen antragsabhängigen Fall der Versorgungsausgleich-Folgesache nach § 137 II 1 Z 1 (nicht II 2!) gilt also der Zeitpunkt der Einreichung des Scheidungsantrags, Brdb FamRZ **11**, 1797 und 1812, Schneider FamRZ **10**, 87. S 2 ist eine Folge der teilweisen Amtsbetriebs nach § 26 FamFG. Die dann maßgebliche Fälligkeit ergibt sich aus §§ 9–11. S 1 gilt auch im ersten Stadium einer vorläufig noch nicht bezifferten Stufe, Kblz MDR **17**, 488. Bei S 2 kann das Verfahrensende maßgeblich sein, Brdb FamRZ **17**, 56.

Geldforderung

35 Ist Gegenstand des Verfahrens eine bezifferte Geldforderung, bemisst sich der Verfahrenswert nach deren Höhe, soweit nichts anderes bestimmt ist.

Schrifttum: *Schneider* NZFam **16**, 398 (zum Zugewinnausgleich).

1   1) **Geltungsbereich.** Es handelt sich um eine formell neue, der Sache nach nicht nur selbstverständliche, sondern in ihrer Umkehrung in § 53 S 1 vorhandene Klarstellung. § 53 stimmt mit § 61 GKG fast wörtlich überein, Teil I A dieses Buchs. Vgl daher auch dort. Wechselseitiger Zugewinnausgleich erfordert eine Zusammenrechnung der Forderungen, Hamm FamRZ **17**, 549.

Genehmigung einer Erklärung oder deren Ersetzung

36 ^{I} ^{1}Wenn in einer vermögensrechtlichen Angelegenheit Gegenstand des Verfahrens die Genehmigung einer Erklärung oder deren Ersetzung ist, bemisst sich der Verfahrenswert nach dem Wert des zugrunde liegenden Geschäfts. ^{2}§ 38 des Gerichts- und Notarkostengesetzes und die für eine Beurkundung geltenden besonderen Geschäftswert- und Bewertungsvorschriften des Gerichts- und Notarkostengesetzes sind entsprechend anzuwenden.

^{II} Mehrere Erklärungen, die denselben Gegenstand betreffen, insbesondere der Kauf und die Auflassung oder die Schulderklärung und die zur Hypothekenbestellung erforderlichen Erklärungen, sind als ein Verfahrensgegenstand zu bewerten.

III Der Wert beträgt in jedem Fall höchstens eine Million Euro.

1) Geltungsbereich, I, II. I 1 stimmt mit § 60 I GNotKG, Teil III dieses Buchs, praktisch wörtlich überein. Vgl daher dort. Die Verweisungen in I 2 führen zu den dort genannten weiteren Vorschriften des GNotKG. Vgl daher jeweils dort. II stimmt mit § 60 II GNotKG überein. Vgl daher dort. III stimmt mit § 60 III GNotKG überein. Einen Verfahrenswert von 0 EUR gibt es grundsätzlich nicht, Einl II A 10, aM Mü FamRZ **13**, 904 (aber man kann allenfalls ein Entfallen von Gebühren wegen § 1 I 1 annehmen).

Früchte, Nutzungen, Zinsen und Kosten

37 I Sind außer dem Hauptgegenstand des Verfahrens auch Früchte, Nutzungen, Zinsen oder Kosten betroffen, wird deren Wert nicht berücksichtigt.

II Soweit Früchte, Nutzungen, Zinsen oder Kosten ohne den Hauptgegenstand betroffen sind, ist deren Wert maßgebend, soweit er den Wert des Hauptgegenstands nicht übersteigt.

III Sind die Kosten des Verfahrens ohne den Hauptgegenstand betroffen, ist der Betrag der Kosten maßgebend, soweit er den Wert des Hauptgegenstands nicht übersteigt.

1) Systematik, I–III. Die Vorschrift stimmt mit § 43 GKG sprachlich weitgehend und inhaltlich ganz überein, Teil I A dieses Buchs. Vgl daher bei § 43 GKG.

Stufenantrag

38 Wird mit dem Antrag auf Rechnungslegung oder auf Vorlegung eines Vermögensverzeichnisses oder auf Abgabe einer eidesstattlichen Versicherung der Antrag auf Herausgabe desjenigen verbunden, was der Antragsgegner aus dem zugrunde liegenden Rechtsverhältnis schuldet, ist für die Wertberechnung nur einer der verbundenen Ansprüche, und zwar der höhere, maßgebend.

1) Systematik. Die Vorschrift stimmt mit § 44 GKG sprachlich weitgehend und inhaltlich ganz überein, Teil I A dieses Buchs. Vgl daher bei § 44 GKG sowie Bre NZFam **14**, 234, Hamm FamRZ **12**, 1324. Zum „steckengebliebenen" Stufenantrag Schlesw FamRZ **14**, 689 (Erwartung des Antragstellers). Der Wert bei einstweiligen Anordnung nach § 41 S 2 kann mitbeachtbar sein, Celle FamRZ **16**, 654.

Antrag und Widerantrag, Hilfsanspruch, wechselseitige Rechtsmittel, Aufrechnung

39 I ¹Mit einem Antrag und einem Widerantrag geltend gemachte Ansprüche, die nicht in getrennten Verfahren verhandelt werden, werden zusammengerechnet. ²Ein hilfsweise geltend gemachter Anspruch wird mit dem Hauptanspruch zusammengerechnet, soweit eine Entscheidung über ihn ergeht. ³Betreffen die Ansprüche im Fall des Satzes 1 oder des Satzes 2 denselben Gegenstand, ist nur der Wert des höheren Anspruchs maßgebend.

II Für wechselseitig eingelegte Rechtsmittel, die nicht in getrennten Verfahren verhandelt werden, ist Absatz 1 Satz 1 und 3 entsprechend anzuwenden.

III Macht ein Beteiligter hilfsweise die Aufrechnung mit einer bestrittenen Gegenforderung geltend, erhöht sich der Wert um den Wert der Gegenforderung, soweit eine der Rechtskraft fähige Entscheidung über sie ergeht.

IV Bei einer Erledigung des Verfahrens durch Vergleich sind die Absätze 1 bis 3 entsprechend anzuwenden.

Schrifttum: *Schneider* NZFam **15**, 551 (Üb).

1) Systematik, I–IV. Die Vorschrift stimmt mit § 45 GKG sprachlich weitgehend und inhaltlich fast ganz überein, Teil I A dieses Buchs. Vgl daher bei § 45 GKG.

FamGKG §§ 39–41 I. B. Gerichtskosten in Familiensachen

2 **2) Hilfsaufrechnung, II.** Weitergehend als bei § 45 III GKG kann jeder Beteiligte im Sinn von § 7 FamFG eine Hilfsaufrechnung mit der Kostenfolge III geltend machen. Beteiligter kann auch derjenige sein, dessen Recht das Verfahren nach § 7 II Z 1 FamFG, unmittelbar betrifft oder den das Gericht von Amts wegen oder auf einen Antrag nach § 7 II Z 2 FamFG beteiligen muß oder den das Gericht nach § 7 III FamFG hinzuzieht.

3 *Nicht beteiligt* ist nach § 7 V FamFG derjenige, der nur eine Auskunft erteilen muß oder den das Gericht nur anhört.

Rechtsmittelverfahren

40 **I** ¹Im Rechtsmittelverfahren bestimmt sich der Verfahrenswert nach den Anträgen des Rechtsmittelführers. ²Endet das Verfahren, ohne dass solche Anträge eingereicht werden, oder werden, wenn eine Frist über die Rechtsmittelbegründung vorgeschrieben ist, innerhalb dieser Frist Rechtsmittelanträge nicht eingereicht, ist die Beschwer maßgebend.

II ¹Der Wert ist durch den Wert des Verfahrensgegenstands des ersten Rechtszugs begrenzt. ²Dies gilt nicht, soweit der Gegenstand erweitert wird.

III Im Verfahren über den Antrag auf Zulassung der Sprungrechtsbeschwerde ist Verfahrenswert der für das Rechtsmittelverfahren maßgebende Wert.

1 **1) Systematik, I–III.** Die Vorschrift stimmt mit § 47 GKG sprachlich und inhaltlich weitgehend überein, Teil I A dieses Buchs. Vgl daher bei § 47 GKG und Karlsr NJW **15**, 3044. Rechtsbehelfsbelehrung, Verstoß: §§ 8 a, 59 II 2.

2 **2) Rechtsmittelbegründungsfrist, I 2 Hs 2.** Auch diese Regelung entspricht dem GKG, dort I 2 Hs 2.

3 **3) Sprungrechtsbeschwerde, III.** Vgl zunächst Rn 2. III erfaßt das Verfahren nach § 75 FamFG.

Einstweilige Anordnung

41 ¹Im Verfahren der einstweiligen Anordnung ist der Wert in der Regel unter Berücksichtigung der geringeren Bedeutung gegenüber der Hauptsache zu ermäßigen. ²Dabei ist von der Hälfte des für die Hauptsache bestimmten Werts auszugehen.

Schrifttum: *Schneider* NZFam **14**, 14; *Witte* FPR **10**, 316 (je: Üb).

1 **1) Geltungsbereich, S 1, 2.** Die Vorschrift erinnert ziemlich schwach an § 53 II 1 GKG, Teil I A dieses Buchs. Sie hat einen wesentlich weiteren Geltungsbereich. Sie erfaßt jede einstweilige Anordnung des Gerichts gleich welchen Rechtszugs in jedem der im FamFG geregelten Verfahren, Köln FamRZ **16**, 655.

2 **2) Werthöhe, S 1, 2.** S 1 enthält trotz seiner Befehlsform doch wegen der Worte „in der Regel" nur einen starken Ausgangsmaßstab, Witte FPR **10**, 316. Selbst dieser ist freilich bei einer genauen Prüfung ziemlich vage. Denn „Ermäßigung" ist ein ziemlich unscharfer Begriff, selbst wenn ihn S 2 nach unten auf einen bloßen Ausgangswert von 50% des Hauptsachewerts begrenzt.

3 Für Eilverfahren gibt es zumindest den *Grundgedanken* des S 1 längst in der Rspr und Lehre zum Arrest und zur Einstweiligen Verfügung. Vgl dazu zB § 48 GKG Anh I (§ 3 ZPO) Rn 16 „Arrest", Rn 35–39 „Einstweilige Verfügung". Danach kann das Interesse an der Eilmaßnahme ihren Wert demjenigen einer Hauptsache praktisch angleichen, Düss FamRZ **10**, 1937 links, etwa bei der sog Leistungsanordnung, Düss NJW **10**, 1385, Ffm MDR **14**, 902, KG JB **15**, 478 (je: Kostenvorschuß), Thiel/Schneider AnwBl **10**, 350 (voller Unterhalt), aM Celle NJW **12**, 789 (aber eine Leistungsanordnung ist stets höher bewertbar), oder bei einem Verfahrenskostenvorschuß, Bre NZFam **14**, 955, Düss NZFam **14**, 469, Ffm FamRZ **14**, 1802, aM Celle FamRZ **16**, 163, Ffm FamRZ **16**, 164, Hamm FamRZ **16**, 655 (je: 50%). Zum Problem Schneider NZFam **14**, 640. Zum Vergleich Brdb FamRZ **15**, 1748. Zum miterfolgten Hauptsachevergleich Schneider FamRZ **15**, 109. Es kann aber auch zu einer Ermäßigung auf 50%, Celle MDR **13**, 1356, Köln FamRZ **16**, 655, Schlesw FamRZ **16**, 66, oder darunter kommen, Schlesw FamRZ **16**, 66, Mü FamRZ **11**, 748, Nürnb FamRZ **11**, 756. Das gilt selbst dann, wenn das Eilverfahren ein Hauptsacheverfahren ersetzt, Bbg FamRZ **12**, 739, Celle FamRZ **11**, 757, Stgt FamRZ **11**, 757 (je: streng). Auch diese ist nach S 2 keineswegs von vornherein unzulässig.

Es kommt also im Rahmen des pflichtgemäßen weiten *Ermessens* auf eine ruhige 4
Abwägung der Umstände an. Es ist immer ratsam, wenn nicht notwendig, diese Abwägung in einer Begründung der Wertfestsetzung nachvollziehbar erkennen zu lassen.

Auffangwert

42 ⁱ Soweit in einer vermögensrechtlichen Angelegenheit der Verfahrenswert sich aus den Vorschriften dieses Gesetzes nicht ergibt und auch sonst nicht feststeht, ist er nach billigem Ermessen zu bestimmen.

ⁱⁱ Soweit in einer nichtvermögensrechtlichen Angelegenheit der Verfahrenswert sich aus den Vorschriften dieses Gesetzes nicht ergibt, ist er unter Berücksichtigung aller Umstände des Einzelfalls, insbesondere des Umfangs und der Bedeutung der Sache und der Vermögens- und Einkommensverhältnisse der Beteiligten, nach billigem Ermessen zu bestimmen, jedoch nicht über 500 000 Euro.

ⁱⁱⁱ Bestehen in den Fällen der Absätze 1 und 2 keine genügenden Anhaltspunkte, ist von einem Wert von 5000 Euro auszugehen.

Schrifttum: *Klüsener* JB **16**, 57 (Üb); *Schneider* NZFam **16**, 258 (vorzeitiger Zugewinnausgleich), *Schneider* NZFam **16**, 348 (Stundungsanspruch).

1) **Geltungsbereich, I–III,** dazu *Thiel* FPR **10**, 319 (Üb): I stimmt fast wörtlich mit 1
§ 36 I GNotKG, Teil III dieses Buchs, überein, Teil I A dieses Buchs II stimmt inhaltlich bis auf den Höchstwert ganz mit § 48 II 1, 2 GKG überein. Die Vorschrift gilt grundsätzlich bei einer Volljährigen-Adoption, Bbg FamRZ **12**, 737, Celle FamRZ **13**, 2008, Düss FamRZ **10**, 1938 (je: hilfsweise III), oder bei einer Einbenennung, Drsd FamRZ **11**, 1810 (damals 3000 EUR), oder bei der Aufhebung einer Zugewinngemeinschaft, Köln MDR **14**, 1091 (meist 5000 EUR), Schlesw FamRZ **12**, 897 (evtl 3000 EUR), Schneider NZFam **15**, 498 (Üb), oder bei der Anpassung eines Versorgungsausgleichs, Karlsr FamRZ **14**, 1805, und bei der Zustimmung zum Realsplitting, Brdb FamRZ **17**, 2044, Ffm FamRZ **17**, 467 rechts oben, ferner bei einem Freistellungsanspruch, Brdb NZG **17**, 582, oder bei einem Eltern-Kindverhältnis mit einer langjährigen Hausangestellten, Brschw FamRZ **17**, 1241. III ähnelt stark § 36 III GNotKG, Teil III dieses Buchs. Vgl daher jeweils dort, ferner BGH NZFam **16**, 698 (Auskunft), Hamm FamRZ **13**, 1421 links oben.

Unterabschnitt 2. Besondere Wertvorschriften

Ehesachen

43 ⁱ ¹In Ehesachen ist der Verfahrenswert unter Berücksichtigung aller Umstände des Einzelfalls, insbesondere des Umfangs und der Bedeutung der Sache und der Vermögens- und Einkommensverhältnisse der Ehegatten, nach Ermessen zu bestimmen. ²Der Wert darf nicht unter 3000 Euro und nicht über eine Million Euro angenommen werden.

ⁱⁱ Für die Einkommensverhältnisse ist das in drei Monaten erzielte Nettoeinkommen der Ehegatten einzusetzen.

Schrifttum: *Rieck/Lange* NJW **09**, 3334 (Üb).

Gliederung

1) Geltungsbereich, I, II 1	1
2) Ehesache, I, II	2
3) Wertberechnung, I, II	3–8
A. Gesamtabwägung, I 1	3
B. Kein Ausgangswert, I 1	4, 5
C. Mindestwert, I 2	6
D. Höchstwert, I 2	7
E. Kein Regelwert, I 1	8

FamGKG § 43

4) Einzelfaktoren, I 1, II 9–32
   A. Grundsatz: Beachtbarkeit aller Umstände 10
   B. Umfang der Sache 11
   C. Beispiele zur Frage eines Umfangs der Sache, I 1 12
   D. Bedeutung der Sache 13, 14
   E. Vermögens- und Einkommensverhältnisse 15
   F. Beispiele zur Frage der Vermögensverhältnisse, I 1 16–20
   G. Beispiele zur Frage der Einkommensverhältnisse, I 1 .... 21, 22
   H. Einsatzwert, II 23, 24
   I. Abzüge vom Bruttoeinkommen 25
   J. Beispiele zur Frage einer Abziehbarkeit nach II 26, 27
   K. Nettoeinkommen 28
   L. Beispiele zur Frage eines Nettoeinkommens nach II 29–32

1   **1) Geltungsbereich, I, II.** I 1 stimmt fast wörtlich mit § 48 II 1 GKG überein, I 2 teilweise mit § 48 II 2 GKG, Teil I A dieses Buchs. Vgl daher jeweils dort, Teil I B dieses Buchs.

2   **2) Ehesache, I, II.** Es muß sich um eine Ehesache handeln. Dazu gehören nach § 121 FamFG: Verfahren auf die Scheidung der Ehe (Scheidungssachen) nach Z 1; auf Aufhebung der Ehe nach Z 2; auf Feststellung des Bestehens oder Nichtbestehens einer Ehe zwischen den Beteiligten nach Z 3.

3   **3) Wertberechnung, I, II.** Man muß den Verfahrenswert in einer Ehesache gemäß I 1 wie folgt bestimmen. Maßgebend ist der Zeitpunkt des Antragseingangs, Brdb MDR **13**, 1043, (zum alten Recht) Brschw JB **98**, 259.

    A. Gesamtabwägung, I 1. Man muß alle Umstände des Einzelfalls berücksichtigen, Brdb FamRZ **16**, 1295, Düss JB **95**, 252, Hamm Rpfleger **89**, 104. Wer das nachvollziehbar tut, handelt jedenfalls nicht willkürlich, selbst wenn er erheblich vom Üblichen abweicht, BLAH § 281 ZPO Rn 40, aM (zum alten Recht, reichlich glatt) BVerfG AnwBl **09**, 874.

4   **B. Kein Ausgangswert, I 1.** Einen generell bezifferten Ausgangswert nennt das Gesetz nicht. Es kennt vielmehr nur Einsatz-, Mindest-, Höchst- und Festwerte zwecks Vereinfachung.

5   *Nicht hierher zählen zB:* Eine andere Familiensache oder eine andere als die eben erwähnten Ehesachen, Düss JB **93**, 555, auch nicht ein isoliertes Sorgerechtsverfahren.

6   **C. Mindestwert, I 2.** Einen solchen nennt I 2 für eine Ehesache. Er gilt in einer ganz einfachen Sache, AG Lüdenscheid FamRZ **10**, 225 (zum alten Recht). Wann ist schließlich eine Scheidungssache ganz einfach? Er beträgt 3000 EUR. Das gilt auch dann, wenn das 3fache Monatsnettoeinkommen der Beteiligten niedriger ist, Schlesw FamRZ **06**, 52. Dieser Wert ist trotz einer Verfahrenskostenhilfe zugunsten beider Beteiligten oder eines geringen gerichtlichen Umfangs des Streits nach oben nicht zwingend, Drsd JB **97**, 480, Düss AnwBl **92**, 280, Zweibr RR **04**, 355, aM Hamm AnwBl **84**, 505 (krit Schmidt) (aber es ist stets eine Gesamtabwägung zulässig und notwendig).

7   **D. Höchstwert, I 2.** Die Vorschrift bestimmt einen Höchstwert für Ehesachen von 1 000 000 EUR.

8   **E. Kein Regelwert, I 1.** Vgl Rn 4, 5.

9   **4) Einzelfaktoren, I 1, II.** Es sind die folgenden Prüfschritte ratsam.

10   **A. Grundsatz: Beachtbarkeit aller Umstände.** Die Vorschrift nennt die dort genannten Einzelfaktoren zwar nur beispielsweise. Sie bestimmt aber, daß man diese Einzelfaktoren „insbesondere" berücksichtigen soll. Das bedeutet keineswegs, daß man nur sie zu erörtern braucht. Die Vorschrift ist offen gefaßt. Sie erlaubt und fordert vielmehr nach dem pflichtgemäßen Ermessen die Berücksichtigung aller Umstände, soweit sie nur einen sachgemäßen Bezug zur Gebührenerhebung haben, BVerfG **80**, 107, Brdb FamRZ **16**, 1295, Düss JB **95**, 252.

    Man sollte *jede Quotierung vermeiden*, aM Ffm JB **78**, 1851 (33,3%), Zweibr JB **79**, 1333 (25%), Schlesw NZFam **14**, 801 (10%). Eine einverständliche Scheidung erlaubt keinen generellen Wertabschlag, Drsd FamRZ **03**, 1678, Mü JB **92**, 350, aM Kblz JB **99**, 475 (30% Abschlag), Stgt FamRZ 16, 54 (5% des Reinvermögens, 60 000 EUR

Abschlag je Ehegatten). Ein Höchstwert erfordert nicht das Zusammentreffen von Höchstwerten bei allen Einzelfaktoren. Der Mindestwert von I 2 bleibt auch beim Zusammentreffen von Mindestwerten bei allen Einzelfaktoren bestehen.

Zum Ermessen gehört mindestens ein *kurzer Hinweis* darauf, daß weitere denkbare Faktoren keinerlei Bedeutung erlangt haben.

B. Umfang der Sache. Man sollte ihn nur dann besonders beachten, wenn er aus 11 dem üblichen Rahmen fällt, Düss AnwBl **86**, 250, Kblz JB **99**, 475, AG Westerstede FamRZ **08**, 1207. Berücksichtigen muß man den Umfang der Sache für das Gericht, Bbg JB **77**, 1590, Celle JB **76**, 797, Düss AnwBl **86**, 250. Dabei darf man natürlich nur auf eine ordnungsgemäße Arbeitsweise des Gerichts abstellen, Schneider JB **75**, 1558. Maßgeblich ist nur die jeweilige Instanz.

C. Beispiele zur Frage eines Umfangs der Sache, I 1 12
Hier gelten dieselben Regeln wie bei § 48 GKG Rn 24, 25, Teil I A dieses Buchs. Zur Vermeidung bloßer Wiederholungen vgl daher bitte dort. Fundstellen speziell zum FamGKG tragen im ABC zu § 48 GKG den Zusatz „(FamGKG)".

D. Bedeutung der Sache. Man muß ferner die Bedeutung der Sache berück- 13 sichtigen. Auch hier kommt es sowohl auf eine tatsächliche Bedeutung als auch auf eine rechtliche an.

Beachtbar sind zB: Die Bedeutung der Sache als Musterprozeß; die Stellung eines 14 Beteiligten im öffentlichen Leben; das Ansehen, der Name, die Auswirkung wirtschaftlicher Art auf Angehörige, Schlesw JB **02**, 316, LAG Rostock MDR **01**, 337 (Betriebsrat), aM ZöHe § 3 ZPO Rn 16 „Ehesache" (aber darauf kommt es oft ganz wesentlich an); die Anwendung ausländischen Rechts, Hamm FamRZ **96**, 501.

Unbeachtbar ist zB hier die Art und der Umfang der Folgesachen, Zweibr JB **79**, 1864, aM Düss JB **91**, 1238 (aber „Sache" meist in II 1 doch ganz wesentlich die Hauptsache). Unbeachtlich ist auch ein öffentliches Interesse, Köln JB **80**, 577; ein Rechtsmißbrauch. Denn der Wert ist kein Mittel der Ahndung.

E. Vermögens- und Einkommensverhältnisse. Dieser Faktor ist bei einer 15 Ehesache verfassungsgemäß, BVerfG BGBl **89**, 1301 = BVerfG **80**, 106. Er ist zwingend, BVerfG FamRZ **09**, 491. Er ist auch im übrigen unbedenklich, Köln JB **16**, 95. Er ist zwar wichtig, Düss FamRZ **94**, 249 (hohes Privatvermögen). Aber er ist eben doch nur ein Einzelfaktor, Bbg JB **76**, 1233, Kblz FamRZ **93**, 827, Oldb FamRZ **09**, 1174. Es kommt auf die Verhältnisse beider Eheleute an, nicht aber auf eine Zusammenrechnung. KG FamRZ **10**, 829 billigt bei einer Scheidung jedem Ehegatten 30 000 EUR Freibetrag zu.

F. Beispiele zur Frage der Vermögensverhältnisse, I 1 16–20
Hier gelten dieselben Regeln wie bei § 48 GKG Rn 29–31, Teil I A dieses Buchs. Zur Vermeidung bloßer Wiederholungen vgl daher bitte dort. Fundstellen speziell zum FamGKG tragen im ABC zu § 48 GKG den Zusatz „(FamGKG)".

G. Beispiele zur Frage der Einkommensverhältnisse, I 1 21, 22
Hier gelten dieselben Regeln wie bei § 48 GKG Rn 32–35, Teil I A dieses Buchs. Zur Vermeidung bloßer Wiederholungen vgl daher bitte dort. Fundstellen speziell zum FamGKG tragen im ABC zu § 48 GKG den Zusatz „(FamGKG)".

H. Einsatzwert, II. Man muß den festen gesetzlichen Einsatzwert des in 3 Mo- 23 naten erzielten Nettoeinkommens beider Beteiligten berücksichtigen, Brdb NZFam **14**, 1005, Nürnb JB **06**, 358. Dabei muß man den Mindestwert von 2000 EUR nach I 2 beachten. Das gilt freilich nur für den Einzelfaktor „Einkommensverhältnisse", also nicht für die auch hier natürlich mitbeachtbaren weiteren „Umstände" nach I 1, Hamm FamRZ **01**, 431, Köln FER **98**, 18, Schlesw FamRZ **00**, 1517. Das gilt auch bei einer zugehörigen (nicht isolierten) Verfahrenskostenhilfe, § 48 GKG Anh I: § 3 ZPO Rn 32, Oldb FPR **09**, 251, oder bei einer einverständlichen Scheidung, Brdb NZFam **14**, 1005, Drsd FamRZ **03**, 465, Hamm FamRZ **01**, 238, Jena FamRZ **99**, 603. Freilich ist auch hier kein Schematismus zulässig, Hamm Rpfleger **89**, 104. Eine Folgesache ist hier zunächst unbeachtbar, Brdb JB **96**, 475, ebenso eine Anhörung, Düss FamRZ **00**, 1518 und 1519.

Eine *Trennung* von Tisch und Bett nach italienischem Recht ist grundsätzlich nicht geringer als eine Scheidung bewertbar, Karlsr FamRZ **99**, 605. Überhaupt ändert die

FamGKG § 43

Anwendung ausländischen Rechts den Wert nicht, solange sie keinen besonderen Aufwand erfordert, Stgt FamRZ **99**, 604.

24 Es kommt nach I in Verbindung mit § 4 ZPO auf diejenigen *3 Monate* an, die hintereinander *vor der Einreichung* des Scheidungs- oder Aufhebungsantrags liegen, Brschw JB **98**, 259, Drsd JB **03**, 474, Oldb FPR **09**, 251, aM Kblz FamRZ **93**, 827 (vor der letzten mündlichen Verhandlung. Aber man sollte die gerade während des Verfahrens vielleicht zu neuem Streit führenden Verhältnisse nicht zugrundelegen).

Hat sich das Einkommen bis zur Antragseinreichung *verringert,* kann es auf das Dreifache des Einkommens im letzteren Zeitpunkt ankommen, Karlsr FamRZ **88**, 1193. Eine *Steigerung* während des Verfahrens ist nicht mehr beachtbar. Eine Verminderung im Verfahren ist ebensowenig beachtbar, Drsd JB **03**, 472, Karlsr JB **03**, 142.

25 **I. Abzüge vom Bruttoeinkommen.** Beachtbar sind alle gesetzlich vorgeschriebenen Beträge beliebiger Art, Bbg JB **17**, 534.

26 **J. Beispiele zur Frage einer Abziehbarkeit nach II**

Bausparen: Abziehbar ist eine Direktüberweisung des Arbeitgebers an eine Bausparkasse des Arbeitnehmers.

Darlehen: Abziehbar sind die zugehörigen Tilgungsraten, Hamm FamRZ **06**, 718, Karlsr FamRZ **02**, 1135, Kblz FamRZ **99**, 475.

Fingiertes Arbeitsverhältnis: *Nicht* abziehbar sind „Leistungen" aus ihm zwecks Herabsetzung des Vermögens, Bbg JB **17**, 1117.

Freibetrag: Abziehbar ist ein Freibetrag, Bbg JB **17**, 86 (60000 EUR je Ehegatte!) und JB **17**, 479 (mtl 250 EUR je Kind), Ffm JB **17**, 418 (20000 EUR je Ehegatte), Karlsr RR **14**, 69 (15000 EUR je Kind), aM Brdb NJW **16**, 2894 (kein Freibetrag beim Verkehrswert).

Kindergeld: Abziehbar ist es, Bbg JB **17**, 534.

Kredit: S „Darlehen".

27 **Schonvermögen:** Beachtbar ist dasjenige nach § 115 III ZPO, Celle FamRZ **13**, 149, Hamm FamRZ **15**, 1748.

Sozialabgabe: Abziehbar ist eine Sozialabgabe, Bbg JB **17**, 534, Celle NJW **10**, 3887, Oldb FamRZ **09**, 1177, aM Stgt FamRZ **11**, 1811 (abl Nickel).

Steuern: Abziehbar sind sämtliche Steuern, Nürnb JB **77**, 377.

Unterhaltspflicht: Abziehbar ist eine solche Pflicht gegenüber einem jeden Kind, Drsd FamRZ **06**, 1053, Nürnb FamRZ **97**, 56, Schlesw FamRZ **00**, 1517.

Man muß aber *auf den Einzelfall abstellen,* Düss FamRZ **86**, 706, Köln NJW **17**, 276, Saarbr RR **86**, 308 (es läßt nur ungewöhnliche Verbindlichkeiten zum Abzug zu). Nur mit diesem Vorbehalt daher monatlich je Kind vertretbar.

150 EUR: Düss FamRZ **86**, 706, LG Bayreuth JB **78**, 1547;

250 EUR: Drsd FamRZ **06**, 1053, Düss FamRZ **01**, 432, Karlsr FamRZ **99**, 606;

300 EUR: Hamm FamRZ **06**, 718, Kblz FamRZ **99**, 475;

450 EUR: LG Darmst JB **76**, 1093.

Versicherungsbeitrag: Abziehbar ist eine Zahlung dieser Art an eine Privatversicherung, Bbg JB **78**, 1056.

Werbungskosten: Abziehbar sind auch erhöhte Werbungskosten.

Zwangsbeitrag: Abziehbar ist eine solche Leistung.

28 **K. Nettoeinkommen.** Das ist dasjenige, was nach dem Abzug nach Rn 25, 26 vom Bruttoeinkommen verbleibt und was der Arbeitgeber demgemäß dem Empfänger oder nach dessen Weisung oder auf Grund einer etwaigen Lohnpfändung einem Dritten auszahlt, Bbg JB **76**, 217, KG AnwBl **76**, 164, Kblz JB **77**, 257. Maßgeblich ist der Zeitpunkt der Einreichung des Antrags, Brdb FamRZ **13**, 2009.

29 **L. Beispiele zur Frage eines Nettoeinkommens nach II**

Abfindung: Anwendbar ist II auf eine Abfindung.

Arbeitslosengeld: Anwendbar ist II, aM Celle FamRZ **16**, 1301 (aber es geht um jede Art von Wertzufluß).

Ausbildungshilfe: Anwendbar ist II auf eine Ausbildungshilfe, Mümmler JB **78**, 11.

Blindenhilfe: Anwendbar sein kann II sogar auf eine Blindenhilfe, Saarbr JB **91**, 983 (Vorsicht!).

Dreizehntes Gehalt: Anwendbar ist II auf ein 13. Gehalt, KG NJW **76**, 900.

Gratifikation: Anwendbar ist II auf eine Gratifikation.
S auch „Dreizehntes Gehalt".
Hartz IV: Anwendbar sein kann II auch auf eine solche Zuwendung, (teils zum 30 alten Recht) Bre FamRZ **04**, 961, Drsd FamRZ **92**, 1640, Hamm FamRZ **06**, 632, aM Celle FamRZ **03**, 1677, Drsd (10. ZS) FamRZ **04**, 1225, Oldb FPR **09**, 251.
Hausfrau, Hausmann: *Unanwendbar* ist II auf den nur so Tätigen.
Kapitalzinsen: Anwendbar ist II auf Kapitalzinsen.
Kindergeld: Anwendbar ist II auf ein Kindergeld, Brdb FamRZ **16**, 1295, Celle FamRZ **14**, 1802, Hamm FamRZ **16**, 657, aM Düss FamRZ **06**, 807, Köln NJW **17**, 277.
Krankengeld: Anwendbar ist II auf ein Krankengeld.
Landwirt: Bbg JB **77**, 241. 31
Miete: Anwendbar ist II auf eine Mieteinnahme.
Mietersparnis: Anwendbar sein kann II auf eine Mietersparnis, Drsd JB **03**, 141.
Sachbezug: Anwendbar ist II auf einen Sachbezug.
Sozialleistung: Anwendbar sein kann II auf eine Leistung nach dem ALG II, Brdb FamRZ **16**, 1295, Düss FamRZ **14**, 1802, auch nach dem SGB II, XII, Brdb FamRZ **13**, 2010, Hamm FamRZ **16**, 657, Zweibr NJW **11**, 1235, aM BVerfG NJW **06**, 1690, Brdb FamRZ **16**, 1301, Ffm FamRZ **15**, 1749, (aber es geht um jede Art von Wertzufluß).
Urlaubsgeld: Anwendbar ist II auf ein Urlaubsgeld.
Verfahrenskostenhilfe: *Nicht* beachtbar ist eine solche ratenlose Hilfe, Drsd JB **03**, 32 142, Karlsr FamRZ **99**, 606, Zweibr JB **04**, 138, aM Brinkmann JB **04**, 5.
Weihnachtsgeld: Anwendbar ist II auf ein Weihnachtsgeld.
Wohngeld: Anwendbar ist II auf ein Wohngeld, Hamm FamRZ **06**, 718.

Verbund

44 ᴵ Die Scheidungssache und die Folgesachen gelten als ein Verfahren.

ᴵᴵ ¹ Sind in § 137 Abs. 3 des Gesetzes über das Verfahren in Familiensachen und in den Angelegenheiten der freiwilligen Gerichtsbarkeit genannte Kindschaftssachen Folgesachen, erhöht sich der Verfahrenswert nach § 43 für jede Kindschaftssache um 20 Prozent, höchstens um jeweils 3000 Euro; eine Kindschaftssache ist auch dann als ein Gegenstand zu bewerten, wenn sie mehrere Kinder betrifft. ² Die Werte der übrigen Folgesachen werden hinzugerechnet. ³ § 33 Abs. 1 Satz 2 ist nicht anzuwenden.

ᴵᴵᴵ Ist der Betrag, um den sich der Verfahrenswert der Ehesache erhöht (Absatz 2), nach den besonderen Umständen des Einzelfalls unbillig, kann das Gericht einen höheren oder einen niedrigeren Betrag berücksichtigen.

Schrifttum: *Schneider* NZFam **16**, 355 (Üb).

1) **Verfahrenseinheit, I.** Kostenmäßig entstehen dann nur einmal Beträge, wenn 1 eine Scheidungssache und ihre Folgesachen zusammentreffen. Der Begriff der Scheidungssache steht in § 121 Z 1 FamFG, derjenige aller Folgesachen in § 137 II, III und (nach Abtrennung) V FamFG, Brdb FamRZ **16**, 1296. Dabei behandelt § 44 II 1 die Folgesachen nach § 137 III FamFG anders als die übrigen. Das ändert aber nichts an der kostenrechtlichen Verfahrenseinheit nach I.

2) **Folgesache, I 1.** Es geht also nach § 137 I, II FamFG um einen Versorgungs- 2 ausgleich, dort I Z 1; um einen Unterhalt gegenüber einem gemeinsamen Kind oder gegenüber dem Ehegatten (Ausnahme: vereinfachtes Unterhaltsverfahren nach §§ 249 ff FamFG), dort I Z 2; um eine Wohnungszuweisung oder um die Haushaltsgegenstände, dort I Z 3; um das Güterrecht, dort I Z 4; um die elterliche Sorge, den Umgang oder eine Herausgabe, dort I Z 5.

3) **Werterhöhung, II 1.** Bei einer Kindschaftssache der eben zuletzt genannten Art 3 nach § 137 III FamFG als Folgesache erhöht § 44 II 1 den Verfahrenswert nach § 43 je Kindschaftssache um 20%, Ffm NZFam **15**, 325, auf höchstens jeweils 3000 EUR, behandelt aber eine Kindschaftssache auch dann als nur *einen* Gegenstand, wenn sie mehrere Kinder betrifft. Beim Folgenvergleich gilt § 45, *Schneider* NZFam **15**, 253.

FamGKG §§ 44, 45

4 4) Hinzurechnung, II 2. Die Vorschrift betrifft nur eine solche Folgesache, die nicht unter § 137 III FamFG fällt, vgl Rn 2. Hier erfolgt je Folgesache eine Wertaddition.

5 5) Zusammentreffen, II 3. Diese Vorschrift gilt für alle Fälle Rn 2–4. Sie macht § 33 I 2 unanwendbar. Wenn also ein nichtvermögensrechtlicher Anspruch mit einem gerade aus ihm abgeleiteten vermögensrechtlichen verbunden ist, gilt anders als dort nicht nur der höhere, sondern bleibt es bei einer nach Rn 5 stattfindenden Wertaddition.

6 6) Höherer oder niedrigerer Wert, III. Es handelt sich um dieselbe Regelung wie bei §§ 45 III, 47 II, 48 III, 49 II, 50 IV. Der nach § 44 II erhöhte Verfahrenswert der Ehesache muß nach den gesamten besonderen Umständen unbillig sein, Celle FamRZ **14**, 416 (zu § 51 III 2). Er darf nach dem Umfang der Schwierigkeit und der Bedeutung der Sache nicht vertretbar sein, Schlesw FamRZ **11**, 134, Stgt FamRZ **11**, 134 (je: zu § 50 III). Das läßt sich im Rahmen dieses sog unbestimmten Rechtsbegriffs nur in recht engen Grenzen ohne ein formelles Ermessen klären. Erst beim Vorliegen einer solchen Unbilligkeit setzt dann mit dem Wort „kann" ein eigentliches pflichtgemäßes Ermessen zum Ob und Wieviel einer Ermäßigung oder Erhöhung theoretisch bis weit hinauf oder hinunter ein. Natürlich braucht eine größere Entfernung vom Regelwert ein umso drastischeres Abweichen vom Regelfall. Hier ist ein Fingerspitzengefühl des Gerichts erforderlich.

Bestimmte Kindschaftssachen

45 ᴵ In einer Kindschaftssache, die

1. die Übertragung oder Entziehung der elterlichen Sorge oder eines Teils der elterlichen Sorge,
2. das Umgangsrecht einschließlich der Umgangspflegschaft,
3. das Recht auf Auskunft über die persönlichen Verhältnisse des Kindes oder
4. die Kindesherausgabe

betrifft, beträgt der Verfahrenswert 3000 Euro.

ᴵᴵ Eine Kindschaftssache nach Absatz 1 ist auch dann als ein Gegenstand zu bewerten, wenn sie mehrere Kinder betrifft.

ᴵᴵᴵ Ist der nach Absatz 1 bestimmte Wert nach den besonderen Umständen des Einzelfalls unbillig, kann das Gericht einen höheren oder einen niedrigeren Wert festsetzen.

Schrifttum: *Schneider* NZFam **16**, 225 (Vertretung beider Eltern bei I Z 1) und 606 (Üb). *Vogel* FPR **10**, 313 (Üb).

1 1) Systematik, I–III. Man sollte §§ 45, 46 zusammen sehen. § 45 erfaßt entsprechend seiner amtlichen Überschrift von den in § 151 Z 1–8 FamFG genannten Kindschaftssachen nur bestimmte, § 46 den Rest. § 45 hat also als die speziellere Regelung den Vorrang. Ein Hilfswiderantrag zählt nur bei einer Entscheidung, Rostock JB **12**, 590.

2 2) Regelungszweck, I–III. Die gegenüber dem alten Recht differenziertere Regelung der Kindschaftssachen bezweckt natürlich eine gerechtere Kostenbelastung bei den nach ihren Schwierigkeitsgraden und Auswirkungen ja auch sehr unterschiedlich beurteilbaren einzelnen Arten der Kindschaftssachen.

3 3) Elterliche Sorge, I Z 1. Es geht nur um die Übertragung oder Entziehung der elterlichen Sorge oder eines Teils von ihr, nicht um etwa vorhandene weitere Aspekte der in § 151 Z 1 FamFG ja nur insgesamt umschriebenen elterlichen Sorge nach Rn 1. Hierher kann auch ein Verfahren nach § 1628 BGB zählen, Brdb JB **15**, 251. Mehrere Anträge zu verschiedenen Teilbereichen usw führen zu keiner Werterhöhung, Bbg FamRZ **17**, 1082 links, Celle FamRZ **12**, 1746, Hamm FamRZ **14**, 690.

4 4) Umgangsrecht und -pflegschaft, I Z 2. Es geht hier um alle zugehörigen Fragen des in § 151 Z 2 FamFG ebenso allgemein benannten und in § 1686a I Z 1 BGB spezifizierten Umgangsrechts, Nürnb FamRZ **11**, 756. Das Vermittlungsverfahren nach § 165 FamFG zählt hierher, Karlsr FamRZ **13**, 722, aM Keidel § 165 FamFG Rn 22.

5) Auskunft, I Z 3. Es geht um das Recht nach § 1686 BGB, Hamm MDR **13**, 1285, und dasjenige des leiblichen, nicht rechtlichen Vaters nach § 1686a I Z 2 BGB. 5

6) Kindesherausgabe, I Z 4. Es geht hier um alle zugehörigen Fragen der in § 151 Z 3 FamFG ebenso allgemein benannten Kindesherausgabe. 6

7) Regelwert: 3000 EUR, I Z 1–4. Der scheinbare Festwert ist in Wahrheit nur der Regel- oder Ausgangswert, Hamm MDR **13**, 1285. Karlsr FamRZ **13**, 723, Nürnb FamRZ **11**, 756. Das ergibt sich aus III, Rn 8, auch wenn die letztere Vorschrift nur unter besonderen Umständen anwendbar ist. 7

8) Mehrheit von Kindern, II. Nur in einer jeden der bestimmten Kindschaftssachen nach I Z 1–4 bleibt der Regelwert wie ein etwa nach III festsetzbarer abweichender Wert von der Zahl der in diesem Verfahren betroffenen Kinder unabhängig. Das gilt auch bei einer sog gegenläufigen Sache, Kblz FamRZ **17**, 55. 8

9) Höherer oder niedrigerer Wert, III. Es handelt sich um dieselbe Regelung wie bei § 44 III, 47 II, 49 II, 50 IV, 51 III 2 (eingeschränkt). Vgl daher bei § 44 III. Es kommt also auf besondere Einzelfallumstände an, Drsd FamRZ **16**, 915, Hamm FamRZ **12**, 1971, auf eine wesentliche Abweichung vom Durchschnitt, Brdb JB **15**, 251. Eine Erhöhung kann zB bei wechselseitigen Anträgen nach § 1666 BGB entstehen, Schlesw FamRZ **14**, 237 links. Sie kann ferner in einer Kindschaftssache entstehen, Brdb NZFam **15**, 327 (zwei Teilbereiche elterlicher Sorge), KG JB **14**, 479 (auch noch höher), Kblz FamRZ **15**, 1751. Sie kann auch bei der Notwendigkeit eines Gutachtens und bei mehreren Terminen infragekommen, Celle FamRZ **12**, 1748, strenger Brdb FamRZ **17**, 55, Düss MDR **15**, 38 (je: noch nicht im Regelfall, selbst bei weiterem Anhörungstermin), Schneider NZFam **15**, 625. Bei einer Beschwerde gegen die Ablehnung eines Sachverständigen setzt KG JB **14**, 481 $^1/_3$ der Hauptsache als Wert an. Eine Ermäßigung kommt zB bei einem bloßen Einzelaspekt infrage, Brdb JB **12**, 589 rechts, KG FamRZ **11**, 825, oder bei einer Einigkeit der Beteiligten, Schlesw FamRZ **12**, 241 (50% von I Z 1). Es ist aber eine ins Auge fallende Abweichung vom Durchschnitt nötig, Celle JB **12**, 249, ein deutliches Übersteigen des Durchschnitts, Düss MDR **15**, 38 (unangemessene Niedrigkeit des Festwerts), KG FamRZ **13**, 723. 9

Übrige Kindschaftssachen

46 [I] Wenn Gegenstand einer Kindschaftssache eine vermögensrechtliche Angelegenheit ist, gelten § 38 des Gerichts- und Notarkostengesetzes und die für eine Beurkundung geltenden besonderen Geschäftswert- und Bewertungsvorschriften des Gerichts- und Notarkostengesetzes entsprechend.

[II] [1]Bei Pflegschaften für einzelne Rechtshandlungen bestimmt sich der Verfahrenswert nach dem Wert des Gegenstands, auf den sich die Rechtshandlung bezieht. [2]Bezieht sich die Pflegschaft auf eine gegenwärtige oder künftige Mitberechtigung, ermäßigt sich der Wert auf den Bruchteil, der dem Anteil der Mitberechtigung entspricht. [3]Bei Gesamthandsverhältnissen ist der Anteil entsprechend der Beteiligung an dem Gesamthandvermögen zu bemessen.

[III] Der Wert beträgt in jedem Fall höchstens eine Million Euro.

Schrifttum: Vgl vor § 45 Rn 1.

1) Systematik Regelungszweck, I–III. Vgl § 45 Rn 1. § 46 ist also gegenüber § 45 nachrangig. 1

2) Vermögensrechtliche Kindschaftssache, I. Sie kann auch dann vorliegen, wenn sich die vermögensrechtlichen Fragen aus einem nichtvermögensrechtlichen Anlaß ergeben. Die Verweisungen in I auf das GNotKG, Teil III dieses Buchs, ergeben im einzelnen die dort in § 38, KVfG 11 100ff geregelten Werte. Die Einreichung eines Vermögensverzeichnisses bewertet sich mit einem Bruchteil des Vermögens, Zweibr FamRZ **16**, 657. 2

3) Einzelpflegschaft, II. Es handelt sich um eine Pflegschaft für einzelne Rechtshandlungen, *II 1*. Vgl die Einzelheiten des klaren Gesetzeswortlauts nach *II 2, 3*. 3

FamGKG §§ 46–48

I. B. Gerichtskosten in Familiensachen

4 **4) Höchstwert 1 000 000 EUR.** Diese Obergrenze gilt in allen Fällen nach I, II, natürlich je Verfahren.

Abstammungssachen

47 ^{I} In Abstammungssachen nach § 169 Nr. 1 und 4 des Gesetzes über das Verfahren in Familiensachen und in den Angelegenheiten der freiwilligen Gerichtsbarkeit beträgt der Verfahrenswert 2000 Euro, in den übrigen Abstammungssachen 1000 Euro.

^{II} Ist der nach Absatz 1 bestimmte Wert nach den besonderen Umständen des Einzelfalls unbillig, kann das Gericht einen höheren oder einen niedrigeren Wert festsetzen.

Schrifttum: Vgl vor § 45 Rn. 1.

1 **1) Geltungsbereich, I, II.** Die Vorschrift ist an die Stelle des früheren § 48 III 3 Hs 1 GKG getreten, Teil I A dieses Buchs. Sie hat aber deren Inhalt in I übernommen. Freilich geht es nicht mehr um eine Kindschaftssache nach § 48 III 3 Hs 1 GKG aF, sondern entsprechend der amtlichen Überschrift von § 47 um eine Abstammungssache nach §§ 169 Z 1, 4 FamFG, also um die Feststellung des Bestehens oder Nichtbestehens eines Eltern-Kind-Verhältnisses oder um die Anfechtung der Vaterschaft.

2 **2) Regelwert, I.** Er beträgt unverändert 2000 EUR. Freilich ist das nicht mehr ein endgültiger Festwert. Das ergibt sich aus II. Wenn der Kläger die Vaterschaft mehrerer Kinder anficht usw, liegen mehrere Ansprüche vor. Man muß sie zusammenrechnen, Brdb FamRZ **04**, 1656. Das gilt auch dann, wenn es sich um Zwillinge handelt, § 7 RVG, Teil X dieses Buchs, AG Saarbr FamRZ **93**, 827.

3 **3) Höherer oder niedrigerer Wert, II.** Es handelt sich um dieselbe Regelung wie bei §§ 44 III, 45 III, 49 II, 50 IV, 51 III 2 (eingeschränkt). Vgl daher bei § 44 III.

Ehewohnungs- und Haushaltssachen

48 ^{I} In Ehewohnungssachen nach § 200 Absatz 1 Nummer 1 des Gesetzes über das Verfahren in Familiensachen und in den Angelegenheiten der freiwilligen Gerichtsbarkeit beträgt der Verfahrenswert 3000 Euro, in Ehewohnungssachen nach § 200 Absatz 1 Nummer 2 des Gesetzes über das Verfahren in Familiensachen und in den Angelegenheiten der freiwilligen Gerichtsbarkeit 4000 Euro.

^{II} In Haushaltssachen nach § 200 Absatz 2 Nummer 1 des Gesetzes über das Verfahren in Familiensachen und in den Angelegenheiten der freiwilligen Gerichtsbarkeit beträgt der Wert 2000 Euro, in Haushaltssachen nach § 200 Absatz 2 Nummer 2 des Gesetzes über das Verfahren in Familiensachen und in den Angelegenheiten der freiwilligen Gerichtsbarkeit 3000 Euro.

^{III} Ist der nach den Absätzen 1 und 2 bestimmte Wert nach den besonderen Umständen des Einzelfalls unbillig, kann das Gericht einen höheren oder einen niedrigeren Wert festsetzen.

Schrifttum: *Schneider* NZFam **16**, 543 (Üb).

1 **1) Geltungsbereich, I–III.** Die Vorschrift übernimmt den früheren § 100 KostO im Kern, jedoch mit anderem Umfang und mit anderen Worten. Sie gilt auch nach Rechtskraft der Scheidung, Hamm FamRZ **13**, 1421 rechts.

2 **2) Regelwert, I, II.** Der Ausgangswert ergibt sich in unterschiedlichen Höhen je nach der Verfahrensart nach §§ 200 ff FamFG wie folgt.

A. Ehewohnungssache, I. Es geht um eine Ehewohnungssache nach § 200 I Z 1, 2 FamFG. Hierher zählt auch eine Nutzungsentschädigung, Brdb FamRZ **15**, 1317, Celle FamRZ **15**, 1197, Schneider NZFam **16**, 1030.

Der *Ausgangswert* beträgt bei § 200 I Z 1: 3000 EUR, Bbg FamRZ **11**, 1424 links, Brdb FamRZ **13**, 1980, bei § 200 I Z 2: 4000 EUR.

3 **B. Haushaltssache, II.** Es geht ferner um ein Verfahren nach § 200 II Z 1, 2 FamFG.

Der *Ausgangswert* beträgt bei § 200 II Z 1: 2000 EUR, bei § 200 II Z 2: 3000 EUR. Eine Einigung kann 1000 EUR Wert haben, Saarbr MDR **12**, 919.

3) **Höherer oder niedrigerer Wert, III.** Es handelt sich um dieselbe Regelung wie 4
bei §§ 44 III, 45 III, 47 II, 49 II, 50 IV, 51 III 2 (eingeschränkt). Vgl daher bei § 44 III
und Brdb FamRZ **15**, 1317, Celle JB **14**, 304, Köln NZFam **14**, 41.

Gewaltschutzsachen

49 $^\text{I}$ In Gewaltschutzsachen nach § 1 des Gewaltschutzgesetzes und in Verfahren nach dem EU-Gewaltschutzverfahrensgesetz beträgt der Verfahrenswert 2000 Euro, in Gewaltschutzsachen nach § 2 des Gewaltschutzgesetzes 3000 Euro.

$^\text{II}$ Ist der nach Absatz 1 bestimmte Wert nach den besonderen Umständen des Einzelfalls unbillig, kann das Gericht einen höheren oder einen niedrigeren Wert festsetzen.

Vorbem. I ergänzt dch Art 3 Z 2 G v 5. 12. 14, BGBl 1964, in Kraft seit 11. 1. 15. Art 5 I G, ÜbergangsR § 63 FamGKG, dazu Pietsch NZFam **14**, 726 (Üb). Das in I genannte EUGewSchVG ist Art 1 des vorgenannten G v 5. 12. 14.

1) **Geltungsbereich, I, II.** Die Vorschrift übernimmt und erweitert den früheren 1
§ 100a KostO im Kern, jedoch mit anderen Worten.

2) **Regelwert, I.** In einem Verfahren nach § 1 GewSchG oder nach dem EU- 2
GewSchVG liegt der Ausgangswert bei 2000 EUR. Hierher gehören diejenigen in
§ 1 I 1 GewSchG als vorsätzliche Körperverletzung, Gesundheitsverletzung oder
Freiheitsverletzung umschriebenen und in § 1 I 2 GewSchG beispielhaft („insbesondere") in Z 1–5 und in II 1 zusätzlich benannten Verstöße. Ferner gehören die in § 2
I GewSchG genannten Fälle von Verstößen gegen die Grenzen einer gemeinsamen
Wohnungsbenutzung. Mehrere in demselben Verfahren beurteilbare Verstöße lösen
nur *eine* Gebühr aus, AG Bergen NZFam **14**, 751. Beim Zusammentreffen von §§ 1,
2 GewSchG muß man zusammenrechnen, Ffm NZFam **15**, 84.

3) **Höherer oder niedrigerer Wert, II.** Es handelt sich um dieselbe Regelung 3
wie bei §§ 44 III, 45 III, 47 II, 48 III, 50 IV. Vgl daher bei § 44 III.

Versorgungsausgleichssachen

50 $^\text{I}$ ^{1} In Versorgungsausgleichssachen beträgt der Verfahrenswert für jedes Anrecht 10 Prozent, bei Ausgleichsansprüchen nach der Scheidung für jedes Anrecht 20 Prozent des in drei Monaten erzielten Nettoeinkommens der Ehegatten. ^{2} Der Wert nach Satz 1 beträgt insgesamt mindestens 1000 Euro.

$^\text{II}$ Im Verfahren über einen Auskunftsanspruch oder über die Abtretung von Versorgungsansprüchen beträgt der Verfahrenswert 500 Euro.

$^\text{III}$ Ist der nach den Absätzen 1 und 2 bestimmte Wert nach den besonderen Umständen des Einzelfalls unbillig, kann das Gericht einen höheren oder einen niedrigeren Wert festsetzen.

Schrifttum: *Keuter* FamRZ **11**, 1026 (Üb).

Gliederung

1) Systematik, I–III	1
2) Regelungszweck, I–III	2
3) Geltungsbereich, I–III	3–6
A. Versorgungsausgleichssache, I 1 Hs 1	4
B. Ausgleichsanspruch nach Scheidung, I 1 Hs 2	5
C. Auskunftsanspruch über Abtretung, II	6
4) **Verfahrenswert, I–III**	**7–12**
A. 10%-Wert, I 1 Hs 1	8
B. 20%-Wert, I 1 Hs 2	9
C. Mindestwert, I 2	10
D. Festbetrag, II	11
E. Höherer oder niedrigerer Wert, III	12

1) **Systematik, I–III.** Die Vorschrift hat Vorrang vor § 42, Saarbr FamRZ **13**, 724. 1
Sie ist mit Art 12 I GG vereinbar, Zweibr FamRZ **11**, 993. Sie enthält eine Fülle von
Wertregeln für die Gebühren im Verfahren über den Versorgungsausgleich nach
§§ 217 ff FamFG. § 50 regelt die Wertfragen wegen des Worts „nur" in § 1 I 1 abschlie-

FamGKG § 50

ßend, Schlesw FamRZ **14**, 238. Ost- und Westanrechte rechnen grundsätzlich gesondert, Brdb NJW **16**, 2891, Drsd NZFam **14**, 617. I 1 gilt auch im Altfall, Nürnb FamRZ **12**, 1002.

2 **2) Regelungszweck, I–III.** Die unterschiedlich hohen Ausgangswerte sollen trotz ihrer im Ergebnis nicht sehr großen Abweichungen voneinander doch die zwar wechselnd hohe, aber doch erhebliche Verantwortung des Gerichts wegen der oft beträchtlichen wirtschaftlichen Auswirkungen für die Beteiligten verdeutlichen. Das gilt es insbesondere bei IV mitzubeachten.

3 **3) Geltungsbereich, I–III.** Die Vorschrift enthält eine gegenüber dem früheren Recht stark vereinfachte Regelung. Es gibt nur noch drei Fallgruppen, aM Celle FamRZ **12**, 1311 (vier Gruppen).

4 **A. Versorgungsausgleichssache, I 1 Hs 1.** Hierher zählen alle Situationen der §§ 6–19 VersAusglG ohne weitere Unterscheidung, Brdb FamRZ **13**, 2010, Schlesw FamRZ **14**, 238, Stgt FamRZ **12**, 1718, aM Kblz FamRZ **17**, 1083. Eine angleichungsdynamische und eine nicht derartige Anwartschaft sind je ein Anrecht, Nürnb NJW **11**, 620, aM Brdb FamRZ **12**, 716. Auch ein Verfahren nach §§ 33, 34 VersAusglG zählt zu I 1 Hs 1, Celle FamRZ **12**, 1812, Karlsr FamRZ **15**, 529, Stgt FamRZ **12**, 1972, aM Hamm NZFam **15**, 180 (I 1 Hs 2). Eine ausländische Versorgungsanwartschaft bleibt unbeachtbar, Saarbr FamRZ **13**, 41. Ein abgetrenntes Verfahren läßt sich mit 10% des Dreimonats-Nettoeinkommens beider Eheleute bewerten, Ffm JB **13**, 249. Zu ihm allgemein Kblz NZFam **13**, 606. Dasselbe kann beim Abänderungsverfahren nach § 51 gelten, Hamm FamRZ **14**, 1806, aM Hamm MDR **13**, 1465, oder bei Streitigkeit eines vertraglichen Ausschlusses vom Ausgleich, Ffm FamRZ **16**, 165. Zum Anpassungsverfahren Thiel NZFam **16**, 160. Zum unterbliebenen Ausgleich Schneider NZFam **16**, 457.

5 **B. Ausgleichsanspruch nach Scheidung, I 1 Hs 2.** Hierher zählen die Situationen der §§ 20–26 VersAusglG ohne weitere Unterscheidung, Brdb FamRZ **11**, 1797 und 1812, Schlesw JB **14**, 238 (auch bei einer Abänderung), aM Nürnb FamRZ **11**, 133 (Vorrang von Rn 4).

6 **C. Auskunftsanspruch über Abtretung, II.** Hierher zählt die Situation des § 4 in Verbindung mit § 21 VersAusglG.

7 **4) Verfahrenswert, I–III,** dazu *Klüsener* JB **16**, 113; *Türck-Brocker* FPR **10**, 308 (je Üb): Das Gericht setzt ihn von Amts wegen fest, Celle FamRZ **10**, 2103, Düss FamRZ **10**, 2102. Das gilt auch bei § 3 III VersAusglG, Karlsr FamRZ **11**, 668, bei § 18 VersAusglG, bei § 33 VersAusglG, Nürnb FamRZ **16**, 561, und bei §§ 51, 52 VersAusglG, Bre JB **12**, 588, Schlesw JB **14**, 238. Es gilt auch dann, wenn keine Entscheidung zum Versorgungsausgleich ergeht, Oldb NZFam **14**, 748, aM Bbg FamRZ **16**, 657, Brdb FamRZ **17**, 2045 (aber I–III nennen keine bloßen Entscheidungsgebühren. Es gibt fünf Arten der Wertberechnung. Der Wert der Ehesache ist nicht der Höchstwert, AG Siegburg JB **17**, 588. Maßgeblich ist der Zeitpunkt der Einreichung des Scheidungsantrags, Drsd NZFam **14**, 855. Dabei ist maßgeblich das Nettoeinkommen ohne Zu- oder Abschläge, Brdb JB **12**, 588, Nürnb MDR **12**, 588, Rostock FamRZ **12**, 241, aM Nürnb FamRZ **10**, 2101, AG Ludwigslust FamRZ **10**, 2101 (abl Borth). Bei einer Wiederaufnahme gilt der jetzige Zustand, nicht der frühere, Naumb FamRZ **14**, 238 rechts Mitte.

8 **A. 10%-Wert, I 1 Hs 1.** Dieser Wert gilt bei Rn 4. Er ist aber nur der Ausgangswert. Er kann sich nach Rn 10, 11 ändern. Maßgebend ist das nach § 43 II zu ermittelnde 3-Monats-Nettoeinkommen ohne Ab- oder Zuschläge, Nürnb MDR **12**, 588, Stgt RR **10**, 1376. Den Zeitpunkt der Wertberechnung ergibt § 34, Jena FPR **10**, 361.

9 **B. 20%-Wert, I 1 Hs 2.** Dieser Wert gilt bei Rn 5, Kblz FamRZ **17**, 1083, nicht bei § 33 VersAusglG, Nürnb FamRZ **16**, 561. Auch er ist nur der Ausgangswert. Auch er kann sich nach Rn 10, 11 ändern. Maßgebend ist auch bei ihm das nach § 43 II zu ermittelnde 3-Monats-Nettoeinkommen. Den Zeitpunkt der Wertberechnung ergibt wiederum § 34, Jena FPR **10**, 361.

10 **C. Mindestwert, I 2.** In beiden Fällen Rn 8, 9 beträgt der Mindestwert 1000 EUR, Köln FamRZ **13**, 1160. Das gilt auch bei einer Verbundentscheidung zum Versorgungsausgleich, Stgt FamRZ **12**, 1647, oder dann, wenn eine Feststellung

des Ausbleibens eines Versorgungsausgleichs leicht möglich ist, KG FamRZ **13**, 149, Kblz FamRZ **14**, 1809, oder bei Nichtdurchführung des Versorgungsausgleichs, Celle FamRZ **14**, 1807, Köln FamRZ **13**, 1160.

D. Festbetrag, II. Bei Rn 6 gilt der Festwert von 500 EUR. **11**

E. Höherer oder niedrigerer Wert, III. Es handelt sich um dieselbe Regelung **12** wie bei §§ 44 III, 45 III, 47 II, 48 III, 49 II, 51 III 2 (eingeschränkt). Vgl daher bei § 44 III. Es kommt ganz auf den Einzelfall an, Nürnb FamRZ **16**, 561. III gilt zB beim Ausbleiben eines Versorgungsausgleichs, Hbg MDR **12**, 1229, Naumb FamRZ **14**, 1809, und bei §§ 33, 34, VersAusglG, Celle FamRZ **12**, 1812, Nürnb FamRZ **16**, 561, AG Bln-Schöneb JB **11**, 90, aM Zweibr FamRZ **12**, 242, oder bei einem kleinen Ausgleichswert und bei geringstem Zeitaufwand, Hbg FamRZ **11**, 1813, Hamm FamRZ **12**, 1751. Das Unterhaltsverfahren bietet keine guten Vergleichswerte, Saarbr FamRZ **13**, 148, Schlesw RR **12**, 327. Bei bloßer Fälligkeitsfrage können je Anwartschaft 1000 EUR angemessen sein, Ffm FamRZ **12**, 640. Eine Geringfügigkeit nach § 18 VersAusglG erfordert nicht stets eine Herabsetzung nach III, Mü FamRZ **12**, 1973. Die Bedeutung des Anrechts kann aber auch zB eine Verdoppelung des Mindestwerts erfordern, Zweibr NZFam **14**, 278.

Unterhaltssachen und sonstige den Unterhalt betreffende Familiensachen

51 I ¹In Unterhaltssachen und in sonstigen den Unterhalt betreffenden Familiensachen, soweit diese jeweils Familienstreitsachen sind und wiederkehrende Leistungen betreffen, ist der für die ersten zwölf Monate nach Einreichung des Antrags geforderte Betrag maßgeblich, höchstens jedoch der Gesamtbetrag der geforderten Leistung. ²Bei Unterhaltsansprüchen nach den §§ 1612a bis 1612c des Bürgerlichen Gesetzbuchs ist dem Wert nach Satz 1 der Monatsbetrag des zum Zeitpunkt der Einreichung des Antrags geltenden Mindestunterhalts nach der zu diesem Zeitpunkt maßgebenden Altersstufe zugrunde zu legen.

II ¹Die bei Einreichung des Antrags fälligen Beträge werden dem Wert hinzugerechnet. ²Der Einreichung des Antrags wegen des Hauptgegenstands steht die Einreichung eines Antrags auf Bewilligung der Verfahrenskostenhilfe gleich, wenn der Antrag wegen des Hauptgegenstands alsbald nach Mitteilung der Entscheidung über den Antrag auf Bewilligung der Verfahrenskostenhilfe oder über eine alsbald eingelegte Beschwerde eingereicht wird. ³Die Sätze 1 und 2 sind im vereinfachten Verfahren zur Festsetzung von Unterhalt Minderjähriger entsprechend anzuwenden.

III ¹In Unterhaltssachen, die nicht Familienstreitsachen sind, beträgt der Wert 500 Euro. ²Ist der Wert nach den besonderen Umständen des Einzelfalls unbillig, kann das Gericht einen höheren Wert festsetzen.

Schrifttum: *Clausius* FPR **13**, 543; *Enders* JB **09**, 400 (je: Üb).

Gliederung

1) Systematik, Regelungszweck, I–III	1
2) Unterhalt bei Familienstreitsache, I, II	2, 3
3) Gesetzliche Unterhaltspflicht, I	4–18
A. Begriff	4, 5
B. Beispiele zur Frage einer gesetzlichen Unterhaltspflicht, I	6
C. Vergleich	7, 8
D. Verzicht	9, 10
E. Ungewolltes Kind	11
F. Weniger als ein Jahr, I 1 Hs 2	12
G. Sonstige Bedeutung des Antrags	13
H. Vaterschaftsfeststellung	14
I. Mindestunterhalt, I 2	15
J. Vollstreckungsabwehrklage	16
K. Trennungs- und Nachscheidungsunterhalt	17
L. Umstellungsfragen	18
4) Rückstand, II	19
5) Keine Familienstreitsache, III	20–22
A. Anwendungsbereich, III 1	20
B. Regelwert, III 1	21
C. Höherer Wert, III 2	22

FamGKG § 51

1 **1) Systematik, Regelungszweck, I–III.** Es gelten trotz der Umgestaltung des § 42 GKG durch das FGG-RG doch die Erwägungen § 42 GKG Rn 1, 2, Teil I A dieses Buchs, auch bei § 51 FamGKG entsprechend.

2 **2) Unterhalt bei Familienstreitsache, I, II.** Man muß zunächst zwischen einer Unterhaltssache als Familien*streit*sache nach § 112 Z 1 FamFG in Verbindung mit § 231 I FamFG und den übrigen Unterhaltssachen unterscheiden. Zur ersteren Gruppe gehören Verfahren über die durch Verwandtschaft oder durch Ehe begründete gesetzliche Unterhaltspflicht nach § 231 I Z 1, 2 FamFG sowie Ansprüche nach § 1615l oder m BGB nach § 231 I Z 3 FamFG, also der Anspruch von Mutter und Vater aus Anlaß der Geburt und wegen der Beerdigungskosten für die Mutter.

3 Zu den *übrigen Unterhaltssachen* gehören zB Verfahren nach § 231 II FamFG, also nach § 3 II 3 BKGG. Hierher zählt auch ein Abänderungsverfahren, Hamm NZFam **15**, 40 (abl Schneider: § 42 I).

4 **3) Gesetzliche Unterhaltspflicht, I.** Man muß zahlreiche Aspekte berücksichtigen.

A. Begriff. I erfaßt nur eine gesetzliche Unterhaltspflicht nach Rn 2 I gilt innerhalb des Kreises der gesetzlichen Unterhaltsansprüche für einen solchen *Anspruch jeder Art* auf Grund einer Verwandtschaft oder auf Grund der Ehe.

5 I erfaßt eine Familienstreitsache und bei ihr eine *„wiederkehrende Leistung"* nach § 9 ZPO, § 48 GKG Anh I, Teil I A dieses Buchs. § 9 ZPO ist aber nur für die Bestimmung der sachlichen Zuständigkeit und im übrigen für den Kostenstreitwert insoweit anwendbar, als der Unterhaltsanspruch kein gesetzlicher ist. § 42 hat gebührenrechtlich in seinem Geltungsumfang gegenüber § 9 ZPO den Vorrang, Hamm FamRZ **88**, 402. Die Vorschrift ist freilich nur für die Gebühren auf Grund eines gesetzlichen Unterhaltsanspruchs maßgeblich, Hbg FamRZ **82**, 322. Das gilt aus den Gründen Rn 2 auch sehr wohl seit 1. 9. 09.

B. Beispiele zur Frage einer gesetzlichen Unterhaltspflicht, I

6 **Dritter:** Anwendbar ist I auch bei einer Klage eines Dritten wegen der Erfüllung einer gesetzlichen Unterhaltspflicht, nicht aber wegen einer Befreiung von ihr, BGH JB **75**, 325.
Dynamisierung: Naumb FamRZ **15**, 1781 (LS).
Freiwillige Übernahme: *Unanwendbar* ist I grds in diesem Fall, Bbg JB **93**, 110.
Anwendbar ist I ausnahmsweise bei einem Titulierungsinteresse, Hbg MDR **13**, 600.
Alles das gilt selbst dann, wenn der Schuldner seine gesetzlich etwa *künftig* geschuldete Leistung schon jetzt für später durch einen verbindlichen Vertrag zugesagt hat, Bbg FamRZ **97**, 38 Mitte. Wenn der Vertrag allerdings nur eine bereits bestehende gesetzliche Unterhaltspflicht näher regelt, ist I jedenfalls insoweit anwendbar, als die Vertragspflicht nicht über die gesetzliche Pflicht hinausgeht, aM Hbg JB **76**, 1234 (aber dann kommt es im Ergebnis doch nur auf die von I erfaßte gesetzliche Pflicht an). Wegen der Überschußforderung gilt dann § 113 I 2 FamFG in Verbindung mit § 9 ZPO.
Soweit der Kläger neben einem gesetzlichen Unterhaltsanspruch *auch* einen vertraglich vereinbarten Unterhaltsanspruch geltend macht, ist sein Klagantrag maßgebend, Mü AnwBl **80**, 293, aM Zweibr MDR **78**, 496 (aber dann geht das Klagebegehren über eine gesetzliche Forderung eindeutig hinaus).
Künftiger Unterhalt: S „Freiwillige Übernahme".
Rückforderung: Anwendbar ist I auch bei ihr, Hbg MDR **98**, 126, Schlesw FamRZ **13**, 240.
Schadensersatz: *Unanwendbar* ist I bei einem solchen Anspruch gegen einen Anwalt, zB in Form einer Rente, Düss FamRZ **04**, 1226 (dann gilt § 9 ZPO, § 48 GKG Anh I, Teil I A dieses Buchs). Das sollte man bei einer Wertfestsetzung erkennen und zum Ausdruck bringen, Schmidt MDR **81**, 986.
Titulierungsinteresse: S „Freiwillige Übernahme".
Trennungsunterhalt: Anwendbar ist I auch bei ihm, Düss JB **92**, 51, Karlsr RR **99**, 582, Köln JB **93**, 164 (je: Feststellungsklage).
Überschußforderung: S „Freiwillige Übernahme".

Vollstreckungsabwehrklage: Anwendbar ist I auch bei einer den § 95 FamFG in Verbindung mit § 767 ZPO, Rn 16, Karlsr FamRZ **04**, 1227 links oben.

C. Vergleich. Ein Kapitalabfindungsvertrag außerhalb des Unterhaltsprozesses 7 kann nicht unter I fallen. Denn es fehlt an dem Merkmal einer wiederkehrenden Leistung. Wenn die Beteiligten im Unterhaltsverfahren statt einer Unterhaltsrente vergleichsweise einen einmaligen Abfindungsvertrag vereinbaren, ist allerdings I anwendbar. Denn nur der Anspruch auf die Zahlung des gesetzlichen Unterhalts ist im Streit, nicht die Vergleichssumme, Düss JB **92**, 51, Hbg FamRZ **87**, 184, Karlsr FamRZ **13**, 326, aM Ffm Rpfleger **80**, 239, Karlsr FamRZ **11**, 1813, Schmidt AnwBl **77**, 444 (Kapitalabfindung maßgeblich). Eine bedingte Verpflichtung zur Bezahlung einer Lebensversicherung erfordert eine gesonderte Bewertung nach § 113 I 2 FamFG in Verbindung mit § 3 ZPO. Bbg JB **17**, 84 berücksichtigt eine Kapitallebensversicherung außerhalb eines Versorgungsausgleichs nicht.

Wenn der Vergleich die gesetzliche Unterhalspflicht *dahingestellt* läßt, muß man als 8 Wert den zugesagten Betrag ansetzen. Ein bloßes Titulierungsinteresse läßt sich mit 25% des Werts nach I ansetzen, Bbg JB **93**) 110, Kblz AnwBl **84**, 205, aM Mü FamRZ **90**, 778, Nürnb JB **94**, 737 (je: 5%), Bbg JB **92**, 628 (10%), Düss FamRZ **87**, 1281 (15%), Brschw JB **96**, 367 (bis 100%). Das gilt zB wegen der Einbeziehung eines unstreitigen Teilbetrags in einen Vergleich, Brschw RR **96**, 256 rechts.

D. Verzicht. Bei einem Verzicht muß man alle Umstände berücksichtigen, Bbg 9 JB **98**, 1982, Drsd MDR **99**, 1201. Beachten muß man insbesondere die Fragen, ob der Gläubiger infolge eines Verschuldens des Schuldners mit einem Unterhalt rechnen konnte oder ob sich die Unterhaltspflicht infolge der zu erwartenden Bedürftigkeit des Gläubigers erhöhen könnte. Auch dann entscheidet der sich ergebende Jahresbetrag, Nürnb JB **75**, 1351, Stgt MDR **13**, 1104. Man muß zu ihm nach V 1 Hs 1 die Rückstände hinzurechnen, berechnet nach dem jeweils wiederkehrenden Leistungen. Man kann zB grundsätzlich (jetzt ca) 1200 EUR ansetzen, Düss JB **92**, 52.

Ein Verzicht auf das Recht der Erhebung einer *Abänderungsklage* nach § 238 10 FamFG verändert den Wert nicht.

E. Ungewolltes Kind. Wegen des Ersatzes von Unterhalt für ein ungewolltes 11 Kind § 48 GKG Anh I: § 9 ZPO Rn 2, Teil I A dieses Buchs.

F. Weniger als ein Jahr, I 1 Hs 2. Maßgebend ist der Gesamtbetrag des vom 12 Antragsteller genannten Unterhaltsanspruchs, Bbg JB **79**, 1680, Brdb JB **01**, 94, Mü AnwBl **80**, 293. Nur wenn dieser Betrag endgültig geringer ist als der Wert des seit dem Antragseingang einjährigen Unterhaltsbezugs, gilt die geringere Summe, I 1 Hs 2, nicht etwa ein nach § 113 I 2 FamFG in Verbindung mit § 9 ZPO berechneter Durchschnitt. Das ist nicht schon deshalb so, weil die Ehe letztlich doch binnen eines Jahres rechtskräftig geschieden wurde, Hamm FamRZ **96**, 502, Köln JB **93**, 164, aM Bbg FamRZ **96**, 502, Hbg FamRZ **02**, 1136 (aber [jetzt] § 39 zwingt zu anderer Berechnung). Maßgeblich ist der Betrag beim Eingang des Antrags, Brdb JB **01**, 418, Hbg FamRZ **03**, 1198, Mü FamRZ **98**, 573 rechts. Nicht geltend gemachte Monate zählen nicht mit, Hbg FamRZ **03**, 1198. Zur Antragserweiterung Rn 13.

G. Sonstige Bedeutung des Antrags. Der Antrag ist auch dann maßgeblich, 13 wenn ein Tabellenbetrag abweicht, Jena FamRZ **01**, 1630 (vgl aber Rn 15), oder wenn der Antragsgegner schon freiwillig eine evtl niedrigere Unterhaltsrente gezahlt hatte, Ffm AnwBl **82**, 198, Karlsr FamRZ **91**, 468. Eine Begrenzung kann im Antrag der Gewährung auf die Dauer der Instanz liegen. Über die Berechnung bei schwankenden Beträgen § 48 GKG Anh I: § 9 ZPO Rn 3, Teil I A dieses Buchs, LG Essen MDR **76**, 676. Ein Rückstand wirkt nicht stets werterhöhend, wohl aber eine Antragserweiterung, Stgt FamRZ **17**, 548. Der Antrag ist wie sonst auslegbar, Mü FamRZ **98**, 573 links (nur Spitzenbetrag). Nach I 1 steht der sonstige verfahrenseinleitende Antrag gleich, Nürnb FamRZ **02**, 684. Ein Beteiligtenwechsel ist unbeachtbar. Beim „angemessenen" Forderungsantrag ist der nach der Begründung erwartete Betrag gemeint. Eine Antragserweiterung wirkt ab dann werterhöhend, Brdb FamRZ **15**, 431, Karlsr MDR **16**, 592 (bitte dort zur Streitfrage lesen), aM Schlesw JB **16**, 308. Zum Problem Schneider NZFam **15**, 857.

FamGKG §§ 51, 52   I. B. Gerichtskosten in Familiensachen

14   **H. Vaterschaftsfeststellung.** Ein Antrag auf die Feststellung der Vaterschaft ist nichtvermögensrechtlich. Der Wert läßt sich gesondert berechnen, Köln FamRZ **01**, 779.

15   **I. Mindestunterhalt, I 2.** Bei einem Antrag auf die Zahlung des Mindestunterhalts nach §§ 1612 a oder b BGB muß man den nach I 1 maßgebenden Wert nach I 2 wie folgt berechnen, Klüsener JB **98**, 625. Man muß zunächst denjenigen Monatsbetrag des Mindestunterhalts ermitteln, der im Zeitpunkt der Einreichung des Antrags gilt, und zwar nach dem jeweiligen Vomhundertsatz des Mindestbetrags und nach der jeweiligen Altersstufe. Sodann muß man den so ermittelten Monatsbetrag mit 12 multiplizieren. Anschließend muß man den so gefundenen Jahresbetrag nach I 1 Hs 2 weiterprüfen. Das gilt auch dann, wenn zunächst nur der Spitzenbetrag streitig war, Celle FamRZ **03**, 466, Mü FamRZ **01**, 239. Der Zeitpunkt der Ehescheidung ist beim Trennungsunterhalt evtl unbeachtbar, Schlesw FamRZ **13**, 240.
Maßgebend ist der *jetzige Zahlbetrag*, AG Groß Gerau FamRZ **01**, 432. Anteiliges Kindergeld muß man vom Tabellenunterhalt abziehen, Hamm FamRZ **94**, 641, Karlsr JB **01**, 254, Mü FamRZ **05**, 1766. Denn es kommt nur auf den letztlich geschuldeten Unterhalt an, Brdb FamRZ **04**, 962, Köln FamRZ **02**, 684, AG Hainichen FamRZ **02**, 256. Das jetzige Recht ist nicht rückwirkend auf die Zeit (jetzt) vor dem 1. 7. 2009 anwendbar, (zum alten Recht) Naumb FamRZ **00**, 171. Zur Fälligkeitsfrage Schneider NZFam **14**, 447.

16   **J. Vollstreckungsabwehrklage.** I gilt auch für den Streitwert der Vollstreckungsabwehrklage nach § 95 FamFG in Verbindung mit § 767 ZPO gegenüber einem solchen Vollstreckungstitel, der einen Unterhaltsanspruch enthält, Rn 3. Einen rückständigen Unterhaltsbetrag muß man nach (jetzt) II 1 einrechnen, Ffm JB **05**, 97.

17   **K. Trennungs- und Nachscheidungsunterhalt.** Beide Ansprüche sind nicht identisch, BGH FamRZ **85**, 581, Bbg JB **11**, 418. Daher muß man sie nach § 113 I 2 FamFG in Verbindung mit § 5 ZPO addieren, Bbg JB **11**, 418, Hamm FamRZ **88**, 402 (krit Schriftleitung).

18   **L. Umstellungsfragen.** Wenn das Gericht einen rechtskräftigen Unterhaltstitel über eine Geldrente auf die Zahlung des Mindestunterhalts umstellt, muß man als Wert den Jahresbetrag des Unterschieds zwischen der bisherigen Geldrente und dem beantragten Betrag des Mindestunterhalts ansetzen.

19   4) **Rückstand, II.** Man muß ihn zusätzlich bewerten, Ffm JB **17**, 850. Es entstehen dieselben Fragen wie bei § 42 IV GKG, Teil I A dieses Buchs. Vgl daher dort Rn 58 ff, Teil I A dieses Buchs, und Nürnb NZFam **17**, 260.

20   5) **Keine Familienstreitsache, III.** Es gibt drei Aspekte.
A. **Anwendungsbereich, III 1.** Vgl zunächst Rn 2, 3. Es geht hier also um die restlichen Unterhaltsansprüche gleich welcher Art. Rn 4–18 nennen einige schon mit. Die dortigen Erwägungen sind hier mitbeachtbar.

21   B. **Regelwert, III 1.** Er beträgt vereinfachend 500 EUR. Er gilt grundsätzlich auch im Beschwerdeverfahren, Ffm FamRZ **14**, 594, aM Hamm FamRZ **14**, 596 (Unabhängigkeit von III).

22   C. **Höherer Wert, III 2.** Es handelt sich um eine ähnliche Regelung wie bei §§ 44 III, 45 III, 47 II, 49 II, 50 IV. Anders als dort ist zwar hier nur eine höhere Bewertung statthaft, keine niedrigere. Die Voraussetzungen einer höheren Bewertung sind aber dieselben wie bei den eben genannten Vorschriften. Vgl daher § 44 III. III gilt auch bei einer Zuweisung von Kindergeld, Köln NZFam **15**, 281.

Güterrechtssachen

52   [1]Wird in einer Güterrechtssache, die Familienstreitsache ist, auch über einen Antrag nach § 1382 Abs. 5 oder nach 1383 Abs. 3 des Bürgerlichen Gesetzbuchs entschieden, handelt es sich um ein Verfahren. [2]Die Werte werden zusammengerechnet.

1   1) **Geltungsbereich, S 1, 2.** Die Vorschrift erfaßt die beiden folgenden Fälle. Es muß eine Familienstreitsache sein, § 112 FamFG, und eine Güterrechtssache, §§ 261 ff FamFG.

A. Stundung einer Ausgleichsforderung, S 1 Fall 1. Im Rahmen des Zugewinnausgleichs nach § 1378 BGB kann das FamG nach § 1382 I 1 BGB auf einen Antrag eine unstreitige Ausgleichsforderung unter den dort genannten Voraussetzungen stunden. Soweit dazu ein Rechtsstreit anhängig ist, kann der Schuldner diesen Stundungsantrag nach § 1382 V BGB nur in diesem Verfahren stellen.

B. Übertragung von Vermögensgegenständen, S 1 Fall 2. Das FamG kann anordnen, daß der Schuldner im Rahmen des Zugewinnausgleichs bestimmte Vermögensgegenstände dem Gläubiger nach § 1383 I BGB unter den dortigen Voraussetzungen unter einer Anrechnung auf die Ausgleichsforderung überträgt. Soweit auch dazu ein Verfahren anhängig ist, kann der Gläubiger diesen erforderlichen Antrag nur in diesem Verfahren stellen, § 1383 III in Verbindung mit § 1382 V BGB.

2) Verfahrenswert, S 1, 2. Es entsteht bei Rn 1, 2 dasselbe Verfahren. Man muß die Werte addieren.

Unterabschnitt 3. Wertfestsetzung

Angabe des Werts

53 ¹Bei jedem Antrag ist der Verfahrenswert, wenn dieser nicht in einer bestimmten Geldsumme besteht, kein fester Wert bestimmt ist oder sich nicht aus früheren Anträgen ergibt, und nach Aufforderung auch der Wert eines Teils des Verfahrensgegenstands schriftlich oder zu Protokoll der Geschäftsstelle anzugeben. ²Die Angabe kann jederzeit berichtigt werden.

1) Systematik, S 1, 2. Die Vorschrift stimmt mit § 61 GKG fast wörtlich überein, Teil I A dieses Buchs. Nur das dortige Wort Streitwert heißt hier Verfahrenswert, das dortige Wort Streitgegenstand heißt hier Verfahrensgegenstand. Vgl daher bei § 61 GKG. Bei einer Geldforderung gilt § 35.

Wertfestsetzung für die Zulässigkeit der Beschwerde

54 Ist der Wert für die Zulässigkeit der Beschwerde festgesetzt, ist die Festsetzung auch für die Berechnung der Gebühren maßgebend, soweit die Wertvorschriften dieses Gesetzes nicht von den Wertvorschriften des Verfahrensrechts abweichen.

1) Systematik. Die Vorschrift stimmt mit § 62 S 1 GKG, Teil I A dieses Buchs, insoweit fast wörtlich überein, als es auch dort um die Zulässigkeit eines Rechtsmittels geht. Vgl daher bei § 62 GKG.

Wertfestsetzung für die Gerichtsgebühren

55 ᴵ ¹Sind Gebühren, die sich nach dem Verfahrenswert richten, mit der Einreichung des Antrags, der Einspruchs- oder der Rechtsmittelschrift oder mit der Abgabe der entsprechenden Erklärung zu Protokoll fällig, setzt das Gericht sogleich den Wert ohne Anhörung der Beteiligten durch Beschluss vorläufig fest, wenn Gegenstand des Verfahrens nicht eine bestimmte Geldsumme in Euro ist oder für den Regelfall kein fester Wert bestimmt ist. ²Einwendungen gegen die Höhe des festgesetzten Werts können nur im Verfahren über die Beschwerde gegen den Beschluss, durch den die Tätigkeit des Gerichts aufgrund dieses Gesetzes von der vorherigen Zahlung von Kosten abhängig gemacht wird, geltend gemacht werden.

ᴵᴵ Soweit eine Entscheidung nach § 54 nicht ergeht oder nicht bindet, setzt das Gericht den Wert für die zu erhebenden Gebühren durch Beschluss fest, sobald eine Entscheidung über den gesamten Verfahrensgegenstand ergeht oder sich das Verfahren anderweitig erledigt.

ᴵᴵᴵ ¹Die Festsetzung kann von Amts wegen geändert werden

1. von dem Gericht, das den Wert festgesetzt hat, und
2. von dem Rechtsmittelgericht, wenn das Verfahren wegen des Hauptgegenstands oder wegen der Entscheidung über den Verfahrenswert, den Kostenansatz oder die Kostenfestsetzung in der Rechtsmittelinstanz schwebt.

²Die Änderung ist nur innerhalb von sechs Monaten zulässig, nachdem die Entscheidung wegen des Hauptgegenstands Rechtskraft erlangt oder das Verfahren sich anderweitig erledigt hat.

1 1) **Systematik, I–III.** Es stimmen fast wörtlich oder ganz überein: I 1, 2 mit § 63 I 1, 2 GKG; II mit § 63 II 1 GKG; III 1, 2 mit § 63 III 1, 2 GKG, Teil I A dieses Buchs. Vgl daher jeweils bei § 63 GKG und zu III 2 Schneider NZFam **16**, 785 (Üb). Das gilt auch in einer nach § 140 I, II Z 1, 2, 4, 5 FamFG abgetrennten Folgesache, Brdb FamRZ **17**, 60. Eine vorläufige Wertfestsetzung im Verbund auch für den Versorgungsausgleich kann entbehrlich sein, Schneider FamRZ **11**, 162. Ein nur klarstellender Vergleich ist unbeachtbar, Kblz FamRZ **15**, 432.

Schätzung des Werts

56 ¹Wird eine Abschätzung durch Sachverständige erforderlich, ist in dem Beschluss, durch den der Verfahrenswert festgesetzt wird (§ 55), über die Kosten der Abschätzung zu entscheiden. ²Diese Kosten können ganz oder teilweise dem Beteiligten auferlegt werden, welcher die Abschätzung durch Unterlassen der ihm obliegenden Wertangabe, durch unrichtige Angabe des Werts, durch unbegründetes Bestreiten des angegebenen Werts oder durch eine unbegründete Beschwerde veranlasst hat.

1 1) **Systematik, S 1, 2.** Die Vorschrift stimmt mit § 64 GKG fast wörtlich überein, Teil I A dieses Buchs. Vgl daher dort.

Abschnitt 8. Erinnerung und Beschwerde

Erinnerung gegen den Kostenansatz, Beschwerde

57 ᴵ ¹Über Erinnerungen des Kostenschuldners und der Staatskasse gegen den Kostenansatz entscheidet das Gericht, bei dem die Kosten angesetzt sind. ²War das Verfahren im ersten Rechtszug bei mehreren Gerichten anhängig, ist das Gericht, bei dem es zuletzt anhängig war, auch insoweit zuständig, als Kosten bei den anderen Gerichten angesetzt worden sind.

ᴵᴵ ¹Gegen die Entscheidung des Familiengerichts über die Erinnerung findet die Beschwerde statt, wenn der Wert des Beschwerdegegenstands 200 Euro übersteigt. ²Die Beschwerde ist auch zulässig, wenn sie das Familiengericht, das die angefochtene Entscheidung erlassen hat, wegen der grundsätzlichen Bedeutung der zur Entscheidung stehenden Frage in dem Beschluss zulässt.

ᴵᴵᴵ ¹Soweit das Familiengericht die Beschwerde für zulässig und begründet hält, hat es ihr abzuhelfen; im Übrigen ist die Beschwerde unverzüglich dem Oberlandesgericht vorzulegen. ²Das Oberlandesgericht ist an die Zulassung der Beschwerde gebunden; die Nichtzulassung ist unanfechtbar.

ᴵⱽ ¹Anträge und Erklärungen können ohne Mitwirkung eines Rechtsanwalts schriftlich eingereicht oder zu Protokoll der Geschäftsstelle abgegeben werden; § 129a der Zivilprozessordnung gilt entsprechend. ²Für die Bevollmächtigung gelten die Regelungen des Gesetzes über das Verfahren in Familiensachen und in den Angelegenheiten der freiwilligen Gerichtsbarkeit entsprechend. ³Die Erinnerung ist bei dem Gericht einzulegen, das für die Entscheidung über die Erinnerung zuständig ist. ⁴Die Beschwerde ist bei dem Familiengericht einzulegen.

ⱽ ¹Das Gericht entscheidet über die Erinnerung und die Beschwerde durch eines seiner Mitglieder als Einzelrichter. ²Der Einzelrichter überträgt das Verfahren dem Senat, wenn die Sache besondere Schwierigkeiten tatsächlicher oder rechtlicher Art aufweist oder die Rechtssache grundsätzliche Bedeutung hat.

ⱽᴵ ¹Erinnerung und Beschwerde haben keine aufschiebende Wirkung. ²Das Gericht oder das Beschwerdegericht kann auf Antrag oder von Amts wegen die aufschiebende Wirkung ganz oder teilweise anordnen; ist nicht der Einzelrichter zur Entscheidung berufen, entscheidet der Vorsitzende des Gerichts.

ⱽᴵᴵ Entscheidungen des Oberlandesgerichts sind unanfechtbar.

ⱽᴵᴵᴵ ¹Die Verfahren sind gebührenfrei. ²Kosten werden nicht erstattet.

I. B. Gerichtskosten in Familiensachen §§ 57–59 FamGKG

1) Systematik, I–VIII. Die Vorschrift stimmt mit § 66 GKG, Teil I A dieses 1
Buchs, nach der folgenden Tabelle überein. Vgl daher jeweils bei § 66 GKG. Rechtsbehelfsbelehrung, Verstoß: §§ 8a, 59 II 2.

§ 57 FamGKG		§ 66 GKG	
I 1	=	I 1	
2	=	3	
II 1	etwa	II 1	
2	=	2	
III 1	etwa	III 1	
2	etwa	4	
IV 1	=	V 1	
2	=	2	
3	etwa	3	
V 1	etwa	VI 1	Hs 1
2	etwa	2	
VI 1	=	VII 1	
2	etwa	2	
VII	etwa	III 3	
VIII 1, 2	=	VIII 1, 2	

Beschwerde gegen die Anordnung einer Vorauszahlung

58 ^{I} ^{1} Gegen den Beschluss, durch den die Tätigkeit des Familiengerichts nur aufgrund dieses Gesetzes von der vorherigen Zahlung von Kosten abhängig gemacht wird, und wegen der Höhe des in diesem Fall im Voraus zu zahlenden Betrags findet stets die Beschwerde statt. ^{2} § 57 Abs. 3, 4 Satz 1 und 4, Abs. 5, 7 und 8 ist entsprechend anzuwenden. ^{3} Soweit sich der Beteiligte in dem Verfahren wegen des Hauptgegenstands vor dem Familiengericht durch einen Bevollmächtigten vertreten lassen muss, gilt dies auch im Beschwerdeverfahren.

^{II} Im Fall des § 16 Abs. 2 ist § 57 entsprechend anzuwenden.

1) Systematik, I, II. Die Vorschrift stimmt mit § 67 GKG, Teil I A dieses Buchs, 1
sprachlich fast und inhaltlich völlig überein. Vgl daher dort. Rechtsbehelfsbelehrung, Verstoß: §§ 8a, 59 II 2.

Beschwerde gegen die Festsetzung des Verfahrenswerts

59 ^{I} ^{1} Gegen den Beschluss des Familiengerichts, durch den der Verfahrenswert für die Gerichtsgebühren festgesetzt worden ist (§ 55 Abs. 2), findet die Beschwerde statt, wenn der Wert des Beschwerdegegenstands 200 Euro übersteigt. ^{2} Die Beschwerde findet auch statt, wenn sie das Familiengericht wegen der grundsätzlichen Bedeutung der zur Entscheidung stehenden Frage in dem Beschluss zulässt. ^{3} Die Beschwerde ist nur zulässig, wenn sie innerhalb der in § 55 Abs. 3 Satz 2 bestimmten Frist eingelegt wird; ist der Verfahrenswert später als einen Monat vor Ablauf dieser Frist festgesetzt worden, kann sie noch innerhalb eines Monats nach Zustellung oder formloser Mitteilung des Festsetzungsbeschlusses eingelegt werden. ^{4} Im Fall der formlosen Mitteilung gilt der Beschluss mit dem dritten Tag nach Aufgabe zur Post als bekannt gemacht. ^{5} § 57 Abs. 3, 4 Satz 1, 2 und 4, Abs. 5 und 7 ist entsprechend anzuwenden.

^{II} ^{1} War der Beschwerdeführer ohne sein Verschulden verhindert, die Frist einzuhalten, ist ihm auf Antrag vom Oberlandesgericht Wiedereinsetzung in den vorigen Stand zu gewähren, wenn er die Beschwerde binnen zwei Wochen nach der Beseitigung des Hindernisses einlegt und die Tatsachen, welche die Wiedereinsetzung begründen, glaubhaft macht. ^{2} Ein Fehlen des Verschuldens wird vermutet, wenn eine Rechtsbehelfsbelehrung unterblieben oder fehlerhaft ist. ^{3} Nach Ablauf eines Jahres, von dem Ende der versäumten Frist an gerechnet, kann die Wiedereinsetzung nicht mehr beantragt werden.

^{III} ^{1} Die Verfahren sind gebührenfrei. ^{2} Kosten werden nicht erstattet.

1) Systematik, I–III. Die Vorschrift stimmt mit § 68 I 1–5, II 1–3, III 1, 2 GKG fast 1
wörtlich überein, Teil I A dieses Buchs. Vgl daher dort. Rechtsbehelfsbelehrung § 8a.

FamGKG §§ 60–61a I. B. Gerichtskosten in Familiensachen

Beschwerde gegen die Auferlegung einer Verzögerungsgebühr

60 [1] Gegen den Beschluss des Familiengerichts nach § 32 findet die Beschwerde statt, wenn der Wert des Beschwerdegegenstands 200 Euro übersteigt oder das Familiengericht die Beschwerde wegen der grundsätzlichen Bedeutung der zur Entscheidung stehenden Frage *in dem Beschluss* zugelassen hat. [2] § 57 Abs. 3, 4 Satz 1, 2 und 4, Abs. 5, 7 und 8 ist entsprechend anzuwenden.

Vorbem. Es gilt wegen der Stellung der kursiv gesetzten Wörter dasselbe wie in § 69 GKG Vorbem.

1 1) **Systematik, S 1, 2.** Die Vorschrift stimmt mit § 69 GKG fast wörtlich überein, Teil I A dieses Buchs. Vgl daher dort. Rechtsbehelfbelehrung, Verstoß §§ 8a, 59 II 2.

Abhilfe bei Verletzung des Anspruchs auf rechtliches Gehör

61 [I] Auf die Rüge eines durch die Entscheidung beschwerten Beteiligten ist das Verfahren fortzuführen, wenn
1. ein Rechtsmittel oder ein anderer Rechtsbehelf gegen die Entscheidung nicht gegeben ist und
2. das Gericht den Anspruch dieses Beteiligten auf rechtliches Gehör in entscheidungserheblicher Weise verletzt hat.

[II] [1] Die Rüge ist innerhalb von zwei Wochen nach Kenntnis von der Verletzung des rechtlichen Gehörs zu erheben; der Zeitpunkt der Kenntniserlangung ist glaubhaft zu machen. [2] Nach Ablauf eines Jahres seit Bekanntmachung der angegriffenen Entscheidung kann die Rüge nicht mehr erhoben werden. [3] Formlos mitgeteilte Entscheidungen gelten mit dem dritten Tage nach Aufgabe zur Post als bekannt gemacht. [4] Die Rüge ist bei dem Gericht zu erheben, dessen Entscheidung angegriffen wird; § 57 Abs. 4 Satz 1 und 2 gilt entsprechend. [5] Die Rüge muss die angegriffene Entscheidung bezeichnen und das Vorliegen der in Absatz 1 Nr. 2 genannten Voraussetzungen darlegen.

[III] Den übrigen Beteiligten ist, soweit erforderlich, Gelegenheit zur Stellungnahme zu geben.

[IV] [1] Das Gericht hat von Amts wegen zu prüfen, ob die Rüge an sich statthaft und ob sie in der gesetzlichen Form und Frist erhoben ist. [2] Mangelt es an einem dieser Erfordernisse, so ist die Rüge als unzulässig zu verwerfen. [3] Ist die Rüge unbegründet, weist das Gericht sie zurück. [4] Die Entscheidung ergeht durch unanfechtbaren Beschluss. [5] Der Beschluss soll kurz begründet werden.

[V] Ist die Rüge begründet, so hilft ihr das Gericht ab, indem es das Verfahren fortführt, soweit dies aufgrund der Rüge geboten ist.

[VI] Kosten werden nicht erstattet.

1 1) **Systematik, I–VI.** Die Vorschrift stimmt praktisch völlig mit § 69a GKG überein, Teil I A dieses Buchs. Vgl daher dort.

Abschnitt 9. Schluss- und Übergangsvorschriften

Verordnungsermächtigung

61a [1] Die Landesregierungen werden ermächtigt, durch Rechtsverordnung zu bestimmen, dass die von den Gerichten der Länder zu erhebenden Verfahrensgebühren in solchen Verfahren, die nur auf Antrag eingeleitet werden, über die im Kostenverzeichnis für den Fall der Zurücknahme des Antrags vorgesehene Ermäßigung hinaus weiter ermäßigt werden oder entfallen, wenn das gesamte Verfahren oder bei Verbundverfahren nach § 44 eine Folgesache nach einer Mediation oder nach einem anderen Verfahren der außergerichtlichen Konfliktbeilegung durch Zurücknahme des Antrags beendet wird und in der Antragsschrift mitgeteilt worden ist, dass eine Mediation oder ein anderes Verfahren der außergerichtlichen Konfliktbeilegung unternommen wird oder beabsichtigt

I. B. Gerichtskosten in Familiensachen §§ 61a–64 FamGKG

ist, oder wenn das Gericht den Beteiligten die Durchführung einer Mediation oder eines anderen Verfahrens der außergerichtlichen Konfliktbeilegung vorgeschlagen hat. [2]Satz 1 gilt entsprechend für die im Beschwerdeverfahren von den Oberlandesgerichten zu erhebenden Verfahrensgebühren; an die Stelle der Antragsschrift tritt der Schriftsatz, mit dem die Beschwerde eingelegt worden ist.

1) Systematik, Regelungszweck, S 1, 2. Die Vorschrift entspricht inhaltlich ganz dem § 69b GKG, Teil I A dieses Buchs. Vgl daher dort.

Rechnungsgebühren

62 *(aufgehoben)*

Bekanntmachung von Neufassungen

62a [1]Das Bundesministerium der Justiz und für Verbraucherschutz kann nach Änderungen den Wortlaut des Gesetzes feststellen und als Neufassung im Bundesgesetzblatt bekannt machen. [2]Die Bekanntmachung muss auf diese Vorschrift Bezug nehmen und angeben

1. den Stichtag, zu dem der Wortlaut festgestellt wird,
2. die Änderungen seit der letzten Veröffentlichung des vollständigen Wortlauts im Bundesgesetzblatt sowie
3. das Inkrafttreten der Änderungen.

Vorbem. S 1 geändert dch Art 173 VO v 31. 8. 15, BGBl 1474, in Kraft seit 8. 9. 15, Art 627 I VO, ÜbergangsR § 63 FamGKG.

Übergangsvorschrift

63 [I] [1]In Verfahren, die vor dem Inkrafttreten einer Gesetzesänderung anhängig geworden oder eingeleitet worden sind, werden die Kosten nach bisherigem Recht erhoben. [2]Dies gilt nicht im Verfahren über ein Rechtsmittel, das nach dem Inkrafttreten einer Gesetzesänderung eingelegt worden ist. [3]Die Sätze 1 und 2 gelten auch, wenn Vorschriften geändert werden, auf die dieses Gesetz verweist.

[II] In Verfahren, in denen Jahresgebühren erhoben werden, und in Fällen, in denen Absatz 1 keine Anwendung findet, gilt für Kosten, die vor dem Inkrafttreten einer Gesetzesänderung fällig geworden sind, das bisherige Recht.

1) Systematik, I, II. Die Vorschrift hat gegenüber Art 111 FGG-RG den Nachrang, Grdz 2 vor § 1 FamGKG. Sie stimmt in I 1–3 wörtlich mit § 71 I 1–3 GKG überein, in II fast wörtlich mit § 71 III GKG, Teil I A dieses Buchs. Vgl daher jeweils dort. 1

Übergangsvorschrift für die Erhebung von Haftkosten

64 Bis zum Erlass landesrechtlicher Vorschriften über die Höhe des Haftkostenbeitrags, der von einem Gefangenen zu erheben ist, sind die Nummern 2008 und 2009 des Kostenverzeichnisses in der bis zum 27. Dezember 2010 geltenden Fassung anzuwenden.

Anlage 1
(zu § 3 Abs. 2)

Kostenverzeichnis (KVFam)

Vorbem. Die Abkürzung KVFam ist nicht amtlich.

(Amtliche) Gliederung	KVFam
Teil 1. Gebühren	1110–1930
Hauptabschnitt 1. Hauptsacheverfahren in Ehesachen einschließlich aller Folgesachen	1110–1140
Abschnitt 1. Erster Rechtszug	1110, 1111
Abschnitt 2. Beschwerde gegen die Endentscheidung wegen des Hauptgegenstands	1120–1122
Abschnitt 3. Rechtsbeschwerde gegen die Endentscheidung wegen des Hauptgegenstands	1130–1132
Abschnitt 4. Zulassung der Sprungrechtsbeschwerde gegen die Endentscheidung wegen des Hauptgegenstands	1140
Hauptabschnitt 2. Hauptsacheverfahren in selbständigen Familienstreitsachen	1210–1229
Abschnitt 1. Vereinfachtes Verfahren über den Unterhalt Minderjähriger	1210–1216
Unterabschnitt 1. Erster Rechtszug	1210
Unterabschnitt 2. Beschwerde gegen die Endentscheidung wegen des Hauptgegenstands	1211, 1212
Unterabschnitt 3. Rechtsbeschwerde gegen die Endentscheidung wegen des Hauptgegenstands	1213–1215
Unterabschnitt 4. Zulassung der Sprungrechtsbeschwerde gegen die Endentscheidung wegen des Hauptgegenstands	1216
Abschnitt 2. Verfahren im Übrigen	1220–1229
Unterabschnitt 1. Erster Rechtszug	1220, 1221
Unterabschnitt 2. Beschwerde gegen die Endentscheidung wegen des Hauptgegenstands	1222–1224
Unterabschnitt 3. Rechtsbeschwerde gegen die Endentscheidung wegen des Hauptgegenstands	1225–1227
Unterabschnitt 4. Zulassung der Sprungrechtsbeschwerde gegen die Endentscheidung wegen des Hauptgegenstands	1228, 1229
Hauptabschnitt 3. Hauptsacheverfahren in selbständigen Familiensachen der freiwilligen Gerichtsbarkeit	1310–1328
Abschnitt 1. Kindschaftssachen	1310–1319
Unterabschnitt 1. Verfahren vor dem Familiengericht	1310–1313
Unterabschnitt 2. Beschwerde gegen die Endentscheidung wegen des Hauptgegenstands	1314, 1315
Unterabschnitt 3. Rechtsbeschwerde gegen die Endentscheidung wegen des Hauptgegenstands	1316–1318
Unterabschnitt 4. Zulassung der Sprungrechtsbeschwerde gegen die Endentscheidung wegen des Hauptgegenstands	1319
Abschnitt 2. Übrige Familiensachen der freiwilligen Gerichtsbarkeit	1320–1328
Unterabschnitt 1. Erster Rechtszug	1320, 1321
Unterabschnitt 2. Beschwerde gegen die Endentscheidung wegen des Hauptgegenstands	1322–1324
Unterabschnitt 3. Rechtsbeschwerde gegen die Endentscheidung wegen des Hauptgegenstands	1325–1327
Unterabschnitt 4. Zulassung der Sprungrechtsbeschwerde gegen die Endentscheidung wegen des Hauptgegenstands	1328
Hauptabschnitt 4. Einstweiliger Rechtsschutz	1410–1424
Abschnitt 1. Einstweilige Anordnung in Kindschaftssachen	1410–1412
Unterabschnitt 1. Erster Rechtszug	1410
Unterabschnitt 2. Beschwerde gegen die Endentscheidung wegen des Hauptgegenstands	1411, 1412
Abschnitt 2. Einstweilige Anordnung in den übrigen Familiensachen, Arrest und Europäischer Beschluss zur vorläufigen Kontenpfändung	1420–1424
Unterabschnitt 1. Erster Rechtszug	1420, 1421
Unterabschnitt 2. Beschwerde gegen die Endentscheidung wegen des Hauptgegenstands	1422–1424
Hauptabschnitt 5. Besondere Gebühren	1500–1502
Hauptabschnitt 6. Vollstreckung	1600–1603
Hauptabschnitt 7. Verfahren mit Auslandsbezug	1710–1723
Abschnitt 1. Erster Rechtszug	1710–1715
Abschnitt 2. Beschwerde und Rechtsbeschwerde gegen die Endentscheidung wegen des Hauptgegenstands	1720–1723

Kostenverzeichnis **Gliederung, 1110, 1111 KVFam**

                                                                                                                                              KVFam

Hauptabschnitt 8. Rüge wegen Verletzung des Anspruchs auf rechtliches Gehör 1800
Hauptabschnitt 9. Rechtsmittel im Übrigen 1910–1930
    Abschnitt 1. Sonstige Beschwerden 1910–1912
    Abschnitt 2. Sonstige Rechtsbeschwerden 1920–1924
    Abschnitt 3. Zulassung der Sprungrechtsbeschwerde in sonstigen Fällen 1930
Teil 2. Auslagen 2000–2015

Teil 1. Gebühren

Hauptabschnitt 1. Hauptsacheverfahren in Ehesachen einschließlich aller Folgesachen

Abschnitt 1. Erster Rechtszug

Nr.	Gebührentatbestand	Gebühr oder Satz der Gebühr nach § 28 FamGKG
1110	Verfahren im Allgemeinen	2,0

1111	Beendigung des Verfahrens hinsichtlich der Ehesache oder einer Folgesache durch
	1. Zurücknahme des Antrags
	   a) vor dem Schluss der mündlichen Verhandlung,
	   b) in den Fällen des § 128 Abs. 2 ZPO vor dem Zeitpunkt, der dem Schluss der mündlichen Verhandlung entspricht,
	   c) im Fall des § 331 Abs. 3 ZPO vor Ablauf des Tages, an dem die Endentscheidung der Geschäftsstelle übermittelt wird,
	2. Anerkenntnis- oder Verzichtsentscheidung oder Endentscheidung, die nach § 38 Abs. 4 Nr. 2 und 3 FamFG keine Begründung enthält oder nur deshalb eine Begründung enthält, weil zu erwarten ist, dass der Beschluss im Ausland geltend gemacht wird (§ 38 Abs. 5 Nr. 4 FamFG), mit Ausnahme der Endentscheidung in einer Scheidungssache,
	3. gerichtlichen Vergleich oder
	4. Erledigung in der Hauptsache, wenn keine Entscheidung über die Kosten ergeht oder die Entscheidung einer zuvor mitgeteilten Einigung über die Kostentragung oder einer Kostenübernahmeerklärung folgt,
	es sei denn, dass bereits eine andere Endentscheidung als eine der in Nummer 2 genannten Entscheidungen vorausgegangen ist:
	Die Gebühr 1110 ermäßigt sich auf ....
		0,5

	[I] Wird im Verbund nicht das gesamte Verfahren beendet, ist auf die beendete Ehesache und auf eine oder mehrere beendete Folgesachen § 44 FamGKG anzuwenden und die Gebühr nur insoweit zu ermäßigen. [II] Die Vervollständigung einer ohne Begründung hergestellten Endentscheidung (§ 38 Abs. 6 FamFG) steht der Ermäßigung nicht entgegen. [III] Die Gebühr ermäßigt sich auch, wenn mehrere Ermäßigungstatbestände erfüllt sind.	

Schrifttum: *Schneider* NZFam **17**, 143 (Üb).

1 **1) Geltungsbereich, KVFam 1111.** Die Vorschrift ist *unanwendbar* bei einer Endentscheidung in einer Scheidungssache, auch im Verbund, Meyer JB **11**, 517, aM Schneider NZFam **17**, 15.

Abschnitt 2. Beschwerde gegen die Endentscheidung wegen des Hauptgegenstands

(Amtliche) Vorbemerkung 1.1.2:
Dieser Abschnitt ist auch anzuwenden, wenn sich die Beschwerde auf eine Folgesache beschränkt.

Nr.	Gebührentatbestand	Gebühr oder Satz der Gebühr nach § 28 FamGKG
1120	Verfahren im Allgemeinen	3,0
1121	Beendigung des gesamten Verfahrens durch Zurücknahme der Beschwerde oder des Antrags, bevor die Schrift zur Begründung der Beschwerde bei Gericht eingegangen ist: Die Gebühr 1120 ermäßigt sich auf	0,5
	Die Erledigung in der Hauptsache steht der Zurücknahme gleich, wenn keine Entscheidung über die Kosten ergeht oder die Entscheidung einer zuvor mitgeteilten Einigung über die Kostentragung oder einer Kostenübernahmeerklärung folgt.	

1122	Beendigung des Verfahrens hinsichtlich der Ehesache oder einer Folgesache, wenn nicht Nummer 1121 erfüllt ist, durch
	1. Zurücknahme der Beschwerde oder des Antrags
	  a) vor dem Schluss der mündlichen Verhandlung oder,
	  b) falls eine mündliche Verhandlung nicht stattfindet, vor Ablauf des Tages, an dem die Endentscheidung der Geschäftsstelle übermittelt wird,
	2. Anerkenntnis- oder Verzichtsentscheidung,
	3. gerichtlichen Vergleich oder
	4. Erledigung in der Hauptsache, wenn keine Entscheidung über die Kosten ergeht oder die Entscheidung einer zuvor mitgeteilten Einigung über die Kostentragung oder einer Kostenübernahmeerklärung folgt,
	es sei denn, dass bereits eine andere als eine der in Nummer 2 genannten Endentscheidungen vorausgegangen ist:
	Die Gebühr 1120 ermäßigt sich auf ....
		1,0

	^{I} Wird im Verbund nicht das gesamte Verfahren beendet, ist auf die beendete Ehesache und auf eine oder mehrere beendete Folgesachen § 44 FamGKG anzuwenden und die Gebühr nur insoweit zu ermäßigen. ^{II} Die Gebühr ermäßigt sich auch, wenn mehrere Ermäßigungstatbestände erfüllt sind.	

Kostenverzeichnis **1122, Vorbem 1.1.3, 1130–1140 KVFam**

1) **Geltungsbereich, Z 1–4.** KVFam 1122 entspricht wesentlich der Regelung 1
KV 1211, Teil I A dieses Buches. Vgl daher dort.

Abschnitt 3. Rechtsbeschwerde gegen die Endentscheidung wegen des Hauptgegenstands

(Amtliche) Vorbemerkung 1.1.3:
Dieser Abschnitt ist auch anzuwenden, wenn sich die Rechtsbeschwerde auf eine Folgesache beschränkt.

Nr.	Gebührentatbestand	Gebühr oder Satz der Gebühr nach § 28 FamGKG
1130	Verfahren im Allgemeinen	4,0
1131	Beendigung des gesamten Verfahrens durch Zurücknahme der Rechtsbeschwerde oder des Antrags, bevor die Schrift zur Begründung der Rechtsbeschwerde bei Gericht eingegangen ist: Die Gebühr 1130 ermäßigt sich auf	1,0
	Die Erledigung in der Hauptsache steht der Zurücknahme gleich, wenn keine Entscheidung über die Kosten ergeht oder die Entscheidung einer zuvor mitgeteilten Einigung über die Kostentragung oder einer Kostenübernahmeerklärung folgt.	

1) **Geltungsbereich.** KVFam 1131 entspricht der im Beschwerdeverfahren gel- 1
tenden Regelung KVFam 1121. Vgl daher dort.

Nr.	Gebührentatbestand	Gebühr oder Satz der Gebühr nach § 28 FamGKG
1132	Beendigung des Verfahrens hinsichtlich der Ehesache oder einer Folgesache durch Zurücknahme der Rechtsbeschwerde oder des Antrags vor Ablauf des Tages, an dem die Endentscheidung der Geschäftsstelle übermittelt wird, wenn nicht Nummer 1131 erfüllt ist: Die Gebühr 1130 ermäßigt sich auf	2,0
	Wird im Verbund nicht das gesamte Verfahren beendet, ist auf die beendete Ehesache und auf eine oder mehrere beendete Folgesachen § 44 FamGKG anzuwenden und die Gebühr nur insoweit zu ermäßigen.	

1) **Geltungsbereich.** KVFam 1132 entspricht der im Beschwerdeverfahren gel- 1
tenden Regelung KVFam 1122 Z 1 b. Die amtliche Anmerkung entspricht KVFam
1122 amtliche Anmerkung I. Vgl daher jeweils dort.

Abschnitt 4. Zulassung der Sprungrechtsbeschwerde gegen die Endentscheidung wegen des Hauptgegenstands

Nr.	Gebührentatbestand	Gebühr oder Satz der Gebühr nach § 28 FamGKG
1140	Verfahren über die Zulassung der Sprungrechtsbeschwerde: Soweit der Antrag abgelehnt wird	1,0

KVFam 1210–1212 Kostenverzeichnis

Hauptabschnitt 2. Hauptsacheverfahren in selbständigen Familienstreitsachen

Abschnitt 1. Vereinfachtes Verfahren über den Unterhalt Minderjähriger

Unterabschnitt 1. Erster Rechtszug

Nr.	Gebührentatbestand	Gebühr oder Satz der Gebühr nach § 28 FamGKG
1210	Entscheidung über einen Antrag auf Festsetzung von Unterhalt nach § 249 Abs. 1 FamFG mit Ausnahme einer Festsetzung nach § 253 Abs. 1 Satz 2 FamFG	0,5

Vorbem. Änderg dch Art 4 G v 20. 11. 15, BGBl 2018, in Kraft ab 1. 1. 17, Art 10 III G, ÜbergangsR FamGKG § 63 FamGKG.

1 **1) Geltungsbereich.** Die Vorschrift erfaßt alle im Verfahren über den Antrag nach § 249 I FamFG ergehenden Entscheidungen gleich welcher Art mit Ausnahme derjenigen nach § 253 I 2 FamFG, also soweit sich der Antragsgegner nach § 252 II 1, 2 FamFG zur Zahlung von Unterhalt verpflichtet hat. Es handelt sich nicht um eine Verfahrens-, sondern um eine Entscheidungsgebühr, (zum alten Recht) Brdb FamRZ 00, 1159. Sie entsteht also erst bei einer Sachentscheidung über den Antrag. Das etwa nach § 255 I FamFG beantragte streitige Verfahren zählt nicht hierher, sondern nach KV 1210 ff.

2 **2) Streitwert.** Der Streitwert ist nach § 51 ermittelbar. § 34 S 1 ist anwendbar, aM (zum alten Recht) Brdb FamRZ 00, 1159 (aber § 34 gilt allgemein).

3 **3) Fälligkeit, Kostenschuldner usw.** Die Fälligkeit tritt nach § 9 II mit der Entscheidung ein.

Den *Kostenschuldner* muß man nach §§ 21, 24 Z 1 ermitteln.

Unterabschnitt 2. Beschwerde gegen die Endentscheidung wegen des Hauptgegenstands

Nr.	Gebührentatbestand	Gebühr oder Satz der Gebühr nach § 28 FamGKG
1211	Verfahren über die Beschwerde nach § 256 FamFG gegen die Festsetzung von Unterhalt im vereinfachten Verfahren	1,0

1 **1) Geltungsbereich.** Die Vorschrift erfaßt das Beschwerdeverfahren nach § 256 FamFG gegen einen Festsetzungsbeschluß nach §§ 253 I oder 254 S 2 FamFG. Es handelt sich nicht um eine Entscheidungs-, sondern um eine Verfahrensgebühr. Sie entsteht unabhängig vom Verfahrensergebnis.

2 **2) Verfahrenswert.** Man muß die Differenz zwischen dem erstinstanzlich Entschiedenen und dem als richtig anzusehenden Betrag nach § 51 ermitteln.

3 **3) Fälligkeit, Kostenschuldner usw.** Die Fälligkeit tritt nach § 9 I mit der Einreichung der Beschwerdeschrift ein.

Der *Kostenschuldner* ergibt sich aus §§ 21, 24.

Nr.	Gebührentatbestand	Gebühr oder Satz der Gebühr nach § 28 FamGKG
1212	Beendigung des gesamten Verfahrens ohne Endentscheidung: Die Gebühr 1211 ermäßigt sich auf	0,5

Kostenverzeichnis **1212–1216 KVFam**

Nr.	Gebührentatbestand	Gebühr oder Satz der Gebühr nach § 28 FamGKG
	I Wenn die Entscheidung nicht durch Verlesen der Entscheidungsformel bekannt gegeben worden ist, ermäßigt sich die Gebühr auch im Fall der Zurücknahme der Beschwerde vor Ablauf des Tages, an dem die Endentscheidung der Geschäftsstelle übermittelt wird. II Eine Entscheidung über die Kosten steht der Ermäßigung nicht entgegen, wenn die Entscheidung einer zuvor mitgeteilten Einigung über die Kostentragung oder einer Kostenübernahmeerklärung folgt.	

1) Geltungsbereich. Die Vorschrift stimmt im Haupttext praktisch ganz mit KV 1811 Haupttext, in der amtlichen Anmerkung I fast ganz mit KV amtliche Anmerkung I und in der amtlichen Anmerkung II wörtlich mit KV 1811 amtliche Anmerkung II überein, Teil I A dieses Buchs. Vgl daher jeweils dort.

Unterabschnitt 3. Rechtsbeschwerde gegen die Endentscheidung wegen des Hauptgegenstands

Nr.	Gebührentatbestand	Gebühr oder Satz der Gebühr nach § 28 FamGKG
1213	Verfahren im Allgemeinen	1,5
1214	Beendigung des gesamten Verfahrens durch Zurücknahme der Rechtsbeschwerde oder des Antrags, bevor die Schrift zur Begründung der Rechtsbeschwerde bei Gericht eingegangen ist: Die Gebühr 1213 ermäßigt sich auf	0,5
1215	Beendigung des gesamten Verfahrens durch Zurücknahme der Rechtsbeschwerde oder des Antrags vor Ablauf des Tages, an dem die Endentscheidung der Geschäftsstelle übermittelt wird, wenn nicht Nummer 1214 erfüllt ist: Die Gebühr 1213 ermäßigt sich auf	1,0

Zu KVFam 1213–1215:

1) Geltungsbereich. KVFam 1213 entspricht KVFam 1130. KVFam 1214 entspricht KVFam 1131. KVFam 1215 entspricht KVFam 1132. Vgl daher jeweils dort.

Unterabschnitt 4. Zulassung der Sprungrechtsbeschwerde gegen die Endentscheidung wegen des Hauptgegenstands

Nr.	Gebührentatbestand	Gebühr oder Satz der Gebühr nach § 28 FamGKG
1216	Verfahren über die Zulassung der Sprungrechtsbeschwerde: Soweit der Antrag abgelehnt wird	0,5

1) Geltungsbereich. Die Vorschrift enthält trotz der Abhängigkeit vom Verfahrensausgang doch nach dem klaren Wortlaut von KVFam 1216 nur eine Verfahrensgebühr, keine Entscheidungsgebühr. Das gilt freilich nur für den Fall, daß das Rechtsbeschwerdegericht einen Antrag auf die Zulassung einer Sprungrechtsbeschwerde

KVFam 1216–1220 Kostenverzeichnis

nach § 75 II FamFG in Verbindung mit § 566 VI ZPO durch einen Beschluß ablehnt.
Teilablehnung macht KVFam 1213–1215 anwendbar und wirkt sich beim Verfahrenswert nach §§ 33, 55 aus.

Abschnitt 2. Verfahren im Übrigen

Übersicht

1 **1) Geltungsbereich.** Abschnitt 2 steht im Hauptabschnitt 2 „Hauptsacheverfahren in selbständigen Familienstreitsachen". Familien*streit*sachen sind nur die in § 112 Z 1–3 FamFG genannten Sachen. Dessen Z 1 nennt ua Unterhaltssachen (gerade) nach § 231 I FamFG. Diese Vorschrift erfaßt auch den Unterhalt eines Volljährigen. Demgegenüber grenzt Hauptabschnitt 2 Abschnitt 1 auf das vereinfachte Verfahren über den Unterhalt Minderjähriger ein. Abschnitt 2 erfaßt also unter anderem alle weiteren Unterhaltssachen und alle nicht unter § 112 Z 1–3 FamFG fallenden weiteren Familien*streit*sachen. Die Familiensachen der freiwilligen Gerichtsbarkeit fallen unter den Hauptabschnitt 3 mit KVFam 1320 ff.

Unterabschnitt 1. Erster Rechtszug

Nr.	Gebührentatbestand	Gebühr oder Satz der Gebühr nach § 28 FamGKG
1220	**Verfahren im Allgemeinen**	3,0
	Soweit wegen desselben Verfahrensgegenstands ein Mahnverfahren vorausgegangen ist, entsteht die Gebühr mit dem Eingang der Akten beim Familiengericht, an das der Rechtsstreit nach Erhebung des Widerspruchs oder Einlegung des Einspruchs abgegeben wird; in diesem Fall wird eine Gebühr 1100 des Kostenverzeichnisses zum GKG nach dem Wert des Verfahrensgegenstands angerechnet, der in das Streitverfahren übergegangen ist.	

Vorbem. Die Vorschrift stimmt inhaltlich ganz mit KV 1210 und dessen amtlicher Anmerkung S 1 überein. Vgl daher dort.

Gliederung

1) Systematik	1
2) Regelungszweck	2
3) Geltungsbereich	3
4) Verfahrensgebühr nach Mahnverfahren, amtliche Anmerkung	4–9
A. Widerspruch	5
B. Nichtbetreiben	6
C. Mehrere Widersprüche	7
D. Einspruch	8
E. Nachverfahren, Anrechnung	9
5) Verfahrensgebühr: Pauschale	10–12
6) Entstehung, Fälligkeit	13–19
A. Einleitender Antrag, Klagantrag	13
B. Antragserweiterung	14
C. Gegenantrag	15
D. Verfahren von Amts wegen	16
E. Rechtsmittelschrift	17
F. Antrag auf streitiges Verfahren; Einspruch	18
G. Unabhängigkeit vom Antragsschicksal	19
7) Kostenschuldner usw.	20–22
8) Verfahrenswert	23–27
A. Nach Mahnverfahren	23, 24
B. Bei Antrag, Klage usw.	25
C. Keine nachträgliche Verminderung	26
D. Wertänderung	27

Kostenverzeichnis **1220 KVFam**

1) Systematik. Im Geltungsbereich Üb 1 vor KVFam 1220 entsteht regelmäßig 1 die Gebühr für das gesamte Verfahren im allgemeinen. Es entsteht nach Rn 11 in keiner Instanz eine Entscheidungsgebühr. Hinzu kann evtl die Vergleichsgebühr KVFam 1500 treten. Sie entsteht zwar im Verfahren, aber nicht durch das Verfahren. Denn sie entsteht nur insoweit, als der Wert des Vergleichs den Wert des Verfahrensgegenstands überschreitet. Jede dieser Gebühren ist von der anderen unabhängig und kann von einem eigenen Verfahrenswert entstehen.

2) Regelungszweck. Die Vorschrift soll die Anrufung des Gerichts durch eine 2 hohe Pauschalgebühr verteuern und dadurch die Verfahrensflut eindämmen, Stgt MDR **01**, 1134. Sie soll außerdem im Interesse der Verfahrenswirtschaftlichkeit nach BLAH Grdz 14 vor § 128 ZPO die Abrechnung erstinstanzlicher Verfahren vereinfachen, LG Hbg MDR **98**, 1375. Beides muß man bei der Auslegung mitbeachten.

3) Geltungsbereich. Vgl Üb 1 vor KVFam 1210. 3

4) Verfahrensgebühr nach Mahnverfahren, amtliche Anmerkung. Ein strei- 4 tiges Verfahren findet nach einem vorausgegangenen Mahnverfahren in den folgenden Fällen statt.

A. Widerspruch. Ein Hauptsacheverfahren beginnt *prozessual*, wenn nach einem 5 Widerspruch gegen einen Mahnbescheid einer der Beteiligten einen Antrag auf die Durchführung eines streitigen Verfahrens nach § 696 I 1 ZPO stellt, Bbg (7. ZS) JB **98**, 653, LG Fulda RR **99**, 221, LG Kblz JB **99**, 260, aM Bbg (4. ZS) RR **01**, 574 (erst bei einer Abgabe an das Streitgericht). Es ist unerheblich, welcher der Beteiligten den Antrag stellt, Düss RR **97**, 704, Mü MDR **97**, 891, LG Fulda RR **99**, 221.

Soweit ein Beteiligter den Antrag bereits zusammen mit dem Mahnantrag vorsorglich gestellt hat, sei es mit oder ohne einen vorsorglichen Verweisungsantrag, beginnt das Hauptsacheverfahren *kostenrechtlich* nach der amtlichen Anmerkung Hs 1 mit dem Eingang der vollständigen *Akten* beim FamG des streitigen Verfahrens, (je zum alten Recht) Hamm JB **02**, 89, KG JB **02**, 86, Rostock MDR **02**, 666. Dadurch ist der frühere Streit beendet. Das gilt auch nach einem Einspruch gegen einen Vollstreckungsbescheid. Der Akteneingang beim unzuständigen Gericht reicht aus. Die Zahlung der Gebühr KVFam 1220 nach einer Anfrage des Gerichts, ob man ein streitiges Verfahren beantrage, reicht daher nicht mehr aus.

Das alles gilt nur für die Frage der *Entstehung* der Gebühr KVFam 1220 und für die *daraus* abgeleitete Frage der *Anrechenbarkeit* der Mahngebühr (jetzt) KV 1100. Es kommt dabei auf den etwaigen Posteingangsstempel und nur bei dessen Fehlen auf den Eingangsstempel der Geschäftsstelle der Abteilung oder Kammer an.

B. Nichtbetreiben. Ein Nichtbetreiben des Verfahrens nach dem Widerspruch, 6 aber vor dem Antrag auf ein streitiges Verfahren genügt zwar an sich nicht, LG Würzb JB **98**, 147. Nach einem solchen Antrag bleibt aber KVFam 1220 trotz eines etwaigen Nichtbetreibens anwendbar, LG Bbg JB **98**, 147, Meyer JB **00**, 285, aM LG Bautzen MDR **01**, 1379, AG Hbg RR **99**, 1298 (Vorlage beim BVerfG. Aber der Antrag löste nun einmal eine weitere Gebühr aus, selbst wenn sich der Antragsteller anschließend zu ihm gegenläufig verhielt), Zimmermann JB **97**, 230.

C. Mehrere Widersprüche. Wenn gegen mehrere Mahnbescheide Widersprüche 7 vorliegen und das FamG die Verfahren gleichzeitig verbindet, tritt keine Rückwirkung der Widersprüche auf den Zeitpunkt vor der Verbindung eine. Deshalb bleiben die Einzelverfahrenswerte maßgeblich, Hamm Rpfleger **83**, 177, Oldb JB **03**, 322. Wenn ein Verfahren gegen mehrere Widersprechende bei verschiedenen Gerichten anhängig wird, entsteht die Gebühr KVFam 1220 für jedes Verfahren nach dem jeweiligen Verfahrenswert, Hamm Rpfleger **83**, 177.

D. Einspruch. Ein Hauptsacheverfahren beginnt ferner mit einem Einspruch ge- 8 gen einen Vollstreckungsbescheid, Rn 22.

E. Nachverfahren, Anrechnung. Ein Hauptsacheverfahren entsteht schließlich 9 dann, wenn das Gericht einen Urkunden-, Wechsel- oder Scheckmahnbescheid nach § 703a ZPO erlassen hatte und nach der Antraggegner nicht nur den Antrag stellt, das Nachverfahren nach § 600 ZPO einzuleiten. Das Hauptsacheverfahren beginnt in diesem Fall mit der Ladung des Gegners zum Nachverfahren.

KVFam 1220 Kostenverzeichnis

Die Gebühr KV 1100 wird nach KVFam 1220 amtliche Anmerkung Hs 2 *angerechnet*.

10   **5) Verfahrensgebühr: Pauschale.** Die Verfahrensgebühr besteuert das „Verfahren im allgemeinen". Sie ist also eine Pauschale nach Einl II A 9, KG FamRZ **12**, 1165. Sie entsteht durch jede einzelne durch das Gericht oder dem Gericht gegenüber im Lauf des Verfahrens erfolgte Verfahrenshandlung neu, Schlesw JB **96**, 204. Sie entsteht auch durch irgendeine nach der Aufhebung der Bewilligung einer Verfahrenskostenhilfe nach §§ 144 ff ZPO in Verbindung mit §§ 76 ff FamFG erfolgte Verfahrenshandlung. Sie entsteht aber nach Rn 11, 15 insgesamt nur einmal.

Sie entsteht im übrigen dann nicht, wenn der Antragsteller den Antrag nach der Aufhebung der Bewilligung der Verfahrenskostenhilfe nach § 124 ZPO sofort *zurücknimmt* oder nach einer Versagung der Verfahrenskostenhilfe einen bedingten Antrag nicht weiterbetreibt, Kblz FamRZ **98**, 312 (jetzt KVFam 1221). Denn diese Rücknahme ist keine solche Verfahrenshandlung, die sich gerade auf den Fortgang des Verfahrens richtet.

11   Eine *Entscheidungsgebühr* entsteht *nicht* mehr, auch nicht als trennbarer Bestandteil der Pauschale, Düss MDR **97**, 301. Die Verfahrensgebühr gilt nach § 29 sämtliche Gerichtshandlungen ab, für die das Gesetz keine besonderen Gebühren vorsieht. Sie gilt insbesondere einen Vergleich ab (die Vergleichsgebühr nach KVFam 1500 betrifft nur den nicht im Verfahren befangenen Teil. Vgl freilich die Ermäßigung KVFam 1221 Z 3).

12   Wegen der *EuGVVO* vgl KVFam 1710 Z 3.

13   **6) Entstehung, Fälligkeit.** Die Verfahrensgebühr entsteht und wird fällig, soweit eine der folgenden Voraussetzungen vorliegt.

A. Einleitender Antrag, Klagantrag. Die Verfahrensgebühr entsteht mit der Einreichung des unbedingten verfahrenseinleitenden Antrags oder Klagantrags beim Gericht nach (jetzt) § 9 I, Mü MDR **96**, 1075, Schlesw AnwBl **97**, 288. Es kommt also nicht darauf an, ob der Antragstellervertreter anschließend darum bittet, die Sache vorerst liegen zu lassen, Kblz MDR **95**, 1269, oder ob das Gericht den Antrag dem Gegner zustellen läßt, (zum alten Recht) KG JB **98**, 429, Mü MDR **96**, 1075, Schlesw AnwBl **97**, 288 („Erledigung" vor Rechtshängigkeit). Nach einem Widerspruch nach § 694 ZPO wird die weitere Gebühr nach der amtlichen Anmerkung Hs 1 mit der Anhängigkeit beim Gericht des streitigen Verfahrens fällig, (jetzt) LG Memmingen JB **97**, 434.

Verfahrenskostenhilfe kann eine zulässige Bedingung des Antrags sein. Dann tritt eine Fälligkeit erst mit der Bewilligung oder dann ein, wenn der Antragsteller aus welchem Grund auch immer erklärt, er wünsche jetzt den Antrag unabhängig vom Verfahrenskostenhilfeverfahren einzureichen, oder wenn er nun den Vorschuß mit oder ohne eine Rücknahme des Verfahrenskostenhilfegesuchs zahlt, aM Mü MDR **97**, 890. Die Anforderung einer Kostenrechnung oder einer Wertfestsetzung hat dieselbe Folge.

14   **B. Antragserweiterung.** Die Verfahrensgebühr entsteht ferner, soweit der Antragsteller den Antrag durch einen mündlichen Vortrag oder durch die Einreichung eines Schriftsatzes erweitert. Die zur Erhebung notwendige Zustellung ist nach § 9 ebenso wie diejenige des ersten Antrags entbehrlich.

15   **C. Gegenantrag.** Die Verfahrensgebühr entsteht nicht zweimal, sondern nur einmal dann, wenn der Antragsgegner einen Gegenantrag einreicht. Das gilt selbst dann, wenn das Gericht den Antrag und einen Gegenantrag zunächst getrennt behandelt hat und in beiden Verfahren das persönliche Erscheinen der Beteiligten angeordnet hat, sofern es hier im weiteren Verfahrensverlauf zur gemeinsamen Verhandlung kommt, KG Rpfleger **78**, 270. Man muß auch einen im Verfahren geltend gemachten Ersatzanspruch nach §§ 95, 113 I 2 FamFG in Verbindung mit §§ 302 IV, 600 II, 717 II ZPO als einen Gegenantrag nach KVFam 1220 ansehen, obwohl ein solcher Ersatzanspruch prozessual kein Gegenantrag zu sein braucht.

Auch ein *Hilfsgegenantrag* läßt die Verfahrensgebühr entstehen. Jedoch kann die Verfahrensgebühr später rückwirkend entfallen, sofern das Gericht über den Hilfsgegenantrag nicht zu entscheiden braucht.

D. Verfahren von Amts wegen. Natürlich entsteht die Verfahrensgebühr auch bei einer Verfahrenseinleitung von Amts wegen. 16

E. Rechtsmittelschrift. Eine Verfahrensgebühr entsteht ferner mit der Einreichung einer Rechtsmittelschrift oder Anschließungsschrift nach KVFam 1222, 1225. Auch dann reicht die bloße Einreichung aus. 17

F. Antrag auf streitiges Verfahren; Einspruch. Die Verfahrensgebühr entsteht schließlich dann, wenn im Anschluß an ein Mahnverfahren einer der Beteiligten nach Rn 5 den Antrag auf die Durchführung des streitigen Verfahrens nach § 696 I 1 ZPO, § 76 FamFG stellt oder wenn der Antragsgegner gegen einen Vollstreckungsbescheid nach §§ 699, 700 ZPO, § 76 FamFG Einspruch einlegt und die Akten daraufhin beim Gericht des streitigen Verfahrens eingehen, amtliche Anmerkung Hs 1. Hatte der Antragsteller seinen Antrag auf die Durchführung des streitigen Verfahrens wie meist bereits mit dem Mahnantrag verbunden, tritt die Fälligkeit ebenfalls erst im vorgenannten Zeitpunkt ein. Eine nachträgliche Rücknahme des Antrags auf die Durchführung des streitigen Verfahrens läßt die Gebühr KVFam 1220 unverändert bestehenbleiben. 18

G. Unabhängigkeit vom Antragsschicksal. Es ist kostenrechtlich belanglos, ob der Antragsteller seinen Antrag prozessual zulässig oder ordnungsmäßig erhoben hat, BFH BB **85**, 985. Soweit eine Verfahrensgebühr entstanden ist, bleibt das spätere Schicksal des Verfahrens usw unerheblich, Mü JB **78**, 1853, LG Hbg KTS **75**, 45. 19

Ausnahmsweise ermäßigt sich der Gebührenanspruch nach KVFam 1221 usw, sofern eine *Antragsrücknahme usw* oder eine Rechtsmittelrücknahme usw vorliegen.

7) Kostenschuldner usw. Nach § 21 haftet derjenige für die Kosten, der das Verfahren der Instanz beantragt hat. Mit dem streitigen Verfahren beginnt gegenüber dem Mahnverfahren eine neue kostenrechtliche Instanz, Düss JB **92**, 102, Hbg MDR **84**, 413, Köln Rpfleger **83**, 460. 20

Hat der Antrags*gegner* des Mahnverfahrens das streitige Verfahren beantragt, ist er auch der Kostenschuldner, Düss RR **97**, 704, Hbg MDR **83**, 413, LG Osnabr JB **03**, 371, aM Bre JB **76**, 349, KG Rpfleger **80**, 121 (aber Antrag bleibt Antrag). 21

Bei einem Einspruch gegen einen *Vollstreckungsbescheid* ist kein Antrag auf die Durchführung des streitigen Verfahrens nach § 700 III ZPO notwendig, Düss JB **92**, 102, Köln Rpfleger **83**, 460, Schneider JB **03**, 4. Daher beginnt das Hauptsacheverfahren kostenmäßig nach der amtlichen Anmerkung Hs 1 dann bereits mit dem Eingang der Akten bei demjenigen FamG, das das Mahngericht im Mahnbescheid nach § 692 I Z 1 ZPO bezeichnet hatte. Antragschuldner ist dann nur derjenige, der den Vollstreckungsbescheid beantragt hat. 22

8) Verfahrenswert. Man muß zwei Situationen unterscheiden. 23
A. Nach Mahnverfahren. Verfahrenswert ist für die Streitinstanz derjenige Wert, der in diese Instanz gelangt, Ffm RR **92**, 1342, Hbg MDR **01**, 294, Mü AnwBl **01**, 127. Wenn das Gericht also einen Mahnbescheid über 1000 EUR erlassen hat und wenn nun ein Beteiligter ein streitiges Verfahren wegen des Gesamtbetrags beantragt, ist dieser Betrag von 1000 EUR maßgebend, selbst wenn es später zB zu einer Teilerledigung usw kommt, LG Hagen MDR **97**, 790, aM Mü AnwBl **01**, 127 (aber § 34 gilt auch hier).

Wenn ein Beteiligter ein streitiges Verfahren aber nur wegen eines *Teilbetrags* beantragt hat, beträgt der Verfahrenswert für dieses streitige Verfahren nur diesen Teilbetrag, Ffm RR **92**, 1342, Mü MDR **99**, 508, Stgt MDR **99**, 634, aM (je zum alten Recht) Bbg JB **98**, 653, Hbg MDR **98**, 1121. Man muß dann auf die nach KVFam 1220 nach diesem bloßen Teilbetrag errechnete 3,0 Gebühr die nach KVFam 1100 nach demselben Teilbetrag entstehende Gebühr anrechnen. Das ergibt sich aus der amtlichen Anmerkung Hs 2. Es gilt auch dann, wenn der Antragsteller im Mahnverfahren seine höhere Forderung nur versehentlich gestellt hatte, Düss RR **98**, 1077. Stets bleibt aber die Mindestgebühr von 23 EUR nach KV 1100 (Vorrang vor § 28 II) auch bei der Berechnung des nach KVFam 1220 amtliche Anmerkung Hs 2 anrechenbaren Betrags bestehen.

Wenn das Gericht nach der Abgabe oder nach einer Verweisung einen *Termin* anberaumt, ist für den Verfahrenswert derjenige Betrag maßgebend, der in das streitige Verfahren gekommen ist. Sofern der Schuldner inzwischen Abzahlungen geleistet hat, ist derjenige Betrag maßgeblich, den der Gläubiger noch am Tag des Akteneingangs 24

KVFam 1220, 1221   Kostenverzeichnis

bei demjenigen FamG verlangt hat, an das das Mahngericht die Sache abgegeben oder verwiesen hat. Denn nur in dieser Höhe ist die Sache nach § 697 I 4 ZPO in Wahrheit in das streitige Verfahren gelangt.

25   **B. Bei Antrag, Klage usw.** Der Verfahrenswert berechnet sich nach demjenigen des Antrags. Bei seiner Erweiterung erhöht sich die Gebühr entsprechend. Denn sie entsteht als eine Verfahrensgebühr nach dem neuen Verfahrenswert. Man muß also den alten und den neuen Verfahrenswert vergleichen. Das gilt auch insofern, als das FamG einen Antrag auf die Gewährung einer Verfahrenskostenhilfe für die Erweiterung abgelehnt hat, sofern es die Verfahrenskostenhilfe für den ursprünglichen Anspruch bewilligt hatte. Denn man würde andernfalls den Antragsteller durch die Ablehnung des Antrags im Umfang der Erweiterung mittelbar mit Kosten belasten. Bei einer Verbindung muß man nach § 113 I 2 FamFG in Verbindung mit § 5 ZPO bis zur Grenze (jetzt) des § 30 II addieren, Meyer JB **99**, 240.

26   **C. Keine nachträgliche Verminderung.** Die Verfahrensgebühr kann sich nicht nachträglich vermindern. Daraus folgt: Bei der Erledigung eines Teils des Anspruchs und der anschließenden Wiedererhöhung des Anspruchs durch einen neuen Anspruch muß man diesen neuen dem Verfahrenswert hinzurechnen, sofern keine Rücknahme vorliegt, Mü MDR **97**, 688.
Beispiel: Die Forderung beträgt 5000 EUR. Nach einer Verhandlung zur Sache erledigt sich die Hauptsache in Höhe von 2000 EUR. Anschließend erweitert der Antragsteller die Forderung um 2000 EUR auf Grund eines anderen Sachverhalts. Der Wert beträgt jetzt 7000 EUR.

27   **D. Wertänderung.** Eine Wertänderung ist beachtlich, § 34. Das gilt zB bei einer Verfahrensverbindung. In der höheren Instanz berechnet sich der Wert nach § 40 I 1 nach den Anträgen des Rechtsmittelführers, andernfalls nach § 40 I 2, stets begrenzt gemäß § 40 II. Die Verfahrensgebühr erhöht sich dann nicht, wenn ein Vergleich den Verfahrensgegenstand überschreitet. Denn der überschießende Teil gehört ja nach KVFam 1500 nicht zum streitigen Verfahren. Eine Verfahrensverbindung läßt die bereits entstandenen Verfahrensgebühren unberührt.

Nr.	Gebührentatbestand	Gebühr oder Satz der Gebühr nach § 28 FamGKG

1221	Beendigung des gesamten Verfahrens durch
	1. Zurücknahme des Antrags
	   a) vor dem Schluss der mündlichen Verhandlung,
	   b) in den Fällen des § 128 Abs. 2 ZPO vor dem Zeitpunkt, der dem Schluss der mündlichen Verhandlung entspricht,
	   c) im Fall des § 331 Abs. 3 ZPO vor Ablauf des Tages, an dem die Endentscheidung der Geschäftsstelle übermittelt wird,
	wenn keine Entscheidung nach § 269 Abs. 3 Satz 3 ZPO über die Kosten ergeht oder die Entscheidung einer zuvor mitgeteilten Einigung über die Kostentragung oder einer Kostenübernahmeerklärung folgt,
	2. Anerkenntnis- oder Verzichtsentscheidung oder Endentscheidung, die nach § 38 Abs. 4 Nr. 2 oder 3 FamFG keine Begründung enthält oder nur deshalb eine Begründung enthält, weil zu erwarten ist, dass der Beschluss im Ausland geltend gemacht wird (§ 38 Abs. 5 Nr. 4 FamFG),
	3. gerichtlichen Vergleich oder
	4. Erledigung in der Hauptsache, wenn keine Entscheidung über die Kosten ergeht oder die Entscheidung einer zuvor mitgeteilten Einigung über	

Kostenverzeichnis **1221–1224 KVFam**

Nr.	Gebührentatbestand	Gebühr oder Satz der Gebühr nach § 28 FamGKG
	die Kostentragung oder einer Kostenübernahmeerklärung folgt, es sei denn, dass bereits eine andere Endentscheidung als eine der in Nummer 2 genannten Entscheidungen vorausgegangen ist: Die Gebühr 1220 ermäßigt sich auf .... I Die Zurücknahme des Antrags auf Durchführung des streitigen Verfahrens (§ 696 Abs. 1 ZPO), des Widerspruchs gegen den Mahnbescheid oder des Einspruchs gegen den Vollstreckungsbescheid stehen der Zurücknahme des Antrags (Nummer 1) gleich. II Die Vervollständigung einer ohne Begründung hergestellten Endentscheidung (§ 38 Abs. 6 FamFG) steht der Ermäßigung nicht entgegen. III Die Gebühr ermäßigt sich auch, wenn mehrere Ermäßigungstatbestände erfüllt sind.	1,0

1) **Geltungsbereich.** Die Vorschrift stimmt mit KV 1211 weitgehend überein, Teil I A dieses Buchs. Vgl daher dort.   1

Unterabschnitt 2. Beschwerde gegen die Endentscheidung wegen des Hauptgegenstands

Nr.	Gebührentatbestand	Gebühr oder Satz der Gebühr nach § 28 FamGKG
1222	Verfahren im Allgemeinen	4,0

1) **Geltungsbereich.** Die dem KV 1220, Teil I A dieses Buchs, vergleichbare Vorschrift gilt im Bereich Üb 1 vor KVFam 1220.   1
2) **Verfahrenswert.** Es gilt § 40.   2

Nr.	Gebührentatbestand	Gebühr oder Satz der Gebühr nach § 28 FamGKG
1223	Beendigung des gesamten Verfahrens durch Zurücknahme der Beschwerde oder des Antrags, bevor die Schrift zur Begründung der Beschwerde bei Gericht eingegangen ist: Die Gebühr 1222 ermäßigt sich auf .... Die Erledigung in der Hauptsache steht der Zurücknahme gleich, wenn keine Entscheidung über die Kosten ergeht oder die Entscheidung einer zuvor mitgeteilten Einigung über die Kostentragung oder einer Kostenübernahmeerklärung folgt.	1,0

1) **Geltungsbereich.** Die Vorschrift stimmt fast wörtlich mit KV 1221 überein, Teil I A dieses Buchs. Vgl daher dort.   1

Nr.	Gebührentatbestand	Gebühr oder Satz der Gebühr nach § 28 FamGKG
1224	Beendigung des gesamten Verfahrens, wenn nicht Nummer 1223 erfüllt ist, durch	

KVFam 1224–1227

Nr.	Gebührentatbestand	Gebühr oder Satz der Gebühr nach § 28 FamGKG
	1. Zurücknahme der Beschwerde oder des Antrags a) vor dem Schluss der mündlichen Verhandlung oder, b) falls eine mündliche Verhandlung nicht stattfindet, vor Ablauf des Tages, an dem die Endentscheidung der Geschäftsstelle übermittelt wird, 2. Anerkenntnis- oder Verzichtsentscheidung, 3. gerichtlichen Vergleich oder 4. Erledigung in der Hauptsache, wenn keine Entscheidung über die Kosten ergeht oder die Entscheidung einer zuvor mitgeteilten Einigung über die Kostentragung oder einer Kostenübernahmeerklärung folgt, es sei denn, dass bereits eine andere Endentscheidung als eine der in Nummer 2 genannten Entscheidungen vorausgegangen ist: Die Gebühr 1222 ermäßigt sich auf .... Die Gebühr ermäßigt sich auch, wenn mehrere Ermäßigungstatbestände erfüllt sind.	2,0

1   1) **Geltungsbereich.** Die Vorschrift stimmt weitgehend mit KV 1222 überein, Teil I A dieses Buchs. Vgl daher dort.

Unterabschnitt 3. Rechtsbeschwerde gegen die Endentscheidung wegen des Hauptgegenstands

Nr.	Gebührentatbestand	Gebühr oder Satz der Gebühr nach § 28 FamGKG
1225	Verfahren im Allgemeinen	5,0

1   1) **Geltungsbereich.** Die dem KV 1820, Teil I A dieses Buchs, bedingt ähnelnde Vorschrift gilt im Bereich Üb 1 vor KVFam 1220.
2   2) **Verfahrenswert.** Es gilt § 40.

Nr.	Gebührentatbestand	Gebühr oder Satz der Gebühr nach § 28 FamGKG
1226	Beendigung des gesamten Verfahrens durch Zurücknahme der Rechtsbeschwerde oder des Antrags, bevor die Schrift zur Begründung der Rechtsbeschwerde bei Gericht eingegangen ist: Die Gebühr 1225 ermäßigt sich auf .... Die Erledigung in der Hauptsache steht der Zurücknahme gleich, wenn keine Entscheidung über die Kosten ergeht oder die Entscheidung einer zuvor mitgeteilten Einigung über die Kostentragung oder einer Kostenübernahmeerklärung folgt.	1,0
1227	Beendigung des gesamten Verfahrens durch Zurücknahme der Rechtsbeschwerde oder des Antrags vor Ablauf des Tages, an dem die Endentscheidung der	3,0

Nr.	Gebührentatbestand	Gebühr oder Satz der Gebühr nach § 28 FamGKG
	Geschäftsstelle übermittelt wird, wenn nicht Nummer 1226 erfüllt ist: Die Gebühr 1225 ermäßigt sich auf	

Zu KVFam 1226, 1227:

1) Geltungsbereich. KVFam 1226 stimmt im Haupttext und in der amtlichen Anmerkung fast wörtlich mit KV 1221 und der dortigen amtlichen Anmerkung überein, Teil I A dieses Buchs. Vgl daher dort. KVFam 1227 bezieht sich nur auf KVFam 1225.   1

2) Übermittlung, KVFam 1227. Maßgeblich ist der Eingang der vom Gericht vollständig gefertigten und unterschriebenen Entscheidung in der zuständigen Geschäftsstelle gleich auf welchem Weg. Eine Rückforderung des Gerichts ist von diesem Zeitpunkt an allenfalls wegen einer von Amts wegen geplanten Berichtigung gleich welcher Art für die Entstehung der Entscheidung erheblich. Es kommt nicht auf die Uhrzeit an, wohl aber auf das Datum. Mangels eines stets ratsamen Datumsvermerks der Geschäftsstelle muß man gebührenmäßig wegen des Worts „nur" in § 1 S 1 im Zweifel zugunsten des Kostenschuldners eine Verfahrensbeendigung nach KVFam 1227 unterstellen, sodaß die Gebührenermäßigung eintritt.   2

Unterabschnitt 4. Zulassung der Sprungrechtsbeschwerde gegen die Endentscheidung wegen des Hauptgegenstands

Nr.	Gebührentatbestand	Gebühr oder Satz der Gebühr nach § 28 FamGKG
1228	Verfahren über die Zulassung der Sprungrechtsbeschwerde: Soweit der Antrag abgelehnt wird	1,5
1229	Verfahren über die Zulassung der Sprungrechtsbeschwerde: Soweit der Antrag zurückgenommen oder das Verfahren durch anderweitige Erledigung beendet wird ..	1,0
	Die Gebühr entsteht nicht, soweit die Sprungrechtsbeschwerde zugelassen wird.	

Zu KVFam 1228, 1229:

1) Geltungsbereich. Es stimmen wörtlich überein: KVFam 1228 mit KV 1240, Teil I A dieses Buchs; KVFam 1229 einschließlich der amtlichen Anmerkung mit KV 1241 einschließlich der dortigen amtlichen Anmerkung. Vgl daher jeweils dort. Es gibt lediglich jetzt keine dem KV 1242, 1243 entsprechenden Regelungen. Denn das FamFG kennt kein Nichtzulassungsbeschwerdeverfahren.   1

Hauptabschnitt 3. Hauptsacheverfahren in selbständigen Familiensachen der freiwilligen Gerichtsbarkeit

Abschnitt 1. Kindschaftssachen

Übersicht

1) Geltungsbereich. Abschnitt 1 steht im Hauptabschnitt 3 „Hauptsacheverfahren in selbständigen Familiensachen der freiwilligen Gerichtsbarkeit". Familiensachen dieser Art sind nur die in § 111 Z 1–11 FamFG genannten Sachen. Dazu gehören also nicht die in § 112 Z 1–3 FamFG genannten und gebührenmäßig in KVFam 1220 ff   1

KVFam Übers, Vorbem 1.3.1, 1310, 1311

geregelten Familien*streit*sachen. Unter den Familiensachen behandelt Abschnitt 1 jedoch nur die in § 111 Z 2 genannten Kindschaftssachen. Die übrigen Familiensachen der freiwilligen Gerichtsbarkeit fallen gebührenmäßig unter den Abschnitt 2 mit KVFam 1320 ff.

(Amtliche) Vorbemerkung 1.3.1:
^I Keine Gebühren werden erhoben für
1. die Pflegschaft für eine Leibesfrucht,
2. ein Verfahren, das eine freiheitsentziehende Unterbringung eines Minderjährigen oder eine freiheitsentziehende Maßnahme bei einem Minderjährigen betrifft (§ 151 Nr. 6 und 7 FamFG), und
3. ein Verfahren, das Aufgaben nach dem Jugendgerichtsgesetz betrifft.

^{II} Von dem Minderjährigen werden Gebühren nach diesem Abschnitt nur erhoben, wenn sein Vermögen nach Abzug der Verbindlichkeiten mehr als 25 000 Euro beträgt; der in § 90 Abs. 2 Nr. 8 des Zwölften Buches Sozialgesetzbuch genannte Vermögenswert wird nicht mitgerechnet.

Vorbem. I Z 2 idF Art 3 Z 1 G v 17. 7. 17, BGBl 2424, in Kraft seit 1. 10. 17, Art 5 G, ÜbergangsR § 63 FamGKG.

1) Geltungsbereich. I Z 2 gilt bei § 1631 b BGB, Hamm NJW **12**, 790.

Unterabschnitt 1. Verfahren vor dem Familiengericht

Nr.	Gebührentatbestand	Gebühr oder Satz der Gebühr nach § 28 FamGKG
1310	Verfahren im Allgemeinen .... ^I Die Gebühr entsteht nicht für Verfahren, 1. die in den Rahmen einer Vormundschaft oder Pflegschaft fallen, 2. für die die Gebühr 1313 entsteht oder 3. die mit der Anordnung einer Pflegschaft enden. ^{II} Für die Umgangspflegschaft werden neben der Gebühr für das Verfahren, in dem diese angeordnet wird, keine besonderen Gebühren erhoben.	0,5

1 **1) Geltungsbereich.** Die Vorschrift entspricht KVFam 1220. Vgl daher dort. Der Verfahrensausgang ist unbeachtbar, KG FamRZ **12**, 239. Die amtliche Anmerkung I, II grenzt die Gebührenpflicht indessen ein. Sie hat den Vorrang.

Nr.	Gebührentatbestand	Gebühr oder Satz der Gebühr nach § 28 FamGKG
1311	Jahresgebühr für jedes angefangene Kalenderjahr bei einer Vormundschaft oder Dauerpflegschaft, wenn nicht Nummer 1312 anzuwenden ist .... ^I ¹Für die Gebühr wird das Vermögen des von der Maßnahme betroffenen Minderjährigen nur berücksichtigt, soweit es nach Abzug der Verbindlichkeiten mehr als 25 000 Euro beträgt; der in § 90 Abs. 2 Nr. 8 des Zwölften Buches Sozialgesetzbuch genannte Vermögenswert wird nicht mitgerechnet. ²Ist Gegenstand der Maßnahme ein Teil des Vermögens, ist höchstens dieser Teil des Vermögens zu berücksichtigen.	5,00 € je angefangene 5000,00 € des zu berücksichtigenden Vermögens – mindestens 50,00 €

Nr.	Gebührentatbestand	Gebühr oder Satz der Gebühr nach § 28 FamGKG
	II Für das bei Anordnung der Maßnahme oder bei der ersten Tätigkeit des Familiengerichts nach Eintritt der Vormundschaft laufende und das folgende Kalenderjahr wird nur eine Jahresgebühr erhoben. III Erstreckt sich eine Maßnahme auf mehrere Minderjährige, wird die Gebühr für jeden Minderjährigen besonders erhoben. IV Geht eine Pflegschaft in eine Vormundschaft über, handelt es sich um ein einheitliches Verfahren.	
1312	Jahresgebühr für jedes angefangene Kalenderjahr bei einer Dauerpflegschaft, die nicht unmittelbar das Vermögen oder Teile des Vermögens zum Gegenstand hat.	200,00 € – höchstens eine Gebühr 1311

Zu KVFam 1311, 1312:

1) **Geltungsbereich.** Die Vorschriften stimmen inhaltlich weitgehend mit KVfG 1 11100ff, Teil III dieses Buchs, überein. Dabei entspricht KVFam 1312 KVfG 11104. Vgl daher jeweils dort.

Nr.	Gebührentatbestand	Gebühr oder Satz der Gebühr nach § 28 FamGKG
1313	Verfahren im Allgemeinen bei einer Pflegschaft für einzelne Rechtshandlungen .... I ¹Bei einer Pflegschaft für mehrere Minderjährige wird die Gebühr nur einmal aus dem zusammengerechneten Wert erhoben. ²Minderjährige, von denen nach Vorbemerkung 1.3.1 Abs. 2 keine Gebühr zu erheben ist, sind nicht zu berücksichtigen. ³Höchstgebühr ist die Summe der für alle zu berücksichtigenden Minderjährigen jeweils maßgebenden Gebühr 1311. II Als Höchstgebühr ist die Gebühr 1311 in der Höhe zugrunde zu legen, in der sie bei einer Vormundschaft entstehen würde. III Die Gebühr wird nicht erhoben, wenn für den Minderjährigen eine Vormundschaft oder eine Dauerpflegschaft, die sich auf denselben Gegenstand bezieht, besteht.	0,5 – höchstens eine Gebühr 1311

1) **Geltungsbereich.** Die Vorschrift stimmt inhaltlich weitgehend mit KVfG 1 11105, Teil III dieses Buchs, überein. Vgl daher jeweils dort.

Unterabschnitt 2. Beschwerde gegen die Endentscheidung wegen des Hauptgegenstands

Nr.	Gebührentatbestand	Gebühr oder Satz der Gebühr nach § 28 FamGKG
1314	Verfahren im Allgemeinen	1,0

1) **Geltungsbereich.** Die dem KV 1220 und dem KVFam 1222 vergleichbare 1 Vorschrift gilt im Bereich Üb 1 vor KVFam vor der amtlichen Vorbemerkung 1.3.1.

2) **Verfahrenswert.** Es gilt § 40. 2

KVFam 1315–1319

Nr.	Gebührentatbestand	Gebühr oder Satz der Gebühr nach § 28 FamGKG
1315	Beendigung des gesamten Verfahrens ohne Endentscheidung: Die Gebühr 1314 ermäßigt sich auf	0,5
	^I Wenn die Entscheidung nicht durch Verlesen der Entscheidungsformel bekannt gegeben worden ist, ermäßigt sich die Gebühr auch im Fall der Zurücknahme der Beschwerde vor Ablauf des Tages, an dem die Endentscheidung der Geschäftsstelle übermittelt wird.	
	^{II} Eine Entscheidung über die Kosten steht der Ermäßigung nicht entgegen, wenn die Entscheidung einer zuvor mitgeteilten Einigung über die Kostentragung oder einer Kostenübernahmeerklärung folgt.	
	^{III} Die Billigung eines gerichtlichen Vergleichs (§ 156 Abs. 2 FamFG) steht der Ermäßigung nicht entgegen.	

1 1) **Geltungsbereich.** Die Vorschrift entspricht wörtlich KVFam 1212. Vgl daher dort.

Unterabschnitt 3. Rechtsbeschwerde gegen die Endentscheidung wegen des Hauptgegenstands

Nr.	Gebührentatbestand	Gebühr oder Satz der Gebühr nach § 28 FamGKG
1316	Verfahren im Allgemeinen	1,5
1317	Beendigung des gesamten Verfahrens durch Zurücknahme der Rechtsbeschwerde oder des Antrags, bevor die Schrift zur Begründung der Beschwerde bei Gericht eingegangen ist: Die Gebühr 1316 ermäßigt sich auf	0,5
1318	Beendigung des gesamten Verfahrens durch Zurücknahme der Rechtsbeschwerde oder des Antrags vor Ablauf des Tages, an dem die Endentscheidung der Geschäftsstelle übermittelt wird, wenn nicht Nummer 1317 erfüllt ist: Die Gebühr 1316 ermäßigt sich auf	1,0

Zu KVFam 1316–1318:

1 1) **Geltungsbereich.** Es entsprechen: KVFam 1316 dem KVFam 1130; KVFam 1317 dem KVFam 1131; KVFam 1318 dem KVFam 1132 Haupttext. Vgl daher jeweils dort.

Unterabschnitt 4. Zulassung der Sprungrechtsbeschwerde gegen die Endentscheidung wegen des Hauptgegenstands

Nr.	Gebührentatbestand	Gebühr oder Satz der Gebühr nach § 28 FamGKG
1319	Verfahren über die Zulassung der Sprungrechtsbeschwerde: Soweit der Antrag abgelehnt wird	0,5

1 1) **Geltungsbereich.** Die Vorschrift entspricht KVFam 1228. Vgl daher dort.

Kostenverzeichnis **Vorbem 1.3.2, 1320, 1321 KVFam**

Abschnitt 2. Übrige Familiensachen der freiwilligen Gerichtsbarkeit
(Amtliche) Vorbemerkung 1.3.2:
I Dieser Abschnitt gilt für
1. Abstammungssachen,
2. Adoptionssachen, die einen Volljährigen betreffen,
3. Ehewohnungs- und Haushaltssachen,
4. Gewaltschutzsachen,
5. Versorgungsausgleichssachen sowie
6. Unterhaltssachen, Güterrechtssachen und sonstige Familiensachen (§ 111 Nr. 10 FamFG), die nicht Familienstreitsachen sind.

II In Adoptionssachen werden für Verfahren auf Ersetzung der Einwilligung zur Annahme als Kind neben den Gebühren für das Verfahren über die Annahme als Kind keine Gebühren erhoben.

III Für Verfahren über Bescheinigungen nach Abschnitt 3 Unterabschnitt 2 EUGewSchVG bestimmen sich die Gebühren nach Teil 1 Hauptabschnitt 7.

Unterabschnitt 1. Erster Rechtszug

Nr.	Gebührentatbestand	Gebühr oder Satz der Gebühr nach § 28 FamGKG
1320	Verfahren im Allgemeinen	2,0

1) **Geltungsbereich.** Ihn bezeichnet die amtliche Vorbemerkung 1.3.2 I abschließend: Abstammung, §§ 169 ff FamFG; Adoption eines Volljährigen, §§ 186 ff FamFG; Ehewohnungs- und Haushaltssachen, §§ 200 ff FamFG; Gewaltschutz, §§ 210 ff FamFG; Versorgungsausgleich, §§ 217 ff FamFG; Unterhalt, Güterrecht usw. KVFam 1320 entspricht im übrigen KVFam 1220. Vgl daher dort.   1

2) **Ermäßigung.** Vgl KVFam 1321.

Nr.	Gebührentatbestand	Gebühr oder Satz der Gebühr nach § 28 FamGKG
1321	Beendigung des gesamten Verfahrens 1. ohne Endentscheidung, 2. durch Zurücknahme des Antrags vor Ablauf des Tages, an dem die Endentscheidung der Geschäftsstelle übermittelt wird, wenn die Entscheidung nicht bereits durch Verlesen der Entscheidungsformel bekannt gegeben worden ist, oder 3. wenn die Endentscheidung keine Begründung enthält oder nur deshalb eine Begründung enthält, weil zu erwarten ist, dass der Beschluss im Ausland geltend gemacht wird (§ 38 Abs. 5 Nr. 4 FamFG): Die Gebühr 1320 ermäßigt sich auf .... I Die Vervollständigung einer ohne Begründung hergestellten Endentscheidung (§ 38 Abs. 6 FamFG) steht der Ermäßigung nicht entgegen. II Die Gebühr ermäßigt sich auch, wenn mehrere Ermäßigungstatbestände erfüllt sind.	0,5

1) **Geltungsbereich.** Vgl zunächst die amtliche Vorbemerkung 1.3.2. Die Vorschrift stimmt in Z 1 mit KVFam 1212 bis auf die Gebührenhöhe überein. Vgl daher dort. Z 2 entspricht bis auf die Gebührenhöhe einer Kombination von KVFam 1214   1

KVFam 1321–1327

(zu KVFam 1321 Hs 1) und KVFam 1212 amtliche Anmerkung I (zu KVFam 1321 Hs 2). Z 3 entspricht weitgehend KVFam 1221 Z 2. Die amtliche Anmerkung I, II entspricht wörtlich KVFam 1221 amtliche Anmerkung II, III. Vgl jeweils dort.

Unterabschnitt 2. Beschwerde gegen die Endentscheidung wegen des Hauptgegenstands

Nr.	Gebührentatbestand	Gebühr oder Satz der Gebühr nach § 28 FamGKG
1322	Verfahren im Allgemeinen	3,0
1323	Beendigung des gesamten Verfahrens durch Zurücknahme der Beschwerde oder des Antrags, bevor die Schrift zur Begründung der Beschwerde bei Gericht eingegangen ist: Die Gebühr 1322 ermäßigt sich auf	0,5
1324	Beendigung des gesamten Verfahrens ohne Endentscheidung, wenn nicht Nummer 1323 erfüllt ist: Die Gebühr 1322 ermäßigt sich auf	1,0
	I Wenn die Entscheidung nicht durch Verlesen der Entscheidungsformel bekannt gegeben worden ist, ermäßigt sich die Gebühr auch im Fall der Zurücknahme der Beschwerde vor Ablauf des Tages, an dem die Endentscheidung der Geschäftsstelle übermittelt wird.	
	II Eine Entscheidung über die Kosten steht der Ermäßigung nicht entgegen, wenn die Entscheidung einer zuvor mitgeteilten Einigung über die Kostentragung oder einer Kostenübernahmeerklärung folgt.	

Zu KVFam 1322–1324:

1 1) **Geltungsbereich.** Es entsprechen: KVFam 1322 dem KVFam 1222; KVFam 1323 dem KVFam 1223; KVFam 1324 dem KVFam 1224. Vgl daher jeweils dort. Es muß aber eine Kostenübernahme hinzukommen, Celle JB **12**, 377.

Unterabschnitt 3. Rechtsbeschwerde gegen die Endentscheidung wegen des Hauptgegenstands

Nr.	Gebührentatbestand	Gebühr oder Satz der Gebühr nach § 28 FamGKG
1325	Verfahren im Allgemeinen	4,0
1326	Beendigung des gesamten Verfahrens durch Zurücknahme der Rechtsbeschwerde oder des Antrags, bevor die Schrift zur Begründung der Rechtsbeschwerde bei Gericht eingegangen ist: Die Gebühr 1325 ermäßigt sich auf	1,0
1327	Beendigung des gesamten Verfahrens durch Zurücknahme der Rechtsbeschwerde oder des Antrags vor Ablauf des Tages, an dem die Endentscheidung der Geschäftsstelle übermittelt wird, wenn nicht Nummer 1326 erfüllt ist: Die Gebühr 1325 ermäßigt sich auf	2,0

Zu KVFam 1325–1327:

1 1) **Geltungsbereich.** Es entsprechen: KVFam 1325 dem KVFam 1225; KVFam 1326 dem KVFam 1226; KVFam 1327 dem KVFam 1227. Vgl daher jeweils dort.

Unterabschnitt 4. Zulassung der Sprungrechtsbeschwerde gegen die Endentscheidung wegen des Hauptgegenstands

Nr.	Gebührentatbestand	Gebühr oder Satz der Gebühr nach § 28 FamGKG
1328	Verfahren über die Zulassung der Sprungrechtsbeschwerde: Soweit der Antrag abgelehnt wird	1,0

1) Geltungsbereich. Die Vorschrift entspricht KVFam 1228. Vgl daher dort. 1

Hauptabschnitt 4. Einstweiliger Rechtsschutz

Schrifttum: *Schneider* NZFam **14**, 940 (Üb).

(Amtliche) Vorbemerkung 1.4:

I ¹Im Verfahren zur Erwirkung eines Europäischen Beschlusses zur vorläufigen Kontenpfändung werden Gebühren nach diesem Hauptabschnitt nur im Fall des Artikels 5 Buchstabe a der Verordnung (EU) Nr. 655/2014 erhoben. ²In den Fällen des Artikels 5 Buchstabe b der Verordnung (EU) Nr. 655/2014 bestimmen sich die Gebühren nach den für die Zwangsvollstreckung geltenden Vorschriften des GKG.

II ¹Im Verfahren auf Erlass einer einstweiligen Anordnung und über deren Aufhebung oder Änderung werden die Gebühren nur einmal erhoben. ²Dies gilt entsprechend im Arrestverfahren und im Verfahren nach der Verordnung (EU) Nr. 655/2014.

Vorbem. Fassg Art 10 Z 2 b EuKoPfVODG v 21. 11. 16, BGBl 2591, in Kraft seit 18. 1. 17, Art. 21 I G, ÜbergangsR § 63 FamGKG.

Abschnitt 1. Einstweilige Anordnung in Kindschaftssachen

Unterabschnitt 1. Erster Rechtszug

Nr.	Gebührentatbestand	Gebühr oder Satz der Gebühr nach § 28 FamGKG
1410	Verfahren im Allgemeinen	0,3
	Die Gebühr entsteht nicht für Verfahren, die in den Rahmen einer Vormundschaft oder Pflegschaft fallen, und für Verfahren, die eine freiheitsentziehende Unterbringung eines Minderjährigen oder eine freiheitsentziehende Maßnahme bei einem Minderjährigen betreffen (§ 151 Nr. 6 und 7 FamFG).	

Vorbem. Amtl Anmerkg geändert dch Art 3 Z 2 G v 17. 7. 17, BGBl 2424, in Kraft seit 1. 10. 17, Art 5 G, ÜbergangsR § 63 FamGKG.

1) Geltungsbereich. Die Vorschrift stimmt inhaltlich bis auf die Gebührenhöhe 1 mit KVFam 1310 einschließlich seiner amtlichen Anmerkung I überein. Vgl daher dort. Die auf den ersten Blick teilweise Übereinstimmung auch mit KV 1410 trügt. Das Verfahren der einstweiligen Anordnung des FamG nach dem FamFG paßt nur bedingt zum Verfahren der einstweiligen Verfügung des Prozeßgerichts nach der ZPO.

KVFam 1411, 1412, Vorbem 1.4.2, 1421

Unterabschnitt 2. Beschwerde gegen die Endentscheidung wegen des Hauptgegenstands

Nr.	Gebührentatbestand	Gebühr oder Satz der Gebühr nach § 28 FamGKG
1411	Verfahren im Allgemeinen	0,5
1412	Beendigung des gesamten Verfahrens ohne Endentscheidung: Die Gebühr 1411 ermäßigt sich auf	0,3
	ᴵ Wenn die Entscheidung nicht durch Verlesen der Entscheidungsformel bekannt gegeben worden ist, ermäßigt sich die Gebühr auch im Fall der Zurücknahme der Beschwerde vor Ablauf des Tages, an dem die Endentscheidung der Geschäftsstelle übermittelt wird. ᴵᴵ Eine Entscheidung über die Kosten steht der Ermäßigung nicht entgegen, wenn die Entscheidung einer zuvor mitgeteilten Einigung über die Kostentragung oder einer Kostenübernahmeerklärung folgt.	

Zu KVFam 1411, 1412:

1 **1) Geltungsbereich.** Die Vorschriften entsprechen bis auf die jeweiligen Gebührenhöhen wörtlich KVFam 1314, 1315. Vgl daher jeweils dort.

Abschnitt 2. Einstweilige Anordnung in den übrigen Familiensachen, Arrest und Europäischer Beschluss zur vorläufigen Kontenpfändung

Vorbem. Überschrift idF Art 10 Z 2 c EuKoPfVODG v 21. 11. 16, BGBl 2591, in Kraft seit 18. 1. 17, Art. 21 I G, ÜbergangsR § 63 FamGKG.

(Amtliche) Vorbemerkung 1.4.2:

Dieser Abschnitt gilt für Familienstreitsachen und die in Vorbemerkung 1.3.2 genannten Verfahren.

Unterabschnitt 1. Erster Rechtszug

Nr.	Gebührentatbestand	Gebühr oder Satz der Gebühr nach § 28 FamGKG
1420	Verfahren im Allgemeinen	1,5

1 **1) Geltungsbereich.** Vgl zunächst die amtliche Vorbemerkung 1.4.2. KVFam 1420 entspricht bis auf die erhebliche Abweichung der Gebührenhöhe ganz KVFam 1410. Vgl daher dort.

Nr.	Gebührentatbestand	Gebühr oder Satz der Gebühr nach § 28 FamGKG
1421	Beendigung des gesamten Verfahrens ohne Endentscheidung: Die Gebühr 1420 ermäßigt sich auf	0,5
	ᴵ Wenn die Entscheidung nicht durch Verlesen der Entscheidungsformel bekannt gegeben worden ist, ermäßigt sich die Gebühr auch im Fall der Zurücknahme des Antrags vor Ablauf des Tages, an dem die Endentscheidung der Geschäftsstelle übermittelt wird. ᴵᴵ Eine Entscheidung über die Kosten steht der Ermäßigung nicht entgegen, wenn die Entscheidung einer zuvor mitgeteilten Einigung über die Kostentragung oder einer Kostenübernahmeerklärung folgt.	

Kostenverzeichnis   **1421–1500 KVFam**

1) Geltungsbereich. Vgl zunächst die amtliche Vorbemerkung 1.4.2. KVFam 1421 entspricht im Haupttext und in der amtlichen Anmerkung I, II wörtlich KVFam 1212 und seiner amtlichen Anmerkung I, II. Vgl daher dort.   1

Unterabschnitt 2. Beschwerde gegen die Endentscheidung wegen des Hauptgegenstands

Nr.	Gebührentatbestand	Gebühr oder Satz der Gebühr nach § 28 FamGKG
1422	Verfahren im Allgemeinen	2,0
1423	Beendigung des gesamten Verfahrens durch Zurücknahme der Beschwerde oder des Antrags, bevor die Schrift zur Begründung der Beschwerde bei Gericht eingegangen ist: Die Gebühr 1422 ermäßigt sich auf	0,5

Zu KVFam 1422, 1423:

1) Geltungsbereich. KVFam 1422 entspricht bis auf die Gebührenhöhe wörtlich KVFam 1120. KVFam 1423 entspricht praktisch wörtlich KVFam 1121 ohne dessen amtliche Anmerkung. Vgl daher jeweils dort. Ein Verfahren nach § 119 II 1 FamFG zählt hierher, Schneider FamRZ **12**, 1783.   1

Nr.	Gebührentatbestand	Gebühr oder Satz der Gebühr nach § 28 FamGKG
1424	Beendigung des gesamten Verfahrens ohne Endentscheidung, wenn nicht Nummer 1423 erfüllt ist: Die Gebühr 1422 ermäßigt sich auf .... ¹ Wenn die Entscheidung nicht durch Verlesen der Entscheidungsformel bekannt gegeben worden ist, ermäßigt sich die Gebühr auch im Fall der Zurücknahme der Beschwerde vor Ablauf des Tages, an dem die Endentscheidung der Geschäftsstelle übermittelt wird. ² Eine Entscheidung über die Kosten steht der Ermäßigung nicht entgegen, wenn die Entscheidung einer zuvor mitgeteilten Einigung über die Kostentragung oder einer Kostenübernahmeerklärung folgt.	1,0

Vorbem. Amtliche Anmerkung I sprachlich korrigiert dch Art 8 Z 3 G v 8. 7. 14, BGBl 890, in Kraft seit 16. 7. 14, Art 15 II G.

1) Geltungsbereich. Die Vorschrift entspricht weitgehend KVFam 1121 ohne dessen amtliche Anmerkung. Vgl daher dort.   1

Hauptabschnitt 5. Besondere Gebühren

Nr.	Gebührentatbestand	Gebühr oder Satz der Gebühr nach § 28 FamGKG
1500	Abschluss eines gerichtlichen Vergleichs: Soweit ein Vergleich über nicht gerichtlich anhängige Gegenstände geschlossen wird .... ¹ Die Gebühr entsteht nicht im Verfahren über die Verfahrenskostenhilfe. ² Im Verhältnis zur Gebühr für das Verfahren im Allgemeinen ist § 30 Abs. 3 FamGKG entsprechend anzuwenden.	0,25

KVFam 1500

Kostenverzeichnis

Gliederung
1) Systematik, Regelungszweck 1
2) Geltungsbereich 2
3) Voraussetzungen 3–12
   A. Gerichtsverfahren 3
   B. Gerichtlicher Vergleich 4, 5
   C. Überschreitung des Verfahrenswerts 6–9
   D. Maßgeblichkeit aller einbezogenen Ansprüche 10, 11
   E. Beitritt eines Dritten 12
4) Gebührenhöhe 13, 14

1   **1) Systematik, Regelungszweck.** Die Vorschrift stimmt fast wörtlich mit KV 1900 überein, Teil I A dieses Buchs. KVFam 1500 setzt 0,25 Gebühr nur für denjenigen Teil eines vor Gericht geschlossenen Verfahrensvergleichs fest, dessen Wert den bisherigen Verfahrensgegenstand übersteigt, Rn 6, 7. Die Gebühr ist eine Handlungs- oder Aktgebühr. Sie ist keine Verfahrensgebühr, auch nicht ein Ersatz für sie. Denn der Wortlaut stellt eindeutig auf das Ergebnis ab, BLAH Einl III 39. Sie ist auch keine Entscheidungsgebühr.

2   **2) Geltungsbereich.** KVFam 1500 gilt für jeden Vergleich vor dem FamG. Die Vorschrift gilt jedoch nicht bei §§ 76 ff FamFG, § 118 ZPO, Rn 3.

3   **3) Voraussetzungen.** Es müssen die folgenden Voraussetzungen zusammentreffen.
A. Gerichtsverfahren. Die Beteiligten müssen in einem gerichtlichen Verfahren einen gerichtlichen Vergleich nach Rn 4 geschlossen haben. Es ist unerheblich, um welche Verfahrensart es sich dabei im einzelnen handelt. Ausreichend ist also auch ein vorläufiges Verfahren, etwa ein Eilverfahren, ein Güteverfahren, ein Beschwerdeverfahren, ein selbständiges Beweisverfahren oder ein Vollstreckungsverfahren.

Ein im *Verfahrenskostenhilfeverfahren* nach §§ 76 ff FamFG, § 118 ZPO geschlossener Vergleich ist gerichtsgebührenfrei, amtliche Anmerkung S 1. Das gilt selbst dann, wenn die Beteiligten ihn vor der Einlegung eines Rechtsmittels im Verfahrenskostenhilfeverfahren höherer Instanz geschlossen haben und wenn sie weitere Ansprüche in den Vergleich hineingezogen haben. Das ergibt sich aus der kostenrechtlichen Begünstigung des Prozeß- oder Verfahrenskostenhilfeverfahrens.

4   **B. Gerichtlicher Vergleich.** Die Beteiligten müssen in diesem Gerichtsverfahren auch gerade einen gerichtlichen Vergleich vor dem Richter oder Rpfl abgeschlossen haben. Er erfordert im Gegensatz zur Einigung nach VV 1000, Teil X dieses Buchs, ein gegenseitiges Nachgeben der Beteiligten. Es ist nicht erforderlich, daß die Voraussetzungen des § 794 I Z 1 ZPO erfüllt sind, Brdb FamRZ **17**, 1958. Es kann also ausreichen, daß die Beteiligten die Einigung trotz eines Anwaltszwangs ohne die Mitwirkung von Anwälten schließen, etwa anläßlich einer Scheidung, Mümmler JB **78**, 161, wenn diese Einigung vor dem Gericht stattfindet. Auch ein Vergleich nach § 113 I 2 FamFG in Verbindung mit § 278 VI ZPO ist ausreichend.

5   Ein gerichtlicher Vergleich liegt auch dann *nicht* vor, wenn die Beteiligten einen Vergleichsvorschlag des Gerichts nur außerhalb von § 278 VI ZPO lediglich *außergerichtlich* annehmen oder wenn es sich um einen Anwaltsvergleich nach §§ 796 a–c ZPO handelt, bei dem das Gericht ja nur für die Vollstreckbarerklärung zuständig ist, nicht jedoch für das Zustandekommen oder für seinen Inhalt. Es liegt auch kein gerichtlicher Vergleich vor, wenn die Einigung vor einer Gütestelle stattfindet.

6   **C. Überschreitung des Verfahrenswerts.** Den gerichtlichen Vergleich gilt allgemeine Verfahrensgebühr der Instanz ab, soweit er lediglich den bisherigen Verfahrenswert betrifft. Eine Erklärung im Vergleich, zB eine Auflassung, löst auch nicht noch andere Gebühren aus, etwa diejenigen nach dem GNotKG, Teil III dieses Buchs.

7   Eine Vergleichsgebühr entsteht also nach Rn 1 nur, soweit jeweils der Wert des Vergleichs denjenigen des bisherigen Verfahrensgegenstands *übersteigt*, BGH JB **79**, 1796. Dabei ist „Vergleichsgegenstand" der vom Vergleich betroffene Gegenstand, nicht etwa der danach geschuldete. Um das zu ermitteln, ob und inwieweit KVFam 1500 anwendbar ist, muß man den Wert des bisherigen Verfahrens und denjenigen des gerichtlichen Vergleichs miteinander vergleichen und die Werte notfalls festsetzen. Dabei darf der Gegenstand des Mehrwerts bisher überhaupt noch nicht irgendwie gerichtlich anhängig gewesen sein, Schneider NZFam **14**, 550.

Soweit der Verfahrenswert selbst bei *unterschiedlichen* Verfahrensgegenständen gleich hoch bleibt, entsteht keine Gebühr. Das gilt zB dann, wenn der Antragsteller einen gesetzlichen Unterhalt für ein Jahr fordert, wenn sich die Beteiligten aber für einen unbeschränkten Zeitraum vergleichen. Denn der Verfahrenswert bleibt dann unverändert. Verschieden sind die Verfahrenswerte dagegen fast immer dann, wenn die Beteiligten die Hauptsache im Eilverfahren vergleichen. Die beiden Verfahren dienen ja verschiedenen Zwecken. 8

Man muß die Bedeutung einer Generalklausel *„zur Abfindung aller Ansprüche"* und ähnlicher Formulierungen im Einzelfall ermitteln. Eine solche Klausel kann den Verfahrensgegenstand betreffen, aber auch alle Ansprüche eines oder beider Beteiligten. 9

D. Maßgeblichkeit aller einbezogenen Ansprüche. Maßgeblich für den Vergleichswert sind alle irgendwie streitigen in den gerichtlichen Vergleich einbezogenen *Ansprüche*. Bei der Einbeziehung eines bisher unstreitigen Rechtsverhältnisses muß man zwar von § 779 BGB ausgehen. Man muß den dortigen Begriff „Unsicherheit" aber weit auslegen, Zweibr MDR **78**, 496 (Interesse an der Titulierung), Markl Festschrift für Schmidt (1981) 87, Schmidt MDR **75**, 27. 10

Man muß also zB unterscheiden, ob der Vergleich das Rechtsverhältnis *nur aufklärend* (deklaratorisch) behandelt, so daß dieser Punkt unberücksichtigt bleibt, oder ob die Beteiligten einen *besonderen Vollstreckungstitel* auch für diesen Punkt schaffen wollten, oder ob in Wahrheit nur eine unstreitige Erklärung beurkundet werden sollte, um zB die Kosten einer Auflassung zu ersparen, Schmidt MDR **75**, 26. 11

E. Beitritt eines Dritten. Der Beitritt eines Dritten zum gerichtlichen Vergleich erhöht den Vergleichsgegenstand nicht. Denn er betrifft keinen neuen Verfahrensgegenstand. 12

Beispiel für die Anwendbarkeit von KVFam 1500: Der Antragsteller hat einen Teilbetrag von 1000 EUR eingefordert. Die Beteiligten haben den gesamten Anspruch dahin verglichen, daß der Antragsgegner 8000 EUR zahlt.

Die Beteiligten haben den gerichtlichen Vergleich erst dann wirksam abgeschlossen, wenn eine etwaige *Widerrufsfrist abgelaufen* ist.

4) Gebührenhöhe. Die Gebühr berechnet sich nach Rn 6–12 nach dem Unterschied der Verfahrenswerte. Für die Einzelwerte gelten §§ 33 ff FamGKG, § 113 I 2 FamFG in Verbindung mit 3 ZPO. Wenn sich die Gebühr trotz unterschiedlicher Verfahrenswerte nicht erhöht, darf man auch nichts erheben. Wenn der Antragsteller eine Rentenrate eingefordert hat und wenn der gerichtliche Vergleich den gesamten Rentenanspruch ergreift, berechnet man die Vergleichsgebühr aus demjenigen Zeitraum, um den 5 Jahre diejenige Zeit übersteigen, für die der Antragsteller den Anspruch hat. Die Gebühr berechnet sich auch in der höheren Instanz ohne eine Erhöhung. Sie beträgt also immer eine 0,25 Gebühr. 13

Die *Verfahrensgebühr* erhöht sich durch einen gerichtlichen Vergleich nicht. Die Vergleichsgebühr wird nicht etwa im Ergebnis auf die Verfahrensgebühr angerechnet. Denn die Verfahrensgebühr ist, wenn überhaupt, vor dem Entstehen der Vergleichsgebühr entstanden. Natürlich gilt das erst für eine Verfahrensgebühr für ein anderes Verfahren, Rn 13–15. Wegen verschiedener Gebührensätze gilt nach der amtlichen Anmerkung S 2 des § 30 III FamGKG (und damit § 36 III GKG, Teil I A dieses Buchs) entsprechend, Schneider NZFam **14**, 551. 14

Nr.	Gebührentatbestand	Gebühr oder Satz der Gebühr nach § 28 FamGKG
1501	Auferlegung einer Gebühr nach § 32 FamGKG wegen Verzögerung des Verfahrens	wie vom Gericht bestimmt

1) Geltungsbereich. Die Vorschrift stimmt mit KV 1901 praktisch wörtlich überein, Teil I A dieses Buchs. Vgl daher dort. 1

KVFam 1502, 1503, Vorbem 1.6, 1600

Nr.	Gebührentatbestand	Gebühr oder Satz der Gebühr nach § 28 FamGKG
1502	Anordnung von Zwangsmaßnahmen durch Beschluss nach § 35 FamFG: je Anordnung	20,00 €

1 **1) Geltungsbereich.** Die Vorschrift steht im Hauptabschnitt 5 „Besondere Gebühren" und nicht im Hauptabschnitt 6 „Vollstreckung". Daher erfaßt sie mit ihrer Verweisung auf § 35 FamFG nur dessen I–III, V, nicht dessen spezielleren IV, den KVFam 1602 vorrangig regelt.

Zwangsmaßnahme ist in KVFam 1502 also nur ein Vorgang außerhalb einer Vollstreckung. Er umfaßt in diesen Grenzen sowohl ein Zwangsgeld als auch eine Zwangshaft.

2 **2) Mehrheit von Anordnungen.** Jede Anordnung löst die Festgebühr aus. Das gilt hier auch dann, wenn mehrere Anordnungen dieselbe Verpflichtung betreffen. Denn es fehlt hier abweichend von KVFam 1602 amtliche Anmerkung S 1 eine Begrenzung.

Nr.	Gebührentatbestand	Gebühr oder Satz der Gebühr nach § 28 FamGKG
1503	Selbständiges Beweisverfahren	1,0

1 **1) Systematik, Regelungszweck.** Die Vorschrift entspricht ganz KV 1610, Teil I A dieses Buches, Teil I A dieses Buchs. Vgl daher dort, Schneider NZFam **14**, 128 (Üb).

Hauptabschnitt 6. Vollstreckung

(Amtliche) Vorbemerkung 1.6:

[1] Die Vorschriften dieses Hauptabschnitts gelten für die Vollstreckung nach Buch 1 Abschnitt 8 des FamFG, soweit das Familiengericht zuständig ist. [2] Für Handlungen durch das Vollstreckungs- oder Arrestgericht werden Gebühren nach dem GKG erhoben.

1 **1) Geltungsbereich.** Buch 1 Abschnitt 8 FamFG umfaßt §§ 86–96 FamFG. § 86 I Z 1–3 FamFG eröffnet eine Vollstreckung aus einem gerichtlichen Beschluß, einem gerichtlich gebilligten Vergleich und weiteren Vollstreckungstiteln nach § 784 ZPO, soweit die Beteiligten über den Verfahrensgegenstand verfügen können. §§ 88 ff FamFG regeln die Vollstreckung über eine Herausgabe einer Person und über den Umgang. § 95 FamFG macht die ZPO auf eine Vollstreckung wegen der dort I Z 1–5 genannten Lagen entsprechend anwendbar. § 96 FamFG behandelt die Vollstreckung nach dem GewSchG und in einer Wohnungszuweisungssache.

Nr.	Gebührentatbestand	Gebühr oder Satz der Gebühr nach § 28 FamGKG
1600	Verfahren über den Antrag auf Erteilung einer weiteren vollstreckbaren Ausfertigung (§ 733 ZPO) .... [1] Die Gebühr wird für jede weitere vollstreckbare Ausfertigung gesondert erhoben. [2] Sind wegen desselben Anspruchs in einem Mahnverfahren gegen mehrere Personen gesonderte Vollstreckungsbescheide erlassen worden und werden hiervon gleichzeitig mehrere weitere vollstreckbare Ausfertigungen beantragt, wird die Gebühr nur einmal erhoben.	20,00 €

Kostenverzeichnis **1600–1603, Vorbem 1.7 KVFam**

1) Geltungsbereich. Die Vorschrift stimmt im Haupttext und in der amtlichen Anmerkung wörtlich mit KV 2110 überein, Teil I A dieses Buchs. Vgl daher dort. 1

Nr.	Gebührentatbestand	Gebühr oder Satz der Gebühr nach § 28 FamGKG
1601	Anordnung der Vornahme einer vertretbaren Handlung durch einen Dritten	20,00 €
1602	Anordnung von Zwangs- oder Ordnungsmitteln: je Anordnung	20,00 €
	[1] Mehrere Anordnungen gelten als eine Anordnung, wenn sie dieselbe Verpflichtung betreffen. [2] Dies gilt nicht, wenn Gegenstand der Verpflichtung die wiederholte Vornahme einer Handlung oder eine Unterlassung ist.	

Zu KVFam 1601, 1602:

1) Geltungsbereich. Die Vorschriften ähneln ein wenig KV 2111, Teil I A dieses Buchs. Sie haben aber einen anderen Geltungsbereich. Eine Antragszurückweisung reicht nicht, aM AG Büdingen FamRZ **13**, 323 (aber „Anordnung" ist nach § 1 S 1 etwas anderes als deren Ablehnung). 1

A. Zwangsmittel. Nach § 35 FamFG kann das Gericht zur Durchsetzung einer Anordnung auf die Vornahme oder Unterlassung einer Handlung grundsätzlich ein Zwangsgeld oder Zwangshaft festsetzen.

B. Ordnungsmittel. Nach § 89 I FamFG soll das Gericht bei einem Verstoß gegen einen Vollstreckungstitel zur Herausgabe einer Person oder zur Umgangsregelung ein Ordnungsgeld oder eine Ordnungshaft anordnen. 2

Nr.	Gebührentatbestand	Gebühr oder Satz der Gebühr nach § 28 FamGKG
1603	Verfahren zur Abnahme einer eidesstattlichen Versicherung (§ 94 FamFG)	35,00 €
	Die Gebühr entsteht mit der Anordnung des Gerichts, dass der Verpflichtete eine eidesstattliche Versicherung abzugeben hat, oder mit dem Eingang des Antrags des Berechtigten.	

1) Geltungsbereich. Die Vorschrift ähnelt KV 2114, Teil I A dieses Buchs. Sie hat aber einen anderen Geltungsbereich, nämlich den Fall, daß das FamG anordnet, über den Verbleib einer herauszugebenden Person dem Verpflichteten eine eidesstattliche Versicherung nach § 94 S 1 FamFG abzunehmen. Das Verfahren richtet sich gemäß § 94 S 2 FamFG nach §§ 883 II–IV, 900 I, 901, 902, 904–910, 913 ZPO. 1

Hauptabschnitt 7. Verfahren mit Auslandsbezug

(Amtliche) Vorbemerkung 1.7:
   In Verfahren nach dem EUGewSchVG, mit Ausnahme der Verfahren über Bescheinigungen nach Abschnitt 3 Unterabschnitt 2 EUGewSchVG, bestimmen sich die Gebühren nach Teil 1 Hauptabschnitt 3 Abschnitt 2.

Vorbem. Amtliche Vorbemerkung 1.7 eingefügt dch Art 3 Z 3b G v 5. 12. 14, BGBl 1964, in Kraft seit 11. 1. 15, Art 5 I G, ÜbergangsR § 63 FamGKG. Das genannte EuGewSchVG ist Art 1 des vorgenannten G v 5. 12. 14.

KVFam 1710–1712 Kostenverzeichnis

Abschnitt 1. Erster Rechtszug

Nr.	Gebührentatbestand	Gebühr oder Satz der Gebühr nach § 28 FamGKG
1710	Verfahren über Anträge auf 1. Erlass einer gerichtlichen Anordnung auf Rückgabe des Kindes oder über das Recht zum persönlichen Umgang nach dem IntFamRVG, 2. Vollstreckbarerklärung ausländischer Titel, 3. Feststellung, ob die ausländische Entscheidung anzuerkennen ist, einschließlich der Anordnungen nach § 33 IntFamRVG zur Wiederherstellung des Sorgeverhältnisses, 4. Erteilung der Vollstreckungsklausel zu ausländischen Titeln und 5. Aufhebung oder Abänderung von Entscheidungen in den in den Nummern 2 bis 4 genannten Verfahren ...	240,00 €

1 **1) Geltungsbereich.** KVFam 1710 Z 1 neu. Z 2 entspricht wörtlich KV 1510 Z 1, Teil I A dieses Buchs. Z 3 entspricht in Hs 1 wörtlich KV 1510 Z 2; in Hs 2 Bezug auf einen nicht vorhandenen „§ 33 IntFamRVG" (es gibt nur einen *Art* 33 IntFamRVG mit anderem Inhalt). Z 4 entspricht wörtlich KV 1510 Z 3. Z 3 entspricht inhaltlich KV 1510 Z 4. Vgl daher insofern jeweils dort.

2 **2) Ermäßigung.** Vgl KVFam 1715.

Nr.	Gebührentatbestand	Gebühr oder Satz der Gebühr nach § 28 FamGKG
1711	Verfahren über den Antrag auf Ausstellung einer Bescheinigung nach § 57 AVAG, § 48 IntFamRVG oder § 14 EUGewSchVG oder auf Ausstellung des Formblatts oder der Bescheinigung nach § 71 Abs. 1 AUG	15,00 €

Vorbem. Änderg dch Art 3 Z 3c G v 5. 12. 14, BGBl 1964, in Kraft seit 11. 1. 15, Art 5 I G. ÜbergangsR §§ 63, 64 FamGKG. Das EUGewSchVG ist Art 1 des G v 5. 12. 14.

1 **1) Geltungsbereich.** Die Vorschrift stimmt mit KV 1512 überein, Teil I A dieses Buchs. Sie nennt zusätzlich den inhaltlich entsprechenden § 48 IntFamRVG sowie § 13 EUGewSchG mit ihren Bescheinigungen nach Art 39 VO (EG) Nr 2201/2003 oder nach Artt 41, 42 derselben VO (EuEheVO) vom 27. 11. 03/23. 12. 03, ABl EG L 338 S 1, genannt „Brüssel IIa", und nach dem EUGewSchVG sowie nach § 71 I AUG. Vgl daher bei KV 1512, Teil I A dieses Buchs.

Nr.	Gebührentatbestand	Gebühr oder Satz der Gebühr nach § 28 FamGKG
1712	Verfahren über den Antrag auf Ausstellung einer Bestätigung nach § 1079 ZPO	20,00 €

1 **1) Geltungsbereich.** Die Vorschrift stimmt praktisch wörtlich mit KV 1513 überein, Teil I A dieses Buchs. Vgl daher dort.

2 **2) Fälligkeit; Kostenschuldner.** Die Fälligkeit richtet sich nach § 9 I. Der *Kostenschuldner* ergibt sich aus §§ 21, 24.

Kostenverzeichnis **1713–1715 KVFam**

Nr.	Gebührentatbestand	Gebühr oder Satz der Gebühr nach § 28 FamGKG
1713	**Verfahren nach** **1. § 3 Abs. 2 des Gesetzes zur Ausführung des Vertrags zwischen der Bundesrepublik Deutschland und der Republik Österreich vom 6. Juni 1959 über die gegenseitige Anerkennung und Vollstreckung von gerichtlichen Entscheidungen, Vergleichen und öffentlichen Urkunden in Zivil- und Handelssachen in der im Bundesgesetzblatt Teil III, Gliederungsnummer 319-12, veröffentlichten bereinigten Fassung, das zuletzt durch Artikel 23 des Gesetzes vom 27. Juli 2001 (BGBl. I S. 1887) geändert worden ist, und** **2. § 34 Abs. 1 AUG**	60,00 €

1) **Geltungsbereich.** Z 1 stimmt wörtlich mit KV 1514 überein, Teil I A dieses 1
Buchs. Vgl daher dort. Z 2 erfaßt das Verfahren zur Bestimmung des vollstreckungsfähigen Inhalts eines ausländischen Titels nach § 34 I AUG.

2) **Fälligkeit; Kostenschuldner.** Die Fälligkeit richtet sich nach § 9 I. 2
Der *Kostenschuldner* ergibt sich aus §§ 21, 24.

Nr.	Gebührentatbestand	Gebühr oder Satz der Gebühr nach § 28 FamGKG
1714	**Verfahren über den Antrag nach § 107 Abs. 5, 6 und 8, § 108 Abs. 2 FamFG:** **Der Antrag wird zurückgewiesen**	240,00 €

1) **Geltungsbereich.** Die Vorschrift ähnelt teilweise KV 1510 Z 1, Teil I A die- 1
ses Buchs. Der in KVFam 1714 genannte § 107 V, VI, VIII FamFG stimmt weitgehend mit § 107 IV, V, VII FamFG überein. Der in KVFam 1714 weiter genannte § 108 II FamFG besagt: Ein Beteiligter mit einem rechtlichen Interesse an der Anerkennung oder Nichtanerkennung einer ausländischen Eheentscheidung kann dazu eine Entscheidung beantragen (Besonderheiten bei einer Adoptionsentscheidung).

2) **Ermäßigung.** Vgl KVFam 1715. 2

3) **Fälligkeit; Kostenschuldner.** Die Fälligkeit richtet sich nach § 9 I.
Der *Kostenschuldner* ergibt sich aus §§ 21, 24.

Nr.	Gebührentatbestand	Gebühr oder Satz der Gebühr nach § 28 FamGKG
1715	**Beendigung des gesamten Verfahrens durch Zurücknahme des Antrags vor Ablauf des Tages, an dem die Endentscheidung der Geschäftsstelle übermittelt wird, wenn die Entscheidung nicht bereits durch Verlesen der Entscheidungsformel bekannt gegeben worden ist:** **Die Gebühr 1710 oder 1714 ermäßigt sich auf**	90,00 €

1) **Geltungsbereich.** Die Vorschrift gilt nur in den Fällen KVFam 1710, 1714. 1
Vgl daher dort. Die Vorschrift stimmt im übrigen praktisch wörtlich mit KVFam 1321 Z 2 überein. Vgl daher auch dort.

KVFam 1720–1723

Abschnitt 2. Beschwerde und Rechtsbeschwerde gegen die Endentscheidung wegen des Hauptgegenstands

Nr.	Gebührentatbestand	Gebühr oder Satz der Gebühr nach § 28 FamGKG
1720	Verfahren über die Beschwerde oder Rechtsbeschwerde in den in den Nummern 1710, 1713 und 1714 genannten Verfahren	360,00 €
1721	Beendigung des gesamten Verfahrens durch Zurücknahme der Beschwerde, der Rechtsbeschwerde oder des Antrags, bevor die Schrift zur Begründung des Rechtsmittels bei Gericht eingegangen ist: Die Gebühr 1720 ermäßigt sich auf	90,00 €
1722	Beendigung des gesamten Verfahrens ohne Endentscheidung, wenn nicht Nummer 1721 erfüllt ist: Die Gebühr 1720 ermäßigt sich auf	180,00 €
	[I] Wenn die Entscheidung nicht durch Verlesen der Entscheidungsformel bekannt gegeben worden ist, ermäßigt sich die Gebühr auch im Fall der Zurücknahme der Beschwerde oder der Rechtsbeschwerde vor Ablauf des Tages, an dem die Endentscheidung der Geschäftsstelle übermittelt wird.	
	[II] Eine Entscheidung über die Kosten steht der Ermäßigung nicht entgegen, wenn die Entscheidung einer zuvor mitgeteilten Einigung über die Kostentragung oder einer Kostenübernahmeerklärung folgt.	

Zu KVFam 1720–1722:

1 **1) Geltungsbereich.** Es entsprechen: KVFam 1720 den KVFam 1222, 1225; KVFam 1721 dem KVFam 1213; KVFam 1722 dem KVFam 1212. Vgl daher jeweils dort.

Nr.	Gebührentatbestand	Gebühr oder Satz der Gebühr nach § 28 FamGKG
1723	Verfahren über die Beschwerde in 1. den in den Nummern 1711 und 1712 genannten Verfahren, 2. Verfahren nach § 245 FamFG oder 3. Verfahren über die Berichtigung oder den Widerruf einer Bestätigung nach § 1079 ZPO: Die Beschwerde wird verworfen oder zurückgewiesen	60,00 €

1 **1) Geltungsbereich, Z 1–3.** Die mit KV 1523, Teil I A dieses Buchs, inhaltlich etwa vergleichbare Vorschrift läßt die Festgebühr wie dort nur entstehen, soweit das FamG eine Beschwerde als unzulässig verwirft oder als unbegründet zurückweist. Auch dann muß einer der in Z 1–3 genannten Fälle vorliegen. Jeder dieser Fälle kann eine Festgebühr auslösen.

2 **A. Bescheinigung nach § 56 AVAG oder § 48 IntFamRVG, Z 1.** Vgl zum jeweiligen Geltungsbereich KVFam 1711 Rn 1, 1712 Rn 2.

3 **B. Bezifferung dynamisierter Unterhaltstitel zur Zwangsvollstreckung im Ausland nach § 245 FamFG, Z 2.** Es geht um ein Beschwerdeverfahren wegen eines gesetzlichen Unterhalts nach § 1612a BGB als Prozentsatz des Mindestunter-

Kostenverzeichnis   **1723–1911 KVFam**

halts. Nach § 245 III FamFG sind im Beschwerdeverfahren die Vorschriften über die Anfechtung der Entscheidung über die Erteilung einer Vollstreckungsklausel entsprechend anwendbar.

C. Bestätigung nach § 1079 ZPO, Z 3. Vgl zum Geltungsbereich KVFam 1712 Rn 1. Hier geht es freilich nur um eine Beschwerde im Verfahren über eine Berichtigung oder über den Widerruf einer solchen Bestätigung. 4

Hauptabschnitt 8. Rüge wegen Verletzung des Anspruchs auf rechtliches Gehör

Nr.	Gebührentatbestand	Gebühr oder Satz der Gebühr nach § 28 FamGKG
1800	Verfahren über die Rüge wegen Verletzung des Anspruchs auf rechtliches Gehör (§§ 44, 113 Abs. 1 Satz 2 FamFG, § 321a ZPO): Die Rüge wird in vollem Umfang verworfen oder zurückgewiesen	60,00 €

1) **Geltungsbereich.** Die Vorschrift stimmt praktisch wörtlich mit KV 1700 überein, Teil I A dieses Buchs. Vgl daher dort. 1
Unanwendbar ist KVFam 1800 wegen § 1 I 1 („nur") für § 61 FamGKG, Karlsr FamRZ **15**, 955.

Hauptabschnitt 9. Rechtsmittel im Übrigen

Abschnitt 1. Sonstige Beschwerden

Nr.	Gebührentatbestand	Gebühr oder Satz der Gebühr nach § 28 FamGKG
1910	Verfahren über die Beschwerde in den Fällen der § 71 Abs. 2, § 91a Abs. 2, § 99 Abs. 2, § 269 Abs. 5 oder § 494a Abs. 2 Satz 2 ZPO	90,00 €

1) **Geltungsbereich.** Die Vorschrift stimmt wörtlich mit KV 1810 überein, Teil I A dieses Buchs. Vgl daher dort. 1

Nr.	Gebührentatbestand	Gebühr oder Satz der Gebühr nach § 28 FamGKG
1911	Beendigung des gesamten Verfahrens ohne Endentscheidung: Die Gebühr 1910 ermäßigt sich auf .... ⁱ Wenn die Entscheidung nicht durch Verlesen der Entscheidungsformel bekannt gegeben worden ist, ermäßigt sich die Gebühr auch im Fall der Zurücknahme der Beschwerde vor Ablauf des Tages, an dem die Endentscheidung der Geschäftsstelle übermittelt wird. ⁱⁱ Eine Entscheidung über die Kosten steht der Ermäßigung nicht entgegen, wenn die Entscheidung einer zuvor mitgeteilten Einigung über die Kostentragung oder einer Kostenübernahmeerklärung folgt.	60,00 €

1) **Geltungsbereich.** Die Vorschrift entspricht einschließlich ihrer amtlichen Anmerkung der Regelung KVFam 1212, Teil I A dieses Buchs. Vgl daher dort. 1

KVFam 1912–1924

Nr.	Gebührentatbestand	Gebühr oder Satz der Gebühr nach § 28 FamGKG
1912	Verfahren über eine nicht besonders aufgeführte Beschwerde, die nicht nach anderen Vorschriften gebührenfrei ist: Die Beschwerde wird verworfen oder zurückgewiesen	60,00 €
	Wird die Beschwerde nur teilweise verworfen oder zurückgewiesen, kann das Gericht die Gebühr nach billigem Ermessen auf die Hälfte ermäßigen oder bestimmen, dass eine Gebühr nicht zu erheben ist.	

1 **1) Geltungsbereich.** Die Vorschrift stimmt einschließlich ihrer amtlichen Anmerkung wörtlich mit KV 1812 nebst der dortigen amtlichen Anmerkung überein, Teil I A dieses Buchs. Vgl daher dort. Auch eine Teilzurückweisung reicht aus, Kblz FamRZ **13**, 323.
Unanwendbar ist KVFam 1912 bei einer mangels Beschwer im Einzelfall unzulässigen Beschwerde, KG JB **17**, 87.

Abschnitt 2. Sonstige Rechtsbeschwerden

Nr.	Gebührentatbestand	Gebühr oder Satz der Gebühr nach § 28 FamGKG
1920	Verfahren über die Rechtsbeschwerde in den Fällen von § 71 Abs. 1, § 91a Abs. 1, § 99 Abs. 2, § 269 Abs. 4 oder § 494a Abs. 2 Satz 2 ZPO	180,00 €
1921	Beendigung des gesamten Verfahrens durch Zurücknahme der Rechtsbeschwerde oder des Antrags, bevor die Schrift zur Begründung der Rechtsbeschwerde bei Gericht eingegangen ist: Die Gebühr 1920 ermäßigt sich auf	60,00 €
1922	Beendigung des gesamten Verfahrens durch Zurücknahme der Rechtsbeschwerde oder des Antrags vor Ablauf des Tages, an dem die Endentscheidung der Geschäftsstelle übermittelt wird, wenn nicht Nummer 1921 erfüllt ist: Die Gebühr 1920 ermäßigt sich auf	90,00 €
1923	Verfahren über eine nicht besonders aufgeführte Rechtsbeschwerde, die nicht nach anderen Vorschriften gebührenfrei ist: Die Rechtsbeschwerde wird verworfen oder zurückgewiesen	120,00 €
	Wird die Rechtsbeschwerde nur teilweise verworfen oder zurückgewiesen, kann das Gericht die Gebühr nach billigem Ermessen auf die Hälfte ermäßigen oder bestimmen, dass eine Gebühr nicht zu erheben ist.	
1924	Verfahren über die in Nummer 1923 genannten Rechtsbeschwerden: Beendigung des gesamten Verfahrens durch Zurücknahme der Rechtsbeschwerde oder des Antrags vor Ablauf des Tages, an dem die Endentscheidung der Geschäftsstelle übermittelt wird:	60,00 €

Zu KVFam 1920–1924:

Kostenverzeichnis **1924, 1930, Übers, Vorbem 2 KVFam**

1) Geltungsbereich. Es gibt die folgenden Übereinstimmungen: KVFam 1920 wörtlich mit KV 1823, Teil I A dieses Buchs; KVFam 1921 praktisch wörtlich mit KV 1824; KVFam 1922 praktisch wörtlich mit KV 1825; KVFam 1923 praktisch wörtlich mit KV 1826; KVFam 1924 praktisch wörtlich mit KV 1827. Vgl daher jeweils dort.

Abschnitt 3. Zulassung der Sprungrechtsbeschwerde in sonstigen Fällen

Nr.	Gebührentatbestand	Gebühr oder Satz der Gebühr nach § 28 FamGKG
1930	Verfahren über die Zulassung der Sprungrechtsbeschwerde in den nicht besonders aufgeführten Fällen: Wenn der Antrag abgelehnt wird	60,00 €

1) Geltungsbereich. Die Vorschrift entspricht bis auf die Gebührenhöhe ganz KVFam 1228. Vgl daher dort.

Teil 2. Auslagen

Übersicht

1) Systematik. Auslagen schuldet man nur nach KVFam 2000 ff. Soweit diese Vorschriften keinen Auslagenersatz vorsehen, entsteht nach § 1 S 1 auch keine Ersatzpflicht. Das gilt insbesondere wegen der Verwendung von Papier, Verpackung usw. Ein Anspruch läßt sich auch nicht darauf stützen, daß aus der vom Staat bezahlten Auslage eine Bereicherung des Begünstigten entstanden sei. Denn die Gebühren gelten grundsätzlich die Auslagen schon mit ab.

2) Geltungsbereich. KVFam 2000 ff gelten für sämtliche Verfahren, auf die das FamGKG anwendbar ist.

KVFam 2000 ff gelten *nicht* für solche Auslagen, die ein *Dritter* veranlaßt hat, etwa durch seinen Antrag auf die Erteilung einer Abschrift oder Kopie. Solche Auslagen setzt die Justizverwaltung nach den Verwaltungsvorschriften fest, zB nach dem JVKostG, Teil VIII dieses Buchs.

3) Verauslagung. Die Barauslagen müssen wirklich entstanden sein. Sie sind ohne einen Mindestsatz und ohne eine Abrundung ersetzbar. Postentgelte entstehen grundsätzlich nicht. Die Verfahrenspauschalgebühr gilt sie ab. Vgl aber KVFam 2001, 2002 und die amtliche Vorbemerkung 2 I–IV. Das gilt auch für Ladungen und Zustellungen sowie für Aktenversendungen.

Es entsteht *kein* Anspruch der Staatskasse auf den Ersatz ihrer *Fernsprechgebühren*.

4) Auslagenfreiheit. Man muß die Auslagenfreiheit von der Gebührenfreiheit unterscheiden. Eine Kostenfreiheit schließt eine Auslagenfreiheit ein, § 2. Der Auslagenschuldner ergibt sich aus § 23. Ein Auslagenvorschuß richtet sich nach § 16.

5) Verfahrenskostenhilfe. Eine Verfahrenskostenhilfe befreit grundsätzlich von allen baren Auslagen, § 79 FamFG in Verbindung mit § 122 I ZPO. Wenn das Gericht die Verfahrenskostenhilfe nur für einen Teil bewilligt hat und wenn die Auslagen für den gesamten Anspruch entstanden sind, muß man eine angemessene Verteilung vornehmen.

6) Nichterhebung. Eine Nichterhebung der Auslagen ist evtl nach § 20 I 2 erforderlich.

(Amtliche) Vorbemerkung 2:

I Auslagen, die durch eine für begründet befundene Beschwerde entstanden sind, werden nicht erhoben, soweit das Beschwerdeverfahren gebührenfrei ist; dies gilt jedoch nicht, soweit die Beschwerdegericht die Kosten dem Gegner des Beschwerdeführers auferlegt hat.

II Sind Auslagen durch verschiedene Rechtssachen veranlasst, werden sie auf die mehreren Rechtssachen angemessen verteilt.

KVFam Vorbem 2, 2000   Kostenverzeichnis

III [1] In Kindschaftssachen werden von dem Minderjährigen Auslagen nur unter den in Vorbemerkung 1.3.1 Abs. 2 genannten Voraussetzungen erhoben. [2] In den in Vorbemerkung 1.3.1 Abs. 1 genannten Verfahren werden keine Auslagen erhoben; für eine freiheitsentziehende Unterbringung eines Minderjährigen und eine freiheitsentziehende Maßnahme bei einem Minderjährigen (§ 151 Nr. 6 und 7 FamFG) gilt dies auch im Verfahren über den Erlass einer einstweiligen Anordnung. [3] Die Sätze 1 und 2 gelten nicht für die Auslagen 2013.

IV Bei Handlungen durch das Vollstreckungs- oder Arrestgericht werden Auslagen nach dem GKG erhoben.

Vorbem. III 2 geändert dch Art 3 Z 3 G v 17. 7. 17, BGBl 2424, in Kraft seit 1. 10. 17, Art 5 G, ÜbergangsR § 63 FamGKG.

1   **1) Geltungsbereich, I–IV.** Nach der amtlichen Vorbemerkung 2 I entsteht eine Erstattungspflicht bei einer die Vorinstanz aufhebenden stattgebenden oder zurückverweisenden Beschwerdeentscheidung nur in den folgenden Fällen. **A. Gebührenpflicht.** Die Auslagen entstehen, soweit das Gericht eine Gebühr erhebt. Gebührenfrei ist eine erfolgreiche Beschwerde zB, soweit erst der Verwerfung oder Zurückweisung gebührenpflichtig wäre. Trotzdem kann eine Auslagenpflicht entstehen, soweit schon der Erstrichter sie hätte entstehen lassen müssen.

2   **B. Kostenauferlegung.** Auslagen entstehen auch insoweit, als das Gericht die Kosten dem Gegner des Beschwerdeführers auferlegt. Diese Entscheidung kommt aber zB nicht bei einer Verfahrenswertbeschwerde in Betracht. Auslagenschuldner ist nach § 24 Z 1 dann dieser Gegner.

3   **2) Weitere Einzelfragen, I.** Wegen einer Nichterhebung vgl § 20. Die Auslagen einer erfolglosen Beschwerde trägt der Beschwerdeführer. Bei einem Teilerfolg ist die amtliche Vorbemerkung § 2 I entsprechend anwendbar, soweit nicht Auslagen aussondert lassen, (zum alten Recht) Ffm JB **78**, 1849. Eine Zurückverweisung genügt auch dann, wenn der Erstrichter anschließend erneut ebenso wie vor dem Rechtsmittel entscheidet. Eine Rücknahme oder sonstige Erledigung vor einer Beschwerdeentscheidung genügt nicht.

4   **3) Verteilung, II.** Verschiedene Rechtssachen liegen bei mehreren selbständigen Verfahren vor. Dabei kann es sich um solche Vorgänge handeln, die man teilweise nach anderen Gesetzen als dem FamGKG, dem GKG oder dem JVEG abrechnen muß, etwa nach dem GNotKG, Teil III dieses Buchs. Eine Verschiedenheit liegt nicht schon dann stets vor, wenn das Gericht nur mehrere Beweispersonen hört. Bei einer Anhörung in verschiedenen Sachen muß man die Auslagen entsprechend verteilen.

5   **4) Kindschaftssache usw, III.** Es handelt sich bei III 1, 2 um eine eng auslegbare Spezialregelung. In III 3 erfolgt eine Rückkehr zum Grundsatz. Diese Vorschrift ist daher weit auslegbar, freilich nur in den Grenzen von § 1.

6   **5) Vollstreckungs- oder Arrestgericht, IV.** Es handelt sich um eine generelle Verweisung auf KV 9000 ff.

Nr.	Auslagentatbestand	Höhe

2000	Pauschale für die Herstellung und Überlassung von Dokumenten:
	 1. Ausfertigungen, Kopien und Ausdrucke bis zur Größe von DIN A 3, die
	   a) auf Antrag angefertigt oder auf Antrag per Telefax übermittelt worden sind oder
	   b) angefertigt worden sind, weil die Partei oder ein Beteiligter es unterlassen hat, die erforderliche Zahl von Mehrfertigungen beizufügen; der Anfertigung steht es gleich, wenn per Telefax übermittelte Mehrfertigungen von der Empfangseinrichtung des Gerichts ausgedruckt werden:
	 für die ersten 50 Seiten je Seite ....
		0,50 €

Kostenverzeichnis   **2000 KVFam**

Nr.	Auslagentatbestand	Höhe
	für jede weitere Seite	0,15 €
	für die ersten 50 Seiten in Farbe je Seite	1,00 €
	für jede weitere Seite in Farbe	0,30 €
	2. Entgelte für die Herstellung und Überlassung der in Nummer 1 genannten Kopien oder Ausdrucke in einer Größe von mehr als DIN A3	in voller Höhe
	oder pauschal je Seite	3,00 €
	oder pauschal je Seite in Farbe	6,00 €
	3. Überlassung von elektronisch gespeicherten Dateien oder deren Bereitstellung zum Abruf anstelle der in den Nummern 1 und 2 genannten Ausfertigungen, Kopien und Ausdrucke: je Datei	1,50 €
	für die in einem Arbeitsgang überlassenen, bereitgestellten oder in einem Arbeitsgang auf denselben Datenträger übertragenen Dokumente insgesamt höchstens	5,00 €

I Die Höhe der Dokumentenpauschale nach Nummer 1 ist in jedem Rechtszug, bei Vormundschaften und Dauerpflegschaften in jedem Kalenderjahr und für jeden Kostenschuldner nach § 23 Abs. 1 FamGKG gesondert zu berechnen; Gesamtschuldner gelten als ein Schuldner.

II Werden zum Zweck der Überlassung von elektronisch gespeicherten Dateien Dokumente zuvor auf Antrag von der Papierform in die elektronische Form übertragen, beträgt die Dokumentenpauschale nach Nummer 2 nicht weniger, als die Dokumentenpauschale im Fall der Nummer 1 betragen würde.

III [1] Frei von der Dokumentenpauschale sind für jeden Beteiligten und seinen bevollmächtigten Vertreter jeweils

1. eine vollständige Ausfertigung oder Kopie oder ein vollständiger Ausdruck jeder gerichtlichen Entscheidung und jedes vor Gericht abgeschlossenen Vergleichs,
2. eine Ausfertigung ohne Begründung und
3. eine Kopie oder ein Ausdruck jeder Niederschrift über eine Sitzung.

[2] § 191a Abs. 1 Satz 5 GVG bleibt unberührt.

IV Bei der Gewährung der Einsicht in Akten wird eine Dokumentenpauschale nur erhoben, wenn auf besonderen Antrag ein Ausdurck einer elektronischen Akte oder ein Datenträger mit dem Inhalt einer elektronischen Akte übermittelt wird.

Vorbem. (Amtliche) Anmerkg IV angefügt dch Art 25 G v 5. 7. 17, BGBl 2208, in Kraft seit 1. 1. 18, Art 33 I G, ÜbergangsR §§ 63, 64 FamGKG. Der Haupttext stimmt wörtlich mit KV 9000 überein. Dasselbe gilt von der amtlichen Anmerkung I mit KV 9000 amtliche Anmerkung I 1, von den zugehörigen III 1 Z 1, 3 und von III 2 sowie IV. Fast identisch sind die amtlichen Anmerkungen III 1 Z 2.

Gliederung

1) Systematik, Z 1, 2, amtliche Anmerkung I–III 1
2) Begriff der Ausfertigung, amtliche Anmerkung III Z 1, 2 2
3) Höhe der Dokumentenpauschale, Z 1, 2, amtliche Anmerkung I , 2 3
4) Zahlungspflicht, Z 1, 2 4–9
   A. Anfertigung oder Übermittlung auf Antrag eines Beteiligten usw, Z 1a 4
   B. Anfertigung oder Übermittlung als Amtspflicht, Z 1b 5

KVFam 2000

C. Fehlen von Mehrfertigungen, Z 1 b 6
D. Beifügungspflicht, Z 1 b 7
E. Keine Beifügungspflicht, Z 1 b 8
F. Elektronisch gespeicherte oder bereitgestellte Dateien, Z 2 9
5) **Auslagenfreiheit, amtliche Anmerkung III** 10–16
   A. Vollständige Fassung einer Entscheidung oder eines Vergleichs, amtliche Anmerkung III 1 Z 1 .... 10, 11
   B. Ausfertigung ohne Begründung, amtliche Anmerkung III 1 Z 2 12
   C. Protokollkopie, amtliche Anmerkung III 1 Z 3 .... 13, 14
   D. Vertretung durch einen Bevollmächtigten, amtliche Anmerkung III 1 Z 1–3 ... 15
   E. Blindenschrift usw, amtliche Anmerkung III 2 16

1   **1) Systematik, Z 1, 2, amtliche Anmerkung I–III.** Eine Pflicht zur Erstattung von Auslagen für eine Ausfertigung oder Kopie oder für einen Ausdruck der elektronischen Fassung besteht nur dann, wenn einer der Fälle Rn 3 ff vorliegt. Kopie ist auch ein Computerausdruck.

    Infolge der Streichung des Begriffs „*Abschrift*" ist wegen des Worts „nur" in § 1 S 1 formell eine wirkliche Abschrift trotz des gegenüber einer bloßen Kopie ungleich höheren Zeitaufwands formell auslagenfrei. Es wäre eine systemwidrige Umgehung des Gesetzes, die Abschrift einer Kopie einfach gleichzustellen. Der Gesetzgeber hat eben nicht „Abschrift *oder* Kopie" geschrieben. Freilich hat er das ersichtlich nur in der richtigen Annahme getan, daß heute niemand mehr abschreibt statt zu fotokopieren. Mag sich die Praxis in den wenigen Restfällen mit einer systemwidrigen Entsprechung behelfen.

2   **2) Begriff der Ausfertigung, amtliche Anmerkung III Z 1, 2.** Dieser Begriff ist im FamGKG nicht derselbe wie in der ZPO. Nach der ZPO liegt eine Ausfertigung nur vor, soweit die Urschrift bei den Akten bleibt. Nach dem FamGKG liegt eine Ausfertigung vor, soweit es sich um ein beglaubigtes oder unbeglaubigtes Dokument urkundlichen Charakters handelt, das der Richter oder Rpfl oder der Urkundsbeamte unterzeichnet hat und das zur Hinausgabe bestimmt ist und keine Urschrift darstellt. Eine Urschrift braucht dann nicht bei den Akten zurückzubleiben.

    Hierher gehören also auch: Eine Ladung; ein Rechtskraftzeugnis; eine Auskunft aus einem Verzeichnis. KVFam 2000 hat den Vorrang vor dem Landesrecht, zB vor Z 2.2 der Anlage zu § 1 II des LJVerwKG Schleswig-Holstein, Teil VIII B dieses Buchs.

3   **3) Höhe der Dokumentenpauschale, Z 1, 2, amtliche Anmerkung I, II.** Für jede gerade vom Gericht erstellte und weder von dem Beteiligten noch von einem Zeugen oder Sachverständigen und dann nach KVFam 2005 mitzuvergütende angefangene Seite entstehen nach der amtlichen Anmerkung *I* für jeden Rechtszug für die ersten 50 Seiten je 0,50 EUR (in Farbe 1,00 EUR) und für jede weitere Seite 0,15 EUR (in Farbe 0,30 EUR), (zum alten Recht) Hamm Rpfleger **91**, 269, LG Mü JB **97**, 483. Das gilt unabhängig von deren Format, dem Zeitaufwand oder Herstellungsart und von den tatsächlichen vermeidbar hohen oder unvermeidbaren Kosten, Mü MDR **89**, 367, LG Mü JB **97**, 483, aM Köln Rpfleger **87**, 433, LG Mü Rpfleger **89**, 383. Es gilt ferner unabhängig davon, in welcher Form und in welcher Sprache man die Ausfertigung oder Kopie oder den Ausdruck der elektronischen Fassung verfaßt hat, und unabhängig vom Marktpreis, LG Mü JB **97**, 484. Für die Seitenzahl ist die Kopie usw und nicht die Zahl der dort abgebildeten Vorlagen maßgeblich. Der Inhalt ist unmaßgeblich.

    Die Berechnung ist nach der amtlichen Anmerkung I Hs 1 *für jeden Kostenschuldner* nach § 23 I *gesondert* erforderlich. Gesamtschuldner nach §§ 421 ff BGB gelten nach der amtlichen Anmerkung I Hs 2 als nur ein Schuldner. Eine Änderung oder Ergänzung eines Formulars oder eines dem Gericht zur Verfügung gestellten Entwurfs läßt gleichwohl die Dokumentenpauschale entstehen, wie bei KVGv 700, Teil XI dieses Buchs. Wegen der Kostenerstattung VV 7000, Teil X dieses Buchs.

    Bei einer *Übertragung* von Papier auf Elektronik gibt die amtliche Anmerkung *II* nähere Bearbeitungsregeln.

4   **4) Zahlungspflicht, Z 1, 2.** Eine Pflicht zur Erstattung einer Pauschale besteht nur, wenn einer der folgenden Fälle vorliegt.

    A. Anfertigung oder Übermittlung auf Antrag eines Beteiligten usw, Z 1 a. Das Gericht muß zunächst eine Kopie usw gerade nur auf Grund eines Antrags erteilt, anfertigt oder per Telefax übermittelt haben. Der Antrag darf sich aber nur auf die Ausfertigung oder Kopie usw beziehen, nicht auf die Entscheidung. Ein allgemeiner Antrag genügt.

Gerade ein *Beteiligter* muß den Antrag gestellt haben. Das ergibt sich aus Z 1 b mit. Beteiligt ist natürlich auch ein Verurteilter, Betroffener, ein Streitgenosse oder Streitgehilfe. Nicht beteiligt ist ein Dritter, etwa die Presse oder ein Wissenschaftler. Dann gilt § 4 JVKostG 2000, Teil VIII dieses Buchs, BPatG GRUR **92**, 434, Düss JB **78**, 548.

B. Anfertigung oder Übermittlung als Amtspflicht, Z 1 b. Soweit das Gericht die Ausfertigung oder Kopie usw auch ohne einen Antrag hätte erteilen müssen, etwa bei einer Entscheidung, entsteht die Dokumentenpauschale nur nach Z 1. Das gilt bei allen von Amts wegen bekanntzugebenden Dokumenten. Ein zugehöriger unnötiger „Antrag" oder eine entsprechende Anregung schaffen insoweit keine Auslagenpflicht. Pauschalenfrei ist ein Notfristzeugnis, ein Rechtskraftzeugnis oder eine Beglaubigung. 5

C. Fehlen von Mehrfertigungen, Z 1 b. Eine Zahlungspflicht besteht ferner, soweit ein Beteiligter es unterlassen hat, einem von Amts wegen zuzustellenden Dokument die erforderliche Zahl von Mehrfertigungen beizufügen, oder wenn dieser Beteiligte seinerseits die Mehrfertigungen per Telefax übermittelt hat (nicht zu verwechseln mit der gleichartigen Übermittlung durch das Gericht), und soweit das Gericht deshalb eine Kopie anfertigt. 6

D. Beifügungspflicht, Z 1 b. Eine Beifügungspflicht besteht zB nach vielen Vorschriften der evtl entsprechend anwendbaren ZPO, also für die Kostenrechnung, vorbereitende Dokumente, Antrags-, Einspruchs- und Rechtsmittelschriften, für eine Rechtsmittelbegründung. Es ist unerheblich, ob eine förmliche Zustellung erforderlich ist oder ob eine formlose Mitteilung genügt. Hierher gehört auch der Fall, daß ein Beteiligter die vorgeschriebenen Kopien usw nicht einreicht und daß das Gericht diese Kopien usw für eine gesetzlich notwendige Mitteilung anfertigen muß, etwa zum Zweck eines rechtlichen Gehörs nach Art 103 I GG. 7

E. Keine Beifügungspflicht, Z 1 b. Sofern dagegen der Beteiligte eine Erklärung zum Protokoll des Urkundsbeamten der Geschäftsstelle abgibt, entstehen zwar dem Staat infolge der Anfertigung von Kopien usw Kosten. Der Beteiligte hat aber keine Obliegenheiten verletzt, und zwar auch nicht bei einer Erklärung nach § 113 I 2 FamFG in Verbindung mit § 129a ZPO. Dann können allenfalls Dokumentenauslagen zB nach KVFam 2001 wegen der Notwendigkeit einer Übersendung nach § 129a II ZPO entstehen. Der evtl entsprechend anwendbare § 105 II ZPO (Festsetzungsgesuch durch die Einreichung der Kostenberechnung vor der Verkündung) schreibt die Anfertigung der Kopien usw auf Staatskosten ausdrücklich vor. 8

Alleiniger *Auslagenschuldner* ist nach § 23 I 2 derjenige, der die Einreichung versäumt hat. Soweit (jetzt) das GNotKG anwendbar ist, gilt (jetzt) Z 1 nicht, LG Kref Rpfleger **82**, 488.

F. Elektronisch gespeicherte oder bereitgestellte Dateien, Z 2. Soweit es um die Überlassung von elektronisch gespeicherten Dateien anstelle von Ausfertigungen oder Kopien geht, gilt vorrangig Z 2. Maßgeblich ist die Zahl der hergestellten Dateien. Ein sog Ordner kann also mehrere Dateien enthalten. 9

5) Auslagenfreiheit, amtliche Anmerkung III. Frei von Auslagen sind für jeden Beteiligten und jeden bevollmächtigten Vertreter jeweils Ausfertigungen und Kopien oder Ausdrucke der elektronischen Fassung, soweit einer der folgenden, nebeneinander möglichen Fälle vorliegt. 10

A. Vollständige Fassung einer Entscheidung oder eines Vergleichs, amtliche Anmerkung III 1 Z 1. Frei von einer Zahlungspflicht ist eine erste vollständige Ausfertigung, Abschrift oder Kopie oder ein erster Ausdruck jeder gerichtlichen Entscheidung und jedes vor dem Gericht abgeschlossenen Vergleichs einschließlich desjenigen nach § 36 III FamFG in Verbindung mit § 278 VI 1 Hs 1, 2 ZPO, sofern das Gericht sie einem Beteiligten erteilt. Eine bloße Vervollständigung, Ergänzung oder Berichtigung gehört zum Erstexemplar.

11 *Entscheidung* ist nur ein Beschluß mit einer unmittelbaren Rechtsfolge mit oder ohne eine Verfahrensbeendigung. Hierher zählen zB: Ein Beweisbeschluß; eine einstweilige Anordnung.

Nicht hierher zählen zB: Ein nur außergerichtlicher Vergleich (§ 278 VI 1 Hs 1 ZPO gehört aber nach Rn 10 sehr wohl zu Z 1); eine verfahrensleitende Verfügung, etwa ein Hinweis, eine Aufforderung, eine Anfrage, OVG Münst Rpfleger **81**, 125, ein Erörterungsbeschluß, und zwar auch dann nicht, wenn eine solche verfahrensleitende Verfügung eine Frist in Lauf setzt. Denn auch dann soll die Verfügung ja erst eine etwa nachfolgende Entscheidung vorbereiten.

12 **B. Ausfertigung oder Begründung, amtliche Anmerkung III 1 Z 2.** Frei von einer Zahlungspflicht ist ferner die Erteilung einer Ausfertigung ohne eine Begründung. Das gilt nach §§ 38 IV, 69 III, 74 IV FamFG unabhängig davon, ob eine Begründung überhaupt zu einer vollständigen Ausfertigung oder Kopie usw gehören würden, und ob das Gericht schon eine vollständige Ausfertigung oder Kopie usw erteilt hat.

13 **C. Protokollkopie, amtliche Anmerkung III 1 Z 3.** Frei von der Zahlungspflicht ist ferner die Erteilung einer Kopie usw jeder Niederschrift über „eine", genauer: jede Sitzung auch zB des verordneten Richters. Auslagenfrei ist gegenüber dem nicht durch einen Bevollmächtigten vertretenen Beteiligten nur eine einzige Kopie usw eines jeden Protokolls. Wegen des durch einen Bevollmächtigten vertretenen Beteiligten Rn 15. Eine Protokollanlage gehört zur Niederschrift usw, sofern das Gericht die Anlage im eigentlichen Protokoll als Anlage bezeichnet hat. Das gilt zB bei einem Antrag, den der Beteiligte verlesen hat. Man kann auch die Kopie usw eines schriftlichen Gutachtens wegen Art 103 I GG hierher rechnen, LG Münst Rpfleger **92**, 225. Denn man darf dabei nicht zu formstreng sein. Auch ein Protokollentwurf kann hierzu zählen.

14 Die Auslagenfreiheit ist lediglich eine Kostenregelung. Man kann ihr *keineswegs* eine Pflicht des Gerichts entnehmen, *von Amts wegen* eine *Protokollkopie* usw zu übermitteln, noch gar unverzüglich. Daran ändert auch nicht ein verbreiteter Brauch solcher Art etwas. Schon gar nicht kann ein Beteiligter aus der Nichtübersendung einen prozessualen Anspruch ableiten, solange nicht besondere Umstände hinzutreten.

15 **D. Vertretung durch einen Bevollmächtigten, amtliche Anmerkung III 1 Z 1–3.** Frei von der Zahlungspflicht ist die Erteilung einer weiteren vollständigen Ausfertigung oder Kopie usw bei der Vertretung durch einen Bevollmächtigten unabhängig von deren Notwendigkeit. Das gilt für alle Fälle Rn 10–19. Diese weitere Ausfertigung oder Kopie usw muß vollständig sein. Eine weitere abgekürzte reicht nicht aus. Es muß ferner ein Bevollmächtigter im Zeitpunkt des Antrags oder der Erteilung vorhanden sein. Jeder Bevollmächtigte erhält eine weitere vollständige Ausfertigung oder Kopie usw auslagenfrei. Eine Sozietät ist nur *ein* Bevollmächtigter. Der bloße Verkehrsanwalt ist kein Bevollmächtigter im vorstehenden Sinn. Ein aus mehreren Personen bestehender Beteiligter kann je Person eine solche Auslagenfreiheit beanspruchen, selbst bei einer Vertretung durch denselben Bevollmächtigten.

16 **E. Blindenschrift usw, amtliche Anmerkung III 2.** Frei von der Erstattungspflicht sind die Auslagen(kosten) der Anfertigung oder Bereitstellung einer für den Blinden oder Sehbehinderten wahrnehmbaren Form eines für ihn bestimmten Dokuments vor Gericht. Das ergibt sich aus § 191a I 5 GVG.

Nr.	Auslagentatbestand	Höhe
2001	Auslagen für Telegramme	in voller Höhe

1 **1) Geltungsbereich.** Es gilt dasselbe wie im wortgleichen KV 9001, Teil I A dieses Buchs. Vgl daher dort.

Kostenverzeichnis **2002–2005 KVFam**

Nr.	Auslagentatbestand	Höhe
2002	Pauschale für Zustellungen mit Zustellungsurkunde, Einschreiben gegen Rückschein oder durch Justizbedienstete nach § 168 Abs. 1 ZPO je Zustellung	3,50 €
	Neben Gebühren, die sich nach dem Verfahrenswert richten, wird die Zustellungspauschale nur erhoben, soweit in einem Rechtszug mehr als 10 Zustellungen anfallen.	

1) **Geltungsbereich.** Die Vorschrift stimmt im Haupttext wörtlich mit KV 9002, Teil I A dieses Buchs, und in der amtlichen Anmerkung fast wörtlich mit KV 9002 amtliche Anmerkung S 1 überein. Vgl daher jeweils dort.

1

Nr.	Auslagentatbestand	Höhe
2003	Pauschale für die bei der Versendung von Akten auf Antrag anfallenden Auslagen an Transport- und Verpackungskosten je Sendung	12,00 €

1) **Geltungsbereich.** Die Vorschrift stimmt im Haupttext wörtlich mit KV 9003, Teil I A dieses Buchs, und in der amtlichen Anmerkung fast wörtlich mit KV 9003 amtliche Anmerkung I überein. Vgl daher insofern jeweils dort. Nur fehlt eine Regelung entsprechend KV 9003 amtliche Anmerkung II.

1

Nr.	Auslagentatbestand	Höhe
2004	Auslagen für öffentliche Bekanntmachungen	in voller Höhe
	Auslagen werden nicht erhoben für die Bekanntmachung in einem elektronischen Informations- und Kommunikationssystem, wenn das Entgelt nicht für den Einzelfall oder nicht für ein einzelnes Verfahren berechnet wird.	

1) **Geltungsbereich,** Z 1, 2. Die Vorschrift stimmt wörtlich mit dem Haupttext von KV 9004 überein, Teil I A dieses Buchs. Vgl daher dort.

1

Nr.	Auslagentatbestand	Höhe
2005	Nach dem JVEG zu zahlende Beträge	in voller Höhe
	I [1]Die Beträge werden auch erhoben, wenn aus Gründen der Gegenseitigkeit, der Verwaltungsvereinfachung oder aus vergleichbaren Gründen keine Zahlungen zu leisten sind. [2]Ist aufgrund des § 1 Abs. 2 Satz 2 JVEG keine Vergütung zu zahlen, ist der Betrag zu erheben, der ohne diese Vorschrift zu zahlen wäre.	
	II Auslagen für Übersetzer, die zur Erfüllung der Rechte blinder oder sehbehinderter Personen herangezogen werden (§ 191a Abs. 1 GVG) und für Gebärdensprachdolmetscher (§ 186 Abs. 1 GVG) werden nicht erhoben.	

1) **Geltungsbereich.** Die Vorschrift stimmt im Haupttext mit KV 9005 wörtlich überein, Teil I A dieses Buchs. Amtliche Anmerkung I stimmt wörtlich mit KV 9005 amtliche Anmerkung II überein. Amtliche Anmerkung II stimmt wörtlich mit KV 9005 amtliche Anmerkung III überein. Vgl daher jeweils dort.

1

KVFam 2006–2009

Nr.	Auslagentatbestand	Höhe
2006	Bei Geschäften außerhalb der Gerichtsstelle	
	1. die den Gerichtspersonen aufgrund gesetzlicher Vorschriften gewährte Vergütung (Reisekosten, Auslagenersatz) und die Auslagen für die Bereitstellung von Räumen	in voller Höhe
	2. für den Einsatz von Dienstkraftfahrzeugen für jeden gefahrenen Kilometer	0,30 €

1   1) **Geltungsbereich, Z 1, 2.** Die Vorschrift stimmt wörtlich mit KV 9006 überein, Teil I A dieses Buchs. Vgl daher dort.

Nr.	Auslagentatbestand	Höhe
2007	Auslagen für	
	1. die Beförderung von Personen	in voller Höhe
	2. Zahlungen an mittellose Personen für die Reise zum Ort einer Verhandlung oder Anhörung und für die Rückreise	bis zur Höhe der nach dem JVEG an Zeugen zu zahlenden Beträge

1   1) **Geltungsbereich, Z 1, 2.** Z 1 stimmt wörtlich, Z 2 fast wörtlich mit den entsprechenden Teilen von KV 9008 überein, Teil I A dieses Buchs. Es fehlt hier nur die im KV 9008 genannte Vernehmung oder Untersuchung. Vgl daher jeweils dort.

Nr.	Auslagentatbestand	Höhe
2008	Kosten einer Zwangshaft, auch aufgrund eines Haftbefehls in entsprechender Anwendung des § 802 g ZPO	in Höhe des Haftkostenbeitrags
	Maßgebend ist die Höhe des Haftkostenbeitrags, der nach Landesrecht von einem Gefangenen zu erheben ist.	

1   1) **Geltungsbereich.** Die Vorschrift stimmt mit KV 9010 praktisch wörtlich überein, Teil I A dieses Buchs. § 802 g I ZPO ist hier freilich nur entsprechend anwendbar. Vgl daher bei KV 9010.

Nr.	Auslagentatbestand	Höhe
2009	Kosten einer Ordnungshaft	in Höhe des Haftkostenbeitrags
	[1] Maßgebend ist die Höhe des Haftkostenbeitrags, der nach Landesrecht von einem Gefangenen zu erheben ist. [2] Diese Kosten werden nur angesetzt, wenn der Haftkostenbeitrag auch von einem Gefangenen im Strafvollzug zu erheben wäre.	

1   1) **Geltungsbereich.** Die Vorschrift stimmt im Haupttext inhaltlich ganz und in der amtlichen Anmerkung wörtlich mit KV 9011 überein, Teil I A dieses Buchs. Vgl daher dort.

Kostenverzeichnis 2010–2014 KVFam

Nr.	Auslagentatbestand	Höhe
2010	Nach § 12 BGebG, dem 5. Abschnitt des Konsulargesetzes und der Besonderen Gebührenverordnung des Auswärtigen Amts nach § 22 Abs. 4 BGebG zu zahlende Beträge	in voller Höhe

Vorbem. Änderg dch Art 4 XXXXIX G v 7. 8. 13, BGBl 3154, in Kraft seit 14. 8. 18, Art 5 III G, ÜbergangsR § 63 FamGKG.

1) Geltungsbereich. Die Vorschrift stimmt wörtlich mit KV 9012 überein. Vgl 1 daher dort.

Nr.	Auslagentatbestand	Höhe
2011	An deutsche Behörden für die Erfüllung von deren eigenen Aufgaben zu zahlende Gebühren sowie diejenigen Beträge, die diesen Behörden, öffentlichen Einrichtungen oder deren Bediensteten als Ersatz für Auslagen der in den Nummern 2000 bis 2009 bezeichneten Art zustehen .... Die als Ersatz für Auslagen angefallenen Beträge werden auch erhoben, wenn aus Gründen der Gegenseitigkeit, der Verwaltungsvereinfachung oder aus vergleichbaren Gründen keine Zahlungen zu leisten sind.	in voller Höhe, die Auslagen begrenzt durch die Höchstsätze für die Auslagen 2000 bis 2009

1) Geltungsbereich. Die Vorschrift stimmt im Haupttext und in der amtlichen 1 Anmerkung wörtlich mit KV 9013 überein, Teil I A dieses Buchs. Vgl daher dort.

Nr.	Auslagentatbestand	Höhe
2012	Beträge, die ausländischen Behörden, Einrichtungen oder Personen im Ausland zustehen, sowie Kosten des Rechtshilfeverkehrs mit dem Ausland .... Die Beträge werden auch erhoben, wenn aus Gründen der Gegenseitigkeit, der Verwaltungsvereinfachung oder aus vergleichbaren Gründen keine Zahlungen zu leisten sind.	in voller Höhe

1) Geltungsbereich. Die Vorschrift stimmt im Haupttext und in der amtlichen 1 Anmerkung wörtlich mit KV 9014 überein, Teil I A dieses Buchs. Vgl daher dort.

Nr.	Auslagentatbestand	Höhe
2013	An den Verfahrensbeistand zu zahlende Beträge .... Die Beträge werden von dem Minderjährigen nur nach Maßgabe des § 1836 c BGB erhoben.	in voller Höhe
2014	An den Umgangspfleger sowie an Verfahrenspfleger nach § 9 Abs. 5 FamFG, § 57 ZPO zu zahlende Beträge	in voller Höhe

Zu KVFam 2013, 2014:

1) Geltungsbereich. Beide Vorschriften lehnen sich an KV 9017 an, Teil I A dieses 1 Buchs.

KVFam 2014, 2015　　　　　　　　　　　　　　　　　　　Kostenverzeichnis

A. Verfahrensbeistand, KVFam 2013. Das ist derjenige nach § 158 FamFG (Kindschaftssache), § 174 FamFG (Abstammungssache), § 191 FamFG (Adoptionssache).

Unanwendbar ist KVFam 2013 auf einen Verfahrens*pfleger* zB nach §§ 276, 277 FamFG (Betreuungssache, dort zum Aufwendungsersatz) oder nach §§ 317, 318 FamFG (Unterbringungssache, dort zum Aufwendungsersatz).

2 **B. Umgangspfleger, Verfahrenspfleger, KVFam 2014.** Das ist der erstere nach § 1684 III 6 BGB, und es sind die letzteren nach § 9 V FamFG, § 57 ZPO.

3 **2) Auslagenhöhe.** Es sind alle zu zahlenden Beträge in voller Höhe ersetzbar. „Beträge" ist weit gemeint.

Nr.	Auslagentatbestand	Höhe
2015	Pauschale für die Inanspruchnahme von Videokonferenzverbindungen: je Verfahren für jede angefangene halbe Stunde	15,00 €

1 **1) Geltungsbereich.** Es gilt dasselbe wie bei KV 9019, Teil I A dieses Buchs.

II. A. Arbeitsgerichtsverfahren

Grundzüge

Schrifttum: *Bader/Creutzfeld/Friedrich,* ArbGG (Kommentar), 5. Aufl, 2008; *Baldus/ Deventer,* Gebühren, Kostenerstattung und Streitwertfestsetzung in Arbeitssachen, 1993; *Germelmann/Matthes/Prütting,* Arbeitsgerichtsgesetz (Komm), 8. Aufl 2013; *Grunsky/Waas/ Benecke/Greiner,* ArbGG (Komm), 8. Aufl 2014; *Keil,* Gerichtskosten und Prozeßkostenhilfe, in: Festschrift zum 200jährigen Bestehen des *Deutschen Arbeitsgerichtsverbandes,* 1993; *Meier/Oberthür,* Gebühren, Streitwerte usw im Arbeitsrecht, 4. Aufl 2016; *Opolony,* Der Arbeitsgerichtsprozess, 2005; *Rehberg,* Gebühren- und Kostenrecht im Arbeitsrecht, 2000; *Schäfer/Göbel,* Das neue Kostenrecht in Arbeitssachen, 2004; *Schwab/Weth,* ArbGG, 4. Aufl 2015; *Tschöpe/Ziemann/Altenburg,* Streitwert und Kosten im Arbeitsrecht, 2013.

Gliederung

1) **Systematik**	1
2) **Geltungsbereich für Gerichtskosten**	2
3) **Erstattungsfähigkeit von Anwaltskosten**	3–15
A. Grundsatz: Gleichrang mit ordentlichem Gericht	3, 4
B. Erster Rechtszug	5–7
C. Berufungs-, Beschwerdeverfahren	8
D. Revisionsverfahren	9–12
E. Zwangsvollstreckung	13
F. Vergleich	14
G. Kostenfestsetzung	15

1) Systematik. Das ArbGG wurde zuletzt geändert durch Art 3 EMöGG v 8. 10. 17, BGBl 3546. Es zeigt vielfach Annäherungen an die ZPO. Die gebührenrechtlichen Bestimmungen enthält grundsätzlich das GKG, Teil I A dieses Buchs. Nur einzelne Bestimmungen finden sich in § 12 ArbGG. **1**

2) Geltungsbereich für Gerichtskosten. Grundsätzlich gilt auch im Arbeitsgerichtsverfahren § 1 II Z 4 GKG, Teil I A dieses Buchs, jedoch mit Abweichungen. Sie sind vor allem für die erste Instanz beträchtlich. § 2 II GKG schafft für die dort genannten Verfahren eine völlige Kostenfreiheit. § 6 III GKG nennt Besonderheiten der Fälligkeit. § 11 GKG nennt Besonderheiten beim Vorschuß oder bei einer Vorauszahlung. § 22 II 1 GKG enthält Besonderheiten der Kostenhaftung. KV Teil 8 enthält wie die übrigen Teile des KV Bestimmungen, die teilweise nur für die erste Instanz gelten, teilweise nur für die höheren Instanzen, teilweise für alle Instanzen. Das ArbGG enthält kein eigenes Gebührenverzeichnis und keine eigene Gebührentabelle. **2**

3) Erstattungsfähigkeit von Anwaltskosten. Ein Grundsatz hat unterschiedliche Auswirkungen je Instanz oder Verfahrensart. **3**

A. Grundsatz: Gleichrang mit ordentlichem Gericht. Ein Anwalt braucht nach § 11 I 1 ArbGG vor einem Arbeitsgericht keine Zulassung. Vor dem BAG oder vor einem LAG müssen sich die Parteien insoweit nach § 11 II 1, 2 ArbGG durch einen Anwalt vertreten lassen, als sie nicht ein Vertreter einer Gewerkschaft, einer Arbeitgebervereinigung oder des Zusammenschlusses solcher Verbände vertritt.

Der Anwalt erhält *dieselben* Gebühren *wie vor den ordentlichen Gerichten,* also diejenigen des RVG. Das folgt schon aus § 1 RVG, Teil X dieses Buchs. Es ergibt sich im übrigen aber auch aus § 11a I ArbGG. Das RVG gilt im Urteilsverfahren wie im Beschlußverfahren, LAG Bln DB **76**, 1388, ebenso vor dem Schiedsgericht aus § 104 ArbGG, vgl § 36 RVG. Eine Kostenentscheidung ergeht allerdings im Beschlußverfahren nicht. **4**

B. Erster Rechtszug. Die Kosten des ProzBev des ersten Rechtszuges sind als solche nach § 129 I 1 ArbGG grundsätzlich nicht erstattungsfähig, BAG NZA **15**, 183 links. Das gilt auch im Verfahren auf den Erlaß einer einstweiligen Verfügung. Es gilt auch für die Kosten des Vertreters des Streithelfers, LAG Stgt BB **89**, 850. Im Verfahren vor dem ArbG sind auch die Kosten einer Vollstreckungsabwehrklage nicht erstattungsfähig, LAG Bln AnwBl **81**, 504. § 12a I 1 ArbGG ist mit dem GG vereinbar, BVerfG **31**, 306. **5**

6 *Ausnahmsweise* besteht eine *Erstattungsfähigkeit* nach § 12a I 3, II 2 ArbGG. Im übrigen sind die Kosten des Anwalts in Höhe ersparter eigener Reisekosten der Partei erstattungsfähig, LAG Mainz MDR **76**, 258 (selbst wenn ein Gesellschafter der Partei ständig am Gerichtsort ansässig ist). Bei einer besonderen Sachkunde des Anwalts besteht eine Erstattungsfähigkeit in Höhe seiner Reisekosten, ArbG Bochum MDR **77**, 963. Im übrigen sind die Porto- und Telefonauslagen erstattungsfähig.

7 Die Erstattungsfähigkeit *entfällt,* soweit ein Termin infolge einer wirksamen Klagerücknahme nicht mehr stattgefunden hat.

8 **C. Berufungs-, Beschwerdeverfahren.** In diesen Instanzen muß man prüfen, ob und inwieweit die Hinzuziehung eines Anwalts wegen der Schwierigkeit der Sach- oder Rechtslage nötig war, BAG MDR **75**, 609, aM LAG Düss AnwBl **84**, 162 (erstattungsfähig seien auch dann die Reisekosten bis zur Höhe der Kosten einer gedachten Informationsreise der Partei zu einem am Sitz des Rechtsmittelgerichts ansässigen Anwalt. Aber die Notwendigkeit von Kosten ist fast stets eine wesentliche Voraussetzung der Erstattbarkeit.). Wegen § 12a I ArbGG LAG Hamm BB **81**, 306. Das gilt auch für die Kosten eines Verkehrsanwalts, LAG Düss AnwBl **81**, 504.

9 **D. Revisionsverfahren.** Für die Erstattungsfähigkeit der Kosten eines auswärtigen Anwalts vor dem BAG ist § 91 II 1, 2 ZPO unanwendbar. Zur zweckentsprechenden Rechtsverfolgung oder Rechtsverteidigung nach § 91 I ZPO sind Reisekosten eines außerhalb Kassels ansässigen Anwalts nicht schlechthin notwendig.

10 *Erstattungsfähig* sind vielmehr nur die Kosten des im ersten Rechtszug am Wohnsitz der Partei ansässigen damals beauftragten und für den zweiten Rechtszug beibehaltenen Anwalts oder auch die Kosten für den am Sitz des LAG beauftragten Anwalts, soweit er die Partei nun auch im dritten Rechtszug vertritt, also nur insoweit, als die Partei den örtlich richtigen Anwalt der ersten oder zweiten Instanz beibehalten hat.

11 Soweit sie einen *anderen Anwalt* für die Revisionsinstanz wählt, sind nur diejenigen Reisekosten erstattungsfähig, die bei einer Beachtung der vorstehenden Grundsätze zur Wahrnehmung der Sache vor dem Revisionsgericht entstanden wären.

12 Das muß auch für die Erstattungsfähigkeit der *Reisekosten* des vor dem LAG vertretenen Anwalts.

13 **E. Zwangsvollstreckung.** Die Kosten im Zwangsvollstreckungsverfahren sind erstattungsfähig.

14 **F. Vergleich.** Solche Anwaltskosten, die eine Partei in einem Vergleich übernommen hat, sind in einer entsprechenden Anwendung des § 12a I 1 ArbGG nicht erstattungsfähig, soweit nicht erstattungsfähige Reisekosten erspart wurden.

15 **G. Kostenfestsetzung.** Soweit die Anwaltskosten nicht erstattungsfähig sind, erfolgt auch keine Kostenfestsetzung.

Beiordnung eines Rechtsanwalts, Prozeßkostenhilfe

11a [I] Die Vorschriften der Zivilprozessordnung über die Prozesskostenhilfe und über die grenzüberschreitende Prozesskostenhilfe innerhalb der Europäischen Union nach der Richtlinie 2003/8/EG gelten in Verfahren vor den Gerichten für Arbeitssachen entsprechend.

[II] Das Bundesministerium für Arbeit und Soziales wird ermächtigt, zur Vereinfachung und Vereinheitlichung des Verfahrens durch Rechtsverordnung mit Zustimmung des Bundesrates Formulare für die Erklärung der Partei über ihre persönlichen und wirtschaftlichen Verhältnisse (§ 117 Abs. 2 der Zivilprozeßordnung) einzuführen.

1 **1) Wegen I** vgl BLAH § 114 ZPO Rn 23. Die Beschränkung auf die erste Instanz ist verfassungsgemäß, BVerfG NJW **07**, 2911.

2 **2) Formulare, II.** S VO v 6. 1. 14, BGBl 34. Es besteht ein Benutzungszwang nach I in Verbindung mit § 117 III ZPO.

Kosten

12 ¹Das Justizverwaltungskostengesetz und das Justizbeitreibungsgesetz gelten entsprechend, soweit sie nicht unmittelbar Anwendung finden. ²Bei Einziehung der Gerichts- und Verwaltungskosten leisten die Vollstreckungsbehörden der Justizverwaltung oder die sonst nach Landesrecht zuständigen Stellen den Gerichten für Arbeitssachen Amtshilfe, soweit sie diese Aufgaben nicht als eigene wahrnehmen. ³Vollstreckungsbehörde ist für die Ansprüche, die beim Bundesarbeitsgericht entstehen, die Justizbeitreibungsstelle des Bundesarbeitsgerichts.

Vorbem. S 1 sprachlich angepaßt dch Art 15 V EuKoPfVODG v 21. 11. 16, BGBl 2591, in Kraft seit 1. 7. 17, Art 21 VI G, ÜbergangsR § 40 EGZPO.

1) Einziehung usw, S 1–3. Für die Einziehung sind nach S 1 die Vorschriften 1 des JVKostG, Teil VIII A dieses Buchs, teilweise direkt und sonst jedenfalls entsprechend anwendbar. Bei der Einziehung der Gerichtskosten und Verwaltungskosten müssen nach S 2 die Vollstreckungsbehörden der Justizverwaltung oder die sonstigen nach dem Landesrecht zuständigen Stellen eine Amtshilfe leisten, soweit sie diese Aufgaben nicht als eigene wahrnehmen. Vollstreckungsbehörde ist nach S 3 für die beim BAG entstehenden Ansprüche die dortige Justizbeitreibungsstelle.

II. B. Sozialgerichtsverfahren

Grundzüge
(§§-Überschriften nichtamtlich)

Schrifttum: *Binder pp,* SGG, Handkommentar, 2003; *Herold/Tews/Merkel,* Der Sozialgerichtsprozess, 7. Aufl 2017; *Hintz/Lowe,* SGG, 2012; *Meyer-Ladewig/Keller/Leitherer,* SGG, Kommentar, 11. Aufl 2014; *Niesel,* Der Sozialgerichtsprozess, 6. Aufl 2012; *Roos/Wahrendorf,* SGG (Kommentar), 2014.

1) Systematik. Das SGG wurde zuletzt geändert durch Art 11 XXIII G v 18. 8. 1 17, BGBl 2745. Es ist eine Regelung der Kostenfragen erfolgt, die durch eine Einbeziehung des GKG, Teil I A dieses Buchs, vor allem in einem neuen Teil 7 seines KV mitgekennzeichnet ist. §§ 183 ff sind, besonders in § 197 a, nicht sonderlich gut geglückt. Man sollte das ganze Geflecht nicht auf dem finanziellen Rücken eines Beteiligten auslegen.

[Kostenfreiheit]

183 ¹Das Verfahren vor den Gerichten der Sozialgerichtsbarkeit ist für Versicherte, Leistungsempfänger einschließlich Hinterbliebenenleistungsempfänger, behinderte Menschen oder deren Sonderrechtsnachfolger nach § 56 des Ersten Buches Sozialgesetzbuch kostenfrei, soweit sie in dieser jeweiligen Eigenschaft als Kläger oder Beklagte beteiligt sind. ²Nimmt ein sonstiger Rechtsnachfolger das Verfahren auf, bleibt das Verfahren in dem Rechtszug kostenfrei. ³Den in Satz 1 und 2 genannten Personen steht gleich, wer im Falle des Obsiegens zu diesen Personen gehören würde. ⁴Leistungsempfängern nach Satz 1 stehen Antragsteller nach § 55 a Absatz 2 Satz 1 zweite Alternative gleich. ⁵ § 93 Satz 3, § 109 Absatz 1 Satz 2, § 120 Absatz 2 Satz 1 und § 192 bleiben unberührt. ⁶Die Kostenfreiheit nach dieser Vorschrift gilt nicht in einem Verfahren wegen eines überlangen Gerichtsverfahrens (§ 202 Satz 2).

Vorbem. S 5 angepaßt dch Art 18 Z 18 G v 5. 7. 17, BGBl 2208, in Kraft seit 1. 1. 18, Art 33 I G, ÜbergangsR § 40 EGZPO.

1) Geltungsbereich, S 1–6. Die noch vorhandene Kostenfreiheit des § 183 ist 1 wegen § 184 kaum noch ein Grundsatz. Daher darf man § 183 weder eng noch weit auslegen. Zu den Kosten zählen die Gebühren und Auslagen, wie auch bei § 1 S 1 GKG, Teil I A dieses Buchs. KV 9003 (Aktenversendung) ist aus den vorstehenden Gründen nicht einmal entsprechend anwendbar, BVerfG NJW **96**, 2222, SG Düss AnwBl **97**, 683, SG Ffm AnwBl **99**, 183, aM LSG Schlesw NZS **96**, 640.

2 Eine Kostenfreiheit besteht nur „*vor den Gerichten*". Sie besteht nur für ein grundsätzlich überhaupt statthaftes Verfahren, LSG Mü JB **17**, 93. Sie besteht auch nur für den in § 183 genannten Personenkreis, auch ein in der privaten Pflegekasse Versicherter, SG Karlsr JB **14**, 421. Sie gilt aber auch für seinen Rechtsnachfolger, LSG Essen NZS **03**, 554. Sie gilt auch dann, wenn ein Selbständiger einen Beitragsbescheid wegen des Fehlens einer Versicherungspflicht mit Erfolg angreift, LSG Hbg JB **05**, 547. Sie gilt nicht für einen Dritten, LSG Chemnitz JB **05**, 548 (privater Arbeitsvermittler), LSG Essen NZS **03**, 554. § 183 regelt also nicht, ob und welche Kosten vor den Sozialbehörden entstehen und ob ein Beteiligter seine Kosten vom Gegner oder von einem Dritten erstattet verlangen kann. Vgl insofern §§ 193 ff. Zur Rechtspolitik Tappert DRiZ **14**, 88 (für weitere Kostenfreiheit), aM Höland DRiZ **14**, 89. § 104 I 2 ZPO ist anwendbar, SG Bre AnwBl **79**, 30.

[Körperschaften usw]

184 [1] [1] Kläger und Beklagte, die nicht zu den in § 183 genannten Personen gehören, haben für jede Streitsache eine Gebühr zu entrichten. [2] Die Gebühr entsteht, sobald die Streitsache rechtshängig geworden ist; sie ist für jeden Rechtszug zu zahlen. [3] Soweit wegen derselben Streitsache ein Mahnverfahren (§ 182 a) vorausgegangen ist, wird die Gebühr für das Verfahren über den Antrag auf Erlass eines Mahnbescheids nach dem Gerichtskostengesetz angerechnet.

[II] Die Höhe der Gebühr wird für das Verfahren
vor den Sozialgerichten auf 150 Euro,
vor den Landessozialgerichten auf 225 Euro,
vor dem Bundessozialgericht auf 300 Euro
festgesetzt.

[III] § 2 des Gerichtskostengesetzes gilt entsprechend.

Gliederung

1) Gebührenpflicht, I, III 1–5
   A. Unerheblichkeit der Organisationsform 1
   B. Streitsache 2
   C. Beteiligung 3
   D. Rechtshängigkeit 4
   E. Keine Gebührenfreiheit, III 5
2) **Rechtszug, I** 6
3) **Gebührenhöhe, I, II** 7, 8
   A. Anrechenbarkeit nach Mahnverfahren, I 3 7
   B. Gebührenhöhe, II 8

1 **1) Gebührenpflicht, I, III.** Wer nicht zum Personenkreis des § 183 zählt, ist nur insoweit gebührenpflichtig, als die folgenden Voraussetzungen zusammentreffen.
   A. Unerheblichkeit der Organisationsform. Die Organisationsform ist unerheblich. Es kommt nur darauf an, daß der Kläger oder Bekl nicht zu den in § 183 genannten Personen zählt.

2 **B. Streitsache.** Es muß eine Streitsache vorliegen, also ein Verfahren oder ein Rechtsstreit. Es ist unerheblich, wieviele Ansprüche die Partei in ihm verfolgt und wieviele Personen an ihm beteiligt sind. Ausreichend ist auch ein selbständiges Beschlußverfahren oder ein Beschwerdeverfahren.
   Ein bloßes *Zwischenverfahren oder Nachverfahren* reicht nicht aus. In einer Nichtzulassungsbeschwerde nach § 160 a kommt eine Gebührenpflicht nur dann in Betracht, wenn die Beschwerde erfolglos bleibt.

3 **C. Beteiligung.** Es muß eine Beteiligung an der Streitsache vorliegen. Das setzt I 1 als selbstverständlich voraus. Der Beteiligte muß also als Kläger, Bekl oder Beigeladener tätig sein. Es ist unerheblich, in wessen Auftrag oder für wessen Rechnung er tätig wird.

4 **D. Rechtshängigkeit.** Die Rechtshängigkeit muß scheinbar eingetreten sein, § 94. Es muß also eine Klage im Sinn von §§ 253, 261 ZPO vorliegen. Das Gericht muß die Klage dem Bekl zugestellt haben. Dann ist es unerheblich, ob das Gericht

II. B. Sozialgerichtsverfahren **§§ 184–188 SGG**

den Rechtsstreit anschließend an ein anderes Gericht verwiesen oder die Klage mangels Zuständigkeit des Gerichts abgewiesen hat.

Der *bloße Klageingang* beim Gericht oder gar bei einer Behörde reicht danach scheinbar nicht aus. Denn er begründet noch keine Rechtshängigkeit, sondern erst eine bloße Anhängigkeit. Indessen tritt die logisch erst nach der Entstehung denkbare Fälligkeit nach § 6 I Z 4 GKG, Teil I A dieses Buchs, schon im Anhängigkeitszeitpunkt ein. Mag der Gesetzgeber diesen bei § 6 GKG Rn 1 dargelegten Widerspruch klären. Bis dahin geht § 6 I Z 4 GKG als das spätere Gesetz vor.

Die Unabhängigkeit der Gebührenpflicht von Sieg oder Unterliegen ist *verfassungsgemäß*, BVerfG **76**, 139.

E. **Keine Gebührenfreiheit, III.** Es darf weder eine persönliche noch eine sachliche Gebührenfreiheit nach § 2 GKG bestehen, Teil I A dieses Buchs, auf den III verweist. Eine Ausführungsbehörde des Bundes oder eines Landes ist gebührenfrei. Denn sie ist keine Körperschaft oder Anstalt nach I. 5

2) **Rechtszug, I.** Jeder Rechtszug fordert nach I 2 Hs 2 eine neue Gebühr. Im alle beiderseitiger Rechtsmittel liegt nur ein einziger Rechtsmittelzug vor. 6

Eine *Zurückverweisung* begründet keinen neuen Rechtszug.

3) **Gebührenhöhe, I, II.** Man muß die Anrechenbarkeit nach I 3 und die sonstige Gebührenhöhe nach II unterscheiden. 7

A. **Anrechenbarkeit nach Mahnverfahren, I 3.** Soweit wegen derselben Streitsache und folglich bei demselben Streitgegenstand nach BLAH § 2 ZPO Rn 3 ff ein Mahnverfahren nach § 182 a vorausgegangen ist, findet für den Mahnantrag eine Anrechnung nach KV 1100 statt, Teil I A dieses Buchs.

B. **Gebührenhöhe, II.** Die Gebühren sind jetzt direkt in II geregelt. 8

[Fälligkeit der Pauschgebühr]

185 Die Gebühr wird fällig, sobald die Streitsache durch Zurücknahme des Rechtsbehelfs, durch Vergleich, Anerkenntnis, Beschluß oder durch Urteil erledigt ist.

1) **Fälligkeit.** Man muß nach § 184 I die Fälligkeit von der Entstehung der Gebühr unterscheiden. Die Fälligkeit tritt bereits mit der Erledigung des jeweiligen Rechtszugs und nicht erst mit der Beendigung des gesamten Verfahrens ein. Die Erledigung tritt auch in folgenden Fällen ein: Ein Vorbescheid ist rechtskräftig geworden; nach dem Tod eines Beteiligten nimmt niemand das Verfahren auf; das Verfahren ruht länger als 6 Monate. 1

Dieser Fall liegt dann *nicht* vor, wenn eine Partei das Verfahren vor der Festsetzung der Gebühren durch das Gericht weiterbetreibt.

[Ermäßigung der Pauschgebühr]

186 [1] Wird eine Sache nicht durch Urteil erledigt, so ermäßigt sich die Gebühr auf die Hälfte. [2] **Die Gebühr entfällt, wenn die Erledigung auf einer Rechtsänderung beruht.**

1) **Geltungsbereich.** Der Vorbescheid steht zwar nach § 105 II 2 dem Urteil gleich. Er ist aber kein Urteil. Daher läßt eine Erledigung des Rechtsstreits durch einen Vorbescheid nur eine ermäßigte Gebühr des § 186 entstehen. Man kann hierher auch einen Beschluß über die Zurückweisung einer Beschwerde gegen die Nichtzulassung einer Berufung rechnen, LSG Stgt JB **96**, 656. 1

[Gebührenteilung]

187 Sind an einer Streitsache mehrere nach § 184 Abs. 1 Gebührenpflichtige beteiligt, so haben sie die Gebühr zu gleichen Teilen zu entrichten.

[Wiederaufnahme]

188 Wird ein durch rechtskräftiges Urteil abgeschlossenes Verfahren wieder aufgenommen, so ist das neue Verfahren eine besondere Streitsache.

[Gebührenschuld]

189 ^I ¹Die Gebühren für die Streitsachen werden in einem Verzeichnis zusammengestellt. ²Die Mitteilung eines Auszuges aus diesem Verzeichnis an die nach § 184 Abs. 1 Gebührenpflichtigen gilt als Feststellung der Gebührenschuld und als Aufforderung, den Gebührenbetrag binnen eines Monats an die in der Mitteilung angegebene Stelle zu zahlen.

^{II} ¹Die Feststellung erfolgt durch den Urkundsbeamten der Geschäftsstelle. ²Gegen diese Feststellung kann binnen eines Monats nach Mitteilung das Gericht angerufen werden, das endgültig entscheidet.

[Niederschlagung]

190 ¹Die Präsidenten und die aufsichtführenden Richter der Gerichte der Sozialgerichtsbarkeit sind befugt, eine Gebühr, die durch unrichtige Behandlung der Sache ohne Schuld der gebührenpflichtigen Beteiligten entstanden ist, niederzuschlagen. ²Sie können von der Einziehung absehen, wenn sie mit Kosten oder Verwaltungsaufwand verknüpft ist, die in keinem Verhältnis zu der Einnahme stehen.

[Auslagen, Zeitverlust]

191 Ist das persönliche Erscheinen eines Beteiligten angeordnet worden, so werden ihm auf Antrag bare Auslagen und Zeitverlust wie einem Zeugen vergütet; sie können vergütet werden, wenn er ohne Anordnung erscheint und das Gericht das Erscheinen für geboten hält.

1   1) **Systematik.** Soweit § 191 anwendbar ist, entsteht kein Erstattungsanspruch nach § 193.

2   2) **Antrag.** Für den Antrag besteht keine Frist. § 118 ist ebensowenig anwendbar wie die §§ 401 ZPO, 2 I 1 JVEG, Teil V dieses Buchs. Ein Antrag nach § 191 tritt an die Stelle eines Antrags (jetzt) nach dem JVEG, SG Bln AnwBl **84**, 573.

[Kostenverteilung]

192 ^I ¹Das Gericht kann im Urteil oder, wenn das Verfahren anders beendet wird, durch Beschluss einem Beteiligten ganz oder teilweise die Kosten auferlegen, die dadurch verursacht werden, dass

1. durch Verschulden des Beteiligten die Vertagung einer mündlichen Verhandlung oder die Anberaumung eines neuen Termins zur mündlichen Verhandlung nötig geworden ist oder
2. der Beteiligte den Rechtsstreit fortführt, obwohl ihm vom Vorsitzenden die Missbräuchlichkeit der Rechtsverfolgung oder -verteidigung dargelegt worden und er auf die Möglichkeit der Kostenauferlegung bei Fortführung des Rechtsstreites hingewiesen worden ist.

²Dem Beteiligten steht gleich sein Vertreter oder Bevollmächtigter. ³Als verursachter Kostenbetrag gilt dabei mindestens der Betrag nach § 184 Abs. 2 für die jeweilige Instanz.

^{II} *(aufgehoben)*

^{III} ¹Die Entscheidung nach Absatz 1 wird in ihrem Bestand nicht durch die Rücknahme der Klage berührt. ²Sie kann nur durch eine zu begründende Kostenentscheidung im Rechtsmittelverfahren aufgehoben werden.

^{IV} ¹Das Gericht kann der Behörde ganz oder teilweise die Kosten auferlegen, die dadurch verursacht werden, dass die Behörde erkennbare und notwendige Ermittlungen im Verwaltungsverfahren unterlassen hat, die im gerichtlichen Verfahren nachgeholt wurden. ²Die Entscheidung ergeht durch gesonderten Beschluss.

1) **Verschuldete Vertagung, I 1 Z 1,** ist eine der nebeneinander möglichen Voraussetzungen einer Kostenverteilung, **Mißbrauch, I 1 Z 2,** die weitere. Mutwille ist ein Fall von Mißbrauch, wie bei § 114 ZPO. Zu ihm LSG Schlesw SchlHA **79,** 82 (Kostenschätzung) und NZG **04,** 327 (nur politisches Ziel), LSG Schlesw JB **08,** 433 (Sturheit). Erst nach einem vergeblichen Hinweis auf § 192 wird Mißbrauch freilich schädlich.

2) **Vertreter oder Bevollmächtigte, I 2,** stehen sie dem Beteiligten gleich bei §§ 51 II, 85 II ZPO.

3) **Mindestbetrag, I 3,** ist derjenige nach § 184 II in der jeweiligen Instanz vorgesehene.

4) **Klagerücknahme, III 1,** ändert nichts an den Voraussetzungen und Fragen nach I.

5) **Aufhebung im Rechtsmittelverfahren, III 2,** ist die einzige Möglichkeit der Änderung der Entscheid nach I.

6) **Kosten zulasten der Behörde, IV.** IV 1 schafft ein Ermessen des Gerichts zur gänzlichen oder teilweisen Kostengrundentscheidung zulasten der Behörde unter den dort genannten Voraussetzungen.

A. Unterlassung von Ermittlungen. Die Behörde muß Ermittlungen pflichtwidrig unterlassen haben. Es muß also eine Untätigkeit im fraglichen Punkt vorliegen, nicht nur eine Schlechterfüllung. Die Grenze verläuft freilich haarfein. Im Zweifel wohl keine Kosten zulasten der Behörde.

B. Erkennbarkeit und Notwendigkeit. Die Ermittlungen Rn 6 müssen erkennbar und notwendig gewesen sein, nicht nur eventuell nützlich oder ratsam usw. Die Notwendigkeit muß sich rückblickend einwandfrei ergeben haben.

C. Nachholung im Gerichtsverfahren. Die unterlassenen Ermittlungen müssen vom Gericht oder von einem Verfahrensbeteiligten im Gerichtsverfahren nachgeholt worden sein. Eine bloße Mithilfe kann dann ausreichen, wenn sie nicht ganz unbedeutend war.

D. Ursächlichkeit für Kosten. Die Unterlassung muß für die Kosten ursächlich gewesen sein. Eine Mitursächlichkeit genügt, wenn sie nicht ganz unbedeutend war.

E. Entscheidung. Sie erfolgt nach IV 2 durch einen gesonderten Beschluß. Zur Verteilung kann man die bei § 92 ZPO entwickelten Gesichtspunkte mitbeachten, BLAH dort Rn 27 ff.

[Kostenerstattung]

193 ᴵ ¹Das Gericht hat im Urteil zu entscheiden, ob und in welchem Umfang die Beteiligten einander Kosten zu erstatten haben. ²Ist ein Mahnverfahren vorausgegangen (§ 182a), entscheidet das Gericht auch, welcher Beteiligte die Gerichtskosten zu tragen hat. ³Das Gericht entscheidet auf Antrag durch Beschluß, wenn das Verfahren anders beendet wird.

ᴵᴵ Kosten sind die zur zweckentsprechenden Rechtsverfolgung oder Rechtsverteidigung notwendigen Aufwendungen der Beteiligten.

ᴵᴵᴵ Die gesetzliche Vergütung eines Rechtsanwalts oder Rechtsbeistands ist stets erstattungsfähig.

ᴵⱽ Nicht erstattungsfähig sind die Aufwendungen der in § 184 Abs. 1 genannten Gebührenpflichtigen.

1) **Geltungsbereich, I–IV.** Es handelt sich um die Kostengrundentscheidung wie bei BLAH Üb 35 vor § 91 ZPO, SG Bln JB **14,** 487. Bei I ist kein Antrag erforderlich, Wilde/Homann NJW **81,** 1070. Das Gericht entscheidet nach seinem pflichtgemäßen Ermessen, LSG Darmst NZS **03,** 558 (spricht von einem „billigen" Ermessen), LSG Mainz NZG **04,** 668. Es beachtet alle Umstände, LSG Schlesw NZS **04,**

280. Dabei sind die Erfolgsaussicht und die Klageveranlassung wesentlich, LSG Darmst NZS **03**, 558. Der Grundgedanke des § 91 ZPO ist zwar anwendbar, Wilde/ Homann NJW **81**, 1070. Es ist aber durchaus zulässig, dem Sieger die Kosten aufzuerlegen, Wilde/Homann NJW **81**, 1070, auch außerhalb der nach § 192 behandelbaren Kosten. Ein formeller Sieg mag nichts an einer ungünstigen Gesamtschau ändern, SG Mannh JB **03**, 209 (krit Deumeland). Bei einer Untätigkeitsklage mag der Bekl die Kosten tragen müssen, wenn ihm der Beweis der rechtzeitigen Zustellung des Widerspruchsbescheids nicht gelingt, LSG Bln-Brdb AnwBl **06**, 504. Nach einer Erledigung der Hauptsache infolge einer Rechtsänderung kann das Gericht zB die Erfolgsaussichten bis zur Rechtsänderung mitbeachten, BSG MDR **92**, 387, LSG Mainz NZS **04**, 668.

2   Wenn in seinem Urteil ein Ausspruch über die Pflicht zur Kostenerstattung fehlt, muß das Gericht nach § 140 auf Grund eines Antrags eines Beteiligten diese Entscheidung durch einen Beschluß *nachholen*. Auch die notwendigen Kosten des Vorverfahrens sind erstattungsfähig, BSG NJW **02**, 1972 (Rechtsbeistand), SG Würzb RV **06**, 198 (zustm Deumeland 199: Rechtslehrer), Wilde/Homann NJW **81**, 1070. Dasselbe gilt von der Pauschgebühr nach § 184 I, LSG Mü VersR **03**, 235.

Das gilt aber nicht, soweit sich an das Vorverfahren *kein sozialgerichtliches Verfahren anschließt*, LSG Schlesw SchlHA **80**, 216, SG Bln MDR **81**, 260.

3   Eine Entscheidung nach I kann auch dann ergehen, wenn der Rechtsstreit nach einer Verweisung von einem Gericht für Arbeitssachen an ein Gericht der Sozialgerichtsbarkeit vor der Anberaumung einer mündlichen Verhandlung durch eine *Klagerücknahme* endete, LSG Schlesw SchlHA **80**, 220. Nach der Rücknahme der Revision darf das Revisionsgericht dem Revisionskläger die Kosten einer unselbständigen Anschlußrevision dann nicht auferlegen, wenn diese unzulässig war, BSG MDR **97**, 687.

4   **2) Kosten, II.** Kosten, die ein Beteiligter nach § 109 endgültig tragen muß, sind nach II nicht erstattungsfähig, Wilde/Homann NJW **81**, 1070.

5   **3) Grenzen der Kostenerstattung, IV.** IV 1 ist auf jeden nach § 184 I Gebührenpflichtigen anwendbar. Ein privates Versicherungsunternehmen ist keine Behörde, LSG Celle VersR **02**, 865 (zum Recht von 2002–2003). Trotzdem kann auch ein solches Unternehmen keine Kostenerstattung fordern, BSG JB **03**, 91 (zum Recht von 2002–2003, gilt jetzt erst recht).

[Kostenteilung]

194 [1] Sind mehrere Beteiligte kostenpflichtig, so gilt § 100 der Zivilprozeßordnung entsprechend. [2] Die Kosten können ihnen als Gesamtschuldnern auferlegt werden, wenn das Streitverhältnis ihnen gegenüber nur einheitlich entschieden werden kann.

[Vergleich]

195 Wird der Rechtsstreit durch gerichtlichen Vergleich erledigt und haben die Beteiligten keine Bestimmung über die Kosten getroffen, so trägt jeder Beteiligte seine Kosten.

1   **1) Geltungsbereich.** Die Beteiligten können die Kosten in einem Vergleich bewußt ungeregelt lassen und eine Entscheidung des Gerichts nach § 193 beantragen, Wilde/Homann NJW **81**, 1071. § 195 ist auf den außergerichtlichen Vergleich entsprechend anwendbar, soweit eine Kostenvereinbarung fehlt und soweit nicht das Gericht nach seinem billigen Ermessen eine Entscheidung treffen soll, Wilde/Homann NJW **81**, 1071.

196 *(weggefallen)*

§§ 197–197b SGG

[Kostenfestsetzung]

197 ^{I 1}Auf Antrag der Beteiligten oder ihrer Bevollmächtigten setzt der Urkundsbeamte des Gerichts des ersten Rechtszugs den Betrag der zu erstattenden Kosten fest. ²§ 104 Abs. 1 Satz 2 und Abs. 2 der Zivilprozeßordnung findet entsprechende Anwendung.

^{II} Gegen die Entscheidung des Urkundsbeamten der Geschäftsstelle kann binnen eines Monats nach Bekanntgabe das Gericht angerufen werden, das endgültig entscheidet.

1) **Festsetzung, I.** Soweit eine Kostengrundentscheidung vorliegt oder soweit die Beteiligten in einem Vergleich eine Kostenregelung getroffen haben, setzt der Urkundsbeamte der Geschäftsstelle auf Grund eines Antrags den Betrag der erstattungsfähigen Kosten fest. Der Antrag ist nicht fristgebunden. Es ist aber eine Verwirkung möglich, Wilde/Homann NJW **81**, 1073. Weitere Einzelheiten Wilde/Homann NJW **81**, 1073. — 1

2) **Verzinsung, I.** Die Anwaltsgebühren sind auf Grund eines Antrags vom Tag des Eingangs des Festsetzungsgesuchs an nach § 104 I 2, II ZPO in Verbindung mit § 247 BGB verzinslich. — 2

3) **Gerichtsanrufung und -entscheidung, II.** Gegen den Urkundsbeamten ist die Anrufung des Gerichts statthaft, LSG Mü RVGreport **15**, 32. Dessen Entscheidung ist unanfechtbar, „endgültig", LSG Chemnitz JB **14**, 196, LSG Mü JB **17**, 93, LSG Saarbr JB **09**, 260. — 3

[Keine persönliche Kostenfreiheit]

197a ^{I 1}Gehört in einem Rechtszug weder der Kläger noch der Beklagte zu den in § 183 genannten Personen oder handelt es sich um ein Verfahren wegen eines überlangen Gerichtsverfahrens (§ 202 Satz 2), werden Kosten nach den Vorschriften des Gerichtskostengesetzes erhoben; die §§ 184 bis 195 finden keine Anwendung; die §§ 154 bis 162 der Verwaltungsgerichtsordnung sind entsprechend anzuwenden. ²Wird die Klage zurückgenommen, findet § 161 Abs. 2 der Verwaltungsgerichtsordnung keine Anwendung.

^{II} ¹Dem Beigeladenen werden die Kosten außer in den Fällen des § 154 Abs. 3 der Verwaltungsgerichtsordnung auch auferlegt, soweit er verurteilt wird (§ 75 Abs. 5). ²Ist eine der in § 183 genannten Personen beigeladen, können dieser Kosten nur unter den Voraussetzungen von § 192 auferlegt werden. ³Aufwendungen des Beigeladenen werden unter den Voraussetzungen des § 191 vergütet; sie gehören nicht zu den Gerichtskosten.

^{III} Die Absätze 1 und 2 gelten auch für Träger der Sozialhilfe, soweit sie an Erstattungsstreitigkeiten mit anderen Trägern beteiligt sind.

1) **Geltungsbereich, I.** Es handelt sich um eine Auffangvorschrift für den Fall, daß weder § 183 anwendbar ist noch daß man jedenfalls *eine* der Parteien nach § 183 behandeln müßte, so daß § 184 anwendbar wäre. Insofern ist I 1 Hs 2 mit seinem Ausschluß auch des § 184 grob mißverständlich. Es mag sich zB um Streitigkeiten von Sozialleistungsträgern untereinander oder mit Arbeitgebern handeln, auch um Vertragsarztverfahren, Engelhard NZS **04**, 299, Timme NZS **04**, 292 (je: Üb). I 1 Hs 3 ist eng auslegbar, LSG Bln-Brdb JB **08**, 199. Die ganze Regelung ist in ihrer komplizierten Verweisungstechnik schwer verständlich. Man sollte sie nicht auf dem finanziellen Rücken eines Beteiligten auslegen. Sachverständigenkosten erfordern die Verwertbarkeit des Gutachtens, LSG Mainz JB **16**, 298. — 1

[Ansprüche beim BSG]

197b ¹Für Ansprüche, die beim Bundessozialgericht entstehen, gelten das Justizverwaltungskostengesetz und das Justizbeitreibungsgesetz entsprechend, soweit sie nicht unmittelbar Anwendung finden. ²Vollstreckungsbehörde ist die Justizbeitreibungsstelle des Bundessozialgerichts.

SGG § 197b, PatKostG Grundz, § 1 II. C. Patentkostengesetz

Vorbem. S 1 sprachlich angepaßt dch Art 15 VI EuKoPfVODG v 21. 11. 16, BGBl 2591, in Kraft seit 1. 7. 17, Art 21 VI G.

1 **1) Geltungsbereich usw.** Vgl dazu Teile VIII A, IX dieses Buchs. Ferner LSG Mü JB **15**, 648.

II. C. Patentkostengesetz

Grundzüge

Schrifttum: *Benkard* (Begr), Patentgesetz, Patentkostengesetz, 11. Aufl 2015 (Bespr *Voß* GRUR **16**, 473).

1 **1) Systematik.** Das PatKostG v 13. 12. 01, BGBl 3656, zuletzt geändert durch Art 13 G v 4. 4. 16, BGBl 558, ÜbergangsR § 14 PatKostG, enthält in seinem Geltungsbereich nach Rn 3 eine grundsätzlich in sich abgeschlossene, ausdrücklich nur hilfsweise, nach ihrer Form und ihrem Inhalt dem GKG und seinem KV angenäherte Regelung der Kosten des Deutschen Patent- und Markenamts und des BPatG. Dabei findet mehrfach eine Generalverweisung auf das vorrangig bleibende GKG statt, Teil I A dieses Buchs, zB in § 1 I 2, § 2 II 2. Die Erläuterungen zum GKG sind auch im übrigen wegen der Ähnlichkeit der jeweils eigenständigen Regelungen mitverwertbar.

Ergänzend gilt die PatentkostenzahlungsVO (PatKostZV) v 15. 10. 03, BGBl 2083, BPatG GRUR **17**, 1172.

2 **2) Regelungszweck.** Das PatKostG bezweckt eine abgewogene Berechnung unter der Beachtung von Gerechtigkeit, Zweckmäßigkeit und Rechtssicherheit. Das gilt auch für den im Rahmen dieses Buchs interessierenden Hauptabschnitt B des Gebührenverzeichnisses (GVPat). Ob diese Abwägung gelungen ist, muß sich in der Praxis zeigen. Es empfiehlt sich eine Auslegung wie bei § 1 I 1 GKG, Teil I A dieses Buchs, und zwar dahin, daß man in § 1 I 1 PatKostG das Wort „nur" hinzuliest: Gebührenpflicht nur, soweit das Gesetz sie eindeutig anordnet. Das ergibt die Notwendigkeit einer Auslegung zugunsten des Kostenschuldners und im Zweifel jedenfalls eine Gebührenfreiheit, BPatG GRUR **03**, 88.

3 **3) Geltungsbereich.** Er ist in § 1 PatKostG klar umschrieben: Vor dem Patent- und Markenamt (Verwaltungsgebühren) und vor dem BPatG. Man darf ihn aus den Gründen Rn 2 nicht ausdehnend auslegen.

Geltungsbereich, Verordnungermächtigungen

1 [I] [1] Die Gebühren des Deutschen Patent- und Markenamts und des Bundespatentgerichts werden, soweit gesetzlich nichts anderes bestimmt ist, nach diesem Gesetz erhoben. [2] Für Auslagen in Verfahren vor dem Bundespatentgericht ist das Gerichtskostengesetz anzuwenden.

[II] [1] Das Bundesministerium der Justiz und für Verbraucherschutz wird ermächtigt, durch Rechtsverordnung, die nicht der Zustimmung des Bundesrates bedarf, zu bestimmen,
1. dass in Verfahren vor dem Deutschen Patent- und Markenamt neben den nach diesem Gesetz erhobenen Gebühren auch Auslagen sowie Verwaltungskosten (Gebühren und Auslagen für Bescheinigungen, Beglaubigungen, Akteneinsicht und Auskünfte und sonstige Amtshandlungen) erhoben werden und
2. welche Zahlungswege für die an das Deutsche Patent- und Markenamt und das Bundespatentgericht zu zahlenden Kosten (Gebühren und Auslagen) gelten und Bestimmungen über den Zahlungstag zu treffen.

PatKostZV § 1. Zahlungswege. [I] Kosten des Deutschen Patent- und Markenamts und des Bundespatentgerichts können gezahlt werden
1. durch Bareinzahlung bei den Geldstellen des Deutschen Patent- und Markenamts;
2. durch Überweisung auf ein Konto der zuständigen Bundeskasse für das Deutsche Patent- und Markenamt;

3. durch Bareinzahlung bei einem inländischen oder ausländischen Geldinstitut auf ein Konto der zuständigen Bundeskasse für das Deutsche Patent- und Markenamt;
4. durch Erteilung eines gültigen SEPA-Basislastschriftmandats mit Angaben zum Verwendungszweck.

II Bei Zahlungen an das Deutsche Patent- und Markenamt sollen für eine Erklärung nach Absatz 1 Nummer 4 die über die Internetseite www.dpma.de bereitgestellten Formulare verwendet werden.

III Das Deutsche Patent- und Markenamt macht im Blatt für Patent-, Muster- und Zeichenwesen bekannt, unter welchen Bedingungen Sammelzahlungen auf ein Konto bei der zuständigen Bundeskasse für das Deutsche Patent- und Markenamt zulässig und welche Angaben bei der Zahlung erforderlich sind.

Vorbem. II geändert dch Art 210 VO v 31. 8. 15, BGBl 1474, in Kraft seit 8. 9. 15, Art 627 I VO, ÜbergangsR § 14 PatKostG.

1) Unbare Zahlweise. Vgl dazu das ZahlVGJG, Teil VII G dieses Buchs.   **1**

PatKostZV § 2. Zahlungstag. Als Zahlungstag gilt
1. bei Bareinzahlung der Tag der Einzahlung;
2. bei Überweisungen der Tag, an dem der Betrag dem Konto der zuständigen Bundeskasse für das Deutsche Patent- und Markenamt gutgeschrieben wird;
3. bei Bareinzahlung auf das Konto der zuständigen Bundeskasse für das Deutsche Patent- und Markenamt der Tag der Einzahlung;
4. ¹bei Erteilung eines SEPA-Basislastschriftmandats mit Angaben zum Verwendungszweck, der die Kosten umfasst, der Tag des Eingangs beim Deutschen Patent- und Markenamt oder beim Bundespatentgericht, bei zukünftig fällig werdenden Kosten der Tag der Fälligkeit, sofern die Einziehung zu Gunsten der zuständigen Bundeskasse für das Deutsche Patent- und Markenamt erfolgt. ²Wird das SEPA-Basislastschriftmandat durch Telefax übermittelt, ist dessen Original innerhalb einer Frist von einem Monat nach Eingang des Telefax nachzureichen. ³Andernfalls gilt als Zahlungstag der Tag des Eingangs des Originals.

PatKostZV § 3. Übergangsregelung. ¹Abbuchungsaufträge, die nach § 1 Nr. 4 der Patentkostenzahlungsverordnung vom 20. Dezember 2001 (BGBl. I S. 3853) für künftig fällig werdende Gebühren erteilt worden sind, werden am 1. Januar 2004 gegenstandslos. ²Für Einziehungsaufträge, die nach § 1 Nr. 5 der in Satz 1 genannten Verordnung für künftig fällig werdende Gebühren erteilt worden sind, gilt § 2 Nr. 4 entsprechend.

Höhe der Gebühren

2 I Gebühren werden nach dem Gebührenverzeichnis der Anlage zu diesem Gesetz erhoben.

II ¹Für Klagen und einstweilige Verfügungen vor dem Bundespatentgericht richten sich die Gebühren nach dem Streitwert. ²Die Höhe der Gebühr bestimmt sich nach § 34 des Gerichtskostengesetzes. ³Der Mindestbetrag einer Gebühr beträgt 121 Euro. ⁴Für die Festsetzung des Streitwerts gelten die Vorschriften des Gerichtskostengesetzes entsprechend. ⁵Die Regelungen über die Streitwertherabsetzung (§ 144 des Patentgesetzes und § 26 des Gebrauchsmustergesetzes) sind entsprechend anzuwenden.

Fälligkeit der Gebühren

3 I ¹Die Gebühren werden mit der Einreichung einer Anmeldung, eines Antrags oder durch die Vornahme einer sonstigen Handlung oder mit der Abgabe der entsprechenden Erklärung zu Protokoll fällig, soweit gesetzlich nichts anderes bestimmt ist. ²Eine sonstige Handlung im Sinn dieses Gesetzes ist insbesondere

1. die Einlegung von Rechtsbehelfen und Rechtsmitteln;
2. der Antrag auf gerichtliche Entscheidung nach § 61 Abs. 2 des Patentgesetzes;
3. die Erklärung eines Beitritts zum Einspruchsverfahren;
4. die Einreichung einer Klage;
5. die Änderung einer Anmeldung oder eines Antrags, wenn sich dadurch eine höhere Gebühr für das Verfahren oder die Entscheidung ergibt.

³Die Gebühr für die erfolglose Rüge wegen Verletzung des Anspruchs auf rechtliches Gehör wird mit der Bekanntgabe der Entscheidung fällig. ⁴Ein hilfsweise gestellter Antrag wird zur Bemessung der Gebührenhöhe dem Hauptantrag hinzugerechnet, soweit eine Entscheidung über ihn ergeht; soweit Haupt- und Hilfsantrag denselben Gegenstand betreffen, wird die Höhe der Gebühr nur nach dem Antrag bemessen, der zur höheren Gebühr führt. ⁵Legt der Erinnerungsführer gemäß § 64 Abs. 6 Satz 2 des Markengesetzes Beschwerde ein, hat er eine Beschwerdegebühr nicht zu entrichten.

II ¹Die Jahresgebühren für Patente, Schutzzertifikate und Patentanmeldungen und die Verlängerungsgebühren für Marken sowie die Aufrechterhaltungsgebühren für Gebrauchsmuster und eingetragene Designs sind jeweils für die folgende Schutzfrist am letzten Tag des Monats fällig, der durch seine Benennung dem Monat entspricht, in den der Anmeldetag fällt. ²Wird ein Gebrauchsmuster, ein Design oder eine Marke erst nach Beendigung der ersten oder einer folgenden Schutzfrist eingetragen, so ist die Aufrechterhaltungsgebühr oder die Verlängerungsgebühr am letzten Tag des Monats fällig, in dem die Eintragung im Register erfolgt ist.

Vorbem. II 2 idF Art 13 Z 1 G v 4. 4. 16, BGBl 558, in Kraft seit 1. 7. 16, Art 15 II G.

1   1) **Geltungsbereich, I, II.** Die Gebühren werden mit *einem* Rechtsbehelf fällig, also mit einem jeden, BPatG GRUR **17**, 1173, ferner nach I 3 bei einer erfolglosen Gehörsrüge mit der Bekanntgabe der Entscheidung. Die Gebührenhöhe muß feststehen, der Streitwert also nach § 63 I GKG, Teil I A dieses Buchs, vorläufig festgesetzt sein, BFH GRUR **13**, 540.

Kostenschuldner

4 ¹ Zur Zahlung der Kosten ist verpflichtet,
1. wer die Amtshandlung veranlasst oder zu wessen Gunsten sie vorgenommen wird;
2. wem durch Entscheidung des Deutschen Patent- und Markenamts oder des Bundespatentgerichts die Kosten auferlegt sind;
3. wer die Kosten durch eine gegenüber dem Deutschen Patent- und Markenamt oder dem Bundespatentgericht abgegebene oder dem Deutschen Patent- und Markenamt oder dem Bundespatentgericht mitgeteilte Erklärung übernommen hat;
4. wer für die Kostenschuld eines anderen kraft Gesetzes haftet.

II Mehrere Kostenschuldner haften als Gesamtschuldner.

III ¹Soweit ein Kostenschuldner auf Grund von Absatz 1 Nr. 2 und 3 haftet, soll die Haftung eines anderen Kostenschuldners nur geltend gemacht werden, wenn eine Zwangsvollstreckung in das bewegliche Vermögen des ersteren erfolglos geblieben ist oder aussichtslos erscheint. ²Soweit einem Kostenschuldner, der auf Grund von Absatz 1 Nr. 2 haftet, Verfahrenskostenhilfe bewilligt ist, soll die Haftung eines anderen Kostenschuldners nicht geltend gemacht werden. ³Bereits gezahlte Beträge sind zu erstatten.

Vorauszahlung, Vorschuss

5 ¹ ¹In Verfahren vor dem Deutschen Patent- und Markenamt soll die Bearbeitung erst nach Zahlung der Gebühr für das Verfahren erfolgen; das gilt auch, wenn Anträge geändert werden. ²Satz 1 gilt nicht für die Anträge auf Weiterleitung einer Anmeldung an das Harmonisierungsamt für den Binnenmarkt (Marken, Muster und Modelle) nach § 125 a des Markengesetzes, § 62 des Designgeset-

II. C. Patentkostengesetz **§§ 5–7 PatKostG**

zes und die Anträge auf Weiterleitung internationaler Anmeldungen an das Internationale Büro der Weltorganisation für geistiges Eigentum nach § 68 des Designgesetzes. ³In Verfahren vor dem Bundespatentgericht soll die Klage erst nach Zahlung der Gebühr für das Verfahren zugestellt werden; im Fall eines Beitritts zum Einspruch im Beschwerdeverfahren oder eines Beitritts zum Einspruch im Fall der gerichtlichen Entscheidung nach § 61 Abs. 2 des Patentgesetzes soll vor Zahlung der Gebühr keine gerichtliche Handlung vorgenommen werden.

II Die Jahresgebühren für Patente, Schutzzertifikate und Patentanmeldungen, die Verlängerungsgebühren für Marken und die Aufrechterhaltungsgebühren für Gebrauchsmuster und eingetragene Designs dürfen frühestens ein Jahr vor Eintritt der Fälligkeit vorausgezahlt werden, soweit nichts anderes bestimmt ist.

Vorbem. I 1 geändert dch Art 13 Z 2 G v 4. 4. 16, BGBl 558, in Kraft seit 1. 7. 16, Art 15 II G.

Zahlungsfristen, Folgen der Nichtzahlung

6 I ¹Ist für die Stellung eines Antrags oder die Vornahme einer sonstigen Handlung durch Gesetz eine Frist bestimmt, so ist innerhalb dieser Frist auch die Gebühr zu zahlen. ²Alle übrigen Gebühren sind innerhalb von drei Monaten ab Fälligkeit (§ 3 Abs. 1) zu zahlen, soweit gesetzlich nichts anderes bestimmt ist.

II Wird eine Gebühr nach Absatz 1 nicht, nicht vollständig oder nicht rechtzeitig gezahlt, so gilt die Anmeldung oder der Antrag als zurückgenommen, oder die Handlung als nicht vorgenommen, soweit gesetzlich nichts anderes bestimmt ist.

III Absatz 2 ist auf Weiterleitungsgebühren (Nummern 335 100, 344 100 und 345 100) nicht anwendbar.

IV Zahlt der Erinnerungsführer die Gebühr für das Erinnerungsverfahren nicht, nicht rechtzeitig oder nicht vollständig, so gilt auch die von ihm nach § 64 Abs. 6 Satz 2 des Markengesetzes eingelegte Beschwerde als zurückgenommen.

1) Geltungsbereich, I–III. „Sonstige Handlung" ist auch der Einspruch gegen ein Patent nach § 59 I PatG, BGH GRUR **05**, 184 (keine Wiedereinsetzung gegen Verspätung der Einzahlung der Gebühr) oder ein Widerspruch im früheren Markenrecht. Er muß rechtswirksam sein, BGH GRUR **16**, 383 (Prüfung von Amts wegen). Zahlungstag ist der Gutschrift bei der zuständigen Bundeskasse für das Deutsche Patent- und Markenamt, BPatG GRUR **17**, 1173. 1

2) Rücknahmeunterstellung, II, dazu *Deichfuß* GRUR **15**, 1170 (Üb): Es gilt schon nach dem klaren Wortlaut, aber auch nach dem Sinn die Fiktion der Rücknahme des Einspruchs und nicht etwa nur eine Fiktion der bloßen Nichtvornahme des Antrags oder der Anmeldung, BGH MDR **10**, 1141 links oben. BPatG GRUR **12**, 755, aM BPatG GRUR-RR **11**, 438 (unklar formuliert). Vor der Rücknahmeunterstellung muß man eine Zuordnungsmöglichkeit prüfen, BGH Rpfleger **16**, 121. Bei mehreren Schuldnern gilt bei Bezahlung nur *einer* Gebühr diese für den an erster Stelle Genannten, BGH MDR **17**, 1451. 2

Zahlungsfristen für Jahres-, Aufrechterhaltungs- und Schutzrechtsverlängerungsgebühren, Verspätungszuschlag

7 I ¹Die Jahresgebühren für Patente, Schutzzertifikate und Patentanmeldungen, die Verlängerungsgebühren für Marken und Aufrechterhaltungsgebühren für Gebrauchsmuster und eingetragene Designs sind bis zum Ablauf des zweiten Monats nach Fälligkeit zu zahlen. ²Wird die Gebühr nicht innerhalb der Frist des Satzes 1 gezahlt, so kann die Gebühr mit dem Verspätungszuschlag noch bis zum Ablauf des sechsten Monats nach Fälligkeit gezahlt werden.

II Für eingetragene Designs ist bei Aufschiebung der Bildbekanntmachung die Erstreckungsgebühr innerhalb der Aufschiebungsfrist (§ 21 Abs. 1 Satz 1 des Designgesetzes) zu zahlen.

III ¹Wird die Klassifizierung einer eingetragenen Marke bei der Verlängerung auf Grund einer Änderung der Klasseneinteilung geändert, und führt dies zu einer Erhöhung der zu zahlenden Klassengebühren, so können die zusätzlichen Klassengebühren auch nach Ablauf der Frist des Absatzes 1 nachgezahlt werden, wenn die Verlängerungsgebühr fristgemäß gezahlt wurde. [2]Die Nachzahlungsfrist endet nach Ablauf des 18. Monats nach Fälligkeit der Verlängerungsgebühr. [3]Ein Verspätungszuschlag ist nicht zu zahlen.

1   1) **Jahresgebühren, I–III.** Es erfolgt keine Rückzahlung, BGH GRUR 08, 550.

Kostenansatz

8 [1]Die Kosten werden angesetzt:
1. beim Deutschen Patent- und Markenamt
   a) bei Einreichung einer Anmeldung,
   b) bei Einreichung eines Antrags,
   c) im Fall eines Beitritts zum Einspruchsverfahren,
   d) bei Einreichung eines Antrags auf gerichtliche Entscheidung nach § 61 Abs. 2 des Patentgesetzes sowie
   e) bei Einlegung eines Rechtsbehelfs oder Rechtsmittels,
2. beim Bundespatentgericht
   a) bei Einreichung einer Klage,
   b) bei Einreichung eines Antrags auf Erlass einer einstweiligen Verfügung,
   c) im Fall eines Beitritts zum Einspruch im Beschwerdeverfahren oder im Verfahren nach § 61 Abs. 2 des Patentgesetzes sowie
   d) bei einer erfolglosen Rüge wegen Verletzung des Anspruchs auf rechtliches Gehör,
auch wenn sie bei einem ersuchten Gericht oder einer ersuchten Behörde entstanden sind.

[II] Die Stelle, die die Kosten angesetzt hat, trifft auch die Entscheidungen nach den §§ 9 und 10.

Unrichtige Sachbehandlung

9 Kosten, die bei richtiger Behandlung der Sache nicht entstanden wären, werden nicht erhoben.

1   1) **Unrichtige Sachbehandlung.** Es gelten dieselben Regeln wie bei § 21 GKG, Teil I dieses Buchs, BPatG GRUR 06, 263.

Rückzahlung von Kosten, Wegfall der Gebühr

10 [1][1]Vorausgezahlte Gebühren, die nicht mehr fällig werden können, und nicht verbrauchte Auslagenvorschüsse werden erstattet. [2]Die Rückerstattung von Teilbeträgen der Jahresgebühr Nummer 312 205 bis 312 207 des Gebührenverzeichnisses ist ausgeschlossen.

[II] Gilt eine Anmeldung oder ein Antrag als zurückgenommen (§ 6 Abs. 2) oder auf Grund anderer gesetzlicher Bestimmungen als zurückgenommen oder erlischt ein Schutzrecht, weil die Gebühr nicht oder nicht vollständig gezahlt wurde, so entfällt die Gebühr, wenn die beantragte Amtshandlung nicht vorgenommen wurde.

1   1) **Bem.** *Unanwendbar* ist II, soweit der Antragsteller im voraus oder bei Fälligkeit bereits gezahlt *hatte,* BGH GRUR 14, 711.

Erinnerung, Beschwerde

11 [1][1]Über Erinnerungen des Kostenschuldners gegen den Kostenansatz oder gegen Maßnahmen nach § 5 Abs. 1 entscheidet die Stelle, die die Kosten angesetzt hat. [2]Sie kann ihre Entscheidung von Amts wegen ändern. [3]Die Erinnerung ist schriftlich oder zu Protokoll der Geschäftsstelle bei der Stelle einzulegen, die die Kosten angesetzt hat.

II. C. Patentkostengesetz §§ 11–15 PatKostG

II ¹ Gegen die Entscheidung des Deutschen Patent- und Markenamts über die Erinnerung kann der Kostenschuldner Beschwerde einlegen. ² Die Beschwerde ist nicht an eine Frist gebunden und ist schriftlich oder zu Protokoll der Geschäftsstelle beim Deutschen Patent- und Markenamt einzulegen. ³ Erachtet das Deutsche Patent- und Markenamt die Beschwerde für begründet, so hat es ihr abzuhelfen. ⁴ Wird der Beschwerde nicht abgeholfen, so ist sie dem Bundespatentgericht vorzulegen.

III Eine Beschwerde gegen die Entscheidungen des Bundespatentgerichts über den Kostenansatz findet nicht statt.

1) **Bem.** III schließt auch eine Rechtsbeschwerde aus, BGH GRUR 15, 1144 rechts.

Verjährung, Verzinsung

12 Für die Verjährung und Verzinsung der Kostenforderungen und der Ansprüche auf Erstattung von Kosten gilt § 5 des Gerichtskostengesetzes entsprechend.

Anwendung der bisherigen Gebührensätze

13 ¹ Auch nach dem Inkrafttreten eines geänderten Gebührensatzes sind die vor diesem Zeitpunkt geltenden Gebührensätze weiter anzuwenden,
1. wenn die Fälligkeit der Gebühr vor dem Inkrafttreten des geänderten Gebührensatzes liegt oder
2. wenn für die Zahlung einer Gebühr durch Gesetz eine Zahlungsfrist festgelegt ist und das für den Beginn der Frist maßgebliche Ereignis vor dem Inkrafttreten des geänderten Gebührensatzes liegt oder
3. wenn die Zahlung einer nach dem Inkrafttreten des geänderten Gebührensatzes fälligen Gebühr auf Grund bestehender Vorauszahlungsregelungen vor Inkrafttreten des geänderten Gebührensatzes erfolgt ist.

II Bei Prüfungsanträgen nach § 44 des Patentgesetzes und Rechercheanträgen nach § 43 des Patentgesetzes, § 11 des Erstreckungsgesetzes und § 7 des Gebrauchsmustergesetzes sind die bisherigen Gebührensätze nur weiter anzuwenden, wenn der Antrag und die Gebührenzahlung vor Inkrafttreten eines geänderten Gebührensatzes eingegangen sind.

III ¹ Wird eine innerhalb von drei Monaten nach dem Inkrafttreten eines geänderten Gebührensatzes fällig werdende Gebühr nach den bisherigen Gebührensätzen rechtzeitig gezahlt, so kann der Unterschiedsbetrag bis zum Ablauf einer vom Deutschen Patent- und Markenamt oder Bundespatentgericht zu setzenden Frist nachgezahlt werden. ² Wird der Unterschiedsbetrag innerhalb der gesetzten Frist nachgezahlt, so gilt die Gebühr als rechtzeitig gezahlt. ³ Ein Verspätungszuschlag wird in diesen Fällen nicht erhoben.

IV Verfahrenshandlungen, die eine Anmeldung oder einen Antrag ändern, wirken sich nicht auf die Höhe der Gebühr aus, wenn die Gebühr zur Zeit des verfahrenseinleitenden Antrages nicht nach dessen Umfang bemessen wurde.

Übergangsvorschrift aus Anlass des Inkrafttretens dieses Gesetzes

14 *(überholt, betrifft den Stichtag 1. 1. 2002)*

Übergangsvorschriften aus Anlass des Inkrafttretens des Geschmacksmusterreformgesetzes

15 *(aufgehoben)*

PatKostG Anlage

Anlage zu § 2 Abs. 1 (Gebührenverzeichnis)

A. Gebühren des Deutschen Patent- und Markenamts
(hier nicht mitabgedruckt)

Nr.	Gebührentatbestand	Gebühr in Euro

B. Gebühren des Bundespatentgerichts
(Amtliche) Vorbemerkung

¹ Die Gebühren Nummer 400 000 bis 401 300 werden für jeden Antragsteller gesondert erhoben.

² Die Gebühr Nummer 400 000 ist zusätzlich zur Gebühr für das Einspruchsverfahren vor dem Deutschen Patent- und Markenamt (Nummer 313 600) zu zahlen.

400 000	Antrag auf gerichtliche Entscheidung nach § 61 Abs. 2 PatG	300 EUR

I. Beschwerdeverfahren

Beschwerdeverfahren

401 100	1. gemäß § 73 Abs. 1 PatG gegen die Entscheidung der Patentabteilung über den Einspruch,	
	2. gemäß § 18 Abs. 1 GebrMG gegen die Entscheidung der Gebrauchsmusterabteilung über den Löschungsantrag,	
	3. gemäß § 66 MarkenG in Löschungsverfahren,	
	4. gemäß § 4 Abs. 4 Satz 3 HalblSchG i. V. m. § 18 Abs. 2 GebrMG gegen die Entscheidung der Topografieabteilung,	
	5. gemäß § 34 Absatz 1 SortSchG gegen die Entscheidung des Widerspruchsausschusses in den Fällen des § 18 Absatz 2 Nummer 1, 2, 5 und 6 SortSchG	
	6. gemäß § 23 Absatz 4 Satz 1 DesignG gegen die Entscheidung der Designabteilung über den Antrag auf Feststellung oder Erklärung der Nichtigkeit	500 EUR
401 200	gegen einen Kostenfestsetzungsbeschluss	50 EUR
401 300	in anderen Fällen	200 EUR
	Beschwerden in Verfahrenskostenhilfesachen, Beschwerden nach § 11 Abs. 2 PatKostG und nach § 11 Abs. 2 DPMAVwKostV sind gebührenfrei.	

Zu 401 100:
Die amtliche Vorbemerkung II gilt auch bei solchen Patentinhabern, die sich gemeinsam gegen einen Widerruf ihres Patents wehren, BPatG GRUR-RR **14**, 227.

II. Klageverfahren

1. Klageverfahren gemäß § 81 PatG, § 85a in Verbindung mit § 81 PatG und § 20 GebrMG in Verbindung mit § 81 PatG

402 100	Verfahren im Allgemeinen	4,5
402 110	Beendigung des gesamten Verfahrens durch a) Zurücknahme der Klage – vor dem Schluss der mündlichen Verhandlung, – im Falle des § 83 Abs. 2 Satz 2 PatG i. V. m. § 81 PatG, in dem eine mündliche Verhand-	

II. C. Patentkostengesetz **Anlage PatKostG**

Nr.	Gebührentatbestand	Gebühr in Euro
	lung nicht stattfindet, vor Ablauf des Tages, an dem die Ladung zum Termin zur Verkündung des Urteils zugestellt oder das schriftliche Urteil der Geschäftsstelle übergeben wird, – im Falle des § 82 Abs. 2 PatG i. V. m. § 81 PatG vor Ablauf des Tages, an dem das Urteil der Geschäftsstelle übergeben wird, b) Anerkenntnis- und Verzichtsurteil, c) Abschluss eines Vergleichs vor Gericht, wenn nicht bereits ein Urteil vorausgegangen ist: Die Gebühr 402 100 ermäßigt sich auf .... [1] Erledigungserklärungen stehen der Zurücknahme nicht gleich. [2] Die Ermäßigung tritt auch ein, wenn mehrere Ermäßigungstatbestände erfüllt sind.	1,5

2. Sonstige Klageverfahren

Nr.	Gebührentatbestand	Gebühr in Euro
402 200	Verfahren im Allgemeinen	4,5
402 210	Beendigung des gesamten Verfahrens durch a) Zurücknahme der Klage vor dem Schluss der mündlichen Verhandlung, b) Anerkenntnis- und Verzichtsurteil, c) Abschluss eines Vergleichs vor Gericht, wenn nicht bereits ein Urteil vorausgegangen ist: Die Gebühr 402 200 ermäßigt sich auf .... [1] Erledigungserklärungen stehen der Zurücknahme nicht gleich. [2] Die Ermäßigung tritt auch ein, wenn mehrere Ermäßigungstatbestände erfüllt sind.	1,5

3. *Erlass einer einstweiligen Verfügung wegen Erteilung einer Zwangslizenz (§ 85 PatG, § 85a in Verbindung mit § 85 PatG und § 20 GebrMG in Verbindung mit § 85 PatG)*

Nr.	Gebührentatbestand	Gebühr in Euro
402 300	Verfahren über den Antrag	1,5
402 310	In dem Verfahren findet eine mündliche Verhandlung statt: Die Gebühr 402 300 erhöht sich auf	4,5
402 320	Beendigung des gesamten Verfahrens durch a) Zurücknahme der Klage vor dem Schluss der mündlichen Verhandlung, b) Anerkenntnis- und Verzichtsurteil, c) Abschluss eines Vergleichs vor Gericht, wenn nicht bereits ein Urteil vorausgegangen ist: Die Gebühr 402 310 ermäßigt sich auf .... [1] Erledigungserklärungen stehen der Zurücknahme nicht gleich. [2] Die Ermäßigung tritt auch ein, wenn mehrere Ermäßigungstatbestände erfüllt sind.	1,5

III. Rüge wegen Verletzung des Anspruchs auf rechtliches Gehör

Nr.	Gebührentatbestand	Gebühr in Euro
403 100	Verfahren über die Rüge wegen Verletzung des Anspruchs auf rechtliches Gehör nach § 321a ZPO i. V. m. § 99 Abs. 1 PatG, § 82 Abs. 1 MarkenG Die Rüge wird in vollem Umfang verworfen oder zurückgewiesen	50 EUR

III. Gesetz über die Kosten der freiwilligen Gerichtsbarkeit für Gerichte und Notare (Gerichts- und Notarkostengesetz – GNotKG)

v 23. 7. 13, BGBl 2586, zuletzt geändert dch Art 26 G v 5. 7. 17, BGBl 2208

Grundzüge

Schrifttum: *Bormann/Diehn/Sommerfeldt,* GNotKG, 2. Aufl 2016 (Bespr *Eisel* DNotZ **16**, 887, *Wachter* NJW **17**, 2602); *Diehn,* Berechnungen zum neuen Gerichts- und Notarkostenrecht, 2. Aufl 2013; *Diehn/Volpert,* Das neue Gerichts- und Notarkostengesetz, 2013; *Elsing,* Fälle und Lösungen zur Abrechnung nach GNotKG, 2. Aufl 2016; *Fackelmann/Heinemann* (Hrsg), GNotKG, 2013; *Korintenberg,* Gerichts- und Notarkostengesetz, 20. Aufl 2017 (Bspr *Böhringer* Rpfleger **18**, 56); *Kroiß* NJW **16**, 453 (Rspr-Üb); *Landesnotarkasse* (Hrsg), Leipziger Kostenspiegel 2. Aufl 2017; *Reimann* FamRZ **13**, 1257 (Üb); *Renner/Otto/Heinze,* GNotKG, 2. Aufl 2016 (Bespr *Böhringer* Rpfleger **17**, 56); *Rohs/Rohs/Waldner/Wudy,* GNotKG 2017; *Schmidt* JB **13**, 342 (Üb); *Schneider,* Gerichtskosten nach dem GNotKG usw, 2. Aufl 2016 (Bespr *Baronin von König* Rpfleger **16**, 752); *Schneider* JB **13**, 544 (Üb zum 2. KostRModG); *Tiedtke/Diehn,* GNotKG, 2014; *Tiedtke/Klüsener,* Textsynopse GNotKG, 2013; *Tiedtke/Sikora* DNotZ **17**, 673 (Rspr-Üb); *Tondorf/Schmidt,* 50 Tips zum GNotKG, 2014; *Waldner,* GNotKG für Anfänger, 9. Aufl 2015; *Weher* Rpfleger **16**, 321 (Gerichtskosten in Grundbuchsachen); *Wilich* FGPrax **13**, 47 (Üb); *Zimmermann,* GNotKG usw, 2013.

Zu *Notarkosten* vgl auch die Schrifttumsübersicht vor § 85.

1) Geschichtliches und Rechtspolitik. Über die Entwicklung bis Dezember 2016 unterrichtet die 47. Aufl. **1**

Weitere Änderungen ergaben sich ua durch **2**
– das Gesetz zur Strukturreform des Gebührenrechts des Bundes vom 7. 8. 13, BGBl 3154, mit seinen am 14. 8. 18 in Kraft tretenden Teilen;
– das Gesetz zur Neuordnung der Aufbewahrung von Notariatsunterlagen und zur Einrichtung des Elektronischen Urkundenarchivs bei der Bundesnotarkammer sowie zur Änderung weiterer Gesetze vom 1. 6. 17, BGBl 1396;
– das Gesetz zur Einführung der elektronischen Akte in der Justiz und zur weiteren Förderung des elektronischen Rechtsverkehrs vom 5. 7. 17, BGBl 2208, in Kraft seit 1. 1. 18, Art 33 I G, ÜbergangsR § 134 GNotKG.

2) Geltungsbereich. Das GNotKG gilt im Bereich der freiwilligen Gerichtsbarkeit, soweit nicht eng auslegbare Sonderregeln wie das FamGKG den Vorrang haben, Teil I B dieses Buchs. Es gilt nicht in Justizverwaltungssachen. Für sie gilt vielmehr das JVKostG, Teil VIII A dieses Buchs. Auch im Bereich des GNotKG gelten die KostVfg, Teil VII A dieses Buchs, und das JBeitrG, Teil IX A dieses Buchs. **3**

Wegen der Gebühren für Handlungen deutscher *Auslandsvertretungen* gilt das Gesetz vom 8. 3. 36, RGBl 137, nebst VO vom 19. 6. 36, RGBl 519, nebst Ausführungsbestimmungen vom 10. 3. 36, RMinBl 58, sowie wegen der Konsuln § 26 KonsG vom 11. 9. 74, BGBl 2317. **4**

Das GNotKG gilt auch im Verfahren vor einem Gericht nach dem *LwVG,* Teil IV dieses Buchs. Es gilt auch im außerprozessualen Bereich des WEG (der prozessuale unterfällt jetzt der ZPO und daher dem GKG, Teil I A dieses Buchs). Es gilt ferner in zahlreichen anderen Fällen.

Die *KostO,* abgedruckt und kommentiert bis zur 42. Aufl (2013), ist zwar grundsätzlich durch Art 45 Z 1 GNotKG aufgehoben worden. Sie gilt aber noch im Umfang des § 136 GNotKG.

3) Verfahren. Eine Kostenentscheidung ergeht nur in besonderen Fällen. Die Kostenpflicht ergibt sich im übrigen unmittelbar aus dem Gesetz. Eine etwaige Kostenfestsetzung regelt sich gemäß § 85 FamFG nach §§ 103 ff ZPO. Sie gehört dann also nach § 21 Z 1 RPflG zur Zuständigkeit des Rpfl. **5**

GNotKG Grundz   III. Gerichts- und Notarkostengesetz

6 **4) Synopse, amtliche Übersicht.** Eine nichtamtliche Textsynopse KostO – GNotKG ist im Folgenden abgedruckt.
Das Gesetz enthält eine amtliche Gliederung, die sich hieran anschließt.

Synopse KostO – GNotKG

Vgl zuletzt die 47. Aufl 2017.

(Amtliche) Inhaltsübersicht
Kapitel 1. Vorschriften für Gerichte und Notare
Abschnitt 1. Allgemeine Vorschriften

	§§
Geltungsbereich	1
Kostenfreiheit bei Gerichtskoten	2
Höhe der Kosten	3
Auftrag an einen Notar	4
Verweisung, Abgabe	5
Verjährung, Verzinsung	6
Elektronische Akte, elektronisches Dokument	7
Rechtsbehelfsbelehrung	7 a

Abschnitt 2. Fälligkeit

Fälligkeit der Kosten in Verfahren mit Jahresgebühren	8
Fälligkeit der Gerichtsgebühren in sonstigen Fällen, Fälligkeit der gerichtlichen Auslagen	9
Fälligkeit der Notarkosten	10

Abschnitt 3. Sicherstellung der Kosten

Zurückbehaltungsrecht	11
Grundsatz für die Abhängigmachung bei Gerichtskosten	12
Abhängigmachung bei Gerichtsgebühren	13
Auslagen des Gerichts	14
Abhängigmachung bei Notarkosten	15
Ausnahmen von der Abhängigmachung	16
Fortdauer der Vorschusspflicht	17

Abschnitt 4. Kostenerhebung

Ansatz der Gerichtskosten	18
Einforderung der Notarkosten	19
Nachforderung von Gerichtskosten	20
Nichterhebung von Kosten	21

Abschnitt 5. Kostenhaftung
Unterabschnitt 1. Gerichtskosten

Kostenschuldner in Antragsverfahren, Vergleich	22
Kostenschuldner in bestimmten gerichtlichen Verfahren	23
Kostenhaftung der Erben	24
Kostenschuldner im Rechtsmittelverfahren, Gehörsrüge	25
Bestimmte sonstige gerichtliche Auslagen	26
Weitere Fälle der Kostenhaftung	27
Erlöschen der Zahlungspflicht	28

Unterabschnitt 2. Notarkosten

Kostenschuldner im Allgemeinen	29
Haftung der Urkundsbeteiligten	30
Besonderer Kostenschuldner	31

Unterabschnitt 3. Mehrere Kostenschuldner

Mehrere Kostenschuldner	32
Erstschuldner der Gerichtskosten	33

Abschnitt 6. Gebührenvorschriften

Wertgebühren	34

III. Gerichts- und Notarkostengesetz **Grundz GNotKG**

Abschnitt 7. Wertvorschriften
Unterabschnitt 1. Allgemeine Wertvorschriften

	§§
Grundsatz	35
Allgemeiner Geschäftswert	36
Früchte, Nutzungen, Zinsen, Vertragsstrafen, sonstige Nebengegenstände und Kosten	37
Belastung mit Verbindlichkeiten	38
Auskunftspflichten	39

Unterabschnitt 2. Besondere Geschäftswertvorschriften

Erbschein, Europäisches Nachlasszeugnis, Zeugnis über die Fortsetzung der Gütergemeinschaft und Testamentsvollstreckerzeugnis	40
Zeugnisse zum Nachweis der Auseinandersetzung eines Nachlasses oder Gesamtguts	41
Wohnungs- und Teileigentum	42
Erbbaurechtsbestellung	43
Mithaft	44
Rangverhältnisse und Vormerkungen	45

Unterabschnitt 3. Bewertungsvorschriften

Sache	46
Sache bei Kauf	47
Land- und forstwirtschaftliches Vermögen	48
Grundstücksgleiche Rechte	49
Bestimmte schuldrechtliche Verpflichtungen	50
Erwerbs- und Veräußerungsrechte, Verfügungsbeschränkungen	51
Nutzungs- und Leistungsrechte	52
Grundpfandrechte und sonstige Sicherheiten	53
Bestimmte Gesellschaftsanteile	54

Kapitel 2. Gerichtskosten
Abschnitt 1. Gebührenvorschriften

Einmalige Erhebung der Gebühren	55
Teile des Verfahrensgegenstands	56
Zurückverweisung, Abänderung oder Aufhebung einer Entscheidung	57
Eintragungen in das Handels-, Partnerschafts- oder Genossenschaftsregister; Verordnungsermächtigung	58

Abschnitt 2. Wertvorschriften
Unterabschnitt 1. Allgemeine Wertvorschriften

Zeitpunkt der Wertberechnung	59
Genehmigung oder Ersetzung einer Erklärung oder Genehmigung eines Rechtsgeschäfts	60
Rechtsmittelverfahren	61
Einstweilige Anordnung, Aussetzung der Wirkungen eines Europäischen Nachlasszeugnisses	62

Unterabschnitt 2. Besondere Geschäftswertvorschriften

Betreuungssachen und betreuungsgerichtliche Zuweisungssachen	63
Nachlasspflegschaften und Gesamtgutsverwaltung	64
Ernennung und Entlassung von Testamentsvollstreckern	65
(aufgehoben)	66
Bestimmte unternehmensrechtliche Verfahren und bestimmte Vereins- und Stiftungssachen	67
Verhandlung über Dispache	68
Eintragungen im Grundbuch, Schiffs- oder Schiffsbauregister	69
Gemeinschaften zur gesamten Hand	70
Nachträgliche Erteilung eines Hypotheken-, Grundschuld- oder Rentenschuldbriefs	71
Gerichtliche Entscheidung über die abschließenden Feststellungen der Sonderprüfer	72
Ausschlussverfahren nach dem Wertpapiererwerbs- und Übernahmegesetz	73
Verfahren nach dem Spruchverfahrensgesetz	74
Gerichtliche Entscheidung über die Zusammensetzung des Aufsichtsrats	75
Bestimmte Verfahren vor dem Landwirtschaftsgericht	76

Unterabschnitt 3. Wertfestsetzung

Angabe des Werts	77
Wertfestsetzung für die Zulässigkeit der Beschwerde	78
Festsetzung des Geschäftswerts	79
Schätzung des Geschäftswerts	80

Abschnitt 3. Erinnerung und Beschwerde

Erinnerung gegen den Kostenansatz, Beschwerde	81
Beschwerde gegen die Anordnung einer Vorauszahlung	82
Beschwerde gegen die Festsetzung des Geschäftswerts	83
Abhilfe bei Verletzung des Anspruchs auf rechtliches Gehör	84

GNotKG Grundz

III. Gerichts- und Notarkostengesetz

Kapitel 3. Notarkosten

Abschnitt 1. Allgemeine Vorschriften

	§§
Notarielle Verfahren	85
Beurkundungsgegenstand	86
Sprechtage außerhalb der Geschäftsstelle	87

Abschnitt 2. Kostenerhebung

Verzinsung des Kostenanspruchs	88
Beitreibung der Kosten und Zinsen	89
Zurückzahlung, Schadensersatz	90

Abschnitt 3. Gebührenvorschriften

Gebührenermäßigung	91
Rahmengebühren	92
Einmalige Erhebung der Gebühren	93
Verschiedene Gebührensätze	94

Abschnitt 4. Wertvorschriften
Unterabschnitt 1. Allgemeine Wertvorschriften

Mitwirkung der Beteiligten	95
Zeitpunkt der Wertberechnung	96

Unterabschnitt 2. Beurkundung

Verträge und Erklärungen	97
Vollmachten und Zustimmungen	98
Miet-, Pacht- und Dienstverträge	99
Güterrechtliche Angelegenheiten	100
Annahme als Kind	101
Erbrechtliche Angelegenheiten	102
Erklärungen gegenüber dem Nachlassgericht, Anträge an das Nachlassgericht	103
Rechtswahl	104
Anmeldung zu bestimmten Registern	105
Höchstwert für Anmeldungen zu bestimmten Registern	106
Gesellschaftsrechtliche Verträge, Satzungen und Pläne	107
Beschlüsse von Organen	108
Derselbe Beurkundungsgegenstand	109
Verschiedene Beurkundungsgegenstände	110
Besondere Beurkundungsgegenstände	111

Unterabschnitt 3. Vollzugs- und Betreuungstätigkeiten

Vollzug des Geschäfts	112
Betreuungstätigkeiten	113

Unterabschnitt 4. Sonstige notarielle Geschäfte

Rückgabe eines Erbvertrags aus der notariellen Verwahrung	114
Vermögensverzeichnis, Siegelung	115
Freiwillige Versteigerung von Grundstücken	116
Versteigerung von beweglichen Sachen und von Rechten	117
Vorbereitung der Zwangsvollstreckung	118
Teilungssachen	118a
Entwurf	119
Beratung bei einer Haupt- oder Gesellschafterversammlung	120
Beglaubigung von Unterschriften oder Handzeichen	121
Rangbescheinigung	122
Gründungsprüfung	123
Verwahrung	124

Abschnitt 5. Gebührenvereinbarung

Verbot der Gebührenvereinbarung	125
Öffentlich-rechtlicher Vertrag	126

Abschnitt 6. Gerichtliches Verfahren in Notarkostensachen

Antrag auf gerichtliche Entscheidung	127
Verfahren	128
Beschwerde und Rechtsbeschwerde	129
Gemeinsame Vorschriften	130
Abhilfe bei Verletzung des Anspruchs auf rechtliches Gehör	131

Kapitel 4. Schluss- und Übergangsvorschriften §§

Verhältnis zu anderen Gesetzen 132
Bekanntmachung von Neufassungen 133
Übergangsvorschrift 134
Sonderregelung für Baden-Württemberg 135
Übergangsvorschrift zum 2. Kostenrechtsmodernisierungsgesetz 136

Anlage 1 (zu § 3 Absatz 2)
Anlage 2 (zu § 34 Absatz 3)

Kapitel 1. Vorschriften für Gerichte und Notare

Abschnitt 1. Allgemeine Vorschriften

Geltungsbereich

1 ^{I 1} Soweit bundesrechtlich nichts anderes bestimmt ist, werden Kosten (Gebühren und Auslagen) durch die Gerichte in den Angelegenheiten der freiwilligen Gerichtsbarkeit und durch die Notare für ihre Amtstätigkeit nur nach diesem Gesetz erhoben.

^{II} Angelegenheiten im Sinne des Absatzes 1 sind auch

1. Verfahren nach den §§ 98, 99, 132, 142, 145, 258, 260, 293 c und 315 des Aktiengesetzes,
2. Verfahren nach § 51 b des Gesetzes betreffend die Gesellschaften mit beschränkter Haftung,
3. Verfahren nach § 26 des SE-Ausführungsgesetzes,
4. Verfahren nach § 10 des Umwandlungsgesetzes,
5. Verfahren nach dem Spruchverfahrensgesetz,
6. Verfahren nach den §§ 39 a und 39 b des Wertpapiererwerbs- und Übernahmegesetzes über den Ausschluss von Aktionären,
7. Verfahren nach § 8 Absatz 3 Satz 4 des Gesetzes über die Mitbestimmung der Arbeitnehmer in den Aufsichtsräten und Vorständen der Unternehmen des Bergbaus und der Eisen und Stahl erzeugenden Industrie,
8. Angelegenheiten des Registers für Pfandrechte an Luftfahrzeugen,
9. Verfahren nach der Verfahrensordnung für Höfesachen,
10. Pachtkreditsachen nach dem Pachtkreditgesetz,
11. Verfahren nach dem Verschollenheitsgesetz,
12. Verfahren nach dem Transsexuellengesetz,
13. Verfahren nach § 84 Absatz 2 und § 189 des Versicherungsvertragsgesetzes,
14. Verfahren nach dem Personenstandsgesetz,
15. Verfahren nach § 7 Absatz 3 des Erbbaurechtsgesetzes,
16. Verteilungsverfahren, soweit sich die Kosten nicht nach dem Gerichtskostengesetz bestimmen,
17. Verfahren über die Bewilligung der öffentlichen Zustellung einer Willenserklärung und die Bewilligung der Kraftloserklärung von Vollmachten (§ 132 Absatz 2 und § 176 Absatz 2 des Bürgerlichen Gesetzbuchs),
18. Verfahren über Anordnungen über die Zulässigkeit der Verwendung von Verkehrsdaten,
19. Verfahren nach den §§ 23 bis 29 des Einführungsgesetzes zum Gerichtsverfassungsgesetz,
20. Verfahren nach § 138 Absatz 2 des Urheberrechtsgesetzes und
21. gerichtliche Verfahren nach § 335 Absatz 4 des Handelsgesetzbuchs.

^{III 1} Dieses Gesetz gilt nicht in Verfahren, in denen Kosten nach dem Gesetz über Gerichtskosten in Familiensachen zu erheben sind. ² In Verfahren nach der Verordnung (EU) Nr. 655/2014 des Europäischen Parlaments und des Rates vom 15. Mai 2014 zur Einführung eines Verfahrens für einen Europäischen Beschluss zur vorläufigen Kontenpfändung im Hinblick auf die Erleichterung der

GNotKG § 1

grenzüberschreitenden Eintreibung von Forderungen in Zivil- und Handelssachen werden Kosten nach dem Gerichtskostengesetz erhoben.

IV Kosten nach diesem Gesetz werden auch erhoben für Verfahren über eine Beschwerde, die mit einem der in den Absätzen 1 und 2 genannten Verfahren im Zusammenhang steht.

V Soweit nichts anderes bestimmt ist, bleiben die landesrechtlichen Kostenvorschriften unberührt für
1. in Landesgesetzen geregelte Verfahren und Geschäfte der freiwilligen Gerichtsbarkeit sowie
2. solche Geschäfte der freiwilligen Gerichtsbarkeit, in denen nach Landesgesetz andere als gerichtliche Behörden oder Notare zuständig sind.

VI Die Vorschriften dieses Gesetzes über die Erinnerung und die Beschwerde gehen den Regelungen der für das zugrunde liegende Verfahren geltenden Verfahrensvorschriften vor.

Vorbem. III 2 angefügt dch Art 11 EuKoPfVODG v 21. 11. 16, BGBl 2591, in Kraft seit 18. 1. 17, Art 21 I G, ÜbergangsR § 134 GNotKG.

Gliederung

1) Systematik, I–VI	1
2) Regelungszweck, I–VI	2
3) Geltungsbereich, I–VI	3–8
A. Angelegenheiten der freiwilligen Gerichtsbarkeit, I, II	3
B. Justizverwaltungssachen, I, II	4
C. Bundes- und landesrechtlicher Vorbehalt, I, V	5, 6
D. Unanwendbarkeit bei FamGKG- und EuKoPf-Sache, III	7
E. Beschwerdesache, IV	8
4) Kostenbegriff, I–VI	9
5) Vorrang des GNotKG bei Rechtsbehelfen, VI	10

1 **1) Systematik, I–VI.** Die Vorschrift entspricht § 1 GKG, § 1 FamGKG, § 1 JVKostG, § 1 GvKostG, Teile I A, B, VIII, XI dieses Buches. Wie das Wort „nur" in I zeigt, enthält das GNotKG nach seinem Grundgedanken eine möglichst abschließende Regelung, „soweit bundesrechtlich nichts anderes bestimmt ist". Es besteht also eine Kostenfreiheit, soweit nicht das Gesetz eindeutig eine Kostenpflicht ausspricht, BVerfG NJW **96**, 3146 (Analogieverbot), BayObLG FamRZ **04**, 1603 (zu § 131), Celle JB **10**, 658. Diese Kostenfreiheit besteht bei Gebühren wie Auslagen auf einem riesigen Sachgebiet. Die Regelung ist zwingend, Zweibr RR **00**, 1595. Das gilt auch für die Staatskasse nach Art 20 III GG.

Wegen bundes- oder landesrechtlichen *Vorbehalte* Rn 7. Ein Justizverwaltungsgeschäft unterfällt dem JVKostG, Teil VIII A dieses Buchs.

Beispiele zur Frage einer Gebühren- und/oder Auslagenfreiheit enthält das umfangreiche ABC im Anh § 1.

2 **2) Regelungszweck, I–VI.** Das vorgenannte Bestreben führt bei gerichtlichen wie notariellen Tätigkeit zur Notwendigkeit einer für den jeweiligen Kostenschuldner günstigen Auslegung. Soweit das GNotKG entweder sogar ausdrücklich nach § 2 eine Kostenfreiheit bestimmt oder jedenfalls nicht ausdrücklich Kosten vorsieht, darf man keine Gerichtskosten erheben, BayObLG BB **82**, 946, Bre Rpfleger **89**, 172, Hamm Rpfleger **77**, 423. Es besteht also nach Rn 1 auch ein Analogieverbot.

Das bedeutet freilich nicht, daß man beim geringsten Zweifel stets zugunsten des Kostenschuldners entscheiden müßte. Gerade in der „freiwilligen" und in Wahrheit allerdings oft genug auch kostenstreitigen Gerichtsbarkeit soll der Bürger sein Recht nicht stets schon wegen irgendwelcher Unklarheiten des Gesetzes auf Kosten der Staatskasse erhalten. Sie kann im übrigen ja durchaus auch selbst eine Kostenschuldnerin sein, soweit sie nicht ausdrücklich Kostenfreiheit erhalten hat. Es ist also eine solche Handhabung notwendig, die in einer Abwägung vorgeht und erst bei einem echten Zweifel dem Wort „nur" in I den Ausschlag gibt.

3 **3) Geltungsbereich, I–VI.** Man muß drei Fallgruppen unterscheiden.

A. Angelegenheiten der freiwilligen Gerichtsbarkeit, I, II. Das GNotKG insgesamt bezieht sich auf die Angelegenheiten der freiwilligen Gerichtsbarkeit.

„*Angelegenheit*" meint dabei das bestimmte einzelne Verfahren nach dem FamFG, soweit seine Kosten nicht nach III unter das FamGKG fallen, Teil I B dieses Buchs. Das gilt einschließlich aller Neben- und Folgeverfahren derselben Art, auch zB einer Verfahrenskostenhilfe nach §§ 76ff FamFG, §§ 114ff ZPO, oder einer Beschwerde oder Kostenfestsetzung oder Wertfestsetzung etwa nach § 33 RVG, Teil X dieses Buchs, oder der Eintragung nach §§ 866ff ZPO.

„*Freiwillige Gerichtsbarkeit*" gehört zur konkurrierenden Gesetzgebung des Bundes nach Art 74 Z 1 GG. Sie ist ein nicht gesetzlich bestimmter Begriff. Das Gesetz meint aber eindeutig alle diejenigen Geschäfte, die sich nach einer gesetzlichen Regelung entweder durch ihre amtliche Bezeichnung oder durch die Zuordnung zu einem Organ oder zu einer Verfahrensart gerade vor Gericht im Rahmen des FamFG abspielen. Auf die wahre Natur des Geschäfts kommt es nicht an. Das alles gilt auch bei der Anerkennung einer ausländischen Entscheidung, BGH **88**, 113. Es gilt auch für Neben- und Folgesachen.

II Z 1–21 nennen in einer nur beispielhaften Aufzählung Angelegenheiten nach I. Das zeigt das Wort „auch" vor Z 1.

Umgekehrt kann zB eine *Zwangsvollstreckung* in das unbewegliche Vermögen etwa bei § 866 ZPO in den Formen der freiwilligen Gerichtsbarkeit durch das Grundbuchamt erfolgen. Insoweit ist sie eine Angelegenheit der freiwilligen Gerichtsbarkeit.

Es ist unerheblich, welches Geschäft nach der Ansicht des *Kostenbeamten* oder des über den Kostenansatz entscheidenden Gerichts notwendig gewesen wäre, BayObLG **79**, 181.

B. Justizverwaltungssachen, I, II. Die Erledigung eines ausländischen Rechtshilfeersuchens, die Amtsbekräftigung (Legalisation) einer öffentlichen Urkunde zB nach § 438 ZPO gehört zu den Aufgaben der Justizverwaltung außerhalb der besonderen gerichtlichen Regelung der freiwilligen Gerichtsbarkeit. Insofern gilt das JVKostG, Teil VIII A dieses Buchs, BayObLG **04**, 315. Wegen einer Hinterlegungssache vgl Teil VIII B dieses Buchs. Die Beitreibung der Gerichtskosten usw richtet sich nach dem JBeitrG, Teil IX A dieses Buchs.

Andere Geschäfte der Justizverwaltung regelt bis auf einige wenige Ausnahmen noch das Landesrecht, zB die verwaltungsmäßige Erteilung der Ablichtung oder Abschrift aus einer Akte usw.

C. Bundes- und landesrechtlicher Vorbehalt, I, V. Das GNotKG kodifiziert für seinen Geltungsbereich das Kostenrecht. Das gilt bis auf die in I vorgesehenen bundesrechtlichen und die in §§ 135, 136 II vorgesehenen landesrechtlichen Vorbehalte zu jeweiligen Akten der freiwilligen Gerichtsbarkeit. Sie richten sich jeweils wegen Artt 31, 72 I, 74 Z 1 GG nach dem GNotKG, soweit zu den Gebühren keine anderen Vorschriften bestehen.

Die Tätigkeit des *Rechtsanwalts* oder des *Gerichtsvollziehers* erhält auch in einer Angelegenheit der freiwilligen Gerichtsbarkeit nur nach dem RVG oder nach dem GvKostG eine Vergütung, dort jeweils § 1, Teile X, XI dieses Buchs.

Wenn sich in einer Sache der freiwilligen Gerichtsbarkeit nur deshalb eine bestimmte *einzelne Handlung* nach der ZPO richtet, weil das FamFG auf sie zB in § 113 I 2 FamFG verweist, ist das GNotKG hilfsweise anwendbar, soweit nicht nach III vorrangig das FamGKG gilt, Teil I B dieses Buchs. Das zeigt das Wort „Kosten" in I.

Über die Anwendung des GNotKG im Verfahren nach II Z 17 Düss NZG **15**, 1111 und nach dem Gesetz über die Wahrnehmung von *Urheberrechten* usw vgl II Z 20, nach dem LwAnpG (zum alten Recht) BGH MDR **94**, 102. Im Verfahren nach dem *PsychKG* entstehen nach § 40 PsychKG keine Kosten, also auch keine erstattungspflichtigen Auslagen, aM LG Essen Rpfleger **84**, 119 (abl Schulte). § 15 *SpruchG* enthält eine „andere Bestimmung". Die Vorschrift geht dem GNotKG vor, LG Frankenth JB **91**, 1663 (zum alten Recht).

Bei einer *Verweisung* aus dem Bereich des GKG, Teil I A dieses Buchs, in denjenigen des GNotKG gilt wegen der Gebühren das letztere und wegen der Auslagen das Recht der Entstehung. Bei der umgekehrten Verweisung gilt dasselbe.

Gebührenfreiheit kann sich zB bei einer Vereinigung von Grundstücken in Fortführung von § 1 G v. 15. 11. 37, RGBl 1257, ergeben in:
Berlin: § 18 G v 8. 4. 74, GVBl 806;
Brandenburg: § 16 G v 28. 11. 91, GVBl 516,

Bremen: § 12 G v 16. 10. 90, GBl 313;
Nordrhein-Westfalen: § 15 G v 30. 5. 90, GVBl 360.

7 **D. Unanwendbarkeit bei FamGKG- und EuKoPf-Sache, III.** Die Vorschrift stellt den Vorrang des FamGKG klar, Teil I B dieses Buchs. Seinen Geltungsbereich klärt § 1 FamGKG: Familiensachen nach § 111 Z 1–11 FamFG, sowie Vollstreckung nach § 120 FamFG, ferner OLG-Verfahren nach § 107 FamFG, einschließlich damit zusammenhängend; Beschwerden, ausschließlich Mahnverfahren.

Man muß aber trotzdem bestimmte Vorgänge in Familiensachen vor dem Familiengericht deswegen nach dem GNotKG beurteilen, weil das Gesetz sie dem Verfahren des FamFG und in diesem Bereich auch nicht dem FamGKG zugeordnet hat, (zum alten Recht) Karlsr Rpfleger **81**, 324.

Unanwendbar ist das GNotKG ferner im Verfahren nach §§ 946 ff ZPO zur vorläufigen Pfändung bei einem Europäischen Beschluß dazu. Dann gilt das GKG, Teil I A dieses Buchs.

8 **E. Beschwerdesache, IV.** Die Vorschrift stellt wie § 1 IV GKG klar, daß auch ein solches Beschwerdeverfahren dem GNotKG unterfällt, das ein bloßes Nebenverfahren darstellt, etwa bei einer Rechtshilfe nach § 159 GVG oder bei einer Ungebühr nach § 181 GVG. „Im Zusammenhang" steht auch eine Beschwerde gegen eine Verweisung oder Abgabe.

9 **4) Kostenbegriff, I–VI.** Kosten sind auch im Rahmen des GNotKG nach dem klaren Wortlaut von I Gebühren und Auslagen nach Einl II A 2, Celle Rpfleger **79**, 118, also zB auch Sachverständigenkosten, Ffm FGPrax **09**, 140.

10 **5) Vorrang des GNotKG bei Rechtsbehelfen, VI.** Er gilt bei §§ 81–84, 127–130.

Anhang nach § 1
Beispiele zur Frage einer Gebühren- und/oder Auslagenfreiheit

1 **Ablichtung, Ausdruck:** *Gerichtsgebührenfrei* ist wegen des Worts „nur" in § 1 I die Erteilung einer beglaubigten Ablichtung oder eines entsprechenden Ausdrucks.

Notargebührenfrei ist nach KVfG 25102 amtliche Anmerkung II Z 1, 2 ihre Erteilung bei einer von diesem Notar aufgenommenen oder in seiner Dauerverwahrung stehenden Urschrift oder bei einer Berechtigung eines gesetzlichen Vertreters nach § 12 BeurkG.

Ablichtung usw nach § 19 II, III ZVG: *Keine* Kostenfreiheit wie früher (§ 73 V KostG) besteht mehr in diesem von KVfG 31 000 grds miterfaßten Fall (auch keine Ausnahme nach der dortigen amtlichen Anmerkung III).

Akteneinsicht: Rn 5 „Einsicht".

Aktenversendung: Gerichtsauslagenfrei ist sie nach § 26 II in Verbindung mit KVfG 41 003 gegenüber demjenigen, der die Versendung oder elektronische Übermittlung gar nicht beantragt hat.

Allgemeine Geschäftskosten: Notarauslagenfrei sind seine derartigen Aufwendungen. Denn seine Gebühren decken diese Aufwendungen nach der amtlichen Vorbemerkung 3.2 I mit ab.

Antragsentgegennahme: Rn 5 „Entgegennahme".

Antragstellung: Notargebührenfrei ist sie neben einem Beurkundungsvorgang nach der amtlichen Vorbemerkung 2.1 II Z 2.

Aufsuchen: Notargebührenfrei ist wegen des Worts „nur" in § 1 I das Aufsuchen einer vom Notar aufgenommenen oder verwahrten Urkunde.

Auftragslosigkeit: Notarauslagenfrei sind solche Aufwendungen, die der Notar außerhalb eines ausdrücklichen Auftrags für Rechnung eines Beteiligten erbringt, zB verauslagte Gerichtskosten und Gebühren in einer Angelegenheit des Zentralen Vorsorgeregisters nach KVfG 32015.

Ausscheidung eines Grundstücks: Gerichtsgebührenfrei ist wegen des Worts „nur" in § 1 I die nachträgliche Ausscheidung eines Grundstücks aus dem Grundbuch.

Außerhalb Notargeschäftsstelle: Nach KVfG 26 002 notargebührenfrei ist seine Tätigkeit neben derjenigen für einen Wechsel- oder Scheckprotest nach der amtlichen Vorbemerkung 2.3.4.

S auch Rn 22 „Zweiter Notar".

Kapitel 1. Vorschriften f. Gerichte u. Notare **Anh § 1 GNotKG**

Bahneinheit: *Keine* Gerichtsgebührenfreiheit besteht nach dem Wegfall des früheren 2
§ 78 III KostO mehr bei der Eintragung eines jetzt in KVfG 14110 geregelten Eigentumswechsels im Grundbuch.

Beanstandung: Notargebührenfrei ist ihre Erledigung auch im Beschwerdeverfahren anläßlich einer Beurkundung nach der amtlichen Vorbemerkung 3.1 II Z 3.

Beglaubigung: Rn 1 „Ablichtung, Ausdruck", Rn 17 „Unterschriftsbeglaubigung".

Bekanntmachung: Gerichtsauslagenfrei ist die Bekanntmachung in einem elektronischen Informations- und Kommunikationssystem dann, wenn man das Entgelt nicht für den Einzelfall oder nicht für ein einzelnes Verfahren nach KVfG 31 004 amtliche Anmerkung berechnet.

Berufsständisches Organ: Es ist gebührenfrei im Rahmen seiner Beteiligung nach § 380 FamFG und der amtlichen Vorbemerkung 3.1. II Z 3.

Bescheinigung: KVfG 25104 entsteht nicht bei einer Betreuungstätigkeit nach KVfG 22 200 und KVfG 25 104 amtliche Anmerkung.

Beschluß: Rn 5 „Entscheidung".

Beschwerde, Rechtsbeschwerde: Gerichtsgebührenfrei sein kann ein solches Verfahren zB beim Kostenansatz nach § 81 VIII 1, bei einer Vorauszahlungsanordnung nach 3
§ 82 II in Verbindung mit § 81 VIII, oder bei der Wertfestsetzung nach § 83 III 1.

Nicht (mehr) gerichtsgebührenfrei ist ein solches Verfahren mangels derartiger Sondervorschriften selbst dann, wenn und soweit das Rechtsmittel Erfolg hat oder zurückgenommen wird. Denn es gibt jetzt auf allen Tätigkeitsgebieten grds eine allgemeine Verfahrensgebühr als Ausgangsregel.

Nicht (mehr) gerichtsauslagenfrei ist ein solches Verfahren.

Beschwerde gegen Kostenansatz: Vgl § 81 VIII 1.

Beschwerde gegen Vorauszahlungsanordnung: Vgl § 82 II in Verbindung mit § 81 VIII 1.

Beschwerde gegen Wertfestsetzung: Vgl § 83 III 1.

Beschwerdeerfolg: Gerichtsauslagenfrei ist die Tätigkeit nach der amtlichen Vorbemerkung 3.1 I Hs 1 wegen einer für begründet befundenen Beschwerde grds dann, wenn das Beschwerdeverfahren gerichtsgebührenfrei ist. Wegen einer Ausnahme dort Hs 2.

Beurkundung außerhalb Vertrag: Gerichtsauslagenfrei ist bei einer solchen „sonstigen" Beurkundung für jeden Beteiligten und Bevollmächtigten eine Ausfertigung, eine Kopie oder ein Ausdruck nach KVfG 31000 amtliche Anmerkung III Z 1 Hs 2.

Blinder, Sehbehinderter: Gerichtsauslagenfrei ist jedes Zugänglichmachen eines für ihn bestimmten gerichtlichen Dokuments nach KVfG 31 000 amtliche Anmerkung IV in Verbindung mit § 191a I 2 GVG. Dasselbe gilt nach KVfG 31 005 amtliche Anmerkung II für denjenigen Betrag, den die Staatskasse zur Heranziehung eines Fachmanns nach § 191a I GVG gezahlt hat oder zahlen muß.

Bund: Vgl § 2.

Dokumentenpauschale: Notarauslagenfrei ist der Vorgang neben einer Gebühr für 4
Dokumentenbeglaubigung nach KVfG 25 102 amtliche Anmerkung I.

S auch bei den einzelnen Vorgängen.

Doppelbuchung im Grundbuch: Rn 17 „Unrichtigkeit des Grundbuchs". Freilich ist die ausdrückliche frühere Gebührenfreiheit entfallen.

Landesrechtlich gelten in Fortführung von § 1 G v 15. 11. 37, RGBl 1257, gemäß § 1 V Z 1 weitere Gebührenbefreiungsvorschriften. Vgl bei § 1.

Einsicht: *Gerichtsgebührenfrei* ist wegen des Worts „nur" in § 1 I die Einsicht ins 5
Grundbuch.

Notargebührenfrei ist diejenige des Grundbuchs, eines öffentlichen Registers und von Akten einschließlich Mitteilung des Inhalts zumindest nach KVfG 25 105 amtliche Anmerkung dann, wenn die Tätigkeit mit einem gebührenpflichtigen Verfahren oder Geschäft zusammenhängt.

Einstweilige Anordnung: Gebührenfrei ist sie im Rahmen einer Betreuung oder Pflegschaft nach KVfG 16 110 amtliche Anmerkung, 16 210 amtliche Anmerkung.

Eintragungsvermerk: Gerichtsgebührenfrei ist er neben der eigentlichen Eintragung einer Belastung nach KVfG 14 120 ff, obwohl es keine ausdrückliche Regelung dazu mehr gibt. Denn das Wort „nur" in § 1 I gilt auch hier.

GNotKG Anh § 1 III. Gerichts- und Notarkostengesetz

Entgegennahme: Gerichtsgebührenfrei ist wegen des Worts „nur" in § 1 I die bloße Entgegennahme eines Antrags oder einer Erklärung, soweit nicht das Gesetz ausdrücklich das Gegenteil bestimmt. Das gilt zB im Grundbuchbereich.
Eine *Verfahrensgebühr* kann freilich schon mit der ersten zugehörigen Tätigkeit und daher auch schon mit der Entgegennahme des zugehörigen Antrags usw entstehen.

Entscheidung: Gerichtsauslagenfrei ist eine vollständige Ausfertigung oder Kopie oder ein vollständiger Ausdruck sowie eine Ausfertigung ohne Begründung nach KVfG 31 000 amtliche Anmerkung III Z 2 Hs 1, Z 3.

Erbeintragung: Gebührenfrei ist seine Eintragung nach KVfG 14110 amtliche Anmerkung I dann, wenn der Antrag binnen zwei Jahren seit dem Erbfall beim Grundbuch eingeht.

Erbenermittlung: *Nicht* (mehr) gerichtsgebührenfrei ist entgegen dem früheren § 105 KostO eine solche Tätigkeit im Rahmen eines zB nach KVfG 12 210 stattfindenden Verfahrens über einen Erbscheinsantrag usw.

Erinnerung: Vgl § 81 VIII.
Erlöschen der Zahlungspflicht: Vgl § 28.
Ersuchen des Gerichts: Rn 6 „Gerichtsersuchen".
Ersuchen des Schuldners: Rn 6 „Insolvenz".
Ersuchen des Verwalters: Rn 6 „Insolvenz".

6 **Gegenstandsloses Recht:** Gerichtsgebührenfrei ist eine Löschung in solchem Fall nach der amtlichen Vorbemerkung 1.4 II Z 1 Fall 2. Zwar verweist diese Vorschrift nur auf § 53 GBO, nicht auch auf § 84 GBO. Indessen stellt auch die Löschung wegen Gegenstandslosigkeit eine Löschung wegen Unrichtigkeit dar.

Geldverwahrung: Nach KVfG 25 300 notargebührenfrei ist sie neben der Gebühr KVfG 23 400, 23 401 für die Tätigkeit beim Wechsel- oder Scheckprotest nach der amtlichen Vorbemerkung 2.3.4.

Gerichtsersuchen: Gebührenfrei ist grds eine Eintragung oder Löschung auf Ersuchen oder Anordnung eines Gerichts nach der amtlichen Vorbemerkung 1.4 II Z 2 Hs 1.
Wegen einiger *Ausnahmen* dort Hs 2.

Geschäftsreise: Notarauslagenfrei sind diejenigen Ausgaben des Notars anläßlich einer Geschäftsreise, die nach KVfG 32 009 unangemessen hoch sind.

Gesetzliche Kostenfreiheit bei Gerichtskosten: Vgl § 2.

Gesellschaftsvertrag: Notargebührenfrei ist bei seiner Änderung eine zum Register notwendige Bescheinigung des neuen Wortlauts nach der amtlichen Vorbemerkung 2.1 II Z 4.

Gesprächsdolmetscher: Gerichtsauslagenfrei ist ein solcher Betrag, den die Staatskasse an einen solchen Fachmann nach § 186 I GVG gezahlt hat oder nach KVfG 31 005 amtliche Anmerkung II zahlen muß.

Gesuch: Rn 5 „Entgegennahme".

Grundbuchblattanlegung: Gerichtsgebührenfrei ist wegen des Worts „nur" in § 1 I die Anlegung eines Grundbuchblatts für ein noch nicht im Grundbuch eingetragenes oder aus dem Grundbuch ausgeschiedenes Grundstück.

Grundbucheinsicht: Rn 5 „Einsicht".
Grundstücksversteigerung: Rn 22 „Zuschlag".

7 **Haftpflichtversicherung:** Notarauslagenfrei ist diejenige Prämie, die für eine solche Versicherung anfällt, die der Notar *nicht* auf Grund eines schriftlichen Verlangens eines Beteiligten abgeschlossen hat, nach KVfG 32 012. Vgl aber auch KVfG 32 013.

Handzeichen: Es gilt dasselbe wie bei Rn 17 „Unterschriftsbeglaubigung".
Hebegebühr: Rn 6 „Geldverwahrung".
Hofanfallsausschlagung: Gebührenfrei ist ihre Entgegennahme nach § 11 HöfeO nach der amtlichen Vorbemerkung 1.5.1 I 2.

8 **Insolvenz:** Gebührenfrei ist nach § 58 I 2 eine von Amts wegen notwendige Eintragung nach der amtlichen Vorbemerkung 1.3 II Z 1. Gebührenfrei ist eine Eintragung oder Löschung statt auf Ersuchen des Insolvenzgerichts auf ein Ersuchen oder einen Antrag des Verwalters, hilfsweise des Schuldners nach der amtlichen Vorbemerkung 1.4 II Z 3.

JVEG: S bei den einzelnen dort behandelten Personen nach KVfG 31 005 amtliche Anmerkung II.
Kostenfestsetzung: Gerichtskostenfrei ist wegen des Worts „nur" in § 1 I die erstinstanzliche Festsetzung und das Beschwerdeverfahren dazu.
Kurzfassung: Gerichtsauslagenfrei ist für jeden Beteiligten und Bevollmächtigten eine Ausfertigung ohne Begründung nach KVfG 31 000 amtliche Anmerkung III Z 3.
Land: Vgl § 2.
Landpachtvertrag: Gerichtsgebührenfrei können nach der amtlichen Vorbemerkung 1.5.1 II die Landwirtschaftsbehörde, Genehmigungsbehörde und übergeordnete Behörde sein. Gebührenfreiheit besteht nach der amtlichen Vorbemerkung 1.5.1.1 evtl dann, wenn ein solcher Vertrag beanstandungsfrei ist.
Legalisation: *Nicht* (mehr) notargebührenfrei ist ihre Erwirkung bei eigener Unterschrift, soweit sie unter KVfG 25 207, 25 208 fällt.
Löschung wegen Unzulässigkeit: Gebührenfrei ist eine Löschung einer unzulässigen Eintragung nach § 395 FamFG, § 58 I 2 nach der amtlichen Vorbemerkung 1.3.II Z 2.
Löschungsvormerkung: Gebührenfrei ist ihre Eintragung nach KVfG 14 130 amtliche Anmerkung I 2 dann, wenn sie zugunsten des Berechtigten gleichzeitig mit dem Antrag auf Eintragung des Rechts beantragt wird.
Mindestvermögen: Gerichtsgebührenfrei sein kann eine Tätigkeit des Betreuungsgerichts nach KVfG 11 101 mit der amtlichen Anmerkung dann, wenn das Vermögen des Betreuten höchstens 25 000 EUR beträgt.
Mithaft: Gerichtsgebührenfrei ist wegen des Worts „nur" in § 1 I neben der Eintragungsgebühr KVfG 14 141 der Vermerk der Entlassung lediglich auf dem bisherigen Brief nach § 63 GBO.
Nichterhebung: Vgl § 21.
Niederschlagung: Vgl § 21.
Niederschrift: Gerichtsauslagenfrei ist für jeden Beteiligten und Bevollmächtigten eine Kopie oder ein Ausdruck jeder Niederschrift über eine Sitzung nach KVfG 31 000 amtliche Anmerkung III Z 4.
Öffentliche Anstalt, Kasse: Vgl § 2.
Ordnungshaftkosten: Gerichtsauslagenfrei ist nach KVfG 31 011 amtliche Anmerkung S 2 derjenige Betrag, den die Staatskasse bei einem Gefangenen im Strafvollzug nicht erheben würde oder dürfte.
Pachtkreditsache: Gebührenfrei ist eine Bescheinigung über die erfolgte Niederlegung eines Verpfändungsvertrags nach KVfG 15 112 amtliche Anmerkung S 2 neben der Niederlegungsgebühr.
Paraphe: Rn 17 „Unterschriftsbeglaubigung".
Personenstandssache: Gebührenfrei ist ein Verfahren nach dem PStG nach der amtlichen Vorbemerkung 1.5.2 soweit weder eine Zurücknahme des Antrags noch eine Zurückweisung erfolgt.
Pfleger: Gebührenfrei sind Bestellung und Aufhebung nach der amtlichen Vorbemerkung 1 III für ein nach dem GNotKG kostenpflichtiges Verfahren.
Post- und Telekommunikationsdienstleistung: Notarauslagenfrei sind diejenigen Entgelte, die dem Notar gerade neben den für solchen Verbindungsweg entstandenen und nach KVfG 32 004 in voller Höhe zu erstattenden Unkosten auch für ihre Geltendmachung erwachsen, also zB nach KVfG 32 004 amtliche Anmerkung I für das Porto, mit dem er den Brief mit seiner Rechnung befördern läßt.
Protokoll: Rn 10 „Niederschrift".
Rangbereinigung: Gerichtsgebührenfrei ist zumindest eine von Amts wegen erfolgende Klärung nach §§ 90 ff, 102 II, 111 GBO. Das ergibt sich aus der amtlichen Vorbemerkung 1.4 II Z 1 Hs 1.
Freilich kann das Grundbuchamt eine *Kostenauflegung* nach § 114 GBO vornehmen.
Rechtsbeschwerde: Rn 3 „Beschwerde, Rechtsbeschwerde".
Rechtskraftzeugnis: Gerichtsgebührenfrei ist wegen des Worts „nur" in § 1 I seine Erteilung.

GNotKG Anh § 1   III. Gerichts- und Notarkostengesetz

Registereinsicht: Rn 5 „Einsicht".
Registersache: Rn 2 „Berufsständisches Organ".

15 **Schiffsflagge – Heimathafen:** Gerichtsgebührenfrei ist eine zugehörige Eintragung wegen des Worts „nur" in § 1 I.
Schiffskennzeichen: Gerichtsgebührenfrei ist wegen des Worts „nur" in § 1 I die Eintragung seiner Veränderung. Denn es liegt kein Schiffszertifikat oder Schiffsbrief nach KVfG 14 260, 14 261 vor.
Sofortige Beschwerde: Rn 3 „Beschwerde, Rechtsbeschwerde".

16 **Tages- und Abwesenheitsgeld:** Notarauslagenfrei ist insoweit eine Tätigkeit neben einer Gebühr für ein Geschäft außerhalb der Geschäftsstelle nach KVfG 26 002 amtliche Anmerkung III, KVfG 32 008 amtliche Anmerkung.
Teileigentum: Rn 21 „Wohnungseigentum".

17 **Übereinstimmungszweck:** Gerichtsgebührenfrei sein kann eine Eintragung oder Löschung zwecks Übereinstimmung zwischen Grundbuch und Verzeichnis nach § 2 II GBO wegen § 53 GBO nach der amtlichen Vorbemerkung 1.4 II Z 1.
Übermittlung: Notargebührenfrei ist sie neben einem Beurkundungsvorgang nach der amtlichen Vorbemerkung 2.1 II Z 1.
Übersetzer: Gerichtsauslagenfrei ist ein solcher Betrag, den die Staatskasse an einen solchen Fachmann nach dem JVEG gezahlt hat oder nach KVfG 31 005 amtliche Anmerkung II zahlen muß.
Umsatzsteuer: Notarauslagenfrei ist nach KVfG 32 014 die vom Notar auf seine Kostenforderung zu zahlende Umsatzsteuer soweit, als er als sog Kleinunternehmer nach § 19 I UStG steuerfrei ist oder bleibt.
Unrichtigkeit des Grundbuchs: Rn 21 „Widerspruch von Amts wegen".
Unrichtige Sachbehandlung: Vgl § 21.
Unterhalt: Notargebührenfrei ist die Beurkundung einer Verpflichtung zur Erfüllung des Unterhaltsanspruchs eines Kindes nach § 62 I Z 2 BeurkG, amtliche Vorbemerkung 2 I Z 2; oder die Beurkundung einer Verpflichtung zur Erfüllung des Unterhaltsanspruchs von Mutter oder Vater gemäß § 1615 I BGB nach § 62 I Z 3, amtliche Vorbemerkung 2 I Z 3.
Unterschriftsbeglaubigung: Notargebührenfrei ist ihre erstmalige Vornahme an demselben Tag wie unter einem von diesem Notar gefertigten Entwurf nach der amtlichen Vorbemerkung 2.4.1 II und nach KVfG 25 100 amtliche Anmerkung I.
Unübersichtlichkeit des Grundbuchs: Gerichtsgebührenfrei sein kann eine Umschreibung aus solchem Grund wegen § 53 GBO nach der amtlichen Vorbemerkung 1.4 II Z 1.
Urkunde: Rn 1 „Aufsuchen".
Urteil: Rn 5 „Entscheidung".

18 **Vaterschaft:** Gebührenfrei ist beim Notar die Beurkundung einer Anerkennung der Vaterschaft nach § 62 I Z 1 BeurkG nach der amtlichen Vorbemerkung 2 III.
Verein: Es gibt mehrere Gebührenfreiheiten.
– **(Entziehung der Rechtsfähigkeit):** Gebührenfrei ist beim Verein die Eintragung dieser Entziehung nach KVfG 13 101 amtliche Anmerkung III Z 5.
– **(Erlöschen):** Gebührenfrei ist die Eintragung des Erlöschens des Vereins nach KVfG 13 101 amtliche Anmerkung III Z 1.
– **(Fortführung):** Gebührenfrei ist die Eintragung einer Fortführung als nichtrechtsfähiger Verein nach KVfG 13 101 amtliche Anmerkung III Z 3.
– **(Liquidationsbeendingung):** Gebührenfrei ist beim Verein ihre Eintragung nach KVfG 13 101 amtliche Anmerkung III Z 2.
– **(Registerblatt):** Gebührenfrei ist beim Verein die Schließung des Registerblatts nach KVfG 13 101 amtliche Anmerkung III hinter Z 5.
– **(Verzicht auf Rechtsfähigkeit):** Gebührenfrei ist beim Verein eine Eintragung eines solchen Vorgangs nach KVfG 13 101 amtliche Anmerkung III Z 4.

19 **Vereinigung mehrerer Grundstücke:** Rn 22 „Zuschreibung".
Verfahrenspfleger: Gerichtsgebührenfrei sind die Bestellung und die Aufhebung nach der amtlichen Vorbemerkung 1 III 2. Gerichtsauslagenfrei ist derjenige Betrag, den die Staatskasse nach den Regeln des § 1836c BGB vom Betroffenen nach KVfG 31 015 amtliche Anmerkung nicht verlangen darf.
Verfügung: Rn 5 „Entscheidung".

Vergleich: Zumindest die Gebühr KVfG 17 005 entsteht nach KVfG 17 005 amtliche Anmerkung S 1 nicht im Verfahren über die Prozess- oder Verfahrenskostenhilfe.
  Gerichtsauslagenfrei ist bei jedem vor Gericht abgeschlossenen Vergleich für jeden Beteiligten oder Bevollmächtigten eine vollständige Ausfertigung oder Kopie oder ein vollständiger Ausdruck nach KVfG 31 000 amtliche Anmerkung III Z 2 Hs 2.
Vermögensverzeichnis: Notargebührenfrei ist eine Aufnahme als bloßer Teil eines beurkundeten Vertrags nach KVfG 23 500 amtliche Anmerkung.
Versteigerung: Rn 22 „Zuschlag".
Vertragsbeurkundung: Gerichtsauslagenfrei sind für jeden Beteiligten und seinen Bevollmächtigten zwei Ausfertigungen, Kopien oder Ausdrucke nach KVfG 31 000 amtliche Anmerkung III Z 1 Hs 1.
Verweisung: Vgl § 5 II 1.
Kein Vollzugsauftrag: Notargebührenfrei ist grds eine solche Vollzugstätigkeit, für die der Notar nach der amtlichen Vorbemerkung 2.2 Hs 1 *keinen* „besonderen" Auftrag erhalten hat. Wegen einiger Ausnahmen dort Hs 2.
Vollzug einer Erklärung: Notargebührenfrei ist die Anforderung und Prüfung einer Erklärung nach der amtlichen Vorbemerkung 2.2.1.1 II, 2.2.1.2 Z 1 dann, wenn bei demselben Notar wegen dieser Erklärung schon eine Beurkundungs- oder Entwurfsgebühr entstanden war.
Vollzugsbeanstandung: Notargebührenfrei ist die Erledigung einer Beanstandung einschließlich eines Beschwerdeverfahrens neben einer Gebühr KVfG 22 120 bis 22 122 nach KVfG 22 123 amtliche Anmerkung.
Vollzugsurkunde: Notargebührenfrei ist nach KVfG 22 122 amtliche Anmerkung die Überprüfung ihrer Einreichbarkeit dann, wenn schon eine Gebühr KVfG 22 120 oder 22 121 entstanden ist oder entstehen wird.
Vormerkung von Amts wegen: Gebührenfrei ist nach der amtlichen Vorbemerkung 1.4 II Z 1 ihre Eintragung oder Löschung nach § 18 II GBO.
Weitere Beschwerde: Rn 3 „Beschwerde, Rechtsbeschwerde".
Widerspruch von Amts wegen: Gebührenfrei ist seine Eintragung oder Löschung nach §§ 18 II, 53 GBO nach der amtlichen Vorbemerkung 1.4 II Z 1.
Wohnungseigentum: Gebührenfrei ist die Eintragung seiner Begründung oder Aufhebung ohne weitergehende Veränderung der Verhältnisse nach KVfG 14 110 amtliche Anmerkung II.
Zuschlag: In der freiwilligen Versteigerung eines Grundstücks notargebührenfrei ist die Beurkundung des Zuschlags unter den in KVfG 23 603 amtliche Anmerkung S 1 Z 1–3, S 2 genannten Voraussetzungen.
Zuschreibung: *Nicht* (mehr) gebührenfrei ist dieser Vorgang nach KVfG 14 160 Z 3.
Zustellung: Gerichtsauslagenfrei sind neben einer Gebühr nach einem Geschäftswert die ersten 10 Zustellungen je Rechtszug nach KVfG 31 002 amtliche Anmerkung.
Zweiter Notar: Notargebührenfrei ist seine Zuziehung neben einer Tätigkeit außerhalb der Geschäftsstelle nach KVfG 26 002, 26 003, KVfG 25 205 amtliche Anmerkung I.
Zwischenverfügung des Grundbuchamts: Gerichtsgebührenfrei ist eine solche nach § 18 I GBO wegen des Worts „nur" in § 1 I trotz des Umstands, daß die amtliche Vorbemerkung 1.4 II den § 18 I GBO nicht miterwähnt. Das gilt freilich nur mangels einer Eintragung durch Zwischenverfügung uneingeschränkt.

Kostenfreiheit bei Gerichtskosten

2 [I] [1]Der Bund und die Länder sowie die nach Haushaltsplänen des Bundes oder eines Landes verwalteten öffentlichen Anstalten und Kassen sind von der Zahlung der Gerichtskosten befreit. [2]Bei der Vollstreckung wegen öffentlich-rechtlicher Geldforderungen ist maßgebend, wer ohne Berücksichtigung des § 252 der Abgabenordnung oder entsprechender Vorschriften Gläubiger der Forderung ist.

[II] Sonstige bundesrechtliche oder landesrechtliche Vorschriften, die eine sachliche oder persönliche Befreiung von Gerichtskosten gewähren, bleiben unberührt.

GNotKG § 2 III. Gerichts- und Notarkostengesetz

III ¹ Soweit jemandem, der von Gerichtskosten befreit ist, Kosten des Verfahrens auferlegt werden, sind Kosten nicht zu erheben; bereits erhobene Kosten sind zurückzuzahlen. ² Das Gleiche gilt, außer in Grundbuch- und Registersachen, soweit ein von der Zahlung der Kosten befreiter Beteiligter die Kosten des Verfahrens übernimmt.

IV Die persönliche Kosten- oder Gebührenfreiheit steht der Inanspruchnahme nicht entgegen, wenn die Haftung auf § 27 Nummer 3 beruht oder wenn der Kostenschuldner als Erbe nach § 24 für die Kosten haftet.

V Wenn in Grundbuch- und Registersachen einzelnen von mehreren Gesamtschuldnern Kosten- oder Gebührenfreiheit zusteht, so vermindert sich der Gesamtbetrag der Kosten oder der Gebühren um den Betrag, den die befreiten Beteiligten den Nichtbefreiten ohne Berücksichtigung einer abweichenden schuldrechtlichen Vereinbarung aufgrund gesetzlicher Vorschrift zu erstatten hätten.

Gliederung

1) Systematik, I–V	1
2) Regelungszweck, I–V	2
3) Bundesrecht, I, II	3–10
A. Persönliche Kostenfreiheit	3–5
B. Sachliche Kostenfreiheit	6
C. Beispiele zur Frage einer sachlichen Kostenfreiheit, I, II	7, 8
D. Notar	9
E. Niederschlagung	10
4) Landesrecht, I, II	11, 12
5) Kirche, I, II	13
6) Bedeutung der Kostenfreiheit, III	14
7) Einschränkungen, IV	15–18
A. Haftung kraft Gesetzes	16
B. Erbe	17
C. Haftungsübernahme	18
8) Grundbuch und Registersache, V	19–21
A. Verminderung der Gesamtkosten oder Gesamtgebühr	20
B. Kostenübernahme	21

1 **1) Systematik, I–V.** III entspricht praktisch wörtlich dem § 2 V GKG, Teil I A dieses Buchs. Vgl daher dazu auch dort Rn 20–26.

2 **2) Regelungszweck, I–V.** Die recht erheblichen Kostenfreiheiten nach § 2 dienen der Vereinfachung: Ein unnötiges Hin und Her zwischen den rechten und linken Taschen der öffentlichen Hand bringt nur einen zusätzlichen vermeidbaren Aufwand. Es ist ohnehin nach § 1 I in gewissen Grenzen eine kostenschuldnergünstige Handhabung notwendig. Das Gericht ist auch primär nicht eine Eintreibstelle für Staatseinnahmen. Daher sollte man die Vorschrift nicht zu eng auslegen. Andererseits bedeutet das keine beliebig ausdehnbare Grauzone der Kostenfreiheit zugunsten aller möglichen amtlichen oder halbamtlichen Stellen oder Organisationen, deren Verwaltung eben nicht eindeutig nach echten Haushaltsplänen erfolgt.

3 **3) Bundesrecht, I, II.** Man muß vier Aspekte unterscheiden.

A. Persönliche Kostenfreiheit. Die Stellen I, II sind grundsätzlich dieselben wie bei § 2 I, III GKG. Vgl daher die dortigen Erläuterungen, Teil I A dieses Buchs. Indessen besteht im Bereich der freiwilligen Gerichtsbarkeit evtl auch dann eine Kostenfreiheit, wenn sie im entsprechenden Bereich der streitigen Gerichtsbarkeit fehlt. Diese Kostenfreiheit ist zum Teil eine persönliche Befreiung, zum Teil eine sachliche Befreiung von Kosten. Eine Einschränkung bringt IV.

4 Eine Kostenfreiheit besteht *ferner* für ein Geschäft nach § 4 des Gesetzes zur Förderung der landwirtschaftlichen Siedlung vom 31. 3. 31, RGBl 122 (diese Vorschrift behandelt den Grundstückserwerb und die Veräußerung durch die deutsche Siedlungs- und Landesrentenbank). Sie besteht aber nicht für die Rechtsnachfolgerin der Treuhandanstalt, Mü MDR **98**, 1502, LG Lpz JB **96**, 207.

5 Wenn auf Grund des Ersuchens einer den Fiskus vertretenden *Verwaltungsbehörde* eine *Rechtsänderung* im Grundbuch steht, etwa nach der AO, ist derjenige der Kostenschuldner, auf dessen Kosten die Eintragung geschieht, also der Steuerschuldner usw.

Keine Kostenfreiheit besteht für eine Kommune selbst dann, wenn sie im Interesse des Bundes oder eines Landes tätig wird, Mü NVwZ-RR **10**, 90.

B. Sachliche Kostenfreiheit. Vgl zunächst Rn 3–5. Eine sachliche Kostenfreiheit besteht in vielen gesetzlich besonders geordneten Fällen. Sie kann auch ein Nebengeschäft erfassen. 6

C. Beispiele zur Frage einer sachlichen Kostenfreiheit, I, II 7

§ 151 III BauGB: Kostenfreiheit besteht bei einem solchen Erwerbsvorgang, LG Bbg JB **92**, 339.

§ 181 II, II BFG: Kostenfrei ist die Erteilung eines Erbscheins, sofern der Antrag auf den Verlangen eines Entschädigungsorgans beruht.

GenG: Kostenfreiheit besteht bei einem Verfahren des Erstgerichts über eine Eintragung im Genossenschaftsregister (die Postgebühren und die Auslagen für Ausfertigungen und Ablichtungen sind aber nach § 83 GNotKG erstattungspflichtig).

§ 11 I 2 GräberG: Kostenfreiheit besteht bei einer solchen Amtshandlung.

§ 117 LAG: Kostenfreiheit besteht in diesem Fall.

Art 3 PTNeuOG: Kostenfreiheit besteht für ein Geschäft im Zusammenhang mit dem Vollzug des PostUmwG.

Art 10 PTNeuOG: Kostenfreiheit besteht im Zusammenhang mit der Errichtung der „Museumsstiftung Post und Telekommunikation" nach § 16 PTStiftG.

PostUmwG: Kostenfreiheit bestand wohl auch für eine Eintragung im Zusammenhang mit der Umwandlung der Deutschen Bundespost, Hamm Rpfleger **99**, 417, Stgt Rpfleger **99**, 42. 8

§ 10 II 1 PostUmwG: Kostenfreiheit besteht bei einem Vorgang im Bereich der §§ 1 ff GNotKG einschließlich der Eintragung von Zweigstellen und Prokuren, BayObLG **99**, 54 (Notarkosten sind auch bei den bisherigen Teilsondervermögen der Deutschen Post AG, der Deutschen Postbank AG und der Deutschen Telekom AG nach § 91 zu ermäßigen, § 6 II 2 PostUmwG).

§ 64 II 1 SGB X: Kostenfreiheit besteht bei einem Geschäft aus Anlaß der Erbringung einer Sozialleistung, Köln Rpfleger **90**, 64, zB bei Eintragung einer Sicherungshypothek nach dem Übergang nach § 116 SGB X, *nicht* aber zB bei Leistungen zwischen verschiedenen Leistungsträgern oder auf Grund besonderer Rechtsverhältnisse, BayObLG **94**, 65), AG Moers RR **05**, 512.

§ 64 III 1 SGB X: Kostenfreiheit besteht in diesem Fall in Verbindung mit seinem II 1, vgl. auch § 144 Rn 20 ff, BayObLG **90**, 210.

§ 12 S 2 VerkFlBerG: Kostenfreiheit besteht in einem Verfahren nach dem als Art 1 GrundRBerG eingeführten § 12 S 2 VerkFlBerG für Gerichtskosten nach dem GNotKG.

§ 34 II 2 VermG: Kostenfreiheit besteht in diesem Fall. Die Vorschrift ist freilich eng auslegbar, BezG Erfurt Rpfleger **93**, 152.

D. Notar. Für ihn gelten die Ermäßigungsmöglichkeiten nach § 91. 9

E. Niederschlagung. Eine Kostenniederschlagung im Gnadenweg hat mit der Gebührenfreiheit nichts zu tun. Vgl Einf 3 ff vor § 21 GKG, Teil I A dieses Buchs. 10

4) Landesrecht, I, II. Das Landesrecht gibt sowohl für eine sachliche als auch für eine persönliche Kostenfreiheit recht uneinheitliche Vorschriften. Landesrecht befreit auch den Kostenschuldner eines anderen Bundeslandes. Es befreit aber nicht vor dem BGH, BGH MDR **98**, 680. I, II hält diesen Rechtszustand aber bis zum Inkrafttreten einer noch nicht absehbaren bundeseinheitlichen Regelung des gesamten Bereichs der Kostenfreiheit aufrecht. 11

Es gelten unter anderem die folgenden Vorschriften, vgl auch § 2 GKG Rn 15, Teil I A dieses Buchs: 12

Baden-Württemberg: LJKostG idF v 28. 7. 05, GBl 580, zuletzt geändert am 25. 4. 14, GBl 166;

Bayern: LJKostG idF v 19. 5. 05, GVBl 159;

Berlin: G idF v 25. 6. 92, GVBl 204, zuletzt geändert am 17. 3. 14, GVBl 70;

Brandenburg: JKostG v 3. 6. 94, GVBl 172, zuletzt geändert am 26. 10. 10, GVBl Heft 33 S 1;

Bremen: JKostG idF v 4. 8. 92, GBl 257, zuletzt geändert am 4. 11. 14, GBl 447;

GNotKG § 2   III. Gerichts- und Notarkostengesetz

Hamburg: LJKostG idF v 5. 3. 86, GVBl 48, zuletzt geändert am 4. 12. 12, GVBl 520;
Hessen: JKostG v 15. 5. 58, GVBl 60, zuletzt geändert am 23. 5. 13, GVBl 198;
Mecklenburg-Vorpommern: LJKostG v 7. 10. 93, GVBl 843, zuletzt geändert am 13. 12. 12, GVBl 550;
Niedersachsen: G idF v 24. 3. 06, GVBl 181, zuletzt geändert am 9. 11. 12, GVBl 431;
Nordrhein-Westfalen: G v 21. 10. 69, GVBl 725, Köln FGPrax **07**, 291 (dieses Gesetz findet auf eine Gesellschaft bürgerlichen Rechts keine Anwendung, Hamm Rpfleger **80**, 165), zuletzt geändert am 28. 10. 08, GVBl 646. Befreit ist zB der Landesbetrieb Straßenbau, Hamm JB **10**, 542. *Nicht* befreit ist eine kommunale öffentlich-rechtliche Anstalt im Verfahren einer Grundbucheintragung, Köln FGPrax **14**, 37;
Rheinland-Pfalz: G v 5. 10. 90, GVBl 281, zuletzt geändert am 19. 12. 12, GVBl 411; vgl auch Zweibr MDR **93**, 1132;
Saarland: LJKostG v 5. 2. 97, ABl 258, zuletzt geändert am 12. 2. 14, ABl 146;
Sachsen: G v 24. 11. 00, GVBl 482, zuletzt geändert am 26. 6. 09, GVBl 323;
Sachsen-Anhalt: JKostG v 23. 8. 93, GVBl 449, zuletzt geändert am 5. 12. 14, GVBl **15**, 21;
Schleswig-Holstein: G v 23. 12. 69, GVBL **70**, 4, zuletzt geändert am 15. 7. 14, GVBl 132, sowie G v 24. 9. 14, GVBl 306 (Stiftungsuniversität Lübeck);
Thüringen: JKostG idF v 5. 2. 09, GVBl 21, zuletzt geändert am 28. 10. 13, GVBl 295.

13   5) **Kirche, I, II.** Sie hat keine generelle Kostenfreiheit, BVerfG NVwZ **01**, 318, BVerwG JB **96**, 319, 546. Wegen der Neuapostolischen Kirche und ihrer Gebührenbefreiung BVerfG DNotZ **66**, 52.

14   6) **Bedeutung der Kostenfreiheit, III.** Vgl Rn 1 und daher § 2 GKG Rn 20–26, Teil I A dieses Buchs.

15   7) **Einschränkungen, IV.** Bei einer überhaupt an sich kosten- oder doch gebührenpflichtigen gerichtlichen Tätigkeit stellt eine persönliche Kosten- oder Gebührenfreiheit formell eine Ausnahme dar. III beseitigt diese Ausnahme wieder. Daher muß man die Vorschrift als eine Rückkehr zur Regel an sich weit auslegen. Dem steht aber der aus § 1 ableitbare Grundsatz einer dem Kostenschuldner günstigen Auslegung etwas entgegen. Im Ergebnis empfiehlt sich daher eine ausgewogene Beachtung beider Erwägungen.
     Eine persönliche Gebührenfreiheit entfällt dann, wenn eine der folgenden Situationen eintritt. In allen folgenden Fällen ist es unerheblich, auf welchen Umstand die grundsätzliche persönliche Kosten- oder Gebührenfreiheit beruhte.

16   A. **Haftung kraft Gesetzes.** Trotz einer persönlichen Kosten- oder Gebührenfreiheit besteht eine Haftung dann, wenn sie nach § 24 Z 9, Naumb Rpfleger **16**, 248, oder nach § 27 Z 3 kraft Gesetzes entsteht. Unberührt bleibt ein etwaiger Erstattungsanspruch des Haftungsschuldners im Innenverhältnis etwa nach § 426 II BGB oder nach § 110 HGB.

17   B. **Erbe,** dazu *Schneider* Rpfleger **17**, 13 (Üb): Trotz einer persönlichen Kosten- oder Gebührenfreiheit haftet der Kostenschuldner nach § 24, soweit er ein Erbe eines kosten- oder gebührenpflichtigen Kostenschuldners ist, Stgt Just **90**, 95, LG Hann Rpfleger **89**, 64, LG Bad Kreuzn Rpfleger **94**, 26.

18   C. **Haftungsübernahme.** Ein an sich Gebührenfreier haftet nach Rn 21, soweit er die Gebühren eines nicht Befreiten nach § 3 Z 2 übernimmt, Jena JB **16**, 202.

19   8) **Grundbuch- und Registersache, V.** Von mehreren Gesamtschuldnern sind auch in einer solchen Sache grundsätzlich nach dem bürgerlichen Recht einzelne den anderen für die Kosten erstattungspflichtig. Das gilt vor allem auch insoweit, als bürgerlichrechtlich eine Gesamtschuld nach § 426 I BGB besteht, Mü FG **06**, 180, aM Köln Rpfleger **87**, 129, LG Bln Rpfleger **98**, 542 (aber gerade dann bestehen oft gesetzliche Erstattungspflichten). Es gilt zumindest bei einem Antrag in eigenem Interesse dahin, daß dieser Gesamtschuldner auch bei Gebührenbefreiung des anderen nicht auch selbst befreit ist, Zweibr FGPrax **02**, 272. Die Erstattungspflicht gilt auch zB bei § 788 ZPO oder bei §§ 403, 412 BGB oder bei einer zwingenden Vorschrift des öffentlichen Rechts, BayObLG **75**, 23, oder beim Kauf eines Grundstücks dann, wenn der Käufer mangels einer anderen Vertragsbestimmung die Kosten der Beurkundung und Eintragung trägt, (jetzt) § 448 II BGB, LG Bonn Rpfleger **85**, 458. Denn ein unbefriedigendes Ergebnis wird nicht schon deshalb zu einem gesetzwidrigen oder gar verfassungswidrigen. Weder Art 2 I GG noch Art 3 GG verbieten jede etwaige gewisse Unterschiedlichkeit in der Behandlung ohnehin nicht identischer Lagen.

Zu den Kosten des Kaufs rechnen auch diejenigen der Eintragung einer *Auflassungsvormerkung* und ihrer Löschung, aM Celle Rpfleger **82**, 465.

A. Verminderung der Gesamtkosten oder Gesamtgebühr. Bei Rn 19 vermindert sich nach V die Gesamtlast um den vom Befreiten an den Nichtbefreiten zu erstattenden Betrag. Bei zwei Gesamtschuldnern nach § 426 BGB vermindert sich die Gesamtlast also um die Hälfte. Beim Kauf kann sie sich bei einer Befreiung des Käufers um die volle Gebühr vermindern. Das gilt auch dann, wenn der Verkäufer im Verhältnis zum Käufer die Gerichtskosten übernommen hat. Bei einer Befreiung des Verkäufers tritt keine Verringerung ein. **20**

B. Kostenübernahme. Wenn ein Befreiter vertraglich Kosten nach § 27 Z 2 übernimmt, haftet er für sie neben dem nichtbefreiten Kostenschuldner, Ffm JB **90**, 213, LG Kblz Rpfleger **94**, 183. Er kann diesen nicht befreien, Köln Rpfleger **87**, 129, Mü FGPrax **06**, 180. **21**

Wenn ein Gründer einer Gesellschaft eine *Gebührenfreiheit* erhält, hat die Übernahme aller Gebühren durch die zu gründende Gesellschaft nur eine Gebührenminderung nach V zur Folge.

Anhang nach § 2

Abgabenfreiheit nach dem BauGB

BauGB § 151. Abgaben- und Auslagenbefreiung. I **Frei von Gebühren und ähnlichen nichtsteuerlichen Abgaben sowie von Auslagen sind Geschäfte und Verhandlungen**
1. **zur Vorbereitung oder Durchführung von städtebaulichen Sanierungsmaßnahmen,**
2. **zur Durchführung von Erwerbsvorgängen,**
3. **zur Gründung oder Auflösung eines Unternehmens, dessen Geschäftszweck ausschließlich darauf gerichtet ist, als Sanierungsträger tätig zu werden.**

II [1]**Die Abgabenbefreiung gilt nicht für die Kosten eines Rechtsstreits.** [2]**Unberührt bleiben Regelungen nach handelsrechtlichen Vorschriften.**

1) Geltungsbereich, I, II. Zu *I Z 1* zählt auch eine Maßnahme nach §§ 147, 148 BauGB, ferner die Eintragung einer Grundschuld, LG Bln Rpfleger **96**, 217. Zu den Erwerbsvorgängen nach *I Z 2* zählen unter anderem solche Kaufverträge, die an sich nach dem GNotKG kostenpflichtig sind. I meint nicht etwa nur Abgaben an Verwaltungsstellen und ähnliche Behörden, sondern bringt eine sachliche Kostenfreiheit nach § 2 II GNotKG, LG Bln Rpfleger **96**, 217. **1**

Nicht hierher gehört die Sanierung eines Privatgrundstücks, auch nicht in einem förmlich festgelegten Sanierungsgebiet, Karlsr NZM **00**, 887.

Demgegenüber versteht *II* unter den Worten „Kosten des Rechtsstreits" nur diejenigen Kosten, die nach dem GKG usw entstehen, Teil I A dieses Buchs, also nicht solche, die nach dem GNotKG entstehen.

Es besteht also zB *keine Kostenfreiheit* nach § 2 III 1 GKG, wohl aber unter Umständen wegen § 151 II 2 BauGB eine Kostenfreiheit nach § 2 III 2 GKG durch ein Landesrecht. **2**

Für die Tätigkeit des *Notars* bei einem Geschäft oder einer Verhandlung nach § 151 I BauGB vgl § 91 GNotKG.

Höhe der Kosten

3 [1] **Die Gebühren richten sich nach dem Wert, den der Gegenstand des Verfahrens oder des Geschäfts hat (Geschäftswert), soweit nichts anderes bestimmt ist.**

GNotKG §§ 3–6

II Kosten werden nach dem Kostenverzeichnis der Anlage 1 zu diesem Gesetz erhoben.

1   **1) Systematik, Regelungszweck, I, II.** Die Vorschrift entspricht bis auf die Begriffe inhaltlich fast wörtlich dem § 3 GKG und dem § 3 FamGKG, Teile I A, B dieses Buchs. Vgl daher die Kommentierung der ersteren Vorschrift. Das amtliche Kostenverzeichnis nach II hat keine amtliche Abkürzung. Sie lautet in diesem Buch zwecks Unterscheidung der entsprechenden Verzeichnisse in anderen Kostengesetzen: KVfG (= Kostenverzeichnis der freiwilligen Gerichtsbarkeit mit Ausnahme des KVFam = Kostenverzeichnis des FamFG).

Auftrag an einen Notar

4   Die Erteilung eines Auftrags an einen Notar steht der Stellung eines Antrags im Sinne dieses Kapitels gleich.

1   **1) Geltungsbereich.** Die Vorschrift ist formell neu. sie klärt eine Selbstverständlichkeit als Folge des Umstands, daß §§ 1–54 für Gericht und Notare gelten.

Verweisung, Abgabe

5   I ¹Verweist ein erstinstanzliches Gericht oder ein Rechtsmittelgericht ein Verfahren an ein erstinstanzliches Gericht desselben oder eines anderen Zweiges der Gerichtsbarkeit, ist das frühere erstinstanzliche Verfahren als Teil des Verfahrens vor dem übernehmenden Gericht zu behandeln. ²Gleiches gilt, wenn die Sache an ein anderes Gericht abgegeben wird.

II ¹Mehrkosten, die durch Anrufung eines Gerichts entstehen, zu dem der Rechtsweg nicht gegeben ist oder das für das Verfahren nicht zuständig ist, werden nur dann erhoben, wenn die Anrufung auf verschuldeter Unkenntnis der tatsächlichen oder rechtlichen Verhältnisse beruht. ²Die Entscheidung trifft das Gericht, an das verwiesen worden ist.

III Verweist der Notar ein Teilungsverfahren an einen anderen Notar, entstehen die Gebühren für jeden Notar gesondert.

1   **1) Geltungsbereich, I–III.** Die Vorschrift knüpft an § 4 GKG, § 6 FamGKG fast wörtlich an. Vgl daher jeweils dort, Teile I A, B dieses Buchs. III betrifft das Verfahren nach § 118a. Mitbeachtbar ist auch § 281 ZPO. Vgl daher auch dort, zB bei BLAH.

Verjährung, Verzinsung

6   I ¹Ansprüche auf Zahlung von Gerichtskosten verjähren in vier Jahren nach Ablauf des Kalenderjahres, in dem das Verfahren durch rechtskräftige Entscheidung über die Kosten, durch Vergleich oder in sonstiger Weise beendet ist. ²Bei Betreuungen und Pflegschaften, die nicht auf einzelne Rechtshandlungen beschränkt sind (Dauerbetreuungen, Dauerpflegschaften), sowie bei Nachlasspflegschaften, Nachlass- oder Gesamtgutsverwaltungen beginnt die Verjährung hinsichtlich der Jahresgebühren am Tag vor deren Fälligkeit, hinsichtlich der Auslagen mit deren Fälligkeit. ³Ansprüche auf Zahlung von Notarkosten verjähren in vier Jahren nach Ablauf des Kalenderjahres, in dem die Kosten fällig geworden sind.

II ¹Ansprüche auf Rückzahlung von Kosten verjähren in vier Jahren nach Ablauf des Kalenderjahres, in dem die Zahlung erfolgt ist. ²Die Verjährung beginnt jedoch nicht vor dem jeweiligen in Absatz 1 bezeichneten Zeitpunkt. ³Durch die Einlegung eines Rechtsbehelfs mit dem Ziel der Rückzahlung wird die Verjährung wie durch Klageerhebung gehemmt.

III ¹Auf die Verjährung sind die Vorschriften des Bürgerlichen Gesetzbuchs anzuwenden; die Verjährung wird nicht von Amts wegen berücksichtigt. ²Die Verjährung der Ansprüche auf Zahlung von Kosten beginnt auch durch die Aufforderung zur Zahlung oder durch eine dem Schuldner mitgeteilte Stundung erneut; ist der Aufenthalt des Kostenschuldners unbekannt, so genügt die

Zustellung durch Aufgabe zur Post unter seiner letzten bekannten Anschrift.
³Bei Kostenbeträgen unter 25 Euro beginnt die Verjährung weder erneut noch wird sie oder ihr Ablauf gehemmt.
ᴵⱽ Ansprüche auf Zahlung und Rückzahlung von Gerichtskosten werden nicht verzinst.

Gliederung

1) Systematik, I–IV	1
2) Regelungszweck, I–IV	2
3) Verjährung des Kostenzahlungsanspruchs, I	3
4) Verjährung des Rückzahlungsanspruchs, II	4, 5
5) Anwendbare Vorschriften des BGB, III 1–3	6–12
A. Grundsatz, III 1 Hs 1	6
B. Neubeginn der Verjährung, III 2	7
C. Zahlungsaufforderung, III 2 Hs 1 Fall 1	8
D. Oder: Stundung, III 2 Hs 1 Fall 2	9
E. Unbekannter Aufenthalt, III 2 Hs 2	10
F. Kein Neubeginn, III 2 Hs 1, 2	11
G. Kleinbetrag, III 3	12
6) Geltendmachung der Verjährung, III 1 Hs 2	13, 14
7) Rechtsbehelfe, III	15
8) Keine Verzinsung, IV	16

1) Systematik, I–IV. Die Vorschrift stimmt inhaltlich weitgehend mit § 5 GKG und fast völlig mit § 7 FamGKG überein, ferner mit § 5 JVKostG, § 8 GvKostG, Teile I A, B, VIII A, XI dieses Buchs. III entspricht dem § 5 III GKG fast wörtlich. Beim Notar hat § 88 gegenüber IV den Vorrang. Das Nachforderungsverbot nach § 20 bleibt unberührt. Eine Verwirkung ist schon vor einer Verjährung denkbar. Sie kommt aber jedenfalls vor dem Ablauf der Verjährungsfrist kaum infrage, Mü RR **13**, 1083.   1

2) Regelungszweck, I–IV. Die Vorschrift dient einer dem BGB für zivilrechtliche Ansprüche angenäherten einigermaßen erträglichen Abwägung der gegenläufigen Interessen von Kostengläubiger und -schuldner bei der schon um der Rechtssicherheit willen zeitlich zu begrenzenden Durchsetzbarkeit. Das GNotKG enthält nach Rn 5 keine ausdrückliche Regelung der Verwirkung. Wie alle Verfahrensfristen muß man auch diejenigen des § 6 strikt handhaben. Das muß dann allerdings auch bei II gelten.   2

3) Verjährung des Kostenzahlungsanspruchs, I. Sie beträgt vier Jahre. Das gilt in einer Abweichung von § 197 I Z 3 BGB auch bei einem rechtskräftigen Anspruch. Die Frist beginnt nach I 1 bei Gerichtskosten mit dem Ablauf desjenigen Kalenderjahrs, in dem das Verfahren eine rechtskräftige Kostenentscheidung oder durch einen Vergleich oder in sonstiger Weise endete. Bei einer Dauerbetreuung oder Dauer- oder Nachlaßpflegschaft und bei einer Nachlaß- oder Gesamtgutsverwaltung beginnt die Verjährung nach I 2 wegen einer Jahresgebühr am Tag vor deren Fälligkeit, wegen der Auslagen mit deren Fälligkeit. Die Fälligkeit der Gerichtskosten richtet sich nach § 9. Er muß auch im übrigen einforderbar geworden sein. Beim Notar beginnt die Frist nach I 3 mit dem Ablauf desjenigen Kalenderjahrs, in dem die Kosten nach § 10 fällig wurden. Bei einer Verfahrenskostenhilfe beginnt die Verjährungsfrist erst mit der Fälligkeit einer Rate nach §§ 76 I FamFG, 122 I Z 1 a ZPO oder mit der Aufhebung der Bewilligung nach §§ 76 I FamFG, 124 ZPO.   3

Die Frist läuft außer bei einer *Hemmung* nach II 2, III 1 in Verbindung mit §§ 203 ff BGB mit dem 31. Dezember ab. Ein Kostenansatz hindert den Fristbeginn nicht, Karlsr Rpfleger **88**, 427. Man muß nach Rn 1 von der Verjährung das Verbot einer Nachforderung nach § 20 unterscheiden, ebenso eine auflösend bedingte Gebührenbefreiung, Ffm Rpfleger **79**, 394, Karlsr Rpfleger **88**, 427.

4) Verjährung des Rückzahlungsanspruchs, II. Ein Rückzahlungsanspruch kann sich aus einer zu hohen Vorschußzahlung nach §§ 12 ff oder auch zB aus einem zu hohen Kostenansatz nach § 18 I oder einer sonstigen unrichtigen Sachbehandlung nach § 21 ergeben. Die Vorschrift ähnelt weitgehend §§ 5 II GKG, 7 II FamGKG, Teile I A, B dieses Buchs, und § 8 II GvKostG, Teil XI dieses Buchs. Die Verjäh-   4 rungsfrist eines Rückzahlungsanspruchs beträgt auch hier 4 Jahre. Sie beginnt zwar an sich nach II 1 mit dem Ablauf des Kalenderjahrs der Zahlung, Stgt Rpfleger **04**, 380. Sie beginnt jedoch nach II 2 auch nicht vor dem Ablauf desjenigen Kalenderjahrs wie bei I. Der Gebührenerstattungsanspruch kann also nicht vor der Beendigung des Geschäfts entstehen, aM KG Rpfleger **03**, 149 (mit einer Überzahlung), bei einem unrichtigen Kostensatz mit dessen Berichtigung oder Aufhebung nach § 81 II–VII, Köln Rpfleger **92**, 317, aM BayObLG JB **01**, 104, Bre RR **00**, 1743, Oldb NdsRpfl **00**, 254. Eine Erinnerung oder Beschwerde hemmen die Verjährung nach II 3 wie eine Klagerhebung nach § 204 II BGB. Die Verjährung beginnt entsprechend § 212 I Z 1 BGB durch die Anordnung der Rückerstattung neu.

5   Zur etwaigen *Verwirkung* Hamm Rpfleger **87**, 204.

6   **5) Anwendbare Vorschriften des BGB, III 1–3.** Man muß drei Aspekte beachten.
    A. Grundsatz, III 1 Hs 1. §§ 194 ff BGB sind anwendbar, Zweibr FGPrax **98**, 241. Die Verjährung führt also zu einem Leistungsverweigerungsrecht nach § 214 I BGB. Ein förmliches oder informelles Wertermittlungsverfahren hemmt bis zu demjenigen Zeitpunkt, in dem eine abschließende Kostenrechnung objektiv möglich wird, Zweibr FGPrax **98**, 241. Jedoch bewirkt eine Stundung der Forderung eine Unterbrechung. Ein Nachforderungsvorbehalt stellt keine Stundung dar, Düss JB **79**, 872. Eine Hemmung wirkt immer nur gegenüber demjenigen Kostenschuldner, in dessen Person die Voraussetzung eingetreten ist. Das gilt auch bei einer Gesamtschuldnerhaft, § 425 BGB, Schlesw JB **76**, 225. § 215 BGB bleibt anwendbar.

7   **B. Neubeginn der Verjährung, III 2.** Eine neue Verjährung kann natürlich nur nach einer früheren erfolgen. Die neue Verjährung beginnt in den folgenden Fällen. Sie erfolgt bei jedem Gesamtschuldner nach § 425 II BGB gesondert.
    §§ 212, 213 BGB. Diese Vorschriften nennen nicht die Voraussetzungen eines Neubeginns im allgemeinen. Die Verjährung eines Anspruchs nach I kann auch eintreten, wenn eine der folgenden Voraussetzungen vorliegt.

8   **C. Zahlungsaufforderung, III 2 Hs 1 Fall 1.** Es genügt nach dem Ablauf des Kalenderjahrs der Fälligkeit gemäß III 2 Hs 1 Fall 1 der Zugang einer Zahlungsaufforderung nach §§ 18, 19, 89, § 5 II JBeitrG, Teil IX A dieses Buchs. Sie kann formlos erfolgen, vgl §§ 74 ff JKassO. Es genügt nach §§ 19, 89 auch eine Zahlungsaufforderung des Notars. Allerdings muß dann ein ordnungsgemäßer Kostenansatz stattgefunden haben, Düss Rpfleger **75**, 266, Hamm DNotZ **90**, 319 (zum alten Recht).
    Soweit der Kostenschuldner an der Herstellung einer ordnungsgemäßen Berechnung nach § 89 *mitwirken* muß, zB durch die Vorlage einer Bilanz, kann der Notar die Verjährungsfrist geringfügig überschreiten, und zwar etwa um drei Monate. Er muß dann aber eine Schätzung vornehmen.

9   **D. Oder: Stundung, III 2 Hs 1 Fall 2.** Eine Stundungsmitteilung nach § 76 JKassO ist kein Hemmungsgrund wie nach § 205 BGB, sondern läßt die Verjährung neu beginnen. Beim Notar ist dessen persönliche Stundungsbewilligung nötig, Lappe NJW **86**, 2558, aM Düss MittRhNotK **84**, 223. Ein bloßer Vorbehalt der Nachforderung ist keine Stundung, Düss JB **79**, 872. Wenn die Frist noch nicht läuft, schiebt die Stundung den Beginn der Verjährungsfrist hinaus. Die Verjährung beginnt nach der Bewilligung einer Prozeß- oder Verfahrenskostenhilfe mit der Mitteilung eines Aufhebungsbeschlusses nach § 124 ZPO, § 76 FamFG. Eine Stundungswiederholung bewirkt keinen weiteren Neubeginn, Köln JMBl NRW **87**, 11.

10 **E. Unbekannter Aufenthalt, III 2 Hs 2.** Soweit der Aufenthaltsort des Kostenschuldners unbekannt ist, genügt eine Zustellung der Zahlungsaufforderung durch die Aufgabe zur Post unter der letzten bekannten Anschrift des Kostenschuldners nach § 184 ZPO, § 113 II FamFG. Der Urkundsbeamte der Geschäftsstelle oder der Notar braucht keine Aufenthaltsermittlung vorzunehmen. Er muß nur diese Zustellungsart und den Zeitpunkt der Aufgabe zur Post nach § 184 II 4 ZPO in den Akten vermerken. Mit der Übergabe an die Post ist diese Zustellung bewirkt, zB durch den Einwurf in den Briefkasten. Das gilt auch dann, wenn eine förmliche Zustellung nicht möglich war.

11 **F. Kein Neubeginn, III 2 Hs 1, 2.** Ein Neubeginn fehlt bei der Feststellung einer Gebührenfreiheit, BayObLG JB **79**, 1226, oder bei der Mitteilung einer Wertermitt-

lung nach § 20 II, Delp JB **78**, 1285. Die Wiederholung einer Zahlungsaufforderung reicht zu einem weiteren Neubeginn nicht. Etwas anderes gilt bei einer die frühere Aufforderung ersetzenden neuen etwa im Beschwerdeverfahren. Auch eine bloße Wiederholung einer Stundung bedeutet keinen Neubeginn, Köln JMBlNRW **87**, 11.

G. Kleinbetrag, III 3. Bei einem Gesamtbetrag der Kostenrechnung nach §§ 18 I, 19 I unter 25 EUR tritt keine Hemmung und kein Neubeginn der Verjährung oder ihres Ablaufs ein. Dafür müssen eine Stundung oder eine Bewilligung der Prozeß- oder Verfahrenskostenhilfe dann als ein Hemmungsgrund wirken. Der Unterschied zwischen einer Hemmung und einem Neubeginn der Verjährung liegt darin, daß nach § 212 BGB die nur gehemmte Frist nach dem Ende der Hemmung weiterläuft. III 3 ist auch anwendbar, soweit eine ursprünglich höhere Kostenschuld auf einen Restbetrag von weniger als 25 EUR *gesunken* ist, etwa infolge einer Teilzahlung. Denn die Vorschrift soll auch beim restlichen Kleinbetrag vereinfachen. 12

6) Geltendmachung der Verjährung, III 1 Hs 2. Das Gericht darf eine Verjährung nicht von Amts wegen berücksichtigen, Schlesw JB **91**, 562. Der Kostenbeamte muß also auch verjährte Kosten ansetzen. Erst wenn der Kostenschuldner nach § 214 I BGB die Einrede der Verjährung erhebt, dürfen und müssen der Kostenbeamte oder die Verwaltungsbehörde eine Änderung des Kostenansatzes vornehmen, soweit die Voraussetzungen dafür objektiv vorliegen. Es reicht auch aus, daß sich der Kostenschuldner formlos auf die Frist des I 1 beruft, Düss Rpfleger **87**, 39 (zustm Schopp), oder daß er jeden Anspruch bestreitet. Beim Notar gilt vorrangig § 156. 13

Soweit der Kostenschuldner vor dem Ablauf der Verjährungsfrist die Erhebung von Kosten *arglistig* verhindert hat, kann er sich nicht auf die dann eingetretene Verjährung berufen. 14

7) Rechtsbehelfe, III. Rechtsbehelfsbelehrung, Verstoß: §§ 7 a, 83 II 2. Gegen die fehlerhafte Entscheidung des Kostenbeamten oder der Verwaltungsbehörde ist die Erinnerung nach § 14 II zulässig. Gegen die Entscheidung im Erinnerungsverfahren ist unter den Voraussetzungen des § 14 III die Beschwerde usw zulässig. In der Rechtsbeschwerdeinstanz ist eine erstmalige Erhebung der Verjährungseinrede nicht mehr zulässig, Düss Rpfleger **87**, 39 (zustm Schopp), Schlesw JB **91**, 561. Beim Notar gelten vorrangig §§ 127 ff. 15

8) Keine Verzinsung, IV, aM LG Drsd ZIP **12**, 2521 (aber der Gesetzeswortlaut ist eindeutig). Die Vorschrift gilt nicht beim Notar, §§ 88 ff haben bei ihm den Vorrang. 16

Elektronische Akte, elektronisches Dokument

7 In Verfahren nach diesem Gesetz sind die verfahrensrechtlichen Vorschriften über die elektronische Akte und über das elektronische Dokument anzuwenden, die für das dem kostenrechtlichen Verfahren zugrunde liegende Verfahren gelten.

Gliederung

1) Systematik	1
2) Regelungszweck	2
3) Geltungsbereich	3
4) Anwendbarkeit des Verfahrensrechts	4

1) Systematik. Dem § 7 entsprechen im Kern § 5 a GKG, § 8 FamGKG, § 4 b JVEG, § 12 b RVG, Teile I A, B, V, X dieses Buchs. Die elektronische Bearbeitung hat in § 7 für die in § 1 genannten Verfahren einen Teil der notwendigen kostenrechtlichen Anpassungsregeln. Weitere finden sich in zahlreichen weiteren Vorschriften des GNotKG. Es handelt sich um vorrangige Sondervorschriften. Die Vorschrift gilt auch für den Notar als Einreicher. 1

2) Regelungszweck. Das Kostenrecht soll den Anforderungen der elektronischen Übermittlungs- und Speichertechnik nach §§ 130 a–d ZPO, § 14 FamFG, § 81 GBO usw genügen. Das scheint wegen des ständigen technischen Fortschritts eine weite Auslegung zu rechtfertigen. Andererseits unterliegen Spezialregeln grundsätz- 2 lich einer engen Auslegung. Man muß beide Gedanken möglichst spannungsfrei verbinden, um zu einer brauchbaren Handhabung zu kommen.

3   **3) Geltungsbereich.** Die Vorschrift erfaßt alle Handlungen eines Beteiligten und seines Bevollmächtigten oder eines Notars, aber nicht solche des Gerichts.

4   **4) Anwendbarkeit des Verfahrensrechts.** Sie ist umfassend. Anwendbar sind zB §§ 130a, 416a ZPO, § 14 FamFG, § 81 GBO.

Rechtsbehelfsbelehrung

7a Jede Kostenrechnung, jede anfechtbare Entscheidung und jede Kostenberechnung eines Notars hat eine Belehrung über den statthaften Rechtsbehelf sowie über die Stelle, bei der dieser Rechtsbehelf einzulegen ist, über deren Sitz und über die einzuhaltende Form und Frist zu enthalten.

1   **1) Systematik.** Die Vorschrift entspricht fast wörtlich dem § 5b GKG, Teil I A dieses Buchs. Vgl daher dort. Formulierungsvorschläge: Görk DNotZ **13**, 883.

2   **2) Verstoß.** § 83 II 2.

Abschnitt 2. Fälligkeit

Fälligkeit der Kosten in Verfahren mit Jahresgebühren

8 ^{1}In Betreuungssachen und betreuungsgerichtlichen Zuweisungssachen werden die Jahresgebühren 11101, 11102 und 11104 des Kostenverzeichnisses, in Nachlasssachen die Jahresgebühr 12311 des Kostenverzeichnisses erstmals bei Anordnung und später jeweils zu Beginn eines Kalenderjahres fällig. ^{2}In diesen Fällen werden Auslagen sofort nach ihrer Entstehung fällig.

1   **1) Systematik, Regelungszweck, S 1, 2.** Die Vorschrift übernimmt Regelungen der früheren KostO in einer wenig überzeugenden Voranstellung dieser nur durch den Begriff Jahresgebühr verbundenen Einzelsituationen vor der grundlegenderen Aufzählung in § 9. Sie löst auch die äußerliche Verbundenheit der dort genannten KVfG auf. Bei den Auslagen differenziert sie in einer erst durch Vergleich mit § 9 erkennbaren Weise.

2   **2) Erstfälligkeit bei Anordnung, S 1 Fall 1.** Die zeitlich erste Jahresgebühr wird mit einer Anordnung einer jeden Maßnahme nach KVfG 11101, 11102, 11104, 12311 fällig, also im voraus. Das gilt auch dann, wenn zB eine Bilanz oder ein Vermögensverzeichnis einen anderen Zeitpunkt nennen.

3   **3) Folgefälligkeit beim Beginn eines Kalenderjahres, S 1 Fall 2.** Jede der ersten Jahresgebühr folgende solche Gebühr wird am Beginn des Kalenderjahres dieser Folgetätigkeit fällig, praktisch also meist am ersten Werktag dieses Jahres und wenn dieser ein Sonnabend ist, am folgenden Montag. Das gilt auch dann, wenn die Tätigkeit schon am nächsten Tag infolge Aufhebung der Anordnung usw vorzeitig endet.

4   **4) Auslagenfälligkeit, S 2.** Sie haben eine Fälligkeit „sofort" und nicht erst unverzüglich nach ihrer Entstehung. Maßgeblich ist die Entstehung der jeweiligen Auslagenart. Verschiedene solche Arten können also zu unterschiedlichen Fälligkeiten führen. Sofort heißt auch: Unabhängig von einer Beendigung der zugehörigen Tätigkeit des Gerichts.

Nur die *Sachen nach § 8* erhalten diese Auslagenfälligkeiten. In allen sonstigen Sachen ergibt sich bei Auslagen die Fälligkeit grundsätzlich nur nach § 9 und beim Notar ausnahmsweise nach § 10.

Fälligkeit der Gerichtsgebühren in sonstigen Fällen, Fälligkeit der gerichtlichen Auslagen

9 ^{1} Im Übrigen werden die gerichtlichen Gebühren und Auslagen fällig, wenn
1. eine unbedingte Entscheidung über die Kosten ergangen ist,

2. das Verfahren oder der Rechtszug durch Vergleich oder Zurücknahme beendet ist,
3. das Verfahren sechs Monate ruht oder sechs Monate nicht betrieben worden ist,
4. das Verfahren sechs Monate unterbrochen oder sechs Monate ausgesetzt war oder
5. das Verfahren durch anderweitige Erledigung beendet ist.

II Die Dokumentenpauschale sowie die Auslagen für die Versendung von Akten werden sofort nach ihrer Entstehung fällig.

1) Geltungsbereich, I, II. Es handelt sich um eine fast wörtliche Übernahme von § 9 II, III GKG, Teil I A dieses Buchs. Vgl daher dort.

Fälligkeit der Notarkosten

10 Notargebühren werden mit der Beendigung des Verfahrens oder des Geschäfts, Auslagen des Notars und die Gebühren 25 300 und 25 301 sofort nach ihrer Entstehung fällig.

1) Systematik, Regelungszweck. Die Vorschrift stimmt inhaltlich vielfach mit § 9 überein. Vgl daher auch dort und wegen der Auslagen auch bei § 8 S 2.

2) Notargebühren, Hs 1. Für die Fälligkeit ist die Beendigung des Verfahrens oder des Geschäfts maßgeblich. Vgl zu diesen Begriffen bei § 9.

3) Notarauslagen, Gebühren KVfG 25 300, 25 301, Hs 2. Für ihre Fälligkeit kommt es wie bei § 8 S 2 und bei § 9 II auf die Entstehung an und damit nicht auf eine Beendigung nach Rn 2. „Sofort" ist wie bei diesen Vorschriften früher als „unverzüglich" nach § 121 I 1 BGB. Je Auslagen- oder Gebührenart kann auch hier die Fälligkeit zu unterschiedlichen Zeitpunkten eintreten.

Abschnitt 3. Sicherstellung der Kosten

Zurückbehaltungsrecht

11 ¹Urkunden, Ausfertigungen, Ausdrucke und Kopien sowie gerichtliche Unterlagen können nach billigem Ermessen zurückbehalten werden, bis die in der Angelegenheit entstandenen Kosten bezahlt sind. ²Dies gilt nicht, soweit § 53 des Beurkundungsgesetzes der Zurückbehaltung entgegensteht.

Gliederung

1) Systematik, S 1, 2	1
2) Regelungszweck, S 1, 2	2
3) Grundsatz: Zurückbehaltung, S 1	3–7
A. Ausfertigung, Ausdruck, Kopie	3
B. Von dem Beteiligten eingereichte Urkunde	4
C. Vom Dritten eingereichte Urkunde	5
D. Zu sichernde Kosten	6
E. Verfahren	7
4) Ausnahmen, S 2	8
5) Rechtsmittel, S 1, 2	9, 10
A. Erinnerung	9
B. Beschwerde	10

1) Systematik, S 1, 2. Die Vorschrift entspricht § 9 JVKostG, Teil VIII dieses Buchs. Sie schafft in einer Anlehnung an das Zurückbehaltungsrecht nach §§ 273, 274 BGB usw ein Druckmittel zugunsten des Kostengläubigers. Man muß es trotz seiner in S 2 festgesetzten Grenzen als unter Umständen ziemlich brutal bewerten. Es ist wegen des von der öffentlichen Hand stets beachtbaren Verhältnismäßigkeitsgrundsatzes problematisch. Die Vorschrift gilt auch beim Notar, Düss FGPrax **99**, 72, Bengel/Tiedtke DNotZ **04**, 287, Schwarz MittBayNot **04**, 157. Er kann auf ein Zurückbehaltungsrecht verzichten. § 51 Z 2, 3 InsO hat den Vorrang.

GNotKG § 11

Akteneinsicht läßt sich unabhängig von § 11 nach den dafür geltenden Regeln insbesondere wegen Art 103 I GG erreichen, BVerfG NVwZ **10**, 955.

2 **2) Regelungszweck, S 1, 2.** Natürlich verdient der faule Schuldner auch bei Kosten keine Nachsichtigkeit auf Kosten des Steuerzahlers oder des Notars. Andererseits muß man auch die Problematik Rn 1 bei der Auslegung einer Vorschrift mitbeachten. Der Zweck der Vorschrift besteht in einer wirksamen Kosteneintreibbarkeit. Man sollte S 1 eher zurückhaltend anwenden und S 2 eher großzügig handhaben.

3 **3) Grundsatz: Zurückbehaltung, S 1.** Das Gericht darf nicht die ganze Tätigkeit und erst recht nicht die zugehörige Entscheidung auch nur zeitweise verweigern. Das gilt insbesondere bei seiner Tätigkeit von Amts wegen und bei der Mitteilung einer Entscheidung. Das Gericht darf nur nach S 1 bestimmte Dokumente zurückbehalten, um die Kostenzahlung zu sichern. Das gilt sowohl bei einem von Amts wegen erforderlichen Geschäft als auch bei einer solchen Maßnahme, die nur auf Grund eines Antrags erfolgt. Es gilt unabhängig davon, ob eine formlose Übermittlung oder eine förmliche Zustellung infrage kommt. Es gilt auch dann, wenn ein Dritter das Dokument erhalten soll. Das Zurückbehaltungsrecht besteht auch gegenüber einem Rechtsnachfolger, LG Düss JB **85**, 749. Es erstreckt sich hier auf die folgenden Dokumente, Düss FGPrax **99**, 72.

A. Ausfertigung, Ausdruck, Kopie. Das Gericht darf eine aus Anlaß eines Antragsgeschäfts für einen Beteiligten hergestellte Ausfertigung oder Kopie beliebiger Art oder einen Ausdruck der elektronischen Fassung bis zur Sicherung der Kostenzahlung zurückbehalten. Das gilt zB für einen Erbschein oder für einen Grundbuchauszug und unabhängig davon, wer das Dokument übermittelt bekommt.

Das Gericht muß eine *von Amts wegen* erforderliche Ausfertigung oder Kopie usw *unabhängig* von der Sicherung der Kostenzahlung aushändigen.

4 **B. Von dem Beteiligten eingereichte Urkunde.** Das Gericht darf eine von dem Beteiligten aus Anlaß dieses Geschäfts von sich aus oder auf eine Anforderung eingereichte Urkunde zur Sicherung der Kostenzahlung zurückbehalten. Soweit dem Beteiligten eine Urkunde aus Anlaß eines anderen Geschäfts eingereicht hat, besteht kein solches Zurückbehaltungsrecht. Soweit der Beteiligte aber auch für das jetzige Geschäft auf jene Urkunde Bezug nimmt, gilt die Urkunde als auch für das jetzige Geschäft eingereicht. Ein Zurückbehaltungsrecht besteht auch insoweit, als der Beteiligte die Urkunde zur Beglaubigung seiner Unterschrift eingereicht hat. Das betrifft allerdings nur eine Einreichung beim Notar.

5 **C. Vom Dritten eingereichte Urkunde.** Ein Zurückbehaltungsrecht besteht insofern, als ein Dritter auf Grund der Verpflichtung des Beteiligten persönlich oder durch den Beteiligten eine Urkunde zum jetzigen Geschäft eingereicht hat. Dann besteht das Zurückbehaltungsrecht allerdings nur insoweit, als man dem Dritten die Zahlung des Vorschusses auch zumuten kann.

Dieser Fall liegt *nicht* vor, soweit er etwa die Urkunde des Beteiligten zB nach § 29 FamFG oder nur aus Gefälligkeit überlassen hat, Düss JB **82**, 1383, oder soweit man ihm die Urkunde gar gestohlen hatte.

Der *Notar* hat *kein Zurückbehaltungsrecht* an einer Urkunde gegenüber dem Insolvenzverwalter, der eine Ausfertigung der die Masse betreffenden Urkunden mit Recht verlangt (Insolvenzforderung). Ebensowenig hat der Notar ein Zurückbehaltungsrecht wegen desjenigen Testaments, das er im Rahmen seiner Amtspflicht zur amtlichen Verwahrung bringen muß.

6 **D. Zu sichernde Kosten.** Ein Zurückbehaltungsrecht besteht nur für „die in der Angelegenheit entstandenen Kosten". Sie müssen also nach §§ 8–10 fällig sein. Eine bloße Vorschuß- oder Vorauszahlungspflicht nach § 13 reicht noch nicht. Es kann eine Angelegenheit insbesondere auf Grund desselben Antrags mehrere innerlich zusammenhängende Geschäfte umfassen. Bei einem Handeln von Amts wegen gehört auch die notwendige Folgemaßnahme zu derselben Angelegenheit nach S 1.

Ein Zurückbehaltungsrecht besteht also *nicht wegen* eines *fremden Geschäfts* oder wegen eines anderen Kostenschuldners. Ebensowenig besteht ein Zurückbehaltungsrecht, soweit man die Urkunde von Amts wegen aushändigen muß, etwa eine Bestallung zum Betreuer. Eine Kostenbefreiung und die Bewilligung einer Verfahrenskostenhilfe machen eine Zurückbehaltung gegenüber dem Beteiligten unzulässig. Eine Gebührenfreiheit macht eine Zurückbehaltung wegen der Gebühren unzulässig, nicht aber wegen der Auslagen.

E. Verfahren. Nach S 1 „können" das Gericht oder der Notar über die Zurückbehaltung im Rahmen eines „billigen" und in Wahrheit gleichwohl zwingenden pflichtgemäßen, wenn auch weiten Ermessens entscheiden. Der Kostenbeamte hat allerdings im Rahmen des § 25 KostVfg, Teil VII A dieses Buchs, eine Amtspflicht zur Geltendmachung des Zurückbehaltungsrechts. Er kann die Zurückbehaltung dadurch vornehmen, daß er die betroffenen Dokumente nur durch eine Postnachnahme übersendet. Er darf ein Zurückbehaltungsrecht nicht ohne eine erkennbare Einzelfallabwägung ausüben. Er muß das Risiko eines Kostenausfalls mit dem Schuldnerrisiko abwägen. Er darf also nicht formelhaft vorgehen. 7

4) Ausnahmen, S 2. Außerhalb Rn 1–6 entfällt ein Zurückbehaltungsrecht nach S 2 nur dann, wenn eine folgende Situation nach § 53 BeurkG vorliegt. Es muß sich daher um eine beim Grundbuchamt oder Registergericht einzureichende Urkunde handeln, mag sie dort auch angekommen oder bisher nur dorthin abgesandt worden und anderswie in die Obhut des Gerichts oder Notars gelangt sein. 8

5) Rechtsmittel, S 1, 2. Rechtsbehelfsbelehrung, Verstoß: §§ 7a, 83 II 2. Man muß zwei Situationen unterscheiden. Die Staatskasse ist jeweils eine Beteiligte. 9

A. Erinnerung. Gegen die Anordnung der Zurückbehaltung und die tatsächliche Ausübung dieses Rechts durch den Kostenbeamten ist die Erinnerung nach § 81 I 1 Hs 2 statthaft. Sie ist zum Protokoll des Urkundsbeamten der Geschäftsstelle oder schriftlich ohne einen Anwaltszwang zulässig, § 81 V 1 Hs 4. Ferner ist ein Antrag auf gerichtliche Entscheidung nach § 127 I 1 statthaft.

B. Beschwerde. Gegen eine Entscheidung nach § 81 I ist unter den Voraussetzungen des § 81 II die Beschwerde statthaft. Man kann sie nach § 81 V 1 Hs 1 zum Protokoll des Urkundsbeamten der Geschäftsstelle oder schriftlich ohne einen Anwaltszwang einlegen. 10

Soweit ein *Notar* das Zurückbehaltungsrecht ausübt und soweit ihm die Gebühren selbst zufließen, ist die Beschwerde nach § 129 I statthaft.

Grundsatz für die Abhängigmachung bei Gerichtskosten

12 In weiterem Umfang, als das Verfahrensrecht und dieses Gesetz es gestatten, darf die Tätigkeit des Gerichts von der Zahlung der Kosten oder von der Sicherstellung der Zahlung nicht abhängig gemacht werden.

1) Systematik, Regelungszweck. Die Vorschrift stimmt inhaltlich voll mit § 10 GKG überein. Vgl daher dort, Teil I A dieses Buchs. 1

Abhängigmachung bei Gerichtsgebühren

13 [1]In erstinstanzlichen gerichtlichen Verfahren, in denen der Antragsteller die Kosten schuldet (§ 22 Absatz 1), kann die beantragte Handlung oder eine sonstige gerichtliche Handlung von der Zahlung eines Vorschusses in Höhe der für die Handlung oder der für das Verfahren im Allgemeinen bestimmten Gebühr abhängig gemacht werden. [2]Satz 1 gilt in Grundbuch- und Nachlasssachen jedoch nur dann, wenn dies im Einzelfall zur Sicherung des Eingangs der Gebühr erforderlich erscheint.

Vorbem. S 1 ergänzt dch Art 13 Z 2 G v 29. 6. 15, BGBl 1042, in Kraft seit 4. 7. 15, Art 22 II G, ÜbergangsR § 134 GNotKG.

Gliederung

1) Systematik, S 1, 2	1
2) Regelungszweck, S 1, 2	2
3) **Vorschußpflicht,** S 1	3–7
A. Antragshandlung, S 1 Fall 1	3
B. Handlung von Amts wegen, S 1 Fall 2	4

GNotKG § 13   III. Gerichts- und Notarkostengesetz

    C. Ermessensgrundsatz, S 1 5
    D. Grundbuch-, Nachlaßsache, S 2 6
    E. Verfahren, S 1, 2 7

1   **1) Systematik, S 1, 2.** Die Vorschrift entspricht entfernt § 12 GKG, § 14 FamGKG, § 4 GvKostG, Teile I A, B, XI dieses Buchs. Sie verstößt zumindest insoweit nicht gegen Artt 43, 48 EGV, als es um eine Eintragung im Handelsregister einer GmbH mit dem Sitz einer Zweigniederlassung mit EU-Auslandsbezug geht, EuGH NJW 06, 3195. Sie ist auch verfassungsgemäß, BVerfG 10, 268. Das gilt natürlich nur bei einer Wahrung des allgemeinen Verhältnismäßigkeitsgrundsatzes, vgl Art 1 III GG. Sie enthält keine abschließende Regelung, aM Zweibr FamRZ 82, 530. Sie gilt auch im außerprozessualen WEG-Verfahren, BayObLG NZM 01, 148, Ffm NZM 05, 632, Karlsr FGPrax 06, 108. Vorschußpflicht und Vorwegleistungspflicht laufen wirtschaftlich vielfach auf dasselbe hinaus, nämlich auf die Fälligkeit einer noch gar nicht entstandenen Gebühr. Die Vorschrift gilt wegen § 15 nicht beim Notar.

2   **2) Regelungszweck, S 1, 2.** Die Vorschrift dient der Kostengerechtigkeit. Der Staat ist keine kostenlose Bank des Antragstellers, auch nicht zur etwa nur kurzfristige Zwischenfinanzierung. Das muß man bei der Auslegung mitbeachten, Düss FGPrax **17**, 201.

3   **3) Vorschußpflicht, S 1.** Eine Vorschußpflicht nach S 1 besteht erstinstanzlich und nur, soweit man überhaupt ein Kostenschuldner nach § 22 I ist. Sie besteht in jedem Rechtszug, sofern eine der folgenden Voraussetzungen vorliegt.

    A. Antragshandlung, S 1 Fall 1. Soweit das Gericht eine Handlung nur auf Grund eines Antrags vornehmen muß, „kann" es nur für einigermaßen sichere Auslagen und auch dann nur im Rahmen seines pflichtgemäßen Ermessens grundsätzlich einen Vorschuß fordern, und zwar vom bereits erkennbaren Kostenschuldner stets (nur noch) einen Vorschuß in Höhe der für diese Handlung oder für dieses Verfahren allgemein bestimmten *Gebühr*. Dabei ist ein schon festgesetzter Geschäftswert maßgeblich. Eine Nachforderung ist möglich.

    Ein gerichtlicher *Auslagenvorschuß* richtet sich (nur noch) nach § 14.

4   **B. Handlung von Amts wegen, S 1 Fall 2.** Soweit das Gericht eine Handlung von Amts wegen vornehmen muß, kann es ebenso wie bei Rn 3 vorgehen. Auch hier ist eine Nachforderung möglich.

5   **C. Ermessensgrundsatz, S 1.** Das Wort „kann" bedeutet für das Gericht ein sachgemäßes Ermessen unter einer Abwägung der Interessen des Antragstellers und der Staatskasse, Düss FGPrax **17**, 201. Bei einem unschlüssigen oder sonstwie bereits endgültig erfolglosen Antrag muß das Gericht entsprechend zur Sache entscheiden, statt eine Vorauszahlung zu fordern. Eine Weisung der Justizverwaltung ist unzulässig, Lappe NJW **98**, 1115. Die Wirksamkeit der gerichtlichen Handlung ist allerdings von der Einforderung des Vorschusses oder seiner Sicherstellung unabhängig.

    Grundsätzlich muß das Gericht die *Barzahlung* des Vorschusses für gerade dieses Geschäft anordnen. Es darf die bloße Sicherstellung nur insoweit zulassen, als ein ausreichend begründeter diesbezüglicher Antrag vorliegt. Vgl im übrigen § 23 KostVfg, Teil VII A dieses Buchs. Der Richter oder der Rpfl trifft die Entscheidung darüber, ob eine Vorwegleistung erfolgen muß und ob dann eine Barzahlung notwendig ist oder ob eine Sicherstellung ausreicht oder ob ein Ausnahmefall vorliegt. Das Gericht darf das Geschäft nur insgesamt und nicht teilweise von der Vorauszahlung abhängig machen, LG Bln Rpfleger **82**, 487. Es darf einen Antrag mehrerer Beteiligter erst nach vergeblichen Vorschußanforderungen bei allen zurückweisen, BGH DNotZ **82**, 238. Die Nichtanwendung von § 13 ist keine Amtspflichtverletzung, BayObLG DNotZ **92**, 51, Hamm OLGR **04**, 399, Schlesw OLGR **02**, 142.

6   **D. Grundbuch-, Nachlaßsache, S 2.** Ausnahmsweise soll ein Vorschuß in einer solchen Sache nur dann erfolgen, wenn das im Einzelfall zur Sicherung des Eingangs (nur) der Gebühr auch als erforderlich und nicht nur ratsam erscheint, Keilich/Schöning NJW **12**, 1845. Das mag etwa dann so sein, wenn die Mittellosigkeit des Kostenschuldners bereits etwa aus einem anderen Verfahren bekannt ist oder wenn so ungewöhnlich hohe Kosten anfallen, daß auch bei einem normalerweise oder bisher zahlungsfähigen und -willigen Kostenschuldner begründete Zweifel auftreten. Eine Kreditbank ist oft nicht mehr so sicher, Keilich/Schöning NJW **12**, 1846.

Es handelt sich in einer Grundbuchsache um eine *Zwischenverfügung* nach § 18 GBO, LG Düss Rpfleger **86**, 175 (zustm Meyer-Stolte). Der Kostenbeamte bestimmt nach § 22 III KostVfg lediglich die Höhe. Bei einer Nichtzahlung ruht das Verfahren nach Rn 7. Das Gericht weist also grundsätzlich nicht etwa den Antrag zurück, Ffm Rpfleger **93**, 26, Köln WoM **96**, 304. Eine Zurückweisungspflicht kann sich aber ausnahmsweise nach Rn 18 ergeben.

E. Verfahren, S 1, 2. Das Gericht ordnet einen Vorschuß im Weg des Kostenansatzes nach § 18 durch eine Verfügung nach §§ 22 II, 30 KostVfg an, Teil VII A dieses Buchs. II erlaubt nicht, dem Beteiligten aufzugeben, seiner Mitwirkungspflicht bei der Wertermittlung nachzukommen, Hamm FGPrax **00**, 128. Das Gericht muß alle infragekommenden Beteiligten zum Vorschuß auffordern, BGH DNotZ **82**, 238. Mangels eines Vorschusses bleibt der Antrag vielmehr nach § 12 GKG Rn 3, Teil I A dieses Buchs grds unerledigt liegen, BVerfG **10**, 269, BayObLG NZM **01**, 148, Köln WoM **95**, 345. Das Gericht weist ihn nur dann zurück, wenn sich ein Ruhen des Verfahrens verbietet, BayObLG NZM **01**, 148, Hamm FGPrax **00**, 128, AG Kerpen WoM **96**, 447, strenger KG ZIP **18**, 80 (aber das engt das „Kann"-Ermessen zu stark ein). 7

In einer *Grundbuchsache* liegt ein Eintragungshindernis nach § 18 GBO vor, solange der Antragsteller den angeforderten Vorschuß nicht gezahlt oder ausreichend sichergestellt hat, Hamm FGPrax **00**, 128. Beschwerde: § 82, nicht § 71, Mü JB **16**, 37.

Auslagen des Gerichts

14 ^{I 1} Wird eine gerichtliche Handlung beantragt, mit der Auslagen verbunden sind, hat derjenige, der die Handlung beantragt hat, einen zur Deckung der Auslagen ausreichenden Vorschuss zu zahlen. ²Das Gericht soll eine Handlung, die nur auf Antrag vorzunehmen ist, von der vorherigen Zahlung abhängig machen; § 13 Satz 2 gilt entsprechend.

^{II} Die Herstellung und Überlassung von Dokumenten auf Antrag sowie die Versendung von Akten können von der vorherigen Zahlung eines die Auslagen deckenden Vorschusses abhängig gemacht werden.

^{III} ¹Bei Handlungen, die von Amts wegen vorgenommen werden, kann ein Vorschuss zur Deckung der Auslagen erhoben werden. ²Im gerichtlichen Verfahren nach dem Spruchverfahrensgesetz ist ein solcher Vorschuss zu erheben.

^{IV} Absatz 1 gilt nicht in Freiheitsentziehungssachen und für die Anordnung einer Haft.

1) Geltungsbereich, I–IV. Die Vorschrift stimmt ebenso wie § 16 FamGKG, Teil I B dieses Buchs, inhaltlich weitgehend mit § 17 I–III GKG überein. Vgl daher dort, Teil I A dieses Buchs. 1

Abhängigmachung bei Notarkosten

15 Die Tätigkeit des Notars kann von der Zahlung eines zur Deckung der Kosten ausreichenden Vorschusses abhängig gemacht werden.

1) Systematik, Regelungszweck. Die Vorschrift überträgt den Grundgedanken einer Kostensicherstellung durch eine Vorschußpflicht in § 13 S 1 auf Notarkosten. Vgl daher zunächst bei § 13. 1

2) Geltungsbereich: Kosten. Der Notar kann wegen seiner „Kosten" Vorschuß fordern, also nach § 1 I wegen seiner Gebühren und Auslagen. 2

3) Umfang: Zur Kostendeckung ausreichend. Das ist noch mehr als zB in § 9 RVG, Teil X dieses Buchs, nämlich eine volle Deckung der gesamten Kosten und damit nicht nur ein „angemessener" Vorschuß wie dort. Natürlich kommt nur derjenige Betrag infrage, der nach pflichtgemäßer Einschätzung des Notars im Zeitpunkt der Einforderung voraussichtlich entstehen wird. Daraus folgt aber auch sein Recht auf eine im Lauf der Tätigkeit etwa notwendige Nachforderung von Vorschuß. 3

GNotKG §§ 15, 16 III. Gerichts- und Notarkostengesetz

4 **4) Verstoß.** Der Auftraggeber kann nach §§ 127 ff vorgehen, nicht nach dem nur für Gerichtskosten geltenden § 82. Der Notar hat nach dem klaren Wortlaut von § 15 ein Leistungsverweigerungsrecht bis zum Zahlungseingang eines rechtmäßig geforderten Vorschusses. Andernfalls kann er haften.

Ausnahmen von der Abhängigmachung

16 Die beantragte Handlung darf nicht von der Sicherstellung oder Zahlung der Kosten abhängig gemacht werden,

1. soweit dem Antragsteller Verfahrenskostenhilfe bewilligt ist oder im Fall des § 17 Absatz 2 der Bundesnotarordnung der Notar die Urkundstätigkeit vorläufig gebührenfrei oder gegen Zahlung der Gebühren in Monatsraten zu gewähren hat,
2. wenn dem Antragsteller Gebührenfreiheit zusteht,
3. wenn ein Notar erklärt hat, dass er für die Kostenschuld des Antragstellers die persönliche Haftung übernimmt,
4. wenn die Tätigkeit weder aussichtslos noch ihre Inanspruchnahme mutwillig erscheint und wenn glaubhaft gemacht wird, dass
   a) dem Antragsteller die alsbaldige Zahlung der Kosten mit Rücksicht auf seine Vermögenslage oder aus sonstigen Gründen Schwierigkeiten bereiten würde oder
   b) eine Verzögerung dem Antragsteller einen nicht oder nur schwer zu ersetzenden Schaden bringen würde; zur Glaubhaftmachung genügt in diesem Fall die Erklärung des zum Bevollmächtigten bestellten Rechtsanwalts,
5. wenn aus einem anderen Grund das Verlangen nach vorheriger Zahlung oder Sicherstellung der Kosten nicht angebracht erscheint, insbesondere wenn die Berichtigung des Grundbuchs oder die Eintragung eines Widerspruchs beantragt wird oder die Rechte anderer Beteiligter beeinträchtigt werden.

1 **1) Systematik, Regelungszweck, Z 1–5.** Die Vorschrift erweitert die dortige Regelung. Sie ähnelt § 14 GKG und § 15 FamGKG, Teile I A, B dieses Buchs. Sie begrenzt die §§ 13–15. Das stellt zusätzlich § 12 klar. Es soll nicht zur mechanischen Vorschußpflicht kommen, soweit soziale Gründe und die Entscheidungsfreiheit des Notars eher gegen einen Vorschuß sprechen.

2) Verbot einer Abhängigmachung, Z 1–5. Es handelt sich um eine abschließende und daher an sich eng auslegbare Aufzählung. Sie kehrt aber im Ergebnis des § 1 I zurück, daß Kosten „nur" in gesetzlich klaren Fällen entstehen, folglich auch nur dann Vorschüsse infragekommen. Daher darf man nun auch nicht formal streng vorgehen, soweit das Ergebnis unbillig wäre. Es handelt sich um fünf Fallgruppen.

2 **A. Verfahrenskostenhilfe, Z 1.** Eine Vorwegleistungspflicht besteht nicht, soweit das Gericht dem Antragsteller nach §§ 76 ff FamFG in Verbindung mit § 122 I Z 1 a ZPO antragsgemäß eine Verfahrenskostenhilfe nach § 9 KostVfg, Teil VII A dieses Buchs bewilligt hat, Düss FGPrax **17**, 201, oder soweit eine vorläufige Gebührenbefreiung nach § 17 II BNotO greift. Wenn von mehreren Gesamtschuldnern nach § 32 I auch nur einer keine Verfahrenskostenhilfe erhält, besteht die Vorwegleistungspflicht.

3 **B. Gebührenfreiheit, Z 2.** Eine Vorwegleistungspflicht besteht nicht, soweit der Antragsteller eine persönliche oder sachliche Gebührenfreiheit nach § 2 hat. Wenn von mehreren Gesamtschuldnern auch nur einer diese Voraussetzung nicht erfüllt, besteht die Vorwegleistungspflicht.

4 **C. Kostenübernahme durch Notar, Z 3.** Eine Vorwegleistungspflicht besteht nicht, soweit ein beliebiger Notar eindeutig ausdrücklich oder auch ebenso klar stillschweigend (Auslegungsfrage) erklärt hat, für die Kostenschuld dieses Antragstellers die unbedingte Haftung zu übernehmen. Das ist dieselbe Rechtsfigur wie zB bei § 27 Z 2. Vgl daher dort Rn 4 ff.

5 **D. Zahlungsschwierigkeit, Z 4.** Eine Vorwegleistungspflicht besteht nicht, soweit die im praktisch gleichlautenden § 14 Z 3 a, b GKG dargestellten Probleme vorliegen. Vgl daher dort Rn 4–14, Teil I A dieses Buchs.

6 **E. Unangebrachtheit, Z 5.** Eine Vorwegleistungspflicht besteht nicht, soweit die Forderung des Gerichts nach einer Vorwegleistung aus einem anderen als den Grün-

den Rn 2–5 nicht angebracht wäre, BayObLG NZM **01**, 144, Köln MDR **04**, 271. Das Gesetz nennt als einen der möglichen Anwendungsfälle denjenigen, daß der Antragsteller eine Berichtigung des Grundbuchs oder die Eintragung des Widerspruchs verlangt oder das Recht eines anderen an diesem Verfahren Beteiligten beeinträchtigt wird und nicht nur evtl werden könnte. Man muß weiter hierher den Fall rechnen, daß das Gericht einen Antrag erzwingt, etwa eine Anmeldung zum elektronischen Handelsregister nach § 14 HGB, oder daß es nur um eine bekräftigende Wirkung geht, oder daß man mit Sicherheit den Kosteneingang erwarten kann, Köln MDR **04**, 271, oder bei der Gefahr einer unverhältnismäßigen Verzögerung.

3) **Verstoß, Z 1–5.** Es gelten §§ 81–84 (Gericht) und §§ 127 ff (Notar). 7

Fortdauer der Vorschusspflicht

17 ^{1}Die Verpflichtung zur Zahlung eines Vorschusses auf die Gerichtskosten bleibt bestehen, auch wenn die Kosten des Verfahrens einem anderen auferlegt oder von einem anderen übernommen sind. ^{2}§ 33 Absatz 1 gilt entsprechend.

1) **Systematik, Regelungszweck.** Die Vorschrift stimmt mit § 18 S 1 GKG und 1 mit § 17 S 1 FamGKG überein. Vgl daher beim GKG, Teil I A dieses Buchs.

Abschnitt 4. Kostenerhebung

Ansatz der Gerichtskosten

18 I ^{1}Im gerichtlichen Verfahren werden angesetzt
1. die Kosten des ersten Rechtszuges bei dem Gericht, bei dem das Verfahren im ersten Rechtszug anhängig ist oder zuletzt anhängig war,
2. die Kosten des Rechtsmittelverfahrens bei dem Rechtsmittelgericht.

^{2}Dies gilt auch dann, wenn die Kosten bei einem ersuchten Gericht entstanden sind.

II ^{1}Die Kosten für
1. die Eröffnung von Verfügungen von Todes wegen und
2. die Beurkundung der Ausschlagung der Erbschaft oder der Anfechtung der Ausschlagung der Erbschaft

werden auch dann von dem nach § 343 des Gesetzes über das Verfahren in Familiensachen und in den Angelegenheiten der freiwilligen Gerichtsbarkeit zuständigen Nachlassgericht erhoben, wenn die Eröffnung oder Beurkundung bei einem anderen Gericht stattgefunden hat. ^{2}Für Beurkundungen nach § 31 des Internationalen Erbrechtsverfahrensgesetzes vom 29. Juni 2015 (BGBl. I S. 1042) gilt Absatz 1.

III ^{1}Für die Eintragung oder Löschung eines Gesamtrechts sowie für die Eintragung der Veränderung eines solchen Rechts bei mehreren Grundbuchämtern werden die Kosten im Fall der Nummer 14 122, 14 131 oder 14 141 des Kostenverzeichnisses bei dem Gericht angesetzt, bei dessen Grundbuchamt der Antrag zuerst eingegangen ist. ^{2}Entsprechendes gilt für die Eintragung oder Löschung eines Gesamtrechts sowie für die Eintragung der Veränderung eines solchen Rechts bei mehreren Registergerichten im Fall der Nummer 14 221, 14 231 oder 14 241 des Kostenverzeichnisses.

IV Die Kosten für die Eintragung in das Schiffsregister bei Verlegung des Heimathafens oder des Heimatorts werden nur von dem Gericht des neuen Heimathafens oder Heimatorts angesetzt.

V Die Dokumentenpauschale sowie die Auslagen für die Versendung von Akten werden bei der Stelle angesetzt, bei der sie entstanden sind.

VI ^{1}Der Kostenansatz kann im Verwaltungsweg berichtigt werden, solange keine gerichtliche Entscheidung getroffen ist. ^{2}Ergeht nach der gerichtlichen Entscheidung über den Kostenansatz eine Entscheidung, durch die der Geschäftswert anders festgesetzt wird, kann der Kostenansatz ebenfalls berichtigt werden.

GNotKG §§ 18, 19

Vorbem. II 2 angefügt, III 1, 2 erweitert dch Art 13 Z 3a, b G v 29. 6. 15, BGBl 1042, in Kraft: II 2 seit 17. 8. 15, Art 22 I G, III 1, 2 nF seit 4. 7. 15, Art 22 II G, ÜbergangsR § 134 GNotKG.

1 **1) Geltungsbereich, I–VI.** Die Vorschrift paßt in I zB zu § 19 I GKG, in V zu § 19 IV GKG und in VI zu § 19 V GKG, Teil I A dieses Buchs. Vgl daher zunächst insofern dort.

II–IV sind neu. Sie regeln die sachliche und/oder örtliche Zuständigkeit in den dort genannten Spezialfällen vorrangig. § 350 FamFG begründet ein neues Verfahren, KG FamRZ **14**, 1657.

Einforderung der Notarkosten

19 [I] [1] Die Notarkosten dürfen nur aufgrund einer dem Kostenschuldner mitgeteilten, von dem Notar unterschriebenen Berechnung eingefordert werden. [2] Der Lauf der Verjährungsfrist ist nicht von der Mitteilung der Berechnung abhängig.

[II] Die Berechnung muss enthalten
1. eine Bezeichnung des Verfahrens oder Geschäfts,
2. die angewandten Nummern des Kostenverzeichnisses,
3. den Geschäftswert bei Gebühren, die nach dem Geschäftswert berechnet sind,
4. die Beträge der einzelnen Gebühren und Auslagen, wobei bei den jeweiligen Dokumentenpauschalen (Nummern 32 000 bis 32 003) und bei den Entgelten für Post- und Telekommunikationsdienstleistungen (Nummer 32 004) die Angabe des Gesamtbetrags genügt, und
5. die gezahlten Vorschüsse.

[III] Die Berechnung soll enthalten
1. eine kurze Bezeichnung des jeweiligen Gebührentatbestands und der Auslagen,
2. die Wertvorschriften der §§ 36, 40 bis 54, 97 bis 108, 112 bis 124, aus denen sich der Geschäftswert für die jeweilige Gebühr ergibt, und
3. die Werte der einzelnen Gegenstände, wenn sich der Geschäftswert aus der Summe der Werte mehrerer Verfahrensgegenstände ergibt (§ 35 Absatz 1).

[IV] Eine Berechnung ist nur unwirksam, wenn sie nicht den Vorschriften der Absätze 1 und 2 entspricht.

[V] Wird eine Berechnung durch gerichtliche Entscheidung aufgehoben, weil sie nicht den Vorschriften des Absatzes 3 entspricht, bleibt ein bereits eingetretener Neubeginn der Verjährung unberührt.

[VI] Der Notar hat eine Kopie oder einen Ausdruck der Berechnung zu seinen Akten zu nehmen oder die Berechnung elektronisch aufzubewahren.

Gliederung

1) Systematik, I–VI	1
2) Regelungszweck, I–VI	2
3) Geltungsbereich, I–VI	3
4) Notwendigkeit einer Berechnung, I	4
5) Beispiele zur Frage einer Berechnung, I	5
6) Mußinhalt der Berechnung II	6–13
A. Bezeichnung, II Z 1	7
B. Kostenverzeichnis, II Z 2	8
C. Geschäftswert, II Z 3	9
D. Beträge der Gebühren und Auslagen, II Z 4	10
E. Gezahlte Vorschüsse, II Z 5	11
F. Weitere Angaben	12, 13
7) Sollinhalt der Berechnung, III	14–16
A. Kurze Bezeichnung des Gebührentatbestands, III Z 1	14
B. Bezeichnung der Auslagenart, III Z 1	15
C. Gegenstandswerte, III Z 2, 3	16
8) Verstoß: Evtl Unwirksamkeit der Berechnung, IV	17, 18
9) Aufhebung und Verjährung, V	19
10) Kopie oder Ausdruck, VI	20

§ 19 GNotKG

1) Systematik, I–VI. Die Vorschrift ähnelt § 10 RVG, Teil X dieses Buchs. Sie regelt die von der Entstehung und der Fälligkeit zu unterscheidende Einforderbarkeit der Notarvergütung. §§ 89, 127 ff ergänzen sie. Es handelt sich bei § 19 um Voraussetzungen der Klagbarkeit.

2) Regelungszweck, I–VI. Er besteht wie bei § 10 RVG vor allem in einer Nachprüfbarkeit der Berechnung für den Auftraggeber, Köln FGPrax 07, 252, und für alle diejenigen, die die Berechnung ebenfalls überprüfen wollen oder müssen, zB die Versicherung, einen weiteren Beteiligten, den Präsidenten des LG bei § 128 und bei einem Streit das Gericht. Der Notar als Organ der Rechtspflege nach § 1 BNotO soll sich aus allen diesen Gründen auch von vornherein wegen seiner Vergütungsforderungen eine Selbstkontrolle auferlegen, zumal in der Praxis wohl meist sein Personal die Berechnung erstellt. Das alles muß man bei der Auslegung mitbeachten.

3) Geltungsbereich, I–VI. Die Vorschrift gilt nur insoweit, als der Gläubiger nach § 24 II BNotO gerade als Notar gehandelt hat, nicht als Anwalt, KG MDR **98**, 123. Sie gilt nur bei einer solchen Tätigkeit, für die der Kostenschuldner eine der Personen nach §§ 22 ff ist, also nicht ein Dritter, KG MDR **98**, 123. Der Notar setzt die Kosten an. In einer Sozietät muß der einzelne Notar als der alleinige Kostengläubiger dieser Sache tätig werden, BayObLG MittBayNot **86**, 212.

4) Notwendigkeit einer Berechnung, I. Der Notar ist der alleinige Kostengläubiger, BayObLG MittBayNot **86**, 212. Er muß eine Berechnung der Gebühren und Auslagen aufstellen. Für jedes Geschäft muß er eine eigene vollständige Berechnung anfertigen. Das kann freilich zusammen mit weiteren Kostenberechnungen in demselben Dokument geschehen, BayObLG JB **80**, 756. Maßgeblich ist die Zahl der Urkunden. Die Berechnung muß angeben, wer zahlen soll, BayObLG MittBayNot **83**, 194.

5) Beispiele zur Frage einer Berechnung, I
Anerkenntnis: S „Verjährung".
Bezeichnung: Die Einforderung muß schon wegen § 89 eindeutig erfolgen. Sie braucht entgegen dem Wortlaut von I noch nicht unbedingt in der Kostenberechnung zu stehen, Ffm Rpfleger **88**, 207. Deren bloße Übersendung ist noch keine Zahlungsaufforderung.
Fälligkeit: Vgl zunächst § 10. Sie entsteht erst mit dem Eingang der Mitteilung der Berechnung, Hamm MDR **88**, 420.
S aber auch „Vorschuß", „Zahlungsannahme".
Gesamtschuldner: Bei Gesamtschuldnern nach § 32 kann der Notar frei wählen, wen von ihnen er auffordert. Er muß den Zahlungspflichtigen genau und richtig bezeichnen, BayObLG **90**, 338 (Bundespost), Schlesw DNotZ **96**, 475, LG Hann JB **04**, 549. Die Angabe „als Gesamtschuldner" ist zwar nicht zwingend, wohl aber evtl nützlich, BayObLG **81**, 348. Bei mehreren Beteiligten muß man trotz einer Gesamtschuldnerschaft nach § 32 doch der Berechnung zumindest in einem schwierigeren Fall entnehmen können, wer nach der Meinung des Notars zumindest zunächst oder in erster Linie aus welchem Grund in welcher Höhe haften soll, BayObLG **81**, 351, LG Hann JB **04**, 665 rechts.
Mitteilung: Der Notar muß seine Berechnung jedem Kostenschuldner vor einer Vollstreckbarerklärung schriftlich mitteilen, KG MDR **05**, 540 (ein Telefax reiche nicht), LG Hann JB **04**, 665 rechts, oder elektronisch übermitteln. Das ist auch bei § 6 III 2 nötig, BGH NJW **06**, 1138. Wegen § 89 muß der Notar auch klar erklären, ob er nun auch schon und noch Geld haben will oder die Berechnung nur aus anderen Gründen übermittelt, etwa nach VI.
S aber auch „Vorschuß".
Nachforderung: S „Zurückbehaltungsrecht".
Stundung: S „Mitteilung" und BGH NJW **06**, 1138.
Tod: Wenn der Notar verstorben ist, darf sein Amtsnachfolger die Berechnung nur insoweit aufstellen, als das Notariat inzwischen eine Behörde ist. Andernfalls müssen dasjenige AG oder derjenige Notar die Berechnung aufstellen, die die Akten des verstorbenen Notars nach § 51 I BNotO amtlich verwahren, KG DNotZ **82**, 776.
Unterschrift: Der Notar oder sein Vertreter muß die an den Kostenschuldner abgehende Originalrechnung nach I 1 gesondert eigenhändig und handschriftlich un-

GNotKG § 19   III. Gerichts- und Notarkostengesetz

terschreiben oder signieren, KG ZNotP **05**, 39, LG Coburg JB **88**, 1208. Ein Faksimilestempel oder die Unterschrift des Bürovorstehers reicht nicht. Ein amtlicher Vertreter muß als solcher erkennbar sein, LG Ffm MDR **90**, 933. Andernfalls muß das LG die Berechnung nach § 128 wegen eines unheilbaren Mangels aufheben, BayObLG MDR **77**, 226, LG Ffm MDR **90**, 933, LG Hann JB **95**, 102.
Verjährung: Sie ist nach I 2 nicht von der Mitteilung der Berechnung abhängig. Nur nach einer ordnungsgemäßen Kostenberechnung kann ein Anerkenntnis des Kostenschuldners die Verjährung hemmen, Ffm DNotZ **87**, 180. Freilich entsteht dadurch nicht eine (jetzt) dreijährige Verjährungsfrist, Hamm MDR **92**, 715.
S auch „Mitteilung".
Vorschuß: Der Notar darf und muß nach § 13 in demselben Umfang wie das Gericht einen Vorschuß erheben. Dazu braucht er noch keine förmliche Kostenberechnung mitzuteilen. Gegen die Höhe des Vorschusses ist die Beschwerde nach § 82 statthaft.
Zahlungsannahme: Der Notar darf schon vor der Mitteilung seiner Berechnung eine Zahlung auf sie annehmen, Hamm MDR **88**, 420.
S aber auch „Fälligkeit", „Vorschuß".
Zahlungsaufforderung: S „Bezeichnung".
Zurückbehaltungsrecht: Der Notar hat ein solches Recht nach § 11.

6   **6) Mußinhalt der Berechnung, II.** Der Kostenschuldner muß die Kostenberechnung überprüfen und erwägen können, ob sie eine Veranlassung zur Herbeiführung einer gerichtlichen Entscheidung gibt, Köln FGPrax **07**, 292. Deshalb muß man an die Verständlichkeit des Inhalts strenge Anforderungen stellen, BayObLG **81**, 351, Brdb DNotZ **97**, 249 (krit Waldner), Düss VersR **84**, 47. Die Kostenberechnung des Notars muß in den Grenzen der vorrangigen Verschwiegenheitspflicht gegenüber einem Dritten mindestens die folgenden Angaben enthalten. Es können zwecks ihrer Verständlichkeit ergänzende Angaben notwendig sein. Rechtsbehelfsbelehrung, Verstoß: §§ 7 a, 83 II 2.

7   **A. Bezeichnung, II Z 1.** Der Notar muß das Verfahren oder Geschäft wenigstens stichwortartig bezeichnen und damit identifizierbar machen.

8   **B. Kostenverzeichnis, II Z 2.** Der Notar muß die von ihm jetzt angewandten Nummern des KVfG angeben, nicht nur diejenigen der dortigen Teile 2, 3.

9   **C. Geschäftswert, II Z 3.** Die Berechnung muß bei Wertgebühren nach Einl II A 10 den Geschäftswert in EUR bezeichnen. Das ergibt sich schon aus dem klaren Wortlaut, aM Klein DNotZ **97**, 352. Der Notar muß den Geschäftswert so darstellen, daß der Empfänger die Ermittlung nachvollziehen kann, BGH NJW **03**, 977, Düss JB **05**, 152, Schlesw DNotZ **85**, 480. Zu diesem Zweck muß er evtl den Geschäftswert aufschlüsseln, BGH NJW **03**, 977, Oldb NdsRpfl **00**, 214, LG Hann JB **05**, 266. Denn auch das kann zur Nachvollziehbarkeit unerläßlich sein. Zwar braucht der Notar insofern keinen Roman zu schreiben. Die Kostenberechnung muß aber jedenfalls die tragenden Überlegungen zum Geschäftswert stichworthaltig erkennen lassen. „Höchstwert" reicht nicht aus, LG Kref JB **83**, 1243.
Die *Anführung* derjenigen Gesetzesvorschriften, die der Notar dem *Geschäftswert* zugrunde legt, ist nach III Z 2 *nicht stets unbedingt* erforderlich, Hamm JB **97**, 100, wohl aber dann, wenn der Empfänger die Ermittlung anders nur schwer nachvollziehen könnte, BGH DNotZ **09**, 315, Düss JB **05**, 152. Ein gewissenhafter Notar sollte die maßgeblichen Wertvorschriften stets angeben, und zwar bei umfangreicheren Vorschriften ihren Absatz, Satz, ihre Ziffer usw.

10   **D. Beträge der Gebühren und Auslagen, II Z 4.** Der Notar muß in der Kostenberechnung auch die Beträge der angesetzten Gebühren und Auslagen in EUR angeben. Selbstverständlich muß er die Beträge aufschlüsseln, soweit das erforderlich ist, um dem Empfänger die Nachprüfung zu ermöglichen, BayObLG DB **85**, 487. Er muß auch die in Anrechnung gestellte Umsatzsteuer der Höhe nach Rn 5 und daher gemäß §§ 14 IV, 14a UStG, §§ 33, 34 UStDV nachvollziehbar angeben. Dazu gehört der angesetzte Prozentsatz auch dann, wenn der Notar nicht ausnahmsweise nur eine ermäßigte Umsatzsteuer ansetzt, sowie der Hinweis auf KVfG 32014. Denn erst dadurch wird dieser Teil der Forderung nachvollziehbar, aM Hamm JB **97**, 100

(aber eine solche Genauigkeit ist durchaus zumutbar und für den Kostenschuldner oft unentbehrlich). Zur Umsatzsteuer beim Grundbuch oder Registerabruf Haerder/Wegerhoff JB **06**, 119 (ausf).

E. Gezahlte Vorschüsse, II Z 5. Der Notar muß in der Kostenberechnung angeben, ob, wann, von wem außer vom Auftraggeber und in welcher Höhe er Vorschüsse empfangen hat. Es ist unerheblich, ob er einen Vorschuß erbeten hatte oder ob der Auftraggeber unaufgefordert zahlte. Der Zeitpunkt der Empfangnahme ist jedenfalls insofern erforderlich, als Verzinsungsfragen davon abhängen können. Eine Verzinsung ist freilich von den Umständen abhängig. **11**

Auch alle *weiteren* erhaltenen Zahlungen müssen in der Kostenrechnung und nicht nur in einem Begleitschreiben usw vorkommen, BayObLG MittBayNot **04**, 248, Düss RR **02**, 216.

F. Weitere Angaben. Es ist wegen (jetzt) § 14 IV 1 Z 2 UStG notwendig, die allgemeine zehnstellige Steuernummer und nicht die etwa zusätzliche Umsatzsteuer-Identifikations-Nr des Notars in der Rechnung anzugeben, BMF NJW **02**, 2452, Hartmann NJW **02**, 1853, Streck NJW **02**, 1848. Es hängt im übrigen von den Umständen ab, ob der Notar in der Kostenberechnung über die vorstehenden Angaben hinaus weitere Angaben machen muß. Das Fehlen der Erwähnung weiterer Angaben in II bedeutet nicht etwa die Entbehrlichkeit aller dort nicht ausdrücklich genannten Angaben. Andererseits muß der Notar nach II eine grundsätzlich vollständige Darstellung der notwendigen Angaben liefern. Weitere Angaben sind daher nur ausnahmsweise notwendig. **12**

Hierher können Angaben über die Höhe, den Empfangszeitpunkt und evtl das Empfangskonto solcher Summen zählen, bei denen es bereits streitig geworden ist, ob der Auftraggeber sie an den Notar als Vorschüsse oder zu anderen Zwecken gezahlt hat, etwa als eine Zahlung auf ein in der beurkundeten Vereinbarung genanntes Treuhandkonto. **13**

7) Sollinhalt der Berechnung, III. Zum Mußinhalt nach II „soll" als weiterer Inhalt eine jede der folgenden Angaben treten. „Soll" ist durchaus mehr als „Kann" oder „Darf". **14**

A. Kurze Bezeichnung des Gebührentatbestands, III Z 1. Der Notar soll auch neben der Angabe der angewandten Nummern des KVfG (II Z 2) auch eine kurze individualisierende Bezeichnung der Art der Vorschrift nennen, Hamm MittBayNot **00**, 59, zB „Anmeldegebühr", Hamm RR **00**, 366, oder „Entwurf eines Grundstückskaufvertrags nebst Auflassung", Hamm RR **00**, 1600. Nicht ausreichend ist eine zu allgemeine Angabe wie „Vertrag" oder „Erklärung". Der Notar braucht aber nicht alle Einzelheiten anzugeben, Hamm RR **00**, 1600.

B. Bezeichnung der Auslagenart, III Z 1. Der Notar soll ferner auch neben dem nach II Z 4 notwendigen Betrag auch die Bezeichnung der Auslagenart hinzufügen, zB „Reisekosten" oder „Zustellungsentgelte" oder „Umsatzsteuer", Tiedtke/Schmidt DNotZ **95**, 738. Auch hier ist eine genaue Angabe der einschlägigen Nr des KVfG erforderlich, BayObLG **04**, 313 (Abrufkosten beim maschinellen Grundbuch), Düss MDR **01**, 176, aM Hamm JB **97**, 100. Freilich muß der Notar dann nicht stets sämtliche Untergliederungsziffern nach KVfG 32 000 ff nennen, wenn er den Auftraggeber auch ohne sie ausreichend informieren kann, Hamm FGPrax **05**, 45 (großzügig). **15**

C. Gegenstandswerte, III Z 2, 3. Wenn sich der Geschäftswert aus §§ 36, 40–54, 97–108, 112–124 oder aus einer Summe nach § 35 I ergibt, soll der Notar auch seine Bewertung jedes Einzelgegenstands mitangeben. **16**

8) Verstoß: Evtl Unwirksamkeit der Berechnung, IV. Gegen die öffentlich-rechtliche Kostenforderung ist nach Art 19 IV 1 GG der ordentliche Rechtsweg offen. Soweit eine der nach I, II notwendigen Angaben fehlt oder unvollständig ist, ist eine Nachholung zulässig, Hamm FGPrax **08**, 270, Köln FGPrax **07**, 292, Mü FGPrax **06**, 180. Soweit der Notar die Nachholung nicht vornehmen will oder kann, ist auch eine richterliche Nachprüfung der Kostenberechnung nicht vollständig möglich. Infolgedessen ist allerdings beim Verstoß gegen I, II nach IV die ganze Kostenberechnung unwirksam, Düss MDR **01**, 176, Schlesw JB **78**, 911. Das Gericht muß **17**

sie dann von Amts wegen ohne eine weitere Sachprüfung aufheben, BayObLG DB 85, 487, Düss RR 02, 216.

18 Ein bloßer *Irrtum* des Notars bei der Angabe einer an sich richtig angewendeten Vorschrift über den Geschäftswert oder über die Gebührenhöhe usw läßt sich zwar nach §§ 127 ff klären. Er berührt aber die Wirksamkeit der Kostenberechnung nicht, Düss Rpfleger **75**, 266.

19 **9) Aufhebung und Verjährung, V.** Eine Aufhebung wegen Verstoßes nur gegen III läßt einen schon eingetretenen Neubeginn der Verjährung unberührt.

20 **10) Kopie oder Ausdruck, VI.** Der Notar muß die Kostenberechnung nach III 1 schon zwecks ihrer Überprüfbarkeit durch die Dienstaufsicht nach § 93 BNotO in einer einfachen Kopie oder einem Ausdruck der elektronischen Fassung zu seinen Hauptakten nach § 19 BNotO nehmen, also zur Urkundensammlung. Es genügt eine unbeglaubigte und nicht unterschriebene Kopie. Ihr Text muß natürlich vollständig sein.

Nachforderung von Gerichtskosten

20 I [1] Wegen eines unrichtigen Ansatzes dürfen Gerichtskosten nur nachgefordert werden, wenn der berichtigte Ansatz dem Zahlungspflichtigen vor Ablauf des nächsten Kalenderjahres nach Absendung der den Rechtszug abschließenden Kostenrechnung (Schlusskostenrechnung), bei Verfahren, in denen Jahresgebühren erhoben werden, nach Absendung der Jahresrechnung, mitgeteilt worden ist. [2] Dies gilt nicht, wenn die Nachforderung auf vorsätzlich oder grob fahrlässig falschen Angaben des Kostenschuldners beruht oder wenn der ursprüngliche Kostenansatz unter einem bestimmten Vorbehalt erfolgt ist.

II Ist innerhalb der Frist des Absatzes 1 ein Rechtsbehelf wegen des Hauptgegenstands oder wegen der Kosten eingelegt oder dem Zahlungspflichtigen mitgeteilt worden, dass ein Wertermittlungsverfahren eingeleitet ist, ist die Nachforderung bis zum Ablauf des nächsten Kalenderjahres nach Beendigung dieser Verfahren möglich.

III Ist der Wert gerichtlich festgesetzt worden, genügt es, wenn der berichtigte Ansatz dem Zahlungspflichtigen drei Monate nach der letzten Wertfestsetzung mitgeteilt worden ist.

Gliederung

1) **Systematik, Regelungszweck, I–III**	1
2) **Geltungsbereich, I–III**	2–4
A. Kostenrechnung	2
B. Unrichtigkeit	3
C. Notar	4
3) **Ablauf des Kalenderjahrs, I**	5–7
A. Grundsatz: Zugang in der Frist, I 1	5
B. Ausnahmen, I 2	6
C. Rechtszugsabschluß, I 1	7
4) **Rechtsbehelf oder Wertermittlungsverfahren, II**	8–10
5) **Wertfestsetzung, III**	11
6) **Verstoß, I–III**	12

1 **1) Systematik, Regelungszweck, I–III.** Die Vorschrift stimmt inhaltlich wesentlich mit § 20 GKG, § 19 FamGKG und § 6 GvKostG überein, Teile I A, B, XI dieses Buchs. Die Vorschrift gilt nach Rn 4 nicht beim Notar. § 20 soll jeden Kostenschuldner nach §§ 22 ff vor verspäteten Nachforderungen schützen, Ffm Rpfleger **77**, 380.

2 **2) Geltungsbereich, I–III.** Eine Nachforderung ist nur beim Zusammentreffen der folgenden Voraussetzungen zulässig. Das muß das Gericht in jeder Verfahrenslage von Amts wegen beachten. Jeder Beteiligte muß wahrheitsgemäß mitwirken, wie bei § 138 ZPO.

A. Kostenrechnung. Es muß diesem Kostenschuldner nach §§ 22 ff ein Kostenansatz nach § 18 I und daher eine vorbehaltlose abschließende Kostenrechnung zugegangen sein, Köln Rpfleger **78**, 113, Schlesw JB **76**, 255, Zweibr FGPrax **98**, 241. Eine bloße Vorschußrechnung reicht grundsätzlich nicht aus, ebensowenig eine Entnahme aus der Insolvenzmasse. Das gilt selbst dann, wenn die Vorschußrechnung einzelne Posten enthält. Sie reicht ausnahmsweise dann aus, wenn sie deutlich macht, daß der als Vorschuß geforderte Betrag bereits die endgültige Forderung darstelle, falls das Gericht später keine weitere Rechnung zusenden werde, Hamm Rpfleger **87**, 38 (zustm Schopp). Erst recht nicht reicht das gänzliche Fehlen eines Kostenansatzes. Denn § 20 schützt den Schuldner nach Rn 1.

B. Unrichtigkeit. Der Gesamtbetrag der von diesem Kostenschuldner erhebbaren 3 Kosten muß sich erhöht haben.

Der *Grund* der Unrichtigkeit des Ansatzes ist unerheblich. Es kann sogar eine offenbare Unrichtigkeit nach § 319 ZPO, § 42 FamFG vorliegen. Auch bei einer vorsätzlichen unrichtigen Angabe des Kostenschuldners ist eine Nachforderung zulässig. Man muß die Frage, ob der Ansatz unrichtig war, sowohl beim Ansatz des Streitwerts als auch bei der Auslegung von Rechtsvorschriften nach dem Zeitpunkt der Entscheidung in der Sache beurteilen, Köln FGPrax **02**, 270.

Unanwendbar ist § 20, soweit das Gericht die Kosten noch nicht von diesem Kostenschuldner angefordert hatte oder soweit sich innerhalb eines unveränderten Gesamtbetrags nur einzelne Rechnungsposten verschieben, LG Kblz RR **96**, 64. Die Vorschrift ist auch dann unanwendbar, wenn das Gericht die Kosten auf Grund einer Erinnerung nach § 81 ermäßigt, wenn das Beschwerdegericht zB nach § 82 die Kosten aber wiederum auf den früheren Satz anhebt oder wenn sich nur die Rspr oder Lehre seit dem Kostenansatz geändert hat.

C. Notar. Einen Notar, dem die Gebühren selbst zufließen, bindet § 20 nicht. Er 4 kann Kosten solange nachfordern, bis auf Grund einer Beschwerde des Kostenschuldners nach §§ 82, 83 eine Entscheidung des LG ergeht.

3) Ablauf des Kalenderjahrs, I. Es sind drei Prüfschritte ratsam. 5

A. Grundsatz: Zugang in der Frist, I 1. Den berichtigten Ansatz muß gerade dieser Kostenschuldner nach § 18 vor dem Ablauf des nächsten Kalenderjahrs nach der den Rechtszug abschließenden sog Schlußkostenrechnung oder die Jahresrechnung erhalten haben. Ein allgemeiner Vorbehalt in der Kostenrechnung ist für den Ablauf der Nachforderungsfrist unbeachtlich, Celle NdsRpfl **75**, 68. Es reicht nicht aus, daß das Gericht vor dem Fristablauf nur Ermittlungen angestellt hat.

B. Ausnahmen, I 2. Die Jahresfrist gilt nicht, soweit die Nachforderung auf vor- 6 sätzlich oder grob fahrlässig falschen Angaben des Kostenschuldners beruht oder wenn der ursprüngliche Kostenansatz nach § 18 unter einem bestimmten Vorbehalt erfolgt ist. I 2 kann also auch auf einen klar abgrenzbaren Teil der Gesamtforderung anwendbar sein. „Wenn" heißt vernünftigerweise eben „soweit".

C. Rechtszugsabschluß, I 1. Er tritt kostenrechtlich mit der Schlußkostenrech- 7 nung ein. Es kommt also nicht mehr auf eine endgültige Erledigung des Geschäfts an.

4) Rechtsbehelf oder Wertermittlungsverfahren, II. Rechtsbehelfsbelehrung, 8 Verstoß: §§ 7a, 83 II 2. Soweit innerhalb der Frist des I entweder ein statthafter Rechtsbehelf wegen des Hauptgegenstands oder wegen der Kosten beim zuständigen Gericht einging oder das Gericht dem Zahlungspflichtigen mitteile, daß es ein Wertermittlungsverfahren nach § 80 eingeleitet habe, läuft die Frist zur Nachforderung bis zum Ablauf des nächsten Kalenderjahrs nach dem Abschluß des Rechtsbehelfs- oder Wertermittlungsverfahrens. Das Wertermittlungsverfahren muß von dem sachbearbeitenden Rpfl begonnen haben. Ein Antrag des Bezirksrevisors wahrt die Frist nicht, Ffm Rpfleger **77**, 380. Die Frist ist eine Ausschlußfrist ohne eine Verlängerungsmöglichkeit, BayObLG JB **81**, 594. Rechtsbehelf ist auch eine Erinnerung oder eine Anhörungsrüge nach § 131 oder eine Gegenvorstellung.

Das Gericht muß den *Zeitpunkt der Mitteilung* der Rechtsbehelfseinlegung oder der 9 Einleitung des Wertermittlungsverfahrens an den Zahlungspflichtigen nachweisen können. Aus diesem Grund ist es ratsam, die Mitteilung zumindest durch einen Einschreibebrief mit Rückschein vorzunehmen. Besser ist ihre förmliche Zustellung.

Über *mehrere* Kostenschuldner §§ 32, 33. Wenn ein Gesamtschuldner zugleich der 10 Vertreter des anderen Gesamtschuldners ist, genügt im Zweifel eine einmalige Mitteilung der Einleitung des Wertermittlungsverfahrens an den ersteren.

Kein Rechtsbehelf ist eine Dienstaufsichtsbeschwerde.

11 **5) Wertfestsetzung, III.** Nach einer gerichtlichen Wertfestsetzung nach § 79 reicht es zur Zulässigkeit einer Nachforderung, daß das Gericht seinen berichtigten Ansatz dem Zahlungspflichtigen drei Monate nach der letzten Festsetzung mitgeteilt hat.

12 **6) Verstoß, I–III.** Die Nichtbeachtung oder sonst unkorrekte Handhabung des § 20 ermöglicht eine Erinnerung nach § 81 I.

Nichterhebung von Kosten

21 ^{I 1}Kosten, die bei richtiger Behandlung der Sache nicht entstanden wären, werden nicht erhoben. ²Das Gleiche gilt für Auslagen, die durch eine von Amts wegen veranlasste Verlegung eines Termins oder Vertagung einer Verhandlung entstanden sind. ³Für abweisende Entscheidungen sowie bei Zurücknahme eines Antrags kann von der Erhebung von Kosten abgesehen werden, wenn der Antrag auf unverschuldeter Unkenntnis der tatsächlichen oder rechtlichen Verhältnisse beruht.

^{II 1}Werden die Kosten von einem Gericht erhoben, trifft dieses die Entscheidung. ²Solange das Gericht nicht entschieden hat, können Anordnungen nach Absatz 1 im Verwaltungsweg erlassen werden. ³Eine im Verwaltungsweg getroffene Anordnung kann nur im Verwaltungsweg geändert werden.

Schrifttum: *Haug/Zimmermann*, Die Amtshaftung des Notars, 3. Aufl 2011; *Rinsche/Fahrendorf/Terbille*, Die Haftung des Rechtsanwalts und des Notars, 8. Aufl 2006.

Gliederung

1) Systematik, I, II	1
2) Regelungszweck, I, II	2
3) Unrichtige Sachbehandlung, I 1	3–46
A. Grundsatz: Alle Kosten	3
B. Offenkundigkeit	4
C. Beispiele zur Frage einer Unrichtigkeit, I 1	5–45
D. Weitere Voraussetzungen	46
4) Auslagen, I 2	47
5) Unverschuldete Abweisung oder Rücknahme, I 3	48
6) Verfahren, II	49–53
A. Zuständigkeit	49
B. Weiteres Verfahren	50
C. Entscheidungsform	51
D. Entscheidungsinhalt	52
E. Entscheidungswirkung	53
7) Rechtsmittel, I, II	54

1 **1) Systematik, I, II.** Die Vorschrift stimmt inhaltlich wesentlich mit § 21 GKG, § 20 FamGKG, § 13 JVKostG, § 7 GvKostG überein. Vgl daher die dortigen Anm, Teile I A, B, VIII A, XI dieses Buchs. Sie hält das Gericht und den Notar zu einer sachgemäßen und sorgfältigen Amtsführung an, Celle DNotZ **78**, 755. Bei einer Einwendung eines Beteiligten gegenüber der Kostenrechnung des Notars sind §§ 127ff anwendbar. Soweit überhaupt keine Kostenerstattung stattfindet, ist auch § 21 unanwendbar, Köln Rpfleger **01**, 203. Ein Verfahren nach § 19 BNotO auf einen Schadensersatz wegen Amtspflichtverletzung bleibt unabhängig von § 21 möglich, und zwar nach §§ 127ff, Hamm NotBZ **84**, 197, KG DNotZ **96**, 132, Schlesw JB **97**, 436, aM LG Halle NotBZ **03**, 316 (zustm Lappe), LG Hann JB **04**, 491 (je: Zivilrechtsweg).

2 **2) Regelungszweck, I, II.** Die Vorschrift dient wie § 21 GKG, § 20 FamGKG, Teile I A, B dieses Buchs, der Kostengerechtigkeit und dem Grundsatz der Prozeßwirtschaftlichkeit nach BLAH Grdz 14 vor § 128 ZPO. Sie schützt den Bürger vor demjenigen Gebührenanspruch, der bei einer richtigen Sachbehandlung nicht entstanden wäre, BVerfG NJW **91**, 2077. Der Bürger soll nicht unter erheblichen Fehlern des Gerichts oder des Notars finanziell leiden müssen, LG Bln ZIP **13**, 2465. Aber es ist auch nicht wirtschaftlich vertretbar, jeden kleinen Fehler des Gerichts oder des Notars zum Anlaß einer Kostenniederschlagung zu machen, BayObLG **81**, 175.

Das Gericht und der Notar müssen die Kosten *möglichst niedrig* halten, BayObLG JB **01**, 151, Ffm DNotZ **78**, 750. Freilich darf die Sachbehandlung unter diesem

Bestreben nicht leiden. Die Bemühung um geringe Kosten darf nicht dazu führen, daß dem Gericht oder dem Notar eine erhebliche Mehrarbeit entsteht. Alles das muß man bei der Auslegung mitbeachten.

3) Unrichtige Sachbehandlung, I 1. Die Kostenniederschlagung hängt von der Unrichtigkeit der Sachbehandlung ab. Zu diesem Begriff zunächst § 21 GKG Rn 3 ff, Teil I A dieses Buchs.

A. Grundsatz: Alle Kosten. Unter I fallen die Kosten, also nach § 1 I Gebühren und Auslagen des Gerichts oder des Notars, BayObLG Rpfleger **78**, 321, oder die Beteiligtenauslagen, BGH WoM **85**, 35. Die Kosten werden natürlich nur insoweit nicht erhoben, als sie bei einer richtigen Behandlung der Sache gegenüber diesem Kostenschuldner nicht oder nicht so hoch entstanden wären, BayObLG JB **01**, 251, Hamm FGPrax **04**, 305, KG JB **06**, 93. Das können auch Rechtsmittelkosten sein, Düss JB **75**, 1226. Vgl auch § 44 KostVfg, Teil VII A dieses Buchs. Der Auftraggeber usw müßte beim Notar bei einer richtigen Handhabung von der Vornahme abgesehen oder den Notar nicht weiter beansprucht haben, LG Bln ZIP **13**, 2465 (zustm Bund).

B. Offenkundigkeit. Die Unrichtigkeit der Sachbehandlung infolge einer offenbar irrigen Entscheidung muß wie bei § 21 GKG Rn 8 ff, Teil I A dieses Buchs, ganz einwandfrei zutage liegen Düss, NZG **16**, 590, Hamm FGPrax **08**, 270, LG Bln ZIP **13**, 2465.

Ein *Rechtsirrtum* genügt also nur insoweit, als die dort vertretene Beurteilung einen offensichtlichen Gesetzesverstoß darstellt, Hamm DNotZ **79**, 59. Es genügt also keineswegs, daß ein Gesetzeswortlaut so mehrdeutig ist, daß man den Sinn und Zweck der Vorschrift erst ermitteln muß.

C. Beispiele zur Frage einer Unrichtigkeit, I 1
Ablichtung, Abschrift: Eine unrichtige Sachbehandlung kann vorliegen, soweit das Gericht oder der Notar eindeutig zu viele Ablichtungen oder Abschriften verlangt oder gefertigt hat, BGH WoM **85**, 35.
S auch „Auskunft".
Abschichtung: Eine unrichtige Sachbehandlung kann dann *fehlen,* wenn das Grundbuchamt beim einverständlichen Ausscheiden von Mitgliedern aus der Erbengemeinschaft durch sog Abschichtung zunächst doch noch eine Voreintragung der Gemeinschaft vornimmt, nur insofern richtig Köln FGPrax **14**, 129.
Abtretung: Eine unrichtige Sachbehandlung liegt vor, soweit der Notar eine Abtretung des Kaufpreisanspruchs nicht schon im Kaufvertrag beurkundet hat, sondern erst bei der Bestellung des Grundpfandrechts, Köln Rpfleger **89**, 129, Lappe NJW **89**, 3259, oder wenn er § 5 III 2 GmbHG nicht beachtet, KG JB **06**, 93.
Adressierung: Eine unrichtige Sachbehandlung kann in einer fehlerhaften Adressierung liegen, KG JB **09**, 545.
Amtlich bestellter Vertreter: Eine unrichtige Sachbehandlung kann vorliegen, soweit der Notar die Beurkundung nicht als amtlich bestellter Vertreter vorgenommen hat, sondern als ein Eigengeschäft, Schlesw DNotZ **85**, 119.
Anderkonto: Eine unrichtige Sachbehandlung kann vorliegen, soweit der Notar sich den Kaufpreis usw überflüssig zwischenzeitlich auf sein Anderkonto überweisen ließ, Schlesw JB **82**, 587.
Sie kann aber dann *fehlen,* wenn das sicherheitshalber geschah, Hamm MittBayNot **02**, 208, LG Darmst JB **88**, 1196, LG Lübeck JB **88**, 886.
Annahme und Auflassung: Eine unrichtige Sachbehandlung kann vorliegen, soweit der Notar die Annahme des Angebots und die Auflassung in getrennten Urkunden beurkundet hat, LG Hamm JB **96**, 209, Hamm FGPrax **98**, 154.
S auch „Auflassung".
Antragsänderung: Eine unrichtige Sachbehandlung kann vorliegen, soweit man eine zulässige Antragsänderung übergangen hat, (zum alten Recht) BayObLG WoM **88**, 191.
Aufhebung: Eine unrichtige Sachbehandlung liegt *nicht* schon stets deshalb vor, weil das höhere Gericht infolge einer anderen Beurteilung die Entscheidung des Vordergerichts aufhebt, BayObLG **81**, 175, oder weil der Notar statt einer Änderung eine Aufhebung wählte, Mü FGPrax **06**, 42.

GNotKG § 21

Aufklärungspflicht: Rn 33 „Schweige- und Redepflicht", Rn 39 „Vertrauenswürdigkeit".
Auflassung: Zur getrennten Beurkundung des Kaufvertrags und der Auflassung BayObLG MittBayNot **00**, 575, Hamm FGPrax **08**, 176, Bund JB **06**, 510 (je ausf).
S. auch „Annahme und Auflassung", Rn 7 „Belehrung".
Auftrag: Eine unrichtige Sachbehandlung kann vorliegen, soweit der Notar vom Auftrag abgewichen ist, BayObLG MittBayNot **94**, 250, LG Mü MittBayNot **96**, 132.
Auskunft: Eine unrichtige Sachbehandlung liegt vor, soweit das Gericht auf Grund einer bloßen Auskunftsbitte eine gebührenpflichtige Ablichtung oder Abschrift erteilt hat.
Ausländisches Recht: Eine unrichtige Sachbehandlung *fehlt* meist, soweit das Gericht in einer Ausübung seines pflichtgemäßen Ermessens nach (jetzt) zB §§ 21, 29, 107 ff FamFG vorgegangen ist, BayObLG FamRZ **99**, 101.
Aussetzung: Eine unrichtige Sachbehandlung kann vorliegen, soweit das Gericht einen Verfahrensbeteiligten nicht von einer Aussetzung informiert hat.

6 **BauGB:** Eine unrichtige Sachbehandlung kann in folgenden Fällen vorliegen: Der Notar hat auf die Notwendigkeit eines Negativattests nach dem BauGB hingewiesen, ohne auf die Entstehung einer Vollzugsgebühr und auf die Möglichkeit ihrer Vermeidung hinzuweisen, aM BayObLG DNotZ **86**, 108 (aber eine unvollständige Kosteninformation ist fast stets ein klarer, erheblicher Verstoß); es ist eine überflüssige Anfrage nach dem BauGB erfolgt, BayObLG Rpfleger **80**, 316, Düss VersR **79**, 872, Delp JB **76**, 141, aM Düss DNotZ **75**, 377.
Eine Unrichtigkeit kann *fehlen*, soweit der Notar beim Erstverkauf einer Eigentumswohnung auf (jetzt) § 28 I BauGB hingewiesen hat, KG MDR **82**, 63.

7 **Belehrung:** Es gilt eine ganze Reihe von Situationen.
– **(Darlehen):** Rn 9.
– **(Fremdentwurf):** Eine unrichtige Sachbehandlung kann *fehlen*, soweit der Notar auftragsgemäß einen Fremdentwurf über einen Beschluß der Versammlung der Gesellschafter verwendet hat, LG Hann JB **04**, 439 (großzügig gegenüber einer solchen Amtsperson, die für eine inhaltliche Richtigkeit mitverantwortlich ist).
– **(Garantie des Verkäufers):** Eine unrichtige Sachbehandlung kann *fehlen*, soweit der Notar bei einem Kaufvertrag keine Belehrung über eine mitvereinbarte Mietgarantie des Verkäufers vernahm, Mü NZM **01**, 600.
– **(Genehmigung):** Rn 18.
– **(Gesellschaft):** S „– (Fremdentwurf)", Rn 19.
– **(Kostenfolgen):** Eine unrichtige Sachbehandlung *fehlt* grds, soweit das Gericht keine Belehrung über gesetzliche Kostenfolgen erteilt hat, BayObLG MDR **97**, 301 (Erbschein; nur ganz selten Ausnahmen), KG DNotZ **12**, 290, LG Hann JB **04**, 384 (zustm Bund), oder soweit die Beteiligten nicht nach den Kostenfolgen gefragt haben, Schlesw JB **97**, 435.
S auch Rn 22, 23.
– **(Nebengeschäft):** Rn 19.
– **(Rechtsbehelfsbelehrung):** Rn 30.
– **(rechtskundige Partei):** Eine unrichtige Sachbehandlung kann dann *fehlen*, wenn zwar eine unrichtige Belehrung erfolgte, die Partei aber selbst rechtskundig war oder einen rechtskundigen Vertreter hatte, BayObLG RR **01**, 1654 (das liegt freilich im Grenzbereich).
– **(Unrichtigkeit):** Eine unrichtige Sachbehandlung kann dann *fehlen*, wenn eine Belehrung unrichtig war, Düss JB **83**, 1230.
– **(Unsicherheit):** Eine unrichtige Sachbehandlung kann dann *fehlen*, wenn eine billigere Lösung unsicherer gewesen wäre, LG Potsd JB **05**, 431 (abl Filzek).
– **(Urkundenbeschaffung):** Rn 38.
– **(Wucher):** Rn 44.
Berichtigung: Rn 29 „Notarfehler".
Berufsrecht: Ein unrichtige Sachbehandlung *fehlt*, soweit allenfalls ein berufsrechtlicher Verstoß eines Anwalts oder Notars infragekommt, Schmitz-Valckenberg DNotZ **94**, 496.

8 **Beschwerde:** Eine unrichtige Sachbehandlung kann vorliegen, soweit einer Beschwerdeentscheidung jede Darstellung des Sachverhalts fehlte, Köln RR **87**, 224. Es kommt freilich auf die Umstände an. Ferner kann die gesetzwidrige Zulassung

einer Rechtsbeschwerde oder einer anderen Beschwerdeart eine unrichtige Sachbehandlung sein.
S aber auch Rn 7 „Belehrung".
Betreuung: Eine unrichtige Sachbehandlung kann vorliegen, soweit das Gericht eine 9 unzulässige Betreuung angeordnet hat.
Beurkundung: Eine unrichtige Sachbehandlung des Notars kann in der Beurkundung einer Erklärung liegen, mit der man das Gewollte rechtlich nicht wirksam erreichen kann, oder wenn zu hohe Kosten entstanden, Hamm FGPrax **11**, 96.
Eine unrichtige Sachbehandlung kann *fehlen*, soweit der Notar wegen einer evtl mit § 9 II BeurkG nicht zu vereinbarenden Bezugnahme eine Neubeurkundung vorgenommen hat, Zweibr DNotZ **82**, 579 (großzügig), oder wenn eine zweite Beurkundung nötig wurde, Zweibr DNotZ **12**, 450 (ebenfalls großzügig).
S auch Rn 29 „Nichtigkeit".
Beweisverbot: Die gesetzwidrige Durchführung einer Beweisaufnahme ist eine unrichtige Sachbehandlung, BayObLG JB **99**, 377.
Bruchteilsgemeinschaft: Eine unrichtige Sachbehandlung liegt vor, soweit der Notar eine Auseinandersetzung beurkundet hat, obwohl der Austausch von Anteilen genügte, BayObLG MittBayNot **91**, 271.
Darlehen: Eine unrichtige Sachbehandlung kann vorliegen, soweit der Notar einen Darlehensgeber nicht über die wirtschaftlichen Gefahren der Darlehensvergabe belehrt hat, BGH BB **82**, 334.
Eigengeschäft: Eine unrichtige Sachbehandlung kann vorliegen, soweit der amtlich 10 bestellte Notarvertreter einen Entwurf des Notars als ein „Eigengeschäft" beurkundet hat, Schlesw DNotZ **85**, 118.
Eigentumswohnung: Rn 6 „BauGB".
Erbausschlagung: Eine unrichtige Sachbehandlung *fehlt* dann, wenn der Notar die Erklärungen mehrerer Miterben getrennt beurkundet hat, LG Potsd JB **05**, 431 (abl Filzek).
Erbrecht: S „Erbausschlagung", Rn 11 „Erbschein", Rn 25 „Nachlaßpflegschaft", Rn 35 „Testament", § 46 Rn 7 (Ehe- und Erbvertrag).
Erbschein: Eine unrichtige Sachbehandlung kann dann vorliegen, wenn das Gericht 11 denselben Erbschein wiederholt erteilt hat oder wenn das Gericht einen Erbschein wegen eigener Fehler einziehen muß, BayObLG FamRZ **00**, 174. § 21 ist auch beim Erbschein nur für bestimmte Zwecke anwendbar, Brschw Rpfleger **08**, 539, ferner beim gegenständlich beschränkten Erbschein, Hamm FGPrax **13**, 183.
Sie kann in folgenden Fällen *fehlen:* Der Notar erließ eine eidesstattliche Versicherung nach § 2356 II 2 BGB, Karlsr Just **75**, 32; er hat den Beteiligten nicht über die Entbehrlichkeit eines Erbscheins belehrt, KG RR **99**, 863, zB weil die Bank des Beteiligten diesen (wenn auch evtl rechtsirrig) angefordert hatte und weil der Antragsteller zur objektiven Berechtigung dieser Anforderung keine Beratung erbeten hat; der Notar hat sich bei der Errechnung des beantragten Erbteils auf eine Spezialfirma verlassen, LG Mü MittBayNot **03**, 72, LG Potsd JB **05**, 421.
S auch Rn 7 „Belehrung".
Erfolgsaussicht: Rn 7 „Belehrung".
Ergänzung: Rn 29 „Notarfehler".
Erledigung der Hauptsache: Eine unrichtige Sachbehandlung kann vorliegen, so- 12 weit das Gericht ein Rechtsmittel dem Rechtsmittelgericht vorgelegt hat, obwohl man es wegen der Erledigung der Hauptsache nach § 91a ZPO nach der Beseitigung eines Eintragungshindernisses anders behandeln mußte, BayObLG Rpfleger **82**, 317.
Ermessen: Eine unrichtige Sachbehandlung kann vorliegen, soweit eine zu fehlerhafte 13 Ermessensunterschreitung stattgefunden hat, Düss VersR **77**, 1132, oder soweit sonstwie ein erheblicher Ermessensfehlgebrauch oder -nichtgebrauch stattgefunden hat.
Eine unrichtige Sachbehandlung kann daher *fehlen*, soweit das Gericht innerhalb seines Ermessens gehandelt hat, BayObLG FGPrax **98**, 240, LG Frankenth FamRZ **17**, 1419.
Ermittlung: Eine unrichtige Sachbehandlung kann vorliegen, soweit der Notar den 14 Sachverhalt fehlerhaft ermittelt hat, etwa infolge einer ungenauen Grundbucheinsicht, so daß nun eine Vertragsänderung notwendig wird.

GNotKG § 21 III. Gerichts- und Notarkostengesetz

Eine unrichtige Sachbehandlung *fehlt,* soweit die Beteiligten auf einer Beurkundung ohne eine Grundbucheinsicht bestehen, BayObLG DNotZ **90**, 667, oder soweit eine Ermittlung nur steuerrechtlich bedeutsam sein konnte, BGH DB **95**, 2065.

15 **Fehlen der Darstellung:** Rn 8 „Beschwerde".

Form: Eine unrichtige Sachbehandlung kann in folgenden Fällen *fehlen:* Der Notar hat einen an sich nicht formbedürftigen Vertrag wegen seines Zusammenhangs mit einem formbedürftigen mitbeurkundet, BayObLG **86**, 346; er hat überhaupt einen formungültigen Vertrag beurkundet, Hamm RR **00**, 366, LG Hann JB **04**, 384 (zustm Bund); er hat durch eine an sich nicht nötige Beurkundung für eine Rechtsklarheit und für den Rechtsfrieden gesorgt, BayObLG **87**, 193.

16 **Gebührenbefreiung:** Eine unrichtige Sachbehandlung kann *fehlen,* soweit das Grundbuchamt nur den Verkäufer nicht auf den Ablauf der Fünfjahresfrist und auf das Fehlen der vom Käufer beizubringenden Gebührenfreiheitsbescheinigung nach dem WohnGebBefrG hingewiesen hat, Schlesw SchlHA **84**, 133.

17 **Gehilfe:** Der Notar muß für ein Verschulden seines Gehilfen bei der Vorbereitung einstehen, BGH WoM **85**, 35.

Gehörsverletzung: Rn 30 „Rechtliches Gehör".

18 **Genehmigung:** Eine unrichtige Sachbehandlung kann vorliegen, soweit die Urkundsperson eine unrichtige Belehrung des Inhalts erteilt hat, zur Wirksamkeit des beurkundeten Geschäfts sei eine Genehmigung notwendig, Schlesw JB **75**, 501, oder soweit der Notar eine eindeutig unnötige Genehmigung eingeholt hat, LG Arnsberg JB **06**, 603, selbst wenn das Gericht sie fälschlich grds erforderte, Zweibr JB **93**, 358 (streng), oder soweit er einen Hinweis unterlassen hat, daß man mit einer notwendigen Genehmigung nicht oder kaum rechnen kann, LG Mü MittBayNot **96**, 132, oder soweit er nicht auf eine kostengeringere Möglichkeit hingewiesen hat, Brdb JB **11**, 144.

Eine unrichtige Sachbehandlung kann *fehlen,* soweit der Notar den vollmachtlosen Vertreter nicht über die Genehmigungsbedürftigkeit belehrt hat, KG DNotZ **81**, 71, Köln Rpfleger **03**, 539.

Gerichtsbesetzung: Rn 20 „Gesetzlicher Richter".

Geschäftsunfähigkeit: Eine unrichtige Sachbehandlung liegt nur dann vor, wenn der Erklärende bei der Beurkundung eindeutig geschäftsunfähig war, Düss JB **16**, 589.

Geschäftswert: Eine unrichtige Sachbehandlung kann vorliegen, soweit sich der Geschäftswert unnötig erhöht hat, Köln Rpfleger **89**, 129, Lappe NJW **89**, 3259.

19 **Gesellschaft:** Eine unrichtige Sachbehandlung kann vorliegen, soweit eine Beurkundung des Angebots zum Eintritt in eine Kommanditgesellschaft ohne das Einverständnis aller Gesellschafter erfolgte oder soweit das Gericht zugleich mit der Auflösung der Gesellschaft auch noch das Ausscheiden eines Gesellschafters hat eintragen lassen, Düss JB **83**, 1230.

Eine Unrichtigkeit kann *fehlen,* soweit der Notar aus Anlaß der Beurkundung eines Gesellschafts-Gründungsvertrages den Beschluß über die erste Geschäftsführerbestellung in dieselbe Urkunde mitaufgenommen hat, KG DNotZ **84**, 118, Zweibr JB **88**, 1047, Tiedtke MittBayNot **97**, 21, oder soweit er eine Gesellschafterliste erstellt hat, ohne eine diesbezügliche Kostenbelehrung zu erteilen, Celle JB **94**, 41, oder wenn sich ein Fehler als äußerst nützlich erwiesen hat, LG Bln ZIP **13**, 2465, oder soweit es um einen Zustimmungbeschluß der Gesellschafterversammlung bei der Übetragung des einzigen Vermögensstücks der Gesellschaft geht, Düss NZG **16**, 590.

20 **Gesetzlicher Richter:** Ein unrichtige Sachbehandlung liegt in einem Verstoß gegen das Gebot des gesetzlichen Richters nach Art 101 I 2 GG, Brdb MDR **00**, 665, Jena NotBZ **05**, 296.

Getrennte Beglaubigung oder Beurkundung: Sie kann bei etwas Zusammengehörigem eine unrichtige Sachbehandlung darstellen, Düss DNotZ **90**, 674, KG DNotZ **84**, 116, Zweibr JB **88**, 1047, aM Oldb DNotZ **80**, 774. Man muß aber auf die Umstände abstellen, Zweibr JB **03**, 148, aM Düss JB **04**, 98.

Eine unrichtige Sachbehandlung kann *fehlen,* soweit der gewählte Weg sicherer war, Düss DNotZ **96**, 324, oder wenn der Auftraggeber getrennte Beurkundungen verlangte, BayObLG JB **01**, 598.

Grundbucheinsicht: Rn 14 „Ermittlung".

Grundstückswert: Eine unrichtige Sachbehandlung kann *fehlen*, soweit das Gericht eine Beweisaufnahme entgegen § 46 IV vorgenommen hat, aM BayObLG Rpfleger **81**, 76 (freilich Verwertbarkeit, BayObLG JB **99**, 377), oder soweit der Grundstückswert und derjenige einer Eigentümergrundschuld voneinander abweichen, Jena JB **99**, 375.

Gutachterkosten: Eine unrichtige Sachbehandlung kann dann vorliegen, wenn das Gericht ein unverhältnismäßig teueres Gutachten eingeholt hat.
S auch Rn 22 „Kostenbelehrung".

Haftpflichtversicherung: Eine unrichtige Sachbehandlung *fehlt*, soweit der Notar den Auftraggeber nicht von sich aus auf dessen Pflicht zur etwaigen Erstattung nach KVfG 32013 hingewiesen hat, aM Tiedtke/Fembacher MittBayNot **04**, 517 (aber auch neue gesetzliche Kostenfolgen sind stets möglich und vom verständigen Auftraggeber einkalkulierbar).

Hebegebühr: Rn 5 „Anderkonto", Rn 27 „Nebengeschäft", Rn 41 „Verwahrung". **21**

Identität: Rn 26 „Nämlichkeit".

Kostenbelehrung: Ausgangspunkt ist § 24 BNotO. Vgl zunächst Rn 7 „Belehrung". **22** Es kommen sehr unterschiedliche Klagen vor.

- **(Anschneiden der Kostenfrage):** Unrichtigkeit kann dann vorliegen, wenn der Notar einen Beteiligten trotz des Umstands, daß dieser die Kostenfrage erkennbar angeschnitten hat, nicht entsprechend belehrt, Düss JB **02**, 258, Naumb DNotZ **12**, 513, LG Hann JB **04**, 384 (zustm Bund).
- **(Kein weiterer Auftrag):** Unrichtigkeit kann dann vorliegen, wenn der Notar keine solche Belehrung erteilt, die zu einer Abstandnahme vom weiteren Beurkundungsauftrag führen könnte, LG Hann JB **04**, 327.
- **(Erforderlichkeit):** Unrichtigkeit kann dann *fehlen*, wenn eine unterbleibende Kostenbelehrung auch gar nicht gesetzlich oder nach Treu und Glauben nötig ist, BayObLG DNotZ **89**, 708 und 709, Düss (10. ZS) JB **02**, 258, aM Düss Rpfleger **83**, 357 (der Staat habe infolge der Fürsorgepflicht auch im Bereich der freiwilligen Gerichtsbarkeit eine grundsätzliche Kosten-Belehrungspflicht. Aber der Bürger weiß, daß auch der Staat oder der Notar durchweg nicht umsonst tätig werden, BayObLG JB **88**, 1195).
- **(Gericht):** Unrichtigkeit kann vorliegen, soweit das Gericht nicht über einen billigeren gleich sicheren Weg belehrt, Düss JB **83**, 1230.
- **(Geringfügigkeit):** Unrichtigkeit kann *fehlen*, soweit der Notar es zwar unterläßt, die Beteiligten auf eine andere, billigere Beurkundungsart hinzuweisen, soweit der Kostenunterschied aber nur geringfügig wäre, Düss DNotZ **81**, 75.
- **(Gesamtschuldnerschaft):** Unrichtigkeit kann *fehlen*, soweit der Notar nicht auf sie hinweist, BayObLG JB **88**, 1195, KG DNotZ **12**, 290.
- **(Geschäftsgewandtheit):** Unrichtigkeit *fehlt*, soweit alle Beteiligten geschäftsgewandt und erfahren sind, LG Düss JB **04**, 98, LG Münst MDR **98**, 312 (Vorsicht!).
- **(Gutachten):** Rn 20 „Gutachterkosten".
- **(Irrtum):** Unrichtigkeit kann dann vorliegen, wenn der Notar einen Irrtum des Auftraggebers etwa über eine Beurkundungspflicht nicht beseitigt, Düss JB **02**, 258. Dasselbe gilt beim Irrtum, es entstünden keine oder geringere Kosten, Zweibr JB **99**, 488.
- **(Kostenvermeidung):** Unrichtigkeit kann dann vorliegen, wenn das Gericht nicht wenigstens versucht, durch eine Belehrung Kosten zu vermeiden, Düss JB **83**, 1230.
- **(Mehrere Möglichkeiten):** Unrichtigkeit kann dann vorliegen, wenn der Notar bei mehreren Gestaltungsmöglichkeiten nicht auf eine erheblich billigere Lösung hinweist, Hamm FGPrax **08**, 270, Naumb DNotZ **12**, 513, LG Ffm RR **99**, 944, aM Hamm MittBayNot **98**, 275, Mümmler JB **89**, 108 (aber eine Kostensparsamkeit ist eine Hauptpflicht des Notars).

Unrichtigkeit *fehlt* dann, wenn die Beteiligten ihnen am besten gefallende Lösung trotz derer höherer Kosten wählen, BayObLG **00**, 262, Zweibr DNotZ **77**, 57, aM Saarbr DNotZ **82**, 451 (abl Appell 454).

S auch „– (Geringfügigkeit)", „– (Sicherheit)".

- **(Sicherheit):** Unrichtigkeit *fehlt* beim sicheren Weg, Düss DNotZ **81**, 74, Ffm MDR **89**, 650, Zweibr Rpfleger **81**, 34. Sie fehlt auch dann, wenn eine andere Lösung zwar billiger wäre, aber auch unsicherer, LG Potsd JB **05**, 431 (abl Filzek).
- **(Steuerrecht):** Unrichtigkeit *fehlt*, soweit der Notar es nicht ungefragt anspricht, BGH DB **95**, 2065.
- **(Üblichkeit):** Unrichtigkeit liegt bei einem unüblich hohen Zeitaufwand des Sachverständigen vor, BayObLG Rpfleger **04**, 525.
  Unrichtigkeit *fehlt* beim allgemein üblichen Weg meist, Düss DNotZ **81**, 74, Ffm MDR **89**, 650, Zweibr Rpfleger **81**, 34.
- **(Versicherungsprämie):** Unrichtigkeit kann vorliegen, soweit der Notar auf § 152 II Z 4 nicht hinweist, freilich nur unter besonderen Umständen, BayObLG JB **88**, 1706 (zum alten Recht).
- **(Wirtschaftliche Zuverlässigkeit):** Unrichtigkeit *fehlt*, soweit der Notar nicht auf diese Eigenschaft eines Beteiligten ungefragt eingeht, Hamm FGPrax **04**, 49.

23 **Kostensparsamkeit:** Eine unrichtige Sachbehandlung kann zwar vorliegen, soweit der Notar nicht den kostengünstigsten gleich sicheren und sachdienlichen Weg gewählt hat, Hamm FGPrax **11**, 96, Mü FGPrax **05**, 42, LG Frankenth FamRZ **17**, 1420.
  Sie kann aber *fehlen*, soweit der sicherste Weg am wichtigsten war, Düss DNotZ **81**, 74, Ffm MDR **89**, 650, Zweibr Rpfleger **81**, 34.
Kreditwürdigkeit: Rn 39 „Vertrauenswürdigkeit".
Ladung, Abladung: Eine unrichtige Sachbehandlung kann bei ihrer unkorrekten oder Nicht-Vornahme vorliegen.
Lügendetektor: Zum Problem KG JB **11**, 212.

24 **Maklerklausel:** Eine unrichtige Sachbehandlung liegt vor, soweit der Notar nicht über die Mehrkosten der Mitbeurkundung einer solchen Klausel belehrt, LG Hann JB **06**, 91.
Mehrheit von Urkunden: Eine unrichtige Sachbehandlung kann vorliegen, soweit der Notar Erklärungen in mehreren statt in der erforderlichen oder ausreichenden einheitlichen Urkunde aufgenommen hat, Düss JB **95**, 212 (grds bei Kauf und Auflassung; auch zu Ausnahmen), Oldb JB **97**, 377 (Kauf und Auflassung), Zweibr FGPrax **02**, 275 (Verschmelzung und Verzicht), LG Ffm RR **99**, 944 (Kauf und Bauwerksvertrag).
Mitverschulden: Rn 38 „Verschulden".

25 **Nachbesserung:** Eine unrichtige Sachbehandlung kann *fehlen*, soweit der Auftraggeber dem Notar eine mögliche Nachbesserung nicht erlaubt hat, Düss JB **16**, 589.
Nachlaßpflegschaft: Eine unrichtige Sachbehandlung kann vorliegen, soweit das Gericht eine Nachlaßpflegschaft eingeleitet hat, obwohl die Erben in Wahrheit bekannt waren.

26 **Nämlichkeit:** Eine unrichtige Sachbehandlung kann vorliegen, soweit die Urkundsperson einen Erschienenen nicht sorgfältig genug auf seine Nämlichkeit überprüft hat, Stgt DNotZ **76**, 426.

27 **Nebengeschäft:** Eine unrichtige Sachbehandlung kann vorliegen, soweit das Grundbuchamt nicht einen Rangvermerk statt einer Rangänderung eingetragen hat, Köln Rpfleger **98**, 216, oder soweit der Notar den Gebührenpflichtigen nicht über die Folgen eines Nebengeschäfts belehrt hat, Stgt DNotZ **83**, 642, also zB nicht über das Entstehen einer Gebühr nach KVfG 22 110 ff, falls der Notar und nicht einer der Beteiligten selbst eine Anfrage über die Ausübung eines Vorkaufsrechts einhole, aM BayObLG MittBayNot **85**, 87, KG JB **81**, 1558, Stgt MDR **83**, 854 (abl Appell DNotZ **83**, 644), oder soweit der Notar nicht dann über das Entstehen einer Hebegebühr informiert hat, wenn eine gebührenfreie Maßnahme zu demselben Erfolg geführt hätte, oder wenn der Notar überhaupt ein unnötiges gebührenpflichtiges Nebengeschäft herbeigeführt hat. BayObLG Rpfleger **80**, 316, LG Osnabr JB **84**, 430.

28 **Neue Beurkundung:** Eine unrichtige Sachbehandlung kann *fehlen*, soweit der Notar wegen eines Zweifels an der Brauchbarkeit einer bisherigen Beurkundung vorsorglich eine neue Beurkundung vorgenommen hat, Zweibr Rpfleger **81**, 34.

29 **Nichtigkeit:** Eine unrichtige Sachbehandlung kann vorliegen, soweit die beurkundete Erklärung nichtig ist, Hamm JB **00**, 152, aM KG JB **06**, 93. In diesem Fall liegt die unrichtige Sachbehandlung selbst dann vor, wenn die Beurkundung auf

Grund des ausdrücklichen Wunsches eines Beteiligten erfolgte, Hamm JB **00**, 152, Sturm Festschrift für Ferid (1978) 417.

Eine unrichtige Sachbehandlung kann dann *fehlen*, wenn die Kosten auch bei einer richtigen angefallen wären und wenn der Kostenschuldner auch keine Nachbeurkundung wünschte, KG JB **06**, 93.

S auch Rn 30 „Rechtliche Unerreichbarkeit".

Notarfehler: Wegen der Geltung von I auch für den Notar nach Rn 1 erhält er zumindest für eine durch eigene Fehler erforderlich gewordene Grundbuchmaßnahme, Hamm FGPrax **16**, 40, oder Änderung, Berichtigung, Ergänzung, Neubeurkundung keine Gebühren, BGH BB **02**, 542, Hamm JB **08**, 657. Das gilt erst recht dann, wenn er eine erforderliche Nachbesserung ablehnt, Hamm FGPrax **16**, 232. Er hat aber einen ziemlich weiten Ermessensraum, BayObLG MittBayNot **06**, 260, Ffm DNotZ **78**, 118, Mü JB **06**, 148.

S auch Rn 5 „Anderkonto", Rn 10 „Eigengeschäft", Rn 33 „Sorgerecht".

Öffentliche Zustellung: Eine unrichtige Sachbehandlung kann bei einer unnötigen Ausführlichkeit vorliegen.

Pflegschaft: Eine unrichtige Sachbehandlung kann vorliegen, soweit das Gericht eine unzulässige Pflegschaft angeordnet hat.

Postverlust: Eine unrichtige Sachbehandlung *fehlt* beim bloßen Verlust einer Postsendung, KG JB **09**, 345. S aber auch Rn 5 „Adressierung".

Protokoll: Eine unrichtige Sachbehandlung kann vorliegen, soweit der Notar eine solche Unterschrift unter einem Protokoll nach § 121 beglaubigt hat, die gar nicht zum Auftrag gehörte, Hamm JB **83**, 1554.

Rechtliches Gehör: Eine unrichtige Sachbehandlung liegt bei einem Verstoß gegen Art 103 I GG vor. 30

Rechtliche Unerreichbarkeit: Eine unrichtige Sachbehandlung kann vorliegen, soweit die Beurkundung eine solche Erklärung enthält, durch die man das Gewollte rechtlich nicht erreichen kann, Hamm DNotZ **87**, 167 (unwirksamer Scheidungsfolgenvergleich), Sturm Festschrift für Ferid (1978) 417.

S auch Rn 29 „Nichtigkeit".

Rechtsbehelfsbelehrung: §§ 7 a, 83 II 2. Eine unrichtige Sachbehandlung kann vorliegen, soweit das Gericht eine unrichtige Rechtsmittelbelehrung erteilt hat, BayObLG WoM **95**, 70, Schlesw FGPrax **12**, 126.

Rechtsfrage: Eine unrichtige Sachbehandlung kann *fehlen*, soweit das Gericht einen 31 unrichtigen Hinweis zur Erfolgsaussicht gegeben hat, BayObLG **01**, 156, oder soweit der Notar eine schwierige noch nicht höchstrichterlich abschließend geklärte Rechtsfrage unrichtig beurteilt hat, Düss NZG **16**, 590, Stgt DNotZ **86**, 440.

Rechtsgutachten: Eine unrichtige Sachbehandlung kann vorliegen, soweit das Gericht 32 ein Gutachten über inländisches Recht eingeholt hat, Karlsr FamRZ **90**, 1367.

Rechtsmittel: Rn 12 „Erledigung der Hauptsache".

Sachverständiger: Eine unrichtige Sachbehandlung liegt vor, soweit das Gericht 33 wegen seiner Überlastung eigene Aufgaben einem Sachverständigen übertragen hat, AG Bad Oeynhausen FamRZ **04**, 284, oder ihn nicht genug eingeweisen hat, oder soweit der Sachverständige nicht auf ungewöhnlich hohe Kosten hingewiesen und das Gericht trotzdem ein volles Honorar gezahlt hat, BayObLG FGPrax **04**, 139.

Eine unrichtige Sachbehandlung kann aber auch *fehlen*, soweit nur der Sachverständige einen Fehler begangen hat, Ffm FamRZ **99**, 1438, oder soweit das Gericht bei der Bestellung eines Sachverständigen innerhalb seines Ermessens blieb, BayObLG FGPrax **98**, 240.

Schweige- und Redepflicht: Eine unrichtige Sachbehandlung kann vorliegen, soweit der Notar eine Aufklärungspflicht verletzt hat, KG JB **03**, 653.

Eine Aufklärungspflicht *endet* dann, wenn ein Beteiligter eine nur ihm persönlich mögliche Mitwirkung verweigert hat, LG Darmst JB **77**, 708.

Sorgerecht: Eine unrichtige Sachbehandlung *fehlt*, soweit das FamG einen Sachverständigen beauftragt hat, den Eltern beim streitig gewordenen Sorgerecht Hilfestellungen zu geben, Hamm FamRZ **96**, 1558.

Steuerfragen: Eine unrichtige Sachbehandlung kann vorliegen, soweit der Notar es 34 unterlassen hat, einen Steuerbefreiungsanspruch zu erläutern, soweit er vom Gesetzestext abgewichen ist, BayObLG DNotZ **80**, 567.

GNotKG § 21 III. Gerichts- und Notarkostengesetz

Terminierung: Vgl zunächst § 21 GKG (und daher auch § 20 FamGKG), dort Rn 44, 45.
Eine unrichtige Sachbehandlung *fehlt* meist, soweit das Gericht umterminiert hat (Ausnahme: grobes Verschulden).

35 **Testament:** Es gibt manche Situationen.
- **(Keine Einsichtnahme):** Unrichtigkeit dann, wenn das Gericht nicht das Namensverzeichnis mehrerer Testamente einsieht und deshalb getrennt eröffnet (anders bei verschiedenen Gerichten, LG FGPrax **02**, 136).
- **(Entwurfseröffnung):** Unrichtigkeit dann, wenn das Gericht einen offensichtlich bloßen Entwurf eröffnet, LG Siegen Rpfleger **86**, 182.
- **(Gemeindeumgliederung):** *Keine* Unrichtigkeit schon dann, wenn solche Umgliederung erfolgte. Insofern hilft allenfalls das Landesrecht, Düss Rpfleger **81**, 77.
- **(Kein Hinweis):** Unrichtigkeit dann, wenn das Gericht nicht auf eine Notarkostenfreiheit eines eigenhändigen Testaments hinweist, Naumb DNotZ **12**, 513.
- **(Mehrere Gerichte):** *Keine* Unrichtigkeit dann, wenn zB ein VG und ein Nachlaßgericht in getrennten Terminen eröffnet haben, LG Kblz Rpfleger **96**, 174.
- **(Mehrere Testamente):** Unrichtigkeit dann, wenn das Gericht ein zweites Testament zur Verwahrung annimmt, ohne zu prüfen, ob es schon ein erstes verwahrt. S auch „– (Keine Einsichtnahme)".
- **(Zeitablauf):** *Keine* Unrichtigkeit dann, wenn es um ein 1944 in dem damaligen Ostdeutschland hinterlegtes und nach der Wiedervereinigung im früheren Ost-Berlin gefundenes Testament geht, KG Rpfleger **02**, 385.
- **(Zwecklosigkeit):** *Keine* Unrichtigkeit dann, wenn eine Testamentseröffnung nur möglicherweise zwecklos ist, LG Siegen Rpfleger **86**, 182.

36 **Übergangsrecht:** Eine unrichtige Sachbehandlung kann in einer falschen Behandlung eines Übergangsrechts liegen, Köln FGPrax **10**, 56.
Übergehen von Umständen: Rn 5 „Antragsänderung", Rn 8 „Beschwerde".
Überflüssigkeit: Eine unrichtige Sachbehandlung liegt bei einer objektiv überflüssigen Beurkundung vor, LG Hann JB **05**, 317 (§ 1922 BGB).
Überlastung: Rn 33 „Sachverständiger".
Überstürzte Beurkundung: Rn 37 „Unwirksamkeit".
Überwachung: Eine unrichtige Sachbehandlung kann vorliegen, BGH RR **12**, 1457 (ziemlich konstruiert).
Umsatzsteuer: Eine unrichtige Sachbehandlung des Notars kann dann vorliegen, wenn er nicht von vornherein bei einem Antrag klargestellt hat, daß nur der Auftraggeber ihn stellte, und wenn dieser daher mehr Umsatzsteuer des Notars tragen muß, Feuersänger MDR **05**, 1391.
Umwandlung: Eine unrichtige Sachbehandlung liegt dann vor, wenn der Notar die Zustimmungsbeschlüsse des übertragenden und des aufnehmenden Rechtsträgers zur Verschmelzung bei einer Gegenstandsgleichheit in getrennten Urkunden aufgenommen hat, BayObLG MittBayNot **90**, 61, Zweibr JB **03**, 148, oder wenn statt der veranlaßten Neueintragung nur eine Berichtigung erforderlich war, BayObLG Rpfleger **02**, 536.
Eine unrichtige Sachbehandlung *fehlt* bei getrennten Beurkundungen derartiger gegenstandsverschiedener Verschmelzungen.
Untauglichkeit: Rn 30 „Rechtliche Unerreichbarkeit".
Unterschrift: Eine unrichtige Sachbehandlung kann vorliegen, soweit der Notar einen unrichtigen Antrag ungeprüft unterschreibt oder eine Unterschrift nach § 121 unnötig beglaubigt, Hamm JB **83**, 1554.

37 **Unwirksamkeit:** Eine unrichtige Sachbehandlung kann dann vorliegen, wenn es sich um einen solchen Fehler der Beurkundung handelt, der zur Unwirksamkeit des Rechtsgeschäfts geführt hat, Düss Rpfleger **89**, 202, Hamm NJW **78**, 2604, es sei denn, der Notar hätte die Beteiligten eingehend über die Gefahr zB einer überstürzten Beurkundung belehrt gehabt, BayObLG **89**, 256.
S auch Rn 29 „Nichtigkeit", Rn 30 „Rechtliche Unerreichbarkeit".

38 **Urkundenbeschaffung:** Eine unrichtige Sachbehandlung kann *fehlen,* soweit der Notar die Partei dahin belehrt hat, sie könne sich eine erforderliche andere Urkunde selbst besorgen, obwohl die Beschaffung üblicherweise zu den Aufgaben des Notars gehörte.

Kapitel 1. Vorschriften f. Gerichte u. Notare § 21 GNotKG

Urkundenmehrheit: Rn 24 „Mehrheit von Urkunden".
Ursächlichkeit: Es gilt dasselbe wie bei § 21 GKG (und daher auch bei § 20 FamGKG), dort Rn 41 ff.
Veröffentlichung: Eine unrichtige Sachbehandlung kann *fehlen,* soweit in einer Registersache eine Veröffentlichung außer im (jetzt) elektronischen BAnz in 3 Zeitungen erfolgt ist, AG Bln-Charlottenb Rpfleger **96**, 293.
Verschulden: Es ist ebenso wie ein Mitverschulden bei I 1 *unerheblich,* bei I 2 beachtbar.
Versehen: Es reicht bei einer Offensichtlichkeit.
Verspätung: Eine unrichtige Sachbehandlung kann bei einem verspäteten Handeln des Gerichts vorliegen, etwa bei der Verzögerung einer Eintragung oder von Entscheidungsgründen, Mü NJW **75**, 836.
Vertagung: Eine unrichtige Sachbehandlung kann vorliegen, soweit das Gericht einen Termin vermeidbar früh angeordnet hat oder wenn es die Vertagung ohne die zumutbare Rücksicht auf die Beteiligten vorgenommen hat. Aber Vorsicht!
Vertrag statt Erklärung: Eine unrichtige Sachbehandlung kann vorliegen, soweit 39 die Beurkundung eines Vertrags statt einer ausreichenden einseitigen Erklärung stattgefunden hat, Ffm DNotZ **78**, 118.
Vertrauenswürdigkeit: Eine unrichtige Sachbehandlung liegt allenfalls dann vor, wenn der Notar keine Aufklärung gegenüber einem unerfahrenen Auftraggeber vorgenommen hat, Hamm FGPrax **04**, 50.
Vertreter: Rn 5 „Amtlich bestellter Vertreter". 40
Verwahrung: Eine unrichtige Sachbehandlung kann vorliegen, soweit der Notar das 41 bei ihm verwahrte Geld ohne einen Auftrag so festgelegt hat, daß gebührenerhöhende Teilauszahlungen notwendig werden, KG DB **85**, 1837.
  S auch Rn 21 „Hebegebühr".
Verwaltungsanordnung: Eine unrichtige Sachbehandlung kann vorliegen, soweit das Gericht oder der Notar gegen eine verbindliche Verwaltungsanordnung verstoßen haben, LG Brschw Rpfleger **85**, 258.
  Etwas anderes gilt bei einem solchen Erlaß, den man nur als eine freiwillige Hilfeleistung verstehen konnte, BVerfG SchlHA **79**, 148, Schlesw SchlHA **82**, 174. Vgl allerdings auch § 148.
Verwirkung: Rn 44 „Zeitablauf".
Verzögerung: Eine unrichtige Sachbehandlung kann vorliegen, soweit eine beteiligte Stelle Akten verloren und das Gericht infolgedessen sein Verfahren vorwerfbar verzögert hat, BayObLG Rpfleger **90**, 246, oder soweit das Gericht seine Entscheidung allzu verspätet begründet hat, Mü NJW **75**, 836, oder soweit es einen Grundbucheintrag verzögert bearbeitet hat.
Vollstreckbare Ausfertigung: Eine unrichtige Sachbehandlung liegt dann vor, 42 wenn der Notar eine vollstreckbare Ausfertigung durch einen einfachen Brief ohne die Möglichkeit einer raschen Eingangskontrolle übersendet hat, LG Mönchengladb JB **05**, 319.
Vollzugsgebühr: Rn 6 „BauGB".
Vorbereitung: Rn 17 „Gehilfe".
Vorschuß: Eine unrichtige Sachbehandlung kann *fehlen,* soweit der Rpfl zunächst 43 eine Eintragung von einem Vorschuß abhängig gemacht, aus Anlaß eines später eingehenden anderen eintragungsreifen Antrags aber von dem Vorschuß für den früheren Antrag abgesehen und jene Eintragung verfügt hat, KG Rpfleger **82**, 173.
Vorsorgevollmacht: Eine unrichtige Sachbehandlung kann bei einer ungenügenden Belehrung vorliegen, Hamm JB **09**, 321.
Wiederkaufsrecht: Eine unrichtige Sachbehandlung liegt vor, soweit der Notar 44 unnötig neben der Gebühr nach KVfG 21 100 eine solche nach KVfG 21 101 oder 21 102 entstehen ließ, BayObLG **86**, 136.
Willenserklärung: Eine unrichtige Sachbehandlung kann vorliegen, soweit der Notar eine solche Willenserklärung beurkundet hat, die bereits nach § 894 ZPO als abgegeben galt, Düss Rpfleger **88**, 206.
Wirtschaftliche Zuverlässigkeit: Eine unrichtige Sachbehandlung *fehlt,* soweit der Notar die wirtschaftliche Zuverlässigkeit eines Beteiligten nicht von sich aus erörtert hat, Hamm FGPrax **04**, 49.

GNotKG § 21

Wucher: Eine unrichtige Sachbehandlung kann vorliegen, soweit die Beurkundung eines Kaufvertrages zu einem in Wahrheit erheblich überhöhten Preis ohne eine dahingehende Belehrung stattgefunden hat.
Zeitablauf: Eine unrichtige Sachbehandlung *fehlt* sogar nach 20 Jahren, falls das Gericht ihn nicht verschuldet hat, Naumb FGPrax **16**, 91 (auch keine Verwirkung; zustm Bestelmayer).

45 **Zeuge:** Rn 23 „Ladung, Abladung".
Zustellung: Eine unrichtige Sachbehandlung kann vorliegen, soweit das Gericht oder der Notar eindeutig zu viele Zustellungen veranlaßt haben, BayObLG **04**, 36, Hamm Rpfleger **85**, 257, oder soweit die Zustellung einer unrichtigen Ausfertigung erfolgt, oder soweit eine öffentliche Zustellung etwas Unnötiges enthält.
Zweifel: Rn 28 „Neue Beurkundung".

46 **D. Weitere Voraussetzungen.** Die Kosten müssen gerade in der unrichtig behandelten Angelegenheit entstanden sein, Köln JB **75**, 224. Bei einer Grundbucheintragung auf Grund eines objektiv unrichtigen Erbscheins hat das Gericht allein die Nachlaßsache unrichtig behandelt. I 1 ist aber zumindest dann entsprechend anwendbar, wenn eine unrichtige Sachbehandlung in einem anderen Verfahren unmittelbar ursächlich für Kosten des vorliegenden Verfahrens war.

47 **4) Auslagen, I 2.** Auslagen infolge einer von Amts wegen veranlaßten Verlegung eines Termins oder Vertagung einer Verhandlung erhebt das Gericht grundsätzlich nicht. Soweit die Verlegung oder Vertagung auf Grund eines Antrags eines Beteiligten erfolgt, muß er aber die dadurch verursachten Kosten tragen. In den vorstehenden Fällen entstehen keine Gerichtsgebühren.

48 **5) Unverschuldete Abweisung oder Rücknahme, I 3.** Sie gibt ein pflichtgemäßes Ermessen zu einer teilweisen oder gänzlichen Nichterhebung von Kosten. Die Unkenntnis der tatsächlichen oder rechtlichen Verhältnisse darf nicht einmal einfach fahrlässig gewesen sein. Die Schuldlosigkeit muß nicht ganz gering mitursächlich gewesen sein.

49 **6) Verfahren, II.** Es empfiehlt sich die folgende Prüfreihenfolge.
A. Zuständigkeit. Zur Entscheidung über die Nichterhebung von Gerichtskosten ist nach II 1 das Gericht der Hauptsache zuständig, also der Richter oder der Rpfl nach § 4 I RPflG. Der Einzelrichter entscheidet zumindest dann, wenn seine Entscheidung nicht zusammen mit der Hauptsacheentscheidung erfolgt, Mü MDR **07**, 431. Das Rechtsmittelgericht kann ab einer dortigen Anhängigkeit zuständig sein. Es entscheidet dann auch über die Kosten der Vorinstanz mit.
Der Urkundsbeamte der Geschäftsstelle ist *nicht* zuständig. Das gilt auch bei einem badischen Amtsnotariat, Karlsr FGPrax **07**, 146.

50 **B. Weiteres Verfahren.** Das Verfahren findet in jeder Verfahrenslage von Amts wegen statt, sobald der Kostenschuldner nach §§ 22 ff oder ein sonstiger Beteiligter die Unrichtigkeit der Sachbehandlung schlüssig behauptet oder sobald sie offen zutage tritt, Köln DGVZ **88**, 138. Das gilt auch im Rechtsmittelzug. Im Umfang der Unrichtigkeit ist die Nichterhebung der Kosten nach I 1, 2 zwingend. Es besteht der Untersuchungsgrundsatz nach § 26 FamFG. Ein Antrag des Kostenschuldners gilt als eine Erinnerung nach § 81 I und ist im übrigen auch als eine Anregung undenkbar. Es besteht keine Frist. Solange das Gericht noch nicht entschieden hat, können die in § 44 KostVfg, Teil VII A dieses Buchs, genannten Stellen entscheiden. Nur sie dürfen dann ihre Anordnung abändern, die Kosten ganz oder teilweise nicht zu erheben.
II gilt *nicht* beim *Notar.* Für ihn gelten vielmehr §§ 127 ff.

51 **C. Entscheidungsform.** Das Gericht entscheidet vor oder nach der Zahlung auf Grund einer freigestellten mündlichen Verhandlung und nach der etwa erforderlichen Anhörung eines Beteiligten nach Artt 2 I, 20 III GG (Rpfl), Art 103 I GG (Richter). Es befindet nun in den Grenzen Rn 50 nach seinem pflichtgemäßen und nur begrenzt nachprüfbaren Ermessen, BayObLG FamRZ **00**, 174. Es entscheidet durch einen Beschluß. Es muß seinen Beschluß grundsätzlich begründen, BLAH § 329 ZPO Rn 4.

52 **D. Entscheidungsinhalt.** Die Entscheidung lautet auf eine Ablehnung einer Kostenniederschlagung oder auf eine Niederschlagung oder Nichterhebung derjenigen

Kosten, die bei einer richtigen Sachbehandlung nicht entstanden wären oder deren Nichterhebung nach I 3 erfolgt und die das Gericht stets genau bezeichnen muß. Für eine genaue Bezeichnung ist allerdings eine Bezifferung nicht unbedingt erforderlich, wenn auch ratsam. Es reicht aus, daß genau erkennbar ist, welchen Teil der Kosten das Gericht niederschlägt. Die Entscheidung darf auch zugunsten nur eines von mehreren Gesamtschuldnern nach § 32 ergehen. Dann berührt sie die Kostenpflicht der anderen Gesamtschuldner nicht.

Das Gericht darf also dahin entscheiden, daß die *Kosten* ganz oder teilweise nicht erhoben werden.

E. Entscheidungswirkung. Die Entscheidung des Gerichts, auch eine ablehnende, wirkt auch gegenüber der Kassenbehörde. Eine vor dem Erlaß einer gerichtlichen Entscheidung von der Verwaltung nach II 2 getroffenen Anordnung, die Kosten nicht zu erheben, ist nur im Verwaltungsweg abänderbar. Eine Verwaltungsentscheidung, von einer Nichterhebung bestimmter Kosten abzusehen, entbindet das Gericht nicht von dem Recht und der Pflicht zur Prüfung. 53

7) Rechtsmittel, I, II. Rechtsbehelfsbelehrung, Vertoß: §§ 7a, 83 II 2. Gegen die Entscheidung des Gerichts ist die einfache Beschwerde nach § 81 II zulässig, Karlsr Rpfleger **90**, 1367. Evtl ist die weitere Beschwerde nach § 81 IV zulässig. Gegen die Entscheidung des Notars ist eine Einwendung nach § 127 statthaft. Ein Ermessen unterliegt nur sehr eingeschränkt der Nachprüfbarkeit durch das Rechtsbeschwerdegericht, BayObLG JB **88**, 91. 54

Abschnitt 5. Kostenhaftung

Unterabschnitt 1. Gerichtskosten

Kostenschuldner in Antragsverfahren, Vergleich

22 ^I In gerichtlichen Verfahren, die nur durch Antrag eingeleitet werden, schuldet die Kosten, wer das Verfahren des Rechtszugs beantragt hat, soweit nichts anderes bestimmt ist.

^{II} Die Gebühr für den Abschluss eines gerichtlichen Vergleichs schuldet jeder, der an dem Abschluss beteiligt ist.

1) Geltungsbereich, I, II. Die Vorschrift stimmt in I fast wörtlich und in II wörtlich mit § 22 I 1, 4 GKG und mit § 21 I 1, II FamGKG an. Vgl daher jeweils dort, Teile 1 A, B dieses Buchs. Die früheren Begriffe Einreichungsschuldner, Übernahmeschuldner, Veranlassungsschuldner und Interessenschuldner sind entfallen. Natürlich muß der Antragsumfang auch hier klar sein, Hamm FGPrax **16**, 56 links. Eine Haftung ist nicht von einem Antrag nach § 9 FamFG abhängig, Karlsr FamRZ **17**, 397. 1

Kostenschuldner in bestimmten gerichtlichen Verfahren

23 Kostenschuldner

1. in Betreuungssachen und betreuungsgerichtlichen Zuweisungssachen ist der Betroffene, wenn ein Betreuer oder vorläufiger Betreuer bestellt ist oder eine Pflegschaft angeordnet worden ist;
2. bei einer Pflegschaft für gesammeltes Vermögen ist der Pfleger, jedoch nur mit dem gesammelten Vermögen;
3. für die Gebühr für die Entgegennahme von Forderungsanmeldungen im Fall des § 2061 des Bürgerlichen Gesetzbuchs ist derjenige Miterbe, der die Aufforderung erlassen hat;
4. für die Gebühr für die Entgegennahme
    a) einer Erklärung über die Anfechtung eines Testaments oder Erbvertrags,
    b) einer Anzeige des Vorerben oder des Nacherben über den Eintritt der Nacherbfolge,
    c) einer Anzeige des Verkäufers oder Käufers einer Erbschaft über den Verkauf, auch in den Fällen des § 2385 des Bürgerlichen Gesetzbuchs,

GNotKG § 23 III. Gerichts- und Notarkostengesetz

    d) eines Nachlassinventars oder einer Erklärung nach § 2004 des Bürgerlichen Gesetzbuchs oder
    e) der Erklärung eines Hoferben über die Wahl des Hofes gemäß § 9 Absatz 2 Satz 1 der Höfeordnung
    ist derjenige, der die Erklärung, die Anzeige oder das Nachlassinventar abgegeben hat;
5. *(aufgehoben)*
6. *(aufgehoben)*
7. in Handels-, Genossenschafts-, Partnerschafts- und Vereinsregistersachen bei Verfahren, die von Amts wegen durchgeführt werden, und bei Eintragungen, die von Amts wegen erfolgen, ist die Gesellschaft oder der Kaufmann, die Genossenschaft, die Partnerschaft oder der Verein;
8. für die Gebühr für die Entgegennahme, Prüfung und Aufbewahrung der zum Handels- oder Genossenschaftsregister einzureichenden Unterlagen ist das Unternehmen, für das die Unterlagen eingereicht werden;
9. im Verfahren zum Zweck der Verhandlung über die Dispache, soweit das Verfahren mit der Bestätigung der Dispache endet, sind die an dem Verfahren Beteiligten;
10. im Verfahren über die gerichtliche Entscheidung über die Zusammensetzung des Aufsichtsrats, das sich nach den §§ 98 und 99 des Aktiengesetzes richtet, ist die Gesellschaft, soweit die Kosten nicht dem Antragsteller auferlegt sind;
11. im Verfahren über die Eintragung als Eigentümer im Wege der Grundbuchberichtigung von Amts wegen aufgrund des § 82a der Grundbuchordnung ist der Eigentümer;
12. für die Eintragung des Erstehers als Eigentümer ist nur dieser;
13. für die Eintragung der Sicherungshypothek für Forderungen gegen den Ersteher sind der Gläubiger und der Ersteher;
14. im Verfahren nach dem Spruchverfahrensgesetz ist nur der Antragsgegner, soweit das Gericht die Kosten den Antragstellern auferlegt hat, auch diese und
15. in Freiheitsentziehungssachen sind nur der Betroffene sowie im Rahmen ihrer gesetzlichen Unterhaltspflicht die zu seinem Unterhalt Verpflichteten, wenn die Kosten nicht der Verwaltungsbehörde auferlegt sind.

1   **1) Geltungsbereich, Z 1–15.** Es handelt sich teils um Neuregelungen, teils um Fortführungen der in den einzelnen Ziffern direkt bekannten Situationen schon in der KostO geregelt gewesenen Fragen. Als Spezialvorschriften sind Z 1–15 vorrangig und eng auslegbar.
    Unanwendbar ist § 23 nach § 25 III im Rechtsmittelverfahren. Dann gilt § 25 I, II.

2   **2) Kostenschuldner, Z 1–15.** Es gelten die folgenden Regelungen.
    A. **Betreuung usw, Z 1.** Anknüpfung an § 22 I.

3   B. **Pflegschaft für gesammeltes Vermögen, Z 2.** Anknüpfung an § 1914 BGB.

4   C. **Forderungsanmeldung, Z 3.** Anknüpfung an § 2061 BGB.

5   D. **Entgegennahme von Erklärung usw, Z 4.** Die Aufzählung zu a–e ist abschließend.

6   E. **Registersachen von Amts wegen, Z 7.**

7   F. **Unterlagen, Z 8.**

8   G. **Dispache, Z 9.** Mehrere Antragsteller sind grundsätzlich Gesamtschuldner nach § 32 I. Vgl aber auch §§ 32 II, 33.

9   H. **Aufsichtsrat, Z 10.** Anknüpfung an § 99 VI 7 AktG. Die Aktiengesellschaft ist grundsätzlich Kostenschuldnerin. Das Gericht kann und muß jedoch pflichtgemäßem Ermessen die Kosten ganz oder zum Teil dem Abschlußprüfer als Antragsteller auferlegen, soweit das der Billigkeit entspricht. Er ist dann insoweit auch Kostenschuldner.

I. Grundbuchberichtigung, Z 11. Bei einem Behördenersuchen zB nach § 28 10
III 6, IV 3 BauGB kann sie Kostenschuldnerin sein, soweit sie keine Gebührenfreiheit
hat.

J. Eintragung des Erstehers, Z 12. Anknüpfung an § 26 II 1 Hs 1 GKG, dort 11
Rn 7, Teil I A dieses Buchs.

K. Sicherungshypothek gegen Ersteher, Z 13. Haftung des Gläubigers und 12
des Erstehers als Gesamtschuldner, Hornung Rpfleger **80**, 257.

L. Spruchverfahrensgesetz, Z 14. 13

M. Freiheitsentziehung, Z 15. Maßgeblich ist zunächst die Kostengrundent- 14
scheidung nach §§ 81, 430 FamFG. Hilfsweise sind Schuldner der Gerichtskosten
(Gebühren und Auslagen) der Betroffene und im Rahmen ihrer gesetzlichen Unterhaltspflicht die zu seinem Unterhalt Verpflichteten. Das Gericht kann aber auch eine
Verwaltungsbehörde kostenpflichtig machen. Außergerichtliche Kosten folgen der
gerichtlichen Kostengrundentscheidung.

Kostenhaftung der Erben

24 Kostenschuldner im gerichtlichen Verfahren
1. über die Eröffnung einer Verfügung von Todes wegen;
2. über die Nachlasssicherung;
3. über eine Nachlasspflegschaft nach § 1961 des Bürgerlichen Gesetzbuchs, wenn diese angeordnet wird;
4. über die Errichtung eines Nachlassinventars;
5. über eine Nachlassverwaltung, wenn diese angeordnet wird;
6. über die Pflegschaft für einen Nacherben;
7. über die Ernennung oder Entlassung eines Testamentsvollstreckers;
8. über die Entgegennahme von Erklärungen, die die Bestimmung der Person des Testamentsvollstreckers oder die Ernennung von Mitvollstreckern be- treffen, oder über die Annahme, Ablehnung oder Kündigung des Amtes als Testamentsvollstrecker sowie
9. zur Ermittlung der Erben (§ 342 Absatz 1 Nummer 4 des Gesetzes über das Verfahren in Familiensachen und in den Angelegenheiten der freiwilligen Ge- richtsbarkeit)

sind nur die Erben, und zwar nach den Vorschriften des Bürgerlichen Gesetzbuchs über Nachlassverbindlichkeiten, wenn das Gericht nichts anderes bestimmt.

Schrifttum: *Schneider* Rpfleger **17**, 13 (Üb):

1) Systematik, Regelungszweck, Z 1–9. Die Vorschrift bildet eine selbständig 1
neben §§ 22, 23, 25 ff stehende weitere Ergänzung als eine vorrangige Spezialregelung zwecks einer differenzierten Kostengerechtigkeit in den jetzt abschließend genannten Fällen. Beim Notar gelten §§ 29 ff. Eine sachlichrechtliche Verbindlichkeit
bleibt unberührt. Eine persönliche Befreiung befreit nicht von der Haftung nach
§ 24, Stgt Just **90**, 95.
Unanwendbar ist § 24 nach § 25 III im Rechtsmittelverfahren. Dann gilt § 25 I, II.

2) Geltungsbereich, Z 1–9. Die Vorschrift bezieht sich nur auf die folgenden 2
Fälle.

A. Testamentseröffnung, Z 1. In Betracht kommt zunächst die Eröffnung einer
Verfügung von Todes wegen nach §§ 2260–2263 a, 2273 BGB.

B. Nachlaßsicherung, Z 2. In Betracht kommt ferner die Sicherung des Nach- 3
lasses nach § 1960 BGB.

C. Nachlaßpflegschaft, Z 3. In Betracht kommt ferner die Errichtung einer 4
Nachlaßpflegschaft nach §§ 1960 ff BGB, Hamm FamRZ **10**, 1113, KG NZM **17**,
824, LG Köln RR **09**, 376.

GNotKG §§ 24, 25   III. Gerichts- und Notarkostengesetz

5   D. **Inventarerrichtung, Z 4.** In Betracht kommt ferner die Errichtung eines Nachlaßinventars nach §§ 1993, 2002–2004 BGB.

6   E. **Nachlaßverwaltung, Z 5.** In Betracht kommt ferner die Errichtung einer Nachlaßverwaltung nach § 1975 BGB.

7   F. **Nacherbenpflegschaft, Z 6.** In Betracht kommt ferner die Errichtung einer Pflegschaft für einen Nacherben nach § 1913 S 2 BGB.

8   G. **Testamentsvollstrecker, Z 7.** In Betracht kommt ferner die in § 113 geregelte Ernennung oder Entlassung eines Testamentsvollstreckers nach §§ 2197 ff, 2227 BGB.

9   H. **Entgegennahme von Erklärungen bei Testamentsvollstreckung, Z 8.** In Betracht kommt ferner die Entgegennahme einer Erklärung nach §§ 2197–2200 BGB oder über die Annahme, die Ablehnung oder die Kündigung des Amts als Testamentsvollstrecker nach §§ 2006, 2226 BGB.

10   I. **Erbenermittlung, Z 9.** In Betracht kommt schließlich die Erbenermittlung (nur) nach §§ 1960, 1964 BGB, Mü RR **17**, 1278.

11   **3) Unanwendbarkeit, Z 1–9.** Wegen der abschließenden Aufzählung nach Rn 1 gehören nicht hierher: Eine bloße Vorbereitungshandlung zur Testamentseröffnung für eine Sache nach § 358 FamFG; ein Erbenaufgebot; die Ablehnung oder Zurücknahme eines Antrags.

12   **4) Kostenhaftung, Z 1–9.** Die Vorschrift erfaßt Gebühren und zugehörige Auslagen. Es haften nur die Erben, niemand sonst, Ffm JB **93**, 310, Hamm FamRZ **10**, 1113, LG Köln RR **09**, 376. Es haften also auch nicht sonstige Kostenschuldner nach §§ 22 ff. Die Vorschrift ist also nach Rn 1 Spezialregelung, LG Oldb Rpfleger **89**, 460 (zustm Lojewski). Die Erben haften nur wie für Nachlaßverbindlichkeiten nach §§ 1967 ff, 1975 ff, 2058 ff BGB, Hamm FamRZ **10**, 1113, soweit das Gericht nicht nach dem Schlußabsatz des § 24 vorrangig etwas anderes bestimmt. Sie müssen die Haftungsbeschränkung in der Vollstreckungsinstanz geltend machen, und zwar nach § 781 ZPO, § 6 I Z 1 und § 8 JBeitrG, Teil IX A dieses Buchs, §§ 127 ff GNotKG (Notar).

13   Für die Kosten eines *Erbscheins*, für die Kosten einer Ablichtung oder Abschrift und für andere außerhalb des Geltungsbereichs des § 24 liegende Geschäfte haften die Erben wie andere Kostenschuldner. Eine persönliche Gebührenfreiheit begünstigt den Erben nach Rn 1 nicht, auch nicht nach Gebührenbefreiungsvorschriften der Länder, LG Hamm Rpfleger **89**, 64. Für die Kosten eines zurückgenommenen oder zurückgewiesenen Antrags und für die Beschwerdeinstanz gilt § 22 I.

Kostenschuldner im Rechtsmittelverfahren, Gehörsrüge

25 I Die nach § 22 Absatz 1 begründete Haftung für die Kosten eines Rechtsmittelverfahrens erlischt, wenn das Rechtsmittel ganz oder teilweise mit Erfolg eingelegt worden ist und das Gericht nicht über die Kosten entschieden hat oder die Kosten nicht von einem anderen Beteiligten übernommen worden sind.

II ¹Richtet sich eine Beschwerde gegen eine Entscheidung des Betreuungsgerichts und ist sie von dem Betreuten oder dem Pflegling oder im Interesse dieser Personen eingelegt, so schuldet die Kosten nur derjenige, dem das Gericht die Kosten auferlegt hat. ²Entsprechendes gilt für ein sich anschließendes Rechtsbeschwerdeverfahren und für das Verfahren über die Rüge wegen Verletzung des Anspruchs auf rechtliches Gehör.

III Die §§ 23 und 24 gelten nicht im Rechtsmittelverfahren.

1   **1) Systematik, Regelungszweck, I–III.** Es handelt sich bei der formell neuen Vorschrift um Entsprechungen mit §§ 30 S 1 GKG, 25 S 1 FamGKG, Teile I A, B dieses Buchs, zwecks Kostengerechtigkeit, Ffm NZG **17**, 1188. Vgl daher zunächst jeweils dort. Ein Beschwerdeverfahren ist grundsätzlich nicht mehr gebührenfrei, LG Meiningen FamRZ **15**, 1524.

2   **2) Geltungsbereich, I–III.** Er ergibt sich aus den Einzelabsätzen. Rechtsmittel im Gegensatz zum bloßen Rechtsbehelf ist eine Anrufung des nächst- oder übernächsthohen Gerichts nebst Hemmungswirkung (Suspensiveffekt), BLAH Grdz 2 vor

Kapitel 1. Vorschriften f. Gerichte u. Notare §§ 25–27 GNotKG

§ 511 ZPO: Das bisherige Gericht (Erstgericht) darf zwar evtl abhelfen, muß aber andernfalls wie bei § 121 I 1 BGB unverzüglich vorlegen und darf über das Rechtsmittel also nicht selbst abschließend negativ entscheiden. Das Rügeverfahren nach II 2 ist hier nur dasjenige nach § 84, nicht dasjenige nach § 131. Denn § 25 gilt nach der amtlichen Überschrift vor §§ 22 ff nur bei Gerichtskosten.

Bestimmte sonstige gerichtliche Auslagen

26 ^{I 1}Die Dokumentenpauschale schuldet ferner, wer die Erteilung der Ausfertigungen, Kopien oder Ausdrucke beantragt hat. ²Sind in einem gerichtlichen Verfahren Kopien oder Ausdrucke angefertigt worden, weil der Beteiligte es unterlassen hat, die erforderliche Zahl von Mehrfertigungen beizufügen, schuldet nur der Beteiligte die Dokumentenpauschale.

^{II} Die Auslagen nach Nummer 31 003 des Kostenverzeichnisses schuldet nur, wer die Versendung der Akte beantragt hat.

^{III} In Unterbringungssachen schuldet der Betroffene nur Auslagen nach Nummer 31 015 des Kostenverzeichnisses und nur, wenn die Gerichtskosten nicht einem anderen auferlegt worden sind.

^{IV} Im Verfahren auf Bewilligung von Verfahrenskostenhilfe und im Verfahren auf Bewilligung grenzüberschreitender Prozesskostenhilfe ist der Antragsteller Schuldner der Auslagen, wenn
1. der Antrag zurückgenommen oder vom Gericht abgelehnt wird oder
2. die Übermittlung des Antrags von der Übermittlungsstelle oder das Ersuchen um Prozesskostenhilfe von der Empfangsstelle abgelehnt wird.

^V Die Auslagen einer öffentlichen Zustellung in Teilungssachen schulden die Anteilsberechtigten.

1) Geltungsbereich, I–V. Die Vorschrift stimmt in I, II, IV fast wörtlich mit § 28 I–III GKG und mit § 23 I–III FamGKG überein, Teile I A, B dieses Buchs. Vgl daher insofern bei der ersteren Vorschrift. III bezieht sich nur auf das dort genannte KVfG 31 015. Das Verfahren ist grundsätzlich gerichtsgebührenfrei, BGH JB **14**, 493. V bezieht sich auf das Verfahren nach § 118a.

Weitere Fälle der Kostenhaftung

27 Die Kosten schuldet ferner,
1. wem durch gerichtliche Entscheidung die Kosten des Verfahrens auferlegt sind;
2. wer sie durch eine vor Gericht abgegebene oder dem Gericht mitgeteilte Erklärung oder in einem vor Gericht abgeschlossenen oder dem Gericht mitgeteilten Vergleich übernommen hat; dies gilt auch, wenn bei einem Vergleich ohne Bestimmung über die Kosten diese als von beiden Teilen je zur Hälfte übernommen anzusehen sind;
3. wer für die Kostenschuld eines anderen kraft Gesetzes haftet und
4. der Verpflichtete für die Kosten der Vollstreckung.

Gliederung

1) Systematik, Z 1–4	1
2) Regelungszweck, Z 1–4	2
3) Entscheidungsschuldner, Z 1	3
4) Übernahmeschuldner, Z 2	4–8
A. Grundsatz: Unwiderruflichkeit der Erklärung usw	4
B. Wirkung der Erklärung usw	5
C. Auslegung der Erklärung usw	6
D. Übernahmebereitschaft	7
E. Übernahmefolgen	8
5) Gesetzlicher Schuldner, Z 3	9, 10
6) Verpflichteter, Z 4	11–13

719

GNotKG § 27

1 **1) Systematik, Z 1–4.** Die Vorschrift entspricht § 29 GKG, § 24 FamGKG, Z 2, 3 entsprechen § 18 Z 1, 2 JVKostG, Z 4 entspricht § 13 I Z 2 GvKostG, Teile I A, B, VIII, XI dieses Buchs. § 27 erfaßt als eine vorrangige Spezialvorschrift neben §§ 23–26 und im übrigen selbständig weitere Kostenschuldner. Beim Notar gilt § 29.

2 **2) Regelungszweck, Z 1–4.** Auch § 27 stellt wie §§ 23–26 zwecks Kostengerechtigkeit zumindest in Z 2, 3 darauf ab, in wessen Interesse die gerichtliche Tätigkeit erfolgt. Das ist bei Z 1, 4 indirekt ebenso. Wer gewonnen hat und nun auch noch die Vollstreckung betreiben muß, um endlich zu seinem Recht zu kommen, dessen unterlegener Gegner soll auch für die Kosten zumindest in erster Linie aufkommen. In diesem Sinn muß man Z 1 trotz des Grundsatzes einer dem Kostenschuldner günstigen Auslegung nach § 1 I ebenfalls mitbetrachten.

3 **3) Entscheidungsschuldner, Z 1.** Die Haftung des Entscheidungsschuldners tritt im Bereich der freiwilligen Gerichtsbarkeit selten ein, Ffm Rpfleger **89**, 41, Mü Rpfleger **01**, 516. Es muß eine wirksame, aber nicht notwendig rechtskräftige Entscheidung vorliegen. Die Entscheidungshaftung kann sich zB (jetzt) nach §§ 80, 81, 84, 132, 150, 183, 243 FamFG ergeben, KG FGPrax **03**, 189. Häufiger findet sich eine Entscheidungshaftung in solchen Gesetzen, die das GNotKG für anwendbar erklären, überhaupt in vielen streitigen Verfahren der freiwilligen Gerichtsbarkeit. Es kann auch eine die gesetzliche Kostenhaftung nur bestätigende oder klärende, aber nicht bindende Kostengrund„entscheidung" erfolgen, Ffm Rpfleger **80**, 315 (vollmachtsloser Vertreter).

Eine „*kostenpflichtige Zurückweisung*" bedeutet im Bereich der freiwilligen Gerichtsbarkeit nur eine an sich entbehrliche Äußerung des Gerichts darüber, daß es keinen Anlaß zu einer Kostenniederschlagung nach § 21 sieht. Soweit nach dem GNotKG ohnehin keine Kostenschuld entsteht, ist ein solcher Ausspruch des Gerichts wegen § 1 I bedeutungslos. Dann gibt es gegen ihn auch kein Rechtsmittel, aM LG Hann NdsRpfl **87**, 36. Wohl aber ist nach § 81 eine Erinnerung gegen einen solchen Kostenansatz zulässig, der fälschlich auf einem derartigen Ausspruch beruht. Ein Ausspruch des Gerichts, daß Gebühren und Auslagen nicht anzusetzen seien, bindet den Kostenbeamten nicht.

Mangels einer Kostengrundentscheidung ist Z 1 unanwendbar, bis eine wirksame Nachholung entsprechend §§ 319 ff ZPO, § 42 FamFG erfolgt.

Soweit sich die *Hauptsache erledigt* hat, muß das Gericht entsprechend § 91a ZPO, § 83 FamFG über die Gerichtskosten entscheiden, BayObLG BB **02**, 673. Der Antragschuldner nach Z 1 haftet neben dem Entscheidungsschuldner gesamtschuldnerisch, KG FGPrax **03**, 189. Er haftet dabei als Erstschuldner, insofern abweichend von der Regelung des GKG. Die Aufhebung der Entscheidung beseitigt auch die Kostenhaftung nach § 27 Z 1. Dann muß die Staatskasse bezahlte Kosten zurückzahlen.

4 **4) Übernahmeschuldner, Z 2.** Vgl zunächst beim wortgleichen § 29 Z 2 GKG, Teil I A dieses Buchs. Der nachfolgende Grundsatz hat vielerlei Auswirkungen.

A. Grundsatz: Unwiderruflichkeit der Erklärung usw. Die Kostenübernahme muß innerhalb eines gerichtlichen Verfahrens erfolgen. Sie erfolgt unabhängig von dem Vorhandensein der Kostenschuld eines anderen durch eine einseitige formlose unbedingte unbefristete, unanfechtbare und unwiderrufliche Erklärung gegenüber dem Gericht, auch in einem Prozeßvergleich wie bei BLAH Anh § 307 ZPO. Sie geschieht auch in einer eingereichten Urkunde zB eines außergerichtlichen Vergleichs nach § 779 BGB, aber auch außerhalb von ihr, LG Kassel JB **03**, 432. Auch ein zB nach § 10 FamFG Bevollmächtigter kann sie wirksam erklären. Der Erklärende muß nicht ein Verfahrensbeteiligter sein, Schlesw JB **98**, 1038. Denn gerade ein Dritter mag allen Beteiligten als Übernehmer nur zu recht sein. Die Erklärung muß sich zunächst auch auf die Gerichtskosten beziehen. Sie ist nach Rn 6 nach § 133 BGB auslegbar. Sie erfaßt im Zweifel nur die Kosten der gerade stattfindenden Beurkundung, Köln JB **94**, 173, LG Hann JB **96**, 31. Wegen Z 2 Hs 2 vgl § 29 GKG Rn 17–20, Teil I A dieses Buchs.

Eine solche Erklärung liegt auch insoweit vor, als man einen solchen *Vertrag*, in dem der eine Teil die Kosten übernommen hat, mit dem Wissen und Wollen dieses Vertragspartners dem Gericht mitteilt, oder wenn eine solche Mitteilung an den Notar erfolgt. Das gilt dann freilich auch unabhängig vom Schicksal des beurkundeten Vertrags. § 14 IV 1 BNotO hindert den Notar nicht an einer Übernahme nach Z 2, Celle DNotZ **94**, 119.

B. Wirkung der Erklärung usw. Eine Übernahmeerklärung in einem Vertrag 5 oder Vergleich allein wirkt nur zwischen den Vergleichspartnern, KG DB **85**, 1837, Schlesw DNotZ **78**, 632. Freilich kann eine solche Erklärung zugleich eine nach Rn 4 ausreichende Erklärung nach § 29 Z 1 gegenüber einem beurkundenden Notar bedeuten (Vorsicht!). Die Übernahme der Kosten eines notariellen Unterhaltsvertrags durch den Schuldner erfaßt die Anwaltskosten des Gläubigers, AG Essen FamRZ **89**, 889. Soweit der ursprüngliche Kostenschuldner eine persönliche Gebührenfreiheit hat, trägt der Übernehmer nur diejenigen Kosten, die auch dem ursprünglichen Schuldner entstanden wären, also evtl die Auslagen. Dasselbe gilt bei einer sachlichen Gebührenfreiheit. Die befreiende Schuldübernahme nach § 414 BGB braucht eine Genehmigung der Staatskasse.

C. Auslegung der Erklärung usw. Man muß die Frage, ob der Erklärende Kos- 6 tenschuldner oder nur Zahlstelle werden will, nach den Umständen nach § 133 BGB auslegen, Düss JB **10**, 602. Maßgeblich ist, ob die Erklärung den Übernahmewillen gegenüber dem Notar verdeutlicht, auch wenn man an sie keine hohen Anforderungen stellt, BayObLG DNotZ **85**, 563. Eine bloße Zahlstelle ist nach Rn 7 zB dann gemeint, wenn ein Notar schreibt: „Kosten zahle ich" oder „Kosten sind bei mir zu erheben".

D. Übernahmebereitschaft. Die Bereitschaft zur Übernahme nach Z 2 liegt 7 demgegenüber zB dann vor, wenn es heißt: „Für die Kosten stehe ich ein". Freilich kann diese Formulierung auch bedeuten, daß der Erklärende nur zur Übernahme eines bestimmten begrenzten Kostenrisikos bereit ist, Köln JB **92**, 615. Das gilt zB einer Bürgschaft für die Kostenschuld eines anderen Beteiligten nach §§ 765 ff BGB etwa durch eine „Gutsage", Hamm Rpfleger **75**, 37, Köln JB **94**, 174, aM zB Klässel DRiZ **76**, 390 (aber man darf solche Erklärung nicht einfach sehr weit auslegen, Rn 6). Vgl auch § 29 GKG Rn 13, Teil I A dieses Buchs. Köln JB **94**, 174 fordert allgemein einen „verfahrensrechtlichen Erklärungswert"(?). Der Vergleich dahin, die Kosten gegeneinander aufzuheben, kann nach Z 2 auch zur Erstattung der halben Sachverständigenkosten verpflichten, so schon Köln FamRZ **01**, 1472.

Die bloße Übernahme eines *Treuhandauftrags* durch den Notar bedeutet nicht eine Kostenübernahmeerklärung durch ihn, Celle DNotZ **94**, 118. Dasselbe gilt bei einer bloßen Bitte des Notars, die Kosten bei ihm anzufordern, LG Bayreuth JB **94**, 558. Auch die Erklärung eines Miterben über die Ausübung des Vorkaufsrechts ist keine eindeutige Übernahme der Kosten, Düss JB **94**, 283. Eine Kostenübernahme liegt aber in der Erklärung des Notars „Für die Kosten übernehme ich die persönliche Haftung", Schlesw DNotZ **89**, 711.

E. Übernahmefolgen. Die Übernahme der Kostenschuld begründet eine gesamt- 8 schuldnerische Haftung nach § 32 I, BayObLG **84**, 180. Sie beseitigt nicht die Pflichten anderer Kostenschuldner nach §§ 22 ff. Sie begründet evtl nach § 33 II eine Zweitschuldnerhaftung. Der Übernehmer haftet auch dann, wenn er nicht ein Beteiligter an der Registeranmeldung ist, Schlesw DNotZ **89**, 711. Denn dann hätte er keine eindeutige Übernahme erklären sollen. Er haftet auch, soweit er keine genügenden Mittel besitzt. Er haftet sogar noch nach einer Abrechnung mit den Beteiligten.

5) Gesetzlicher Schuldner, Z 3. Die Vorschrift meint jeden privatrechtlichen 9 Schuldner. Hierher gehören etwa §§ 54, 714, 738 I 2 BGB, BGH NJW **01**, 458, oder §§ 1086, 1415 ff, 1960 II, 1967, 2206, 2213, 2382, 2383 BGB oder §§ 25, 27, 28, 128 HGB, BGH NJW **03**, 1445, oder §§ 130, 139, 161, 171 HGB oder § 278 AktG oder § 8 I PartGG oder Art 24 I EWIV-VO. Es sind dieselben Fälle wie bei § 29 Z 3 GKG, dort Rn 21. Hierher gehört auch zB Gründungsgesellschafter der Vor-GmbH, BayObLG DNotZ **86**, 177. Ein Formwechsel des Schuldners beim Fortbestand seiner Nämlichkeit zB nach §§ 190, 202 I Z 1, 224 UmwG usw ist unerheblich. Das Verhältnis zwischen mehreren an einem Vertrag Beteiligten zB nach (jetzt) § 448 II BGB ist in diesem Zusammenhang unerheblich, BayObLG MDR **94**, 948, Celle Rpfleger **91**, 28, Zweibr Rpfleger **96**, 305. Eine persönliche Gebührenfreiheit steht einer Inanspruchnahme nach Z 3 nicht entgegen. Die Haftung umfaßt

GNotKG §§ 27–29

sowohl die Zahlung als auch eine Duldung der Zwangsvollstreckung zB nach §§ 737, 743, 748 ZPO in Verbindung mit § 95 I FamFG.

10 Ein *Miterbe* haftet wegen des nicht von ihm persönlich beantragten gemeinschaftlichen Erbscheins nicht, Stgt JB **78**, 407.

11 **6) Verpflichteter, Z 4.** Die Vorschrift entspricht dem § 29 Z 4 GKG, dort Rn 36, und dem § 24 Z 4 FamGKG, Teile I A, B dieses Buchs. Sowohl bei einer Vollstreckung nach dem FamFG als auch bei derjenigen nach § 788 ZPO in Verbindung mit § 95 I FamFG gilt: Der Verpflichtete ist neben dem Antragsteller ein unmittelbarer Kostenschuldner. Soweit das Grundbuchamt auf Grund eines Ersuchens des Finanzamts in einem Sicherheitsbescheid eine Sicherungshypothek eingetragen hat, haftet der Steuerschuldner unmittelbar für die Kosten der Eintragung, Köln Rpfleger **77**, 459. Das gilt selbst dann, wenn auf Grund seines nachträglichen Antrags ein Aufteilungsbescheid ergeht, wonach seine Steuerschuld bei einer getrennten Veranlagung der Ehegatten 0 EUR beträgt, Hamm Rpfleger **75**, 266.

12 Es ist unerheblich, ob der Vollstreckungstitel *sachlich richtig* ergangen ist, Köln JB **80**, 910. Man muß die Frage, ob es sich um notwendige Kosten der Vollstreckung handelt, ebenso wie bei §§ 788, 91 ZPO, §§ 80 ff FamFG beurteilen, ähnlich wie bei § 29 GKG Rn 36, Düss Rpfleger **75**, 265, Hamm Rpfleger **75**, 266, Köln Rpfleger **86**, 240.

13 Ein *Rückerstattungsanspruch* etwa wegen eines Wegfalls des Vollstreckungstitels besteht grundsätzlich nach §§ 788 III, 945 ZPO nur gegenüber dem Forderungsgläubiger, Köln JB **80**, 910. Er besteht ausnahmsweise gegenüber der Staatskasse, etwa nach § 122 I Z 1a ZPO bei einer Verfahrenskostenhilfe.

Unanwendbar ist Z 4, soweit es im Straf- oder Ermittlungsverfahren nur um eine Sicherungshypothek nach § 111d I 1 StPO geht, Köln Rpfleger **04**, 735 (dann ist § 464a I StPO anwendbar). Unanwendbar ist Z 4 ferner bei § 44 VI 1 IntFamRVG (Kindesheraus- oder -rückgabe) gegenüber dem Kind.

Erlöschen der Zahlungspflicht

28 ¹Die durch gerichtliche Entscheidung begründete Verpflichtung zur Zahlung von Kosten erlischt, soweit die Entscheidung durch eine andere gerichtliche Entscheidung aufgehoben oder abgeändert wird. ²Soweit die Verpflichtung zur Zahlung von Kosten nur auf der aufgehobenen oder abgeänderten Entscheidung beruht hat, werden bereits gezahlte Kosten zurückerstattet.

1 **1) Geltungsbereich.** Die Vorschrift stimmt praktisch wörtlich mit § 30 GKG überein. Vgl daher dort, Teil I A dieses Buchs.

Unterabschnitt 2. Notarkosten

Kostenschuldner im Allgemeinen

29 Die Notarkosten schuldet, wer
1. den Auftrag erteilt oder den Antrag gestellt hat,
2. die Kostenschuld gegenüber dem Notar übernommen hat oder
3. für die Kostenschuld eines anderen kraft Gesetzes haftet.

Schrifttum: Vgl die Übersicht vor § 85.

1 **1) Geltungsbereich, Z 1–3.** Die Vorschrift stimmt wie folgt überein: In Z 1 Fall 2 mit § 22 I, ferner mit §§ 22 I 1 GKG, § 21 I 1 FamGKG, Teile I A, B dieses Buchs; in Z 2 mit §§ 29 Z 2 GKG, 24 Z 2 FamGKG; in Z 3 mit §§ 29 Z 3 GKG, 24 Z 3 FamGKG. Vgl daher jeweils dort. Neu ist nur Z 1 Fall 1 mit seiner Haftung des Auftraggebers des Notars. Sie ergibt sich schon aus dem Notarvertrag mit ihm sachlichrechtlich und ist ohnehin selbstverständlich. Die Bitte um Änderung eines Entwurfs kann ein Antrag nach Z 1 sein, Düss JB **17**, 319 links. Ein Makler ist nach § 164 I 2 BGB meist nicht Auftraggeber, Düss NZM **17**, 155 (zustm Granstedt),

etwas strenger Hamm FGPrax **15**, 279. Eine bloße Terminsverlegungsbitte reicht für Z 1 nicht, BGH FGPrax **17**, 90. Hamm FGPrax **17**, 191 verneint auch das Ausreichen einer nur schuldrechtlichen Übernahme. Das ist viel zu streng.

Kein Kostenschuldner ist der bloße Teilnehmer an einer Besprechung und Entgegennehmer des zB vom Ehegatten erbetenen Entwurfs, Nürnb FamRZ **15**, 166 (noch zur KostO).

Haftung der Urkundsbeteiligten

30 ^I Die Kosten des Beurkundungsverfahrens und die im Zusammenhang mit dem Beurkundungsverfahren anfallenden Kosten des Vollzugs und der Betreuungstätigkeiten schuldet ferner jeder, dessen Erklärung beurkundet worden ist.

^{II} Werden im Beurkundungsverfahren die Erklärungen mehrerer Beteiligter beurkundet und betreffen die Erklärungen verschiedene Rechtsverhältnisse, beschränkt sich die Haftung des Einzelnen auf die Kosten, die entstanden wären, wenn die übrigen Erklärungen nicht beurkundet worden wären.

^{III} Derjenige, der in einer notariellen Urkunde die Kosten dieses Beurkundungsverfahrens, die im Zusammenhang mit dem Beurkundungsverfahren anfallenden Kosten des Vollzugs und der Betreuungstätigkeiten oder sämtliche genannten Kosten übernommen hat, haftet insoweit auch gegenüber dem Notar.

1) Geltungsbereich, I–III. Die Vorschrift tritt ergänzend zu § 29 hinzu („schuldet ferner").   **1**

2) Beurkundung, Vollzug, Betreuung, I. Kostenschuldner der in I genannten **2** Tätigkeiten ist jeder, dessen Erklärung der Notar beurkundet hat. Das gilt bei jeder Erklärung, auch einer nur einseitigen. Eine Erklärung nur eines von mehreren Beteiligten usw fällt unter II.

3) Mehrheit von Erklärungen, II. Es müssen mehrere Bedingungen zusammentreffen.   **3**

A. Mehrere Beteiligte. Der Notar muß Erklärungen mehrerer an gerade diesem Beurkundungsverfahren nach §§ 97 ff Beteiligter beurkunden. Ein nicht als Erklärung zwecks Beurkundung bewertbarer Vorgang reicht nicht, ebensowenig eine Mehrheit von Erklärungen nur desselben Beteiligten. Das Gewicht der Erklärungen ist nur nach Rn 5 beachtbar.

B. Verschiedene Rechtsverhältnisse. Die mehreren Erklärungen nach Rn 3 **4** müssen „verschiedene Rechtsverhältnisse" und nicht nur ein einzelnes betreffen. Rechtsverhältnis ist der in § 86 Rn 1 erläuterte Begriff. Ob gleich mehrere Rechtsverhältnisse vorliegen, läßt sich rechtlich nur unter Mitbeachtung wirtschaftlicher oder auch immaterieller Umstände klären, oft nur mühsam. Dem Grundsatz einer möglichsten Kostenverschonung in § 1 I entspricht am ehesten eine eher großzügige Bejahung einer Mehrheit. Denn nur sie kann zur Begrenzung der Kostenhaftung nach II führen.

C. Kostenhaftungsgrenzen. Unter der Voraussetzung Rn 3, 4 beschränkt sich **5** die Haftung auf diejenigen Kosten, die auch ohne die übrigen Erklärungen eingetreten wären.

4) Übernahmehaftung, III. Sie besteht stets unabhängig von §§ 29, 30 I, II. Das **6** ist praktisch dasselbe wie bei § 29 Z 2.

Besonderer Kostenschuldner

31 ^I Schuldner der Kosten, die für die Beurkundung des Zuschlags bei der freiwilligen Versteigerung eines Grundstücks oder grundstücksgleichen Rechts anfallen, ist vorbehaltlich des § 29 Nummer 3 nur der Ersteher.

^{II} Für die Kosten, die durch die Errichtung eines Nachlassinventars und durch Tätigkeiten zur Nachlasssicherung entstehen, haften nur die Erben, und zwar nach den Vorschriften des Bürgerlichen Gesetzbuchs über Nachlassverbindlichkeiten.

GNotKG §§ 31, 32   III. Gerichts- und Notarkostengesetz

III ¹Schuldner der Kosten der Auseinandersetzung eines Nachlasses oder des Gesamtguts nach Beendigung der ehelichen, lebenspartnerschaftlichen oder fortgesetzten Gütergemeinschaft sind die Anteilsberechtigten; dies gilt nicht, soweit der Antrag zurückgenommen oder zurückgewiesen wurde. ²Ferner sind die für das Amtsgericht geltenden Vorschriften über die Kostenhaftung entsprechend anzuwenden.

1   **1) Geltungsbereich, I–III.** Die Vorschrift übernimmt in I den früheren § 53 VI 1 KostO, in II einen Teil von § 6 S 1 KostO, in III etwa den § 116 VI KostO.

Unterabschnitt 3. Mehrere Kostenschuldner

Mehrere Kostenschuldner

32   **I** Mehrere Kostenschuldner haften als Gesamtschuldner.

II Sind durch besondere Anträge eines Beteiligten Mehrkosten entstanden, so fallen diese ihm allein zur Last.

Gliederung

1) Systematik, I, II	1
2) Regelungszweck, I, II	2
3) Gesamthaftung, I	3–5
A. Grundsatz	3
B. Beispiele zur Frage einer Gesamthaftung nach I	4, 5
4) Besonderer Antrag, II	6

1   **1) Systematik I, II.** Die Vorschrift entspricht § 31 GKG, §§ 26, 27 FamGKG, § 19 JVKostG, § 13 II GvKostG, Teile I A, B, VIII, XI dieses Buchs. Sie ergänzt §§ 22 ff für den häufigen Fall der Beteiligung mehrerer. Bei Notarkosten gilt vorrangig § 30 II.

2   **2) Regelungszweck I, II.** Einerseits dient die Vorschrift in I der Vereinfachung unter einer stillschweigenden Bezugnahme auch auf §§ 420 ff BGB. Andererseits stellt die differenzierte Gesamtregelung die Bemühung um eine ausgewogene Kostengerechtigkeit dar. Man sollte beide nicht ganz übereinstimmenden Ergänzungen auf dem Boden des Grundsatzes einer dem Kostenschuldner günstigen Auslegung nach § 1 I abgewogen handhaben.

3   **3) Gesamthaftung, I.** Ein nicht ganz einfacher Grundsatz hat manche Auswirkungen.

A. Grundsatz. Mehrere Kostenschuldner irgendwelcher Art haften bei demselben Geschäft wegen desselben Gesamtbetrags auch als Gesamtschuldner, BayObLG Rpfleger **92**, 223, Düss DNotZ **86**, 764. Das gilt unabhängig davon, ob auch im Innenverhältnis der mehreren Kostenschuldner sachlichrechtlich eine Gesamtschuldnerschaft besteht. Die Staatskasse kann sich also formell nach ihrem Belieben und zumindest nach ihrem pflichtgemäßen Ermessen anders als bei § 31 II 1 GKG ohne eine gesetzliche Rangfolge unter einer Abwägung der Umstände im Außenverhältnis an jeden nach § 421 S 1 BGB insgesamt haftenden Kostenschuldner wegen eines Teil- oder des Gesamtbetrags halten.

4   **B. Beispiele zur Frage einer Gesamthaftung nach I**
Arglist: Rn 5 „Notar".
Ausgleichsanspruch: Jeder zahlende Gesamtschuldner hat gegen die anderen grds einen Ausgleichsanspruch nach § 426 BGB. Das gilt auch zugunsten desjenigen, der im Außenverhältnis eine Kostenübernahme erklärt hat.
Duldungspflicht: Rn 5 „Kostenschuldner kraft Gesetzes".
Einschränkung: I 1 läßt sich nicht vertraglich einschränken, BGH VersR **82**, 161. S auch Rn 5 „Kostenübernahme".
Erbauseinandersetzung: Rn 5 „Miterbe".
Forderungsübergang: Rn 5 „Übergang".
Gesamthypothek: Man muß §§ 1173, 1174 BGB mitbeachten.

5   **Gesellschaft:** Eine BGB-Außengesellschaft kann als solche auftreten, BGH **146**, 341, Habersack BB **01**, 477, Schmidt NJW **01**, 993. Sie ist hier dann *ein* Schuldner. Daneben oder anstelle der Gesellschaft können mehrere oder alle Gesellschafter auftreten, zB aus Kostenerwägungen. Diese letzteren Gesellschafter sind jeder ein Schuldner. Die Situation ist derjenigen in § 7 RVG nebst VV 1008 amtliche Anmerkung ähnlich, Teil X dieses Buchs. Sie ähnelt auch derjenigen in § 31 GKG, dort Rn 5, Teil I A dieses Buchs.

Kostenschuldner kraft Gesetzes: Bei einer Haftung nach § 27 Z 3 gilt insofern eine Besonderheit, als aus § 32 nicht die persönliche Haftung für die Kostenschuld folgt. Sie tritt nur nach dem bürgerlichen Recht ein. Wer die Zwangsvollstreckung nur dulden muß, haftet auch nach § 27 Z 3 nur auf eine Duldung.

Kostenübernahme: Anwendbar ist I voll auch bei einer ausdrücklichen Kostenübernahme durch einen Vertragspartner. Die übrigen Kostenschuldner bleiben also Gesamtschuldner, BGH VersR **82**, 161, Düss WoM **93**, 556.

S auch Rn 4 „Ausgleichsanspruch", „Einschränkung".

Miterbe: Bei ihm gilt vorrangig § 24.

Nämlichkeit: Es muß sich natürlich um dieselbe Kostenschuld handeln.

Notar: Anwendbar ist I ohne eine Bindung nach Art des Kostenbeamten nach § 8 III KostVfg, Teil VII A dieses Buchs, BayObLG Rpfleger **92**, 223, Düss DNotZ **86**, 765, Ffm OLGR **98**, 282.

Eine *Grenze* bildet natürlich eine etwaige Arglist, BayObLG Rpfleger **92**, 223 (krit Röseler).

Übergang: Ein Grundpfandrecht kann nach §§ 401, 412 BGB mit der Zahlung auf den Zahlenden übergehen.

Zweitschuldner: Das GNotKG kennt ihn (jetzt) in § 33 II. Auch sieht § 8 III KostVfg, Teil VII A dieses Buchs, eine den Kostenbeamten zunächst bindende Reihenfolge der Inanspruchnahme vor, Düss JB **94**, 501. Ihre Verletzung ermöglicht eine Dienstaufsichtsbeschwerde und eine Anfechtung nach § 30a EGGVG, Teil XII B dieses Buchs.

4) Besonderer Antrag, II. Infolge eines besonderen Antrags eines Beteiligten können Mehrkosten entstehen. Soweit man nicht schon § 30 II hierher rechnen will, kommt in der Hauptsache nur ein Mehrbetrag wegen der Dokumentenpauschale für besonders beantragte Ablichtungen usw in Betracht. Diese Mehrkosten fallen demjenigen allein zur Last, der den besonderen Antrag gestellt hat.

Erstschuldner der Gerichtskosten

33 I ¹Soweit ein Kostenschuldner im gerichtlichen Verfahren aufgrund von § 27 Nummer 1 oder Nummer 2 (Erstschuldner) haftet, soll die Haftung eines anderen Kostenschuldners nur geltend gemacht werden, wenn eine Zwangsvollstreckung in das bewegliche Vermögen des Erstschuldners erfolglos geblieben ist oder aussichtslos erscheint. ²Zahlungen des Erstschuldners mindern seine Haftung aufgrund anderer Vorschriften dieses Gesetzes auch dann in voller Höhe, wenn sich seine Haftung nur auf einen Teilbetrag bezieht.

II ¹Soweit einem Kostenschuldner, der aufgrund von § 27 Nummer 1 haftet (Entscheidungsschuldner), Verfahrenskostenhilfe bewilligt worden ist, darf die Haftung eines anderen Kostenschuldners nicht geltend gemacht werden; von diesem bereits erhobene Kosten sind zurückzuzahlen, soweit es sich nicht um eine Zahlung nach § 13 Absatz 1 und 3 des Justizvergütungs- und -entschädigungsgesetzes handelt oder der Beteiligte, dem die Verfahrenskostenhilfe bewilligt worden ist, der besonderen Vergütung zugestimmt hat. ²Die Haftung eines anderen Kostenschuldners darf auch nicht geltend gemacht werden, soweit dem Entscheidungsschuldner ein Betrag für die Reise zum Ort einer Verhandlung, Anhörung oder Untersuchung und für die Rückreise gewährt worden ist.

III Absatz 2 ist entsprechend anzuwenden, soweit der Kostenschuldner aufgrund des § 27 Nummer 2 haftet und wenn

1. der Kostenschuldner die Kosten in einem vor Gericht abgeschlossenen oder durch Schriftsatz gegenüber dem Gericht angenommenen Vergleich übernommen hat,

2. der Vergleich einschließlich der Verteilung der Kosten von dem Gericht vorgeschlagen worden ist und

GNotKG §§ 33, 34   III. Gerichts- und Notarkostengesetz

3. das Gericht in seinem Vergleichsvorschlag ausdrücklich festgestellt hat, dass die Kostenregelung der sonst zu erwartenden Kostenentscheidung entspricht.

1   **1) Geltungsbereich, I–III.** Die Vorschrift entspricht in I, II fast wörtlich dem § 31 II, III GKG und dem § 26 II, III FamGKG, Teile I A, B dieses Buchs. Vgl daher insoweit bei § 31 GKG.

2   *III* macht II entsprechend anwendbar, soweit eine Kombination der grundsätzlichen Haftungsübernahme nach § 27 Z 2 und der in § 33 III Z 1–3 zusätzlich aufgestellten Bedingungen eintritt. Es muß sich also um einen solchen Verfahrensvergleich handeln, bei dem der Kostenschuldner die Kosten gerade entsprechend einem Vorschlag des Gerichts übernommen hat und bei dem das Gericht schon in seinem Vorschlag ausdrücklich festgestellt hatte, daß ohne Vergleich eine Kostengrundentscheidung gleicher Art bevorstehe. Nur dann ist eine vorrangige Erstschuldnerhaftung nach I, II vertretbar. Deshalb muß man die Voraussetzungen von III Z 1–3 insgesamt streng prüfen. Im Zweifel also zwar § 27 Z 2, aber nicht § 33 III.

Abschnitt 6. Gebührenvorschriften

Wertgebühren

34   ^I Wenn sich die Gebühren nach dem Geschäftswert richten, bestimmt sich die Höhe der Gebühr nach Tabelle A oder Tabelle B.

^{II} ¹Die Gebühr beträgt bei einem Geschäftswert bis 500 Euro nach Tabelle A 35 Euro, nach Tabelle B 15 Euro. ²Die Gebühr erhöht sich bei einem

Geschäftswert bis ... Euro	für jeden angefangenen Betrag von weiteren ... Euro	in Tabelle A um ... Euro	in Tabelle B um ... Euro
2 000	500	18	4
10 000	1 000	19	6
25 000	3 000	26	8
50 000	5 000	35	10
200 000	15 000	120	27
500 000	30 000	179	50
über 500 000	50 000	180	
5 000 000	50 000		80
10 000 000	200 000		130
20 000 000	250 000		150
30 000 000	500 000		280
über 30 000 000	1 000 000		120

^{III} Gebührentabellen für Geschäftswerte bis 3 Millionen Euro sind diesem Gesetz als Anlage 2 beigefügt.

^{IV} Gebühren werden auf den nächstliegenden Cent auf- oder abgerundet; 0,5 Cent werden aufgerundet.

^V Der Mindestbetrag einer Gebühr ist 15 Euro.

1   **1) Geltungsbereich, I–V.** Die Vorschrift ähnelt § 34 GKG, § 32 FamGKG, Teile I A, B dieses Buchs. Sie gilt auch beim Notar. Sie erfaßt nur Wertgebühren nach Einl II A 10, 11, dann aber auch Rahmengebühren nach Einl II A 12, 13.

2   **2) Gebührentabellen, I–III.** Abweichend von § 32 aF gibt es jetzt zwei Tabellen: A und B. Die letztere enthält wesentlich geringere Beträge. Welche Tabelle jeweils anwendbar ist, zeigt im Kostenverzeichnis (in diesem Buch zur Unterscheidung von den Verzeichnissen des GKG, des FamGKG, des JVKostG, des RVG und des GVKostG: KVfG) die rechte Spalte mit ihrer Verweisung auf A oder B. Die Tabellen befinden sich im SchlAnh C dieses Buchs in der Fassung der amtlichen Anlage 2 des GNotKG mit ihrem dort errechneten Umfang bis zu einem Wert von 3 000 000 EUR. Im übrigen errechnet man den Betrag aus II 2.

3) Auf-, Abrundung, IV. Vgl § 14 II 2 RVG, Teil X dieses Buchs. Es gibt eine 3 buchstäblich centgenaue Regelung. Sie bezieht sich nur auf die Gebühren, nicht auf Auslagen. Sie gilt daher beim Notar auch nicht für seine Umsatzsteuer. Man muß jede im Gesetz selbständig genannte Wertgebühr auf- oder abrunden.

4) Mindestgebühr, V. Wie die amtliche Überschrift des Abschnitts 6 „Gebühren- 4 vorschriften" und sodann die amtliche Überschrift von § 34 mit der Eingrenzung „Wertgebühren" zeigt, gilt auch V mit seiner Mindestgebühr eben nur bei einer Wertgebühr nach Rn 1. Mit dieser Einschränkung kann V freilich auch dann mitbeachtbar sein, wenn es um eigentlich der Landesgesetzgebung vorbehaltene Gebühren geht, BVerfG NJW **81**, 2401.

5) Berechnung, V. Auch ein Gebührenbruchteil muß mindestens 15 EUR betra- 5 gen. Unter Umständen kann man von einem Betroffenen nur einen solchen Bruchteil fordern. Das gilt etwa bei einer Gebührenfreiheit eines Beteiligten nach § 2. Die Mindestgebühr entsteht, soweit ein Geschäftswert ganz fehlt, LG Siegen Rpfleger **86**, 182 (mit zu Recht anderem Ergebnis im dortigen Fall). Eine Ab- oder Aufrundung findet theoretisch nach IV statt.

Abschnitt 7. Wertvorschriften

Unterabschnitt 1. Allgemeine Wertvorschriften

Grundsatz

35 ^I In demselben Verfahren und in demselben Rechtszug werden die Werte mehrerer Verfahrensgegenstände zusammengerechnet, soweit nichts anderes bestimmt ist.

^{II} Der Geschäftswert beträgt, wenn die Tabelle A anzuwenden ist, höchstens 30 Millionen Euro, wenn die Tabelle B anzuwenden ist, höchstens 60 Millionen Euro, wenn kein niedrigerer Höchstwert bestimmt ist.

Gliederung

1) Systematik, I, II	1
2) Regelungszweck, I, II	2
3) Mehrheit selbständiger Gegenstände, I	3
4) Geschäftswert, II	4–8
A. Begriff	4
B. Verfahrensgegenstand	5
C. Fälligkeit	6
D. Haupt- und Nebengegenstand	7
E. Höchstwerte 30 oder 60 Millionen EUR	8

1) Systematik, I, II. Die Vorschrift entspricht fast wörtlich § 39 I GKG und teil- 1 weise § 39 II GKG sowie § 22 II RVG, Teile I A, X dieses Buchs. In dem mit § 35 beginnenden Abschnitt legt das Gesetz also oft für die Gebührenhöhe entscheidenden Anknüpfungsmaßstab fest, den Wert der Angelegenheit. Freilich finden sich auch in anderen Teilen des GNotKG solche dann vorrangigen Wertbestimmungen. Ferner gibt es Festgebühren nach Einl II A 14. §§ 35, 36 enthalten den Grundsatz, §§ 37 ff zeigen Durchführungen des Grundsatzes. Dabei dient § 36 zugleich als eine Auffangvorschrift. §§ 35 ff sind mit dem GG und dem Europarecht vereinbar, (je zum alten Recht) BVerfG NJW **04**, 3321, Stgt JB **05**, 324, Zweibr RR **03**, 235. Dem II gehen speziellere Regeln vor, KVfG amtliche Vorbemerkung 2.5.3 II.

2) Regelungszweck, I, II. Durch die Anknüpfung an den Geschäftswert dient 2 die Vorschrift der Kostengerechtigkeit. Sie enthält keine Rahmengebühren nach Einl II A 12, 13 oder Festgebühren nach Einl II A 14, obwohl man insbesondere letztere einfacher handhaben könnte. Diese Entscheidung verpflichtet zur Sorgfalt bei der Wertermittlung, so kompliziert und mühsam diese auch oft genug sein mag. Der Grundsatz einer dem Kostenschuldner günstigen Auslegung nach § 1 I darf nicht dazu führen, daß man beim geringsten Zweifel einfach irgendeinen niedrigeren Wert ansetzt. Wenn Wertrahmen verbleiben, gilt dasselbe. Eine möglichste Annäherung an das wirtschaftlich objektiv Richtige unter einer Mitbeachtung persönlicher Interessen der Beteiligten bleibt der richtige Anwendungsmaßstab, Köln JB **00**, 252.

3   3) **Mehrheit selbständiger Gegenstände, I.** Wenn in demselben Verfahren und in demselben Rechtszug die mehreren Gegenstände selbständig sind, muß man sie in der Regel zusammenrechnen, Düss FamRZ **02**, 762, Hamm MDR **15**, 1328. Evtl ist allerdings die Zusammenrechnung ausdrücklich unstatthaft. Soweit eine Vorschrift über die Wertberechnung dann fehlt, muß man die Berechnung nach den Grundregeln des Kostenrechts und nach ihrem Sinnzusammenhang vornehmen.

4   4) **Geschäftswert, II.** Es empfehlen sich mehrere Prüfschritte. Stets muß man den absoluten Höchstwert nach II mitbeachten.
   A. Begriff. Während die ZPO und das GKG vom Streitwert spricht, das RVG vom Gegenstandswert, das FamGKG vom Verfahrenswert, geht das GNotKG von dem Begriff Geschäftswert aus. Grundsätzlich muß man die Gebühren nach demjenigen Geschäftswert berechnen, den das Amtsgeschäft im Zeitpunkt der Fälligkeit nach §§ 8 ff hat. Von diesem Grundsatz kennt das Gesetz allerdings viele Ausnahmen.

5   **B. Verfahrensgegenstand.** Das ist dasjenige Recht oder Rechtsverhältnis, zu dem sich die Vorgänge zusammenschließen. Der Verfahrensgegenstand entspricht dem Streitgegenstand des Zivilprozesses nach BLAH § 2 ZPO Rn 4, der Geschäftswert entspricht dem Streitwert des Zivilprozesses und dem Verfahrenswert des FamFG. Es entscheidet nicht das Interesse der Beteiligten an dem Geschäft, das unterschiedlich groß sein kann, sondern der objektive Wert des Geschäfts, BayObLG JB **85**, 583, Schlesw RR **00**, 1599, begrenzt durch einen etwa erforderlichen Antrag. Bei einer Genehmigung mehrerer Jahresabschlüsse ist jeder Jahresabschluß maßgeblich, nicht etwa das Gesamtergebnis.
   Bei einem *Kaufvertrag* kommt es nicht auf den Hinweis an, daß noch Erschließungskosten anfallen. Es kommt auch nicht auf den Vermögensgegenstand der letzten Erklärung an.

6   **C. Fälligkeit.** Der maßgebliche Zeitpunkt für die Bewertung liegt regelmäßig bei der Beendigung des Geschäfts, § 9 I Z 1–5 (dortiger Grundgedanke), BayObLG MDR **92**, 82, Ffm MDR **78**, 150. Daher ist eine auch nur deutlich absehbare Wertänderung zwischen dem Beginn und der Beendigung des Geschäfts stets beachtbar, BayObLG MittBayNot **96**, 401, Düss MittBayNot **94**, 360, LG Nürnb-Fürth JB **93**, 599. Eine Entwicklung erst nach dieser Beendigung ist unbeachtbar, Ffm JB **77**, 1752. Nicht jede Änderung eines Rechtsverhältnisses bedeutet aber zugleich eine Wertänderung, Ffm JB **77**, 1752. Andererseits kann zB ein alsbaldiger Weiterverkauf einen Rückschluß auf den Wert beim Erstverkauf zulassen, Düss MittBayNot **94**, 360.

7   **D. Haupt- und Nebengegenstand.** Vgl zunächst § 37. Soweit ein Gegenstand nur zum Teil betroffen ist, ist nach § 56 auch nur dieser Teil für den Wert maßgebend.

8   **E. Höchstwerte 30 oder 60 Millionen EUR.** Nach II gibt es aus sozialen Erwägungen je Gegenstand des Geschäfts einen absoluten Höchstwert, wie bei § 39 II GKG, § 33 II FamGKG und bei § 22 II RVG, Teile I A, B, X dieses Buchs, Haeder DNotZ **04**, 406 (auch zu den Unterschieden). Er beträgt bei Anwendbarkeit der aus dem KVfG in seiner rechten Spalte jeweils genannten amtlichen Tabelle A 30 000 000 und bei der Tabelle B 60 000 000 EUR.
   Wertzusammenrechnung bleibt ohne eine Begrenzung auf einen Gesamtwert von 60 000 000 EUR möglich, Filzek JB **04**, 579. Das folgt schon daraus, daß dieser Betrag nach II nur gilt, soweit es sich um denselben Geschäftsgegenstand handelt.

Allgemeiner Geschäftswert

36 ¹ Soweit sich in einer vermögensrechtlichen Angelegenheit der Geschäftswert aus den Vorschriften dieses Gesetzes nicht ergibt und er auch sonst nicht feststeht, ist er nach billigem Ermessen zu bestimmen.

Kapitel 1. Vorschriften f. Gerichte u. Notare § 36 GNotKG

II Soweit sich in einer nichtvermögensrechtlichen Angelegenheit der Geschäftswert aus den Vorschriften dieses Gesetzes nicht ergibt, ist er unter Berücksichtigung aller Umstände des Einzelfalls, insbesondere des Umfangs und der Bedeutung der Sache und der Vermögens- und Einkommensverhältnisse der Beteiligten, nach billigem Ermessen zu bestimmen, jedoch nicht über 1 Million Euro.

III Bestehen in den Fällen der Absätze 1 und 2 keine genügenden Anhaltspunkte für eine Bestimmung des Werts, ist von einem Geschäftswert von 5000 Euro auszugehen.

IV ¹Wenn sich die Gerichtsgebühren nach den für Notare geltenden Vorschriften bestimmen, sind die für Notare geltenden Wertvorschriften entsprechend anzuwenden. ²Wenn sich die Notargebühren nach den für Gerichte geltenden Vorschriften bestimmen, sind die für Gerichte geltenden Wertvorschriften entsprechend anzuwenden.

Gliederung

1) **Systematik, I–IV**	1
2) **Regelungszweck, I–IV**	2
3) **Vermögensrechtliche Angelegenheit, I**	3–11
A. Begriff	3
B. Beispiele zur Frage einer vermögensrechtlichen Angelegenheit, I	4–11
4) **Wert: Hilfsnatur des I**	12, 13
5) **Wertermessen, I**	14–43
A. Abwägung	15
B. Kein Mindest- oder Höchstwert	16
C. Kein Regelwert	17
D. Ermittlung von Anhaltspunkten	18, 19
E. Beispiele zur Frage eines Ermessens, I	20–43
6) **Nichtvermögensrechtliche Angelegenheit, II**	44–48
A. Anwendungsbereich	44, 45
B. Beispiele zur Frage einer nichtvermögensrechtlichen Angelegenheit, II	46–48
7) **Wert, II**	49, 50
A. Berücksichtigung aller Umstände	49
B. Höchstwert: 1 Million EUR	50
8) **Keine genügenden Anhaltspunkte, III**	51–58
A. Grundsatz: Hilfsfunktion	51
B. Begriff des Anhaltspunkts usw	52–55
C. Beispiele zur Frage des Fehlens genügender Anhaltspunkte, III	56–58
9) **Wert, III**	59–63
A. Regelwert	60, 61
B. Abweichender Wert	62
C. Niedrigerer Wert	63
10) **Notargebühren, IV**	64
11) **Verstoß, I–IV**	65

1) Systematik, I–IV. Die Vorschrift entspricht etwa §§ 61 ff GKG, Teil I A dieses Buchs. I, III Fall 1 enthalten Regeln zur Ermittlung des Geschäftswerts in einer vermögensrechtlichen Angelegenheit nach Rn 3. II, III Fall 2 gelten entsprechend in einer nichtvermögensrechtlichen Angelegenheit. Diese Regeln gelten als allgemeine Auffangvorschriften gegenüber anderen Vorschriften und insbesondere gegenüber §§ 40 ff nur hilfsweise, BayObLG FamRZ **87**, 1294, Hamm JB **94**, 128, Reuter BB **89**, 715. I ist verfassungsgemäß, BayObLG Rpfleger **83**, 506. III gilt wiederum gegenüber I, II nur hilfsweise, BayObLG JB **91**, 93. 1

III enthält mit Nachrang gegenüber § 98 III 3 Regelungen für *nichtvermögensrechtliche* Angelegenheiten. Für die anderen nichtvermögensrechtlichen Angelegenheiten verweist III auf II. Hier ist also nicht etwa zunächst auch I anwendbar. Vielmehr muß man den Regelwert in III ohne eine vorherige Prüfung nach I zugrunde legen. III ist auch in einer nichtvermögensrechtlichen Angelegenheit nur eine Hilfsvorschrift. II Hs 2 (Höchstwert) ist auch in einer nichtvermögensrechtlichen Angelegenheit gegenüber III vorrangig.

2) Regelungszweck, I–IV. Die Vorschrift hat einen Auffang- und Sammelzweck 2 zur Vermeidung sonst wegen § 1 I gebührenfrei bleibender, aber gebührenbedürftiger Vorgänge, Köln Rpfleger **17**, 303. Insoweit ist § 36 nicht zu eng auslegbar. Freilich

GNotKG § 36 III. Gerichts- und Notarkostengesetz

bleibt innerhalb des ausdrücklich in I, II genannten Ermessens der Grundsatz einer für den Kostenschuldner möglichst günstigen Auslegung mitbeachtbar. Das darf freilich auch nicht etwa dazu führen, mithilfe von § 36 strengere speziellere Vorschriften wegen deren angeblicher Unanwendbarkeit bequem aus sozialen Erwägungen auszuheben. Besonders in einer vermögensrechtlichen Sache dient I, III weder der Bequemlichkeit noch der Kostenersparnis.

3 **3) Vermögensrechtliche Angelegenheit, I.** Aus dem Begriff ergibt sich ein riesiges Anwendungsgebiet.
A. Begriff. Vgl auch BLAH Grdz 11 ff vor § 1 ZPO. Vermögensrechtlich ist jede Angelegenheit, die entweder auf einer vermögensrechtlichen Beziehung beruht oder auf Geld oder Geldeswert geht. Das gilt ohne eine Rücksicht auf ihren Ursprung und Zweck. Es entscheidet die Natur des Rechts, dessen Schutz der Antragsteller begehrt. Die Angelegenheit kann sich also zwar auf ein nichtvermögensrechtliches Verhältnis gründen. Sie ist aber gleichwohl dann vermögensrechtlich, wenn sie eine vermögenswerte Leistung zum Gegenstand hat, LG Bln Rpfleger **82**, 241. Eine vermögensrechtliche Angelegenheit kann in der Form einer Rechtsbegründung, Rechtsänderung, Verfügungsbeschränkung oder in sonstiger Weise vorliegen.

4 **B. Beispiele zur Frage einer vermögensrechtlichen Angelegenheit, I**

Anspruchsänderung: Eine vermögensrechtliche Angelegenheit in Form einer Rechtsänderung liegt vor, soweit es um diejenige Änderung eines bereits bestehenden vermögensrechtlichen Anspruchs geht, die ihrerseits keinen bestimmten Geldwert hat, etwa um eine Vereinbarung der Parteien über eine andere Kündigungsfrist.
S auch Rn 8 „Hypothek", Rn 10 „Unterwerfungsklausel".
Anwartschaft: Eine vermögensrechtliche Angelegenheit in Form einer Rechtsbegründung liegt vor, soweit es sich um den Wert der Anwartschaft eines Nacherben oder Ersatznacherben handelt, BayObLG FER **98**, 108.
Auflassungsvormerkung: Eine vermögensrechtliche Angelegenheit in Form einer (Aufhebung einer) Verfügungsbeschränkung liegt vor, soweit es um die Eintragung oder Löschung einer Auflassungsvormerkung geht, BayObLG DB **85**, 334.
5 **Baubeschränkung:** Eine vermögensrechtliche Angelegenheit in Form einer Verfügungsbeschränkung liegt vor, soweit es sich um eine Baubeschränkung handelt.
Bauverpflichtung: Eine vermögensrechtliche Angelegenheit in Form einer Rechtsbegründung liegt vor, soweit es sich um die Übernahme einer Bauverpflichtung geht, BGH NJW **06**, 1136 (zustm Schmidt), aM Düss MDR **94**, 625, Zweibr FGPrax **99**, 77 (je: es gelte II, III). Tritt sie zu bestehenden Pflichten hinzu, handelt es sich dabei um eine Rechtsänderung.
Beglaubigung: Rn 10 „Unterschrift".
Betreuung: Sie ist nicht stets eine vermögensrechtliche Angelegenheit, BGH FamRZ **17**, 647.
Bürgschaft: Man muß ihre Freigabe nach I bewerten, LG Trier JB **02**, 380 (voller Betrag).
Dingliche Mitberechtigung: Sie ist vermögensrechtlich.
Elterliches Sorgerecht: Eine vermögensrechtliche Angelegenheit *fehlt*, soweit es nur um Fragen der elterlichen Sorge geht, Düss FamRZ **00**, 686 (nach einer Abtrennung), Mü AnwBl **96**, 112.
Energielieferung: Sie richtet sich nach I, Hamm FGPrax **16**, 185 rechts.
Erbauseinandersetzung: Eine vermögensrechtliche Angelegenheit in Form einer Rechtsänderung liegt vor, soweit es sich um eine Erbauseinandersetzung handelt.
6 **Erbbaurecht:** Eine vermögensrechtliche Angelegenheit in Form einer Verfügungsbeschränkung liegt vor, soweit es sich um die Zustimmung des Eigentümers zu einer Belastung des Erbbaurechts handelt, Hamm Rpfleger **82**, 489.
Eine vermögensrechtliche Angelegenheit liegt ferner vor, soweit es um die Ersetzung der Zustimmung des Eigentümers zu einer *Veräußerung* des Erbbaurechts geht, BayObLG AnwBl **83**, 29, Düss FGPrax **08**, 84, LG Osnabr AnwBl **89**, 107.
Eine derartige Angelegenheit liegt ferner vor, soweit es um eine *Wertsicherungsklausel* für den Erbbauzins geht, KG FGPrax **99**, 73 (15% des Erbbaurechts).

Erbschein: Eine vermögensrechtliche Angelegenheit liegt vor, soweit es um die Erteilung eines Erbscheins geht, BayObLG VersR **05**, 822, oder um dessen Beschränkung, Einziehung usw. Wegen des wirtschaftlichen Interesses BayObLG FamRZ **05**, 822, wegen desjenigen beim Auslandsvermögen BayObLG FamRZ **98**, 515 (Schweiz).
Ersteintragung: Eine vermögensrechtliche Angelegenheit in Form einer Rechtsbegründung liegt vor, soweit es sich um eine Ersteintragung handelt, etwa einer GmbH im Handelsregister, BayObLG **88**, 258.
Euro: Die Eintragung der Umstellung zählt nach I, Ottersbach Rpfleger **99**, 53 (10% des eingetragenen Betrags).
Firma: Rn 10 „Unterschrift". 7
Genehmigtes Kapital: Eine vermögensrechtliche Angelegenheit in Form einer Rechtsänderung liegt vor, soweit es sich um den Hauptversammlungsbeschluß einer Aktiengesellschaft über ein genehmigtes Kapital handelt.
Gesellschaftsanteil: Eine vermögensrechtliche Angelegenheit in Form einer Rechtsänderung liegt vor, soweit es sich um eine rechtsgeschäftliche Vereinbarung außerhalb eines Gesellschaftsverhältnisses handelt. Das gilt etwa bei der Bestimmung des Anteils an einer Offenen Handelsgesellschaft zum Vorbehaltsgut eines Ehegatten oder soweit es um den Wert etwa eines Kommanditanteils geht, BayObLG DNotZ **91**, 401, oder um die Übertragung eines Anteils, Celle JB **02**, 47, aM Vollrath Rpfleger **04**, 21 (die vermögensrechtliche Mitberechtigung sei nur ein kostenrechtlich unbeachtlicher Annex. Aber das Gegenteil ist bei der stets notwendig wirtschaftlichen Betrachtungsweise wegen des Anteils an einer Handelsgesellschaft die Regel).
Getränkelieferung: Rn 8 „Liefervertrag".
Grundbuch: Rn 4 „Auflassungsvormerkung", Rn 7 „Grundschuld", „Grundstücksteilung, -vereinigung, -zuschreibung", Rn 8 „Hypothek", Rn 9 „Rangvorbehalt", „Treuhändersperrvermerk", Rn 11 „Verfügungsbeschränkung", „Vorkaufsrecht".
Grundschuld: Eine vermögensrechtliche Angelegenheit in Form einer Rechtsänderung liegt vor, soweit es um die Umwandlung einer Grundschuld in eine Hypothek oder umgekehrt geht.
S auch Rn 8 „Hypothek".
Grundstücksteilung, -vereinigung, -zuschreibung: Eine vermögensrechtliche Angelegenheit in Form einer Rechtsänderung liegt vor, soweit es sich um die Teilung eines Grundstücks, um die Zuschreibung eines Flurstücks zu einem Grundstück oder um die Vereinigung mehrerer im Grundbuch bisher selbständig eingetragener Grundstücke handelt.
Hypothek: Eine vermögensrechtliche Angelegenheit in Form einer Rechtsänderung 8 liegt vor, soweit es sich um die Umwandlung einer Buchhypothek in eine Briefhypothek handelt oder umgekehrt, oder soweit es um solche Änderungen von Zahlungsbedingungen einer Hypothek geht, die mit einer neuen Unterwerfung des Schuldners unter die sofortige Zwangsvollstreckung verbunden sind, oder soweit es um die Umwandlung mehrerer Verkehrshypotheken in eine einheitliche Sicherungshypothek geht.
S auch Rn 4 „Anspruchsänderung", Rn 7 „Grundschuld".
Identität: S „Nämlichkeit".
Kommanditanteil: Rn 7 „Gesellschaftsanteil".
Kündigung: Rn 4 „Anspruchsänderung".
Liefervertrag: Eine vermögensrechtliche Angelegenheit in Form einer Rechtsbegründung oder -änderung liegt vor, soweit es sich um einen langfristigen Liefervertrag handelt, LG Kblz RR **96**, 64.
Löschung: Rn 11 „Vorkaufsrecht".
Nacherbe: Rn 4 „Anwartschaft".
Nämlichkeit: Eine vermögensrechtliche Angelegenheit liegt vor, soweit es um die Klärung einer Nämlichkeit geht, Hamm Rpfleger **80**, 316.
Patientenverfügung: Sie ist grds *nichtvermögensrechtlich,* Hamm JB **06**, 266. 9
Öffentliche Mittel: Rn 11 „Wohnungsbesetzungsrecht".
Rechtsbeschwerde: Sie ist nicht stets eine vermögensrechtliche Angelegenheit, BGH FamRZ **17**, 647.

Rangvorbehalt: Eine vermögensrechtliche Angelegenheit in Form einer Verfügungsbeschränkung liegt vor, soweit es sich um einen Rangvorbehalt handelt, KG Rpfleger **83**, 178. Denn ein Rangvorbehalt hat meist einen erheblichen Vermögenswert schon im Zusammenhang mit der Belastbarkeit des Grundstücks.
Rücktritt, -verzicht: Es liegt eine nach I abschätzbare vermögensrechtliche Angelegenheit vor, Zweibr FGPrax **00**, 43 (10% des Kaufpreises).
Schuldübernahme: Man muß ihre Genehmigung zB bei einer Grundschuld anläßlich der Veräußerung nach I bewerten, LG Trier JB **02**, 380 (Bruchteil).
Sorgerecht: Rn 5 „Elterliches Sorgerecht".
Sperrvermerk: S „Treuhändersperrvermerk".
Testamentsvollstreckung: Eine vermögensrechtliche Angelegenheit in Form einer Verfügungsbeschränkung liegt vor, soweit es sich um eine Testamentsvollstreckung handelt, BayObLG FamRZ **04**, 1304.
Treuhändersperrvermerk: Eine vermögensrechtliche Angelegenheit in Form einer Verfügungsbeschränkung liegt vor, soweit es sich um einen Treuhändersperrvermerk nach § 72 VAG handelt.

10 **Überwachungsrecht:** Eine vermögensrechtliche Angelegenheit in Form einer Rechtsbegründung, -änderung oder Verfügungsbeschränkung liegt vor, soweit es sich um das Überwachungsrecht zugunsten eines Gesellschafters handelt, Zweibr Rpfleger **87**, 316, LG Frankenth Rpfleger **87**, 315.
Umwandlung: Rn 7 „Grundschuld", Rn 8 „Hypothek".
Unterschrift: Eine vermögensrechtliche Angelegenheit in Form einer Rechtsbegründung oder -änderung liegt vor, soweit es sich um die Beglaubigung einer Firmen- und Unterschriftszeichnung handelt, BayObLG DB **83**, 2621.
Unterwerfungsklausel: Eine vermögensrechtliche Angelegenheit in Form einer Rechtsänderung liegt vor, soweit die Parteien im Hauptvertrag die Unterwerfung des Schuldners unter die „sofortige" Zwangsvollstreckung als eine bloße Nebenabrede behandelt hatten und diese später präzisieren.
S auch Rn 4 „Anspruchsänderung", Rn 8 „Hypothek".

11 **Veräußerungsverbot:** Eine vermögensrechtliche Angelegenheit in Form einer Verfügungsbeschränkung liegt vor, soweit es sich um ein Veräußerungsverbot handelt.
Verfügungsbeschränkung: Eine vermögensrechtliche Angelegenheit liegt vor, soweit es sich um die Eintragung einer Verfügungsbeschränkung wegen eines zum Deckungsstock gehörenden Grundstücks handelt.
Vermögensgesetz: Zum Wert BayObLG FamRZ **99**, 1440.
Vorkaufsrecht: Eine vermögensrechtliche Angelegenheit liegt vor, soweit es um die Löschung eines Vorkaufsrechts geht, BayObLG JB **87**, 605.
Wertsicherungsklausel: Rn 6 „Erbbaurecht".
Wohnungsbesetzungsrecht: Eine vermögensrechtliche Angelegenheit in Form einer Verfügungsbeschränkung liegt vor, soweit es um ein Wohnungsbesetzungsrecht zur Sicherung öffentlicher Wohnungsbauförderungsmittel geht, Düss Rpfleger **92**, 177, Oldb JB **95**, 97, LG Wuppert Rpfleger **91**, 343, aM Oldb Rpfleger **94**, 272 (aber ein solches Recht mindert die Verwertbarkeit ganz erheblich).
Wohnungseigentum: Eine vermögensrechtliche Angelegenheit in Form einer Verfügungsbeschränkung liegt vor, soweit es um die Anfechtung eines Beschlusses der Wohnungseigentümer geht, zB wegen der Entziehung des Wohnungseigentums eines der Beteiligten, AG Hildesh ZMR **87**, 346, oder um die Ablehnung des Vollzugs einer Teilungserklärung nach § 8 WEG, BayObLG JB **97**, 209.
Zahlungsbedingungen: Rn 8 „Hypothek".

12 **4) Wert: Hilfsnatur des I.** I verweist zunächst auf die übrigen Vorschriften „dieses Gesetzes". Das bedeutet: I enthält lediglich Hilfsregeln, Bbg JB **17**, 537. Als anderweitige und damit vorrangige Bewertungsvorschriften kommen zB in Betracht: Bei einer Rangänderung § 45 I; bei der Beurkundung einer Anmeldung und der zugehörigen Eintragung in das Handelsregister § 69 II; bei einer Eintragung im Schiffsregister § 69 II.

13 Eine Bewertung nach I kommt auch dann *nicht* in Betracht, wenn sich der Wert zwar nicht aus anderen Vorschriften des GNotKG ergibt, wenn er aber sonst feststeht.

Das ist zB dann so, wenn es sich um einen bestimmten Geldbetrag handelt oder um eine zugehörige Vollmacht oder Zustimmung usw.

5) Wertermessen, I. Soweit sich in einer vermögensrechtlichen Angelegenheit nach Rn 3 der Wert weder aus anderen Vorschriften des GNotKG ergibt noch sonst feststeht, darf und muß das Gericht ihn zunächst innerhalb eines Ermessens bestimmen. I spricht vom „billigen" Ermessen. In Wahrheit handelt es sich wie fast stets um ein pflichtgemäßes Ermessen. 14

A. Abwägung. Man muß also sämtliche in Betracht kommenden objektiven Umstände berücksichtigen und miteinander abwägen, auch wenn das ausdrücklich nur in II steht. Es gibt hier anders als bei II keinen Höchstwert und im übrigen auch keinen Mindestwert. Maßgebend sind zB: Die Bedeutung der Sache, BayObLG FamRZ **00**, 971; ihre rechtliche Schwierigkeit; der Umfang; der Wert des Geschäftsgegenstands; das Ausmaß seiner Betroffenheit; das Interesse der Beteiligten, BayObLG JB **91**, 92; ihre Vermögenslage; das Ausmaß der Verantwortlichkeit des Notars und sein Haftungsrisiko, Hamm FGPrax **06**, 36, überhaupt alle für den Geschäftswert irgendwie erheblichen Umstände, BayObLG JB **91**, 92, Hamm FGPrax **06**, 36. Einige wenige Anhaltspunkte genügen, soweit sie eine wenigstens annähernde Schätzung ermöglichen, BayObLG FamRZ **90**, 614. Soweit für die in diesem Zusammenhang erforderliche Schätzung genügende tatsächliche Anhaltspunkte ersichtlich sind, ist nach Rn 1 lediglich I, nicht III anwendbar. 15

B. Kein Mindest- oder Höchstwert. Im Rahmen einer nach I möglichen Schätzung bindet also weder ein Mindestwert noch der Höchstwert von 1 000 000 EUR das Gericht wie in II. Das ergibt sich schon aus der Stellung von II gegenüber I. Es wäre auch widersinnig, in einer vermögensrechtlichen ohnehin durchweg verhältnismäßig leicht bezifferbaren Sache unabhängig von dem wahren Betrag feste Höchst- und Mindestwerte anzusetzen. Sie haben nur dann einen Sinn, wenn eine Schätzung so gut wie keine tatsächlichen Anhaltspunkte verwerten kann. 16

C. Kein Regelwert. Ebensowenig darf man im Rahmen eines pflichtgemäßen Ermessens nach I von einem Regelwert ausgehen. Schon gar nicht darf man im Rahmen von I den Regelwert nach III ansetzen. 17

D. Ermittlung von Anhaltspunkten. Das Gericht hat die Amtspflicht, mit aller zumutbaren Sorgfalt auf genügend tatsächliche Anhaltspunkte für eine Schätzung nach I zu *achten*. Es darf und muß dazu auch in gewissem Umfang Ermittlungen anstellen. Es braucht freilich dann keine Ermittlungsarbeit vorzunehmen, wenn die Beteiligten trotz einer Anfrage keinerlei näheren Aufschluß geben, obwohl sie es ersichtlich tun könnten. Andererseits muß das Gericht bei seinen Ermittlungen Artt 2 I, 20 III GG (Rpfl), BVerfG **101**, 404, Art 103 I GG (Richter) beachten. Es muß daher einem Beteiligten eine Gelegenheit zur Äußerung geben, bevor es nach I eine von seinen Angaben erheblich abweichende Schätzung vornimmt. Es darf nicht das eigene Ermessen demjenigen eines schon tätig gewordenen Beschwerdegerichts voranstellen, BayObLG MittBayNot **81**, 45, Hamm MittBayNot **06**, 448. 18

Nach alledem ist I *mit dem GG vereinbar*, BayObLG DB **83**, 2622. 19

E. Beispiele zur Frage eines Ermessens, I 20
Abtretung: Ihre Offenlegung im Kaufvertrag läßt sich nach I mit 10% ihres Betrags bewerten, LG Ffm JB **85**, 751.
Abwesenheitspflegschaft: Maßgeblich ist das wirtschaftliche Interesse, BayObLG FamRZ **00**, 971.
Änderung eines Rechts: S bei den Rechtsarten.
Aktienrecht: Vgl jetzt § 74.
Anwartschaft: I ist anwendbar, BayObLG MittBayNot **95**, 245, LG Mü MittBayNot **84**, 48, Mümmler JB **87**, 200. Der Grundstückswert bleibt unbeachtbar, Schlesw JB **86**, 82. Bei einer Nacherbenanwartschaft ist das Ob und Wann und eine Übertragbarkeit mitbeachtbar, evtl auch III, LG Mü MittBayNot **84**, 48, Mümmler JB **87**, 200.
Arbeitsplatzverschaffung: Man muß sie gesondert ansetzen, KG JB **95**, 212, und kann sie mit 30% der diesbezüglichen Aufwendungen bewerten, Schlesw DNotZ

GNotKG § 36 III. Gerichts- und Notarkostengesetz

94, 725. Bei einem nur öffentlichen Interesse kann II anwendbar sein, Hamm DNotZ **95**, 784, KG DNotZ **94**, 713, Kblz DNotZ **94**, 713.

21 **Auflassungsvormerkung:** Bei der Löschung einer Auflassungsvormerkung ist der Wert maßgeblich, insbesondere der Kaufpreis des betroffenen Grundstücks, BayObLG DB **85**, 334.

22 **Baubetreuung:** Maßgebend ist meist das Honorar des Baubetreuers. Man muß nach I evtl die vollen Baukosten ansetzen, wenn der Baubetreuer allein verfügen darf, Düss JB **82**, 433, Stgt MittBayNot **76**, 39.

Bauverpflichtung: Maßgeblich sind (jetzt) § 50 Z 3 a, b, Tiedtke DNotZ **17**, 390.

Bedingter Kaufpreis: Der Wert eines bedingten Kaufpreises läßt sich nach I bestimmen, zB mit 10–30% eines bedingten Mehrbetrags. Mitbeachtlich ist der Wahrscheinlichkeitsgrad des Bedingungseintritts, Hamm FGPrax **04**, 92. Beim sog Einheimischenmodell gilt I, Hamm FGPrax **04**, 92.

Beitritt: Maßgebend ist dasjenige Geschäft, zu dem der Beitritt erfolgt.

Belastungsverbot: Maßgeblich ist (jetzt) § 50 Z 1, Tiedtke DNotZ **17**, 390.

Benutzungsregelung: Man muß sie nach I, evtl III gesondert bewerten, Mümmler JB **83**, 202.

Besitz: Nach I bewertbar ist seine vorübergehende Gestattung.

Betreuungsverfügung: Maßgeblich ist III, Oldb JB **05**, 549.

Bürgschaft: Man muß eine Bürgschaftsübernahme nach I hinzurechnen, Köln FGPrax **00**, 126.

Nicht hierher gehört der Bürgschaftswert. LG Mü MittBayNot **92**, 418.

23 **Dienstbarkeit:** Bei einer beschränkten persönlichen Dienstbarkeit entscheidet ihr Zweck, BayObLG **92**, 357. Bei einem Wohnungsrecht können ein Darlehen oder Zuschuß mitbeachtbar sein, Oldb JB **97**, 485.

Nicht hierher gehört eine Dienstbarkeit nach § 1018 Fall 1 BGB.

Dingliche Mitberechtigung: Es können 10% des Grundstückswerts angemessen sein, KG Rpfleger **08**, 161.

24 **Einheimischenmodell:** Rn 22 „Bauverpflichtung".

Einwilligung: Maßgebend ist dasjenige Geschäft, zu dem die Einwilligung erfolgt.

Enteignung: Man muß den Wert eines Rückübertragungsanspruchs im Verfahren nach § 3 VermG nach I ermitteln, BayObLG FamRZ **96**, 189.

Entschuldungsverpflichtung: Sie bleibt bei I unbeachtet, Hamm DNotZ **95**, 784, KG DNotZ **94**, 713.

25 **Erbbaurecht:** Es gibt viele Aspekte.

– **(Belastung):** Bei der Zustimmung des Eigentümers zu einer Belastung des Erbbaurechts ist das Interesse des Eigentümers an der Verfügungsbeschränkung maßgeblich, die er ja aufgibt, Hamm DNotZ **80**, 772, aM Hamm Rpfleger **82**, 489, Mümmler JB **84**, 1160, Stgt JB **82**, 1059 (Nennwert der Belastung).

Die Zustimmung zu einer *weiteren* Belastung richtet sich im Wert nach dem erstrebten wirtschaftlichen Erfolg, Düss FGPrax **08**, 84.

– **(Bodenwert):** Er ist auch für den Wert des Erbbaurechts mitbeachtbar.

– **(Stillhalteerklärung):** Eine solche des Eigentümers für den Fall einer Zwangsvollstreckung unterfällt dem III, Hamm MittBayNot **97**, 253.

– **(Teilung):** Es gilt dasselbe wie bei einer „– (Belastung)".

– **(Verkauf):** Bei der Zustimmung des Eigentümers zur Veräußerung des Erbbaurechts ist das Interesse des Eigentümers an diesem Vorgang maßgeblich. Es beträgt oft den Kaufpreis, BayObLG AnwBl **83**, 29, Mümmler JB **84**, 1160, aM BayObLG **97**, 44, Hamm RR **92**, 785 (je: 10–20%. Aber oft hängt die Zahlung nicht nur formell von der Zustimmung ab, und der Veräußerer will sein Geld haben).

– **(Vorkaufsrecht):** Bei der Bestellung des Erbbaurechts muß man den Wert eines Vorkaufsrechts des Eigentümers und den Wert des Erbbauzinses zusammenrechnen. Es gilt I. Ein Vorkaufsrecht kann 10–20% des Gesamtwerts betragen, KG FGFrax **99**, 72.

– **(Wertsicherung):** Bei einer Wertsicherungsklausel für einen Erbbauzins muß man die vermutliche Veränderung der Bezugsgrößen im Kapitalisierungszeitraum berücksichtigen, aM Düss VersR **82**, 1076.

– **(Zwangsvollstreckung):** S „– (Stillhalteerklärung)".

Kapitel 1. Vorschriften f. Gerichte u. Notare § 36 GNotKG

Erbschaft: Auch hier besteht ein freies, aber pflichtgemäßes Ermessen, BayObLG 26 FamRZ **04**, 1309. Man kann das wirtschaftliche Interesse des Antragstellers und dabei oft seinen Anteil am Reinnachlaß ansetzen, BayObLG FamRZ **04**, 1309. Beim Erb- oder Pflichtteilsverzicht geht man von I aus.
  S auch Rn 28 „Geschäftsanteil", Rn 35 „Testamentsvollstreckung":
Erschließungskosten: Bei ihrer Vorauszahlung kann man nach I 20% des Betrags nach I zum Wert des § 47 hinzurechnen, BayObLG JB **98**, 489, Hamm Rpfleger **03**, 47.
Firma: Ihre Änderung läßt sich nach I berechnen, BayObLG RR **02**, 1363. Es kön- 27 nen zB 50% des Grundstückwerts angemessen sein, BayObLG JB **99**, 641, Hamm Rpfleger **03**, 47, Köln Rpfleger **03**, 47.
  S auch Rn 37 „Unterschrift".
Forderung: Bei Zweifeln an der Vollstreckbarkeit kann man vom Nennwert einen angemessenen Abschlag vornehmen.
Genehmigung: Maßgebend ist dasjenige Geschäft, zu dem die Genehmigung erfolgt, Mü FamRZ **09**, 1861.
Geschäftsanteil: Maßgeblich ist (jetzt) § 54, Tiedtke DNotZ **17**, 390. 28
Gesellschaft: S „Geschäftsanteil".
Grundbuchberichtigung: I ist praktisch *unanwendbar*. Denn es gilt der volle Grund- 29 stückswert nach § 119, Düss DNotZ **76**, 678, vgl auch Stgt DNotZ **84**, 654.
Grundlagenurkunde: Es gilt das wirtschaftliche Interesse des Bauträgers an der Errichtung der Urkunde und dem Haftungsrisiko des Notars, Hamm DNotZ **95**, 781, KG DNotZ **94**, 707 (20% des Projekts).
Grundschuld: Die Umwandlung einer Grundschuld in eine Hypothek ist nach dem vollen Wert bewertbar. Denn erst jetzt entsteht eine Forderung.
Grundstücksverfügung: Bei einer Verfügung über ein Grundstück wie zB bei der 30 Abschreibung eines Flurstücks muß man stets § 47 beachten. Seine Werte stellen die Obergrenze dar.
Höfeordnung: Eine Erklärung nach § 4 I HöfeVfO fällt unter § 36 I, Hamm FamRZ **17**, 648, Köln FamRZ **16**, 1699 (doppelter Einheitswert), und bei einer Unterschriftsbeglaubigung unter § 97, LG Flensb JB **85**, 919. Die Löschung des Hofvermerks läßt sich mit einem Teil des Verkehrswerts ansetzen, Schlesw JB **85**, 116.
Hypothek: Bei der Änderung der Zahlungsbedingungen einer Hypothek nebst ei- 31 ner neuen Unterwerfung unter die „sofortige" Zwangsvollstreckung muß man den Wert der Beurkundung nach der Bedeutung der Erklärung schätzen. Die Unterwerfung kann eine gebührenfreie Nebenerklärung sein.
  S auch Rn 36 „Umwandlung".
Identitätserklärung: Die Erklärung zur Lagebezeichnung läßt sich nach I mit 10% des Werts ansetzen, Düss DNotZ **80**, 188, Hamm JB **80**, 27, Mümmler JB **82**, 1007.
Investitionsverpflichtung: Man muß sie gesondert ansetzen, KG JB **95**, 212, und kann sie mit 20% der Investitionssumme bewerten, Schlesw DNotZ **94**, 725.
Kaufpreisüberwachung: I ist anwendbar. Man kann je nach den Umständen 20– 32 30% des Preises ansetzen, Düss JB **09**, 204, KG DNotZ **81**, 204, LG Hann JB **06**, 91, strenger Hamm FGPrax **12**, 222. Es kann auch nur die betroffene Kaufpreisrate anteilig in Betracht kommen, LG Kleve JB **00**, 595. Es können aber auch fast 100% ansetzbar sein, BayObLG MittBayNot **79**, 247, LG Kref JB **85**, 117, Klein JB **87**, 1746.
Kirchengrundstück: Vgl BayObLG Rpfleger **85**, 510 (krit Bengel DNotZ **86**, 436).
Kirchenaustritt: Rn 60.
Kommanditgesellschaft: Bei einem Überwachungsrecht eines Kommanditisten 33 können §§ 132 V 6 AktG, 51b S 1 GmbHG beachtbar sein, Zweibr Rpfleger **87**, 316, LG Frankenth Rpfleger **87**, 315.
Kreditbeschaffung: I ist anwendbar.
Langfristiger Vertrag: Bei einem langfristigen Vertrag sind die Dauer und das Maß 34 der Ungewißheit der Lieferung usw maßgeblich, Stgt DNotZ **77**, 56, LG Kblz RR **96**, 64, aber auch der Gewinn, LG Wuppert JB **75**, 1358.
Löschung: Meist ist ein Bruchteil des Werts des Rechts angemessen, BayObLG RR **02**, 432.

S auch Rn 40 „Vorkaufsrecht".
Mediation: I ist anwendbar. Maßgeblich ist meist ein Teil des Verfahrensgegenstands, evtl aber auch der ganze Gegenstand.
Namensberichtigung: Es können 10% des Werts des betroffenen Grundstücks ansetzbar sein, Köln FGPrax **02**, 270, auch 50% des Grundstückswerts, BayObLG JB **99**, 641.
Nichtvalutierung: Ihre Erklärung mag 20–40% des Nennbetrags wert sein.
Notar: Das Gericht darf nur bei einem Ermessensmißbrauch des Notars ein eigenes Ermessen ausüben, Düss FGPrax **95**, 247.
Öffentliche Sache: I ist bei ihr anwendbar.
Option: Rn 20 „Anwartschaft".
Patientenverfügung: Vorsicht, Hamm FamRZ **14**, 152 (über 3000 EUR).
35 **Rangbestätigung:** Maßgeblich ist (jetzt) § 122, Tiedtke DNotZ **17**, 390.
Rangvorbehalt: Bei einem Rangvorbehalt ist zumindest mitbeachtbar, ob und wann man ihn ausnutzen will und kann, Düss Rpfleger **78**, 466.
Rechtsänderung: Bei der Änderung eines bestehenden Rechts kommt es mangels eines dafür bestimmten Geldwerts auf die Abwägung der Umstände an.
Rückkaufrecht: Bei einer geringen Wahrscheinlichkeit können 20–30% des voraussichtlichen Rückkaufpreises reichen, Zweibr FGPrax **99**, 77.
Nicht gesondert bewertbar ist aber ein derartiges reines Sicherungsgeschäft.
Schiedsabrede: I ist bei ihr anwendbar, oft mit ca 10% des Geschäfts. Hilfsweise ist III anwendbar. Obergrenze ist stets der Wert des Geschäfts.
Schuldübernahme: I ist auf die notwendige Genehmigung anwendbar, Düss JB **80**, 119, KG JB **75**, 805, Karlsr JB **93**, 433.
Testamentsvollstreckung: Es kommt auf das Interesse an, BayObLG FamRZ **04**, 1304 (meist ca 10% des Aktivnachlasses, bei Dauervollstreckung auch 20%; evtl Pflichtteil als Anhaltspunkt).
36 **Umgangsrecht:** Im Durchschnittsfall sind evtl (jetzt) ca 1500 EUR angemessen, Schlesw FamRZ **02**, 1578, auch (jetzt) ca 2500–3000 EUR, Zweibr FamRZ **02**, 763. Bei einer besonderen Bedeutung usw können (jetzt: ca) 8000 EUR angemessen sein, Ffm JB **99**, 372.
Umwandlung: Die Umwandlung einer Grundschuld in eine Hypothek ist nach dem vollen Wert bewertbar. Denn erst jetzt entsteht eine Forderung. Bei der Umwandlung mehrerer Verkehrshypotheken in eine einheitliche Sicherungshypothek sind etwa 25% angemessen. Oft kommt 25% des Verkehrswerts infrage, Nürnb MDR **16**, 488 (Fallfrage).
37 **Unbedenklichkeitsbescheinigung:** I ist bei derjenigen des Notars anwendbar, Köln Rpfleger **80**, 491 (meist ist ein Bruchteil des Nennwerts angemessen, etwa 30%).
Unterschrift: Bei der Beglaubigung einer Firmen- oder Unterschriftszeichnung kommt die Unternehmensgröße und daher der Einheitswert des Betriebsvermögens in Betracht, BayObLG DB **83**, 2622.
38 **Unterwerfung:** Rn 31 „Hypothek".
Veräußerungspflicht: Als Ausgangswerte dienen der angestrebte Preis und der Mindesterlös, Celle JB **02**, 261.
39 **Veräußerungsverbot:** Es können 10% des Kaufpreises angemessen sein, BayObLG FGPrax **99**, 79.
Verfügungsbeschränkung: Bei einer Verfügungsbeschränkung wegen eines zum Deckungsstock gehörenden Grundstücks muß man das Interesse an der gesetzlichen Beschränkung und ihrer Dauer berücksichtigen, BayObLG JB **00**, 487, Düss DNotZ **78**, 317.
S auch Rn 24 „Erbbaurecht", Rn 42 „Wohnungseigentum".
Verklarung: Maßgebend ist die Summe der vermögensrechtlichen Interessen im Verfahren, Karlsr JB **93**, 433, Köln JB **00**, 252.
Vertragsrahmen: I ist anwendbar, Düss DNotZ **84**, 318 (50% der Wertsumme der Einzelgeschäfte).
Verzicht: Beim Verzicht auf ein Rücktrittsrecht kann man I anwenden und evtl nur 20% des Grundstückswerts ansetzen, Zweibr FGPrax **00**, 43.
40 **Vollmacht:** Maßgebend ist dasjenige Geschäft, zu dem die Vollmacht erfolgt.
Vorbehaltsgut: Rn 28 „Geschäftsanteil".

Vorkaufsrecht: Bei seiner Löschung läßt sich der Wert einer Beschwerde gegen eine Zwischenverfügung mit 10% des Gegenstandswerts ansetzen, BayObLG JB **97**, 605.

Vorsorgevollmacht: Maßgebend ist (jetzt) § 98 I (bei Spezialvollmacht) oder § 98 III 2, Tiedtke DNotZ **17**, 390.

Wertsicherungsklausel: Bei einer Wertsicherungsklausel zB für einen Erbbauzins 41 muß man die vermutliche Veränderung der Bezugsgrößen im Kapitalisierungszeitraum berücksichtigen, aM Düss VersR **82**, 1076.

Wohnungsbesetzungsrecht: Es ist mit dem Betrag des dazu gegebenen Zuschusses bewertbar, Oldb JB **95**, 97, aM Oldb Rpfleger **94**, 273 (III).

Wohnungseigentum: Bei der Zustimmung eines Wohnungseigentümers oder des 42 Verwalters zur Veräußerung des Wohnungseigentums durch einen anderen Wohnungseigentümer nach § 12 WEG ist das Interesse des Zustimmenden an derjenigen Verfügungsbeschränkung maßgeblich, die er aufgibt, Hamm DNotZ **80**, 773, aM Schlesw JB **97**, 435. Bei der Anfechtung eines Beschlusses der Versammlung der Wohnungseigentümer können 10% des Werts des von der Entziehung bedrohten Miteigentums angemessen sein, AG Hildesh ZMR **87**, 346.

Beim Vollzug einer *Teilungserklärung* nach § 8 WEG kann die Hälfte des Grundstückswerts abzüglich 20% in Betracht kommen, BayObLG JB **97**, 209. Beim Amtswiderspruch gegen die Begründung eines neuen Eigentumsrechts kann man im Rechtsbeschwerdeverfahren von I ausgehend frei nach dem wirtschaftlichen Interesse der Beteiligten schätzen, BayObLG NZM **03**, 402.

Unanwendbar ist I bei der Bestellung des Verwalters. Dann gilt III, BGH NZM **09**, 86, Düss JB **92**, 551, Mümmler JB **85**, 1149.

S auch Rn 39 „Verfügungsbeschränkung".

Zwangsversteigerung: Bei einer Zuschlagsbeschwerde können zwar mehrere Fak- 43 toren den Wert bestimmen, die jede zu einem anderen Ergebnis führen. Es gibt aber regelmäßig doch Anhaltspunkte für eine Ermessensentscheidung.

Zwischenverfügung: Maßgeblich ist die Schwierigkeit bei der Behebung der Hindernisse, BayObLG RR **02**, 432. Wegen einer Löschung Rn 34 „Löschung", Rn 40 „Vorkaufsrecht".

6) Nichtvermögensrechtliche Angelegenheit, II. Auch dieses Anwendungs- 44 gebiet ist sehr groß.

A. Anwendungsbereich. II enthält einen Grundsatz für alle nichtvermögensrechtlichen Angelegenheiten.

Beim *Zusammentreffen* von verschiedenen Gegenständen bei einer vermögens- 45 rechtlichen und nichtvermögensrechtlichen Angelegenheit muß man zunächst die Werte gesondert bestimmen und sie sodann zusammenrechnen. Soweit dann derselbe Gegenstand vorliegt, entscheidet der vorherrschende Charakter der Angelegenheit.

B. Beispiele zur Frage einer nichtvermögensrechtlichen Angelegenheit, II 46

Adoption: Eine nichtvermögensrechtliche Angelegenheit ist die Adoption.

Bauverpflichtung: Rn 5 „Bauverpflichtung".

Beschäftigungsverpflichtung: Eine nichtvermögensrechtliche Angelegenheit liegt vor, soweit es um eine Verpflichtung zur Beschäftigung Dritter geht, KG DB **94**, 316.

Ehelicherklärung: II ist auf sie anwendbar.

Einbenennung: Das Verfahren nach § 1618 BGB läßt sich nach II bewerten, Zweibr FamRZ **04**, 285.

Einbürgerung: II ist auf sie anwendbar.

Familienrecht: Eine nichtvermögensrechtliche Angelegenheit liegt grds vor, soweit 47 es um eine familienrechtliche Frage geht. Vgl freilich zunächst das FamGKG, Teil I B dieses Buchs.

S auch „Adoption", Rn 48 „Sorgerecht", „Umgangsrecht", „Zusammentreffen".

Feuerbestattung: II ist auf sie anwendbar.

Firmenname: *Keine* nichtvermögensrechtliche Angelegenheit liegt vor, soweit es um die Änderung eines Firmennamens geht. Denn die Firma hat einen Vermögenswert.

Gewaltschutzgesetz: III gilt bei §§ 1, 2 GewSchG, Drsd FamRZ **06**, 803. Vgl freilich zunächst das FamGKG, Teil I B dieses Buchs.
Identitätsbescheinigung: II kann auf sie anwendbar sein.
Insolvenzverfahren: III gilt bei der Bestellung eines Abschlußprüfers, Zweibr JB **07**, 34.
Investitionsverpflichtung: Eine nichtvermögensrechtliche Angelegenheit liegt vor, soweit es um eine Verpflichtung zur Vornahme einer Investition geht, Hamm DNotZ **95**, 784, KG DB **94**, 316.
Kirchenaustritt: II ist auf ihn anwendbar.
Lebensbescheinigung: II ist auf sie anwendbar, freilich wegen des Wegfalls der Kirchensteuer außerdem evtl III.
Legitimation: II ist auf sie anwendbar.

48 **Name:** Eine nichtvermögensrechtliche Angelegenheit liegt vor, soweit es um die Erteilung oder um die Änderung eines Namens geht. Soweit sie auch vermögensrechtliche Folgen hat, ist auch III anwendbar, BayObLG MittBayNot **00**, 133.
S auch Rn 60 „Firmenname".
Patientenverfügung: II ist anwendbar, Hamm FGPrax **17**, 237, LG Arnsberg RR **05**, 942.
Personenstand: II ist auf seine Anerkennung anwendbar.
Sorgerecht: Vgl zunächst das FamGKG, Teil I B dieses Buchs. Eine nichtvermögensrechtliche Angelegenheit liegt vor, soweit es sich um das elterliche Sorgerecht handelt, (je zum alten Recht) Hamm AnwBl **86**, 205, Kblz JB **00**, 533, Köln FamRZ **04**, 286, aM Hbg AnwBl **82**, 486 (wendet III an).
S auch Rn 47 „Familienrecht".
Umgangsrecht: Vgl zunächst das FamGKG, Teil I B dieses Buchs. Eine nichtvermögensrechtliche Angelegenheit liegt vor, soweit es sich um das Umgangsrecht eines Elternteils mit seinem Kind handelt, (je zum alten Recht) Mü (30. ZS) Rpfleger **90**, 420, aM Mü (13. ZS) JB **80**, 1020, Schlesw FamRZ **97**, 832. Man darf das Umgangsrecht aber nicht grds niedriger beurteilen als die Zuteilung des elterlichen Sorgerechts, Brdb FGPrax **05**, 273, Hamm Rpfleger **76**, 31, Nürnb FamRZ **90**, 1130. Im Durchschnittsfall können daher (jetzt) 5000 EUR ansetzbar sein, Brdb FGPrax **05**, 273, Ffm RR **00**, 952, Hamm FamRZ **01**, 1473. Ausnahmsweise kann ein Mehrfaches notwendig sein, etwa (jetzt) ca 12 000 EUR, Ffm RR **00**, 952.
S auch Rn 47 „Familienrecht".
Vaterschaftsanerkennung: II ist auf sie anwendbar.
Veräußerungsverbot: Eine nichtvermögensrechtliche Angelegenheit kann vorliegen, soweit es um eine Verpflichtung geht, keine wesentlichen Betriebsgrundlagen zu veräußern, KG DB **94**, 316.
Volljährigkeitserklärung: II ist auf sie anwendbar.
Zusammentreffen: Rn 45.

49 **7) Wert, II.** Es gibt zwei Aspekte.
A. Berücksichtigung aller Umstände. Bei einer Bewertung nach II können alle auch bei I möglichen und alle in II genannten Faktoren beachtlich sein: Der Grad des Interesses; der Umfang des Vermögens und die sonstigen wirtschaftlichen Verhältnisse der Beteiligten, KG JB **07**, 315, Hamm FGPrax **17**, 237, LG Darmst FamRZ **08**, 1877; die persönlichen Verhältnisse der Beteiligten, Mü AnwBl **96**, 112; LG Bayreuth JB **77**, 1275.

50 **B. Höchstwert: 1 Million EUR.** Anders als bei I gilt dieser Höchstwert. Er bleibt für ein Zusammentreffen nach Rn 45 für den unter II fallenden Teil bestehen.

51 **8) Keine genügenden Anhaltspunkte, III.** Auch hier sind zwei Hauptgesichtspunkte beachtbar.
A. Grundsatz: Hilfsfunktion. III ist grundsätzlich nur anwendbar, soweit I, II nicht zu einem Geschäftswert führen, BayObLG FamRZ **91**, 614.

52 **B. Begriff des Anhaltspunkts usw.** III setzt voraus, daß keine „genügenden Anhaltspunkte" für eine andere Wertschätzung vorliegen, BayObLG **88**, 258. Ein Anhaltspunkt ist weniger als eine Wahrscheinlichkeit oder gar eine Gewißheit. Er ist andererseits mehr als eine nur theoretische Möglichkeit. Ein Anhaltspunkt liegt also

jedenfalls dann vor, wenn die Sache bei einer vernünftigen Betrachtung als durchaus möglich erscheint, mag sie auch nicht gerade wahrscheinlich sein. Eine annähernde Schätzungsmöglichkeit macht I, II anwendbar. Erst auch ihre Unmöglichkeit macht III anwendbar.

Es kann (jetzt) ein tatsächlicher oder rechtlicher Anhaltspunkt fehlen. Es kommt 53 also darauf an, ob sich der Grad der Möglichkeit oder Wahrscheinlichkeit auf Grund von Tatsachen oder rechtlichen Erwägungen festlegen läßt.

Der Anhaltspunkt *darf nicht „genügend"* sein. Mit diesem Ausdruck wiederholt III 54 im Grunde den Begriff „Anhaltspunkt", BayObLG **88**, 258. Immerhin wird deutlich, daß eine Schätzung nach III schon dann in Betracht kommt, wenn man zwar gewisse tatsächliche Ansatzmöglichkeiten für einen nach I oder II bestimmbaren Wert hat, wenn diese Faktoren aber eben nicht als genügend erscheinen, um eine Schätzung nach I oder II vorzunehmen, BayObLG DB **83**, 2622.

Freilich *fließen die Grenzen* in diesem Bereich zwischen I, II einerseits und III ande- 55 rerseits. Im Zweifel haben nach Rn 1 allerdings I, II den Vorrang vor III.

C. Beispiele zur Frage des Fehlens genügender Anhaltspunkte, III 56

Aktienrecht: III ist anwendbar, soweit es um eine Ergänzung des Aufsichtsrats nach § 104 II, III AktG geht, BayObLG FGPrax **00**, 129, oder um die Gründungsprüfung oder um eine Verlängerung einer Bilanzierungspflicht.
Aufenthaltsrecht: S „Sorgerecht".
Auskunft: III ist anwendbar, soweit es um ein Verfahren zur Erzwingung einer Auskunft nach § 51b GmbHG geht, BayObLG BB **00**, 1155.
Betreuungsverfahren: III ist anwendbar, LG Ffm FamRZ **15**, 786.
Gemeinnützigkeit: Sie bedeutet keine Marktunfähigkeit, BayObLG RR **01**, 1584.
Güterstand: III ist anwendbar, soweit es um eine einseitige Erklärung dahin geht, daß statt der Zugewinngemeinschaft der Güterstand der Gütertrennung gelten solle. Dann liegt nicht ein tatsächlicher, sondern ein rechtlicher Bemessungsmaßstab vor. Der Geschäftswert beträgt nach § 5 jenes Gesetzes (jetzt: ca) 1500 EUR.
Information: S „Auskunft".
Kindesentführung: II, III sind auch beim Auslandsbezug anwendbar, Bbg FamRZ **05**, 1697.
Nacherbe: Das Interesse an der Nichteintragung eines Nacherbenvermerks kann (jetzt ca) 60 000 EUR wert sein, BayObLG JB **91**, 1668.
Patientenverfügung: III ist anwendbar, Hamm JB **06**, 266.
Register: Im Löschungsverfahren nach § 395 FamFG kommt ein Bruchteil des Un- 57 ternehmenswerts infrage, Mü FGPrax **05**, 229 (20% des Stammkapitals).
Schiedsvereinbarung: III kann bei ihr anwendbar sein.
Testamentsvollstrecker: III ist auf seine Amtsannahme anwendbar, auch auf sein Zeugnis, BayObLG FamRZ **91**, 614 (20% des Nachlaßwerts), oder auf seine Entlassung, Düss FGPrax **13**, 37.
Umgangsrecht: Im Umgangsverfahren kann die Abstammung zweier Kinder von verschiedenen Vätern werterhöhend wirken, (zum alten Recht) Karlsr RR **09**, 592.
Unterhaltsabänderung: Es können (jetzt ca) 3500 EUR gerechtfertigt sein, BayObLG FamRZ **87**, 1301.
Vereinsregister: III ist grds anwendbar. Freilich ist dessen Ausgangswert wegen der außerordentlichen Unterschiede in den Zwecken, Betätigungsarten und Größenverhältnissen von Vereinen wohl nur selten brauchbar. Er kommt am ehesten beim mittleren Idealverein infrage, am wenigsten beim großen wirtschaftlichen Verein. Man kann nicht von einem Prozentsatz des Vereinsvermögens ausgehen, BayObLG Rpfleger **79**, 398.
Vermögensverfügung: III ist anwendbar, soweit es um die Ersetzung der Zustimmung nach § 1365 II BGB geht, BayObLG JB **95**, 98, Kblz FamRZ **02**, 763.
Verwaltungsakt: III ist anwendbar bei § 23 EGGVG, Celle JB **14**, 85.
Verwaltungsorgan: III kann bei seiner Bestellung oder Abberufung anwendbar sein.
Vormundschaft: Bei §§ 1672, 1696 BGB mögen ein geringer Schriftwechsel und sehr bescheidene Vermögensverhältnisse (jetzt: ca) 1500 EUR rechtfertigen, Karlsr

FamRZ **99**, 730. Man darf ein Kindesvermögen oft nur anteilig heranziehen, Nürnb MDR **99**, 1447 (bei § 94 I Z 2: 20%).
Wohnungsbesetzungsrecht: III kann anwendbar sein, Mü FGPrax **07**, 295.

58 **Wohnungseigentum:** III ist nach Rn 41 anwendbar, soweit es um das Protokoll einer Eigentümerversammlung geht, Düss AnwBl **93**, 41, oder um eine Bestellung des Verwalters.
Zulassung: In einer Anwaltszulassungssache muß man den Regelwert im allgemeinen überschreiten. Man muß die Art und den Umfang der vom Bewerber erstrebten Praxis berücksichtigen. Dasselbe gilt bei einer Notarzulassungssache.
Zuständigkeit: III ist anwendbar, soweit es sich um einen Streit über die Zuständigkeit handelt. Das Interesse entscheidet.
Zustimmung: Rn 57 „Vermögensverfügung".
Zweifelhafte Forderung: III ist anwendbar, soweit es um eine ungesicherte, zweifelhafte Forderung geht.
Zwischenverfügung: III ist anwendbar, soweit es um eine Zwischenverfügung geht, etwa vor der Ersteintragung einer GmbH, BayObLG **88**, 258.

59 **9) Wert, III.** Die Vorschrift gilt auch bei einer Rechtsbeschwerde, BGH WertpMitt **10**, 2328. Im Rahmen einer Schätzung nach III muß man die folgenden Grundsätze in der folgenden Reihenfolge beachten.

60 **A. Regelwert.** Man darf und muß von 5000 EUR ausgehen, sobald sich herausstellt, daß keine genügenden tatsächlichen Anhaltspunkte für eine Schätzung nach I, II feststehen, (je zum alten Recht) Drsd FamRZ **06**, 803, Ffm RR **15**, 958, Mü FGPrax **05**, 229. Es gibt nicht (mehr) ausdrücklich die Möglichkeit, den Wert niedriger oder höher als 5000 EUR festzusetzen. Man muß aber von 5000 EUR „ausgehen".
Das bedeutet also *nicht*, daß man im Rahmen von III zunächst eine *vom Regelwert unabhängige Schätzung* versuchen müßte. Sie ist ja gerade grundsätzlich kaum möglich. Andernfalls wäre überhaupt nicht III, sondern I, II anwendbar.

61 *Daraus folgt:* Das Gericht braucht beim Fehlen genügender Anhaltspunkte für einen anderen Wert vor dem Ansatz des Regelwerts von (jetzt) 5000 EUR keine weiteren Nachforschungen anzustellen, Hamm FamRZ **01**, 1473. Es braucht von diesem Regelwert nur dann abzuweichen, wenn die Umstände bereits erkennen lassen, daß dieser Wert unangemessen hoch oder niedrig ist, Karlsr FamRZ **04**, 1304, Zweibr FamRZ **08**, 1879. In diesem letzteren Zusammenhang muß das Gericht allerdings alle ihm bekannten Umstände tatsächlicher und rechtlicher Art sorgfältig berücksichtigen, Düss FGPrax **13**, 37. Es darf auch die wirtschaftliche Bedeutung beachten, BGH NZM **09**, 86, Düss FGPrax **13**, 37. Es muß vor einer Abweichung von dem Regelwert dem davon evtl Benachteiligten nach Artt 2 I, 20 III GG (Rpfl), BVerfG **101**, 404, Art 103 I GG (Richter) das rechtliche Gehör geben.

62 **B. Abweichender Wert.** Soweit sich nach den Gesichtspunkten Rn 60, 61 die Notwendigkeit ergibt, den Wert vom Regelwert abweichend anzunehmen, darf und muß das Gericht diese Abweichung vornehmen. Es muß auch insofern die Bedeutung der Sache beachten, BayObLG FamRZ **04**, 1303, Karlsr FamRZ **04**, 1304, LG Mü AnwBl **83**, 31, zB das Interesse der Beteiligten, BayObLG DB **93**, 2020 (zu § 132 V 6 AktG), Karlsr FamRZ **04**, 1304, und ihre Vermögenslage, BayObLG FamRZ **04**, 1303, Brdb FamRZ **00**, 968, Karlsr FamRZ **04**, 1304. Das Gericht muß überhaupt alle streiterheblichen Umstände berücksichtigen, Düss FamRG **08**, 1096, Karlsr FamRZ **04**, 1304, Mü FGPrax **07**, 295 (Grundstückswert).

63 **C. Niedrigerer Wert.** Nur im Rahmen einer vom Regelwert des III abweichenden, aber auch nicht nach I, II, sondern nach III erfolgenden Bewertung ist niedrigerer Wert beachtbar.

64 **10) Notargebühren, IV.** Sie können sich nach den für Notare geltenden Vorschriften bestimmen, also nach §§ 85 ff. Dann muß man den Wert nach §§ 95 ff errechnen, *IV 1*. Sie können sich auch nach den für das Gericht geltenden Vorschriften bestimmen, also nach §§ 55 ff. Dann muß man den Wert nach §§ 59 ff errechnen, *IV 2*. Zwei alles andere als übersichtliche Bezugnahmen.

65 **11) Verstoß, I–IV.** Es gelten §§ 127 ff.

Früchte, Nutzungen, Zinsen, Vertragsstrafen, sonstige Nebengegenstände und Kosten

37 ¹ Sind außer dem Hauptgegenstand des Verfahrens auch Früchte, Nutzungen, Zinsen, Vertragsstrafen, sonstige Nebengegenstände oder Kosten betroffen, wird deren Wert nicht berücksichtigt.

II Soweit Früchte, Nutzungen, Zinsen, Vertragsstrafen, sonstige Nebengegenstände oder Kosten ohne den Hauptgegenstand betroffen sind, ist deren Wert maßgebend, soweit er den Wert des Hauptgegenstands nicht übersteigt.

III Sind die Kosten des Verfahrens ohne den Hauptgegenstand betroffen, ist der Betrag der Kosten maßgebend, soweit er den Wert des Hauptgegenstands nicht übersteigt.

1) Systematik, Regelungszweck, I–III. Die Anknüpfung an den Hauptgegenstand dient wie der vergleichbare § 4 I 2 ZPO, Anh I § 48 GKG, Teil I A dieses Buchs, der Vereinfachung. Demgemäß großzügig zu Gunsten des Schuldners darf man § 37 nach § 1 I handhaben. **1**

2) Hauptgegenstand, I–III. Einem Grundsatz stehen einige Ausnahmen gegenüber. **2**

A. Grundsatz: Nur Hauptwert, I. Der Geschäftswert richtet sich grundsätzlich allein nach dem Hauptgegenstand einschließlich seiner nach §§ 93 ff BGB wesentlichen Bestandteile und des Zubehörs nach § 97 BGB. Nebengegenstände bleiben unbeachtet. Das gilt zB bei Sach- und Rechtsfrüchten, Nutzungen nach § 100 BGB, Zinsen, auch bei einer Enteignung, Zweibr Rpfleger **87**, 156, Nebenleistungen nach § 1115 BGB, einer Vertragsstrafe, Kosten, einer Gerichtsstandsvereinbarung, Verwaltungskosten oder Steueranteilen. Sie bleiben auch insoweit unberücksichtigt, als aus ihnen Zahlungsrückstände entstanden sind. Das gilt vor allem auch für die Nebenleistung des Hypothekenschuldners. Das gilt selbst dann, wenn die Nebengegenstände den Wert des Hauptgegenstands übertreffen. Freilich kann ein Nebengegenstand zum Hauptgegenstand werden, soweit es nur schon oder noch um ihn geht, etwa bei einer Schiedsvereinbarung nach § 1029 ZPO oder bei einer Vertragsstrafe.

B. Ausnahmen, II, III. Soweit nur eine Nebenleistung der Gegenstand eines besonderen Verfahrens ist und insoweit zum Hauptgegenstand wird, muß man sie besonders berechnen. Beispiel: Das Verfahren bezieht sich nur auf bisherige Nebenleistungen; es geht um eine Schiedsvereinbarung nach § 1029 ZPO oder um eine Vertragsstrafe; es ändert etwa einen vereinbarten Zinssatz oder es wandelt Zinsen in eine weitere Hauptforderung um oder es betrifft eine selbständige Schiedsvereinbarung. Man muß nach den Umständen entscheiden, ob Steuern Haupt- oder Nebengegenstand sind. Die Umsatzsteuer kann zum Hauptgegenstand zählen. Das gilt vor allem dann, wenn der Käufer sie als Vorsteuer abziehen kann, Mü JB **06**, 324. Sie zählt dann nicht zum Hauptwert, wenn der Käufer sie nach § 13b UStG schuldet, aM Celle RR **06**, 71. **3**

C. Obergrenze: Hauptwert, II, III. In allen Fällen Rn 3 bildet der Wert des Hauptgegenstands die Obergrenze. Ein Nebenwert soll nicht zu höheren Gebühren führen als der Hauptwert. **4**

Belastung mit Verbindlichkeiten

38 ¹ Verbindlichkeiten, die auf einer Sache oder auf einem Recht lasten, werden bei Ermittlung des Geschäftswerts nicht abgezogen, sofern nichts anderes bestimmt ist. ² Dies gilt auch für Verbindlichkeiten eines Nachlasses, einer sonstigen Vermögensmasse und im Fall einer Beteiligung an einer Personengesellschaft auch für deren Verbindlichkeiten.

1) Systematik, Regelungszweck, S 1, 2. Die Vorschrift erweitert den früheren § 18 III KostO. **1**

2) Verbindlichkeit, S 1, 2. Auch hier gibt es einen Grundsatz mit Ausnahmen. **2**

A. Grundsatz: Kein Abzug. Die Vorschrift verstößt trotz ihrer von den wirtschaftlichen Bewertungen abweichenden Kostenfolgen nicht gegen das GG, BVerfG MittBayNot **97**, 252, BayObLG MittBayNot **05**, 74. Alle schuldrechtlichen und sachenrechtlichen Lasten, die auf dem Gegenstand des Geschäfts ruhen, bleiben grundsätzlich bei der Ermittlung des Geschäftswerts unbeachtet, BayObLG DNotZ **91**, 401, Ffm NZM **17**, 616 (zu § 36 FamGKG). Das gilt auch dann, wenn ein Nachlaß oder eine sonstige Vermögensmasse den Gegenstand des Geschäfts darstellt. Es findet also kein Abzug einer Hypothek, eines Nießbrauchs, einer Reallast, eines Pfandrechts, einer Grundschuld, einer Rentenschuld, eines Wiederkaufsrechts statt, BayObLG **95**, 59, auch nicht einer Konzernpflicht, BayObLG Rpfleger **75**, 268. Das alles gilt zB auch für einen Nachlaßteil und bei einem nach dem früheren DDR-Recht begründeten Nutzungsrecht, KG Rpfleger **96**, 480. Allerdings muß man öffentliche Lasten, Grunddienstbarkeiten und Erbbaurechte abziehen, KG Rpfleger **09**, 533. Kein Abzug erfolgt auch bei einer Personengesellschaft oder bei ihrem Anteil, Weber BB **07**, 2088, aM BGH NJW **10**, 2219.

3 **B. Ausnahmen.** Von dem vorgenannten Grundsatz gelten Ausnahmen. Dabei ist grundsätzlich der gemeine Wert der Verbindlichkeit maßgebend, solange die Parteien keinen höheren vereinbarten. Bei einer Geldforderung ist natürlich ihr Nennwert am Fälligkeitstag in EUR direkt oder umgerechnet maßgeblich. Beim Grundstück muß man § 46 III beachten. Eine Bedingung ist grundsätzlich unbeachtlich, BayObLG **86** Nr 42.

4 **C. Weiteres Verfahren.** § 38 gilt auch bei einer Umwandlung, und zwar trotz des amtlichen Vorspruchs des UmwG. Dann muß man den Beschluß in einzelne Teile mit einem bestimmten und mit einem unbestimmten Geldwert zerlegen. Der Vermögensübertragungsbeschluß hat einen bestimmten Geldwert in Höhe der übertragenen Aktiven ohne Schuldenabzug.

Ein *Verlustvortrag* dient dem Ausgleich der Bilanz. Man muß ihn daher abziehen. Ein Wertberichtigungsposten in einer Bilanz mindert unmittelbar den Wert der Aktiven. Auch ihn muß man also abziehen.

Auskunftspflichten

39 I [1] Ein Notar, der einen Antrag bei Gericht einreicht, hat dem Gericht den von ihm zugrunde gelegten Geschäftswert hinsichtlich eines jeden Gegenstands mitzuteilen, soweit dieser für die vom Gericht zu erhebenden Gebühren von Bedeutung ist. [2] Auf Ersuchen des Gerichts hat der Notar, der Erklärungen beurkundet hat, die bei Gericht eingereicht worden sind, oder Unterschriften oder Handzeichen unter solchen Erklärungen beglaubigt hat, in entsprechendem Umfang Auskunft zu erteilen.

II [1] Legt das Gericht seinem Kostenansatz einen von Absatz 1 abweichenden Geschäftswert zugrunde, so ist dieser dem Notar mitzuteilen. [2] Auf Ersuchen des Notars, der Erklärungen beurkundet oder beglaubigt hat, die bei Gericht eingereicht werden, hat das Gericht über die für die Geschäftswertbestimmung maßgeblichen Umstände Auskunft zu erteilen.

1 **1) Systematik, Regelungszweck, I, II.** Die Vorschrift enthält eine vorrangige eng auslegbare Sonderregelung. Sie soll verhindern, daß die Kostenberechnung des Notars und diejenige des Gerichts voneinander abweichen. Das Gericht bleibt freilich in seinem Recht und seiner Pflicht zur Wertermittlung vom Notar ebenso unbeeinträchtigt wie umgekehrt.

2 **2) Auskunftspflicht des Notars, I.** Der Notar und jede weitere Urkundsperson muß nach *I 1 Hs 1* in einer solchen unter das GNotKG fallenden Sache aktiv werden, in der er beim Gericht einen Antrag einreicht. Er muß unaufgefordert und wie bei § 121 I 1 BGB unverzüglich dem Gericht am besten zugleich mit seinem Antrag den von ihm bisher zugrundegelegten Geschäftswert wegen eines jeden zu diesem Antrag gehörenden Gegenstands mitteilen.

Das gilt nach *I 1 Hs 2 freilich nur,* soweit dieser Geschäftswert auch für die vom Gericht zu erhebenden Gebühren Bedeutung hat. Ob das so ist, muß der Notar zunächst von sich aus prüfen und dabei einen nicht zu ängstlichen Maßstab anlegen.

Kapitel 1. Vorschriften f. Gerichte u. Notare §§ 39, 40 GNotKG

Natürlich muß er die Mitteilung ergänzen oder nachholen, soweit und sobald ihn das Gericht in *seinem* pflichtgemäßen Ermessen dazu auffordert. Erst Mutwille wäre unbeachtbar.

Die Pflicht kann auch gegenüber einer dem Gericht gleichstehenden *Behörde* bestehen, zB gegenüber dem Grundbuchamt. Sie besteht auch, soweit er nur als Vertreter eines Beteiligten oder sogar nur als Bote tätig wird. Der Notar muß auch seine Quellen mitteilen, damit das Gericht sich ein eigenes Urteil über den wahren Wert bilden kann. I 2 erweitert die Auskunftspflicht auf jede solche Erklärung oder Unterschrift oder Paraphe, die der Notar beurkundet oder beglaubigt hat und die er oder ein Dritter beim Gericht eingereicht hat. Diese letztere Pflicht besteht aber nur auf ein Ersuchen des Gerichts. 3

3) Mitteilungspflicht des Gerichts, II 1. Auch das Gericht hat (jetzt) Pflichten. II 1 gibt ihm auf, dem Notar unaufgefordert mitzuteilen, inwieweit es seinem Kostenansatz einen von der Notarberechnung nach I abweichenden Geschäftswert zugrundelegt oder – gelegt hat oder – legen will. 4

4) Auskunftspflicht des Gerichts, II 2. Diese Vorschrift schafft (jetzt) eine dem I 2 entsprechende Auskunftspflicht des Gerichts über die zur Bestimmung des Geschäftswerts maßgeblichen Umstände gegenüber dem Notar wegen einer beim Gericht eingereichten solchen Urkunde, die gerade dieser Notar beurkundet oder beglaubigt hat. Wie bei I 2, ist auch bei II 2 freilich ein entsprechendes Ersuchen, hier des Notars, Voraussetzung. 5

5) Rechtsmittel, I, II. Rechtsbehelfsbelehrung, Verstoß: §§ 7 a, 83 II 2. Beim Notar kann auf Antrag eine gerichtliche Entscheidung nach § 30 a EGGVG statthaft sein, Teil XII B dieses Buchs. Beim Gericht können §§ 127 ff helfen. 6

6) Dienstaufsichtsbeschwerde, I, II. Sie bleibt gegen den Notar nach §§ 92 ff BNotO und beim Gericht wie sonst unberührt möglich. 7

Unterabschnitt 2. Besondere Geschäftswertvorschriften

Erbschein, Europäisches Nachlasszeugnis, Zeugnis über die Fortsetzung der Gütergemeinschaft und Testamentsvollstreckerzeugnis

40
I ¹Der Geschäftswert für das Verfahren zur
1. Abnahme der eidesstattlichen Versicherung zur Erlangung eines Erbscheins, oder eines Europäischen Nachlasszeugnisses
2. Erteilung eines Erbscheins oder Ausstellung eines Europäischen Nachlasszeugnisses, soweit dieses die Rechtsstellung und Rechte der Erben oder Vermächtnisnehmer mit unmittelbarer Berechtigung am Nachlass betrifft,
3. Einziehung oder Kraftloserklärung eines Erbscheins oder eines Europäischen Nachlasszeugnisses,
4. Änderung oder zum Widerruf eines Europäischen Nachlasszeugnisses, soweit die Rechtsstellung und Rechte der Erben oder Vermächtnisnehmer mit unmittelbarer Berechtigung am Nachlass betroffen sind,

ist der Wert des Nachlasses im Zeitpunkt des Erbfalls. ²Vom Erblasser herrührende Verbindlichkeiten werden abgezogen. ³Ist in dem Erbschein lediglich die Hoferbfolge zu bescheinigen, ist Geschäftswert der Wert des Hofs. ⁴Abweichend von Satz 2 werden nur die auf dem Hof lastenden Verbindlichkeiten mit Ausnahme der Hypotheken, Grund- und Rentenschulden (§ 15 Absatz 2 der Höfeordnung) abgezogen.

II ¹Beziehen sich die in Absatz 1 genannten Verfahren nur auf das Erbrecht eines Miterben, bestimmt sich der Geschäftswert nach dem Anteil dieses Miterben. ²Entsprechendes gilt, wenn ein weiterer Miterbe einer bereits beurkundeten eidesstattlichen Versicherung beitritt.

III ¹Erstrecken sich die Wirkungen eines Erbscheins nur auf einen Teil des Nachlasses, bleiben diejenigen Gegenstände, die von der Erbscheinswirkung nicht erfasst werden, bei der Berechnung des Geschäftswerts außer Betracht; Nachlassverbindlichkeiten werden nicht abgezogen. ²Macht der Kostenschuld-

743

ner glaubhaft, dass der Geschäftswert nach Absatz 1 niedriger ist, so ist dieser maßgebend. ³Die Sätze 1 und 2 finden auf die Ausstellung, die Änderung und den Widerruf eines Europäischen Nachlasszeugnisses entsprechende Anwendung.

IV Auf ein Verfahren, das ein Zeugnis über die Fortsetzung der Gütergemeinschaft betrifft, sind die Absätze 1 bis 3 entsprechend anzuwenden; an die Stelle des Nachlasses tritt der halbe Wert des Gesamtguts der fortgesetzten Gütergemeinschaft.

V ¹In einem Verfahren, das ein Zeugnis über die Ernennung eines Testamentsvollstreckers betrifft, beträgt der Geschäftswert 20 Prozent des Nachlasswerts im Zeitpunkt des Erbfalls, wobei Nachlassverbindlichkeiten nicht abgezogen werden; die Absätze 2 und 3 sind entsprechend anzuwenden. ²Dies gilt entsprechend, soweit die Angabe der Befugnisse des Testamentsvollstreckers Gegenstand eines Verfahrens wegen eines Europäischen Nachlasszeugnisses ist.

VI Bei der Ermittlung des Werts und der Zusammensetzung des Nachlasses steht § 30 der Abgabenordnung einer Auskunft des Finanzamts nicht entgegen.

Gliederung

1) Systematik, Regelungszweck, I–VI	1
2) Voller Erbschein oder Nachlaßzeugnis, I	2–7
A. Grundsatz: Nachlaßwert, I 1	2–4
B. Beispiele zur Frage einer vom Erblasser herrührenden Verbindlichkeit, I 1	5–7
3) Miterbe, II 1, 2	8
4) Beschränkte Wirkungen, III 1–3	9
5) Zeugnis über Fortsetzung der Gütergemeinschaft, IV	10
6) Testamentsvollstreckerzeugnis, V	11
7) Auskunft des Finanzamts, VI	12

1 **1) Systematik, Regelungszweck, I–VI.** Die Vorschrift weicht zur Werthöhe teilweise erheblich vom alten Recht ab. Es bleibt allerdings im Ansatz auch das Bestreben, keine unverhältnismäßig hohen Kosten entstehen zu lassen. Ob das gelungen ist, ist eine andere Frage. Hier kann Art 19 IV GG beachtbar sein, Düss FGPrax **15**, 182 (dort verneint).

2 **2) Voller Erbschein oder Nachlaßzeugnis, I.** Hier gilt ein einfacher Grundsatz mit Ausnahmen bei einer Hoferbfolge. Die Bewertung erfolgt in allen Fällen nach I 1 Z 1–3 gleich.

A. Grundsatz: Nachlaßwert, I 1. Der Schuldner soll nur insoweit Kosten tragen, als ihm auch Vermögen zufließt, Köln MDR **87**, 1036. Sofern keiner der nachfolgend erläuterten Sonderfälle vorliegt, ist ähnlich § 1967 II BGB als Geschäftswert beim sog Eigenrechtserbschein nach § 2353 BGB oder einem Europäischen Nachlaßzeugnis nach §§ 33 ff IntErbRVG, Schönfelder (E) Nr 103 p, dazu auch KVfG 12216 (Widerruf), 12217 (Änderung), 12218 (Abschrift), (jetzt nur noch) der Wert des nach dem Abzug der vom Erblasser herrührenden Verbindlichkeiten verbleibenden Nachlaßvermögens maßgeblich, Düss MDR **16**, 415, Köln FGPrax **17**, 40, und zwar nach dem klaren Wortlaut von I 1 im Zeitpunkt des Erbfalls, BayObLG FamRZ **01**, 696, Jena MDR **16**, 297, Schlesw JB **15**, 94, und bei wirtschaftlicher Bewertung, Bre FGPrax **12**, 129, Düss MDR **16**, 415, Hamm FGPrax **15**, 277, aM Karlsr RR **16**, 1084. Das gilt auch im Beschwerdeverfahren. Vor- und Nacherbe haben gesonderte Wertansätze nötig, Hamm FGPrax **15**, 279.

3 Der Zeitraum zwischen dem Erbfall und der Erteilung des *Erbscheins usw* bleibt also beim Fortbestand derselben Nachlaßgegenstände ohne das Hinzutreten oder den Wegfall von solchen grundsätzlich unerheblich, Düss FamRZ **95**, 102, Schlesw DNotZ **94**, 137. Eine Bilanz kann zur Bewertung hilfreich sein. Zieht das Nachlaßgericht einen Erbschein mit einem Testamentsvollstreckervermerk ohne einen solchen Vermerk ein, bestimmt sich der Wert nach dem vollen ursprünglichen Nachlaßwert, BayObLG MDR **97**, 300. Denn es ist ein ganz neuer Erbschein notwendig.

4 Man muß den Wert eines zum Nachlaß gehörenden *Grundstücks* nach § 46 ansetzen, BayObLG **75**, 248. Man muß evtl eine Schenkung zu Lebzeiten miteinbeziehen, Hamm FamRZ **13**, 814. Bei einer bloßen Bescheinigung der Hoferbfolge gelten I 1–3. Eine dem Erblasser als dem Bezugsberechtigten zugefallene Versicherungsleistung zählt

zum Nachlaß, ebenso bei einer Zugewinngemeinschaft die Erbteilserhöhung. Bei einer nicht nach Rn 12 abziehbaren restlichen Bürgschaft entscheidet der Grad der Wahrscheinlichkeit einer Beanspruchung des Bürgen, Karlsr Just **87**, 64.

Nicht zum Nachlaß zählen derjenige Anteil an einer Personengesellschaft, den man im Weg der rechtsgeschäftlichen Nachfolgeklausel überträgt, BayObLG FamRZ **01**, 300, oder eine dem Erben oder einem Dritten direkt zugefallene Versicherungsleistung nach §§ 328ff BGB, §§ 166ff VVG.

B. Beispiele zur Frage einer vom Erblasser herrührenden Verbindlichkeit, I 1 5

Auflage: Als Nachlaßverbindlichkeit abziehbar ist eine Auflage des Erblassers.
Ausbildungshilfe: Als Nachlaßverbindlichkeit nicht (mehr) abziehbar ist eine Ausbildungshilfe nach § 1371 IV BGB.
Beerdigungskosten: Als Nachlaßverbindlichkeit *nicht* (mehr) abziehbar sind die Beerdigungskosten nach § 1968 BGB, Köln FGPrax **14**, 180, Schlesw FamRZ **15**, 786, aM (zum alten Recht) KG Rpfleger **80**, 79.
Bürgschaft: Als Nachlaßverbindlichkeit abziehbar ist bei einer Bürgschaft der Unterschiedsbetrag zwischen einer Bürgschaft und einem nicht durchsetzbaren Rückgriffsrecht gegen den Hauptschuldner, LG Würzb JB **77**, 243.
Dreißigster: *Nicht* (mehr) abziehbar ist der sog Dreißigste nach § 1969 BGB. Denn ihn trifft der Erbe, auch wenn der Erblasser bis zu seinem Tod haftete, nun neu.
Eigentumsvorbehalt: Abziehbar ist der noch zahlbare Restpreis. Dabei muß man für den Ausgangswert denjenigen Preis ansetzen, der sich im Zeitpunkt des Erbfalls noch erzielen ließ.
Enteignung: Abziehbar ist ein Restitutionsanspruch nach § 3 VermG, BayObLG FamRZ **96**, 189.
Erbfallschuld: Abziehbar ist eine den Erben als solchen treffende Verbindlichkeit.
Erblasserschuld: Abziehbar ist eine vom Erblasser stammende Verbindlichkeit.
Erbschaftssteuer: *Nicht* abziehbar ist die Erbschaftssteuer. Denn sie trifft den jeweiligen Erben als eine persönliche Belastung. Sie ist ja erst infolge des Erbanfalls entstanden. Man kann sie daher bei der Ermittlung des Geschäftswerts nicht berücksichtigen, BayObLG Rpfleger **02**, 627, Hamm Rpfleger **90**, 463, aM Köln FGPrax **01**, 169 (keine Abzugsfähigkeit nur bei der Testamentseröffnung; abl Bader Rpfleger **01**, 459, Bestelmayer FGPrax **01**, 285).
Erlaß, Erlöschen: Rn 7 „Schulderlaß".
Fälligkeit: Ihr Zeitpunkt ist nicht maßgebend, Jena MDR **16**, 297.
Gesellschaftsrecht: Abziehbar ist eine Schuld des Erblassers aus einem Gesellschafts- 6
anteil. Denn er zählt zum Nachlaß, BayObLG **87**, 152.
S aber auch Rn 11 aE.
Grundpfandrecht: Grds abziehbar ist ein Grundpfandrecht, also eine Hypothek, Grund- oder Rentenschuld. Maßgebend ist der Nennwert, also nicht der valutierende Betrag im Zeitpunkt des Erbfalls, aM Düss FamRZ **95**, 102 (aber der Gläubiger kann formell noch bis zum Nennwert vorgehen).
Von dieser Regel mag dann eine *Ausnahme* gelten, wenn ein solches Vorgehen offensichtlich mißbräuchlich wäre, etwa dann, wenn der Erblasser die zugrunde liegende Verbindlichkeit weitgehend erfüllt hatte.
Hypothek: S „Grundpfandrecht".
Nachlaßkosten: Abziehbar sind solche Nachlaßkosten, die der Erbe tragen muß.
Pflichtteilsrecht: Abziehbar ist ein Pflichtteilsrecht, BayObLG **75**, 252, aM Schlesw FamRZ **15**, 786 (LS). Es rührt ja vom Erblasser infolge seiner Enterbung als gesetzlich zwingende Folge von Todes wegen her. Das gilt unabhängig davon, ob der Pflichtteilsberechtigte es geltendmacht oder -machen wird, BayObLG MDR **76**, 152. Das gilt sogar dann, wenn sichere Anhaltspunkte dafür vorliegen, daß der Berechtigte seinen Pflichtteil nicht geltendmachen wird, BayObLG **00**, 328. Denn neben dem eindeutigen Wortlaut spricht auch die Freiheit des Berechtigten, den Pflichtteil doch noch ganz oder teilweise geltend zu machen, für eine volle Abzugsfähigkeit, solange er nicht einen wirksamen völligen Verzicht auf ihn erklärt hat. Ferner ist abziehbar ein vom Erben erfüllter Pflichtteilsergänzungsanspruch, BayObLG Rpfleger **84**, 438.
Rentenschuld: S „Grundpfandrecht".

7 Schulderlaß: Abziehbar ist eine Schuld des Erblassers. Das gilt auch dann, wenn sie infolge der Vereinigung mit einer Forderung des Erben erlassen oder erloschen ist. Denn der Nachlaß war im Zeitpunkt des Erbfalls noch mit dieser Schuld belastet, LG Frankenth Rpfleger **86**, 475.
Vermächtnis: *Nicht* (mehr) abziehbar ist ein Vermächtnis, Hamm FGPrax **15**, 277, oder ein Vorausvermächtnis, sofern es alle Erben belastet, Schlesw FamRZ **15**, 786.
Vorausvermächtnis: S „Vermächtnis".
Wiederkehrende Leistung: Man muß § 52 mitbeachten, BayObLG Rpfleger **84**, 334.
Zugewinnausgleich: Abziehbar ist der schuldrechtliche Zugewinnausgleich nach §§ 1371 II, III, 1378 BGB. Denn er hat seine Ursache in der Lage zu Lebzeit des Erblassers.

8 3) Miterbe, II 1, 2. Beim gemeinschaftlichen Erbschein nach § 2357 BGB ist der Gesamtwert maßgeblich. Soweit das Nachlaßgericht den Erbschein nur über das Erbrecht eines Miterben erteilt, bestimmt sich nach *II 1* der Geschäftswert nach dessen Anteil am Nachlaß, also nach dem Abzug sowohl der jeden Miterben als auch der diesen Miterben treffenden vom Erblasser herrührenden Verbindlichkeiten, BayObLG JB **93**, 35, Düss JB **16**, 363, aM LG Hann JB **96**, 652 (aber II 1 gilt natürlich auch hier mit). Dasselbe gilt nach *II 2* dann, wenn ein weiterer Miterbe einer schon beurkundeten eidesstattlichen Versicherung beitritt. Wendet sich der angebliche gesetzliche Miterbe gegen einen Vorbescheid zugunsten des Testamentserben, ist der Anteil des Antragstellers maßgeblich, auch im Beschwerdeverfahren, BayObLG FamRZ **04**, 1309.

9 4) Beschränkte Wirkungen, III 1–3. Soweit sich die Wirkungen eines Erbscheins nur auf einen Teil des Nachlasses erstrecken, bleiben nach *III 1 Hs 1* die nicht erfaßten Gegenstände außer Betracht. Dann ist als Geschäftswert der Wert nur der erfaßten Gegenstände maßgebend, (je zum alten Recht) Düss JB **86**, 85, AG Bad Iburg JB **93**, 303. Man darf nach *III 1 Hs 2* dann keine nicht vom Erblasser herrührenden Verbindlichkeiten abziehen, BVerfG FER **97**, 162, Schlesw DNotZ **94**, 139 (keine Berücksichtigung einer Wertsteigerung infolge der Wiedervereinigung).
Ein *Wertvergleich* ist nach *III 2* nötig: Evtl gilt nur der Wert nach I, falls er gegenüber dem Wert nach III 1 niedriger ist.
Unanwendbar ist III 1 bei einem nur zur Grundbuchberichtigung benötigten Erbschein, KG Rpfleger **15**, 51.

10 5) Zeugnis über Fortsetzung der Gütergemeinschaft, IV. Hier tritt wegen §§ 1478 I, 1483 I 1, 1487 I, 1498 S 1 BGB an die Stelle des Werts des Nachlasses der halbe Wert des Gesamtguts der fortgesetzten Gütergemeinschaft. Dabei muß man nach § 1483 II BGB denjenigen Wert abziehen, den ein nichtehelicher Abkömmling erhält, und ferner nach § 1485 I BGB denjenigen Wert, den der Überlebende aus dem Nachlaß erwirbt. Schließlich muß man den halben Wert der Verbindlichkeiten nach § 1488 BGB abziehen. Maßgeblich ist der Todeszeitpunkt nach § 1483 I BGB.

11 6) Testamentsvollstreckerzeugnis, V. Hier sind jedenfalls für den Geschäftswert 20% des Nachlaßwerts im Zeitpunkt des Erbfalls *ohne* Abzug von Nachlaßverbindlichkeiten maßgebend und II, III entsprechend anwendbar. Das gilt unabhängig davon, ob es sich um das erste Zeugnis oder um ein weiteres Zeugnis handelt. Der Regelwert beträgt also 3000 EUR, aM Mü FGPrax **11**, 252 (10% des Nachlasses). Im übrigen sind nach IV Hs 1 die Regelungen I–III entsprechend anwendbar.

12 7) Auskunft des Finanzamts, VI. Sie bleibt als einer der statthaften Ermittlungsmöglichkeiten erlaubt. Das stellt VI gegenüber § 30 AO klar.

Zeugnisse zum Nachweis der Auseinandersetzung eines Nachlasses oder Gesamtguts

41 In einem Verfahren, das ein Zeugnis nach den §§ 36 und 37 der Grundbuchordnung oder nach § 42 der Schiffsregisterordnung, auch in Verbindung mit § 74 der Schiffsregisterordnung oder § 86 des Gesetzes über Rechte an Luftfahrzeugen, betrifft, ist Geschäftswert der Wert der Gegenstände, auf die sich der Nachweis der Rechtsnachfolge erstreckt.

Kapitel 1. Vorschriften f. Gerichte u. Notare §§ 41, 42 GNotKG

1) Systematik, Regelungszweck. Die Vorschrift erweitert den früheren § 111 I 1
Z 1 KostO.

2) Geltungsbereich. Die Regelung gilt in jedem der abschließend aufgezählten 2
Verfahren.

3) Geschäftswert. Abweichend vom früheren Recht gilt nicht die gesetzliche 3
Mindestgebühr, sondern als Grundlage einer Wertgebühr nach Einl II Rn 10 der
Wert derjenigen Gegenstände, auf die sich der Nachweis der Rechtsnachfolge jeweils
erstreckt. Es kommt also auf den Umfang der wirtschaftlichen und rechtlichen Auswirkungen
an. Ihn darf man freilich nur an dem Gegenstand oder den Gegenständen
berechnen. Natürlich ist dazu wiederum eine wirtschaftliche Betrachtung, evtl eine
Wertschätzung nach § 80 und dazu eine Beweisaufnahme notwendig. Eine nicht
geringe Erschwerung der Wertermittlung.

4) Rechtsmittel. Rechtsbehelfsbelehrung, Verstoß: §§ 7 a, 83 II 2. Es gelten zum 4
Rechtsmittel §§ 81 ff.

Wohnungs- und Teileigentum

42 ^{I} ^{1}Bei der Begründung von Wohnungs- oder Teileigentum und bei Geschäften, die die Aufhebung oder das Erlöschen von Sondereigentum betreffen, ist Geschäftswert der Wert des bebauten Grundstücks. ^{2}Ist das Grundstück noch nicht bebaut, ist dem Grundstückswert der Wert des zu errichtenden Bauwerks hinzuzurechnen.

^{II} Bei Wohnungs- und Teilerbbaurechten gilt Absatz 1 entsprechend, wobei an die Stelle des Grundstückswerts der Wert des Erbbaurechts tritt.

Gliederung

1) Systematik, Regelungszweck, I, II	1
2) Erbbaurecht, I	2–7
A. Grundsatz: Weite Auslegung	2
B. Beispiele zur Frage einer Anwendbarkeit, I	3, 4
C. Geschäftswert	5–7
3) **Wohnungserbbaurecht, II**	8, 9

1) Systematik, Regelungszweck, I, II. Man muß mehrere Aspekte beachten. 1
Im Rechtsstreit gilt § 49 a GKG, Teil I A dieses Buchs.

2) Erbbaurecht, I. Es gibt zahlreiche Situationen. 2

A. Grundsatz: Weite Auslegung. Die Vorschrift betrifft die Begründung des
Teileigentums und die Aufhebung und das Erlöschen von Sondereigentum. Ergänzend
gilt § 53. Es ist eine weite Auslegung notwendig.

B. Beispiele zur Frage einer Anwendbarkeit, I 3

Anderer Wohnungseigentümer: I ist *unanwendbar*, soweit es um ein solches Recht
  geht, das ein anderer Wohnungseigentümer einräumt.
  S auch „Darlehen".
Ankaufsrecht: Rn 4 „Vorkaufsrecht".
Architekt: S „Dritter".
Aufhebung: Rn 4 „Sondereigentum".
Auflassung: S „Auseinandersetzung".
Aufteilung: S „Auseinandersetzung".
Auseinandersetzung: I ist *unanwendbar,* soweit es um eine der Begründung des
  Wohnungseigentums vorausgehende Auseinandersetzung geht, etwa über eine Verpflichtung,
  das bereits gekaufte Grundstück aufzuteilen und aufzulassen, oder um
  eine Bruchteilsveränderung.
Ausgestaltung: I ist anwendbar, soweit es um die inhaltliche Ausgestaltung des
  Wohnungseigentumsrechts geht, §§ 5, 10–12, 15, 20 ff WEG.
Baukosten: S „Darlehen", Rn 4 „Finanzielle Verpflichtung".
Benutzungsrecht: I ist anwendbar, soweit es um ein Benutzungsrecht geht, etwa
  zur Aufstellung einer Dachantenne oder zur Verwertung einer Garage, soweit es
  sich dabei um ein Recht gegenüber den übrigen Wohnungseigentümern handelt.

GNotKG § 42 III. Gerichts- und Notarkostengesetz

Bruchteilsveränderung: I ist *unanwendbar,* soweit es um eine Veränderung eines Bruchteils geht.
Dachantenne: S „Benutzungsrecht".
Darlehen: I ist *unanwendbar,* soweit es um ein Darlehen geht, das ein Wohnungseigentümer einem anderen für den vom letzteren geschuldeten Baukostenvorschuß nebst einer hypothekarischen Sicherung gibt.
Dingliches Geschäft: I ist anwendbar, soweit es um das dingliche Geschäft geht, und zwar einschließlich der Eintragung nach §§ 873 BGB, 4 WEG und der nach § 8 WEG möglichen Erklärung des Wohnungseigentümers gegenüber dem Grundbuchamt.
Dritter: I ist in folgenden Fällen *unanwendbar:* Es handelt sich um den Vertrag mit einem Dritten, etwa einem Architekten oder Bauunternehmer; es geht zB um die Verpflichtung des künftigen Wohnungseigentümers, mit einem bestimmten Architekten einen Vertrag abzuschließen. Denn diesen Vertrag könnte auch ein außenstehender Dritter abschließen.
S auch Rn 4 „Finanzielle Verpflichtung".

4 **Finanzielle Verpflichtung:** I ist anwendbar, soweit es um eine finanzielle Verpflichtung des Wohnungseigentümers und nicht eines Dritten und deren hypothekarische Sicherung geht, etwa bei einer Pflicht zur Zahlung eines Beitrags zu den Baukosten. Denn auch sie dient der Verwirklichung des Rechts.
Garage: Rn 3 „Benutzungsrecht".
Grundbuchamt: Rn 3 „Dingliches Geschäft".
Hypothek: Rn 3 „Darlehen", Rn 4 „Finanzielle Verpflichtung".
Löschung: S „Sondereigentum".
Schuldrechtliches Geschäft: I ist anwendbar, soweit es um das der Eintragung zugrunde liegende schuldrechtliche Geschäft geht, vgl auch Rn 2, 3.
Sicherung: S „Vormerkung".
Sondereigentum: I ist anwendbar, soweit es nach § 9 WEG um die Aufhebung oder Löschung des Sondereigentums geht. Beim Übergang in Alleineigentum ist § 47 zusätzlich zu I anwendbar.
Veräußerungsbeschränkung: I ist anwendbar, soweit es nach § 12 WEG um eine Beschränkung der Befugnis zur Veräußerung des Wohnungseigentums geht.
Versicherung: Bei I mag im Ballungsraum ein Abschlag von nur 10% der Feuerversicherungssumme in Betracht kommen, KG JB **99**, 43 (nennt irrig § 20 II).
Vorkaufsrecht: I ist *unanwendbar* auf ein gleichzeitig begründetes Vorkaufsrecht.
Vormerkung: I ist anwendbar auf die Sicherung eines dinglichen Rechts durch eine Vormerkung.
Wohnrecht: Nach II ist I entsprechend anwendbar, wenn auch mit der Abänderung zur Werthöhe in II auf ein gleichzeitig begründetes Wohnrecht.

5 **C. Geschäftswert.** Im Rechtsstreit gilt § 49a GKG, Teil I A dieses Buchs. Im übrigen gilt: Als Geschäftswert muß man nach *I 1* den Wert des bebauten Grundstücks ansetzen. Diesen Grundstückswert ermittelt man nach §§ 46, 47, Mü Rpfleger **15**, 732. Es kommt auf den Wert desjenigen Grundstücks an, auf dem das Wohnungseigentum oder Teileigentum entsteht oder besteht, Karlsr JB **98**, 364. Dieser Wert ist auch bei § 8 WEG maßgeblich, Zweibr FGPrax **04**, 51.
Es kommt nach *I 2* auf den Wert des bebauten Grundstücks nach der völligen *Fertigstellung* an, also auf den Wert einschließlich der etwa noch erforderlichen Ausbauten usw. Das gilt auch dann, wenn eine Bebauung voraussichtlich unterbleiben wird, Zweibr FGPrax **04**, 51, oder wenn das Gebäude auf Rechnung des Berechtigten entsteht.

6 Außerdem handelt es sich beim Wohnungseigentum anders als beim Erbbaurecht *nicht* um einen *gegenseitigen Vertrag* mit dem Austausch zweier Leistungen, sondern um ein gesellschaftsähnliches Rechtsverhältnis. Daher ist es richtig, in die Bewertung die Leistungen aller Beteiligten einzubeziehen, also auch die eigene Leistung. Die Gesamtbaukosten sind also mitbeachtbar, BayObLG **82**, 103.

7 Wenn es um den Wert der *Veräußerung* eines Wohnungseigentums geht, muß man eine für Rechnung des Erwerbers vorgenommene Bebauung bei der Bewertung (jetzt) nach § 47 S. 2 berücksichtigen.

Kapitel 1. Vorschriften f. Gerichte u. Notare §§ 42–44 GNotKG

3) **Wohnungserbbaurecht, II.** Bei der *Bestellung* eines Wohnungserbbaurechts 8
oder Teilerbbaurechts gelten nach II die Regeln des I entsprechend. Jedoch tritt an
die Stelle des Werts des Grundstücks der Wert des Erbbaurechts. Vgl also § 43.
Eine besondere Wertbegünstigung gegenüber II ergibt sich bei einer Umwandlung
aus

> **WEG § 63. Überleitung bestehender Rechtsverhältnisse.** [I] Werden Rechtsverhältnisse, mit denen ein Rechtserfolg bezweckt wird, der den durch dieses Gesetz geschaffenen Rechtsformen entspricht, in solche Rechtsformen umgewandelt, so ist als Geschäftswert für die Berechnung der hierdurch veranlaßten Gebühren der Gerichte und Notare im Falle des Wohnungseigentums ein Fünfundzwanzigstel des Einheitswertes des Grundstückes, im Falle des Dauerwohnrechtes ein Fünfundzwangzigstel des Wertes des Rechtes anzunehmen.
>
> [II] *(überholt)*
>
> [III] Durch Landesgesetz können Vorschriften zur Überleitung bestehender, auf Landesrecht beruhender Rechtsverhältnisse in die durch dieses Gesetz geschaffenen Rechtsformen getroffen werden.

Erbbaurechtsbestellung

43 [1] Wird bei der Bestellung eines Erbbaurechts als Entgelt ein Erbbauzins vereinbart, ist Geschäftswert der nach § 52 errechnete Wert des Erbbauzinses. [2] Ist der nach § 49 Absatz 2 errechnete Wert des Erbbaurechts höher, so ist dieser maßgebend.

1) **Systematik, Regelungszweck, S 1, 2.** Die Vorschrift zerreißt eine früher 1
noch einigermaßen zusammengefaßte Regelung. Denn die grundlegende Wertvorschrift steht jetzt in § 49 II. Zumindest ist die amtliche Überschrift von § 43 irreführend weit: Es geht in Wahrheit nur um den freilich praktisch ganz führenden Fall der Bestellung eines solchen Erbbaurechts, das einen Erbbauzins zur Folge hat. Besser wäre also „Erbbaurecht gegen Erbbauzins".

2) **Geschäftswert, S 1, 2.** Man muß stets zwei Wertermittlungen vornehmen 2
und dann den höheren Wert anwenden.

A. Erbbauzins, S. 1. Es kommt zunächst darauf an, wie hoch der Erbbauzins ist.
Dazu verweist S 1 auf § 52 mit seinem Wust von Erfordernissen. Vgl also dort.

B. Erbbaurecht, S 2. Sodann muß man den Wert des Erbbaurechts klären. Dazu 3
verweist S 2 auf § 49 II. Vgl also dort.

C. Höherer Wert maßgeblich, S 2. Dies ordnet die Vorschrift an und zwingt 4
damit zum Vergleich der Werte nach S 1 und S 2. Schon ein nur geringer Unterschied reicht. Ein winziger mag entscheidungserheblich sein.

Mithaft

44 [I] [1] Bei der Einbeziehung eines Grundstücks in die Mithaft wegen eines Grundpfandrechts und bei der Entlassung aus der Mithaft bestimmt sich der Geschäftswert nach dem Wert des einbezogenen oder entlassenen Grundstücks, wenn dieser geringer als der Wert nach § 53 Absatz 1 ist. [2] Die Löschung eines Grundpfandrechts, bei dem bereits zumindest ein Grundstück aus der Mithaft entlassen worden ist, steht hinsichtlich der Geschäftswertbestimmung der Entlassung aus der Mithaft gleich.

[II] Absatz 1 gilt entsprechend für grundstücksgleiche Rechte.

[III] Absatz 1 gilt ferner entsprechend

1. für Schiffshypotheken mit der Maßgabe, dass an die Stelle des Grundstücks das Schiff oder das Schiffsbauwerk tritt, und
2. für Registerpfandrechte an einem Luftfahrzeug mit der Maßgabe, dass an die Stelle des Grundstücks das Luftfahrzeug tritt.

1) **Systematik, Regelungszweck, I–III.** Es soll eine Übersteuerung vermieden 1
werden.

GNotKG §§ 44, 45   III. Gerichts- und Notarkostengesetz

2   **2) Grundpfandrecht, I.** Anwendbar ist I bei jeder Art von Grundpfandrecht, zB bei einer Grundschuld oder Hypothek. Es geht sowohl um die Einbeziehung wegen eines Grundpfandrechts als auch um die Entlassung aus einer Mithaft eines anderen Grundstücks. Maßgeblich ist von zwei Werten der geringere. Daher muß man beide getrennt ermitteln und dann zur Höhe vergleichen.

3   § 53 I ist nach § 44 I 1 mitbeachtbar. Das bedeutet: Bei einer Hypothek, Schiffshypothek, einem Registerpfandrecht an einem Luftfahrzeug oder einer Grundschuld kommt es auf den Nennbetrag der Ausgangsschuld an. Das kann bei einer schon weitgehend getilgten Schuld Probleme bringen. Der Wert darf nicht außer Verhältnis zum Verfahrensrisiko stehen, Hamm Rpfleger **98**, 376 (Globalgrundschuld). Bei einer Rentenschuld muß man nach § 53 I 2 den Nennbetrag der Ablösungssumme ansetzen.

Bei einer *weiteren* Entlassung oder Löschung gilt nach *I 2* keine abweichende Wertermittlung.

4   **3) Grundstücksgleiches Recht, II.** Die Berechnungsweise nach I gilt auch bei jedem dort nicht miterwähnten grundstücksgleichen Recht aus Anlaß einer Einbeziehung oder Entlassung aus einer Mithaft.

5   **4) Schiffshypotherk, Registerpfandrecht, III.** Die Berechnungsweise nach I gilt schließlich auch bei jedem in III Z 1, 2 genannten Objekt entsprechend. Zum § 53 I gibt es wegen der Verweisung auf § 44 I denselben Bezug wie in Rn 3.

Rangverhältnisse und Vormerkungen

45 [I] Bei Einräumung des Vorrangs oder des gleichen Rangs ist Geschäftswert der Wert des vortretenden Rechts, höchstens jedoch der Wert des zurücktretenden Rechts.

[II] [1] Die Vormerkung gemäß § 1179 des Bürgerlichen Gesetzbuchs zugunsten eines nach- oder gleichstehenden Berechtigten steht der Vorrangseinräumung gleich. [2] Dasselbe gilt für den Fall, dass ein nachrangiges Recht gegenüber einer vorrangigen Vormerkung wirksam sein soll. [3] Der Ausschluss des Löschungsanspruchs nach § 1179a Absatz 5 des Bürgerlichen Gesetzbuchs, auch in Verbindung mit § 1179b Absatz 2 des Bürgerlichen Gesetzbuchs, ist wie ein Rangrücktritt des Rechts zu behandeln, als dessen Inhalt der Ausschluss vereinbart wird.

[III] Geschäftswert einer sonstigen Vormerkung ist der Wert des vorgemerkten Rechts; § 51 Absatz 1 Satz 2 ist entsprechend anzuwenden.

1   **1) Geltungsbereich, I–III.** Die Vorschrift ist anwendbar, soweit sich der Rang unmittelbar und nicht nur möglicherweise nachträglich ändert, KG Rpfleger **83**, 177. Dann ist § 44 auch nicht entsprechend anwendbar, Ffm Rpfleger **77**, 228. Die Löschungsvormerkung nach § 1179 BGB steht einer Rangeinräumung nach II 1 dann gleich, wenn ein Nach- oder Gleichstehender löschungsberechtigt ist. II 1 ist nur dann anwendbar, wenn die Löschungsvormerkung lediglich zur Verstärkung eines gleichrangigen oder nachrangigen Werks dienen soll.

Es kann zur Vermeidung der Notwendigkeit einer Kostenniederschlagung nach § 21 notwendig sein, die Beteiligten insofern zu *befragen*, Hamm Rpfleger **81**, 36. Wenn ein anderer löschungsberechtigt ist, gilt § 44.

2   Bei einem *gesetzlichen* Löschungsanspruch nach § 1179a BGB gilt § 53. Nur beim vertraglichen Ausschluß des Rechts nach § 1179 V BGB auch in Verbindung mit § 1179b II BGB gilt gemäß II 3: Man muß den Ausschluß wie einen Rangrücktritt desjenigen Rechts behandeln, als dessen Inhalt er vereinbart wird. Das ist freilich nur bei einem nachträglichen Ausschluß beachtbar. Bei einem anfänglichen Ausschluß ist ja dieser Ausschluß bereits ein Teil des Inhalts der Hypothek.

Unanwendbar ist § 45 aus den Gründen Rn 1 bei einer gleichzeitigen Bestellung mehrerer Rechte mit einer Rangbestimmung oder bei einem Rangvorbehalt für ein etwa späteres Recht nach § 881 BGB oder wegen einer bloßen Änderungsmöglichkeit beim bloßen Rangvorbehalt oder dessen Löschung oder bei einer Stillhalteerklärung, Hamm MittBayNot **97**, 253. Dann ist § 36 I anwendbar.

2) Geschäftswert, I–III. Es gilt drei Wertermittlungsposten. 3
A. Grundsatz, I. Man muß den Wert des vortretenden Rechts und denjenigen des zurücktretenden Rechts getrennt ermitteln und die Werte dann miteinander vergleichen. Maßgebend ist der geringere Wert, Zweibr Rpfleger **82**, 241. Wenn mehrere Rechte vortreten, ist ihr zusammengerechneter Wert der Höchstwert. Wenn mehrere Rechte zurücktreten, muß man für die Beurkundung als Höchstwert den Wert sämtlicher zurücktretender Rechte ansetzen. Wenn mehrere Rechte nachträglich denselben Rang erhalten, gilt dasselbe. Man muß den Wert also für die Beurkundung unter einer Berücksichtigung der Rangverschlechterung oder Rangverbesserung für die Eintragung berechnen. Die Zustimmung eines Miteigentümers zur Löschung läßt sich evtl nach seinem Anteil bewerten.

B. Löschungsvermerkung, II. Eine Löschungsvormerkung nach § 1179 BGB 4 steht nach II 1 der Rangeinräumung gleich, sofern ein Nach- oder Gleichstehender löschungsberechtigt ist. Dann findet also ein Wertvergleich wie bei I statt. Das gilt auch bei § 1179 Z 2 BGB, aM BayObLG **97**, 174 (aber der Wortlaut von II ist eindeutig).

C. Sonstige Vormerkungen, III. Hierher zählt vor allem eine Auflassungsvor- 5 merkung oder eine Rückauflassungsvormerkung, Mü FGPrax **15**, 230, Zweibr FGPrax **17**, 753. Nach *III 1* kann der Kaufpreis entscheiden, BayObLG ZMR **94**, 69, aM BayObLG **94**, 623 (WEG-Anteil). Nach *III 2* in Verbindung mit § 51 I 2 ist beim Vorkaufs- oder Wiederkaufsrecht für die Vormerkung nur 50% des Rechts maßgebend, Mü FGPrax **15**, 230.

Unterabschnitt 3. Bewertungsvorschriften

Sache

46 ^I Der Wert einer Sache wird durch den Preis bestimmt, der im gewöhnlichen Geschäftsverkehr nach der Beschaffenheit der Sache unter Berücksichtigung aller den Preis beeinflussenden Umstände bei einer Veräußerung zu erzielen wäre (Verkehrswert).

^{II} Steht der Verkehrswert nicht fest, ist er zu bestimmen
1. nach dem Inhalt des Geschäfts,
2. nach den Angaben der Beteiligten,
3. anhand von sonstigen amtlich bekannten Tatsachen oder Vergleichswerten aufgrund einer amtlichen Auskunft oder
4. anhand offenkundiger Tatsachen.

^{III} ¹Bei der Bestimmung des Verkehrswerts eines Grundstücks können auch herangezogen werden
1. im Grundbuch eingetragene Belastungen,
2. aus den Grundakten ersichtliche Tatsachen oder Vergleichswerte oder
3. für Zwecke der Steuererhebung festgesetzte Werte.
²Im Fall der Nummer 3 steht § 30 der Abgabenordnung einer Auskunft des Finanzamts nicht entgegen.

^{IV} Eine Beweisaufnahme zur Feststellung des Verkehrswerts findet nicht statt.

Schrifttum: *Faßbender*, Das Kostenprivileg der Landwirtschaft (Kommentar), 1999; *Gottschalk*, Handbuch der Immobilienwertermittlung, 2. Aufl 2003; *Kleiber/Simon/Weyers*, Verkehrswertermittlung von Grundstücken, 7. Aufl 2014; *Simon/Cors/Halaczinsky/Teß*, Handbuch der Grundstückswertermittlung, 5. Aufl 2003; *Zimmermann/Heller*, Der Verkehrswert von Grundstücken, 2. Aufl 1999.

Gliederung

1) Systematik, I–IV	1
2) Regelungszweck, I–IV	2
3) Verkehrswert, I–IV	3, 4
A. Gewöhnliche Umstände	3
B. Nicht: Ungewöhnliche Umstände	4
4) Keine Beachtbarkeit des Einheitswerts (mehr), I–IV	5

GNotKG § 46 III. Gerichts- und Notarkostengesetz

    5) Wertermittlung im einzelnen, I–III 6
    6) Beispiele zur Frage der Wertermittlung, I–III 7–21
    7) Keine Beweisaufnahme, IV 22, 23

1   **1) Systematik, I–IV.** Ergänzend gilt § 47. I enthält den Grundsatz der Bewertung „einer Sache" nach § 90 BGB als des Hauptgegenstands, auch einer Sachgesamtheit oder Vermögensmasse. Die Wertfestsetzung erfolgt nach §§ 77–80, 96. Auch das Grundstück ist eine (unbewegliche) Sache. Daher gehört auch ein grundstücksgleiches Recht wie zB das Erbbaurecht trotz der Sonderregeln in § 49 mit hierher. Nun enthält allerdings III für die Bewertung zusätzliche Regeln. Das könnte bei einer isolierten Betrachtung von III zu der Annahme verleiten, beim Grundbesitz gelte I nur hilfsweise.

    Da indessen I nicht nur von einer „beweglichen" Sache spricht, sondern von der *Sache schlechthin,* darf man III nicht als eine vorrangige Sondervorschrift gegenüber I verstehen, sondern muß ihn als eine Ergänzung zu I betrachten, als eine nähere Erläuterung des Oberbegriffs „gemeiner Wert", als einen amtlichen Hinweis darauf, wie man diesen Begriff beim Grundbesitz näher ermitteln muß. III spricht von „... können auch herangezogen werden". I gilt also auch für die Bewertung des Grundbesitzes. Die Vorschrift gilt auch beim Notar.

    Anerkannt ist auch außerhalb von § 199 I BauGB die ImmoWertV, Anh § 46. Hierher kam ferner zB ein Richtwert nach §§ 193 III, 196 BauGB gehören, soweit er veröffentlicht ist, BayObLG RR **01**, 1583, Köln Rpfleger **86**, 322, LG Bayreuth JB **77**, 1597.

    § 46 verstößt weder gegen *EU-Recht* noch gegen das GG, BayObLG FGPrax **02**, 41.

    Als *vorrangige Spezialvorschrift* bestimmt ferner für das gesetzliche Erwerbsrecht eines öffentlichen Nutzers eines Grundstücks in den neuen Bundesländern das als Art 1 des Grundstücksrechtsbereinigungsgesetzes (GrundRBerG) geschaffene Verkehrsflächenbereinigungsgesetz (VerkFlBerG) vom 26. 10. 01, BGBl 2716:

    VerkFlBerG § 14. ... *Gerichtliches Verfahren ...* III [1] **Für den Geschäftswert ist maßgebend der Kaufpreis, in jedem Fall jedoch bei Verkehrsflächen mindestens der nach § 5 geschuldete Kaufpreis, bei Grundstücken nach § 1 Abs. 1 Nr. 2 die Hälfte des nach § 6 Abs. 2 ermittelten Wertes.** [2]**Endet das Verfahren ohne eine Vermittlung, ist für den Geschäftswert der in Satz 1 genannte Mindestwert maßgebend.** [3]...

2   **2) Regelungszweck, I–IV.** Auch diese Vorschrift dient einerseits der Kostengerechtigkeit, andererseits der Prozeßwirtschaftlichkeit nach BLAH Grdz 14 vor § 128 ZPO. Man darf weder das staatliche Interesse an ausreichenden Kosteneinnahmen allein beachten oder dasjenige des Notars noch das entgegengesetzte Interesse des Kostenschuldners. Es kommt auch nicht auf den Maßstab eines durchschnittlichen Käufers oder Verkäufers an. Vielmehr sind im Rahmen des „gewöhnlichen Geschäftsverkehrs" durchaus auch gewisse von der Alltagsnorm abweichende Umstände wertbestimmend.

3   **3) Verkehrswert, I–IV.** Er ist auch kostenrechtlich maßgeblich.

    A. Gewöhnliche Umstände. Der Verkehrswert ergibt sich aus demjenigen Preis, den man im gewöhnlichen Geschäftsverkehr im Fälligkeitszeitpunkt (jetzt) § 96 und nicht etwa erst später erzielen kann, LG Detns Rpfleger **10**, 449 (abl Lappe). Man ermittelt ihn nach der Beschaffenheit der Sache unter einer Berücksichtigung aller den Preis beeinflussenden Umstände bei einer Veräußerung, BayObLG JB **85**, 434, Tiedtke DNotZ **17**, 399. Maßgeblich sind also das Angebot und die Nachfrage, BayObLG JB **85**, 434. Man muß sich mit einer Schätzung begnügen, BayObLG JB **99**, 376, Lappe NJW **81**, 1741.

    Sie bilden sich sowohl auf Grund der Beschaffenheit der Sache, ihres Materials, ihrer Herstellungskosten usw als auch durch die Mode, durch die allgemeine Wirtschaftslage, durch tausend andere Faktoren. Sie sind durch die Art und Weise des Veräußerungsgeschäfts, seinen Ort und seinen Zeitpunkt sowie die Persönlichkeit der Geschäftspartner bedingt.

4   **B. Nicht: Ungewöhnliche Umstände.** Ein ungewöhnlicher oder nur vorübergehender oder auch nur persönlicher Umstand bleibt wegen I außer Betracht. Diese

Vorschrift verbietet es zB, einen Notverkauf oder ein Verwandtengeschäft oder einen besonderen Liebhaberwert nur für den Veräußerer oder nur für den Erwerber oder auch eine Verfügungsbeschränkung infolge Nacherbfolge als maßgeblich anzusehen, BayObLG JB **99**, 432. Andererseits kann natürlich ein besonders niedriger oder ungewöhnlich hoher Preis durchaus noch im Rahmen des „gewöhnlichen Geschäftsverkehrs" nach I zustande kommen. Die Abgrenzung zwischen diesem gewöhnlichen Verkehr und ungewöhnlichen oder nur persönlichen Verhältnissen ist also nur auf Grund aller Umstände möglich. Im Zweifel liegen keine ungewöhnlichen oder nur persönlichen Verhältnisse vor. Leider zählt auch eine Zwangsversteigerung heute durchaus zum gewöhnlichen Geschäftsverkehr.

4) Keine Beachtbarkeit des Einheitswerts (mehr), I–IV. Sie ist entfallen. 5

5) Wertermittlung im einzelnen, I–III. Man muß das beherrschende Prinzip 6 der Beachtung aller Preisumstände in I bei jeder Ermittlung auch nach II, III stets im Auge behalten, Bbg FamRZ **12**, 1584. Erst dann ist die Aufzählung von Einzelumständen in II, III in ihrer Bedeutung wie Begrenzung erkennbar. In verfehlter Reihenfolge steht II vor statt hinter III. Das Wort „auch" in dem in Wahrheit zunächst beachtbaren III klärt, daß seine Auszählung in III Z 1–3 nicht abschließend ist. Dasselbe gilt in Wahrheit auch für die weitere Aufzählung im nur hilfsweise geltenden II Z 1–4. In Wahrheit bringen II, III also nur solche Umstände nach I, die stets mitbeachtbar sind. So ergibt sich noch klarer der Grundsatz umfassender Berücksichtigung aller Preisumstände nach I auch bei der Wertermittlung im einzelnen. Die Fülle der möglichen Aspekte ergibt sich aus der folgenden Übersicht ohne Anspruch auf deren Vollständigkeit.

6) Beispiele zur Frage der Wertermittlung, I–III 7
Altenheim: Es gilt nichts Besonderes, BayObLG MittBayNot **95**, 409.
Amtlich bekannte Tatsache: II Z 3 nennt sie. Vgl § 291 ZPO, § 193 III BauGB, § 74a V ZVG. Mitbeachtbar sein kann auch ein amtlicher oder trotz einer grundsätzlichen amtlichen Schweigepflicht gerichtsbekannter Vergleichswert, BFH NJW **77**, 126. Es kommt zB ein kürzlicher Verkauf eines vergleichbaren Nachbargrundstücks infrage, auch eine Bewertungspraxis etwa der verkaufenden Gemeinde. Der Notar soll eine solche Tatsache berücksichtigen und die Grundakten des betroffenen Grundstücks einsehen, die er immer noch von nach IV einer Beweisaufnahme absehen muß. Vgl auch die Wertermittlungshilfen bei Rn 1.
Manche *vermindern* den letzten derartigen Richtwert um 25%, sofern nicht der Einheitswert höher war, BayObLG **95**, 59 für einen Bodenwert. Er ist dann ein Mindestwert, Düss JB **85**, 435, Köln JB **84**, 1883, Oldb AgrarR **87**, 191. Solche Verminderung erfordert jedenfalls besondere Umstände, Kor 16. Die Wertentwicklung jedenfalls in Berlin zwingt jetzt eher zu einer deutlichen Werterhöhung. Das gilt wohl auch für Hamburg oder München, Tiedtke DNotZ **17**, 390.
Anfrage bei Kreditinstitut: Sie kann einen brauchbaren Anhaltspunkt ergeben, soweit sie überhaupt zulässig war, Hamm Rpfleger **80**, 243.
Angaben des Beteiligten: II Z 2 nennt sie. Der Notar ist selbst nicht in diesem Sinn ein Beteiligter. Für alle gilt § 95. Der Notar soll die Beteiligten über den Grundstückswert wegen Art 103 I GG befragen. Sie müssen wie bei § 138 ZPO wahrhaftig antworten, BayObLG JB **89**, 824, Ffm JB **88**, 1198. Die Angaben brauchen sich nicht aus der Urkunde zu ergeben. Man braucht grundsätzlich nicht zu prüfen, wie die Beteiligten zu ihren Angaben kamen, Hamm MDR **76**, 325. Meist sind die Angaben durchaus beachtbar, Mü BauR **17**, 1424. Allerdings binden Angaben Notar und Gericht nicht. Sie müssen zumindest dann eine kritische Prüfung solcher Angaben vornehmen, wenn bestimmte tatsächliche Umstände für einen in Wahrheit anderen Wert sprechen, Mü BauR **17**, 1424. Die Angaben können zu niedrig sein, aber auch zu hoch, Hamm AgrarR **84**, 171. Die persönlichen Verhältnisse sind jedenfalls unerheblich, BayObLG **85**, 5. Mangels Angaben darf man den Wert schätzen, BayObLG MittBayNot **93**, 230.
S auch Rn 16 „Quadratmeterpreis".
Auseinandersetzung: Ein Ansatzpunkt kann sich bei einer Auseinandersetzung aus dem an den Ausscheidenden zahlbaren Betrag und den übernommenen Lasten ergeben.

Auskunft: Rn 23.
Badepark: Rn 19 „Versorgungseinrichtung".
8 **Bauerwartungsland:** Maßgeblich ist der erzielbare Preis, ab einem Bebauungsplan meist 50% von Bauland, BayObLG MittBayNot **02**, 207, Bengel/Tiedtke DNotZ **04**, 265.
Bebauungspflicht: Ein Ansatzpunkt kann sich mit aus einer Bebauungspflicht des Verkäufers in einem einheitlichen Kaufvertrag ergeben, KG DB **85**, 1837, Zweibr JB **00**, 427. Bei Sozialwohnungs-Baupflicht ist Zurückhaltung ratsam, BayObLG MittBayNot **99**, 494, LG Mü JB **99**, 321.
Befragung: Rn 7 „Angaben des Beteiligten".
Belastung: Rn 12 „Grundstücksbelastung", Rn 20 „Werterhöhung, Wertminderung".
Beleihungsgrenze: *Kein* ausreichender Anhaltspunkt ergibt sich aus dem Erfahrungssatz, daß eine Bank ein Grundstück nicht bis zur Wertgrenze beleiht, Hamm Rpfleger **80**, 244.
S auch Rn 12 „Grundstücksbelastung".
Berlin: Rn 7 „Amtlich bekannte Tatsache".
Bodenrichtwert: Er kann nach Rn 7 ausreichen, „Amtlich bekannte Tatsache", LG Nürnb-Fürth JB **08**, 377. Meist muß man einen Abschlag vornehmen, BayObLG DNotZ **95**, 779 (25%), KG DNotZ **95**, 790, Köln JB **84**, 1883.
Brandversicherung: Rn 19 „Versicherungswert".
9 **Eigentumswohnung:** Es kann eine Hochrechnung des Kaufpreises anhand eines Baukostenindex infragekommen, Düss JB **10**, 595.
S auch Rn 19 „Versicherungswert".
Einheitswert zu niedrig: *Kein* ausreichender Anhaltspunkt ergibt sich aus dem Erfahrungssatz, daß der nach Rn 5 ohnehin nicht mehr beachtbare Einheitswert im allgemeinen unter dem allgemeinen Wert liegt, aM Karlsr JB **82**, 112.
Es kann zB ein landwirtschaftlicher *Boden* in der unmittelbaren Nähe eine sehr andersartige Qualität haben. Vgl § 48. Auch ein in der Nachbarschaft gelegener Baugrund ist keineswegs immer mit dem hier fraglichen Grund vergleichbar.
Einlieferungsvortrag: Rn 19 „Versteigerung".
Einsicht: Rn 11 „Grundbucheinsicht".
Erbauseinandersetzung: Rn 7 „Auseinandersetzung".
Erbbaurecht: Der Erbbauzins kann einen Anhaltspunkt ergeben. Wegen des belasteten Grundstücks vgl Rn 12 „Grundstücksbelastung". BayObLG Rpfleger **81**, 163 setzt den Wert sehr hoch an.
10 **Erbrecht:** Rn 7 „Auseinandersetzung".
Erfahrungssatz: Rn 15 „Marktlage".
Erschließungskosten: Maßgebend sein kann der Bodenrichtwert, Mü DS **16**, 328.
Ertragsmeßzahl: Meist *kein* ausreichender Anhaltspunkt ist die landwirtschaftliche sog Ertragsmeßzahl, Bbg FamRZ **12**, 1584, Hamm RdL **95**, 141, Oldb Rpfleger **81**, 324, aM BayObLG Rpfleger **75**, 37, Celle JB **82**, 897, Oldb AgrarR **89**, 101 (je: vierfache Meßzahl), Hamm AgrarR **85**, 141 (achtfache Meßzahl − 20%) und AgrarR **87**, 19 (− 50%).
S auch Rn 17 „Steuerrecht".
Ertragswert: Er ist beim Mietobjekt als Anhaltspunkt verbreitet, BayObLG RR **01**, 287, Düss Rpfleger **02**, 47 (kein Gutachten erforderbar), Köln JB **90**, 1016.
11 **Fabrik:** Vgl LG Darmst JB **76**, 942 (ausf).
Flurbereinigungswert: Ein höherer als der Einheitswert kann sich aus einem Flurbereinigungswert nach § 32 FlurberG ergeben.
Gesamthypothek: Rn 12 „Grundstücksbelastung".
Geschäftsinhalt: Rn 13 „Inhalt des Geschäfts".
Gesellschaft: Ein Anhaltspunkt kann sich beim Eintritt in eine Gesellschaft aus der Höhe des Bilanzwerts ergeben.
Grundakten: Ein Anhaltspunkt kann sich nach II Z 3 aus einer aus den Grundakten ersichtlichen Tatsache nach § 291 ZPO ergeben.
S auch Rn 7 „Amtlich bekannte Tatsache".
Grundbucheinsicht: Bei einer Einsicht in die Grundakten des betroffenen Grundstücks darf man nicht nur deren jetzigen Stand beachten, sondern muß auch zB

frühere Belastungen, Kaufverträge, Zu- oder Abverkäufe usw berücksichtigen, ebenso eine etwa beiliegende Zwangsversteigerungsakte mit dem in ihr festgestellten Verkehrswert nach § 74 ZVG. Freilich muß man die Vergleichbarkeit der Vorgänge stets mitprüfen, Hamm RdL **81**, 107.

Grundbucheintragung: Sie kann nach III 1 Z 2 beachtbar sein.

Grundschuld: Rn 112 „Grundstücksbelastung".

Grundstücksbelastung: Ein Anhaltspunkt kann sich nach II Z 3 aus einer ja nach § 291 ZPO gerichtskundigen Grundstücksbelastung ergeben, Düss JB **05**, 319, Hamm Rpfleger **87**, 129, LG Wuppert JB **78**, 1553. Das gilt insbesondere nach III 1 Z 1 bei einer im Grundbuch eingetragenen Belastung, Düss JB **16**, 482, also bei einem Grundpfandrecht, BayObLG Rpfleger **78**, 71, Düss JB **05**, 319. Es gilt auch beim Eigentümergrundpfandrecht, auch solchem nach §§ 1163, 1177 BGB. Dabei muß man den Wert dieser Belastung unter einer Mitbeachtung der üblichen oder im Einzelfall bekannt gewordenen Beleihungsgrenzen ermitteln, Düss JB **05**, 319, Hamm Rpfleger **80**, 243, LG Wuppert JB **78**, 1553 (diese Gerichte legen bei einer Grundstücksbelastung nur deren Nennwert zugrunde). Die Valutierung ist meist unbeachtlich. 12

Es kommt zB durchaus vor, daß eine *Hypothek* den Einheitswert erreicht oder überschreitet. Dann kann also der Grundstückswert durchaus über dem Einheitswert liegen, Hamm Rpfleger **80**, 244, LG Düss Rpfleger **87**, 62. Freilich darf man den Verkehrswert nicht überschreiten.

Bei einer *Zwangshypothek* oder Sicherungshypothek nach § 867 ZPO muß man allerdings mit solchen Annahmen vorsichtig sein. Dasselbe gilt bei einer Gesamthypothek, Hamm MDR **76**, 324, Zweibr Rpfleger **86**, 496, LG Wuppert JB **75**, 1631. Dann hat der Schuldner in der Regel seinen gesamten Besitz belastet, ohne daß jedes einzelne Grundstück die Belastung im ganzen auch nur annähernd deckt.

S auch Rn 10 „Erbbaurecht", Rn 20 „Wiederkehrende Leistung".

Grundstückspreise: Rn 13 „Kaufpreis", Rn 15 „Marktlage".

Gutachten: Ein höherer Wert als der Einheitswert kann sich aus einem Gutachten zB aus einem ZVG-Verfahren ergeben, Mü MDR **11**, 687. Trotz des grundsätzlichen Verbots einer Beweisaufnahme läßt sich sogar ein unzulässig eingeholtes Gutachten mitverwerten, BayObLG JB **99**, 357.

Gutachterausschuß: Man kann 25% und mangels einer Erschließung weitere 25% abziehen, LG Bochum JB **97**, 657.

Hofübergabe: § 48.

Hofvermerk: Bei seiner Löschung ist der Verkehrswert des Hofs maßgeblich, Hamm FamRZ **17**, 473. 13

Hotel: Der Ertrag hängt vom Können des Inhabers mit ab, BayObLG MittBayNot **05**, 210.

Hypothek: Rn 12 „Grundstücksbelastung".

ImmoWertV: Sie ist natürlich beachtbar. Abdruck im Anh § 46.

Industriegrundstück: BayObLG MittBayNot **98**, 374 zieht vom Sachwert evtl etwas ab.

Inhalt des Geschäfts: Ein Anhaltspunkt kann sich nach II Z 1 aus dem Inhalt des Geschäfts ergeben, genauer: aus dem Text der Urkunde. Dazu muß der Wert wie nach § 291 ZPO gerichtskundig werden. Es genügt seine eindeutige Bezifferbarkeit. Vgl bei den einzelnen Merkmalen dieses Inhalts.

Kaufpreis: Ein wesentlicher Aspekt folgt nach I natürlich vor allem aus dem Kaufpreis einschließlich der Umsatzsteuer, BayObLG JB **97**, 378, Hamm NJW **11**, 621, LG Mü JB **99**, 321. Freilich ist dieser nicht allein maßgebend, BayObLG Rpfleger **98**, 376, Düss Rpfleger **02**, 47. Es kann zB darauf an, wieviel Zeit zwischen dem Kauf und seiner Bewertung verstrichen ist, BayObLG FamRZ **05**, 817. Auch ein Wiederverkaufspreis abzüglich werterhöhender Maßnahmen ist beachtlich, LG Nürnb-Fürth JB **73**, 609 (aber Vorsicht!). Auch eine Kaufpreissammlung nach §§ 195, 196 BauGB kann einen Anhaltspunkt geben.

S auch Rn 20 „Wohnungseigentum".

Kirche: BayObLG DNotZ **86**, 436 zieht vom Sachwert 80% ab(!).

Kraftwerk: Karlsr Rpfleger **78**, 70.

GNotKG § 46 III. Gerichts- und Notarkostengesetz

Krankenhaus: Ffm Rpfleger **77**, 380, Karlsr Rpfleger **78**, 30, Rostock JB **12**, 259, Rn 15 „Öffentlicher Zweck".
14 **Lage:** Rn 15 „Marktlage".
Landwirtschaftliches Grundstück: § 48.
Last: Rn 20 „Werterhöhung, Wertminderung".
15 **Marktlage:** Ein Anhaltspunkt kann sich aus der allgemein bekannten Marktlage der Gegend ergeben, in der das Grundstück liegt, BayObLG JB **97**, 437, etwa den dortigen Mietpreisen.
Kein ausreichender Anhaltspunkt ist aber eine allgemeine bloße Ansicht, die Grundstückspreise seien gestiegen.
S auch „Offenkundigkeit", Rn 16 „Quadratmeterpreis".
Meistgebot: Rn 21 „Zwangsversteigerung".
Mietpreis: Rn 10 „Ertragsmeßzahl", „Ertragswert", Rn 15 „Marktlage".
Nachbarschaft: Rn 9 „Einheitswert zu niedrig".
Öffentlicher Zweck: Bei einem Grundstück, das schon und noch wirklich zumindest im wesentlichen einem öffentlichen Zweck dient, kommt eine Schätzung nach § 36 I, § 80 in Betracht, BayObLG Rpfleger **85**, 510 (Basis Sachwert), KG DNotZ **95**, 791 (20% des Sachwerts), LG Frankenth JB **06**, 603 (Sachwert mit Abschlag). Es kommt auch auf die Widmung an.
Offenkundigkeit: Ausreichender Anhaltspunkt können nach II Z 4 offenkundige Tatsachen wie nach § 891 ZPO sein.
S auch „Marktlage".
16 **Preisindex:** Ein Anhaltspunkt kann sich nach II Z 3 aus dem amtlichen Preisindex für Wohngebäude ergeben (Statistische Bundesamt Wiesbaden, Serie 17 Reihe 4), MittBayNot **07**, 80.
Quadratmeterpreis: Ein Anhaltspunkt kann sich aus einem im Vertrag genannten Quadratmeterpreis ergeben, BayObLG JB **01**, 654, oder aus einem etwa allgemein bekannten solchen Preis oder Wert gleichartiger bebauter oder ähnlicher Grundstücke in der Gegend, etwa eines Reihenhauses.
Recht: Rn 20 „Werterhöhung, Wertminderung".
Richtwert: Rn 7 „Amtlich bekannte Tatsache".
17 **Sachverständigengutachten:** Rn 12 „Gutachten".
Schule: Hansens JB **90**, 978 zieht vom Sachwert 20% ab.
Sonstiger ausreichender Anhaltspunkt: Er kann sich wegen der Generalklausel in I aus jedem sonstigen „ausreichenden" Anhaltspunkt ergeben. Das Abweichen der üblichen Praxis vom Einheitswert reicht *kaum*.
Steuerrecht: Vgl zunächst III 1 Z 3. § 30 AO stört nach III 2 nicht.
Kein ausreichender Anhaltspunkt ergibt sich aus einer Heranziehung des § 55 II EStG, Oldb NdsRpfl **81**, 144, Stgt Rpfleger **87**, 365, aM BayObLG Rpfleger **75**, 37, Brschw DNotZ **87**, 633, Oldb Rpfleger **89**, 200 (aber gerade das Steuerrecht kann zB wegen zahlreicher Abschreibungsmöglichkeiten ein ziemlich verschleiertes Bild der wahren Wertverhältnisse ergeben).
S auch Rn 10 „Ertragsmeßzahl".
Testament: Ein Anhaltspunkt kann sich aus einer Verfügung von Todes wegen ergeben.
18 **Umlegungswert:** Ein Anhaltspunkt kann sich aus einem Umlegungswert nach §§ 57, 68 BauGB ergeben.
Urkunde: Ein Anhaltspunkt kann sich ergeben, soweit ein Beteiligter eine ihm zumutbare Beschaffung und Vorlage einer Urkunde unterläßt. Regelmäßig besteht ja solche Pflicht. Das Gericht kann und muß dann den Wert frei schätzen, BayObLG **93**, 175.
Vergleichswert: Rn 7 „Amtlich bekannte Tatsache".
Verkehrswert: Er ist trotz II, III doch im Kern nach I eine Ermessenssache, BayObLG JB **99**, 376 und 377. Er bildet die Obergrenze des zulässigen Werts, BayObLG MittBayNot **84**, 214. Er ist auch dann maßgeblich, wenn er über dem Meistgebot einer Teilungsversteigerung liegt, Karlsr FGPrax **16**, 91.
S auch Rn 21 „Zwangsversteigerung".
19 **Versicherungswert:** Ein Anhaltspunkt kann sich aus dem Versicherungswert ergeben, BayObLG FamRZ **02**, 42, Mü JB **16**, 362, LG Nürnb-Fürth JB **08**, 377.

Kapitel 1. Vorschriften f. Gerichte u. Notare § **46 GNotKG**

Versorgungseinrichtung: Ausgangswert ist der Sachwert. Davon erfolgen umstandsbedingte Abschläge, LG Frankenth JB **06**, 603.
Versteigerung: Maßgeblich ist für den Versteigerungsvertrag zwischen dem Eigentümer und dem Versteigerer nicht das Limit, sondern der Erlös dann, wenn der Zuschlag binnen weniger Monate nach der Beurkundung des Einlieferungsvertrags erfolgt, KG JB **94**, 753. Bei einer Teilungsversteigerung entscheidet der Verkehrswert dann, wenn er das Meistgebot übersteigt, Karlsr JB **16**, 256.
S auch Rn 21 „Zwangsversteigerung".
Wasserfläche: Ihr Wert hängt von der Nutzungsmöglichkeit ab.
Werterhöhung, Wertminderung: Wegen eines werterhöhenden Rechts oder einer 20 wertmindernden Belastung vgl die ImmoWertV im Anh § 46.
Wertermittlung: S „Werterhöhung, Wertminderung".
Wesentlicher Bestandteil: Man muß ihn hinzurechnen, BayObLG Rpfleger **99**, 86.
Wiederkehrende Leistung: Bei einer wiederkehrenden Leistung muß man nach § 52 beachten, daß die Lebensdauer des Begünstigten und nicht so sehr der Grundstückswert maßgebend sind.
Wiederverkaufspreis: Rn 13 „Kaufpreis".
Wohnungseigentum: Den Kaufpreis bisher verkaufter anderer Einheiten kann man zwar hochrechnen, BayObLG MDR **96**, 1076. Man sollte aber vorsichtig sein. Denn jede Wohnung kann eine besondere Lage usw haben.
S auch Rn 19 „Versicherungswert".
Zubehör: Man muß seinen Wert evtl vom Kaufpreis abziehen, Oldb JB **13**, 96.
Zusammenrechnung: Es ist möglich, daß man erst auf Grund mehrerer Einzelfak- 21 toren nach Rn 20 und nicht schon auf Grund eines einzelnen einen ausreichenden Anhaltspunkt erhält. Insofern muß man den aus den Einzelfaktoren entstehenden Eindruck zusammenfügen. Soweit die Beteiligten verschiedene Angaben über den Verkehrswert machen und soweit man keine anderen Angaben erlangen kann, muß man den niedrigeren Wert ansetzen. Es reicht auch aus, daß alle Beteiligten jedenfalls wegen des niedrigen Werts übereinstimmen. Im Zweifel ist also der niedrigere Wert maßgeblich, nicht etwa der höhere.
Zustand: Er ist maßgeblich, Mü Rpfleger **15**, 732.
Zwangshypothek: Rn 19 „Grundstücksbelastung".
Zwangsversteigerung: Ein Anhaltspunkt wird sich meist aus dem vor noch nicht allzu langer Zeit nach § 74a V ZVG festgesetzten Verkehrswert ergeben, BayObLG Rpfleger **96**, 129, KG JB **06**, 540, LG Kblz Rpfleger **99**, 237, aM Düss Rpfleger **87**, 411 (aber meist ist die dortige Festsetzung sorgfältig erfolgt). Ein höheres Meistgebot geht aber vor, BayObLG JB **02**, 543, KG Rpfleger **09**, 533, Stgt JB **90**, 1493. Das gilt besonders beim längeren Zeitablauf seit der Wertermittlung, Düss Rpfleger **06**, 342.
S auch Rn 11 „Grundbucheinsicht", Rn 18 „Verkehrswert".

7) Keine Beweisaufnahme, IV. An dieser Vorschrift ändert auch ein Amtsermitt- 22 lungsgebot nichts. Auch dann, wenn gewisse Anhaltspunkte für einen Verkehrswert vorliegen, darf man nach der ausdrücklichen Vorschrift in IV keine Beweisaufnahme zur Feststellung des Verkehrswerts vornehmen, BayObLG DNotZ **88**, 451. Das gilt allerdings nicht für eine formlose Ermittlung und anschließende freie bloße Würdigung von streitigen Tatsachen. Das Gericht muß sich anstelle einer wirklichen förmlichen Beweisaufnahme entschließen, entweder die bisherigen Anhaltspunkte bereits als ausreichend anzusehen oder eben den Wert anderswie zu bestimmen. Zu einer Beweisaufnahme würde insbesondere ein Schätzungsgutachten zählen, BayObLG JB **99**, 377, Düss Rpfleger **02**, 47. Es ist auch oft unverhältnismäßig teuer und bedeutet eine unzumutbare Verzögerung des Verfahrens, BayObLG Rpfleger **79**, 396. Freilich ist ein nun einmal eingelegtes Gutachten evtl mitverwertbar, BayObLG JB **99**, 357. Das alles gilt (jetzt) sowohl bei der Möglichkeit eines höheren Werts als auch im umgekehrten Fall.
Die Einholung einer *Auskunft usw* ist grundsätzlich zulässig, solange sie nicht zu ei- 23 ner Beweisaufnahme wird. III stellt klar, daß man sie auch erteilen muß. Wenn sie dennoch im Einzelfall unzumutbar ist, darf man auch nicht etwa den letzten Einheitswert nach Maßgabe der Entwicklung der durchschnittlichen Baulandpreise vervielfältigen, aM Karlsr Rpfleger **82**, 40 (aber das wäre eine viel zu vage Schätzung).

757

Anhang nach § 46
Immobilienwertermittlungsverordnung – ImmoWertV
v. 19. 5. 10, BGBl 639, in Kraft seit 1. 7. 10, § 24 S 1 VO

Schrifttum: *Gottschalk,* Immobilienwertermittlung, 3. Aufl 2014; *Wilsch* JB **10**, 512 (46); *Zimmermann,* ImmoWertV (Kommentar), 2010; *Zimmermann* NZG **12**, 599 (Üb).

Amtliche Inhaltsübersicht
Abschnitt 1. Anwendungsbereich, Begriffsbestimmungen und allgemeine Verfahrensgrundsätze §§

Anwendungsbereich	1
Grundlagen der Wertermittlung	2
Wertermittlungsstichtag und allgemeine Wertverhältnisse	3
Qualitätsstichtag und Grundstückszustand	4
Entwicklungszustand	5
Weitere Grundstücksmerkmale	6
Ungewöhnliche oder persönliche Verhältnisse	7
Ermittlung des Verkehrswerts	8

Abschnitt 2. Bodenrichtwerte und sonstige erforderliche Daten

Grundlagen der Ermittlung	9
Bodenrichtwerte	10
Indexreihen	11
Umrechnungskoeffizienten	12
Vergleichsfaktoren für bebaute Grundstücke	13
Marktanpassungsfaktoren, Liegenschaftszinssätze	14

Abschnitt 3. Wertermittlungsverfahren
Unterabschnitt 1. Vergleichswertverfahren, Bodenwertermittlung

Ermittlung des Vergleichswerts	15
Ermittlung des Bodenwerts	16

Unterabschnitt 2. Ertragswertverfahren

Ermittlung des Ertragswerts	17
Reinertrag, Rohertrag	18
Bewirtschaftungskosten	19
Kapitalisierung und Abzinsung	20

Unterabschnitt 3. Sachwertverfahren

Ermittlung des Sachwerts	21
Herstellungskosten	22
Alterswertminderung	23

Abschnitt 4. Schlussvorschrift

Inkrafttreten, Außerkrafttreten	24

Anlage 1. (zu § 20). Barwertfaktoren für die Kapitalisierung
Anlage 2. (zu § 20). Barwertfaktoren für die Abzinsung

Abschnitt 1. Anwendungsbereich, Begriffsbestimmungen und allgemeine Verfahrensgrundsätze

VO § 1. Anwendungsbereich. [I] Bei der Ermittlung der Verkehrswerte (Marktwerte) von Grundstücken, ihrer Bestandteile sowie ihres Zubehörs und bei der Ableitung der für die Wertermittlung erforderlichen Daten einschließlich der Bodenrichtwerte ist diese Verordnung anzuwenden.

[II] ¹Die nachfolgenden Vorschriften sind auf grundstücksgleiche Rechte, Rechte an diesen und Rechte an Grundstücken sowie auf solche Wertermittlungsobjekte, für die kein Markt besteht, entsprechend anzuwenden. ²In diesen Fällen kann der Wert auf der Grundlage marktkonformer Modelle unter besonderer Berücksichtigung der wirtschaftlichen Vor- und Nachteile ermittelt werden.

1) **Geltungsbereich, I, II.** Die VO ist für den Sachverständigen mitbeachtbar, Köln BauR 13, 611.

VO § 2. Grundlagen der Wertermittlung. [1]Der Wertermittlung sind die allgemeinen Wertverhältnisse auf dem Grundstücksmarkt am Wertermittlungsstichtag (§ 3) und der Grundstückszustand am Qualitätsstichtag (§ 4) zugrunde zu legen. [2]Künftige Entwicklungen wie beispielsweise absehbare anderweitige Nutzungen (§ 4 Absatz 3 Nummer 1) sind zu berücksichtigen, wenn sie mit hinreichender Sicherheit auf Grund konkreter Tatsachen zu erwarten sind. [3]In diesen Fällen ist auch die voraussichtliche Dauer bis zum Eintritt der rechtlichen und tatsächlichen Voraussetzungen für die Realisierbarkeit einer baulichen oder sonstigen Nutzung eines Grundstücks (Wartezeit) zu berücksichtigen.

VO § 3. Wertermittlungsstichtag und allgemeine Wertverhältnisse. [I] Der Wertermittlungsstichtag ist der Zeitpunkt, auf den sich die Wertermittlung bezieht.

[II] Die allgemeinen Wertverhältnisse auf dem Grundstücksmarkt bestimmen sich nach der Gesamtheit der am Wertermittlungsstichtag für die Preisbildung von Grundstücken im gewöhnlichen Geschäftsverkehr (marktüblich) maßgebenden Umstände wie nach der allgemeinen Wirtschaftslage, den Verhältnissen am Kapitalmarkt sowie den wirtschaftlichen und demographischen Entwicklungen des Gebiets.

VO § 4. Qualitätsstichtag und Grundstückszustand. [I] [1]Der Qualitätsstichtag ist der Zeitpunkt, auf den sich der für die Wertermittlung maßgebliche Grundstückszustand bezieht. [2]Er entspricht dem Wertermittlungsstichtag, es sei denn, dass aus rechtlichen oder sonstigen Gründen der Zustand des Grundstücks zu einem anderen Zeitpunkt maßgebend ist.

[II] [1]Der Zustand eines Grundstücks bestimmt sich nach der Gesamtheit der verkehrswertbeeinflussenden rechtlichen Gegebenheiten und tatsächlichen Eigenschaften, der sonstigen Beschaffenheit und der Lage des Grundstücks (Grundstücksmerkmale). [2]Zu den Grundstücksmerkmalen gehören insbesondere der Entwicklungszustand (§ 5), die Art und das Maß der baulichen oder sonstigen Nutzung (§ 6 Absatz 1), die wertbeeinflussenden Rechte und Belastungen (§ 6 Absatz 2), der abgabenrechtliche Zustand (§ 6 Absatz 3), die Lagemerkmale (§ 6 Absatz 4) und die weiteren Merkmale (§ 6 Absatz 5 und 6).

[III] Neben dem Entwicklungszustand (§ 5) ist bei der Wertermittlung insbesondere zu berücksichtigen, ob am Qualitätsstichtag

1. eine anderweitige Nutzung von Flächen absehbar ist,
2. Flächen auf Grund ihrer Vornutzung nur mit erheblich über dem Üblichen liegenden Aufwand einer baulichen oder sonstigen Nutzung zugeführt werden können,
3. Flächen von städtebaulichen Missständen oder erheblichen städtebaulichen Funktionsverlusten betroffen sind,
4. Flächen einer dauerhaften öffentlichen Zweckbestimmung unterliegen,
5. Flächen für bauliche Anlagen zur Erforschung, Entwicklung oder Nutzung von Erneuerbaren Energien bestimmt sind,
6. Flächen zum Ausgleich für Eingriffe in Natur und Landschaft genutzt werden oder ob sich auf Flächen gesetzlich geschützte Biotope befinden.

VO § 5. Entwicklungszustand. [I] Flächen der Land- oder Forstwirtschaft sind Flächen, die, ohne Bauerwartungsland, Rohbauland oder baureifes Land zu sein, land- oder forstwirtschaftlich nutzbar sind.

[II] Bauerwartungsland sind Flächen, die nach ihren weiteren Grundstücksmerkmalen (§ 6), insbesondere dem Stand der Bauleitplanung und der sonstigen städtebaulichen Entwicklung des Gebiets, eine bauliche Nutzung auf Grund konkreter Tatsachen mit hinreichender Sicherheit erwarten lassen.

III Rohbauland sind Flächen, die nach den §§ 30, 33 und 34 des Baugesetzbuchs für eine bauliche Nutzung bestimmt sind, deren Erschließung aber noch nicht gesichert ist oder die nach Lage, Form oder Größe für eine bauliche Nutzung unzureichend gestaltet sind.

IV Baureifes Land sind Flächen, die nach öffentlich-rechtlichen Vorschriften und den tatsächlichen Gegebenheiten baulich nutzbar sind.

VO § 6. Weitere Grundstücksmerkmale. I [1]Art und Maß der baulichen oder sonstigen Nutzung ergeben sich in der Regel aus den für die planungsrechtliche Zulässigkeit von Vorhaben maßgeblichen §§ 30, 33 und 34 des Baugesetzbuchs und den sonstigen Vorschriften, die die Nutzbarkeit betreffen. [2]Wird vom Maß der zulässigen Nutzung in der Umgebung regelmäßig abgewichen, ist die Nutzung maßgebend, die im gewöhnlichen Geschäftsverkehr zugrunde gelegt wird.

II Als wertbeeinflussende Rechte und Belastungen kommen insbesondere Dienstbarkeiten, Nutzungsrechte, Baulasten sowie wohnungs- und mietrechtliche Bindungen in Betracht.

III Für den abgabenrechtlichen Zustand des Grundstücks ist die Pflicht zur Entrichtung von nichtsteuerlichen Abgaben maßgebend.

IV Lagemerkmale von Grundstücken sind insbesondere die Verkehrsanbindung, die Nachbarschaft, die Wohn- und Geschäftslage sowie die Umwelteinflüsse.

V [1]Weitere Merkmale sind insbesondere die tatsächliche Nutzung, die Erträge, die Grundstücksgröße, der Grundstückszuschnitt und die Bodenbeschaffenheit wie beispielsweise Bodengüte, Eignung als Baugrund oder schädliche Bodenveränderungen. [2]Bei bebauten Grundstücken sind dies zusätzlich insbesondere die Gebäudeart, die Bauweise und Baugestaltung, die Größe, Ausstattung und Qualität, der bauliche Zustand, die energetischen Eigenschaften, das Baujahr und die Restnutzungsdauer.

VI [1]Die Restnutzungsdauer ist die Zahl der Jahre, in denen die baulichen Anlagen bei ordnungsgemäßer Bewirtschaftung voraussichtlich noch wirtschaftlich genutzt werden können; durchgeführte Instandsetzungen oder Modernisierungen oder unterlassene Instandhaltungen oder andere Gegebenheiten können die Restnutzungsdauer verlängern oder verkürzen. [2]Modernisierungen sind beispielsweise Maßnahmen, die eine wesentliche Verbesserung der Wohn- oder sonstigen Nutzungsverhältnisse oder wesentliche Einsparungen von Energie oder Wasser bewirken.

VO § 7. Ungewöhnliche oder persönliche Verhältnisse. [1]Zur Wertermittlung und zur Ableitung erforderlicher Daten für die Wertermittlung sind Kaufpreise und andere Daten wie Mieten und Bewirtschaftungskosten heranzuziehen, bei denen angenommen werden kann, dass sie nicht durch ungewöhnliche oder persönliche Verhältnisse beeinflusst worden sind. [2]Eine Beeinflussung durch ungewöhnliche oder persönliche Verhältnisse kann angenommen werden, wenn Kaufpreise und andere Daten erheblich von den Kaufpreisen und anderen Daten in vergleichbaren Fällen abweichen.

VO § 8. Ermittlung des Verkehrswerts. I [1]Zur Wertermittlung sind das Vergleichswertverfahren (§ 15) einschließlich des Verfahrens zur Bodenwertermittlung (§ 16), das Ertragswertverfahren (§§ 17 bis 20), das Sachwertverfahren (§§ 21 bis 23) oder mehrere dieser Verfahren heranzuziehen. [2]Die Verfahren sind nach der Art des Wertermittlungsobjekts unter Berücksichtigung der im gewöhnlichen Geschäftsverkehr bestehenden Gepflogenheiten und der sonstigen Umstände des Einzelfalls, insbesondere der zur Verfügung stehenden Daten, zu wählen; die Wahl ist zu begründen. [3]Der Verkehrswert ist aus dem Ergebnis des oder der herangezogenen Verfahren unter Würdigung seines oder ihrer Aussagefähigkeit zu ermitteln.

II In den Wertermittlungsverfahren nach Absatz 1 sind regelmäßig in folgender Reihenfolge zu berücksichtigen:

1. die allgemeinen Wertverhältnisse auf dem Grundstücksmarkt (Marktanpassung),

2. die besonderen objektspezifischen Grundstücksmerkmale des zu bewertenden Grundstücks.

III Besondere objektspezifische Grundstücksmerkmale wie beispielsweise eine wirtschaftliche Überalterung, ein überdurchschnittlicher Erhaltungszustand, Baumängel oder Bauschäden sowie von den marktüblich erzielbaren Erträgen erheblich abweichende Erträge können, soweit dies dem gewöhnlichen Geschäftsverkehr entspricht, durch marktgerechte Zu- oder Abschläge oder in anderer geeigneter Weise berücksichtigt werden.

Abschnitt 2. Bodenrichtwerte und sonstige erforderliche Daten

VO § 9. Grundlagen der Ermittlung. I ¹Bodenrichtwerte (§ 10) und sonstige für die Wertermittlung erforderliche Daten sind insbesondere aus der Kaufpreissammlung (§ 193 Absatz 5 Satz 1 des Baugesetzbuchs) auf der Grundlage einer ausreichenden Zahl geeigneter Kaufpreise unter Berücksichtigung der allgemeinen Wertverhältnisse zu ermitteln. ²Zu den sonstigen erforderlichen Daten gehören insbesondere Indexreihen (§ 11), Umrechnungskoeffizienten (§ 12), Vergleichsfaktoren für bebaute Grundstücke (§ 13) sowie Marktanpassungsfaktoren und Liegenschaftszinssätze (§ 14).

II Kaufpreise solcher Grundstücke, die in ihren Grundstücksmerkmalen voneinander abweichen, sind im Sinne des Absatzes 1 Satz 1 nur geeignet, wenn die Abweichungen

1. in ihren Auswirkungen auf die Preise sich ausgleichen,
2. durch Zu- oder Abschläge oder
3. durch andere geeignete Verfahren berücksichtigt werden können.

VO § 10. Bodenrichtwerte. I ¹Bodenrichtwerte (§ 196 des Baugesetzbuchs) sind vorrangig im Vergleichswertverfahren (§ 15) zu ermitteln. ²Findet sich keine ausreichende Zahl von Vergleichspreisen, kann der Bodenrichtwert auch mit Hilfe deduktiver Verfahren oder in anderer geeigneter und nachvollziehbarer Weise ermittelt werden. ³Die Bodenrichtwerte sind als ein Betrag in Euro pro Quadratmeter Grundstücksfläche darzustellen.

II ¹Von den wertbeeinflussenden Merkmalen des Bodenrichtwertgrundstücks sollen der Entwicklungszustand und die Art der Nutzung dargestellt werden. ²Zusätzlich sollen dargestellt werden:
1. bei landwirtschaftlich genutzten Flächen gegebenenfalls die Bodengüte als Acker- oder Grünlandzahl,
2. bei baureifem Land der erschließungsbeitragsrechtliche Zustand sowie je nach Wertrelevanz das Maß der baulichen Nutzung, die Grundstücksgröße, -tiefe oder -breite und
3. bei förmlich festgelegten Sanierungsgebieten (§ 142 des Baugesetzbuchs) und förmlich festgelegten Entwicklungsbereichen (§ 165 des Baugesetzbuchs) der Grundstückszustand, auf den sich der Bodenrichtwert bezieht; dabei ist entweder der Grundstückszustand vor Beginn der Maßnahme oder nach Abschluss der Maßnahme darzustellen.

³Deckt der Bodenrichtwert verschiedene Nutzungsarten oder verschiedene Nutzungsmaße ab, sollen diese ebenfalls dargestellt werden.

III Die Bodenrichtwerte sind in automatisierter Form auf der Grundlage der amtlichen Geobasisdaten zu führen.

VO § 11. Indexreihen. I Änderungen der allgemeinen Wertverhältnisse auf dem Grundstücksmarkt sollen mit Indexreihen erfasst werden.

II ¹Indexreihen bestehen aus Indexzahlen, die sich aus dem durchschnittlichen Verhältnis der Preise eines Erhebungszeitraums zu den Preisen eines Basiszeitraums mit der Indexzahl 100 ergeben. ²Die Indexzahlen können auch auf bestimmte Zeitpunkte des Erhebungs- und Basiszeitraums bezogen werden.

III ¹Die Indexzahlen werden für Grundstücke mit vergleichbaren Lage- und Nutzungsverhältnissen abgeleitet. ²Das Ergebnis eines Erhebungszeitraums

GNotKG Anh § 46

kann in geeigneten Fällen durch Vergleich mit den Indexreihen anderer Bereiche und vorausgegangener Erhebungszeiträume geändert werden.

[IV] Indexreihen können insbesondere abgeleitet werden für
1. Bodenpreise,
2. Preise für Eigentumswohnungen und
3. Preise für Einfamilienhäuser.

VO § 12. Umrechnungskoeffizienten. Wertunterschiede von Grundstücken, die sich aus Abweichungen bestimmter Grundstücksmerkmale sonst gleichartiger Grundstücke ergeben, insbesondere aus dem unterschiedlichen Maß der baulichen Nutzung oder der Grundstücksgröße und -tiefe, sollen mit Hilfe von Umrechnungskoeffizienten (§ 193 Absatz 5 Satz 2 Nummer 3 des Baugesetzbuchs) erfasst werden.

VO § 13. Vergleichsfaktoren für bebaute Grundstücke. [1]Vergleichsfaktoren (§ 193 Absatz 5 Satz 2 Nummer 4 des Baugesetzbuchs) sollen der Ermittlung von Vergleichswerten für bebaute Grundstücke dienen. [2]Sie sind auf den marktüblich erzielbaren jährlichen Ertrag (Ertragsfaktor) oder auf eine sonst geeignete Bezugseinheit, insbesondere auf eine Flächen- oder Raumeinheit der baulichen Anlage (Gebäudefaktor), zu beziehen.

VO § 14. Marktanpassungsfaktoren, Liegenschaftszinssätze. [I] Mit Marktanpassungsfaktoren und Liegenschaftszinssätzen sollen die allgemeinen Wertverhältnisse auf dem Grundstücksmarkt erfasst werden, soweit diese nicht auf andere Weise zu berücksichtigen sind.

[II] Marktanpassungsfaktoren sind insbesondere
1. Faktoren zur Anpassung des Sachwerts, die aus dem Verhältnis geeigneter Kaufpreise zu entsprechenden Sachwerten abgeleitet werden (Sachwertfaktoren, § 193 Absatz 5 Satz 2 Nummer 2 des Baugesetzbuchs),
2. Faktoren zur Anpassung finanzmathematisch errechneter Werte von Erbbaurechten oder Erbbaugrundstücken, die aus dem Verhältnis geeigneter Kaufpreise zu den finanzmathematisch errechneten Werten von entsprechenden Erbbaurechten oder Erbbaugrundstücken abgeleitet werden (Erbbaurechts- oder Erbbaugrundstücksfaktoren).

[III] [1]Die Liegenschaftszinssätze (Kapitalisierungszinssätze, § 193 Absatz 5 Satz 2 Nummer 1 des Baugesetzbuchs) sind die Zinssätze, mit denen Verkehrswerte von Grundstücken je nach Grundstücksart im Durchschnitt marktüblich verzinst werden. [2]Sie sind auf der Grundlage geeigneter Kaufpreise und der ihnen entsprechenden Reinerträge für gleichartig bebaute und genutzte Grundstücke unter Berücksichtigung der Restnutzungsdauer der Gebäude nach den Grundsätzen des Ertragswertverfahrens (§§ 17 bis 20) abzuleiten.

Abschnitt 3. Wertermittlungsverfahren
Unterabschnitt 1. Vergleichswertverfahren, Bodenwertermittlung

VO § 15. Ermittlung des Vergleichswerts. [I] [1]Im Vergleichswertverfahren wird der Vergleichswert aus einer ausreichenden Zahl von Vergleichspreisen ermittelt. [2]Für die Ableitung der Vergleichspreise sind die Kaufpreise solcher Grundstücke heranzuziehen, die mit dem zu bewertenden Grundstück hinreichend übereinstimmende Grundstücksmerkmale aufweisen. [3]Finden sich in dem Gebiet, in dem das Grundstück gelegen ist, nicht genügend Vergleichspreise, können auch Vergleichspreise aus anderen vergleichbaren Gebieten herangezogen werden. [4]Änderungen der allgemeinen Wertverhältnisse auf dem Grundstücksmarkt oder Abweichungen einzelner Grundstücksmerkmale sind in der Regel auf der Grundlage von Indexreihen oder Umrechnungskoeffizienten zu berücksichtigen.

[II] [1]Bei bebauten Grundstücken können neben oder anstelle von Vergleichspreisen zur Ermittlung des Vergleichswerts geeignete Vergleichsfaktoren herangezogen werden. [2]Der Vergleichswert ergibt sich dann durch Vervielfachung des jährlichen Ertrags oder der sonstigen Bezugseinheit des zu bewertenden Grundstücks mit dem Vergleichsfaktor. ³Vergleichsfaktoren sind geeignet, wenn die Grundstücksmerkmale der ihnen zugrunde gelegten Grundstücke hinreichend mit denen des zu bewertenden Grundstücks übereinstimmen.

VO § 16. Ermittlung des Bodenwerts. ᴵ ¹Der Wert des Bodens ist vorbehaltlich der Absätze 2 bis 4 ohne Berücksichtigung der vorhandenen baulichen Anlagen auf dem Grundstück vorrangig im Vergleichswertverfahren (§ 15) zu ermitteln. ²Dabei kann der Bodenwert auch auf der Grundlage geeigneter Bodenrichtwerte ermittelt werden. ³Bodenrichtwerte sind geeignet, wenn die Merkmale des zugrunde gelegten Richtwertgrundstücks hinreichend mit den Grundstücksmerkmalen des zu bewertenden Grundstücks übereinstimmen. ⁴§ 15 Absatz 1 Satz 3 und 4 ist entsprechend anzuwenden.

ᴵᴵ Vorhandene bauliche Anlagen auf einem Grundstück im Außenbereich (§ 35 des Baugesetzbuchs) sind bei der Ermittlung des Bodenwerts zu berücksichtigen, wenn sie rechtlich und wirtschaftlich weiterhin nutzbar sind.

ᴵᴵᴵ ¹Ist alsbald mit einem Abriss von baulichen Anlagen zu rechnen, ist der Bodenwert um die üblichen Freilegungskosten zu mindern, soweit sie im gewöhnlichen Geschäftsverkehr berücksichtigt werden. ²Von einer alsbaldigen Freilegung kann ausgegangen werden, wenn

1. die baulichen Anlagen nicht mehr nutzbar sind oder
2. der nicht abgezinste Bodenwert ohne Berücksichtigung der Freilegungskosten den im Ertragswertverfahren (§§ 17 bis 20) ermittelten Ertragswert erreicht oder übersteigt.

ᴵⱽ Ein erhebliches Abweichen der tatsächlichen von der nach § 6 Absatz 1 maßgeblichen Nutzung, wie insbesondere eine erhebliche Beeinträchtigung der Nutzbarkeit durch vorhandene bauliche Anlagen auf einem Grundstück, ist bei der Ermittlung des Bodenwerts zu berücksichtigen, soweit dies dem gewöhnlichen Geschäftsverkehr entspricht.

ⱽ Bei der Ermittlung der sanierungs- oder entwicklungsbedingten Bodenwerterhöhung zur Bemessung von Ausgleichsbeträgen nach § 154 Absatz 1 oder § 166 Absatz 3 Satz 4 des Baugesetzbuchs sind die Anfangs- und Endwerte auf denselben Zeitpunkt zu ermitteln.

Unterabschnitt 2. Ertragswertverfahren

VO § 17. Ermittlung des Ertragswerts. ᴵ ¹Im Ertragswertverfahren wird der Ertragswert auf der Grundlage marktüblich erzielbarer Erträge ermittelt. ²Soweit die Ertragsverhältnisse absehbar wesentlichen Veränderungen unterliegen oder wesentlich von den marktüblich erzielbaren Erträgen abweichen, kann der Ertragswert auch auf der Grundlage periodisch unterschiedlicher Erträge ermittelt werden.

ᴵᴵ ¹Im Ertragswertverfahren auf der Grundlage marktüblich erzielbarer Erträge wird der Ertragswert ermittelt

1. aus dem nach § 16 ermittelten Bodenwert und dem um den Betrag der angemessenen Verzinsung des Bodenwerts verminderten und sodann kapitalisierten Reinertrag (§ 18 Absatz 1); der Ermittlung des Bodenwertverzinsungsbetrags ist der für die Kapitalisierung nach § 20 maßgebliche Liegenschaftszinssatz zugrunde zu legen; bei der Ermittlung des Bodenwertverzinsungsbetrags sind selbständig nutzbare Teilflächen nicht zu berücksichtigen (allgemeines Ertragswertverfahren), oder
2. aus dem nach § 20 kapitalisierten Reinertrag (§ 18 Absatz 1) und dem nach § 16 ermittelten Bodenwert, der mit Ausnahme des Werts von selbständig nutzbaren Teilflächen auf den Wertermittlungsstichtag nach § 20 abzuzinsen ist (vereinfachtes Ertragswertverfahren).

²Eine selbständig nutzbare Teilfläche ist der Teil eines Grundstücks, der für die angemessene Nutzung der baulichen Anlagen nicht benötigt wird und selbständig genutzt oder verwertet werden kann.

ᴵᴵᴵ ¹Im Ertragswertverfahren auf der Grundlage periodisch unterschiedlicher Erträge wird der Ertragswert aus den durch gesicherte Daten abgeleiteten periodisch erzielbaren Reinerträgen (§ 18 Absatz 1) innerhalb eines Betrachtungszeitraums und dem Restwert des Grundstücks am Ende des Betrachtungszeitraums ermittelt. ²Die periodischen Reinerträge sowie der Restwert des Grundstücks sind jeweils auf den Wertermittlungsstichtag nach § 20 abzuzinsen.

VO § 18. Reinertrag, Rohertrag. ¹ Der Reinertrag ergibt sich aus dem jährlichen Rohertrag abzüglich der Bewirtschaftungskosten (§ 19).

II ¹Der Rohertrag ergibt sich aus den bei ordnungsgemäßer Bewirtschaftung und zulässiger Nutzung marktüblich erzielbaren Erträgen. ²Bei Anwendung des Ertragswertverfahrens auf der Grundlage periodisch unterschiedlicher Erträge ergibt sich der Rohertrag insbesondere aus den vertraglichen Vereinbarungen.

VO § 19. Bewirtschaftungskosten. ¹ Als Bewirtschaftungskosten sind die für eine ordnungsgemäße Bewirtschaftung und zulässige Nutzung marktüblich entstehenden jährlichen Aufwendungen zu berücksichtigen, die nicht durch Umlagen oder sonstige Kostenübernahmen gedeckt sind.

II ¹Nach Absatz 1 berücksichtigungsfähige Bewirtschaftungskosten sind

1. die Verwaltungskosten; sie umfassen die Kosten der zur Verwaltung des Grundstücks erforderlichen Arbeitskräfte und Einrichtungen, die Kosten der Aufsicht, den Wert der vom Eigentümer persönlich geleisteten Verwaltungsarbeit sowie die Kosten der Geschäftsführung;

2. die Instandhaltungskosten; sie umfassen die Kosten, die infolge von Abnutzung oder Alterung zur Erhaltung des der Wertermittlung zugrunde gelegten Ertragsniveaus der baulichen Anlage während ihrer Restnutzungsdauer aufgewendet werden müssen;

3. das Mietausfallwagnis; es umfasst das Risiko von Ertragsminderungen, die durch uneinbringliche Rückstände von Mieten, Pachten und sonstigen Einnahmen oder durch vorübergehenden Leerstand von Raum entstehen, der zur Vermietung, Verpachtung oder sonstigen Nutzung bestimmt ist; es umfasst auch das Risiko von uneinbringlichen Kosten einer Rechtsverfolgung auf Zahlung, Aufhebung eines Mietverhältnisses oder Räumung;

4. die Betriebskosten.

²Soweit sich die Bewirtschaftungskosten nicht ermitteln lassen, ist von Erfahrungssätzen auszugehen.

VO § 20. Kapitalisierung und Abzinsung. ¹Der Kapitalisierung und Abzinsung sind Barwertfaktoren zugrunde zu legen. ²Der jeweilige Barwertfaktor ist unter Berücksichtigung der Restnutzungsdauer (§ 6 Absatz 6 Satz 1) und des jeweiligen Liegenschaftszinssatzes (§ 14 Absatz 3) der Anlage 1 oder der Anlage 2 zu entnehmen oder nach der dort angegebenen Berechnungsvorschrift zu bestimmen.

Unterabschnitt 3. Sachwertverfahren

VO § 21. Ermittlung des Sachwerts. ¹ Im Sachwertverfahren wird der Sachwert des Grundstücks aus dem Sachwert der nutzbaren baulichen und sonstigen Anlagen sowie dem Bodenwert (§ 16) ermittelt; die allgemeinen Wertverhältnisse auf dem Grundstücksmarkt sind insbesondere durch die Anwendung von Sachwertfaktoren (§ 14 Absatz 2 Nummer 1) zu berücksichtigen.

II Der Sachwert der baulichen Anlagen (ohne Außenanlagen) ist ausgehend von den Herstellungskosten (§ 22) unter Berücksichtigung der Alterswertminderung (§ 23) zu ermitteln.

III ¹Der Sachwert der baulichen Außenanlagen und der sonstigen Anlagen wird, soweit sie nicht vom Bodenwert miterfasst werden, nach Erfahrungssätzen oder nach den gewöhnlichen Herstellungskosten ermittelt. ²Die §§ 22 und 23 sind entsprechend anzuwenden.

VO § 22. Herstellungskosten. ¹ Zur Ermittlung der Herstellungskosten sind die gewöhnlichen Herstellungskosten je Flächen-, Raum- oder sonstiger Bezugseinheit (Normalherstellungskosten) mit der Anzahl der entsprechenden Bezugseinheiten der baulichen Anlagen zu vervielfachen.

II [1]Normalherstellungskosten sind die Kosten, die marktüblich für die Neuerrichtung einer entsprechenden baulichen Anlage aufzuwenden wären. [2]Mit diesen Kosten nicht erfasste einzelne Bauteile, Einrichtungen oder sonstige Vorrichtungen sind durch Zu- oder Abschläge zu berücksichtigen, soweit dies dem gewöhnlichen Geschäftsverkehr entspricht. [3]Zu den Normalherstellungskosten gehören auch die üblicherweise entstehenden Baunebenkosten, insbesondere Kosten für Planung, Baudurchführung, behördliche Prüfungen und Genehmigungen. [4]Ausnahmsweise können die Herstellungskosten der baulichen Anlagen nach den gewöhnlichen Herstellungskosten einzelner Bauleistungen (Einzelkosten) ermittelt werden.

III Normalherstellungskosten sind in der Regel mit Hilfe geeigneter Baupreisindexreihen an die Preisverhältnisse am Wertermittlungsstichtag anzupassen.

VO § 23. Alterswertminderung. [1]Die Alterswertminderung ist unter Berücksichtigung des Verhältnisses der Restnutzungsdauer (§ 6 Absatz 6 Satz 1) zur Gesamtnutzungsdauer der baulichen Anlagen zu ermitteln. [2]Dabei ist in der Regel eine gleichmäßige Wertminderung zugrunde zu legen. Gesamtnutzungsdauer ist die bei ordnungsgemäßer Bewirtschaftung übliche wirtschaftliche Nutzungsdauer der baulichen Anlagen.

VO § 24. (hier nicht abgedruckt)

GNotKG Anh § 46

Anlage 1
(zu § 20)

Barwertfaktoren für die Kapitalisierung

Restnutzungsdauer von ... Jahren	1,0%	1,5%	2,0%	2,5%	Zinssatz 3,0%	3,5%	4,0%	4,5%	5,0%
1	0,99	0,99	0,98	0,98	0,97	0,97	0,96	0,96	0,95
2	1,97	1,96	1,94	1,93	1,91	1,90	1,89	1,87	1,86
3	2,94	2,91	2,88	2,86	2,83	2,80	2,78	2,75	2,72
4	3,90	3,85	3,81	3,76	3,72	3,67	3,63	3,59	3,55
5	4,85	4,78	4,71	4,65	4,58	4,52	4,45	4,39	4,33
6	5,80	5,70	5,60	5,51	5,42	5,33	5,24	5,16	5,08
7	6,73	6,60	6,47	6,35	6,23	6,11	6,00	5,89	5,79
8	7,65	7,49	7,33	7,17	7,02	6,87	6,73	6,60	6,46
9	8,57	8,36	8,16	7,97	7,79	7,61	7,44	7,27	7,11
10	9,47	9,22	8,98	8,75	8,53	8,32	8,11	7,91	7,72
11	10,37	10,07	9,79	9,51	9,25	9,00	8,76	8,53	8,31
12	11,26	10,91	10,58	10,26	9,95	9,66	9,39	9,12	8,86
13	12,13	11,73	11,35	10,98	10,63	10,30	9,99	9,68	9,39
14	13,00	12,54	12,11	11,69	11,30	10,92	10,56	10,22	9,90
15	13,87	13,34	12,85	12,38	11,94	11,52	11,12	10,74	10,38
16	14,72	14,13	13,58	13,06	12,56	12,09	11,65	11,23	10,84
17	15,56	14,91	14,29	13,71	13,17	12,65	12,17	11,71	11,27
18	16,40	15,67	14,99	14,35	13,75	13,19	12,66	12,16	11,69
19	17,23	16,43	15,68	14,98	14,32	13,71	13,13	12,59	12,09
20	18,05	17,17	16,35	15,59	14,88	14,21	13,59	13,01	12,46
21	18,86	17,90	17,01	16,18	15,42	14,70	14,03	13,40	12,82
22	19,66	18,62	17,66	16,77	15,94	15,17	14,45	13,78	13,16
23	20,46	19,33	18,29	17,33	16,44	15,62	14,86	14,15	13,49
24	21,24	20,03	18,91	17,88	16,94	16,06	15,25	14,50	13,80
25	22,02	20,72	19,52	18,42	17,41	16,48	15,62	14,83	14,09
26	22,80	21,40	20,12	18,95	17,88	16,89	15,98	15,15	14,38
27	23,56	22,07	20,71	19,46	18,33	17,29	16,33	15,45	14,64
28	24,32	22,73	21,28	19,96	18,76	17,67	16,66	15,74	14,90
29	25,07	23,38	21,84	20,45	19,19	18,04	16,98	16,02	15,14
30	25,81	24,02	22,40	20,93	19,60	18,39	17,29	16,29	15,37
31	26,54	24,65	22,94	21,40	20,00	18,74	17,59	16,54	15,59
32	27,27	25,27	23,47	21,85	20,39	19,07	17,87	16,79	15,80
33	27,99	25,88	23,99	22,29	20,77	19,39	18,15	17,02	16,00
34	28,70	26,48	24,50	22,72	21,13	19,70	18,41	17,25	16,19
35	29,41	27,08	25,00	23,15	21,49	20,00	18,66	17,46	16,37
36	30,11	27,66	25,49	23,56	21,83	20,29	18,91	17,67	16,55
37	30,80	28,24	25,97	23,96	22,17	20,57	19,14	17,86	16,71
38	31,48	28,81	26,44	24,35	22,49	20,84	19,37	18,05	16,87
39	32,16	29,36	26,90	24,73	22,81	21,10	19,58	18,23	17,02
40	32,83	29,92	27,36	25,10	23,11	21,36	19,79	18,40	17,16
41	33,50	30,46	27,80	25,47	23,41	21,60	19,99	18,57	17,29
42	34,16	30,99	28,23	25,82	23,70	21,83	20,19	18,72	17,42
43	34,81	31,52	28,66	26,17	23,98	22,06	20,37	18,87	17,55
44	35,46	32,04	29,08	26,50	24,25	22,28	20,55	19,02	17,66
45	36,09	32,55	29,49	26,83	24,52	22,50	20,72	19,16	17,77
46	36,73	33,06	29,89	27,15	24,78	22,70	20,88	19,29	17,88
47	37,35	33,55	30,29	27,47	25,02	22,90	21,04	19,41	17,98
48	37,97	34,04	30,67	27,77	25,27	23,09	21,20	19,54	18,08
49	38,59	34,52	31,05	28,07	25,50	23,28	21,34	19,65	18,17
50	39,20	35,00	31,42	28,36	25,73	23,46	21,48	19,76	18,26
51	39,80	35,47	31,79	28,65	25,95	23,63	21,62	19,87	18,34
52	40,39	35,93	32,14	28,92	26,17	23,80	21,75	19,97	18,42
53	40,98	36,38	32,50	29,19	26,37	23,96	21,87	20,07	18,49
54	41,57	36,83	32,84	29,46	26,58	24,11	21,99	20,16	18,57
55	42,15	37,27	33,17	29,71	26,77	24,26	22,11	20,25	18,63
56	42,72	37,71	33,50	29,96	26,97	24,41	22,22	20,33	18,70
57	43,29	38,13	33,83	30,21	27,15	24,55	22,33	20,41	18,76
58	43,85	38,56	34,15	30,45	27,33	24,69	22,43	20,49	18,82
59	44,40	38,97	34,46	30,68	27,51	24,82	22,53	20,57	18,88
60	44,96	39,38	34,76	30,91	27,68	24,94	22,62	20,64	18,93
61	45,50	39,78	35,06	31,13	27,84	25,07	22,71	20,71	18,98
62	46,04	40,18	35,35	31,35	28,00	25,19	22,80	20,77	19,03
63	46,57	40,57	35,64	31,56	28,16	25,30	22,89	20,83	19,08
64	47,10	40,96	35,92	31,76	28,31	25,41	22,97	20,89	19,12
65	47,63	41,34	36,20	31,96	28,45	25,52	23,05	20,95	19,16
66	48,15	41,71	36,47	32,16	28,60	25,62	23,12	21,01	19,20

Kapitel 1. Vorschriften f. Gerichte u. Notare **Anh § 46 GNotKG**

Restnutzungsdauer von ... Jahren	Zinssatz								
	1,0%	1,5%	2,0%	2,5%	3,0%	3,5%	4,0%	4,5%	5,0%
67	48,66	42,08	36,73	32,35	28,73	25,72	23,19	21,06	19,24
68	49,17	42,44	36,99	32,54	28,87	25,82	23,26	21,11	19,28
69	49,67	42,80	37,25	32,72	29,00	25,91	23,33	21,16	19,31
70	50,17	43,15	37,50	32,90	29,12	26,00	23,39	21,20	19,34
71	50,66	43,50	37,74	33,07	29,25	26,09	23,46	21,25	19,37
72	51,15	43,84	37,98	33,24	29,37	26,17	23,52	21,29	19,40
73	51,63	44,18	38,22	33,40	29,48	26,25	23,57	21,33	19,43
74	52,11	44,51	38,45	33,57	29,59	26,33	23,63	21,37	19,46
75	52,59	44,84	38,68	33,72	29,70	26,41	23,68	21,40	19,48
76	53,06	45,16	38,90	33,88	29,81	26,48	23,73	21,44	19,51
77	53,52	45,48	39,12	34,03	29,91	26,55	23,78	21,47	19,53
78	53,98	45,79	39,33	34,17	30,01	26,62	23,83	21,50	19,56
79	54,44	46,10	39,54	34,31	30,11	26,68	23,87	21,54	19,58
80	54,89	46,41	39,74	34,45	30,20	26,75	23,92	21,57	19,60
81	55,33	46,71	39,95	34,59	30,29	26,81	23,96	21,59	19,62
82	55,78	47,00	40,14	34,72	30,38	26,87	24,00	21,62	19,63
83	56,21	47,29	40,34	34,85	30,47	26,93	24,04	21,65	19,65
84	56,65	47,58	40,53	34,97	30,55	26,98	24,07	21,67	19,67
85	57,08	47,86	40,71	35,10	30,63	27,04	24,11	21,70	19,68
86	57,50	48,14	40,89	35,22	30,71	27,09	24,14	21,72	19,70
87	57,92	48,41	41,07	35,33	30,79	27,14	24,18	21,74	19,71
88	58,34	48,68	41,25	35,45	30,86	27,19	24,21	21,76	19,73
89	58,75	48,95	41,42	35,56	30,93	27,23	24,24	21,78	19,74
90	59,16	49,21	41,59	35,67	31,00	27,28	24,27	21,80	19,75
91	59,57	49,47	41,75	35,77	31,07	27,32	24,30	21,82	19,76
92	59,97	49,72	41,91	35,87	31,14	27,37	24,32	21,83	19,78
93	60,36	49,97	42,07	35,98	31,20	27,41	24,35	21,85	19,79
94	60,75	50,22	42,23	36,07	31,26	27,45	24,37	21,87	19,80
95	61,14	50,46	42,38	36,17	31,32	27,48	24,40	21,88	19,81
96	61,53	50,70	42,53	36,26	31,38	27,52	24,42	21,90	19,82
97	61,91	50,94	42,68	36,35	31,44	27,56	24,44	21,91	19,82
98	62,29	51,17	42,82	36,44	31,49	27,59	24,46	21,92	19,83
99	62,66	51,40	42,96	36,53	31,55	27,62	24,49	21,94	19,84
100	63,03	51,62	43,10	36,61	31,60	27,66	24,50	21,95	19,85

Restnutzungsdauer von ... Jahren	Zinssatz								
	5,5%	6,0%	6,5%	7,0%	7,5%	8,0%	8,5%	9,0%	9,5%	10,0%
1	0,95	0,94	0,94	0,93	0,93	0,93	0,92	0,92	0,91	0,91
2	1,85	1,83	1,82	1,81	1,80	1,78	1,77	1,76	1,75	1,74
3	2,70	2,67	2,65	2,62	2,60	2,58	2,55	2,53	2,51	2,49
4	3,51	3,47	3,43	3,39	3,35	3,31	3,28	3,24	3,20	3,17
5	4,27	4,21	4,16	4,10	4,05	3,99	3,94	3,89	3,84	3,79
6	5,00	4,92	4,84	4,77	4,69	4,62	4,55	4,49	4,42	4,36
7	5,68	5,58	5,48	5,39	5,30	5,21	5,12	5,03	4,95	4,87
8	6,33	6,21	6,09	5,97	5,86	5,75	5,64	5,53	5,43	5,33
9	6,95	6,80	6,66	6,52	6,38	6,25	6,12	6,00	5,88	5,76
10	7,54	7,36	7,19	7,02	6,86	6,71	6,56	6,42	6,28	6,14
11	8,09	7,89	7,69	7,50	7,32	7,14	6,97	6,81	6,65	6,50
12	8,62	8,38	8,16	7,94	7,74	7,54	7,34	7,16	6,98	6,81
13	9,12	8,85	8,60	8,36	8,13	7,90	7,69	7,49	7,29	7,10
14	9,59	9,29	9,01	8,75	8,49	8,24	8,01	7,79	7,57	7,37
15	10,04	9,71	9,40	9,11	8,83	8,56	8,30	8,06	7,83	7,61
16	10,46	10,11	9,77	9,45	9,14	8,85	8,58	8,31	8,06	7,82
17	10,86	10,48	10,11	9,76	9,43	9,12	8,83	8,54	8,28	8,02
18	11,25	10,83	10,43	10,06	9,71	9,37	9,06	8,76	8,47	8,20
19	11,61	11,16	10,73	10,34	9,96	9,60	9,27	8,95	8,65	8,36
20	11,95	11,47	11,02	10,59	10,19	9,82	9,46	9,13	8,81	8,51
21	12,28	11,76	11,28	10,84	10,41	10,02	9,64	9,29	8,96	8,65
22	12,58	12,04	11,54	11,06	10,62	10,20	9,81	9,44	9,10	8,77
23	12,88	12,30	11,77	11,27	10,81	10,37	9,96	9,58	9,22	8,88
24	13,15	12,55	11,99	11,47	10,98	10,53	10,10	9,71	9,33	8,98
25	13,41	12,78	12,20	11,65	11,15	10,67	10,23	9,82	9,44	9,08
26	13,66	13,00	12,39	11,83	11,30	10,81	10,35	9,93	9,53	9,16
27	13,90	13,21	12,57	11,99	11,44	10,94	10,46	10,03	9,62	9,24
28	14,12	13,41	12,75	12,14	11,57	11,05	10,57	10,12	9,70	9,31
29	14,33	13,59	12,91	12,28	11,70	11,16	10,66	10,20	9,77	9,37
30	14,53	13,76	13,06	12,41	11,81	11,26	10,75	10,27	9,83	9,43

GNotKG Anh § 46

III. Gerichts- und Notarkostengesetz

Restnutzungsdauer von ... Jahren	5,5%	6,0%	6,5%	7,0%	Zinssatz 7,5%	8,0%	8,5%	9,0%	9,5%	10,0%
31	14,72	13,93	13,20	12,53	11,92	11,35	10,83	10,34	9,89	9,48
32	14,90	14,08	13,33	12,65	12,02	11,43	10,90	10,41	9,95	9,53
33	15,08	14,23	13,46	12,75	12,11	11,51	10,97	10,46	10,00	9,57
34	15,24	14,37	13,58	12,85	12,19	11,59	11,03	10,52	10,05	9,61
35	15,39	14,50	13,69	12,95	12,27	11,65	11,09	10,57	10,09	9,64
36	15,54	14,62	13,79	13,04	12,35	11,72	11,14	10,61	10,13	9,68
37	15,67	14,74	13,89	13,12	12,42	11,78	11,19	10,65	10,16	9,71
38	15,80	14,85	13,98	13,19	12,48	11,83	11,23	10,69	10,19	9,73
39	15,93	14,95	14,06	13,26	12,54	11,88	11,28	10,73	10,22	9,76
40	16,05	15,05	14,15	13,33	12,59	11,92	11,31	10,76	10,25	9,78
41	16,16	15,14	14,22	13,39	12,65	11,97	11,35	10,79	10,27	9,80
42	16,26	15,22	14,29	13,45	12,69	12,01	11,38	10,81	10,29	9,82
43	16,36	15,31	14,36	13,51	12,74	12,04	11,41	10,84	10,31	9,83
44	16,46	15,38	14,42	13,56	12,78	12,08	11,44	10,86	10,33	9,85
45	16,55	15,46	14,48	13,61	12,82	12,11	11,47	10,88	10,35	9,86
46	16,63	15,52	14,54	13,65	12,85	12,14	11,49	10,90	10,36	9,88
47	16,71	15,59	14,59	13,69	12,89	12,16	11,51	10,92	10,38	9,89
48	16,79	15,65	14,64	13,73	12,92	12,19	11,53	10,93	10,39	9,90
49	16,86	15,71	14,68	13,77	12,95	12,21	11,55	10,95	10,40	9,91
50	16,93	15,76	14,72	13,80	12,97	12,23	11,57	10,96	10,41	9,91
51	17,00	15,81	14,76	13,83	13,00	12,25	11,58	10,97	10,42	9,92
52	17,06	15,86	14,80	13,86	13,02	12,27	11,60	10,99	10,43	9,93
53	17,12	15,91	14,84	13,89	13,04	12,29	11,61	11,00	10,44	9,94
54	17,17	15,95	14,87	13,92	13,06	12,30	11,62	11,01	10,45	9,94
55	17,23	15,99	14,90	13,94	13,08	12,32	11,63	11,01	10,45	9,95
56	17,28	16,03	14,93	13,96	13,10	12,33	11,64	11,02	10,46	9,95
57	17,32	16,06	14,96	13,98	13,12	12,34	11,65	11,03	10,47	9,96
58	17,37	16,10	14,99	14,00	13,13	12,36	11,66	11,04	10,47	9,96
59	17,41	16,13	15,01	14,02	13,15	12,37	11,67	11,04	10,48	9,96
60	17,45	16,16	15,03	14,04	13,16	12,38	11,68	11,05	10,48	9,97
61	17,49	16,19	15,05	14,06	13,17	12,39	11,68	11,05	10,48	9,97
62	17,52	16,22	15,07	14,07	13,18	12,39	11,69	11,06	10,49	9,97
63	17,56	16,24	15,09	14,08	13,19	12,40	11,70	11,06	10,49	9,98
64	17,59	16,27	15,11	14,10	13,20	12,41	11,70	11,07	10,49	9,98
65	17,62	16,29	15,13	14,11	13,21	12,42	11,71	11,07	10,50	9,98
66	17,65	16,31	15,14	14,12	13,22	12,42	11,71	11,07	10,50	9,98
67	17,68	16,33	15,16	14,13	13,23	12,43	11,71	11,08	10,50	9,98
68	17,70	16,35	15,17	14,14	13,24	12,43	11,72	11,08	10,50	9,98
69	17,73	16,37	15,19	14,15	13,24	12,44	11,72	11,08	10,51	9,99
70	17,75	16,38	15,20	14,16	13,25	12,44	11,73	11,08	10,51	9,99
71	17,78	16,40	15,21	14,17	13,25	12,45	11,73	11,09	10,51	9,99
72	17,80	16,42	15,22	14,18	13,26	12,45	11,73	11,09	10,51	9,99
73	17,82	16,43	15,23	14,18	13,27	12,45	11,73	11,09	10,51	9,99
74	17,84	16,44	15,24	14,19	13,27	12,46	11,74	11,09	10,51	9,99
75	17,85	16,46	15,25	14,20	13,27	12,46	11,74	11,09	10,51	9,99
76	17,87	16,47	15,26	14,20	13,28	12,46	11,74	11,10	10,52	9,99
77	17,89	16,48	15,26	14,21	13,28	12,47	11,74	11,10	10,52	9,99
78	17,90	16,49	15,27	14,21	13,29	12,47	11,74	11,10	10,52	9,99
79	17,92	16,50	15,28	14,22	13,29	12,47	11,75	11,10	10,52	9,99
80	17,93	16,51	15,28	14,22	13,29	12,47	11,75	11,10	10,52	10,00
81	17,94	16,52	15,29	14,23	13,30	12,48	11,75	11,10	10,52	10,00
82	17,96	16,53	15,30	14,23	13,30	12,48	11,75	11,10	10,52	10,00
83	17,97	16,53	15,30	14,23	13,30	12,48	11,75	11,10	10,52	10,00
84	17,98	16,54	15,31	14,24	13,30	12,48	11,75	11,10	10,52	10,00
85	17,99	16,55	15,31	14,24	13,30	12,48	11,75	11,10	10,52	10,00
86	18,00	16,56	15,32	14,24	13,31	12,48	11,75	11,10	10,52	10,00
87	18,01	16,56	15,32	14,25	13,31	12,48	11,75	11,10	10,52	10,00
88	18,02	16,57	15,32	14,25	13,31	12,49	11,76	11,11	10,52	10,00
89	18,03	16,57	15,33	14,25	13,31	12,49	11,76	11,11	10,52	10,00
90	18,03	16,58	15,33	14,25	13,31	12,49	11,76	11,11	10,52	10,00
91	18,04	16,58	15,33	14,26	13,31	12,49	11,76	11,11	10,52	10,00
92	18,05	16,59	15,34	14,26	13,32	12,49	11,76	11,11	10,52	10,00
93	18,06	16,59	15,34	14,26	13,32	12,49	11,76	11,11	10,52	10,00
94	18,06	16,60	15,34	14,26	13,32	12,49	11,76	11,11	10,52	10,00
95	18,07	16,60	15,35	14,26	13,32	12,49	11,76	11,11	10,52	10,00
96	18,08	16,60	15,35	14,26	13,32	12,49	11,76	11,11	10,52	10,00
97	18,08	16,61	15,35	14,27	13,32	12,49	11,76	11,11	10,52	10,00
98	18,09	16,61	15,35	14,27	13,32	12,49	11,76	11,11	10,52	10,00
99	18,09	16,61	15,35	14,27	13,32	12,49	11,76	11,11	10,52	10,00
100	18,10	16,62	15,36	14,27	13,32	12,49	11,76	11,11	10,53	10,00

Kapitel 1. Vorschriften f. Gerichte u. Notare **Anh § 46 GNotKG**

Berechnungsvorschrift für die der Tabelle nicht zu entnehmenden Barwertfaktoren für die Kapitalisierung

Kapitalisierungsfaktor $= \dfrac{q^n - 1}{q^n \times (q-1)}$ $\quad q = 1 + \dfrac{p}{100}\quad$ p = Liegenschaftszinssatz
n = Restnutzungsdauer

Anlage 2
(zu § 20)

Barwertfaktoren für die Abzinsung

Restnutzungs-dauer von ... Jahren	1,0%	1,5%	2,0%	2,5%	Zinssatz 3,0%	3,5%	4,0%	4,5%	5,0%
1	0,9901	0,9852	0,9804	0,9756	0,9709	0,9662	0,9615	0,9569	0,9524
2	0,9803	0,9707	0,9612	0,9518	0,9426	0,9335	0,9246	0,9157	0,9070
3	0,9706	0,9563	0,9423	0,9286	0,9151	0,9019	0,8890	0,8763	0,8638
4	0,9610	0,9422	0,9238	0,9060	0,8885	0,8714	0,8548	0,8386	0,8227
5	0,9515	0,9283	0,9057	0,8839	0,8626	0,8420	0,8219	0,8025	0,7835
6	0,9420	0,9145	0,8880	0,8623	0,8375	0,8135	0,7903	0,7679	0,7462
7	0,9327	0,9010	0,8706	0,8413	0,8131	0,7860	0,7599	0,7348	0,7107
8	0,9235	0,8877	0,8535	0,8207	0,7894	0,7594	0,7307	0,7032	0,6768
9	0,9143	0,8746	0,8368	0,8007	0,7664	0,7337	0,7026	0,6729	0,6446
10	0,9053	0,8617	0,8203	0,7812	0,7441	0,7089	0,6756	0,6439	0,6139
11	0,8963	0,8489	0,8043	0,7621	0,7224	0,6849	0,6496	0,6162	0,5847
12	0,8874	0,8364	0,7885	0,7436	0,7014	0,6618	0,6246	0,5897	0,5568
13	0,8787	0,8240	0,7730	0,7254	0,6810	0,6394	0,6006	0,5643	0,5303
14	0,8700	0,8118	0,7579	0,7077	0,6611	0,6178	0,5775	0,5400	0,5051
15	0,8613	0,7999	0,7430	0,6905	0,6419	0,5969	0,5553	0,5167	0,4810
16	0,8528	0,7880	0,7284	0,6736	0,6232	0,5767	0,5339	0,4945	0,4581
17	0,8444	0,7764	0,7142	0,6572	0,6050	0,5572	0,5134	0,4732	0,4363
18	0,8360	0,7649	0,7002	0,6412	0,5874	0,5384	0,4936	0,4528	0,4155
19	0,8277	0,7536	0,6864	0,6255	0,5703	0,5202	0,4746	0,4333	0,3957
20	0,8195	0,7425	0,6730	0,6103	0,5537	0,5026	0,4564	0,4146	0,3769
21	0,8114	0,7315	0,6598	0,5954	0,5375	0,4856	0,4388	0,3968	0,3589
22	0,8034	0,7207	0,6468	0,5809	0,5219	0,4692	0,4220	0,3797	0,3418
23	0,7954	0,7100	0,6342	0,5667	0,5067	0,4533	0,4057	0,3634	0,3256
24	0,7876	0,6995	0,6217	0,5529	0,4919	0,4380	0,3901	0,3477	0,3101
25	0,7798	0,6892	0,6095	0,5394	0,4776	0,4231	0,3751	0,3327	0,2953
26	0,7720	0,6790	0,5976	0,5262	0,4637	0,4088	0,3607	0,3184	0,2812
27	0,7644	0,6690	0,5859	0,5134	0,4502	0,3950	0,3468	0,3047	0,2678
28	0,7568	0,6591	0,5744	0,5009	0,4371	0,3817	0,3335	0,2916	0,2551
29	0,7493	0,6494	0,5631	0,4887	0,4243	0,3687	0,3207	0,2790	0,2429
30	0,7419	0,6398	0,5521	0,4767	0,4120	0,3563	0,3083	0,2670	0,2314
31	0,7346	0,6303	0,5412	0,4651	0,4000	0,3442	0,2965	0,2555	0,2204
32	0,7273	0,6210	0,5306	0,4538	0,3883	0,3326	0,2851	0,2445	0,2099
33	0,7201	0,6118	0,5202	0,4427	0,3770	0,3213	0,2741	0,2340	0,1999
34	0,7130	0,6028	0,5100	0,4319	0,3660	0,3105	0,2636	0,2239	0,1904
35	0,7059	0,5939	0,5000	0,4214	0,3554	0,3000	0,2534	0,2143	0,1813
36	0,6989	0,5851	0,4902	0,4111	0,3450	0,2898	0,2437	0,2050	0,1727
37	0,6920	0,5764	0,4806	0,4011	0,3350	0,2800	0,2343	0,1962	0,1644
38	0,6852	0,5679	0,4712	0,3913	0,3252	0,2706	0,2253	0,1878	0,1566
39	0,6784	0,5595	0,4619	0,3817	0,3158	0,2614	0,2166	0,1797	0,1491
40	0,6717	0,5513	0,4529	0,3724	0,3066	0,2526	0,2083	0,1719	0,1420
41	0,6650	0,5431	0,4440	0,3633	0,2976	0,2440	0,2003	0,1645	0,1353
42	0,6584	0,5351	0,4353	0,3545	0,2890	0,2358	0,1926	0,1574	0,1288
43	0,6519	0,5272	0,4268	0,3458	0,2805	0,2278	0,1852	0,1507	0,1227
44	0,6454	0,5194	0,4184	0,3374	0,2724	0,2201	0,1780	0,1442	0,1169
45	0,6391	0,5117	0,4102	0,3292	0,2644	0,2127	0,1712	0,1380	0,1113
46	0,6327	0,5042	0,4022	0,3211	0,2567	0,2055	0,1646	0,1320	0,1060
47	0,6265	0,4967	0,3943	0,3133	0,2493	0,1985	0,1583	0,1263	0,1009
48	0,6203	0,4894	0,3865	0,3057	0,2420	0,1918	0,1522	0,1209	0,0961
49	0,6141	0,4821	0,3790	0,2982	0,2350	0,1853	0,1463	0,1157	0,0916
50	0,6080	0,4750	0,3715	0,2909	0,2281	0,1791	0,1407	0,1107	0,0872
51	0,6020	0,4680	0,3642	0,2838	0,2215	0,1730	0,1353	0,1059	0,0831
52	0,5961	0,4611	0,3571	0,2769	0,2150	0,1671	0,1301	0,1014	0,0791
53	0,5902	0,4543	0,3501	0,2702	0,2088	0,1615	0,1251	0,0970	0,0753
54	0,5843	0,4475	0,3432	0,2636	0,2027	0,1560	0,1203	0,0928	0,0717
55	0,5785	0,4409	0,3365	0,2572	0,1968	0,1508	0,1157	0,0888	0,0683
56	0,5728	0,4344	0,3299	0,2509	0,1910	0,1457	0,1112	0,0850	0,0651
57	0,5671	0,4280	0,3234	0,2448	0,1855	0,1407	0,1069	0,0814	0,0620
58	0,5615	0,4217	0,3171	0,2388	0,1801	0,1360	0,1028	0,0778	0,0590
59	0,5560	0,4154	0,3109	0,2330	0,1748	0,1314	0,0989	0,0745	0,0562

GNotKG Anh § 46

Rest-nutzungs-dauer von ... Jahren	Zinssatz								
	1,0%	1,5%	2,0%	2,5%	3,0%	3,5%	4,0%	4,5%	5,0%
60	0,5504	0,4093	0,3048	0,2273	0,1697	0,1269	0,0951	0,0713	0,0535
61	0,5450	0,4032	0,2988	0,2217	0,1648	0,1226	0,0914	0,0682	0,0510
62	0,5396	0,3973	0,2929	0,2163	0,1600	0,1185	0,0879	0,0653	0,0486
63	0,5343	0,3914	0,2872	0,2111	0,1553	0,1145	0,0845	0,0625	0,0462
64	0,5290	0,3856	0,2816	0,2059	0,1508	0,1106	0,0813	0,0598	0,0440
65	0,5237	0,3799	0,2761	0,2009	0,1464	0,1069	0,0781	0,0572	0,0419
66	0,5185	0,3743	0,2706	0,1960	0,1421	0,1033	0,0751	0,0547	0,0399
67	0,5134	0,3688	0,2653	0,1912	0,1380	0,0998	0,0722	0,0524	0,0380
68	0,5083	0,3633	0,2601	0,1865	0,1340	0,0964	0,0695	0,0501	0,0362
69	0,5033	0,3580	0,2550	0,1820	0,1301	0,0931	0,0668	0,0480	0,0345
70	0,4983	0,3527	0,2500	0,1776	0,1263	0,0900	0,0642	0,0459	0,0329
71	0,4934	0,3475	0,2451	0,1732	0,1226	0,0869	0,0617	0,0439	0,0313
72	0,4885	0,3423	0,2403	0,1690	0,1190	0,0840	0,0594	0,0420	0,0298
73	0,4837	0,3373	0,2356	0,1649	0,1156	0,0812	0,0571	0,0402	0,0284
74	0,4789	0,3323	0,2310	0,1609	0,1122	0,0784	0,0549	0,0385	0,0270
75	0,4741	0,3274	0,2265	0,1569	0,1089	0,0758	0,0528	0,0368	0,0258
76	0,4694	0,3225	0,2220	0,1531	0,1058	0,0732	0,0508	0,0353	0,0245
77	0,4648	0,3178	0,2177	0,1494	0,1027	0,0707	0,0488	0,0337	0,0234
78	0,4602	0,3131	0,2134	0,1457	0,0997	0,0683	0,0469	0,0323	0,0222
79	0,4556	0,3084	0,2092	0,1422	0,0968	0,0660	0,0451	0,0309	0,0212
80	0,4511	0,3039	0,2051	0,1387	0,0940	0,0638	0,0434	0,0296	0,0202
81	0,4467	0,2994	0,2011	0,1353	0,0912	0,0616	0,0417	0,0283	0,0192
82	0,4422	0,2950	0,1971	0,1320	0,0886	0,0596	0,0401	0,0271	0,0183
83	0,4379	0,2906	0,1933	0,1288	0,0860	0,0575	0,0386	0,0259	0,0174
84	0,4335	0,2863	0,1895	0,1257	0,0835	0,0556	0,0371	0,0248	0,0166
85	0,4292	0,2821	0,1858	0,1226	0,0811	0,0537	0,0357	0,0237	0,0158
86	0,4250	0,2779	0,1821	0,1196	0,0787	0,0519	0,0343	0,0227	0,0151
87	0,4208	0,2738	0,1786	0,1167	0,0764	0,0501	0,0330	0,0217	0,0143
88	0,4166	0,2698	0,1751	0,1138	0,0742	0,0484	0,0317	0,0208	0,0137
89	0,4125	0,2658	0,1716	0,1111	0,0720	0,0468	0,0305	0,0199	0,0130
90	0,4084	0,2619	0,1683	0,1084	0,0699	0,0452	0,0293	0,0190	0,0124
91	0,4043	0,2580	0,1650	0,1057	0,0679	0,0437	0,0282	0,0182	0,0118
92	0,4003	0,2542	0,1617	0,1031	0,0659	0,0422	0,0271	0,0174	0,0112
93	0,3964	0,2504	0,1586	0,1006	0,0640	0,0408	0,0261	0,0167	0,0107
94	0,3925	0,2467	0,1554	0,0982	0,0621	0,0394	0,0251	0,0160	0,0102
95	0,3886	0,2431	0,1524	0,0958	0,0603	0,0381	0,0241	0,0153	0,0097
96	0,3847	0,2395	0,1494	0,0934	0,0586	0,0368	0,0232	0,0146	0,0092
97	0,3809	0,2359	0,1465	0,0912	0,0569	0,0355	0,0223	0,0140	0,0088
98	0,3771	0,2324	0,1436	0,0889	0,0552	0,0343	0,0214	0,0134	0,0084
99	0,3734	0,2290	0,1408	0,0868	0,0536	0,0332	0,0206	0,0128	0,0080
100	0,3697	0,2256	0,1380	0,0846	0,0520	0,0321	0,0198	0,0123	0,0076

Rest-nutzungs-dauer von ... Jahren	Zinssatz								
	5,5%	6,0%	6,5%	7,0%	7,5%	8,0%	8,5%	9,0%	9,5%	10,0%
1	0,9479	0,9434	0,9390	0,9346	0,9302	0,9259	0,9217	0,9174	0,9132	0,9091
2	0,8985	0,8900	0,8817	0,8734	0,8653	0,8573	0,8495	0,8417	0,8340	0,8264
3	0,8516	0,8396	0,8278	0,8163	0,8050	0,7938	0,7829	0,7722	0,7617	0,7513
4	0,8072	0,7921	0,7773	0,7629	0,7488	0,7350	0,7216	0,7084	0,6956	0,6830
5	0,7651	0,7473	0,7299	0,7130	0,6966	0,6806	0,6650	0,6499	0,6352	0,6209
6	0,7252	0,7050	0,6853	0,6663	0,6480	0,6302	0,6129	0,5963	0,5801	0,5645
7	0,6874	0,6651	0,6435	0,6227	0,6028	0,5835	0,5649	0,5470	0,5298	0,5132
8	0,6516	0,6274	0,6042	0,5820	0,5607	0,5403	0,5207	0,5019	0,4838	0,4665
9	0,6176	0,5919	0,5674	0,5439	0,5216	0,5002	0,4799	0,4604	0,4418	0,4241
10	0,5854	0,5584	0,5327	0,5083	0,4852	0,4632	0,4423	0,4224	0,4035	0,3855
11	0,5549	0,5268	0,5002	0,4751	0,4513	0,4289	0,4076	0,3875	0,3685	0,3505
12	0,5260	0,4970	0,4697	0,4440	0,4199	0,3971	0,3757	0,3555	0,3365	0,3186
13	0,4986	0,4688	0,4410	0,4150	0,3906	0,3677	0,3463	0,3262	0,3073	0,2897
14	0,4726	0,4423	0,4141	0,3878	0,3633	0,3405	0,3191	0,2992	0,2807	0,2633
15	0,4479	0,4173	0,3888	0,3624	0,3380	0,3152	0,2941	0,2745	0,2563	0,2394
16	0,4246	0,3936	0,3651	0,3387	0,3144	0,2919	0,2711	0,2519	0,2341	0,2176
17	0,4024	0,3714	0,3428	0,3166	0,2925	0,2703	0,2499	0,2311	0,2138	0,1978
18	0,3815	0,3503	0,3219	0,2959	0,2720	0,2502	0,2303	0,2120	0,1952	0,1799
19	0,3616	0,3305	0,3022	0,2765	0,2531	0,2317	0,2122	0,1945	0,1783	0,1635
20	0,3427	0,3118	0,2838	0,2584	0,2354	0,2145	0,1956	0,1784	0,1628	0,1486
21	0,3249	0,2942	0,2665	0,2415	0,2190	0,1987	0,1803	0,1637	0,1487	0,1351
22	0,3079	0,2775	0,2502	0,2257	0,2037	0,1839	0,1662	0,1502	0,1358	0,1228
23	0,2919	0,2618	0,2349	0,2109	0,1895	0,1703	0,1531	0,1378	0,1240	0,1117

Rest-nutzungs-dauer von ... Jahren	5,5%	6,0%	6,5%	7,0%	Zinssatz 7,5%	8,0%	8,5%	9,0%	9,5%	10,0%
24	0,2767	0,2470	0,2206	0,1971	0,1763	0,1577	0,1412	0,1264	0,1133	0,1015
25	0,2622	0,2330	0,2071	0,1842	0,1640	0,1460	0,1301	0,1160	0,1034	0,0923
26	0,2486	0,2198	0,1945	0,1722	0,1525	0,1352	0,1199	0,1064	0,0945	0,0839
27	0,2356	0,2074	0,1826	0,1609	0,1419	0,1252	0,1105	0,0976	0,0863	0,0763
28	0,2233	0,1956	0,1715	0,1504	0,1320	0,1159	0,1019	0,0895	0,0788	0,0693
29	0,2117	0,1846	0,1610	0,1406	0,1228	0,1073	0,0939	0,0822	0,0719	0,0630
30	0,2006	0,1741	0,1512	0,1314	0,1142	0,0994	0,0865	0,0754	0,0657	0,0573
31	0,1902	0,1643	0,1420	0,1228	0,1063	0,0920	0,0797	0,0691	0,0600	0,0521
32	0,1803	0,1550	0,1333	0,1147	0,0988	0,0852	0,0735	0,0634	0,0548	0,0474
33	0,1709	0,1462	0,1252	0,1072	0,0919	0,0789	0,0677	0,0582	0,0500	0,0431
34	0,1620	0,1379	0,1175	0,1002	0,0855	0,0730	0,0624	0,0534	0,0457	0,0391
35	0,1535	0,1301	0,1103	0,0937	0,0796	0,0676	0,0575	0,0490	0,0417	0,0356
36	0,1455	0,1227	0,1036	0,0875	0,0740	0,0626	0,0530	0,0449	0,0381	0,0323
37	0,1379	0,1158	0,0973	0,0818	0,0688	0,0580	0,0489	0,0412	0,0348	0,0294
38	0,1307	0,1092	0,0914	0,0765	0,0640	0,0537	0,0450	0,0378	0,0318	0,0267
39	0,1239	0,1031	0,0858	0,0715	0,0596	0,0497	0,0415	0,0347	0,0290	0,0243
40	0,1175	0,0972	0,0805	0,0668	0,0554	0,0460	0,0383	0,0318	0,0265	0,0221
41	0,1113	0,0917	0,0756	0,0624	0,0516	0,0426	0,0353	0,0292	0,0242	0,0201
42	0,1055	0,0865	0,0710	0,0583	0,0480	0,0395	0,0325	0,0268	0,0221	0,0183
43	0,1000	0,0816	0,0667	0,0545	0,0446	0,0365	0,0300	0,0246	0,0202	0,0166
44	0,0948	0,0770	0,0626	0,0509	0,0415	0,0338	0,0276	0,0226	0,0184	0,0151
45	0,0899	0,0727	0,0588	0,0476	0,0386	0,0313	0,0254	0,0207	0,0168	0,0137
46	0,0852	0,0685	0,0552	0,0445	0,0359	0,0290	0,0235	0,0190	0,0154	0,0125
47	0,0807	0,0647	0,0518	0,0416	0,0334	0,0269	0,0216	0,0174	0,0140	0,0113
48	0,0765	0,0610	0,0487	0,0389	0,0311	0,0249	0,0199	0,0160	0,0128	0,0103
49	0,0725	0,0575	0,0457	0,0363	0,0289	0,0230	0,0184	0,0147	0,0117	0,0094
50	0,0688	0,0543	0,0429	0,0339	0,0269	0,0213	0,0169	0,0134	0,0107	0,0085
51	0,0652	0,0512	0,0403	0,0317	0,0250	0,0197	0,0156	0,0123	0,0098	0,0077
52	0,0618	0,0483	0,0378	0,0297	0,0233	0,0183	0,0144	0,0113	0,0089	0,0070
53	0,0586	0,0456	0,0355	0,0277	0,0216	0,0169	0,0133	0,0104	0,0081	0,0064
54	0,0555	0,0430	0,0334	0,0259	0,0201	0,0157	0,0122	0,0095	0,0074	0,0058
55	0,0526	0,0406	0,0313	0,0242	0,0187	0,0145	0,0113	0,0087	0,0068	0,0053
56	0,0499	0,0383	0,0294	0,0226	0,0174	0,0134	0,0104	0,0080	0,0062	0,0048
57	0,0473	0,0361	0,0276	0,0211	0,0162	0,0124	0,0096	0,0074	0,0057	0,0044
58	0,0448	0,0341	0,0259	0,0198	0,0151	0,0115	0,0088	0,0067	0,0052	0,0040
59	0,0425	0,0321	0,0243	0,0185	0,0140	0,0107	0,0081	0,0062	0,0047	0,0036
60	0,0403	0,0303	0,0229	0,0173	0,0130	0,0099	0,0075	0,0057	0,0043	0,0033
61	0,0382	0,0286	0,0215	0,0161	0,0121	0,0091	0,0069	0,0052	0,0039	0,0030
62	0,0362	0,0270	0,0202	0,0151	0,0113	0,0085	0,0064	0,0048	0,0036	0,0027
63	0,0343	0,0255	0,0189	0,0141	0,0105	0,0078	0,0059	0,0044	0,0033	0,0025
64	0,0325	0,0240	0,0178	0,0132	0,0098	0,0073	0,0054	0,0040	0,0030	0,0022
65	0,0308	0,0227	0,0167	0,0123	0,0091	0,0067	0,0050	0,0037	0,0027	0,0020
66	0,0292	0,0214	0,0157	0,0115	0,0085	0,0062	0,0046	0,0034	0,0025	0,0019
67	0,0277	0,0202	0,0147	0,0107	0,0079	0,0058	0,0042	0,0031	0,0023	0,0017
68	0,0262	0,0190	0,0138	0,0100	0,0073	0,0053	0,0039	0,0029	0,0021	0,0015
69	0,0249	0,0179	0,0130	0,0094	0,0068	0,0049	0,0036	0,0026	0,0019	0,0014
70	0,0236	0,0169	0,0122	0,0088	0,0063	0,0046	0,0033	0,0024	0,0017	0,0013
71	0,0223	0,0160	0,0114	0,0082	0,0059	0,0042	0,0031	0,0022	0,0016	0,0012
72	0,0212	0,0151	0,0107	0,0077	0,0055	0,0039	0,0028	0,0020	0,0015	0,0010
73	0,0201	0,0142	0,0101	0,0072	0,0051	0,0036	0,0026	0,0019	0,0013	0,0010
74	0,0190	0,0134	0,0095	0,0067	0,0047	0,0034	0,0024	0,0017	0,0012	0,0009
75	0,0180	0,0126	0,0089	0,0063	0,0044	0,0031	0,0022	0,0016	0,0011	0,0008
76	0,0171	0,0119	0,0083	0,0058	0,0041	0,0029	0,0020	0,0014	0,0010	0,0007
77	0,0162	0,0113	0,0078	0,0055	0,0038	0,0027	0,0019	0,0013	0,0009	0,0006
78	0,0154	0,0106	0,0074	0,0051	0,0035	0,0025	0,0017	0,0012	0,0008	0,0006
79	0,0146	0,0100	0,0069	0,0048	0,0033	0,0023	0,0016	0,0011	0,0008	0,0005
80	0,0138	0,0095	0,0065	0,0045	0,0031	0,0021	0,0015	0,0010	0,0007	0,0005
81	0,0131	0,0089	0,0061	0,0042	0,0029	0,0020	0,0013	0,0009	0,0006	0,0004
82	0,0124	0,0084	0,0057	0,0039	0,0027	0,0018	0,0012	0,0009	0,0006	0,0004
83	0,0118	0,0079	0,0054	0,0036	0,0025	0,0017	0,0011	0,0008	0,0005	0,0004
84	0,0111	0,0075	0,0050	0,0034	0,0023	0,0016	0,0011	0,0007	0,0005	0,0003
85	0,0106	0,0071	0,0047	0,0032	0,0021	0,0014	0,0010	0,0007	0,0004	0,0003
86	0,0100	0,0067	0,0044	0,0030	0,0020	0,0013	0,0009	0,0006	0,0004	0,0003
87	0,0095	0,0063	0,0042	0,0028	0,0019	0,0012	0,0008	0,0006	0,0004	0,0003
88	0,0090	0,0059	0,0039	0,0026	0,0017	0,0011	0,0008	0,0005	0,0003	0,0002
89	0,0085	0,0056	0,0037	0,0024	0,0016	0,0011	0,0007	0,0005	0,0003	0,0002
90	0,0081	0,0053	0,0035	0,0023	0,0015	0,0010	0,0006	0,0004	0,0003	0,0002
91	0,0077	0,0050	0,0032	0,0021	0,0014	0,0009	0,0006	0,0004	0,0003	0,0002
92	0,0073	0,0047	0,0030	0,0020	0,0013	0,0008	0,0006	0,0004	0,0002	0,0002
93	0,0069	0,0044	0,0029	0,0019	0,0012	0,0008	0,0005	0,0003	0,0002	0,0001
94	0,0065	0,0042	0,0027	0,0017	0,0011	0,0007	0,0005	0,0003	0,0002	0,0001

GNotKG Anh § 46, § 47

Restnutzungs-dauer von ... Jahren	Zinssatz								
	5,5%	6,0%	6,5%	7,0%	7,5%	8,0%	8,5%	9,0%	9,5%	10,0%
95	0,0062	0,0039	0,0025	0,0016	0,0010	0,0007	0,0004	0,0003	0,0002	0,0001
96	0,0059	0,0037	0,0024	0,0015	0,0010	0,0006	0,0004	0,0003	0,0002	0,0001
97	0,0056	0,0035	0,0022	0,0014	0,0009	0,0006	0,0004	0,0002	0,0002	0,0001
98	0,0053	0,0033	0,0021	0,0013	0,0008	0,0005	0,0003	0,0002	0,0001	0,0001
99	0,0050	0,0031	0,0020	0,0012	0,0008	0,0005	0,0003	0,0002	0,0001	0,0001
100	0,0047	0,0029	0,0018	0,0012	0,0007	0,0005	0,0003	0,0002	0,0001	0,0001

Berechnungsvorschrift für die der Tabelle nicht zu entnehmenden Barwertfaktoren für die Abzinsung

Abzinsungsfaktor $= q^{-n} = \dfrac{1}{q^n}$ $q = 1 + \dfrac{p}{100}$ p = Liegenschaftszinssatz n = Restnutzungsdauer

Sache bei Kauf

47 [1] Im Zusammenhang mit dem Kauf wird der Wert der Sache durch den Kaufpreis bestimmt. [2] Der Wert der vorbehaltenen Nutzungen und der vom Käufer übernommenen oder ihm sonst infolge der Veräußerung obliegenden Leistungen wird hinzugerechnet. [3] Ist der nach den Sätzen 1 und 2 ermittelte Wert niedriger als der Verkehrswert, ist der Verkehrswert maßgebend.

Gliederung

1) Systematik, S 1–3	1
2) Regelungszweck, S 1–3	2
3) Kaufpreis, S 1	3
4) Beispiele zur Frage des Kaufpreises, S 1	4, 5
5) Hinzurechnung, S 2	6–25
A. Grundsatz: Leistung zugunsten des Verkäufers	6
B. Beispiele zur Frage einer Hinzurechnung, S 2	7–25
6) Verkehrswert, S 3	26–29

1 **1) Systematik, S 1–3.** Die Vorschrift setzt das Zustandekommen des Kaufvertrags voraus. Denn erst dann gibt es einen Kaufpreis, auf den sie ja abstellt. Sie gilt an sich für alle Geschäfte nach §§ 97 ff. Sie betrifft aber nur den Sachkauf, nicht stets den in §§ 49, 97 III geregelten Rechtskauf. Sie gilt auch bei einer freiwilligen Versteigerung nach § 116. Sie erfaßt bewegliche Sachen wie unbewegliche. Sie gilt auch für das Miteigentum und grundstücksgleiche Rechte wie zB das Erbbau- oder Wohnungs- und Teileigentumsrecht, aber nicht für ein Dauerwohnrecht (dann gilt § 97 III). Sie gilt auch für eine Sachgesamtheit. Sie betrifft nicht nur die Beurkundung eines Kaufvertrags, sondern auch diejenige der Übereignung, insbesondere der Auflassung und Eintragung, BayObLG **91**, 420, Hamm JB **07**, 541. § 47 ist auf einen Überlassungs- und Teilungsvertrag entsprechend anwendbar, soweit es sich um einen Austausch gegen Geld handelt. § 47 ist auch bei einer Eintragung des Erstehers auf Grund des Zuschlags anwendbar, LG Oldb Rpfleger **86**, 451 (berücksichtigt aber zu Unrecht eine anschließende Wertminderung).

Unanwendbar ist § 47 auf eine Zwangsversteigerung. Beim Kauf auf einer Rentenbasis gilt § 52.

2 **2) Regelungszweck, S 1–3.** Die Vorschrift dient der Vereinfachung, Mü Rpfleger **15**, 171. Sie soll aber auch zu grobe Vereinfachungen vermeiden helfen. Das muß man bei der Auslegung mitbeachten. Vgl ferner Rn 30.

3 **3) Kaufpreis, S 1.** Der Einfachheit halber ist nach S 1 beim Kauf einer beweglichen Sache wie eines Grundstücks und auch beim Kauf eines grundstücksgleichen Rechts (für dessen Bestellung gilt § 49) grundsätzlich der endgültige Kaufpreis für die Kostenberechnung maßgebend.

4) Beispiele zur Frage des Kaufpreises, S 1   4

Anliegerbeitrag: *Nicht* beachtbar ist grds eine Verpflichtung zur Zahlung eines künftigen solchen Beitrags, LG Darmst JB **75**, 499.

Beachtbar ist diese Verpflichtung ausnahmsweise dann, wenn der Käufer sie zugunsten der Gemeinde ausdrücklich übernimmt. Denn der Verkäufer erwartet dann eine schnellere Parzellierung des Nachbargeländes, und insofern handelt es sich um eine privatrechtliche Verpflichtung, LG Darmst JB **75**, 499.

Apothekerkonzession: Der Kaufpreis umfaßt das Entgelt für den Verzicht auf eine solche Konzession.
S auch Rn 5 „Nachteile".

Auflage: Vereinbaren die Parteien eine Auflage, kann dennoch der unverminderte Preis maßgebend sein, BayObLG Rpfleger **86**, 31, LG Hamm JB **03**, 211 (zustm Bund).

Bedingung: Vereinbaren die Parteien eine Bedingung, kann dennoch der unverminderte Preis maßgebend sein, BayObLG Rpfleger **86**, 31, LG Hamm JB **03**, 211 (zustm Bund). Evtl erfolgt eine Schätzung anhand der Bedingungswirkungen, Köln DNotZ **75**, 183.

Bruttopreis: Kaufpreis ist der im Kaufvertrag vereinbarte Bruttopreis, Celle NZM **06**, 35.
S auch Rn 5 „Umsatzsteuer".

Extrempreis: Beachtbar sein kann ausnahmsweise ein sehr hoher Weiterverkaufspreis, Düss MittBayNot **94**, 300, LG Kblz Rpfleger **99**, 237.

Fälligkeit: Sie ist grds *nicht* maßgeblich, Zweibr MDR **94**, 624.

Mehrwertsteuer: Rn 5 „Umsatzsteuer".

Nachteile: Der Kaufpreis umfaßt bei einem Grundstück auch das Entgelt für irgendwelche Nachteile etwa bei der Bewirtschaftung, BayObLG Rpfleger **92**, 248.   5
S auch Rn 4 „Apothekerkonzession".

Nettopreis: Rn 4 „Bruttopreis".

Schätzung: Sie ist notfalls zulässig und notwendig. Es kommt dann darauf an, was der Käufer insgesamt leisten muß. § 46 ist jedenfalls mitanwendbar.

Stundung: Grundsätzlich gilt S 1, Zweibr MDR **94**, 624. Eine extrem lange Stundung kann auf S 2 hindeuten.

Umsatzsteuer: Sie ist grds ein Teil des Kaufpreises. Das gilt auch dann, wenn der Kaufvertrag sie gesondert ausweist und wenn der Käufer zum Vorsteuerabzug berechtigt ist, Celle NZM **06**, 35, LG Kblz RR **97**, 320, aM Hamm JB **07**, 539, nur scheinbar aM Zweibr RR **97**, 319 (Sonderfall, LG Kblz RR **97**, 320).
S auch Rn 4 „Bruttopreis".

Vermessung: Eine spätere Vermessung ist maßgebend, falls die Parteien den Kaufpreis zunächst nur ungefähr angeben und eine solche Vermessung als maßgeblich vereinbaren.

Verrentung: Bei ihr gilt der nach § 46 kapitalisierte Betrag, LG Nürnb JB **82**, 430.

Vorvertrag: Sein Wert ist grds ebenso hoch wie der Wert des beabsichtigten Hauptvertrags, Düss Rpfleger **94**, 182 (vgl aber wegen eines Ankaufrechts Rn 38).

Weiterverkauf: Sein Betrag mag maßgeblich sein, Mü Rpfleger **15**, 171 und 604 (je: an diesem Punkt lückenhaft zitierend), LG Mü MDR **11**, 1268. Aber Vorsicht: Fallfrage!

Wertänderung: Der Kaufpreis bleibt maßgeblich, soweit die Änderung ihn nicht selbst betrifft.

Zinsen: Sie sind grds *nicht* beachtbar, Zweibr MDR **94**, 624.

5) Hinzurechnung, S 2. Ein nur scheinbar einfacher Grundsatz hat weitgefächerte Auswirkungen.   6

A. Grundsatz: Leistung zugunsten des Verkäufers. Zum Kaufpreis muß man den Wert einer solchen Nutzung hinzurechnen, die sich der Verkäufer vorbehält und die einen eigenen wirtschaftlichen Wert hat und nicht nur den Vertragszweck sichert. Ferner muß man oft den Wert einer solchen Leistung hinzurechnen, die der Käufer übernommen hat oder kraft Gesetzes übernehmen muß. Es muß sich um eine solche Leistung handeln, die ebenso wie der Kaufpreis dem Verkäufer zugute kommt, Stgt

GNotKG § 47   III. Gerichts- und Notarkostengesetz

FGPrax **97**, 159, die man also zu dem Nominalkaufpreis hinzuschlagen muß, Hamm NVwZ-RR **04**, 812. Vgl auch § 11 GrdErwStG.

Nicht ausreichend ist demgegenüber eine Leistung nur sich selbst gegenüber, zB bei der Errichtung eines Hauses, Köln JB **00**, 41.

Keine Hinzurechnung erfolgt natürlich nach Rn 7 „Anrechnung auf den Kaufpreis", auch dann, wenn die Partner solche Leistungen oder Nutzungsvorbehalte usw bereits bei der Bemessung des Kaufpreises berücksichtigt haben, wenn sie also eine Anrechnung vorgenommen haben, Zweibr MittBayNot **79**, 38, aM Kahlke DNotZ **83**, 526. Solche Abgrenzung ist manchmal schwierig.

7 **B. Beispiele zur Frage einer Hinzurechnung, S 2**

Anliegerbeitrag: Eine Hinzurechnung *unterbleibt,* soweit es um die Regelung eines bei der Übernahme des Grundstücks noch nicht fälligen Anliegerbeitrags geht.

Anrechnung auf Kaufpreis: Eine Hinzurechnung *unterbleibt* grds, soweit man eine Leistung des Käufers auf den Kaufpreis anrechnen muß (wegen der Ausnahmen vgl bei den übrigen Stichwörtern).

Anwartschaftsrecht: Eine Hinzurechnung erfolgt, soweit ein solches Recht einen eigenen aus dem Kaufvertrag erkennbaren wirtschaftlichen Wert hat, Düss DNotZ **78**, 317, Ffm Rpfleger **77**, 268, Zweibr JB **00**, 428.

8 **Arbeitsplatzbeschaffung:** Eine Hinzurechnung erfolgt, soweit sich der Käufer zur Erhaltung oder Schaffung von Arbeitsplätzen verpflichtet, KG JB **95**, 212, Schlesw DNotZ **94**, 725 (je auch zur Wertberechnung), LG Fulda JB **92**, 480.

Architektenvertrag: Eine Hinzurechnung erfolgt, soweit der Käufer in einen solchen Vertrag eintritt. Maßgeblich sind dann das Honorar oder eine etwaige Vertragsstrafe.

9 **Baukostenzuschuß:** Rn 19 „Nießbrauch".

Bauplan: Man muß den miterworbenen Bauplan meist hinzurechnen, BayObLG JB **95**, 320.

Bauverpflichtung: Eine Hinzurechnung erfolgt anhand §§ 36 I, 50 Z 3 grds, soweit der Käufer eine mitbeurkundete Bauverpflichtung übernommen hat, BGH NJW **06**, 1136 (zustm Schmidt), Hamm NVwZ-RR **04**, 812, Karlsr FGPrax **06**, 40, aM BayObLG NZM **99**, 1023 (sogar wertmindernd), Düss Rpfleger **93**, 508 (aber es handelt sich um einen geradezu klassischen Fall von S 2).

Unanwendbar ist § 47 dann, wenn die Bauverpflichtung nur aus ideellen und siedlungspolitischen Gründen erfolgt. Dann ist § 36 III anwendbar, Köln FGPrax **05**, 182. S auch Rn 26–28.

10 **Bebauungsrecht:** Beim bloßen solchen Recht *unterbleibt* eine Hinzurechnung, KG JB **98**, 374.

Belastungsverbot: Eine Hinzurechnung erfolgt, soweit es sich bei ihm um eine selbständige Leistung mit einem aus dem Kaufvertrag erkennbaren eigenen wirtschaftlichen Wert handelt, BayObLG FGPrax **99**, 78 rechts.

Betagung: Eine Hinzurechnung *unterbleibt,* soweit es um eine bloße Betagung geht. Denn sie mindert den Wert grds nicht.

Bodenertrag: Rn 19 „Nießbrauch".

11 **Dienstbarkeit:** Eine Hinzurechnung erfolgt, soweit der Käufer eine beschränkte persönliche Dienstbarkeit übernimmt, es sei denn, der Verkäufer müßte sie vertraglich beseitigen.

S aber auch Rn 15 „Grunddienstbarkeit".

Dienstvertrag: Eine Hinzurechnung *unterbleibt,* soweit der Käufer in einen Dienst- oder Liefervertrag eintritt.

12 **Eigenleistung:** Rn 6.

Eigentümergrundschuld: Eine Hinzurechnung *unterbleibt,* soweit der Käufer gleichzeitig eine Eigentümergrundschuld oder eine nicht valutierende Hypothek des Verkäufers ohne eine Anrechnung auf den Kaufpreis übernimmt, Ffm Rpfleger **77**, 267, Zweibr FGPrax **00**, 44 (anders liegt es bei späterer Übernahme).

Energielieferung: Sie richtet sich *nicht* nach S 2, sondern nach § 36 I, Hamm FGPrax **16**, 185 rechts.

Erbbaurecht: Eine Hinzurechnung *unterbleibt,* soweit es um ein Erbbaurecht geht.

S auch Rn 13 „Erbbauzins".

Erbbauzins: Eine Hinzurechnung *unterbleibt*, soweit es um den Erbbauzins geht. 13
Denn durch ihn wird das Erbbaurecht in seinem Wert gemindert, Oldb JB **80**, 1557, Schlesw JB **79**, 754, Zweibr MittBayNot **79**, 38, aM Kahlke DNotZ **83**, 526.
S auch Rn 12 „Erbbaurecht".

Erschließungskosten: Eine Hinzurechnung erfolgt, soweit der Käufer vor der Fäl- 14 ligkeit Erschließungskosten an den Verkäufer gezahlt hat, BayObLG JB **98**, 490 (§ 36 I), Hamm MittBayNot **95**, 327, Zweibr JB **98**, 202, krit Hein Rpfleger **15**, 689.

Finanzierungsvollmacht: Eine Hinzurechnung *unterbleibt*, soweit es um eine solche zur Bestellung eines Grundpfandrechts über die Kaufpreishöhe geht, KG JB **91**, 1361.

Gebrauchsrecht: Eine Hinzurechnung erfolgt, soweit der Verkäufer das Recht be- 15 hält, einzelne Sachen oder deren Teile zu gebrauchen. Vgl auch § 50 Z 2.

Genehmigungskosten: Eine Hinzurechnung kann in ihrem Umfang erfolgen müssen.

Getränkelieferungsvertrag: Eine Hinzurechnung *unterbleibt* grds, soweit der Käufer mit der Gaststätte einen Getränkelieferungsvertrag übernimmt. Es gibt aber auch Ausnahmen, Stgt JB **76**, 240.

Grunddienstbarkeit: Eine Hinzurechnung *unterbleibt*, soweit es um eine Grunddienstbarkeit geht.
S aber auch Rn 11 „Dienstbarkeit".

Grunderwerbsteuer: Eine Hinzurechnung *unterbleibt*, soweit es um eine Vereinbarung darüber geht, wer die Grunderwerbsteuer zahlen soll.

Grundpfandrecht: Eine Hinzurechnung erfolgt, wenn überhaupt, nur mit seinem tatsächlichen derzeitigen Restwert, BGH JB **06**, 262 (krit Schmidt). Eine Vollstreckungsunterwerfung ist unbeachtbar, KG JB **75**, 805.

Grundschuld: Rn 12 „Eigentümergrundschuld".

Hypothek: Rn 12 „Eigentümergrundschuld". 16

Investitionsverpflichtung: Eine Hinzurechnung erfolgt, soweit der Käufer eine solche Investitionsverpflichtung übernimmt, deren Wert man nach § 50 Z 4 bestimmen muß.

Löschungskosten: Eine Hinzurechnung kann in ihrem Umfang erfolgen müssen. 17

Maklerprovision, dazu *Wälzholz* MittBayNot **00**, 357 (Üb): Eine Hinzurechnung 18 erfolgt nur, soweit der Käufer eine an sich vom Verkäufer geschuldete Maklerprovision als einen Bestandteil des Kaufpreises übernimmt, Oldb JB **94**, 354, Schlesw DNotZ **83**, 65, LG Nürnb JB **82**, 430.

Mietvertrag: Eine Hinzurechnung erfolgt, soweit der Verkäufer das Recht behält, Miete über die Übergabe hinaus einzubehalten.
Eine Hinzurechnung *unterbleibt*, soweit der Käufer in ein Miet- oder Pachtverhältnis eintritt, Stgt FGPrax **97**, 159.

Miteigentum: Beim Verkauf eines Miteigentums erfolgt eine Berechnung nach einem Bruchteil. Das gilt auch dann, wenn die anderen Miteigentümer an einen der Miteigentümer verkaufen.

Nießbrauch: Eine Hinzurechnung erfolgt, soweit der Käufer einen Nießbrauch 19 übernimmt, Mü JB **16**, 200 (nennt irrig S 1), es sei denn, der Verkäufer müßte ihn vertraglich beseitigen. Vgl auch § 50 Z 2.

Nutzungsrecht: Rn 15 „Gebrauchsrecht". Vgl auch § 50 Z 2.

Öffentliche Förderung: Eine Hinzurechnung *unterbleibt*, soweit der Käufer auf 20 seine eigene Rechnung eine Bebauung planen und behördlich genehmigen läßt und eine öffentliche Förderung erwirkt, KG Rpfleger **85**, 377.

Öffentliche Last: Eine Hinzurechnung *unterbleibt*, soweit es sich um eine öffentliche Last handelt (Ausnahme: Rückstände).

Optionsrecht: Rn 7 „Anwartschaftsrecht".

Patronatslast: Eine Hinzurechnung erfolgt, soweit der Käufer eine Patronatslast übernimmt, LG Bbg JB **94**, 759.

Persönliche Haftung: Eine Hinzurechnung erfolgt, soweit der Käufer eine solche 21 dingliche Belastung übernimmt, für die er außer der Anrechnung auf den Kaufpreis auch die bisher den Verkäufer belastende persönliche Haftung übernimmt, soweit der Käufer den Verkäufer also von der persönlichen Haftung befreit. Dann ist es unerheblich, ob der Gläubiger diese Schuldübernahme später genehmigt, Ffm Rpfleger **77**, 268.

22 **Raumbenutzungsrecht:** Eine Hinzurechnung erfolgt, soweit der Verkäufer sich die Weiterbenutzung von Räumen vorbehält. Vgl auch § 50 Z 2.

Reallast: Eine Hinzurechnung erfolgt, soweit der Käufer eine Reallast übernimmt, es sei denn, der Verkäufer müßte sie vertraglich beseitigen.

Restgrundstück: Eine Hinzurechnung erfolgt, soweit der Käufer eine Entschädigung für Nachteile infolge der Erschwerung der Bewirtschaftung eines nicht mitgekauften Restgrundstücks zahlt, BayObLG **91**, 420.

Rückkaufsrecht: Rn 25 „Wiederkaufsrecht".

Rückstände: Eine Hinzurechnung erfolgt, soweit der Käufer den Verkäufer von Rückständen befreien muß.

Rücktrittsvorbehalt: Rn 9 „Bauverpflichtung".

23 **Schuldübernahme:** Eine Hinzurechnung erfolgt, soweit der Käufer eine Schuld des Verkäufers übernimmt. Freilich darf das *nicht* schon im Kaufpreis stecken, wie durchweg beim Kauf etwa eines Erbbaurechts nach Rn 13.

Sicherung der Vertragsdurchführung: Eine Hinzurechnung *unterbleibt*, soweit ein solches Recht, das der Käufer dem Verkäufer einräumt, nur der Sicherung der Durchführung des Kaufvertrages dient.

Sozialbindung: Eine Hinzurechnung *unterbleibt* bei Maßnahmen oder Umständen der Sozialbindung. Denn sie mindern meist den Wert.

24 **Umsatzsteuer:** Eine Hinzurechnung *unterbleibt*, Düss JB **08**, 433, Hamm FGPrax **07**, 241, Zweibr RR **09**, 518. Denn es handelt sich um eine gesetzliche Pflicht allein des Käufers ohne Vorteil für den Verkäufer, aM Celle RR **06**, 71.

Unverzinslichkeit: Eine Hinzurechnung *unterbleibt*, soweit es um die Unverzinslichkeit des Kaufpreises geht. Denn sie mindert den Wert grds nicht.

Valutierung: Eine Hinzurechnung *unterbleibt*, soweit keine Valutierung mehr vorliegt.

Veräußerungsverbot: Eine Hinzurechnung erfolgt, soweit es sich bei ihm um eine selbständige Leistung mit einem eigenen wirtschaftlichen Wert handelt, BayObLG FGPrax **99**, 78 rechts, Karlsr FGPrax **06**, 40.

Vermessungskosten: Eine Hinzurechnung erfolgt, soweit der Käufer sie übernommen hat.

Vermittlungsprovision: Rn 12 „Maklerprovision".

Vorkaufsrecht: Eine Hinzurechnung erfolgt, soweit das Vorkaufsrecht einen aus dem Kaufvertrag erkennbaren eigenen wirtschaftlichen Gegenwert für den Verkäufer darstellt, Düss DNotZ **78**, 371, Ffm Rpfleger **77**, 268, Zweibr JB **00**, 428. Der Geschäftswert richtet sich nach der Wahrscheinlichkeit einer Ausübung des Vorkaufsrechts nach § 36 I, Lappe NJW **84**, 1216.

Eine Hinzurechnung *unterbleibt*, soweit der Käufer eine Belastung des Verkäufers mit einem Vorkaufsrecht des Eigentümers übernimmt, Ffm Rpfleger **77**, 268, oder wenn der Beurkundungsgegenstand derselbe bleibt, Hamm FGPrax **16**, 41.

25 **Wiederkaufsrecht:** Eine Hinzurechnung erfolgt, soweit das Wiederkaufsrecht einen aus dem Kaufvertrag erkennbaren eigenen wirtschaftlichen Wert hat, Düss VersR **81**, 786, Ffm Rpfleger **77**, 268, Zweibr JB **98**, 203.

Eine Hinzurechnung *unterbleibt*, soweit das Wiederkaufsrecht für den Verkäufer keinen echten wirtschaftlich verwertbaren Gegenwert hat, sondern soweit es zB nur der Sicherung persönlicher oder allgemeiner Zwecke dient, Ffm Rpfleger **77**, 268.

Zinsen: Rn 13 „Erbbauzins", Rn 24 „Unverzinslichkeit".

Zwangsvollstreckung: Eine Hinzurechnung *unterbleibt*, soweit es nur um die Unterwerfung unter die sofortige Zwangsvollstreckung geht, KG JB **75**, 805.

26 **6) Verkehrswert, S 3.** § 47 ist eine Sonderregel gegenüber dem Grundsatz des § 46 I. Soweit daher der Kaufpreis niedriger als derjenige Wert ist, den man nach § 46 errechnen muß, ist der letztere Wert maßgeblich, Karlsr Rpfleger **87**, 453.

27 Der *nach § 46 berechnete Wert* ist also zB dann maßgebend, wenn der Kaufpreis nicht annähernd so hoch ist wie der wahre Verkehrswert im Zeitpunkt der Eintragung, BayObLG JB **96**, 602, Hamm NVwZ-RR **04**, 812 und 814, LG Bbg JB **94**, 760, oder wenn ein Notverkauf erfolgt, oder wenn der Verwandte das Grundstück dem Angehörigen zu einem unter dem Marktwert liegenden Preis verkauft, LG Re-

gensb JB **82**, 117, oder wenn ein alsbaldiger Weiterverkauf einen viel höheren Preis erbringt, BayObLG Rpfleger **75**, 48, Düss MittBayNot **94**, 360, LG Kblz Rpfleger **94**, 237. Eine im Kaufvertrag vom Käufer übernommene wiederkehrende Leistung bestimmt beim Übersteigen des Grundstückswerts unmittelbar den Geschäftswert. Dabei darf man eine Altenteilsleistung höchstens mit dem Fünffachen ihres Betrags ansetzen. Bei einer Verrentung des Kaufpreises vgl § 52.

Eine Kaufpreisbedingung des im übrigen unbedingten Vertrags erfordert mangels 28 Ausreichens des § 46 eine *Schätzung nach § 80,* Bund JB **03**, 212. Jedoch bleibt S 3 mitbeachtbar, Köln DNotZ **75**, 183.

Wenn der Verkäufer eines Grundstücks das *Zubehör* mitverkauft, muß man seinen 29 Wert bei der Beurkundung der Auflassung und bei der Eintragung abziehen, Mü Rpfleger **15**, 171. Denn diese letzteren Vorgänge beziehen sich nur auf das eigentliche Grundstück. Auch eine längerfristige Stundung ist unabhängig von ihrer steuerlichen Behandlung unerheblich.

Land- und forstwirtschaftliches Vermögen

48 I ¹Im Zusammenhang mit der Übergabe oder Zuwendung eines land- oder forstwirtschaftlichen Betriebs mit Hofstelle an eine oder mehrere natürliche Personen einschließlich der Abfindung weichender Erben beträgt der Wert des land- und forstwirtschaftlichen Vermögens im Sinne des Bewertungsgesetzes höchstens das Vierfache des letzten Einheitswerts, der zur Zeit der Fälligkeit der Gebühr bereits festgestellt ist, wenn

1. die unmittelbare Fortführung des Betriebs durch den Erwerber selbst beabsichtigt ist und
2. der Betrieb unmittelbar nach Vollzug der Übergabe oder Zuwendung einen nicht nur unwesentlichen Teil der Existenzgrundlage des zukünftigen Inhabers bildet.

²§ 46 Absatz 3 Satz 2 gilt entsprechend. ³Ist der Einheitswert noch nicht festgestellt, so ist dieser vorläufig zu schätzen; die Schätzung ist nach der ersten Feststellung des Einheitswerts zu berichtigen; die Frist des § 20 Absatz 1 beginnt erst mit der Feststellung des Einheitswerts. ⁴In dem in Artikel 3 des Einigungsvertrages genannten Gebiet gelten für die Bewertung der land- und forstwirtschaftlichen Vermögens die Vorschriften des Dritten Abschnitts im Zweiten Teil des Bewertungsgesetzes mit Ausnahme von § 125 Absatz 3; § 126 Absatz 2 des Bewertungsgesetzes ist sinngemäß anzuwenden.

II Weicht der Gegenstand des gebührenpflichtigen Geschäfts vom Gegenstand der Einheitsbewertung oder vom Gegenstand der Bildung des Ersatzwirtschaftswerts wesentlich ab oder hat sich der Wert infolge bestimmter Umstände, die nach dem Feststellungszeitpunkt des Einheitswerts oder des Ersatzwirtschaftswerts eingetreten sind, wesentlich verändert, so ist der nach den Grundsätzen der Einheitsbewertung oder der Bildung des Ersatzwirtschaftswerts geschätzte Wert maßgebend.

III Die Absätze 1 und 2 sind entsprechend anzuwenden für die Bewertung

1. eines Hofs im Sinne der Höfeordnung und
2. eines landwirtschaftlichen Betriebs in einem Verfahren aufgrund der Vorschriften über die gerichtliche Zuweisung eines Betriebs (§ 1 Nummer 2 des Gesetzes über das gerichtliche Verfahren in Landwirtschaftssachen), sofern das Verfahren mit der Zuweisung endet.

Gliederung

1) Geltungsbereich, I–III	1, 2
2) Beispiele zur Frage einer Betriebszuwendung usw, I–III	3–8

1) Geltungsbereich, I–III. Die Vorschrift dient der Erhaltung leistungsfähiger 1 Hofbetriebe, BayObLG **01**, 142. Die Regelung ist verfassungsgemäß, BVerfG NJW **96**, 1463, Düss MDR **91**, 997, LG Bad Kreuzn JB **96**, 484. Sie enthält eine eng auslegbare vorrangige Sonderregel, BayObLG **94**, 112, Köln Rpfleger **91**, 525, Lüdtke-Handjery NJW **89**, 2871. Sie erfaßt jede Art von „Zuwendung", soweit ein Betrieb

GNotKG § 48   III. Gerichts- und Notarkostengesetz

mit einer Hofstelle vorliegt, Bbg JB **94**, 236 (gerichtliche Zuweisung), BayObLG RR **99**, 868, Stgt DNotZ **95**, 786, aM BayObLG **98**, 340, Düss DNotZ **93**, 763, Köln JMBl NRW **00**, 287 (je zum alten Recht). Er muß auch von der Hofstelle aus erfolgen, Mü FamRZ **11**, 840. Es darf kein nach §§ 46, 47 bewertbarer Gewerbebetrieb vorliegen, Rn 5 „Großbetrieb". § 48 ist auch im Beschwerdeverfahren anwendbar. „Zuwenden" ist ein weiter Begriff.

2   Es muß um den Betrieb *insgesamt* gehen, BayObLG FGPrax **00**, 210, Köln Rpfleger **91**, 525. Man darf § 48 auch nicht durch die Heranziehung allgemeiner Grundsätze unterlaufen, BayObLG **90**, 114. Der Wert nach I–III gilt auch für den vor der Übergabe festgestellten Einheitswert, wenn der Pächter die Tierhaltung verstärkt hat, Oldb JB **91**, 393.

Der in I genannte *vierfache Einheitswert* gilt nur bei einem Vermögen im Sinn des BewG. Er gilt auch bei einer gesetzlichen Erbfolge, BayObLG **92**, 266. Dann muß man für die Fortführungsabsicht auf den Willen eines oder der Erben abstellen, BayObLG **92**, 266, LG Marbg Rpfleger **91**, 107.

3   **2) Beispiele zur Frage einer Betriebszuwendung usw, I–III**

Abfindungsvertrag: § 48 ist anwendbar.
Altenteil: Rn 5 „Hofstelle".
Bauland: *Nicht* ausreichend ist ein solcher Grundbesitz, der nur als Bauland dient oder dienen soll, BayObLG MittBayNot **97**, 312, Bengel DNotZ **99**, 772.
Betreuung: Eine Fortführung kann bei einer Tätigkeit des Gerichts im Rahmen einer Betreuung vorliegen, BayObLG JB **91**, 1524.
Betrieb: Ob ein landwirtschaftlicher Betrieb vorliegt, kann sich nach § 33 I, II BewG und dem darauf beruhenden Einheitswertbescheid richten, Stgt DNotZ **95**, 787.
Biogasanlage: § 48 ist dann *unanwendbar*, wenn der Ertrag nur der Energieerzeugung im Betrieb dient.
Eigentum: Der Betrieb muß dem Übertragenden gehören, BayObLG FGPrax **96**, 79, Ffm FGPrax **09**, 280.
Einbringung in Gesellschaft: Rn 4 „Fortführung".
Einheitswert: Er bildet bei der Hofübergabe nach § 12 II HöfeO die Grundlage. Die Höhe einer Abfindung ergibt nur bedingt eine weitere.
Erbschaft: Ausreichen kann es, daß die gesetzliche Erbfolge dasselbe erreichen soll, BayObLG JB **93**, 229, oder daß der Erbe einen bisher nicht unter § 48 fallenden Besitz nun als einen land- oder forstwirtschaftlichen Betrieb weiterführt, LG Münst AgrarR **01**, 327.
Ersatzwirtschaftswert: Es gilt II. Man muß ihn nach I notfalls schätzen. Bei II tritt ein sog Ersatzwirtschaftswert ein.
Ertrag: S „Existenzgrundlage".
Existenzgrundlage: Der Betrieb muß (jetzt) nach I 1 Z 2 unmittelbar nach Übergabe oder Zuwendung objektiv gerade dem konkreten Inhaber als nicht nur unwesentlicher Teil der Existenzgrundlage dienen können.
    S auch Rn 4 „Förderprogramm", „Fortführung".

4   **Fischereirecht:** Es kann ein solches mit einer Landwirtschaft verbundenes Recht reichen. Das gilt zB auch bei einer Fischteichwirtschaft.
Förderprogramm: *Nicht* ausreichend ist ein solcher Betrieb, der in ein staatliches Förderungsprogramm eingebunden besteht und nur anderen als privaten Erwerbszielen dient, zB nur der Landschaftspflege, BayObLG FER **97**, 139.
Fortführung: Es ist (jetzt) nach I 1 Z 1 erforderlich und ausreichend, daß man die unmittelbare Fortführung durch den Erwerber selbst beabsichtigt.
  – **(Betreuung):** Rn 3.
  – **(Betriebsgröße):** S „– (Verwalter)".
  – **(Dieselbe Familie):** Die unmittelbare Fortführung muß (jetzt) nach I 1 Z 1 der Erwerber selbst beabsichtigen.
  – **(Erbschaft):** Rn 3.
  – **(Gastwirtschaft):** S „– (Hof und Gastwirtschaft)".
  – **(Hof und Gastwirtschaft):** Ausreichen kann dieser Fall, BayObLG FGPrax **00**, 210.

- **(Kleinbetrieb):** Ausreichen kann er, falls er einen nicht unerheblichen Teil des Familieneinkommens erzielt, BayObLG RR **01**, 1366.
- **(Nebenberuf):** *Nicht* ausreichen kann ein bloßer Nebenberuf, Hamm RR **01**, 1367, aM AG Schopfheim AgrarR **97**, 136.
- **(Nutzungsrecht usw):** Ausreichen kann die Fortführung bei einem solchen Recht des Übergebers und einer Verpachtung an ihn, AG Schopfheim AgrarR **97**, 136.
- **(Verpachtung):** Ausreichen können zB: Eine Verpachtung an den Übergeber, AG Schopfheim AgrarR **97**, 136; eine Verpachtung an die Ehefrau des Übernehmers, BayObLG JB **98**, 41, oder an einen Abkömmling, Nürnb JB **17**, 132; eine krankheitsbedingte vorübergehende Verpachtung, Hamm AgrarR **95**, 184.
- **(Vormundschaft):** Rn 7.

Gärtnerei: Eine solche mit Gewächshäusern kann reichen, BayObLG **94**, 95, LG Kempten AgrarR **94**, 328.

GAZ-Fähigkeit: Sie kann reichen, LG Bad Kreuzn JB **96**, 484. Das darf man bei über 100 ha nicht zu streng allgemein verneinen.

Gesellschaft: Eine „gleitende" Übergabe (BGB-Gesellschaft zwischen Übergeber und Übernehmer) erfordert eine klare Nachfolgeregelung, BayObLG JB **99**, 600.

S auch Rn 4 „Fortführung".

Großbetrieb: Er kann nach §§ 46, 47 bewertbar sein, Rn 50, LG Ingolstadt JB **93**, 40, aM BayObLG MittBayNot **94**, 358, Oldb JB **94**, 359 (aber das paßt nicht zum Zweck von § 48).

Hof: Es gilt II Z 1.

Hofstelle: Es muß eine für eine bäuerliche Familie geeignete Wohnung vorhanden sein, BGH RR **98**, 1627, BayObLG FGPrax **00**, 210, Stgt DNotZ **95**, 786. Ein Wohngebäude zählt auch dann nach § 48, wenn es als ein Neubau die Betriebszugehörigkeit nicht einfach erkennen läßt, BFH DB **90**, 1700, oder wenn das Wohngebäude und der Betrieb nacheinander übergehen, BayObLG AgrarR **01**, 256. Auch ein Altenteilshaus zählt zur Hofstelle, LG Traunst MittBayNot **92**, 420. Die Hofstelle und der Grundbesitz müssen eine organisatorische und wirtschaftliche Einheit darstellen. Die Übertragung eines einzelnen Gebäudes muß mit der Hofnachfolge in einem engen Zusammenhang stehen, Köln Rpfleger **91**, 525. Beim Hofbegriff war nach der Höfeordnung der vom Finanzamt ermittelte Wirtschaftswert maßgeblich, BGH DNotZ **12**, 73.

Unanwendbar ist § 48 im Verfahren auf eine Feststellung des Fehlens der Hofeigenschaft, Celle RdL **00**, 193.

Jagdrecht: Es kann ein solches mit einer Landwirtschaft verbundenes Recht reichen.

Juristische Person: Rn 6 „Natürliche Person".

Landschaftspflege: Rn 4 „Förderprogramm".

Mindestgröße: Rn 7 „Untergrenze".

Natürliche Person: Der Erwerber muß eine oder mehrere natürliche Person(en) sein.

Nebenberuf: Rn 3 „Existenzgrundlage".

Nießbrauch: Rn 4 „Fortführung".

Nutzungsrecht: Rn 4 „Fortführung".

Obergrenze: Sie ist nicht nötig, Oldb JB **94**, 359, aM LG Itzehoe Rpfleger **93**, 215 (über 88,9 ha).

Pacht: Rn 4 „Fortführung", Rn 7 „Untergrenze".

Pensionstierhaltung: Es kann eine solche nach § 51 BewG als Landwirtschaft einstufbare Tierhaltung reichen, Mü MittBayNot **04**, 369, Stgt RdL **08**, 275 (je dort verneint).

Pflegschaft: *Nicht* ausreichend ist eine solche Pflegschaft, die sich auf eine Aufenthaltsbestimmung und auf die jeweilige Zuführung zum Arzt beschränkt, LG Passau JB **92**, 616.

Sägewerk: Es kann reichen.

Schenkung: Sie reicht *nicht,* BayObLG AgrarR **94**, 330.

Stillegung: Unschädlich ist eine vorübergehende Stillegung dann, wenn eine grundsätzliche Absicht der Fortführung nach Rn 4 besteht, Celle RdL **00**, 193, LG Münst FamRZ **01**, 1472, LG Traunst MittBayNot **92**, 420.
Schädlich ist eine endgültige Stillegung, LG Traunst JB **93**, 359.

7 **Unklarheit:** Bei ihr muß der Notar nachfragen, Mü FGPrax **06**, 181.
Untergrenze: Eine bestimmte Untergrenze besteht grds nicht, BayObLG RR **01**, 1366, Oldb JB **94**, 359, aM LG Ingolstadt JB **93**, 40 (ca 100 ha). Es muß aber ein angemessener Rohertrag erreichbar sein, Zweibr MittBayNot **96**, 401. Zur Mindestgröße LG Bbg JB **94**, 235, Otto JB **89**, 891. Sie gilt nicht bei einer Sonderkultur, BayObLG MittBayNot **94**, 358. Man muß auf den Einzelfall abstellen, BayObLG FamRZ **97**, 831. Ein Grundbesitz nach § 69 BewG reicht nicht, BayObLG AgrarR **97**, 89. Eine Zupacht ist unbeachtbar, Mü MittBayNot **06**, 353. Eine Abtrennung ist dann unschädlich, wenn die Mindestgröße fortbesteht, Düss JB **91**, 563.
S auch Rn 5 „GAZ-Fähigkeit".
Vormundschaft: Eine Fortführung kann bei einer Tätigkeit des Gerichts im Rahmen einer Vormundschaft liegen, BayObLG JB **91**, 1524.

8 **Weiterverkauf:** § 48 ist auch dann anwendbar, wenn man von vornherein eine Weiterveräußerung eines wesentlichen Teils des übertragenen Grundbesitzes einschließlich der Hofstelle vorgesehen hatte und wenn sie dann auch erfolgt ist, aM Düss JB **91**, 563.
Nicht ausreichend ist eine Veräußerung nur in einer Gewinnabsicht.
Wohnung: Rn 5 „Hofstelle".
Zuweisung: Es gilt II Z 2.

Grundstücksgleiche Rechte

49 ᴵ Die für die Bewertung von Grundstücken geltenden Vorschriften sind auf Rechte entsprechend anzuwenden, die den für Grundstücke geltenden Vorschriften unterliegen, soweit sich aus Absatz 2 nichts anderes ergibt.

ᴵᴵ Der Wert eines Erbbaurechts beträgt 80 Prozent der Summe aus den Werten des belasteten Grundstücks und darauf errichteter Bauwerke; sofern die Ausübung des Rechts auf eine Teilfläche beschränkt ist, sind 80 Prozent vom Wert dieser Teilfläche zugrunde zu legen.

1 1) **Geltungsbereich, I, II.** Die Bewertung liegt teils höher als vorher.

2 2) **Grundstücksgleiches Recht, I.** Diese Vorschrift erfaßt jedes dingliche Recht, das man rechtlich wie ein Grundstück behandeln muß. Dazu gehört vor allem das Erbbaurecht mit seiner Variante des Wohnungserbbaurechts. In diesem Fall gilt I gegenüber der vorrangigen Regelung des II nur hilfsweise, wie I aE erklärt. Andere Rechte nach I sind: Das Bergwerkseigentum; ein Kux; ein Pfandrecht an einem Kuxschein.
Wert ist bei I der Grundstückswert nach §§ 46 ff vorbehaltlich II.

3 3) **Erbbaurecht, II.** Hier gilt für das gesamte Recht nach *II Hs 1* 80% der Summe des belasteten, nach §§ 46 ff errechenbaren Grundstücks sowie anders als früher jetzt der darauf errichteten Bauwerke. Bei einer bloßen Teilfläche muß man nach *II Hs 2* nur vom Wert dieser Teilfläche ansetzen. Da die Gesetzesworte „und darauf errichteter Bauwerke" nur in Hs 1 stehen, bleiben sie bei Hs 2 unbeachtet. Das muß man beim Wohnungserbbaurecht dahin verstehen, daß im Ergebnis natürlich der Wohnungswert maßgeblich ist.

Bestimmte schuldrechtliche Verpflichtungen

50 Der Wert beträgt bei einer schuldrechtlichen Verpflichtung
1. über eine Sache oder ein Recht nicht oder nur eingeschränkt zu verfügen, 10 Prozent des Verkehrswerts der Sache oder des Werts des Rechts;
2. zur eingeschränkten Nutzung einer Sache 20 Prozent des Verkehrswerts der Sache;

Kapitel 1. Vorschriften f. Gerichte u. Notare §§ 50, 51 GNotKG

3. **zur Errichtung eines Bauwerks, wenn es sich um**
   a) **ein Wohngebäude handelt, 20 Prozent des Verkehrswerts des unbebauten Grundstücks,**
   b) **ein gewerblich genutztes Bauwerk handelt, 20 Prozent der voraussichtlichen Herstellungskosten;**
4. **zu Investitionen 20 Prozent der Investitionssumme.**

1) Geltungsbereich, Z 1–4. Die Vorschrift erfaßt vier vorrangig geregelte Spezialgebiete schuldrechtlicher Verpflichtungen. Z 1–4 gehen insbesondere den teils sehr ähnlichen Situationen nach § 51 vor. Auch § 52 scheint zurückzutreten. Indessen stellt die dortige Regelung doch zB gegenüber hier Z 2 eine präzisere Behandlung dar. Bei Z 3a ist maßgeblich der Grundstückswert und nicht die Herstellungskosten, Köln FGPrax **17**, 142.

Erwerbs- und Veräußerungsrechte, Verfügungsbeschränkungen

51 I ¹Der Wert eines Ankaufsrechts oder eines sonstigen Erwerbs- oder Veräußerungsrechts ist der Wert des Gegenstands, auf den sich das Recht bezieht. ²Der Wert eines Vorkaufs- oder Wiederkaufsrechts ist die Hälfte des Werts nach Satz 1.

II **Der Wert einer Verfügungsbeschränkung, insbesondere nach den §§ 1365 und 1369 des Bürgerlichen Gesetzbuchs sowie einer Belastung gemäß § 1010 des Bürgerlichen Gesetzbuchs, beträgt 30 Prozent des von der Beschränkung betroffenen Gegenstands.**

III **Ist der nach den Absätzen 1 und 2 bestimmte Wert nach den besonderen Umständen des Einzelfalls unbillig, kann ein höherer oder ein niedrigerer Wert angenommen werden.**

1) Geltungsbereich, I–III. Die Vorschrift behandelt in der Reihe von §§ 46ff 1 eine begrenzte Zahl von Spezialfällen mit entsprechend eng auslegbarem Vorrang. Vgl aber auch Rn 3.

2) Ankaufsrecht usw, I. Alle in I genannten Rechte können schuldrechtlich oder 2 sachenrechtlich sein. Die Vorschrift deutet in *I 1* mit dem Wort „sonstigen" an, daß die direkt genannten Rechtsarten nur Beispiele darstellen. *I 2* gilt aber nur bei den beiden dort genannten Rechtsarten.

Wert ist bei *I 1* wegen III nur grundsätzlich derjenige des Gegenstands, auf den sich das Recht bezieht, bei *I 2* 50% des Werts nach I 1, Mü Rpfleger **13**, 297.

Beim *Vorkaufsrecht am Erbbaurecht* muß man die künftige Bebauung berücksichti- 3 gen. Denn in aller Regel bebaut der Erbbauberechtigte die Fläche alsbald, BayObLG Rpfleger **76**, 111. Man muß aber auch den Wert vor der Bebauung beachten, BayObLG DNotZ **84**, 115, LG Osnabr JB **96**, 208 (30% Abzug). Zu den Einzelfragen Delp JB **78**, 961 (ausf).

Die *Hälfte des Werts* des Erbbaurechts und des geschätzten Gebäudewerts ergeben den Wert des Vorkaufsrechts, Mü FGPrax **06**, 134. Für den Gebäudewert geben die mutmaßlichen Baukosten einen wichtigen Anhaltspunkt.

Die vorstehenden Regeln gelten auch dann, wenn der Erbbauberechtigte zur Ver- 4 äußerung des Erbbaurechts die *Zustimmung* des Grundeigentümers benötigt, wie meistens. Denn die Absicht des Grundeigentümers, das im Erbbaurecht gebaute Gebäude selbst zu erwerben, ist oft der Anlaß für ihn, sich ein Vorkaufsrecht am Erbbaurecht einräumen zu lassen. Daher tritt die Zustimmungsbedürftigkeit wertmäßig in den Hintergrund, Schlesw SchlHA **83**, 61.

I 2 gilt in einer *Abweichung* von dem Grundsatz, daß man einen Vorvertrag wie den 5 Hauptvertrag bewerten muß, entsprechend bei einem Ankaufsrecht, BayObLG FGPrax **01**, 39. I 2 gilt ferner entsprechend bei einem Wiederkaufsrecht oder Vorvertrag über ein Rückkaufsrecht, Düss DNotZ **94**, 726. I 2 gilt ferner entsprechend bei einer Rückauflassungsvormerkung, Oldb JB **96**, 315, LG Augsb JB **99**, 268 (evtl auch bei bedingter), LG Kassel Rpfleger **97**, 42. I 2 gilt schließlich entsprechend bei

781

der Löschung eines Vorkaufs- oder Wiederkaufsrechts, BayObLG DNotZ **96**, 395, Düss DNotZ **94**, 726, Oldb JB **96**, 315.

6 **3) Verfügungsbeschränkung, II.** Auch sie kann an sich schuldrechtlich sein oder zB familienrechtlich geartet sein, aber auch sachenrechtlich. Das zeigen die durch das Wort „insbesondere" angedeuteten bloßen Beispiele der drei dort nach den einschlägigen §§ des BGB hervorgehobenen Fälle solcher Einschränkungen einer Verfügungsbefugnis. Indessen gilt bei einer schuldrechtlichen Verfügungsbeschränkung vorrangig der noch speziellere § 50 Z 1.

Wert ist bei II wegen III nur grundsätzlich jeweils 30% des betroffenen Gegenstands.

7 **4) Wertabweichung, III.** Das Gericht „kann" und muß daher in Wahrheit wie stets nach pflichtgemäßer Ermessensabwägung unter „besonderen Umständen des Einzelfalls" einen von I, II nach oben oder unten abweichenden Wert annehmen, theoretisch bei I sogar einen höheren als denjenigen des Gegenstands. In der Praxis dürfte eine Berechtigung nach I nur ganz selten mehr wert sein als das Objekt.

Nutzungs- und Leistungsrechte

52 ^I Der Wert einer Dienstbarkeit, einer Reallast oder eines sonstigen Rechts oder Anspruchs auf wiederkehrende oder dauernde Nutzungen oder Leistungen einschließlich des Unterlassens oder Duldens bestimmt sich nach dem Wert, den das Recht für den Berechtigten oder für das herrschende Grundstück hat.

^{II} ¹Ist das Recht auf eine bestimmte Zeit beschränkt, ist der auf die Dauer des Rechts entfallende Wert maßgebend. ²Der Wert ist jedoch durch den auf die ersten 20 Jahre entfallenden Wert des Rechts beschränkt. ³Ist die Dauer des Rechts außerdem auf die Lebensdauer einer Person beschränkt, darf der nach Absatz 4 bemessene Wert nicht überschritten werden.

^{III} ¹Der Wert eines Rechts von unbeschränkter Dauer ist der auf die ersten 20 Jahre entfallende Wert. ²Der Wert eines Rechts von unbestimmter Dauer ist der auf die ersten zehn Jahre entfallende Wert, soweit sich aus Absatz 4 nichts anderes ergibt.

^{IV} ¹Ist das Recht auf die Lebensdauer einer Person beschränkt, ist sein Wert

bei einem Lebensalter von …	der auf die ersten … Jahre
bis zu 30 Jahren	20
über 30 Jahren bis zu 50 Jahren	15
über 50 Jahren bis zu 70 Jahren	10
über 70 Jahren	5

entfallende Wert. ²Hängt die Dauer des Rechts von der Lebensdauer mehrerer Personen ab, ist maßgebend,

1. wenn das Recht mit dem Tod des zuletzt Sterbenden erlischt, das Lebensalter der jüngsten Person,
2. wenn das Recht mit dem Tod des zuerst Sterbenden erlischt, das Lebensalter der ältesten Person.

^V Der Jahreswert wird mit 5 Prozent des Werts des betroffenen Gegenstands oder Teils des betroffenen Gegenstands angenommen, sofern nicht ein anderer Wert festgestellt werden kann.

^{VI} ¹Für die Berechnung des Werts ist der Beginn des Rechts maßgebend. ²Bildet das Recht später den Gegenstand eines gebührenpflichtigen Geschäfts, so ist der spätere Zeitpunkt maßgebend. ³Ist der nach den vorstehenden Absätzen bestimmte Wert nach den besonderen Umständen des Einzelfalls unbillig, weil im Zeitpunkt des Geschäfts der Beginn des Rechts noch nicht feststeht oder das Recht in anderer Weise bedingt ist, ist ein niedrigerer Wert anzunehmen. ⁴Der Wert eines durch Zeitablauf oder durch den Tod des Berechtigten erloschenen Rechts beträgt 0 Euro.

^{VII} Preisklauseln werden nicht berücksichtigt.

Kapitel 1. Vorschriften f. Gerichte u. Notare § **52 GNotKG**

Gliederung

1) **Systematik, I–VII**	1
2) **Regelungszweck, I–VII**	2
3) **Geltungsbereich, I–VII**	3
4) **Beispiele zur Frage einer Anwendbarkeit, I–VII**	4–6
5) **Wertgrundsatz, I–III**	7–11
A. Bestimmte Dauer, II	7
B. Unbeschränkte Dauer, III 1	8, 9
C. Unbestimmte Dauer, III 2	10, 11
6) **Nutzung oder Leistung auf Lebenszeit usw, IV**	12–15
A. Anwendungsbereich	13, 14
B. Wert	15
7) **Wertberechnung, V–VII**	16–20
A. Direkt bezifferter Wert	17
B. Leicht bezifferbarer Wert	18
C. 5% als Auffangwert	19
D. Keine Wertsicherung	20
8) **Maßgebender Zeitpunkt, VI**	21–23
A. Feststehender Beginn, VI 1, 2	21
B. Noch ungewisser Beginn, VI 3	22
C. Erlöschen, VI 3	23

1) Systematik, I–VII. Die Vorschrift stellt in der Reihe der Ergänzungen zu § 46 1 eine weitere vorrangige Sonderregelung dar. Sie geht auch dem § 53 vor. Sie entspricht in vielen Teilen § 9 ZPO, §§ 42, 48 GKG Anh I, Teil I A dieses Buchs. § 52 weicht aber von § 9 ZPO teilweise auch erheblich ab. Denn § 52 enthält besondere Regeln für Nutzungen auf Lebenszeit.

2) Regelungszweck, I–VII. Dem außerordentlich weiten Geltungsbereich nach 2 Rn 3 ff entspricht das Bemühen um eine sehr differenzierte und soziale wie wirtschaftliche Gesichtspunkte abwägende sowie für den Schwächeren einigermaßen erträgliche Gestaltung des kostenmäßig gerade hier so entscheidenden Werts. Diesen gesetzlichen Bemühungen sollte die Auslegung entsprechen.

3) Geltungsbereich, I–VII. Über den Begriff der wiederkehrenden Nutzungen 3 und Leistungen § 48 GKG Anh I: § 9 ZPO. Man muß also unter anderem einen durchschnittlichen Jahreswert ermitteln können. Andernfalls ist § 36 I anwendbar. Der Ausdruck „Nutzungsrecht" bedeutet nichts anderes.

4) Beispiele zur Frage einer Anwendbarkeit, I–VII   4

Änderung der Leistungsart: § 52 ist *unanwendbar*, soweit es nur um die Änderung einer Leistungsart geht, etwa um ein Baraltenteil anstelle eines Realaltenteils. Dann muß man den Wert nach § 36 I schätzen.
Altenteil: S „Änderung der Leistungsart", Rn 5 „Reallast".
Anerkennung: § 52 ist anwendbar auf die Anerkennung einer wiederkehrenden Leistung.
Aufgabe: § 52 ist anwendbar auf die Aufgabe einer wiederkehrenden Leistung.
Austauschvertrag: I–VII gelten auch, soweit die wiederkehrende Nutzung oder Leistung in einem Austauschvertrag steckt. Für dessen Beurkundung muß man nach § 97 III den nach § 52 berechneten Wert mit demjenigen der Gegenleistung vergleichen und dann den höheren zugrundelegen.
Begründung: § 52 ist anwendbar auf die Begründung einer wiederkehrenden Leistung.
Beschränkte persönliche Dienstbarkeit: Rn 5 „Nießbrauch".
Bezugsrecht: Ein Bezugsrecht muß selbst der Gegenstand des Geschäfts oder des Streits sein. Daher ist § 52 nur dann anwendbar, wenn es sich um die Begründung des Bezugsrechts, um seine Erhöhung oder Herabsetzung oder um seine Aufgabe handelt.
Bierbezugsverpflichtung: § 52 ist anwendbar, soweit es sich um eine grundstücksbezogene Bierbezugsverpflichtung geht, LG Siegen Rpfleger **83**, 369.
S aber auch „Bezugsrecht".
Bodennutungsrecht: § 52 ist anwendbar auf jede Art von beschränkter persönlicher Dienstbarkeit zwecks Gewinnung von Bodenbestandteilen.

GNotKG § 52 III. Gerichts- und Notarkostengesetz

Dauernutzung: § 52 ist anwendbar, soweit es um ein Dauernutzungsrecht nach § 100 BGB geht, oder um ein solches nach § 31 WEG, Mümmler JB **75**, 447.
Unanwendbar ist § 52 beim sonstigen Dauerwohnrecht nach § 48 GKG Anh I Rn 31 „Dauerwohnrecht", Teil I A dieses Buchs.
Dienstbarkeit: I nennt sie ausdrücklich mit, Mü JB **16**, 254.
S auch Rn 5 „Nießbrauch", Rn 6 „Tankstelle".
Dienstvertrag: § 52 ist (jetzt) anwendbar.
Duldung: I nennt diese Ausspruchsform ausdrücklich mit.
Ehevertrag: § 52 ist anwendbar, Hamm JB **11**, 93.
Erbbaurecht: § 52 ist grds (jetzt) anwendbar. Wegen der Bestellung gilt § 43.
Feststellung: § 52 ist anwendbar auf die Feststellung einer wiederkehrenden Leistung.
Gesamtvergütung: § 52 ist *unanwendbar*, soweit es um eine Gesamtvergütung von unbestimmter Dauer geht.
Getränkedienstbarkeit: S „Bierbezugsverpflichtung".
Grunddienstbarkeit: § 52 ist bei ihr grds *unanwendbar*. Dann gelten §§ 49, 53. Dabei kann freilich § 52 indirekt mitbeachtbar sein.
Hochspannungsleitung: § 52 ist anwendbar, soweit es um das Recht zum Halten und Verlegen einer Hochspannungsleitung geht, Celle JB **75**, 814, Schlesw SchlHA **88**, 40, aM Stgt Rpfleger **92**, 290.
5 **Leibrente:** S „Reallast".
Leitungsrecht: § 52 ist auf ein Recht zur Aufstellung von Masten für Leitungen anwendbar.
Lizenz: § 52 ist *unanwendbar*, soweit es um eine vom Umsatz abhängige Lizenzgebühr geht.
Löschung: § 52 ist anwendbar auf die Aufgabe oder Löschung einer wiederkehrenden Leistung.
Mietvertrag: § 52 ist (jetzt) anwendbar.
Nießbrauch: § 52 ist anwendbar, soweit es um einen Nießbrauch nach §§ 1030 I, 1068 I BGB oder eine beschränkte persönliche Dienstbarkeit nach § 1090 I BGB geht, Düss JB **16**, 537, Oldb MDR **11**, 536, auch infolge eines isolierten Vermächtnisses, BayObLG JB **84**, 906. Das gilt freilich nur, soweit diese Rechte nicht etwa den Eigentümer in einem bestimmten Umfang beschränken (dann gilt § 36, LG Bonn Rpfleger **01**, 621), BayObLG JB **01**, 104, Oldb Rpfleger **98**, 171, LG Nürnb JB **00**, 593.
Notwegrente: § 52 ist bei ihr anwendbar.
Pachtvertrag: § 52 ist (jetzt) anwendbar.
Pension: Rn 6 „Zins- und Rentenanspruch".
Photovoltaikanlage: § 52 kann anwendbar sein, Celle FGPrax **12**, 178.
Reallast: § 52 ist nach dem ausdrücklichen Text von I anwendbar, § 1105 BGB. Das gilt zB beim Altenteil. Das gilt auch dann, wenn an sich im Vertrag ein bestimmter Kaufpreis steht, den der Schuldner durch diejenige Rente abzahlt, für die die Parteien die Form einer Reallast mit einer Wertsicherungsklausel gewählt haben. Für die Wertsicherungsklausel kann man 20% der kapitalisierten Rente ansetzen, BayObLG Rpfleger **75**, 410.
S aber auch Rn 4 „Änderung der Leistungsart".
Rente, Ruhegeld: S „Reallast", Rn 6 „Zins- und Rentenanspruch".
Rückstand: § 52 ist wegen Rn 4 „Bezugsrecht" *unanwendbar*, soweit es nur um einen Rückstand geht. Wert ist dann sein Gesamtbetrag.
6 **Schnellieferungsdienst:** § 52 ist anwendbar, soweit es um eine Dienstbarkeit zum Betrieb eines Schnellieferungsdienstes geht, LG Hagen Rpfleger **91**, 244.
Sicherstellung: § 53 hat den Vorrang.
Spedition: § 52 ist anwendbar, soweit es um eine Dienstbarkeit zum Betrieb einer Spedition geht, LG Hagen Rpfleger **91**, 244.
Stellplatz: § 52 ist auf dieses Recht anwendbar. BayObLG JB **01**, 104.
Tankstelle: § 52 ist anwendbar, soweit es um eine Tankstellen-Dienstbarkeit geht, Rn 26.
S auch Rn 5 „Nießbrauch".

Übertragung: § 52 ist anwendbar auf die Übertragung einer wiederkehrenden Leistung.
Unbestimmte Dauer: Rn 4 „Gesamtvergütung".
Unterhalt: § 52 ist (jetzt) *unanwendbar,* aM Hamm JB **10**, 431. Stattdessen gelten § 113 I 2 FamFG in Verbindung mit §§ 3 ff ZPO.
Unterlassung: I nennt diese Anspruchsform ausdrücklich mit.
Versorgungsausgleich: § 52 ist auf ihn anwendbar, aM LG Bln Rpfleger **82**, 241.
Vorerbschaft: § 52 ist wegen ihrer zeitlichen Begrenztheit anwendbar. Maßgebend ist ihr Nutzungswert, Ffm JB **89**, 403, Reimann FamRZ **89**, 1256.
Vorrang: § 52 ist bei seiner Einräumung nach § 23 III mitanwendbar.
Wasserzähler: § 52 ist nach Rn 10 zunächst entsprechend anwendbar.
Windenergie: § 52 ist bei dem Recht zu ihrem Betrieb anwendbar, Brdb MittBayNot **05**, 242.
Wohnungsrecht: § 52 ist auf dieses Recht anwendbar, Hamm FGPrax **16**, 233. Oft ist der Jahreswert maßgebend. Ein Gesamtentgelt geht vor, Ffm JB **82**, 1289.
Zins- und Rentenanspruch: § 52 ist anwendbar, soweit es um einen Zins- und Renten- oder Pensions- oder Ruhegeldanspruch geht, LG Nürnb JB **82**, 430.

5) Wertgrundsatz, I–III. Bei einem Anspruch auf eine wiederkehrende oder dauernde Nutzung oder Leistung ist nach I der Wert des Rechts für den Berechtigten oder für das beruhende Grundstück maßgeblich. Im übrigen kann man die folgenden Fälle unterscheiden.

A. Bestimmte Dauer, II. Dazu gehört auch eine bestimmte Mindestdauer. Hier ist der Gesamtbetrag und höchstens der Wert der ersten 20 Jahre ohne einen Abzug von Zwischenzinsen als Wert ansetzbar. Soweit das Recht zugleich von der Lebensdauer abhängig ist, etwa ein Nießbrauch, ergibt sich allerdings ein Höchstwert nach IV. Bei einer Kündbarkeit durch den Berechtigten zählt nach II 2 evtl für eine weitere Dauer (mangels Kündigung) nur 50%.

B. Unbeschränkte Dauer, III 1. Man muß zwischen einer unbeschränkten und einer unbestimmten Dauer unterscheiden. Bei einer unbeschränkten Dauer ist ungewiß, ob der Anspruch überhaupt wegfallen wird. Dann ist der Wert der ersten 20 Jahre maßgebend, höchstens eine etwaige Ablösungssumme.

Hierhin gehören zB: Ein Nießbrauch zugunsten einer „unsterblichen Person", etwa einer Gemeinde oder einer unabsehbaren Reihe von Abkömmlingen, oder evtl eine Bierbezugsverpflichtung, LG Siegen Rpfleger **83**, 369, oder eine Windenergieanlage, Oldb Rpfleger **98**, 171 (Wert der Gegenleistung), oder eine Überbau- oder Notwegrente.

C. Unbestimmte Dauer, III 2. Man muß zwischen einem Recht von unbeschränkter Dauer und einem solchen von unbestimmter Dauer unterscheiden. Im letzteren Fall ist gewiß, daß das Recht einmal wegfallen wird. Ungewiß ist lediglich der Zeitpunkt des Wegfalls. Dann muß man grundsätzlich den Wert der ersten 10 Jahre ansetzen, LG Hagen Rpfleger **91**, 244.

Hierher gehört an sich auch die Nutzung auf Lebenszeit. Diese regelt aber II besonders. Es bleiben also alle anderen Nutzungen, bei denen gewiß ist, daß sie einmal wegfallen werden, und nur der Zeitpunkt des Wegfalls ungewiß ist, etwa bei einem Wasserzähler, Mü NZM **06**, 382.

Wenn das Recht voraussichtlich *keine 10* Jahre hindurch andauern wird, muß man die voraussichtliche Dauer schätzen und den Wert nach dem so ermittelten Zeitraum bemessen. Hierher gehört die Änderung des Zinssatzes einer Hypothek usw, soweit die Fälligkeit von der Kündigung abhängt.

6) Nutzung oder Leistung auf Lebenszeit usw, IV. Maßgebend sein kann der Tod auch eines anderen als des Berechtigten oder Verpflichteten. Man muß zwei Aspekte berücksichtigen.

A. Anwendungsbereich. IV hat gegenüber III 2 den Vorrang. Hierher gehören: Alle bis zum Tod einer natürlichen Person bestellten Rechte; alle Rechte zugunsten einer Gesellschaft, soweit sie sich nach dem Gesellschaftsvertrag mit dem Tod eines persönlich Haftenden auflöst oder soweit ihre Dauer auf die Lebenszeit eines anderen Gesellschafters beschränkt ist.

14 IV ist dann *unanwendbar*, wenn nach dem Tod des zunächst Berechtigten ein anderer bezugsberechtigt sein soll.
15 **B. Wert.** Man muß den Wert für jedes Einzelrecht nach der Tabelle in *IV 1* ermitteln, aM Hamm FGPrax **16**, 233 (systemwidrig). Bei einer Mehrheit von Berechtigten entscheidet nach *IV 2* das Alter desjenigen, dessen Lebensdauer maßgebend sein soll. Eine Kürzung wegen bes Verhältnisse des Berechtigten, etwa seiner unheilbaren Krankheit, ist wegen der Unsicherheit solcher Auswirkungen unzulässig. Einzelheiten der Berechnung BayObLG JB **92**, 691, Köln FGPrax **16**, 188, Ackermann JB **76**, 19.
16 **7) Wertberechnung, V, VII.** Soweit es auf einen „Jahreswert" einer Nutzung ankommt, muß man ihn nach Regeln in der folgenden Reihenfolge ermitteln. Köln MDR **15**, 1175 zieht V bei einem Wegerecht als Grunddienstbarkeit mit heran.
17 **A. Direkt bezifferter Jahreswert.** Zunächst ist derjenige Betrag maßgeblich, der sich aus der Sache selbst ergibt, etwa aus der Addition von 12 festbezifferten Monatsrenten. Ein Verzugszins nach § 37 I bleibt unbeachtet. Man muß die Mehrwertsteuer einbeziehen.
18 **B. Leicht bezifferbarer Wert.** Sodann muß man prüfen, ob sich der Jahreswert anhand anderer als der im Vertrag stehenden Gesichtspunkte verhältnismäßig leicht ermitteln läßt. Das kann zB dann so sein, wenn die Parteien den Monats- oder Jahresbetrag von einem gesetzlichen Gehalt usw abhängig gemacht haben.
19 **C. 5% als Auffangwert.** Soweit Rn 18, 19 keine Ergebnisse bringen, muß man 5% des nutzbringenden Gegenstands als den Jahreswert anrechnen, Düss JB **16**, 537, LG Hann JB **96**, 381. V lehnt sich insofern an § 246 BGB an.
20 **D. Keine Wertsicherung.** Eine Preisklausel ist nicht (mehr) beachtbar.
21 **8) Maßgebender Zeitpunkt, VI.** Es gibt zwei Fallgruppen.
    A. Feststehender Beginn, VI 1, 2. Soweit das Recht schon besteht, entscheidet der Zeitpunkt seines Beginns. Bei einer Unterhaltsrente kommt es zB auf die Geburt des Kindes oder auf die Rechtskraft des Scheidungsausspruchs an. Man muß das Recht also nach der niedrigsten Stufe berechnen.
22 **B. Noch ungewisser Beginn, VI 3.** Soweit im Zeitpunkt des Geschäfts der Beginn des Bezugsrechts noch nicht feststeht oder das Recht in anderer Weise bedingt ist, muß man den Geschäftswert evtl niedriger ansetzen, Düss JB **85**, 113, also nach der Zeit des Beginns, soweit das Recht erst beginnen soll, oder nach dem mutmaßlichen Beginnzeitpunkt, soweit das Recht aufschiebend bedingt ist, LG Hagen Rpfleger **01**, 569. Hierzu kann eine Überlebensbedingung zählen, Köln FGPrax **16**, 188. Eine auflösende Bedingung bleibt bei der Berechnung außer Betracht.
23 **C. Erlöschen, VI 3.** Soweit das Recht erloschen ist, beträgt sein Wert null EUR.

Grundpfandrechte und sonstige Sicherheiten

53 I ¹Der Wert einer Hypothek, Schiffshypothek, eines Registerpfandrechts an einem Luftfahrzeug oder einer Grundschuld ist der Nennbetrag der Schuld. ²Der Wert einer Rentenschuld ist der Nennbetrag der Ablösungssumme.

II Der Wert eines sonstigen Pfandrechts oder der sonstigen Sicherstellung einer Forderung durch Bürgschaft, Sicherungsübereignung oder dergleichen bestimmt sich nach dem Betrag der Forderung und, wenn der als Pfand oder zur Sicherung dienende Gegenstand einen geringeren Wert hat, nach diesem.

Gliederung

1) Systematik, I, II	1
2) Regelungszweck, I, II	2
3) Grundpfandrecht usw, I	3–7
A. Geltungsbereich, I 1, 2	3, 4
B. Hypothek, Schiffshypothek, Registerpfandrecht, Grundschuld, I 1	5, 6
C. Rentenschuld, I 2	7
4) Pfandrecht usw, II	8–11
A. Geltungsbereich	8

Kapitel 1. Vorschriften f. Gerichte u. Notare § 53 GNotKG

    B. Wertvergleich 9
    C. Vormerkung, Widerspruch 10
    D. Beschränktes dingliches Recht 11

1) Systematik, I, II. Die Vorschrift entspricht in etwa § 6 ZPO, Anh I § 48   **1**
GKG, Teil I A dieses Buchs. Sie gibt in der Reihe der vorrangigen Ergänzungen nach §§ 40 ff und nachrangig gegenüber dem noch spezielleren § 52 Wertregelungen für einen nur bedingt vergleichbaren Kreis von Rechten an unbeweglichen Sachen (I) und an beweglichen (II). Die Vorschrift erfaßt die Begründung, die bloße Feststellung, eine Änderung und eine Aufhebung.

2) Regelungszweck, I, II. Ob der erkennbare Zweck einer kostengerechten Bewertung in den Einzelregelungen von I, II überhaupt gelungen und darüber hinaus in einer überzeugenden Art differenziert ausgestaltet ist, läßt sich unterschiedlich beurteilen. Jedenfalls muß man den Geltungsbereich dieser Spezialvorschrift eng auslegen und bei der Handhabung der Werte den Grundsatz einer dem Kostenschuldner günstigen Betrachtung nach § 1 I mitbeachten.   **2**

3) Grundpfandrecht usw, I. Es sind fünf Aspekte beachtbar.   **3**
    A. Geltungsbereich, I 1, 2. Die Vorschrift erfaßt die Hypothek, die Schiffshypothek, ein Registerpfandrecht an einem Luftfahrzeug, § 102 I LuftfRG, eine Grundschuld und eine Rentenschuld. Sie gilt ferner für die Begründung eines gesetzlichen Löschungsanspruchs nach § 1179a BGB. I gilt für die Eintragung im Grundbuch, in den Registern, ferner: Für die Begründung eines Kabelpfandrechts; für eine Altenteilslast als Reallast; für die Pfandentlassung eines Grundstücks aus der Mithaft.
    I ist dann unanwendbar, wenn es sich um eine *Erstbelastung mehrerer Grundstücke* **4**
mit einer Gesamthypothek handelt. Das gilt selbst dann, wenn man anders (nicht landwirtschaftlich oder forstwirtschaftlich, § 36 LwVG) nutzt. I ist ferner natürlich auch dann unanwendbar, wenn das landwirtschaftliche Grundstück auch gewerblich genutzt wird.
    B. Hypothek, Schiffshypothek, Registerpfandrecht, Grundschuld, I 1. **5**
Hier findet kein Wertvergleich statt, Jena **JB 99**, 375. Vielmehr ist als unterstellter Wert grundsätzlich der Nennbetrag der Schuld maßgeblich, KG WertpMitt **12**, 2002, Zweibr RR **03**, 235 (je: kein Verstoß gegen das GG). Bei einer Höchstbetragshypothek muß man den Höchstbetrag ansetzen. Bei einer Zwangshypothek darf man nur die Hauptforderung ansetzen. Zur Globalgrundschuld Düss **JB 08**, 434 rechts.
    Man muß die Hypothek auch dann mit ihrem *Nennbetrag* ansetzen, wenn der **6**
Gläubiger die Auszahlung mit einem Disagio oder Damnum vorgenommen hat, aber einen Anspruch zur Rückzahlung an ihn zum Nennwert hat, oder wenn es nur um die Löschung nach § 44 I 2 bei einem kleinen Restbetrag geht. Etwas anderes gilt dann, wenn der Gläubiger den Nennbetrag ausgezahlt hat, wenn er nun aber wegen einer Tilgungsstreckung ein Aufgeld verlangen kann. Denn dann liegt keine Nebenleistung vor. Man muß den Wert einer Vormerkung oder eines Widerspruchs wegen eines der vorgenannten Rechte ebenso hoch wie den Wert des zugehörigen Rechts ansetzen.
    Eine Gesamthypothek auf *landwirtschaftlichen* Grundstücken richtet sich im Wert nach dem gegenüber dem Nennwert etwa geringeren Grundstückswert.
    C. Rentenschuld, I 2. Hier ist die Ablösungssumme mit ihrem Nennbetrag **7**
maßgeblich.

4) Pfandrecht usw, II. Es sind zwei Prüfschritte ratsam.   **8**
    A. Geltungsbereich. Die Vorschrift behandelt das Pfandrecht und eine sonstige Sicherstellung einer Forderung. Sie nennt für den letzteren Fall als bloße Beispiele die Bürgschaft und eine Sicherungsübereignung, das sog Besitzlosenpfandrecht. In Betracht kommt aber auch jede andersartige Sicherstellung einer Forderung, etwa ein Garantievertrag, ein Akkreditiv, BGH NJW **92**, 1900, eine Vorauszahlung auf Erschließungsbeiträge usw, Hamm JB **95**, 257, oder eine zur Sicherung erfolgende Übertragung des Rechts oder eine Abtretung der Forderung, auch eine kraft Gesetzes

bestehende Mithaft, eine kumulative Schuldübernahme, ein Widerspruch, eine Vormerkung, ein Schuldbeitritt oder eine Ausbietungsgarantie, Mümmler JB **81**, 681.

Es ist unerheblich, inwieweit der Gläubiger aus ihr schon einen *anderen* in Anspruch genommen hat. II bezieht sich wegen eines Pfandrechts allerdings nur auf bewegliche Sachen und Rechte nach §§ 1204, 1273 BGB, etwa einen Geschäftsanteil, eine Gesellschaftseinlage oder ein gewerbliches Schutzrecht. Die Vorschrift bezieht sich bei einer sonstigen Sicherstellung der Forderung auf bewegliche und unbewegliche Sachen. Sie erfaßt auch die Sicherung eines dinglichen Anspruchs, zB eine Vormerkung.

9 **B. Wertvergleich.** Man muß zunächst den Betrag der gesicherten Forderung oder des gesicherten dinglichen Rechts ermitteln, dann den Wert des zur Sicherung dienenden Gegenstands. Der geringere dieser beiden Werte ist maßgeblich. Vgl auch § 48 GKG Anh I: § 6 ZPO, Teil I A dieses Buchs.

Man darf einen solchen *Wertvergleich* allerdings nur dann vornehmen, wenn man beide vorgenannten Werte aus den beteiligten Urkunden ersehen kann. Andernfalls muß man die Bewertung nach dem Wert des Sicherungsgegenstands vornehmen. Das gilt auch dann, wenn man den Wert der zu sichernden Forderung, etwa eines Anliegerbeitrags, nicht kennt. Freilich können die Beteiligten einen Höchstbetrag angegeben haben. Dann ist er die Obergrenze. Bei einer Unbestimmtheit des Wert des Sicherungsmittels ist der Wert des gesicherten Anspruchs maßgebend. Es kann aber auch der Wert des Grundpfandrechts mit seinem höheren Nennbetrag infragekommen. Bei einer Unbestimmtheit beider Vergleichswerte gilt § 36 I. Das alles gilt auch bei einer bloßen Teilsicherheit.

10 **C. Vormerkung, Widerspruch.** Bei der Sicherung eines dinglichen Anspruchs durch eine Vormerkung oder durch einen Widerspruch ist der Wert des gesicherten dinglichen Rechts oder Anspruchs maßgebend. Wenn es um eine Vormerkung zur Sicherung eines Anspruchs auf die Auflassung geht, muß man also den Wert des Grundstücks nach § 46 berechnen und dann, wenn die Grundlage der Vormerkung ein Kaufvertrag war, den Wert nach § 47 berechnen.

Bei einer Vormerkung auf eine *Einräumung usw eines Rechts* kommt es auf den Wert dieses letzteren Rechts an, also bei einem Erbbaurecht oder einem Wohnungseigentum auf den nach §§ 42, 43 berechneten Wert. Bei einem Widerspruch kommt es auf den Wert desjenigen Rechts an, das man mit dem Widerspruch geltend macht. Wegen einer Vormerkung zugunsten eines Grundpfandrechts Rn 6.

11 **D. Beschränktes dingliches Recht.** Soweit es um die Sicherung einer Forderung durch ein beschränktes dingliches Recht geht, etwa einen Nießbrauch, eine Dienstbarkeit, eine Reallast oder ein Vorkaufsrecht, ist wegen der abstrakten Natur dieser dinglichen Rechte ihr Wert und nicht etwa der Wert der zugrundeliegenden schuldrechtlichen Forderung maßgebend, sofern nicht etwa der Sicherungszweck eingetragen ist.

Bestimmte Gesellschaftsanteile

54 [1] Wenn keine genügenden Anhaltspunkte für einen höheren Wert von Anteilen an Kapitalgesellschaften und von Kommanditbeteiligungen bestehen, bestimmt sich der Wert nach dem Eigenkapital im Sinne von § 266 Absatz 3 des Handelsgesetzbuchs, das auf den jeweiligen Anteil oder die Beteiligung entfällt. [2] Grundstücke, Gebäude, grundstücksgleiche Rechte, Schiffe oder Schiffsbauwerke sind dabei nach den Bewertungsvorschriften dieses Unterabschnitts zu berücksichtigen. [3] Sofern die betreffenden Gesellschaften überwiegend vermögensverwaltend tätig sind, insbesondere als Immobilienverwaltungs-, Objekt-, Holding-, Besitz- oder sonstige Beteiligungsgesellschaft, ist der auf den jeweiligen Anteil oder die Beteiligung entfallende Wert des Vermögens der Gesellschaft maßgeblich; die Sätze 1 und 2 sind nicht anzuwenden.

1 **1) Geltungsbereich, S 1–3.** S 1 erfaßt zunächst den Anteil an einer Kapitalgesellschaft jeder Art, also nicht einer Personengesellschaft. Zu den Kapitalgesellschaften zählen die AG, die KGaA, die GmbH. Sodann erfaßt S 1 den Anteil an einer KG, aber nur eine „Kommanditbeteiligung", also den Anteil eines bloßen Kommanditisten, nicht denjenigen eines Komplementärs.

2) Grundsatz: Wert des Eigenkapitals, S 1, 3. Mangels genügender Anhalts- 2
punkte für einen höheren Anteilswert gilt nach S 1 nur der Anteil am Eigenkapital.
Man soll es auch hier nach der umfangreichen und komplizierten Aufzählung in §
266 III HGB errechnen, also in einem wahrhaft mühsamen Verfahren. Dabei muß
man nach S 3 zur Berechnung der Sach- und Finanzanlagen im Gesellschaftsvermögen gemäß § 266 II die Kapitalrücklagen (dort Posten A II) und die Gewinnrücklagen (dort Posten A III) mitbeachten, also die gesetzlichen Rücklagen (dort A III 1.),
ferner eine Rücklage für den Anteil an einem herrschenden oder mehrheitlich beteiligten Unternehmen (dort A III 2.), ferner satzungsmäßige Rücklagen (dort A III 3.)
und schließlich andere Gewinnrücklagen (dort A III 4.). Dann gelten §§ 46–53 mit.

3) Bei Vermögensverwaltung, S 3. Es muß die Beschränkung auf eine Verwal- 3
tung nur des eigenen Vermögens nach § 105 II HGB vorliegen. Dann ist der jeweilige Anteil oder die jeweilige Beteiligung maßgeblich.

Kapitel 2. Gerichtskosten

Schrifttum: *Schneider,* Gerichtskosten nach dem GNotKG usw, 2. Aufl 2016 (Bespr *Baronin von König* Rpfleger **16**, 752); *Zimmermann* FamRZ **13**, 1264 (Üb).

Abschnitt 1. Gebührenvorschriften

Einmalige Erhebung der Gebühren

55 I Die Gebühr für das Verfahren im Allgemeinen und die Gebühr für eine
Entscheidung oder die Vornahme einer Handlung werden in jedem Rechtszug hinsichtlich eines jeden Teils des Verfahrensgegenstands nur einmal erhoben.

II Für Eintragungen in das Vereinsregister, Güterrechtsregister, Grundbuch,
Schiffs- und Schiffsbauregister und in das Register für Pfandrechte an Luftfahrzeugen werden die Gebühren für jede Eintragung gesondert erhoben, soweit
nichts anderes bestimmt ist.

1) Systematik, Regelungszweck, I, II. I stimmt fast wörtlich mit § 35 GKG 1
und teilweise mit § 42 FamGKG überein. Vgl daher bei § 35 GKG, Teil I A dieses
Buchs.

2) Einmalige Gebühr, I. Vgl Rn 1. 2

3) Gebühr je Eintragung, II. Die Regelung erfolgt nur hilfsweise, „soweit 3
nichts anderes bestimmt ist". Die Gebührenpflichtigkeit je Eintragung ist eigentlich
selbstverständlich. Sie ergibt sich auch schon aus dem Wortlaut der jeweiligen Nr des
KVfG. Ebenso klar führt eine bloße Berichtigung ohne Verschulden eines Beteiligten
nicht zu einer weiteren Gebühr schon deshalb, weil auch die Berichtigung nach § 1 I
durch eine „Eintragung" erfolgen muß. Ein gemeinschaftliches Wohnrecht löst nur
eine Gebühr aus, Köln FGPrax **17**, 91.

Teile des Verfahrensgegenstands

56 I Für Handlungen, die einen Teil des Verfahrensgegenstands betreffen, sind
die Gebühren nur nach dem Wert dieses Teils zu berechnen.

II Sind von einzelnen Wertteilen in demselben Rechtszug für gleiche Handlungen Gebühren zu berechnen, darf nicht mehr erhoben werden, als wenn die
Gebühr nach dem Gesamtbetrag der Wertteile zu berechnen wäre.

III Sind für Teile des Verfahrensgegenstands verschiedene Gebührensätze anzuwenden, sind die Gebühren für die Teile gesondert zu berechnen; die aus
dem Gesamtbetrag der Wertteile nach dem höchsten Gebührensatz berechnete
Gebühr darf jedoch nicht überschritten werden.

1) Geltungsbereich, I–III. Die Vorschrift stimmt mit § 36 GKG praktisch wört- 1
lich überein. Vgl daher dort, Teil I A dieses Buchs.
III ist bei *KVfG 17005* (Prozeß- oder Verfahrensvergleich) nach der dortigen amtlichen Anmerkung S 2 entsprechend anwendbar.

GNotKG §§ 57, 58   III. Gerichts- und Notarkostengesetz

Zurückverweisung, Abänderung oder Aufhebung einer Entscheidung

57 ⁱ Wird eine Sache an ein Gericht eines unteren Rechtszugs zurückverwiesen, bildet das weitere Verfahren mit dem früheren Verfahren vor diesem Gericht einen Rechtszug im Sinne des § 55.

ⁱⁱ Das Verfahren über eine Abänderung oder Aufhebung einer Entscheidung gilt als besonderes Verfahren, soweit im Kostenverzeichnis nichts anderes bestimmt ist.

1   1) Geltungsbereich, I, II. Die neue Vorschrift stimmt fast wörtlich mit § 37 GKG und noch weitergehend mit § 31 FamGKG überein. Vgl daher bei der letzteren Vorschrift, Teil I B dieses Buchs.

Eintragungen in das Handels-, Partnerschafts- oder Genossenschaftsregister; Verordnungsermächtigung

58 ⁱ ¹Gebühren werden nur aufgrund einer Rechtsverordnung (Handelsregistergebührenverordnung) erhoben für

1. Eintragungen in das Handels-, Partnerschafts- oder Genossenschaftsregister,
2. Fälle der Zurücknahme oder Zurückweisung von Anmeldungen zu diesen Registern,
3. die Entgegennahme, Prüfung und Aufbewahrung der zum Handels- oder Genossenschaftsregister einzureichenden Unterlagen sowie
4. die Übertragung von Schriftstücken in ein elektronisches Dokument nach § 9 Absatz 2 des Handelsgesetzbuchs.

²Keine Gebühren werden erhoben für die aus Anlass eines Insolvenzverfahrens von Amts wegen vorzunehmenden Eintragungen und für Löschungen nach § 395 des Gesetzes über das Verfahren in Familiensachen und in den Angelegenheiten der freiwilligen Gerichtsbarkeit.

ⁱⁱ ¹Die Rechtsverordnung nach Absatz 1 erlässt das Bundesministerium der Justiz und für Verbraucherschutz. ²Sie bedarf der Zustimmung des Bundesrates. ³Die Höhe der Gebühren richtet sich nach den auf die Amtshandlungen entfallenden durchschnittlichen Personal- und Sachkosten; Gebühren für Fälle der Zurücknahme oder Zurückweisung von Anmeldungen können jedoch bestimmt werden, indem die für die entsprechenden Eintragungen zu erhebenden Gebühren pauschal mit Ab- oder Zuschlägen versehen werden. ⁴Die auf gebührenfreie Eintragungen entfallenden Personal- und Sachkosten können bei der Höhe der für andere Eintragungen festgesetzten Gebühren berücksichtigt werden.

Schrifttum: *Gustavus,* Handelsregisteranmeldungen, 9. Aufl 2017; *Meyer* JB **05**, 59 (Üb); *Schmidt-Kessel/Leutner/Müther,* Handelsregisterrecht (Komm), 2010.

Vorbem. Zunächst II 1 geändert dch Art 174 VO v 31. 8. 15, BGBl 1474, in Kraft seit 8. 9. 15, Art 627 I VO. Sodann I 1 Z 4 geändert dch Art 123 III G v 8. 7. 16, BGBl 1594, in Kraft seit 15. 7. 16, Art 125 G. ÜbergangsR jeweils § 134 GNotKG.

Gliederung

1) Systematik, I, II	1
2) Regelungszweck, I, II	2–5
A. EU-Richtlinien	3
B. Außerhalb EU-Richtlinien	4
C. Abwägungsprobleme	5
3) Geltungsbereich, I, II	6
4) Eintragung, Zurücknahme, Zurückweisung usw, I	7
5) Eintragung, II 1	8
6) Zurücknahme, Zurückweisung, II 1	9
7) Unterlagen, II 1	10
8) Übertragung in elektronisches Dokument, II 1	11
9) Gebührenhöhe, II 2, 3	12
10) Fälligkeit, Kostenschuldner, II 1–3	13

Kapitel 2. Gerichtskosten **§ 58 GNotKG**

1) Systematik, I, II. *I* Die Vorschrift macht zwei verschiedenartige Vorgänge ge- 1
bührenpflichtig. Sie regelt die Gebührenpflicht nur dem Grunde nach und selbst insoweit nur im Grundsatz. *II* bildet anschließend die Grundlage für die ihm zugeordnete Rechtsverordnung des Bundesjustizministeriums mit ihrem Gebührenverzeichnis nach der Art vergleichbarer Verzeichnisse in anderen Kostengesetzen. Während für Anmeldungen noch Wertgebühren entstehen, enthält die VO zu II nur noch Festgebühren. Daher braucht man für Eintragungen keine Wertermittlung mehr vorzunehmen.
II ergänzt I. Die Vorschrift II heißt amtlich HRegGebV abgekürzt. Sie enthält das amtliche Gebührenverzeichnis. Es heißt in diesem Buch zwecks Unterscheidung vom Kostenverzeichnis des GKG (KV), vom Kostenverzeichnis des FamGKG (KVFam) vom Kostenverzeichnis des GNotKG (KVfG) und vom Kostenverzeichnis des GvKostG (KVGv) GVHR (Gebührenverzeichnis in Handelsregistersachen usw) abgekürzt. Es unterscheidet sich damit auch vom Vergütungsverzeichnis des RVG (VV).

2) Regelungszweck, I, II. *I* 1 dient der Klarstellung der Gebührenpflichtigkeit 2
dem Grunde nach und damit der Klärung, daß keineswegs wegen § 1 I eine Gebührenfreiheit eintritt. Das dient der Rechtssicherheit und braucht eine strikte Auslegung.
Die Verlagerung der Gebührenbemessung vom Parlament auf das Justizministerium in *II* dient einer leichteren Anpassungsmöglichkeit bei einer Veränderung der Lebensverhältnisse. Dabei unterliegt das Ministerium keinem verbindlichen Zeitrhythmus. Es unterliegt nur den Vorgaben des EuGH.

A. EU-Richtlinien. Der EuGH hat mehrfach zur Auslegung der Richtlinien 3
69/335/EWG des Rates vom 17. 7. 1969 und der Richtlinie 85/303/EWG des Rates vom 10. 6. 1985 zB in NJW **98**, 2809 (L) = ZIP **98**, 206 bei einer Kapitalgesellschaft und bei deren Geschäft solche Eintragungsgebühren verboten, die den erforderlichen Aufwand übersteigen, vgl auch EuGH ZIP **00**, 1891, Karlsr JB **05**, 204 (evtl keine Anwendung bei bloßem Formwechsel).
Die *Auslegung* muß ohnehin stets richtlinienkonform erfolgen, BayObLG NJW **99**, 653 und 655, KG JB **03**, 31 (auch zur Rückforderung), Karlsr FGPrax **03**, 95 (Verschmelzung von Genossenschaften), Köln Rpfleger **99**, 465 und BB **00**, 370 (Prokura), Zweibr RR **00**, 1377, Meininger/Gänzle BB **00**, 840 (Üb, auch zur Rückforderung). Das muß man bei allen Einzelteilen der Vorschrift und daher auch bei der Auslegung des GVHR beachten. Dabei darf man freilich alle mit der Eintragung zusammenhängenden Kosten berücksichtigen, auch allgemeine, BayObLG NJW **99**, 653. Auch ist eine Pauschalierung erlaubt, solange das Justizministerium sie regelmäßig überprüft und sicherstellt, daß sie die tatsächlichen Durchschnittskosten nicht übersteigt, (zum alten Recht) BayObLG NJW **99**, 653, aM LG Kblz NJW **99**, 1343.

B. Außerhalb EU-Richtlinien. In diesem Bereich besteht kein allgemeiner 4
Grundsatz, daß eine Gebühr nur kostendeckend sein darf, BayObLG EWiR **00**, 927 (zustm Fabis). Eine Gebühr in einer Nachlaßsache fällt nicht unter die EU-Richtlinie. Das gilt selbst dann, wenn der Antragsteller einen Erbschein nur für eine Registeranmeldung benötigt, BayObLG JB **02**, 205.

C. Abwägungsprobleme. Im Ergebnis bleiben für die Alltagspraxis damit auch 5
nach dem GVHR einige nur schwer lösbare Probleme, Gustavus ZIP **98**, 502, und dann ein Risiko, wenn sie die Richtlinienforderungen erfüllen soll. Auch diese Folge ist sowohl europa- als auch verfassungsrechtlich problematisch. Auch das darf und muß der Richter bei der Auslegung mitbeachten. Wie soll er ohne einen völlig außer Kontrolle geratenen Aufwand klären, wo die Grenze tatsächliche Eintragungsgesamtkosten liegt, wie es gar Köln NJW **99**, 1342 mindestens im Ansatz fordert? Es würden hier Zusatzkosten entstehen, das Gegenteil dessen, was die Richtlinie der EU bezweckt. Es bleibt praktisch hier die Anwendung des GVHR oder die Anrufung des Rechtsmittelgerichts bis hin zum EuGH, wiederum ein kaum hinnehmbares Ergebnis.

3) Geltungsbereich, I, II. Die Vorschrift erfaßt alle Teile des Handelsregisters 6
nach §§ 8 ff HGB, §§ 374 ff FamFG, des Partnerschaftsregisters nach § 5 PartGG und des Genossenschaftsregisters nach §§ 10 ff GenG.

GNotKG § 58, Anh I § 58 III. Gerichts- und Notarkostengesetz

7 **4) Eintragung, Zurücknahme, Zurückweisung usw, I.** Man muß im einzelnen unterschiedliche Spezialvorschriften beachten. I verweist nur allgemein auf die HRegGebVO. Eine Eintragung richtet sich gemäß § 1 HRegGebVO nach dem amtlichen Gebührenverzeichnis der Anlage zur VO (GVHR). Zu ihm bringt § 2 HRegGebVO eine Regelung zweier Sonderfallgruppen. Eine Zurücknahme der Anmeldung regelt § 3 HRegGebVO. Die Zurückweisung einer Anmeldung regelt § 4 HRegGebVO. In einigen Sonderfällen enthält § 5 HRegGebVO vorrangige Spezialvorschriften zur Zurücknahme oder Zurückweisung.

8 **5) Eintragung, II 1.** Das ist der mit der Unterschrift oder elektronischen Signatur des Urkundsbeamten endende eigentliche Eintragungsvorgang nach § 8 II HGB. Die zugrundeliegende Anordnungsverfügung ist noch keine Eintragung. Die der Eintragung folgende Bekanntmachung ist unerheblich. Ein Vermerk im Register ist ebenso eine Eintragung wie eine Änderung oder Löschung. Dagegen ist die bloße Rötung einer bedeutungslos gewordenen Eintragung keine letztere.

9 **6) Zurücknahme, Zurückweisung, II 1.** Ein solcher Vorgang nach einer Anmeldung nach Rn 6–8 fällt unter diese vorrangige Spezialvorschrift. Für die Zurücknahme kommt es auf deren Eingang beim zuständigen Registergericht an, für eine Zurückweisung auf die Hinausgabe des Beschlusses in den Geschäftsgang und nicht schon auf seine Unterzeichnung, vgl BLAH § 329 ZPO Rn 24, und nicht auf den Zugang beim Empfänger.

10 **7) Unterlagen, II 1.** Es geht um die Entgegennahme, die Prüfung und die Aufbewahrung der zum Handels- oder Genossenschaftsregister notwendigen Unterlagen. Es muß also eine gesetzliche Einreichungspflicht bestehen. Eine nicht einreichungspflichtige Unterlage reicht selbst dann nicht, wenn der Einreicher sie für ratsam hielt. Denn II und die HRegGebV unterscheiden genau zwischen „einzureichen" und „eingereicht" wie zwischen „einzutragen" und „eingetragen". Eine Nachreichung ist kostenneutral. Einreichung umfaßt die Prüfung und Aufbewahrung mit.
Hierher zählen zB: Ein Jahresabschluß nach § 242 HGB; ein Konzernabschluß nach § 297 HGB; ein Einzelabschluß nach §§ 325a II, 339 III HGB; die in Anh § 79a GV 5002–5008 genannten weiteren Unterlagen.

11 **8) Übertragung in elektronisches Dokument, II 1.** Es geht um die Vorgänge nach § 9 II HGB.

12 **9) Gebührenhöhe, II 2, 3.** Die Vorschrift stellt in S 2 Hs 1 auf die durchschnittlichen Personal- und Sachkosten und in Hs 2 bei Zurücknahme oder Zurückweisung auf pauschale Zu- und Abschläge ab sowie in S 3 auf die Berücksichtigung und nicht auf eine Anrechnung der bei anderen Eintragungen anfallenden Gebühren.

13 **10) Fälligkeit, Kostenschuldner, II 1–3.** Die Fälligkeit richtet sich nach § 8.
Kostenschuldner ist der Anmelder, meist der Anmeldepflichtige, § 22.

Anhang nach § 58

I. Handelsregistergebührenverordnung

vom 30. 9. 04, BGBl 2562, zuletzt geändert dch Art 123 II G v 8. 7. 16, BGBl 1594.

HRegGebV § 1. Gebührenverzeichnis. [1]**Für Eintragungen in das Handels-, Partnerschafts- oder Genossenschaftsregister, die Entgegennahme, Prüfung und Aufbewahrung der zum Handels- oder Genossenschaftsregister einzureichenden Unterlagen sowie die Übertragung von Schriftstücken in ein elektronisches Dokument nach § 9 Abs. 2 des Handelsgesetzbuchs werden Gebühren nach dem Gebührenverzeichnis der Anlage zu dieser Verordnung erhoben.** [2]**Satz 1 gilt nicht für die aus Anlass eines Insolvenzverfahrens von Amts wegen vorzunehmenden Eintragungen und für Löschungen nach § 395 des Gesetzes über das Verfahren in Familiensachen und in den Angelegenheiten der freiwilligen Gerichtsbarkeit.**

Kapitel 2. Gerichtskosten   **Anh I § 58 GNotKG**

Vorbem. S 1 geändert dch Art 123 II Z 1 G v 8. 7. 16, BGBl 1594, in Kraft seit 15. 7. 16, Art 125 G, ÜbergangsR § 5 a HRegGebV.

HRegGebV § 2. Allgemeine Vorschriften. I Neben der Gebühr für die Ersteintragung werden nur Gebühren für die gleichzeitig angemeldete Eintragung der Errichtung einer Zweigniederlassung und für die Eintragung einer Prokura gesondert erhoben.

II ¹Betrifft dieselbe spätere Anmeldung mehrere Tatsachen, ist für jede Tatsache die Gebühr gesondert zu erheben. ²Das Eintreten oder das Ausscheiden einzutragender Personen ist hinsichtlich einer jeden Person eine besondere Tatsache.

III Als jeweils dieselbe Tatsache betreffend sind zu behandeln:
1. die Anmeldung einer zur Vertretung berechtigten Person und die gleichzeitige Anmeldung ihrer Vertretungsmacht oder deren Ausschlusses;
2. die Anmeldung der Verlegung
   a) der Hauptniederlassung,
   b) des Sitzes oder
   c) der Zweigniederlassung
   und die gleichzeitige Anmeldung der Änderung der inländischen Geschäftsanschrift;
3. mehrere Änderungen eines Gesellschaftsvertrags oder einer Satzung, die gleichzeitig angemeldet werden und nicht die Änderung eingetragener Angaben betreffen;
4. die Änderung eingetragener Angaben und die dem zugrunde liegende Änderung des Gesellschaftsvertrags oder der Satzung.

IV Anmeldungen, die am selben Tag beim Registergericht eingegangen sind und dasselbe Unternehmen betreffen, werden als eine Anmeldung behandelt.

Schrifttum: *Schmidt-Kessel/Leitner/Müther,* Handelsregisterrecht, 2010.

Systematik, I–IV. II 2 verstößt nicht gegen die Richtlinie 69/335/EWG, soweit 1
das Gericht auch die sachlichen Eintragungsvoraussetzungen prüft, Mü JB **06**, 491. Jeder weitere Eintritt ist eine besondere Tatsache nach II 2, AG Freibg Rpfleger **11**, 384, aM Lappe Rpfleger **10**, 258 und 575.

HRegGebV § 2 a. Recht der Europäischen Union. Umwandlungen und Verschmelzungen nach dem Recht der Europäischen Union stehen hinsichtlich der Gebühren den Umwandlungen nach dem Umwandlungsgesetz gleich.

HRegGebV § 3. Zurücknahme. I ¹Wird eine Anmeldung zurückgenommen, bevor die Eintragung erfolgt oder die Anmeldung zurückgewiesen worden ist, sind 120 Prozent der für die Eintragung bestimmten Gebühr zu erheben. ²Bei der Zurücknahme einer angemeldeten Ersteintragung bleiben die Gebühren für die gleichzeitig angemeldete Eintragung der Errichtung einer Zweigniederlassung und für die Eintragung einer Prokura unberücksichtigt.

II ¹Erfolgt die Zurücknahme spätestens am Tag, bevor eine Entscheidung des Gerichts mit der Bestimmung einer angemessenen Frist zur Beseitigung eines Hindernisses (§ 382 Absatz 4 des Gesetzes über das Verfahren in Familiensachen und in den Angelegenheiten der freiwilligen Gerichtsbarkeit) unterzeichnet wird, beträgt die Gebühr 75 Prozent der für die Eintragung bestimmten Gebühr, höchstens jedoch 250 Euro. ²Der unterzeichneten Entscheidung steht ein gerichtliches elektronisches Dokument gleich (§ 14 Absatz 3 des Gesetzes über das Verfahren in Familiensachen und in den Angelegenheiten der freiwilligen Gerichtsbarkeit in Verbindung mit § 130 b der Zivilprozessordnung). ³Betrifft eine Anmeldung mehrere Tatsachen, betragen in den Fällen der Sätze 1 und 2 die auf die zurückgenommenen Teile der Anmeldung entfallenden Gebühren insgesamt höchstens 250 Euro.

HRegGebV § 4. Zurückweisung. ¹Wird eine Anmeldung zurückgewiesen, sind 170 Prozent der für die Eintragung bestimmten Gebühr zu erheben. ²Bei der Zurückweisung einer angemeldeten Ersteintragung bleiben die Gebühren für

GNotKG Anh I § 58   III. Gerichts- und Notarkostengesetz

die gleichzeitig angemeldete Eintragung der Errichtung einer Zweigniederlassung und für die Eintragung einer Prokura unberücksichtigt.

HRegGebV § 5. Zurücknahme oder Zurückweisung in besonderen Fällen. [1] Wird die Anmeldung einer sonstigen späteren Eintragung, die mehrere Tatsachen zum Gegenstand hat, teilweise zurückgenommen oder zurückgewiesen, ist für jeden zurückgenommenen oder zurückgewiesenen Teil von den Gebühren 1503, 2501 und 3501 des Gebührenverzeichnisses auszugehen. [2] § 3 Satz 2 bleibt unberührt.

HRegGebV § 5a. Übergangsvorschrift. Für Kosten, die vor dem Inkrafttreten einer Änderung der Rechtsverordnung fällig geworden sind, gilt das bisherige Recht.

1 1) **Systematik.** § 5a schafft einen Grundsatz, § 6 enthält eine speziellere vorrangige Sonderbestimmung für einen begrenzten und zeitlich an Bedeutung erheblich zurückgetretenen Sachbereich.

HRegGebV § 6. Übergangsvorschrift zum Gesetz über elektronische Handelsregister und Genossenschaftsregister sowie das Unternehmensregister. Für die Entgegennahme, Prüfung und Aufbewahrung eines Jahres-, Einzel- oder Konzernabschlusses und der dazu gehörenden Unterlagen für ein vor dem 1. Januar 2006 beginnendes Geschäftsjahr werden die Gebühren 5000 und 5001 des Gebührenverzeichnisses in der vor dem 1. Januar 2007 geltenden Fassung erhoben, auch wenn die Unterlagen erst nach dem 31. Dezember 2006 zum Handelsregister eingereicht werden.

Anlage
(zu § 1)

II. Gebührenverzeichnis

Teil 1. Eintragungen in das Handelsregister Abteilung A und das Partnerschaftsregister

(Amtliche) Vorbemerkung 1:

^I ¹Für Eintragungen, die juristische Personen (§ 33 HGB) und Europäische wirtschaftliche Interessenvereinigungen betreffen, bestimmen sich die Gebühren nach den für Eintragungen bei Gesellschaften mit bis zu 3 eingetragenen Gesellschaftern geltenden Vorschriften. ²Hinsichtlich der Gebühren für Eintragungen, die Zweigniederlassungen eines Unternehmens mit Hauptniederlassung oder Sitz im Ausland betreffen, bleibt der Umstand, dass es sich um eine Zweigniederlassung handelt, unberücksichtigt; die allgemein für inländische Unternehmen geltenden Vorschriften sind anzuwenden.

^{II} Wird die Hauptniederlassung oder der Sitz in den Bezirk eines anderen Gerichts verlegt, wird für die Eintragung im Register der bisherigen Hauptniederlassung oder des bisherigen Sitzes keine Gebühr erhoben.

^{III} Für Eintragungen, die Prokuren betreffen, sind ausschließlich Gebühren nach Teil 4 zu erheben.

^{IV} Für die Eintragung des Erlöschens der Firma oder des Namens sowie des Schlusses der Abwicklung einer Europäischen wirtschaftlichen Interessenvereinigung werden keine Gebühren erhoben; die Gebühren in Abschnitt 4 bleiben unberührt.

Nr.	Gebührentatbestand	Gebührenbetrag
	Abschnitt 1. Ersteintragung	
	Eintragung – außer aufgrund einer Umwandlung nach dem UmwG –	
1100	– eines Einzelkaufmanns	70,00 €
1101	– einer Gesellschaft mit bis zu 3 einzutragenden Gesellschaftern oder einer Partnerschaft mit bis zu 3 einzutragenden Partnern	100,00 €
1102	– einer Gesellschaft mit mehr als 3 einzutragenden Gesellschaftern oder einer Partnerschaft mit mehr als 3 einzutragenden Partnern: Die Gebühr 1101 erhöht sich für jeden weiteren einzutragenden Gesellschafter oder jeden weiteren einzutragenden Partner um	40,00 €
	Eintragung aufgrund einer Umwandlung nach dem UmwG	
1103	– eines Einzelkaufmanns	150,00 €
1104	– einer Gesellschaft mit bis zu 3 einzutragenden Gesellschaftern oder einer Partnerschaft mit bis zu 3 einzutragenden Partnern	180,00 €
1105	– einer Gesellschaft mit mehr als 3 einzutragenden Gesellschaftern oder einer Partnerschaft mit mehr als 3 einzutragenden Partnern: Die Gebühr 1104 erhöht sich für jeden weiteren einzutragenden Gesellschafter oder für jeden weiteren einzutragenden Partner um	70,00 €
	Abschnitt 2. Errichtung einer Zweigniederlassung	
1200	Eintragung einer Zweigniederlassung	40,00 €

GNotKG Anh II § 58

Nr.	Gebührentatbestand	Gebührenbetrag

Abschnitt 3. Verlegung der Hauptniederlassung oder des Sitzes

(Amtliche) Vorbemerkung 1.3:
Gebühren nach diesem Abschnitt sind nicht zu erheben, wenn das bisherige Gericht zuständig bleibt; Abschnitt 5 bleibt unberührt.

Nr.	Gebührentatbestand	Gebührenbetrag
	Eintragung bei dem Gericht, in dessen Bezirk die Hauptniederlassung oder der Sitz verlegt worden ist, bei	
1300	– einem Einzelkaufmann	60,00 €
1301	– einer Gesellschaft mit bis zu 3 eingetragenen Gesellschaftern oder einer Partnerschaft mit bis zu 3 eingetragenen Partnern	80,00 €
	– einer Gesellschaft mit mehr als 3 eingetragenen Gesellschaftern oder einer Partnerschaft mit mehr als 3 eingetragenen Partnern:	
1302	– Die Gebühr 1301 erhöht sich für jeden weiteren eingetragenen Gesellschafter oder für jeden weiteren eingetragenen Partner bis einschließlich zur 100. eingetragenen Person um	40,00 €
1303	– Die Gebühr 1301 erhöht sich für jeden weiteren eingetragenen Gesellschafter oder für jeden weiteren eingetragenen Partner ab der 101. eingetragenen Person um	10,00 €

Abschnitt 4. Umwandlung nach dem Umwandlungsgesetz

Nr.	Gebührentatbestand	Gebührenbetrag
	Eintragung einer Umwandlung nach dem UmwG	
1400	– in das Register des übertragenden oder formwechselnden Rechtsträgers	180,00 €
1401	– in das Register des übernehmenden Rechtsträgers ..	180,00 €
	Für Eintragungen über den Eintritt der Wirksamkeit werden keine besonderen Gebühren erhoben.	

Abschnitt 5. Sonstige spätere Eintragung

(Amtliche) Vorbemerkung 1.5:
Gebühren nach diesem Abschnitt werden nur für Eintragungen erhoben, für die Gebühren nach den Abschnitten 1 bis 4 nicht zu erheben sind.

Nr.	Gebührentatbestand	Gebührenbetrag
	Eintragung einer Tatsache bei	
1500	– einem Einzelkaufmann	40,00 €
1501	– einer Gesellschaft mit bis zu 50 eingetragenen Gesellschaftern oder einer Partnerschaft mit bis zu 50 eingetragenen Partnern	60,00 €
1502	– einer Gesellschaft mit mehr als 50 eingetragenen Gesellschaftern oder einer Partnerschaft mit mehr als 50 eingetragenen Partnern	70,00 €
1503	Eintragung der zweiten und jeder weiteren Tatsache aufgrund derselben Anmeldung: Die Gebühren 1500 bis 1502 betragen jeweils	30,00 €
	Tatsachen ohne wirtschaftliche Bedeutung sind nicht als erste Tatsache zu behandeln.	
1504	Die Eintragung betrifft eine Tatsache ohne wirtschaftliche Bedeutung: Die Gebühren 1500 bis 1502 betragen	30,00 €

Zu 1504:
Anwendbar bei der Eintragung einer Änderung der Anschrift im Inland, Mü NZG **16**, 1273.

Nr.	Gebührentatbestand	Gebührenbetrag

Teil 2. Eintragungen in das Handelsregister Abteilung B

(Amtliche) Vorbemerkung 2:

[I] Hinsichtlich der Gebühren für Eintragungen, die Zweigniederlassungen eines Unternehmens mit Sitz im Ausland betreffen, bleibt der Umstand, dass es sich um eine Zweigniederlassung handelt, unberücksichtigt; die allgemein für inländische Unternehmen geltenden Vorschriften sind anzuwenden.

[II] Wird der Sitz in den Bezirk eines anderen Gerichts verlegt, wird für die Eintragung im Register des bisherigen Sitzes keine Gebühr erhoben.

[III] Für Eintragungen, die Prokuren betreffen, sind ausschließlich Gebühren nach Teil 4 zu erheben.

[IV] Für die Eintragung der Löschung der Gesellschaft und des Schlusses der Abwicklung oder der Liquidation werden keine Gebühren erhoben; die Gebühren 2402 und 2403 bleiben unberührt.

Abschnitt 1. Ersteintragung

Nr.	Gebührentatbestand	Gebührenbetrag
2100	Eintragung einer Gesellschaft mit beschränkter Haftung einschließlich einer Unternehmergesellschaft – außer aufgrund einer Umwandlung nach dem UmwG –	150,00 €
2101	Es wird mindestens eine Sacheinlage geleistet: Die Gebühr 2100 beträgt	240,00 €
2102	Eintragung einer Aktiengesellschaft, einer Kommanditgesellschaft auf Aktien oder eines Versicherungsvereins auf Gegenseitigkeit – außer aufgrund einer Umwandlung nach dem UmwG –	300,00 €
2103	Es wird mindestens eine Sacheinlage geleistet: Die Gebühr 2102 beträgt	360,00 €
	Eintragung aufgrund einer Umwandlung nach dem UmwG	
2104	– einer Gesellschaft mit beschränkter Haftung	260,00 €
2105	– einer Aktiengesellschaft oder einer Kommanditgesellschaft auf Aktien	660,00 €
2106	– eines Versicherungsvereins auf Gegenseitigkeit	460,00 €

Abschnitt 2. Errichtung einer Zweigniederlassung

Nr.	Gebührentatbestand	Gebührenbetrag
2200	Eintragung einer Zweigniederlassung	120,00 €

Abschnitt 3. Verlegung des Sitzes

Nr.	Gebührentatbestand	Gebührenbetrag
2300	Eintragung bei dem Gericht, in dessen Bezirk der Sitz verlegt worden ist	140,00 €
	Die Gebühr wird nicht erhoben, wenn das bisherige Gericht zuständig bleibt; Abschnitt 5 bleibt unberührt.	

Abschnitt 4. Besondere spätere Eintragung

Nr.	Gebührentatbestand	Gebührenbetrag
2400	Eintragung – der Nachgründung einer Aktiengesellschaft oder des Beschlusses der Hauptversammlung einer Aktiengesellschaft oder einer Kommanditgesellschaft auf Aktien über Maßnahmen der Kapitalbeschaffung oder der Kapitalherabsetzung oder der Durchführung der Kapitalerhöhung	270,00 €

Nr.	Gebührentatbestand	Gebührenbetrag
2401	– der Erhöhung des Stammkapitals durch Sacheinlage oder der Erhöhung des Stammkapitals zum Zwecke der Umwandlung nach dem UmwG	210,00 €
2402	Eintragung einer Umwandlung nach dem UmwG – in das Register des übertragenden oder formwechselnden Rechtsträgers	240,00 €
2403	– in das Register des übernehmenden Rechtsträgers ..	240,00 €
	Für Eintragungen über den Eintritt der Wirksamkeit werden keine besonderen Gebühren erhoben.	
2404	Eintragung der Eingliederung oder des Endes der Eingliederung einer Aktiengesellschaft	210,00 €
2405	Eintragungen des Übertragungsbeschlusses im Fall des Ausschlusses von Minderheitsaktionären (§ 327e AktG)	210,00 €

Abschnitt 5. Sonstige spätere Eintragung

(Amtliche) Vorbemerkung 2.5:
Gebühren nach diesem Abschnitt werden nur für Eintragungen erhoben, für die Gebühren nach den Abschnitten 1 bis 4 nicht zu erheben sind.

2500	Eintragung einer Tatsache	70,00 €
2501	Eintragung der zweiten und jeder weiteren Tatsache aufgrund derselben Anmeldung: Die Gebühr 2500 beträgt jeweils	40,00 €
	Tatsachen ohne wirtschaftliche Bedeutung sind nicht als erste Tatsache zu behandeln.	
2502	Die Eintragung betrifft eine Tatsache ohne wirtschaftliche Bedeutung: Die Gebühren 2500 und 2501 betragen	30,00 €

1 1) **Geltungsbereich, Nr 2502.** Es erfasst auch eine Änderung der inländischen Anschrift ohne Sitzverlegung, Köln FGPrax **15**, 281 rechts, Mü MDR **16**, 1156.

Teil 3. Eintragungen in das Genossenschaftsregister

(Amtliche) Vorbemerkung 3:
[I] Hinsichtlich der Gebühren für Eintragungen, die Zweigniederlassungen einer Europäischen Genossenschaft mit Sitz im Ausland betreffen, bleibt der Umstand, dass es sich um eine Zweigniederlassung handelt, unberücksichtigt; die allgemein für inländische Genossenschaften geltenden Vorschriften sind anzuwenden.
[II] Wird der Sitz in den Bezirk eines anderen Gerichts verlegt, wird für die Eintragung im Register des bisherigen Sitzes keine Gebühr erhoben.
[III] Für Eintragungen, die Prokuren betreffen, sind ausschließlich Gebühren nach Teil 4 zu erheben.
[IV] Für die Eintragung des Erlöschens der Genossenschaft werden keine Gebühren erhoben; die Gebühren in Abschnitt 4 bleiben unberührt.

Abschnitt 1. Ersteintragung

	Eintragung	
3100	– außer aufgrund einer Umwandlung nach dem UmwG	210,00 €
3101	– aufgrund einer Umwandlung nach dem UmwG	360,00 €

Abschnitt 2. Errichtung einer Zweigniederlassung

3200	Eintragung einer Zweigniederlassung	60,00 €

Nr.	Gebührentatbestand	Gebührenbetrag

Abschnitt 3. Verlegung des Sitzes

3300	Eintragung bei dem Gericht, in dessen Bezirk der Sitz verlegt worden ist	210,00 €
	Die Gebühr wird nicht erhoben, wenn das bisherige Gericht zuständig bleibt; Abschnitt 5 bleibt unberührt.	

Abschnitt 4. Umwandlung nach dem Umwandlungsgesetz

	Eintragung einer Umwandlung nach dem UmwG	
3400	– in das Register des übertragenden oder formwechselnden Rechtsträgers	300,00 €
3401	– in das Register des übernehmenden Rechtsträgers ..	300,00 €
	Für Eintragungen über den Eintritt der Wirksamkeit werden keine besonderen Gebühren erhoben.	

Abschnitt 5. Sonstige spätere Eintragung

(Amtliche) Vorbemerkung 3.5:
Gebühren nach diesem Abschnitt werden nur für Eintragungen erhoben, für die Gebühren nach den Abschnitten 1 bis 4 nicht zu erheben sind.

3500	Eintragung einer Tatsache	110,00 €
3501	Eintragung der zweiten und jeder weiteren Tatsache aufgrund derselben Anmeldung: Die Gebühr 3500 beträgt jeweils	60,00 €
	Tatsachen ohne wirtschaftliche Bedeutung sind nicht als erste Tatsache zu behandeln.	
3502	Die Eintragung betrifft eine Tatsache ohne wirtschaftliche Bedeutung: Die Gebühren 3500 und 3501 betragen	30,00 €

Teil 4. Prokuren

4000	Eintragung einer Prokura, Eintragung von Änderungen oder der Löschung einer Prokura	40,00 €
4001	Die Eintragungen aufgrund derselben Anmeldung betreffen mehrere Prokuren: Die Gebühr 4000 beträgt für die zweite und jede weitere Prokura jeweils	30,00 €
	Eine Prokura, wegen der die Gebühr 4002 erhoben wird, ist nicht als erste Prokura zu behandeln.	
4002	Die Eintragung betrifft ausschließlich eine Tatsache ohne wirtschaftliche Bedeutung: Die Gebühr 4000 beträgt	30,00 €

Teil 5. Weitere Geschäfte

(Amtliche) Vorbemerkung 5:
Mit den Gebühren 5000 bis 5006 wird auch der Aufwand für die Prüfung und Aufbewahrung der genannten Unterlagen abgegolten.

	Entgegennahme	
5000	– der Bescheinigung des Prüfungsverbands (§ 59 Abs. 1 GenG)	30,00 €
5001	– der Bekanntmachung der Eröffnungsbilanz durch die Liquidatoren (§ 89 Satz 3 GenG)	30,00 €

GNotKG Anh II § 58, §§ 59, 60   III. Gerichts- und Notarkostengesetz

Nr.	Gebührentatbestand	Gebührenbetrag
5002	– der Liste der Gesellschafter (§ 40 GmbHG)	30,00 €
5003	– der Liste der Mitglieder des Aufsichtsrats einschließlich der Bekanntmachung über die Einreichung (§ 52 Abs. 3 Satz 2 GmbHG, § 106 AktG)	40,00 €
5004	– der Mitteilung über den alleinigen Aktionär (§ 42 AktG)	40,00 €
5005	– des Protokolls der Hauptversammlung (§ 130 Abs. 5 AktG)	50,00 €
5006	– von Verträgen, eines Verschmelzungsplans oder von entsprechenden Entwürfen nach dem UmwG	50,00 €
5007	Übertragung von Schriftstücken in ein elektronisches Dokument (§ 9 Abs. 2 HGB): für jede angefangene Seite	2,00 €
	[1]Die Gebühr wird für die Dokumente jedes Registerblatts gesondert erhoben. [2]Mit der Gebühr wird auch die einmalige elektronische Übermittlung der Dokumente an den Antragsteller abgegolten.	– mindestens 25,00 €

Vorbem. Nr 5003 geändert dch Art 20 G v 24. 4. 15, BGBl 642, in Kraft seit 1. 5. 15, Art 24 II 1 G. Nr 5007 geändert dch Art 123 Z 2 G v 8. 7. 16, BGBl 1594, in Kraft seit 15. 7. 16, Art 125 G, ÜbergangsR § 59 HRegGebV.

1   **1) Entgegennahme, 5000–5007.** Bereits dieser Vorgang läßt die Gebühr anfallen, Köln FGPrax **05**, 233 (zu 5004; abl Odenthal Rpfleger **06**, 131). Bei 5002 kommt es nicht auf die Person des Einreichers an, Mü Rpfleger **10**, 629. Ffm FGPrax **13**, 80 links hält 5007 beim Notar für unanwendbar.

Abschnitt 2. Wertvorschriften

Unterabschnitt 1. Allgemeine Wertvorschriften

Zeitpunkt der Wertberechnung

59 [1]Für die Wertberechnung ist der Zeitpunkt der jeweiligen den Verfahrensgegenstand betreffenden ersten Antragstellung in dem jeweiligen Rechtszug entscheidend, soweit nichts anderes bestimmt ist. [2]In Verfahren, die von Amts wegen eingeleitet werden, ist der Zeitpunkt der Fälligkeit der Gebühr maßgebend.

1   **1) Geltungsbereich, S 1, 2.** Die Vorschrift stimmt fast wörtlich mit § 34 FamGKG und mit dem nur dem I entsprechenden § 40 GKG überein. Vgl daher insofern jeweils dort, Teile I A, B dieses Buchs. Freilich betont S 1 Hs 2 den bloßen Hilfscharakter: dieser Teil gilt nur, „soweit nichts anderes bestimmt ist".

Genehmigung oder Ersetzung einer Erklärung oder Genehmigung eines Rechtsgeschäfts

60 [I] Wenn in einer vermögensrechtlichen Angelegenheit Gegenstand des Verfahrens die Genehmigung oder Ersetzung einer Erklärung oder die Genehmigung eines Rechtsgeschäfts ist, bemisst sich der Geschäftswert nach dem Wert des zugrunde liegenden Geschäfts.

[II] Mehrere Erklärungen, die denselben Gegenstand betreffen, insbesondere der Kauf und die Auflassung oder die Schulderklärung und die zur Hypothekenbestellung erforderlichen Erklärungen, sind als ein Verfahrensgegenstand zu bewerten.

[III] Der Wert beträgt in jedem Fall höchstens 1 Million Euro.

Kapitel 2. Gerichtskosten §§ 60–63 GNotKG

1) Geltungsbereich, I–III. Die Vorschrift hat deutliche Ähnlichkeit mit § 36 **1**
FamGKG, Teil I B dieses Buchs.
2) Vermögensrechtliche Angelegenheit, I–III. Es muß nicht nur schon nach **2**
dem Wortlaut bei I, sondern der Sache nach auch bei II, III eine vermögensrechtliche
Sache vorliegen. Zu diesem Begriff vgl § 36 I.
3) Genehmigung usw, I–III. Sie muß Verfahrensgegenstand sein, insbesondere **3**
bei einem Rechtsgeschäft, aber auch sonst. Es muß also eine gerichtliche Erlaubnis
oder Freigabe notwendig sein. Hierher gehört auch die gerichtliche Ersetzung einer
Parteierklärung, Ffm NZM 17, 616 (zu § 36 FamGKG), oder einer behördlichen
Erklärung beliebiger Art und Dauer. II nennt beispielhaft einige Anwendungsfälle zu
solchen Erklärungen. Ein Vorgang nach Art des § 894 ZPO (Verurteilung zu einer
Willenserklärung) kann ebenfalls hierher rechnen.
4) Wert, I–III. Bei einer Einzelgenehmigung oder bei der Ersetzung einer Einzel- **4**
erklärung ist nach *I* der Wert des zugrundeliegenden Geschäfts maßgeblich, also zB
der Wert des Anteils, Ffm NZM 17, 616 (zu § 36 FamGKG). Bei einer Mehrheit
solcher Vorgänge ist nach *II* dann nur ein einziger Verfahrensgegenstand vorhanden,
wenn es sich um nur ein einziges zugrundeliegendes Geschäft handelt. II nennt es
etwas verwirrend ebenfalls denselben „Gegenstand".
III begrenzt den Wert stets auf 1 Million EUR. **5**

Rechtsmittelverfahren

61 ^{I 1}Im Rechtsmittelverfahren bestimmt sich der Geschäftswert nach den
Anträgen des Rechtsmittelführers. ²Endet das Verfahren, ohne dass solche
Anträge eingereicht werden, oder werden bei einer Rechtsbeschwerde innerhalb
der Frist für die Begründung Anträge nicht eingereicht, ist die Beschwer maßgebend.
^{II 1}Der Wert ist durch den Geschäftswert des ersten Rechtszugs begrenzt.
²Dies gilt nicht, soweit der Gegenstand erweitert wird.
^{III} Im Verfahren über den Antrag auf Zulassung der Sprungrechtsbeschwerde
ist Gegenstandswert der für das Rechtsmittelverfahren maßgebende Wert.

1) Geltungsbereich, I–III. Die neue Vorschrift stimmt praktisch wörtlich mit **1**
§ 40 FamGKG überein. Vgl daher dort, Teil I B dieses Buchs. § 40 tritt zurück, aM
Karlsr FamRZ 15, 1930 (aber der Vorrang von § 61 ergibt sich eindeutig schon aus
dem Wortlaut). Auch § 36 tritt zurück, Karlsr FGPrax 16, 183 links, vgl aber auch
denselben Senat (!) FGPrax 16, 184 (was soll nun gelten?) und Mü NZM 16, 868.

Einstweilige Anordnung, Aussetzung der Wirkungen eines Europäischen Nachlasszeugnisses

62 ¹Im Verfahren der einstweiligen Anordnung und im Verfahren über die
Aussetzung der Wirkungen eines Europäischen Nachlasszeugnisses ist der
Wert in der Regel unter Berücksichtigung der geringeren Bedeutung gegenüber
der Hauptsache zu ermäßigen. ²Dabei ist von der Hälfte des für die Hauptsache
bestimmten Werts auszugehen.

Vorbem. Überschrift, S 1 ergänzt dch Art 13 Z 5 a, b G v 29. 6. 15, BGBl 1042, in
Kraft seit 17. 8. 15, Art 22 I G, ÜbergangsR § 134 GNotKG.

1) Geltungsbereich, S. 1, 2. Die Vorschrift stimmt bis auf die Ergänzungen we- **1**
gen § 38 IntErbRVG, Schönfelder (E) Nr 103 p, wörtlich mit § 41 FamGKG überein.
Vgl daher dort, Teil I B dieses Buchs.

Unterabschnitt 2. Besondere Geschäftswertvorschriften
Betreuungssachen und betreuungsgerichtliche Zuweisungssachen

63 ¹Bei Betreuungen oder Pflegschaften, die einzelne Rechtshandlungen betreffen, ist Geschäftswert der Wert des Gegenstands, auf den sich die
Rechtshandlung bezieht. ²Bezieht sich die Betreuung oder Pflegschaft auf eine

801

gegenwärtige oder künftige Mitberechtigung, ermäßigt sich der Wert auf den Bruchteil, der dem Anteil der Mitberechtigung entspricht. ³Bei Gesamthandsverhältnissen ist der Anteil entsprechend der Beteiligung an dem Gesamthandvermögen zu bemessen.

1   1) **Systematik, Regelungszweck, S 1–3.** Schon beim Wert muß man die hohe Verantwortung des Gerichts zumindest im immateriellen Sinn beachten. Dennoch sollte es aus sozialen Gründen dem Grundsatz einer den Kostenschuldner schonenden Handhabung nach § 1 I bleiben.

2   2) **Geschäftswert, S 1–3.** Es gibt mehrere Fallgruppen.
    A. **Alleinberechtigung, S 1.** Soweit der Bedürftige an dem Gegenstand der einzelnen Rechtshandlung alleinberechtigt ist, muß man denjenigen Wert zugrundelegen, auf den sich die Rechtshandlung bezieht. Man darf die Schulden nicht abziehen, BayObLG JB **94**, 358. Soweit der Pfleger usw ein Rechtsgeschäft vornehmen soll, entscheidet der objektive Wert des Rechtsgeschäfts nach §§ 35 ff und nicht nur das subjektive Interesse des Bedürftigen.

3   B. **Mitberechtigung, S 2.** Soweit der Bedürftige an dem Geschäft der Rechtshandlung nur mitberechtigt ist oder sein wird, ohne gesamthänderisch mitberechtigt zu sein, ist auch nur der Wert seines Anteils maßgebend.

4   C. **Gesamthandsberechtigung, S 3.** Soweit der Bedürftige an dem Gegenstand der Rechtshandlung als Mitglied einer Gesamthand berechtigt ist, muß man den Anteil des Bedürftigen entsprechend der Beteiligung an dem Gesamthandvermögen bemessen, BayObLG **88**, 317, aM Stgt Rpfleger **90**, 295 (Wert des gesamten Gegenstands. Aber das widerspricht dem Grundsatz der Kostenschonung nach Rn 1). Das gilt etwa dann, wenn der Bedürftige als ein Miterbe beteiligt ist, BayObLG **88**, 317, oder wenn es um die Gründung einer BGB-Gesellschaft geht, AG Siegen Rpfleger **85**, 459 (abl Lappe).

Nachlaßpflegschaften und Gesamtgutsverwaltung

64 ¹ Geschäftswert für eine Nachlassverwaltung, eine Gesamtgutsverwaltung oder eine sonstige Nachlaßpflegschaft ist der Wert des von der Verwaltung betroffenen Vermögens.

II Ist der Antrag auf Anordnung einer Nachlaßpflegschaft oder -verwaltung oder einer Gesamtgutsverwaltung von einem Gläubiger gestellt, so ist Geschäftswert der Betrag der Forderung, höchstens jedoch der sich nach Absatz 1 ergebende Betrag.

1   1) **Geltungsbereich, I, II.** Es gelten die folgenden Regeln.
    A. **Nachlaßverwaltung, I Fall 1.** Hier geht es um eine Tätigkeit nach §§ 1975 ff, 2062 BGB.

2   B. **Gesamtgutsverwaltung, I Fall 2.** Hier geht es die Tätigkeit bei der fortgesetzten Gütergemeinschaft nach § 1489 II in Verbindung mit § 2062 BGB.

3   C. **Sonstige Nachlaßpflegschaft, I Fall 3.** Hier geht es um eine Tätigkeit bei jeder nicht in einer Verwaltung bestehenden Pflegschaft über einen Nachlaß, also um eine Fürsorgetätigkeit für die Erben oder Nacherben und für die Gläubiger nach §§ 1960, 1961 BGB.

4   2) **Geschäftswert, I, II.** Es gibt zwei Fallgruppen. Maßgebender Zeitpunkt ist derjenige nach § 59.
    A. **Anordnung, I.** Bei der Anordnung einer in I 2 genannten Maßnahme muß man grundsätzlich den Wert des von der Verwaltung oder Pflegschaft betroffenen gesamten pfändbaren Vermögens als den Geschäftswert ansehen. Man darf die Schulden nach § 38 nicht abziehen. Der Wert gilt auch bei einem (nur) wegen der Person des Nachlaßverwalters bestehenden Verfahrens, aM Bre MDR **15**, 104 (aber I hat einen klaren Wortlaut, BLAH Einl III 39).

5   B. **Gläubigerantrag, II.** Soweit ein Gläubiger einen Antrag auf eine Maßnahme nach I vor dem Erlaß einer gerichtlichen Entscheidung wirksam gestellt hat, bestimmt

Kapitel 2. Gerichtskosten §§ 64–67 GNotKG

sich der Geschäftswert in einer Abweichung von I nicht nach dem Wert des von der Verwaltung oder Pflegschaft betroffenen Vermögens, sondern grundsätzlich nach dem Betrag der gesamten Forderung dieses Gläubigers ohne Nebenforderungen. Soweit allerdings der Wert der Masse, den man wiederum nach I berechnen muß, den Betrag der Forderung dieses Gläubigers nicht erreicht, ist der Massewert maßgeblich. Eine bloße Antragsbeschränkung ist wegen des Zwecks der Nachlaßverwaltung unbeachtlich.

Ernennung und Entlassung von Testamentsvollstreckern

65 Der Geschäftswert für das Verfahren über die Ernennung oder Entlassung eines Testamentsvollstreckers beträgt jeweils 10 Prozent des Werts des Nachlasses im Zeitpunkt des Erbfalls, wobei Nachlassverbindlichkeiten nicht abgezogen werden; § 40 Absatz 2 und 3 ist entsprechend anzuwenden.

1) Geltungsbereich, Hs 1, 2. Die Vorschrift geht neue Bewertungswege. Das 1 soll der Höherbewertung dienen. Es bringt aber auch eine wesentlich schwierigere Ermittlungsmethode mit sich. Ihre Komplikationen stehen kaum noch im rechten Verhältnis zum Gegenstand, obwohl natürlich die Ernennung wie die Entlassung ganz erhebliche wirtschaftliche und rechtliche Auswirkungen haben. Hs 1 ist auch beim Antrag eines Nichtberechtigten anwendbar, Karlsr FamRZ **16**, 1699 (nennt irrig I). Beim Nachlaßpfleger wendet Schlesw RR **14**, 783 den § 65 entsprechend an.

2) Geschäftswert: 10% des Nachlasses, Hs 1 Fall 1. Sowohl bei der Ernen- 2 nung als auch bei der Entlassung muß man 10% des Werts des Nachlasses im Zeitpunkt des Erbfalls ansetzen. Das bedeutet die Notwendigkeit einer Ermittlung der Nachlaßwertgegenstände von Amts wegen.

3) Kein Abzug von Nachlaßverbindlichkeiten, Hs 1 Fall 2. Ziemlich prob- 3 lematisch ist diese Anordnung. Denn schließlich besteht der wirtschaftliche Gesamtwert eines Nachlasses aus dem Ergebnis von positiven und negativen Faktoren, schon für die Entscheidung über die Ausschlagung einer evtl über- oder doch hochverschuldeten Erbschaft. Natürlich wird die Wertermittlung leichter, aber auf Kosten des Erben und damit gegen den Grundsatz einer möglichsten Schonung des Kostenschuldners nach § 1 I.

4) Miterbe, Nachlaßteil, Hs 2. Wegen der Verweisung auf § 40 II, III vgl dort. 4

Bestimmte Teilungssachen

66 (*aufgehoben*; jetzt § 118a)

Bestimmte unternehmensrechtliche Verfahren und bestimmte Vereins- und Stiftungssachen

67 [I] Der Geschäftswert in einem unternehmensrechtlichen Verfahren und in einem Verfahren in Vereinssachen beträgt
1. bei Kapitalgesellschaften und Versicherungsvereinen auf Gegenseitigkeit 60 000 Euro,
2. bei Personenhandels- und Partnerschaftsgesellschaften sowie bei Genossenschaften 30 000 Euro,
3. bei Vereinen und Stiftungen 5000 Euro und
4. in sonstigen Fällen 10 000 Euro,
wenn das Verfahren die Ernennung oder Abberufung von Personen betrifft.

[II] Der Geschäftswert im Verfahren über die Verpflichtung des Dispacheurs zur Aufmachung der Dispache (§ 403 des Gesetzes über das Verfahren in Familiensachen und in den Angelegenheiten der freiwilligen Gerichtsbarkeit) beträgt 10 000 Euro.

[III] Ist der nach Absatz 1 oder Absatz 2 bestimmte Wert nach den besonderen Umständen des Einzelfalls unbillig, kann das Gericht einen höheren oder einen niedrigeren Wert festsetzen.

Vorbem. I vor Nr 1 teilaufgehoben dch Art 13 Z 6 G v 29. 6. 15, BGBl 1042, in Kraft seit 4. 7. 15, Art 22 II G, ÜbergangsR § 134 GNotKG.

1 **1) Geltungsbereich, I–III.** Die Vorschrift erfaßt eine große Zahl anderweit nicht geregelter Fälle einer Anordnung oder Entscheidung des Gerichts der freiwilligen Gerichtsbarkeit. Die Vorschrift erfaßt nicht nur eine solche Maßnahme, die als Entscheidung oder Anordnung ergeht. Die Einstellung eines Amtsverfahrens ist nach § 1 I gebührenfrei. Wegen weiterer Vorgänge aus dem Aktienrecht, die gebührenrechtlich dem GNotKG unterstehen, vgl jeweils dort.

2 **2) Beispiele zur Frage des Geltungsbereichs, I–III**
Auflösung: Anwendbar ist § 67 auf die Auflösung einer Genossenschaft nach § 80 GenG.
S auch „Genehmigung".
Dispache: *Unanwendbar* ist § 67 auf die Bestellung eines Dispacheurs.
Ermächtigung: Anwendbar ist § 67 auf eine Ermächtigung zur Einberufung einer Hauptversammlung, etwa nach § 122 III AktG, oder zur Einsicht in Bücher, etwa nach §§ 273 III AktG, 74 II GmbHG.

3 **Ernennung, Abberufung:** Anwendbar ist § 67 in dem dort beschriebenen derartigen Bereich zB nach den folgenden Vorschriften:
– **(AktG):** §§ 33 III, 35 I, III, 52 IV, 73 I, 85 I, III, 94, 103 III, 104, 122 III, 142 II–VI, 147 III, 206, 209 IV, 258 I, V, 265 III, IV, 270 III, 273 III, IV, 278 III, 293 c I, 315, 320 III, 396 II, Ffm Rpfleger **76**, 335 (dann richtet sich der Geschäftswert nach § 30);
– **(BGB):** §§ 29, 37 II, 46, 48, 73, 76 III, 86, 88 (Verein, Stiftung);
– **(ErbbauRG):** § 7 III;
– **(GenG):** §§ 45 III, 54 II, 54a II, 56 II 2, 64b, 64c, 80, 83 III, IV, 93 S 2, 3;
– **(GmbHG):** §§ 66 II, III, **V**, Drsd NZG **16**, 158, §§ 71 III, 74 II;
– **(HGB):** §§ 146 II, 147, 157 II, 161 II, 166 III, 233 III (Offene Handelsgesellschaft, Kommanditgesellschaft), § 318 (Konzern), BayObLG BB **02**, 672, § 729 I;
– **(KWG):** §§ 28 II, 38 II 2, 45a II, 46 II, IV, 46a II, V;
– **(PartGG):** § 10 I in Verbindung mit § 395 FamFG;
– **(UmwG):** §§ 10, 26, 30 II, 36 I 1, 44, 48 S 1, 56, 60 I, III, 71 II, 72 I, 73, 78 S 1, 100, 121, 125, 135 I, 176 I, 177, 180 I, 183 II 3, 186 S 1, 188 I, 189 I, 208, 248 II.

4 **Genehmigung:** Anwendbar ist § 67 auf eine Genehmigung zur Auflösung einer Stiftung.
Jahresabschluß: *Unanwendbar* ist § 67 auf die Prüfung des Jahresabschlusses einer Kapitalgesellschaft durch das Registergericht, BayObLG Rpfleger **82**, 316.

5 **Notvorstand:** Anwendbar ist § 67 auf die Bestellung eines Notvorstands, LG Frankenth Rpfleger **81**, 373.
Rechtsfähigkeit: Anwendbar ist § 67 auf eine Entziehung der Rechtsfähigkeit eines Vereins nach § 73 BGB.

6 **3) Geschäftswert, I–III.** Der Geschäftswert beträgt in jeder der in I Z 1–4, II genannten Gruppen grundsätzlich den dort jeweils genannten Festbetrag, Drsd NZG **16**, 158. Dabei muß das Gericht beim externen Gründungsprüfer nach § 33 III–V AktG den Art 10 in Verbindung mit Art 12 I e der Richtlinie des Rates der Europäischen Gemeinschaften vom 17. 7. 69 (69/335/EWG-Gesellschaftssteuerrichtlinie) beachten und darf daher bei der Wertbemessung den tatsächlichen Aufwand nicht übersteigen, Karlsr Rpfleger **01**, 270. Diese Richtlinie ist unanwendbar bei einer Ergänzung des Aufsichtsrats, BayObLG Rpfleger **00**, 351.

7 Bei einer *Unbilligkeit* darf und muß das Gericht nach III einen höheren oder niedrigeren Wert festsetzen, Drsd NZG **16**, 158. Das gilt etwa bei einem von I deutlich abweichenden Betrag, KG JB **16**, 143. Mindestwert: 15 EUR, § 34 V. Kein Höchstwert im Gesetz.

Verhandlung über Dispache

68 Geschäftswert in dem Verfahren zum Zweck der Verhandlung über die Dispache ist die Summe der Anteile, die die an der Verhandlung Beteiligten an dem Schaden zu tragen haben.

§§ 68, 69 GNotKG

1) Geltungsbereich. Die Vorschrift erfaßt nur das Verfahren zum Zweck einer 1
Verhandlung über die Dispache, nicht deren Bestellung und nicht die Entscheidung
über die Pflicht des Dispacheurs zu einer Aufmachung der Dispache.

2) Geschäftswert: Schadensanteil. Das ist die Summe derjenigen Anteile, die 2
gerade die an dieser Verhandlung Beteiligten an dem Schaden tragen müssen. Man
berechnet den Betrag mithilfe von § 36 I, III.

Eintragungen im Grundbuch, Schiffs- oder Schiffsbauregister

69 I [1] Geschäftswert für die Eintragung desselben Eigentümers bei mehreren
Grundstücken ist der zusammengerechnete Wert dieser Grundstücke,
wenn das Grundbuch über diese bei demselben Grundbuchamt geführt wird,
die Eintragungsanträge in demselben Dokument enthalten sind und am selben
Tag beim Grundbuchamt eingehen. [2] Satz 1 ist auf grundstücksgleiche Rechte
und auf Eintragungen in das Schiffs- und Schiffsbauregister entsprechend anzuwenden.

II [1] Geschäftswert für die Eintragung mehrerer Veränderungen, die sich auf
dasselbe Recht beziehen, ist der zusammengerechnete Wert der Veränderungen,
wenn die Eintragungsanträge in demselben Dokument enthalten sind und am
selben Tag bei dem Grundbuchamt oder Registergericht eingehen. [2] Der Wert
des Rechts darf auch bei mehreren Veränderungen nicht überschritten werden.

Vorbem. I 1, II 1 ergänzt dch Art 13 Z 7a, b G v 29. 6. 15, BGBl 1042, in Kraft seit
4. 7. 15, Art 22 II G, ÜbergangsR § 134 GNotKG.

Schrifttum: Schneider Rpfleger **16**, 9 (Üb).

1) Systematik, Regelungszweck, I, II. Die Vorschrift dient der Kostengerech- 1
tigkeit.

2) Mehrere Grundstücke, I. Die Gebührenvergünstigung nach I mit nur einer 2
Gebühr nach dem Gesamtwert tritt dann ein, wenn die folgenden Voraussetzungen
zusammentreffen.

A. Dasselbe Grundbuchamt. Für die mehreren beteiligten Grundstücke oder
Grundstücksteile oder grundstücksgleichen Rechte wie das Erbbaurecht oder Untererbbaurecht, das Wohnungseigentum, ein Bergwerk muß dasselbe Grundbuchamt
zuständig sein. Sofern mehrere Grundbuchämter zuständig sind, ist I unanwendbar.
Man muß die Gebühren dann getrennt berechnen.

B. Anträge in demselben Dokument und an demselben Tag. Es müssen für 3
alle beteiligten Grundstücke Eintragungsanträge in demselben Dokument stehen und
an demselben Tag in der Posteinlaufstelle des GBO bis 24 Uhr eingehen. Dazu genügt
es, daß alle Eintragungsanträge vor einer Umschreibung eines der beteiligten Grundstücke oder grundstücksgleichen Rechte bei demselben Grundbuchamt eingehen, sodaß
man sie gleichzeitig bearbeiten kann.

Unerheblich sind folgende Umstände: Ob die Grundstücke bisher einem oder mehreren Eigentümern gehörten; ob sie auf einem oder mehreren Grundbuchblättern
desselben Grundbuchamts stehen; ob die Grundstücke in derselben Gemeinde liegen;
ob die Eintragungen jetzt gleichzeitig stattfinden.

C. Derselbe Eigentümer. Auf den Grundbuchblättern der beteiligten Grund- 4
stücke muß man denselben Eigentümer oder Miteigentümer zu Bruchteilen oder zur
Gesamthand eintragen. Mehrere juristische Personen sind unabhängig von ihrem
Eigentümer stets verschiedene Eigentümer nach I.

3) Mehrere Veränderungen desselben Rechts, II. Wenn sich mehrere Ver- 5
änderungen auf ein und dasselbe Recht beziehen, muß man nach *II 1* prüfen, ob
diese Veränderungen an demselben Tag beim GBA oder Registergericht eingegangen
sind, wie bei Rn 3. LG Kempten Rpfleger **84**, 480. Dann entsteht nur einmal der
zusammengerechnete Wert der Veränderungen. Das gilt unabhängig davon, ob eine
Eintragung eines oder mehrerer Vermerke notwendig ist. Höchstwert ist nach *II 2*
der Wert des Rechts.

GNotKG §§ 69, 70 III. Gerichts- und Notarkostengesetz

6   *Beispiel:* Es handelt sich um die Abtretung eines Grundschuldteils mit einem Vorrang, da eine Teilung der ursprünglich einheitlichen Grundschuld erfolgt (erste Veränderung) und diese neue Post den Vorrang vor dem Rest der alten erhält (zweite Veränderung).

Gemeinschaften zur gesamten Hand

70 I ¹Ist oder wird eine Gesamthandsgemeinschaft im Grundbuch eingetragen, sind bei der Berechnung des Geschäftswerts die Anteile an der Gesamthandsgemeinschaft wie Bruchteile an dem Grundstück zu behandeln. ²Im Zweifel gelten die Mitglieder der Gemeinschaft als zu gleichen Teilen am Gesamthandsvermögen beteiligt.

II ¹Ist eine Gesamthandsgemeinschaft im Grundbuch eingetragen und wird nunmehr ein Mitberechtigter der Gesamthandsgemeinschaft als Eigentümer oder werden nunmehr mehrere Mitberechtigte als Miteigentümer eingetragen, beträgt der Geschäftswert die Hälfte des Werts des Grundstücks. ²Geht das Eigentum an dem Grundstück zu einem Bruchteil an einen oder mehrere Mitberechtigte der Gesamthandsgemeinschaft über, beträgt der Geschäftswert insoweit die Hälfte des Werts dieses Bruchteils.

III ¹Ein grundstücksgleiches oder sonstiges Recht steht einem Grundstück gleich; die Absätze 1 und 2 sind entsprechend anzuwenden. ²Dies gilt auch für Rechte, die im Schiffsregister, im Schiffsbauregister und im Register für Pfandrechte an Luftfahrzeugen eingetragen sind. ³Dabei treten an die Stelle der Grundstücke die in diese Register eingetragenen Schiffe, Schiffsbauwerke und Luftfahrzeuge, an die Stelle des Grundbuchamts das Registergericht.

IV **Die Absätze 1 bis 3 sind auf offene Handelsgesellschaften, Kommanditgesellschaften, Partnerschaften und Europäische wirtschaftliche Interessenvereinigungen nicht und auf Gesellschaften bürgerlichen Rechts nur für die Eintragung einer Änderung im Gesellschafterbestand anzuwenden.**

Vorbem. III 2, 3 angefügt dch Art 13 Z 8 G v 29. 6. 15, BGBl 1042, in Kraft seit 4. 7. 15, Art 22 II G, ÜbergangsR § 134 GNotKG.

1   **1) Geltungsbereich, I–IV.** Die Vorschrift gilt auch bei einer Teilungsversteigerung, Karlsr JB **16**, 256.
Unanwendbar ist § 70 bei der Eintragung nach Auflösung der Gemeinschaft, Ffm ZIP **13**, 1072.

2   **2) Gesamthandsgemeinschaft, I, II.** Die Vorschrift bestimmt diesen Begriff nicht. Zur Gesamthandsform zählen neben §§ 705 ff BGB an sich auch die OHG, die KG, die Gütergemeinschaft und ihre Fortsetzung sowie die ungeteilte Erbengemeinschaft nach §§ 2033 ff BGB. Indessen nimmt IV die dort genannten Gemeinschaften von der Regelung in I–III ausdrücklich aus.

3   **3) Grundbucheintragung, I, II.** Ihre Vornahme ist Bedingung der Anwendbarkeit von § 70. Dabei steht eine schon vorhandene Eintragung einer bevorstehenden gleich, soweit es um I geht.

4   **4) Anteilswert, I.** Entgegen einem Grundprinzip der Gesamthand behandelt *I 1* jeden Gesamthandanteil als einen Bruchteil am Grundstück oder einem nach III gleichstehenden Recht. *I 2* schafft im Zweifel eine Beteiligung zu gleichen (Bruch-) Teilen.

5   **5) Umtragung, II.** Nach *II 1* gibt es bei einem Umtragungsvorgang an sich einen Geschäftswert von 50% des Werts des Grundstücks oder des nach III gleichstehenden Rechts. Beim Übergang gerade (nun) zu einem Bruchteil ist nach *II 2* die Hälfte des Werts gerade dieses Bruchteils maßgeblich.

6   **6) Grundstücksgleiches Recht usw, III.** Es gelten I, II entsprechend.

7   **7) Einschränkungen, IV.** Unanwendbar sind I–III bei der OHG, KG, Partnerschaft und EWIV. Bedingt anwendbar sind I–III bei der BGB-Gesellschaft nämlich nur bei der Eintragung einer Änderung gerade des Gesellschafterbestands.

Nachträgliche Erteilung eines Hypotheken-, Grundschuld- oder Rentenschuldbriefs

71 ^{I} Bei der nachträglichen Erteilung eines Hypotheken-, Grundschuld- oder Rentenschuldbriefs ist Geschäftswert der für die Eintragung des Rechts maßgebende Wert.
^{II} Für die nachträgliche Gesamtbrieferteilung gilt § 44 Absatz 1 entsprechend.

1) Geltungsbereich, I, II. Die Vorschrift regelt erstmals ausdrücklich die nachträgliche Erteilung nicht nur eines Gesamtbriefs, sondern eines Einzelbriefs der in I genannten Arten. 1

2) Nachträglicher Einzelbrief, I. Das ist nach dem Wortlaut dieser als Spezialvorschrift eng auslegbaren Norm etwas anderes als die Erteilung eines „neuen" Briefs nach § 71 GBO. Geschäftswert ist der für die Eintragung des zu verbriefenden Rechts maßgebende Betrag nach § 53 I. 2

3) Nachträglicher Gesamtbrief, II. Infolge der Verweisung auf § 44 I gilt der Wert des einbezogenen Grundpfandrechts usw bei einer Mithaft hier entsprechend. 3

Gerichtliche Entscheidung über die abschließenden Feststellungen der Sonderprüfer

72 ^{I} ^{1}Den Geschäftswert im gerichtlichen Verfahren über die abschließenden Feststellungen der Sonderprüfer nach § 259 Absatz 2 und 3 des Aktiengesetzes bestimmt das Gericht unter Berücksichtigung aller Umstände des einzelnen Falles nach billigem Ermessen, insbesondere unter Berücksichtigung der Bedeutung der Sache für die Parteien. ^{2}Er darf jedoch ein Zehntel des Grundkapitals oder, wenn dieses Zehntel mehr als 500 000 Euro beträgt, 500 000 Euro nur insoweit übersteigen, als die Bedeutung der Sache für den Kläger höher zu bewerten ist.
^{II} Die Vorschriften über die Anordnung der Streitwertbegünstigung (§ 260 Absatz 4 Satz 2 in Verbindung mit § 247 Absatz 2 und 3 des Aktiengesetzes) sind anzuwenden.

1) Systematik, Regelungszweck, I, II. Es geht um dasjenige sehr spezielle Verfahren zunächst von sog Sonderprüfern und sodann evtl des Gerichts zur Feststellung etwaiger Unterbewertungen von Vermögensteilen einer AG. 1

2) Geschäftswert, I. Im Gerichtsverfahren nach §§ 260 in Verbindung mit 259 AktG muß das Gericht nach *I 1* den Wert von Amts wegen nach der formell vorrangigen Bestimmung von I und inhaltlich ebenso wie bei § 35 I nach „billigem" und in Wahrheit wie stets pflichtgemäßen Ermessens bestimmen. Dabei sind die gesamten Einzelfallumstände als Kriterium hier ausdrücklich erwähnt. Besondere Bedeutung soll die Bedeutung der Sache für die Parteien erhalten. 2

I 2 nennt die Voraussetzungen, unter denen das Gericht mehr als 10% des Grundkapitals oder 500 000 EUR übersteigen darf. Jede Endsumme braucht eine nachvollziebare Begründung. 3

3) Wertbegünstigung, II. Die Vorschrift nennt irrig § 260 IV 2 (statt 7) in Verbindung mit § 247 II, III jeweils des AktG als anwenbar. Es kommt also darauf an, ob ein Beteiligter glaubhaft machen kann, daß ein „normaler" Geschäftswert nach I seine wirtschaftliche Lage erheblich gefährden würde und nicht bloß evtl könnte. 4

Ausschlussverfahren nach dem Wertpapiererwerbs- und Übernahmegesetz

73 Geschäftswert im Verfahren über den Ausschluss von Aktionären nach den §§ 39a und 39b des Wertpapiererwerbs- und Übernahmegesetzes ist der Betrag, der dem Wert aller Aktien entspricht, auf die sich der Ausschluss bezieht; der Geschäftswert beträgt mindestens 200 000 Euro und höchstens 7,5 Millionen Euro.

GNotKG §§ 73–75   III. Gerichts- und Notarkostengesetz

1 **1) Systematik, Regelungszweck.** Die Vorschrift tritt an die Stelle des durch Art 26 des 2. KostRModG aufgehobenen und durch hier nicht interessierende Regelungen ersetzten § 39b VI WpÜG.

2 **2) Geschäftswert.** Er beträgt nach *Hs 1* die Summe sämtlicher derjenigen Aktien, auf die sich der Ausschluß bezieht, mindestens aber nach *Hs 2* 200 000 und höchstens 7,5 Millionen EUR. Dabei kommt es nach § 59 S 1 auf den Zeitpunkt der Antragstellung an, also des Eingangs beim zuständigen Gericht. Wenn die Uhrzeit dieses Augenblicks nicht aktenkundig feststeht, muß man am besten 12 Uhr mittags mit dem in diesem Augenblick bestehenden Kurswert zugrundelegen. Selbst starke Kursschwankungen an demselben Börsentag sollten an einer solchen zwar nicht direkt ins Gesetz aufgenommenen, aber zwecks einer einheitlichen Handhabung wohl am ehesten akzeptablen Lösung etwas ändern können, auch wenn eine solche Vereinfachung erhebliche wirtschaftliche Auswirkungen haben kann.

Verfahren nach dem Spruchverfahrensgesetz

74 [1] **Geschäftswert im gerichtlichen Verfahren nach dem Spruchverfahrensgesetz ist der Betrag, der von allen in § 3 des Spruchverfahrensgesetzes genannten Antragsberechtigten nach der Entscheidung des Gerichts zusätzlich zu dem ursprünglich angebotenen Betrag insgesamt gefordert werden kann; der Geschäftswert beträgt mindestens 200 000 Euro und höchstens 7,5 Millionen Euro.** [2] **Maßgeblicher Zeitpunkt für die Bestimmung des Werts ist der Tag nach Ablauf der Antragsfrist (§ 4 Absatz 1 des Spruchverfahrensgesetzes).**

1 **1) Systematik, Regelungszweck, S 1, 2.** Die Vorschrift übernimmt den bisherigen § 15 I 2 SpruchG ohne inhaltliche Änderung. § 31 RVG, Teil X dieses Buchs, ist kaum vergleichbar. Sie ist dem § 73 im Aufbau und in den Mindest- und Höchstwerten ähnlich. Auch hier soll eine Übersteuerung unterbleiben.
Unanwendbar ist § 74 auf den nach § 61 FamFG ermittelbaren Beschwerdewert, KG ZIP **16**, 1679.

2 **2) Zusatzforderung, S 1.** Geschäftswert ist derjenige Betrag, den alle nach § 3 SprG Antragsberechtigten zusätzlich zum ursprünglich angebotenen Betrag insgesamt fordern können. Das ist recht hochgegriffen. Es gibt neben dem Mindestwert von 200 000 EUR einen Höchstwert von 7,5 Millionen EUR gemäß der in § 35 II am Schluß eröffneten Möglichkeit. Innerhalb dieser weiten Spanne bewertet das Gericht nach pflichtgemäßem Ermessen unter nachvollziehbar darzulegender Abwägung aller erkennbaren Umstände.

3 **3) Zeitpunkt, S 2.** In Abweichung von § 59 gilt der Tag nach Ablauf der Antragsfrist nach § 4 I SprG. Dieser Folgetag kann ein Sonntag, Sonnabend oder gesetzlicher Feiertag sein. Denn hier geht es nicht um einen (weiteren) Fristablauf. Beim Squeeze out ist der Tag der Eintragung in das Handelsregister maßgeblich. Denn durch die Eintragung geht das Aktieneigentum auf den Hauptaktionär über. Bei § 320a AktG gehen die Aktien ebenfalls mit der Eintragung auf die Hauptgesellschaft über (jetzt infolge Squeeze out kaum noch Bedeutung), Krenek 23. 3. 15.

Gerichtliche Entscheidung über die Zusammensetzung des Aufsichtsrats

75 Im gerichtlichen Verfahren über die Zusammensetzung des Aufsichtsrats, das sich nach den §§ 98 und 99 des Aktiengesetzes richtet, ist abweichend von § 36 Absatz 3 von einem Geschäftswert von 50 000 Euro auszugehen.

1 **1) Geltungsbereich.** Die Vorschrift tritt an die Stelle des früheren § 99 VI 1–7 AktG. Inhaltlich ist es bei einem Ausgangswert von 50 000 EUR geblieben. Das ist kein Festwert, sondern in Abweichung des 5000-EUR-Werts in § 36 III nur eben ein Ausgangswert wegen ungenügender Anhaltspunkte für eine präzisere Bestimmung, insofern durchaus ebenso wie der Grundgedanke von § 36 III. Man darf und muß also im Rahmen pflichtgemäßen Ermessens von Amts wegen wie nach § 36 I vorgehen, vgl dort.

Kapitel 2. Gerichtskosten §§ 76–79 GNotKG

Bestimmte Verfahren vor dem Landwirtschaftsgericht

76 Geschäftswert ist
1. in Feststellungsverfahren nach § 11 Absatz 1 Buchstabe g der Verfahrensordnung für Höfesachen der Wert des Hofs nach Abzug der Verbindlichkeiten,
2. in Wahlverfahren (§ 9 Absatz 2 Satz 1 der Höfeordnung) der Wert des gewählten Hofs nach Abzug der Verbindlichkeiten,
3. in Fristsetzungsverfahren (§ 9 Absatz 2 Satz 2 der Höfeordnung) die Hälfte des Werts des wertvollsten der noch zur Wahl stehenden Höfe nach Abzug der Verbindlichkeiten,
4. in gerichtlichen Verfahren aufgrund der Vorschriften über Einwendungen gegen das siedlungsrechtliche Vorkaufsrecht (§ 1 Nummer 3 des Gesetzes über das gerichtliche Verfahren in Landwirtschaftssachen) der Geschäftswert des zugrunde liegenden Kaufvertrags.

1) Geltungsbereich, Z 1–4. Es handelt sich um die Fortführung eines Teils der 1
aufgehobenen §§ 19, 20 HöfeVfO.

Unterabschnitt 3. Wertfestsetzung

Angabe des Werts

77 ¹Bei jedem Antrag ist der Geschäftswert und nach Aufforderung auch der Wert eines Teils des Verfahrensgegenstands schriftlich oder zu Protokoll der Geschäftsstelle anzugeben, es sei denn, Geschäftswert ist eine bestimmte Geldsumme, oder ein fester Wert ist gesetzlich bestimmt oder ergibt sich aus früheren Anträgen. ²Die Angabe kann jederzeit berichtigt werden.

1) Systematik, Regelungszweck, S 1, 2. Die Vorschrift ist neu. S 1 stimmt inhaltlich voll mit § 61 S 1 GKG überein, S 2 stimmt wörtlich mit § 61 S 2 GKG überein. Vgl daher jeweils dort, Teil I A dieses Buchs.

Wertfestsetzung für die Zulässigkeit der Beschwerde

78 Ist der Wert für die Zulässigkeit der Beschwerde festgesetzt, so ist die Festsetzung auch für die Berechnung der Gebühren maßgebend, soweit die Wertvorschriften dieses Gesetzes nicht von den Wertvorschriften des Verfahrensrechts abweichen.

1) Geltungsbereich. Die Vorschrift stimmt mit § 62 S 1 GKG fast wörtlich und 1
mit § 54 FamGKG praktisch wörtlich überein. Vgl daher bei der ersteren Vorschrift, Teil I A dieses Buchs.

Festsetzung des Geschäftswerts

79 ᴵ ¹Soweit eine Entscheidung nach § 78 nicht ergeht oder nicht bindet, setzt das Gericht den Wert für die zu erhebenden Gebühren durch Beschluss fest, sobald eine Entscheidung über den gesamten Verfahrensgegenstand ergeht oder sich das Verfahren anderweitig erledigt. ²Satz 1 gilt nicht, wenn
1. Gegenstand des Verfahrens eine bestimmte Geldsumme in Euro ist,
2. zumindest für den Regelfall ein fester Wert bestimmt ist oder
3. sich der Wert nach den Vorschriften dieses Gesetzes unmittelbar aus einer öffentlichen Urkunde oder aus einer Mitteilung des Notars (§ 39) ergibt.
³In den Fällen des Satzes 2 setzt das Gericht den Wert nur fest, wenn ein Zahlungspflichtiger oder die Staatskasse dies beantragt, oder wenn es eine Festsetzung für angemessen hält.

ᴵᴵ ¹Die Festsetzung kann von Amts wegen geändert werden
1. von dem Gericht, das den Wert festgesetzt hat, und

809

2. von dem Rechtsmittelgericht, wenn das Verfahren wegen des Hauptgegenstands oder wegen der Entscheidung über den Geschäftswert, den Kostenansatz oder die Kostenfestsetzung in der Rechtsmittelinstanz schwebt.

²Die Änderung ist nur innerhalb von sechs Monaten zulässig, nachdem die Entscheidung wegen des Hauptgegenstands Rechtskraft erlangt oder das Verfahren sich anderweitig erledigt hat.

Gliederung

1) Systematik, I, II	1
2) Regelungszweck, I, II	2
3) Wertfestsetzung, I 1–3	3–23
A. Keine Festsetzung(sbindung) nach § 78	3
B. Möglichkeit einer Anregung	4, 5
C. Von Amts wegen	6
D. Keine „Antrags"form oder -frist	7
E. Zuständigkeit	8–10
F. Keine Festsetzungsfrist	11
G. Rechtschutzbedürfnis	12
H. Untersuchungsgrundsatz	13
I. Beschluß	14
J. Notwendigkeit einer Begründung	15
K. Entbehrlichkeit einer Begründung	16, 17
L. Kosten; Wert	18
M. Mitteilung der Entscheidung	19
N. Wirkung der Entscheidung	20
O. Wirkungsgrenzen	21–23
4) Zulässigkeit, Notwendigkeit einer Änderung der Festsetzung, II	24–26
5) Voraussetzungen einer Änderung im einzelnen, II	27–36
A. Änderung durch das Gericht der Instanz, II 1 Z 1	28–30
B. Änderung durch das Rechtsmittelgericht, II 1 Z 2	31, 32
C. Zeitliche Grenzen, II 2	33
D. Fristberechnung, II 2	34–36

1   **1) Systematik, I, II.** I 1 entspricht im wesentlichen §§ 63 I 1, 68 GKG, § 55 I 1 FamGKG. I 2, 3 entsprechen fast wörtlich § 63 III 1, 2 GKG, § 55 III 1, 2 FamGKG. Vgl daher zunächst die jeweiligen dortigen Anm in den Teilen I A, B dieses Buchs.

2   **2) Regelungszweck, I, II.** Als Verfahrensvorschrift dient § 79 der Rechtssicherheit. Die Vorschrift dient aber natürlich ebenso der Zweckmäßigkeit und insbesondere in II auch einer möglichst gerechten Lösung. Die Abwägung dieser ja manchmal im Wettstreit stehenden Ziele sollte auch die Handhabung der Vorschrift bestimmen. Man sollte sowohl eine deutsche Überperfektion als auch zu viel Großzügigkeit vermeiden, insbesondere bei den mehreren „Kann-"Bestimmungen. Sie eröffnen ja nur ein pflichtgemäßes Ermessen.

3   **3) Wertfestsetzung, I 1–3.** Eine Wertfestsetzung nach ist unabhängig vom Kostenansatz statthaft. Sie ist dann zulässig, wenn eine der folgenden Voraussetzungen vorliegt.

    A. Keine Festsetzung(sbindung) nach § 78. Es darf keine Entscheidung nach § 78 ergangen sein oder binden.

4   **B. Möglichkeit einer Anregung.** Wenn das Gericht keine Festsetzung von Amts wegen vornimmt ist eine Anregung statthaft, auch als „Antrag". Er ist freilich nicht (mehr) notwendig.

    Zum „Antrag" ist jeder berechtigt, der irgendeinen Teil der Gerichtskosten (Gebühren und/oder Auslagen) auf Grund einer gesetzlichen Vorschrift oder einer vertraglichen Übernahme *zahlen muß*. I 1 berechtigt also alle Kostenschuldner nach §§ 22 ff, aber wegen der Wirkung des Festsetzungsbeschlusses für und gegen alle nach Rn 20 nicht nur die Kostenschuldner. Auch ein selbst nach §§ 23 I, 32 I RVG, Teil X dieses Buchs, mitbetroffener Anwalt ist „antrags"berechtigt. Zum „Antrag" ist ferner die Staatskasse berechtigt nach I 3. Sie wird durch den zuständigen Bezirksrevisor tätig.

5   Der *Urkundsbeamte* der Geschäftsstelle kann eine Festsetzung ebenfalls anregen. Er ist aber nicht ohne weiteres der Vertreter der Staatskasse. Er hat aber auch keinen

Rechtsbehelf gegen die Ablehnung oder angeblich unrichtige Festsetzung. Er kann allerdings einen „Antrag" des Bezirksrevisors anregen.

C. Von Amts wegen. Soweit das Gericht nicht auf Grund eines zulässigen „Antrags" nach Rn 4, 5 eine Festsetzung vornehmen sollte, ist es zur Festsetzung von Amts wegen berechtigt und im Rahmen seines pflichtgemäßen Ermessens verpflichtet, BayObLG JB 92, 343. Das gilt auch, soweit ein Sonderfall vorliegt oder soweit eine Wertfestsetzung unterblieben war (dann hat § 81 Vorrang), Mü MDR 16, 1173. Eine Festsetzung von Amts wegen ist zB insoweit erforderlich, als der Richter dem Urkundsbeamten der Geschäftsstelle eine richtige Festsetzung des Geschäftswerts nicht zumuten kann oder nicht zutrauen möchte oder soweit der Urkundsbeamte bereits einen offenbar unrichtigen Wert angenommen hat. Der „Antrag" begrenzt mit seinem nicht notwendigen Wertvorschlag die Festsetzung nicht der Höhe nach, Karlsr Just 76, 301 (auch zulasten des „Antrag"stellers). 6

D. Keine „Antrags"form oder -frist. Ein etwaiger „Antrag" auf die Festsetzung des Geschäftswerts ist schriftlich oder elektronisch oder zum Protokoll des Urkundsbeamten der Geschäftsstelle zulässig. Er unterliegt also keinem Anwaltszwang, LG Mosbach MDR 85, 593. Es besteht keine „Antrags"frist. Wegen einer Verwirkung Rn 12. Der „Antrag" hat keine aufschiebende Wirkung. 7

E. Zuständigkeit. Zuständig ist dasjenige Gericht, das in der Hauptsache entschieden hat oder entscheiden muß, BayObLG JB 96, 267. 8

Zunächst ist nach Rn 2 der *Urkundsbeamte* der Geschäftsstelle zum Ansatz eines Werts zuständig. Er nimmt aber keine förmliche Wertfestsetzung vor. Zur letzteren ist nur der Richter zuständig. 9

Zur förmlichen Festsetzung des Geschäftswerts ist das *Gericht* zuständig, und zwar derjenigen Instanz, für die die Festsetzung erfolgen soll, für die höhere also das Rechtsmittelgericht. Dieses darf aber nicht erstmals festsetzen, BayObLG Rpfleger 75, 46, soweit es nicht eine erstinstanzliche Kostengrundentscheidung mitändert. Es ist unerheblich, ob die Instanz bereits beendet ist. Der Einzelrichter entscheidet nur, soweit er die Sache beendet. Da §§ 349 ff ZPO im FamFG-Verfahren außerhalb des Bereichs des § 113 I 2 FamFG unanwendbar sind, kann der Vorsitzende der Kammer für Handelssachen nicht allein wirksam entscheiden, BayObLG JB 96, 267. 10

Soweit der *Rechtspfleger* das einzelne Geschäft bearbeitet, nimmt er die Festsetzung des Geschäftswerts nach § 4 I RPflG in seiner eigenen Zuständigkeit vor, LG Mü Rpfleger 89, 414. Das gilt auch insoweit, als er schon als Urkundsbeamter tätig gewesen war oder als das Gesetz einzelne Handlungen dem Richter übertragen hat, etwa die Erteilung eines Erbscheins. Man muß auch § 6 RPflG beachten.

F. Keine Festsetzungsfrist. Eine Festsetzung des Geschäftswerts ist auch nach dem Abschluß des ganzen Verfahrens zulässig, soweit noch keine förmliche Wertfestsetzung durch das Gericht erfolgt war. Eine bloß vorläufige Annahme eines Werts durch den Urkundsbeamten der Geschäftsstelle oder durch den Richter ist unschädlich, Brdb FamRZ 05, 228. Das Anregungsrecht ist ohnehin zeitlich unbefristet. 11

G. Rechtsschutzbedürfnis. Ein Rechtsschutzbedürfnis ist auch für eine Wertfestsetzung eine Voraussetzung. Es besteht fast stets, BayObLG WoM 89, 211. Das gilt auch dann, wenn der Kostenbeamte schon einen Kostenansatz vorgenommen hat, BFH BB 78, 1507. Es kann nach I 2 Z 1 fehlen, soweit eine Bezifferung vorliegt, oder unschwer möglich ist, oder in den Fällen I 2 Z 2, 3. Auch eine sonstige Wertbestimmung mag eine Festsetzung erübrigen, ebenso eine Gebührenbefreiung nach § 2 oder ein nach § 20 unzulässiger Nachforderungsantrag. Eine an sich denkbare Verwirkung ist nicht bereits 2½ Jahre nach dem Ansatz und der Zahlung eingetreten, Hamm Rpfleger 87, 204. 12

H. Untersuchungsgrundsatz. Das Gericht verfährt nach dem Untersuchungsgrundsatz des § 26 FamFG. Es kann über den Geschäftswert mündlich verhandeln lassen. Es ist zur mündlichen Erörterung aber nicht verpflichtet. Das gilt auch dann, wenn ein Beteiligter eine mündliche Verhandlung beantragt hat. Das rechtliche Gehör ist nach Artt 2 I, 20 III GG (Rpfl), BVerfG 101, 404, Art 103 I GG (Richter) notwendig. Bei seiner Verletzung gilt § 84. Eine Beweisaufnahme findet von Amts wegen statt. Für einen höheren als den vom Anreger genannten oder anerkannten Wert trägt die Staats- 13 kasse wegen des Worts „nur" in § 1 I die Beweislast, BayObLG JB **88**, 636. § 46 IV begrenzt eine Beweiserhebung. Eine bloße Glaubhaftmachung etwa entsprechend § 31 FamFG genügt nicht. Das Gericht muß vielmehr voll überzeugt sein. Eine Aussetzung ist entsprechend (jetzt) § 21 FamFG möglich, BayObLG FamRZ **06**, 137.

14   **I. Beschluß.** Das Gericht setzt den Geschäftswert stets durch einen Beschluß fest. Ein Beschluß liegt auch dann vor, wenn das Gericht die Festsetzung des Geschäftswerts zulässigerweise in die Entscheidungsformel der Sachentscheidung oder in die zugehörigen Entscheidungsgründe aufgenommen hat. Ein Beschluß liegt aber nur insoweit vor, als man einen eindeutigen Willen des Gerichts erkennen kann, gerade den Geschäftswert festzusetzen. Maßgeblich ist derjenige Zeitpunkt, den eine Vorschrift angibt. Dabei legt das Gericht sein Erkenntnisvermögen im Zeitpunkt der Entscheidung zugrunde. Rechtsbehelfsbelehrung, Verstoß: §§ 7a, 83 II 2.

Es ist *weder* eine Entscheidung *noch* gar deren Begründung, wenn irgendwo im Kopf der Sachentscheidung steht: „Wert × EUR".

15   **J. Notwendigkeit einer Begründung.** Das Gericht muß den Festsetzungsbeschluß grundsätzlich mit einer mindestens stichwortartigen Begründung versehen, Bbg JB **77**, 381, Ffm RR **98**, 1776, BLAH § 329 ZPO Rn 4. Denn sonst würden die Grundlagen der Nachprüfbarkeit durch die Partei wie durch das Gericht fehlen, BVerfG **6**, 44, Bbg JB **78**, 1360. Das Gericht muß eine zunächst fehlende Begründung spätestens dann nachholen, wenn es einer Beschwerde gegen seinen Beschluß nicht abhilft, Ffm MDR **98**, 922, KG Rpfleger **75**, 109, LG Bln JB **76**, 1542. Andernfalls muß das Beschwerdegericht das Verfahren zurückverweisen, Zweibr JB **88**, 769.

16   **K. Entbehrlichkeit einer Begründung.** Soweit allerdings der Beschluß in keinerlei Rechte eines Beteiligten eingreift, darf eine Begründung fehlen, BVerfG NJW **57**, 298. Das gilt zB dann, wenn das Gericht in seinem Festsetzungsbeschluß den übereinstimmenden Anträgen aller Beteiligten voll entsprochen hat. Denn dann wäre eine Beschwerde unzulässig, Bbg JB **75**, 1463. Eine Begründung ist auch dann entbehrlich, wenn alle Beteiligten die Erwägungen des Gerichts einwandfrei kennen, etwa aus einer mündlichen Verhandlung. Es empfiehlt sich aber, in das Verhandlungsprotokoll einen Vermerk darüber aufzunehmen, daß man die Fragen des Geschäftswerts erörtert hat.

17   Eine Begründung ist schließlich dann entbehrlich, wenn alle Beteiligten einen *Rechtsmittelverzicht* wirksam erklärt haben oder wenn sich schließlich der richtige Geschäftswert aus dem Streitstoff selbst einwandfrei ergibt, Bbg NJW **78**, 1360, etwa dann, wenn das Gericht auf Grund eines bereits bezifferten Antrags eine Wertfestsetzung vorgenommen hatte.

18   **L. Kosten; Wert.** Die Entscheidung ist nach § 1 I gebührenfrei. Auslagen unterfallen KVfG 31 000 ff.

19   **M. Mitteilung der Entscheidung.** Das Gericht braucht seinen Beschluß nicht förmlich zuzustellen. Denn seine Entscheidung unterliegt keinem befristeten Rechtsmittel. Es genügt also eine formlose Mitteilung von Amts wegen. Sie ist aber auch gegenüber allen Beteiligten erforderlich.

20   **N. Wirkung der Entscheidung.** Der Wertfestsetzungsbeschluß wirkt für und gegen alle Beteiligten. Er bindet auch einen nicht Zugezogenen solange, bis das Beschwerdegericht ihn ändert oder bis das Erstgericht ihn auf Grund einer Anregung eines Beteiligten von Amts wegen ändert. Die Wertfestsetzung hat den Vorrang vor der Erinnerungs- und Beschwerdeentscheidung des bloßen Kostenansatzverfahrens, BayObLG JB **89**, 1039. Notfalls muß man den Kostenansatz berichtigen. Für die Anwaltsgebühren ist der Wertfestsetzungsbeschluß nach § 32 I RVG ebenfalls maßgebend, (jetzt) § 33 RVG, BayObLG **91**, 86.

21   **O. Wirkungsgrenzen.** Der Beschluß erwächst *nicht* in eine formelle oder innere Rechtskraft. Eine rechtskräftige Entscheidung über die Anwaltsgebühren im Prozeß zwischen dem Anwalt und einem am Verfahren beteiligten stehen einer Abänderbarkeit des Wertfestsetzungsbeschlusses nicht entgegen. Eine endgültig falsche Berechnung des Geschäftswerts kann eine Amtshaftung auslösen, Matzen AnwBl **76**, 333.

22   *Jedes Gericht* setzt *für sich* fest, BFH BStBl **77**, II 42. Daher läßt ein Wertfestsetzungsbeschluß dem Gericht einer anderen Instanz freie Hand, auch dem nachgeord-

neten, KG VersR **81**, 860. Solange das Erstgericht den Geschäftswert nicht festgestellt hat, darf das Rechtsmittelgericht diesen Wert nicht für die erste Instanz festsetzen. Es ist ein alltäglicher Vorgang, daß verschiedene Gerichte einen verschiedenen Geschäftswert annehmen. Allerdings darf das Rechtsmittelgericht die Entscheidung des nachgeordneten Gerichts nach II 1 Z 2 ändern, BFH BStBl **77** II 42, Nürnb JB **75**, 1352.

In keinem Fall darf das Erstgericht den Geschäftswert mit einer bindenden Wirkung für die *höhere* Instanz festsetzen. Soweit das AG das Verfahren etwa zulässigerweise an das OLG verwiesen hat, muß das OLG den Geschäftswert auch für einen im Verfahren vor dem AG etwa bereits erledigten Anspruch festsetzen. 23

4) Zulässigkeit, Notwendigkeit einer Änderung der Festsetzung, II. Eine Änderung der Festsetzung des Geschäftswerts ist dann nicht nur zulässig, sondern auch notwendig, wenn die Rechtslage es verlangt. Das Wort „kann" in II 1 stellt kein Ermessen zur Verfügung, sondern regelt nur die Zuständigkeit, Schneider MDR **78**, 443. 24

Die Änderung ist *von Amts wegen* oder auf Grund der Anregung eines Beteiligten zulässig und erforderlich. Ein förmlicher Antrag ist nicht erforderlich. Wenn das Gericht einer Anregung zur Änderung der Geschäftswerts nicht gefolgt ist, muß man eine solche Anregung als eine Beschwerde gegen die Wertfestsetzung ansehen, falls der Anregende beschwert ist.

Von einer Änderung der Wertfestsetzung muß man die *Berichtigung* einer als offenbar unrichtigen erkannten Wertfestsetzung entsprechend § 319 ZPO, § 42 FamFG unterscheiden, Celle JB **76**, 1338. 25

Eine *Änderung* der Festsetzung des Geschäftswerts ist auch dann zulässig, wenn durch diese Maßnahme die bisherige Kostenentscheidung unrichtig wird. Denn eine Berichtigung der Kostenentscheidung ist dann zulässig, wenn die Berichtigung in der Sache sie bedingt. Das gilt auch dann, wenn das Gericht über die Kosten praktisch unbrauchbar entschieden hat. Streng genommen ist diese Lösung dogmatisch falsch. Sie stellt aber dann den einzigen Ausweg dar, wenn kein Rechtsbehelf möglich ist. Das gilt auch dann, wenn die Kostenentscheidung unanfechtbar ist. 26

5) Voraussetzungen einer Änderung im einzelnen, II. Eine Änderung der Festsetzung des Geschäftswerts ist dann zulässig, wenn eine der beiden Voraussetzungen Rn 28–30 oder Rn 31, 32 vorliegt und wenn man außerdem nach Rn 33 die zeitlichen Grenzen des II 2 eingehalten hat. 27

A. Änderung durch das Gericht der Instanz, II 1 Z 1. Dasjenige Gericht, das den Geschäftswert festgesetzt hat, kann seinen Beschluß für seine Instanz unter den folgenden Voraussetzungen ändern. 28

Die Sache muß entweder noch in derselben Instanz schweben oder darf zwar bereits in der höheren Instanz *anhängig* sein. Es darf aber das Rechtsmittelgericht noch nicht eine Festsetzung des Geschäftswerts auch für die untere Instanz vorgenommen, also die Erstentscheidung bereits abgeändert haben. 29

Eine Änderung der Festsetzung des Geschäftswerts ist im allgemeinen nur dann erforderlich, wenn sich zB die *Verhältnisse geändert* haben, Bbg JB **77**, 1423, oder wenn das Gericht bei seiner ersten Festsetzung eine bereits vorhandene Rechtsprechung nicht berücksichtigt hatte. 30

Eine Änderung der Festsetzung ist *zB in folgenden Fällen nicht* erforderlich: Die einschlägige Rechtsprechung hat sich nach dem Erlaß des ersten Festsetzungsbeschlusses geändert, Hamm MDR **79**, 591, LG Kiel VersR **75**, 1037; das Gericht kommt in seiner jetzigen Besetzung im Rahmen seines pflichtgemäßen Ermessens zu einer wesentlich anderen Bewertung des Geschäftswerts, Köln VersR **79**, 945.

B. Änderung durch das Rechtsmittelgericht, II 1 Z 2. Das Rechtsmittelgericht kann den vom Erstgericht festgesetzten Geschäftswert nur dann ändern, wenn und solange das Verfahren wegen der Hauptsache in der Rechtsmittelinstanz schwebt, BGH Rpfleger **89**, 385, KG JB **90**, 1341, Karlsr Just **88**, 158. Denn „wenn … schwebt" umfaßt auch „solange … schwebt". Das gilt auch wegen eines Teils oder wegen der Entscheidung über den Geschäftswert, den Kostenansatz oder die Kostenfestsetzung, BayObLG MDR **97**, 887, Ffm NZM **05**, 224. Das Verschlechterungsverbot gilt insoweit nicht, Brdb FGPrax **05**, 274, Ffm NZM **05**, 224, Karlsr JB **98**, 364. 31

32 Eine Änderung durch das Rechtsmittelgericht ist dann nicht zulässig, *wenn eine Beschwerde unzulässig* ist, BayObLG JB **89**, 854, KG ZMR **00**, 860, aM Münst DÖV **78**, 816 (zu § 25 GKG). Soweit das Rechtsmittelgericht den Geschäftswert vom Erstgericht abweichend festsetzt, ohne dessen Beschluß zu ändern, sollte das Rechtsmittelgericht seine Entscheidung unter allen Umständen begründen. Sofern eine solche Begründung nicht vorliegt, ist das Erstgericht nicht zu einer Überprüfung verpflichtet.

33 **C. Zeitliche Grenzen, II 2.** Von der Festsetzung des Geschäftswerts hängt die Höhe der Gerichtskosten und der Anwaltsgebühren ab. Deshalb darf der Geschäftswert nur innerhalb gewisser zeitlicher Grenzen abänderbar sein. Andernfalls würde die Rechtssicherheit leiden. Deshalb begrenzt II 2 die Änderungsmöglichkeit zeitlich, BayObLG FamRZ **04**, 1304. Diese zeitlichen Grenzen gelten aber nur für eine echte Abänderung einer schon vorher erfolgten Festsetzung des Geschäftswerts. Sie gelten also nicht für eine erste Festsetzung des Geschäftswerts, BFH BB **78**, 1508, Mü FG-Prax **06**, 182.

34 **D. Fristberechnung, II 2.** Die Sechsmonatsfrist berechnet sich nach §§ 186 ff BGB. Gegen die Versäumung der Frist nach II 2 ist keine Wiedereinsetzung zulässig, KG Rpfleger **80**, 443, Nürnb JB **81**, 1548.

35 Die Sechsmonatsfrist beginnt mit dem Eintritt der *formellen Rechtskraft* der Entscheidung in der Hauptsache. Eine Erledigung nur einer Instanz genügt nicht, BGH **70**, 368 (zu § 25 GKG), BVerwG MDR **76**, 867, Köln Rpfleger **87**, 23. Die Sechsmonatsfrist gilt auch bei einer Festsetzung während des Verfahrens, aM Zweibr JB **82**, 271. Eine erstmalige Festsetzung nach dem Ablauf der Frist ist keine „Änderung" nach II 2.

36 Die *Frist beginnt* auch dann, wenn sich das gesamte Verfahren anders als durch den Eintritt der Rechtskraft in der Hauptsache erledigt hat. Das gilt zB in folgenden Situationen: Das Gericht hat seine Tätigkeit in der Sache endgültig abgeschlossen, BayObLG **03**, 88; das selbständige Beweisverfahren ist beendet, LG Mü AnwBl **78**, 231 (abl Täuber); die Beteiligten haben einen Vergleich abgeschlossen; das Verfahren ist unterbrochen worden und es besteht keine Aussicht auf seine erneute Aufnahme; ein Beteiligter ist aus dem Verfahren ausgeschieden. Die Wertfestsetzung hindert den Fristablauf nicht, BayObLG **03**, 88.

Schätzung des Geschäftswerts

80 [1] Wird eine Schätzung des Geschäftswerts durch Sachverständige erforderlich, ist in dem Beschluss, durch den der Wert festgesetzt wird (§ 79), über die Kosten der Schätzung zu entscheiden. [2] Diese Kosten können ganz oder teilweise einem Beteiligten auferlegt werden, der durch Unterlassung der Wertangabe, durch unrichtige Angabe des Werts, durch unbegründetes Bestreiten des angegebenen Werts oder durch unbegründete Beschwerde die Schätzung veranlasst hat.

1 1) **Systematik, Regelungszweck, S 1, 2.** Die Vorschrift stimmt fast wörtlich mit § 64 GKG überein. Vgl daher dort, Teil I A dieses Buches.

Abschnitt 3. Erinnerung und Beschwerde

Erinnerung gegen den Kostenansatz, Beschwerde

81 [I] [1] Über Erinnerungen des Kostenschuldners und der Staatskasse gegen den Kostenansatz einschließlich der Ausübung des Zurückbehaltungsrechts (§ 11) entscheidet das Gericht, bei dem die Kosten angesetzt sind. [2] War das Verfahren im ersten Rechtszug bei mehreren Gerichten anhängig, ist das Gericht, bei dem es zuletzt anhängig war, auch insoweit zuständig, als Kosten bei den anderen Gerichten angesetzt worden sind.

[II] [1] Gegen die Entscheidung über die Erinnerung ist die Beschwerde statthaft, wenn der Wert des Beschwerdegegenstands 200 Euro übersteigt. [2] Die Beschwerde ist auch zulässig, wenn sie das Gericht, das die angefochtene Entscheidung erlassen hat, wegen der grundsätzlichen Bedeutung der zur Entscheidung stehenden Frage in dem Beschluss zulässt.

III ¹Soweit das Gericht die Beschwerde für zulässig und begründet hält, hat es ihr abzuhelfen; im Übrigen ist die Beschwerde unverzüglich dem Beschwerdegericht vorzulegen. ²Beschwerdegericht ist das nächsthöhere Gericht, in Verfahren der in § 119 Absatz 1 Nummer 1 Buchstabe b des Gerichtsverfassungsgesetzes bezeichneten Art jedoch das Oberlandesgericht. ³Eine Beschwerde an einen obersten Gerichtshof des Bundes findet nicht statt. ⁴Das Beschwerdegericht ist an die Zulassung der Beschwerde gebunden; die Nichtzulassung ist unanfechtbar.

IV ¹Die weitere Beschwerde ist nur zulässig, wenn das Landgericht als Beschwerdegericht entschieden und sie wegen der grundsätzlichen Bedeutung der zur Entscheidung stehenden Frage in dem Beschluss zugelassen hat. ²Die weitere Beschwerde kann nur darauf gestützt werden, dass die Entscheidung auf einer Verletzung des Rechts beruht; die §§ 546 und 547 der Zivilprozessordnung gelten entsprechend. ³Beschwerdegericht ist das Oberlandesgericht. ⁴Absatz 3 Satz 1 und 4 gilt entsprechend.

V ¹Anträge und Erklärungen können ohne Mitwirkung eines Rechtsanwalts schriftlich eingereicht oder zu Protokoll der Geschäftsstelle abgegeben werden; § 129a der Zivilprozessordnung gilt entsprechend. ²Für die Bevollmächtigung gelten die Regelungen der für das zugrunde liegende Verfahren geltenden Verfahrensordnung entsprechend. ³Die Erinnerung ist bei dem Gericht einzulegen, das für die Entscheidung über die Erinnerung zuständig ist. ⁴Die Beschwerde ist bei dem Gericht einzulegen, dessen Entscheidung angefochten wird.

VI ¹Das Gericht entscheidet über die Erinnerung und die Beschwerde durch eines seiner Mitglieder als Einzelrichter; dies gilt auch für die Beschwerde, wenn die angefochtene Entscheidung von einem Einzelrichter oder einem Rechtspfleger erlassen wurde. ²Der Einzelrichter überträgt das Verfahren dem Gericht zur Entscheidung in der im Gerichtsverfassungsgesetz vorgeschriebenen Besetzung, wenn die Sache besondere Schwierigkeiten tatsächlicher oder rechtlicher Art aufweist oder die Rechtssache grundsätzliche Bedeutung hat. ³Das Gericht entscheidet jedoch immer ohne Mitwirkung ehrenamtlicher Richter. ⁴Auf eine Übertragung oder deren Unterlassungen kann ein Rechtsmittel nicht gestützt werden.

VII ¹Erinnerung und Beschwerde haben keine aufschiebende Wirkung. ²Das Gericht oder das Beschwerdegericht kann auf Antrag oder von Amts wegen die aufschiebende Wirkung ganz oder teilweise anordnen; ist nicht der Einzelrichter zur Entscheidung berufen, entscheidet der Vorsitzende des Gerichts.

VIII ¹Die Verfahren sind gebührenfrei. ²Kosten werden nicht erstattet.

Gliederung

1) Systematik, I–VIII	1
2) Regelungszweck, I–VIII	2
3) Kostenansatz, I	3
4) Zulässigkeit der Erinnerung, I, V	4
A. Rechtsverletzung, Beschwer	4
B. Beispiele zur Frage der Zulässigkeit einer Erinnerung, I, V	4a
5) Erinnerungsberechtigung, I	5–7
A. Kostenschuldner	5
B. Staatskasse	6
C. Dritter	7
6) Erinnerungsverfahren, I, V–VIII	8–16
A. Einlegung, V	8
B. Zuständigkeit, I	9
C. Abhilfeprüfung V–VIII	10
D. Verfahren nach Nichtabhilfe, V–VIII	11
E. Erinnerungsentscheidung, I	12–14
F. Kosten, VIII	15
G. Rechtsmittel, V–VIII	16
7) Beschwerde, II–VIII	17–25
A. Zulässigkeit bei über 200 EUR Beschwerdewert, II 1	17
B. Zulässigkeit bei Zulassung wegen grundsätzlicher Bedeutung, II 2, III 4	18
C. Unzulässigkeit von Beschwerde an obersten Gerichtshof des Bundes, III 3	19

… **GNotKG § 81** III. Gerichts- und Notarkostengesetz

    D. Beschwerdeberechtigung, II 1 20
    E. Einlegung, V 3 21
    F. Zuständigkeit, III 2, VI 2, 3 22
    G. Weiteres Verfahren, II–VIII 23
    H. Abhilfeprüfung, II–VIII 24
    I. Entscheidung, Kosten, VI, VIII 25
8) Aufschiebende Wirkung, VII 26
9) Zulässigkeit der weiteren Beschwerde, IV 27–33
    A. Zulassung, IV 1 27
    B. Nachholung der Zulassung, IV 1 28
    C. Keine Nichtzulassungsbeschwerde, IV 4 29
    D. Kein Beschwerdewert, IV 1–4 30
    E. Rechtsverletzung, IV 2 31
    F. Keine weitere Beschwerde an Obersten Gerichtshof des Bundes, IV 4 32
    G. Sonstiges, IV 1–4 33
10) Verfahren der weiteren Beschwerde, IV 1–4 .... 34, 35

1 **1) Systematik, I–VIII.** Die Vorschrift entspricht §§ 19, 66 GKG, teilweise §§ 18, 57 FamGKG, ferner § 5 GvKostG, Teile I A, B, XI dieses Buchs. §§ 14 ff, denen §§ 127 ff nachgebildet ist. Sie regeln das Verfahren der Vornahme und Rückführung von Kostenforderungen. Sie stellen vorrangige Spezialvorschriften dar, auch gegenüber (jetzt) § 30 a EGGVG, Teil XII B dieses Buchs, Hamm RR **01**, 1656. Sie enthalten freilich keine umfassende Regelung. §§ 82–84 haben ihrerseits den Vorrang. Das Nebeneinander von eigenen Bestimmungen und Verweisungen auf verschiedene Vorschriften der ZPO erweist sich nicht immer als so praktisch wie ersichtlich geplant. § 81 geht nach § 1 VI jeder Regelung der für das zugrundeliegende Verfahren geltenden Vorschriften anderer Gesetze vor.

    Unanwendbar ist § 81 im anwaltsgerichtlichen Verfahren, BGH FamRZ **07**, 1014.

2 **2) Regelungszweck, I–VIII.** Insbesondere die Vierstufigkeit Erste Handlung (Ansatz, § 18) – Erinnerung – Beschwerde – weitere Beschwerde bezweckt ein fast zu voll ausgebautes rechtsstaatlich einwandfreies System, wie es auch sonst auf Grund einer Verwaltungstätigkeit üblich ist. Sowohl die Eröffnung der Möglichkeiten IV–IX als auch die Beschränkungen in III 3 ff zeigen das Bestreben nach einer maßvollen Überprüfbarkeit der Kostenforderung. Damit beachtet § 81 die Prinzipien der Zweckmäßigkeit, Rechtssicherheit und Kostengerechtigkeit auf eine ziemlich anspruchsvolle Weise auf diesem rechtlichen Nebenschauplatz eines Verfahrens.

    Er hat freilich *enorme wirtschaftliche Auswirkungen*. Er kann schon rechtlich außerordentliche Probleme mit sich bringen, zB bei der Vereinbarkeit von § 69 mit dem Europarecht. Eine überdies im Prinzip dem Kostenschuldner möglichst günstige Auslegung nach § 1 I sollte auch diese systematische Ausgewogenheit mitbedenken.

3 **3) Kostenansatz, I.** Zum Begriff des Kostenansatzes § 19 GKG, Teil I A dieses Buchs. Zum ebenfalls anfechtbaren Entscheid über ein Zurückbehaltungsrecht vgl § 11. Der Kostenansatz ist ein Justizverwaltungsakt nach § 30 a EGGVG, Teil XII B dieses Buchs, §§ 4 ff KostVfg, Teil VII A dieses Buchs, BVerfG **22**, 310, Düss AnwBl **89**, 168, Hbg Rpfleger **10**, 374. Das VwVfG ist zwar formell unanwendbar, dort § 2 III Z 1. Seine Hauptregeln sind aber praktischerweise mitbeachtbar, Kor 2. Dem Kostenansatz steht eine Aufforderung zur Angabe des Grundstückswerts wegen § 19 II 2 gleich, ebenso die Abweisung eines Antrags auf kostenfreie Ausfertigungen, Kopien oder Abschriften, BayObLG JB **93**, 544. Er kann formlos zur Kenntnis kommen. Das GNotKG regelt nur die örtliche Zuständigkeit. Sie liegt allein bei demjenigen Gericht, bei dem das Verfahren anhängig ist, Hbg Rpfleger **10**, 374. Soweit eine solche Anhängigkeit fehlt, kommt es auf denjenigen Ort an, an dem das Verfahren zuletzt anhängig war. Unter Umständen ist also das Rechtsmittelgericht nach I 2 für den Kostenansatz zuständig.

    Das *Rechtsmittelgericht* „befaßt" sich mit dem Rechtsmittel, solange seine abschließende Entscheidung noch nicht wirksam ist. Unter „Angelegenheit" nach I 1 darf man aber hier nicht die Gesamtheit aller zusammengehörigen Geschäfte verstehen, sondern nur dasjenige jeweilige einzelne Geschäft, das eine Gebühr fällig macht. Entscheidend ist der Zeitpunkt des Kostenansatzes, zB bei mehreren Akten oder bei einem Wechsel des zuständigen Gerichts.

Das Gericht der Anhängigkeit ist auch bei einer *Rechtshilfe* zuständig, soweit diese Rechtshilfe nicht eine Gebühr für eine selbständige Handlung entstehen läßt. Man muß mehrere selbständige Geschäfte selbständig ansetzen.
Von der Regelung nach I enthalten §§ 103 III, 107 I *Ausnahmen*. Für denjenigen Notar, dem die Gebühren selbst zufließen, gilt § 14 nach § 135 nicht. Er muß vielmehr §§ 19, 127 beachten.

4) Zulässigkeit der Erinnerung, I, V. Rechtsbehelfsbelehrung, Verstoß: §§ 7a, 83 II 2 Über die Bedeutung und den Umfang der Erinnerung vgl zunächst § 66 GKG und § 45 KostVfg, Teil VII A dieses Buchs.   **4**

A. Rechtsverletzung, Beschwer. Mit der Erinnerung kann man solche Einwendungen geltend machen, die den Anspruch wegen Gebühren oder Auslagen betreffen. Es kommt darauf an, ob der Kostenansatz nach § 18 den Erinnerungsführer in seinem Recht verletzt und daher beschwert. Man kann ferner solche Einwendungen erheben, die die Art und Weise des Vorgehens der Behörde betreffen.

B. Beispiele zur Frage der Zulässigkeit einer Erinnerung, I, V   **4a**

Aufrechnung: Zulässig ist sie, soweit die Staatskasse die Gegenforderung anerkannt hat oder soweit ein Gericht diese Gegenforderung zuerkannt hat, § 8 I JBeitrG, Teil IX A dieses Buchs.
Auslagen: Zulässig ist die Rüge der unrichtigen Erhebung oder Verteilung nach KVfG Vorbem 3.
Begründung: Zulässig ist die Rüge des Fehlens einer etwa notwendigen Begründung des Kostenansatzes.
Erfüllung: Zulässig ist die Behauptung, schon bezahlt zu haben.
Ermessensmißbrauch: Zulässig ist die Rüge eines auch nur evtl objektiven solchen Verstoßes, Ffm JB **82**, 585.
Fälligkeit: Zulässig ist die Rüge des Fehlens der Fälligkeit nach §§ 8 ff.
Geschäftswert: Zulässig ist die Rüge eines unrichtigen Wertansatzes, solange das Gericht ihn noch nicht nach §§ 77 ff förmlich festgesetzt hat.
JVEG: Zulässig ist die Rüge eines Verstoßes gegen das JVEG, Teil V dieses Buchs, BayObLG JB **82**, 110.
Kostenfreiheit: Zulässig ist die Rüge ihrer Nichtbeachtung nach § 3.
Nachforderung: Zulässig ist der Einwand des Ablaufs einer Nachforderungsfrist nach § 20.
Nichtigkeit: Zulässig ist der Antrag auf eine Klärung der Nichtigkeit des Kostenansatzes.
Rückerstattung: S „Zinsen".
Stundung: Zulässig ist der Hinweis auf sie.
Tilgung: S „Erfüllung".
Unrichtige Sachbehandlung: Zulässig ist der Antrag auf eine Nichterhebung von Kosten nach § 21, BayObLG Rpfleger **93**, 485.
Verjährung: Zulässig ist die Einrede der Verjährung nach § 6.
Zinsen: Wegen der Verzinsung eines rückzuerstattenden Betrags § 17 Rn 16.
Zurückbehaltungsrecht: Zulässig ist seine Geltendmachung nach § 11.

5) Erinnerungsberechtigung, I. Zur Erinnerung sind die folgenden Beteiligten berechtigt.   **5**

A. Kostenschuldner. Erinnerungsberechtigt ist jeder verfahrensfähige Kostenschuldner, BayObLG FamRZ **02**, 228, LG Wuppert JB **92**, 480. Es kommt nicht darauf an, aus welchem Rechtsgrund er haftet. Auch der Pfändungsgläubiger oder sonstige Rechtsnachfolger des Kostenschuldners und der selbst schon oder wahrscheinlich demnächst beanspruchte Gesamtschuldner sind erinnerungsberechtigt, großzügiger BayObLG JB **75**, 492, strenger Düss Rpfleger **85**, 255, Schlesw JB **81**, 403. Eine Zahlung beseitigt das Erinnerungsrecht nicht, wohl aber ein Verzicht.

B. Staatskasse. Erinnerungsberechtigt ist ferner die Staatskasse, Hamm JB **99**, 4. Das gilt auch zugunsten des sonstigen Kostenschuldners, KG Rpfleger **77**, 27. Natürlich berechtigt nach Rn 8 auch eine Prozeßvollmacht. Zugunsten eines Notars kann nach § 15 GBO eine Vollmachtsvermutung bestehen.   **6**

GNotKG § 81　　　　　　　　　　　III. Gerichts- und Notarkostengesetz

7　**C. Dritter.** Erinnerungsberechtigt ist nach § 8 I JBeitrG auch derjenige Dritte, der haften oder der die Vollstreckung dulden soll.

Es reicht nach § 6 I Z 1 JBeitrG, Teil IX A dieses Buchs *nicht* aus, daß der Dritte einer *Vollstreckung* widerspricht oder daß er eine vorzugsweise Befriedigung aus dem Vollstreckungserlös geltend macht. Dann ist vielmehr der ordentliche Rechtsweg statthaft.

8　**6) Erinnerungsverfahren, I, V–VIII.** Beteiligt sind der Erinnerungsführer und sein Gegner, jeweils auch als Staatskasse nach Rn 6, Hamm JB **99**, 4. Es empfiehlt sich die folgende Prüfreihenfolge.

A. Einlegung, V. Man kann eine Erinnerung nach V 3 wirksam nur bei demjenigen Gericht einlegen, das für die Entscheidung über die Erinnerung nach Rn 9, 10 zuständig ist. Der Verwaltungsrechtsweg nach §§ 40 ff VwGO ist nicht statthaft. Das unzuständige Gericht darf und muß die Erinnerung unverzüglich an das von ihm ermittelbare zuständige Gericht weiterleiten, Grundgedanke des § 129 a II ZPO, § 25 III 2 FamFG.

Man kann nach V 1 Hs 2 in Verbindung mit § 7, §§ 129 a, 130 a–d ZPO eine Erinnerung elektronisch erheben, Dästner NJW **02**, 469. Eine Einlegung durch E-Mail ohne elektronische Signatur reicht nicht, Hamm FGPrax **13**, 84 rechts. Man kann eine Erinnerung nach V 1 Hs 1 auch zum Protokoll des Urkundsbeamten der Geschäftsstelle oder schriftlich einlegen. Man kann sie inhaltlich beschränken oder später erweitern. Die Mitwirkung eines Anwalts ist nach jetzt V 1 Hs 1 nicht erforderlich. Man sollte diese Vorschrift trotz aller Verschiedenheiten der Verfahrensarten in anderen Punkten hier doch großzügig anwenden. Die Mitwirkung eines Anwalts ist aber natürlich zulässig, wie überhaupt diejenige eines Bevollmächtigten, BayObLG FamRZ **02**, 764. Wegen der Bevollmächtigung gilt nach III 2 die jeweilige Verfahrensordnung, also zB § 11 FamFG. Die Erinnerung ist nicht fristabhängig. Denn § 81 nennt keine Frist. Freilich kann das Erinnerungsrecht wie jedes Recht verwirkt sein, Schlesw SchlHA **82**, 48, aM KLBR 55, wenn auch noch nicht nach 2 Jahren, BayObLG **92**, 171. Zum Problem Köln JB **14**, 312. Ein Erinnerungswert ist nicht erforderlich. Denn II 1 Hs 2 erfordert erst bei der etwa anschließenden Beschwerde evtl einen Wert. Man muß die Erinnerung nicht begründen, wohl aber sein Ziel erkennbar machen. Eine Erweiterung oder Einschränkung oder Rücknahme sind statthaft. Eine Erledigung ist möglich.

9　**B. Zuständigkeit, I.** Für die Entscheidung über die Erinnerung ist nach I 1, 2 das Gericht des dort erfolgten oder dort notwendigen Kostenansatzes zuständig, BPatG GRUR **89**, 912, BayObLG WoM **93**, 213, Hamm Rpfleger **01**, 100. Das kann auch das Rechtsmittelgericht sein. Das gilt unabhängig vom Wohnsitz usw oder von seiner Änderung, Schlesw OLGR **02**, 228. Soweit es sich um die Kosten eines dem Rpfl übertragenen Geschäfts handelt, ist der Rpfl nach § 4 RPflG auch für die Entscheidung über die Erinnerung zuständig, BayObLG RR **02**, 1118, Zweibr Rpfleger **98**, 332, LG Mainz Rpfleger **84**, 480, aM LG Bln JB **77**, 533, LG Kblz Rpfleger **84**, 435 (abl Meyer-Stolte).

Das alles gilt auch dann, wenn der *Rechtspfleger* den *Kostenansatz gefertigt* hatte, Hamm Rpfleger **01**, 100, KG JB **87**, 406, Zweibr JB **81**, 1709, aM BayObLG Rpfleger **93**, 485, LG Bln JB **77**, 533 (abl Mümmler), LG Mainz Rpfleger **84**, 480 (jeweils inkonsequent). Eine Entscheidung des Richters statt des Rpfl bleibt nach § 8 I RPflG wirksam, aM BayObLG Rpfleger **87**, 58 (aber der Wortlaut und Sinn ist eindeutig). Das Gericht teilt den Beschluß formlos mit.

Die *Kammer für Handelssachen* entscheidet, soweit sie besteht und sachlich zuständig ist. Soweit an ihrer Stelle eine Zivilkammer entschieden hat, ist die Aufhebung dieser Entscheidung und eine Zurückverweisung an die Kammer für Handelssachen erforderlich. Soweit eine Erinnerung statthaft ist, ist der ordentliche Rechtsweg nicht zulässig.

Anhängigkeit bei *mehreren Gerichten* des ersten Rechtszugs führt nach I 2 zur Zuständigkeit des zuletzt tätig gewordenen Gerichts.

Das *unzuständige* Gericht gibt nach § 5 einen Verweisungsantrag binnen einer zu setzenden angemessenen Nachfrist anheim und verweist auf ihn hin durch einen unanfechtbaren Beschluß oder weist nach einem erfolglosen Fristablauf die Erinnerung nach Rn 12 als unzulässig zurück.

Kapitel 2. Gerichtskosten § 81 GNotKG

C. Abhilfeprüfung, V–VIII. Der Antrag des Erinnerungsführers begrenzt das 10
Verfahren. Er ist zurücknehmbar und erweiterbar. Eine Anschlußerinnerung ist möglich. Eine Beiladung zB nach § 65 VwGO ist denkbar. Zunächst muß anstelle eines förmlichen Vorverfahrens der Urkundsbeamte der Geschäftsstelle prüfen, ob überhaupt ein wirksamer oder evtl nichtiger Kostenansatz nach § 18 vorliegt, KG Rpfleger **77**, 227, Köln MDR **88**, 162. Sodann prüft er, ob er der Erinnerung abhelfen will. Soweit er nicht abhilft, muß er darüber einen Vermerk mit Gründen zur Akte geben, damit aktenkundig wird, daß er überhaupt die Prüfung vorgenommen hat. Eine floskelhafte Wiederholung einer etwaigen Begründung des Kostenansatzes reicht ebensowenig wie eine floskelhafte Erstbegründung. Natürlich darf aber eine Begründung knapp auf das Wesentliche beschränkt bleiben. Soweit ein danach ausreichender Vermerk fehlt, gibt das Gericht die Akte dem Urkundsbeamten der Geschäftsstelle zur Nachholung dieser Prüfung und zur Anfertigung des Vermerks zurück. Gegen die Ablehnung einer solchen Prüfung nebst Vermerk ist die Dienstaufsichtsbeschwerde statthaft. Sie steht auch dem Gericht des Urkundsbeamten zu.

D. Verfahren nach Nichtabhilfe, V–VIII. Soweit der Urkundsbeamte nach ei- 11
ner Prüfung durch einen ausreichend begründeten Vermerk der Erinnerung nicht abgeholfen hat, entscheidet nach VI das Gericht des Urkundsbeamten nach dem Untersuchungsgrundsatz des § 26 FamFG über die Erinnerung. Es wird nach VI 1 durch eines seiner Mitglieder als Einzelrichter tätig. Der Vorsitzende der Kammer für Handelssachen ist kein Einzelrichter, BGH NJW **04**, 856, aM Hamm JB **06**, 324. Der Einzelrichter darf und muß schon das Erinnerungsverfahren nach VI 2, 3 dem nach dem GVG vorgesehenen Kollegium ohne dessen ehrenamtliche Richter dann übertragen, wenn die Sache besondere und nicht nur übliche Schwierigkeiten tatsächlicher oder rechtlicher Art aufweist oder wenn die Rechtssache sachlich- oder verfahrensrechtlich eine grundsätzliche Bedeutung hat, Ffm JB **07**, 659 (zu VI 2). Das sind dieselben Voraussetzungen wie zB bei § 348 III 1 Z 1, 2 ZPO.

Anders als dort findet aber *keine bloße Vorlage* zur Kollegialentscheidung über eine Übernahme statt, sondern eine das Kollegium bindende abschließende „Übertragung". Sie ist nach VI 4 ebenso wie ihre Unterlassung unanfechtbar. Eine Rückübertragung ist trotz des Fehlens einer dem § 348 III 4 ZPO entsprechenden Vorschrift der Sache nach unstatthaft. Denn VI 2–4 spricht nur von einer Übertragung und nicht auch von einer Rückübertragung. Das Kollegium entscheidet nach VI 3 stets ohne ehrenamtliche Mitglieder,.

Eine *aufschiebende Wirkung* richtet sich nach Rn 26.

Das Gericht muß im Erinnerungsverfahren die *Zulässigkeit* in den Antragsgrenzen *und Begründetheit* prüfen, mit oder ohne eine mündliche Verhandlung, die ihm freisteht, in dem erforderlichen Umfang. Das geschieht nach einer Anhörung zB des Bezirksrevisors als des Vertreters der Staatskasse nach Artt 2 I, 20 III GG (Rpfl). BVerfG **101**, 404, Art 103 I GG (Richter). Eine Vorlage nach Art 100 GG ist statthaft. Soweit das Gericht (Richter) seinerseits entscheidet, nicht abzuhelfen, ohne daß zuvor der Rpfl entsprechend entschieden hätte, liegt ein Verfahrensmangel vor. Er berechtigt zur Zurückverweisung vom Erinnerungsgericht an den Rpfl, BayObLG Rpfleger **93**, 485.

E. Erinnerungsentscheidung, I. Das Gericht entscheidet über die Erinnerung 12
durch einen Beschluß. Es muß ihn grundsätzlich begründen, BLAH § 329 ZPO Rn 4. Es muß insbesondere dem Kostenschuldner alle Klarheit über die Rechtsgrundlagen der Kostenforderung geben, BPatG GRUR **89**, 912. Das Gericht teilt seine Entscheidung den Beteiligten formlos mit.

Soweit das Gericht des Kostenansatzes oder das Rechtsmittelgericht den Kosten- 13
ansatz, die Kostenrechnung, *aufhebt*, muß es seinerseits den in Wahrheit geschuldeten Kostenbetrag selbst ansetzen. Das Gericht darf also die Neuberechnung des wahren Gesamtbetrags nicht etwa dem Urkundsbeamten der Geschäftsstelle übertragen. Eine Nichtabhilfeentscheidung nach § 11 II 3 RPflG ist nicht in eine Entscheidung nach § 81 I umdeutbar, BayObLG WoM **93**, 213. Eine Änderung zum Nachteil des Erinnerungsführers ist als eine sog reformatio in peius unzulässig. Es kann eine Rückzahlungsanordnung notwendig werden. Es erfolgt nach § 6 IV keine Verzinsung.

819

GNotKG § 81 III. Gerichts- und Notarkostengesetz

14   Die Entscheidung wirkt *für und gegen alle* Beteiligten, BayObLG **90**, 113. Daher muß das Gericht alle Beteiligten anhören, BVerfG RR **93**, 383, BayObLG **90**, 113. Freilich wirkt die Festsetzung auch gegenüber den fälschlich nicht Angehörten.

15   **F. Kosten, VIII.** Das Erinnerungsverfahren ist nach VIII 1 gerichtsgebührenfrei. Es ist aber nicht auslagenfrei, KVfG 31 000 ff. Eine Kostengrundentscheidung kommt bei einem bloßen Teilerfolg infrage, Ffm JB **78**, 1848, Mü Rpfleger **77**, 115. Es findet nach VIII 2 keine Kostenerstattung statt. Daher ist § 21 insoweit unanwendbar, Köln Rpfleger **01**, 203.

16   **G. Rechtsmittel, V–VIII.** Rechtsbehelfsbelehrung, Verstoß: §§ 7a, 83 II 2. Eine Nachprüfung der Entscheidung des Gerichts erfolgt außerhalb einer Berichtigung oder Ergänzung nach Rn 12 nur auf Grund eines Rechtsmittels gegen die zuletzt ergangene Entscheidung. Nur ein ungeprüfter Teil der Rechnung läßt einen neuen Rechtsbehelf zu. Eine spätere Gesetzesänderung eröffnet keinen neuen Rechtsbehelf, soweit sie nicht die Rechtskraft beseitigt.

17   **7) Beschwerde, II–VIII.** Es sollten drei Prüfungen erfolgen.
A. **Zulässigkeit bei über 200 EUR Beschwerdewert, II 1.** Gegen die im Erinnerungsverfahren ergangene Endentscheidung des AG oder LG auch über einen Vorschuß, BayObLG Rpfleger **80**, 405, steht dem Beschwerten bei einer Beschwerdesumme von mehr als 200 EUR die einfache Beschwerde nach II 1 zu, Drsd RR **15**, 448. Das gilt nach § 11 I RPflG auch, soweit der Rpfl entschieden hat. Der Beschwerdewert ist wie stets die Differenz zwischen dem Entschiedenem und dem nach wirtschaftlichem Interesse schätzbaren Erstrebtem, BayObLG Rpfleger **00**, 471 (krit Waldner). Beim Geschäftswert entscheidet der aus einer Wertdifferenz folgende Kostenbetrag. Bei mehreren in derselben Entscheidung beurteilten Kostenansätzen darf und muß man für die Beschwer addieren, jedoch nur innerhalb derselben Angelegenheit, aM KG Rpfleger **03**, 149.

Soweit eine Beschwerde gegen eine Entscheidung des Richters unzulässig wäre, weil zB der vorstehende Beschwerdewert nicht vorliegt, ist nach § 11 II RPflG die *sofortige* oder befristete *Erinnerung* statthaft. Der Rpfl darf und muß dann nach § 11 II 2 RPflG prüfen, ob er dieser letzteren Erinnerung abhelfen kann und will. Das weitere Verfahren ergibt sich aus § 11 II 3, 4 RPflG, § 11 RVG, Teil X dieses Buchs.

18   **B. Zulässigkeit bei Zulassung wegen grundsätzlicher Bedeutung, II 2, III 4.** Unabhängig von Rn 17 ist die Beschwerde auch dann zulässig, wenn das über die Erinnerung entscheidende Gericht die Beschwerde wegen einer grundsätzlichen Bedeutung der zur Entscheidung stehenden Frage und deshalb in voller Besetzung bereits in seinem Beschluß zugelassen hat, BGH MDR **04**, 407, LG Lüneb NJW **10**, 881. Eine Zulassung liegt noch nicht in einer bloßen Rechtsmittelbelehrung, BayObLG **00**, 318. Eine Nachholung der Zulassung ist nicht statthaft. Denn „*in* dem Beschluß" ist eindeutig, BayObLG JB **93**, 1135, Köln OLGR **93**, 357. Wohl aber ist unter den Voraussetzungen der entsprechend anwendbaren §§ 319 ZPO, 42 FamFG eine Berichtigung in eine Zulassung erlaubt. Vgl die entsprechende Regelung bei der weiteren Beschwerde nach Rn 27 ff. Die Zulassung läßt sich auf einen wie bei § 301 ZPO abtrennbaren Teil beschränken, BayObLG Rpfleger **75**, 46, zB auf einen von mehreren Kostenschuldnern, BayObLG **83**, 91. Sie bindet nach III 4 das Beschwerdegericht, LG Lüneb NJW **10**, 881.

19   **C. Unzulässigkeit von Beschwerde an obersten Gerichtshof des Bundes, III 3.** Das sind dieselben Voraussetzungen wie zB bei § 543 I, II 1 Z 1 ZPO. Vgl daher zB BLAH dort. Eine Nichtzulassungsbeschwerde ist aber im Gegensatz zu § 544 ZPO nicht statthaft. Das stellt III 4 Hs 2 ausdrücklich klar. Eine vorinstanzliche Zulassung der Beschwerde bindet nach III 4 Hs 1 das Beschwerdegericht. Mangels Statthaftigkeit einer Beschwerde kann eine Auslegung als Gegenvorstellung infragekommen, Karlsr RR **16**, 1084.

20   **D. Beschwerdeberechtigung, II 1.** Es gelten grundsätzlich dieselben Erwägungen wie bei der Erinnerung nach Rn 5–7. Zur Beschwerde ist also jeder durch die Entscheidung im Erinnerungsverfahren Beschwerte berechtigt. Dazu zählt nach § 45 KostVfg, Teil VII A dieses Buchs auch die Staatskasse, soweit sie benachrichtigt ist. Erledigt sich die Hauptsache eines Verfahrens auf die gerichtliche Bestellung eines

Notgeschäftsführers für eine GmbH und muß diese die Gerichtskosten tragen, fehlt einem Gesellschafter das Beschwerderecht wegen einer Kostenentscheidung, BayObLG DB **84**, 1295. Eine vollständige vorbehaltlose Zahlung des Schuldners kann seine Beschwer beseitigen, Köln FGPrax **05**, 181. Mangels einer Beschwer ist eine solche Beschwerde des Kostenschuldners unzulässig, mit der er nur eine Erhöhung des Geschäftswerts erstrebt, BayObLG JB **97**, 209, Mü JB **06**, 491 links unten.

E. Einlegung, V 3. Man kann die Beschwerde nach V 3 wirksam nach Rn 12, 13 nur bei demjenigen Gericht einlegen, dessen Entscheidung man anficht. Das unzuständige Gericht muß die Beschwerde unverzüglich an das von ihm ermittelbare zuständige Gericht weiterleiten, Grundgedanke des § 129 a II ZPO, § 25 III 2 FamFG. 21

F. Zuständigkeit, III 2, VI 2, 3. Beschwerdegericht ist nach III 2 Hs 1 das nächsthöhere Gericht. Liegt allerdings eine Angelegenheit der freiwilligen Gerichtsbarkeit mit Ausnahme der Freiheitsentziehungssachen und der vor den Betreuungsgerichten entschiedenen Sachen vor, so ist nach III 2 Hs 2 in Verbindung mit § 119 I Z 1b GVG das OLG das Beschwerdegericht. Für die Zuständigkeit nach III 2 Hs 1 bleiben also nur die in § 1 II Z 1–20 aufgezählten Fälle. In einer Handelssache ist die Kammer für Handelssachen zuständig. Sie entscheidet nach VI 3 ohne ihre ehrenamtlichen Richter, Köln FGPrax **05**, 233, Mü NVwZ-RR **10**, 90 (je: andernfalls absoluter Beschwerdegrund, daher Aufhebung). Im Beschwerdegericht ist statt der nach dem GVG vorgesehenen Besetzung ohne die ehrenamtlichen Richter der Einzelrichter nach VI 1 Hs 2 dann zuständig, wenn die angefochtene Entscheidung von einem Einzelrichter oder vom Rpfl stammt. Über das dann folgende etwaige Übertragungsverfahren nach VI 2–4 vgl Rn 11, Ffm JB **07**, 659, Mü RR **17**, 1278. 22

G. Weiteres Verfahren, II–VIII. Das Verfahren richtet sich nicht generell nach der ZPO, sondern nach II ff und nur in den Grenzen der dortigen wenigen Einzelverweisungen nach der ZPO. Die Form der Einlegung richtet sich wie bei der Erinnerung nach V 1, vgl daher Rn 8. Die Beschwerde ist nach Rn 8 ebensowenig wie die Erinnerung fristabhängig. Allerdings ist eine Verwirkung des Beschwerderechts möglich, wenn der Beschwerdeführer übermäßig lange mit der Einlegung der Beschwerde gewartet hatte, BayObLG **78**, 311. Soweit statt des Rpfl der Richter entschieden hatte, ist nicht stets eine Zurückverweisung notwendig, LG Mainz Rpfleger **84**, 480. Dasselbe gilt, falls der Rpfl trotz § 11 I RPflG, 571 I Z 1 ZPO keine Nichtabhilfeentscheidung getroffen hatte, BayObLG Rpfleger **93**, 485. 23

H. Abhilfeprüfung, II–VIII. Abhilfe der Beschwerde ist nach III 1 Hs 1 durch dasjenige Gericht statthaft, das über die Erinnerung entschieden hat. Daher muß es wie beim vergleichbaren § 572 I 1 Hs 1 ZPO nach dem ausdrücklichen Befehl von III 1 Hs 1 die Statthaftigkeit, Zulässigkeit und Begründetheit stets zunächst selbst voll nachprüfen. Bejahendenfalls „hat" das Erinnerungsgericht der Beschwerde nach III 1 abzuhelfen. Das geschieht durch einen zu begründenden Beschluß. Gegen ihn ist eine Beschwerde des Gegners nach II 1 denkbar. Es ist auch eine teilweise Abhilfe möglich. Sie kann den restlichen Wert der Beschwer unter die Grenze des II 1 absinken lassen. Denn die Vorlagepflicht wegen des Rests nach III 1 Hs 2 ändert nichts an der Änderung einer bisherigen Beschwer. Erst beim Ergebnis „Nichtabhilfe" kommt die Zuständigkeit des Beschwerdegerichts nach III 2 infrage. Der Nichtabhilfebeschluß muß eine ebenso nachprüfbare Begründung erhalten wie eine Abhilfeentscheidung. 24

Bloße Floskeln sind keine Begründung. Sie berechtigen das Beschwerdegericht zur Zurückverweisung wegen eines Verfahrensmangels. Die Mitteilung der Entscheidung des unteren Gerichts erfolgt nach III 1 Hs 2 wie sonst. Sie muß „unverzüglich" erfolgen. Vgl dazu § 121 I 1 BGB mit seinem Verbot eines schuldhaften, also vorwerfbaren Zögerns. Nach einer zulässigen Aktenvorlage entscheidet das Beschwerdegericht in dem für eine Beschwerde in der Hauptsache jeweils geltenden Verfahren ohne eine Vorlage beim BGH.

I. Entscheidung, Kosten, VI, VIII. Es gelten dieselben Erwägungen wie bei der Erinnerung nach Rn 12–14. Zuständig ist das Kollegium, Drsd RR **15**, 448. Zusätzlich hebt das Beschwerdegericht evtl die Entscheidung des Erinnerungsgerichts auf. Die ehrenamtlichen Richter wirken nach VI 3 nicht mit, Mü MDR **09**, 1410 (beim Verstoß Aufhebung). Bei einer Zurückverweisung bindet die Rechtsansicht des 25

GNotKG § 81

Beschwerdegerichts für das weitere Verfahren, BayObLG Rpfleger **92**, 432. Im übrigen gelten Rn 11 entsprechend. Rechtsbehelfsbelehrung, Verstoß: §§ 7 a, 83 II 2.

26 **8) Aufschiebende Wirkung, VII.** Sie tritt grundsätzlich nach VII 1 weder bei der Erinnerung noch bei der Beschwerde ein. Jedoch können das Erinnerungsgericht oder das Beschwerdegericht nach VII 2 Hs 1 auf Antrag oder von Amts wegen eine aufschiebende Wirkung ganz oder teilweise anordnen. Dazu ist der Vorsitzende befugt, soweit nicht nach VI 1 der Einzelrichter tätig ist. Das gilt aber nur als eine Ausnahme von dem in VII 1 genannten entgegengesetzten Grundsatz und daher nur beim Vorliegen wesentlicher Umstände. Dabei kommt es darauf an, ob und wieweit ohne eine aufschiebende Wirkung unersetzbare Nachteile oder sonstige Unzumutbarkeiten drohen, Köln MDR **11**, 564 (nennt irrig VIII statt VII). Die Ansicht des Kostenschuldners, die Rechnung sei unrichtig, reicht nicht, Köln MDR **11**, 564. Das Gericht hat bei alledem ein pflichtgemäßes, aber weites Ermessen, Köln FGPrax **13**, 85. Es muß seine Erwägungen kurz begründen. Gegen die Entscheidung ist keine Beschwerde statthaft.

27 **9) Zulässigkeit der weiteren Beschwerde, IV.** Eine weitere Beschwerde gegen die Entscheidung eines LG als Beschwerdegericht ist ohne die Notwendigkeit einer Fristbeachtung nach IV 1 statthaft, soweit die folgenden Voraussetzungen zusammentreffen.

A. Zulassung, IV 1. Die weitere Beschwerde ist grundsätzlich insoweit statthaft, als das LG als Beschwerdegericht über eine Entscheidung des AG wegen des Kostenansatzes befunden hat, also nicht über eine eigene Kostenentscheidung, Düss MDR **87**, 244, Karlsr JB **81**, 1874, Zweibr **86**, 1641. Weitere Voraussetzung ist, daß das LG die weitere Beschwerde wegen der grundsätzlichen Bedeutung der Rechtsfrage bereits in der Beschwerdeentscheidung zugelassen hat, Ffm JB **02**, 656, Karlsr WoM **98**, 180, aM Hamm FGPrax **05**, 87 (aber der Wortlaut von IV 1 ist eindeutig). Eine solche Zulassung sollte stets erfolgen, wenn es um eine noch nicht endgültig geklärte Rechtsfrage geht oder soweit das Beschwerdegericht von der Rechtsprechung der Oberlandesgerichte abweicht. Soweit solche Situation nicht vorliegt, ist eine Nichtzulassung verfassungsgemäß, BVerfG NJW **12**, 2947. Nicht ausreichend ist eine fehlerhafte Rechtsmittelbelehrung, BayObLG **00**, 318. Eine rechtswidrige Zulassung einer unstatthaften weiteren Beschwerde bindet das OLG nicht.

28 **B. Nachholung der Zulassung, IV 1.** Soweit das Beschwerdegericht die Zulassung in der Entscheidung versäumt hat, darf es diese Zulassung grundsätzlich nicht nachholen. Das folgt aus den Worten „in dem Beschluß" in IV 1, (je zum alten Recht) BayObLG **80**, 288, Köln JB **94**, 757.

Soweit das Beschwerdegericht aber nur *vergessen* hatte, die *beschlossene* Zulassung in die schriftliche Entscheidung aufzunehmen, darf und muß es diese Beschwerdeentscheidung in einer entsprechenden Anwendung der §§ 319 ZPO, 42 FamFG von Amts wegen berichtigen. Freilich muß die offenbare Unrichtigkeit aus den Gründen des Beschwerdebeschlusses hervorgehen oder zumindest aus denjenigen des Berichtigungsbeschlusses, Köln JB **94**, 757.

Für eine Berichtigung reicht es *nicht* aus, daß das Beschwerdegericht einfach *vergessen* hatte, die Frage der Zulassung der weiteren Beschwerde in seiner Beratung zu erörtern oder darüber nach einer stattgefundenen Beratung einen Beschluß zu fassen, Köln JB **78**, 904, Köln JB **94**, 757.

29 **C. Keine Nichtzulassungsbeschwerde, IV 4.** Eine Nichtzulassungsbeschwerde ist grundsätzlich unzulässig. Das ergibt sich aus IV 4 in Verbindung mit III 4. Wenn das Beschwerdegericht eine weitere Beschwerde nicht zugelassen hatte, ist sie allerdings ausnahmsweise dann statthaft, wenn der Beschwerdeentscheidung jegliche gesetzliche Grundlage fehlte, aM BayObLG FGPrax **03**, 25 (aber eine derartige Willkür braucht eine Korrekturmöglichkeit).

Zu einer solchen Annahme genügt es freilich *nicht stets, daß* das Beschwerdegericht dem Beschwerdeführer das *rechtliche Gehör verweigert* hatte, BayObLG JB **91**, 1109, Mümmler JB **78**, 905, aM Köln JB **78**, 904 (aber nicht jeder Verstoß gegen Art 103 I GG wiegt gleich schwer. Im übrigen gilt § 131 nur begrenzt).

30 **D. Kein Beschwerdewert, IV 1–4.** Es ist für die weitere Beschwerde zwar nach Rn 31 eine Beschwer nötig, aber kein Beschwerdewert mehr erforderlich. Denn IV nennt im Gegensatz zu II 1 keinen solchen und verweist auch nicht mit auf II 1. Es geht ja um die dem II 2 entsprechende ganz andere Lage.

E. Rechtsverletzung, IV 2. Die angefochtene Entscheidung des Beschwerdegerichts muß auf einer Verletzung des Rechts nach §§ 546, 547 ZPO beruhen, so schon KG Rpfleger **79**, 231. Hierzu kann ein Ermessensfehler zählen, Düss BB **88**, 1701. Es muß also eine Beschwer vorliegen. Ein absoluter Beschwerdegrund wie bei § 547 ZPO liegt zB in einer Entscheidung der Kammer für Handelssachen einschließlich der Handelsrichter (früher: ehrenamtliche Richter), Köln MDR **06**, 349. 31

F. Keine weitere Beschwerde an Obersten Gerichtshof des Bundes, IV 4. Die weitere Beschwerde darf auch nicht an einen Obersten Gerichtshof des Bundes gerichtet oder zu richten sein. Das ergibt sich nicht etwa aus IV 3. Denn V verweist nicht auch auf III 3. Die Unzulässigkeit folgt aber aus IV 1. Denn danach muß zuvor gerade das LG als Beschwerdegericht entschieden haben. Außerdem ist für die weitere Beschwerde nach IV 3 nur das OLG zuständig. 32

G. Sonstiges, IV 1–4. Eine weitere Beschwerde ist nicht statthaft, soweit sich die erste Beschwerde nicht gegen den Kostenansatz richtet, sondern eine Vergütung aus der Staatskasse bezweckte, BayObLG **75**, 262. 33

10) Verfahren der weiteren Beschwerde, IV 1–4. Die weitere Beschwerde ist eine Rechtsbeschwerde, BVerfG WertpMitt **12**, 1073, BayObLG DB **98**, 1907. Es gelten daher praktisch dieselben Regeln wie bei §§ 574 ff ZPO, vgl auch BVerfG WertpMitt **12**, 1073. Das OLG darf nur die rechtlichen Gesichtspunkte in der angefochtenen Entscheidung des Gerichts der Erstbeschwerde nachprüfen. Es ist an die tatsächlichen Feststellungen des Beschwerdegerichts gebunden, Oldb JB **91**, 1224. Es ist daher nach IV 2 wegen des Worts „nur" keine Erweiterung des Beschwerdegegenstands und auch kein neuer Tatsachenvortrag zulässig. Jedoch entscheidet das OLG auch über die erst bis zum LG geratene Geschäftswertbeschwerde mit. 34

Zur *Entscheidung* über die weitere Beschwerde ist nach IV 3 das übergeordnete OLG oder dasjenige OLG zuständig, das nach § 30a EGGVG, Teil XII B dieses Buchs, BVerfG WertpMitt **12**, 1073, unter mehreren Oberlandesgerichten eines Bundeslands zuständig ist, zB in Rheinland-Pfalz das OLG Zweibr nach § 4 III Z 2 G v. 5. 10. 77, GVBl 333. Eine Anwendung des FamFG (Zuständigkeit des BGH) scheidet nach § 81 IV 1–4 GNotKG aus, (zum alten Recht) Mü FGPrax **08**, 224.

Die weitere Beschwerde ist nicht fristabhängig. Sie kann freilich verwirkt sein. Sie läßt sich *schriftlich*, elektronisch oder zum Protokoll der Geschäftsstelle bei demjenigen Gericht einlegen, das für die Entscheidung zuständig ist. Denn V 1 Hs 1, 2 gilt auch für die weitere Beschwerde. Ein Anwaltszwang besteht nicht. Das LG darf und muß nach IV 4 in Verbindung mit III 1 Hs 1 evtl der weiteren Beschwerde abhelfen. 35

Das OLG entscheidet in seiner vollen Besetzung nach einer ihm freigestellten mündlichen *Verhandlung* und nach der erforderlichen Anhörung eines Beteiligten nach Art 103 I GG durch einen Beschluß. Es muß seinen Beschluß grundsätzlich begründen, BLAH § 329 ZPO Rn 4. Das OLG teilt den Beschluß den Beteiligten formlos mit. Er wird mit der Bekanntgabe formell rechtskräftig.

Im Verfahren über die weitere Beschwerde entstehen nach *VIII 1 keine Gerichtsgebühren*. Es kann aber eine Pflicht zur Bezahlung der Auslagen entstehen. Eine Kostenerstattung findet nach *VIII 2* nicht statt.

Beschwerde gegen die Anordnung einer Vorauszahlung

82 I ¹Gegen den Beschluss, durch den aufgrund dieses Gesetzes die Tätigkeit des Gerichts von der vorherigen Zahlung von Kosten abhängig gemacht wird, und wegen der Höhe des in diesem Fall im Voraus zu zahlenden Betrags ist stets die Beschwerde statthaft. ²§ 81 Absatz 3 bis 5 Satz 1 und 4 und Absatz 6 und 8 ist entsprechend anzuwenden.

II Im Fall des § 14 Absatz 2 ist § 81 entsprechend anzuwenden.

1) Systematik, Regelungszweck, I, II. Die Vorschrift gilt nur bei Gerichtskosten. Sie hat gegenüber § 81 als in I teilweise Spezialregelung den Vorrang neben dem gleichfalls speziellen § 83. § 82 geht nach § 1 VI jeder Regelung der für das zugrundeliegende Verfahren geltenden Vorschriften anderer Gesetze vor. 1

GNotKG §§ 82, 83 III. Gerichts- und Notarkostengesetz

2 **2) Beschwerde, I, II.** Rechtsbehelfsbelehrung, Verstoß: §§ 7 a, 83 II 2. Es gibt mehrere Aspekte.

A. Statthaftigkeit, I 1. Gegen die durch eine echte gerichtliche Entscheidung erfolgende Anordnung nach I als solche wie auch gegen deren Höhe ist nach I 1 stets und nur die Beschwerde statthaft. Es handelt sich um eine unbefristete einfache Beschwerde, BayObLG JB **92**, 182, Zweibr FamRZ **82**, 530. Für das Beschwerdeverfahren besteht nach § 14 I 2 in Verbindung mit § 81 V 1 kein Anwaltszwang.

Soweit der *Rechtspfleger* die Anordnung nach I erlassen hat, ist zunächst die *Erinnerung* nach § 11 RPflG notwendig, BayObLG JB **94**, 166. Über sie entscheidet das Gericht nach § 81 I.

Gegen die *Unterlassung* der Anordnung nach I (Nichtabhängigmachung) hat die Staatskasse kein Beschwerderecht.

Gegen die *Zurückweisung* eines Eintragungsantrags ist nicht die Beschwerde nach I statthaft, sondern die Sachbeschwerde, Düss FGPrax **17**, 200, Hamm FGPrax **00**, 128.

3 **B. Verfahren, I 2.** Es richtet sich grundsätzlich nach § 81 III–V 1, 4, VI. Das gilt in einer Grundbuchsache wegen des Vorrangs nach § 1 VI auch trotz §§ 71–77, 81 GBO, ebenso in einer Schiffsregistersache trotz §§ 75–82, 89 SchiffsRegO.

4 **C. Weitere Beschwerde, I 2.** Sie ist jetzt nach I 2 in Verbindung mit § 81 IV 3, III 3 unter den dortigen Voraussetzungen zulässig. Soweit das Gericht eine endgültige Kostenrechnung erteilt, erledigt sich damit die Vorschußberechnung und damit die Beschwerde. Eine endgültige Kostenrechnung erledigt auch eine Erinnerung. Denn sie erledigt die Vorschußberechnung.

5 **D. Dokumente, Akten, II.** Ihre Herstellung, Überlassung, Versendung und elektronische Übermittlung nur gegen Vorschuß nach § 14 II läßt sich nach § 81 bekämpfen. Vgl daher insofern dort.

Beschwerde gegen die Festsetzung des Geschäftswerts

83 I [1]Gegen den Beschluss, durch den der Geschäftswert für die Gerichtsgebühren festgesetzt worden ist (§ 79), ist die Beschwerde statthaft, wenn der Wert des Beschwerdegegenstands 200 Euro übersteigt. [2]Die Beschwerde ist auch statthaft, wenn sie das Gericht, das die angefochtene Entscheidung erlassen hat, wegen der grundsätzlichen Bedeutung der zur Entscheidung stehenden Frage in dem Beschluss zulässt. [3]Die Beschwerde ist nur zulässig, wenn sie innerhalb der in § 79 Absatz 2 Satz 2 bestimmten Frist eingelegt wird; ist der Geschäftswert später als einen Monat vor Ablauf dieser Frist festgesetzt worden, kann sie noch innerhalb eines Monats nach Zustellung oder formloser Mitteilung des Festsetzungsbeschlusses eingelegt werden. [4]Im Fall der formlosen Mitteilung gilt der Beschluss mit dem dritten Tag nach Aufgabe zur Post als bekannt gemacht. [5]§ 81 Absatz 3 bis 5 Satz 1 und 4 und Absatz 6 ist entsprechend anzuwenden. [6]Die weitere Beschwerde ist innerhalb eines Monats nach Zustellung der Entscheidung des Beschwerdegerichts einzulegen.

II [1]War der Beschwerdeführer ohne sein Verschulden verhindert, die Frist einzuhalten, ist ihm auf Antrag von dem Gericht, das über die Beschwerde zu entscheiden hat, Wiedereinsetzung in den vorigen Stand zu gewähren, wenn er die Beschwerde binnen zwei Wochen nach der Beseitigung des Hindernisses einlegt und die Tatsachen, welche die Wiedereinsetzung begründen, glaubhaft macht. [2]Ein Fehlen des Verschuldens wird vermutet, wenn eine Rechtsbehelfsbelehrung unterblieben oder fehlerhaft ist. [3]Nach Ablauf eines Jahres, von dem Ende der versäumten Frist an gerechnet, kann die Wiedereinsetzung nicht mehr beantragt werden. [4]Gegen die Entscheidung über den Antrag findet die Beschwerde statt. [5]Sie ist nur zulässig, wenn sie innerhalb von zwei Wochen eingelegt wird. [6]Die Frist beginnt mit der Zustellung der Entscheidung. [7]§ 81 Absatz 3 Satz 1 bis 3, Absatz 5 Satz 1, 2 und 4 sowie Absatz 6 ist entsprechend anzuwenden.

III [1]Die Verfahren sind gebührenfrei. [2]Kosten werden nicht erstattet.

Kapitel 2. Gerichtskosten　　　　　　　　　　　　　　　§ 83 GNotKG

Gliederung

1) **Erstbeschwerde, I 1–4**	1–4
A. Entweder: Beschwerdewert mehr als 200 EUR, I 1	1
B. Oder: Zulassung wegen grundsätzlicher Bedeutung, I 2	2
C. Grundsatz: 6-Monatsfrist, I 3 Hs 1	3
D. Ausnahme: 1-Monatsfrist, I 3 Hs 2, I 4	4
2) **Weiteres Verfahren der Erstbeschwerde, I 5**	5
3) **Weitere Beschwerde, I 5, 6**	6–12
A. Zulässigkeit, § 81 IV 1, 2 entsprechend	7
B. Einlegung, § 81 V 3 entsprechend	8
C. Abhilfemöglichkeit, § 81 III 1 Hs 1 entsprechend	9
D. Weiteres Verfahren, § 81 III 2, 4 entsprechend	10
E. Kein Anwaltszwang, § 81 V 1 entsprechend	11
F. Frist, I 6	12
4) **Wiedereinsetzung, II 1–3**	13–20
A. Fristversäumung ohne Verschulden, II 1, 2	14, 15
B. Antrag, II 1	16
C. Wiedereinsetzungsfrist, II 1, 3	17
D. Zuständigkeit, II 1	18
E. Glaubhaftmachung, II 1	19
F. Weiteres Wiedereinsetzungsverfahren, II 1–3	20
5) **Wiedereinsetzungsbeschwerde, II 4–7**	21
6) **Gebührenfreiheit, keine Kostenerstattung, III 1, 2**	22
7) **Gegenvorstellung, I–III**	23

1) Erstbeschwerde, I 1–4. Die Vorschrift stimmt weitgehend mit § 66 GKG **1** überein. Es muß eine endgültige Festsetzung vorliegen, Brdb FamRZ **05**, 228, aM Bbg JB **80**, 1865, KG RR **04**, 864, Zweibr JB **79**, 405 (je: nicht bei einer Ablehnung von Amts wegen). Eine Erstbeschwerde kommt auch dann infrage, wenn das LG den Wert als Hauptsache-Beschwerdegericht erstmals festgesetzt hat, Ffm OLGR **97**, 273, Hamm FGPrax **05**, 320, Mü JB **06**, 427, aM Köln OLGR **04**, 112. Dasselbe gilt, soweit das Beschwerdegericht eine Festsetzung des AG geändert hat, BayObLG JB **88**, 214. Stets muß die Beschwer durch einen Vermögensnachteil des Beschwerdeführers vorliegen, Mü JB **81**, 892, aM Hbg MDR **77**, 407. Im übrigen müssen zur Zulässigkeit mehrere Bedingungen zusammentreffen.

A. Entweder: Beschwerdewert mehr als 200 EUR, I 1. Entweder hängt die Statthaftigkeit einer Erstbeschwerde wie bei § 81 II 1 davon ab, daß der Wert des gesamten Beschwerdegegenstands 200 EUR übersteigt. Ab 200,01 EUR kommt es nicht darauf an, ob der Beschwerdewert den Hauptsachenwert übersteigt.

B. Oder: Zulassung wegen grundsätzlicher Bedeutung, I 2. Statt eines Be- **2** schwerdewerts nach Rn 1 genügt es auch, wenn das Erstgericht die Beschwerde wegen der grundsätzlichen Bedeutung der zur Entscheidung anstehenden Frage bereits in seinem Beschluß zugelassen hat. Das ist dieselbe Bedingung wie bei § 81 II 2 und bei § 68 I 2 GKG, § 57 I 2 FamGKG, Teile I A, B dieses Buchs. Vgl daher jeweils dort.

C. Grundsatz: 6-Monatsfrist, I 3 Hs 1. Eine Erstbeschwerde ist nach I 3 Hs 1 **3** in Verbindung mit § 79 II 2 außerdem nur dann zulässig, wenn der Beschwerdeführer sie innerhalb von sechs Monaten nach dem Eintritt der Rechtskraft, nach der Entscheidung in der Hauptsache oder nach einer anderweitigen Erledigung des Verfahrens einlegt, BayObLG **03**, 88. Zur Fristberechnung vgl dort.

D. Ausnahme: 1-Monatsfrist, I 3 Hs 2, I 4. Eine Erstbeschwerde ist bei einem **4** Beschwerdewert von über 200 EUR wie bei § 81 II 1 und bei einer Nichteinhaltung der 6-Monatsfrist des Hs 1 ausnahmsweise nach I 3 Hs 2 auch dann zulässig, wenn das Gericht den Geschäftswert später als einen Monat vor dem Ablauf dieser 6-Monatsfrist festgesetzt hatte und wenn seit der Zustellung oder formlosen Mitteilung des Festsetzungsbeschlusses noch kein voller Monat verstrichen ist. Zur Fristberechnung I 4. Bei einer formlosen Mitteilung entstehen bei einem unklaren Fristbeginn Berechnungsprobleme. Man darf sie keineswegs etwa durch eine entsprechende Anwendung solcher Vorschriften lösen, die eine Zugangsunterstellung bringen, wie etwa § 270 S 2 ZPO. Das wäre eine zwar bequeme, aber unzulässige Ausdehnung von immer noch vereinzelten und obendrein wegen Art 103 I GG zweifelhaften Regelungen über ihren Geltungsbereich hinaus.

GNotKG § 83   III. Gerichts- und Notarkostengesetz

5   2) **Weiteres Verfahren der Erstbeschwerde, I 5.** Die Beschwerde muß nicht diese Bezeichnung tragen. Auf das weitere Verfahren ist nach I 5 § 81 III–V 1, 4, VI entsprechend anwendbar. Vgl daher dort. Es ist auch eine Verböserung statthaft, BayObLG JB **96**, 267.

6   3) **Weitere Beschwerde, I 5, 6.** An die Erstbeschwerde nach Rn 1–5 kann sich gegen die Beschwerdeentscheidung eine weitere Beschwerde anschließen. Das ergibt sich aus der in I 5 bestimmten entsprechenden Anwendbarkeit von § 81 IV. Dazu müssen die folgenden Voraussetzungen zusammentreffen.

7   A. **Zulässigkeit, § 81 IV 1, 2 entsprechend.** Es muß jede der in § 81 Rn 27ff erläuterten Bedingungen vorliegen. Es muß also zunächst eine Zulassung nach § 81 Rn 27 erfolgen. Wegen ihrer Nachholung dort Rn 28, wegen einer Nichtzulassungsbeschwerde dort Rn 29. Es muß ferner ein Beschwerdewert nach § 81 Rn 30 vorliegen. Ferner muß der Beschwerdeführer eine Rechtsverletzung nach § 81 Rn 31 beanstanden. Schließlich kommt nach § 81 Rn 32 keine Beschwerde an einen Obersten Gerichtshof des Bundes in Betracht. Wegen sonstiger Einzelheiten § 81 Rn 33.

8   B. **Einlegung, § 81 V 3 entsprechend.** Die Einlegung der weiteren Beschwerde ist schriftlich oder elektronisch oder zum Protokoll entweder nach § 81 Rn 34 beim Gericht der weiteren Beschwerde zulässig, oder nach § 81 Rn 34 bei demjenigen Gericht, dessen Entscheidung man anficht.

9   C. **Abhilfemöglichkeit, § 81 III 1 Hs 1 entsprechend.** Dasjenige Gericht, das über die Erstbeschwerde entschieden hat, kann der weiteren Beschwerde abhelfen. Das ergibt sich aus der Verweisung in I 5 auf § 81 III 1 Hs 1. Folglich muß das bisherige Gericht prüfen, ob es abhelfen will oder muß. Es darf nur auf Grund einer mit nachvollziehbarer Begründung versehenen Nichtabhilfeentscheidung etwa die Akten dem vorgeordneten Gericht zur Entscheidung vorlegen.

10   D. **Weiteres Verfahren, § 81 III 2, 4 entsprechend.** Über die weitere Beschwerde entscheidet nach § 81 III 2 das nach den für die Hauptsache geltenden Vorschriften zuständige im Rechtszug nächsthöhere Gericht. Eine Bezugnahme auf die Regelung einer etwaigen aufschiebenden Wirkung der weiteren Beschwerde ist nicht erfolgt. Denn I 5 verweist nicht auch auf § 81 VII. Im übrigen sind die für die Beschwerde in der Hauptsache geltenden Vorschriften anwendbar. Es findet entsprechend § 81 III 4 keine Vorlage an den BGH statt. Ein Verschlechterungsverbot besteht nicht bei einer Beschwerde gegen eine Wertfestsetzung, Mü BauR **17**, 1424 rechts Mitte.

11   E. **Kein Anwaltszwang, § 81 V 1 entsprechend.** Weder zur Einlegung der weiteren Beschwerde noch im weiteren Verfahren besteht ein Anwaltszwang. Das folgt aus der Verweisung in III 5 auf § 14 VI 1.

12   F. **Frist, I 6.** Für die weitere Beschwerde muß man die 1-Monatsfrist des I 6 beachten.

13   4) **Wiedereinsetzung, II 1–3.** In einer gewissen Anlehnung an §§ 233ff ZPO gibt IV die Möglichkeit einer Wiedereinsetzung in den vorigen Stand wegen der Versäumung einer jeden der in § 83 genannten Fristen, also keineswegs nur wegen einer Versäumung der Frist zur weiteren Beschwerde nach I 6, sondern auch wegen einer Versäumung der Frist zur Erstbeschwerde nach I 3. Denn II 1 spricht in einem neuen Absatz einfach nur „die Frist" an, aM KG Rpfleger **80**, 443, Nürnb JB **81**, 1548 (aber IV gilt für jeden „Beschwerdeführer"). Im einzelnen gilt die folgende Regelung.

14   A. **Fristversäumung ohne Verschulden, II 1, 2.** Der Beschwerdeführer muß eine Frist der einen oder anderen Art nach Rn 12 ohne sein Verschulden versäumt haben. Das ist derselbe Gedanke wie bei der Wiedereinsetzung im Zivilprozeß nach §§ 233ff ZPO. Man sollte daher die freilich ausgewucherte Rechtsprechung zu jenen Vorschriften im Kern auch hier notgedrungen mitbeachten, BLAH § 233 ZPO Rn 2ff, insbesondere zum Verschuldensbegriff, dort Rn 11ff. Danach begnügt sich auch II 1 mit einem solchen Sorgfaltsgrad, der auch bei anderen Parteiprozeßhandlungen üblich ist. Man muß den Maßstab der erforderlichen Sorgfalt den gesamten Umständen anpassen. Es schaden ein Vorsatz und eine Fahrlässigkeit jeden Grades, also auch ein nur leichtes Verschulden, auch als ein bloßes Mitverschulden. Die bloße Möglichkeit einer

Schuldlosigkeit reicht nicht. Das Verschulden des gesetzlichen Vertreters kann wie bei § 51 II ZPO schaden, dasjenige als ProzBev wie bei § 85 II ZPO.
Eine *Vermutung der Schuldlosigkeit* liegt nach *II 2* dann vor, wenn keine oder eine fehlerhafte *Rechtsbehelfsbelehrung* nach § 7 a erfolgt ist. Das ist dieselbe Regelung wie zB bei § 68 II 2 GKG, Teil I A dieses Buchs. Vgl daher insofern dort.
Wegen der unzähligen *Beispiele* aus der Rechtsprechung zur Frage einer Wiedereinsetzung BLAH § 233 ZPO Rn 18 ff. 15

B. Antrag, II 1. Die Wiedereinsetzung erfolgt wie im Zivilprozeß nicht von Amts wegen, sondern nur auf einen Antrag. Vgl daher § 236 ZPO. Ein dem § 236 II 2 ZPO entsprechender Wegfall des Antragszwangs findet aber nicht statt. 16

C. Wiedereinsetzungsfrist, II 1, 3. Es läuft wie bei § 234 I, II ZPO eine zweiwöchige Frist seit der Beseitigung des Hindernisses und außerdem wie bei § 234 III ZPO eine absolute Höchstfrist von einem Jahr seit dem Ende der versäumten Frist. Vgl daher zu den auch insofern zahlreichen Einzelfragen BLAH § 234 ZPO Rn 2 ff. 17

D. Zuständigkeit, II 1. Sie liegt wie bei § 237 ZPO bei demjenigen Gericht, dem die Entscheidung über die Beschwerde zusteht. Beschwerdegericht ist nach III 5 in Verbindung mit § 81 III 2 das nächsthöhere Gericht und in einer Familiensache das OLG nach Rn 9. 18

E. Glaubhaftmachung, II 1. Der Antragsteller muß wie bei § 236 II 1 ZPO diejenigen Tatsachen glaubhaft machen, die eine Wiedereinsetzung begründen. Die Glaubhaftmachung erfolgt nach § 31 FamFG. Einzelheiten zB bei BLAH §§ 236, 294 ZPO. 19

F. Weiteres Wiedereinsetzungsverfahren, II 1–3. Es gilt nahezu dasselbe wie bei § 238 ZPO. II 6 in Verbindung mit den dortigen Verweisungen ist schon hier anwendbar. Denn II 6 steht selbständig auch hinter II 1, 2. Vgl dort. 20

5) Wiedereinsetzungsbeschwerde, II 4–7. Abweichend von § 238 III ZPO kommt sogar gegen die Wiedereinsetzung die Beschwerde binnen zwei Wochen seit der Zustellung der Entscheidung infrage. Dasselbe gilt gegen eine Ablehnung der Wiedereinsetzung. Das Verfahren richtet sich nach II 6 in Verbindung mit den dortigen Verweisungen. Vgl dort. 21

6) Gebührenfreiheit, keine Kostenerstattung, III 1, 2. Es gilt dasselbe wie bei § 81 VIII. Vgl daher dort. 22

7) Gegenvorstellung, I–III. Sie ist in § 83 ebensowenig wie sonst statthaft, VerfGH Mü NJW 94, 575. Zu ihrer grundsätzlichen Behandlung § 68 GKG Rn 22, Teil I A dieses Buchs. 23

Abhilfe bei Verletzung des Anspruchs auf rechtliches Gehör

84 I Auf die Rüge eines durch die Entscheidung nach diesem Gesetz beschwerten Beteiligten ist das Verfahren fortzuführen, wenn
1. ein Rechtsmittel oder ein anderer Rechtsbehelf gegen die Entscheidung nicht gegeben ist und
2. das Gericht den Anspruch dieses Beteiligten auf rechtliches Gehör in entscheidungserheblicher Weise verletzt hat.

II ¹Die Rüge ist innerhalb von zwei Wochen nach Kenntnis von der Verletzung des rechtlichen Gehörs zu erheben; der Zeitpunkt der Kenntniserlangung ist glaubhaft zu machen. ²Nach Ablauf eines Jahres seit Bekanntmachung der angegriffenen Entscheidung kann die Rüge nicht mehr erhoben werden. ³Formlos mitgeteilte Entscheidungen gelten mit dem dritten Tag nach Aufgabe zur Post als bekannt gemacht. ⁴Die Rüge ist bei dem Gericht zu erheben, dessen Entscheidung angegriffen wird; § 81 Absatz 5 Satz 1 und 2 gilt entsprechend. ⁵Die Rüge muss die angegriffene Entscheidung bezeichnen und das Vorliegen der in Absatz 1 Nummer 2 genannten Voraussetzungen darlegen.

III Den übrigen Beteiligten ist, soweit erforderlich, Gelegenheit zur Stellungnahme zu geben.

IV ¹Das Gericht hat von Amts wegen zu prüfen, ob die Rüge an sich statthaft ist und ob sie in der gesetzlichen Form und Frist erhoben ist. ²Mangelt es an einem dieser Erfordernisse, so ist die Rüge als unzulässig zu verwerfen. ³Ist die

Rüge unbegründet, weist das Gericht sie zurück. ⁴Die Entscheidung ergeht durch unanfechtbaren Beschluss. ⁵Der Beschluss soll kurz begründet werden.

ᵛ Ist die Rüge begründet, so hilft ihr das Gericht ab, indem es das Verfahren fortführt, soweit dies aufgrund der Rüge geboten ist.

ᵛᴵ Kosten werden nicht erstattet.

1 1) **Systematik, Regelungszweck, I–VI.** Die Vorschrift gilt nur bei Gerichtskosten. Von ihr weicht bei Notarkosten § 131 unnötig ab. § 84 stimmt praktisch wörtlich mit zB § 69a GKG überein, Teil I A dieses Buchs. Vgl daher dort. Zur Kostenschuldnerregelung vgl § 25 III.

Kapitel 3. Notarkosten

Abschnitt 1. Allgemeine Vorschriften

Übersicht

Schrifttum: (zusätzlich zu den vor Grdz 1 vor § 1 Genannten): *Bäuerle,* Kostentabelle für Notare, 32. Aufl 2016; *Bormann/Diehn/Sommerfeldt,* GNotKG, 2. Aufl 2016; *Diehn,* Notarkostenberechnungen, 5. Aufl 2017; *Diehn* DNotZ **13**, 406 (Üb); *Diehn,* Notarkosten, 2018; *Diehn/Sikora/Tiedtke,* Das neue Notarkostenrecht, 2013; *Diehn/Volpert,* Praxis des Notarkostenrechts, 2014; *Fackelmann,* Notarkosten nach dem neuen GNotKG, 2013; *Kroiß* NJW **14**, 437 (Rspr-Üb); *Ländernotarkasse (Hrsg),* Leipziger Kostenspiegel, 2. Aufl 2017; *Otto/Reimann/Tiedtke,* Notarkosten nach dem neuen GNotKG, 2013; *Schmidt* JB **13**, 342 und 396 (je: Üb); *Schneider/Korn* WertpMitt **15**, 62 (Rechtswahlklauseln); *Schwarz* FGPrax **13**, 1 (Üb); *Sikora/Tiedtke* NJW **13**, 2310 (Üb; dazu *Hansens* JB **14**, 13); *Waldner,* GNotKG für Anfänger, 9. Aufl 2015.

Gliederung

1) Systematik	1, 2
2) Regelungszweck	3
3) Geltungsbereich	4, 5
4) Beispiele zur Frage des Geltungsbereichs	6
5) Notararten	7, 8
A. Beamteter Notar	7
B. Gebührennotar	8
6) Konsul	9

1 1) **Systematik.** Die BNotO regelt die Stellung der Notare. Die nachfolgenden knappen Grundregeln gelten in Baden-Württemberg nur eingeschränkt, vgl §§ 114ff BNotO, § 135 GNotKG, ferner G v 13. 12. 11, GBl 545, Üb Henssler DRiZ **76**, 78. Es gibt nach § 3 I BNotO den Nur-Notar, zB in Hamburg. Es gibt den Bezirksnotar, § 64 BeurkG. Ein Anwalt kann auch auf die Dauer seiner Zulassung nach § 3 II BNotO als ein sog Anwaltsnotar bestellt werden.

2 Der Notar nimmt seine Amtsgeschäfte als ein unabhängiger Träger eines öffentlichen Amts auf dem Gebiete der vorsorgenden Rechtspflege wahr, KG OLGZ **91**, 21. Er erhält für seine Tätigkeit grundsätzlich einen öffentlichrechtlichen *Gebühren- und Auslagenersatz,* KG OLGZ **91**, 21. Ein Verstoß gegen die Gebührenerteilungspflicht nach § 17 BNotO kann zum Amtsverlust führen, BGH NJW **15**, 1885 (zust Schmidt JB **15**, 262). Er muß nach § 17 II BNotO einem Unbemittelten, der eine Prozeß- oder Verfahrenskostenhilfe beanspruchen könnte, seine Urkundstätigkeit nach Rn 4 vorläufig gebührenfrei oder doch nur gegen die Zahlung von Monatsraten gewähren. Einzelheiten Appell DNotZ **81**, 596. Gegen eine Verweigerung ist die Beschwerde an das LG zulässig.

In *BadenWürttemberg* gilt das LJKostG idF v 28. 7. 05, GBl 580, zuletzt geändert am 25. 4. 14, GBl 166. Das ist verfassungsgemäß, BVerfG RR **09**, 1215. Wegen der Besonderheiten für die OLG-Bezirke Stuttgart, Karlsruhe vgl §§ 114, 115 BNotO, §§ 10ff LJustKG. Zum Notarrecht in Baden-Württemberg § 135 Vorbem. Zum Steuerbegriff der EU-Gesellschaftssteuerrichtlinie Karlsr Rpfleger **04**, 441.

Kapitel 3. Notarkosten **Übers § 85 GNotKG**

2) Regelungszweck. Vgl bei den einzelnen Notarkostenvorschriften. 3

3) Geltungsbereich. §§ 85 ff beziehen sich nur auf solche Geschäfte, die der Notar als solcher durch eine Amtshandlung im Inland persönlich vornimmt, Ffm JB **93**, 161, LG Darmst JB **93**, 161. 4

Da §§ 1–54 teilweise auch für die Notargebühren gelten, muß man sie mitbeachten. 5

Der Anspruch auf die Zahlung einer Gebühr entsteht mit der *Inanspruchnahme* der Tätigkeit des Notars. Bei einer Notarsozietät richtet sich der Auftrag anders als bei einer Anwaltssozietät grundsätzlich nur an den einzelnen Notar. Daher ist auch nur er allein ein Kostengläubiger, BayObLG MDR **81**, 238.

Bei einer objektiv *unnötigen oder unrichtigen* Notartätigkeit entstehen nach § 21 keine Gebühren. Die Beratung durch den Bürovorsteher des Notars löst nach Rn 4 keine Notarvergütung aus.

4) Beispiele zur Frage des Geltungsbereichs 6

Anwalt: *Keine* Notartätigkeit ist natürlich eine solche Beschäftigung, bei der er nur als Anwalt tätig wird. Zur Abgrenzung vgl § 24 II BNotO, Mümmler JB **76**, 425 (Beratung).
Auflassung: Notartätigkeit ist jede Art von Auflassung, auch ihre Entgegennahme.
Auseinandersetzung: Notartätigkeit ist auf Grund von Landesrecht in beschränktem Umfang die Mitwirkung bei der Auseinandersetzung zB eines Nachlasses oder eines Gesamtguts.
Beglaubigung: Notartätigkeit ist jede Art von Beglaubigung.
Beratung: Notartätigkeit kann natürlich auch sie sein.
S aber auch „Anwalt".
Betreuung: Notartätigkeit ist die Betreuung von Beteiligten auf dem Gebiet der vorsorgenden Rechtspflege nach §§ 20–24 BNotO.
Beurkundung: Notartätigkeit ist natürlich jede Art von Beurkundung.
Bürovorsteher: S „Mitarbeiter".
Eid: Notartätigkeit sein kann seine Abnahme.
Eidesstattliche Versicherung: Notartätigkeit ist die Aufnahme einer solchen Urkunde.
Gesamtgut: S „Auseinandersetzung".
Mitarbeiter: *Keine* Notartätigkeit ist eine Arbeit durch einen Mitarbeiter des Notars bis hin zum Bürovorsteher, Ffm JB **93**, 161, LG Darmst JB **93**, 101.
Nachlaß: S „Auseinandersetzung".
Versteigerung: Notartätigkeit ist die Durchführung einer freiwilligen Versteigerung.
Vertrauensperson: *Keine* Notartätigkeit ist eine solche Betätigung, die man ihm nur als einer bloßen Vertrauensperson überträgt.
Vertreterbescheinigung: Notartätigkeit ist die Ausstellung einer solchen Urkunde.
Bloß wirtschaftliche Natur: *Keine* Notartätigkeit ist eine solche Arbeit.
Verwahrung: Notartätigkeit ist die Verwahrung eines Wertgegenstands.

5) Notararten. Man muß für die Anwendbarkeit des GNotKG die folgenden Notararten unterscheiden. 7

A. Beamteter Notar. Soweit die Gebühren aus der Tätigkeit des Notars nach Rn 1–3 der Staatskasse zufließen, gelten auch verfahrensrechtlich §§ 1–54. Über eine Erinnerung gegen den Kostenansatz und die Festsetzung des Geschäftswerts entscheidet nach § 135 S 3 dasjenige AG, in dessen Bezirk der Notar seinen Amtssitz hat.

Europarechtlich muß man nach Rn 2 beachten, daß derjenige beamtete Notar, dem die Gebühren auch selbst zufließen, dann keine Gebühr für die Beurkundung der Kapitalerhöhung, der Firmenänderung oder der Sitzverlegung einer Kapitalgesellschaft nehmen darf, wenn die Gebühr eine Steuer darstellt, EuGH NJW **00**, 939 und NJW **07**, 3051, Karlsr Rpfleger **04**, 411, Görk DNotZ **99**, 851 (je ausf).

B. Gebührennotar. Soweit die Gebühren dem Notar selbst zufließen, ergeben sich eine Reihe von Besonderheiten. Das gilt insbesondere auch bei der Beitreibung der Kosten, bei den Einwendungen gegen die Kostenrechnung, bei der Rückzahlung 8

GNotKG Übers § 85, §§ 85, 86   III. Gerichts- und Notarkostengesetz

und bei einem etwaigen Schadensersatzanspruch. Eine eigennützige Gebührenüberhebung kann nach § 352 StGB strafbar sein.

9 6) **Konsul.** Soweit ein deutscher Konsul im Ausland beurkunden darf, ist das Auslandskostengesetz vom 21. 2. 78, BGBl 301, zuletzt geändert durch Art 13 des 2. KostRMoG v 23. 7. 13, BGBl 2586, nebst VO vom 7. 1. 80, BGBl 21, mit einer eigenen Gebührentabelle anwendbar, Bindseil DNotZ **93**, 20 (Üb).

Notarielle Verfahren

85 ^I **Notarielle Verfahren im Sinne dieses Gesetzes sind das Beurkundungsverfahren (Teil 2 Hauptabschnitt 1 des Kostenverzeichnisses) und die sonstigen notariellen Verfahren (Teil 2 Hauptabschnitt 3 des Kostenverzeichnisses).**

^{II} **Das Beurkundungsverfahren im Sinne dieses Gesetzes ist auf die Errichtung einer Niederschrift (§§ 8 und 36 des Beurkundungsgesetzes) gerichtet.**

1 1) **Geltungsbereich, I, II.** Die zumindest auf den ersten Blick schwerverständliche Vorschrift enthält in I die amtliche Begriffsbestimmung „notarielle Verfahren". Natürlich ist die gesamte Tätigkeit eines Notars wenigstens im weiteren Sinn Bestandteil eines notariellen Verfahrens. Das gilt für alle Teile auch des KVfG Teil 2. Folglich ist die Beschränkung in I auf die Hauptabschnitte I (KVfG 21100–21304) und Hauptabschnitt 3 (KVfG 23100–23807) seltsam. Es kommt also darauf an, ob und wo das GNotKG den Begriff „notarielle Verfahren" mit gerade diesem Wortlaut verwendet.

2 *II* nennt einen notwendigen Bestandteil des in I begrenzten Beurkundungsverfahrens nach KVfG 21100–21304: Es muß auf eine Niederschrift nach §§ 8, 36 BeurkG wenigstens „gerichtet" sein. Sie muß also nicht unbedingt dann auch tatsächlich erfolgt sein. Ob eine „Gerichtetheit" vorlag, läßt sich nur unter Beachtung aller Umstände beurteilen. Ob schon eine derartige Absicht nur eines Teils der Beteiligten ausreicht, hängt von der Gesamtsituation ab. Hat ein wesentlicher Beteiligter etwa erklärt oder angedeutet, er wünsche keineswegs eine Protokollierung, so läge keine Gerichtetheit vor. Freilich wird das nur selten so sein.

Beurkundungsgegenstand

86 ^I **Beurkundungsgegenstand ist das Rechtsverhältnis, auf das sich die Erklärungen beziehen, bei Tatsachenbeurkundungen die beurkundete Tatsache oder der beurkundete Vorgang.**

^{II} **Mehrere Rechtsverhältnisse, Tatsachen oder Vorgänge sind verschiedene Beurkundungsgegenstände, soweit in § 109 nichts anderes bestimmt ist.**

1 1) **Begriff, I.** Den in mancher Vorschrift des GNotKG wie zB §§ 93 II, 94 II verwendeten Begriff Beurkundungsgegenstand bestimmt I mit nicht weniger als drei anderen Begriffen, nämlich mit Rechtsverhältnis und evtl mit Tatsache oder mit Vorgang. Zumindest der erste Ausdruck ist seinerseits alles andere als einfach. Man findet ihn zB in § 256 I ZPO. Dort meint er die aus einem greifbaren Sachverhalt entstandene rechtliche Beziehung von Person zu Person oder Sache, BGH NJW **11**, 2196, BAG NZA **11**, 417, LAG Düss NZA-RR **11**, 135. Tatsache ist ein nur scheinbar einfacher Ausdruck. Dazu zählen bestimmte nach Zeit und Raum erkennbare vergangene oder gegenwärtige Geschehnisse der Außenwelt oder des menschlichen Seelenlebens, BVerfG NJW **93**, 2165, BGH NJW **98**, 1224. Vorgang ist noch am leichtesten verständlich.

2 2) **Mehrheit, II.** Dieser Ausdruck bestimmt II mit Verschiedenheit und begrenzt ihn durch § 109, Hamm MDR **15**, 1328. Dort unterscheidet das Gesetz zwischen demselben Gegenstand und verschiedenen, so auch Hamm NZG **17**, 586. Denselben Gegenstand darf man dort erst dann annehmen, wenn ein bestimmtes Abhängigkeitsverhältnis vorliegt. § 109 zählt zahlreiche Situationen als Beispiele für den einen dieser zwei Kategorien auf. Man kann daher die zweckmitbestimmte Abhängigkeit aus § 109 auch zur Abgrenzung bei § 86 II mitverwenden. Dadurch wird das alles keineswegs einfacher.

Verschiedene Gegenstände sind zB die Übertragung aller Anteile zweier GmbH auf eine und eine anschließende Verschmelzung, KG ZIP **16,** 1923. Keine Zusammenrechnung erfolgt bei mehreren Schritten zur Auflösung einer GmbH, BGH ZIP **16,** 2359.

Keine Verschiedenheit liegt bei einem einheitlichen Beschluß auf eine Satzungsänderung selbst bei einer nach § 10 I GmbHG gesondert einzutragenden Änderung vor, Hamm NZG **17,** 586.

3) Im Zweifel § 1 I. Eine für den Kostenschuldner möglichst schonende Auslegung führt im Zweifel am ehesten zur richtigen Handhabung der aus solcher Begriffswelt kommenden handfesten finanziellen Folgen. Das bedeutet: Im Zweifel nur *ein* Beurkundungsgegenstand. 3

Sprechtage außerhalb der Geschäftsstelle

87 Hält ein Notar außerhalb seiner Geschäftsstelle regelmäßige Sprechtage ab, so gilt dieser Ort als Amtssitz im Sinne dieses Gesetzes.

1) Sprechtag. Ob und unter welchen Voraussetzungen ein Notar außerhalb seiner Geschäftsstelle regelmäßige Sprechtage abhalten darf, richtet sich nach Berufs- und Verwaltungsvorschriften. § 87 gilt während der gewöhnlichen Zeit eines Sprechtags. 1

Abschnitt 2. Kostenerhebung

Verzinsung des Kostenanspruchs

88 ¹Der Kostenschuldner hat die Kostenforderung zu verzinsen, wenn ihm eine vollstreckbare Ausfertigung der Kostenberechnung (§ 19) zugestellt wird, die Angaben über die Höhe der zu verzinsenden Forderung, den Verzinsungsbeginn und den Zinssatz enthält. ²Die Verzinsung beginnt einen Monat nach der Zustellung. ³Der jährliche Zinssatz beträgt fünf Prozentpunkte über dem Basiszinssatz nach § 247 des Bürgerlichen Gesetzbuchs.

1) Systematik, S 1–3. Es handelt sich um eine Ergänzung der Rechtsfolgen einer nach § 19 ordnungsgemäßen Kostenrechnung. 1

2) Regelungszweck, S 1–3. Die Vorschrift dient der Klarstellung in der früher anders und undurchsichtig geregelten Verzinsungsfrage mit ihrer ja evtl ganz erheblichen wirtschaftlichen Bedeutung. Entsprechend dem Wort „nur" in § 1 I muß man sie im Zweifel zugunsten des Auftraggebers auslegen. 2

3) Geltungsbereich, S 1–3. Die Regelung erfaßt alle Kosten, also nach § 1 I auch alle Auslagen des Notars. Nicht hierunter fällt die Umsatzsteuer, auch nicht ein Verzugsschaden. Ein Zinsverzicht wäre unwirksam, auch wenn Zinsen nicht ein Teil der Gebühren und Auslagen sind, sondern erst deren Folge darstellen, Tiedtke/Fembacher MittBayNot **04,** 317. S 1 spricht auch von „hat ... zu verzinsen". 3

4) Zustellung vollstreckbarer Ausfertigung, S 1–3. Die Verzinsungspflicht setzt nach dem eindeutigen Wortlaut von S 1 nicht nur eine Fälligkeit nach § 10 voraus, sondern eine vom Notar als vollstreckbar erklärte Kostenberechnung und deren Zustellung an den Kostenschuldner. Die Berechnung muß grundsätzlich die genaue Angabe des verzinsbaren Betrags enthalten. Eine bloße Bestimmbarkeit kann freilich nach den allgemeinen Auslegungsregeln BLAH Grdz 52 vor § 128 ZPO reichen, BLAH § 750 ZPO Rn 4, 6. Nötig ist ferner nach S 2 die Angabe desjenigen Zinssatzes, den der Notar fordert, und des maßgeblichen Verzinsungsbeginns, also 1 Monat nach Zustellung. Die Monatsfrist beginnt mit dem auf die Zustellung folgenden Tag, nicht etwa stets erst am Ersten des folgenden Kalendermonats. Der Notar muß den noch nicht fälligen Teilbetrag natürlich abziehen. Eine teilweise erst spätere Fälligkeit zwingt zu einer neuen Zustellung, Tiedtke/Fembacher MittBayNot **04,** 317. 4

5) Verstoß, S 1–3. Ein Mangel kann die Zinsforderung derzeit unwirksam machen. Jedoch kann der Notar ihn heilen, LG Mü MittBayNot **85,** 220, wenn auch nicht rückwirkend. 5

GNotKG § 89

Beitreibung der Kosten und Zinsen

89 [1]Die Kosten und die auf diese entfallenden Zinsen werden aufgrund einer mit der Vollstreckungsklausel des Notars versehenen Ausfertigung der Kostenberechnung (§ 19) nach den Vorschriften der Zivilprozessordnung beigetrieben; § 798 der Zivilprozessordnung gilt entsprechend. [2]In der Vollstreckungsklausel, die zum Zweck der Zwangsvollstreckung gegen einen zur Duldung der Zwangsvollstreckung Verpflichteten erteilt wird, ist die Duldungspflicht auszusprechen.

Gliederung

1) Systematik, S 1, 2	1
2) Regelungszweck, S 1, 2	2
3) Geltungsbereich, S 1, 2	3
4) Vollstreckungsklausel, S 2	4, 5
5) Beispiele zur Frage einer Vollstreckungsklausel, S 2	5
6) Weiteres Verfahren, S 1, 2	6–10
A. Frist usw	7
B. Kosten	8
C. Zinsen	9
D. Verjährung	10
7) Rechtsbehelfe, S 1, 2	11

1 **1) Systematik, S 1, 2.** Die Vorschrift bevorzugt den Notar als den Kostengläubiger. Seiner zumindest halbamtlichen Stellung des Notars als eines Organs der Rechtspflege nach § 1 BNotO und als eines wegen seiner Pflicht zur Unparteilichkeit bevorzugten Kostengläubigers entsprechen Erleichterungen bei der Durchsetzung des Vergütungsanspruchs in Verbindung mit der ZPO.

2 **2) Regelungszweck, S 1, 2.** Die Erleichterungen Rn 1 dienen der Zweckmäßigkeit durch eine ganz erhebliche Vereinfachung des Durchsetzungsverfahrens bis fast zu einer Art halber Selbstbedienung. Das bedeutet eine entsprechend hohe Verantwortung des Notars. Er darf nicht einfach auf Einwendungen nach § 127 warten. Vielmehr muß er jede Vorschrift auslegen. Die Auslegung muß trotz des oben genannten Zwecks jede Rücksichtslosigkeit im Interesse der Rechtspflege vermeiden. Ihr dient ja auch der Notar.

3 **3) Geltungsbereich, S 1, 2.** Die Vorschrift gilt nur für den Notar. Sie gilt auch insofern nur für seinen Anspruch auf Grund des GNotKG. Sie dient ihm also nicht für einen Anspruch aus einer Tätigkeit als Anwalt.

4 **4) Vollstreckungsklausel, S 2.** Die vom Notar sich selbst zulässigerweise mit der Vollstreckungsklausel versehene Ausfertigung der ordnungsgemäß erstellten und mitgeteilten Berechnung der Kosten nach § 19 nebst der Berechnung der Zinsen nach § 88 ist ein Vollstreckungstitel nach §§ 704, 724, 794 ZPO, Brdb DNotZ **97**, 249, Celle FGPrax **09**, 278, LG Hann JB **96**, 316. Daher ist für die Beitreibung der Kosten kein besonderer Rechtsstreit erforderlich.

5 **5) Beispiele zur Frage einer Vollstreckungsklausel, S 2**
Abtretung: Soweit der Notar die Forderung abgetreten hat oder soweit sie einem Dritten nach § 835 ZPO zur Einziehung überwiesen wurde, erteilt der Notar die Vollstreckungsklausel dem nunmehr Berechtigten.
S auch „Rechtsnachfolger".
„Ausfertigung": S 1 versteht unter einer „Ausfertigung der Kostenberechnung" keine Ausfertigung im strengen Sinn. Es genügt eine den Anforderungen der §§ 19, 88 entsprechende Berechnung der Kosten und Zinsen nebst einer Vollstreckungsklausel und einer diese Berechnung und die Vollstreckungsklausel erfassenden Unterschrift des Notars, Hamm MDR **88**, 420.
Bezeichnungen: Der Notar muß den Schuldner in der Vollstreckungsklausel genau bezeichnen.

§ 89 GNotKG

Duldungspflicht: Soweit ein anderer als der Auftraggeber eine Zwangsvollstreckung dulden muß, kann der Notar eine Vollstreckungsklausel gegen ihn erteilen, § 29 GKG Rn 35 ff, Teil I A dieses Buchs.
Form: Die Vollstreckungsklausel muß den Anforderungen nach §§ 724 ff, 750 ZPO entsprechen. Denn sie bildet die Grundlage der Beitreibung, Celle FGPrax **09**, 278.
Gesamtschuldner: S „Mehrere Kostenschuldner".
Handakte: Der Notar muß in seiner Handakte nach § 734 ZPO vermerken, wann und gegen wen er eine Vollstreckungsklausel erteilt hat.
Mangel der Berechnung: Ein Mangel der ursprünglichen Kostenberechnung kann durch eine nach § 89 ordnungsgemäße Vollstreckungsklausel heilen, LG Mü MittBayNot **85**, 220.
Mehrere Kostenrechnungen: Jede muß eine eigene Vollstreckungsklausel erhalten, Celle FGPrax **09**, 278.
Mehrere Kostenschuldner: Bei ihnen kann der Notar sich die Vollstreckungsklausel gegen alle als Gesamtschuldner oder zunächst nur gegen einen oder mehrere von ihnen und später gegen den oder die restlichen erteilen. Ein zahlender Gesamtschuldner kann von den übrigen nach § 426 II BGB einen Ausgleich fordern.
Notarverweser: §§ 56 ff BNotO.
S auch „Wegfall".
Rechtsnachfolge: § 727 ZPO ist ungeachtet § 27 Z 3 anwendbar, LG Dortm DNotZ **84**, 454, aM Düss RR **00**, 1596, Bengel/Tiedtke DNotZ **04**, 297 (aber die Vorschrift gilt allgemein).
S auch „Abtretung".
Scheck: Soweit der Auftraggeber dem Notar einen Scheck ausgestellt und übergeben hat, kann der Notar auf Grund des Schecks im Klageweg nach §§ 592 ff, 605 a ZPO vorgehen, LG Köln MDR **78**, 679 (zustm Elzer).
Unterschrift usw: Der Notar muß sie also nach § 725 ZPO unterschreiben und mit seinem Amtssiegel oder Stempelabdruck versehen. Der Name des Gläubigers ergibt sich aus der Unterschrift, sofern der unterschreibende Notar auch noch der Gläubiger ist.
Jede Kostenrechnung muß eine eigene Vollstreckungsklausel erhalten, Celle FGPrax **09**, 278.
S auch „Ausfertigung".
Wegfall: Ist der Notar weggefallen, erteilt nach § 797 II ZPO, §§ 51, 55 BNotO diejenige Behörde die Vollstreckungsklausel, die die Notarakten verwahrt.
Weitere vollstreckbare Ausfertigung: § 733 ZPO ist auf sie anwendbar.
Zuständigkeit: Grundsätzlich ist nur der Notar selbst oder sein Vertreter im Amt zuständig.
S auch „Notarverweser", „Wegfall".

6) Weiteres Verfahren, S 1, 2. Das übrige Beitreibungsverfahren erfolgt nach den Vorschriften der ZPO über die Zwangsvollstreckung.

A. Frist usw. Die Vollstreckung kann nach § 798 ZPO, S 1 Hs 2 frühestens zwei Wochen nach dem Zeitpunkt der Zustellung des Vollstreckungstitels und der Vollstreckungsklausel nach § 166 ZPO beginnen, Hamm MDR **88**, 420. Die nach §§ 19, 88 erforderliche Mitteilung braucht nicht vor der Zustellung der Vollstreckungsklausel zu geschehen, sondern kann zugleich mit ihr erfolgen, Hamm MDR **88**, 420. Es kann zur Vermeidung einer Haftung nach § 90 I 2 ratsam sein, einen Monat zu warten, Hamm MDR **88**, 420. Unter Umständen muß man die Vollstreckungsklausel nach §§ 319, 329 ZPO berichtigen oder einschränken. Zustellungen erfolgen im Parteibetrieb durch den Gerichtsvollzieher nach §§ 191 ff ZPO.
§ 189 ZPO ist bei einer *Auslandszustellung* grundsätzlich anwendbar.

B. Kosten. Die Kosten der Zwangsvollstreckung lassen sich im Rahmen des § 788 ZPO beitreiben. Für sie haften die Schuldner nach § 788 I 1, 3 ZPO. Zur Festsetzung ist das Vollstreckungsgericht zuständig, BLAH § 788 ZPO Rn 11. Der Notar kann für die Erteilung eines Vollstreckungsauftrags keine Gebühr nach dem RVG nebst VV beanspruchen, AG Ffm DGVZ **95**, 79, AG Fritzlar DGVZ **86**, 47, AG Pfaffenhofen DGVZ **84**, 47. Er kann die Kosten eines zur Zwangsvollstreckung eingeschalteten Anwalts nicht erstattet fordern, AG Pfaffenhofen DGVZ **84**, 47. Er darf Beitreibungskosten nicht in die Kostenberechnung nach § 19 aufnehmen, LG Bln DNotZ **83**, 583. Er kann als der Gläubiger für die Vollstreckungskosten vorschußpflichtig sein. Gegen die Kostenfestsetzung ist das Verfahren nach § 104 III ZPO in Verbindung mit §§ 11, 21 RPflG statthaft.

9 **C. Zinsen.** Etwaige Verzugszinsen sind (jetzt) ebenfalls beitreibbar. Damit ist diese frühere Streitfrage erledigt. Im übrigen ist eine Zwangsvollstreckung auch in ein Grundstück oder grundstücksgleiches Recht unbeschränkt zulässig.

10 **D. Verjährung.** Durch die Zustellung der Ausfertigung der Kostenberechnung nebst Vollstreckungsklausel wird aus der (jetzt) dreijährigen Verjährungsfrist des § 195 BGB die 30jährige nach (jetzt) § 197 I Z 3 BGB, Mü JB **91**, 1111, Schlesw DNotZ **83**, 580, Zweibr JB **01**, 105 (je: wenn sie unanfechtbar geworden ist), aM KG MDR **90**, 1126, Appell DNotZ **78**, 576. Ein Neubeginn der Verjährung erfordert eine dem Zitiergebot entsprechende Rechnung, (zum alten Recht) BGH RR **15**, 1207.

11 **7) Rechtsbehelfe, S 1, 2.** Rechtsbehelfsbelehrung, Verstoß: §§ 7a, 83 II 2. Gegen die Art und Weise der Zwangsvollstreckung ist die Erinnerung nach § 766 ZPO an das Vollstreckungsgericht des § 764 ZPO statthaft, AG Pfaffenhofen DGVZ **84**, 47. Gegen den Anspruch selbst hat der Vollstreckungsschuldner nicht die Vollstreckungsabwehrklage des § 767 ZPO, sondern nur die Möglichkeiten nach den vorrangigen §§ 127 ff, Oldb MDR **97**, 394, BLAH § 767 ZPO Rn 17 „J. Einwendungen gegen Notarkostenrechnung". Gegen die Vollstreckungsklausel ist ebenfalls das Verfahren nach §§ 127 ff statthaft. Es hat keine aufschiebende Wirkung.

Zurückzahlung, Schadensersatz

90 I ¹Wird die Kostenberechnung abgeändert oder ist der endgültige Kostenbetrag geringer als der erhobene Vorschuss, so hat der Notar die zu viel empfangenen Beträge zu erstatten. ²Hatte der Kostenschuldner einen Antrag auf Entscheidung des Landgerichts nach § 127 Absatz 1 innerhalb eines Monats nach der Zustellung der vollstreckbaren Ausfertigung gestellt, so hat der Notar darüber hinaus den Schaden zu ersetzen, der dem Kostenschuldner durch die Vollstreckung oder durch eine zur Abwendung der Vollstreckung erbrachte Leistung entstanden ist. ³Im Fall des Satzes 2 hat der Notar den zu viel empfangenen Betrag vom Tag des Antragseingangs bei dem Landgericht an mit jährlich fünf Prozentpunkten über dem Basiszinssatz nach § 247 des Bürgerlichen Gesetzbuchs zu verzinsen; die Geltendmachung eines weitergehenden Schadens ist nicht ausgeschlossen. ⁴Im Übrigen kann der Kostenschuldner eine Verzinsung des zu viel gezahlten Betrags nicht fordern.

II ¹Über die Verpflichtungen gemäß Absatz 1 wird auf Antrag des Kostenschuldners in dem Verfahren nach § 127 entschieden. ²Die Entscheidung ist nach den Vorschriften der Zivilprozessordnung vollstreckbar.

Gliederung

1) Systematik, I, II	1
2) Regelungszweck, I, II	2
3) Zurückzahlung, I 1	3
4) Ersatzpflicht, I 2	4–7
A. Antragseinlegung	4
B. Frist	5
C. Zustellung	6
D. Folgen	7
5) Verzinsungspflicht, I 3, 4	8
6) Verfahren, II	9–13
A. Zuständigkeit	9
B. Weiteres Verfahren	10
C. Entscheidung	11
D. Rechtsmittel	12
E. Vollstreckung	13

1 **1) Systematik, I, II.** Die Vorschrift regelt eigentlich Selbstverständliches als eine vorrangige Spezialvorschrift in Ergänzung von §§ 89, 127 ff unter einer teilweisen

Bezugnahme auf das FamFG im Bereich der Notarkosten abschließend, Köln Rpfleger 01, 203.

2) **Regelungszweck, I, II.** Eine ungerechtfertigte Bereicherung ist natürlich auch 2 dem Notar verboten. Die Vorschrift dient der dann notwendigen Rückabwicklung in einer möglichst raschen einfachen Weise. Der Grundsatz einer für den Kostenschuldner möglichst günstigen Handhabung nach § 1 I sollte hier besonders gelten, zumal der Kostenschuldner ja im Bereich des § 90 zum Rückforderungsgläubiger wird. Die Monatsfrist des I 2 soll den Notar schützen. Er müßte ja sonst nach § 127 II 1 viel länger mit einem Antrag rechnen.

3) **Zurückzahlung, I 1.** Wenn der Notar mehr erhalten hat, als ihm an Gebüh- 3 ren und Auslagen nach der endgültigen korrekten Kostenberechnung oder einer im Beschwerdeweg oder freiwillig abgeänderten Kostenberechnung zusteht, muß er den überschießenden Betrag zurückzahlen, BayObLG FGPrax **98**, 196. Das gilt unabhängig davon, ob er diesen Betrag schon verbraucht hatte. Es handelt sich um einen Rückzahlungsanspruch eigener Art. Auf ihn sind die Grundsätze einer ungerechtfertigten Bereicherung nur begrenzt anwendbar. Dieser Anspruch besteht auch dann, wenn der Notar seine Forderung schon im Weg der Zwangsvollstreckung durchgesetzt hatte. Nach dem Tod des Notars haften seine Erben. Es besteht keine Aufrechenbarkeit mit einer anderen als einer in anderer Sache entstandenen Notarforderung. Die letztere kann aber einen Rückforderungsanspruch zu Fall bringen.

Kein Rückzahlungsanspruch besteht, soweit der Notar seine sachlichrechtlich berechtigte Forderung lediglich formell unkorrekt geltend gemacht hatte. Freilich kann der Anspruch auch infolge einer Verwirkung erloschen sein.

4) **Ersatzpflicht, I 2.** Es sind vier Prüfschritte ratsam. 4

A. **Antragseinlegung.** Berechtigt ist nur ein Kostenschuldner, Hamm Rpfleger **90**, 40. Der Kostenschuldner muß gegen die Kostenberechnung des Notars einen Antrag nach § 127 I 1 gestellt haben. Es reicht nicht eine Anweisung nach § 130 II.

B. **Frist.** Man muß den Antrag nach Rn 4 innerhalb eines Monats seit der förm- 5 lichen Zustellung einer vollstreckbaren Ausfertigung der angefochtenen Kostenberechnung „gestellt" haben. Die Frist berechnet man wie bei §§ 187 ff BGB. Es genügt nicht, daß der Kostenschuldner innerhalb dieser Frist die Kostenberechnung beim Notar beanstandet. Sein Antrag muß vielmehr innerhalb der Frist beim Gericht eingehen. Denn erst damit hat man den Antrag „gestellt". Eine Wiedereinsetzung wegen einer Fristversäumnis ist nach den Grundsätzen des § 17 FamFG statthaft, aM Hamm FGPrax **16**, 282 (systemwidrig).

Es genügt neben der Einreichung einer Beschwerdeschrift eine Erklärung *zum Protokoll* des Urkundsbeamten der Geschäftsstelle nach § 130 III 1 in Verbindung mit § 25 FamFG. Es besteht kein Anwaltszwang. Soweit der Kostenschuldner seinen Antrag nach § 25 FamFG beim Urkundsbeamten der Geschäftsstelle eines anderen Gerichts als desjenigen LG einlegt, in dessen Bezirk der Notar seinen Amtssitz hat, muß jene Geschäftsstelle das Protokoll wie bei § 121 I 1 BGB unverzüglich an das richtige LG übersenden. Die Wirkung des Antrags tritt aber nach § 25 III 2 FamFG erst dann ein, wenn das Protokoll beim zuständigen LG eingeht. Wegen einer Verjährung gilt § 6 entsprechend.

C. **Zustellung.** Die Frist läuft nur, soweit die beanstandete Kostenberechnung äu- 6 ßerlich einwandfrei war, Schlesw JB **78**, 912, und soweit der Notar sie auch in einer nach § 89 vollstreckbarer Ausfertigung gerade diesem Kostenschuldner zugestellt hatte.

D. **Folgen.** Soweit die Voraussetzungen Rn 2–5 vorliegen, kann der Kosten- 7 schuldner neben dem Anspruch auf die Zurückzahlung zuviel gezahlter Beträge nach I 1 einen Anspruch nach I 2 auf den Ersatz desjenigen Schadens haben, den dieser Kostenschuldner dadurch hatte, daß der Notar gerade ihm gegenüber aus dieser Kostenberechnung eine Zwangsvollstreckung durchgeführt hat oder daß dieser Kostenschuldner gerade zur Abwendung dieser Zwangsvollstreckung eine Leistung an diesen Notar erbracht hat. Der Ersatzanspruch erstreckt sich also auf den Ersatz des unmittelbaren und mittelbaren Schadens, BLAH § 717 ZPO Rn 7. Der Kostenschuldner muß eine Leistung gerade unter dem Druck der drohenden Zwangsvollstreckung erbracht haben.

Der Schadensersatzanspruch steht dem *Kostenschuldner* und seinem Rechtsnachfolger zu. Er richtet sich auch gegen den Rechtsnachfolger des Notars. Zur Vermeidung dieser Haftung kann es ratsam sein, mit der Zwangsvollstreckung nicht nur die in § 89 S 1 Hs 2 in Verbindung mit § 95 I FamFG, § 798 ZPO vorgeschriebene Woche, sondern einen Monat zu warten, Hamm MDR **88**, 420.

8   **5) Verzinsungspflicht, I 3, 4.** Eine solche Pflicht des Notars kann im Umfang von I 3 entstehen, aber nach I 4 nicht darüber hinaus.

9   **6) Verfahren, II.** Sowohl für den Rückzahlungsanspruch nach I 1 als auch für den Ersatzanspruch nach I 2 und den Verzinsungsanspruch nach I 3 ist der ordentliche Rechtsweg nach § 13 GVG unstatthaft.

A. Zuständigkeit. Die Ansprüche sind vielmehr nach II 1 nur im Verfahren nach §§ 127 ff durchsetzbar, LG Mü MittBayNot **85**, 220. Diese Regelung ähnelt derjenigen des § 717 II, III ZPO. Das Verfahren ist auch nach dem Eintritt der formellen Rechtskraft der Entscheidung nach § 128 II, III statthaft.

10   **B. Weiteres Verfahren.** Freilich darf man dann die Kostenberechnung nicht mehr sachlichrechtlich überprüfen, Schlesw JB **81**, 916, LG Mü MittBayNot **85**, 220. Dabei darf der Kostenschuldner seine Rechte in einem selbständigen Beschwerdeverfahren verfechten, aber auch durch einen Zwischen-(Inzident-)Antrag in einem von ihm oder von dem Notar anhängig gemachten Verfahren nach §§ 127 ff. Der Notar darf aufrechnen, wenn ihm zB statt Notargebühren aus derselben Tätigkeit als Anwalt eine Vergütung zusteht, Hamm Rpfleger **75**, 451.

Soweit der Kostenschuldner die *Richtigkeit der Kostenberechnung bemängelt* und gleichzeitig die Rückzahlung eines zuviel geleisteten Betrags verlangt und soweit das Gericht dann die Kostenberechnung wegen eines unheilbaren Mangels aufheben muß, muß das Gericht über die Rückzahlung mitentscheiden. Das gilt, obwohl diese Entscheidung voraussetzt, eine Prüfung weiterer Einwendungen vorzunehmen, Hamm Rpfleger **75**, 499. Dasselbe gilt dann, wenn ein Anwaltsnotar die Kostenrechnung von sich aus aufhebt, Ffm FGPrax **13**, 82, Hamm Rpfleger **75**, 449. Eine Anhörung der vorgesetzten Dienstbehörde des Notars ist zulässig, aber nicht notwendig.

11   **C. Entscheidung.** Die *Entscheidung* des Gerichts lautet auf eine Zurückweisung des Antrags oder auf eine Verurteilung zur Rückzahlung oder zum Schadensersatz. Das Verfahren vor dem LG ist gebührenfrei.

12   **D. Rechtsmittel.** Rechtsbehelfsbelehrung, Verstoß: §§ 7 a, 83 II 2. Eine *Beschwerde* ist unter den Voraussetzungen § 129 I statthaft, Hamm FGPrax **16**, 281. Eine Rechtsbeschwerde ist nach § 129 II denkbar.

13   **E. Vollstreckung.** Die *Vollstreckung* findet nach §§ 95 I FamFG, 704 ff ZPO statt. Der Urkundsbeamte der Geschäftsstelle des LG ist für die Erteilung der vollstreckbaren Ausfertigung der Entscheidung nach §§ 724 ff ZPO zuständig. Eine Aussetzung der Vollziehung kommt durch das LG oder bei einer Beschwerde durch das OLG, bei einer Rechtsbeschwerde durch den BGH infrage.

Abschnitt 3. Gebührenvorschriften

Gebührenermäßigung

91 [1] [1]Erhebt ein Notar die in Teil 2 Hauptabschnitt 1 oder 4 oder in den Nummern 23 803 und 25 202 des Kostenverzeichnisses bestimmten Gebühren von

1. dem Bund, einem Land sowie einer nach dem Haushaltsplan des Bundes oder eines Landes für Rechnung des Bundes oder eines Landes verwalteten öffentlichen Körperschaft oder Anstalt,
2. einer Gemeinde, einem Gemeindeverband, einer sonstigen Gebietskörperschaft oder einem Zusammenschluss von Gebietskörperschaften, einem Regionalverband, einem Zweckverband,
3. einer Kirche oder einer sonstigen Religions- oder Weltanschauungsgemeinschaft, jeweils soweit sie die Rechtsstellung einer juristischen Person des öffentlichen Rechts hat,

Kapitel 3. Notarkosten § **91 GNotKG**

und betrifft die Angelegenheit nicht deren wirtschaftliche Unternehmen, so ermäßigen sich die Gebühren bei einem Geschäftswert von mehr als 25 000 Euro bis zu einem

Geschäftswert von ... Euro	um ... Prozent
110 000	30
260 000	40
1 000 000	50
über 1 000 000	60

²Eine ermäßigte Gebühr darf jedoch die Gebühr nicht unterschreiten, die bei einem niedrigeren Geschäftswert nach Satz 1 zu erheben ist. ³Wenn das Geschäft mit dem Erwerb eines Grundstücks oder grundstücksgleichen Rechts zusammenhängt, ermäßigen sich die Gebühren nur, wenn dargelegt wird, dass eine auch nur teilweise Weiterveräußerung an einen nichtbegünstigten Dritten nicht beabsichtigt ist. ⁴Ändert sich diese Absicht innerhalb von drei Jahren nach Beurkundung der Auflassung, entfällt eine bereits gewährte Ermäßigung. ⁵Der Begünstigte ist verpflichtet, den Notar zu unterrichten.

II Die Gebührenermäßigung ist auch einer Körperschaft, Vereinigung oder Stiftung zu gewähren, wenn

1. diese ausschließlich und unmittelbar mildtätige oder kirchliche Zwecke im Sinne der Abgabenordnung verfolgt,
2. die Voraussetzung nach Nummer 1 durch einen Freistellungs- oder Körperschaftsteuerbescheid oder durch eine vorläufige Bescheinigung des Finanzamts nachgewiesen wird und
3. dargelegt wird, dass die Angelegenheit nicht einen steuerpflichtigen wirtschaftlichen Geschäftsbetrieb betrifft.

III Die Ermäßigung erstreckt sich auf andere Beteiligte, die mit dem Begünstigten als Gesamtschuldner haften, nur insoweit, als sie von dem Begünstigten aufgrund gesetzlicher Vorschrift Erstattung verlangen können.

IV Soweit die Haftung auf der Vorschrift des § 29 Nummer 3 (Haftung nach bürgerlichem Recht) beruht, kann sich der Begünstigte gegenüber dem Notar nicht auf die Gebührenermäßigung berufen.

Gliederung

1) **Systematik, I–IV**	1
2) **Regelungszweck, I–IV**	2
3) **Sachlicher Geltungsbereich, I–IV**	3–6
A. Beurkundung usw, I 1	3
B. Kein wirtschaftliches Unternehmen, I 1	4
C. Grundstückserwerb usw: Keine Weiterveräußerung an nichtbegünstigten Dritten, I 3, 4	5, 6
4) **Begünstigte Gebührenschuldner, I 1**	7–9
A. Bund, Land usw, I 1 Z 1	7
B. Gemeinde, Gemeindeverband usw, I 1 Z 2	8
C. Kirche usw, I 1 Z 3	9
5) **Rechtsfolgen: Ermäßigung nur der Gebühren, I 1, 2**	10–13
A. Keine Ermäßigung bis 25 000 EUR, I 1	11
B. Gestaffelte Ermäßigung ab mehr als 25 000 EUR, I 1	12
C. Untergrenzen der Ermäßigung, I 2	13
6) **Wegfall der Ermäßigung, I 3, 4**	14, 15
7) **Unterrichtungspflicht, I 5**	16
8) **Mildtätiger, kirchlicher Zweck, II**	17–19
A. Nachweis des Finanzamts	18
B. Darlegung, daß kein Geschäftsbetrieb betroffen ist	19
9) **Andere gesamtschuldnerische Beteiligte, III**	20, 21
10) **Haftung nach § 29 Z 3, IV**	22

1) **Systematik, I–IV.** Die Vorschrift ist verfassungsgemäß, Düss MDR **91**, 997. **1** Sie stellt beim Notar in einer Abweichung von § 2 eine Abschwächung des Grundsat-

GNotKG § 91 III. Gerichts- und Notarkostengesetz

zes der Kostenpflicht des eigentlich Kostenfreien dar. Es handelt sich also um eine Ausnahmevorschrift, Hamm FGPrax **99**, 75. Sie ist daher eng auslegbar, Naumb FGPrax **08**, 39.

2 **2) Regelungszweck, I–IV.** Der Notar soll zwar nicht umsonst arbeiten, aber auch nicht stets zu vollen Gebühren. Die Staffelung der Gebührenermäßigung wie auch die Differenzierung nach unterschiedlichen persönlichen und sachlichen Voraussetzungen bezwecken auch eine Beendigung des früheren Streits um die Gültigkeit der starren Ermäßigung.

Nach III soll die Ermäßigung nicht dadurch verlorengehen, daß der Notar die Gebühr voll vom *Nichtbegünstigten* erhebt und dieser sie sich vom Begünstigten erstatten läßt. Der Notar soll aber die gesamte Gebühr vom Nichtbegünstigten dann fordern können, wenn dieser sie deshalb endgültig tragen muß, weil er keine Erstattung von einem Begünstigten fordern kann, Lappe DNotZ **91**, 659.

Wie jede nach der Systematik klare Ausnahmevorschrift ist nach Rn 1 auch § 91 *eng auslegbar*. Das gilt trotz des Grundsatzes einer dem Kostenschuldner günstigen Handhabung nach § 1 I. Es gilt ja beim Notar ohnehin nur eingeschränkt.

3 **3) Sachlicher Geltungsbereich, I–IV.** Es müssen die folgenden Voraussetzungen zusammentreffen, damit eine Gebührenermäßigung eintritt.

A. Beurkundung usw, I 1. Es muß sich zunächst um eine Beurkundung handeln, KVfG 21 100–21 304, oder um einen Entwurf oder eine Beratung, KVfG 24 100–24 203, oder um die Erteilung einer vollstreckbaren Ausfertigung, KVfG 23 803, oder um die Herstellung eines Teilhypotheken-, Grundschuld- oder Rentenschuldbriefs, KVfG 25 202. Diese Aufzählung ist abschließend und eng auslegbar, Rn 2.

Nicht begünstigt sind daher: Die Vollzugsgebühr, KVfG 22 110; die Verwahrungsgebühr, KVfG 25 300, 25 301; die Beratungsgebühr KVfG 22 200.

4 **B. Kein wirtschaftliches Unternehmen, I 1.** Die in Rn 3 genannte Angelegenheit darf auch nicht ein wirtschaftliches Unternehmen eines der Begünstigten betreffen, Naumb FGPrax **08**, 39. Das ist sowohl eine sachliche als auch eine persönliche Voraussetzung. Da die Gebührenermäßigung eine Ausnahme von der Gebührenpflicht gegenüber dem Notar darstellt, ist der Begriff des Fehlens eines „wirtschaftlichen Unternehmens" eng auslegbar, BLAH Einl III 36. Demgemäß ist das Vorliegen eines wirtschaftlichen Unternehmens weit auslegbar. Man muß sein Vorliegen daher auch im Zweifel mit der Folge des Bestehenbleibens der Gebührenpflicht bejahen.

„*Wirtschaftliches Unternehmen*" ist ein hochproblematischer Begriff. Er enthält eine Anlehnung an das Kommunalrecht, Celle NVwZ-RR **13**, 869, Hamm JB **99**, 96. I 1 meint ein solches wirtschaftliches Unternehmen, das auch ein privater Unternehmer betreiben kann und das der dauernden Gewinnerzielung dient, BGH RR **17**, 1016, Celle NVwZ-RR **13**, 869, Hamm FGPrax **99**, 75. Hierher kann auch ein zumindest mittlerweile nach wirtschaftlichen Gesichtspunkten geführtes Unternehmen zählen, BFH NVwZ **94**, 414, Zweibr NVwZ-RR **10**, 544.

Kein wirtschaftliches Unternehmen ist ein solches, dessen Einrichtung oder Unterhaltung die öffentliche Hand gesetzlich vornehmen muß oder bei dem die gemeinnützige Zielsetzung im Vordergrund steht, BGH **95**, 157, BayObLG JB **96**, 316, Drsd RR **99**, 1519, Otto/Schnigula JB **89**, 896, oder ein solches, das der bloßen Vermögensverwaltung dient, Hamm FGPrax **99**, 75. Freilich kann die privatrechtliche Betriebsform auch in den letzteren Fällen für das Vorliegen eines wirtschaftlichen Unternehmens sprechen, Zweibr NVwZ-RR **10**, 544. Man darf zwar eine einmalige Maßnahme nicht als wirtschaftliches Unternehmen ansehen, BayObLG JB **03**, 99. Es ist aber insoweit eine große Zurückhaltung ratsam.

§ 6 II 2 PostUmwG (Art 3 PTNeuOG) bestimmt, daß sich Notarkosten auch zugunsten der bisherigen Teilsondervermögen und der 3 Aktiengesellschaften *Deutsche Post*, *Deutsche Postbank* und *Deutsche Telekom* ermäßigen. Man kann das *Bundeseisenbahnvermögen* nach Art 1 §§ 1, 6 V ENeuOG ebenso beurteilen.

Die *Deutsche Bahn AG* nach Art 2 § 1 II ENeuOG ist trotz des Umstands, daß die Bundesrepublik noch ihr Alleinaktionär ist, wegen der privatrechtlichen Organisation *kein* Unternehmen nach I 1. Ebensowenig ist der Betrieb des Main-Donau-

Kanals ein wirtschaftliches Unternehmen, BayObLG **93**, 401. Dasselbe gilt oft, aber keineswegs stets für eine Schule, ein Museum, ein Theater, ein Jugendheim, einen Friedhof, eine Turnhalle, ein Altenheim, eine kommunale Entsorgungsbetriebe GmbH.

C. Grundstückserwerb usw: Keine Weiterveräußerung an nichtbegünstig- 5
ten Dritten, I 3, 4. Selbst unter den Voraussetzungen Rn 3, 4 tritt eine Ermäßigung bei einer mit dem Erwerb eines Grundstücks oder grundstücksgleichen Rechts auch nur zusammenhängenden Notartätigkeit nur unter einer weiteren Voraussetzung ein. Der Gebührenschuldner muß wenigstens darlegen, wenn auch nicht gleich glaubhaft machen oder gar beweisen, daß eine auch nur teilweise Weiterveräußerung an einen nichtbegünstigten Dritten nicht erfolgen soll, Hamm FGPrax **99**, 75. Nach I 4 kommt es zunächst auf die Absicht im Zeitpunkt der Beurkundung und nicht wie bei § 10 S 1 im Zeitpunkt der Fälligkeit der Gebühr an. Maßgeblich ist dabei der Zeitpunkt der Auflassung, nicht des schuldrechtlichen Vertrags.

Wegen des Ausnahmecharakters der Gebührenermäßigung muß man ihre Voraus- 6
setzungen auch beim Grundstückserwerb usw *eng auslegen*, LG Frankenth JB **93**, 359. Das gilt trotz des scheinbar entgegenstehenden Wortlauts. Daher liegt im Zweifel zwar ein Zusammenhang mit einem solchen Geschäft vor, nicht aber die Nichtbeabsichtigung der Weiterveräußerung. Allerdings wird natürlich zB die Lebenserfahrung etwa beim Bau eines Behördengebäudes gegen die Absicht seines Weiterverkaufs an einen Privatmann sprechen. Die Bestellung eines Erbbaurechts steht einer Weiterveräußerung gleich, LG Osnabr JB **94**, 236, Mümmler JB **90**, 147, aM Hamm NJW **99**, 1194, Oldb JB **94**, 357.

4) Begünstigte Gebührenschuldner, I 1. Nur ein Gebührenschuldner kann be- 7
günstigt sein, nicht ein solcher Beteiligter, der keine solche Schuldnerschaft hat, LG Hann JB **98**, 41.

A. Bund, Land usw, I 1 Z 1. Die Vorschrift stimmt sachlich mit § 2 I 1 überein. Vgl dort Rn 3 ff. Vgl im übrigen den ebenfalls inhaltsgleichen § 2 I 1 GKG, Teil I A dieses Buchs, und dort Rn 5 ff.

B. Gemeinde, Gemeindeverband usw, I 1 Z 2. Die Vorschrift erweitert 8
den Kreis der Begünstigten teilweise nur scheinbar. Im übrigen stellt sie klar, daß auch Rechtssubjekte der dort genannten Art unabhängig davon begünstigt sind, ob man sie als „öffentliche Körperschaft oder Anstalt" im Sinn von I 1 Z 1 einstufen muß.

C. Kirche usw, I 1 Z 3. Es gelten dieselben Erwägungen wie bei Rn 8. Die 9
Vorschrift begünstigt alle Gliederungen der Kirche, Bengel MittBayNot **98**, 161. Hierher zählen zB ein Bistum, eine Landeskirche, eine Kirchengemeinde, Hamm FGPrax **01**, 168, eine Religions- oder Weltanschauungsgemeinschaft als eine juristische Person des öffentlichen Rechts.

5) Rechtsfolgen: Ermäßigung nur der Gebühren, I 1, 2. Eine Ermäßigung 10
kommt nur bei den in I 1 abschließend aufgezählten Gebühren nach Rn 3 in Betracht, also zB auch bei einer Zusatzgebühr nach KVfG 26 000–26 003, nicht aber bei der Vollzugsgebühr KVfG 22110, nicht bei der Verwahrungsgebühr KVfG 25 300, 25 301 und nicht bei der Bescheinigung nach KV amtliche Vorbem 2.2.1.1. Auslagen sind wie sonst erstattbar, KVfG 32 000 ff. Die Gebührenermäßigung tritt, falls überhaupt, kraft Gesetzes ein. Ein Ermessen auch des Gerichts kommt allenfalls bei der Prüfung der Voraussetzungen in Betracht.

Beim *Zusammentreffen* eines begünstigten und nichtbegünstigten Geschäfts muß man den Wert nach §§ 110, 111 ermitteln und dann die Ermäßigung auf den begünstigten Teil beschränken.

A. Keine Ermäßigung bis 25 000 EUR, I 1. Im Umkehrschluß zeigt die Vor- 11
schrift, daß beim Geschäftswert bis einschließlich 25 000 EUR überhaupt keine Gebührenermäßigung in Betracht kommt.

B. Gestaffelte Ermäßigung ab mehr als 25 000 EUR, I 1. Maßgeblich ist die 12
amtliche Tabelle. Sie duldet keine „Interpolierung", ebensowenig wie zB diejenige des § 114 ZPO, BLAH dort Rn 133.

13 **C. Untergrenzen der Ermäßigung, I 2.** Die nach I 1 ermäßigte Gebühr darf nicht geringer werden als die bei einem niedrigeren Geschäftswert nach I 1 anfallende Gebühr.

14 **6) Wegfall der Ermäßigung, I 3, 4.** Sobald sich die in I 2 genannte Lage beim Grundstücksgeschäft dahin ändert, daß nun doch die Absicht der Weiterveräußerung an einen nichtbegünstigten Dritten eintritt, kann kraft Gesetzes die Gebührenermäßigung nachträglich entfallen und damit doch noch eine volle Gebührenpflicht eintreten. Maßgeblich ist ein Zeitablauf von höchstens drei Jahren seit der Beurkundung der Auflassung.

15 Die „*Absicht*" tritt ein, sobald und soweit der bisherige Erwerber an irgendeinen Nichtbegünstigten weiterveräußern will, ohne ihn schon kennen oder gar mit ihm verhandeln zu müssen. Das gilt unabhängig davon, ob er bereits rechtswirksam eingetragen ist. Die Absicht der Weiterveräußerung muß ernsthaft sein. Die Weiterveräußerung muß demnächst erfolgen, nicht irgendwann, aber auch nicht notwendigerweise schon morgen. Der Nichtbegünstigte muß jedenfalls als *ein* etwaiger ernsthafter Erwerber in Betracht kommen. Maßgeblich ist eine objektive Beurteilung der Lage, evtl bei einer rückschauenden Betrachtung, bei einer Berücksichtigung der erkennbar gewordenen Interessen der Beteiligten. Eine Erbbaurechtsbestellung ist eine Veräußerung, Rn 6.

16 **7) Unterrichtungspflicht, I 5.** Sie tritt ein, sobald die Voraussetzungen Rn 14, 15 objektiv vorliegen. Eine Rechtsunkenntnis schützt den bisher Begünstigten hier so wenig wie sonst. Beim Verstoß können auch strafrechtliche Folgen für den beim Begünstigten zur Unterrichtung jeweils Verantwortlichen eintreten. Die Verjährung der Nachforderung des Notars beginnt wie sonst. § 6 ist allerdings anwendbar. Die volle Höhe entsteht erst mit dem Wegfall der Ermäßigung.

17 **8) Mildtätiger, kirchlicher Zweck, II.** Man muß die in dieser Vorschrift genannten Institutionen ohnehin nach I, III beurteilen, soweit sie deren Voraussetzungen erfüllen. II ist nur dann anwendbar, wenn ausschließlich und unmittelbar die dort genannten mildtätigen Zwecke usw nach §§ 51 ff AO vorliegen, nicht auch dann, wenn außerdem gemeinnützige Zwecke bestehen, BayObLG JB **95**, 100. Im übrigen stellt II zwei Bedingungen einer Gebührenermäßigung auf. Sie müssen zusammentreffen.

18 **A. Nachweis des Finanzamts.** Man muß dem Notar einen Nachweis des Finanzamts vorlegen, daß die Körperschaft, Vereinigung oder Stiftung ausschließlich und unmittelbar mildtätige oder kirchliche Zwecke nach der AO verfolgt, also zB eine Wohlfahrtspflege, ein Kinderheim, eine Behinderteneinrichtung, ein Kranken- oder Altenheim. Ausreichend sind ein sog Freistellungsbescheid, ein Körperschaftssteuerbescheid oder eine vorläufige Bescheinigung. Sie alle müssen vom zuständigen Finanzamt stammen und sich auf den Zeitpunkt der Beurkundung beziehen. Das ergibt der Vergleich mit I 3, 4.

Natürlich darf die Bescheinigung einige Tage und evtl auch wenige Wochen alt sein, und beim Körperschaftssteuerbescheid den letzten darstellen. *Veraltete* Bescheinigungen sind aber ebenso unzureichend wie neue Bescheinigungen irgendeiner anderen Behörde.

19 **B. Darlegung, daß kein Geschäftsbetrieb betroffen ist.** Zusätzlich zu Rn 18 muß der eigentlich Gebührenpflichtige wenigstens darlegen, wenn auch nicht nach Rn 5 glaubhaft machen oder gar nachweisen, daß die Angelegenheit keinen steuerpflichtigen wirtschaftlichen Geschäftsbetrieb auch nur mitbetrifft. Wegen des Ausnahmecharakters der Gebührenermäßigung nach Rn 1 liegt im Zweifel keine ausreichende Darlegung vor. Schädlich ist stets ein auch gerade im Beurkundungszeitpunkt schon und noch irgendwie steuerpflichtiger derartiger Betrieb. Eine nachträgliche Änderung der Art des Betriebs ist unschädlich. Denn II enthält keine dem I 4 vergleichbare Regelung.

20 **9) Andere gesamtschuldnerische Beteiligte, III.** Auch der bloße Treuhänder kann begünstigt sein, BayObLG DNotZ **78**, 508. Es kommt darauf an, ob der weitere Gesamtschuldner vom eigentlich Begünstigten kraft Gesetzes und nicht nur auf Grund eines Vertrags eine Erstattung fordern kann, zB bei (jetzt) § 453 BGB, Drsd RR **99**, 1519. Das kommt zB evtl beim Träger einer Privatschule vor, BayObLG

Kapitel 3. Notarkosten　　　　　　　　　　**§§ 91, 92 GNotKG**

Rpfleger **75**, 182, ferner bei einer solchen Treuhandstelle, die für eine Sparkasse bei der Vergabe staatlicher Wohnungsmittel tätig wird, Oldb Rpfleger **90**, 228.

Der Nichtbegünstigte mag die Kosten des Begünstigten *übernommen* haben, KG　21 DNotZ **80**, 430, Dietrich DNotZ **80**, 402. Dann kann der Notar nicht etwa von jenem nun 100% verlangen, weil er keinen Erstattungsanspruch mehr hat. Denn durch eine Parteivereinbarung kann man die Notargebühren nicht verändern, § 125, Köln JB **83**, 1543, Schlesw JB **82**, 894, Zweibr JB **81**, 1709. Zur Rechenweise Lappe DNotZ **91**, 659.

10) Haftung nach § 29 Z 3, IV. Eine Kostenübernahme durch einen *an sich Be-*　22 *günstigten* schafft noch keine Gebührenfreiheit, BayObLG DNotZ **85**, 567, Köln JB **83**, 1543, LG Kblz JB **95**, 211, aM Stgt DNotZ **85**, 572. Sie schafft nach IV auch keine Ermäßigung (mehr), auch nicht wegen der Gebühr für die nachträgliche Erteilung zB einer Vollmacht. Eine Ermäßigung tritt auch dann nicht ein, soweit das Angebot eines Vertrags und seine Annahme *getrennt* erfolgen, um den Nichtbegünstigten zu begünstigen, aM BayObLG DNotZ **79**, 233, Hamm DNotZ **79**, 236 (aber das wäre ein Rechtsmißbrauch).

Rahmengebühren

92 I Bei Rahmengebühren bestimmt der Notar die Gebühr im Einzelfall unter Berücksichtigung des Umfangs der erbrachten Leistung nach billigem Ermessen.

II Bei den Gebühren für das Beurkundungsverfahren im Fall der vorzeitigen Beendigung und bei den Gebühren für die Fertigung eines Entwurfs ist für die vollständige Erstellung des Entwurfs die Höchstgebühr zu erheben.

III Ist eine Gebühr für eine vorausgegangene Tätigkeit auf eine Rahmengebühr anzurechnen, so ist bei der Bemessung der Gebühr auch die vorausgegangene Tätigkeit zu berücksichtigen.

1) Systematik, Regelungszweck, I–III. III ist im Kern neu.　　　　　　　　　1

2) Rahmengebühr, I. Zum Begriff Einl II A 12. Wie schon dort generell darge-　2 stellt, muß der Notar im Einzelfall ein „billiges" und in Wahrheit wie stets pflichtgemäßes Ermessen ausüben und dabei alle Umstände und besonders den in I nur scheinbar als fast alleiniger Maßstab genannten Leistungsumfang berücksichtigen. Natürlich kommt es auch zB auf den Schwierigkeitsgrad und auf die Person des Auftraggebers wie der weiteren Beteiligten an, um nur zwei weitere Aspekte anzudeuten. Der Notar muß seine Abwägung nachvollziehbar begründen (können). Vgl ergänzend Rn 5.

3) Vorzeitige Beendigung einer Beurkundung, II Fall 1. Diese Situation er-　3 fordert eine unverschuldete Entwicklung. Denn die Gesetzesforderung nach der Höchstsumme der Rahmengebühr kommt natürlich nicht dann infrage, wenn der Notar die erbetene Beurkundung aus eigenem Verschulden oder auch nur erheblichem Mitverschulden abbricht. Die Höchstgebühr meint hier denjenigen Höchstbetrag, der (nur) „für die vollständige Erstellung des Entwurfs" und nicht für eine vollständige Beurkundung etwa des Vertrags entstehen kann.

4) Entwurf, II Fall 2. Das Wort „und" am Beginn von Fall 2 zeigt die Selbstän-　4 digkeit dieses Teils von II gegenüber dem Fall 1. Der Sinn bleibt dennoch unklar: Für eine vollständige Entwurfserstellung muß seine vollständige Verwendbarkeit ohne Überarbeitung vorliegen, LG Düss JB **17**, 596. Dann gibt es bei einer Rahmengebühr doch gerade nicht automatisch die Höchstgebühr. Nach seiner amtlichen Überschrift behandelt § 92 aber in allen Teilen nur eine Rahmengebühr. Man muß daher wohl im Ergebnis II Fall 2 auch auf die Lage beschränken, daß auch eine Entwurfstätigkeit schuldlos unbeendet geblieben sein muß.

5) Anrechnung, III. Soweit das GNotKG bei einer Rahmengebühr nach I die　5 Anrechnung einer Gebühr für eine vorausgegangene Tätigkeit vorschreibt, muß der Notar im Rahmen von I auch diese weitere Gebühr natürlich mitbeachten. Diese Selbstverständlichkeit stellt III klar.

GNotKG §§ 93, 94

Einmalige Erhebung der Gebühren

93 I ¹Die Gebühr für ein Verfahren sowie die Vollzugs- und die Betreuungsgebühr werden in demselben notariellen Verfahren jeweils nur einmal erhoben. ²Die Vollzugs- und die Betreuungsgebühr werden bei der Fertigung eines Entwurfs jeweils nur einmal erhoben.

II ¹Werden in einem Beurkundungsverfahren ohne sachlichen Grund mehrere Beurkundungsgegenstände zusammengefasst, gilt das Beurkundungsverfahren hinsichtlich jedes dieser Beurkundungsgegenstände als besonderes Verfahren. ²Ein sachlicher Grund ist insbesondere anzunehmen, wenn hinsichtlich jedes Beurkundungsgegenstands die gleichen Personen an dem Verfahren beteiligt sind oder der rechtliche Verknüpfungswille in der Urkunde zum Ausdruck kommt.

1   **1) Systematik, Regelungszweck, I, II.** Die Vorschrift ähnelt dem § 35 GKG, dem § 29 FamGKG, ein wenig auch dem § 15 RVG, Teile I A, B, X dieses Buchs. Sie geht aber in I 2, II über jene Vorschriften hinaus. I dient der Kostensparsamkeit nach § 1 I, II dient eher einer Untervergütung des Notars, wie zuvor § 44 KostO.

2   **2) Einmaligkeit der Gebühr, I.** Diese Begrenzung erfolgt in jedem selbständigen notariellen Verfahren. Mehrere solcher Verfahren können also die in I genannten Gebühren auch mehrmals entstehen lassen. Die Einmaligkeit je Notarsverfahren gilt nach *I 2* auch bei den beiden dort genannten Spezialgebühren jeweils für die Fertigung eines Entwurfs.

3   **3) Zusammenfassung mehrerer Beurkundungen, II.** Es geht um eine Zusammenfassung gerade in demselben Beurkundungsverfahren, wie sie ständig vorkommt. Hier würde an sich I 1 gelten. Indessen mag die Zusammenfassung ohne einen „sachlichen Grund" erfolgen. Dann kommt die Annahme mehrerer Beurkundungsverfahren und folglich die Möglichkeit mehrerer Gebühren infrage.

4   *Sachlicher Grund* einer Zusammenfassung ist ein weiter Begriff. *II 2* gibt für sein Vorliegen nur einige Beispiele („insbesondere"). Personenidentität in den mehreren Beurkundungsgegenständen und rechtlicher Verknüpfungswille in der Urkunde sind zwei typische Fälle sachlicher Gründe.

Kein sachlicher Grund liegt vor bei einer Zustimmung zu Aufhebungsverträgen mehrerer Gesellschaften, BGH WertpMitt **17**, 2313 (?).

5   **4) Beurkundungsgegenstand, II.** Zu ihm und daher auch zur Mehrheit von Beurkundungsgegenständen §§ 86, 109.

Verschiedene Gebührensätze

94 I Sind für die einzelnen Beurkundungsgegenstände oder für Teile davon verschiedene Gebührensätze anzuwenden, entstehen insoweit gesondert berechnete Gebühren, jedoch nicht mehr als die nach dem höchsten Gebührensatz berechnete Gebühr aus dem Gesamtbetrag der Werte.

II ¹Soweit mehrere Beurkundungsgegenstände als ein Gegenstand zu behandeln sind (§ 109), wird die Gebühr nach dem höchsten in Betracht kommenden Gebührensatz berechnet. ²Sie beträgt jedoch nicht mehr als die Summe der Gebühren, die bei getrennter Beurkundung entstanden wären.

1   **1) Geltungsbereich, I, II.** Die Vorschrift übernimmt in I den Kern der §§ 36 III GKG, 30 III FamGKG, Teile I A, B dieses Buchs. Vgl daher bei § 36 GKG. II ergänzt I für den Spezialfall des § 109. In beiden Absätzen von § 94 ist eine Gebührenobergrenze der Gesetzeszweck. So muß man die Einzelfragen handhaben.

Kapitel 3. Notarkosten §§ 95–97 GNotKG

Abschnitt 4. Wertvorschriften

Unterabschnitt 1. Allgemeine Wertvorschriften

Mitwirkung der Beteiligten

95 ¹Die Beteiligten sind verpflichtet, bei der Wertermittlung mitzuwirken. ²Sie haben ihre Erklärungen über tatsächliche Umstände vollständig und wahrheitsgemäß abzugeben. ³Kommen die Beteiligten ihrer Mitwirkungspflicht nicht nach, ist der Wert nach billigem Ermessen zu bestimmen.

1) **Geltungsbereich, S 1–3.** Die Vorschrift erfaßt sachlich sämtliche Tätigkeiten   1
des Notars und persönlich alle Beteiligten. Diesen Begriff bestimmt § 95 anders als zB § 7 FamFG nicht amtlich. Wegen Vergleichbarkeit der Sachgebiete kann man aber § 7 FamFG mitbeachten. Danach sind Beteiligte diejenigen, deren Recht durch das Verfahren unmittelbar betroffen wird oder die auf Antrag zu beteiligen sind. Natürlich ist der Auftraggeber Beteiligter. Ob zB dessen Vertragspartner bei der Beurkundung eines Vertrags auch dann Beteiligter ist, wenn er zum Vertragsinhalt nichts erklärt oder ergänzt hat, kann im Einzelfall etwas zweifelhaft sein. Ein rein Begünstigter einer Erklärung eines anderen mag kein Beteiligter sein. Das gilt zumindest dann, wenn er an einem Vorgespräch oder einer Beurkundung oder sonstigen Tätigkeit des Notars gar nicht teilnimmt. Kaum Beteiligter ist ein Nachbar etwa dann, wenn jemand nur gern von ihm wissen möchte, welchen Kaufpreis er gezahlt hatte.

2) **Mitwirkungspflicht, S 1–3.** Nur ein nach Rn 1 Beteiligter hat diese Pflicht,   2
S 1. Sie erstreckt sich auf alle Fragen einer Wertermittlung. Sie beschränkt sich auf eine Mitwirkung. Diese Mitwirkung kann nach dem Grad der Beteiligung sehr unterschiedlich stark sein müssen. Die Grenze liegt bei einer Unzumutbarkeit, etwa einer zeit- oder kostenmäßig erheblichen Nachforschung. Aber auch Unbequemes oder Unangenehmes kann zumutbar sein. Wie im Zeugnisverweigerungsrecht hat eine Mitwirkungsverweigerungsmöglichkeit zur Folge. Der Notar ist zwar eine Amtsperson, aber kein Polizist oder Gerichtsvollzieher. Eine Mitwirkung besteht mit wie ohne Forderung auf Auslagenersatz oder gar Honorar. Sie kann aber ohne Auslagenerstattung unzumutbar sein.

3) **Vollständigkeit, Wahrhaftigkeit, S 2.** Es gelten dieselben Regeln wie zB bei   3
§ 138 ZPO, vgl dort bei BLAH auch zum „Wahrhaftigkeits"begriff.

4) **Verstoß, S 3.** Die Folge: Wertbestimmung nach „billigem" Ermessen zunächst   4
des Notars, dann evtl nach §§ 127 ff des Gerichts usw. Das wirkt wie eine Strafe. Ein in Wahrheit nicht billiges, sondern wie stets pflichtgemäß abwägendes Ermessen ist aber ein Grundprinzip jeder Amtsführung dann, wenn es nicht um einen Festwert geht. Das ändert nichts daran, daß S 3 einen Bewertungsraum erweitert und trotz § 1 I nicht etwa verengt. Natürlich setzt diese Folge erst insoweit ein, als ein Beteiligter eine Mitwirkungspflicht aus irgendeinem Grund mit oder ohne Verschulden endgültig unterläßt. Soweit ein anderer Beteiligter ausreichend mitwirkt, muß man ohne Rückgriff auf S 3 bewerten.

Zeitpunkt der Wertberechnung

96 Für die Wertberechnung ist der Zeitpunkt der Fälligkeit der Gebühr maßgebend.

1) **Geltungsbereich.** Die Vorschrift erfaßt alle Notartätigkeiten.   1
2) **Fälligkeit.** Sie richtet sich nach § 10. Vgl dort.   2

Unterabschnitt 2. Beurkundung

Verträge und Erklärungen

97 ¹ Der Geschäftswert bei der Beurkundung von Verträgen und Erklärungen bestimmt sich nach dem Wert des Rechtsverhältnisses, das Beurkundungsgegenstand ist.

843

GNotKG § 97

II Handelt es sich um Veränderungen eines Rechtsverhältnisses, so darf der Wert des von der Veränderung betroffenen Rechtsverhältnisses nicht überschritten werden, und zwar auch dann nicht, wenn es sich um mehrere Veränderungen desselben Rechtsverhältnisses handelt.

III Bei Verträgen, die den Austausch von Leistungen zum Gegenstand haben, ist nur der Wert der Leistungen des einen Teils maßgebend; wenn der Wert der Leistungen verschieden ist, ist der höhere maßgebend.

Gliederung

1) Systematik, I–III	1
2) Regelungszeck, I–III	2
3) Rechtsverhältnis, I	3–13
A. Ausgangswert	3
B. Beispiele zur Frage des Ausgangswerts nach I	4–8
4) Änderung eines Rechtsverhältnisses, II	9, 10
5) Beispiele zur Frage einer Änderung, II	11–13
6) Austauschvertrag, III	14–19
A. Begriff	14
B. Beispiele zur Frage eines Austauschvertrags, III	15–19

1 **1) Systematik, I–III.** Die Vorschrift regelt nur den Geschäftswert von „Verträgen und Erklärungen". Im Anschluß an § 97 muß man nach §§ 109 ff prüfen, ob derselbe oder verschiedene Beurkundungsgegenstände vorliegen.

2 **2) Regelungszweck I–III.** Die Vorschrift dient zum einem einer Angemessenheit der Vergütung bei den beträchtlichen Mühen, die eine korrekte Beurkundung der hier erfaßten meist komplizierten und weitreichenden Vorgänge erfahrungsgemäß verursacht. Sie dient also der Kostengerechtigkeit. Sie dient aber ebenso klar dazu, die Kosten in erträglichen Grenzen zu halten, Hornung Rpfleger **97**, 518. Beides muß man bei der Auslegung beachten.

3 **3) Rechtsverhältnis, I.** Man muß zwei Situationen unterscheiden.
A. Ausgangswert. Der Geschäftswert bestimmt sich grundsätzlich nach dem objektiven Wert der beurkundeten Erklärungen, Hamm FGPrax **98**, 153, Karlsr Rpfleger **01**, 321, Weber BB **07**, 2086. Ihr Wert richtet sich wiederum nach § 86 I, Hamm MDR **15**, 1328, also nach demjenigen sachlichrechtlichen Rechtsverhältnis, das sie betreffen, Karlsr Rpfleger **01**, 321. Das etwa abweichende persönliche Interesse der Beteiligten ist unerheblich, BayObLG Rpfleger **92**, 77, Düss Rpfleger **81**, 248, Hamm Rpfleger **82**, 489. Maßgebend ist nur der beurkundete Inhalt, BayObLG Rpfleger **75**, 268, Karlsr Rpfleger **01**, 321. Nur in diesen Grenzen kann es auf den Beurkundungszweck mitankommen. Auch die Rechtswirkungen sind unmaßgeblich. Maßgeblich ist also nicht die spätere Gestaltung. Nur dann ist der Wert des ganzen Rechtsverhältnisses maßgebend, wenn die Beurkundung auch das ganze Rechtsverhältnis erfaßt, es etwa begründet oder aufhebt. Andernfalls ist nur der jeweils direkt betroffene Vorgang innerhalb des Rechtsverhältnisses maßgebend, etwa seine Änderung oder Erweiterung oder Verringerung.

4 **B. Beispiele zur Frage des Ausgangswerts nach I**

Auseinandersetzung: Bei einem Auseinandersetzungsvertrag handelt es sich nicht um einen Austausch von Leistungen, sondern um ihre Verteilung. Deshalb ist auch nicht III, sondern I anwendbar. Als Wert muß man denjenigen vollen Aktivwert ansetzen, über den die Auseinandersetzung erfolgt, BayObLG JB **01**, 488.
Bauherrenmodell: Rn 7 „Treuhandvertrag".
Bauverpflichtung: Bei einer Verpflichtung *zu* einer Leistung ist dasjenige maßgebend, was der Schuldner leisten muß, etwa eine Sache oder nur deren Gebrauch. Wenn jemand also ein Grundstück unter der Bedingung erwirbt, es bebauen zu müssen oder sonstwie zu investieren, muß man auch die voraussichtlichen gesamten Bau- oder Investitionskosten berücksichtigen, Celle JB **97**, 40, LG Chemnitz JB **97**, 40. Das gilt selbst dann, wenn man nach dem Vertrag Baukostenzuschüsse usw leisten muß. Nicht etwa darf man nur das Architektenhonorar zugrunde legen.

5 **Erbbaurecht:** Rn 21.

Kommanditgesellschaft: Wenn Miterben eine Kommanditgesellschaft gründen und ein bisher in ungeteilter Erbengemeinschaft betriebenes Unternehmen in sie einbringen, muß man die Kosten nach dem Gesellschaftsvertrag über die KG berechnen, nicht etwa nach dem Wert der Erbauseinandersetzung.
Leistungsverpflichtung: Rn 4 „Bauverpflichtung". 6
Löschung: Bei einer Löschungsbewilligung eines Miterben muß man die Kosten nach dem Wert der Hypothek ansetzen.
Zu geringer Preis: Wenn ein niedrigerer Preis als der wahre Wert eines Grundstücks angegeben und beurkundet ist, muß man nach III verfahren, also den wirklichen Wert nach §§ 46, 47 ermitteln.
Tausch: Anwendbar ist I auf einen Austausch realer Grundstücksteile, BayObLG 91, 7 208 (anders als derjenige ideeller Anteile, für den III gilt).
Testament: Seine Beurkundung kann auch einen späteren Vorgang miterfassen. S auch Rn 8 „Ungewißheit".
Treuhandvertrag: Wenn sich die Bauherren nach dem Treuhandvertrag zur Erteilung aller zur Durchführung des Bauvorhabens erforderlichen Vollmachten verpflichten, kann sich der Wert nach den Gesamtkosten des Bauvorhabens statt nach dem Gesamthonorar des Treuhänders richten, Düss DNotZ 81, 326. Überhaupt kommt die Summe der Aufwendungen unabhängig davon in Betracht, ob die Bauherrengesellschafter ein bestimmtes Bauherrenmodell gewählt haben, BayObLG 86, 234.
Ungewißheit: Soweit später kein Anspruch entsteht, muß man den Grad der Unge- 8 wißheit beachten.
Unterschrift: Der Wert einer Unterschriftsbeglaubigung unter dem Antrag auf eine Berichtigung des Grundbuchs durch die Eintragung des Erben als des Eigentümers ist nach §§ 46, 47 nach dem Wert des Grundstücks ansetzbar.
Vorvertrag: Er hat grundsätzlich den Wert des Hauptvertrags. Soweit der Vorvertrag eine Vereinbarung über den Hauptvertrag hinaus enthält, muß man den Wert dieser Zusatzvereinbarung mitberücksichtigen.

4) Änderung eines Rechtsverhältnisses, II. Soweit es sich um Veränderun- 9 gen eines und desselben Rechtsverhältnisses handelt, darf man den Wert des von der Änderung betroffenen Rechtsverhältnisses selbst dann nicht überschreiten, wenn es sich um wertmäßig an sich zusammenrechenbare mehrere Veränderungen desselben Rechtsverhältnisses handelt. Der Wert des Rechtsverhältnisses ist also stets die Höchstgrenze, BayObLG JB **95**, 216. Entsprechendes gilt bei einer oder mehreren nur teilweisen Änderung(en) des Rechtsverhältnisses.
Die *Abtretung* einer Grundschuld und ihre gleichzeitige Umwandlung in eine Hy- 10 pothek sind zwei Änderungen nach § 109.

5) Beispiele zur Frage einer Änderung, II 11
Abtretung: Rn 13 „Übertragung".
Auflassung: Rn 12 „Tausch".
Belastung: Anwendbar ist II bei einer nachträglichen Belastung.
Erfüllungsgeschäft: Anwendbar ist II auch auf das dingliche Erfüllungsgeschäft.
Friständerung: Rn 13 „Unbestimmter Wert".
Höchstgrenze: Soweit verschiedene Gebührensätze anwendbar sind, bildet der höchste Gebührensatz nach dem Wert des geänderten Werts die Höchstgrenze. S auch Rn 12 „Tausch".
Hypothekenumwandlung: Bei einer Änderung zB einer Briefhypothek in eine Buchhypothek Rn 13 „Unbestimmter Wert".
Kündigungsmöglichkeit: Bei ihrer Änderung s Rn 13 „Unbestimmter Wert". 12
Mithaft: Bei der Einbeziehung eines Grundstücks in die Mithaft bereits bestehender Hypotheken und der Unterwerfung unter deren „sofortige" Zwangsvollstreckung muß man beim Nennbetrag der Schuld und dann, wenn der Wert der neu verhafteten Grundstücke geringer ist, diesen Wert ansetzen.
Neues: *Unanwendbar* ist II, soweit etwas wirtschaftlich ganz Neues entsteht.
Tausch: Bei einem Tausch und bei einer gleichzeitigen Auflassung zweier Grundstücke muß man als Wert denjenigen des wertvolleren Grundstücks ansetzen. Die Höchstgrenze nach II gilt nur, soweit § 109 überhaupt eine Zusammenrechnung

GNotKG § 97

verlangt. Regelmäßig liegt derselbe Gegenstand nach § 109 dann vor, wenn der Notar die schuldrechtliche Verpflichtung und die Erfüllung in derselben Urkunde beurkundet, etwa bei einem Grundstückstausch die beiderseitigen Auflassungen.

13 **Übertragung:** Anwendbar ist II bei einer nachträglichen Übertragung oder Abtretung, BayObLG JB **95**, 216, Weber BB **07**, 2086. Denn ein solcher Vorgang ändert jedenfalls auch das bestehende Rechtsverhältnis.
Umwandlung: Anwendbar ist II bei der näheren Ausgestaltung des neuen Gesellschaftsverhältnisses anläßlich einer Umwandlung von einer Kapital- in eine Personengesellschaft. Bei der Umwandlung einer Grundschuld in eine Hypothek muß man den Nennbetrag der Hypothek als den Wert ansetzen.
Unbestimmter Wert: *Unanwendbar* ist II, soweit eine Änderung keinen bestimmten Geldwert hat. Dann gilt § 36.
Zahlungsabrede: Bei ihrer Änderung s „Unbestimmter Wert".
Zuschreibung: Beim Antrag auf die Zuschreibung eines Grundstücks s „Unbestimmter Wert".

14 **6) Austauschvertrag, III.** Man muß zwischen dem bloßen Austauschvertrag nach III und einem Gesellschaftsvertrag usw nach § 107 unterscheiden.
A. Begriff. Austauschvertrag ist vor allem jeder gegenseitige Verpflichtungs- oder Verfügungsvertrag nach §§ 320 ff BGB, durch den der eine Teil seine Leistung erbringt, um vom anderen Teil eine Gegenleistung zu erhalten, BayObLG JB **78**, 578. Hierzu zählt aber auch jeder solche Vertrag, der überhaupt allen oder mindestens mehreren Vertragspartnern eine Leistung auferlegt. Insofern enthält der kostenrechtliche Begriff des Austauschvertrags einen weiteren Anwendungsbereich als der sachlichrechtliche (bürgerlichrechtliche) Begriff. Maßgebend ist der höhere der beiden Austauschwerte. Man muß den Vertrags*abschluß* und den Vertrags*vollzug* auch wertmäßig unterscheiden, BayObLG **90**, 113.

15 **B. Beispiele zur Frage eines Austauschvertrags, III**
Adoption: *Kein* Austauschvertrag liegt vor, soweit es nicht um einen Güteraustausch geht.
Agenturvertrag: Er ist meist ein Dienstvertrag nach Rn 15.
Altenteil: Rn 16 „Erbrecht".
Alternativleistung: Sie mag einem Austauschvertrag angehören können.
Auseinandersetzung: Ein Austauschvertrag kann in jeder Art von Auseinandersetzungen liegen.
Geschäftswert ist der zusammengerechnete Wert der Gesamthandgegenstände ohne einen Schuldenabzug und ohne eine Beachtung anderer Geschäfte, BayObLG MittBayNot **95**, 245.
Ausgliederung: Beim Ausgliederungsvertrag zwecks einer Aufnahme durch eine andere Gesellschaft liegt ein Austauschvertrag vor. Man kann ihn nach demjenigen Betrag bewerten, den die Spaltungsbilanz als das Aktivvermögen ausweist, LG Mü JB **97**, 265. Vgl aber auch § 107.
Baubetreuungsvertrag: Ein nach § 109 einheitlicher Austauschvertrag liegt vor, soweit es um einen Baubetreuungsvertrag geht, Düss VersR **82**, 706, Stgt DNotZ **77**, 54, Ackermann JB **376**, 433. Als Wert muß man den vom Bauherrn zahlbaren Gesamtbetrag ansetzen, Stgt DNotZ **77**, 54, Ackermann JB **376**, 433. Ein gleichzeitiger Grundstückskaufvertrag berechnet sich gesondert.
S auch Rn 19 „Werkswohnung".
Bauherrenmodell: Ein Austauschvertrag liegt vor, soweit es um einen Treuhandvertrag im Rahmen eines sog Bauherrenmodells geht, Schlesw JB **91**, 1667.
Geschäftswert ist der geplante Gesamtaufwand des Bauherrn, BayObLG MittBayNot **85**, 84, Celle DNotZ **83**, 572, Düss DNotZ **81**, 325, aM Zweibr DNotZ **81**, 328 (Honorar des Treuhänders. Aber das ist nicht die volle Gegenleistung).
Bürgschaft: Ein Austauschvertrag liegt vor, soweit es um eine Verpflichtung geht, den Vertragspartner von einer Bürgschaft zu befreien. Geschäftswert ist der Nennbetrag.
Darlehen: Ein Austauschvertrag kann in einem Darlehen gegen eine Wohnungsüberlassung liegen.
Dritter: III kann auch bei einer Leistung an einen Dritten gelten.
Dienstvertrag: Er ist ein Austauschvertrag. Der Wert bestimmt sich nach § 99.

Erbbaurecht: Bei einem solchen Vertrag, der die Bestellung eines Erbbaurechts oder 16
eines Wohnungserbbaurechts zum Gegenstand hat, gilt § 43. Die entgeltliche Veräußerung ist ein Austauschvertrag.
Erbrecht: Es gilt § 102, aM Hamm FamRZ **17**, 472 (es gelte III).
Erschließungsvertrag: Ein solcher zB nach § 129 BauGB ist ein Austauschvertrag.
Geschäftswert ist meist der Erschließungsaufwand, BayObLG JB **80**, 914.
Geschäftsanteil: Ein Austauschvertrag kann vorliegen, soweit es sich um die Veräu- 17
ßerung eines Geschäftsanteils eines Gesellschafters handelt, Drsd DB **94**, 319, Köln
FGPrax **00**, 126, Wielgoss JB **02**, 134, oder um dessen Abtretung.
S aber auch „Gesellschaft".
Gesellschaft: Grds *kein* Austauschvertrag liegt vor, soweit es sich um einen Gesellschaftsvertrag beliebiger Art handelt. Denn sein Ziel ist kein Austausch, sondern eine Vereinigung von gleichgerichteten Leistungen. Dann ist vielmehr § 107 anwendbar.
S aber auch „Geschäftsanteil".
Grundstückstausch: Ein Austauschvertrag liegt vor, soweit es um den Austausch
ideeller Grundstücksanteile geht, BayObLG **91**, 208.
Kein Austauschvertrag ist der Tausch realer Grundstücksteile. Für ihn gilt I,
BayObLG **91**, 208.
S auch Rn 18 „Umlegung", Rn 19 „Zugewinnausgleich".
Gutsüberlassung: Ein Austauschvertrag liegt vor, soweit es sich um einen Gutsüberlassungsvertrag handelt. Der Wert der Gegenleistung ist nur dann maßgeblich, wenn
er höher ist als der nach § 48 festgestellte, (zum alten Recht) Karlsr JB **91**, 1360.
Hofübergabe: Ein Austauschvertrag kann in einer Hofübergabe gegen einen Erbverzicht liegen. Vgl aber auch § 48.
Kaufvertrag: Er ist grds ein klassischer Austauschvertrag. Meist ist der Kaufpreis der
Wert, BGH DNotZ **75**, 748, BayObLG JB **92**, 183. Natürlich kann der Sachoder Rechtswert höher und deshalb maßgeblich sein, zB wegen mitübernommener Pflichten, Rostock MDR **10**, 1283 links. Ein Buchwert ist nicht maßgebend,
Rostock MDR **10**, 1283 links.
Kein Austauschvertrag ist ein Kaufvertrag über eine Teilfläche nebst einem Vertrag über die Errichtung eines Gebäudes auf dem Rest.
Lizenzvertrag: Er ist meist ein Austauschvertrag. Der Wert bestimmt sich nach
§§ 52, 99.
Kommissionsvertrag: Er ist meist ein Dienstvertrag nach Rn 15.
Pflichtteilsverzicht: Es gilt § 102 IV. 18
Schenkung: Ein Austauschvertrag kann in einer Schenkung gegen eine Unterhaltspflicht liegen.
Tauschvertrag: Er ist ein Austauschvertrag. Man muß den Wert der Tauschobjekte
vergleichen. Der höhere ist maßgebend, Zweibr DNotZ **96**, 399. Man darf Lasten
nach § 38 S 1 nicht abziehen. Zum Ringtausch BayObLG JB **88**, 1369, krit Lappe
NJW **89**, 3259.
Testament: Rn 16 „Erbrecht".
Treuhand: Rn 15 „Bauherrenmodell".
Übernahme: Ein Austauschvertrag liegt vor, soweit es sich um einen solchen Übernahmevertrag handelt, der keine bloße Schenkung enthält.
Umlegung: Ein Austauschvertrag liegt vor, soweit es um einen Tausch von Grundstücken in einer Umlegung geht, Zweibr FGPrax **96**, 37.
Verfahrensvergleich: Rn 19 „Vergleich".
Vergleich: Ein Austauschvertrag liegt vor, soweit es sich um einen außergerichtlichen 19
Vergleich handelt. Maßgeblich ist der höhere Wert einer Leistung. Maßgeblich ist
nicht, worüber man sich vergleicht, sondern auf was der Vergleich lautet. Ausnahmen
mögen bei einem Angehörigenvergleich oder bei einem Notvergleich vorliegen.
Kein Austauschvertrag liegt beim Verfahrensvergleich vor.
Verschmelzung: *Kein* Austauschvertrag sind ein Verschmelzungsvertrag nach dem
UmwG, oder ein Verschmelzungsvertrag nach dem KapErhG. Bei ihm ist nicht III,
sondern I anwendbar. Man muß den Wert einer Zustimmung ebenso bemessen
wie für den Vertrag, BayObLG DB **92**, 1923. Man kann das Aktivvermögen aus
der Schlußbilanz der übertragenden Gesellschaft ansetzen, BayObLG DB **97**, 971,
LG Mü JB **97**, 266.

Vorvertrag: Er hat denselben Charakter wie der Hauptvertrag und dessen Wert, Stgt Rpfleger **80**, 404.

Werkswohnung: Ein Austauschvertrag liegt vor, soweit es um den Wohnungsbau des Unternehmers auf seine eigene Rechnung für einen Werksangehörigen gegen die Bereitstellung des Grundstücks durch das Werk geht.
S auch Rn 15 „Baubetreuungsvertrag".

Wohnungseigentum: Bei einem Vertrag zur Bestellung eines Wohnungseigentums gilt nur bei einem gesetzlich zulässigen dinglichen Recht § 42. Die entgeltliche Veräußerung ist ein Austauschvertrag.

Vollmachten und Zustimmungen

98 ^I Bei der Beurkundung einer Vollmacht zum Abschluss eines bestimmten Rechtsgeschäfts oder bei der Beurkundung einer Zustimmungserklärung ist Geschäftswert die Hälfte des Geschäftswerts für die Beurkundung des Geschäfts, auf das sich die Vollmacht oder die Zustimmungserklärung bezieht.

^{II} ¹Bei Vollmachten und Zustimmungserklärungen aufgrund einer gegenwärtigen oder künftigen Mitberechtigung ermäßigt sich der nach Absatz 1 bestimmte Geschäftswert auf den Bruchteil, der dem Anteil der Mitberechtigung entspricht. ²Entsprechendes gilt für Zustimmungserklärungen nach dem Umwandlungsgesetz durch die in § 2 des Umwandlungsgesetzes bezeichneten Anteilsinhaber. ³Bei Gesamthandsverhältnissen ist der Anteil entsprechend der Beteiligung an dem Gesamthandsvermögen zu bemessen.

^{III} ¹Der Geschäftswert bei der Beurkundung einer allgemeinen Vollmacht ist nach billigem Ermessen zu bestimmen; dabei sind der Umfang der erteilten Vollmacht und das Vermögen des Vollmachtgebers angemessen zu berücksichtigen. ²Der zu bestimmende Geschäftswert darf die Hälfte des Vermögens des Auftraggebers nicht übersteigen. ³Bestehen keine genügenden Anhaltspunkte für eine Bestimmung des Werts, ist von einem Geschäftswert von 5000 Euro auszugehen.

^{IV} In allen Fällen beträgt der anzunehmende Geschäftswert höchstens 1 Million Euro.

^V Für den Widerruf einer Vollmacht gelten die vorstehenden Vorschriften entsprechend.

Vorbem. III 3 angefügt dch Art 13 Z 9 G v. 29. 6. 15, BGBl 1042, in Kraft seit 4. 7. 15, Art 22 II G, ÜbergangsR § 134 GNotKG.

Schrifttum: *Langel* NJW **17**, 3617 (Üb).

Gliederung

1) **Systematik**, I–V	1, 2
2) **Regelungszweck**, I–V	3
3) **Bestimmtes Rechtsgeschäft**, I	4, 5
4) **Zustimmungserklärung**, I, II	6–8
A. Alleinberechtigter, I	6
B. Mitberechtigter, II 1	7
C. Erklärung, I, II 1	8
5) **Geschäftswert**, I, II	9–11
A. Wert des Geschäfts, I	9
B. Anteil des Zustimmenden, II 1, 2	10
C. Gesamthand, II 3	11
6) **Allgemeine Vollmacht**, III	12–15
A. Ermessen, III 1	12
B. Generalvollmacht, III 1	13
C. Höchstwert, III 2	14
D. Fehlen tatsächlicher Anhaltspunkte, III 3	15

1 **1) Systematik, I–V.** Die Vorschrift behandelt den Geschäftswert einer Vollmacht und denjenigen einer Zustimmungserklärung. Sie unterscheidet zwischen der Vollmacht zum Abschluß eines bestimmten einzelnen Rechtsgeschäfts nach I und einer allgemeinen Vollmacht zum Abschluß noch unbestimmt vieler einzelner Rechtsgeschäfte nach III. V stellt klar, daß die Beurkundung einer Vollmacht und ihr Widerruf kostenmäßig gleichstehen. IV enthält für den Geschäftswert in sämtlichen Fällen einen Höchstbetrag.

Wenn *mehrere Personen* innerhalb einer bestehenden oder bevorstehenden Rechtsgemeinschaft mehreren anderen Personen eine Vollmacht zu einem bestimmten Geschäft oder eine allgemeine Vollmacht erteilen, liegt nur *eine* Vollmacht vor, selbst wenn jeder Bevollmächtigte einzeln handeln darf. Wenn mehrere Personen außerhalb einer Gemeinschaft, Gesellschaft oder Gesamthand einen Dritten zu einem bestimmten Geschäft oder allgemein oder sich gegenseitig bevollmächtigen, liegen mehrere Vollmachten vor. Es kommt nicht darauf an, ob diese Personen wegen eines anderen Vermögens eine Gemeinschaft, Gesellschaft oder Gesamthand bilden, auf das sich die Vollmacht nicht bezieht. § 110 Z 3 gilt dann, wenn eine Vollmacht und ein anderes Rechtsgeschäft unter Lebenden in derselben Urkunde zusammentreffen, etwa bei einer Finanzierung des Kaufpreises, Celle JB 97, 156, aber auch bei einer darüber hinausgehenden Belastungsvollmacht, Celle JB 97, 156, Hamm FGPrax 06, 37, Rostock MittBayNot 02, 207. 2

2) **Regelungszweck, I–V.** Das „billige Ermessen" in III 1 Hs 1 zeigt den Zweck der ganzen Vorschrift, eine den Anteilsinteressen entsprechende angemessene Vergütung zu erzielen, Karlsr FamRZ 14, 1225. Dem dient auch III 1 Hs 2. Die absolute Obergrenze in IV bezweckt natürlich eine Kostendämpfung. Wegen der Höhe des dort genannten Betrags kann man durchweg die eventuell ja ganz außerordentliche Reichweite der rechtlichen und wirtschaftlichen Bedeutung einer Vollmacht in aller Regel innerhalb des verbleibenden statlichen Ermessens voll berücksichtigen. Entsprechend dem Grundsatz einer dem Kostenschuldner günstigen Auslegung nach § 1 I sollte man das Ermessen behutsam ausüben. 3

3) **Bestimmtes Rechtsgeschäft, I.** Bei einer begründenden oder bestätigenden Vollmacht zum Abschluß eines bestimmten einzelnen Rechtsgeschäfts entscheidet sein nach §§ 35 ff ermittelbarer Wert im Zeitpunkt der Vollmachtsbeurkundung, Celle JB 75, 224. Beispiel: Es handelt sich um eine bestimmte Registeranmeldung. Wert kann dann die Einlage zB des Kommanditisten sein, KG Rpfleger 01, 377, Karlsr JB 99, 266, Stgt Rpfleger 99, 293. Bei einer Gründungsvollmacht für eine GmbH ist die Stammeinlage oder Sacheinlage maßgeblich. Es ist nicht erforderlich, daß das Geschäft in allen Einzelheiten feststeht. Wenn zB der Kaufpreis noch ungewiß ist, entscheidet der Wert der Sache oder das mögliche Höchstgebot. I gilt auch bei einer Vollmachtsbestätigung. 4

Bei *mehreren bestimmten* Geschäften gilt § 110. Bei mehreren Verfügungen über dieselbe Sache oder dasselbe Recht ist deren Wert die Obergrenze. Stets muß man den Höchstwert von 500 000 EUR beachten, IV. Für den Wert ist der Zeitpunkt der Beurkundung entscheidend, Celle JB 75, 225. 5

4) **Zustimmungserklärung, I, II.** Die Vorschrift gilt für alle Arten von Zustimmungserklärungen. 6

A. **Alleinberechtigter, I.** Wie sich im Vergleich zu II ergibt, erfaßt I die Zustimmungserklärung des gegenwärtigen oder künftigen alleinigen voll Berechtigten nach Rn 1. I erfaßt also den Fall, daß nur eine einzige Zustimmungserklärung in Betracht kommt.

B. **Mitberechtigter, II.** Die Vorschrift behandelt die Zustimmungserklärung eines einzelnen gegenwärtigen oder künftigen unmittelbaren oder mittelbaren Mitberechtigten. Der Mitverpflichtete muß zum Kreis der Mitberechtigten nicht unbedingt zählen. II erfaßt auch die Anwartschaft, Hornung Rpfleger 97, 519, ferner die Zustimmung des Mitnacherben zur Verfügung des Vorerben, Hornung Rpfleger 97, 519. *Keine* Mitberechtigung liegt vor, soweit ein gesetzlicher Vertreter oder ein Mittestamentsvollstrecker handelt, oder wenn von nur gemeinschaftlich Handlungsbefugten einer der Erklärung des anderen beitritt, oder wenn es nur um einen Antrag nach § 13 GBO geht, oder bei einer Zustimmung nach § 1365 BGB. Eine Ausnahme gilt bei der Leistungsbewilligung eines Mitberechtigten. 7

C. **Erklärung, I, II 1.** Beide Vorschriften behandeln die Beurkundung einer Zustimmungserklärung. Eine anderweitige Beurkundung ist keine Voraussetzung des § 98. 8

5) **Geschäftswert, I, II.** Man muß drei Aspekte beachten. 9

GNotKG § 98

A. Wert des Geschäfts, I. Soweit Rn 6 (Alleinberechtigung) vorliegt, kommt es nicht auf einen Anteil am Geschäftsgegenstand an, Hornung Rpfleger **97**, 518, sondern nur auf den halben Wert desjenigen Geschäfts, auf das sich die alleinige Vollmacht oder Zustimmung bezieht. Wenn es zB darum geht, der Belastung eines Erbbaurechts zuzustimmen, ist der halbe Wert der Belastung maßgeblich.

10 **B. Anteil des Zustimmenden, II 1, 2.** Bei II 1 gilt: Der Geschäftswert nach Rn 9 ermäßigt sich grundsätzlich nach dem Anteil des Zustimmenden aus dem Umfang der Mitberechtigung, Stgt MDR **17**, 548 (zu § 36 I 1 FamGKG, Teil I B dieses Buchs), Otto JB **97**, 288, Tiedtke MittBayNot **97**, 210. Das gilt unabhängig davon, ob dieses Einzelgeschäft den gesamten Wert des zustimmungsbedürftigen Vermögens ausmacht.

Bei einer nachträglichen *Zustimmung* von Gesellschaftern, Aktionären, Genossen oder Mitgliedern zur Umwandlung einer Kapitalgesellschaft in eine Personengesellschaft nach §§ 2, 13 II, 43 I, 128, 193 I, 233 I UmwG gilt gemäß II 2 die Regel II 1 entsprechend, Waldner JB **98**, 173.

11 **C. Gesamthand, II 3.** Bei einem Gesamthandverhältnis, also der BGB-Gesellschaft, Güter- oder Erbengemeinschaft, der OHG und KG, Hornung Rpfleger **97**, 519, ist der Anteil entsprechend der Beteiligung an dem Gesamthandvermögen maßgeblich. Das gilt unabhängig davon, ob das zustimmungsbedürftige konkrete Einzelgeschäft das gesamte Vermögen der Gesamthand umfaßt.

Beispiel: Fünf Gesamthändern steht ein Gesamthandvermögen im Wert von 100 000 EUR zu. Vier Gesamthänder veräußern einen Gegenstand dieses Vermögens im Wert von 20 000 EUR zu demselben Preis. Der fünfte Gesamthänder stimmt zu. Der Wert seiner Zustimmungserklärung beträgt nicht etwa 20% von 20 000 (= 4000), sondern 20% von 100 000 = 20 000 EUR.

12 **6) Allgemeine Vollmacht, III.** Sie liegt dann vor, wenn sie nicht nur zum Abschluß eines oder mehrerer bestimmter Rechtsgeschäfte dienen soll, Rn 4.

A. Ermessen, III 1. Die allgemeine Vollmacht und nach V auch deren Widerruf haben nach *III 1 Hs 1* einen nach dem „billigen" und in Wahrheit wie stets pflichtgemäßen Ermessen des Gerichts bestimmbaren Wert. Bei mehreren geplanten Rechtsgeschäften muß man zusammenrechnen. Das Gericht muß dabei sämtliche Umstände angemessen berücksichtigen. Von ihnen nennt III 1 Hs 2 den Umfang der erteilten Ermächtigung und das Vermögen des Vollmachtgebers zwar ohne eine Zufügung des Worts „insbesondere". Trotzdem versteht III 1 diese Umstände nur als freilich meist besonders wichtige Einzelfaktoren, Stgt JB **00**, 429.

Mitbeachtlich sind zB: Das betroffene Rechtsgut ohne einen Schuldenabzug; beim Hausverwalter der Mietertrag; die Dauer der Vollmacht; ihre Widerruflichkeit; eine sachliche Vollmachtsbegrenzung.

13 **B. Generalvollmacht, III 1.** Bei ihr kommt es darauf an, ob sie nicht nur im Außenverhältnis umfassend ist, sondern auch im Innenverhältnis zwischen dem Vollmachtgeber und seinem Bevollmächtigten, Ffm FamRZ **07**, 1183. Wenn ja, ist das Gesamtvermögen des Vollmachtgebers ohne einen Abzug der Schulden maßgebend, § 38 S 1, Ffm FamRZ **07**, 1183, LG Kassel JB **09**, 320, LG Kblz FamRZ **08**, 2298. Bei einer Beschränkung im Innenverhältnis etwa nur zur Verfügung über bestimmte Vermögensmassen, etwa Grundstücke, muß man deren Wert ansetzen, aM Zweibr FamRZ **08**, 1877. Bei einer Prokura muß man § 49 II HGB beachten.

14 **C. Höchstwerte, III 2.** Bei Rn 12, 13 darf nach *III 2* der Wert die Hälfte des Vermögens des Auftraggebers nicht übersteigen. In allen Fällen Rn 4–13 ist der absolute Höchstwert 1 000 000 EUR, IV.

15 **D. Fehlen tatsächlicher Anhaltspunkte, III 3.** Soweit genügende tatsächliche Anhaltspunkte fehlen, muß man als Ausgangswert (jetzt) III 3 mit Vorrang gegenüber § 36 III anwenden. Das gilt etwa bei einer Postvollmacht. Bei einer für die Vollmacht zur Hausverwaltung bilden aber die Mieten eine ausreichende Berechnungsgrundlage. Beim Bauherrenvertrag entscheidet der Gesamtaufwand des Vollmachtgebers, KG JB **87**, 1213. Bei einer Altersvorsorgevollmacht kann man 10% des Aktivvermögens ansetzen, aber auch 50% entsprechend § 20 II, Stgt JB **00**, 428, nicht aber gleich das ganze Aktivvermögen, grds aM LG Mainz FamRZ **08**, 1100. Eine persönliche Angelegenheit

erhöht ihren Wert nicht, Keilbach DNotZ **04**, 164. Bei einer Verbindung mit einer Generalvollmacht ist das Aktivvermögen ohne einen Schuldenabzug maßgebend, BayObLG FamRZ **96**, 1370, Düss FamRZ **97**, 904, Keilbach DNotZ **04**, 751.

Miet-, Pacht- und Dienstverträge

99 ⁱ ¹Der Geschäftswert bei der Beurkundung eines Miet- oder Pachtvertrags ist der Wert aller Leistungen des Mieters oder Pächters während der gesamten Vertragszeit. ²Bei Miet- oder Pachtverträgen von unbestimmter Vertragsdauer ist der auf die ersten fünf Jahre entfallende Wert der Leistungen maßgebend; ist jedoch die Auflösung des Vertrags erst zu einem späteren Zeitpunkt zulässig, ist dieser maßgebend. ³In keinem Fall darf der Geschäftswert den auf die ersten 20 Jahre entfallenden Wert übersteigen.

ⁱⁱ Der Geschäftswert bei der Beurkundung eines Dienstvertrags, eines Geschäftsbesorgungsvertrags oder eines ähnlichen Vertrags ist der Wert aller Bezüge des zur Dienstleistung oder Geschäftsbesorgung Verpflichteten während der gesamten Vertragszeit, höchstens jedoch der Wert der auf die ersten fünf Jahre entfallenden Bezüge.

Schrifttum: *Schneider* NZM **16**, 159 (Üb).

Gliederung

1) Systematik, I, II	1
2) Regelungszweck, I, II	2
3) Miet- und Pachtrecht, I	3
4) Wert, I	4–7
A. Bestimmte Vertragsdauer	5
B. Unbestimmte Dauer	6, 7
5) Dienstvertrag usw, II	8
6) Wert, II	9

1) Systematik, I, II. Die Vorschrift enthält vielfach erhebliche Änderungen. I entspricht ein wenig § 41 GKG, II entspricht etwas § 42 II, Teil I A dieses Buchs. § 99 enthält in der Reihe der Ergänzungen des § 97 eine vorrangige Spezialregelung. **1**

2) Regelungszweck, I, II. Die von § 99 behandelten Bereiche stellen sozial empfindliche Vertragsformen dar. Ihre kostenmäßige Behandlung erfordert ein gesetzgeberisches Verantwortungsbewußtsein. Ihm wird I I weniger gerecht als der Rest der Vorschrift. Das gilt jedenfalls beim Wohnmietvertrag der einfachen Wohnqualitätsstufe. Soweit das Gericht insofern überhaupt noch ein Ermessen behält, sollte es ihn nach § 1 I entsprechend dem Grundsatz einer dem Kostenschuldner günstigen Auslegung handhaben. Dasselbe kann aber auch bei der Miete eines Geschäftsraums gelten; an der zB wegen seiner Lage praktisch die Existenz des Mieters hängen kann. **2**

3) Miet- und Pachtrecht, I. I betrifft Miet- und Pachtrechte von Grundstücken, beweglichen Sachen und Rechten aller Art einschließlich Land- und Jagdpacht in ihrer inhaltlichen Gestaltung. Sie gilt von der Begründung über eine Erhöhung oder Herabstufung der Miete oder Pacht und über eine Änderung oder Verlängerung oder den Eintritt eines Dritten in den Vertrag bis zur Aufhebung des Vertrags, Meyer JB **10**, 185. Die Vorschrift ist auf einen Leasingvertrag anwendbar, BayObLG JB **84**, 1559. Sie ist auf einen Franchisevertrag entsprechend anwendbar. **3**

Unanwendbar ist § 99 beim Leihvertrag. Dann gilt § 36. Bei einer Sicherungsabtretung der gesamten Mieteinnahmen eines Grundstücks ist I unanwendbar und § 53 anwendbar. Denn dann steht in Wahrheit die Nutzung infrage, also eine Nießbrauchsbestellung. Bei einer Abtretung zu einem anderen Zweck ist § 52 anwendbar, soweit § 36 I.

4) Wert, I. Der Wert berechnet sich nach dem Wert „aller Leistungen des Mieters oder Pächters" in Geld oder anderen Werten, also nicht nur nach der Miete und Pacht, sondern zB auch nach den einmalig oder laufend übernommenen Ein-, Um- oder Auszugskosten, ferner zB nach den Instandsetzungs- oder Umbaukosten, Ölheizungsbeiträgen, Reinigungskostenanteilen, Aufzugskosten, übernommenen Lasten oder Steuern, Versicherungen usw. Man muß beim Zusammentreffen wiederkehren- **4**

der Leistungen und einer einmaligen Leistung beides zusammenrechnen. Die Leistungen des Vermieters usw bleiben anders als bei § 97 III außer Betracht. Im übrigen muß man zwei Fallgruppen unterscheiden und dazu den Vertrag nach dem Zeitpunkt seines Abschlusses auslegen, also nicht nach dem Zeitpunkt des Mietbeginns, BayObLG NZM 00, 731.

5 **A. Bestimmte Vertragsdauer.** Ein solcher Vertrag liegt auch dann vor, wenn ein Vertragspartner unter bestimmten Voraussetzungen vorzeitig kündigen kann, BayObLG NZM 00, 732. Bei einer bestimmten Vertragsdauer errechnet man den Wert nach dem Gesamtbetrag der Leistungen des Mieters oder Pächters während der gesamten Vertragszeit. Das gilt auch dann, wenn eine fristlose Kündigung möglich ist. Man darf jedoch nach I 3 höchstens den Wert der ersten 20 Jahre ansetzen. Nach dem Ablauf einer festen Mietzeit muß man eine Übergangszeit etwa bis zur Beziehbarkeit des Ersatzraums nach § 36 I dem Wert von § 99 I hinzurechnen, Hamm JB 80, 1064.

6 **B. Unbestimmte Dauer.** Ein solcher Vertrag liegt zB bei einem Vertrag auf Lebenszeit vor, oder dann, wenn das Vertragsende von einer im Belieben eines Partners stehenden Kündigung abhängig ist. Das gilt selbst dann, wenn der andere Vertragspartner seinerseits erst nach Jahren kündigen könnte. Eine unbestimmte Vertragsdauer liegt auch dann vor, wenn der Vermieter dem Mieter ein Optionsrecht eingeräumt hat, BayObLG JB 92, 341, oder wenn ein unbedingtes Rücktrittsrecht besteht, BayObLG RR 00, 1600.

7 Bei einer unbestimmten Vertragsdauer ist der *Wert der ersten fünf Jahre* maßgebend, sofern die Parteien nicht eine kürzere Höchstvertragsdauer oder eine längere Mindestvertragsdauer vereinbart haben. Das letztere ist zB dann so, wenn ein Partner frühestens nach fünf Jahren kündigen kann. Dann ist der Wert der Mindestvertragsdauer maßgeblich. Der 20-Jahres-Wert nach I 3 bildet auch hier die absolute Obergrenze.

Bei einer unbestimmten Vertragsdauer ist aber wie bei einer bestimmten nach I 3 der Wert des Miet- oder Pachtobjekts beim Beginn der Nutzungszeit stets der Höchstwert.

8 **5) Dienstvertrag usw, II.** Hierher gehört jeder Vertrag nach §§ 611ff, 675ff BGB und jeder dieser Vertragsarten „ähnliche" Vertrag als Ganzes, LG Stgt AnwBl 87, 341. Hierher zählt auch ein Anstellungsvertrag. Ferner zählen hierher zumindest entsprechend: Der Agenturvertrag; der Kommissionsvertrag; der Maklervertrag; der Handelsvertretervertrag, BayObLG JB 82, 1549, LG Wuppert AnwBl 75, 241.

9 **6) Wert, II.** Es kommt auf den Wert aller einmaligen wie laufenden Bezüge des zur Dienstleistung usw Verpflichteten während der ganzen Vertragszeit an. Maßgebend ist also das gesamte Entgelt einschließlich einer Prämie, eines Gewinnanteils, einer Naturalverpflegung, einer Wohnung, eines Unkostenersatzes usw, LG Wuppert AnwBl 75, 241. Das gilt auch dann, wenn ein Vertragspartner vorzeitig kündigen darf. Allerdings ist der Wert der auf die ersten fünf Jahre entfallenden Bezüge stets der Höchstwert. Beim Fehlen laufender Bezüge wird § 36 I anwendbar, BayObLG JB 82, 1549.

Güterrechtliche Angelegenheiten

100 I [1]Der Geschäftswert
1. bei der Beurkundung von Eheverträgen im Sinne des § 1408 des Bürgerlichen Gesetzbuchs, die sich nicht auf Vereinbarungen über den Versorgungsausgleich beschränken und
2. bei der Beurkundung von Anmeldungen aufgrund solcher Verträge

ist die Summe der Werte der gegenwärtigen Vermögen beider Ehegatten. [2]Betrifft der Ehevertrag nur das Vermögen eines Ehegatten, ist nur dessen Vermögen maßgebend. [3]Bei Ermittlung des Vermögens werden Verbindlichkeiten bis zur Hälfte des nach Satz 1 oder 2 maßgeblichen Werts abgezogen. [4]Verbindlichkeiten eines Ehegatten werden nur von seinem Vermögen abgezogen.

II Betrifft der Ehevertrag nur bestimmte Vermögenswerte, auch wenn sie dem Anfangsvermögen hinzuzurechnen wären, oder bestimmte güterrechtliche Ansprüche, so ist deren Wert, höchstens jedoch der Wert nach Absatz 1 maßgebend.

III Betrifft der Ehevertrag Vermögenswerte, die noch nicht zum Vermögen des Ehegatten gehören, werden sie mit 30 Prozent ihres Werts berücksichtigt, wenn sie im Ehevertrag konkret bezeichnet sind.

IV Die Absätze 1 bis 3 gelten entsprechend bei Lebenspartnerschaftsverträgen.

Gliederung

1) Systematik, Regelungszweck, I–IV	1
2) Geltungsbereich, I–IV	2
3) Wert, I–IV	3–10
A. Grundsatz: Zusammenrechnung des Vermögens, I	3
B. Abweichung bei bestimmtem Vermögenswert, II	4
C. Abweichung bei künftigem Vermögenswert, III	5
D. Beispiele zur Wertermittlung, I–IV	6–10

1) Systematik, Regelungszweck, I–IV. Die Vorschrift hat gegenüber der früheren KostO teils erheblich andere Regeln.   1

2) Geltungsbereich, I–IV. Es geht nach I 1 nur um einen solchen Ehevertrag nach   2
§ 1408 BGB, der über eine Vereinbarung zum Versorgungsausgleich hinausgeht. Dabei muß man außerdem unterscheiden: Geht es um das Vermögen beider Eheleute oder nur um dasjenige eines der Partner? Betrifft der Ehevertrag nur bestimmte einzelne Vermögenswerte? Oder nur bestimmte einzelne güterrechtliche Ansprüche? Oder zumindest auch einen erst künftigen Vermögenswert? Diese Unterschiede regeln I 2–III. Schließlich gilt I–III auch nach IV beim Lebenspartnerschaftsvertrag entsprechend.

3) Wert, I–IV. Der folgende Grundsatz hat den Vorrang vor § 36 I, BayObLG JB   3
85, 753. Er zeigt zahlreiche Ausprägungen.

A. Grundsatz: Zusammenrechnung des Vermögens, I. Bei einem Ehe- oder Lebenspartnerschaftsvertrag muß man nach *I 1* grundsätzlich das gegenwärtige Vermögen beider Beteiligten zusammenrechnen. Das gilt unabhängig vom Arbeitsaufwand des Notars, Köln FamRZ **12**, 396. Es gilt auch bei einer Gütertrennung, BayObLG Rpfleger **88**, 84, aM Lappe NJW **87**, 1865 (§ 36 I). Hierher zählt auch die vertragliche Aufhebung der Zugewinngemeinschaft nebst einer endgültigen Vermögensauseinandersetzung, Hamm RR **14**, 252, KG DNotZ **95**, 788. Wenn der Vertrag nur das Vermögen eines Beteiligten betrifft, gilt nach *I 2* ausnahmsweise nur der Wert dieses Vermögens. Eine Vorerbschaft zählt als ein volles Vermögen, BayObLG **85**, 5.

In beiden Fällen muß man nach *I 3* bei der Ermittlung des Gesamt- oder Einzelvermögens die jeweiligen *Schulden* in einer Abweichung von § 38 S 1 Hs 1 gemäß Hs 2 bis zur Hälfte des nach I 1, 2 maßgebenden Werts *abziehen*. Die Schulden nur eines Ehegatten darf man aber nach *I 4* nur von *seinem* Vermögen abziehen.

B. Abweichung bei bestimmtem Vermögenswert, II. Soweit ein Ehe- oder   4
Partnerschaftsvertrag nur einen bestimmten Gegenstand oder mehrere bestimmte Gegenstände betrifft, kommt es allerdings zunächst nach *II Hs 1* weder bei den Vermögen der beiden Beteiligten noch bei demjenigen nur eines Beteiligten auf sein jeweiliges Gesamtvermögen an. Maßgeblich ist vielmehr zunächst nur der Wert des bestimmten Gegenstands oder der mehreren bestimmten Gegenstände ohne einen Schuldenabzug, Karlsr JB **08**, 602.

Allerdings gilt dann ein *Höchstwert*: Den Wert nach I 1–4 darf man nach *II Hs 2* nicht überschreiten.

C. Abweichung bei künftigem Vermögenswert, III. Hier darf man nach *III*   5
Hs 1 bei I und II nur 30% ihres Werts ansetzen, und auch das nach *III Hs 2* nur dann, wenn der Vertrag sie schon jetzt „konkret" bezeichnet, also nachvollziehbar genau.

D. Beispiele zur Wertermittlung, I–IV   6
Anfangsvermögen: Rn 7 „Güterstandsänderung".
Ausgleichsgemeinschaft: Beim Vermögensstand der Ausgleichsgemeinschaft in einer Lebenspartnerschaft nach § 6 II LPartG gelten grds dieselben Regeln wie bei Rn 10 „Zugewinngemeinschaft".

GNotKG §§ 100, 101   III. Gerichts- und Notarkostengesetz

Ausschluß: Rn 10 „Zugewinngemeinschaft".
Eigentumsänderung: „Betroffen" ist das Vermögen nicht nur bei einer Eigentumsänderung, BayObLG **86**, 50.

7 **Gesamtschuld:** Rn 8 „Schuldenabzug".
Güterrechtlicher Anspruch: „Betroffen" ist das Vermögen bei der Begründung oder beim Ausschluß eines güterrechtlichen Anspruchs, BayObLG **86**, 50.
Vgl auch „Güterstandsänderung".
Güterstandsänderung: Bewertbar ist auch ein solcher Ehevertrag, durch den man den gesetzlichen Güterstand abändert, BayObLG **85**, 4, zB durch eine Befreiung von den Verfügungsbeschränkungen nach den §§ 1365, 1369 BGB, durch eine Änderung des Anfangsvermögens, durch eine andere Verteilung des Zugewinns, durch eine Gütertrennung, BayObLG **85**, 4. Dann ist § 36 I nach Rn 10 „Zugewinngemeinschaft" (dort zur Streitfrage) unanwendbar.
S auch „Güterrechtlicher Anspruch".

8 **Schuldenabzug:** Schulden muß man zwar nach I 3 abziehen, aber nur vom Vermögen des Schuldners, nicht von den Vermögen beider Ehegatten. Man muß eine Gesamtschuld ist vom Vermögen des Ausgleichspflichtigen abziehen.

9 **Verfügungsbeschränkung:** „Betroffen" ist das Vermögen bei der Begründung oder beim Ausschluß einer Verfügungsbeschränkung, BayObLG **86**, 50.
Vermögensstandsänderung: Bei einer Lebenspartnerschaft gelten bei einer Änderung des Vermögensstands von der Ausgleichsgemeinschaft, zu einem Lebenspartnerschaftsvertrag oder umgekehrt dieselben Erwägungen wie bei „Güterstandsänderung", soweit sie überhaupt wirksam erfolgen können.
Versorgungsausgleich: Rn 8 „Güterrechtlicher Anspruch", Rn 10 „Zugewinngemeinschaft".
Verwaltungsbefugnis: „Betroffen" ist das Vermögen bei der Begründung oder beim Ausschluß einer Verwaltungsbefugnis, BayObLG **86**, 50.
Verzicht: Rn 10 „Zugewinngemeinschaft".

10 **Zugewinngemeinschaft:** Bewertbar sind: Ein vertraglicher Ausschluß oder die Aufhebung der Zugewinngemeinschaft, Ffm JB **91**, 1223, Hamm RR **14**, 252; der Ausschluß des Versorgungsausgleichs oder ein wechselseitiger Verzicht auf einen Zugewinnanspruch, BayObLG FamRZ **87**, 1294; eine sonstige erhebliche Änderung des gesetzlichen Güterstands, Rn 7 „Güterstandsänderung".
Dann ist *§ 36 I unanwendbar,* BayObLG FamRZ **87**, 1294, Hamm DNotZ **79**, 61. Wer demgegenüber den Wert der Erbrechtsverstärkung maßgeblich sein läßt, setzt sich über die ausdrückliche Regelung in § 100 hinweg und bringt darüber hinaus Unsicherheiten in die Berechnungsweise. Denn man weiß in aller Regel im maßgeblichen Zeitpunkt noch nicht, aus welchen Gegenständen der Nachlaß bestehen wird und welchen Wert diese Gegenstände haben werden.
Zusammentreffen: Soweit in derselben Urkunde solche Vereinbarungen stehen, die das gesamte Vermögen der Eheleute betreffen, neben solchen, die nur bestimmte Gegenstände betreffen, darf man den Wert der letzteren nicht besonders berücksichtigen, BayObLG **86**, 49.

Annahme als Kind

101   In Angelegenheiten, die die Annahme eines Minderjährigen betreffen, beträgt der Geschäftswert 5000 Euro.

1 **1) Systematik, Regelungszweck.** Die Vorschrift schafft in ihrem Geltungsbereich einen Festwert und damit keine Möglichkeit mehr, den Wert nach Lage des Falls zu variieren. Das dient der Vereinfachung und damit der Rechtssicherheit, läßt aber eine Anpassung an ja evtl äußerst unterschiedliche Lagen bei der Adoption eines Minderjährigen nicht mehr zu.

2 **2) Geltungsbereich.** Es geht nur um die Annahme eines Minderjährigen als Kind nach §§ 1741–1766 BGB.

Kapitel 3. Notarkosten § 102 GNotKG

Erbrechtliche Angelegenheiten

102 I ¹Geschäftswert bei der Beurkundung einer Verfügung von Todes wegen ist, wenn über den ganzen Nachlass oder einen Bruchteil verfügt wird, der Wert des Vermögens oder der Wert des entsprechenden Bruchteils des Vermögens. ²Verbindlichkeiten des Erblassers werden abgezogen, jedoch nur bis zur Hälfte des Werts des Vermögens. ³Vermächtnisse und Auflagen werden nur bei Verfügung über einen Bruchteil und nur mit dem Anteil ihres Werts hinzugerechnet, der dem Bruchteil entspricht, über den nicht verfügt wird.

II ¹Verfügt der Erblasser außer über die Gesamtrechtsnachfolge daneben über Vermögenswerte, die noch nicht zu seinem Vermögen gehören, jedoch in der Verfügung von Todes wegen konkret bezeichnet sind, wird deren Wert hinzugerechnet. ²Von dem Begünstigten zu übernehmende Verbindlichkeiten werden abgezogen, jedoch nur bis zur Hälfte des Vermögenswerts. ³Die Sätze 1 und 2 gelten bei gemeinschaftlichen Testamenten und gegenseitigen Erbverträgen nicht für Vermögenswerte, die bereits nach Absatz 1 berücksichtigt sind.

III Betrifft die Verfügung von Todes wegen nur bestimmte Vermögenswerte, ist deren Wert maßgebend; Absatz 2 Satz 2 gilt entsprechend.

IV ¹Bei der Beurkundung eines Erbverzichts-, Zuwendungsverzichts- oder Pflichtteilsverzichtsvertrags gilt Absatz 1 Satz 1 und 2 entsprechend; soweit der Zuwendungsverzicht ein Vermächtnis betrifft, gilt Absatz 3 entsprechend. ²Das Pflichtteilsrecht ist wie ein entsprechender Bruchteil des Nachlasses zu behandeln.

V ¹Die Absätze 1 bis 3 gelten entsprechend für die Beurkundung der Anfechtung oder des Widerrufs einer Verfügung von Todes wegen sowie für den Rücktritt von einem Erbvertrag. ²Hat eine Erklärung des einen Teils nach Satz 1 im Fall eines gemeinschaftlichen Testaments oder eines Erbvertrags die Unwirksamkeit von Verfügungen des anderen Teils zur Folge, ist der Wert der Verfügungen des anderen Teils dem Wert nach Satz 1 hinzuzurechnen.

Gliederung

1) Systematik, I–V	1
2) Regelungszweck, I–V	2
3) Verfügung von Todes wegen, I–V	3
4) Ganzer Nachlaß, Bruchteil, I	4–6
A. Grundsatz: Vermögenswert, I 1	4
B. Abzug von Verbindlichkeiten, I 2	5
C. Hinzurechnung von Vermächtnis oder Auflage, I 3	6
5) Künftiges Vermögen, II	7–10
A. Grundsatz: Hinzurechnung, II 1	8
B. Abzug von Verbindlichkeiten, II 2	9
C. Weder Hinzurechnung noch Abzug, II 3	10
6) Nur bestimmte Vermögenswerte, III	11
7) Verzichtsvertrag, IV	12
8) Anfechtung, Widerruf, Rücktritt, V	13

1) Systematik, I–V. Die Wertregelung ist nicht abschließend.   **1**

2) Regelungszweck, I–V. Es kommt nicht mehr auf die Wertangaben des Verfügenden an, sondern auf die objektiven Verhältnisse. Damit entfällt ein früherer Hauptgedanke, der Respekt vor dem Erblasser, zugunsten einer jedenfalls beim Wert von seinen Vorstellungen unabhängigen Methode. Ob man dabei Wertvorstellungen des Erblassers wenigstens mitbeachten darf, ist eine dem Feingefühl des Bewerters überlassene andere Frage. Dabei mag es notwendig sein, § 1 I mitzubeachten.   **2**

3) Verfügung von Todes wegen, I–V, dazu *Langel* NJW 17, 3617 (Üb): Das ist auch bei der Bewertung der Oberbegriff für Testament (letztwillige Verfügung, § 1937 BGB) und Erbvertrag usw.   **3**

4) Ganzer Nachlaß, Bruchteil, I. Es gibt einen Grundsatz mit zwei Ausnahmen.   **4**

A. Grundsatz: Vermögenswert, I 1. Zum Vermögen gehört alles Bewertbare und Vererbbare. Maßgeblich ist weder einer erhoffte noch eine erbetene, sondern die getroffene Verfügung im Zeitpunkt ihrer Beurkundung. Bei einer Vor- oder Nacherbschaft oder bei einem Vor- oder Nachervermächtnis besteht nur *eine* Verfügung.

Bei einer Verfügung nur über einen Bruchteil ist nur er maßgeblich, Schlesw RR 00, 1598 (Gewinnanteil).

5 **B. Abzug von Verbindlichkeiten, I 2.** Anders als bei § 38 S 1 Hs 1 muß man sie gemäß § 38 S 1 Hs 2 abziehen, freilich nicht voll, sondern nur bis zur Hälfte des nach I 1 ermittelten Vermögens. Maßgebend ist auch bei der Errechnung einer Verbindlichkeit der Zeitpunkt der Beurkundung der Verfügung. Auch der Zugewinnausgleichsanspruch ist eine Nachlaßschuld, Karlsr Rpfleger 78, 272.

6 **C. Hinzurechnung von Vermächtnis oder Auflage, I 3.** Hier kommt eine Hinzurechnung nach *I 3 Hs 1* nur dann infrage, wenn es sich bei der Verfügung nur um einen Vermögensbruchteil des Erblassers handelt. Selbst dann darf man nach *I 3 Hs 2* nur denjenigen Wertanteil des Vermächtnisses oder der Auflage hinzurechnen, der dem von der Bruchteilsverfügung *nicht* betroffenen Teil des Vermögens des Erblassers entspricht.

Beispiel: Vermögen 100000 EUR, Verfügung über 30000 EUR, Auflage über 10000 EUR. Hinzurechenbar: 70% von 10000 = 7000 EUR.

7 **5) Künftiges Vermögen, II.** Die Regelung gilt dann, wenn neben einer Verfügung über die Gesamtrechtsnachfolge auch eine Verfügung über künftige Vermögen unter dessen konkreter Bezeichnung in einer Verfügung von Todes wegen erfolgt. Diese Mitverfügung erhält in II zum Wert wie bei I einen Grundsatz mit zwei Ausnahmen.

8 **A. Grundsatz: Hinzurechnung, II 1.** Das in Rn 7 genannte künftige Vermögen kommt nach Rn 4–6 errechneten Vermögen hinzu. Maßgeblich ist der bei der jetzigen Beurkundung abschätzbare Wert des mitverfügten Vermögens.

9 **B. Abzug von Verbindlichkeiten, II 2.** Auch hier muß man gemäß § 38 S 1 Hs 2 diejenigen Verbindlichkeiten abziehen, die der Begünstigte übernehmen müßte, freilich auch hier nur bis zur Hälfte des Vermögenswerts nach Rn 8.

10 **C. Weder Hinzurechnung noch Abzug, II 3.** Diese Regelung gilt nur bei einem gemeinschaftlichen Testament nach §§ 2265 ff BGB und bei einem gegenseitigen Erbvertrag nach §§ 2274 ff BGB. Dann kommt es weder zur Zusammenrechnung nach II 1 noch zum Abzug nach II 2, soweit ein Vermögenswert schon nach I Berücksichtigung gefunden hat. Eine wahrhaft „einfache" Berechnungsart.

11 **6) Nur bestimmte Vermögenswerte, III.** Während I 1 eine Verfügung über den ganzen Nachlaß oder dessen Bruchteil regelt, behandelt III eine Verfügung von Todes wegen über nur einen oder mehrere „bestimmte" Vermögenswerte, die der Erblasser natürlich nachvollziebar genau bezeichnet haben muß. III gilt auch dann, wenn diese bestimmten Werte zwar natürlich einen errechenbaren Bruchteil des Gesamtvermögens darstellen, wenn der Erblasser aber nicht einen Bruchteil genannt hat, sondern einen oder mehrere Vermögensteile mit oder ohne deren eigene Bewertung. Ob er so vorging, muß man wie stets nach §§ 133, 157 BGB auslegen. Auch hier gibt es unter diesen Voraussetzungen einen Grundsatz und eine Ausnahme nach *Hs 1:* Zunächst muß man die Summe der bestimmten Vermögenswerte ermitteln. Sodann muß man wegen der Verweisung in *Hs 2* auf II 2 Verbindlichkeiten des Übernehmers abziehen, freilich auch hier nur zur Hälfte.

12 **7) Verzichtsvertrag, IV.** Es geht um einen Erbverzichts-, Zuwendungsverzichts- oder Pflichtteilsverzichtsvertrag und nicht nur um eine einseitige derartige Erklärung. Dann tritt die Regelung IV ein.

13 **8) Anfechtung, Widerruf, Rücktritt, V.** Die ersten beiden Vorgänge bei einer jeden Verfügung nach Rn 3 sowie ein Rücktritt von einem Erbvertrag lösen eine entsprechende Anwendbarkeit von I–III nach *V 1* aus. *V 2* regelt den dortigen Sonderfall.

Erklärungen gegenüber dem Nachlassgericht, Anträge an das Nachlassgericht

103 [I] Werden in einer vermögensrechtlichen Angelegenheit Erklärungen, die gegenüber dem Nachlassgericht abzugeben sind, oder Anträge an das Nachlassgericht beurkundet, ist Geschäftswert der Wert des betroffenen Vermögens oder des betroffenen Bruchteils nach Abzug der Verbindlichkeiten zum Zeitpunkt der Beurkundung.

II Bei der Beurkundung von Erklärungen über die Ausschlagung des Anfalls eines Hofes (§ 11 der Höfeordnung) gilt Absatz 1 entsprechend.

1) **Systematik, Regelungszweck, I, II.** Die Vorschrift erfaßt jede Beurkundung 1 einer jeden Erklärung gegenüber dem Nachlaßgericht oder eines dorthin gerichteten bloßen Antrags. Das gilt freilich nur in einer vermögensrechtlichen Angelegenheit nach § 36 I, vgl dazu dort. Außerdem erfaßt II die Beurkundung einer Ausschlagung nach § 11 HöfeO. Beides gilt nur hilfsweise neben anderen vorrangigen Spezialregelungen etwa nach § 102.

2) **Vermögenswert, I, II.** Maßgeblich ist der Wert des gerade von der Beurkun- 2 dung nach Rn 1 „betroffenen" Vermögens oder Vermögensbruchteils nach Abzug von gerade darauf lastenden Schulden. Dabei kommt es stets auf den Beurkundungszeitpunkt an. Welches Vermögen „betroffen" ist, muß man unter Abwägung aller Umstände und unter Mitbeachtung von § 1 I eher zugunsten des Kostenschuldners klären. Nicht betroffen ist ein nur sehr mittelbar oder nur sehr bedingt schon jetzt irgendwie einbeziehbarer Posten.

Rechtswahl

104 I Bei der Beurkundung einer Rechtswahl, die die allgemeinen oder güterrechtlichen Wirkungen der Ehe betrifft, beträgt der Geschäftswert 30 Prozent des Werts, der sich in entsprechender Anwendung des § 100 ergibt.

II Bei der Beurkundung einer Rechtswahl, die eine Rechtsnachfolge von Todes wegen betrifft, beträgt der Geschäftswert 30 Prozent des Werts, der sich in entsprechender Anwendung des § 102 ergibt.

III Bei der Beurkundung einer Rechtswahl in sonstigen Fällen beträgt der Geschäftswert 30 Prozent des Geschäftswerts für die Beurkundung des Rechtsgeschäfts, für das die Rechtswahl bestimmt ist.

1) **Systematik, Regelungszweck, I–III.** Die Vorschrift nimmt zwecks Klarstel- 1 lung drei Fallgruppen aus den allgemeinen Regelungen in § 36 IV in Verbindung mit § 36 I–III heraus. Diese letzteren Regelungen gelten daher neben § 104 allenfalls zur Vermeidung einer Lücke hilfsweise als Auffangvorschriften. Mitbeachtbar ist der evtl vorrangige § 111 bei einer Rechtswahl nach internationalem Recht.

2) **Rechtswahl, I–III.** I–III setzen Wirksamkeit der Rechtswahl voraus. 2
A. **Ehewirkungen, I.** Es muß um die allgemeinen oder güterrechtlichen Ehewirkungen gehen. Das ist eine ziemliche weite Umschreibung. An sich wäre I als Spezialregelung eng auslegbar. Das könnte aber rasch zu seiner Unanwendbarkeit führen. Das ist gerade nicht der Sinn von I. Deshalb darf man den Geltungsbereich im Ergebnis doch ziemlich weit fassen.
B. **Rechtsnachfolge von Todes wegen, II.** Darunter ist nicht nur ein Testa- 3 ment und ein solches gemeinschaftliches zu verstehen, sondern jede Art von Rechtsnachfolge, zB auch ein Erbvertrag.
Maßgeblich ist derselbe Wert wie bei § 102, davon 30%.
C. **Sonstige Fälle, III.** Diese Auffangklausel innerhalb des § 104 bringt zum 4 Ausdruck, daß jede Art und Form von wirksamer Rechtswahl unter § 104 fällt, zumindest unter III.

3) **Geschäftswert, I–III.** Allen Lagen gemeinsam ist der Wert von 30%. Unter- 5 schiedlich sind nur die Ausgangspunkte der Ermittlung dieses Geschäftswerts.
A. **Ehewirkungen, I.** Hier muß man den sich aus § 100 ergebenden Wert zugrundelegen. Vgl daher dort.
B. **Verfügung von Todes wegen, II.** Hier muß man nach Hs 1 den Wert des 6 betroffenen Vermögensgegenstands zugrundelegen und dabei nach Hs 2 den § 102 II 2 entsprechend anwenden. Vgl daher dort.

7   C. **Sonstige Fälle, III.** Hier muß man den Wert desjenigen Rechtsgeschäfts zugrundelegen, um dessen Beurkundung es geht.

Anmeldung zu bestimmten Registern

105 ^{I} ^{1}Bei den folgenden Anmeldungen zum Handelsregister ist Geschäftswert der in das Handelsregister einzutragende Geldbetrag, bei Änderung bereits eingetragener Geldbeträge der Unterschiedsbetrag:
1. erste Anmeldung einer Kapitalgesellschaft; ein in der Satzung bestimmtes genehmigtes Kapital ist dem Grund- oder Stammkapital hinzuzurechnen;
2. erste Anmeldung eines Versicherungsvereins auf Gegenseitigkeit;
3. Erhöhung oder Herabsetzung des Stammkapitals einer Gesellschaft mit beschränkter Haftung;
4. Beschluss der Hauptversammlung einer Aktiengesellschaft oder einer Kommanditgesellschaft auf Aktien über
    a) Maßnahmen der Kapitalbeschaffung (§§ 182 bis 221 des Aktiengesetzes); dem Beschluss über die genehmigte Kapitalerhöhung steht der Beschluss über die Verlängerung der Frist gleich, innerhalb derer der Vorstand das Kapital erhöhen kann;
    b) Maßnahmen der Kapitalherabsetzung (§§ 222 bis 240 des Aktiengesetzes);
5. erste Anmeldung einer Kommanditgesellschaft; maßgebend ist die Summe der Kommanditeinlagen; hinzuzurechnen sind 30 000 Euro für den ersten und 15 000 Euro für jeden weiteren persönlich haftenden Gesellschafter;
6. Eintritt eines Kommanditisten in eine bestehende Personenhandelsgesellschaft oder Ausscheiden eines Kommanditisten; ist ein Kommanditist als Nachfolger eines anderen Kommanditisten oder ein bisher persönlich haftender Gesellschafter als Kommanditist oder ein bisheriger Kommanditist als persönlich haftender Gesellschafter einzutragen, ist die einfache Kommanditeinlage maßgebend;
7. Erhöhung oder Herabsetzung einer Kommanditeinlage.
^{2}Der Geschäftswert beträgt mindestens 30 000 Euro.

^{II} Bei sonstigen Anmeldungen zum Handelsregister sowie bei Anmeldungen zum Partnerschafts- und Genossenschaftsregister bestimmt sich der Geschäftswert nach den Absätzen 3 bis 5.

^{III} Der Geschäftswert beträgt bei der ersten Anmeldung
1. eines Einzelkaufmanns 30 000 Euro;
2. einer offenen Handelsgesellschaft oder einer Partnerschaftsgesellschaft mit zwei Gesellschaftern 45 000 Euro; hat die offene Handelsgesellschaft oder die Partnerschaftsgesellschaft mehr als zwei Gesellschafter, erhöht sich der Wert für den dritten und jeden weiteren Gesellschafter um jeweils 15 000 Euro;
3. einer Genossenschaft oder einer juristischen Person (§ 33 des Handelsgesetzbuchs) 60 000 Euro.

^{IV} Bei einer späteren Anmeldung beträgt der Geschäftswert, wenn diese
1. eine Kapitalgesellschaft betrifft, 1 Prozent des eingetragenen Grund- oder Stammkapitals, mindestens 30 000 Euro;
2. einen Versicherungsverein auf Gegenseitigkeit betrifft, 60 000 Euro;
3. eine Personenhandels- oder Partnerschaftsgesellschaft betrifft, 30 000 Euro; bei Eintritt oder Ausscheiden von mehr als zwei persönlich haftenden Gesellschaftern oder Partnern sind als Geschäftswert 15 000 Euro für jeden eintretenden oder ausscheidenden Gesellschafter oder Partner anzunehmen;
4. einen Einzelkaufmann, eine Genossenschaft oder eine juristische Person (§ 33 des Handelsgesetzbuchs) betrifft, 30 000 Euro.

^{V} Ist eine Anmeldung nur deshalb erforderlich, weil sich eine Anschrift geändert hat, oder handelt es sich um eine ähnliche Anmeldung, die für das Unternehmen keine wirtschaftliche Bedeutung hat, so beträgt der Geschäftswert 5000 Euro.

^{VI} ^{1}Der in Absatz 1 Satz 2 und in Absatz 4 Nummer 1 bestimmte Mindestwert gilt nicht

Kapitel 3. Notarkosten § 105 GNotKG

1. für die Gründung einer Gesellschaft gemäß § 2 Absatz 1a des Gesetzes betreffend die Gesellschaften mit beschränkter Haftung und
2. für Änderungen des Gesellschaftsvertrags einer gemäß § 2 Absatz 1a des Gesetzes betreffend die Gesellschaften mit beschränkter Haftung gegründeten Gesellschaft, wenn die Gesellschaft auch mit dem geänderten Gesellschaftsvertrag hätte gemäß § 2 Absatz 1a des Gesetzes betreffend die Gesellschaften mit beschränkter Haftung gegründet werden können.

[2]Reine sprachliche Abweichungen vom Musterprotokoll oder die spätere Streichung der auf die Gründung verweisenden Formulierungen stehen der Anwendung des Satzes 1 nicht entgegen.

Schrifttum: *Gustavus*, Handelsregisteranmeldungen, 6. Aufl 2005.

Gliederung

1) Systematik, I–VI	1
2) Regelungszweck, I–VI	2
3) Geltungsbereich, I–VI	3
4) Einzutragender Geldbetrag, I	4
5) Erste Anmeldung einer Kapitalgesellschaft, I 1 Z 1	5–7
A. Kapitalgesellschaft	5
B. Erste Anmeldung	6
C. Hinzurechnung von genehmigtem Kapital, I 1 Z 1 Hs 2	7
6) Erste Anmeldung eines Versicherungsvereins auf Gegenseitigkeit, I 1 Z 2	8, 9
A. Versicherungsverein usw	8
B. Erste Anmeldung	9
7) Erhöhung oder Herabsetzung des Stammkapitals einer GmbH, I 1 Z 3	10, 11
A. GmbH	10
B. Erhöhung, Herabsetzung des Stammkapitals	11
8) Kapitalbeschaffung, -herabsetzung bei AG oder KGaA, I 1 Z 4	12–14
A. AG, KGaA	12
B. Kapitalbeschaffung, I 1 Z 4a	13
C. Kapitalherabsetzung, I 1 Z 4b	14
9) Erste Anmeldung einer KG, I 1 Z 5	15
10) Eintritt, Ausscheiden eines Kommanditisten, I 1 Z 6	16
11) Erhöhung oder Herabsetzung einer Kommanditeinlage, I 1 Z 7	17
12) Sonstige Anmeldung, II–VI	18
13) Erste sonstige Anmeldung, III	19–21
A. Einzelkaufmann, III Z 1	19
B. OHG usw, III Z 2	20
C. Genossenschaft, juristische Person, III Z 3	21
14) Spätere Anmeldung, IV	22–25
A. Kapitalgesellschaft, IV Z 1	22
B. Versicherungsverein auf Gegenseitigkeit, IV Z 2	23
C. Personenhandels- oder Partnerschaftsgesellschaft, IV Z 3	24
D. Einzelkaufmann, Genossenschaft, juristische Person IV Z 4	25
15) Keine wirtschaftliche Bedeutung, V	26–31
A. Anwendungsbereich	27
B. Beispiele zur Frage einer Anwendbarkeit, V	28–30
C. Wert	31
16) Kein Mindestwert, VI	32, 33
A. Gesellschaftsgründung, VI Z 1	32
B. Änderung eines Gesellschaftsvertrags, VI Z 2	33
17) Höchstwert, I–VI	34

1) Systematik, I–VI. Die Beurkundung einer Anmeldung zum Handelsregister 1 ist eine Aufgabe des Notars. Ihre Vergütung gehört daher ins Kapitel 3 „Notarkosten".

Einreichung und Beurkundung lösen nur *eine* Bewertung aus. Erst die gerichtliche Eintragung schafft einen weiteren Kostenvorgang. Ihn erfaßt § 58 nebst der zugehörigen Verordnung und Gebührenverzeichnis (GVHR). Die zur Eintragung ergangenen Entscheidungen des EuGH zur lediglich aufwandsbezogenen Vergütung sind bei § 58 dargestellt. Der EuGH hat bisher keine entsprechende Forderung auch gegenüber der notariellen Anmeldevergütung erhoben. Wohl deshalb hat der Gesetzgeber davon abgesehen, im HRegGebNeuOG auch insoweit vom Prinzip der Wertgebühren abzurücken. Ob diese Zweigleisigkeit Bestand haben wird, läßt sich durchaus bezweifeln.

2) Regelungszweck, I–VI. Die in Rn 1 angesprochene Problematik ist auch eine solche zur Frage des Regelungszwecks. Natürlich läßt die außerordentlich umfangreiche und vielfach im politischen Spannungsfeld gerade der neunziger Jahre umgestaltete Vorschrift den Zweck erkennen, trotz der immer stärker durchgesetzten Vereinfachung doch den so ungemein unterschiedlichen Aufgaben ihres Geltungsbereichs auch schon beim Wertansatz einigermaßen gerecht zu werden. Die dritte Komponente der Rechtsidee, die Rechtssicherheit, scheint nach den europarechtlichen Erkenntnissen in Rn 1 kaum noch praktisch erreichbar zu sein.

In dieser mißlichen Lage helfen weder ein Perfektionswahn noch ein billiges Ausweichen, sondern nur die Bemühungen um eine zwar auch übernational korrekte, aber doch noch *praktikabel bleibende* Auslegung. Das darf und muß man bei § 105 stets mitbeachten.

3) Geltungsbereich, I–VI. Die Vorschriften gelten sowohl für die notarielle Beurkundung einer Anmeldung als auch für die Einreichung der Anmeldung. Stets liegt der Kostenberechnung ein Geschäftswert zugrunde. Man muß ihn nach den in I–VI aufgezählten unterschiedlichen Maßstäben ermitteln. Ein Betriebswert spielt keine Rolle mehr.

4) Einzutragender Geldbetrag, I. Maßgebend ist (jetzt) nach I 2 grundsätzlich (Ausnahmen: VI) mindestens der Betrag von 30 000 EUR und auf dieser Basis der jeweils einzutragende Geldbetrag, (zum alten Recht) Hamm DNotZ **79**, 679. Bei seiner Änderung ist VI Z 2 mitbeachtbar. Die frühere gesetzliche Unterscheidung zwischen einem „bestimmten" Geldbetrag und anderen Fällen ist wegen zahlreicher Abgrenzungsprobleme abgeschafft worden. Vielmehr kommt es zunächst nur darauf an, ob einer der in I 1 Z 1–7 abschließend aufgeführten Fälle vorliegt, Busch Rpfleger **97**, 89, Otto JB **97**, 62.

Ein *„Geldbetrag"* liegt nur dann vor, wenn der Betrag aus den dem Gericht vorliegenden Unterlagen ohne weiteres ersichtlich ist oder wenn man ihn aus diesen Unterlagen ohne Schwierigkeiten errechnen kann, BayObLG **90**, 137, LG Gött Rpfleger **93**, 408, Reuter BB **89**, 715, aM KG Rpfleger **85**, 170 (aber gerade bei diesem Begriff ist eine klare Abgrenzung notwendig).

Maßgeblich ist eine solche *Wertverschiebung,* die sich aus dem Gegenstand des Beschlusses und nicht nur aus seinem Zweck oder dem Abstimmungsergebnis ableiten läßt, BayObLG **90**, 136. Für die Bestimmung des Geldbetrags nach I 1 ist insbesondere bei einer Änderung eines bereits eingetragenen Geldbetrags die Wertverschiebung maßgeblich, also der Unterschied der Werte vor dem Anmeldevorgang und hinterher, Hamm Rpfleger **75**, 267.

5) Erste Anmeldung einer Kapitalgesellschaft, I 1 Z 1. Man muß den persönlichen Geltungsbereich, das einzutragende Stamm- oder Grundkapital und einen Zeitpunkt beachten, ferner eine Besonderheit beim genehmigten Kapital. Wegen des Mindestwerts Rn 4.

A. Kapitalgesellschaft. Das ist im Gegensatz zur Personengesellschaft eine solche Gesellschaft, deren Merkmal die reine Kapitalbeteiligung und nicht auch eine persönliche Mitarbeit der Gesellschafter ist, die nicht persönlich haften und ihre Anteile grundsätzlich frei veräußern und verwerten können. Hierher gehören zB die Aktiengesellschaft, die Kommanditgesellschaft auf Aktien, die Gesellschaft mit beschränkter Haftung, im Ergebnis wohl auch die GmbH und Co KG, ferner die der deutschen Aktiengesellschaft weitgehend gleichstehende Europäische Gesellschaft (SE), § 3 SEAG v 22. 12. 04, BGBl 3675.

B. Erste Anmeldung. I 1 Z 1 erfaßt im Gegensatz zu IV Z 1 nur die erste Anmeldung. I 1 Z 1 ist aber, wie das Wort „Änderung" in I 1 zeigt, auch dann anwendbar, wenn eine bereits eingetragene Kapitalgesellschaft unter der Erhaltung der Firma auf einen anderen Inhaber übergeht, sei es unter Lebenden, sei es infolge eines Erbfalls. Es kommt darauf an, ob ein neuer Inhaber angemeldet wird. Daher ist I 1 Z 1 auch dann anwendbar, wenn eine Umwandlung in eine andere Kapitalgesellschaft stattfindet. Es kommt nicht darauf an, ob die Kapitalgesellschaft unter der bisherigen

Firma mit oder ohne einen Zusatz über den Rechtsnachfolger fortbesteht. Auch die erste Anmeldung einer Zweigniederlassung der Kapitalgesellschaft gehört an sich hierher.

Im übrigen ist nicht maßgeblich, ob ein neues Registerblatt entstehen soll, sondern es kommt auf die *sachliche Rechtslage* an.

C. Hinzurechnung von genehmigtem Kapital, I 1 Z 1 Hs 2, dazu *Hirte* Rpfleger **01**, 6 (ausf): Ein schon bei der Gründung vorgesehenes genehmigtes Kapital ist nach § 202 AktG derjenige Nennbetrag, um den der Vorstand einer Aktiengesellschaft oder Kommanditgesellschaft auf Aktien mit besonderer Ermächtigung das Grundkapital durch die Ausgabe neuer Aktien gegen entsprechende Einlagen erhöhen darf. Dabei ist sein Höchstbetrag ohne eine Rücksicht auf die Einbeziehung einer früheren Ermächtigung maßgeblich. Dasselbe gilt bei einer Verlängerung der Ausnutzungsfrist, aM Hamm Rpfleger **85**, 127. Man muß dieses genehmigte Kapital dem anzumeldenden Grundkapital für die Ermittlung des Geschäftswerts nach I 1 Z 1 hinzurechnen. 7

Unanwendbar ist I 1 Z 1 Hs 2 bei einem erst späteren Beschluß über eine Kapitalerhöhung. Dann gilt I 1 Z 4 a.

6) Erste Anmeldung eines Versicherungsvereins auf Gegenseitigkeit, I 1 Z 2. Auch hier muß man den persönlichen Geltungsbereich und einen Zeitpunkt beachten. Wegen des Mindestwerts Rn 4. 8

A. Versicherungsverein usw. Es handelt sich um ein privates Versicherungsunternehmen als rechtsfähiger Verein mit den Versicherten als Vereinsmitgliedern. Man muß ihn nach §§ 30 ff VAG zum Handelsregister anmelden.

B. Erste Anmeldung. Es gelten die in Rn 6 dargestellten Regeln entsprechend, soweit möglich. Man muß den Nennbetrag des Gründungsstocks ansetzen. Der Gründungsstock ergibt sich aus § 22 VAG, Otto JB **97**, 53. 9

7) Erhöhung oder Herabsetzung des Stammkapitals einer GmbH, I 1 Z 3. Die Vorschrift soll eine Streitfrage klären. Man muß den persönlichen Geltungsbereich und den geregelten Vorgang unterscheiden. Wegen des Mindestwerts Rn 4. 10

A. GmbH. Die Vorschrift erfaßt nur die Gesellschaft mit beschränkter Haftung, § 1 GmbHG, (zum alten Recht) Hamm FGPrax **04**, 305, keine andere Kapitalgesellschaft, letztere nach Rn 3 auch nicht entsprechend.

B. Erhöhung, Herabsetzung des Stammkapitals. Es geht um das in § 5 I GmbHG geregelte Stammkapital. Es setzt sich aus Stammeinlagen zusammen. Sie können nach § 5 IV GmbHG in Bar- oder Sacheinlagen bestehen. Sie sind indessen unbeachtbar. Die Durchführungsart ist unbeachtlich. Denn maßgeblich ist nur die stets in EUR anzumeldende Summe der Einlagen, eben das Stammkapital. Es ist unerheblich, ob die Erhöhung einen bestimmten Betrag ausmacht oder ob der Beschluß nur eine Ermächtigung zu einer Erhöhung des Stammkapitals bis zu einem solchen bestimmten Betrag enthält, BayObLG Rpfleger **90**, 213, Ffm Rpfleger **87**, 508, Zweibr Rpfleger **88**, 151, aM KG Rpfleger **85**, 170. Beim Zusammentreffen einer Erhöhung und einer Herabsetzung muß man zusammenrechnen. 11

Europarechtlich kommt nach Üb 8 vor § 85 evtl ein Gebührenverbot beim beamteten Notar in Betracht.

8) Kapitalbeschaffung, -herabsetzung bei AG oder KGaA, I 1 Z 4. Die Vorschrift erfaßt andere inhaltlich ähnliche Maßnahmen der Kapitalbeschaffung oder -herabsetzung. Man muß den persönlichen Geltungsbereich und die Art der Maßnahme unterscheiden. Wegen des Mindestwerts Rn 4. 12

A. AG, KGaA. Die Vorschrift erfaßt nur die Aktiengesellschaft, § 1 AktG, und die Kommanditgesellschaft auf Aktien, § 278 AktG, keine andere Kapitalgesellschaft, letztere nach Rn 3 auch nicht entsprechend.

B. Kapitalbeschaffung, I 1 Z 4 a. Die Vorschrift erfaßt jede Maßnahme nach §§ 182–221 AktG, also: Die Kapitalerhöhung gegen Einlagen nach §§ 182 ff, 278 III AktG, auch Sacheinlagen, § 183 AktG (nach dieser Vorschrift zu bewerten); bei einer gleichzeitigen Anmeldung auch eine bedingte Kapitalerhöhung nach §§ 192 ff, 278 III AktG auch diejenige mit Sacheinlagen nach § 194 AktG (nach dieser Vor- 13

GNotKG § 105

schrift zu bewerten). Die Durchführung richtet sich nach I 1 Z 1; die genehmigte Kapitalerhöhung nach Rn 7, §§ 202 ff, 278 III AktG, Hirte Rpfleger **01**, 7 (ausf). Auch bei ihr richtet sich die Durchführung nach I 1 Z 1; die Kapitalerhöhung aus Gesellschaftsmitteln nach §§ 207 ff, 278 III AktG; die Wandelschuldverschreibung und die Gewinnschuldverschreibung nach §§ 221, 278 III AktG. Ihr steht der Hauptversammlungsbeschluß über die Verlängerung der in § 202 I, II AktG genannten Ermächtigungsfristen nach dem ausdrücklichen Wortlaut von § 105 I 1 Z 4a Hs 2 GNotKG gleich.

Nicht hierher gehört die bloße Durchführung der Erhöhung im Anschluß an eine Anmeldung und Eintragung.

14 C. **Kapitalherabsetzung, I 1 Z 4 b.** Die Vorschrift erfaßt jede Maßnahme nach §§ 222–240 AktG, also: Die ordentliche Kapitalherabsetzung nach §§ 222–228 AktG, auch diejenige unter den Mindestnennbetrag; die Vereinfachte Herabsetzung nach §§ 229–236 AktG, auch bei einer Rückwirkung einer gleichzeitigen Kapitalerhöhung; die Herabsetzung durch Einziehung von Aktien nach §§ 237–239 AktG; den Ausweis der Kapitalherabsetzung nach § 240 AktG.

Bei der Herabsetzung des Grundkapitals ist der *Nennbetrag* nur insoweit maßgeblich, als man ihn für das Handelsregister anmelden muß. Die Durchführung richtet sich nach I 1 Z 1.

15 9) **Erste Anmeldung einer KG, I 1 Z 5.** Die Vorschrift erfaßt nur die KG, nicht die KGaA, die unter Z 1 fällt. Die erste Anmeldung kann nach dem Gesetzeswortlaut unter I 1 Z 5 fallen. Hierher zählt auch die Umwandlung einer Einzelfirma in eine KG. Maßgebend ist nach § 171 I HGB zumindest die Summe der Kommanditeinlagen, Otto JB **97**, 63. Man muß Sacheinlagen mit ihrem anzumeldenden Wert einsetzen. Hinzurechnen muß man die in I 1 Z 5 Hs 2 genannten Festbeträge. Wegen des Mindestwerts Rn 4.

Unanwendbar ist I 1 Z 5 bei der Umgründung einer OHG in eine KG. Dann gilt I 1 Z 6.

16 10) **Eintritt, Ausscheiden eines Kommanditisten, I Z 6.** Die Vorschrift erfaßt eine solche Situation sowohl dann, wenn es bisher noch keine KG gab, sondern eine andere Personenhandelsgesellschaft, vor allem eine OHG, als auch dann, wenn in eine KG ein weiterer Kommanditist eintritt, aM Otto JB **97**, 63, auch als Nachfolger. Z 6 erfaßt schließlich auch einen solchen Austritt. Dabei ist grundsätzlich der Wert der Einlage maßgeblich, wie man ihn für das Register anmelden muß. Bei I 1 Z 6 Hs 2 ist wiederum die einfache Einlage maßgebend. Der frühere Höchstwert ist entfallen. Beim Zusammentreffen des Eintritts des A und des Austritts des B muß man zusammenrechnen. Wegen des Mindestwerts Rn 4.

17 11) **Erhöhung oder Herabsetzung einer Kommanditeinlage, I 1 Z 7.** Maßgebend ist nach I vor Z 1 der Unterschiedsbetrag zum bereits eingetragenen Geldbetrag der einfachen Einlage. Wegen des Mindestwerts Rn 4.

18 12) **Sonstige Anmeldung, II–VI.** Die Vorschrift enthält der Übersichtlichkeit halber eine bloße Abgrenzung der Fallgruppen nach I zu denjenigen nach II–VI, die II als „sonstige" Anmeldungen bezeichnet. Damit entsteht aber nicht etwa eine Auffangklausel. Vielmehr enthalten III–VI eine abschließende Aufzählung der „sonstigen Anmeldungen". Dabei geht es in § 105 um eine Anmeldung sowohl zum Handelsregister als auch (jetzt) zum Partnerschaftsregister. Beim Güterrechtsregister gilt § 100. Was weder unter I noch unter III–VI fällt, läßt sich jedenfalls nicht nach § 105 bewerten. Eine Vollmacht zur Vornahme einer Registeranmeldung hat nach § 98 I den halben des sich aus § 105 ergebenden Rechtsgeschäfts, (zum alten Recht) Stgt JB **81**, 912. Wegen des Mindestwerts Rn 4.

Das *Partnerschaftsregister* besteht in einer entsprechenden Anwendung der Regeln über das Handelsregister nach § 5 PartGG, beim AG. § 160b FGG. Zuständig ist nach § 3 Z 2d RPflG der Rpfl. Es gilt für eine Partnerschaftsgesellschaft (Partnerschaft) von Angehörigen freier Berufe nach § 1 PartGG, auch für deren Zweigniederlassung nach § 5 II PartGG. Die Anmeldung auch eines Ausscheidens usw erfolgt nach § 4 PartGG in Verbindung mit §§ 106 I, 108 HGB. Eintragungen erfolgen nach § 5 PartGG in Verbindung mit den dort genannten Vorschriften des HGB. Die Part-

Kapitel 3. Notarkosten § 105 GNotKG

nerschaft wird im Verhältnis zu Dritten nach § 7 I PartGG erst mit ihrer Eintragung wirksam.

13) Erste sonstige Anmeldung, III. Vgl zunächst Rn 18. III erfaßt die folgenden sachlichrechtlichen Situationen. 19

A. **Einzelkaufmann, III Z 1.** Die Vorschrift erfaßt die erste Anmeldung eines Einzelkaufmanns nach §§ 18, 20, 29 HGB. Man kann ihr die Erstanmeldung eines unter Lebenden oder von den Erben oder vom Testamentsvollstrecker fortgeführten Unternehmens gleichstellen, Busch Rpfleger **97**, 90, auch eine Wiedereintragung oder den Übergang von einer Kapital- oder Personengesellschaft auf einen Einzelkaufmann, ferner die Fortführung durch einen Testamentsvollstrecker. Der persönliche Geltungsbereich ist nicht weit auslegbar. Der Wert beträgt den in III Z 1 genannten Festbetrag.

B. **OHG usw, III Z 2.** Die Vorschrift erfaßt die erste Anmeldung jeder Offenen Handelsgesellschaft nach §§ 105, 106 HGB oder Partnerschaftsgesellschaft nach dem LPartG. Dahin gehört auch ein Übergang von einer Einzelfirma in eine OHG oder die Umwandlung einer Kapitalgesellschaft in eine OHG. Auch die erste Anmeldung einer EWIV zählt hierher. Dabei richtet sich der Wert nach der Zahl der Gesellschafter im Zeitpunkt der Anmeldung, wie in III Z 2 Hs 2 im einzelnen vorgeschrieben. 20

Unanwendbar ist III Z 2 bei einer späteren Anmeldung und Eintragung. Dann gilt IV Z 3. Auch eine bloße Umwandlungsart zählt nicht hierher.

C. **Genossenschaft, juristische Person, III Z 3.** Die Vorschrift erfaßt die erste Anmeldung Genossenschaft nach dem GenG oder einer solchen juristischen Person nach §§ 21 ff, 80 ff, 89 BGB, deren Eintragung nach § 33 I HGB mit Rücksicht auf den Gegenstand oder auf die Art und den Umfang ihres Gewerbebetriebs erfolgen muß. Wert ist stets der in III Z 3 genannte Festbetrag. 21

14) Spätere Anmeldung, IV. Während III die erste Anmeldung einer der dort in Z 1–3 genannten Vorgänge betrifft, erfaßt IV jede spätere Anmeldung und gibt Wertvorschriften. Man muß jede spätere Anmeldung gesondert bewerten, KG JB **01**, 655 (selbst auf Grund derselben Urkunde). 22

A. **Kapitalgesellschaft, IV Z 1.** Die Vorschrift erfaßt jede Kapitalgesellschaft im Gegensatz zu der in Z 3 geregelten Personenhandelsgesellschaft. Die Vorschrift erfaßt also eine solche Gesellschaft, bei der die Mitgliedschaft auf die reine Geldbeteiligung und nicht auf eine persönliche Mitarbeit der Gesellschafter gegründet ist. Hierher zählen: Die Aktiengesellschaft; die Kommanditgesellschaft auf Aktien; die Gesellschaft mit beschränkter Haftung. Erfaßt wird zB: Eine Satzungsänderung; die Anmeldung einer Vertretungsbefugnis; die Auflösung der Gesellschaft; die Feststellung der Nichtigkeit eines Beschlusses; die Bestellung oder Abberufung eines Abwicklers; eine Sitzverlegung; die Löschung, Otto JB **97**, 62.

Wert ist 1% nicht des einzutragenden, sondern des tatsächlich eingetragenen Grund- oder Stammkapitals, jedoch grundsätzlich mindestens 30 000 EUR (Ausnahmen Rn 32, 33). Bei mehreren Gegenständen muß man nach §§ 8 I Z 2, 39 GmbHG zusammenrechnen, etwa bei der Bestellung oder Abberufung mehrerer Geschäftsführer, KG MittBayNot **00**, 338, Zweibr JB **01**, 38. Eine Satzungsänderung in mehreren Punkten ist keine Gegenstandsmehrheit.

B. **Versicherungsverein auf Gegenseitigkeit, IV Z 2.** Die Vorschrift erfaßt ein privates Versicherungsunternehmen in der Form eines rechtsfähigen Vereins nach §§ 21 ff BGB, § 15 VAG, dessen Mitglieder die Versicherten sind. 23

Wert ist stets der in Z 2 genannte Festbetrag.

C. **Personenhandels- oder Partnerschaftsgesellschaft, IV Z 3.** Die Vorschrift erfaßt diejenigen Personengesellschaften, die zwecks Handels gegründet sind und derzeit zu auch oder nur solchem Zweck bestehen, also: Die Offene Handelsgesellschaft nach §§ 105 ff HGB; die Kommanditgesellschaft nach §§ 161 ff HGB, nicht diejenige auf Aktien: sie ist nach Rn 22 Kapitalgesellschaft; die Reederei, auch die Partenreederei nach §§ 486 ff HGB; die EWIV; ferner (jetzt) die Partnerschaftsgesellschaft, auch wenn sie nicht tatsächlich im wesentlichen mittlerweile Handel treibt. 24

Hierher gehören zB: Grundsätzlich der Eintritt eines Gesellschafters (Ausnahme: I 1 Z 6); eine Firmenänderung, auch nach § 19 V HGB; eine Änderung der Vertre-

GNotKG § 105   III. Gerichts- und Notarkostengesetz

tungsbefugnis; eine Sitzverlegung; die Auflösung und Löschung und die Fortsetzung der aufgelösten Gesellschaft; der Austritt eines Gesellschafters.

Wert ist grundsätzlich der in Z 3 Hs 1 genannte Festbetrag, jedoch ausnahmsweise beim Eintritt oder beim Ausscheiden von 3 oder mehr persönlich haftenden Gesellschaftern oder Partnern für den dritten und jeden weiteren eintretenden oder ausscheidenden (gemeint auch hier: persönlich haftenden) Gesellschafter der in Z 3 Hs 2 genannte Festbetrag je Person statt des in Hs 1 genannten Festbetrags, Otto JB **97**, 63.

25   **D. Einzelkaufmann, Genossenschaft, juristische Person, IV Z 4.** Die Vorschrift erfaßt drei recht unterschiedliche Gruppen von Rechtssubjekten: Den Einzelkaufmann, §§ 1 ff HGB, soweit es bei ihm überhaupt um eine spätere Anmeldung zum Handelsregister nach §§ 12, 29 ff HGB geht; eine Genossenschaft nach dem GenG, sowie eine solche juristische Person nach § 33 HGB, deren Anmeldung nebst Änderungen also überhaupt auch noch bei einigen solchen Maßnahme mit Rücksicht auf den Gegenstand oder auf die Art und den Umfang ihres Gewerbebetriebs erfolgen muß.

Hierher gehören zB: Die Anmeldung einer Prokura; eine Sitzverlegung; eine Löschung.

Wert ist in jeweils der in IV Z 4 genannte Festbetrag. Bei mehreren Gegenständen muß man zusammenrechnen.

26   **15) Keine wirtschaftliche Bedeutung, V.** Die Vorschrift erfaßt I–IV und regelt ihren eigenen Geltungsbereich als vorrangige und daher wie stets eng auslegbare und sogar dem IV vorgeordnete Spezialnorm, AG Göpp Rpfleger **85**, 213. Der Zweck ist eine Begrenzung der Kosten und eine Vereinfachung bei Vorgängen ohne eine wirtschaftliche Bedeutung.

27   **A. Anwendungsbereich.** Es muß sich um eine solche Anmeldung eines formalen oder berichtigenden Charakters handeln, die auf die wirtschaftliche Führung des Unternehmens keinen Einfluß hat und die auch nicht objektiv erforderlich ist, AG Göpp Rpfleger **85**, 213.

28   **B. Beispiele zur Frage einer Anwendbarkeit, V**
Aktientausch: V ist *unanwendbar,* soweit es um den Umtausch von Kleinaktien geht.
Aufsichtsrat: V ist *unanwendbar,* soweit es sich um eine Zuwahl zum Aufsichtsrat handelt, auch wenn die Wahl nur eines Ersatzmanns erfolgt ist.
Berufsbezeichnung: V ist anwendbar, soweit es um die Anmeldung einer neuen Berufsbezeichnung eines Gesellschafters geht.
Dividende: V ist bei ihrer Neuregelung *unanwendbar,* BayObLG Rpfleger **75**, 333.
Erlöschen: Rn 29 „Prokura".
Firmenänderung: V ist *unanwendbar,* soweit es sich um eine echte Änderung der Firma handelt, Notarkasse MittBayNot **82**, 53. Das gilt selbst dann, wenn sie nur sprachlicher Art ist.
S aber auch Rn 29 „Inhabername", „Ortsname".
Gegenstand des Unternehmens: Rn 30 „Unternehmensgegenstand".
Geschäftsführer: Rn 30 „Stellvertretung".
Geschäftsjahr: V ist bei seiner Verlegung *unanwendbar.*

29   **Inhabername, -wohnsitz:** V ist anwendbar, soweit es um die Änderung des Namens des Inhabers der Firma infolge seiner Verheiratung oder sonstigen Umbenennung oder um eine Änderung der Anschrift des Inhabers geht.
S aber auch Rn 28 „Firmenänderung".
Kapitalerhöhung: Rn 30 „Satzungsänderung".
Komplementär: V ist *unanwendbar,* soweit es sich um die Anmeldung einer GmbH statt einer Einzelperson als Komplementärin handelt, BayObLG Rpfleger **78**, 256.
Nämlichkeit: V ist anwendbar, soweit es um eine Änderung nur zwecks einer klaren Identität des Inhabers eines Handelsgeschäfts geht.
Name: S „Inhabername", „Ortsname".
Organveränderung: V ist bei ihr *unanwendbar.*
Ortsname: V ist schon nach seinem Wortlaut anwendbar, soweit es sich um die Anmeldung einer Firmenänderung nur auf Grund einer Änderung der Anschrift handelt. Gemeint ist natürlich erst recht die bloße Änderung einer Postleitzahl oder eines Ortsteils.

Kapitel 3. Notarkosten §§ 105–107 GNotKG

S aber auch Rn 28 „Firmenänderung", Rn 30 „Sitzverlegung".
Postleitzahl: S „Ortsname".
Prokura: V ist *unanwendbar,* soweit es sich um das Erlöschen der Prokura zB infolge des Tods des Berechtigten handelt.
Satzungsänderung: V ist anwendbar, soweit es sich um die Anmeldung einer Än- 30 derung der Satzung als eine bloße Folge einer jetzt nach I 1 Z 3 bewertbaren Kapitalerhöhung handelt.
Sitzverlegung: V ist *unanwendbar,* soweit es sich um die Verlegung des Sitzes der Verwaltung handelt.
S aber auch Rn 29 „Ortsname".
Stellvertretung: V ist anwendbar, soweit ein stellvertretender Vorsitzender oder Geschäftsführer zum ordentlichen bestellt wird, aM BayObLG MittBayNot **97,** 189, Düss NJW **89,** 1259, AG Göpp Rpfleger **85,** 213 (aber der Anmeldungszusatz „als Stellvertreter" ist kostenrechtlich nicht entscheidend).
Tod: Rn 29 „Prokura".
Unternehmensgegenstand: V ist *unanwendbar,* soweit es um die Streichung längst nicht mehr ausgeübter Geschäftsarten und damit um eine Änderung des Gegenstands des Unternehmens geht.
Verlegung des Sitzes: S „Sitzverlegung".
Zuwahl: Rn 28 „Aufsichtsrat".
C. Wert. Soweit V anwendbar ist, ist jetzt für jede Anmeldung oder Eintragung 31 ein Festbetrag von 5000 EUR ansetzbar.

16) Kein Mindestwert, VI. Die Vorschrift zeigt zwei Ausnahmen von den Min- 32 destwerten in I 2 und in IV Z 1.

A. Gesellschaftsgründung, VI Z 1. Es muß sich um die Beurkundung der Gründung einer GmbH nach § 2 Ia GmbHG handeln.

B. Änderung eines Gesellschaftsvertrags, VI Z 2. Es muß sich nach *Hs 1* um 33 diesen Vorgang bei einer Gesellschaft handeln. Indessen schafft *Hs 2* von dieser Ausnahme wieder eine Ausnahme und damit eine Rückkehr zum Mindestwert dann, wenn die Beteiligten von dem Musterprotokoll der Anlage 1 zum GmbHG abweichen.

17) Höchstwert, I–VI. Er kann sich aus § 106 ergeben. Vgl dazu dort. 34

Höchstwert für Anmeldungen zu bestimmten Registern

106 [1] Bei der Beurkundung von Anmeldungen zu einem in § 105 genannten Register und zum Vereinsregister beträgt der Geschäftswert höchstens 1 Million Euro. [2] Dies gilt auch dann, wenn mehrere Anmeldungen in einem Beurkundungsverfahren zusammengefasst werden.

1) Geltungsbereich, S 1, 2. Als Ergänzung zu § 105 schafft die vorrangige Vor- 1 schrift bei der Beurkundung einer Anmeldung nach § 105 und zum Vereinsregister einen Höchstwert von 1 Million EUR. Das gilt nach S 2 auch bei der Zusammenfassung mehrerer Anmeldungen in demselben Beurkundungsverfahren.

Gesellschaftsrechtliche Verträge, Satzungen und Pläne

107 I [1] Bei der Beurkundung von Gesellschaftsverträgen und Satzungen sowie von Plänen und Verträgen nach dem Umwandlungsgesetz beträgt der Geschäftswert mindestens 30 000 Euro und höchstens 10 Millionen Euro. [2] Der in Satz 1 bestimmte Mindestwert gilt nicht bei der Beurkundung von Gesellschaftsverträgen und Satzungen in den Fällen des § 105 Absatz 6.
II [1] Bei der Beurkundung von Verträgen zwischen verbundenen Unternehmen (§ 15 des Aktiengesetzes) über die Veräußerung oder über die Verpflichtung zur Veräußerung von Gesellschaftsanteilen und -beteiligungen beträgt der Geschäftswert höchstens 10 Millionen Euro. [2] Satz 1 gilt nicht, sofern die betroffene Gesellschaft überwiegend vermögensverwaltend tätig ist, insbesondere als

GNotKG §§ 107, 108   III. Gerichts- und Notarkostengesetz

Immobilienverwaltungs-, Objekt-, Holding-, Besitz- oder sonstige Beteiligungsgesellschaft.

1   **1) Systematik, Regelungszweck, I, II.** *II* enthält einen Sonderfall. Maßgebend ist die Beschränkung auf eine Bestimmung auf Höchst- oder Mindestbeträge des jeweiligen Geschäftswerts.

2   **2) Gesellschaftsvertrag, Satzung, Plan, I.** Man muß zwischen zwei Ausgangs-Wertgrenzen und ihrer teilweisen Einschränkung in zwei Einzelfällen unterscheiden.
   A. Ausgangswerte, I 1. Die Beurkundung eines Gesellschaftsvertrags oder einer Satzung sowie eines Plans oder Vertrags nach dem UmwG hat einen Geschäftswert von mindestens 30 000 EUR und höchstens 10 Millionen EUR. Das gilt natürlich je Beurkundungsgegenstand nach § 109.

3   **B. Kein Mindestwert bei Gesellschaftsgründung, I 2 Fall 1.** Der Mindestwert von 30 000 EUR und nur er, also nicht auch der Höchstwert nach I 1, gilt dann nicht, wenn der Notar eine Gründung einer GmbH im vereinfachten Verfahren mit höchstens drei Gesellschaftern und einem Geschäftsführer nach § 2 Ia GmbHG beurkundet. Natürlich bleibt die Mindestgebühr von 15 EUR nach § 34 V bestehen.

4   **C. Kein Mindestwert beim bloßen Musterprotokoll, I 2 Fall 2.** Der Mindestwert von 30 000 EUR und wie bei Rn 3 nur er gilt auch dann nicht, wenn der Notar bei einer Beurkundung nach I 1 bei dem Musterprotokoll der Anlage 1 zum GmbHG bleibt, soweit es um eine bloße Änderung des Gesellschaftsvertrags geht.

5   **3) Gesellschaftsanteil, II.** Es muß folgendes zusammentreffen: Beurkundung eines Vertrags zwischen verbundenen Unternehmen nach § 15 AktG; dabei gerade eine Veräußerung oder eine entsprechende Verpflichtung wegen eines Anteils oder einer Beteiligung nach *II 1*; schließlich keine Vermögensverwaltung der betroffenen Gesellschaft nach § 105 II HGB nach *II 2*. Dann gibt es (nur) einen Höchstwert von 10 Millionen EUR.

Beschlüsse von Organen

108 I ¹Für den Geschäftswert bei der Beurkundung von Beschlüssen von Organen von Kapital-, Personenhandels- und Partnerschaftsgesellschaften sowie von Versicherungsvereinen auf Gegenseitigkeit, juristischen Personen (§ 33 des Handelsgesetzbuchs) oder Genossenschaften, deren Gegenstand keinen bestimmten Geldwert hat, gilt § 105 Absatz 4 und 6 entsprechend. ²Bei Beschlüssen, deren Gegenstand einen bestimmten Geldwert hat, beträgt der Wert nicht weniger als der sich nach § 105 Absatz 1 ergebende Wert.

II Bei der Beurkundung von Beschlüssen im Sinne des Absatzes 1, welche die Zustimmung zu einem bestimmten Rechtsgeschäft enthalten, ist der Geschäftswert wie bei der Beurkundung des Geschäfts zu bestimmen, auf das sich der Zustimmungsbeschluss bezieht.

III ¹Der Geschäftswert bei der Beurkundung von Beschlüssen nach dem Umwandlungsgesetz ist der Wert des Vermögens des übertragenden oder formwechselnden Rechtsträgers. ²Bei Abspaltungen oder Ausgliederungen ist der Wert des übergehenden Vermögens maßgebend.

IV Der Geschäftswert bei der Beurkundung von Beschlüssen von Organen einer Gesellschaft bürgerlichen Rechts, deren Gegenstand keinen bestimmten Geldwert hat, beträgt 30 000 Euro.

V Der Geschäftswert bei Beschlüssen von Gesellschafts-, Stiftungs- und Vereinsorganen sowie von ähnlichen Organen beträgt höchstens 5 Millionen Euro, auch wenn mehrere Beschlüsse mit verschiedenem Gegenstand in einem Beurkundungsverfahren zusammengefasst werden.

Gliederung

1) Systematik, I–V	1
2) Regelungszweck, I–V	2
3) Voraussetzungen einer entsprechenden Anwendung von § 105 IV, VI: I	3–6
A. Beschluß, I 1, 2	3

§ 108 GNotKG

 B. Kein bestimmter Geldwert, I 1 4
 C. Bestimmter Geldwert, I 2 5
 D. Beschlußbeteiligte, I 1, 2 6
4) Folgen einer entsprechenden Anwendung von § 105 IV, VI: I 7–10
 A. Kapitalgesellschaft: § 105 IV Z 1 entsprechend 7
 B. Personenhandels- oder Partnerschaftsgesellschaft: § 105 IV Z 3 entsprechend . 8
 C. Versicherungsverein auf Gegenseitigkeit: § 105 IV Z 2 entsprechend 9
 D. Juristische Person (§ 33 HGB), Genossenschaft: § 105 IV Z 4 entsprechend..... 10
5) Zustimmungsbeschluß, II 11
6) Beschluß nach dem Umwandlungsgesetz, III 12
7) Beschluß bei BGB-Gesellschaft, IV 13
8) Höchstwert, V 14

1) Systematik, I–V. Die Vorschrift bezieht sich in I 1, IV nur auf denjenigen Beschluß eines der dort genannten Organe, dessen Gegenstand keinen bestimmten Geldwert hat. Soweit der Beschluß einen bestimmten Geldwert hat, gilt I 2 sowie II. III erfaßt demgegenüber in seinem Geltungsbereich einen Beschluß unabhängig davon, ob ein bestimmter Geldwert vorliegt. V gilt sowohl bei I–IV ergänzend. **1**

2) Regelungszweck, I–V. Als eine gegenüber §§ 105–107 vorrangige Spezialvorschrift ist § 108 grundsätzlich eng auslegbar. Das paßt auch zum Grundsatz einer dem Kostenschuldner möglichst günstigen Handhabung nach § 1 I. Es widerspricht nicht dem Ziel des § 108, trotz einer Vereinfachung auch mittels der Verweisungstechnik die Kosten in Grenzen zu halten, besonders in V. **2**

3) Voraussetzungen einer entsprechenden Anwendung von § 105 IV, VI: I. Es müssen die folgenden Voraussetzungen zusammentreffen. **3**

 A. Beschluß, I 1, 2. Es muß ein Beschluß vorliegen. Er ist unabhängig von der Bezeichnung nur dann vorhanden, wenn die Versammlung eine Stellungnahme abgeben konnte und im Weg einer gleichgerichteten Gesamtwillensbildung mit der erforderlichen Mehrheit abgestimmt hat. Auch eine Einpersonengesellschaft kann einen Beschluß fassen. Hierher zählt auch die Bestellung des ersten Aufsichtsrats nach § 30 AktG, Zweibr JB **02**, 492. Die Art der Beschlußversammlung ist unerheblich. Auf die Wirksamkeit des Beschlusses kommt es ebenfalls in den Grenzen des § 21 nicht an.

 Die *bloße Verlesung* der Vorlage und ihre widerspruchslose Kenntnisnahme durch die Versammlung stellen keinen Beschluß dar. Dasselbe gilt bei einer bloßen Willenserklärung, etwa der Satzung, dem Gesellschaftsvertrag. Bei einem Streit über ein Stimmrecht liegt kein Beschluß vor, solange das Gericht nicht die Annahme des Punkts zum Protokoll festgestellt hat. Es kommt nicht darauf an, was man beschlossen hat, sondern worüber der Beschluß ergangen ist.

 B. Kein bestimmter Geldwert, I 1. Der Gegenstand des Beschlusses nach Rn 3 und nicht nur das Beschlußergebnis darf keinen nach den allgemeinen Wertermittlungsregeln der §§ 35 ff und insbesondere § 36 I bestimmten Geldwert haben. Damit führt der gerade in § 105 IV (wie schon vorher) abgeschaffte, weil zu zahlreichen Problemen geführte Begriff „bestimmter Geldbetrag" nun in I 1, 2 doch noch ein gewisses Dasein. Es ist aber in I praktisch bedeutungslos. Denn der haarfeine Unterschied zwischen einer direkten und einer entsprechenden Anwendung von § 105 IV dürfte keine allzu große Bedeutung haben. Nur beim Mindestwert besteht noch ein Unterschied. Geldwert ist ein weitergefaßter Begriff als Geldbetrag. Eine Berechenbarkeit genügt, BayObLG JB **81**, 905. Das gilt zB bei der Ablehnung oder der Zustimmung zu einem Anteilsverkauf. Beim Unternehmensvertrag etwa zur Gewinnabführung kommt es auf die Umstände an und entscheidet wie bei Rn 4 nicht der Geldbetrag, sondern der Geldwert, Düss NZG **17**, 33 (LS), Lappe NJW **89**, 3254, Schmidt BB **89**, 1290, aM Stgt FGPrax **08**, 224. Einzelheiten bei Kor 3 (Üb). **4**

 Hierher gehören zB: Die Entlastung des Organs; eine Ermächtigung zur Satzungsänderung; eine Wahl; ein Mißtrauen; Tagesordnungsfragen; Satzungsänderungen, BayObLG **90**, 133, Hamm JB **75**, 639; ein Jahresabschluß.

 Unbestimmt ist der Geldwert erst dann, wenn man ihn überhaupt nicht recht berechnen oder beziffern kann. Auf die Notwendigkeit eines Beschlusses kommt es nicht an. Der Aufhebungsbeschluß kann denselben Wert wie der aufgehobene haben.

GNotKG § 108

5   **C. Bestimmter Geldwert, I 2.** Vgl zunächst Rn 4. Beim bestimmten Geldwert gilt der Mindestwert nach § 105 I 2, also 30 000 EUR.

6   **D. Beschlußbeteiligte, I 1, 2.** Es muß sich um einen solchen Beschluß handeln, den ein satzungsgemäßes oder sonst gesetzmäßiges Organ einer Kapital- oder Personenhandelsgesellschaft, einer Partnerschaftsgesellschaft, eines Versicherungsvereins auf Gegenseitigkeit, einer juristischen Person nach § 33 HGB oder einer Genossenschaft gefaßt hat. Der Beschluß muß sich nicht auf das Betriebs- oder Gesellschaftsvermögen beziehen. Es muß kein Einheitswert bestehen.

7   **4) Folgen einer entsprechenden Anwendung von § 105 IV, VI: I.** Soweit die Voraussetzungen Rn 3–6 zusammentreffen, ist § 105 IV, VI nach § 108 I entsprechend anwendbar.
    A. Kapitalgesellschaft: § 105 IV Z 1 entsprechend. Wegen des Begriffs der Kapitalgesellschaft § 105 Rn 5. Man kann hierher auch die GmbH in Gründung zählen. Wert ist auch bei einem Beschluß ohne einen bestimmten Geldwert 1% des eingetragenen Grund- oder Stammkapitals, mindestens der in § 105 IV Z 1 genannte Betrag. IV setzt einen absoluten Höchstbetrag nach Rn 23.

8   **B. Personenhandels- oder Partnerschaftsgesellschaft: § 105 IV Z 3 entsprechend.** Wegen des Begriffs der Personenhandelsgesellschaft § 105 Rn 24. Wert ist auch bei einem Beschluß ohne einen bestimmten Geldwert der jeweils in § 105 IV Z 3 bestimmte Festbetrag. IV setzt einen absoluten Höchstbetrag nach Rn 23.

9   **C. Versicherungsverein auf Gegenseitigkeit: § 105 IV Z 2 entsprechend.** Wegen des Begriffs des Versicherungsvereins auf Gegenseitigkeit § 105 Rn 23. Wert ist auch bei einem Beschluß ohne einen bestimmten Geldwert der in § 105 IV Z 2 bestimmte Festbetrag. IV setzt einen absoluten Höchstbetrag nach Rn 23.

10 **D. Juristische Person (§ 33 HGB), Genossenschaft: § 105 IV Z 4 entsprechend.** Wegen des Begriffs der juristischen Person nach § 33 HGB vgl § 105 Rn 25. Bei einer Satzungsänderung gilt § 105 II. Wert ist auch bei einem Beschluß ohne einen bestimmten Geldwert der in § 105 IV Z 4 bestimmte Festbetrag. IV setzt einen absoluten Höchstbetrag nach Rn 23.

11 **5) Zustimmungsbeschluß, II.** Er muß zu einem bestimmten Rechtsgeschäft und nicht generell erfolgt sein und ein Beschluß nach I sein. Dann ist der Wert nach demjenigen zu ermitteln, den die Beurkundung des Geschäfts hat, auf das sich die Zustimmung bezieht.

12 **6) Beschluß nach dem Umwandlungsgesetz, III.** Die gegenüber I und gegenüber §§ 35 ff vorrangige speziellere Vorschrift erfaßt jeden Beschluß nach dem UmwG zB nach §§ 13, 125, 176 I, 177 I, 178 I, 179 I, 180 I, 184 I, 186, 188 I, 189 I, 193 I UmwG, Hornung Rpfleger **97**, 517. Das gilt unabhängig vom Vorliegen eines bestimmten oder unbestimmten Geldwerts und unabhängig von der Art und Bedeutung seines Gegenstands. Es gilt auch unabhängig davon, ob er vermögensrechtlicher oder nichtvermögensrechtlicher Natur ist. *III 1* enthält die Bewertungsregel. *III 2* enthält zwei vorrangig bewertbare Sonderfälle. Das Aktivvermögen des übertragenden oder formwechselnden Rechtsträgers ermittelt sich wie sonst, BayObLG MittBayNot **90**, 61, also nach der der Anmeldung beizufügenden auf ihre Vereinbarkeit mit dem GNotKG geprüften Schlußbilanz ohne einen Schuldenabzug nach § 38 I 1 Hs 1, jedoch unter einem Abzug von Wertberichtigungen zum Anlage- und Umlaufvermögen und Verlustvorträgen, Hornung Rpfleger **97**, 517, Meyer JB **04**, 588. V ist anwendbar. Bei einer Abspaltung oder Ausgliederung ist der Wert des übergehenden Aktivvermögens maßgebend, Hornung Rpfleger **97**, 517.

13 **7) Beschluß bei BGB-Gesellschaft, IV.** Diese vorrangige Spezialvorschrift erfaßt nach Rn 4 nur einen solchen Beschluß nach §§ 705 ff BGB, dessen Gegenstand keinen bestimmten Geldwert hat. Dann ergibt sich ein Festwert von 30 000 EUR.

14 **8) Höchstwert, V.** Der Wert eines Beschlusses des Organs einer beliebigen Gesellschaft oder Stiftung oder eines beliebigen Vereins oder eines „ähnlichen Organs", also eines vergleichbaren Zusammenschlusses, etwa einer Arbeitsgemeinschaft (ARGE) mit oder ohne einen bestimmten Geldwert darf in keinem Fall mehr als immerhin 5 Millionen EUR betragen. Das gilt auch dann, wenn mehrere solche Beschlüsse nach I in demselben Beurkundungsverfahren zusammentreffen, wenn auch

nicht in derselben Urkunde. Dabei können sogar verschiedene Gegenstände nach § 110 vorliegen. IV erfaßt auch ein Zusammentreffen eines Beschlusses nach mit einem unbestimmten Geldwert und eines Beschlusses über einen Gegenstand mit einem bestimmten Geldwert, Hornung Rpfleger **97**, 517, und auch den Umwandlungsfall nach III.

Derselbe Beurkundungsgegenstand

109 ¹ ¹Derselbe Beurkundungsgegenstand liegt vor, wenn Rechtsverhältnisse zueinander in einem Abhängigkeitsverhältnis stehen und das eine Rechtsverhältnis unmittelbar dem Zweck des anderen Rechtsverhältnisses dient. ²Ein solches Abhängigkeitsverhältnis liegt nur vor, wenn das andere Rechtsverhältnis der Erfüllung, Sicherung oder sonstigen Durchführung des einen Rechtsverhältnisses dient. ³Dies gilt auch bei der Beurkundung von Erklärungen Dritter und von Erklärungen der Beteiligten zugunsten Dritter. ⁴Ein Abhängigkeitsverhältnis liegt insbesondere vor zwischen

1. dem Kaufvertrag und
    a) der Übernahme einer durch ein Grundpfandrecht am Kaufgrundstück gesicherten Darlehensschuld,
    b) den zur Löschung von Grundpfandrechten am Kaufgegenstand erforderlichen Erklärungen sowie
    c) jeder zur Belastung des Kaufgegenstands dem Käufer erteilten Vollmacht; die Beurkundung des Zuschlags in der freiwilligen Versteigerung steht dem Kaufvertrag gleich;
2. dem Gesellschaftsvertrag und der Auflassung bezüglich eines einzubringenden Grundstücks;
3. der Bestellung eines dinglichen Rechts und der zur Verschaffung des beabsichtigten Rangs erforderlichen Rangänderungserklärungen; § 45 Absatz 2 gilt entsprechend;
4. der Begründung eines Anspruchs und den Erklärungen zur Schaffung eines Titels gemäß § 794 Absatz 1 Nummer 5 der Zivilprozessordnung.

⁵In diesen Fällen bestimmt sich der Geschäftswert nur nach dem Wert des Rechtsverhältnisses, zu dessen Erfüllung, Sicherung oder sonstiger Durchführung die anderen Rechtsverhältnisse dienen.

II ¹Derselbe Beurkundungsgegenstand sind auch

1. der Vorschlag zur Person eines möglichen Betreuers und eine Patientenverfügung;
2. der Widerruf einer Verfügung von Todes wegen, die Aufhebung oder Anfechtung eines Erbvertrags oder der Rücktritt von einem Erbvertrag jeweils mit der Errichtung einer neuen Verfügung von Todes wegen;
3. die zur Bestellung eines Grundpfandrechts erforderlichen Erklärungen und die Schulderklärung bis zur Höhe des Nennbetrags des Grundpfandrechts;
4. bei Beschlüssen von Organen einer Vereinigung oder Stiftung
    a) jeder Beschluss und eine damit in Zusammenhang stehende Änderung des Gesellschaftsvertrags oder der Satzung,
    b) der Beschluss über eine Kapitalerhöhung oder -herabsetzung und die weiteren damit im Zusammenhang stehenden Beschlüsse,
    c) mehrere Änderungen des Gesellschaftsvertrags oder der Satzung, deren Gegenstand keinen bestimmten Geldwert hat,
    d) mehrere Wahlen, sofern nicht Einzelwahlen stattfinden,
    e) mehrere Beschlüsse über die Entlastung von Verwaltungsträgern, sofern nicht Einzelbeschlüsse gefasst werden,
    f) Wahlen und Beschlüsse über die Entlastung der Verwaltungsträger, sofern nicht einzeln abgestimmt wird,
    g) Beschlüsse von Organen verschiedener Vereinigungen bei Umwandlungsvorgängen, sofern die Beschlüsse denselben Beschlussgegenstand haben.

²In diesen Fällen bestimmt sich der Geschäftswert nach dem höchsten in Betracht kommenden Wert.

GNotKG § 109

Gliederung

1) Systematik, I, II	1
2) Regelungszweck, I, II	2
3) Geltungsbereich, I, II	3
4) Derselbe Beurkundungsgegenstand, I, II	4–8
A. Begriff, I 1–4	5–7
B. Geschäftswert, I 5	8
5) Beispiele zur Frage desselben oder verschiedener Beurkundungsgegenstände, §§ 109, 110	9–60

1   **1) Systematik, I, II.** Die Vorschrift betrifft nur die Beurkundung mehrerer selbständiger rechtsgeschäftlicher Erklärungen in derselben Urkunde, KG DNotZ **84**, 117, Oldb Rpfleger **89**, 330. Grundsätzlich entsteht auf Grund einer Urkunde nur *eine* Gebühr. Das gilt unabhängig davon, wie viele Erklärungen diese Urkunde enthält. Eine eidesstattliche Versicherung stellt keine Erklärung nach § 109 dar. Ein Beschluß einer Gesellschafterversammlung fällt unter § 110 Z 1. Damit für mehrere Erklärungen nur eine Gebühr entsteht, ist eine Beurkundung in derselben Verhandlung erforderlich, also in demselben Verhandlungsprotokoll. Ergänzend gilt zB § 102.

2   **2) Regelungszweck, I, II.** Aus den Erwägungen Rn 1 muß der Notar aus Kostenersparnisgründen zusammengehörige Gegenstände auch möglichst einheitlich beurkunden, Meyer JB **05**, 75. Die getrennte Beurkundung von Zusammengehörigem verstößt gegen § 21, soweit nicht ein anerkennbares Bedürfnis dazu vorliegt, BayObLG MittBayNot **00**, 275. Das gilt freilich nur, soweit es nicht dem vorrangigen Grundsatz widerspricht, den für die Beteiligten richtigsten und sichersten Weg zu wählen. Eine bloße Kostenersparnis kann sogar zur Unwirksamkeit eines darin liegenden Gebührenverzichts und zur Notwendigkeit der Unterstellung getrennter Urkunden führen.

3   **3) Geltungsbereich, I, II.** § 109 setzt voraus, daß mehrere selbständige Erklärungen unter Lebenden vorliegen, BayObLG DNotZ **87**, 178. Nebenabreden gilt die Gebühr für die Hauptvereinbarung ab. Solche Nebenabreden sind zB: Die Unterwerfung unter die „sofortige" Zwangsvollstreckung neben der Vertragsannahme, BayObLG **95**, 301, aM Zweibr FGPrax **00**, 44 (aber es liegen bei einer vernünftigen Betrachtung keine selbständigen Erklärungen vor, sondern die übliche, von allen Beteiligten als rechtlich und wirtschaftlich einheitlich betrachtete Gesamterklärung); die Unterwerfung neben der Hypothekenbestellung, nicht neben der bloßen Bewilligung; ein Rangvorbehalt bei einer Hypothekenbestellung. Er entspricht einer Zahlungsbedingung; ein Zuschreibungs- oder Abschreibungsantrag neben einer Beurkundung des Verkaufs.

4   **4) Derselbe Beurkundungsgegenstand, I, II.** Zur Entstehungsgeschichte BGH **153**, 25. Man muß zwei Aspekte beachten.

5   **A. Begriff, I 1–4.** Es muß zwischen mehreren Rechtsverhältnissen eine Abhängigkeit bestehen: Das eine muß unmittelbar dem Zweck des anderen dienen, nämlich der Erfüllung, Sicherung oder sonstigen Durchführung, BGH JB **06**, 262, Hamm MDR **15**, 1328, Köln FGPrax **17**, 238. Das gilt auch für oder gegen einen Dritten, Hamm FGPrax **02**, 87. Das ist der (gegenüber dem früheren Recht im Grunde unveränderte) Kern der Regelung.

6   Man muß die *Abgrenzung* zwischen demselben Gegenstand nach § 109 und verschiedenen nach § 110 zumindest auch nach praktischen Aspekten vornehmen, Köln JB **75**, 75.

7   Für die *Wertbemessung* ist der Zeitpunkt der Beurkundung maßgeblich, nicht aber der Zeitpunkt einer etwaigen Vollstreckungsklausel.

8   **B. Geschäftswert, I 5.** Soweit es sich um denselben Gegenstand handelt, entsteht die Gebühr nur einmal nach dem Wert des herrschenden Rechtsverhältnisses.

9   **5) Beispiele zur Frage desselben oder verschiedener Beurkundungsgegenstände, §§ 109, 110**

Abtretung: § 109 kann anwendbar sein, soweit es um eine lastenfreie Veräußerung und eine zu diesem Zweck vorgenommene Abtretung der Kaufpreisforderung geht, BayObLG DNotZ **84**, 442, oder um eine Abtretung des Auszahlungsanspruchs des Käufers gegen die Finanzierungsbank.

§ 109 kann in folgenden Fällen *unanwendbar* sein: Es geht um den Kaufvertrag und die Abtretung einer Eigentümergrundschuld an den Käufer, wenn ihr Wert den Kaufpreis übersteigt, Düss DNotZ **85**, 106; es geht um die Abtretung desselben Geschäftsanteils an zwei Personen, wobei nach Rn 48 ff die zweite Abtretung bei einer Unwirksamkeit der ersten eintreten soll; es geht um die Abtretung der Hypothek an einen neuen Gläubiger und um eine Änderung der Bedingungen durch ihn, der der Eigentümer später zustimmt.

S auch Rn 10 „Angebot und Annahme", Rn 53 „Verkaufsverpflichtung".

Alteil: § 109 kann auf den Übergabe- oder Überlassungsvertrag anwendbar sein, LG Fulda JB **94**, 558.

Alternative Angebote: § 109 kann *unanwendbar* sein, soweit der Verkäufer eines 10 Grundstücks mehreren verschiedenen Interessenten alternative Verkaufsangebote macht, aM LG Mü MittBayNot **81**, 208, oder soweit man an einen bestimmten Käufer oder einen von diesem zu benennenden Dritten verkauft, BayObLG DNotZ **79**, 430.

Angebot und Annahme: § 109 ist grds beim Zusammentreffen beider Vorgänge 11 anwendbar, Ludwig DNotZ **82**, 724. Das gilt einschließlich zugehöriger Unterwerfung nach Rn 52.

§ 109 ist *unanwendbar,* soweit Angebot 1 eine Annahme erhält und mit Angebot 2 zusammentrifft, oder soweit ein Angebot und eine Kostenübernahme des Empfängers zusammentreffen, Mü MittBayNot **91**, 19, oder soweit der Angebotsempfänger sein Annahmerecht abtritt und der neue Gläubiger annimmt, oder soweit der Hypothekenschuldner dem Gläubiger oder einem Dritten ein Verkaufsangebot macht.

Ankaufsrecht: Die Bestellung eines Ankaufs- oder Vorkaufsrechts zugunsten eines 12 Dritten bei einem Grundstückskauf kann eine bloße Beschränkung des Käufers ohne eine selbständige Leistungspflicht bedeuten. Dann darf man sie nicht besonders bewerten.

S auch Rn 38 „Leasing", Rn 56 „Vorkaufsrecht", Rn 57 „Wiederkaufsrecht".

Anliegerbeitrag: § 109 kann *unanwendbar* sein, soweit es um die Regelung eines bei 13 der Abnahme des Grundstücks noch nicht fälligen Anliegerbeitrags geht, LG Waldshut-Tiengen Rpfleger **86**, 176.

Auflassung: Es gibt manche Situationen. 14

– **(Angebotsannahme):** Anwendbar ist § 109 dann, wenn es um die Annahme eines Kaufangebots mit einer Auflassung oder deren Vollmacht geht, KG Rpfleger **81**, 164.

– **(Auflassung und Löschung):** *Unanwendbar* sein kann § 109 dann, wenn die Löschungsbewilligung erst zusammen mit der Auflassung vorliegt, Celle JB **75**, 1098 (zustm Mümmler).

– **(Auflassung und Resthypothek):** Anwendbar ist § 109 beim Zusammentreffen einer Auflassung mit einem Eintragungsantrag einer Restkaufpreishypothek, I 4 Z 1a, BayObLG MittBayNot **99**, 494.

– **(Auflassungen bei Tausch):** Anwendbar ist § 109 bei mehreren der Erfüllung eines Tausches dienenden Auflassungen.

– **(Bedingungen):** Sie sind unschädlich, soweit man ohne weiteres nachprüfen kann, ob zB ein Kaufvertrag erfüllt worden ist.

– **(Erfüllung):** S „– (Auflassungen bei Tausch)", Rn 28.

– **(Gesellschaftsvertrag und Einbringung):** Anwendbar ist § 109 bei einem Gesellschaftsvertrag nebst Auflassung eines eingebrachten Grundstücks, I 4 Z 2, Düss BB **88**, 1352, LG Trier JB **02**, 431.

– **(Getrennte Beurkundungen):** Anwendbar ist § 109, BayObLG JB **01**, 598, Schmitz/Valkenberg DNotZ **90**, 674, aM Düss DNotZ **90**, 674 (§ 16).

– **(Kauf und Auflassung):** Anwendbar ist § 109 in solchem Fall bei demselben Objekt, Stgt JB **90**, 1330.

GNotKG § 109　　　　　　　　　　　　III. Gerichts- und Notarkostengesetz

- **(Vormerkung bei Eigentumsumschrift):** Anwendbar ist § 109 bei einer Auflassungs-Vormerkung auf Grund desselben Kaufvertrags, in dem der Antrag auf eine Löschung der Vormerkung bei einer Eigentumsumschrift besteht, I 4 Z 1 b.
- **(Zusätze):** Es gilt dasselbe wie bei „Bedingungen".

15 **Auseinandersetzung:** Rn 27 „Erbrecht", Rn 31 „Gesellschaft", Rn 33 „Güterrecht".
Ausscheiden: Rn 30 „Geschäftsführer", Rn 42 „Offene Handelsgesellschaft".

16 **Bauherrenmodell:** § 109 kann anwendbar sein, soweit es um einen Kaufvertrag nach dem Bauherrenmodell und um einen zugehörigen Gesellschaftsgründungsvertrag geht, BayObLG **87**, 191, Hamm DB **83**, 1250, oder um eine zugehörige Vollmacht nach § 110 Z 3, Celle DNotZ **83**, 573, KG JB **91**, 1361 (zustm Hansens DNotZ **92**, 120), oder um einen Beitritt, KG JB **91**, 564.

17 **Bedingung:** § 109 ist anwendbar, soweit das eine Geschäft von einem anderen abhängt, zB von der Unwirksamkeit des anderen, BayObLG **86**, 237.
 Unanwendbar sind aber § 109, soweit eine Bedingung keine selbständige Bedeutung hat.
Belastungsvollmacht: Rn 55 „Vollmacht".

18 **Betreuung, Vorsorge:** Es kann § 109 II Z 1 anwendbar sein, Ffm FamRZ **07**, 1183, Oldb JB **05**, 549, auch beim Zusammentreffen von Betreuungsvollmacht und Patientenverfügung, Ffm MittBayNot **07**, 344, LG Kassel JB **09**, 321, Zweibr RR **09**, 574.

19 **Bürgschaft:** § 109 kann anwendbar sein beim Zusammentreffen eines Darlehensvertrags mit einer Vereinbarung zwischen dem Hauptschuldner und dem Bürgen.

20 **Darlehenshypothek:** § 109 kann *unanwendbar* sein, soweit es um einen Kaufvertrag und um die Bewilligung einer Darlehenshypothek geht.

21 **Ehevertrag, Erbvertrag:** § 109 ist auf einen Gütertrennungsvertrag und den Eintragungsantrag beim Güterrechtsregister anwendbar, ebenso nach Rn 59 auf den Ehevertrag und die Vermögensauseinandersetzung, soweit sie dem Zugewinnausgleich dient.
 § 109 kann *unanwendbar* sein auf das Zusammentreffen eines Mitgiftversprechens mit einem Ehevertrag, ferner auf das Zusammentreffen einer Güterstandsvereinbarung mit einem Nachehelichenunterhalt, ferner auf das Zusammentreffen eines Ehevertrags mit einer Vermögensauseinandersetzung.

22 **Eigentümergrundschuld:** § 109 kann *unanwendbar* sein, soweit es um den Kaufvertrag und die Abtretung einer Eigentümergrundschuld an den Käufer geht, falls ihr Wert den Kaufpreis übersteigt, Düss DNotZ **85**, 106.

23 **Eigentumswohnung:** Rn 58 „Wohnungseigentum".
Eintragung: § 109 kann anwendbar sein, soweit es um die Bewilligung der Eintragung im Grundbuch und um den zugehörigen Antrag geht.

24 **Erbausschlagung:** § 109 ist evtl anwendbar, soweit mehrere nacheinander berufene Personen ausschlagen.

25 **Erbbaurecht:** Es gibt manche Situationen.

26 – **(Eigentumskauf und Löschung des Erbbaurechts):** Anwendbar ist § 109 bei diesem Kauf durch den Erbbauberechtigten.
 – **(Erbbau- und Vorkaufsrecht):** *Unanwendbar* ist § 109 beim Zusammentreffen dieser beiden Bestellungen gerade an diesem Erbbaurecht, Mü JB **06**, 324.
 – **(Erbbau- und Wohnungserbbaurecht):** *Unanwendbar* ist § 109 beim Zusammentreffen dieser beiden Bestellungen.
 – **(Hypothek, Vorrang):** Anwendbar ist § 109, soweit es um die Genehmigung des Grundeigentümers zur Belastung des Erbbaurechts mit einer Hypothek und um einen Vorrang für diese Hypothek geht.
 – **(Kauf und Bestellung des Erbbaurechts):** *Unanwendbar* ist § 109 beim Grundstückskauf nebst Bestellung eines Erbbaurechts an diesem Grundstück. Dann muß man beide Vertragsarten addieren.
 – **(Kauf und Zustimmung zur Belastung):** Anwendbar ist § 109, soweit es sich um die Bestellung oder den Kauf des Erbbaurechts und um die Zustimmung zur Belastung oder zum Verkauf handelt, Düss JB **83**, 1237.
 – **(Leasing):** Rn 38.
 – **(Stillhalteerklärung):** *Unanwendbar* ist § 109 bei einer solchen Erklärung im Rahmen der Finanzierung des Erbbaurechts, Hamm JB **10**, 544.
 – **(Vertragsaufhebung):** Rn 54.

Kapitel 3. Notarkosten § 109 GNotKG

– **(Vorkaufsrecht):** Anwendbar ist § 109, soweit es um ein solches Recht am Grundeigentum geht, Düss JB **83**, 1237.
  Unanwendbar ist die Vorschrift bei einem Vorkaufsrecht des Erbbauberechtigten und der Bestellung des Erbbaurechts.
– **(Wohnungseigentum, -erbbaurecht):** Rn 58.

Erbrecht: § 109 ist grds auf die Auseinandersetzung anwendbar, auch bei einem 27 Ankaufs- oder Vorkaufsrecht des Abgefundenen, einschließlich einer Auflassung, -vollmacht und -vormerkung. § 109 ist ferner auf eine Reihe von Erbausschlagungen anwendbar.

§ 109 kann in folgenden Fällen *unanwendbar* sein: Es geht um die Aufhebung eines Erbauseinandersetzungsvertrages und um den Abschluß eines neuen gleichartigen Vertrags; es handelt sich um die Aufteilung des Anteils des verstorbenen Komplementärs zwischen den übrigen Gesellschaftern unter einer Belassung des Kapitals in der Firma, die sie fortführen. Denn dann liegt zugleich eine Erbauseinandersetzung und eine Abänderung des bestehenden Gesellschaftsvertrags vor; es treffen eine Erbauseinandersetzung und eine Überlassung des dabei erhaltenen Grundstücks an einen Dritten zusammen; es geht um eine Übertragung und einen Pflichtteilsverzicht, BGH FamRZ **13**, 1126, LG Kassel JB **09**, 323 rechts.

Erfüllung: § 109 ist anwendbar, soweit es sich um die Beurkundung einer schuldrechtlichen Verpflichtung und der Erfüllung in derselben Urkunde handelt. Das gilt auch zB dann, wenn in derselben Verhandlung zum Zweck der Erfüllung eines Tauschvertrags mehrere Auflassungen erfolgen. 28

Genehmigung, Zustimmung: § 109 ist anwendbar, soweit es um die Genehmigung oder Zustimmung zu einem Rechtsgeschäft geht, BayObLG DB **89**, 2425, zB nach § 1365 BGB oder um die Zustimmung zu einem Verschmelzungsvertrag, BayObLG DB **89**, 2425. 29

S auch Rn 45 „Rangänderung", Rn 58 „Wohnungseigentum".

General- und Vorsorgevollmacht: Vgl Ffm FamRZ **07**, 1183, Bund JB **05**, 622 (Üb).

Geschäftsführer: § 109 kann in folgendem Fall anwendbar sein: Es geht um die Beurkundung eines Gesellschaftsvertrags und um die gleichzeitige Bestellung eines Geschäftsführers, Ffm JB **91**, 1220, Celle JB **10**, 260 (Musterprotokoll; zustm Bund 227), LG Darmst JB **91**, 1218, aM KG DNotZ **84**, 117, Oldb Rpfleger **89**, 331 (aber das ist ein ziemlich einheitlicher Vorgang). 30

§ 109 kann *ferner* in folgenden Fällen anwendbar sein: Es geht um das Ausscheiden und/oder um die Neubestellung mehrerer Geschäftsführer, aM BGH **153**, 27, LG Hann JB **02**, 91 (zustm Bund); es geht um die Beendigung der Vertretungsbefugnis eines Geschäftsführers und um die Bestellung eines anderen, Düss BB **88**, 1270, aM LG Kassel JB **01**, 151 (aber die Praxis zumindest der Gesellschaft versteht darunter einen einheitlichen Vorgang nach Rn 6, jedenfalls bei einer Gleichzeitigkeit).

§ 109 kann *unanwendbar* sein, soweit es sich um das Ausscheiden des Geschäftsführers einer GmbH und um die Bestellung eines anderen zum Geschäftsführer handelt, BGH Rpfleger **03**, 266 (krit Waldner), KG BB **00**, 1314, Zweibr RR **00**, 1567, aM LG Kleve DB **88**, 1007 (aber es muß keineswegs einem Ausscheidenden sogleich ein Neuer folgen, zumindest nicht bei mehreren Geschäftsführern).

S auch Rn 31 „Gesellschaft", Rn 35 „Handelsregister".

Gesellschaft: Es gibt unterschiedliche Lösungen. 31
– **(Abtretung eines Anteils):** Anwendbar ist § 109 bei der Abtretung eines Gesellschaftsanteils und deren Genehmigung durch die Geschäftsführung.
– **(Auseinandersetzungsvertrag):** Anwendbar ist § 109 auf diesen Vorgang, KG JB **91**, 564.
– **(Ausscheiden):** Anwendbar ist § 109 beim Ausscheiden eines Gesellschafters und bei einer Veränderung der Berufsbezeichnung eines anderen Gesellschafters infolge dieses Ausscheidens.
  Unanwendbar sein kann § 109 aber beim Ausscheiden eines Gesellschafters und seinem Eintritt als stiller Gesellschafter.
– **(Gesellschaftsvertrag und Darlehen):** Anwendbar ist § 109 grds bei diesem Zusammentreffen.

GNotKG § 109

    Unanwendbar ist die Vorschrift aber beim Zusammentreffen eines solchen Vertrags mit der Übertragung eines Gesellschafterdarlehens, LG Wuppert DNotZ **01**, 294.
- **(Gesellschaftsvertrag und Einbringung):** Anwendbar ist § 109 grds beim Zusammentreffen des Gesellschaftsvertrags mit der Einbringung eines Grundstücks, Düss JB **88**, 1201.
- **(Gesellschaftsvertrag und Feststellung):** Anwendbar ist § 109 beim Zusammentreffen eines solchen Vertrags mit der satzungsgemäßen Feststellung eines Geschäftsführers, Stgt JB **90**, 1633.
- **(Gesellschaftsvertrag und Kauf):** Anwendbar ist § 109 beim Zusammentreffen eines solchen Vertrags mit einem Kauf etwa eines Grundstücks.
- **(Gesellschaftsvertrag und Pacht):** *Unanwendbar* sein kann § 109 beim Zusammentreffen eines solchen Vertrags mit einem Pachtvertrag, BayObLG JB **88**, 891.
- **(Verkauf eines Anteils):** Anwendbar ist § 109 bei diesem Vorgang nebst einer Nichtausübung des Vorkaufsrechts eines Mitgesellschafters.
- **(Verschmelzung):** Anwendbar ist § 109 auf einen solchen Vorgang nebst einem Verzicht eines Mitgesellschafters, Zweibr JB **03**, 148.
- **(Verzicht):** S „– (Verschmelzung)".
- **(Vorkaufsrecht):** S „– (Verkauf eines Anteils)".

Grundbuchblatt: § 109 ist anwendbar beim Kauf nebst einem Antrag auf die Bildung eines neuen Blatts usw.

32 **Grundpfandrechtsbestellung, -löschung:** § 109 kann in folgenden Fällen anwendbar sein: Es geht um eine schuldrechtliche Erklärung, auch um eine – selbst bedingte – Haftungsübernahme und eine zugehörige Grundschuld- oder Hypothekenbestellung nach I 4 Z 1 a, BayObLG DNotZ **85**, 104, oder um deren Löschung nach I 4 Z 1 b, Rostock JB **03**, 36; es handelt sich um die Grundschuldbestellung durch den Verkäufer und um die Abtretung des Anspruchs auf eine Darlehensauszahlung durch den Käufer, Köln Rpfleger **89**, 130, selbst wenn der den rechtlichen Zusammenhang herstellende Kaufvertrag anderweitig mitbeurkundet wurde, Hamm Rpfleger **88**, 285; es geht um die Mitbeurkundung eines sog Wirksamkeitsvermerks oder um dessen Miteintragung, Düss RR **01**, 70, KG JB **02**, 544, Schlesw Rpfleger **02**, 260, aM BayObLG Rpfleger **01**, 459, Hamm JB **02**, 259.

    S auch Rn 39 „Löschung", Rn 45 „Rangänderung", Rn 53 „Verkaufsverpflichtung".

33 **Grundpfandrechtsübernahme:** § 109 kann anwendbar sein, soweit es um eine Forderung und um die zugehörige Übernahme eines Grundpfandrechts nach I 4 Z 1a geht, Celle FGPrax **03**, 236, Hamm Rpfleger **88**, 285, LG Trier JB **02**, 380, aM Stgt JB **91**, 707 (aber dann liegt ein ziemlich einheitlicher Vorgang vor).

Güterrecht: § 109 kann anwendbar sein, soweit der Käufer beantragt, seine mit ihm in Gütergemeinschaft lebende Ehefrau mit einzutragen, oder soweit es um einen Ehevertrag und um die Eintragung der Gütertrennung im Güterrechtsregister geht, oder wenn die Aufhebung der Gütergemeinschaft und die nachfolgende Vereinbarung einer Zugewinngemeinschaft zusammentreffen, BayObLG JB **89**, 226, Hamm RR **01**, 1656, Köln JB **97**, 206. Letztere würde dann ja ohnehin kraft Gesetzes eintreten.

    § 109 I 3 kommt infrage, soweit bei der Auseinandersetzung ein Dritter etwas erhält.

    S auch Rn 59 „Zugewinngemeinschaft".

34 **Haftungsübernahme:** Rn 32 „Grundpfandrechtsbestellung, -löschung", Rn 47 „Schuldbeitritt, -übernahme".

Handelsregister: Rn 30.

35 **Herstellung eines Bauwerks:** § 109 kann *unanwendbar* sein, soweit es sich um einen Grundstückskaufvertrag und um einen Vertrag über die Herstellung eines Bauwerks handelt. Dabei darf man den Vertrag über die Herstellung des Bauwerks nur nach den dort geschuldeten Bauleistungen bewerten. Eine Vollmacht des Bauherrn bildet nach § 110 Z 3 Fall 2 einen weiteren verschiedenen Gegenstand.

36 **Kauf:** Ihn erwähnt § 109 I 4 Z 1 ausdrücklich, BayObLG DNotZ **79**, 430 (Kauf an noch zu bestimmenden Dritten), Stgt JB **90**, 1300 (Auflassung).

Kapitel 3. Notarkosten § 109 GNotKG

- **(Alternative):** Rn 15.
- **(Angebot – mehrere Interessenten):** § 109 ist *unanwendbar* beim Zusammentreffen eines Angebots an mehrere Interessenten mit deren Entscheidung, wer zugreifen will oder nicht, LG Mü MittBayNot **81**, 208.
- **(Auflassung):** Rn 18.
- **(Belastungsvollmacht):** Rn 55.
- **(Erbbaurecht):** Rn 25.
- **(Herstellung eines Bauwerks):** Rn 36.
- **(Kauf – Abtretung):** § 109 kann anwendbar sein bei einer mitbeurkundeten Abtretung der Kaufpreisforderung an einen Grundpfandrechtsgläubiger, BayObLG JB **83**, 1235, oder beim Zusammentreffen eines Kaufs mit der Abtretung des Auflassungsanspruchs an einen Dritten oder evtl einer Eigentümergrundschuld.
- **(Kauf – Darlehen):** § 109 ist evtl anwendbar auf das Zusammentreffen eines Kaufs mit einem Darlehen.
- **(Kauf – Gesellschaftsvertrag):** § 109 ist evtl anwendbar beim Zusammentreffen eines Kaufs mit einem Gesellschaftsvertrag.
- **(Kauf – Grundschuld):** § 109 I 4 Z 1a ist anwendbar bei der gleichzeitigen Übernahme einer Grundschuld, Celle FGPrax **03**, 236, Mü FGPrax **06**, 41 (Vorlage beim BGH), aM Rostock JB **03**, 36.   37
- **(Kauf – Hypothekenübernahme):** § 109 I 4 Z 1a ist anwendbar beim Zusammentreffen eines Kaufs mit der Übernahme einer Hypothek zu neuen Bedingungen.
- **(Kauf – Löschung):** § 109 I 4 Z 1b ist anwendbar bei einem gleichzeitigen Löschungsantrag, BGH **166**, 189, KG DNotZ **88**, 454.
- **(Kauf – Mietvertragspflicht):** § 109 ist evtl anwendbar bei einer gleichzeitigen Übernahme von Mietvertragspflichten, Stgt FGPrax **97**, 159.
- **(Kauf – Pfandentlassung):** § 109 I 3 ist evtl anwendbar beim Zusammentreffen eines Kaufs mit der Pfandentlassung durch einen Dritten.
- **(Kauf – Schenkung):** § 109 I 3 ist evtl anwendbar beim Zusammentreffen eines Kaufs mit einer Schenkung zwischen dem Käufer und einem Dritten.
- **(Kauf – Sicherung):** § 109 I 3 ist anwendbar beim Zusammentreffen eines Kaufs mit einer Sicherung des Gläubigers des Käufers.
- **(Kauf – Umsatzsteuer):** § 109 ist anwendbar beim Zusammentreffen von Grundstückskauf und Verzicht auf eine Umsatzsteuerbefreiung, BGH MDR **11**, 350 rechts.
- **(Kauf – Unterweisung):** Rn 52.
- **(Kauf – Vollmacht):** Rn 55.
- **(Kauf – Vorkaufsrecht):** § 109 ist anwendbar beim Zusammentreffen eines Kaufs mit dem Verzicht einer Vorkaufsberechtigten.
  § 109 ist wohl meist *unanwendbar* beim Zusammentreffen eines Kaufs mit Vorkaufsrechten mehrerer Käufer untereinander oder mit dem Vorkaufsrecht an einem weiteren Objekt, Mümmler JB **81**, 203.
- **(Kauf – Wohnrecht):** § 109 ist anwendbar beim Zusammentreffen eines Kaufs mit einem Wohnrecht.
- **(Vertragsaufhebung – Neuvertrag):** § 109 ist meist *unanwendbar* beim Zusammentreffen einer Vertragsaufhebung mit dem Abschluß eines neuen Vertrags, Köln FGPrax **17**, 238.

Kommanditgesellschaft: Rn 27 „Erbrecht".
Leasing: § 109 kann anwendbar sein, BayObLG JB **84**, 1559, zB soweit es um einen   38
Leasingvertrag in der Form eines „sale-and-lease-back" mit einem Erbbaurechtsbestellungsvertrag, einem Pachtvertrag und einem Ankaufsrecht handelt, BayObLG DB **84**, 1572.
Leibrente: § 109 kann anwendbar sein, soweit es um eine Leibrente und eine echte Wertsicherungsklausel geht, Schlesw DNotZ **86**, 441 (abl Reimann), aM BayObLG JB **75**, 1485 (aber beides gehört direkt zusammen).
Löschung: § 109 kann in folgenden Fällen anwendbar sein: Es geht um den Entwurf   39
einer löschungsfähigen Quittung und eines Löschungsantrags sowie um eine gleichzeitig erfolgte Unterschriftsbeglaubigung; es geht um einen Kaufvertrag und um die Löschung eines Grundpfandrechts nach I 4 Z 1b, KG DNotZ **88**, 454, LG

Darmst JB **77**, 714; es geht um eine lastenfreie Veräußerung und einen zu diesem Zweck gleichzeitig gestellten Löschungsantrag nach I 4 Z 1 b, oder um eine zu diesem Zweck erfolgte Abtretung der Kaufpreisforderung, BayObLG DNotZ **84**, 442.

§ 109 kann trotz I 4 Z 1 b *unanwendbar* sein, soweit es um einen Kaufvertrag und um die Löschung einer *Fremd*grundschuld geht, LG Darmst JB **77**, 714.

S auch Rn 18 „Auflassung", Rn 32 „Grundpfandrechtsbestellung, -löschung", Rn 45 „Rangänderung".

40 **Mehrheit von Änderungen:** Bei mehreren Änderungen desselben Rechts ist § 97 I anwendbar.

41 **Mehrheit von Rechtsverhältnissen:** § 109 kann anwendbar sein, soweit es um eine Verbindung mehrerer Rechtsverhältnisse zu einem einheitlichen geht, etwa eines Vorkaufsrechts zur Sicherung einer Hypothek und eines Wohnungsbelegungsrechts.

§ 109 kann in folgenden Fällen *unanwendbar* sein: Eine Urkunde enthält die Bestellung mehrerer Rechte an demselben Grundstück; dieselbe Urkunde enthält mehrere Kaufverträge zwischen verschiedenen Beteiligten, Köln MDR **88**, 328, Schlesw JB **94**, 287, aM Ffm JB **80**, 116 (aber die Vorgänge sind rechtlich weitgehend unabhängig voneinander). Dann ist es unerheblich, ob die Urkunde für alle Verträge einheitliche Bestimmungen enthält, außerdem aber gesonderte Erklärungen der Vertragspartner über den jeweiligen Kaufgegenstand und -preis; es geht um Sorgerechtserklärungen für mehrere Kinder.

S auch Rn 54 „Vertragsaufhebung".

Miete: § 109 ist anwendbar, soweit der Notar im Kaufvertrag auch die Übernahme von Verpflichtungen aus einem vom Verkäufer abgeschlossenen Mietvertrag beurkundet, Stgt FGPrax **97**, 159, oder wenn Miete oder Pacht und Bürgschaft usw zur Sicherung der Leistungen des Mieters oder Pächters zusammentreffen.

§ 109 ist meist *unanwendbar* auf das Zusammentreffen eines Mietvertrags mit einem Kaufangebot oder Vorkaufsrecht des Mieters.

Nichtigkeit: § 109 ist anwendbar auf die Feststellung der Nichtigkeit des Kaufvertrags nebst einer Löschungsbewilligung über eine Auflassungsvormerkung.

Nießbrauch: § 109 kann auf den Übergabe- oder Überlassungsvertrag anwendbar sein, LG Fulda JB **94**, 558.

§ 109 ist bei der Ablösung von Nießbrauch durch Miete usw meist *unanwendbar*.

42 **Offene Handelsgesellschaft:** I kann *unanwendbar* sein, soweit es sich um das Ausscheiden eines Gesellschafters aus einer Offenen Handelsgesellschaft und um seinen Eintritt als ein stiller Gesellschafter in die im übrigen fortgesetzte OHG handelt.

43 **Pachtvertrag:** Rn 38 „Leasing".

Patientenverfügung: Rn 21 „Betreuung, Vorsorge".

44 **Prokurist:** § 109 kann *unanwendbar* sein, soweit es um die Bestellung mehrerer Prokuristen für dasselbe Unternehmen geht, Celle JB **01**, 598, aM RoWB 10 (es handle sich um dasselbe Rechtsverhältnis, vom Unternehmer her gesehen. Aber gerade von seinem Gesichtspunkt aus handelt es sich doch in Wahrheit um verschiedene Rechtsvorgänge, nämlich gegenüber verschiedenen Mitarbeitern).

45 **Rangänderung:** § 109 kann anwendbar sein, soweit es um die Zustimmung des Grundeigentümers zu einem Rangrücktritt eines Grundpfandrechts und um die Bewilligung einer Löschungsvormerkung wegen des vorrückenden Grundpfandrechts zugunsten des zurücktretenden Gläubigers geht. Vgl aber auch § 23 Rn 14.

S auch Rn 25 „Erbbaurecht".

46 **Schenkung:** § 109 kann in folgenden Fällen anwendbar sein: Es geht um einen Schenkungsvertrag zwischen Eheleuten und in ihm um eine Regelung über die Behandlung der geschenkten Grundstücksanteile bei einer Scheidung, Stgt DNotZ **92**, 593.

§ 109 ist *unanwenbar* in folgenden Fällen: Es geht um einen im Schenkungsvertrag von der mit anwesenden Ehefrau erklärten Pflichtteilsverzicht, LG Kassel JB **04**, 440, es handelt sich um eine Vollmacht an den Beschenkten zur Belastung des Grundstücks noch vor seiner Eintragung als Eigentümer im Grundbuch, § 110 Z 3 Fall 2.

Schiedsvereinbarung: Vgl zunächst § 36 I. § 109 ist bei einer gleichzeitigen Beurkundung des Rechtsgeschäfts und einer zugehörigen Schiedsvereinbarung nach § 1029 ZPO anwendbar.

47 **Schuldbeitritt, -übernahme:** § 109 kann anwendbar sein, soweit es um den Schuldbeitritt der Ehefrau des Käufers als Gesamtschuldnerin zu der von ihrem

Ehemann als dem persönlichen Schuldner übernommenen befreienden Schuldübernahme geht, oder um die Schuldübernahme durch einen Dritten ohne eine Regelung des zugehörigen Rechtsgrunds.
Schuldversprechen: Wegen des Zusammentreffens mit einer Bürgschaft oder mit einer anderen Sicherungsabrede kann § 109 anwendbar sein.
Sicherstellung: § 109 ist anwendbar, soweit es sich um den Vertragsanspruch und um seine Sicherstellung handelt, BayObLG DNotZ **84**, 442, Hamm Rpfleger **80**, 123.   48
Stille Gesellschaft: Rn 42 „Offene Handelsgesellschaft".   49
Tausch: Vgl zunächst Rn 37 „Kauf". Auch beim sog Ringtausch (Umlegung von Grundstücken) ist § 109 anwendbar, BayObLG **88**, 140, Zweibr MittBayNot **96**, 58.
Teilobjekt: Rn 54 „Vertragsrahmen".   50
Umlegung: § 109 kann bei einer privaten Umlegungsvereinbarung anwendbar sein, BayObLG **88**, 140, Zweibr MittBayNot **96**, 58.   51
Umwandlung: § 109 kann zB nach II Z 4 g anwendbar sein, soweit der Notar die Beschlüsse des übertragenden und des aufnehmenden Rechtsträgers zu einem Verschmelzungsvertrag in derselben Urkunde zusammenfaßt, oder wenn es neben dem Verschmelzungsvertrag um den Verzicht auf die Erstattung eines Verschmelzungsberichts oder auf die Prüfung des Verschmelzungsvertrags sowie auf die Anfechtung der Verschmelzungsbeschlüsse geht, Hamm FGPrax **02**, 87, oder soweit es sich um den Verschmelzungsvertrag und Verzichtserklärungen der Anteilsinhaber nach §§ 8 III, 9 III, 16 II 2 UmwG handelt, Zweibr FGPrax **02**, 275, oder wenn die Wirksamkeit der einen Verschmelzung von der Wirksamkeit der anderen abhängen soll, Hamm MittBayNot **04**, 68, Lappe NotBZ **00**, 232, Tiedtke ZNotP **01**, 241.

§ 109 kann *unanwendbar* sein, soweit die aufnehmende Kapitalgesellschaft zugleich mit der Zustimmung zur Verschmelzung eine Kapitalerhöhung beschließt, oder wenn eine Verschmelzung auf eine neu gegründete GmbH und die Bestellung eines Geschäftsführers zusammentreffen, oder wenn einer Übertragung eine Verschmelzung folgt, KG ZIP **16**, 1923.

S auch Rn 58 „Wohnungseigentum".
Unterhalt: § 109 ist auf das Zusammentreffen einer Unterhalts- und einer Sicherungsabrede anwendbar.   52
Unterlassung: Rn 56 „Vorkaufsrecht".
Unterwerfung: § 109 kann anwendbar sein, soweit es um eine Forderung und die zugehörige Erklärung der Unterwerfung unter die „sofortige" Zwangsvollstreckung geht, Zweibr JB **00**, 151, Bengel DNotZ **96**, 361, aM BayObLG DNotZ **96**, 396 (gebührenfreies Nebengeschäft nach § 35).
Verein: § 110 Z 1 kann dann anwendbar sein, wenn ein Vorstand ausscheidet und ein neuer eintritt, Hamm FGPrax **09**, 185.
Verkaufsverpflichtung: § 109 kann anwendbar sein, soweit es sich um eine Hypothekenbestellung, um die Verpflichtung zum Verkauf des belasteten Grundstücks und um die Abtretung des Erlöses handelt.   53
Verschmelzung: Rn 51 „Umwandlung".
Vertragsaufhebung: § 109 kann *unanwendbar* sein, soweit eine Urkunde die Aufhebung des einen Kaufvertrags und den Verkauf an einen anderen Käufer enthält, auch bei einem Vorkaufsrecht des Erbbauberechtigten am Grundstück.   54
Vertragsrahmen: § 109 kann anwendbar sein, soweit es um den Entwurf eines Vertragsrahmens für die Veräußerung einer bereits begrenzten Zahl von Teilobjekten geht, Düss DNotZ **84**, 118.
Verzicht: § 109 kann beim Zusammentreffen eines Verzichts mit einer Verschmelzung anwendbar sein, Zweibr JB **03**, 148.

§ 110 Z 2c beim Verzicht auf eine Steuerbefreiung und bei einer Option nach § 9 UStG, Düss JB **08**, 433.
Vollmacht: § 110 Z 3 Fall 2.   55
Vorkaufsrecht: § 109 kann bei der Übernahme eines Rechts anwendbar sein, Ffm JB **77**, 1271, Hamm MDR **15**, 1328 (Absicherung der Unterlassungspflicht).   56

§ 109 kann aber auch *unanwendbar* sein, LG Trier JB **02**, 432. Das gilt zB beim Verkauf eines Grundstücksteils und bei einem gleichzeitig erteilten Vorkaufsrecht am Grundstücksrest.

GNotKG §§ 109, 110   III. Gerichts- und Notarkostengesetz

S auch Rn 25 „Erbbaurecht", Rn 41 „Mehrheit von Rechtsverhältnissen".
Vorsorge, Betreuung: Es kann § 109 anwendbar sein, Oldb JB **05**, 549.

57 **Wahlschuld:** § 109 kann anwendbar sein, soweit es um die Beurkundung mehrerer Pflichten geht, von denen der Schuldner nach der Wahl des Gläubigers nur eine erfüllen muß, und soweit es sich dabei um denselben Vertrag handelt.
Wertsicherungsklausel: Rn 38 „Leibrente".
Wiederkaufsrecht: § 109 ist anwendbar, soweit es nur eine Sicherung darstellt, BGH NJW **86**, 1136.
§ 109 ist meist *unanwendbar*, soweit es einen eigenen Wert über eine Sicherung hinaus hat.
Wirksamkeitsvermerk: Rn 32 „Grundpfandrechtsbestellung, -löschung".
Wohnrecht: § 109 kann auf den Übergabe- oder Überlassungsvertrag anwendbar sein, LG Fulda JB **94**, 558.
Wohnungsbelegungsrecht: Rn 41 „Mehrheit von Rechtsverhältnissen".

58 **Wohnungseigentum, -erbbaurecht:** § 109 kann anwendbar sein, soweit es um den Kaufvertrag und um die Zustimmung des Verwalters geht, LG Bln JB **78**, 1866, oder um die gleichzeitige Finanzierungspflicht, Ffm DNotZ **77**, 503, oder um die Gemeinschaftsordnung und um die Regelung der Gemeinschaft.
§ 109 kann *unanwendbar* sein, soweit es sich um die Umwandlung von Gesamthands- in Bruchteilseigentum bei einer Erbauseinandersetzung und um die Begründung von Wohnungseigentum handelt, BayObLG DNotZ **87**, 170, Schlesw DNotZ **87**, 181, oder um die Begründung von Wohnungseigentum und um Vereinbarungen der Miteigentümer untereinander, etwa um deren Vorkaufsrechte.

59 **Zugewinngemeinschaft:** § 109 kann in folgenden Fällen anwendbar sein: Es geht um die Aufhebung der Gütergemeinschaft nebst einer Vereinbarung der Zugewinngemeinschaft, Hamm FGPrax **00**, 164; es geht um die Aufhebung der Zugewinngemeinschaft und um die Beurkundung der Art und Höhe des Zugewinns, wenn man den Ausgleichsanspruch durch die gleichzeitig beurkundete Realteilung eines Bruchteilseigentums erfüllen soll, BayObLG **87**, 342, Köln JB **97**, 206; es geht im Rahmen der Aufhebung der Zugewinngemeinschaft um die Verteilung des gemeinsamen Vermögens, BayObLG DNotZ **89**, 710.
S auch Rn 33 „Güterrecht".

60 **Zustimmung:** Rn 29 „Genehmigung, Zustimmung".
Zwangsvollstreckung: Rn 52 „Unterwerfung".

Verschiedene Beurkundungsgegenstände

110 Abweichend von § 109 Absatz 1 sind verschiedene Beurkundungsgegenstände

1. Beschlüsse von Organen einer Vereinigung oder Stiftung und Erklärungen,
2. ein Veräußerungsvertrag und
   a) Erklärungen zur Finanzierung der Gegenleistung gegenüber Dritten,
   b) Erklärungen zur Bestellung von subjektiv-dinglichen Rechten sowie
   c) ein Verzicht auf Steuerbefreiungen gemäß § 9 Absatz 1 des Umsatzsteuergesetzes sowie
3. Erklärungen gemäß § 109 Absatz 2 Satz 1 Nummer 1 und Vollmachten.

1   **1) Geltungsbereich, Z 1–3.** Die Vorschrift ergänzt den § 109. Vgl daher zunächst jeweils dort. Die Auszählung in Z 1–3 ist nur scheinbar abschließend. Denn in Wahrheit nennt sie ja nur einige Fälle, in denen die Maßstäbe des § 109 I nicht gelten. Wohl der Hauptfall ist die dadurch entstandene gänzliche Neubeurteilung einer beliebigen Vollmacht in Z 3 Fall 2: Sie stellt stets einen „verschiedenen" Beurkundungsgegenstand dar und wird mithin deutlich teurer, vgl § 98. Das mag mit der natürlich insoweit besonderen Verantwortung des Notars zusammen. Diese macht die Verteuerung aber nicht stets notwendig. Der Wortlaut ist freilich eindeutig.

2   *Im übrigen* dürfte eine am Grundsatz einer dem Kostenschuldner möglichst günstigen Handhabung nach § 1 I auch hier ratsam sein.

Kapitel 3. Notarkosten　　　　　　　　**§§ 111, 112 GNotKG**

Besondere Beurkundungsgegenstände

111 Als besonderer Beurkundungsgegenstand gelten stets
1. vorbehaltlich der Regelung in § 109 Absatz 2 Nummer 2 eine Verfügung von Todes wegen,
2. ein Ehevertrag im Sinne von § 1408 Absatz 1 des Bürgerlichen Gesetzbuchs,
3. eine Anmeldung zu einem Register und
4. eine Rechtswahl nach dem internationalen Privatrecht.

1) Geltungsbereich, Z 1–4. Die Vorschrift schließt die Reihe §§ 109 ff damit ab, 1 daß sie eine Gruppe von Tätigkeiten durch die Einstufung als „besondere" Beurkundungsgegenstände im Ergebnis wie § 110 als verschiedene oder weitere oder zusätzliche Gegenstände einer zusätzlichen Vergütung eröffnet. Damit soll sicher sein, daß trotz einer Abhängigkeit nach § 109 I usw jene Vorschrift nicht allzuviel von der gesamten Beurkundungsarbeit des Notars aufsaugt. § 111 ist andererseits als vorrangige Spezialregelung eng und nicht weit auslegbar. Seine Aufzählung ist abschließend. Sie steht freilich neben der ebenfalls speziellen Regelung in § 110.

2) Verfügung von Todes wegen, Z 1. Grundsätzlich ein besonderer Beurkun- 2 dungsgegenstand ist jede derartige Tätigkeit bei einem Vorgang nach §§ 2064 ff, soweit es mindest auch um die eigentliche letztwillige Verfügung geht. Dieser Grundsatz erhält aber in Z 1 sogleich eine Ausnahme: *Kein* stets besonderer Beurkundungsgegenstand ist die Tätigkeit im Zusammenhang mit einem der in § 109 II 1 Z 2 aufgezählten Vorgänge, vgl dazu dort.

3) Ehevertrag, Z 2. Ein besonderer Beurkundungsgegenstand ist eine Tätigkeit 3 wegen eines Ehevertrags nach § 1408 I BGB.

4) Registeranmeldung, Z 3. Es kommt auf ihre Zahl an, Hamm NZG **17**, 586, 4 aM BGH DNotZ **17**, 229. Zum Problem Schneider JB **17**, 285 (Üb zur Streitfrage). Ein besonderer Beurkundungsgegenstand ist eine Tätigkeit wegen einer Anmeldung (nur ihretwegen) in einem Register beliebiger Art. Das gilt aber nur bei einem Personenwechsel, Mü JB **16**, 537. Einzelheiten Schmidt JB **15**, 565. Der Wert beträgt 1% des Stammkapitals, höchstens 30 000 EUR, Hamm JB **16**, 538.

5) Wahl des internationalen Rechts, Z 4, dazu *Annweiler/Graewe* NZG **17,** 5 893 (Üb): Ein besonderer Beurkundungsgegenstand ist eine Tätigkeit dann, wenn es um eine Rechtswahl gerade zumindest auch nach internationalem und nicht nur deutschem Recht geht, also auch nach supranationalem. Insofern hat Z 4 Vorrang vor § 104, sofern überhaupt Überschneidungen eintreten.

Unterabschnitt 3. Vollzugs- und Betreuungstätigkeiten
Vollzug des Geschäfts

112 ¹Der Geschäftswert für den Vollzug ist der Geschäftswert des zugrunde liegenden Beurkundungsverfahrens. ²Liegt der zu vollziehenden Urkunde kein Beurkundungsverfahren zugrunde, ist der Geschäftswert derjenige Wert, der maßgeblich wäre, wenn diese Urkunde Gegenstand eines Beurkundungsverfahrens wäre.

1) Geltungsbereich, S 1, 2. Die Vorschrift regelt nur den Wert, nicht die Ge- 1 bührenhöhe der hinter dem unscheinbaren Wort „Vollzug" in S 1 steckenden umfangreichen und vielfältigen Tätigkeit des Notars. § 112 gilt bei jeder Art von Vollzug unabhängig davon, ob ein Beurkundungsverfahren vorausgegangen war und wer diese etwaige Beurkundung vorgenommen hatte.

2) Geschäftswert, S 1, 2. Es gibt zwei Fallgruppen. 2
A. Nach Beurkundungsverfahren, S 1. Hier richtet sich der Geschäftswert nach demjenigen der Beurkundung, §§ 97 ff. Man darf nur den Teil berücksichtigen, der eine Vollzugstätigkeit erforderlich macht, BayObLG JB **94**, 41 (bei einem Wegerecht evtl der volle Kaufpreis), Ffm DNotZ **93**, 281, Hamm DB **86**, 2176, aM Düss DNotZ **81**, 327 (aber diese Beschränkung ist eigentlich selbstverständlich).

GNotKG §§ 112–116

3 **B. Ohne Beurkundungsverfahren, S 1.** Hier muß man für den Geschäftswert unterstellen, daß der Notar die jetzt zu vollziehende Urkunde beurkundet hätte oder daß dies ein anderer Notar getan hätte. Der so unterstellte Vorgang ergibt den Wert der jetzigen Vollzugstätigkeit. Konsequente Fortsetzung von S 1, aber nicht gerade einfaches Rechenwerk.

Betreuungstätigkeiten

113 ^{I} Der Geschäftswert für die Betreuungsgebühr ist wie bei der Beurkundung zu bestimmen.
^{II} Der Geschäftswert für die Treuhandgebühr ist der Wert des Sicherungsinteresses.

1 **1) Geltungsbereich, I, II.** Die Vorschrift gibt den Geschäftswert bei den nach KVfG 22 200, 22 201 gebührenpflichtigen Tätigkeiten des Notars an, Folge der äußeren Trennung zwischen den Regelungen von Gebühr und Wert. Vgl daher zunächst bei jenen KVfG.
I verweist auf die Regelung des Beurkundungswerts. II läßt den Wert vom „Sicherungsinteresse" abhängen, ohne dessen Ermittlung zu erklären. Man muß eine wirtschaftliche Betrachtung vornehmen und auf das Interesse des Sicherungsnehmers und nicht des -gebers abstellen. Der Notar darf von dem ihm vom Kreditinstitut mitgeteilten Ablösebetrag ausgehen, Hamm MDR **15**, 1153 (evtl spätere Ermäßigung).

Unterabschnitt 4. Sonstige notarielle Geschäfte

Rückgabe eines Erbvertrags aus der notariellen Verwahrung

114 Der Geschäftswert für die Rückgabe eines Erbvertrags aus der notariellen Verwahrung bestimmt sich nach § 102 Absatz 1 bis 3.

1 **1) Geltungsbereich.** Die Vorschrift regelt als vorrangige Spezialbestimmung nur die Rückgabe eines Erbvertrags der §§ 2274 ff BGB aus einer vereinbarten vorherigen notariellen Verwahrung. Jede weitere Rückgabe des zuvor erneut dem Notar zur wiederholten Verwahrung ausgehändigten Erbvertrags zählt gesondert, erst recht natürlich die Rückgabe eines anderen Erbvertrags. Der Rückgabegrund ist mindestens dann unerheblich, wenn er nicht in einem Verschulden des Notars liegt. Ein völlig unbeachtliches Mitverschulden des Notars ist unbeachtbar.

2 **2) Geschäftswert.** Er richtet sich infolge Verweisung nach den umfangreichen Regeln in § 102 I–III. Vgl daher dort.

Vermögensverzeichnis, Siegelung

115 ^{1} Der Geschäftswert für die Aufnahme von Vermögensverzeichnissen sowie für Siegelungen und Entsiegelungen ist der Wert der verzeichneten oder versiegelten Gegenstände. ^{2} Dies gilt auch für die Mitwirkung als Urkundsperson bei der Aufnahme von Vermögensverzeichnissen.

1 **1) Geltungsbereich, S 1, 2.** Maßgeblich ist der nach § 46 ermittelte Wert der verzeichneten oder versiegelten Gegenstände.

Freiwillige Versteigerung von Grundstücken

116 ^{I} Bei der freiwilligen Versteigerung von Grundstücken oder grundstücksgleichen Rechten ist der Geschäftswert nach dem Wert der zu versteigernden Grundstücke oder grundstücksgleichen Rechte zu bemessen für
1. die Verfahrensgebühr,
2. die Gebühr für die Aufnahme einer Schätzung und
3. die Gebühr für die Abhaltung eines Versteigerungstermins.
^{II} Bei der Versteigerung mehrerer Grundstücke wird die Gebühr für die Beurkundung des Zuschlags für jeden Ersteher nach der Summe seiner Gebote er-

Kapitel 3. Notarkosten §§ 116–118a GNotKG

hoben; ist der zusammengerechnete Wert der ihm zugeschlagenen Grundstücke oder grundstücksgleichen Rechte höher, so ist dieser maßgebend.

1) Geltungsbereich, I, II. Die Vorschrift gilt bei einer freiwilligen Versteigerung 1 eines Grundstücks nach § 46 und eines jeden grundstücksgleichen Rechts nach § 49. Vgl daher zunächst dort.
Unanwendbar ist § 116 bei § 180 ZVG.

2) Geschäftswert, I, II. Man muß die Versteigerung eines Einzelobjekts und die- 2 jenige mehrerer Objekte unterscheiden. Im ersteren Fall gilt nach I der nach den Regeln zu §§ 46, 49 zu ermittelnde Wert für jede der in I Z 1–3 genannten Tätigkeitsarten. Bei der Versteigerung mehrerer Objekte gilt nach II die Summe der Gebote des Ersteigerers, jedoch evtl der höhere Wert der zusammengerechneten Zuschlagsobjekte.

Versteigerung von beweglichen Sachen und von Rechten

117 Bei der Versteigerung von beweglichen Sachen und von Rechten bemisst sich der Geschäftswert nach der Summe der Werte der betroffenen Sachen und Rechte.

1) Geltungsbereich. Die Vorschrift erfaßt auch zB ein nicht mehr eingetragenes 1 Schiff, Früchte auf dem Halm oder Holz auf dem Stamm. Zu den „Rechten" gehören zB: Eine Forderung; die Jagdpacht; eine Grundschuld oder Rentenschuld; ein Erbschaftsanteil; ein Gesellschaftsanteil; ein gewerbliches Schutzrecht; ein Urheberrecht, ein Nießbrauch nach § 1059 BGB.

2) Geschäftswert. Man muß die Werte zusammenrechnen. Die Einzelwerte rich- 2 ten sich bei Sachen nach § 46.

Vorbereitung der Zwangsvollstreckung

118 Im Verfahren über die Vollstreckbarerklärung eines Schiedsspruchs mit vereinbartem Wortlaut oder über die Erteilung einer vollstreckbaren Ausfertigung bemisst sich der Geschäftswert nach den Ansprüchen, die Gegenstand der Vollstreckbarerklärung oder der vollstreckbaren Ausfertigung sein sollen.

1) Geltungsbereich. Der Schiedsspruch mit vereinbartem Wortlaut nach § 1053 1 ZPO kann viele Ansprüche umfassen. Für den Geschäftswert des § 118 kommt es nur auf diejenigen Ansprüche an, die aus dem Schiedsspruch nun gerade auch „Gegenstand der Vollstreckbarerklärung" nach § 1060 ZPO oder der zugehörigen vollstreckbaren Ausfertigung im Zeitraum der Notartätigkeit „sein sollen" und nicht etwa „sind" oder „geworden sind". Den jeweiligen Anspruchswert regelt § 118 nicht gesondert. Er bemißt sich daher nach den allg Vorschriften des GNotKG.

Teilungssachen

118a [1] Geschäftswert in Teilungssachen nach § 342 Absatz 2 Nummer 1 des Gesetzes über das Verfahren in Familiensachen und in den Angelegenheiten der freiwilligen Gerichtsbarkeit ist der Wert des den Gegenstand der Auseinandersetzung bildenden Nachlasses oder Gesamtguts oder des von der Auseinandersetzung betroffenen Teils davon. [2] Die Werte mehrerer selbständiger Vermögensmassen, die in demselben Verfahren auseinandergesetzt werden, werden zusammengerechnet. [3] Trifft die Auseinandersetzung des Gesamtguts einer Gütergemeinschaft mit der Auseinandersetzung des Nachlasses eines Ehegatten oder Lebenspartners zusammen, wird der Wert des Gesamtguts und des übrigen Nachlasses zusammengerechnet.

1) Geltungsbereich, S 1–3. Die Vorschrift übernimmt die frühere KostO inhalt- 1 lich fast genau.

GNotKG §§ 118a–120   III. Gerichts- und Notarkostengesetz

2 2) **Geschäftswert, S 1–3.** Es gibt drei Bewertungssituationen.

A. Grundsatz: Wert des Auseinandersetzungsgegenstands, S 1. In einer Teilungssache nach § 342 II Z 1 FamFG ist der Wert des den Gegenstand der Auseinandersetzung bildenden Nachlasses oder Gesamtguts oder des von der Auseinandersetzung betroffenen Teils maßgeblich, und zwar je Erblasser, ferner ohne Schuldenabzug nach § 38 S 2 Fall 1. Zum Nachlaß gehört auch eine Forderung an einen Miterben, nicht aber eine Ausgleichsforderung nach § 2050 BGB.

3 **B. Zusammenrechnung mehrerer Massen, S 2.** Man muß mehrere selbständige Vermögensmassen dann addieren, wenn sie in demselben Verfahren eine Auseinandersetzung finden. Soweit es nur um das Ausscheiden eines Miterben geht, bildet nach Rn 2 nur dessen Anteil den Wert.

4 **C. Zusammentreffen von Gesamtgut und Nachlaß, S 3.** Auch dann erfolgt eine Zusammenrechnung.

Entwurf

119 ^{I} Bei der Fertigung eines Entwurfs bestimmt sich der Geschäftswert nach den für die Beurkundung geltenden Vorschriften.

^{II} Der Geschäftswert für die Fertigung eines Serienentwurfs ist die Hälfte des Werts aller zum Zeitpunkt der Entwurfsfertigung beabsichtigten Einzelgeschäfte.

1 1) **Geltungsbereich, I, II.** Die Vorschrift geht von einer Tätigkeit nach KVfG 24100–24103 aus. Dort ist zusammen mit der dortigen amtlichen Vorbemerkung 2.4.1 die Entwurfstätigkeit im einzelnen auch gebührenmäßig so differenziert dargestellt wie bisher. Jede Entwurfsfertigung erhält ihren Geschäftswert nach I und bei einem Serienentwurf nach II. Dessen Begriff enthält KVfG amtliche Vorbemerkung 2.4.1 V: Ein Entwurf zur beabsichtigten Verwendung für mehrere gleichartige Rechtsgeschäfte oder Erklärungen. „Mehrere" solche Vorgänge liegen schon bei zweien vor.

2 2) **Maßgeblichkeit des Beurkundungswerts, I.** Man muß diejenigen Wertvorschriften heranziehen, die die jeweilige Beurkundung behandeln. Das ist eine beträchtliche Vereinfachung und Verbesserung der Vergütung schon im bloßen Entwurfsfall. Dahinter steht natürlich die Erkenntnis, daß die eigentliche Kopfarbeit der Entwurf vorausgehen muß.

3 3) **Halbierung beim Serienentwurf, II.** Bei ihm nach Rn 1 wird es komplizierter: Zwar ist Geschäftswert nur die Hälfte, aber die Hälfte immerhin „aller beabsichtigten Einzelgeschäfte" als Wertgrundlage. Das kann bei einer stattlichen Serie ganz schön kosten. Daran ändert auch nicht der Umstand in II etwas, daß maßgebender Berechnungszeitpunkt nicht das Endergebnis mit seiner Gesamtzahl gefertigter Einzelgeschäfte ist, sondern nur der Zeitpunkt der Entwurfsfertigung. Im übrigen mag man in diesem letzteren Augenblick noch an eine viel größere Zahl „beabsichtigter" Anwendungen denken, als sich später als realistisch ergibt.

4 *Chancen wie Risiken* für den Notar stecken in II. Das mag man als reichlich riskant oder viel zu großzügig beurteilen. Der sachlichrechtliche Aspekt einer Störung der „Geschäfts"-Grundlage nach § 313 BGB mag im krassen Einzelfall ausgleichend bei der Handhabung helfen können. Das nimmt § 119 ersichtlich als vertretbar hin.

Beratung bei einer Haupt- oder Gesellschafterversammlung

120 ^{1} Der Geschäftswert für die Beratung bei der Vorbereitung oder Durchführung einer Hauptversammlung oder einer Gesellschafterversammlung bemisst sich nach der Summe der Geschäftswerte für die Beurkundung der in der Versammlung zu fassenden Beschlüsse. ^{2} Der Geschäftswert beträgt höchstens 5 Millionen Euro.

Kapitel 3. Notarkosten §§ 120–122 GNotKG

1) Geltungsbereich, S 1, 2. Die Vorschrift hat einen etwas wolkig umschriebe- 1
nen Geltungsbereich. Es muß zunächst um irgendeine Versammlung der Mitglieder
einer beliebigen Gesellschaft des bürgerlichen oder sonstigen Rechts gehen, also nicht
um eine solche einer Gemeinschaft oder einer sonstigen Form von Zusammenschluß.
Es kann sich dabei um eine gesetzliche Hauptversammlung handeln. Sodann muß es
entweder um deren Vorbereitung und/oder um deren Durchführung handeln. Die
Tätigkeit mag sich also vor oder während der Versammlung abspielen.

Schließlich muß eine *Beratung* stattfinden. Das kann mit einer dann vorrangigen 2
Beurkundung zusammenfallen. Für § 120 bleibt also eine Beratung ohne gleichzeitige Beurkundung. Ob letztere durch einen *gesonderten* späteren Auftrag nachfolgt, ist
unbeachtbar. Freilich mag dieser Zusatzauftrag der Beratung sogleich oder sofort folgen. Dann wird die Abgrenzung schwierig und muß der Notar notfalls beweisen, daß
zunächst tatsächlich nur ein Beratungsauftrag vorlag.

2) Beurkundungswert, S 1. Maßgeblich ist derjenige Wert, den die in der Ver- 3
sammlung geplanten oder zu beantragenden Beschlüsse haben werden. Dabei darf es
natürlich nur um denjenigen Teil von geplanten Entscheidungen gehen, auf den sich
die Beratung bezieht. Andernfalls müßte man evtl einen riesigen Wert nur wegen
Beratung zu einem winzigen Teilpunkt ansetzen. Das würde auch den im öffentlichen Recht und damit beim Notar als Amtsperson (§ 126 usw) nötigen Verhältnismäßigkeitsgrundsatz verletzen. Die Abgrenzung muß danach gehen, wozu der Auftraggeber bei Auftragserteilung Rat brauchte. Dieser Umfang mag sich natürlich im
Laufe des Auftrags erweitert haben. Eine Verringerung ist nur dann beachtbar, wenn
sie die Tätigkeit beeinflußte.

Voraussichtlichkeit der Beschlußfassung muß natürlich reichen. Denn die Beratung
geht dem Beschluß voraus.

3) Höchstwert, S 2. Er liegt bei jeder selbständigen Beratung bei 5 Millionen 4
EUR. Entscheidend ist der Auftragsumfang.

Beglaubigung von Unterschriften oder Handzeichen

121 Der Geschäftswert für die Beglaubigung von Unterschriften oder Handzeichen bestimmt sich nach den für die Beurkundung der Erklärung
geltenden Vorschriften.

1) Geltungsbereich. Die Vorschrift gilt nur für die Beglaubigung gerade nur ei- 1
ner Unterschrift oder eines Handzeichens, also einer sog Paraphe oder Namensabkürzung, BLAH § 129 ZPO Rn 31, nicht etwa für die Beglaubigung einer Ausfertigung
oder sonstigen Urkunde.

2) Maßgeblichkeit des Beurkundungswerts. Man muß den Geschäftswert so 2
bestimmen, als ob der Notar die Erklärung mit der Unterschrift oder dem Handzeichen beurkundet hätte, also nach §§ 97 ff. Vgl mithin jeweils dort, BGH **NZM 09**,
87. Dabei kommt es zB auch auf die Zahl der Gegenstände mit an. Die Unterschrift
eines Mitbewerbers ist nach dem Anteil an der Masse bewertbar. Bei der Beglaubigung nur einer von mehreren Unterschriften ist nur die hier beglaubigte Erklärung
vor dieser Unterschrift maßgeblich.

Rangbescheinigung

122 Geschäftswert einer Mitteilung über die dem Grundbuchamt bei Einreichung eines Antrags vorliegenden weiteren Anträge einschließlich des
sich daraus ergebenden Rangs für das beantragte Recht (Rangbescheinigung) ist
der Wert des beantragten Rechts.

1) Geltungsbereich. Die Vorschrift scheint nur eine Mitteilung nach einer 1
Grundbucheinsicht zu behandeln. Indessen deuten die Worte „einschließlich des sich
daraus ergebenden Rangs" auf die zusätzliche Notwendigkeit einer mehr oder weniger gutachterlichen Prüfung der Rangverhältnisse hin, KG **JB 98**, 323, Delp **JB 77**,

883

773. Insofern entsteht schon für eine Rangbescheinigung eine erhebliche Verantwortung des Notars. Das schlägt sich im Geschäftswert nieder.

2   **2) Wert des beantragten Rechts.** Sein Ansatz ist die Folge der Verantwortung nach Rn 1, Schlesw JB **77**, 1129. Die frühere Streitfrage ist durch die jetzige Fassung überholt.

Gründungsprüfung

123 ¹Geschäftswert einer Gründungsprüfung gemäß § 33 Absatz 3 des Aktiengesetzes ist die Summe aller Einlagen. ²Der Geschäftswert beträgt höchstens 10 Millionen Euro.

1   **1) Geltungsbereich, S 1, 2.** Die Vorschrift hat den Vorrang vor § 107. Denn sie erfaßt nur einen Spezialfall, nämlich die Gründungsprüfung nach § 33 III AktG.
2   **2) Einlagensumme, S 1.** Geschäftswert ist grundsätzlich die Summe aller derzeitigen Gründungseinlagen. Soweit sie nicht in Geld bestehen, muß man sie nach den allgemeinen Wertregeln des GNotKG errechnen. Wegen eines Kurses vgl zB bei § 124 Rn 3.
3   **3) Höchstwert, S 2.** Er beträgt 10 Millionen EUR je Gründungsprüfung.

Verwahrung

124 ¹Der Geschäftswert bei der Verwahrung von Geldbeträgen bestimmt sich nach der Höhe des jeweils ausgezahlten Betrags. ²Bei der Entgegennahme von Wertpapieren und Kostbarkeiten zur Verwahrung ist Geschäftswert der Wert der Wertpapiere oder Kostbarkeiten.

1   **1) Geltungsbereich, S 1, 2.** Die Vorschrift gilt nur für eine Verwahrung von der Entgegennahme bis zur Auskehrung, Zahlung oder sonstigen Herausgabe. Insofern hat sie als Spezialregelung den Vorrang und ist entsprechend eng auslegbar.
2   **2) Geldbetrag, S 1.** Hier geht es nur um Geld. Zu diesem Begriff vgl § 126 Rn 4. Geschäftswert ist die jeweils ausgezahlte Summe, also ihr Betrag am Ende der Verwahrung und weder beim Erhalt noch zu einem sonstigen Zeitpunkt. Dabei dürfte es sich bei der Auszahlung um eine Schickschuld handeln.
3   **3) Wertpapier, Kostbarkeit, S 2.** Hier ist maßgeblich der Zeitpunkt der „Entgegennahme" und nicht etwa ein späterer, gar der Zeitpunkt der Rückgabe oder -sendung usw. Dabei mag sogar die Uhrzeit einer Entgegennahme erheblich sein, etwa bei einer Kursschwankung an jenem Tag. Im Zweifel sollte man wie stets 12 Uhr MEZ ansetzen. Der Wert bestimmt sich nämlich bei einem Kurs nach ihm an Entgegennahmeort. Mangels eines Kurses muß man nach § 46 schätzen. Natürlich zählt jedes Einzelstück mit einem Wert extra.

Abschnitt 5. Gebührenvereinbarung

Verbot der Gebührenvereinbarung

125 Vereinbarungen über die Höhe der Kosten sind unwirksam, soweit sich aus der folgenden Vorschrift nichts anderes ergibt.

Gliederung

1) Systematik	1
2) Regelungszweck	2
3) Geltungsbereich	3
4) Vereinbarungsverbot	4
5) Verzichtsverbot	5
6) Unanwendbarkeit	6
7) Vereinbarungsbefugnis bei § 126	7
8) Nichterhebung usw	8, 9

§ 125 GNotKG

1) Systematik. Die Vorschrift versteht unter dem Begriff Notar alle Notare nach 1
der BNotO, aber auch den badischen Notar und den württembergischen Bezirksnotar nach §§ 114, 115 BNotO für eine Tätigkeit als Notar. Für diese Tätigkeit entstehen auch dann, wenn die Gebühren dem Staat zufließen, dieselben Gebühren wie beim Gebührennotar.

2) Regelungszweck. Vgl Rn 4. 2

3) Geltungsbereich. Über den sachlichen Geltungsbereich Üb 5, 6 vor § 85. 3
Die Vorschrift gilt *nicht*, soweit ein Bundesgesetz eine andere Regelung enthält, S 1. Soweit ein deutscher oder ein ausländischer Notar außerhalb Deutschlands einen Auftrag angenommen und auch außerhalb Deutschlands ausgeführt hat, ist das GNotKG überhaupt nicht anwendbar. Sie gilt vielmehr nur für ein Amtsgeschäft eines deutschen Notars in Deutschland, Üb 1 vor § 125. Bei einer Beurkundung durch einen deutschen Konsul außerhalb Deutschlands vgl Üb 9 vor § 85. Landesrechtliche Kostenvorschriften bleiben nach § 2 V unberührt.

4) Vereinbarungsverbot. Irgendeine Vereinbarung über die Höhe der Kosten 4 (Gebühren und Auslagen) nach oben oder unten und natürlich erst recht über das Ob von Kosten ist grundsätzlich wegen des öffentlichrechtlichen Charakters dieser Kosten und der aus § 17 BNotO folgenden Pflicht des Notars zur Erhebung der gesetzlichen Vergütung schlechthin verboten und nichtig, BGH BB **89**, 1582, Düss MDR **87**, 684, Hansens NJW **90**, 1831. Das gilt auch grundsätzlich für eine Gebührenermäßigung, BGH ZIP **13**, 1984. Auch eine Auskunft bindet den Notar nicht. Sie macht ihn allenfalls nach § 16 haftbar, BayObLG JB **80**, 914. Der Notar kann seine wahre Notartätigkeit auch nicht wirksam als eine Anwaltstätigkeit vereinbaren.

Das *gilt grundsätzlich auch für* einen Vergleich, BGH NJW **88**, 65. Es gilt sogar über Fragen des Wertansatzes, BGH NJW **88**, 65, Schlesw DNotZ **85**, 779. Daher muß der Notar zB beim Grundstückswert gesetzmäßig sorgfältig vorgehen. Allerdings kann dann bei einem wirklichen Zweifel ein Mittelwert ratsam sein, Lappe NJW **88**, 3155. Es kann überhaupt ein Vergleich zulässig sein, Schlesw DNotZ **85**, 480, ebenso wie natürlich bei Rechenfehlern, Schlesw DNotZ **85**, 480, und überhaupt dann, wenn das Gericht im Gebührenverfahren auf Grund einer eigenen rechtlichen Prüfung maßgeblich am nachvollziehbar geregelten Vergleich mitwirkt, BGH NJW **88**, 66. Man kann auch nicht die gesamtschuldnerische Haftung durch eine Vereinbarung mit dem Notar ausschließen.

5) Verzichtsverbot. Eine Kostenfreiheit besteht nur im Rahmen des § 91. Ein 5
Verzicht auf die Gebühren ist nach Rn 4 grundsätzlich nichtig, BGH NJW **86**, 2577, Zweibr DNotZ **77**, 58. Richtlinien der BNotKammer DNotZ **99**, 259, dort insbesondere Z VI. 3.2. Er kann auch in einem ungewöhnlichen Beurkundungsart liegen, ferner in der Unterlassung einer objektiv notwendigen Nachberechnung, LG Würzb MittBayNot **80**, 124. Er ist allenfalls insoweit zulässig, als der Notar die Zahlung der Gebühr rechtlich nicht erzwingen kann, LG Würzb MittBayNot **80**, 124. Soweit ein Anwaltsnotar über Anwalts- und Notartätigkeiten ein Gesamthonorar vereinbart, ist diese Abrede zumindest insoweit unwirksam, als sie die Notarkosten nicht nach § 19 nachvollziehbar ausweist, BGH NJW **86**, 2577.

Soweit der Notar lediglich seine örtliche *Zuständigkeit überschritten* hat, ist das Geschäft nach § 11 III BNotO nicht schon deshalb unwirksam. Daher darf er auch insofern keine Kostenvereinbarung treffen. Eine Verwirkung der Kostenforderung des Notars ist nur in seltenen Ausnahmefällen möglich.

6) Unanwendbarkeit. Unanwendbar ist § 125 bei einer solchen Tätigkeit, die 6 nicht zur Berufstätigkeit des Notars zählt, etwa bei einer Tätigkeit als Insolvenzverwalter, Betreuer, Testamentsvollstrecker oder als Vermögensverwalter.

7) Vereinbarungsbefugnis bei § 126. Als einzige Ausnahme vom grundsätz- 7 lichen Vereinbarungsverbot des § 125 weist Hs 2 auf den öffentlichrechtlichen Vertrag nach § 126 hin. Vgl dazu dort.

8) Nichterhebung usw, S 1, 2. Man muß von einer Vereinbarung über die 8 Kostenhöhe eine Nichterhebung oder eine sonstige Unzulässigkeit der Geltendmachung eines Kostenanspruchs unterscheiden.

Der Notar darf und muß von der Erhebung der durch seine objektiv *unrichtige Sachbehandlung* entstandenen Kosten wegen § 21 absehen. Er muß dann zunächst selbst entscheiden und auch den Kostenansatz entsprechend berichtigen. Er muß ferner einem Bedürftigen eine vorläufige Gebührenfreiheit oder die Tätigkeit nach Üb 1 vor § 85 nur gegen die Zahlung von Monatsraten gewähren. Ein Gebührenanspruch entfällt insoweit, als der Notar etwas verlangen würde, was er doch sogleich zurückgewähren müßte. In diesem Zusammenhang kann ein etwaiges Verschulden des Notars unerheblich sein. Vgl im übrigen §§ 21, 127 ff, Hamm NJW **78**, 2604.

9 *Prozeß- oder Verfahrenskostenhilfe* kann nach § 17 II BNotO in Verbindung mit §§ 114 ff ZPO in Betracht kommen und notfalls nach §§ 127 ff durchsetzbar sein. Die Zahlungspflicht eines nicht begünstigten weiteren Beteiligten bleibt bestehen, daher auch dessen Vorauszahlungspflicht nach §§ 15, 16 und das Zurückbehaltungsrecht nach § 11.

Öffentlich-rechtlicher Vertrag

126 ^I ¹Für die Tätigkeit des Notars als Mediator oder Schlichter ist durch öffentlich-rechtlichen Vertrag eine Gegenleistung in Geld zu vereinbaren. ²Dasselbe gilt für notarielle Amtstätigkeiten, für die in diesem Gesetz keine Gebühr bestimmt ist und die nicht mit anderen gebührenpflichtigen Tätigkeiten zusammenhängen. ³Die Gegenleistung muss unter Berücksichtigung aller Umstände des Geschäfts, insbesondere des Umfangs und der Schwierigkeit, angemessen sein. ⁴Sofern nichts anderes vereinbart ist, werden die Auslagen nach den gesetzlichen Bestimmungen erhoben.

^{II} Der Vertrag bedarf der Schriftform.

^{III} ¹Die §§ 19, 88 bis 90 gelten entsprechend. ²Der vollstreckbaren Ausfertigung der Kostenberechnung ist eine beglaubigte Kopie oder ein beglaubigter Ausdruck des öffentlich-rechtlichen Vertrags beizufügen.

Gliederung

1) Systematik, Regelungszweck, I–III	1
2) Geltungsbereich, I 1, 2	2, 3
A. Mediator, Schlichter, I 1	2
B. Keine gesetzliche Notargebühr, I 2	3
3) Gegenleistung in Geld, I 1	4
4) Angemessenheit der Gegenleistung, I 3	5, 6
5) Auslagen, I 4	7–9
A. Vereinbarkeit, I 4 Hs 1	8
B. Hilfsweise: Gesetzliche Regelung, I 4 Hs 2	9
6) Schriftform, II	10
7) Kostenerhebung, III	11
8) Verstoß, I–III	12
9) Rechtsmittel, I–III	13

1 **1) Systematik, Regelungszweck, I–III.** Die Vorschrift ist die einzige Ausnahme vom Grundsatz des Verbots einer Gebührenvereinbarung. Das ergibt sich aus § 125 Hs 2. Sie folgt dem Umstand, daß die in I 1 genannte Tätigkeit keine typische Notarsaufgabe ist, obwohl sie ihr natürlich ähnelt.

Zweck ist die Erleichterung für den Bürger, zur Mediation oder Schlichtung als Vertrauensmann auch einen Notar zB statt eines Anwalts oder sonstigen Mediators usw finden zu können. Denn auch der Notar soll nicht umsonst arbeiten müssen. Sein spezielles Wissen und Können kann in so manchem Mediationsfall eine entscheidende Hilfe bringen.

2 **2) Geltungsbereich, I 1, 2.** Es gibt zwei Bereiche.

A. Mediator, Schlichter, I 1. Eine Tätigkeit des Notars als Mediator oder Schlichter kann eine Gebührenvereinbarung statthaft machen. Mediator ist man nur dann, wenn man die Voraussetzungen eines Mediators oder eines zertifizierten Mediators nach dem MedG schon und noch erfüllt. Der Begriff des Schlichters ist nicht gesetzlich bestimmt. Es muß sich um eine Bemühung einer Einigung vor Gericht

Kapitel 3. Notarkosten § 126 GNotKG

oder außergerichtlicher Art handeln, wie sie vielfach nach auch landesrechtlichen Bestimmungen etwa zu Gütestellen erlaubt ist.

B. Keine gesetzliche Notargebühr, I 2. Auch eine solche Tätigkeit des Notars 3 kann reichen, die sich als eine echte Amtstätigkeit darstellt, für die das Gesetz und insbesondere das GNotKG aber keine Gebühr bestimmt und die auch nicht mit einer anderen gebührenpflichtigen Amtstätigkeit zusammenhängt, Sikora DNotZ **17**, 720. Das dürfte nur selten vorkommen. Denn zumindest das GNotKG enthält nach Rn 1 so manche Auffangvorschrift gerade zwecks Verhinderung eines Vergütungslochs. Andererseits darf man nun auch nicht nur zwecks Unanwendbarkeit von I 2 einen Zusammenhang mit einer anderen, gebührenpflichtigen Amtstätigkeit gekünstelt herbeikonstruieren. Es ist vielmehr eine vernünftige Abwägung nötig.

3) Gegenleistung in Geld, I 1. Infrage kommt nur eine Gegenleistung gerade 4 „in Geld", also nicht in einer anderen materiellen oder immateriellen Form. Diese letzteren Formen würden als Arten von „Vereinbarungen über die Höhe der Kosten" unter das Verbot nach § 125 Hs 1 fallen, zumal § 126 als Ausnahmevorschrift eng auslegbar ist.

„Geld" ist nicht nur Bargeld, sondern eine gleichwerte zumindest geldgleiche Leistung, zB ein Scheck, wohl auch noch ein Wechsel, natürlich auch eine Überweisung. Ob ein Wertpapier noch unter „Geld" fällt, ist nicht einfach beantwortbar. Denn es darf keine allzu fließenden Grenzen geben, etwa bei einer Option, eines Hedgefondsanteil usw. Im Zweifel kein Geld und daher Unwirksamkeit. Eine wertabhängige Vereinbarung ist *keine* in Geld. Denn sie erfordert zunächst eine zusätzliche Wertermittlung.

4) Angemessenheit der Gegenleistung, I 3. Nur dann ist eine Gegenleistung 5 gesetzmäßig, wenn sie angemessen ist. Damit scheidet eine zu geringe Gegenleistung aus, aber auch eine zu hohe. Die Angemessenheit läßt sich nur dann klären, wenn man sämtliche Umstände gerade dieses Einzelgeschäfts und nur sie beachtet und dabei nicht nur, sondern „insbesondere" auch den Umfang und die Schwierigkeit der Tätigkeit bedenkt.

Bei Vertragsschluß muß die Angemessenheit bestehen. Denn nur dann kann die Ge- 6 bührenvereinbarung überhaupt gesetzmäßig und damit wirksam zustandekommen. Spätere Umstände mögen die anfängliche Angemessenheit entfallen lassen, etwa deshalb, weil sich die Beteiligten auch ohne sonderliche Mitwirkung des Notars rasch voll einigten oder weil sich die Sache als nicht so schwierig herausstellte. Ob dann eine Anpassung der vereinbarten Gebührenhöhe wegen Störung der Geschäftsgrundlage nach Art der §§ 305 ff, 313 BGB infragekommt, ist die eine Frage, verneint zB von Sikora DNotZ **17**, 719. Den ganzen Vertrag schon deshalb als rückwirkend nichtig zu beurteilen ist eine andere, meist wohl eher zu verneinende andere Frage. Einen wirksam zustandegekommenen Vertrag sollte man nicht ohne zwingenden Grund beseitigen können, so seit 2000 Jahren (pacta sunt servanda).

5) Auslagen, I 4. Sie zählen nach § 1 I zu den Notarkosten. Daher zählen sie 7 nach I 1 auch zur „Gegenleistung". Andererseits verbietet § 125 nach seiner amtlichen Überschrift nur eine „Gebührenvereinbarung". So lautet auch die amtliche Überschrift des Abschnitts 5. Freilich steht im Text des § 125 etwas von Vereinbarungen über die Höhe der „Kosten". Es herrscht also ein ziemliches gesetzliches Begriffsdurcheinander.

Umso mehr muß man auf Text wie Sinn von § 126 I 4 achten. Dort ergeben sich ein klarer Grundsatz und eine Ausnahme.

A. Vereinbarkeit, I 4 Hs 1. Man kann auch oder auch etwa nur zu Auslagen 8 eine Vereinbarung unter den Voraussetzungen des übrigen § 126 treffen. Ob eine solche Auslagenvereinbarung (mit)besteht, muß man nach den üblichen Regeln mindestens entsprechend §§ 133, 157 BGB ermitteln. Dabei lassen sich zB die Auslagenregeln zu §§ 91 ff ZPO mitbeachten, etwa bei höheren Reisekosten.

B. Hilfsweise: Gesetzliche Regelung, I 4 Hs 2. Mangels Vereinbarung nach 9 Rn 8 darf und muß der Notar auch bei einer für seine Gebühren wirksamen Vereinbarung doch seine Auslagen nach den „gesetzlichen Bestimmungen" erheben. Das sind zunächst die Auslagenvorschriften des GNotKG, zB §§ 10, 29 ff, 89 usw. Er muß sie entsprechend nachprüfbar darlegen.

10   6) **Schriftform, II.** Sie ist Wirksamkeitsbedingung. Sie gilt sowohl für eine Gebührenvereinbarung nach I 1–3 als auch für eine etwaige Auslagenvereinbarung nach I 4 Hs 1. Eine Beurkundung ist nicht nötig. Telefaxe reichen, wie stets.

11   7) **Kostenerhebung, III.** §§ 19, 88–90 gelten nach III 1 entsprechend. Zur Kostenberechnung gehört eine beglaubigte Kopie oder ein beglaubigter Ausdruck der Vereinbarung nach I, II.

12   8) **Verstoß, I–III.** Er führt nach dem zumindest entsprechend anwendbaren § 134 BGB zur Nichtigkeit des Vertrag(steils).

13   9) **Rechtsmittel, I–III.** Rechtsbehelfsbelehrung, Verstoß: §§ 7 a, 83 II 2. §§ 127 ff gelten auch bei einer Vereinbarung nach § 126. Soweit §§ 127 ff nicht anwendbar sind, etwa wegen Fehlens eines Falls nach § 127 I 1, kommen die gesetzlichen Vorschriften zum öffentlichrechtlichen Vertrag infrage. Denn die amtliche Überschrift (und nur sie!) bezeichnet jede Vereinbarung nach § 126 als solche Vertragsart.

Ob freilich der wahre nach Sinn und Zweck auslegbare Charakter einer Vereinbarung über Gebühren und/oder Auslagen schon deshalb stets nur öffentlichrechtlich ist, weil ein Partner als Notar Amtsträger ist, kann zweifelhaft sein. Vgl BLAH § 13 GVG Rn 8 ff.

Abschnitt 6. Gerichtliches Verfahren in Notarkostensachen

Antrag auf gerichtliche Entscheidung

127 $^{I\;1}$Gegen die Kostenberechnung (§ 19), einschließlich der Verzinsungspflicht (§ 88), gegen die Zahlungspflicht, die Ausübung des Zurückbehaltungsrechts (§ 11) und die Erteilung der Vollstreckungsklausel kann die Entscheidung des Landgerichts, in dessen Bezirk der Notar den Amtssitz hat, beantragt werden. ^{2}Antragsberechtigt ist der Kostenschuldner und, wenn der Kostenschuldner dem Notar gegenüber die Kostenberechnung beanstandet, auch der Notar.

$^{II\;1}$Nach Ablauf des Kalenderjahres, das auf das Jahr folgt, in dem die vollstreckbare Ausfertigung der Kostenberechnung zugestellt ist, können neue Anträge nach Absatz 1 nicht mehr gestellt werden. ^{2}Soweit die Einwendungen gegen den Kostenanspruch auf Gründen beruhen, die nach der Zustellung der vollstreckbaren Ausfertigung entstanden sind, können sie auch nach Ablauf dieser Frist geltend gemacht werden.

Gliederung

1) Systematik, I, II	1
2) Regelungszweck, I, II	2
3) Geltungsbereich, I, II	3, 4
A. Vergleichbarkeit mit §§ 19, 88, 89	3
B. Beispiele zur Frage des Geltungsbereichs, I, II	4
4) Antrag, I 1	5–9
A. Jede Einwendungsart	5
B. Beispiele zur Frage der Statthaftigkeit einer Einwendung, I 1	6–9
5) Beanstandung, I 2	10, 11
6) Zulässigkeit eines Antrags, I, II	12–22
A. Beschwer	13
B. Kein Beschwerdemindestwert	14
C. Antragsberechtigung	15
D. Form	16, 17
E. Frist	18, 19
F. Beispiele zur Frage einer Frist, II 1	20
G. Fristverstoß	21
H. Unanwendbarkeit	22
7) Antragsverfahren, I, II	23–25
A. Zuständigkeit	24
B. Amtsermittlung	25

Kapitel 3. Notarkosten § **127 GNotKG**

1) **Systematik, I, II.** Die Vorschrift schafft zusammen mit §§ 128–130 mit einem 1
Vorrang vor §§ 81 ff nur im Verhältnis zwischen dem Notar und seinem Kostenschuldner ein in sich möglichst abgeschlossenes vorrangiges Spezialverfahren recht eigenwilliger Art mit eingehenden Anweisungen und einer zweitinstanzlichen Verknüpfung mit einem gerichtlichen Verfahren. Die in § 130 II geregelte Möglichkeit der Dienstbehörde zu bestimmten Anweisungen an den Notar ist eine Folge seiner mit der Führung des Dienstsiegels auch äußerlich zum Ausdruck kommenden besonders verantwortungsbeladenen Stellung als eines Organs der Rechtspflege nach § 1 BNotO. Rechtsbehelfsbelehrung, Verstoß: §§ 7 a, 83 II 2.

2) **Regelungszweck, I, II.** Als Gegengewicht zu den besonders in § 89 aus- 2
geprägten Durchsetzungsmöglichkeiten dient § 127 zusammen mit §§ 128–130 der dringend erforderlichen Überprüfbarkeit und Kontrolle und damit sowohl der Rechtssicherheit als auch der Kostengerechtigkeit. Die Einschaltung der Dienstbehörde vor derjenigen des Gerichts bezweckt eine möglichst „lautlose" rasche Klärung. Ob diese Lösung sonderlich zweckmäßig ist, mag man nicht ohne Grund bezweifeln. Zumindest zeigt auch die Praxis des Verfahrens der Dienstbehörde durchaus vermeidbare Schwächen. Insgesamt sollte man die Vorschrift unter diesen Umständen vorsichtig abwägend und für den Notar weder zu hart noch zu nachgiebig auslegen.

3) **Geltungsbereich, I, II.** Es gibt keine auffälligen Besonderheiten. 3

A. **Vergleichbarkeit mit §§ 19, 88, 89.** § 127 hat denselben Geltungsbereich wie §§ 19, 88, 89. Die Vorschrift gilt also nur für den Gebührennotar nach Üb 1, 8 vor § 135. Wegen eines badischen Amtsnotars nach Üb 1, 7 vor § 85 vgl § 135 Vorbem, Karlsr JB **08**, 378. Sie gilt auch für den die Akten verwahrenden Notar wegen eines Amtsgeschäfts des verstorbenen Notars, Ffm FGPrax **95**, 248, Oldb JB **96**, 379. Sie gilt nur insoweit, als es sich um eine Berechnung der Kosten für eine gerade notarielle Tätigkeit handelt. Hierzu zählt freilich auch die anwaltlich-notariell kombinierte Tätigkeit des Anwaltsnotars, BGH AnwBl **88**, 115. Seine etwa nur anwaltliche Tätigkeit fällt aber nicht unter § 127, sondern unterfällt dem RVG, Teil X dieses Buchs.

B. **Beispiele zur Frage des Geltungsbereichs, I, II** 4

Berichtigung: Der Notar oder nach seinem Ausscheiden die Verwahrstelle darf seine Kostenberechnung unabhängig von einem Verfahren nach § 127 und auch nach dem Ablauf der Fristen den Antrag nach I, II nachholen oder berichtigen, Hamm FGPrax **08**, 270, Köln FGPrax **07**, 292, Mü FGPrax **06**, 180. Das LG muß dem Notar eine entsprechende Möglichkeit geben, BGH DNotZ **09**, 315. Diese Berichtigungsmöglichkeit entfällt allerdings mit dem Erlaß der Entscheidung des Beschwerdegerichts. Das gilt auch dann, wenn der Kostenschuldner die Haftung nur dem Grunde nach bestreitet, Schlesw DNotZ **87**, 383 (zustm Kuntze). Eine Berichtigung liegt dann noch nicht vor, wenn der Notar während des Verfahrens nach § 127 berichtigende Erklärungen abgibt. Vielmehr muß er dann eine neue vollständige und ordnungsgemäße Kostenberechnung nach § 19 anfertigen und dem Schuldner übersenden. Sie ist dann der Prüfungsgegenstand, Köln FGPrax **07**, 292.

Endgültigkeit: Die Kostenberechnung muß endgültig sein. Der Kostenschuldner darf also auf Grund einer nur vorläufigen Berechnung oder auf Grund der Anforderung eines bloßen Vorschusses abwarten, bis er eine endgültige Berechnung erhält.

Formgültigkeit: § 127 setzt eine formell ordnungsgemäße Kostenberechnung nach § 19 und deren ordnungsgemäße Mitteilung voraus. Soweit sie fehlt, muß das Gericht die Berechnung ohne weiteres aufheben, Düss JB **03**, 149, Hamm JB **00**, 152, Köln FGPrax **07**, 292 (unvollständig und daher im entscheidenden Punkt irreführend zitierend).

Insolvenz: S „Unterbrechung".

Kostenfestsetzung: Man muß das Verfahren nach § 85 FamFG, §§ 103 ff ZPO vom Verfahren nach § 127 unterscheiden. Das gilt auch bei einem Rechtsmittel, BayObLG FGPrax **99**, 78.

Mitteilung: S „Formgültigkeit".

889

GNotKG § 127

Nach Beschwerdeentscheidung: Dann mag eine Gegenvorstellung oder eine Rechtsbeschwerde statthaft sein, aber kein neuer Antrag, aM Hamm FGPrax **12**, 267 (aber das könnte so endlos weitergehen).
Nachforderung: § 127 verbietet dem Notar nicht, auf Grund einer formell rechtskräftigen gerichtlichen Entscheidung eine etwaige Nachforderung zu stellen. Das gilt natürlich nur im Umfang eines teilweise anderen Sachverhalts, Düss MDR **96**, 1190, KG JB **02**, 601, BLAH § 322 ZPO Rn 51 ff.
Nachholung: S „Berichtigung", „Nachforderung".
Rechtsweg: Ein nach § 127 statthaftes Verfahren schließt den ordentlichen Rechtsweg nach § 13 GVG aus, BGH RR **05**, 722. Daher ist eine verneinende Feststellungsklage nach § 256 ZPO unstatthaft, BGH AnwBl **88**, 115, Oldb MDR **97**, 394, ebenso eine Vollstreckungsabwehrklage nach § 767 ZPO, Düss RR **02**, 1512, Oldb MDR **97**, 394.
S aber auch „Amtshaftung", „Kostenfestsetzung".
Rückzahlung: Man muß einen Rückzahlungsanspruch des Notars nach einer angeblichen Kosten-Amtshaftung vom Verfahren nach § 127 unterscheiden.
Unterbrechung: § 240 ZPO ist nicht entsprechend anwendbar, obwohl keine Zustellung an den Schuldner des Insolvenzverfahrens mehr wirksam ist, KG MDR **88**, 329.
Verjährung: Ein Verfahren nach §§ 127 ff hemmt (jetzt) die Verjährung der Ansprüche des Notars, BayObLG **92**, 75, Düss MDR **78**, 62, Zweibr MDR **89**, 651, aM Hamm MDR **89**, 651, Schlesw DNotz **96**, 475. Vgl ferner Düss JB **07**, 93, Ffm FGPrax **95**, 248, KG RR **03**, 1725 (jetzt ist § 195 BGB entsprechend anwendbar).
Vorläufigkeit: S „Endgültigkeit".
Vorschuß: S „Endgültigkeit".
Zurückbehaltungsrecht: I 1 gilt auch beim Recht nach § 11.

5 **4) Antrag, I 1.** Dieser Begriff nennt die Form desjenigen, was I 1 dem Kostenschuldner erlaubt. Es ist ein weiter Anwendungsbereich vorhanden.

A. Jede Einwendungsart. Die Vorschrift erfaßt jede Art von Einwendungen gegen die Kostenberechnung nach § 19, KG NJW **13**, 880, einschließlich der Verzinsungspflicht nach § 88, der Zahlungspflicht und der Erteilung der Vollstreckungsklausel nach § 89. Es ist auch unerheblich, ob es sich um ein tatsächliches oder rechtliches Bedenken handelt, BGH AnwBl **88**, 115. Es ist ebenso unerheblich, ob sich die Einwendung nur gegen die Art und Weise der Kostenberechnung oder dagegen richtet, daß der Notar überhaupt gerade diesen Beteiligten als zahlungspflichtig betracht. Man muß also im Verfahren nach §§ 127 ff auch solche Bedenken geltend machen, für die nicht die Erinnerung nach § 766 ZPO, sondern die Vollstreckungsabwehrklage nach § 767 ZPO statthaft wäre, Oldb MDR **97**, 394 BLAH § 767 ZPO Rn 17 „J. Einwendungen gegen Notarkostenrechnung".

6 **B. Beispiele zur Frage der Statthaftigkeit einer Einwendung, I 1**

Addition: Eine Einwendung ist statthaft, soweit der Notar die Einzelkosten falsch addiert hat.
Amtshaftung: S „Aufrechnung".
Aufrechnung: Eine Einwendung ist statthaft, soweit der Zahlungspflichtige einen Schadensersatzanspruch wegen einer unrichtigen Behandlung der Sache durch den Anwaltsnotar nach § 21 erhebt, BGH MDR **04**, 1015, BayObLG **04**, 284, Hamm DNotZ **79**, 57. Das gilt auch, falls ein Nur-Notar derart falsch gehandelt haben soll, BayObLG MDR **05**, 230 (Aufrechnung), Stgt Just **96**, 20.
 Diese Aufrechnung kann man noch *nach der Zahlung* erklären, Düss Rpfleger **75**, 411. Freilich muß man die Frist des II beachten. Die Aufrechnung kann eine Aussetzung der Festsetzung zur Folge haben. Soweit allerdings schon feststeht, daß der Notar keine Kosten erheben darf, ist eine Prüfung der etwaigen Aufrechenbarkeit wegen einer Amtshaftung unnötig.
 Eine Aufrechnung ist als Einwendung *ferner* statthaft, soweit der beliebige Gegenanspruch *unstreitig oder rechtskräftig* festgestellt ist, Hamm Rpfleger **75**, 449, Schlesw SchlHA **77**, 160.

Kapitel 3. Notarkosten § **127 GNotKG**

Nicht statthaft ist eine Einwendung im Verfahren nach I, soweit der Zahlungspflichtige nur einen solchen Gegenanspruch gegen den Notar hat, der mit dem in Rede stehenden notariellen Geschäft nichts zu tun hat, es sei denn, dieser Gegenanspruch wäre unstreitig oder rechtskräftig festgestellt, Düss ZMR **89**, 92, Hamm Rpfleger **75**, 450.

Auslagen: Eine Einwendung ist statthaft, soweit sie sich gegen die Berechnung von Auslagen richtet.

Beitreibungsverfahren: Eine Einwendung ist *unstatthaft,* soweit sie sich nur gegen die Art und Weise des Vorgehens des Vollstreckungsorgans richtet. Dann gilt vielmehr § 766 ZPO in Verbindung mit § 95 FamFG.

Einbehaltung: Eine Einwendung ist statthaft, soweit der Notar Geld zu treuen Händen erhalten hat und dieses ganz oder teilweise zur Begleichung einer bestrittenen Kostenforderung einbehalten hat. Dann ist es unerheblich, ob die Einbehaltung im Weg einer Zurückbehaltung oder einer Aufrechnung erfolgt ist, aM KG OLGZ **91**, 21 (kein Zurückbehaltungsrecht. Aber § 273 BGB ist zumindest dem Grundgedanken nach entsprechend anwendbar). 7

S auch Rn 6 „Aufrechnung".

Erbenhaftung: Eine Einwendung ist *unstatthaft,* soweit es um eine Beschränkung der Erbenhaftung geht. Dann muß man nach §§ 781, 785 ZPO klagen.

Formfehler: Eine Einwendung ist statthaft, soweit sie irgendeinen nicht ersichtlich völlig unerheblichen Formfehler der Kostenrechnung nach § 19 rügt, BayObLG DB **85**, 487, Düss RR **02**, 216 (dann evtl Aufhebung ohne Sachprüfung).

Gebührenvorschrift: Eine Einwendung ist statthaft, soweit sie sich gegen die Anwendung einer oder mehrerer bestimmter Gebührenvorschriften richtet.

Gegenanspruch: S „Einbehaltung".

Geschäftswert: Eine Einwendung ist statthaft, soweit der Notar einen unrichtigen Geschäftswert zugrunde gelegt hat, Düss Rpfleger **87**, 219 (abl Baumann).

Kostenansatz: Eine Einwendung ist gegen ihn statthaft.

Kostenschuldner: Eine Einwendung ist statthaft, soweit der Notar einen Beteiligten zu Unrecht als einen Kostenschuldner nach § 29 angesehen hat.

Rechtsbehelfsbelehrung: Eine Einwendung gegen sie ist statthaft. 8

Rechtsfehler: Eine Einwendung ist statthaft, soweit der Notar die Rechtsprechung „seines" OLG nicht beachtet, Köln JB **01**, 540.

Rückforderung: Eine Einwendung ist statthaft, soweit der Zahlungspflichtige bereits geleistete Zahlungen auf Notarkosten wegen einer unrichtigen Beurkundung zurückfordert, BGH RR **05**, 722.

Schadensersatzanspruch: Rn 6 „Aufrechnung".

Sicherungshypothek: Eine Einwendung ist *unstatthaft,* soweit sie die Löschung einer Sicherungshypothek nach § 888 BGB bezweckt, Düss AnwBl **89**, 239.

Treuhand: Rn 6 „Aufrechnung".

Überzahlung: Eine Einwendung ist statthaft, soweit der Notar eine Überzahlung nicht berücksichtigt hat.

Unrichtige Sachbehandlung: Eine Einwendung ist statthaft, soweit sie sich gegen eine unrichtige Sachbehandlung durch den Notar nach § 21 wendet, BayObLG **04**, 284.

S auch Rn 6 „Aufrechnung".

Vollstreckung: Rn 6 „Beitreibungsverfahren".

Vollstreckungsabwehrklage: Rn 5.

Vollstreckungsklausel: Eine Einwendung ist statthaft, soweit der Notar eine Vollstreckungsklausel nach § 89 rechtsfehlerhaft erteilt oder verweigert hat. 9

Wert: Rn 7 „Geschäftswert".

Zahlungspflicht: Rn 7 „Kostenschuldner" Rn 9 „Vollstreckungsklausel".

Zinsen: Eine Einwendung ist statthaft, soweit sie sich gegen die Verzinsungspflicht nach § 88 richtet.

Zurückbehaltungsrecht: Rn 7 „Einbehaltung".

Zurückforderung: Rn 8 „Rückforderung".

Zusatzgebühr: Eine Einwendung ist statthaft, soweit sie sich gegen eine Zusatzgebühr richtet.

Zwangsvollstreckung: Rn 6 „Beitreibungsverfahren".

GNotKG § 127 III. Gerichts- und Notarkostengesetz

10 **5) Beanstandung, I 2.** Ein Zahlungspflichtiger kann Bedenken nach Rn 5–9 auch zunächst dem Notar gegenüber formlos erheben. Es ist in diesem Zusammenhang unerheblich, ob der Notar gerade diesen Beteiligten schon zur Kostenzahlung herangezogen hat. Ein Gesamtschuldner hat nach einem internen Ausgleich ein Recht in einer sog Verfahrensstandschaft, KG MDR **98**, 62. Der Notar darf dann nicht einfach untätig bleiben, Wudy NotBZ **06**, 69. Er kann dem Mangel abhelfen oder nach seinem pflichtgemäßen Ermessen entweder den Zahlungspflichtigen auf den Antragsweg nach I 1 verweisen oder besser die Sache nach I 2 dem LG seines Bezirks zur Entscheidung vorlegen, Ffm JB **98**, 40. Damit gilt die Beanstandung als ein Antrag des Kostenschuldners. Daher kann der Notar die Weiterleitung auch nicht wirksam zurücknehmen. Als Antragsteller gilt dann also der Kostenschuldner, LG Kleve JB **01**, 378. Das LG entscheidet folglich nicht über die Weiterleitung des Notars, sondern über die als Antrag geltende Beanstandung des Kostenschuldners.

Nach dem *Ausscheiden* oder Tod des Notars kann und muß evtl nur die Aktenverwahrstelle entsprechend vorgehen oder sein Rechtsnachfolger im Weg einer Abtretung mit einer Zustimmung des Kostenschuldners und der Erben in das Verfahren eintreten, KG DNotZ **95**, 788.

11 Soweit der Notar seine Kostenberechnung für unrichtig hält, darf er die Kostenforderung unabhängig von einem Verfahren nach § 127 bis zur Entscheidung des Beschwerdegerichts *ermäßigen oder erhöhen,* Rn 3.

12 **6) Zulässigkeit eines Antrags, I, II.** Der Kostenschuldner kann statt einer Beanstandung nach Rn 5–9 auch unmittelbar den Antrag nach Rn 10, 11 stellen. Er ist unter den folgenden Voraussetzungen zulässig.

13 **A. Beschwer.** Die Kostenberechnung des Notars muß den Antragsteller in seinen Rechten beeinträchtigen, wie bei § 59 I FamFG. Die Beschwer muß im Zeitpunkt des Antragseingangs vorliegen, und zwar bei mehreren Antragstellern für jeden von ihnen. Es muß nach Rn 15 mindestens einer von etwa mehreren Antragstellern natürlich Kenntnis von der Kostenberechnung haben. Die Beschwer hängt aber weder von einer förmlichen Zustellung der Kostenberechnung noch von einer drohenden Zwangsvollstreckung aus ihr ab. Auch eine vorbehaltlose Zahlung beseitigt eine Beschwer nicht.

Eine Beschwer *fehlt* zB, soweit die Aufhebung der Kostenberechnung für den Beschwerdeführer bedeutungslos ist. Für eine rein theoretische Entscheidung liegt kein Rechtsschutzbedürfnis vor, auch nicht zur bloßen Erlangung einer obergerichtlichen Entscheidung für ähnliche Fälle.

14 **B. Kein Beschwerdemindestwert.** Entgegen dem sonst in Kostensachen geltenden Grundsatz, daß ein Beschwerdewert erforderlich sei, § 567 II ZPO, ist ein Beschwerdewert weder im Antragsverfahren nach I 1 oder I 2 noch übrigens im Beschwerdeverfahren nach § 129 eine Zulässigkeitsvoraussetzung.

15 **C. Antragsberechtigung.** Antragsberechtigt ist jeder, den der Notar durch die angefochtene Kostenberechnung in Anspruch nimmt, wie bei § 59 I FamFG. Der noch amtierende Notar hat nur nach I 2 ein eigenes Antragsrecht. Bei mehreren Kostenschuldnern genügt nach Rn 13 zur Antragsberechtigung eines jeden die Kenntnis nur eines von ihnen von der Kostenberechnung, BayObLG MittBayNot **85**, 48, Hamm JB **00**, 152, aM Lappe NJW **83**, 1472. Wer nicht Kostenschuldner ist, hat außerhalb von I 2 kein Antragsrecht, Hamm Rpfleger **90**, 40, LG Hann JB **04**, 439. Der Notar kann wegen einer Nachforderung einen Anschlußantrag stellen. Der Rechtsnachfolger zB infolge einer Abtretung durch den Erben des Notars kann in das Verfahren eintreten, KG DNotZ **95**, 788 (zu § 265 ZPO). Vgl ferner §§ 58 III, 64 IV BNotO. Ein Kostenübernehmer ist grundsätzlich zumindest im annehmbaren Einverständnis des eigentlichen Kostenschuldners antragsberechtigt. Ein Anschlußantrag kann statthaft sein.

Ein *Verzicht* auf Einwendungen ist ebenso statthaft wie eine Antragsrücknahme. Bei ihr sind §§ 516 III, 565 ZPO unanwendbar, Schlesw FGPrax **08**, 132. Freilich darf das wegen § 125 nicht auf eine wegen der Amtsstellung des Notars verbotene Verringerung der Notargebühren hinauslaufen.

16 **D. Form.** Der Antrag ist schriftlich oder zum Protokoll des Urkundsbeamten der Geschäftsstelle zulässig, § 25 FamFG. Zwar ist nach I 1 grundsätzlich nur die Geschäftsstelle desjenigen LG zuständig, bei dem der Notar seinen Amtssitz hat. Indes-

Kapitel 3. Notarkosten § **127 GNotKG**

sen kann man den Antrag entsprechend § 129a I ZPO auch vor dem Urkundsbeamten der Geschäftsstelle eines jeden AG zum Protokoll einlegen. Jene Geschäftsstelle übersendet den Antrag entsprechend § 129a II ZPO unverzüglich an das zuständige LG. Für eine Wirksamkeit und für die Fristeinhaltung nach Rn 18ff ist der Eingang beim zuständigen LG maßgebend.

Das gesamte Antragsverfahren und daher schon die Antragstellung braucht *keine* **17** *Mitwirkung eines Anwalts* nach § 10 III Z 3 FamFG. Es ist kein bestimmter Antrag und keine bestimmte Antragssumme erforderlich. Das Begehren muß aber natürlich nachvollziehbar erkennbar sein, sei es zur Forderungshöhe, zum Geschäftswert, zum Gebührentatbestand oder zu Auslagen, zu einer Zahlungspflicht oder zu einer erfolgten Zahlung oder Aufrechnung, BayObLG MittBayNot **79**, 89, Düss DNotZ **76**, 251, Hamm DNotZ **79**, 57, oder zu einer angeblich unrichtigen Sachbehandlung nach § 21, Hamm DNotZ **79**, 57 oder zur Vollstreckungsklausel nach § 89. Das Gericht darf und muß auslegen. Es fragt evtl nach § 26 FamFG nach.

E. Frist. Der Antrag ist zunächst unbefristet, unabhängig vom Zahlungszeitpunkt, **18** LG Hann JB **96**, 317. Das gilt unabhängig von der ZPO. Denn nach § 130 III 1 verläuft das Verfahren nach dem FamFG. Man kann das Fehlen einer Frist aus dem Vergleich von I 1 mit II 1 mit dessen aus § 130 III 1 in Verbindung mit § 63 FamFG folgenden Befristung nur der etwa anschließenden Beschwerde ableiten.

Nach dem *Ablauf desjenigen Kalenderjahrs,* das auf das Jahr folgt, in dem der Notar **19** die vollstreckbare Ausfertigung der Kostenberechnung nach §§ 88, 89 wirksam *zugestellt* hat, ist aber nach II 1 ein „neuer" und damit auch ein erster Antrag grundsätzlich nur noch insoweit zulässig, als die Einwendung gegen den Kostenanspruch nach II 2 auf einem solchen Grund beruht, der objektiv erst nach dem Zeitpunkt der Zustellung der vollstreckbaren Ausfertigung entstanden ist. Das gilt unabhängig von einer zugehörigen Kenntnis des Beschwerten.

Es gilt freilich dann *nicht,* wenn der Notar eine direkte Beanstandung des Kostenschuldners nur mit der Zustellung der vollstreckbaren Ausfertigung der Kostenberechnung beantwortet hatte, Düss JB **07**, 373, KG NJW **13**, 879.

F. Beispiele zur Frage einer Frist, II 1 **20**

Abschrift: S „Kopie".

Ausschlußfrist: Die Frist des II 1 ist keine Notfrist nach § 224 I 1 ZPO, sondern eine Ausschlußfrist, BayObLG DNotZ **87**, 175. Deshalb ist nach § 130 III 1 in Verbindung mit § 16 II FamFG, § 224 II, III ZPO weder eine Fristverkürzung noch eine Fristverlängerung zulässig.

Freiwillige Zahlung: Man kann der Zustellung der vollstreckbaren Ausfertigung eine freiwillige Zahlung nicht gleichsetzen. Denn II 1 ist eine eng auslegbare Ausnahmevorschrift, BayObLG DNotZ **87**, 176, Hamm Rpfleger **80**, 243, Schlesw JB **83**, 1694, aM Celle RR **04**, 70. Freilich ist nach Rn 13 der Antrag bei jeder vorbehaltlosen Zahlung möglich.

Friständerung: S „Ausschlußfrist".

Kopie: Es kann reichen, eine beglaubigte Kopie oder Abschrift der mit der Vollstreckungsklausel versehenen Ausfertigung zu übermitteln, Hbg MittBayNot **96**, 450, Hamm MDR **89**, 467, Zweibr MittBayNot **00**, 578, aM KG FGPrax **03**, 91, Köln JB **82**, 1555 (aber das ist ein zB auch im Berufungsverfahren üblicher Auslegungsweg).

Keine Notfrist: S „Ausschlußfrist".

Unterschrift: Der Fristbeginn nach II 1 setzt voraus, daß der Notar die Vollstreckungsklausel nach § 89 unterschrieben hat, LG Darmst JB **77**, 708.

Verrechnung: Der Zustellung der vollstreckbaren Ausfertigung steht auch nicht die Situation gleich, daß sich der Notar durch eine Verrechnung befriedigt hat oder daß er auf Grund von Beanstandungen keinen Hinweis auf I 1 gab und nicht dem LG vorlegte, KG RR **98**, 646.

Verwirkung: Sie kommt wie stets nach § 242 BGB in Betracht (Zusammenwirken eines Zeit- und eines Umstandsmoments), aM Hamm Rpfleger **80**, 243, LG Aachen JB **84**, 458 (aber sie ist bei jedem sachlichrechtlichen Anspruch denkbar).

Vollstreckungsbeginn: Statthaft ist der Antrag auch nach dem Beginn einer Vollstreckung nach BLAH Grdz 51 vor § 704 ZPO.

Wiedereinsetzung: Statthaft ist sie nach § 130 II, III in Verbindung mit § 17 I FamFG. Denn I 1 schafft einen Rechtsbehelf. Das ist nämlich jedes prozessuale Mittel zur Rechtsverwirklichung, auch ein erstes Mittel, BLAH Grdz 1 vor § 511 ZPO, Ffm JB **98**, 299.
Zustellung: S „Freiwillige Zahlung", „Verrechnung".

21   G. **Fristverstoß.** Ein Fristablauf schneidet diesem Antragsteller sämtliche vor der Zustellung der vollstreckbaren Ausfertigung entstandenen Einwendungen ab, Düss FGPrax **01**, 89. Der Fristablauf nach II 1 führt nicht zu einer Umwandlung in eine dreijährige Verjährungsfrist, BGH FamRZ **04**, 1721.

22   H. **Unanwendbarkeit.** II gilt im Verfahren über die Beschwerde nach § 129 I ebensowenig wie dann, wenn die Aufsichtsbehörde dem Notar eine Anweisung nach § 130 II 1, 2 erteilt. Denn im letzteren Fall handelt es sich um eine Maßnahme der Dienstaufsicht. Sie kann vor ihrer Anweisung oder der in größeren zeitlichen Abständen durchgeführten Kontrollen vom Beginn des Fristablaufs keine Kenntnis haben. II gilt dann nicht zulasten des Kostenschuldners, wenn der Notar auf Grund rechtzeitiger Beanstandungen des Kostenschuldners entgegen Rn 10 gar nichts bis zum „Fristablauf" veranlaßt hatte, Ffm JB **98**, 40.

23   7) **Antragsverfahren, I, II.** Es verläuft nach dem FamFG, § 130 III 1, BGH RR **05**, 722. Daher muß man dahin von Amts wegen verweisen, BGH RR **05**, 722. Hat das Instanzgericht fälschlich stattdessen als unzulässig abgewiesen, verweist sogar das Rechtsbeschwerdegericht auch ohne eine entsprechende Verfahrensrüge durch (jetzt) einen Beschluß, BGH RR **05**, 722. Das Gericht darf nicht mehrere unabhängige Vorgänge noch dazu mit unterschiedlichen Kostenschuldnern verbinden, Zweibr RR **01**, 31. Im übrigen muß das Gericht fünf Aspekte beachten.

24   A. **Zuständigkeit.** Zur Entscheidung über den Antrag ist abweichend vom FamFG nach Rn 25 dasjenige LG sachlich und örtlich ausschließlich und daher ohne Abbedingungsmöglichkeiten zuständig, in dessen Bezirk derjenige Notar im Zeitpunkt der Fälligkeit der Kostenforderung nach § 10 seinen Amtssitz hat, dessen Kostenberechnung der Antragsteller angreift. Ein Amtssitzwechsel oder das Ausscheiden oder der Tod des Notars ändern an der Zuständigkeit nichts. Funktionell ist die Zivilkammer und nicht die Kammer für Handelssachen zuständig. Das LG entscheidet an sich in der vollen Besetzung der nach der Geschäftsverteilung zuständigen Kammer. Wegen eines Einzelrichters gilt § 128 III.

Weder der *Präsident* des LG noch sein Vizepräsident noch ein Mitglied einer anderen Zivilkammer noch der etwaige Dezernent der Gerichtsverwaltung für Fragen der freiwilligen Gerichtsbarkeit dürfen an diesem Verfahren mitwirken, BVerfG **4**, 347, Brdb MDR **00**, 665, Hamm JB **98**, 153. Sie dürfen zumindest insoweit nicht mitwirken, als sie im Verwaltungsverfahren tätig geworden waren, BayObLG Rpfleger **87**, 478, Hamm FGPrax **06**, 36. Das gilt trotz der in § 130 III 1 enthaltenen grundsätzlichen Verweisung auf das FamFG. Soweit mitwirkungsberechtigt, darf sich der Vizepräsident nicht ständig vertreten lassen, Hamm FGPrax **98**, 154.

25   B. **Amtsermittlung.** Das LG entscheidet nach § 130 III 1 im Verfahren nach dem FamFG, Ffm MDR **97**, 686. Das gilt nach dem klaren Text von I trotz des Umstands, daß das LG im FamFG-Verfahren eigentlich gar nicht zuständig ist. Daher muß und muß das LG die zur Feststellung der entscheidungserheblichen Tatsachen erforderlichen Ermittlungen nach § 26 FamFG von Amts wegen veranlassen. Es muß die evtl ihm wie bei § 286 ZPO notwendig und geeignet erscheinenden Beweise von Amts wegen aufnehmen, Schlesw DNotZ **85**, 480, LG Kassel JB **09**, 323 links. Ein Insolvenzverfahren unterbricht nicht, KG DNotZ **88**, 454. Zur Ausforschung kann man die ZPO-Regeln entsprechend heranziehen, Hamm FGPrax **04**, 50. Vgl daher BLAH Einf 27 vor § 284 ZPO. Eine Aufrechnung ist nur bei rechtskräftiger Feststellung oder Unstreitigkeit beachtbar, LG Lüb JB **17**, 29.

Dennoch muß der Antragsteller nach § 130 III 1 in Verbindung mit § 27 II FamFG diejenigen *Tatsachen und Beweismittel* angeben, die das Verfahren fördern können und die er kennt. Soweit er eine solche Angabe trotz einer Aufforderung des Gerichts nebst dessen ausreichender Fristsetzung vorwerfbar unterläßt, kommt die Antragszurückweisung in Betracht.

§ 128 GNotKG

Verfahren

128 ^I ^1Das Gericht soll vor der Entscheidung die Beteiligten, die vorgesetzte Dienstbehörde des Notars und, wenn eine Kasse gemäß § 113 der Bundesnotarordnung errichtet ist, auch diese hören. ^2Betrifft der Antrag die Bestimmung der Gebühr durch den Notar nach § 92 Absatz 1 oder die Kostenberechnung aufgrund eines öffentlich-rechtlichen Vertrags, soll das Gericht ein Gutachten des Vorstands der Notarkammer einholen. ^3Ist eine Kasse nach § 113 der Bundesnotarordnung errichtet, tritt diese an die Stelle der Notarkammer. ^4Das Gutachten ist kostenlos zu erstatten.

^II ^1Entspricht bei einer Rahmengebühr die vom Notar bestimmte Gebühr nicht der Vorschrift des § 92 Absatz 1, setzt das Gericht die Gebühr fest. ^2Liegt ein zulässiger öffentlich-rechtlicher Vertrag vor und entspricht die vereinbarte Gegenleistung nicht der Vorschrift des § 126 Absatz 1 Satz 3, setzt das Gericht die angemessene Gegenleistung fest.

^III Das Gericht kann die Entscheidung über den Antrag durch Beschluss einem seiner Mitglieder zur Entscheidung als Einzelrichter übertragen, wenn die Sache keine besonderen Schwierigkeiten tatsächlicher oder rechtlicher Art aufweist und keine grundsätzliche Bedeutung hat.

Gliederung

1) Systematik, Regelungszweck, I–III	1
2) Anhörung, I	2–8
A. Anhörungspflicht, I 1	3
B. Beispiele zur Frage einer Anhörungspflicht, I 1–3	4
C. Anhörungsform, I 1	5
D. Prüfungsumfang, I 1	6
E. Gutachten der Notarkammer, I 2, 4	7
F. Gutachten der Notarkasse, I 3, 4	8
3) Gerichtliche Festsetzung, II	9–12
A. Überhöhte Rahmengebühr, II 1	10
B. Unangemessene Gegenleistung, II 2	11
C. Festsetzung durch Gericht, II 1, 2	12
4) Einzelrichter, III	13–16
A. Keine besonderen Schwierigkeiten	14
B. Keine grundsätzliche Bedeutung	15
C. Endgültigkeit der Übertragung	16
5) Entscheidung des LG, I–III	17–21
A. Unzulässigkeit	17
B. Unbegründetheit	18
C. Zulässigkeit und Begründetheit	19
D. Form	20
E. Zustellung	21
6) Beispiele zur Frage des Verfahrens, I–III	22
7) Verstoß, I–III	23

1) Systematik, Regelungszweck, I–III. Die Vorschrift regelt das Verfahren über einen Antrag nach § 127 entgegen ihrer Überschrift weder vollständig noch in sonderlich überzeugender Reihenfolge. Ergänzend gilt zumindest § 130 sowie § 131. Der Regelungszweck ist eine Mischung unterschiedlicher Grundsätze eines rechtsstaatlichen Verfahrens. Man muß die Einzelregeln durchaus unterschiedlich weit oder eng handhaben.   **1**

2) Anhörung, I. Es gibt mehrere Gruppen von anzuhörenden und evtl mehrere Stadien einer Anhörung.   **2**

A. Anhörungspflicht, I 1. Das LG „soll" vor seiner Entscheidung alle Beteiligten nach § 127 Rn 4 „Berichtigung" anhören. Wegen Art 103 I GG besteht in Wahrheit eine Anhörungspflicht, BVerfG RR **01**, 860, BayObLG FGPrax **03**, 236, Zweibr Rpfleger **02**, 100. Die Anhörung ist zumindest insoweit erforderlich, als die Entscheidung für den Anzuhörenden Nachteile bringen könnte, BVerfG **34**, 346, Oldb JB **97**, 376.   **3**

B. Beispiele zur Frage einer Anhörungspflicht, I 1–3   **4**
Aktenführende Stelle: Anzuhören ist auch die etwa nach dem Wegfall des Notars aktenführende Stelle.

GNotKG § 128

Beschwerdeführer: Anzuhören ist natürlich jeder Beschwerdeführer.

Bevollmächtigter: Anzuhören ist auch ein Bevollmächtigter eines Beteiligten, soweit er eine entsprechende Vollmacht hat.

Beweisaufnahme: Anzuhören ist wegen Art 103 I GG auch zum Ergebnis einer etwaigen Beweisaufnahme.

Dienstbehörde: Anzuhören ist schon nach dem Wortlaut von I 1 auch die vorgesetzte Dienstbehörde des Notars, BayObLG JB **88**, 1533, Hamm FGPrax **08**, 268.

Früherer Notar: Anzuhören ist auch ein solcher Notar unabhängig von dem Grund seines Ausscheidens aus dem Amt.
S auch „Aktenführende Stelle".

Insolvenz: Statt eines in Insolvenz befindlichen Beteiligten muß das LG den Insolvenzverwalter anhören.

Kostenschuldner: Das LG muß auch alle diejenigen Personen anhören, die nach § 22 oder nach einer sonstigen gesetzlichen Vorschrift Schuldner der angefochtenen notariellen Gebühren oder Auslagen sein können, BayObLG **91**, 419, Zweibr Rpfleger **02**, 100.
S auch „Bevollmächtigter".

Notar: Anzuhören ist natürlich der Notar. Der Notar ist *von* der sonst bestehenden Schweigepflicht frei, soweit er nur durch eine Stellungnahme den umstrittenen Anspruch durchsetzen kann oder soweit er nur durch eine Äußerung seine Position verdeutlichen kann. Seine Verteidigung hemmt (jetzt) die Verjährung seines Anspruchs, Schlesw JB **95**, 216.

Notarkasse: Anzuhören ist nach I 3 auch eine etwa nach § 113 BNotO errichtete Notarkasse, BayObLG MittBayNot **03**, 500, Brdb MDR **00**, 665, Jena FGPrax **00**, 251.

Präsident des LG: Er und sein Stellvertreter dürfen aus den Gründen § 127 Rn 24 nicht selbst an einer Anhörung teilnehmen, BayObLG DNotZ **88**, 260, Hamm JB **98**, 153.

Rechtsnachfolger: Anzuhören ist auch jeder Rechtsnachfolger eines Beteiligten, Ffm MittBayNot **06**, 360, Bengel/Tiedtke DNotZ **06**, 440.

5 **C. Anhörungsform, I 1.** Die Anhörung kann mündlich oder schriftlich erfolgen. Eine Gelegenheit zur Äußerung reicht. Sie ist auch dann erforderlich, wenn die vorgesetzte Dienstbehörde des Notars ihn nach § 130 zur Herbeiführung der Entscheidung angewiesen hatte, BayObLG JB **88**, 1533, Oldb JB **97**, 376. Das LG muß eine Stellungnahme des Angehörten natürlich den übrigen Beteiligten mitteilen.

Das LG muß die *Stellungnahme* der vorgesetzten Dienstbehörde des Notars den Beteiligten jedenfalls dem Inhalt nach in allen wesentlichen Punkten mitteilen, Zweibr Rpfleger **02**, 100. Denn diese Stellungnahme hat für das LG mindestens die Bedeutung einer gutachterlichen Äußerung und oft ein entscheidendes Gewicht.

6 **D. Prüfungsumfang, I 1.** Das Gericht muß zunächst sämtliche mit dem Antrag erhobenen Einwendungen gegen die angefochtene Kostenberechnung prüfen, BayObLG JB **89**, 227. Es muß darüber hinaus nach § 21 I prüfen, ob der Antragsteller einen Ersatzanspruch hat. Das LG muß ferner etwaige Einwendungen gegen die Vollstreckungsklausel nach § 89 prüfen. Zum Ergebnis einer Beweisaufnahme müssen die Beteiligen nach § 130 III 1 in Verbindung mit § 30 IV FamFG Stellung nehmen können. Eine Beteiligtenöffentlichkeit der Beweisaufnahme nach der Art des § 357 ZPO ist aber nicht (mehr) notwendig. Die Beweismittel sind nicht begrenzt, BayObLG RR **03**, 1295, Hamm FGPrax **03**, 97.

Da es sich nach § 127 Rn 25 um ein *Amtsverfahren* handelt, muß das Gericht aber auch unabhängig von der Art und dem Umfang der Antragsbegründung *alle Teile* der überhaupt beanstandeten Kostenberechnung auf ihre Richtigkeit überprüfen, Düss JB **07**, 93. Das gilt auch gegenüber einer etwaigen Anweisung nach § 130 II. Die Entscheidung wirkt ja für und gegen alle Kostenschuldner, BayObLG **89**, 263. Freilich darf das LG nicht über die Anträge hinausgehen, BayObLG JB **89**, 227. Es darf eine Ermessensentscheidung des Notars etwa beim Wertansatz zB nach § 36 nur auf einen etwaigen Ermessensfehlgebrauch überprüfen und erst nach dessen Feststellung ein eigenes Ermessen ausüben, BGH NZM **09**, 87, BayObLG JB **97**, 487, Köln FGPrax **00**, 127. § 46 bindet aber das LG, BayObLG DNotZ **88**, 451.

Kapitel 3. Notarkosten § 128 GNotKG

E. **Gutachten der Notarkammer, I 2, 4.** Die Regelung knüpft in der Sache an § 14 II RVG an, Teil X dieses Buchs. Vgl daher dort Rn 27 ff insbesondere zu den Einzelheiten des Einholungsverfahrens und zur Kostenlosigkeit des Gutachtens. Es gibt zwei Voraussetzungen der Einholungspflicht, von denen eine jede genügt. *Rahmengebühr, § 92 I,* ist eine solche Voraussetzung. Zu ihr vgl dort, *Mediation oder Schlichtung nach § 126,* ist die weitere mögliche Bedingung. Zu ihr vgl dort. 7

F. **Gutachten der Notarkasse, I 3, 4.** Diese tritt beim Gutachtenauftrag unter den Voraussetzungen von § 113 BNotO als Gutachterin an die Stelle der Notarkammer. Auch zu diesen Einzelfragen vgl § 14 RVG Rn 27 ff, Teil X dieses Buchs. Auch dieses Gutachten ist kostenfrei. 8

3) Gerichtliche Festsetzung, II. Die Regelung ähnelt ein wenig den Befugnissen und Pflichten bei § 3 a II RVG, Teil X dieses Buchs. Sie geht damit weiter als bei § 14 RVG, Teil X dieses Buchs. Das beruht auch auf dem öffentlichrechtlichen Teil der Tätigkeit des Notars und der daraus mitfolgenden Notwendigkeit, als Gegengewicht zur Beitreibbarkeit seiner Kosten nach § 89 von vornherein auf das Unterbleiben überhöhter Forderungen hinzuwirken. Damit dient II dem Verhältnismäßigkeitsgrundsatz und der Rechtssicherheit im Notarkostenbereich. Demgemäß ist die Vorschrift auslegbar. 9

A. **Überhöhte Rahmengebühr, II 1.** Der Notar muß sein billiges Ermessen nach § 92 I überschritten haben. Vgl im einzelnen dort. 10

B. **Unangemessene Gegenleistung, II 2.** Der Notar mag auch beim Mediations- oder Schlichtungsvertrag nach § 126 I eine nach dort I 3 unangemessen hohe oder niedrige Gegenleistung akzeptiert haben. Vgl im einzelnen dort. 11

C. **Festsetzung durch Gericht, II 1, 2.** In beiden Situationen Rn 10, 11 darf und muß das Gericht ohne Ermessen zum Ob die richtige Gebühr oder Gegenleistung von Amts wegen ermitteln und sodann durch einen Beschluß mit Begründung nachprüfbarer Art festsetzen. Es muß eine in EUR bestimmte Summe bestimmen. Es darf dabei natürlich nur die bis zur Entscheidung übersehbaren Umstände heranziehen. 12

4) Einzelrichter, III. Das nach § 127 I erstinstanzlich örtlich wie sachlich zuständige LG „kann" im Rahmen eines pflichtgemäßen Ermessens die Entscheidung und damit bei vernünftiger Auslegung natürlich auch das Verfahren bis zu dieser Entscheidung unter den in III abschließend genannten Voraussetzungen einem seiner Mitglieder übertragen. Zwei Bedingungen müssen zusammentreffen. 13

A. **Keine besonderen Schwierigkeiten.** Sie dürfen weder tatsächlich noch rechtlich bestehen. Das ist dieselbe Bedingung wie zB in § 348 a I Z 1 ZPO. Vgl daher die Kommentare dazu, etwa BLAH. 14

B. **Keine grundsätzliche Bedeutung.** Das ist die zusätzliche weitere Bedingung, dieselbe wie zB in § 348 a I Z 2 ZPO. Vgl daher auch dazu zB BLAH dort. 15

C. **Endgültigkeit der Übertragung.** Wenn das Kollegium die Sache dem Einzelrichter überträgt, wird und bleibt er „das LG" nach § 127 I 1 und § 129 I sowie § 130 I 1. Er darf die Sache anders als zB bei § 348 a II nicht der Kammer zur Entscheidung über eine Rücknahme vorlegen, selbst wenn sie sehr schwierig und/oder grundsätzlich wird. 16

5) Entscheidung des LG, I–III. Es sind zahlreiche Gesichtspunkte beachtbar. Rechtsbehelfsbelehrung, Verstoß: §§ 7 a, 83 II 2. 17

A. **Unzulässigkeit.** Soweit das LG den Antrag für unzulässig hält, auch wegen einer Erledigung oder wegen ihrer Nichtförderung durch den Antragsteller, weist es ihn eben als unzulässig zurück. Es verwirft sie also.

B. **Unbegründetheit.** Soweit das LG den Antrag für unbegründet hält, weist es ihn eben als unbegründet zurück. 18

C. **Zulässigkeit und Begründetheit.** Soweit das LG den Antrag für zulässig und begründet hält, gibt es ihm statt und legt nicht etwa die Akten dem OLG vor. Das letztere kommt erst bei einer Beschwerde in Betracht. Das LG darf die angefochtene Kostenberechnung grundsätzlich nicht zum Nachteil des Antragstellers ändern, BayObLG JB **78**, 574, Hamm JB **92**, 343. Das gilt nur dann nicht, wenn der Notar auf 19

GNotKG §§ 128, 129   III. Gerichts- und Notarkostengesetz

Grund einer vorangegangenen Beanstandung des Kostenschuldners einen Antrag nach § 130 II gestellt hatte.
Es kommt also zwar eine Erhöhung der Wertansätze in Betracht. Erlaubt ist dem LG jedoch bei demselben Notargeschäft grundsätzlich weder eine Erhöhung des Endbetrags der Kostenberechnung (Verschlechterungsverbot), BayObLG MittBayNot **77**, 1407, Hamm MDR **92**, 716, noch eine Anweisung an den Notar, weitere ihm entstandene Kosten zu erheben. Die Entscheidungsformel muß wegen der *Rechtskraftwirkung* für und gegen alle Kostenschuldner ergeben, über welche Einwendungen das LG entschieden hat, BayObLG **89**, 263. Nach einer Überzahlung ordnet das LG ihre Rückzahlung an. Das LG muß die Sachentscheidung grundsätzlich selbst treffen. Es darf eine Neuberechnung dem Notar nur ausnahmsweise überlassen, Zweibr MittBayNot **81**, 208.

20   **D. Form.** Das Gericht entscheidet nach § 130 III 1 in Verbindung mit §§ 38 I 1, 69 III FamFG durch einen Beschluß. Es muß seinen Beschluß nach § 38 III 1 FamFG grundsätzlich begründen, BLAH § 329 ZPO Rn 4. Eine Begründung kann freilich fehlen, soweit der Beschluß in keine Rechte eines Betroffenen eingreift, BVerfG NJW **57**, 298. Das gilt zB dann, wenn er den übereinstimmenden Anträgen entspricht oder wenn die Gründe schon allen bekannt sind. Es gilt auch dann, wenn alle Beteiligten einen Rechtsmittelverzicht wirksam erklärt haben, auch wenn die der Entscheidung zugrunde liegenden Fragen auf der Hand liegen (Vorsicht!) oder wenn sie sich aus dem Streitstoff selbst ergeben, KG FamRZ **76**, 99.
Alle an der Entscheidung beteiligten Richter müssen den Beschluß nach § 130 III 1 in Verbindung mit § 38 III 2 FamFG *unterschreiben*. Denn nur die Unterschrift verbürgt seine Herkunft. Die Unterschrift desjenigen Vorsitzenden, der nicht als Einzelrichter amtiert, oder diejenige desjenigen Vorsitzenden und des Berichterstatters genügen nicht. Ein Handzeichen (Paraphe) ist kein hier ausreichende Unterschrift, KG MDR **81**, 853, BLAH § 129 ZPO Rn 31 „Namensabkürzung".

21   **E. Zustellung.** Das LG muß seine Entscheidung wegen § 129 I nach § 130 III 1 in Verbindung mit § 41 I 2 FamFG jedem durch sie Beschwerten förmlich zustellen. Das gilt auch dann, wenn das LG die Entscheidung auf Grund einer mündlichen Verhandlung getroffen hat. Bei einer Mehrheit von Antragstellern ist eine förmliche Zustellung an jeden notwendig. Die Zustellung ist auch an den Notar erforderlich. Dabei reicht sein Empfangsbekenntnis wie bei § 195 II 1 ZPO. Auch ihm gegenüber ist eine Zustellungsurkunde notwendig.

22   **6) Beispiele zur Frage des Verfahrens, I–III**
(noch nicht belegt)

23   **7) Verstoß, I–III.** Infolge § 130 III 1 gilt das FamFG, soweit nicht das GNotKG vorrangige Sonderregeln enthält. Wegen der Rechtsmittel gilt § 129.

Beschwerde und Rechtsbeschwerde

129 [I] Gegen die Entscheidung des Landgerichts findet ohne Rücksicht auf den Wert des Beschwerdegegenstands die Beschwerde statt.

[II] Gegen die Entscheidung des Oberlandesgerichts findet die Rechtsbeschwerde statt.

Gliederung

1) Systematik, Regelungszweck, I, II	1
2) Beschwerde, I	2–8
A. Statthaftigkeit, Beschwerderecht	2
B. Beschwerdefrist, Beschwerdebegründung	3
C. Anschlußbeschwerde	4
D. Verzicht, Rücknahme	5
E. Gang des Beschwerdeverfahrens	6
F. Beschwerdeentscheidung	7
G. Gegenvorstellung	8
3) Rechtsbeschwerde, II	9–20
A. Einwendungen	9
B. Zulassung; Sprungrechtsbeschwerde	10
C. Keine Nichtzulassungsbeschwerde	11

Kapitel 3. Notarkosten   § 129 GNotKG

    D. Kein weiterer Kostenrechtszug 12
    E. Beschwer 13
    F. Beschwerdeberechtigter 14, 15
    G. Form 16
    H. Frist 17, 18
    I. Anschlußrechtsbeschwerde 19
    J. Begründung 20

1) Systematik, Regelungszweck, I, II. Die Vorschrift knüpft an §§ 127, 128 an   **1**
und wird in § 130 ergänzt. § 129 geht nach § 1 VI jeder Regelung der für das
zugrundeliegende Verfahren geltenden Vorschriften anderer Gesetze vor. § 129 dient
den bei § 127 erläuterten Zielen.

2) Beschwerde, I. Rechtsbehelfsbelehrung, Verstoß: §§ 7 a, 83 II 2. Gegen die   **2**
Entscheidung des LG nach §§ 127, 128 ist ein Rechtsmittel statthaft. I nennt es „Beschwerde". Es ist aber nach Rn 3 in Wahrheit eine befristete Beschwerde. Es ähnelt
damit einer sofortigen Beschwerde. Allerdings besteht die Besonderheit, das die zulassungsfreie Statthaftigkeit abweichend von § 61 FamFG nicht von einem Wert des
Beschwerdegegenstands abhängt, BayObLG Rpfleger 00, 471, Celle FGPrax 17, 190.
Wohl aber muß natürlich überhaupt eine Beschwer vorliegen. § 131 bleibt anwendbar.

Im übrigen sind *§§ 58 ff* FamFG anwendbar, § 130 III 1. Damit ergeben sich die
folgenden Hauptaspekte.

A. Statthaftigkeit, Beschwerderecht. Der Beurteilung des Beschwerdegerichts
unterliegen nach § 130 III 1 in Verbindung mit § 58 II FamFG auch diejenigen nicht
selbständig anfechtbaren Entscheidungen, die der Endentscheidung des LG vorausgegangen waren. Vgl auch § 62 FamFG.

Beschwerdeberechtigt ist nach § 130 III 1 in Verbindung mit § 59 II FamFG in diesem
Antragsverfahren nur der beschwerte Antragsteller nach § 127 I, also nicht der Notar
nur zugunsten des Kostenschuldners, Zweibr JB **88**, 1054. Eine Beschwerdeberechtigung nach § 59 III FamFG für die vorgesetzte Dienstbehörde des Notars folgt aus
§ 130 II unabhängig von einer ja begrifflich gar nicht möglichen Beschwer. Bei einem minderjährigen Zahlungspflichtigen muß man nach § 130 III 1 auch § 60
FamFG mitbeachten.

B. Beschwerdefrist, Beschwerdebegründung. Nach § 130 III 1 in Verbindung   **3**
mit § 63 I, III FamFG läuft ab der schriftlichen Bekanntgabe des Beschlusses nach
§ 41 FamFG und spätestens mit dem Ablauf von fünf Monaten seit seinem Erlaß eine
Frist von einem Monat zur Einlegung der Beschwerde. Sie ist keine Notfrist. Gegen
eine schuldlose Fristversäumung ist nach § 17 I FamFG eine Wiedereinsetzung auf
Antrag statthaft. § 17 II FamFG vermutet das Fehlen eines Verschuldens dann, wenn
das LG keine ordnungsgemäße Rechtsbehelfsbelehrung erteilt hatte. Diese richtet
sich nach § 39 FamFG. Denn § 130 III 1 verweist auch im Verfahren vor dem LG
nach § 127, 128 auf das FamFG. Das LG muß also auf die Statthaftigkeit einer Beschwerde, auf das Fehlen eines Mindestbeschwerdewerts, auf das zuständige OLG als
Beschwerdegericht, auf seinen Sitz und auf die notwendige Form und Frist einer
Beschwerde hinweisen.

Die *Einlegung* der Beschwerde muß nach § 130 III 1 in Verbindung mit §§ 10, 64
FamFG beim LG des Antragsverfahrens nach §§ 127, 128 erfolgen. Sie kann nach
§ 25 FamFG auch zum Protokoll der Geschäftsstelle eines jeden AG geschehen.
Denn nach § 10 I FamFG gibt es keinen Anwaltszwang vor dem LG oder OLG. Natürlich ist zur Fristwahrung der Eingang der evtl weitergeleiteten Beschwerde beim
zuständig gewesenen LG erforderlich. Das gilt auch dann, wenn man die Beschwerde
irrig beim OLG eingereicht hatte. Alle weiterleitenden Stellen müssen ähnlich wie
bei § 129 a ZPO unverzüglich handeln, brauchen aber dazu nicht alles andere stehenund liegenzulassen, BLAH § 129 a ZPO Rn 10.

Eine *einstweilige Anordnung* insbesondere auf eine Aussetzung der Vollziehung des
angefochtenen Beschlusses ist dem Gericht nach § 130 I 2 erlaubt.

Eine *Beschwerdebegründung* „soll" nach § 130 III 1 in Verbindung mit § 65 I FamFG
zwar nur erfolgen. Sie ist aber natürlich dringend ratsam, schon zur Klarstellung, in
welchem Umfang überhaupt eine Anfechtung erfolgt. Das OLG kann dem Be-

schwerdeführer nach § 65 II FamFG eine Begründungsfrist setzen und nach deren erfolglosem Ablauf ohne weiteres Zuwarten entscheiden, soweit es nicht nach § 16 II FamFG, §§ 224 II, III, 225 ZPO antragsgemäß eine Fristverlängerung gewährt hat oder gewähren mußte. Man kann die Beschwerde nach § 65 III FamFG auf neue Tatsachen und Beweismittel stützen, aber nach § 65 IV FamFG nicht auf eine Unzuständigkeit des LG im Antragsverfahren.

4   C. Anschlußbeschwerde. Sie ist nach § 130 III 1 in Verbindung mit § 68 S 1 FamFG statthaft, selbst nach einem Beschwerdeverzicht des Anschlußbeschwerdeführers oder nach dem Ablauf seiner Beschwerdefrist. Die Anschließung verliert freilich ihre Wirkung nach § 66 S 2 FamFG mit der Zurücknahme oder Verwerfung der Beschwerde als unzulässig.

5   D. Verzicht, Rücknahme. Die Beschwerde ist nach § 130 III 1 in Verbindung mit § 67 I FamFG unzulässig, soweit der Beschwerdeführer auf sie nach der Bekanntgabe des Beschlusses nach § 41 FamFG durch eine Erklärung gegenüber dem Gericht verzichtet hat. § 67 II FamFG enthält Für eine Anschlußbeschwerde eine entsprechende Regelung. § 67 III FamFG behandelt den Verzicht einem anderen Beteiligten gegenüber. Nach § 67 IV FamFG kann man die Beschwerde bis zum Erlaß der Beschwerdeentscheidung des OLG zurücknehmen.

6   E. Gang des Beschwerdeverfahrens. Ihn regeln §§ 127, 128, ferner § 130 III 1 in Verbindung mit § 68 FamFG ausführlich. Die Grundlinien lauten wie folgt.
   Abhilfe des LG ist nach § 68 I 1 Hs 1 FamFG möglich und daher eine Prüfpflicht des LG vor einer Vorlage beim nach § 119 I Z 2 GVG zuständigen OLG. Letztere muß nach V 3 in Verbindung mit § 68 I 1 FamFG unverzüglich erfolgen. Gegen die Abhilfe durch das LG ist Beschwerde statthaft.
   Mangels Statthaftigkeit, form- und fristgerechter Einlegung, die das OLG von Amts wegen prüft, erfolgt eine Verwerfung als unzulässig. Im übrigen richtet sich das Beschwerdeverfahren nach den FamFG-Vorschriften des dortigen ersten Rechtszugs. Eine mündliche Verhandlung ist freigestellt. Der Einzelrichter kann nach § 68 IV FamFG, § 526 ZPO durch Beschluß des Senats zuständig werden und bleiben.

7   F. Beschwerdeentscheidung. Sie regeln § 130 III 1 in Verbindung mit § 69 FamFG ebenfalls ausführlich. Auch hier nur die Grundlinien. Die Anträge binden das OLG.
   Zurückverweisung ist dem OLG nach § 69 I 2, 3 FamFG nur insoweit erlaubt, als das LG entweder in Wahrheit noch gar nicht in der Sache entschieden hat oder als LG-Verfahren an einem wesentlichen Mangel leidet *und* zur OLG-Entscheidung eine umfangreiche oder aufwendige Beweiserhebung notwendig wäre *und* ein Beteiligter auch eine Zurückverweisung direkt (mit)beantragt. Vgl zu alledem BLAH § 538 ZPO Rn 6–9.
   Sachentscheidung ist mangels einer Zurückverweisung die Pflicht des OLG nach § 69 I 1 FamFG. Es darf seine Entscheidung stets begründen. Es „soll" das nach § 69 II 1 FamFG tun und „muß" es nach § 69 II 2 FamFG in dessen Fällen Z 1–4 tun. Im übrigen gelten nach § 69 III FamFG die dortigen erstinstanzlichen Regeln entsprechend.
   Eine Zustellung durch ein *Empfangsbekenntnis* entfällt. Denn eine solche Zustellungsart kommt nach §§ 174, 195 ZPO nur im Verhältnis zwischen Anwalt und Anwalt in Betracht. Der auf die vorgenannten ZPO-Vorschriften mitverweisende § 113 I 2 FamFG gilt hier ja nicht.
   Wegen der *Kosten* vgl § 130 II 3, 4.
   Eine *Rechtsmittelbelehrung* ist nach § 130 III 1 in Verbindung mit § 39 FamFG zwingend. Vgl ferner §§ 7a, 83 II 2. Das OLG trägt die Verantwortung für ihre Richtigkeit. Soweit die Rechtsmittelbelehrung falsch ist, kann nach einer darauf beruhenden Versäumung der Frist nach Rn 3 eine Wiedereinsetzung in den vorigen Stand nach § 130 III 1 in Verbindung mit § 17 FamFG in Betracht kommen. Außerdem kann eine diesbezügliche Kostenniederschlagung nach § 21 notwendig sein. Soweit sie fehlt, ist deshalb eine Wiedereinsetzung möglich. Denn man hätte sich nach der Frist erkundigen müssen, BayObLG MDR **97**, 1058.

8   G. Gegenvorstellung. Insbesondere nach einem Verstoß gegen Art 103 I GG kann das LG theoretisch eine Gegenvorstellung zulassen müssen und daher nochmals entscheiden müssen, (zum alten Recht) BVerfG RR **01**, 860. Das OLG kann an die-

se Zulassung gebunden sein, BVerfG RR **01**, 860. Freilich hat die Gegenvorstellung seit der Einführung der Anhörungsrüge nach § 131 in Verbindung mit § 44 FamFG praktisch keine Erfolgsaussicht mehr.

3) Rechtsbeschwerde, II. Man sollte acht Aspekte beachten. Rechtsbehelfsbelehrung, Verstoß: §§ 7a, 83 II 2.

A. Einwendungen. Man kann mit der Rechtsbeschwerde nach § 130 III 1 in Verbindung mit § 70 FamFG sämtliche im Beschwerdeverfahren statthaft gewesenen Einwendungen erneut oder erstmals geltend machen. Das gilt allerdings abhängig von der Frist nach § 130 III 1 in Verbindung mit § 71 FamFG.

B. Zulassung; Sprungrechtsbeschwerde. Freilich ist die Rechtsbeschwerde nach § 130 III 1 in Verbindung mit § 70 II FamFG nur insoweit zulässig, als das OLG sie wegen einer grundsätzlichen Bedeutung der Rechtssache oder zwecks Rechtsfortbildung oder Sicherung einer einheitlichen Rechtsprechung zugelassen hat, (je zum alten Recht) BayObLG FGPrax **04**, 95, Köln FGPrax **02**, 101, Mü MDR **07**, 294. Die Zulassung muß nach § 70 I FamFG grundsätzlich bereits im Beschluß erfolgen. Sie ist also nicht nachholbar, Düss FGPrax **97**, 73, Köln OLGZ **88**, 296. Eine Zulassung bindet den BGH nach § 70 II 2 FamFG. Die Zulässigkeit einer Überprüfung nur auf einen Rechtsverstoß nach § 72 I FamFG erstreckt sich aber nur auf denjenigen Bereich der Entscheidung, für den das OLG die Rechtsbeschwerde eindeutig zugelassen hat, (je zum alten Recht) BayObLG **85**, 3, Düss AnwBl **93**, 41, Schlesw JB **78**, 911. Das OLG kann die Zulassung auf selbständige Teile beschränken. Denn „wenn" in § 70 I FamFG meint verständigerweise „soweit", BayObLG JB **84**, 915, Düss JB **92**, 551, Ffm DNotZ **78**, 118. Eine Beschränkung auf einen Wertteil ist aber unzulässig, BayObLG MittBayNot **77**, 140.

Eine *Sprungrechtsbeschwerde* ist wegen § 75 FamFG denkbar, KLBR **94**, Leßniak MittBayNot **09**, 495, Tiedtke/Diehm ZNotP **09**, 386, aM Wudy NotBZ **09**, 254.

C. Keine Nichtzulassungsbeschwerde. Soweit eine Zulassung nicht erfolgt ist, kann man die daher unstatthafte Rechtsbeschwerde auch nicht mit einer sog Nichtzulassungsrüge oder mit der Begründung einlegen, Art 103 I GG sei verletzt. Dann kommt grundsätzlich nur die Nachholung der Anhörung und die Änderung des bisherigen Beschlusses nach (jetzt) § 131 in Verbindung mit § 44 FamFG in Betracht, BayObLG JB **88**, 362, Schlesw SchlHA **84**, 62, aM Ffm JB **93**, 545. Eine Ausnahme besteht auch nicht mehr wegen einer sog greifbaren Gesetzwidrigkeit, BGH MDR **04**, 466, BLAH § 574 Rn 4. Allenfalls kommt eine fristgebundene Gegenvorstellung wie bei Rn 8 in Betracht, BVerfG NJW **02**, 3387 (Erschöpfung des Rechtswegs vor einer etwaigen Verfassungsbeschwerde).

D. Kein weiterer Kostenrechtszug. Gegen die Anwendbarkeit von § 130 III 1 in Verbindung mit § 70 II FamFG auf die Kostenentscheidung des Beschwerdegerichts nach übereinstimmenden wirksamen Beendigungserklärungen bestehen Bedenken. Denn dadurch würde man weitergehend als bei der Hauptsache und deshalb grundsätzlich problematisch einen weiteren isolierten Kostenrechtszug eröffnen, Ffm MDR **95**, 1063, Jena FGPrax **02**, 101, aM KG FGPrax **03**, 188.

E. Beschwer. Es muß nach § 130 III 1 in Verbindung mit § 59 I FamFG grundsätzlich eine Beschwer gerade dieses Beschwerdeführers durch die Entscheidung des OLG vorliegen, (je zum alten Recht) BayObLG MittBayNot **81**, 210, Stgt MDR **89**, 1112, Zweibr JB **88**, 1054. Das gilt gerade wegen derjenigen Frage, für deren Klärung das OLG die Rechtsbeschwerde zugelassen hat. Von diesem Grundsatz gilt im Rahmen von § 130 II eine Ausnahme. Es ist aber kein neuer selbständiger Beschwerdegrund erforderlich. Das übersieht Köln JB **94**, 173. Eine Beschwer auch der vorgesetzten Dienstbehörde ist nicht erforderlich, BayObLG **93**, 400, aM Düss JB **95**, 212. Es ist *kein Beschwerdewert* nötig, BayObLG Rpfleger **00**, 471 (zustm Waldner).

F. Beschwerdeberechtigter. Zur Einlegung der Rechtsbeschwerde ist jeder berechtigt, für den das OLG die Rechtsbeschwerde zugelassen hat. Das OLG braucht die hiernach Berechtigten in seiner Beschwerdeentscheidung nicht namentlich erwähnt zu haben. Es muß aber eindeutig erkennbar machen, daß es gerade diesem Beschwerdeführer die Rechtsbeschwerde eröffnen wollte.

15 Danach können der *Kostenschuldner* und der *Notar* beschwerdeberechtigt sein, BayObLG **85**, 3, und zwar auch ein inzwischen aus dem Amt ausgeschiedener Notar und sein Rechtsnachfolger. Der Notar kann aber die Rechtsbeschwerde nicht schon deshalb einlegen, weil er eine Besserstellung des Kostenschuldners erreichen möchte, Stgt MDR **89**, 1112. Der Notar kann neben einer Berechtigung und einer etwaigen Verpflichtung, nach § 130 II vorzugehen, ein Recht zur Einlegung einer Rechtsbeschwerde haben. Eine Dienstausweisung muß erkennen lassen, mit welchem Ziel der Notar die Rechtsbeschwerde einlegen soll, BayObLG FGPrax **97**, 197. Ein Beteiligter verliert das Recht zur Rechtsbeschwerde nicht schon deshalb, weil er die Kostenberechnung nicht beanstandet und sich am weiteren Verfahren bisher nicht beteiligt hatte.

16 **G. Form.** Es gelten dieselben Anforderungen wie bei der Erstbeschwerde. Es besteht also nach § 130 III 2 (Unanwendbarkeit von § 10 IV FamFG) auch für den Notar kein Anwaltszwang. Dagegen muß sich ein anderer Beteiligter vor dem BGH nach § 130 III 1 in Verbindung mit § 10 IV 1 FamFG durch einen beim BGH zugelassenen Anwalt vertreten lassen.

17 **H. Frist.** Die Rechtsbeschwerde ist nach § 130 III 1 in Verbindung mit § 71 I 1 FamFG nur innerhalb einer Frist von einem Monat zulässig. Die Frist beginnt nach § 130 III 1 in Verbindung mit §§ 41, 71 I 1 FamFG im Zeitpunkt der schriftlichen Bekanntgabe der Entscheidung des OLG an diesen Beschwerdeführer. Sie läuft also bei mehreren Beteiligten evtl zu verschiedenen Zeitpunkten an und aus. Für die Berechnung der Frist gilt § 130 III 1 in Verbindung mit § 16 FamFG. Die schriftliche Erklärung reicht aus, man erkenne die formlose Übersendung als eine förmliche Zustellung an, BayObLG FGPrax **97**, 74.

18 Soweit die Frist *verstrichen* ist und keine Wiedereinsetzung erfolgt, kommt eine Rechtsbeschwerde nicht schon wegen Art 103 I GG in Betracht, Zweibr Rpfleger **86**, 451.

19 **I. Anschlußrechtsbeschwerde.** Rechtsbehelfsbelehrung, Verstoß: §§ 7 a, 83 II 2. Eine selbständige Anschlußrechtsbeschwerde ist im Rahmen von § 130 III 1 in Verbindung mit § 73 FamFG statthaft, KG DNotZ **88**, 201. Die unselbständige Anschlußrechtsbeschwerde ist nach § 130 III 1 in Verbindung mit § 73 S 1 FamFG innerhalb eines Monats seit Bekanntgabe der Begründungsschrift der Rechtsbeschwerde zulässig.

20 **J. Begründung.** Man muß eine Rechtsbeschwerde begründen. Man muß nach § 130 III 1 in Verbindung mit § 71 III Z 1, 2 FamFG näher darlegen, daß und weshalb die Entscheidung des OLG auf einer Verletzung des Rechts beruht. Das Recht ist nach V 3 in Verbindung mit § 72 I FamFG sowie § 132 in Verbindung mit Art 1 II EGBGB verletzt, soweit das LG eine Rechtsnorm nicht oder nicht richtig angewendet hat. Die Entscheidung des OLG beruht nach § 130 III 1 in Verbindung mit § 72 III FamFG stets auf einer Verletzung des Rechts, soweit einer der in § 547 Z 1–6 ZPO genannten, dort als unbedingte Revisionsgründe anerkannten Fälle vorliegt. Man darf die erforderliche Begründung der Rechtbeschwerde nicht durch eine nichtssagende Redensart ersetzen. Ein Nachschieben von Gründen ist wegen des revisionsähnlichen Charakters von II unstatthaft, Brdb DNotZ **97**, 249.

Gemeinsame Vorschriften

130 I ¹Der Antrag auf Entscheidung des Landgerichts, die Beschwerde und die Rechtsbeschwerde haben keine aufschiebende Wirkung. ²Das Gericht oder das Beschwerdegericht kann auf Antrag oder von Amts wegen die aufschiebende Wirkung ganz oder teilweise anordnen; ist nicht der Einzelrichter zur Entscheidung berufen, entscheidet der Vorsitzende des Gerichts.

II ¹Die dem Notar vorgesetzte Dienstbehörde kann diesen in jedem Fall anweisen, die Entscheidung des Landgerichts herbeizuführen, Beschwerde oder Rechtsbeschwerde zu erheben. ²Die hierauf ergehenden gerichtlichen Entscheidungen können auch auf eine Erhöhung der Kostenberechnung lauten. ³Gerichtskosten hat der Notar in diesen Verfahren nicht zu tragen. ⁴Außergerichtliche Kosten anderer Beteiligter, die der Notar in diesen Verfahren zu tragen hätte, sind der Landeskasse aufzuerlegen.

Kapitel 3. Notarkosten § 130 GNotKG

III ¹Auf die Verfahren sind im Übrigen die Vorschriften des Gesetzes über das Verfahren in Familiensachen und in den Angelegenheiten der freiwilligen Gerichtsbarkeit anzuwenden. ²§ 10 Absatz 4 des Gesetzes über das Verfahren in Familiensachen und in den Angelegenheiten der freiwilligen Gerichtsbarkeit ist auf den Notar nicht anzuwenden.

Gliederung

1) Systematik, I–III	1
2) Regelungszweck, I–III	2
3) Aufschiebende Wirkung, Aussetzung oder Unterbrechung des Verfahrens, I, III	3
4) Anweisung der Dienstbehörde, II	4–13
A. Zweck	4
B. Anweisungsrecht	5, 6
C. Entbehrlichkeit einer Beschwer	7
D. Weisungsinhalt	8
E. Weisungsgrenzen	9
F. Keine Dienstaufsichtsbeschwerde	10
G. Verfahren	11, 12
H. Ausscheiden, Tod des Notars	13
5) Anwendbarkeit des FamFG, III	14–16
A. Grundsatz: Direkte Anwendbarkeit, III 1	15
B. Ausnahme: Kein Anwaltszwang für Notar vom BGH, III 1	16

1) Systematik, I–III. In der ziemlich unübersichtlich auf die fünf Vorschriften der §§ 127–131 auseinandergezogenen Ordnung des Gerichtsverfahrens in einer Notarkostensache bringt *I* eine Reglung zur Möglichkeit einer Anordnung aufschiebender Wirkung. *II 1* regelt das eigenartige gerichtliche Anweisungsverfahren, *II 2–4* regeln Kostenfolgen. *III 1* bringt eine ziemlich unscharfe Verweisung auf alle möglichen Vorschriften des FamFG, *III 2* eine Befreiung des Notars von einem Anwaltszwang vor dem BGH im Rechtsbeschwerdeverfahren nach § 129 II. 1

2) Regelungszweck, I–III. Es gelten in den verschiedenen Teilen der Vorschrift Bemühungen sowohl um Gerechtigkeit als auch um Rechtssicherheit wie Zweckmäßigkeit als der Hauptbestandteile der Rechtsidee. Demgemäß darf man bald großzügig auslegen, bald muß man streng vorgehen. §§ 1–54 sind ohnehin stets mitbeachtbar. 2

3) Aufschiebende Wirkung, Aussetzung oder Unterbrechung des Verfahrens, I, III. Grundsätzlich hat nach *I 1* ein Antrag nach § 127 oder ein Rechtsmittel nach § 129 keine aufschiebende Wirkung. Ausnahmsweise kann aber nach *I 2 Hs 1* das Gericht oder Beschwerdegericht oder nach *I 2 Hs 2* der Vorsitzende auf einen Antrag oder von Amts wegen die aufschiebende Wirkung im Rahmen eines pflichtgemäßen weiten Ermessens ganz oder teilweise mit oder ohne eine Sicherheitsleistung unanfechtbar anordnen, BayObLG DNotZ **96**, 120. Das wird das nur dann geschehen, wenn ein unwiederbringlicher Nachteil oder eine sonstige Unzumutbarkeit droht. Die Entscheidung des ganzen Kollegiums ist nicht schon wegen einer fehlerhaften Besetzung unwirksam, Zweibr FGPrax **05**, 234 links. 3

Eine *Aussetzung* nicht nur der Vollziehung, sondern des ganzen Verfahrens kann nach *III 1* in Verbindung mit § 21 FamFG dann in Betracht kommen, wenn zB über eine Amtshaftung ein Zivilprozeß schwebt, Düss DNotZ **76**, 251, aber nicht schon wegen jeder Aufrechnung. Ein Insolvenzverfahren über das Vermögen des Kostenschuldners unterbricht nicht nach § 240 ZPO, KG DNotZ **88**, 454.

4) Anweisung der Dienstbehörde, II. Man sollte drei Aspekte beachten. 4

A. Zweck. Der Notar ist nach § 1 BNotO als ein unabhängiges Organ der Rechtspflege tätig. Das gilt auch, soweit ihm die Gebühren selbst zufließen. Er muß sein Amt streng unparteiisch verwalten. Er darf nach § 125 keine Vereinbarung über die Kosten treffen. Diese Grundsätze machen eine vorbeugende Aufsicht und eine Überprüfbarkeit der Kostenberechnungen des Notars auch durch die vorgesetzte Dienstbehörde notwendig, BVerfG NotBZ **05**, 401, BGH DNotZ **88**, 255. Das gilt sogar nach dem Ausscheiden oder nach dem Tod des Notars, freilich nur gegenüber derjenigen Stelle, die jetzt seine Akten verwahrt.

Insofern liegt eine *Einschränkung der Unabhängigkeit* des Notars vor, BGH DNotZ **85**, 99. Sie ist insoweit unbedenklich, als das Verfahren nach II nicht etwa zu einer Verwaltungsentscheidung führt, also nicht zu einer Anweisung, sondern vor allem zu einer richterlichen Entscheidung.

5 **B. Anweisungsrecht.** Der Präsident des LG darf als vorgesetzte Dienstbehörde nach *II 1* „in jedem Fall" den Notar zur Herbeiführung der Entscheidung des LG oder zu einer Beschwerde oder Rechtsbeschwerde anweisen. Ein solches Weisungsrecht besteht also auch dann, wenn bereits der Kostenschuldner dergleichen eingelegt oder zurückgenommen oder erklärt hat, er betrachte die Kostenfrage als erledigt. Dann läuft eine weisungsgemäße Herbeiführung der Entscheidung des LG usw durch den Notar auf ein Anschlußrechtsmittel hinaus. Das Gericht darf den Kostenansatz nach *II 2* dann erhöhen.

6 Das *Weisungsrecht* des Präsidenten des LG besteht sowohl dann, wenn noch keine Entscheidung des LG nach § 127 I vorliegt, als auch dann, wenn nach § 129 nur noch eine Beschwerde oder gar nur noch eine Rechtsbeschwerde in Betracht kommt. Das Weisungsrecht besteht unabhängig davon, ob sich der Kostenschuldner oder der Notar beschwert fühlen, BGH DNotZ **88**, 256. Denn die Anweisung ersetzt einen Antrag oder eine Beschwerde oder Rechtsbeschwerde des Vertreters der Staatskasse. Er ist also nicht beschwerdeberechtigt. Vgl auch § 56 KostVfg, Teil VII A dieses Buchs. Das Weisungsrecht ist auch von einer Verjährung der Kostenforderung unabhängig. Denn die Verjährung läßt den Anspruch bis zur Geltendmachung des Leistungsverweigerungsrechts nach § 214 I BGB unberührt.

7 **C. Entbehrlichkeit einer Beschwer.** Eine Beschwer ist nicht erforderlich. Das ergibt sich auch aus den Worten „in jedem Fall" in II 1, BayObLG DNotZ **94**, 703. Eine Beschwer der Aufsichtsbehörde ist ohnehin begrifflich unstatthaft. Eine Frist nennt II nicht. § 127 II 1 gilt hier nicht.

8 **D. Weisungsinhalt.** Der Präsident des LG muß auch als eine Zulässigkeitsvoraussetzung der Anweisung erkennen lassen, in welcher Hinsicht er die Kostenberechnung des Notars für unrichtig hält und mit welchem Ziel das Gericht eine Entscheidung herbeiführen soll, BayObLG FGPrax **97**, 197, Celle JB **05**, 43, Hamm FGPrax **09**, 185. In diesem Rahmen muß der Präsident des LG aber dann in seiner Anweisung nicht im einzelnen angeben, in welcher Richtung der Notar eine Anfechtung vornehmen soll, BayObLG DNotZ **94**, 703.

9 **E. Weisungsgrenzen.** Ein Weisungsrecht des Präsidenten des LG besteht allerdings insofern nicht, als das OLG im Verfahren einer weisungsgemäß eingelegten Beschwerde die Rechtsansicht des LG rechtskräftig bestätigt hat, (zum alten Recht) Celle JB **05**, 43. Ferner ist das Weisungsrecht dann eingeschränkt, wenn die Aufsichtsbehörde eine bestimmte Praxis der Kostenberechnung beanstandungsfrei hingenommen hat oder wenn diese sonst als rechtens gilt, BGH DNotZ **88**, 255. Der Präsident des LG muß das Verhältnismäßigkeitsgebot beachten, BGH DNotZ **88**, 255. Die Überwachungsmaßnahme muß zumutbar sein, BGH DNotZ **88**, 255. Es ist ein Weisungsrecht nur wegen des Kostenansatzes und nicht wegen des sachlichen Rechts etwa bei einer Stundung, Aufrechnung usw zulässig.

Der Präsident des LG darf den Notar *nicht* anweisen, beim Antrag auf die Entscheidung des LG oder mit der Beschwerde oder Rechtsbeschwerde eine bestimmte *Rechtsansicht zu vertreten.* Denn sonst wäre es ein zu weitgehender Eingriff in die Unabhängigkeit des Notars sieht II nicht vor, BGH DNotZ **88**, 255. Insofern muß man notfalls beim OLG einen Aufhebungsantrag nach §§ 23, 25 EGGVG stellen. Der LG-Präsident darf auch nicht mit dem Ziel anweisen, eine Gebühr als nicht entstanden festzustellen, Hamm JB **03**, 484.

10 **F. Keine Dienstaufsichtsbeschwerde.** Einer Dienstaufsichtsbeschwerde des Notars gegen eine Anweisung nach II fehlt meist das Rechtsschutzbedürfnis. Eine Ausnahme mag zB bei einem unangemessenen Weisungston oder bei einer zu kurzen Frist zur Stellungnahme des Notars vorliegen.

11 **G. Verfahren.** Das Verfahren richtet sich bei einem weisungsgemäß gestellten Antrag nach § 127 I, bei der Erstbeschwerde nach III, bei einer Rechtsbeschwerde nach § 129 I jeweils in Verbindung mit I. Indessen kann das Gericht nach II 2 nach einem vergeblichen Antrag des Notars auch eine Erhöhung der Kostenberechnung vorneh-

Kapitel 4. Schluss- und Übergangsvorschriften §§ 130–132 GNotKG

men. Es kann die angefochtene Kostenberechnung also zum Nachteil des Kostenschuldners ändern. Das Verfahren ist für den Notar nach II 3 gerichtskostenfrei. Außergerichtliche Kosten anderer Beteiligter muß nach II 4 evtl die Landeskasse tragen.
Das Gericht hat eine *Entscheidungsbefugnis nur insoweit,* als der Notar die Entscheidung gerade dieses Gerichts weisungsgemäß beantragt hat, BayObLG JB **98**, 207, Hamm RR **14**, 252. Der Notar braucht keinen bestimmten Antrag zu stellen. Er kann aber auch beantragen, das Gericht möge die Anweisung des Präsidenten des LG verwerfen. Das Gericht muß den Anweisenden ohnehin vor einer seinen erkennbaren Vorstellungen nicht voll entsprechenden Entscheidung anhören. Der Notar braucht sich auch nicht diejenige Rechtsansicht zu eigen zu machen, die der Weisung des Präsidenten des LG zugrunde liegt. Er muß eine weisungsgemäß eingelegte Beschwerde nach III 1 in Verbindung mit § 71 II, III FamFG begründen. Rechtsbehaltsbelehrung Verstoß: §§ 7a, 83 II 2. 12

H. Ausscheiden, Tod des Notars. Nach dem Ausscheiden oder dem Tod des Notars besteht kein Antragsrecht oder Beschwerderecht der Aktenverwahrungsstelle. 13

5) Anwendbarkeit des FamFG, III. Dieser Teil der Vorschrift gilt schon nach der amtlichen Überschrift von § 130 „Gemeinsame Vorschriften" für §§ 127–130. III 2 stimmt wörtlich mit § 131 S 2 überein. Es gibt den Grundsatz einer direkten und nicht nur entsprechenden Anwendbarkeit des FamFG und eine Ausnahme. 14

A. Grundsatz: Direkte Anwendbarkeit, III 1. Nur „im Übrigen" ist das FamFG anwendbar, also nur insoweit, als nicht §§ 127–130 I, II vorrangig Spezielleres bestimmen. In diesem Hilfsrahmen ist das FamFG grundsätzlich voll anwendbar. Es besteht dazu kein Ermessen, weder des Gerichts noch des Präsidenten des LG noch des Notars. Vgl also die Kommentare zum FamFG, zB bei BLAH. 15

B. Ausnahme: Kein Anwaltszwang für Notar vorm BGH, III 2. § 10 IV FamFG ist wie bei § 131 S 2 auf den Notar und nur auf ihn im Verfahren einer Rechtsbeschwerde unanwendbar. Er darf sich also vor dem BGH selbst vertreten, auch als sog Nurnotar. 16

Abhilfe bei Verletzung des Anspruchs auf rechtliches Gehör

131 ¹Die Vorschriften des Gesetzes über das Verfahren in Familiensachen und in den Angelegenheiten der freiwilligen Gerichtsbarkeit über die Abhilfe bei Verletzung des Anspruchs auf rechtliches Gehör sind anzuwenden.
² § 10 Absatz 4 des Gesetzes über das Verfahren in Familiensachen und in den Angelegenheiten der freiwilligen Gerichtsbarkeit ist auf den Notar nicht anzuwenden.

1) Systematik, Regelungszweck, S 1, 2. Die Vorschrift gilt nur bei Notarkosten und weicht von der Regelung bei Gerichtskosten in § 84 unnötig ab. Sie klärt wie bei § 130 III 2 Befugnis (nur) des Notars, sich vor dem BGH selbst zu vertreten, S 2 in Abweichung von § 10 IV FamFG. Inhaltlich stimmt § 10 I–III FamFG fast wörtlich mit § 69a GKG überein. Vgl daher dort, Teil I A dieses Buchs. 1

Kapitel 4. Schluss- und Übergangsvorschriften

Verhältnis zu anderen Gesetzen

132 Artikel 1 Absatz 2 und Artikel 2 des Einführungsgesetzes zum Bürgerlichen Gesetzbuche sind entsprechend anzuwenden.

1) Systematik, Regelungszweck. Die entsprechende Anwendbarkeit von Art 1 II EGBGB besagt, ein landesrechtlicher Regelungsvorbehalt bleibt auch für die Zukunft wirksam. Die Verweisung auf Art 1 II EGBGB stellt klar, daß Gesetz jede Rechtsnorm ist, also auch eine VO, eine autonome Satzung, das Gewohnheitsrecht, ein Tarifvertrag, ein Staatsvertrag.
Keine Rechtsnorm sind zB eine Regelung in AGB, die Verkehrssitte, eine Vereinssatzung, ein Handelsbrauch. 1

GNotKG §§ 133, 134

Bekanntmachung von Neufassungen

133 ¹Das Bundesministerium der Justiz und für Verbraucherschutz kann nach Änderungen den Wortlaut des Gesetzes feststellen und als Neufassung im Bundesgesetzblatt bekannt machen. ²Die Bekanntmachung muss auf diese Vorschrift Bezug nehmen und angeben
1. den Stichtag, zu dem der Wortlaut festgestellt wird,
2. die Änderungen seit der letzten Veröffentlichung des vollständigen Wortlauts im Bundesgesetzblatt sowie
3. das Inkrafttreten der Änderungen.

Vorbem. S 1 geändert dch Art 174 VO v 31. 8. 15, BGBl 1474, in Kraft seit 8. 9. 15, Art 627 I VO, ÜbergangsR § 134 GNotKG.

1 **1) Geltungsbereich, S 1, 2.** Die Vorschrift stimmt wörtlich überein mit § 70a GKG, Teil I A dieses Buchs, und mit § 62a FamFG, sowie mit § 59a RVG, Teil X dieses Buchs. Vgl daher jeweils dort.

Übergangsvorschrift

134 ᴵ ¹In gerichtlichen Verfahren, die vor dem Inkrafttreten einer Gesetzesänderung anhängig geworden oder eingeleitet worden sind, werden die Kosten nach bisherigem Recht erhoben. ²Dies gilt nicht im Verfahren über ein Rechtsmittel, das nach dem Inkrafttreten einer Gesetzesänderung eingelegt worden ist. ³Die Sätze 1 und 2 gelten auch, wenn Vorschriften geändert werden, auf die dieses Gesetz verweist. ⁴In Verfahren, in denen Jahresgebühren erhoben werden, und in Fällen, in denen die Sätze 1 und 2 keine Anwendung finden, gilt für Kosten, die vor dem Inkrafttreten einer Gesetzesänderung fällig geworden sind, das bisherige Recht.

ᴵᴵ Für notarielle Verfahren oder Geschäfte, für die ein Auftrag vor dem Inkrafttreten einer Gesetzesänderung erteilt worden ist, werden die Kosten nach bisherigem Recht erhoben.

1 **1) Systematik, I, II.** Es handelt sich um die grundsätzliche Übergangsregelung. Sie tritt in den Sonderfällen §§ 135, 136 zurück. Auch Art 111 FGG-RG geht vor, Grdz 2 vor § 1 FamGKG, Teil I B dieses Buchs, KG JB **11**, 539. Vgl ferner § 63 FamGKG.

2 **2) Regelungszweck, I, II.** I bekräftigt nur einen in jedem Gesetz mit seiner Bestimmung zum Inkrafttreten genannten Gedanken des grundsätzlichen Rückwirkungsverbots. I 1 soll eine Kostenerhöhung im laufenden Verfahren verhindern, LG Wuppert Rpfleger **89**, 278. Das muß man bei der Auslegung mitbeachten.

3 **3) Gesetzesänderung, I, II.** Die Regelung gilt auch für Notare.

4 **4) Aktgebühr, I, II.** Soweit es sich nicht um ein Verfahren nach Rn 5 handelt, sondern um ein gebührenpflichtiges Einzelgeschäft, entscheidet der Zeitpunkt der Fälligkeit dieser Gebühr nach §§ 8 9, Zweibr RR **00**, 1378, LG Wuppert Rpfleger **89**, 278, aM KG Rpfleger **80**, 164 (zum alten Recht).

Auf eine *Mehrheit* von Aktgebühren kann je nach ihrer Fälligkeit teils altes, teils neues Recht anwendbar sein, Madert/Schmidt NJW **87**, 293.

Die Gebühr für die Erteilung eines *Erbscheins* richtet sich aber nach I 3, (zum alten Recht) Mümmler JB **75**, 1299.

5 **5) Verfahrensgebühr, I, II.** Man muß zwei Aspekte beachten.

A. Einleitung des Verfahrens. Bei einer Verfahrensgebühr ist nach I 1 nicht die Fälligkeit nach §§ 8, 9 maßgeblich, sondern schon der Zeitpunkt der Einleitung des jeweiligen einzelnen Verfahrens. Das ist beim Amtsverfahren die erste nach außen wirksame Gerichtsmaßnahme, beim Antragsverfahren der Antragseingang beim Gericht, Köln JB **13**, 649. Das gilt nach Rn 2, um bei längeren Verfahren eine Berechnung stets nur nach dem neuen Recht zu verhindern. Abweichend vom bisherigen Recht muß man aber jede Instanz gesondert beurteilen. Es kann also für die erste das alte Recht anwendbar sein, für die zweite das neue Recht. Die Rechtsmittelinstanz

Kapitel 4. Schluss- und Übergangsvorschriften § 134, Anh § 134 GNotKG

beginnt mit dem Eingang des Rechtsmittels. Mit dem Erlaß einer zurückverweisenden Entscheidung beginnt ein neuer Rechtszug.

B. Gebühren nach Zeitabschnitten. Soweit die Gebühren nach Zeitabschnitten 6 entstehen, gilt nach I 4 das alte Recht auch für die seit einer Gesetzesänderung begonnenen Zeitabschnitte, sofern das Verfahren in derselben Instanz vor der Gesetzesänderung begonnen hatte. Diese Fälle treten zB bei einer Betreuung, Pflegschaft, Dauerbeistandschaft oder Beaufsichtigung einer Stiftung ein. Auch bei Gebühren nach Zeitabschnitten muß man jede Instanz gesondert beurteilen.

6) **Verweisung, I 3.** Das Übergangsrecht ist auch dann anwendbar, wenn sich 7 eine Vorschrift ändert, auf die das GNotKG verweist.

7) **Notargeschäft, II.** Vgl Hamm FGPrax **16**, 39. 8

Anhang nach § 134
Kosten bei der Nachprüfung von Justizverwaltungsakten (§ 30 EGGVG)

EGGVG § 30. Kosten. [1]Das Oberlandesgericht kann nach billigem Ermessen bestimmen, daß die außergerichtlichen Kosten des Antragstellers, die zur zweckentsprechenden Rechtsverfolgung notwendig waren, ganz oder teilweise aus der Staatskasse zu erstatten sind. [2]Die Vorschriften des § 91 Abs. 1 Satz 2 und der §§ 103 bis 107 der Zivilprozeßordnung gelten entsprechend. [3]Die Entscheidung des Oberlandesgerichts kann nicht angefochten werden.

Gliederung

1) Systematik, S 1–3	1
2) Beispiele zur Frage der Systematik, S 1–3	2
3) Regelungszweck, S 1–3	3
4) Kosten, S 1–3	4–6
A. Stattgeben, S 1, 2	4
B. Kostenfestsetzung, S 2	5
C. Unanfechtbarkeit, S 3	6

1) **Systematik, S 1–3.** § 23 I EGGVG enthält eine Generalklausel für die Nach- 1 prüfbarkeit der Rechtmäßigkeit einer Anordnung, Verfügung oder sonstigen Maßnahme einer Justizbehörde zur Regelung einer einzelnen Angelegenheit auf dem Gebiet des bürgerlichen Rechts einschließlich des Handelsrechts, des Zivilprozesses, der freiwilligen Gerichtsbarkeit und der Strafrechtspflege sowie zur Nachprüfbarkeit einer Anordnung, Verfügung oder sonstigen Maßnahme der Vollzugsbehörde zum Vollzug der Untersuchungshaft sowie derjenigen Freiheitsstrafe und Maßregel der Besserung und Sicherung, deren Vollzug außerhalb des Justizvollzugs erfolgt.

2) **Beispiele zur Frage der Systematik, S 1–3** 2
Anrufung des ordentlichen Gerichts: *Unanwendbar* sind §§ 23 ff EGGVG auf Grund von dort § 23 III bei der Möglichkeit, ein anderes ordentliches Gericht anzurufen.
S auch „Kostensache", „Nichterhebung".
Beschwerdeverfahren: In einer Zivilsache sind die Vorschriften des FamFG über das Beschwerdeverfahren nach § 29 II EGGVG anwendbar. In einer Strafsache gelten nach derselben Vorschrift die Regeln der StPO über das Beschwerdeverfahren.
Einsicht: S „Spurenakte".
Hinterlegung: *Unanwendbar* sind §§ 23 ff EGGVG bei der Verweigerung der Herausgabe eines hinterlegten Betrags durch den Präsidenten des AG oder des LG.
Kostensache: *Unanwendbar* sind §§ 23 ff EGGVG auf Grund von dort § 23 III bei einem Justizverwaltungsakt in einer Kostensache nach § 30a EGGVG, Teil XII B dieses Buchs.
Nichterhebung: *Unanwendbar* sind §§ 23 ff EGGVG auf Grund von dort § 23 III bei einer Ablehnung der Nichterhebung von Kosten nach § 21 GKG, § 20 FamGKG, § 21 GNotKG, Teile I A, B, III dieses Buchs.
Prozeßagent: Anwendbar ist § 23 I EGGVG auch beim Streit um seine Zulassung nach § 157 III ZPO.

GNotKG Anh § 134, §§ 135, 136   III. Gerichts- und Notarkostengesetz

Rechtswirkung: Zur Zulässigkeit eines Antrags gehört der Umstand, daß die angefochtene Maßnahme eine unmittelbare Rechtswirkung nach außen hat, Mü NJW 75, 510.
Reisekostenvorschuß: *Unanwendbar* sind §§ 23 ff EGGVG bei der Ablehnung eines solchen Vorschusses für einen auswärtigen Angeklagten.
Spurenakte: Anwendbar sind §§ 23 ff EGGVG bei der Verweigerung der Einsicht in eine sog Spurenakte der Ermittlungsbehörde, BVerfG NJW **83**, 1043.
Vorlagepflicht: Soweit das OLG von einer ihm bekannten Entscheidung eines anderen OLG oder eines anderen Senats desselben OLG oder von einer Entscheidung des BGH abweichen will, muß es die Sache dem BGH nach § 29 EGGVG vorlegen. Dessen Entscheidung ist endgültig.
Zuständigkeit: Sie liegt nach § 25 EGGVG beim OLG.

3   **3) Regelungszweck, S 1–3.** Die Anbindung des Verfahrens an das OLG statt an die Verwaltungsgerichtsbarkeit dient der Vereinfachung und Beschleunigung mittels Sachkundigkeit. S 1–3 enthalten eine stark soziale Zielsetzung. Man sollte beide Gesichtspunkte bei der Auslegung mitbeachten.

4   **4) Kosten, S 1–3.** Es gibt mehrere Aspekte.
A. Stattgeben, S 1, 2. Soweit das OLG dem Antrag nach § 23 stattgibt, muß es im Rahmen eines pflichtgemäßen Ermessens prüfen, ob es der Staatskasse die zu einer zweckentsprechenden Rechtsverfolgung notwendig gewesenen außergewöhnlichen Kosten des Antragstellers teilweise oder ganz auferlegt. Dazu gehören auch die in § 91 I 2 ZPO genannten Aufwendungen. Zwischen den Beteiligten besteht nach § 29 II EGGVG in Verbindung mit dem FamFG keine Erstattungspflicht. Denn S 1, 2 stellen eine abschließende Sonderregelung dar, Ffm OLGZ **78**, 287. Auch im Beschwerdeverfahren entsteht zwischen den Beteiligten kein Erstattungsanspruch, Drischler MDR **75**, 551.

5   **B. Kostenfestsetzung, S 2.** Die Kostenfestsetzung erfolgt durch den Rpfl im Verfahren der §§ 85 FamFG, 103 ff ZPO. Gegen seine Entscheidung ist die Erinnerung statthaft. Einzelheiten BLAH § 104 ZPO Rn 41 ff.

6   **C. Unanfechtbarkeit, S 3.** Sie gilt grds für die Entscheidung des OLG. Vgl aber auch Rn 2 „Vorlagepflicht".

Sonderregelung für Baden-Württemberg

135 I ¹Solange und soweit im Land Baden-Württemberg die Gebühren für die Tätigkeit des Notars der Staatskasse zufließen, ist § 2 anstelle von § 91 anzuwenden.

II ¹Solange im Land Baden-Württemberg anderen als gerichtlichen Behörden die Aufgaben des Grundbuchamts, des Betreuungs- oder des Nachlassgerichts übertragen sind, sind die Kosten gleichwohl nach diesem Gesetz zu erheben. ²Der Geschäftswert ist nur auf Antrag festzusetzen. ³Über die Festsetzung des Geschäftswerts und über die Erinnerung gegen den Kostenansatz entscheidet das Amtsgericht, in dessen Bezirk die Behörde ihren Sitz hat.

III Ein Notariatsabwickler steht einem Notariatsverwalter gleich.

Vorbem. Dazu in Baden-Württemberg G v. 13. 3. 11, GBl 545, sowie VO zuletzt v 6. 3. 17, GBl 174, und wegen III im Bund Art 4 G v 23. 11. 15, BGBl 2090, in Kraft seit 1. 1. 18, Art 5 S 1 G.

Übergangsvorschrift zum 2. Kostenrechtsmodernisierungsgesetz

136 I Die Kostenordnung in der im Bundesgesetzblatt Teil III, Gliederungsnummer 361-1, veröffentlichten bereinigten Fassung, die zuletzt durch Artikel 8 des Gesetzes vom 26. Juni 2013 (BGBl. I S. 1800) geändert worden ist, und Verweisungen hierauf sind weiter anzuwenden
1. in gerichtlichen Verfahren, die vor dem Inkrafttreten des 2. Kostenrechtsmodernisierungsgesetzes vom 23. Juli 2013 (BGBl. I S. 2586) anhängig geworden oder eingeleitet worden sind; die Jahresgebühr 12 311 wird in diesen Verfahren nicht erhoben;

Kapitel 4. Schluss- u. ÜbergangsVO § 136 GNotKG

2. in gerichtlichen Verfahren über ein Rechtsmittel, das vor dem Inkrafttreten des 2. Kostenrechtsmodernisierungsgesetzes vom 23. Juli 2013 (BGBl. I S. 2586) eingelegt worden ist;
3. hinsichtlich der Jahresgebühren in Verfahren vor dem Betreuungsgericht, die vor dem Inkrafttreten des 2. Kostenrechtsmodernisierungsgesetzes vom 23. Juli 2013 (BGBl. I S. 2586) fällig geworden sind;
4. in notariellen Verfahren oder bei notariellen Geschäften, für die ein Auftrag vor dem Inkrafttreten des 2. Kostenrechtsmodernisierungsgesetzes vom 23. Juli 2013 (BGBl. I S. 2586) erteilt worden ist;
5. in allen übrigen Fällen, wenn die Kosten vor dem Tag vor dem Inkrafttreten des 2. Kostenrechtsmodernisierungsgesetzes vom 23. Juli 2013 (BGBl. I S. 2586) fällig geworden sind.

II Soweit Gebühren nach diesem Gesetz anzurechnen sind, sind auch nach der Kostenordnung für entsprechende Tätigkeiten entstandene Gebühren anzurechnen.

III Soweit für ein notarielles Hauptgeschäft die Kostenordnung nach Absatz 1 weiter anzuwenden ist, gilt dies auch für die damit zusammenhängenden Vollzugs- und Betreuungstätigkeiten sowie für zu Vollzugszwecken gefertigte Entwürfe.

IV Bis zum Erlass landesrechtlicher Vorschriften über die Höhe des Haftkostenbeitrags, der von einem Gefangenen zu erheben ist, ist anstelle der Nummern 31010 und 31011 des Kostenverzeichnisses § 137 Nummer 12 der Kostenordnung in der bis zum 27. Dezember 2010 geltenden Fassung anzuwenden.

V Absatz 1 ist auf die folgenden Vorschriften in ihrer bis zum Tag vor dem Inkrafttreten des 2. Kostenrechtsmodernisierungsgesetzes vom 23. Juli 2013 (BGBl. I S. 2586) geltenden Fassung entsprechend anzuwenden:
1. § 30 des Einführungsgesetzes zum Gerichtsverfassungsgesetz,
2. § 15 des Spruchverfahrensgesetzes,
3. § 12 Absatz 3, die §§ 33 bis 43, 44 Absatz 2 sowie die §§ 45 und 47 des Gesetzes über das gerichtliche Verfahren in Landwirtschaftssachen,
4. § 102 des Gesetzes über Rechte an Luftfahrzeugen,
5. § 100 Absatz 1 und 3 des Sachenrechtsbereinigungsgesetzes,
6. § 39b Absatz 1 und 6 des Wertpapiererwerbs- und Übernahmegesetzes,
7. § 99 Absatz 6, § 132 Absatz 5 und § 260 Absatz 4 des Aktiengesetzes,
8. § 51b des Gesetzes betreffend die Gesellschaften mit beschränkter Haftung,
9. § 62 Absatz 5 und 6 des Bereinigungsgesetzes für deutsche Auslandsbonds,
10. § 138 Absatz 2 des Urheberrechtsgesetzes,
11. die §§ 18 bis 24 der Verfahrensordnung für Höfesachen,
12. § 18 des Gesetzes zur Ergänzung des Gesetzes über die Mitbestimmung der Arbeitnehmer in den Aufsichtsräten und Vorständen der Unternehmen des Bergbaus und der Eisen und Stahl erzeugenden Industrie und
13. § 65 Absatz 3 des Landwirtschaftsanpassungsgesetzes.

²An die Stelle der Kostenordnung treten dabei die in Satz 1 genannten Vorschriften.

Vorbem. Das 2. KostRModG v 23. 7. 13, BGBl 2586, ist am 1. 8. 13 in Kraft getreten, Art 50 G. Die KostO ist abgedruckt und kommentiert bis zur 42. Aufl (2013). Sie ist grundsätzlich mit dem 31. 7. 13 außer Kraft getreten, Art 45 Z 1 des 2. KostRModG. Daher ist die weitere Anwendbarkeit in § 136 nur als gesetzgeberisch zumindest nicht sonderlich glücklich formuliert ansehbar. Nur auf solcher Basis ist zB Art 8 G v 20. 6. 13, BGBl 1800 mit seiner nach Art 12 I, II erst zum 1. 9. 13 in Kraft getretenen Änderung mehrerer Vorschriften der „KostO" halbwegs eben wohl auf § 136 GNotKG bezogen zu verstehen. Ob dieses zudem zeitlich unbegrenzte Weiterbestehen des zugleich formell unbegrenzt aufgehobenen Altrechts verfassungsgemäß ist, mag man durchaus kritisch überprüfen dürfen.

1) Geltungsbereich, I 5. Maßgebend ist wie bei § 134 der Eingang, nicht der Bearbeitungsbeginn, Bbg JB **14**, 84, Köln JB **14**, 202.

Anlage 1
(zu § 3 Absatz 2)

Kostenverzeichnis
(KVfG)
(Amtliche) Gliederung

Vorbem. Die Abkürzung KVfG ist nichtamtlich.

	KVfG
Teil 1. Gerichtsgebühren	11 100–19 200
Hauptabschnitt 1. Betreuungssachen und betreuungsgerichtliche Zuweisungssachen	11 100–11 400
Abschnitt 1. Verfahren vor dem Betreuungsgericht	11 100–11 105
Abschnitt 2. Beschwerde gegen die Endentscheidung wegen des Hauptgegenstands	11 200, 11 201
Abschnitt 3. Rechtsbeschwerde gegen die Endentscheidung wegen des Hauptgegenstands	11 300–11 302
Abschnitt 4. Zulassung der Sprungrechtsbeschwerde gegen die Endentscheidung wegen des Hauptgegenstands	11 400
Hauptabschnitt 2. Nachlasssachen	12 100–12 550
Abschnitt 1. Verwahrung und Eröffnung von Verfügungen von Todes wegen	12 100, 12 101
Abschnitt 2. Erbscheins, Europäisches Nachlasszeugnis und andere Zeugnisse	12 210–12 240
Unterabschnitt 1. Erster Rechtszug	12 210–12 215
Unterabschnitt 2. Beschwerde gegen die Endentscheidung wegen des Hauptgegenstands	12 220–12 222
Unterabschnitt 3. Rechtsbeschwerde gegen die Endentscheidung wegen des Hauptgegenstands	12 230–12 232
Unterabschnitt 4. Zulassung der Sprungrechtsbeschwerde gegen die Endentscheidung wegen des Hauptgegenstands	12 240
Abschnitt 3. Sicherung des Nachlasses einschließlich der Nachlasspflegschaft, Nachlass- und Gesamtgutsverwaltung	12 310–12 340
Unterabschnitt 1. Erster Rechtszug	12 310–12 312
Unterabschnitt 2. Beschwerde gegen die Endentscheidung wegen des Hauptgegenstands	12 320, 12 321
Unterabschnitt 3. Rechtsbeschwerde gegen die Endentscheidung wegen des Hauptgegenstands	12 330–12 332
Unterabschnitt 4. Zulassung der Sprungrechtsbeschwerde gegen die Endentscheidung wegen des Hauptgegenstands	12 340
Abschnitt 4. Entgegennahme von Erklärungen, Fristbestimmungen, Nachlassinventar, Testamentsvollstreckung	12 410–12 428
Unterabschnitt 1. Entgegennahme von Erklärungen, Fristbestimmungen und Nachlassinventar	12 410–12 412
Unterabschnitt 2. Testamentsvollstreckung	12 420–12 428
Abschnitt 5. Übrige Nachlasssachen	12 510–12 550
Unterabschnitt 1.	*(aufgehoben)*
Unterabschnitt 2. Stundung des Pflichtteilsanspruchs	12 520, 12 521
Unterabschnitt 3. Beschwerde gegen die Endentscheidung wegen des Hauptgegenstands	12 530–12 532
Unterabschnitt 4. Rechtsbeschwerde gegen die Endentscheidung wegen des Hauptgegenstands	12 540–12 542
Unterabschnitt 5. Zulassung der Sprungrechtsbeschwerde gegen die Endentscheidung wegen des Hauptgegenstands	12 550
Hauptabschnitt 3. Registersachen sowie unternehmensrechtliche und ähnliche Verfahren	13 100–13 630
Abschnitt 1. Vereinsregistersachen	13 100, 13 101
Abschnitt 2. Güterrechtsregistersachen	13 200, 13 201
Abschnitt 3. Zwangs- und Ordnungsgeld in Verfahren nach den §§ 389 bis 392 FamFG	13 310–13 332
Unterabschnitt 1. Erster Rechtszug	13 310, 13 311
Unterabschnitt 2. Beschwerde gegen die Endentscheidung wegen des Hauptgegenstands	13 320–13 322
Unterabschnitt 3. Rechtsbeschwerde gegen die Endentscheidung wegen des Hauptgegenstands	13 330–13 332
Abschnitt 4. Löschungs- und Auflösungsverfahren sowie Verfahren über die Entziehung der Rechtsfähigkeit eines Vereins vor dem Amtsgericht	13 400
Abschnitt 5. Unternehmensrechtliche und ähnliche Verfahren, Verfahren vor dem Registergericht und Vereins- und Stiftungssachen vor dem Amtsgericht	13 500–13 504

Kostenverzeichnis **Gliederung vor 11100 KVfG**

                                                                                                                              KVfG

Abschnitt 6. Rechtsmittelverfahren in den in den Abschnitten 4 und 5 genannten Verfahren 13 610–13 630
   Unterabschnitt 1. Beschwerde gegen die Endentscheidung wegen des Hauptgegenstands 13 610–13 612
   Unterabschnitt 2. Rechtsbeschwerde gegen die Endentscheidung wegen des Hauptgegenstands 13 620–13 622
   Unterabschnitt 3. Zulassung der Sprungrechtsbeschwerde gegen die Endentscheidung wegen des Hauptgegenstands 13 630

Hauptabschnitt 4. Grundbuchsachen, Schiffs- und Schiffsbauregistersachen und Angelegenheiten des Registers für Pfandrechte an Luftfahrzeugen 14 110–14 530
   Abschnitt 1. Grundbuchsachen 14 110–14 160
      Unterabschnitt 1. Eigentum 14 110–14 112
      Unterabschnitt 2. Belastungen 14 120–14 125
      Unterabschnitt 3. Veränderung von Belastungen 14 130
      Unterabschnitt 4. Löschung von Belastungen und Entlassung aus der Mithaft 14 140–14 143
      Unterabschnitt 5. Vormerkungen und Widersprüche 14 150–14 152
      Unterabschnitt 6. Sonstige Eintragungen 14 160
   Abschnitt 2. Schiffs- und Schiffsbauregistersachen 14 210–14 261
      Unterabschnitt 1. Registrierung des Schiffs und Eigentum 14 210–14 213
      Unterabschnitt 2. Belastungen 14 220–14 222
      Unterabschnitt 3. Veränderungen 14 230
      Unterabschnitt 4. Löschung und Entlassung aus der Mithaft 14 240–14 242
      Unterabschnitt 5. Vormerkungen und Widersprüche 14 250–14 252
      Unterabschnitt 6. Schiffsurkunden 14 260, 14 261
   Abschnitt 3. Angelegenheiten des Registers für Pfandrechte an Luftfahrzeugen 14 310–14 342
      Unterabschnitt 1. Belastungen 14 310, 14 311
      Unterabschnitt 2. Veränderungen 14 320
      Unterabschnitt 3. Löschung und Entlassung aus der Mithaft 14 330, 14 331
      Unterabschnitt 4. Vormerkungen und Widersprüche 14 340–14 342
   Abschnitt 4. Zurückweisung und Zurücknahme von Anträgen
   Abschnitt 5. Rechtsmittel 14 400–14 530
      Unterabschnitt 1. Beschwerde gegen die Endentscheidung wegen des Hauptgegenstands 15 510, 15 511
      Unterabschnitt 2. Rechtsbeschwerde gegen die Endentscheidung wegen des Hauptgegenstands 14 520–14 522
      Unterabschnitt 3. Zulassung der Sprungrechtsbeschwerde gegen die Endentscheidung wegen des Hauptgegenstands 14 530

Hauptabschnitt 5. Übrige Angelegenheiten der freiwilligen Gerichtsbarkeit 15 110–15 301
   Abschnitt 1. Verfahren vor dem Landwirtschaftsgericht und Pachtkreditsachen im Sinne des Pachtkreditgesetzes 15 110–15 141
      Unterabschnitt 1. Erster Rechtszug 15 110–15 112
      Unterabschnitt 2. Beschwerde gegen die Endentscheidung wegen des Hauptgegenstands 15 120–15 125
      Unterabschnitt 3. Rechtsbeschwerde gegen die Endentscheidung wegen des Hauptgegenstands 15 130–15 135
      Unterabschnitt 4. Zulassung der Sprungrechtsbeschwerde gegen die Endentscheidung wegen des Hauptgegenstands 15 140, 15 141
   Abschnitt 2. Übrige Verfahren 15 210–15 241
      Unterabschnitt 1. Erster Rechtszug 15 210–15 214
      Unterabschnitt 2. Beschwerde gegen die Endentscheidung wegen des Hauptgegenstands 15 220–15 227
      Unterabschnitt 3. Rechtsbeschwerde gegen die Endentscheidung wegen des Hauptgegenstands 15 230–15 235
      Unterabschnitt 4. Zulassung der Sprungrechtsbeschwerde gegen die Endentscheidung wegen des Hauptgegenstands 15 240, 15 241
   Abschnitt 3. Übrige Verfahren vor dem Oberlandesgericht 15 300, 15 301

Hauptabschnitt 6. Einstweiliger Rechtsschutz 16 110–16 224
   Abschnitt 1. Verfahren, wenn in der Hauptsache die Tabelle A anzuwenden ist 16 110–16 124
      Unterabschnitt 1. Erster Rechtszug 16 110–16 112
      Unterabschnitt 2. Beschwerde gegen die Endentscheidung wegen des Hauptgegenstands 16 120–16 124
   Abschnitt 2. Verfahren, wenn in der Hauptsache die Tabelle B anzuwenden ist 16 210–16 224
      Unterabschnitt 1. Erster Rechtszug 16 210–16 212
      Unterabschnitt 2. Beschwerde gegen die Endentscheidung wegen des Hauptgegenstands 16 220–16 224

Hauptabschnitt 7. Besondere Gebühren 17 000–17 006
Hauptabschnitt 8. Vollstreckung 18 000–18 004

KVfG Gliederung vor 11100, Vorbem 1, 1.1 Kostenverzeichnis

	KVfG
Hauptabschnitt 9. Rechtsmittel im Übrigen und Rüge wegen Verletzung des Anspruchs auf rechtliches Gehör	19 110–19 200
Abschnitt 1. Rechtsmittel im Übrigen	19 110–19 130
Unterabschnitt 1. Sonstige Beschwerden	19 110–19 116
Unterabschnitt 2. Sonstige Rechtsbeschwerden	19 120–19 129
Unterabschnitt 3. Zulassung der Sprungrechtsbeschwerde in sonstigen Fällen	19 130
Abschnitt 2. Rüge wegen Verletzung des Anspruchs auf rechtliches Gehör	19 200
Teil 2. Notargebühren	21 100–26 003
Hauptabschnitt 1. Beurkundungsverfahren	21 100–21 304
Abschnitt 1. Verträge, bestimmte Erklärungen sowie Beschlüsse von Organen einer Vereinigung oder Stiftung	21 100–21 102
Abschnitt 2. Sonstige Erklärungen, Tatsachen und Vorgänge	21 200, 21 201
Abschnitt 3. Vorzeitige Beendigung des Beurkundungsverfahrens	21 300–21 304
Hauptabschnitt 2. Vollzug eines Geschäfts und Betreuungstätigkeiten	22 110–22 201
Abschnitt 1. Vollzug	22 110–22 125
Unterabschnitt 1. Vollzug eines Geschäfts	22 110–22 114
Unterabschnitt 2. Vollzug in besonderen Fällen	22 120–22 125
Abschnitt 2. Betreuungstätigkeiten	22 200, 22 201
Hauptabschnitt 3. Sonstige notarielle Verfahren	23 100–23 903
Abschnitt 1. Rückgabe eines Erbvertrags aus der notariellen Verwahrung	23 100
Abschnitt 2. Verlosung, Auslosung	23 200, 23 201
Abschnitt 3. Eid, eidesstattliche Versicherung, Vernehmung von Zeugen und Sachverständigen	23 300–23 302
Abschnitt 4. Wechsel- und Scheckprotest	23 400, 23 401
Abschnitt 5. Vermögensverzeichnis und Siegelung	23 500–23 503
Abschnitt 6. Freiwillige Versteigerung von Grundstücken	23 600–23 603
Abschnitt 7. Versteigerung von beweglichen Sachen und von Rechten	23 700, 23 701
Abschnitt 8. Vorbereitung der Zwangsvollstreckung	23 800–23 807
Abschnitt 9. Teilungssachen	23 900–23 903
Hauptabschnitt 4. Entwurf und Beratung	24 100–24 203
Abschnitt 1. Entwurf	24 100–24 103
Abschnitt 2. Beratung	24 200–24 203
Hauptabschnitt 5. Sonstige Geschäfte	25 100–25 301
Abschnitt 1. Beglaubigungen und sonstige Zeugnisse (§§ 39, 39 a des Beurkundungsgesetzes)	25 100–25 104
Abschnitt 2. Andere Bescheinigungen und sonstige Geschäfte	25 200–25 214
Abschnitt 3. Verwahrung von Geld, Wertpapieren und Kostbarkeiten	25 300, 25 301
Hauptabschnitt 6. Zusatzgebühren	26 000–26 003
Teil 3. Auslagen	31 000–32 015
Hauptabschnitt 1. Auslagen der Gerichte	31 000–31 016
Hauptabschnitt 2. Auslagen der Notare	32 000–32 015

Teil 1. Gerichtsgebühren

(Amtliche) Vorbemerkung 1:

[I] Im Verfahren der einstweiligen Anordnung bestimmen sich die Gebühren nach Hauptabschnitt 6.

[II] Für eine Niederschrift, die nach den Vorschriften des Beurkundungsgesetzes errichtet wird, und für die Abnahme der eidesstattlichen Versicherung nach § 352 Abs. 3 Satz 3 FamFG oder § 36 Abs. 2 Satz 1 IntErbRVG erhebt das Gericht Gebühren nach Teil 2.

[III] [1] In einem Verfahren, für das sich die Kosten nach diesem Gesetz bestimmen, ist die Bestellung eines Pflegers für das Verfahren und deren Aufhebung Teil des Verfahrens, für das der Pfleger bestellt worden ist. [2] Bestellung und Aufhebung sind gebührenfrei.

Vorbem. II idF Art 13 Z 10b G v 29. 6. 15, BGBl 1042, in Kraft seit 17. 8. 15, Art 22 I G, ÜbergangsR § 134 GNotKG.

Hauptabschnitt 1. Betreuungssachen und betreuungsgerichtliche Zuweisungssachen

(Amtliche) Vorbemerkung 1.1:

[I] In Betreuungssachen werden von dem Betroffenen Gebühren nach diesem Abschnitt nur erhoben, wenn sein Vermögen nach Abzug der Verbindlichkeiten mehr als 25 000 € beträgt; der in § 90 Abs. 2 Nr. 8 des Zwölften Buches Sozialgesetzbuch genannte Vermögenswert wird nicht mitgerechnet.

II Im Verfahren vor dem Registergericht über die Bestellung eines Vertreters des Schiffseigentümers nach § 42 Abs. 2 des Gesetzes über Rechte an eingetragenen Schiffen und Schiffsbauwerken werden die gleichen Gebühren wie für eine betreuungsgerichtliche Zuweisungssache nach § 340 Nr. 2 FamFG erhoben.

Schrifttum: *Felix* JB **16**, 227; Schlaak Rpfleger **16**, 7 (je: Üb).

Abschnitt 1. Verfahren vor dem Betreuungsgericht

(Amtliche) Vorbemerkung 1.1.1:
Dieser Abschnitt ist auch anzuwenden, wenn ein vorläufiger Betreuer bestellt worden ist:

Nr.	Gebührentatbestand	Gebühr oder Satz der Gebühr nach § 34 GNotKG – Tabelle A
11 100	Verfahren im Allgemeinen .... Die Gebühr entsteht nicht für Verfahren, 1. die in den Rahmen einer bestehenden Betreuung oder Pflegschaft fallen, 2. für die die Gebühr 11103 oder 11105 entsteht oder 3. die mit der Bestellung eines Betreuers oder der Anordnung einer Pflegschaft enden.	0,5

1) Geltungsbereich. Die Vorschrift erfaßt nur einen Teil der Verfahren vor dem Betreuungsgericht des § 23 c GVG, nämlich nur diejenigen Sachen, die die amtliche Anmerkung Z 1–3 nicht aufzählt. Es verbleiben nach § 23 c I GVG vor allem die Unterbringungssachen und Zuweisungssachen nach §§ 312 ff, 340, 341 FamFG. Hier regelt KVfG das Hauptverfahren. Eine vorläufige Regelung gilt auch bei einer vorläufigen Betreuung nach der amtlichen Vorbemerkung 1.1.1. **1**

2) Gebühr. Es entsteht als Verfahrenspauschale 0,5 Gebühr nach der Tabelle A. Sie entsteht mit Beginn der Gerichtstätigkeit und gilt sie bis zum Instanzende voll ab, ohne Rücksicht auf ihren Umfang oder Schwierigkeitsgrad. Sie gilt aber neben KVfG 11 101–11 105 nur hilfsweise. **2**

3) Geschäftswert. Es gilt nicht etwa § 63. Denn die dort vorausgesetzte Betreuung oder Pflegschaft fällt ja aus den Gründen Rn 1 *nicht* unter KVfG 11 100, dortige amtliche Anmerkung 1–3. Es bleibt daher bei § 36 I–III. **3**

4) Fälligkeit, Gebührenschuldner. Die Fälligkeit richtet sich nach § 9 I. **4**
Gebührenschuldner ist man nach § 22. § 23 Z 1 ist aus den in Rn 1, 3 genannten Gründen gerade nicht anwendbar. § 26 III betrifft nur Auslagen. Vgl aber auch § 27.

Nr.	Gebührentatbestand	Gebühr oder Satz der Gebühr nach § 34 GNotKG – Tabelle A
11 101	Jahresgebühr für jedes angefangene Kalenderjahr bei einer Dauerbetreuung, wenn nicht Nummer 11 102 anzuwenden ist .... I ¹Für die Gebühr wird das Vermögen des von der Maßnahme Betroffenen nur berücksichtigt, soweit es nach Abzug der Verbindlichkeiten mehr als 25 000 € beträgt; der in § 90 Abs. 2 Nr. 8 des Zwölften Buches Sozialgesetzbuch genannte Vermögenswert wird nicht mitgerechnet. ²Ist Gegenstand der Betreuung ein Teil des Vermögens, ist höchstens dieser Teil des Vermögens zu berücksichtigen.	10,00 € je angefangene 5000,00 € des zu berücksichtigenden Vermögens – mindestens 200,00 €

KVfG 11101–11105 Kostenverzeichnis

Nr.	Gebührentatbestand	Gebühr oder Satz der Gebühr nach § 34 GNotKG – Tabelle A
	[II] [1] Für das bei der ersten Bestellung eines Betreuers laufende und das folgende Kalenderjahr wird nur eine Jahresgebühr erhoben. [2] Geht eine vorläufige Betreuung in eine endgültige über, handelt es sich um ein einheitliches Verfahren.	
11 102	Jahresgebühr für jedes angefangene Kalenderjahr bei einer Dauerbetreuung, die nicht unmittelbar das Vermögen oder Teile des Vermögens zum Gegenstand hat	300,00 €
	[1] Für das bei der ersten Bestellung eines Betreuers laufende und das folgende Kalenderjahr wird nur eine Jahresgebühr erhoben. [2] Geht eine vorläufige Betreuung in eine endgültige über, handelt es sich um ein einheitliches Verfahren.	– höchstens eine Gebühr 11 101
11 103	Verfahren im Allgemeinen bei einer Betreuung für einzelne Rechtshandlungen	0,5
	Die Gebühr wird nicht neben einer Gebühr 11 101 oder 11 102 erhoben.	– höchstens eine Gebühr 11 101
11 104	Jahresgebühr für jedes angefangene Kalenderjahr bei einer Dauerpflegschaft	10,00 €
	[I] Ist Gegenstand der Pflegschaft ein Teil des Vermögens, ist höchstens dieser Teil des Vermögens zu berücksichtigen.	je angefangene 5000,00 € des reinen Vermögens
	[II] Für das bei der ersten Bestellung eines Pflegers laufende und das folgende Kalenderjahr wird nur eine Jahresgebühr erhoben.	– mindestens 200,00 €
	[III] Erstreckt sich die Pflegschaft auf mehrere Betroffene, wird die Gebühr für jeden Betroffenen gesondert erhoben.	
11 105	Verfahren im Allgemeinen bei einer Pflegschaft für einzelne Rechtshandlungen	0,5
	[I] Die Gebühr wird nicht neben einer Gebühr 11 104 erhoben.	– höchstens eine Gebühr 11 104
	[II] Erstreckt sich die Pflegschaft auf mehrere Betroffene, ist Höchstgebühr die Summe der Gebühren 11 104.	

Zu KVfG 11101–11105:

Gliederung

1) Systematik 1
2) Regelungszweck 2
3) Freibetrag 25 000 EUR 3
4) Vermögen über 25 000 EUR 4
5) Beispiele zur Frage des Vermögens 5
6) Mehrere Bedürftige 6
7) Jahresgebühr bei Dauertätigkeit 7
8) Verfahrenspauschale bei einzelner Rechtshandlung ... 8
9) Mindest- oder Höchstgebühr 9
10) Geschäftswert, KVfG 11103, 11105 10
11) Fälligkeit, Gebührenschuldner 11

1 **1) Systematik.** Die Vorschrift behandelt zunächst die Betreuung und danach die Pflegschaft. Beide Bereiche gliedern sich zunächst in eine Dauertätigkeit und sodann in den Bereich einzelner Rechtshandlungen. Sachlich erfassen alle Vorschriften die Arbeit des Betreuungsgerichts nach §§ 271–311 FamFG. Eilmaßnahmen unterliegen nach der amtlichen Vorbemerkung 1 I grundsätzlich dem mit KVfG 16110 beginnenden Abschnitt (Ausnahme: amtliche Vorbemerkung 1.1.1).

2) **Regelungszweck.** Es besteht ungeachtet aller oft außerordentlichen Mühe des Gerichts ein sozial meist nahezu zwingendes Bedürfnis nach einer Regelung, die den Betroffenen und damit zumindest wirtschaftlich auch seine mitbetroffenen Angehörigen nicht auch noch finanziell schwerer trifft als ohnehin schon meist infolge der Betreuungsbedürftigkeit. Daher ist auch zB bei der Wertermittlung eine Handhabung auf der Basis des hier ja ganz besonders beachtlichen Grundsatzes einer für den Kostenschuldner möglichst günstigen Auslegung nach § 1 Rn 1 dringend notwendig.

3) **Freibetrag 25 000 EUR.** Es geht die amtliche Vorbemerkung 1.1.1 I und deren Wiederholung in KVfG 11 101 amtliche Anmerkung I 1 dem Haupttext jeweils vor, Zweibr FamRZ **06**, 876. Soweit das reine sozialrechtliche Schonvermögen des Bedürftigen nicht mehr als 25 000 EUR beträgt, bleibt die Jahresgebühr nach KVfG 11 101, 11 104 außer Ansatz, Hamm Rpfleger **98**, 541.

Soweit das Reinvermögen des Bedürftigen *höchstens 25 000 EUR* beträgt, bleiben unter den Voraussetzungen Rn 1 die Gebühren sowie andere Auslagen ganz außer Ansatz. Das gilt auch im Beschwerdeverfahren, BayObLG **03**, 114 (Sachverständigenkosten), LG Kblz FamRZ **04**, 1308 (Zustellungskosten).

4) **Vermögen über 25 000 EUR.** Sofern das Reinvermögen des Bedürftigen mehr als 25 000 EUR beträgt, entstehen bei Dauertätigkeiten Gebühren nur von demjenigen Betrag des Reinvermögens, der 25 000 EUR übersteigt. Das erste bei der Einleitung der Maßnahme laufende und das folgende Kalenderjahr kosten nach KVfG amtliche Anmerkung II, KVfG 11 102, 11 104 jeweils amtliche Anmerkung nur *eine* Jahresgebühr. Im übrigen kostet jedes und daher auch das letzte angefangene Kalenderjahr pro angefangene 5000 EUR (über 25 000 EUR Reinvermögen) 10 EUR, KVfG 11 101, 11 104. Das gilt auch für eine kurzfristige Betreuung, LG Mü Rpfleger **04**, 124. Die Mindestgebühr beträgt jeweils = 200 EUR.

5) **Beispiele zur Frage des Vermögens**

Anwartschaft: S „Vermögensteil".
Arbeitsfähigkeit: *Nicht* zum Vermögen zählt diese Fähigkeit.
Aufenthaltsbestimmung: Es gilt KVfG 11 102. Dann darf man Schulden nicht abziehen.
Bedingte Forderung: S „Vermögensteil".
Betreuungskosten: Man muß die Aufwendungen eines Betreuers abziehen.
Erfahrung: *Nicht* zum Vermögen zählt eine berufliche oder geschäftliche Erfahrung.
Erwerbsaussicht: *Nicht* zum Vermögen zählt eine solche Chance.
Erwerbsgegenstand: Zum Vermögen zählt auch ein solcher Gegenstand, den der Bedürftige gerade durch dasjenige Geschäft erwirbt, für das das Gericht den Betreuer bestellt hat. Denn KVfG 11 101 ff beruhen auf sozialen Erwägungen. Sie liegen evtl bei der Berücksichtigung jenes Geschäfts nicht vor.
Fachkenntnis: *Nicht* zum Vermögen zählt eine solche Kenntnis.
Fälligkeit: Maßgebend ist ihr Zeitpunkt.
Familienrecht: *Nicht* zum Vermögen zählt ein solches Recht.
Hausgrundstück: Man darf ein „angemessenes Hausgrundstück" dann nicht anrechnen, wenn der Bedürftige es allein oder zusammen mit denjenigen Angehörigen ganz oder teilweise bewohnt, denen es nach seinem Tod weiter als Wohnung dienen soll, § 90 II Z 8 SGB XII, auf den die amtliche Vorbemerkung 1.1 I und KVfG 11 101 amtliche Anmerkung I 1 Hs 2 verweisen, Hamm FamRZ **16**, 734.

Ein *anderes* Schonvermögen ist aber Vermögen, Hamm Rpfleger **98**, 541.
Haushaltsgegenstand: Zum Vermögen zählt eine solche Sache.
Nacherbenrecht: S „Vermögensteil".
Nießbrauch: *Nicht* zum Vermögen zählt ein fremder Nießbrauch am Gegenstand.
Persönlichkeitsrecht: *Nicht* zum Vermögen zählt ein solches Recht.
Personenfürsorge: Bei einer Beschränkung auf sie ist (jetzt) KVfG 11 104 evtl wegen eines Verstoßes gegen Art 3 I GG ungültig, BVerfG BGBl **06**, 1454 = NJW **06**, 2246 (zustm Filzek Rpfleger **06**, 567 ausf).

Rente: Soweit sie der Deckung nur des laufenden Lebensbedarfs einschließlich etwaiger Heilungskosten dient, darf man sie nicht in den Wert des Reinvermögens einrechnen.
Schulden: Man muß eine Verbindlichkeit abziehen.
Testamentsvollstreckung: Zum Reinvermögen zählt auch eine solche Erbschaft, die einer Testamentsvollstreckung unterliegt, BayObLG Rpfleger **97**, 86, LG Kblz FamRZ **06**, 138.
Steuererstattung: Zum Vermögen gehört ein solcher Anspruch, BVerwG NJW **99**, 3649.
Unterhaltsabfindung: Sie zählt zum Vermögen.
Verbindlichkeit: S „Schulden".
Verfügbarkeit: Sie ist unbeachtbar, Celle FamRZ **17**, 1084, Hamm FGPrax **15**, 279 links.
Vermögensteil: Soweit die Dauermaßnahme nicht das gesamte Vermögen zum Gegenstand hat, darf man nach KVfG 11 101 amtliche Anmerkung I 2 natürlich nur den erfaßten Vermögensteil zugrundelegen, Hamm NZFam **15**, 92, evtl auch eine Anwartschaft usw, oder eine bedingte Forderung, oder eine Anwartschaft, oder ein Nacherbenrecht.
Vorerbschaft: Bei der notwendigen wirtschaftlichen Betrachtung kommt nur ein Bruchteil desjenigen infrage, das dem Vorerben tatsächlich zufließen soll, LG Augsb FamRZ **17**, 1421.

6 **6) Mehrere Bedürftige.** Bei mehreren Bedürftigen muß man nach KVfG 11 101 amtliche Anmerkung III, KVfG 11 102 amtliche Anmerkung, KVfG 11 103 amtliche Anmerkung II, KV 104 amtliche Anmerkung die Vermögenswerte von jedem Vermögen und die etwaigen Freibeträge je Bedürftigen nach der Art der Maßnahme besonders errechnen. Das gilt auch dann, wenn das Betreuungsgericht für mehrere Bedürftige dieselbe Maßnahme trifft und wenn für diese Maßnahme nur eine einheitliche Gebühr besteht. Dann muß man die Gebühr zu einem entsprechenden Bruchteil von demjenigen Bedürftigen erheben, dessen Reinvermögen mehr als 25 000 EUR beträgt.
Unanwendbar ist diese Regelung bei mehreren Betreuern oder bei einem Gegenbetreuer oder bei mehreren Betreuern für denselben Bedürftigen (andernfalls § 273 FamFG). Es gibt auch dann nur *eine* Betreuung, soweit dasselbe Gericht tätig wird. Freilich können verschiedene Aufgabengebiete zu getrennten Berechnungen führen.

7 **7) Jahresgebühr bei Dauertätigkeit.** Sie gilt grundsätzlich die *gesamte Tätigkeit* des Gerichts ab, soweit diese Tätigkeit gerade diese Maßnahme betrifft und das Gesetz keine Ausnahmen vorsieht. Sie gilt als Beginn der Betreuung nach §§ 1896ff, 1908a BGB, § 287 FamFG bis zu ihrem Ende durch Tod des Betreuers oder Aufhebung nach § 1908d I 1, II 1 BGB oder Entlassung des Betreuers nach § 300 I FamFG. Sie erfaßt zB: Die Beurkundung der Anerkennung, daß die Schlußrechnung richtig sei, § 1892 II BGB; die Genehmigung eines Rechtsgeschäfts nach §§ 1821ff BGB. Die Vorschrift ist auf (jetzt) §§ 1836 II, 1908i BGB unanwendbar, LG Münst FamRZ **94**, 1336. Stets ist I 4 mitbeachtbar.

8 **8) Verfahrenspauschale bei einzelner Rechtshandlung.** Sie gilt die gesamte Gerichtstätigkeit für diese Einzelmaßnahme ab. Sie entsteht nach KVfG 11 103 amtliche Anmerkung I nicht neben KVfG 11 101 oder 11 102 und nach KVfG 11 105 amtliche Anmerkung nicht neben KVfG 11 104.

9 **9) Mindest- oder Höchstgebühr.** Sie bestehen in unterschiedlicher Art, vgl bei den einzelnen KVfG.

10 **10) Geschäftswert, KVfG 11 103, 11 105.** Es gilt dasselbe wie bei KVfG 11 100 Rn 3.

11 **11) Fälligkeit, Gebührenschuldner.** Die Fälligkeit richtet sich nach § 8 S 1 Hs 1.
Gebührenschuldner ist man nach § 23 Z 1, 2. Vgl auch § 27.

Kostenverzeichnis **11200, 11201, 11300–11302, 11400 KVfG**

Abschnitt 2. Beschwerde gegen die Endentscheidung wegen des Hauptgegenstands

Nr.	Gebührentatbestand	Gebühr oder Satz der Gebühr nach § 34 GNotKG – Tabelle A
11200	Verfahren im Allgemeinen	1,0
11201	Beendigung des gesamten Verfahrens ohne Endentscheidung: Die Gebühr 11200 ermäßigt sich auf	0,5
	I Wenn die Entscheidung nicht durch Verlesen der Entscheidungsformel bekannt gegeben worden ist, ermäßigt sich die Gebühr auch im Fall der Zurücknahme der Beschwerde oder des Antrags vor Ablauf des Tages, an dem die Endentscheidung der Geschäftsstelle übermittelt wird.	
	II Eine Entscheidung über die Kosten steht der Ermäßigung nicht entgegen, wenn die Entscheidung einer zuvor mitgeteilten Einigung über die Kostentragung oder einer Kostenübernahmeerklärung folgt.	

Abschnitt 3. Rechtsbeschwerde gegen die Endentscheidung wegen des Hauptgegenstands

Nr.	Gebührentatbestand	Gebühr oder Satz der Gebühr nach § 34 GNotKG – Tabelle A
11300	Verfahren im Allgemeinen	1,5
11301	Beendigung des gesamten Verfahrens durch Zurücknahme der Rechtsbeschwerde oder des Antrags, bevor die Schrift zur Begründung der Beschwerde bei Gericht eingegangen ist: Die Gebühr 11300 ermäßigt sich auf	0,5
11302	Beendigung des gesamten Verfahrens durch Zurücknahme der Rechtsbeschwerde oder des Antrags vor Ablauf des Tages, an dem die Endentscheidung der Geschäftsstelle übermittelt wird, wenn nicht Nummer 11301 erfüllt ist: Die Gebühr 11300 ermäßigt sich auf	1,0

Abschnitt 4. Zulassung der Sprungrechtsbeschwerde gegen die Endentscheidung wegen des Hauptgegenstands

Nr.	Gebührentatbestand	Gebühr oder Satz der Gebühr nach § 34 GNotKG – Tabelle A
11400	Verfahren über die Zulassung der Sprungrechtsbeschwerde: Soweit der Antrag abgelehnt wird	0,5

Zu KVfG 11200–11400:

Vorbem. KVfG 11201 amtliche Anmerkg I ergänzt dch Art 13 Z 10 w G v 29. 6. 15, BGBl 1042, in Kraft seit 4. 7. 15, Art 22 II G, ÜbergangsR § 134 GNotKG.

1) Geltungsbereiche. Die Vorschriften entsprechen teilweise den KV 1220 ff, Teil I A dieses Buchs, und den KVFam 1120 ff, Teil I B dieses Buchs. Vgl daher zunächst 1

KVfG 11400, Vorbem 1.2, 12100 Kostenverzeichnis

vor allem bei KV 1220 ff. Unterschiedlich sind nur teilweise die Ermäßigungsvoraussetzungen in KVfG 11201, Kaufmann/Kurpat MDR **14**, 7, KVfG 11301, 11302.

2 **2) Gebührenhöhen.** Es gilt jeweils die Tabelle A. Es entstehen jeweils Wertgebühren unterschiedlicher Höhe. Es gibt weder Mindest- noch Höchstgebühren spezieller Art.

3 **3) Geschäftswerte.** Es gilt § 61.

4 **4) Fälligkeit, Gebührenschuldner.** Die Fälligkeit richtet sich nach § 9 I. *Gebührenschuldner:* Es gilt dasselbe wie bei KVfG 11100 Rn 4.

Hauptabschnitt 2. Nachlasssachen

(Amtliche) Vorbemerkung 1.2:

I Gebühren nach diesem Hauptabschnitt werden auch für das Erbscheinsverfahren vor dem Landwirtschaftsgericht und für die Entgegennahme der Erklärung eines Hoferben über die Wahl des Hofes erhoben.

II Die Gebühr für das Verfahren zur Abnahme der eidesstattlichen Versicherung nach § 2006 BGB bestimmt sich nach Hauptabschnitt 5 Abschnitt 2.

Schrifttum: *Felix* JB **16**, 340 (Üb).

Abschnitt 1. Verwahrung und Eröffnung von Verfügungen von Todes wegen

Nr.	Gebührentatbestand	Gebühr oder Satz der Gebühr nach § 34 GNotKG – Tabelle B
12100	Annahme einer Verfügung von Todes wegen in besondere amtliche Verwahrung	75,00 €
	Mit der Gebühr wird auch die Verwahrung, die Mitteilung nach § 347 FamFG und die Herausgabe abgegolten.	

Gliederung

1) Geltungsbereich	1
2) Beispiele zur Frage einer Anwendbarkeit	2–4
3) Gebühr	5
4) Fälligkeit, Gebührenschuldner	6
5) Nachforderung	7

1 **1) Geltungsbereich.** Die Vorschrift setzt voraus, daß eine letztwillige Verfügung von Todes wegen in die amtliche Verwahrung kommt. Dazu gehören grundsätzlich ein in- oder ausländisches alleiniges oder gemeinschaftliches Testament oder ein Erbvertrag nach §§ 1937 ff, 2064 ff, 2265 ff, 2274 ff BGB, Art 26 EGBGB, § 10 IV LPartG.

2 **2) Beispiele zur Frage einer Anwendbarkeit**

Bloße Ablieferung: *Unanwendbar* ist KVfG 12100 dann, wenn jemand ein zuvor nicht in besonderer amtlicher Verwahrung gekommenes eigenhändiges Testament nach dem Tod des Erblassers nach § 2259 BGB an das Nachlaßgericht abliefert.
S auch „Bloße Einreichung".

Anderweitige Verwahrung: *Unanwendbar* ist KVfG 12100 dann, wenn ein Gericht eine letztwillige Verfügung aus irgendeinem Grund außerhalb der Vorgänge der § 2248 BGB in irgendwelchen Akten verwahrt.

3 **Bloße Einreichung:** *Unanwendbar* ist KVfG 12100 dann, wenn der Erblasser seine letztwillige Verfügung zwar beim Nachlaßgericht einreicht, aber nicht eindeutig auch deren besondere amtliche Verwahrung verlangt.
S auch „Bloße Ablieferung", aber auch „Protokolleinreichung".

Erbvertragsablieferung: *Unanwendbar* ist KVfG 12100 dann, wenn der Notar einen Erbvertrag nach § 34 III 2 BeurkG abliefert.

Gemeinschaftliches Testament: *Unanwendbar* ist KVfG 12100 in folgenden Fällen: Das Nachlaßgericht eröffnet nach dem Tod des vorverstorbenen Ehegatten das ge-

Kostenverzeichnis **12100, 12101 KVfG**

meinschaftliche Testament der Ehegatten und nimmt es anschließend für den Überlebenden wieder in die amtliche Verwahrung; es findet lediglich eine Öffnung und Wiederverschließung auf den Wunsch des Erblassers oder nach dem Tod des Erstverstorbenen statt.

Keine letztwillige Verfügung: *Unanwendbar* ist KVfG 12100 dann, wenn sich zB 4 bei einem offenen Schriftstück oder bei der Eröffnung eines verschlossenen ergibt, daß überhaupt keine Verfügung von Todes wegen vorliegt. Dann kann freilich § 32 mit seiner Mindestgebühr anwendbar sein. Vgl auch § 21.

Nachträglich anderes Gericht: *Unanwendbar* ist KVfG 12100 dann, wenn der Erblasser erst nachträglich eine amtliche Verwahrung bei einem anderen Gericht verlangt.

Öffnung, Wiederverschluß: S „Gemeinschaftliches Testament".

Protokolleinreichung: Anwendbar ist KVfG 12100 bei der Einreichung des Testaments zum Protokoll.

S aber auch „Bloße Einreichung".

Rückgabe: *Unanwendbar* ist KVfG 12100 bei einer bloßen Rückgabe eines zuvor amtlich verwahrten Testaments.

Wiederholte Verwahrung: *Unanwendbar* ist KVfG 12100 auf die wiederholte amtliche Verwahrung desselben Testaments.

S auch „Gemeinschaftliches Testament".

3) Gebühr. Es entsteht eine Festgebühr von 75 EUR. Sie entsteht mit der Annahme zur amtlichen Verwahrung einer oder mehrerer gleichzeitig eingereichter letztwilliger Verfügungen, also nicht schon mit dem Eingang beim Gericht und auch noch nicht mit der Vorlage, sondern erst mit der Bewirkung oder Anordnung. Sie gilt nach der amtlichen Anmerkung die gesamte amtliche Verwahrung auch des gemeinschaftlichen Testaments oder des Erbvertrags unabhängig von deren Dauer und bei einem gemeinschaftlichen Testament bis zum Tod des Letztlebenden ab. Sie erfaßt auch mehrere gleichzeitig von demselben Erblasser zur Verwahrung gegebene Testamente. Sie gilt auch eine Benachrichtigung der Beteiligten ab, ebenso nach der amtlichen Anmerkung eine Mitteilung an die Registerbehörde nach § 347 FamFG. Dafür entsteht auch keine Dokumentenpauschale nach KVfG 31000. 5

Nach einer *Herausgabe* nach § 2256 BGB kann die Gebühr bei *erneuter* Verwahrung nochmals entstehen. Das gilt nach Rn 4 aber nicht bei einer bloßen Weiterverwahrung nach einer Eröffnung mit einer Einsichtnahme oder ohne sie und auch nicht bei einer Weiterverwahrung nach dem Tod des Erstverstorbenen oder bei einer Weiterleitung an ein anderes Gericht.

4) Fälligkeit, Gebührenschuldner. Die Fälligkeit entsteht nach § 9 I Z 5 mit 6 der Annahme der Verfügung von Todes wegen durch das Nachlaßgericht zur besonderen amtlichen Verwahrung.

Kostenschuldner ist nach § 22 I jeder Erblasser. Jeder haftet entsprechend § 22 I evtl nach dem Wert seiner Verfügung. Vgl ferner § 27.

5) Nachforderung. Vgl § 20. 7

Nr.	Gebührentatbestand	Gebühr oder Satz der Gebühr nach § 34 GNotKG – Tabelle B
12101	Eröffnung einer Verfügung von Todes wegen .... Werden mehrere Verfügungen von Todes wegen desselben Erblassers bei demselben Gericht gleichzeitig eröffnet, so ist nur eine Gebühr zu erheben.	100,00 €

Gliederung

1) Systematik, Regelungszweck 1
2) Eröffnung 2
3) Unerheblichkeit 3
4) Unzulässigkeit 4
5) Gebühr 5, 6
6) Fälligkeit, Gebührenschuldner 7

KVfG 12101

1 1) Systematik, Regelungszweck. Während KVfG 12100 die bloße Annahme und Verwahrung der Verfügung von Todes wegen regelt, erfaßt KVfG 12101 ihre Eröffnung, und zwar teurer. Denn immerhin gehen mit der Eröffnung mancherlei verantwortliche Klärungen und Protokollierungen einher. *Unanwendbar* ist KVfG 12101 auf den Notar. Denn er ist zur Eröffnung nicht zuständig.

2 2) Eröffnung. Das Nachlaßgericht muß alsbald nach dem Tod eines angeblichen Erblassers nach §§ 348 ff FamFG jedes Schriftstück von Amts wegen eröffnen, das nach seiner Form und seinem Inhalt seine Verfügung von Todes wegen darstellt, LG Duisb Rpfleger **88**, 190. Bei einer ausländischen Verfügung muß man Art 26 EGBGB beachten. Bei einer gemeinschaftlichen Verfügung erfolgt die Eröffnung nur des Teils des jetzt Verstorbenen nach § 349 I FamFG. Sind beide verstorben, erfolgen Eröffnungen rechtlich nach Rn 6 bei jedem. Bei einer amtlichen Verwahrung erfolgt eine Eröffnung auch nach § 351 FamFG nach dem Ablauf der Eröffnungsfrist.

Die amtliche Eröffnung ist eine *Verkündung* oder Vorlegung *des Inhalts* nach § 348 II FamFG. Eine technische Öffnung entfällt natürlich bei einer nicht verschlossenen Schrift. Das ändert aber nichts am Vorgang der rechtlichen Eröffnung. Er kann sich aber beim Ausbleiben aller Beteiligten auf einen Eröffnungsvermerk beschränken. Der Rpfl muß danach über die Eröffnung ein Protokoll aufnehmen.

3 3) Unerheblichkeit. Es ist unerheblich, ob die Verfügung von Todes wegen wirksam ist, LG Duisb Rpfleger **88**, 190, LG Siegen Rpfleger **86**, 182, ob sie privatschriftlich oder in öffentlich beurkundeter Form erfolgte. Es ist ferner unerheblich, ob noch weitere frühere oder gleichzeitige oder spätere Verfügungen von Todes wegen existieren, Köln Rpfleger **92**, 394, Stgt Rpfleger **88**, 485, LG Kblz FamRZ **06**, 439. Es ist weiterhin unerheblich, ob die Verfügungen inhaltlich übereinstimmen, LG Bln Rpfleger **89**, 286, und ob ein Zusatz auf einem äußerlich und inhaltlich gemeinschaftlichen Testament ersichtlich nicht von dem anderen Ehegatten herrührt.

4 4) Unzulässigkeit. Wenn das Schriftstück allerdings bei einer objektiven Betrachtung unter einer Berücksichtigung der gesamten Umstände unter keinen Umständen ein Testament darstellen kann, würde eine rechtliche Eröffnung im Gegensatz zur tatsächlichen Öffnung nach § 21 eine unrichtige Sachbehandlung sein. Das gilt auch beim gemeinschaftlichen Testament von Eheleuten mit einer gegenseitigen Einsetzung für eine nochmalige „Eröffnung" nach dem Tod des Letztversterbenden oder bei einer erneuten „Eröffnung" nach dem Tod des Vorerben.

5 5) Gebühr. Es entsteht für jede rechtliche Eröffnung eine Festgebühr von 100 EUR. Sie gilt das gesamte Eröffnungsverfahren und vor allem den Akt der Eröffnung ab, LG Duisb Rpfleger **88**, 190, und zwar einschließlich der Herbeischaffung und der Übersendung des eröffneten Testaments an das Nachlaßgericht. Sie gilt auch die Herbeischaffung des Testaments von einer anderen Behörde nach § 2259 II BGB sowie die Benachrichtigung der Beteiligten über den Inhalt des Testaments und eine Gewährung der Einsicht ab. Für eine Ablichtung oder einen Ausdruck an einen Dritten entsteht keine Beglaubigungsgebühr, wohl aber die Dokumentenpauschale nach KVfG 31000. Wegen der örtlichen Zuständigkeit für die Gebühr § 103 III.

6 Eröffnet dasselbe Gericht *mehrere* inhaltlich verschiedene Verfügungen von Todes wegen desselben Erblassers, Zweibr FamRZ **12**, 396, *gleichzeitig*, entsteht nach der amtlichen Anmerkung die Eröffnungsgebühr nur *einmal*. In allen übrigen Fällen entsteht jedesmal eine Eröffnungsgebühr. Das gilt auch für die Eröffnung einer widerrufenen Verfügung, KG Rpfleger **02**, 384, Köln Rpfleger **92**, 394, Stgt Rpfleger **88**, 485, aM Lappe NJW **89**, 3257. Die Erteilung einer beglaubigten Kopie oder Abschrift zählt extra.

7 6) Fälligkeit, Gebührenschuldner. Die Gebühr wird mit der Eröffnung fällig, § 9 II.

Kostenschuldner ist der Erbe nach § 24. Das gilt auch dann, wenn er keinerlei Interesse an der amtlichen Eröffnung hat. Soweit das Nachlaßgericht einen Dritten nach dem FamFG zur Ablieferung einer letztwilligen Verfügung zwingt, haftet nur der Dritte für die Kosten eines Zwangsgeldverfahrens. Für die Kosten des Verfahrens auf die Abgabe einer eidesstattlichen Versicherung nach § 2006 BGB, § 361 FamFG haften nach der amtlichen Vorbemerkung 1.2. II (bei § 2006 BGB) die in KVfG 15 210 ff Genannten und im übrigen nur die Erben nach § 24. Vgl ferner § 27.

Abschnitt 2. Erbschein, Europäisches Nachlasszeugnis und andere Zeugnisse

(Amtliche) Vorbemerkung 1.2.2:

[I] Dieser Abschnitt gilt für Verfahren über den Antrag auf Erteilung
1. eines Erbscheins,
2. eines Zeugnisses über die Fortsetzung der Gütergemeinschaft,
3. eines Zeugnisses nach § 36 oder § 37 der Grundbuchordnung oder § 42 der Schiffsregisterordnung, auch in Verbindung mit § 74 der Schiffsregisterordnung oder § 86 des Gesetzes über Rechte an Luftfahrzeugen, und
4. eines Testamentsvollstreckerzeugnisses

sowie für das Verfahren über deren Einziehung oder Kraftloserklärung.

[II] [1] Dieser Abschnitt gilt ferner für Verfahren über den Antrag auf Ausstellung eines Europäischen Nachlasszeugnisses sowie über dessen Änderung oder Widerruf. [2] Für Verfahren über die Aussetzung der Wirkungen eines Europäischen Nachlasszeugnisses werden Gebühren nach Hauptabschnitt 6 Abschnitt 2 erhoben.

[III] Endentscheidungen im Sinne dieses Abschnitts sind auch der Beschluss nach § 352 e Abs. 1 FamFG und die Ausstellung eines Europäischen Nachlasszeugnisses.

Vorbem. II, III angefügt dch Art 13 Z 10 d aa, bb G v 29. 6. 15, BGBl 1042, in Kraft seit 17. 8. 15, Art 22 I G, ÜbergangsR § 134 GNotKG.

Unterabschnitt 1. Erster Rechtszug

(Amtliche) Vorbemerkung 1.2.2.1:

Die Ausstellung des Europäischen Nachlasszeugnisses durch das Beschwerdegericht steht der Ausstellung durch das Nachlassgericht gleich.

Vorbem. Eingefügt dch Art 13 Z 10 e G v 29. 6. 15, BGBl 1042, in Kraft seit 17. 8. 15, Art 22 I G, ÜbergangsR § 134 GNotKG.

Nr.	Gebührentatbestand	Gebühr oder Satz der Gebühr nach § 34 GNotKG – Tabelle B
12 210	Verfahren über den Antrag auf Erteilung eines Erbscheins oder eines Zeugnisses oder auf Ausstellung eines Europäischen Nachlasszeugnisses, wenn nicht Nummer 12 213 anzuwenden ist	1,0
	[I] Für die Abnahme der eidesstattlichen Versicherung wird die Gebühr gesondert erhoben (Vorbemerkung 1 Abs. 2).	
	[II] [1] Ist die Gebühr bereits für ein Verfahren über den Antrag auf Erteilung eines Erbscheins entstanden, wird sie mit 75% auf eine Gebühr für ein Verfahren über den Antrag auf Ausstellung eines Europäischen Nachlasszeugnisses angerechnet, wenn sich der Erbschein und das Europäische Nachlasszeugnis nicht widersprechen. [2] Dies gilt entsprechend, wenn zuerst die Gebühr für ein Verfahren über den Antrag auf Ausstellung eines Europäischen Nachlasszeugnisses entstanden ist.	

Vorbem. KVfG 12 210 erweitert, amtliche Anmerkung II angefügt dch Art 13 Z 10 f aa, bb G v 29. 6. 15, BGBl 1042, in Kraft seit 17. 8. 15, Art 22 I G, ÜbergangsR § 134 GNotKG.

Schrifttum: *Gregor*, Erbscheinsverfahren usw, 4. Aufl 2008.

KVfG 12210
Kostenverzeichnis

Gliederung

1) Systematik	1
2) Regelungszweck	2
3) Geltungsbereich	3–9
A. Verfahrensgebühr	3
B. Eidesstattliche Versicherung	4
C. Nacherbe	5
D. Weiterer Erbschein	6
E. Mehrere Erbfälle	7
F. Hoffolgezeugnis	8
G. Testamentsvollstreckung	9
4) Gebührenhöhe	10
5) Geschäftswert	11
6) Fälligkeit, Gebührenschuldner	12

1   **1) Systematik.** Die Vorschrift enthält zusammen mit der amtlichen Vorbemerkung 1.2.2 Z 1–4 und mit KVfG 12211–12215 eine umfangreiche differenzierte Regelung der Vergütung einer Hauptaufgabe des Nachlaßgerichts. Deren Schwierigkeitsgrad kann außerordentlich unterschiedlich hoch ausfallen. Wegen der zumindest zunächst rechtlich wie wirtschaftlich, aber auch immateriell entscheidenden Wirkung des Erbscheins oder seiner Versagung ist eine 1,0 Gebühr recht maßvoll. Das gilt, zumal die weiteren Vorschriften eine ganze Reihe von Ermäßigungsmöglichkeiten bieten. Das Abstellen auf Wertgebühren ist verfassungsgemäß, BayObLG JB **02**, 205, Köln Rpfleger **03**, 540. Es verstößt auch nicht gegen Europarecht, Köln RR **04**, 357, Stgt JB **04**, 437.

2   **2) Regelungszweck.** Die Differenzierung der Maßstäbe dient klar einer möglichst hohen Kostengerechtigkeit. Die deutliche Tendenz einer Kostenermäßigung dient ebenso klar der sozialen Erträglichkeit für den ja schließlich auch mit der Erbschaftssteuer belasteten Erben. Das gilt auch nach dem Wegfall der früheren Ermäßigung bei einem begrenzten Verwendungszweck des Erbscheins. Man sollte unter einer Mitbeachtung des Grundsatzes einer möglichsten Schonung des Kostenschuldners nach § 1 Rn 2 auch bei der Auslegung vorgehen.

3   **3) Geltungsbereich.** Es gibt sieben Fallgruppen.
    A. Verfahrensgebühr. Schon der bloße Antrag löst grundsätzlich die Verfahrensgebühr aus. Nicht erst die Erteilung eines jeden erstmaligen oder erneuten Erbscheins oder eines ihm nach der amtlichen Vorbemerkung 1.2.2.1 gleichstehenden Europäischen Nachlasszeugnisses nach §§ 33 ff InterbRVG sowie jeder Urkunde nach der amtlichen Vorbemerkung 1.2.2 Z 2–4 ist gebührenpflichtig. Die Gebühr gilt grundsätzlich das der Erteilung vorangegangene Verfahren nach dem klaren Wortlaut von KVfG 12210 mit ab, also zB auch den Antrag und das Aufgebot. KVfG 12211, 12212 bleiben aber bestehen. Die Erteilung besteht in der Hinausgabe des Erbscheins usw, also in der Weitergabe einer Ausfertigung durch den Urkundsbeamten der Geschäftsstelle zur Beförderung an den Antragsteller, BayObLG Rpfleger **75**, 47, KG Rpfleger **81**, 497, LG Düss Rpfleger **85**, 330 (zustm Meyer-Stolte), also nicht erst die Wirksamkeit durch Bekanntgabe nach § 40 I FamFG, aM PalEdenhofer § 2353 BGB Rn 36 (es komme auf die Unterzeichnung an. Aber maßgeblich ist stets die Herausgabe als Entstehung. Vorher liegt ein interner beliebig abänderbarer Vorgang vor, BLAH § 329 ZPO Rn 24 ff. Hinterher ist das Gericht gebunden). Eine bloße Ankündigung der Erteilung durch einen Vorbescheid usw reicht bereits.

Bis zu diesem Zeitpunkt kann das Nachlaßgericht die Anordnung der Erbscheinserteilung usw wirksam *aufheben*.

Es ist also nicht erforderlich, daß der Erbe den Erbschein usw auch *tatsächlich ausgehändigt* erhält. Soweit das Nachlaßgericht im Rahmen des Erteilungsantrags nach der Herstellung des Erbscheins usw die Akten an eine andere Stelle übersendet, kann ebenfalls KVfG 12210 vorliegen, KG Rpfleger **81**, 498, strenger Karlsr Rpfleger **94**, 248. Unter dieser Voraussetzung kommt es nicht darauf an, ob der Antragsteller mit dem Existentwerden des Erbscheins usw einverstanden war, KG Rpfleger **81**, 498.

Auch das Verfahren auf *Einziehung* oder *Kraftloserklärung* ist nach der amtlichen Vorbemerkung 1.2.2 aE neben dem Erteilungsverfahren gebührenpflichtig.

B. Eidesstattliche Versicherung. Für die Beurkundung einer eidesstattlichen **4** Versicherung entsteht neben dem KVfG Haupttext nach der amtlichen Anmerkung die Gebühr besonders, AG Betzdorf FamRZ **09**, 1433. Für den Erlaß der Abgabe einer eidesstattlichen Versicherung entsteht keine besondere Gebühr.

C. Nacherbe. Auch die Erteilung für den Nacherben ist gebührenpflichtig, Bay- **5** ObLG MDR **95**, 644.

D. Weiterer Erbschein. Die Erteilung eines weiteren Erbscheins auf Grund des- **6** selben Erbfalls ist neben der Erteilung des ersten Erbscheins besonders gebührenpflichtig. Dasselbe gilt für alle weiteren Erteilungen auf Grund desselben Erbfalls, etwa nach der Einziehung des früheren Erbscheins nach § 2361 BGB. Das gilt auch in den Grenzen des § 21 nach der Feststellung einer teilweisen Unrichtigkeit des früheren Erbscheins, Brschw NdsRpfl **85**, 43, KG Rpfleger **93**, 42, aM Lappe NJW **94**, 1194. Dann findet auch keine Anrechnung statt.

E. Mehrere Erbfälle. Soweit sich derselbe Erbschein auf mehrere Erbfälle be- **7** zieht, entstehen für jeden dieser Erbfälle Gebühren nach KVfG 12 210. Das gilt auch dann, wenn dieselben Gegenstände zum Nachlaß eines jeden Erbfalls zählen.

F. Hoffolgezeugnis. Ein Hoffolgezeugnis nach § 18 II 3 HöfeO und ein Erb- **8** schein des Landwirtschaftsgerichts über das hoffreie Vermögen fallen nach der amtlichen Vorbemerkung 1.2 I unter KVfG 12 210, BGH NJW **88**, 2739.

G. Testamentsvollstreckung. Die Angabe der Testamentsvollstreckung im Erb- **9** schein nach § 2364 I BGB ist als solche nach der amtlichen Vorbemerkung 1.2.2 Z 4 gebührenfrei. Das gilt auch für die Angabe der Testamentsvollstreckung im Erbschein des Vorerben. Die Angabe des Namens des Testamentsvollstreckers kann freilich als die Erteilung eines weiteren Zeugnisses nach KVfG 12 213 gebührenpflichtig sein.

4) Gebührenhöhe. Es entsteht für jedes selbständige Verfahren auf Erteilung oder **10** Einziehung oder Kraftloserklärung eines Erbscheins oder Zeugnisses nach der amtlichen Vorbemerkung 1.2.2 Z 1–4 eine 1,0 Gebühr nach der Tabelle B. Das gilt also auch bei jeder weiteren solchen Urkunde. Daneben bleibt für die Abnahme einer eidesstattlichen Versicherung eine weitere 1,0 Gebühr notwendig. Natürlich bleibt es bei den Ermäßigungen nach KVfG 12 211 ff.

5) Geschäftswert. Es gilt § 40. **11**

6) Fälligkeit, Gebührenschuldner. Die Fälligkeit richtet sich nach § 9 I. **12**
Gebührenschuldner ist nach § 22 I jeder Antragsteller. § 24 nennt die Vorgänge des KVfG 12 210 ff nicht mit. Vgl ferner § 27.

Nr.	Gebührentatbestand	Gebühr oder Satz der Gebühr nach § 34 GNotKG – Tabelle B
12 211	Beendigung des gesamten Verfahrens 1. ohne Endentscheidung oder 2. durch Zurücknahme des Antrags vor Ablauf des Tages, an dem die Endentscheidung der Geschäftsstelle übermittelt wird, wenn die Entscheidung nicht bereits durch Verlesen der Entscheidungsformel bekannt gegeben worden ist: Die Gebühr 12 210 ermäßigt sich auf	0,3 – höchstens 200,00 €

Vorbem. Nr 1, 2 geändert dch Art 13 Z 10g aa, bb G v 29. 6. 15, BGBl 1042, in Kraft seit 17. 8. 15, Art 22 I G, ÜbergangsR § 134 GNotKG.

Gliederung

1) Geltungsbereich, Z 1, 2 1
2) Keine Entscheidung, Z 1 .... 2, 3
3) Antragsrücknahme, Z 2 4–6
   A. Rücknahme 4

KVfG 12211, 12212   Kostenverzeichnis

    B. Frist 5
    C. Noch keine Bekanntgabe 6
4) Gebührenhöhe, Z 1, 2 7
5) Geschäftswert, Z 1, 2 8
6) Fälligkeit, Gebührenschuldner, Z 1, 2 9

1   **1) Geltungsbereich, Z 1, 2.** Die Vorschrift ähnelt zB KV 1211, KVFam 1212. Als Ermäßigung gegenüber KVfG 12210 ist sie ziemlich eng auslegbar. Es müssen mehrere Voraussetzungen bei jeder der beiden Anwendungsfälle Z 1 oder 2 zusammentreffen. Es genügt andererseits, wenn nur Z 1 oder nur Z 2 anwendbar ist. Andernfalls kann KVfG 1221 gelten.

2   **2) Keine Entscheidung, Z 1.** Es darf jedenfalls noch keine Endentscheidung erfolgt sein. Was eine Endentscheidung ist, kann man nur unter Beachtung der Eingangsworte von KVfG vor Z 1 „Beendigung des gesamten Verfahrens" klären.

3   Eine *Teilentscheidung* kann diese Instanz endgültig für diesen Teil beendet haben und doch durchaus noch keine Endentscheidung des gesamten Verfahrens sein. Andererseits stellt jedes Verfahren auf eines der Ziele der amtlichen Vorbemerkung 1.2.2 Z 1–4 ein selbständiges Verfahren dar und kann folglich mit einer gerade dieses Verfahren insgesamt beendenden Entscheidung in dieser Instanz enden. Auch hier muß man also genau prüfen.

4   **3) Antragsrücknahme, Z 2.** Auch hier muß man mehrere Bedingungen erfüllen.
A. Rücknahme. Sie muß gerade wegen dieses Verfahrens wirksam erfolgt sein. Die Rücknahme muß eindeutig sein. Sie muß bedingungslos erfolgen, wie bei jeder Parteiprozeßhandlung, dazu BLAH Grdz 54 vor § 128 ZPO, so auch hier bei jeder Beteiligtenverfahrenshandlung, und zwar gegenüber dem Gericht. Sie mag auf einen Verfahrensteil beschränkt sein. Das reicht nur dann, wenn das „gesamte" Verfahren eben von vornherein oder restlich nur noch diesen Teil betrifft. Eine Mitteilung an den Gegner ist nicht nötig, um KVfG zu ermöglichen.

5   **B. Frist.** Die Antragsrücknahme maß beim Gericht vor Ablauf desjenigen Tages eingegangen sein, an dem das Gericht eine Endentscheidung nach Rn 2, 3 in der Abteilungsgeschäftsstelle angekommen ist, um von dort weiter nach außen zu gelangen. Denn nur dieser Vorgang ist eine „Übermittlung" nach Z 2.

6   **C. Noch keine Bekanntgabe.** Das Gericht darf seine Endentscheidung nach Rn 2, 3 auch bis zum Eingang in seiner Geschäftsstelle nach Rn 5 noch nicht „durch Vorlesen der Entscheidungsformel" nach § 41 II 1 FamFG bekanntgemacht haben. Es reicht also nicht eine schriftliche Bekanntgabe nach § 41 II 4 FamFG. Ob ein Vorlesen der Formel stattfand, ergibt sich im Zweifel wegen § 41 II 1 FamFG nur aus einem Aktenvermerk. Ein förmliches Protokoll kann fehlen. Ein Vermerk mag nachträglich entstanden sein, freilich nicht erst nach Beendigung des gesamten Verfahrens.

7   **4) Gebührenhöhe, Z 1, 2.** Sie beträgt nur 0,3 Gebühr nach der Tabelle B und selbst dann höchstens 200 EUR je selbständigem Verfahren.

8   **5) Geschäftswert, Z 1, 2.** Es gilt § 40.

9   **6) Fälligkeit, Gebührenschuldner, Z 1, 2.** Vgl KVfG 12210 Rn 12.

Nr.	Gebührentatbestand	Gebühr oder Satz der Gebühr nach § 34 GNotKG – Tabelle B
12212	Beendigung des Verfahrens ohne Erteilung des Erbscheins oder des Zeugnisses oder ohne Ausstellung des Europäischen Nachlasszeugnisses, wenn nicht Nummer 12211 erfüllt ist: Die Gebühr 12210 ermäßigt sich auf	0,5 – höchstens 400,00 €

Kostenverzeichnis **12212, 12213–12217 KVfG**

Vorbem. Ergänzg dch Art 13 Z 10 h G v 29. 6. 15, BGBl 1042, in Kraft seit 17. 8. 15, Art 22 I G, ÜbergangsR § 134 GNotKG.

1) Geltungsbereich. Die Vorschrift gilt neben dem vorrangigen KVfG 12211 schon nach ihrem klaren Wortlaut nur hilfsweise. Sie setzt wie jene Bestimmung eine Beendigung „des Verfahrens" voraus. Zwar steht in KVfG 12212 anders als in KVfG 12211 nichts vom „gesamten" Verfahren. Das dürfte aber nur eine sprachliche und nicht eine inhaltliche Abweichung sein. Denn natürlich muß für eine Ermäßigung auch bei KVfG 12212 die gesamte Gerichtstätigkeit beendet sein. Das ist ja der erkennbare Sinn der Ermäßigung. Unter „Zeugnis" in KVfG 12212 ist neben demjenigen nach §§ 33 ff IntErbRVG jedes Zeugnis nach der amtlichen Vorbemerkung 1.2.2 Z 2–4 zu verstehen. **1**

2) Gebührenhöhe. Es entsteht nur 0,5 Gebühr nach der Tabelle B je Verfahren bei einer Mindestgebühr von 400 EUR. **2**

3) Geschäftswert: Es gilt § 40. **3**

4) Fälligkeit, Gebührenschuldner. Vgl KVfG 12210 Rn 12. **4**

Nr.	Gebührentatbestand	Gebühr oder Satz der Gebühr nach § 34 GNotKG – Tabelle B
12 213	Verfahren über den Antrag auf Erteilung eines weiteren Testamentsvollstreckerzeugnisses bezüglich desselben Nachlasses oder desselben Teils des Nachlasses	0,3
12 214	Beendigung des Verfahrens ohne Erteilung des Zeugnisses: Die Gebühr 12 213 beträgt	– höchstens 200,00 €
12 215	Verfahren über die Einziehung oder Kraftloserklärung 1. eines Erbscheins, 2. eines Zeugnisses über die Fortsetzung der Gütergemeinschaft, 3. eines Testamentsvollstreckerzeugnisses oder 4. eines Zeugnisses nach § 36 oder § 37 der Grundbuchordnung oder nach § 42 auch i. V. m. § 74 der Schiffsregisterordnung	0,5 – höchstens 400,00 €
12 216	Verfahren über den Widerruf eines Europäischen Nachlasszeugnisses	0,5 – höchstens 400,00 €
12 217	Verfahren über die Änderung eines Europäischen Nachlasszeugnisses	1,0

Vorbem. KVfG 12216, 12217 angefügt dch Art 13 Z 10 i G v 29. 6. 15, BGBl 1042, in Kraft seit 17. 8. 15, Art 22 I G, ÜbergangsR § 134 GNotKG.

Zu III KVfG 12213–12217:

1) Geltungsbereich. Die Spezialvorschriften sind eng auslegbar. Es geht um ein Zeugnis nach § 2368 BGB. Während KVfG 12210–12212 ein zeitlich erstes solches Zeugnis regeln, behandelt KVfG 12213–12215 das Verfahren auf ein zeitlich nachfolgendes weiteres derartiges Zeugnis. Dabei kann es sich auch um ein weiteres bloßes Teilzeugnis handeln, auch um ein weiteres bloßes Mitvollstreckerzeugnis oder Mitvollstrecker-Teilzeugnis. Es muß aber stets um denselben Nachlaß oder Teilnachlaß gehen. Es kann sich jeweils um eine Testamentsvollstreckung beim Erben, Vorerben oder Nacherben handeln. KVfG 12216 behandelt den Widerruf, KVfG 12217 **1**

KVfG 12217, 12218, 12220, 12221   Kostenverzeichnis

eine Änderung eines Europäischen Nachlasszeugnisses nach §§ 33 ff InErbRVG, Sikora DNotZ **17**, 720.

2   2) **Gebührenhöhen.** Es gilt jeweils Tabelle B. Bei KVfG 12213 entsteht je Verfahren 0,3 Gebühr, jedoch nach KVfG 12214 bei Beendigung des Verfahrens ohne Erteilung des Zeugnisses (vgl KVfG 12212 Hs 1) eine Höchstgebühr von 200 EUR und nach KVfG im Verfahren auf Einziehung oder Kraftloserklärung einer jeden der dort in Z 1–4 genannten Urkunden 0,5 Gebühr mit einer Obergrenze von 400 EUR. Bei KVfG 12216 entsteht 0,5 Gebühr mit einer Höchstgebühr von 400 EUR, bei KVfG 12217 1,0 Gebühr ohne Höchstgrenze.

3   3) **Geschäftswert.** Es gilt § 40.

4   4) **Fälligkeit, Gebührenschuldner.** Die Fälligkeit richtet sich nach § 9 I. *Gebührenschuldner* ist nach § 22 I der Antragsteller. Vgl ferner § 27.

Nr.	Gebührentatbestand	Gebühr oder Satz der Gebühr nach § 34 GNotKG – Tabelle B
12 218	Erteilung einer beglaubigten Abschrift eines Europäischen Nachlasszeugnisses nach Beendigung des Verfahrens auf Ausstellung des Europäischen Nachlasszeugnisses oder Verlängerung der Gültigkeitsfrist einer beglaubigten Abschrift eines Europäischen Nachlasszeugnisses .... Neben der Gebühr wird keine Dokumentenpauschale erhoben.	20,00 €

Vorbem. KVfG 12218 eingefügt dch Art 13 Z 10 i G v 29. 6. 15, BGBl 1042, in Kraft seit 17. 8. 15, Art 22 I G, ÜbergangsR § 134 GNotKG.

1   1) **Geltungsbereich.** Die Vorschrift knüpft an KVfG 12216, 12217 an. Sie behandelt eine beglaubigte Abschrift eines Europäischen Nachlasszeugnisses nach §§ 33 ff IntErbRVG, soweit sie erst zeitlich nach dem Ende des zugehörigen Verfahrens auf eine Ausstellung oder Verlängerung der Gültigkeitsfrist einer beglaubigten Abschrift entsteht, also erst nach der Aushändigung der genannten Urkunden, unabhängig davon, ob die dortigen Gebühren schon bezahlt wurden.

2   2) **Festgebühr.** Sie beträgt 20 EUR. Über sie muß der Notar evtl Auskunft geben, Sikora DNotZ **17**, 720. Nach der amtlichen Anmerkung entsteht neben ihr keine Dokumentenpauschale.

3   3) **Geschäftswert.** Er entfällt wegen der Festgebühr.

4   4) **Fälligkeit, Gebührenschuldner.** Die Fälligkeit richtet sich nach § 9 I. *Gebührenschuldner* ist nach § 22 I der Antragsteller. Vgl ferner § 27.

Unterabschnitt 2. Beschwerde gegen die Endentscheidung wegen des Hauptgegenstands

Nr.	Gebührentatbestand	Gebühr oder Satz der Gebühr nach § 34 GNotKG – Tabelle B
12 220	Verfahren im Allgemeinen	1,0 – höchstens 800,00 €
12 221	Beendigung des gesamten Verfahrens durch Zurücknahme der Beschwerde oder des Antrags, bevor die Schrift zur Begründung der Beschwerde bei Gericht eingegangen ist: Die Gebühr 12 220 ermäßigt sich auf	0,3 – höchstens 200,00 €

Kostenverzeichnis **12222, 12230–12232, 12240 KVfG**

Nr.	Gebührentatbestand	Gebühr oder Satz der Gebühr nach § 34 GNotKG – Tabelle B
12 222	Beendigung des gesamten Verfahrens ohne Endentscheidung, wenn nicht Nummer 12 221 erfüllt ist: Die Gebühr 12 220 ermäßigt sich auf .... I Wenn die Entscheidung nicht durch Verlesen der Entscheidungsformel bekannt gegeben worden ist, ermäßigt sich die Gebühr auch im Fall der Zurücknahme der Beschwerde oder des Antrags vor Ablauf des Tages, an dem die Endentscheidung der Geschäftsstelle übermittelt wird. II Eine Entscheidung über die Kosten steht der Ermäßigung nicht entgegen, wenn die Entscheidung einer zuvor mitgeteilten Einigung über die Kostentragung oder einer Kostenübernahmeerklärung folgt.	0,5 – höchstens 400,00 €

Vorbem. Amtliche Anmerkg I ergänzt dch Art 13 Z 10 w G v 29. 6. 15, BGBl 1042, in Kraft seit 4. 7. 15, Art 22 II G, ÜbergangsR § 134 GNotKG.

Unterabschnitt 3. Rechtsbeschwerde gegen die Endentscheidung wegen des Hauptgegenstands

Nr.	Gebührentatbestand	Gebühr oder Satz der Gebühr nach § 34 GNotKG – Tabelle B
12 230	Verfahren im Allgemeinen	1,5 – höchstens 1200,00 €
12 231	Beendigung des gesamten Verfahrens durch Zurücknahme der Rechtsbeschwerde oder des Antrags, bevor die Schrift zur Begründung der Beschwerde bei Gericht eingegangen ist: Die Gebühr 12 230 ermäßigt sich auf	0,5 – höchstens 400,00 €
12 232	Beendigung des gesamten Verfahrens durch Zurücknahme der Rechtsbeschwerde oder des Antrags vor Ablauf des Tages, an dem die Endentscheidung der Geschäftsstelle übermittelt wird, wenn nicht Nummer 12 231 erfüllt ist: Die Gebühr 12 230 ermäßigt sich auf	1,0 – höchstens 800,00 €

Unterabschnitt 4. Zulassung der Sprungrechtsbeschwerde gegen die Endentscheidung wegen des Hauptgegenstands

Nr.	Gebührentatbestand	Gebühr oder Satz der Gebühr nach § 34 GNotKG – Tabelle B
12 240	Verfahren über die Zulassung der Sprungrechtsbeschwerde: Soweit der Antrag abgelehnt wird:	0,5 – höchstens 400,00 €

KVfG 12240, 12310

Zu KVfG 12220–12240:

1 **1) Geltungsbereich.** Die Vorschriften entsprechen im Kern denjenigen in KVfG 11 200–11 400. Vgl daher jeweils dort. Unterschiedlich sind nur die jeweiligen Gebührenhöhen. Es gilt hier Tabelle B.

Abschnitt 3. Sicherung des Nachlasses einschließlich der Nachlasspflegschaft, Nachlass- und Gesamtgutsverwaltung

Unterabschnitt 1. Erster Rechtszug

Nr.	Gebührentatbestand	Gebühr oder Satz der Gebühr nach § 34 GNotKG – Tabelle A
12 310	Verfahren im Allgemeinen .... ¹Die Gebühr entsteht nicht für Verfahren, die in den Rahmen einer bestehenden Nachlasspflegschaft oder Nachlass- oder Gesamtgutsverwaltung fallen. ²Dies gilt auch für das Verfahren, das mit der Nachlasspflegschaft oder der Nachlass- oder Gesamtgutsverwaltung endet.	0,5

Schrifttum: *Felix* JB **16**, 340 und 403 (Üb).

1 **1) Geltungsbereich.** Nachlaßsicherung ist an sich ein ebenso umfassender wie schwammiger Begriff. Dazu würde theoretisch jede solche Tätigkeit des Nachlaßgerichts zählen, die ein Erbe schneller, besser und umfassender verwertbar und zuordnungsfähig macht. Dann müßte man zB auch die Ernennung eines Testamentsvollstreckers hierher einordnen. Das geschieht nicht im GNotKG, wie etwa KVfG 12 420–12 428 beim Testamentsvollstrecker mit Sonderregeln zeigen.

Sicherung ist also begrenzt zu verstehen. Die amtliche Überschrift des mit KVfG 12 310 beginnenden Abschnitts 3 liefert allerdings zur Erläuterung des Begriffs der Sicherung auch nur zwei typische Einzelaspekte, nämlich Nachlaßpflegschaft und -verwaltung. Der dritte, Gesamtgutsverwaltung, paßt nur bedingt hierher. Am ehesten kam der frühere § 104 KostO der Sache, aber mit den Worten „durch Siegelung oder auf andere Weise" sowie „Aufbewahrung und Auslieferung" sowie „Aufnahme des Vermögensverzeichnisses" auch nicht viel besser.

2 Eine bloße Hilfs- und *Auffangfunktion* neben den in KVfG 12 100 ff verstreuten vorrangigen Einzelregelungen ist das wahre Merkmal von KVfG 12 310. Man wird unter Sicherung eben alles dasjenige verstehen sollen, was sich dort nicht anderweitig finden läßt.

3 **2) Allgemeine Verfahrensgebühr.** Sie ist eine Pauschale unabhängig vom Umfang, Schwierigkeit und Dauer. Sie entsteht schon mit der ersten Tätigkeit des Nachlaßgerichts im Sicherungsbereich. Die amtliche Anmerkung begrenzt KVfG 12 310 mehrfach und bei genauer Prüfung nicht gegenüber KVfG 12 311, 12 312 überflüssig. Man muß § 1 I mit seinem Wort „nur" (gebührenpflichtig) zur Abgrenzung mitbeachten: Im Zweifel keine Gebühr.

4 Schon der Beginn einer *Prüfung* auf Antrag oder von Amts wegen ist Teil eines „Verfahrens", wie bei jeder Verfahrensgebühr. Es kommt ab dem Prüfungsbeginn weder darauf an, ob zB ein Antrag bis zur Entscheidung zum Hauptgegenstand bestehenbleibt oder ob das Gericht eine Sicherung ganz oder teilweise auch nur derzeit ablehnt. Gegen eine Ablehnung wäre im übrigen evtl ein Rechtsmittel statthaft und nach KVfG 12 320 ff gebührenpflichtig.

5 **3) Gebührenhöhe.** Es entsteht für jedes selbständige Verfahren eine 0,5 Gebühr nach der Tabelle A.

6 **4) Geschäftswert.** Er richtet sich praktisch nach § 64.

7 **5) Fälligkeit, Gebührenschuldner.** Die Fälligkeit richtet sich nach § 9 I.

Gebührenschuldner ist nach § 24 Z 2 jeder Miterbe als Gesamtschuldner nach § 32 I, soweit nicht das Gericht nach § 24 lt Hs etwas anderes bestimmt. Vgl ferner § 27.

Kostenverzeichnis **12311, 12312 KVfG**

Nr.	Gebührentatbestand	Gebühr oder Satz der Gebühr nach § 34 GNotKG – Tabelle A
12311	Jahresgebühr für jedes Kalenderjahr bei einer Nachlasspflegschaft, die nicht auf einzelne Rechtshandlungen beschränkt ist, oder bei einer Nachlass- oder Gesamtgutsverwaltung .... I ¹Ist Gegenstand des Verfahrens ein Teil des Nachlasses, ist höchstens dieser Teil des Nachlasses zu berücksichtigen. ²Verbindlichkeiten werden nicht abgezogen. II Für das bei der ersten Bestellung eines Nachlasspflegers oder bei der Anordnung der Nachlass- oder Gesamtgutsverwaltung laufende und das folgende Kalenderjahr wird nur eine Jahresgebühr erhoben.	10,00 € je angefangene 5000,00 € des Nachlasswerts – mindestens 200,00 €

1) **Geltungsbereich.** Die Vorschrift gilt nur bei einer Dauerpflegschaft gegenüber KVfG 12312 (Pflegschaft nur für eine einzelne Rechtshandlung). Im einzelnen:
   A. Nachlaßpflegschaft. Es geht um jede nicht in einer Nachlaßverwaltung bestehende Pflegschaft über den Nachlaß oder einen Nachlaßteil, also um eine Fürsorgetätigkeit für Erben oder Nacheben und Gläubiger nach §§ 1960, 1961 BGB.
   B. Nachlaßverwaltung. Es mag auch um eine solche nach §§ 1975 ff, 2062 BGB gehen.
   C. Gesamtgutsverwaltung. Es kann schließlich um die Verwaltung des Gesamtguts bei einer fortgesetzten Gütergemeinschaft nach §§ 1489 II in Verbindung mit 2062 BGB gehen.
2) **Gebührenhöhe.** In Abweichung von früheren Regelungen gelten jetzt mehrere Regeln. Es gilt jeweils Tabelle A.
   A. Grundsatz: 5 EUR je 5000 EUR Nachlaßwert. Man muß zunächst den Nachlaßwert ermitteln. Das ist nicht der in § 64 I genannte Wert des von einer Verwaltung betroffenen Vermögens und auch nicht der in § 64 II genannte Betrag einer Forderung. Vielmehr gilt zunächst der Wert desjenigen Vermögens, das den gesamten Nachlaß oder den Teil darstellt, auf den sich die in KVfG 12311 erfaßte Tätigkeit bezieht, und zwar nach der bloßen Teilpflegschaft usw nach der amtlichen Anmerkung I 2 ohne Abzug von Verbindlichkeiten.
   B. Je angefangene 5000 EUR. Die Jahresgebühr von 10 EUR errechnet sich je angefangene 5000 EUR Nachlaßwert, mit 10000,01 EUR beginnend (Mindestgebühr 200 EUR).
   C. Mindestgebühr 200 EUR. Sie zählt auch bei einer bloßen Teilpflegschaft usw.
   D. Zeitbegrenzung. Nach der amtlichen Anmerkung II entsteht die Jahresgebühr nach Rn 5 für das erste und das folgende Kalenderjahr nur einmal. Die Mindestgebühr von 200 EUR bleibt auch dann bestehen.
3) **Fälligkeit, Gebührenschuldner.** Es gilt dasselbe wie bei KVfG 12310 Rn 7.

Nr.	Gebührentatbestand	Gebühr oder Satz der Gebühr nach § 34 GNotKG – Tabelle A
12312	Verfahren im Allgemeinen bei einer Nachlasspflegschaft für einzelne Rechtshandlungen .... Die Gebühr wird nicht neben der Gebühr 12311 erhoben.	0,5 – höchstens eine Gebühr 12311

1) **Geltungsbereich.** Man kann darüber streiten, ob ihr Gebiet einer auf einzelne Rechtshandlungen beschränkten Nachlaßpflegschaft systematisch eher vor statt hinter

KVfG 12312, 12320, 12321, 12330–12332   Kostenverzeichnis

die Regelung einer Dauerpflegschaft gehört. Grundlage der Nachlaßpflegschaft ist § 1960 II Hs 2 BGB.

2   **2) Verfahrensgebühr.** Es gelten dieselben Abgrenzungsregeln wie bei KVfG 12310 Rn 3, 4.

3   **3) Gebührenhöhe.** Es gibt drei Apekte.
     A. Grundsatz. Es entsteht wegen jedes selbständigen Verfahrens eine 0,5 Gebühr, und zwar nach Tabelle A.

4   **B. Höchstgebühr.** Es kann höchstens je Verfahren eine Gebühr 12311 entstehen, vgl dort.

5   **C. Nur hilfsweise.** KVfG tritt gebührenmäßig hinter einer Jahresgebühr nach KVfG 12311 zurück, amtliche Anmerkung. Diese Situation tritt zB dann ein, wenn während einer Dauernachlaßpflegschaft für den Nachlaßteil 1 eine Einzelrechtshandlung im Nachlaßteil 2 nötig wird.

6   **4) Geschäftswert.** Es gilt dasselbe wie bei KVfG 12310.

7   **5) Fälligkeit, Gebührenschuldner.** Es gilt dasselbe wie bei KVfG 12310.

Unterabschnitt 2. Beschwerde gegen die Endentscheidung wegen des Hauptgegenstands

Nr.	Gebührentatbestand	Gebühr oder Satz der Gebühr nach § 34 GNotKG – Tabelle A
12320	Verfahren im Allgemeinen	1,0
12321	Beendigung des gesamten Verfahrens ohne Endentscheidung: Die Gebühr 12320 ermäßigt sich auf	0,5
	I Wenn die Entscheidung nicht durch Verlesen der Entscheidungsformel bekannt gegeben worden ist, ermäßigt sich die Gebühr auch, wenn die Beschwerde vor Ablauf des Tages, an dem die Endentscheidung der Geschäftsstelle übermittelt wird, zurückgenommen wird.	
	II Eine Entscheidung über die Kosten steht der Ermäßigung nicht entgegen, wenn die Entscheidung einer zuvor mitgeteilten Einigung über die Kostentragung oder einer Kostenübernahmeerklärung folgt.	

Unterabschnitt 3. Rechtsbeschwerde gegen die Endentscheidung wegen des Hauptgegenstands

Nr.	Gebührentatbestand	Gebühr oder Satz der Gebühr nach § 34 GNotKG – Tabelle A
12330	Verfahren im Allgemeinen	1,5
12331	Beendigung des gesamten Verfahrens durch Zurücknahme der Rechtsbeschwerde oder des Antrags, bevor die Schrift zur Begründung der Beschwerde bei Gericht eingegangen ist: Die Gebühr 12330 ermäßigt sich auf	0,5
12332	Beendigung des gesamten Verfahrens durch Zurücknahme der Rechtsbeschwerde oder des Antrags vor Ablauf des Tages, an dem die Endentscheidung der Geschäftsstelle übermittelt wird, wenn nicht Nummer 12331 erfüllt ist: Die Gebühr 12330 ermäßigt sich auf	1,0

**Unterabschnitt 4. Zulassung der Sprungrechtsbeschwerde
gegen die Endentscheidung wegen des Hauptgegenstands**

Nr.	Gebührentatbestand	Gebühr oder Satz der Gebühr nach § 34 GNotKG – Tabelle A
12 340	Verfahren über die Zulassung der Sprungrechtsbeschwerde: Soweit der Antrag abgelehnt wird:	0,5

Zu KVfG 12320–12340:

1) Geltungsbereich. Die Vorschriften entsprechen im Kern denjenigen in KVfG 1
11 200–11 400. Vgl daher jeweils dort. Unterschiedlich sind nur die jeweiligen Gebührenhöhen. Es gilt jeweils Tabelle A.

**Abschnitt 4. Entgegennahme von Erklärungen,
Fristbestimmungen, Nachlassinventar, Testamentsvollstreckung**

**Unterabschnitt 1. Entgegennahme von Erklärungen,
Fristbestimmungen und Nachlassinventar**

Nr.	Gebührentatbestand	Gebühr oder Satz der Gebühr nach § 34 GNotKG – Tabelle A
12 410	Entgegennahme von Erklärungen und Anzeigen ..... I Die Gebühr entsteht für die Entgegennahme 1. einer Forderungsanmeldung im Fall des § 2061 BGB, 2. einer Erklärung über die Anfechtung eines Testaments oder Erbvertrags (§§ 2081, 2281 Abs. 2 BGB), 3. einer Anzeige des Vorerben oder des Nacherben über den Eintritt der Nacherbfolge (§ 2146 BGB), 4. einer Erklärung betreffend die Bestimmung der Person des Testamentsvollstreckers oder die Ernennung von Mitvollstreckern (§ 2198 Abs. 1 Satz 2 und § 2199 Abs. 3 BGB), die Annahme oder Ablehnung des Amtes des Testamentsvollstreckers (§ 2202 BGB) sowie die Kündigung dieses Amtes (§ 2226 BGB), 5. einer Anzeige des Verkäufers oder Käufers einer Erbschaft über den Verkauf nach § 2384 BGB sowie einer Anzeige in den Fällen des § 2385 BGB, 6. eines Nachlassinventars oder einer Erklärung nach § 2004 BGB oder 7. der Erklärung eines Hoferben über die Wahl des Hofes gemäß § 9 Abs. 2 Satz 1 HöfeO. II Für die gleichzeitige Entgegennahme mehrerer Forderungsanmeldungen, Erklärungen oder Anzeigen nach derselben Nummer entsteht die Gebühr nur einmal.	15,00 €

Gliederung

1) Geltungsbereich, I, II 1
2) Entgegennahme, I 2–13
   A. Forderungsanmeldung, I Z 1 2
   B. Anfechtung eines Testaments, I Z 2 3
   C. Anfechtung eines Erbvertrags, I Z 2 4
   D. Anzeige der Nacherbfolge, I Z 3 5
   E. Bestimmung des Testamentsvollstreckers, I Z 4 6
   F. Ernennung von Mitvollstreckern, I Z 4 7
   G. Annahme oder Ablehnung des Testamentsvollstreckeramts, I Z 4 8
   H. Kündigung des Testamentsvollstreckeramts, I Z 4 9
   I. Anzeige des Erbschaftsverkaufs, I Z 5 10
   J. Anzeige des Weiterverkaufs usw, I Z 5 11

KVfG 12410

    K. Nachlaßinventar, I Z 6 12
    L. Hofwahl, I Z 7 13
  3) **Gebühr, I, II** 14
  4) **Fälligkeit, Gebührenschuldner, I, II** 15

1   **1) Geltungsbereich, I, II.** Zunächst vgl die amtliche Vorbemerkung 1.2.4.1 mit ihrer Verweisung bei der Aufnahme eines Nachlaßinventars auf KVfG 23 500–23 503, soweit das Gericht selbst die Aufnahme durchführt. Die Aufzählung in I Z 1–7 ist abschließend.

2   **2) Entgegennahme, I.** Sie macht schon bei jeder Anmeldung usw gebührenpflichtig. Im einzelnen:
    A. Forderungsanmeldung, I Z 1. Es geht um die Anmeldung einer Forderung eines Nachlaßgläubigers beim Nachlaßgericht auf Grund einer öffentlichen Aufforderung eines Miterben zu dieser Anmeldung nach § 2061 BGB.
    Unanwendbar ist I Z 1 beim gerichtlichen Aufgebot nach §§ 433 ff FamFG.

3   **B. Anfechtung eines Testaments, I Z 2.** Es geht um die Anfechtung einer solchen letztwilligen Verfügung nach § 2081 I BGB durch die der Erblasser einen Erben eingesetzt, einen gesetzlichen Erben von der Erbfolge ausgeschlossen, einen Testamentsvollstrecker ernannt oder eine Verfügung solcher Art aufgehoben hat.

4   **C. Anfechtung eines Erbvertrags, I Z 2.** Es geht um die Anfechtung einer in einem Erbvertrag zugunsten eines Dritten getroffenen Verfügung nach dem Tod des anderen Vertragspartners durch den Erblasser nach § 2281 II BGB.

5   **D. Anzeige der Nacherbfolge, I Z 3.** Es geht um eine Anzeige des Vorerben oder des Nacherben über den Eintritt der Nacherbfolge nach § 2146 I BGB.

6   **E. Bestimmung des Testamentsvollstreckers, I Z 4.** Es geht um die Bestimmung der Person des Testamentsvollstreckers durch einen Dritten nach § 2198 I 2 BGB.

7   **F. Ernennung eines Mitvollstreckers, I Z 4.** Es geht um diejenige Erklärung, durch die der vom Erblasser dazu ermächtigte Testamentsvollstrecker einen oder mehrere Mitvollstrecker ernennt, § 2199 III in Verbindung mit 2198 I 2 BGB.
    Nicht hierher gehört diejenige Erklärung des vom Erblasser dazu ermächtigten Testamentsvollstreckers nach §§ 2199 II in Verbindung mit 2198 I 2 BGB durch die er einen Nachfolger ernennt.

8   **G. Annahme oder Ablehnung des Testamentsvollstreckeramts, I Z 4.** Es geht um diejenige Erklärung, durch die der zum Testamentsvollstrecker nach § 2202 I BGB Ernannte das Amt annimmt oder ablehnt.

9   **H. Kündigung des Testamentsvollstreckeramts, I Z 4.** Es geht um diejenige Erklärung des Testamentsvollstreckers nach § 2226 S 2 BGB durch die er sein Amt kündigt.

10   **I. Anzeige des Erbschaftsverkaufs, I Z 5.** Es geht um die Anzeige des Verkaufs der Erbschaft und des Namens des Käufers durch den Verkäufer oder Käufer, § 2384 I BGB. Das gilt auch beim Verkauf eines Erbanteils nach § 1922 II BGB und bei einem Vertrag nach § 2385 I BGB.

11   **J. Anzeige des Weiterverkaufs usw, I Z 5.** Es geht um diejenige Anzeige nach § 2385 I BGB durch die man den Weiterverkauf einer bereits durch Vertrag erworbenen Erbschaft oder einen anderen ähnlichen Vertrag mitteilt.

12   **K. Nachlaßinventar, I Z 6.** Es geht nur um die Entgegennahme einer Anzeige oder Erklärung, nicht um die gerichtliche Aufnahme, amtliche Vorbemerkung 1.2.4.1. Vgl im einzelnen bei §§ 1993 ff, 2004 BGB. Hierher zählt auch nach der ausdrücklichen Verweisung in I Z 6 auf § 2004 BGB die Entgegennahme einer Bezugnahme des Erben auf ein schon beim Nachlaßgericht vorhandenes Inventarverzeichnis.

13   **L. Hofwahl, I Z 7.** Es geht um die Entgegennahme der Erklärung nach § 9 II 1 HöfeO.

14   **3) Gebühr, I, II.** Für die Entgegennahme einer jeden der in I genannten Erklärungen entsteht eine Festgebühr von 15 EUR. Das gilt nach II auch dann, wenn mehrere Erklärungen gerade zu derselben Nummer in derselben Schrift oder durch dieselbe Handlung erfolgen. Wenn drei Erben dieselbe Erklärung in verschiedenen Urkunden abgeben, liegen drei jeweils gebührenpflichtige Erklärungen vor. Eine Eingangsbestätigung ist gebührenfrei.

Kostenverzeichnis **12410, 12411 KVfG**

4) Fälligkeit, Gebührenschuldner, I, II. Für die Fälligkeit gilt § 9 I Z 5.   15
Gebührenschuldner ist bei I Z 1 der Miterbe nach § 23 Z 3 und im übrigen der nach § 22 I erkennbare „Antragsteller" des jeweiligen Verfahrensabschnitts. Vgl ferner § 27.

Nr.	Gebührentatbestand	Gebühr oder Satz der Gebühr nach § 34 GNotKG – Tabelle A
12 411	Verfahren über 1. eine Fristbestimmung nach den §§ 2151, 2153 bis 2155, 2192, 2193 BGB, 2. die Bestimmung einer Inventarfrist, 3. die Bestimmung einer neuen Inventarfrist, 4. die Verlängerung der Inventarfrist oder 5. eine Fristbestimmung, die eine Testamentsvollstreckung betrifft	25,00 €

Gliederung

1) Geltungsbereich, Z 1–5 1
2) Fristbestimmung, Z 1 2–7
   A. Frist zur Bestimmung des Beschwerten beim Vermächtnis 2
   B. Frist zur Bestimmung der Anteile des Vermächtnisses 3
   C. Wahlvermächtnis 4
   D. Gattungsvermächtnis 5
   E. Auflage 6
   F. Bestimmung des Begünstigten 7
3) Bestimmung einer Inventarfrist, Z 2 8
4) Verlängerung oder Bestimmung einer neuen Frist, Z 3, 4 9
5) Fristbestimmung bei Testamentsvollstreckung, Z 5 .... 10, 11
   A. Bestimmung durch Dritten 10
   B. Bestimmung einer Annahmefrist 11
6) Gebühr, Z 1–5 12
7) Fälligkeit, Gebührenschuldner, Z 1–5 13

1) Geltungsbereich, Z 1–5. Die Vorschrift zählt eine Reihe von Fristbestim- 1
mungen im Erbrecht abschließend auf. Sie ist daher eng auslegbar.

2) Fristbestimmung, Z 1. Es geht um folgende Fälle. 2
   A. Frist zur Bestimmung des Beschwerten beim Vermächtnis. Hier geht es um die Frist des Nachlaßgerichts gegenüber dem Beschwerten oder einem Dritten auf den Antrag eines Beteiligten zur Abgabe der Erklärung nach § 2151 III 2 BGB dazu, wer von mehreren ein Vermächtnis erhalten soll.

   B. Frist zur Bestimmung der Anteile des Vermächtnisses. Hier geht es um 3
die Frist des Nachlaßgerichts gegenüber einem Beschwerten oder einem Dritten auf den Antrag eines der Beteiligten nach § 2153 II 2 in Verbindung mit § 2151 III 2 BGB zur Abgabe der Erklärung dazu, was jeder von dem vermachten Gegenstand erhalten soll.

   C. Wahlvermächtnis. Hier geht es um die Frist des Nachlaßgerichts gegenüber 4
einem Dritten auf den Antrag eines Beteiligten zur Abgabe der Erklärung nach § 2154 II 2 in Verbindung mit § 2151 III 2 BGB dazu, welchen von mehreren Gegenständen der in einem Vermächtnis Bedachte erhalten soll.

   D. Gattungsvermächtnis. Hier geht es um die bei einem nur der Gattung nach 5
bestimmten Vermächtnis entsprechend notwendige Erklärung desjenigen Dritten nach § 2155 II in Verbindung mit § 2154 II 2 BGB der die Wahl hatte.

   E. Auflage. Hier geht es um die Fristbestimmung auf Grund einer Auflage des 6
Erblassers. Auf sie sind nach § 2192 BGB unter anderem §§ 2154, 2155 BGB entsprechend anwendbar.

   F. Bestimmung des Begünstigten. Hier geht es um die Frist des Nachlaßge- 7
richts auf den Antrag eines Beteiligten gegenüber einem Dritten zur Abgabe der Erklärung gegenüber dem Beschwerten dazu, an welche Person diejenige Leistung er-

KVfG 12411–12420

folgen soll, die der Erblasser bei der Anordnung einer Auflage bestimmt hat, nach § 2193 III 3 in Verbindung mit § 2151 III 2 BGB.

8 **3) Bestimmung einer Inventarfrist, Z 2.** Hier geht es um die vom Nachlaßgericht dem Erben auf Grund des Antrags eines Nachlaßgläubigers zur Errichtung des Inventars gesetzte Frist nach § 1994 I 1 BGB.

9 **4) Verlängerung oder Bestimmung einer neuen Frist, Z 3, 4.** Hier geht es um die Verlängerung der Inventarfrist oder um die Bestimmung einer neuen Inventarfrist unter den Voraussetzungen der §§ 1995 III, 1996, 2005 II BGB.

10 **5) Fristbestimmung bei Testamentsvollstreckung, Z 5.** Hier geht es um zwei Fälle.

A. Bestimmung durch Dritten. Hier geht es um eine solche Frist, die das Nachlaßgericht auf Antrag eines Beteiligten nach § 2198 II BGB einem vom Erblasser befugten Dritten zur Bestimmung der Person des Testamentsvollstreckers setzt.

11 **B. Bestimmung einer Annahmefrist.** Hier geht es um eine solche Frist, die das Nachlaßgericht dem Ernannten auf Antrag eines Beteiligten nach § 2202 III 1 BGB zur Erklärung über die Amtsannahme setzt.

12 **6) Gebühr, Z 1–5.** Für jede der vorgenannten Tätigkeiten entsteht eine Festgebühr von 25 EUR.

13 **7) Fälligkeit, Gebührenschuldner, Z 1–5.** Die Fälligkeit richtet sich nach § 9 I.

Gebührenschuldner ist bei Z 1 der Antragsteller nach § 22 I, bei Z 2–5 der Erbe nach § 24 Z 4, 7, 8, soweit nicht das Gericht nach § 24 lt Hs etwas anderes bestimmt. Vgl ferner § 27.

Nr.	Gebührentatbestand	Gebühr oder Satz der Gebühr nach § 34 GNotKG – Tabelle A
12 412	Verfahren über den Antrag des Erben, einen Notar mit der amtlichen Aufnahme des Nachlassinventars zu beauftragen	40,00 €

1 **1) Geltungsbereich.** Es reicht ein Notar dem Nachlaßgericht ein Nachlaßverzeichnis ein, nachdem das Nachlaßgericht auf einen Antrag des Erben die Aufnahme des Verzeichnisses einem zuständigen Notar nach § 2003 I 1 BGB übertragen hat. Die Gebühr gilt die Aufnahme dieses Antrags ab.

2 **2) Gebühr.** Jedes selbständige Verfahren läßt die Festgebühr von 40 EUR entstehen, und nur sie.

3 **3) Fälligkeit, Gebührenschuldner.** Die Fälligkeit richtet sich nach § 9 I.

Gebührenschuldner ist nach § 31 II jeder Erbe als Gesamtschuldner nach § 31 I. Vgl ferner § 27.

Unterabschnitt 2. Testamentsvollstreckung

(Amtliche) Vorbemerkung 1.2.4.2:

Die Gebühren für die Entgegennahme von Erklärungen und für das Verfahren über eine Fristbestimmung bestimmen sich nach Unterabschnitt 1, die Gebühr für das Verfahren auf Erteilung eines Testamentsvollstreckerzeugnisses sowie dessen Einziehung oder Kraftloserklärung nach Abschnitt 2.

Nr.	Gebührentatbestand	Gebühr oder Satz der Gebühr nach § 34 GNotKG – Tabelle A
12 420	Verfahren über die Ernennung oder Entlassung von Testamentsvollstreckern und über sonstige anläßlich einer Testamentsvollstreckung zu treffenden Anordnungen	0,5

1) Geltungsbereich. Die Vorschrift erfaßt eine erste oder spätere Ernennung oder Entlassung eines jeden Testamentsvollstreckers durch das Nachlaßgericht nach §§ 2200, 2227 BGB. Sie erfaßt auch alle sonstigen aus Anlaß einer Testamentsvollstreckung vom Nachlaßgericht getroffenen Anordnungen. Dabei muß man stets § 1 I mitbeachten. Neben KVfG 12 420 muß man KVfG 12 421 ff beachten.
Beim *Notar* gilt KVfG 12 420 nicht. Denn dessen Geltungsbereich zählt nicht zu den notariellen Amtsgeschäften nach § 8 IV BNotO.

2) Beispiele zur Frage einer Anwendbarkeit
§ 2197 I BGB: *Unanwendbar* ist KVfG 12 420 auf die Ablehnung der Ernennung.
§ 2198 I BGB: *Unanwendbar* ist KVfG 12 420 auf die Bestimmung der Person des Testamentsvollstreckers durch einen Dritten.
§ 2198 II BGB: Anwendbar ist KVfG 12 420 auf eine Fristbestimmung gegenüber dem Dritten.
§ 2199 BGB: *Unanwendbar* ist KVfG 12 420 auf eine Ermächtigung zur Ernennung eines Mitvollstreckers.
§ 2202 II BGB: *Unanwendbar* ist KVfG 12 420 auf die Annahme des Amts oder dessen Ablehnung.
§ 2202 III 1 BGB: Anwendbar ist KVfG 12 420 auf die Frist zur Erklärung über die Annahme des Testamentsvollstreckeramts.
§ 2216 II 2 BGB: Anwendbar ist KVfG 12 420 auf die Außerkraftsetzung einer Anordnung des Erblassers.
§ 2224 I 1 Hs 2 BGB: Anwendbar ist KVfG 12 420 auf eine Entscheidung bei einer Meinungsverschiedenheit.
§ 2226 BGB: *Unanwendbar* ist KVfG 12 420 auf eine Kündigung des Amts.
§ 2227 BGB: Anwendbar ist KVfG 12 420 auf die Ablehnung einer Entlassung des Testamentsvollstreckers.
§ 2368 BGB: *Unanwendbar* ist KVfG 12 420 auf die Erteilung oder Einziehung des Testamentsvollstreckerzeugnisses. Dann gelten nach der amtlichen Vorbemerkung 1.2.4.2 S 2 die KVfG 11 200 ff.

3) Gebührenhöhe. Für jede gerichtliche Maßnahme nach KVfG 12 420 entsteht mit ihrer Wirksamkeit 0,5 Gebühr nach Tabelle A. Daher lösen auch zB eine gleichzeitige Entlassung des einen und eine Ernennung des anderen Testamentvollstreckers jeweils die Gebühr aus. Soweit eine solche Maßnahme im Zusammenhang mit einem anderen gebührenpflichtigen Verfahren steht oder nur eine einstweilige Anordnung darstellt, bleibt die Maßnahme nach § 1 I gebührenfrei.

4) Geschäftswert. Der Geschäftswert ergibt sich aus § 65.

5) Fälligkeit, Gebührenschuldner. Die Fälligkeit richtet sich nach § 9 I.
Gebührenschuldner sind nach § 24 Z 7 die Erben. Das gilt auch bei § 2200 I BGB. Die Haftungsbegrenzung der §§ 2058 ff BGB ist wegen § 1967 II BGB anwendbar. Der Testamentsvollstrecker haftet nach § 27 Z 3, § 2206 BGB nur mit dem Nachlaß und macht die Erben zu weiteren Kostenschuldnern. Vgl ferner § 27.

Nr.	Gebührentatbestand	Gebühr oder Satz der Gebühr nach § 34 GNotKG – Tabelle A
12 421	**Verfahren über die Beschwerde gegen die Endentscheidung wegen des Hauptgegenstands**	1,0
12 422	**Beendigung des gesamten Verfahrens ohne Endentscheidung:** **Die Gebühr 12 421 ermäßigt sich auf**	0,5
	¹ Wenn die Entscheidung nicht durch Verlesen der Entscheidungsformel bekannt gegeben worden ist, ermäßigt sich die Gebühr auch im Fall der Zurücknahme der Beschwerde vor Ablauf des Tages, an dem die Endentscheidung der Geschäftsstelle übermittelt wird.	

KVfG 12422–12428, 12520, 12521

Nr.	Gebührentatbestand	Gebühr oder Satz der Gebühr nach § 34 GNotKG – Tabelle A
	II Eine Entscheidung über die Kosten steht der Ermäßigung nicht entgegen, wenn die Entscheidung einer zuvor mitgeteilten Einigung über die Kostentragung oder einer Kostenübernahmeerklärung folgt.	
12 425	Verfahren über die Rechtsbeschwerde gegen die Endentscheidung wegen des Hauptgegenstands	1,5
12 426	Beendigung des gesamten Verfahrens durch Zurücknahme der Rechtsbeschwerde oder des Antrags, bevor die Schrift zur Begründung der Beschwerde bei Gericht eingegangen ist: Die Gebühr 12 425 ermäßigt sich auf	0,5
12 427	Beendigung des gesamten Verfahrens durch Zurücknahme der Rechtsbeschwerde oder des Antrags vor Ablauf des Tages, an dem die Endentscheidung der Geschäftsstelle übermittelt wird, wenn nicht Nummer 12 426 erfüllt ist: Die Gebühr 12 425 ermäßigt sich auf	1,0
12 428	Verfahren über die Zulassung der Sprungrechtsbeschwerde: Soweit der Antrag abgelehnt wird:	0,5

Zu KVfG 12421–12428:

Vorbem. KVfG 12 422 amtliche Anmerkung I ergänzt dch Art 13 Z 10w G v 29. 6. 15, BGBl 1042, in Kraft seit 4. 7. 15, Art 22 II G, ÜbergangsR § 134 GNotKG.

1   **1) Geltungsbereiche.** Die Vorschriften entsprechen im Kern denjenigen in KVfG 11 200–11 400. Vgl daher jeweils dort. Unterschiedlich sind nur die jeweiligen Gebührenhöhen. Es gilt jeweils Tabelle A.

Abschnitt 5. Übrige Nachlasssachen

Unterabschnitt 1. Teilungssachen

(aufgehoben)

Unterabschnitt 2. Stundung des Pflichtteilsanspruchs

Nr.	Gebührentatbestand	Gebühr oder Satz der Gebühr nach § 34 GNotKG – Tabelle A
12 520	Verfahren im Allgemeinen	2,0
12 521	Beendigung des gesamten Verfahrens 1. ohne Endentscheidung, 2. durch Zurücknahme des Antrags vor Ablauf des Tages, an dem die Endentscheidung der Geschäftsstelle übermittelt wird, wenn die Entscheidung nicht bereits durch Verlesen der Entscheidungsformel bekannt gegeben worden ist, oder 3. wenn die Endentscheidung keine Begründung enthält oder nur deshalb eine Begründung enthält, weil zu erwarten ist, dass der Beschluss im Ausland geltend gemacht wird (§ 38 Abs. 5 Nr. 4 FamFG): Die Gebühr 12 520 ermäßigt sich auf	0,5

Kostenverzeichnis **12521, 12530–12532 KVfG**

Nr.	Gebührentatbestand	Gebühr oder Satz der Gebühr nach § 34 GNotKG – Tabelle A
	ᴵ Die Vervollständigung einer ohne Begründung hergestellten Endentscheidung (§ 38 Abs. 6 FamFG) steht der Ermäßigung nicht entgegen. ᴵᴵ Die Gebühr ermäßigt sich auch, wenn mehrere Ermäßigungstatbestände erfüllt sind.	

Zu III KVfG 12520, 12521:

1) Geltungsbereich. Es geht um die Gerichtsverfahren über einen Antrag nach § 2331a I BGB eines Erben, der selbst auch pflichtteilsberechtigt ist, den Pflichtteilsanspruch eines Dritten zu stunden. Für die Entscheidung ist nach § 2331a II BGB stets das Nachlaßgericht zuständig.   1

2) Grundsatz: Pauschalgebühr, KVfG 12520. Es entsteht anders als früher jetzt eine Verfahrenspauschale zur Abgeltung der Tätigkeit ab Verfahrensbeginn bis zur Mitteilung der Entscheidung. Sie entsteht wegen jedes Antrags. Sie kann auch dann entstehen, wenn das Gericht den Antrag als unzulässig oder unbegründet zurückweist. Bei einer Entscheidung ohne noch oder überhaupt wirksamen Antrag kann § 21 anwendbar sein.   2

3) Ermäßigungen, KVfG 12521 Z 1–3. Es kommen mehrere Situationen infrage. Eine Ermäßigung kann bei jeder eintreten, aber insgesamt nur einmal, amtliche Anmerkung zu KVfG 12521 II.   3
    A. Keine Endentscheidung, Z 1. Eine Ermäßigung tritt dann ein, wenn dieses Gesamtverfahren ohne eine Endentscheidung endet, aus welchem Grund auch immer. Da jeder Antrag ein selbständiges Verfahren auslöst, muß auch nur gerade dieses Verfahren so enden.
    B. Antragsrücknahme, Z 2. Eine Ermäßigung tritt auch dann ein, wenn gerade dieser Antragsteller seinen Antrag in der in Z 2 im einzelnen genannten Art zurücknimmt, also trotz Endentscheidung.   4
    C. Keine oder nur im Ausland benötigte Endentscheidung, Z 3. Eine Ermäßigung tritt dann ein, wenn eine Endentscheidung in der im einzelnen in einem der Fälle nach Z 3 benannten Art ergangen ist. Dabei schadet eine nachträgliche Vervollständigung nach § 38 VI FamFG nach der amtlichen Anmerkung zu KVfG 12521 I nicht.   5

4) Gebührenhöhe. Es gilt jeweils Tabelle A. Bei KVfG 12520: 2,0 Gebühr. Bei Ermäßigung nach KVfG 12521: Nur 0,5 Gebühr insgesamt, amtliche Anmerkung II.   6

5) Geschäftswert: Es gilt § 36 I, III.   7

6) Fälligkeit, Gebührenschuldner. Es gelten §§ 9 I, 22 I, II, 27.   8

Unterabschnitt 3. Beschwerde gegen
die Endentscheidung wegen des Hauptgegenstands

Nr.	Gebührentatbestand	Gebühr oder Satz der Gebühr nach § 34 GNotKG – Tabelle A
12530	Verfahren im Allgemeinen	3,0
12531	Beendigung des gesamten Verfahrens durch Zurücknahme der Beschwerde oder des Antrags, bevor der Schrift zur Begründung der Beschwerde bei Gericht eingegangen ist: Die Gebühr 12530 ermäßigt sich auf	0,5
12532	Beendigung des gesamten Verfahrens ohne Endentscheidung, wenn nicht Nummer 12531 erfüllt ist: Die Gebühr 12530 ermäßigt sich auf	1,0

KVfG 12532, 12540–12542, 12550, Vorbem 1.3   Kostenverzeichnis

Nr.	Gebührentatbestand	Gebühr oder Satz der Gebühr nach § 34 GNotKG – Tabelle A
	ⁱ Wenn die Entscheidung nicht durch Verlesen der Entscheidungsformel bekannt gegeben worden ist, ermäßigt sich die Gebühr auch im Fall der Zurücknahme der Beschwerde oder des Antrags vor Ablauf des Tages, an dem die Endentscheidung der Geschäftsstelle übermittelt wird. ⁱⁱ Eine Entscheidung über die Kosten steht der Ermäßigung nicht entgegen, wenn die Entscheidung einer zuvor mitgeteilten Einigung über die Kostentragung oder einer Kostenübernahmeerklärung folgt.	

Zu III KVfG 12530–12532:

Vorbem. KVfG 12532 amtliche Anmerkg I ergänzt dch Art 13 Z 10 w G v 29. 6. 15, BGBl 1042, in Kraft seit 4. 7. 15, Art 22 II G, ÜbergangsR § 134 GNotKG.

Unterabschnitt 4. Rechtsbeschwerde gegen die Endentscheidung wegen des Hauptgegenstands

Nr.	Gebührentatbestand	Gebühr oder Satz der Gebühr nach § 34 GNotKG – Tabelle A
12 540	Verfahren im Allgemeinen	4,0
12 541	Beendigung des gesamten Verfahrens durch Zurücknahme der Rechtsbeschwerde oder des Antrags, bevor die Schrift zur Begründung der Beschwerde bei Gericht eingegangen ist: Die Gebühr 12 540 ermäßigt sich auf	1,0
12 542	Beendigung des gesamten Verfahrens durch Zurücknahme der Rechtsbeschwerde oder des Antrags vor Ablauf des Tages, an dem die Endentscheidung der Geschäftsstelle übermittelt wird, wenn nicht Nummer 12 541 erfüllt ist: Die Gebühr 12 540 ermäßigt sich auf	2,0

Unterabschnitt 5. Zulassung der Sprungrechtsbeschwerde gegen die Endentscheidung wegen des Hauptgegenstands

Nr.	Gebührentatbestand	Gebühr oder Satz der Gebühr nach § 34 GNotKG – Tabelle A
12 550	Verfahren über die Zulassung der Sprungrechtsbeschwerde: Soweit der Antrag abgelehnt wird:	1,0

Zu III KVfG 12530–12550:

1 1) **Geltungsbereich.** Die Vorschriften entsprechen im Kern denjenigen in KVfG 11 200–11 400. Vgl daher jeweils dort. Unterschiedlich sind nur die jeweiligen Gebührenhöhen. Es gilt jeweils Tabelle A.

Hauptabschnitt 3. Registersachen sowie unternehmensrechtliche und ähnliche Verfahren

(Amtliche) Vorbemerkung 1.3:
ⁱ Dieser Hauptabschnitt gilt für

Kostenverzeichnis   **Vorbem 1.3, 13100, 13101 KVfG**

1. Registersachen (§ 374 FamFG), soweit die Gebühren nicht aufgrund einer Rechtsverordnung nach § 58 Abs. 1 GNotKG erhoben werden,
2. unternehmensrechtliche Verfahren (§ 375 FamFG) und ähnliche Verfahren sowie
3. bestimmte Vereins- und Stiftungssachen.

II Gebühren werden nicht erhoben
1. für die aus Anlass eines Insolvenzverfahrens von Amts wegen vorzunehmenden Eintragungen,
2. für die Löschung von Eintragungen (§ 395 FamFG) und
3. von berufsständischen Organen im Rahmen ihrer Beteiligung nach § 380 FamFG.

Vorbem. I Z 2 gekürzt dch Art 13 Z 10j G v 29. 6. 15, BGBl 1042, in Kraft seit 4. 7. 15, Art 22 II G, ÜbergangsR § 134 GNotKG.

Abschnitt 1. Vereinsregistersachen

Nr.	Gebührentatbestand	Gebühr oder Satz der Gebühr nach § 34 GNotKG – Tabelle A
13 100	Verfahren über die Ersteintragung in das Vereinsregister	75,00 €
13 101	Verfahren über eine spätere Eintragung in das Vereinsregister .... I Bei einer Sitzverlegung in den Bezirk eines anderen Registergerichts wird die Gebühr für eine spätere Eintragung nur durch das Gericht erhoben, in dessen Bezirk der Sitz verlegt worden ist. II Die Gebühr wird für mehrere Eintragungen nur einmal erhoben, wenn die Anmeldungen am selben Tag beim Registergericht eingegangen sind und denselben Verein betreffen. III Für die Eintragung 1. des Erlöschens des Vereins, 2. der Beendigung der Liquidation des Vereins, 3. der Fortführung als nichtrechtsfähiger Verein, 4. des Verzicht auf die Rechtsfähigkeit oder 5. der Entziehung der Rechtsfähigkeit und für die Schließung des Registerblatts wird keine Gebühr erhoben.	50,00 €

Zu III KVfG 13100, 13101:

Vorbem. Vgl auch die VO über das Vereinsregister usw v 10. 2. 99, BGBl 147 (ohne Kostenregelungen).

Gliederung

1) Systematik	1
2) Regelungszweck	2
3) Einzelne Eintragung	3, 4
A. Erste Eintragung, KVfG 13 100	3
B. Spätere Eintragungen, KVfG 31 101	4
4) Mehrere Eintragungen	5
5) Gebührenfreiheit	6, 7
6) Fälligkeit, Gebührenschuldner	8

1) Systematik. Die Vorschriften übernehmen den Kern von § 80 KostO.   **1**

KVfG 13101, 13200, 13201

2   **2) Regelungszweck.** Ein Verein erfüllt auch bei der Verfolgung ideeller Zwecke doch auch fiskalische Interessen. Das sollte man bei der Auslegung zusätzlich zum Grundsatz bedenken, daß die Handhabung nach § 1 Rn 2 kostenschuldnerfreundlich sein muß.

3   **3) Einzelne Eintragung.** Ein Grundsatz wirkt sich in drei Fallgruppen aus.
    A. Erste Eintragung, KVfG 13 100. Für die erste Eintragung des Vereins bei seiner Gründung, zur Erzielung seiner Rechtsfähigkeit entsteht eine Festgebühr von 75 EUR.

4   **B. Spätere Eintragungen, KVfG 31 301.** Für jede spätere Eintragung nach der Ersteintragung mit Ausnahme der Fälle der amtlichen Anmerkung III entsteht eine Festgebühr von 50 EUR. Zu den späteren Eintragungen gehören zB: Die Änderung der Satzung oder des Vorstands; die Verlegung des Sitzes in einen anderen Registerbezirk, amtliche Anmerkung I; eine Umwandlung nach dem UmwG.

5   **4) Mehrere Eintragungen.** Bei mehreren Eintragungen auf Grund derselben Anmeldung entsteht die Gebühr nur einmal, soweit es sich um spätere Eintragungen handelt. Dieselbe Anmeldung liegt auch bei mehreren Anmeldungen an demselben Tag vor.

6   **5) Gebührenfreiheit.** Für die Löschung der Gesamteintragung entsteht nach der amtlichen Anmerkung III Z 1 keine Gebühr. Die Auflösung bewirkt nur dann eine Gesamtlöschung, wenn sie ausnahmsweise das Ende des Vereins bedeutet, wenn also keine Abwicklung (Liquidation) eintritt oder wenn diese schon beendet ist. Andernfalls handelt es sich um eine „spätere" Eintragung nach KVfG 13 101 Haupttext.

7   Die Eintragung der Eröffnung eines *Insolvenzverfahrens* ist nach § 1 I gebührenfrei. Die Entziehung der Rechtsfähigkeit durch das AG nach §§ 73, 74 BGB ist nach der amtlichen Anmerkung III Z 5 ebenfalls gebührenfrei. Dasselbe gilt bei dort Z 2–4. Ein Nebengeschäft ist ebenfalls gebührenfrei. Zu den Nebengeschäften zählen zB: Die Bekanntmachungen. Sie sind auslagenpflichtig; die Beglaubigung der bei den Akten bleibenden Satzungsablichtung oder -abschrift.

8   **6) Fälligkeit, Gebührenschuldner.** Die Fälligkeit richtet sich nach § 9 I.
    Gebührenschuldner ist nach § 22 I grundsätzlich der Verein. Der Vorstand handelt ja nur als dessen gesetzlicher Vertreter. Vgl ferner § 27.

Abschnitt 2. Güterrechtsregistersachen

Nr.	Gebührentatbestand	Gebühr oder Satz der Gebühr nach § 34 GNotKG – Tabelle A
13 200	Verfahren über die Eintragung aufgrund eines Ehe- oder Lebenspartnerschaftsvertrags	100,00 €
13 201	Verfahren über sonstige Eintragungen	50,00 €

Zu III KVfG 13 200, 13 201:

1   **1) Geltungsbereich.** Die Vorschriften erfassen wegen der amtlichen Überschrift vor KVfG 13 200 nur jede Eintragung in das Güterrechtsregister nach §§ 1558 ff BGB, 374 ff FamFG. Im Güterrechtsregister entstehen keine gebührenfreien Eintragungen. Sofern mehrere Eintragungen notwendig sind, etwa beim Gericht des Wohnsitzes und demjenigen der Handelsniederlassung, oder soweit gleichzeitig auch eine Eintragung in das Handelsregister erfolgen muß, entsteht hier und auch sonst jedesmal die betreffende Gebühr.
    Von diesem Grundsatz gilt eine Ausnahme bei einer *Zurückverlegung* des Wohnsitzes nach §§ 1559 S 2 BGB 4 II EGHGB.

2   **2) Gebühren.** Es entstehen die jeweiligen Festgebühren. Vgl aber auch die Gebührenfreiheit nach der amtlichen Vorbemerkung 1.3 II Z 2 (Löschung).

3   **3) Fälligkeit, Gebührenschuldner.** Die Fälligkeit richtet sich nach § 9 I.
    Gebührenschuldner ist der Antragsteller nach § 22 I. Vgl ferner § 27.

Kostenverzeichnis **13310, 13311 KVfG**

Abschnitt 3. Zwangs- und Ordnungsgeld in Verfahren nach den §§ 389 bis 392 FamFG

Unterabschnitt 1. Erster Rechtszug

Nr.	Gebührentatbestand	Gebühr oder Satz der Gebühr nach § 34 GNotKG – Tabelle A
13 310	Festsetzung von Zwangs- und Ordnungsgeld: je Festsetzung	100,00 €

1) Systematik. Die Vorschrift ist als Spezialbestimmung eng auslegbar. 1

2) Regelungszweck. Zusätzlich zu einer Zwangsmaßnahme oder zu einem Ord- 2
nungsgeld noch Gebühren zu erheben erscheint auf den ersten Blick als eine Art bedenklicher Doppelahndung. Das gilt unter einer Beachtung des die öffentliche Hand bindenden Gebots der Einhaltung von Verhältnismäßigkeit der Mittel. Bei einer genaueren Prüfung ergibt sich aber die grundsätzliche und jetzt auch die höhenmäßige Haltbarkeit der Regelung. Sie soll den Gebührenschuldner erkennbar gerade nicht schonen, sondern fühlbar treffen. Der Grundsatz § 1 Rn 2 dürfte daher bei KVfG 13 310 nur im echten Zweifelsfall anwendbar sein.

3) Geltungsbereich. Die Vorschrift bezieht sich nach der amtlichen Überschrift 3
des Abschnitts 3 nur auf sämtliche Ordnungsgeld- oder Zwangsmaßnahmeverfahren nach § 389 FamFG, (zum alten Recht) BayObLG NJW **99**, 297. Sie bezieht sich ferner auf § 35 FamFG, also auf Registersachen nach §§ 374 ff FamFG und **auf die Durchsetzung einer Verpflichtung zur Vornahme oder Unterlassung einer Handlung.**
Unanwendbar ist § 33 III FamFG (Ausbleiben im Termin trotz Anordnung des persönlichen Erscheinens) sowie gegenüber einem Zeugen oder Sachverständigen. Das gilt auch bei § 178 GVG und beim ehrenamtlichen Richter. Unanwendbar ist KVfG 13 310 ferner insoweit, als sich ein Ordnungsgeld oder eine Zwangsmaßnahme direkt nach der ZPO richtet. Auf die Vollstreckung ist auch beim FamFG-Verfahren § 11 JBeitrO anwendbar, Teil IX A dieses Buchs.

4) Gebühr. Im Verfahren nach § 389 FamFG entstehen mit dem wirksamen Erlaß 4
des Festsetzungsbeschlusses im ersten Rechtszug 100 EUR.

5) Fälligkeit, Gebührenschuldner. Die Fälligkeit richtet sich nach § 9 I. 5
Gebührenschuldner ist der Verurteilte nach § 389 II FamFG, § 27 Z 1. Eine Antragshaftung kommt in diesem von Amts wegen stattfindenden Verfahren nicht in Betracht. Mehrere Verurteilte haften als Gesamtschuldner nach § 32.

Nr.	Gebührentatbestand	Gebühr oder Satz der Gebühr nach § 34 GNotKG – Tabelle A
13 311	Verwerfung des Einspruchs	100,00 €

1) Geltungsbereich. Einordnung im Unterabschnitt 1 „Erster Rechtszug" wegen 1
des Fehlens der sog Anfallwirkung eines echten Rechtsmittels beim Einspruch (der bisherige Richter bleibt zuständig). Beschränkung auf den Fall der Verwerfung eines Einspruchs und nicht etwa bei dessen Erfolg. Eine teilweise Verwerfung reicht nach § 1 I nicht. Denn dann liegt keine Verwerfung „des" Einspruchs vor. Wohl aber kann sie bei Verwerfung auch des gesamten Resteinspruchs zur Anwendung von KVfG 13 311 führen. Vgl im übrigen bei KVfG 13 310.

2) Gebühr. Es entsteht eine zu KVfG 13 310 hinzutretende Festgebühr von 2
100 EUR. Dabei bleibt es je Vollverwerfung. Denn die amtliche Anmerkung zu KVfG 13 310 gilt nicht auch bei KVfG 13 311.

3) Fälligkeit, Gebührenschuldner. Es gilt dasselbe wie bei KVfG 13 310 Rn 5. 3

Unterabschnitt 2. Beschwerde gegen die Endentscheidung wegen des Hauptgegenstands

Nr.	Gebührentatbestand	Gebühr oder Satz der Gebühr nach § 34 GNotKG – Tabelle A
13 320	Verfahren im Allgemeinen: Die Beschwerde wird verworfen oder zurückgewiesen	150,00 €
	Wird die Beschwerde nur teilweise verworfen oder zurückgewiesen, kann das Gericht die Gebühr nach billigem Ermessen auf die Hälfte ermäßigen oder bestimmen, dass eine Gebühr nicht zu erheben ist.	
13 321	Verfahren im Allgemeinen: Beendigung des gesamten Verfahrens durch Zurücknahme der Beschwerde oder des Antrags, bevor die Schrift zur Begründung der Beschwerde bei Gericht eingegangen ist	75,00 €
13 322	Verfahren im Allgemeinen: Beendigung des gesamten Verfahrens durch Zurücknahme der Beschwerde oder des Antrags vor Ablauf des Tages, an dem die Endentscheidung der Geschäftsstelle übermittelt wird, wenn die Entscheidung nicht bereits durch Verlesen der Entscheidungsformel bekannt gegeben worden ist, oder wenn nicht Nummer 13 321 erfüllt ist	100,00 €

Unterabschnitt 3. Rechtsbeschwerde gegen die Endentscheidung wegen des Hauptgegenstands

Nr.	Gebührentatbestand	Gebühr oder Satz der Gebühr nach § 34 GNotKG – Tabelle A
13 330	Verfahren im Allgemeinen: Die Rechtsbeschwerde wird verworfen oder zurückgewiesen	200,00 €
	Wird die Rechtsbeschwerde nur teilweise verworfen oder zurückgewiesen, kann das Gericht die Gebühr nach billigem Ermessen auf die Hälfte ermäßigen oder bestimmen, dass eine Gebühr nicht zu erheben ist.	
13 331	Verfahren im Allgemeinen: Beendigung des gesamten Verfahrens durch Zurücknahme der Rechtsbeschwerde oder des Antrags, bevor die Schrift zur Begründung der Beschwerde bei Gericht eingegangen ist	100,00 €
13 332	Verfahren im Allgemeinen: Beendigung des gesamten Verfahrens durch Zurücknahme der Rechtsbeschwerde oder des Antrags vor Ablauf des Tages, an dem die Endentscheidung der Geschäftsstelle übermittelt wird, wenn nicht Nummer 13 331 erfüllt ist	150,00 €

Zu III KVfG 13320–13332:

1 **1) Geltungsbereich.** Die Vorschriften entsprechen im Kern denjenigen in KVfG 11 200–11 400. Vgl daher jeweils dort. Unterschiedlich sind freilich die jeweiligen Gebührenhöhen. Ferner muß man die speziellen Sonderregelungen der amtlichen

13332, 13400, Vorbem 1.3.5 KVfG

Anmerkungen zu KVfG 13320 und 13330 bei einer bloßen Teilverwerfung oder -zurückweisung beachten.

Abschnitt 4. Löschungs- und Auflösungsverfahren sowie Verfahren über die Entziehung der Rechtsfähigkeit eines Vereins vor dem Amtsgericht

Nr.	Gebührentatbestand	Gebühr oder Satz der Gebühr nach § 34 GNotKG – Tabelle A
13400	Verfahren über 1. den **Widerspruch gegen eine beabsichtigte Löschung** (§§ 393 bis 398 FamFG), 2. den **Widerspruch gegen die beabsichtigte Feststellung eines Mangels der Satzung** oder des Gesellschaftsvertrages (§ 399 FamFG) oder 3. die **Entziehung der Rechtsfähigkeit eines Vereins**	1,0

1) Geltungsbereich, Z 1–3. Die Vorschrift ist als Spezialregelung eng auslegbar. 1 Eine Löschung nach § 395 FamFG ist daher schon nach § 1 I gebührenfrei. Das stellt die amtliche Vorbemerkung 1.3 II Z 2 zusätzlich klar, ebenso § 58 I 2 Hs 2.

2) Verfahrenspauschale, Z 1–3. Es handelt sich jeweils um eine Verfahrensge- 2 bühr, nicht um eine Entscheidungsgebühr. Sie gilt die gesamte Gerichtstätigkeit seit dem Eingang des Widerspruchs nach Z 1 oder 2 oder dem Vorliegen derjenigen Umstände ab, die zur Entziehung der Rechtsfähigkeit des Vereins nach Z 3 in Verbindung mit §§ 43, 74 II BGB führen können. Es ist unbeachtbar, wie die Entscheidung lautet. Auch ein bloßer Teilerfolg ist unbeachtbar. Jedes selbständige Verfahren löst die Verfahrensgebühr aus. Mehrere Widersprüche nach derselben Ziffer lösen bei ihrer Verbindung zu nur *einem* Verfahren nur einmal die Gebühr aus.

3) Gebührenhöhe, Z 1–3. Sie beträgt in jedem Verfahren 1,0 Gebühr nach der 3 Tabelle A.

4) Geschäftswert, Z 1–3. Er beträgt bei Z 3 (Vereinssache) nach § 67 I Z 3 4 5000 EUR und richtet sich im übrigen nach §§ 35, 36 I, III.

5) Fälligkeit, Gebührenschuldner, Z 1–3. Die Fälligkeit ergibt sich aus § 9 I. 5 *Gebührenschuldner* ist bei Z 1, 2 nach § 22 I der Widerspruchsführer, bei Z 3 nach § 23 Z 6 (Vereinsregistersache) der Verein, nicht sein gesetzlicher Vertreter. Vgl ferner § 27.

Abschnitt 5. Unternehmensrechtliche und ähnliche Verfahren, Verfahren vor dem Registergericht und Vereins- und Stiftungssachen vor dem Amtsgericht

(Amtliche) Vorbemerkung 1.3.5:
¹Die Vorschriften dieses Abschnitts gelten für
1. unternehmensrechtliche Verfahren nach § 375 FamFG und für Verfahren vor dem Registergericht,
2. Verfahren vor dem Landgericht nach
   a) den §§ 98, 99, 132, 142, 145, 258, 260, 293 c und 315 des Aktiengesetzes,
   b) § 51 b GmbHG,
   c) § 26 des SEAG,
   d) § 10 UmwG,
   e) dem SpruchG und
   f) den §§ 39 a und 39 b WpÜG,
3. Verfahren vor dem Oberlandesgericht nach § 8 Abs. 3 des Gesetzes über die Mitbestimmung der Arbeitnehmer in den Aufsichtsräten und Vorständen der Unternehmen des Bergbaus und der Eisen und Stahl erzeugenden Industrie und

KVfG Vorbem 1.3.5, 13500–13504

4. Vereins- oder Stiftungssachen über
   a) die Notbestellung von Vorstandsmitgliedern oder Liquidatoren,
   b) die Ermächtigung von Mitgliedern zur Berufung der Mitgliederversammlung einschließlich der Anordnungen über die Führung des Vorsitzes.

²Gebühren nach diesem Abschnitt werden auch erhoben, soweit die für Vereine geltenden §§ 29 und 48 BGB entsprechend anzuwenden sind.

Vorbem. Z 1 gekürzt dch Art 13 Z 10k G v 29. 6. 15, BGBl 1042, in Kraft seit 4. 7. 15, Art 22 II G, ÜbergangsR § 134 GNotKG.

Nr.	Gebührentatbestand	Gebühr oder Satz der Gebühr nach § 34 GNotKG – Tabelle A
13 500	**Verfahren im Allgemeinen** .... Die Festsetzung einer Vergütung für Personen, die vom Gericht bestellt worden sind, gehört zum Rechtszug.	2,0

1 **1) Geltungsbereich.** Man kann die Vorschrift nur auf der Basis der amtlichen Vorbemerkung 1.3.5 S 1 Z 1–4 verstehen. Diese nennt ihrerseits eine Fülle von Verfahren sehr unterschiedlicher Arten vor dem AG, LG oder OLG. Man muß die Anwendbarkeit in den gesetzlichen Einzelfällen wegen § 1 I ziemlich streng prüfen. Vgl auch die amtliche Anmerkung.

2 **2) Verfahrenspauschale.** Es entsteht eine Verfahrensgebühr, keine bloße Entscheidungsgebühr. Sie gilt die gesamte Tätigkeit des Gerichts ab Antragseingang bis zur Verfahrensbeendigung ab. Wenn und wie das Verfahren endet, ergibt sich evtl aus den in KVfG 13501–13504 geregelten Situationen.

3 **3) Gebührenhöhe.** Es entsteht eine 2,0 Gebühr nach der Tabelle A. Sie kann sich nach KVfG 13501–13504 ermäßigen.

4 **4) Geschäftswert.** Er ergibt sich aus § 67, evtl auch aus § 68.

5 **5) Fälligkeit, Gebührenschuldner.** Die Fälligkeit richtet sich nach § 9 I. *Gebührenschuldner* ist der in § 23 Z 13 (SpruchG) Benannte, sonst der Antragssteller nach § 22 I. Vgl auch § 27.

Nr.	Gebührentatbestand	Gebühr oder Satz der Gebühr nach § 34 GNotKG – Tabelle A
13 501	Soweit das Verfahren zum Zweck der Verhandlung über die Dispache ohne deren Bestätigung beendet wird: Die Gebühr 13 500 ermäßigt sich auf	1,0
13 502	Soweit das Verfahren zum Zweck der Verhandlung über die Dispache vor Eintritt in die Verhandlung durch Zurücknahme des Antrags oder auf andere Weise erledigt wird: Die Gebühr 13 500 ermäßigt sich auf	0,5
13 503	Soweit im Verfahren nach dem SpruchG lediglich ein Beschluss nach § 11 Abs. 4 Satz 2 SpruchG ergeht: Die Gebühr 13 500 ermäßigt sich auf	1,0
13 504	Beendigung des gesamten Verfahrens, soweit nicht die Nummer 13 501 oder 13 502 anzuwenden ist, 1. ohne Endentscheidung, 2. durch Zurücknahme des Antrags vor Ablauf des Tages, an dem die Endentscheidung der Geschäftsstelle übermittelt oder ohne Beteiligung der Geschäftsstelle bekannt gegeben wird, wenn	

Kostenverzeichnis **13504, 13610–13612, 13620, 13621 KVfG**

Nr.	Gebührentatbestand	Gebühr oder Satz der Gebühr nach § 34 GNotKG – Tabelle A
	sie nicht bereits durch Verlesen der Entscheidungsformel bekannt gegeben worden ist: Die Gebühr 13 500 ermäßigt sich auf	0,5

Zu KVfG 13501–13504:

1) **Geltungsbereich.** Auf der Basis von KVfG 13 500 stellen die Vorschriften Ergänzungen im jeweils eng auslegbaren speziellen Anwendungsgebiet des jeweiligen Haupttextes dar. Bei KVfG 13 504 Z 2 (Antragsrücknahme) wiederholt sich die Regelung KVfG 12 211. Vgl daher dort.   1
2) **Gebührenhöhen.** Es gilt in der jeweils angegebenen Höhe nach der Tabelle A dasselbe wie bei KVfG 13 500.   2
3) **Geschäftswerte.** Es gilt dasselbe wie bei KVfG 13 500.   3
4) **Fälligkeit, Gebührenschuldner.** Es gilt dasselbe wie bei KVfG 13 500.   4

Abschnitt 6. Rechtsmittelverfahren in den in den Abschnitten 4 und 5 genannten Verfahren

Unterabschnitt 1. Beschwerde gegen die Endentscheidung wegen des Hauptgegenstands

Nr.	Gebührentatbestand	Gebühr oder Satz der Gebühr nach § 34 GNotKG – Tabelle A
13 610	Verfahren im Allgemeinen	3,0
13 611	Beendigung des gesamten Verfahrens durch Zurücknahme der Beschwerde oder des Antrags, bevor die Schrift zur Begründung der Beschwerde bei Gericht eingegangen ist: Die Gebühr 13 610 ermäßigt sich auf	0,5
13 612	Beendigung des gesamten Verfahrens ohne Endentscheidung, wenn nicht Nummer 13 611 erfüllt ist: Die Gebühr 13 610 ermäßigt sich auf	1,0
	^I Wenn die Entscheidung nicht durch Verlesen der Entscheidungsformel bekannt gegeben worden ist, ermäßigt sich auch die Gebühr auch im Fall der Zurücknahme der Beschwerde oder des Antrags vor Ablauf des Tages, an dem die Endentscheidung der Geschäftsstelle übermittelt wird. ^{II} Eine Entscheidung über die Kosten steht der Ermäßigung nicht entgegen, wenn die Entscheidung einer zuvor mitgeteilten Einigung über die Kostentragung oder einer Kostenübernahmeerklärung folgt.	

Unterabschnitt 2. Rechtsbeschwerde gegen die Endentscheidung wegen des Hauptgegenstands

Nr.	Gebührentatbestand	Gebühr oder Satz der Gebühr nach § 34 GNotKG – Tabelle A
13 620	Verfahren im Allgemeinen	4,0
13 621	Beendigung des gesamten Verfahrens durch Zurücknahme der Rechtsbeschwerde oder des An-	

Nr.	Gebührentatbestand	Gebühr oder Satz der Gebühr nach § 34 GNotKG – Tabelle A
	trags, bevor die Schrift zur Begründung der Beschwerde bei Gericht eingegangen ist: Die Gebühr 13 620 ermäßigt sich auf	1,0
13 622	Beendigung des gesamten Verfahrens durch Zurücknahme der Rechtsbeschwerde oder des Antrags vor Ablauf des Tages, an dem die Endentscheidung der Geschäftsstelle übermittelt wird, wenn nicht Nummer 13 621 erfüllt ist: Die Gebühr 13 620 ermäßigt sich auf	2,0

Unterabschnitt 3. Zulassung der Sprungrechtsbeschwerde gegen die Endentscheidung wegen des Hauptgegenstands

Nr.	Gebührentatbestand	Gebühr oder Satz der Gebühr nach § 34 GNotKG – Tabelle A
13 630	Verfahren über die Zulassung der Sprungrechtsbeschwerde: Soweit der Antrag abgelehnt wird:	1,0

Zu KVfG 13610–13630:

Vorbem. KVfG 13 612 amtliche Anmerkg I ergänzt dch Art 13 Z 10 w G v 29. 6. 15, BGBl 1042, in Kraft seit 4. 7. 15, Art 22 II G, ÜbergangsR § 134 GNotKG.

1 **1) Geltungsbereich.** Die Vorschriften entsprechen im Kern denjenigen in KVfG 11 200–11 400. Vgl daher jeweils dort. Unterschiedlich sind nur die jeweiligen Gebührenhöhen. Es gilt jeweils Tabelle A.

Hauptabschnitt 4. Grundbuchsachen, Schiffs- und Schiffsbauregistersachen und Angelegenheiten des Registers für Pfandrechte an Luftfahrzeugen

(Amtliche) Vorbemerkung 1.4:

I Die für Grundstücke geltenden Vorschriften sind auf Rechte entsprechend anzuwenden, die den für Grundstücke geltenden Vorschriften unterliegen.

II Gebühren werden nicht erhoben für

1. Eintragungen und Löschungen, die gemäß § 18 Abs. 2 oder § 53 der Grundbuchordnung von Amts wegen erfolgen,

2. Eintragungen und Löschungen, die auf Ersuchen oder Anordnung eines Gerichts, insbesondere des Insolvenz- oder Vollstreckungsgerichts erfolgen; ausgenommen sind die Eintragung des Erstehers als Eigentümer, die Eintragung der Sicherungshypothek für die Forderung gegen den Ersteher und Eintragungen aufgrund einer einstweiligen Verfügung (§ 941 ZPO), und

3. Eintragungen oder Löschungen, die nach den Vorschriften der Insolvenzordnung statt auf Ersuchen des Insolvenzgerichts auf Antrag des Insolvenzverwalters oder, wenn kein Verwalter bestellt ist, auf Antrag des Schuldners erfolgen.

III ¹ Wird derselbe Eigentümer oder dasselbe Recht bei mehreren Grundstücken, Schiffen, Schiffsbauwerken oder Luftfahrzeugen eingetragen, über die das

Grundbuch oder Register bei demselben Amtsgericht geführt wird, wird die Gebühr nur einmal erhoben, wenn die Eintragungsanträge in demselben Dokument enthalten und am selben Tag bei Grundbuchamt oder beim Registergericht eingegangen sind. ²Als dasselbe Recht gelten auch nicht gesmtrechtsfähige inhaltsgleiche Rechte und Vormerkungen, die bei mehreren Grundstücken für denselben Berechtigten eingetragen werden. ³Die Sätze 1 und 2 gelten für die Eintragung von Veränderungen und Löschungen entsprechend.

IV Bezieht sich die Eintragung einer Veränderung auf mehrere Rechte, wird die Gebühr für jedes Recht gesondert erhoben, auch wenn es nur der Eintragung eines einheitlichen Vermerks bedarf.

V Beziehen sich mehrere Veränderungen auf dasselbe Recht, wird die Gebühr nur einmal erhoben, wenn die Eintragungsanträge in demselben Dokument enthalten und am selben Tag beim Grundbuchamt oder beim Registergericht eingegangen sind.

VI Für die Bestellung eines Vertreters des Schiffseigentümers nach § 42 Abs. 2 des Gesetzes über Rechte an eingetragenen Schiffen und Schiffsbauwerken durch das Registergericht werden die Gebühren nach Hauptabschnitt 1 wie für eine betreuungsgerichtliche Zuweisungssache nach § 340 Nr. 2 FamFG erhoben.

Vorbem. III, V idF Art 13 Z 10 l G v 29. 6. 15, BGBl 1042, in Kraft seit 4. 7. 15, Art 22 II G, ÜbergangsR § 134 GNotKG.

Abschnitt 1. Grundbuchsachen
Unterabschnitt 1. Eigentum

Nr.	Gebührentatbestand	Gebühr oder Satz der Gebühr nach § 34 GNotKG – Tabelle B
14110	Eintragung 1. eines Eigentümers oder von Miteigentümern oder 2. von Gesellschaftern einer Gesellschaft bürgerlichen Rechts im Wege der Grundbuchberichtigung	1,0
	I ¹Die Gebühr wird nicht für die Eintragung von Erben des eingetragenen Eigentümers oder von Erben des Gesellschafters bürgerlichen Rechts erhoben, wenn der Eintragungsantrag binnen zwei Jahren seit dem Erbfall bei dem Grundbuchamt eingereicht wird. ²Dies gilt auch, wenn die Erben erst infolge einer Erbauseinandersetzung eingetragen werden. II Die Gebühr wird ferner nicht bei der Begründung oder Aufhebung von Wohnungs- oder Teileigentum erhoben, wenn damit keine weitergehende Veränderung der Eigentumsverhältnisse verbunden ist.	

Schrifttum: *Böhringer* JB 14, 288 und Rpfleger 14, 53; *Gutfried* DNotZ 13, 804 (je: Üb).

Gliederung

1) Systematik, Z 1, 2	1
2) Regelungszweck, Z 1, 2	2
3) Eintragung des Eigentümers usw, Z 1, 2	3–10
A. Grundsatz: Jede Eintragung	3, 4
B. Beispiele zur Frage einer Anwendbarkeit von Z 1, 2	5–8
C. Nebengeschäft	9, 10
4) Gebührenhöhe, Z 1, 2	11
5) Geschäftswert, Z 1, 2	12, 13
A. Grundsatz: Sachwert	12
B. Zwangsversteigerung	13

KVfG 14110

- 6) Fälligkeit, Gebührenschuldner, Z 1, 2 14
- 7) Gebührenfreiheit, amtliche Anmerkung I, II 15–21
  - A. Erbeneintragung, amtliche Anmerkung I 15
  - B. Beispiele zur Frage einer Anwendbarkeit der amtlichen Anmerkung I 16–20
  - C. Wohnungs-, Teileigentum, amtliche Anmerkung II 21

1 **1) Systematik, Z 1, 2.** Die Vorschrift eröffnet zusammen mit der amtlichen Vorbemerkung 1.4 Regelungen des weiten Kreises von Grundbuchsachen nach § 1 GBO. Eine ganze Reihe von ihr gegenüber vorrangigen Sondervorschriften ergänzt sie zu Einzelvorgängen. Schon KVfG 14110 läßt sich nicht leicht überblicken. Die zahlreichen Streitfragen zu dieser und zu den folgenden Vorschriften zeigen die Komplexität der Materie. Die Gebührenpflicht nach KVfG 14110 ff für Grundbucheintragungen und ihre Anknüpfung an §§ 46 ff verstößt nicht gegen EG-Recht, EuGH NJW 06, 2972, und nicht gegen das GG, BVerfG NJW 04, 3321, BayObLG FGPrax 01, 37, Mü Rpfleger 07, 116 (wegen einer Ausgliederung auch kein Verstoß gegen EU-Recht). Indessen darf keine europarechtswidrige indirekte Steuer entstehen, EuGH Rpfleger 06, 670, sondern nur allenfalls eine „Besitzwechselsteuer", EuGH Rpfleger 06, 670, Wilsch Rpfleger 06, 672. KVfG 14110 verstößt aber grundsätzlich nicht gegen die Richtlinie 69/335/EWG, KG Rpfleger 08, 161. In Bayern besteht eine Katasterfortführungsgebühr neben KVfG 14110, G v 12. 12. 73, GVBl 649, geändert am 7. 8. 03, GVBl 497.

2 **2) Regelungszweck, Z 1, 2.** Schon wegen der ja meist hohen Werte muß man als Gesetzgeber versuchen, eine soziale Erträglichkeit als einen wichtigen Bestandteil einer Kostengerechtigkeit in diesem Bereich zu beachten. Das sollte man bei der Anwendung der Vorschrift stets mitberücksichtigen. Der Grundsatz einer den Kostenschuldner möglichst schonenden Handhabung nach § 1 Rn 2 gilt ohnehin auch im Bereich der „reichen" Grundeigentümer usw.

3 **3) Eintragung des Eigentümers usw, Z 1, 2.** Ein Grundsatz enthält zahlreiche Einzelprobleme.

A. Grundsatz: Jede Eintragung. Die Eintragungsgebühr entsteht grundsätzlich durch jede beliebige Eintragung eines neuen Eigentümers. Es kommt grundsätzlich nicht auf den privaten oder öffentlichen Rechtsgrund der Eintragung an, BayObLG **94**, 65, Düss MDR **89**, 326, Mü Rpfleger **13**, 710 links. Maßgebend ist vielmehr ein äußeres Erscheinungsbild, KG Rpfleger **89**, 98. Von diesem Grundsatz enthält allerdings die amtliche Anmerkung I, II Ausnahmen. Für die Gebühr ist nur die tatsächliche Eintragung maßgeblich, Schlesw JB **91**, 1364.

Die *Rechtsauffassung des Rechtspflegers* als Grundlage seiner grundbuchmäßigen Behandlung des Sachantrags ist also auch für die Beurteilung maßgeblich, ob und welche Kosten durch die Eintragung entstanden sind.

Soweit der Veräußerer *und* der Erwerber *eingetragen* werden, entsteht die Gebühr zweimal. Das gilt nach Rn 8 auch bei einem Zuschlag im Zwangsversteigerungsverfahren und auch bei der Neueintragung des bisherigen Eigentümers. Es ist unerheblich, ob das zugrunde liegende Rechtsgeschäft wirksam war, also die Auflassung und die Einigung, Rn 6 „Nichtigkeit der Voreintragung".

4 Eine bloße *Änderung* des Namens oder der Firma führt selbst bei einer Änderung der Gesellschaftsform nicht zur Neueintragung, sondern nur zur Berichtigung der Bezeichnung des bereits eingetragenen Eigentümers, trotzdem aber (jetzt) nach Z 2 zur Anwendung von KVfG 14110. Hat das Grundbuchamt irrig einen bloßen Namenswechsel angenommen, gilt KVfG 14110, aM BayObLG JB **98**, 602 (§ 16), KG Rpfleger **89**, 98. Die Eintragung von Miteigentümern läßt nach Z 1 eine 1,0 Gebühr entstehen. Das gilt unabhängig davon, ob die Eintragung des Miteigentums zur gesamten Hand oder nach Bruchteilen erfolgt. Man darf also bei der Eintragung von Miteigentümern die Kosten nicht nach Bruchteilen berechnen. Die Eintragung des schon als Miteigentümer Eingetragenen als Alleineigentümer zählt nach Rn 8 zu Z 1, auch etwa bei einer Zwangsversteigerung.

Soweit es notwendig ist, zunächst den *Veräußerer* einzutragen, entsteht die Gebühr grundsätzlich zweimal, falls das Grundbuchamt gesetzmäßig verfahren ist und nicht den Erwerber unmittelbar eingetragen hat. Von diesem Grundsatz enthält § 40 GBO eine Ausnahme.

14110 KVfG

B. Beispiele zur Frage einer Anwendbarkeit von Z 1, 2   5
Auflösung einer Gesellschaft: Rn 7 „Umschreibung auf Gesellschafter".
Ausgliederung: Z 1, 2 können anwendbar sein, Mü JB **06**, 651, Oldb JB **17**, 27.
Ausscheiden aus Gesellschaft: Z 1, 2 sind bei ihm anwendbar, Düss RR **00**, 111, Mü Rpfleger **11**, 635, Schlesw JB **91**, 1363, auch bei einer Liquidation und nach § 142 HGB, BayObLG Rpfleger **75**, 448.
Bergwerk: Z 1, 2 sind (jetzt) nach der amtlichen Vorbemerkung 1.4 I anwendbar, auch soweit es sich um die Eintragung des Eigentümers eines ungeteilten Bergwerks als der Eigentümer der aufgeteilten Grubenfelder handelt.
Berichtigung: S „Ausgliederung".
Eigentumswechsel bei Gesellschafter: Z 1, 2 sind anwendbar, soweit es um die   6
Eintragung eines Eigentumswechsels wegen eines Anteilserwerbs geht, BayObLG DB **97**, 1273, Ffm Rpfleger **00**, 187, Schlesw JB **91**, 1363, oder soweit nach der Auflösung einer KG die frühere Kommanditistin als Alleineigentümerin eingetragen wird, Düss RR **00**, 116.
Einbringung in Gesellschaft: Z 1, 2 sind (jetzt) anwendbar, soweit es um die Einbringung eines Grundstücks in eine Gesellschaft geht, Hamm Rpfleger **01**, 153 (Wert = Grundstückswert, Unanwendbarkeit der EG-Gesellschaftssteuerrichtlinie), Wilsch JB **07**, 399. Das gilt selbst dann, wenn die Gesellschafter und die Miteigentümer des Grundstücks identisch sind, Mü NJW **09**, 604 (unrichtig lesend und zitierend), Schlesw MDR **08**, 1186, aM Mü FGPrax **08**, 223 (§ 67).
S auch Rn 8 „Verschmelzung".
Erbrecht: Z 1, 2 sind anwendbar, soweit es sich um die Eintragung eines Erben kraft Übernahmerechts, Stgt JB **15**, 597, oder nur die Eintragung einer Erbengemeinschaft handelt, Mü JB **16**, 255, selbst wenn einzelne Miterben noch nicht benennbar sind. Bei ihrer späteren Benennung ist evtl KVfG 14 130 anwendbar. Z 1, 2 sind ferner dann anwendbar, wenn es sich um die Eintragung der Rechtsnachfolger eines Miterben oder um das Grundstück einer solchen Kommanditgesellschaft handelt, deren einziger Komplementär den einzigen Kommanditist beerbt, BayObLG Rpfleger **75**, 448.
Ersteigerung: Rn 8 „Zwangsversteigerung".
Firmenänderung: Rn 4.
Gesellschaft: Rn 5 „Ausscheiden aus Gesellschaft", Rn 6 „Einbringung in Gesellschaft", Rn 7 „Übertragung auf Dritten", „Umschreibung auf Gesellschafter", Rn 8 „Wechsel von Gesellschaftern", „Zusammenfallen von Gesellschaftsanteilen".
Grundstücksteilung: Z 1, 2 sind bei ihr *unanwendbar.* Es gilt dann KVfG 14 130.
Grundstücksvereinigung: Z 1, 2 sind bei ihr *unanwendbar.* Es gilt dann KVfG 14 130.
Liquidation: Rn 5 „Ausscheiden aus Gesellschaft".
Nämlichkeit: Z 1, 2 sind *unanwendbar*, soweit es sich um einen solchen Vorgang handelt, bei dem die Rechtspersönlichkeit identisch bleibt und nur ihre äußere Form wechselt.
S auch Rn 7 „Umwandlung".
Namensänderung: Rn 4.
Nichtigkeit der Voreintragung: Z 1, 2 sind anwendbar, soweit nach einer nichtigen Eintragung nun eine wirksame erfolgt.
Übertragung auf Dritten: LG Nürnb Rpfleger **08**, 392 hält die BGB-Gesellschaft   7
für nicht grundbuchfähig (Folge: volle Gebühr nach Z 1, 2).
Umschreibung der Eigentumsart: Z 1, 2 sind anwendbar, soweit es um die Umschreibung eines Gesamteigentums in ein Bruchteilseigentum geht, und umgekehrt. Vgl allerdings KVfG 14 130.
Umschreibung auf Gesellschafter: Z 1, 2 sind anwendbar, soweit es um die Umschreibung eines Grundstücks einer Offenen Handelsgesellschaft oder Kommanditgesellschaft auf den neuen oder auf die Gesellschafter trotz eines Fortbestehens der Gesellschaft geht, Düss RR **00**, 111, KG Rpfleger **89**, 98, Schlesw JB **91**, 1364, aM BayObLG DB **83**, 40, Zweibr FGPrax **95**, 205 (aber das ist anderer Vorgang als ein bloßer Formwechsel usw).
Z 1, 2 sind aber *unanwendbar*, soweit es um die Umschreibung eines einer Offenen Handelsgesellschaft gehörenden Grundstücks nach ihrer Auflösung auf die Ge-

sellschafter der nun bestehenden BGB-Gesellschaft geht, aM Ffm ZIP **13**, 1072 (nach Auflösung einer BGB-Gesellschaft).
Umwandlung: Z 1, 2 sind grds anwendbar, soweit es um die Umwandlung einer Kapitalgesellschaft in eine Personengesellschaft oder in ein Einzelunternehmen oder umgekehrt geht, Köln Rpfleger **92**, 540, oder wenn dieselben Gesellschafter eine andere Gesellschaft bilden.
Z 1, 2 sind aber *unanwendbar*, soweit bei einer solchen Umwandlung die Gesellschafter identisch bleiben, §§ 139 I, 162 III HGB.
S auch Rn 6 „Nämlichkeit", Rn 8 „Verschmelzung".

8 **Vereinigung von Berufsgenossenschaften:** I ist anwendbar, Mü Rpfleger **13**, 710 links.
Verschmelzung: Z 1, 2 sind *unanwendbar*, soweit es um eine Verschmelzung mehrerer Gesellschaften durch die Aufnahme oder Umwandlung einer Gesellschaft in eine andere geht, aM Hamm Rpfleger **93**, 42 (aber hier bleibt die Nämlichkeit im Kern bestehen).
Wechsel von Gesellschaftern: Z 1, 2 sind bei ihm anwendbar, Ffm Rpfleger **00**, 187, Nagel NJW **03**, 1446, Ott NJW **03**, 1223, aM Düss JB **09**, 322, Bielicke Rpfleger **07**, 446, Dümig Rpfleger **02**, 53 (je: § 67).
Zusammenfallen von Gesellschaftsanteilen: Rn 6 „Erbrecht".
Zuschlag: S „Zwangsversteigerung".
Zuschreibung: Z 1, 2 sind bei ihr *unanwendbar*. Es gilt dann KVfG 14130.
Zwangsversteigerung: Z 1, 2 sind anwendbar, soweit es sich um eine Ersteigerung handelt, § 130 ZVG, § 69 II Hs 2, BayObLG JB **78**, 905. Das gilt auch dann, wenn der bisherige (Mit-)Eigentümer den Zuschlag erhält, Düss MDR **89**, 366.

9 **C. Nebengeschäft.** Ein Nebengeschäft ist nach § 1 I („nur") gebührenfrei. Das gilt zB für die Übertragung auf ein anderes Grundbuchblatt und für die Mitübertragung der bisherigen Eintragungen.

10 *Beispiele nicht gebührenfreier Vorgänge:* Bei der Übertragung auf ein anderes Blatt finden echte sachliche Veränderungen statt; es handelt sich um die Entgegennahme der Auflassung und um die Beurkundung des Eintragungsantrags; es handelt sich um eine Umstellung eines Rangvorbehalts vor der Eintragung der Hypothek an dieser Stelle; es geht um die Eintragung eines Nacherben; es handelt sich um die Eintragung eines Vermerks über die Anordnung der Testamentsvollstreckung.

11 **4) Gebührenhöhe, Z 1, 2.** Soweit überhaupt eine Gebührenpflicht und nicht nach der amtlichen Anmerkung I, II eine Gebührenfreiheit besteht, bei der amtlichen Anmerkung I 2 nur beim Fehlen einer Voreintragung der Gemeinschaft, Mü JB **16**, 255, entsteht bei jeder Eintragung nach Z 1 oder 2 eine 1,0 Gebühr nach der Tabelle B.

12 **5) Geschäftswert, Z 1, 2.** Man sollte zwei Fallgruppen unterscheiden.
A. Grundsatz: Sachwert. Für den Geschäftswert sind §§ 46ff maßgeblich, BayObLG **90**, 113. Für die Wertberechnung ist der Zeitpunkt der Eintragung ausschlaggebend, Hamm Rpfleger **80**, 33. Der Wert des Zubehörs ist sowohl bei der Eintragung als auch bei der Auflassung unerheblich, anders als bei der Beurkundung, Zweibr Rpfleger **86**, 73. Man muß ihn daher evtl vom Kaufpreis abziehen, Oldb JB **13**, 96. Die Einbauküche, dazu Holch DGVZ **98**, 65 (Üb), ist evtl Zubehör, BGH RR **90**, 586 (regionale Unterschiede!?), Nürnb MDR **02**, 815, LG Lüneb DGVZ **80**, 95, aM Düss RR **94**, 1039 (zustm Jaeger NJW **95**, 423). Man muß den Wert eines nach der Beurkundung bis zum Zeitpunkt der Eintragung errichteten Gebäudes grundsätzlich hinzurechnen. Auch ein entschädigungsloser Grunderwerb kraft Gesetzes kann einen Wert haben, BayObLG **86**, 282. Bei Miteigentümern gibt es grundsätzlich nur eine Gebühr nach dem Gesamtwert, nicht mehrere Gebühren nach den Anteilswerten. Eine Ausnahme davon gilt bei § 3 V GBO. Die Eintragung nur des Erben eines Miteigentümers geschieht nach seinem Anteil. Beim Antrag eines Gläubigers nach § 14 GBO bildet seine Forderung die Obergrenze. Bei einer Hofübergabe gilt § 48, BayObLG DNotZ **90**, 668.

13 **B. Zwangsversteigerung.** Bei einem Erwerb im Zwangsversteigerungsverfahren ist Geschäftswert das Meistgebot einschließlich des Werts etwa bestehenbleibender Rechte mit ihrem Nennwert abzüglich des Zubehörs. Denn nur dieser Betrag hat sich als der in diesem Verfahren wahre Wert herausgestellt. Es sind also weder der etwaige Einheitswert noch der nach § 74a ZVG festgesetzte Wert maßgebend, BayObLG JB **85**, 434, Düss Rpfleger **87**, 411, AG Titisee-Neustadt Rpfleger **95**, 183, aM Ffm OLGR **05**, 108, KG JB **06**, 540, Saarbr FGPrax **11**, 38 (aber man muß auf den wahren Wert abstellen. Er hat sich erst aus dem Meistgebot ergeben, selbst wenn dieses sehr hoch oder niedrig anmutet. Gerade eine Zwangsversteigerung gehört heute leider sehr wohl zum „gewöhnlichen Geschäftsverkehr". Auch ein freihändiger Verkauf kann einen durchaus vom Durchschnitt abweichenden Preis erzielen). Das alles gilt auch beim Zuschlag an einen Miteigentümer oder an den Alleineigentümer, BayObLG JG **96**, 207.

Beim alsbald wesentlich höheren *Weiterverkauf* mag dieser Preis auch rückwirkend ausnahmsweise maßgeblich sein, Düss Rpfleger **89**, 250. Aber Vorsicht! Es kann für den höheren Preis ganz vom Zuschlagszeitpunkt unabhängige Gründe gegeben haben. Das alles gilt auch beim Zuschlag an einen Miteigentümer, BayObLG JB **96**, 207.

Man muß eine *bestehen bleibende Hypothek* usw immer mit ihrem Nennwert ansetzen, selbst wenn der Gläubiger das Grundstück ersteigert, vgl allerdings auch § 54 II 1 GKG, Teil I A dieses Buchs. Eine freiwillige Versteigerung läßt sich wie ein Verkauf bewerten, BayObLG JB **89**, 170.

6) Fälligkeit, Gebührenschuldner, Z 1, 2. Die Fälligkeit richtet sich nach § 9 I. **14** *Gebührenschuldner* ist man nach §§ 22 I, 27.

7) Gebührenfreiheit, amtliche Anmerkung I, II. Eine solche Begünstigung **15** gibt es in zwei Fallgruppen.

A. Erbeneintragung, amtliche Anmerkung I. Oft scheuen sich die Erben des eingetragenen Eigentümers, sich ihrerseits als jetzige Eigentümer im Grundbuch eintragen zu lassen, weil sie einen Kostenanfall befürchten oder zB den überlebenden Elternteil als bloßen Miterben schonen wollen. Um den Erben einen Anreiz zu geben, den im allgemeinen Interesse liegenden Berichtigungantrag möglichst bald zu stellen, läßt die amtliche Anmerkung I dann eine Gebührenbefreiung unter der Voraussetzung eintreten, daß der Eintragungsantrag binnen 2 Jahren seit dem Erbfall beim Grundbuchamt eingeht, auch wenn er noch nicht vollzugsfähig ist, Mü Rpfleger **15**, 386, wenn er also vor allem noch nicht alle erforderlichen Nachweise enthält, zB den Erbschein, Hamm FGPrax **10**, 276, Mü Rpfleger **06**, 288 rechts, Zweibr MDR **97**, 298, aM Karlsr Rpfleger **88**, 20, LG Kblz MDR **97**, 207 (aber der Gesetzeswortlaut ist eindeutig). Die Zweijahresfrist ist eine Ausschlußfrist, BayObLG Rpfleger **99**, 509, Köln RR **00**, 1230, Mü Rpfleger **15**, 386.

Als Erbe gilt auch der *Erbeserbe* sowie der Nacherbe, Mü Rpfleger **15**, 386. Im letzteren Fall muß man die Zweijahresfrist sowohl nach dem Eintritt des Vorerbfalls wahren als auch nach dem Eintritt des Nacherbfalls, Mü Rpfleger **15**, 386. Die Vorschrift ist auch dann anwendbar, wenn es um den überlebenden Ehegatten und die gemeinsamen Kinder bei einer fortgesetzten Gütergemeinschaft geht, BayObLG Rpfleger **93**, 464, oder wenn es um einen Erbvertrag geht, aM Düss Rpfleger **93**, 421, oder wenn der Sohn nach dem Höferecht den Ehegattenhof und damit auch den Teil eines noch lebenden Elternteils erbt.

Bei der amtlichen Anmerkung I muß es sich aber um einen *unmittelbaren Übergang* vom Erblasser oder Vorerben auf den Erben oder Nacherben ohne ein Zwischenglied handeln, LG Detm FamRZ **09**, 246. Das ergibt sich aus den Worten des Gesetzes „Erben des eingetragenen Eigentümers", BayObLG Rpfleger **86**, 157, Bund Rpfleger **04**, 395.

B. Beispiele zur Frage einer Anwendbarkeit der amtlichen Anmerkung I **16**

Abschiebungsvereinbarung: I ist anwendbar, Zweibr FGPrax **12**, 223.
Anwachsung: I ist *unanwendbar*, soweit ein Gesellschaftsanteil anwächst, Düss Rpfleger **97**, 322. Das gilt auch dann, wenn der Begünstigte auch ein Erbe der Ausgeschiedenen ist, BayObLG DB **97**, 87, Hamm JB **96**, 600.
Ausgliederung: I ist dann *unanwendbar*, Mü Rpfleger **07**, 117.
Auslagenerstattung: I ist nur auf Gebühren anwendbar, *nicht* aber auch auf Auslagen. I schafft also keine Befreiung von der Pflicht zur Auslagenerstattung.
Enkel: I ist anwendbar, soweit es um die Eintragung eines Enkels als des Testa- **17** mentserben des eingetragenen Großvaters geht.

Erbauseinandersetzung: Rn 19 „Miterbe".
Erbteilskauf: Rn 18 „Kauf eines Erbanteils".
18 **Fristversäumung:** I ist *unanwendbar*, soweit ein Erbe die Zweijahresfrist verstreichen läßt, sei es auch nur schuldlos, BayObLG Rpfleger **99**, 509, Karlsr Rpfleger **88**, 20, Köln RR **99**, 1230. Die 2-Jahres-Frist ist ja eine Ausschlußfrist. Da aber das Grundbuch durch den Rechtsübergang außerhalb des Grundbuchs unrichtig geworden ist, muß der Rpfl dem Eigentümer oder dem verwaltenden Testamentsvollstrecker nach § 82 GBO auferlegen, einen Berichtigungsantrag zu stellen und die erforderlichen Unterlagen beizubringen.
Gesellschaftserbe: I kann dann anwendbar sein, wenn in einer 2-Personen-Gesellschaft B den A beerbt, aM Hamm JB **96**, 600.
I ist *unanwendbar*, soweit der Erbe als solcher der Alleineigentümer eines Firmengrundstücks wurde, BayObLG Rpfleger **75**, 448.
Grundbuchberichtigung: „Fristversäumung".
Gütergemeinschaft: I ist *unanwendbar*, soweit der in Gütergemeinschaft lebende Ehegatte erbt und sein Ehegatte wegen § 1416 BGB eingetragen wird, BayObLG Rpfleger **86**, 157.
Kauf eines Erbanteils: I ist *unanwendbar*, soweit es sich um den Kauf eines Erbanteils handelt, Celle NdsRpfl **88**, 61, aM Bund Rpfleger **04**, 395 (aber es kommt nach Rn 15 auf den unmittelbaren Rechtsvorgang und nicht auf die wirtschaftlich ähnlichen Folgen an).
19 **Miterbe:** I ist anwendbar, soweit es sich um die Eintragung eines Miterben nach einer Auseinandersetzung der Erbengemeinschaft handelt. Dabei ist unerheblich, ob zuvor die Erbengemeinschaft eingetragen war, Mü Rpfleger **06**, 288 rechts, aM Celle FGPrax **12**, 179, Köln FGPrax **14**, 129, und ob ein oder mehrere Auseinandersetzungsverträge erfolgt sind, Mü Rpfleger **06**, 288 rechts, sowie ob dieser Miterbe ein Ehegatte oder ein Abkömmling des eingetragenen Eigentümers ist oder nicht, BayObLG Rpfleger **93**, 464, Köln RR **03**, 1727, Mü RR **06**, 648, aM Düss JB **06**, 651, Ffm FamRZ **04**, 286, Zweibr MDR **90**, 560 (aber I stellt eindeutig nur auf die Erbenstellung ab).
Nacherbe: I ist *unanwendbar*, soweit es um das miteinzutragende Recht eines Nacherben geht.
Rechtsgeschäft: I ist *unanwendbar*, soweit es um einen rechtsgeschäftlichen Erwerb auf den Todesfall geht, Düss JB **94**, 170, LG Detm FamRZ **09**, 247.
Schenkung: I ist *unanwendbar*, soweit es um eine Schenkung auf den Todesfall geht, Düss JB **94**, 170.
20 **Testamentsvollstrecker:** I ist *unanwendbar*, soweit es um die Eintragung einer Testamentsvollstreckung geht.
Vater: I ist *unanwendbar*, soweit der nunmehr verstorbene Vater zunächst geerbt hatte, aber noch nicht eingetragen worden war.
Vorausvermächtnis: I ist anwendbar, Mü Rpfleger **16**, 376.
21 **C. Wohnungs-, Teileigentum, amtliche Anmerkung II.** Eine Eintragung bei der Begründung oder Aufhebung dieser Rechte bleibt dann gebührenfrei, wenn mit ihnen keine weitergehende Veränderung der Eigentumsverhältnisse einhergeht. Zur Abgrenzung vgl KVfG 14130.

Nr.	Gebührentatbestand	Gebühr oder Satz der Gebühr nach § 34 GNotKG – Tabelle B
14 111	Die Eintragung im Wege der Grundbuchberichtigung erfolgt aufgrund des § 82 a der Grundbuchordnung von Amts wegen: Die Gebühr 14 110 beträgt .... Daneben wird für das Verfahren vor dem Grundbuchamt oder dem Nachlassgericht keine weitere Gebühr erhoben.	2,0

1) Geltungsbereich. Die Vorschrift ist als eine gegenüber KVfG 14110 speziellere 1
Regelung vorrangig und eng auslegbar.
2) Berichtigung von Amts wegen. Wenn ein Berichtigungszwangsverfahren 2
nach § 82 GBO nicht durchführbar oder aussichtslos ist, erfolgt eine Eintragung des
Eigentümers von Amts wegen nach § 82a GBO.
3) Gebührenhöhe. Es entsteht bei einer Eintragung nach Rn 2 eine Wertgebühr 3
aus der Tabelle B von 2,0. Sie gilt das Verfahren vor dem Grundbuchamt oder dem
Nachlaßgericht nach der amtlichen Anmerkung mit ab. Man muß stets die amtliche
Vorbemerkung 1.4 mitbeachten.
4) Geschäftswert. Es gilt § 46. 4
5) Fälligkeit, Gebührenschuldner. Die Fälligkeit richtet sich nach § 9 I. 5
Gebührenschuldner ist man nach § 23 Z 10. Vgl auch § 27.

Nr.	Gebührentatbestand	Gebühr oder Satz der Gebühr nach § 34 GNotKG – Tabelle B
14112	Eintragung der vertraglichen Einräumung von Sondereigentum oder Anlegung der Wohnungs- oder Teileigentumsgrundbücher im Fall des § 8 WEG	1,0

1) Geltungsbereich. Die Vorschrift bestimmt nur die Gebühr für die Eintragung 1
des Sondereigentums. Die damit verbundenen weiteren Geschäfte erfordern eine
besondere Gebühr, auch wenn man sie gleichzeitig beantragt. Das gilt zB: Für die
Eintragung des Erwerbs des Miteigentums anläßlich der Begründung von Sondereigentum, BGH NJW 83, 1672; für die Veräußerung eines Miteigentumsanteils aus
Anlaß der Aufhebung.
2) Begründung von Sondereigentum. Für die bei der Begründung von Sondereigentum und Teileigentum erforderlichen Grundbuchgeschäfte, nämlich für die 2
Eintragung der vertraglichen Einräumung von Sondereigentum in das Wohnungsgrundbuch nach §§ 3, 4 I, 7 WEG oder für die Anlegung des Wohnungsgrundbuchs bei der Teilung auf Grund der Teilungserklärung des Eigentümers nach § 8
WEG entsteht eine Gebühr. Die Anzahl der auf die eine oder andere Weise gebildeten Wohnungseinheiten ist unerheblich. Diese Gebühr gilt alle bei der Begründung
des Sondereigentums notwendigen buchungstechnischen Vorgänge ab. Bei einer Vormerkung gilt KVfG 14150.
Ein *Nebengeschäft* ist gebührenfrei. Das gilt zB: Bei der vertraglichen Einräumung 3
für die Anlegung des Wohnungsgrundbuchs; für die Schließung des bisherigen
Grundbuchblatts; für die Eintragung der Beschränkung des Miteigentums; für die
Eintragung des Inhalts des Sondereigentums, auch soweit die Eintragung nicht durch
eine Bezugnahme auf die Eintragungsbewilligung erfolgt, § 7 WEG; bei einer Teilung nach § 8 WEG für die Schließung des bisherigen Blatts und die Eintragung des
Wohnungseigentums im Wohnungsgrundbuch.
Wegen der *gleichzeitig* beantragten Eintragung des Erwerbs des *Miteigentums* Rn 1. 4
3) Gebührenhöhe. Es entsteht 1,0 Gebühr nach der Tabelle B. 5
4) Geschäftswert. Es gilt § 42. 6
5) Fälligkeit, Gebührenschuldner. Die Fälligkeit richtet sich nach § 9 I. 7
Gebührenschuldner ist man nach § 23 Z 11. Vgl auch § 27.

Unterabschnitt 2. Belastungen

(Amtliche) Vorbemerkung 1.4.1.2:
Dieser Unterabschnitt gilt für die Eintragung einer Hypothek, Grundschuld oder Rentenschuld, einer Dienstbarkeit, eines Dauerwohnrechts, eines Dauernutzungsrechts, eines Vorkaufsrechts, einer Reallast, eines Erbbaurechts oder eines ähnlichen Rechts an einem Grundstück.

KVfG 14120, 14121

Nr.	Gebührentatbestand	Gebühr oder Satz der Gebühr nach § 34 GNotKG – Tabelle B
14120	Eintragung einer Briefhypothek, Briefgrundschuld oder Briefrentenschuld	1,3

1 1) **Geltungsbereich.** Die Vorschrift steht systematisch unsauber vor statt hinter der Grundbestimmung KVfG 14121, die ja neben den drei in KVfG allein behandelten Belastungsarten auch alle weiteren in der amtlichen Vorbemerkung 1.4.1.2 aufgezählten Belastungsarten (in Buchform) erfaßt. Vgl daher zu den Begriffen Briefhypothek, -grundschuld oder -rentenschuld bei KVfG 14121 (zu den Buchformen).

2 2) **Gebührenhöhe:** Wegen der zusätzlichen Arbeit einer Herstellung und Erteilung von Briefen entsteht eine gegenüber KVfG 14121 etwas problematisch deutlich erhöhte Wertgebühr von je 1,3 Gebühr nach der Tabelle B.

3 3) **Geschäftswert.** Es gelten §§ 49 I, 69 I 2 Hs 1.

4 4) **Fälligkeit, Gebührenschuldner.** Die Fälligkeit richtet sich nach § 9 I. *Gebührenschuldner* ist man nach §§ 22 I, 27.

Nr.	Gebührentatbestand	Gebühr oder Satz der Gebühr nach § 34 GNotKG – Tabelle B
14121	Eintragung eines sonstigen Rechts	1,0

Gliederung

1) Systematik	1
2) Regelungszweck	2
3) Eintragung	3–10
A. Hypothek	3
B. Grundschuld, Rentenschuld	4
C. Dienstbarkeit	5
D. Dauerwohn- oder Dauernutzungsrecht	6
E. Vorkaufsrecht	7
F. Reallast	8
G. Erbbaurecht	9
H. Ähnliches Recht	10
4) Gebührenhöhe	11
5) Geschäftswert	12
6) Fälligkeit, Gebührenschuldner	13

1 1) **Systematik.** Die Vorschrift betrifft in der Reihe der KVfG 14110 ergänzenden und ihm gegenüber vorrangigen Sonderbestimmungen nur die Neueintragung einer Belastung des Grundstücks oder grundstücksgleichen Rechts ohne Brief (sonst KVfG 14120). Eine dinglichrechtliche Veränderung einschließlich einer Zinserhöhung fällt unter KVfG 14130. Eine Vormerkung und ein Widerspruch fallen unter KVfG 14150, 14151. Eine Löschung fällt unter KVfG 14140–14142. Die Eintragung von Wohnungs- und Teileigentum fällt unter KVfG 14112. Es kommt in diesem Zusammenhang nicht darauf an, in welcher Spalte die Eintragung erfolgt, sondern darauf, was man eintragen muß, Ffm Rpfleger **76**, 263. Die Bildung einer Einheitshypothek durch eine Zusammenfassung mehrerer unmittelbar aufeinanderfolgender Hypotheken zu einer einzigen Hypothek ist nur eine Veränderung, KVfG 14130.

2 2) **Regelungszweck.** Die Vorschrift dient einer der Verantwortung entsprechenden Angemessenheit der Vergütung. Das muß man stets mitbeachten.

3 3) **Eintragung.** Eine Gebühr entsteht nach der amtlichen Vorbemerkung 1.4.1.2 für jede der folgenden Eintragungen auf Grund einer Bewilligung, einer Grundbuchberichtigung oder der Zwangsvollstreckung nach § 867 ZPO.

Kostenverzeichnis **14121, 14122 KVfG**

A. Hypothek. Ihre Eintragung nach §§ 1113 ff BGB läßt die Gebühr entstehen, Köln Rpfleger **04**, 735. Das gilt auch bei der Eintragung einer nach § 1287 S 2 BGB entstandenen Sicherungshypothek, Ffm Rpfleger **76**, 263, Köln Rpfleger **04**, 735 (auch bei § 111 d I 1 StPO).

B. Grundschuld, Rentenschuld. Ihre Eintragung nach §§ 1113 ff BGB läßt 4 die Gebühr entstehen.

C. Dienstbarkeit. Ihre Eintragung nach §§ 1018 ff BGB läßt die Gebühr entste- 5 hen. Es kommt nicht darauf an, um welche Art von Dienstbarkeit es sich handelt, Böhringer JB **94**, 514.

D. Dauerwohn- oder Dauernutzungsrecht. Die Eintragung eines solchen 6 Rechts nach §§ 31 ff WEG läßt die Gebühr entstehen, Hamm FGPrax **16**, 233.

E. Vorkaufsrecht. Seine Eintragung nach §§ 1094 ff BGB läßt die Gebühr ent- 7 stehen.

F. Reallast. Ihre Eintragung nach §§ 1105 ff BGB, § 9 ErbbauRG läßt die Gebühr 8 entstehen. Hierher zählt auch die Überbau- und Notwegrente nach §§ 914 II 2, 917 II 2 BGB.

G. Erbbaurecht. Das Erbbaurecht steht kostenmäßig einem Grundstück gleich. Die 9 Eintragung des Erbbaurechts nach § 9 ErbbauRG läßt die Gebühr entstehen. Diese umfaßt die Eintragung des Inhalts des Erbbaurechts mit, BayObLG JB **83**, 108. Für die Eintragung eines dinglichen Vorkaufsrechts zugunsten des Erbbauberechtigten entsteht eine gesonderte Gebühr. Das gilt auch dann, wenn diese Eintragung gleichzeitig mit der Eintragung des Erbbaurechts erfolgt, LG Lübeck JB **76**, 951 (zustm Schalhorn). Die Anlegung des Erbbaugrundbuchs nach § 14 ErbbauRG ist gebührenfrei.

H. Ähnliches Recht. Hierhin gehören zB: Das dingliche Wiederkaufsrecht; ein 10 Altenteil; ein Leibgedinge; eine Kohlenabbaugerechtigkeit.

4) Gebührenhöhe. Es entsteht jeweils nach der Tabelle B 1,0 Gebühr. 11

5) Geschäftswert. Es gelten §§ 49 I, 52 I, IV, Hamm FGPrax **16**, 233, § 69 I 2 Hs 1. 12

6) Fälligkeit, Gebührenschuldner. Die Fälligkeit richtet sich nach § 9 I. 13
Gebührenschuldner ist man nach §§ 22 I, 27.

Nr.	Gebührentatbestand	Gebühr oder Satz der Gebühr nach § 34 GNotKG – Tabelle B
14 122	Eintragung eines Gesamtrechts, wenn das Grundbuch bei verschiedenen Grundbuchämtern geführt wird: Die Gebühren 14 120 und 14 121 erhöhen sich ab dem zweiten für jedes weitere beteiligte Grundbuchamt um .... Diese Vorschrift ist anzuwenden, wenn der Antrag für mehrere Grundbuchämter gleichzeitig bei einem Grundbuchamt gestellt wird oder bei gesonderter Antragstellung, wenn die Anträge innerhalb eines Monats bei den beteiligten Grundbuchämtern eingehen.	0,2

1) Geltungsbereich. Die Vorschrift ist als eine gegenüber KVfG 14 120, 14 121 1 speziellere Ergänzung eng auslegbar. Sie hat drei Voraussetzungen. Diese müssen zusammentreffen.

A. Eintragung eines Gesamtrechts. Es muß sich um dieselbe Belastung han- 2 deln, amtliche Vorbemerkung 1.3.1.2. Natürlich können auch jeweils mehrere solche Belastungen vorliegen. Es reicht aber nicht eine Belastung des Grundstücks 1 mit zB einer Hypothek, des Grundstücks 2 mit einem Erbbaurecht.

B. Mehrere Grundbuchämter. Die belasteten Grundstücke müssen zu verschie- 3 denen Grundbuchämtern gehören, selbst wenn sie vielleicht direkt nebeneinander liegen.

4 **C. Gleichzeitigkeit.** Der Eintragungsantrag muß bei den verschiedenen Grundbuchämtern gleichzeitig eingehen. Als gleichzeitig gilt nach der amtl Anmerkung Hs 1 ein Eingang zwar nur *bei einem* Grundbuchamt, aber *für mehrere,* Düss JB **16**, 536 rechts oben. Diesem Fall steht nach der amtlichen Anmerkung Hs 2 gleich, wenn mehrere Anträge zu demselben Gesamtrecht nach Rn 2 zwar von vornherein bei verschiedenen Grundbuchämtern eingehen, aber innerhalb eines Monats. Er errechnet sich nach § 188 II, III BGB. Es geht also nicht um einen Kalendermonat (1. bis letzter Tag).

5 **2) Gebührenhöhe.** Je weiter beteiligten Grundbuchamts entsteht eine Erhöhung um 0,2 Gebühr. Sie hat als Spezialvorschrift den Vorrang vor § 53 I, Stgt JB **15**, 39. Dabei ergibt sich bei KVfG 14 120 insgesamt bei der ersten Erhöhung 1,3 + 0,2 = 1,5 Gebühr, also nicht etwa 1,3 + 0,26 = 1,56 Gebühr usw.

6 **3) Geschäftswert:** Es gilt dasselbe wie bei KVfG 14 120, 14 121.

7 **4) Fälligkeit, Gebührenschuldner.** Es gilt dasselbe wie bei KVfG 14 120, 14 121.

Nr.	Gebührentatbestand	Gebühr oder Satz der Gebühr nach § 34 GNotKG – Tabelle B
14 123	Eintragung eines Rechts, das bereits an einem anderen Grundstück besteht, wenn nicht die Nummer 14 122 anzuwenden ist	0,5

1 **1) Geltungsbereich.** Auch diese gegenüber KVfG 14 120–14 122 speziellere Ergänzungsbestimmung ist eng auslegbar. Es müssen die folgenden Voraussetzungen zusammentreffen.

2 **A. Eintragung eines Rechts.** Es reicht ein jedes der in der amtlichen Vorbemerkung 1.4.2.1 aufgezählten Rechte. Ein förmliches Gesamtrecht fordert KVfG 14 123 anders als KVfG 14 122 theoretisch nicht.

3 **B. Belastung schon eines anderen Grundstücks.** Das jetzt einzutragende Recht muß schon an mindestens einem anderen Grundstück eingetragen sein. Es kommt nicht auf den etwa früheren Zeitpunkt eines Eintragungsantrags an, sondern hier anders als bei KVfG 14 122 nur darauf, ob schon ein anderes Grundstück dieselbe Belastung aufweist. Dafür ist es unerheblich, ob etwa dieselbe Hypothek dort an besserer oder schlechterer Stelle eingetragen ist, als das jetzt auf dem weiteren Grundstück geschehen könnte.

Das „Bestehen" am anderen Grundstück muß im Zeitpunkt des *Eingangs des Artrags* zum weiteren Grundstück vorliegen.

4 **C. Unanwendbarkeit von KVfG 14 122.** Schließlich muß kein Fall nach KVfG 14 122 dessen Anwendung erlauben. KVfG 14 123 gilt also nur hilfsweise.

5 **2) Gebührenhöhe.** Es entsteht eine 0,5 Gebühr nach der Tabelle B.

6 **3) Geschäftswert.** Es gilt dasselbe wie bei KVfG 14 120.

7 **4) Fälligkeit, Gebührenschuldner.** Es gilt dasselbe wie bei KVfG 14 120.

Nr.	Gebührentatbestand	Gebühr oder Satz der Gebühr nach § 34 GNotKG – Tabelle B
14 124	Nachträgliche Erteilung eines Hypotheken-, Grundschuld- oder Rentenschuldbriefs, Herstellung eines Teilbriefs oder eines neuen Briefs .... Sind die belasteten Grundstücke bei verschiedenen Grundbuchämtern eingetragen, so werden für die gemäß § 59 Abs. 2 der Grundbuchordnung zu erteilenden besonderen Briefe die Gebühren gesondert erhoben.	0,5

1 **1) Systematik.** Die Vorschrift gilt auch bei einem Teilbrief. Sie erfaßt nur (noch) eine nachträgliche Erteilung, also nicht eine zeitgleich mit der Eintragung des Grundpfandrechts erfolgende Brieferteilung. Auch eine nachträgliche ist eine Ersterteilung.

2) Regelungszweck. Die Belastung mit immerhin 0,5 Gebühr zusätzlich mag als recht hoch erscheinen. Immerhin bringt aber die Anfertigung der Urkunde auch eine zusätzliche Verantwortung. Sie kann sich auf die Wirksamkeit der ganzen Belastung zumindest wirtschaftlich und verfahrensrechtlich bis hin zur etwaigen Notwendigkeit eines Aufgebotsverfahrens auswirken. Deshalb darf man die ersichtlich auch der Vereinfachung dienende Vorschrift nun auch nicht zu streng auslegen. 2

3) Gewöhnlicher Brief. Man muß zwei Situationen unterscheiden. 3

A. Ersterteilung. Die Brieferteilung kostet eine Gebühr. Die Eintragung des Erteilungsvermerks ist ein gebührenfreies Nebengeschäft. Die mit dem Brief nach § 58 I GBO verbundene Schulddurkunde kostet weder eine Gebühr noch eine Dokumentenpauschale, soweit sie das Gericht herstellt.

B. Neuerteilung. Ein neuer Brief nach § 67 GBO fällt ebenfalls unter KVfG 14124. Die Unbrauchbarmachung des alten Briefs und die Übertragung der Vermerke auf den neuen Brief sind gebührenfrei. 4

Wenn das Grundbuchamt feststellt, daß der bisherige Brief durch eine *Kriegseinwirkung* vernichtet worden oder sonst abhanden gekommen ist, erteilt es einen neuen Brief. Eine Feststellung des Verlusts durch das Grundbuchamt reicht auch dann aus, wenn die Brieferteilung nachträglich entfällt oder wenn die Hypothek gelöscht werden soll. Die Erteilung des neuen Briefs und die Feststellung der Vernichtung des alten ergehen nach § 26 GBMaßnG gebührenfrei.

Soweit eine Hypothek auf den Eigentümer *übergeht,* meist als Grundschuld nach § 1177 BGB, entsteht für die Umschreibung eine Gebühr nach KVfG 14130 und für den neuen Brief eine Gebühr nach KVfG 14124. Auch bei einer Umwandlung der einen Art von Grundpfandrecht in eine andere unterfällt ein neuer Brief dem KVfG 14124 neben KVfG 14130. Ein Vermerk nach § 68 III GBO ist ein gebührenfreies Nebengeschäft.

4) Gebührenhöhe. Es entsteht nach der Tabelle B 0,5 Gebühr. 5

5) Geschäftswert. Es gilt § 69. Der Wert läßt sich nach § 36 I durch Ermessen bestimmen, BbgJB 17, 546. 6

6) Fälligkeit, Gebührenschuldner. Die Fälligkeit richtet sich nach § 9 I. *Gebührenschuldner* ist man nach §§ 22 I, 27. 7

Nr.	Gebührentatbestand	Gebühr oder Satz der Gebühr nach § 34 GNotKG – Tabelle B
14125	Ergänzung des Inhalts eines Hypotheken-, Grundschuld- oder Rentenschuldbriefs, die auf Antrag vorgenommen wird (§ 57 Abs. 2 und § 70 der Grundbuchordnung)	25,00 €

1) Geltungsbereich. Für die Ergänzung des nach §§ 57 II, 70 GBO in den Grundpfandrechtsbrief aufgenommenen Grundbuchauszugs kann eine Gebühr entstehen. Das gilt nur dann, wenn die Ergänzung kein gebührenfreies Nebengeschäft darstellt. Sie ist ein solches Nebengeschäft, soweit sie von Amts wegen stattfindet, §§ 61 III, 62 I 1, 63, 65 GBO. Daher entsteht die Gebühr nur für eine Ergänzung auf Grund eines Antrags. Die Festgebühr entsteht auch bei mehreren gleichzeitigen Ergänzungen und Vermerke auf demselben Brief nur einmal je Grundbuchamt. Die Dokumentenpauschale nach KVfG 31000 ist durch die Festgebühr oder die für das Hauptgeschäft erforderliche Gebühr abgegolten. 1

2) Sonstiger Vermerk. Die Vorschrift erfaßt nicht mehr die nach § 62 GBO auf dem Brief sonst notwendigen Eintragungen. Sie sind dann ein gebührenfreies Nebengeschäft, wenn eine Eintragungsgebühr entsteht. 2

3) Festgebühr. Sie beträgt 25 EUR. 3

4) Fälligkeit, Gebührenschuldner. Die Fälligkeit richtet sich nach § 9 I. *Gebührenschuldner* ist man nach §§ 22 I, 27. 4

Unterabschnitt 3. Veränderung von Belastungen

Nr.	Gebührentatbestand	Gebühr oder Satz der Gebühr nach § 34 GNotKG – Tabelle B
14 130	Eintragung der Veränderung einer in der Vorbemerkung 1.4.1.2 genannten Belastung .... I ¹Als Veränderung eines Rechts gilt auch die Löschungsvormerkung (§ 1179 BGB). ²Für sie wird keine Gebühr erhoben, wenn ihre Eintragung zugunsten des Berechtigten gleichzeitig mit dem Antrag auf Eintragung des Rechts beantragt wird. II Änderungen des Ranges eingetragener Rechte sind nur als Veränderungen des zurücktretenden Rechts zu behandeln, Löschungsvormerkungen zugunsten eines nach- oder gleichstehenden Gläubigers nur als Veränderungen des Rechts, auf dessen Löschung der vorgemerkte Anspruch gerichtet ist.	0,5

Gliederung

1) Systematik	1
2) Regelungszweck	2
3) Veränderung	3, 4
A. Begriff	3
B. Beispiele zur Frage einer Veränderung	4
4) Gebührenhöhe	5
5) Mehrere Veränderungen, mehrere Rechte	6–9
A. Begriff	6
B. Veränderung mehrerer Rechte, amtliche Vorbemerkung 1.4 IV	7
C. Mehrere Veränderungen desselben Rechts, amtliche Vorbemerkung 1.4 V	8
D. Mehrere belastete Grundstücke, amtliche Vorbemerkung 1.4 III	9
6) Geschäftswert	10
7) Fälligkeit, Gebührenschuldner	11

1 **1) Systematik.** Gegenüber KVfG 14 111–14 125 stellt KVfG 14 130 eine noch speziellere und vorrangige weitere Ergänzung zu KVfG 14 110 dar. Das gilt auch für die zugehörige Regelung des Werts gegenüber §§ 46 ff. Die KVfG 14 140 ff stellen jedenfalls theoretisch solche Fälle dar, die nicht unter KVfG 14 130 fallen können. Ergänzend gilt KVfG 14 131.

2 **2) Regelungszweck.** Die Vorschrift bezweckt eine kostengerechte sozial erträgliche Abgeltung mithilfe von Begriffen wie „gleichzeitiger Antrag". Man sollte die in der Praxis auftretenden Probleme unter Mitbeachtung des Grundsatzes einer dem Kostenschuldner günstigen Auslegung nach § 1 Rn 2 lösen.

3 **3) Veränderung,** dazu *Böhringer* JB **17**, 506 (Üb): Man muß drei Aspekte beachten.

A. Begriff. Unter einer „Veränderung" eines eingetragenen Rechts versteht KVfG 14 130 alles, was den Inhalt des Rechts ändert, also auch die Übertragung, die Löschung oder eine Belastung. Die Veränderung mag die Person eines Beteiligten treffen, aber auch den Rechtsinhalt, den Rang des Rechts, Mü JB **10**, 485, oder seine Belastung.

4 **B. Beispiele zur Frage einer Veränderung**

Abtretung: Wegen einer Gesamtgrundschuld Drsd RR **15**, 448 (bei jedem Grundbuch 0,1 Gebühr aus dem Nennbetrag, höchstens 60 Millionen EUR).
Aufhebung: Veränderung ist eine Aufhebung zB einer Hypothek nach § 1183 BGB oder des Ausschlusses eines Grundschuldbriefs, Bbg JB **17**, 536.
Auflassungsvormerkung: Neben ihr entsteht keine Gebühr nach KVfG 14 130, Düss Rpfleger **98**, 446, Hamm Rpfleger **97**, 85, Zweibr Rpfleger **96**, 217.
Belastung: Veränderung ist eine Belastung, zB eine Pfändung oder Verpfändung.

Kostenverzeichnis **14130 KVfG**

Berechtigtenwechsel: Veränderung ist ein solcher Vorgang.
S aber auch „Name".
Dauerwohnrecht: Veränderung ist seine Änderung.
Erbbaurecht: Veränderung ist seine Änderung.
Erweiterung: Veränderung ist eine Erweiterung zB durch eine Nebenpflicht.
Forderungsauswechslung: Veränderung ist ein solcher Vorgang, zB die Ersetzung einer Hypothekenforderung durch eine andere Forderung desselben oder eines anderen Gläubigers.
Gesamtgrundpfandrecht: S „Verteilung".
Gläubigervertreter: Veränderung ist seine nachträgliche Bestellung nach § 1189 BGB.
Gläubigerverzicht: Veränderung ist ein solcher nach § 1168 BGB.
Grundschuld: S „Umwandlung".
Heimfall: S „Erbbaurecht".
Höchstbetragseintragung: *Keine* Veränderung ist ein nachträglicher solcher Vorgang beim Wertersatz nach § 882 BGB. Er fällt unter KVfG 14121.
Hypothek: S „Aufhebung", „Forderungsauswechslung", „Teilung", „Umwandlung", „Verzicht", „Zusammenfassung".
Laufzeit: Veränderung ist eine Laufzeitänderung, LG Bayreuth JB **85**, 1128.
Löschungsvormerkung: Die amtliche Anmerkung I 1 nennt diejenige nach § 1179 BGB als eine Rechtsveränderung. Vgl freilich auch dort I 2, II. Die Löschung einer Löschungsvormerkung fällt demgegenüber unter KVfG 14140–14142. S auch „Auflassungsvormerkung".
Mithaftvermerk: *Keine* Veränderung ist ein solcher Vorgang.
Name: *Keine* Veränderung ist eine bloße Namensänderung.
Nebenpflicht: S „Erweiterung".
Nießbrauch: Veränderung ist ein Nießbrauch.
Pfändung: S „Belastung".
Rang: Veränderung ist eine Rangänderung. Vgl aber die amtliche Anmerkung II 1. Ein bloßer Rangvermerk ist gebührenfrei.
Teilung: Veränderung ist ein solcher Vorgang zB bei einer Hypothek.
Todesnachweis: *Keine* Veränderung ist eine nachträgliche Eintragung, daß zur Löschung ein solcher Nachweis genüge.
Übergang: Veränderung ist ein gesetzlicher Übergang auf einen anderen.
Übertragung: Veränderung ist die Übertragung auf einen anderen.
Umwandlung: Veränderung ist eine Umwandlung der Hypothek in eine Grundschuld und umgekehrt, ferner die Umwandlung einer Sicherungshypothek in eine gewöhnliche Hypothek oder einer Arresthypothek in eine Zwangshypothek, Mü JB **10**, 485.
Verpfändung: S „Belastung".
Verteilung: Veränderung ist die Verteilung eines Gesamtgrundpfandrechts nach § 1132 II BGB, BayObLG Rpfleger **81**, 326.
Verzicht: Veränderung ist ein Verzicht zB auf eine Hypothek nach § 1168 BGB. S auch „Verteilung".
Vormerkung: S „Auflassungsvormerkung", „Löschungsvormerkung".
Wohnungseigentum: Veränderung ist seine Änderung.
Zahlungsbedingungen: Veränderung ist eine Änderung der Zahlungsbedingungen.
Zinsen: Veränderung ist eine Änderung des Zinssatzes.
Zusammenfassung: Veränderung ist die Zusammenfassung zu einer Einheitshypothek.

4) **Gebührenhöhe.** Jede Veränderung macht grundsätzlich 0,5 Gebühr nach Tabelle B fällig, und zwar nach dem vollen Nennbetrag der abgetretenen Gesamtgrundschuld, Düss JB **15**, 92. Eine Erhöhung des Betrags einer Einheitshypothek durch eine neue Post und die Zusammenschreibung mit der Einheitshypothek ist eine Neueintragung und eine Veränderung. Die Eintragung einer Teiländerung betrifft das bis dahin ungeteilte Recht. Die Zerlegung ist gebührenrechtlich unerheblich.

5) **Mehrere Veränderungen, mehrere Rechte.** Man muß vier Gesichtspunkte beachten.
   A. **Begriff.** Maßgebend ist der Zustand vor der Veränderung.

7 **B. Veränderung mehrerer Rechte, amtliche Vorbemerkung 1.4 IV.** Die Veränderung kann sich auf mehrere Rechte beziehen, LG Kempten Rpfleger **84**, 480. Dann entsteht die 0,5 Gebühr nach I für jedes Recht besonders. Das gilt auch dann, wenn nur die Eintragung eines einheitlichen Vermerks notwendig ist oder wenn die mehreren Rechte hinter ein anderes zurücktreten, Hamm Rpfleger **88**, 101 (keine Verfassungswidrigkeit).

8 **C. Mehrere Veränderungen desselben Rechts, amtliche Vorbemerkung 1.4 V.** In diesem Fall muß man prüfen, ob die Anträge an demselben Tag beim Gericht eingegangen sind, LG Kempten Rpfleger **84**, 480 (zum alten Recht). Dann entsteht die 0,5 Gebühr nur einmal unabhängig davon, ob die Eintragung eines oder mehrerer Vermerke notwendig ist.

9 **D. Mehrere belastete Grundstücke, amtliche Vorbemerkung 1.4 III.** In diesem Fall kommt es darauf an, ob die Grundstücke bei demselben Grundbuchamt registriert sind. Falls ja, entsteht die 0,5 Gebühr dann nur einmal, wenn die Anträge an demselben Tag beim Gericht eingegangen sind. Falls nein, entsteht die 0,5 Gebühr mehrmals, Naumb Rpfleger **15**, 495.

10 6) **Geschäftswert.** Es gilt § 69 I, II.

11 7) **Fälligkeit, Gebührenschuldner.** Die Fälligkeit richtet sich nach § 9 I. *Gebührenschuldner* ist man nach §§ 22 I, 27.

Nr.	Gebührentatbestand	Gebühr oder Satz der Gebühr nach § 34 GNotKG – Tabelle B
14131	Eintragung der Veränderung eines Gesamtrechts, wenn das Grundbuch bei verschiedenen Grundbuchämtern geführt wird: Die Gebühr 14130 erhöht sich ab dem zweiten für jedes weitere beteiligte Grundbuchamt um .... Diese Vorschrift ist anzuwenden, wenn der Antrag für mehrere Grundbuchämter gleichzeitig bei einem Grundbuchamt gestellt wird oder bei gesonderter Antragstellung, wenn die Anträge innerhalb eines Monats bei den beteiligten Grundbuchämtern eingehen.	0,1

Vorbem. Eingefügt dch Art 13 Z 10 m G v 29. 6. 15, BGBl 1042, in Kraft seit 4. 7. 15, Art 22 II G, ÜbergangsR § 134 GNotKG.

1 1) **Geltungsbereich.** Es geht um eine Ergänzung von KVfG 14130 und evtl um eine Erweiterung des dortigen Geltungsbereichs. Denn ein Gesamtrecht ist evtl mehr als die in der amtlichen Vorbemerkung 1.4.1.2 genannten Rechte. Allerdings ist die dortige Schlußbezeichnung „Ähnliches Recht" schon ziemlich umfassend.
Verschiedene Grundbuchämter müssen das Gesamtrecht führen. Das bedeutet: Es müssen mehrere Orte beteiligt sein. Mehrere Gerichte derselben Großstadt können ebenfalls reichen.

2 2) **Antragszeitpunkte, amtliche Anmerkung.** Nach diesem Teil der Vorschrift kommen zwei weitere Bedingungen infrage.
A. Nur ein einziger Antrag, Hs 1. Entweder muß nur ein einziger Antrag für alle beteiligten Grundbuchämter vorliegen. Ein solcher nur für einen Teil von mehreren beteiligten Ämtern reicht nicht. Der Antrag muß sich eindeutig auf alle Ämter beziehen. Freilich ist er auslegbar, wie jede Parteiprozeßhandlung nach BLAH Grdz 47, 51, 52 vor § 128 ZPO. Die Bezugnahme kann also auch stillschweigend erfolgt sein. In aller Regel wird der Antragsteller sämtliche beteiligten Ämter anrufen.

3 *Gleichzeitig* muß das geschehen sein. Dieses Wort ist deshalb eigentlich überflüssig, weil Hs 1 ja ohnehin von „dem" Antrag spricht, während Hs 2 „die Anträge" regelt. Bei Hs 1 liegt auch im Gegensatz zu Hs 2 keine „gesonderte" Antragstellung vor. Immerhin mag unter Hs 1 auch fallen, daß der Antragsteller mehrere Schriftstücke bei nur einem der beteiligten Ämter für mehrere von ihnen einreicht. Auch dann müssen sie bei dem von ihm ausgewählten beteiligten Grundbuchamt gleichzeitig eingehen. Dieses Amt muß sie dann wie bei § 121 I 1 BGB unverzüglich an jedes weiter beteiligte Amt in Kopie oder in dem etwa vom Antragsteller eingereichten weiteren Exemplar der einzigen Antragsschrift zuleiten. Ist die Anschrift der weiteren beteiligten Ämter dem Zugangsamt unbekannt, wird es nach § 26 FamFG diese beim Antragsteller erfragen.

B. Mehrere Anträge, Hs 2. Oder es müssen mehrere „gesonderte" Anträge vorliegen. Sie müssen sich jeweils an eines der beteiligten Grundbuchämter richten. Es müssen aus den Gründen Rn 2 Anträge an sämtliche beteiligten Ämter vorliegen. 4

Innerhalb eines Monats müssen sämtliche gesonderten Anträge bei sämtlichen beteiligten Ämtern eingegangen sein. Einen Falscheingang darf man nur dann als innerhalb der Frist erfolgt bewerten, wenn ihn der Adressat rechtzeitig wie bei § 129a II 2 ZPO an den richtigen Adressaten weitergeleitet hat. Er braucht zu diesem Zweck nicht alles stehen und liegen zu lassen. 5

3) Gebührenhöhe. Es entsteht bei jedem weiteren beteiligten Grundbuchamt, 0,1 Gebühr mehr als nach KVfG 14130. Solche Erhöhung tritt also erst „ab dem zweiten" beteiligten Amt ein. 6

4) Geschäftswert. Es gilt dasselbe wie bei KVfG 14130 Rn 10. 7

5) Fälligkeit, Gebührenschuldner. Es gilt dasselbe wie bei KVfG 14130 Rn 11. 8

Unterabschnitt 4. Löschung von Belastungen und Entlassung aus der Mithaft

(Amtliche) Vorbemerkung 1.4.1.4:

Dieser Unterabschnitt gilt für die Löschung einer Hypothek, Grundschuld oder Rentenschuld, einer Dienstbarkeit, eines Dauerwohnrechts, eines Dauernutzungsrechts, eines Vorkaufsrechts, einer Reallast, eines Erbbaurechts oder eines ähnlichen Rechts an einem Grundstück.

Nr.	Gebührentatbestand	Gebühr oder Satz der Gebühr nach § 34 GNotKG – Tabelle B
14140	Löschung in Abteilung III des Grundbuchs	0,5
14141	Löschung eines Gesamtrechts, wenn das Grundbuch bei verschiedenen Grundbuchämtern geführt wird:	
	Die Gebühr 14140 erhöht sich ab dem zweiten für jedes weitere beteiligte Grundbuchamt um	0,1
	Diese Vorschrift ist anzuwenden, wenn der Antrag für mehrere Grundbuchämter gleichzeitig bei einem Grundbuchamt gestellt wird oder bei gesonderter Antragstellung, wenn die Anträge innerhalb eines Monats bei den beteiligten Grundbuchämtern eingehen.	
14142	Eintragung der Entlassung aus der Mithaft	0,3
14143	Löschung im Übrigen	25,00 €

Zu III KVfG 14140–14143:

1) Geltungsbereiche. Die Vorschriften machen keineswegs jede Löschung (Rötung) im Grundbuch gebührenpflichtig. Daran ändert auch die Auffangvorschrift KVfG 14143 nichts. Denn ihre Worte „im Übrigen" stehen auf der Basis der amtlichen Vorbemerkung 1.4.1.4. Dort wird der Geltungsbereich dieses Unterabschnitts 4 zunächst durch eine längere Aufzählung von Belastungen gekennzeichnet, dann aber mit dem Begriff „ähnliches Recht an einem Grundstück" einerseits erweitert, andererseits aber auch begrenzt: Es muß immerhin um eine solche Eintragung gehen, die einer Belastung ähnlich ist. 1

Beispiele: Löschung einer Globalgrundschuld, Ffm RR **04**, 90, Hamm Rpfleger **95**, 272; Löschung einer Veränderung; Löschung eines Widerspruchs, eines dinglichen Vorkaufsrechts, Zweibr Rpfleger **91**, 94, oder Wiederkaufsrechts, LG Marbg Rpfleger **88**, 310 (zustm Meyer-Stolte); Verzicht nach § 1175 I 2 BGB.

KVfG 14140–14143, 14150–14152

2 *Unanwendbar* ist daher schon wegen des Worts „nur" in § 1 I die Löschung einer solchen Eintragung, die zB von Amts wegen auf Grund einer Unrichtigkeit erfolgt. Die Löschung einer Vormerkung, nicht zu verwechseln mit der Eintragung einer Löschungsvormerkung nach § 1179 BGB, dürfte freilich durchweg unter KVfG 14143 fallen. Im Zweifel keine Gebührenpflicht. Vgl auch die amtliche Vorbemerkung 1.4 II Z 1–3.

3 **2) Löschung in Abt III, KVfG 14140.** Hierher zählt eine Löschung der in der amtlichen Vorbemerkung 1.4.1.4 aufgezählten Rechte, soweit sie gerade in Abt III standen. Das Erbbaurecht ist im Grundbuch des belasteten Grundstücks in Abt III eingetragen, im Erbbaugrundbuch in Abt I oder II. Eine Löschungsvormerkung steht in Abt III.

4 **3) Löschung eines Gesamtrechts, KVfG 14141.** Es entsteht eine Erhöhung unter den Voraussetzungen der amtlichen Anmerkung zu KVfG 14141. Sie hat als Spezialvorschrift den Vorrang vor § 53 I, Stgt JB **15**, 39.

Unanwendbar ist die Vorschrift auf eine Abtretung, aM Saarbr FGPrax **15**, 186 (aber Löschung ist nach R 1 maßgeblich und etwas ganz anderes).

5 **4) Entlassung aus der Mithaft, KVfG 14142.** Sie stellt zwar formell keine Rötung dar, sondern eine Eintragung. Sie ist aber der Sache nach ein löschungsgleicher Vorgang zulasten des Mithaftbegünstigten. Sie kann auch dann vorliegen, wenn schon eine Gesamtlöschung möglich wäre, KG Rpfleger **76**, 333.

6 **5) Gebühren.** Es gelten zwei verschiedene Prinzipien.

A. **Wertgebühren, KVfG 14140–14142.** Bei ihnen gilt jeweils die Tabelle B. Die Löschung nach KVfG 14140 kostet jeweils 0,5 Gebühr, die Löschung eines Gesamtrechts evtl nach KVfG 14141 0,5 + 0,1 = 0,6 Gebühr, die Entlassungseintragung nach KVfG 14142 jeweils 0,3 Gebühr. Bei mehreren Grundstücken ist jeweils der Einzelwert maßgebend, Köln Rpfleger **17**, 244 rechts.

7 B. **Festgebühr, KVfG 14143.** Sie beträgt 25 EUR. Sie entsteht bei gleichzeitiger Löschung mehrerer Belastungen desselben Grundstücks mehrmals, Köln FGPrax **15**, 133.

8 C. **Keine Gebühr.** Wenn das Grundbuchamt ein altes Grundbuchblatt schließt und wenn keine Mitübertragung erfolgt, § 46 II GBO, entsteht keine Gebühr, aM Düss Rpfleger **77**, 460 (aber das ist ein rein formeller „Verwaltungs"-Vorgang. Man darf ihn schon wegen § 1 I nicht dem Bürger anlasten).

9 **6) Geschäftswert, KVfG 14140–14142.** Vgl §§ 36 I, III, 44, Köln MDR **17**, 671, nicht § 69 (keine Eintragung mehrerer Veränderungen).

10 **7) Fälligkeit, Gebührenschuldner.** Die Fälligkeit richtet sich nach § 9 I. *Gebührenschuldner* ist der Antragsteller nach § 22 I. Vgl auch § 27.

Unterabschnitt 5. Vormerkungen und Widersprüche

Nr.	Gebührentatbestand	Gebühr oder Satz der Gebühr nach § 34 GNotKG – Tabelle B
14150	Eintragung einer Vormerkung	0,5
14151	Eintragung eines Widerspruchs	50,00 €
14152	Löschung einer Vormerkung	25,00 €

Zu KVfG 14150–14152:

1 **1) Geltungsbereich.** Die Vorschriften stellen vorrangige eng auslegbare Spezialregelungen dar.

2 **2) Vormerkung, KVfG 14150.** Die Vorschrift erfaßt die Eintragung einer Auflassungsvormerkung und einer Sicherungsvormerkung nach § 883 BGB, BayObLG ZMR **94**, 68, oder nach anderen Vorschriften, zB nach §§ 22 V, 28 II BauGB. Das gilt unabhängig davon, ob die Eintragung von Amts wegen oder auf einen Antrag auch nach § 895 ZPO oder auf ein gerichtliches oder behördliches Ersuchen erfolgt. Man muß eine Eintragung der Vormerkung zur Sicherung einer Veränderung oder

Aufhebung eines Rechts ebenso wie die endgültige Eintragung beurteilen, aM Düss Rpfleger **77**, 460 (§ 36 I. Aber I paßt als Sondervorschrift besser). Das alles gilt auch bei einem Gesamtrecht, Düss JB **16**, 536 rechts oben.

Wegen der *Veränderung* einer Auflassungsvormerkung KVfG 14 130 Rn 4 „Auflassungsvormerkung". Die Löschung einer Vormerkung fällt unter KVfG 14 152, Hamm FGPrax **17**, 140.

Die spätere *endgültige Eintragung* läßt die dafür geltende Gebühr besonders entstehen. Muß das Grundbuchamt daraufhin die Vormerkung usw ohne weiteres löschen, entstehen insofern keine Gebühren. Über eine Amtslöschung KVfG 14 142. Eine Löschungsvormerkung nach § 1179 BGB gilt nach KVfG 14 130 amtliche Anmerkung I als bloße Veränderung. Wegen eines Rangvermerks vgl KVfG 14 130 amtliche Anmerkung II.

3) Widerspruch, KVfG 14 151. Die Vorschrift behandelt die Eintragung eines 3 Widerspruchs nach § 899 BGB oder nach anderen Vorschriften, zB nach § 7 II GrdstVG. Das gilt unabhängig davon, ob die Eintragung von Amts wegen oder auf einen Antrag auch nach § 895 ZPO oder auf ein gerichtliches oder behördliches Ersuchen erfolgt. Hierher gehört auch der gebührenfreie sog Rechtshängigkeitsvermerk, Böhringer JB **94**, 514. Eine Veränderung eines Widerspruchs fällt unter KVfG 14 130, BayObLG Rpfleger **84**, 77, KG Rpfleger **84**, 248, Köln JB **84**, 1389. Die spätere endgültige Eintragung läßt die dafür geltende Gebühr besonders entstehen. Die Löschung fällt unter KVfG 14 140, 14 142.

4) Löschung einer Vormerkung, KVfG 14 152. Es entstehen 25,00 EUR. 4
5) Wertgebühr, KVfG 14 150. Es entsteht eine 0,5 Gebühr nach Tabelle B. 5
6) Festgebühren, KVfG 14 151, 14 152. Es entstehen Festgebühren von 6 50 EUR. (Widerspruch oder 25 EUR Löschung). Die Gebühren entstehen je Grundstück, Hamm JB **16**, 36, Köln JB **15**, 93.

7) Geschäftswert, KVfG 14 150. Der Geschäftswert richtet sich nach der end- 7 gültigen Eintragung, BayObLG Rpfleger **96**, 378. Freilich bleibt § 18 I beachtbar. Man darf wegen einer Bedingung oder Befristung keinen Abzug vornehmen. Maßgebend sind §§ 36 I, III, 38, 50, nicht § 69. Bei einer Auflassungsvormerkung muß man von dem vollen Wert des Grundstücks ausgehen, BayObLG Rpfleger **96**, 378, Zweibr JB **86**, 1691. Bei einer Vormerkung zwecks einer Auflassung eines Miteigentumsanteils wegen Wohnungseigentum ist der Anteilswert oder der entsprechende Kaufpreis maßgeblich, aM BayObLG JB **94**, 623. Bei einer Auflassungsvormerkung auf Grund eines Kaufvertrags ist der Kaufpreis maßgebend, BayObLG ZMR **94**, 69.

Beim *Wiederkaufsrecht* oder Rückkaufsrecht und beim Vorkaufsrecht ist der halbe 8 Kaufpreis maßgebend, BayObLG Rpfleger **86**, 31, Düss Rpfleger **77**, 460, Zweibr Rpfleger **89**, 233. Dasselbe gilt bei einem „Ankaufsrecht", also einem schuldrechtlichen bedingten und befristeten Anspruch auf eine Übertragung des Eigentums, BayObLG Rpfleger **76**, 111 und 150, Düss Rpfleger **96**, 173, Hamm Rpfleger **87**, 302, oder bei einem künftigen Anspruch aus einem Vorvertrag, Düss Rpfleger **94**, 182. Bei einer Vormerkung nach § 28 II 3 BauGB ist grundsätzlich der halbe Grundstückswert maßgebend, BayObLG Rpfleger **82**, 240.

8) Fälligkeit, Gebührenschuldner, KVfG 14 150–14 152. Die Fälligkeit richtet 9 sich nach § 9 I. *Gebührenschuldner:* Es gilt § 22 I.

Unterabschnitt 6. Sonstige Eintragungen

Nr.	Gebührentatbestand	Gebühr oder Satz der Gebühr nach § 34 GNotKG – Tabelle B
14 160	Sonstige Eintragung .... Die Gebühr wird erhoben für die Eintragung 1. eines Vermerks über Rechte, die dem jeweiligen Eigentümer zustehen, einschließlich des Vermerks hierüber auf dem Grundbuchblatt des belasteten Grundstücks;	50,00 €

KVfG 14160 Kostenverzeichnis

Nr.	Gebührentatbestand	Gebühr oder Satz der Gebühr nach § 34 GNotKG – Tabelle B
	2. der ohne Eigentumsübergang stattfindenden Teilung außer im Fall des § 7 Abs. 1 der Grundbuchordnung;	
	3. der ohne Eigentumsübergang stattfindenden Vereinigung oder Zuschreibung von Grundstücken; dies gilt nicht, wenn die das amtliche Verzeichnis (§ 2 Abs. 2 der Grundbuchordnung) führende Behörde bescheinigt, dass die Grundstücke örtlich und wirtschaftlich ein einheitliches Grundstück darstellen oder die Grundstücke zu einem Hof gehören;	
	4. einer oder mehrerer gleichzeitig beantragter Belastungen nach § 1010 BGB; die Gebühr wird für jeden belasteten Anteil gesondert erhoben, auch wenn es nur der Eintragung eines Vermerks bedarf, oder	
	5. einer oder mehrerer gleichzeitig beantragter Änderungen des Inhalts oder Eintragung der Aufhebung des Sondereigentums; die Gebühr wird für jedes betroffene Sondereigentum gesondert erhoben.	

1 **1) Geltungsbereich.** Alle Neuregelungen sind als Spezialbestimmungen eng auslegbar.

2 **2) Rechtsvermerk, amtliche Anmerkung Z 1.** Es geht um die Eintragung des Vermerks eines solchen Rechts, das dem jeweiligen Eigentümer zusteht, auf dem Grundbuchblatt des herrschenden Grundstücks einschließlich des Vermerks hierüber auf dem Grundbuchblatt des belasteten Grundstücks nach § 9 I, III GBO. In Betracht kommt zB eine Grunddienstbarkeit oder ein Vorkaufsrecht nach § 1094 II BGB oder eine Reallast nach § 1105 II BGB einschließlich Erbbauzins oder ein sog Wirksamkeitsvermerk, BayObLG Rpfleger **01**, 128, Hamm JB **02**, 259, Lappe NJW **98**, 1112, aM KG Rpfleger **02**, 591, Köln JB **01**, 376, LG Oldb Rpfleger **04**, 589. Bei gleichzeitiger Eintragung mehrerer sog Herrschvermerke ist die Zahl der Rechte und nicht der Vermerke maßgeblich, Mü JB **16**, 427.
Bei einer *Änderung* eines solchen Rechts kann KVfG 14130 anwendbar sein.

3 **3) Teilung, amtliche Anmerkung Z 2.** Es geht um die Eintragung einer ohne einen Eigentumsübergang auf einen Eigentümerantrag stattfindenden Teilung in mehrere selbständige Grundstücke ohne eine Vereinigung.
Unanwendbar ist Z 2 nach ihrem *Hs 2* bei einer Abschreibung eines Grundstücksteils und dessen Eintragung als selbständiges Grundstück zwecks Belastung mit einem Recht nach § 7 I GBO.

4 **4) Vereinigung, Zuschreibung, amtliche Anmerkung Z 3.** Es geht um die Eintragung einer ohne einen Eigentumsübergang auf einen Eigentümerantrag stattfindenden Vereinigung oder Zuschreibung von Grundstücksteilen in derselben Hand nach § 890 BGB.
Unanwendbar ist Z 3 nach ihrem *Hs 2* dann, wenn die nach § 2 II GBO zuständige Behörde bescheinigt, daß die Grundstücke örtlich *und* wirtschaftlich ein einheitliches Grundstück darstellen oder daß die Grundstücke zu einem Hof gehören. Ob eine Bescheinigung dergleichen ausreichend bescheinigt, muß man nach pflichtgemäßem Ermessen durch Auslegung klären.

5 **5) Belastung nach § 1010 BGB, amtliche Anmerkung Z 4.** Es geht um die Eintragung einer Belastung eines Grundstücks zulasten des Sondernachfolgers eines Miteigentümers infolge der Regelung der Verwaltung oder Benutzung oder infolge einer Begrenzung des Rechts, die Aufhebung der Gemeinschaft zu verlangen. Es mag dabei um eine oder mehrere solche Belastungen gehen. Der Eintragungstag muß stets gleichzeitig mit einem oder mehreren weiteren solchen Anträgen eingegangen sein.

6 **6) Änderung, Aufhebung von Sondereigentum, amtliche Anmerkung Z 5.** Es geht um die Eintragung einer oder mehrerer gleichzeitig beantragter Inhalts-

änderungen oder der Aufhebung eines Sondereigentums nach § 7 I WEG, Hamm FGPrax **16**, 185 links. LG Bayreuth JB **94**, 758. Das gilt auch bei nur teilweiser Aufhebung, Hamm FGPrax **16**, 185 links. Zur Änderung zählt auch eine Umwandlung von Sonder- in Teileigentum und umgekehrt, ferner eine Änderung oder Erweiterung eines Sondernutzungsrechts, Mü FGPrax **15**, 184, oder die Aufhebung einer Veräußerungsbeschränkung, Mü Rpfleger **16**, 59. Eine Aufhebung erfolgt nach § 4 I WEG. Sie erfolgt auch bei einer völligen Zerstörung des Gebäudes und bei einer Vereinigung aller Wohnungseigentumsrechte in einer Hand nach § 9 I Z 2, 3 WEG durch die Schließung der Wohnungsgrundbücher und durch die Anlegung eines Grundbuchblatts für das Grundstück (Erlöschen), falls die Rechte nicht bereits nach § 9 III WEG aufgehoben sind. Z 5 fällt nur einmal an, falls eine Sondernutzung schon aus der Teilungserklärung entstand und später eine Zuordnung zu einem einzelnen Wohnungseigentum erhielt, Zweibr ZMR **16**, 920.

Unanwendbar ist Z 5 bei Anträgen zu verschiedenen (Eingangs-)Zeitpunkten, Hamm Rpfleger **14**, 50.

7) **Gebühr.** Es entsteht in jedem Fall nach der amtlichen Anmerkung Z 1–5 eine Festgebühr von 50 EUR. Bei Z 4 entsteht sie nach deren Hs 2 für jeden Belasteten Anteil auch dann gesondert, wenn die Eintragung nur eines Vermerks nötig ist. 7

8) **Fälligkeit, Gebührenschuldner.** Die Fälligkeit richtet sich nach § 9 I. 8
Gebührenschuldner ist jeweils der Antragsteller nach § 22 I. Vgl auch § 27.

Abschnitt 2. Schiffs- und Schiffsbauregistersachen
Unterabschnitt 1. Registrierung des Schiffs und Eigentum

Nr.	Gebührentatbestand	Gebühr oder Satz der Gebühr nach § 34 GNotKG – Tabelle B
14 210	Eintragung eines Schiffs	1,0
14 211	Löschung der Eintragung eines Schiffs, dessen Anmeldung dem Eigentümer freisteht, auf Antrag des Eigentümers (§ 20 Abs. 2 Satz 2 der Schiffsregisterordnung)	50,00 €
14 212	Löschung der Eintragung eines Schiffsbauwerks auf Antrag des Eigentümers des Schiffsbauwerks und des Inhabers der Schiffswerft, ohne dass die Löschung ihren Grund in der Ablieferung des Bauwerks ins Ausland oder im Untergang des Bauwerks hat	50,00 €
14 213	Eintragung eines neuen Eigentümers	1,0

Unterabschnitt 2. Belastungen

(Amtliche) Vorbemerkung 1.4.2.2:
Die Übertragung der im Schiffsbauregister eingetragenen Hypotheken in das Schiffsregister ist gebührenfrei.

Nr.	Gebührentatbestand	Gebühr oder Satz der Gebühr nach § 34 GNotKG – Tabelle B
14 220	Eintragung einer Schiffshypothek, eines Arrestpfandrechts oder eines Nießbrauchs	1,0
14 221	Eintragung eines Gesamtrechts, das Schiffe oder Schiffsbauwerke belastet, für die das Register bei verschiedenen Gerichten geführt wird: Die Gebühr 14 220 erhöht sich ab dem zweiten Gericht für jedes beteiligte Gericht um .... Diese Vorschrift ist anzuwenden, wenn der Antrag für mehrere Registergerichte gleichzeitig bei einem	0,2

KVfG 14220–222, -230, -231, -240–242

Nr.	Gebührentatbestand	Gebühr oder Satz der Gebühr nach § 34 GNotKG – Tabelle B
	Registergericht gestellt wird oder bei gesonderter Antragstellung, wenn die Anträge innerhalb eines Monats bei den beteiligten Registergerichten eingehen.	
14 222	Eintragung eines Rechts, das bereits an einem anderen Schiff oder Schiffsbauwerk besteht, wenn nicht die Nummer 14 221 anzuwenden ist	0,5

Unterabschnitt 3. Veränderungen

Nr.	Gebührentatbestand	Gebühr oder Satz der Gebühr nach § 34 GNotKG – Tabelle B
14 230	Eintragung einer Veränderung, die sich auf eine Schiffshypothek, ein Arrestpfandrecht oder einen Nießbrauch bezieht	0,5
14 231	Eintragung der Veränderung eines Gesamtrechts, wenn das Register bei verschiedenen Gerichten geführt wird: Die Gebühr 14 230 erhöht sich ab dem zweiten für jedes weitere beteiligte Gericht um	0,1
	Diese Vorschrift ist anzuwenden, wenn der Antrag für mehrere Registergerichte gleichzeitig bei einem Registergericht gestellt wird oder bei gesonderter Antragstellung, wenn die Anträge innerhalb eines Monats bei den beteiligten Registergerichten eingehen.	

Vorbem. Eingefügt dch Art 13 Z 10n G v 29. 6. 15, BGBl 1042, in Kraft seit 4. 7. 15, Art 22 II GG, ÜbergangsR § 134 GNotKG.

1 **1) Geltungsbereich.** Die Vorschrift entspricht fast wörtlich dem KVfG 14 131. Vgl. daher insgesamt dort.

Unterabschnitt 4. Löschung und Entlassung aus der Mithaft

Nr.	Gebührentatbestand	Gebühr oder Satz der Gebühr nach § 34 GNotKG – Tabelle B
14 240	Löschung einer Schiffshypothek, eines Arrestpfandrechts oder eines Nießbrauchs	0,5
14 241	Löschung eines Gesamtrechts, das Schiffe oder Schiffsbauwerke belastet, für die das Register bei verschiedenen Gerichten geführt wird: Die Gebühr 14 240 erhöht sich ab dem zweiten für jedes weitere beteiligte Gericht um	0,1
	Diese Vorschrift ist anzuwenden, wenn der Antrag für mehrere Registergerichte gleichzeitig bei einem Registergericht gestellt wird oder bei gesonderter Antragstellung, wenn die Anträge innerhalb eines Monats bei den beteiligten Registergerichten eingehen.	
14 242	Eintragung der Entlassung aus der Mithaft	0,3

Unterabschnitt 5. Vormerkungen und Widersprüche

Nr.	Gebührentatbestand	Gebühr oder Satz der Gebühr nach § 34 GNotKG – Tabelle B
14 250	Eintragung einer Vormerkung	0,5
14 251	Eintragung eines Widerspruchs	50,00 €
14 252	Löschung einer Vormerkung	25,00 €

Unterabschnitt 6. Schiffsurkunden

Nr.	Gebührentatbestand	Gebühr oder Satz der Gebühr nach § 34 GNotKG – Tabelle B
14 260	Erteilung des Schiffszertifikats oder des Schiffsbriefs	25,00 €
14 261	Vermerk von Veränderungen auf dem Schiffszertifikat oder dem Schiffsbrief	25,00 €

Bem. KVfG 14 261 gilt unabhängig davon, ob auch die dem Vermerk zugrundeliegende Eintragung gebührenpflichtig ist, Oldb Rpfleger **16**, 125, und ob sie dort erwächst, Oldb Rpfleger **16**, 185. 1

Abschnitt 3. Angelegenheiten des Registers für Pfandrechte an Luftfahrzeugen

Unterabschnitt 1. Belastungen

Nr.	Gebührentatbestand	Gebühr oder Satz der Gebühr nach § 34 GNotKG – Tabelle B
14 310	Eintragung eines Registerpfandrechts	1,0
14 311	Eintragung eines Registerpfandrechts, das bereits an einem anderen Luftfahrzeug besteht	0,5

Unterabschnitt 2. Veränderungen

Nr.	Gebührentatbestand	Gebühr oder Satz der Gebühr nach § 34 GNotKG – Tabelle B
14 320	Eintragung der Veränderung eines Registerpfandrechts	0,5

Unterabschnitt 3. Löschung und Entlassung aus der Mithaft

Nr.	Gebührentatbestand	Gebühr oder Satz der Gebühr nach § 34 GNotKG – Tabelle B
14 330	Löschung eines Registerpfandrechts	0,5
14 331	Eintragung der Entlassung aus der Mithaft	0,3

Unterabschnitt 4. Vormerkungen und Widersprüche

Nr.	Gebührentatbestand	Gebühr oder Satz der Gebühr nach § 34 GNotKG – Tabelle B
14 340	Eintragung einer Vormerkung	0,5
14 341	Eintragung eines Widerspruchs	50,00 €
14 342	Löschung einer Vormerkung	25,00 €

KVfG Vorb 1.4.4, 14400, 14401

Abschnitt 4. Zurückweisung und Zurücknahme von Anträgen

(Amtliche) Vorbemerkung 1.4.4:
[1] Dieser Abschnitt gilt für die Zurückweisung und die Zurücknahme von Anträgen, die auf die Vornahme von Geschäften gerichtet sind, deren Gebühren sich nach diesem Hauptabschnitt bestimmen. [2] Die in diesem Abschnitt bestimmten Mindestgebühren sind auch dann zu erheben, wenn für die Vornahme des Geschäfts keine Gebühr anfällt.

Nr.	Gebührentatbestand	Gebühr oder Satz der Gebühr nach § 34 GNotKG – Tabelle B
14 400	Zurückweisung eines Antrags .... [1] Von der Erhebung von Kosten kann abgesehen werden, wenn der Antrag auf unverschuldeter Unkenntnis der tatsächlichen oder rechtlichen Verhältnisse beruht. [2] § 21 Abs. 2 GNotKG gilt entsprechend.	50% der für die Vornahme des Geschäfts bestimmten Gebühr – mindestens 15,00 €, höchstens 400,00 €
14 401	Zurücknahme eines Antrags vor Eintragung oder vor Ablauf des Tages, an dem die Entscheidung über die Zurückweisung der Geschäftsstelle übermittelt oder ohne Beteiligung der Geschäftsstelle bekannt gegeben wird .... [1] Von der Erhebung von Kosten kann abgesehen werden, wenn der Antrag auf unverschuldeter Unkenntnis der tatsächlichen oder rechtlichen Verhältnisse beruht. [2] § 21 Abs. 2 GNotKG gilt entsprechend.	25% der für die Vornahme des Geschäfts bestimmten Gebühr – mindestens 15,00 €, höchstens 250,00 €

Zu KVfG 14400, 14401:

Gliederung

1) Systematik 1
2) Regelungszweck 2
3) **Antragszurückweisung, KVfG 14 400** 3–11
   A. Antrag 3
   B. Zurückweisung 4, 5
   C. Gebührenpflicht des beantragten Geschäfts 6
   D. Gebühren bei voller Zurückweisung 7
   E. Gebühren bei Antragsmehrheit 8
   F. Gebühren bei teilweiser Zurückweisung 9
   G. Geschäftswert bei voller Zurückweisung 10
   H. Geschäftswert bei teilweiser Zurückweisung 11
4) **Zurücknahme, KVfG 14 401** 12–20
   A. Antrag 13
   B. Wirksamkeit der Rücknahme 14
   C. Keine Entscheidung 15
   D. Gebührenpflichtigkeit des beantragten Geschäfts .. 16
   E. Gebühren bei voller Zurücknahme 17
   F. Gebühren bei teilweiser Zurücknahme 18
   G. Geschäftswert bei voller Zurücknahme 19
   H. Geschäftswert bei teilweiser Zurücknahme 20
5) **Fälligkeit, Gebührenschuldner** 21
6) **Absehen von Kosten, amtliche Anmerkungen** 22–24
   A. Schuldlosigkeit 22
   B. Entscheidung 23, 24

1 **1) Systematik.** Die Vorschriften erfassen im Hauptabschnitt 4 (KVfG 14 110 ff) den Bereich jeder antragsabhängiger gerichtlicher Tätigkeit durch den Richter, Rpfl oder Urkundsbeamten. Sie erfassen die überall möglichen Vorgänge einer Zurückweisung oder Antragsrücknahme. Dabei eröffnen sie in den amtlichen Anmerkungen jeweils einen weiten Ermessensraum. Sie können zB auch im außerprozessualen WEG-Verfahren gelten, (zum alten Recht) BayObLG JB **91**, 1109.

2) Regelungszweck. Insbesondere die amtlichen Anmerkungen, daneben aber auch die Höchstgebühren zeigen das Bestreben so deutlich, die Kosten in erträglichen Grenzen zu halten, daß man das Gebot einer dem Kostenschuldner möglichst günstigen Handhabung nach § 1 Rn 2 hier voll mitbeachten muß. 2

3) Antragszurückweisung, KVfG 14 400. Die Vorschrift ist nur insoweit anwendbar, als nichts anderes gesetzlich gilt. § 130 ist nur insofern anwendbar, als die folgenden Voraussetzungen zusammentreffen. 3

A. Antrag. Es muß nach der amtlichen Vorbemerkung 1.4.4 ein solches Verfahren vorliegen, das nur auf Grund eines Antrags und nicht schon von Amts wegen stattfindet, BayObLG FamRZ **00**, 972. Es muß auch ein wirksamer Antrag vorliegen. Eine bloße Anregung zu einer Amtshandlung nach § 24 FamFG reicht nicht aus, auch wenn man sie als einen „Antrag" bezeichnet, BayObLG FamRZ **00**, 972. Das gilt auch dann, wenn das Gericht sowohl von Amts wegen als auch auf Grund eines Antrags tätig werden muß.

B. Zurückweisung. Das Gericht muß den Antrag endgültig oder teilweise wirksam zurückgewiesen haben. Es ist unerheblich, ob die Zurückweisung wegen einer Unzulässigkeit oder Unbegründetheit des Antrags erfolgt. Die Wirksamkeit der Zurückweisung richtet sich jetzt nach § 40 FamFG. 4

Eine *Zwischenverfügung* etwa des Grundbuchamts ist keine Zurückweisung. Erst dann, wenn der Antragsteller die Auflage nicht erfüllt, kommt eine Zurückweisung in Betracht. Soweit das Gericht von Amts wegen tätig werden muß, liegt selbst dann keine Zurückweisung nach KVfG 14 400 vor, wenn das Gericht einer Anregung nicht entspricht. Soweit eine angeregte oder „beantragte" Handlung von Amts wegen unzulässig wäre, kann keine Zurückweisung erfolgen, sondern nur eine Bescheidung stattfinden. 5

Eine *Abgabe* oder *Verweisung* ist keine Zurückweisung. Die *Aufhebung* einer Zurückweisung macht die Gebühr rückwirkend hinfällig. Eine Bestätigung in der Beschwerdeinstanz oder eine spätere weitere Entscheidung läßt sie bestehen. Dazu tritt evtl eine Gebühr nach KVfG 14 510 ff.

C. Gebührenpflicht des beantragten Geschäfts. Diejenige Tätigkeit des Gerichts, die der Antragsteller verlangt hat, muß ihrerseits grundsätzlich gebührenpflichtig gewesen sein. Eine Zurückweisung in einem solchen Verfahren, das seinerseits gebührenfrei ist, löst auch als eine Entscheidung keine Gebühr aus, BGH FamRZ **13**, 1573 links oben, Mümmler JB **75**, 935, aM Ffm JB **75**, 935 (aber dann würde man die Gebührenfreiheit des ganzen Verfahrens unterlaufen). Dabei stehen eine sachliche und eine persönliche Gebührenfreiheit gleich da. Die Zurückweisung eines Antrags auf die Verlegung eines Verhandlungstermins ist stets kostenfrei. 6

D. Gebühren bei voller Zurückweisung. Hier entsteht grundsätzlich unabhängig von der Gebühr des beantragten Geschäfts 50% der für die Vornahme des Geschäfts bestimmten Gebühr, mindestens aber 15 EUR und höchstens 400 EUR. Bei einem Geschäft mit einem Festbetrag fehlt ein Geschäftswert als Ausgangspunkt einer 50%-Gebühr. 7

E. Gebühren bei Antragsmehrheit. Soweit mehrere Anträge selbständige gebührenpflichtige Geschäfte betreffen, muß man für jedes Geschäft bei einer Zurückweisung eine besondere Gebühr berechnen. Das gilt auch dann, wenn die eine Zurückweisung zur Rücknahme der anderen Anträge eine Veranlassung gibt oder nötigt. 8

F. Gebühren bei teilweiser Zurückweisung. Auch hier entsteht eine 50%-Gebühr, höchstens jedoch ein Betrag von 400 EUR. Ein Unterschied zur vollen Zurückweisung entsteht allerdings doch. Denn der Geschäftswert ist nach Rn 11 geringer. 9

G. Geschäftswert bei voller Zurückweisung. Hier muß man den Wert des beantragten Geschäfts zugrunde legen. Man muß ihn evtl nach § 36 I schätzen. 10

KVfG 14401

11   **H. Geschäftswert bei teilweiser Zurückweisung.** Hier muß man als Geschäftswert den Wert des zurückgewiesenen Teils zugrunde legen. Bei mehreren Zurückweisungen muß man die Geschäftswerte für jede Zurückweisung gesondert berechnen. Das gilt auch dann, wenn die eine Zurückweisung zur Zurücknahme der anderen Anträge eine Veranlassung gibt oder dazu nötigt.

12   **4) Zurücknahme, KVfG 14 401.** Auch diese Vorschrift ist nur insoweit anwendbar, als keine abweichenden gesetzlichen Sonderregeln bestehen. Sie ist anwendbar, soweit die folgenden Voraussetzungen zusammentreffen.

13   **A. Antrag.** Es muß sich auch hier nach der amtlichen Vorbemerkung 1.4.4 um ein solches Verfahren handeln, das nur auf Grund eines Antrags und nicht schon von Amts wegen stattfand. Es muß auch einen Antrag und nicht nur eine Anregung zur Vornahme einer Amtshandlung gegeben haben.

Eine *bloße Besprechung* mit dem Urkundsbeamten der Geschäftsstelle oder dem Rpfl oder dem Richter ist kein Antrag, sofern es nicht das Ergebnis der Besprechung in Form eines Antrags schriftlich oder zum Protokoll gibt. Die Abstandnahme von einer im Gespräch erwogenen Antragsstellung auf Grund eines Rats des Gerichts ist durchweg ein solcher Vorgang, der gar nicht zu einer Antragstellung geführt hat. Sie ist jedenfalls keine wirksame Antragsrücknahme nach Rn 14. Ein bloßer Hilfsantrag wird erst mit dem Eintritt seiner Bedingung zu einem Antrag, LG Ffm Rpfleger **00**, 517.

14   **B. Wirksamkeit der Rücknahme.** Der Antragsteller muß seinen Antrag nach § 22 I FamFG wirksam zurückgenommen haben. Die Rücknahme kann stillschweigend erfolgen, etwa im Nichtbeantworten einer gerichtlichen Anfrage, sofern nicht eine besondere Form erforderlich ist, etwa nach § 31 GBO. Es ist unerheblich, ob der Antrag zulässig war.

15   **C. Keine Entscheidung.** Die Antragsrücknahme muß vor dem Ablauf desjenigen Tages wirksam geworden sein, an dem das Gericht in diesem Verfahren eine zugehörige Entscheidung nach § 40 FamFG der Geschäftsstelle übermittelt oder ohne Beteiligung der Geschäftsstelle bekanntgegeben hat, BLAH § 329 ZPO Rn 26, 27. Der Richter als gleichzeitiger Protokollführer ist hier keine Geschäftsstelle.

16   **D. Gebührenpflichtigkeit des beantragten Geschäfts.** Die beantragte gerichtliche Handlung muß ihrerseits an sich gebührenpflichtig gewesen sein. Wenn sie von vornherein gebührenfrei war, ist auch die Rücknahme des zugrunde liegenden Antrags nach Rn 6 gebührenfrei.

17   **E. Gebühren bei voller Zurücknahme.** Hier entsteht eine 25%-Gebühr, mindestens 15 EUR, höchstens 250 EUR. Sie fällt auch bei der Löschung in mehreren Grundbüchern evtl nur einmal an, Hamm FGPrax **17**, 140.

18   **F. Gebühren bei teilweiser Rücknahme.** Hier entsteht ebenfalls eine 25%-Gebühr, mindestens 15 EUR, höchstens 250 EUR. Ein Unterschied zur vollen Rücknahme besteht insofern, als man einen geringeren Geschäftswert ansetzen muß. Im übrigen darf man die Gebühr nach diesem geringeren Geschäftswert nur insoweit erheben, als die Gebühr für die Erledigung des ganzen Antrags die Gebühr für die teilweise Erledigung übersteigt.

19   **G. Geschäftswert bei voller Zurücknahme.** Hier muß man als Geschäftswert der Wert des beantragten Geschäfts ansetzen. Man muß ihn evtl nach § 36 I schätzen.

20   **H. Geschäftswert bei teilweiser Zurücknahme.** Hier muß man als Geschäftswert den Wert des zurückgenommenen Teils ansetzen.

21   **5) Fälligkeit, Gebührenschuldner.** Die Fälligkeit richtet sich nach § 9 I. *Gebührenschuldner* ist man nach §§ 22 I, 27.

22   **6) Absehen von Kosten, amtliche Anmerkungen.** Die Vorschrift ist auch im Beschwerdeverfahren anwendbar, Köln FGPrax **11**, 142, Mü FamRZ **06**, 186. Sie ist ferner im nichtprozessualen WEG-Verfahren anwendbar, (zum alten Recht) BayObLG WoM **91**, 454.

A. Schuldlosigkeit. Sowohl bei einer vollen oder teilweisen Zurückweisung als auch bei einer vollen oder teilweisen Zurücknahme eines Antrags entstehen weder Gebühren noch Auslagen, soweit das Gericht im Rahmen eines pflichtgemäßen Ermessens zu dem Ergebnis kommt, daß der Antrag auf einer unverschuldeten Unkenntnis des Antragstellers oder seines Vertreters oder Bevollmächtigten oder Notars wegen der tatsächlichen oder rechtlichen Verhältnisse beruht, Hamm FGPrax 17, 140. Es ist dann unerheblich, ob die Zurückweisung wegen einer Unzulässigkeit oder Unbegründetheit erfolgt ist.

B. Entscheidung. Sobald das Gericht im Rahmen seines Ermessens zu den vorgenannten Ergebnissen gekommen ist, besteht kein weiteres Ermessen auch dazu, ob und in welchem Umfang das Gericht von der Kostenerhebung absehen darf. Das Wort „kann" in jeder der beiden amtlichen Anmerkungen bedeutet eben nur wie so oft eine Zuständigkeitsregelung, keinen weiteren Ermessensspielraum. Ein Ermessen besteht also nur insofern, als es um die Voraussetzungen der Nichterhebung geht, nämlich darum, ob die Unkenntnis unverschuldet war. Gerade diese Unterscheidung übersieht Köln FGPrax 11, 142. 23

Infolge der Verweisung in beiden amtlichen Anmerkungen gilt für das Verfahren: Das Gericht trifft die *Entscheidung*. Solange es nicht entschieden hat, kann im Verwaltungsweg eine Anordnung der Nichterhebung ergehen. Eine im Verwaltungsweg getroffene Anordnung ist nur im Verwaltungsweg abänderbar.

Eine Entscheidung nach einer der amtlichen Anmerkungen kann nur nachträglich und *nicht im voraus* erfolgen. Sie kann auch auf das Beschwerdeverfahren beschränkt ergehen. 24

Abschnitt 5. Rechtsmittel

(Amtliche) Vorbemerkung 1.4.5:
Sind für die Vornahme des Geschäfts Festgebühren bestimmt, richten sich die Gebühren im Rechtsmittelverfahren nach Hauptabschnitt 9.

Unterabschnitt 1. Beschwerde gegen die Endentscheidung wegen des Hauptgegenstands

Nr.	Gebührentatbestand	Gebühr oder Satz der Gebühr nach § 34 GNotKG – Tabelle B
14510	Verfahren im Allgemeinen: Soweit die Beschwerde verworfen oder zurückgewiesen wird	1,0 – höchstens 800,00 €
14511	Verfahren im Allgemeinen: Beendigung des gesamten Verfahrens ohne Endentscheidung .... Diese Gebühr ist auch zu erheben, wenn die Beschwerde vor Ablauf des Tages, an dem die Endentscheidung der Geschäftsstelle übermittelt wird, zurückgenommen wird.	0,5 – höchstens 400,00 €

Unterabschnitt 2. Rechtsbeschwerde gegen die Endentscheidung wegen des Hauptgegenstands

Nr.	Gebührentatbestand	Gebühr oder Satz der Gebühr nach § 34 GNotKG – Tabelle B
14520	Verfahren im Allgemeinen: Soweit die Rechtsbeschwerde verworfen oder zurückgewiesen wird	1,5 – höchstens 1200,00 €

Nr.	Gebührentatbestand	Gebühr oder Satz der Gebühr nach § 34 GNotKG – Tabelle B
14 521	Verfahren im Allgemeinen: Beendigung des gesamten Verfahrens durch Zurücknahme der Rechtsbeschwerde oder des Antrags, bevor die Schrift zur Begründung der Beschwerde bei Gericht eingegangen ist	0,5 – höchstens 400,00 €
14 522	Verfahren im Allgemeinen: Beendigung des gesamten Verfahrens durch Zurücknahme der Rechtsbeschwerde oder des Antrags vor Ablauf des Tages, an dem die Endentscheidung der Geschäftsstelle übermittelt wird, wenn nicht Nummer 14 521 erfüllt ist:	1,0 – höchstens 800,00 €

Unterabschnitt 3. Zulassung der Sprungrechtsbeschwerde gegen die Endentscheidung wegen des Hauptgegenstands

Nr.	Gebührentatbestand	Gebühr oder Satz der Gebühr nach § 34 GNotKG – Tabelle B
14 530	Verfahren über die Zulassung der Sprungrechtsbeschwerde: Soweit der Antrag abgelehnt wird:	0,5 – höchstens 400,00 €

Zu KVfG 14510–14530:

1 **1) Geltungsbereich.** Die Vorschriften entsprechen im Kern denjenigen in KVfG 11 200–11 400. Vgl daher jeweils dort. Unterschiedlich sind nur die Gebührenhöhen. Es gilt jeweils Tabelle B.

Hauptabschnitt 5. Übrige Angelegenheiten der freiwilligen Gerichtsbarkeit

Abschnitt 1. Verfahren vor dem Landwirtschaftsgericht und Pachtkreditsachen im Sinne des Pachtkreditgesetzes

(Amtliche) Vorbemerkung 1.5.1:

[I] [1]Für Erbscheinsverfahren durch das Landwirtschaftsgericht bestimmen sich die Gebühren nach Hauptabschnitt 2 Abschnitt 2, für die Entgegennahme der Erklärung eines Hoferben über die Wahl des Hofs gemäß § 9 Abs. 2 Satz 1 HöfeO nach Nummer 12 410. [2]Für die Entgegennahme der Ausschlagung des Anfalls des Hofs nach § 11 HöfeO wird keine Gebühr erhoben.

[II] Die nach Landesrecht für die Beanstandung eines Landpachtvertrags nach dem LPachtVG zuständige Landwirtschaftsbehörde und die Genehmigungsbehörde nach dem GrdstVG sowie deren übergeordnete Behörde und die Siedlungsbehörde sind von der Zahlung von Gerichtsgebühren befreit.

Unterabschnitt 1. Erster Rechtszug

(Amtliche) Vorbemerkung 1.5.1.1:

In gerichtlichen Verfahren aufgrund der Vorschriften des LPachtVG und der §§ 588, 590, 591, 593, 594d, 595 und 595a BGB werden keine Gebühren erhoben, wenn das Gericht feststellt, dass der Vertrag nicht zu beanstanden ist.

Nr.	Gebührentatbestand	Gebühr oder Satz der Gebühr nach § 34 GNotKG – Tabelle A
15 110	Verfahren 1. aufgrund der Vorschriften über die gerichtliche Zuweisung eines Betriebes (§ 1 Nr. 2 des Gesetzes über das gerichtliche Verfahren in Landwirtschaftssachen), 2. über Feststellungen nach § 11 Abs. 1 Buchstabe g HöfeVfO, 3. zur Regelung und Entscheidung der mit dem Hofübergang zusammenhängenden Fragen im Fall des § 14 Abs. 3 HöfeO, 4. über sonstige Anträge und Streitigkeiten nach § 18 Abs. 1 HöfeO und nach § 25 HöfeVfO und 5. Verfahren nach dem LwAnpG, soweit nach § 65 Abs. 2 LwAnpG die Vorschriften des Zweiten Abschnitts des Gesetzes über das gerichtliche Verfahren in Landwirtschaftssachen entsprechend anzuwenden sind	2,0
15 111	Beendigung des gesamten Verfahrens 1. ohne Endentscheidung, 2. durch Zurücknahme des Antrags vor Ablauf des Tages, an dem die Endentscheidung der Geschäftsstelle übermittelt wird, wenn die Entscheidung nicht bereits durch Verlesen der Entscheidungsformel bekannt gegeben worden ist: Die Gebühr 15 110 ermäßigt sich auf	1,0
15 112	Verfahren im Übrigen .... [1] Die Gebühr wird in Pachtkreditsachen erhoben für 1. jede Niederlegung eines Verpfändungsvertrages, 2. die Entgegennahme der Anzeige über die Abtretung der Forderung und 3. die Herausgabe des Verpfändungsvertrages. [2] Neben einer Gebühr für die Niederlegung wird eine Gebühr für die Erteilung einer Bescheinigung über die erfolgte Niederlegung nicht erhoben.	0,5

Bem. Anwendbar ist die Vorschrift bei § 11 I a HöfeVfO, Celle FamRZ **16**, 737, und bei § 17 III HöfeO, Hamm FGPrax **15**, 183, AG Kempen FamRZ **16**, 736. [1]

Unanwendbar ist KVfG 15 112 beim früheren § 3 I HöfeVfO, Celle FamRZ **17**, 1422, Hamm JB **17**, 30, und beim früheren § 18 HöfeVfO, Schlesw JB **16**, 478.

Unterabschnitt 2. Beschwerde gegen
die Endentscheidung wegen des Hauptgegenstands

Nr.	Gebührentatbestand	Gebühr oder Satz der Gebühr nach § 34 GNotKG – Tabelle A
15 120	Verfahren über die Beschwerde in den in Nummer 15 110 genannten Verfahren	3,0
15 121	Beendigung des gesamten Verfahrens durch Zurücknahme der Beschwerde oder des Antrags, bevor die Schrift zur Begründung der Beschwerde bei Gericht eingegangen ist: Die Gebühr 15 120 ermäßigt sich auf	0,5

Nr.	Gebührentatbestand	Gebühr oder Satz der Gebühr nach § 34 GNotKG – Tabelle A
15 122	Beendigung des gesamten Verfahrens ohne Endentscheidung, wenn nicht Nummer 15 121 erfüllt ist: Die Gebühr 15 120 ermäßigt sich auf .... I Wenn die Entscheidung nicht durch Verlesen der Entscheidungsformel bekannt gegeben worden ist, ermäßigt sich die Gebühr auch im Fall der Zurücknahme der Beschwerde oder des Antrags vor Ablauf des Tages, an dem die Endentscheidung der Geschäftsstelle übermittelt wird. II Eine Entscheidung über die Kosten steht der Ermäßigung nicht entgegen, wenn die Entscheidung einer zuvor mitgeteilten Einigung über die Kostentragung oder einer Kostenübernahmeerklärung folgt.	1,0
15 123	Verfahren über die Beschwerde in den in Nummer 15 112 genannten Verfahren	1,0
15 124	Beendigung des gesamten Verfahrens durch Zurücknahme der Beschwerde oder des Antrags, bevor die Schrift zur Begründung der Beschwerde bei Gericht eingegangen ist: Die Gebühr 15 123 ermäßigt sich auf	0,3
15 125	Beendigung des gesamten Verfahrens ohne Endentscheidung, wenn nicht Nummer 15 124 erfüllt ist: Die Gebühr 15 123 ermäßigt sich auf .... I Wenn die Entscheidung nicht durch Verlesen der Entscheidungsformel bekannt gegeben worden ist, ermäßigt sich die Gebühr auch im Fall der Zurücknahme der Beschwerde oder des Antrags vor Ablauf des Tages, an dem die Endentscheidung der Geschäftsstelle übermittelt wird. II Eine Entscheidung über die Kosten steht der Ermäßigung nicht entgegen, wenn die Entscheidung einer zuvor mitgeteilten Einigung über die Kostentragung oder einer Kostenübernahmeerklärung folgt.	0,5

Unterabschnitt 3. Rechtsbeschwerde gegen die Endentscheidung wegen des Hauptgegenstands

Nr.	Gebührentatbestand	Gebühr oder Satz der Gebühr nach § 34 GNotKG – Tabelle A
15 130	Verfahren über die Rechtsbeschwerde in den in Nummer 15 110 genannten Verfahren	4,0
15 131	Beendigung des gesamten Verfahrens durch Zurücknahme der Rechtsbeschwerde oder des Antrags, bevor die Schrift zur Begründung der Beschwerde bei Gericht eingegangen ist: Die Gebühr 15 130 ermäßigt sich auf	1,0
15 132	Beendigung des gesamten Verfahrens durch Zurücknahme der Rechtsbeschwerde oder des Antrags vor Ablauf des Tages, an dem die Endentscheidung der Geschäftsstelle übermittelt wird, wenn nicht Nummer 15 131 erfüllt ist: Die Gebühr 15 130 ermäßigt sich auf	2,0

Nr.	Gebührentatbestand	Gebühr oder Satz der Gebühr nach § 34 GNotKG – Tabelle A
15 133	Verfahren über die Rechtsbeschwerde in den in Nummer 15 112 genannten Verfahren	1,5
15 134	Beendigung des gesamten Verfahrens durch Zurücknahme der Rechtsbeschwerde oder des Antrags, bevor die Schrift zur Begründung der Beschwerde bei Gericht eingegangen ist: Die Gebühr 15 133 ermäßigt sich auf	0,5
15 135	Beendigung des gesamten Verfahrens durch Zurücknahme der Rechtsbeschwerde oder des Antrags vor Ablauf des Tages, an dem die Endentscheidung der Geschäftsstelle übermittelt wird, wenn nicht Nummer 15 134 erfüllt ist: Die Gebühr 15 133 ermäßigt sich auf	1,0

Unterabschnitt 4. Zulassung der Sprungrechtsbeschwerde gegen die Endentscheidung wegen des Hauptgegenstands

Nr.	Gebührentatbestand	Gebühr oder Satz der Gebühr nach § 34 GNotKG – Tabelle A
15 140	Verfahren über die Zulassung der Sprungrechtsbeschwerde in den in Nummer 15 110 genannten Verfahren: Soweit der Antrag abgelehnt wird:	1,0
15 141	Verfahren über die Zulassung der Sprungrechtsbeschwerde in den in Nummer 15 112 genannten Verfahren: Soweit der Antrag abgelehnt wird:	0,5

Zu KVfG 15120–15141:

Vorbem. KVfG 15 122, 15 125 jeweils amtliche Anmerkg I ergänzt dch Art 13 Z 10 w G v 29. 6. 15, BGBl 1042, in Kraft seit 4. 7. 15, Art 22 II G, ÜbergangsR § 134 GNotKG.

1) Geltungsbereich. Die Vorschriften entsprechen im Kern denjenigen in KVfG 11 200–11 400. Vgl daher jeweils dort. Unterschiedlich sind nur die Gebührenhöhen. Es gilt jeweils Tabelle A. 1

Abschnitt 2. Übrige Verfahren

(Amtliche) Vorbemerkung 1.5.2:
In Verfahren nach dem PStG werden Gebühren nur erhoben, wenn ein Antrag zurückgenommen oder zurückgewiesen wird.

Unterabschnitt 1. Erster Rechtszug

Nr.	Gebührentatbestand	Gebühr oder Satz der Gebühr nach § 34 GNotKG – Tabelle A
15 210	Verfahren nach dem 1. Verschollenheitsgesetz oder 2. TSG .... Die Verfahren nach § 9 Abs. 1 und 2 TSG gelten zusammen als ein Verfahren.	1,0

KVfG 15211

Nr.	Gebührentatbestand	Gebühr oder Satz der Gebühr nach § 34 GNotKG – Tabelle A
15 211	**Beendigung des gesamten Verfahrens** 1. ohne Endentscheidung oder 2. durch Zurücknahme des Antrags vor Ablauf des Tages, an dem die Endentscheidung der Geschäftsstelle übermittelt wird, wenn die Entscheidung nicht bereits durch Verlesen der Entscheidungsformel bekannt gegeben worden ist: Die Gebühr 15 210 ermäßigt sich auf	0,3

Zu KVfG 15210, 15211:

1 1) **Geltungsbereiche.** Die Regelungen sind vorrangig und eng auslegbar.

2 2) **Verschollenheitsgesetz, KVfG 15 210 Z 1**

VerschÄndG Art 2 § 6. In den Fällen der §§ 1, 2 und den entsprechenden Fällen des § 4 werden für das Verfahren vor dem Amtsgericht Gerichtskosten nicht erhoben.

A. **Kriegsverschollenheit.** Der oben abgedruckte Art 2 § 6 VerschÄndG geht als eine Sondervorschrift dem KVfG 15 210, 15 211 vor. Demgemäß besteht eine Gerichtskostenfreiheit, soweit es sich um eine Todeserklärung oder um die Feststellung der Todeszeit bei einem aus Anlaß des Kriegs 1939–1945 Verschollenen handelt. Es ist unerheblich, ob die Verschollenheit im Kriegsgebiet oder im Heimatgebiet eingetreten ist, ob der Verschollene am Krieg als Soldat teilgenommen hat oder ob er bei einem Luftangriff in der Heimat als Zivilist verschollen ist.

3 B. **Weitere Verschollenheit.** Die Vorschrift erfaßt auch eine Verschollenheit infolge der Gefangennahme oder infolge einer gegen die Person gerichteten solchen Zwangsmaßnahme, die sie an der freien Bestimmung ihres Aufenthaltsorts gehindert hatte. Daher besteht eine Gerichtskostenfreiheit auch bei einer Verschollenheit infolge einer nationalsozialistischen Verfolgung oder infolge einer Flucht vor dem Feind, infolge einer Gefangennahme oder Verhaftung durch eine Besatzungsbehörde, infolge einer Verlegung in ein Konzentrationslager oder Internierungslager und dergleichen, sofern das Vermißtsein vor dem 1. 7. 48 eingetreten ist.

In allen diesen Fällen entsteht nicht nur eine Gebührenfreiheit, sondern auch eine *Auslagenfreiheit.*

4 C. **Vereinte Nationen.** Eine Kostenfreiheit besteht ferner für ein Verfahren nach der Konvention der Vereinten Nationen vom 6. 4. 50. BGBl **55** II 706, und vom 25. 6. 58, BGBl II 165, vgl auch § 7 G vom 7. 7. 55, BGBl 401. Auch diese Vorschriften sind gegenüber KVfG 15 210, 15 211 vorrangige Sondervorschriften.

5 D. **Weitere Fälle.** Soweit nicht die in Rn 1–4 genannten Sonderregeln gelten, erfaßt I das Verfahren nach dem VerschG. Es findet ein Aufgebot nach §§ 433 ff FamFG statt. Es entstehen Gebühren für jedes Verfahren. Soweit ein Aufgebotsverfahren in ein Verfahren zur Feststellung der Todeszeit übergeht, muß man es als ein einheitliches Verfahren behandeln.

6 3) **TSG, KVfG 15 210 Z 2.** Das nach § 2 TSG örtlich und sachlich zuständige AG entscheidet sowohl über einen Antrag auf eine Änderung der Vornamen als auch über einen Antrag auf die Feststellung der Zugehörigkeit zum anderen Geschlecht und schließlich über die jeweilige etwa notwendigen Folgemaßnahmen wie zB Aufhebungen usw und über Zwischenmaßnahmen wie zB eine Vorabentscheidung nach § 9 TSG grundsätzlich im Verfahren nach §§ 410 ff FamFG, §§ 4 I, 6 II 1, 9 III 1 TSG.

7 4) **Gebührenhöhe.** Es entsteht jeweils nach der Tabelle A eine Verfahrensgebühr zur Abgeltung der gesamten Tätigkeit des Gerichts. Sie beträgt grundsätzlich 1,0 Gebühr, KVfG 15 210. Dabei gelten nach der dortigen amtlichen Anmerkung die Verfahren nach § 9 I und II TSG als nur ein Verfahren.

Kostenverzeichnis   **15211–15213 KVfG**

Ermäßigungen treten nach KVfG 15211 sowohl nach dort *Z 1* als auch nach dort *Z 2* ein. Es entsteht dann jeweils nur 0,3 Gebühr.

5) Geschäftswerte. Sie richten sich nach §§ 35 ff. 8

6) Fälligkeit, Gebührenschuldner. Die Fälligkeiten richten sich nach § 9 I. 9
Gebührenschuldner ist man jeweils nach §§ 22 I, 27.

Nr.	Gebührentatbestand	Gebühr oder Satz der Gebühr nach § 34 GNotKG – Tabelle A
15212	**Verfahren**	
	1. in weiteren Angelegenheiten der freiwilligen Gerichtsbarkeit (§ 410 FamFG), einschließlich Verfahren auf Abnahme einer nicht vor dem Vollstreckungsgericht zu erklärenden eidesstattlichen Versicherung, in denen § 260 BGB aufgrund bundesrechtlicher Vorschriften entsprechend anzuwenden ist, und Verfahren vor dem Nachlassgericht zur Abnahme der eidesstattlichen Versicherung nach § 2006 BGB,	
	2. nach § 84 Abs. 2, § 189 VVG,	
	3. in Aufgebotssachen (§ 433 FamFG),	
	4. in Freiheitsentziehungssachen (§ 415 FamFG),	
	5. nach dem PStG,	
	6. nach § 7 Abs. 3 ErbbauRG und	
	7. über die Bewilligung der öffentlichen Zustellung einer Willenserklärung und die Bewilligung der Kraftloserklärung von Vollmachten (§ 132 Abs. 2 und § 176 Abs. 2 BGB) sowie	
	Verteilungsverfahren nach den §§ 65, 119 BauGB; nach § 74 Nr. 3, § 75 FlurbG, § 94 BBergG, § 55 Bundesleistungsgesetz, § 8 der Verordnung über das Verfahren zur Festsetzung von Entschädigung und Härteausgleich nach dem Energiesicherungsgesetz und nach § 54 Landbeschaffungsgesetz	0,5
	ᴵ Die Bestellung des Verwahrers in den Fällen der §§ 432, 1217, 1281 und 2039 BGB sowie die Festsetzung der von ihm beanspruchten Vergütung und seiner Aufwendungen gelten zusammen als ein Verfahren.	
	ᴵᴵ Das Verfahren betreffend die Zahlungssperre (§ 480 FamFG) und ein anschließendes Aufgebotsverfahren sowie das Verfahren über die Aufhebung der Zahlungssperre (§ 482 FamFG) gelten zusammen als ein Verfahren.	
15213	**Verfahren über den Antrag auf Erlass einer Anordnung über die Zulässigkeit der Verwendung von Verkehrsdaten** nach	
	1. § 140b Abs. 9 des Patentgesetzes,	
	2. § 24b Abs. 9 GebrMG, auch in Verbindung mit § 9 Abs. 2 HalbISchG,	
	3. § 19 Abs. 9 MarkenG,	
	4. § 101 Abs. 9 des Urheberrechtsgesetzes,	
	5. § 46 Abs. 9 DesignG,	
	6. § 37b Abs. 9 des Sortenschutzgesetzes	200,00 €

KVfG 15213, Anh 15213, 15214, 15215 Kostenverzeichnis

1   **1) Geltungsbereich.** Die Vorschrift regelt vorrangig und eng auslegbar nur die in Z 1–6 abschließend genannten Fälle. Zu Z 4 BGH NJW **12**, 2958, Köln JB **13**, 96 (je: Offensichtlichkeit der Rechtsverletzung nötig), Köln JB **13**, 434 (evtl mehrere Anträge in demselben Schriftsatz), Mü JB **13**, 593 (evtl nur *eine* Festgebühr).

2   **2) Festgebühr.** Es entsteht in jedem selbständigen Verfahren nach Z 1–6 eine Festgebühr von 200 EUR. Ein Eilverfahren erbringt gesondert Gebühren. Karlsr GRUR-RR **12**, 230.

3   **3) Fälligkeit, Gebührenschuldner.** Die Fälligkeit richtet sich nach § 9 I. *Gebührenschuldner* ist man nach §§ 22 I, 27.

Anhang nach KVfG 15 213

Kosten im gerichtlichen Verfahren nach dem Gesetz über die Wahrnehmung von Urheberrechten und verwandten Schutzrechten

vom 9. 9. 1965, BGBl 1294, zuletzt geändert durch G vom 1. 10. 2013, BGBl 3728

1   **1) Geltungsbereich.** Die Wahrnehmung von Nutzungs-, Einwilligungsrechten und von Vergütungsansprüchen nach dem UrhG für Rechnung mehrerer Urheber oder Inhaber verwandter Schutzrechte zu gemeinsamer Auswertung erfolgt durch Verwertungsgesellschaften (juristische Personen oder Personengesellschaften). Geschieht das durch eine natürliche Person, so wird sie nach § 1 I, IV G ähnlich wie eine Verwertungsgesellschaft behandelt.
Die Verwertungsgesellschaft *muß* die zu ihrem Tätigkeitsbereich gehörenden Rechte und Ansprüche nach § 6 I G auf ein Verlangen der Berechtigten zu angemessenen Bedingungen wahrnehmen. Sie muß ferner nach § 11 I G auf Grund der von ihr wahrgenommenen Rechte jedermann auf sein Verlangen zu angemessenen Bedingungen Nutzungsrechte einräumen oder Einwilligungen erteilen. Sie muß schließlich nach § 12 G mit einer solchen Vereinigung, deren Mitglieder nach dem UrhG geschützte Werke oder Leistungen nutzen oder Vergütungen nach diesem Gesetz zahlen müssen, über die von ihr wahrgenommenen Rechte und Ansprüche Gesamtverträge zu angemessenen Bedingungen abschließen.

2   **2) Anrufung der Schiedsstelle.** Einigen sich die Beteiligten nicht über den Abschluß oder die Änderung eines Gesamtvertrags nach § 12 G oder eines Vertrags zwischen der Verwertungsgesellschaft und einem Sendeunternehmen über die von ihr wahrgenommenen Rechte und Ansprüche, kann jeder Beteiligte die Schiedsstelle nach § 14 I 1 G anrufen. Über diese und die im Schiedsverfahren entstehenden Kosten G vom 18. 12. 65, BGBl 2106, nebst VO vom 20. 12. 85, BGBl 2543, zuletzt geändert durch Art 4 LI KostRMoG v 5. 5. 04, BGBl 718, in Kraft seit 1. 7. 04, Art 8 S 1 des 1. KostRMoG, Übergangsrecht § 134 GNotKG.

Nr.	Gebührentatbestand	Gebühr oder Satz der Gebühr nach § 34 GNotKG – Tabelle B
15 214	Der Antrag wird zurückgenommen: Die Gebühr 15 213 ermäßigt sich auf	50,00 €
15 215	Verfahren nach § 46 IntErbRVG über die Authentizität einer Urkunde	60,00 €

Vorbem. Eingefügt dch Art 13 Z 10 o G v 29. 6. 15, BGBl 1042, in Kraft seit 17. 8. 15, Art 22 I G, ÜbergangsR § 134 GNotKG.

1   **1) Geltungsbereich.** Es geht um das Verfahren nach § 46 IntErbRVG. Dessen I behandelt Einwände gegen die Echtheit (Authentizität) einer deutschen öffentlichen

Urkunde nach Art 59 II VO (EU) Nr 650/2012 v 4. 7. 12, ABl (EU) L 201/107 v 27. 7. 12. Deren Art 59 II gibt den Gerichten des Ursprungsmitgliedstaats die Zuständigkeit über Einwände vorgenannter Art und macht deren Recht anwendbar. Demgemäß regelt § 46 IntErbRVG das deutsche Verfahren bei einer deutschen öffentlichen Urkunde nach §§ 415 ZPO und nennt insofern überflüssigerweise auch eine ohnehin zugehörige notarielle Urkunde und eine konsularische. Das Verfahren erfolgt nach dem FamFG. Es führt zu einem Beschluß für und gegen alle ohne Abänderungsmöglichkeit und mit Wirksamkeit ab formeller Rechtskraft. § 46 IntErbRVG regelt auch die Zuständigkeit.

2) **Gebührenhöhe.** Es entsteht für jedes Verfahren eine Festgebühr von 60 EUR. 2

3) **Fälligkeit, Gebührenschuldner.** Die Fälligkeit richtet sich nach § 9 I. 3
Gebührenschuldner ist man nach §§ 22 I, 27.

Unterabschnitt 2. Beschwerde gegen die Endentscheidung wegen des Hauptgegenstands

Nr.	Gebührentatbestand	Gebühr oder Satz der Gebühr nach § 34 GNotKG – Tabelle A
15 220	Verfahren über die Beschwerde in den in Nummer 15 210 genannten Verfahren	2,0
15 221	Beendigung des gesamten Verfahrens durch Zurücknahme der Beschwerde oder des Antrags, bevor die Schrift zur Begründung der Beschwerde bei Gericht eingegangen ist: Die Gebühr 15 220 ermäßigt sich auf	0,5
15 222	Beendigung des gesamten Verfahrens ohne Endentscheidung, wenn nicht Nummer 15 221 erfüllt ist: Die Gebühr 15 220 ermäßigt sich auf .... ¹ Wenn die Entscheidung nicht durch Verlesen der Entscheidungsformel bekannt gegeben worden ist, ermäßigt sich die Gebühr auch im Fall der Zurücknahme der Beschwerde oder des Antrags vor Ablauf des Tages, an dem die Endentscheidung der Geschäftsstelle übermittelt wird. ᴵᴵ Eine Entscheidung über die Kosten steht der Ermäßigung nicht entgegen, wenn die Entscheidung einer zuvor mitgeteilten Einigung über die Kostentragung oder einer Kostenübernahmeerklärung folgt.	1,0
15 223	Verfahren über die Beschwerde in den in Nummer 15 212 genannten Verfahren	1,0
15 224	Beendigung des gesamten Verfahrens ohne Endentscheidung: Die Gebühr 15 223 ermäßigt sich auf .... ¹ Wenn die Entscheidung nicht durch Verlesen der Entscheidungsformel bekannt gegeben worden ist, ermäßigt sich die Gebühr auch im Fall der Zurücknahme der Beschwerde oder des Antrags vor Ablauf des Tages, an dem die Endentscheidung der Geschäftsstelle übermittelt wird. ᴵᴵ Eine Entscheidung über die Kosten steht der Ermäßigung nicht entgegen, wenn die Entscheidung einer zuvor mitgeteilten Einigung über die Kostentragung oder einer Kostenübernahmeerklärung folgt.	0,5
15 225	Verfahren über die Beschwerde in den in Nummer 15 213 genannten Verfahren:	

Nr.	Gebührentatbestand	Gebühr oder Satz der Gebühr nach § 34 GNotKG – Tabelle A
	Die Beschwerde wird verworfen oder zurückgewiesen	200,00 €
	Wird die Beschwerde nur teilweise verworfen oder zurückgewiesen, kann das Gericht die Gebühr nach billigem Ermessen auf die Hälfte ermäßigen oder bestimmen, dass eine Gebühr nicht zu erheben ist.	
15 226	Verfahren über die Beschwerde in den in Nummer 15 213 genannten Verfahren: Beendigung des gesamten Verfahrens durch Zurücknahme der Beschwerde oder des Antrags, bevor die Schrift zur Begründung der Beschwerde bei Gericht eingegangen ist	100,00 €
15 227	Verfahren über die Beschwerde in den in Nummer 15 213 genannten Verfahren: Beendigung des gesamten Verfahrens durch Zurücknahme der Beschwerde oder des Antrags vor Ablauf des Tages, an dem die Endentscheidung der Geschäftsstelle übermittelt wird, wenn die Entscheidung nicht bereits durch Verlesen der Entscheidungsformel bekannt gegeben worden ist, oder wenn nicht Nummer 15 226 erfüllt ist	150,00 €

Unterabschnitt 3. Rechtsbeschwerde
gegen die Endentscheidung wegen des Hauptgegenstands

Nr.	Gebührentatbestand	Gebühr oder Satz der Gebühr nach § 34 GNotKG – Tabelle A
15 230	Verfahren über die Rechtsbeschwerde in den in Nummer 15 210 genannten Verfahren	3,0
15 231	Beendigung des gesamten Verfahrens durch Zurücknahme der Rechtsbeschwerde oder des Antrags, bevor die Schrift zur Begründung der Beschwerde bei Gericht eingegangen ist: Die Gebühr 15 230 ermäßigt sich auf	1,0
15 232	Beendigung des gesamten Verfahrens durch Zurücknahme der Rechtsbeschwerde oder des Antrags vor Ablauf des Tages, an dem die Endentscheidung der Geschäftsstelle übermittelt wird, wenn nicht Nummer 15 231 erfüllt ist: Die Gebühr 15 230 ermäßigt sich auf	2,0
15 233	Verfahren über die Rechtsbeschwerde in den in Nummer 15 212 genannten Verfahren	1,5
15 234	Beendigung des gesamten Verfahrens durch Zurücknahme der Rechtsbeschwerde oder des Antrags, bevor die Schrift zur Begründung der Beschwerde bei Gericht eingegangen ist: Die Gebühr 15 233 ermäßigt sich auf	0,5
15 235	Beendigung des gesamten Verfahrens durch Zurücknahme der Rechtsbeschwerde oder des Antrags vor Ablauf des Tages, an dem die Endentscheidung der Geschäftsstelle übermittelt wird, wenn nicht	

Nr.	Gebührentatbestand	Gebühr oder Satz der Gebühr nach § 34 GNotKG – Tabelle A
	Nummer 15 234 erfüllt ist: Die Gebühr 15 233 ermäßigt sich auf	1,0

Unterabschnitt 4. Zulassung der Sprungrechtsbeschwerde gegen die Endentscheidung wegen des Hauptgegenstands

Nr.	Gebührentatbestand	Gebühr oder Satz der Gebühr nach § 34 GNotKG – Tabelle A
15 240	Verfahren über die Zulassung der Sprungrechtsbeschwerde in den in Nummer 15 210 genannten Verfahren: Soweit der Antrag abgelehnt wird:	1,0
15 241	Verfahren über die Zulassung der Sprungrechtsbeschwerde in den in Nummer 15 212 genannten Verfahren: Soweit der Antrag abgelehnt wird:	0,5

Zu KVfG 15220–15241:

Vorbem. KVfG 15 222, 15 224 jeweils amtliche Anmerkg I ergänzt dch Art 13 Z 10 w G v 29. 6. 15, BGBl 1042, in Kraft seit 4. 7. 15, Art 22 II G, ÜbergangsR § 134 GNotKG.

1) Geltungsbereich. Die Vorschriften entsprechen im Kern denjenigen in KVfG 11 200–11 400. Vgl daher jeweils dort. Unterschiedlich sind nur die jeweiligen Gebührenhöhen. Es gilt jeweils Tabelle A. 1

Abschnitt 3. Übrige Verfahren vor dem Oberlandesgericht

(Amtliche) Vorbemerkung 1.5.3:
Dieser Abschnitt gilt für Verfahren über die Anfechtung von Justizverwaltungsakten nach den §§ 23 bis 29 des Einführungsgesetzes zum Gerichtsverfassungsgesetz und Verfahren nach § 138 Abs. 2 des Urheberrechtsgesetzes.

Nr.	Gebührentatbestand	Gebühr oder Satz der Gebühr nach § 34 GNotKG – Tabelle A
15 300	Verfahrensgebühr: – der Antrag wird zurückgenommen	0,5
15 301	– der Antrag wird zurückgewiesen	1,0

Hauptabschnitt 6. Einstweiliger Rechtsschutz

(Amtliche) Vorbemerkung 1.6:
Im Verfahren über den Erlass einer einstweiligen Anordnung und über deren Aufhebung oder Änderung werden die Gebühren nur einmal erhoben.

Abschnitt 1. Verfahren, wenn in der Hauptsache die Tabelle A anzuwenden ist

(Amtliche) Vorbemerkung 1.6.1:
In Betreuungssachen werden von dem Betroffenen Gebühren nur unter den in Vorbemerkung 1.1 Abs. 1 genannten Voraussetzungen erhoben.

Unterabschnitt 1. Erster Rechtszug

Nr.	Gebührentatbestand	Gebühr oder Satz der Gebühr nach § 34 GNotKG – Tabelle A
16110	Verfahren im Allgemeinen, wenn die Verfahrensgebühr für den ersten Rechtszug in der Hauptsache weniger als 2,0 betragen würde	0,3
	^I Die Gebühr entsteht nicht für Verfahren, die in den Rahmen einer bestehenden Betreuung oder Pflegschaft fallen, auch wenn nur ein vorläufiger Betreuer bestellt ist.	
	^{II} ¹Die Gebühr entsteht ferner nicht, wenn das Verfahren mit der Bestellung eines vorläufigen Betreuers endet. ²In diesem Fall entstehen Gebühren nach Hauptabschnitt 1 Abschnitt 1 wie nach der Bestellung eines nicht nur vorläufigen Betreuers.	
16111	Die Gebühr für die Hauptsache würde 2,0 betragen: Die Gebühr 16110 beträgt	1,5
16112	Beendigung des gesamten Verfahrens im Fall der Nummer 16111 ohne Endentscheidung: Die Gebühr 16111 ermäßigt sich auf	0,5
	^I Wenn die Entscheidung nicht durch Verlesen der Entscheidungsformel bekannt gegeben worden ist, ermäßigt sich die Gebühr auch im Fall der Zurücknahme des Antrags vor Ablauf des Tages, an dem die Endentscheidung der Geschäftsstelle übermittelt wird.	
	^{II} Eine Entscheidung über die Kosten steht der Ermäßigung nicht entgegen, wenn die Entscheidung einer zuvor mitgeteilten Einigung über die Kostentragung oder einer Kostenübernahmeerklärung folgt.	

1 **1) Geltungsbereich.** Die Unterscheidung zwischen Abschnitt 1 und Abschnitt 2 besteht nur darin, daß die jeweilige Gebührenhöhe davon abhängt, ob in einer zugehörigen Hauptsache Tabelle A oder B anwendbar ist oder wäre. Im übrigen stimmen Abschnitte 1 und 2 praktisch wörtlich überein.

2 *Im übrigen* entsprechen die Vorschriften im Kern denjenigen in KVFam 1410, 1420, 1421. Vgl daher dort. Unterschiedlich sind nur die Gebührenhöhen. Wegen der jeweils im Ausgang maßgeblichen Tabelle vgl Rn 1.

Unterabschnitt 2. Beschwerde gegen die Endentscheidung wegen des Hauptgegenstands

Nr.	Gebührentatbestand	Gebühr oder Satz der Gebühr nach § 34 GNotKG – Tabelle A
16 120	Verfahren im Allgemeinen, wenn sich die Gebühr für den ersten Rechtszug nach Nummer 16 110 bestimmt	0,5
16 121	Verfahren im Allgemeinen, wenn sich die Gebühr für den ersten Rechtszug nach Nummer 16 111 bestimmt	2,0
16 122	Beendigung des gesamten Verfahrens im Fall der Nummer 16 120 ohne Endentscheidung: Die Gebühr 16 120 ermäßigt sich auf	0,3
	I Wenn die Entscheidung nicht durch Verlesen der Entscheidungsformel bekannt gegeben worden ist, ermäßigt sich die Gebühr auch im Fall der Zurücknahme der Beschwerde oder des Antrags vor Ablauf des Tages, an dem die Endentscheidung der Geschäftsstelle übermittelt wird.	
	II Eine Entscheidung über die Kosten steht der Ermäßigung nicht entgegen, wenn die Entscheidung einer zuvor mitgeteilten Einigung über die Kostentragung oder einer Kostenübernahmeerklärung folgt.	
16 123	Beendigung des gesamten Verfahrens im Fall der Nummer 16 121 durch Zurücknahme der Beschwerde oder des Antrags, bevor die Schrift zur Begründung der Beschwerde bei Gericht eingegangen ist: Die Gebühr 16 121 ermäßigt sich auf	0,5
16 124	Beendigung des gesamten Verfahrens im Fall der Nummer 16 121 ohne Endentscheidung, wenn nicht Nummer 16 123 erfüllt ist: Die Gebühr 16 121 ermäßigt sich auf	1,0
	I Wenn die Entscheidung nicht durch Verlesen der Entscheidungsformel bekannt gegeben worden ist, ermäßigt sich die Gebühr auch im Fall der Zurücknahme der Beschwerde oder des Antrags vor Ablauf des Tages, an dem die Endentscheidung der Geschäftsstelle übermittelt wird.	
	II Eine Entscheidung über die Kosten steht der Ermäßigung nicht entgegen, wenn die Entscheidung einer zuvor mitgeteilten Einigung über die Kostentragung oder einer Kostenübernahmeerklärung folgt.	

Zu KVfG 16120–16124:

Vorbem. KVfG 16 122, 16 124 jeweils amtliche Anmerkg I ergänzt dch Art 13 Z 10 w G v 29. 6. 15, BGBl 1042, in Kraft seit 4. 7. 15, Art 22 II G, ÜbergangsR § 134 GNotKG.

1) Geltungsbereich. Die Vorschriften entsprechen im Kern denjenigen in KVfG 11 200–11 400. Vgl daher jeweils dort. Unterschiedlich sind nur die jeweiligen Gebührenhöhen. Es gilt jeweils Tabelle A. **1**

KVfG Vorb 1.6.2, 16210–16222

Abschnitt 2. Verfahren, wenn in der Hauptsache die Tabelle B anzuwenden ist

(Amtliche) Vorbemerkung 1.6.2:
Die Vorschriften dieses Abschnitts gelten auch für Verfahren über die Aussetzung der Wirkungen eines Europäischen Nachlasszeugnisses.

Vorbem. Eingefügt dch Art 13 Z 10p G v 29. 6. 15, BGBl 1042, in Kraft seit 17. 8. 15, Art 22 I G, ÜbergangsR § 134 GNotKG.

Unterabschnitt 1. Erster Rechtszug

Nr.	Gebührentatbestand	Gebühr oder Satz der Gebühr nach § 34 GNotKG – Tabelle B
16 210	Verfahren im Allgemeinen, wenn die Verfahrensgebühr für den ersten Rechtszug in der Hauptsache weniger als 2,0 betragen würde	0,3
16 211	Die Gebühr für die Hauptsache würde 2,0 betragen: Die Gebühr 16 210 beträgt	1,5
16 212	Beendigung des gesamten Verfahrens im Fall der Nummer 16 211 ohne Endentscheidung: Die Gebühr 16 211 ermäßigt sich auf	0,5
	I Wenn die Entscheidung nicht durch Verlesen der Entscheidungsformel bekannt gegeben worden ist, ermäßigt sich die Gebühr auch im Fall der Zurücknahme des Antrags vor Ablauf des Tages, an dem die Endentscheidung der Geschäftsstelle übermittelt wird.	
	II Eine Entscheidung über die Kosten steht der Ermäßigung nicht entgegen, wenn die Entscheidung einer zuvor mitgeteilten Einigung über die Kostentragung oder einer Kostenübernahmeerklärung folgt.	

Zu KVfG 16210–16212:

1 **1) Geltungsbereich.** Die Vorschriften stimmen praktisch wörtlich mit KVfG 16110–16112 überein. Vgl daher dort.

Unterabschnitt 2. Beschwerde gegen die Endentscheidung wegen des Hauptgegenstands

Nr.	Gebührentatbestand	Gebühr oder Satz der Gebühr nach § 34 GNotKG – Tabelle B
16 220	Verfahren im Allgemeinen, wenn sich die Gebühr für den ersten Rechtszug nach Nummer 16 210 bestimmt	0,5
16 221	Verfahren im Allgemeinen, wenn sich die Gebühr für den ersten Rechtszug nach Nummer 16 211 bestimmt	2,0
16 222	Beendigung des gesamten Verfahrens im Fall der Nummer 16 220 ohne Endentscheidung: Die Gebühr 16 220 ermäßigt sich auf	0,3
	I Wenn die Entscheidung nicht durch Verlesen der Entscheidungsformel bekannt gegeben worden ist, ermäßigt sich die Gebühr auch im Fall der Zurücknahme der Beschwerde oder des Antrags vor Ablauf des Tages,	

Nr.	Gebührentatbestand	Gebühr oder Satz der Gebühr nach § 34 GNotKG – Tabelle B
	an dem die Endentscheidung der Geschäftsstelle übermittelt wird. II Eine Entscheidung über die Kosten steht der Ermäßigung nicht entgegen, wenn die Entscheidung einer zuvor mitgeteilten Einigung über die Kostentragung oder einer Kostenübernahmeerklärung folgt.	
16 223	Beendigung des gesamten Verfahrens im Fall der Nummer 16 221 durch Zurücknahme der Beschwerde oder des Antrags, bevor die Schrift zur Begründung der Beschwerde bei Gericht eingegangen ist: Die Gebühr 16 221 ermäßigt sich auf	0,5
16 224	Beendigung des gesamten Verfahrens im Fall der Nummer 16 221 ohne Endentscheidung, wenn nicht Nummer 16 223 erfüllt ist: Die Gebühr 16 221 ermäßigt sich auf	1,0
	I Wenn die Entscheidung nicht durch Verlesen der Entscheidungsformel bekannt gegeben worden ist, ermäßigt sich die Gebühr auch im Fall der Zurücknahme der Beschwerde oder des Antrags vor Ablauf des Tages, an dem die Endentscheidung der Geschäftsstelle übermittelt wird. II Eine Entscheidung über die Kosten steht der Ermäßigung nicht entgegen, wenn die Entscheidung einer zuvor mitgeteilten Einigung über die Kostentragung oder einer Kostenübernahmeerklärung folgt.	

Zu KVfG 16220–16224:

Vorbem. KVfG 16 222, 16 224 jeweils amtliche Anmerkg I ergänzt dch Art 13 Z 10 w G v 29. 6. 15, BGBl 1042, in Kraft seit 4. 7. 15, Art 22 II G, ÜbergangsR § 134 GNotKG.

1) Geltungsbereich. Die Vorschriften entsprechen im Kern denjenigen in KVfG 11 200–11 400. Vgl daher jeweils dort. Unterschiedlich sind nur die jeweiligen Gebührenhöhen. Es gilt jeweils Tabelle B.

Hauptabschnitt 7. Besondere Gebühren

Nr.	Gebührentatbestand	Gebühr oder Satz der Gebühr nach § 34 GNotKG – Tabelle A
	Erteilung von Ausdrucken oder Fertigung von Kopien aus einem Register oder aus dem Grundbuch auf Antrag oder deren beantragte Ergänzung oder Bestätigung:	
17 000	– Ausdruck oder unbeglaubigte Kopie	10,00 €
17 001	– amtlicher Ausdruck oder beglaubigte Kopie	20,00 €
	Neben den Gebühren 17 000 und 17 001 wird keine Dokumentenpauschale erhoben. Anstelle eines Ausdrucks wird in den Fällen der Nummern 17 000 und 17 001 die elektronische Übermittlung einer Datei beantragt:	
17 002	– unbeglaubigte Datei	5,00 €

KVfG 17003, 17004

Nr.	Gebührentatbestand	Gebühr oder Satz der Gebühr nach § 34 GNotKG – Tabelle A
17 003	– beglaubigte Datei .... ¹Werden zwei elektronische Dateien gleichen Inhalts in unterschiedlichen Dateiformaten gleichzeitig übermittelt, wird die Gebühr 17 002 oder 17 003 nur einmal erhoben. ²Sind beide Gebührentatbestände erfüllt, wird die höhere Gebühr erhoben.	10,00 €

Zu KVfG 17000–17003:

Schrifttum: *Böhringer* Rpfleger **14**, 404 (Üb).

1 **1) Geltungsbereich.** Die Regelung verstößt wohl nicht gegen Europarecht, LG Cottbus JB 00, 540 (krit Waldner). Jedes Grundbuchblatt ist „Grundbuch", §§ 3, 4 GBO. Jede Erteilung (Hinausgabe) und nicht nur Anfertigung einer Kopie auch nur eines Blatteils zählt gesondert. Jede Bestätigung oder Ergänzung zählt ebenfalls gesondert, unabhängig vom Umfang.

2 **2) Festgebühr.** Eine antragsgemäße unbeglaubigte Kopie oder ein einfacher Ausdruck aus einem Register oder Grundbuch oder deren Ergänzung oder Bestätigung kosten unabhängig vom Umfang 10 EUR, KVfG 17000. Für jede beglaubigte Kopie oder für den ihr nach § 131 RegVBG gleichstehenden amtlichen Ausdruck oder deren Ergänzung oder Bestätigung entsteht die Festgebühr von 20 EUR, KVfG 17001. Das gilt unabhängig vom Umfang und für jede Beglaubigung. Das Grundbuchamt oder Registergericht muß den vorgenannten amtlichen Ausdruck nach § 133 RegVBG als solchen bezeichnen und mit einem Dienstsiegel oder -stempel versehen. Neben der jeweiligen Festgebühr entsteht keine Dokumentenpauschale, KVfG 17001 amtliche Anmerkung. Bei einer gleichzeitigen Erteilung mehrerer gleichlautender beglaubigter Kopien oder Ausdrucke entsteht keine Ermäßigung mehr.
Nicht hierher gehören zB: Die Kopie oder der Ausdruck eines geschlossenen Grundbuchs, eines Antrags, eines Teils der Grundakten oder einer sonstigen Urkunde oder eines Grundpfandbriefs oder eines Grundstück- oder Eigentümerverzeichnisses, auch nicht eine Grundbucheinsicht.
Bei *elektronischer Dateiübermittlung* entstehen statt 10 EUR nur 5 EUR, KVfG 17002, und statt 20 EUR nur 10 EUR, KVfG 17003. Die amtliche Anmerkung hinter KVfG bringt weitere eng auslegbare Besonderheiten.

3 **3) Fälligkeit, Gebührenschuldner.** Die Fälligkeit richtet sich jeweils nach §§ 7 (elektronische Übermittlung), § 9 I.
Gebührenschuldner ist man nach §§ 22, 27.

Nr.	Gebührentatbestand	Gebühr oder Satz der Gebühr nach § 34 GNotKG – Tabelle A
17 004	Erteilung 1. eines Zeugnisses des Grundbuchamts, 2. einer Bescheinigung aus einem Register, 3. einer beglaubigten Abschrift des Verpfändungsvertrags nach § 16 Abs. 1 Satz 3 des Pachtkreditgesetzes oder 4. einer Bescheinigung nach § 16 Abs. 2 des Pachtkreditgesetzes	20,00 €

1 **1) Geltungsbereich.** Die Vorschrift ist eine vorrangige eng auslegbare Spezialregelung. „Erteilung" meint die Hinausgabe und nicht schon die zugehörige Vorbereitung. Diese ist aber natürlich in der Erteilungsvergütung mitenthalten.

A. Zeugnis, Z 1. Es geht um jede solche Urkunde bei jedem Grundbuchamtsvorgang. Die Erteilung mag von Amts wegen oder auf Antrag erfolgen. Jedes selbständige Zeugnis zählt extra, auch bei demselben Grundbuchvorgang. Auch ein wiederholtes Zeugnis zählt gesondert.

B. Registerbescheinigung, Z 2. Es gilt bei jeder Art von amtlichem Register. 2
Im übrigen gelten dieselben Regeln wie bei Rn 2.

C. Pachtkreditgesetz, Z 3, 4. Beide Fälle stehen selbständig nebeneinander. 3

2) Festgebühr. Es entsteht jeweils eine Festgebühr von 20 EUR, also je Zeugnis 4
oder Bescheinigung oder Kopie. Hier ergibt sich bei Elektronik keine Ermäßigung.

3) Fälligkeit, Gebührenschuldner. Die Fälligkeit richtet sich nach § 9 I. 5
Gebührenschuldner ist man nach §§ 22 I, 27.

Nr.	Gebührentatbestand	Gebühr oder Satz der Gebühr nach § 34 GNotKG – Tabelle A
17 005	Abschluss eines gerichtlichen Vergleichs: Soweit ein Vergleich über nicht gerichtlich anhängige Gegenstände geschlossen wird	0,25
	¹Die Gebühr entsteht nicht im Verfahren über die Prozess- oder Verfahrenskostenhilfe. ²Im Verhältnis zur Gebühr für das Verfahren im Allgemeinen ist § 56 Abs. 3 GNotKG entsprechend anzuwenden.	

1) Geltungsbereich. Die Vorschrift stimmt in dem Haupttext und in der amtlichen Anmerkung S 1 wörtlich mit KV 1900 überein. Vgl daher insofern dort, Teil I A dieses Buchs. Wegen der Verweisung in der amtlichen Anmerkung S 2 auf § 56 III vgl dort.

Nr.	Gebührentatbestand	Gebühr oder Satz der Gebühr nach § 34 GNotKG – Tabelle A
17 006	Anordnung von Zwangsmaßnahmen durch Beschluss nach § 35 FamFG: je Anordnung	20,00 €

1) Geltungsbereich. Es handelt sich um eine vorrangige eng auslegbare Spezialregelung, BayObLG NJW **99**, 297. Es geht um § 35 FamFG, also um eine Registersache nach §§ 374 ff FamFG und um die Durchsetzung einer Verpflichtung zur Vornahme oder Unterlassung einer Handlung, und nur um diesen Bereich. Nötig ist ein Anordnungsbeschluß.

2) Festgebühr. Es entsteht je Anordnungsbeschluß eine Festgebühr von 20 EUR. 2
Sie ist eine Aktgebühr, kann also zu einer vorangehenden Verfahrensgebühr evtl hinzutreten.

3) Fälligkeit, Gebührenschuldner. Die Fälligkeit richtet sich nach § 9 I Z 1. 3
Gebührenschuldner ist man nach § 27 Z 1.

Hauptabschnitt 8. Vollstreckung

(Amtliche) Vorbemerkung 1.8:
¹Die Vorschriften dieses Hauptabschnitts gelten für die Vollstreckung nach Buch 1 Abschnitt 8 des FamFG. ²Für Handlungen durch das Vollstreckungsgericht werden Gebühren nach dem GKG erhoben.

KVfG 18000–18004, 19110, 19111

Nr.	Gebührentatbestand	Gebühr oder Satz der Gebühr nach § 34 GNotKG – Tabelle B
18 000	Verfahren über die Erteilung einer vollstreckbaren Ausfertigung einer notariellen Urkunde, wenn der Eintritt einer Tatsache oder einer Rechtsnachfolge zu prüfen ist (§§ 726 bis 729 ZPO)	0,5
18 001	Verfahren über den Antrag auf Erteilung einer weiteren vollstreckbaren Ausfertigung (§ 733 ZPO)	20,00 €
	Die Gebühr wird für jede weitere vollstreckbare Ausfertigung gesondert erhoben.	
18 002	Anordnung der Vornahme einer vertretbaren Handlung durch einen Dritten	20,00 €
18 003	Anordnung von Zwangs- oder Ordnungsmitteln: je Anordnung	20,00 €
	[1] Mehrere Anordnungen gelten als eine Anordnung, wenn sie dieselbe Verpflichtung betreffen. [2] Dies gilt nicht, wenn Gegenstand der Verpflichtung die wiederholte Vornahme einer Handlung oder eine Unterlassung ist.	
18 004	Verfahren zur Abnahme einer eidesstattlichen Versicherung (§ 94 FamFG)	35,00 €
	Die Gebühr entsteht mit der Anordnung des Gerichts, dass der Verpflichtete eine eidesstattliche Versicherung abzugeben hat, oder mit dem Eingang des Antrags des Berechtigten.	

Zu KVfG 18000–18004:

1 **1) Geltungsbereich.** Die Vorschriften entsprechen im wesentlichen denjenigen in KVFam 1600–1603 und den dort in der Kommentierung im übrigen in Bezug genommenen Vorschriften des KV 2110–2114. Vgl daher jeweils dort. Unterschiedlich sind nur die Gebührenhöhen. Bei KVfG 18000 gilt Tabelle B.

Hauptabschnitt 9. Rechtsmittel im Übrigen und Rüge wegen Verletzung des Anspruchs auf rechtliches Gehör

Abschnitt 1. Rechtsmittel im Übrigen

Unterabschnitt 1. Sonstige Beschwerden

Nr.	Gebührentatbestand	Gebühr oder Satz der Gebühr nach § 34 GNotKG – Tabelle B
19 110	Verfahren über die Beschwerde in den Fällen des § 129 GNotKG und des § 372 Abs. 1 FamFG	90,00 €
19 111	Beendigung des gesamten Verfahrens ohne Endentscheidung: Die Gebühr 19 110 ermäßigt sich auf	60,00 €
	[1] Wenn die Entscheidung nicht durch Verlesen der Entscheidungsformel bekannt gegeben worden ist, ermäßigt sich die Gebühr auch im Fall der Zurücknahme der Beschwerde oder des Antrags vor Ablauf des Tages, an dem die Endentscheidung der Geschäftsstelle übermittelt wird.	

Kostenverzeichnis **19111–19116 KVfG**

Nr.	Gebührentatbestand	Gebühr oder Satz der Gebühr nach § 34 GNotKG – Tabelle B
	II Eine Entscheidung über die Kosten steht der Ermäßigung nicht entgegen, wenn die Entscheidung einer zuvor mitgeteilten Einigung über die Kostentragung oder einer Kostenübernahmeerklärung folgt.	

Zu KVfG 19110, 19111:

Vorbem. KVfG 19111 amtliche Anmerkg I ergänzt dch Art 13 Z 10 w G v 29. 6. 15, BGBl 1042, in Kraft seit 4. 7. 15, Art 22 II G, ÜbergangsR § 134 GNotKG.

Nr.	Gebührentatbestand	Gebühr oder Satz der Gebühr nach § 34 GNotKG – Tabelle B
19112	Verfahren über die Beschwerde gegen Entscheidungen, die sich auf Tätigkeiten des Registergerichts beziehen, für die Gebühren nach der HRegGebV zu erheben sind: Die Beschwerde wird verworfen oder zurückgewiesen .... Wird die Beschwerde nur wegen eines Teils der Anmeldung verworfen oder zurückgewiesen, ist für die Höhe der Gebühr die für die Eintragung nur dieses Teils der Anmeldung vorgesehene Gebühr maßgebend.	3,5 der Gebühr für die Eintragung nach der HReg-GebV
19113	Verfahren über die in Nummer 19112 genannte Beschwerde: Beendigung des gesamten Verfahrens durch Zurücknahme der Beschwerde oder des Antrags, bevor die Schrift zur Begründung der Beschwerde bei Gericht eingegangen ist	0,5 der Gebühr für die Eintragung nach der HReg-GebV
19114	Verfahren über die in Nummer 19112 genannte Beschwerde: Beendigung des gesamten Verfahrens ohne Endentscheidung, wenn nicht Nummer 19113 erfüllt ist ... Diese Gebühr ist auch zu erheben, wenn die Entscheidung nicht durch Verlesen der Entscheidungsformel bekannt gegeben worden ist, die Beschwerde jedoch vor Ablauf des Tages zurückgenommen wird, an dem die Endentscheidung der Geschäftsstelle übermittelt wird.	1,5 der Gebühr für die Eintragung nach der HReg-GebV
19115	Verfahren über die Beschwerde nach § 335a Abs. 1 HGB: Die Beschwerde wird verworfen oder zurückgewiesen .... Wird die Beschwerde nur teilweise verworfen oder zurückgewiesen, kann das Gericht die Gebühr nach billigem Ermessen auf die Hälfte ermäßigen oder bestimmen, dass eine Gebühr nicht zu erheben ist.	150,00 €
19116	Verfahren über eine nicht besonders aufgeführte Beschwerde, die nicht nach anderen Vorschriften gebührenfrei ist:	

Nr.	Gebührentatbestand	Gebühr oder Satz der Gebühr nach § 34 GNotKG – Tabelle B
	Die Beschwerde wird verworfen oder zurückgewiesen	60,00 €
	Wird die Beschwerde nur teilweise verworfen oder zurückgewiesen, kann das Gericht die Gebühr nach billigem Ermessen auf die Hälfte ermäßigen oder bestimmen, dass eine Gebühr nicht zu erheben ist.	

Unterabschnitt 2. Sonstige Rechtsbeschwerden

Nr.	Gebührentatbestand	Gebühr oder Satz der Gebühr nach § 34 GNotKG – Tabelle B
19 120	Verfahren über die Rechtsbeschwerde in den Fällen des § 129 GNotKG und des § 372 Abs. 1 FamFG	180,00 €
19 121	Beendigung des gesamten Verfahrens durch Zurücknahme der Rechtsbeschwerde oder des Antrags, bevor die Schrift zur Begründung der Rechtsbeschwerde bei Gericht eingegangen ist: Die Gebühr 19 120 ermäßigt sich auf	60,00 €
19 122	Beendigung des gesamten Verfahrens durch Zurücknahme der Rechtsbeschwerde oder des Antrags vor Ablauf des Tages, an dem die Endentscheidung der Geschäftsstelle übermittelt wird, wenn nicht Nummer 19 121 erfüllt ist: Die Gebühr 19 120 ermäßigt sich auf	90,00 €
19 123	Verfahren über die Rechtsbeschwerde gegen Entscheidungen, die sich auf Tätigkeiten des Registergerichts beziehen, für die Gebühren nach der HRegGebV zu erheben sind: Die Rechtsbeschwerde wird verworfen oder zurückgewiesen .... Wird die Rechtsbeschwerde nur wegen eines Teils der Anmeldung verworfen oder zurückgewiesen, bestimmt sich die Höhe der Gebühr nach der Gebühr für die Eintragung nur dieses Teils der Anmeldung.	5,0 der Gebühr für die Eintragung nach der HRegGebV
19 124	Verfahren über die in Nummer 19 123 genannte Rechtsbeschwerde: Beendigung des gesamten Verfahrens durch Zurücknahme der Rechtsbeschwerde oder des Antrags, bevor die Schrift zur Begründung der Beschwerde bei Gericht eingegangen ist	1,0 der Gebühr für die Eintragung nach der HRegGebV
19 125	Verfahren über die in Nummer 19 123 genannte Rechtsbeschwerde: Beendigung des gesamten Verfahrens durch Zurücknahme der Rechtsbeschwerde oder des Antrags vor Ablauf des Tages, an dem die Endentscheidung	

Nr.	Gebührentatbestand	Gebühr oder Satz der Gebühr nach § 34 GNotKG – Tabelle B
	der Geschäftsstelle übermittelt wird, wenn nicht Nummer 19 124 erfüllt ist	2,5 der Gebühr für die Eintragung nach der HReg-GebV
19 126	Verfahren über die Rechtsbeschwerde in den Fällen des § 335 a Abs. 3 HGB: Die Rechtsbeschwerde wird verworfen oder zurückgewiesen	300,00 €
	Wird die Rechtsbeschwerde nur teilweise verworfen oder zurückgewiesen, kann das Gericht die Gebühr nach billigem Ermessen auf die Hälfte ermäßigen oder bestimmen, dass eine Gebühr nicht zu erheben ist.	
19 127	Verfahren über die in Nummer 19 126 genannte Rechtsbeschwerde: Beendigung des gesamten Verfahrens durch Zurücknahme der Rechtsbeschwerde oder des Antrags vor Ablauf des Tages, an dem die Endentscheidung der Geschäftsstelle übermittelt wird	150,00 €
19 128	Verfahren über eine nicht besonders aufgeführte Rechtsbeschwerde, die nicht nach anderen Vorschriften gebührenfrei ist: Die Rechtsbeschwerde wird verworfen oder zurückgewiesen	120,00 €
	Wird die Rechtsbeschwerde nur teilweise verworfen oder zurückgewiesen, kann das Gericht die Gebühr nach billigem Ermessen auf die Hälfte ermäßigen oder bestimmen, dass eine Gebühr nicht zu erheben ist.	
19 129	Verfahren über die in Nummer 19 128 genannte Rechtsbeschwerde: Beendigung des gesamten Verfahrens durch Zurücknahme der Rechtsbeschwerde oder des Antrags vor Ablauf des Tages, an dem die Endentscheidung der Geschäftsstelle übermittelt wird	60,00 €

Zu KVfG 19 120–19 129:

Vorbem. KVfG 19 121 ergänzt dch Art 13 Z 10 q G v 29. 6. 15, BGBl 1042, in Kraft seit 4. 7. 15, Art 22 II G, ÜbergangsR § 134 GNotKG.

Unterabschnitt 3. Zulassung der Sprungrechtsbeschwerde in sonstigen Fällen

Nr.	Gebührentatbestand	Gebühr oder Satz der Gebühr nach § 34 GNotKG – Tabelle B
19 130	Verfahren über die Zulassung der Sprungrechtsbeschwerde in den nicht besonders aufgeführten Fällen: Der Antrag wird abgelehnt	60,00 €

1) Geltungsbereich. Die Vorschriften entsprechen im übrigen im Kern denjenigen in KVfG 11 200–11 400. Vgl daher jeweils dort. Unterschiedlich sind nur die **1**

jeweiligen Gebührenhöhen. Es gilt bei den Wertgebühren jeweils Tabelle B. Die HRegGebV ist abgedruckt im Anh nach § 58.

Abschnitt 2. Rüge wegen Verletzung des Anspruchs auf rechtliches Gehör

Nr.	Gebührentatbestand	Gebühr oder Satz der Gebühr nach § 34 GNotKG – Tabelle B
19 200	Verfahren über die Rüge wegen Verletzung des Anspruchs auf rechtliches Gehör: Die Rüge wird in vollem Umfang verworfen oder zurückgewiesen	60,00 €

Zu KVfG 19110–19130:

1 **1) Geltungsbereich.** Die Vorschrift entspricht praktisch wörtlich KV 1700, 2500, 5400, 6400, 7400, 8500, KVFam 1800. Vgl daher vor allem bei KV 1700.

Teil 2. Notargebühren

(Amtliche) Vorbemerkung 2:

[I] In den Fällen, in denen es für die Gebührenberechnung maßgeblich ist, dass ein bestimmter Notar eine Tätigkeit vorgenommen hat, steht diesem Notar der Aktenverwahrer gemäß § 51 BNotO, der Notariatsverwalter gemäß § 56 BNotO oder ein anderer Notar, mit dem der Notar am Ort seines Amtssitzes zur gemeinsamen Berufsausübung verbunden ist oder mit dem er dort gemeinsame Geschäftsräume unterhält, gleich.

[II] [1] Bundes- oder landesrechtliche Vorschriften, die Gebühren- oder Auslagenbefreiung gewähren, sind nicht auf den Notar anzuwenden. [2] Außer in den Fällen der Kostenerstattung zwischen den Trägern der Sozialhilfe gilt die in § 64 Abs. 2 Satz 3 Nr. 2 SGB X bestimmte Gebührenfreiheit auch für den Notar.

[III] Beurkundungen nach § 67 Abs. 1 des Beurkundungsgesetzes und die Bezifferung dynamisierter Unterhaltstitel zur Zwangsvollstreckung im Ausland sind gebührenfrei.

Vorbem. II 2 gilt auch bei darlehensweiser Sozialhilfe, Hamm FGPrax **17**, 280. III geändert dch Art 6 III Z 1 G v 1. 6. 17, BGBl 1396, in Kraft seit 9. 6. 17, Art 11 II Z 4 G, ÜbergangsR § 134 GNotKG.

Hauptabschnitt 1. Beurkundungsverfahren

(Amtliche) Vorbemerkung 2.1:

[I] Die Gebühr für das Beurkundungsverfahren entsteht für die Vorbereitung und Durchführung der Beurkundung in Form einer Niederschrift (§§ 8 und 36 des Beurkundungsgesetzes) einschließlich der Beschaffung der Information.

[II] Durch die Gebühren dieses Hauptabschnitts werden auch abgegolten
1. die Übermittlung von Anträgen und Erklärungen an ein Gericht oder eine Behörde,
2. die Stellung von Anträgen im Namen der Beteiligten bei einem Gericht oder einer Behörde,
3. die Erledigung von Beanstandungen einschließlich des Beschwerdeverfahrens und
4. bei Änderung eines Gesellschaftsvertrags oder einer Satzung die Erteilung einer für die Anmeldung zum Handelsregister erforderlichen Bescheinigung des neuen vollständigen Wortlauts des Gesellschaftsvertrags oder der Satzung.

Abschnitt 1. Verträge, bestimmte Erklärungen sowie Beschlüsse von Organen einer Vereinigung oder Stiftung

(Amtliche) Vorbemerkung 2.1.1:
Dieser Abschnitt ist auch anzuwenden im Verfahren zur Beurkundung der folgenden Erklärungen:
1. Antrag auf Abschluss eines Vertrags oder Annahme eines solchen Antrags oder
2. gemeinschaftliches Testament.

Nr.	Gebührentatbestand	Gebühr oder Satz der Gebühr nach § 34 GNotKG – Tabelle B
21 100	Beurkundungsverfahren	2,0 – mindestens 120,00 €

Gliederung

1) Systematik	1–4
2) Regelungszweck	5
3) Geltungsbereich	6
4) Gegenstand	7
5) Beurkundung	8
6) Gebührenhöhe	9
7) Geschäftswert	10
8) Fälligkeit, Gebührenschuldner	11

1) Systematik. Die Vorschrift bringt zusammt mit der amtlichen Vorbemerkung 2.1.1 Z 1 sowie der amtlichen Vorbemerkung 2.1.2 I beide Rechtsvorgangsarten teilweise in Wahrheit unter diese Nummer KVfG 21 100 und damit auch unter dieselbe Gebührenhöhe. Daran ändert auch die amtliche Überschrift des Abschnitts 2 (vor KVfG 21 200) „Sonstige" Erklärungen nichts. Zur ratsamen Prüfungsreihenfolge vgl zu KVfG 21 200, 21 201, Rn 2. **1**

Das bedeutet: Die Beurkundung nur eines Angebots kostet jetzt *genauso viel* wie die gleichzeitige Beurkundung von Angebot und Annahme, also des Vertrags. Es kommt dabei nicht auf die Bezeichnung „Angebot" an, sondern auf den inhaltlichen *Vorschlag* zum Abschluß oder zur Änderung oder Aufhebung eines Vertrags. Die Einräumung einer Anwartschaft oder Option ist kein Vertragsangebot. Eine Erklärung des Inhalts, man habe einen Vertrag vereinbart, läßt sich grundsätzlich nicht als ein Vertragsangebot bewerten. Getrennte Beurkundungen statt gleichzeitiger sind nicht schon deshalb unzulässig, weil die Beteiligten dadurch Kosten sparen wollen, Hbg MDR **76**, 499, Schlesw DNotZ **78**, 632. **2**

Die Änderung eines Angebots fällt unter KVfG 21 200. Man muß eine Annahme nur unter der Bedingung einer Änderung als eine Ablehnung des Angebots auffassen, verbunden mit einem Gegenangebot.

„Sonstige" Erklärungen reicht auch nicht als Begründung wenigstens einer angeblichen Widersprüchlichkeit zu dem Wort „bestimmte" Erklärungen in der amtlichen Überschrift zum Abschnitt 1 (vor KVfG 21 100) aus, um nach § 1 I zu einer im Zweifel kostengünstigeren Auslegung zu kommen. Denn die amtliche Vorbemerkung 2.1.2 I Hs 1 wiederholt eindeutig mit ihren Verweis auf Abschnitt 1 auch beim „Antrag" (statt „Angebot") auf Vertragsabschluß die Geltung nur der KVfG 21 100–21 102 statt KVfG 21 200. **3**

Fazit: Kein Gebührenunterschied mehr zwischen Vertrag und dessen Angebot. Damit freilich auch keine Notwendigkeit mehr, einen Beurkundungsvorgang insoweit genauer einzuordnen. **4**

5   **2) Regelungszweck.** Er bleibt trotz Rn 1 unklar. Denn die frühere Verdoppelung der Vergütung bei einer Beurkundung von Angebot *und* dessen Annahme hatte einen klaren Sinn: Die Verantwortung des Notars liegt bei der Beurkundung der Einigung und damit des verbindlichen Ergebnisses höher als bei der Beurkundung nur des Angebots. Indessen mag die Mühe auch in jedem dieser letzteren Fälle natürlich meist gleich hoch sein. Theoretisch muß im Angebot ja so viel stecken, daß man nur noch „ja" zur Annahme sagen muß.

Ob nun allerdings *„sonstige"* Erklärungen mit ihrer nach KVfG 21 200 gegenüber KVfG 21 100 halbierten und nach KVfG 21 201 sogar geviertelten Vergütung so viel weniger Mühe machen, bleibt hochzweifelhaft. Das Ganze erweckt einen wenig durchdachten Gesamteindruck. Erstaunlich, daß alle Beteiligten offenbar jahrelang an ihm vorweg bemüht waren.

6   **3) Geltungsbereich.** Wie schon in Rn 1 angesprochen, muß man zur Klärung des Begriffs „Beurkundungsverfahren" in dem Haupttext von KVfG 21 100–21 102 einerseits, KVfG 21 200 andererseits die zugehörigen amtlichen Vorbemerkungen mitbeachten. Sie sind als verbindliche Anweisungen zur Auslegung.

Die amtliche Vorbemerkung *2.1.1 Z 1* besagt eindeutig, daß (außer den in der amtlichen Überschrift zum Abschnitt 1 genannten „Verträgen") ein Antrag auf Abschluß eines Vertrags eben (nur) nach KVfG 21 100–21 102 Vergütung erhält. Genau dasselbe wiederholt eigentlich deshalb überflüssigerweise dann die amtliche Vorbemerkung *2.1.2 I Hs 1.*

Auch das bloße *Angebot* ohne Zusammenfassung in derselben Urkunde fallen also unter KVfG 21 100, wie schon in Rn 4 festgestellt. Hinzu tritt natürlich die gleichzeitige Vertragsbeurkundung und die Beurkundung eines gemeinschaftlichen Testaments nach der amtlichen Vorbemerkung 2.1.1 Z 2.

7   **4) Gegenstand.** Man muß zwischen den in Rn 6 genannten Gegenständen Vertrag, Angebot einerseits und den in KVfG 21 101, 21 102, 21 201 aufgeführten Spezialgegenständen unterscheiden. Letztere haben den gebührenmäßigen Vorrang und sind deshalb wie auch wegen des Worts „nur" in § 1 I eng auslegbar. Vgl zu ihnen jeweils dort.

8   **5) Beurkundung.** Diesen Begriff erläutert die amtliche Vorbemerkung 2.1 ziemlich ausführlich, auch durch ihre Verweisung auf §§ 8, 36 BeurkG. Andererseits gibt es Abänderungen in der amtlichen Vorbemerkung 2.1.2 I, II. Diese letzteren interessieren aber bei KVfG 21 100–21 102 noch nicht.

9   **6) Gebührenhöhe.** Bei KVfG 21 100 entsteht 2,0 Gebühr nach der Tabelle B, mindestens aber 120 EUR. Das gilt nach Rn 4, 6 auch beim bloßen Angebot.

10 **7) Geschäftswert.** Es gilt § 97.

11 **8) Fälligkeit, Gebührenschuldner.** Die Fälligkeit richtet sich nach § 10 Hs 1. *Gebührenschuldner* ist man nach § 29 Z 1–3.

Nr.	Gebührentatbestand	Gebühr oder Satz der Gebühr nach § 34 GNotKG – Tabelle B
21 101	Gegenstand des Beurkundungsverfahrens ist 1. die Annahme eines Antrags auf Abschluss eines Vertrags oder 2. ein Verfügungsgeschäft und derselbe Notar hat für eine Beurkundung, die das zugrunde liegende Rechtsgeschäft betrifft, die Gebühr 21 100 oder 23 603 erhoben: Die Gebühr 21 100 beträgt	0,5 – mindestens 30,00 €

Kostenverzeichnis 21101, 21102, Vorbem 2.1.2 KVfG

Nr.	Gebührentatbestand	Gebühr oder Satz der Gebühr nach § 34 GNotKG – Tabelle B
	I Als zugrunde liegendes Rechtsgeschäft gilt nicht eine Verfügung von Todes wegen. II Die Gebühr für die Beurkundung des Zuschlags in einer freiwilligen Versteigerung von Grundstücken oder grundstücksgleichen Rechten bestimmt sich nach 23 603.	
21 102	Gegenstand des Beurkundungsverfahrens ist 1. ein Verfügungsgeschäft und das zugrunde liegende Rechtsgeschäft ist bereits beurkundet und Nummer 21 101 nicht anzuwenden oder 2. die Aufhebung eines Vertrags: Die Gebühr 21 100 beträgt	1,0 – mindestens 60,00 €

Zu KVfG 21101, 21102:

1) **Systematik, Regelungszweck.** Vgl zunächst KVfG 21 100 Rn 1–5. Die sehr unterschiedliche Vergütung eines bloßen Angebots mit 2,0 Gebühr nach KVfG 21 100, seiner bloßen Annahme mit nur 0,5 Gebühr nach KVfG 21 101 Z 1 ist ein Geheimnis des Gesetzgebers. Man muß diese Lösung indes akzeptieren.

2) **Geltungsbereich.** Es geht bei *KVfG 21 101 Z 1* (nur!) um die bloße Annahme eines Antrags auf Abschluß eines Vertrags, also eines Angebots, und ferner um ein in Z 2 näher bezeichnetes Verfügungsgeschäft des Auftraggebers, also nur dann, wenn derselbe Notar für die Beurkundung des zugrundeliegenden Rechtsgeschäfts bereits eine Gebühr KVfG 21 100 oder 23 603 erhoben hatte. Dabei muß man aber nun wieder die Ausnahmen in der amtlichen Anmerkung I, II beachten. Es heißt also bei Z 2 sehr aufpassen. Eine wegen nicht exakter Vermessung notwendige Neubeurkundung führt zu weiterer Vergütung, LG Düss JB **17**, 595.
Bei *KVfG 21 102* geht es um die dort in Z 1, 2 näher bezeichneten Spezialfälle. Dort ist die amtliche Anmerkung zu KVfG 21 101 unbeachtbar.

3) **Gebührenhöhen.** Es entstehen jeweils auf der Basis der Tabelle B die jeweiligen Wertgebühren und Mindestgebühren.

4) **Geschäftswerte.** Es gilt jeweils § 97.

5) **Fälligkeit, Gebührenschuldner.** Die Fälligkeit richtet sich jeweils nach § 10 Hs 1.
Gebührenschuldner ist man jeweils nach § 29 Z 1–3.

Abschnitt 2. Sonstige Erklärungen, Tatsachen und Vorgänge

(Amtliche) Vorbemerkung 2.1.2:

I Die Gebühr für die Beurkundung eines Antrags zum Abschluss eines Vertrages und für die Beurkundung der Annahme eines solchen Antrags sowie für die Beurkundung eines gemeinschaftlichen Testaments bestimmt sich nach Abschnitt 1, die Gebühr für die Beurkundung des Zuschlags bei der freiwilligen Versteigerung von Grundstücken oder grundstücksgleichen Rechten bestimmt sich nach Nummer 23 603.

II Die Beurkundung der in der Anmerkung zu Nummer 23 603 genannten Erklärungen wird durch die Gebühr 23 603 mit abgegolten, wenn die Beurkundung in der Niederschrift über die Versteigerung erfolgt.

Nr.	Gebührentatbestand	Gebühr oder Satz der Gebühr nach § 34 GNotKG – Tabelle B
21 200	Beurkundungsverfahrens .... Unerheblich ist, ob eine Erklärung von einer oder von mehreren Personen abgegeben wird.	1,0 – mindestens 60,00 €
21 201	Beurkundungsgegenstand ist 1. der Widerruf einer letztwilligen Verfügung, 2. der Rücktritt von einem Erbvertrag, 3. die Anfechtung einer Verfügung von Todes wegen, 4. ein Antrag oder eine Bewilligung nach der Grundbuchordnung, der Schiffsregisterordnung oder dem Gesetz über Rechte an Luftfahrzeugen oder die Zustimmung des Eigentümers zur Löschung eines Grundpfandrechts oder eines vergleichbaren Pfandrechts, 5. eine Anmeldung zum Handelsregister oder zu einem ähnlichen Register, 6. ein Antrag an das Nachlassgericht, 7. eine Erklärung, die gegenüber dem Nachlassgericht abzugeben ist, oder 8. die Zustimmung zur Annahme als Kind: Die Gebühr 21 200 beträgt .... In dem in Vorbemerkung 2.3.3 Abs. 2 genannten Fall ist das Beurkundungsverfahren für den Antrag an das Nachlassgericht durch die Gebühr 23 300 für Abnahme der eidesstattlichen Versicherung mit abgegolten; im Übrigen bleiben die Vorschriften in Hauptabschnitt 1 unberührt.	0,5 – mindestens 30,00 €

Zu KVfG 21200, 21201:

Gliederung

1) Systematik 1, 2
2) Regelungszweck 3
3) Geltungsbereich 4
4) Beurkundung 5
5) Gegenstand 6–13
   A. Widerruf, KVfG 21 201 Z 1 6
   B. Rücktritt, KVfG 21 201 Z 2 7
   C. Anfechtung, KVfG 21 201 Z 3 8
   D. Eintragungs- oder Löschungsantrag und -bewilligung, KVfG 21 201 Z 4 Hs 1 ... 9
   E. Zustimmungserklärung, KVfG 21 201 Z 4 Hs 2 10
   F. Registeranmeldung, KVfG 21 201 Z 5 11
   G. Antrag, Erklärung an das Nachlaßgericht, KVfG 21 201 Z 6, 7 12
   H. Zustimmungserklärung KVfG 21 201 Z 8 13
6) Gebührenhöhen 14
7) Geschäftswerte 15–23
   A. Verfahren nach KVfG 21 200 15
   B. Widerruf, KVfG 21 201 Z 1 16
   C. Rücktritt, KVfG 21 201 Z 2 17
   D. Anfechtung, KVfG 21 201 Z 3 18
   E. Eintragungsantrag usw, KVfG 21 201 Z 4 Hs 1 19
   F. Zustimmungserklärung, KVfG 21 201 Z 4 Hs 2 20
   G. Registeranmeldung usw, KVfG 21 201 Z 5 21
   H. Antrag usw an das Nachlaßgericht, KVfG 21 201 Z 6, 7 22
   I. Zustimmungserklärung, KVfG 21 201 Z 8 23
8) Fälligkeit, Gebührenschuldner 24

Kostenverzeichnis **21201 KVfG**

1) Systematik. In dem wahrhaft komplizierten System von Bestimmungen, amtlichen Vorbemerkungen verschiedener Grade, Fallaufzählungen im jeweiligen Haupttext, amtlichen Anmerkungen und der jeweiligen Kombination einer Wert- und einer Mindestgebühr sowie Verweisungen auf ganz andere Gesetzesteile stellen KVfG 21200, 201 unter der amtlichen Überschrift „Sonstige Erklärungen, Tatsachen und Vorgänge" das Gegenstück zum Abschnitt 1 mit nicht nur Verträgen, sondern auch wiederum bestimmten „Erklärungen" usw dar, also ebenfalls evtl einseitigen Willensäußerungen. 1

Prüfungsreihenfolge sollte auch hier etwa die folgende sein: Zunächst Prüfung des jeweiligen Haupttextes beginnend mit KVfG 21201 (Spezialrecht) und mit einer bei KVfG 21200 relativ weiten Auslegungsmöglichkeit, bei KVfG 21201 wegen seines spezielleren Charakters entsprechend engeren. Sodann Prüfung der jeweiligen amtlichen Anmerkung. Anschließend Prüfung der amtlichen Abschnittsvorbemerkung 2.1.2. Danach Prüfung der amtlichen Vorbemerkung des Hauptabschnitts mit der Benennung 2.1. Schließlich Prüfung der amtlichen Vorbemerkung des Teils mit der Zahl 2. Bei jedem dieser Schritte können sich zusätzliche Prüfnotwendigkeiten ergeben. Das alles dient obendrein nur der Klärung der Gebührenhöhe. Bei jeder Wertgebühr muß dann noch die Klärung des Geschäftswerts hinzutreten. Einziger Trost: Dann gilt überall die Tabelle B. 2

2) Regelungszweck. Natürlich dient das ganze Labyrinth einer möglichst hohen Kostengerechtigkeit. Auch faßt es verstreute frühere Bestimmungen jetzt teilweise besser zusammen. Andererseits fällt es Wert und Gebühr weit auseinander. Es bleibt der gemeinsame Grundsatz des § 1 I: Im Zweifel keine Vergütung zumindest nach KVfG 21200, 21201. 3

3) Geltungsbereich. Die Vorschriften übernehmen im Kern eine Reihe von Vorschriften der früheren KostO. 4

4) Beurkundung. Es gilt derselbe Begriff wie bei KVfG 21100. Vgl daher dort. 5

5) Gegenstand. Vgl zunächst Rn 1. Im einzelnen: 6

A. Widerruf, KVfG 21201 Z 1. Es kann sich um denjenigen einer ganzen oder teilweisen letztwilligen Verfügung handeln. Als einen bloßen Widerruf kann man auch eine umfangreiche *Abänderung* nebst einer grundsätzlichen Neuanordnung ansehen. Das gilt auch beim gemeinschaftlichen Widerruf eines gemeinschaftlichen Testaments und einer neuen Verfügung von Todes wegen durch nur einen der Ehegatten.

B. Rücktritt, KVfG 21201 Z 2. Er erfolgt nach § 2296 BGB. Für eine ebenfalls mitbeurkundete Zustimmung des Partners des Erbvertrags entsteht keine besondere Gebühr. Etwas anderes gilt allerdings dann, wenn der Vertragspartner diese Zustimmung in einer besonderen Urkunde erklärt. 7

C. Anfechtung, KVfG 21201 Z 3. Es geht hier um diejenige einer Verfügung von Todes wegen nach §§ 2081, 2281 II BGB. Der Erblasser mag einen Erben eingesetzt, einen gesetzlichen Erben von der Erbfolge ausgeschlossen, einen Testamentsvollstrecker ernannt oder eine solche Verfügung aufgehoben haben usw. 8

D. Eintragungs- oder Löschungsantrag und -bewilligung, KVfG 21201 Z 4 Hs 1. Die Vorschrift erfaßt nur die formelle Bewilligung und den formellen Antrag einschließlich einer Nämlichkeitsklärung, Hamm JB **07**, 541. Auch seine Rücknahme gehört wegen §§ 29, 32 GBO hierher, soweit nicht der Notar nach § 24 III BNotO eine gebührenfreie Nebentätigkeit ausübt. Auch ein Berichtigungsantrag zählt hierher. Wenn der Notar das zugrunde liegende Rechtsgeschäft gleichzeitig beurkundet, ist nach der amtlichen Vorbemerkung 2.1 II Z 1, 2 nur die Gebühr nach KVfG 21100–21102 entstanden. Man muß also prüfen, ob eine gleichzeitige Beurkundung vorliegt, LG Ffm Rpfleger **89**, 281 (WEG). Wer zB die Eintragung einer Verkehrshypothek auf seinem Grundstück bewilligt, muß das persönliche Schuldverhältnis erwähnen. Diese Erwähnung ist aber noch keine Beurkundung. 9

Auch die *Bewilligung* einer Eintragung oder Löschung nach §§ 18, 19 GBO zählt hierher.

Die *Beurkundung* der Einigungserklärung ist neben der Bewilligung der Eintragung oder dem Eintragungsantrag grundsätzlich unnötig. Die Beifügung für eine Erläuterung oder Begründung ist gebührenfrei, ebenso die Erläuterung der einer Grundschuld zugrunde liegenden Schuld.

Jedoch gilt *bei einer echten Beurkundung* der letzteren Erläuterung KVfG 21 200, Stgt DNotZ **76**, 440, LG Münst JB **77**, 247. Dasselbe gilt dann, wenn jemand neben der Bewilligung einer Löschungsvormerkung auch noch eine dahingehende schuldrechtliche Verpflichtung übernimmt.

Die *Unterwerfung* unter die „sofortige" Zwangsvollstreckung nach § 800 ZPO ist bei einer Verpfändung des Grundstücks ein gebührenfreies Nebengeschäft. Soweit sie nicht gleichzeitig erfolgt, fällt sie als eine Eintragungsbewilligung unter KVfG 21 201 Z 4 Hs 1.

10 E. **Zustimmungserklärung, KVfG 21 201 Z 4 Hs 2.** Hierher gehören zB Beurkundungen von formellrechtlichen Zustimmungserklärungen nach den §§ 27 I GBO, 35, 74 SchiffsRegO. Auch eine Berichtigung zB nach §§ 1173 I, 1174 I, 1175 I, 1181 II BGB gehört hierher. Bei der gleichzeitigen Beurkundung des zugrunde liegenden Rechtsgeschäfts gilt dasselbe wie bei Rn 9.

Eine sachlichrechtlich notwendige Zustimmung fällt *nicht* unter Rn 10. Man muß nach den Umständen ermitteln, welche Rechtsnatur die Zustimmungserklärung hat. Ein Zurücktreten im Rang nach § 880 II 2 BGB oder die Zustimmung eines Dritten nach § 876 BGB oder die Zustimmung zur Forderungsersetzung nach § 1180 II BGB oder die sachlichrechtliche Zustimmung zur Aufhebung einer Hypothek nach § 1183 BGB usw gehören nicht zu Rn 10.

11 F. **Registeranmeldung usw, KVfG 21 201 Z 5.** Unter den Begriff „ähnliches Register" zählen: Das Güterrechtsregister; das Vereinsregister; das Genossenschaftsregister; das Musterregister; das Schiffsregister. Das Genossenschaftsregister, das Musterregister, das Schiffsregister usw lassen formfreie und gebührenfreie Anmeldungen zu. Eine etwa freiwillig vorgenommene notarielle Beurkundung fällt aber stets unter Z 5, Meyer JB **08**, 296.

Nach Z 5 entsteht *keine* besondere Gebühr bei der Anmeldung einer GmbH für den Entwurf der Liste der Gesellschafter, Karlsr Rpfleger **77**, 229. Bei einer Anmeldung zur Zweigniederlassung entsteht keine besondere Gebühr. Denn dann genügen nach §§ 13a HGB, 36 AktG eine beglaubigte Ablichtung oder Abschrift oder eine Ausfertigung für die Zweigniederlassung.

Unanwendbar ist Z 5 beim Antrag an das Registergericht auf die Bestellung oder Abberufung des Vertretungsorgans einer Vereinigung.

12 G. **Antrag, Erklärung an das Nachlaßgericht, KVfG 21 201 Z 6, 7.** Eine Gebühr für eine Beurkundung einer Erklärung gegenüber dem Nachlaßgericht entsteht nur in den formbedürftigen Fällen.

13 H. **Zustimmungserklärung, KVfG 21 201, Z 8.** Eine Gebühr entsteht für die Beurkundung einer Zustimmungserklärung zur Annahme als Kind nach §§ 1797, 1746 ff BGB.

14 6) **Gebührenhöhen.** Es entstehen die in der Gebührenspalte genannten Wertgebühren nach der Tabelle B mit jeweils der dort mitgenannten Untergrenze, soweit nicht die in Rn 1 erörterten amtlichen Vorbemerkungen und Anmerkungen weitere Abweichungen anordnen.

15 7) **Geschäftswerte.** Hier muß man wie folgt unterscheiden.

A. **Verfahren nach KVfG 21 200.** Der Wert richtet sich nach § 97 I.

16 B. **Widerruf, KVfG 21 201 Z 1.** Der Wert ergibt sich aus § 102 VI in Verbindung mit I–III.

17 C. **Rücktritt, KVfG 21 201 Z 2.** Der Wert ergibt sich aus § 102 VI in Verbindung mit I–III.

18 D. **Anfechtung, KVfG 21 201 Z 3.** Der Wert richtet sich nach § 102 VI in Verbindung mit I–III.

19 E. **Eintragungsantrag usw, KVfG 21 201 Z 4 Hs 1.** Der Wert ergibt sich aus § 53, evtl auch aus § 36.

20 F. **Zustimmungserklärung, KVfG 21 201 Z 4 Hs 2.** Der Wert richtet sich nach § 53, evtl auch nach § 36.

G. **Registeranmeldung usw, KVfG 21 201 Z 5.** Der Wert ergibt sich aus § 105. 21

H. **Antrag usw an das Nachlaßgericht, KVfG 21 201, Z 6, 7.** Der Wert richtet sich nach § 103. 22

I. **Zustimmungserklärung, KVfG 21 201 Z 8.** Der Wert ergibt sich aus § 101. 23

8) **Fälligkeit, Gebührenschuldner.** Die Fälligkeit richtet sich nach § 10 Hs 1. *Gebührenschuldner* ist man nach § 29 Z 1–3. 24

Abschnitt 3. Vorzeitige Beendigung des Beurkundungsverfahrens

(Amtliche) Vorbemerkung 2.1.3:

^I ¹Ein Beurkundungsverfahren ist vorzeitig beendet, wenn vor Unterzeichnung der Niederschrift durch den Notar der Beurkundungsauftrag zurückgenommen oder zurückgewiesen wird oder der Notar feststellt, dass nach seiner Überzeugung mit der beauftragten Beurkundung aus Gründen, die nicht in seiner Person liegen, nicht mehr zu rechnen ist. ²Wird das Verfahren länger als 6 Monate nicht mehr betrieben, ist in der Regel nicht mehr mit der Beurkundung zu rechnen.

^{II} Führt der Notar nach der vorzeitigen Beendigung des Beurkundungsverfahrens demnächst auf der Grundlage der bereits erbrachten notariellen Tätigkeit ein erneutes Beurkundungsverfahren durch, wird die nach diesem Abschnitt zu erhebende Gebühr auf die Gebühr für das erneute Beurkundungsverfahren angerechnet.

^{III} Der Fertigung eines Entwurfs im Sinne der nachfolgenden Vorschriften steht die Überprüfung, Änderung oder Ergänzung eines dem Notar vorgelegten Entwurfs gleich.

Nr.	Gebührentatbestand	Gebühr oder Satz der Gebühr nach § 34 GNotKG – Tabelle B
21 300	Vorzeitige Beendigung des Beurkundungsverfahrens	
	1. vor Ablauf des Tages, an dem ein vom Notar gefertigter Entwurf an einen Beteiligten durch Aufgabe zur Post versandt worden ist,	
	2. vor der Übermittlung eines vom Notar gefertigten Entwurfs per Telefax, vor der elektronischen Übermittlung als Datei oder vor Aushändigung oder	
	3. bevor der Notar mit allen Beteiligten in einem zum Zweck der Beurkundung vereinbarten Termin auf der Grundlage eines von ihm gefertigten Entwurfs verhandelt hat:	
	Die jeweilige Gebühr für das Beurkundungsverfahren ermäßigt sich auf	20,00 €
21 301	In den Fällen der Nummer 21 300 hat der Notar persönlich oder schriftlich beraten: Die jeweilige Gebühr für das Beurkundungsverfahren ermäßigt sich auf eine Gebühr	in Höhe der jeweiligen Beratungsgebühr
21 302	Vorzeitige Beendigung des Verfahrens nach einem der in Nummer 21 300 genannten Zeitpunkten in den Fällen der Nummer 21 100: Die Gebühr 21 100 ermäßigt sich auf	0,5 bis 2,0 – mindestens 120,00 €

KVfG 21303, 21304, Vorbem 2.2, 2.2.1.1   Kostenverzeichnis

Nr.	Gebührentatbestand	Gebühr oder Satz der Gebühr nach § 34 GNotKG – Tabelle B
21 303	Vorzeitige Beendigung des Verfahrens nach einem der in Nummer 21 300 genannten Zeitpunkte in den Fällen der Nummern 21 102 und 21 200: Die Gebühren 21 102 und 21 200 ermäßigen sich auf	0,3 bis 1,0 – mindestens 60,00 €
21 304	Vorzeitige Beendigung des Verfahrens nach einem der in Nummer 21 300 genannten Zeitpunkte in den Fällen der Nummern 21 101 und 21 201: Die Gebühren 21 101 und 21 201 ermäßigen sich auf	0,3 bis 0,5 – mindestens 30,00 €

Zu KVfG 21300–21304:

1   **1) Geltungsbereiche.** Der im gesamten Kostenrecht vorhandene Grundsatz einer Ermäßigung der Gebühr bei einer vorzeitigen Beendigung des fraglichen Vorgangs findet in der amtlichen Vorbemerkung 2.1.3 und in KVfG 21300–21304 eine so ausführliche Regelung, daß sich eine Kurzkommentierung zunächst auf die Verweisung auf den Gesetzestext beschränken kann. Man muß bei jeder KVfG-Nr diesen Gesamttext mitbeachten, um den Einzelfall richtig einordnen zu können.

2   **2) Gebühren.** Es entstehen teils Festgebühren, teils Wertgebühren und teils solche mit Unter- und Obergrenzen. Bei den Wertgebühren ist jeweils die Tabelle B maßgeblich.

3   **3) Geschäftswert.** Bei den Wertgebühren ist in den teilweise vorgeschriebenen Unter- und Obergrenzen § 97 als Ausgangsvorschrift maßgebend.

4   **4) Fälligkeit, Gebührenschuldner.** Die Fälligkeit richtet sich nach § 10 Hs 1. *Gebührenschuldner* ist man nach § 29 Z 1–3.

Hauptabschnitt 2. Vollzug eines Geschäfts und Betreuungstätigkeiten

(Amtliche) Vorbemerkung 2.2:
Gebühren nach diesem Hauptabschnitt entstehen nur, wenn dem Notar für seine Tätigkeit ein besonderer Auftrag erteilt worden ist; dies gilt nicht für die Gebühren 22 114, 22 125 und die Gebühr 22 200 im Fall der Nummer 6 der Anmerkung.

Vorbem. Früherer II aufgehoben dch Art 13 Z 10 r G v 29. 6. 15, BGBl 1042, in Kraft seit 4. 7. 15, Art 22 II G, ÜbergangsR § 134 GNotKG.

Abschnitt 1. Vollzug
Unterabschnitt 1. Vollzug eines Geschäfts

(Amtliche) Vorbemerkung 2.2.1.1:
[1] [1]Die Vorschriften dieses Unterabschnitts sind anzuwenden, wenn der Notar eine Gebühr für das Beurkundungsverfahren oder für die Fertigung eines Entwurfs erhält, die das zugrunde liegende Geschäft betrifft. [2]Die Vollzugsgebühr entsteht für die

1. Anforderung und Prüfung einer Erklärung oder Bescheinigung nach öffentlich-rechtlichen Vorschriften, mit Ausnahme der Unbedenklichkeitsbescheinigung des Finanzamts,
2. Anforderung und Prüfung einer anderen als der in Nummer 4 genannten gerichtlichen Entscheidung oder Bescheinigung, dies gilt auch für die Ermittlung des Inhalts eines ausländischen Registers,

3. Fertigung, Änderung oder Ergänzung der Liste der Gesellschafter (§ 8 Abs. 1 Nr. 3, § 40 GmbHG) oder der Liste der Personen, welche neue Geschäftsanteile übernommen haben (§ 57 Abs. 3 Nr. 2 GmbHG),

4. Anforderung und Prüfung einer Entscheidung des Familien-, Betreuungs- oder Nachlassgerichts einschließlich aller Tätigkeiten des Notars gemäß den §§ 1828 und 1829 BGB im Namen der Beteiligten sowie die Erteilung einer Bescheinigung über die Wirksamkeit oder Unwirksamkeit des Rechtsgeschäfts,

5. Anforderung und Prüfung einer Vollmachtsbestätigung oder einer privatrechtlichen Zustimmungserklärung,

6. Anforderung und Prüfung einer privatrechtlichen Verzichtserklärung,

7. Anforderung und Prüfung einer Erklärung über die Ausübung oder Nichtausübung eines privatrechtlichen Vorkaufs- oder Wiederkaufsrechts,

8. Anforderung und Prüfung einer Erklärung über die Zustimmung zu einer Schuldübernahme oder einer Entlassung aus der Haftung,

9. Anforderung und Prüfung einer Erklärung oder sonstigen Urkunde zur Verfügung über ein Recht an einem Grundstück oder einem grundstücksgleichen Recht sowie zur Löschung oder Inhaltsänderung einer sonstigen Eintragung im Grundbuch oder in einem Register oder Anforderung und Prüfung einer Erklärung, inwieweit ein Grundpfandrecht eine Verbindlichkeit sichert,

10. Anforderung und Prüfung einer Verpflichtungserklärung betreffend eine in Nummer 9 genannte Verfügung oder einer Erklärung über die Nichtausübung eines Rechts und

11. über die in den Nummern 1 und 2 genannten Tätigkeiten hinausgehende Tätigkeit für die Behörde, dem Gericht oder der Körperschaft oder Anstalt des öffentlichen Rechts.

[3] Die Vollzugsgebühr entsteht auch, wenn die Tätigkeit vor der Beurkundung vorgenommen wird.

[II] Zustimmungsbeschlüsse stehen Zustimmungserklärungen gleich.

[III] Wird eine Vollzugstätigkeit unter Beteiligung eines ausländischen Gerichts oder einer ausländischen Behörde vorgenommen, bestimmt sich die Vollzugsgebühr nach Unterabschnitt 2.

Nr.	Gebührentatbestand	Gebühr oder Satz der Gebühr nach § 34 GNotKG – Tabelle B
22110	Vollzugsgebühr	0,5

Gliederung

1) Systematik	1–3
2) Regelungszweck	4
3) Vollzug	5–9
4) Gegenstände einer Vollzugstätigkeit	10–21
Z 1: Erklärung, Bescheinigung	11
Z 2: Entscheidung, Bescheinigung	12
Z 3: Gesellschafterliste	13
Z 4: Genehmigung, Entscheidung, Wirksamkeitserklärung	14
Z 5: Vollmacht, Zustimmung	15
Z 6: Verzicht	16
Z 7: Vorkauf, Wiederkauf	17
Z 8: Schuldübernahme	18
Z 9: Verfügung, Löschung, Inhaltsänderung ..	19
Z 10: Verpflichtung nach Z 9	20
Z 11: Tätigkeit gegenüber Behörde, Gericht usw über Z 1, 2 hinaus	21
5) Gebührenhöhe	22
6) Vorrang von Beurkundungs- oder Entwurfsgebühr bei Erklärung	23
7) Geschäftswert	24
8) Fälligkeit, Gebührenschuldner	25

KVfG 22110 Kostenverzeichnis

1 **1) Systematik.** Die Vorschrift verbirgt in ihrem Haupttext die wahre Fülle von Vollzugstätigkeiten. Diese ergibt sich erst aus der umfangreichen amtlichen Vorbemerkung 2.2.1.1, auf die obendrein auch KVfG 22112, 22113 und 22120, 22121 ausdrücklich verweisen. In der amtlichen Vorbemerkung 2.2 erfolgen weitere Spezialisierungen. Ein alles andere als übersichtliches Gemenge, nicht besser als seine auch nicht gerade einfach gewesenen Vorläufer.

2 Eine *Auffangvorschrift* fehlt. Zur daraus folgenden Problematik Anh § 1.

3 *Arbeitstechnisch* empfiehlt sich auch in diesem Bereich der Weg vom Spezielleren und daher eng auslegbaren Vorrangigen zum Einfacheren und Grundsätzlicheren, also von KVfG 22124 (22125 behandelt einen nicht recht hier passenden Sonderfall) rückwärts bis zur amtlichen Vorbemerkung 2.2. Man muß aber leider durchweg die ganze Vorschriftenkette mitbeachten und obendrein auch stets zB die Bestimmungen zur Beratung, zum Entwurf und zur Beurkundung mitbedenken, um die richtigen Abgrenzungen zu finden.

4 **2) Regelungszweck.** Ein unverzüglicher korrekter Vollzug hat für die Beteiligten rechtlich wie wirtschaftlich meist eine hohe Bedeutung. Für den Notar bringt der Vollzug eine Fülle zusätzlich beachtbarer Vorschriften und die Notwendigkeit einer selbstkritisch bleibenden Umsichtigkeit, Hartnäckigkeit und auch einer anpassungsfähigen Geduld mit sich. Das gilt sowohl gegenüber säumigen Vertragsschuldnern oder ungeduldigen Banken als auch gegenüber dem Grundbuch- oder Finanzamt usw. Alles das rechtfertigt durchaus eine zusätzliche Vergütung. Es rechtfertigt aber keine bequeme oder gar rechtswidrige Bereicherung. Die Auslegung erfordert Verständnis für *alle* Beteiligten.

5 **3) Vollzug.** Diesen Begriff nennt das GNotKG nicht. Man findet in KVfG 22110 ff nur den Begriff Vollzugsgebühr. Diesen letzteren Begriff bestimmt die amtliche Vorbemerkung 2.2.1.1 I 2 durch die in ihren Z 1–11 erfolgende Aufzählung. Diese scheint abschließend zu sein. Denn es fehlen am Anfang die Kürzel „z. B." oder das Wort „beispielsweise" oder „insbesondere".

6 *Ergänzungen* bestehen bei genauer Prüfung aber doch. Das zeigt zunächst die amtliche Vorbemerkung 2.2.1.1 I 3 mit dem Wort „auch", ferner etwa die amtliche Vorbemerkung 2.2.1.1 III mit ihrer Ergänzung von I 2 Z 5 usw. Dennoch ist die Aufzählung Z 1–11 zumindest fast abschließend.

7 *Anforderung und Prüfung* sind die dort durchweg vorausgesetzten Tätigkeitsarten. Nur deren Gegenstände sind in Z 1–11 unterschiedlich. Nun bringt die Formel „Anforderung und Prüfung" aber gar nichts gerade für eine Vollzugstätigkeit zur Abgrenzung Brauchbares. Denn zumindest prüfen muß der Notar bei jeder Tätigkeitsart, und anfordern braucht er in Wahrheit keineswegs bei jedem Vollzug, zB dann nicht, wenn er die vollzugsbedürftige Urkunde selbst gefertigt hatte. Diese Formel ist also als Selbstverständlichkeit eigentlich überflüssig.

8 Man muß also anders vorgehen. *Vollzug* ist diejenige Tätigkeit, die nach oder gemäß der amtlichen Vorbemerkung 2.2.1.1 I 3 auch vor oder sogar ganz ohne Betätigung durch Beratung, Entwurf, Beurkundung usw dem Ziel dient, den vom Auftraggeber gewünschten rechtlichen oder wirtschaftlichen oder immateriellen Erfolg herbeizuführen oder ihm doch näherzukommen.

9 Das kann *theoretisch auf jedem Gebiet* geschehen, auf dem der Notar überhaupt auftragsgemäß arbeiten kann und darf. Die Aufzählung in der amtlichen Vorbemerkung 2.2.1.1 I 2 Z 1–11 schränkt schon wegen des Worts „nur" in § 1 I freilich praktisch weitgehend ein. Infolgedessen sind die unzähligen Fallbeispiele einer früheren Anwendbarkeit des früheren § 146 KostO wie erst recht des früheren § 147 II KostO nur noch sehr bedingt weiter beachtbar.

10 **4) Gegenstände einer Vollzugstätigkeit.** Die folgende Darstellung folgt aus den Gründen Rn 9 der Reihenfolge der amtlichen Vorbemerkung 2.2.1.1 I 2 Z 1–11.
Unanwendbar sind Z 1–11 nach der amtlichen Vorbemerkung 2.2.1.1 IV bei einer Beteiligung eines *ausländischen* Gerichts oder einer ausländischen Behörde. Dann gelten KVfG 22120–22125.

11 **Z 1: Erklärung, Bescheinigung.** Es muß um eine solche Urkunde handeln, die gerade nach einer öffentlichrechtlichen Vorschrift notwendig ist. Der Notar muß eine

zugehörige schriftliche Unterlage erhalten haben, LG Düss JB **17**, 651. Natürlich darf es sich nach § 1 III nicht um einen nur nach dem FamGKG, Teil I B dieses Buchs, zu vergütenden Vorgang handeln.

Unanwendbar ist Z 1 bei der Unbedenklichkeitsbescheinigung des Finanzamts, Z 1 Hs 2.

Z 2: Entscheidung, Bescheinigung. Es kann sich nach Z 1 Hs 2 auch um den Inhalt eines ausländischen Registers handeln.   12

Unanwendbar ist Z 2 bei einer Entscheidung oder Bescheinigung nach Z 4.

Z 3: Gesellschafterliste. Vgl § 40 GmbHG. Es reicht auch eine Änderung oder Ergänzung.   13

Z 4: Genehmigung, Entscheidung, Wirksamkeitserklärung. Auch hier darf wegen § 1 III nicht schon das FamGKG regeln, Teil I B dieses Buchs.   14

Z 5: Vollmacht, Zustimmung. Es geht nur um gerade die Bestätigung und nicht nur um die Erteilung einer Vollmacht beliebiger Art und beliebigen Umfangs. Nur eine gerade privatrechtliche Zustimmung oder Genehmigung gehört hierher.   15

Unanwendbar ist Z 5 daher bei einer behördlichen oder gerichtlichen Zustimmung oder Genehmigung.

Z 6: Verzicht. Nur eine solche privatrechtliche zählt hier.   16

Z 7: Vorkauf, Wiederkauf. Nur ein privatrechtliches derartiges Geschäft zählt hier: Dabei mag es um die Vornahme oder um die Erklärung der Nichtvornahme gehen.   17

Z 8: Schuldübernahme. Es muß um eine solche gerade nach § 415 BGB gehen. Auch die Zustimmungsverweigerung ist eine „Erklärung über die Zustimmung".   18

Z 9: Verfügung, Löschung, Inhaltsänderung. Es mag sich um eine sachlichrechtliche Erklärung oder um eine sonstige Urkunde handeln. Sie muß sich auf ein Recht an einem Grundstück oder grundstücksgleichen Recht nach § 49 beziehen. Es reicht aber auch bei einer Löschung oder Inhaltsänderung eine andere Eintragung im Grundbuch oder (nur hier) in einem Register.   19

Z 10: Verpflichtung nach Z 9. Hier geht es um diejenige schuldrechtliche Verpflichtung, die einer dinglichen Verpflichtung, Löschung, Inhaltsänderung vorausgeht, aber auch um eine Verpflichtung zur Nichtvornahme einer Maßnahme nach Z 9.   20

Z 11: Tätigkeit gegenüber Behörde, Gericht usw über Z 1, 2 hinaus. Das ist eine eher zu Z 1, 2 selbst gehörende erweiterte Tätigkeit. Sie ist außerordentlich weitgefaßt.   21

5) **Gebührenhöhe.** Für jede Tätigkeit nach Rn 11–21 entsteht nach der Tabelle B grundsätzlich 0,5 Gebühr als Pauschale unabhängig vom Umfang und Schwierigkeitsgrad sowie von der zeitlichen Dauer. Dabei darf man bloße Pausen oder Unterbrechungen nicht als Ende der ersten Tätigkeit und anschließenden Beginn einer mit nochmals 0,5 Gebühr versehenen weiteren Tätigkeit nach derselben Z betrachten, solange nicht bei verständiger Beurteilung wirklich eine echte Zäsur vorliegt. Strafrechtlich gesprochen: Bei Tateinheit und Fortsetzungszusammenhang nur einmal Gebühr, bei Tatmehrheit mehrmals.   22

Sonderregeln begrenzen die Verzugsgebühr aber nach den vorrangigen KVfG 22111–22113, 22120–22125. Vgl jeweils dort.

6) **Vorrang von Beurkundungs- oder Entwurfsgebühr bei Erklärung.** Derselbe Notar erhält wegen derselben Sache neben einer Beurkundungsgebühr nach KVfG 21110–21201 oder einer Entwurfsgebühr nach KVfG 24100–24103. Das ergibt sich aus der amtlichen Vorbemerkung 2.2.1.1 II. Ihre Beschränkung auf einen Vollzug bei einer „Erklärung" begrenzt freilich diesen Vorrang auf einen Fall nach Z 1, 7, 8, 9, 10, 11.   23

7) **Geschäftswert.** Es gilt § 112.   24

8) **Fälligkeit, Gebührenschuldner.** Die Fälligkeit richtet sich nach § 10 Hs 1. *Gebührenschuldner* ist man nach § 29 Z 1–3.   25

Nr.	Gebührentatbestand	Gebühr oder Satz der Gebühr nach § 34 GNotKG – Tabelle B
22 111	**Vollzugsgebühr, wenn die Gebühr für das zugrunde liegende Beurkundungsverfahren weniger als 2,0 beträgt:** Die Gebühr 22 110 beträgt	0,3

1   1) **Geltungsbereich.** Es handelt sich um eine ergänzende Beschränkung nur der Gebührenhöhe von KVfG 22 110. Sie tritt dann ein, wenn der Notar in demjenigen Beurkundungsverfahren tätig war oder wird, das dem Vollzug zugrundelag oder liegt, und wenn außerdem die Beurkundungsgebühr unter 2,0 lag oder liegt.

2   2) **Gebührenhöhe.** Unter den Voraussetzungen Rn 1 entsteht eine Vollzugsgebühr von nur 0,3 nach der Tabelle B.

3   3) **Geschäftswert.** Es gilt § 112.

4   4) **Fälligkeit, Gebührenschuldner.** Die Fälligkeit richtet sich nach § 10 Hs 1. *Gebührenschuldner* ist man nach § 29 Z 1–3.

Nr.	Gebührentatbestand	Gebühr oder Satz der Gebühr nach § 34 GNotKG – Tabelle B
	Vollzugsgegenstand sind lediglich die in der Vorbemerkung 2.2.1.1 Abs. 1 Satz 2 Nr. 1 bis 3 genannten Tätigkeiten: Die Gebühren 22 110 und 22 111 betragen	
22 112	– für jede Tätigkeit nach Vorbemerkung 2.2.1.1 Abs. 1 Satz 2 Nr. 1 und 2	höchstens 50,00 €
22 113	– für jede Tätigkeit nach Vorbemerkung 2.2.1.1 Abs. 1 Satz 2 Nr. 3	höchstens 250,00 €

Zu KVfG 22112, 22113:

1   1) **Geltungsbereiche.** Die Vorschriften treten wie KVfG 22 111 als weitere ergänzende Einschränkungen von KVfG 22 110 vorrangig und eng auslegbar hinzu, soweit die Notartätigkeit entweder unter die amtliche Vorbemerkung 2.2.1.1 I 2 Z 1, 2 oder unter dort Z 3 fällt. Vgl zu diesen Tätigkeiten KVfG 22 110 Rn 11–13.

2   2) **Gebührenhöhen.** Es entsteht jeweils nach der Tabelle B zunächst die Vollzugsgebühr nach KVfG 22 110, also 0,5 Gebühr. Es gibt aber Höchstgebühren. Sie betragen bei KVfG 22 112 50 EUR, bei KVfG 22 113 250 EUR.

3   3) **Geschäftswert.** Es gilt dasselbe wie bei KVfG 22 110 Rn 24.

4   4) **Fälligkeit, Gebührenschuldner.** Es gilt dasselbe wie bei KVfG 22 110 Rn 25.

Nr.	Gebührentatbestand	Gebühr oder Satz der Gebühr nach § 34 GNotKG – Tabelle B
22 114	**Erzeugung von strukturierten Daten in Form der Extensible Markup Language (XML) oder in einem nach dem Stand der Technik vergleichbaren Format für eine automatisierte Weiterbearbeitung** .... Die Gebühr entsteht neben anderen Gebühren dieses Unterabschnitts gesondert.	0,3 – höchstens 250,00 €

Kostenverzeichnis **22114, Vorbem 2.2.1.2, 22120–22124 KVfG**

1) Geltungsbereich. Der Haupttext stellt die Tätigkeit zwecks elektronischer Registeranmeldung näher dar. Vorrangig gilt das speziellere KVfG 22125, vgl dort. 1

2) Gebühr. Es entsteht nach der Tabelle B 0,3 Gebühr, jedoch höchstens 250 EUR. Sie entsteht nach der amtlichen Anmerkung neben KVfG 22110–22113 gesondert. 2

3) Geschäftswert. Er richtet sich nach § 112. Denn KVfG 22114 steht im Unterabschnitt „Vollzug eines Geschäfts", der der amtlichen Überschrift des § 112 „Vollzug des Geschäfts" entspricht. 3

4) Fälligkeit, Gebührenschuldner. Die Fälligkeit richtet sich nach § 10 Hs 1. *Gebührenschuldner* ist man nach § 29 Z 1–3. 4

Unterabschnitt 2. Vollzug in besonderen Fällen

(Amtliche) Vorbemerkung 2.2.1.2:
Die Gebühren dieses Unterabschnitts entstehen, wenn der Notar
1. keine Gebühr für ein Beurkundungsverfahren oder für die Fertigung eines Entwurfs erhalten hat, die das zu vollziehende Geschäft betrifft, oder
2. eine Vollzugstätigkeit unter Beteiligung eines ausländischen Gerichts oder einer ausländischen Behörde vornimmt.

Nr.	Gebührentatbestand	Gebühr oder Satz der Gebühr nach § 34 GNotKG – Tabelle B
22120	Vollzugsgebühr für die in Vorbemerkung 2.2.1.1 Abs. 1 Satz 2 genannten Tätigkeiten, wenn die Gebühr für ein die Urkunde betreffendes Beurkundungsverfahren 2,0 betragen würde	1,0
22121	Vollzugsgebühr für die in Vorbemerkung 2.2.1.1 Abs. 1 Satz 2 genannten Tätigkeiten, wenn die Gebühr für ein die Urkunde betreffendes Beurkundungsverfahren weniger als 2,0 betragen würde	0,5
22122	Überprüfung, ob die Urkunde bei Gericht eingereicht werden kann	0,5
	ᴵ Die Gebühr entsteht nicht neben einer der Gebühren 22120 und 22121.	
	ᴵᴵ Die Gebühr entsteht nicht für die Prüfung der Eintragungsfähigkeit in den Fällen des § 378 Abs. 3 FamFG und des § 15 Abs. 3 der Grundbuchordnung.	
22123	Erledigung von Beanstandungen einschließlich des Beschwerdeverfahrens	0,5
	Die Gebühr entsteht nicht neben einer der Gebühren 22120 bis 22122.	
22124	Die Tätigkeit beschränkt sich auf 1. die Übermittlung von Anträgen, Erklärungen oder Unterlagen an ein Gericht, eine Behörde oder einen Dritten oder die Stellung von Anträgen im Namen der Beteiligten, 2. die Prüfung der Eintragungsfähigkeit in den Fällen des § 378 Abs. 3 FamFG und des § 15 Abs. 3 der Grundbuchordnung	20,00 €
	ᴵ Die Gebühr entsteht nur, wenn nicht eine Gebühr nach den Nummern 22120 bis 22123 anfällt.	
	ᴵᴵ Die Gebühr nach Nummer 2 entsteht nicht neben der Gebühr 25100 oder 25101.	

KVfG 22124, 22125 — Kostenverzeichnis

Nr.	Gebührentatbestand	Gebühr oder Satz der Gebühr nach § 34 GNotKG – Tabelle B
22 125	III ¹Die Gebühr entsteht auch, wenn Tätigkeiten nach Nummer 1 und nach Nummer 2 ausgeübt werden. ²In diesem Fall wird die Gebühr nur einmal erhoben. Erzeugung von strukturierten Daten in Form der Extensible Markup Language (XML) oder einem nach dem Stand der Technik vergleichbaren Format für eine automatisierte Weiterbearbeitung .... Die Gebühr entsteht neben anderen Gebühren dieses Unterabschnitts gesondert.	0,6 – höchstens 250,00 €

Zu KVfG 22120–22125:

Vorbem. KVfG 22122 (amtliche) Anmerkung II angefügt dch KVfG 22124 idF Art 6 III Z 2b, 3 G v 1. 6. 17, BGBl 1396, in Kraft seit 9. 6. 17, Art 11 II Z 4 G, ÜbergangsR § 134.

1 **1) Geltungsbereiche.** Von der Grundgebühr 0,5 nach KVfG 22110 gibt es Ausnahmen nicht nur nach KVfG 22111–22114, sondern auch nach den noch spezielleren und daher noch vorrangigeren, noch enger auslegbaren KVfG 22120–22125. Es bleibt daher erst recht beim Vorschlag einer Arbeitstechnik nach KVfG Rn 3, nämlich „von hinten anzufangen", also bei KVfG 22125.

2 Den KVfG 22120–22125 *gemeinsam* ist die in der amtlichen Vorbemerkung 2.2.1.2 Z 1, 2 genannte Bedingung einer Vollzugstätigkeit des Notars entweder ohne Erhalt einer Gebühr für ein Beurkundungsverfahren vor oder nach der Vollzugstätigkeit oder ohne Erhalt einer Entwurfsgebühr wegen des Vollzugsgeschäfts einerseits oder einer Vollzugstätigkeit unter Beteiligung einer ausländischen Stelle (Gericht oder Behörde). Auf diesen letzteren Fall weist auch schon die amtliche Vorbemerkung 2.2.1.1 III hin.

3 **2) Gebührenhöhen.** Man muß die folgenden Situationen unterscheiden. Die Gebühren basieren bei Wertabhängigkeiten auf der Tabelle B.
  A. KVfG 22120. Diese Vorschrift unterscheidet sich von KVfG 22111 dadurch, daß eine Vollzugsgebühr sich nach einer Beurkundungsgebühr von genau 2,0 errechnet. Es entsteht dann unter den Bedingungen Rn 2 eine Vollzugsgebühr von 1,0.

4 **B. KVfG 22121.** Diese Vorschrift unterscheidet sich von KVfG 22111 nur dadurch, daß der Anwalt unter den Bedingungen Rn 2 arbeitet. Es entsteht dann eine Vollzugsgebühr von 0,5.

5 **C. KVfG 22122.** Die Vorschrift behandelt eine sehr begrenzte, manchmal von den Tätigkeiten der amtlichen Vorbemerkung 2.2.1.1 I 2 Z 1–11 nur haarfein unterscheidbare Tätigkeit. Die Überprüfung der Einsetzbarkeit einer Urkunde bei Gericht besteht natürlich nicht in der Klärung der physischen Möglichkeit einer Vorlage, sondern in der Klärung, ob diese sinnvoll, ratsam, notwendig oder gefährlich, risikovoll, zu folgenschwer wäre. Es kommt also auf eine Abwägung an. Diese muß immerhin naheliegen und darf nicht erkennbar ganz überflüssig sein.
  Selbst dann ist KVfG aber *unanwendbar* neben KVfG 22120 oder 22121. Das ergibt sich aus der amtlichen Anmerkung I.

6 **D. KVfG 22123.** Es muß eine Beanstandung vorliegen. Der Notar muß sie „erledigen", also mit Erfolg beseitigen. Die Beanstandung mag objektiv statthaft und begründet oder von vornherein zweifelhaft gewesen sein. Ein wesentlicher Teilerfolg mag genügen. Bei mehreren Beanstandungen muß der Notar sie alle erledigt haben (der Haupttext nennt nicht „eine Beanstandung" sondern „Beanstandungen"). Das alles mag erst- oder zweitinstanzlich geschehen sein.
  Unanwendbar ist KVfG 22123 neben KVfG 22120, 22121 oder 22122. Das ergibt sich aus der amtlichen Anmerkung. Sie geht also noch weiter als bei KVfG 22122.

E. KVfG 22 124. Es geht um bloße Antragsübermittlung usw oder um eine „Antragstellung im Namen" einer Beteiligten. Es entsteht eine Festgebühr von 20 EUR. Das gilt aber nur hilfsweise: KVfG 22 120–22 123, 22 125 haben Vorrang, amtliche Anmerkung. **7**

F. KVfG 22 125. Diese Vorschrift unterscheidet sich von KVfG 22 114 nur dadurch, daß der Notar gerade unter den Bedingungen Rn 2 tätig wurde. Es entsteht zwar zunächst 0,6 Gebühr, jedoch begrenzt durch den Höchstbetrag von 250 EUR. Diese Regelung gilt stets unabhängig von KVfG 22 120–22 124, amtliche Anmerkung. **8**

3) **Geschäftswerte.** Es gilt jeweils § 112. **9**

4) **Fälligkeit, Gebührenschuldner.** Es gelten jeweils bei der Fälligkeit § 112, beim Gebührenschuldner § 29 Z 1–3. **10**

Abschnitt 2. Betreuungstätigkeiten

Nr.	Gebührentatbestand	Gebühr oder Satz der Gebühr nach § 34 GNotKG – Tabelle B
22 200	Betreuungsgebühr	0,5
	Die Betreuungsgebühr entsteht für die	
	1. Erteilung einer Bescheinigung über den Eintritt der Wirksamkeit von Verträgen, Erklärungen und Beschlüssen,	
	2. Prüfung und Mitteilung des Vorliegens von Fälligkeitsvoraussetzungen einer Leistung oder Teilleistung,	
	3. Beachtung einer Auflage eines an dem Beurkundungsverfahren Beteiligten im Rahmen eines Treuhandauftrags, eine Urkunde oder Auszüge einer Urkunde nur unter bestimmten Bedingungen herauszugeben, wenn die Herausgabe nicht lediglich davon abhängt, dass ein Beteiligter der Herausgabe zustimmt, oder die Erklärung der Bewilligung nach § 19 der Grundbuchordnung aufgrund einer Vollmacht, wenn diese nur unter bestimmten Bedingungen abgegeben werden soll,	
	4. Prüfung und Beachtung der Auszahlungsvoraussetzungen von verwahrtem Geld und der Ablieferungsvoraussetzungen von verwahrten Wertpapieren und Kostbarkeiten,	
	5. Anzeige oder Anmeldung einer Tatsache, insbesondere einer Abtretung oder Verpfändung, an einen nicht an dem Beurkundungsverfahren Beteiligten zur Erzielung einer Rechtsfolge, wenn sich die Tätigkeit des Notars nicht darauf beschränkt, dem nicht am Beurkundungsverfahren Beteiligten die Urkunde oder eine Kopie oder eine Ausfertigung der Urkunde zu übermitteln,	
	6. Erteilung einer Bescheinigung über Veränderungen hinsichtlich der Personen der Gesellschafter oder des Umfangs ihrer Beteiligung (§ 40 Abs. 2 GmbHG), wenn Umstände außerhalb der Urkunde zu prüfen sind, und	
	7. Entgegennahme der für den Gläubiger bestimmten Ausfertigung einer Grundpfandrechtsbestellungsurkunde zur Herbeiführung der Bindungswirkung gemäß § 873 Abs. 2 BGB.	

KVfG 22200, 22201

1 **1) Geltungsbereich.** Die amtliche Anmerkung enthält zwar eine längere Aufzählung in Z 1–7. Sie bringt aber keineswegs zum Ausdruck, sie sei nur beispielhaft. Daher ist sie schon wegen des Worts „nur" in § 1 I abschließend und damit ziemlich eng auslegbar.

2 **2) Betreuungsgebühr.** Dieser neue Sammelbegriff bedeutet hier etwas grundsätzlich ganz anderes als die zB beim Gericht nach KVfG 11 100 ff beachtbaren Gebühren vor dem Betreuungsgericht. Es geht bei KVfG 22 200 vielmehr um eher einem Vollzug zugeordneten Tätigkeiten. Ob man sie unter „Betreuungstätigkeiten" treffend zusammenfassen sollte, mag offen bleiben.

3 **3) Tätigkeiten.** Es lassen sich zB beim Stichwort Fälligkeitsprüfung schon nach der bisherigen Rspr und Lehre viele Aspekte erwähnen, bei anderen Stichwörtern nur wenige.

4 **4) Beispiele zur Frage einer Zuordnung, Z 1–7:** Anwendbar sein kann Z 2 dann, wenn der Notar eine Fälligkeit oder den Eingang des Kaufpreises überwacht, soweit von diesem Eingang nach dem Vertrag die Eigentumsumschrift abhängig ist, Düss FGPrax **95**, 165 (die Fälligkeitsmitteilung kann Z 2 zusätzlich auslösen), Hamm JB **98**, 153, Schlesw JB **95**, 260, aM BGH MDR **11**, 1507 (§ 149), Hamm (15. ZS) FGPrax **98**, 236, Köln Rpfleger **89**, 257 (aber das ist ein typischer Fall von Z 2).
Die Überwachung sowohl der Zahlung als auch der Fälligkeit lassen Z 2 evtl *zweimal* entstehen, BGH NJW **05**, 3218. Auch soweit der Notar zugleich auch eine Überwachung der Urkundenvorlage zu dem vom Verkäufer festgelegten Zeitpunkt im Interesse und Auftrag des Käufers vornimmt, liegt neben der Überwachung des Empfangs oder der Fälligkeit des Kaufpreises eine getrennte weitere Tätigkeit nach Z 2 vor, Düss JB **96**, 101, Hamm MittBayNot **98**, 202, LG Kleve JB **00**, 543, 595 (dann aber geringerer Wert), aM Celle JB **97**, 40, Köln MittRhNotK **91**, 226.
Z 6 gilt statt KVfG 25 104, soweit der Notar keine Umstände außerhalb der Urkunde prüfen muß, LG Düss ZIP **15**, 1880.

5 **5) Gebührenhöhe.** In jedem Fall einer Tätigkeit nach Z 1–7 entsteht nach der Tabelle B 0,5 Gebühr als Verfahrenspauschale.

6 **6) Geschäftswert.** Es gilt § 113.

7 **7) Fälligkeit, Gebührenschuldner.** Die Fälligkeit richtet sich nach § 10 Hs 1. *Gebührenschuldner* ist man nach § 29 Z 1–3.

Nr.	Gebührentatbestand	Gebühr oder Satz der Gebühr nach § 34 GNotKG – Tabelle B
22 201	Treuhandgebühr .... [1]Die Treuhandgebühr entsteht für die Beachtung von Auflagen durch einen nicht unmittelbar an dem Beurkundungsverfahren Beteiligten, eine Urkunde oder Auszüge einer Urkunde nur unter bestimmten Bedingungen herauszugeben. [2]Die Gebühr entsteht für jeden Treuhandauftrag gesondert.	0,5

1 **1) Geltungsbereich.** Die amtliche Anmerkung umschreibt sie einigermaßen. Es handelt sich um mehr als eine jetzt in KVfG 22 110 ff geregelte bloße Vollzugstätigkeit. Der Notar muß den zusätzlichen Treuhandauftrag angenommen und vertragsgemäß zB mit einer Behörde verhandelt oder Auskünfte eingeholt haben, um nur einen kleinen Teil der Treuhandaufgaben anzudeuten. Die Stellung von KVfG 22 201 hinter KVfG 22 200 mit der umfangreichen Aufzählung der dortigen amtlichen Anmerkung Z 1–7 zeigt, daß die „Treuhandgebühr" eine ergänzende Auffangfunktion hat. Freilich darf man sie wegen § 1 I mit seinem Wort „nur" nun auch nicht zur beliebig großzügigen Lückenfüllung mißbrauchen. Es muß schon ein wirkliches Treuhandverhältnis vorliegen, wie immer man es im einzelnen definieren mag.

Kostenverzeichnis **22201, Vorbem 2.3, 23100, 23200 KVfG**

2) Gebührenhöhe. Es entsteht eine Verfahrensgebühr nach Tabelle B in Höhe von 0,5 Gebühr. 2

3) Geschäftswert. Es gilt § 113 II. 3

4) Fälligkeit, Gebührenschuldner. Die Fälligkeit richtet sich nach § 10. *Gebührenschuldner* ist man nach § 29 Z 1–3. 4

Hauptabschnitt 3. Sonstige notarielle Verfahren

(Amtliche) Vorbemerkung 2.3:
I ¹Mit den Gebühren dieses Hauptabschnitts wird auch die Fertigung einer Niederschrift abgegolten. ²Nummer 23 603 bleibt unberührt.

II Wenn der Notar nach landesrechtlichen Vorschriften anstelle des Gerichts oder neben diesem die Auseinandersetzung eines Nachlasses oder des Gesamtguts nach Beendigung der ehelichen, lebenspartnerschaftlichen oder fortgesetzten Gütergemeinschaft zu vermitteln hat, bestimmen sich die Gebühren nach Teil 1.

Abschnitt 1. Rückgabe eines Erbvertrags aus der notariellen Verwahrung

Nr.	Gebührentatbestand	Gebühr oder Satz der Gebühr nach § 34 GNotKG – Tabelle B
23 100	Verfahrensgebühr .... ¹Wenn derselbe Notar demnächst nach der Rückgabe eines Erbvertrags eine erneute Verfügung von Todes wegen desselben Erblassers beurkundet, wird die Gebühr auf die Gebühr für das Beurkundungsverfahren angerechnet. ²Bei einer Mehrheit von Erblassern erfolgt die Anrechnung nach Kopfteilen.	0,3

1) Geltungsbereich. Bisher war die Rückgabe gebührenfrei. Sie gilt nach §§ 2256 I 1, 2300 II 3 BGB als Widerruf des Erbvertrags. Er gehört nach KVfG 21 201 Z 1–8 nicht zu den dort genannten gebührenpflichtigen Vorgängen. Jedenfalls stellt KVfG 23 100 jetzt eine Gebührenpflicht klar. 1

2) Gebührenhöhe. Es entsteht eine Verfahrensgebühr. Sie gilt die gesamte Tätigkeit des Notars zwecks Rückgabe des Erbvertrags aus seiner Verwahrung an die Beteiligten ab. Nach § 2300 II 2 Hs 1 BGB kann die Rückgabe nur an alle Vertragspartner gemeinschaftlich erfolgen. Der Notar muß auch die in dort Hs 2 genannten Bestimmungen des § 2290 I 2, II, III BGB mitbeachten und die durch Verweisung nach Rn 1 notwendige Belehrung nach §§ 2256 I 2 nebst Vermerken auf der Urkunde und in seiner Handakte erteilen. Das alles gilt die 0,3 Gebühr mit ab. Es gilt Tabelle B. 2

Eine *Anrechnung* nach der amtlichen Anmerkung S 1, 2 auf eine Beurkundungsgebühr nach KVfG 21 100 kann notwendig werden.

3) Geschäftswert. Es gilt § 114. 3

4) Fälligkeit, Gebührenschuldner. Die Fälligkeit richtet sich nach § 10. *Gebührenschuldner* ist man nach § 29 Z 1–3. 4

Abschnitt 2. Verlosung, Auslosung

Nr.	Gebührentatbestand	Gebühr oder Satz der Gebühr nach § 34 GNotKG – Tabelle B
23 200	Verfahrensgebühr .... Die Gebühr entsteht auch, wenn der Notar Prüfungstätigkeiten übernimmt.	2,0

KVfG 23201
Kostenverzeichnis

Nr.	Gebührentatbestand	Gebühr oder Satz der Gebühr nach § 34 GNotKG – Tabelle B
23 201	Vorzeitige Beendigung des Verfahrens: Die Gebühr 23 200 ermäßigt sich auf	0,5

Zu KVfG 23200, 23201:

1 **1) Geltungsbereich.** Man kann zu den beiden im Text der amtlichen Überschrift genannten Vorgängen noch drei zugehörige weitere Tätigkeiten zählen.
A. Verlosung. Verlosung ist die Ziehung zB bei Studien- oder Reiseplätzen oder bei einer Lotterie per Trommel usw oder per Brief oder elektronischer Beteiligung. Es ist unerheblich, wie lange sie dauert. Bei einer Klassenlotterie muß man jede Ziehung einzeln behandeln. Auch ein Preisausschreiben kann hierher zählen.
Unanwendbar ist KVfG 23 200 beim bloßen Nebengeschäft. Eine Verteilung der Erbmasse durch das Los nach § 369 FamFG ist ein Nebengeschäft des Erbauseinandersetzungsvertrags.

2 **B. Auslosung.** Eine Auslosung von Wertpapieren ist der Vorgang der Feststellung der zahlbaren Papiere.

3 **C. Vernichtung.** Zum Vorgang der Vernichtung zählt nicht nur die physische Beseitigung, etwa durch ein Zerreißen, sondern auch die Feststellung der Ungültigkeit eines schon durch ein anderes Wertpapier ersetzten Papiers. Das gilt auch dann, wenn die äußere Entwertung des bisherigen Wertpapiers nicht stattfindet.

4 **D. Einzählen.** Dieser Vorgang erfordert mehr als zB das Einschütten der von anderen angeblich genau abgezählten Lose in die Lostrommel. Vielmehr umfaßt das Einzählen eine solche Tätigkeit, die gerade die Zahl der Lose kontrolliert, Celle Rpfleger *79*, 36, aM Mümmler JB *78*, 667 (aber das letztere ist der Kern der Aufgabe).

5 **E. Prüfung.** Die notarielle Anwesenheit ist wohl durchweg der Mindestgrund der Hinzuziehung dieser Amtsperson. Sie soll schon dadurch die Korrektheit des Gesamtvorgangs garantieren. Meist soll der Notar aber darüber hinaus den Hergang auch mitüberprüfen. Diese zusätzliche Tätigkeit könnte nach der amtlichen Anmerkung zu KVfG 23 200 zwar an sich bereits die Gebühr auslösen. Praktisch kommt aber Anwesenheit mit (Mit-)Prüfung zusammen. Die amtliche Anmerkung soll durch das mißverständliche Wort „auch" wohl kaum bedeuten, daß die Prüfung eine Zusatzgebühr auslösen würde. Sie soll vielmehr vernünftig ausgelegt nur klären, daß beides durchweg zugleich erfolgt.

6 **2) Gebührenhöhen.** Man muß zwei Vorgangsdauern unterscheiden. Es gilt jeweils Tabelle B.
A. Normalbeendigung des Verfahrens, KVfG 23 200. Sie löst eine Verfahrensgebühr von 2,0 aus.

7 **B. Vorzeitige Beendigung.** Diesen Begriff klärt der Text anders als zB KVfG 21 300 Z 1–3 nicht näher. Daher muß man durch Auslegung ermitteln, ob der Verlosungs- oder Auslosungsvorgang vorzeitig endete. Dabei kommt es nicht darauf an, ob der Notar an einer normal beendeten Verlosung usw bis zu ihrem Ende teilnahm, sondern nur darauf, ob sie objektiv vorzeitig endete. Natürlich entsteht dann keine volle Verfahrensgebühr, wenn der Notar überhaupt nur wenige Sekunden anwesend war. Eine kürze Auslosung mag aber bis zum Normalende nur wenige Minuten gedauert haben. Eine vorzeitige Beendigung erbringt nur 0,5 Gebühr.

8 **3) Geschäftswert.** Soweit zur Verlosung oder Auslosung eine Beurkundung hinzukam, gilt § 97 I. Sonst gilt § 36 I, III, IV.

9 **4) Fälligkeit, Gebührenschuldner.** Die Fälligkeit richtet sich nach § 10. *Gebührenschuldner* ist man nach § 29 Z 1–3.

Vorbem 2.3.3, 23300–23302 KVfG

Abschnitt 3. Eid, eidesstattliche Versicherung, Vernehmung von Zeugen und Sachverständigen

(Amtliche) Vorbemerkung 2.3.3:

I Die Gebühren entstehen nur, wenn das in diesem Abschnitt genannte Verfahren oder Geschäft nicht Teil eines anderen Verfahrens oder Geschäfts ist.

II Wird mit der Niederschrift über die Abnahme der eidesstattlichen Versicherung zugleich ein Antrag an das Nachlassgericht beurkundet, wird mit der Gebühr 23 300 insoweit auch das Beurkundungsverfahren abgegolten.

Nr.	Gebührentatbestand	Gebühr oder Satz der Gebühr nach § 34 GNotKG – Tabelle B
23 300	Verfahren zur Abnahme von Eiden und eidesstattlichen Versicherungen	1,0
23 301	Vorzeitige Beendigung des Verfahrens: Die Gebühr 23 300 beträgt	0,3
23 302	Vernehmung von Zeugen und Sachverständigen	1,0

Zu KVfG 23300–23302:

1) Geltungsbereiche. Die Regelung erfaßt die folgenden Fälle. 1

A. Eid, eidesstattliche Versicherung, KVfG 23 300, 23 301. Es geht um die Abnahme eines Eides oder einer Versicherung an Eides Statt beliebiger Art. Das gilt nach der amtlichen Vorbemerkung 2.3.3 I freilich nur insoweit, als es für diese Abnahme nicht Sonderregeln gibt, etwa für ein Vermittlungsverfahren oder für die Beeidigung eines Sachverständigen zur Feststellung eines Zustands.

Nicht zu den Gerichtskosten zB eines Erbscheinsverfahrens zählt Hamm FamRZ 15, 168 die Gebühr KVfG 23 300.

Unanwendbar ist I daher zB bei §§ 259, 260, 2028, 2057, 2058, 2314 BGB. Die Beeidigung eines zur Amtshandlung des Notars hinzugezogenen Dolmetschers ist ein nach § 1 I gebührenfreies Nebengeschäft. Eine Aussageverweigerung ist keine eidesstattliche Versicherung. Überhaupt führt die Eidesverweigerung mangels „Abnahme" nach KVfG 23 200 nicht zu dessen Anwendung. Beim bloßen Entwurf gelten KVfG 24 100 ff.

B. Vernehmung, KVfG 23 302. Diese Vorschrift gilt bei der Vernehmung eines 2 Zeugen oder eines Sachverständigen. Auch dann ist die Vorschrift allerdings nach der amtlichen Vorbemerkung 2.3.3 I nur insoweit anwendbar, als eine solche Vernehmung nicht ein Teil eines anderen Verfahrens ist. Das letztere ist zB dann so, wenn das Gericht in einer Betreuungssache nach KVfG 22 200 einen Zeugen vernimmt.

2) Gebührenhöhen. Es gilt jeweils Tabelle B. Man muß jede KVfG-Nr unterscheiden. 3

A. Volles Abnahmeverfahren, KVfG 23 300. Es entsteht grundsätzlich 1,0 Gebühr. Sie gilt nach der amtlichen Vorbemerkung 2.3.3 II auch das dort genannte Beurkundungsverfahren mit ab.

B. Vorzeitige Verfahrensbeendigung, KVfG 23 301. Zu diesem Begriff vgl 4 zunächst KVfG 23 201. Die Gebühr 23 300 beträgt hier nur 0,3 Gebühr. Da eben die Gebühr „23 300" geringer wird, gilt auch hier die amtliche Vorbemerkung 2.3.3 II.

C. Vernehmung, KVfG 23 302. Es entsteht 1,0 Gebühr. 5

3) Geschäftswerte. Jeder Vorgang kann einen anderen Wert haben. Es gilt § 36 I, 6 III, IV.

4) Fälligkeit, Gebührenschuldner. Die Fälligkeit richtet sich nach § 10. Das gilt 7 auch bei KVfG 23 300. Denn seine amtliche Anmerkung regelt nur die Entstehung und nicht auch die davon zu unterscheidende Fälligkeit.

Gebührenschuldner ist man nach § 29 Z 1–3.

Abschnitt 4. Wechsel- und Scheckprotest

(Amtliche) Vorbemerkung 2.3.4:
Neben den Gebühren dieses Abschnitts werden die Gebühren 25 300 und 26 002 nicht erhoben.

Nr.	Gebührentatbestand	Gebühr oder Satz der Gebühr nach § 34 GNotKG – Tabelle B
23 400	Verfahren über die Aufnahme eines Wechsel- und Scheckprotests .... Die Gebühr fällt auch dann an, wenn ohne Aufnahme des Protestes an den Notar gezahlt oder ihm die Zahlung nachgewiesen wird.	0,5
23 401	Verfahren über die Aufnahme eines jeden Protests wegen Verweigerung der Ehrenannahme oder wegen unterbliebener Ehrenzahlung, wenn der Wechsel Notadressen enthält	0,3

Zu KVfG 23400, 23401:

1 1) **Geltungsbereiche.** Die Vorschriften entsprechen teilweise § 12 GvKostG, Teil XI dieses Buchs. Sie sind eng auslegbare Spezialbestimmungen. Sie gehen nach der amtlichen Vorbemerkung 2.3.4 den KVfG 25 300, 26 002 vor.

2 2) **Wechsel- oder Scheckprotest, KVfG 23 400.** Durch die Protestierung eines jeden Wechsels oder Schecks entsteht eine Verfahrensgebühr. Es ist unerheblich, ob der Notar oder der Gerichtsvollzieher nach § 12 GvKostG protestiert, Teil XI dieses Buchs. Die Protestgebühr entsteht, sobald man den Wechsel oder Scheck aus einem beliebigen Grund vorlegt und damit die Aufforderung zur Zahlung oder Annahme vornimmt oder wenn man den Bezogenen nicht antrifft oder wenn man seine Wohnung nicht ermitteln kann. Eine Aufnahme des Protests ist nicht unbedingt notwendig, Kersting DNotZ **93**, 788.

3 Nach der amtlichen Anmerkung reicht es aus, daß ein Wechselschuldner oder ein Dritter ohne einen vorherigen Protest an den Notar in dessen Amtsraum oder beim Schuldner zahlt oder ihm die Zahlung nachweist, sofern dieser den Wechsel im Besitz hat und einen Auftrag hat, Kersting DNotZ **93**, 788. Dabei ist es unerheblich, ob die Vorlegung und Zahlungsaufforderung schon erfolgt waren.

4 Falls der Auftraggeber den Auftrag erst nach dem Entstehen der Protestgebühr *zurücknimmt*, entsteht die volle Gebühr, sofern die Protestierung bereits begonnen hatte und nun die Beurkundung wegen der Auftragsrücknahme unterbleibt. Soweit der Auftraggeber nur die Zahlung mitteilt, darf man diese Mitteilung nicht als einen Zahlungsnachweis ansehen, sondern als eine Auftragsrücknahme.

Bei *mehreren* Protesten macht jeder Protest eine Gebühr fällig, auch wenn es sich um denselben Wechsel usw handelt.

5 3) **Notadresse, KVfG 23 401.** Eine solche Verfahrensgebühr entsteht nicht durch die Angabe der Notadresse derjenigen Person, die notfalls annehmen oder zahlen soll, sondern erst dann, wenn sie der Protestbeamte spätestens am Tag nach dem Fristablauf zur Protestierung durch den eigentlich Bezogenen aufsucht und wenn es zur Ehrenannahme oder -zahlung kommt oder auch nicht kommt. Die Gebühr entsteht für jeden Protest. Dann muß der Notar allerdings nicht nach Art 81 I WG eine besondere Urkunde aufnehmen.

6 4) **Gebührenhöhen.** Sie sind nach der Tabelle B ermittelbar und mit 0,5 oder 0,3 Gebühr unterschiedlich hoch.

7 5) **Geschäftswert.** Das ist der Nennbetrag des Wechsels oder Schecks ohne Zinsen und Kosten nach § 37 I. Soweit der Auftrag nur eine Teilforderung betrifft, gilt

KV **23400, 23401, Vorbem 2.3.5, 23500–23503 KVfG**

nur ihr Betrag als Wert. Jedoch ist der Gesamtwert dann maßgeblich, wenn der Protest nach einer Teilzahlung wegen des Rests erfolgt.

6) Fälligkeit, Gebührenschuldner. Die Fälligkeit richtet sich nach § 10.   **8**
Gebührenschuldner ist man nach § 29 Z 1–3.

Abschnitt 5. Vermögensverzeichnis und Siegelung

(Amtliche) Vorbemerkung 2.3.5:
Neben den Gebühren dieses Abschnitts wird die Gebühr 26 002 nicht erhoben.

Nr.	Gebührentatbestand	Gebühr oder Satz der Gebühr nach § 34 GNotKG – Tabelle B
23 500	Verfahren über die Aufnahme eines Vermögensverzeichnisses einschließlich der Siegelung	2,0
	Die Gebühr entsteht nicht, wenn die Aufnahme des Vermögensverzeichnisses Teil eines beurkundeten Vertrags ist.	
23 501	Vorzeitige Beendigung des Verfahrens: Die Gebühr 23 500 ermäßigt sich auf	0,5
23 502	Mitwirkung als Urkundsperson bei der Aufnahme eines Vermögensverzeichnisses einschließlich der Siegelung	1,0
23 503	Siegelung, die nicht mit den Gebühren 23 500 oder 23 502 abgegolten ist, und Entsiegelung	0,5

Zu KVfG 23500–23503:

1) Geltungsbereiche. Eine Vergütung erhält die Aufnahme eines Vermögensverzeichnisses zB nach §§ 1035 S 3, 1667 II, 1682, 1802 III, 2002, 2003, 2121 III BGB. Hierher gehört ferner im Anschluß an eine Nachlaßsicherung die Durchführung einer Siegelung oder Entsiegelung nach § 1960 BGB durch den Notar, auch auf eine Veranlassung eines Insolvenzverwalters oder Testamentvollstreckers. Eine solche Tätigkeit durch einen Gemeindebeamten erhält nach dem Landesrecht eine Vergütung. Eine Mitwirkung nach § 115 S 2 kann zB nach §§ 1802 II, 2003 BGB, § 151 InsO erfolgen. Der bloße Auftrag des Gerichts zur Siegelung an einen Notar usw ist gebührenfrei. Bei einem *Auseinandersetzungsvertrag* oder einem *Übergabevertrag* usw ist KVfG 23 500 nur insoweit anwendbar, als der Notar wirklich persönlich das Vermögen aufnimmt und nicht nur die Erklärungen der Beteiligten über den Bestand beurkundet.   **1**

2) Gebühren. Es gibt vier Einzelbereiche. Maßgeblich ist stets Tabelle B.   **2**
A. Aufnahme durch Notar nebst Siegelung, KVfG 23 500. Wenn der Notar die Aufnahme selbst vornimmt, entsteht eine Verfahrensgebühr von grundsätzlich 2,0 Gebühr. Sie erfolgt freilich nur dann, wenn die Tätigkeit des Notars ein volles Aufnahmeverfahren betrifft, einschließlich einer Siegelung. Sie entsteht selbst in solchem Fall dann nicht, wenn diese ganze Tätigkeit nur Teil eines von diesem Notar beurkundeten Vertrags ist. KVfG 21 100, 21 101 haben also den Vorrang.
B. Vorzeitige Verfahrensbeendigung, KVfG 23 501. Vgl dazu zunächst KVfG 23 301. Es entsteht nur 0,5 Gebühr.   **3**
C. Bloße Mitwirkung, KVfG 23 502. Hier beschränkt sich die Notartätigkeit auf solche Assistenz. Es entsteht 1,0 Gebühr.   **4**
D. Bloße Siegelung oder Entsiegelung, KVfG 23 503. Das ist neben KVfG 23 500 oder 23 502 eine bloße Hilfsvorschrift. Sie erbringt 0,5 Gebühr.   **5**

3) Geschäftswert. Maßgeblich ist nach § 46 I, II grundsätzlich der Wert der verzeichneten oder versiegelten Gegenstände.   **6**

4) Fälligkeit, Gebührenschuldner. Die Fälligkeit richtet sich nach § 10.   **7**
Gebührenschuldner ist man nach § 29 Z 1–3.

Abschnitt 6. Freiwillige Versteigerung von Grundstücken

(Amtliche) Vorbemerkung 2.3.6:
Die Vorschriften dieses Abschnitts sind auf die freiwillige Versteigerung von Grundstücken und grundstücksgleichen Rechten durch den Notar zum Zwecke der Veräußerung oder Verpachtung anzuwenden.

Nr.	Gebührentatbestand	Gebühr oder Satz der Gebühr nach § 34 GNotKG – Tabelle B
23 600	Verfahrensgebühr	0,5
23 602	Aufnahme einer Schätzung	0,5
23 602	Abhaltung eines Versteigerungstermins: für jeden Termin	1,0
	Der Versteigerungstermin gilt als abgehalten, wenn zur Abgabe von Geboten aufgefordert ist.	
23 603	Beurkundung des Zuschlags	1,0
	[1] Die Beurkundung bleibt gebührenfrei, wenn sie in der Niederschrift über die Versteigerung erfolgt und wenn 1. der Meistbietende die Rechte aus dem Meistgebot oder der Veräußerer den Anspruch gegen den Ersteher abtritt oder 2. der Meistbietende erklärt, für einen Dritten geboten zu haben, oder 3. ein Dritter den Erklärungen nach Nummer 2 beitritt. [2] Das Gleiche gilt, wenn nach Maßgabe der Versteigerungsbedingungen für den Anspruch gegen den Ersteher die Bürgschaft übernommen oder eine sonstige Sicherheit bestellt und dies in dem Protokoll über die Versteigerung beurkundet wird.	

Zu KVfG 23 600–23 603:

Gliederung

1) Systematik 1
2) Regelungszweck 2
3) Geltungsbereich 3
4) Gebühren 4–7
   A. Verfahrensgebühr, KVfG 23 600 4
   B. Schätzung, KVfG 23 601 5
   C. Versteigerungstermin, KVfG 23 602 6
   D. Zuschlag, KVfG 23 603 7
   E. Gebührenfreiheit, KVfG 23 603 amtliche Anmerkung S 1, 2 ... 8
5) Geschäftswert 9
6) Fälligkeit, Gebührenschuldner 10

1   **1) Systematik.** Die echte Zwangsversteigerung unterfällt § 54 GKG in Verbindung mit KV 2210ff, Teil I A dieses Buchs. Demgegenüber erfassen KVfG 23 600–23 603 jede „freiwillige" Versteigerung der in der amtlichen Vorbemerkung 2.3.6 genannten Sachen. Für bewegliche Sachen gelten KVfG 23 700, 23 701. Die zu KVfG 23 600–23 603 gehörenden vielschichtigen Vorgänge unterstehen einer sorgfältig ausdifferenzierten Regelung. Sie stellt das Gegenteil einer krassen Vereinfachung dar.

2   **2) Regelungszweck.** Die in Rn 1 angesprochene sorgfältige Differenzierung dient der Kostengerechtigkeit. Sie nimmt eine gewisse Mühe bei der Ermittlung des im Einzelfall Richtigen hin. Bei einer „freiwilligen" Versteigerung hat der Kostenschuldner wohl durchweg eine wirtschaftlich wesentlich stärkere Position als bei einer echten Zwangsversteigerung. Das darf man trotz des auch hier geltenden

Grundsatzes einer ihn schonenden Auslegung nach § 1 Rn 2 bei der Handhabung mitbeachten.

3) Geltungsbereich. Die Vorschriften regeln nach der amtlichen Vorbemerkung 2.3.6 die freiwillige Versteigerung oder Verpachtung eines Grundstücks oder eines grundstücksgleichen Rechts oder eines eingetragenen Schiffs. Es ist für die Gebührenhöhe unerheblich, ob die Versteigerung einen Verkauf oder eine Verpachtung bezweckt. 3

4) Gebühren. Sie setzen voraus, daß der Notar die Versteigerung selbst vornimmt und nicht nur zur Beurkundung der von jemand anderem vorgenommenen Versteigerung tätig wird. Man muß die folgenden Fallgruppen unterscheiden. 4

A. Verfahrensgebühr, KVfG 23 600. Für jedes Verfahren im allgemeinen entsteht 0,5 Gebühr. Sie gilt die gesamte Tätigkeit in diesem Verfahren ab, soweit nicht KVfG 23601–23603 anwendbar sind. Sie erfaßt also zB die Prüfung des Antragsrechts, die Klärung der Versteigerungsbedingungen, die Bekanntmachung des Versteigerungstermins, die Mitteilungen an die Beteiligten.

B. Schätzung, KVfG 23 601. Für die Aufnahme einer notariellen Schätzung entsteht 0,5 Gebühr. Die bloße Entgegennahme einer von einem Beteiligten eingereichten Schätzung und die Erlaubnis der zugehörigen Einsicht fallen unter KvfG 23 600, nicht unter KVfG 23 601. 5

C. Versteigerungstermin, KVfG 23 602. Für die Abhaltung jedes Versteigerungstermins entsteht 1,0 Gebühr nach dem Wert der jeweils in diesem Termin versteigerten Sachen. Sie erfaßt die gesamte Terminstätigkeit mit Ausnahme von KVfG 23 603. Sie entsteht nach der amtlichen Anmerkung mit der Aufforderung zur Abgabe eines Gebots. Als Versteigerungstermin gilt nur der zur Abgabe von Geboten bestimmte Termin. Hierher gehört also nicht ein bloßer Zuschlagstermin und dergleichen. Wenn derselbe Versteigerungstermin wegen desselben Grundstücks mehrere Tage hintereinander andauert, entsteht nur eine einzige Termingebühr. Eine bloße Pause beendet den Termin nicht, auch keine Essenspause. Ein Abbruch wegen fortgeschrittener Zeit an diesem Tag beendet aber diesen Termin. Es kann eine Zusatzgebühr nach KVfG 26 000 ff entstehen, und zwar zu jeder Terminsgebühr. 6

D. Zuschlag, KVfG 23 603. Für die Beurkundung des Zuschlags nach § 156 BGB entsteht bei jedem Ersteher 1,0 Gebühr. Das gilt auch dann, wenn die Beurkundung des Zuschlags nicht schon im Versteigerungstermin erfolgt. Der Zuschlag ist erst dann erteilt, wenn sämtliche Verkäufer zustimmen. 7

E. Gebührenfreiheit, KVfG 23 602 amtliche Anmerkung S 1, 2. Diese amtliche Anmerkung gilt nur bei KVfG 23 603. Das zeigt sich schon daran, daß ihre Eingangsworte „Die Beurkundung" nur mit dem Eingangswort „Beurkundung" des Haupttextes von (nur) KVfG 23 603 übereinstimmen. Die Aufzählung in S 1 Z 1–3 ist nicht abschließend. Hierhin gehören zB: Die Beurkundung der Auflassung und der Vollmacht zur Auflassung; der Antrag des Erstehers auf eine Löschung einer nicht übernommenen Hypothek. 8

5) Geschäftswert. Grundsätzlich gelten §§ 46, 49 I. Bei einer Verpachtung auf Zuschlag gilt § 52. Nach § 116 muß man die Einzelwerte bei der Versteigerung mehrerer Grundstücke in demselben Verfahren zusammenrechnen usw. 9

6) Fälligkeit, Gebührenschuldner. Die Fälligkeit richtet sich nach § 10. 10
Gebührenschuldner ist man nach § 29 Z 1–3. Es entsteht insoweit also keine Mithaft der übrigen Antragsteller über denjenigen Betrag hinaus, der dann entstanden wäre, wenn nur das jeweilige Einzelgrundstück dieses Beteiligten zur Versteigerung gekommen wäre.

Abschnitt 7. Versteigerung von beweglichen Sachen und von Rechten

Nr.	Gebührentatbestand	Gebühr oder Satz der Gebühr nach § 34 GNotKG – Tabelle B
23 700	Verfahrensgebühr	3,0

KVfG 23700, 23701, 23800–23802

Nr.	Gebührentatbestand	Gebühr oder Satz der Gebühr nach § 34 GNotKG – Tabelle B
	I Die Gebühr entsteht für die Versteigerung von beweglichen Sachen, von Früchten auf dem Halm oder von Holz auf dem Stamm sowie von Forderungen oder sonstigen Rechten. II Ein Betrag in Höhe der Kosten kann aus dem Erlös vorweg entnommen werden.	
23 701	Beendigung des Verfahrens vor Aufforderung zur Abgabe von Geboten: Die Gebühr 23 700 ermäßigt sich auf	0,5

Zu KVfG 23700, 23701:

1 1) **Systematik, Regelungszweck.** Die Vorschriften entsprechen KVGv 300 ff, Teil XI dieses Buchs. Zur Abgrenzung KVfG 23 600–23 603 Rn 1. Auch zum Regelungszweck gelten eingeschränkt die in KVfG 23 600 Rn 2 angestellten Erwägungen.

2 2) **Geltungsbereich.** Die Vorschriften betreffen eine vom Notar vorgenommene Versteigerung einer beweglichen Sache oder eines Rechts, auch diejenige eines nicht eingetragenen Schiffs. Früchte auf dem Halm und das Holz auf dem Stamm gelten als bewegliche Sachen. Zu den „sonstigen Rechten" gehören zB: Eine Forderung; die Jagdpacht; eine Grundschuld oder Rentenschuld; ein Anteil an einer Erbschaft oder Gesellschaft; ein Patent- oder Gebrauchsmusterrecht oder Designrecht; ein Urheberrecht; die Überlassung eines Nießbrauchs nach § 1059 BGB.

3 3) **Gebührenhöhen.** Es entsteht unabhängig von der Verfahrensdauer usw beim vollen Verfahren nach KVfG 23 700 nur 3,0 Gebühr als eine Pauschale. Das gilt auch bei einem mehrtägigen Versteigerungstermin, auch unabhängig davon, ob ein Gebot oder ein Zuschlag erfolgt. Nur bei einer Erledigung des Verfahrens und nicht nur dieses Termins vor der Aufforderung zur Abgabe eines Gebots ermäßigt sich die Gebühr nach KVfG 23 701 auf 0,5 Gebühr. Die Pauschgebühr erfaßt auch alle Vorbereitungs- und Abarbeitungsarbeit. Es entsteht evtl auch eine Zusatzgebühr nach KVfG 26 000 ff. KVfG 31 006 bleibt anwendbar.

Für die *Empfangnahme* des Erlöses erhält der Notar die Hebegebühr nach KVfG 25 300, 25 301. Der Notar kann die Kosten nach KVfG 23 700 amtliche Anmerkung II aus dem etwa direkt an ihn gezahlten Erlös vorweg entnehmen.

4 4) **Geschäftswert.** Maßgeblich ist der Wert der ausgebotenen Sache oder des Rechts, § 46, auch der Erlös. Man muß mehrere solche Gegenstände zusammenrechnen, § 117.

5 5) **Fälligkeit, Gebührenschuldner.** Die Fälligkeit richtet sich nach § 10. *Gebührenschuldner* ist man nach § 29 Z 1–3.

Abschnitt 8. Vorbereitung der Zwangsvollstreckung

Nr.	Gebührentatbestand	Gebühr oder Satz der Gebühr nach § 34 GNotKG – Tabelle B
23 800	Verfahren über die Vollstreckbarerklärung eines Anwaltsvergleichs nach § 796 a ZPO	60,00 €
23 801	Verfahren über die Vollstreckbarerklärung eines Schiedsspruchs mit vereinbartem Wortlaut (§ 1053 ZPO)	2,0
23 802	Beendigung des gesamten Verfahrens durch Zurücknahme des Antrags: Die Gebühr 23 801 ermäßigt sich auf	1,0

23803–23808 KVfG

Nr.	Gebührentatbestand	Gebühr oder Satz der Gebühr nach § 34 GNotKG – Tabelle B
23 803	Verfahren über die Erteilung einer vollstreckbaren Ausfertigung, wenn der Eintritt einer Tatsache oder einer Rechtsnachfolge zu prüfen ist (§§ 726 bis 729 ZPO)	0,5
23 804	Verfahren über den Antrag auf Erteilung einer weiteren vollstreckbaren Ausfertigung (§ 797 Abs. 3, § 733 ZPO) .... Die Gebühr wird für jede weitere Ausfertigung gesondert erhoben.	20,00 €
23 805	Verfahren über die Ausstellung einer Bestätigung nach § 1079 ZPO oder über die Ausstellung einer Bescheinigung nach § 1110 ZPO	20,00 €
23 806	Verfahren über einen Antrag auf Vollstreckbarerklärung einer notariellen Urkunde nach § 55 Abs. 3 AVAG, nach § 35 Abs. 3 AUG oder nach § 3 Abs. 4 IntErbRVG	240,00 €
23 807	Beendigung des gesamten Verfahrens durch Zurücknahme des Antrags: Die Gebühr 23 806 ermäßigt sich auf	90,00 €
23 808	Verfahren über die Ausstellung einer Bescheinigung nach § 57 AVAG oder § 27 IntErbRVG oder für die Ausstellung des Formblatts oder der Bescheinigung nach § 71 Abs. 1 AUG	15,00 €

Zu KVfG 23800–23808:

Vorbem. KVfG 23 806 und KVfG 23 808 ergänzt dch Art 13 Z 10 s, t G v 29. 6. 15, BGBl 1042, in Kraft seit 17. 8. 15, Art 22 I G, ÜbergangsR § 134 GNotKG.

Gliederung

1) Geltungsbereich 1
   A. Vergleich, KVfG 23 800 2
   B. Schiedsspruch mit vereinbartem Wortlaut, KVfG 23 801, 23 802 3
   C. Ausfertigung bei §§ 726–729 ZPO, KVfG 23 803 4
   D. Weitere vollstreckbare Ausfertigung nach §§ 733, 797 III ZPO, KVfG 23 804 5
   E. Bestätigung nach § 1079 ZPO, KVfG 23 805 6
   F. Notarielle Urkunde nach § 55 III AVAG, nach § 35 III AUG oder nach § 3 IV IntErbRVG, KVfG 23 806, 23 807 7
   G. Formblatt, Bescheinigung nach § 57 AVAG oder nach § 27 IntErbRVG oder nach § 71 I AUG, KVfG 23 808 8
2) Gebührenhöhen 9
3) Geschäftswert 10
4) Fälligkeit, Gebührenschuldner 11

1) Geltungsbereich. Die Vorschriften erfassen sehr unterschiedliche Arbeitsbereiche des Notars, der meist nur *eine* von mehreren Urkundsstellen ist. Die amtliche Vorbemerkung 2.3 I, II ist stets mit beachtbar. Die Einzelvorschriften sind als Spezialregelungen eng auslegbar. 1

A. Vergleich, KVfG 23 800. Es geht zunächst um den Gerichts- oder den sog Anwaltsvergleich nach § 796 a ZPO, der der Notar mit einer Zustimmung der Parteien nicht nur in seine Verwahrung genommen hat, sondern den er dann auch für vollstreckbar erklärt hat, 796 c I ZPO, oder dessen Vollstreckbarerklärung er abgelehnt hat, § 796 c II ZPO. Er muß zuständig sein, also seinen Amtssitz im Bezirk eines nach § 796 a I ZPO zuständigen Gerichts haben, § 796 c I 1 ZPO. 2

B. Schiedsspruch mit vereinbartem Wortlaut, KVfG 23 801, 23 802. Es geht ferner um das Verfahren über den Antrag auf die Vollstreckbarerklärung eines 3 dem Notar vorgelegten Schiedsspruchs mit vereinbartem Wortlaut nach § 1053 IV 1 ZPO, auch soweit der Notar die Vollstreckbarerklärung zB wegen eines Aufhebungsgrunds nach § 1059 ZPO oder mangels eines Rechtsschutzbedürfnisses abgelehnt hat, § 1053 IV 2 ZPO.

4   C. **Ausfertigung bei §§ 726–729 ZPO, KVfG 23 803.** Es gilt hier nur die Notwendigkeit eine Prüfung einer Tatsache oder Rechtsnachfolge.

5   D. **Weitere vollstreckbare Ausfertigung nach §§ 733, 797 III ZPO, KVfG 28 804.** Es geht ferner um eine solche weitere vollstreckbare Ausfertigung bei einer gerichtlichen oder notariellen Urkunde durch das sie verwahrende Gericht oder den sie verwahrenden Notar oder bei einer verwahrenden Behörde durch das AG ihres Amtssitzes im Verfahren nach § 733.

6   E. **Bestätigung nach § 1079 ZPO, KVfG 23 805.** Es geht ferner um die Ausstellung einer Bestätigung nach § 1079 ZPO durch den Notar, soweit er für die Erteilung einer vollstreckbaren Ausfertigung nach §§ 795 ff ZPO zuständig ist. Grundlage sind dabei Artt 6 II, 3, 9 I, 24 I, 25 I VO (EG) Nr 805/2004, abgedruckt bei BLAH Einf 3 vor § 1079 ZPO. Ferner geht es um eine Bescheinigung nach § 1110 ZPO.

7   F. **Notarielle Urkunde nach § 55 III AVAG, nach § 35 III AUG oder nach § 35 IV IntErbRVG, KVfG 23 806, 23 807.** Es geht ferner um die Vollstreckbarerklärung einer notariellen Urkunde nach § 55 III AVAG im Bereich der VO (EG) Nr 44/2001. Eine solche Urkunde kann je nach § 55 III 1 AVAG auch ein Notar für vollstreckbar erklären. Dabei gelten dann die Vorschriften über das Verfahren einer Vollstreckbarerklärung durch das Gericht nach § 55 III 2 AVAG sinngemäß. Alles das gilt auch bei § 35 III AUG und bei § 35 IV IntErbRVG.

8   G. **Formblatt, Bescheinigung nach § 57 AVAG oder nach § 27 IntErbRVG oder nach § 71 I AUG, KVfG 23 808.** Es geht schließlich um die Ausstellung einer Bescheinigung nach § 57 AVAG oder nach § 27 IntErbRVG oder eines Formblatts oder einer Bescheinigung nach § 71 I AUG durch den Notar als einer „mit öffentlichem Glauben versehenen Person" nach § 56 S 1 Hs 3 AVAG statt des nach Hs 1 ebenfalls befugten Gerichts oder der nach Hs 2 ebenfalls befugten Behörde, Hök JB 02, 514. Die Bescheinigung muß sich wegen der Verweisung in § 56 S 1 AVAG auf Artt 54, 57, 58 der VO (EG) Nr 44/2001 beziehen, bei § 27 IntErbRVG auf Artt 46 III b, 60 II, 61 II der VO (EU) Nr 650/2012.

9   2) **Gebühren(höhen).** Es entstehen zum Teil Festgebühren, zum anderen Teil Wertgebühren nach Tabelle B. Diejenige nach KVfG 23 801 ermäßigt sich unter den Voraussetzungen KVfG 23 802. Eine weitere Ermäßigung gegenüber diesmal KVfG 23 806 enthält KVfG 23 807.

10 3) **Geschäftswert.** Es gilt § 118.

11 4) **Fälligkeit, Gebührenschuldner.** Die Fälligkeit richtet sich nach § 10. *Gebührenschuldner* ist man nach § 29 Z 1–3.

Abschnitt 9. Teilungssachen

(Amtliche) Vorbemerkung 2.3.9:

^I Dieser Abschnitt gilt für Teilungssachen zur Vermittlung der Auseinandersetzung des Nachlasses und des Gesamtguts einer Gütergemeinschaft nach Beendigung der ehelichen, lebenspartnerschaftlichen oder fortgesetzten Gütergemeinschaft (§ 342 Abs. 2 Nr. 1 FamFG).

^{II} Neben den Gebühren dieses Abschnitts werden gesonderte Gebühren erhoben für

1. die Aufnahme von Vermögensverzeichnissen und Schätzungen,
2. Versteigerungen und
3. das Beurkundungsverfahren, jedoch nur, wenn Gegenstand ein Vertrag ist, der mit einem Dritten zum Zweck der Auseinandersetzung geschlossen wird.

Nr.	Gebührentatbestand	Gebühr oder Satz der Gebühr nach § 34 GNotKG – Tabelle B
23 900	Verfahrensgebühr	6,0
23 901	Soweit das Verfahren vor Eintritt in die Verhandlung durch Zurücknahme oder auf andere Weise endet, ermäßigt sich die Gebühr 23 900 auf	1,5
23 902	Soweit der Notar das Verfahren vor Eintritt in die Verhandlung wegen Unzuständigkeit an einen anderen Notar verweist, ermäßigt sich die Gebühr 23 900 auf	1,0 – höchstens 100,00 €
23 903	¹Das Verfahren wird nach Eintritt in die Verhandlung 1. ohne Bestätigung der Auseinandersetzung abgeschlossen oder 2. wegen einer Vereinbarung der Beteiligten über die Zuständigkeit an einen anderen Notar verwiesen: ²Die Gebühr 23 900 ermäßigt sich auf	3,0

Zu III KVfG 23900–23903:

Gliederung

- 1) Systematik 1
- 2) Regelungszweck 2
- 3) Notarielle Vermittlung 3–5
- 4) Gebührenhöhe 6, 7
   - A. Verfahrenspauschale 6
   - B. Ermäßigungen 7
- 5) Geschäftswert 8
- 6) Fälligkeit, Gebührenschuldner 9

1) Systematik. Zu diesen Regelungen gehört § 118a GNotKG. 1

2) Regelungszweck. KVfG 23900–23903 bezwecken auch beim Zusammenwirken des Nachlaßgerichts und des Notars die Kosten möglichst niedrig zu halten. 2

3) Notarielle Vermittlung. Bei einer Vermittlung entsteht eine Verfahrensgebühr. Sie gilt das gesamte Auseinandersetzungsverfahren einschließlich des vorangegangenen Verfahrens ab, also das gesamte Verfahren vom Eingang des Antrags bis zur Bestätigung der Auseinandersetzung nach § 371 FamFG. 3

Nicht abgegolten sind zB: Der Erbschein und die Pflegerbestellung, § 364 FamFG die Aufnahme eines Vermögensverzeichnisses oder einer Schätzung sowie die Beurkundungsgebühr für den Vertrag mit einem Dritten, amtliche Vorbemerkung 1.2.5.1 II Z 1–3. 4

Soweit es sich nur um eine *Teilbestätigung* handelt, entsteht eine Gebührenpflicht jeweils vom Teil.

Die *Ermittlung der Erben* ist an sich gebührenfrei, § 1 I. Sie bildet aber bei KVfG 12510 bereits einen Teil der Auseinandersetzung. Die Aufnahme eines bereits vorher eingestellten Verfahrens begründet ein neues Verfahren mit einer neuen Gebührenpflicht, soweit nicht eine unrichtige Sachbehandlung nach § 21 vorangegangen war. 5

4) Gebührenhöhe. Es gibt einen Grundsatz und mehrere Besonderheiten. Es gilt jeweils Tabelle B. 6

A. Verfahrenspauschale. Für das gesamte Vermittlungsverfahren vor dem Notar entsteht eine 6,0 Gebühr.

B. Ermäßigungen. Sie kommen nach KVfG 23901–23903 infrage. 7

5) Geschäftswert. Es gilt § 118a. 8

9 6) **Fälligkeit, Gebührenschuldner.** Die Fälligkeit richtet sich nach § 9 I. *Gebührenschuldner* ist der in § 23 Z 4 Benannte.

Hauptabschnitt 4. Entwurf und Beratung

Abschnitt 1. Entwurf

(Amtliche) Vorbemerkung 2.4.1:

[I] [1] Gebühren nach diesem Abschnitt entstehen, wenn außerhalb eines Beurkundungsverfahrens ein Entwurf für ein bestimmtes Rechtsgeschäft oder eine bestimmte Erklärung im Auftrag eines Beteiligten gefertigt worden ist. [2] Sie entstehen jedoch nicht in den Fällen der Vorbemerkung 2.2 Abs. 2.

[II] Beglaubigt der Notar, der den Entwurf gefertigt hat, demnächst unter dem Entwurf eine oder mehrere Unterschriften oder Handzeichen, entstehen für die erstmaligen Beglaubigungen, die an ein und demselben Tag erfolgen, keine Gebühren.

[III] [1] Gebühren nach diesem Abschnitt entstehen auch, wenn der Notar keinen Entwurf gefertigt, aber einen ihm vorgelegten Entwurf überprüft, geändert oder ergänzt hat. [2] Dies gilt nicht für die Prüfung der Eintragungsfähigkeit in den Fällen des § 378 Abs. 3 FamFG und des § 15 Abs. 3 der Grundbuchordnung.

[IV] Durch die Gebühren dieses Abschnitts werden auch abgegolten
1. die Übermittlung von Anträgen und Erklärungen an ein Gericht oder eine Behörde,
2. die Stellung von Anträgen im Namen der Beteiligten bei einem Gericht oder einer Behörde und
3. die Erledigung von Beanstandungen einschließlich des Beschwerdeverfahrens.

[V] [1] Gebühren nach diesem Abschnitt entstehen auch für die Fertigung eines Entwurfs zur beabsichtigten Verwendung für mehrere gleichartige Rechtsgeschäfte oder Erklärungen (Serienentwurf). [2] Absatz 3 gilt entsprechend.

[VI] Wenn der Notar demnächst nach Fertigung eines Entwurfs auf der Grundlage dieses Entwurfs ein Beurkundungsverfahren durchführt, wird eine Gebühr nach diesem Abschnitt auf die Gebühr für das Beurkundungsverfahren angerechnet.

[VII] Der Notar ist berechtigt, dem Auftraggeber die Gebühren für die Fertigung eines Serienentwurfs bis zu einem Jahr nach Fälligkeit zu stunden.

Vorbem. III 2 angefügt dch Art 6 III Z 4 G v 1. 6. 17, BGBl 1396, in Kraft seit 9. 6. 17, Art 11 II Z 4 G, ÜbergangsR § 134 GNotKG.

Nr.	Gebührentatbestand	Gebühr oder Satz der Gebühr nach § 34 GNotKG – Tabelle B
24 100	Fertigung eines Entwurfs, wenn die Gebühr für das Beurkundungsverfahren 2,0 betragen würde	0,5 bis 2,0 – mindestens 120,00 €
24 101	Fertigung eines Entwurfs, wenn die Gebühr für das Beurkundungsverfahren 1,0 betragen würde	0,3 bis 1,0 – mindestens 60,00 €
24 102	Fertigung eines Entwurfs, wenn die Gebühr für das Beurkundungsverfahren 0,5 betragen würde	0,3 bis 0,5 – mindestens 30,00 €
24 103	Auf der Grundlage eines von demselben Notar gefertigten Serienentwurfs finden Beurkundungsverfahren statt:	

Nr.	Gebührentatbestand	Gebühr oder Satz der Gebühr nach § 34 GNotKG – Tabelle B
	Die Gebühren dieses Abschnitts ermäßigen sich jeweils um	die Gebühr für das Beurkundungsverfahren

Zu KVfG 24100–24103:

Schrifttum: *Tiedtke/Diehn,* Notarkosten im Grundstücksrecht, 3. Aufl 2011.

Gliederung

1) **Systematik**	1
2) **Regelungszweck**	2
3) **Anfertigung**	3–12
A. Rechtsgeschäftliche Erklärung	3
B. Beispiele zur Frage gegensätzlicher Fälle ...	4
C. Entwurfsfertigung	5, 6
D. Wesentlichkeit	7
E. Beispiele zur Frage einer Wesentlichkeit ...	8, 9
F. Lediglich Entwurfsarbeit	10
G. Auftrag	11
H. Beispiele zur Frage eines Auftrags	12
4) **Überprüfung, Ergänzung, Änderung**	13
5) **Bei Beurkundung Anrechnung**	14–20
A. Entwurf	14
B. Zeitlich nachfolgende Beurkundung	15
C. Ursachenzusammenhang	16
D. Demnächst folgende Beurkundung	17
E. Zeitliche Großzügigkeit	18, 19
F. Reihenfolge der Anrechnung	20
6) **Nachfolgende Beglaubigung**	21
7) **Gerichts- oder Behördenvorlegung**	22–27
A. Entwurfsfertigung	23
B. Vorlegungszweck	24
C. Einverständnis der Beteiligten	25
D. Genehmigungsbedürftigkeit	26
E. Übermittlung, Antragstellung, Beanstandungserledigung ...	27
8) **Gebühren**	28
9) **Geschäftswert**	29
10) **Fälligkeit, Gebührenschuldner**	30

1) Systematik. Man muß zur richtigen Handhabung eine Reihe von Unterscheidungen vornehmen. **1**

Bloß eigener Entwurf „außerhalb" und nicht im Rahmen eines Beurkundungsverfahrens ist der eigentliche Hauptvorgang bei KVfG 24100–24102, (zum alten Recht) BGH FamRZ **15**, 1106. Diese Tätigkeit erfordert nach der amtlichen Vorbemerkung 2.4.1 I zunächst einen Auftrag und sodann eine vollständig eigene Kopfarbeit bis zur Erstellung eines vollständigen Entwurfs, der ohne Änderungen beurkundungsfähig ist und *ein* bestimmtes Rechtsgeschäft oder *eine* bestimmte Erklärung bezweckt, ohne schon im Beurkundungsverfahren zu erfolgen.

Mehrfache Verwendung des vorgenannten eigenen Entwurfs ist eine Zweckvariante, der sog Serienentwurf desselben Notars nach der amtlichen Vorbemerkung 2.4.1 V und nach KVfG 24103. Auch hier geht es zunächst nur um die trotz des Serienzwecks einmalige Entwurfsarbeit.

Fremdentwurf kann nach der amtlichen Vorbemerkung 2.4.1 III der Ausgangspunkt eigener Notartätigkeit durch dessen Überprüfung, Änderung oder Ergänzung sein. Dabei kann es sich um fremde Formulare, Vorschläge und andere Vorlagen aus der Rechtsprechung oder aus dem Schrifttum handeln. Sie mögen dem Notar aus Akten oder anderswie bekanntgeworden sein, durch den Auftraggeber oder durch einen Dritten, etwa durch eine Bank. Eine Variante wäre die Mitbenutzung eigener früherer Arbeit solcher Art.

Beurkundung nach Entwurf ist eine nicht stets, aber oft folgende Notartätigkeit nach der amtlichen Vorbemerkung 2.4.1 VI. Das kann sowohl auf Grund eines Einzelentwurfs als auch auf der Basis eines eigenen oder fremden Serienentwurfs geschehen.

Begleitarbeiten können überall hinzutreten, zB eine Beglaubigung nach der amtlichen Vorbemerkung 2.4.1 II, oder eine der in der amtlichen Vorbemerkung 2.4.1 IV Z1–3 aufgezählten Arbeiten.

2   **2) Regelungszweck.** Die Entwurfstätigkeit des Notars kann bereits praktisch dieselbe Mühe ausmachen wie die anschließenden Tätigkeiten. Schon der Entwurf erfordert meist die volle Sachkenntnis, dasselbe Fingerspitzengefühl und Verantwortungsbewußtsein wie die Endfassung. Daher muß im Interesse der Kostengerechtigkeit auch der bloße Entwurf schon eine solche Vergütung herbeiführen, die derjenigen der Endfassung nicht nennenswert nachsteht. Die Vorschrift enthält schon einige bemerkenswerte Vergünstigungen für den Kostenschuldner. Man darf sie deshalb nicht einfach auch noch darüber hinaus stets zu seinen Gunsten auslegen.

3   **3) Anfertigung.** Der Notar erhält die volle Beurkundungsgebühr, sofern die folgenden Voraussetzungen zusammentreffen.

A. Rechtsgeschäftliche Erklärung. Es muß sich um einen Auftrag handeln. Er kann auch stillschweigend erfolgen, Köln JB **97**, 604 (Erscheinen nur eines Beteiligten). Aber insofern Vorsicht! Er muß auf eine solche rechtsgeschäftliche Erklärung gehen, die eine Beurkundung nach KVfG 21100 braucht, Celle FGPrax **04**, 137, Düss JB **06**, 94, LG Trier JB **02**, 380 (je: Genehmigung). Denn jede dieser Vorschriften stellt auf ein entsprechendes „Beurkundungsverfahren" ab. Natürlich muß dem Auftraggeber die Entgeltlichkeit des Entwurfs klar sein, LG Kassel JB **09**, 323 links.

Den Gegensatz bildet die Beurkundung eines nicht im bestimmten Einzelfall rechtsgeschäftlichen, sondern allgemeinen oder nur tatsächlichen Vorgangs, aM KG DNotZ **87**, 381, Bengel DNotZ **85**, 272.

4   **B. Beispiele zur Frage gegensätzlicher Fälle**

Allgemeine Geschäftsbedingungen: *Unanwendbar* sind KVfG 24100–24103 nach § 147 bei ihnen. Ffm JB **80**, 116, Schlesw JB **77**, 848, Madert/Schmidt NJW **87**, 292, aM Hamm DNotZ **92**, 110, LG Hann JB **96**, 264.

Antrag: *Unanwendbar* sein können KVfG 24100–24103 bei ihm.

Bescheinigung: *Unanwendbar* sind KVfG 24000–24103 bei ihm.

Beschwerde: *Unanwendbar* sein können KVfG 24100–24103 bei ihr, Mümmler JB **76**, 531, aM KG DNotZ **87**, 381, Bengel DNotZ **85**, 272.

Darlehensübernahme: *Unanwendbar* sein können KVfG 24100–24103 bei ihr, Celle FGPrax **04**, 137. Das ist freilich eine Fallfrage.

Erklärung: *Unanwendbar* sind KVfG 24000–24103 bei einer nicht rechtsgeschäftlichen schriftlichen.

Gesellschafterbeschluß: *Unanwendbar* sind KVfG 24000–24103 bei ihm, aM Düss JB **10**, 311.

Tatsachenprotokoll: *Unanwendbar* sind KVfG 24000–24103 bei ihm.

Verfahrenshandlung: *Unanwendbar* sein können KVfG 24100–24103 bei einer bloßen solchen, Stgt DNotZ **84**, 654, aM Düss DNotZ **76**, 678.

Versammlungsbeschluß: *Unanwendbar* sind KVfG 24100–24103 bei ihm, LG Hann JB **03**, 97.

Vertragsmuster: *Unanwendbar* sind KVfG 24100–24103 bei ihm.

S auch „Allgemeine Geschäftsbedingungen".

5   **C. Entwurfsfertigung.** Der Notar muß nach § 24 BNotO einen Entwurf gefertigt haben. Der Entwurf setzt eine selbständige gerade notarielle Tätigkeit voraus, Oldb JB **96**, 206, Zweibr RR **01**, 864, LG Hann JB **03**, 97. Vgl im übrigen Rn 1. Eine nach § 24 II BNotO anwaltliche Tätigkeit gehört nicht hierher, also zB nicht die Wahrnehmung nur einseitiger Interessen etwa durch einen dann nach dem RVG vergütbaren Anwaltsnotar. Es kommt zur Abgrenzung auf das Vorliegen einer objektiv unparteiischen Tätigkeit an. Jeder Entwurf eines rechtlich selbständigen Vorgangs

zählt natürlich gesondert, ohne daß der Notar darauf besonders hinweisen müßte, Hamm JB **99**, 97 (Kauf und Erbbaurecht nacheinander).

Ein Entwurf in diesem Sinn liegt *auch dann* vor, wenn nach ihm nur eine bereits jetzt begrenzte Zahl von Einzelverträgen zustandekommen soll, BayObLG **91**, 311, Düss DNotZ **84**, 119, Schlesw JB **94**, 287. Den Gegensatz bildet ein Vertragsmuster für eine unbestimmte Zahl von etwaigen späteren Einzelfällen. Dann gilt freilich nach der amtlichen Vorbemerkung 2.4.1 V (jetzt) ebenfalls KVfG 24 100 ff. 6

D. Wesentlichkeit. Der Entwurf ist gefertigt, sobald er alles Wesentliche in einer zur endgültigen Festlegung einer auch etwa nur einseitigen rechtsgeschäftlichen Erklärung geeigneten Form enthält, Ffm JB **76**, 954. Unter dieser Voraussetzung ist keine restlose Fertigstellung des Gesamttextes notwendig, KG DNotZ **86**, 113, aM BayObLG MittBayNot **90**, 58 (aber der endgültige Preis oder Käufer sind als einzig noch Fehlendes rechtlich zwar wichtig, aber nicht für die Gedankenarbeit eines Entwurfs wesentlich). Ebensowenig ist eine Mitteilung des Entwurfs erforderlich, Ffm JB **98**, 375. Andernfalls würde manche erhebliche Arbeit des Notars unzulänglich bezahlt bleiben. 7

E. Beispiele zur Frage einer Wesentlichkeit 8

Änderung: Anwendbar sind KVfG 24 100–24 103 dann, wenn der Auftraggeber einen neuen zusätzlichen Auftrag für einen zu ändernden Entwurf erteilt hat.

Unanwendbar sind die Vorschriften aber bei einer solchen Änderung, die auf dem bisherigen Auftrag beruht und daher dasselbe Geschäft betrifft. Denn dann hatte der Notar den Entwurf rechtlich betrachtet noch nicht fertiggestellt.

Anrechnung: S „Hauptgeschäftsgebühr".
Beratung: S „Vorarbeit".
Diktat: Es genügt, KG AnwBl **06**, 424.
Einsicht in Register usw: S „Hauptgeschäftsgebühr", „Vorarbeit".
Erörterung: Eine vorherige mit den Beteiligten kann eine Wegegebühr entstehen lassen. 9
Hauptgeschäftsgebühr: Sie gilt den zugehörigen Entwurf mit ab. Das folgt aus der amtlichen Vorbemerkung 2.4.1 VI (Anrechnung). Sie gilt ferner Nebenarbeiten mit ab, etwa eine Einsicht des Grundbuchs.
Mitarbeiter: Anwendbar sind KVfG 24 100–24 103 auch, soweit der Notar die Anfertigung des Entwurfs von einem Mitarbeiter durchführen läßt, etwa vom Bürovorsteher.
Teilnahme an Besprechung: *Unanwendbar* sind KVfG 24 100–24 103 auf die bloße Teilnahme beim Notar, Köln JB **78**, 419.
Vorarbeit: *Unanwendbar* sind KVfG 24 100–24 103 auf eine bloße Vorarbeit einer Beurkundung, Düss JB **94**, 239, Ffm DNotZ **78**, 439, Zweibr RR **01**, 864. Sie fällt vielmehr unter KVfG 24 200 ff. Hierzu zählt eine vorbereitende und fördernde Tätigkeit wie eben eine Beratung, eine Einsicht usw.

F. Lediglich Entwurfsarbeit. KVfG 24 100 ff setzen nach der amtlichen Vorbemerkung 2.4.1. I voraus, daß der Auftrag an den Notar nur die Fertigung des allerdings vollständigen Entwurfs umfaßt, selbst wenn ein Beurkundungsauftrag in Aussicht steht, Oldb JB **96**, 206, Tiedtke DNotZ **17**, 390, aM Köln JB **97**, 604. Soweit also der Auftrag von vornherein dahin geht, auf der Basis des zu fertigenden Entwurfs dann auch eine zugehörige Beurkundung vorzunehmen, muß man nach Rn 10 die Entwurfsgebühr nach der amtlichen Vorbemerkung 2.4.1 VI auf Entgelt für die Beurkundung anrechnen. Etwas anderes gilt evtl bei einer bloßen Änderung oder dann, wenn die weitere Verhandlung oder Überprüfung einen Entwurf erfordert, BayObLG JB **82**, 1549, Ffm DNotZ **78**, 439, Schlesw DNotZ **78**, 760, oder wenn der Auftraggeber den Beurkundungsauftrag vor der Beurkundung zurücknimmt, Stgt FamRZ **12**, 397. Dann gelten KVfG 21 300 ff, Tiedtke DNotZ **17**, 390. 10

Man muß die Frage, *welchen Umfang* der Auftrag hatte, nach einem objektiven Maßstab beantworten, Tiedtke DNotZ **17**, 390, und darf nicht nur die persönliche Ansicht der Beteiligten oder des Notars zugrunde legen, Ffm DNotZ **79**, 120. Es ist denkbar, daß der Notar gleichzeitig mehrere voneinander unabhängige selbständige Aufträge einerseits zur Fertigung eines Entwurfs und andererseits zu einer Beurkundung auf Grund des Entwurfs erhalten hat, Ffm NJW **77**, 1737, Schlesw JB **77**, 847, Delp JB **76**, 731. Es kann auch zunächst ein solcher Beurkundungsauftrag vorgelegen haben, den der Auftraggeber dann in den Auftrag auf einen bloßen Entwurf abänderte. Dann können KVfG 24100–24103 unabhängig davon anwendbar sein, ob der Notar den Entwurf vor oder nach dieser Auftragserteilung fertigte, KG RR **97**, 64.

11   **G. Auftrag.** KVfG 24100–24103 setzen nach der amtlichen Vorbemerkung 2.4.1 I voraus, daß der Notar seine Arbeit gerade „im Auftrag eines Beteiligten" geleistet hat. Der Auftraggeber hat den Entwurf erfordert, soweit gerade er und nicht nur der Geschäftsgegner zumindest zunächst oder überhaupt nur, aber nach Treu und Glauben doch eindeutig die Herstellung einer selbständigen notariellen Tätigkeit unter einer Billigung der gesetzlichen Kostenpflicht verlangt hat, BayObLG MittBayNot **90**, 58, Bre FGPrax **12**, 82, Oldb JB **96**, 206.

12   **H. Beispiele zur Frage eines Auftrags**

Aushändigung: *Kein* Auftrag liegt vor, soweit der Notar dem Käufer nur den notwendigen Text des Rechtsgeschäfts aushändigt.

Belehrung: Ein Auftrag liegt nur dann vor, wenn der Notar den Auftraggeber zumindest auf dessen Befragen über dessen Kostenpflicht nach § 21 belehrt hat.

Entgegennehmen: *Kein* Auftrag liegt meist schon im bloßen Entgegennehmen, Bre FGPrax **12**, 82, Köln JB **93**, 100.

Gebrauchen: *Kein* Auftrag liegt schon im bloßen Gebrauchen.

Genehmigung: S „Stillschweigen".

Nebenerklärung: S „Stillschweigen".

Stillschweigen: Ein Auftrag läßt sich auch stillschweigend erteilen, KG DNotZ **75**, 178, Köln JB **78**, 418, LG Wuppert MittRhNotK **90**, 288, aM Karlsr JB **92**, 549, Hansens JB **83**, 1122 (aber es gelten die normalen Regeln zur Auslegung einer Willenserklärung nach §§ 157, 242 BGB wie einer Parteiprozeßhandlung nach BLAH Grdz 47, 51 vor § 128 ZPO).

Unbrauchbarkeit: Soweit der Notar so arbeitet, *entfällt* eine Kostenschuld des Veranlassers, LG Hann JB **96**, 550.

Vertrag statt Angebot: Bei einem solchen Entwurf *entfällt* eine Kostenschuld des Veranlassers, BayObLG JB **94**, 500, Köln JB **78**, 418, Mümmler JB **76**, 576.

Vorbereitung: *Kein* Auftrag liegt vor, soweit der Auftraggeber den Notar nur um eine bloße Vorbereitungsmaßnahme nach Rn 8 zur folgenden Beurkundung bittet, BayObLG **83**, 91, Oldb JB **96**, 206, LG Hann JB **03**, 97.
S auch „Weitere Überlegungen oder Verhandlungen".

Weitere Überlegungen oder Verhandlungen: *Kein* Auftrag liegt vor, soweit der Auftraggeber nur eine Vorlage für weitere Überlegungen usw erbittet, BayObLG JB **82**, 1549, Oldb JB **96**, 439, Schlesw DNotZ **78**, 760.
S auch „Vorbereitung".

Zweck: Er ist unerheblich, KG FamRZ **16**, 733.

13   **4) Überprüfung, Ergänzung, Änderung.** Zur Abgrenzung von der Anfertigung eines eigenen Entwurfs Rn 1, 3 ff. Selbst eine wesentliche Ergänzung kann eine bloße Ergänzung des Fremdentwurfs nach der amtlichen Vorbemerkung 2.4.1 III sein, Stgt FGPrax **02**, 237. Die Fremdtext muß immerhin eine Entwurfsqualität nach Rn 7 haben. Die Notararbeit kann natürlich auch einen eigenen Entwurf bedeuten, Bengel/Tiedtke DNotZ **04**, 258. Die Abgrenzung ist fließend, Stgt JB **92**, 618, Reimann DNotZ **87**, 136. Im übrigen gelten die Voraussetzungen Rn 3, 11 entsprechend. Eine rein sprachliche Verbesserung reicht also zB nicht, Karlsr JB **92**, 549. Eine Schrift ohne einen Bezug auf ein bestimmtes Geschäft ist kein Entwurf, Reimann DNotZ **87**, 136, Schmidt NJW **87**, 292. Die bloße Änderung oder Ergänzung des vom Notar zuvor gefertigten Entwurfs fällt nicht unter KVfG 24100–24103.

14   **5) Bei Beurkundung Anrechnung.** Eine Anrechnung nur der nach KVfG 24100 ff berechneten bloßen Entwurfsgebühr nebst den zugehörigen Auslagen auf Beurkundungsgebühren nach KVfG 21100 ff ist nach der amtlichen Vorbemerkung 2.4.1 VI möglich. Sie ist in der Reihenfolge der Entstehung der Beurkundungsgebühren zulässig und notwendig, sofern die folgenden Voraussetzungen zusammentreffen.

A. Entwurf. Zunächst muß ein Entwurf nach Rn 5 ff oder dessen Überprüfung usw nach Rn 13 vorliegen. Ihn muß der Notar gerade als solcher und nicht etwa als Anwalt gefertigt haben.

B. Zeitlich nachfolgende Beurkundung. Es müssen zeitlich nach der Fertigung oder Überprüfung usw des Entwurfs eine oder mehrere Beurkundungen durch denselben Notar nachfolgen. Stets genügt die Beurkundung des Notarvertreters. Etwaige Änderungen oder Ergänzungen in der Beurkundung sind insoweit unerheblich, als sie den Inhalt des Entwurfs oder der in Rn 13 genannten Arbeit nicht im wesentlichen verändern. Wird aus einer Schenkung ein Entgelt, wird KVfG 24 100 ff unanwendbar, LG Hann JB **01**, 540. 15

C. Ursachenzusammenhang. Die Beurkundung muß gerade „auf der Grundlage dieses Entwurfs" erfolgen. Der Entwurf muß also immerhin sowohl wegen des Erklärenden oder eines anderen Beteiligten als auch wegen der Sache wenigstens eine der Grundlagen der Beurkundung darstellen, KG JB **79**, 1560. Er darf für die Beurkundung nicht völlig unwesentlich sein. Es darf nicht jetzt etwas ganz anderes entstehen, etwa ein Kauf- statt eines Erbbau- oder Mietvertrags oder ein entgeltliches statt eines unentgeltlichen Geschäfts, LG Hann JB **01**, 539. Ein OHG- statt KG-Vertrag ist meist nicht etwas derart ganz anderes. Dabei kommt es auf den objektiven Charakter und nicht auf persönliche Motive eines Beteiligten an, Hamm JB **99**, 97. Andererseits sind solche Änderungen, Ergänzungen, Auslassungen zulässig, die das Wesen des Entwurfs nicht verändern, KG JB **79**, 1560. 16

Kein Ursachenzusammenhang ist der Wechsel eines Beteiligten nebst Änderungswünschen usw, LG Düss JB **17**, 596.

D. Demnächst folgende Beurkundung. Die Beurkundung auf Grund des Entwurfs muß „demnächst" nachfolgen. Ausreichend ist ein gewisser zeitlicher Zusammenhang, Hamm FGPrax **07**, 187, Mümmler JB **76**, 579. Trotz der heutigen Verständigungsmöglichkeiten kann eine nicht unerhebliche Zeitspanne verstreichen, bis alle Beteiligten sich über die Brauchbarkeit des Entwurfs in tatsächlicher und/oder rechtlicher Hinsicht klar geworden sind. Das gilt gerade in einem rechtlich oder tatsächlich komplizierten Fall oder bei einem wirtschaftlich erheblichen Objekt oder dann, wenn die Beteiligten weit voneinander entfernt ansässig sind usw. Man muß alle Umstände bei der Prüfung der Frage heranziehen, ob die Beurkundung noch „demnächst" nachfolgte, Hamm FGPrax **07**, 188. Mehrere Jahre sind meist nicht aber mehr „demnächst", LG Hann JB **03**, 97. 17

E. Zeitliche Großzügigkeit. Man darf in diesem Zusammenhang auch nicht etwa nur die Lehre und Rechtsprechung zu §§ 167, 696 III ZPO entsprechend anwenden. Vielmehr ist eine großzügigere zeitliche Ausdehnung notwendig. 18

Andererseits kann auch ein Zeitraum von nur einigen wenigen *Wochen oder Monaten* so lang sein, daß man nicht mehr von einer demnächst folgenden Beurkundung sprechen kann. Das ist etwa dann so, wenn es sich um einen tatsächlich und rechtlich einfachen Sachverhalt handelt, wenn die Beteiligten an demselben Ort wohnen, wenn keiner von ihnen noch eine Rückfrage bei seinem Vertrauensanwalt stellen mußte, wenn man andererseits zunächst erwarten konnte, die Beurkundung werde rasch folgen, und wenn die zeitliche Verzögerung der Beurkundung keine schon im Entwurfszeitpunkt erkennbaren triftigen Gründe hat. Mehrere Jahre sind zu lang, LG Hamm JB **03**, 98. 19

F. Reihenfolge der Anrechnung. Bei mehreren Beurkundungen muß man die Entwurfsgebühr unter den Voraussetzungen Rn 14–19 zunächst auf die zeitlich erste Beurkundung voll anrechnen. Soweit bei dieser Anrechnung von der Entwurfsgebühr noch ein Restbetrag verbleibt, muß man ihn auf die zeitlich nächstfolgende Beurkundungsgebühr anrechnen, und so fort. Er erfolgt keine Anrechnung der etwaigen Zusatzgebühren nach KVfG 26 000 ff oder derjenigen Auslagen, die aus Anlaß des Entwurfs entstanden sind. 20

6) Nachfolgende Beglaubigung. Sofern der Notar „demnächst" nach Rn 17–19 unter einer von ihm selbst entworfenen oder überprüften, geänderten, ergänzten Urkunde eine oder mehrere Unterschriften oder Handzeichen beglaubigt, darf er nach der amtlichen Vorbemerkung 2.4.1 II für die zeitlich ersten und an demselben Tag erfolgenden derartigen Beglaubigungen gleich wessen Beteiligten keine Gebühr erheben, sondern nur seine Auslagen ansetzen. Er muß aber für weitere gesonderte Beglaubigungen die dafür vorgesehenen Gebühren auch gesondert erheben. Das gilt auch bei sofort folgenden weiteren Beglaubigungen. 21

KVfG 24103, Anh 24103

22   **7) Gerichts- oder Behördenvorlegung.** Soweit ein Rechtsgeschäft wegen der Versagung einer erforderlichen Genehmigung scheitert, würde die Belastung der Beteiligten mit den vollen sonst anfallenden Notargebühren wirtschaftlich für sie unbillig sein. Deshalb schafft die amtliche Vorbemerkung 2.4 IV eine gewisse Gebührenermäßigung. Sie tritt dann ein, wenn die folgenden Voraussetzungen zusammentreffen.

23   **A. Entwurfsfertigung.** Der Notar muß den Entwurf nach KVfG 24100–24102 gefertigt haben, Rn 1–3. Eine bloße Überprüfung nach Rn 13 reicht nicht. Denn sonst könnte die Vergütung wegen ihrer Mindesthöhe höher als bei Rn 13 sein. Das ist nicht der Sinn des Gesetzes.

24   **B. Vorlegungszweck.** Der Notar muß den Entwurf auch gerade zur Vorlegung bei einer Behörde gefertigt haben. Es reicht aus, daß der Entwurf zum Ausdruck bringt, daß das Rechtsgeschäft der behördlichen Genehmigung bedürfe.

25   **C. Einverständnis der Beteiligten.** Die Entwurfsarbeit muß im Einverständnis aller an diesem Rechtsgeschäft Beteiligten zur Einholung der Genehmigung erfolgt sein. Die Gebührenermäßigung entfällt dann, wenn auch nur einer der Beteiligten mit der Anfertigung eines solchen Entwurfs nicht einverstanden war. Das steht zwar nicht mehr so im Gesetz, ist aber selbstverständlich.

26   **D. Genehmigungsbedürftigkeit.** Das Rechtsgeschäft muß auch objektiv in seiner Wirksamkeit von der Genehmigung eines Gerichts oder einer Behörde und nicht etwa nur von der Genehmigung einer Privatperson abhängig sein.

27   **E. Übermittlung, Antragstellung, Beanstandungserledigung.** Es muß zu den Vorgängen Rn 23–26 eine der in der amtlichen Vorbemerkung 2.4.1 IV Z 1–3 aufgezählten Notartätigkeiten hinzugetreten sein. Sie muß natürlich ebenfalls antragsgemäß gewesen sein. Allerdings braucht sie sachlich keinen Erfolg gehabt zu haben, sondern muß nur formell vollständig gewesen sein. Es muß also zB ein Antrag richtig eingegangen sein. Die „Erledigung" einer Beanstandung nach Z 3 muß formell vollständig gewesen sein.

Mitabgeltung durch die Entwurfsgebühr ist die Rechtsfolge. Es entsteht also insoweit keine Zusatzgebühr.

28   **8) Gebühren.** Nach der Tabelle B entstehen jeweils Rahmengebühren nach Einl II A 12 mit jeweils einer Mindestgebühr. Ihnen gemeinsam ist die Abhängigkeit nach oben von der entsprechenden Beurkundungsgebühr nach KVfG 21100–21102, Köln FGPrax **17**, 141, freilich ohne Einschränkung der jeweiligen Mindestgebühr. Diese kann also dazu führen, daß etwa bei KVfG 24100 auch bei einer 2,0 Gebühr von 100 EUR im Ergebnis doch eine Gebühr von 120 EUR entsteht. Zur Ermäßigung beim Serienentwurf vgl KVfG 24103.

29   **9) Geschäftswert.** Er folgt natürlich demjenigen des Beurkundungsverfahrens, auf dem KVfG 24100–24103 ja ausdrücklich aufbauen. Vgl daher zum Wert bei KVfG 21100–21102.

30   **10) Fälligkeit, Gebührenschuldner.** Die Fälligkeit richtet sich nach § 10 I. Zur Stundungsmöglichkeit vgl die amtliche Vorbemerkung 2.4.1 VII (nur beim Serienentwurf).

Gebührenschuldner ist man wie bei KVfG 21100–21102 jeweils nach § 29 Z 1–3.

Anhang nach KVfG 24103

Notarkosten im Vermittlungsverfahren nach dem SachenRBerG

I. SachenRBerG § 100. Kosten. [1] [1]Für das notarielle Vermittlungsverfahren erhält der Notar eine Gebühr mit einem Gebührensatz von 4,0 nach der Tabelle B des § 34 Absatz 2 des Gerichts- und Notarkostengesetzes. [2]Die Gebühr ermäßigt sich auf

1. einen Gebührensatz von 2,0, wenn das Verfahren vor Ausarbeitung eines Vermittlungsvorschlags beendet wird,

2. einen Gebührensatz von 0,5, wenn sich das Verfahren vor dem Erörterungstermin erledigt.

³ Als Auslagen des Verfahrens erhebt der Notar auch die durch Ermittlungen nach § 97 Abs. 1 entstandenen Kosten.

II ¹ Die Gebühren nach Absatz 1 bestimmen sich nach dem Geschäftswert, der sich aus den folgenden Vorschriften ergibt. ² Maßgebend ist das Fünfundzwanzigfache des Jahreswertes des Erbbauzinses ohne Rücksicht auf die Zinsermäßigung in der Eingangsphase oder der Kaufpreis, in jedem Fall jedoch mindestens die Hälfte des nach den §§ 19 und 20 Abs. 1 und 6 ermittelten Wertes. ³ Endet das Verfahren ohne eine Vermittlung, bestimmt sich die Gebühr nach dem in Satz 2 genannten Mindestwert.

III ¹ Wird mit einem Dritten eine Vereinbarung über die Bestellung oder den Verzicht auf dingliche Rechte geschlossen, erhält der Notar für deren Vermittlung eine Gebühr mit einem Gebührensatz von 0,5 nach der Tabelle B des § 34 Absatz 2 des Gerichts- und Notarkostengesetzes. ² Der Wert richtet sich nach den Bestimmungen über den Geschäftswert im Gerichts- und Notarkostengesetz, in den Fällen der §§ 36 und 63 jedoch nicht über den Anteil hinaus, für den der Nutzer nach Maßgabe dieser Vorschriften mithaftet.

Schrifttum: *Vossius,* SachenRBerG, 1995.

Gliederung

1) Gebühren, I, III 1	1–11
A. Grundsatz: Vermittlungsvorschlag: Vierfache Gebühr, I 1	2–5
B. Verfahrensende vor Vermittlungsvorschlag: Doppelte Gebühr, I 2 Z 1	6, 7
C. Erledigung des Verfahrens vor dem Erörterungstermin: Halbe Gebühr, I 2 Z 2	8, 9
D. Vereinbarung mit Drittem, III 1	10, 11
2) Geschäftswert, II, III 2	12–20
A. Ausgangswert: 25facher Jahreswert, II Hs 1	13
B. Weiterer Ausgangswert: Kaufpreis, II Hs 2	14
C. Mindestwert: Hälfte des Werts nach §§ 19, 20 I, VI SachenRBerG, II Hs 3	15–17
D. Keine Vermittlung: Mindestwert, II 3	18
E. Vereinbarung mit Drittem: Grundsätzliche Anwendung des GNotKG, III 2 Hs 1	19
F. Vereinbarung mit Drittem: Höchstwert = Anteil der Mithaft, III 2 Hs 2	20

1) Gebühren, I, III 1. Das Vermittlungsverfahren nach §§ 87ff SachenRBerG ist einem etwaigen gerichtlichen (Klage-)Verfahren nach §§ 103ff SachenRBerG als notarielles Vorverfahren zwingend vorgeschaltet. Es handelt sich dabei um ein Zulässigkeitserfordernis für eine Klage, § 104 S 2, 3 SachenRBerG. Die Vergütungen des Notars in diesem Verfahren bestimmen sich nach I, III. Man muß das Verfahren zwischen dem Nutzer und dem Grundstückseigentümer einerseits und dasjenige mit einem Dritten andererseits unterscheiden. **1**

A. Grundsatz: Vermittlungsvorschlag: Vierfache Gebühr, I 1. Für jedes mit dem Antragseingang nach § 90 SachenRBerG beginnende notarielle Vermittlungsverfahren zwischen dem Nutzer und dem Grundstückseigentümer erhält der Notar 4,0 Gebühr der Tabelle B nach § 34 II GNotKG. Es handelt sich um eine Pauschgebühr. Sie gilt die gesamte Tätigkeit des Notars bis zum Vermittlungsvorschlag nach § 98 SachenRBerG ab. Das gilt unabhängig davon, ob der Vermittlungsvorschlag gesetzmäßig ergangen ist und ob die Beteiligten ihn annehmen, solange er sich nur pflichtgemäß um eine gesetzmäßige Vermittlung bemüht hat. **2**

Den auf Grund eines Vermittlungsvorschlags dieses oder eines anderen Notars nunmehr geschlossenen *Vertrag* müssen die Beteiligten *zusätzlich* zu der Gebühr des § 100 SachenRBerG wie sonst vergüten. Denn das Vermittlungsverfahren endet mit dem bloßen Vertragsentwurf, § 98 I SachenRBerG. **3**

Mangels einer Einigung kann daher auch zB das *Abschlußprotokoll* nach § 99 SachenRBerG das vorläufige Ende des Vermittlungsverfahrens darstellen. **4**

Der Notar erhält die Tätigkeit *nach dem Abschluß* des gerichtlichen Klageverfahrens auf Grund der Mitteilung des Urkundsbeamten nach §§ 106 IV, 98 II 2 SachenRBerG, also den Antrag auf eine Löschung des Vermerks nach § 92 V SachenRBerG im Grundbuch, gesondert wie sonst nach dem GNotKG vergütet. Denn sie erfolgt ja nach dem Abschluß des gerichtlichen Verfahrens, das seinerseits vom Abschluß des Vermittlungsverfahrens abhing. **5**

KVfG Anh 24103

6 **B. Verfahrensende vor Vermittlungsvorschlag: Doppelte Gebühr, I 2 Z 1.**
Soweit das Vermittlungsverfahren durch eine Antragsrücknahme, eine Aussetzung der Vermittlung nach § 94 SachenRBerG, eine Erledigung der Hauptsache, eine Einstellung nach § 95 SachenRBerG oder infolge des Ausbleibens eines Antrags im Termin nach § 96 SachenRBerG endet, bevor der Notar seinen Vermittlungsvorschlag nach § 98 SachenRBerG ausgearbeitet hat, ermäßigt sich die 4,0 Gebühr des I 1 auf 2,0 Gebühr.

7 *„Ausarbeitung"* ist die beurkundungsreife gesetzmäßige Fertigstellung des gesamten Vermittlungsvorschlags nach §§ 96 III, 98 II SachenRBerG in wenigstens einem Reinschrift-Original. Eine solche Fassung, die nicht den Anforderungen eines Vertragsentwurfs nach KVfG 24100ff entspricht, ist keine Ausarbeitung eines Vermittlungsvorschlags. Denn diesen muß man nach § 98 I SachenRBerG ja gerade „in Form eines Vertragsentwurfs" vorlegen, „der den gesetzlichen Bestimmungen entspechen und alle für einen Vertragsschluß erforderlichen Punkte und, wenn dies von einem Beteiligten beantragt wird, auch die für dessen Erfüllung notwendigen Erklärungen zu umfassen hat".

Eine *Mitteilung,* Übersendung, Anfertigung einer Ausfertigung usw ist aber *nicht* erforderlich, um eine Ausarbeitung zu bejahen. Eine Einigung über den Vermittlungsvorschlag ist erst recht nicht erforderlich, um eine Ausarbeitung des bloßen Vermittlungsvorschlags zu bejahen.

8 **C. Erledigung des Verfahrens vor dem Erörterungstermin: Halbe Gebühr, I 2 Z 2.** Soweit sich das Vermittlungsverfahren vor dem vom Notar nach § 92 SachenRBerG anberaumten Erörterungstermin des § 93 SachenRBerG erledigt, ermäßigt sich die Gebühr auf 0,5 Gebühr. Eine bloße Vorerörterung usw reicht nicht.

9 Eine *Erledigung* kann auf verschiedenen Gründen beruhen, zB darauf, daß ähnlich wie bei Rn 6 eine Einstellung nach § 95 SachenRBerG durch den Notar erfolgt oder daß es nach einer Aussetzung nach § 94 SachenRBerG nicht mehr zur Aufnahme des Verfahrens kommt, daß überhaupt der Antragsteller seinen nach § 87 SachenRBerG erforderlichen Antrag wirksam zurücknimmt. Erledigung ist also nicht nur nach § 91a ZPO gemeint, zumal das ganze notarielle Vermittlungsverfahren grundsätzlich nach dem FamFG abläuft, § 89 I SachenRBerG. Erst das etwa anschließende gerichtliche Verfahren folgt ja der ZPO, § 103 I 1 SachenRBerG.

10 **D. Vereinbarung mit Drittem, III 1.** Soweit es im Verlauf eines zwischen dem Nutzer und dem Grundstückseigentümer anhängigen notariellen Vermittlungsverfahrens zu einer Vereinbarung mit einem Dritten über die Bestellung oder den Verzicht auf dingliche Rechte kommt, erhält der Notar für deren Vermittlung 0,5 Gebühr. Sie fällt zusätzlich zu den nach I verdienten Gebührenarten an.

11 *„Vereinbarung"* ist jede endgültige, unbedingte vertragliche Regelung, an der mindestens der Dritte und einer der Beteiligten des eigentlichen notariellen Vermittlungsverfahrens teilhaben. *„Bestellung oder Verzicht auf dingliche Rechte"* ist dasselbe wie sonst im Sachen- oder Grundbuchrecht. Die Höhe der Gebühr nach III ist unabhängig von der Höhe der Gebühr nach I. Man muß die zur Wirksamkeit der Vereinbarung notwendige wie sonst beachten. Sie ist eine der Voraussetzungen der Gebühr nach III.

12 **2) Geschäftswert, II, III 2.** Für die Gebühren sind unterschiedliche Wertvorschriften maßgeblich. Die Gebühren nach I richten sich nach dem gemäß II ermittelten Werts. Die Gebühr nach III 1 richtet sich nach den Wertvorschriften in III 2.

13 **A. Ausgangswert: 25facher Jahreswert, II 2 Hs 1.** Man muß grundsätzlich den 25fachen Jahreswert des Erbbauzinses im Zeitpunkt der Fälligkeit der Gebühr nach § 35 GNotKG ermitteln, also bei der Beendigung der Tätigkeit des Notars, § 10 Hs 1 GNotKG. Die in II 1 erwähnte Zinsermäßigung in der Eingangsphase beruht auf einem Redaktionsversehen des Gesetzgebers (§ 45 Entwurf SachenRBerG ist nicht Gesetz geworden).

14 **B. Weiterer Ausgangswert: Kaufpreis, II 2 Hs 2.** Nach dem Wortlaut von II 2 ist statt des in Hs 1 genannten 25fachen Jahreswerts gleichberechtigt nach Hs 2 auch der Kaufpreis als Wert ansetzbar. Praktisch kann der Notar daher wählen und den höheren der beiden Werte ansetzen. Man kann dieses eigenartige Verfahren auch nicht durch eine Vereinbarung nach § 125 GNotKG umgehen.

C. Mindestwert: Hälfte des Werts nach §§ 19, 20 I, VI SachenRBerG, II 2 Hs 3. Stets ist Wert mindestens die Hälfte des nach §§ 19, 20 I, VI SachenRBerG ermittelten Werts. Das macht die gesamte Wertermittlung für die Gebühren nach I außerordentlich kompliziert, zumal auch nach § 125 GNotKG insofern Vereinbarungen unwirksam sind. 15

SachenRBerG § 19. Grundsätze. [1] Erbbauzins und Ankaufspreis sind nach dem Bodenwert in dem Zeitpunkt zu bestimmen, in dem ein Angebot zum Vertragsschluß nach diesem Kapitel abgegeben wird. 16

II [1] Der Bodenwert bestimmt sich nach dem um die Abzugsbeträge nach Satz 3 verminderten Wert eines baureifen Grundstücks. [2] Der Wert eines baureifen Grundstücks ist, vorbehaltlich der Regelung in § 20, der Verkehrswert im Sinne des § 194 des Baugesetzbuchs, der sich ergeben würde, wenn das Grundstück unbebaut wäre. [3] Der Wert des baureifen Grundstücks ist zu vermindern um

1. einen nach Absatz 3 zu bemessenden Abzug für die Erhöhung des Werts des baureifen Grundstücks durch Aufwendungen zur Erschließung, zur Vermessung und für andere Kosten zur Baureifmachung des Grundstücks, es sei denn, daß der Grundstückseigentümer diese Kosten getragen hat oder das Grundstück bereits während der Dauer seines Besitzes erschlossen und vermessen war, und
2. die gewöhnlichen Kosten des Abbruchs eines aufstehenden Gebäudes oder einer baulichen Anlage, wenn ein alsbaldiger Abbruch erforderlich und zu erwarten ist, soweit diese Kosten im gewöhnlichen Geschäftsverkehr berücksichtigt werden.

III [1] Der Abzug nach Absatz 2 Satz 3 Nr. 1 beträgt

1. *12,78* Euro/m^2 in Gemeinden mit mehr als 100 000 Einwohnern,
2. *7,67* Euro/m^2 in Gemeinden mit mehr als 10 000 bis zu 100 000 Einwohnern und
3. *5,11* Euro/m^2 in Gemeinden bis zu 10 000 Einwohnern.

[2] Als Bodenwert ist jedoch mindestens der Wert zugrunde zu legen, der sich für das Grundstück im Entwicklungszustand des Rohbaulandes ergeben würde.

IV [1] Der Abzug nach Absatz 2 Satz 3 Nr. 2 darf nicht zu einer Minderung des Bodenwerts unter das Doppelte des in § 82 Abs. 5 bestimmten Entschädigungswertes führen. [2] Der Abzug ist nicht vorzunehmen, wenn die Erforderlichkeit alsbaldigen Abbruchs auf unterlassener Instandhaltung des Gebäudes oder der baulichen Anlage durch den Nutzer beruht oder der Nutzer sich vertraglich zum Abbruch verpflichtet hat.

V [1] Soweit für das Grundstück Bodenrichtwerte nach § 196 des Baugesetzbuchs vorliegen, soll der Wert des baureifen Grundstücks hiernach bestimmt werden. [2] Jeder Beteiligte kann eine hiervon abweichende Bestimmung verlangen, wenn

1. Anhaltspunkte dafür vorliegen, daß die Bodenrichtwerte nicht den tatsächlichen Marktverhältnissen entsprechen, oder
2. aufgrund untypischer Lage oder Beschaffenheit des Grundstücks die Bodenrichtwerte als Ermittlungsgrundlage ungeeignet sind.

SachenRBerG § 20. Bodenwertermittlung in besonderen Fällen. 17
(Vom Abdruck wird hier abgesehen.)

Bem. Die früheren Beträge in III 1 Z 1 (25 DM), Z 2 (15 DM), Z 3 (10 DM) sind nicht amtlich gesondert umgestellt worden. Daher ist für den oben abgedruckten kursiven EUR-Zahlen der amtliche Umrechnungskurs zugrundegelegt worden.

D. Keine Vermittlung: Mindestwert, II 3. Der in Rn 15–17 dargestellte Mindestwert ist auch dann maßgeblich, wenn das notarielle Verfahren ohne eine Vermittlung endet, wenn also einer der Fälle Rn 6–9 vorliegt. 18

E. Vereinbarung mit Drittem: Grundsätzliche Anwendung des GNotKG, III 2 Hs 1. Soweit es um die in III 1 genannte Gebühr geht, dazu Rn 10, 11, muß man als Wert grundsätzlich den nach dem GNotKG jeweils maßgebenden Geschäftswert ansetzen, meist also einen Wert nach § 52 GNotKG. Das ergibt sich aus III 2 Hs 1. 19

KVfG Anh 24103 Kostenverzeichnis

20   **F. Vereinbarung mit Drittem: Höchstwert = Anteil der Mithaft, III 2 Hs 2.**
Die grundsätzlich nach Rn 19 erforderliche Berechnung bei §§ 36, 63 SachenRBerG hat ausnahmsweise nach III 2 Hs 2 eine Obergrenze in demjenigen Anteil, für den der Nutzer nach diesen eben genannten Vorschriften des SachenRBerG mithaftet. Für eine Vereinbarung des Nutzers mit dem Dritten über die Belastung des Erbbaurechts oder die lastenfreie Abschreibung darf man den Geschäftswert also nicht etwa nach § 53 I GNotKG bestimmen, also nicht nach dem Nennbetrag der Schuld. Denn dieser Wert wäre unvertretbar hoch. Maßgebend ist eben vielmehr nur derjenige Betrag, für den der Nutzer nach dem SachenRBerG anteilig halten müßte.

II. *SachenRBerG § 101. Kostenpflicht.* [1] [1]Für die Kosten des Vermittlungsverfahrens haften Grundstückseigentümer und Nutzer als Gesamtschuldner. [2]Sie haben die Kosten zu teilen. [3]Eine Erstattung der den Beteiligten entstandenen Auslagen findet nicht statt.

II Die für das notarielle Vermittlungsverfahren im Falle einer Einstellung nach § 95 entstandenen Kosten sind

1. in den Fällen des § 95 Abs. 1 Nr. 1 zwischen Eigentümer und Nutzer zu teilen,
2. in den Fällen des § 95 Abs. 1 Nr. 2 von dem Antragsteller zu tragen,
3. in den Fällen des § 95 Abs. 2 von dem Beteiligten zu tragen, der das Verfahren nach § 64 des Landwirtschaftsanpassungsgesetzes beantragt hat.

VerkFlBerG § 14. ... Notarielles Vermittlungsverfahren. [III] [3]Die Kosten des notariellen Vermittlungsverfahrens trägt abweichend von § 101 Abs. 1 des Sachenrechtsbereinigungsgesetzes der öffentliche Nutzer; dies gilt auch im Fall des § 101 Abs. 2 Nr. 1 des Sachenrechtsbereinigungsgesetzes.

1   **1) Grundsatz: Gesamtschuldner, I 1.** An sich ist auf das gesamte notarielle Vermittlungsverfahren nach § 89 I SachenRBerG das FamFG und daher das GNotKG anwendbar. Als eine gegenüber §§ 22 ff GNotKG vorrangige Sonderregelung gilt aber § 101 SachenRBerG. I 1 schafft den Grundsatz der gesamtschuldnerischen Haftung von Grundstückseigentümer und Nutzer wegen der nach § 10 Hs 1 KostO fälligen Gebühren und Auslagen. Ergänzend gilt § 94 IV SachenRBerG für die Kosten bei einer Aussetzung. §§ 420 ff BGB sind insoweit im Außenverhältnis anwendbar. Gegenüber dem SachenRBerG ist nochmals vorrangig das oben mitabgedruckte VerkFlBerG. Den Vorschuß regelt § 15 GNotKG. Vgl aber auch § 102 SachenRBerG Rn 9. §§ 127 ff GNotKG bleiben für die Überprüfbarkeit des Vorgehens des Notars anwendbar.

2   **2) Kostenteilung, I 2.** Im Innenverhältnis der Gesamtschuldner nach Rn 1 findet eine (gemeint natürlich: hälftige) Kostenteilung statt. Diese gesetzliche Regelung ist zwingend. Sie läßt also nach Rn 1 anders als § 426 I 1 Hs 2 BGB keine abweichende Vereinbarung zu. § 426 II BGB bleibt anwendbar.

3   **3) Keine Auslagenerstattung, I 3.** Die Vorschrift stellt klar, daß kein am notariellen Vermittlungsverfahren Beteiligter eine Erstattung seiner Auslagen fordern kann, insbesondere also nicht die Erstattung der Kosten eines von ihm mit seiner Vertretung vor dem Notar beauftragten und nicht etwa nach § 102 SachenRBerG zusätzlich beigeordneten Anwalts.

4   **4) Sonderregeln bei Einstellung, II.** Soweit der Notar das Vermittlungsverfahren nach § 95 SachenRBerG einstellt, muß man die gegenüber I 2 vorrangigen folgenden Sonderregeln beachten.

5   **A. Einleitung eines Bodenneuordnungsverfahrens, II Z 1.** Soweit die Einstellung auf der Einleitung eines Bodenneuordnungsverfahrens wegen Ansprüchen auf eine Rückübertragung nach dem VermG oder auf eine Aufhebung des Nutzungsrechts beruht, weil noch keine Entscheidung des Vermögensamts hierzu ergangen ist, und soweit eben das jetzt zu klärende Grundstück in jenes Verfahren einbezogen ist, muß man die Notarkosten im Innenverhältnis zwischen dem Eigentümer und Nutzer teilen. Denn hier hat kein Beteiligter die Ursache für die Einstellung des Vermittlungsverfahrens gesetzt. II Z 1 läßt also im Ergebnis nur klarstellend die Regelung von I 2 unberührt. Im Außenverhältnis bleibt es ohnehin bei der Gesamtschuldnerschaft nach I 1.

Kostenverzeichnis **Anh 24103 KVfG**

B. Vorangegangener Antrag auf Zusammenführung, II Z 2. Soweit die 6
Einstellung des notariellen Vermittlungsverfahrens nach § 95 I Z 2 SachenRBerG
darauf beruht, daß ein Antrag auf eine Zusammenführung des Grundstücks- und
Gebäudeeigentums nach § 64 LwAnpG *vor* der Einleitung des Vermittlungsverfahrens
erfolgt war, muß im Innenverhältnis der Gesamtschuldner der Antragsteller die Notarkosten tragen. Gemeint ist natürlich der Antragsteller des Vermittlungsverfahrens,
nicht etwa der Antragsteller nach § 64 LwAnpG, falls nicht ohnehin beide identisch
sind. Denn der erstere hat das Vermittlungsverfahren veranlaßt.

C. Nachfolgender Antrag auf Zusammenführung, II Z 3. Soweit die Ein- 7
stellung des Vermittlungsverfahrens auf einem solchen Antrag nach Rn 6 beruht,
der erst *während* des Vermittlungsverfahrens erfolgten, tritt die Situation nach § 95
II SachenRBerG ein. Der Notar muß dann die Beteiligten zur Mitteilung auffordern,
ob sie das Bodenneuordnungsverfahren fortsetzen wollen usw. In dieser Lage ist nach
II Z 3 Kostenschuldner im Innenverhältnis nur derjenige Beteiligte, der das Verfahren
nach § 64 LwAnpG beantragt hat.

Im *Außenverhältnis* bleibt es aber auch dann bei der Gesamtschuldnerhaftung nach 8
I 1. Denn II stellt Sonderregeln nur für das Innenverhältnis auf. Das ist eine Abweichung nur von I 2. Es ist nicht einsehbar, weshalb auch dem Notar gegenüber im
Außenverhältnis eine Schwächung der gesamtschuldnerischen Haftung der Beteiligten
des Vermittlungsverfahrens eintreten sollte, nur weil einer von ihnen während dieses
Verfahrens andere Zwecke mitzuverfolgen begonnen hat.

III. *SachenRBerG § 102. Verfahrenskostenhilfe.* [1] [1]Für das notarielle Vermittlungsverfahren finden die §§ 76, 77 und 78 Abs. 4 und 5 des Gesetzes über das
Verfahren in Familiensachen und in den Angelegenheiten der freiwilligen Gerichtsbarkeit sowie im Übrigen die Vorschriften der Zivilprozeßordnung über
die Prozeßkostenhilfe mit Ausnahme des § 121 Abs. 1 bis 3 entsprechende
Anwendung. [2]Einem Beteiligten ist auf Antrag ein Rechtsanwalt beizuordnen, wenn der andere Beteiligte durch einen Rechtsanwalt vertreten ist und
die Beiordnung zur zweckentsprechenden Rechtsverfolgung erforderlich ist.
[II] Für die Entscheidung nach Absatz 1 ist das Gericht zuständig, das nach
§ 103 Abs. 1 über eine Klage auf Festellung des Erbbaurechts oder des Ankaufsrechts zu entscheiden hat.
[III] Der Notar hat dem Gericht die Antragsunterlagen zu übermitteln.

1) Anwendbarkeit des FamFG und der ZPO, I 1. Die Vorschrift erklärt das 1
Verfahren der §§ 76–78 FamFG, §§ 114ff ZPO mit Ausnahme von § 121 I–III ZPO
für das notarielle Vermittlungsverfahren für entsprechend anwendbar. Das ist unnötig.
Denn das ganze notarielle Vermittlungsverfahren unterliegt nach § 89 I SachenR-
BerG grundsätzlich ohnehin dem FamFG und damit dem § 76 FamFG, der seinerseits auf §§ 114ff ZPO verweist, BLAH § 114 ZPO Rn 26 „Freiwillige Gerichtsbarkeit". Wegen der Einzelheiten des PKH-Verfahrens BLAH §§ 114ff ZPO.

2) Beiordnung eines Anwalts, I 2. Die Voraussetzungen der Beiordnung sind 2
zunächst in I 2 und insoweit gegenüber dem in I 1 ausdrücklich für unanwendbar
erklärten § 121 I–III ZPO hier vorrangig speziallgesetzlich geregelt. Freilich bleibt
§ 121 IV ZPO über I 1 Hs 1 anwendbar.

A. Antragserfordernis. Eine Beiordnung findet nur auf den Antrag eines Be- 3
teiligten statt, also nicht von Amts wegen. Das gilt auch dann, wenn der Beteiligte
keinen zur Vertretung bereiten Anwalt findet. Denn auch § 121 IV ZPO nennt das
Antragserfordernis.

B. Rechtsanwalt. Beigeordnen darf man nur einen Anwalt, BLAH § 121 ZPO 4
Rn 3.

C. Anderer Beteiligter durch Anwalt vertreten. Eine weitere Voraussetzung 5
einer Beiordnung ist, daß der andere Beteiligte bereits und noch im Zeitpunkt der Entscheidungsreife über den Beiordnungsantrag einen Anwalt hat. Der Zweck der Regelung ist eine Herbeiführung einer Waffengleichheit, BLAH § 121 ZPO Rn 51–57.

D. Erforderlichkeit zur Rechtsverfolgung. Eine zusätzliche weitere Vorausset- 6
zung einer Beiordnung ist, daß sie zur zweckentsprechenden Rechtsverfolgung erforderlich *ist*, nicht nur als erforderlich *erscheint* (so § 121 II 1 ZPO). Es reicht also nicht

KVfG Anh 24103, 24200–24203

aus, daß der andere Beteiligte bereits einen Anwalt hat. Wegen des Begriffs der Erforderlichkeit BLAH § 121 ZPO Rn 32. Auch insofern muß man den Gedanken einer Waffengleichheit beachten.

7 **3) Zuständigkeit, II.** Zur Entscheidung über den Beiordnungsantrag, auch nach § 121 IV ZPO, ist das für eine Klage auf eine Feststellung des Erbbaurechts oder des Ankaufsrechts nach § 103 I SachenRBerG berufene Gericht zuständig. Das ist also in aller Regel dasjenige LG, in dessen Bezirk das Grundstück ganz oder zum größten Teil liegt. Dort ist die etwa nach § 103 II SachenRBerG gebildete Kammer für Verfahren nach diesem Gesetz funktionell zuständig. Diese Zuständigkeit ist ausschließlich, § 103 I 2 SachenRBerG. Das gilt also auch für die Beiordnung nach § 102 SachenRBerG.

8 **4) Übermittlung der Antragsunterlagen, III.** Zwar muß der Beteiligte den Beordnungsantrag selbst oder über einen Bevollmächtigten stellen, meist also über den zur Vertretung bereiten Beizuordnenden. Da aber das ganze Vermittlungsverfahren in der Hand des Notars liegt, stellt III klar, daß er eine gesetzliche Pflicht zur natürlich unverzüglichen Übermittlung aller Antragsunterlagen an das nach II zuständige LG hat. Die nach § 100 SachenRBerG anfallende Gebühr umfaßt seine Übermittlung. Auslagen treten wie sonst hinzu. Ein Verstoß kann seine Haftung begründen.

9 **5) Grenzen des Forderungsrechts des Notars, I–III.** Infolge der Verweisung auf §§ 114 ff ZPO, Rn 1, ist auch § 122 I Z 1a ZPO mit seinem Ausschluß des Forderungsrechts des Notars gegen den Begünstigten anwendbar. Daher braucht auch der Antragsgegner nach § 122 II ZPO zunächst keinen Vorschuß zu zahlen. Vielmehr haftet die Staatskasse. § 125 II ZPO bleibt unberührt.

Abschnitt 2. Beratung

Nr.	Gebührentatbestand	Gebühr oder Satz der Gebühr nach § 34 GNotKG – Tabelle B
24 200	Beratungsgebühr	0,3 bis 1,0
	I Die Gebühr entsteht für eine Beratung, soweit der Beratungsgegenstand nicht Gegenstand eines anderen gebührenpflichtigen Verfahrens oder Geschäfts ist.	
	II Soweit derselbe Gegenstand demnächst Gegenstand eines anderen gebührenpflichtigen Verfahrens oder Geschäfts ist, ist die Beratungsgebühr auf die Gebühr für das andere Verfahren oder Geschäft anzurechnen.	
24 201	Der Beratungsgegenstand könnte auch Beurkundungsgegenstand sein und die Beurkundungsgebühr würde 1,0 betragen: Die Gebühr 24 200 beträgt	0,3 bis 0,5
24 202	Der Beratungsgegenstand könnte auch Beurkundungsgegenstand sein und die Beurkundungsgebühr würde weniger als 1,0 betragen: Die Gebühr 24 200 beträgt	0,3
24 203	Beratung bei der Vorbereitung oder Durchführung einer Hauptversammlung oder Gesellschafterversammlung	0,5 bis 2,0
	Die Gebühr entsteht, soweit der Notar die Gesellschaft über die im Rahmen eines Beurkundungsverfahrens bestehenden Amtspflichten hinaus berät.	

Zu KVfG 24200–24203:

Gliederung

1) Systematik	1
2) Regelungszweck	2, 3
A. Hilfsfunktion	2
B. Vergütbarkeit fast stets	3

Kostenverzeichnis **24200–24203 KVfG**

3) **Geltungsbereich: Beratung** 4–37
 A. Begriff 4
 B. Beispiele zur Frage einer Beratung 5–37
4) **Gebührenhöhen** 38–41
 A. Keine Beurkundungsgebühr möglich, KVfG 24 200 38
 B. Beurkundungsgebühr von (mindestens) 1,0 möglich, KVfG 24 201 ... 39
 C. Beurkundungsgebühr von nur unter 1,0 möglich, KVfG 24 202 40
 D. Haupt- oder Gesellschafterversammlung, KVfG 24 203 41
5) **Geschäftswert** 42, 43
 A. KVfG 24 200–24 202 42
 B. KVfG 24 203 43
6) **Fälligkeit, Gebührenschuldner** 44

1) Systematik. Diese Vorschriften führen den Tätigkeitsbereich unter der Bezeichnung Beratung ein. Was man darunter verstehen muß, kann man erst aus der amtlichen Anmerkung erkennen. Das paßt zu dem Grundsatz, das eigentlich Wesentliche einer Tätigkeit nicht wie früher in Paragraphen zu bestimmen, sondern im Kostenverzeichnis und auch hier nicht im lapidar kurzen Haupttext, sondern erst im Vorbemerkungs- und/oder Anmerkungsgeflecht, das rein optisch vom Haupttext auch einmal weit entfernt steht, hier zB wegen der Mitbeachtbarkeit der amtlichen Vorbemerkung 2. **1**

2) Regelungszweck. Es gibt zwei Aspekte. **2**

A. Hilfsfunktion. KVfG 24 200 benennt sie in der amtlichen Anmerkung. Dort *I:* Geltung nur, soweit der Beratungsgegenstand nicht schon Gegenstand eines anderen gebührenpflichtigen Verfahrens oder Geschäfts ist. *II:* Anrechnung, soweit „demnächst" ein anderes solches Verfahren oder Geschäft zu demselben Gegenstand hinzutritt. Andernfalls käme eine Beratungsgebühr zu praktisch jeder Notartätigkeitsvergütung hinzu. Denn gerade der unparteiische Notar darf und muß stets zumindest auch von sich aus und oft sogar gegen eine erkennbare Hoffnung eines Beteiligten zB auch unangenehme Begleitfolgen usw mitansprechen und damit beratend fürsorglich sein.

B. Vergütbarkeit fast stets. Auch ein Notar soll nicht umsonst arbeiten müssen. **3** Da aber wegen § 1 I „nur" eine klar im GNotKG genannte Tätigkeit Gebühren bringen darf, wäre jede bloße Unklarheit des Gesetzes schon ein Zwang, umsonst arbeiten zu müssen. Diese Folge sollen KVfG 24 200 ff wenigstens dort vermeiden, wo man von einer „Beratung" sprechen kann. Und diese ist eben nach Rn 2 praktisch fast stets vorhanden. Deshalb sollte man diesen Begriff auch trotz § 1 I nicht zu streng auslegen.

3) Geltungsbereich: Beratung. Auf der Basis Rn 2, 3 ergibt sich: **4**

A. Begriff. Beratung gerade nach KVfG 24 200–24 203 ist einerseits nur dasjenige, andererseits aber auch alles dasjenige, was ohne Vergütbarkeit nach irgendeiner anderen Bestimmung in einem ziemlich weiten Sinn einen Rat, eine Empfehlung, einen Hinweis, ja auch eine bloße Warnung oder gar nur Erwägung rechtlicher und/oder wirtschaftlicher oder gar nur psychologischer Art darstellt. Es kommt weder auf die Art und Form an, noch auf den Ort, noch auf den Zeitpunkt. Natürlich muß es in erkennbarem Zusammenhang mit dem Auftrag an den Notar geschehen. Auch ein Schweigen kann auf eine Beratung hinauslaufen.

B. Beispiele zur Frage einer Beratung. Bei jeder nachfolgenden Fundstelle vor **5** Inkrafttreten des GNotKG sollte man einschränkend die jetzt noch stärkere bloße Hilfsfunktion nach Rn 2 mitbedenken und daher prüfen, ob nicht zuvor eine andere Bestimmung eher anwendbar ist. Unter diesem Vorbehalt kann man etwa wie folgt einordnen:

Ablösungsbetrag: KVfG 24 200 ff können anwendbar sein, soweit der Gläubiger dem Notar den Empfang der Ablösungssumme bestätigt, LG Hann JB 06, 91.
Abtretungsanzeige: KVfG 24 200 ff können anwendbar sein, soweit der Notar den Schuldner von der Abtretung einer Forderung unterrichtet.
Amtliche Verwahrung: Rn 22 „Testament".

KVfG 24200–24203   Kostenverzeichnis

Anmeldung: KVfG 24 200 ff können *unanwendbar* sein, soweit der Notar aus Anlaß einer Anmeldung einen vollständigen Wortlaut des Gesellschaftsvertrags fertigt, Celle Rpfleger **91**, 462, oder soweit er eine Gesellschafterliste erstellt, Celle JB **94**, 41 (keine diesbezügliche Belehrungspflicht wegen der Kosten).
S aber auch Rn 14 „Gesellschafterliste", Rn 20 „Registeranmeldung".

6 **Annahmevollmacht:** KVfG 24 200 ff können anwendbar sein, soweit der Notar als ein Zustellungsbevollmächtigter des Verkäufers amtiert, weil dieser im Verkaufsangebot den Notar zur Entgegennahme der Annahmeerklärung bevollmächtigt hatte, Schlesw DNotZ **80**, 780.
S auch Rn 33 „Vormundschaftsgericht".

7 **Aufgebotsverfahren:** Die dortige Tätigkeit kann unter KVfG 24 200 ff fallen.
Auflassung: KVfG 24 200 ff können anwendbar sein, soweit der Notar die noch ausstehende Auflassung nur unter bestimmten auch notwendigen Voraussetzungen beurkunden darf, KG Rpfleger **86**, 282, oder eine Löschungsbewilligung nur bei einer Nichterfüllung des Kaufvertrags vollziehen darf, KG JB **07**, 600 (zustm Filzek). Zum Geschäftswert Delp JB **77**, 297.
KVfG 24 200 ff können *unanwendbar* sein, soweit der Notar die Auszahlung des bei ihm verwahrten Kaufgeldes erst dann vornehmen darf, wenn einer Auflassungsvormerkung keine Hindernisse entgegenstehen, Celle FGPrax **05**, 86, Hamm Rpfleger **90**, 316, LG Kiel JB **77**, 401.
Auseinandersetzung: Soweit § 148 ausscheidet, kann hilfsweise KVfG 24 200 ff anwendbar sein.
Auszahlungsanweisung: Rn 26 „Überwachung".

8 **Bedingung:** S „Auflassung".
Beglaubigung: KVfG 24 200 ff können anwendbar sein, Bund JB **05**, 234 (ausf).
Behördeneingabe: KVfG 24 200 ff können anwendbar sein, soweit es sich um die Eingabe an eine Behörde handelt.
Beistandsleistung: Sie kann unter KVfG 24 200 ff fallen, zB bei einer Testamentseröffnung oder bei einer Steuererklärung.
Beleihungsgrenze: KVfG 24 200 ff können anwendbar sein, soweit der Notar sie feststellen soll.

9 **Beratung:** KVfG 24 200 ff können in folgenden Fällen anwendbar sein: Es geht um eine Beratung außerhalb einer Entwurfstätigkeit, Düss DNotZ **84**, 119, LG Lüb JB **92**, 43; es handelt sich um eine Beratung außerhalb der Beurkundung eines Rechtsgeschäfts, Hamm FGPrax **08**, 270, LG Hann JB **06**, 544 (krit Bund), etwa anläßlich der Beurkundung des Beschlusses einer Hauptversammlung; es geht um zusätzliche steuerrechtliche Fragen.
Bescheinigung: KVfG 24 200 ff können anwendbar sein.
Beurkundung: KVfG 24 200 ff gelten neben einer Beurkundungsgebühr grds *nicht*, aM Hamm FGPrax **08**, 269, LG Hann JB **06**, 545.
Vgl aber auch Rn 21 „Steuerrecht".
Bürgschaftserklärung: Rn 29 „Urkundenverwahrung".

10 **Darlehens-Schuldübernahme:** Rn 21.
Dritter: Rn 35 „Wertpapier".
Eigentümergrundschuld: KVfG 24 200 ff können anwendbar sein, soweit der Notar bei der Bestellung einer solchen Briefgrundschuld den Brief entgegennehmen und weisungsgemäß verwenden soll.
Eigenurkunde: Zu ihrer erheblichen Problematik Bund JB **03**, 232. Zum Zentralen Testamentregister Panz Rpfleger **12**, 444.

11 **Einheitlichkeit des Geschäfts:** Rn 18 „Mehrheit von Geschäften".
Eintragungsreife: KVfG 24 200 ff können anwendbar sein, soweit es sich um eine Bestätigung des Notars handelt, daß einer Eintragung kein Hindernis entgegenstehe, Celle JB **78**, 1381.
S aber auch Rn 7 „Auflassung".
Elektronische Registeranmeldung: *Unanwendbar* sind KVfG 24 200 ff grds wegen KVfG 22 114, 22 125 bei einer sog XML-Datei, BGH WertpMitt **13**, 670, Stgt JB **10**, 312, LG Brschw JB **10**, 95, aM Diehn MittBayNot **10**, 376.
Entwurf: Rn 32 „Vorbereitung des Entwurfs".

12 **Erbenermittlung:** Sie kann unter KVfG 24 200 ff fallen.

Kostenverzeichnis **24200–24203 KVfG**

Erbschein: KVfG 24200ff können anwendbar sein, soweit es um die Tätigkeit des Notars zwecks der Einziehung eines Erbscheins geht, Düss MDR **78**, 325.
Fälligkeit: Rn 25 „Überwachung". 13
Firmenrecht: KVfG 24200ff können anwendbar sein, soweit der Notar zur Firmengestaltung eine Stellungnahme der Industrie- und Handelskammer einholt, Oldb JB **82**, 1714.
Flurbereinigungsverfahren: Die dortige Tätigkeit kann unter KVfG 24200ff fallen.
Gemeinderat: KVfG 24200ff können anwendbar sein, soweit der Notar den Beschluß eines Gemeinderats usw einholt, Notarkasse München MittBayNot **76**, 10. 14
Genehmigung: KVfG 24200ff können anwendbar sein, sofern der Notar sie ohne eine Entwurfstätigkeit zB nach § 177 I BGB beschafft, Köln DNotZ **03**, 528, Mü MittBayNot **80**, 60, Lappe DNotZ **90**, 328, aM Hamm JB **87**, 418.

Ihre bloße *Entgegennahme* macht KVfG 24200ff grds *nicht* anwendbar, Köln FGPrax **03**, 141. Das gilt auch bei der Weitergabe an das Grundbuchamt, Zweibr DNotZ **93**, 765, LG Kblz MittRhNotK **96**, 107.

Ausnahmsweise können KVfG 24200ff bei § 1829 BGB anwendbar sein. S auch Rn 21 „Schuldübernahme".
Gesellschafterliste: KVfG 24200ff können anwendbar sein, soweit derjenige Notar, der die Anmeldung einer GmbH zum Handelsregister entwirft, auch den Entwurf der beizufügenden Gesellschafterliste fertigt, BGH WertpMitt **12**, 655 (zustm Diehn DNotZ **12**, 395), Celle GmbHR **93**, 294, Hamm JB **12**, 486 (krit Filzek 451), aM Ffm ZIP **10**, 2447, Hamm FGPrax **13**, 83, Stgt DNotZ **85**, 121.

S aber auch Rn 5 „Anmeldung".
Grundbuch: Rn 11 „Eintragungsreife". 15
Grundlagen- oder Bezugsurkunde: Rn 31 „Verweisungsurkunde".
Grundpfandgläubiger: Rn 21 „Schuldübernahme", Rn 34 „Weisung".
Handelsregister: Rn 24 „Gesellschafterliste". 16
Hauptversammlung: KVfG 24200ff können in folgenden Fällen anwendbar sein: Es geht um den Entwurf des Antrags, die Hauptversammlung möge einen Beschluß fassen; es handelt sich um eine Beratung außerhalb der Beurkundung des Beschlusses einer Hauptversammlung.
Hebegebühr: KVfG 24200ff sind neben KVfG 25300, 25301 grds *unanwendbar*.
Hypothekenbrief: Rn 29 „Urkundenverwahrung".
Kataster: KVfG 24200ff können anwendbar sein, soweit der Notar Katasterfragen 17 klärt.
Kaufpreis: Rn 23 „Überwachung".
Lastenfreistellung: KVfG 24200ff können bei ihrer Beschaffung oder Ermöglichung anwendbar sein, Düss MittRhNotK **88**, 74, Hamm DNotZ **90**, 326, KG JB **75**, 213.
Makler- und Bauträgerverordnung: KVfG 24200ff können auf eine nach einer 18 solchen Vorschrift erstellte Bescheinigung anwendbar sein, Köln JB **95**, 261.
Mediation: KVfG 24200ff können auf sie anwendbar sein, aM BNotKammer DNotZ **00**, 1.
Mehrheit von Geschäften: Bei einer Mehrheit von Geschäften sind mehrere Gebühren dann möglich, wenn nicht ein so enger Zusammenhang der Tätigkeiten besteht, daß man die Gesamtarbeit des Notars als ein einheitliches Geschäft ansehen muß, Düss JB **95**, 598, Ffm FGPrax **13**, 82, Köln MittRhNotK **91**, 226.
Mitteilung der Fälligkeit: Rn 23 „Überwachung".
Mutterurkunde: Auf sie ist KVfG 21100 anwendbar, Hamm MittBayNot **95**, 410, KG DNotZ **94**, 707, LG Hann JB **92**, 552.
Nämlichkeit: KVfG 24200ff können *unanwendbar* sein, soweit es nur um ihre Prüfung geht, Celle JB **01**, 376, Hamm MDR **94**, 1511, Schlesw DNotZ **92**, 823, aM Düss JB **90**, 634.
Nichtvalutierungsanzeige: KVfG 24200ff können anwendbar sein.
Pfandentlassung: KVfG 24200ff können *unanwendbar* sein, soweit der Notar im Rahmen eines Verwahrungsgeschäfts eine Pfandentlassung beschafft, Oldb JB **92**, 754.
Pflichtteil: Seine Berechnung kann mit unter KVfG 24200ff fallen.

1035

19 **Rangbestätigung, Rangrücktritt:** KVfG 24 200 ff können anwendbar sein, soweit der Notar im Anschluß an eine zur Vorbereitung des Hauptgeschäfts vorgenommene Einsicht in das Grundbuch eine gutachterliche Äußerung darüber erstattet, ob ein Darlehensgeber auf Grund der aus dem Grundbuch ersichtlichen Belastung ein Darlehen geben kann (sog Rangbestätigungserklärung), KG JB **98**, 323, Delp JB **77**, 773, oder soweit es um einen Rangrücktritt geht, Ffm JB **98**, 115, aM BGH Rpfleger **06**, 677.
20 **Rechtsauskunft:** KVfG 24 200 ff können anwendbar sein.
Registeranmeldung: Rn 11.
Rentabilitätsberechnung: KVfG 24 200 ff können anwendbar sein, soweit der Notar sie vornimmt.
Satzungsänderung: KVfG 24 200 ff können bei ihrem Entwurf anwendbar sein.
Schlichtung: KVfG 24 200 ff können auf sie anwendbar sein.
21 **Schuldübernahme:** KVfG 24 200 ff können anwendbar sein, soweit es um die Mitteilung einer befreienden Schuldübernahme an den Grundpfandgläubiger und um die Einholung seiner Genehmigung geht, Celle FGPrax **04**, 137, Düss DNotZ **80**, 61.
Steuerrecht: KVfG 24 200 ff können anwendbar sein, soweit der Notar steuerrechtliche Fragen prüft, auch im Rahmen einer Beurkundung.
22 **Terminswahrnehmung:** Sie kann zB vor einer Behörde stattfinden und unter KVfG 24 200 ff fallen.
Testament: KVfG 24 200 ff können anwendbar sein, soweit es sich um seine Ablieferung oder um eine Anfrage handelt, ob sich ein Testament in amtlicher Verwahrung befinde.
Treuhandauflage: KVfG 24 200 ff können bei ihr anwendbar sein, aM Köln FGPrax **10**, 312.
23 **Überwachung:** Es entstehen zahlreiche Fragen.
– **(Ablösung):** KVfG 24 200 ff können dann anwendbar sein, wenn der Notar die Ablösung eines Grundpfandrechts überwacht, Köln JB **97**, 41, solange der Käufer den Kaufpreis nicht hinterlegt hat und keine Hebegebühr nach KVfG 23 300, 23 301 entsteht, LG Mainz JB **01**, 600.
24 – **(Auflassung):** Der Notar darf eine noch nicht erfolgte Auflassung evtl nur unter bestimmten Voraussetzungen beurkunden, KG Rpfleger **86**, 282.
25 – **(Geschäftswert):** Rn 42, 43.
– **(Löschungsbewilligung):** Rn 26 „– (Treuhandauflage)".
26 – **(Notarfehler):** Rn 27 „– (Verteuerung)".
– **(Treuhandauflage):** KVfG 24 200 ff können dann anwendbar sein, wenn der Notar eine mit der Löschungsbewilligung verbundene Treuhandauflage überwacht, solange der Käufer den Kaufpreis nicht hinterlegt hat und keine Hebegebühr nach KVfG 23 300, 23 301 entsteht, LG Mainz JB **01**, 600.
27 – **(Unrichtige Sachbehandlung):** S „– (Verteuerung)".
– **(Verteuerung):** KVfG 24 200 ff können *unanwendbar* sein, soweit der Notar nach einer Anweisung an ihn, die Zahlung beim Verkäufer oder beim Käufer zu überwachen, den teureren Weg wählt, Oldb JB **97**, 489, oder soweit eine treuhänderische Überwachung offenkundig nicht nötig ist und daher gegen § 21 verstößt.
– **(Wartepflicht):** KVfG 24 200 ff können dann anwendbar sein, wenn der Notar trotz seiner Pflicht zum Abwarten einer Auszahlungsanweisung des Käufers auch von sich aus irgendeine Überwachung vornimmt, Düss Rpfleger **78**, 72.
KVfG 24 200 ff können *unanwendbar* sein, soweit der Notar lediglich auf eine Anweisung zur Einreichung beim Grundbuchamt warten muß, während der Verkäufer die Zahlung des Kaufpreises selbst überwacht, Zweibr JB **95**, 101, LG Bonn NJW **75**, 62.
Umlegungsverfahren: Die dortige Tätigkeit kann unter KVfG 24 200 ff fallen.
Umschuldung: KVfG 24 200 ff können anwendbar sein, soweit der Notar ihretwegen eine Verhandlung führt oder eine Kündigung erklärt, KG Rpfleger **75**, 110 (auch zu einer Ausnahme).
Umwandlung: KVfG 24 200 ff können *unanwendbar* sein, soweit der Notar nur ihre Möglichkeit erörtert.

24200–24203 KVfG

Urkundenbeschaffung, -einreichung: KVfG 24200 ff können anwendbar sein, soweit es um die selbständige Beschaffung oder Einreichung einer Urkunde ohne einen Zusammenhang mit einer anderen gebührenpflichtigen Tätigkeit geht. 28

Urkundenversendung: KVfG 24200 ff können auf sie als eine Vollzugsaufgabe nach Rn 32 anwendbar sein, Zweibr RR **01**, 864 (auch zu III). 29

Urkundenverwahrung: KVfG 24200 ff können anwendbar sein, soweit es um die Verwahrung einer solchen Urkunde geht, die kein Wertpapier ist, etwa eines Grundschuld- oder Hypothekenbriefs oder einer Bürgschaftserklärung, Düss DNotZ **80**, 61.

Urkundenvorlage: Rn 25 „Überwachung", Rn 30 „Urkundenzuleitung".

Urkundenzuleitung: KVfG 24200 ff können anwendbar sein, soweit es sich um die auftragsgemäße Zuleitung einer von diesem Notar nicht aufgenommenen Urkunde an einen bestimmten Empfänger zu einem bestimmten Zeitpunkt handelt. Dann muß man den Geschäftswert nach dem Interesse des Auftraggebers an einer ordnungsgemäßen Erledigung schätzen. 30

S auch Rn 25, 27 „Überwachung".

Vermächtnis: Seine Berechnung kann unter KVfG 24200 ff fallen.

Verpfändungsanzeige: KVfG 24200 ff können anwendbar sein, soweit der Notar eine Verpfändungsmitteilung nach § 1280 BGB macht.

Vertragsmuster: Es kann unter KVfG 24200 ff fallen.

Vertrauensperson: Die Einschaltung des Notars als einer Vertrauensperson kann unter KVfG 24200 ff fallen.

Verwahrung: Rn 18 „Pfandentlassung".

Verweisungsurkunde: KVfG 24200 ff können anwendbar sein, soweit es um eine sog Verweisungsurkunde nach § 13a BeurkG mit bloßen Absichtserklärungen und keinen Willenserklärungen geht, BayObLG **85**, 15 (abl Bengel DNotZ **85**, 574), Hamm DNotZ **85**, 572, aM BGH NJW **06**, 1209, Schlesw DNotZ **90**, 679. 31

Vollmachtsaushändigung: KVfG 24200 ff können anwendbar sein, soweit der Notar eine Vollmacht nur unter bestimmten Voraussetzungen aushändigen soll und diese Voraussetzungen dann auch prüft.

Vollzugsaufgaben: KVfG 24200 ff können auf sie anwendbar sein, Zweibr RR **01**, 864. Vgl bei KVfG 22110 ff. 32

Vorbereitung des Entwurfs: KVfG 24200 ff können anwendbar sein, soweit es um die bloße Vorbereitung eines Entwurfs zwecks einer dann unterbliebenen Beurkundung geht, aM Köln JB **94**, 168.

Vorentwurf: Er kann auch unter KVfG 24200 ff fallen.

Vorkaufsrecht: Jede notwendige oder wenigstens sinnvolle Anfrage nach einem weiteren gesetzlichen Vorkaufsrecht läßt sich evtl auch nach KVfG 24200 ff behandeln, BayObLG MittBayNot **80**, 180, LG Deggendorf MittBayNot **82**, 147. Soweit der Notar die Mitteilung an den Mieter wegen seines Vorkaufsrechts nach (jetzt) §§ 577, 469 BGB übernimmt, entsteht evtl auch eine Gebühr nach KVfG 24200 ff, Langbein DNotZ **93**, 668. Daneben kann eine weitere Gebühr nach KVfG 24200 ff für eine gesonderte Unterrichtung nach (jetzt) § 577 II BGB entstehen, Langbein DNotZ **93**, 668.

Unanwendbar sind KVfG 24200 ff wegen § 21 bei einer offenkundig unnötigen Anfrage zu einem in Wahrheit keineswegs irgendwie in Betracht kommenden Vorkaufsrecht, BayObLG MittBayNot **80**, 180, KG JB **81**, 1555.

S auch Rn 18 „Mehrheit von Geschäften".

Vormerkung: Rn 19 „Auflassung". 33

Weisung: KVfG 24200 ff können *unanwendbar* sein, soweit der Notar bei einer Auszahlung vom Anderkonto ohnehin dasjenige beachten muß, wozu ihn ein Grundpfandrechtsgläubiger anweist, Ffm DNotZ **90**, 323. 34

S auch Rn 35 „Wertpapier".

Wertpapier: KVfG 24200 ff können anwendbar sein, soweit es sich um die Annahme und Weiterleitung von Wertpapieren oder Zahlungsanweisungen zu treuen Händen zum Zweck der Herbeiführung der Unterschrift eines Dritten in der Kanzlei des Notars und der anschließenden Rücksendung oder zum Zweck der Erfüllung der Pflichten des Käufers handelt. Dann sind allerdings nur KVfG 23300, 23301 anwendbar, wenn die Bank bei einer Zahlung auf das Notaranderkonto sol- 35

che Weisungen erteilt, die mit den im Kaufvertrag vereinbarten nicht übereinstimmen, KG NJW **75**, 455.
XML-Datei: Rn 11 „Elektronische Registeranmeldung".
36 **Zahlungsanweisung:** Rn 35 „Wertpapier".
37 **Zusammenhang:** Rn 18 „Mehrheit von Geschäften".
Zustellungsvollmacht: Rn 6 „Annahmevollmacht".
Zustimmungserklärung: Diejenigen eines unmittelbar Beteiligten kann unter KVfG 24200 ff fallen, Lappe DNotZ **90**, 328, aM Hamm JB **87**, 418.

38 **Gebührenhöhen.** Es entstehen jeweils nach der Tabelle B unterschiedliche Wertgebühren.

A. Keine Beurkundungsgebühr möglich, KVfG 24200. Soweit der Beratungsgegenstand nicht auch ein Beurkundungsgegenstand sein könnte, gilt KVfG 24200. Das ergibt sich erst aus dem Vergleich mit den Haupttexten von KVfG 24201 ff. Dabei muß man auf die Vorhersehbarkeit im Zeitpunkt des Beratungsbeginns abstellen. Denn bei der auch bei einer Beratungsgebühr vorliegenden Vorgangspauschale erfolgt eine Abgeltung der gesamten Beratungstätigkeit und damit eines evtl nicht nur ganz kurzen Handelns des Notars, und damit entsteht die Gebühr mit Beginn seiner Tätigkeit. Nur die Fälligkeit und damit Einklagbarkeit hängt nach § 10 Hs 1 vom Ende des Vorgangs ab. Folglich sind Verschlechterungen erst nach dem Anfang der Beratung unerheblich: Es kommt nur darauf an, ob an ihrem Anfang eine Beurkundungsgebühr entstehen könnte.

Beratungsanfang ist dabei der Beginn auftrags- oder amtsgemäßer Denktätigkeit beratender Art, nicht erst die aus ihr logisch erst nachfolgende erste Äußerung usw.

Auf dieser Basis entsteht 0,3 bis 1,0 Gebühr. Wegen (nur) ihrer Anrechnung vgl die amtliche Anmerkung II.

39 **B. Beurkundungsgebühr von (mindestens) 1,0 möglich, KVfG 24201.** Vgl zunächst Rn 38. Soweit danach am Anfang der beratenden Denkarbeit des Notars auch eine Beurkundungsgebühr für denselben Gegenstand möglich sein könnte, muß man prüfen, ob sie nach der derzeitigen Vorhersehbarkeit am Anfang der Denktätigkeit der Beratung 1,0 Gebühr oder mehr betragen könnte. Dann entsteht für die Beratung 0,3 bis (nur) 0,5 Gebühr.

40 **C. Beurkundungsgebühr von nur unter 1,0 möglich, KVfG 24202.** Vgl zunächst Rn 38 und sodann Rn 39. Soweit danach die eine mögliche Beurkundungsgebühr weniger als 1,0 betragen könnte, entsteht für die Beratung nur 0,3 Gebühr.

41 **D. Haupt- oder Gesellschafterversammlung, KVfG 24203.** Soweit der Notar nach der amtlichen Anmerkung eine Gesellschaft beliebiger Art über die im Rahmen eines Beurkundungsverfahrens bestehenden Amtspflichten hinaus zwecks Vorbereitung oder Durchführung einer Hauptversammlung oder Gesellschafterversammlung berät, entsteht 0,5 bis 2,0 Gebühr.

Unanwendbar ist KVfG 24203, soweit der Notar nur einen oder mehrere Gesellschafter so berät. Denn die amtliche Anmerkung nennt die Beratung nur der „Gesellschaft", also nicht (nur) ihrer Mitglieder. Unschädlich für KVfG 24203 bleibt die Beratung der Gesellschaft *und* eines oder mehrerer Gesellschafter.

42 **5) Geschäftswert.** Man muß zwei Fallgruppen unterscheiden.

A. KVfG 24200–24202. Der Wert folgt demjenigen der Beratungsgegenstände nach §§ 95 ff.

43 **B. KVfG 24203.** Es gilt § 120.

44 **6) Fälligkeit, Gebührenschuldner.** Die Fälligkeit richtet sich jeweils nach § 10 Hs 1.

Gebührenschuldner ist man jeweils nach § 29 Z 1–3.

Hauptabschnitt 5. Sonstige Geschäfte

Abschnitt 1. Beglaubigungen und sonstige Zeugnisse
(§§ 39, 39 a des Beurkundungsgesetzes)

Nr.	Gebührentatbestand	Gebühr oder Satz der Gebühr nach § 34 GNotKG – Tabelle B
25 100	Beglaubigung einer Unterschrift oder eines Handzeichens .... I Die Gebühr entsteht nicht in den in Vorbemerkung 2.4.1 Abs. 2 genannten Fällen. II Mit der Gebühr ist die Beglaubigung mehrerer Unterschriften oder Handzeichen abgegolten, wenn diese in einem einzigen Vermerk erfolgt.	0,2 – mindestens 20,00 €, höchstens 70,00 €
25 101	Die Erklärung, unter der die Beglaubigung von Unterschriften oder Handzeichen erfolgt, betrifft 1. eine Erklärung, für die nach den Staatsschuldbuchgesetzen eine öffentliche Beglaubigung vorgeschrieben ist, 2. eine Zustimmung gemäß § 27 der Grundbuchordnung sowie einen damit verbundenen Löschungsantrag gemäß § 13 der Grundbuchordnung, 3. den Nachweis der Verwaltereigenschaft gemäß § 26 Abs. 3 WEG: Die Gebühr 25 100 beträgt	20,00 €

Zu KVfG 25 100, 25 101:

1) Geltungsbereich. Man muß die Beglaubigung einer Unterschrift oder eines 1
Handzeichens einerseits und die Beglaubigung der zugehörigen Dokumente andererseits unterscheiden, die KVfG 25 102 amtliche Anmerkung II, III abschließend aufzählen.
Es enthält KVfG 25 101 als *eng auslegbare* speziellere Regelung in ihrer abschließen- 2
den Aufzählung Z 1–3 die zunächst prüfbaren Vorgänge, KVfG 25 100 als Auffangvorschrift die restlichen Unterschriftsbeglaubigungen.

2) Beispiele zur Frage des Geltungsbereichs 3
Auslandsbezug: Die Gebühren KVfG 25 100, 25 101 entstehen für eine im Inland vorgenommene Beglaubigung selbst dann, wenn die Unterschrift im Ausland erfolgte oder anerkannt wurde.
Berichtigung: S „Sprachliche Änderung".
Firma: Die Vorschriften gelten auch nach § 17 I HGB bei ihr, BayObLG JB **83**, 1685.
Inhaltliche Prüfung: Vgl zunächst „Nämlichkeit". Eine weitere inhaltliche Überprüfung löst eine weitere Vergütung aus, meist nach KVfG 24 100 ff. Das kann aber nach der amtlichen Vorbemerkung 2.4.1 II die erste Beglaubigungsgebühr entfallen lassen.
Mehrere Ausfertigungen: Mehrere Gebühren entstehen bei einer Beglaubigung der Unterschrift derselben Person auf mehreren Ausfertigungen.
Mehrere Maßnahmen: In derselben Urkunde muß man evtl von Gegenstand zu Gegenstand unterscheiden, zB bei der Art einer Änderung.
Nämlichkeit: Soweit der Notar diejenige eines Beteiligten und den Urkundeninhalt wegen etwaiger Versagungsgründe nach § 14 II BNotO und § 4 BeurG prüft, erfaßt KVfG 25 100 diese Tätigkeit mit.

Persönliche Vollziehung: Die Vorschriften gelten auch dann, wenn diese Vollziehungsart vor dem Gericht oder dem Notar erfolgt, etwa bei einer Anmeldung oder Einreichung nach § 12 HGB.
Sachliche Änderung: Soweit der Notar eine sachliche nicht ganz unerhebliche Änderung vornimmt, entsteht die Entwurfsgebühr KVfG 24 100 ff, LG Mannh JB **99**, 378, falls man ihn damit wenigstens stillschweigend beauftragt hatte, Karlsr JB **92**, 549 (also nicht stets), Stgt JB **81**, 913.
S auch „Mehrere Maßnahmen".
Sprachliche Änderung: Soweit der Notar nur eine derartige oder ähnliche „Berichtigung" vornimmt, bleibt es bei KVfG 25 100, Stgt JB **92**, 618, LG Mainz MDR **98**, 1502, LG Mannh JB **99**, 378.
S auch „Mehrere Maßnahmen".
Vollzug: Eine Vollzugsgebühr KVfG 22 120 kann neben KVfG 25 100 anfallen, Hamm FGPrax **15**, 276.

4 3) **Beglaubigung.** Das ist der in § 129 I BGB bestimmte Vorgang: Bestätigung des Notars, daß jemand unter seiner schriftlich abgefaßten Erklärung von Hand in Gegenwart des Notars eine volle Unterschrift oder, soweit gesetzlich ausreichend, ein Namenskürzel (Handzeichen, Paraphe) gesetzt hat. Auf die Art der Erklärung und ihren Inhalt kommt es erst bei KVfG 25 101 an. Die Zahl der Unterzeichnungen ist nach KVfG amtliche Anmerkung II dann unerheblich, wenn der Notar nur einen einzigen Beglaubigungsvermerk fertigt. Andernfalls entsteht natürlich für jeden Vermerk eine neue Beglaubigungsgebühr. Beim Beglaubigen eines Entwurfs muß man nach KVfG amtliche Anmerkung I die amtliche Vorbemerkung 2.4.1 II mitbeachten.

5 4) **Gebühren.** Bei KVfG 25 100 entsteht nach der Tabelle B 0,2 Gebühr, mindestens 20 EUR, höchstens 70 EUR. Bei KVfG 25 101 entsteht eine Festgebühr von 20 EUR. Die in Rn 2 genannten mitbeachtbaren weiteren Regeln gelten auch bei KVfG 25 101. Denn danach beträgt „die Gebühr 25 100" den Festbetrag.

6 5) **Geschäftswert,** KVfG 25 100. Er richtet sich in den Grenzen der Wertgebühr nach § 121.

7 6) **Fälligkeit, Gebührenschuldner.** Die Fälligkeit richtet sich nach § 10 Hs 1. *Gebührenschuldner* ist man nach § 29 Z 1–3.

Nr.	Gebührentatbestand	Gebühr oder Satz der Gebühr nach § 34 GNotKG – Tabelle B
25 102	Beglaubigung von Dokumenten .... I Neben der Gebühr wird keine Dokumentenpauschale erhoben. II Die Gebühr wird nicht erhoben für die Erteilung 1. beglaubigter Kopien oder Ausdrucke der vom Notar aufgenommenen oder entworfenen oder in Urschrift in seiner dauernden Verwahrung befindlichen Urkunden und 2. beglaubigter Kopien vorgelegter Vollmachten und Ausweise über die Berechtigung eines gesetzlichen Vertreters, die der vom Notar gefertigten Niederschrift beizulegen sind (§ 12 des Beurkundungsgesetzes). III Einer Kopie im Sinne des Absatzes 2 steht ein in ein elektronisches Dokument übertragenes Schriftstück gleich.	1,00 € für jede angefangene Seite – mindestens 10,00 €

Vorbem. Amtliche Anmerkung II Z 1 ergänzt dch Art 13 Z 10 u G v 29. 6. 15, BGBl 1042, in Kraft seit 4. 7. 15, Art 22 II G, ÜbergangsR § 134 GNotKG.

Kostenverzeichnis **25102–25104 KVfG**

1) Geltungsbereich. Die Vorschrift regelt diejenige Beglaubigung, bei der der 1
Notar über die Bestätigung eines der Vorgänge der KVfG 25 100, 25 101 hinaus die
Echtheit des unterzeichneten inhaltlichen Vorgangs oder überhaupt nur ihn bestätigt.
Die amtliche Anmerkung III stellt klar, daß zu den in I, II genannten Kopien auch
ein solches Schriftstück zählt, daß man in ein elektronisches Dokument übertragen
hat.

2) Gebühr. Hier entsteht eine Festgebühr je angefangene Seite des beglaubigten 2
Dokuments, also nicht der etwaigen Vorlage. Dabei könnte der Notar theoretisch je
Seite nur sehr wenig schreiben (lassen). Das wäre eine Fortsetzung eines schon im
19. Jahrhundert zB in Lübeck vorhanden gewesenen Gebührenmißbrauchs. Er ist
natürlich wie jeder Rechtsmißbrauch unstatthaft. Es gibt eine Mindestgebühr von
10 EUR, aber keine Höchstgebühr wie bei KVfG 25 100.

3) Fälligkeit, Gebührenschuldner. Die Fälligkeit richtet sich nach § 10 Hs 1. 3
Gebührenschuldner ist man nach § 29 Z 1–3.

Nr.	Gebührentatbestand	Gebühr oder Satz der Gebühr nach § 34 GNotKG – Tabelle B
25 103	Sicherstellung der Zeit, zu der eine Privaturkunde ausgestellt ist, einschließlich der über die Vorlegung ausgestellten Bescheinigung	20,00 €

1) Geltungsbereich. Es geht um eine Beurkundung des genauen Zeitpunkts der 1
Ausstellung einer Privaturkunde nach § 416 ZPO usw sowie einer Bescheinigung des
Notars darüber, daß und wann die Vorlegung erfolgte. Dieses Zeugnis gehört auf die
Urkunde und muß deren Beschaffenheit klarstellen.

2) Festgebühr. Sie beträgt 20 EUR. 2

3) Fälligkeit, Gebührenschuldner. Die Fälligkeit richtet sich nach § 10 Hs 1. 3
Gebührenschuldner ist man nach § 29 Z 1–3.

Nr.	Gebührentatbestand	Gebühr oder Satz der Gebühr nach § 34 GNotKG – Tabelle B
25 104	Erteilung von Bescheinigungen über Tatsachen oder Verhältnisse, die urkundlich nachgewiesen oder offenkundig sind, einschließlich der Identitätsfeststellung, wenn sie über die §§ 10 und 40 Abs. 4 des Beurkundungsgesetzes hinaus selbständige Bedeutung hat .... Die Gebühr entsteht nicht, wenn die Erteilung der Bescheinigung eine Betreuungstätigkeit nach Nummer 22 200 darstellt.	1,0

Gliederung

1) Systematik 1
2) Regelungszweck 2
3) Geltungsbereich 3
4) Beispiele zur Frage einer Anwendbarkeit 4, 5
5) Gebührenhöhe 6
6) Geschäftswert 7
7) Fälligkeit, Gebührenschuldner 8

KVfG 25104 — Kostenverzeichnis

1 **1) Systematik.** Die Vorschrift hat eher die Funktion einer Hilfsregelung mangels anderer, spezieller Normen.
Unanwendbar ist KVfG 25104 nach der amtlichen Anmerkung neben KVfG 22200.

2 **2) Regelungszweck.** Die Gebührenhöhe und das Fehlen fester Obergrenzen lassen erkennen, daß das Gesetz die außerordentlich breite Differenzierung berücksichtigen läßt, die bei solchen Vorgängen bald eine nur geringe rechtliche oder wirtschaftliche Bedeutung haben, bald eine sehr hohe.

3 **3) Geltungsbereich.** Hierher gehört die Erteilung einer selbständigen Bescheinigung nach § 20 I 2 BNotO, § 39 BeurkG nicht über eine Willenserklärung, sondern über eine Tatsache oder über solche Verhältnisse, die dem Notar urkundlich nachgewiesen oder ihm offenkundig sind. Zu diesem letzteren Begriff vgl § 291 ZPO. Es kann sich auch um eine Bescheinigung darüber handeln, was ein Dritter dem Notar an Wahrnehmungen mitgeteilt habe. Freilich entsteht eine Gebühr nur insofern, als es sich nicht etwa wie bei einer zugehörigen Einsicht in ein Grundbuch oder Register oder bei einer Rangbestätigung bloß um ein Nebengeschäft handelt, etwa bei der Klärung, daß eine erforderliche Urkunde vorliege. Es können auch Sonderregeln den Vorrang haben. Die Bescheinigung erfolgt durch eine Beurkundung oder einen Vermerk nach § 39 BeurkG. Sie muß mit einem Dienstsiegel erfolgen. Man muß KVfG 25200 als eine Sonderregel beachten.
Maßgebend ist der *wirkliche Inhalt* der Bescheinigung.

4 **4) Beispiele zur Frage einer Anwendbarkeit**
Abtretung: *Unanwendbar* ist KVfG 25104 nach Rn 1 im Bereich KVfG 22200 Z 5.
Akte: Anwendbar ist KVfG 25104 auf eine Bescheinigung aus einer Akte.
Aktienhinterlegung: *Unanwendbar* ist KVfG 25104 auf eine Bescheinigung des Notars über die Hinterlegung von Aktien nach § 123 III AktG. Sie ist vielmehr ist Hauptgeschäft nach KVfG 25300, Mü DNotZ **83**, 1937.
Amtssiegel: Anwendbar ist KVfG 25104 auf die mit einem Amtssiegel versehene Bescheinigung des Notars aus einem gerichtlichen Buch, also nicht ein bloßer Bericht.
Auszahlung: S „Verwahrung".
Design: Anwendbar ist KVfG 25104 auf eine Bestätigung oder eine Prioritätsbescheinigung wegen einer Designanmeldung im Ausland, Ffm MDR **75**, 238.
Eintragungshindernis: *Unanwendbar* ist KVfG 25104 auf eine Bewertung oder Begutachtung oder Schlußfolgerung wie die Bestätigung des Notars, daß einer Eintragung kein Hindernis entgegensteht. Sie fällt evtl unter KVfG 22110 ff, auch wenn mit ihr eine nur unselbständige Tatsachenfeststellung erfolgt, Schlesw JB **77**, 1129.
Familienstand: Anwendbar ist KVfG 25104 bei einer Bescheinigung über den Familienstand.
Feuerbestattung: Anwendbar ist KVfG 25104 auf die Bescheinigung, daß jemand vor dem Notar eine solche Bestattung angeordnet habe.
Gesellschafterliste: *Unanwendbar* ist KVfG 25104 nach Rn 1 im Bereich KVfG 22200 Z 6, LG Düss ZIP **15**, 1881.
Grundbuch: Anwendbar sein kann KVfG 25104 auf eine Bescheinigung aus einem Grundbuch.
Vgl aber auch Rn 1 und KVfG 22200 Z 7.
Lebensbescheinigung: Anwendbar ist KVfG 25104 bei ihr.

5 **Nämlichkeit:** Anwendbar ist KVfG 25104 nach seinem Haupttext Hs 2 auf diejenige Bescheinigung über die Nämlichkeit einer Person, die über §§ 10, 40 IV BeurkG hinausgeht, etwa bei einer Kontoeröffnung oder Legitimationsprüfung, Bund DNotZ **04**, 183.
Name: Anwendbar ist KVfG 25104 bei einer Veränderungsbescheinigung.
Nebengeschäft: Vgl Rn 3.
Rangbestätigung: Vgl KVfG 25201.
Register: Anwendbar ist KVfG 25104 auf eine Bescheinigung aus einem Register, zB wegen § 181 BGB.

Kostenverzeichnis **25104, 25200 KVfG**

Satzungsänderung: Anwendbar ist KVfG 25 104 auf eine Bescheinigung über eine solche Änderung nach § 54 GmbHG, soweit sie nicht ein gebührenfreies Nebengeschäft ist, Diehn MittBayNot **10**, 376.

Testament: Anwendbar ist KVfG 25 104 auf eine Bescheinigung dazu, daß jemand in der Gegenwart eines Notars ein Testament eigenhändig geschrieben und unterschrieben habe.

Testamentsvollstrecker: Anwendbar ist KVfG 25 104 auf eine Bescheinigung über den Eingang einer Erklärung der Annahme des Testamentsvollstreckeramts.

Treuhand: *Unanwenbar* ist KVfG 25 104 nach Rn 1 im Bereich von KVfG 22 200 Z 3.

Umschreibung: *Unanwendbar* ist KVfG 25 104 auf eine „Umschreibung" wegen einer bloßen Änderung eines Namens oder einer Firma. Sie kann gebührenfrei sein, KG JB **93**, 226.

Verwahrung: *Unanwendbar* ist KVfG 25 104 nach Rn 1 im Bereich KVfG 22 200 Z 5.

Vollmachtskette: Eine zugehörige Bescheinigung macht KVfG 25104 anwendbar, BGH JB **17**, 132 (nennt irrig einen KVfG 25124).

Vorlage: Anwendbar ist KVfG 25 104 auf eine Bescheinigung dazu, daß jemand eine Urkunde oder andere Sache zu einem bestimmten Zeitpunkt dem Notar vorgelegt habe.

Wirksamkeitsbescheinigung: Es gilt bei § 40 II 2 GmbHG dasselbe wie bei „Gesellschafterliste".

Wohnsitz: Anwendbar ist KVfG 25 104 auf eine Wohnsitzbescheinigung.

Zeugnis: Es ist grds eine Beurkundung nötig. Es kann ausnahmsweise eine Vermerkurkunde nach § 39 BeurkG reichen.

Zuschlagsbeschluß: *Unanwendbar* ist KVfG 25 104 auf eine bloße Feststellung seiner Rechtskraft.

5) Gebührenhöhe. Es entsteht 1,0 Gebühr nach Tabelle B. 6

6) Geschäftswert. Das ist derjenige der §§ 18 ff, meist der Wert des Gegenstands, 7 zB § 30 I, Karlsr JB **93**, 433, hilfsweise der nach § 30 II, III ermittelbare. §§ 39 ff sind anwendbar. Es kann ein Teilwert als Geschäftswert angemessen sein, aber auch der volle Wert. Man muß stets den Verwendungszweck mitbeachten. Es gilt *nicht § 121*. Denn sein Geltungsbereich umfaßt nicht mehr als die Beglaubigung von Handzeichen oder Unterschriften. Daran ändert auch nichts der Umstand, daß KVfG 25 104 im Abschnitt „Beglaubigungen und sonstige Zeugnisse" steht. Daher paßt am ehesten § 36, dort wohl III, IV.

7) Fälligkeit, Gebührenschuldner. Die Fälligkeit richtet sich nach § 10 Hs 1. 8 *Gebührenschuldner* ist man nach § 29 Z 1–3.

Abschnitt 2. Andere Bescheinigungen und sonstige Geschäfte

Nr.	Gebührentatbestand	Gebühr oder Satz der Gebühr nach § 34 GNotKG – Tabelle B
25 200	Erteilung einer Bescheinigung nach § 21 Abs. 1 BNotO	15,00 € für jedes Registerblatt, dessen Einsicht zur Erteilung erforderlich ist

1) Geltungsbereich. Die Vorschrift ist eine vorrangige eng auslegbare Spezialbe- 1
stimmung.

2) Bescheinigung nach § 21 I, II BNotO. Die Vorschrift lautet: 2

BNotO § 21. Sonstige Bescheinigungen. I ¹Die Notare sind zuständig,
1. Bescheinigungen über eine Vertretungsberechtigung sowie

2. Bescheinigungen über das Bestehen oder den Sitz einer juristischen Person oder Handelsgesellschaft, die Firmenänderung, eine Umwandlung oder sonstige rechtserhebliche Umstände auszustellen, wenn sich diese Umstände aus einer Eintragung im Handelsregister oder in einem ähnlichen Register ergeben. ²Die Bescheinigung hat die gleiche Beweiskraft wie ein Zeugnis des Registergerichts.

II ¹Der Notar darf die Bescheinigung nur ausstellen, wenn er sich zuvor über die Eintragung Gewißheit verschafft hat, die auf Einsichtnahme in das Register oder in eine beglaubigte Abschrift hiervon beruhen muß. ²Er hat den Tag der Einsichtnahme in das Register oder den Tag der Ausstellung der Abschrift in der Bescheinigung anzugeben.

Die Festgebühr entsteht *für jede* derartige *Bescheinigung besonders*. Das gilt auch dann, wenn mehrere Bescheinigungen in demselben Dokument stehen und nicht dasselbe Objekt betreffen, Hamm JB 80, 1879. Unerheblich ist, wie vielen Geschäften eine Bescheinigung dient. Es handelt sich nicht um ein gebührenfreies Nebengeschäft, und zwar auch nicht bei einer Beurkundung oder Beglaubigung. Die Gebühr gilt die gesamte Tätigkeit ab, also auch die Einsicht. Bei einer Einsicht in mehrere Register entsteht die Gebühr aber (jetzt) mehrfach, amtliche Gebührenspalte.

Unanwendbar ist Z 2, soweit der Notar nicht das Register einsieht, sondern nur einen beglaubigten oder einfachen Registerauszug. Das folgt aus § 21 II BNotO. Dann gilt KVfG 25 105.

3   Oft fordert ein *ausländisches Gericht* oder eine ausländische Behörde eine Bescheinigung nach Z 2 als eine Voraussetzung der *Anerkennung* eines dort geltend gemachten Rechts an.

Reisekosten und andere Auslagen können gesondert anfallen.

4   **3) Fälligkeit, Gebührenschuldner.** Die Fälligkeit richtet sich nach § 10.

Gebührenschuldner ist nach § 29 Z 1 derjenige, der die Bescheinigung beantragt, oder nach § 2 Z 2 derjenige, der die Gebührenpflicht aber nicht schon derjenige, der beurkunden läßt.

Nr.	Gebührentatbestand	Gebühr oder Satz der Gebühr nach § 34 GNotKG – Tabelle B
25 201	Rangbescheinigung (§ 122 GNotKG)	0,3

1   **1) Geltungsbereich.** Vgl § 122 Rn 1.
2   **2) Gebührenhöhe.** Vgl § 122 Rn 2. Es gilt Tabelle B.

Nr.	Gebührentatbestand	Gebühr oder Satz der Gebühr nach § 34 GNotKG – Tabelle B
25 202	Herstellung eines Teilhypotheken-, -grundschuld- oder -rentenschuldbriefs	0,3

1   **1) Geltungsbereich.** Während den vollen Brief nach § 56 I 1 GBO nur das Grundbuchamt erteilen darf, ist zur Herstellung eines Teilbriefs nach § 61 I GBO neben dem Grundbuchamt auch der Notar zuständig. Wegen der Einzelheiten vgl § 61 II–IV GBO. Diesen Vorgang vergütet KVfG 25 203.

2   **2) Gebührenhöhe.** Es entsteht zur Herstellung eines jeden Teilhypothekenbriefs 0,3 Gebühr. Dasselbe gilt bei jedem Teilgrundschuldbrief oder Teilrentenschuldbrief wegen der entsprechenden Geltung auch des § 61 I GBO nach § 70 I 1 GBO. Denn ein voller solcher Brief gehört gerade nicht zu den Herstellungsbefugnissen auch des Notars. Maßgeblich ist jeweils Tabelle B. Jeder weitere Teilbrief kostet weitere 0,3 Gebühr.

3   **3) Geschäftswert.** Es gilt § 49, nicht § 69.

Kostenverzeichnis **25202–25204 KVfG**

4) **Fälligkeit, Gebührenschuldner.** Die Fälligkeit richtet sich nach § 10. 4
Gebührenschuldner ist man nach § 29 Z 1–3.

Nr.	Gebührentatbestand	Gebühr oder Satz der Gebühr nach § 34 GNotKG – Tabelle B
25 203	**Erteilung einer Bescheinigung über das im Inland oder im Ausland geltende Recht einschließlich von Tatsachen**	0,3 bis 1,0

1) **Geltungsbereich.** Die Vorschrift vergütet nicht etwa ein Gutachten, sondern 1 formell eine „Bescheinigung" über Inlands- oder Auslandsrecht. Der Sache nach läßt sich eine solche Erklärung aber überhaupt nur auf Grund einer im Kern gutachterlichen Prüfung und Bewertung verantworten. Dazu gehört natürlich auch die Angabe der zu solcher Bewertung herangezogenen oder nach Meinung des Notars noch zu klärenden Tatsachen. Diese letztere Arbeit gilt KVfG 25 203 ausdrücklich mit ab.

2) **Gebührenhöhe.** Es gilt nach der Tabelle B eine Betragsrahmengebühr nach 2 Einl II A 12 von 0,3 bis 1,0 Gebühr, je nach Umfang der Schwierigkeit der Tätigkeit bis zur Erteilung der Bescheinigung und nach ihrem Text. Der Notar hat insofern ein pflichtgemäßes Ermessen.

3) **Geschäftswert.** Es gilt § 36 I, nicht § 104. 3

4) **Fälligkeit, Gebührenschuldner.** Die Fälligkeit richtet sich nach § 10. 4
Gebührenschuldner ist man nach § 29 Z 1–3.

Nr.	Gebührentatbestand	Gebühr oder Satz der Gebühr nach § 34 GNotKG – Tabelle B
25 204	**Abgabe einer Erklärung aufgrund einer Vollmacht anstelle einer in öffentlich beglaubigter Form durch die Beteiligten abzugebenden Erklärung** .... **Die Gebühr entsteht nicht, wenn für die Tätigkeit eine Betreuungsgebühr anfällt.**	in Höhe der für die Fertigung des Entwurfs der Erklärung zu erhebenden Gebühr

1) **Geltungsbereich.** Zum Verständnis der Vorschrift sollte man zunächst die 1 amtliche Vorbemerkung 2.1 II Z 21 lesen. Danach gilt eine Gebühr im Beurkundungsverfahren nach KVfG 21 100 ff auch die „Übermittlung von ... Erklärungen an ein Gericht oder eine Behörde" mit ab. Von diesem Grundsatz macht KVfG eine eng auslegbare Ausnahme. Sie spricht nicht von „Übermittlung", sondern von „Abgabe" einer Erklärung und schränkt weiter ein: Es muß gerade um eine Erklärung auf Grund einer Vollmacht gehen, und diese Vollmacht muß gerade anstelle einer in öffentlich beglaubigter Form durch „die" Beteiligten abzugebenden Erklärung wirken.

Es reichen also *nicht:* Die Erklärung nur *eines* Beteiligten: eine formlose mögliche Erklärung; eine Verhaltensweise, die man nicht als Erklärung bewerten kann; ferner eine Tätigkeit, neben einer Betreuungsgebühr nach KVfG 11100 ff.

2) **Gebührenhöhe.** KVfG 25 204 zwingt dazu, zunächst zu prüfen, was die Erklä- 2 rung gebracht hätte, wenn er oder ein anderer Notar sie im Entwurf auftragsgemäß gefertigt hätte. Das richtet sich nach KVfG 24 100 ff. Hier zeigt sich, daß auch die amtliche Vorbemerkung 2.4.1 IV Z 1 an sich ebenso wie die amtliche Vorbemerkung

1045

KVfG 25204–25206 Kostenverzeichnis

2.1 II Z 1 eine Übermittlung als mit durch (hier) die Entwurfsgebühr abgegolten bezeichnet.

3 3) **Geschäftswert.** Es gilt wegen der Anknüpfung in der Gebührenspalte an eine Entwurfsgebühr § 119.

4 4) **Fälligkeit, Gebührenschuldner.** Die Fälligkeit richtet sich nach § 10. *Gebührenschuldner* ist man nach § 30, aber auch nach § 29 Z 1–3.

Nr.	Gebührentatbestand	Gebühr oder Satz der Gebühr nach § 34 GNotKG – Tabelle B
25 205	Tätigkeit als zu einer Beurkundung zugezogener zweiter Notar .... ¹ Daneben wird die Gebühr 26 002 oder 26 003 nicht erhoben. II Der zuziehende Notar teilt dem zugezogenen Notar die Höhe der von ihm zu erhebenden Gebühr für das Beurkundungsverfahren mit.	in Höhe von 50% der dem beurkundenden Notar zustehenden Gebühr für das Beurkundungsverfahren

1 1) **Geltungsbereich.** Das Gesetz verlangt oft die Hinzuziehung eines zweiten Notars als Zeugen zB in § 2233 BGB in Verbindung mit §§ 22, 25, 29 BeurkG. Das gilt keineswegs nur bei einem Testament, aM LG Arnsberg MDR **04**, 238. Man kann natürlich auch ohne gesetzlichen Zwang einen zweiten Notar hinzuziehen. KVfG 25 205 unterscheidet dabei nicht (mehr) zwischen einer Hinzuziehung auf oder ohne Verlangen eines Beteiligten. Der zweite Notar muß aber gerade nicht nur als Zeuge hinzukommen, sondern „zur Beurkundung". Dabei kommt es nach dem Wortlaut nicht darauf an, ob der zweite Notar von Anfang an hinzutritt oder erst im Verlauf oder auch nur in einer Eingangsphase der Beurkundung. Freilich läßt die Hinzuziehung „zu einer Beurkundung" auch auf die Notwendigkeit der Mitwirkung am gesamten Beurkundungsvorgang schließen.

2 2) **Gebührenhöhe.** Es entsteht nach der Tabelle B eine Gebühr, deren Höhe von derjenigen des ersten Notars für seine Beurkundungstätigkeit nach KVfG 21 100 ff abhängt und die der zuziehende Notar dem Zugezogenen nach KVfG 25 205 amtliche Anmerkung II von Amts wegen wie bei § 121 I 1 BGB unverzüglich mitteilen muß. Von dieser eigentlichen Beurkundungsgebühr beträgt die Gebühr nach KVfG 25 205 die Hälfte. Daneben gibt es (nur) für den Zweitnotar keine Zusatzgebühr nach KVfG 26 002 oder 26 003. Das ergibt sich aus KVfG 25 205 amtliche Anmerkung I.

3 3) **Geschäftswert.** Er ist derselbe wie derjenige beim zuziehenden Erstnotar nach KVfG 21 100 ff.

4 4) **Fälligkeit, Gebührenschuldner.** Die Fälligkeit richtet sich nach § 10. *Gebührenschuldner* ist man nach § 30, aber auch nach § 29 Z 1–3.

Nr.	Gebührentatbestand	Gebühr oder Satz der Gebühr nach § 34 GNotKG – Tabelle B
25 206	Gründungsprüfung gemäß § 33 Abs. 3 des Aktiengesetzes	1,0 – mindestens 1000,00 €

1 1) **Geltungsbereich.** Die formell neue Vorschrift vergütet den Fall, daß der die Gründung einer Aktiengesellschaft beurkundende Notar anstelle eines Gründungs-

Kostenverzeichnis **25206–25209 KVfG**

prüfers im Auftrag der Gründer die nach § 33 II Z 1, 2 AktG erforderliche Gründungsprüfung nun nach § 33 III 1 AktG selbst vornimmt.

2) Gebührenhöhe. Es entsteht 1,0 Gebühr nach Tabelle B, aber eine Mindestgebühr von 1000 EUR.   2

3) Geschäftswert. Es gelten § 36 IV 2 in Verbindung mit I, III.   3

4) Fälligkeit, Gebührenschuldner. Die Fälligkeit richtet sich nach § 10.   4
Gebührenschuldner sind die in § 29 Z 1–3 Benannten.

Nr.	Gebührentatbestand	Gebühr oder Satz der Gebühr nach § 34 GNotKG – Tabelle B
25 207	Erwirkung der Apostille oder der Legalisation einschließlich der Beglaubigung durch den Präsidenten des Landgerichts	25,00 €
25 208	Erwirkung der Legalisation, wenn weitere Beglaubigungen notwendig sind: Die Gebühr 25 207 beträgt	50,00 €

Zu KVfG 25207, 25208:

1) Geltungsbereich. Apostille, Legalisation, Amtsbekräftigung ist die Bescheinigung der Echtheit, also der Herkunft einer Urkunde, durch die dazu berufene deutsche Amtsstelle, Bindseil DNotZ **92**, 277 (ausf), Luther MDR **86**, 10 (Üb), Wagner DNotZ **75**, 581. Vgl dazu die Ländervorschriften in der Aufstellung bei BLAH § 438 ZPO Rn 4–12.   1

2) Festgebühren. Sie sind unterschiedlich hoch.   2

3) Fälligkeit, Gebührenschuldner. Die Fälligkeit richtet sich nach § 10.   3
Gebührenschuldner ist man nach § 29 Z 1–3.

Nr.	Gebührentatbestand	Gebühr oder Satz der Gebühr nach § 34 GNotKG – Tabelle B
25 209	Einsicht in das Grundbuch, in öffentliche Register und Akten einschließlich der Mitteilung des Inhalts an den Beteiligten .... Die Gebühr entsteht nur, wenn die Tätigkeit nicht mit einem gebührenpflichtigen Verfahren oder Geschäft zusammenhängt.	15,00 €

Gliederung

1) Geltungsbereich	1
2) Grundbucheinsicht	2, 3
3) Einsicht in öffentliche Register oder Akten	4, 5
4) Nicht: Einsicht in Privatakte	6
5) Mitteilung aus Register, Akte	7
6) Mitteilung aus Grundbuch	8
7) Festgebühr	9
8) Fälligkeit, Gebührenschuldner	10

1) Geltungsbereich. Die Vorschrift bringt erhebliche Vereinfachungen sowohl der Voraussetzungen als auch der Vergütung des Notars.   1

2) Grundbucheinsicht. Die Einsicht des Notars in das Grundbuch ist grundsätzlich gebührenpflichtig. Dabei unterscheidet diese Vorschrift nicht (mehr) zwischen derjenigen nebst einer gleichzeitigen Mitteilung über weitere Grundbuchanträge und derjenigen ohne eine solche Mitteilung.   2

KVfG 25 200 bleibt vorrangig, Celle Rpfleger **90**, 43, Hamm Rpfleger **02**, 101, KG Rpfleger **92**, 409, aM Bre DNotZ **90**, 680, Schlesw JB **91**, 1367, Zweibr JB **88**,

1052 (aber KVfG 25 200 ist ein Spezialgesetz und vergütet die Bescheinigung und nicht den Umfang des Wegs dorthin).

3 Jedoch hat die *amtliche Anmerkung* als eine Sonderregel eine vorrangige Bedeutung. Wenn daher die Einsicht zB nur als eine vorbereitende oder fördernde Tätigkeit eines Hauptgeschäfts gilt, vor allem einer Beurkundung oder Beglaubigung, dann entsteht neben der dortigen Gebühr keine besondere Einsichtsgebühr.

4 **3) Einsicht in öffentliche Register oder Akten.** Die Vorschrift erfaßt den Einblick in alle Teile des Grundbuchs einschließlich der Grundakten und in alle Teile eines öffentlichen Registers, sei es beim Gericht, zB des Vereinsregisters, sei es bei einer anderen Behörde, zB des Katasteramts. Sie erfaßt ferner die Einsicht aller Teile einer Akte, sei es eines Gerichts beliebiger Art, sei es einer Behörde, eines anderen Notars, eines Anwalts, einer Schiedsstelle.

Zur *Entstehung* der Gebühr ist keine Einsicht in sämtliche vorhandenen Teile und keine vollständige Einsicht in alle Blätter des in Augenschein genommenen Teils erforderlich. Ein bloßer Vergleich des Aktenzeichens und anderer Angaben auf dem Aktendeckel kann je nach den Umständen eine Einsicht oder eine bloße technische Begleitmaßnahme sein. Die Einsicht erfordert eine gewisse Inhaltskontrolle.

5 *Unanwendbar* ist KVfG 25 105, soweit der Notar von vornherein nur einen Auszug aus dem Grundbuchblatt oder Register einsieht und nicht etwa eine wenigstens teilweise Einsicht immerhin in das vollständige Grundbuchblatt oder Register vornimmt.

6 **4) Nicht: Einsicht in Privatakte.** Einsicht in Privatakten zB einer Handelsgesellschaft oder eines Privatmanns kann zwar durchaus notwendig oder doch sachdienlich sein. Nach dem Wortlaut könnte evtl auch sie gebührenfähig sein. Indessen steht die Akteneinsicht hinter der Grundbucheinsicht und der Einsicht in öffentliche Register an dritter Stelle einer solchen Aufzählung, deren Sinn offenbar dahin geht, nur die Einsicht in öffentliche Unterlagen gesondert zu vergüten. Das soll wohl auch der übrige Text erkennen lassen.

7 **5) Mitteilung aus Register, Akte.** Stets gebührenpflichtig ist eine im Auftrag wenigstens eines Beteiligten erfolgende Mitteilung über den Inhalt eines öffentlichen Registers beliebiger Art oder des Grundbuchs. Die Mitteilung über den Inhalt einer Akte beliebiger Art nach Rn 6 ist jedenfalls nicht nach KVfG 25 105 gebührenpflichtig. Dasselbe gilt bei einer auftraglosen Mitteilung der eben genannten Arten. Im übrigen muß man Mitteilungen an Behörden nach KVfG 22 110 ff beurteilen.

8 **6) Mitteilung aus Grundbuch.** Der Notar mag den Auftrag zu einer Mitteilung über den Inhalt des Grundbuchs und über einen dortigen Rang durch eine sog Rangbestätigung nach KVfG 25 201 haben. Dann muß man weiter unterscheiden. Hat der Notar einen Antrag eingereicht, liegen dem Grundbuchamt beim Antragseingang bereits ein oder mehrere weitere Anträge beliebiger Art vor allem auf Eintragungen vor und gehört es zu den Aufgaben des Notars, über diese weiteren Anträge dem Auftraggeber eine Mitteilung zu machen, auch über die zu erwartenden Rangverhältnisse oder ohne diese, dann gelten KVfG 22 110 ff. Bei einer sonstigen Mitteilung über den Grundbuchinhalt gilt die Festgebühr KVfG 25 105, soweit die Mitteilung gerade im Auftrag wenigstens eines der Beteiligten erfolgt. In den restlichen Fällen ist die Mitteilung über den Grundbuchinhalt nach § 1 I gebührenfrei.

9 **7) Festgebühr.** Sie entsteht für jede Einsicht gesondert, soweit nicht die weitere Einsicht nur der Korrektur einer unvollständigen oder sonst fehlerhaften ersten Einsicht dient oder nur eine vorsorgliche nochmalige Vergewisserung ohne einen äußeren Anlaß bezweckt. Bei mehreren Einsichten wegen verschiedener Angelegenheiten, also verschiedener selbständiger Tätigkeiten nach dem BeurkG, in verschiedene Grundbuchblätter, Akten oder Register bei demselben oder bei verschiedenen Stellen entstehen also mehrere Gebühren.

Die in KVfG 25 105 genannte Mitteilung löst schon nach dem Wortlaut des Gesetzes („einschließlich") keine weitere Festgebühr aus. Eine auftragslose Mitteilung ist nicht gebührenpflichtig. Eine auftragsgemäße Mitteilung wird aber in der Praxis schon wegen der Haftung des Notars kaum vorkommen.

10 **8) Fälligkeit, Gebührenschuldner.** Die Fälligkeit richtet sich nach § 10. *Gebührenschuldner* ist man nach § 29 Z 1–3.

Kostenverzeichnis **25209–25214, Vorb 2.5.3, 25300, 25301 KVfG**

Nr.	Gebührentatbestand	Gebühr oder Satz der Gebühr nach § 34 GNotKG – Tabelle B
	Erteilung von Abdrucken aus einem Register oder aus dem Grundbuch auf Antrag oder deren beantragte Ergänzung oder Bestätigung:	
25 210	– Abdruck	10,00 €
25 211	– beglaubigter Abdruck	15,00 €
	Neben den Gebühren 25 210 und 25 211 wird keine Dokumentenpauschale erhoben.	
	Anstelle eines Abdrucks wird in den Fällen der Nummern 25 210 und 25 211 die elektronische Übermittlung einer Datei beantragt:	
25 212	– unbeglaubigte Datei	5,00 €
25 213	– beglaubigte Datei	10,00 €
	¹ Werden zwei elektronische Dateien gleichen Inhalts in unterschiedlichen Dateiformaten gleichzeitig übermittelt, wird die Gebühr 25 212 oder 25 213 nur einmal erhoben. ² Sind beide Gebührentatbestände erfüllt, wird die höhere Gebühr erhoben.	
25 214	Erteilung einer Bescheinigung nach § 21 Abs. 3 BNotO	15,00 €

Abschnitt 3. Verwahrung von Geld, Wertpapieren und Kostbarkeiten

(Amtliche) Vorbemerkung 2.5.3:
I Die Gebühren dieses Abschnitts entstehen neben Gebühren für Betreuungstätigkeiten gesondert.
II § 35 Abs. 2 GNotKG und Nummer 32 013 sind nicht anzuwenden.

Nr.	Gebührentatbestand	Gebühr oder Satz der Gebühr nach § 34 GNotKG – Tabelle B
25 300	Verwahrung von Geldbeträgen: je Auszahlung .... Der Notar kann die Gebühr bei der Ablieferung an den Auftraggeber entnehmen.	1,0 – soweit der Betrag 13 Mio. € übersteigt: 0,1% des Auszahlungsbetrags
25 301	Entgegennahme von Wertpapieren und Kostbarkeiten zur Verwahrung .... Durch die Gebühr wird die Verwahrung mit abgegolten.	1,0 – soweit der Betrag 13 Mio. € übersteigt: 0,1% des Werts

Zu KVfG 25300, 25301:
Schrifttum: *Bräu*, Die Verwahrungstätigkeit der Notare, 1992.

KVfG 25300, 25301 — Kostenverzeichnis

Gliederung

1) Systematik	1
2) Regelungszweck	2
3) Geltungsbereich	3–5
A. Begriff der Verwahrung	3
B. Beispiele zur Frage einer Anwendbarkeit von KVfG 25 300, 25 301	4, 5
4) Gebühren	6–8
A. Teilvornahme	6
B. Kostensparsamkeit	7
C. Mindestgebühr	8
5) Geschäftswert	9–11
6) Fälligkeit	12
7) Gebührenschuldner	13
8) Entnahmerecht, KVfG 25 300 amtliche Anmerkung	14, 15

1 **1) Systematik.** Die Vorschriften ähneln VV 1009, Teil X dieses Buchs. Die Hebegebühr entsteht stets besonders. Es handelt sich nicht um eine Vermögensverwaltung oder um eine Treuhänderschaft nach § 23 BNotO, die überdies nach § 8 II Z 1 BNotO genehmigungspflichtig wäre. Daher findet bei Einwendungen gegen die Kostenberechnung des Notars ein Verfahren nach §§ 127 ff und kein Zivilprozeß statt. Dem KVfG 25 300 gehen KVfG 23 400, 23 401 nach der amtlichen Vorbemerkung 2.3.4 vor.

2 **2) Regelungszweck.** Wie beim Anwalt, ist auch gerade beim Notar als einem unparteilichen, vertrauenswürdigen Organ der Rechtspflege der Umgang mit fremdem Geld in bar oder unbar oder anderen Werten eine zwar oft zu seinen typischen rechtlichen Aufgaben gehörende Tätigkeit, aber doch nicht das Hauptmerkmal. Umso verantwortungsvoller muß er diese auch für ihn gefährliche verführerische Aufgabe erledigen. KVfG 25 300, 25 301 dienen der Abwicklung eines Zug-um-Zug-Geschäfts, BGH MDR **98**, 953. Ihre gesonderte Vergütung dient einerseits der Abgeltung der oft erheblichen organisatorischen, zeitlichen und personellen Mühe. Die Gebühren dienen andererseits auch ein wenig der Verhütung von Übergriffen mit ihren bösen straf-, zivil- und berufsrechtlichen Gefahren.

Schließlich ist der Notar als ein Verwalter fremder Gelder usw aber *keine Bank*. Er soll keine Geschäfte damit machen. Er darf nach § 21 keine unnötige Verwahrung vornehmen, Brdb JB **11**, 144. Er muß die sicherste Verwahrungsart wählen, zB ein Anderkonto, Steuer DNotZ **79**, 208 (auch wegen dessen Bedingungen). Sicherheit geht vor Zinshöhe. Alles das muß man bei der Auslegung mitbeachten.

3 **3) Geltungsbereich.** Es gibt vielerlei Anwendungen.

A. Begriff der Verwahrung. Es muß ein auftragsgemäßes und nicht nur gesetzliches Verhältnis vorliegen, ferner ein gerade notarielles und nicht ein unter VV 1009 fallendes anwaltliches, BayObLG **88**, 145. Es richtet sich nach der BNotO, Reimann MittBayNot **88**, 246. Es kommt auf die Allein- oder wenigstens Mitverfügungsgewalt des Notars an, Hamm MittBayNot **02**, 208, KG JB **80**, 1069, oder auf seine unwiderrufliche Weisungsbefugnis, KG DNotZ **81**, 204. Das Verwahrungsgeschäft und damit die Vergütung nach KVfG 25 300, 25 301 umfaßt die gesamte Tätigkeit der Erhebung, KG DNotZ **80**, 59, Köln MittBayNot **84**, 99, Schlesw JB **81**, 915. Es umfaßt also auch zB die Empfangnahme von einem Dritten zwecks einer Ablieferung an den Auftraggeber, die Verwahrung und die Ablieferung an einen Dritten, KG MDR **85**, 154, Zenker NJW **03**, 3460. Das Verwahrungsbuch des Notars beantwortet die Frage der Anwendbarkeit KVfG 25 300, 25 301 nicht stets.

4 **B. Beispiele zur Frage einer Anwendbarkeit von KVfG 25 300, 25 301**
Ablieferung: Rn 2.
Abtretung: KVfG 25 300 ist anwendbar, soweit der Notar dem Darlehensgeber anzeigt, daß der Käufer den Auszahlungsanspruch an den Verkäufer abgetreten hat, Düss JB **92**, 822, Zweibr RR **05**, 511.
Anderkonto KVfG 25 300 – Anderkonto 2: Rn 5 „Weiterleitung".
Anderkonto – Privatkonto: Rn 5 „Verrechnung".
Anweisung: KVfG 25 300 gilt als eine vorrangige abschließende Sondervorschrift die genannte zugehörige Notararbeit ab, LG Hann JB **04**, 665 links, auch die Prüfung der Anweisung des Einzahlers oder eines an der Abwicklung beteiligten Kre-

ditinstituts, Hamm FGPrax **99**, 239, Schlesw JB **00**, 426. Das gilt auch für eine vom Vertrag abweichende Anweisung, KG DNotZ **80**, 60, LG Kiel JB **77**, 401, aM Ffm DNotZ **78**, 118, Köln FGPrax **07**, 293, Mümmler JB **83**, 509.

KVfG 25 300 ist *unanwendbar*, soweit der Notar eine Anweisung nach §§ 783 ff BGB verwahrt. Das gilt selbst bei einer unwiderruflichen derartigen Anweisung, es sei denn, daß das auf dem Sparkonto befindliche Geld in die alleinige Verfügungsgewalt des Notars kommen soll.

Auflassungsvormerkung: S „Eintragungsreife".

Auszahlungsreife: KVfG 25 300 ist anwendbar, soweit der Notar die Auszahlungsunterlagen und die Auszahlungsreife prüft, Düss JB **92**, 823, Zweibr JB **95**, 101, LG Hann JB **04**, 665 links.

Unanwendbar ist KVfG 25 300 auf die bloße Anweisung zur Zahlung bei deren Fälligkeit.

Briefmarken: KVfG 25 301 ist bei (kostbaren) Briefmarken als Verwahrgegenstand anwendbar.

Darlehen: S „Abtretung", Rn 5 „Weiterleitung".

Dritter: Rn 2, Rn 5 „Weiterleitung".

Eintragungsreife: KVfG 25 300 ist anwendbar, soweit der Notar die Einzahlungsreife prüft, Hamm JB **90**, 899, Oldb JB **86**, 429, Zweibr MittBayNot **95**, 76, aM Schlesw MittRhNotK **96**, 91, Klein Rpfleger **88**, 178.

Empfangnahme: Rn 2, 11.

Erhebung: Rn 2.

Fälligkeitsmitteilung und -prüfung: KVfG 25 300 ist auf sie anwendbar, BGH MDR **09**, 954, Hamm JB **90**, 899, Oldb JB **96**, 429.

Geld: KVfG 25 300 ist bei Geld (bar oder unbar) anwendbar, I 2.

Genehmigung: KVfG 25 300 ist bei ihr anwendbar.

Gerichtskosten: Rn 5 „Vollzug".

Gläubigerauflagen: KVfG 25 300 umfaßt auch die Überwachung von Gläubigerauflagen, Köln JB **88**, 83, Oldb JB **92**, 753, Schlesw JB **88**, 453, aM Düss DNotZ **88**, 453, Hamm JB **00**, 94, KG JB **79**, 1563.

Grundschuldbrief: Rn 5 „Wertpapier".

Haftpflichtversicherung: Vgl die amtliche Vorbemerkung 2.5.3 II, KVfG 32 013 ist also anwendbar.

Hinterlegung: KVfG 25 300 ist auf die vorbereitende Tätigkeit anwendbar, Schlesw RR **00**, 1599.

Insolvenzverwalter: S „Nebentätigkeit".

Kostbarkeit: KVfG 25 301 ist anwendbar, soweit es sich um die Verwahrung einer Kostbarkeit beliebiger Art handelt. Zum Begriff der Kostbarkeit BLAH § 813 ZPO Rn 3.

Löschungsbewilligung: KVfG 25 300 ist anwendbar, soweit es um die Einholung einer Löschungsbewilligung geht, Klein DNotZ **87**, 185, aM Köln DNotZ **87**, 183, Oldb DNotZ **94**, 706. Das gilt auch beim Antrag auf eine Lastenfreistellung, Hamm Rpfleger **90**, 92.

Manuskript: KVfG 25 301 ist anwendbar, soweit eine Kostbarkeit darstellt, Rn 4 5 „Kostbarkeit".

Mehrheit von Tätigkeiten: KVfG 25 300 oder KVfG 25 301 ist auch dann nur einmal anwendbar, wenn der Notar mehrere unter eine dieser Vorschriften fallende Tätigkeiten ausübt, KG DNotZ **80**, 60. Natürlich entsteht eine Gebühr schon dann, wenn nur eine der unter diese Vorschrift fallenden Tätigkeiten vorliegt. S auch „Zusammenhang mit Verwahrgeschäft".

Mitverfügungsgewalt: KVfG 25 301 ist anwendbar, soweit der Notar auch nur eine Mitverfügungsgewalt hat, zB nur einen von mehreren notwendigen verschiedenen Schlüsseln.

Musiknoten: KVfG 25 301 ist auf sie nur insoweit anwendbar, als sie eine Kostbarkeit nach Rn 4 „Kostbarkeit" darstellen.

Nebentätigkeit: *Unanwendbar* sind KVfG 25 300, 25 301 bei einer nur als Nebentätigkeit erfolgenden Verwahrung zB als Testamentsvollstreckers, als Treuhänders oder als Insolvenzverwalters.

Pfandentlassungserklärung: Rn 4 „Gläubigerauflagen".

Schriftwechsel: KVfG 25 300 ist anwendbar, soweit es um den Schriftwechsel wegen eines Anderkontos des Notars geht, Schlesw JB **75**, 501. KVfG 25 301 ist anwendbar soweit der Schriftwechsel eine Kostbarkeit nach Rn 4 „Kostbarkeit" darstellt.
Sparbuch: S „Wertpapier".
Sparkonto: Rn 4 „Anweisung", Rn 5 „Wertpapier".
Testamentsvollstrecker: S „Nebentätigkeit".
Treuhänder: S „Nebentätigkeit".
Treuhandauflagen: KVfG 25 300, 25 301 umfassen die Übernahme von Treuhandauflagen, Köln JB **88**, 83, Schlesw JB **81**, 915, aM Düss DNotZ **88**, 453 (§ 146 I).
Überwachung: Sie läßt grds keine zusätzliche Gebühr zu, Brdb JB **11**, 144. Vgl aber die amtliche Vorbemerkung 2.5.3 I.
Umbuchung: S „Weiterleitung".
Umschreibungsreife: KVfG 25 300 ist anwendbar, soweit der Notar eine Umschreibungsreife prüft, BGH MDR **09**, 953, Celle JB **05**, 44, Hamm JB **99**, 253, aM Düss JB **92**, 823, KG JB **86**, 903 (vgl aber Rn 3 sowie Rn 4 „Auszahlungsreife", „Einzahlungsreife").
Unrichtige Sachbehandlung: § 21 ist anwendbar, Rn 7.
Verrechnung: KVfG 25 300 ist anwendbar, soweit der Notar einen eingezogenen Betrag von seinem Anderkonto auf sein Privatkonto verrechnet.
Verwahrung: Rn 3.
Vollzug: KVfG 25 300 ist anwendbar, soweit der Notar einen vom Auftraggeber auf ein Anderkonto des Notars ohne eine besondere Zweckbestimmung eingezahlten Betrag zum grundbuchlichen Vollzug eines beurkundeten Kaufvertrags verwendet, KG DNotZ **82**, 450, Schneider NJW **81**, 560.
Vorbereitung: KVfG 25 300, 25 301 sind auf eine zugehörige vorbereitende Tätigkeit anwendbar, Schlesw RR **00**, 1599.
Weiterleitung: KVfG 25 300 ist anwendbar, soweit es sich um die Weiterleitung zB des Schecks des Auftraggebers an einen Dritten handelt, KG MDR **85**, 154, oder soweit der Notar ein Darlehen der Käuferbank nach einer Prüfung der Sicherung im Grundbuch an den Verkäufer weiterleitet, Celle FGPrax **05**, 86, Hamm JB **00**, 94, Schlesw JB **00**, 426.

KVfG 25 300 ist *unanwendbar*, soweit der Notar einen auf sein Anderkonto 1 eingezahlten Betrag auftragsgemäß auf sein Anderkonto 2 weiterleitet, aM Willemer DNotZ **82**, 227 (aber dieser interne Vorgang darf nicht auch eine Gebühr auslösen).
Wertpapier: KVfG 25 301 ist grds anwendbar, soweit es sich um ein Wertpapier im engeren Sinn handelt, BayObLG DNotZ **85**, 102, etwa um eine Aktie, einen Zwischenschein, eine Schuldverschreibung auf den Inhaber, ein Kux, einen Pfandbrief, einen Scheck.

KVfG 25 301 ist *unanwendbar*, soweit der Notar ein unechtes Wertpapier verwahrt, zB ein Sparbuch oder einen Grundschuld- oder Hypothekenbrief, eine Bürgschaftsurkunde oder einen Fondsanteil. Dann gilt § 147, BayObLG DNotZ **85**, 102.
Zahlungsfälligkeit: Rn 4 „Auszahlungsreife".
Zusammenhang mit Verwahrgeschäft: KVfG 25 300, 25 301 gelten alle mit dem Verwahrgeschäft zusammenhängenden Tätigkeiten ab, Düss JB **94**, 281, Hamm Rpfleger **90**, 92.

S auch „Mehrheit von Tätigkeiten".
Zweckbestimmung: S „Vollzug".

6 **4) Gebühren.** Eine Hebegebühr entsteht nur, soweit ein Auftrag auf das Verwahrungsgeschäft als solches oder auf einen seiner Teile vorliegt. Die Höhe der Gebühren hängt vom auszahlbaren oder zurückzahlbaren Betrag oder vom Wert zur Verwahrung entgegengenommenen Wertpapiere oder Kostbarkeiten ab.

A. Teilvornahme. Soweit der Notar die Gesamtsumme in Teilbeträgen auszahlt oder zurückzahlt, entstehen die in KVfG 25 300 genannten Gebühren von jedem jeweils ausgezahlten oder zurückgezahlten Betrag besonders, KG DNotZ **77**, 56. Dann ist die Gesamtvergütung des Notars also im allgemeinen höher als bei einer einmaligen Zahlung.

7 **B. Kostensparsamkeit.** Der Notar muß im Kosteninteresse des Auftraggebers die Auszahlung, Zurückzahlung oder Entgegennahme grundsätzlich in nur einem Arbeitsgang vornehmen. Er darf nicht etwas ohne eine Zustimmung des Auftraggebers oder des begünstigten Dritten zu eigenen Zwecken verrechnen usw, KG DNotZ **87**, 567, aM Köln DNotZ **87**, 571 (zustm Zimmermann). Der Notar darf keine Gebühr auslösen, soweit der Erfolg auch gebührenfrei erzielbar war. Andernfalls kann eine unrichtige Sachbehandlung nach § 21 vorliegen. Der Notar braucht aber grundsätzlich nicht von sich aus auf die Hebegebühr hinzuweisen, BayObLG DNotZ **84**, 111, LG Flensb JB **84**, 1226, LG Kassel JB **03**, 432. Eine evtl billigere Tätigkeit bleibt freilich unbeachtlich, soweit sie nicht sachdienlich und auch nicht üblich ist, LG Darmst JB **76**, 6. Vgl freilich auch § 21 Rn 4 ff.

C. Mindestgebühr. Bei jeder Auszahlung, Rückzahlung oder Verwahrungsentgegennahme beträgt die Mindestgebühr nach § 34 V (jetzt) 15 EUR. 8

5) Geschäftswert, I–V. Maßgebend ist § 46. Jeder verwahrte Gegenstand löst einen eigenen Wert aus. Soweit es sich um Bargeld handelt, ist der Nominalwert maßgeblich. Bei einer Zahlung in einer ausländischen Währung ist der Kurswert im Zeitpunkt der Belastung des Kontos des Notars maßgeblich. Zwar erlischt die Zahlungspflicht erst mit der Gutschrift beim Empfänger. Der Zeitraum zwischen der Belastung des Notarkontos und der Gutschrift beim Empfänger ist aber von der Tätigkeit des Notars bei einer pflichtgemäßen Zahlungsanweisung weitgehend unabhängig. Man darf ihn nicht zulasten des Kostenschuldners gebührenerhöhend berücksichtigen. Andererseits wäre es unbillig, eine Kursminderung in einem solchen Zeitraum gebührenmindernd zu berücksichtigen, in dem der Notar über das Geld keinerlei Anweisungen mehr erteilen konnte. 9

Bei einem *Wertpapier* ist der Kurswert im Zeitpunkt der Entgegennahme zur Verwahrung maßgeblich. Soweit ein Kurswert nicht besteht, ist der Verkehrswert im vorgenannten Zeitpunkt maßgeblich. Das gilt auch bei einer Kostbarkeit. 10

Soweit der Notar aus Anlaß eines *Wechsel- oder Scheckprotests* das Geld in Empfang nimmt, entsteht eine Gebühr nach KVfG 25 300. Sie gilt die gesamte Tätigkeit von der Annahme bis zur Ablieferung ab. Man muß sie jedoch auf die dann zahlbare Protestgebühr anrechnen, V. Allerdings findet keine Anrechnung auf die Wegegebühr statt. Infolgedessen ist jeweils die höhere der beiden Gebühren (Protest oder Annahme) entstanden. Beide Gebühren können zusammentreffen, soweit die Zahlung erst nach der Aufnahme des Protests erfolgt. 11

6) Fälligkeit. Die Fälligkeit tritt mit der Auszahlung oder Zurückzahlung oder mit der Entgegennahme zur Verwahrung jeweils gerade durch den bisherigen Notar ein. Bei einer Auszahlung oder Zurückzahlung eines Teilbetrags ist dieser Zeitpunkt maßgeblich, KG Rpfleger **76**, 228. Beim Notarwechsel kommt es auf eine der vorgenannten Tätigkeiten durch den jeweils Handelnden an. 12

Unerheblich ist ein Vorgang auf dem bloßen Anderkonto, LG Flensb JB **84**, 1226.

7) Gebührenschuldner. Man muß ihn nach §§ 29, 32 ermitteln. Gebührenschuldner ist zB nach § 29 Z 1 derjenige, der den Verwahrungsvertrag mit dem Notar geschlossen hat, LG Hann JB **05**, 204, LG Regensb DNotZ **79**, 678. Gebührenschuldner ist auch nach § 29 Z 2 der vertragliche Gebührenübernehmer. 13

Nicht aber ist schon stets derjenige ein Gebührenschuldner, der ohne eine solche Vereinbarung etwas auf ein Anderkonto gezahlt hat, BayObLG **88**, 147, Celle JB **78**, 1235. Diejenige Bank, die im Namen des Kunden handelt und erklärt, sie übernehme keine Kosten, ist keine Gebührenschuldnerin, BayObLG **88**, 145, Düss MDR **87**, 684, aM Lappe EWiR **88**, 816 (aber das ist eine wirksam mögliche Bedingung). Wird ein Geldbetrag zugunsten eines Dritten hinterlegt und erhält dieser das Recht, das Geld nach der Erfüllung von Treuhandauflagen abzurufen, wird er nicht schon durch einen solchen Abruf zum Gebührenschuldner, KG MDR **85**, 154.

8) Entnahmerecht, KVfG 25 300 amtliche Anmerkung. Wird das verwahrte Geld an den Auftraggeber und nicht etwa ohne dessen Erlaubnis an einen Dritten abgeliefert, kann der Notar eine fällige Hebegebühr dem Betrag entnehmen, KG Rpfleger **80**, 445, Köln DNotZ **89**, 258, Schneider NJW **81**, 558, aM Zimmermann DNotZ **89**, 264. Das gilt auch bei der Ablieferung eines jeden Teilbetrags. 14

Diese Befugnis besteht also *nicht,* soweit der Notar eine Summe an einen Dritten auszahlen soll oder soweit es sich um eine Forderung aus einer anderen Sache han- 15 delt, Düss DNotZ **91**, 558. Bei Wertpapieren oder Kostbarkeiten ist die amtliche Anmerkung ebenfalls unanwendbar. Denn sie steht hier hinter KVfG 25 300. Es gibt dann allenfalls ein Zurückbehaltungsrecht bis zur Gebührenzahlung nach § 15.

Hauptabschnitt 6. Zusatzgebühren

Nr.	Gebührentatbestand	Gebühr oder Satz der Gebühr nach § 34 GNotKG – Tabelle B
26 000	Tätigkeiten, die auf Verlangen der Beteiligten an Sonntagen und allgemeinen Feiertagen, an Sonnabenden vor 8 und nach 13 Uhr sowie an den übrigen Werktagen außerhalb der Zeit von 8 bis 18 Uhr vorgenommen werden .... I Treffen mehrere der genannten Voraussetzungen zu, so wird die Gebühr nur einmal erhoben. II Die Gebühr fällt nur an, wenn bei den einzelnen Geschäften nichts anderes bestimmt ist.	in Höhe von 30% der für das Verfahren oder das Geschäft zu erhebenden Gebühr – höchstens 30,00 €

Gliederung

1) Systematik	1
2) Regelungszweck	2
3) Geltungsbereich	3–5
A. Sonntag, allgemeiner Feiertag	4
B. Außerhalb bestimmter Zeiten	5
4) Tätigkeit	6
5) Verlangen eines Beteiligten	7
6) Art der Tätigkeit	8
7) Gebührenhöhe	9
8) Geschäftswert	10
9) Fälligkeit, Gebührenschuldner	11

1 **1) Systematik.** Die Vorschrift entspricht § 11 GvKostG, Teil XI dieses Buchs. Sie gilt nach der amtlichen Anmerkung II stets nur hilfsweise. Sie erfaßt zeitliche Sonderleistungen. Sie verteuert dadurch die Gesamtvergütung nicht unbeträchtlich.

2 **2) Regelungszweck.** Da das Gericht für eine Tätigkeit außerhalb der normalen Geschäftsstunden gar nichts zusätzlich erhält, kann der Sinn von KVfG 26 000 eigentlich nur in einer möglichsten Eindämmung derartiger Sonderleistungen bestehen. Ob ihre Verteuerung ein geeignetes Mittel zu einer solchen Eindämmung ist, läßt sich trefflich bestreiten. Jedenfalls sollte man die ganze Bestimmung zur „Unzeitgebühr", Sikora DNotZ **17**, 720, nach § 1 Rn 2 so zurückhaltend wie irgend möglich auslegen, Köln Rpfleger **01**, 567.

3 **3) Geltungsbereich.** Die Zusatzgebühr entsteht unabhängig von KVfG 26 000–26 003 und daher evtl neben diesen Zusatzgebühren als eine weitere Zusatzgebühr dann, wenn eine der folgenden Voraussetzungen vorliegt.

4 **A. Sonntag, allgemeiner Feiertag.** Die Vorschrift erfaßt sowohl eine Beurkundung als auch jede andere Notartätigkeit. Sie muß am Vornahmeort an einem Sonntag oder allgemeinen Feiertag stattfinden. Unerheblich ist die am Kanzleiort geltende Regelung. Denn der Wortlaut stellt eindeutig auf die Tätigkeit ab. Die folgenden Hinweise gelten nach § 11 GvKostG Rn 4, Teil XI dieses Buchs ebenso beim Gerichtsvollzieher.

– *Bundesrecht.* In ganz Deutschland gelten folgende Tage als Feiertage: Neujahr; Karfreitag; Ostermontag; 1. Mai; Himmelfahrt; Pfingstmontag; 3. Oktober (Nationalfeiertag); 1. und 2. Weihnachtstag.

Der *Sonnabend* vor Ostern und Pfingsten ist kein Feiertag; ebensowenig ist derjenige durch eine etwaige Verwaltungsanordnung bestimmte Sonnabend ein Feiertag, an dem nur ein Sonntagsdienst stattfindet.
– *Landesrecht.* Je nach dem Landesrecht gelten ferner folgende Tage als Feiertage. Dabei kommt es auf den Ort an, an dem die Tätigkeit tatsächlich erfolgt, BAG NJW **89**, 1181: Heilige Drei Könige (6. 1.); Epiphanias (5. 2.); Fronleichnam; Friedensfest; Mariä Himmelfahrt (15. 8.), VGH Mü NJW **97**, 2130; Reformationstag (31. 10.), zumindest zur 500-Jahr-Feier 2017; Allerheiligen (1. 11.). Hinzu kommen einige lokale Besonderheiten.

Die *Länder* haben folgende Feiertagsgesetze erlassen:
Baden-Württemberg: G idF vom 28. 11. 70, GBl **71**, 1, zuletzt geändert durch G v 1. 12. 15, GVBl 1034;
Bayern: G vom 21. 5. 80, GVBl 215, zuletzt geändert durch G vom 12. 4. 16, GVBl 50;
Berlin: G vom 28. 10. 54, GVBl 615, zuletzt geändert durch G vom 14. 10. 15, GVBl 378;
Brandenburg: G vom 21. 3. 91, GVBl 44, zuletzt geändert durch G vom 30. 4. 15, GVBl 1;
Bremen: G vom 12. 11. 54, GBl 115, zuletzt geändert durch G vom 14. 11. 17, GBl 468;
Hamburg: G vom 16. 10. 53, GVBl 289, zuletzt geändert durch G vom 19. 6. 13, GVBl 304;
Hessen: G idF vom 29. 12. 71, GVBl 343, zuletzt geändert durch VO v 16. 10. 13, GVBl 566;
Mecklenburg-Vorpommern: G idF vom 8. 3. 02, GVBl 145; geändert durch G 20. 7. 04, GVBl 390;
Niedersachsen: G idF vom 7. 3. 95, GVBl 51, geändert durch G vom 5. 6. 13 GVBl 131;
Nordrhein-Westfalen: G vom 23. 4. 89, GVBl 222, zuletzt geändert (nur) wegen des 31. 10. 17 durch G vom 25. 6. 15, GVBl 496;
Rheinland-Pfalz: G vom 15. 7. 70, GVBl 225, zuletzt geändert durch G vom 20. 12. 94, GVBl 474;
Saarland: G vom 18. 2. 76, ABl 213, zuletzt geändert durch G vom 18. 11. 10, ABl 2587;
Sachsen: G vom 10. 11. 92, GVBl 536, geändert durch G vom 30. 1. 13, GVBl 2;
Sachsen-Anhalt: G vom 22. 5. 92, GVBl 356, zuletzt geändert durch G vom 16. 12. 94, GVBl 1044;
Schleswig-Holstein: G idF vom 28. 6. 04, GVBl 213; zuletzt ergänzt durch G v 15. 2. 16, GVBl 80;
Thüringen: G vom 21. 12. 94, GVBl 1221 und vom 29. 4. 16, GVBl 169.

B. Außerhalb bestimmter Zeiten. Soweit die Tätigkeit zwar weder an einem Sonntag oder allgemeinen Feiertag nach Rn 4 erfolgt, aber auch nur teilweise an einem Werktag (Montag bis Freitag) stattfindet, entsteht die Zusatzgebühr dann, wenn die Tätigkeit außerhalb der Zeit von 8–18 Uhr oder an einem Sonnabend nach 13 Uhr stattfindet, wenn sie also vor 8 Uhr beginnt oder nach 13 oder 18 Uhr endet, sei es auch „nur" beim Wegantritt oder beim Wegende. Es kommt in diesem Zusammenhang nicht darauf an, welche üblichen Dienstzeiten der Notar hat. 5

4) Tätigkeit. Sie muß in den fraglichen Zeiträumen stattfinden. Es reicht aus, daß ein Teil des Geschäfts in den genannten Sonderzeiten stattfindet. Es ist unschädlich, daß das Geschäft oder der Weg im übrigen außerhalb dieser Sonderzeiträume stattfindet. 6

5) Verlangen eines Beteiligten. Die Vornahme der Tätigkeit mag auf Grund eines Verlangens des Antragstellers objektiv notwendig sein, BVerfG RR **11**, 856, Köln Rpfleger **01**, 567. Auch die große Zahl der Beteiligten kann eine solche objektive Notwendigkeit ergeben. Das Verlangen des Antragstellers kann sich bereits aus der Natur der erbetenen Tätigkeit ergeben. Ein stillschweigendes Verlangen reicht aus, Mümmler JB **76**, 1011. Ein bloß mutmaßliches Verlangen reicht aber nicht, Köln Rpfleger **01**, 567. Oft sprechen die tatsächlichen Umstände für ein Verlangen. Das gilt auch zB dann, wenn der Notar anläßlich einer Beurkundung für einen anderen ein Geschäft vornimmt. 7

KVfG 26000, 26001

Nicht ausreichend ist ein nur in der Person oder in unzulänglichen Räumlichkeiten des Notars liegender Grund, Köln Rpfleger **01**, 567, Mümmler JB **76**, 1011.

8 **6) Art der Tätigkeit.** Die Vornahme des Geschäfts außerhalb der Geschäftsräume mag auch auf Grund der Art der Tätigkeit notwendig sein. Hierher gehören etwa eine Augenscheinseinnahme oder eine Verlosung oder eine Generalversammlung. Bei der Beglaubigung einer Unterschrift entscheidet deren Vollziehung oder Anerkennung, nicht die Vornahme des Beglaubigungsvermerks, Köln DNotZ **01**, 530, Mümmler JB **84**, 191.

9 **7) Gebührenhöhe.** Es entsteht eine Gebühr, deren Höhe von der Gebühr für das zugehörige Beurkundungsverfahren nach KVfG 21 100 ff abhängt. Sie beträgt 30% dieser Beurkundungsgebühr zusätzlich zu ihr. Bei alledem ist Tabelle B anwendbar. Es entsteht höchstens ein Betrag von 30 EUR. Alle diese Gebühren fallen nach der amtlichen Anmerkung I auch beim Zusammentreffen mehrerer Voraussetzungen nach Rn 3–8 insgesamt nur einmal an.

10 **8) Geschäftswert.** Es gelten §§ 97 ff.

11 **9) Fälligkeit, Gebührenschuldner.** Die Fälligkeit richtet sich nach § 10. *Gebührenschuldner* ist man nach § 29 Z 1–3.

Nr.	Gebührentatbestand	Gebühr oder Satz der Gebühr nach § 34 GNotKG – Tabelle B
26 001	Abgabe der zu beurkundenden Erklärung eines Beteiligten in einer fremden Sprache ohne Hinzuziehung eines Dolmetschers sowie Beurkundung, Beglaubigung oder Bescheinigung in einer fremden Sprache oder Übersetzung einer Erklärung in eine andere Sprache .... Mit der Gebühr ist auch die Erteilung einer Bescheinigung gemäß § 50 des Beurkundungsgesetzes abgegolten.	in Höhe von 30% der für das Beurkundungsverfahren, für eine Beglaubigung oder Bescheinigung zu erhebenden Gebühr – höchstens 5000,00 €

Vorbem. Höchstgebühr eingefügt dch Art 13 Z 10 v G v 29. 6. 15, BGBl 1042, in Kraft seit 4. 7. 15, Art 22 II G, ÜbergangsR § 134 GNotKG.

1 **1) Geltungsbereich.** Die Vorschrift begründet eine Zusatzgebühr für die Tätigkeit wegen auch nur eines solchen Beteiligten, der sich bei der Beurkundung in einer fremden Sprache erklärt. Sie entsteht auch bei mehreren fremdsprachigen Beteiligten nur einmal. Sie gilt nur dann, wenn der Notar keinen Dolmetscher hinzuzieht. Die Vorschrift gilt auch dann, wenn der Notar den für die Entschließung maßgebenden Sachverhalt einer des Deutschen nicht mächtigen Person in einer fremden Sprache vorträgt. „Fremd" ist jede nicht deutsche Sprache. Deutsche Mundart ist deutsche Sprache. Auf eine deutsche und zugleich zusätzlich fremdsprachige Beurkundung als „Convience" Übersetzung oder doppelspaltige Urkunde ist KVfG 26 001 unanwendbar. Zum bloßen Entwurf KVfG 24100 ff.

Die Vorschrift betrifft nur die Beurkundung einer rechtsgeschäftlichen oder sonstigen *Erklärung*, auch einer Tatsachenerklärung, zB wegen § 38 BeurkG bei einer eidesstattlichen Versicherung oder beim Beschluß einer Gesellschafterversammlung. Sie betrifft zwar nicht die Behandlung eines erklärungslosen Vorgangs, etwa eine Unterschriftsbeglaubigung, und nicht die Beurkundung eines Gebots bei der Versteigerung. Sie betrifft aber wohl auch die Beurkundung beim Zuschlag. Sie gilt auch bei einer

Kostenverzeichnis **26001–26003 KVfG**

Beurkundung, Beglaubigung oder Bescheinigung in einer fremden Sprache und bei der Übersetzung einer Erklärung in eine andere Sprache. Sie gilt auch eine Bescheinigung nach § 50 BeurkG ab, amtliche Anmerkung.
Unanwendbar ist KVfG bei der Erklärung eines solchen *Taubstummen*, der sich durch einen Dolmetscher äußert, § 24 BeurkG.

2) Gebührenhöhe. Es entsteht eine Gebühr, deren Höhe wie bei KVfG 26 000 **2** von der Gebühr für das zugehörige Beurkundungsverfahren nach KVfG 21 100 ff abhängt. Sie beträgt 30% dieser Beurkundungsgebühr zusätzlich zu ihr. Bei alledem ist Tabelle B anwendbar. Es gibt (jetzt) wie bei KVfG 26 000 eine Höchstgrenze, hier von 5000 EUR.

3) Geschäftswert. Es gelten §§ 97 ff. **3**
4) Fälligkeit, Gebührenschuldner. Die Fälligkeit richtet sich nach § 10. **4**
Gebührenschuldner ist man nach § 29 Z 1–3.

Nr.	Gebührentatbestand	Gebühr oder Satz der Gebühr nach § 34 GNotKG – Tabelle B
26 002	Die Tätigkeit wird auf Verlangen eines Beteiligten außerhalb der Geschäftsstelle des Notars vorgenommen: Zusatzgebühr für jede angefangene halbe Stunde der Abwesenheit, wenn nicht die Gebühr 26 003 entsteht .... I ¹Nimmt der Notar mehrere Geschäfte vor, so entsteht die Gebühr nur einmal. ²Sie ist auf die einzelnen Geschäfte unter Berücksichtigung der für jedes Geschäft aufgewandten Zeit angemessen zu verteilen. II Die Zusatzgebühr wird auch dann erhoben, wenn ein Geschäft aus einem in der Person eines Beteiligten liegenden Grund nicht vorgenommen wird. III Neben dieser Gebühr wird kein Tages- und Abwesenheitsgeld (Nummer 32 008) erhoben.	50,00 €
26 003	Die Tätigkeit wird auf Verlangen eines Beteiligten außerhalb der Geschäftsstelle des Notars vorgenommen und betrifft ausschließlich 1. die Errichtung, Aufhebung oder Änderung einer Verfügung von Todes wegen, 2. die Errichtung, den Widerruf oder die Änderung einer Vollmacht, die zur Registrierung im Zentralen Vorsorgeregister geeignet ist, 3. die Abgabe einer Erklärung gemäß § 1897 Abs. 4 BGB oder 4. eine Willensäußerung eines Beteiligten hinsichtlich seiner medizinischen Behandlung oder deren Abbruch: Zusatzgebühr .... ¹Die Gebühr entsteht für jeden Auftraggeber nur einmal. ²Im Übrigen gelten die Absätze 2 und 3 der Anmerkung zu 26 002 entsprechend.	50,00 €

Zu KVfG 26002, 26003:

Gliederung

1) Geltungsbereiche 1
2) Außerhalb der Geschäftsstelle 2, 3
3) Verlangen eines Beteiligten 4
4) Notwendigkeit der Tätigkeit 5

KVfG 26002, 26003

5) Gebühren 6–13
   A. Festgebühr je angefangene halbe Stunde, KVfG 26 002 6
   B. Einmaligkeit, KVfG 26 002 amtliche Anmerkung I 7
   C. Gebühr auch ohne Geschäftsvornahme, KVfG 26 002 amtliche Anmerkung II 8
   D. Vorrang vor KVfG 32 008, KVfG 26 002 amtliche Anmerkung III 9
   E. Festgebühr, KVfG 26 003 10
   F. Einmaligkeit, KVfG 26 003 amtliche Anmerkung S 1 11
   G. Gebühr auch ohne Geschäftsvornahme, KVfG 26 003 amtliche Anmerkung S 2 Fall 1 12
   H. Vorrang vor KVfG 32 008, KVfG 26 003 amtliche Anmerkung S 2 Fall 2 13
  6) **Fälligkeit, Gebührenschuldner** 14

1   **1) Geltungsbereiche.** Die Reihenfolge der beiden Vorschriften ist verunglückt: KVfG stellt die in erster Linie beachtbare, eng auslegbare und technisch einfachere Ausgangsbestimmung dar, KVfG 26 002 gilt nur hilfsweise dann, „wenn nicht die Gebühr 26 003 entsteht", und nur KVfG 26 002 gilt eine in Wahrheit evtl weit über 50 EUR hinausgehende Gebühr und enthält in nur ihrer amtlichen Anmerkung I–III beachtbare weitere Voraussetzungen.
    Unanwendbar sind KVfG 26 002, 26 003 neben KVfG 23 400, 23 401 nach der amtlichen Vorbemerkung 2.3.4, neben KVfG 23 500–23 503 nach der amtlichen Vorbemerkung 2.3.5 und 25 205 (Zweiter Notar), dort amtliche Anmerkung I.

2   **2) Außerhalb der Geschäftsstelle.** Die Tätigkeit des Notars muß außerhalb seiner „Geschäftsstelle" erfolgen, also außerhalb seiner Geschäftsräume seiner Kanzlei, BVerfG RR **11**, 856. Die Wohnung ist grundsätzlich nicht ein Teil der Kanzlei. Sie kann aber nach den Umständen im Einzelfall dazugehören. Der Raum eines Sprechtags des Notars ist Teil seiner Geschäftsstelle, Mümmler JB **76**, 1010. Das gilt freilich nur am Sprechtag und nicht in einem anderen Raum als denjenigen des Sprechtags.

3   KVfG 26 002, 26 003 stellen nicht (mehr) auf die Vornahme eines „Geschäfts" ab, sondern auf diejenige einer „Tätigkeit". Daher kann (jetzt) auch zB eine vorbereitende Grundbucheinsicht hierher zählen, ebenso eine Vorbesprechung oder andere Art der Vorbereitung des eigentlichen Beurkundungsvorgangs. Daran ändert der Umstand nichts, daß in der amtlichen Anmerkung (nur zu KVfG 26 002) der Wort Geschäft(svornahme) wieder vorkommt. Denn auch eine Vorbereitung ist zumindest eine „Tätigkeit" des Notars. Tätigkeit ist der Oberbegriff. Das zeigt sich auch an der amtlichen Anmerkung II: Zusatzgebühr auch bei Nichtvornahme eines Geschäfts unter den dortigen weiteren Voraussetzungen.

4   **3) Verlangen eines Beteiligten.** Zu dieser weiteren Voraussetzungen vgl KVfG 26 000 Rn 7.

5   **4) Notwendigkeit der Tätigkeit.** Vgl Rn 3 sowie KVfG 26 000 Rn 8.

6   **5) Gebühren.** Hier muß man wie folgt unterscheiden.

    A. Festgebühr je angefangene halbe Stunde, KVfG 26 002. Sie entsteht für jede dieser Zeiteinheiten „der Abwesenheit", also ab Verlassen der Kanzlei bis zum dortigen Wiedereintritt. Das gilt freilich nach Rn 1 neben KVfG 26 003 nur hilfsweise.

7   **B. Einmaligkeit, KVfG 26 002 amtliche Anmerkung I.** Auch bei mehreren Auswärtsgeschäften gibt es nach dort I 1 die nach Rn 6 errechenbare Gebühr von 50 EUR je halbe Stunde insgesamt nur einmal. Wenn der Notar also zB von 9.00 Uhr bis 11.31 der Kanzlei fern mehrere Beurkundungen für dieselben Beteiligten vornahm, erhält er 300 EUR. Ihre Verteilung auf zB drei Geschäfte richtet sich nach dort I 2 nicht nach deren Wert, sondern nach deren Zeitaufwand. Es mögen also von den 300 EUR 100 EUR auf das Geschäft A und 150 EUR auf B, restliche 50 auf C entfallen.

8   **C. Gebühr auch ohne Geschäftsvornahme, KVfG 26 002 amtliche Anmerkung II.** Aus den Gründen Rn 3 entsteht eine Zusatzgebühr (nur) KVfG 26 002 auch dann, wenn der Notar zwar nötig war, aber kein Geschäft vorgenommen hat. Das gilt freilich nur dann, wenn die Geschäftsvornahme nur aus einem gerade in der Person eines oder mehrerer Beteiligter liegenden Grund nicht zustande kam, wenn also weder der Notar noch ein Dritter die Ursache der Nichtvornahme setzten. Das muß der Notar beweisen.

D. Vorrang vor KVfG 32 008, KVfG 26 002 amtliche Anmerkung III. Es 9
gibt also neben dieser Zusatzgebühr kein Tages- oder Abwesenheitsgeld als Auslagen.

E. Festgebühr, KVfG 26 003. Sie entsteht in Höhe von 50 EUR unabhängig 10
von der Dauer der Abwesenheit des Notars dann, wenn seine Tätigkeit nach Rn 3
„ausschließlich" eine der in KVfG 26 003 Z 1–4 genannten Vorgänge betrifft.

F. Einmaligkeit, KVfG 26 003 amtliche Anmerkung S 1. Hier kommt es auf 11
die Zahl weder der Tätigkeiten noch der Geschäfte allein an, sondern zunächst nur
auf die Zahl der Auftraggeber. Wenn also der Notar zB für den Auftraggeber A Tätigkeiten nach dem Haupttext Z 1 und 3 vornahm, erhält er insgesamt nur 50 EUR
von diesem Mandanten.

G. Gebühr auch ohne Geschäftsvornahme, KVfG 26 003 amtliche An- 12
merkung S 2 Fall 1. Es gilt dasselbe wie bei Rn 8.

H. Vorrang vor KVfG 32 008, KVfG 26 003 amtliche Anmerkung S 2 13
Fall 2. Es gilt dasselbe wie bei Rn 9.

6) Fälligkeit, Gebührenschuldner. Die Fälligkeit richtet sich nach § 10. 14
Gebührenschuldner ist man nach § 29 Z 1–3.

Teil 3. Auslagen

(Amtliche) Vorbemerkung 3:

[1] Sind Auslagen durch verschiedene Rechtssachen veranlasst, werden sie auf
die Rechtssachen angemessen verteilt. [2] Dies gilt auch, wenn die Auslagen durch
Notar- und Rechtsanwaltsgeschäfte veranlasst sind.

Hauptabschnitt 1. Auslagen der Gerichte

(Amtliche) Vorbemerkung 3.1:

I Auslagen, die durch eine für begründet befundene Beschwerde entstanden
sind, werden nicht erhoben, soweit das Beschwerdeverfahren gebührenfrei ist;
dies gilt jedoch nicht, soweit das Beschwerdegericht die Kosten dem Gegner des
Beschwerdeführers auferlegt hat.

II [1] In Betreuungssachen werden von dem Betroffenen Auslagen nur unter den
in Vorbemerkung 1.1 Abs. 1 genannten Voraussetzungen erhoben. [2] Satz 1 gilt
nicht für die Auslagen 31 015.

Nr.	Auslagentatbestand	Höhe
31 000	Pauschale für die Herstellung und Überlassung von Dokumenten:	
	1. Ausfertigungen, Kopien und Ausdrucke bis zur Größe von DIN A3, die	
	a) auf Antrag angefertigt oder auf Antrag per Telefax übermittelt worden sind oder	
	b) angefertigt worden sind, weil zu den Akten gegebene Urkunden, von denen eine Kopie zurückbehalten werden muss, zurückgefordert werden; in diesem Fall wird die bei den Akten zurückbehaltene Kopie gebührenfrei beglaubigt:	
	für die ersten 50 Seiten je Seite	0,50 €
	für jede weitere Seite	0,15 €
	für die ersten 50 Seiten in Farbe je Seite	1,00 €
	für jede weitere Seite in Farbe	0,30 €
	2. Entgelte für die Herstellung und Überlassung der in Nummer 1 genannten Kopien oder Ausdrucke in einer Größe von mehr als DIN A3	in voller Höhe

KVfG 31000 Kostenverzeichnis

Nr.	Auslagentatbestand	Höhe
	oder pauschal je Seite	3,00 €
	oder pauschal je Seite in Farbe	6,00 €
	3. Überlassung von elektronisch gespeicherten Dateien oder deren Bereitstellung zum Abruf anstelle der in den Nummern 1 und 2 genannten Ausfertigungen, Kopien und Ausdrucke:	
	je Datei	1,50 €
	für die in einem Arbeitsgang überlassen, bereitgestellten oder in einem Arbeitsgang auf denselben Datenträger übertragenen Dokumente insgesamt höchstens	5,00 €

^I ¹Die Höhe der Dokumentenpauschale nach Nummer 1 ist in gerichtlichen Verfahren in jedem Rechtszug, bei Dauerbetreuungen und -pflegschaften in jedem Kalenderjahr und für jeden Kostenschuldner nach § 26 Abs. 1 GNotKG gesondert zu berechnen. ²Gesamtschuldner gelten als ein Schuldner.

^{II} Werden zum Zweck der Überlassung von elektronisch gespeicherten Dateien Dokumente zuvor auf Antrag von der Papierform in die elektronische Form übertragen, beträgt die Dokumentenpauschale nach Nummer 3 nicht weniger, als die Dokumentenpauschale im Fall der Nummer 1 für eine Schwarz-Weiß-Kopie ohne Rücksicht auf die Größe betragen würde.

^{III} Frei von der Dokumentenpauschale sind für jeden Beteiligten und seinen bevollmächtigten Vertreter jeweils
1. bei Beurkundungen von Verträgen zwei Ausfertigungen, Kopien oder Ausdrucke, bei sonstigen Beurkundungen eine Ausfertigung, eine Kopie oder ein Ausdruck,
2. eine vollständige Ausfertigung oder Kopie oder ein vollständiger Ausdruck jeder gerichtlichen Entscheidung und jedes vor Gericht abgeschlossenen Vergleichs,
3. eine Ausfertigung ohne Begründung und
4. eine Kopie oder ein Ausdruck jeder Niederschrift über eine Sitzung.

^{IV} § 191a Abs. 1 Satz 5 GVG bleibt unberührt.

^V Bei der Gewährung der Einsicht in Akten wird eine Dokumentenpauschale nur erhoben, wenn auf besonderen Antrag ein Ausdruck einer elektronischen Akte oder ein Datenträger mit dem Inhalt einer elektronischen Akte übermittelt wird.

Vorbem. (Amtliche) Anmerkung V angefügt dch Art 26 G v 5. 7. 17, BGBl 2208, in Kraft seit 1. 1. 18, Art 33 I G, ÜbergangsR § 134 GNotKG.

Gliederung

1) Systematik, Z 1–3	1
2) Regelungszweck, Z 1–3	2
3) Geltungsbereich, Z 1–3	3
4) Auslagenpflicht, Z 1	4–7
A. Antrag, Z 1a	4
B. Zurückforderung, Z 1b	5
C. Endgültigkeit, Z 1b	6, 7
5) Auslagenfreiheit, amtliche Anmerkung III, IV	8–16
A. Blindenschrift usw.	9

Kostenverzeichnis **31000 KVfG**

- B. Beurkundung 10, 11
- C. Entscheidung, Vergleich, amtliche Anmerkung III Z 2 .... 12, 13
- D. Kurzausfertigung, amtliche Anmerkung III Z 3 14
- E. Protokollkopie, amtliche Anmerkung III Z 4 15
- F. Weitere Ausfertigung usw bei Bevollmächtigtem, amtliche Anmerkung III Z 2–4 16
- 6) **Auslagenhöhe, Z 1–3** 17–20
  - A. Schreibwerk, Z 1 17
  - B. Angelegenheit 18
  - C. „Rechtszug", amtliche Anmerkung I 1 19
  - D. Elektronisch gespeicherte Datei, Z 3 20
- 7) **Akteneinsicht, amtliche Anmerkung V** 21
- 8) **Fälligkeit, Auslagenschuldner, Z 1–3** 22

1) Systematik, Z 1–3. Die Vorschrift entspricht inhaltlich KV 9000, KVFam 1 2000, § 4 JVKostG, KVGv 700, Teile I A, B, VIII dieses Buchs. Die Gebühren nach dem GNotKG gelten zwecks einer Vereinfachung grundsätzlich das zugehörige Schreibwerk mit ab, LG Kref Rpfleger **82**, 488, zumal man nach § 1 I auch Auslagen nur in den gesetzlich bestimmten Fällen erheben darf. Das gilt zB für eine Ausfertigung oder Kopie oder einen Ausdruck der elektronischen Fassung. KVfG 31 000 regelt die Dokumentenpauschale grundsätzlich abschließend, BayObLG **89**, 264, Düss Rpfleger **83**, 177, Kblz RR **96**, 448. Eine Urschrift ist stets auslagenfrei. Zur Ausfertigung gehört der Vermerk über die Unterschriftsbeglaubigung oder die Benachrichtigung von einer Grundbucheintragung. Eine gleichlautende Urschrift ist nicht unbedingt die Voraussetzung einer Ausfertigung. „Kopie" ist jede beliebige Vervielfältigung eines Schriftstücks, vor allem durch Fotokopieren, LG Kref Rpfleger **82**, 488, oder durch Telefax. Das stellt Z 1 a klar. Wegen einer Kopie oder des Ausdrucks einer elektronischen Fassung gilt dasselbe wie beim GKG nach dort KV 9000 Rn 1, Teil I A dieses Buchs.

Wegen der *Notare* vgl KVfG 32 000 ff.

2) Regelungszweck, Z 1–3. Zum Zentralen Testamentsregister Panz Rpfleger 2 **12**, 664. Die Vorschrift bezweckt einerseits die Belastung des Kostenschuldners mit denjenigen Unkosten, die neben der Arbeit des Richters oder Rpfl anfallen und den Fiskus unvertretbar belasten würden. Andererseits macht sie in einer Weiterführung des Wortes „nur" aus § 1 I die Auslagenfreiheit in einem ziemlich weit zugunsten des Kostenschuldners gezogenen Teilrahmen deutlich. Man muß beide Gesichtspunkte bei der Auslegung behutsam abwägen. Dabei darf man auch hier den Grundsatz einer den Kostenschuldner wenn möglich schonenden Handhabung mitberücksichtigen.

3) Geltungsbereich, Z 1–3. Die Vorschrift gilt nur für das gerichtliche Verfah- 3 ren, also für die Anordnung durch den Richter, Rpfl oder Urkundsbeamten vor oder nach dem Verfahrensende. Soweit die Justizverwaltung als solche durch wen auch immer tätig wird, gilt das JVKostG, Teil VIII A dieses Buchs. Das gilt zB auch bei einer Presseinformation durch eine Gerichtsperson.

4) Auslagenpflicht, Z 1. Die Vorschrift ist schon wegen Rn 1, 2 eng auslegbar, 4 BayObLG **89**, 265. KV 9000 ff und (jetzt) KVFam 2000 ff sind unanwendbar, BayObLG **89**, 265. Neben KVfG 31 000 muß man KVfG 31 001 ff beachten. Im einzelnen entsteht eine Auslagenpflicht nach Z 1, sofern eine der folgenden Voraussetzungen vorliegt.

A. Antrag, Z 1 a. Die Auslagenpflicht entsteht insoweit, als man die Ausfertigung oder Kopie oder einen Ausdruck der elektronischen Fassung gerade nur auf Grund eines Antrags erteilt, anfertigt oder per Telefax übermittelt, BayObLG **89**, 265. Soweit das Gericht von Amts wegen Kopien herstellen oder deren Herstellung dulden muß, entsteht nach Z 1 a keine Auslagenpflicht, Mü Rpfleger **06**, 603. Beim Telefax reicht eine ordnungsgemäße Aufgabe. Der Antrag muß sich speziell auf die Anfertigung oder Erteilung usw richten, nicht nur auf die Vornahme einer anderen gerichtlichen Maßnahme, LG Kref Rpfleger **82**, 488. Auf die Notwendigkeit der Erteilung usw kommt es nicht an. Die antragsgemäße Überführung des Ausfertigung oder Kopie in eine andere bereits vorhandene Akte reicht. Die Art der Vorlage ist unerheblich. Man muß die Ausnahmen von Z 1 a in der amtlichen Anmerkung III beachten.

Eine *Beglaubigungsgebühr* usw kann zusätzlich entstehen.

Eine *Antragsrücknahme* vor der Anfertigung einer Ausfertigung ist auslagenfrei. Das ergibt sich aus § 1 I („nur"). Eine bloße Rückgabe der Vorlage nach der Anfertigung usw macht nicht auslagenfrei. Vgl auch Z 1 b.

5   **B. Zurückforderung, Z 1 b.** Auslagenpflichtig ist nach Z 1b schon diejenige Anfertigung einer Ausfertigung oder Kopie usw, die deshalb notwendig ist, weil ein Beteiligter eine zu den Akten gegebene Urkunde oder ein anderes derartiges Dokument zurückfordert und weil eine Kopie kraft Gesetzes oder zwecks einer Verständlichkeit des Vorgangs in der Akte zurückbleiben muß. Diese Situation liegt etwa dann vor, wenn jemand zu den Grundakten nach § 10 I 2 GBO oder zu einem Register oder zur Nachlaßakte usw eine solche Urkunde einreicht, die nicht kraft Gesetzes in ihrer Urschrift bei der Nachlaßakte bleiben muß. Bei einer Datei paßt nicht Z 1b, sondern Z 2.

6   **C. Endgültigkeit, Z 1 b.** Eine Zurückforderung liegt erst dann vor, wenn der Einreicher den unmißverständlichen und endgültigen Willen zu erkennen gibt, das eingereichte Exemplar in seinen endgültigen Besitz und Gewahrsam zurückzubekommen. Eine nur vorübergehende Rückanforderung zur Klärung irgendwelcher Zweifelsfragen ist keine Zurückforderung nach Z 1b. Die bloße Anheimgabe des Einreichers, ihm die Unterlagen nach Gebrauch zurückzugeben, ist grundsätzlich keine eindeutige Zurückforderung.

7   Selbst bei einer Zurückforderung ist Z 1b insoweit *unanwendbar*, als es nicht erforderlich erscheint, eine Abschrift oder Kopie der Urkunde usw zu den Akten zu behalten. Ob eine solche Notwendigkeit besteht, muß man nach den Umständen unter einer Berücksichtigung des voraussichtlichen weiteren Ablaufs dieses Verfahrens beurteilen. Dabei ist eine enge Auslegung notwendig. Denn Z 1b stellt eine Ausnahme vom Grundsatz der Kostenfreiheit nach § 1 I dar.

Eine sachliche oder persönliche *Gebührenfreiheit* hat keine Auswirkung auf die *Auslagen*pflicht, solange nicht eine völlige *Kosten*freiheit vorliegt. Eine Beglaubigung bleibt nach Z 1b Hs 2 gebührenfrei, soweit das Original zurückgehen muß. Soweit ein Beteiligter nicht das Original zurückfordert, sondern nur eine Kopie beantragt, wird deren Beglaubigung freilich gebührenpflichtig. Daher bleibt im Zweifel in den Akten nur eine Kopie zurück, um einen Verstoß gegen § 21 zu vermeiden.

8   **5) Auslagenfreiheit, amtliche Anmerkung III, IV.** Die Vorschrift schafft für die dort genannten Fälle eine Auslagenfreiheit. Damit erhält sie den Grundsatz der Kostenfreiheit § 1 I aufrecht. Deshalb ist die Vorschrift weit auslegbar. Sie greift ein, soweit eine der folgenden Voraussetzungen vorliegt.

9   **A. Blindenschrift usw.** Frei von Auslagen sind die für einen Blinden oder Sehbehinderten in einer für ihn wahrnehmbaren Form gefertigten Schriftstücke vor Gericht. Das ergibt sich aus der Verweisung auf § 191a I 5 GVG.

10   **B. Beurkundung.** Frei von Auslagen ist bei einer Beurkundung eines Vertrags die Erteilung von zwei Ausfertigungen oder Kopien usw, bei einer sonstigen Beurkundung die Erteilung einer Ausfertigung oder Kopie usw. Sind mehrere Personen beteiligt, gelten III Z 1–4 bei jedem Beteiligten. Denn die Gesetzesworte „für jeden Beteiligten" stehen bei III Z 1–4.

Diejenige Schrift, auf die die Beurkundung Bezug nimmt, wird ein *Teil des Protokolls* und wird mit ausgefertigt. Das gilt aber nicht für ein als Anlage überreichtes Schriftstück, etwa für einen Erbschein oder eine Vollmacht.

11   Sofern allerdings nur ein Vertragspartner die dritte oder weitere Ausfertigung oder Kopie usw beantragt hat, muß er die diesbezüglichen Dokumentenpauschalen allein tragen.

12   **C. Entscheidung, Vergleich, amtliche Anmerkung III Z 2.** Frei von Auslagen ist für jeden Beteiligten eine vollständige Ausfertigung oder Kopie usw jeder gerichtlichen Entscheidung und jedes vor Gericht abgeschlossenen Vergleichs. Es ist dann unerheblich, wieviel Personen an der Entscheidung oder an dem Vergleich beteiligt waren. Soweit sich Wohnungseigentümer nicht selbst am nichtprozessualen Verfahren beteiligen, erhalten nur der Verwalter und evtl sein Bevollmächtigter die Entscheidung auslagenfrei, (zum alten Recht) BayObLG WoM **93**, 495.

Man muß den *Begriff „Entscheidung" weit fassen*. Das gilt schon deshalb, weil es im FamFG und zB in der GBO unterschiedliche Ausdrücke für denselben Vorgang gibt.

Auch ein nach § 41 II FamFG ergehender Beschluß oder eine Grundbucheintragung nach § 55 GBO sind eine Entscheidung. Dasselbe gilt für eine Registereintragung nach §§ 383 I, 384 I FamFG.

Keine Entscheidung ist zB eine nur prozeßleitende Verfügung, OVG Münst Rpfleger **81**, 125. 13

D. Kurzausfertigung, amtliche Anmerkung III Z 3. Ferner erhält jeder Beteiligte eine Ausfertigung oder Kopie ohne Begründung auslagenfrei. 14

E. Protokollkopie, amtliche Anmerkung III Z 4. Ferner ist für jeden Beteiligten eine Kopie jeder Niederschrift über eine Sitzung auslagenfrei. „Sitzung" ist jede verfahrensmäßige Erörterung des Gerichts. „Niederschrift" ist auch ein bloßer gerichtlicher Vermerk oder ein elektronisches Dokument. Auch eine solche Anlage zählt hierher, die ein Protokoll ersetzt, zB nach § 160 V ZPO, §§ 9 I 2, 37 I 2 BeurkG. 15

F. Weitere Ausfertigung usw bei Bevollmächtigtem, amtliche Anmerkung III Z 2–4. Schließlich ist jeder an diesem Verfahren nach §§ 7, 8 FamFG formell schon und noch Beteiligte zusätzlich begünstigt, BayObLG **93**, 219. Er erhält nämlich eine weitere vollständige Ausfertigung oder Kopie usw auslagenfrei, sofern gerade dieser Beteiligte im Zeitpunkt der Entscheidung oder des Vergleichsabschlusses einen Bevollmächtigten hatte. Dieser Bevollmächtigte muß tatsächlich tätig sein, BGH Rpfleger **75**, 350. Er muß nur insoweit ein Anwalt gewesen sein, als im Zeitpunkt der Entscheidung des Vergleichsabschlusses im Verfahren ein Anwaltszwang herrschte. Je Beteiligtem ist nur *ein* Bevollmächtigter begünstigt. Bei mehreren Beteiligten ist der gemeinsame Bevollmächtigte mit einem Exemplar je Auftraggeber begünstigt. 16

6) Auslagenhöhe, Z 1–3. Man muß zwei Arten von Dokumenten unterscheiden. 17

A. Schreibwerk, Z 1. Die Dokumentenpauschale entsteht je Kostenschuldner, Hamm JB **94**, 353 (beide Vertragspartner als Antragsteller), Madert/Schmidt NJW **87**, 292, aM BGH JB **07**, 92, KG RR **97**, 256 (weite Auslegung des Begriffs Gesamtschuldner). Sie entsteht ferner nach der amtlichen Anmerkung I je Angelegenheit, je Rechtszug und bei einer Dauerbetreuung oder Dauerpflegschaft je Kalenderjahr. Sie ist unabhängig davon, ob das Dokument usw in einer Ablichtung usw schon vorrätig ist oder ob man die Kopie erst jetzt extra anfertigen muß.

Sie *beträgt* nach Z 1 a, b für die ersten optischen Schwarz-Weiß- 50 Seiten bei jedem Antragsteller je von ihm erbetene Seite bis DIN A3 0,50 EUR und für jede weitere Seite 0,15 EUR, für die ersten 50 Seiten in Farbe je Seite 1,00 EUR und für jede weitere Seite in Farbe 0,30 EUR, bei mehr als DIN A3 die in Z 3 genannten Beträge. Das gilt unabhängig von der Art, dem Format, der Zeilenzahl, der Herstellungsweise. Jede angefangene Seite zählt als volle Seite (Ausnahme: bloßer Ausfertigungsvermerk).

B. Angelegenheit. Das ist wie bei § 15 II RVG, Teil X dieses Buchs, die gesamte Tätigkeit, BayObLG **88**, 82, Madert/Schmidt NJW **87**, 292, Reimann DNotZ **87**, 132. 18

Solche Anträge, die *gleichzeitig eingehen und gleichartig* sind, bilden nur eine Angelegenheit, Düss Rpfleger **88**, 183 (Abschriften mehrerer Grundbuchblätter), aM BayObLG **88**, 82. Ein späterer Antrag desselben Antragstellers bildet in derselben Angelegenheit und im gerichtlichen Verfahren in demselben Rechtszug und bei einer Dauerbetreuung oder -pflegschaft in jedem Kalenderjahr nur eine Fortsetzung der Seitenzählweise, dagegen sonst selbst bei einer Gleichartigkeit zumindest beim Antragseingang im folgenden Kalenderjahr nach der amtlichen Anmerkung I 1 eine weitere Angelegenheit mit der Notwendigkeit, die Seiten wieder von vorn zu zählen, Stgt MDR **89**, 1112. Gesamtschuldner nach §§ 421 ff BGB gelten nach der amtlichen Anmerkung I 2 als nur *ein* Schuldner. Eine willkürlich herbeigeführte Gesamtschuldnerschaft reicht aber nicht, Hamm JB **94**, 353, aM BGHR **07**, 43, KG RR **97**, 255 (krit Lappe NJW **93**, 1541). § 426 I 1 BGB ist anwendbar, Reimann DNotZ **87**, 135. Vgl auch KV 9000. Eine Auslagenübernahme durch einen Dritten nach § 27 Z 2 verändert die Auslagenhöhe nicht.

C. „Rechtszug", amtliche Anmerkung I 1. Das läßt sich wie bei § 19 RVG verstehen, Teil X dieses Buchs. Ein Rechtsmittel oder eine Zurückverweisung begründen einen neuen Rechtszug. Maßgeblich ist, wo die Anfertigung usw erfolgt, nicht aber der Gegenstand der Anfertigung. 19

20 **D. Elektronisch gespeicherte Datei, Z 3.** Soweit es um einen Ausdruck einer jeden elektronisch gespeicherter Datei statt einer Ausfertigung oder Ablichtung geht, gilt vorrangig Z 2, aM Bund JB **08**, 629, Otto JB **07**, 124. Das kann auch wegen einer Anlage nach der zu § 130a II 2 ZPO erlassenen ERVV gelten. Vgl ferner G v 1. 6. 17, BGBl 1396, und G v 5. 7. 17, BGBl 2208. Auf den Dateiumfang kommt es nur dann an, wenn technisch nur mehrere Dateien möglich sind. Andernfalls kann die Aufteilung unter § 21 fallen. Die Kosten des Abrufs von Daten aus dem maschinellen Grundbuch richten sich nach dem JVKostG KVJV 2000 Z 2, Teil VIII A dieses Buchs, BayObLG **04**, 313.

21 **7) Akteneinsicht, amtliche Anmerkung V.** Es gilt dasselbe wie bei KV 9000, FamKV 2000. Vgl daher dort.

22 **8) Fälligkeit, Auslagenschuldner, Z 1–3.** Die Auslagen werden nach § 9 II sofort fällig.

Kostenschuldner ist bei Z 1a nach § 22 I der Antragsteller, bei Z 1b nach derselben Vorschrift der Zurückforderer. Mangels Antragsschuldners mag ein Entscheidungsschuldner nach § 27 Z 1 haften. Vgl ferner § 27.

Nr.	Auslagentatbestand	Höhe
31 001	Auslagen für Telegramme	in voller Höhe

1 **1) Geltungsbereich.** Die Vorschrift stimmt wörtlich mit KV 9001 überein. Vgl daher dort, Teil I A dieses Buchs.

Nr.	Auslagentatbestand	Höhe
31 002	Pauschale für Zustellungen mit Zustellungsurkunde, Einschreiben gegen Rückschein oder durch Justizbedienstete nach § 168 Abs. 1 ZPO je Zustellung	3,50 €
	Neben Gebühren, die sich nach dem Geschäftswert richten, wird die Zustellungspauschale nur erhoben, soweit in einem Rechtszug mehr als 10 Zustellungen anfallen.	

1 **1) Geltungsbereich.** Die Vorschrift stimmt praktisch wörtlich mit KV 9002 Haupttext nebst dessen amtlicher Anmerkung S 1 überein. Vgl daher dort, Teil I A dieses Buchs.

Nr.	Auslagentatbestand	Höhe
31 003	Pauschale für die bei der Versendung von Akten auf Antrag anfallenden Auslagen an Transport- und Verpackungskosten je Sendung	12,00 €
	Die Hin- und Rücksendung der Akten durch Gerichte gelten zusammen als eine Sendung.	

1 **1) Geltungsbereich.** Die Vorschrift stimmt praktisch wörtlich mit KV 9003 Z 1 nebst der dortigen amtlichen Anmerkung Z 1 überein. Vgl daher dort, Teil I A dieses Buchs.

Nr.	Auslagentatbestand	Höhe
31 004	Auslagen für öffentliche Bekanntmachungen	in voller Höhe
	Auslagen werden nicht erhoben für die Bekanntmachung in einem elektronischen Informations- und Kommunikationssystem, wenn das Entgelt nicht für den Einzelfall oder nicht für ein einzelnes Verfahren berechnet wird.	

Kostenverzeichnis **31004–31008 KVfG**

1) Geltungsbereich. Die Vorschrift stimmt im Geltungsbereich praktisch wörtlich 1
mit KV 9004 Z 1, 2 sowie KVFam 2004 Z 1, 2 überein. Vgl daher zunächst insoweit
jeweils dort, Teile I A, B dieses Buchs.

Nr.	Auslagentatbestand	Höhe
31 005	Nach dem JVEG zu zahlende Beträge	in voller Höhe
	^{I} ^{1}Die Beträge werden auch erhoben, wenn aus Gründen der Gegenseitigkeit, der Verwaltungsvereinfachung oder aus vergleichbaren Gründen keine Zahlungen zu leisten sind. ^{2}Ist aufgrund des § 1 Abs. 2 Satz 2 JVEG keine Vergütung zu zahlen, ist der Betrag zu erheben, der ohne diese Vorschrift zu zahlen wäre.	
	^{II} Nicht erhoben werden Beträge, die an ehrenamtliche Richter (§ 1 Abs. 1 Satz 1 Nr. 2 JVEG), an Übersetzer, die zur Erfüllung der Rechte blinder oder sehbehinderter Personen herangezogen werden (§ 191 a Abs. 1 GVG), und an Gebärdensprachdolmetscher (§ 186 Abs. 1 GVG) gezahlt werden.	

1) Geltungsbereich. Die Vorschrift stimmt mit KV 9005 einschließlich seiner 1
amtlichen Anmerkung I–III überein. Hierher zählen auch Sachverständigenkosten,
BayObLG **04**, 59, LG Saarbr JB **10**, 306. Soweit die Arbeit eines Sachverständigen zwar
auftragsgemäß erfolgte, aber über eine Beweisfrage hinausging, mag die von der Staatskasse geschuldete Vergütung keinen Kostenschuldner bei den übrigen Beteiligten finden, Düss DS **04**, 264 (sog Interventionsgutachten zwecks Mediation).

Nr.	Auslagentatbestand	Höhe
31 006	Bei Geschäften außerhalb der Gerichtsstelle	
	1. die den Gerichtspersonen aufgrund gesetzlicher Vorschriften gewährte Vergütung (Reisekosten, Auslagenersatz) und die Auslagen für die Bereitstellung von Räumen	in voller Höhe
	2. für den Einsatz von Dienstkraftfahrzeugen für jeden gefahrenen Kilometer	0,30 €

1) Geltungsbereich, Z 1, 2. Die Vorschrift stimmt praktisch wörtlich mit KV 1
9006 Z 1, 2 überein. Vgl daher dort, Teil I A dieses Buchs.

Nr.	Auslagentatbestand	Höhe
31 007	An Rechtsanwälte zu zahlende Beträge mit Ausnahme der nach § 59 RVG auf die Staatskasse übergegangenen Ansprüche	in voller Höhe

1) Geltungsbereich. Die Vorschrift stimmt wörtlich mit KV 9007 überein. Vgl 1
daher dort, Teil I A dieses Buchs.

Nr.	Auslagentatbestand	Höhe
31 008	Auslagen für	
	1. die Beförderung von Personen	in voller Höhe
	2. Zahlungen an mittellose Personen für die Reise zum Ort einer Verhandlung oder Anhörung sowie für die Rückreise	bis zur Höhe der nach dem JVEG an Zeugen zu zahlenden Beträge

KVfG 31008–31012

1 **1) Geltungsbereich, Z 1, 2.** Die Vorschrift stimmt entsprechend mit KV 9008 Z 1, 2 überein. Vgl daher dort, Teil I A dieses Buchs.

Nr.	Auslagentatbestand	Höhe
31 009	An Dritte zu zahlende Beträge für	
	1. die Beförderung von Tieren und Sachen mit Ausnahme der für Postdienstleistungen zu zahlenden Entgelte, die Verwahrung von Tieren und Sachen sowie die Fütterung von Tieren	in voller Höhe
	2. die Durchsuchung oder Untersuchung von Räumen und Sachen einschließlich der die Durchsuchung oder Untersuchung vorbereitenden Maßnahmen	in voller Höhe

1 **1) Geltungsbereich, Z 1, 2.** Die Vorschrift stimmt wörtlich mit KV 9009 Z 1 und 3 überein. Vgl daher dort, Teil I A dieses Buchs.

Nr.	Auslagentatbestand	Höhe
31 010	Kosten einer Zwangshaft .... Maßgebend ist die Höhe des Haftkostenbeitrags, der nach Landesrecht von einem Gefangenen zu erheben ist.	in Höhe des Haftkostenbeitrags

1 **1) Geltungsbereich.** Die Vorschrift stimmt fast wörtlich mit KV 9010 überein. Vgl daher dort, Teil I A dieses Buchs.

Nr.	Auslagentatbestand	Höhe
31 011	Kosten einer Ordnungshaft .... [1]Maßgebend ist die Höhe des Haftkostenbeitrags, der nach Landesrecht von einem Gefangenen zu erheben ist. [2]Diese Kosten werden nur angesetzt, wenn der Haftkostenbeitrag auch von einem Gefangenen im Strafvollzug zu erheben wäre.	in Höhe des Haftkostenbeitrags

1 **1) Geltungsbereich.** Die Vorschrift stimmt für den Geltungsbereich (jetzt) des GNotKG praktisch wörtlich mit KV 9011 überein. Vgl daher dort, Teil I A dieses Buchs.

Nr.	Auslagentatbestand	Höhe
31 012	Nach § 12 des Bundesgebührengesetzes, dem 5. Abschnitt des Konsulargesetzes und der Besonderen Gebührenverordnung des Auswärtigen Amts nach § 22 Absatz 4 des Bundesgebührengesetzes zu zahlende Beträge	in voller Höhe

Vorbem. Änderg (des früheren § 137 I Z 13 KostO, dem jetzt KVfG 31012 entspricht) dch Art 4 XXXXVIII G v 7. 8. 13, BGBl 3154, in Kraft seit 14. 8. 18, Art 5 III G, ÜbergangsR § 134 GNotKG.

1 **1) Geltungsbereich.** Die Vorschrift stimmt wörtlich mit KV 9012 überein. Vgl daher dort, Teil I A dieses Buchs.

Kostenverzeichnis   **31013–31016 KVfG**

Nr.	Auslagentatbestand	Höhe
31 013	An deutsche Behörden für die Erfüllung von deren eigenen Aufgaben zu zahlende Gebühren sowie diejenigen Beträge, die diesen Behörden, öffentlichen Einrichtungen oder deren Bediensteten als Ersatz für Auslagen der in den Nummern 31 000 bis 31 012 bezeichneten Art zustehen .... Die als Ersatz für Auslagen angefallenen Beträge werden auch erhoben, wenn aus Gründen der Gegenseitigkeit, der Verwaltungsvereinfachung oder aus vergleichbaren Gründen keine Zahlungen zu leisten sind.	in voller Höhe, die Auslagen begrent durch die Höchstsätze für die Auslagen 31 000 bis 31 012

1) **Geltungsbereich.** Die Vorschrift stimmt fast wörtlich mit KV 9013 überein. **1**
Vgl daher dort, Teil I A dieses Buchs. Die Vorschrift kann auch Kosten der Betreuungsbehörde als Vollstreckungsorgan des Gerichts erfassen, LG Saarbr FamRZ **13**, 399.

Nr.	Auslagentatbestand	Höhe
31 014	Beträge, die ausländischen Behörden, Einrichtungen oder Personen im Ausland zustehen, sowie Kosten des Rechtshilfeverkehrs mit dem Ausland .... Die Beträge werden auch erhoben, wenn aus Gründen der Gegenseitigkeit, der Verwaltungsvereinfachung oder aus vergleichbaren Gründen keine Zahlungen zu leisten sind.	in voller Höhe

1) **Geltungsbereich.** Die Vorschrift stimmt wörtlich mit KV 9014 überein. Vgl **1**
daher dort, Teil I A dieses Buchs.

Nr.	Auslagentatbestand	Höhe
31 015	An den Verfahrenspfleger zu zahlende Beträge .... Die Beträge werden von dem Betroffenen nur nach Maßgabe des § 1836 c BGB erhoben.	in voller Höhe

1) **Geltungsbereich.** Die Verweisung in der amtlichen Anmerkung auf § 1936 c **1**
BGB verdeutlicht, daß zunächst die dort umfangreich aufgezählten Mittel des Mündels abziehbar bleiben, bevor KVfG anwendbar wird.

Nr.	Auslagentatbestand	Höhe
31 016	Pauschale für die Inanspruchnahme von Videokonferenzverbindungen: je Verfahren für jede angefangene halbe Stunde	15,00 €

1) **Geltungsbereich.** Die Vorschrift stimmt mit KV 9019, Teil I A dieses Buchs **1**
überein. Vgl daher dort.

KVfG Vorbem 3.2, 32000, 32001

Hauptabschnitt 2. Auslagen der Notare

(Amtliche) Vorbemerkung 3.2:
I Mit den Gebühren werden auch die allgemeinen Geschäftskosten entgolten.
II Eine Geschäftsreise liegt vor, wenn das Reiseziel außerhalb der Gemeinde liegt, in der sich der Amtssitz oder die Wohnung des Notars befindet.

Nr.	Auslagentatbestand	Höhe
32 000	Pauschale für die Herstellung und Überlassung von Ausfertigungen, Kopien und Ausdrucken (Dokumentenpauschale) bis zur Größe von DIN A3, die auf besonderen Antrag angefertigt oder per Telefax übermittelt worden sind:	
	für die ersten 50 Seiten je Seite	0,50 €
	für jede weitere Seite	0,15 €
	für die ersten 50 Seiten in Farbe je Seite	1,00 €
	für jede weitere Seite in Farbe	0,30 €
	Dieser Auslagentatbestand gilt nicht für die Fälle der Nummer 32 001 Nr. 2 und 3.	
32 001	Dokumentenpauschale für Ausfertigungen, Kopien und Ausdrucke bis zur Größe von DIN A3, die	
	1. ohne besonderen Antrag von eigenen Niederschriften, eigenen Entwürfen und von Urkunden, auf denen der Notar eine Unterschrift beglaubigt hat, angefertigt oder per Telefax übermittelt worden sind; dies gilt nur, wenn die Dokumente nicht beim Notar verbleiben;	
	2. in einem Beurkundungsverfahren auf besonderen Antrag angefertigt oder per Telefax übermittelt worden sind; dies gilt nur, wenn der Antrag spätestens bei der Aufnahme der Niederschrift gestellt wird;	
	3. bei einem Auftrag zur Erstellung eines Entwurfs auf besonderen Antrag angefertigt oder per Telefax übermittelt worden sind; dies gilt nur, wenn der Antrag spätestens am Tag vor der Versendung des Entwurfs gestellt wird:	
	je Seite	0,15 €
	je Seite in Farbe	0,30 €

Zu KVfG 32000, 32001:

1 **1) Geltungsbereich.** Es gibt auch im Gegensatz zur Regelung gerichtlicher Auslagen (KVfG 31 000) einen äußeren Gegensatz: Man muß zwischen dem Papierformat bis einschließlich DIN A3 (also einschließlich DIN A4, 5, den kleineren Formaten) und demjenigen von *mehr* als DIN A3 unterscheiden, das freilich praktisch nur bei großen Zeichnungen usw vorkommt und das nach KVfG 32 003 eine höhere Entschädigung erhält.
Weitere Unterschiede bestehen darin, daß man prüfen muß, ob eine der vorrangigen Situationen von KVfG 32 001 Z 1–3 vorliegt. Hier ist eine Unterscheidung nach unterschiedlichen Aspekten nötig: Teils kommt es darauf an, ob der Notar mit oder ohne Auftrag handelte, teils ist maßgeblich, wo ein Original verbleibt, teils ist der Auftrags- oder Antragszeitpunkt maßgeblich, teils ist die Übermittlungsart.

2 *Unanwendbar* sind KVfG 32 000 ff nach der amtlichen Vorbemerkung 3.2 I auf *allgemeine Geschäftskosten* des Notars. Zu diesem Begriff vgl VV amtliche Vorbemerkung 7 I RVG, dort Rn 4, 5, Teil X dieses Buchs.

Kostenverzeichnis **32000–32005 KVfG**

2) Auslagenhöhen. Sie sind bei KVfG 32000 teilweise höher als bei KVfG   3
32001. Vgl im übrigen bei KVfG 31 000 ff.
3) Fälligkeit, Auslagenschuldner. Die Fälligkeit richtet sich nach § 10 Hs 2.   4
Auslagenschuldner ist man nach § 29 Z 1–3.

Nr.	Auslagentatbestand	Höhe
32 002	Dokumentenpauschale für die Überlassung von elektronisch gespeicherten Dateien oder deren Bereitstellung zum Abruf anstelle der in den Nummern 32 000 und 32 001 genannten Dokumente ohne Rücksicht auf die Größe der Vorlage: je Datei	1,50 €
	für die in einem Arbeitsgang überlassenen, bereitgestellten oder in einem Arbeitsgang auf denselben Datenträger übertragenen Dokumente insgesamt höchstens	5,00 €
	Werden zum Zweck der Überlassung von elektronisch gespeicherten Dateien Dokumente zuvor auf Antrag von der Papierform in die elektronische Form übertragen, beträgt die Dokumentenpauschale nicht weniger, als die Dokumentenpauschale im Fall der Nummer 32 000 für eine Schwarz-Weiß-Kopie betragen würde.	

1) Geltungsbereich. Die Vorschrift stimmt mit KVfG 31 000 Z 2 und dort amt-   1
liche Anmerkung II fast wörtlich überein. Vgl daher jeweils dort.

Nr.	Auslagentatbestand	Höhe
32 003	Entgelte für die Herstellung von Kopien oder Ausdrucken der in den Nummern 32 000 und 32 001 genannten Art in einer Größe von mehr als DIN A3	in voller Höhe
	oder pauschal je Seite	3,00 €
	oder pauschal je Seite in Farbe	6,00 €

1) Geltungsbereich. Die Vorschrift stimmt mit KVfG 32000, 32001 bis auf das   1
Papierformat (hier *mehr* als DIN A3) wörtlich überein. Nur die Auslagenhöhe differiert.
2) Auslagenhöhe. Sie entspricht bei *mehr* als DIN A3 den vollen Unkosten. Es   2
gibt keine Pauschale. Der Notar muß sie voll darstellen und notfalls beweisen.

Nr.	Auslagentatbestand	Höhe
32 004	Entgelte für Post- und Telekommunikationsdienstleistungen	in voller Höhe
	[I] Für die durch die Geltendmachung der Kosten entstehenden Entgelte kann kein Ersatz verlangt werden.	
	[II] Für Zustellungen mit Zustellungsurkunde und für Einschreiben gegen Rückschein ist der in Nummer 31 002 bestimmte Betrag anzusetzen.	
32 005	Pauschale für Entgelte für Post- und Telekommunikationsdienstleistungen	20% der Gebühren – höchstens 20,00 €
	[1] Die Pauschale kann in jedem notariellen Verfahren und bei sonstigen notariellen Geschäften anstelle der tatsächlichen Auslagen nach Nummer 32 004 gefordert werden. [2] Ein notarielles Geschäft und der sich hieran	

KVfG 32005–32009 Kostenverzeichnis

Nr.	Auslagentatbestand	Höhe
	anschließende Vollzug sowie sich hieran anschließende Betreuungstätigkeiten gelten insoweit zusammen als ein Geschäft.	

Zu KVfG 32004, 32005:

1   **1) Geltungsbereich.** Die Vorschriften stimmen fast wörtlich mit VV 7001, 7002 überein, Teil I A dieses Buchs. Vgl daher dort.

Nr.	Auslagentatbestand	Höhe
32006	Fahrtkosten für eine Geschäftsreise bei Benutzung eines eigenen Kraftfahrzeugs für jeden gefahrenen Kilometer	0,30 €
	Mit den Fahrtkosten sind die Anschaffungs-, Unterhaltungs- und Betriebskosten sowie die Abnutzung des Kraftfahrzeugs abgegolten.	
32007	Fahrtkosten für eine Geschäftsreise bei Benutzung eines anderen Verkehrsmittels, soweit sie angemessen sind	in voller Höhe
32008	Tage- und Abwesenheitsgeld bei einer Geschäftsreise	
	1. von nicht mehr als 4 Stunden	20,00 €
	2. von mehr als 4 bis 8 Stunden	35,00 €
	3. von mehr als 8 Stunden	60,00 €
	Das Tage- und Abwesenheitsgeld wird nicht neben der Gebühr 26002 oder 26003 erhoben.	
32009	Sonstige Auslagen anlässlich einer Geschäftsreise, soweit sie angemessen sind	in voller Höhe

Zu KVfG 32006–32009:

Gliederung

1) Systematik	1
2) Regelungszweck	2
3) Geschäftsreise	3–6
A. Notar	3
B. Geschäftsreise	4
C. Auftrag	5
D. Reisekosten	6
4) Gebühren	7–12
A. Eigenes Kraftfahrzeug, KVfG 32006	8
B. Andere Verkehrsmittel, KVfG 32007	9
C. Tage- und Abwesenheitsgeld, KVfG 32008	10
D. Sonstige Auslagen, KVfG 32009	11
E. Mehrheit von Reisen	12
5) Fälligkeit, Auslagenschuldner	13

1   **1) Systematik.** Die Vorschriften entsprechen teilweise VV 7003 ff, Teil X dieses Buchs. Die Reisen zu auswärtigen Sprechtagen usw nach KVfG 26002, 26003 erfolgen in der Erfüllung einer Amtspflicht. Deshalb fallen solche Reisekosten nicht unter KVfG 32006 ff. Die Kosten einer Reise eines Angestellten des Notars sind nur insoweit in einem angemessenen Umfang erstattbar, als sie auch wirklich entstanden sind, aM Bund JB **05**, 69.

2   **2) Regelungszweck.** Wie beim Anwalt nach VV 7003–7006, Teil X dieses Buchs, dienen beim Notar KVfG 32006 ff einer Entschädigung auf einem solchen Teilgebiet der Auslagen, auf dem man eine gewisse Mißbrauchsgefahr bannen, aber auch eine dem Organ der Rechtspflege würdegemäße Handhabung vornehmen muß, um den Interessen sowohl des Notars als auch seines Auftraggebers gerecht zu

werden. Der Notar soll jedem Einzelauftrag seine volle Arbeitskraft widmen. Er hat aber die Pflicht zur Unparteilichkeit. Seine Stellung ist einem Staatsorgan immerhin angenähert. Er darf und muß darauf achten, auch einmal ein aufwendigeres, weil schnelleres oder erträglicheres Reisemittel zu wählen, um auch für andere Auftraggeber ausreichend verfügbar zu bleiben. Das alles muß man bei der Auslegung mitbeachten.

3) Geschäftsreise. Eine Reisekostenerstattung erfolgt, sofern die folgenden Voraussetzungen zusammentreffen. 3

A. Notar. Es muß sich gerade um einen Notar handeln.

B. Geschäftsreise. Der Notar muß eine Geschäftsreise ausgeführt haben. Sie liegt 4 nach der amtlichen Vorbemerkung 3.2 II dann vor, wenn das Reiseziel außerhalb derjenigen Gemeinde liegt, in der sich nach § 10 BNotO der Amtssitz oder die bei der Ordnungsbehörde gemeldete Wohnung des Notars befindet. Beim auswärtigen Sprechtag usw gilt § 87 entsprechend. Wohnung ist der beim Einwohnermeldeamt angegebene Erst- wie Zweitwohnsitz. Verkehrskosten jeder Art innerhalb der Gemeinde sind allgemeine Geschäftsunkosten, Bund JB 05, 68.

Zusammengehörige Nachbargemeinden können als derselbe Ort gelten, Köln Rpfleger 76, 141, aM Köln AnwBl 77, 25. Insbesondere ist innerhalb desselben Orts unabhängig von seiner Größe und der Fahrt zwischen dem Büro oder der Wohnung und dem Gericht oder der Behörde keine Geschäftsreise. Innerhalb Berlins entstehen keine Reisekosten. Wohl aber kann eine Entschädigung für eine Reise zu einer auswärtigen Zweigstelle des Gerichts oder zu einem Gerichtstag entstehen. Bei einer Änderung des Gemeindegebiets kann sich auch der Amtssitz ändern, Hamm DNotZ 78, 758.

Soweit der Notar als ein *Zeuge oder Sachverständiger* reist, entsteht keine Entschädigung nach KVfG 32006ff, sondern allenfalls eine solche nach dem JVEG, Teil V dieses Buchs. Das gilt auch insoweit, als er über seine Wahrnehmungen als Notar aussagen soll.

C. Auftrag. Der Notar muß die Geschäftsreise gerade im Auftrag eines Beteilig- 5 ten unternommen haben. Ein ausdrücklicher Reiseauftrag braucht nur insoweit vorzuliegen, als sich die Notwendigkeit der Reise nicht schon aus der Art des Grundauftrags für den Beteiligten erkennbar ergeben hat. Im Zweifel entscheidet zwar das objektive wohlverstandene Interesse des Beteiligten. Der Notar muß aber seine Tätigkeit für den Auftraggeber schon wegen § 21 so kostengünstig wie möglich abwickeln. Er muß daher evtl vor dem Reiseantritt mit dem Auftraggeber darüber sprechen, ob er die Reise durchführen soll. Das gilt selbst dann, wenn der Notar die Reise für zweckmäßig hält und halten darf, solange eben nicht aus der Zweckmäßigkeit eindeutig eine Notwendigkeit dazu besteht.

D. Reisekosten. Unter den Voraussetzungen Rn 2–5 entstehen die in KVfG 6 32006–32009 genannten Ersatzansprüche. Der Notar kann die Art des Verkehrsmittels nach seinem eigenen pflichtgemäßen Ermessen in den Grenzen einer gewissen Kostengünstigkeit und der Vermeidung eines Mißbrauchs nach Rn 5 frei wählen. Die Vorschrift ähnelt VV 7003–7006. Es besteht keine wesentliche Abweichung, als der Notar die Hälfte des jeweils zahlbaren Tage- und Abwesenheitsgelds auf die in KVfG 26000ff bestimmte Zusatzgebühr anrechnen muß. Bei mehreren Geschäften auf derselben Reise gilt Rn 12, auch wenn es sich teilweise um Notargeschäfte, teilweise um Anwaltsgeschäfte handelt. Eine Vereinbarung über die Höhe der Reisekosten ist nach § 125 grundsätzlich unwirksam.

4) Gebühren. Man muß die folgenden Fallgruppen unterscheiden. 7

A. Eigenes Kraftfahrzeug, KVfG 32006. Bei der Benutzung eines eigenen 8 Kraftfahrzeugs beliebiger Art entsteht die in KVfG 32006 genannte Fahrtkostenentschädigung. Die bloße Mitfahrt im fremden Kfz ist keine „Benutzung". Die Mitnahme eines Dritten ändert nichts an der „Benutzung". Maßgeblich ist die Haltereigenschaft zur Zeit der Geschäftsreise oder die tatsächliche Verfügungsgewalt. Das gilt etwa bei einer Benutzung des Kfz des Ehegatten. Parkkosten zählen zu KVfG 32009.

B. Andere Verkehrsmittel, KVfG 32007. Bei einer Benutzung anderer Ver- 9 kehrsmittel als des eigenen Kfz entsteht ein Anspruch auf eine Erstattung der tatsächlichen Aufwendungen, begrenzt durch das „Angemessene". Das ist grundsätzlich mehr als das unbedingt Notwendige und weniger als das durchaus Unnötige. Indessen kann zB der ein Milliardengeschäft betreuende Notar erheblich aufwendiger reisen als derjenige, der das Testament über einen Nachlaß von 5000 EUR aufsetzen soll. Im Rahmen der Vermeidung des Luxuriösen hat der Notar einen ziemlich breiten Spielraum. Man muß kleinliche Abstriche unterlassen. Natürlich darf er auch nicht prassen.

10 **C. Tage- und Abwesenheitsgeld, KVfG 32 008.** Der Notar erhält die hier direkt genannten Beträge. Die Reisedauer errechnet sich ab dem und bis zum Amtssitz oder seiner Wohnung. Das gilt auch an einem Sonn- oder Feiertag.
Unanwendbar ist KVfG 32 008 nach der amtlichen Anmerkung neben KVfG 26 002 oder 26 003.

11 **D. Sonstige Auslagen, KVfG 32 009.** Der Notar erhält „angemessene" Übernachtungskosten ersetzt, ferner zB Parkkosten.

12 **E. Mehrheit von Reisen.** Die Vorschrift stellt klar, daß für die Verrechnung die Anwalts- und Notargeschäfte gleichstehen.

13 **5) Fälligkeit, Auslagenschuldner.** Die Fälligkeit richtet sich nach § 10 Hs 2. Auslagenschuldner ist man nach § 29 Z 1–3.

Nr.	Auslagentatbestand	Höhe
32 010	An Dolmetscher, Übersetzer und Urkundszeugen zu zahlende Vergütungen sowie Kosten eines zugezogenen zweiten Notars	in voller Höhe

1 **1) Geltungsbereich.** Die Vorschrift setzt voraus, daß der Notar an eine im Haupttext genannte Person eine Vergütung gezahlt und beim Zweiten Notar dessen gesetzliche Gebühren und Auslagen ersetzt hat.

2 **2) Auslagenhöhen.** Man muß denjenigen Betrag ersetzen, den der Notar jeweils zu zahlen verpflichtet war. Dieser Betrag ergibt sich beim Dolmetscher, Übersetzer und Urkundszeugen aus dem JVEG, Teil V dieses Buchs, und beim Zweiten Notar aus dem GNotKG.

3 **3) Fälligkeit, Auslagenschuldner.** Die Fälligkeit richtet sich nach § 10 Hs 2.
Auslagenschuldner ist man nach § 29 Z 1–3.

Nr.	Auslagentatbestand	Höhe
32 011	Nach dem JVKostG für den Abruf von Daten im automatisierten Abrufverfahren zu zahlende Beträge	in voller Höhe

1 **1) Geltungsbereich.** Die Vorschrift knüpft an diejenige in § 1 II Z 4, 5 JVKostG an, Teil VIII A dieses Buchs.

2 **2) Auslagenhöhe.** Man muß diejenigen Beträge erstatten, die sich aus dem JVKostG ergeben, soweit es eben gerade um einen Abruf im dortigen automatisierten Abrufverfahren nach oben Rn 1 geht.

3 **3) Fälligkeit, Auslagenschuldner.** Da Auslagen des Notars nach § 10 Hs 2 sofort nach ihrer Entstehung fällig werden, kommt es auf den Zeitpunkt der Entstehung nach §§ 6, 7 JVKostG an. Mangels sofortiger Begleichung nach § 6 II Hs 2 JVKostG werden Abrufkosten nach § 7 JVKostG ebenfalls sofort nach ihrer Entstehung fällig.
Auslagenschuldner ist man nach § 29 Z 1–3.

Nr.	Auslagentatbestand	Höhe
32 012	Im Einzelfall gezahlte Prämie für eine Haftpflichtversicherung für Vermögensschäden, wenn die Versicherung auf schriftliches Verlangen eines Beteiligten abgeschlossen wird	in voller Höhe

1) Geltungsbereich. Die Vorschrift übernimmt aber anders als KVfG 32 013 nicht die dortige Begrenzung auf mehr als 60 Millionen EUR. Dafür erfordert 32 012 (jetzt) ein schriftliches Verlangen eines Beteiligten an den Notar, eine Haftpflichtversicherung für diesen Einzelfall abzuschließen. Ohne ein solches Verlangen also jedenfalls kein Prämienersatz, auch nicht bei sehr hohem Geschäftswert.

Beteiligt ist jeder, für den die Tätigkeit des Notars gerade in dieser Angelegenheit irgendeine nicht völlig unbedeutende richterliche und/oder wirtschaftliche Auswirkung hat *und* der auf diese Tätigkeit irgendeinen nicht völlig unerheblichen Miteinfluß nehmen kann. Anders würde man den Kreis derer, von denen der Notar ein schriftliches Verlangen erbitten müßte, nicht mehr brauchbar ausweiten müssen. Das ist nicht der Sinn der Regelung. Sie bleibt für den Notar schon lästig genug, will er Prämienersatz erbitten.

2) Auslagenhöhe. Man muß die Prämie nur in der gerade für diesen Einzelfall gezahlten Höhe voll ersetzen. Das gilt aber nur zulasten gerade desjenigen Beteiligten, der die Versicherung schriftlich verlangt hatte.

Nicht ersetzbar ist die Prämie einer *generell* abgeschlossenen Haftpflichtversicherung. Sie zählt zu den allgemeinen Geschäftsunkosten. Das gilt auch dann, wenn die allgemein abgeschlossene Versicherung im Prämienzeitraum nur wegen eines einzigen Falls zahlungspflichtig war oder werden könnte. Das ergibt sich aus den wegen des Worts „nur" in § 1 I eng auszulegbaren Wörtern „im Einzelfall". Vgl auch VV 7007, Teil X dieses Buchs.

3) Fälligkeit, Auslagenschuldner. Die Fälligkeit richtet sich nach § 10 Hs 2.
Auslagenschuldner ist nur derjenige Beteiligte, der die Versicherung schriftlich verlangt hatte, nach § 29 Z 1.

Nr.	Auslagentatbestand	Höhe
32 013	Im Einzelfall gezahlte Prämie für eine Haftpflichtversicherung für Vermögensschäden, soweit die Prämie auf Haftungsbeträge von mehr als 60 Mio. € entfällt und wenn nicht Nummer 32 012 erfüllt ist .. Soweit sich aus der Rechnung des Versicherers nichts anderes ergibt, ist von der Gesamtprämie der Betrag zu erstatten, der sich aus dem Verhältnis der 60 Mio. € übersteigenden Versicherungssumme zu der Gesamtversicherungssumme ergibt.	in voller Höhe

1) Geltungsbereich. Auch diese Vorschrift knüpft wie KVfG 32 012 an § 152 II Z 4 KostO an. Sie gilt aber nach ihrem Haupttext lt Hs gegenüber KVfG 32 012 nur hilfsweise. Sie erfaßt wie früher nur eine solche Prämie, die auf eine Haftung von mehr als 60 Millionen EUR entfällt. Anders als KVfG 32 012 setzt sie aber kein schriftliches Verlangen eines Beteiligten nach einer Haftpflichtversicherung voraus. Zum Problem Haeder DNotZ 04, 406 (das gut Gemeinte könne leicht zum Fluch werden).

2) Auslagenhöhe. Man muß die Prämie nur in der gerade für diesen Einzelfall gezahlten Höhe und selbst dann nach der amtlichen Anmerkung nur evtl teilweise ersetzen. Der Notar muß seine Rechnung also genau abfassen.

3) Fälligkeit, Auslagenschuldner. Die Fälligkeit richtet sich nach § 10 Hs 2.
Auslagenschuldner ist man nach § 29 Z 1–3.

KVfG 32013–32015 Kostenverzeichnis

Nicht ersetzbar ist die Prämie einer generell abgeschlossenen Haftpflichtversicherung wie bei KVfG 32012 Rn 3.

Nr.	Auslagentatbestand	Höhe
32014	**Umsatzsteuer auf die Kosten** .... Dies gilt nicht, wenn die Umsatzsteuer nach § 19 Abs. 1 UStG unerhoben bleibt.	in voller Höhe

1 **1) Geltungsbereich.** Der Notar ist umsatzsteuerpflichtig, Hansens JB **83**, 1762, Mümmler JB **80**, 325, Reich DNotZ **04**, 95, sofern eine Umsatzsteuer nicht nach dem Gesetz entfällt. Sie entfällt etwa bei einer Tätigkeit für einen Auftraggeber mit dem Sitz außerhalb des Erhebungsgebiets, Hbg MDR **82**, 857 (zu [jetzt] VV 7008, Teil X dieses Buchs). Sie entfällt ferner nach der amtlichen Anmerkung, sofern der Notar zu den nicht optierenden und deshalb auch von der Möglichkeit eines Vorsteuerabzugs ausgeschlossenen Kleinunternehmern nach § 19 I UStG gehört. Eine Anwaltsgemeinschaft ist wegen der Notariatsgeschäfte eines Mitglieds im vorgenannten Umfang umsatzsteuerpflichtig. Soweit der Notar nicht umsatzsteuerpflichtig ist, darf er auch keinen Ausgleichsbetrag früheren Rechts fordern.

2 **2) Auslagenhöhe.** Man muß die Umsatzsteuer in voller Höhe ersetzen. Die Steuer beträgt seit 1. 1. 2007 19%, soweit der Notar überhaupt bei einem von seiner etwaigen Anwaltstätigkeit getrennt ermittelbaren Umsatz gerade als Notar oder sog optierender Kleinunternehmer umsatzsteuerpflichtig ist und soweit er „nur" freiberuflich tätig ist. Sie entsteht mit der Ausnahme von Rn 3, 4 für alle typischen wie atypischen Leistungen. Sie entsteht auch auf die Auslagen, nicht aber auf die sog durchlaufenden Posten im Namen und für die Rechnung eines Dritten wie zB Gerichtskosten, Reetz/Beus RNotZ **04**, 322. Grundbuch- und Registerabrufgebühren sind durchlaufende Posten, BayObLG JB **05**, 149, aM BMF v 20. 5. 05 – IV A 5/S 7002/30/05.

3 Die Steuer beträgt jedoch auch seit 1. 1. 2007 unverändert *nur 7%,* soweit der Notar eine solche Leistung erbringt, die zumindest auch und nicht nur völlig der freiberuflichen Tätigkeit untergeordnet ein nach dem UrhG geschütztes Werk darstellt, § 12 II Z 7c UStG. Ein solches Werk liegt allerdings bei einer Notartätigkeit kaum je vor.

4 *Infrage kommt* für nur 7% zB ein wissenschaftlich begründetes Gutachten nach Art von § 34 RVG Rn 2, Teil X dieses Buchs. Das gilt auch dann, wenn der Notar es im Auftrag des Mandanten für eine solche Auseinandersetzung erstattet, für die er im übrigen eine Vergütung nach dem GNotKG oder als Anwalt ein Honorar nach dem RVG erhält. § 45 I UrhG steht nicht entgegen. Für den Steuersatz ist stets die Fälligkeit nach § 7 maßgeblich, Mü JB **78**, 1806. Ein Ersatzanspruch besteht auch wegen der auf die Zinsen entfallenden Umsatzsteuer, Schmidt AnwBl **77**, 115, aM LG Ambg AnwBl **77**, 115 (je noch zur BRAGO).

5 **3) Kostenrechnung.** Der Notar muß die Umsatzsteuer in seine Kostenberechnung nach § 19 II Z 2 mitaufnehmen, schon damit der Auftraggeber sie evtl als Vorsteuer absetzen kann, FG Nürnb EFG **91**, 50.

6 **4) Fälligkeit, Auslagenschuldner.** Die Fälligkeit richtet sich nach § 10 Hs 2. *Auslagenschuldner* ist man nach § 29 Z 1–3.

Nr.	Auslagentatbestand	Höhe
32015	**Sonstige Aufwendungen** .... ¹Sonstige Aufwendungen sind solche, die der Notar aufgrund eines ausdrücklichen Auftrags und für Rechnung eines Beteiligten erbringt. ²Solche Aufwendungen sind insbesondere veranlasste Gerichtskosten und Gebühren in Angelegenheiten des Zentralen Vorsorge- oder Testamentsregisters.	in voller Höhe

32015 KVfG

1) Geltungsbereich. Die Vorschrift: Der Notar soll alle wirklichen Auslagen ersetzt bekommen.   **1**

2) Auftrag, amtliche Anmerkung S 1. Die Vorschrift stellt klar, daß der Notar einen nicht nach anderen Bestimmungen möglichen Auslagenersatz nur insoweit fordern kann, als er gerade auf Grund eines sogar „ausdrücklichen" Auftrags und obendrein gerade für Rechnung eines Beteiligten handelte.   **2**

Unanwendbar ist KVfG also zB insoweit, als der Notar über das nach einem Auftrag Sinnvolle oder gar Notwendige eindeutig nicht ganz unerheblich hinausging oder als er ganz auftraglos handelte. Freilich muß man ihm ein pflichtgemäßes, aber nicht gar zu enges Ermessen zubilligen. Er muß mindestens ebenso wie ein Anwalt diejenige Behandlung wählen, die das geringste Risiko nicht nur für den eigentlichen Auftraggeber bedeutet, sondern auch für die übrigen an seiner unparteiischen Amtshandlung rechtlich oder direkt wirtschaftlich Beteiligten zB nach §§ 7, 8 FamFG. In solchem Umfang muß er zumindest Auslagenersatz fordern können.   **3**

3) Beispiele zur Frage von Aufwendungen nach KVfG   **4**
Gerichtskosten: Ersetzbar sind nach der amtlichen Anmerkung S 2 Hs 1 die auftragsgemäß verauslagten Gerichtskosten in deren tatsächlich erbrachter und dem Notar bisher nicht zurückgezahlter Höhe.
Versorgeregister: Ersetzbar sind nach der amtlichen Anmerkung S 2 Hs 2 deren verauslagte Gebühren.

4) Fälligkeit, Auslagenschuldner. Die Fälligkeit richtet sich nach § 10 Hs 2. *Auslagenschuldner* ist man nach § 29 Z 1–3.   **5**

IV. Kosten nach dem Gesetz über das gerichtliche Verfahren in Landwirtschaftssachen

diesbezüglich in der Fassung Art 17 des 2. KostRMoG v 23. 7. 13, BGBl 2586, zuletzt geändert dch Art 7 G v 27.8.17, BGBl 3295

Einleitung

Schrifttum: *Barnstedt/Steffen,* LwVG, Kommentar 8. Aufl 2011; *Felix* JB **17**, 452 (Üb); *Höver/Huylmann,* Kosten in Landwirtschaftssachen, Kommentar, 1955; *Lange/Wulff/ Lüdtke-Handjery,* Landpachtrecht, 4. Aufl 1997; *Selle/Huth,* LwVG, 2017; *Wöhrmann/ Herminghausen,* LwVG, Kommentar, 1954.

1) Systematik, Regelungszweck. Mit Rücksicht auf die Bedeutung des land- und forstwirtschaftlichen Besitzes für das Allgemeinwohl besteht eine Reihe von Gesetzen, die eine behördliche Mitwirkung bei einer Veräußerung oder Verpachtung eines solchen Besitzes vorsehen. Der Betroffene kann gegen die Entscheidung einer solchen Behörde das Landwirtschaftsgericht anrufen. Das LwVG regelt die Verfahrenseinzelheiten. Sein sachlicher Geltungsbereich ergibt sich aus § 1.

Sachliche Zuständigkeit

1 Die Bestimmungen dieses Gesetzes gelten in den Verfahren auf Grund der Vorschriften über

1. die Anzeige und Beanstandung von Landpachtverträgen im Landpachtverkehrsgesetz vom 8. November 1985 (BGBl. I S. 2075) und über den Landpachtvertrag in den Fällen des § 585 b Abs. 2, der §§ 588, 590 Abs. 2, des § 591 Abs. 2 und 3, der §§ 593, 594 d Abs. 2 und der §§ 595 und 595 a Abs. 2 und 3 des Bürgerlichen Gesetzbuchs,

1 a. den Landpachtvertrag im übrigen,

2. die rechtsgeschäftliche Veräußerung, die Änderung oder Aufhebung einer Auflage, die gerichtliche Zuweisung eines Betriebes sowie die Festsetzung von Zwangsgeld im Grundstücksverkehrsgesetz vom 28. Juli 1961 (Bundesgesetzbl. I S. 1091),

3. Einwendungen gegen das siedlungsrechtliche Vorkaufsrecht in § 10 des Reichssiedlungsgesetzes,

4. die Aufhebung von Pacht- und sonstigen Nutzungsverhältnissen sowie die Inanspruchnahme von Gebäuden oder Land in §§ 59 und 63 Abs. 3 und 4 des Bundesvertriebenengesetzes in der Fassung der Bekanntmachung vom 3. September 1971 (BGBl. I S. 1565, 1807), ferner die Festsetzung des Ersatzanspruchs und der Entschädigung nach § 7 Abs. 2 des Gesetzes zur Ergänzung des Reichssiedlungsgesetzes in der im Bundesgesetzblatt Teil III, Gliederungsnummer 2331-2, veröffentlichten bereinigten Fassung,

5. das Anerbenrecht einschließlich der Versorgungsansprüche bei Höfen, Hofgütern, Landgütern und Anerbengütern,

6. Angelegenheiten, die mit der Aufhebung der früheren Vorschriften über Erbhöfe zusammenhängen,

jedoch in den in den Nummern 5 und 6 bezeichneten Verfahren nur, soweit die beim Inkrafttreten dieses Gesetzes für diese geltenden oder die künftig erlassenen Vorschriften die Zuständigkeit von Gerichten mit ehrenamtlichen Richtern vorsehen.

1) Gerichtskosten. §§ 33 ff regeln Kosten der gerichtlichen Verfahren mit den **1** sich aus § 60 III ergebenden Ausnahmen.

Inkrafttreten; aufgehobene Vorschriften

60 III [1] Aufgehoben werden die bisher geltenden kostenrechtlichen Vorschriften, soweit sie für das Verfahren der Gerichte mit landwirtschaftlichen

Beisitzern gelten, einschließlich der Vorschriften über Rechtsanwaltsgebühren.
²Die bisher geltenden Vorschriften über die Höhe des Geschäftswertes und der gerichtlichen Kosten gelten jedoch fort
a) in den unter § 1 Nr. 5 fallenden Verfahren,
b) in den nicht unter § 1 fallenden Verfahren, die auf in Kraft bleibenden oder unberührt bleibenden Vorschriften beruhen (§ 50).

1 1) **Geltungsbereich.** Das LwVG regelt nicht vor allem die Kosten in den in III 2a genannten Anerbensachen nach § 1 Z 5, ferner die in III 2b genannten Sachen, die an Bedeutung gegenüber den in § 1 dem Tätigkeitsbereich der Landwirtschaftsgerichte zugewiesenen Sachen vollkommen zurücktreten.

Im Bereich der *HöfeO* regelt für Überleitungsverfahren nach § 25 HöfeVfO den Geschäftswert § 19h HöfeVfO und die Gebühren § 22c HöfeVfO.

2 2) **Anwaltskosten.** Sie regeln VV 3100 ff, Teil X dieses Buchs.

Kostenentscheidung, Festsetzung des Geschäftswertes

34 Über die Kosten ist zugleich mit der Entscheidung über die Hauptsache zu entscheiden.

Gliederung

1) Kostenentscheidung	1–6
A. Voraussetzungen	1–3
B. Inhalt	4
C. Rechtsmittel	5, 6

1 1) **Kostenentscheidung.** Man muß drei Aspekte beachten.
A. Voraussetzungen. Eine sog Kostengrundentscheidung erfolgt von Amts wegen, und zwar zugleich mit der Entscheidung in der Hauptsache. Wenn das Gericht die Kostenentscheidung im Tenor der Entscheidung zur Hauptsache vergessen hat, ist nach einer Anhörung des Betroffenen, BVerfG RdL **88**, 157, § 319 ZPO anwendbar, Düss JMBlNRW **55**, 153. Es ist auch eine Ergänzung entsprechend §§ 321, 321a ZPO zulässig, aber nicht dann, wenn das Erstgericht eine Entscheidung über die außergerichtlichen Kosten nach § 45 S 1 vergessen hat. Denn das wäre eine Änderung und keine Ergänzung, Hamm RdL **52**, 250. Zweitinstanzlich wäre dann aber § 321 ZPO anwendbar, BVerfG RdL **88**, 157. Beide Vorschriften sind auch im FamFG-Verfahren entsprechend anwendbar. Ein Ergänzungsbeschluß ist ein Teil der Entscheidung der Hauptsache. Man kann ihn also nicht selbständig anfechten.

Auf Grund der Kostenentscheidung erfolgt der sog *Kostenansatz* mit der Kostenrechnung durch den Kostenbeamten der Geschäftsstelle nach §§ 18 ff GNotKG und der KostVfg, Teil VII A dieses Buchs. Davon muß man die sog *Kostenfestsetzung* durch den Rpfl nach § 21 I Z 1 RPflG in Verbindung mit mit §§ 85 FamFG, 103 ff ZPO unterscheiden.

2 Wenn das Gericht keine Entscheidung in der Hauptsache erläßt, ist nach § 9 LwVG eine *besondere Kostenentscheidung* zulässig, (zum alten Recht) Ffm RdL **03**, 305. Eine solche isolierte Kostenentscheidung kann nach § 20 I Z 8 LwVG ohne eine Mitwirkung der ehrenamtlichen Richter ergehen. Voraussetzung einer solchen Kostenentscheidung ist aber, daß die Hauptsache erledigt ist, Karlsr RdL **71**, 28 (zu § 42 I), oder daß der Beteiligte seinen Antrag oder seine Beschwerde zurückgenommen hat, Celle Rpfleger **75**, 64, Nürnb JB **04**, 919. Es sind dann für das Kostenfestsetzungsverfahren nicht §§ 44, 45, sondern § 9 in Verbindung mit (jetzt) § 85 FamFG anwendbar, Celle Rpfleger **75**, 64.

3 Eine Kostenentscheidung kann dann *unterbleiben,* wenn das Gericht nur eine Teilentscheidung trifft oder wenn es lediglich einen Zwischenbeschluß über den Grund des Anspruchs erläßt, BGH MDR **53**, 220, ferner dann, wenn das Gericht die Sache an das untere Gericht zurückverweist. Für diese entstehen also keine besonderen Gebühren, Sußbauer Rpfleger **53**, 425 Rn 5. Vgl zur Kostenentscheidung im (jetzt) FamFG-Verfahren überhaupt Keidel Rpfleger **54**, 176 ff. Wenn das Gericht eine Sache an ein anderes Gericht abgibt, erläßt es keine Kostenentscheidung, BGH **12**, 254. Die Kosten des abgebenden Gerichts gelten nach § 3 IV FamFG, § 12 III LwVG als ein Teil des Verfahrens vor dem übernehmenden Gericht.

B. Inhalt. Die Kostenentscheidung regelt die Kostenverteilung nach § 44, also 4 dazu, wer wieviel von den Kosten tragen muß. Diese Entscheidung ist nach §§ 22 ff GNotKG auch für die Einforderung der Kosten maßgebend. Die Kostenentscheidung regelt eventuell auch die Kostenerstattungspflicht wegen der außergerichtlichen Kosten nach § 45 sowie die Frage der Kostenfreiheit persönlicher oder sachlicher Art nach § 42. Das Gericht trifft nur eine Kostengrundentscheidung. Es entscheidet daher über die Höhe des Kostenbetrags nach §§ 44 ff nicht selbst, anders als zB in § 61 I ArbGG.

C. Rechtsmittel. Wenn ein Beteiligter die Entscheidung in der Hauptsache in 5 einer zulässigen Weise anficht, ist es zulässig, daß sich sein Verfahrensgegner nur wegen der Kostenentscheidung anschließt, Celle RdL **02**, 103, Stgt RdL **90**, 180. Eine Rücknahme der Beschwerde in der Hauptsache führt zur Unzulässigkeit der Kostenbeschwerde, Mü RdL **89**, 191. Eine Anfechtung ist ferner zB dann zulässig, wenn das Gericht einem am Verfahren unbeteiligten Dritten Kosten auferlegt hat, Ffm RdL **03**, 305, Köln RdL **79**, 327, Stgt RdL **98**, 244.

Wenn das Gericht eine Entscheidung in der Hauptsache nicht erlassen hat, etwa weil der Antragsteller den Antrag zurückgenommen hat, ist nach Rn 2 eine *isolierte* Kostenentscheidung zulässig. Gegen sie ist die befristete Beschwerde zulässig, falls der Beschwerdewert 600 EUR übersteigt, §§ 9 LwVG, 61 I FamFG, oder wenn das Erstgericht sie nach § 61 II FamFG zugelassen hat. Eine weitere Beschwerde ist nach § 24 III LwVG unzulässig.

Wenn sich die Hauptsache im Anschluß an einen Beschluß des Erstgerichts, aber 6 vor der Einlegung eines Rechtsmittels *erledigt* hat, ist eine Anfechtung der Kostenentscheidung nicht zulässig, falls kein sachlicher Streit mehr vorliegt, vgl BLAH § 99 ZPO Rn 36.

35–41 *(aufgehoben)*

Anhang nach §§ 35–41
Kosten in Höfesachen

Schrifttum: *Kreuzer,* Notariats- und Gerichtskosten bei der Hofübergabe, 1988; *Lüdtke-Handjery/von Jeinsen,* HöfeO, Kommentar, 11. Aufl 2015.

Einleitung

1) Systematik, Regelungszweck. Die HöfeO regelt in Hamburg, Niedersach- 1 sen, Nordrhein-Westfalen und Schleswig-Holstein die Erbfolge in einen Hof einschließlich der Ausschlagung und der Abfindung desjenigen, der nicht Hoferbe wird, sowie die Stellung des überlebenden Ehegatten des Erblassers und die Hofübergabeverträge. Art 2 G vom 29. 3. 76, BGBl 881, hebt in § 26 die LVO von 1947 auf und enthält eine Verfahrensordnung für Höfesachen, die HöfeVfO, zuletzt geändert durch Art 25 G v 28. 11. 15, BGBl 2018:

> **HöfeVfO § 1. *Verhältnis zum allgemeinen Verfahrensrecht.*** [I] [1]Auf das Verfahren in Höfesachen sind die Vorschriften des Gesetzes über das gerichtliche Verfahren in Landwirtschaftssachen vom 21. Juli 1953 (Bundesgesetzbl. I S. 667) anzuwenden, soweit dieses Gesetz nichts anderes bestimmt. [2]Höfesachen sind Angelegenheiten, auf die die in den Ländern Hamburg, Niedersachsen, Nordrhein-Westfalen und Schleswig-Holstein geltenden höferechtlichen Vorschriften anzuwenden sind.
>
> [II] ...

Befreiung von Gerichtskosten, Kostenfreiheit

42 ¹Aus besonderen Gründen kann das Gericht anordnen, daß von der Erhebung von Gerichtskosten ganz oder teilweise abgesehen wird. ²Die Entscheidung kann nur gleichzeitig mit der Entscheidung in der Hauptsache ergehen.

1 **1) Befreiung von Gerichtskosten.** Zu den Gerichtskosten zählen wie stets Gebühren und Auslagen, nicht aber Notarkosten, Celle JB **68**, 733. Die Befreiung kommt nach S 1 in der Form in Betracht, daß das Gericht von Amts wegen anordnet, daß der Kostenbeamte „aus besonderen Gründen" von der Erhebung der Gerichtskosten ganz oder teilweise absieht. Man darf solche Anordnung anregen, Mü AgrarR **92**, 261.

2 **A. Ermessen.** Das Gericht kann also auch von einzelnen Gebühren und/oder Auslagen befreien. Es hat einen Ermessensspielraum. Es muß Billigkeitserwägungen anstellen, also zB prüfen, wie die wirtschaftliche und insbesondere die finanzielle Lage der Beteiligten ist oder ob unverhältnismäßig hohe Kosten einer Ortsbesichtigung entstanden sind.

Ferner sind beachtlich eine etwa unverschuldete Unkenntnis der einschlägigen Vorschriften oder ein unsauberes Verhalten eines Dritten. Man darf aber dergleichen nicht starr berücksichtigen, Celle RdL **70**, 124, Mü RdL **71**, 27, Oldb NdsRpfl **56**, 183. Ferner kann I auch anwendbar sein, wenn die Behörde einen belastenden Bescheid erst im Verfahren aufgehoben hat, Drsd AgrarR **01**, 119, Karls RdL **71**, 28, Mü AgrarR **75**, 157, oder wenn eine Genehmigung erst im Verfahren erging, Köln AgrarR **80**, 50. In Betracht kommen auch die in § 21 GNotKG, Teil III dieses Buchs, genannten Gründe. Freilich kommt eine Kostenbefreiung nicht schon bei jeder Fehlerhaftigkeit der Sachbehandlung automatisch in Betracht, Mü RdL **71**, 27.

Kein „besonderer Grund" liegt vor, wenn ein zunächst berechtigter Versagungsbescheid erst wegen Wegfalls des Versagungsgrundes entfällt, Mü AgrarR **92**, 260.

3 **B. Entscheidung.** Das Gericht darf eine Befreiung von den Gerichtskosten nach S 2 nur gleichzeitig mit der Entscheidung in der Hauptsache vornehmen. Soweit keine Entscheidung in der Hauptsache ergeht, erfolgt die Befreiung nach § 34 Rn 2 durch einen besonderen Beschluß, Karlsr RdL **71**, 28. Soweit das Gericht seine Hauptsacheentscheidung berichtigt oder ergänzt, darf es auch eine zugehörige Befreiung zugleich mit der Berichtigung oder Ergänzung vornehmen. Bei § 21 GNotKG, Teil III dieses Buches ist keine Gleichzeitigkeit nötig.

Das Gericht darf und muß aus einem dort genannten Grund eine Kostenbefreiung auch nach dem Erlaß der Entscheidung zur Hauptsache *aussprechen,* Celle RdL **68**, 238, AG Kiel RdL **86**, 104. Die Landeskasse, die durch eine Entscheidung in der Hauptsache nicht beschwert ist, kann dennoch gesondert eine Beschwerde dann einlegen, wenn die Entscheidung zur Hauptsache zwischen den Beteiligten rechtskräftig ist, Schlesw SchlHA **69**, 123.

Unwirksam ist eine bloß außergerichtliche Vereinbarung nach § 42. Denn sie ist keine „Anordnung des Gerichts".

43 *(aufgehoben)*

Kostenverteilung

44 ¹Sind an einem Verfahren mehrere Personen beteiligt, so hat das Gericht nach billigem Ermessen zu entscheiden, wer die Kosten zu tragen hat und wie sie zu verteilen sind.

II Bei einem Verfahren, das von der nach Landesrecht zuständigen Behörde, der Genehmigungsbehörde, der übergeordneten Behörde (§ 32 Absatz 2) oder der Siedlungsbehörde eingeleitet ist oder auf ihrem Antrag oder ihrer Beschwerde beruht, ist nach billigem Ermessen darüber zu entscheiden, ob und inwieweit anderen am Verfahren Beteiligten die Kosten aufzuerlegen sind.

IV. Kosten in Landwirtschaftssachen § 44 LwVG

Gliederung

1) Systematik, Regelungszweck, I, II	1
2) Kostentragung und Kostenverteilung, I	2–4
A. Ermessen	2
B. Beteiligte	3
C. Amtsverfahren	4
3) Verfahren nach II	5, 6

1) Systematik, Regelungszweck, I, II. Da es sich bei den im GNotKG, Teil III dieses Buchs, geregelten Verfahren nicht um solche zwischen zwei Parteien handelt, fehlt dort eine Vorschrift über eine Kostenverteilung. § 44 schafft für das Verfahren nach dem LwVG als eine Ergänzung von § 34 eine solche Regelung für die Gerichtskosten. § 45 enthält die entsprechende Regelung für die außergerichtlichen Kosten. Im übrigen gelten im gerichtlichen Verfahren der freiwilligen Gerichtsbarkeit nach dem LwVG grundsätzlich §§ 22 ff GNotKG über den Kostenschuldner, die für die Einziehung der Kosten maßgebend sind. 1

2) Kostentragung und Kostenverteilung, I. Sie ist praktisch nur bei einer Beteiligung mehrerer Personen erforderlich. 2

A. Ermessen. Eine Verteilung erfolgt abgesehen von den in § 49 LwVG genannten bürgerlichen Rechtsstreitigkeiten scheinbar weder nach den Regeln der §§ 91 ff ZPO noch nach denjenigen des GNotKG, Teil III dieses Buchs, sondern nach dem „billigen" und in Wahrheit wie stets pflichtgemäßen Ermessen des Gerichts, also nicht ohne weiteres nach dem Erfolg. Daher darf ein ordentliches Rechtsmittelgericht nicht schon aus Anlaß der Verweisung an ein Landwirtschaftsgericht über Rechtsmittelkosten entscheiden, BGH **12**, 267 (ohne Vorlage nach § 132 GVG), aM BGH **12**, 52. Vgl auch § 12 III LwVG. Trotz des Fehlens einer dem § 45 S 2 entsprechenden Vorschrift gilt ihr Grundgedanke auch bei § 44. Das Gericht kann daher denjenigen mit Gerichtskosten belasten, der ein unbegründetes Rechtsmittel eingelegt oder sonst grob vorwerfbar gehandelt hat, Stgt RdL **78**, 331. Im übrigen wird das Gericht im Rahmen seines Ermessens meist doch §§ 91 ff ZPO entsprechend anwenden. Eine Erledigung der Hauptsache führt daher keineswegs stets zur Kostenpflicht nur des Antragstellers, aM Stgt RdL **95**, 136.

B. Beteiligte. Das sind nicht nur der Antragsteller und der Antragsgegner, sondern alle diejenigen Personen, deren Rechte oder Pflichten die Regelung unmittelbar betreffen. Das Gericht kann also einer jeden solchen Person die Kosten ganz oder teilweise auferlegen. 3

Das *Landwirtschaftsamt* ist nicht Beteiligter, sofern es nur eine Stellungnahme abgibt, Ffm Rpfleger **73**, 433. Wohl aber ist die der Genehmigungsstelle übergeordnete Behörde insofern eine Beteiligte, als sie eine Beschwerde einlegt, Karlsr RdL **71**, 28, vgl aber auch Rn 5, 6.

C. Amtsverfahren. Das Gericht entscheidet von Amts wegen. Es ist also kein Antrag erforderlich. Die Kostenentscheidung ergeht nach § 34 zugleich mit der Entscheidung in der Hauptsache. Soweit eine Entscheidung zur Hauptsache nicht ergeht, entscheidet das Gericht über die Kosten nach § 34 Rn 3 durch einen besonderen Beschluß. 4

Da die Staatskasse einen *Vorschuß* grundsätzlich nicht zurückzahlt, da § 45 LwVG aber nur die Erstattungsmöglichkeit außergerichtlicher Kosten vorsieht, fehlt eine Vorschrift über die Erstattungsfähigkeit verauslagter Gerichtskosten. Wenn also nicht die Kostenverteilung wegen der Gerichtskosten ohne Bedeutung bleiben soll, bleibt nur die Möglichkeit, die sich aus § 45 ergebende Erstattungsmöglichkeit auch hier zu gewähren, Barnstedt/Steffen 25 ff.

3) Verfahren nach II. Wenn eine Behörde ein Verfahren eingeleitet oder beantragt hat oder wenn ein Verfahren auf der Beschwerde einer solchen Behörde beruht, also auch auf einer der übergeordneten Behörden, § 32 II, muß das Gericht nach seinem „billigen" und in Wahrheit wie bei I pflichtgemäßen Ermessen darüber entscheiden, ob und inwieweit es einem anderen am Verfahren Beteiligten die Kosten auferlegt. Die Behörde selbst ist ja von Kosten befreit. Daher muß das Gericht ent- 5 scheiden, ob überhaupt, vgl § 42 Rn 1, und in welchem Umfang ein anderer Beteiligter nach Rn 3 Kosten tragen muß. Nur ein Beteiligter kann Kostenschuldner sein. Das kann auch eine Behörde sein, die sich unkorrekt an das Gericht gewandt hat, Hamm AgrarR **87**, 20.

6 Im Rahmen des Ermessens muß das Gericht meist wesentlich darauf abstellen, ob ein Beteiligter das Verfahren *verschuldet* hat. Im übrigen sind auch hier §§ 91 ff ZPO entsprechend anwendbar. Bei der Festsetzung eines Zwangsgelds muß das Gericht dem Beteiligten zugleich die Kosten des Verfahrens auferlegen.

Erstattung außergerichtlicher Kosten

45 [1] **Bei der Entscheidung in der Hauptsache kann das Gericht anordnen, daß die außergerichtlichen Kosten ganz oder teilweise von einem unterliegenden Beteiligten zu erstatten sind.** [2] **Dies hat dann zu geschehen, wenn der Beteiligte die Kosten durch ein unbegründetes Rechtsmittel oder durch grobes Verschulden veranlaßt hat.**

Gliederung

1) Systematik, Regelungszweck, S 1, 2	1
2) Verfahren, S 1, 2	2
3) Grundsatz: Unterliegenshaftung, S 1	3–5
4) Zwang zur Erstattungsentscheidung, S 2	6–8
A. Erfolgloses Rechtsmittel	7
B. Grobes Verschulden	8
5) Entscheidungsspielraum, S 1	9, 10
6) Umfang der Erstattung, S 1, 2	11–13

1 **1) Systematik, Regelungszweck, S 1, 2.** Das LwVG geht davon aus, daß jeder Beteiligte seine außergerichtlichen Kosten tragen muß, Celle JB **76**, 826, KG NJW **69**, 1029, Mü RdL **71**, 27. Von dieser Regel kann das Gericht nach S 1 ganz oder teilweise abweichen. Bei S 2 muß das Gericht eine solche Abweichung vornehmen. § 45 hat den Vorrang vor dem nur hilfsweise geltenden § 81 FamFG. Ein sachlich-rechtlicher Ersatzanspruch liegt kaum vor, BGH RdL **94**, 75.

2 **2) Verfahren, S 1, 2.** Die Entscheidung über die Erstattungspflicht nach S 1, 2 kann wie jede Kostenentscheidung nach § 34 nur zugleich mit der Entscheidung in der Hauptsache ergehen. Das ergibt sich aus den Worten „Bei der Entscheidung..." in S 1, BGH RdL **94**, 75. Eine Ergänzung nach § 319 ZPO oder auch nach § 321 ZPO ist aber wie nach § 34 Rn 1 statthaft. Soweit das Gericht in der Hauptsache nicht entscheidet, muß es nach § 34 Rn 2 einen besonderen Beschluß über die Kostenerstattung erlassen, BayObLG AgrarR **89**, 133, Celle RdL **75**, 216, Mü RdL **71**, 27. Mit einer Anordnung „Der Antragsteller muß die Kosten tragen" spricht das Gericht noch keine Erstattungspflicht aus. Es muß die Erstattungspflicht vielmehr ausdrücklich aussprechen. Denn § 44 regelt nur die Gerichtskosten, Celle AgrarR **71**, 298, Hamm AgrarR **78**, 315. Freilich ist der Kostenanspruch evtl auch zur Erstattungsfrage den Entscheidungsgründen entnehmbar.

3 **3) Grundsatz: Unterliegenshaftung, S 1.** Das Gericht darf eine Pflicht zur Kostenerstattung stets nur gegenüber einem unterliegenden Beteiligten aussprechen. Von dieser Regel enthält § 44 I eine Ausnahme, nach der ein Ausspruch zulässig ist, daß ein Sieger die Gerichtskosten tragen muß. Wegen des Begriffs der Beteiligten vgl § 44 Rn 2.

Das *Unterliegen* setzt ein Streitverfahren mit echten Sachanträgen voraus, zB eine Versorgungsstreitigkeit. Daher ist § 45 in einem Verfahren mit dem Amtsermittlungsgrundsatz nur bedingt anwendbar, Kohler DNotZ **53**, 576, Wöhrmann/Herminghausen 2, das entweder durch einen Antrag erst eingeleitet wird § 1 Z 2 GrstVG oder überhaupt von Amts wegen in Gang kommt, etwa bei einer Ausübung des Vorkaufsrechts nach § 1 Z 3 GrdstVG.

4 Das Gericht kann auch die nach dem Landesrecht zuständige *Behörde* als erstattungspflichtig bezeichnen, soweit sie eine Beteiligte ist, also im Beschwerdeverfahren in den eben genannten Sachen nach § 32 II, § 42 Rn 4, 5. Denn dann handelt es sich ebenfalls um eine Streitsache, BGH AgrarR **98**, 274, Celle NdsRpfl **60**, 241, Karlsr RdL **00**, 20, aM BayObLG **54**, 337, Celle Rpfleger **66**, 53, Hamm RdL **56**, 79.

Wenn auch diejenigen Parteien, deren Vertrag nicht genehmigt wurde, mit Erfolg 5 eine *Beschwerde* eingelegt haben, legt Celle RdL **58**, 323 der nach dem Landesrecht zuständige Behörde die außergerichtlichen Kosten der Vertragsparteien nur in Höhe eines Betrags auf, den das Gericht nach seinem billigen Ermessen festsetzen muß. Eine nur vorsorglich von der Regierung eingelegte Beschwerde gibt dem Kläger aber keinen Anspruch auf eine Kostenerstattung, Nürnb RdL **64**, 273.

Etwas anderes gilt, wenn die Beteiligten *nicht erfahren* haben, daß die Regierung die Beschwerde nur vorsorglich eingelegt hat, und wenn die nach dem Landesrecht zuständige Behörde ihre Entscheidung darüber, ob sie die Beschwerde aufrechterhält oder zurücknimmt, vorwerfbar verzögert, Celle JB **69**, 973, Nürnb JB **61**, 28.

4) Zwang zur Erstattungsentscheidung, S 2. Das Gericht muß eine Entschei- 6 dung darüber treffen, wer die Kosten wem erstatten soll, wenn eine der folgenden Voraussetzungen eintritt.

A. Erfolgloses Rechtsmittel. Der Beteiligte muß ein Rechtsmittel erfolglos ein- 7 gelegt haben. Hierher gehört nicht nur ein unbegründetes Rechtsmittel, sondern auch ein unzulässiges, BGH **31**, 105, BayObLG RdL **88**, 300, Stgt RdL **78**, 331. Das gilt auch bei der Rechtsmittelrücknahme eines Dritten, Stgt AgrarR **98**, 397.

Wenn der Beschwerdeführer das Rechtsmittel aber *zurücknimmt,* liegt nicht ohne weiteres ein Zwang zur Erstattungsentscheidung vor. Denn es fehlt dann an einem unterliegenden Beteiligten, Celle JB **78**, 424, Mü RdL **71**, 28 Schlesw RdL **56**, 229. Man muß dem Rücknehmenden auch etwas Bedenkzeit zubilligen, BGH RdL **94**, 324, Nürnb NJW **82**, 1056, VGH Mü NJW **82**, 2394. Das alles gilt auch bei einem Anschlußrechtsmittel, BGH RdL **94**, 188.

Unanwendbar ist S 2 bei der Rücknahme nicht eines Rechtsmittels, sondern eines sonstigen Antrags.

B. Grobes Verschulden. Der Beteiligte muß die Kosten durch ein grobes Ver- 8 schulden veranlaßt haben, also durch einen direkten oder bedingten Vorsatz oder durch grobe Fahrlässigkeit, Celle NJW **77**, 1351, KG NJW **65**, 1540. Hierher gehören zB: Ein Rechtsbruch; eine Schikane; eine unbegründete Unnachgiebigkeit, AG Bergheim AgrarR **88**, 168; ein verspäteter Vortrag; ein Mangel der Aktivlegitimation, Celle JB **68**, 913. Das grobe Verschulden eines VerfBev reicht, etwa dann, wenn er die einschlägige Literatur ungenügend geprüft hat, Celle NJW **77**, 1350 (im Ergebnis zustm Deubner), oder wenn er den Mangel seiner Vollmacht gekannt hat, Jena RdL **00**, 133.

5) Entscheidungsspielraum, S 1. Außerhalb von S 2 hat das Gericht für die 9 Frage, ob es eine Erstattungspflicht aussprechen will, ein Ermessen. Das Gericht muß aber auch dann die Grundregel Rn 1 beachten. Es muß also prüfen, ob besondere Gründe vorliegen, Celle RdL **02**, 103, Kblz AgrarR **88**, 140, Mü AgrarR **89**, 276.

Hierher gehören zB: Verhinderung einer Einigung, Kblz AgrarR **88**, 140; falsche Angaben; ein offensichtlich unzulässiger oder unbegründeter Antrag.

Ob solche besonderen Gründe schon dann vorliegen, wenn ein Beteiligter *ohne* 10 *grobes Verschulden* das Verfahren veranlaßt hat, ist zweifelhaft. Denn dieser Gedanke müßte dazu führen, daß das Gericht grundsätzlich eine Erstattung anordnen müßte.

Kein besonderer Grund ist die bloße Antragsrücknahme, Celle AgrarR **76**, 105, Mü RdL **71**, 27, aM Barnstedt/Steffen 25.

6) Umfang der Erstattung, S 1, 2. Bei S 2 muß das Gericht nicht nur überhaupt 11 eine Erstattungsentscheidung treffen, sondern die Erstattung der gesamten außergerichtlichen Kosten anordnen. Das gilt trotz des mißverständlichen Wortes „dies" in S 2. Bei S 1 muß das Gericht demgegenüber nach seinem pflichtgemäßen Ermessen prüfen, ob es die Erstattung sämtlicher oder nur eines Teils der außergerichtlichen Kosten anordnet.

Außergerichtliche Kosten sind diejenigen des zugezogenen Anwalts und die eigenen 12 Kosten des Beteiligten.

Für die etwaige Ermessensentscheidung nach S 1 muß das Gericht vor allem prü- 13 fen, ob die Kosten zu einer zweckentsprechenden Rechtsverfolgung *notwendig* waren, § 91 ZPO. Das Gericht muß auch prüfen, ob der Beteiligte einen Anwalt hinzuziehen mußte, Stgt NJW **62**, 1403. Diese Notwendigkeit läßt sich freilich nur in einer wirklich einfachen Sache verneinen, Barnstedt/Steffen 11. Im Rechtsbeschwerdeverfahren folgt die Erstattbarkeit aus § 29.

46 *(aufgehoben)*

47 *(aufgehoben)*

Streitige Landwirtschaftssachen

48 I [1]In bürgerlichen Rechtsstreitigkeiten des § 1 Nr. 1a findet die Zivilprozeßordnung Anwendung. [2]Jedoch treten die §§ 10 und 20 Abs. 1 und 2 dieses Gesetzes an die Stelle der entsprechenden Vorschriften der Zivilprozeßordnung; § 315 Abs. 1 Satz 1 der Zivilprozeßordnung gilt mit der Maßgabe, daß es der Unterschrift der ehrenamtlichen Richter nicht bedarf.

II ...

1 1) **Systematik, Regelungszweck, I.** Während §§ 9–47 das Verfahren grundsätzlich nach den Regeln der freiwilligen Gerichtsbarkeit gestalten und insofern in §§ 33 ff Sonderregeln zu den Kosten enthalten, findet auf einen bürgerlichen Rechtsstreit nach § 1 Z 1a wegen der Verweisung in § 48 I 1 das Kostenrecht der §§ 91 ff ZPO direkte Anwendung. I 2 betrifft Zuständigkeits- und Unterschriftsfragen.

49 *(aufgehoben)*

V. Gesetz über die Vergütung von Sachverständigen, Dolmetscherinnen, Dolmetschern, Übersetzerinnen und Übersetzern sowie die Entschädigung von ehrenamtlichen Richterinnen, ehrenamtlichen Richtern, Zeuginnen, Zeugen und Dritten (Justizvergütungs- und -entschädigungsgesetz – JVEG)

idF Art 2 KostRMoG v 5. 5. 04, BGBl 718, 776, zuletzt geändert dch Art 5 II G v 11. 10. 16, BGBl 2222, in Kraft seit 15. 10. 16, Art 10 G, ÜbergangsR § 24 JVEG

Grundzüge

(Amtliche) Inhaltsübersicht

Abschnitt 1. Allgemeine Vorschriften §§

Geltungsbereich und Anspruchsberechtigte	1
Geltendmachung und Erlöschen des Anspruchs, Verjährung	2
Vorschuss	3
Gerichtliche Festsetzung und Beschwerde	4
Abhilfe bei Verletzung des Anspruchs auf rechtliches Gehör	4a
Elektronische Akte, elektronisches Dokument	4b
Rechtsbehelfsbelehrung	4c

Abschnitt 2. Gemeinsame Vorschriften

Fahrtkostenersatz	5
Entschädigung für Aufwand	6
Ersatz für sonstige Aufwendungen	7

Abschnitt 3. Vergütung von Sachverständigen, Dolmetschern und Übersetzern

Grundsatz der Vergütung	8
Wegfall oder Beschränkung des Vergütungsanspruchs	8a
Honorar für die Leistung der Sachverständigen und Dolmetscher	9
Honorar für besondere Leistungen	10
Honorar für Übersetzungen	11
Ersatz für besondere Aufwendungen	12
Besondere Vergütung	13
Vereinbarung der Vergütung	14

Abschnitt 4. Entschädigung von ehrenamtlichen Richtern

Grundsatz der Entschädigung	15
Entschädigung für Zeitversäumnis	16
Entschädigung für Nachteile bei der Haushaltsführung	17
Entschädigung für Verdienstausfall	18

Abschnitt 5. Entschädigung von Zeugen und Dritten

Grundsatz der Entschädigung	19
Entschädigung für Zeitversäumnis	20
Entschädigung für Nachteile bei der Haushaltsführung	21
Entschädigung für Verdienstausfall	22
Entschädigung Dritter	23

Abschnitt 6. Schlussvorschriften

Übergangsvorschrift	24
Übergangsvorschrift aus Anlass des Inkrafttretens dieses Gesetzes	25

Anlage 1 (zu § 9 Abs. 1)

Anlage 2 (zu § 10 Abs. 1)

Anlage 3 (zu § 23 Abs. 1)

Schrifttum: *Bayerlein*, Praxishandbuch Sachverständigenrecht, 4. Aufl 2008; *Binz/Dörndorfer/Petzold/Zimmermann*, GKG, FamGKG, JVEG (Kommentar), 3. Aufl 2014; *Bleutge*, JVEG (Kommentar), 4. Aufl 2008; *Meyer* JB **13**, 533 (Üb zum 2. KostRModG);

JVEG Grundz V. Justizvergütungs- und -entschädigungsgesetz

Meyer/Höver/Bach/Oberlack/Jahnke, (Hrsg), JVEG (Kommentar), 27. Aufl 2018; *Petzold/ von Seltmann,* Das neue Kostenrecht, 2004; *Reimann* FamRZ **13**, 1257 (Üb); *Schaefer,* Das neue Kostenrecht in Arbeitssachen, 2004; *Schneider,* JVEG (Kommentar), 3. Aufl 2018; *Weglage/Pawliczek,* Die Vergütung des Sachverständigen usw, 2005; *Zimmermann,* JVEG (Kommentar), 2005.

Gliederung

1) Systematik	1
2) Regelungszweck	2–5
A. Grundsatz: Ehrenpflicht	3
B. Zumutbarkeit	4, 5
3) Vergütungs- oder Entschädigungsanspruch	6–9
A. Grundsatz: Abschließende Regelung	6
B. Absprachemöglichkeit	7, 8
C. Rechtsnatur, Rechtsweg	9
4) Rechtsgeschichte	10, 11

1 1) Systematik. Das JVEG enthält in § 1 I 2 ebenso wie § 1 I 1 GKG, § 1 S 1 FamGKG, § 1 I GNotKG, Teile I A, B, III dieses Buchs, das klärende Wort „nur". Das Gesetz enthält damit eine im wesentlichen abschließende Regelung der Vergütung oder Entschädigung seiner Berechtigten. Ihr Kreis ergibt sich aus § 1. Insofern hat es zumindest auch den Charakter vorrangiger Sondervorschriften.

2 2) Regelungszweck. Aus dem eigenartigen Verhältnis zwischen dem Gericht und einem Berechtigten ergeben sich auch kostenmäßig zahlreiche Erfordernisse einer einigermaßen befriedigenden Regelung. Das Gericht ist insbesondere auf der Suche nach der Wahrheit auf Wahrnehmungen von Zeugen und Sachverständigen, Dolmetschern, Übersetzern und auch Dritten und auf sachkundige Schlußfolgerungen der letzteren angewiesen. Nach allen Verfahrensgesetzen entscheidet aber formell der Richter und keiner dieser weiteren Beteiligten. Das gilt, obwohl die wahre Entscheidung nur zu oft bei den Berechtigten liegen mag. Diese gegenseitige Abhängigkeit prägt auch den Zweck des JVEG. Sie zwingt zu einer den Kostenschuldner nicht allzu belastenden, aber auch die Würde des Berechtigten achtenden Auslegung. Es ergeben sich dabei zwei Hauptlinien.

3 A. Grundsatz: Ehrenpflicht. Aus der Justizhoheit des Staats, seinem Recht und seiner Pflicht zur Rechtsverschaffung ergibt sich die öffentlichrechtliche Verpflichtung eines jeden Bürgers, der sich in Deutschland aufhält, im Rahmen des ihm Zumutbaren als Zeuge vor deutschen Gerichten auf Grund einer Heranziehung nach § 1 I 1 zu erscheinen, Celle FamRZ **98**, 1534, OVG Bln JB **01**, 485. Denn der Staat ist auf die Mitwirkung des Bürgers bei der Feststellung der Wahrheit in vielerlei Hinsicht angewiesen.

Neben dieser allgemeinen Zeugenpflicht besteht in einem geringeren Ausmaß als eine weitere Bürgerpflicht diejenige, im Rahmen des Zumutbaren deutschen Gerichten Gutachten als *Sachverständiger* zu erstatten. Auch insofern ist nämlich der Staat auf die Mitwirkung des Bürgers bei der Wahrheitsfindung angewiesen. Diese Verpflichtung ergibt sich zB aus §§ 407 ZPO, 75 StPO.

Beide Pflichten sind *staatsbürgerliche Ehrenpflichten,* Bre JB **94**, 182, OVG Bln JB **01**, 485. Sie gelten grundsätzlich für jeden Deutschen. Sie gelten darüber hinaus aber auch für jeden Ausländer, der sich im Bereich der deutschen Justizhoheit befindet. Diese Ehrenpflichten gehen sonstigen bürgerlichen Pflichten und Rechten grundsätzlich vor. Die Pflicht zum Erscheinen als Zeuge oder zur Tätigkeit als Sachverständiger hat also den grundsätzlichen Vorrang vor jeder Berufspflicht. Diese Pflicht geht erst recht irgendwelchen privaten Plänen oder Vorhaben grundsätzlich vor.

Auch als *Dolmetscher* oder *Übersetzer* und manchmal als *Dritter* ist man in einem gesetzlichen Umfang zur Tätigkeit oder Mithilfe oder wenigstens zur Duldung verpflichtet, auch ohne eine Heranziehung nach § 1 Rn 611, aM Celle NdsRpfl **03**, 11, LG Hann NdsRpfl **03**, 11. Auch solche Verhaltensweise gebietet eine Vergütung oder doch eine Entschädigung.

4 B. Zumutbarkeit. Eine Zumutbarkeit ist aber auch bei den vorgenannten Pflichten stets maßgeblich. Die Erfüllung der Pflicht kann dem Betroffenen unzumutbar sein. Insoweit ist er dann entschuldigt.

Soweit nicht die Verfahrensgesetze hierzu nähere Regelungen enthalten, muß das 5
Gericht bei der Prüfung eines etwaigen Entschuldigungsgrunds die *Umstände abwägen*.
Es muß auch bedenken, daß der Staat nach dem heutigen Rechtsempfinden wohl der
deutlichen Mehrzahl seiner Bürger in allen seinen Funktionen in erster Linie für den
Bürger da ist und nicht umgekehrt. Wenn der Staat schon an den Zeugen, den Sachverständigen usw mit einem Vorrangsanspruch herantritt, muß er zB auch das in
Art 12 GG genannte Grundrecht der ungestörten Berufsausübung soweit wie möglich wenigstens mitbeachten, Schlesw SchlHA **88**, 115 (Vorlagebeschluß).

3) Vergütungs- oder Entschädigungsanspruch. Es gelten die folgenden Re- 6
geln.

A. Grundsatz: Abschließende Regelung. Die in Rn 1 genannte staatsbürgerliche Ehrenpflicht besteht beim Zeugen wie beim Sachverständigen, Dolmetscher
und Übersetzer und auch bei demjenigen Dritten, der zB bei einer Beschlagnahme
mitwirkt, Bre NJW **76**, 685, Düss Rpfleger **83**, 45, Stgt Rpfleger **83**, 46. Wegen
dieser Ehrenpflicht ist ein Vergütungs- oder auch nur ein Entschädigungsanspruch
wegen des Zeitverlusts oder wegen anderer Nachteile und wegen der Mühe keineswegs selbstverständlich. Ein solcher Anspruch besteht jedenfalls nur insoweit, als ihn
das Gesetz ausdrücklich zubilligt. Das JVEG regelt für seinen Geltungsbereich nach
§ 1 einen solchen Anspruch einheitlich und abschließend nach seinem Grund und
seiner Höhe, (je zum alten Recht) BGH NJW **84**, 871, Celle JB **93**, 118. Daher sind zB
§§ 284 ff BGB (Verzugszinsen) mit ihrem nur privatrechtlichen Anwendungsbereich
unanwendbar.

Auf dieses spezielle und deshalb vorrangige Gesetz *verweisen* die Verfahrensgesetze
teils unmittelbar. Teilweise liegen auch mittelbare Verweisungen vor, indem die Gesetze ihrerseits auf die Bestimmungen der vorgenannten Gesetze lediglich klarstellend
verweisen. Das JVEG ergänzt also die Verfahrensgesetze.

B. Absprachemöglichkeit. Über das JVEG hinaus besteht demnach grundsätz- 7
lich keinerlei Vergütungs- oder Entschädigungsanspruch, (je zum alten Recht) Celle
JB **93**, 118, Mü Rpfleger **79**, 358 (vgl aber § 1 Rn 1 ff), weder gegen den Staat, Celle
JB **93**, 118, noch gegen eine Partei nach BLAH Grdz 4 vor § 50 ZPO. Die Partei
kann einem Zeugen oder Sachverständigen usw aber grundsätzlich von sich aus unabhängig von seinem etwaigen Vergütungs- oder Entschädigungsanspruch gegenüber
dem Staat eine private Zusatzvergütung versprechen. Dieser Weg kann zB dann berechtigt und zweckmäßig sein, wenn ein im Ausland wohnender Zeuge sonst nicht
erscheinen würde oder wenn ein nach dem Gesetz zur Begutachtung nicht verpflichteter Sachverständiger ein Gutachten nicht ohne eine private Zusatzvergütung erstatten will.

Freilich kann eine solche Zusage den Sachverständigen zB nach § 406 ZPO *befan*- 8
gen machen. Im übrigen sieht zB in Nordrhein-Westfalen § 24 III PolG vom 28. 10.
69 die Entschädigung eines nur von der Polizei vorgeladenen Zeugen vor. Diese Ländervorschriften sind aber gegenüber § 1 III 1 nachrangig.

C. Rechtsnatur, Rechtsweg. Der Vergütungs- oder Entschädigungsanspruch ist 9
öffentlichrechtlich, BayObLG **97**, 354, Mü NJW **79**, 609. Man kann diesen Anspruch nur nach den Regeln des JVEG geltend machen. Der ordentliche Rechtsweg
ist unstatthaft, Mü NJW **79**, 609. Die an einen Zeugen oder Sachverständigen usw
gezahlte Vergütung oder Entschädigung gehört nicht zu den Auslagen des Gerichts und damit zu den Gerichtskosten, KV 9005, KVFam 2005, KVfG 34005. Einen überzahlten
Betrag treibt die Staatskasse nach § 1 Z 8 JBeitrG, Teil IX A dieses Buchs beim Empfänger im Verwaltungszwangsverfahren bei.

4) Rechtsgeschichte. Über die Entwicklung bis Anfang Dezember 2016 unter- 10
richtet die 47. Aufl.

Weitere Änderungen ergaben sich bisher nicht. 11

Abschnitt 1. Allgemeine Vorschriften

Geltungsbereich und Anspruchsberechtigte

1 I ¹Dieses Gesetz regelt
1. die Vergütung der Sachverständigen, Dolmetscherinnen, Dolmetscher, Übersetzerinnen und Übersetzer, die von dem Gericht, der Staatsanwaltschaft, der Finanzbehörde in den Fällen, in denen diese das Ermittlungsverfahren selbstständig durchführt, der Verwaltungsbehörde im Verfahren nach dem Gesetz über Ordnungswidrigkeiten oder dem Gerichtsvollzieher herangezogen werden;
2. die Entschädigung der ehrenamtlichen Richterinnen und Richter bei den ordentlichen Gerichten und den Gerichten für Arbeitssachen sowie bei den Gerichten der Verwaltungs-, der Finanz- und der Sozialgerichtsbarkeit mit Ausnahme der ehrenamtlichen Richterinnen und Richter in Handelssachen, in berufsgerichtlichen Verfahren oder bei Dienstgerichten sowie
3. die Entschädigung der Zeuginnen, Zeugen und Dritten (§ 23), die von den in Nummer 1 genannten Stellen herangezogen werden.

²Eine Vergütung oder Entschädigung wird nur nach diesem Gesetz gewährt. ³Der Anspruch auf Vergütung nach Satz 1 Nr. 1 steht demjenigen zu, der beauftragt worden ist; dies gilt auch, wenn der Mitarbeiter einer Unternehmung die Leistung erbringt, der Auftrag jedoch der Unternehmung erteilt worden ist.

II ¹Dieses Gesetz gilt auch, wenn Behörden oder sonstige öffentliche Stellen von den in Absatz 1 Satz 1 Nr. 1 genannten Stellen zu Sachverständigenleistungen herangezogen werden. ²Für Angehörige einer Behörde oder einer sonstigen öffentlichen Stelle, die weder Ehrenbeamte noch ehrenamtlich tätig sind, gilt dieses Gesetz nicht, wenn sie ein Gutachten in Erfüllung ihrer Dienstaufgaben erstatten, vertreten oder erläutern.

III ¹Einer Heranziehung durch die Staatsanwaltschaft oder durch die Finanzbehörde in den Fällen des Absatzes 1 Satz 1 Nr. 1 steht eine Heranziehung durch die Polizei oder eine andere Strafverfolgungsbehörde im Auftrag oder mit vorheriger Billigung der Staatsanwaltschaft oder der Finanzbehörde gleich. ²Satz 1 gilt im Verfahren der Verwaltungsbehörde nach dem Gesetz über Ordnungswidrigkeiten entsprechend.

IV Die Vertrauenspersonen in den Ausschüssen zur Wahl der Schöffen und die Vertrauensleute in den Ausschüssen zur Wahl der ehrenamtlichen Richter bei den Gerichten der Verwaltungs- und der Finanzgerichtsbarkeit werden wie ehrenamtliche Richter entschädigt.

V Die Vorschriften dieses Gesetzes über die gerichtliche Festsetzung und die Beschwerde gehen den Regelungen der für das zugrunde liegende Verfahren geltenden Verfahrensvorschriften vor.

Gliederung

1) Systematik, I–V	1
2) Regelungszweck, I–V	2
3) Sachlicher Geltungsbereich, I–V	3–10
A. Gericht	3
B. Beispiele zur Frage einer Anwendbarkeit vor Gericht, I–V	4
C. Staatsanwaltschaft	5
D. Polizei, Finanzbehörde, Verwaltungsbehörde usw	6, 7
E. Gerichtsvollzieher	8
F. Weitere Sachgebiete	9
G. Auslandsberührung	10
4) Persönlicher Geltungsbereich, I–V	11–45
A. Heranziehung, I 1	11
B. Beispiele zur Frage einer Heranziehung, I–V	12–30
C. Ladung oder Gestellung durch die Partei usw im Bußgeldverfahren, Strafprozeß	31–35
D. Ladung oder Gestellung usw im Zivilprozeß oder FamFG-Verfahren	36, 37
E. Ladung oder Gestellung usw: Höhe der Vergütung oder Entschädigung	38

Abschnitt 1. Allgemeine Vorschriften **§ 1 JVEG**

    F. Zufälliges Erscheinen 39, 40
    G. Verspätung 41, 42
    H. Verweigerung 43
    I. Abbestellung 44
    J. Ablehnung der Begutachtung 45
  5) Behörde usw als Sachverständiger, II 1 46–48
    A. Heranziehung: Amtshilfe 47
    B. Anwendungsbereich 48
  6) Dienstgutachten, II 2 49–59
    A. Grundsatz 49, 50
    B. Betroffener Personenkreis 51–53
    C. Zusammenhang mit Dienstpflicht 54–56
    D. Unerheblichkeit der Anstellungsart 57
    E. Einzelfragen 58
    F. Ehrenbeamter usw 59
  7) Vertrauensperson, IV 60
  8) Vorrang bei Festsetzung und Beschwerde, V 61

1) Systematik, I–V. § 1 umschreibt denjenigen Personenkreis, den das Gesetz **1** vergütet oder entschädigt, und die sachlichen Voraussetzungen eines solchen Anspruchs. §§ 2–7 enthalten Durchführungsregeln für alle Berechtigten. §§ 8–14 regeln die Vergütung für Sachverständige, Dolmetscher und Übersetzer, §§ 15–18 die Entschädigung für ehrenamtliche Richter, §§ 19–23 diejenige für Zeugen und Dritte im einzelnen. §§ 24, 25 enthalten Übergangsvorschriften. Ergänzend gelten verschiedene Vorschriften des GKG und des FamGKG, Teile I A, B dieses Buchs, soweit das JVEG auf sie verweist. Insgesamt gilt auch im JVEG der aus den anderen Kostengesetzen bekannte Grundsatz einer abschließenden Aufzählung der Ansprüche. Ihn ergibt das Wort „nur" in § 1 I 2.

2) Regelungszweck, I–V. Die Vorschrift bezweckt eine Klarstellung der Gegen- **2** leistungspflicht des Staats, soweit er den Bürger zur Erfüllung von dessen Ehrenpflicht heranzieht oder mit einer Leistung beauftragt. Wegen der abschließenden Regelung nach § 1 I 2 müssen der sachliche und der persönliche Geltungsbereich möglichst klar sein. Das ist allerdings nicht an jeder einzelnen Stelle überzeugend gelungen. Man muß das Ziel einer umfassenden Regelung bei der Auslegung stets mitbeachten.

3) Sachlicher Geltungsbereich, I–V. Man muß vier Fallgruppen unterscheiden. **3**
  A. Gericht. Das JVEG regelt die Vergütung oder Entschädigung für einen Berechtigten einheitlich für alle gerichtlichen Verfahren. Das gilt freilich nur vor einem deutschen staatlichen Gericht, Düss MDR **93**, 392.

  B. Beispiele zur Frage einer Anwendbarkeit vor Gericht, I–V   **4**
Arbeitsgericht: Anwendbar ist § 1 vor jedem solchen Gericht.
Ausländisches Gericht: *Unanwendbar* ist § 1 vor ihm. Das gilt selbst dann, wenn dieses auf Grund eines deutschen Rechtshilfeersuchens tätig wird, Düss MDR **93**, 392. Vgl dann freilich Art 18 II, III VO (EG) Nr 1206/2001, abgedruckt bei BLAH Einf 3 vor § 1072 ZPO, sowie Art 26 Haager BewAufnÜbk v 18. 3. 70, BGBl II 1472, BLAH Anh I § 363 ZPO. Im übrigen gilt vor dem ausländischen Gericht das Vergütungs- oder Entschädigungsrecht seines Staats.
Berufsgericht: Anwendbar ist § 1 vor jedem solchen Gericht.
Betreuer: *Unanwendbar* ist § 1, soweit das vorrangige VBVG gilt, Anh § 1. Freilich verweisen §§ 1835 I 1 Hs 2, 1835a I 1, 1836 II 4 Hs 2, 1908i I 1 BGB auf das JVEG, Rn 13 („Betreuer", LAG Mainz Rpfleger **94**, 111).
Betreuungsgericht: Anwendbar ist § 1 auf denjenigen Zeugen oder Sachverständigen, den ein Betreuungsgericht heranzieht.
Disziplinargericht: Anwendbar ist § 1 vor jedem solchen Gericht.
Finanzgericht: Anwendbar ist § 1 vor jedem solchen Gericht.
Heranziehung: Anwendbar ist § 1 nur, soweit eine Heranziehung nach Rn 11 ff erfolgt, LG Paderb JB **93**, 392. Dazu kann die Anfrage nach der Zuständigkeit des Sachverständigen und nach seinen Kosten gehören, soweit er zur Beantwortung nicht nur ganz wenig Zeit braucht, KG MDR **88**, 330.
Justizverwaltungsverfahren: *Unanwendbar* ist § 1 in einem solchen Verfahren, soweit nicht die Beteiligten wirksam die Geltung des JVEG vereinbaren. Das gilt auch beim Vollzug einer Untersuchungshaft.

1089

JVEG § 1   V. Justizvergütungs- und -entschädigungsgesetz

Landwirtschaftsgericht: Anwendbar ist § 1 vor jedem solchen Gericht.
Notar: Es gilt dasselbe wie beim „Prozeß- oder Verfahrensbevollmächtigten". Im notariellen Vermittlungsverfahren nach §§ 87 ff SachenRBerG nimmt der Notar zwar richtergleich Aufgaben in einem öffentlichen Amt wahr. Trotzdem ist er kein staatliches Gericht. Zum Problem Zi 13, 14.
Ordentliches Gericht: Anwendbar ist § 1 vor jedem solchen Gericht.
Partei: Es gilt dasselbe wie beim „Prozeß- oder Verfahrensbevollmächtigten".
Prozeß- oder Verfahrensbevollmächtigter: Anwendbar ist § 1 bei einer „Heranziehung" durch ihn allenfalls kraft einer Vereinbarung.
Schiedsgericht: *Unanwendbar* ist § 1 vor einem Schiedsgericht nach §§ 1025 ff ZPO. Denn es kann mangels hoheitlicher Gewaltbefugnis nicht nach Rn 11 heranziehen.
Sequester: Anwendbar ist neben § 1 auch zB § 63 InsO, LG Mainz Rpfleger **87**, 517.
Sozialgericht: Anwendbar ist § 1 vor jedem solchen Gericht.
Verfassungsgericht: Anwendbar ist § 1 vor jedem solchen Gericht.
Verwaltungsgericht: Anwendbar ist § 1 vor jedem solchen Gericht.
Verwertungsgesellschaftengesetz: § 48 GKG Anh IV, Teil I A dieses Buchs.
Vormund: Es gilt grds dasselbe wie beim „Betreuer".

5   **C. Staatsanwaltschaft.** Das JVEG gilt außerdem, soweit die deutsche Staatsanwaltschaft einen Zeugen oder Sachverständigen usw zu irgendeinem sachlich gebotenen Zweck und nicht nur zu Beweiszwecken heranzieht, (zum alten Recht) Schlesw SchlHA **88**, 115, Stgt Rpfleger **87**, 390. Das stellen §§ 71, 84 StPO zusätzlich klar. Alles das kann schon dann so sein, wenn die Staatsanwaltschaft zunächst feststellen will, ob sie ein Ermittlungsverfahren einleiten muß. Eine solche Prüfung steht ihr sowohl beim Verdacht einer Straftat als auch beim Verdacht einer Ordnungswidrigkeit zu. Der Amtsanwalt gehört nach § 142 I Z 3 GVG zur Staatsanwaltschaft.
Unanwendbar ist § 1 bei der Heranziehung durch eine ausländische Strafverfolgungsbehörde.

6   **D. Polizei, Finanzbehörde, Verwaltungsbehörde usw.** Das JVEG gilt auch im Verfahren vor der Kartellbehörde nach § 80 I 3 GWB. Auch Gesetze für spezielle Verwaltungsverfahren erklären das JVEG oft für direkt oder für entsprechend anwendbar.
Das JVEG ist vor allem nach III auch und freilich auch nur insoweit anwendbar, als die *Polizei* oder eine andere deutsche Strafverfolgungsbehörde im vorangegangenen Auftrag oder mit einer vorherigen eindeutigen ausdrücklichen oder eindeutig stillschweigenden Billigung der deutschen Staatsanwaltschaft im Ermittlungsverfahren die Heranziehung vornimmt, BVerfG NJW **07**, 2393, Kblz JB **95**, 594, Zweibr MDR **97**, 90.
Strafverfolgungsbehörde ist jede solche Behörde, die gesetzlich ein strafrechtlich einstufbares Geschehen ermitteln darf oder gar muß. Das gilt auch zB bei einer deutschen Finanzbehörde im Rahmen ihres Ermittlungsverfahrens wegen einer Steuerstraftat, §§ 386 II, 399 I AO. Das stellen §§ 87, 107, 405 AO mit ihren Bezugnahmen (jetzt) auf das JVEG zusätzlich klar. Es gilt aber auch bei anderen Verwaltungsverfahren nach der AO, etwa bei einer Steuerfestsetzung. Insofern sind §§ 87, 107, 405 anspruchsbegründend, Zi 19.
Billigung ist ein nicht allzu weit auslegbarer Vorgang, BVerfG NJW **07**, 2393 (ziemlich vage und wenig praxisnah: Abstellen auf vorherige Kenntnis der Staatsanwaltschaft!?).

7   Das JVEG gilt *ferner* nach III 2, soweit eine *Verwaltungsbehörde* die Heranziehung im Verfahren *nach § 35 OWiG* vornimmt. Das stellt § 59 OWiG zusätzlich klar. Es gilt aber auch bei anderen Verwaltungsverfahren. Insofern sind zB §§ 23, 26 VwVfG anspruchsbegründend, Zi 21.

8   **E. Gerichtsvollzieher.** Das JVEG gilt ferner im Verfahren vor dem Gerichtsvollzieher zB nach § 753 ZPO, soweit er einen Berechtigten nach I 1 Z 5 aE heranzieht. Die GVGA ist dazu nicht mehr notwendig.

9   **F. Weitere Sachgebiete.** Das JVEG ist in zahlreichen weiteren Fällen infolge einer Verweisung anwendbar.
§ 464a II Z 1 StPO gibt zB wegen seiner Verweisung auf das JVEG dem Freigesprochenen grundsätzlich einen Entschädigungsanspruch wegen seines notwendigen Zeitaufwands in den Grenzen von (jetzt) § 19, Hamm Rpfleger **96**, 420, aM Ffm

JB 83, 866. Das JVEG gilt ferner zB bei der Vergütung für eine Übersetzung im Rahmen des Haager Übk v 13. 1. 00 über den internationalen Schutz von Erwachsenen, § 5 AusfG v 17. 3. 00, BGBl 314.
Unanwendbar ist das JVEG zB auf Parteikosten, Bbg JB **78**, 1247.

G. Auslandsberührung. Das JVEG regelt die Vergütung oder Entschädigung für jeden vom deutschen Gericht oder von der deutschen Staatsanwaltschaft usw herangezogenen Berechtigten. Es ist unerheblich, ob er etwa nach dem Recht seines Aufenthaltsorts mehr oder weniger erhalten würde. Das JVEG ist daher zB auch auf einen ausländischen Zeugen nach § 19 IV anwendbar.

Es gilt also die *lex fori*, Düss MDR **93**, 392, wie auch sonst im Prozeßrecht. Vgl auch Rn 3. Jedoch geben §§ 8 IV, 19 IV die Möglichkeit, einem solchen Zeugen oder Sachverständigen aus dem Ausland, der vor einem Gericht in Deutschland erscheint, nach einem billigen Ermessen eine höhere Vergütung oder Entschädigung als nach den übrigen Vorschriften des JVEG zu geben. Soweit eine ausländische Behörde oder ein ausländisches Gericht den Zeugen heranzieht, richtet sich die Entschädigung nach dem dortigen Recht, Düss MDR **93**, 392.

4) Persönlicher Geltungsbereich, I–V. Man kann ihn oft nicht einfach feststellen.

A. Heranziehung, I 1. Die volle Vergütung oder Entschädigung erhält ein solcher Beteiligter beliebiger Art, den gerade das Gericht oder die Staatsanwaltschaft usw bereits vor dem Beginn seiner Tätigkeit in ihrer jeweils eigenen Zuständigkeit herangezogen hat, OVG Kblz NVwZ-RR **11**, 789. Das ist die staatliche hoheitliche Beanspruchung auf Grund einer Verfahrensvorschrift. Es kommt darauf an, welche sachliche Verwendung der Berechtigte erhalten sollte oder erhalten hat, Düss JB **11**, 490, nicht darauf, in welcher Form das Gericht oder die Staatsanwaltschaft usw direkt oder durch die Polizei die Heranziehung verfügt hat, Düss JB **11**, 490, Kblz JB **92**, 417, ob durch eine mündliche Ladung oder schriftlich oder aus Anlaß der Anwesenheit der Person aus einem anderen Grund, aM Celle JB **05**, 148 (abl Bund). Es ist auch unerheblich, ob die heranziehende Stelle die Heranziehung prozessual begründet hat oder nicht. Soweit die Vernehmung usw ohne jedes Verschulden der Beweisperson unterbleibt, kann man sie dennoch herangezogen haben. Ausreichend ist die einseitige Inanspruchnahme ohne die Notwendigkeit einer Mitwirkung des Betroffenen am Heranziehungsakt. Er muß nach Grdz 2 vor § 1 erst anschließend reagieren.

Keine Heranziehung liegt vor, soweit der Betroffene vor dem amtlichen Akt tätig geworden ist. Daher ist auch nicht eine rückwirkende Heranziehung möglich, Mü MDR **81**, 1037. Das bedeutet freilich nicht, daß dann keinerlei zugehörige Vergütung oder Entschädigung stattfinde. Nur ist deren Grundlage dann eben nicht gerade eine Heranziehung, Düss Rpfleger **99**, 234. Das JVEG kann dann einen Anhaltspunkt geben, OVG Kblz NVwZ-RR **11**, 789.

B. Beispiele zur Frage einer Heranziehung, I 1
Abbestellung: Rn 43.
Amtshilfe: Sie steht im *Gegensatz* zu einer Heranziehung. Freilich kann zB ein Beweisbeschluß auf eine Behördenauskunft deren Heranziehung bedeuten und damit das JVEG anwendbar machen. Vgl im einzelnen Rn 49 ff. Das Wesen der Amtshilfe ist eine kostenlose Hilfe, soweit nicht ein Gesetz gerade die Amtshilfe kostenpflichtig macht. Ein „bloßes" Amtshilfeersuchen muß als solches eindeutig erkennbar sein.
S auch Rn 13 „Berufsrecht".
Anwaltskammer: Rn 13 „Berufsrecht".
Arzt: Ein Arzt kann für ein therapeutisches Gespräch mit dem Betroffenen usw auf Grund einer gerichtlichen Anordnung eine Vergütung nach dem JVEG fordern, aM LG Osnabr NdsRpfl **95**, 134, LG Paderb MDR **91**, 1099 (aber die gerichtliche Weisung läßt sich gar nicht anders erfüllen).
Auskunft: Als Sachverständiger oder Zeuge herangezogen ist auch derjenige, den das Gericht oder die Staatsanwaltschaft aufgefordert hat, eine schriftliche Auskunft zu erteilen, zB wegen des Versorgungsausgleichs, aM Köln FamRZ **85**, 719, oder zB wegen gewisser Kontobewegungen oder Geschäftsunterlagen, etwa in einer Wirtschaftsstrafsache, Düss DB **85**, 911, Ffm NJW **81**, 1682, Stgt JB **96**, 597, aM Düss

DB 85, 1130 (aber § 1 erfaßt bei einer vernünftigen Auslegung auch diese Form der Zusammenarbeit). Wegen einer Behördenauskunft Rn 46–48.
Begleiter: Rn 14 „Dolmetscher".
Behörde: Rn 46–48.
Beistand: Rn 27 „Verfahrensbeistand".
Berufsrecht: *Nicht* herangezogen ist diejenige Berufsvertretung, die eine gesetzlich vorgesehene Stellungnahme abgibt, etwa nach (jetzt) § 14 RVG, Teil X dieses Buchs, Mü MDR **89**, 922, Schlesw JB **89**, 1679, LG BadBad Rpfleger **01**, 324. Denn diese Stellungnahme ist zwar ein Gutachten nach II 1. Es ergeht aber nach II 2 in einer Erfüllung einer Dienstaufgabe nach § 14 II 1 RVG und ist überdies nach § 14 II 2 RVG kostenlos. Man kann eine Patentanwaltskammer in einem Patentverfahren anders beurteilen, so schon Hamm GRUR **89**, 932 (L), LG BadBad Rpfleger **01**, 324.
Berufsvormund: Rn 29 „Vormund".
Beteiligter: Rn 19 „Partei".
Betreuer: Ein Betreuer ist *nicht* gerade als Sachverständiger herangezogen. Er soll ja kein Gutachten erstatten. Im übrigen gilt dasselbe wie Rn 29 „Vormund", also das VBVG, Anh § 1. Wegen § 292 FamFG vgl Anh § 1: II 1, 4.
Bewährungshelfer: Es gelten keine Besonderheiten bei der Anwendung des JVEG.

14 **Blutentnahme, Untersuchung:** Als Zeuge herangezogen ist auch derjenige, den man zur Duldung einer Blutentnahme oder einer zB erbbiologischen Untersuchung nach § 372a ZPO oder nach § 81c StPO und dann auch zur Duldung einer sonstigen körperlichen Untersuchung geladen hat. § 23 ist unanwendbar. Denn das eigene Blut ist kein „Gegenstand" nach § 23 I, II 1 Z 1.
Dolmetscher: Auch derjenige zählt hierher, der ein fremdsprachiges Druckerzeugnis unter einer Beachtung etwa eines politischen Inhalts ins Deutsche übertragen und dabei den Sinn darlegen soll, Düss JB **00**, 211. Als Dolmetscher ist ferner der vom Gericht dem Angeklagten beigeordnete Dolmetscher herangezogen, Karlsr Just **00**, 90, aM Düss NSt-RR **99**, 215. Auch derjenige Zuhörer oder Begleiter eines Prozeßbeteiligten ist derjenige herangezogen, den das Gericht aus irgendeinem Grund im Ergebnis im allseitigen Einverständnis mit Erfolg um eine sofortige Dolmetschertätigkeit etwa im schon stattfindenden Termin bittet, wie es in der Praxis sehr zweckmäßig sein kann, aM Celle JB **05**, 148 (abl Bund). Unerheblich ist, ob das Gericht die Erforderlichkeit der Heranziehung geprüft hat, Celle JG **16**, 140.
Dritter: § 23.
S auch Rn 17, 36, 37.
Drogenkontrolleur: Soweit eine Anordnung des Gerichts auch nur unter der Einschaltung eines Bewährungshelfers usw zugrunde liegt, hat das Gericht den Kontrolleur verständigerweise auch herangezogen. Denn anders läßt sich die Kontrollanordnung des Gerichts gar nicht durchführen.
Ehrenamtlicher Richter: §§ 15 ff.

15 **Eidesstattliche Versicherung:** Als Dritter herangezogen sein kann derjenige, der sie auf eine gerichtliche Anordnung nach § 23 I vorlegt oder nach § 23 II 1 Z 2 als Auskunft erteilt.
Nicht als Zeuge herangezogen ist derjenige, dessen schriftliche eidesstattliche Versicherung dem Gericht ohne dessen Anordnung zuging, zB in einem Verfahren auf den Erlaß eines Arrests oder einer einstweiligen Anordnung oder Verfügung nach §§ 916 ff, 935 ff ZPO, 49 ff FamFG.
Einigungsstelle: Zur Vergütung nach § 76a BetrVG kann man §§ 8, 9 mitbeachten, ArbG Ffm BB **75**, 1635, Bengelsdorf NZA **89**, 489, Löwisch DB **89**, 223.
Entschuldigung: Sie ändert unabhängig von ihrer Begründetheit nichts an einer etwaigen Heranziehung.

16 **Erfüllungsgehilfe:** Ein solcher zB nach § 278 BGB kann nach I 2 Hs 2 herangezogen sein. Man muß aber auch II 2 beachten.
Nicht als Zeuge herangezogen ist derjenige, den der bedingt entlassene Zeuge als seinen Gehilfen oder den die vom Gericht usw herangezogene Stelle ihrerseits als ihren Erfüllungsgehilfen beauftragt haben, LG Frankenth Rpfleger **82**, 242. Das gilt aber nur, sofern die Einschaltung dieses Erfüllungsgehilfen nicht entweder mit einer vorherigen Zustimmung oder nachträglichen Genehmigung des Gerichts er-

Abschnitt 1. Allgemeine Vorschriften   **§ 1 JVEG**

folgte (das übersieht LG Paderb MDR **91**, 1099) oder sofern sie nach der Art des Auftrags bevorstand. Vgl freilich selbst dann zunächst § 12 I 2.
Ersuchen: Rn 28 „Vernehmung als Zeuge".
Gestellung: Herangezogen ist nach Rn 34 derjenige, dessen Vergütung oder Ent- 17 schädigung das Gericht nach Gestellung nach § 220 III StPO angeordnet hat. Das gilt freilich nach Rn 11 nicht rückwirkend, Mü MDR **81**, 1037.
  Nicht als Sachverständiger oder Zeuge herangezogen ist derjenige, dessen Gestellung (Sistierung) das Gericht lediglich anheimgegeben hat, solange das Gericht nicht dessen Aussage oder Gutachten oder dessen Verwertung beschließt, KG NJW **75**, 1423. Andernfalls mag der Zeuge gegen seinen Gesteller nach §§ 670 ff BGB oder nach § 220 II StPO usw vorgehen. Der Privatgutachter fällt nur bei einer Vereinbarung unter das allenfalls dann entsprechend anwendbare JVEG, BGH VersR **06**, 1133.
  S aber auch Rn 20 „Prozeßleitende Ladung", Rn 37.
Gutachterauskunft: Rn 46–48.
Insolvenzverwalter: Der nach § 22 I Z 3 InsO beauftragte vorläufige Insolvenzverwalter ist als Sachverständiger herangezogen, Düss Rpfleger **09**, 345.
Irrtum: Eine irrtümliche Heranziehung bleibt eine Heranziehung, soweit der „Herangezogene" den Irrtum oder die Namensverwechslung usw nicht eindeutig erkennen kann. Die irrige Annahme einer Heranziehung kann bei einer Verwertbarkeit der Leistung eine Vergütung entsprechend dem JVEG ermöglichen, LSG Essen SGb **88**, 21.
Juristische Person: Rn 46–48.
Mediator: Seine Kosten zählen grds *nicht* zum JVEG, Drsd RR **07**, 81.
  Eine *Ausnahme* gilt bei § 135 I 1 FamFG.
Kreditinstitut: Rn 46–48.
Ordnungsmittel: Als Sachverständiger oder Zeuge herangezogen ist auch derjenige, 18 der erst auf Grund der Androhung oder Festsetzung oder Durchführung eines Ordnungsmittels gehorcht.
Partei: *Nicht* als Zeuge oder Sachverständiger herangezogen ist eine Partei zB nach 19 BLAH Grdz 4 vor § 50 ZPO oder ein Beteiligter, Bbg FamRZ **08**, 2300 (jetzt: FamFG) selbst dann, wenn sie nach §§ 445 ff ZPO zur Beweisperson wird. Denn das JVEG nennt sie weder in seiner amtlichen Überschrift noch in § 1. Das gilt auch bei einer Prozeß- oder Verfahrenskostenhilfe nach §§ 114 ff ZPO, 178 ZPO oder einer Beratungshilfe nach dem BerHG, BLAH Anh § 127 ZPO (Auszug).
  Wegen einer Reisekostenentschädigung § 25 Anh.
Patentanwaltskammer: Rn 13 „Berufsrecht".
Personenvereinigung: Rn 46–48.
Privatgutachter: Rn 17, 36, 37. 20
Prozeßbevollmächtigter: Auch ihn zB nach § 81 ZPO kann das Gericht als einen Zeugen oder Sachverständigen heranziehen dürfen oder gar müssen. Dann erhält er für die Dauer dieser Tätigkeit eine Entschädigung oder Vergütung, Rn 40, aM LG Mü MDR **90**, 64. Freilich dürfte oft ein stillschweigender Verzicht auf eine solche Zahlung nach § 2 Rn 5 vorliegen.
Prozeßleitende Ladung: Als Sachverständiger oder Zeuge usw herangezogen ist auch derjenige, den das Gericht nur vorsorglich oder prozeßleitend geladen hat, zB nach § 273 ZPO. Das gilt selbst dann, wenn es anschließend nicht zur Vernehmung oder Äußerung oder Übersetzung usw kommt. Es kommt dann nicht darauf an, ob überhaupt noch ein förmlicher Beweisbeschluß nach §§ 358, 358 a ZPO ergangen ist.
  S aber auch Rn 17 „Gestellung".
Rechtsanwaltskammer: Rn 13 „Berufsrecht". 21
Sachverständiger statt Zeuge: Es kommt nicht auf die Ladung an, sondern auch 22 § 19 Rn 3 auf die Vernehmung. Als Sachverständiger herangezogen ist auch derjenige Zeuge, den man irrig eben als einen Sachverständigen zB nach §§ 402 ff ZPO geladen hat, KG JB **92**, 633.
  Das gilt nur dann *nicht*, wenn der Geladene den Irrtum der Behörde nach den äußeren Umständen und auf Grund seiner persönlichen Kenntnis des Sachverhalts erkennen konnte und mußte. Evtl ist ihm eine Rückfrage zumutbar.

1093

Als Sachverständiger ist auch derjenige herangezogen, den man zuvor als einen sachverständigen Zeugen zB nach § 414 ZPO geladen, dann aber als einen Sachverständigen zB nach §§ 402 ff ZPO *vernommen* hat, Köln MDR **93**, 391, Rostock JB **09**, 205, wenn auch erst im Verlauf der Vernehmung.

23 **Schadensschätzung:** *Nicht* herangezogen ist derjenige, den ein Geschädigter bei der von der Staatsanwaltschaft erbetenen Schadensschätzung von sich aus hinzugezogen hat, Kblz JB **92**, 417.
Schriftliche Auskunft: Rn 13 „Auskunft".

24 **Schriftliches Gutachten:** Als Sachverständiger herangezogen ist auch derjenige, der sein Gutachten nach § 411 ZPO, § 82 StPO auf Grund der Anordnung des Gerichts nur schriftlich erstattet. Das gilt natürlich erst recht dann, wenn es anschließend doch noch zu einer auch mündlichen Erläuterung oder Ergänzung des Gutachtens kommt, sei es auch nur auf den Antrag einer Partei.

25 **Schriftliche Zeugenerklärung:** Als Zeuge oder Dritter nach § 23 herangezogen ist auch derjenige, dem das Gericht gestattet hat, sich nur schriftlich zu äußern, zB § 23 II 1 Z 2 oder auch nach § 377 III ZPO. Das gilt natürlich erst recht dann, wenn es anschließend zu einer mündlichen Aussage kommt, sei es auch nur auf den Antrag einer Partei.

Nicht als Zeuge oder Dritter nach § 23 herangezogen ist demgegenüber derjenige, dessen schriftliche Erklärung schon existierte, als es zum Beweisbeschluß zB nach § 358 ZPO kam, und den die erhebende Stelle auch nicht aufgefordert hat, diese Erklärung vorzulegen.
S auch Rn 15 „Eidesstattliche Versicherung".
Sistierung: Rn 17 „Gestellung".
Sozialgerichtsverfahren: Bei einer Anordnung des persönlichen Erscheinens kann nach § 191 SGG ein Anspruch wie bei einem Zeugen entstehen, Teil II B dieses Buchs.

26 **Sprachenbüro:** Es kann eine Unternehmung nach I 3 Hs 2 sein, Düss JB **11**, 433.
Standesrecht: Rn 13 „Berufsrecht".
Stellungnahme: Rn 13 „Berufsrecht".
Technischer Überwachungsverein: Rn 46–48.

27 **Unaufgeforderte Einreichung:** *Nicht* als Sachverständiger oder Zeuge herangezogen ist derjenige, der unaufgefordert und ohne eine vorsorgliche Rückfrage bei der Behörde oder beim Gericht eine Eingabe einreicht, der etwa eine Zusammenstellung von Unterlagen von sich aus vorlegt, oder der dergleichen nur auf Wunsch einer Partei tut. Denn auch § 23 trifft deshalb auf ihn nicht zu.
Untersuchung: Rn 14 „Blutentnahme, Untersuchung".
Untersuchungsausschuß: Man kann beim Ermittlungsbeauftragten den Höchstsatz des § 9 I 2 anwenden, § 35 UntersAusschußG.
Verfahrensbeistand: § 1 Anh II: 1, 2, 3.
Verfahrensbevollmächtigter: Rn 20 „Prozeßbevollmächtigter".
Verfahrenspfleger: § 1 Anh II: 4, 5.

28 **Vernehmung als Zeuge:** Als Zeuge herangezogen ist auch derjenige, den die Polizei auf Grund eines direkten Ersuchens der Staatsanwaltschaft oder des Gerichts oder der Finanzbehörde nach III 1 vernimmt, aM (zum alten Recht) Düss Rpfleger **83**, 45, MHB 10.

Nicht herangezogen ist derjenige, den die Polizei ohne ein direktes Ersuchen oder wenigstens ohne eine vorherige Billigung der Staatsanwaltschaft oder des Gerichts usw vernimmt, so schon Düss Rpfleger **83**, 45.
Verspätung: Rn 41, 42.
Vertrauensperson: Rn 60.
Verweigerung: Rn 43.
Vorführung: Als Zeuge herangezogen ist auch der zwangsweise Vorgeführte. Freilich mag das Gericht ihn in die durch sein Ausbleiben entstandenen Kosten etwa nach § 380 I 1 ZPO verurteilt haben. Dann mag die Staatskasse mit diesem Anspruch aufrechnen dürfen, MHB § 19 Rn 8.

29 **Vormund:** Er ist an sich *nicht* gerade als Sachverständiger herangezogen. Er soll ja kein Gutachten erstatten. Indessen verweisen §§ 1835 I 1 Hs 2, 1835 a I 1 Hs 1,

Abschnitt 1. Allgemeine Vorschriften **§ 1 JVEG**

1836 II 4 Hs 2 BGB auf das JVEG. Im übrigen gilt das VBVG, § 1 Anh I. Wegen § 168 FamFG vgl § 1 Anh II: 1.

Wirtschaftsreferent: Er *kann* als Sachverständiger herangezogen sein, Kblz Rpfleger 30 **98**, 214. Aber keine bequeme Kostenverlagerung von der Staatsanwaltschaft auf den Bürger!

Zeuge statt Partei: Als Zeuge herangezogen ist auch diejenige Partei, die man irrig eben als einen Zeugen zB nach §§ 373 ff ZPO geladen hat.

Das gilt nur dann *nicht,* wenn der Geladene den Irrtum der Behörde nach den äußeren Umständen und auf Grund seiner persönlichen Kenntnis des Sachverhalts erkennen konnte und mußte. Evtl ist eine Rückfrage zumutbar.

Vgl auch Rn 43.

Zuhörer: Rn 14 „Dolmetscher".

Zwang: Rn 28 „Vorführung".

Zwangsverwalter: Er ist als solcher Partei kraft Amts nach BLAH Grdz 8, 9 vor § 50 ZPO, *nicht* Sachverständiger, LG Stade Rpfleger **02**, 220. Seine Vergütung richtet sich nach §§ 18, 19 ZwVwV, SchlAnh G.

C. Ladung oder Gestellung durch die Partei usw im Bußgeldverfahren, 31 **Strafprozeß.** Einen Vergütungs- oder Entschädigungsanspruch hat grundsätzlich derjenige Zeuge oder Sachverständige, den der Betroffene im Bußgeldverfahren oder der Angeklagte im Strafprozeß unmittelbar geladen hat, §§ 220, 386 II StPO, oder den er zur Hauptverhandlung oder zur mündlichen Verhandlung gestellt hat.

Es müssen aber die folgenden *weiteren* Voraussetzungen zusammentreffen.

Die Vernehmung des Zeugen oder Sachverständigen muß zur Aufklärung *sachdien-* 32 *lich* gewesen sein. Hierüber entscheidet das Gericht nach seinem pflichtgemäßen Ermessen.

Der Zeuge oder Sachverständige oder der Betroffene oder Angeklagte müssen eine 33 Vergütung oder Entschädigung der Beweisperson *beantragt* haben. Der Antrag muß vor dem Erlaß des Urteils vorliegen.

Das Gericht muß die Zahlung einer Vergütung oder Entschädigung nach Rn 17 34 *angeordnet* haben. Das kann vor dem Erlaß des Urteils durch eine vorläufige Anordnung durch einen Beschluß geschehen. Das Gericht muß aber auch dann endgültig im Urteil über die Kosten befinden.

Demgegenüber ist es nicht erforderlich, daß der Betroffene oder der Angeklagte 35 einen *Vorschuß* bei der Ladung gezahlt oder hinterlegt hat. Allerdings darf das Gericht nur denjenigen Betrag aus der Staatskasse leisten lassen, den der Betroffene oder Angeklagte nicht gezahlt oder hinterlegt hat. Wenn ein Privatkläger oder Nebenkläger einen Zeugen nach § 386 II StPO geladen hat, darf das Gericht eine Entschädigung nur dann anordnen, wenn es dadurch nicht die Vorschußpflicht nach § 17 IV GKG, Teil I A dieses Buchs, umgeht.

D. Ladung oder Gestellung usw im Zivilprozeß oder FamFG-Verfahren. 36 Einen Entschädigungs- oder Vergütungsanspruch gegenüber dem Staat kann ein solcher Zeuge nach §§ 373 ff ZPO oder Sachverständiger nach §§ 402 ff ZPO usw haben, den eine Partei nach BLAH Grdz 4 vor § 50 ZPO im Zivilprozeß oder ein Beteiligter nach § 7 FamFG gestellt hat, der sich also auf ihre Bitten eingefunden hat oder dessen Erscheinen das Gericht nur anheimgegeben hat, ohne ihn von Amts wegen zu laden, KG NJW **75**, 1423.

Allerdings setzt der Anspruch weiter voraus, daß das Gericht die Aussage oder das 37 Privatgutachten nach Rn 17 *wirklich beschlossen* hat. Denn nur dann ist er nach Rn 11 „herangezogen" worden. Eine staatliche Vergütung oder Entschädigung kommt nach Rn 11 auch nur für den Zeitraum seit der Bekanntgabe oder Erkennbarkeit der Vernehmungsabsicht des Gerichts in Betracht, meist also nicht wegen der Kosten des Hinwegs, LG Mü MDR **90**, 64. Vgl freilich § 19 Rn 3–8.

E. Ladung oder Gestellung usw: Höhe der Vergütung oder Entschädi- 38 **gung.** Bei Rn 31–37 richtet sich die vom Staat zu zahlende Vergütung oder Entschädigung nach dem JVEG. Das Gericht darf also grundsätzlich keine höhere Zahlung zubilligen, Hbg MDR **75**, 500, KG NJW **75**, 1423, Schlesw SchlHA **88**, 115. Freilich darf und muß es auch insoweit die Verfassungsmäßigkeit prüfen, Schlesw SchlHA **88**, 115.

Unberührt bleibt freilich eine etwa höhere Zusatzvereinbarung zwischen der Partei und dem Gestellten. Freilich entsteht insoweit kein Erstattungsanspruch nach §§ 91 ff ZPO, soweit nicht § 13 JVEG eine höhere gesetzliche Vergütung schafft.

39   **F. Zufälliges Erscheinen.** Ein solcher Zeuge oder Sachverständiger usw, der sich aus einem anderen Anlaß oder zufällig eingefunden hat, der etwa in einer anderen Sache als Partei anwesend war, erhält für die Dauer der in der jetzt vorliegenden Sache angeordneten Heranziehung eine volle Vergütung oder Entschädigung. Das Gericht darf ihm eine Vergütung oder Entschädigung auch insoweit geben, als ihm durch die Verlängerung seiner Anwesenheit Mehrkosten entstehen, Mü MDR **89**, 830, zB infolge eines Zeitverlusts oder einer teureren Rückreise etwa erst am nächsten Tag.

Reisekosten muß das Gericht nur in demjenigen Umfang entschädigen, in dem sie dem Sachverständigen oder Zeugen in der zunächst angefallenen anderen Sache entstanden. Fast zu großzügig wäre es, dem mangels eines Vorschusses nicht Geladenen, aber Erschienenen auch beim Unterbleiben einer Vernehmung usw stets eine Vergütung oder Entschädigung zu geben.

40   Das alles gilt auch beim *ProzBev* nach § 81 ZPO oder bei einem sonstigen Anwalt, Rn 20 „Prozeßbevollmächtigter". Denn für die Dauer seiner Zeugenaussage kann er das Mandat gerade *nicht* förmlich wahrnehmen, sondern untersteht dem Gericht anders. Zumindest braucht er als Zeuge zusätzlich Zeit, aM Mü MDR **89**, 830, LG Mü MDR **90**, 64 (aber jetzt wird er eben vorübergehend zum Zeugen. Der Vorsitzende veranlaßt deshalb üblicherweise zur Klarstellung der derzeitigen Funktionsänderung dieses Prozeßbeteiligten auch, daß der Anwalt seine Amtstracht vorübergehend ablegt und im Zeugenstand Platz nimmt, BLAH § 395 ZPO Rn 4).

41   **G. Verspätung.** Ein solcher Zeuge oder Sachverständiger usw, der verspätet erscheint, verliert seinen Anspruch auf eine Vergütung oder Entschädigung grundsätzlich nur, soweit das Gericht oder die Staatsanwaltschaft usw ihn infolge seiner Verspätung nicht mehr vernimmt oder soweit infolge einer vorsätzlich oder grob fahrlässig verschuldeten Verspätung der noch ausstehende Teil der Leistung wertlos geworden ist, zB die mündliche Erläuterung eines Gutachtens, Mü MDR **84**, 948 (nicht stets beim Ortsfremden, der sich im Sitzungssaal irrt). Soweit eine Partei wirksam auf die Vernehmung verzichtet hat, muß das Gericht klären, ob sie den Verzicht auch dann erklärt hätte, wenn der Zeuge oder Sachverständige usw pünktlich erschienen wäre.

42   Den verspätet Erschienenen muß das Gericht jedenfalls erst vom Augenblick des zu diesem Erscheinenszeitpunkt *notwendigen Aufbruchs* an vergüten oder entschädigen.

43   **H. Verweigerung.** Ein solcher Zeuge oder Sachverständiger usw, der die Aussage oder ein Gutachten oder eine Übersetzung usw verweigert, erhält eine Vergütung oder Entschädigung, soweit die Weigerung begründet ist. Das Gericht braucht ihn darauf nicht zu verweisen, daß er zB nach § 386 ZPO hätte verfahren und fernbleiben können. Wenn der Herangezogene aber seine Weigerung schriftlich erklärt, statt zu erscheinen, erhält er keine Vergütung oder Entschädigung. Wenn wegen eines angeblichen Zeugnisverweigerungsrechts ein Zwischenstreit zB nach §§ 387 ff ZPO entsteht, erhält der verweigernde Zeuge oder Sachverständige in diesem Streit keine Vergütung oder Entschädigung. Denn er ist im Zwischenstreit eine Partei nach BLAH Grdz 4 vor § 50 ZPO.

44   **I. Abbestellung.** Ein solcher Herangezogener, der erschienen ist, weil ihn die Abbestellung nicht mehr erreicht hat, kann eine Vergütung oder Entschädigung verlangen, sofern er keine Schuld hat. Sie liegt nicht schon darin, daß er einen Wechsel des Aufenthaltsorts nicht mitgeteilt hat, soweit er nicht mit einer Abbestellung rechnen mußte. Das Gericht muß die Umstände abwägen.

45   **J. Ablehnung der Begutachtung.** Ein solcher Sachverständiger, der der Ernennung nach §§ 407 ZPO, 75 StPO nicht folgen will, hat dann keinen Anspruch auf eine Vergütung, wenn er trotzdem lediglich zu einer entsprechenden Mitteilung im Termin erscheint. Denn er hätte seine Weigerung vorher schriftlich mitteilen können und müssen. Entsprechendes gilt beim Dolmetscher oder Übersetzer.

46   **5) Behörde usw als Sachverständiger, II 1.** Die Vorschrift gibt derjenigen Behörde oder sonstigen öffentlichen Stelle des Bundes, eines Landes, eines Gemeindeverbands oder einer Gemeinde oder einer juristischen Person oder einer Personenvereinigung einen Vergütungsanspruch, die ein Gericht oder eine Staatsanwaltschaft oder eine Fi-

nanz- oder Verwaltungsbehörde nach I 1 Z 1 zu einer Sachverständigenleistung herangezogen hat.

A. Heranziehung: Amtshilfe. II 1 erfaßt eine fachkundige Beurteilung, BGH 47 NJW **84**, 2365, insbesondere durch ein Gutachten nach (jetzt) § 34 RVG, dort Rn 15 ff, Teil X dieses Buchs, aber nicht nur in diesem engeren Sinn. Eine solche Tätigkeit ist eine Amtshilfe. Trotz der nach Art 35 I GG grundsätzlichen Pflicht zur gegenseitigen Amtshilfe kann also jedenfalls ein gesetzlicher Vergütungsanspruch entstehen, Düss MDR **89**, 1023, soweit ihn das Gesetz nicht ausdrücklich ausschließt, etwa wegen bloßer Auslagen nach § 8 I 2 VwVfG beim Betrag bis 35 EUR. Ein bisheriger „Verzicht" bindet nicht stets auch für die Zukunft, Düss MDR **89**, 1023.

Er hat seinen *Grund* unter anderem in dem Bestreben des Gesetzes, eine allzu häufige Anforderung einer derartigen Amtshilfetätigkeit einzudämmen und eine solche Sachverständigentätigkeit derjenigen eines privaten Sachverständigen gleichzustellen. Die für die angegangene Behörde usw etwa sonst geltende Gebührenordnung bleibt außer Betracht. Dieser Umstand erleichtert auch die gerichtliche Festsetzung der Vergütung nach § 4. Die Vergütung steht nach I 1 der Behörde nach § 1 IV VwVfG selbst zu, also jeder Stelle, die mit einer ausreichenden Selbständigkeit unabhängig vom Personalwechsel eine Aufgabe der öffentlichen Verwaltung wahrnimmt und hoheitlich handeln darf, OVG Münst DVBl **87**, 100, vor allem durch einen Verwaltungsakt nach § 35 S 1 VwVfG. Die Vergütung steht also nicht etwa demjenigen Beamten oder sonstigen Behördenangehörigen zu, der für die allein beauftragte Behörde usw tätig geworden ist. Das ergibt sich auch aus I 3 Hs 2. Wegen des Dienstgutachtens Rn 56 ff.

B. Anwendungsbereich. Zu den in II 1 genannten Behörden und Stellen zählen 48 zB: Die Bayerische Landesgewerbeanstalt, Mü Rpfleger **76**, 265; ein Prüfungsausschluß, etwa der Industrie- und Handels- oder Handwerkskammer, BVerwG NVwZ **85**, 577; ein Gutachterausschuß nach [jetzt] §§ 192 ff BauGB, BGH **62**, 95, Mü Rpfleger **76**, 264, LG Freibg Just **97**, 59, aM OVG Magdeb DS **15**, 288 (Einzelvergütung; kaum noch bezahlbar). Vgl aber auch in den Ländern die jeweiligen LJKostG. Ferner zählen zu den Stellen nach II 1: Der Technische Überwachungsverein, Schlesw JB **96**, 323, LSG Chemnitz JB **01**, 486, OVG Lüneb NdsRpfl **83**, 259; ein Kreditinstitut, LG Coburg MDR **79**, 1047, AG Diepholz MDR **79**, 1047; eine staatlich anerkannte Privatschule, Fachhochschule, Hochschule.

Unanwendbar ist II 1, soweit eine bloße Zeugentätigkeit stattfindet. Dann können zB §§ 21, 22 anwendbar sein. Unanwendbar ist II 1 ferner zB bei einem privatrechtlich organisierten Unternehmen, soweit man es nicht wirksam mit einer hoheitlichen Befugnis beliehen hat. Das gilt selbst dann, wenn es eine auch öffentlichrechtliche Aufgabe erfüllt, etwa einen Personennahverkehr oder eine Versorgung.

6) Dienstgutachten, II 2. Der nachfolgende Grundsatz hat eine ganze Reihe 49 von Auswirkungen.

A. Grundsatz. Für einen solchen Angehörigen einer Behörde oder sonstigen öffentlichen Stelle, der weder ein Ehrenbeamter ist noch ehrenamtlich tätig wird, gilt das JVEG nicht, soweit er ein Gutachten nur in einer Erfüllung seiner Dienstaufgaben erstattet, vertritt oder erläutert, so schon Kblz Rpfleger **80**, 357, LG Bayreuth Rpfleger **82**, 82. Das gilt, damit er keine Doppelvergütung erhält, BayObLG **95**, 7. Das gilt auch dann, wenn die Erstattung usw nur einen Teil seiner Dienstaufgaben ausmacht, wenn es sich zB um eine bloße Nebentätigkeit handelt oder wenn sie umfangreicher ist oder wenn er im Urlaub ohne eine Rechtspflicht tätig geworden ist. Eine vorherige Zusage einer Vergütung durch das Gericht bindet nicht.

Die *Behörde selbst* behält natürlich einen Vergütungsanspruch, soweit man gerade sie als solche nach Rn 46 ff herangezogen hat, auch wenn sie einen Angehörigen damit als seine Dienstaufgabe betraut hat.

Ein Vergütungsanspruch für einen solchen Behördenangehörigen entsteht auch 50 nicht schon dadurch, daß das Gericht ihn *als* einen *Sachverständigen behandelt* hat, LG Flensb JB **76**, 941.

B. Betroffener Personenkreis. II 2 gilt zB: Für den Vertreter der Jugendbehör- 51 de; für eine zur Auskunft verpflichtete juristische Person des Privatrechts usw, Köln FamRZ **85**, 719, aM Drsd FamRZ **00**, 299 (aber [jetzt] das JVEG ist nach Rn 1 nicht ausdehnend anwendbar); für den Angehörigen eines Kriminalamts. Etwas anderes gilt für einen nur hinzugezogenen wissenschaftlichen Mitarbeiter.

52 *II 2 gilt ferner zB:* Für einen Gerichtsarzt und einen anderen beamteten Arzt, soweit das Gericht oder die Staatsanwaltschaft usw ihn in dieser dienstlichen Eigenschaft herangezogen hat, BayObLG **95**, 7 (FGG), Düss Rpfleger **83**, 129, etwa für den Arzt eines Landesuntersuchungsamts wegen seines Blutalkoholgutachtens. Indessen erhält der Arzt für seine Gutachtertätigkeit in der Hauptverhandlung eine Vergütung.

53 *II 2 gilt ferner zB:* Für einen Anstaltsarzt, wenn er sich dazu äußert, ob der Zweck der Unterbringung erfüllt ist, LG Bayreuth Rpfleger **82**, 82; für ein Mitglied des Gesundheitsamts, etwa bei einer Leichenöffnung, LG Mainz Rpfleger **76**, 264; für den Angehörigen eines Gewerbeaufsichtsamts in Bayern; für den Angestellten eines chemischen Untersuchungsamts in Rheinland-Pfalz.

54 **C. Zusammenhang mit Dienstpflicht.** Sofern die Verpflichtung zur Gutachtertätigkeit nicht unmittelbar aus dem Dienstrecht hervorgeht, kommt es darauf an, wie eng der Zusammenhang mit der dienstlichen Tätigkeit ist, ob es sich also nur um eine unselbständige Fortsetzung oder um eine wirkliche Ergänzung der allgemeinen Tätigkeit handelt, Kblz Rpfleger **80**, 357, Mü Rpfleger **83**, 182 (in der Hauptverhandlung erfolgte die Erläuterung eines im Ermittlungsverfahren erstellten Gutachtens eines von der Staatsanwaltschaft zugezogenen beamteten Wirtschaftsfachmanns). Im ersteren Fall entsteht selbst dann kein Anspruch nach dem JVEG, wenn die Tätigkeit außerhalb der Dienstzeit erfolgt. Das gilt auch bei einer mündlichen Erläuterung, LG Flensb JB **76**, 941. Der Behördenangehörige muß daher bei der Geltendmachung eines eigenen Vergütungsanspruchs darlegen und beweisen, daß seine Leistung gerade keine Dienstaufgabe war.

Beim *Blutalkoholgutachten* zB nach § 372a ZPO und nach der StPO sind die Feststellungen eine Dienstaufgabe, die Beurteilung der Fahrtauglichkeit meist ein vergütungspflichtiges Zusatzgutachten. Es gibt klarstellende, aber das Gericht nicht bindende Verwaltungsanordnungen der Länder für die Frage, was zu den Dienstaufgaben gehört und was nicht, MHB 54.1. Eine genehmigte oder sogar notwendige sog Nebentätigkeit ist gerade keine Dienstaufgabe, Zi 49.

55 Der *Chefarzt* eines städtischen Krankenhauses und sein Gehilfe können trotz ihrer Pflicht zur Tätigkeit zB nach § 407 ZPO evtl zu I, II 1 statt zu II 2 gehören.

56 Für die Frage, ob II 2 anwendbar ist, kommt es auch beim Universitätsarzt auf den Grad des Zusammenhangs mit seiner *Dienstpflicht* an. Dasselbe gilt bei einem Arzt, der zwar ein Mitglied des Gesundheitsamts ist, den das Gericht oder die Staatsanwaltschaft aber als einen freien Arzt herangezogen hat.

57 **D. Unerheblichkeit der Anstellungsart.** Sofern es überhaupt um einen Angehörigen einer Behörde oder sonstigen öffentlichen Stelle geht, der nicht Ehrenbeamter oder ehrenamtlich tätig ist, kommt es nicht darauf an, ob er Beamter oder Angestellter ist. Er erhält auch nicht seine Auslagen ersetzt. Denn auch § 5 ist ebensowenig wie die übrigen Vorschriften des JVEG anwendbar. Seine Behörde trägt seine Auslagen, LG Flensb JB **76**, 941.

58 **E. Einzelfragen.** Soweit II 2 auf einen Sachverständigen zutrifft und er daher keine Vergütung nach dem JVEG erhält, muß der Kostenschuldner in einem Verfahren nach dem GNotKG, Teil III dieses Buchs, diesem Sachverständigen denjenigen Betrag erstatten, den der Kostenschuldner sonst für die Tätigkeit eines Sachverständigen nach dem JVEG zahlen müßte, KVfG 34005, Teil III dieses Buchs. KV 9005 und KV-Fam 2005 jeweils amtliche Anmerkung I 2, Teil I A, B dieses Buchs, ist anwendbar.

59 **F. Ehrenbeamter usw.** Ein Ehrenbeamter und derjenige, der ehrenamtlich tätig ist, erhält eine Vergütung oder Entschädigung nach dem JVEG. Denn II 2 gilt für ihn ausdrücklich nicht.

60 **7) Vertrauensperson, IV.** Die Vertrauenspersonen und Vertrauensleute sind keine ehrenamtlichen Richter, da sie an Gerichtssitzungen nicht teilnehmen, sondern Verwaltungsfunktionen ausüben. IV behandelt sie aber wegen der Entschädigung wie die ehrenamtlichen Richter. Für die Festsetzung ist nach § 4 I 2 Z 1 Hs 3 dasjenige Gericht zuständig, bei dem der Ausschuß gebildet ist.

61 **8) Vorrang bei Festsetzung und Beschwerde, V.** Die neue Vorschrift stimmt weitgehend mit § 1 V GKG überein, ebenso mit § 1 II FamGKG, § 1 VI GNotKG, § 1

Abschnitt 1. Allgemeine Vorschriften § 1, Anh I § 1 JVEG

IV JVKostG, § 1 III RVG, Teile I A, B, III, VIII A, X dieses Buchs. Vgl daher bei § 1 GKG.

Anhang nach § 1

I. Gesetz über die Vergütung von Vormündern und Betreuern (Vormünder- und Betreuervergütungsgesetz – VBVG)

v 21. 4. 05, BGBl 1073, geändert dch Art 53 FGG-RG v 17. 12. 08, BGBl 2586, ÜbergangsR Art 111 FGG-RG, Grdz 2 vor § 1 FamGKG, Teil I B dieses Buchs. Ersetzt die frühere Regelung der §§ 1836 a, 1836 b BGB usw.

Schrifttum: *Bestelmeyer* FGPrax **14**, 93 (Üb); *Deinert* Rpfleger **14**, 179 (Rspr-Üb); *Deinert/Lütgens*, Die Vergütung des Betreuers, 6. Aufl, 2012; *Felix* Rpfleger **15**, 615 und Rpfleger **16**, 189 (je: Üb); *Jürgens*, Betreuungsrecht, 9. Aufl 2014; *Seifert* Rpfleger **14**, 465 (Üb); *Zimmermann* FamRZ **14**, 165 (Rspr-Üb).

Abschnitt 1. Allgemeines

VBVG § 1. Feststellung der Berufsmäßigkeit und Vergütungsbewilligung. I ¹Das Familiengericht hat die Feststellung der Berufsmäßigkeit gemäß § 1836 Abs. 1 Satz 2 des Bürgerlichen Gesetzbuchs zu treffen, wenn dem Vormund in einem solchen Umfang Vormundschaften übertragen sind, dass er sie nur im Rahmen seiner Berufsausübung führen kann, oder wenn zu erwarten ist, dass dem Vormund in absehbarer Zeit Vormundschaften in diesem Umfang übertragen sein werden. ²Berufsmäßigkeit liegt im Regelfall vor, wenn
1. der Vormund mehr als zehn Vormundschaften führt oder
2. die für die Führung der Vormundschaft erforderliche Zeit voraussichtlich 20 Wochenstunden nicht unterschreitet.

II ¹Trifft das Familiengericht die Feststellung nach Absatz 1 Satz 1, so hat es dem Vormund oder dem Gegenvormund eine Vergütung zu bewilligen. ²Ist der Mündel mittellos im Sinne des § 1836 d des Bürgerlichen Gesetzbuchs, so kann der Vormund die nach Satz 1 zu bewilligende Vergütung aus der Staatskasse verlangen.

VBVG § 2. Erlöschen der Ansprüche. ¹Der Vergütungsanspruch erlischt, wenn er nicht binnen 15 Monaten nach seiner Entstehung beim Familiengericht geltend gemacht wird; die Geltendmachung des Anspruchs beim Familiengericht gilt dabei auch als Geltendmachung gegenüber dem Mündel. ² § 1835 Abs. 1 a des Bürgerlichen Gesetzbuchs gilt entsprechend.

Zu §§ 1, 2 VBVG:

Bem. Zur Verfassungsmäßigkeit von § 2 BVerfG FamRZ **15**, 2040. §§ 1–3 gelten abschließend, AG Kblz FamRZ **11**, 1690. § 2 gilt auch beim Berufspfleger, BGH FamRZ **13**, 1883. Sie gilt auch bei demjenigen eines vermögenden Nachlasses, Köln FamRZ **13**, 1837, Schlesw FamRZ **15**, 281. Die Vergütungsforderung muß nachprüfbar begründet sein, BGH FamRZ **13**, 295, Düss Rpfleger **14**, 519 (keine Belehrungspflicht), KG MDR **13**, 411. Eine Vergütung kommt nicht rückwirkend ab Antragseingang infrage, BGH MDR **14**, 306 und 421, sondern nur für den Zeitraum der nicht nur vorläufigen Betreuung, BGH MDR **16**, 734. Eine nachträgliche rückwirkende Feststellung ist nur ausnahmsweise statthaft, BGH FamRZ **14**, 654 und FGPrax **14**, 115. Für die Zukunft ist sie aber statthaft, LG Kleve JB **14**, 543. Bei § 1 II 1 entsteht eine Vergütungspflicht, LG Kassel Rpfleger **14**, 140. Evtl muß man eine angemessene Vorsorge für den Todesfall mitbeachten, BGH NZFam **14**, 623. Mittellosigkeit nach § 1 II 2 liegt auch dann vor, wenn eine Immobilie der einzige Vermögensgegenstand ist und über einen Verkaufserlös hinaus belastet ist, Hamm FamRZ **14**, 1662, oder wenn das Nachlaßvermögen unverwertbar ist, Schlesw FamRZ **15**, 281. Bei § 1 II 2 geht der Vergütungsanspruch infolge Zahlung der Staatskasse auf sie über, BGH FamRZ **13**, 440, LG Bielef FamRZ **16**, 329. Zur Folge unrichtiger Vermögensangaben des Betroffenen LG Kassel Rpfleger **13**, 526. Zur Ausschlußfrist BGH FamRZ **13**, 871 (Beginn mit Möglichkeit nach § 9), BGH FamRZ **15**, 1882 (Fristwahrung auch gegenüber der Staatskasse), Hamm FamRZ **09**, 1182, ferner Brdb FamRZ **10**, 65 (Fristbeginn mit dem Quartalsende der Betreuung), Mü FGPrax **08**, 109 (keine taggenaue Berechnung mehr), LG Münst FamRZ **11**, 1689, Hamm JB **15**, 493 (Grenze bei § 242 BGB, dort verneint). Mittellosigkeit nach § 1836 d BGB ergibt sich erst

beim Einsatz des gesamten verfügbaren Aktivvermögens, Naumb RR **13**, 1422. Eine Härte nach § 90 III 1 SGB XII ist beachtbar, BGH NJW **15**, 938. Kein Ausschluß bei Antrag binnen gerichtlich verlängerter Frist, Naumb FamRZ **15**, 82.
Unanwendbar ist § 2 auf einen Rückerstattungsanspruch, BGH MDR **14**, 55. Bei ihm gilt § 2 IV JVEG, KG FGPrax **13**, 264, LG Detm RR **12**, 390. Es gilt der Vertrauensgrundsatz, BGH FamRZ **16**, 293. Unanwendbar ist § 2 ferner beim Verfahrensbeistand nach § 158 VII FamFG, Köln JB **15**, 494.

Abschnitt 2. Vergütung des Vormunds

VBVG § 3. Stundensatz des Vormunds. $^{I\ 1}$Die dem Vormund nach § 1 Abs. 2 zu bewilligende Vergütung beträgt für jede Stunde der für die Führung der Vormundschaft aufgewandten und erforderlichen Zeit 19,50 Euro. ^{2}Verfügt der Vormund über besondere Kenntnisse, die für die Führung der Vormundschaft nutzbar sind, so erhöht sich der Stundensatz

1. auf 25 Euro, wenn diese Kenntnisse durch eine abgeschlossene Lehre oder eine vergleichbare abgeschlossene Ausbildung erworben sind;
2. auf 33,50 Euro, wenn diese Kenntnisse durch eine abgeschlossene Ausbildung an einer Hochschule oder durch eine vergleichbare abgeschlossene Ausbildung erworben sind.

^{3}Eine auf die Vergütung anfallende Umsatzsteuer wird, soweit sie nicht nach § 19 Abs. 1 des Umsatzsteuergesetzes unerhoben bleibt, zusätzlich ersetzt.

$^{II\ 1}$Bestellt das Familiengericht einen Vormund, der über besondere Kenntnisse verfügt, die für die Führung der Vormundschaft allgemein nutzbar und durch eine Ausbildung im Sinne des Absatzes 1 Satz 2 erworben sind, so wird vermutet, dass diese Kenntnisse auch für die Führung der dem Vormund übertragenen Vormundschaft nutzbar sind. ^{2}Dies gilt nicht, wenn das Familiengericht aus besonderen Gründen bei der Bestellung des Vormunds etwas anderes bestimmt.

$^{III\ 1}$Soweit die besondere Schwierigkeit der vormundschaftlichen Geschäfte dies ausnahmsweise rechtfertigt, kann das Familiengericht einen höheren als den in Absatz 1 vorgesehenen Stundensatz der Vergütung bewilligen. ^{2}Dies gilt nicht, wenn der Mündel mittellos ist.

^{IV}Der Vormund kann Abschlagszahlungen verlangen.

1   **Bem.** Zum Verfahrenspfleger Düss Rpfleger **15**, 706. Beim Nachlaßpfleger haben §§ 1838 I, 1915 I 2 BGB den Vorrang, § 1 RVG Rn 45 „Pfleger", Teil X dieses Buchs, Drsd FamRZ **16**, 847, Hamm FGPrax **17**, 38, Schlesw FamRZ **16**, 2036, aM Jena Rpfleger **13**, 683, KG FGPrax **11**, 235, Saarbr JB **14**, 602. Man kann 120 EUR je Std ansetzen, Celle Rpfleger **12**, 257, auch bis zu 115 EUR, Jena MDR **13**, 1046, auch 110 EUR je Std, Düss MDR **12**, 1471, oder 100 EUR, Ffm Rpfleger **15**, 651, Stgt Rpfleger **13**, 396, oder 75 EUR, Düss RR **14**, 778, oder beim Nachlaßverwalter 125 EUR, Saarbr Rpfleger **15**, 341. In I 2 Z 1, 2 erfolgt der „Abschluß" durch eine Prüfung vor einer staatlichen oder staatlich anerkannten Stelle, BGH FamRZ **13**, 694 und MDR **13**, 494 links oben. Zum Ergänzungspfleger bei einer Asylsache Ffm FamRZ **13**, 894. Eine gestaffelte Tabelle kann anwendbar sein, Schlesw Rpfleger **14**, 22. Eine fehlerhafte gerichtliche Umgangsregelung darf sich nicht zulasten der Vergütung des Umgangspflegers auswirken, Karlsr NZFam **14**, 618.

Abschnitt 3. Sondervorschriften für Betreuer

VBVG § 4. Stundensatz und Aufwendungsersatz des Betreuers. $^{I\ 1}$Die dem Betreuer nach § 1 Abs. 2 zu bewilligende Vergütung beträgt für jede nach § 5 anzusetzende Stunde 27 Euro. ^{2}Verfügt der Betreuer über besondere Kenntnisse, die für die Führung der Betreuung nutzbar sind, so erhöht sich der Stundensatz

1. auf 33,50 Euro, wenn diese Kenntnisse durch eine abgeschlossene Lehre oder eine vergleichbare abgeschlossene Ausbildung erworben sind;
2. auf 44 Euro, wenn diese Kenntnisse durch eine abgeschlossene Ausbildung an einer Hochschule oder durch eine vergleichbare abgeschlossene Ausbildung erworben sind.

$^{II\ 1}$Die Stundensätze nach Absatz 1 gelten auch Ansprüche auf Ersatz anlässlich der Betreuung entstandener Aufwendungen sowie anfallende Umsatzsteuer ab. ^{2}Die gesonderte Geltendmachung von Aufwendungen im Sinne des § 1835 Abs. 3 des Bürgerlichen Gesetzbuchs bleibt unberührt.

III [1] § 3 Abs. 2 gilt entsprechend. [2] § 1 Abs. 1 Satz 2 Nr. 2 findet keine Anwendung.

Schrifttum: *Deinert* Rpfleger **17**, 297 (Rspr-Üb).

1) Geltungsbereich, I–III. Vgl zunächst § 277 FamFG, Klüsener JB **16**, 169 (Üb). Die Pauschalierung ist verfassungsgemäß, BGH MDR **17**, 851, Karlsr RGPrax **08**, 107. Der Tatrichter würdigt frei, ob eine Lehre vorliegt, BGH MDR **11**, 1505, und ob eine Erhöhung nötig ist, BGH RR **12**, 257. Eine Erhöhung der Vergütung nach I 2 Z 2 setzt solche Kenntnisse voraus, die nicht jedermann hat, BGH FGPrax **17**, 82 links unten. Sie erfordert eine abgeschlossene Ausbildung, BGH MDR **14**, 56 rechts. Es ist eine strenge Handhabung nötig, BGH FamRZ **14**, 1361. Eine Gleichwertigkeit kann ebenso reichen, BGH FamRZ **14**, 119. Nicht jedes Fachhochschuldiplom reicht, BGH FamRZ **12**, 1133 links oben.

2) Beispiele zur Frage der Anwendbarkeit, I–III

Anwalt: Zu seiner Vergütung als Betreuer Fischer Rpfleger **16**, 129 (Üb).
Aufenthaltsbestimmung: Sie erfordert *keine* „besonderen Kenntnisse", LG Offenbg JB **12**, 542.
Ausbildung: Sie ist stets mitbeachtbar, BGH FamRZ **15**, 1794.
Auslandsprüfung: Sie ist *nicht* stets ausreichend, BGH FamRZ **17**, 479.
Bachelor of business administration: *Nicht* ausreichend, BGH FamRZ **15**, 253.
Betreuer: Ausreichend ist eine Ausbildung zum „Zertifizierten Betreuer Curator de jure", BGH FGPraz **17**, 144.
Betriebswirt: *Nicht stets* ausreichend ist seine Stellung, BGH MDR **14**, 56 rechts (VWA), AG Offenbg FamRZ **17**, 248. Dasselbe gilt beim Diplombetriebswirt, BGH FamRZ **15**, 1104 links oben.
Diplomgesellschaftswissenschaftler: Fallfrage, BGH FamRZ **14**, 1361 (Parteihochschule beim Zentralkomitee der SED).
Diplomjurist (DDR): *Nicht* ausreichend ist diese Ausbildung, BGH FamRZ **16**, 1072 rechts unten.
Diplomlehrer: Anwendbar sein kann § 4 bei ihm, BGH FamRZ **14**, 117 und MDR **14**, 247.
Diplom-Museologe: *Nicht* ausreichend ist diese Stellung, Naumb FamRZ **14**, 235.
Diplom-Musiktherapeut: Ausreichen kann diese Stellung, LG Würzb FamRZ **11**, 401 (zustm Bienwald).
Diplomsoziologe: *Nicht* ausreichend ist diese Stellung, Naumb FamRZ **14**, 235.
Diplom-Verwaltungswirt: *Nicht* ausreichend, BGH FamRZ **17**, 1258.
Dolmetscherkosten: Auch sie zählen evtl hierher, Schlesw FamRZ **09**, 1181. Das gilt auch beim Gebärden-Dolmetscher nach § 186 GVG, BGH NJW **17**, 1811.
Ehrenamt: Anwendbar kann § 4 auch beim ehrenamtlichen Betreuer sein, aM LG Mainz Rpfleger **13**, 395 (aber auch er ist Betreuer).
Ergänzungsbetreuer: BGH FamRZ **14**, 1626 beurteilt §§ 4, 5 VBVG als *unanwendbar* und § 6 S 1 VBVG als anwendbar.
Ergänzungspfleger: Er kann als Anwalt zwischen dem VBVG und dem RVG evtl wählen, Ffm FamRZ **15**, 1119 (LS).
Fachschulstudium: *Nicht* ausreichend ist ein solches zB „Organisation, Datenverarbeitung" schon als solches, LG Görlitz FamRZ **14**, 503 rechts Mitte.
Gebärden-Dolmetscherkosten: S „Dolmetscher".
Gesundheitssorge: Sie erfordert „besondere Kenntnisse", aM LG Offenbg JB **12**, 542.
Heilpädagoge: *Nicht* ausreichend ist diese Stellung, BGH FamRZ **14**, 377.
Hochschulzertifikat – Rechtliche Betreuung: *Nicht* ausreichend ist diese Ausbildung, BGH RR **17**, 965.
Industriekaufmann: Ausreichend ist solche Ausbildung, LG Hbg FamRZ **14**, 2026, aM BGH FamRZ **15**, 1104 links oben („Statistik").
Krankengymnast: Ausreichend ist seine Ausbildung, BGH FamRZ **16**, 1153 links Mitte, LG Darmst FamRZ **17**, 1869.
Lehre: Der Tatrichter würdigt nach § 286 ZPO usw frei, ob eine Lehre vorliegt, BGH MDR **11**, 1505.

Physiotherapeut: Ausreichend ist seine Ausbildung, BGH FamRZ **16**, 1153 links Mitte.
Sozialversicherungsfachanstellter: Ausreichend ist dieses Kennen beim Betreuer für Gesundheit und Vermögen, BGH FGPrax **17**, 82 links unten.
Sozialwirt: *Nicht stets* ausreichend ist diese Stellung, BGH MDR **13**, 559, LG Augsb Rpfleger **13**, 202.
Sport- und Fitnesskaufmann: *Nicht* ausreichend ist diese Stellung, LG Görlitz FamRZ **14**, 503 rechts oben.
Umsatzsteuer: Ihre Erhöhung erfordert *keine* sofortige Erhöhung des Stundensatzes, Köln FGPrax **08**, 108. Der nicht Umsatzsteuerpflichtige erhält eine ungekürzte Vergütung, BGH JB **13**, 373.
Verbraucherschutz: Dazu Seifert Rpfleger **12**, 487.
Verwaltungsfachwirt: *Nicht* ausreichend ist dieser Grad, BGH MDR **15**, 1446.
Zivilrechtstudium: Beim Nebenfach LG Bad Kreuznach Rpfleger **17**, 396 (Fallfrage).

VBVG § 5. Stundenansatz des Betreuers. [I] [1]Der dem Betreuer zu vergütende Zeitaufwand ist
1. in den ersten drei Monaten der Betreuung mit fünfeinhalb,
2. im vierten bis sechsten Monat mit viereinhalb,
3. im siebten bis zwölften Monat mit vier,
4. danach mit zweieinhalb

Stunden im Monat anzusetzen. [2]Hat der Betreute seinen gewöhnlichen Aufenthalt nicht in einem Heim, beträgt der Stundenansatz
1. in den ersten drei Monaten der Betreuung achteinhalb,
2. im vierten bis sechsten Monat sieben,
3. im siebten bis zwölften Monat sechs,
4. danach viereinhalb

Stunden im Monat.

[II] [1]Ist der Betreute mittellos, beträgt der Stundenansatz
1. in den ersten drei Monaten der Betreuung viereinhalb,
2. im vierten bis sechsten Monat dreieinhalb,
3. im siebten bis zwölften Monat drei,
4. danach zwei

Stunden im Monat. [2]Hat der mittellose Betreute seinen gewöhnlichen Aufenthalt nicht in einem Heim, beträgt der Stundenansatz
1. in den ersten drei Monaten der Betreuung sieben,
2. im vierten bis sechsten Monat fünfeinhalb,
3. im siebten bis zwölften Monat fünf,
4. danach dreieinhalb

Stunden im Monat.

[III] [1]Heime im Sinne dieser Vorschrift sind Einrichtungen, die dem Zweck dienen, Volljährige aufzunehmen, ihnen Wohnraum zu überlassen sowie tatsächliche Betreuung und Verpflegung zur Verfügung zu stellen oder vorzuhalten, und die in ihrem Bestand von Wechsel und Zahl der Bewohner unabhängig sind und entgeltlich betrieben werden. [2]§ 1 Abs. 2 des Heimgesetzes gilt entsprechend.

[IV] [1]Für die Berechnung der Monate nach den Absätzen 1 und 2 gelten § 187 Abs. 1 und § 188 Abs. 2 erste Alternative des Bürgerlichen Gesetzbuchs entsprechend. [2]Ändern sich Umstände, die sich auf die Vergütung auswirken, vor Ablauf eines vollen Monats, so ist der Stundenansatz zeitanteilig nach Tagen zu berechnen; § 187 Abs. 1 und § 188 Abs. 1 des Bürgerlichen Gesetzbuchs gelten entsprechend. [3]Die sich dabei ergebenden Stundenansätze sind auf volle Zehntel aufzurunden.

[V] [1]Findet ein Wechsel von einem beruflichen zu einem ehrenamtlichen Betreuer statt, sind dem beruflichen Betreuer der Monat, in den der Wechsel fällt, und der Folgemonat mit dem vollen Zeitaufwand nach den Absätzen 1 und 2 zu vergüten. [2]Dies gilt auch dann, wenn zunächst neben dem beruflichen Betreuer ein ehrenamtlicher Betreuer bestellt war und dieser die Betreuung allein fortführt. ³Absatz 4 Satz 2 und 3 ist nicht anwendbar.

1) Geltungsbereich, I–V. I, II verletzten nicht Art 3 I GG, BVerfG RR **10**, 505, **1** und auch nicht Art 12 I GG, BGH MDR **14**, 851. Maßgebend ist zum Ob einer Vergütung der Zeitpunkt der Anordnung der Erstbetreuung, BGH FamRZ **16**, 368, Seifert Rpfleger **14**, 306, aM BGH FamRZ **13**, 621 (letzte Tatsachenentscheidung). Es kommt dabei auf den Zugang der Bestellung an, BGH MDR **12**, 1377 links oben, Seifert Rpfleger **13**, 374. Zur Vergütungshöhe läßt BGH FamRZ **13**, 1883 den gesamten Vergütungszeitraum maßgebend sein (?). Schuldner eines keineswegs stets ersetzbaren Anwaltshonorars, Mü FamRZ **09**, 1708, mag der Betreute selbst sein, Köln FamRZ **09**, 1708. Zum Ende des Vergütungsanspruchs BGH MDR **15**, 1101. Man kann einen unbegründeten Antrag evtl umdeuten, LG Lpz FamRZ **15**, 2083.

2) Beispiele zur Frage einer Anwendbarkeit, I–V **2**
Abwicklung: Anwendbar sein kann § 5 für einen solchen Zeitraum, BGH MDR **12**, 680.
Arbeitsumfang: Er ist *unbeachtbar*, BGH MDR **14**, 1295.
Aufhebung: Sie beendet eine Betreuung, Seifert Rpfleger **14**, 306.
Bestellungsmängel: Sie sind *unbeachtbar*, BGH MDR **14**, 1295.
Betreuerwechsel: BGH JB **13**, 782, Ffm FamRZ **09**, 1708, LG Bad Kreuzn FamRZ **09**, 2118.
Ergänzungspfleger: Zu ihm BGH FGPrax **14**, 210.
Gegenbetreuer: Seine Vergütung nach dem Tod des Betreuten in Unkenntnis der Beendigung des Amtes unterfällt dem § 4, LG Traunst FamRZ **10**, 329.
Heim: Zu diesem Begriff, ähnlich wie § 1 I HeimG, BGH Rpfleger **11**, 271, LG Erfurt FamRZ **16**, 402, LG Heilbr FamRZ **16**, 402. Hierzu zählen auch eine stationäre Einrichtung der Wohnungslosenhilfe, LG Bad Kreuzn FamRZ **17**, 1876, und eine ambulant betreute Wohngruppe bei einem Pflegeheim, LG Rottweil JB **17**, 657.
    Kein Heim ist eine Gastfamilie, LG Darmst FamRZ **12**, 1327, LG Kassel FamRZ **09**, 1182, oder eine sozialtherapeutische Wohnstätte, LG Drsd FamRZ **16**, 1963.
Kontrollbetreuer: Er hat zwar einen besonderen Aufgabenkreis. Seine zusätzlich zu seiner Bestellung als Betreuer ihm übertragene Tätigkeit erhält trotzdem nicht stets eine besondere Vergütung, LG Kblz FamRZ **11**, 1329.
Mittellosigkeit: Sie richtet sich nach §§ 1908i I, 1836d BGB, § 90 SGB XII, BGH FamRZ **13**, 621. Man muß sie für den ganzen Abrechnungsmonat einheitlich beurteilen, BGH FGPrax **13**, 117.
Probewohnen: Es ist kein „gewöhnlicher Aufenthalt" nach I, II, LG Meiningen FamRZ **15**, 1524.
Strafhaft: Sie kann einem Heimaufenthalt gleichen geringeren Stundensatz auslösen, LG Osnabr JB **11**, 545, soweit sie nicht den früheren Wohnort bestehen läßt, AG Kblz FamRZ **11**, 1754.
Untersuchungshaft: Sie begründet *keinen* gewöhnlichen Aufenthalt nach II 2, BGH MDR **14**, 626.
Zeitablauf: Er kann eine Betreuung beenden, Seifert Rpfleger **14**, 306. LG Freiburg Rpfleger **15**, 644 gibt im Einzelfall auch bei über zwei Jahren Unterbringung eine Vergütung nach § 5.

VBVG § 6. Sonderfälle der Betreuung. ¹In den Fällen des § 1899 Abs. 2 und 4 des Bürgerlichen Gesetzbuchs erhält der Betreuer eine Vergütung nach § 1 Abs. 2 in Verbindung mit § 3; für seine Aufwendungen kann er Vorschuss und Ersatz nach § 1835 des Bürgerlichen Gesetzbuchs mit Ausnahme der Aufwendungen im Sinne von § 1835 Abs. 2 des Bürgerlichen Gesetzbuchs beanspruchen. ²Ist im Fall des § 1899 Abs. 4 des Bürgerlichen Gesetzbuchs die Verhinderung tatsächlicher Art, sind die Vergütung und der Aufwendungsersatz nach § 4 in Verbindung mit § 3 zu bewilligen und nach Tagen zu teilen; § 5 Abs. 4 Satz 3 sowie § 187 Abs. 1 und § 188 Abs. 1 des Bürgerlichen Gesetzbuchs gelten entsprechend.

1 Bem. Die Regelung gilt abschließend, BGH FamRZ **13**, 873. Hierher zählt auch ein Betreuer neben einem Bevollmächtigten, BGH NJW **15**, 2887, freilich nicht bei einem von vornherein beschränkten Vollmachtsumfang, BGH MDR **17**, 791. Hierher zählt ferner eine Tätigkeit in Unkenntnis des Todes des Betroffenen, BGH RR **16**, 644. Ein Ergänzungsbetreuer fällt unter S 1, nicht unter §§ 4, 5, BGH NJW **14**, 3035.

VBVG § 7. Vergütung und Aufwendungsersatz für Betreuungsvereine. [I] [1]Ist ein Vereinsbetreuer bestellt, so ist dem Verein eine Vergütung und Aufwendungsersatz nach § 1 Abs. 2 in Verbindung mit den §§ 4 und 5 zu bewilligen. [2]§ 1 Abs. 1 sowie § 1835 Abs. 3 des Bürgerlichen Gesetzbuchs finden keine Anwendung.

[II] [1]§ 6 gilt entsprechend; der Verein kann im Fall von § 6 Satz 1 Vorschuss und Ersatz der Aufwendungen nach § 1835 Abs. 1, 1a und 4 des Bürgerlichen Gesetzbuchs verlangen. [2]§ 1835 Abs. 5 Satz 2 des Bürgerlichen Gesetzbuchs gilt entsprechend.

[III] Der Vereinsbetreuer selbst kann keine Vergütung und keinen Aufwendungsersatz nach diesem Gesetz oder nach den §§ 1835 bis 1836 des Bürgerlichen Gesetzbuchs geltend machen.

1 Bem. Zu §§ 1791a BGB, 54 I SGB VIII Düss FamRZ **13**, 55 links.

VBVG § 8. Vergütung und Aufwendungsersatz für Behördenbetreuer. [I] [1]Ist ein Behördenbetreuer bestellt, so kann der zuständigen Behörde eine Vergütung nach § 1836 Abs. 2 des Bürgerlichen Gesetzbuchs bewilligt werden, soweit der Umfang oder die Schwierigkeit der Betreuungsgeschäfte dies rechtfertigen. [2]Dies gilt nur, soweit eine Inanspruchnahme des Betreuten nach § 1836c des Bürgerlichen Gesetzbuchs zulässig ist.

[II] Unabhängig von den Voraussetzungen nach Absatz 1 Satz 1 kann die Betreuungsbehörde Aufwendungsersatz nach § 1835 Abs. 1 Satz 1 und 2 in Verbindung mit Abs. 5 Satz 2 des Bürgerlichen Gesetzbuchs verlangen, soweit eine Inanspruchnahme des Betreuten nach § 1836c des Bürgerlichen Gesetzbuchs zulässig ist.

[III] Für den Behördenbetreuer selbst gilt § 7 Abs. 3 entsprechend.

[IV] § 2 ist nicht anwendbar.

VBVG § 9. Abrechnungszeitraum für die Betreuungsvergütung. [1]Die Vergütung kann nach Ablauf von jeweils drei Monaten für diesen Zeitraum geltend gemacht werden. [2]Dies gilt nicht für die Geltendmachung von Vergütung und Aufwendungsersatz in den Fällen des § 6.

1 Bem. Ein in die Zukunft gerichteter Dauervergütungsantrag des Betreuers ist unstatthaft, BGH FamRZ **16**, 1759. Die 3-Monats-Abrechnung steht neben der Möglichkeit einer Vergütung nach dem Ende der Betreuung, LG Kassel Rpfleger **14**, 140. Nach einem Betreuerwechsel beginnt der Abrechnungszeitraum mit der Wirksamkeit der Bestellung des neuen Betreuers, BGH MDR **11**, 888.

VBVG § 10. Mitteilung an die Betreuungsbehörde
(nicht mit abgedruckt).

II. Beistand, Betreuer, Pfleger, Vormund nach FamFG

1. Kindschaftssachen

FamFG § 158. Verfahrensbeistand. [I–VI] ...

[VII] [1]Für den Ersatz von Aufwendungen des nicht berufsmäßigen Verfahrensbeistands gilt § 277 Abs. 1 entsprechend. [2]Wird die Verfahrensbeistandschaft berufsmäßig geführt, erhält der Verfahrensbeistand für die Wahrnehmung seiner Aufgaben nach Absatz 4 in jedem Rechtszug jeweils eine einmalige Vergütung in Höhe von 350 Euro. [3]Im Falle der Übertragung von Aufgaben nach Absatz 4 Satz 3 erhöht sich die Vergütung auf 550 Euro. [4]Die Vergütung gilt auch Ansprüche auf Ersatz anlässlich der Verfahrensbeistandschaft entstandener Aufwendungen sowie die auf die Vergütung anfallende Umsatzsteuer ab. [5]Der Aufwendungsersatz und die Vergütung sind stets aus der Staatskasse zu zahlen. [6]Im Übrigen gilt § 168 Abs. 1 entsprechend.

[VIII] Dem Verfahrensbeistand sind keine Kosten aufzuerlegen.

FamFG § 168. Beschluss über Zahlungen des Mündels. ^I ¹Das Gericht setzt durch Beschluss fest, wenn der Vormund, Gegenvormund oder Mündel die gerichtliche Festsetzung beantragt oder das Gericht sie für angemessen hält:
1. Vorschuss, Ersatz von Aufwendungen, Aufwandsentschädigung, soweit der Vormund oder Gegenvormund sie aus der Staatskasse verlangen kann (§ 1835 Abs. 4 und § 1835 a Abs. 3 des Bürgerlichen Gesetzbuchs) oder ihm nicht die Vermögenssorge übertragen wurde;
2. eine dem Vormund oder Gegenvormund zu bewilligende Vergütung oder Abschlagszahlung (§ 1836 des Bürgerlichen Gesetzbuchs).

²Mit der Festsetzung bestimmt das Gericht Höhe und Zeitpunkt der Zahlungen, die der Mündel an die Staatskasse nach den §§ 1836 c und 1836 e des Bürgerlichen Gesetzbuchs zu leisten hat. ³Es kann die Zahlungen gesondert festsetzen, wenn dies zweckmäßig ist. ⁴Erfolgt keine Festsetzung nach Satz 1 und richten sich die in Satz 1 bezeichneten Ansprüche gegen die Staatskasse, gelten die Vorschriften über das Verfahren bei der Entschädigung von Zeugen hinsichtlich ihrer baren Auslagen sinngemäß.

II ¹In dem Antrag sollen die persönlichen und wirtschaftlichen Verhältnisse des Mündels dargestellt werden. ²§ 118 Abs. 2 Satz 1 und 2 sowie § 120 Absatz 2 und 3 sowie § 120 a Absatz 1 Satz 1 bis 3 der Zivilprozessordnung sind entsprechend anzuwenden. ³Steht nach der freien Überzeugung des Gerichts der Aufwand zur Ermittlung der persönlichen und wirtschaftlichen Verhältnisse des Mündels außer Verhältnis zur Höhe des aus der Staatskasse zu begleichenden Anspruchs oder zur Höhe der voraussichtlich vom Mündel zu leistenden Zahlungen, kann das Gericht ohne weitere Prüfung den Anspruch festsetzen oder von einer Festsetzung der vom Mündel zu leistenden Zahlungen absehen.

III ¹Nach dem Tode des Mündels bestimmt das Gericht Höhe und Zeitpunkt der Zahlungen, die der Erbe des Mündels nach § 1836 e des Bürgerlichen Gesetzbuchs an die Staatskasse zu leisten hat. ²Der Erbe ist verpflichtet, dem Gericht über den Bestand des Nachlasses Auskunft zu erteilen. ³Er hat dem Gericht auf Verlangen ein Verzeichnis der zur Erbschaft gehörenden Gegenstände vorzulegen und an Eides Statt zu versichern, dass er nach bestem Wissen und Gewissen den Bestand so vollständig angegeben habe, als er dazu imstande sei.

IV ¹Der Mündel ist zu hören, bevor nach Absatz 1 eine von ihm zu leistende Zahlung festgesetzt wird. ²Vor einer Entscheidung nach Absatz 3 ist der Erbe zu hören.

V Auf die Pflegschaft sind die Absätze 1 bis 4 entsprechend anzuwenden.

Bem. Zur Auswirkung auf § 1835 a BGB *Schneider* Rpfleger 13, 667.   **1**

2. Abstammungssachen

FamFG § 174. Verfahrensbeistand. ¹Das Gericht hat einem minderjährigen Beteiligten in Abstammungssachen einen Verfahrensbeistand zu bestellen, sofern dies zur Wahrnehmung seiner Interessen erforderlich ist. ²§ 158 Abs. 2 Nr. 1 sowie Abs. 3 bis 8 gilt entsprechend.

3. Adoptionssachen

FamFG § 191. Verfahrensbeistand. ¹Das Gericht hat einem minderjährigen Beteiligten in Adoptionssachen einen Verfahrensbeistand zu bestellen, sofern dies zur Wahrnehmung seiner Interessen erforderlich ist. ²§ 158 Abs. 2 Nr. 1 sowie Abs. 3 bis 8 gilt entsprechend.

4. Betreuungssachen

FamFG § 277. Vergütung und Aufwendungsersatz des Verfahrenspflegers. ^I ¹Der Verfahrenspfleger erhält Ersatz seiner Aufwendungen nach § 1835 Abs. 1 bis 2 des Bürgerlichen Gesetzbuchs. ²Vorschuss kann nicht verlangt werden. ³Eine Behörde oder ein Verein erhalten als Verfahrenspfleger keinen Aufwendungsersatz.

II ¹§ 1835 Abs. 1 und 3 des Bürgerlichen Gesetzbuchs gilt entsprechend. ²Wird die Verfahrenspflegschaft ausnahmsweise berufsmäßig geführt, erhält der Verfahrenspfleger neben den Aufwendungen nach Absatz 1 eine Vergütung in entsprechender Anwendung der §§ 1, 2 und 3 Abs. 1 und 2 des Vormünder- und Betreuervergütungsgesetzes.

III [1]Anstelle des Aufwendungsersatzes und der Vergütung nach den Absätzen 1 und 2 kann das Gericht dem Verfahrenspfleger einen festen Geldbetrag zubilligen, wenn die für die Führung der Pflegschaftsgeschäfte erforderliche Zeit vorhersehbar und ihre Ausschöpfung durch den Verfahrenspfleger gewährleistet ist. [2]Bei der Bemessung des Geldbetrags ist die voraussichtlich erforderliche Zeit mit den in § 3 Abs. 1 des Vormünder- und Betreuervergütungsgesetzes bestimmten Stundensätzen zuzüglich einer Aufwandspauschale von 3 Euro je veranschlagter Stunde zu vergüten. [3]In diesem Fall braucht der Verfahrenspfleger die von ihm aufgewandte Zeit und eingesetzten Mittel nicht nachzuweisen; weitergehende Aufwendungsersatz- und Vergütungsansprüche stehen ihm nicht zu.

IV [1]Ist ein Mitarbeiter eines anerkannten Betreuungsvereins als Verfahrenspfleger bestellt, stehen der Aufwendungsersatz und die Vergütung nach den Absätzen 1 bis 3 dem Verein zu. [2]§ 7 Abs. 1 Satz 2 und Abs. 3 des Vormünder- und Betreuervergütungsgesetzes sowie § 1835 Abs. 5 Satz 2 des Bürgerlichen Gesetzbuchs gelten entsprechend. [3]Ist ein Bediensteter der Betreuungsbehörde als Verfahrenspfleger für das Verfahren bestellt, erhält die Betreuungsbehörde keinen Aufwendungsersatz und keine Vergütung.

V [1]Der Aufwendungsersatz und die Vergütung des Verfahrenspflegers sind stets aus der Staatskasse zu zahlen. [2]Im Übrigen gilt § 168 Abs. 1 entsprechend.

FamFG § 292. Zahlungen an den Betreuer. [1]In Betreuungsverfahren gilt § 168 entsprechend.

II [1]Die Landesregierungen werden ermächtigt, durch Rechtsverordnung für Anträge und Erklärungen auf Ersatz von Aufwendungen und Bewilligung von Vergütung Formulare einzuführen. [2]Soweit Formulare eingeführt sind, müssen sich Personen, die die Betreuung im Rahmen der Berufsausübung führen, ihrer bedienen und sie als elektronisches Dokument einreichen, wenn dieses für die automatische Bearbeitung durch das Gericht geeignet ist. [3]Andernfalls liegt keine ordnungsgemäße Geltendmachung im Sinne von § 1836 Abs. 1 Satz 2 des Bürgerlichen Gesetzbuchs in Verbindung mit § 1 des Vormünder- und Betreuungsvergütungsgesetzes vor. [4]Die Landesregierungen können die Ermächtigung nach Satz 1 durch Rechtsverordnung auf die Landesjustizverwaltungen übertragen.

5. Unterbringungssachen

FamFG § 318. Vergütung und Aufwendungsersatz des Verfahrenspflegers. Für die Vergütung und den Aufwendungsersatz des Verfahrenspflegers gilt § 277 entsprechend.

1 **Bem.** Zum Verein als Vormund BGH FGPrax **11**, 231 (keine Vergütung). Zum Verfahrenspfleger und -beistand *Volpert* NJW **13**, 2491 (Üb).

Abschnitt 4. Schlussvorschriften

VBVG § 11. Umschulung und Fortbildung von Berufsvormündern
(nicht mit abgedruckt).

Geltendmachung und Erlöschen des Anspruchs, Verjährung

2 I [1]Der Anspruch auf Vergütung oder Entschädigung erlischt, wenn er nicht binnen drei Monaten bei der Stelle, die den Berechtigten herangezogen oder beauftragt hat, geltend gemacht wird; hierüber und über den Beginn der Frist ist der Berechtigte zu belehren. [2]Die Frist beginnt
1. im Fall der schriftlichen Begutachtung oder der Anfertigung einer Übersetzung mit Eingang des Gutachtens oder der Übersetzung bei der Stelle, die den Berechtigten beauftragt hat,
2. im Fall der Vernehmung als Sachverständiger oder Zeuge oder der Zuziehung als Dolmetscher mit Beendigung der Vernehmung oder Zuziehung,
3. bei vorzeitiger Beendigung der Heranziehung oder des Auftrags in den Fällen der Nummern 1 und 2 mit der Bekanntgabe der Erledigung an den Berechtigten,

Abschnitt 1. Allgemeine Vorschriften   § 2 JVEG

4. in den Fällen des § 23 mit Beendigung der Maßnahme und
5. im Fall der Dienstleistung als ehrenamtlicher Richter oder Mitglied eines Ausschusses im Sinne des § 1 Abs. 4 mit Beendigung der Amtsperiode, jedoch nicht vor dem Ende der Amtstätigkeit.

³Wird der Berechtigte in den Fällen des Satzes 2 Nummer 1 und 2 in demselben Verfahren, im gerichtlichen Verfahren in demselben Rechtszug, mehrfach herangezogen, ist für den Beginn aller Fristen die letzte Heranziehung maßgebend. ⁴Die Frist kann auf begründeten Antrag von der in Satz 1 genannten Stelle verlängert werden; lehnt sie eine Verlängerung ab, hat sie den Antrag unverzüglich dem nach § 4 Abs. 1 für die Festsetzung der Vergütung oder Entschädigung zuständigen Gericht vorzulegen, das durch unanfechtbaren Beschluss entscheidet. ⁵Weist das Gericht den Antrag zurück, erlischt der Anspruch, wenn die Frist nach Satz 1 abgelaufen und der Anspruch nicht binnen zwei Wochen ab Bekanntgabe der Entscheidung bei der in Satz 1 genannten Stelle geltend gemacht worden ist.

II ¹War der Berechtigte ohne sein Verschulden an der Einhaltung einer Frist nach Absatz 1 gehindert, gewährt ihm das Gericht auf Antrag Wiedereinsetzung in den vorigen Stand, wenn er innerhalb von zwei Wochen nach Beseitigung des Hindernisses den Anspruch beziffert und die Tatsachen glaubhaft macht, welche die Wiedereinsetzung begründen. ²Ein Fehlen des Verschuldens wird vermutet, wenn eine Belehrung nach Absatz 1 Satz 1 unterblieben oder fehlerhaft ist. ³Nach Ablauf eines Jahres, von dem Ende der versäumten Frist an gerechnet, kann die Wiedereinsetzung nicht mehr beantragt werden. ⁴Gegen die Ablehnung der Wiedereinsetzung findet die Beschwerde statt. ⁵Sie ist nur zulässig, wenn sie innerhalb von zwei Wochen eingelegt wird. ⁶Die Frist beginnt mit der Zustellung der Entscheidung. ⁷§ 4 Abs. 4 Satz 1 bis 3 und Abs. 6 bis 8 ist entsprechend anzuwenden.

III ¹Der Anspruch auf Vergütung oder Entschädigung verjährt in drei Jahren nach Ablauf des Kalenderjahrs, in dem der nach Absatz 1 Satz 2 Nr. 1 bis 4 maßgebliche Zeitpunkt eingetreten ist. ²Auf die Verjährung sind die Vorschriften des Bürgerlichen Gesetzbuchs anzuwenden. ³Durch den Antrag auf gerichtliche Festsetzung (§ 4) wird die Verjährung wie durch Klageerhebung gehemmt. ⁴Die Verjährung wird nicht von Amts wegen berücksichtigt.

IV ¹Der Anspruch auf Erstattung zu viel gezahlter Vergütung oder Entschädigung verjährt in drei Jahren nach Ablauf des Kalenderjahrs, in dem die Zahlung erfolgt ist. ²§ 5 Abs. 3 des Gerichtskostengesetzes gilt entsprechend.

Schrifttum: *Seggewiße/Weber* DS **15**, 264 (Üb).

Gliederung

1) Systematik, I–IV	1
2) Regelungszweck, I–IV	2
3) Persönlicher Geltungsbereich, I–IV	3
4) Geltendmachung, I 1	4–6
A. Antragsobliegenheit	4
B. Verzicht	5
C. Gerichtsaufgaben	6
5) Antragsfrist, I, II	7–13
A. Schriftliches Gutachten, Übersetzung, I 2 Z 1	8
B. Vernehmung oder Dolmetscherzuziehung, I 2 Z 2	9
C. Beendigung der Heranziehung usw, I 2 Z 3	9a
D. Urkundenvorlage, Augenschein usw, I 2 Z 3	10
E. Ehrenamtlicher Richter, Ausschußmitglied, I 2 Z 4	11
F. Fristverlängerung, I 4 Hs 1	12
G. Ablehnung der Verlängerung, I 4 Hs 2, I 5	13
6) Kein Formzwang, kein Anwaltszwang, I	14
7) Weitere Einzelfragen zum Antrag, I	15
8) Erlöschen, Wiedereinsetzung, II	16, 17
9) Verjährung des Vergütungs- oder Entschädigungsanspruchs, III	18–20
A. Verjährungsfrist	18
B. Notwendigkeit einer Einrede	19
C. Verwirkung	20
10) Verjährung des Rückerstattungsanspruchs, IV	21

1 1) Systematik, I–IV. Die Vorschrift enthält in I 1 als Einleitung der Vorschriften zum Verfahren bei der Festsetzung einer Vergütung oder Entschädigung das Erfordernis eines Antrags. Das ergibt sich aus den Worten „geltend gemacht wird". Andererseits kann das Gericht jedenfalls seine Festsetzung nach § 4 I 1 Hs 2 auch von Amts wegen vornehmen müssen. Dennoch bleibt es für die erste Phase vor dem Kostenbeamten beim Antragserfordernis. Die übrigen Teile der Vorschrift regeln praktisch nur die späteren Fragen des Erlöschens oder doch der Verjährung.

2 2) Regelungszweck, I–IV. Die Vorschrift dient zum einen einer Entlastung der Staatskasse. Das Gesetz zwingt denjenigen Bürger, den es in Anspruch genommen hat, auch noch dazu, seine Forderung alsbald und vollständig anzumelden, statt wenigstens die Vergütung oder Entschädigung außerhalb § 4 I 1 Hs 2 zumindest auch von Amts wegen vornehmen zu lassen. Die Vorschrift dient zum anderen einer zügigen Abrechnung der Kostenfragen, Zimmermann Rpfleger **96**, 9, und damit der Prozeßwirtschaftlichkeit nach BLAH Grdz 14 vor § 128 ZPO. Schließlich dient § 2 aber auch der Gerechtigkeit, das zeigt (jetzt) die Belehrungspflicht nach I 1 Hs 2. Das muß man bei der Auslegung mitbeachten.

3 3) Persönlicher Geltungsbereich, I–IV. Die Vorschrift gilt für alle nach § 1 Berechtigten, auch gegenüber der hilfsweise berufenen Staatskasse, BGH NJW **15**, 3302.

Sie gilt *nicht* für eine Partei nach BLAH Grdz 4 vor § 50 ZPO, OVG Kblz Rpfleger **06**, 48. Die dreimonatige Ausschlußfrist nach I gilt auch für den Nachlaßverwalter, Ffm Rpfleger **17**, 549. Sie gilt aber nicht für einen berufsmäßigen Verfahrensbeistand, Mü FamRZ **15**, 1230.

4 4) Geltendmachung, I 1. Der Berechtigte erhält seine Vergütung oder Entschädigung aus den Gründen Rn 1 grundsätzlich nicht von Amts wegen, sondern nur auf Grund einer „Geltendmachung", also eines Verlangens oder einer Forderung, im weiteren Sinn also eines Antrags, (zum alten Recht) Schlesw SchlHA **86**, 35. Das gilt auch für seinen Erben und auch für eine Behörde. Sie mag zB aus Vereinfachungsgründen für ihren Bereich allgemein eine Unterlassung derartiger Anträge angeordnet haben, BGH NJW **84**, 2365. Jeder Antragsteller muß die Fristen des § 2 beachten. Freilich kann eine gerichtliche Festsetzung bei § 4 I 1 Hs 2 auch von Amts wegen erfolgen.

A. Antragsobliegenheit. Ein formeller Antrag im engeren Sinn ist daher nicht stets notwendig. Es genügt nach Rn 14 das eindeutige Verlangen einer Vergütung oder Entschädigung dem Grunde nach. Ein solches Verlangen stellt aber im juristischen Sprachgebrauch eine sog Obliegenheit dar: Wer ihr nicht folgt, riskiert das Erlöschen des Anspruchs. Den Antrag kann auch für den Berechtigten sein gesetzlicher Vertreter, Pfleger, Betreuer, ProzBev nach § 81 ZPO oder VerfBev stellen. Mehrere Erben müssen den Antrag gemeinsam stellen. Richtiger Adressat ist die heranziehende Stelle.

Über die Antragshöhe hinaus ist eine Vergütung theoretisch durchaus denkbar. Denn die Antragsobliegenheit besteht nur zum Ob, nicht zum Wieviel. Vielmehr kann sich nach § 8 Rn 35 ff ein objektiv höherer Zeitbedarf als der vom Sachverständigen genannte ergeben, aM MHB § 8 Rn 50, Zi 2 (aber § 2 nennt nicht ein „Verlangen").

5 B. Verzicht. Soweit der Berechtigte auf eine Vergütung oder Entschädigung wirksam verzichtet hat, ist er durch eine etwa trotzdem erhaltene Leistung ungerechtfertigt bereichert. Das Gericht muß diese Bereicherung von Amts wegen zurückfordern. Die geleisteten Beträge sind keine Auslagen. Die Staatskasse darf sie nicht vom Kostenschuldner fordern.

Die *Verzichtserklärung* läßt sich an eine auch stillschweigende Voraussetzung oder Bedingung knüpfen, etwa daran, am eigenen Wohnort statt vor dem auswärtigen Prozeßgericht aussagen zu können, Düss MDR **91**, 66. Auch eine wesentliche Änderung der persönlichen Verhältnisse des Zeugen mag als eine auflösende Bedingung eines Verzichts gelten können, Düss JB **97**, 374 (rechtzeitig mitgeteilte Auslands-Arbeitsstelle). Eine Verzichtserklärung ist nicht frei widerruflich. Sie läßt sich vielmehr nur nach den Regeln des öffentlichen Rechts widerrufen, Düss JB **97**, 374. Das gilt etwa wegen einer Täuschung, einer Drohung oder eines Erklärungsirrtums sowie

Abschnitt 1. Allgemeine Vorschriften **§ 2 JVEG**

wegen eines Fortfalls der Geschäftsgrundlage, Mü NJW **75**, 2108. Man muß die Widerrufserklärung unverzüglich abgeben, (jetzt) § 5 V 1 entsprechend, Mü JB **95**, 373.

Soweit eine *Partei* den vom Gericht herangezogenen Berechtigten nach seinem Verzicht auf eine Vergütung oder Entschädigung aus der Staatskasse nun ihrerseits bezahlt, kann sie von ihm keine Erstattung fordern, aM Ffm BB **78**, 1340 (aber man kann sie nicht besser als die Staatskasse stellen). Die Partei kann sich freilich den Entschädigungs- oder Vergütungsanspruch der Beweisperson abtreten lassen.

C. Gerichtsaufgaben. Der Urkundsbeamte kann den Richter bitten, unverbindlich einen Stundensatz vorzuschlagen. Das kann der Richter unabhängig von (jetzt) § 4 tun müssen, Mü RR **97**, 768. Das gilt aber keineswegs schon stets nur zur Erleichterung der Arbeit des Urkundsbeamten. Der Vorschlag bindet den Urkundsbeamten noch nicht, Mü RR **97**, 768. 6

Belehrung nach I 1 Hs 2 ist eine weitere Gerichtsaufgabe und -pflicht, Bre JB **13**, 486. Sie muß eindeutig, unverzüglich und zutreffend wie vollständig erfolgen. Ein Verstoß kann zur Staatshaftung wegen Amtspflichtverletzung nach Art 34 GG, § 839 BGB führen. Er beseitigt aber nicht automatisch die Frist und deren gesetzliche Folgen. Denn das hätte Hs 2 mitbestimmen können und müssen. Vielmehr gilt nach Rn 17 dann II 1, 2.

5) Antragsfrist, I, II. Man muß mehrere Aspekte beachten. Ein Antrag ist schon vor der Beendigung einer Heranziehung zulässig, Bre JB **76**, 1536. Der Berechtigte braucht ihn dann nicht nach der Beendigung seiner Tätigkeit zu wiederholen, Bre JB **76**, 1537, Oldb JB **96**, 322. 7

Der Berechtigte muß seine Angaben über den Vergütungs- oder Entschädigungsanspruch innerhalb der gesetzten Frist *vollständig* nach Grund und Höhe machen. Er muß also auch alle verschiedenen Ansprüche im einzelnen beziffern. Einen etwa übersehenen Anspruch kann er später allenfalls unter den Voraussetzungen einer Wiedereinsetzung in den vorigen Stand geltend machen.

Die 3-Monats-Frist nach I 1 gilt bei allen Anspruchsberechtigten. Sie gilt bei jeder selbständigen Leistung gesondert, Bre JB **13**, 486. Sie ist eine *Ausschlußfrist*, Drsd Rpfleger **99**, 538, Jena JB **12**, 153, LG Hann JB **05**, 550. Das gilt auch beim Angeklagten nach § 464a II Z 1 StPO, LG Passau JB **96**, 489. Eine Einreichung bei einer unzuständigen Stelle wahrt die Frist nicht. Vgl freilich zB § 129a ZPO. Unter den Voraussetzungen *II 3* gilt die letzte Heranziehung als maßgeblich.

A. Schriftliches Gutachten, Übersetzung, I 2 Z 1. Hier beginnt die Frist mit dem Eingang des Gutachtens oder der Übersetzung bei derjenigen Stelle, die den Berechtigten beauftragt hat. Das gilt unabhängig davon, ob, warum und wann es in welchem Umfang und auf wessen Verlangen auch immer noch zu einer schriftlichen Ergänzung oder zu einer mündlichen Erläuterung des Gutachtens kommt oder kommen könnte, Kblz MDR **08**, 173, und in welcher Reihenfolge dergleichen geschieht. Das zwingt evtl zu einem Antrag wegen des schriftlichen Teils vor dem Abschluß der Gesamtleistung. Freilich beginnt nur die Frist auf Grund des ersten schriftlichen Gutachtens so. Die Frist zur Geltendmachung einer etwaigen zusätzlichen Vergütung für ein schriftliches Ergänzungsgutachten und/oder für eine mündliche Erläuterung beginnt natürlich erst mit deren Beendigung. 8

Bei einer *Mehrheit* von Aufträgen verschiedener Stellen mit demselben Gutachten usw wahrt man die Frist schon beim Eingang bei jeder dieser Stellen.

B. Vernehmung oder Dolmetscherzuziehung, I 2 Z 2. Bei einer Vernehmung als Sachverständiger oder sachverständiger Zeuge oder Zeuge oder einer Zuziehung als Dolmetscher beginnt die Frist mit der Beendigung der Vernehmung oder Zuziehung, zB beim Zeugen mit dem Ende des letzten Untersuchungstermins, LSG Stgt JB **12**, 603. Diese Beendigung liegt erst in der Entlassung durch die heranziehende Stelle. Deren Zeitpunkt ergibt sich meist aus dem etwaigen Protokoll. Man muß notfalls zB den Vorsitzenden um eine aktenkundige Äußerung zum Entlassungszeitpunkt bitten. Maßgebend ist das Tätigkeitsende gerade in *dieser* Angelegenheit. Das gilt ungeachtet einer etwa nach § 372a ZPO vorangegangenen Untersuchung. 9

Soweit der Zeuge zB nach § 377 III ZPO oder von sich aus zunächst *schriftlich* ausgesagt hat, beginnt für die nur dazu gehörende Entschädigung die Frist mit dem Eingang der Stellungnahme beim heranziehenden Gericht und bei einer ihm abverlangten Ergänzung mit deren Eingang und nach einer jeden mündlichen Erläuterung mit der an sie anschließenden Entlassung. Etwas anderes kann sich wegen einer Fristverlängerung nach Rn 12 ergeben.

9a C. **Beendigung der Heranziehung usw, I 2 Z 3.** Hierher zählt auch die Beendigung des Auftrags, KG MDR **16**, 1355. Die Frist beginnt mit der korrekten und vollständigen Bekanntgabe der Erledigung gerade an diesen Berechtigten.

10 D. **Urkundenvorlage, Augenschein usw, I 2 Z 3.** Hierher gehören die Fälle des § 23, also: Die Vorlage einer Urkunde zB nach § 420 ZPO oder sonstiger Unterlage oder eines sonstigen Gegenstands gerade auf Grund einer gerichtlichen Anordnung etwa nach § 142 ZPO; die Duldung von deren Inaugenscheinnahme durch das Gericht zB nach § 371 ZPO. Dann beginnt die Frist mit der Beendigung der Maßnahme. Das kann der Vorlage- oder sogar schon der Abholzeitpunkt sein, aber evtl auch erst das Ende zB des Erörtertungstermins oder erst der Zeitpunkt des Rückerhalts einer Urkunde. Im Zweifel zugunsten des Antragstellers. Maßgeblich ist in derselben Angelegenheit die letzte solche Maßnahme.

11 E. **Ehrenamtlicher Richter, Ausschußmitglied, I 2 Z 4.** Nach einer Dienstleistung als ehrenamtlicher Richter oder als ein Mitglied eines Ausschusses nach § 1 IV beginnt die Frist nach Hs 1 mit der Beendigung der Amtsperiode gerade dieses Berechtigten. Sie beginnt aber nicht schon mit der Beendigung der Tätigkeit in dem jeweiligen letzten Einzelverfahren, Hs 2.

12 F. **Fristverlängerung, I 4 Hs 1.** Die in I 1 genannte Stelle darf die Frist nach I 4 auf einen Antrag verlängern. Man darf den notwendigen Antrag bei ihr nicht nur mit irgendwelchen Gründen versehen, sondern muß ihn auch objektiv ausreichend begründen. Ausreichend mag etwa das Ausstehen der rechtzeitig erbetenen Rechnung einer Hilfsperson gegenüber dem Sachverständigen. Darüber entscheidet die in I 1 genannte Stelle nach ihrem pflichtgemäßen Ermessen unter einer Abwägung aller vorgetragenen und erkennbaren Umstände. Ein Verlängerungsantrag muß vor dem Fristablauf eingehen, LG Hann JB **05**, 550 (keine Wiedereinsetzung). Die Fristverlängerung darf nur ausnahmsweise erfolgen. Eine Mehrarbeit des Berechtigten wegen der etwaigen Notwendigkeit mehrerer zeitlich aufeinander folgender Anträge nach Rn 9 reicht dafür nicht, wohl aber evtl die Abhängigkeit des Berechtigten bei der Antragstellung von einem zulässig unterbeauftragten Dritten.

13 G. **Ablehnung einer Verlängerung, I 4 Hs 2, I 5.** Soweit die in I 1 genannte Stelle eine Fristverlängerung ablehnen will, darf und muß sie wie bei § 121 I 1 BGB unverzüglich und daher ohne ein schuldhaftes Zögern den Antrag dem für die Festsetzung der Vergütung oder Entschädigung nach § 4 I zuständigen Gericht vorlegen. Es muß einen irrig zunächst direkt bei ihm eingereichten Antrag zunächst der in I 1 genannten Stelle zuleiten und deren Rückvorlegung abwarten. Das Gericht entscheidet schließlich durch einen unanfechtbaren Beschluß. Soweit auch das Gericht nach I 4 ablehnt, beginnt die Frist nach I 1 nicht etwa neu, sondern es beginnt eine weitere Ausschlußfrist von diesmal nur noch 2 Wochen seit der Bekanntgabe der Gerichtsentscheidung. In dieser letzten Frist muß der Berechtigte den Anspruch erneut bei der in I 1 genannten Stelle erheben, um ihn nicht zu verlieren. Ein schon bis hierhin mit deutscher Überperfektion ausgestaltetes Verfahren angeblich zur Vereinfachung!

14 6) **Kein Formzwang, kein Anwaltszwang, I.** Der Antrag ist formlos zulässig. Man kann ihn auch mündlich oder elektronisch stellen, § 4b. Er ist gegenüber dem Urkundsbeamten der Geschäftsstelle des heranziehenden Gerichts usw und daher entsprechend § 78 III Hs 2 ZPO ohne einen Anwaltszwang zulässig, so schon Bre JB **76**, 1537. Ausreichend ist jede Erklärung, aus der sich ein Anspruch auf die Zahlung einer Vergütung oder Entschädigung objektiv ableiten läßt, Düss JB **96**, 490 (Bitte um Vordruck), LG Würzb JB **77**, 829. Eine Anspruchsbezifferung ist zulässig, aber nicht notwendig. Eine Bitte um die Übersendung eines Antragsformulars oder dergleichen reicht wohl meist schon aus, Düss JB **96**, 490. Freilich ist das eine Fallfrage. Ein Antrag des Bevollmächtigten oder des gesetzlichen Vertreters reicht. Auch ein Rechtsnachfolger (Erbe) ist antragsberechtigt.

15 7) **Weitere Einzelfragen zum Antrag, I.** Der Berechtigte braucht seinen Anspruch grundsätzlich nicht zu beziffern. Er kann eine Bezifferung auch noch innerhalb

Abschnitt 1. Allgemeine Vorschriften § 2 JVEG

der Verjährungsfrist des § 195 BGB nachholen. Als Sachverständiger muß er aber seinen Gesamtanspruch nachvollziehbar aufschlüsseln. Nach dem Ablauf der 3-Monats-Frist erlischt der Anspruch ohne weiteres, Schlesw Rpfleger **13**, 524 und unabhängig von einer Anforderung durch das Gericht zu einer Bezifferung, LG Düss Rpfleger **82**, 105.

8) Erlöschen, Wiedereinsetzung, II. Wenn der Berechtigte den Anspruch nicht 16 innerhalb der ursprünglichen Frist oder nach einem rechtzeitigen Verlängerungsantrag nicht innerhalb der etwa verlängerten Frist geltend gemacht hat, erlischt der Anspruch nach I 1 grundsätzlich.

Soweit der Berechtigte die Frist aber ohne sein Verschulden nicht einhalten konnte, 17 kann er nach *II 1 Hs 1* wie bei § 233 ZPO ausnahmsweise eine *Wiedereinsetzung* in den vorigen Stand beantragen, Kblz MDR **12**, 428, aber auch nur dann. Ein Fehlen des Verschuldens wird nach *II 2* beim Fehlen oder bei der Mangelhaftigkeit der in I 1 Hs 2 (jetzt) vorgeschriebenen Belehrung vermutet, § 292 ZPO, (zum alten Recht) Hamm BauR **10**, 1274, Kblz MDR **08**, 173. Eine starke Arbeitsbelastung reicht kaum, LSG Mü JB **09**, 150. Der Berechtigte muß jedenfalls selbst bei einer ausreichenden Entschuldigung nach *II 1 Hs 2* innerhalb von 2 Wochen nach der Beseitigung des Hindernisses den Anspruch in dem ihm derzeit möglichen Umfang beziffern und diejenigen Tatsachen glaubhaft machen, die die Wiedereinsetzung begründen. Zum Begriff der Beseitigung des Hindernisses BLAH § 234 ZPO Rn 7 ff. Die Versäumung eines Verlängerungsantrags nach Rn 12 kann trotz dessen vom Gesetz bloß als eine Kannvorschrift bezeichneter Ausgestaltung doch ein Verschulden bedeuten. Denn dann liegt eine Nichtbeachtung einer Obliegenheit vor. Es kommt insofern aber auf die Gesamtumstände des Einzelfalls an.

Die *Glaubhaftmachung* erfolgt wie bei § 294 ZPO. Nach dem Ablauf eines Jahres seit dem Ende der versäumten Frist ist eine Wiedereinsetzung nach II 2 wie bei § 234 III ZPO unstatthaft. Über den Wiedereinsetzungsantrag entscheidet zunächst der für die Festsetzung zuständige Urkundsbeamte der Geschäftsstelle, Zi 15, aM MHB 390 FN 13 (zuständig sei der Richter. Grundsätzlich ist die Festsetzung aber zunächst nach § 4 eine Aufgabe des Urkundsbeamten der Geschäftsstelle).

Gegen eine ablehnende Entscheidung des Urkundsbeamten ist die Erinnerung wie bei § 573 ZPO zulässig. Über diese muß der Richter entscheiden. Gegen die Entscheidung des Richters ist eine *Beschwerde* unter den Voraussetzungen des § 2 II 4–7 zulässig. Der Beschwerdeführer muß also eine Zweiwochenfrist seit der Zustellung der ablehnenden Entscheidung einhalten. Vgl im übrigen bei dem von II 7 in Bezug genommenen § 4 IV 1–3, 6–8.

9) Verjährung des Vergütungs- oder Entschädigungsanspruchs, III. Soweit 18 der Vergütungs- oder Entschädigungsanspruch nach I, II nicht erloschen ist, kann er verjähren.

A. Verjährungsfrist. Eine Verjährung erfolgt nach *III 1* drei Jahre nach dem Ablauf desjenigen Kalenderjahrs, in dem der nach I 2 Z 1–4 maßgebliche Zeitpunkt eingetreten ist. Die Verjährung richtet sich im übrigen gemäß *III 2* nach §§ 199 ff BGB, aM Drsd Rpfleger **99**, 538 (Unanwendbarkeit der §§ 194 ff BGB. Sie gelten aber ausdrücklich, und zwar nicht nur entsprechend, sondern direkt, wie schon nach altem Recht). Es kommt dabei für den Beginn auf den Ablauf desjenigen Kalenderjahrs an, in dem der Berechtigte seinen Anspruch erstmalig geltend machen *kann*, also nicht auf die tatsächliche Geltendmachung, sondern auf die bloße Möglichkeit dazu. Nach *III 3* hemmt scheinbar noch nicht die erstmalige Geltendmachung, sondern erst der Eingang eines Festsetzungsantrags nach § 4 I Hs 1 die Verjährung ebenso wie eine Klagerhebung, §§ 253, 261 ZPO, § 204 I Z 1 BGB.

Man muß indessen in Wahrheit beachten, daß bereits der *Antrag* auf die Zahlung einer Vergütung oder Entschädigung die Frist neu beginnen läßt. Denn dieser Antrag ist die in § 2 vorgesehene Art der gerichtlichen Geltendmachung. Ein Neubeginn der Verjährung liegt aber auch in einer etwaigen Aufforderung des Gerichts an den Berechtigten zur Geltendmachung seines Vergütungs- oder Entschädigungsanspruchs. Denn aus dieser im Gesetz nicht ausdrücklich vorgesehenen zulässigen Aufforderung ergibt sich, daß das Gericht von dem Bestehen eines Vergütungs- bzw Entschädigungsanspruchs ausgeht. Erst recht hemmt natürlich ein Anerkenntnis zB im Weg einer Ratenzahlung die Verjährung.

19 B. Notwendigkeit einer Einrede. Die Verjährung ist nach *III 4* nicht von Amts wegen beachtbar, Bre JB **13**, 484, sondern gibt der Staatskasse wie jedem Schuldner nur nach § 214 I BGB ein Leistungsverweigerungsrecht. Man darf sie daher nur auf ihre Einrede beachten. Zur Klärung, ob sie von dieser Einrede Gebrauch machen will, muß sie von der Situation Kenntnis haben. Daher darf die Anweisungsstelle ihr die Akten zur Entscheidung vorlegen. Eine Verjährungseinrede muß eindeutig erfolgen. Sie muß dann aber nicht unbedingt ausdrücklich geschehen. Freilich liegt sie im Zweifel nicht vor. Sie läßt sich nach § 30a EGGVG anfechten, Teil XII B dieses Buchs. Über einen solchen Anfechtungsantrag entscheidet dasjenige AG, in dessen Bezirk die für die Einziehung usw zuständige Kasse ihren Sitz hat. Der Kostenschuldner kann nur nach § 21 GKG, § 20 FamGKG vorgehen, Teile I A, B dieses Buchs.

20 C. Verwirkung. Eine Verwirkung vor dem Eintritt der Verjährung ist denkbar, etwa aus dem Gesichtspunkt des Vertrauensschutzes nach § 242 BGB, Zweibr Rpfleger **91**, 84, LG Bln FamRZ **99**, 1514. Denn dieser Gedanke gilt allgemein. Eine Verjährung kann ausnahmsweise nach Treu und Glauben gemäß § 242 BGB unbeachtlich sein, Bre JB **76**, 1537.

21 10) Verjährung des Rückerstattungsanspruchs, IV. Die Vorschrift erfaßt nicht den Vergütungs- oder Entschädigungsanspruch des Berechtigten nach I–III, sondern die Verjährung des etwaigen Anspruchs der Staatskasse auf die Erstattung zuviel gezahlter Vergütung oder Entschädigung nach §§ 812ff BGB, Hamm BauR **12**, 547, Kblz JB **87**, 493. Es gilt eine dreijährige Verjährungsfrist seit dem Ende desjenigen Kalenderjahrs, in dem die überhöhte Zahlung erfolgt ist, IV 1, Hamm BauR **12**, 547, Mü R R **00**, 143, LG Detm RR **12**, 390. Sie errechnet sich im übrigen entsprechend § 5 III GKG, Teil I A dieses Buchs. Die Verjährung wird nicht durch das Festsetzungsverfahren nach § 4 I gehemmt, Hamm BauR **12**, 547.

Vorschuss

3 Auf Antrag ist ein angemessener Vorschuss zu bewilligen, wenn dem Berechtigten erhebliche Fahrtkosten oder sonstige Aufwendungen entstanden sind oder voraussichtlich entstehen werden oder wenn die zu erwartende Vergütung für bereits erbrachte Teilleistungen einen Betrag von 2000 Euro übersteigt.

Gliederung

1) Systematik	1
2) Regelungszweck	2
3) Keine Abhängigkeit von Eigenmitteln	3–8
A. Antrag	3
B. Entweder: Erheblichkeit der Fahrtkosten	4–6
C. Oder: Erheblichkeit sonstiger Aufwendungen	7
D. Oder: Über 2000 EUR zu erwarten	8
4) Art des Vorschusses	9
5) Verfahren	10–12

1 1) Systematik. § 3 behandelt den Rechtsanspruch des nach § 1 Berechtigten auf die Zahlung eines Vorschusses. Demgegenüber behandeln §§ 17 GKG, 12 FamGKG, § 13 GNotKG, Teile I A, B, III dieses Buchs, sowie §§ 379, 402 ZPO den Anspruch der Staatskasse auf den Erhalt eines Vorschusses zur Deckung der Auslagen. Vgl auch die bundeseinheitlichen Verwaltungsbestimmungen in den Anhängen nach § 25. Sie betreffen unter anderem die Frage der Vorschußzahlung an Zeugen und Sachverständige. Wegen Soldaten SoldErl, BLAH SchlAnh II.

Es ist stets unerheblich, ob, wieviel und wann ein *Prozeßbeteiligter* der Staatskasse von sich aus oder auf Grund ihrer Anforderung eine Vorauszahlung auf Kosten geleistet hat oder leisten muß. Denn § 3 betrifft nur das Rechtsverhältnis zwischen der heranziehenden Stelle und dem nach § 3 Berechtigten.

2 2) Regelungszweck. Die Vorschrift bezweckt eine Freistellung desjenigen von einer zusätzlichen auch nur vorübergehenden finanziellen Belastung, den der Staat als Zeugen oder Sachverständigen usw in Anspruch nimmt und der dafür Zeit und oft auch Geld opfern muß. Der Bürger soll bei der Erfüllung seiner Ehrenpflicht nicht auch noch als ein Finanzierungsinstitut für den Staat funktionieren müssen. Er soll nicht unbestimmt lange auf sein Geld warten müssen. Er soll aber auch nicht mittels überhöhter Vorschüsse ein zinsloses Darlehen erhalten. Man muß beides bei der Auslegung mitbeachten.

3) Keine Abhängigkeit von Eigenmitteln. Ein Zeuge oder Sachverständiger usw hat unabhängig von seiner Staatsangehörigkeit und unabhängig von seinem Wohnsitz oder Aufenthaltsort einen Anspruch auf einen Vorschuß unter den folgenden Voraussetzungen. Das Gericht muß sie nach seinem pflichtgemäßen Ermessen abschätzen. 3

A. Antrag. Man muß einen Antrag stellen. Das Gericht zahlt den Vorschuß also nicht von Amts wegen. Der Antrag ist ohne einen Anwaltszwang zB nach § 78 ZPO und formfrei möglich. Er ist wegen Rn 2 auch und gerade dann zulässig, wenn man schon einen Vergütungs- oder Entschädigungsantrag gestellt hat. Das Gericht zahlt über den Antrag hinaus nur unter den Voraussetzungen § 2 Rn 4 einen Betrag.

B. Entweder: Erheblichkeit der Fahrtkosten. Es müssen erhebliche Fahrtkosten nach § 5 entstanden sein oder voraussichtlich entstehen. Erheblich ist ein Betrag schon dann, wenn er bei durchschnittlichen Verhältnissen nicht mehr unerheblich, nicht mehr geringfügig ist. Ein dreistelliger Betrag kann schon im unteren Bereich erheblich sein. Der Berechtigte ist nach Rn 2 keine Bank des Staats. Auch der Bemittelte ist nicht ein solcher Bankier. Jedenfalls ab ca 250 EUR liegt in der Regel Erheblichkeit vor, Seidel DS **17**, 191. Man darf und muß ihre voraussichtliche Entstehung und Notwendigkeit nicht zu kleinlich schätzen. 4

Selbst wenn der Geladene über *genügend Mittel* zur Reise verfügt, hat er doch einen Anspruch auf einen Vorschuß. Es kommt nicht mehr darauf an, ob man ihm nicht zumuten kann, die Reisekosten aus den eigenen Mitteln vorzuschießen, aM MHB 3. Es kommt also nicht mehr auf die derzeitigen finanziellen Verhältnisse an. Freilich muß das Gericht nach einem objektiven Maßstab entscheiden. 5

Für einen *weniger Bemittelten* kommt ein Vorschuß nicht mehr eher als für einen Begüterten in Betracht. Man muß die Entfernung der Reise und die Dauer der Abwesenheit berücksichtigen. Der Berechtigte braucht keine Fremdgelder in Anspruch zu nehmen. Er braucht sich auch nicht wegen der Inanspruchnahme bei seinen Ausgaben für sich persönlich und für seine Familie allzusehr einzuengen. 6

C. Oder: Erheblichkeit sonstiger Aufwendungen. In Betracht kommt ein Vorschuß neben oder statt der Fahrtkosten des § 5 auch auf alle sonstigen entstandenen oder voraussichtlich entstehenden Aufwendungen nach § 7, nicht etwa ein Vorschuß auf den Verdienstausfall. Insofern gilt bei § 3 eine Ausnahme. 7

D. Oder: Über 2000 EUR zu erwarten. Es reicht statt Rn 4–7 auch aus, daß die zu erwartende Vergütung, nicht Entschädigung, für bereits erbrachte Teilleistungen 2000 EUR übersteigt. Es reicht nicht aus, daß erst durch künftige weitere Leistungen dieser Betrag überstiegen werden wird. 8

4) Art des Vorschusses. Das Gericht muß nach seinem pflichtgemäßen Ermessen prüfen, in welcher Form die Staatskasse den Vorschuß leisten soll. Der Berechtigte hat keinen Anspruch auf eine Zahlung von Bargeld. Es kann ratsam sein, das Reisegeld nicht in bar zu zahlen, sondern durch die Übersendung einer Fahrkarte. Dabei muß das Gericht eine etwa bestehende Möglichkeit der Rückfahrtverbilligung ausnutzen. Eine Aufwandsentschädigung nach § 6 wird zunächst nur für die Hinreise bevorschußt. Das Gericht muß bei einer mehrtägigen Terminsdauer evtl einen weiteren Vorschuß bewilligen. 9

5) Verfahren. Über den Vorschußantrag muß zunächst der Urkundsbeamte der Geschäftsstelle des heranziehenden Gerichts entscheiden, Hamm Rpfleger **76**, 362. Er muß auch alles andere veranlassen, zB die Übersendung einer Fahrkarte oder die Überweisung einer Geldsumme. Der Urkundsbeamte des Gerichts darf eine Amtshilfe des Urkundsbeamten zB am Amtsgericht des Aufenthaltsorts des Geladenen nach §§ 156ff GVG nur dann beanspruchen, wenn es sich um einen anders nicht mehr lösbaren Eilfall handelt, wenn also zB die Bearbeitung beim ladenden Gericht die Erledigung der Sache oder des Termins gefährdet würde. 10

Gegen die Entscheidung des Urkundsbeamten ist die *Erinnerung* an sein Gericht zulässig. Gegen die Entscheidung seines Gerichts ist die Beschwerde nach § 4 zulässig, sofern der Beschwerdewert 200 EUR übersteigt. Rechtsbehelfsbelehrung: § 4c. 11

12 Man muß den gewährten Vorschuß bei der endgültigen Festsetzung der Entschädigung *anrechnen*. Der Berechtigte muß einen etwa zuviel gezahlten Betrag zurückzahlen. Seine Beitreibung erfolgt nach § 1 Z 8 JBeitrG, Teil IX A dieses Buchs. Vgl im übrigen § 4.

Gerichtliche Festsetzung und Beschwerde

4 I ¹Die Festsetzung der Vergütung, der Entschädigung oder des Vorschusses erfolgt durch gerichtlichen Beschluss, wenn der Berechtigte oder die Staatskasse die gerichtliche Festsetzung beantragt oder das Gericht sie für angemessen hält. ²Zuständig ist

1. das Gericht, von dem der Berechtigte herangezogen worden ist, bei dem er als ehrenamtlicher Richter mitgewirkt hat oder bei dem der Ausschuss im Sinne des § 1 Abs. 4 gebildet ist;

2. das Gericht, bei dem die Staatsanwaltschaft besteht, wenn die Heranziehung durch die Staatsanwaltschaft oder in deren Auftrag oder mit deren vorheriger Billigung durch die Polizei oder eine andere Strafverfolgungsbehörde erfolgt ist, nach Erhebung der öffentlichen Klage jedoch das für die Durchführung des Verfahrens zuständige Gericht;

3. das Landgericht, bei dem die Staatsanwaltschaft besteht, die für das Ermittlungsverfahren zuständig wäre, wenn die Heranziehung in den Fällen des § 1 Abs. 1 Satz 1 Nr. 1 durch die Finanzbehörde oder in deren Auftrag oder mit deren vorheriger Billigung durch die Polizei oder eine andere Strafverfolgungsbehörde erfolgt ist, nach Erhebung der öffentlichen Klage jedoch das für die Durchführung des Verfahrens zuständige Gericht;

4. das Amtsgericht, in dessen Bezirk der Gerichtsvollzieher seinen Amtssitz hat, wenn die Heranziehung durch den Gerichtsvollzieher erfolgt ist, abweichend davon im Verfahren der Zwangsvollstreckung das Vollstreckungsgericht.

II ¹Ist die Heranziehung durch die Verwaltungsbehörde im Bußgeldverfahren erfolgt, werden die zu gewährende Vergütung oder Entschädigung und der Vorschuss durch gerichtlichen Beschluss festgesetzt, wenn der Berechtigte gerichtliche Entscheidung gegen die Festsetzung durch die Verwaltungsbehörde beantragt. ²Für das Verfahren gilt § 62 des Gesetzes über Ordnungswidrigkeiten.

III Gegen den Beschluss nach Absatz 1 können der Berechtigte und die Staatskasse Beschwerde einlegen, wenn der Wert des Beschwerdegegenstands 200 Euro übersteigt oder wenn sie das Gericht, das die angefochtene Entscheidung erlassen hat, wegen der grundsätzlichen Bedeutung der zur Entscheidung stehenden Frage in dem Beschluss zulässt.

IV ¹Soweit das Gericht die Beschwerde für zulässig und begründet hält, hat es ihr abzuhelfen; im Übrigen ist die Beschwerde unverzüglich dem Beschwerdegericht vorzulegen. ²Beschwerdegericht ist das nächsthöhere Gericht. ³Eine Beschwerde an einen obersten Gerichtshof des Bundes findet nicht statt. ⁴Das Beschwerdegericht ist an die Zulassung der Beschwerde gebunden; die Nichtzulassung ist unanfechtbar.

V ¹Die weitere Beschwerde ist nur zulässig, wenn das Landgericht als Beschwerdegericht entschieden und sie wegen der grundsätzlichen Bedeutung der zur Entscheidung stehenden Frage in dem Beschluss zugelassen hat. ²Sie kann nur darauf gestützt werden, dass die Entscheidung auf einer Verletzung des Rechts beruht; die §§ 546 und 547 der Zivilprozessordnung gelten entsprechend. ³Über die weitere Beschwerde entscheidet das Oberlandesgericht. ⁴Absatz 4 Satz 1 und 4 gilt entsprechend.

VI ¹Anträge und Erklärungen können ohne Mitwirkung eines Bevollmächtigten schriftlich eingereicht oder zu Protokoll der Geschäftsstelle abgegeben werden; § 129a der Zivilprozessordnung gilt entsprechend. ²Für die Bevollmächtigung gelten die Regelungen der für das zugrunde liegende Verfahren geltenden Verfahrensordnung entsprechend. ³Die Beschwerde ist bei dem Gericht einzulegen, dessen Entscheidung angefochten wird.

VII ¹Das Gericht entscheidet über den Antrag durch eines seiner Mitglieder als Einzelrichter; dies gilt auch für die Beschwerde, wenn die angefochtene Ent-

Abschnitt 1. Allgemeine Vorschriften **§ 4 JVEG**

scheidung von einem Einzelrichter oder einem Rechtspfleger erlassen wurde. ²Der Einzelrichter überträgt das Verfahren der Kammer oder dem Senat, wenn die Sache besondere Schwierigkeiten tatsächlicher oder rechtlicher Art aufweist oder die Rechtssache grundsätzliche Bedeutung hat. ³Das Gericht entscheidet jedoch immer ohne Mitwirkung ehrenamtlicher Richter. ⁴Auf eine erfolgte oder unterlassene Übertragung kann ein Rechtsmittel nicht gestützt werden.

VIII ¹Die Verfahren sind gebührenfrei. ²Kosten werden nicht erstattet.

IX Die Beschlüsse nach den Absätzen 1, 2, 4 und 5 wirken nicht zu Lasten des Kostenschuldners.

Gliederung

1) Systematik, I–IX	1
2) Regelungszweck, I–IX	2
3) Geltungsbereich, I–IX	3
4) Verfahren des Urkundsbeamten, I, §§ 2, 3	4
5) **Gerichtliche Festsetzung, I, VI**	5–11
A. Entweder: Antrag, I 1 Hs 1	5
B. Oder: Angemessenheit, I 1 Hs 2	6–9
C. Gerichtsfreiheit, I 1	10
D. Antragsform, I 1, VI 1	11
6) **Zuständigkeit, I 2, II**	12–16
A. Heranziehung, Mitwirkung, Ausschußbildung durch Gericht, I 2 Z 1	12
B. Heranziehung durch Staatsanwaltschaft usw, I 2 Z 2	13
C. Heranziehung durch Finanzbehörde usw, I 2 Z 3	14
D. Heranziehung durch Gerichtsvollzieher, I 2 Z 4	15
E. Heranziehung durch Verwaltungsbehörde, II	16
7) **Umfang der Festsetzung, I, II**	17
8) **Weitere Verfahrensfragen, I, II, VI–IX**	18, 18a
A. Zulässigkeit	18
B. Beispiele zur Frage eines weiteren Verfahrens	18a
9) **Beschluß, II 1, III 1**	19
10) **Keine Berichtigung, II 1, III 1**	20
11) **Beschwerde, III, IV, VI–IX**	21–33
A. Zulässigkeit	21, 22
B. Evtl erst nach Erinnerung	23, 24
C. Einlegung der Beschwerde	25
D. Wertbeschwerde	26
E. Zulassungsbeschwerde	27
F. Abhilfe oder Vorlage	28
G. Nicht an Obersten Gerichtshof	29
H. Einzelrichter	30
I. Anhörung	31
J. Entscheidung	32
K. Weitere Rechtsmittel	33
12) **Gegen Rechtspfleger mangels Beschwerdewerts oder Zulassung: Befristete Erinnerung, III, § 11 II 1 RPflG**	34
13) **Gegenvorstellung, III ff**	35

1) Systematik, I–IX. § 4 eröffnet allen Beteiligten einen Weg, Streitigkeiten über **1** den Ansatz oder über die Höhe der Gebühren eines Berechtigten auszutragen. Allerdings ist evtl auch im Kostenfestsetzungsverfahren nach §§ 103 ff ZPO ein solcher Streit möglich. Bei einander widersprechenden rechtskräftigen Entscheidungen vgl in beiden Verfahren Rn 25 ff. Im finanzgerichtlichen Verfahren ist evtl auch § 133 FGO anwendbar, BFH EFG **75**, 39. § 4 hat den Vorrang vor (jetzt) § 70 FamFG, Naumb JB **96**, 597. Die Vorschrift gilt auch bei § 158 VII FamFG, Bumiller/Harders § 168 FamFG Rn 37, aM Drsd Rpfleger **10**, 588 (aber die dortige Verweisung ist schon nach ihrem Wortlaut eindeutig, BLAH Einl III 39).

2) Regelungszweck, I–IX. Das Verfahren nach § 4 hat gegenüber den nach **2** Rn 1 möglichen anderen Wegen Vor- und Nachteile. Der Hauptvorteil liegt in einer zwar nicht sofort, aber doch alsbald möglichen richterlichen Entscheidung. Der Hauptnachteil besteht darin, daß die evtl anwendbaren §§ 103 ff ZPO die Fragen der Kostenerstattung insgesamt klären, während § 4 nur einen Teil der Gesamtkosten erfassen kann. Es hängt von den Umständen ab, ob der eine oder andere Weg ratsamer ist. Das Gericht muß immerhin auch bei § 4 die gesamte Rechnung nachprüfen, Mü JB **96**, 321, also auch den angegebenen Zeitaufwand.

3) Geltungsbereich, I–IX. § 4 gilt für alle persönlich Anspruchsberechtigten nach § 1 und für den Bezirksrevisor als den Vertreter der Staatskasse sowie bei einem Streit über eine Vorschußzahlung nach I 1. Die Vorschrift gilt ferner für den Abtretungsnehmer als den neuen Gläubiger einer derartigen Forderung. § 34 III 2 WPflG geht vor.

Beim *Betreuer* ist § 4 nach Rn 4 nur zur Höhe der Entschädigung anwendbar, Düss RR **99**, 368, nicht zum Ob, BGH **133**, 342 (wendet dazu § 1835 IV BGB an).

Unanwendbar ist § 4 zunächst auf die Bewilligung einer Reiseentschädigung mittelloser Personen nach § 25 Anh I, II sowie auf eine bloße Hilfsperson. Sie muß sich an ihren Auftraggeber wenden. Ferner ist § 4 unanwendbar auf solche Verfahrensbeteiligte, die keinen eignen Entschädigungs- oder Vergütungsanspruch haben, Kblz Rpfleger **85**, 333, Mü Rpfleger **82**, 317, Oldb NJW **86**, 265. Das gilt auch für den Kostenschuldner, BGH Rpfleger **84**, 120, Düss JB **96**, 43, Nürnb FamRZ **00**, 177. Er ist auf eine Einwendung bei der Kostenfestsetzung angewiesen, Kblz Rpfleger **87**, 341, oder auf eine Erinnerung nach § 66 GKG oder § 57 FamGKG, Teile I A, B dieses Buchs, oder nach § 18 GNotKG, Teil III dieses Buchs, Kblz Rpfleger **85**, 333, Mü Rpfleger **80**, 303, Naumb OLRG **98**, 423. Das gilt auch nach einer Kostenzahlung.

4) Verfahren des Urkundsbeamten, I, §§ 2, 3. Die Festsetzung der Vergütung oder der Entschädigung oder eines Vorschusses erfolgt grundsätzlich von Amts wegen durch den Urkundsbeamten der Geschäftsstelle in einem reinen Verwaltungsverfahren nach §§ 2, 3 durch einen Justizverwaltungsakt oder einen Verwaltungsakt der Finanzbehörde oder sonstigen Behörde. Sie erfolgt ohne eine Beteiligung der Prozeßparteien oder Verfahrensbeteiligten, Kblz DB **86**, 33 Oldb NJW **86**, 265. Das gilt auch dann, wenn schon ein entsprechender Antrag vorliegt.

Von diesem Grundsatz gilt nur dann eine *Ausnahme*, wenn entweder das Gericht die förmliche Festsetzung nach § 4 I 1 für angemessen hält oder wenn der Berechtigte oder die Staatskasse einen Festsetzungsantrag und nicht bloß einen Vergütungs-, Vorschuß- oder Entschädigungsantrag schlechthin stellt. Der Urkundsbeamte darf grundsätzlich die zur Prüfung erforderliche Zeit beanspruchen, ohne sich antreiben zu lassen. Er muß aber unverzüglich handeln und auch evtl einen unstreitigen Teilbetrag vorab festsetzen, VG Schlesw JB **04**, 98.

Im *Verwaltungsverfahren* ist das Gericht berechtigt und auf Verlangen des Urkundsbeamten verpflichtet, sich dienstlich dazu zu äußern, ob und inwiefern gegen eine Leistung dem Grunde nach Bedenken bestehen, Mü RR **97**, 768. Notfalls kann die Dienstaufsichtsbehörde das Gericht zur Abgabe dieser Äußerung verpflichten. Das Gericht ist aber nicht verpflichtet, dem Urkundsbeamten die Arbeit praktisch abzunehmen.

5) Gerichtliche Festsetzung, I, VI. Eine förmliche Festsetzung der Vergütung oder Entschädigung oder eines Vorschusses erfolgt durch das Gericht der Bestellung der Beweisperson in richterlicher Tätigkeit mit einem begrenzten Spruchrichterprivileg nach § 839 II 1 BGB, BGH MDR **84**, 363 (nicht bei der Prüfung des bloßen Stundensatzes –?–). Sie erfolgt daher in richterlicher Besetzung stets ohne ehrenamtliche Beisitzer oder nach Rn 12 durch den Rpfl durch eine gerichtliche Entscheidung. Sie erfolgt mit grundsätzlicher Ablehnbarkeit wie sonst, Ffm OLGR **97**, 305. Sie erfolgt nur dann, wenn die folgenden Voraussetzungen vorliegt.

A. Entweder: Antrag, I 1 Hs 1. Es muß entweder ein Festsetzungsantrag vorliegen, nicht bloß ein Vergütungs- oder Entschädigungsantrag nach § 2 schlechthin, Hamm FamRZ **95**, 486. Zur Antragstellung sind berechtigt: Jeder nach § 1 Berechtigte; der Bezirksrevisor als Vertreter der Staatskasse, OVG Hbg NVwZ-RR **10**, 1000. Gegen diesen weisungsgebunden Beamten gibt es kein Ablehnungsrecht, Kblz MDR **85**, 257; ein Abtretungsnehmer. Der letztere kann die Festsetzung auf sich persönlich beantragen.

Nicht antragsberechtigt ist die Partei nach BLAH Grdz 4 vor § 50 ZPO, Kblz JB **10**, 96.

Der Antrag ist *formlos* zulässig. Er liegt auch in einer Bemängelung der gewährten Gebühr oder einer sonstigen Einwendung der Beweisperson gegen ein Verwaltungsverhalten oder evtl auch in der Stellungnahme des Bezirksrevisors zu einem Antrag,

Kblz JB **10**, 96. Eine solche Beanstandung einer vorgesetzten Stelle, der die anweisende nicht gefolgt ist, kann einen Antrag darstellen. Ein Festsetzungsantrag ist auch schon vor der Verwaltungsbearbeitung einer Vergütung oder Entschädigung statthaft. Ein Antrag der Staatskasse ist auch noch nach einer Erstattung statthaft, aM Bbg JB **78**, 1728 (aber dann muß die Beweisperson evtl nach Rn 8 zurückzahlen). Es gibt keine Antragsfrist nach I 1 Hs 1. Vgl freilich die Fristen des § 2.

Ein bloßer *Vergütungs-, Vorschuß- oder Entschädigungsantrag* enthält keineswegs auch nur grundsätzlich auch einen Festsetzungsantrag. Die Leistung ist grundsätzlich bei einer Entscheidung nur wegen eines Antrags und nicht nach Rn 6 durch den vom Berechtigten geforderten Gesamtbetrag begrenzt, Düss JB **92**, 264. Deshalb muß der Antragsteller seine Forderung auch nach deren Grund und Höhe nachvollziehbar darstellen. Andernfalls muß das Gericht ihm dazu eine angemessene Frist setzen und den Antrag nach einem erfolglosen Fristablauf als unzulässig zurückweisen. Ein Verzicht ist nach Treu und Glauben auslegbar, Düss MDR **91**, 66.

B. Oder: Angemessenheit, I 1 Hs 2. Die Festsetzung durch das Gericht findet ferner grundsätzlich auch insoweit statt, als es eine eigene Festsetzung von Amts wegen oder auf Grund einer solchen bloßen Anregung, die nicht zu einem Antrag geworden war, für angemessen hält, AG Darmst ZIP **13**, 2372. Im allgemeinen ist die Festsetzung von Amts wegen immer dann angemessen, wenn einer der Fälle nach § 13 vorliegt. Das gilt auch dann, wenn es sich um ein schwieriges wissenschaftliches Gutachten nach § 9 I Honorargruppe 5 ff, M 2, 3 handelt oder wenn es nach § 19 IV um eine Ausländerentschädigung geht. Es gilt allerdings nach Rn 16 ausnahmsweise nicht bei II. **6**

Ein *Interesse der Staatskasse* an einer Festsetzung kann trotz eines Vorschusses nur insoweit bestehen, als noch nicht eine Partei die gezahlte Vergütung erstattet hat, Bbg JB **78**, 1728. Denn mit der Erstattung entfallen die Auslagen der Staatskasse. Dann hat nur noch die zahlungspflichtige Partei ein Interesse an der Richtigstellung. **7**

Soweit die Staatskasse *zuviel* gezahlt hat, muß sie den überzahlten Betrag nach § 1 I Z 8 JBeitrO, Teil IX A dieses Buchs wieder einziehen, Kblz Rpfleger **81**, 328, Jessnitzer Rpfleger **80**, 216. Der Bereicherte darf sich nicht auf den Fortfall der Bereicherung berufen. § 818 III BGB gilt nicht, OVG Hbg NVwZ-RR **10**, 1000. Er kann sich aber evtl auf den Grundsatz des *öffentlichen Vertrauensschutzes* berufen, KG Rpfleger **81**, 457, Köln JB **99**, 320, LG Würzb JB **77**, 830. **8**

Zum Problem auch § 45 RVG, Teil X dieses Buchs. Das *GKG*, Teil I A dieses Buchs, ist formell auch *nicht entsprechend anwendbar*, (zum alten Recht) Köln Rpfleger **75**, 71. Freilich enthält § 66 GKG weitgehend dieselbe Regelung. Daher kann die Auslegung weitgehend derjenigen des § 66 GKG folgen. **9**

C. Gerichtsfreiheit, I 1. Es ist unerheblich, aus welchem Grund ein Beteiligter eine erfolgte Zahlung bemängelt hat, ob wegen einer falschen rechtlichen Beurteilung oder wegen einer unrichtigen Tatsachenwürdigung, Düss Rpfleger **83**, 129. Weder bei Rn 4, 5 noch bei Rn 6–9 ist eine vorherige Festsetzung durch den Urkundsbeamten der Geschäftsstelle notwendig. Daher ist ein Antrag beim Gericht nach I auch kein Rechtsbehelf. Das Gericht darf infolgedessen den vom Urkundsbeamten der Geschäftsstelle etwa festgesetzten Betrag unterschreiten, Düss RR **96**, 189, Kblz DB **86**, 33, LSG Celle NZS **02**, 224. **10**

D. Antragsform, I 1, VI 1. Der etwaige Antrag gleich welcher Instanz ist zum Protokoll des Urkundsbeamten der Geschäftsstelle oder schriftlich, mündlich oder in elektronischer Form zulässig, § 4b. Ein Anwaltszwang wie bei § 78 ZPO besteht nach Rn 18 nicht. Das gilt, obwohl § 4 keine dem § 66 V 1 Hs 1 GKG, Teil I A dieses Buchs, entsprechende ausdrückliche Formulierung enthält. **11**

6) Zuständigkeit, I 2, II. Man muß vier verschiedene Zuständigkeitsarten unterscheiden. **12**

A. Heranziehung, Mitwirkung, Ausschußbildung durch Gericht, I 2 Z 1. Zur Festsetzung ist nach I 2 Z 1 dasjenige Gericht zuständig, das den Berechtigten nach § 1 herangezogen hat, Schlöpke Rpfleger **93**, 436. Das kann auch das ersuchte Gericht sein, Saarbr JB **90**, 107, ferner auch derjenige Einzelrichter zB nach §§ 348, 348a ZPO, der den Zeugen herangezogen hat, nicht etwa dasjenige Kollegialgericht, das den Beweis etwa nach §§ 358, 358a ZPO angeordnet hatte. Nach dieser Vorschrift ist auch dasjenige Gericht zuständig, bei dem der ehrenamtliche Richter mitwirkt oder bei dem ein Ausschuß nach § 1 IV besteht. Es ist nach § 129a ZPO, § 25 III 1 FamFG auch jedes AG zur Entgegennahme zuständig. Es leitet den Antrag dann wie § 121 I 1 BGB unverzüglich an das zur weiteren Bearbeitung zuständige Gericht weiter.

Sobald und soweit das *Gericht* mit einem Festsetzungsverfahren auf Grund eines Antrags oder von Amts wegen *befaßt ist,* wird die etwa vorangegangene oder noch laufende Festsetzung durch den Urkundsbeamten der Geschäftsstelle wirkungslos, BFH EFG **75**, 39. Den Richter bindet auch an eine nach §§ 2, 3 gegebene oder erzwungene eigene Stellungnahme nicht mehr, Mü RR **97**, 768.

Soweit der *Rechtspfleger* einen Berechtigten hinzugezogen hat, ist er nach § 4 I RPflG zur Festsetzung zuständig, Baronin von König Rpfleger **06**, 172. Bei der förmlichen Festsetzung der Vergütung eines Betreuers durch einen rechtsmittelfähigen Beschluß ist sogleich nur der Richter zuständig, AG Nettetal FamRZ **96**, 623 (anders bei einem rein verwaltungsgemäßen Handeln nach Rn 5).

13 **B. Heranziehung durch Staatsanwaltschaft usw, I 2 Z 2.** Soweit die Staatsanwaltschaft oder in deren Auftrag oder mit deren vorheriger Billigung die Polizei oder eine andere Strafverfolgungsbehörde einen Berechtigten herangezogen hat, ist nach I 2 Z 2 Hs 1 zur etwa beantragten oder von Amts wegen für notwendig gehaltenen Festsetzung der Vergütung, des Vorschusses oder der Entschädigung zunächst dasjenige Gericht zuständig, bei dem die Staatsanwaltschaft besteht, Hamm MDR **95**, 104, also das LG, das OLG oder der BGH. Nach einer Anklageerhebung ist aber nach I 2 Z 2 Hs 2 dasjenige Gericht zuständig, vor dem das weitere Verfahren abläuft.

Das gilt *unabhängig davon,* ob die Staatsanwaltschaft in der Sache eine *Anklage* erhoben oder einen Strafbefehl beantragt oder einen solchen Antrag zurückgenommen hat. Denn Z 2 erfaßt eindeutig alle diese Fälle, und das LG der Staatsanwaltschaft ist in keinem dieser Fälle überfordert. Es kommt evtl auch dasjenige LG in Betracht, bei dem die ersuchte Staatsanwaltschaft besteht.

Wenn sich allerdings zB ein *Gericht* mit dem Gutachten eines von der Staatsanwaltschaft herangezogenen Sachverständigen befaßt hat, kann darin eine *Heranziehung* auch durch dieses Gericht liegen. Dann ist dieses Gericht zur Festsetzung zuständig, Düss Rpfleger **93**, 130. Das gilt selbst dann, wenn das Gericht ein Hauptverfahren nicht eröffnet hat, Mü MDR **76**, 340.

Nicht hierher gehört eine polizeiliche Heranziehung ohne eine vorherige staatsanwaltschaftliche „Billigung". Billigung ist mehr als bloße Kenntnis oder gar bloßes Kennenkönnen oder Kennenmüssen. Freilich kann eine Billigung auch stillschweigend erfolgen. Generell wird man sie keineswegs stets unterstellen dürfen. Dann wäre das Wort Billigung gar nicht notwendig, schon gar nicht eine vorherige Billigung.

Es kommt daher auf die *Umstände* an. Diese muß man behutsam abwägen. Schludrige Großzügigkeit aus Gleichgültigkeit widerspräche dem Wort „nur" in § 1 I 2. Das erstinstanzliche Verfahren verläuft weitgehend genauso wie das Erinnerungsverfahren gegen den Kostenansatz nach § 66 I, V–VIII GKG, § 57 FamGKG, Teile I A, B dieses Buchs. Nur die Bezeichnung „Erinnerung" fehlt. Freilich handelt es sich wie dort nach Rn 1, 2 um eine Beanstandung der Tätigkeit des Kostenbeamten. Hier daher nur einige Ergänzungen.

14 **C. Heranziehung durch Finanzbehörde usw, I 2 Z 3.** Es mag nach § 1 I 1 Z 1 eine Finanzbehörde im selbständig durchgeführten Ermittlungsverfahren oder in ihrem Auftrag oder mit ihrer vorherigen Billigung nach Rn 13 die Polizei oder eine andere Strafverfolgungsbehörde den Berechtigten herangezogen haben. Dann ist nach I 2 Z 3 Hs 1 zunächst dasjenige LG zuständig, bei dem diejenige Staatsanwaltschaft besteht, die für ein eigenes derartiges Ermittlungsverfahren nach der StPO zuständig wäre. Nach einer Anklageerhebung ist aber nach Hs 2 dasjenige Gericht zuständig, vor dem das weitere Verfahren abläuft. Auch hier gilt wegen einer Ordnungswidrigkeit dasselbe wie bei Rn 13.

15 **D. Heranziehung durch Gerichtsvollzieher, I 2 Z 4.** Soweit er zB nach §§ 753ff ZPO den Berechtigten herangezogen hat, muß man wiederum unterschei-

Abschnitt 1. Allgemeine Vorschriften § 4 JVEG

den. Soweit nämlich die Heranziehung außerhalb einer Zwangsvollstreckung nach §§ 704 ff ZPO erfolgt ist, ist nach *I 2 Z 4 Hs 1* dasjenige AG zuständig, in dessen Bezirk der Gerichtsvollzieher seinen Amtssitz hat. Soweit sie aber im Verfahren einer Zwangsvollstreckung erfolgte, ist nach *I 2 Z 4 Hs 2* das Vollstreckungsgericht des § 764 II ZPO, § 95 I FamFG zuständig.

Die Zwangsvollstreckung *beginnt* wegen des Gerichtsvollziehers mit seiner ersten Vollstreckungshandlung, LG Bln DGVZ **91**, 9, BLAH Grdz 51 vor § 704, Ewers DGVZ **97**, 70 (Begriff). Dazu kann die Zustellung nach § 750 ZPO gehören. „Während" ist nicht stets „im Verfahren" der Zwangsvollstreckung. Eine Zahlungsaufforderung ist kein Beginn der Vollstreckung, sondern ein Versuch, gerade ohne sie auszukommen.

Das *Ende* der Zwangsvollstreckung nach BLAH Grdz 52 vor § 704 ZPO tritt mit der vollen Durchführung der einzelnen Vollstreckungsmaßnahme einschließlich der Kosten ein, Ffm Rpfleger **80**, 200, LG Hbg WoM **93**, 417, VG Bln DGVZ **89**, 123, aM Mü MDR **85**, 1034. Das gilt selbst bei ihrer Ergebnislosigkeit nach KVGv 604, Teil XI dieses Buchs. Daher leitet jede spätere Vollstreckungshandlung ein neues Vollstreckungsverfahren ein, BGH DGVZ **95**, 72, BLAH Grdz 53 vor § 704 (dort auch Beispiele).

Vollstreckungsgericht ist nach § 764 II ZPO, § 95 I FamFG grundsätzlich dasjenige AG, in dessen Bezirk das Vollstreckungsverfahren stattfinden soll oder stattgefunden hat. Es ist nach § 802 ZPO, § 95 I FamFG ausschließlich zuständig.

E. Heranziehung durch Verwaltungsbehörde, II. Soweit eine Verwaltungsbehörde den Berechtigten in einem Bußgeldverfahren herangezogen hat, ist nach §§ 62, 68 OWiG grundsätzlich dasjenige AG zuständig, in dessen Bezirk die Verwaltungsbehörde ihren Sitz hat. Evtl ist das nach § 68 III OWiG von der Landesregierung bestimmte AG zuständig. Beides ergibt sich aus *II 1, 2.* Eine solche gerichtliche Entscheidung setzt freilich stets einen Antrag des Berechtigten auf eine gerichtliche Festsetzung gegenüber der bereits nach § 3 erfolgten Festsetzung durch die Verwaltungsbehörde voraus. Das klärt *II 1 Hs 2.* Insofern besteht eine Abweichung von der in *I Hs 2* genannten Möglichkeit einer Festsetzung auch von Amts wegen. Freilich kommt auch ein Antrag der Staatskasse oder des zahlungspflichtigen sonstigen Fiskus infrage, Zi 12, 13. Ihn vertritt nicht der Bezirksrevisor, sondern der Haushaltsbeauftragte. Der Antragsteller muß den angefochtenen Verwaltungsbescheid bezeichnen. Er muß angeben, welchen höheren Betrag er aus welchem Grund fordert. 16

7) Umfang der Festsetzung, I, II. Soweit das Gericht überhaupt eine Festsetzung von Amts wegen oder auf Grund eines Antrags vornimmt, muß es den Gesamtbetrag in EUR errechnen, Celle JB **05**, 550, Düss DS **16**, 240. Es darf sich also zB nicht mit der Festsetzung des bloßen Stundensatzes begnügen, KG Rpfleger **81**, 126, Mü JB **96**, 321. Erst recht nicht darf es lediglich anordnen, es sei „nach dem JVEG zu zahlen", Celle JB **05**, 550. Nicht hierher gehört ferner eine bloße Ordnungswidrigkeiten-Verfolgungsbehörde, wohl aber diejenige, die auch als Strafverfolgungsbehörde im Einzelfall ermittelt. 17

8) Weitere Verfahrensfragen, I, II, VI–IX. Ein Grundsatz ist vor manchen Einzelverfahren beachtbar. 18

A. Zulässigkeit. Wie in jedem Gerichtsverfahren ist ein Rechtsschutzbedürfnis nach BLAH Grdz 33 vor § 253 ZPO eine Zulässigkeitsvoraussetzung wie nach BLAH Grdz 14 vor § 253 ZPO. Das Gericht außerhalb einer Lage nach § 13 die Voraussetzungen der Zahlung selbst feststellen, ohne an entsprechende Vorgänge im Prozeß gebunden zu sein, Kblz JB **76**, 988. Das Gericht muß den geltendgemachten Anspruch umfassend prüfen.

B. Beispiele zur Frage eines weiteren Verfahrens 18a

Ablehnung: Eine solche ist wie sonst statthaft. Vgl zB § 8a, Hbg JB **92**, 194, Kblz Rpfleger **85**, 172 (nicht gegenüber dem Bezirksrevisor).

Anhörung: Das Gericht muß alle am Festsetzungsverfahren Beteiligten vor einer ihnen nachteiligen Entscheidung anhören. Das folgt beim Rpfl aus Artt 2 I, 20 III GG, BVerfG **101**, 404, beim Richter aus Art 103 I GG, beim Sachverständigen aus derselben Vorschrift, etwa im Verfahren einer Ablehnung nach § 406 ZPO, Müller JR **81**, 56, und auch bei der Staatskasse, Düss Rpfleger **88**, 116.

Keine Anhörung ist gegenüber einem Kostenschuldner nötig, Kblz Rpfleger **81**, 37.
Anwaltszwang: Ein solcher wie bei § 78 ZPO besteht nach VI 1 Hs 1 *nicht*.
Bereicherung: S „Vergütung".
Ehrenamtlicher Richter: Das Gericht entscheidet nach VII 3 stets ohne diesen Beisitzer.
Einzelrichter: Seine Zuständigkeit richtet sich nach VII. Vgl bei § 66 VI GKG, § 57 V, VI FamGKG, Teile I A, B dieses Buchs.
Rechtsmißbrauch: Unstatthaft ist er wie stets zB nach BLAH Einl III 54.
Vergütung: Das Gericht darf und muß die Vergütung des Sachverständigen überprüfen, und zwar unabhängig von vorausgegangenen Verfahren nach § 66 GKG oder § 57 FamGKG, Teile I A, B dieses Buchs, aM Naumb JB **01**, 374 (aber jetzt § 4 dient gerade einer solchen Überprüfung), zB auf eine ungerechtfertigte Bereicherung nach §§ 812 ff BGB, KG JB **11**, 604.
Verhandlung: Statthaft, aber nicht notwendig ist eine mündliche Verhandlung. Vgl zB § 128 IV ZPO.
Verschulden: Das Gericht muß prüfen, ob der Sachverständige eine Unverwertbarkeit des Gutachtens verschuldet hat, BGH VersR **84**, 79. Diese Prüfung muß unabhängig von einem etwaigen Ablehnungsverfahren zB nach §§ 42 ff, 406 ZPO stattfinden, Müller JR **81**, 56.
Vollmacht: Wegen einer solchen gilt die jeweilige Verfahrensordnung nach VI 2, zB §§ 79, 80 ZPO. Dieses Vorschriften sind zumindest entsprechend anwendbar.

19 **9) Beschluß, II 1, III 1.** Die Festsetzung erfolgt nach (jetzt) II 1, III 1 durch einen Beschluß, Düss MDR **95**, 1267. Sie kann jedenfalls bei einer auch nach Rn 6–9 stattfindenden Festsetzung von Amts wegen über den beantragten Betrag hinausgehen. Sie darf sich nicht auf allgemeine Richtlinien beschränken, sondern muß nach Rn 17 den Gesamtbetrag nennen. Das Gericht muß ihn begründen, BLAH § 329 ZPO Rn 4, § 63 GKG Rn 28, Teil I A dieses Buchs, Düss MDR **93**, 1248. Rechtsbehelfsbelehrung: § 4 c.
Es muß den Beschluß als einen Vollstreckungstitel entsprechend § 329 III Hs 1 ZPO dem Antragsteller *förmlich zustellen*, ebenso dem Bezirksrevisor, LG Gött Rpfleger **01**, 31. Der Beschluß kann ein „Urteil in einer Rechtssache" nach § 839 II 1 BGB sein, BGH VersR **84**, 78. Das Verfahren ist gebührenfrei, VIII 1, aber nicht auslagenfrei. Eine Kostenerstattung findet nach (jetzt) VIII 2 nicht statt, LG Würzb JB **77**, 997. Der Vergütungsanspruch ist nicht verzinslich, Zweibr Rpfleger **02**, 477.
Ein Beschluß nach I, IV, V wirkt nach IX *nicht zulasten eines Kostenschuldners*, BGH MDR **11**, 1377. Die auf Grund einer nach § 4 im Verhältnis zum Berechtigten erfolgte Festsetzung bindet eine Partei also im nachfolgenden Kostenfestsetzungsverfahren etwa nach §§ 103 ff ZPO nicht, BGH MDR **11**, 1377, Kblz JB **06**, 213. Das gilt selbst nach der Rechtskraft der Festsetzung gemäß § 4. Der Kostenschuldner kann den entsprechenden Kostenansatz vielmehr in *seinem* Festsetzungsverfahren wie sonst bekämpfen.

20 **10) Keine Berichtigung, II 1, III 1.** Eine Berichtigung der gerichtlichen Festsetzung etwa nach §§ 319, 329 ZPO ist unzulässig. Das gilt unabhängig davon, ob das Hauptverfahren noch vor dem Gericht der Festsetzung oder bereits in der Rechtsmittelinstanz schwebt. Die ganz früher abweichende gesetzliche Regelung ist entfallen, aM (zum alten Recht) Düss MDR **95**, 1267 (aber [jetzt] § 4 hat den Vorrang).

21 **11) Beschwerde, III, IV, VI–IX.** Rechtsbehelfsbelehrung: § 4 c. Die Regelung gilt für alle Gerichtsbarkeiten. Neben einer Beschwerde kommt grundsätzlich weder eine Klage noch ein sonstige Rechtsbehelf infrage, Mü JB **86**, 1226. Wegen einer etwaigen befristeten Erinnerung Rn 33.
A. Zulässigkeit. Man kann mit der Beschwerde nur die richterliche Festsetzung anfechten. Entgegen dem Wortlaut meint III nicht nur einen Beschluß „nach Absatz 1", sondern sinnvollerweise auch einen solchen nach II, Zi 19. Die Beschwerde ist also nach Rn 1, 2 nicht zulässig, soweit nur eine vorläufige Festsetzung im Verwaltungsverfahren durch den Urkundsbeamten der Geschäftsstelle vorliegt, AG Hbg ZIP

Abschnitt 1. Allgemeine Vorschriften **§ 4 JVEG**

17, 937, oder soweit zB das Gericht dem Sachverständigen den Auftrag entzogen hat. III gilt für sämtliche Verfahrensarten. Vgl aber auch Rn 25. Soweit der Rpfl entschieden hat, ist eine sofortige Beschwerde oder sofortige Erinnerung nach § 11 I, II RPflG statthaft. Vgl dazu Rn 33. Eine Anschlußbeschwerde ist statthaft. § 9 I 6 schränkt das Beschwerderecht ein, KG JB **11**, 604.

Unstatthaft ist eine erste oder weitere Beschwerde nach VII 4 nur wegen einer erfolgten oder unterlassenen Übertragung auf den Einzelrichter nach VII 1, 2.

Beschwerdeberechtigt sind nach III: Der Berechtigte, also nach § 1 II auch eine Behörde usw, wegen einer zu niedrigen Festsetzung; der Vertreter der Staatskasse wegen einer zu hohen Festsetzung, Nürnb MDR **99**, 1023, auch wenn die Parteien die Kosten tragen müssen, Mü RR **00**, 664, Nürnb MDR **99**, 1023; der Sachverständige, Düss DS **16**, 234; Kblz MDR **15**, 118; ein Nebenbeteiligter eines Strafverfahrens wegen Art 103 I GG, Bre NJW **76**, 685. Der Leiter der auf Anordnung der Staatsanwaltschaft tätig gewordenen Polizei ist nicht beschwerdeberechtigt, Zweibr MDR **97**, 980. Das Finanzamt hat kein Beschwerderecht in einer Steuerstrafsache, Mü Rpfleger **82**, 317. Vgl aber auch § 23 EGGVG. 22

B. Evtl erst nach Erinnerung. Die Partei oder der in einem Hauptverfahren Beteiligte kann sich nach §§ 66 GKG, 57 FamGKG, 81 GNotKG gegen den Ansatz der Vergütung oder Entschädigung nur durch die Einlegung der Erinnerung gegen die Gerichtskostenrechnung wenden, BGH NJW **84**, 871, Naumb BauR **12**, 842, Schlesw FamRZ **09**, 1706. 23

Diese Erinnerung ist allerdings unabhängig davon zulässig, ob das Gericht eine Vergütung, einen Vorschuß oder eine Entschädigung nach I *festgesetzt* hat oder ob das Beschwerdegericht nach III ff entschieden hat. Eine solche Entscheidung bindet nicht, (jetzt) IX, BGH NJW **84**, 841. Aber auf diesem Weg ist keine Anfechtung der gerichtlichen Zustimmung nach § 13 II statthaft. Sie bleibt nach § 13 Rn 13 unanfechtbar. 24

C. Einlegung der Beschwerde. Man legt die Beschwerde bei demjenigen Gericht ein, das die angefochtene Entscheidung erlassen hat, VI 3. Ein unzuständiges Gericht leitet die Beschwerde wie bei § 121 I 1 BGB unverzüglich an das zuständige weiter. Es besteht nach VI 1 Hs 1 kein Anwaltszwang wie bei § 78 ZPO, ebenso wie in erster Instanz. Die Vorschrift ist zumindest entsprechend anwendbar. Die Einlegung ist nach VI 1, § 4b schriftlich oder zum Protokoll des Urkundsbeamten der Geschäftsstelle oder durch elektronisches Dokument zulässig. Es besteht auch vor dem OVG kein Anwaltszwang, OVG Hbg NVwZ-RR **10**, 1000. Es gibt keine Beschwerdefrist und daher keine Wiedereinsetzung, Düss DS **16**, 234. 25

D. Wertbeschwerde. Der Beschwerdewert muß 200 EUR nach III Hs 1 grundsätzlich im Zeitpunkt der Entscheidung über eine Abhilfe durch das bisherige Gericht und bei einer auch nur teilweisen Nichtabhilfe nun im Zeitpunkt der Entscheidung des Beschwerdegerichts in jedem Fall der Heranziehung überschreiten, Hamm JB **99**, 319, Karlsr JB **94**, 168, OVG Münst VBl NRW **93**, 313. Eine Erhöhung nur zwecks Erzielung eines ausreichenden Beschwerdewerts kann unzulässig sein, Karlsr Just **86**, 100. Auch ein Verstoß gegen das rechtliche Gehör ändert nichts an den vorstehenden Regeln, Düss Rpfleger **88**, 116. Die Umsatzsteuer erhöht den Beschwerdewert, Kblz MDR **92**, 196. Wegen einer etwaigen befristeten Erinnerung mangels eines Beschwerdewerts nach einer Entscheidung des Rpfl Rn 33. 26

Der Beschwerdewert errechnet sich nach der *Beschwer* wie bei BLAH Grdz 14 ff vor § 511 ZPO, evtl nach dem angefochtenen Teil, Hamm JB **99**, 319, bei einem gemeinsamen Gutachten für mehrere Verfahren nach Rn 26 nach dem gesamten an- oder abgesetzten Betrag. Soweit nach Rn 14 der Rpfl entschieden hat, ist gegen seine Entscheidung die einfache Beschwerde oder die Erinnerung nach § 11 I, II RPflG zulässig. Dann verläuft das Verfahren nach § 11 RVG Rn 106–126, Teil X dieses Buchs. Die Beschwerde ist aber in einer Abweichung von dem bei § 11 RVG geschilderten Verfahren nicht fristabhängig, so schon Düss MDR **97**, 104. Es kann allerdings eine Verwirkung wie bei § 242 BGB eingetreten sein, Düss MDR **97**, 104 (nach 18 Monaten), Kblz JB **00**, 210 (nicht schon nach 18 Monaten), Köln JB **99**, 320 (dann auch kein Antrag auf Neufestsetzung). Das gilt auch bei einer Beschwerde mit der Staatskasse als Gegnerin, LG Kiel Rpfleger **96**, 346 (zustm Döring). Eine

1121

Verwirkung läßt den Anspruch untergehen. Daher ist die Beschwerde dann unbegründet.

27   **E. Zulassungsbeschwerde.** Statt Rn 26 reicht es nach III Hs 2 auch, daß das Vordergericht die Beschwerde wegen einer grundsätzlichen Bedeutung der zur Entscheidung stehenden Frage wie bei § 543 II 1 Z 1 ZPO bereits in seinem Beschluß und nicht etwa erst später zugelassen hat, Mü JB **07**, 602 rechts unten, ähnlich wie bei § 66 II 2 GKG, § 57 II 2 FamGKG, Teile I A, B dieses Buchs. Diese Zulassung kann auch nur wegen bestimmter Teile der Entscheidung erfolgt sein. Sie kann sich im Tenor oder in den Gründen der Entscheidung befinden. Sie muß aber eindeutig erfolgt sein, BGH NJW **90**, 327. Daher liegt im Zweifel oder beim Schweigen keine Zulassung vor.

28   **F. Abhilfe oder Vorlage.** Das angerufene Gericht darf und muß der Beschwerde nach IV 1 Hs 1 ganz oder teilweise abhelfen, soweit es sie für zulässig und begründet hält. Andernfalls gibt es die Akten nach IV 1 Hs 2 unverzüglich wie bei § 121 I 1 BGB (allgemeiner Rechtsgedanke) an das dem Hauptsachegericht vorgeordnete Gericht ab, Wedel JB **15**, 178. In einer Kindschafts- oder Familiensache ist nach IV 2, § 119 I Z 1a GVG das OLG vorgeordnet, Nürnb FGPrax **16**, 286, aM Celle RR **13**, 961 (überliest die hier nachfolgende Begründung), KG FamRZ **08**, 1101. Denn daran ändert nach dem aus sich heraus klaren Wortlaut von IV 2 in Verbindung mit § 119 I Z 1a GVG auch weder § 66 III GKG noch § 33 IV 2 RVG etwas, Teile I A, X dieses Buchs, Kblz MDR **14**, 476, aM Celle MDR **13**, 981, Mü JB **10**, 546 (liest den Wortlaut genau andersherum). Beide Vorschriften stehen in ganz anderen Gesetzen. Ob eine fälschliche Weiterverweisung eines zunächst richtig angegangenen OLG an ein LG in den Grenzen einer Willkür das letztere bindet, ist eine erst anschließend evtl klärungsbedürftige Folgefrage.

Die Abgabe erfolgt auch dann, wenn der zB nach § 362 ZPO *ersuchte Richter* die Festsetzung vorgenommen hatte und das ihm vorgeordnete Gericht der Beschwerde nicht abhilft. Eine Beschwerde berechtigt und verpflichtet das Gericht zur Prüfung des Gesamtansatzes, Schlesw MDR **85**, 80. Die Beschwer besteht nach einer teilweisen Abhilfe im Rest, Karlsr JB **94**, 180.

29   **G. Nicht an Obersten Gerichtshof.** Soweit eine Festsetzung durch ein OLG, ein OVG, ein LAG, ein LSG oder ein FG erfolgte, ist eine Beschwerde unzulässig. Denn eine Beschwerde an einen Obersten Gerichtshof des Bundes ist nach IV 3 unzulässig. Natürlich entfällt eine Beschwerde auch, soweit ein Oberster Gerichtshof schon erstinstanzlich entschieden hat. Eine Verfassungsbeschwerde bleibt als ein außerordentlicher andersartiger Rechtsbehelf denkbar, BVerfG NJW **99**, 1621, BGH **133**, 337. Die Zulassung der Beschwerde bindet das Beschwerdegericht nach IV 4 Hs 1. Eine Nichtzulassungsbeschwerde ist nach IV 4 Hs 2 unzulässig.

30   **H. Einzelrichter.** Das Beschwerdegericht entscheidet nach einer erstinstanzlichen Entscheidung des dortigen Einzelrichters zB nach § 568 ZPO oder eines Rpfl ebenfalls grundsätzlich nach *VII 1 Hs 2* durch den Einzelrichter, Drsd JB **10**, 96, KG JB **15**, 39, OVG Lüneb NJW **12**, 1307.

Er *überträgt* ausnahmsweise das Verfahren nach *VII 2* dann dem Kollegium, wenn die Sache entweder besondere Schwierigkeiten tatsächlicher oder rechtlicher Art aufweist oder wenn die Rechtssache eine grundsätzliche Bedeutung hat, ähnlich wie bei § 66 VI 2 GKG, § 57 V 2 FamGKG, Teile I A, B dieses Buchs. Ein ehrenamtlicher Richter wirkt nach *VII 3* auch dann nicht mit, ähnlich wie bei § 66 VI 3 GKG. Die Übertragung wie deren Unterlassung sind nach *VII 4* unanfechtbar, ähnlich wie bei § 66 VI 4 GKG.

31   **I. Anhörung.** Eine mündliche Verhandlung ist nicht erforderlich, aber zulässig. Das Beschwerdegericht muß die angefochtene Festsetzung einschließlich des dabei etwa ausgeübten Ermessens voll überprüfen, Oldb JB **81**, 86, Kamphausen JB **83**, 415, Mümmler JB **83**, 416, aM Ffm JB **83**, 413. Eine Anhörung des Berechtigten und des Vertreters der Staatskasse ist zweckmäßig. Sie ist nach Art 103 I GG notwendig, soweit das Gericht die Entscheidung zu Lasten des Betroffenen abändern will, BVerfG **34**, 346. LSG Münst JB **14**, 427 hält eine Anhörung bei I nicht für notwendig.

Abschnitt 1. Allgemeine Vorschriften §§ 4, 4a JVEG

J. Entscheidung. Die Entscheidung erfolgt durch einen Beschluß. Das Beschwerdegericht muß ihn begründen, BLAH § 329 ZPO Rn 4. Es gibt kein Verschlechterungsverbot, Karlsr OLGR **99**, 403, Schlesw MDR **85**, 79, LAG Hamm JB **76**, 491, aM Zi 25 (ohne Begründung). Das Beschwerdegericht verkündet seinen Beschluß oder teilt ihn den Beteiligten formlos mit. Das Beschwerdeverfahren ist nach *VIII 1* gebührenfrei. Es ist aber nicht auslagenfrei, LG Kblz FamRZ **98**, 1456. Es findet nach (jetzt) *VIII 2* keine Kostenerstattung statt, LAG Hamm JB **76**, 493. 32

K. Weitere Rechtsmittel. Rechtsbehelfsbelehrung: § 4c. Eine weitere Beschwerde ist wie nach *V 1, 2,* wie nach § 66 IV GKG nur nach einer vollen oder wenigstens teilweisen eindeutigen Zulassung durch das LG als Beschwerdegericht im Tenor oder in den Gründen seiner Entscheidung statthaft, BGH NJW **90**, 327, KG JB **09**, 375. Sie ist außerdem nur wegen einer Rechtsverletzung nach §§ 546, 547, 574 ZPO statthaft. Daher ist eine weitere Beschwerde nach einer erstinstanzlichen Entscheidung eines ArbG, FG, SG oder VG unstatthaft. Im Zweifel liegt keine Zulassung vor. Ein Schweigen begründet zumindest einen solchen Zweifel. Die erforderliche Rechtsverletzung muß für die angefochtene Entscheidung zumindest mitursächlich gewesen sein. Das muß der Beschwerdeführer darlegen, Stackmann NJW **03**, 169. Zuständig ist nach *V 3* das OLG. Zum Verfahren verweist *V 4* auf IV 1, 4. Die Zulassung der weiteren Beschwerde bindet nach V 4 in Verbindung mit IV 4 Hs 1 grundsätzlich das Beschwerdegericht. Indessen kann eine fehlerhafte Zulassung durch den Einzelrichter zur Zurückverweisung führen, Celle MDR **14**, 1150. Die Nichtzulassung ist nach V 4 in Verbindung mit IV 4 Hs 2 grundsätzlich unanfechtbar. Ausnahmsweise kann eine weitere Beschwerde auch wegen einer Willkür des Erstgerichts zulässig sein, Düss JB **94**, 182. 33

Eine *außerordentliche* Beschwerde kommt seit der Einführung einer Rechtsbeschwerde, hier durch V 1, 2, praktisch *nicht* mehr in Betracht, KG JB **09**, 375.

Falls im Kostenfestsetzungsverfahren nach §§ 103ff ZPO und im Verfahren nach § 4 widersprechende rechtskräftige Entscheidungen vorliegen, bleibt allenfalls eine Erinnerung nach (jetzt) § 66 I GKG (evtl auf Kosten der Landeskasse) möglich, Teil I A dieses Buchs, Kblz VersR **88**, 297.

12) Gegen Rechtspfleger mangels Beschwerdewerts oder Zulassung: Befristete Erinnerung, III, § 11 II 1 RPflG. Soweit der Rpfl über den Festsetzungsantrag nach Rn 12 entschieden hat und soweit eine Beschwerdemöglichkeit wegen des Nichterreichens des Beschwerdewerts nach Rn 25 oder aus anderen Gründen entfällt, muß man § 11 II 1 RPflG beachten, ähnlich wie bei § 66 GKG, Teil I A dieses Buchs, und bei § 55 RVG, Teil X dieses Buchs. Nach § 11 II 1 RPflG findet dann aus verfassungsrechtlichen Gründen eine befristete Erinnerung in einem besonderen Verfahren statt. Über sie entscheidet mangels einer Abhilfe durch den Rpfl sein Richter abschließend. Rechtsbehelfsbelehrung: § 4c. 34

13) Gegenvorstellung, III ff. Sie kann als eine Ausprägung von Art 17 GG statthaft sein, Karlsr MDR **93**, 289, Mü JB **86**, 1226. Vgl im einzelnen § 63 GKG, Teil I A dieses Buchs. 35

Abhilfe bei Verletzung des Anspruchs auf rechtliches Gehör

4a [I] Auf die Rüge eines durch die Entscheidung nach diesem Gesetz beschwerten Beteiligten ist das Verfahren fortzuführen, wenn
1. ein Rechtsmittel oder ein anderer Rechtsbehelf gegen die Entscheidung nicht gegeben ist und
2. das Gericht den Anspruch dieses Beteiligten auf rechtliches Gehör in entscheidungserheblicher Weise verletzt hat.

[II] [1] Die Rüge ist innerhalb von zwei Wochen nach Kenntnis von der Verletzung des rechtlichen Gehörs zu erheben; der Zeitpunkt der Kenntniserlangung ist glaubhaft zu machen. [2] Nach Ablauf eines Jahres seit Bekanntmachung der angegriffenen Entscheidung kann die Rüge nicht mehr erhoben werden. [3] Formlos mitgeteilte Entscheidungen gelten mit dem dritten Tage nach Aufgabe zur Post als bekannt gemacht. [4] Die Rüge ist bei dem Gericht zu erheben, dessen Entscheidung angegriffen wird; § 4 Abs. 6 Satz 1 und 2 gilt entspre-

1123

chend. ⁵Die Rüge muss die angegriffene Entscheidung bezeichnen und das Vorliegen der in Absatz 1 Nr. 2 genannten Voraussetzungen darlegen.

III Den übrigen Beteiligten ist, soweit erforderlich, Gelegenheit zur Stellungnahme zu geben.

IV ¹Das Gericht hat von Amts wegen zu prüfen, ob die Rüge an sich statthaft und ob sie in der gesetzlichen Form und Frist erhoben ist. ²Mangelt es an einem dieser Erfordernisse, so ist die Rüge als unzulässig zu verwerfen. ³Ist die Rüge unbegründet, weist das Gericht sie zurück. ⁴Die Entscheidung ergeht durch unanfechtbaren Beschluss. ⁵Der Beschluss soll kurz begründet werden.

V Ist die Rüge begründet, so hilft ihr das Gericht ab, indem es das Verfahren fortführt, soweit dies aufgrund der Rüge geboten ist.

VI Kosten werden nicht erstattet.

Schrifttum (teilweise zum alten Recht): *Endell,* Die Verwirklichung des rechtlichen Gehörs durch die Anhörung gemäß § 321 a ZPO, 2016; *Hinz* WoM **02**, 6 („Üb"); *Kettinger,* Die Verfahrensgrundrechtsrüge usw, 2007; *Poelzig* ZZP **121**, 233 („Vorlagerüge"); *Polep/Rensen,* Die Gehörsrüge (§ 321 a ZPO), 2004; *Schmidt* MDR **05**, 915 („Üb"); *Schnabl,* Die Anhörungsrüge nach § 321 a ZPO, 2007; *Schneider* MDR **06**, 969 („Üb"); *Schneider,* Die Gehörsrüge – eine legislative Missgeburt, Festschrift für *Madert* (2006) 187; *Treber* NJW **05**, 97 („Üb"); *Vollkommer,* Erste praktische Erfahrungen mit der neuen Gehörsrüge gemäß § 321 a ZPO, Festschrift für *Musielak* (2004) 619; *Vollkommer,* Streit- und Zweifelsfragen bei der schrittweisen Einführung der Gehörsrüge in den deutschen Zivilprozess, Festschrift für *Georgiades* (2006) 589; *Zuck* MDR **11**, 399 („Üb"). Rechtsvergleichend *Liu* Festschrift für *Gottwald* (2014) 398.

Gliederung

1) Systematik, I–VI	1
2) Regelungszweck, I–VI	2, 3
3) Geltungsbereich, I–VI	4
4) Ausschluß von §§ 319–321, 329 ZPO usw, I–VI	5–9
A. Keine Berichtigung nach §§ 319, 329 ZPO usw	6
B. Keine Tatbestandsberichtigung nach §§ 320, 329 ZPO usw	7, 8
C. Keine Ergänzung der Entscheidung nach §§ 321, 329 ZPO usw	9
5) Unbeachtbarkeit von § 156 ZPO, I–VI	10
6) Unstatthaftigkeit, Unzulässigkeit eines Rechtmittels oder anderen Rechtsbehelfs, I Z 1	11–14
A. Maßgeblichkeit nur der Entscheidung nach dem JVEG	12
B. Unstatthaftigkeit, Unzulässigkeit jedes anderen Rechtsbehelfs	13, 14
7) Entscheidungserheblichkeit der Verletzung des Anspruchs auf rechtliches Gehör, I Z 2	15–20
A. Gehörsverletzung gerade zulasten des Beschwerten	16
B. Gehörsbegriff	17, 18
C. Entscheidungserheblichkeit des Gehörsverstoßes	19
D. Nicht nur bei Endentscheidung, I Z 1, 2	20
8) Notwendigkeit einer Rüge, I, II	21
9) Rügefrist, II 1–3	22–25
A. Fristbeginn mit Kenntnis der Verletzung, II 1 Hs 1	23
B. Glaubhaftmachung, II 1 Hs 2	24
C. Jahres-Ausschlußfrist, II 2, 3	25
10) Zuständigkeit, Rügeform, II 4	26, 27
A. Schriftform oder elektronisch, II 4 Hs 1	26
B. Auch zum Protokoll, II 4 Hs 2	27
11) Rügeinhalt, II 5	28–39
A. Bezeichnung der angegriffenen Entscheidung, II 5 Hs 1	28
B. Darlegung der Gehörsverletzung, II 5 Hs 2	29, 30
C. Darlegung der Entscheidungserheblichkeit der Gehörsverletzung, II 5 Hs 2	31–34
D. Voraussichtlichkeit, II 5 Hs 1, 2	35
E. Beispiele zur Frage einer Gehörsverletzung, II 5 Hs 1, 2	36–39
12) Stellungnahme des Gegners, III	40–42
A. Erforderlichkeit	40
B. Stellungnahmefrist	41
C. Gegenäußerung des Rügeführers	42
13) Verwerfung, Zurückweisung, IV	43–52
A. Amtsprüfung der Statthaftigkeit und Zulässigkeit, IV 1	43, 44
B. Freigestellte mündliche Verhandlung, IV 1	45
C. Bei Unstatthaftigkeit oder Unzulässigkeit: Verwerfungsbeschluß, IV 2, 4, 5	46

Abschnitt 1. Allgemeine Vorschriften § 4a JVEG

    D. Begründung der Verwerfung 47, 48
    E. Verwerfungskosten 49
    F. Bei Unbegründetheit: Zurückweisungsbeschluß, IV 3–5 50
    G. Begründung der Zurückweisung 51
    H. Zurückweisungskosten 52
14) **Abhilfe: Verfahrensfortführung, V** 53–56
    A. Entbehrlichkeit einer Fortführungsentscheidung, V 1 54
    B. Zurückversetzung des Verfahrens, V 2, 4 55
    C. Neue Entscheidung, V 3 56
15) **Einstellung der Zwangsvollstreckung, § 707 ZPO** 57, 58
16) **Keine Kostenerstattung, VI** 59
17) **Verstoß, I–VI** 60
18) **Rechtsbehelfe, Verfassungsbeschwerde, I–VI** 61–66
    A. Nicht bei greifbarer Gesetzwidrigkeit 61
    B. Keine Gegenvorstellung 62
    C. „Ergänzende" Rechtsbeschwerde 63
    D. Meistbegünstigung 64
    E. Verfassungsbeschwerde 65
    F. Gegen Abhilfe 66

1) Systematik, I–VI. Die Vorschrift ist kein Rechtsmittel nach BLAH Grdz 3 **1**
vor § 511 ZPO, BGH RR **12**, 978 (zu § 321a ZPO). Sie ist eine notwendige Ergänzung zu §§ 1–4. Denn sie regelt eine dort nicht eindeutig oder gar nicht erfaßte Situation. § 4a gilt deshalb neben §§ 1–4 nur hilfsweise, eben nur, soweit diese letzteren Bestimmungen nicht ausreichen. Nur bei deren Unanwendbarkeit entsteht ein Rechtsschutzbedürfnis nach BLAH Grdz 33 vor § 253 ZPO zum Verfahren nach § 4a, Celle MDR **03**, 593 (zu § 321a ZPO). Zur Frage einer entsprechenden Anwendbarkeit bei Art 101 I 2 GG BGH GRUR **06**, 347 (zu § 321a ZPO).

2) Regelungszweck, I–VI. Die Vorschrift bezweckt die Heilung eines Verstoßes **2** gegen Art 103 I GG und nur dieses Verstoßes, so jetzt auch BVerfG RR **11**, 1610 (zu § 321a ZPO, kunstvoll ausparend zitierend); LG Bln WoM **16**, 418, weitergehend BVerfG NZA **08**, 1201 (zu § 78a ArbGG). Sie dient der Selbstkorrektur des bisherigen Gerichts, krit Kroppenberg ZZP **116**, 437, Rensen JZ **05**, 197. Sie dient aber auch der Entlastung des BVerfG, BGH NJW **12**, 3088, Oldb NJW **05**, 149 (je: zu § 321a ZPO), Gravenhorst MDR **03**, 888 schlagen stattdessen für den Zivilprozeß eine „kleine Verfassungsbeschwerde" mit §§ 577a–e ZPO vor (so sein Entwurf). Das BVerfG soll sich nicht mit einem solchen Verstoß gegen Art 103 I GG befassen müssen, den das Verfahrensgericht aus einer Gleichgültigkeit oder Gedankenlosigkeit oder sogar ohne jede Vorwerfbarkeit begangen hatte und den es bei einer nochmaligen Prüfung voraussichtlich selbst beheben kann, BVerfG NJW **07**, 2241 und 2243. Das rechtfertigt die Durchbrechung der Bindung an die eigene Entscheidung und sogar der inneren Rechtskraft. Es erübrigt auch ein ohnehin meist erst unter anderen Umständen mögliches Abänderungsverfahren etwa entsprechend §§ 323, 323a ZPO oder eine jetzt unstatthafte weitere Beschwerde, KG MDR **02**, 1086 (zu § 321a ZPO).

Gerechtigkeit nach BLAH Einl III 9.36 ist also das Hauptziel. Daneben dient § 4a **3** aber eben auch der Prozeßwirtschaftlichkeit nach BLAH Grdz 14 vor § 128 ZPO. Das gilt zwar nicht zugunsten des Verfahrensgerichts, wohl aber zugunsten des überlasteten BVerfG. Deshalb muß man die Vorschrift im Zweifel nach BLAH Einl III 36 zulasten des Verfahrensgerichts auslegen. Man muß ihre Voraussetzungen also großzügig bejahen, aM Jena MDR **11**, 1377 (zu § 321a ZPO). Freilich sollte eine solche Auslegung nun auch keineswegs dazu führen, einer unterlegenen Partei einen billigen Vorwand zu geben, statt eines Rechtsmittelrisikos bequem einen Gehörsverstoß zu behaupten und damit einfach eine Wiedereröffnung der Verhandlung zu erreichen, um dann ergänzend dasjenige vortragen und beweisen zu können, das sie längst hätte tun können und müssen. Auch diese Gefahr muß man bei der Auslegung mitbeachten.

Rechtssicherheit ist ein weiteres Ziel. Denn eine rechtzeitige Rüge nach § 4a hemmt den Eintritt der formellen Rechtskraft zB nach § 705 ZPO und damit auch der inneren nach § 322 ZPO.

Zeitgemäß ist die Vorschrift allemal. Zwar ist eine Gehörsrüge im ohnehin äußerst komfortabel ausgestalteten System einer Überprüfbarkeit gerichtlichen Handelns ein weiterer Schritt, das Verfahren schon dieser Instanz noch einmal zeitlich zu verlängern und auch durchaus zu komplizieren. Fast endlose Geduld ist aber auch ein Zeichen gelassener Rechtsstaatlichkeit auf hohem Niveau, keineswegs verfassungsrechtlich nötig, trotzdem verfassungsgemäß und der Gerechtigkeit geradezu grenzenlos dienend. Wenn die Beteiligten es nicht bis zum Rechtsmißbrauch nach BLAH Einl III 54 strapazieren, sondern vernünftig abwägend handhaben, erfüllt es unverändert einen wichtigen Schlußzweck und kann eine weitere Instanz verhindern helfen.

4   3) **Geltungsbereich, I–VI.** Die Vorschrift ist dem § 321a ZPO nachgebildet. Diese Vorschrift ist in allen Verfahren nach der ZPO uneingeschränkt anwendbar, auch im Prozeßkostenhilfeverfahren nach §§ 114ff ZPO, Naumb FamRZ **07**, 917, auch im Wiedereinsetzungsverfahren nach einer Gewährung nach § 238 ZPO, BGH FamRZ **09**, 685, Düss BauR **15**, 1719, sowie im Urkunden-, Scheck- und Wechselprozeß der §§ 592ff ZPO (Vor- wie Nachverfahren) und im Eilverfahren auf einen Arrest nach §§ 920ff ZPO oder auf eine einstweilige Verfügung nach §§ 935ff ZPO sowie im WEG-Verfahren.

In den *anderen* Gerichtsverfahren gelten entsprechende Vorschriften, §§ 72a, 78a ArbGG, BVerfG NZA **08**, 1201, BAG NZA **17**, 139, ArbG Oldb NZA **10**, 527, § 83a EnWG, § 44 FamFG, § 61 FamGKG, § 133a FGO, BFH NVwZ-RR **09**, 703, FG Kassel NZA-RR **06**, 80, § 81 III GBO, § 69a GKG, § 131 GNotKG, § 5 II 2 GvKostG, § 71a GWB, § 55 IV JGG, § 83 III MarkenG, BPatG GRUR **07**, 156 (Vorrang), § 89a MarkenG, § 12a RVG, § 178a SGG, § 89 II SchiffsRegO, §§ 32a, 356a StPO, § 152a VwGO, § 121a WDiszplO.

5   4) **Ausschluß von §§ 319–321, 329 ZPO usw, I–VI.** Vor einer Prüfung der Voraussetzungen nach I muß man nach Rn 1 als Gericht wie Partei nach BLAH Grdz 4 vor § 50 oder ProzBev zB § 81 ZPO klären, ob das Rechtsschutzbedürfnis für ein Verfahren nach § 4a schon deshalb fehlt, weil einer der Wege einer Berichtigung oder Ergänzung des Urteils nach §§ 319–321 ZPO usw infrage kommt.

6   A. **Keine Berechtigung nach §§ 319, 329 ZPO usw.** Das Gericht muß zunächst schon von Amts wegen prüfen, ob eine Berichtigung wegen offenbarer Unrichtigkeit im Hinblick auf die hier natürlich allein interessierende Frage einer entscheidungserheblichen Gehörsverletzung möglich und daher notwendig ist. Das kann zB dann so sein, wenn das Gericht das rechtliches Gehör nach Art 103 I GG zumindest nach seiner wahren Ansicht gewährt und nur vergessen hatte, das Ergebnis dieser Gewährung in der Entscheidung in der Entscheidung zum Ausdruck zu bringen. Denn dann kann schon infolge einer Berichtigung im einfacheren und schnelleren Verfahren zB nach §§ 319, 329 ZPO, § 42 FamFG eine Rüge nach § 4a unnötig werden und eine verständige Partei bereits deshalb von ihr absehen, großzügiger BVerfG NJW **04**, 3552, Köln FamRZ **05**, 2075. Die Berichtigung mag im Tenor, Tatbestand oder den Entscheidungsgründen oder Protokollgründen notwendig sein.

7   B. **Keine Tatbestandsberichtigung nach §§ 320, 329 ZPO usw.** Sodann muß man bei einer hier beachtbaren Kostenentscheidung etwa in einem Urteil wie in einem Beschluß prüfen, ob wenigstens eine Berichtigung des etwaigen Tatbestands oder Sachverhalts nach §§ 320, 329 ZPO usw wiederum in Hinblick auf eine entscheidungserhebliche Gehörsverletzung infrage kommt. Das kann nicht nur diejenige Partei prüfen, die ja einen nach § 320 I, III ZPO notwendigen Antrag stellen müßte. Vielmehr darf und muß auch das Gericht eine solche Prüfung zwecks Anregung eines etwaigen Parteiantrags vornehmen. Zwar bezieht sich die Erörterungs- und Hinweispflicht des § 139 ZPO auf den Verfahrensabschnitt „mündliche Verhandlung". Diese ist ja spätestens mit der Maßnahme nach §§ 136 IV, 296a S 1 ZPO jedenfalls zunächst beendet gewesen. Indessen zielt § 4a V ja gerade auf die „Fortführung des Verfahrens" ab, also jedenfalls beim Verfahren mit einer möglichen oder notwendigen mündlichen Verhandlung auf den Wiedereintritt in sie. Im übrigen gilt die Fürsorgepflicht des Gerichts in allen Verfahrensabschnitten.

8   Mit § 320 V ZPO usw *erzielt man* freilich vordergründig nur eine Verbesserung des Tatbestands, nicht der Entscheidungsgründe. Sie mag aber auch und gerade in der Frage der Gewährung oder Verletzung des rechtlichen Gehörs Auswirkungen bis hin zur Anfechtbarkeit des Urteils und damit zum Entfallen des Verfahrens nach § 4a mit sich bringen, wenn auch sicher nur selten. Im übrigen kann ja ein Verfahren nach

Abschnitt 1. Allgemeine Vorschriften **§ 4a JVEG**

§ 320 ZPO ein solches nach § 321 ZPO zur Folge haben, das ebenfalls einen Vorrang vor demjenigen nach § 4a hätte.

C. Keine Ergänzung der Entscheidung nach §§ 321, 329 ZPO usw. 9
Schließlich muß man klären, ob eine Ergänzung der Entscheidung nach §§ 321, 329 ZPO usw infrage kommt. Auch diese Prüfung ist eine Pflicht nicht nur der Partei, sondern trotz des Erfordernisses ihres Antrags auch des Gerichts wegen seiner in Rn 7 dargelegten hier ebenso bestehenden Fürsorgepflicht. Auch bei § 321 ZPO kommt es hier natürlich nur auf eine etwaige entscheidungserhebliche Gehörsverletzung an. Immerhin kann sie gerade auch bei §§ 321, 329 ZPO usw ein Anlaß zur Ergänzung der Entscheidung sein und damit ein Verfahren nach § 4a erübrigen.

5) Unbeachtbarkeit von § 156 ZPO, I–VI. Dagegen ist im Zivilprozeß § 156 10
ZPO bei § 4a JVEG zunächst unbeachtbar. Denn die Geltungsbereiche überschneiden sich zunächst nicht. § 156 ZPO setzt zwar voraus, daß das Gericht die mündliche Verhandlung nach §§ 136 IV, 296a S 1 ZPO geschlossen hatte. Die Vorschrift gilt aber nur bis zur Verkündung oder sonstigen gesetzmäßigen Mitteilung der Entscheidung. Demgegenüber hat § 4a gerade eine bereits wirksam erlassene Entscheidung zur Voraussetzung. Ob im Verfahren nach § 4a dann nach dem Schluß der dortigen Verhandlung, aber vor der Entscheidung über die Rüge eine Wiedereröffnung dieser letzteren Verhandlung nach § 156 ZPO notwendig wird, ist eine andere Frage. Diese läßt sich an diesem Anfang der Prüfschritte des § 4a noch nicht beantworten. Natürlich kann ein Verstoß gegen § 156 ZPO die Rüge nach § 4a eröffnen.

6) Unstatthaftigkeit, Unzulässigkeit eines Rechtsmittels oder anderen 11
Rechtsbehelfs, I Z 1. Ein Abhilfeverfahren nach § 4a setzt das Zusammentreffen mehrerer Bedingungen voraus. Es sind mehrere Prüfschritte erforderlich.

A. Maßgeblichkeit nur der Entscheidung nach dem JVEG. Es kommt bei 12
I Z 1 nur auf eine solche Entscheidung an, die das Gericht gegenüber einem gerade nach dem JVEG Beteiligten getroffen hat.

B. Unstatthaftigkeit, Unzulässigkeit jedes anderen Rechtsbehelfs. Es darf 13
gegen die Entscheidung auch kein Rechtsmittel und überhaupt kein Rechtsbehelf irgendeiner Art statthaft oder schon oder noch zulässig sein. Hierher kann auch ein Fristablauf zählen. Damit erweitert I Z 1 den Kreis der zunächst durchzuprüfenden Rechtsbehelfe im weitestmöglichen Sinn und engt dadurch zugleich die Möglichkeit einer Anhörungsrüge ungeachtet ihrer nach Rn 3 aber weiten Auslegbarkeit doch wieder ein.

Daher darf man nun auch *nicht* gleich wieder mit dem schon nach altem Recht 14
genügend problematisch gewesenen *„außerordentlichen Rechtsmittel"* wegen „greifbarer Gesetzeswidrigkeit" die Einschränkung des I Z 1 unterlaufen oder überhöhen, je nach der Betrachtungsweise und Wunschrichtung. Auch eine Gegenvorstellung nach BLAH Grdz 6ff vor § 567 ZPO muß nicht vorangehen. Denn § 4a tritt ja gerade an deren Stelle. Freilich kann eine hilfsweise Gehörsrüge nach Rn 21 in Betracht kommen.

7) Entscheidungserheblichkeit der Verletzung des Anspruchs auf recht- 15
liches Gehör, I Z 2. Nach der Abklärung, ob eine der Situationen Rn 5–9 vorliegt, und nach der Feststellung, daß ein Rechtsmittel oder Rechtsbehelf nach Rn 11–14 unstatthaft ist, hängt die Statthaftigkeit des Abhilfeverfahrens nach § 4a davon ab, daß außerdem auch das Gericht des bisherigen Rechtszugs den Anspruch des Rügeführers auf das rechtliche Gehör in einer entscheidungserheblichen Weise verletzt hat, BGH WoM **11**, 562 (zu § 321a ZPO). Hier muß man mehrere Unterfragen prüfen.

Ein Verstoß gegen *Art 101 I 2 GG* kann § 4a entsprechend anwendbar machen, BGH RR **07**, 1654 (zu § 321a ZPO).

A. Gehörsverletzung gerade zulasten des Beschwerten. Gerade das ange- 16
gangene Gericht muß gerade das rechtliche Gehör gerade desjenigen Beteiligten versagt haben, den die Entscheidung beschwerte und der jetzt als Rügeführer auftritt, BGH MDR **10**, 100, BSG NZA-RR **05**, 603 (je zu § 321a ZPO). Also reicht keine andere Art von Verfahrensverstoß, BGH MDR **10**, 100, Celle MDR **08**, 1180, Kblz FamRZ **08**, 1967 (je zu § 321a ZPO), weitergehend BVerfG NZA **08**, 1201 (zu § 78a ArbGG). Der Verstoß mag in nur einem oder in mehreren Punkten vorliegen.

JVEG § 4a V. Justizvergütungs- und -entschädigungsgesetz

Er mag sich auf eine Tatsache nach BLAH Einf 17 vor § 284 ZPO oder auf eine Rechtsfrage beziehen, zB § 139 II 1 ZPO. Er mag auch nur den Kostenpunkt nach dem JVEG betreffen, Celle FamRZ **03**, 1578, Düss MDR **10**, 1487 (je zu § 321a ZPO). Er mag nur diesen Rügeführer oder neben ihm auch andere beschweren. Auch die Staatskasse kann eine Beteiligte sein.

Besteht ein Verstoß nur gegenüber einem *anderen Beteiligten*, entfällt für den Rügeführer die Möglichkeit nach I Z 2. Denn diese Vorschrift spricht vom Anspruch auf Gehör gerade „dieses" Beteiligten. I 2 soll natürlich nicht auch dem durch einen Gehörsverstoß gar nicht Betroffenen eine Rügemöglichkeit eröffnen. Deshalb ist nur der nach dem JVEG persönlich Beschwerte rügeberechtigt. Es kommt auf die Umstände an.

17 **B. Gehörsbegriff.** Rechtliches Gehör muß man wie bei BLAH Einl III 16 und Grdz 41 vor § 128 ZPO beurteilen. Es erfordert also bei aller manchmal gefährlich schillernden Unschärfe des Begriffs und seiner oft allzu zweckorientierten Auslegung doch im Kern die ausreichende Möglichkeit einer Äußerung zu einer tatsächlichen oder rechtlichen Frage innerhalb einer nach den Umständen angemessenen nicht allzu großzügig ansetzbaren Frist. Eine allzu weite Auslegung ist gefährlich, großzügiger Köln FamRZ **05**, 2075.

18 *Gesetz und Gesamtumstände* sind dabei mitbeachtbar, letztere zumindest hilfsweise und evtl sogar vorrangig. Im übrigen sei auf die Erörterung möglicher Gehörsverletzungen bei den einzelnen Vorschriften der ZPO, des GVG usw verwiesen. Eine Bereitschaft zur Selbstkritik ist eine gebieterische Forderung an das Gericht gerade im Verfahren nach § 4a. Das gilt besonders bei der Beurteilung, ob man das Gehör verletzt hatte. Ängstlichkeit ist freilich keineswegs ratsam. Zwar sollte das Gericht nach den Anregungen Rn 3 vorgehen. Das Gericht sollte aber eben auch nicht eine Beibehaltung der Entscheidung dann scheuen, wenn es sich einigermaßen bestätigt fühlt. Mag dann eben eine Verfassungsbeschwerde folgen müssen.

19 **C. Entscheidungserheblichkeit des Gehörverstoßes.** Gerade der Verstoß gegen das Gebot rechtlichen Gehörs muß für den Rügeführer in der Entscheidung auch nur evtl nachteilige Auswirkungen gehabt haben, BVerfG NJW **09**, 1586, BGH WertpMitt **11**, 1804, LG Bln WoM **16**, 418 (je zu § 321a ZPO). Er muß dadurch also beschwert sein. Diese Ursächlichkeit muß nach Rn 29, 30 zweifelsfrei feststehen. Sonst scheitert die Rüge, Zuck NJW **08**, 2081 (zur Nichtzulassungsbeschwerde bei § 321a ZO). Die Nichtbeachtung einer argumentativen Stellungnahme ist grundsätzlich entscheidungserheblich, BGH WertpMitt **10**, 1789. Eine Mitursächlichkeit genügt. Es ist nicht eine Auswirkung in der Hauptsache erforderlich. Begriff der Ursächlichkeit BLAH § 287 ZPO Rn 6–8.

Umfangerheblichkeit des Verstoßes ist *nicht* erforderlich. Denn Entscheidungserheblichkeit ist etwas anderes als ein erhebliches Ausmaß. Daher reicht theoretisch ein Nachteil von sehr geringer Summe. Freilich dürfte das Rechtsschutzbedürfnis nach BLAH Grdz 33 vor § 253 ZPO bei winzigen Auswirkungen fehlen: minima non curat praetor. Vor diesem Gedanken sollte der Richter auch bei § 4a nicht furchtsam zurückweichen. In einem allzu kraß geringfügig „entscheidungserheblichen" Fall dürfte in einer Rüge nach § 4a sogar ein Rechtsmißbrauch nach BLAH Einl III 54 liegen. Freilich sollte sich das Gericht hüten, diesen Gedanken zum faulen Abschmettern einer Abhilfebitte zu mißbrauchen.

20 **D. Nicht nur bei Endentscheidung, I Z 1, 2.** Eine Anhörungsrüge kommt anders als bei § 321a I 2 ZPO nicht nur beim Verstoß einer Endentscheidung infrage. Sie ist vielmehr bei derjenigen Entscheidung des Richters, Rpfl oder Urkundsbeamten welcher Form auch immer statthaft. Hierher zählt also auch zB eine Zwischen- oder Teilentscheidung.

Unanwendbar ist § 4a also bei einem bloßen Verwaltungsakt.

21 **8) Notwendigkeit einer Rüge, I, II.** Das Gericht muß ein Verfahren nach § 4a zwar evtl nach Rn 7 von Amts wegen anregen. Das Verfahren beginnt aber nur auf Grund einer Rüge, also eines hier besonders benannten Antrags. Er ist eine Prozeß- oder Verfahrenshandlung des nach dem JVEG Beteiligten, BLAH Grdz 47 vor § 128 ZPO. Er hat die in BLAH Grdz 51 ff vor § 128 ZPO erläuterten Folgen für die Auslegung, einen Widerruf usw. Die unrichtige Bezeichnung ist unschädlich, soweit die

Zweckrichtung einer Bitte um Abhilfe gerade wegen einer Gehörsverletzung eindeutig erkennbar ist. Die Gehörsrüge kann auch neben einem Rechtsbehelf oder Rechtsmittel hilfsweise erfolgen.

9) Rügefrist, II 1–3. Man muß die Rügeschrift nach II 1 innerhalb von zwei Wochen einreichen. Die Rechtzeitigkeit ist eine Voraussetzung der Zulässigkeit der Rüge. Das ergibt sich aus IV 1, 2. Die Zweiwochenfrist ist abweichend von § 321a II 1 ZPO keine Notfrist. Eine gerichtliche Fristverkürzung oder -verlängerung ist mangels einer entsprechenden gesetzlichen Regelung nicht zulässig. Eine dem § 224 I 1 ZPO entsprechende Regelung fehlt im JVEG, einem selbständigen Gesetz. Man kann § 224 I 1 ZPO innerhalb der Zeitgrenze des II 2 auch nicht einfach sinngemäß als eine Grundregel anwenden. Denn Fristen sind als ein formelles Recht grundsätzlich streng auslegbar. Wegen der Einreichung beim unzuständigen Gericht Rn 26. 22

A. Fristbeginn mit Kenntnis der Verletzung, II 1 Hs 1. Die Rügefrist beginnt mit der Kenntnis des Rügeführers oder seines ihm zB nach § 51 ZPO gleichgestellten gesetzlichen Vertreters oder ProzBev nach § 81 ZPO von der Verletzung des rechtlichen Gehörs, BVerfG RR **11**, 1610, Jena RR **11**, 1694 (je zu § 321a ZPO). Die Rügefrist kann für jeden Betroffenen je nach dem Zeitpunkt gerade seiner Kenntnis unterschiedlich anlaufen. Zum Nachweis des Zustellungszeitpunkts gelten die sonst üblichen Regeln, zB im Zivilprozeß BLAH § 418 ZPO Rn 5 „Post", „Zustellungsurkunde". 23

Kenntnis ist mehr als bloßes Kennenmüssen, -sollen oder -können. Ähnlich wie zB bei § 814 BGB kommt es auf ein positives direktes Wissen an, BAG NZA **17**, 139 (ohne Vorlage nach dem RsprEinhG, BLAH Anh § 140 GVG), Rensen MDR **07**, 697, aM BGH FamRZ **06**, 1029 (je zu § 321a ZPO). Nach dem klaren Wortlaut von II 1 Hs 1 ist eine Kenntnis nur von der Verletzung notwendig, nicht auch von deren Entscheidungserheblichkeit, Rieble/Vielmeier JZ **11**, 925. In der Praxis sollte man deshalb an die Kenntnis keine überscharfen Anforderungen stellen.

Unerheblich ist der Zustellungszeitpunkt der Entscheidung, aM BGH MDR **13**, 421, Oldb MDR **09**, 764, ZöV 11 (je zu § 321a ZPO. Aber Wortlaut und Sinn sind eindeutig, BLAH Einl III 39). Natürlich bleibt ein Rechtsmißbrauch nach BLAH Einl III 54 unstatthaft, BVerfG RR **10**, 1215, Jena RR **11**, 1694, Oldb MDR **09**, 764 (je: bewußte Nichtkenntnisnahme). Nichtlesen ist aber noch nicht stets Rechtsmißbrauch.

B. Glaubhaftmachung, II 1 Hs 2. Der Rügeführer muß den Zeitpunkt seiner Kenntnis von der Gehörsverletzung nicht nur darlegen, sondern auch glaubhaft machen. Das geschieht wie stets nach § 294 ZPO, also mit allen Beweismitteln, auch und vor allem mit einer eidesstattlichen Versicherung. Die falsche wäre ja sogar nach § 156 StGB strafbar. Man kann die Glaubhaftmachung nur innerhalb einer vom Gericht setzbaren angemessenen Frist nachholen. 24

Nicht erforderlich ist ein über eine überwiegende Wahrnehmlichkeit hinausgehender Beweisantritt oder gar ein Beweis bis zur vollen Überzeugung des Gerichts zB nach BLAH § 286 ZPO Rn 18. Freilich kann ein Anscheinsbeweis für oder gegen den Rügeführer nach den Regeln BLAH Anh § 286 ZPO Rn 15 ff vorliegen. Er kann zu einer Verschärfung wie Verringerung der Anforderungen an die Glaubhaftmachung führen.

C. Jahres-Ausschlußfrist, II 2, 3. Nach dem Ablauf eines Jahres seit der Bekanntgabe der angegriffenen Entscheidung an den Beteiligten, seinen gesetzlichen Vertreter oder seinen ProzBev ist die Rüge nach II 2 unzulässig. Dabei gilt eine nur formlos mitgeteilte Entscheidung nach der verfassungsrechtlich hier wie bei ähnlichen Regelungen problematischen Unterstellung mit dem dritten Tag nach der etwaigen Aufgabe zur Post nach II 3 als bekanntgegeben, BVerfG NJW **07**, 2244 (zu § 321a ZPO). Es handelt sich bei der Jahresfrist um eine Ausschlußfrist, BLAH Üb 11 vor § 214 ZPO. Sie läßt ebensowenig wie zB bei § 234 III ZPO eine Wiedereinsetzung zu. Die Aufgabe zur Post ergibt sich aus den Gerichtsakten (Abvermerk der Postausgangsstelle). Fehlt ein Abgangsvermerk oder ist er widersprüchlich oder unklar, läuft die Frist allenfalls seit dem einwandfreien Datum der sonstigen Bekanntgabe. II 3 gilt nicht bei einem anderen Übermittlungsweg als der Aufgabe zur Post. 25

26 **10) Zuständigkeit, Rügeform, II 4.** Zuständig ist nach II 4 Hs 1 dasjenige Gericht, dessen Entscheidung der Rügeführer angreift, nicht etwa das nächsthöhere Gericht.
Die Einreichung bei einem *unzuständigen* Gericht wahrt die Rügefristen des II 1–3 wegen der Verweisung in II 4 Hs 2 auf § 4 VI 1 Hs 2 nur unter den Voraussetzungen der § 129 a ZPO, § 25 III 2 FamFG (rechtzeitige Weiterleitung an das zuständige Gericht). Es gilt die normale Besetzung, BGH RR **06**, 64.
Als *Rügeform* schreibt II 4 Hs 2 durch seine Verweisung auf § 4 VI 1 mangels einer elektronischen Einreichung nach dem entsprechend anwendbaren vorrangigen § 4b einen herkömmlichen Schriftsatz vor, BGH NJW **05**, 2017 (zu § 321a ZPO). Eine nur telefonische Einlegung ist also unzulässig und wirkungslos. Erst recht ist eine nur stillschweigende Rüge unzureichend, mag sie auch sonst denkbar sein wie etwa im finanzgerichtlichen Verfahren, BGH BB **01**, 2459. Im übrigen muß man bei einer genaueren Prüfung wie folgt unterscheiden.
   A. Schriftform oder elektronisch, II 4 Hs 1. Die Rüge kann nach II 4 Hs 1 mangels einer elektronischen Übersendung schriftlich erfolgen. Die Einreichung durch ein Telefax ist wie sonst statthaft. Sie unterliegt den auch zu Unterschrift nach BLAH § 129 ZPO Rn 44 „Telefax" entwickelten Regeln.

27 **B. Auch zum Protokoll, II 4 Hs 2.** Es kommt nach II 4 Hs 2 auch die Einreichung durch eine Erklärung zum Protokoll der Geschäftsstelle eines jeden AG infrage (je zu § 321a ZPO), BGH FamRZ **12**, 1866 links oben (zu § 44 FamFG), Hinz WoM **02**, 10, aM Schmidt MDR **02**, 916 (aber die eben genannte Vorschrift gilt allgemein). Das folgt aus der Verweisung des II 4 Hs 2 auf § 4 VI 1 Hs 2. Daher gibt es auch anders als evtl im Zivilprozeß keinen Anwaltszwang wie bei §§ 78 III Hs 2, 129a ZPO. Wegen einer Bevollmächtigung gilt die jeweilige Verfahrensordnung, II 4 Hs 2 in Verbindung mit § 4 VI 2. Freilich liegt auch dann eine rechtzeitige Einreichung nach II 1–4 wegen § 129a II 2 ZPO erst mit dem Eingang auf der Posteinlaufstelle desjenigen Gerichts vor, das erstinstanzlich entschieden hatte.

28 **11) Rügeinhalt, II 5.** Unabhängig von der Rügeform nach Rn 26, 27 muß die Rügeschrift stets zur Wirksamkeit und damit zur Zulässigkeit den folgenden Mindestinhalt haben. Er läßt sich bis zum Ablauf der Rügefrist nach Rn 22 ff nachholen, Kblz FamRZ **08**, 1460 (zu § 321a ZPO), auch auf eine evtl notwendige Anheimgabe durch das Gericht.
   A. Bezeichnung der angegriffenen Entscheidung, II 5 Hs 1. Der Rügeführer muß die angegriffene Entscheidung bezeichnen. In der Regel genügen das vollständige Aktenzeichen und das Gericht. Natürlich sollte man auch das Datum und bei mehreren an demselben Tag ergangenen Entscheidungen etwa über verschiedene Verfahrensteile diejenige Entscheidung im einzelnen bezeichnen, um deren Unrichtigkeit es geht. Unvollständige oder fehlerhafte Angaben muß das Gericht wie bei allen Parteiprozeßhandlungen nach den Regeln BLAH Grdz 51 ff vor § 128 ZPO durch eine Auslegung wenn möglich klären, auch durch eine Rückfrage zB nach § 139 ZPO, evtl nebst einer Fristsetzung. Verbleibende Unklarheiten können zur Unzulässigkeit der Rüge führen.

29 **B. Darlegung der Gehörsverletzung, II 5 Hs 2.** Der Rügeführer muß zusätzlich zu den Angaben Rn 28 auch darlegen, daß das Gericht seinen Anspruch auf das rechtliche Gehör überhaupt jetzt neu und eigenständig verletzt habe, (je zu § 321 a ZPO) BVerfG NJW **08**, 2635, BGH MDR **16**, 1350 links, Jena MDR **11**, 450, aM Olzen JR **06**, 351, Zuck NJW **08**, 168 (je zu eng). Diese Darlegung ist derjenigen nach § 520 III 2 Z 2 ZPO (Berufungsbegründung) vergleichbar, ebenso derjenigen nach § 551 III Z 2 ZPO (Revisionsbegründung) und derjenigen nach § 575 III Z 3 ZPO (Rechtsbeschwerdebegründung).

30 *Darlegen* ist weniger als glaubhaft machen oder Beweis antreten, aber mehr als die bloße Wiederholung des Gesetzestextes oder als die Beschränkung auf eine vage Rechtsansicht. Darlegen bedeutet: Bestimmte Umstände tatsächlicher und/oder rechtlicher Art benennen, aus denen man zumindest eine nicht ganz hergesuchte Möglichkeit einer Gehörsverletzung vernünftigerweise ableiten kann, wenn nicht muß, BVerfG RR **93**, 383. Eine ganz entfernte Möglichkeit wie „es läßt sich nicht völlig ausschließen, daß" reicht nicht aus. Eine hochgradige Gewißheit wie „es läßt sich zwingend nur folgern, daß" ist nicht notwendig, strenger Hamm RR **11**, 140 (zu § 321a ZPO: Schriftsatzeingang nötig). Ein Mittel nach § 294 ZPO oder ein Beweisantritt ersetzt nicht die logisch vorher notwendige Darlegung, wozu das Mittel und der Beweisantritt dienen sollen. Eine Wiederholung zB der Begründung einer Nichtzulassungsbeschwerde nach § 544 II 1 ZPO kann genügen, aM BGH NJW **09**, 1609 (aber es kann ziemlich entbehrlich sein, eine dort eingehende Auseinandersetzung nur umzuformulieren).

Eine *Flut von Zitaten* und Fundstellen ist erst in Verbindung mit dem konkreten Fall interessant. Man sollte weder zu hohe noch zu geringe Anforderungen an die Darlegung stellen. Was vernünftigerweise eigentlich ganz plausibel klingt, sollte ausreichen. Ohne eine gewissen Auseinandersetzung mit der Rechtsprechung und Lehre zum oft gefährlich schillernden Begriff der Verletzung des rechtlichen Gehörs dürfte eine Darlegung aber leider oft nicht ausreichen. Im Verfahren ohne einen Anwaltszwang darf das Gericht weniger harte Anforderungen stellen. Auch dort ist aber eine Phrasendrescherei kein Weg, sich eine Abhilfe nach § 4a zu verschaffen. Ein kluges Gericht wägt in einer Bereitschaft zur Selbstkritik ruhig ab.

C. Darlegung der Entscheidungserheblichkeit der Gehörsverletzung, II 5 Hs 2. Der Rügeführer muß zusätzlich zu den Angaben Rn 28–30 schließlich auch darlegen, daß und inwieweit die von ihm behauptete Verletzung des rechtlichen Gehörs gerade ihm gegenüber nachteilig entscheidungserheblich war, und zwar gerade in der jetzt gerügten Entscheidung, BGH GRUR-RR **11**, 391 rechts unten, Bbg MDR **10**, 833 (je zu § 321a ZPO). Das ist der oft schwierigste Teil der Rügebegründung. Mängel können zur Unzulässigkeit der Rüge führen. Deshalb ist gerade auch hier jede Sorgfalt notwendig. **31**

Entscheidungserheblichkeit ist ein vom Gesetz nicht näher umschriebener Begriff. Er erfordert eine doppelte Prüfung, am besten in der folgenden Reihenfolge. **32**

Ursächlich ist das erste notwendige Erfordernis. Der Begriff der Ursächlichkeit ist in seiner schillernden Vieldeutigkeit in BLAH § 287 ZPO Rn 6ff erläutert. Dort ergibt sich auch der Hinweis auf den Hauptunterschied zwischen einer haftungsbegründenden und einer haftungsausfüllenden Ursächlichkeit. Dieser für die Anwendbarkeit des strengeren § 286 ZPO oder des milderen § 287 ZPO wesentliche Unterschied spielt auch hier eine Rolle, wo es nicht um die Haftung des Staats geht, sondern um eine Fortführung des erstinstanzlich scheinbar schon beendeten Prozesses. Je nach der Art der Ursächlichkeit ist das Gericht also in seiner Entscheidung über eine Fortführung der Instanz freier oder gebundener. **33**

Erheblichkeit ist nach einer Bejahung der Ursächlichkeit ein weiteres Merkmal, von dessen Vorliegen eine Abhilfe abhängt. Erheblichkeit ist ein weiterer schillernder Begriff. Die Floskel, alles nicht mehr ganz Unerhebliche sei eben erheblich, wirkt nur auf den ersten Blick als Wortklauberei. In Wahrheit hilft sie oft ganz gut, die richtige Abgrenzung zu finden. Jedenfalls deutet sie die vernünftige Auslegungsrichtung an. Man sollte wie ja überhaupt nach Rn 2 eine Erheblichkeit eher bejahen als verneinen. Andererseits darf nicht jede winzige Ungenauigkeit oder Unterlassung zur Bejahung einer Entscheidungserheblichkeit führen. Auch hier gilt es also behutsam und vernünftig abzuwägen. **34**

D. Voraussichtlichkeit, II 5 Hs 1, 2. Bei allen Prüfschritten Rn 28ff ist letzthin eine nachträgliche Prognose erforderlich: Wie hätte das Gericht ohne seinen Gehörsverstoß mit einiger Sicherheit entscheiden müssen? Das ist fast dieselbe schwierige Fragestellung wie zB dann, wenn es um im angebliche Anwaltsverschulden und seine Auswirkungen auf den Prozeß geht. Auch hier kommt es wie dort nicht darauf an, wie dieses Gericht entschieden *hätte,* sondern wie es hätte entscheiden *müssen,* BGH NJW **05**, 3072, Düss VersR **88**, 522, Hamm RR **95**, 526 (je zu § 321a ZPO). Auch hier ist eine weder zu strenge noch zu großzügige Handhabung notwendig. **35**

E. Beispiele zur Frage einer Gehörsverletzung, II 5 Hs 1, 2. Bei allen Einzelvorschriften befinden sich Hinweise auf mögliche Verstöße gegen Art 103 I GG in der Kommentierung. Deshalb hier nur einige häufige Beispiele. Man muß bei § 4a beachten, daß nach I 2 nur ein Verstoß der Entscheidung beachtbar ist. **36**

von Amts wegen: Eine Gehörsverletzung kann vorliegen, soweit das Gericht einen von Amts wegen beachtbaren Umstand außer acht läßt. Das gilt, obwohl das Gericht nach den Regeln BLAH Grdz 39 (nicht 38) vor § 128 ZPO nur auf Bedenken aufmerksam macht. Denn es muß ja eine Gelegenheit zur Stellungnahme geben.
Erst recht gilt das bei einer notwendigen Amtsermittlung, BLAH Grdz 38 vor § 128 ZPO.
Befangenheit: Eine Gehörsverletzung liegt vor, soweit der Richter unter einem Verstoß zB gegen § 47 ZPO verfrüht entscheidet. Denn vor der Erledigung des Ablehnungsgesuchs darf er in dieser Sache überhaupt nicht entscheiden, solange noch ein Aufschub erlaubt ist.
Eine Gehörsverletzung *fehlt,* soweit das Ablehnungsgesuch unbeachtbar, weil rechtsmißbräuchlich ist oder soweit eine Ablehnungsentscheidung unanfechtbar ist, BGH NJW **07**, 3789 (abl Fölsch, beide zu § 321 a ZPO).
Besetzungsfehler: Eine Gehörsverletzung liegt vor, soweit das Gericht in einer gesetzwidrigen Besetzung entscheidet. Denn darin liegt ein Entzug des gesetzlichen Richters nach Art 102 I 2 GG, der allein entscheiden darf und folglich auch selbst (mit)anhören muß.
Beweisantrag: Eine Gehörsverletzung liegt vor, soweit das Gericht einen ordnungsgemäßen Beweisantrag übergeht, BVerfG RR **96**, 184 (zu § 321 a ZPO). Denn gerade in der Beweiserhebung liegt oft die entscheidende Chance des Beweisführers, sich mit seinen Tatsachenbehauptungen Gehör zu verschaffen. Die nun notwendige Erheblichkeitsprüfung erfolgt nach Rn 31–35.

37 **Formverstoß:** Eine Gehörsverletzung liegt vor, soweit das Gericht eine zum rechtlichen Gehör erforderliche Form mißachtet, soweit es etwa eine Frist ohne förmliche Zustellung zB nach §§ 166 ff ZPO einer nach BLAH § 129 ZPO Rn 9 ff ordnungsgemäß unterschriebenen Fristverfügung bewilligt, sodaß weder ihr Anlauf noch ihr Ablauf feststellbar ist.
Eine Gehörsverletzung *fehlt* nach Rn 6, soweit das Gericht die Entscheidung lediglich zB nach § 319 ZPO irrig falsch bezeichnet hat.
Fristverstoß: Eine Gehörsverletzung liegt vor, soweit das Gericht vor dem Ablauf der gesetzlichen oder von ihm selbst gesetzten richterlichen First diejenige Entscheidung trifft, vor der es die Frist gerade abwarten mußte. Das gilt unabhängig von einem Verschulden des Gerichts. Ein Fristverstoß liegt auch dann vor, wenn die Entscheidung zwar äußerlich nach dem Fristablauf erfolgt, aber ohne die Berücksichtigung einer solchen noch im Gang von der Posteinlaufstelle zum Richter befindlichen Stellungnahme, die der Absender etwa unter einer erlaubten Ausnutzung der Frist bis zur letzten Minute eingereicht hatte.
Zu kurze Fristen stehen an sich ausreichenden, aber nicht abgelaufenen gleich.
S auch Rn 39 „Zustellung".
Gerichtsstand: Eine Gehörsverletzung *fehlt* durchweg, soweit das Gericht lediglich örtlich unzuständig ist. Denn es entscheidet dann im übrigen in seiner dort richtigen Besetzung usw.
Heilung: Sie bleibt möglich, BVerfG NJW **09**, 1584 (zu § 321 a ZPO).
Kostenvorschuß: Er kann ausreichen.
Mündliche Erörterung: Nach ihr *fehlt* zu diesem Punkt eine Gehörsverletzung, BGH, RR **07**, 1370.
Nachfrist: S „Fristverstoß".
Neuer Sachvortrag: Er ist unstatthaft, BGH FamRZ **07**, 1463 (zu § 321 a ZPO).
Örtliche Unzuständigkeit: Es gilt zB bei §§ 12 ff ZPO dasselbe wie bei Rn 38 „Sachliche Unzuständigkeit".

38 **Präklusion:** Sie kann zB bei §§ 283, 296 ZPO eine Gehörsverletzung darstellen, Köln FamRZ **05**, 2075 (zu § 321 a ZPO). Aber Vorsicht!
Prozeßkostenhilfe: Eine Gehörsverletzung kann vorliegen, soweit das Gericht eine Prozeßkostenhilfe nach § 127 I ZPO fälschlich versagt oder nach BLAH § 119 ZPO Rn 5 verspätet über sie entscheidet. Denn von ihrer ordnungsgemäßen Gewährung kann wesentlich mitabhängen, welchen zumindest vorschußpflichtigen Beweisantrag die bedürftige Partei stellt und wozu sie es zur streitigen und damit Beweiskostenrisiken auslösenden Verhandlung kommen läßt, um nur einige der Auswirkungen zu skizzieren.

Abschnitt 1. Allgemeine Vorschriften § 4a JVEG

Prozeßvoraussetzungen: Rn 36 „von Amts wegen".
Rechtliche Beurteilung: Eine Gehörsverletzung kann vorliegen, soweit das Gericht seiner Entscheidung eine solche Rechtsansicht zugrundelegt, die es zB unter einem Verstoß gegen § 139 ZPO nicht rechtzeitig vor dem Verhandlungsschluß nach §§ 136 IV, 296 a ZPO oder dem nach § 128 II 2 ZPO gleichstehenden Zeitpunkt dem dann Benachteiligten zur etwaigen Stellungnahme als eine freilich nur vorläufige Bewertung mitgeteilt hat.

Eine Gehörsverletzung *fehlt* bei einer im übrigen bloßen Falschbeurteilung, BGH NJW **09**, 1609 (zu § 321 a ZPO), BFH NVwZ-RR **09**, 703 (zu § 133 a FGO).
Rechtsweg: Eine Gehörsverletzung liegt vor, soweit das Gericht nach § 13 GVG im Rechtsweg unzuständig ist. Denn darin liegt ein Verstoß auch gegen das Gebot des gesetzlichen Richters nach Art 102 I 2 GG.
S aber auch „Sachliche Unzuständigkeit".
Sachliche Unzuständigkeit: Eine Gehörsverletzung *fehlt,* soweit das Gericht lediglich sachlich unzuständig ist. Denn auf diesen Verstoß könnte man zB im Zivilprozeß nicht einmal eine Berufung nach § 513 II ZPO stützen.
S aber auch „Rechtsweg".
Sachverständiger: Eine Gehörsverletzung kann vorliegen, soweit das Gericht trotz eigener Sachunkenntnis ihn nicht befragt hat, BGH MDR **11**, 382 rechts oben (zu § 321 a ZPO).
Säumnis: Eine Gehörsverletzung liegt meist vor, soweit das Gericht objektiv unrichtig nach §§ 296, 330 ff ZPO eine Säumnis der Partei annimmt und darauf eine Entscheidung auch nur mitstützt. Dabei kommt es nicht darauf an, ob das Gericht eine Entschuldigung hätte annehmen dürfen und müssen. Freilich darf man zB nicht jede Verspätung bis nach dem Urteilserlaß stets schon wegen eines Verkehrsstaus nach BLAH § 337 ZPO Rn 37 „Verkehrsprobleme" als eine nachträgliche Entschuldigen bewerten.
Terminierung: Eine Gehörsverletzung kann vorliegen, wenn das Gericht den Verhandlungstermin mit einer zB nach §§ 217, 274 II ZPO gesetzwidrig kurzen Einlassungs- oder Ladungsfrist anberaumt, insbesondere bei einer Auslandszustellung etwa nach § 183 ZPO. 39

Eine Gehörsverletzung *fehlt,* wenn das Gericht eine wenn auch scheinbar kurze gesetzlich Frist einhält. Angesichts heutiger Übermittlungsgeschwindigkeiten per Telefax, Elektronik usw sind manche früher reichlich knappen gesetzlichen Fristen durchaus nicht mehr zu kurz.
Terminsänderung: S „Vertagung".
Überraschungsurteil: Eine Gehörsverletzung liegt vor, soweit das Gericht in seiner Entscheidung zB entgegen BLAH § 139 ZPO Rn 36 eine solche Bewertung vornimmt, mit der der Benachteiligte nicht zu rechnen braucht, mag diese Bewertung sich nun auf eine Tatsache nach BLAH Einf 17 vor § 284 ZPO oder auf eine rechtliche Beurteilung beziehen.
Unrichtigkeit: Sie kann eine Gehörsverletzung darstellen, Köln FamRZ **05**, 2075 (zu § 321 a ZPO). Aber Vorsicht!
Unzuständigkeit: Rn 37 „Örtliche Unzuständigkeit", Rn 38 „Rechtsweg", „Sachliche Unzuständigkeit".
Verhandlungsleitung: Eine Gehörsverletzung kann vorliegen, soweit der Vorsitzende gegen eine wesentliche Vorschrift seiner Verhandlungsleitung zB nach § 136 ZPO verstößt, soweit er etwa einen Beteiligten nicht ausreichend zum Wort kommen läßt oder die Verhandlung verfrüht schließt. Freilich ist zB § 156 ZPO nach dem Urteilserlaß nach Rn 10 unbeachtbar. Gerade ein Verstoß gegen diese Vorschrift kann aber die Rüge einer Gehörsverletzung eröffnen.
Verkürzte Berücksichtigung: Eine Gehörsverletzung kann bei ihr vorliegen, BVerwG NVwZ **13**, 226 (zu § 69 a GKG).
Verschulden: Es ist unbeachtbar, BVerfG NVwZ **62**, 353 (zu § 321 a ZPO).
Verspäteter Vortrag: Eine Gehörsverletzung kann vorliegen, soweit das Gericht einen Vortrag objektiv zu Unrecht zB nach §§ 283, 296 ZPO als verspätet zurückweist und darauf seine Entscheidung stützt.
Vertagung: Eine Gehörsverletzung liegt vor, soweit das Gericht eine zB nach § 227 ZPO objektiv notwendige Vertagung ablehnt oder nicht wenigstens mit dem Betrof-

fenen erörtert. Denn er mag zu ihr einen bisher nicht notwendig zu Sprache gekommenen Grund haben.
Willkür: Eine Gehörsverletzung kann natürlich bei einer nach BLAH Einl III 21 und § 281 ZPO Rn 39 willkürlichen Entscheidung vorliegen.
Zurückweisung wegen Verspätung: S „Verspäteter Vortrag".
Zustellung: Eine Gehörsverletzung kann vorliegen, soweit das Gericht infolge einer objektiv unrichtigen Bewertung eine Zustellung ZB nach §§ 166ff, 191ff, 317 ZPO nicht für notwendig hält oder eine nur versuchte als gesetzmäßig korrekt ausgeführt ansieht und folglich zu seiner Entscheidung kommt, statt zB eine Zustellung richtig nachholen zu lassen. Freilich kann zB im Zivilprozeß § 189 ZPO geheilt haben.
S auch Rn 37 „Fristverstoß".

40   12) **Stellungnahme des Gegners, III.** Das Gericht muß dem Gegner des Rügeführers eine Gelegenheit zur Stellungnahme geben, freilich nur, „soweit erforderlich", BGH NJW **12**, 3088 (zu § 321a ZPO). Es soll also einen weiteren Verstoß gegen Art 103 I GG verhindern.
A. **Erforderlichkeit.** Die Anhörung des Rügegegners darf unterbleiben, soweit das Gericht eine Verwerfung als unzulässig oder eine Zurückweisung als unbegründet nach IV plant. Denn dann erleidet der Gegner des Rügeführers durch die Entscheidung nach § 4a keinen Rechtsnachteil, Müller NJW **02**, 2744 (zu § 321a ZPO). Die Lage ist insofern nicht anders als in zahllosen vergleichbaren prozessualen Fällen. Natürlich kann es trotzdem ratsam oder doch sinnvoll sein, dem Gegner eine Gelegenheit zur Äußerung zu geben, schon damit das Gericht prüfen kann, ob der Gegner die geplante Beurteilung über den Rügeführer teilt oder ob sein Gegner sogar noch zusätzlich tatsächliche Umstände oder rechtliche Argumente für eine Verwerfung oder Zurückweisung der Rüge benennen kann, durch die man den Rügeführer noch eher überzeugen könnte. Jedenfalls ist eine Anhörung auch vor einer geplanten Verwerfung oder Zurückweisung keineswegs unstatthaft, auch nicht zwecks einer Prozeßwirtschaftlichkeit nach BLAH Grdz 14 vor § 128 ZPO. Freilich verbietet sich auch im Abhilfeverfahren etwas ersichtlich Unnötiges etwa bei einem eindeutigen Fristverstoß.
Unzulässig ist es, einfach Ergänzungen des früheren Vortrags unter dem Vorwand nachzuschieben, der Gegner oder man selbst habe kein ausreichendes Gehör gehabt.

41   B. **Stellungnahmefrist.** Wenn das Gericht sich entschließt, dem Gegner eine Gelegenheit zur Stellungnahme zu geben, muß es ihm dazu auch eine ausreichende Frist gewähren. Ihre Länge richtet sich nach den Umständen. Die moderne Technik mag eine nur elektronische oder telefonische Rückfrage ausreichen lassen oder etwa bei einer Fristsetzung per Telefax eine kürzere Frist als bei einer schriftlichen Fristsetzung zulassen. Überfallartige Schnellfristen muß das Gericht ebenso vermeiden wie allzu großzügige Fristen in diesem ja ohnehin die jeweilige Instanz verlängernden Verfahrensabschnitt, durch den eine Rügeführer vielleicht nur Zeit bis zur Leistungsfähigkeit gewinnen will. In einem nicht zu komplizierten Fall mögen 2–3 Wochen genügen. Freilich kann man die oft schwierigen Fragen einer Gehörsverletzung auch nicht zwischen Tür und Angel sorgfältig überprüfen. Immerhin hätte ja auch der Rügeführer nach II 1 evtl nur zwei Wochen zur Rüge Zeit. Es heißt also auch hier behutsam abwägen. Eine Woche mehr ist besser als eine zu wenig.

42   C. **Gegenäußerung des Rügeführers.** III sieht sie nicht ausdrücklich vor oder ermöglicht sie auch nur anders als zB §§ 275 IV, 276 III, ZPO. Das ändert nichts daran, daß eine nach III eingeholte Stellungnahme das Gericht zur Vermeidung eines weiteren Verstoßes gegen Art 103 I GG dazu zwingen kann, auch den Rügeführer unter einer Übersendung der gegnerischen Äußerung noch kurz anzuhören, insbesondere vor einer Verwerfung oder Zurückweisung der Rüge.

43   13) **Verwerfung, Zurückweisung, IV.** Das weitere Verfahren hängt davon ab, ob das Gericht die Rüge als erfolglos oder erfolgreich erachtet. Das gilt auch bei einer nur teilweisen derartige Beurteilung. Soweit die Rüge neben einem Rechtsbehelf oder Rechtsmittel nur hilfsweise vorliegt, ist sie beim Erfolg der ersteren gegenstandslos geworden. Nach einem Richterwechsel kommt es für den jetzt zuständigen Rich-

ter darauf an, wie sein Vorgänger hätte beurteilen müssen, Schneider MDR 05, 249 (zu § 321 a ZPO).

A. Amtsprüfung der Statthaftigkeit und Zulässigkeit, IV 1. Stets muß das Gericht zunächst und vorrangig von Amts wegen nach Rn 46 prüfen, ob die Rüge an sich statthaft ist und ob der Rügeführer sie außerdem sowohl in der gesetzlichen Form als auch innerhalb der gesetzlichen Frist erhoben hat. Die Prüfung erfolgt am besten in der vorstehenden Reihenfolge. Sie hat jedenfalls den Vorrang vor der Begründetheitsprüfung. Zwar dürfte das Gericht die Rüge als unstatthaft oder unzulässig, hilfsweise als unbegründet erachten. Es dürfte aber die ersteren beiden Prüfschritte zB nach BLAH Grdz 17 vor § 253 ZPO nicht wegen der zusätzlichen Unbegründetheit offen lassen. IV 1 ähnelt § 589 I 1 ZPO weitgehend schon im Wortlaut. Zuständig ist die Besetzung des angegriffenen Gerichts, BGH FamRZ 05, 1831 (zu § 321 a ZPO).

Von Amts wegen muß das Gericht diese Prüfung nach dem klaren Wortlaut und Sinn des IV 1 vornehmen. Eine Amtsprüfung nach BLAH Grdz 39 vor § 128 ZPO ist etwas anderes und weniger als eine Amtsermittlung nach BLAH Grdz 38 vor § 128. Das Gericht nimmt daher keine amtliche Untersuchung vor. Es macht vielmehr nur von Amts wegen auf gewisse Bedenken aufmerksam und fordert dazu auf, sie durch Nachweise zur Gewißheit zu machen oder zu entkräften. Das geschieht nach Rn 40–42 im einzelnen nach III. 44

B. Freigestellte mündliche Verhandlung, IV 1. Soweit es um eine Prüfung der Statthaftigkeit und Zulässigkeit der Rüge geht, darf das Gericht eine mündliche Verhandlung anordnen. Es muß das aber nicht tun. Das ergibt sich daraus, daß seine Entscheidung nach IV 2, 4 durch einen Beschluß ergeht. Denn zB im Zivilprozeß kann eine solche Entscheidung, die kein Urteil ist, nach § 128 IV ZPO ohne eine mündliche Verhandlung ergehen, soweit das Gesetz nichts anderes gesetzlich bestimmt. § 4 a IV enthält keine derartige andere Bestimmung. Es gelten also die allgemeinen Regeln zur freigestellten mündlichen Verhandlung zB nach BLAH § 128 ZPO Rn 10. 45

Auch bei einer Unbegründetheit ist eine mündliche Verhandlung zulässig. Denn das Wort „Entscheidung" in IV 4 bezieht sich auf IV 2 und 3.

C. Bei Unstatthaftigkeit oder Unzulässigkeit: Verwerfungsbeschluß, IV 2, 4, 5. Soweit die Rüge entweder schon an sich überhaupt unstatthaft oder doch jedenfalls mangels rechter Form und Frist im Einzelfall unzulässig ist, muß das Gericht sie durch einen Beschluß verwerfen, Düss WoM 04, 161 (zu § 321 a ZPO), VGH Kassel NVwZ-RR 08, 70 (zu § 69 a GKG). IV 2 spricht systematisch teilweise unscharf von einer Verwerfung als „unzulässig" statt als „unstatthaft oder unzulässig", meint aber dasselbe. IV 2 ähnelt dem § 589 I 2 ZPO schon im Wortlaut weitgehend. Der Beschluß ist nach IV 4 unanfechtbar. 46

D. Begründung der Verwerfung. Begründen soll das Gericht seinen Beschluß „kurz" nach IV 5, einer wiederum etwas systemwidrigen unklaren Anordnung. An sich braucht ein unanfechtbarer Beschluß nach BLAH § 329 ZPO Rn 6 keine Begründung. Indessen erfordert nicht nur eine Anstandspflicht (nobile officium) eine gewisse wenigstens „kurze" Begründung. Deshalb bringt die formell bloße Sollvorschrift doch so oft eine praktisch weitgehende Notwendigkeit einer Begründung. Es fordert eben auch der Gesetzestext eine vollwertige Begründung. Zwar ist nach Rn 46 die Verwerfung nach IV 4 unanfechtbar. Indessen mag nunmehr erst recht eine Gehörsverletzung in Wahrheit jedenfalls vor dem etwa trotz aller Entlastungsversuche des Gesetzgebers doch noch anrufbaren BVerfG zutrage treten. Schon deshalb muß das Gericht in Wahrheit ohne ein Ermessen zum Ob seine Gründe der Verwerfung nachprüfbar offenbaren, Kblz MDR 15, 118, Sangmeister NJW 07, 2364 (je zu § 321 a ZPO), aM BVerfG NJW 11, 1497 zu § 321 a ZPO (!? Es sollte dankbar sein). Eine Unanfechtbarkeit nach IV 4 meint ja wie stets in einer vergleichbaren Lage keine Unzulässigkeit einer Verfassungsbeschwerde zum BVerfG. 47

Kurz und klar sollen und dürfen die Gründe sein. Sie sollten bei einem Fristverstoß eindeutig erkennen lassen, welche der unterschiedlichen Fristen des II 3 der Rügeführer nicht eingehalten hatte. 48

JVEG § 4a V. Justizvergütungs- und -entschädigungsgesetz

49 **E. Verwerfungskosten.** Kostenrechtlich gilt: Es entsteht nur bei einer vollen Verwerfung oder Zurückweisung der Rüge eine Gerichtsgebühr. Bei einer auch nur teilweisen Statthaftigkeit, Zulässigkeit und Begründetheit entsteht diese Gebühr nach § 1 weder im Umfang dieses Teilerfolgs noch wegen des erfolglosen Rügerests. Auslagen entstehen beim Gericht in aller Regel ebenfalls nicht. Daher besteht insoweit keineswegs stets ein Anlaß zu einer Grundentscheidung über Gerichtskosten. Anwaltsgebühren entstehen nicht für denjenigen Anwalt, der schon vor dem Abhilfeverfahren tätig war. Denn dann gehört seine Tätigkeit nach § 19 I 2 Z 5 RVG zum Rechtszug, Teil X dieses Buchs, auch wenn das Abhilfeverfahren dort nicht als „insbesondere zugehörig" gilt. Soweit der Anwalt nur im Verfahren nach § 4a tätig ist, entsteht unabhängig von seinem Ergebnis nach VV 3330 eine Vergütung.
§ 96 ZPO ist im Zivilprozeß unanwendbar. Denn die Rüge ist kein Angriffs- oder Verteidigungsmittel nach BLAH § 96 ZPO Rn 4, sondern die Fortsetzung des Angriffs selbst. Auch § 97 ZPO ist unanwendbar. Denn es liegt noch kein Rechtsmittel vor, sondern aus den obigen Gründen allenfalls ein Rechtsbehelf ohne eine Anfallwirkung nach BLAH § 97 ZPO Rn 15.

50 **F. Bei Unbegründetheit: Zurückweisungsbeschluß, IV 3–5.** Soweit die Rüge zwar nach Rn 43–50 statthaft und zulässig ist, sich aber als unbegründet erweist, muß das Gericht über sie ebenfalls durch einen Beschluß entscheiden. Es verwirkt sie dann freilich nicht, sondern „weist sie zurück", am klarsten mit dem freilich nicht notwendigen Zusatz „als unbegründet". Rechtsbehelfsbelehrung: § 4c.

51 **G. Begründung der Zurückweisung.** Kurz begründen soll das Gericht diesen Beschluß wie bei einer Verwerfung nach Rn 47, 48, Rensen MDR **05**, 184 (zu § 321a ZPO). Soweit das Gericht schon eine Gehörsverletzung verneint, braucht es natürlich nicht zum nachrangigen Grund der Entscheidungsunerheblichkeit Stellung zu nehmen. Es darf und sollte das aber hilfsweise zur zusätzlichen Stützung seiner Beurteilung tun. Es muß natürlich zur Ursächlichkeitsfrage verneinend Ausführungen machen, soweit es eine Gehörsverletzung einräumt oder zulässigerweise mangels einer Ursächlichkeit offen lassen will.

52 **H. Zurückweisungskosten.** Kostenrechtlich gilt Rn 49 auch hier, BGH WoM **05**, 475 (zu § 321a ZPO). §§ 96, 97 ZPO sind auch hier unanwendbar.

53 **14) Abhilfe: Verfahrensfortführung, V.** Soweit das Gericht die Rüge für statthaft, zulässig und begründet erachtet, muß es ihr abhelfen, indem es das Verfahren nach V 1 fortführt. Das gilt nach Hs 2 freilich nur, soweit die Fortführung auf Grund der Rüge nicht bloß zweckmäßig, sondern geradezu notwendig ist. Eine solche Beschränkung ist eigentlich selbstverständlich. Denn schon mit ihr war und ist das Ziel des ganzen Abhilfeverfahrens erreicht. Noch nicht erreicht hat der Rügeführer schon jetzt eine Änderung der bisherigen Entscheidung. Sie kann sich erst am Ende des nun fortzuführenden Verfahrens nochmals unverändert ergeben. Sie ist aber noch keineswegs sicher. Insoweit ähnelt V 2 der Situation nach einem ordnungsgemäßen Einspruch gegen ein Versäumnisurteil oder gegen einen Vollstreckungsbescheid nach §§ 342, 700 I ZPO. Es gibt wegen des Fehlens der Rechtsmitteleigenschaft einer Rüge kein Verschlechterungsverbot, BGH RR **12**, 978 (zu § 321a ZPO). § 590 ZPO ist unanwendbar. BGH MDR **14**, 1338 bindet das Revisionsgericht nicht an eine objektiv unrichtige Zulassung nach V (aber wo liegen dann eigentlich die Grenzen?).

54 **A. Entbehrlichkeit einer Fortführungsentscheidung, V 1.** Will das Gericht das Verfahren fortführen, faßt es grundsätzlich weder einen Aufhebungsbeschluß noch einen besonderen Fortführungsbeschluß, OVG Lüneb FamRZ **07**, 1314 (zu § 321a ZPO). Der erstere wäre verfrüht. Denn es kann sich ja erst durch das Fortführungsverfahren ergeben, was aus der bisherigen Entscheidung wird. Der letztere wäre ebenso überflüssig wie zB bei §§ 342, 700 I ZPO, Schmidt MDR **02**, 917 (zu § 321a ZPO). Er wäre freilich unschädlich. Er kann insoweit ratsam sein, als sonst unklar bliebe, in welchem Umfang das erstinstanzliche Verfahren seinen Fortgang nehmen soll. Der Beschluß bindet das Gericht nicht, BGH MDR **14**, 1338, Petry MDR **07**, 498, aM OVG Kblz MDR **07**, 544 (je zu § 321a ZPO. Je systemwidrig).

55 **B. Zurückversetzung des Verfahrens, V 2, 4,** BGH WoM **11**, 178. Die zu § 342 ZPO entwickelten Regeln nach BLAH dort Rn 2ff sind hier mitverwendbar.

Abschnitt 1. Allgemeine Vorschriften § 4a JVEG

Das gilt insbesondere zur Behandlung von Verspätungsfragen oder einem früheren Anerkenntnis. Die Zurückversetzung erfolgt nur in den Stand „vor dem Schluß der mündlichen Verhandlung" nach § 136 IV, 296a ZPO oder im schriftlichen Verfahren in denjenigen Zeitpunkt, bis zu dem man nach § 128 II 2 ZPO Schriftsätze einreichen darf. Beides erfolgt außerdem nur in den Grenzen Rn 53. Eine zeitlich noch weitere Zurückversetzung ist nicht zulässig.

C. Neue Entscheidung, V 3. § 343 ZPO gilt entsprechend, BGH NJW **11**, 56
1516 (zu § 321a ZPO). Soweit also die nach der neuen Verhandlung notwendige Entscheidung mit der bisherigen übereinstimmt, muß das Gericht die bisherige in seiner neuen Entscheidung ausdrücklich aufrechterhalten. Andernfalls muß das Gericht in seiner neuen Entscheidung die bisherige aufheben oder teilweise ändern und zur Sache neu erkennen, AG Magdeb ZMR **03**, 45 (zu § 321a ZPO). Das kann auch zum Nachteil des Rügeführers geschehen (kein Verbot einer sog reformatio in peius), Ffm NJW **04**, 168 (zu § 321a ZPO). Eine Aufrechterhaltung wie Aufhebung oder Änderung gehören in den Tenor der neuen Entscheidung oder der jetzt erforderlichen andersartigen neuen Entscheidung. Rechtsbehelfsbelehrung: § 4c.

15) Einstellung der Zwangsvollstreckung usw, § 707 ZPO. Wegen der Ab- 57
grenzung zu § 66 VII 2 GKG vgl dort Rn 15, Teil I A dieses Buchs. Das Gericht kann auf Antrag nach § 707 I 1 ZPO anordnen, daß die Zwangsvollstreckung gegen eine Sicherheitsleistung einstweilen eingestellt werde oder nur gegen eine Sicherheitsleistung stattfinde und daß die Vollstreckungsmaßregeln gegen eine Sicherheitsleistung aufzuheben seien. Dagegen kommt eine Einstellung der Zwangsvollstreckung ohne jede Sicherheitsleistung selbst dann nicht in Betracht, wenn glaubhaft ist, daß der Schuldner zur Sicherheitsleistung nicht in der Lage ist und daß die Vollstreckung ihm einen nicht ersetzbaren Nachteil bringen würde. Denn letzteres nennt nur der hier nicht ebenfalls für anwendbar erklärte § 707 I 2 ZPO.

Sicherheitsleistung muß das Gericht bei § 707 I 1 ZPO und folglich nach §§ 108 ff 58
ZPO beurteilen. Infrage kommt also wohl in erster Linie nach § 108 I 2 Hs 1 ZPO eine schriftliche, unwiderrufliche, unbedingte und unbefristete Bürgschaft eines im Inland zum Geschäftsbetrieb befugten Kreditinstituts.

Das *Verfahren* erfordert nach § 707 II 1 ZPO keine mündliche Verhandlung. Eine Anfechtung der Entscheidung ist nach § 707 II 2 ZPO unstatthaft. Das gilt unabhängig davon, ob die Entscheidung in der neuen Hauptsachentscheidung ergeht oder durch einen gesonderten Beschluß, von dem § 707 II 2 ZPO unvollständig spricht. Wenn das Gericht sie in der neuen Hauptsachentscheidung mittrifft, ist deren übriger Inhalt natürlich wie sonst anfechtbar. Dazu kann eine Beschwer wie sonst zB nach BLAH Grdz 14 vor § 511 ZPO notwendig sein, aM Saarbr RR **09**, 1152 (zu § 321a ZPO). Aber § 4a befreit nicht von solcher Grundbedingung). Rechtsbehelfsbelehrung, Verstoß: Rn 60, § 4c.

16) Keine Kostenerstattung, VI. Die Vorschrift ordnet das wie allgemein im 59
Kostenrecht an.

17) Verstoß, I–VI. Soweit das Gericht gegen § 4a verstößt, mag daran ein erneuter 60
Verstoß auch gegen Art 103 I GG liegen. Indessen würde dessen Beachtbarkeit schon in diesen Verfahrensabschnitt womöglich zu ewigen Wiederholungen des Abhilfeverfahrens führen. Das ist mit dem Grundsatz der durch § 4a ohnehin schon strapazierten Prozeßwirtschaftlichkeit nach BLAH Grdz 14 vor § 128 ZPO nicht vereinbar. Deshalb macht ja auch IV 4 zumindest einen Verwerfungs- oder Zurückweisungsbeschluß unanfechtbar, VerfGH Mü RR **11**, 430, Nürnb FamRZ **15**, 270 (je zu § 321a ZPO). Vielmehr ist dann, wenn sich der Verstoß vor der Entscheidung des Abhilfeverfahrens nicht mehr beheben läßt, gegen eine Verwerfung oder Zurückweisung nur die Verfassungsbeschwerde nach Rn 65 denkbar. Gegen eine sonstige Abhilfe kommt nur der im fortgeführten Verfahren mögliche sonstige Rechtsbehelf infrage, BGH WertpMitt **12**, 325 rechts (zu § 321a ZPO; evtl keine Bindung des Rechtsmittelgerichts).

18) Rechtsbehelfe, Verfassungsbeschwerde, I–VI. Rechtsbehelfsbelehrung: 61
§ 4c. Eine Verwerfung oder Zurückweisung ist nach IV 4 unanfechtbar. Dasselbe gilt zumindest zunächst für eine Abhilfe. Erst die nach der Verfahrensfortführung ergehende Entscheidung zur Sache mag wie sonst anfechtbar sein.

A. Nicht bei greifbarer Gesetzwidrigkeit. Eine nach früherer Ansicht möglich gewesene außerordentliche Beschwerde wegen greifbarer Gesetzwidrigkeit war in Wahrheit schon nach dem alten Recht grundsätzlich wegen Verstoßes gegen das Gebot der Rechtsmittelklarheit nach BLAH § 567 ZPO Rn 10 unstatthaft, BVerfG NJW **03**, 1924, BGH FamRZ **06**, 696 (ohne Vorlage nach dem RsprEinhG, BLAH Anh § 140 GVG), BFH (1. Sen) NJW **04**, 2853, BVerwG NVwZ **05**, 232 (ohne Vorlage nach dem RsprEinhG, BLAH Anh § 140 GVG), aM BFH (4. Sen) NJW **04**, 2854, Schuschke NZM **03**, 466 (WEG). Sie ist außerdem zumindest im Zivilprozeß wegen § 574 ZPO unstatthaft, BGH FamRZ **06**, 696 (ohne Vorlage nach dem RsprEinhG), BFH BB **03**, 514, KG FGPrax **05**, 66, aM BFH NJW **05**, 3374 (ohne Vorlage nach dem RsprEinhG).

62 **B. Keine Gegenvorstellung.** Sie läßt sich auch wegen BVerfG NJW **03**, 1924 nicht mehr in eine fristgebundene bisher vielfach als zulässig erachtete Gegenvorstellung umdeuten, wie es bisher zB BFH NJW **03**, 919, Köln NZM **03**, 247, Naumb RR **03**, 313 taten. Eine Gegenvorstellung ist nicht in einer auch nur entsprechenden Anwendung von § 4a statthaft, BVerfG NJW **06**, 2907, BGH NJW **07**, 3789 ohne Vorlage nach dem RsprEinhG nach BLAH Anh § 140 GVG (abl Fölsch, beide zu § 321 a ZPO), Mü MDR **15**, 1320, großzügiger BVerfG NJW **14**, 681 (Prozeßkostenhilfe -?-), BFH NJW **06**, 861, Kblz MDR **14**, 986, strenger Köln RR **05**, 1228. Die Erfolglosigkeit einer Nichtzulassungsbeschwerde mag aber eine Anhörungsrüge notwendig machen, BVerfG NJW **07**, 3419 (zu § 321 a ZPO).

63 **C. „Ergänzende" Rechtsbeschwerde.** Demgegenüber bejaht BGH FamRZ **07**, 1642 rechts Mitte eine „ergänzende" Rechtsbeschwerde nach einer willkürlichen Nichtzulassung (!?), strenger grundsätzlich denn auch BGH **161**, 347 (zustm Rimmelspacher LMK **05**, 94, ähnlich BGH MDR **13**, 422 (ohne Vorlage nach § 132 GVG). Der Beschwerdeführer kann eine Rechtsbeschwerde freilich nicht bloß zur Ergänzung der Begründung einlegen, BGH FamRZ **06**, 408 links Mitte. Zum Problem Gaul DGVZ **05**, 113.

64 **D. Meistbegünstigung.** Allenfalls ist im Zivilprozeß der sog Meistbegünstigungsgrundsatz nach BLAH Grdz 28 vor § 511 ZPO anwendbar, BGH **161**, 348 (falscher Gerichtshinweis), Althammer/Löhnig NJW **04**, 1569.

65 **E. Verfassungsbeschwerde**, dazu *Allgayer* NJW **13**, 3484, *Rieble/Vielmeier* JZ **11**, 923 (je: ausf): Nur soweit das Gericht eine umfassende Anhörungsrüge nach IV 4 unanfechtbar verworfen oder zurückgewiesen hat, kommt vernünftigerweise nur erst jetzt nach § 90 II 1 BVerfGG eine Verfassungsbeschwerde in Betracht, BVerfG AnwBl **13**, 666 links und rechts, VerfGH Mü NVwZ-RR **05**, 890, HessStGH NJW **05**, 2217 und 2219, strenger VerfG Brdb FamRZ **11**, 1243, VGH Mü NJW **14** 683, Jooß NJW **16**, 1212 (je zu § 321 a ZPO). § 4a soll sie ja nach Rn 2, 3 nur auf ein möglichst geringes Maß beschränken und sie nicht etwa völlig ausschließen. Das letztere wäre einem einfachen Bundesgesetz ja auch gar nicht möglich. Ausnahmsweise darf man schon vor der Erschöpfung des Rechtswegs das Verfassungsgericht anrufen, BVerfG AnwBl **13**, 666 links, VerfGH Bln FamRZ **08**, 168 (zu § 321 a ZPO). Das gilt zB dann, wenn kein Verstoß gegen Art 103 I GG infragekommt, BVerfG NJW **11**, 2276, oder wenn eine Anhörungsrüge aussichtslos wäre, BVerfG NJW **10**, 1588, oder wenn sie zeitlich unzumutbar wäre, BVerfG FamRZ **10**, 865. Ein Rechtsmittelverzicht reicht dazu aber nicht, aM Schnabl AnwBl **08**, 190 (aber genau diese Belastungsursache beim BVerfG muß ja gerade möglichst unterbleiben). Ebensowenig reicht dazu die Rücknahme der Anhörungsrüge, VerfGH Bln NJW **08**, 3421 (zu § 321 a ZPO).

66 **F. Gegen Abhilfe.** Eine Abhilfe läßt sich mit demjenigen Rechtsbehelf bekämpfen, da gegen die Entscheidung im nun fortgeführten Verfahren infrage kommt, Jooß NJW **16**, 1212 (zu § 321 a ZPO).

Elektronische Akte, elektronisches Dokument

4b In Verfahren nach diesem Gesetz sind die verfahrensrechtlichen Vorschriften über die elektronische Akte und über das elektronische Dokument anzuwenden, die für das Verfahren gelten, in dem der Anspruchsberechtigte herangezogen worden ist.

Abschnitt 2. Gemeinsame Vorschriften §§ 4b, 4c, 5 JVEG

1) Systematik. Die in alle Verfahrensordnungen eingeführte Form elektronischer 1 Bearbeitung erhält in § 4b für die in § 1 genannten Verfahren einen Teil der notwendigen kostenrechtlichen Anpassungsregeln. Weitere finden sich in §§ 4, 7. Dem § 4b entsprechen im Kern § 5a GKG, § 8 FamGKG, Teile I A, B dieses Buchs, § 7 GNotKG, Teil III dieses Buchs, § 12b RVG, Teil X dieses Buchs. Es handelt sich um vorrangige Sondervorschriften.

2) Regelungszweck. Das Kostenrecht soll den Anforderungen der elektronischen 2 Übermittlungs- und Speicherungstechnik genügen. Das scheint wegen des ständigen technischen Fortschritts eine weite Auslegung zu rechtfertigen. Andererseits unterliegen Spezialregeln grundsätzlich einer engen Auslegung. Man muß beide Gedanken möglichst spannungsfrei verbinden, um zu einer brauchbaren Handhabung zu kommen.

3) Anwendbarkeit der Verfahrensregeln. Es sind vor allem anwendbar: §§ 1ff 3 SchrAG, §§ 39a, 42 BeurkG, § 12 GmbHG usw und die in § 4a Rn 3 genannten Vorschriften der ZPO entsprechend, soweit jene Verfahrensordnung überhaupt zur Anwendbarkeit des JVEG führt.

4) Verstoß. Ein Fristverstoß kann zB zur Unzulässigkeit der Eingabe wegen ihrer 4 Verspätung führen. Eine Einreichung beim unzuständigen Gericht heilt erst entsprechend § 129a ZPO mit der dortigen Weiterleitung und dem Eingang beim zuständigen Gericht. Ein Mangel nach I heilt erst mit der Nachreichung des Fehlenden oder einer neuen Eingabe, bei deren elektronischer Übermittlung also erst mit deren Aufzeichnungsende.

Rechtsbehelfsbelehrung

4c Jede anfechtbare Entscheidung hat eine Belehrung über den statthaften Rechtsbehelf sowie über die Stelle, bei der dieser Rechtsbehelf einzulegen ist, über deren Sitz und über die einzuhaltende Form zu enthalten.

1) Systematik. Die Vorschrift entspricht fast wörtlich § 5b GKG, Teil I A dieses 1 Buchs. Vgl daher dort. Das Fehlen einer Rechtsbehelfsbelehrung macht den Festsetzungsbeschluß nicht unwirksam, Düss DS **16**, 234.

Abschnitt 2. Gemeinsame Vorschriften

Fahrtkostenersatz

5 [I] [1]Bei Benutzung von öffentlichen, regelmäßig verkehrenden Beförderungsmitteln werden die tatsächlich entstandenen Auslagen bis zur Höhe der entsprechenden Kosten für die Benutzung der ersten Wagenklasse der Bahn einschließlich der Auslagen für Platzreservierung und Beförderung des notwendigen Gepäcks ersetzt.

[II] [1]Bei Benutzung eines eigenen oder unentgeltlich zur Nutzung überlassenen Kraftfahrzeugs werden

1. dem Zeugen oder dem Dritten (§ 23) zur Abgeltung der Betriebskosten sowie zur Abgeltung der Abnutzung des Kraftfahrzeuges 0,25 Euro,
2. den in § 1 Abs. 1 Satz 1 Nr. 1 und 2 genannten Anspruchsberechtigten zur Abgeltung der Anschaffungs-, Unterhaltungs- und Betriebskosten sowie zur Abgeltung der Abnutzung des Kraftfahrzeugs 0,30 Euro

für jeden gefahrenen Kilometer ersetzt zuzüglich der durch die Benutzung des Kraftfahrzeugs aus Anlass der Reise regelmäßig anfallenden baren Auslagen, insbesondere der Parkentgelte. [2]Bei Benutzung durch mehrere Personen kann die Pauschale nur einmal geltend gemacht werden. [3]Bei der Benutzung eines Kraftfahrzeugs, das nicht zu den Fahrzeugen nach Absatz 1 oder Satz 1 zählt, werden die tatsächlich entstandenen Auslagen bis zur Höhe der in Satz 1 genannten Fahrtkosten ersetzt; zusätzlich werden die durch die Benutzung des Kraftfahrzeugs aus Anlass der Reise angefallenen regelmäßigen baren Auslagen, insbesondere der Parkentgelte, ersetzt, soweit sie der Berechtigte zu tragen hat.

[III] Höhere als die in Absatz 1 oder Absatz 2 bezeichneten Fahrtkosten werden ersetzt, soweit dadurch Mehrbeträge an Vergütung oder Entschädigung erspart werden oder höhere Fahrtkosten wegen besonderer Umstände notwendig sind.

IV Für Reisen während der Terminsdauer werden die Fahrtkosten nur insoweit ersetzt, als dadurch Mehrbeträge an Vergütung oder Entschädigung erspart werden, die beim Verbleiben an der Terminsstelle gewährt werden müßten.

V Wird die Reise zum Ort des Termins von einem anderen als dem in der Ladung oder Terminsmitteilung bezeichneten oder der zuständigen Stelle unverzüglich angezeigten Ort angetreten oder wird zu einem anderen als zu diesem Ort zurückgefahren, werden Mehrkosten nach billigem Ermessen nur dann ersetzt, wenn der Berechtigte zu diesen Fahrten durch besondere Umstände genötigt war.

Gliederung

1) Systematik, I–V	1
2) Regelungszweck, I–V	2
3) Geltungsbereich, I–V	3
4) Öffentliches Verkehrsmittel, I, III	4–9
A. Begriff	4
B. Mehrere Verkehrsmöglichkeiten	5
C. Notwendigkeit der Benutzung	6
D. Nur tatsächliche Kosten	7
E. 1. Bahnklasse	8
F. Schlafwagen, Flug usw	9
5) Eigenes oder unentgeltlich genutztes Kraftfahrzeug, II 1, 2	10–13
A. Kilometerpauschale, II 1 Z 1	11
B. Zusätzliche Barauslagen, II 1 Z 2	12
C. Benutzung durch mehrere Personen, II 2	13
6) Anderes privates Kraftfahrzeug, II 3	14–16
A. Tatsächliche Kilometerauslagen, II 3 Hs 1	15
B. Zusätzliche Barauslagen, II 3 Hs 2	16
7) Mehrheit von Terminen, I, II	17
8) Höherer Ersatz, III	18–20
A. Entweder: Bei Ersparung von Mehrvergütung oder -entschädigung, III Hs 1	19
B. Oder: Notwendigkeit wegen besonderer Umstände, III Hs 2	20
9) Reisen während der Terminsdauer, IV	21
10) Reiseantritt von anderem Ort, als in der Ladung bezeichnet, V	22–27
A. Rechtzeitige Anzeige an Gericht	23
B. Keine oder verspätete Anzeige	24
C. Anzeige nicht an Gericht	25
D. Besondere Umstände	26
E. Unklarheit der Ladung	27

1 **1) Systematik, I–V.** Die Vorschrift erfaßt einen wesentlichen Teil der Aufwendungen. Die Staatskasse ersetzt bei einer grundsätzlich freien Wahl des Verkehrsmittels und des Reisewegs nur die notwendigen Fahrtkosten. Was notwendig ist, ergibt sich aus II–V. Sie gelten in derselben Weise für fast alle vom JVEG Erfaßten. Man muß die Entfernung zum Gerichtsgebäude und von ihm zurück rechnen. Fahrtkosten bleiben auch dann notwendig, wenn der Zeuge oder Sachverständige usw außerdem in einer eigenen Sache vor dem Gericht erscheinen muß.

2 **2) Regelungszweck, I–V.** Die Vorschrift bezweckt zwar den vollständigen Ersatz aller notwendigen Fahrtkosten, aber in Wahrheit doch nur einen gesetzlich begrenzten pauschalierten Ersatz. Diese zur Kostendämpfung kaum entbehrliche Begrenzung dient auch der Vereinfachung und damit der Prozeßwirtschaftlichkeit nach BLAH Grdz 14 vor § 128 ZPO auch im Bereich außerhalb der ZPO. Das muß man bei der Auslegung mitbeachten.

3 **3) Geltungsbereich, I–V.** Die Vorschrift erfaßt die Fahrtkosten des Sachverständigen, Dolmetschers und Übersetzers nach § 8 I Z 2, des ehrenamtlichen Richters nach § 15 I Z 1 sowie des Zeugen nach § 19 I Z 1. Sie gilt auch beim Behördenvertreter und beim Terminsvertreter einer sonstigen juristischen Person des öffentlichen Rechts, aM VG Gießen NVwZ-RR **10**, 416. Ein Dritter nach § 23 erhält nach II 1 Z 1 nur bei einer Kfz-Benutzung einen Fahrtkostenersatz wie ein Zeuge, sonst keinen Ersatz. § 5 ist nach § 1835 I 1 Hs 2 BGB entsprechend auf die Fahrtkosten eines Betreuers anwendbar, LG Kblz FamRZ **01**, 114, LG Mainz MDR **98**, 1107.

II–V sind evtl auf die Auslagen einer *Partei* anwendbar, BLAH § 91 ZPO Rn 92 „Fahrtkosten der Partei", BVerwG Rpfleger **84**, 158 (zustm Hellstab).

Für die ehrenamtlichen Richter eines *Disziplinar- oder Dienstgerichts* gilt § 5 II 3 BRKG, zuletzt geändert am 26. 5. 05, BGBl 1418. Sie stehen danach den Beamten der Besoldungsgruppen A 8 bis A 16 gleich. Sie erhalten daher nach der Tabelle in § 5 I Hs 1 BRKG die entstandenen notwendigen Fahrkosten ersetzt. Das gilt beim Benutzen eines Land- oder Wasserfahrzeugs in der 1. Klasse, beim Benutzen eines Luftfahrzeugs in der Touristen- oder Economyklasse und beim Schlafwagen in der Spezial- oder Doppelbettklasse.

Diejenigen Beisitzer bei den *Ausschüssen* des Bundesordnungsamts, die im öffentlichen Dienst stehen, erhalten die Reisekostenvergütung nach den Vorschriften für Bundesbeamte, also nach dem BRKG, dazu AuslRKVO, vgl Kopicki/Irlenbusch, Reisekostenrecht des Bundes (Loseblattausgabe). Danach richtet sich die Art des Verkehrsmittels, das man entschädigen kann, und die Wagen- oder Schiffsklasse.

II–IV sind ferner evtl auf die *Auslagen eines Angeklagten* oder eines Betroffenen entsprechend anwendbar, Düss JB **01**, 577.

Unanwendbar ist § 5 auf Fuß- oder Fahrradwege.

4) Öffentliches Verkehrsmittel, I, III. Soweit der Zeuge oder Sachverständige 4 usw ein öffentliches regelmäßig verkehrendes Beförderungsmittel benutzt, erhält er die tatsächlich entstandenen Auslagen ersetzt.

A. Begriff. Öffentlich ist ein Verkehrsmittel mit einer Beförderungspflicht auf Grund einer behördlichen Erlaubnis mit einem Fahrplan. Zu diesen Beförderungsmitteln zählen zB: Die Straßenbahn; eine S- oder U-Bahn; die Eisenbahn; ein Autobus; ein Schiff; eine Fähre; eine Schwebebahn; ein Flugzeug. Das alles gilt auch beim Beförderungsmittel eines privaten Verkehrsunternehmens, soweit es den Verkehr planmäßig und auf Grund einer behördlichen Genehmigung durchführt.

Nicht öffentlich ist ein Taxi wegen des Fehlens eines Fahrplans oder ein sog Mietwagen.

B. Mehrere Verkehrsmöglichkeiten. Sofern mehrere Verkehrsmöglichkeiten 5 dieser Art bestehen, entscheidet nach dem Wegfall des früheren Begriffs „preisgünstigst" in § 9 I 1 ZSEG und in § 3 I 1 EhrRiEG nicht mehr stets die billigste unter Berücksichtigung der entstehenden Gesamtkosten, LSG Mü JB **15**, 197. Wenn man also zB durch die Benutzung eines Flugzeugs den Zeitaufwand gegenüber dem sonst notwendigen Zeitaufwand erheblich verringern kann und dadurch auch ein sonst notwendiges Übernachtungsgeld spart, kann die Erstattung der Flugkosten jetzt noch eher als früher gerechtfertigt sein, (zum alten Recht) Mü MDR **81**, 943.

Es kommt auch nicht mehr auf den *Beruf* des Zeugen oder Sachverständigen usw und seine dortige Inanspruchnahme an. Die Zeit kann für den einen kostbarer sein als für einen anderen. Auch die Frage, ob und welche Umwege zumutbar waren, ist nicht mehr so wichtig wie früher. Die Benutzung eines bestimmten Verkehrsmittels kann auch durch besondere Umstände notwendig werden, zB durch eine Gebrechlichkeit, eine Verkehrsbehinderung usw.

C. Notwendigkeit der Benutzung. Sie ist aber eine allgemeine Grundbedingung 6 für die Erstattbarkeit von Kosten im Prozeßrecht, zB bei § 91 ZPO. Diese Grundbedingung darf nicht bei § 5 völlig außer Acht bleiben. Andernfalls könnte man unter Berufung auf den bloßen Wortlaut von I bei einem öffentlichen Verkehrsmittel zB für eine Strecke von 50 km einen ICE statt eines Regionalzugs zunächst auf Staatskosten besteigen. Das ist nicht der Sinn der Vorschrift, auch wenn sie nicht die Erstattungsfähigkeit gegenüber dem Prozeßgegner behandelt. Daran ändert sich nichts durch die Formfrage, ob ein ICE nun einen Zuschlag oder einfach einen höheren Fahrpreis kostet.

Die *Grenze* des Ersetzbaren liegt daher vernünftigerweise dort, wo ein Rechtsmißbrauch beginnt, BLAH Einl III 54. Freilich kann man die Wahlfreiheit jetzt nicht mehr in diesen Grenzen leugnen.

D. Nur tatsächliche Kosten. Der Zeuge oder Sachverständige usw erhält auch 7 in diesen weiteren Grenzen stets nur die tatsächlichen Kosten ersetzt. Deshalb ist eine anteilige Erstattung der Kosten einer Bezirks- oder Netzkarte usw oder diejenigen einer „Bahn-Card" nur dann möglich, wenn die Anteile während der gesamten Geltungsdauer der Karte bereits errechenbar sind, großzügiger Kblz Rpfleger **94**, 85, VG Schlesw AnwBl **78**, 144, strenger Düss JB **09**, 375 (evtl nicht einmal beim Sachverständigen), Hamm JB **96**, 598 (grundsätzlich nur beim Sachverständigen usw). Soweit er zu Fuß ging oder ohnehin eine Freifahrkarte besaß, erhält er keine Entschädigung. Soweit er die 2. Wagenklasse benutzt hat, erhält er die Kosten nur dieser Klasse ersetzt, selbst wenn er die 1. Wagenklasse hätte benutzen dürfen. Zu weit geht die Begrenzung auf online gebuchte Fahrkarten, aM Kblz MDR **17**, 730.

Die Kosten der Beförderung von *Gepäck* einschließlich der üblichen Reisegepäckversicherung oder wegen eines etwaigen Gepäckträgers werden nur ersetzt, soweit dieses Gepäck zur Erfüllung der Aufgaben des Herangezogenen bei einer weder zu kleinlichen noch zu großzügigen Beurteilung doch nicht nur nützlich oder hilfreich, sondern immerhin notwendig war, I aE. Soweit der Zeuge oder Sachverständige usw eine Freifahrmöglichkeit vorwerfbar nicht nutzt, erhält er Fahrtkosten nicht ersetzt.

8   E. 1. **Bahnklasse.** Die Fahrtkosten werden grundsätzlich nur bis zu denjenigen der *1. Bahnklasse* einschließlich Platzkarten ersetzt. Man darf freilich nicht mehr nach den gesamten persönlichen Verhältnissen des Zeugen oder Sachverständigen entscheiden, ob er die 1. Klasse benutzen durfte. Auch hier kommt es also nicht mehr auf den Beruf, das Alter, den Gesundheitszustand usw an. Man muß berücksichtigen, daß heute viele die 1. Klasse benutzen. Der Zeuge oder Sachverständige usw muß nicht mehr unbedingt einen ihm zumutbaren etwa vorhandenen Sondertarif zB für eine Rückfahrt ausnutzen. Sogar 2 Flüge können billiger als die 1. Wagenklasse sein, LG Lpz MDR **07**, 433.

9   F. **Schlafwagen, Flug usw.** Die Kosten der Benutzung eines Schlafwagens sind nach III ersetzbar, soweit sie zu einer Verbilligung führen oder soweit die Umstände sie erforderlich machen, etwa die Terminsstunde. Dasselbe gilt für solche Flug- oder Schiffskosten usw, die über die 1. Bahnklasse hinausgehen, Brdb MDR **14**, 119. Soweit überhaupt keine Eisenbahnverbindung besteht, gilt ebenfalls III.

10   **5) Eigenes oder unentgeltlich genutztes Kraftfahrzeug, II 1, 2.** Es kommt nicht mehr auf die Entfernung an. Man kann den Ersatz der Kfz-Kosten zumindest grundsätzlich auch dann fordern, wenn man statt des Kfz ein öffentliches Verkehrsmittel hätte (mit-)benutzen können. Denn I und II stehen als selbständig geregelte Möglichkeiten nebeneinander, aM Zi 2. Ein Rechtsmißbrauch wäre nach Rn 6 auch hier wie stets verboten. Er läßt sich aber nur im wirklich krassen Fall einwandfrei nachweisen. Man sollte im allgemeinen die folgenden Prüfschritte vornehmen.

11   A. **Kilometerpauschale, II 1 Z 1.** Für jeden tatsächlich gefahrenen km des Hin- und Rückwegs erhält ein Zeuge oder ein Dritter im Sinn von § 23 nach Z 1 den Betrag von 0,25 EUR, Naumb VersR **15**, 508, jeder andere Anspruchsberechtigte nach § 1 I 1 Z 1, 2 einen Betrag von 0,30 EUR jeweils als eine Pauschale, Rostock MDR **11**, 983. Vgl auch KVfG 31 005, Teil III dieses Buchs, und VV 7003, Teil X dieses Buchs. Behördliche „Routenplaner" sind nicht verbindlich, LG Drsd MDR **05**, 1260. Die Pauschale umfaßt zB beim Zeugen oder Dritten die Betriebs- und Abnutzungskosten, bei den übrigen Anspruchsberechtigten neben der Abnutzung und dem Wertverlust auch die Anschaffungs-, Unterhaltungs- und Betriebskosten, Celle FamRZ **13**, 1988, Karlsr FER **99**, 269, und daher auch etwa Winterreifen usw, LG Kblz FamRZ **98**, 117. Das gilt auch dann, wenn man einen höheren Verbrauch nachweisen kann. Die Entschädigungspflicht ist nicht von einem Mindestweg abhängig. Eine Entschädigung ist unabhängig von den tatsächlichen Aufwendungen, OVG Kblz JB **91**, 260 (Dienstwagen), OVG Münst Rpfleger **82**, 399. Die Kosten eines Fahrers sind nicht gesondert ersetzbar.

12   B. **Zusätzliche Barauslagen, II 1 Z 2.** Zur Pauschale nach Rn 11 tritt der Anspruch auf einen Ersatz der durch die Benutzung des Kraftfahrzeugs aus Anlaß gerade dieser Reise regelmäßig anfallenden baren Auslagen hinzu, insbesondere der Parkentgelte, aber zB auch einer Mautgebühr oder einer Fährgebühr usw.

13   C. **Benutzung durch mehrere Personen, II 2.** Hier kann man die Pauschale nach II 1 Z 1 nur einmal fordern. Das stellt II 2 klar. Der unentgeltlich Mitgenommene hat also keinen eigenen Anspruch auf eine Kilometerpauschale mehr. Er kann aber als eine der vom JVEG erfaßten Personen die tatsächlich gerade ihm entstandenen Barauslagen nach II 1 Z 2 ersetzt fordern. Denn II 2 begrenzt nur bei der „Pauschale". Das gilt zB bei einem Betriebskostenanteil. Die ganz unentgeltliche Mitnahme bleibt demgegenüber ohne eine Entschädigung, LG Traunst JB **96**, 491.

Abschnitt 2. Gemeinsame Vorschriften § 5 JVEG

6) Anderes privates Kraftfahrzeug, II 3. Wer ein anderes Kraftfahrzeug als ein 14
solches nach I oder II 1 benutzt, erhält einen Fahrtkostenersatz nach II 3, aM VG
Gießen NVwZ-RR **10**, 416 (nur Pauschale nach II 1 Z 1). Hierher gehört ein solches Kfz, das nicht zu den öffentlichen Verkehrsmitteln zählt und auch nicht dem
Berechtigten gehört oder unentgeltlich zur Verfügung steht. Damit meint II 3 zB ein
Taxi, einen Mietwagen, ein Mietboot oder -flugzeug oder eine Mitnahme in einem
derartigen fremden Fahrzeug. Auch ein geleastes Kraftfahrzeug zählt hierher. Auch
hier muß man unterscheiden.

A. Tatsächliche Kilometerauslagen, II 3 Hs 1. Man erhält nur die tatsächlich 15
entstandenen Auslagen nach II 1 Z 1 ersetzt. Vgl dazu Rn 11. Auch diese werden
beim Zeugen oder Dritten nur bis höchstens 0,25 EUR und bei den übrigen Anspruchsberechtigten nur bis höchstens 0,30 EUR je gefahrenem Kilometer des Hinund Rückwegs ersetzt. In einer Abweichung von der Regelung beim eigenen oder
unentgeltlich zur Nutzung erhaltenen Kraftfahrzeug gibt es also keine feste Kilometerpauschale, sondern nur eine feste Kilometerhöchstsumme. Das gilt vor allem beim
sog Leihwagen, der entgegen den Wortwahl gerade nicht unentgeltlich verfügbar ist,
sondern in Wahrheit ein Mietwagen ist.

B. Zusätzliche Barauslagen, II 3 Hs 2. Ebenso wie beim eigenen Kraftfahr- 16
zeug erhält man auch beim Kfz nach Rn 15 die gerade aus Anlaß dieser Reise angefallenen regelmäßigen Barauslagen ersetzt. Vgl daher Rn 12. Anders als dort gilt das
nach II 3 Hs 2 aF aber nur, „soweit sie der Berechtigte zu tragen hat". Nicht hierher
gehört also zB dasjenige Fährgeld, das der Vermieter vertraglich dem Mieter erstatten
muß und auch erstattet hat.

7) Mehrheit von Terminen, I, II. Wenn der Zeuge oder Sachverständige usw 17
mehrere Termine wahrnimmt, erhält er für die Benutzung dieser Verkehrsmittel anläßlich eines jeden Termins nur eine anteilsmäßige Entschädigung. Wenn die Termine
an verschiedenen Orten stattfinden, muß man die verschiedenen Entfernungen bei
dieser anteilsmäßigen Entschädigung berücksichtigen. Man muß dabei beachten, daß
jedes Gericht eine eigene Ladung erteilt hat, Hamm OLGR **96**, 251. Andererseits
soll die Beweisperson dadurch kein Geschäft machen.

8) Höherer Ersatz, III. Die Vorschrift gilt in sämtlichen Fällen I, II, aM Celle 18
DS **16**, 58 (nicht bei II). Es muß entweder die eine oder die andere der nachfolgenden Voraussetzungen vorliegen. Diese muß der Berechtigte darlegen und notfalls
beweisen. Das braucht freilich nicht wegen jedes winzigen Einzelbetrags zu geschehen. Eine Wahl der Richtung III darf in Ausübung eines gewissen Ermessens des
Berechtigten erfolgen, auch wenn III formell in Hs 1 wie Hs 2 unbestimmte Rechtsbegriffe enthält. Man darf sie zumindest prozeßwirtschaftlich handhaben.

A. Entweder: Bei Ersparung von Mehrvergütung oder -entschädigung, 19
III Hs 1. Soweit man einen Mehrbetrag an Vergütung oder Entschädigung erspart,
kann man die tatsächlichen entstandenen Fahrtkosten über I, II hinaus ersetzt fordern. Beispiel: Ein Flug kostet 300 EUR mehr als die 1. Bahnklasse, erspart aber
200 EUR Verdienstausfall und kann einen erheblichen geringeren Zeitaufwand bedeuten. Nach III Hs 1 werden zusätzlich 200 EUR ersetzt.

B. Oder: Notwendigkeit wegen besonderer Umstände, III Hs 2. Statt Rn 19 20
mag auch ein Mehrbetrag wegen der Notwendigkeit höherer Fahrtkosten auf Grund
besonderer Umstände ersetzbar sein, zB: In einem Eilfall; bei einer Gebrechlichkeit;
bei hohem Alter; bei extrem schlechter Wetterlage; zwecks Einsparung einer Übernachtung oder zwecks bloßen Zeitgewinns; bei ganz besonderen geschäftlichen Interessen des Zeugen oder Sachverständigen usw. Gerade im letzteren Fall sollte man
aber das Gericht wenn irgend möglich von der Absicht der Benutzung anderer Verkehrsmittel vorher verständigen. Hier können zB höhere Taxikosten oder Parkhausgebühren erstattungsfähig sein. Natürlich muß der Zeuge oder Sachverständige usw
solche Mehrauslagen nachweisen.

Unanwendbar ist III Hs 2 bei einem bloßen Repräsentationsbedürfnis. Bei einer starken beruflichen Belastung kommt es nach Rn 18 auf die Umstände an.

9) Reisen während der Terminsdauer, IV. Die Kosten einer solchen Reise 21
sind nach § 6 nur insoweit erstattungsfähig, als man dadurch im Ergebnis nach Rn 5

Kosten erspart, etwa dadurch, daß der Heimweg verhältnismäßig kurz wird und daß daher trotz der Reise geringere Gesamtkosten entstehen. Das gilt insbesondere dann, wenn man Übernachtungskosten erspart. Dann kann sogar eine Verpflichtung bestehen, nur die geringeren Kosten entstehen zu lassen.

22 **10) Reiseantritt von anderem Ort, als in der Ladung bezeichnet, V.** Soweit man die Reise zum Terminsort von einem anderen als dem in der Ladung bezeichneten oder der zuständigen Stelle unverzüglich angezeigten Ort antritt und soweit man zu einem anderen als zu diesem Ort zurückfährt, muß man das ladende Gericht unverzüglich darauf hinweisen, Brdb JB **10**, 314. Das Gericht soll dadurch die Möglichkeit der Prüfung erhalten, ob es den Zeugen oder Sachverständigen usw zunächst abbestellen soll, Celle JB **13**, 94.

23 **A. Rechtzeitige Anzeige an Gericht.** Soweit man eine solche *Anzeige* unverzüglich und gerade auch dem ladenden Gericht und nicht etwa nur einem ProzBev erstattet *hat,* braucht man die Antwort des ladenden Gerichts nicht abzuwarten. Man erhält jedenfalls mangels einer rechtzeitig eingegangenen Abbestellung die Reisekosten von demjenigen Ort, den man angegeben hat, und zu ihm zurückerstattet, Düss JB **84**, 1069, LG Kblz MDR **98**, 1184, aM Mü JB **89**, 864.

24 **B. Keine oder verspätete Anzeige.** Soweit man eine solche Anzeige nicht oder nicht unverzüglich und für eine Abladung zu spät gemacht hat, erhält man grundsätzlich (jetzt) nach I–IV nur diejenigen Kosten ersetzt, die eine Reise von dem dem Gericht bekannten Ort und zu diesem zurück erforderte, Brdb JB **10**, 314, LG Bad-Bad Rpfleger **89**, 255, großzügiger OVG Bln-Brdb NVwZ-RR **15**, 120 (Fallfrage). Diese letzteren „Normalauslagen" sind aber natürlich ersatzfähig, sofern das Gericht nicht den Berechtigten bei einer Kenntnis aller Umstände gänzlich entbunden oder abgeladen hätte, Celle JB **13**, 94. In der Praxis kommt es immer wieder vor, daß zB der Zeuge zwar behauptet, die Geschäftsstelle usw aber bestreitet und auch nicht aktenkundig gemacht hat, daß er unverzüglich angerufen und mitgeteilt habe. Es empfiehlt sich daher, sich den Namen des Beamten und das Mitteilungsdatum zu merken und einen Zeugen beizuziehen. Die Erstattung muß trotz einer vorwerfbar späten Anzeige auch dann erfolgen, wenn das Gericht die Ladung auf jeden Fall aufrechterhalten hätte, Drsd JB **98**, 269.

Einen solchen von einer Partei *gestellten* Zeugen oder Sachverständigen, den das Gericht dann auch vernimmt, darf das Gericht grundsätzlich nur wie einen Ortsansässigen entschädigen. Seine Partei mag ihn höher entschädigen und das als einen Teil ihrer außergerichtlichen Prozeßkosten erstattet fordern können und müssen. Eine gerichtliche Entschädigung kommt aber in Betracht, soweit das Gericht die Gestellung anheimgegeben hat, KG Rpfleger **86**, 283.

25 **C. Anzeige nicht an Gericht.** Eine Anzeige der längeren Reisestrecke lediglich an diejenige Partei oder denjenigen Beteiligten, der die Ladung angeregt oder beantragt hatte, oder an dessen ProzBev reichen in keinem Fall aus. Man darf sich auch nicht darauf verlassen, daß die Partei oder deren ProzBev zugesichert haben, sie würden das Gericht verständigen. Der Geladene hat eine unmittelbare Rechtspflicht gegenüber dem Gericht und muß daher auch unmittelbar das ladende Gericht verständigen.

26 **D. Besondere Umstände.** Soweit durch sie eine längere Fahrt nötig wurde, darf und muß das Gericht die Mehrkosten im Rahmen einer Prüfung nach seinem pflichtgemäßen Ermessen erstatten, Brdb JB **10**, 314, Drsd JB **98**, 269. Die besonderen Umstände müssen unverschuldet sein, LG BadBad Rpfleger **89**, 255. Sie können sowohl in der Person des Zeugen oder Sachverständigen usw als auch in anderen Gründen liegen. Das gilt auch mangels einer unverzüglichen Nachricht an das Gericht.

27 **E. Unklarheit der Ladung.** Eine Unklarheit bei der Abfassung des Textes einer Ladung ist stets zugunsten des Geladenen auslegbar, LG Aschaffenb JB **77**, 1751 (betreffend den „Aufenthaltsort").

Entschädigung für Aufwand

6 [1] Wer innerhalb der Gemeinde, in der der Termin stattfindet, weder wohnt noch berufstätig ist, erhält für die Zeit, während der er aus Anlass der Wahrnehmung des Termins von seiner Wohnung und seinem Tätigkeitsmittelpunkt

Abschnitt 2. Gemeinsame Vorschriften § 6 JVEG

abwesend sein muss, ein Tagegeld, dessen Höhe sich nach der Verpflegungspauschale zur Abgeltung tatsächlich entstandener, beruflich veranlasster Mehraufwendungen im Inland nach dem Einkommensteuergesetz bemisst.
^{II} Ist eine auswärtige Übernachtung notwendig, wird ein Übernachtungsgeld nach den Bestimmungen des Bundesreisekostengesetzes gewährt.

Vorbem. I geändert dch Art 4 Z 2 G v 10. 12. 15, BGBl 2218, in Kraft seit 18. 12. 15, Art 8 G, ÜbergangsR § 24 JVEG.

Gliederung

1) Systematik, I, II	1
2) Regelungszweck, I, II	2
3) Geltungsbereich, I, II	3
4) Tagegeld für einen Auswärtigen, I	4
5) Übernachtungsgeld, II	5–8

1) Systematik, I, II. Die Entschädigung für Fahrtkosten erfolgt nach § 5. Die Entschädigung für den sonstigen Aufwand erfolgt nach festen Sätzen. Der Begünstigte erhält ein Tage- und ein Übernachtungsgeld. Als eine Auffangvorschrift dient § 7.   1

2) Regelungszweck, I, II. Das Tagegeld soll den Aufwand außer dem durch die Übernachtung entstehenden und außerdem den sonstigen Aufwand abgelten, insbesondere Essenskosten. Kosten notwendiger Vertretungen und notwendiger Begleiter und die Fahrtkosten unterfallen §§ 5, 7. Wegen der Entschädigung des Handelsrichters vgl Teil VI dieses Buchs.   2

3) Geltungsbereich, I, II. § 6 gilt auch für die Entschädigung der Steuerausschußmitglieder, § 30 des Gesetzes über die Finanzverwaltung, ferner für die Entschädigung der Beisitzer bei den Seeämtern und beim Bundesoberseeamt, jedoch mit der Maßgabe, daß die Entschädigung stets die in § 8 V des Gesetzes über die Untersuchung von Seeunfällen genannte Summe beträgt (früher 5 DM), also bei amtlicher Umrechnung 2,56 EUR). Bis zu diesem Satz ist also kein Nachweis erforderlich. Ferner ist eine Erhöhung des Satzes für den Einheimischen zulässig.   3
Eine Erhöhung kann man auch dem Beisitzer bei der Kammer für *Wertpapierbereinigung* gewähren, für den man die Entschädigung bei einer Sitzungsdauer von mehr als 5 Stunden nach § 6 I Änderungs- und Ergänzungsgesetz des WertpapierberG um [10 DM] 5,11 EUR erhöhen kann. Ein im öffentlichen Dienst stehender Beisitzer des Bundessortenamts erhält keine Aufwandsentschädigung. Wohl aber erhält ein anderer Beisitzer eine solche nach Grdz 2 ff vor § 1.

4) Tagegeld für einen Auswärtigen, I. Als ein Auswärtiger gilt nur derjenige, der in der politischen Gemeinde des Gerichtstermins am Terminstag weder wohnt noch berufstätig ist und sich auch nicht aus einem anderen Grund am Terminstag am Terminsort aufhält. Er erhält als Entschädigung für seine terminsbedingte Abwesenheit von seinem Wohnort und seinem Tätigkeitsmittelpunkt ein pauschaliertes Tagegeld ohne die Notwendigkeit eines Nachweises oder auch nur einer Darlegung oder Glaubhaftmachung irgendwelcher Aufwendungen für Essen usw. Es genügt vielmehr nur die Darlegung und notfalls der Beweis des Ob und Wielang einer Abwesenheit infolge gerade dieser Heranziehung.   4
Wegen seiner *Höhe* verweist I der Sache nach auf § 4 V 1 Z 5 S 2 und damit auch auf § 9 IV a EStG, dazu Schneider JB **14**, 395 (Üb):

> *EStG § 4. V 1 Z 5 S 2.* **Wird der Steuerpflichtige vorübergehend von seiner Wohnung und dem Mittelpunkt seiner dauerhaft angelegten betrieblichen Tätigkeit entfernt betrieblich tätig, sind die Mehraufwendungen für Verpflegung nach Maßgabe des § 9 Absatz 4 a abziehbar.**

> *EStG § 9. IV a.* ¹**Mehraufwendungen des Arbeitnehmers für die Verpflegung sind nur nach Maßgabe der folgenden Sätze als Werbungskosten abziehbar.** ²**Wird der Arbeitnehmer außerhalb seiner Wohnung und ersten Tätigkeitsstätte beruflich tätig (auswärtige berufliche Tätigkeit), ist zur Abgeltung der ihm tatsächlich entstandenen, beruflich veranlassten Mehraufwendungen eine Verpflegungspauschale anzusetzen.** ³**Diese beträgt**

1. 24 Euro für jeden Kalendertag, an dem der Arbeitnehmer 24 Stunden von seiner Wohnung abwesend ist,
2. jeweils 12 Euro für den An- und Abreisetag, wenn der Arbeitnehmer an diesem, einem anschließenden oder vorhergehenden Tag außerhalb seiner Wohnung übernachtet,
3. 12 Euro für den Kalendertag, an dem der Arbeitnehmer ohne Übernachtung außerhalb seiner Wohnung mehr als 8 Stunden von seiner Wohnung und der ersten Tätigkeitsstätte abwesend ist; beginnt die auswärtige berufliche Tätigkeit an einem Kalendertag und endet am nachfolgenden Kalendertag ohne Übernachtung, werden 12 Euro für den Kalendertag gewährt, an dem der Arbeitnehmer den überwiegenden Teil der insgesamt mehr als 8 Stunden von seiner Wohnung und der ersten Tätigkeitsstätte abwesend ist.

[4] Hat der Arbeitnehmer keine erste Tätigkeitsstätte, gelten die Sätze 2 und 3 entsprechend; Wohnung im Sinne der Sätze 2 und 3 ist der Hausstand, der den Mittelpunkt der Lebensinteressen des Arbeitnehmers bildet sowie eine Unterkunft am Ort der ersten Tätigkeitsstätte im Rahmen der doppelten Haushaltsführung. [5] Bei einer Tätigkeit im Ausland treten an die Stelle der Pauschbeträge nach Satz 3 länderweise unterschiedliche Pauschbeträge, die für die Fälle der Nummer 1 mit 120 sowie der Nummern 2 und 3 mit 80 Prozent der Auslandstagegelder nach dem Bundesreisekostengesetz vom Bundesministerium der Finanzen im Einvernehmen mit den obersten Finanzbehörden der Länder aufgerundet auf volle Euro festgesetzt werden; dabei bestimmt sich der Pauschbetrag nach dem Ort, den der Arbeitnehmer vor 24 Uhr Ortszeit zuletzt erreicht, oder, wenn dieser Ort im Inland liegt, nach dem letzten Tätigkeitsort im Ausland. [6] Der Abzug der Verpflegungspauschalen ist auf die ersten drei Monate einer längerfristigen beruflichen Tätigkeit an derselben Tätigkeitsstätte beschränkt. [7] Eine Unterbrechung dieser beruflichen Tätigkeit an derselben Tätigkeitsstätte führt zu einem Neubeginn, wenn sie mindestens vier Wochen dauert. [8] Wird dem Arbeitnehmer anlässlich oder während einer Tätigkeit außerhalb seiner ersten Tätigkeitsstätte vom Arbeitgeber oder auf dessen Veranlassung von einem Dritten eine Mahlzeit zur Verfügung gestellt, sind die nach den Sätzen 3 und 5 ermittelten Verpflegungspauschalen zu kürzen:
1. für Frühstück um 20 Prozent,
2. für Mittag- und Abendessen um jeweils 40 Prozent,

der nach Satz 3 Nummer 1 gegebenenfalls in Verbindung mit Satz 5 maßgebenden Verpflegungspauschale für einen vollen Kalendertag; die Kürzung darf die ermittelte Verpflegungspauschale nicht übersteigen. [9] Satz 8 gilt auch, wenn Reisekostenvergütungen wegen der zur Verfügung gestellten Mahlzeiten einbehalten oder gekürzt werden oder die Mahlzeiten nach § 40 Absatz 2 Satz 1 Nummer 1 a pauschal besteuert werden. [10] Hat der Arbeitnehmer für die Mahlzeit ein Entgelt gezahlt, mindert dieser Betrag den Kürzungsbetrag nach Satz 8. [11] Erhält der Arbeitnehmer steuerfreie Erstattungen für Verpflegung, ist ein Werbungskostenabzug insoweit ausgeschlossen. [12] Die Verpflegungspauschalen nach den Sätzen 3 und 5 sowie die Dreimonatsfrist nach den Sätzen 6 und 7 gelten auch für den Abzug von Mehraufwendungen für Verpflegung, die bei einer beruflich veranlassten doppelten Haushaltsführung entstehen; dabei ist für jeden Kalendertag innerhalb der Dreimonatsfrist, an dem gleichzeitig eine Tätigkeit im Sinne des Satzes 2 oder des Satzes 4 ausgeübt wird, nur der jeweils höchste in Betracht kommende Pauschbetrag abziehbar. [13] Die Dauer einer Tätigkeit im Sinne des Satzes 2 an dem Tätigkeitsort, an dem die doppelte Haushaltsführung begründet wurde, ist auf die Dreimonatsfrist anzurechnen, wenn sie ihr unmittelbar vorausgegangen ist.

Diese Regelung ist mit ihrer Verweisungstechnik auf das nicht stets für den Kostenbeamten in seiner neuesten Fassung greifbare EStG wieder einmal in deutscher Überperfektion einigermaßen kompliziert geraten. Bei einer Abwesenheit von weniger als 8 Stunden entsteht kein Tagegeld. Bei mindestens 8 Stunden entstehen also nach c = 6 EUR, BGH WoM **11**, 325 rechts oben.

Abschnitt 2. Gemeinsame Vorschriften § 6 JVEG

Entscheidend ist stets die Zeit von der Abfahrt bis zur Rückkehr an den Wohnort, die erforderlich war, um der Dienstleistung nachkommen zu können.

5) Übernachtungsgeld, II. Man erhält es nur dann, wenn eine auswärtige Über- 5 nachtung wegen der Heranziehung notwendig war. Das ist nur dann so, wenn der Begünstigte nicht mehr in seinen Wohnort zurückkehren konnte, LSG Erfurt JB 00, 489, oder wenn er deshalb übernachten mußte, weil der frühere Sitzungsanfang eine Anreise zu einem entsprechend früheren Zeitpunkt oder das spätere Sitzungsende die Rückreise zu einem späteren Zeitpunkt an demselben Tag unzumutbar machte, LG Stgt Rpfleger **86**, 198. Bei einem nahen Aufenthalts- oder Arbeitsort entfällt II ebenso wie I in aller Regel. Es kommt bei einer mehrtägigen Heranziehung darauf an, ob man ein tägliches Pendeln zumuten kann. Dazu kann man auch die für Dienstreisen eines Beamten geltenden Bestimmungen mitbeachten.

Der *Höhe* nach enthält II eine Verweisung auf das BRKG. Die frühere Regelung 6 in Reisekostenstufen ist entfallen. Übernachtungsgeldregelungen enthalten §§ 6 II, 7, 8 S 2, §§ 9, 11 I 2 Hs 2, V, 13 I Hs 2, 14 III BRKG, dazu Klein NVwZ **17**, 126 (Üb). Zentralvorschriften sind

BRKG § 7. Übernachtungsgeld. I ¹Für eine notwendige Übernachtung erhalten Dienstreisende pauschal 20 Euro. ²Höhere Übernachtungskosten werden erstattet, soweit sie notwendig sind.

II Übernachtungsgeld wird nicht gewährt
1. für die Dauer der Benutzung von Beförderungsmitteln,
2. bei Dienstreisen am oder zum Wohnort für die Dauer des Aufenthalts an diesem Ort,
3. bei unentgeltlicher Bereitstellung einer Unterkunft des Amtes wegen, auch wenn diese Unterkunft ohne triftigen Grund nicht genutzt wird, und
4. in den Fällen, in denen das Entgelt für die Unterkunft in den erstattungsfähigen Fahrt- oder sonstigen Kosten enthalten ist, es sei denn, dass eine Übernachtung aufgrund einer zu frühen Ankunft am Geschäftsort oder einer zu späten Abfahrt von diesem zusätzlich erforderlich wird.

BRKG § 8. Auslagenerstattung bei längerem Aufenthalt am Geschäftsort. ¹Dauert der dienstlich veranlasste Aufenthalt an demselben auswärtigen Geschäftsort länger als 14 Tage, wird vom 15. Tag an die um 50 Prozent ermäßigtes Tagegeld gewährt; in besonderen Fällen kann die oberste Dienstbehörde oder die von ihr ermächtigte Behörde auf eine Ermäßigung des Tagegeldes verzichten. ²Notwendige Übernachtungskosten werden erstattet; ein pauschales Übernachtungsgeld nach § 7 Abs. 1 wird nicht gewährt. ³...

BRKG § 9. Aufwands- und Pauschvergütung. I ¹Dienstreisende, denen erfahrungsgemäß geringerer Aufwand für Verpflegung oder Unterkunft als allgemein üblich entsteht, erhalten nach näherer Bestimmung der obersten Dienstbehörde oder der von ihr ermächtigten Behörde anstelle von Tagegeld, Übernachtungsgeld und Auslagenerstattung nach § 8 Satz 1 und 2 eine entsprechende Aufwandsvergütung. ²Diese kann auch nach Stundensätzen bemessen werden.

II Die oberste Dienstbehörde oder die von ihr ermächtigte Behörde kann für regelmäßige oder gleichartige Dienstreisen anstelle der Reisekostenvergütung oder einzelner ihrer Bestandteile eine Pauschvergütung gewähren, die nach dem Durchschnitt der in einem bestimmten Zeitraum sonst anfallenden Reisekostenvergütungen zu bemessen ist.

BRKG § 13. Verbindung von Dienstreisen mit privaten Reisen. I ¹Werden Dienstreisen mit privaten Reisen verbunden, wird die Reisekostenvergütung so bemessen, als ob nur die Dienstreise durchgeführt worden wäre. ²Die Reisekostenvergütung nach Satz 1 darf die sich nach dem tatsächlichen Reiseverlauf ergebende nicht übersteigen. ³Werden Dienstreisen mit einem Urlaub von mehr als fünf Arbeitstagen verbunden, werden nur die zusätzlich für die Erledigung des Dienstgeschäfts entstehenden Kosten als Fahrtauslagen entsprechend den §§ 4 und 5 erstattet; Tage- und Übernachtungsgeld wird für die Dauer des Dienstgeschäfts sowie für die zusätzliche Reisezeit gewährt.

7 Es *empfiehlt* sich trotz des Fehlens einer gesetzlichen Nachweisungspflicht doch zur Vermeidung unerfreulicher Auseinandersetzungen zum Ob und Wie hoch, sich eine Übernachtung und sonstige Leistungen wie Frühstück oder Teilpension in den Hotelrechnungen gesondert ausweisen zu lassen. Denn nur die tatsächlichen Übernachtungskosten sind dem Grunde nach erstattbar. Die Landesreisekostengesetze schreiben teilweise vor, die nach an sich vom Sachverständigen nachzuweisende Unvermeidbarkeit nicht näher zu prüfen, wenn ein Übernachtungspreis nicht mehr als 50 EUR beträgt. Immerhin müßte der Sachverständige wohl oft nachweisen, daß es am Übernachtungsort kein zumutbares billigeres Quartier gab, Ulrich DS **04**, 3★. Er muß Kosten von über 60 EUR je Nacht als notwendig begründen, LG Hann JB **06**, 491 (zustm Bund).

8 Das ist eine oft unzumutbare *Überforderung*. Daher kommt ein Anscheinsbeweis für die Notwendigkeit infrage, einen heute allgemein üblichen Preis zu zahlen. Auch dann bleiben noch genug Probleme. Das Gericht sollte sie nicht zu engherzig lösen. WC und Dusche sollten stets vorhanden sein dürfen. Ein Bedienungsgeld zählt zu den Übernachtungskosten. Es gibt keine fiktiven Übernachtungskosten.

Ersatz für sonstige Aufwendungen

7 ¹ ¹Auch die in den §§ 5, 6 und 12 nicht besonders genannten baren Auslagen werden ersetzt, soweit sie notwendig sind. ²Dies gilt insbesondere für die Kosten notwendiger Vertretungen und notwendiger Begleitpersonen.

II ¹Für die Anfertigung von Kopien und Ausdrucken werden ersetzt
1. bis zu einer Größe von DIN A3 0,50 Euro je Seite für die ersten 50 Seiten und 0,15 Euro für jede weitere Seite,
2. in einer Größe von mehr als DIN A4 3 Euro je Seite und
3. für Farbkopien und -ausdrucke jeweils das Doppelte der Beträge nach Nummer 1 oder Nummer 2.

²Die Höhe der Pauschalen ist in derselben Angelegenheit einheitlich zu berechnen. ³Die Pauschale wird nur für Kopien und Ausdrucke aus Behörden- und Gerichtsakten gewährt, soweit deren Herstellung zur sachgemäßen Vorbereitung oder Bearbeitung der Angelegenheit geboten war, sowie für Kopien und zusätzliche Ausdrucke, die nach Aufforderung durch die heranziehende Stelle angefertigt worden sind. ⁴Werden Kopien oder Ausdrucke in einer Größe von mehr als DIN A3 gegen Entgelt von einem Dritten angefertigt, kann der Berechtigte anstelle der Pauschale die baren Auslagen ersetzt verlangen.

III ¹Für die Überlassung von elektronisch gespeicherten Dateien anstelle der in Absatz 2 genannten Kopien und Ausdrucke werden 1,50 Euro je Datei ersetzt. ²Für die in einem Arbeitsgang überlassenen oder in einem Arbeitsgang auf denselben Datenträger übertragenen Dokumente werden höchstens 5 Euro ersetzt.

Gliederung

1) **Systematik, I–III**	1
2) **Regelungszweck, I–III**	2
3) **Geltungsbereich, I–III**	3
4) **Erstattungsfähigkeit, I**	4–14
A. Vorbereitungskosten, I 1	4
B. Arztattest usw, I 1	5
C. Vertretungskosten, I 2	6, 7
D. Anwaltskosten, I 1, 2	8
E. Personalkosten, I 1, 2	9, 10
F. Kosten einer Begleitperson, I 2	11, 12
G. Sonstige Kosten, I 1, 2	13
H. Unanwendbarkeit, I 2	14
5) **Kopie, Ausdruck, II**	15–18
A. Bis DIN A 3: Pauschale, II 1–3	15
B. Berechnung der Pauschale, II 1–3	16
C. Unanwendbarkeit bei Pauschale, II 1–3	17
D. Über DIN A 3: Barauslagen oder Pauschale, II 4	18
6) **Elektronische Datei, III**	19

1 **1) Systematik, I–III.** Die Vorschrift ist eine Auffangklausel, Hbg MDR **07**, 867. Sie gilt also nur hilfsweise neben den vorrangigen §§ 5, 6 und 12. Diese gelten in ihren Geltungsbereichen abschließend und lassen sich daher insoweit auch nicht über § 7 ausweiten, Hbg MDR **07**, 867.

2) Regelungszweck, I–III. Die Auffangklausel nach Rn 1 bezweckt eine möglichst lückenlose Erfassung aller Aufwendungen des Zeugen oder Sachverständigen usw. Das gilt freilich nach Rn 4 nur im Rahmen des Notwendigen. Man muß beide Gerichtspunkte bei der Auslegung mitbeachten.

3) Geltungsbereich, I–III. Die Vorschrift gilt sachlich für alle gesetzlich sonstwie nicht erfaßten Aufwendungen. Sie gilt persönlich für jeden gerichtlich bestellten Sachverständigen, Dolmetscher oder Übersetzer oder Verwalter nach dem WEG, AG Nürnb ZMR **17**, 202 rechts oben, oder für jeden geladenen oder gestellten und dann auch vernommenen Zeugen und für einen Dritten nach § 23. Sie alle haben einen Anspruch auf die Erstattung aller notwendigen Barauslagen, auch soweit das Gesetz sie nirgends speziell nennt, Bach JB **92**, 8.

Nur die *notwendigen* Auslagen sind nach I 1, 2 erstattbar. Das Gericht muß die Notwendigkeit nachprüfen. Der Anspruch erstreckt sich innerhalb der dem Grunde nach notwendigen Kosten auch nur auf diejenigen Kosten, die der Berechtigte gerade auf Grund dieser Heranziehung auch wirklich aufgewendet hat. Er muß den Nachweis durch eine Vorlage von verkehrsüblichen Quittungen erbringen oder zumindest entsprechend § 294 ZPO glaubhaft machen, vor allem durch die eidesstattliche Versicherung, Karlsr JB **88**, 389. Bei einer Postüberwachung usw nach § 23 ist § 7 nach § 23 III nur im Rahmen von § 22 anwendbar. Auf den Betreuer ist § 7 nach § 1 Rn 13 „Betreuer" weder direkt noch entsprechend anwendbar.

4) Erstattungsfähigkeit, I. Erstattbar sind nach § 12 Rn 17 in den Grenzen Rn 3 unter anderem die folgenden Aufwendungen, jeweils ohne eine bei ihnen gar nicht gezahlte Mehrwertsteuer, Kblz MDR **94**, 1152, aM AG Bln-Charlottenb 215 C 206/04 v 20. 6. 07. Es kann notwendig sein, außergewöhnlich hohe Aufwendungen vor ihrer Entstehung dem Gericht oder der sonstigen heranziehenden Stelle wie bei § 121 I 1 BGB unverzüglich anzukündigen, um ihm zu ermöglichen, die Heranziehung deshalb aufzuheben, aufzuschieben, zu verringern usw, Karls MDR **93**, 90.

A. Vorbereitungskosten, I 1. Man erhält die Kosten der Vorbereitung der Zeugenaussage erstattet, Düss Rpfleger **79**, 467, LSG Erfurt JB **03**, 96. Dasselbe gilt für die Vorbereitungskosten aller weiteren nach Rn 3 Begünstigten.

B. Arztattest usw, I 1. Die Kosten eines ärztlichen Zeugnisses zur Entschuldigung des Zeugen oder des Sachverständigen usw sind ersetzbar, sofern ein solches Attest bei einer objektiven Betrachtung zweckmäßig war. Das gilt unabhängig davon, ob das Gericht ein solches Zeugnis auch schon verlangt hatte. Das Gericht kann ein solches Zeugnis fordern, soweit es die Aufgabe des Zeugen oder Sachverständigen usw ist, sich genügend zu entschuldigen. In diesem Zusammenhang gehören auch Fernsprechkosten des Geladenen, evtl auch Portoauslagen, Hamm Rpfleger **76**, 202, LG Mannh Rpfleger **91**, 36, oder Kosten notwendiger DIN-Normen, aM Düss DS **16**, 296 (LS).

C. Vertretungskosten, I 2. Solche Kosten sind ohne eine absolute Obergrenze erstattungsfähig, soweit sie bei einer objektiven Beurteilung notwendig wurden. Das gilt bei einem Lohnempfänger also nur, soweit er seinem Arbeitgeber für den Arbeitsausfall einen Ersatz leisten muß. Auch beim Freiberufler kommen Vertretungskosten in Betracht, Bbg JB **87**, 79 (Anwalt), Düss MDR **93**, 485 (Psychologe), Karlsr MDR **93**, 89 (Arzt). Jede Beweisperson und auch ein ehrenamtlicher Richter muß aber das Gericht nach Rn 4 auf extra bevorstehende ungewöhnlich hohe Kosten solcher Art unverzüglich hinweisen, OVG Hbg NVwZ-RR **06**, 447. Der Vertretene muß die Notwendigkeit und Höhe von Vertretungskosten nach Rn 3 zumindest auf eine Anforderung des Gerichts nachvollziehbar darlegen und belegen oder glaubhaft machen.

Man muß solche Vertretungskosten selbst bei einem kleinen Unternehmen *im allgemeinen anerkennen*, evtl für einen halben oder einen ganzen Tag, soweit für den Geladenen die Zeitdauer seiner Abwesenheit nicht vorhersehbar ist. Er kann sie oft nicht im voraus präzise einschätzen. Auch ein Sachverständiger kann solche Vertretungskosten aufwenden müssen. Das gilt selbst dann, wenn er zur Erstattung des Gutachtens verpflichtet ist.

7   Die Behauptung, ein solcher Sachverständiger erstatte das Gutachten stets in einer Ausübung seines Berufs, ist nicht in dieser Allgemeinheit haltbar. Der *Beruf* bringt das Gutachten nur mit sich. Denn § 7 spricht in gleicher Weise vom Zeugen usw wie vom Sachverständigen. Man muß den Umstand außer acht lassen, daß der Sachverständige auch für seine Gutachtertätigkeit eine Vergütung erhält. Es ist aber denkbar, daß sich die Vertretungskosten eines Sachverständigen oder Zeugen usw um denjenigen Betrag verringern, den der Vertreter ihm an Gewinn einbringt, Bbg JB **87**, 79, aM Düss JB **93**, 493, Hamm OLGR **94**, 144. Der Vertreter hat seinerseits keinen unmittelbaren Anspruch gegen den Staat. Minderjährige Kinder begründen wegen § 1619 BGB meist keine erstattbaren Aufwendungen wegen ihrer „Vertretungsdienste", KG Rpfleger **92**, 106. Eine Hausfrau mag zur Beaufsichtigung von Kindern eine Vertretung brauchen. Auch ein kranker Angehöriger mag eine Fürsorge benötigen.

8   **D. Anwaltskosten, I 1, 2.** Unter § 7 können auch diejenigen Kosten fallen, die der Zeuge oder Sachverständige usw bei einer objektiven Betrachtung aufwenden mußte, Düss MDR **97**, 893, Kblz BauR **13**, 1916 rechts unten, etwa um unter der Einschaltung eines Anwalts dafür zu sorgen, daß er sein Ausbleiben in einer für das Gericht ausreichenden Weise entschuldigen konnte, Düss MDR **85**, 60, aM LG Gießen MDR **81**, 959 (abl Herfurth). Es können auch andere Umstände die Unterstützung des Zeugen usw durch einen Anwalt nach I 1 „notwendig" machen.

Dabei darf man *keineswegs* nur darauf abstellen, ob der Zeuge usw auch in einem *anderen* Interesse als dem eigenen handelte, aM BVerfG NJW **75**, 103, Düss MDR **97**, 893, MHB 5 (aber in welchem anderen Interesse eigentlich?). Auch Kosten eines Beschwerdeverfahrens können notwendig sein, Düss MDR **85**, 60, VGH Mannh Just **95**, 417, aM LG Gießen MDR **81**, 959, LG Würzb JB **80**, 1540. Gerade die Befürchtung, sich ohne einen anwaltlichen Rat in vermeidbare Schwierigkeiten etwa infolge des Verdachts einer Beteiligung des Zeugen usw an derjenigen Tat zu bringen, über die er aussagen oder begutachten soll usw, macht es für jeden Außenstehenden nachvollziehbar, daß der Zeuge usw sich einer anwaltlichen Hilfe bedient, Düss MDR **97**, 893. Das reicht zur Bejahung der Notwendigkeit solcher Kosten. Das gilt trotz des Umstands, daß das Gericht die Vernehmung fair halten muß. Das Grenzgebiet kann zu gefährlich sein.

Die *Art und Höhe* der Anwaltskosten richtet sich im Rahmen des vorstehend erläuterten Notwendigen nach dem RVG.

9   **E. Personalkosten, I 1, 2.** Nach § 7 können auch diejenigen Kosten erstattungsfähig sein, die man aufwenden muß, um eine vom Gericht oder zB von der Staatsanwaltschaft erbetene oder angeforderte schriftliche Auskunft oder Aussage oder Begutachtung oder Übersetzung anzufertigen. Hierunter zählen zB: Personalkosten, die in einer Bank durch die Aufstellung einer Kontenübersicht entstehen, BFH BB **81**, 1142, Düss DB **85**, 911, Kblz JB **92**, 417, aM Düss DB **85**, 1130, LG Kblz MDR **85**, 608 (aber solche Arbeit bedeutet auch in einer Bank Kosten über das ohnehin im Betrieb übliche Maß hinaus).

10 Wegen der Mitwirkung oder Tätigkeit auf Grund einer *Beschlagnahme* Grdz 6–8 vor § 1.

11 **F. Kosten einer Begleitperson, I 2.** Man erhält solche Kosten nur insoweit ersetzt, als sie auch objektiv notwendig waren, etwa bei einem gebrechlichen oder erheblich behinderten Berechtigten, AG Hbg ZIP **17**, 937, oder bei jugendlichen Zeugen usw unter dem Betreuten. Begleitperson kann auch ein Angehöriger sein. Sowohl der Begleitete als auch der Begleiter erhalten die einem Zeugen zustehenden Gelder, aM Kblz JB **91**, 593 (nur der Begleiter könne den Anspruch geltend machen). Aber das ist weder aus dem Wortlaut des I 2 noch nach seinem Sinn zwingend und auch unpraktisch).

12 Es kann nach Rn 4 notwendig sein, außergewöhnlich hohe Begleitpersonkosten vorher *anzuzeigen*. Das Gericht muß im Rahmen der Notwendigkeit nach seinem pflichtgemäßen Ermessen prüfen, ob gerade ein solcher *Begleiter* erforderlich war. Wer sich eine unnütze teure Begleitperson auswählt, muß ihre Mehrkosten selbst bezahlen. Die erforderlichen Hilfspersonen eines erbbiologischen Sachverständigen erhalten eine Entschädigung nicht nach § 7, sondern nach § 10 Anlage 2 amtliche Vorbemerkung I Hs 1 vor Z 500. Wegen der Hilfspersonen anderer Sachverständiger § 12 I 2 Z 1.

13 **G. Sonstige Kosten, I 1, 2.** Unter § 7 können auch Reisekosten und insbesondere Reiserücktritts-(Storno-)Kosten fallen, Celle Rpfleger **90**, 273. Dasselbe gilt

nach Rn 4 für Kosten von Porto ohne Mehrwertsteuer, LG Mannh Rpfleger **91**, 36, oder Einzelkosten für Telefax, Telefon. Auch die im Einzelfall erforderliche Fachliteratur kann erstattbar sein.

Nicht hierher zählen Allgemeinkosten nach der zu § 130a II 2 ZPO ergangenen ERVV.

H. Unanwendbarkeit, I 2. Die Kosten der Aufsichtspersonen eines Gefangenen fallen nicht unter I 2. Denn bei dem Gefangenen geschieht die Begleitung nur als eine Bewachung im notwendigen Vollzug der Strafe. Zwar entstehen die Kosten hierfür dem Staat, aber nicht aus (jetzt) § 7, aM Kblz JB **91**, 593. **14**

Nicht hierher gehören auch Kosten eines nicht durch die Heranziehung der Beweisperson notwendig gewordenen Reisebegleiters, großzügiger Mü JB **89**, 1741 (Lebensgefährtin).

5) Kopie, Ausdruck, II. Es gibt mehrere Aspekte. Bei Fotos gilt § 12 I 2, BGH VersR **16**, 1137. **15**

A. Bis DIN A 3: Pauschale, II 1–3. Es handelt sich bei II um Pauschalen, so schon Mü Rpfleger **88**, 428. Etwaige höhere Unkosten bleiben grundsätzlich außer Betracht, Mü Rpfleger **88**, 428, LG Schweinf JB **76**, 69. II ist auch auf solche Seiten anwendbar, die nur Fotos zeigen, so schon Hbg JB **92**, 429, nicht aber auf eine Zeilenschinderei, Kblz Rpfleger **96**, 422.

B. Berechnung der Pauschale, II 1–3. Es handelt sich nicht um die in § 12 I 2 Z 1 genannten Kosten. Die Vorschrift zählt nicht hierher, BSG NJW **01**, 2823 (Computerausdruck). Die Art der Herstellung ist nur im Hinblick auf eine etwaige Farbigkeit der Höhe nach erheblich. II kommt nach II 3 nur bei einer Kopie oder einem Ausdruck aus einer Behörden- oder Gerichtsakte infrage. Es kommt daher nach II 3 außerdem darauf an, ob die Kopie entweder zur sachgerechten Vorbereitung oder Bearbeitung der Angelegenheit notwendig war oder ob der Sachverständige usw sie nach einer Aufforderung durch die heranziehende Stelle angefertigt hat. Schon eine etwaige spätere Erläuterung vor Gericht rechtfertigt eine Kopie ebenso wie überhaupt eine natürlich stets nötige vollständige Aktenführung. Es ist eine gewisse Großzügigkeit bei der Prüfung der „Gebotenheit" nach II 3 Hs 1 ratsam. Denn zB der Sachverständige kann nicht stets bei der alsbaldigen Rücksendung von Akten übersehen, welche Teile er noch im Wortlaut mitbenötigen könnte. **16**

Die Pauschalen betragen nach II 1 für die ersten 50 Seiten je 0,50 EUR und für jede weitere Seite 0,15 EUR, für jede Farbkopie oder jeden Farbausdruck das Doppelte dieser Beträge. Erstattbar sind Schwarzweißkopien unabhängig von Farbkopien, also ohne Anrechnung aufeinander, Hbg DS **16**, 295. In derselben Angelegenheit nach § 15 II 1 RVG, Teil X dieses Buchs, muß man die Höhe der Pauschale für die in II 2 genannten einheitlich berechnen.

Keine Kopie ist ein Mehrausdruck als ein weiteres unterzeichnetes Original, BSG NJW **01**, 2823 (anders bei dessen Kennzeichnung als bloße Kopie usw).

C. Unanwendbarkeit bei Pauschale, II 1–3. Für eine Stenogrammaufnahme, für Korrekturen, für das Aktenordnen usw kann man nicht etwa außerdem noch einen Aufwendungsersatz für die Hilfskraft verlangen, Celle JB **98**, 269, Düss JB **82**, 1703, Mü Rpfleger **88**, 428, aM Mü (11. ZS) MDR **91**, 800, LG Bonn JB **95**, 268. Die Auslagen sind neben den Gebühren (jetzt) des § 10 ersetzbar, BSG NJW **85**, 2784. Bei einem Gutachten zählt eine Kopie für die Handakten des Sachverständigen nicht unter II, Düss JB **07**, 42, Kblz BauR **17**, 1583, Oldb JB **09**, 205, aM Brdb MDR **07**, 868, Kblz JB **06**, 436, LG Hann JB **06**, 491 (zustm Bund. Aber das ist praxisferner). Das ergibt sich aus dem (jetzt eingefügten) Wort „nur" in II 3. Das gilt selbst dann, wenn der Sachverständige mit einer weiteren Beanspruchung etwa bei einer Vorladung zur mündlichen Erläuterung oder bei einer Ergänzung rechnen muß, aM Brdb MDR **07**, 868. Für ein erbbiologisches Abstammungsgutachten zB nach BLAH § 372a ZPO Rn 13 sind die Gebühren nach § 10 Anlage 2 amtliche Vorbemerkung I Hs 2 vor Z 500 abgegolten, einschließlich der dort genannten drei Stücke nebst Durchschlag für die Handakten des Sachverständigen. Daher kommt eine Erstattung nach II allenfalls insoweit in Betracht, als das Gericht weitere Durchschläge erfordert hat, so schon LAG Hamm JB **76**, 492. **17**

Für ein *Begleitschreiben* des Sachverständigen gilt II *nicht,* LG Bayreuth JB **76**, 1361, ebensowenig für eine Kopie für die Kostenrechnung, Kblz JB **83**, 741, oder für Zwischennachrichten usw, Hamm Rpfleger **90**, 228, Mü JB **91**, 995.

18   D. **Über DIN A 3: Barauslagen, II 4.** Bei diesem Großformat kann der Berechtigte statt der auch hier möglichen Pauschale auch nach seiner Wahl die (natürlich höheren) Barauslagen ersetzt fordern, falls er die Kopien gegen Entgelt von einem Dritten anfertigen ließ, unabhängig davon, ob er sie auch selbst hätte anfertigen können (Grenze wie stets: Rechts- und damit Ermessensmißbrauch, etwa bei erheblichen Mengen).

19   **6) Elektronische Datei, III.** Ihre Überlassung anstelle von Kopien usw löst nach *III 1* grundsätzlich 1,50 EUR je Datei unabhängig von deren Umfang und unabhängig von der Zeitdauer der Überlassung im Rahmen des Notwendigen aus, aM Celle JB **12**, 35 (weniger bei bloßen Kontenauszügen. Aber der Gesetzestext ist eindeutig).

III 2 ermöglicht unter den dortigen Voraussetzungen eine höhere Entschädigung bis 5 EUR je Datei.

Abschnitt 3. Vergütung von Sachverständigen, Dolmetschern und Übersetzern

Grundsatz der Vergütung

8 ^I Sachverständige, Dolmetscher und Übersetzer erhalten als Vergütung
1. ein Honorar für ihre Leistungen (§§ 9 bis 11),
2. Fahrtkostenersatz (§ 5),
3. Entschädigung für Aufwand (§ 6) sowie
4. Ersatz für sonstige und für besondere Aufwendungen (§§ 7 und 12).

II ¹ Soweit das Honorar nach Stundensätzen zu bemessen ist, wird es für jede Stunde der erforderlichen Zeit einschließlich notwendiger Reise- und Wartezeiten gewährt. ²Die letzte bereits begonnene Stunde wird voll gerechnet, wenn sie zu mehr als 30 Minuten für die Erbringung der Leistung erforderlich war; anderenfalls beträgt das Honorar die Hälfte des sich für eine volle Stunde ergebenden Betrags.

III Soweit vergütungspflichtige Leistungen oder Aufwendungen auf die gleichzeitige Erledigung mehrerer Angelegenheiten entfallen, ist die Vergütung nach der Anzahl der Angelegenheiten aufzuteilen.

IV Den Sachverständigen, Dolmetschern und Übersetzern, die ihren gewöhnlichen Aufenthalt im Ausland haben, kann unter Berücksichtigung ihrer persönlichen Verhältnisse, insbesondere ihres regelmäßigen Erwerbseinkommens, nach billigem Ermessen eine höhere als die in Absatz 1 bestimmte Vergütung gewährt werden.

Schrifttum (teilweise zum alten Recht): *Bayerlein,* Praxishandbuch Sachverständigenrecht, 5. Aufl 2015; *Ulrich,* Der gerichtliche Sachverständige, 12. Aufl 2007; *Müller,* Der Sachverständige im gerichtlichen Verfahren, 3. Aufl 1988; *Weglage/Pawliczek,* Die Vergütung des Sachverständigen usw, 2005; *Wellmann/Schneider/Weidhaas,* Der Sachverständige in der Praxis, 7. Aufl 2004.

Gliederung

1) Systematik, I–IV	1
2) Regelungszweck, I–IV	2
3) Sachlicher Geltungsbereich, I–IV	3
4) Persönlicher Geltungsbereich, I–IV	4
5) Leistungsvergütung, I Z 1	5–7
6) Unverwertbarkeit der Leistung, I Z 1	8–14
7) Fahrtkostenersatz, I Z 2	15
8) Aufwandsentschädigung, I Z 3	16
9) Ersatz für sonstige und für besondere Aufwendungen, I Z 4	17
10) Bemessung des Stundensatzes, II	18–34
A. Einheitlichkeit des Stundensatzes, II 1, 2	18, 19
B. Maßgeblichkeit der gesamten erforderlichen Zeit, II 1 Hs 1	20
C. Fachkenntnis	21, 22
D. Großzügigkeit	23, 24
E. Schwierigkeitsgrad	25–27

Abschn. 3. Vergütung von Sachverst usw § 8 JVEG

F. Besondere Umstände 28, 29
G. Abwägung 30, 31
H. Hinzurechnung notwendiger Reise- und Wartezeiten, II 1 Hs 2 32
I. Keine Höchststundenbegrenzung 33
J. Letzte Stunde voll, evtl nur zur Hälfte, II 2 34
11) **Erforderlicher Zeitaufwand des Sachverständigen im einzelnen, II 1 Hs 1** 35–40
   A. Grundsatz: Durchschnittsbedarf 35
   B. Gerichtsermessen 36
   C. Beachtbare Umstände 37
   D. Literaturstudium und Vorprüfung 38
   E. Auftragsüberschreitung 39
   F. Feiertagsarbeit 40
12) **Verteilung auf mehrere Angelegenheiten, III** 41
13) **Gewöhnlicher Auslandsaufenthalt, IV** 42–46
   A. Voraussetzungen 43–45
   B. Höhere Vergütung nach Ermessen 46

1) Systematik, I–IV. § 8 regelt den Vergütungs- oder Entschädigungsanspruch ei- **1** nes Sachverständigen, Dolmetschers oder Übersetzers, soweit überhaupt eine Leistung nach § 1 in Betracht kommt. Die Aufzählung in I Z 1–4 hat wegen der dort jeweils in Bezug genommenen Einzelregelungen eine nur klarstellende Bedeutung als Übersicht über die Arten, aus denen sich eine Gesamtvergütung zusammensetzen kann.

2) Regelungszweck, I–IV. Die Vorschrift bezweckt eine angemessene Vergütung **2** des Sachverständigen usw. Sie soll aber keineswegs der im privaten Wirtschaftsleben möglichen oder üblichen gleichkommen. Denn auch der gerichtlich bestellte Sachverständige usw erfüllt eine staatsbürgerliche Ehrenpflicht. Das gilt selbst dann, wenn er von dieser Tätigkeit überwiegend lebt, Düss RR **97**, 1353. Man muß diese Gesichtspunkte bei der Auslegung mitbeachten.

Ob auch der *deutsche* im Ausland lebende Berechtigte eine *Ehrenpflicht* zur Tätigkeit hat, mag hier offenbleiben. Jedenfalls besteht sie nicht für einen im Ausland lebenden Ausländer. Daher muß auch im Hinblick auf Vergütungs- und Entschädigungsfragen eine Möglichkeit bestehen, eine den ausländischen Verhältnissen entsprechende Lösung zu bieten, die zugleich auch einen gewissen finanziellen Anreiz dazu bringt, sich einem ausländischen Gericht zur Verfügung zu stellen. Das muß man bei der Auslegung von IV und insbesondere der Begriffe „gewöhnlicher Aufenthalt" und „billiges Ermessen" deutlich mitbeachten.

3) Sachlicher Geltungsbereich, I–IV. Die Vorschrift gilt für alle Gebiete sach- **3** verständiger oder dolmetschender oder übersetzender Tätigkeit. Sie gilt in sämtlichen Verfahrensarten, so schon BayObLG **97**, 354 (FGG), soweit nicht andere Spezialvorschriften den Vorrang haben. Eine etwa bestehende Taxvorschrift ist allerdings unanwendbar. Eine Meinungsumfrage läßt sich nur nach den Vorschriften für den Sachverständigen vergüten. Bei einer Beweisaufnahme nach §§ 1072–1075 ZPO richtet sich die Vergütung zunächst nach Art 18 VO (EG) Nr 1206/2001, abgedruckt bei BLAH Einf 1 vor § 1072 ZPO, und sodann nach dem JVEG.

4) Persönlicher Geltungsbereich, I–IV. Die Vorschrift gilt zunächst für jeden **4** Sachverständigen. Sie gilt also auch für den ärztlichen Gutachter zB nach § 281 FamFG, LG Darmst JB **17**, 255, oder bei einem Sozialgericht, der bei aufeinander folgender Tätigkeit in mehreren Sachen für jede einzelne Sache eine Vergütung erhält. Es ist auch nach § 1 II 2 unerheblich, ob der Sachverständige ein Beamter ist, solange er nicht in Gutachten in der Erfüllung einer Dienstaufgabe erstattet, vertritt oder erläutert, LG Drsd JB **12**, 540. § 8 kann auch auf die gutachterliche Tätigkeit eines zunächst als vorläufiger und dann als endgültiger Insolvenzverwalter Tätigen anwendbar sein, LG Itzehoe KTS **83**, 476. Eine Vergütung kann auch schon für die Beantwortung der Frage nach der Zuständigkeit und den Kosten des Sachverständigen entstehen. Wegen einer Hilfskraft § 12 Rn 6–11.

§ 8 ist *unanwendbar*, soweit es sich lediglich um einen Angehörigen einer Behörde oder einer sonstigen öffentlichen Stelle nach § 1 II 2 handelt, LG Drsd JB **12**, 540 (Staatsanwaltschaft). Nicht unter § 8 fällt auch nach § 13 derjenige Sachverständige, der eine von den Parteien gutgeheißene Vergütung erhalten soll, falls die Parteien den entsprechenden Vorschuß gezahlt haben. Die bloße Zahlung ist freilich kein Einverständnis nach (jetzt) § 13, Hbg MDR **83**, 415.

Eine besondere Behandlung erfährt auch der in § 14 genannte Sachverständige. Feste Sätze gelten schließlich für die in der Anlage zu § 10 näher genannten Verrichtungen des Sachverständigen und eines sachverständigen Zeugen. Er ist insofern dem Sachverständigen gleichgestellt. Er fällt aber im übrigen unter § 19. Zur Abgrenzung der Begriffe Sachverständiger, sachverständiger Zeuge und Zeuge § 19 Rn 3–5.
§ 8 gilt ferner nach § 1 I Z 1 für den *Dolmetscher oder Übersetzer*. Dort näher zu diesen Begriffen.

5 **5) Leistungsvergütung, I Z 1.** Der Sachverständige, Dolmetscher oder Übersetzer erhält eine Vergütung und keine bloße Entschädigung für seine auftragsgemäße Leistung, Ulrich JB **03**, 515, nicht also eine bloße Entschädigung für einen Verdienstausfall wie beim Zeugen, Nürnb Rpfleger **79**, 37. Daher ist der sonstige Verdienst des Sachverständigen usw im Rahmen von § 1 II grundsätzlich unerheblich. Er hat auch bei § 9 keine erhebliche Bedeutung mehr.

Bei I Z 1 ist zwar die *Leistung* maßgeblich. Man muß aber auch die Persönlichkeit des Sachverständigen berücksichtigen, so schon LG Flensb JB **77**, 529. Eine auftragsgemäße Leistung führt zu einer Vergütung durch die Staatskasse unabhängig davon, ob eine der Parteien Kostenschuldnerin wird, Düss DS **04**, 264 (sog Interventionsgutachten zwecks Mediation).

6 Die *Höhe* des Honorars bemißt sich beim Sachverständigen und beim Dolmetscher für eine schriftliche wie für eine mündliche Tätigkeit grundsätzlich nach § 9. Besondere Leistungen erhalten eine Vergütung nur unter den Voraussetzungen des § 10. Beim Übersetzer bemißt sich das Honorar nach § 11. Eine Vereinbarung mit dem Gericht ist nur nach § 13 wirksam, Celle JB **93**, 118, KG JB **89**, 698, Kblz JB **95**, 153. Eine bloße Ankündigung des Sachverständigen über seine Kosten bindet das Gericht nicht, Hbg MDR **83**, 415.

Sie bestimmt sich also nach einer objektiv bestimmten Stundenzahl, Brschw JB **16**, 310. Sie errechnet sich nicht mehr stets nach weiteren Merkmalen außer denjenigen der Anlage 1 zu § 9 I. Sie spielen nach Rn 21–31 „nur" bei der Frage der Erforderlichkeit des Zeitaufwands eine Rolle. Es kommt auf den Anteil der eigentlich sachverständigen Äußerung an, Brdb BauR **11**, 1060. Eine willkürliche Überhöhung der Forderung des Sachverständigen ist natürlich unstatthaft, LG Bonn RR **12**, 319.

7 Man muß also *keineswegs* mehr stets nahezu *jeden denkbaren Gesichtspunkt* zur Bemessung des Stundensatzes heranziehen, auch zB den Grundsatz der Verhältnismäßigkeit der Mittel. Die Umsatzsteuer, dazu Trinks/Trinks DS **16**, 287, kann der Sachverständige nach § 8 I Z 4 neben seiner Vergütung ersetzt fordern, sofern er der Regelbesteuerung nach § 12 UStG unterliegt. Für einen Kleinunternehmer nach § 19 UStG gilt § 8 III. Er hat also einen Anspruch auf Zahlung eines Ausgleichsbetrags.

8–14 **6) Unverwertbarkeit der Leistung**

Schrifttum: *Cebulla*, Sprachmittlerstrafrecht, 2007; *Eickmeier*, Die Haftung des gerichtlichen Sachverständigen für Vermögensschäden, 1993; *Klein*, Die Rechtsstellung und die Haftung des im Zivilprozeß bestellten Sachverständigen, Diss Mainz 1994.

Die Unverwertbarkeit eines Gutachtens kann sich aus einem Verstoß des Sachverständigen gegen den Auftrag oder gegen einschlägige gesetzliche Vorschriften ergeben, etwa nach §§ 407, 407a ZPO, KG BauR **12**, 303 (dort verneint), Naumb MDR **13**, 172, Nürnb JB **06**, 654, ferner zB nach § 79 StPO, § 96 III AO. Sie beeinträchtigen den Vergütungsanspruch des Sachverständigen nicht stets, sondern nur in den (jetzt) in § 8a bestimmten Ausnahmelagen, Düss JB **92**, 56, Jena MDR **08**, 1307, Kblz JB **08**, 379. Vgl näher dort. Sie bedeutet nicht stets eine Unrichtigkeit nach § 839a BGB, Hamm BauR **14**, 1191.

15 **7) Fahrtkostenersatz, I Z 2.** Jeder nach § 8 Berechtigte erhält auch einen Fahrtkostenersatz nach § 5.

16 **8) Aufwandsentschädigung, I Z 3.** Jeder nach § 8 Berechtigte erhält ferner eine Entschädigung für seinen Aufwand nach § 6.

17 **9) Ersatz für sonstige und für besondere Aufwendungen, I Z 4.** Jeder nach § 8 Berechtigte erhält schließlich den Ersatz für solche weiteren Aufwendungen nach §§ 7, 12.

Abschn. 3. Vergütung von Sachverst usw § 8 JVEG

10) Bemessung des Stundensatzes, II. II gilt nur mangels einer Anwendbarkeit 18
von § 10 nebst dessen Anlagen. Ein etwaiger Verdienstausfall ist nicht mehr beachtbar. Man sollte in fünf Prüfschritten vorgehen.

A. Einheitlichkeit des Stundensatzes, II 1, 2. Für die gesamte erforderliche Zeit einschließlich der Reise- und Wartezeiten ist grundsätzlich ein einheitlicher Stundensatz erforderlich. Das betont das Gesetz zwar nicht mehr ausdrücklich. Es ergibt sich aber zumindest für den jeweiligen Höchstsatz aus § 9 I 4 Hs 4. Nur bei einer Unbilligkeit des Ergebnisses kann davon nach § 9 I 4 Hs 2 eine Ausnahme eintreten.

Der so gefundene Stundensatz gilt dann allerdings eben grundsätzlich *für die gesamte* 19
Tätigkeit des Sachverständigen einheitlich, (je zum alten Recht) Düss MDR **97**, 1165, Kblz JB **00**, 210, Stgt Rpfleger **94**, 184, aM BGH JB **84**, 1177, Nürnb Rpfleger **79**, 37 (abl Höver). Daher muß man zB einen Stundensatz von 60 EUR dann anwenden, wenn der Sachverständige nur für eine kurze Zeit die Merkmale der Honorargruppe 3 erfüllte.

B. Maßgeblichkeit der gesamten erforderlichen Zeit, II 1 Hs 1. Der Stunden- 20
satz erfaßt nicht stets die tatsächliche vom Sachverständigen aufgewendete Zeit, sondern nur die gesamte für den Sachverständigen objektiv erforderliche Zeit, BVerfG JB **08**, 44, (zum alten Recht) BGH GRUR **04**, 446, (zum neuen Recht) KG Rpfleger **15**, 728. Diesen Begriff umschreibt das JVEG nicht mehr. Das ändert aber nichts an der Erheblichkeit zumindest des früher maßgeblichen Erforderlichen. Jede Minute kann zählen, Ulrich DS **17**, 18. 8 Stunden Nachtruhe zählen nicht mit, KG JB **15**, 543. Vgl im übrigen im einzelnen Rn 35–40.

C. Fachkenntnis. Der Grad der Fachkenntnisse kann zB einen geringeren Zeit- 21
aufwand „erforderlich" machen. Ein hoher Grad von Fachkenntnis kann zB dann vorliegen, wenn eine der folgenden Voraussetzungen vorliegt: Der Sachverständige hat eine abgeschlossene Hochschulausbildung erhalten, LG Kblz JB **95**, 268; er hat ein besonders langes oder besonders breit angelegtes Studium absolviert; er hat Abschlußprüfungen mehrerer einschlägiger Disziplinen bestanden; er besitzt eine langjährige Erfahrung; von ihm stammen erhebliche wissenschaftliche Veröffentlichungen; er betreut zahlreiche hochqualifizierte Mitarbeiter.

Auch die Fähigkeit etwa zum *raschen Erkennen* eines Problems kann einen geringen 22
Zeitaufwand „erforderlich" machen.

D. Großzügigkeit. Im Zweifel ist jedoch eine Großzügigkeit ratsam, Nürnb MDR 23
16, 615, Kblz BauR **12**, 1151, LSG Bre NJW **03**, 1206 (generell zu großzügig). Wen das Gericht zum Sachverständigen ernennt, der verdient trotz der staatsbürgerlichen Ehrenpflicht eines Dienstes innerhalb der Rechtspflege zumindest nicht weniger zu erhalten als ein tüchtiger Handwerker. Man sollte ihn also durchweg deutlich besser vergüten. Denn man erwartet von ihm weit mehr als eine rein handwerkliche Tätigkeit. Das gilt auch dann, wenn er sich nur zu Handwerksfragen äußert.

Gewisse Fachkenntnisse sind die Voraussetzung jeglicher Bestellung. Sie sind daher 24
keineswegs ein Grund zu einem längeren Zeitaufwand.

E. Schwierigkeitsgrad. Der Grad der Schwierigkeit der Leistung ist neben dem 25
Grad der erforderlichen Fachkenntnisse bei der Bemessung des Stundensatzes bereits innerhalb der Feststellung der Erforderlichkeit des Zeitaufwands wichtig. Auch für einen hervorragenden Fachmann kann die Leistung außerdem überdurchschnittlich schwierig sein. Sie mag zB besondere Studienarbeiten erfordern. Dann ist ein längerer Zeitaufwand erforderlich.

Derjenige Sachverständige, den das Gericht *berufen* hat, obwohl er keine besonde- 26
ren Fachkenntnisse besaß, mag es bei einer Leistung schwer haben, die für einen hochqualifizierten Fachmann leicht wäre. Im Ergebnis muß das Gericht dem so Ernannten aber doch wieder einen längeren Zeitaufwand als einen eben für ihn erforderlichen zubilligen.

Grundsätzlich problematisch wäre es, bei *langsamer* Arbeit des Sachverständigen 27
eine geringere Zeiterforderlichkeit annehmen, und umgekehrt, aM (zum alten Recht) Kblz VersR **85**, 1166 (aber gerade wegen besonderer Schwierigkeit kann eine längere Arbeitsdauer erforderlich sein).

Zu Unrecht halten einige wenige das Gericht hier für überfordert. Der Kostenbeamte kann beim Richter *rückfragen,* soweit nicht der letztere den Stundensatz ohnehin festsetzt.

28 **F. Besondere Umstände.** Auch sie mögen für die Feststellung der Erforderlichkeit des Zeitaufwands beachtlich sein. Diese Umstände können zB dann vorliegen, wenn der Sachverständige seine Tätigkeit unter einem besonderen Zeitdruck ausüben mußte, wenn er unter besonders komplizierten Bedingungen am Untersuchungsort arbeiten mußte, Hamm JB **92**, 496, 498, oder wenn sich seine Tätigkeit auf einen Feiertag oder auf eine Nachtzeit erstrecken mußte, oder wenn er infolge einer Überlastung Unterbrechungen einschieben mußte. Freilich darf er nicht mehr Stunden berechnen, als er tatsächlich erbracht hat. Eine über den Gerichtsauftrag hinausgehende Tätigkeit findet keine Vergütung nach II. Das gilt etwa bei einer Mediation.

29 Wenn andererseits zB ein ohnehin in einer anderen Sache gerade anwesender Sachverständiger spontan tätig werden kann und will, kann sich dieser Umstand dahin auswirken, daß man das Honorar nur für einen sehr kurzen Zeitaufwand gewähren muß.

30 **G. Abwägung.** Sorgfältige Abwägung aller Gesichtspunkte ist schon bei der Klärung notwendig, welcher Zeitaufwand erforderlich ist. Das Gericht darf und muß dabei ohne jede Schematisierung auf den Einzelfall abstellen, (zum alten Recht) LG Bückeb JB **93**, 561.

31 Das Gericht muß also *alle irgendwie gearteten Gesichtspunkte* zur Sache und zur Person des Sachverständigen auch bei der Klärung der Erforderlichkeit des Zeitaufwands berücksichtigen. Richtlinien oder Punktsysteme können hilfreich sein. Man darf sie aber nicht schematisch anwenden. Eine Orientierung etwa nur am Durchschnitt, so wohl BVerfG JB **08**, 44, BGH GRUR **04**, 446, ist nicht fein genug.

32 **H. Hinzurechnung notwendiger Reise- und Wartezeiten, II 1 Hs 2.** Diese Zeiten ergeben sich aus § 5 mit. Wer also zB das Flugzeug benutzen durfte und benutzt hat, hat eine entsprechend kürzere Reise- und evtl auch Wartezeit „notwendig" gehabt als bei einer Bahnfahrt. Ausnahmen bestätigen diese wohl noch allgemeine Regel.

Keine vergütbare Wartezeit ist eine übliche Mittagspause, es sei denn, der Sachverständige arbeitet, statt zu pausieren, Ffm BauR **12**, 843, Kblz FamRZ **07**, 2002, LG Osnabr JB **14**, 602.

33 **I. Keine Höchststundenbegrenzung.** Die Vorschrift enthält abweichend von der Regelung für ehrenamtliche Richter in § 15 II 1 Hs 2 und derjenigen für Zeugen in § 19 II 1 Hs 2 keinen Höchstbetrag je angebrochenen Kalendertag (0–24 Uhr).

34 **J. Letzte Stunde voll, evtl nur zur Hälfte, II 2.** Nach der für Sachverständige, Dolmetscher und Übersetzer gemäß Hs 1 anders als für ehrenamtliche Richter gemäß § 15 II 2 und für Zeugen gemäß § 19 II 2 geltenden Regelung gibt es den vollen Stundenbetrag für die letzte Stunde nur, wenn der Berechtigte sie zu mehr als 30 Minuten für seine Leistung benötigte, AG Andernach DGVZ **07**, 127. Sonst gibt es aber nur den halben Stundenbetrag. Das dient der Kostendämpfung im Sinn des Wortes „nur" in § 1 I 2. Es erfordert daher theoretisch eine strengere Auslegung. Leider bringt es auch evtl eine zusätzliche Mühe bei der Ermittlung des „Erforderlichen".

Es wird praktisch kaum möglich sein, ohne einen *unverhältnismäßigen Aufwand* zu klären, ob der Berechtigte nun wirklich 31 Minuten oder nur 30 oder gar nur 29 brauchte. Natürlich spielt das alles dieselbe Rolle bei der Frage, ob er 59, 60 oder 61 Minuten und damit im letzteren Fall noch wenigstens eine angebrochene weitere halbe Stunde benötigte. Den Verhältnismäßigkeitsgrundsatz muß die öffentliche Hand auch bei der Honorarermittlung wie stets mitbeachten, BVerfG DGVZ **98**, 26 (allgemeine Regel). Praktisch muß man sich dabei mit den halbwegs stimmigen Angaben des Berechtigten begnügen, ohne dazu stets eine Glaubhaftmachung zu fordern.

Nur die *allerletzte* Stunde läßt sich innerhalb desselben Auftrags oder bei mehreren Angelegenheiten innerhalb der zeitlich letzten wie vorstehend behandeln, nicht jede letzte Zwischenstunde vor notwendigen Unterbrechungen wie Schlaf oder anderen terminsgebundenen Pflichten. Vielmehr muß man solche Stundenbruchteile zusammenrechnen.

Abschn. 3. Vergütung von Sachverst usw § 8 JVEG

11) Erforderlicher Zeitaufwand des Sachverständigen im einzelnen, II 1 35
Hs 1. Dieses Merkmal steht nicht mehr ausdrücklich im Gesetzestext. Man sollte in einer Ergänzung zu Rn 20–31 vier Aspekte beachten.
A. Grundsatz: Durchschnittsbedarf. Erforderlich ist grundsätzlich derjenige Zeitaufwand, den ein Sachverständiger mit einer durchschnittlichen Fähigkeit und mit durchschnittlichen Kenntnissen braucht, um gerade diese Beweisfrage vollständig und sachgemäß zu beantworten, BGH GRUR **04**, 446, KG Rpfleger **15**, 728, LG Bielef BauR **10**, 823. Ein Sachverständiger darf zum Studium des Parteivortrags oft mehr Zeit aufwenden als ein Richter, Kblz BauR **13**, 512 rechts unten. Wenn ein Sachverständiger nach diesem Maßstab besonders langsam gearbeitet hat, darf und muß man den von ihm angegebenen Zeitaufwand kürzen, Düss JB **96**, 43, LG Bochum Rpfleger **76**, 32, LSG Bre NJW **03**, 1206.

Das *hohe Alter* eines Sachverständigen rechtfertigt noch nicht für sich allein den Umstand, daß er sonst im allgemeinen objektiv erforderliche Zeit überschritten hat. Wenn der Sachverständige andererseits besonders schnell gearbeitet hat, erhält er trotzdem nur die Vergütung für die wirklich aufgewendete Zeit, aM Mü NJW **77**, 1109 (aber § II 1 Hs 1 legt den tatsächlichen Zeitaufwand zugrunde).

B. Gerichtsermessen. Das Gericht darf und muß also nach seinem pflichtgemä- 36
ßen Ermessen nachprüfen, ob der vom Sachverständigen genannte Zeitaufwand auch wirklich erforderlich war, BGH GRUR-RR **10**, 272. Dabei darf man aber meist von der Richtigkeit der Angaben des Sachverständigen ausgehen, BGH GRUR-RR **10**, 272, Jena DS **16**, 207, Kblz BauR **12**, 1151. Man muß einen möglichst objektiven Maßstab anlegen, Kblz MDR **76**, 324, LG Bielef BauR **10**, 824, LG Mü Rpfleger **93**, 305. Theoretisch mag das Gericht sogar nach § 2 Rn 4 zu einem objektiv höheren Zeitbedarf als der Sachverständige kommen.

C. Beachtbare Umstände. Berücksichtigen darf und muß man in nur noch die- 37
sem Zusammenhang auch den Umfang des dem Sachverständigen unterbreiteten Streitstoffs, den Schwierigkeitsgrad, BGH GRUR-RR **10**, 272, Hamm JB **00**, 663, LG Bielef BauR **10**, 824, seine Sachkunde, den Umfang des Gutachtens, die Bedeutung der Streitsache, BGH RR **87**, 1471, Hamm JB **00**, 663, die Hinzuziehung von Hilfskräften, Hamm JB **00**, 663, Mü JB **98**, 484. Das Gericht braucht den Angaben des Sachverständigen keineswegs schlechthin zu folgen. Ein ungewöhnlich hoher Zeitaufwand berechtigt und verpflichtet das Gericht zur Nachprüfung, Düss JB **96**, 43, Kblz BauR **12**, 1151, Mü RR **99**, 73. Dasselbe gilt bei Unstimmigkeiten oder Widersprüchen der Abrechnung, Köln OLGR **99**, 115. Das Gericht muß dem Sachverständigen aber ein gewisses Ermessen zubilligen, Kblz BauR **12**, 1151, sehr großzügig Hamm MDR **87**, 419, KG Rpfleger **84**, 77. Es muß eine Abweichung sorgfältig begründen, Düss JB **95**, 488. Eine Seitenzahl ist nicht stets maßgeblich mitbeachtbar, LG Dortm DS **17**, 230.

Notfalls muß das Gericht nähere nachvollziehbare *Darlegungen* fordern, Köln JB **91**, 1396. Der Sachverständige muß dann also seinen Zeitaufwand im einzelnen darlegen und notfalls beweisen. Er sollte auch die Notwendigkeit ebenso behandeln, selbst wenn ihre Prüfung letzthin eine Aufgabe des Gerichts oder der sonst heranziehenden Stelle ist. Auch die Anfertigung der Reinschrift durch den Sachverständigen persönlich zählt zu seinem dann erforderlichen Aufwand, aM LG Bückeb JB **93**, 561. Hierher gehört aber nicht der notwendige Zeitaufwand im Verfahren nach (jetzt) § 4, Düss JR **93**, 377. Denn dann ist das Gutachten schon fertig.

D. Literaturstudium und Vorprüfung. Der Sachverständige erhält die Zeit für 38
ein allgemeines Literaturstudium zwecks seiner Fortbildung nicht vergütet. Wohl aber muß das Gericht denjenigen Zeitaufwand bezahlen, den der Sachverständige bei einer durchschnittlichen Befähigung und Erfahrung benötigt, um diejenige Fachliteratur zu studieren, die er zur Beantwortung der Beweisfrage benötigt.

Vorprüfungsarbeit zur Klärung, ob man das Gutachten überhaupt erstatten kann, läßt sich nur nach den Umständen und nicht von vornherein stets als ein Teil der erforderlichen Stundenzeit beurteilen, BGH Rpfleger **79**, 259, Düss OLGR **94**, 252, Hbg JB **93**, 119. Immerhin mag der Sachverständige erst nach einer Durcharbeitung der Akten und nach anderen technischen Überlegungen oder Rücksprachen usw erkennen können, daß ihm die Begutachtung doch nicht möglich ist. Dann muß man ihm diese Klärungszeit vergüten, Düss OLGR **94**, 252, Ffm Rpfleger **89**, 304, Kblz BauR **12**, 1151 (je Stunde 100–120 Seiten lesen ist zu streng). Das gilt natürlich erst recht für seine Tätigkeit im Rahmen einer Anhörung usw nach § 404a ZPO. Nicht stets vergütbar ist eine erste Kostenschätzung, KG MDR **88**, 330. Es kommt auf den zugehörigen Arbeitsaufwand an, Ffm JB **81**, 1865, KG JB **88**, 658, Stgt Rpfleger **85**, 213. Die gedankliche Erarbeitung schätzt LSG Mainz BauR **12**, 548 für jede Seite des Kernbereichs mit ca 1 Stunde.

39 **E. Auftragsüberschreitung.** Man muß eine Vergütung versagen, soweit der Sachverständige seine Aufgabe nicht nur nach Rn 10 leicht fahrlässig, sondern grob unachtsam überschritten hat, BGH VersR **84**, 79, Mü FamRZ **95**, 1598, AG Hann FamRZ **00**, 175. Das kann zB dann so sein, wenn sich der Sachverständige über solche Fragen geäußert hat, die das Gericht ihm für ihn erkennbar gar nicht gestellt hatte, AG Hann FamRZ **00**, 176, oder wenn er bloß den Akteninhalt wiederholt hat, Mü FamRZ **95**, 1598, oder wenn nur allgemeine Hinweise etwa über allgemein angewandte Testmethoden gegeben hat, Mü FamRZ **95**, 1598, oder soweit er von einer Beweisfrage ohne eine Notwendigkeit abgewichen ist und auch nicht das Gericht vorher gefragt hat, ob er abweichen dürfe, oder wenn er zeitraubende Vergleichsbemühungen vorgenommen hat, Hbg MDR **85**, 946, oder soweit er gegen § 407a III 2 ZPO verstoßen hat, Drsd JB **10**, 96, Naumb MDR **13**, 172, Nürnb RR **03**, 791, aM LG Köln DWW **92**, 319 (aber § 1 gilt uneingeschränkt). Eine solche Kürzung kommt aber nur in Betracht, soweit der Beweisbeschluß den Umfang des Auftrags und dessen Grenzen eindeutig erkennen ließ, LG Bochum Rpfleger **76**, 32, und soweit das Gericht den auftragsüberschreitenden Gutachtenteil nicht auch nur mitverwertet hat, LG Bochum Rpfleger **76**, 32. Von der Vergütung sind nur die Zusatzkosten der Auftragsüberschreitung ausnehmbar, Düss JB **92**, 56.

40 **F. Feiertagsarbeit.** Zum erforderlichen Zeitaufwand gehört auch derjenige an einem Sonn- oder Feiertag.

41 **12) Verteilung auf mehrere Angelegenheiten, III.** Die Vorschrift entspricht inhaltlich der Regelung für Zeugen nach § 19 III. Sie setzt die gleichzeitige Erledigung mehrerer Angelegenheiten voraus. Das JVEG kennt keine eigene Begriffsbestimmung zur Angelegenheit, ebensowenig das GKG, wohl aber §§ 15 ff RVG, Teil X dieses Buchs. Man sollte jene Regelung im Prinzip übernehmen, auch wenn sie dort im Zusammenhang der Anwaltsvergütung und damit einer etwas anderen Interessenlage besteht.

Der Begriff der *Gleichzeitigkeit* läßt sich großzügig auslegen, zumal er für den einzelnen der betroffenen etwa mehreren Kostenschuldner wegen der dann notwendigen Verteilung eher zur Ermäßigung führt. Eine Gleichzeitigkeit liegt also auch dann noch vor, wenn die Zeitphasen der Erledigung sich nur gering überschneiden. Eine völlig unerhebliche Überschneidung etwa von 5 Minuten bei insgesamt 5 Stunden bringt keine Gleichzeitigkeit und deshalb keinen Fall von III. Das Rechenwerk sollte nicht unnötig kompliziert werden. Dieses Ziel darf aber natürlich auch nicht dazu führen, eine nicht ganz unerhebliche Überschneidung nur zur Umgehung von III als nicht gleichzeitig einzustufen. Ein besonnenes Augenmaß hilft zu einer vernünftigen Handhabung der gutgemeinten Vorschrift.

Anteilige Aufteilung erfolgt nach dem Wortlaut nur nach der „Anzahl" der Angelegenheiten. Das könnte zB bei einem sehr unterschiedlichen Umfang oder Wert der einzelnen Angelegenheiten zu allzu groben Vereinfachungen führen. Dann kann eine Aufteilung unter einer Mitbeachtung solcher Unterschiede zulässig und auch notwendig sein, Zi 7.

42 **13) Gewöhnlicher Auslandsaufenthalt, IV.** Die Vorschrift stellt eine Ergänzung zu §§ 1 ff dar. Sie weitet die Vergütungsmöglichkeiten erheblich aus. Sie gilt jedenfalls jetzt auch für Übersetzer, so schon (je zum alten Recht) Hbg MDR **83**, 1047, Karlsr Just **82**, 378. Sie stellt dem Gericht dazu einen weiten Abwägungsraum zur Verfügung.

43 **A. Voraussetzungen.** Soweit das Gericht einen Berechtigten aus dem Ausland dort im Weg der internationalen Rechtshilfe tätig werden läßt, gilt für die Vergütung die jeweilige Gebührenordnung seines Landes. Soweit das Gericht aber einen Be-

rechtigten aus dem Ausland in Deutschland selbst in Anspruch nimmt, kann IV anwendbar sein.

Es ist in diesem Zusammenhang *unerheblich, ob* es sich bei dem Berechtigten um 44 einen *Deutschen* oder um einen Ausländer handelt. (Jetzt) IV setzt aber voraus, daß sich der Berechtigte gewöhnlich und nicht nur vorübergehend im Ausland aufhält, Jessnitzer Rpfleger 75, 346. Er muß also ständig oder doch für eine wirklich längere Zeit und im Ergebnis überwiegend im Ausland wohnen. Ein längerer Auslandsurlaub, Winterort, Krankenhausaufenthalt im Ausland reicht nicht.

IV gilt auch, soweit sich ein Berechtigter *zufällig,* also vorübergehend *in Deutsch-* 45 *land* aufhält. Ein höherer Satz kann dann in Betracht kommen, wenn ein Berechtigter durch die Verlängerung seines bisherigen Aufenthalts in Deutschland eine wesentliche Einbuße erleiden würde. IV ist auch anwendbar, soweit das Gericht zB einen Zeugen von einem deutschen Berufskonsul im Ausland vernehmen läßt, § 20 KonsG. Die Vorschrift ist entsprechend anwendbar, soweit es um die Erstattung des Verdienstausfalls einer im Ausland ansässigen Partei geht.

B. Höhere Vergütung nach Ermessen. Ein Berechtigter nach Rn 43–45 hat 46 zunächst denselben Vergütungsanspruch wie ein solcher, der sich in Deutschland aufhält. Soweit dieser Anspruch nicht ausreicht, kann ihm das Gericht nach seinem „billigen" und in Wahrheit wie stets pflichtgemäßen Ermessen eine höhere Vergütung als diejenige nach I–III geben. In diesem Zusammenhang muß das Gericht die persönlichen Verhältnisse prüfen, insbesondere die regelmäßigen Erwerbsverhältnisse und den etwaigen Wechselkurs zur Heimatwährung, aber auch die Verkehrsverhältnisse. Der im Ausland aufhältliche Sachverständige hat ja keine innerdeutsche Staatsbürger-Ehrenpflicht. Die übrigen Vorschriften des JVEG bleiben unberührt. Über eine Antragshöhe hinaus kann das Gericht oder die sonst heranziehende Stelle ebenso (theoretisch) bewilligen wie bei § 2 Rn 4, aM (zum alten Recht) Düss JB 92, 264.

Wegfall oder Beschränkung des Vergütungsanspruchs

8a I Der Anspruch auf Vergütung entfällt, wenn der Berechtigte es unterlässt, der heranziehenden Stelle unverzüglich solche Umstände anzuzeigen, die zu seiner Ablehnung durch einen Beteiligten berechtigen, es sei denn, er hat die Unterlassung nicht zu vertreten.

II ¹Der Berechtigte erhält eine Vergütung nur insoweit, als seine Leistung bestimmungsgemäß verwertbar ist, wenn er
1. gegen die Verpflichtung aus § 407a Absatz 1 bis 4 Satz 1 der Zivilprozessordnung verstoßen hat, es sei denn, er hat den Verstoß nicht zu vertreten;
2. eine mangelhafte Leistung erbracht hat;
3. im Rahmen der Leistungserbringung grob fahrlässig oder vorsätzlich Gründe geschaffen hat, die einen Beteiligten zur Ablehnung wegen der Besorgnis der Befangenheit berechtigen; oder
4. trotz Festsetzung eines weiteren Ordnungsgeldes seine Leistung nicht vollständig erbracht hat.

²Soweit das Gericht die Leistung berücksichtigt, gilt sie als verwertbar.

III Steht die geltend gemachte Vergütung erheblich außer Verhältnis zum Wert des Streitgegenstands und hat der Berechtigte nicht rechtzeitig nach § 407a Absatz 4 Satz 2 der Zivilprozessordnung auf diesen Umstand hingewiesen, bestimmt das Gericht nach Anhörung der Beteiligten nach billigem Ermessen eine Vergütung, die in einem angemessenen Verhältnis zum Wert des Streitgegenstands steht.

IV Übersteigt die Vergütung den angeforderten Auslagenvorschuss erheblich und hat der Berechtigte nicht rechtzeitig nach § 407a Absatz 4 Satz 2 der Zivilprozessordnung auf diesen Umstand hingewiesen, erhält er die Vergütung nur in Höhe des Auslagenvorschusses.

V Die Absätze 3 und 4 sind nicht anzuwenden, wenn der Berechtigte die Verletzung der ihm obliegenden Hinweispflicht nicht zu vertreten hat.

Vorbem. II 1 Z 1, III, IV geändert dch Art 5 II Z 1, 2 G v 11. 10. 16, BGBl 2222, in Kraft seit 15. 10. 16, Art 10 G, ÜbergangsR § 24 JVBG.

JVEG § 8a V. Justizvergütungs- und -entschädigungsgesetz

Gliederung

1) **Systematik, I–V**	1
2) **Regelungszweck, I–V**	2
3) **Geltungsbereich, I–V**	3
4) **Verschulden, I–V**	4–8
A. Vorsatz	6
B. Grobe Fahrlässigkeit	7
C. Leichte Fahrlässigkeit, Schuldlosigkeit	8
5) **Wegfall einer Vergütung, I**	9–30
A. Nichtanzeige einer anfänglichen Ablehnbarkeit	10
B. Ablehnbarkeit	11
C. Besorgnis der Befangenheit	12
D. Parteiobjektiver Maßstab	13
E. Auslegungsregeln bei Befangenheit	14
F. Zurückhaltung	15
G. Beispiele zur Frage einer Befangenheit, I	16–28
H. Keine Unverzüglichkeit einer Anzeige	29
I. Folge: Wegfall	30
6) **Begrenzung auf Verwertbarkeit, II**	31–35
A. Verwertbarkeitsbegriff, II 1, 2	32, 33
B. Verwertbarkeit bei Berücksichtigung, II 2	34
C. Mehrheit von Begrenzungsgründen, II 1	35
7) **Prüfung der Fachkundigkeit, II 1 Z 1**	36
8) **Keine Übertragungsbefugnis; Angabe der Hilfspersonen, II 1 Z 1**	37–42
A. Begriffe	37
B. Klinikleiter usw	38
C. Hilfspersonen	39
D. Hauptverantwortung	40
E. Auswahl und Anleitung der Hilfskräfte	41
F. Parteianhörung	42
9) **Zweifel des Sachverständigen, II 1 Z 1**	43–52
A. Ermittlungen des Sachverständigen	44
B. Persönliche Pflicht	45
C. Gerichtsaufgaben	46
D. Weisungsbitte	47
E. Hinzuziehung der Parteien	48
F. Zutritt Dritter	49
G. Keine Verhandlung usw	50
H. Offenlegung der Tatsachen	51
I. Weitere Folgen	52
10) **Mangel, II 1 Z 2**	53, 54
A. Fachlicher Mangel	53
B. Darstellungsmangel	54
11) **Nachträgliche Ablehnbarkeit, II 1 Z 3**	55–59
A. Im Rahmen der Leistungserbringung	56
B. Ablehnbarkeit	57
C. Etwaige Befristung	58
D. Vorsatz, grobe Fahrlässigkeit	59
12) **Nichtleistung trotz weiteren Ordnungsgelds, II 1 Z 4**	60–62
A. Vergeblichkeit erster Nachfrist	60
B. Weitere Nachfrist	61
C. Nichtleistung auch weiterhin	62
13) **Unverhältnismäßigkeit der Kosten, III**	63
14) **Begrenzung auf Auslagenvorschuß, IV**	64
15) **Verfahren, Entscheidung, I–V**	65
16) **Gerichtsverstoß, I–V**	66
17) **Rechtsmittel, I–V**	67

1   **1) Systematik, I–V.** Die Vorschrift setzt Rechtsprechung und Lehre zu den Vergütungsfolgen einer fehlerhaften Tätigkeit des Sachverständigen, Dolmetschers oder Übersetzers um. Das geschieht allerdings auf teilweise problematisch unklare Weise. Es gibt mehrere Arten von Rechtsfolgen: Einen Wegfall der Vergütung (I), ihre Herabsetzung (III) oder ihre Begrenzung auf einen Auslagenvorschuß (IV). Soweit überhaupt eine Vergütung infragekommt, hängt sie von der Verwertbarkeit der Leistung ab (II). § 8 a ist eine vorrangige Spezialvorschrift.

Haftungsfragen regelt § 8 a nur indirekt. Zur Haftung des gerichtlich bestellten oder beauftragten Sachverständigen nach dem bisherigen Recht BGH VersR **03**, 1048. Man kann ihn nicht wegen Vertragsverstoßes oder aus vertragsähnlichem Grund ersatzpflichtig machen, Celle DS **04**, 344. § 839a BGB begründet eine Haftung des Sachverständigen bei einem Vorsatz und bei einer groben Fahrlässigkeit wegen eines nach dem 31. 7. 02 eingetretenen Schadens infolge einer auf dem Gutachten beruhenden Gerichtsentscheidung, es sei denn, der Geschädigte hatte vorwerfbar kein Rechtsmittel eingelegt, Art 2 Z 5 Artt 12, 13 G v 19. 7. 02, BGBl 2674, BGH NJW **14**, 1666, Ffm BauR **17**, 926 LS, Littbarski VersR **16**, 154 (ausf). Maßgebend für den vorstehenden Stichtag ist aber nicht die Gerichtsentscheidung, sondern die Abgabe des Gutachtens, Art 229 § 8 EGBGB, LG Köln DS **04**, 350. Zur Haftung Ffm BauR **17**, 2214, Brückner/Neumann MDR **03**, 906, Kilian VersR **03**, 683 (je: Üb).

2) Regelungszweck, I–V. Verwertbarkeitsfragen sollen im Hauptsacheverfahren 2 Klärung finden, OVG Magdeb BauR **15**, 2047. Der Sachverständige usw soll von vornherein und bis zum Arbeitsende mit dazu beitragen, das Arbeitsergebnis brauchbar zu machen und Kosten in Grenzen zu halten. Nachbesserungen sollen freilich statthaft und für die Vergütung unschädlich bleiben. Beides muß man bei der Handhabung mitbeachten.

3) Geltungsbereich, I–V. Nach der amtlichen Überschrift gilt § 8a bei jedem An‑ 3 spruchsberechtigten. Ihn nennt der weitere Gesetzestext den Berechtigten. Aus der amtlichen Überschrift des Abschnitts 4 meint das Gesetz damit den Sachverständigen, den Dolmetscher und den Übersetzer. Die Vorschrift gilt im Gesamtbereich des JVEG.

4) Verschulden, I–V. Zwar finden sich Verschuldensanforderungen im Text von 4 I–V nur in den Begriffen „grob fahrlässig" und „vorsätzlich" oder „(nicht) vertretbar". Das scheint darauf hinauszulaufen, daß eine Verringerung der Vergütung in allen zahlreichen übrigen Lagen des § 8a unbeachtbar wäre. Indessen muß man als Ausgangslage der Gesamtregelung ein Verschulden nach dem Sinn der Vorschrift als eine Bedingung jeder Verringerung einer Vergütung sehen. Sinnermittlung ist Hauptaufgabe jeder Gesetzesauslegung, BLAH Einl III 40.

Jede *Schuldform* fällt unter den Oberbegriff Verschulden, also jede Art von Vorsatz 5 oder Fahrlässigkeit. Nur bei II 1 Z 3 ist mindestens grobe Fahrlässigkeit nötig, LG Köln BauR **13**, 1906. Alle diese Unterbegriffe bestimmt § 8a nicht selbst. Ein Gerichtsfehler ist mitbeachtbar, Hamm FamRZ **16**, 2097. Sie sind aber längst allgemein geklärt, im wesentlichen wie folgt. Eine Verschuldensvermutung enthält I aber keineswegs, aM Ffm JB **17**, 371.

A. Vorsatz. Er ist Wissen und Wollen des Tuns. Dabei unterscheidet man die schärfs‑ 6 te Form einer Absicht und die milderen des direkten oder gar nur bedingten Vorsatzes, BGH WertpMitt **12**, 260. Der Sachverständige usw muß danach mindestens die Fehlerhaftigkeit seines Verhaltens als möglich erkannt, aber aus vorwerfbarer Gleichgültigkeit bewußt in Kauf genommen haben, ohne einen solchen „Erfolg" direkt zu wollen.

B. Grobe Fahrlässigkeit. Sie kann als bewußte oder als unbewußte Form einer 7 Fehlerhaftigkeit auftreten, Naumb BauR **13**, 1738. Grob ist je jeweils dann, wenn der Sachverständige usw jede Sorgfalt in einem ungewöhnlich hohen Maß verletzt hat, also besonders schwer vorwerfbar handelte, BVerfG **69**, 137, BGH **198**, 273, LG Kblz MDR **17**, 237.

C. Leichte Fahrlässigkeit; Schuldlosigkeit. Soweit der Sachverständige usw die 8 Unverwertbarkeit des Gutachtens nur leicht fahrlässig verschuldet hat, behält er einen Vergütungsanspruch, BGH NJW **84**, 871, Kblz MDR **13**, 1065, Köln DS **15**, 126, aM VerfGH Mü BayVBl **04**, 80, Ffm JB **17**, 371, Kblz MDR **02**, 1152 (aber das ist zu streng. Der Sachverständige würde wesentlich mehr haften als sein Auftraggeber, der Staat).

Ein *unverschuldetes* Unvermögen zur Leistung läßt den Vergütungsanspruch des Sachverständigen usw aus den Gründen Rn 4 unberührt, Hamm MDR **84**, 964. Das gilt auch dann, wenn eine objektive Lückenhaftigkeit oder sonstige Fehlerhaftigkeit vorliegt, Düss JB **01**, 537. Dasselbe gilt dann, wenn der Sachverständige die Tätigkeit unverschuldet abbrechen mußte, Düss JB **09**, 151, links, auch etwa wegen des Fehlens einer Fristsetzung des Gerichts nach § 411 I 2 ZPO usw, Mü MDR **02**, 57. Er hat dann einen Anspruch auf denjenigen Stundensatz, der ihm zugestanden hätte, wenn er die Tätigkeit beendet hätte, Düss JB **09**, 151 links. Seine Befürchtung, der Gegner werde ein Gutachten angreifen, reicht natürlich nicht, Düss JB **09**, 151 links.

9   **5) Wegfall einer Vergütung, I.** Dies ist die härteste Möglichkeit nach § 8a. Das überrascht. Denn der zugrundeliegende Verstoß scheint nicht der schwerstmögliche zu sein. Er kann aber dann die höchsten Mehrkosten verursachen, wenn der gegen I verstoßende Sachverständige usw eine Vergütung behält. Immerhin sollte man die Voraussetzungen eines solchen Anfangsfehlers nicht zu leicht bejahen.

10 **A. Nichtanzeige einer anfänglichen Ablehnbarkeit.** I rügt schon eine bloße Untätigkeit ganz am Anfang. Der Sachverständige soll schon vor Annahme eines Auftrags selbstkritisch in der Frage seiner Unbefangenheit sein.

11 **B. Ablehnbarkeit.** I nennt ihre Voraussetzungen nicht. Man muß daher in jeder Verfahrensordnung prüfen, wann und weshalb es dort anfängliche Ablehnungsgründe gibt. Wegen der Ablehnungsgründe beim Sachverständigen in § 406 ZPO in Verbindung mit § 42 ZPO vgl das umfangreiche ABC in unten Rn 16 ff. Sehr ähnlich zB die StPO in §§ 24 ff.

Beim *Dolmetscher* oder *Übersetzer* sind die Regeln nur scheinbar bloß eingeschränkt anwendbar. In Wahrheit kann eine befangene Übertragung einer Rede ebensolche Folgen haben wie ein befangenes Gutachten. Dafür gibt es genug historische Beispiele („Emser Depesche").

12 **C. Besorgnis der Befangenheit.** I nennt auch diesen Begriff nicht. Er findet sich in Rechtsprechung und Schrifttum fast jeder Verfahrensart. Hier einige Hauptregeln zum Zivilprozeß. Sie enthalten auch diejenigen zur nachträglichen Befangenheit nach II 1 Z 3.

13 **D. Parteiobjektiver Maßstab.** Eine Besorgnis der Befangenheit liegt nur dann vor, wenn aus der Sicht der ablehnenden Partei nachvollziehbar ein vernünftiger und daher einigermaßen objektiver Grund besteht, der sie dann auch von ihrem Standpunkt aus vernünftigerweise befürchten lassen kann, der Sachverständige werde nicht unparteiisch sachlich entscheiden, Art 6 MRK, § 1036 II 1 ZPO, EGMR NJW **07**, 3553, BVerfG NJW **11**, 3638, BGH MDR **12**, 49. Der Maßstab ist also ein partei„objektiver", Brdb RR **11**, 710, Oldb MDR **08**, 527, VG Freib/Br NVwZ-RR **11**, 544, krit Schneider MDR **05**, 671. Der Ablehnungsgrund liegt dann vor, wenn er glaubhaft ist, §§ 44 II, 294 ZPO.

Eine rem *subjektive* unvernünftige *Vorstellung ist also unerheblich,* BGH NJW **04**, 164 (abl Feiber 650), Brdb MDR **01**, 1413, Mü SchiedsVZ **08**, 104. Eine Äußerung des Sachverständigen, er fühle sich befangen oder nicht befangen, ist jedenfalls nicht allem maßgeblich, BVerfG **99**, 56, BFH DB **77**, 1124, LG Bayreuth RR **86**, 678, aM Oldb FamRZ **92**, 192 (sie sei ganz unbeachtlich). Aber sie zeigt oft recht deutlich die Verfassung des Abgelehnten). Es kommt auch nicht darauf an, ob der Sachverständige vom Standpunkt eines jeden auch wirklich befangen ist, Celle AnwBl **97**, 295, VGH Mannh NJW **86**, 2068, LG Bin NJW **86**, 1000.

Wer über ein Ablehnungsgesuch entscheiden muß, der muß sich also in die *Rolle der ablehnenden Partei* zu versetzen versuchen und ihre persönlichen Befürchtungen zwar zugrundelegen, aber zugleich vom Standpunkt eines außenstehenden Dritten auf ihre Stichhaltigkeit überprüfen. Erst wenn auch aus der Sicht eines solchen unparteiischen Dritten subjektive Befürchtungen der ablehnenden Partei immerhin verständlich und nicht ziemlich grundlos zu sein scheinen, kann eine Besorgnis der Befangenheit vorliegen. Dabei ist eine Gesamtabwägung aller Argumente notwendig, Düss AnwBl **99**, 236. Das ist schwierig genug, Benda NJW **00**, 3620 (ausf). Man hüte sich vor eigener verborgener Befangenheit und auch vor Leerfloskeln, Zuck DRiZ **88**, 72.

14 **E. Auslegungsregeln bei Befangenheit.** Man muß §§ 42 ff ZPO im Zusammenhang mit Art 101 I 2 GG auslegen, Zuck DRiZ **88**, 179 (Notwendigkeit eines fairen Verfahrens). §§ 42 ff ZPO betreffen wegen ihres Regelungszwecks ohnehin nur eine subjektiv ernstgemeinte und objektiv auch ernstzunehmende Ablehnung. Sie wollen den Parteien nach BLAH Grdz 4 vor § 50 ZPO keineswegs Möglichkeiten an die Hand geben, den Prozeß zu verschleppen oder sich eines unliebsamen Sachverständigen zu entledigen, VGH Kassel NJW **85**, 1106. Die Zahl der Ablehnungsanträge ist erheblich. Das ergibt sich schon aus der Fülle einschlägiger im Fachzeitschriftum veröffentlichter Entscheidungen. Diese Erscheinung ist eine Folge des überall zu beobachtenden Verfalls jeglicher Autorität, auch staatlicher.

F. Zurückhaltung. Natürlich darf man in vielen Ablehnungsanträgen auch die 15
richtige Erkenntnis sehen, daß alle Autorität und Gewalt eine schärfere Selbstkontrolle braucht, als man sie früher für notwendig hielt. Diese Erkenntnis berechtigt aber nicht zu einer gar nicht selten zu beobachtenden wenig überzeugenden Neigung, den Sachverständigen allzu rasch für befangen zu halten. Eine solche Haltung wäre unvermeidbar mit einer Schwächung der Unabhängigkeit des Sachverständigen verbunden. Sie dient niemandem. Die seit jeher vorhandenen Grauzonen des Bereichs einer oft unbewußten Befangenheit lassen sich rechtlich nicht aufdecken, Lamprecht DRiZ **88**, 166. Sie lassen sich durch keine noch so ablehnungsfreudige Tendenz beseitigen. Der allzu oft angegriffene Fachmann kommt nur zu einer solchen Einstellung, die gerade dem Angreifer auf die Dauer am wenigsten nützt. Das sollte auch der Anwalt bedenken, aM Bergerfurth FamRZ **83**, 980 (aber der Anwalt muß das Allzumenschliche des Sachverständigen sehr wohl mitsehen).

G. Beispiele zur Frage einer Befangenheit, I. Jeder Schematismus ist verfehlt. 16
Maßgebend sind die Gesamtumstände.

Alternative Methode: Eine Ablehnung kann dann *unbegründet* sein, wenn der Sachverständige eine von der Weisung des Gerichts abweichende Methode und hilfsweise die gerichtliche wählt und seine Abweichung begründet, Naumb BauR **14**, 1192.
Anfrage: Eine Ablehnung ist *unbegründet,* soweit man sie nur darauf stützen kann, der Sachverständige habe eine bloß technische Anfrage bei nur einer der Parteien nach BLAH Grdz 4 vor § 50 ZPO ohne eine Erörterung der Sache oder des Gutachtens gehalten, Ffm FamRZ **89**, 410.
  S auch Rn 25, 26 „Vorbereitung".
Angestellter: Eine Ablehnung kann nach Rn 8 „Beamter" dann begründet sein, wenn der Sachverständige ein Angestellter einer Partei nach BLAH Grdz 4 vor § 50 ZPO ist oder war.
  S auch Rn 17 „DEKRA".
Angriff: Eine Ablehnung ist *unbegründet,* soweit man sie nur daraufstützen kann, man habe das Gutachten nebst der Gebührenrechnung angegriffen, Mü Rpfleger **80**, 303, und der Sachverständige habe sich sachlich verteidigt, wenn auch vielleicht nach einem unberechtigten Ablehnungsantrag in einer scharfen Weise, LG Düss BauR **11**, 1535, sogar durch einen Strafantrag.
  S auch Rn 14 „Beleidigung", Rn 13 „Provokation".
Anwaltsauftrag: Rn 21 „Prozeßbevollmächtigter".
Arzt: Es gibt viele Fragen.
  – **(Befund):** Eine Ablehnung kann evtl sogar dann *unbegründet* sein, wenn der Arzt zur Befunderhebung nicht beide Parteien nach BLAH Grdz 4 vor § 50 ZPO zugezogen hat, Stgt MDR **06**, 889.
  – **(Beleidigung):** Rn 14.
  – **(Haftpflichtversicherung):** Rn 19.
  – **(Hausarzt):** Eine Ablehnung kann dann begründet sein, wenn der Sachverständige einen Beteiligten als dessen Hausarzt behandelt (hat), Köln NJW **92**, 762.
  – **(Klinik):** Eine Ablehnung kann *unbegründet* sein, soweit man sie nur darauf stützen kann, der Sachverständige habe als Klinikdirektor vom beklagten Arzt Patienten überwiesen erhalten oder nach der Begutachtung dessen Ehefrau in seine Klinik aufgenommen, Karlsr OLGZ **84**, 105 (großzügig), oder der Sohn des ärztlichen Sachverständigen arbeite in der beklagten Klinik als Arzt in einer Fort- oder Weiterbildung, solange nicht das Gutachten selbst einen Grund zur Beanstandung gibt, aM Köln VersR **89**, 210 (zu ängstlich), oder nach einer einmaligen früheren Behandlung, Köln VersR **92**, 517.
  – **(Langzeitbehandlung):** Eine Ablehnung kann dann begründet sein, wenn der Arzt einen Beteiligten schon lange behandelt (hat), Rostock VersR **96**, 124.
  – **(Sachverständiger Zeuge):** Eine Ablehnung kann *unbegründet* sein, soweit das Gericht den Arzt nur als einen sachverständigen Zeugen nach § 414 ZPO beigezogen hat, KG MDR **09**, 946.
  – **(Schlichter):** Eine Ablehnung kann dann begründet sein, wenn der Sachverständige im Schlichtungsverfahren der Ärztekammer tätig war, Ffm MDR **11**, 126.

- **(Sozius):** Eine Ablehnung kann dann begründet sein, wenn der Sachverständige einen Sozius des „gegnerischen" Arztes ohne Einwilligung des Patienten einschaltet, Ffm MDR **10**, 652.
- **(Sprachführung):** Eine Ablehnung kann *unbegründet* sein, soweit der Sachverständige im Arzthaftungsprozeß eine auch für den Laien verständliche und nur deshalb deutliche Kritiksprache gewählt hat, Saarbr MDR **05**, 648.
- **(Tierarzt):** Rn 23.
- **(Überschreitung der Beweisfrage):** Eine Ablehnung kann dann begründet sein, wenn sich der Sachverständige zu einer anderen als der Beweisfrage nach § 403 Rn 4 äußert, Oldb MDR **08**, 101.
- **(Unterlagen):** Eine Ablehnung kann *unbegründet* sein, soweit der Arzt Behandlungsunterlagen nicht erhalten und nur deshalb nicht mitbegutachtet hat, Köln VersR **97**, 596, oder wenn er Arztunterlagen direkt beim Arzt angefordert und dann im Gutachten genau aufgeführt hat, BbgJB **08**, 655.
- **(Vorbereitung):** Rn 25, 26.
- **(Zusammenarbeit):** Rn 28.

S auch Rn 15 „Beleidigung", Rn 16 „Haftpflichtversicherung", Rn 23 „Tierarzt", Rn 25, 26 „Vorbereitung", Rn 28 „Zusammenarbeit".

Auftragsanweisung: Eine Ablehnung kann dann begründet sein, wenn der Gutachter von einer Anweisung des Gerichts abgewichen ist, Nürnb MDR **07**, 295.

Auftragsgrenzen, dazu *Grossam* DS **15**, 46 (Üb): Ihre Überschreitung kann eine Ablehnung begründen (Fallfrage), BGH MDR **13**, 739, KG BauR **12**, 536, Stgt BauR **13**, 272.

Ausbildung: Eine Ablehnung kann nur ganz ausnahmsweise dann begründet sein, wenn der Sachverständige seine Ausbildung bei einer Partei erhielt, aM Jena MDR **10, 170**.

Ausdrucksweise: Eine Ablehnung ist begründet, soweit der Gutachter eine Kritik am Gutachten stark abwertet, Hamm MDR **10**, 653, zB sie als „rüpelhaft" oder „flegelhaft" bezeichnet, Köln MDR **02**, 53, oder soweit er ein abweichendes Gutachten als „ergebnisorientiert" bezeichnet, Saarbr MDR **07**, 1393, oder ein Beweisthema als „verfehlt", Saarbr MDR **07**, 1393, oder eine Parteivertreterkritik als „unverschämt, völlig absurd, inkompetent", KG MDR **08**, 528, oder als „frech", Köln VersR **09**, 1287, oder als „Blödsinn" kennzeichnet, Rostock JB **13**, 652, oder wenn der Sachverständige von „überheblich und ignorant" spricht, Celle MDR **12**, 1309, oder sowie er sonstwie polemisch wird, Düss BauR **11**, 2009, Hamm FPR **11**, 52, oder beleidigend, s „Beleidigung", oder soweit er über dieselbe Partei in einem anderen Prozeß unsachlich redet, LG Mü WoM **12**, 154 (streng).

Eine Ablehnung kann *unbegründet* sein, soweit der Sachverständige eine Partei als „aggressiv" bezeichnet hat, Hamm FamRZ **10**, 1266, oder soweit der Sachverständige nur auf scharfe Angriffe ebenso scharf erwidert, Karlsr VersR **13**, 77. Der Sachverständige darf deutlich sein, Stgt DS **16**, 205.

Ausschußwahl: Eine Ablehnung ist *unbegründet,* soweit man sie nur darauf stützen kann, der Sachverständige sei nach der Begutachtung in diesen Ausschuß gewählt worden, Düss BB **75**, 627.

S auch Rn 19 „Gutachterausschuß".

Beamter: Eine Ablehnung kann dann begründet sein, wenn der Sachverständige bei einer Partei als Beamter tätig ist, soweit der Dienstzweig in Betracht kommt, BVerwG NJW **99**, 965, Stgt OLGR **08**, 618 (je: Zugehörigkeit zum Dienstherrn). Eine bloße Nämlichkeit des Rechtsträgers reicht nicht, Celle RR **96**, 1086, Mü MDR **02**, 292, Nürnb MDR **06**, 469.

S auch „Behörde".

Bekanntschaft: Eine Ablehnung dürfte erst bei Rn 10 „Feindschaft, Freundschaft" begründbar sein.

Behörde: Eine Ablehnung der Behörde als solcher ist *unbegründet,* Ffm OLGR **98**, 381, Hamm RR **90**, 1471, Stgt RR **87**, 190.

S auch „Beamter", Rn 19 „Hochschullehrer".

Beleidigung: Eine Ablehnung kann dann begründet sein, wenn der Sachverständige einen Beteiligten grob beleidigt, BGH NJW **81**, 2010 (Arzt gegenüber Patient), Brdb MDR **09**, 288 (gegenüber Gericht und Gegner), Drsd BauR **11**, 306 links

unten, Kblz RR **09**, 1653 (Bezichtigung des Untersuchten als vorsätzlichen Täuscher), Köln MDR **02**, 53, Stgt DS **16**, 205, Zweibr NJW **98**, 912 (je: gegenüber Privatgutachter), Rostock JB **13**, 652 („Blödsinn" usw).
  Unbegründet ist eine Ablehnung nur wegen der Äußerung des Sachverständigen, er fühle sich beleidigt, Ffm BauR **08**, 1490.
  S auch Rn 14 „Angriff", Rn 17 „Deutlichkeit".
Berater: Eine Ablehnung kann dann begründet sein, wenn der Sachverständige die Besichtigung wegen der Anwesenheit des technischen Beraters einer Partei nach § 137 Rn 42 ablehnt, solange dieser ihn nicht stört, Düss MDR **79**, 409.
  S auch Rn 25, 26 „Vorbereitung".
Bereitschaft: Eine Ablehnung kann mangels nowendiger Bereitschaft begründet sein, LG Kblz MDR **17**, 236 (keine neue Befassung mit der Sache)
Berufsbeziehung: Es gilt dasselbe wie bei einer „Berufsbekanntschaft", Stgt VersR **10**, 499.
Berufskontakte: Selbst enge begründen eine Ablehnung evtl, Celle MDR **07**, 105, Hamm BauR **13**, 278. Das gilt aber *nicht stets,* Celle MedR **07**, 229, Saarbr MDR **08**, 227.
Besichtigung: Rn 25, 26 „Vorbereitung".
Beweisfrage: Rn 15 „Arzt".
Beweisvereitelung: Eine Ablehnung kann begründet sein, soweit sich der Sachverständige auch gegenüber einer Beweisvereitelung einer Partei nach BLAH Anh § 286 ZPO Rn 26 ff gleichgültig verhält, AG Kassel WoM **93**, 415.
Beweiswürdigung: Eine Ablehnung kann begründet sein, soweit der Sachverständige eine streitige Behauptung einfach als bewiesen würdigt, statt sie bloß als mit seiner Tatsachenklärung übereinstimmend festzustellen und die rechtliche Beweiswürdigung nach § 286 ZPO dem Gericht zu überlassen, Mü NJW **92**, 1569, Saarbr RR **08**, 1088.
Chefarzt: Rn 14 „Arzt", Rn 19 „Haftpflichtversicherung".
DEKRA: Eine Ablehnung ist *unbegründet,* soweit man sie nur auf die Mitarbeit des Sachverständigen beim DEKRA stützen kann, Schlesw VersR **91**, 1196.
Deutlichkeit: *Unbegründet* ist eine Ablehnung nur wegen der Deutlichkeit einer Äußerung des Sachverständigen, Saarbr MDR **05**, 648, LG Erfurt BauR **99**, 1331.
  Freilich auch Rn 16 „Beleidigung".
Dritter: Eine Ablehnung kann dann begründet sein, wenn der Sachverständige eine gleichartige Tätigkeit für einen Dritten ausgeübt hat, der dasselbe Interesse wie der Prozeßgegner hatte, Ffm NJW **83**, 581, oder wenn er Äußerungen eines Dritten in sein Gutachten aufnimmt, aM Nürnb MDR **07**, 237, oder zu ihm in sonstigem Kontakt steht, Düss RR **97**, 1428, Köln MDR **11**, 507.
  Eine Ablehnung kann dann *unbegründet* sein, wenn nur ein Verstoß gegen § 407a II ZPO vorliegt, Jena MDR **06**, 1011. Aber Vorsicht!
  S auch Rn 22 „Schiedsrichter".
Einigung: Eine Einigung nach § 404 IV ZPO macht eine Ablehnung *unbegründet,* soweit man sie nur auf die bisher möglichen oder bekannten Gründe stützen könnte.
Einseitigkeit: Eine Ablehnung kann dann begründet sein, wenn der Sachverständige offensichtlich einseitig vorgeht oder Stellung nimmt, Drsd VersR **07**, 86, Kblz MDR **08**, 527, Köln VersR **92**, 255. Das gilt auch nach der Erstattung des Gutachtens, Hamm FamRZ **94**, 974. Indessen Vorsicht: Jeder neigt dazu, eine ungünstige Beurteilung als einseitig zu werten.
  S freilich auch Rn 18 „Früheres Gutachten", Rn 19 „Gutachterausschuß".
Einwendung: Eine Ablehnung kann begründet sein, soweit der Sachverständige eine Einwendung gegen sein Gutachten pauschal abwertet, Zweibr VersR **98**, 1438.
Erfüllungsgehilfe: Seme Ablehnung ist *unbegründet,* solange er nicht selbst Sachverständiger wird, aM Düss MDR **08**, 105.
Ergänzungsgutachten: Eine Ablehnung kann dann begründet sein, wenn der Sachverständige es trotz Aufforderung des Gerichts zB nach § 411 III ZPO nicht erstattet, LG Kleve MDR **10**, 1420.
Erörterung: Eine Ablehnung ist dann begründet, wenn der Sachverständige außerhalb des Verfahrens mit nur einer Partei inhaltliche Fragen erörtert, Drsd VersR **07**, 86.

Fachkunde: Eine Ablehnung kann beim völligen Fehlen der Fachkunde zur Beweisfrage begründet sein, Düss MDR **08**, 105, Mü Rpfleger **80**, 303. Denn darauf muß der Sachverständige von sich aus schon nach § 407a I 1 ZPO hinweisen. Bei einem bloßen Zweifel gelten §§ 404, 411, 412 ZPO, Celle MDR **13**, 721.

Falsche Angaben: Eine Ablehnung kann dann begründet sein, wenn der Sachverständige falsche Angaben über die tatsächlichen Grundlagen seines Gutachtens macht, Ffm FamRZ **80**, 932.

Fehler: Eine Ablehnung ist *unbegründet,* soweit man sie nur auf eine Unzulänglichkeit oder Fehlerhaftigkeit des Gutachtens stützen kann, BGH NJW **05**, 1870, Celle BauR **08**, 1187, Saarbr OLGR **08**, 314. Das gilt selbst dann, wenn sie natürlich das Gutachten entwerten, Celle RR **03**, 135, Mü Rpfleger **80**, 303, aM Karlsr MDR **10**, 230.

S auch Rn 22 „Sachkunde".

18 **Feindschaft, Freundschaft:** Eine Ablehnung kann dann begründet sein, wenn der Sachverständige mit einer Partei befreundet oder verfeindet war, BVerfG NJW **04**, 3550 (Fortsetzung), oder ist, Köln NJW **92**, 762, Naumb MedR **99**, 183, aM LSG Essen BB **98**, 376 (aber solche Gefühle sind gerade auch beim Sachverständigen ein Ablehnungsgrund). So können auch zB heftige Angriffe einer Partei gegenüber dem Sachverständigen diesem die Unbefangenheit nehmen.

Eine bewußte Reizung zu einem solchen Zweck ist aber selbst bei einer verständlich scharfen Reaktion des Sachverständigen *kein* Ablehnungsmittel, Düss BB **75**, 628, sondern als ein Rechtsmißbrauch unbeachtbar, BLAH Einl III 54.

Früheres Gutachten: Eine Ablehnung ist *unbegründet,* soweit man sie nur darauf stützen kann, daß schon ein Gegengutachten vorliege oder daß der Sachverständige die Lage in einem anderen gleichliegenden Prozeß oder in der Vorinstanz ungünstig beurteilt habe, Köln MDR **90**, 1122, Mü VersR **94**, 704 (betr ein früheres Strafverfahren), Nürnb NJW **78**, 954 (betr eine frühere einstweilige Verfügung).

S freilich auch Rn 17 „Einseitigkeit".

Frühere Tätigkeit: Eine Ablehnung kann dann begründet sein, wenn der Gutachter an der Festlegung eines entscheidungserheblichen Vorgangs (Tarifs) beteiligt war, LG Karlsr VersR **07**, 226.

Geldannahme: Eine Ablehnung ist begründet, soweit der Sachverständige vor oder nach dem Gutachten von einer Partei nach BLAH Grdz 4 vor § 50 ZPO Geld usw annimmt, Hamm FamRZ **94**, 974.

19 **Gelegenheitstätigkeit:** Eine Ablehnung ist *unbegründet,* soweit man sie nur auf eine bloß gelegentliche oder nur in einem weiten Zeitabstand vorgenommene Tätigkeit des Sachverständigen für den Prozeßgegner stützen kann, BayObLG DB **87**, 2402.

Gesamteindruck: Er ist auch bei einer Unbeachtbarkeit einzelner Merkmale wesentlich, Mü VersR **06**, 1709.

Geschäftsbeziehung: Sie kann eine Ablehnung begründen, BGH GRUR-RR **08**, 365, Karlsr VersR **13**, 77, Mü MDR **98**, 858. Das muß aber *keineswegs stets* so sein, BGH GRUR **08**, 191, Karlsr VersR **13**, 77, Mü RR **07**, 576.

Gläubiger: Eine Ablehnung kann gegenüber dem Gläubiger einer Partei begründet sein (Fallfrage), Köln OLGR **00**, 16.

Gutachterausschuß: Eine Ablehnung ist *unbegründet,* soweit man sie nur darauf stützen kann, der Sachverständige habe den bei einer Partei (Gemeinde) gebildeten Gutachterausschuß ohne eine Zuziehung der anderen Partei bei der Vorbereitung befragt.

S aber auch Rn 15 „Ausschußwahl", Rn 17 „Einseitigkeit", Rn 25, 26 „Vorbereitung".

Haftpflichtversicherung: Eine Ablehnung kann dann begründet sein, wenn der Sachverständige für die Haftpflichtversicherung einer Partei tätig war oder ist, oder wenn der Sachverständige auf seiner homepage usw versicherungsfeindlich handelt und wenn eine Partei eine Versicherung ist, LG Bochum RR **10**, 498.

Ausnahmen sind denkbar, zB: Bei einem Einverständnis mit einer solchen Tätigkeit. Es ist als ein Verzicht auf das Ablehnungsrecht bewertbar; bei einer ständigen Tätigkeit für Versicherungen, Celle VersR **03**, 1593, Nürnb JB **81**, 776; bei einem vom Versicherer unabhängigen Chefarzt, Ffm RR **92**, 1470, Köln VersR **92**, 850.

Hausarzt: Rn 15 „Arzt".

Hersteller: Eine Ablehnung kann bei einem Gerätemangel gegen den Hersteller und seine Leute begründet sein, Stgt RR **10**, 414.
Hilfsperson: Begründet sein kann die Ablehnung des Sachverständigen wegen einer Hilfsperson, Karlsr Just **80**, 79, Köln OLGZ **83**, 121.
  Unbegründet ist eine Ablehnung einer Hilfsperson des Sachverständigen, Kblz RR **09**, 1653, Zweibr MDR **86**, 417, aM Düss MDR **08**, 104 (Verwertungsverbot).
Hochschullehrer: Eine Ablehnbarkeit kann bei ihm im Verhältnis zum Dienstherrn bestehen, Hbg MDR **83**, 412, Mü MDR **02**, 291, Nürnb MDR **06**, 469, aM BVerwG NVwZ **98**, 635, Stgt MedR **08**, 608, OVG Lüneb NdsRpfl **85**, 285.
Honorar: Eine Ablehnung kann begründet sein, soweit der Sachverständige eine sehr überhöhte Honoraranforderung stellt. Freilich mag das auf einer bloßen Unkenntnis des nach dem JVEG Gesetzmäßigen oder Üblichen beruhen, Mü Rpfleger **80**, 303. Eine Ablehnung kann ferner dann begründet sein, wenn der Sachverständige einen Zusatzauftrag nur der einen Partei gegen ein Zusatzhonorar annimmt, Düss MDR **05**, 474.
Kanzleigemeinschaft mit Prozeßbevollmächtigtem: Sie kann die Ablehnung begründen, Düss MDR **01**, 1262.
Kollegialität: Eine Ablehnung ist *nicht stets* schon deshalb begründet, weil eine Partei und der Sachverständige an derselben großen Universität lehren, Oldb MDR **08**, 335. Eine erst nach Jahren eingetretene Beförderung kann unschädlich sein, Hamm MDR **12**, 119.
Konkurrent: S „Mitbewerber".
Kontaktaufnahme: Eine Ablehnung kann begründet sein, soweit der Sachverständige mit nur einer der Parteien nach BLAH Grdz 4 vor § 50 ZPO einen nicht offengelegten Kontakt aufgenommen hat, Saarbr MDR **05**, 233, Stgt MDR **11**, 190. Ein längeres solches Gespräch nach einem Ortstermin reicht aber nicht stets, KblzJB **06**, 213.
Länge: Die Länge eines Gutachtens kann für sich *keine* Ablehnung begründen, AG Itzehoe FamRZ **09**, 444.
Lehrer, Schüler: Eine Ablehnung kann nach einem Promotionsverhältnis begründet sein, Köln VersR **93**, 73, Oldb MedR **07**, 716, aM Karlsr NJW **84**, 1413.
  Sie ist *unbegründet,* soweit man sie nur darauf stützen kann, ein früherer Schüler des Sachverständigen habe schon ein Gutachten erstattet, Schlesw SchlHA **79**, 23, oder soweit eine Partei vor 30 Jahren ein Lehrer des Sachverständigen war, Celle MDR **07**, 106.
Lücke: Eine Lücke im Gutachten begründet *keine* Ablehnung, BGH MDR **11**, 1373 links Mitte.
Mehrheit von Gründen: Man muß sie insgesamt würdigen, Kblz MDR **08**, 1298, Köln OLGR **04**, 290, Saarbr OLGR **08**, 527.
Mitarbeiter: Eine Ablehnung kann wegen des Mitarbeiters des Sachverständigen dann begründet sein, wenn sie auf die Unbefangenheit des Chefs durchschlägt, sonst aber *nicht,* Zweibr MDR **86**, 417.
Mitbewerber: Eine Ablehnung kann dann begründet sein, wenn der Sachverständige ein Mitbewerber einer Partei ist, BGH GRUR **02**, 369, Kblz OLGR **01**, 141, Köln Rpfleger **90**, 88. Es kommt auf die Umstände an, ThP 3, ZöGre 8, großzügiger Düss JB **80**, 284, Mü MDR **89**, 828.
Nachlässigkeit: Sie kann reichen, Kblz MDR **15**, 118.
Obermeister: Rn 22 „Schiedsgutachter, Schiedsrichter".
Offenlegung: Eine Ablehnbarkeit mag sich aus einer nur zögernden Offenlegung ergeben, Karlsr BauR **87**, 590, Saarbr MDR **08**, 226.
Ortstermin: Rn 25, 26 „Vorbereitung".
Patentrecht: Eine Ablehnung ist *nicht stets* schon deshalb begründet, weil der Sachverständige im Nichtigkeitsverfahren für Schutzrechte eines Konkurrenten des Patentinhabers auf dem einschlägigen Gebiet als Erfinder bekannt ist, BGH GRUR **02**, 369, oder weil er früher mit Miterfindern tätig war, BGH GRUR **08**, 191. Zur Problematik Prietzel-Funk GRUR **09**, 322.
Privatgutachten: Eine Ablehnung ist grds dann begründet, wenn der Sachverständige in derselben oder einer vergleichbaren Sache bereits ein Privatgutachten nach BLAH Üb 21 vor § 402 ZPO angeboten oder erstattet hatte, Düss RR **97**,

1428, Hamm MDR **00**, 49, Köln VersR **92**, 517, aM Kblz MDR **84**, 675, Mü MDR **89**, 828 (aber dergleichen kann auch einen Vertrauensvollen schrecken), oder wenn der Sachverständige nur einen Privatgutachter befragt hat, LG Wuppert VersR **07**, 1675 links. Freilich kann man auf ein Ablehnungsrecht verzichtet haben, Köln VersR **93**, 1502. Die Bezeichnung eines solchen nachträglich angekündigten Privatgutachtens, das der gerichtliche Gutachter nicht gesehen hat, als ein Gefälligkeitsgutachten kann zur Ablehnung führen, Zweibr NJW **98**, 913 (Vorsicht!). Eine Ablehnung kommt auch bei einer für den Gutachter wirtschaftlich erheblichen Vortätigkeit für verschiedene Auftraggeber des gegnerischen Anwalts infrage, Mü MDR **06**, 1309 (nicht bei bloß gelegentlichen solchen Gutachten). Die Grenze liegt bei einer persönlichen Herabsetzung, Naumb BauR **13**, 137.

Eine Ablehnung ist *unbegründet*, soweit man sie nur darauf stützen kann, es liege eine frühere gewerbliche oder wissenschaftliche Zusammenarbeit mit dem Privatgutachter des Prozeßgegners des Beweisführers vor, Celle RR **03**, 135, Düss MedR **05**, 43, Mü RR **07**, 575, aM Jena MDR **10**, 170, Köln VersR **93**, 72 (aber ein Vorgang vor 17 Jahren ist längst Vergangenheit).

Provokation: Der Sachverständige darf zwar zurückhaltend, oder doch angemessen scharf reagieren, Mü BauR **12**, 547 rechts unten.

Prozeßbevollmächtigter: Eine Ablehnung kann dann begründet sein, wenn es sich um die Beauftragung des ProzBev des Prozeßgegners des Beweisführers nach § 81 ZPO mit einer in die Prozeßmaterie fallenden Angelegenheit handelt, BGH DB **87**, 1089.

Prozeßgegner: Eine Ablehnung ist dann begründet, wenn der Sachverständige regelmäßig für den Prozeßgegner des Ablehnenden tätig war oder ist, BayObLG DB **87**, 2402, oder wenn eine Äußerung des Sachverständigen den Schluß nahelegt, er glaube den Angaben des Gegners von vornherein mehr, Nürnb VersR **01**, 392.

Reaktion: s „Provokation".

22 **Rechtliche Würdigung:** Eine Ablehnung kann dann begründet sein, wenn der Sachverständige statt der Beantwortung der Beweisfrage eine Prüfung der Schlüssigkeit oder Erheblichkeit des Parteivortrags wie nach BLAH § 253 ZPO Rn 32 vornimmt, Köln RR **87**, 1199.

Freilich reichen bloße Rechtsausführungen meist *nicht* aus, Karlsr MDR **94**, 725, Naumb BauR **13**, 278, Nürnb MDR **02**, 291.

Sachkunde: Eine Ablehnung ist *unbegründet*, soweit man sie nur auf einen Mangel an Sachkunde des Sachverständigen stützen kann, Ffm FamRZ **80**, 932, Mü Rpfleger **80**, 303.

S auch Rn 17 „Fehler".

Sachverhalt: Eine Ablehnung kann bei einer Eindeutigkeit seiner bewußt einseitigen Behandlung begründet sein.

Eine Ablehnung ist *unbegründet*, soweit nur ein Fehler vorliegt, Rn 17 „Fehler", Celle RR **03**, 135.

Sachverständiger Zeuge: Bei ihm nach § 414 ZPO ist eine Ablehnung *unstatthaft*. S auch „Zeuge".

Schiedsgutachten: Ein solches nach BLAH Anh § 1025 ZPO kann eine Ablehnung begründen, aM Düss RR **00**, 1335.

Schiedsrichter: Eine Ablehnung kann dann nach §§ 1036, 1049 III ZPO begründet sein, wenn der Sachverständige eine Tätigkeit als Schiedsrichter in einer anderen Sache gegenüber einem Dritten ausgeübt hat, aM Brschw MDR **90**, 730, Ffm MDR **11**, 126 (je: Schlichtungsstelle. Aber auch sie kann oft entscheiden), oder wenn in Obermeister ein Innungsmitglied begutachten soll, LG Mönchengladb NJW **76**, 1642.

Schlichtung: Eine Ablehnbarkeit kann aus einem Schlichtungsversuch des Sachverständigen entstehen, AG Osnabr FamRZ **09**, 130.

Schüler: Rn 20 „Lehrer, Schüler".

Selbständiges Beweisverfahren: BLAH § 487 ZPO Rn 8.

Sprachführung: Rn 16 „Beleidigung".

Stellungnahme: Eine Ablehnung kann auf Grund der Stellungnahme des Sachverständigen zum Ablehnungsgesuch begründet sein, Brdb MDR **09**, 288, KG FamRZ **06**, 1214.

Strafantrag: Rn 14 „Angriff".
Tatsachen: Eine Ablehnung ist dann begründet, wenn der Sachverständige nicht die 23 vorgegebenen Tatsachen nach BLAH Einf 17 vor § 284 ZPO zugrundelegt, Saarbr RR **08**, 1088.
Technischer Berater: Rn 16 „Berater".
Terminsverlegung: Eine Ablehnung ist *unbegründet,* soweit der Sachverständige es ablehnt, einen Termin erstmals zu verlegen, LG Dessau DS **04**, 25, oder ihn nochmals zu verlegen, sei es auch wegen des Urlaubs einer Partei, LG Tüb MDR **95**, 960.
Tierarzt: Eine Ablehnung kann dann begründet sein, wenn der Sachverständige ein Tier, um das es geht, bereits als Tierarzt behandelt (hat), soweit die Zweckmäßigkeit seiner Maßnahme infrage steht, also nicht schon auf Grund irgendeiner Behandlung, Köln VersR **92**, 518.
   S auch Rn 15 „Arzt".
Ungeschicklichkeit: Sie kann reichen, Kblz MDR **15**, 118.
Unsachlichkeit: Eine Ablehnung kann durch Unsachlichkeit begründet sein, Nürnb MDR **12**, 365.
Untersuchung: Rn 25, 26 „Vorbereitung".
Unvollständigkeit: Eine Ablehnung ist dann *unbegründet,* wenn der Sachverständige die Fragen bloß nur unvollständig beantwortet hat, BGH MDR **11**, 1373 links Mitte, AG Duisb WoM **10**, 639.
Verband, Verein: Die Mitgliedschaft in ihm macht selbst dann *nicht stets* befangen, 24 wenn gewisse Annäherungen der Sachaufgaben des Gerichts und des Vereins vorhanden sind, Mü WettbR **00**, 268, AG Schwalbach FamRZ **02**, 470. Aber Vorsicht, Düss GRUR **07**, 84.
Verdacht: *Unbegründet* ist eine Ablehnung auf Grund eines bloßen Verdachts.
Veröffentlichung: Eine Ablehnung kann dann begründet sein, wenn der Sachverständige eine einseitige einschlägige Veröffentlichung vorgenommen hat, LG Hbg WoM **89**, 439. Freilich ist dann Vorsicht ratsam. Der Sachverständige kann ja seine Meinung geändert haben oder ändern wollen. Es kommt darauf an, wie starr er an seiner Ansicht festhält.
   Unbegründet ist eine Ablehnung wegen einer allgemeinen Veröffentlichung wissenschaftlicher Ergebnisse, Mü RR **07**, 576, AG Bad Schwalbach FamRZ **02**, 470.
Versicherung: Rn 19 „Haftpflichtversicherung".
Verwandtschaft: Eine Ablehnung kann begründet sein, Ffm OLGR **08**, 784 (Sohn).
   Sie ist *unbegründet,* soweit man sie nur auf eine Verwandtschaft zwischen dem Sachverständigen und seinem Gehilfen stützen kann, solange dieser letztere keinen Einfluß auf den Inhalt des Gutachtens nimmt, Köln VersR **81**, 756.
Verwechslung: Eine Ablehnung kann dann begründet sein, wenn der Sachverständige eine folgenschwere Verwechslung beging, VGH Mü NJW **04**, 90.
Verzögerung: Sie begründet erst im Stadium der faktischen Verweigerung eine Ablehnbarkeit, Brdb FamRZ **01**, 1011. Die Grenzen fließen aber.
Vorbereitung: Eine Ablehnung kann dann begründet sein, wenn der Sachverstän- 25 dige zu seiner Vorbereitung wie zB zu einer Besichtigung entweder nur die eine der Parteien nach BLAH Grdz 4 vor § 50 ZPO oder gar keine von ihnen ordnungsgemäß nach § 407 a ZPO zugezogen hat, BGH NJW **75**, 1363, Oldb DS **04**, 263, Saarbr MDR **07**, 1279, aM Köln NJW **92**, 1568 (Intimsphäre). Aber gerade dann muß man eine verständliche Empfindlichkeit des Ablehnenden zu seinen Gunsten mitberücksichtigen, Nürnb MDR **07**, 237, Stgt BauR **13**, 272 (nicht bei Gleichbehandlung beider Parteien. Aber er benachteiligt gerade beide).
– (Anweisung): *Unbegründet* ist eine Ablehnung dann, wenn der Sachverständige 26 auf eine Anweisung des Gerichts nach § 404 a I ZPO handelt.
   S auch „– (Untersuchung)".
– (Augenschein): *Unbegründet* sein kann eine Ablehnung dann, wenn man schon eine ausreichende Kenntnis vom Augenscheinsobjekt nach § 371 ZPO hatte, LG Bre MDR **97**, 502.
   S auch „– (Besichtigungstermin)".
– (Aushändigung): *Unbegründet* sein kann eine Ablehnung dann, wenn sich der Sachverständige den zu begutachtenden Gegenstand von einer Partei in einer Abwesenheit der anderen hat aushändigen lassen, Hbg MDR **86**, 153, Saarbr

MDR 05, 233, Zweibr RR 01, 1149, aM Ffm OLGR 97, 306 (aber man kann eine praktische Hilfsanforderung auch allzu rasch beargwöhnen).
- **(Auskunft):** *Unbegründet* sein kann eine Ablehnung bei einer Auskunft an einen Buchprüfer, Düss DB 86, 1118.
- **(Berater):** Rn 16.
- **(Besichtigungstermin):** Begründet ist eine Ablehnung dann, wenn der Sachverständige nur *eine* der Parteien nach BLAH Grdz 4 vor § 50 ZPO vom Termin verständigt hat, BGH NJW 75, 1363, Karlsr MDR 10, 1148, Kblz MDR 10, 463, aM Saarbr MDR 11, 1316 (nur bei Benachteiligungsabsicht; viel zu großzügig), oder wenn er keine der Parteien verständigt hat, oder wenn eine Partei den Sachverständigen zum Besichtigungstermin in ihrem Pkw mitnimmt, Karlsr Just 80, 79 oder bei einer Weigerung des Sachverständigen, eine Besichtigung in Gegenwart eines Parteiberaters durchzuführen, Düss MDR 79, 409, oder nach einer teilweisen Zutrittsverweigerung dann, wenn das Gericht nur eine Partei zu ihr zuläßt, ohne die andere gehört zu haben, Hamm BauR 11, 151. Das gilt auch dann, wenn der allem Benachrichtigte nicht erscheint, aM KG BauR 11, 1217 (aber auch der nicht Benachrichtigte hat ein Teilnahmerecht).

  Unbegründet sein kann eine Ablehnung dann, wenn die vom Sachverständigen nicht vom Termin rechtzeitig ordnungsgemäß verständigte Partei schon auf andere Weise vom Termin Kenntnis erhalten hatte, Oldb MDR 78, 1028, LG Aurich MDR 85, 853, oder wenn der Sachverständige keine der Parteien hinzuzieht, Mü OLGZ 83, 355, Saarbr JB 98, 499.
- **(Eilbedürftigkeit):** *Unbegründet* sein kann eine Ablehnung dann, wenn eine Beweisaufnahme nach § 294 II ZPO sofort erfolgen muß, Nürnb MDR 77, 849.
- **(Einverständnis):** *Unbegründet* ist eine Ablehnung dann, wenn der Sachverständige im auch nur vermutbaren Einverständnis des Gerichts handelte, Stgt MDR 03, 172.
- **(Falschangabe):** Rn 17.
- **(Frage):** *Unbegründet* sein kann eine Ablehnung dann, wenn der Sachverständige nur das Gericht zB nach § 407a ZPO gefragt hat, etwa ob er zu einer Lärmmessung eine Partei nach Grdz 4 vor § 50 nicht hinzuzuziehen brauche, Saarbr MDR 98, 492, oder wenn es dann nur darum geht, ob der Sachverständige rasch tätig werden kann.

  S auch Rn 14.
- **(Gerätschaften):** *Unbegründet* sein kann eine Ablehnung dann, wenn der Sachverständige solche der Partei für alle Beteiligten offen verwendet, Mü BauR 12, 547.
- **(Gutachterausschuß):** Rn 19.
- **(Intimbereich):** *Unbegründet* sein kann eine Ablehnung dann, wenn es um eine Untersuchung im Intimbereich in Anwesenheit eines Dritten geht, Hamm MedR 04, 60, Köln NJW 92, 1568, Mü VersR 06, 1709.
- **(Untersuchung):** *Unbegründet* ist eine Ablehnung dann, wenn der Sachverständige eine Beweisperson in Abwesenheit des gegnerischen Arztes, aber auf Weisung des Gerichts nach §§ 372a, 404a I ZPO untersucht, Köln NJW 92, 1568, Stgt VersR 91, 1305.

  S auch „– (Anweisung)".
- **(Zutritt):** S „– (Besichtigungstermin)".

Werbeschreiben: Eine Ablehnung ist *unbegründet*, soweit sie sich nur auf ein allgemeines Werbeschreiben des Sachverständigen stützt, LG Mönchengladb WoM 93, 415.

27 **Wirtschaftliche Beziehungen:** Eine Ablehnung ist *unbegründet*, soweit man sie nur auf allgemeine wirtschaftliche Beziehungen des Sachverständigen zu einer Partei stützen kann, Mü MDR 98, 858, strenger BGH RR 12, 1463.

Wirtschaftliches Eigeninteresse: Es kann zur Ablehnbarkeit führen, Köln NJW 92, 762, Naumb MedR 99, 183.

Wissenschaftliche Äußerung: Eine Ablehnung ist meist *unbegründet*, Mü ZIP 11, 1983.

Wissenschaftliche Zusammenarbeit: Rn 21 „Privatgutachten".

28 **Zeugenaussage:** Eine Ablehnung ist *unbegründet*, soweit man sie nur darauf stützen kann, der Sachverständige habe früher in derselben Sache noch dazu als ein evtl

Abschn. 3. Vergütung von Sachverst usw § 8a JVEG

sachverständiger Zeuge nach § 414 ZPO ausgesagt, aM Kahlke ZZP **94**, 60 (aber eine Tatsachenbekundung ist etwas anderes als eine spätere Tatsachenbewertung).
Zusammenarbeit: Sie kann eine Ablehnung rechtfertigen, Oldb MDR **08**, 44 (Bekl hat ständig Patienten an den Sachverständigen überwiesen).
Vgl auch Rn 21 „Privatgutachten".
Zusatzvergütung: Eine Ablehnung kann dann begründet sein, wenn der Sachverständige eine private Zusatzvergütung annimmt. Zu ihr grds Grdz 7 vor § 1.
Zweifel: *Unbegründet* ist eine Ablehnung bloß wegen eines Zweifels des Sachverständigen, Mü OLGR **01**, 352.

H. Keine Unverzüglichkeit einer Anzeige. Zu den Voraussetzungen Rn 5–28 **29** muß hinzukommen, daß der Sachverständige usw dem Gericht einen etwaigen Ablehnungsgrund nicht „unverzüglich" und daher nicht wie bei § 121 I 1 BGB „ohne schuldhaftes Zögern" angezeigt hat. Dasselbe besagt der Sache nach I lt Hs.
Anzeige ist ein in I nicht näher bestimmter Vorgang. Es ist eine solche Mitteilung nötig und ausreichend, die es dem Gericht ermöglicht und es dazu zwingt, die Frage zu klären, ob es zum Auftrag gerade an diese Hilfsperson kommen soll oder ob es bei ihm bleiben soll. Der Sachverständige muß nur die „Umstände" nennen, nicht auch eine Selbstbewertung hinzufügen. Er darf das letztere freilich ebenso wie zB bei § 48 ZPO ein Richter tun. Es ist weder eine Form noch eine feste Frist nötig, sondern eben nur eine Unverzüglichkeit und damit eine Unverschuldetheit einer etwa objektiven Verzögerung der Mitteilung.
Adressat ist das *Gericht*. Eine Anzeige auch an einen oder mehrere Beteiligte ist unschädlich, eine solche nur an diese reicht allenfalls ausnahmsweise dann aus, wenn der Sachverständige damit rechnen kann, etwa ein ProzBev nach § 81 ZPO werde die Anzeige auch sogleich an das Gericht mit weiterleiten.

I. Folge: Wegfall. Liegen alle Voraussetzungen Rn 5–29 vor, entfällt der Vergü- **30** tungsanspruch nach I vollständig und endgültig. Es gibt also keinen Teilwegfall nach dem Gesetzestext. Er ist dennoch zB dann denkbar, wenn sich eine Befangenheit nur wegen eines Beteiligten A ergab und wenn dieser aus dem auch mit B oder C bestehenden Verfahren ausgeschieden ist.
Fortbestand des Vergütungsanspruchs ist natürlich dann möglich, wenn ein Ablehnungsgrund inzwischen seinerseits entfallen ist. Maßgebend ist letzthin der Zeitpunkt der Entscheidungsreife in der zugehörigen Hauptsache, zB im Zivilprozeß der Schluß der letzten mündlichen Verhandlung nach §§ 136 IV, 296a ZPO (zur Entscheidungsreife BLAH § 300 ZPO Rn 6). Bei einer Wiedereröffnung der Verhandlung mag man § 156 ZPO mitbeachten müssen.

6) Begrenzung auf Verwertbarkeit, II. Evtl unabhängig von I erhält der Sachver- **31** ständige usw eine Vergütung grundsätzlich nur im Umfang ihrer Verwertbarkeit, soweit auch nur eine der in II 1 Z 1–4 abschließend aufgezählten Bedingungen vorliegt.

A. Verwertbarkeitsbegriff, II 1, 2. Die Vorschriften verlangen eine gerade „be- **32** stimmungsgemäße" Verwertbarkeit, Kblz MDR **15**, 118. Maßgebend ist die Beurteilung des Gerichts, LG Halle NJW **14**, 2893. Man muß daher beachten: Nur der Auftrag enthält diejenige Aufgabe, deren Erfüllung bestimmungsgemäß sein kann. Was an Tätigkeit oder Bemühung qualitativ und/oder quantitativ außerhalb des Auftrags liegt, ist selbst dann nicht bestimmungsgemäß, wenn es zB nach der Ansicht des Sachverständigen in Wahrheit überhaupt erst zu einem brachbaren Ergebnis führen kann. Dann hätte er eben zB im Zivilprozeß nach §§ 407 ff ZPO rückfragen, abwarten, klären müssen.
Der *Auftrag* ist natürlich wie jede Prozeßhandlung auch des Gerichts vernünftig **33** auslegbar und auslegungsbedürftig, BLAH Grdz 46, 51, 52 vor § 128 ZPO. Hat sich das Gericht aus welchem Grund auch immer im Auftrag weitergefaßt oder unklar ausgedrückt, kommt es auf die Umstände an, ob der Sachverständige das merken und darauf reagieren mußte, bevor er dann derart vorging, wie man es später rückblickend als zu weitgehend herausfinden konnte, Celle DS **16**, 130. Im Zweifel zwar wegen des Worts „nur" in § 1 I 2 nicht stets zugunsten der Hilfsperson, aber bitte nicht stets zu ihren Lasten, nämlich nicht bei Unvertretbarkeit seines Fehlers.

B. Verwertbarkeit bei Berücksichtigung, II 2. Soweit jedenfalls das Gericht **34** eine Leistung im Ergebnis auch nur nicht völlig untergeordnet mitberücksichtigt, gilt

1171

sie als verwertbar und braucht man daher die Bedingungen II 1 Z 1–4 nicht mehr zu prüfen, Naumb BauR **13**, 1738, LG Halle NJW **14**, 2893, OVG Magdeb BauR **15**, 2047. Die Mitberücksichtigung reicht auch dann, wenn sie das Endergebnis des Verfahrens nicht mitbeeinflußt, etwa dann, wenn ein inzwischen eingetretener anderer tatsächlicher oder rechtlicher Umstand die ganze Tätigkeit der Hilfsperson überflüssig machte, Celle DS **16**, 130.

35 **C. Mehrheit von Begrenzungsgründen, II 1.** Die Vorschrift zählt vier Fallgruppen abschließend auf, aus denen eine Begrenzung der Vergütung entstehen kann. Jede dieser Fallgruppen reicht bereits zur Begrenzung aus. Sie können beim Verstoß jedes nach § 8a Anspruchsberechtigten eintreten. Im folgenden ist die Darstellung im wesentlichen nur auf den Sachverständigen im Zivilprozeß abgestellt. Es gibt folgende Pflichten.

36 **7) Prüfung der Fachkundigkeit usw, II 1 Z 1.** Die Vorschrift besagt etwas an sich Selbstverständliches. Indessen hat die Praxis insoweit vielfache Probleme gebracht. Diese soll II 1 Z 1 eingrenzen. Hauptproblem ist die Pflicht des Sachverständigen, das Gutachten persönlich zu erarbeiten oder doch zu erstellen, BVerwG NJW **84**, 2645, Ffm MDR **83**, 849, und jedenfalls persönlich in jeder Beziehung allem zu verantworten, wie es sich aus II 1 Z 1 ergibt, Rn 4ff, BGH VersR **78**, 1106. Aber auch die Fachkunde kann so geartet und begrenzt sein, daß der Sachverständige nur unter einer Hinzuziehung solcher anderen Fachleute auftragsgemäß arbeiten könnte, die er nicht ohnehin nach II wegen untergeordneter Hilfsdienste einsetzen darf.

Im Zweifel muß der Sachverständige wie bei I eine wie bei § 121 I 1 BGB *unverzügliche* Prüfung und Verständigung des Gerichts auch bei II 1 Z 1 vornehmen, vgl Nürnb JB **06**, 654. Er muß daher auch eine Überlastung und die voraussichtliche Wartezeit unverzüglich mitteilen und abwarten, ob er trotzdem tätig werden soll. Er darf das Gericht über solche Punkte keineswegs erst nach seiner Einarbeitung in die Akten verständigen, falls er die Grenzen seiner Möglichkeiten schon alsbald nach dem Beginn des Aktenstudiums erkennt, VerfGH Mü BayVBl **04**, 80. Noch weniger darf er seine Bedenken usw erst nach der Erstattung des Gutachtens mitteilen. Denn er muß mit dazu beitragen, daß aus dem Vertrauen des Beweisführers oder des Gerichts auf seine Fachkunde nicht eine böse Verteuerung und Verzögerung der Beweisaufnahme wegen der Notwendigkeit entsteht, doch noch einen anderen Sachverständigen hinzuziehen. Eine Vergütung für die Vorprüfung der Fachkunde entfällt bei klarer Beantwortbarkeit, LG Chemnitz BauR **16**, 311.

37 **8) Keine Übertragungsbefugnis; Angabe der Hilfspersonen, II 1 Z 1.** Die Vorschrift zieht dem Sachverständigen harte Grenzen. Sie lassen sich in der Praxis oft schwer nachziehen. Die moderne Wissenschaft ist so arbeitsteilig, daß gerade die besten Fachleute oft überhaupt nicht ohne einen ganzen Stab von Mitarbeitern auskommen. Diese sind ihrerseits hochkarätige Fachleute. Sie haben evtl schon urheberrechtlich Ansprüche, die sie zu mehr als zu bloßen „Hilfsdiensten von untergeordneter Bedeutung" machen.

A. Begriffe. II 1 Z 1 unterscheidet daher allzu fern zwischen einer nach § 407a II 1 ZPO schlechthin unbefugten „Übertragung" und dem nach § 407a II 2 Hs 1 ZPO erlaubten „Sich-der-Mitarbeit-Bedienen" sowie dem nach § 407a II 2 Hs 2 ZPO erst recht erlaubten Einsatz der „Hilfsdienste untergeordneter Bedeutung". Die Abgrenzung ist schwierig, Karlsr VersR **04**, 1121, Mü OLGR **07**, 208, Schikora MDR **02**, 1034. Sie erfordert eine behutsame Abwägung.

38 **B. Klinikleiter usw,** dazu *Ehlers,* Medizinisches Gutachten im Prozess, 3. Aufl 2005: Derjenige Universitätsprofessor, der die erforderlichen Röntgenaufnahmen von einer hochqualifizierten Schwester, deren Vor-Begutachtung vom jungen Stationsarzt und den Text des Gutachtens von seinem habilitierten langjährigen Oberarzt anfertigen läßt, um das Gutachten dann nach einer kurzen abschließenden Erörterung im Kollegenkreis zu unterzeichnen und vom Oberarzt gegenzeichnen zu lassen, würde ohne die Auslegung nach Rn 39 wegen § 407a II 1 ZPO am Rande des Erlaubten handeln, Köln MDR **14**, 745. Er überschreitet auf solche Weise ja scheinbar dann seine Befugnisse, wenn schon die Entscheidung über die zu durchleuchtende Ebene, die zugehörige Vor- oder Nachuntersuchung, gar die Durchsicht der Literatur doch sehr auch davon mitabhingen, wieviel Zeit er selbst für diese Arbeiten zur Verfügung stellen sollte.

Abschn. 3. Vergütung von Sachverst usw § 8a JVEG

C. Hilfspersonen. Entsprechend liegt es überall dort, wo Teams am Werk sind, 39
von Meinungsumfrageinstituten über den Technischen Überwachungsverein bis hin
zur Arbeitsgemeinschaft eines Industrie- oder Bürgerverbandes. Man kann § 407a II
ZPO nur im Zusammenhang mit § 407a III ZPO und mit § 404a ZPO richtig auslegen. Das Gericht muß seinerseits zwar hilfreich bereitstehen. Es darf aber nicht allzu
ängstlich oder kleinlich sein. Nur eine vertrauensvolle Überlassung der Aufgabe und
eine vertrauensvolle Bereitschaft zu Rückfragen beiderseits können dasjenige Klima
und diejenige Offenheit schaffen, die gerade beim Sachverständigenbeweis für alle
Prozeßbeteiligten unentbehrlich sind.

Schreibt das Gericht einen *Klinikleiter* an, wünscht es im allgemeinen dessen persönliche Stellungnahme und Verantwortung, Köln MDR **14**, 745. Es muß ihm aber
im Zweifel trotz Rn 38 doch wohl überlassen bleiben, inwieweit er Hilfspersonen
zuzieht. Denn das ist oft praktisch unvermeidbar, BVerwG NVwZ **93**, 771, Ffm
VersR **94**, 610, KG VersR **05**, 1412. Eine solche Hinzuziehung ist daher bei einer
vernünftigen Auslegung trotz § 407a II 1 ZPO grundsätzlich zulässig, soweit die
Hilfspersonen geeignet und zuverlässig sind und soweit der Sachverständige die volle
zivil- und strafrechtliche Verantwortung behält, BGH NJW **85**, 1399, BSG VersR **90**,
992 (unzureichend wäre der bloße Vermerk „einverstanden"), BVerwG NVerwZ **93**,
771, BayObLG NJW **03**, 219, Kblz NVersZ **02**, 315 („einverstanden aufgrund eigener Untersuchung und Beurteilung" reicht aus), Ffm VersR **04**, 1122, KG VersR **05**,
1412 (unzureichend wäre die bloße Unterzeichnung).

D. Hauptverantwortung. Allerdings muß das Gericht im Beweisbeschluß wenigs- 40
tens klarstellen, wem es den (Haupt-)Auftrag in erster Linie erteilt, LSG Essen NJW **83**,
360. Im übrigen kann die Zuziehung solcher Hilfspersonen im Einzelfall bedenklich
sein, etwa bei einem psychiatrischen Gutachten wegen der persönlichen Begegnung
und Exploration, BSG NZS **04**, 560. Ein Verstoß kann dann zur Ablehnbarkeit zwar
nicht des Mitarbeiters, wohl aber des Sachverständigen persönlich nach § 406 ZPO
sowie zur Gefahr eines Verstoßes gegen § 410 ZPO und im übrigen zur Unverwertbarkeit des Gutachtens nach § 286 ZPO führen, BGH BB **90**, 2435, Köln MDR **14**, 475,
Zweibr MDR **86**, 417. Jedenfalls reicht die etwa nach § 411 III ZPO erfolgende Erläuterung nur durch einen Mitarbeiter als Gutachter im Zweifel nicht aus. Der Gutachter
muß sich nach dem Erhalt der Ladung dazu kundig machen. Freilich ist ein Mangel evtl
nach § 295 I ZPO heilbar, BGH NJW **97**, 3097, Zweibr RR **99**, 1368. Auch mag das
Gericht die Hilfsperson nun nach § 404 ZPO zum Sachverständigen bestellen können,
BGH NJW **85**, 1399, BayObLG NJW **03**, 218, Zweibr VersR **00**, 607.

E. Auswahl und Anleitung der Hilfskräfte. Der Sachverständige muß zumin- 41
dest seine Hilfskräfte sorgfältig auswählen, anleiten, überwachen und fortbilden,
Bleutge NJW **85**, 1191. Er muß auch den Umfang der Tätigkeit der Hilfspersonen
im Gutachten darlegen und ihrer Ansicht ausdrücklich zustimmen, Zweibr VersR **00**,
606, Ffm Rpfleger **77**, 382, strenger BSG NJW **85**, 1422. Der Sachverständige muß
außerdem mindestens auf ein Befragen eines Prozeßbeteiligten dem Gericht die Ausbildung seine Hilfskräfte angeben, Ffm FamRZ **81**, 485. Das Gericht kann eine
Teamarbeit anordnen oder vorschlagen. Es muß aber völlig klarstellen, wer neben
oder vor dem anderen verantwortlich sein soll. Der Sachverständige darf keineswegs
von sich aus die Erstellung oder Unterzeichnung ganz einem Mitarbeiter usw überlassen, BGH NJW **85**, 1400, Bre OLGR **08**, 542, Ffm OLGR **07**, 586.

F. Parteianhörung. Eine Anhörung der Partei vor der Ernennung des Sachver- 42
ständigen nach § 404 ZPO ist nicht zwingend. Sie ist aber wegen des etwaigen Ab-
lehnungsrechts nach § 406 ZPO ratsam. Das höhere Gericht kann die Sachverständigen der 1. Instanz oder andere wählen. Die Auswahl ist ein Teil des Beweisbeschlusses
nach §§ 358, 358a ZPO. Sie steht im pflichtgemäßen Ermessen des Gerichts, Bay-
ObLG FamRZ **87**, 967. Es kann und muß evtl seine Auswahl ändern, zB wegen
einer Ungeeignetheit oder Überlastung des bisherigen Sachverständigen. Es liegt
dann ein Ermessensmißbrauch vor, wenn das Gericht trotz eines weitergehenden Be-
weisanerbietens nur einen Sachverständigen mit Kenntnissen für sein Teilgebiet bestellt oder wenn sein Gebiet keine nachprüfbaren Ergebnisse aufweist, Wimmer NJW
76, 1131 (Parapsychologie). Ein Verstoß gegen § 286 ZPO, BLAH dort Rn 27ff, ist
auf eine Revision nachprüfbar. Beim Wechsel eines Sachverständigen nach I 3 ist eine

mündliche Verhandlung nach § 360 S 2 ZPO entbehrlich, zumindest eine Anhörung der Parteien, BGH NJW **85**, 1400. Die Partei hat einen Anspruch auf die Anhörung eines Gegen- oder Obergutachters bei widersprechenden Gutachten nur ausnahmsweise, zB bei groben Mängeln, bei besonders schwierigen oder umstrittenen Fragen, BLAH § 286 Rn 54 ZPO.

43   **9) Zweifel des Sachverständigen, II 1 Z 1.** Die Vorschrift enthält Selbstverständlichkeiten. Die Praxis beachtet sie aber nicht immer. Das gilt vor allem für den Umfang der Ermittlungstätigkeit des Sachverständigen. Dabei muß man zunächst § 404a ZPO und dort insbesondere II–IV beachten.

44   **A. Ermittlungen des Sachverständigen,** dazu *Druschke,* Das Anwesenheitsrecht der Verfahrensbeteiligten bei den tatsächlichen Ermittlungen des Sachverständigen im gerichtlichen Verfahren, Diss Münst 1988; *Tropf* DRiZ **85**, 87: Der Sachverständige darf die Parteien und Zeugen über wesentliche Streitpunkte grundsätzlich nicht selbständig vernehmen. Soweit das Gericht dennoch eine derartige Vernehmung auswertet, verstößt es gegen den Grundsatz der Unmittelbarkeit, §§ 355, 357 I ZPO. Natürlich darf aber zB ein Arzt Fragen wegen derjenigen Erscheinungen stellen, die ein Geschädigter dem fraglichen Ereignis zuschreibt. Eine Ermittlung im Ausland kann statthaft sein, Musielak Festschrift für Geimer (2002) 771, aM Ahrens Festschrift für Schütze (1999) 5 (aber § 286 ZPO kann ohnehin etwaige Nachteile ausgleichen). Vgl ferner § 1073 II ZPO.

45   **B. Persönliche Pflicht.** Dabei muß der Sachverständige grundsätzlich die Anamnese persönlich aufnehmen. Der Sachverständige kann auch dann eigene Ermittlungen verwenden, wenn die ermittelten Tatsachen unstreitig sind, Düss RR **94**, 283, oder wenn die Beweiserhebung sie bestätigt hat oder wenn die Parteien zustimmen oder wenn der Sachverständige eine Behördenauskunft einholt und mitverwertet. Der Sachverständige darf und muß auch seine Sachkunde auf den ihm zumutbaren neuesten Stand bringen. Er muß die diesbezüglichen Grenzen dem Gericht wie bei § 121 I 1 BGB unverzüglich mitteilen, damit es prüfen kann, ob es zusätzlich oder jetzt nur einen anderen Sachverständigen zuziehen muß. Der Gutachterausschuß hat nach § 197 BauGB weitergehende Befugnisse. Ein Arzt darf evtl bei ihm bei der Besichtigung usw übergebenen Unterlagen oder Schriftsätze oder zB fremde Röntgenaufnahmen auswerten, Hamm VersR **97**, 1533, KG DS **04**, 267. Der Sachverständige darf eine Untersuchung von der Bestätigung über eine Risikoaufklärung abhängig machen, Hamm MDR **03**, 1374. Er darf und muß das Gericht sogleich bitten, ihm eine Unklarheit etwa zur Formulierung der Beweisfrage zu erläutern.

46   **C. Gerichtsaufgaben.** Keineswegs darf sich aber das Gericht die Aufklärung eines wichtigen Sachverhalts auch dann aus der Hand nehmen lassen, wenn es hierbei auf das Fachwissen des Sachverständigen nicht ankommen kann, Celle DS **16**, 129. Denn es ist allein eine Aufgabe des Gerichts, denjenigen Sachverhalt festzustellen, den es rechtlich beurteilen soll. Demgemäß darf sich das Gericht dann auch nicht mit den Feststellungen des Sachverständigen über die Vorgeschichte einer Krankheit begnügen, wenn eine Partei die Richtigkeit dieser Feststellungen angreift. Es muß meist den Arzt als Zeugen hören, möglichst bei einer Anwesenheit des Patienten. Ein Verstoß ist nach § 295 ZPO heilbar.

47   **D. Weisungsbitte.** Der Sachverständige muß das Gericht evtl unverzüglich und daher wie bei § 121 I 1 BGB ohne sein schuldhaftes Zögern um eine Weisung bitten, von welchem Sachverhalt er ausgehen soll. Seine Schweigepflicht kann zur Unverwertbarkeit des Gutachtens führen. In diesen Grenzen muß er insbesondere die tatsächlichen Grundlagen seines Gutachtens darlegen, BVerfG **91**, 180, BGH BB **94**, 1173, BayObLG FamRZ **86**, 727, höchst eigenartig als Fallfrage eingeschränkt von BVerfG NJW **97**, 311. Der Sachverständige muß also alle in Betracht kommenden Varianten nennen, damit das Gericht das Gutachten nachprüfen kann, BGH BB **94**, 1173, notfalls mithilfe eines weiteren Sachverständigen.

Das Gericht darf sich *keineswegs* bequem darauf beschränken, im Urteil *floskelhaft* mitzuteilen, es halte den Sachverständigen für so zuverlässig, daß es auf seine Aufzählung der von ihm zugrunde gelegten Tatsachen verzichte. Damit verzichtet das Gericht nämlich in Wahrheit auf jede Einzelfallkontrolle seines Gehilfen. Das ist ein schwerer Verfahrensfehler. Daran ändert auch die praktische Notwendigkeit nichts, auf einen als zuverlässig erkannten Sachverständigen weitgehend zu vertrauen. Notfalls muß das Gericht über eine streitige Anknüpfungstatsache vorweg anderswie Beweis erheben, BGH NJW **97**, 3097.

Die vom Sachverständigen *in Abwesenheit des Gerichts* ermittelten Tatsachen enthalten streng genommen ein sachverständiges Zeugnis nach § 414 ZPO. Der Sachverständigeneid deckt sie aber im allgemeinen, Leppin GRUR **84**, 558, aM BVerfG **75**, 327 (bei der Ermittlung sei er Augenscheinsgehilfe. Aber das Gesetz meint unter Augenschein durchweg nur die unmittelbare Sinneswahrnehmung des erkennenden Gerichts).

E. Hinzuziehung der Parteien, dazu *Höffmann,* Die Grenzen der Parteiöffentlichkeit, insbesondere beim Schverständigenbeweis, Diss Bonn 1988: Der Sachverständige muß die Parteien nach BLAH Grdz 4 vor § 50 ZPO grundsätzlich bei seiner Arbeit vielfach hinzuziehen, und zwar wegen der Grundsätze der Waffengleichheit und eines fairen Verfahrens, BLAH Einl III 21, 23, und wegen der daraus folgenden §§ 357, 402 ZPO. Das gilt zB: Bei einer Besichtigung, insbesondere aus dem Eigentum oder Besitz einer Partei, BGH NJW **75**, 1363, BVerwG NJW **06**, 2058, Kblz DS **04**, 188, oder beim Körper eines Menschen, Köln NJW **92**, 1568 (Ausnahmen: ärztliche Untersuchungen, soweit Art 1 GG anwendbar ist, Mü RR **91**, 896); bei der Beschaffung des Untersuchungsguts, Kblz MDR **78**, 148; bei einer Befragung, Mü Rpfleger **83**, 319 (Ausnahmen: Meinungsforscher, Nürnb MDR **77**, 849). 48

Diese Hinzuziehung erfolgt zumindest insoweit, als die Parteien sie auch nur erkennbar (wie meist) *wünschen,* Düss FamRZ **89**, 889, Mü (24. ZS) NJW **84**, 807, aM Drsd RR **97**, 1356, Mü (25. ZS) Rpfleger **83**, 320 (es handle sich um eine Fallfrage), Schnapp Festschrift für Menger (1985) 571 (nicht bei Unmöglichkeit, Unzumutbarkeit, Untunlichkeit und Überflüssigkeit. Aber die Parteien haben grundsätzlich ein Anwesenheitsrecht nach § 357 ZPO. Man sollte es nur in wirklich engen Grenzen verwehren). Daher muß der Beweisführer binnen einer angemessenen Frist die Genehmigung desjenigen Wohnungsinhabers herbeiführen, dessen Wohnung der Sachverständige mitbegutachten soll, zB bei § 558 BGB. Ein Verstoß kann zur Unverwertbarkeit des Gutachtens führen, BVerwG NJW **06**, 2058.

F. Zutritt Dritter. Der Sachverständige muß nach § 357 ZPO auch den sachkundigen Vertretern die Anwesenheit gestatten, Mü NJW **84**, 807, oder technischen Beratern der Parteien, solange sie ihn nicht stören. Sonst setzt er sich der Gefahr der Ablehnung nach § 406 ZPO aus, BGH NJW **75**, 1363, Düss MDR **79**, 409. 49

G. Keine Verhandlung usw. Freilich darf der Sachverständige nicht anläßlich seiner Ermittlungen mit einer Partei oder mit beiden Parteien verhandeln. Ein vor ihm geschlossener Vergleich ist kein Prozeßvergleich nach BLAH Anh § 307 ZPO. Er ist allenfalls ein sog Anwaltsvergleich nach § 796 b ZPO. Hat der Sachverständige gegen diese Grundsätze verstoßen, muß das Gericht sein Verhalten nach § 286 ZPO frei würdigen. Das gilt insbesondere dann, wenn kein Antrag nach § 411 III ZPO vorliegt. 50

H. Offenlegung der Tatsachen. Der Sachverständige muß wegen der Grundsätze Rn 47, 48 diejenigen Tatsachen nach BLAH Einf 17ff vor § 284 ZPO offenlegen, die er zur Begutachtung herangezogen hat, BVerfG NJW **97**, 1909, BGH NJW **94**, 2899, zB bei (jetzt) § 558 BGB die Räumlichkeit der Vergleichswohnungen, BVerfG **91**, 180, LG Gött WoM **90**, 520, höchst eigenartig als Fallfrage eingeschränkt von BVerfG NJW **97**, 311, aM ferner LG Bonn WoM **93**, 133, LG Halle ZMR **02**, 427 (daher nur bei einer Möglichkeit der Kenntnis aller tatsächlicher Grundlagen des Gutachtens kann das Gericht überhaupt seine Prüfungspflicht erfüllen). Der Datenschutz usw hat weder stets den Vorrang noch stets einen Nachrang. Man muß eine behutsame Abwägung vornehmen, und dabei wesentlich auf § 286 ZPO abstellen, BGH **116**, 47. Es kann eine Ergänzung nach § 411 ZPO notwendig werden. Notfalls ist das Gutachten insofern unverwertbar, weil ungeeignet. Ein Verstoß wäre auch ein solcher gegen Art 103 I GG, BGH RR **08**, 236. 51

I. Weitere Folgen. Verhindert eine Partei die Tätigkeit des Sachverständigen, nimmt sie damit rechtlich ihr Beweisanerbieten zurück, Mü NJW **84**, 808. Bei einer Beweisaufnahme von Amts wegen zB nach § 144 ZPO muß das Gericht ihr Verhalten frei würdigen. Wenn eine Partei den Beweis arglistig vereitelt, gilt der Beweis als erbracht, Mü NJW **84**, 808. Ob eine Partei dem Sachverständigen den Zutritt zu ihren Räumen und eine Untersuchung ihres Körpers gestatten muß, das hängt wie 52 bei § 372a ZPO davon ab, ob man ihr diesen Eingriff nach Treu und Glauben zumuten kann, Mü NJW **84**, 808. Zum Problem Schmidt-Futterer MDR **75**, 4 (betr Mieterhöhung). Bei §§ 558ff BGB bleibt der Beweisführer mangels der Zutrittserlaubnis eines Dritten nach Rn 48 beweisfällig.

53 **10) Mangel, II 1 Z 2.** Eine Begrenzung der Vergütung kommt auch dann infrage, wenn die Leistung des Sachverständigen usw wegen eines Mangels nicht oder nur teilweise verwertbar ist. Soweit das Gericht sie trotz eines Mangels berücksichtigt hat, gilt sie als verwertbar.

A. Fachlicher Mangel. Es kommt auf das Arbeitsergebnis an. Infrage kommen als Mangelursache Verstöße gegen die Aufgaben bei der Erstellung des Gutachtens usw nach Rn 37–52 und natürlich ein schlichtes Fehlen vollständiger fachlicher Fähigkeit und eine Tätigkeit auf eine insoweit nach Rn 4–8 vorwerfbaren Art und Weise.

54 **B. Darstellungsmangel.** Auch hier entscheidet das Arbeitsergebnis. Auch der Weltspitzenfachmann vermag sich evtl im Ergebnis nicht so auszudrücken, wie es nun einmal in diesem Verfahren für diese Beteiligten einschließlich des Gerichts zum Überprüfen *ohne* weiteren Fachmann nötig ist. Auch hier muß der Mangel nach Rn 4–8 vorwerfbar sein, Zweibr DS **15**, 63 (zum alten wie neuen Recht).

55 **10) Nachträgliche Ablehnungsmöglichkeit, II 1 Z 3,** dazu *Linz* DS **17**, 149: Während I eine anfängliche Ablehnungsmöglichkeit behandelt, regelt II 1 Z 3 die Folgen einer erst „im Rahmen der Leistungserbringung" eintretenden solchen Lage, also einer erst nach Auftragsannahme und sogar erst nach Arbeitsbeginn eingetretenen Ablehnbarkeit. Die Rechtsfolgen sind ebenfalls unterschiedlich: Bei einer anfänglichen evtl völliger Wegfall einer Vergütung, bei einer erst nachträglichen evtl sogar gar keine Begrenzung der Vergütung oder doch nur eine teilweise.

56 **A. Im Rahmen der Leistungserbringung.** Vgl zunächst Rn 55. Der Sachverständige usw muß mit einer Auftragsbearbeitung schon begonnen und darf sie noch nicht beendet haben. Das ist die erste Voraussetzung einer Begrenzung.

57 **B. Ablehnbarkeit.** Sie muß nach praktisch denselben Regeln eingetreten sein wie bei einer anfänglichen. Vgl daher Rn 11–28.

58 **C. Etwaige Befristung.** Nach II 1 Z 3 muß wie bei I eine Berechtigung eines Beteiligten zur Ablehnung entstanden sein und noch im Zeitraum der Leistungserbringung bestanden haben. Nun hängt dieses Recht zB im Zivilprozeß beim Sachverständigen von zeitlichen Bedingungen nach § 406 II 1, 2 ZPO ab. Daher muß man je nach der Verfahrensart solche Bedingungen in der einschlägigen Verfahrensordnung prüfen, zB BLAH § 406 ZPO Rn 22ff. Das gilt auch und erst recht dann, wenn zB der Sachverständige sein Gutachten schon erstattet hatte. Nach Fristablauf evtl keine Ablehnbarkeit mehr und daher schon deshalb keine Begrenzung nach II 1 Z 3.

59 **D. Vorsatz, grobe Fahrlässigkeit.** Erst im Fall einer nachträglichen Ablehnbarkeit stellt § 8a unter anderem auf ein höheres Verschulden des Sachverständigen usw ab. Schädlich ist bei der nachträglichen Ablehnbarkeit ein Vorsatz nach Rn 6 oder eine grobe Fahrlässigkeit nach Rn 7, nicht schon eine einfache nach Rn 8.

Gerade einen *Ablehnungsgrund* nach Rn 11–28 muß der Sachverständige usw derart hochgradig vorwerfbar „geschaffen" haben. Dabei reicht wie stets auch hier die sog Parallelwertung in der Laiensphäre, eine rechtliche Beurteilung durch den Sachverständigen usw ist nicht nötig.

60 **12) Nichtleistung trotz weiteren Ordnungsgelds, II 1 Z 4.** Eine Begrenzung der Vergütung kann auch dann eintreten, wenn der Sachverständige zB gegen § 411 II 3 ZPO verstoßen hat, und zwar auch hier nach Rn 4–8 vorwerfbar. Man muß dabei drei Voraussetzungen zusammentreffen sehen.

A. Vergeblichkeit erster Nachfrist. Das Gericht muß dem Sachverständigen zunächst zur Übermittlung seines Gutachtens zB nach § 411 I ZPO eine Frist gesetzt haben. Der Sachverständige muß sie versäumt haben. Das Gericht muß ihm schon vorher oder jetzt eine (erste) Nachfrist gesetzt haben und zugleich ein (erstes) Ordnungsgeld zB nach § 411 II 2 ZPO angedroht haben. Auch diese erste Nachfrist muß der Sachverständige versäumt haben. Das Gericht muß deshalb ein (erstes) Ordnungsgeld verhängt haben, zB § 411 II 1 ZPO. Trotzdem muß der Sachverständige säumig geblieben sein.

B. Weitere Nachfrist. Das ungemein geduldige Gericht muß statt wesentlich härterer anderer Sanktionsmöglichkeiten dem Sachverständigen nun (oder schon vorsorglich zuvor) eine weitere Nachfrist (zweite Nachfrist) angedroht haben, ebenfalls erfolglos, zB § 411 II 1, 2 ZPO. Auch ein weiteres Ordnungsgeld muß angedroht und dann verhängt worden sein, zB § 411 II 3 ZPO. 61

C. Nichtleistung auch weiterhin. Trotz ordnungsgemäßem Vorgehen des Gerichts nach Rn 60, 61 muß der Sachverständige seine Leistung immer noch „nicht erbracht" haben. Dies letztere ist auslegungsbedürftig. Nichterbringung bedeutet nach dem Wortlaut: völlige Nichtleistung. Man muß aber eine im wesentlichen unvollständige oder unbrauchbare Leistung nach dem Sinn der Vorschrift einer Nichterbringung gleichsetzen. Denn das Verfahren leidet auch dann wie beim gänzlichen Nichtleisten. Dabei kommt es nicht darauf an, ob und wie der Sachverständige gearbeitet hat, sondern darauf, ob er das bei ihm in Auftrag gegebene Gutachten korrekt und verwertbar erstattet hat. 62

13) Unverhältnismäßigkeit der Kosten, III. Eine Herabsetzung der Vergütung „nach billigem Ermessen", in Wahrheit also stets nach pflichtgemäßer Abwägung der Umstände kommt dann infrage, wenn die folgenden Bedingungen zusammentreffen. 63

Der Sachverständige muß solche voraussichtlichen Kosten rechtzeitig dem Gericht *ankündigen,* die entweder erkennbar außer einem Verhältnis zum Streitwert stehen oder die einen angeforderten und nicht notwendig schon bezahlten Vorschuß erheblich übersteigen, BGH MDR **11**, 1377, Düss DS **16**, 207, LG Osnabr JB **16**, 367 (über 40%). Das gilt um so mehr, als das Gericht die Verhältnismäßigkeit der Kosten zwar stets auch von Amts wegen mitbedenken darf und muß, sie aber nicht überbetonen muß, BVerfG NJW **79**, 413. Der Sachverständige muß insoweit die Vorschriften kennen, LG Heidelb DS **15**, 96. Er muß die Akte auf den Streitwert nach §§ 3 ff ZPO und auf Kostenvorschüsse nach §§ 379, 402 ZPO durchsehen. Er braucht aber nur eine grobe Schätzung vorzunehmen. Er kann notfalls anregen, den Streitwert nach § 63 GKG festzusetzen, Teil I A dieses Buchs. Er kann und muß einen weiteren Vorschuß nach § 379 ZPO anregen, BayObLG RR **98**, 1294, Nürnb JB **07**, 42, AG Kempten FamRZ **98**, 41. Auch ohne eine solche direkte Anregung darf und muß das Gericht evtl einen weiteren Vorschuß anfordern. Eine solche Anordnung kann auch die Vergleichsbereitschaft fördern.

Bei einem *Verstoß* des Sachverständigen muß das Gericht also evtl das Honorar kürzen, BGH MDR **11**, 1377, Düss DS **16**, 207 und 240, Zweibr BauR **16**, 312 (50% des Streitwerts), aM KG BauR **12**, 303, LG Köln DWW **92**, 319 (aber die Regeln § 413 Rn 3 gelten uneingeschränkt). Das gilt aber dann nicht, wenn das Gericht auch bei einer erfolgten Anzeige die Tätigkeit des Sachverständigen nicht eingeschränkt oder beendet hätte, BayObLG **04**, 62, Zweibr BauR **11**, 1060, LG Osnabr JB **13**, 438, aM Kblz DB **85**, 110 (es komme darauf an, ob der Beweisführer am Beweisantritt festhalte. Aber nicht er, sondern das Gericht bestimmt nach § 404 ZPO die Person des Sachverständigen, von §§ 485 ff ZPO abgesehen).

14) Begrenzung auf Auslagenvorschuß, IV. Der Sachverständige erhält eine Vergütung nur in Höhe eines „angeforderten" Auslagenvorschusses, falls er gegen § 407 a III 2 ZPO vorwerfbar verstoßen hat, Rn 4–8, Düss DS **16**, 240, Hamm MDR **15**, 300. Er muß es also versäumt haben, das Gericht rechtzeitig darauf hinzuweisen, daß die Kosten seiner Tätigkeit voraussichtlich einen solchen Vorschuß „erheblich" übersteigen würden, Düss JB **17**, 426, Stgt MDR **17**, 1392. Der angeforderte Vorschuß ergibt sich einerseits aus §§ 379, 402 ZPO, andererseits aus dem, was das Gericht für den Sachverständigen vom Kostenschuldner verlangt hat. Auf eine diesbezügliche Anregung des Sachverständigen kommt es ebensowenig an wie auf die Höhe des vom Kostenschuldner tatsächlich mit oder ohne Anforderung des Gerichts Gezahlten. „Erheblich" dürfte eine Differenz von mindestens etwa 20% sein, Düss JB **17**, 426 und 654. Unerheblich ist, wenn die Partei bei Kenntnis der vollen Kosten keinen Beweis beantragt hätte, Hamm BauR **15**, 1371 rechts unten, großzügiger Karlsr JB **17**, 369. 64

15) Verfahren, Entscheidung, I–V. Das Verfahren nach § 8 a erfolgt mangels besonderer Regeln des JVEG nach der jeweiligen Prozeßordnung. Der Urkundsbeamte ist nicht zuständig. Das Gericht hört schon wegen Art 103 I GG die Beteiligten wie sonst vor einer jeweils etwa nachteiligen Entscheidung in angemessener Frist an. Es entschei- 65 det evtl zunächst über den Streitwert wie sonst. Es mag die Unanfechtbarkeit dieser Entscheidung bei III abwarten. Es entscheidet durch einen Beschluß. Er enthält nachprüfbare Gründe, zB BLAH § 329 ZPO Rn 4. Es verkündet ihn oder teilt ihn mit, bei Anfechtbarkeit durch förmliche Zustellung. Rechtsbehelfsbelehrung, Verstoß: § 4c.

66   16) **Gerichtsverstoß, I–V.** Es gibt nach § 8a keine Besonderheiten.
67   17) **Rechtsmittel, I–V.** Auch hier nennt § 8a keine Besonderheiten.

Honorar für die Leistung der Sachverständigen und Dolmetscher

9 I ¹Der Sachverständige erhält für jede Stunde ein Honorar

in der Honorargruppe ...	in Höhe von ... Euro
1	65
2	70
3	75
4	80
5	85
6	90
7	95
8	100
9	105
10	110
11	115
12	120
13	125
M 1	65
M 2	75
M 3	100

²Die Zuordnung der Leistungen zu einer Honorargruppe bestimmt sich entsprechend der Entscheidung über die Heranziehung nach der Anlage 1. ³Ist die Leistung auf einem Sachgebiet zu erbringen, das in keiner Honorargruppe genannt wird, ist sie unter Berücksichtigung der allgemein für Leistungen dieser Art außergerichtlich und außerbehördlich vereinbarten Stundensätze einer Honorargruppe nach billigem Ermessen zuzuordnen; dies gilt entsprechend, wenn ein medizinisches oder psychologisches Gutachten einen Gegenstand betrifft, der in keiner Honorargruppe genannt wird. ⁴Ist die Leistung auf mehreren Sachgebieten zu erbringen oder betrifft das medizinische oder psychologische Gutachten mehrere Gegenstände und sind die Sachgebiete oder Gegenstände verschiedenen Honorargruppen zugeordnet, bemisst sich das Honorar einheitlich für die gesamte erforderliche Zeit nach der höchsten dieser Honorargruppen; jedoch gilt Satz 3 entsprechend, wenn dies mit Rücksicht auf den Schwerpunkt der Leistung zu einem unbilligen Ergebnis führen würde. ⁵§ 4 gilt entsprechend mit der Maßgabe, dass die Beschwerde auch zulässig ist, wenn der Wert des Beschwerdegegenstands 200 Euro nicht übersteigt. ⁶Die Beschwerde ist nur zulässig, solange der Anspruch auf Vergütung noch nicht geltend gemacht worden ist.

II Beauftragt das Gericht den vorläufigen Insolvenzverwalter, als Sachverständiger zu prüfen, ob ein Eröffnungsgrund vorliegt und welche Aussichten für eine Fortführung des Unternehmens des Schuldners bestehen (§ 22 Absatz 1 Satz 2 Nummer 3 der Insolvenzordnung, auch in Verbindung mit § 22 Absatz 2 der Insolvenzordnung), beträgt das Honorar in diesem Fall abweichend von Absatz 1 für jede Stunde 80 Euro.

III ¹Das Honorar des Dolmetschers beträgt für jede Stunde 70 Euro und, wenn er ausdrücklich für simultanes Dolmetschen herangezogen worden ist, 75 Euro; maßgebend ist ausschließlich die bei der Heranziehung im Voraus mitgeteilte Art des Dolmetschens. ²Ein ausschließlich als Dolmetscher Tätiger erhält eine Ausfallentschädigung, soweit er durch die Aufhebung eines Termins, zu dem er geladen war und dessen Aufhebung nicht durch einen in seiner Person liegenden Grund veranlasst war, einen Einkommensverlust erlitten hat und ihm die Aufhebung erst am Terminstag oder an einem der beiden vorhergehenden Tage mitgeteilt worden ist. ³Die Ausfallentschädigung wird bis zu einem Betrag gewährt, der dem Honorar für zwei Stunden entspricht.

Anlage 1
(zu § 9 Abs. 1)

Nr.	Sachgebietsbezeichnung	Honorargruppe
1	Abfallstoffe – soweit nicht Sachgebiet 3 oder 18 – einschließlich Altfahrzeuge und -geräte	11
2	Akustik, Lärmschutz – soweit nicht Sachgebiet 4	4
3	Altlasten und Bodenschutz	4
4	*Bauwesen – soweit nicht Sachgebiet 13 – einschließlich technische Gebäudeausrüstung*	
4.1	Planung	4
4.2	handwerklich-technische Ausführung	2
4.3	Schadensfeststellung, -ursachenermittlung und -bewertung – soweit nicht Sachgebiet 4.1 oder 4.2 –, Bauvertragswesen, Baubetrieb und Abrechnung von Bauleistungen	5
4.4	Baustoffe	6
5	Berufskunde und Tätigkeitsanalyse	10
6	*Betriebswirtschaft*	
6.1	Unternehmensbewertung, Betriebsunterbrechungs- und -verlagerungsschäden	11
6.2	Kapitalanlagen und private Finanzplanung	13
6.3	Besteuerung	3
7	Bewertung von Immobilien	6
8	Brandursachenermittlung	4
9	Briefmarken und Münzen	2
10	*Datenverarbeitung, Elektronik und Telekommunikation*	
10.1	Datenverarbeitung (Hardware und Software)	8
10.2	Elektronik – soweit nicht Sachgebiet 38 – (insbesondere Mess-, Steuerungs- und Regelungselektronik)	9
10.3	Telekommunikation (insbesondere Telefonanlagen, Mobilfunk, Übertragungstechnik)	8
11	Elektrotechnische Anlagen und Geräte – soweit nicht Sachgebiet 4 oder 10	4
12	Fahrzeugbau	3
13	*Garten- und Landschaftsbau einschließlich Sportanlagenbau*	
13.1	Planung	3
13.2	handwerklich-technische Ausführung	3
13.3	Schadensfeststellung, -ursachenermittlung und -bewertung – soweit nicht Sachgebiet 13.1 oder 13.2	4
14	Gesundheitshandwerk	2
15	Grafisches Gewerbe	6
16	Hausrat und Inneneinrichtung	3
17	Honorarabrechnungen von Architekten und Ingenieuren	9
18	Immissionen	2
19	Kältetechnik – soweit nicht Sachgebiet 4	5
20	Kraftfahrzeugschäden und -bewertung	8
21	Kunst und Antiquitäten	3

Nr.	Sachgebietsbezeichnung	Honorargruppe
22	Lebensmittelchemie und -technologie	6
23	Maschinen und Anlagen – soweit nicht Sachgebiet 4, 10 oder 11	6
24	Medizintechnik	7
25	Mieten und Pachten	10
26	Möbel – soweit nicht Sachgebiet 21	2
27	Musikinstrumente	2
28	Rundfunk- und Fernsehtechnik	2
29	Schiffe, Wassersportfahrzeuge	4
30	Schmuck, Juwelen, Perlen, Gold- und Silberwaren	2
31	Schrift- und Urkundenuntersuchung	8
32	Schweißtechnik	5
33	Spedition, Transport, Lagerwirtschaft	5
34	Sprengtechnik	2
35	Textilien, Leder und Pelze	2
36	Tiere	2
37	Ursachenermittlung und Rekonstruktion bei Fahrzeugunfällen	12
38	Verkehrsregelungs- und -überwachungstechnik	5
39	*Vermessungs- und Katasterwesen*	
39.1	Vermessungstechnik	1
39.2	Vermessungs- und Katasterwesen im Übrigen	9
40	Versicherungsmathematik	10

Gegenstand medizinischer und psychologischer Gutachten	Honorargruppe
Einfache gutachtliche Beurteilungen, insbesondere – in Gebührenrechtsfragen, – zur Minderung der Erwerbsfähigkeit nach einer Monoverletzung, – zur Haft-, Verhandlungs- oder Vernehmungsfähigkeit, – zur Verlängerung einer Betreuung.	M 1
Beschreibende (Ist-Zustands-)Begutachtung nach standardisiertem Schema ohne Erörterung spezieller Kausalzusammenhänge mit einfacher medizinischer Verlaufsprognose und mit durchschnittlichem Schwierigkeitsgrad, insbesondere Gutachten – in Verfahren nach dem SGB IX, – zur Minderung der Erwerbsfähigkeit und zur Invalidität, – zu rechtsmedizinischen und toxikologischen Fragestellungen im Zusammenhang mit der Feststellung einer Beeinträchtigung der Fahrtüchtigkeit durch Alkohol, Drogen, Medikamente oder Krankheiten, – zu spurenkundlichen oder rechtsmedizinischen Fragestellungen mit Befunderhebungen (z. B. bei Verletzungen und anderen Unfallfolgen), – zu einfachen Fragestellungen zur Schuldfähigkeit ohne besondere Schwierigkeiten der Persönlichkeitsdiagnostik, – zur Einrichtung oder Aufhebung einer Betreuung und der Anordnung eines Einwilligungsvorbehalts gemäß § 1903 BGB, – zu Unterhaltsstreitigkeiten aufgrund einer Erwerbs- oder Arbeitsunfähigkeit,	M 2

Gegenstand medizinischer und psychologischer Gutachten	Honorar-gruppe
– zu neurologisch-psychologischen Fragestellungen in Verfahren nach der FeV. Gutachten mit hohem Schwierigkeitsgrad (Begutachtungen spezieller Kausalzusammenhänge und/oder differenzialdiagnostischer Probleme und/oder Beurteilung der Prognose und/oder Beurteilung strittiger Kausalitätsfragen), insbesondere Gutachten – zum Kausalzusammenhang bei problematischen Verletzungsfolgen, – zu ärztlichen Behandlungsfehlern, – in Verfahren nach dem OEG, – in Verfahren nach dem HHG, – zur Schuldfähigkeit bei Schwierigkeiten der Persönlichkeitsdiagnostik, – in Verfahren zur Anordnung einer Maßregel der Besserung und Sicherung (in Verfahren zur Entziehung der Fahrerlaubnis zu neurologisch/psychologischen Fragestellungen), – zur Kriminalprognose, – zur Aussagetüchtigkeit, – zur Widerstandsfähigkeit, – in Verfahren nach den §§ 3, 10, 17 und 105 JGG, – in Unterbringungsverfahren, – in Verfahren nach § 1905 BGB, – in Verfahren nach dem TSG, – in Verfahren zur Regelung von Sorge- oder Umgangsrechten, – zur Geschäfts-, Testier- oder Prozessfähigkeit, – zu Berufskrankheiten und zur Minderung der Erwerbsfähigkeit bei besonderen Schwierigkeiten, – zu rechtsmedizinischen, toxikologischen und spurenkundlichen Fragestellungen im Zusammenhang mit einer abschließenden Todesursachenklärung, ärztlichen Behandlungsfehlern oder einer Beurteilung der Schuldfähigkeit.	M 3

Gliederung

1) Systematik, I–III	1
2) Regelungszweck, I–III	2
3) Geltungsbereich, I–III	3
4) Stundenhonorar, I 1	4
5) Honorargruppe, I 1, 2	5–12
A. Grundsatz: Zuordnung nach Anlage 1	6
B. Verfassungsmäßigkeit	7
C. Abwägungszwang	8
D. Problematik	9, 10
E. Abgrenzung der Gruppen	11, 12
6) Fehlen einer Honorargruppe, I 3	13–17
A. Ermittlung des Fehlens	14
B. Beachtung allgemeiner Stundensätze	15
C. Zuordnung zu Ermessen	16
D. Medizinisches oder psychologisches Gutachten	17
7) Höchste von mehreren Honorargruppen, I 4	18–25
A. Entweder: Mehrheit der Sachgebiete, Hs 1 Fall 1	19
B. Oder: Mehrheit medizinischer oder psychologischer Gegenstände, Hs 1 Fall 2	20
C. Stets: Zuordnung zu mehreren Honorargruppen, Hs 1 Fall 3	21
D. Folge: Grundsätzlich höchste Gruppe, Hs 1	22
E. Ausnahme: Unbilliges Ergebnis, Hs 2	23–25
8) Kein Beschwerdewert, I 5	26
9) Beschwerdeschädlichkeit der Geltendmachung des Vergütungsanspruchs, I 6	27
10) Gutachten des vorläufigen Insolvenzverwalters, II	28

11) **Dolmetscher, III**	29–33
A. Grundsatz, III 1	29
B. Ausnahme: Terminsaufhebung, III 2	30–33
12) **Beispiele zur Frage einer Zuordnung, I 1–4**	34–37

1 **1) Systematik, I–III.** Die Vorschrift ergänzt § 8 I Z 1 der Höhe nach. Sie findet ihrerseits Ergänzungen in §§ 10, 11. Die amtliche Anlage 1 ist Bestandteil nach I 2.

2 **2) Regelungszweck, I–III.** Im unveränderten Bemühen um eine angemessene Gegenleistung für diejenige des Sachverständigen oder Dolmetschers geht § 9 formell wie inhaltlich ganz eigene Wege. Es gibt zB keine von vornherein höhere Vergütung für einen hauptberuflichen Sachverständigen. Formell heißt es sachgerecht Vergütung statt bloßer Entschädigung. Die Vergütung heißt amtlich auch Honorar. Inhaltlich ist ungeachtet der vielfach bestehenden Pflicht zur Leistung des Berechtigten doch eine Hinwendung zu mehr als einer bloßen Mindestentschädigung erfolgt. Auch das ist sachgerecht.

Die *Berechnungsmethode* hat sich aber grundlegend geändert. Es kommt kaum noch auf den Ruf, Rang und die Erfahrung an, sondern nur auf das Sachgebiet oder auf den medizinischen Gegenstand. Korrekturen wegen einer Unbilligkeit des Ergebnisses sind nur sehr begrenzt zulässig. Ob auch diese Methode mit dem natürlich erstrebenswerten Ziel einer Vereinfachung und Beschleunigung des Verfahrens und einer Gerichtsentlastung in der interessengeprägten Praxis sachgerecht ist, läßt sich ganz erheblich bezweifeln, bis hin zum Problem der Verfassungsmäßigkeit einer tabellarischen Vergröberung. Die Auslegung muß sich um eine Abwägung bemühen.

3 **3) Geltungsbereich, I–III.** Vgl § 8 Rn 3, 4. Es muß eine Heranziehung gerade als Sachverständiger oder Dolmetscher vorliegen. Auf nachträgliche bloße Gutachtenkopien ist natürlich nicht (jetzt) § 9 anwendbar, auch nicht (jetzt) § 12 I, sondern allenfalls § 7 II, Celle JB **05**, 374.

4 **4) Stundenhonorar, I 1.** Das Leistungshonorar nach § 8 I Z 1 umfaßt vor allem ein in § 9 I 1 geregeltes Stundenhonorar. Die Vorschrift stellt nach I 1, 2, 4 zunächst auf den Auftrag ab, Naumb DS **15**, 288. In seinem Rahmen stellt sie den erforderlichen und nicht auf den tatsächlich erfolgten Zeitaufwand ab, Kblz JB **07**, 42. Freilich hat der Sachverständige einen gewissen Spielraum, BGH GRUR **08**, 736. I 1 stellt außerdem auf die mit dem Stundenhonorar mitvergüteten laufenden Allgemeinkosten des Berechtigten einschließlich seiner Krankenversicherung, Altersvorsorge usw ab. Wie die Stunde sich errechnet, bestimmt § 8 II.

5 **5) Honorargruppe, I 1, 2.** Als entscheidendes Merkmal nennt das Gesetz die Honorargruppe. Damit gerät die Vergütung teilweise in den Bereich einer vorwiegend tabellarisch bestimmten Einordnung statt einer Abwägung von mehr oder weniger scharf umgrenzten Merkmalen wie den bisherigen der Fachkenntnis, der Schwierigkeit der Leistung usw. Die Zuordnung zu einer Honorargruppe richtet sich vielmehr außerhalb medizinischer Gutachten nach dem Sachgebiet.

6 **A. Grundsatz: Zuordnung nach Anlage 1.** Das nach Rn 1 maßgebliche Sachgebiet ist in der amtlichen Anlage 1, abgedruckt hinter dem Text von § 9, in knapp 60 Felder aufgeteilt. Innerhalb eines Sachgebiets kommt es nach I 2 zwar auf die Entscheidung über die Heranziehung an, nicht mehr auf weitere Kriterien, Celle JB **06**, 652, Schlesw FamRZ **09**, 1706. Der Welt-Spitzenfachmann erhält oft keinen Cent mehr als der gerade mit der Ausbildung fertige Gutachter von nebenan, eher weniger. Denn er braucht weniger Zeit. Vierzig Jahre Berufserfahrung zählen demgegenüber genauso wenig mehr. Denn sie bedeuten ebenfalls einen geringeren Aufwand der allein erheblichen Zeit.

Beim *medizinischen Gutachten* darf und muß man zwar den Schwierigkeitsgrad bei der Abgrenzung der Honorargruppen M 1–M 3 mitbeachten. Auch hier zählt aber nicht Rang und Ruf oder Erfahrung, sondern der erforderliche Zeitaufwand.

Vereinfachung ist das eindeutige Hauptziel solcher Methode. Eine Vergröberung ist wie bei jeder Vereinfachung die unvermeidbare Begleitfolge. Sie wird außerhalb medizinischer Gutachten wesentlich deutlicher. Ihre korrigierende Begrenzung läßt sich nach I 3, 4 durch eine Zuordnung zu mehreren Sachgebieten erreichen, und auch das nur ausnahmsweise wegen einer etwaigen Unbilligkeit des sonstigen Ergebnisses, Rn 23–25.

B. Verfassungsmäßigkeit. § 9 enthält grundsätzlich zwingende Vorschriften der Honorierung vor allem bei einer staatlich angeordneten Leistung, LG Flensb JB **05**, 600 (zustm Meyer) Düss BauR **12**, 691. Damit übt das Gericht nicht nur formell, sondern auch inhaltlich staatliche Gewalt aus. Es darf und muß daher stets dem dann stets geltenden Verhältnismäßigkeitsgrundsatz nach BLAH Einl III 23 auch Art 3 GG mit seinem Gleichheitsgebot und den Grundsatz eines Vertrauensschutzes beachten, Düss BauR **12**, 691. Das gilt in jeder Instanz und unabhängig davon, wie viele Instanzen möglich sind. Das Gericht darf und muß daher stets mitprüfen, ob die vergröbernde Schematisierung des Hauptmerkmals der Honorarermittlung, nämlich die Zuordnung zu einer oder mehreren Honorargruppen, mit diesen Verfassungsregeln vereinbar ist. Es muß dabei vom bestimmten Gegenstand der Fragestellung im Einzelfall ausgehen, LG Kblz JB **05**, 601. Er bleibt auch dann maßgeblich, wenn es später nicht zum Gutachten kommt, LG Kblz JB **05**, 601. 7

C. Abwägungszwang. Rechtssicherheit, Zweckmäßigkeit und Gerechtigkeit sind dabei als im wesentlich nahezu gleichgewichtige Bestandteile der Rechtssidee auch an dieser Stelle eines oft nur scheinbaren Nebenschauplatzes des Prozesses insgesamt mitbeachtlich. Das gilt ungeachtet des auch im Kostenrecht zentralen Rangs der Einzelfallgerechtigkeit. Dabei muß das Gericht vor allem prüfen, ob das Rangverhältnis des einen Sachgebiets der Anlage 1 zu anderen Sachgebieten und das Rangverhältnis des einen medizinischen Gegenstands zu den beiden anderen in der vom Gesetzgeber vorgenommenen Verteilung noch ausreichend vertretbar ist. Ferner muß das Gericht prüfen, ob die Korrekturmöglichkeit nach I 4 ausreicht, ob also die Bedingung „mehrere Sachgebiete" eine ausreichende Differenzierung erlaubt. Dabei muß das Gericht die Prozeßwirtschaftlichkeit stets erheblich mitbeachten. Es darf sie aber nicht zum wichtigsten oder gar alleinigen Merkmal machen. 8

D. Problematik. Unzählige Probleme ergeben sich auch aus der Lösung des § 9. Vgl dazu die Beispiele Rn 34 ff. Als ein einziges solches Beispiel mag hier die folgende Situation dienen: Wenn Bach eine der größten, überwiegend mechanischen Orgeln der Welt mit fünf Manualen und über 100 klingenden Stimmen heute künstlerisch abzunehmen hätte, so wäre das eine Tätigkeit in der Honorargruppe 2 „Musikinstrumente", ferner in der Honorargruppe 3 „Kunst und Antiquitäten". Er erhielte mangels einer Vereinbarung nach § 13 also ein Stundenhonorar nach I 4 Hs 1 (mehrere Sachgebiete) von 75 EUR. Der unbekannte Elektromeister, der die Korrektheit der Stromzuführung zum (heute) elektrischen Blasebalgsystem zu begutachten hätte, erhielte sein Honorar nach Gruppe 4 „Elektrotechnische Anlagen und Geräte", also je Stunde 80 EUR. Der Ingenieur, der die heute wohl elektronische Registertraktur zu überprüfen hätte, erhielte nach Gruppe 9 „Elektronik" ein Stundenhonorar von 105 EUR. Bachs Stundensatz wäre evtl nach I 4 Hs 2 zu kürzen. Denn der „Schwerpunkt der Leistung" hätte möglicherweise bei der Prüfung des Instruments als Klang- und Funktionsgerät und nicht bei der Frage gelegen, ob es außer einer ausreichend sauberen kunsthandwerklichen Ausführung auch „Kunst" erbracht habe, wenn er es überhaupt auch darauf zu prüfen hatte, ob es sogar ein Kunstwerk geworden sei (Auslegung seines Auftrags). 9

Stimmen hier noch die *Proportionen* bei den drei eben Genannten? Das dürfte bei höheren Gesamtstundenzahlen eine wirtschaftlich erhebliche Frage sein. Sie „nur" dem einfachen und nicht dem hehren Verfassungsrecht zuzuordnen, wäre zwar praktisch, aber keineswegs stets überzeugend. Es lassen sich unendlich viele skurrile Vergleichsfälle erahnen. 10

E. Abgrenzung der Gruppen. Damit tritt die Problematik der Abgrenzung der Gruppen für die Praxis in den Vordergrund. Mit der ganzen Artistik einer ausgeklügelten Wort- und Begriffswahl wird der eine Beteiligte eine Honorarerhöhung, der andere eine -verminderung herbeizuargumentieren bestrebt sein. Das ist nun zwar ein alltägliches Mittel im Kampf ums Recht. Es zeigt aber auch, daß die Tabellen der Anlage 1 die Sache bei einer genaueren Betrachtung keineswegs leicht machen. Die Schwierigkeiten nehmen nur eine etwas andere Form an. 11

12 *Behutsame* und nicht quälend gewollte Handhabung ist notwendig. „Fahrzeugbau" nach Gruppe 3 meint nicht den Bau eines kleinen hölzernen Spielautos, „Maschinen" nach Gruppe 6 meint nicht jeden kleinen Handbohrer. Andererseits kann „Unternehmensbewertung" nach Gruppe 11 auch diejenige eines erst vor 6 Monaten gegründeten Jungunternehmers mit bisher mehr Investitionsschulden als Umsätzen meinen. Es gibt unzählige Berufe und Gewerke, Studienrichtungen und andere Arten der Betätigung mit oder ohne Erwerbsabsicht. Es wird unmöglich sein, das Leben in 50 oder 60 Sachgebiete und deren Kombinationen zu pressen. Es wird aber auch nicht einfach zulässig sein, dann nach I 3 zu konstruieren, daß überhaupt kein Sachgebiet des amtlichen Katalogs vorliege. Das „unbillige Ergebnis" ist nur im Bereich von I 4 Hs 2 vermeidbar. Bitte keine deutsche Überperfektion auch noch an diesem Teil des Nadelöhrs der Justiz, ihren Kosten.

13 **6) Fehlen einer Honorargruppe, I 3.** Es gibt Leistungen, die man beim besten Bemühen weder einer einzelnen Honorargruppe noch zwei oder mehr Gruppen zuordnen kann. Diese Fälle erfaßt I 3 Hs 1 im Bereich außerhalb medizinischer Gutachten und Hs 2 in diesem letzteren Bereich. Man sollte mehrere Prüfschritte vornehmen.

14 **A. Ermittlung des Fehlens.** Zunächst muß man klären, ob die zu erbringende (und nicht für die erbrachte) Leistung wirklich in keiner Honorargruppe 1–13 oder M 1–M 3 erscheint, Rn 5–12. Dabei darf man das Gesetz nicht quälend dahin pressen, daß doch eine der Gruppen vorliege, so verlockend diese Lösung einer Irgendwie-Zuordnung im Ergebnis auch scheinen mag, weil sie dann die schwierigen weiteren Prüfschritte ersparen würde. Auch die Einholung von Auskünften öffentlichrechtlicher Körperschaften darf nicht zu solcher Zwangszuordnung führen, so hilfreich sie im Einzelfall auch sein mag. Das Gericht muß schließlich doch über eine Zuordnungsmöglichkeit selbst entscheiden, Celle JB **06**, 653. Das amtliche Raster ist grobmaschig. Man darf es nicht mit einer gewaltsamen Zuordnungstechnik feinmaschiger zu zaubern versuchen. Die ehrliche Feststellung einer Nichtzugehörigkeit macht zwar anschließend erheblich mehr Arbeit. Sie ist aber vom Gesetz selbst als das Gegenstück zur gewollt begrenzten Aufzählung der amtlichen Anlage 1 eine ebenfalls bewußt beabsichtigte Auffangmethode zwecks einer Einzelfallgerechtigkeit.

15 **B. Beachtung allgemeiner Stundensätze.** Steht fest, daß für die zu erbringende (und nicht für die erbrachte) Leistung keine Zuordnung möglich ist, Rn 14, beginnt die hilfsweise Zuordnung mit der Beachtung und evtl Ermittlung, also der „Berücksichtigung" der allgemein für Leistungen dieser Art außergerichtlich und außerbehördlich vereinbarten Stundensätze. Es kommt also gerade nicht auf eine etwa schon gerichtliche Übung an, so erstaunlich dieser gesetzliche Verzicht auf solchen Teil von Anscheinsbeweis, Offenkundigkeit nach § 288 ZPO und sonst so beliebte und oft auch bequem scheinende Hilfsmittel des Gerichts auch scheinen mag. Das Gericht soll eben nur außerbehördliche und -gerichtliche Bräuche einbeziehen. Diese lassen sich oft wiederum nur mit weiterer sachverständiger Hilfe ermitteln. Das Gericht darf diese Ermittlung weder dem Berechtigten noch der Staatskasse noch den Parteien allein überlassen. Es darf und muß aber natürlich alle Beteiligten anhören und ihre Hinweise mitbeachten.

16 **C. Zuordnung nach Ermessen.** Liegt das Ergebnis der Bemühung nach Rn 14 und 15 vor, muß das Gericht eine Ersatz-Zuordnung zu einer der Gruppen der amtlichen Anlage 1 vornehmen. Es darf also nicht etwa irgendeinen Stundensatz festlegen, den weder Gruppe 1–13 noch Gruppe M 1–M 3 nennt. Dabei muß das Gericht nach seinem „billigen", in Wahrheit wie stets nach seinem pflichtgemäßen, aber weiten Ermessen einer der amtlichen Gruppen zuordnen, BGH GRUR **07**, 175, Bbg RR **05**, 564, AG Gött ZIP **16**, 2285. Dabei spricht I 3 gerade anders als I 4 nicht von der Maßgeblichkeit der höchsten in Betracht kommenden Gruppe. § 1 I 2 verbietet sie aber nur scheinbar. Denn I 3 spricht auch kein direktes Verbot aus. Ein Umkehrschluß ist fast stets eine zweifelhafte Methode der Auslegung. Jedes Ermessen eröffnet gerade auch einen Spielraum. Im Ergebnis kann und muß das Gericht daher im Zweifel eher einer höheren Gruppe zuordnen.

Nur ein *Ermessensfehlgebrauch* ist anfechtbar. Er kann sich freilich aus einer unvollständigen oder einseitigen Aufklärung der allgemeinen Honorargebräuche ergeben.

D. Medizinisches oder psychologisches Gutachten. I 3 Hs 2 klärt zusätzlich, 17 daß die drei Prüfschritte Rn 14–16 natürlich auch dann gelten, wenn das medizinische oder psychologische Gutachten einen solchen Gegenstand betrifft, den keine Honorargruppe M 1–M 3 nennt. Das gilt natürlich auch dann, wenn ein Gutachten nur im Schwerpunkt medizinisch ist.

7) Höchste von mehreren Honorargruppen, I 4. Die massiven Einordnungs- 18 probleme Rn 5–17 lassen sich mithilfe von I 4 ein wenig verringern. Freilich bringt auch diese Vorschrift in Hs 2 gleich wieder eine erhebliche Erschwerung des in Hs 1 scheinbar so verheißungsvollen Grundsatzes. Im Ergebnis enthält auch I 4 genug Zündstoff und wenig Vereinfachung. Man muß von drei Voraussetzungen entweder die eine oder die andere, aber bei beiden zusätzlich eine dritte beachten und als Rechtsfolge stets mit einer Abschwächung des scheinbaren Ergebnisses rechnen.

A. Entweder: Mehrheit der Sachgebiete, Hs 1 Fall 1. Erste alternative Vor- 19 aussetzung der Anwendbarkeit der höchsten von mehreren infrage kommenden Honorargruppen ist eine zu erbringende (und nicht eine erbrachte) Leistung auf mehreren Sachgebieten der amtlichen Anlage 1. Es kann sich dabei um zwei oder noch mehr Sachgebiete handeln.

B. Oder: Mehrheit medizinischer oder psychologischer Gegenstände, 20 **Hs 1 Fall 2.** Zweite alternative Voraussetzung, die statt Rn 19 reicht, ist eine Mehrheit von Gegenständen desselben medizinischen oder psychologischen Gutachtens. Den jeweiligen Gegenstand ermittelt man wiederum aus der amtlichen Anlage 1 bei den Honorargruppen M 1–M 3.

C. Stets: Zuordnung zu mehreren Honorargruppen, Hs 1 Fall 3. Dritte, 21 stets neben Rn 19 wie neben Rn 20 erforderliche Voraussetzung ist die Zuordnung der Sachgebiete oder der Gegenstände zu verschiedenen Honorargruppen.

D. Folge: Grundsätzlich höchste Gruppe, Hs 1. Soweit entweder Rn 19 und 22 21 zusammentreffen oder Rn 20 und 21, ergibt sich aus dem restlichen Hs 1 als Grundsatz: Das Honorar bemißt sich dann einheitlich für die gesamte erforderliche Zeit nach der höchsten Honorargruppe, sei es dann im Ergebnis eine Gruppe 1–10 oder eine Gruppe M 1–M 3. Dabei ist ihre genaue Ermittlung untereinander nur dann entscheidungserheblich, wenn sie zu insgesamt mindestens drei unterschiedlichen Honorargruppen führt. Trifft also ein Sachgebiet der Gruppe 2 mit zwei verschiedenen Sachgebieten etwa der Gruppe 4 zusammen, so kann die Abgrenzung dieser beiden letzteren Sachgebiete offen bleiben. Es findet eben die Honorargruppe 4 Anwendung.

E. Ausnahme: Unbilliges Ergebnis, Hs 2. Von dem mühsam genug ermittel- 23 ten Ergebnis Rn 22 gibt es nach Hs 2 gleich wieder eine in der Praxis nur zu leicht zu einem weiteren endlosen Streit führende wesentliche meist wohl einschränkende Ausnahme. Das Gericht darf und muß nämlich statt des höchsten Stundensatzes dann einen geringeren ansetzen, wenn der höchste mit Rücksicht auf den Schwerpunkt der zu erbringenden (und nicht der erbrachten) Leistung zu einem unbilligen Ergebnis führen würde. Dann muß das Gericht vielmehr ebenso wie nach Rn 13–17 verfahren und das Honorar nach seinem pflichtgemäßen Ermessen einer niedrigeren Honorargruppe zuordnen.

Schwerpunkt der Leistung ist das allein maßgebliche Abgrenzungsmerkmal. Es 24 kommt also nicht mehr auf den Schwierigkeitsgrad und auch nicht auf den Grad vorhandener Kenntnisse an, sondern nur darauf, ob die Hauptfrage im Sachgebiet 1, 2 oder 3 oder beim Gegenstand M 1, M 2 oder M 3 liegt. Das wird natürlich jeder Berechtigte zu seinen Gunsten behaupten. Das Gericht wird oft genug kaum ohne einen weiteren Sachverständigen in der Lage sein, eine solche Behauptung einigermaßen zuverlässig zu beurteilen. Damit kann eine schwierige Gesamtlage entstehen.

Unbilligkeit des Ergebnisses muß zusätzlich feststehen. Das Gericht hat bei der Fest- 25 stellung dieser zusätzlichen Bedingung noch nicht nur ein Ermessen, sondern muß diesen unbestimmten Rechtsbegriff klären. Es muß bei Unklarheiten wegen § 1 I 2 sogar die formelle Ausnahme nach § 9 I 4 mit ihrem für den Staat billigeren Ergebnis wählen. Der Berechtigte hat damit die Beweislast dafür, daß die Voraussetzungen des Hs 2 nicht vorliegen.

26   **8) Kein Beschwerdewert, I 5.** Die Vorschrift erklärt § 4 für „entsprechend" anwendbar. Das ist sprachlich falsch: § 4 ist schon wegen seiner Stellung im Abschnitt 1 „Allgemeine Vorschriften" auch für § 9 natürlich direkt mitanwendbar. Der Sachverständige kann also ebenso wie die Staatskasse schon alsbald nach seiner Heranziehung eine gerichtliche Festsetzung der Honorargruppe und damit des Stundensatzes fordern. I 5 meint ersichtlich auch nur: § 4 III Hs 1 mit seinem Mindestbeschwerdewert von über 200 EUR gilt nach § 9 I 5 nicht, Saarbr BauR **14**, 1831.

Es ist vielmehr für eine Beschwerde gegen einen nach § 4 I ergangenen Festsetzungsbeschluß überhaupt *kein* gesetzlich bezifferter Mindest-Beschwerdewert erforderlich. Das bedeutet natürlich auch nicht, daß gar keine Beschwer vorliegen müßte. Nur darf sie eben unter der Grenze von § 4 III Hs 1 liegen. Sie darf andererseits nicht so gering sein, daß ein Rechtsmißbrauch vorläge. Etwa 15 EUR dürften reichen.

Grundsätzliche Bedeutung der bei einer Beschwerde zur Entscheidung stehenden Frage reicht auch bei § 9 zur Zulässigkeit einer Beschwerde nach dem unverändert direkt anwendbaren § 4 III Hs 2 ebenfalls aus. Denn dieser Teil jener Vorschrift hat in § 9 I 5 keine einschränkende „Maßgabe" erhalten.

27   **9) Beschwerdeschädlichkeit der Geltendmachung des Vergütungsanspruchs, I 6.** Eine Beschwerde nach § 4 III Hs 1 oder 2 ist nur zulässig, solange der Berechtigte seinen Anspruch auf eine Vergütung noch nicht geltend gemacht hat, I 6, KG JB **11**, 604. Das ist eine ganz erhebliche Einschränkung. Sie bedeutet praktisch: Eine Beschwerde kommt unter anderem nur dann in Betracht, wenn entweder der Kostenbeamte oder der Richter die Vergütung von Amts wegen und ohne einen entsprechenden Antrag berechnet oder nach § 4 I 1 Hs 2 als angemessen festgesetzt haben aM AG Hbg ZIP **10**, 1617.

Das ist eine wenig verständliche *Rechtsverkürzung* beim Berechtigten. Ob sie überhaupt mit dem allgemein geltenden Verhältnismäßigkeitsgrundsatz vereinbar ist, läßt sich trefflich bezweifeln, aM BVerfG RR **06**, 1501 (aber die Entstehungsgeschichte ist nur bedingt maßgeblich, BLAH Einl III 42). Der Berechtigte sollte vorsorglich notgedrungen mit einem eigenen Vergütungsantrag warten und allenfalls ausdrücklich lediglich „anregen und noch nicht beantragen", seine Vergütung zu berechnen und auszuzahlen oder „von Amts wegen nach § 4 I 1 Hs 2 von Amts wegen festzusetzen", um nicht sein Beschwerderecht zu gefährden. Ein weiteres ziemlich verwirrendes Ergebnis. Das gilt insbesondere wegen des Zeitdrucks zur Geltendmachung nach § 2 I.

28   **10) Gutachten des vorläufigen Insolvenzverwalters, II.** Die Vorschrift hat als eine Spezialregelung den Vorrang vor I. Nach § 22 I 2 Z 3 InsO kann das Gericht den vorläufigen Insolvenzverwalter als Sachverständigen mit einer Prüfung des Vorliegens eines Eröffnungsgrunds und der Erfolgsaussichten der Unternehmensfortführung beauftragen. Diese Tätigkeit fällt unter II, Düss JB **09**, 266. Das gilt beim „starken" wie beim „schwachen" vorläufigen Insolvenzverwalter, Bbg RR **05**, 563, Ffm RR **06**, 49, Nürnb JB **06**, 380. Es gilt aber nicht beim isolierten Sachverständigen, Bbg RR **05**, 563, Mü RR **06**, 50, LG Wuppert ZIP **14**, 1990 (je: § 9 I 1), Kblz Rpfleger **06**, 336 (§ 9 I 2), Nürnb JB **06**, 380 (§ 9 I 3), LG Hbg ZIP **11**, 1119, LG Mönchengladb Rpfleger **05**, 328 (wenden I mit [jetzt] 80 EUR an), AG Darmst ZIP **13**, 2372 (95 EUR), AG Gött RR **05**, 59 (§ 9 I 3), AG Stgt DGVZ **14**, 1348 (105 EUR), Karls ZIP **16**, 430 (115 EUR).

29   **11) Dolmetscher, III.** Ein einfacher Grundsatz hat eine weniger übersichtlich geregelte wichtige Ausnahme.

A. Grundsatz, III 1. Der Dolmetscher erhält grundsätzlich je Stunde bei einer während der Rede des Fremdsprachlers („simultan") erfolgenden Tätigkeit 75 EUR je Stunde und bei einer einem fertigen Satz des Fremdsprachlers zeitlich erst nachfolgenden („konsekutiven") Tätigkeit je Stunde 70 EUR. Dabei kommt es auf die im *voraus* mitgeteilte oder verlangte Art des Dolmetschens an, nur mangels einer solchen Mitteilung oder Forderung auf die tatsächlich erfolgte Art des Dolmetschens. Natürlich kann eine Mitteilung oder Forderung stillschweigend erfolgt sein, sie mag zB selbstverständlich gewesen sein. Im Zweifel keine solche Forderung. Das ist die abschließende Regelung ohne eine entsprechende Anwendung von § 11 I 2, Hbg NJW **06**, 3449.

Dolmetscher ist ein nicht im JVEG festgelegter Begriff. Man muß ihn vom Übersetzer mit dessen Sonderregelung in dem vorrangigen § 11 unterscheiden. Dolmetschen ist eine weniger nach dem Inhalt, eher nach der Form vom Übersetzen unterscheidbare Tätigkeit. Sie erfolgt meist mündlich, telefonisch, per elektronisches Medium, über Mikrofon. Sie kann auch durch Gesten gegenüber einem Tauben oder durch Berührungen gegenüber einem auch Blinden erfolgen. Sie gestattet und erfordert ein evtl höheres Maß von Auslegung oder Interpretation als eine möglichst wortgetreue und durchweg schriftliche Übersetzung.

Die *Übergänge* können fließen. Trotz des Kostendämpfungsprinzips des § 1 I 2 mit seiner Vergütung „nur nach diesem Gesetz" darf und muß man eben nach diesem gesamten JVEG wohl im Zweifel in einer Anlehnung an § 9 I 4 eine Dolmetschertätigkeit und nicht die im Ergebnis wohl meist wesentlich geringere Vergütung nach § 11 bejahen. Es ist die jeweils erbrachte Leistungsart maßgeblich. Zur Stundenbemessung gilt § 8 II.

B. Ausnahme: Terminsaufhebung, III 2. Es muß zunächst ein ausschließlich **30** als Dolmetscher Tätiger der Berechtigte sein, Hs 1. Dazu genügt eine Ausschließlichkeit seit angemessener Dauer bis zur hier vorliegenden Tätigkeit. Etwa 3–4 Monate reichen beim heutigen Tempo von Berufswechsel aus. Eine frühere Ausschließlichkeit reicht nur bei einer bloß kurzen Pause etwa von 3–4 Monaten.

Terminsaufhebung muß hinzutreten, Hs 2. Auch eine Terminsverschiebung zählt hierher, Mü JB **14**, 383 oder eine Abladung, Mü JB **14**, 383. Der ausschließliche Dolmetscher muß geladen worden sein, wenn auch vielleicht fehlerhaft. Er darf die Terminsaufhebung nicht durch einen in seiner Person liegenden Grund auch nur objektiv veranlaßt haben. Er darf also zB nicht erkrankt sein. Ein Verschulden braucht nicht vorzuliegen.

Aufhebungsmitteilung darf erst am Terminstag oder an einem der beiden vorhergehenden **31** Kalendertage erfolgt sein. Sonnabende und Feiertage zählen mit, Mü JB **14**, 383. Eine Abladungsmitteilung am Samstag vor dem Montagstermin oder am 31. 12. vor dem Termin von 2. 1. lt Hs reichen.

Einkommensverlust gerade infolge der Abladung muß hinzugetreten sein. Der Dolmetscher muß ihn nachweisen. Ein Anscheinsbeweis kann vorliegen. Ein völlig unerheblicher Verlust reicht nicht. Er wäre bei ca 25 EUR überschritten. **32**

Ausfallentschädigung statt Honorar ist die begrifflich konsequente Rechtsfolge, aber **33** erst beim Zusammentreffen der vorgenannten Voraussetzungen, Mü JB **14**, 383. Es beträgt nach III 3 höchstens den Betrag eines Honorars für zwei Stunden. Es kann also darunter liegen. Es ist in der tatsächlichen Dauer unabhängig.

12) Beispiele zur Frage einer Zuordnung, I 1–4. Die Zuordnung zu einer **34** amtlichen Honorargruppe ergibt sich zunächst aus der amtlichen Anlage 1 (zu I), abgedruckt hinter dem Text von § 9. Sie ist in die beiden Untergruppen der nichtmedizinischen Honorargruppen 1–13 und der medizinischen Gutachten M 1–M 3 unterteilt. Im folgenden geht es um die Zuordnungsfragen in alphabetischer Reihenfolge der Stichwörter ohne Aufgliederung in jene Untergruppen, um das Nachprüfen in gleich drei ABC-Reihen (Anlage 1, Honorargruppen 1–13, Honorargruppen M 1–3) auf die Überprüfung der unvermeidlichen amtlichen Fälle einerseits, nichtamtlichen andererseits zu reduzieren.

Völlig ausufernd wäre eine auch nur halbwegs um Vollständigkeit bemühte Aneinanderreihung der voraussichtlichen Fälle. Es gibt unzählige handwerkliche, kaufmännische, künstlerische, gewerbliche, industrielle, publizistische, alle akademischen Fakultäten erfassende Gebiete, auf denen Gutachten erforderlich werden. Ihre Darstellung würde ein umfangreiches Nachschlagewerk erfordern. **35**

Ableitung aus den Grundgedanken Rn 5 ff ist das von § 9 verlangte Gebot in jedem Einzelfall, Nürnb FamRZ **11**, 844. Auf dieser Basis bleibt am besten zunächst an dieser Stelle der Kommentierung abzuwarten, wie sich die Rspr und Lehre entwickeln wird, statt mit einer mehr oder weniger lückenhaften Darstellung einiger Dutzend denkbarer Abgrenzungsfälle einen doch vermutlich gleich wieder umstrittenen Fallsatz zu bieten. Eine weitere Aufzählung wird sich nur zu rasch und bunt aus der Praxis ergeben. **36**

Anthropologie: Sie zählt zu M 2, LG Hann JB **15**, 542, aM Köln NZV **15**, 565 **37** (Honorargruppe 6).
Baumschaden: Die Ermittlung der Schadenshöhe kann der Methode nach kaum zur Honorargruppe 6 zählen, LG Bochum DS **15**, 127.

Betreuung: Die Klärung der Frage, ob ihre Voraussetzungen schon oder noch vorliegen, läßt sich der Honorargruppe M 1 zuordnen, Naumb DS **15**, 288; LG Magdeb JB **05**, 434.

Insolvenzverfahren: Ein isolierter Sachverständiger kann im Eröffnungsverfahren 115 EUR je Stunde erhalten, AG Gött MDR **17**, 1037. Jedenfalls ist mindestens 95 EUR richtig, Zweibr ZIP **16**, 2428, strenger LG Schweinfurt ZIP **17**, 885 (80 EUR).

Lasermessung: Sie zählt zur Honorargruppe 38, KG NZV **16**, 143.

Vermessung: Die Bestimmung eines Grenzverlaufs ist Tätigkeit nicht eines Vermessungstechnikers, sondern eines Vermessungsingenieurs. Sie läßt sich wie nach der Honorargruppe 5 einordnen, LG Dortm BauR **12**, 303.

Verwerter: Derjenige im Insolvenzverfahren erhält aus Gruppen 6–9 stündlich 75–90 EUR, AG Hbg ZIP **14**, 338.

Wirtschaftsreferent: Infrage kommt Honorargruppe 11, KG Rpfleger **15**, 728.

Honorar für besondere Leistungen

10 [I] Soweit ein Sachverständiger oder ein sachverständiger Zeuge Leistungen erbringt, die in der Anlage 2 bezeichnet sind, bemisst sich das Honorar oder die Entschädigung nach dieser Anlage.

[II] [1]Für Leistungen der in Abschnitt O des Gebührenverzeichnisses für ärztliche Leistungen (Anlage zur Gebührenordnung für Ärzte) bezeichneten Art bemisst sich das Honorar in entsprechender Anwendung dieses Gebührenverzeichnisses nach dem 1,3fachen Gebührensatz. [2]§ 4 Absatz 2 Satz 1, Absatz 2 a Satz 1, Absatz 3 und 4 Satz 1 und § 10 der Gebührenordnung für Ärzte gelten entsprechend; im Übrigen bleiben die §§ 7 und 12 unberührt.

[III] Soweit für die Erbringung einer Leistung nach Absatz 1 oder Absatz 2 zusätzliche Zeit erforderlich ist, erhält der Berechtigte ein Honorar nach der Honorargruppe 1.

Anlage 2
(zu § 10 Abs. 1)

Nr.	Bezeichnung der Leistung	Honorar

Abschnitt 1. Leichenschau und Obduktion

(Amtliche) Vorbemerkung 1:

[I] [1]Das Honorar in den Fällen der Nummern 100, 102 bis 106 umfasst den zur Niederschrift gegebenen Bericht; in den Fällen der Nummern 102 bis 106 umfasst das Honorar auch das vorläufige Gutachten. [2]Das Honorar nach den Nummern 102 bis 106 erhält jeder Obduzent gesondert.

[II] Aufwendungen für die Nutzung fremder Kühlzellen, Sektionssäle und sonstiger Einrichtungen werden bis zu einem Betrag von 300 € gesondert erstattet, wenn die Nutzung wegen der großen Entfernung zwischen dem Fundort der Leiche und dem rechtsmedizinischen Institut geboten ist.

Nr.	Bezeichnung der Leistung	Honorar
100	Besichtigung einer Leiche, von Teilen einer Leiche, eines Embryos oder eines Fetus oder Mitwirkung bei einer richterlichen Leichenschau	60,00 €
	für mehrere Leistungen bei derselben Gelegenheit jedoch höchstens	140,00 €
101	Fertigung eines Berichts, der schriftlich zu erstatten oder nachträglich zur Niederschrift zu geben ist	30,00 €
	für mehrere Leistungen bei derselben Gelegenheit jedoch höchstens	100,00 €
102	Obduktion	380,00 €
103	Obduktion unter besonders ungünstigen äußeren Bedingungen:	
	Das Honorar 102 beträgt	500,00 €
104	Obduktion unter anderen besonders ungünstigen Bedingungen (Zustand der Leiche etc.):	
	Das Honorar 102 beträgt	670,00 €

Abschn. 3. Vergütung von Sachverst usw   § 10, Anl 2 JVEG

Nr.	Bezeichnung der Leistung	Honorar
105	Sektion von Teilen einer Leiche oder Öffnung eines Embryos oder nicht lebensfähigen Fetus	100,00 €
106	Sektion oder Öffnung unter besonders ungünstigen Bedingungen: Das Honorar 105 beträgt	140,00 €

Abschnitt 2. Befund

Nr.	Bezeichnung der Leistung	Honorar
200	Ausstellung eines Befundscheins oder Erteilung einer schriftlichen Auskunft ohne nähere gutachtliche Äußerung	21,00 €
201	Die Leistung der in Nummer 200 genannten Art ist außergewöhnlich umfangreich: Das Honorar 200 beträgt	bis zu 44,00 €
202	Zeugnis über einen ärztlichen Befund mit von der heranziehenden Stelle geforderter kurzer gutachtlicher Äußerung oder Formbogengutachten, wenn sich die Fragen auf Vorgeschichte, Angaben und Befund beschränken und nur ein kurzes Gutachten erfordern	38,00 €
203	Die Leistung der in Nummer 202 genannten Art ist außergewöhnlich umfangreich: Das Honorar 202 beträgt	bis zu 75,00 €

Abschnitt 3. Untersuchungen, Blutentnahme

Nr.	Bezeichnung der Leistung	Honorar
300	Untersuchung eines Lebensmittels, Bedarfsgegenstands, Arzneimittels, von Luft, Gasen, Böden, Klärschlämmen, Wässern oder Abwässern und dgl. und eine kurze schriftliche gutachtliche Äußerung: Das Honorar beträgt für jede Einzelbestimmung je Probe	5,00 bis 60,00 €
301	Die Leistung der in Nummer 300 genannten Art ist außergewöhnlich umfangreich oder schwierig: Das Honorar 300 beträgt	bis zu 1000,00 €
302	Mikroskopische, physikalische, chemische, toxikologische, bakteriologische, serologische Untersuchung, wenn das Untersuchungsmaterial von Menschen oder Tieren stammt: Das Honorar beträgt je Organ oder Körperflüssigkeit	5,00 bis 60,00 €
	Das Honorar umfasst das verbrauchte Material, soweit es sich um geringwertige Stoffe handelt, und eine kurze gutachtliche Äußerung.	
303	Die Leistung der in Nummer 302 genannten Art ist außergewöhnlich umfangreich oder schwierig: Das Honorar 302 beträgt	bis zu 1000,00 €
304	Herstellung einer DNA-Probe und ihre Überprüfung auf Geeignetheit (z. B. Hochmolekularität, humane Herkunft, Ausmaß der Degradation, Kontrolle des Verdaus)	bis zu 205,00 €
	Das Honorar umfasst das verbrauchte Material, soweit es sich um geringwertige Stoffe handelt, und eine kurze gutachtliche Äußerung.	
305	Elektrophysiologische Untersuchung eines Menschen	15,00 bis 135,00 €

Nr.	Bezeichnung der Leistung	Honorar
	Das Honorar umfasst eine kurze gutachtliche Äußerung und den mit der Untersuchung verbundenen Aufwand.	
306	Raster-elektronische Untersuchung eines Menschen oder einer Leiche, auch mit Analysenzusatz	15,00 bis 355,00 €
	Das Honorar umfasst eine kurze gutachtliche Äußerung und den mit der Untersuchung verbundenen Aufwand.	
307	Blutentnahme .... Das Honorar umfasst eine Niederschrift über die Feststellung der Identität.	9,00 €

Abschnitt 4. Abstammungsgutachten

(Amtliche) Vorbemerkung 4:

$^{I\ 1}$Das Honorar umfasst die gesamte Tätigkeit des Sachverständigen einschließlich aller Aufwendungen mit Ausnahme der Umsatzsteuer und mit Ausnahme der Auslagen für Probenentnahmen durch vom Sachverständigen beauftragte Personen, soweit nichts anderes bestimmt ist. ^{2}Das Honorar umfasst ferner den Aufwand für die Anfertigung des schriftlichen Gutachtens und von drei Überstücken.

$^{II\ 1}$Das Honorar für Leistungen der in Abschnitt M III 13 des Gebührenverzeichnisses für ärztliche Leistungen (Anlage zur GOÄ) bezeichneten Art bemisst sich in entsprechender Anwendung dieses Gebührenverzeichnisses nach dem 1,15fachen Gebührensatz. ^{2}§ 4 Abs. 2 Satz 1, Abs. 2a Satz 1, Abs. 3 und 4 Satz 1 und § 10 GOÄ gelten entsprechend.

400	Erstellung des Gutachtens .... Das Honorar umfasst 1. die administrative Abwicklung, insbesondere die Organisation der Probenentnahmen, und 2. das schriftliche Gutachten, erforderlichenfalls mit biostatistischer Auswertung.	140,00 €
401	Biostatistische Auswertung, wenn der mögliche Vater für die Untersuchungen nicht zur Verfügung steht und andere mit ihm verwandte Personen an seiner Stelle in die Begutachtung einbezogen werden (Defizienzfall): je Person .... Beauftragt der Sachverständige eine andere Person mit der biostatistischen Auswertung in einem Defizienzfall, werden ihm abweichend von Vorbemerkung 4 Absatz 1 Satz 1 die hierfür anfallenden Auslagen ersetzt.	25,00 €
402	Entnahme einer genetischen Probe einschließlich der Niederschrift sowie der qualifizierten Aufklärung nach dem GenDG: je Person .... Untersuchung mittels 1. Short Tandem Repeat Systemen (STR) oder 2. diallelischer Polymorphismen: – Single Nucleotide Polymorphisms (SNP) oder – Deletions-/Insertionspolymorphismen (DIP)	25,00 €
403	– bis zu 20 Systeme: je Person	120,00 €
404	– 21 bis 30 Systeme: je Person	170,00 €
405	– mehr als 30 Systeme: je Person	220,00 €

Abschn. 3. Vergütung von Sachverst usw § 10, Anl 2 JVEG

Nr.	Bezeichnung der Leistung	Honorar
406	Mindestens zwei Testkits werden eingesetzt, die Untersuchungen erfolgen aus voneinander unabhängigen DNA-Präparationen und die eingesetzten parallelen Analysemethoden sind im Gutachten ausdrücklich dargelegt: Die Honorare nach den Nummern 403 bis 405 erhöhen sich um jeweils	80,00 €
407	Herstellung einer DNA-Probe aus anderem Untersuchungsmaterial als Blut oder Mundschleimhautabstrichen einschließlich Durchführung des Tests auf Eignung: je Person	bis zu 120,00 €

Abschnitt 5. Erbbiologische Abstammungsgutachten
(aufgehoben)

Gliederung

1) Systematik, I–III	1
2) Regelungszweck, I–III	2
3) Sachlicher Geltungsbereich, I–III	3–7
4) Persönlicher Geltungsbereich, I–III	8–10
5) Leistungen nach der Anlage 2 im einzelnen	11–19
A. Leichenbesichtigung, Leichenschau, Anlage Z 100, 101	11
B. Leichenöffnung, Anlage Z 102–106	12
C. Befundschein, Zeugnis usw, Anlage Z 200–203	13
D. Untersuchung eines Lebensmittels usw, Anlage Z 300, 301 ...	14
E. Mikroskopische Untersuchung usw, Anlage Z 302–304	15
F. Untersuchung eines Menschen, Anlage Z 305, 306	16
G. Blutentnahme, Anlage Z 307	17
H. Abstammungsgutachten, Anlage Z 400–407	18, 19
6) Leistungen nach der Anlage der Gebührenordnung für Ärzte im einzelnen, II	20–22
A. Gebührenverzeichnis der GOÄ, II 1	21
B. Sonstige Vorschriften der GOÄ, II 2	22
7) Zusätzlich erforderliche Zeit usw, III	23, 24

1) Systematik, I–III. Abweichend von dem Prinzip des § 9 besteht der als Spezialvorschrift vorrangige § 10, Naumb DS **15**, 288. Er enthält für die in seiner Anlage und für die in II durch eine Verweisung auf die GOÄ genannten Leistungen meist Festgebühren sowohl für den Sachverständigen als auch für den sachverständigen Zeugen nach § 414 ZPO, BSG ZSW **86**, 15, aM BSG NJW **01**, 2823, LSG Bre NZS **03**, 168. Für eine Tätigkeit nach § 10 erfolgt eine Honorierung oder Vergütung also nicht nach dem normalen Zeitaufwand und auch nicht auf Grund der sonstigen Merkmale (jetzt) des § 9, Karlsr Rpfleger **89**, 173.

2) Regelungszweck, I–III. Die Gebühren des § 10 sollen die Abrechnung dieser meist komplizierten Tätigkeiten vereinfachen und dazu beitragen, daß solche Tätigkeiten stets überall einigermaßen gleichmäßige Vergütungen erhalten. Der sachverständige Zeuge steht im Umfang des § 10 einem Sachverständigen gleich.
  Auch diese Entschädigungsart unterliegt der *Verfassung*, insbesondere Art 12 GG, also zumindest der Notwendigkeit eines Überschusses über die Unkosten, Schlesw SchlHA **88**, 115. Zur Verfassungsmäßigkeit nach dem alten Recht auch BVerfG **85**, 334 (krit Kamphausen MDR **93**, 22).

3) Sachlicher Geltungsbereich, I–III. Die Gebühren nach der Anlage 2 zum JVEG und nach der GOÄ in Verbindung mit II betreffen nur die dort genannten Leistungen. Das ergibt sich für I schon aus dem Wort „soweit" im Gesetzestext und im übrigen aus dem Charakter eng auslegbarer Sonderregeln, Kblz FamRZ **93**, 1347. Vgl aber wegen DNA Anlage 2 Z 304. Wenn das Gericht vom Sachverständigen eine solche Tätigkeit verlangt, die über die Leistungen nach der Anlage 2 und nach der GOÄ in Verbindung mit II hinausgeht, ist insoweit (jetzt) § 10 und hilfsweise § 9 anwendbar, Kblz FamRZ **93**, 1347. Soweit ein sachverständiger Zeuge über die Leistungen der Anlage 2 und der GOÄ in Verbindung mit II hinaus tätig wird, kommt für ihn § 19 in Betracht. Denn er ist nur wegen der in § 10 genannten Leistungen dem Sachverständigen gleichgestellt.

4   Eine Vergütung nach § 9 kommt *zB insoweit* in Betracht, als der Sachverständige ein solches Gutachten erstatten soll, das über eine in I, II erwähnte vorläufige oder kurze vorläufige gutachtliche Äußerung hinausgeht. Wenn für ein solches weitergehendes Gutachten eine nochmalige Untersuchung erforderlich ist, kann die Pauschalvergütung nach § 10 die dafür erforderliche Tätigkeit schon abgegolten haben. Man kann sie aber dort berücksichtigen, wo § 10 Rahmensätze nennt, vor allem bei Z 300, 302.

5   Der Sachverständige oder der sachverständige Zeuge nach § 414 ZPO erhält nur noch nach II den Ersatz für *Aufwendungen*, §§ 7, 12, soweit sie nicht in Abschnitt O der GOÄ aufgeführt sind. Denn I nennt bei seiner vorrangigen und deshalb eng auslegbaren Sonderregel Rn 1, 2, §§ 7, 12 nicht mit.

6   Die Hinweise in der Anl 2 Z 302, 304, 305, 306, 307 jeweils amtliche Anmerkung auf die Mitabgeltung der dort genannten Aufwände lassen *nicht* den *Umkehrschluß* zu, daß in allen anderen Fällen §§ 7, 12 trotz des abschließenden Vorrangs des § 10 anwendbar bleiben. Gerade wegen dieses Vorrangs von § 10 war die ausdrückliche Verweisung in II 2 Hs 2 nötig, die schon nach ihrer dortigen Stellung eindeutig nur für II gilt. Der Gesetzgeber hat ein etwaiges redaktionelles Versehen in I weder im KostRMoG 2004 noch im 2. KostRModG 2013 erkannt. Mag er es als solches endlich einmal klarstellen, so schon Karlsr Rpfleger **89**, 173, Stgt Just **88**, 67 (je zum alten Recht), aM MHB 260 (aber auch die übrigen Ziffern der Anlage 2 usw hätten eben einen Schlußhinweis auf §§ 7, 12 erhalten können und müssen).

7   Der Sachverständige oder sachverständige Zeuge hat außerdem einen Anspruch auf die Erstattung seiner *Fahrtkosten*, Wegegelder und Reiseaufwendungen, §§ 5, 8, 19. Für den durch die Reise für die Leistung zusätzlich erforderlichen Zeitraum erhält er eine zusätzliche Vergütung nach III.

8   **4) Persönlicher Geltungsbereich, I–III.** Die Vorschrift gilt für den Sachverständigen und für den sachverständigen Zeugen nach § 414 ZPO. Das stellt I klar.

Ein *Krankenhausarzt* darf im Rahmen der Sätze der Anlage 2 den Unterschiedsbetrag zwischen den Vollkosten und den Sachkosten im Sinne des Tarifs der Deutschen Krankenhausgesellschaft (DKG-MT) fordern, soweit nicht II anwendbar ist.

9   Zur Vergütung nach § 10 ist eine *höchstpersönliche* Leistung nicht unbedingt erforderlich. Eine höchstpersönliche Leistung kann allerdings dann erforderlich sein, wenn das Gericht sie ausdrücklich angeordnet hat oder wenn sich auch ohne eine solche Anordnung aus der Sache ergibt, daß sie unabdingbar ist. Der Sachverständige muß seine Hilfskraft beaufsichtigen.

10   Eine Hilfsperson, der Sektionsgehilfe, ist kein Obduzent, Rn 12. Im übrigen ist auf die Hilfskraft § 12 I 2 Z 1, II anwendbar. Die Gebühr nach Anlage 2 Z 500 ff gilt die Heranziehung einer Hilfsperson bei einem erbbiologischen Gutachten ab, amtliche Vorbemerkung I vor Z 500.

11   **5) Leistungen nach der Anlage 2 im einzelnen.** Die Festgebühren oder Rahmengebühren nach der Anlage kommen unter den folgenden Voraussetzungen in Betracht.

A. Leichenbesichtigung, Leichenschau, Anlage Z 100, 101. Anläßlich der Besichtigung der Leiche, von Teilen einer solchen oder einer Leibesfrucht muß der Sachverständige sofort einen schriftlichen Bericht abfassen. Die Gebühr gilt diesen Bericht mit ab, amtliche Vorbemerkung Hs 1. Der Sachverständige erhält die Zusatzgebühr Z 101 nur insofern, als er eine besondere Berichterstattung sofort oder nachträglich verrechnen sollte.

12   **B. Leichenöffnung, Anlage Z 102–106.** Die Gebühr für die Obduktion gilt auch die Teilnahme an der Exhumierung ab. Im letzten Fall muß das Gericht allerdings wohl in der Regel den erhöhten Satz von Z 104 zubilligen, weil dann durchweg „andere besonders ungünstige Bedingungen" vorliegen dürften, Drsd JB **17**, 201. Das gilt auch bei einem erhöhten Aufwand wegen des Leichenzustands, aM Drsd JB **17**, 88 (aber das ist gerade ein typischer Fall). Eine nach § 87 II StPO von zwei Ärzten vorzunehmende Leichenöffnung macht beide zu Obduzenten. Eine Hilfsperson des Obduzenten ist als solche nicht selbst Obduzent. Natürlich kann es mehrere gleich-

Abschn. 3. Vergütung von Sachverst usw § 10 JVEG

rangig nebeneinander tätige Obduzenten geben, zu denen eine oder mehrere Hilfspersonen treten. Zur Hilfsperson Rn 10.
Für die Beschaffung von *Chemikalien,* Watte usw erfolgt eine Entschädigung nach § 12 II 1 Z 1. Für etwaige weitergehende Untersuchungen erfolgt eine Entschädigung nach Z 302.

C. Befundschein, Zeugnis usw, Anlage Z 200–203. Diese Vorschriften unterscheiden sich, soweit es sich um einen Befundschein handelt, dadurch, daß der Sachverständige bei Z 202 ein gerade von der heranziehenden Stelle gefordertes kurzes Gutachten beifügen muß. Soweit das Gericht mehr erfordert (es kommt also auf die Beweisfrage an), ist § 9 anwendbar, Rn 3. Die Gebühr gilt diejenige Untersuchung ab, die zu der Feststellung des Befunds oder der schriftlichen Auskunft führt. Für eine außergewöhnlich umfangreiche Tätigkeit ohne eine nähere gutachtliche Äußerung erhält der Sachverständige höchstens die Gebühr 203. § 10 III regelt die Vergütung für eine Tätigkeit zu einer außergewöhnlichen Zeit usw. 13

Kostenschuldner ist bei Z 200 die Staatskasse, Brdb FamRZ **11**, 400.

D. Untersuchung eines Lebensmittels usw, Anlage Z 300, 301. Vgl zunächst Rn 13 sowie zur Frage der Verfassungsmäßigkeit Rn 2. Maßgebend ist jede Einzelbestimmung. Jede derartige Probe führt zu einer gesonderten Vergütung. Für eine außergewöhnlich umfangreiche Untersuchung darf das Gericht bis zu 1000 EUR zubilligen, so schon BVerfG **85**, 335 (es spricht von einer jetzt beachtbaren Verschiebung des Regel-Ausnahme-Verhältnisses), aM Schlesw Rpfleger **93**, 261. Zu einer Wasserprobe Celle JB **94**, 51. 14

E. Mikroskopische Untersuchung usw, Anlage Z 302–304. In Betracht kommt zB eine Blutuntersuchung auf Alkohol, Karlsr MDR **94**, 314. Wegen des Gutachtens Rn 13. Die Gebühr gilt die dann übliche kurze gutachterliche Äußerung ab, Düss Rpfleger **80**, 406. Der Höchstsatz von (jetzt) 51 EUR je Körperflüssigkeit gilt eine Bestimmung desselben Gifts, zB des Alkoholgehalts auch dann, wenn sie mehrere Untersuchungsgänge erfordert, Karlsr MDR **94**, 314. Wenn der Sachverständige ein Leichenteil in verschiedenen Einzeluntersuchungen auf verschiedene Gifte prüft, stellt jede Untersuchung eine Probe dar. Vgl Rn 14. 15

Man kann einen *außergewöhnlichen Umfang* dann annehmen, wenn die Gebühr bei einer Einzelberechnung nach den einfachen Sätzen der GÖA den Höchstrahmen von (jetzt) 51 EUR um mehr als 50% überschreitet, LSG Celle NJW **78**, 607, strenger jedenfalls bei einer häufig vorkommenden Verrichtung wie der Blutalkoholbestimmung Karlsr MDR **94**, 314, Schlesw SchlHA **86**, 47. Nur das verbrauchte Material von geringem Wert ist abgegolten. Im übrigen gilt insofern § 12 I 2 Z 1.

F. Untersuchung eines Menschen, Anlage Z 305, 306. Die Bestimmung regelt die von § 10 II nicht erfaßten Fälle, zu ihnen Rn 24. 16

G. Blutentnahme, Anlage Z 307. Die Blutentnahme erfordert bei einer Untersuchung nach den Z 302–304, 400–503 also eine besondere Vergütung. Für die dazu benötigte Venüle hat der Sachverständige einen Ersatzanspruch nach § 12 I 2 Z 1. Die notwendige Identitätsprüfung ist abgegolten. Eine höchstpersönliche Entnahme ist grundsätzlich nicht erforderlich, Rn 9. 17

H. Abstammungsgutachten, Anlage Z 400–407. Die Gebühr entsteht für jede untersuchte Person besonders. Das gilt auch dann, wenn die Vergleichspersonen identisch sind. Die Merkmale Z 400 ff können nebeneinander anwendbar sein, zum Teil mehrmals. 18

Wenn der Sachverständige eine asservierte Blutprobe sowie eine neue Blutprobe darauf untersucht, ob die asservierte von *derselben* Person abstammt, sind (jetzt) Z 400 ff auf jede dieser Untersuchungen anwendbar, Karlsr Rpfleger **80**, 165. 19

6) Leistungen nach der Anlage der Gebührenordnung für Ärzte im einzelnen, II. Man muß zwei Gruppen von Vorschriften unterscheiden. 20

A. Gebührenverzeichnis der GOÄ, II 1. Die Vorschrift erfaßt als vorrangige Sonderregel nach Rn 6 die Leistungen der in Abschnitt O der GOÄ idF vom 9. 2. 96, BGBl 210, bezeichneten Art. *Verf* hat die nachstehenden Einzelbeträge nach dem amtlichen Umrechnungskurs (1 DM = 0,51129 EUR, 1 EUR = 1,95583 DM, jeweils auf zwei Stellen hinter dem Komma abgerundet) in EUR umgerechnet, da das 21

1193

zuständige Bundesgesundheitsministerium mitgeteilt hatte, es werde nicht schon wegen der Umstellung von DM auf EUR zum 1. 1. 02 eine gar vom amtlichen Kurs abweichende Neubekanntmachung bzw Neufassung vornehmen.
Dieser Abschnitt der GOÄ ist *entsprechend anwendbar.* Der Sachverständige erhält das 1,3fache. Man muß also die nachfolgenden EUR-Zahlen der GOÄ um 30% erhöhen, um die Entschädigung des Sachverständigen zu errechnen.
Das gilt auch für eine in den *neuen Bundesländern* erbrachte Leistung. Denn § 1 der 6. GebÄV vom 18. 10. 01, BGBl 2721, mit seiner Ermäßigung der Gebühr auf 90% der Ausgangszahl galt nur bei der nach § 5 *GOÄ* bemessenen Gebühr. Diese letztere Vorschrift wird aber in § 10 JVEG *nicht* miterwähnt. Dort wird auch nicht auf den in § 5 III 1 GOÄ genannten Rahmen (Einfaches bis Zweieinhalbfaches) des Gebührensatzes verwiesen, sondern der feste Satz von 1,3 des Gebührensatzes genannt. Daher kommt erst recht auch keine Ermäßigung der 1,3fachen Gebühr des II 1 um 10% in Betracht. Vielmehr bleibt es stets beim 1,3fachen des nachfolgenden Zahlenwerks der Nr 5000 ff der Anlage GOÄ.
Die Vorschriften lauten:

„O. Strahlendiagnostik, Nuklearmedizin,
Magnetresonanztomographie und Strahlentherapie

I. Strahlendiagnostik

Allgemeine Bestimmungen

2. Die Leistungen für Strahlendiagnostik mit Ausnahme der Durchleuchtung(en) (Nummer 5295) sind nur bei Bilddokumentation auf einem Röntgenfilm oder einem anderen Langzeitdatenträger berechnungsfähig.
3. Die Befundmitteilung oder der einfache Befundbericht mit Angaben zu Befund(en) und zur Diagnose ist Bestandteil der Leistungen und nicht gesondert berechnungsfähig.
4. Die Beurteilung von Röntgenaufnahmen (auch Fremdaufnahmen) als selbständige Leistung ist nicht berechnungsfähig.
5. Die nach der Strahlenschutzverordnung bzw. Röntgenverordnung notwendige ärztliche Überprüfung der Indikation und des Untersuchungsumfangs ist auch im Überweisungsfall Bestandteil der Leistungen des Abschnitts O und mit den Gebühren abgegolten.
6. Die Leistungen nach den Nummern 5011, 5021, 5031, 5101, 5106, 5121, 5201, 5267, 5295, 5302, 5305, 5308, 5311, 5318, 5331, 5339, 5376 und 5731 dürfen unabhängig von der Anzahl der Ebenen, Projektionen, Durchleuchtungen bzw. Serien insgesamt jeweils nur einmal berechnet werden.
7. Die Kosten für Kontrastmittel auf Bariumbasis und etwaige Zusatzmittel für die Doppelkontrastuntersuchung sind in den abrechnungsfähigen Leistungen enthalten.

1. Skelett

Allgemeine Bestimmungen

Neben den Leistungen nach den Nummern 5050, 5060 und 5070 sind die Leistungen nach den Nummern 300 bis 302, 372, 373, 490, 491 und 5295 nicht berechnungsfähig.

Nummer	Leistung	Punktzahl	Gebühr in Euro
	Zähne		
5000	Zähne, je Projektion	50	2,91
	Werden mehrere Zähne mittels einer Röntgenaufnahme erfaßt, so darf die Leistung nach Nummer 5000 nur einmal und nicht je aufgenommenem Zahn berechnet werden.		
5002	Panoramaaufnahme(n) eines Kiefers	250	14,57
5004	Panoramaschichtaufnahme der Kiefer	400	23,31

Abschn. 3. Vergütung von Sachverst usw § 10 JVEG

Nummer	Leistung	Punktzahl	Gebühr in Euro

Finger oder Zehen
5010 jeweils in zwei Ebenen 180 10,49
5011 ergänzende Ebene(n) 60 3,50
Werden mehrere Finger oder Zehen mittels einer Röntgenaufnahme erfaßt, so dürfen die Leistungen nach den Nummern 5010 und 5011 nur einmal und nicht je aufgenommenem Finger oder Zehen berechnet werden.

Handgelenk, Mittelhand, alle Finger einer Hand, Sprunggelenk, Fußwurzel und/oder Mittelfuß, Kniescheibe
5020 jeweils in zwei Ebenen 220 12,82
5021 ergänzende Ebene(n) 80 4,66
Werden mehrere der in der Leistungsbeschreibung genannten Skeletteile mittels einer Röntgenaufnahme erfaßt, so dürfen die Leistungen nach den Nummern 5020 und 5021 nur einmal und nicht je aufgenommenem Skeletteil berechnet werden.

Oberarm, Unterarm, Ellenbogengelenk, Oberschenkel, Unterschenkel, Kniegelenk, ganze Hand oder ganzer Fuß, Gelenke der Schulter, Schlüsselbein, Beckenteilaufnahme, Kreuzbein oder Hüftgelenk
5030 Jeweils in zwei Ebenen 360 20,98
5031 ergänzende Ebene(n) 100 5,83
Werden mehrere der in der Leistungsbeschreibung genannten Skeletteile mittels einer Röntgenaufnahme erfaßt, so dürfen die Leistungen nach den Nummern 5030 und 5031 nur einmal und nicht je aufgenommenem Skeletteil berechnet werden.

5035 Teile des Skeletts in einer Ebene, je Teil 160 9,33
Die Leistung nach Nummer 5035 ist je Skeletteil und Sitzung nur einmal berechnungsfähig. Das untersuchte Skeletteil ist in der Rechnung anzugeben.
Die Leistung nach Nummer 5035 ist neben den Leistungen nach den Nummern 5000 bis 5031 und 5037 bis 5121 nicht berechnungsfähig.

5037 Bestimmung des Skelettalters – gegebenenfalls einschließlich der prospektiven Endgröße, einschließlich der zugehörigen Röntgendiagnostik und gutachterlichen Beurteilung 300 17,49
5040 Beckenübersicht 300 17,49
5041 Beckenübersicht bei einem Kind bis zum vollendeten 14. Lebensjahr 200 11,66
5050 Kontrastuntersuchung eines Hüftgelenks, Kniegelenks oder Schultergelenks, einschließlich Punktion, Stichkanalanästhesie und Kontrastmitteleinbringung – gegebenenfalls einschließlich Durchleuchtung(en) 950 55,37
5060 Kontrastuntersuchung eines Kiefergelenks, einschließlich Punktion, Stichkanalanästhesie und Kontrastmitteleinbringung – gegebenenfalls einschließlich Durchleuchtung(en) 500 29,14
5070 Kontrastuntersuchung der übrigen Gelenke, einschließlich Punktion, Stichkanalanästhesie und Kontrastmitteleinbringung – gegebenenfalls einschließlich Durchleuchtung(en) –, je Gelenk .. 400 23,31
5090 Schädel-Übersicht, in zwei Ebenen 400 23,31
5095 Schädelteile in Spezialprojektionen, je Teil 200 11,66
5098 Nasennebenhöhlen – gegebenenfalls auch in mehreren Ebenen .. 260 15,15
5100 Halswirbelsäule, in zwei Ebenen 300 17,49

Nummer	Leistung	Punktzahl	Gebühr in Euro
5101	ergänzende Ebene(n)	160	9,33
5105	Brust- oder Lendenwirbelsäule, in zwei Ebenen, je Teil	400	23,31
5106	ergänzende Ebene(n)	180	10,49
5110	Ganzaufnahme der Wirbelsäule oder einer Extremität	500	29,14
5111	ergänzende Ebene(n)	200	11,66

Die Leistung nach Nummer 5111 ist je Sitzung nicht mehr als zweimal berechnungsfähig.

Die Leistungen nach den Nummern 5110 und 5111 sind neben den Leistungen nach den Nummern 5010, 5011, 5020, 5021, 5030 und 5031 nicht berechnungsfähig.

Die Nebeneinanderberechnung der Leistungen nach den Nummern 5100, 5105 und 5110 bedarf einer besonderen Begründung.

5115	Untersuchung von Teilen der Hand oder des Fußes mittels Feinstfokustechnik (Fokusgröße maximal 0,2 mm) oder Xeroradiographietechnik zur gleichzeitigen Beurteilung von Knochen und Weichteilen, je Teil	400	23,31
5120	Rippen einer Thoraxhälfte, Schulterblatt oder Brustbein, in einer Ebene	260	15,15
5121	ergänzende Ebene(n)	140	8,16

2. Hals- und Brustorgane

5130	Halsorgane oder Mundboden – gegebenenfalls in mehreren Ebenen	280	16,32
5135	Brustorgane-Übersicht, in einer Ebene	280	16,32

Die Leistung nach Nummer 5135 ist je Sitzung nur einmal berechnungsfähig.

5137	Brustorgane-Übersicht – gegebenenfalls einschließlich Breischluck und Durchleuchtung(en) –, in mehreren Ebenen	450	26,33
5139	Teil der Brustorgane	450	10,49

Die Berechnung der Leistung nach Nummer 5139 neben den Leistungen nach den Nummern 5135, 5137 und/oder 5140 ist in der Rechnung zu begründen.

5140	Brustorgane, Übersicht im Mittelformat	100	5,83

3. Bauch- und Verdauungsorgane

5150	Speiseröhre, gegebenenfalls einschließlich ösophago-gastraler Übergang, Kontrastuntersuchung (auch Doppelkontrast) – einschließlich Durchleuchtung(en) –, als selbständige Leistung	500	32,06
5157	Oberer Verdauungstrakt (Speiseröhre, Magen, Zwölffingerdarm und oberer Abschnitt des Dünndarms), Monokontrastuntersuchung – einschließlich Durchleuchtung(en) –	700	40,00
5158	Oberer Verdauungstrakt (Speiseröhre, Magen, Zwölffingerdarm und oberer Abschnitt des Dünndarms), Kontrastuntersuchung – einschließlich Doppelkontrastdarstellung und Durchleuchtung(en), gegebenenfalls einschließlich der Leistung nach Nummer 5150 –	1200	69,94
5159	Zuschlag zu den Leistungen nach den Nummern 5157 und 5158 bei Erweiterung der Untersuchung bis zum Ileozökalgebiet	300	17,49
5163	Dünndarmkontrastuntersuchung mit im Bereich der Flexura duodeno-jejunalis endender Sonde – einschließlich Durchleuchtung(en)	1300	75,77

Abschn. 3. Vergütung von Sachverst usw **§ 10 JVEG**

Nummer	Leistung	Punktzahl	Gebühr in Euro
5165	Monokontrastuntersuchung von Teilen des Dickdarms – einschließlich Durchleuchtung(en) –	700	40,00
5166	Dickdarmdoppelkontrastuntersuchung – einschließlich Durchleuchtung(en) –	1400	81,60
5167	Defäkographie nach Markierung der benachbarten Hohlorgane – einschließlich Durchleuchtung(en) –	1000	58,29
5168	Pharyngographie unter Verwendung kinematographischer Techniken – einschließlich Durchleuchtung(en) –, als selbständige Leistung	800	46,63
5169	Pharyngographie unter Verwendung kinematographischer Techniken – einschließlich Durchleuchtung(en) und einschließlich der Darstellung der gesamten Speiseröhre –	1100	64,12
5170	Kontrastuntersuchung von Gallenblase und/oder Gallenwegen und/oder Pankreasgängen	400	23,31
5190	Bauchübersicht, in einer Ebene oder Projektion	300	17,49
	Die Leistung nach Nummer 5190 ist je Sitzung nur einmal berechnungsfähig.		
5191	Bauchübersicht, in zwei oder mehr Ebenen oder Projektionen	500	29,14
5192	Bauchteilaufnahme – gegebenenfalls in mehreren Ebenen oder Spezialprojektionen –	200	11,66
5200	Harntraktkontrastuntersuchung – einschließlich intravenöser Verabreichung des Kontrastmittels –	600	34,97
5201	Ergänzende Ebene(n) oder Projektion(en) im Anschluß an die Leistung nach Nummer 5200 – gegebenenfalls einschließlich Durchleuchtung(en) –	200	11,66
5220	Harntraktkontrastuntersuchung – einschließlich retrograder Verabreichung des Kontrastmittels, gegebenenfalls einschließlich Durchleuchtung(en) –, je Seite	300	17,49
5230	Harnröhren- und/oder Harnblasenkontrastuntersuchung (Urethrozystographie) – einschließlich retrograder Verabreichung des Kontrastmittels, gegebenenfalls einschließlich Durchleuchtung(en) –, als selbständige Leistung	300	17,49
5235	Refluxzystographie – einschließlich retrograder Verabreichung des Kontrastmittels, einschließlich Miktionsaufnahmen und gegebenenfalls einschließlich Durchleuchtung(en) –, als selbständige Leistung	500	29,14
5250	Gebärmutter- und/oder Eileiterkontrastuntersuchung – einschließlich Durchleuchtung(en) –	400	23,31

4. Spezialuntersuchungen

5260	Röntgenuntersuchung natürlicher, künstlicher oder krankhaft entstandener Gänge, Gangsysteme, Hohlräume oder Fisteln (z. B. Sialographie, Galaktographie, Kavernographie, Vesikulographie) – gegebenenfalls einschließlich Durchleuchtung(en) –	400	23,31
	Die Leistung nach Nummer 5260 ist nicht berechnungsfähig für Untersuchungen des Harntrakts, der Gebärmutter und Eileiter sowie der Gallenblase.		
5265	Mammographie einer Seite, in einer Ebene	300	17,49
	Die Leistung nach Nummer 5265 ist je Seite und Sitzung nur einmal berechnungsfähig.		
5266	Mammographie einer Seite, in zwei Ebenen	450	26,23

Nummer	Leistung	Punktzahl	Gebühr in Euro
5267	Ergänzende Ebene(n) oder Spezialprojektion(en) im Anschluß an die Leistung nach Nummer 5266	150	8,74
5280	Myelographie	750	43,72
5285	Bronchographie – einschließlich Durchleuchtung(en) –	450	26,23
5290	Schichtaufnahme(n) (Tomographie), bis zu fünf Strahlenrichtungen oder Projektionen, je Strahlenrichtung oder Projektion	650	37,89
5295	Durchleuchtung(en), als selbständige Leistung	240	13,99
5298	Zuschlag zu den Leistungen nach den Nummern 5010 bis 5290 bei Anwendung digitaler Radiographie (Bildverstärker-Radiographie) *Der Zuschlag nach Nummer 5298 beträgt 25 vH des einfachen Gebührensatzes der betreffenden Leistung.*		

5. Angiographie

Allgemeine Bestimmungen

Die Zahl der Serien im Sinne der Leistungsbeschreibungen der Leistungen nach den Nummern 5300 bis 5327 wird durch die Anzahl der Kontrastmittelgaben bestimmt.

Die Leistungen nach den Nummern 5300, 5302, 5303, 5305 bis 5313, 5315, 5316, 5318, 5324, 5325, 5327, 5329 bis 5331, 5338 und 5339 sind je Sitzung jeweils nur einmal berechnungsfähig.

5300	Serienangiographie im Bereich von Schädel, Brust- und/oder Bauchraum, eine Serie	2000	116,57
5301	Zweite bis dritte Serie im Anschluß an die Leistung nach Nummer 5300, je Serie	400	23,31
	Bei der angiographischen Darstellung von hirnversorgenden Arterien ist auch die vierte bis sechste Serie jeweils nach Nummer 5301 berechnungsfähig.		
5302	Weitere Serien im Anschluß an die Leistungen nach den Nummern 5300 und 5301, insgesamt	600	34,97
5303	Weitere Serien im Anschluß an die Leistungen nach den Nummern 5300 und 5301, insgesamt	1000	58,29
5304	Zweite bis dritte Serie im Anschluß an die Leistung nach Nummer 5303, je Serie	200	11,66
	Bei der angiographischen Darstellung von hirnversorgenden Arterien ist auch die vierte bis sechste Serie jeweils nach Nummer 5304 berechnungsfähig.		
5305	Weitere Serien im Anschluß an die Leistungen nach den Nummern 5303 und 5304, insgesamt	300	17,49
5306	Serienangiographie im Bereich des Beckens und beider Beine, eine Serie	2000	116,57
5307	Zweite Serie im Anschluß an die Leistung nach Nummer 5306	600	34,97
5308	Weitere Serien im Anschluß an die Leistungen nach den Nummern 5306 und 5307, insgesamt	800	46,63
	Neben den Leistungen nach den Nummern 5306 bis 5308 sind die Leistungen nach den Nummern 5309 bis 5312 für die Untersuchung der Beine nicht berechnungsfähig. *Werden die Leistungen nach den Nummern 5306 bis 5308 im zeitlichen Zusammenhang mit einer oder mehreren Leistung(en) nach den Nummern 5300 bis 5305 erbracht, sind die Leistungen nach den Nummern 5306 bis 5308 nur mit dem einfachen Gebührensatz berechnungsfähig.*		

Abschn. 3. Vergütung von Sachverst usw **§ 10 JVEG**

Nummer	Leistung	Punktzahl	Gebühr in Euro
5309	Serienangiographie einer Extremität, eine Serie	1800	104,92
5310	Weitere Serien im Anschluß an die Leistung nach Nummer 5309, insgesamt	600	34,97
5311	Serienangiographie einer weiteren Extremität im zeitlichen Zusammenhang mit der Leistung nach Nummer 5309, eine Serie	1000	58,29
5312	Weitere Serien im Anschluß an die Leistung nach Nummer 5311, insgesamt	600	34,97
5313	Angiographie der Becken- und Beingefäße in Großkassetten-Technik, je Sitzung	800	46,63
	Die Leistung nach Nummer 5313 ist neben den Leistungen nach den Nummern 5300 bis 5312 sowie 5315 bis 5339 nicht berechnungsfähig.		
5315	Angiokardiographie einer Herzhälfte, eine Serie	2200	128,23
	Die Leistung nach Nummer 5315 ist je Sitzung nur einmal berechnungsfähig.		
5316	Angiokardiographie beider Herzhälften, eine Serie	3000	174,86
	Die Leistung nach Nummer 5316 ist je Sitzung nur einmal berechnungsfähig.		
	Neben der Leistung nach Nummer 5316 ist die Leistung nach Nummer 5315 nicht berechnungsfähig.		
5317	Zweite bis dritte Serie im Anschluß an die Leistungen nach Nummer 5315 oder 5316, je Serie	400	23,31
5318	Weitere Serien im Anschluß an die Leistung nach Nummer 5317, insgesamt	600	34,97
	Die Leistungen nach den Nummern 5315 bis 5318 sind neben den Leistungen nach den Nummern 5300 bis 5302 sowie 5324 bis 5327 nicht berechnungsfähig.		
5324	Selektive Koronarangiographie eines Herzkranzgefäßes oder Bypasses mittels Cinetechnik, eine Serie	2400	139,89
	Die Leistungen nach den Nummern 5324 und 5325 sind nicht nebeneinander berechnungsfähig.		
5325	Selektive Koronarangiographie aller Herzkranzgefäße oder Bypasse mittels Cinetechnik, eine Serie	3000	174,86
5326	Selektive Koronarangiographie eines oder aller Herzkranzgefäße im Anschluß an die Leistungen nach Nummer 5324 oder 5325, zweite bis fünfte Serie, je Serie	400	23,31
5327	Zusätzliche Linksventrikulographie bei selektiver Koronarangiographie	1000	58,29
	Die Leistungen nach den Nummern 5324 bis 5327 sind neben den Leistungen nach den Nummern 5300 bis 5302 und 5315 bis 5318 nicht berechnungsfähig.		
5328	Zuschlag zu den Leistungen nach den Nummern 5300 bis 5327 bei Anwendung der simultanen Zwei-Ebenen-Technik	1200	69,94
	Der Zuschlag nach Nummer 5328 ist je Sitzung nur einmal und nur mit dem einfachen Gebührensatz berechnungsfähig.		
5329	Venographie im Bereich des Brust- und Bauchraums	1600	93,26
5330	Venographie einer Extremität	750	43,72
5331	Ergänzende Projektion(en) (insbesondere des zentralen Abflußgebiets) im Anschluß an die Leistung nach Nummer 5330, insgesamt	200	11,66
5335	Zuschlag zu den Leistungen nach den Nummern 5300 bis 5331 bei computergestützter Analyse und Abbildung	800	46,63

Nummer	Leistung	Punktzahl	Gebühr in Euro

Der Zuschlag nach Nummer 5335 kann je Untersuchungstag unabhängig von der Anzahl der Einzeluntersuchungen nur einmal und nur mit dem einfachen Gebührensatz berechnet werden.

5338 Lymphographie, je Extremität 1000 58,29

5339 Ergänzende Projektion(en) im Anschluß an die Leistung nach Nummer 5338 – einschließlich Durchleuchtung(en) –, insgesamt 250 14,57

6. Interventionelle Maßnahmen

Allgemeine Bestimmung

Die Leistungen nach den Nummern 5345 bis 5356 können je Sitzung nur einmal berechnet werden.

5345 Perkutane transluminale Dilatation und Rekanalisation von Arterien mit Ausnahme der Koronararterien – einschließlich Kontrastmitteleinbringung und Durchleuchtung(en) im zeitlichen Zusammenhang mit dem gesamten Eingriff – 2800 163,20
Neben der Leistung nach Nummer 5345 sind die Leistungen nach den Nummern 350 bis 361 sowie 5295 nicht berechnungsfähig.
Wurde innerhalb eines Zeitraums von vierzehn Tagen vor Erbringung der Leistung nach Nummer 5345 bereits eine Leistung nach den Nummern 5300 bis 5313 berechnet, darf neben der Leistung nach Nummer 5345 für dieselbe Sitzung eine Leistung nach den Nummern 5300 bis 5313 nicht erneut berechnet werden. Im Falle der Nebeneinanderberechnung der Leistung nach Nummer 5345 neben einer Leistung nach den Nummern 5300 bis 5313 ist in der Rechnung zu bestätigen, daß in den vorhergehenden vierzehn Tagen eine Leistung nach den Nummern 5300 bis 5313 nicht berechnet wurde.

5346 Zuschlag zu der Leistung nach Nummer 5345 bei Dilatation und Rekanalisation von mehr als zwei Arterien, insgesamt 600 34,97
Neben der Leistung nach Nummer 5346 sind die Leistungen nach den Nummern 350 bis 361 sowie 5295 nicht berechnungsfähig.

5348 Perkutane transluminale Dilatation und Rekanalisation von Koronararterien – einschließlich Kontrastmitteleinbringungen und Durchleuchtung(en) im zeitlichen Zusammenhang mit dem gesamten Eingriff – 3800 221,49
Neben der Leistung nach Nummer 5348 sind die Leistungen nach den Nummern 350 bis 361 sowie 5295 nicht berechnungsfähig.
Wurde innerhalb eines Zeitraums von vierzehn Tagen vor Erbringung der Leistung nach Nummer 5348 bereits eine Leistung nach den Nummern 5315 bis 5327 berechnet, darf neben der Leistung nach Nummer 5348 für dieselbe Sitzung eine Leistung nach den Nummern 5315 bis 5327 nicht erneut berechnet werden. Im Falle der Nebeneinanderberechnung der Leistung nach Nummer 5348 neben einer Leistung nach den Nummern 5315 bis 5327 ist in der Rechnung zu bestätigen, daß in den vorhergehenden vierzehn Tagen eine Leistung nach den Nummern 5315 bis 5327 nicht berechnet wurde.

5349 Zuschlag zu der Leistung nach Nummer 5348 bei Dilatation und Rekanalisation von mehr als einer Koronararterie, insgesamt 1000 58,29
Neben der Leistung nach Nummer 5349 sind die Leistungen nach den Nummern 350 bis 361 sowie 5295 nicht berechnungsfähig.

5351 Lysebehandlung als Einzelbehandlung oder ergänzend zu den Leistungen nach Nummer 2826, 5345 oder 5348 – bei einer Lysedauer von mehr als einer Stunde – 500 29,14

Abschn. 3. Vergütung von Sachverst usw § 10 JVEG

Nummer	Leistung	Punktzahl	Gebühr in Euro
5352	Zuschlag zu der Leistung nach Nummer 5351 bei Lysebehandlung der hirnversorgenden Arterien	1000	58,29
5353	Perkutane transluminale Dilatation und Rekanalisation von Venen – einschließlich Kontrastmitteleinbringungen und Durchleuchtung(en) im zeitlichen Zusammenhang mit dem gesamten Eingriff –	2000	116,57
	Neben der Leistung nach Nummer 5353 sind die Leistungen nach den Nummern 344 bis 347, 5295 sowie 5329 bis 5331 nicht berechnungsfähig.		
5354	Zuschlag zu der Leistung nach Nummer 5353 bei Dilatation und Rekanalisation von mehr als zwei Venen, insgesamt	200	11,66
	Neben der Leistung nach Nummer 5354 sind die Leistungen nach den Nummern 344 bis 347, 5295 sowie 5329 bis 5331 nicht berechnungsfähig.		
5355	Einbringung von Gefäßstützen oder Anwendung alternativer Angioplastiemethoden (Atherektomie, Laser), zusätzlich zur perkutanen transluminalen Dilatation – einschließlich Kontrastmittelerbringungen und Durchleuchtung(en) im zeitlichen Zusammenhang mit dem gesamten Eingriff –	2000	116,57
	Neben der Leistung nach Nummer 5355 sind die Leistungen nach den Nummern 344 bis 361, 5295 sowie 5300 bis 5327 nicht berechnungsfähig.		
5356	Einbringung von Gefäßstützen oder Anwendung alternativer Angioplastiemethoden (Atherektomie, Laser), zusätzlich zur perkutanen transluminalen Dilatation einer Koronararterie – einschließlich Kontrastmitteleinbringungen und Durchleuchtung(en) im zeitlichen Zusammenhang mit dem gesamten Eingriff –	2500	145,72
	Neben der Leistung nach Nummer 5336 sind die Leistungen nach den Nummern 350 bis 361, 5295, 5315 bis 5327, 5345, 5353 sowie 5355 nicht berechnungsfähig.		
	Neben der Leistung nach Nummer 5356 ist die Leistung nach Nummer 5355 für Eingriffe an Koronararterien nicht berechnungsfähig.		
5357	Embolisation einer oder mehrerer Arterie(n) mit Ausnahme der Arterien im Kopf-Hals-Bereich oder Spinalkanal – einschließlich Kontrastmitteleinbringung(en) und angiographischer Kontrollen im zeitlichen Zusammenhang mit dem gesamten Eingriff –, je Gefäßgebiet	3500	204,01
	Neben der Leistung nach Nummer 5357 sind die Leistungen nach den Nummern 350 bis 361, 5295 sowie 5300 bis 5312 nicht berechnungsfähig.		
5358	Embolisation einer oder mehreren Arterie(n) im Kopf-Hals-Bereich oder Spinalkanal – einschließlich Kontrastmitteleinbringung(en) und angiographischer Kontrollen im zeitlichen Zusammenhang mit dem gesamten Eingriff –, je Gefäßgebiet	4500	262,29
	Neben der Leistung nach Nummer 5358 sind die Leistungen nach den Nummern 350, 351, 5295 sowie 5300 bis 5305 nicht berechnungsfähig.		
5359	Embolisation der Vena spermatica – einschließlich Kontrastmitteleinbringung(en) und angiographischer Kontrollen im zeitlichen Zusammenhang mit dem gesamten Eingriff –	2500	145,72
	Neben der Leistung nach Nummer 5359 sind die Leistungen nach den Nummern 344 bis 347, 5295 sowie 5329 bis 5331 nicht berechnungsfähig.		

Nummer	Leistung	Punktzahl	Gebühr in Euro
5360	Embolisation von Venen – einschließlich Kontrastmitteleinbringung(en) und angiographischer Kontrollen im zeitlichen Zusammenhang mit dem gesamten Eingriff –	2000	116,57
	Neben der Leistung nach Nummer 5360 sind die Leistungen nach den Nummern 344 bis 347, 5295 sowie 5329 bis 5331 nicht berechnungsfähig.		
5361	Transhepatische Drainage und/oder Dilatation von Gallengängen – einschließlich Kontrastmitteleinbringung(en) und cholangiographischer Kontrollen im zeitlichen Zusammenhang mit dem gesamten Eingriff –	2600	151,55
	Neben der Leistung nach Nummer 5361 sind die Leistungen nach den Nummern 370, 5170 sowie 5295 nicht berechnungsfähig.		

7. Computertomographie

Allgemeine Bestimmungen
Die Leistungen nach den Nummern 5369 bis 5375 sind je Sitzung jeweils nur einmal berechnungsfähig.
Die Nebeneinanderberechnung von Leistungen nach den Nummern 5370 bis 5374 ist in der Rechnung gesondert zu begründen. Bei Nebeneinanderberechnung von Leistungen nach den Nummern 5370 bis 5374 ist der Höchstwert nach Nummer 5369 zu beachten.

5369	Höchstwert für Leistungen nach den Nummern 5370 bis 5374 ..	3000	174,86
	Die im einzelnen erbrachten Leistungen sind in der Rechnung anzugeben.		
5370	Computergesteuerte Tomographie im Kopfbereich – gegebenenfalls einschließlich des kraniozervikalen Übergangs –	2000	116,57
5371	Computergesteuerte Tomographie im Hals- und/oder Toraxbereich	2300	134,06
5372	Computergesteuerte Tomographie im Abdominalbereich	2600	151,55
5373	Computergesteuerte Tomographie des Skeletts (Wirbelsäule, Extremitäten oder Gelenke bzw. Gelenkpaare)	1900	110,75
5374	Computergesteuerte Tomographie der Zwischenwirbelräume im Bereich der Hals-, Brust- und/oder Lendenwirbelsäule – gegebenenfalls einschließlich der Übergangsregionen –	1900	110,75
5375	Computergesteuerte Tomographie der Aorta in ihrer gesamten Länge	2000	116,57
	Die Leistung nach Nummer 5375 ist neben den Leistungen nach den Nummern 5371 und 5372 nicht berechnungsfähig.		
5376	Ergänzende computergesteuerte Tomographie(n) mit mindestens einer zusätzlichen Serie (z.B. bei Einsatz von Xenon, bei Einsatz der High-Resolution-Technik, bei zusätzlichen Kontrastmittelgaben) – zusätzlich zu den Leistungen nach den Nummern 5370 bis 5375 –	500	29,14
5377	Zuschlag für computergesteuerte Analyse – einschließlich speziell nachfolgender 3D-Rekonstruktion –	800	46,63
	Der Zuschlag nach Nummer 5377 ist nur mit dem einfachen Gebührensatz berechnungsfähig.		
5378	Computergesteuerte Tomographie zur Bestrahlungsplanung oder zu interventionellen Maßnahmen	1000	58,29
	Neben oder anstelle der computergesteuerten Tomographie zur Bestrahlungsplanung oder zu interventionellen Maßnahmen sind die Leistungen nach den Nummern 5370 bis 5376 nicht berechnungsfähig.		

Abschn. 3. Vergütung von Sachverst usw § 10 JVEG

Nummer	Leistung	Punktzahl	Gebühr in Euro
5380	Bestimmung des Mineralgehalts (Osteodensitometrie) von repräsentativen (auch mehreren) Skelettteilen mit quantitativer Computertomographie oder quantitativer digitaler Röntgentechnik ..	300	17,49

II. Nuklearmedizin

Allgemeine Bestimmungen

1. Szintigraphische Basisleistung ist grundsätzlich die planare Szintigraphie mit der Gammakamera, gegebenenfalls in mehreren Sichten/Projektionen. Bei der Auswahl des anzuwendenden Radiopharmazeutikums sind wissenschaftliche Erkenntnisse und strahlenhygienische Gesichtspunkte zu berücksichtigen. Wiederholungsuntersuchungen, die nicht ausdrücklich aufgeführt sind, sind nur mit besonderer Begründung und wie die jeweilige Basisleistung berechnungsfähig.
2. Ergänzungsleistungen nach den Nummern 5480 bis 5485 sind je Basisleistung oder zulässiger Wiederholungsuntersuchung nur einmal berechnungsfähig. Neben Basisleistungen, die quantitative Bestimmungen enthalten, dürfen Ergänzungsleistungen für Quantifizierungen nicht zusätzlich berechnet werden. Die Leistungen nach den Nummern 5473 und 5481 dürfen nicht nebeneinander berechnet werden. Die Leistungen nach den Nummern 5473, 5480, 5481 und 5483 sind nur mit Angabe der Indikation berechnungsfähig.
3. Die Befunddokumentation, die Aufbewahrung der Datenträger sowie die Befundmitteilung oder der einfache Befundbericht mit Angaben zu Befund(en) und zur Diagnose sind Bestandteil der Leistungen und nicht gesondert berechnungsfähig.
4. Die Materialkosten für das Radiopharmazeutikum (Nuklid, Markierungs- oder Testbestecke) sind gesondert berechnungsfähig. Kosten für Beschaffung, Aufbereitung, Lagerung und Entsorgung der zur Untersuchung notwendigen Substanzen, die mit ihrer Anwendung verbraucht sind, sind nicht gesondert berechnungsfähig.
5. Die Einbringung von zur Diagnostik erforderlichen Stoffen in den Körper – mit Ausnahme der Einbringung durch Herzkatheter, Arterienkatheter, Subokzipitalpunktion oder Lumbalpunktion – sowie die gegebenenfalls erforderlichen Entnahmen von Blut und Urin sind mit den Gebühren abgegolten, soweit zu den einzelnen Leistungen dieses Abschnitts nichts anderes bestimmt ist.
6. Die Einbringung von zur Therapie erforderlichen radioaktiven Stoffen in den Körper – mit Ausnahme der intraartikulären, intralymphatischen, endoskopischen oder operativen Einbringungen des Strahlungsträgers oder von Radionukliden – ist mit den Gebühren abgegolten, soweit zu den einzelnen Leistungen dieses Abschnitts nichts anderes bestimmt ist.
7. Rechnungsbestimmungen
    a) Der Arzt darf nur die für den Patienten verbrauchte Menge an radioaktiven Stoffen berechnen.
    b) Bei der Berechnung von Leistungen nach Abschnitt O II sind die Untersuchungs- und Behandlungsdaten der jeweils eingebrachten Stoffe sowie die Art der ausgeführten Maßnahmen in der Rechnung anzugeben, sofern nicht durch die Leistungsbeschreibung eine eindeutige Definition gegeben ist.

Nummer	Leistung	Punktzahl	Gebühr in Euro

1. Diagnostische Leistungen (In-vivo-Untersuchungen)

a) Schilddrüse

| 5400 | Szintigraphische Untersuchung (Schilddrüse) – gegebenenfalls einschließlich Darstellung dystoper Anteile –................ | 350 | 20,40 |
| 5401 | Szintigraphische Untersuchung (Schilddrüse) – einschließlich quantitativer Untersuchung –, mit Bestimmung der globalen, gegebenenfalls auch der regionalen Radionuklidaufnahme in der | | |

Nummer	Leistung	Punktzahl	Gebühr in Euro
	Schilddrüse mit Gammakamera und Meßwertverarbeitungssystem als Jodidclearance-Äquivalent – einschließlich individueller Kalibrierung und Qualitätskontrollen (z. B. Bestimmung der injizierten Aktivität) –	1300	75,77
5402	Radiojodkurztest bis zu 24 Stunden (Schilddrüse) – gegebenenfalls einschließlich Blutaktivitätsbestimmungen und/oder szintigraphischer Untersuchung(en) –	1000	58,29
	Die Leistungen nach den Nummern 5400 bis 5402 sind nicht nebeneinander berechnungsfähig.		
5403	Radiojodtest (Schilddrüse) vor Radiojodtherapie mit ^{131}J mit mindestens drei zeitlichen Meßpunkten, davon zwei später als 24 Stunden nach Verabreichung – gegebenenfalls einschließlich Blutaktivitätsbestimmungen –	1200	69,64
	Die Leistungen nach den Nummern 5402 und 5403 sind nicht nebeneinander berechnungsfähig.		

b) Gehirn

Nummer	Leistung	Punktzahl	Gebühr in Euro
5410	Szintigraphische Untersuchung des Gehirns	1200	69,64
5411	Szintigraphische Untersuchung des Liquorraums	900	52,46
	Für die Leistung nach Nummer 5411 sind zwei Wiederholungsuntersuchungen zugelassen, davon eine später als 24 Stunden nach Einbringung(en) des radioaktiven Stoffes.		

c) Lunge

Nummer	Leistung	Punktzahl	Gebühr in Euro
5415	Szintigraphische Untersuchung der Lungenperfusion – mindestens vier Sichten/Projektionen –, insgesamt	1300	75,77
5416	Szintigraphische Untersuchung der Lungenbelüftung mit Inhalation radioaktiver Gase, Aerosole oder Stäube	1300	75,77

d) Herz

Nummer	Leistung	Punktzahl	Gebühr in Euro
5420	Radionuklidventrikulographie mit quantitativer Bestimmung von mindestens Auswurffraktion und regionaler Wandbewegung in Ruhe – gegebenenfalls einschließlich EKG im zeitlichen Zusammenhang mit der Untersuchung –	1200	69,94
5421	Radionuklidventrikulographie als kombinierte quantitative Mehrfachbestimmung von mindestens Auswurffraktion und regionaler Wandbewegung in Ruhe und unter körperlicher oder pharmakologischer Stimulation – gegebenenfalls einschließlich EKG im zeitlichen Zusammenhang mit der Untersuchung –	3800	221,49
	Neben der Leistung nach Nummer 5421 ist bei zusätzlicher Erste-Passage-Untersuchung die Leistung nach Nummer 5473 berechnungsfähig.		
5422	Szintigraphische Untersuchung des Myokards mit myokardaffinen Tracern in Ruhe – gegebenenfalls einschließlich EKG im zeitlichen Zusammenhang mit der Untersuchung –	1000	58,29
	Die Leistungen nach den Nummern 5422 und 5423 sind nicht nebeneinander berechnungsfähig.		
5423	Szintigraphische Untersuchung des Myokards mit myokardaffinen Tracern unter körperlicher und pharmakologischer Stimulation – gegebenenfalls einschließlich EKG im zeitlichen Zusammenhang mit der Untersuchung –	2000	116,57
5424	Szintigraphische Untersuchung des Myokards mit myokaraffinen Tracern in Ruhe und unter körperlicher oder pharmakologischer Stimulation – gegebenenfalls einschließlich EKG im zeitlichen Zusammenhang mit der Untersuchung –	2800	163,20

Abschn. 3. Vergütung von Sachverst usw **§ 10 JVEG**

Nummer	Leistung	Punktzahl	Gebühr in Euro

Neben der Leistung nach Nummer 5424 sind die Leistungen nach den Nummern 5422 und/oder 5423 nicht berechnungsfähig.

e) Knochen- und Knochenmarkszinitgraphie

5425	Ganzkörperskelettszintigraphie, Schädel und Körperstamm in zwei Sichten/Projektionen – einschließlich der proximalen Extremitäten, gegebenenfalls einschließlich der distalen Extremitäten –	2250	131,15
5426	Teilkörperskelettszintigraphie – gegebenenfalls einschließlich der kontralateralen Seite –	1260	73,42
5427	Zusätzliche szintigraphische Abbildung des regionalen Blutpools (Zwei-Phasenszintigraphie) – mindestens zwei Aufnahmen –	400	23,31
5428	Ganzkörperknochenmarkszintigraphie, Schädel und Körperstamm in zwei Sichten/Projektionen – einschließlich der proximalen Extremitäten, gegebenenfalls einschließlich der distalen Extremitäten –	2250	131,15

Bem. Dazu BGH RR 03, 1639 und 1641.

f) Tumorszintigraphie

Tumorszintigraphie mit radioaktiv markierten unspezifischen Tumormarkern (z. B. Radiogallium oder -thallium), metabolischen Substanzen (auch ^{131}J), Rezeptorsubstanzen oder monoklonalen Antikörpern

5430	eine Region	1200	69,94
5431	Ganzkörper (Stamm und/oder Extremitäten)	2250	131,15

Für die Untersuchung mehrerer Regionen ist die Leistung nach Nummer 5430 nicht mehrfach berechnungsfähig.
Für die Leistung nach Nummer 5430 sind zwei Wiederholungsuntersuchungen zugelassen, davon eine später als 24 Stunden nach Einbringung der Testsubstanz(en).
Die Leistungen nach den Nummern 5430 und 5431 sind nicht nebeneinander berechnungsfähig.

g) Nieren

5440	Nierenfunktionszintigraphie mit Bestimmung der quantitativen Ganzkörper-Clearance und der Einzelnieren-Clearance – gegebenenfalls einschließlich Blutaktivitätsbestimmungen und Vergleich mit Standards –	2800	163,20
5441	Perfusionsszintigraphie der Nieren – einschließlich semiquantitativer oder quantitativer Auswertung –	1600	93,26
5442	Statische Nierenszintigraphie	600	34,97

Die Leistungen nach den Nummern 5440 bis 5442 sind je Sitzung nur einmal und nicht nebeneinander berechnungsfähig.

5443	Zusatzuntersuchung zu den Leistungen nach Nummer 5440 und 5441 – mit Angabe der Indikation (z. B. zusätzliches Radionephrogramm als Einzel- oder Wiederholungsuntersuchung, Tiefenkorrektur durch Verwendung des geometrischen Mittels, Refluxprüfung, forcierte Diurese) –	700	40,80
5444	Quantitative Clearanceuntersuchungen der Nieren an Sondenmeßplätzen – gegebenenfalls einschließlich Registrierung mehrerer Kurven und Blutaktivitätsbestimmungen –	1000	58,29

Neben der Leistung nach Nummer 5444 ist die Leistung nach Nummer 5440 nicht berechnungsfähig.

Nummer	Leistung	Punktzahl	Gebühr in Euro

h) Endokrine Organe

5450 Szintigraphische Untersuchung von endokrin aktivem Gewebe – mit Ausnahme der Schilddrüse – 1000 58,29
Das untersuchte Gewebe ist in der Rechnung anzugeben.
Für die Leistung nach Nummer 5450 sind zwei Wiederholungsuntersuchungen zugelassen, davon eine später als 24 Stunden nach Einbringung der radioaktiven Substanz(en).
Die Leistung nach Nummer 5450 ist neben den Leistungen nach den Nummern 5430 und 5431 nicht berechnungsfähig.

5455 Szintigraphische Untersuchung im Bereich des Gastrointestinaltrakts (z. B. Speicheldrüsen, Ösophagus-Passage – gegebenenfalls einschließlich gastralem Reflux und Magenentleerung –, Gallenwege – gegebenenfalls einschließlich Gallenreflux –, Blutungsquellensuche, Nachweis eines Meckel'schen Divertikels) 1300 75,77

5456 Szintigraphische Untersuchung von Leber und/oder Milz (z. B. mit Kolloiden, gallengängigen Substanzen, Erythrozyten), in mehreren Ebenen 1300 75,77

j) Hämatologie, Angiologie

5460 Szintigraphische Untersuchung von großen Gefäßen und/oder deren Stromgebieten – gegebenenfalls einschließlich der kontralateralen Seite – 900 52,46
Die Leistung nach Nummer 5460 ist neben der Leistung nach Nummer 5473 nicht berechnungsfähig.

5461 Szintigraphische Untersuchung von Lymphabflußgebieten an Stamm und/oder Kopf und/oder Extremitäten – gegebenenfalls einschließlich der kontralateralen Seite – 2200 128,23

5462 Bestimmung von Lebenszeit und Kinetik zellulärer Blutbestandteile – einschließlich Blutaktivitätsbestimmungen – 2200 128,23

5463 Zuschlag zu der Leistung nach Nummer 5462, bei Bestimmung des Abbauorts 2200 128,23

Szintigraphische Suche nach Entzündungsherden oder Thromben mit Radiogallium, markierten Eiweisen, Zellen oder monoklonalen Antikörpern

5465 eine Region 1260 73,44

5466 Ganzkörper (Stamm und Extremitäten) 2250 131,15
Für die Untersuchung mehrerer Regionen ist die Leistung nach Nummer 5465 nicht mehrfach berechnungsfähig.
Für die Leistungen nach den Nummern 5462 bis 5466 sind zwei Wiederholungsuntersuchungen zugelassen, davon eine später als 24 Stunden nach Einbringung der Testsubstanz(en).

k) Resorptions- und Exkretionsteste

5470 Nachweis und/oder quantitative Bestimmung von Resorption, Exkretion oder Verlust von körpereigenen Stoffen (durch Bilanzierung nach radioaktiver Markierung) und/oder von radioaktiv markierten Analoga, in Blut, Urin, Faeces oder Liquor – einschließlich notwendiger Radioaktivitätsmessungen über dem Verteilungsraum – 950 55,37

l) Sonstige

5472 Szintigraphische Untersuchungen (z. B. von Hoden, Tränenkanälen, Augen, Tuben) oder Funktionsmessungen (z. B. Ejektions-

Nummer	Leistung	Punktzahl	Gebühr in Euro
	fraktion mit Meßsonde) ohne Gruppenzuordnung – auch nach Einbringung eines Radiopharmazeutikums in eine Körperhöhle –	950	55,37
5473	Funktionsszintigraphie – einschließlich Sequenzszintigraphie und Erstellung von Zeit-Radioaktivitätskurven aus ROI und quantifizierender Berechnung (z.B. von Transitzeiten, Impulsratenquotienten, Perfusionsindex, Auswurffraktion aus Erster-Radionuklid-Passage) –	900	52,46
	Die Leistung nach Nummer 5473 ist neben den Leistungen nach den Nummern 5460 und 5481 nicht berechnungsfähig.		
5474	Nachweis inkorporierter unbekannter Radionuklide	1350	17,49

m) Mineralgehalt

| 5475 | Quantitative Bestimmung des Mineralgehalts im Skelett (Osteodensitometrie) in einzelnen oder mehreren repräsentativen Extremitäten- oder Stammskelettabschnitten mittels Dual-Photonen-Absorptionstechnik | 300 | 17,49 |

n) Ergänzungsleistungen

Allgemeine Bestimmung
Die Ergänzungsleistungen nach den Nummern 5480 bis 5485 sind nur mit dem einfachen Gebührensatz berechnungsfähig.

5480	Quantitative Bestimmung von Impulsen/Impulsratendichte (Fläche, Pixel, Voxel) mittels Gammakamera mit Meßwertverarbeitung – mindestens zwei ROI –	750	43,72
5481	Sequenzszintigraphie – mindestens sechs Bilder in schneller Folge –	680	39,64
5483	Subtraktionsszintigraphie oder zusätzliche Organ- oder Blutpoolszintigraphie als anatomische Ortsmarkierung	680	39,64
5484	In-vitro-Markierung von Blutzellen (z.B. Erythrozyten, Leukozyten, Thrombozyten), – einschließlich erforderlicher In-vitro Qualitätskontrollen –	1300	75,77
5485	Messung mit dem Ganzkörperzähler – gegebenenfalls einschließlich quantitativer Analysen von Gammaspektren –	980	57,12

o) Emissions-Computer-Tomographie

5486	Single-Photonen-Emissions-Computertomographie (SPECT) mit Darstellung in drei Ebenen	1200	69,94
5487	Single-Photonen-Emissions-Computer-Tomographie (SPECT) mit Darstellung in drei Ebenen und regionaler Quantifizierung	2000	116,57
5488	Positronen-Emissions-Tomographie (PET) – gegebenenfalls einschließlich Darstellung in mehreren Ebenen –	6000	349,72
5489	Positronen-Emissions-Tomographie (PET) mit quantifizierender Auswertung – gegebenenfalls einschließlich Darstellung in mehreren Ebenen –	7500	437,15

Bem. Dazu BGH RR **03**, 1639 und 1641.

2. Therapeutische Leistungen
(Anwendung offener Radionuklide)

| 5600 | Radiojodtherapie von Schilddrüsenerkrankungen | 2480 | 144,55 |

Nummer	Leistung	Punktzahl	Gebühr in Euro
5602	Radiophosphortherapie bei Erkrankungen der blutbildenden Organe	1350	78,69
5603	Behandlung von Knochenmetastasen mit knochenaffinen Radiopharmazeutika	1080	62,95
5604	Installation von Radiopharmazeutika in Körperhöhlen, Gelenke oder Hohlorgane	2700	157,38
5605	Tumorbehandlung mit radioaktiv markierten, metabolisch aktiven oder rezeptorgerichteten Substanzen oder Antikörpern	2250	131,15
5606	Quantitative Bestimmung der Therapieradioaktivität zur Anwendung eines individuellen Dosiskonzepts – einschließlich Berechnungen auf Grund von Vormessungen –	900	52,46
	Die Leistung nach Nummer 5606 ist nur bei Zugrundeliegen einer Leistung nach den Nummern 5600, 5603 und oder 5605 berechnungsfähig.		
5607	Posttherapeutische Bestimmung von Herddosen – einschließlich Berechnungen auf Grund von Messungen der Kinetik der Therapieradioaktivität –	1620	94,43
	Die Leistung nach Nummer 5607 ist nur bei Zugrundeliegen einer Leistung nach den Nummern 5600, 5603 und/oder 5605 berechnungsfähig.		

III. Magnetresonanztomographie

Allgemeine Bestimmungen

Die Leistungen nach den Nummern 5700 bis 5735 sind je Sitzung jeweils nur einmal berechnungsfähig.
Die Nebeneinanderberechnung von Leistungen nach den Nummern 5700 bis 5730 ist in der Rechnung gesondert zu begründen. Bei Nebeneinanderberechnung von Leistungen nach den Nummern 5700 bis 5730 ist der Höchstwert nach Nummer 5735 zu beachten.

5700	Magnetresonanztomographie im Bereich des Kopfes – gegebenenfalls einschließlich des Halses –, in zwei Projektionen, davon mindestens eine Projektion unter Einschluß T2-gewichtiger Aufnahmen	4400	254,46
5705	Magnetresonanztomographie im Bereich der Wirbelsäule, in zwei Projektionen	4200	244,81
5715	Magnetresonanztomographie im Bereich des Thorax – gegebenenfalls einschließlich des Halses –, der Thoraxorgane und/oder der Aorta in ihrer gesamten Länge	4300	250,64
5720	Magnetresonanztomographie im Bereich des Abdomens und/oder des Beckens	4400	256,46
5721	Magnetresonanztomographie der Mamma(e)	4000	233,15
5729	Magnetresonanztomographie eines oder mehrerer Gelenke oder Abschnitte von Extremitäten	2400	131,89
5730	Magnetresonanztomographie einer oder mehrerer Extremität(en) mit Darstellung von mindestens zwei großen Gelenken einer Extremität	4000	233,15
	Neben der Leistung nach Nummer 5730 ist die Leistung nach Nummer 5729 nicht berechnungsfähig.		
5731	Ergänzende Serie(n) zu den Leistungen nach den Nummern 5700 bis 5730 (z. B. nach Kontrastmitteleinbringung, Darstellung von Arterien als MR-Angiographie)	1000	58,29

Abschn. 3. Vergütung von Sachverst usw   § 10 JVEG

Nummer	Leistung	Punktzahl	Gebühr in Euro
5732	Zuschlag zu den Leistungen nach den Nummern 5700 bis 5730 für Positionswechsel und/oder Spulenwechsel .... *Zuschlag nach Nummer 5732 ist nur mit dem einfachen Gebührensatz berechnungsfähig.*	1000	58,29
5733	Zuschlag für computergesteuerte Analyse (z. B. Kinetik, 3D-Rekonstruktion) .... *Der Zuschlag nach Nummer 5733 ist nur mit dem einfachen Gebührensatz berechnungsfähig.*	800	46,63
5735	Höchstwert für Leistungen nach den Nummern 5700 bis 5730 .... *Die im einzelnen erbrachten Leistungen sind in der Rechnung anzugeben.*	6000	349,72

IV. Strahlentherapie

Allgemeine Bestimmungen
1. Eine Bestrahlungsserie umfaßt grundsätzlich sämtliche Bestrahlungsfraktionen bei der Behandlung desselben Krankheitsfalls, auch wenn mehrere Zielvolumina bestrahlt werden.
2. Eine Bestrahlungsfraktion umfaßt alle für die Bestrahlung eines Zielvolumens erforderlichen Einstellungen, Bestrahlungsfelder und Strahleneintrittsfelder. Die Festlegung der Ausdehnung bzw. der Anzahl der Zielvolumina und Einstellungen muß indikationsgerecht erfolgen.
3. Eine mehrfache Berechnung der Leistungen nach den Nummern 5800, 5810, 5831 bis 5833, 5840 und 5841 bei der Behandlung desselben Krankheitsfalls ist nur zulässig, wenn wesentliche Änderungen der Behandlung durch Umstellung der Technik (z. B. Umstellung von Stehfeld auf Pendeltechnik, Änderung der Energie und Strahlenart) oder wegen fortschreitender Metastasierung, wegen eines Tumorrezidivs oder wegen zusätzlicher Komplikationen notwendig werden. Die Änderungen sind in der Rechnung zu begründen.
4. Bei Berechnung einer Leistung für Bestrahlungsplanung sind in der Rechnung anzugeben: die Diagnose, das/die Zielvolumen/ina, die vorgesehene Bestrahlungsart und -dosis sowie die geplante Anzahl von Bestrahlungsfraktionen.

1. Strahlenbehandlung dermatologischer Erkrankungen

5800	Erstellung eines Bestrahlungsplans für die Strahlenbehandlung nach den Nummern 5802 bis 5806, je Bestrahlungsserie .... *Der Bestrahlungsplan nach Nummer 5800 umfaßt Angaben zur Indikation und die Beschreibung des zu bestrahlenden Volumens, der vorgesehenen Dosis, der Fraktionierung und der Strahlenschutzmaßnahmen und gegebenenfalls die Fotodokumentation.*	250	14,57

Orthovoltstrahlenbehandlung (10 bis 100 kV Röntgenstrahlen)

5802	Bestrahlung von bis zu zwei Bestrahlungsfeldern bzw. Zielvolumina, je Fraktion	200	11,66
5803	Zuschlag zu der Leistung nach Nummer 5802 bei Bestrahlung von mehr als zwei Bestrahlungsfeldern bzw. Zielvolumina, je Fraktion .... *Der Zuschlag nach Nummer 5803 ist nur mit dem einfachen Gebührensatz berechnungsfähig.* *Die Leistungen nach den Nummern 5802 und 5803 sind für die Bestrahlung flächenhafter Dermatosen jeweils nur einmal berechnungsfähig.*	100	5,83
5805	Strahlenbehandlung mit schnellen Elektronen, je Fraktion	1000	58,29

Nummer	Leistung	Punktzahl	Gebühr in Euro

5806 Strahlenbehandlung der gesamten Haut mit schnellen Elektronen, je Fraktion 2000 116,57

2. Orthovolt- oder Hochvoltstrahlenbehandlung

5810 Erstellung eines Bestrahlungsplans für die Strahlenbehandlung nach den Nummern 5812 und 5813, je Bestrahlungsserie 200 11,66
Der Bestrahlungsplan nach Nummer 5810 umfaßt Angaben zur Indikation und die Beschreibung des zu bestrahlenden Volumens, der vorgesehenen Dosis, der Fraktionierung und der Strahlenschutzmaßnahmen und gegebenenfalls die Fotodokumentation.

5812 Orthovolt- (100 bis 400 kV Röntgenstrahlen) oder Hochvoltstrahlenbehandlung bei gutartiger Erkrankung, je Fraktion 190 11,07
Bei Bestrahlung mit einem Telecaesiumgerät wegen einer bösartigen Erkrankung ist die Leistung nach Nummer 5812 je Fraktion zweimal berechnungsfähig.

5813 Hochvoltstrahlenbehandlung von gutartigen Hypophysentumoren oder der endokrinen Orbitopathie, je Fraktion 900 52,46

3. Hochvoltstrahlenbehandlung bösartiger Erkrankungen (mindestens 1 MeV)

Allgemeine Bestimmungen

Die Leistungen nach den Nummern 5834 bis 5837 sind grundsätzlich nur bei einer Mindestdosis von 1,5 Gy im Zielvolumen berechnungsfähig. Muß diese im Einzelfall unterschritten werden, ist für die Berechnung dieser Leistungen eine besondere Begründung erforderlich.

Bei Bestrahlungen von Systemerkrankungen oder metastasierten Tumoren gilt als ein Zielvolumen derjenige Bereich, der in einem Großfeld (z. B. Mantelfeld, umgekehrtes Y-Feld) bestrahlt werden kann.

Die Kosten für die Anwendung individuell geformter Ausblendungen (mit Ausnahme der Kosten für wiederverwendbares Material) und/oder Kompensatoren oder für die Anwendung individuell gefertigter Lagerungs- und/oder Fixationshilfen sind gesondert berechnungsfähig.

5831 Erstellung eines Bestrahlungsplans für die Strahlenbehandlung nach den Nummern 5834 bis 5837, je Bestrahlungsserie 1500 87,43
Der Bestrahlungsplan nach Nummer 5831 umfaßt Angaben zur Indikation und die Beschreibung des Zielvolumens, der Dosisplanung, der Berechnung der Dosis im Zielvolumen, der Ersteinstellung einschließlich Dokumentation (Feldkontrollaufnahme).

5832 Zuschlag zu der Leistung nach Nummer 5831 bei Anwendung eines Simulators und Anfertigung einer Körperquerschnittszeichnung oder Benutzung eines Körperquerschnitts anhand vorliegender Untersuchungen (z. B. Computertomogramm), je Bestrahlungsserie 500 29,14
Der Zuschlag nach Nummer 5832 ist nur mit dem einfachen Gebührensatz berechnungsfähig.

5833 Zuschlag zu der Leistung nach Nummer 5831 bei individueller Berechnung der Dosisverteilung mit Hilfe eines Prozeßrechners, je Bestrahlungsserie 2000 116,57
Der Zuschlag nach Nummer 5833 ist nur mit dem einfachen Gebührensatz berechnungsfähig.

5834 Bestrahlung mittels Telekobaltgerät mit bis zu zwei Strahleneintrittsfeldern – gegebenenfalls unter Anwendung von vorgefertigten, wiederverwendbaren Ausblendungen –, je Fraktion 720 41,97

Abschn. 3. Vergütung von Sachverst usw **§ 10 JVEG**

Nummer	Leistung	Punktzahl	Gebühr in Euro
5835	Zuschlag zu der Leistung nach Nummer 5834 bei Bestrahlung mit Großfeld oder von mehr als zwei Strahleneintrittsfeldern, je Fraktion	120	6,99
5836	Bestrahlung mittels Beschleuniger mit bis zu zwei Strahleneintrittsfeldern – gegebenenfalls unter Anwendung von vorgefertigten, wiederverwendbaren Ausblendungen –, je Fraktion	1000	58,29
5837	Zuschlag zu der Leistung nach Nummer 5836 bei Bestrahlung mit Großfeld oder von mehr als zwei Strahleneintrittsfeldern, je Fraktion	120	6,99

4. Brachytherapie mit umschlossenen Radionukliden

Allgemeine Bestimmungen

Der Arzt darf nur die für den Patienten verbrauchte Menge an radioaktiven Stoffen berechnen.

Bei der Berechnung von Leistungen nach Abschnitt O IV 4 sind die Behandlungsdaten der jeweils eingebrachten Stoffe sowie die Art der ausgeführten Maßnahmen in der Rechnung anzugeben, sofern nicht durch die Leistungsbeschreibung eine eindeutige Definition gegeben ist.

5840	Erstellung eines Bestrahlungsplans für die Brachytherapie nach den Nummern 5844 und/oder 5846, je Bestrahlungsserie	1500	87,43
	Der Bestrahlungsplan nach Nummer 5840 umfaßt Angaben zur Indikation, die Berechnung der Dosis im Zielvolumen, die Lokalisation und Einstellung der Applikatoren und die Dokumentation (Feldkontrollaufnahmen).		
5841	Zuschlag zu der Leistung nach Nummer 5840 bei individueller Berechnung der Dosisverteilung mit Hilfe eines Prozeßrechners, je Bestrahlungsserie	2000	116,57
	Der Zuschlag nach Nummer 5841 ist nur mit dem einfachen Gebührensatz berechnungsfähig.		
5842	Brachytherapie an der Körperoberfläche – einschließlich Bestrahlungsplanung, gegebenenfalls einschließlich Fotodokumentation –, je Fraktion	300	17,49
5844	Intrakavitäre Brachytherapie, je Fraktion	1000	58,29
5846	Interstitielle Brachytherapie, je Fraktion	2100	122,40

5. Besonders aufwendige Bestrahlungstechniken

5851	Ganzkörperstrahlenbehandlung vor Knochenmarktransplantation – einschließlich Bestrahlungsplanung –	6900	402,18
	Die Leistung nach Nummer 5851 ist unabhängig von der Anzahl der Fraktionen insgesamt nur einmal berechnungsfähig.		
5862	Oberflächen-Hyperthermie, je Fraktion	1000	58,29
5853	Halbtiefen-Hyperthermie, je Fraktion	2000	116,57
5854	Tiefen-Hyperthermie, je Fraktion	2490	145,14
	Die Leistungen nach den Nummern 5852 bis 5854 sind nur in Verbindung mit einer Strahlenbehandlung oder einer regionären intravenösen oder intraarteriellen Chemotherapie und nur mit dem einfachen Gebührensatz berechnungsfähig.		
5855	Intraoperative Strahlenbehandlung mit Elektronen	6900	402,18"

B. Sonstige Vorschriften der GOÄ, II 2. Die Verweisung erfaßt die folgenden 22 Vorschriften der GOÄ:

GOÄ § 4. Gebühren. [I] ..., ...

[II] [1]Der Arzt kann Gebühren nur für selbständige ärztliche Leistungen berechnen, die er selbst erbracht hat oder die unter seiner Aufsicht nach fachlicher Weisung erbracht wurden (eigene Leistungen). [2]Als eigene Leistungen gelten auch von ihm berechnete Laborleistungen des Abschnitts M II des Gebührenverzeichnisses (Basislabor), die nach fachlicher Weisung unter der Aufsicht eines anderen Arztes in Laborgemeinschaften oder in von Ärzten ohne eigene Liquidationsberechtigung geleiteten Krankenhauslabors erbracht werden. [3]Als eigene Leistungen im Rahmen einer wahlärztlichen stationären, teilstationären oder vor- und nachstationären Krankenhausbehandlung gelten nicht

1. Leistungen nach den Nummern 1 bis 62 des Gebührenverzeichnisses innerhalb von 24 Stunden nach der Aufnahme und innerhalb von 24 Stunden vor der Entlassung,
2. Visiten nach den Nummern 45 und 46 des Gebührenverzeichnisses während der gesamten Dauer der stationären Behandlung sowie
3. Leistungen nach den Nummern 56, 200, 250, 250a, 252, 271 und 272 des Gebührenverzeichnisses während der gesamten Dauer der stationären Behandlung,

wenn diese nicht durch den Wahlarzt oder dessen vor Abschluß des Wahlarztvertrages dem Patienten benannten ständigen ärztlichen Vertreter persönlich erbracht werden; der ständige ärztliche Vertreter muß Facharzt desselben Gebiets sein. [4]Nicht persönlich durch den Wahlarzt oder dessen ständigen ärztlichen Vertreter erbrachte Leistungen nach Abschnitt E des Gebührenverzeichnisses gelten nur dann als eigene wahlärztliche Leistungen, wenn der Wahlarzt oder dessen ständiger ärztlicher Vertreter durch die Zusatzbezeichnung „Physikalische Therapie" oder durch die Gebietsbezeichnung „Facharzt für Physikalische und Rehabilitative Medizin" qualifiziert ist und die Leistungen nach fachlicher Weisung unter deren Aufsicht erbracht werden.

[IIa] [1]Für eine Leistung, die Bestandteil oder eine besondere Ausführung einer anderen Leistung nach dem Gebührenverzeichnis ist, kann der Arzt eine Gebühr nicht berechnen, wenn er für die andere Leistung eine Gebühr berechnet. [2]Dies gilt auch für die zur Erbringung der im Gebührenverzeichnis aufgeführten operativen Leistungen methodisch notwendigen operativen Einzelschritte. [3]Die Rufbereitschaft sowie das Bereitstehen eines Arztes oder Arztteams sind nicht berechnungsfähig.

[III] [1]Mit den Gebühren sind die Praxiskosten einschließlich der Kosten für den Sprechstundenbedarf sowie die Kosten für die Anwendung von Instrumenten und Apparaten abgegolten, soweit nicht in dieser Verordnung etwas anderes bestimmt ist. [2]Hat der Arzt ärztliche Leistungen unter Inanspruchnahme Dritter, die nach dieser Verordnung selbst nicht liquidationsberechtigt sind, erbracht, so sind die hierdurch entstandenen Kosten ebenfalls mit der Gebühr abgegolten.

[IV] [1]Kosten, die nach Absatz 3 mit den Gebühren abgegolten sind, dürfen nicht gesondert berechnet werden. [2]...

GOÄ § 10. Ersatz von Auslagen. [1] [1]Neben den für die einzelnen ärztlichen Leistungen vorgesehenen Gebühren können als Auslagen nur berechnet werden

1. die Kosten für diejenigen Arzneimittel, Verbandmittel und sonstigen Materialien, die der Patient zur weiteren Verwendung behält oder die mit einer einmaligen Anwendung verbraucht sind, soweit in Absatz 2 nichts anderes bestimmt ist,
2. Versand- und Portokosten, soweit deren Berechnung nach Absatz 3 nicht ausgeschlossen ist,
3. die im Zusammenhang mit Leistungen nach Abschnitt O bei der Anwendung radioaktiver Stoffe durch deren Verbrauch entstandenen Kosten sowie
4. die nach den Vorschriften des Gebührenverzeichnisses als gesondert berechnungsfähig ausgewiesenen Kosten.

[2]Die Berechnung von Pauschalen ist nicht zulässig.

Abschn. 3. Vergütung von Sachverst usw §§ 10, 11 JVEG

II Nicht berechnet werden können die Kosten für
1. Kleinmaterialien wie Zellstoff, Mulltupfer, Schnellverbandmaterial, Verbandspray, Gewebeklebstoff auf Histoacrylbasis, Mullkompressen, Holzspatel, Holzstäbchen, Wattestäbchen, Gummifingerlinge,
2. Reagenzien und Narkosemittel zur Oberflächenanästhesie,
3. Desinfektions- und Reinigungsmittel,
4. Augen-, Ohren-, Nasentropfen, Puder, Salben und geringwertige Arzneimittel zur sofortigen Anwendung sowie für
5. folgende Einmalartikel: Einmalspritzen, Einmalkanülen, Einmalhandschuhe, Einmalharnblasenkatheter, Einmalskalpelle, Einmalprotoskope, Einmaldarmrohre, Einmalspekula.

III [1] Versand- und Portokosten können von dem Arzt berechnet werden, dem die gesamten Kosten für Versandmaterial, Versandgefäße sowie für den Versand oder Transport entstanden sind. Kosten für Versandmaterial, für den Versand des Untersuchungsmaterials und die Übermittlung des Untersuchungsergebnisses innerhalb einer Laborgemeinschaft oder innerhalb eines Krankenhausgeländes sind nicht berechnungsfähig; dies gilt auch, wenn Material oder ein Teil davon unter Nutzung der Transportmittel oder des Versandweges oder der Versandgefäße einer Laborgemeinschaft zur Untersuchung einem zur Erbringung von Leistungen beauftragten Arzt zugeleitet wird. [2] Werden aus demselben Körpermaterial sowohl in einer Laborgemeinschaft als auch von einem Laborarzt Leistungen aus Abschnitt M oder N ausgeführt, so kann der Laborarzt bei Benutzung desselben Transportweges Versandkosten nicht berechnen; dies gilt auch dann, wenn ein Arzt eines anderen Gebiets Auftragsleistungen aus Abschnitt M oder N erbringt. [3] Für die Versendung der Arztrechnung dürfen Versand- und Portokosten nicht berechnet werden.

Die Vorschriften gehen als *Sonderregeln* vor. Sie sind als solche eng auslegbar. Nur „im übrigen" bleiben §§ 8, 11 ZSEG unberührt.

7) Zusätzlich erforderliche Zeit usw, III. I, II gelten den normalen Zeitaufwand ab. Nur für eine im Einzelfall zusätzliche aufgewendete und auch als solche objektiv erforderlich gewesene Zeit gibt III ein besonderes, neben I, II anfallendes Honorar. Die Regelung gilt bei Tätigkeiten nach I wie II. Sie erfaßt zB die Zeit der Reise vor oder nach der Leistung. 23

Die *Honorarhöhe* richtet sich nach der Honorargruppe 1 der Anlage 1 zu § 9. Vgl daher dort. 24

Honorar für Übersetzungen

11 I [1] Das Honorar für eine Übersetzung beträgt 1,55 Euro für jeweils angefangene 55 Anschläge des schriftlichen Textes (Grundhonorar). [2] Bei nicht elektronisch zur Verfügung gestellten editierbaren Texten erhöht sich das Honorar auf 1,75 Euro für jeweils angefangene 55 Anschläge (erhöhtes Honorar). [3] Ist die Übersetzung wegen der besonderen Umstände des Einzelfalls, insbesondere wegen der häufigen Verwendung von Fachausdrücken, der schweren Lesbarkeit des Textes, einer besonderen Eilbedürftigkeit oder weil es sich um eine in Deutschland selten vorkommende Fremdsprache handelt, besonders erschwert, beträgt das Grundhonorar 1,85 Euro und das erhöhte Honorar 2,05 Euro. [4] Maßgebend für die Anzahl der Anschläge ist der Text in der Zielsprache; werden jedoch nur in der Ausgangssprache lateinische Schriftzeichen verwendet, ist die Anzahl der Anschläge des Textes in der Ausgangssprache maßgebend. [5] Wäre eine Zählung der Anschläge mit unverhältnismäßigem Aufwand verbunden, wird deren Anzahl unter Berücksichtigung der durchschnittlichen Anzahl der Anschläge je Zeile nach der Anzahl der Zeilen bestimmt.

II Für eine oder für mehrere Übersetzungen aufgrund desselben Auftrags beträgt das Honorar mindestens 15 Euro.

III Soweit die Leistung des Übersetzers in der Überprüfung von Schriftstücken oder Aufzeichnungen der Telekommunikation auf bestimmte Inhalte besteht, ohne dass er insoweit eine schriftliche Übersetzung anfertigen muss, erhält er ein Honorar wie ein Dolmetscher.

JVEG § 11 V. Justizvergütungs- und -entschädigungsgesetz

Schrifttum: *Bund* JB **06**, 402 (ausf); *Cebulla,* Sprachmittlerstrafrecht, 2007; *Schütze,* Probleme der Übersetzung im Zivilprozeßrecht, Festschrift für *Sandrock* (2000) 871.

Gliederung

1) **Systematik, I–III**	1
2) **Regelungszweck, I–III**	2
3) **Geltungsbereich, I–III**	3
4) **Übersetzer, I–III**	4–11
A. Begriff, I–III	4
B. Vergütungsgrundsätze, I 1–3	5
C. Leichte Übersetzung, I 1, 2	6
D. Besonders erschwerte Übersetzung, I 3	7
E. Beispiele zur Frage einer besonderen Erschwerung, I 3	8, 9
F. Ermessen bei I 3	10
G. Mindesthonorar, II	11
5) **Anschlags- und Zeilenfragen, I 4, 5**	12–14
A. Grundsatz, I 4 Hs 1	12
B. Ausgangstext, I 4 Hs 2	13
C. Zeilenbegriff, I 5	14
6) **Telekommunikationsüberprüfung usw, III**	15

1   **1) Systematik, I–III.** Zwar kann man den Übersetzer in mancher Hinsicht mit einem Sachverständigen vergleichen. Er kann auch prozessual ein Sachverständiger sein, Stgt Rpfleger **83**, 416. § 11 behandelt den Übersetzer für seine Vergütung aber nicht mehr wie einen Sachverständigen. Vielmehr enthält die Vorschrift eine eigene vorrangige Spezialregelung.

2   **2) Regelungszweck, I–III.** Der Zweck der Vorschrift liegt in einer dem jeweiligen allgemeinen Schwierigkeitsgrad der Leistung angepaßten differenzierenden Vergütung des Übersetzers. Dabei stellt sie auf eine Vereinfachung ab. Deshalb sind die in I 1–3 genannten Beträge auch nicht nur Höchst-, sondern Festbeträge. Man sollte die Vorschrift auch so auslegen, Bracker Rpfleger **99**, 166.

3   **3) Geltungsbereich, I–III.** Der Übersetzer erhält eine Vergütung aber nur nach § 11 und nicht wie ein Sachverständiger, (zum alten Recht) Düss MDR **91**, 359. Das gilt grundsätzlich auch beim Anwalt, Düss Rpfleger **83**, 367, Karlsr JB **89**, 100, Ott AnwBl **81**, 173. § 9 ist also auch auf den hauptberuflichen Übersetzer unanwendbar, Hbg MDR **87**, 153, (zum alten Recht). Auf den Übersetzer sind §§ 2, 4 anwendbar. Vgl im übrigen Rn 4 ff. Bei einer Tätigkeit nach §§ 1072–1075 ZPO richtet sich die Vergütung zunächst nach Art 18 VO (EG) Nr 1206/2001, abgedruckt bei BLAH Einf 3 vor § 1072 ZPO, und sodann nach § 11. Bei einer Tätigkeit nach §§ 1076–1078 ZPO gelten demgemäß die Richtlinie 2003/8/EG abgedruckt bei BLAH Einf 4 vor §§ 1076–1078 ZPO. § 54 IntFamRVG verweist wegen der Vergütungshöhe für die von der Zentralen Behörde veranlaßten Übersetzungen auf das JVEG.

Unanwendbar ist § 11 auf denjenigen Übersetzer, den die Partei von sich aus auf Grund einer gerichtlichen Anheimgabe etwa nach § 142 III ZPO heranzieht. Freilich kann die Partei dann die Anwendung des § 11 mit ihrem Übersetzer vereinbaren.

Wegen eines *Beamten* usw vgl § 1 II.

4   **4) Übersetzer, I–III.** Es sind mehrere Prüfschritte ratsam.

A. Begriff, I–III. Übersetzer ist ein solcher Fremdsprachenkundiger, den das Gericht oder die Staatsanwaltschaft oder die Verfolgungsbehörde im OWiG-Verfahren zur meist schriftlichen Übertragung eines Textes in eine andere Sprache heranzieht. Es ist aber auch eine mündliche Übersetzung denkbar, ebenso eine Übersetzung von einem Tonträger in die Schriftsprache, Schlesw JB **15**, 599. Freilich liegt dann wohl oft eine Dolmetschertätigkeit näher. I 1 geht jedenfalls für die Vergütung von einer Schriftform aus. Wegen der Übersetzung eines Dokuments durch einen beeidigten Dolmetscher gilt § 9.

Nicht hierher gehört ein Sprachsachverständiger. Für ihn gilt (jetzt) § 9, Düss JB **00**, 211.

5   **B. Vergütungsgrundsätze, I 1–3.** Die Vergütung richtet sich nur nach § 11. Daher sind auch die Vorschriften über den Sachverständigen kaum auch nur entsprechend anwendbar. (Jetzt) § 9 ist nach Rn 3 unanwendbar, Düss MDR **91**, 359. Für die

Einstufung nach Rn 6–9 kommt es zunächst auf die Kenntnis eines bereits als Übersetzer geschuldeten oder allmählich mit solcher Kenntnis herangewachsenen Menschen an. Auf solcher Basis kommt es dann auf den durchschnittlichen Schwierigkeitsgrad jedes selbständigen Teils an, den man völlig getrennt sehen kann, Mü OLGR **94**, 191. Dieser Grad gilt dann aber für diesen ganzen Teil einheitlich. Das gilt auch bei Wiederholungen, Köln JB **91**, 1397. Maßgebend ist die geistige Leistung und nicht deren anschließende Niederschrift. Letztere ist aber zur Vergütung nach § 11 erforderlich. Es gibt daher keine gesonderte Schreibgebühr, aM Zi 2. Es kann allenfalls der in § 12 I 2 Z 1–4 abschließend genannte weitere Aufwand hinzutreten.

C. Leichte Übersetzung, I 1, 2. Für eine objektiv für einen durchschnittlichen **6** und nicht nur für diesen Übersetzer leichte bis normal „mühevolle" Übersetzung, die also keineswegs irgendwie erschwert ist, beträgt das Honorar für jeweils angefangene 55 Anschläge des schriftlichen Textes 1,55 EUR als „Grundhonorar" nach I 1 und bei einem „nicht elektronisch zur Verfügung gestellten editierbaren" Text 1,75 EUR als „erhöhtes Honorar". Editierbarkeit ist ein eigentlich nur bei einer elektronischen Vorlage sinnvoller Ausdruck für Noch-Veränderbarkeit des Inhalts (das weicht vom lateinischen Ausgangswort ab). I 2 setzt aber gerade einen „nicht elektronisch zur Verfügung gestellten" Text voraus. Geheimnis des Gesetzgebers! Vermutlich ist das Wort „nicht" vor „elektronisch" falsch. Ffm FamRZ **15**, 1830 liest: „nicht elektronisch zur Verfügung gestellter oder sonstiger nicht editierbarer Texte". Das alles gilt zB beim Fehlen von Fachausdrücken oder schwierigen Redewendungen, (zum alten Recht) LG Hann NdsRpfl **90**, 50 (eine Übersetzung ins Italienische zählt grundsätzlich hierher), oder bei einer Übersetzung ins Türkische, Kblz JB **96**, 152.

D. Besonders erschwerte Übersetzung, I 3. Für eine objektiv für einen **7** durchschnittlichen und nicht nur für diesen Übersetzer immerhin (jetzt) „besonders" erschwerte Übersetzung beträgt das Grundhonorar je angefangene 55 Anschläge 1,85 EUR und das nach I 2 erhöhte Honorar nun 2,05 EUR. Die besondere Erschwerung kann beliebiger Art sein, Kblz JB **07**, 493 links. Sie kann sich aus dem Inhalt oder aus anderen Umständen ergeben, Kblz JB **07**, 493 links (zB grafische Gestaltung). Sie muß sich aber zunächst aus dem zu übersetzenden Text ergeben, Celle JB **93**, 560, Hbg JB **82**, 749, Kblz MDR **84**, 780. Sie muß sich aber gerade auf die Übersetzung auswirken, Ffm MDR **78**, 238. Für den Schwierigkeitsgrad ist also anders als evtl nach Rn 13 bei der Anschlagszahl nicht nur der Ausgangstext maßgebend, aM Celle NdsRpfl **90**, 48, Kblz JB **96**, 152, Stgt JB **84**, 92.

Die Übersetzung eines objektiv für einen durchschnittlichen und nicht nur für diesen Übersetzer außergewöhnlich schwierigen deutschen oder fremdsprachigen Textes führt nicht mehr zu einem Honorar von mehr als 1,75 EUR je angefangene 55 Anschläge.

E. Beispiele zur Frage einer besonderen Erschwerung, I 3 **8**
Arbeitsbedingungen: Eine besondere Erschwerung kann infolge ungewöhnlich schlechter Arbeitsbedingungen vorliegen, Hamm JB **99**, 427, Kblz MDR **84**, 780, etwa in einem Auto, weil sonst kein Arbeitsraum zur Verfügung steht.
Arbeitsraum: S „Arbeitsbedingungen".
Auslandsanwalt: Eine besondere Erschwerung kann *fehlen,* soweit ein deutscher Anwalt mit einem Sitz in London einen juristischen Text übersetzt, (zum alten Recht) Ffm MDR **78**, 238, aM MHB 11.5, oder soweit zB ein deutscher Anwalt, der zugleich in Paris zugelassen ist, ähnlich arbeitet, (zum alten Recht) Zweibr Rpfleger **99**, 41.
Drittsprache: Eine besondere Erschwerung kann infolge der Notwendigkeit vorliegen, eine dritte Sprache zuhilfezunehmen, Bbg JB **81**, 1873.
Eilbedürftigkeit: S „Zeitdruck".
Fachausdruck: Eine besondere Erschwerung kann schon nach dem Wortlaut von I 3 infolge einer häufigen Verwendung von Fachausdrücken vorliegen, mögen sie deutsch oder fremdsprachig sein. Das gilt auch bei juristischen Fachausdrücken, Celle JB **93**, 560, Kblz JB **96**, 152, auch wenn sie dort geläufig sind, Bund JB **06**, 408, aM KG JB **09**, 604 links unten, Mü DB **05**, 377, LG Osnabr JB **09**, 657.
Fremdsprache: Eine besondere Erschwerung kann schon nach dem Wortlaut von I 3 infolge einer in Deutschland selten vorkommenden Fremdsprache der Vorlage entstehen. Eine hier nicht gerade seltene reicht also nicht.

Grafik: Eine besondere Erschwerung kann infolge einer schwierigen grafischen Gestaltung vorliegen.
Grammatik: S „Vorlage".

9 **Länge des Textes:** Sie ist grds *unerheblich*.
Lesbarkeit: Eine besondere Erschwerung kann schon nach dem Wortlaut von I 3 infolge einer schweren Lesbarkeit des deutschen oder des fremdsprachigen Textes vorliegen, etwa wegen des Fehlens eines Wörterbuchs, Stgt JB **84**, 92.
Norwegisch: Eine besondere Erschwerung kann nur sehr bedingt infolge einer Übersetzung ins Norwegische vorliegen. Denn es ist in Deutschland wohl nicht selten (?).
Persisch: Eine besondere Erschwerung kann infolge einer Übersetzung ins Persische mit arabischen Wendungen vorliegen, Celle JB **93**, 560.
Spanisch: Eine besondere Erschwerung kann kaum schon infolge einer Übersetzung eines spanischen Telefonats aus Costa Rica vorliegen, Hamm JB **99**, 427. Denn Spanisch ist in Deutschland wohl nicht mehr selten.
Vielzahl: Bei einer Mehrzahl von bis auf den Adressaten inhaltsgleichen Übersetzungen kann eine Berücksichtigung dieses Umstands nur beim Zeilenhonorar erfolgen, Köln JB **91**, 1398.
Vorlage: Eine besondere Erschwerung kann infolge der Beschaffenheit der Übersetzungsvorlage entstehen. Auch ihr Alter kann erheblich erschweren, ebenso eine eigenartige Wortwahl oder Grammatik der Vorlage usw.
Wörtliche Übersetzung: Sie kann dann notwendig sein, wenn eine ausländische Partei dem Prozeß nur so folgen kann, Düss GRUR-RR **12**, 494.
Wortwahl: S „Vorlage".
Zeitaufwand: Eine besondere Erschwerung kann infolge eines ungewöhnlich hohen notwendigen Zeitaufwands vorliegen.
Zeitdruck: Eine besondere Erschwerung kann infolge eines besonderen Zeitdrucks vorliegen. Denn I 3 kennt eine besondere Eilbedürftigkeit.

10 **F. Ermessen bei I 3.** Ob es sich bei I 3 um einen besonderen Schwierigkeitsgrad handelt, muß das Gericht nach seinem pflichtgemäßen Ermessen feststellen und in seiner Entscheidung nachprüfbar begründen, Köln OLGR **99**, 132. Anders läßt sich kein praktisch brauchbares Ergebnis erzielen. Erst beim derart festgestellten Schwierigkeitsgrad ist die dann höhere Honorar keinem Ermessen mehr zugänglich. Auf Grund der Angaben des Übersetzers muß das Gericht im Rahmen eines pflichtgemäßen Ermessens und notfalls unter der Einschaltung eines weiteren Sachverständigen prüfen, welcher Schwierigkeitsgrad vorliegt.

11 **G. Mindesthonorar, II.** Für jeden Auftrag beträgt das Honorar mindestens 15 EUR. Es ist unerheblich, ob es sich um eine oder mehrere Angelegenheiten oder Schreiben oder Übersetzungen usw handelt. Der Übersetzer erhält den Betrag von 15 EUR als ein Mindesthonorar auch dann nur einmal, wenn er auf Grund desselben Auftrags mehrere Übersetzungen anfertigt. Auch das ergibt sich aus dem Text von II ausdrücklich.
Beispiel: Der Auftrag geht dahin, das Schreiben A zu übersetzen. Diese Arbeit ist leicht. Sie umfaßt 4 Zeilen je ca 55 Anschlägen. Die Entschädigung beträgt bei Grundhonorar 4 × 1,55 = 6,20 EUR. Derselbe Auftrag lautet ferner dahin, das Schreiben B zu übersetzen. Diese Arbeit ist besonders erschwert. Sie umfaßt 4 Zeilen je ca 55 Anschlägen. Die Entschädigung beträgt bei Grundhonorar 4 × 1,75 = 7,00 EUR. Bei einer solchen bloßen Addition würden sich also 6,20 + 7,00 = 13,20 oder sogar 6,20 + 8,20 = 14,40 EUR ergeben. Der Übersetzer erhält aber für seine Arbeit insgesamt statt 13,20 oder 14,40 EUR doch 15 EUR.
Auftrag ist bei alledem ein im JVEG nicht näher bestimmter Begriff. Man muß ihn nach dem BGB ermitteln. Liegt nur *ein* Auftrag vor, verbietet II schon nach seinem Wortlaut eine Aushöhlung etwa wegen des Umfangs der zu übersetzenden Texte, aM (zum alten Recht) Köln JB **91**, 1397, Zi 16 (zum neuen Recht).

12 **5) Anschlags- und Zeilenfragen, I 4, 5,** dazu *Bracker* Rpfleger **99**, 166: Soweit es um die Frage geht, wie man die Anschläge berechnen oder Zeilen vergüten muß, gelten drei Aspekte.

A. Grundsatz, I 4 Hs 1. Man muß grundsätzlich tatsächlich die Anschläge der angefertigten schriftlichen Übersetzung zusammenzählen. Maßgeblich ist also das Arbeitsergebnis. Das gilt unabhängig davon, ob eine Übersetzung in die deutsche Sprache oder in eine fremde Sprache vorliegt. Bei einer Übersetzung vom Deutschen zB ins Englische ist also der englische Text der „Zielsprache" nach I 4 Hs 1 maßgeblich. Durch diese neue gesetzliche Regelung sind die früheren diesbezüglichen Streitfragen überholt. Zugleich hat sich der Gesetzgeber eine kaum glaubliche Zuspitzung deutscher Einzelfall-„Gerechtigkeit" in Form eines unwürdigen Erbsenzählens geleistet, die man nur kopfschüttelnd bestaunen kann, soweit man nicht über ein automatisches Anschlagszählwerk verfügt. Dabei ergeben je 55 Anschläge eine volle Zeile. So ist der Gesetzgeber nämlich ersichtlich in I 1, 2 auf die Zahl 55 in bemerkenswerter Großzügigkeit der geschätzten Anschlagzahl pro Zeile gekommen.

Zumindest *überflüssige Leertasten* zählen *nicht* mit, aM Hbg Rpfleger **04**, 111 (zustm Grau. Aber es gibt auch die Papierform), MHB 11.3, Petzold/von Seltmann 375, Zi 4. Mitzählen muß man aber Anführungszeichen, Gedankenstriche, Trennstriche, Satzzeichen anderer Art. Denn sie gehören zum Inhalt. Zwar stellt das JVEG nicht mehr auf Schriftzeichen ab, sondern auf Anschläge. Auch bei einer Leertaste muß man eine Taste drücken. Man müßte dann aber auch jede Einrückung usw je Zeile mit evtl einer ganzen Reihe von so verstandenen „Anschlägen" mitvergüten. Das könnte dem Mißbrauch ebenso Tür und Tor öffnen, wie wenn man nur auf eine Zeilenzahl ohne die Zusatzanforderung einer Durchschnittszahl ihrer Anschläge oder Schriftzeichen abstellen würde (der clevere Übersetzer würde nur noch drei Worte je Zeile schreiben, wie historisch belegbar). Außerdem könnte der Listige zB vor und nach jedem Klammerzeichen *zwei oder drei* Leertasten berechnen, etwa mit der Begründung, das lasse sich besser lesen, usw. Wie sollte man im übrigen eine Leertaste übersetzen?

Man sollte ohnehin wegen des elenden *Aufwands,* Anschlagszahlen mit oder ohne Leertasten zu ermitteln, wenn irgend vertretbar nach der noch genug mühsameren Methode Rn 14 verfahren. Elektronische Zählhilfen in Ehren. Es gibt aber auch andere Schreibgeräte ohne solche Zählhilfen.

Schreibfehler, zB durchstrichene Buchstaben oder Wörter zählen natürlich nicht mit.

B. Ausgangstext, I 4 Hs 2. Ausnahmsweise ist bei der Anschlagszahl nicht der Text **13** der angefertigten schriftlichen Übersetzung maßgeblich, sondern der Ausgangstext dann, wenn nur der Ausgangstext lateinische Schriftzeichen hatte und wenn in der angefertigten Übersetzung keine lateinischen Schriftzeichen stehen. Das gilt etwa bei einer Übersetzung vom Deutschen ins Chinesische. Denkbar ist aber auch, daß die Sprache, in die man übersetzen muß, zwar auch lateinische Schriftzeichen enthält, daß aber in der angefertigten Übersetzung, nach der I 4 Hs 2 allein abstellt, keine solchen stehen.

C. Zeilenbegriff, I 5. Wäre eine Zählung der Anschläge mit einem unverhält- **14** nismäßigen Aufwand verbunden, darf man deren Anzahl nach der durchschnittlichen Menge je Zeile nach der Zeilenzahl bestimmen. Das ergibt dann immer noch die Notwendigkeit eines Zählens, aber nur noch der Zeilen. Hier muß und darf man nun freilich nicht einen meist üblichen Durchschnitt von Anschlägen je Zeile ansetzen, sondern man muß vom Durchschnitt der Anschlagszahl gerade der hier vergütbaren Übersetzung ausgehen. Damit erfolgt eine verschämte halbe Rückkehr zum alten System. Es bleibt zu hoffen, daß alle Beteiligten den Begriff „unverhältnismäßigen Aufwands" der Anschlagszählung so gnädig großzügig auszulegen wagen, daß das ganze Rechenwerk halbwegs in eine Zeit paßt, in der sogar das Zeilenzählen meist das Zehnfache des ganzen Zeilenhonorars kosten dürfte. I 5 sollte zB dann vorliegen, wenn kein Anschlagszählwerk vorhanden ist.

6) Telekommunikationsüberprüfung usw, III. In diesem Sonderfall erhält der **15** Übersetzer wegen der einer Dolmetschertätigkeit vergleichbaren Schwierigkeiten ein Honorar nach § 9.

Ersatz für besondere Aufwendungen

12 [1] [1]Soweit in diesem Gesetz nichts anderes bestimmt ist, sind mit der Vergütung nach den §§ 9 bis 11 auch die üblichen Gemeinkosten sowie der mit der Erstattung des Gutachtens oder der Übersetzung üblicherweise verbundene Aufwand abgegolten. [2]Es werden jedoch gesondert ersetzt

JVEG § 12

1. die für die Vorbereitung und Erstattung des Gutachtens oder der Übersetzung aufgewendeten notwendigen besonderen Kosten, einschließlich der insoweit notwendigen Aufwendungen für Hilfskräfte, sowie die für eine Untersuchung verbrauchten Stoffe und Werkzeuge;
2. für jedes zur Vorbereitung und Erstattung des Gutachtens erforderliche Foto 2 Euro und, wenn die Fotos nicht Teil des schriftlichen Gutachtens sind (§ 7 Absatz 2), 0,50 Euro für den zweiten und jeden weiteren Abzug oder Ausdruck eines Fotos;
3. für die Erstellung des schriftlichen Gutachtens 0,90 Euro je angefangene 1000 Anschläge; ist die Zahl der Anschläge nicht bekannt, ist diese zu schätzen;
4. die auf die Vergütung entfallende Umsatzsteuer, sofern diese nicht nach § 19 Abs. 1 des Umsatzsteuergesetzes unerhoben bleibt.

II Ein auf die Hilfskräfte (Absatz 1 Satz 2 Nr. 1) entfallender Teil der Gemeinkosten wird durch einen Zuschlag von 15 Prozent auf den Betrag abgegolten, der als notwendige Aufwendung für die Hilfskräfte zu ersetzen ist, es sei denn, die Hinzuziehung der Hilfskräfte hat keine oder nur unwesentlich erhöhte Gemeinkosten veranlasst.

Gliederung

1) Systematik, I, II	1
2) Regelungszweck, I, II	2
3) Geltungsbereich, I, II	3
4) Vorbereitung und Erstattung des Gutachtens oder der Übersetzung, I 2 Z 1	4
5) Beispiele zur Frage besonderer Aufwendungen, I 2 Z 1	5
6) Hilfskraft, I 2 Z 1	6–11
A. Weisungsgebundenheit	6
B. Notwendigkeit	7, 8
C. Tatsächlicher Aufwand	9
D. Anderer selbständiger Sachverständiger usw	10
E. Kein eigener Anspruch der Hilfskraft	11
7) Verbrauchte Stoffe und Werkzeuge, I 2 Z 1	12
8) Lichtbilder, Ausdrucke, I 2 Z 2	13
9) Beispiele zur Frage von Lichtbildern, Ausdrucken usw, I 2 Z 2	14
10) Gutachtenerstellung, I 2 Z 3	15
11) Umsatzsteuer, I 2 Z 4	16–18
12) Gemeinkosten der Hilfskraft, II	19–21

1 **1) Systematik, I, II.** § 12 behandelt die nicht schon nach §§ 5–7 erstattbaren Nebenkosten des Sachverständigen, Dolmetschers und Übersetzers. Diejenigen des Zeugen erfaßt nicht § 12, sondern § 7. Die teilweise Abwälzung seiner sachlichen und personellen Generalunkosten und damit der „üblichen Gemeinkosten" im Gegensatz zu seinen nachweislich nur anläßlich dieses Auftrags entstandenen Einzelkosten regeln jetzt wegen I 1 die Vorschriften in II sowie die Anlagen zu § 10 abschließend, LG Mü Rpfleger 93, 305. Das gilt auch bei einer juristischen Person als einer Sachverständigen usw. Daher sind KV 9000 ff unanwendbar, aM Zweibr MDR 87, 872. Zu den üblichen Gemeinkosten oder allgemeinen Geschäftskosten gilt dasselbe wie beim Anwalt, Vorbem 7 vor VV 7000 Rn 4, 5, Teil X dieses Buchs.

Notwendigkeit oder Erforderlichkeit nach I 2 Z 1, 2 stehen daher im pflichtgemäßen und nur in diesen Grenzen überprüfbaren Ermessen des Sachverständigen usw, Ffm JB 83, 413. Freilich muß er die Einhaltung seines Ermessens darlegen und belegen und kann nicht einfach eine Pauschale fordern, LG Mü JB 93, 746.

Unanwendbar ist § 12 auf die bloß nachträglichen Kopien eines Gutachtens. Dann gelten auch nicht § 9, sondern allenfalls § 7 II, Celle JB 05, 375.

2 **2) Regelungszweck, I, II.** Die Vorschrift bezweckt eine möglichst vollständige Abgeltung aller in ihr genannten im Einzelfall meist anfallenden Nebenkosten des Sachverständigen, Dolmetschers und Übersetzers, soweit dieser sie tatsächlich gehabt hat, aber eben auch nicht darüber hinaus. Das muß man bei der Auslegung mitbeachten. Immerhin gilt die ganze Regelung nach § 12 nur hilfsweise, „soweit in diesem Gesetz nichts anderes bestimmt ist", I 1. Andere derartige Bestimmungen befinden sich zB in §§ 5–7, § 12 I 2 Z 2–4, II. Auch das muß man mitbeachten.

3) Geltungsbereich, I, II. Die Vorschrift gilt zunächst für grundsätzlich jeden vom Gericht bestellten Sachverständigen. Der beamtete Sachverständige kann den wegen seiner Inanspruchnahme von Einrichtungen, Material oder Personal des Dienstherrn an diesen zahlbaren Gebührenanteil nicht nach (jetzt) I 2 Z1 erstattet fordern, Karlsr Rpfleger **89**, 173, Stgt MDR **89**, 921, OVG Lüneb Rpfleger **82**, 122, aM Karlsr Just **80**, 452, Schlesw (9. ZS) SchlHA **82**, 175 (teilweiser Erstattungsanspruch), KG Rpfleger **76**, 70, Schlesw (2. StS) SchlHA **88**, 99 (voller Erstattungsanspruch. Aber I 2 Z 1 zeigt deutlich die Beschränkung auf den direkten Einzelfallaufwand).

Wenn der Sachverständige zur Anfertigung seines Gutachtens unbedingt eine *Spezial-*„*Hilfs*"*Kraft* benötigt, kann es notwendig werden, daß das Gericht diese Hilfskraft als einen weiteren Sachverständigen bestellt.

§ 12 gilt ferner grundsätzlich auch für den *Dolmetscher* und für den *Übersetzer*. Das zeigen die Verweisungen in I 1 auf §§ 9–11 und die amtliche Überschrift des Abschnitts 3 (vor § 8). Freilich fertigt der Übersetzer kein Gutachten nach I 2 Z 3 an.

4) Vorbereitung und Erstattung des Gutachtens oder der Übersetzung, I 2 Z 1. Alle diese Kosten müssen gerade für das Gutachten notwendig sein, Rn 2, Schlesw SchlHA **85**, 163.

5) Beispiele zur Frage besonderer Aufwendungen, I 2 Z 1
Arbeitsfotosatz: Hierher zählen seine Kosten, LG Hbg JB **07**, 216.
Besichtigung: S „Schreiben".
Datenbank: Hierher zählen derartige Kosten, LSG Mainz Rpfleger **86**, 32.
Diagnose: S „Krankenhaus".
Fachbuch: Hierher zählen seine im Einzelfall notwendigen Kosten.
Nicht hierher zählen die allgemeinen Literaturaufwendungen.
Fotokopie: Hierher zählen ihre Kosten zB aus einer Akte, Hamm Rpfleger **91**, 269, LG Mönchengladb JB **94**, 181.
Frage an Gericht: Hierher zählen die Kosten einer Rückfrage beim Gericht wegen der Einzelheiten des Auftrags.
Geräte: Hierher zählen derartige notwendige Kosten.
Gerichtsfrage: Hierher zählen die Kosten der Beantwortung der Fragen des Gerichts zB nach der Zuständigkeit oder nach den Kosten des Sachverständigen, Kblz JB **07**, 95.
Krankenbesuch: Hierher zählen seine Kosten, Zweibr Rpfleger **82**, 358.
Krankenhaus: Hierher zählen evtl die Kosten einer stationären Behandlung, Karlsr Rpfleger **83**, 507, Zweibr JB **83**, 107 („großer" Pflegesatz), LG Aachen JB **89**, 547. Das gilt auch für Diagnosekosten, Zweibr JB **83**, 107, LSG Mainz Rpfleger **76**, 336, LSG Schlesw SchlHA **77**, 108.
Laboratorium: Hierher zählen die Kosten eines dortigen Versuchs.
Material: Hierher zählen derartige notwendige Kosten.
Ortstermin: Hierher zählen seine Kosten, auch diejenigen seiner Verlegung.
S auch „Schreiben".
Parteikosten: *Nicht* hierher zählen die Vorbereitungskosten der Partei für diesen Sachverständigen usw, Schlesw SchlHA **80**, 221.
Porto: Hierher zählen zugehörige solche Kosten, LG Mannh Rpfleger **91**, 36.
Raum: *Nicht* hierher zählen allgemeine Nutzungsentgelte, Düss OLGR **95**, 103, Stgt Just **77**, 426, OVG Lüneb Rpfleger **82**, 122, aM KG NJW **76**, 380, Schlesw SchlHA **88**, 99.
S aber auch „Untersuchungsraum".
Reise: Hierher zählen ihre Kosten im Rahmen von § 5.
Schreiben: Hierher zählen die Kosten von Schreiben an alle Beteiligten zB wegen eines Besichtigungstermins oder seiner Aufhebung, Verlegung usw, Hamm Rpfleger **90**, 228, LAG Hamm JB **76**, 492, oder an einen Dritten zur Klärung eines Zustands oder einer Erlaubnis, Düss MDR **93**, 804, Kblz VersR **94**, 242, Schlesw SchlHA **93**, 187.

Softwareprogramm: *Nicht* hierzu zählt ein solches Hilfsmittel, OVG Lüneb JB **14**, 651.
Telekommunikation: Hierher zählen solche Kosten gerade dieses Einzelauftrags.
Nicht hierher zählen die allgemeinen derartigen Kosten, VGH Mannh Just **82**, 381.
Übersetzung: Hierher zählen ihre Kosten, LG Mannh Rpfleger **91**, 36.
Untersuchungsraum: Hierher zählen solche Kosten unabhängig von einem Anspruch einer Partei oder eines Dritten aus solchem Anlaß, Mü OLGR **96**, 59.
S aber auch „Raum".
Versendung: Hierher zählen ihre Kosten.
S auch „Porto".
Zeitaufwand: *Nicht* hierher zählen seine Kosten. Sie fallen vielmehr unter § 9.
Zustandsklärung: S „Schreiben".

6 **6) Hilfskraft, I 2 Z 1,** dazu *Bleutge* JB 98, 340 (Üb):
A. Weisungsgebundenheit. Es muß sich um eine solche Hilfskraft handeln, die der Sachverständige usw heranzieht. Das ist eine solche Person, die er zu seiner Unterstützung an seine Weisungen bindet, mag sie eine rein mechanische oder technische Leistung oder zB im teamwork eine ebenfalls geistige und der Leistung des Sachverständigen usw gleichwertige Arbeit erbringen, Karlsr JB **91**, 997, Zweibr JBl-RhPf **83**, 130, Bleutge JB **98**, 340. Es kann sich auch um eine Schreib- oder Bürokraft handeln, Kblz WoM **94**, 242, Mü MDR **91**, 800, AG Hbg ZIP **17**, 937. Freilich hat § 7 II den Vorrang, Düss JB **87**, 1855, Kblz JB **94**, 563, LG Hann JB **88**, 390 auch um die Geschäftsstelle eines Gutachterausschusses, VG Halle JB **14**, 546. Es kann sich auch um eine Prüfung, Messung, um Fotos usw handeln.
Ein solcher *angestellter Mitarbeiter*, den ein Klinikleiter erlaubtermaßen beizieht, BLAH § 407a ZPO Rn 6, und der verantwortlich mitunterzeichnet, kann als ein weiterer Sachverständiger gelten, Kblz JB **95**, 151. Aber Vorsicht: Hat das Gericht auch um diesen Preis nach § 407a II ZPO zugestimmt? Im Zweifel nur dann, wenn diese Hinzuziehung auch unter einer Berücksichtigung des Kosteninteresses des Unterliegenden unvermeidbar war und wenn die Hauptverantwortung des Sachverständigen bestehen bleibt, BSG VersR **90**, 992, BVerwG NJW **84**, 57, Celle DS **16**, 129. Das ist freilich in der Praxis oft so. *Bloßes „Einverstanden"* reicht hier nicht, Ffm VersR **04**, 1122, BLAH § 407a ZPO Rn 6.

7 **B. Notwendigkeit.** Die Aufwendungen müssen notwendig gewesen sein. Es kann sich zB um die Organisation eines Termins und um die Beschaffung von Unterlagen durch die Schreibkraft handeln, Kblz WoM **94**, 242. Der Sachverständige usw hat insofern in den Grenzen der ihm erteilten oder mutmaßlichen Erlaubnis ein vom Gericht nur auf einen etwaigen Mißbrauch nachprüfbares wie stets pflichtgemäßes Ermessen, Hamm Rpfleger **89**, 525, Kblz WoM **02**, 222, Mü RR **99**, 73. Unerheblich sein kann die Möglichkeit, daß der Beweisführer auch selbst hätte helfen können, Hamm BauR **12**, 548. Der Sachverständige muß freilich nach Rn 1 die Notwendigkeit und daher den Umfang der Tätigkeit der Hilfskraft angeben, Düss OLGR **95**, 103, Mü MDR **91**, 800, AG Hbg ZIP **17**, 937. Er darf nicht die Kosten der Hilfskraft als seine eigenen persönlichen Kosten abrechnen, LG Mainz JBl **94**, 185. Er kann evtl auch einen darzulegenden Anteil einer auf seine Hilfskräfte entfallenden und an den Dienstherrn zahlbaren Pauschale ersetzt fordern, Karlsr Rpfleger **83**, 507, Zweibr Rpfleger **83**, 508. Er muß bei ungewöhnlich hohen Kosten der Hilfskraft beim Gericht zuvor rückfragen, ob es nicht diese dann billigeren weiteren Sachverständigen usw hinzuziehen will, Düss MDR **90**, 164.

8 Den *normalen Personalaufwand* berücksichtigt allerdings (jetzt) etwa bei § 10 Anlage 2 Z 400ff schon mit, Schlesw SchlHA **85**, 163. Ein Bearbeiterwechsel bei den Hilfskräften darf nicht stets zur Verteuerung führen, LG Osnabr NdsRpfl **95**, 396.

9 **C. Tatsächlicher Aufwand.** Einen Ersatz erhält diejenige Vergütung, die der Sachverständige usw der Hilfskraft wirklich bezahlt hat, BGH RR **87**, 1471, Hamm BauR **12**, 548, Kblz WoM **02**, 222. Dem kann eine Vereinbarung zwischen dem Sachverständigen und seiner Hilfskraft zugrunde liegen, ebenso eine Gebührenordnung, KG OLGR **99**, 35, auch ein Tarif. Dabei können höhere Sätze als nach dem JVEG herauskommen, Jena BauR **12**, 997, Zweibr Rpfleger **83**, 295. Das Gericht muß dabei aber einen angemessenen Rahmen einhalten, Düss MDR **90**, 164, Hamm Rpfleger **89**, 525,

Jena BauR **12**, 997. Es muß zB den Tariflohn einschließlich des Arbeitgeberanteils an der Sozialversicherung vergüten, Stgt Rpfleger **82**, 399. Die Vergütung der Hilfskräfte darf nicht wesentlich höher sein als diejenige des Sachverständigen selbst, Düss JB **87**, 1852. Die Pauschalvergütung für ein Abstammungsgutachten nach § 10 Anlage 2 Z 500 ff gilt aber die Tätigkeit der dortigen etwaigen Hilfspersonen bereits ab. Das folgt aus der amtlichen Vorbemerkung I vor Z 500. Dasselbe gilt für ein Blutgruppengutachten, Karlsr Rpfleger **89**, 173, Schlesw SchlHA **85**, 163, Stgt JB **87**, 1581.

D. Anderer selbständiger Sachverständiger usw. Soweit der Sachverständige **10** usw für eine Spezialfrage einen anderen selbständigen Sachverständigen usw hinzugezogen hat, kann er für diese Hilfskraft einen Aufwendungsersatz nur dann fordern, wenn er nachweist, daß er selbst nicht sachkundig genug war, Karlsr JB **91**, 997, Schlesw Rpfleger **84**, 373. Er kann dann einen Aufwendungsersatz bis zu den Sätzen nach § 9 verlangen, jedoch nicht höher, Mü MDR **93**, 1024. Er muß aber den Auftraggeber um dessen Einverständnis gebeten haben, Celle NdsRpfl **85**, 172, Mü JB **94**, 181, Oldb NdsRpfl **82**, 223.

Ein mit der Blutentnahme beauftragter *auswärtiger Arzt* kann die Erstattung der Sätze seiner Gebührenordnung verlangen. Wegen einer ständigen Hilfskraft Rn 21, 22.

E. Kein eigener Anspruch der Hilfskraft. Die Hilfskraft hat selbst keinen un- **11** mittelbaren Anspruch gegenüber dem Staat, Celle NdsRpfl **85**, 172, LG Frankenth Rpfleger **82**, 242, aM LSG Stgt Just **86**, 151. Gerade der Sachverständige usw muß die Hilfskraft hinzugezogen haben. Daher gibt Z 1 keinen Ersatzanspruch für solche Aufwendungen, die eine Partei von sich aus gemacht hat, um dem Sachverständigen usw die Arbeit zu erleichtern.

7) Verbrauchte Stoffe und Werkzeuge, I 2 Z 1. Ein Verbrauch ist nicht gleich- **12** bedeutend mit einem Unbrauchbarwerden. Es reicht aus, daß der Stoff oder das Werkzeug eine über das Übliche hinausgehende stärkere Abnutzung oder eine erhebliche Wertminderung erfahren. Dann erhält der Sachverständige usw aber natürlich auch nur eine entsprechend geringere Entschädigung, Hamm Rpfleger **75**, 377 (selbst dann, wenn er ein wertvolles Gerät pro Termin nicht einmal um 1% abgenutzt hat).

Andernfalls müßte man ein bereits stark *abgenutztes* und nun unbrauchbar gewordenes Gerät ersetzen, nicht aber ein neues, das infolge seiner Neuheit beschränkt brauchbar geblieben ist. Wegen der sachlichen Generalunkosten Rn 1, 2.

Der Verbrauch muß seine *Ursache* gerade in der Untersuchung haben. Soweit die Gebühr den Materialverbrauch nach § 10 Anlage 2 Z 302 ff abgilt, entfällt eine besondere Entschädigung. Nicht entschädigungsfähig ist ein verschuldeter Verbrauch. Dasselbe gilt für den bloßen Gebrauch eines technischen Geräts ohne besondere Abnutzung.

8) Lichtbilder, Ausdrucke usw, I 2 Z 2. Die Vorschrift erfaßt nur ein Gutachten, **13** BGH NJW **16**, 3095, nicht auch eine Übersetzung. Denn Z 2 nennt anders als Z 1 eine Übersetzung nicht mit, Stgt Rpfleger **05**, 218. Die Vorschrift erfaßt die Kosten derjenigen Fotos, Hbg MDR **07**, 867, und auch die an deren Stelle tretenden farbigen oder schwarzweißen Computer-Ausdrucke einer Bilddatei, (zum alten Recht) LSG Celle NZS **02**, 224, die „zur Vorbereitung und Erstattung des Gutachtens erforderlich" waren. Der Sachverständige muß sie nicht selbst gefertigt haben, Ffm MDR **16**, 49.

Der *erste Abzug* oder Ausdruck erhält 2 EUR, jeder weitere 0,50 EUR, Hamm BauR **13**, 137. Das gilt jeweils unabhängig von den tatsächlichen Kosten, Saarbr MDR **96**, 1077, Stgt Just **97**, 443.

9) Beispiele zur Frage von Lichtbildern, Ausdrucken usw, I 2 Z 2 **14**

Art der Herstellung: Sie ist unbeachtbar, Saarbr MDR **96**, 1077, aM (zum alten Recht) LG Ffo JB **96**, 658.

Einkleben usw: *Nicht* nach I 2 Z 2 ersetzbar sind seine Kosten, aM MHB 12.26.

Farbdiagramm: Ersetzbar sind seine Kosten, Hamm BauR **13**, 137.

Farbe: Sie ist unbeachtbar, Saarbr MDR **96**, 1077, aM (zum alten Recht) LG Ffo JB **96**, 658.

Fertigung durch Dritten: Die Ersetzbarkeit ist unabhängig davon, ob der Sachverständige das Original selbst gefertigt hat, Hamm BauR **13**, 137.

Größe: Sie ist unbeachtbar, Saarbr MDR **96**, 1077, aM (zum alten Recht) LG Ffo JB **96**, 658.

Gutachtenkopien: Ersetzbar sind auch Kosten für solche Kopien (je 0,50 EUR).
Handakten: Ersetzbar sind auch die Kosten für die Handakten des Sachverständigen, Köln JB **07**, 433, LG Hann JB **05**, 489 links und rechts.
Hilfskraft: *Nicht* nach I 2 Z 2 ersetzbar sind ihre Kosten, aM MHB 12.26.
Kamera: *Nicht* ersetzbar ist ihr Preis bis zur Ausrüstung des Studios. Das gilt jedenfalls bei I 2 Z 2.
Mehrere Fotos usw: Solche auf demselben Ausdruck zählen einzeln, Hbg MDR **07**, 867.
Nachträgliche Anforderung: Ersetzbar sind auch solche Kosten, Mü JB **07**, 602 links.
Notwendigkeit: Ersetzbar sein können auch diejenigen Kosten, die der Sachverständige zunächst für notwendig halten durfte, auch wenn er ihre Notwendigkeit dann im Gutachten nicht direkt erwähnt hat, LG Hann JB **05**, 375, Zi 13, aM Oldb JB **03**, 151, LG Aachen JB **91**, 1130 (aber I 2 Z 2 spricht nicht mehr von Verwendung „für" das Gutachten oder gar „im" Gutachten).
Seitenzahl: Sie ist als solche unbeachtbar, OVG Weimar JB **07**, 42.
Skizze: *Nicht* ersetzbar sind ihre Kosten, KG JB **08**, 264, AG Weimar JB **06**, 434.
Überflüssigkeit: *Nicht* ersetzbar sind die Kosten eines überflüssigen Fotos usw, KG JB **08**, 264, Mdb JB **03**, 151.
Unbrauchbarkeit: *Nicht* ersetzbar sind die Kosten eines unbrauchbaren Fotos usw, KG JB **08**, 264, Mdb JB **03**, 151.
Zeitaufwand: Ihn regeln §§ 8, 9.

15 10) **Gutachtenerstellung, I 2 Z 3.** Die Vorschrift erfaßt nur ein Gutachten, nicht auch eine Übersetzung. Denn Z 3 nennt anders als Z 1 eine Übersetzung nicht mit. Hs 1 erfaßt zusätzlich zu der nach §§ 8–10 entstehenden Vergütung für die gedankliche Erarbeitung des Gutachtens als eine Pauschale des personellen und sachlichen Gesamtaufwands die Dokumentenpauschale für das Erstexemplar des Gutachtens einschließlich der Aufnahme des Textes, Hamm MDR **91**, 800, Mü MDR **91**, 800. Die tatsächliche Kostenhöhe ist dabei unerheblich. Für seine weiteren Exemplare gilt § 7 II. Auf die Herstellungsart, die Seitengröße usw kommt es nicht an. Auch ein Zeugnis mit einer kurzen gutachterlichen Äußerung usw zählt hierher.

Wegen der *Anschlagsprobleme* enthält Hs 2 eine erhebliche Erleichterung der Berechnung gegenüber § 11 Rn 12–14. Freilich ist die Anschlagszahl nicht schon deshalb „unbekannt", weil man mühsam zählen mußte. Erst recht fehlt ein „unbekannt" beim Vorhandensein eines Zählwerks. Der Vergleich der beiden Vorschriften macht aber deutlich, daß eine bloße Schätzung bei § 12 eher zulässig sein soll als bei § 11. „Unbekannt" läßt sich daher großzügig auslegen, um ein brauchbares Ergebnis zu erzielen. Auch Seiten mit einer Gliederung, mit Schrifttumsangaben oder Fußnoten zählen hierher.

Nicht erfaßt Z 3 Seiten nur mit Fotos und Skizzen oder per Scanner und handschriftliche Zeichnungen usw, LG Bonn JB **95**, 268, Ulrich DS **04**, 2*, aM Hbg MDR **92**, 1008, Stgt JB **91**, 1550, AG Eschweiler JB **92**, 766 (aber dann ist Z 2 anwendbar).

16 11) **Umsatzsteuer, I 2 Z 4,** dazu *Schneider* JG **16**, 115 (Üb): In einer Abweichung von dem Grundsatz des § 13 II UStG, aber in einer Übereinstimmung mit VV 7008, Teil X dieses Buchs, und mit KVfG 32014, Teil III dieses Buchs, gibt Z 4 einen gesetzlichen Erstattungsanspruch für den nach § 1 I 1 Z 1 Herangezogenen nach dort Rn 11, Celle NdsRpfl **03**, 11, LG Hann NdsRpfl **03**, 11, OVG Lüneb NJW **12**, 1307.

Seine *Höhe* beträgt bei einer Regelbesteuerung 19%, soweit der Sachverständige, Dolmetscher oder Übersetzer „nur" freiberuflich tätig ist. Sie beträgt jedoch nach § 12 II Z 7c UStG unverändert nur 7%, soweit der Sachverständige usw eine solche Leistung erbringt, die zumindest auch und nicht nur völlig der freiberuflichen Tätigkeit untergeordnet ein nach dem UrhG geschütztes Werk darstellt. Ein solches Werk liegt zB bei einem Gutachten nach § 9 I 1 vor, dort Honorargruppe M 3. Es kann aber auch zB in der Honorargruppe 6ff oder M 2 durchaus vorliegen, vereinzelt sogar in den „niedrigeren" Honorargruppen (Vorsicht!). § 45 I UrhG steht nicht entgegen. Vgl im übrigen § 19 I UStG.

17 Man muß die Steuer auf die *gesamte* Vergütung ersetzen, soweit diese überhaupt steuerpflichtig ist. Hierher zählt auch eine umsatzsteuerfreie Fremdleistung nach I 2

Z 2, Oldb JB **94**, 179. I 2 Z 4 gilt nicht, sofern es sich um einen nicht optierenden Kleinunternehmer nach § 19 I UStG handelt, LG Hann NdsRpfl **98**, 151, oder soweit eine sonstige Umsatzsteuerfreiheit besteht, etwa für eine Leistung einer Telefongesellschaft nach § 23 I, LG Hann JB **05**, 433 (sie kann nur die *ihr* in Rechnung gestellte Umsatzsteuer ersetzt fordern), oder für ein Porto. Denn auch dieses kostete den Sachverständigen keine Umsatzsteuer und ist eine bloße Auslage, aM AG Bln-Charlottenb 215 C 206/04 v 20. 6. 07. Wegen der Erstattungsfähigkeit gilt VV 7008. Die Fälligkeit tritt zusammen mit derjenigen der Entschädigung selbst ein. Ein Vorschußrecht nach § 3 besteht, soweit eine Steuervorauszahlung fällig ist, § 18 UStG.

Bei der Tätigkeit eines *Gutachterausschusses* nach (jetzt) §§ 192 ff BauGB fällt keine Umsatzsteuer an, Mü Rpfleger **76**, 265. Ein Berufsbetreuer zählt nicht hierher. Denn er ist nach § 1 Rn 13 „Betreuer" kein Sachverständiger. Daher ist Z 3 auch nicht entsprechend anwendbar, aM LG Heidelb FamRZ **93**, 1245, AG Ffm AnwBl **93**, 581. 18

12) Gemeinkosten der Hilfskraft, II. Grundsätzlich gelten I 2 Z 1–4 nach Rn 1 auch die allgemeinen Geschäfts-, Büro- und Praxiskosten einschließlich angemessener Ausstattung und Fachliteratur ab. II macht davon nach Rn 1 abschließend zusammen mit den Anlagen zu § 10 Ausnahmen. Hierunter fallen zB: Der Lohn; das Gehalt; der Arbeitgeberanteil zur Sozialversicherung usw, die ein Sachverständiger usw für einen fest Angestellten oder einen sonstigen ständigen Mitarbeiter aufwendet, mithin für eine Hilfskraft nach I Z 1, nicht für einen solchen Mitarbeiter, den man nicht als eine Hilfskraft ansehen kann. Dann erfolgt gar keine Abwälzung. Der Sachverständige usw kann solche Gemeinkosten anteilig ersetzt fordern. Sie müssen ihm freilich auch tatsächlich entstanden sein, Hamm OLGR **98**, 275. 19

Der *Festbetrag* des Zuschlags lautet auf 15% desjenigen Betrags, der als eine notwendige Aufwendung für die Hilfskraft ersetzbar wäre. Beispiel: Nach I 2 Z 1 muß das Gericht einen Gehaltsanteil usw von 100 EUR ersetzen. Dann muß es nach II dem Sachverständigen außerdem 15 EUR seiner Bürounkosten ersetzen. 20

Kein Zuschlag erfolgt nach II Hs 2 soweit die Hinzuziehung der Hilfskraft keine oder nur unwesentlich erhöhte Gemeinkosten veranlaßt hat. Das mag zB bei einem freien Mitarbeiter außerhalb des Büros des Sachverständigen so sein. Das dürfte nur dann gelten, wenn die Steigerung der Gemeinkosten etwa 5% nicht überstieg. Das Gericht darf und muß nach den Angaben des Sachverständigen usw nach dem gerichtlichen pflichtgemäßen Ermessen schätzen. Es sollte weder kleinlich noch allzu großzügig vorgehen. 21

Besondere Vergütung

13 I ¹Haben sich die Parteien oder Beteiligten dem Gericht gegenüber mit einer bestimmten oder einer von der gesetzlichen Regelung abweichenden Vergütung einverstanden erklärt, wird der Sachverständige, Dolmetscher oder Übersetzer unter Gewährung dieser Vergütung erst herangezogen, wenn ein ausreichender Betrag für die gesamte Vergütung an die Staatskasse gezahlt ist. ²Hat in einem Verfahren nach dem Gesetz über Ordnungswidrigkeiten die Verfolgungsbehörde eine entsprechende Erklärung abgegeben, bedarf es auch dann keiner Vorschusszahlung, wenn die Verfolgungsbehörde von der Zahlung der Kosten befreit ist. ³In einem Verfahren, in dem Gerichtskosten in keinem Fall erhoben werden, genügt es, wenn ein die Mehrkosten deckender Betrag gezahlt worden ist, für den die Parteien oder Beteiligten nach Absatz 6 haften.

II ¹Die Erklärung nur einer Partei oder eines Beteiligten oder die Erklärung der Strafverfolgungsbehörde oder der Verfolgungsbehörde genügt, soweit sie sich auf den Stundensatz nach § 9 oder bei schriftlichen Übersetzungen auf ein Honorar für jeweils angefangene 55 Anschläge nach § 11 bezieht und das Gericht zustimmt. ²Die Zustimmung soll nur erteilt werden, wenn das Doppelte des nach § 9 oder § 11 zulässigen Honorars nicht überschritten wird und wenn sich zu dem gesetzlich bestimmten Honorar keine geeignete Person zur Übernahme der Tätigkeit bereit erklärt. ³Vor der Zustimmung hat das Gericht die andere Partei oder die anderen Beteiligten zu hören. ⁴Die Zustimmung und die Ablehnung der Zustimmung sind unanfechtbar.

III ¹Derjenige, dem Prozess- oder Verfahrenskostenhilfe bewilligt worden ist, kann eine Erklärung nach Absatz 1 nur abgeben, die sich auf den Stundensatz nach § 9 oder bei schriftlichen Übersetzungen auf ein Honorar für jeweils angefangene 55 Anschläge nach § 11 bezieht. ²Wäre er ohne Rücksicht auf die Prozess- oder Verfahrenskostenhilfe zur vorschussweisen Zahlung der Vergütung verpflichtet, hat er einen ausreichenden Betrag für das gegenüber der gesetzlichen Regelung oder der vereinbarten Vergütung (§ 14) zu erwartende zusätzliche Honorar an die Staatskasse zu zahlen; § 122 Abs. 1 Nr. 1 Buchstabe a der Zivilprozessordnung ist insoweit nicht anzuwenden. ³Der Betrag wird durch unanfechtbaren Beschluss festgesetzt. ⁴Zugleich bestimmt das Gericht, welcher Honorargruppe die Leistung des Sachverständigen ohne Berücksichtigung der Erklärungen der Parteien oder Beteiligten zuzuordnen oder mit welchem Betrag für 55 Anschläge in diesem Fall eine Übersetzung zu honorieren wäre.

IV ¹Ist eine Vereinbarung nach den Absätzen 1 und 3 zur zweckentsprechenden Rechtsverfolgung notwendig und ist derjenige, dem Prozess- oder Verfahrenskostenhilfe bewilligt worden ist, zur Zahlung des nach Absatz 3 Satz 2 erforderlichen Betrags außerstande, bedarf es der Zahlung nicht, wenn das Gericht seiner Erklärung zustimmt. ²Die Zustimmung soll nur erteilt werden, wenn das Doppelte des nach § 9 oder § 11 zulässigen Honorars nicht überschritten wird. ³Die Zustimmung und die Ablehnung der Zustimmung sind unanfechtbar.

V ¹Im Musterverfahren nach dem Kapitalanleger-Musterverfahrensgesetz ist die Vergütung unabhängig davon zu gewähren, ob ein ausreichender Betrag an die Staatskasse gezahlt ist. ²Im Fall des Absatzes 2 genügt die Erklärung eines Beteiligten des Musterverfahrens. ³Die Absätze 3 und 4 sind nicht anzuwenden. ⁴Die Anhörung der übrigen Beteiligten des Musterverfahrens kann dadurch ersetzt werden, dass die Vergütungshöhe, für die die Zustimmung des Gerichts erteilt werden soll, öffentlich bekannt gemacht wird. ⁵Die öffentliche Bekanntmachung wird durch Eintragung in das Klageregister nach § 4 des Kapitalanleger-Musterverfahrensgesetzes bewirkt. ⁶Zwischen der öffentlichen Bekanntmachung und der Entscheidung über die Zustimmung müssen mindestens vier Wochen liegen.

VI ¹Schuldet nach den kostenrechtlichen Vorschriften keine Partei oder kein Beteiligter die Vergütung, haften die Parteien oder Beteiligten, die eine Erklärung nach Absatz 1 oder Absatz 3 abgegeben haben, für die hierdurch entstandenen Mehrkosten als Gesamtschuldner, im Innenverhältnis nach Kopfteilen. ²Für die Strafverfolgungs- oder Verfolgungsbehörde haftet diejenige Körperschaft, der die Behörde angehört, wenn die Körperschaft nicht von der Zahlung der Kosten befreit ist. ³Der auf eine Partei oder einen Beteiligten entfallende Anteil bleibt unberücksichtigt, wenn das Gericht der Erklärung nach Absatz 4 zugestimmt hat. ⁴Der Sachverständige, Dolmetscher oder Übersetzer hat eine Berechnung der gesetzlichen Vergütung einzureichen.

Schrifttum: *Schneider* DS 17, 52 (Üb).

Gliederung

1) Systematik, I–VI	1
2) Regelungszweck, I–VI	2
3) Geltungsbereich, I–VI	3
4) Voraussetzungen, I–VI	4–17
A. Kostenpflicht der Parteien oder Beteiligten, I	5
B. Allseitige Erklärungen, I	6
C. Beispiele zur Frage allseitiger Erklärungen, I	7–9
D. Einseitige Erklärung und Zustimmung des Gerichts, II	10, 11
E. Verhältnismäßigkeitsgrundsatz	12
F. Verfahren, Entscheidung	13
G. Unanfechtbarkeit	14
H. Deckung der Staatskasse, I, II	15
I. Zahlung ohne Deckung	16
J. Unerheblichkeit einer Kostenfreiheit	17
5) Besonderheiten bei Prozeß- oder Verfahrenskostenhilfe III, IV	18
6) Besonderheiten im Musterverfahren, V	19
7) Kostenhaftung, VI	20
8) Kostenerstattung, I–VI	21

1) Systematik, I–VI. Auch bei § 13 handelt es sich um eine vorrangige Sonderbestimmung gegenüber der allgemeinen Regelung nach § 9. Das öffentlichrechtliche Heranziehungsverhältnis nach § 1 Rn 11 ff bleibt bestehen. Dasselbe gilt von der Vergütungsfolge dieses Verhältnisses dem Grunde nach. Nur zur Höhe hat eben § 13 Vorrang. Man darf nach § 13 anders als nach § 14 die gesetzliche Höhe überschreiten.

2) Regelungszweck, I–VI. Die Vorschrift dient der Parteiherrschaft nach BLAH Grdz 18 vor § 128 ZPO. Das gilt auch im Bereich eines Verfahrens außerhalb der ZPO, Rn 3. Sie stellt indes formell eine Ausnahmevorschrift dar. Als eine solche muß man sie eng auslegen, Düss MDR **89**, 554, Mü MDR **84**, 679. Die Vorschrift dient aber auch der vom GG vorgeschriebenen Gleichbehandlung Bemittelter und Unbemittelter. Diese soziale Zielrichtung ist stets mitbeachtbar.

§ 13 ist nur dann anwendbar, wenn sich *Parteien* nach BLAH Grdz 4 vor § 50 ZPO oder *Beteiligte* zB nach § 7 FamFG gegenüberstehen. Das gilt auch im FamFG-Verfahren. Es gilt ferner mit den Abwandlungen nach V grundsätzlich auch im Verfahren nach dem KapMuG, abgedruckt bei BLAH SchlAnh VIII. In anderen Fällen binden die gesetzlichen Sätze das Gericht, Hbg MDR **83**, 415. Das alles gilt auch im Straf- oder Bußgeldverfahren. Eine Gebührenvereinbarung ist allerdings auch nach § 10 denkbar. Das Gericht muß dann einer einseitigen Erklärung durchweg die Zustimmung versagen.

3) Geltungsbereich, I–VI. Die Vorschrift gilt nur, soweit gerade ein Gericht den Berechtigten nach § 1 Rn 11 ff herangezogen hat, Celle JB **93**, 118. § 13 gilt die gesamte Vergütung für die Leistung des Sachverständigen oder Dolmetschers oder Übersetzers ab, auch seine Fahrtkosten, seine sonstigen Aufwendungen und Auslagen usw. Denn (jetzt) § 1 I Z 1 umfaßt auch sie, Kblz AnwBl **02**, 186, Meyer JB **02**, 186 (Hilfskraft). Die Vorschrift gilt in jeder Verfahrensart. Sie gilt nach Rn 17 auch bei einer Gerichtskostenfreiheit. Sie ist auch im FamFG-Verfahren und daher auch bei § 306 AktG anwendbar, BGH NJW **94**, 2022, Ju Köln DB **97**, 369, ferner bei § 312 IV UmwG, Stgt RR **02**, 462, nach Rn 2 auch im Verfahren nach dem KapMuG, und im Privatklageverfahren, nicht aber beim Nebenkläger.

Im *arbeitsgerichtlichen* Verfahren ist § 13 anwendbar. Denn der geschuldete Betrag ist kein Vorschuß nach (jetzt) § 11 GKG, LAG Düss BB **92**, 1496. Im Sozialgerichtsverfahren kann § 13 wegen I 3 zumindest teilweise anwendbar sein.

Unanwendbar ist § 13 beim Zeugen, beim ehrenamtlichen Richter oder bei einem Dritten.

4) Voraussetzungen, I–VI. Das Gericht darf zwar ein Verfahren nach § 13 anheimstellen oder gar anregen. Es wird aber keineswegs drängend oder gar im Sinn irgendeiner Bedingung von Amts wegen tätig. Es wartet vielmehr eine oder mehrere Erklärungen einer Partei oder eines Beteiligten ab, ohne deshalb die ganze Beweisaufnahme irgendwie zu verzögern. Man muß drei Bedingungen unterscheiden. Alle Voraussetzungen müssen schon vor dem Beginn der auftragsgemäßen Tätigkeit des Berechtigten vorliegen, Düss JB **94**, 48, Stgt Rpfleger **76**, 190, aM BGH MDR **13**, 942 (aber nur dann läßt sich eine unerfreuliche Auseinandersetzung zu allen nachfolgenden Fragen Rn 5 ff vermeiden). Das gilt schon dazu, ob es überhaupt bei der Heranziehung bleiben soll, selbst wenn der Staat die Mehrkosten schließlich nicht bezahlen muß, Zi 12 ff. Rein technisch muß er ja ohnehin unter den Voraussetzungen Rn 4 ff zunächst einmal zahlen.

A. Kostenpflicht der Parteien oder Beteiligten, I. Nach der jeweiligen Verfahrensordnung muß das Gericht grundsätzlich den Parteien oder Beteiligten die Kosten aufzuerlegen haben. Es darf also grundsätzlich weder von einer Kostenerhebung absehen noch die Kosten nur einem oder mehreren Dritten auferlegen können. Freilich kann es nach I 3 und Rn 3 ausnahmsweise auch dann zur Anwendbarkeit kommen, wenn keine Kostenpflicht der Beteiligten entsteht.

B. Allseitige Erklärungen, I. Dieser Teil der Vorschrift ist anwendbar, soweit sich beide Parteien oder alle Beteiligten eines streitigen Verfahrens eindeutig mit einer ziffernmäßig bestimmten Vergütung oder mit einer von der gesetzlichen Regelung abweichenden bestimmbaren Vergütung einverstanden erklärt haben, zB mit einer solchen nach der Satzung eines Verbandes oder mit einem bestimmten Stundensatz. Solche abweichende Vergütung muß ebenso überprüfbar sein wie eine gesetzliche Vergütung.

Es müssen bei I alle einfachen oder gar notwendigen *Streitgenossen* nach § 62 ZPO oder sonstigen Verfahrensbeteiligten ihr Einverständnis erklärt haben, und zwar vor der Erstattung des Gutachtens, Düss JB **11**, 490, aM BGH GRUR **13**, 864. Ein

JVEG § 13 V. Justizvergütungs- und -entschädigungsgesetz

Streitgehilfe nach §§ 66 ff ZPO ist bei § 13 Partei, soweit er die Partei nach § 67 ZPO binden kann. Eine Vereinbarung des Sachverständigen nur mit dem Gericht ohne eine Zustimmung der Beteiligten ist wirkungslos und unzulässig, Hbg MDR **83**, 415, Kblz MDR **95**, 211, LG Mü JB **75**, 95, aM Düss MDR **99**, 1528 (aber das wäre ein glatter Verstoß gegen den klaren Wortlaut und Sinn des I, Rn 2). Auch die Zustimmung eines Beigeladenen reicht nicht.

7 **C. Beispiele zur Frage allseitiger Erklärungen, I**

Abgeltungsumfang: Die Vergütung gilt, soweit die Beteiligten nichts anderes ersichtlich gemacht haben, den gesamten Anspruch des Sachverständigen nach § 9 ab. Das gilt natürlich nur für den jetzigen Gutachtenauftrag, Jena DS **13**, 217, Kblz BauR **05**, 447. Er darf die vereinbarte Vergütung daher grundsätzlich auch nicht einfach als eine bloße Teilleistung annehmen und etwas nach § 13 nachfordern, Hbg JB **96**, 153, Köln JB **94**, 567. Er mag beim Nichtausreichen der vereinbarten Vergütung nun die gesetzliche im dafür vorhandenen Verfahren geltend machen und begründen. Sie gilt aber nicht die in (jetzt) §§ 10 ff behandelten Vergütungen ab, LAG Düss BB **92**, 1496. Sie gilt eine mündliche Erläuterung nur dann ab, wenn diese mit zum Gegenstand der Vereinbarung geworden war. Sonst kann der Sachverständige für sie die gesetzliche Vergütung fordern.

Anfrage des Gerichts: Sie kann als ein Anhaltspunkt ausreichen, LG Heilbr MDR **93**, 1246.

Annahme der Erklärung: Der Sachverständige braucht eine Erklärung nicht anzunehmen.

Bestimmtheit: „Bestimmte Vergütung" ist eine bestimmt bezifferte Summe, Düss MDR **89**, 554, Mü MDR **93**, 485, aM LAG Düss MDR **92**, 1063. Es reicht auch eine von der Gesetzesregelung abweichende Vergütung. Daher genügt auch eine Bezugnahme auf eine Gebührenordnung, falls sich aus ihr eine bestimmte Summe ergibt, aM Zi 23. Eine Pauschale je Seite oder km reicht jetzt aus.

Eine Bezugnahme auf eine bloße Rahmengebühr reicht *nicht*.

Bezugnahme: S „Bestimmtheit".

Form: Die Erklärung ist formlos möglich, Hbg MDR **83**, 415, also auch zum Protokoll, telefonisch oder elektronisch nach § 4b. Eine schriftliche Erklärung muß nach § 129 ZPO eine volle Unterschrift tragen. Eine schlüssige Handlung kann als eine Erklärung ausreichen, Hbg MDR **83**, 415, LG Heilbr MDR **93**, 1246. Das bloße Stillschweigen reicht aber nur dann, wenn bestimmte Anhaltspunkte das Einverständnis ergeben, Hamm Rpfleger **88**, 550, LG Heilbr MDR **93**, 1246, Meyer JB **02**, 185, aM Zi 18.

8 **Höchstbetrag:** S „Nachprüfbarkeit".

Nachprüfbarkeit: Soweit sich die Parteien oder Beteiligten wirksam mit einer bestimmten Vergütung einverstanden erklärt haben, bei einer Streitgenossenschaft nach §§ 59 ff ZPO also alle vom Beweis Betroffenen, muß das Gericht die Vergütung grundsätzlich ohne jede Nachprüfung ihrer sachlichen Berechtigung geben. Es darf auch keine solche Vergütung nach §§ 9 ff gewähren, die die Beteiligten nicht vereinbart haben, (zum alten Recht) Hbg JB **96**, 153. Soweit sie einen Stundensatz oder eine von § 11 abweichende Vergütung vereinbart haben, soll das Gericht die Zustimmung nach II 2 freilich nur dann erteilen, wenn die das Doppelte des nach §§ 9–11 zulässigen Honorars nicht überschritten wird. Ein Verstoß ist indessen unschädlich.

Nachtragsgutachten: Rn 9 „Zusatzgutachten".

Ordnungsbehörde: Vgl I 3.

Prozeßhandlung: Die Erklärung ist eine Partei- oder Beteiligtenprozeß- oder -verfahrenshandlung nach BLAH Grdz 47 vor § 128 ZPO, LG Heilbr MDR **93**, 1246.

Prozeßvertrag: Die Erklärungen enthalten einerseits einen Vertrag zwischen den Parteien oder Beteiligten über die Prozeß- oder Verfahrenskosten nach BLAH Grdz 48 vor § 128 ZPO, andererseits einen Vertrag zugunsten eines Dritten nach § 328 BGB.

Schweigen: Es bedeutet keine Zustimmung, großzügiger Brdb MDR **10**, 1351. Das gilt selbst dann, wenn das Gericht die Akten dem Sachverständigen zurücksendet, ohne dessen Antrag ausdrücklich abzulehnen, Kblz MDR **10**, 346.

Umfang: Ratsam ist die Klärung, ob die Vereinbarung eine mündliche Erläuterung des Gutachtens zB nach § 411 III ZPO umfassen soll.
Vollmacht: Eine Prozeßvollmacht nach § 80 ZPO ermächtigt zur Abgabe der Erklärung. 9
Vorschuß: Er bleibt wie sonst nötig, Ffm BauR **04**, 1052, Naumb BauR **05**, 1973. Die bloße Zahlung eines Vorschusses reicht nicht als Erklärung, Brdb MDR **10**, 1351, Hbg MDR **83**, 413, aM Kblz JB **10**, 214.
Widerruf: Die Erklärung ist als eine Parteiprozeßhandlung nach BLAH Grdz 47 vor § 128 ZPO grds unwiderruflich, dort Grdz 58, Kblz DS **04**, 389. Das gilt, soweit alle Beteiligten sie übereinstimmend wirksam abgegeben haben, Stgt Just **84**, 366.
Widerspruch: Natürlich reicht er nicht, Hamm MDR **83**, 415.
Wirksamkeit: Die Erklärung wird mit dem Eingang beim zuständigen Gericht wirksam. § 129a ZPO ist zumindest entsprechend anwendbar. Das Gericht sollte die Erklärung wenn möglich zum Protokoll nehmen.

Nicht für eine Haftung der Staatskasse ausreichend ist also die bloße Abgabe von Erklärungen der Parteien untereinander. Freilich mag der Sachverständige dann einen Anspruch direkt gegenüber dem Erklärenden haben. Das kann ihn freilich auch zB nach § 406 ZPO befangen machen.
Zulasten der Staatskasse: Eine solche Vereinbarung reicht *nicht*. Sie ist daher unwirksam.
Zusatzgutachten: Ein Zusatz- oder Nachtragsgutachten braucht ein neues Verfahren nach § 13 oder eine rechtzeitige Erweiterung der Erklärungen, Zustimmungen und Vorzahlungen im bisherigen Verfahren, Jena DS **16**, 207. Das alles gilt natürlich nur, soweit der Sachverständige nicht wegen eigener Mängel nur nachbessern muß.
Zuständigkeit: Zur Berechnung der Vergütung ist wie sonst der Urkundsbeamte der Geschäftsstelle zuständig. Es empfiehlt sich bei § 14 aber durchweg eine Festsetzung nach § 4 durch den Richter oder Rpfl.

D. Einseitige Erklärung und Zustimmung des Gerichts, II. Keine Partei 10 und kein Beteiligter muß einem Vorschlag nach § 13 zustimmen, Düss OLGR **98**, 56. Eine einseitige Erklärung einer Partei oder eines Beteiligten (nicht des Sachverständigen) genügt nach *II 1,* soweit sie sich (jetzt) nur auf den Stundensatz nach § 9 oder bei einer schriftlichen Übersetzung auf die Vergütung für jeweils angefangene 55 Anschläge nach § 11 bezieht und soweit außerdem das Gericht ihr jeweils zustimmt, Karlsr NZFam **15**, 425, Kblz JB **10**, 214, Stgt RR **02**, 462, aM LG Köln DB **97**, 369. Eine Zustimmung „soll" nach *II 2 Hs 1* nur in den dortigen Grenzen und nach *II 2 Hs 2* nur mangels Übernahmebereitschaft eines Geeigneten (Beteiligter oder Dritter) ergehen. Das Gericht muß dazu das wohlverstandene objektive Interesse der anderen Partei oder der anderen Beteiligten beachten, BGH MDR **13**, 942, LG Kref MDR **14**, 1291. Es muß sie deshalb nach *II 3* auch grundsätzlich vor der Zustimmung nach Art 103 I GG anhören. Das Gericht darf nur in einem besonderen Ausnahmefall schon auf Grund der einseitigen Erklärung einer Partei oder eines Beteiligten seine Zustimmung nach II geben.

Es *„soll"* nach *II 2* nicht über das Doppelte der gesetzlichen Vergütung der §§ 9–11 hinausgehen. Das bedeutet insofern ein pflichtgemäßes Ermessen.

Ein solcher Fall kann nach dem Vorliegen des Gutachtens oder gar nach der *Beendigung* des Verfahrens allerdings an sich nur sehr selten eintreten. II ist nach Rn 4 11 dann unanwendbar, wenn die Partei oder ein Beteiligter die Erklärung erst nach dem Eingang des Gutachtens abgibt. Ein Vertrauensschutz kann auch dann zu einer erhöhten Vergütung führen, wenn das Gericht nicht darauf hingewiesen hat, daß man einen Vorschuß abwarten müsse, Karlsr NZFam **15**, 424. Das Ersetzungsverfahren ist *nicht* statthaft, soweit die Kostenverteilung auf Grund eines gerichtlichen Kostenausspruchs oder einer im Prozeßvergleich von den Parteien oder Beteiligten getroffenen Kostenvereinbarung feststeht, Düss JB **89**, 1172, Mü MDR **85**, 333, Stgt Rpfleger **76**, 190, aM Düss MDR **89**, 172 (für den Vergleichsfall).

E. Verhältnismäßigkeitsgrundsatz. Das Gericht muß insbesondere prüfen, ob 12 die andere Partei usw diejenigen erhöhten Kosten überhaupt tragen kann, die sie im Endergebnis nach Rn 17 tragen soll und die beim Verlangen eines bestimmten Stundensatzes usw nicht feststehen. Das Gericht muß ferner klären, ob diese erhöhten

Kosten im Verhältnis zum Streitgegenstand nach BLAH § 2 ZPO Rn 4 angemessen sind, BGH RR **87**, 1470, LG Kref MDR **14**, 1291, Meyer JB **02**, 186. Das Gericht muß gerade gegenüber einer staatlichen Behörde auch dann eine Zurückhaltung üben, wenn die Behörde nicht zur Gutachtertätigkeit verpflichtet ist. Eine solche Behörde kann wegen des Gleichheitsgebots unabhängig von der eigenen Gebührensatzung tätig werden müssen.

13 **F. Verfahren, Entscheidung.** Es kann ein Prozeßvergleich wie nach BLAH Anh § 307 ZPO erfolgen, VG Bln DS **16**, 133. Andernfalls gilt: Das Gericht muß über die Zustimmung in voller Besetzung entscheiden, Düss MDR **88**, 507. Denn es handelt sich um eine echte Entscheidung und nicht nur um eine prozeßleitende Verfügung. Eine Zustimmung des Gerichts muß eindeutig sein, Düss JB **89**, 1172. Sie muß genau angeben, welcher Vergütung das Gericht zustimmt. Die bloße Erhöhung einer Vorschußanordnung reicht dazu nicht aus, Düss JB **89**, 1172. Auch eine bloße Bezugnahme auf einen Schriftsatz reicht meist nicht. Das Schweigen auf eine Berechnung nebst der Ankündigung eines Antrags nach § 13 kann eine Zustimmung bedeuten, LG Hbg JB **07**, 214. Die Entscheidung erfolgt durch einen Beschluß. Das Gericht muß ihn trotz seiner grundsätzlichen Unanfechtbarkeit wenigstens im Kern so weit begründen, daß man sachliche Erwägungen und eine Abwägung erkennen kann, BLAH § 329 ZPO Rn 4.

14 **G. Unanfechtbarkeit.** Der Beschluß ist nach II 4 grundsätzlich unanfechtbar, Ffm ZIP **09**, 1496. Das gilt für die Zustimmung selbst dann, wenn die Erklärung einer durch Prozeßkostenhilfe nach §§ 114 ff ZPO begünstigten Partei ersetzt wurde, Düss MDR **89**, 366. Die Unanfechtbarkeit gilt aber auch bei einer Ablehnung, vgl auch bei § 4.

Die Entscheidung ist kaum noch wegen einer *greifbaren Gesetzeswidrigkeit* anfechtbar, ähnlich Düss JB **94**, 48. Eine greifbare Gesetzwidrigkeit ist aber zumindest seit § 574 ZPO nicht mehr als solche beachtbar, BLAH § 567 ZPO Rn 10. Sie liegt nicht schon deshalb vor, weil das Gericht die Zustimmung erst nach dem Eingang des Gutachtens erteilt hat, aM Düss JB **94**, 48, Stgt Rpfleger **76**, 190. Im übrigen kann auch eine gesetzwidrige Zustimmung durch einen bei ihr eingezahlten Vorschuß einen Vertrauensschutz gestatten, Hamm Rpfleger **88**, 550, LG Düss Rpfleger **91**, 435, LG Ffm JB **03**, 97. Ferner kommt ein Vertrauensschutz auch bei einer unrichtigen Gerichtsauskunft an den Berechtigten infrage, Zi 43. Eine gesetzwidrige Entscheidung kann wegen der Nichtigkeit der zugrundeliegenden Absprache nach Rn 4 kaum einen Vertrauensschutz begründen, KG JB **89**, 698, Kblz JB **95**, 153, aM Düss JB **09**, 151, Kblz JB **10**, 214, LG Ffm JB **03**, 97. Bei einer Ablehnung erfolgt die Vergütung nach (jetzt) § 9, BGH RR **87**, 1470.

15 **H. Deckung der Staatskasse, I, II.** Es gibt eine weitere Voraussetzung der Gewährung. Die Staatskasse muß unabhängig von einem schon zwecks gesetzlicher Vergütung zB nach §§ 379, 402 ZPO erforderlichen Vorschuß wegen des gesamten vereinbarten oder durch eine gerichtliche Zustimmung zustande gekommenen Betrags eine Deckung haben, BGH GRUR **07**, 175, Brdb MDR **10**, 1351, Düss JB **09**, 151 rechts. Das gilt auch im arbeitsgerichtlichen Verfahren, LAG Düss MDR **92**, 1063. Es gilt ferner auch bei II 1, Mü FamRZ **02**, 412. Es gilt ferner in den Grenzen der vorrangigen III, IV auch bei einer mittellosen Partei usw wegen des gesamten Betrags. Denn man kann den Unterschied zwischen den gesetzlichen und den vereinbarten Gebühren nicht errechnen. Zwar fällt die gesetzliche Vergütung des Sachverständigen unter § 122 Z 1 a ZPO, nicht aber die vereinbarte, Düss MDR **89**, 366.

Unterbleiben der unbedingten und endgültigen vorbehaltlosen Zahlung hat zur Folge, daß das Gericht evtl nach einer vergeblichen Fristsetzung nur die gesetzliche Vergütung zahlt, Kblz MDR **95**, 211, Mü FamRZ **02**, 412. Das gilt auch bei II, BGH GRUR **07**, 175. Es reicht nicht aus, daß der Sachverständige den bisherigen Vorschuß als ungenügend bezeichnet hatte, aM Kblz MDR **05**, 1258 (aber I ist eindeutig. Man muß einen ausreichenden Betrag „gezahlt" haben.

16 **I. Zahlung ohne Deckung.** Soweit das Gericht die Vergütung ohne eine genügende Deckung der Staatskasse zahlt, entsteht keine Kürzung der Vergütung des Sachverständigen, Kblz JB **14**, 495, und hat der Sachverständige zwar einen Anspruch gegen die Staatskasse, aM Düss MDR **89**, 366 (aber zum einen ist eine „vertragliche" Regelung und daher das Einverständnis aller Parteien oder Beteiligten die Grundlage, zum anderen hat der Sachverständige dann einen Vertrauensschutz). Der Staat für den anweisenden Richter und evtl sogar der letztere können aber ersatzpflichtig sein, aM LG Heilbr MDR **93**, 1246 (Anspruch nur bis zur Höhe der Einzahlung, so daß der Fehler des Gerichts zu seinen Lasten gehen würde).

J. Unerheblichkeit einer Kostenfreiheit. Eine Kostenfreiheit nach § 2 GKG **17** oder § 2 FamGKG oder § 2 GNotKG, Teile I A, B, III dieses Buchs, ändert nichts an der Anwendbarkeit von I, II. Denn diese Vorschriften befreien zwar auch von den nach KV 9005 oder KVFam 2005 oder KVfG 31005 anfallenden Auslagen. Diese letzteren Vorschriften meinen aber nur die ohnehin kraft Gesetzes geschuldeten Beträge. Dazu gehören die nach I, II vereinbarten höheren Beträge an sich gerade nicht. Sie werden erst nach der Zahlung entsprechender Summen an die Staatskasse und gerade nur wegen dieser Art einer vorangehenden Kostendeckung zu solchen Beträgen, die deswegen dann und erst jetzt nach KV 9005 oder KVFam 2005 oder KVfG 31005 erstattbar sind, aM KG JB **07**, 95 (zustm Beuermann/Berding 59), Kblz MDR **06**, 896 (erneut ohne eine Miterörterung *dieser* Problematik).

5) Besonderheiten bei Prozeß- oder Verfahrenskostenhilfe, III, IV. Auch **18** der Unbemittelte braucht evtl einen solchen Sachverständigen oder Übersetzer oder Dolmetscher, der nur gegen eine höhere als die gesetzliche Vergütung tätig wird. Das könnte zu einer Belastung der Staatskasse führen, falls sie sich nicht anschließend oder sogar vorbeugend an den Unbemittelten halten kann, weil die Prozeß- oder Verfahrenskostenhilfe nach §§ 114 ff ZPO, 76 FamFG ihn zunächst ihr gegenüber freistellt. Andererseits darf man seine Chancen nicht wegen seiner Mittellosigkeit verringern.

Soziale Gründe führen daher zu der vorrangigen Sonderregelung in III, IV. Sie sind bei der Auslegung der technischen Einzelheiten dieser ziemlich umständlich formulierten Bestimmungen beachtbar. Vgl im übrigen Rn 20.

6) Besonderheiten im Musterverfahren, V. Die hier genannten Abweichungen **19** von I, II gelten im Musterverfahren nach §§ 1 ff KapMuG, abgedruckt bei BLAH SchlAnh VIII. Sie resultieren aus der über die Rechtskraft des Musterentscheids nach § 16 KapMuG weit nach § 20 KapMuG hinausreichenden Wirkung eines solchen Verfahrens. Die Voraussetzungen III 1–4 sind als Sonderbestimmungen an sich streng auslegbar. Die Vorschrift muß aber auch praktisch brauchbar bleiben.

7) Kostenhaftung, VI. Die Vorschrift regelt sie wegen der Mehrkosten infolge **20** einer Erklärung nach I oder III. Zur Errechnung gehört auch die in VI 4 genannte Einreichung einer Vergütungsberechnung. Vgl auch I 3.

8) Kostenerstattung, I–VI. Wenn beide Parteien oder die Beteiligten den Auf- **21** wand gebilligt haben, haben sie ihn für notwendig nach § 91 ZPO erklärt. Dann sind die Kosten erstattungsfähig, und zwar nach KV 9005 oder KVFam 2005, Teile I A, B dieses Buchs, oder nach KVfG 31005, Teil III dieses Buchs. Wegen der Notwendigkeit einer Zustimmung des Gerichts liegt eine Erstattungsfähigkeit aber auch bei II, V vor.

Vereinbarung der Vergütung

14 Mit Sachverständigen, Dolmetschern und Übersetzern, die häufiger herangezogen werden, kann die oberste Landesbehörde, für die Gerichte und Behörden des Bundes die oberste Bundesbehörde, oder eine von diesen bestimmte Stelle eine Vereinbarung über die zu gewährende Vergütung treffen, deren Höhe die nach diesem Gesetz vorgesehene Vergütung nicht überschreiten darf.

Gliederung

1) Systematik 1
2) Regelungszweck 2
3) Geltungsbereich 3
4) Vereinbarung 4, 5
5) Vergütungshöhe 6–9

1) Systematik. Die Vorschrift schafft in ihrem Geltungsbereich nach Rn 3 eine **1** vorrangige Regelung, soweit die Beteiligten sie anwenden.

2) Regelungszweck. Eine Vereinbarung nach § 14 dient der Verwaltungsverein- **2** fachung. Denn der Sachverständige usw erhält durch eine solche Vereinbarung einen einfach nachprüfbaren und berechenbaren Anspruch.

3 **3) Geltungsbereich.** Die Vorschrift gilt nur bei einem „häufig" herangezogenen Sachverständigen usw. Das ist derjenige, den man nicht nur wirklich selten heranzieht. Mehrere Heranziehungen durch dasselbe Gericht oder durch mehrere Gerichte nur binnen eines Jahres dürften meist schon „häufiger" sein. Vgl aber auch Rn 5.

Unzulässig ist eine Vereinbarung mit einem Berufs- oder Standesvorstand oder auch „nur" mit einem Klinik- oder Institutsleiter für mehrere oder gar alle Mitarbeiter. Denn § 14 erfaßt nur den einzelnen Sachverständigen, Dolmetscher oder Übersetzer.

4 **4) Vereinbarung.** Die öffentlichrechtliche Vereinbarung muß zwischen der obersten Bundes- oder Landesbehörde oder derjenigen Stelle erfolgt sein, der sie die Zuständigkeit übertragen hat, und einem häufiger herangezogenen Sachverständigen usw. Man braucht ihn nicht allgemein beeidigt zu haben. Die oberste Bundes- oder Landesbehörde oder die von ihr ermächtigte Stelle kann eine solche Vereinbarung nur im Rahmen ihres Zuständigkeitsbereichs abschließen, zB der Innenminister evtl nur für die Tätigkeit eines Sachverständigen usw vor den Verwaltungsgerichten, der Justizminister nur für eine solche Tätigkeit vor den Zivil- oder Strafgerichten usw. Es ist also evtl je Gerichtsbarkeit eine gesonderte Vereinbarung notwendig.

Vgl zB (zum alten Recht) in *Hamburg* die AnO über den Abschluß von Vereinbarungen mit Dolmetschern v 28. 6. 01, JVBl 71, in *Nordrhein-Westfalen* RdErl des Innenministers v 11. 6. 90 – IV B 2 – 5011/52610, zuletzt geändert am 1. 7. 96.

5 Die Vereinbarung gilt auch nur für die Gerichte des *jeweiligen Bundeslandes*, nicht für eine Tätigkeit des Sachverständigen usw in einem anderen Bundesland. Sie kann eine Kündigungsmöglichkeit oder auch eine bestimmte Mindest- oder Höchstlaufzeit oder eine Festdauer vorsehen.

6 **5) Vergütungshöhe.** Die Vereinbarung kann eine Vergütung nur im Rahmen der nach dem JVEG zulässigen Sätze vorsehen. Die Vergütung kann also grundsätzlich nicht höher sein als die nach §§ 8–12 zulässige Summe. Eine Ausnahme gilt nur bei § 13. Die vereinbarte Vergütung kann aber niedriger als die gesetzlich normalerweise entstehende Vergütung sein. Denn der Sachverständige usw kann durch eine Vereinbarung von vornherein erklären, nicht mehr verlangen zu wollen. Er muß ja einen Anspruch überhaupt erst einmal nach § 2 I „geltend machen".

7 Die Vereinbarung enthält in der Regel eine *Entschädigungsstaffel* für bestimmte Verrichtungen oder eine Pauschalentschädigung, die letztere also auch für andere Verrichtungen als zB in § 10. Insbesondere kann man einen Pauschalsatz auch für den Aufwendungsersatz nach §§ 6, 7 treffen. Es kommt auch eine Fallpauschale, eine Stundenzahl- oder Stundensatzabrede usw in Betracht.

8 Soweit das Gericht nach § 4 eine Festsetzung vornimmt, darf es im allgemeinen auf Grund einer solchen Vereinbarung nur nachprüfen, ob überhaupt eine Heranziehung nach § 1 vorliegt, ob die Vereinbarung *ordnungsgemäß zustandegekommen* ist und ob die Voraussetzungen für die vereinbarte Entschädigung zB der Tarifstelle vorliegen.

9 *Aufwendungen und Auslagen* können in eine Pauschalvergütung einfließen. Sie müssen das aber nicht tun. Es empfiehlt sich insofern eine völlige Klarheit der Vereinbarungsgrenzen. Im Zweifel ist derjenige, der sich auf § 14 beruft, für das Vorliegen von dessen sämtlichen Voraussetzungen beweispflichtig. Das gilt unabhängig davon, ob dabei mehr oder weniger herauskäme.

Abschnitt 4. Entschädigung von ehrenamtlichen Richtern

Grundsatz der Entschädigung

15 ^{I} Ehrenamtliche Richter erhalten als Entschädigung
1. Fahrtkostenersatz (§ 5),
2. Entschädigung für Aufwand (§ 6),
3. Ersatz für sonstige Aufwendungen (§ 7),
4. Entschädigung für Zeitversäumnis (§ 16),
5. Entschädigung für Nachteile bei der Haushaltsführung (§ 17) sowie
6. Entschädigung für Verdienstausfall (§ 18).

Abschn. 4. Entschädigung v ehrenamtl Richtern   § 15 JVEG

II [1] Soweit die Entschädigung nach Stunden bemessen ist, wird sie für die gesamte Dauer der Heranziehung einschließlich notwendiger Reise- und Wartezeiten, jedoch für nicht mehr als zehn Stunden je Tag, gewährt. [2] Die letzte bereits begonnene Stunde wird voll gerechnet.

III Die Entschädigung wird auch gewährt,
1. wenn ehrenamtliche Richter von der zuständigen staatlichen Stelle zu Einführungs- und Fortbildungstagungen herangezogen werden,
2. wenn ehrenamtliche Richter bei den Gerichten der Arbeits- und der Sozialgerichtsbarkeit in dieser Eigenschaft an der Wahl von gesetzlich für sie vorgesehenen Ausschüssen oder an den Sitzungen solcher Ausschüsse teilnehmen (§§ 29, 38 des Arbeitsgerichtsgesetzes, §§ 23, 35 Abs. 1, § 47 des Sozialgerichtsgesetzes).

Gliederung

1) Systematik, I–III	1
2) Regelungszweck, I–III	2
3) Geltungsbereich, I–III	3–5
4) Entschädigungsumfang, I Z 1–6	6
5) Stundenbemessung, II	7–9
A. Maßgeblichkeit der gesamten Heranziehungsdauer, II 1 Hs 1	7
B. Höchstens für 10 Stunden je Tag, II 1 Hs 2	8
C. Letzte Stunde voll, II 2	9
6) Einführungs- oder Fortbildungstagung, Ausschußwahl, III	10–12
A. Heranziehung zu Tagung, III Z 1	11
B. Teilnahme an Ausschußwahl, III Z 2	12

1) Systematik, I–III. Die Vorschrift klärt, daß der Staat den ehrenamtlichen **1** Richter an einem staatlichen Gericht ungeachtet seiner Tätigkeitspflicht oder -bereitschaft nicht nur emotional, sondern auch materiell angemessen entschädigen muß. §§ 16–18 präzisieren das letztere Element im einzelnen.

2) Regelungszweck, I–III. Da der ehrenamtliche Richter jedenfalls nicht in dieser Funktion ein staatliches Gehalt usw bezieht, sondern eher einem Sachverständigen vergleichbar ist, bezweckt § 15 die Sicherstellung zunächst der sechs Hauptposten einer angemessenen Entschädigung dem Grunde nach. Der rein rechtstechnische Verweisungsstil ändert nichts an der Notwendigkeit, bei den nachfolgenden Vorschriften stets mitzubeachten, daß § 15 zwar nur eine „Entschädigung" garantiert, also keine volle Gegenleistung, daß die Vorschrift aber auch eine wirkliche Entschädigung und nicht nur eine Art Ehrensold gibt. **2**

3) Geltungsbereich, I–III. Das JVEG bezieht sich auf die in § 1 I Z 2 genannten **3** ehrenamtlichen Richter bei den ordentlichen Gerichten, also auch Schöffen, in Landwirtschaftssachen, ärztliche Beisitzer. Die Regeln gelten nach III Z 2 ferner für die ehrenamtlichen Richter bei den Gerichten für Arbeitssachen, bei den Gerichten der Verwaltungsgerichtsbarkeit, der Finanzgerichtsbarkeit und der Sozialgerichtsbarkeit, ferner für die Vertrauensleute in den entsprechenden Wahlausschüssen. Die Entschädigungsregelung anderer Beisitzer ähnelt nach Grdz 8 vor § 1 unter einer Beibehaltung einiger Besonderheiten derjenigen des JVEG. Stets muß eine Heranziehung nach § 1 Rn 11 erfolgt und vorausgegangen sein.

Soweit man einen solchen ehrenamtlicher Richter herangezogen hatte, dessen Tätigkeit unter § 1 I Z 2, § 15 fällt, ist das JVEG auch dann anwendbar, wenn die Berufung dieses ehrenamtlichen Richters *fehlerhaft* war. **4**

Nicht unter das JVEG fallen Entschädigungen für: Ehrenamtliche Richter in ehren- **5** und berufsgerichtlichen sowie dienstgerichtlichen Verfahren bei den staatlichen Gerichten nach § 1 I Z 2 Hs 3; Handelsrichter nach § 1 I Z 2 Hs 2, dazu Teil VI dieses Buchs, dort § 107 II GVG; die sonstige privatrechtliche ehrenamtliche Tätigkeit im öffentlichen Dienst, soweit nicht die insoweit getroffene Regelung auf das JVEG verweist; ehrenamtliche Richter bei einem privaten Gericht, etwa an einem Vereins- oder Schiedsgericht, soweit die Beteiligten dann nicht das JVEG als entsprechend anwendbar vereinbart haben. Nicht unter I Z 6 fällt ein als selbständiger Betreuer tätiger Schöffe, Drsd JB **17**, 143.

4) Entschädigungsumfang, I Z 1–6. Die Entschädigung besteht aus einer sol- **6** chen für die dort genannten Kostenarten. Sie wird nach § 1 I 2 nur in diesem Umfang möglich. Das stellt I Z 1–6 lediglich klar. Vgl dazu bei den in I Z 1–6 genannten Einzelvorschriften.

7 **5) Stundenbemessung, II.** Die Vorschrift gilt bei allen Entschädigungsarten von I Z 1–6. Man muß drei Aspekte beachten.

A. Maßgeblichkeit der gesamten Heranziehungsdauer, II 1 Hs 1. Die Vorschrift entspricht wörtlich der Regelung für Sachverständige, Dolmetscher und Übersetzer in § 8 II 1 Hs 1. Sie entspricht ebenso wörtlich der Regelung für Zeugen in § 19 II 1 Hs 1. Die maßgebliche gesamte Dauer der Heranziehung mit einer absoluten Höchstgrenze umfaßt also auch die notwendigen Reise- und Wartezeiten. Heranziehung meint den in § 1 Rn 11 ff erläuterten Vorgang. Akteneinsicht vor einem Termin ist keine notwendige Tätigkeit, soweit sie unaufgefordert erfolgt, LAG Bre MDR **88**, 995.

8 **B. Höchstens für 10 Stunden je Tag, II 1 Hs 2.** Diese Vorschrift entspricht wörtlich der Regelung für Sachverständige, Dolmetscher und Übersetzer in § 8 II 1 Hs 2. Sie entspricht ebenso wörtlich der Regelung für Zeugen in § 19 II 1 Hs 2.

9 **C. Letzte Stunde voll, II 2.** Diese Regelung weicht von der vergleichbaren für Sachverständige, Dolmetscher und Übersetzer trotz der sonstigen Übereinstimmung mit § 8 II 2 Hs 1 ab. Denn dort kommt es in Hs 2 zur Differenzierung wegen der letzten 30 Minuten. Diese Differenzierung entfällt beim ehrenamtlichen Richter ebenso wie beim Zeugen in § 19 II 2. Es rechnet also die letzte bereits begonnene Stunde der Heranziehung hier stets voll.

10 **6) Einführungs- oder Fortbildungstagung, Ausschußwahl, III.** Die Vorschrift stellt klar, daß in den in III Z 1, 2 genannten Situationen ebenfalls eine Entschädigung entsteht.

11 **A. Heranziehung zu Tagung, III Z 1.** Die Vorschrift setzt die Heranziehung gerade durch die zuständige staatliche Stelle und daher scheinbar nicht nur deren oder eines Dritten freundliche unverbindliche Einladung voraus. Indessen würde III Z 1 dann wohl leerlaufen. Denn ein ehrenamtlicher Richter muß zwar zu einem Termin erscheinen. Er ist aber weder zur Einführung noch zur Fortbildung gesetzlich verpflichtet. Daher kann man III Z 1 dahin auslegen, daß die Teilnahme an einer zumindest auch für diesen ehrenamtlichen Richter gedachten staatlich organisierten derartigen Tagung dann eine Heranziehung ist, wenn die zuständige Behörde ihm die Teilnahme wenigstens ermöglicht oder gar nahegelegt hat. Zuständig ist die veranstaltende Behörde oder ihr Beauftragter.

Keine Heranziehung liegt bei einer nur auf einen eigenen Wunsch zustandekommenden Teilnahme vor, BAG BB **84**, 1362.

12 **B. Teilnahme an Ausschußwahl, III Z 2.** Es geht hier um einen solchen Ausschuß, der nach §§ 29, 38 ArbGG, §§ 23, 35 I, 47 SGG die Verteilung auf die Spruchkörper und den Sitzungsdienst regeln soll. Wegen eines Schöffen sowie eines Ausschusses in der Finanz- und Verwaltungsgerichtsbarkeit gilt § 1 IV.

Entschädigung für Zeitversäumnis

16 Die Entschädigung für Zeitversäumnis beträgt 6 Euro je Stunde.

1 **1) Systematik.** Vgl § 15 Rn 1. § 16 gilt neben §§ 17, 18.

2 **2) Regelungszweck.** Vgl § 15 Rn 2.

3 **3) Zeitversäumnis.** Vgl zunächst § 15 Rn 7 ff. § 16 bestimmt lediglich die Höhe der nach § 15 I Z 4 zu entschädigenden Zeitversäumnis. Dabei nennt § 16 nur den Betrag der vollen Stunde. Wie man sie berechnet, ergibt § 15 II. Die Entschädigung für Zeitversäumnis entsteht unabhängig von einem Einkommensverlust nach § 18 oder einem sonstigen Nachteil nach § 17.

Abschn. 4. Entschädigung v ehrenamtl Richtern §§ 17, 18 JVEG

Entschädigung für Nachteile bei der Haushaltsführung

17 [1] Ehrenamtliche Richter, die einen eigenen Haushalt für mehrere Personen führen, erhalten neben der Entschädigung nach § 16 eine zusätzliche Entschädigung für Nachteile bei der Haushaltsführung von 14 Euro je Stunde, wenn sie nicht erwerbstätig sind oder wenn sie teilzeitbeschäftigt sind und außerhalb ihrer vereinbarten regelmäßigen täglichen Arbeitszeit herangezogen werden. [2] Ehrenamtliche Richter, die ein Erwerbsersatzeinkommen beziehen, stehen erwerbstätigen ehrenamtlichen Richtern gleich. [3] Die Entschädigung von Teilzeitbeschäftigten wird für höchstens zehn Stunden je Tag gewährt abzüglich der Zahl an Stunden, die der vereinbarten regelmäßigen täglichen Arbeitszeit entspricht. [4] Die Entschädigung wird nicht gewährt, soweit Kosten einer notwendigen Vertretung erstattet werden.

1) **Systematik, S 1–4.** Vgl § 15 Rn 1.   1

2) **Regelungszweck, S 1–4.** Vgl § 15 Rn 2.   2

3) **Entschädigung ohne Verdienstausfall, S 1–4.** Wenn ein ehrenamtlicher   3
Richter nicht erwerbstätig ist und nur den Haushalt für sich selbst führt, bleibt es bei der Entschädigung nach §§ 16, 18. Wenn der nicht Erwerbstätige einen eigenen und nicht nur einen fremden Haushalt für mindestens insgesamt zwei Personen führt, also für sich und mindestens eine weitere Person, erhöht sich die Entschädigung für Zeitversäumnis nach § 16 gemäß § 17 S 1 um 14 EUR je Stunde, es sei denn, der ehrenamtliche Richter erhält die Kosten einer notwendigen Vertretung erstattet, S 3. Auch hier muß man nach § 15 I Z 4, II 2 die letzte bereits begonnene Stunde voll einrechnen.

Eine Entschädigung kann je Haushalt nur *eine* Person erhalten, und zwar derjenige,   4
der als Haushaltsführer tätig ist. Bei einem Haushalt mit einem erwerbstätigen oder teilzeitbeschäftigten Ehegatten und einem nicht erwerbsfähigen Ehegatten gilt § 17 trotz § 1360 BGB, KG JB **15**, 544, Köln NStZ-RR **02**, 32. Es gilt dann die widerlegbare Vermutung, daß der nicht erwerbstätige den Haushalt führt. Teilen sich mehrere Personen die Haushaltsführung, dann ist diejenige die Haushaltsführerin, die den Haushalt überwiegend führt, zu alledem VG Drsd v 8. 11. 95 – 5 K 800/95 –.

Denkbar ist auch eine Entschädigung *teilweise* nach § 16 und teilweise und nach   5
§ 17 und damit zusätzlich zu den 6-EUR-Betrag des § 16 (also „neben" dieser Vorschrift, falls nämlich die Arbeitszeit zum Teil nicht in die Terminsstunden oder in die benötigte Wegezeit fällt.

Unanwendbar ist I 2 auf den Bezieher nicht eines Erwerbsersatzeinkommens, sondern einer anderen Einkommensart nach § 18a SGB IV, KG JB **17**, 144.

4) **Teilzeitbeschäftigung, S. 1–4.** Bei ihr gilt die Regelung des S 1 entspre-   6
chend, begrenzt durch die Regelung S 3, (zum alten Recht) Oldb NStZ-RR **99**, 94. Vgl ferner Rn 3. Arbeitslosengeld, Pension, Rente usw stehen nach S 2 einem Arbeitseinkommen gleich. Es ist keine tägliche Arbeitszeit nötig, KG JB **15**, 544.

Entschädigung für Verdienstausfall

18 [1] Für den Verdienstausfall wird neben der Entschädigung nach § 16 eine zusätzliche Entschädigung gewährt, die sich nach dem regelmäßigen Bruttoverdienst einschließlich der vom Arbeitgeber zu tragenden Sozialversicherungsbeiträge richtet, jedoch höchstens 24 Euro je Stunde beträgt. [2] Die Entschädigung beträgt bis zu 46 Euro je Stunde für ehrenamtliche Richter, die in demselben Verfahren an mehr als 20 Tagen herangezogen oder innerhalb eines Zeitraums von 30 Tagen an mindestens sechs Tagen ihrer regelmäßigen Erwerbstätigkeit entzogen werden. [3] Sie beträgt bis zu 61 Euro je Stunde für ehrenamtliche Richter, die in demselben Verfahren an mehr als 50 Tagen herangezogen werden.

Gliederung

1) Systematik, S 1–3 1
2) Regelungszweck, S 1–3 2

JVEG § 18

3) Entschädigung wegen Verdienstausfalls, S 1–3 3–9
  A. Grundsatz: Zeitaufwand 4
  B. Entschädigungshöhe 5
  C. Ermittlung 6
  D. Grundsätzlicher Höchstsatz 7
  E. Überschreitung des Höchstsatzes 8
  F. Verhältnis zwischen Verdienstausfall und Zeitversäumnis 9

1 **1) Systematik, S 1–3.** Vgl § 15 Rn 1. Vgl dazu in *Rheinland-Pfalz* Rdschr JM v 3. 8. 04, JBl 215:

   1. Nachweis von Verdienstausfall und Auslagen

   1.1 Zur Festsetzung einer Entschädigung für Verdienstausfall (§ 18 JVEG) genügt in der Regel der einmalige schriftliche Nachweis über die Höhe des Einkommens der ehrenamtlichen Richterin oder des ehrenamtlichen Richters zu Beginn der Wahlperiode; ist die ehrenamtliche Richterin oder der ehrenamtliche Richter freiberuflich tätig und ist die Vorlage eines schriftlichen Nachweises nicht möglich oder nicht zumutbar, so genügt es, wenn die Höhe des Einkommens durch Angaben über Art und Umfang der beruflichen Tätigkeit glaubhaft gemacht wird.

   1.2 Der Einkommensnachweis oder ein zu fertigender Vermerk über die Höhe des glaubhaft gemachten Einkommens ist als Grundlage für spätere Festsetzungen sowie für die Rechnungsprüfung von der für die Festsetzung der Entschädigung zuständigen Urkundsbeamtin oder dem zuständigen Urkundsbeamten der Geschäftsstelle bis zum Ablauf von 2 Jahren nach Beendigung der Wahlperiode aufzubewahren.

   1.3 Wird eine Entschädigung nach § 18 JVEG geltend gemacht, so hat die ehrenamtliche Richterin oder der ehrenamtliche Richter zu versichern, dass am Sitzungstag ein entsprechender Verdienstausfall entstanden ist.

   1.4 Zur Festsetzung der Entschädigungen nach den §§ 5, 6 und 7 JVEG genügt ebenfalls die Versicherung der Antragstellerin oder des Antragstellers, wenn ein schriftlicher Nachweis nicht vorgelegt werden kann und die Vorlage nach den Umständen unter Berücksichtigung der Würde des Laienrichteramtes nicht zuzumuten ist.

   2. Auszahlungsanordnung für die Entschädigung

   In die Auszahlungsanordnung ist ein Vermerk darüber aufzunehmen, dass die ehrenamtliche Richterin oder der ehrenamtliche Richter die nach den Nummern 1.3 und 1.4 vorgesehenen Versicherungen abgegeben hat.

   3. Dieses Rundschreiben tritt am 1. Januar 2005 in Kraft.

2 **2) Regelungszweck, S 1–3.** Vgl § 15 Rn 2.

3 **3) Entschädigung wegen Verdienstausfalls, S 1–3.** Die Entschädigung nach § 18 tritt zu derjenigen nach § 16 hinzu. Das ergeben die Worte „neben …" in S 1. Ein Grundsatz hat zweierlei Auswirkungen.

4 **A. Grundsatz: Zeitaufwand.** Maßgebend sind die versäumten Stunden. Man muß die gesamte versäumte Zeit zusammenrechnen. Dabei rechnet die letzte, bereits begonnene Stunde nach § 15 I Z 6, II 2 voll. Man errechnet nicht nur die Zeit der Abwesenheit von der Arbeitsstelle, sondern nach § 15 I Z 6, II 1 Hs 1 auch diejenige, in der der Beisitzer seiner gewöhnlichen Beschäftigung nicht nachgehen konnte, also die Dauer der gewöhnlichen Reise- und Wartezeiten. Die Zeitversäumnis muß zwangsläufig aus der Heranziehung folgen.

Die Zeit für einen *unnötigen Umweg* rechnet nicht mit. Eine notwendige Essens- oder Erholungspause nach einem langen Termin gehört aber auch nach § 18.

5 **B. Entschädigungshöhe.** Maßstab für die Entschädigung ist nach S 1 der regelmäßige Bruttoverdienst einschließlich der vom Arbeitgeber zu tragenden Sozialversicherungsbeiträge. Man kann jedenfalls bei einem monatelangen Einsatz ein tarifliches 13. oder 14. Gehalt zum regelmäßigen Bruttoverdienst hinzurechnen. Eine nur vorübergehende oder einmalige Zusatzleistung des Arbeitgebers etwa beim vereinzelten auswärtigen Einsatz oder aus Anlaß eines Jubiläums zählt nicht zum regelmäßigen Verdienst.

C. Ermittlung. Der Richter muß nach S 1 den Bruttoverdienst nachweisen. Allerdings genügt auch eine Glaubhaftmachung nach § 294 ZPO. Beim Gehalts- oder Lohnempfänger ist ein Nachweis durch die Vorlage einer Gehaltsbescheinigung ausreichend. Bei einem selbständigen ehrenamtlichen Richter muß man die Art seines Unternehmens berücksichtigen. Sie läßt oft einen Rückschluß auf einen Verdienstausfall zu. Man kann dann kaum einen schriftlichen Nachweis des Verdienstausfalls verlangen.

Kein Verdienstausfall liegt vor, soweit eine Erwerbstätigkeit fehlt, etwa beim Hausmann, Stgt Rpfleger **82**, 101, oder beim Pensionär, Rentner, Arbeitslosen, Sozialleistungsempfänger, beim Leben aus Vermögenszinsen.

Das Gericht muß in einer solchen Situation *pflichtgemäß schätzen*. Es darf dabei nicht zu kleinlich vorgehen. Notfalls muß der ehrenamtliche Richter einen geeigneten Nachweis erbringen. Die Geltendmachung von Vertreterkosten nach § 15 I Z 3 in Verbindung mit § 7 I 2 spricht im allgemeinen gegen einen persönlichen Verdienstausfall.

D. Grundsätzlicher Höchstsatz. Die Höhe der Entschädigung beträgt grundsätzlich höchstens 24 EUR je Stunde, für den Tag also höchstens insgesamt 240 EUR, § 15 I Z 6, II 1 Hs 2. Bei einem Verdienstausfall von 300 EUR und einer Beisitzertätigkeit von 8 Stunden ergeben sich nur 192 EUR, auch bei einem Verdienstausfall von mehr als stündlich 24 EUR.

E. Überschreitung des Höchstsatzes. Eine Überschreitung des Höchstsatzes von 24 EUR je Stunde durch eine Entschädigung von insgesamt bis zu 46 EUR je Stunde ist nach (jetzt) S 2 zulässig, soweit man den Richter in demselben Verfahren an mehr als 20 Tagen herangezogen hatte oder soweit er ausgehend vom Sitzungstag innerhalb eines Zeitraums von mindestens 30 Tagen an mindestens 6 Tagen seine regelmäßige Erwerbstätigkeit unterlassen mußte, LG Offenbg JB **95**, 491. Nur bei dieser Alternative ist es unerheblich, ob die Heranziehung in demselben Verfahren oder in mehreren erfolgte, Ffm NStZ-RR **02**, 232, LG Offenburg JB **96**, 491. Die Erhöhung gilt vom ersten Tag an, Celle JB **15**, 653. Bei einer Heranziehung an mehr als 50 Tagen erfolgt eine Verdienstausfallentschädigung. Sie kann nach S 3 bis zu 61 EUR je Stunde betragen. Die vorgenannten Erhöhungen des Stundensatzes werden kraft Gesetzes fällig, soweit ihre Voraussetzungen vorliegen. Nur um diese Voraussetzungen entscheidet das Gericht auf Grund eines gewissen pflichtgemäßen Ermessens. Das Gericht muß dabei nämlich den Verdienstausfall berücksichtigen. Die Erhöhungen erfolgen nur ab dem 21. Tag usw. Die Festsetzung erfolgt im Verfahren nach *§ 4*.

F. Verhältnis zwischen Verdienstausfall und Zeitversäumnis. Eine Entschädigung wegen des Verdienstausfalls nach § 18 läßt einen Anspruch auf eine Entschädigung wegen einer Zeitversäumnis nach § 16 unberührt. Das ergibt sich aus den Worten „... neben der Entschädigung nach § 16..." in S 1.

Abschnitt 5. Entschädigung von Zeugen und Dritten

Grundsatz der Entschädigung

19 I ¹Zeugen erhalten als Entschädigung
1. Fahrtkostenersatz (§ 5),
2. Entschädigung für Aufwand (§ 6),
3. Ersatz für sonstige Aufwendungen (§ 7),
4. Entschädigung für Zeitversäumnis (§ 20),
5. Entschädigung für Nachteile bei der Haushaltsführung (§ 21) sowie
6. Entschädigung für Verdienstausfall (§ 22).
²Dies gilt auch bei schriftlicher Beantwortung der Beweisfrage.
II ¹Soweit die Entschädigung nach Stunden bemessen ist, wird sie für die gesamte Dauer der Heranziehung einschließlich notwendiger Reise- und Wartezeiten, jedoch für nicht mehr als zehn Stunden je Tag, gewährt. ²Die letzte bereits begonnene Stunde wird voll gerechnet, wenn insgesamt mehr als 30 Mi-

nuten auf die Heranziehung entfallen; anderenfalls beträgt die Entschädigung die Hälfte des sich für eine volle Stunde ergebenden Betrags.

III Soweit die Entschädigung durch die gleichzeitige Heranziehung in verschiedenen Angelegenheiten veranlasst ist, ist sie auf diese Angelegenheiten nach dem Verhältnis der Entschädigungen zu verteilen, die bei gesonderter Heranziehung begründet wären.

IV Den Zeugen, die ihren gewöhnlichen Aufenthalt im Ausland haben, kann unter Berücksichtigung ihrer persönlichen Verhältnisse, insbesondere ihres regelmäßigen Erwerbseinkommens, nach billigem Ermessen eine höhere als die in den §§ 20 bis 22 bestimmte Entschädigung gewährt werden.

Gliederung

1) Systematik, I–IV	1
2) Regelungszweck, I–IV	2
3) Geltungsbereich, I–IV	3–8
A. Zeuge	3
B. Zeuge und Sachverständiger	4
C. Sachverständiger Zeuge	5
D. Gestellter Zeuge	6
E. Schriftliche Beantwortung usw, I 2	7, 8
4) Entschädigungsumfang, I 1, 2	9
5) Stundenbemessung, II	10–12
A. Maßgeblichkeit der gesamten Heranziehungsdauer, II Hs 1	10
B. Höchstens für 10 Stunden je Tag, II Hs 2	11
C. Letzte Stunde voll, II 2	12
6) Verteilung bei verschiedenen Angelegenheiten, III	13
7) Ausländischer Zeuge, IV	14

1 **1) Systematik, I–IV.** §§ 19–22 regeln die Entschädigung des Zeugen, § 23 regelt diejenige eines Dritten. Das ist das Hauptabgrenzungsmerkmal. Um dieses Merkmal gruppiert sich eine Fülle teils schwieriger Detail-Abgrenzungsfragen. Die Entschädigung des Zeugen ist freilich keineswegs nur in §§ 19–22 geregelt. Das zeigen wie zahlreiche weitere Bestimmungen des JVEG.

2 **2) Regelungszweck, I–IV.** Ziel ist eine angemessene, aber auch nicht übertriebene finanzielle Anerkennung als eine Gegenleistung zur Erfüllung staatsbürgerlicher Ehrenpflichten. Sie mögen heute so manchem Betroffenen kaum noch bei einer solchen „Untervergütung" als hinnehmbar erscheinen. Indessen werden derartige Entschädigungsregeln ohnehin nie den Wünschen des Zeugen gerecht werden. Umso mehr dürfen sich diejenigen freuen, die die Kosten des Verfahrens tragen müssen. So dient auch § 19 im Ergebnis leidlich der ausgleichenden Gerechtigkeit.

3 **3) Geltungsbereich, I–IV.** Man muß fünf Fallgruppen unterscheiden.

A. Zeuge. Für die Frage, ob jemand überhaupt eine Zeugenentschädigung erhält, kommt es grundsätzlich (Ausnahme Rn 4) nicht darauf an, in welcher Eigenschaft man ihn geladen hat, sondern grundsätzlich darauf, ob man ihn als einen Zeugen vernommen oder schriftlich angehört hat. Nur soweit es nicht zur Tätigkeit oder Vernehmung kam, entscheidet die Aufgabe. Den als Zeugen Geladenen muß das Gericht usw nach § 1 Rn 22 wie einen Sachverständigen entschädigen, soweit es ihn als einen Sachverständigen zB nach §§ 402ff ZPO vernommen hat, und umgekehrt, Düss BauR **11**, 152, Kblz MDR **14**, 1296, LG Osnabr JB **98**, 483. Auch die Veranlassung einer schriftlichen Aussage reicht nach § 1 Rn 25.

Ein solcher *sachverständiger Zeuge* nach §§ 414 ZPO, 85 StPO, den das Gericht usw nur als einen Zeugen nach §§ 391ff ZPO vernommen hat, ist eben nach Rn 5 nur ein Zeuge. Er erhält also nur eine Zeugenentschädigung. Auch bei ihm entscheiden im übrigen der Beweiszweck, aber auch die Art der tatsächlichen Heranziehung (Vernehmung), Hamm MDR **88**, 418. Sie kann sich gegenüber der Ladung ändern, Düss VersR **83**, 544, Hbg JB **75**, 83. Daher ist zB ein nur zu seinen Feststellungen vernommener Privatgutachter ein sachverständiger Zeuge. Der gesetzliche Vertreter ist nicht schon als solcher ein Zeuge, Stgt JB **01**, 484.

Unanwendbar sind §§ 19, 20 auf eine Partei nach BLAH Grdz 4 vor § 50 ZPO, aM BGH MDR **12**, 473 (aber sie sind nicht einmal auf Dritte anwendbar).

B. Zeuge und Sachverständiger. Der Sachverständige ist auswechselbar, der Zeuge nicht, Hamm JB **88**, 792, LG Osnabr JB **98**, 483. Wenn jemand nicht nur diejenigen Tatsachen nach BLAH Einf 17 ff vor § 284 ZPO bekundet hat, die er infolge seiner Sachkunde wahrgenommen hat, sondern darüber hinaus auf Grund einer gerichtlichen oder behördlichen Aufforderung und nicht nur ungebeten aus seinen Wahrnehmungen auch einen fachmännischen Schluß gezogen hat, dann ist er ein (sachverständiger) Zeuge und zugleich auch ein Sachverständiger, Köln MDR **93**, 391, Stgt JB **83**, 1356. Daher ist der Arzt ein sachverständiger Zeuge nach § 414 ZPO, soweit er über bestimmte Krankheitssymptome aussagt, zu deren Wahrnehmung keine besondere Sachkunde erforderlich war. Er bleibt aber ein bloßer Zeuge nach §§ 373 ff ZPO, soweit er nur Behandlungsdaten übersendet, BSG NJW **01**, 2832. Er ist schließlich ein Zeuge und Sachverständiger, soweit er über die Ursache und Wirkung der wahrgenommenen Krankheit Rückschlüsse mitteilt und Bekundungen macht, Bbg JB **84**, 260, Düss VersR **83**, 544, Hbg JB **85**, 1218. 4

Soweit sich die Funktionen als Zeuge einerseits, als Sachverständiger andererseits bei der Vergütungsfestsetzung *technisch trennen* lassen, muß das Gericht die Vergütung auch getrennt und nebeneinander festsetzen. Soweit eine Trennung nicht oder nur unter unverhältnismäßigen Schwierigkeiten möglich ist wie meist, muß das Gericht die volle Zeit usw nach den Regeln zum Sachverständigen vergüten, Bbg JB **80**, 1221, Köln MDR **93**, 391, Stgt JB **78**, 1727. Hat das Gericht usw jemanden als Sachverständigen geladen und hat er sich entsprechend vorbereitet, erhält er ausnahmsweise auch dann eine Sachverständigenvergütung, wenn er unvorhersehbar nur als ein Zeuge aussagt, KG JB **92**, 633. Vgl zunächst Rn 3.

C. Sachverständiger Zeuge. Vgl zunächst Rn 3. Soweit Phasen der Tätigkeit als Sachverständiger und derjenigen als sachverständiger Zeuge nach § 414 ZPO vorliegen, gilt jeweils § 9 oder § 19. Das kann zB dann so sein, wenn das Gericht usw einen als Sachverständigen von einer Partei Abgelehnten nun zulässigerweise als einen sachverständigen Zeugen über seine Wahrnehmungen vernimmt, Jessnitzer DS **91**, 268. Maßgeblich ist also der Inhalt der Beurkundung, Kblz JB **17**, 255. 5

D. Gestellter Zeuge. Auch ein von der Partei usw ohne eine gerichtliche Ladung oder nur auf Grund einer gerichtlichen bloßen Anheimgabe gestellter („sistierter") Zeuge nach BLAH § 273 ZPO Rn 25 oder ein zufällig erschienener mag eine Entschädigung nach § 19 fordern können, KG Rpfleger **86**, 283 (sogar für die Hinweise), LG Mü MDR **90**, 64. Das mag freilich in einen Zivilprozeß von einem Vorschuß nach § 379 ZPO abhängig sein. Soweit ihn die Partei bezahlt hat, kann sie die Erstattung bis zur Höhe der Entschädigung (jetzt) des § 19 fordern, Hbg MDR **75**, 500, KG NJW **75**, 1423, falls ihr überhaupt ein Kostenerstattungsanspruch zB nach §§ 91 ff ZPO zusteht. Derjenige vom Angeklagten nach § 220 StPO geladene Zeuge, den das Gericht als einen Sachverständigen vernommen hat, erhält den für ihn noch nicht gesicherten Mehrbetrag als Sachverständiger. 6

E. Schriftliche Beantwortung usw, I 2. Eine Entschädigung erhält nach I 2 auch derjenige Zeuge, dem das Gericht usw zB nach § 377 III ZPO oder die heranziehende sonstige Stelle nach § 1 I 1 eine schriftliche Beantwortung der Beweisfrage erlaubt hat. Dabei muß man den notwendigen Zeitaufwand nach den erkennbaren Verhältnissen des Zeugen schätzen. Seine Berufstätigkeit kann dabei ebenso beachtlich sein wie sein Alter, seine Gesundheit, seine Vertrautheit mit der Materie und tausend weitere Aspekte. Wegen der Vorbereitung gilt auch § 22. Es kann durchaus weniger, aber auch mehr Zeitaufwand als bei einer mündlichen Aussage entstehen. Wegen eines Dritten gilt § 23. 7

Dagegen erhält die auf Grund der Anordnung des Gerichts zB nach § 372 a ZPO zu einer *Untersuchung* beim Arzt erschienene Partei, keine Zeugenentschädigung. Denn das Gericht hat sie nicht „als einen Zeugen" geladen und untersuchen lassen. 8

4) Entschädigungsumfang, I 1, 2. Die Entschädigung besteht aus einer solchen für die dort genannten Kostenarten. Sie wird nach § 1 I 2 nur in diesem Umfang möglich. Vgl dazu bei den in I 1 Z 1–6 genannten Einzelvorschriften. Sie entsteht 9 nach I 2 auch bei einer schriftlichen Beantwortung nach Rn 7. Der Zeuge kann nach § 2 Rn 5 wirksam auf eine Entschädigung verzichten.

10 **5) Stundenbemessung, II.** Die Vorschrift gilt bei allen Entschädigungsarten von I 1 Z 1–6. Man muß drei Aspekte beachten.

A. Maßgeblichkeit der gesamten Heranzierungsdauer, II 1 Hs 1. Die Vorschrift entspricht wörtlich der Regelung für Sachverständige, Dolmetscher und Übersetzer in § 8 II 1 Hs 1 und derjenigen für ehrenamtliche Richter in § 15 II 1 Hs 1.

11 **B. Höchstens für 10 Stunden je Tag, II 1 Hs 2.** Diese Vorschrift entspricht wörtlich der Regelung für Sachverständige, Dolmetscher und Übersetzer in § 8 II 1 Hs 2. Sie entspricht ebenso wörtlich der Regelung für ehrenamtliche Richter in § 15 II 1 Hs 2.

12 **C. Letzte Stunde voll, II 2.** Diese Regelung entspricht (jetzt) der vergleichbaren für Sachverständige, Dolmetscher und Übersetzer trotz der Übereinstimmung mit § 8 II 2 Hs 1 ab. Denn auch dort kommt es in Hs 2 zur Differenzierung wegen der letzten 30 Minuten.

13 **6) Verteilung bei verschiedenen Angelegenheiten, III.** Die Vorschrift entspricht fast wörtlich der Regelung für Sachverständige, Dolmetscher und Übersetzer in § 8 III.

14 **7) Ausländischer Zeuge, IV.** Die Vorschrift entspricht fast wörtlich der Regelung für Sachverständige, Dolmetscher und Übersetzer in § 8 IV. Auch ein ausländischer Anwalt gehört hierher, auch wenn er im Inland Parteirechte wahrnimmt, aM LG Mü MDR **90**, 64 (aber Beweisperson bleibt Beweisperson).

Entschädigung für Zeitversäumnis

20 Die Entschädigung für Zeitversäumnis beträgt 3,50 Euro je Stunde, soweit weder für einen Verdienstausfall noch für Nachteile bei der Haushaltsführung eine Entschädigung zu gewähren ist, es sei denn, dem Zeugen ist durch seine Heranziehung ersichtlich kein Nachteil entstanden.

1 **1) Systematik.** Vgl § 19 Rn 1. § 20 und § 22 schließen sich gegenseitig aus.
2 **2) Regelungszweck.** Vgl § 19 Rn 2.
3 **3) Geltungsbereich.** Die Vorschrift gilt auch für einen nach § 191 SGG Beteiligten, LSG Bln-Brdb JB **10**, 482.
4 **4) Zeitversäumnis.** Vgl zunächst § 19 Rn 3. Es ist ein Entschädigungsantrag erforderlich. Ihn kann auch ein Festbesoldeter stellen, auch ein Arbeitsloser, aM SG Karlsr JB **13**, 485, auch ein Rentner, BVerwG NJW **12**, 1827, Karlsr OLGR **99**, 40, nicht aber ein Behördenvertreter, BFH JB **15**, 313. Zum Nachteilsbegriff § 21 Rn 7. „Ersichtlich" fehlt ein Nachteil nach Rn 6 erst dann, wenn er ohne weiteres erkennbar fehlt. Das ist nur ausnahmsweise so, zB dann, wenn der Zeuge für einen Vertreter einen Ersatz nach § 7 I 2 erhält. BGH MDR **14**, 868 verneint eine Zeitversäumnis auch bei einem Jobcenter nach dem SGB II. § 20 bestimmt lediglich die Höhe der nach § 19 I 1 Z 4 zu entschädigenden Zeitversäumnis. Dabei nennt § 20 nur den Betrag der vollen Stunde. Wie man sie berechnet, ergibt § 19 II.

Entschädigung für Nachteile bei der Haushaltsführung

21 [1]Zeugen, die einen eigenen Haushalt für mehrere Personen führen, erhalten eine Entschädigung für Nachteile bei der Haushaltsführung von 14 Euro je Stunde, wenn sie nicht erwerbstätig sind oder wenn sie teilzeitbeschäftigt sind und außerhalb ihrer vereinbarten regelmäßigen täglichen Arbeitszeit herangezogen werden. [2]Zeugen, die ein Erwerbsersatzeinkommen beziehen, stehen erwerbstätigen Zeugen gleich. [3]Die Entschädigung von Teilzeitbeschäftigten wird für höchstens zehn Stunden je Tag gewährt abzüglich der Zahl

an Stunden, die der vereinbarten regelmäßigen täglichen Arbeitszeit entspricht.
⁴Die Entschädigung wird nicht gewährt, soweit Kosten einer notwendigen Vertretung erstattet werden.

1) **Systematik, S 1–4.** Vgl § 19 Rn 1. 1

2) **Regelungszweck, S 1–4.** Vgl § 19 Rn 2. 2

3) **Entschädigung ohne Verdienstausfall, S 1–3.** Die Regelung entspricht fast 3
wörtlich derjenigen für ehrenamtliche Richter nach § 17. Hier nur einige Ergänzungen.

A. **Haushalt, S 1.** Die Vorschrift gilt nur für denjenigen, der überhaupt nicht er- 4
werbstätig ist und einen eigenen Haushalt für mehrere Personen führt, also nur für die „Nur Hausfrau" oder den „Nur-Hausmann", LG Mannh MDR 77, 1026. LSG Bln-Brdb JB 10, 482. Er erhält je Stunde 14 EUR. Dieser Sonderbetrag ist mit dem GG vereinbar, (zum alten Recht) BVerfG BGBl 78, 1752 = BVerfG 49, 280. Ein sonstiges Einkommen aus Rente, Kapital, Arbeitslosengeld usw stört nicht, Zi 4, aM LSG Bln NZS 01, 442 (Rentner).

Wer auch nur nebenbei einen *Verdienstausfall* hat, erhält eine Entschädigung nach § 22. Der Zeuge muß den Haushalt zumindest für sich selbst und eine weitere Person unabhängig von deren Stand, Beruf, Geschlecht, Alter usw ständig führen, also nicht nur für den Zeugen und nicht nur für eine oder mehrere andere Personen, Nürnb Rpfleger 79, 235 (ausf). Der Betreute darf nicht in demselben Haus einen eigenen Haushalt führen, Schlesw SchlHA 90, 59. Er darf der nicht berufstätige Ehepartner oder Lebenspartner des Zeugen sein, Köln RR 02, 32. Bei einer gemeinsamen Haushaltsführung kommt es auf denjenigen an, der diese Tätigkeit überwiegend durchführt.

Darlegen muß der Anspruchsteller die vorstehenden Voraussetzungen in einer für den Kostenbeamten nachvollziehbaren Weise.

B. **Teilzeitarbeit, S 1, 3.** Derjenige Teilzeitbeschäftigte, den man bei einer Be- 5
schäftigungsdauer von weniger als der Tarifzeit oder der üblichen Zeit oder als einen sog Kurzarbeit wenigstens teilweise außerhalb der vereinbarten regelmäßigen Arbeitszeit seiner Teilzeitarbeit heranzieht, erhält je Stunde außerhalb der regelmäßigen Arbeitszeit 14 EUR, soweit die übrigen Voraussetzungen von S 1–3 vorliegen.

C. **Vertretung, S 4.** Die Entschädigung nach Rn 4, 5 kommt jedoch nicht zu- 6
stande, soweit man dem Zeugen die Kosten einer notwendigen Vertretung erstattet, S 4. Ob eine Vertretung notwendig ist, läßt sich nur nach den Umständen beurteilen. Man darf die Notwendigkeit weder zu großzügig bejahen noch kleinlich verneinen. Notwendig sein kann eine gesetzliche oder gerichtlich angeordnete Vertretung. Wegen eines Vertreters nach § 141 ZPO, Kblz JB 77, 1004. Notwendig sein kann aber auch eine rechtsgeschäftlich bestellte zur Erfüllung von beruflichen oder privaten Pflichten oder Obliegenheiten unentbehrliche Vertretung. Ein Nachteil kann auch in einer liegengebliebenen Arbeit des als Zeugen geladenen Anwaltssozius liegen, Hamm MDR 91, 263.

D. **Keinerlei Nachteil, S 1–4.** Wenn ein Zeuge ersichtlich keine irgendwie ge- 7
arteten materiellen oder immateriellen Nachteile erlitten hat, erhält er überhaupt keine Entschädigung, OVG Kblz NJW 88, 1807. Das ist zB evtl bei einem Rentner ohne eine Beschäftigung oder bei einem Arbeitslosen denkbar, soweit es sich nicht um eine Hausfrau oder einen Hausmann handelt, LG Weiden Rpfleger 77, 339. Vgl aber S 2. Ein Nachteil kann auch in einer Freizeitbeschränkung liegen, Hamm Rpfleger 91, 266. Er kann ferner in der Notwendigkeit liegen, eine Tätigkeit ohne jeden Gelderwerb infolge der Heranziehung nachzuholen. Der bloße Ausfall im Betrieb stellt nicht stets eine Nachteil dar, aM KG MDR 85, 851.

E. **Höchstsatz, S 3.** Eine Entschädigung entsteht nach S 1–3 je Tag beim bloßen 8
Teilzeitbeschäftigten nach *S 3 Hs 1* höchstens für 10 Stunden. Denn der Teilzeitbeschäftigte soll nicht mehr erhalten als ein Vollzeitbeschäftigter. Man muß diejenigen Stunden abziehen, die der vereinbarten regelmäßigen täglichen Arbeitszeit nach *S 3 Hs 2* entsprechen.

Entschädigung für Verdienstausfall

22 ¹Zeugen, denen ein Verdienstausfall entsteht, erhalten eine Entschädigung, die sich nach dem regelmäßigen Bruttoverdienst einschließlich der vom Arbeitgeber zu tragenden Sozialversicherungsbeiträge richtet und für jede Stunde höchstens 21 Euro beträgt. ²Gefangene, die keinen Verdienstausfall aus einem privatrechtlichen Arbeitsverhältnis haben, erhalten Ersatz in Höhe der entgangenen Zuwendung der Vollzugsbehörde.

Gliederung

1) Systematik, S 1, 2	1
2) Regelungszweck, S 1, 2	2
3) Verdienstausfall, S 1	3–8
A. Notwendiger Zeitaufwand	3
B. Auch Vorbereitungsaufwand	4–6
C. Entschädigungshöhe	7, 8
4) Bemessung der Entschädigung, S 1	9–21
A. Lebensverhältnisse und Bruttoverdienst	9–12
B. Arbeitgeber, Arbeitnehmer	13–15
C. Beispiele zur Frage eines Verdienstausfalls, S 1	16–21
5) Gefangener, S 1, 2	22

1 **1) Systematik, S 1, 2.** Die Vorschrift gilt nur für den Zeugen, Celle RR **09**, 504. Sie gilt also nicht für einen Betreuer, LSG Mü JB **12**, 603. Sie stimmt in S 1 bis auf die Entschädigungshöhe fast wörtlich mit der Regelung für ehrenamtliche Richter in § 18 S 1 überein.

2 **2) Regelungszweck, S 1, 2.** Es gilt dasselbe wie bei § 23 Rn 2.

3 **3) Verdienstausfall, S 1.** Man muß zwei Aspekte beachten.

A. Notwendiger Zeitaufwand. Der nach § 1 herangezogene Zeuge erhält eine Entschädigung trotz seiner Erfüllung einer Staatsbürgerpflicht nach Grdz 2 vor § 1 für den objektiv notwendigen und auch in diesem Rahmen wirklich entstandenen Verdienstausfall, Hamm MDR **91**, 264, Kblz JB **91**, 85, strenger Jena JB **15**, 529 (beim Bediensteten mit dem Aufgabenkreis Teilnahme an Terminen). Diesen Ausfall muß man an der Versäumung derjenigen Arbeitszeit messen, die der Zeuge durch die Ausübung der Zeugenpflicht auf sich nehmen mußte. Man muß auch hier nach wirtschaftlichen, gesundheitlichen und sonstigen persönlichen Gesichtspunkten entscheiden, sogar nach den Witterungsverhältnissen am Reisetag usw. Ein Ausfall, der rein rechtlich dem Ehemann entsteht, kann mittelbar auch die Ehefrau treffen.

4 **B. Auch Vorbereitungsaufwand.** Manchmal muß ein Zeuge solche Vorbereitungen für seine Aussage treffen, die ihn mit besonderen Kosten belasten. Er muß etwa eine Reise unternehmen, Arbeitskräfte zur Nachforschung nach einem verwickelten Sachverhalt hinzuziehen, Unterlagen kontrollieren usw. Von solchen Nachforschungen kann es abhängen, ob der Zeuge überhaupt etwas Sachdienliches bekunden kann. Man muß ihm die für solche Nachforschungen notwendigen tatsächlichen Aufwendungen nach § 7 ersetzen. Auch eine Wartezeit auf dem Bahnhof, Flugplatz oder im Gericht usw gehört hierher.

5 Man muß einem Zeugen auch denjenigen Zeitaufwand ersetzen, den er benötigt, um sich im übrigen *sachkundig* zu machen, soweit er das als Zeuge überhaupt tun muß, Stgt MDR **07**, 1457, etwa um ein Buch oder einen Briefwechsel einzusehen und dergleichen. Die Durchsicht einer Notiz über ein kurzes Telefonat reicht nicht, Stgt MDR **07**, 1457. Eine solche Tätigkeit kann nach § 19 I 2 insbesondere dann notwendig werden, wenn der Zeuge eine Frage nach § 377 III ZPO schriftlich beantworten und die Richtigkeit seiner Antwort an Eides Statt versichern soll.

6 Wenn der Zeuge *am Tag vor dem Termin* abgereist war, obwohl er die Reise ohne unzumutbare Erschwerungen erst am Terminstag hätte antreten können, dann erhält er für den von ihm insofern willkürlich zu früh gewählten Reisetag keine Vergütung.

7 **C. Entschädigungshöhe.** Die Entschädigung beträgt höchstens (jetzt) 21 EUR je Stunde, (zum alten Recht) BGH FamRZ **13**, 781. Dieser Höchstbetrag gilt auch dann, wenn der nachweisbare Erwerbsverlust höher ist, Bre JB **94**, 182. Denn die staatsbürgerliche Ehrenpflicht nach Grdz 2 vor § 1 verlangt keinen vollen Ausgleich, Stgt Just **90**, 409, AG Betzdorf FamRZ **11**, 1327. Die letzte angefangene Stunde rechnet nach § 19 II 2 voll, aber auch nur diese letzte, LG Kblz FamRZ **95**, 692. Die Aufrundung kann dann rechtsmißbräuchlich sein, wenn sich dadurch der Stundensatz um mehr als 10% erhöhen würde, LG Kblz FER **98**, 11. Höchstens erhält ein Erwerbstätiger nach § 19 II 1 Hs 2 10 Stunden je Tag bezahlt, also im Höchstfall 210 EUR. Die Höchstgrenzen je Tag und Stunde gelten jeweils für sich. Es erhält also zB ein Klavierlehrer dann, wenn er an sich je Stunde 60 EUR verdient, für zwei Stunden Verdienstausfall nur 42 EUR, nicht aber 120 EUR.

Man muß für den Stundensatz von dem *Bruttodurchschnittseinkommen* einschließlich 8 eines etwaigen 13. oder gar 14. Gehalts für die betreffende Erwerbstätigkeit einschließlich des gesetzlichen Arbeitgeberanteils der Sozialversicherung ausgehen und den zugehörigen Arbeitnehmeranteil ebenfalls hinzurechnen, soweit der Arbeitgeber auch ihn übernommen hat. Der benötigte Zeitraum ergibt sich von demjenigen Zeitpunkt an, in dem der Zeuge seine Arbeit niederlegen mußte, bis zu demjenigen Zeitpunkt, in dem er seine gewöhnliche Beschäftigung wieder aufnehmen konnte.

4) Bemessung der Entschädigung, S 1. Man muß vier Gesichtspunkte beachten. 9

A. Lebensverhältnisse und Bruttoverdienst. Die Entschädigung richtet sich nach dem regelmäßigen Bruttoverdienst, Kblz MDR **94**, 1152 (keine zusätzliche Erstattung einer Umsatzsteuer). Das Gericht muß die Erwerbsverhältnisse nach seinem pflichtgemäßen Ermessen unter einer Berücksichtigung der Lebensverhältnisse und der regelmäßigen Erwerbstätigkeit des Zeugen beurteilen. Das Gericht muß einen möglichst objektiven Maßstab anlegen. Der Zeuge braucht im allgemeinen nicht konkret nachzuweisen, welche Aufträge er zB nicht durchführen konnte, SG Bln AnwBl **84**, 574.

Das Gericht braucht die Einkommensverhältnisse grundsätzlich *nicht im einzelnen* 10 *nachzuprüfen*. Es kann sich vielmehr damit begnügen, daß ein behaupteter Verdienstausfall wahrscheinlich ist, KG MDR **07**, 921, LG Stendal JB **09**, 198, SG Bln AnwBl **84**, 574. Wegen der Nachweise bei einem Lohnempfänger Rn 16 ff.

Das Gericht muß aber ausnahmsweise zumindest eine Glaubhaftmachung nach zB 11 § 294 ZPO oder sogar einen Nachweis verlangen, soweit die Angaben des Zeugen über seine Erwerbstätigkeit oder über die Höhe des Entgelts *unwahrscheinlich* sind.

Reisespesen und Tagegelder oder sog Auslösungen sind ein Auslagenersatz. Das gilt 12 auch dann, wenn der Zeuge tatsächlich etwas von ihnen erübrigen würde, zB als ein Geschäftsreisender. Er erhält daher für sie keine Entschädigung. Etwas anderes gilt nur insoweit, als der Bezieher regelmäßig nur einen Teil verausgabt, so daß er aus dem Tagegeld eine feste Einnahme hat. Wer ein festes Einkommen hat oder von einem anderen eine Unterstützung erhält, muß darlegen, daß und inwiefern er dennoch einen Einnahmeausfall habe. Andernfalls ist § 20 anwendbar.

B. Arbeitgeber, Arbeitnehmer. Ein Arbeitgeber hat keinen Entschädigungsanspruch 13 nur wegen des Verlusts der Arbeitskraft desjenigen Mitarbeiters, den das Gericht als Zeugen geladen hat, Bre NJW **76**, 685, LAG Halle JB **00**, 535, OVG Kblz NJW **82**, 1115. Soweit der Arbeitgeber dem Zeugen berechtigterweise einen Lohnabzug machen kann, muß man diesen Lohnausfall dem Zeugen nach § 22 ersetzen. Der Zeuge muß durch eine Bescheinigung des Arbeitgebers nachweisen, daß und in welcher Höhe dieser einen Lohnabzug vorgenommen hat, AG Bückeburg Rpfleger **84**, 335. Sie genügt grundsätzlich, LAG Bad Kreuzn JB **92**, 633 (Erschwerniszulage), LAG Düss JB **98**, 152 (Ausnahme bei böswilligem Zusammenwirken).

Ein *Behördenangehöriger* oder der Angehörige einer sonstigen öffentlichen Stelle erhält, 14 soweit nicht § 20 anwendbar ist, nur insofern eine Entschädigung, als er in seinem Diensteinkommen eine Einbuße erleidet, Schlesw SchlHA **95**, 36, LG Bad Kreuzn JB **92**, 633, oder als er eine Nebeneinnahme verliert, etwa dann, wenn der Gerichtsvollzieher die Durchführung eines Auftrags endgültig unterlassen muß. Das übersieht (zum alten Recht) LG Ffm MDR **85**, 589. Ein öffentlicher Angestellte

oder ein Arbeiter im öffentlichen Dienst steht wegen des Lohnabzugs einem privaten Arbeitnehmer gleich.
Eine bloße *Freizeitverkürzung* bedeutet *keinen* Anspruch nach § 22. Ein Beamter mag nach der MehrarbeitsvergütungsVO idF v 13. 3. 92, BGBl 528, eine Dienstbefreiung beanspruchen können. Dann erhält er keine Entschädigung nach § 22, sondern eine solche wegen sonstiger Nachteile nach § 21, Düss JMBl NRW **83**, 108.

15 Soweit der *Arbeitgeber* den Verdienstausfall selbst trägt, erhält der Arbeitnehmer überhaupt keine Entschädigung oder doch nur die Mindestentschädigung nach (jetzt) § 20, BGH **73**, 26. Der Arbeitgeber muß eine Anwesenheitsprämie evtl selbst tragen. Es ist aber auch denkbar, daß ein Arbeitnehmer ohne einen Anspruch auf eine Lohnfortzahlung während seines Fehlens seinen Anspruch auf eine Zeugenentschädigung an den Arbeitgeber abtritt, der dann an ihn weiter Lohn zahlt.

16 **C. Beispiele zur Frage eines Verdienstausfalls, S 1**

Anwalt: Ein Verdienstausfall kann natürlich auch bei ihm als Zeugen eintreten. Ihn entschädigt S 1 und nicht das RVG als Zeugen. Er erhält grds den Höchstsatz, SG Bln AnwBl **84**, 574.

Arbeitslosigkeit: *Kein* Verdienstausfall liegt bei einer Arbeitslosigkeit vor.

Außerhalb Dienstzeit: *Kein* Verdienstausfall liegt dann vor, wenn ein Beamter außerhalb der Dienstzeit aussagen muß, AG Bückebg Rpfleger **84**, 335.

S auch Rn 17 „Festbesoldung", aber auch Rn 21 „Zulage".

17 **Beamter:** S 1 kann anwendbar sein, zB beim Polizisten, AG Bückebg Rpfleger **84**, 335. Grundsätzlich sorgt der Staat für eine Vertretung. Auch eine unentgeltliche Vertretung kann aber eine Entschädigungspflicht des Staates nach § 1 II 1 auslösen, falls der Vertreter nämlich selbst einen solchen Ausfall hat, der mittelbar den Vertretenen trifft. Das gilt zB dann, wenn ein Mitarbeiter seine vorgeladene Ehefrau vertritt und wenn sich dieser Umstand bei dem zur Verfügung stehenden Geld bemerkbar macht. Dieser Fall liegt nicht anders, als habe die Ehefrau eine Vertretung gegen Geld angenommen. Der Einzelfall entscheidet.

Behörde: S zunächst „Beamter".

Kein Verdienstausfall liegt bei einem Jobcenter nach dem SGB II vor, BGH MDR **14**, 868.

Betriebsinhaber: *Kein* Verdienstausfall liegt dann vor, wenn der Inhaber eines größeren Betriebs den Geschäftsgang auch kurz ohne ihn ungestört weiterlaufen lassen kann, Hamm OLGR **93**, 315.

Detektiv: Verdienstausfall kann auch bei einem nicht selbständigen vorliegen, Düss JB **15**, 375.

Festbesoldung: *Kein* Verdienstausfall liegt bei demjenigen Festbesoldeten vor, der nur eine liegengebliebene Arbeit nachholen muß, AG Bückebg Rpfleger **84**, 335, LAG Halle JB **00**, 535, OVG Kblz NJW **82**, 1115.

S auch Rn 16 „Außerhalb Dienstzeit".

Freiberufler: Ein Verdienstausfall kann natürlich auch bei ihm eintreten. Man muß dessen Höhe evtl nach § 287 ZPO schätzen.

Freizeitunterbrechung: Kein Verdienstausfall liegt dann vor, wenn man nur seine Freizeit oder seinen Urlaub unterbricht, Düss MDR **97**, 1070, Hamm Rpfleger **96**, 420, LAG Düss JB **92**, 686, aM Karlsr Just **87**, 156, LG Freib MDR **93**, 89, AG Lübeck Rpfleger **95**, 127 (aber das würde zu einer Art Doppelbezahlung führen).

18 **Haushaltsführung:** *Kein* Verdienstausfall liegt dann vor, wenn man überhaupt nur den Haushalt führt, Stgt Rpfleger **82**, 201.

Nachlernen: Kein Verdienstausfall liegt dann vor, wenn man nur einen versäumten Lernstoff nachholt.

19 **Pensionär:** *Kein* Verdienstausfall liegt beim Pensionär ohne derzeitige Erwerbstätigkeit vor.

Rentner: *Kein* Verdienstausfall liegt beim Rentner ohne derzeitige Erwerbstätigkeit vor.

20 **Sozialhilfeempfänger:** *Kein* Verdienstausfall liegt beim Sozialhilfeempfänger ohne derzeitige Erwerbstätigkeit vor.

Sozius: *Kein* Verdienstausfall liegt dann vor, wenn ein Anwaltssozius aussagt, Hamm MDR **91**, 264.
Überstunden: *Kein* Verdienstausfall liegt dann vor, wenn man sein Zeitguthaben aus Überstunden verwendet.
Urlaub: Ein Verdienstausfall kann darin liegen, daß der Zeuge einen unbezahlten Urlaub nimmt oder daß er eine Aufgabe nicht in der Arbeitszeit erledigen kann und durch die nötige Nacharbeit Verluste erleidet, etwa infolge des Wegfalls bezahlter Überstunden. Es kann aber nicht genügen, daß seine Heranziehung nur seine persönlichen Interessen beeinträchtigt hat. Ein Kaufmann hat während einer Erholungsreise einen Entschädigungsanspruch, soweit er nach der Art seines Geschäftsbetriebs seine Erwerbstätigkeit nicht ganz unterläßt. Er kann etwa als Reisender jedenfalls einen Provisionsausfall ersetzt fordern. Er braucht in der Regel einen Verdienstausfall nicht zu beweisen. Es kann aber eine Glaubhaftmachung zB nach § 294 ZPO ratsam sein, Schlesw SchlHA **92**, 84.

Kein Verdienstausfall liegt dann vor, wenn man bezahlten Urlaub nimmt, Schlesw JB **91**, 545, Stgt JB **92**, 123, LG Freibg MDR **93**, 89 (links und im Ergebnis rechts), aM Celle JB **82**, 107, AG Lübeck Rpfleger **95**, 127, LSG Mü JB **09**, 266 (aber ein Zeitverlust ist nicht als solcher auch ein Geldverlust nach Grdz 1 ff vor § 1).
Urlaubsunterbrechung: Rn 17 „Freizeitunterbrechung".
Vertretung: Rn 17 „Beamter".
Vorübergehende Verhinderung: *Kein* Verdienstausfall liegt grds dann vor, wenn man seine Arbeit nur vorübergehend nicht ausführt und daher seinen Lohn nach § 616 BGB behält. Dann hat auch der Arbeitgeber keinen Anspruch (jetzt) nach dem JVEG, Bre NJW **76**, 685. Freilich können jene Vertragspartner diese Vorschrift abbedungen haben, sogar stillschweigend.
WEG-Verwalter: Meist *kein* Verdienstausfall, Naumb Rpfleger **16**, 375.
Zulage: Ein Verdienstausfall liegt beim Ausfall einer Zulage vor, AG Bückebg Rpfleger **84**, 335.

5) Gefangener, S 1, 2. Soweit er einen Verdienstausfall aus einem privatrechtlichen Arbeitsverhältnis hat, ist auf ihn S 1 anwendbar. Andernfalls erhält er nach S 2 die entgangene Zuwendung der Vollzugsbehörde. Ihr Rechtsgrund, Umfang sowie ihre Bezeichnung sind ebenso unerheblich wie die Frage, ob der Gefangene auf die Zuwendung einen Rechtsanspruch gehabt hätte, BGH NJW **75**, 1017. Es kommt nur darauf an, ob er eine solche Zuwendung tatsächlich erhalten hätte. Vgl im übrigen das StVollzG und Ländervorschriften:
Baden-Württemberg:
Bayern:
Berlin: AV zuletzt vom 10. 11. 15, ABl 2572;
Brandenburg:
Bremen:
Hamburg:
Hessen: RdErl vom 7. 5. 97, JMBl 474;
Mecklenburg-Vorpommern:
Niedersachsen:
Nordrhein-Westfalen:
Rheinland-Pfalz:
Saarland:
Sachsen:
Sachsen-Anhalt: AV vom 27. 5. 91, MBl 338;
Schleswig-Holstein:
Thüringen: VV vom 16. 11. 91, JMBl 205.
Nicht hierher gehört eine Begleitperson, Kblz JB **91**, 593.

JVEG § 23 V. Justizvergütungs- und -entschädigungsgesetz

Entschädigung Dritter

23 ^I Soweit von denjenigen, die Telekommunikationsdienste erbringen oder daran mitwirken (Telekommunikationsunternehmen), Anordnungen zur Überwachung der Telekommunikation umgesetzt oder Auskünfte erteilt werden, für die in der Anlage 3 zu diesem Gesetz besondere Entschädigungen bestimmt sind, bemisst sich die Entschädigung ausschließlich nach dieser Anlage.

^{II 1} Dritte, die aufgrund einer gerichtlichen Anordnung nach § 142 Abs. 1 Satz 1 oder § 144 Abs. 1 der Zivilprozessordnung Urkunden, sonstige Unterlagen oder andere Gegenstände vorlegen oder deren Inaugenscheinnahme dulden, sowie Dritte, die aufgrund eines Beweiszwecken dienenden Ersuchens der Strafverfolgungs- oder Verfolgungsbehörde

1. Gegenstände herausgeben (§ 95 Abs. 1, § 98 a der Strafprozessordnung) oder die Pflicht zur Herausgabe entsprechend einer Anheimgabe der Strafverfolgungs- oder Verfolgungsbehörde abwenden oder
2. in anderen als den in Absatz 1 genannten Fällen Auskunft erteilen,

werden wie Zeugen entschädigt. ²Bedient sich der Dritte eines Arbeitnehmers oder einer anderen Person, werden ihm die Aufwendungen dafür (§ 7) im Rahmen des § 22 ersetzt; § 19 Abs. 2 und 3 gilt entsprechend.

^{III 1} Die notwendige Benutzung einer eigenen Datenverarbeitungsanlage für Zwecke der Rasterfahndung wird entschädigt, wenn die Investitionssumme für die im Einzelfall benutzte Hard- und Software zusammen mehr als 10 000 Euro beträgt. ²Die Entschädigung beträgt

1. bei einer Investitionssumme von mehr als 10 000 bis 25 000 Euro für jede Stunde der Benutzung 5 Euro; die gesamte Benutzungsdauer ist auf volle Stunden aufzurunden;
2. bei sonstigen Datenverarbeitungsanlagen
   a) neben der Entschädigung nach Absatz 2 für jede Stunde der Benutzung der Anlage bei der Entwicklung eines für den Einzelfall erforderlichen, besonderen Anwendungsprogramms 10 Euro und
   b) für die übrige Dauer der Benutzung einschließlich des hierbei erforderlichen Personalaufwands ein Zehnmillionstel der Investitionssumme je Sekunde für die Zeit, in der die Zentraleinheit belegt ist (CPU-Sekunde), höchstens 0,30 Euro je CPU-Sekunde.

³Die Investitionssumme und die verbrauchte CPU-Zeit sind glaubhaft zu machen.

^{IV} Der eigenen elektronischen Datenverarbeitungsanlage steht eine fremde gleich, wenn die durch die Auskunftserteilung entstandenen direkt zurechenbaren Kosten (§ 7) nicht sicher feststellbar sind.

Vorbem. II geändert dch Art 4 Z 5 a G v 10. 12. 15, BGBl 2218, in Kraft seit 18. 12. 15, Art 8 G, ÜbergangsR § 24 JVEG.

Anlage 3
(zu § 23 Abs. 1)

(Amtliche) Allgemeine Vorbemerkung:

^I Die Entschädigung nach dieser Anlage schließt alle mit der Erledigung des Ersuchens der Strafverfolgungsbehörde verbundenen Tätigkeiten des Telekommunikationsunternehmens sowie etwa anfallende sonstige Aufwendungen (§ 7 JVEG) ein.

^{II} Für Leistungen, die die Strafverfolgungsbehörden über eine zentrale Kontaktstelle des Generalbundesanwalts, des Bundeskriminalamts, der Bundespolizei oder des Zollkriminalamtes oder über entsprechende für ein Bundesland oder für mehrere Bundesländer zuständige Kontaktstellen anfordern und abrechnen, ermäßigen sich die Entschädigungsbeträge nach den Nummern 100, 101, 300 bis 321 und 400 bis 402 um 20 Prozent, wenn bei der Anforderung darauf hingewiesen worden ist, dass es sich bei der anfordernden Stelle um eine zentrale Kontaktstelle handelt.

Abschn. 5. Entschädigung v Zeugen usw § 23 JVEG

Nr.	Tätigkeit	Höhe

Abschnitt 1. Überwachung der Telekommunikation

(Amtliche) Vorbemerkung 1:

^I Die Vorschriften dieses Abschnitts gelten für die Heranziehung im Zusammenhang mit Funktionsprüfungen der Aufzeichnungs- und Auswertungseinrichtungen der berechtigten Stellen entsprechend.

^{II} Leitungskosten werden nur entschädigt, wenn die betreffende Leitung innerhalb des Überwachungszeitraums mindestens einmal zur Übermittlung überwachter Telekommunikation an die Strafverfolgungsbehörde genutzt worden ist.

^{III} ¹Für die Überwachung eines Voice-over-IP-Anschlusses oder eines Zugangs zu einem elektronischen Postfach richtet sich die Entschädigung für die Leitungskosten nach den Nummern 102 bis 104. ²Dies gilt auch für die Überwachung eines Mobilfunkanschlusses, es sei denn, dass auch die Überwachung des über diesen Anschluss abgewickelten Datenverkehrs angeordnet worden ist und für die Übermittlung von Daten Leitungen mit Übertragungsgeschwindigkeiten von mehr als 144 kbit/s genutzt werden müssen und auch genutzt worden sind. ³In diesem Fall richtet sich die Entschädigung einheitlich nach den Nummern 111 bis 113.

Nr.	Tätigkeit	Höhe
100	Umsetzung einer Anordnung zur Überwachung der Telekommunikation, unabhängig von der Zahl der dem Anschluss zugeordneten Kennungen: je Anschluss	100,00 €
	Mit der Entschädigung ist auch der Aufwand für die Abschaltung der Maßnahme entgolten.	
101	Verlängerung einer Maßnahme zur Überwachung der Telekommunikation oder Umschaltung einer solchen Maßnahme auf Veranlassung der Strafverfolgungsbehörde auf einen anderen Anschluss dieser Stelle	35,00 €
	Leitungskosten für die Übermittlung der zu überwachenden Telekommunikation: für jeden überwachten Anschluss,	
102	– wenn die Überwachungsmaßnahme nicht länger als eine Woche dauert	24,00 €
103	– wenn die Überwachungsmaßnahme länger als eine Woche, jedoch nicht länger als zwei Wochen dauert	42,00 €
104	– wenn die Überwachungsmaßnahme länger als zwei Wochen dauert: je angefangenen Monat	75,00 €
	Der überwachte Anschluss ist ein ISDN-Basisanschluss:	
105	– Die Entschädigung nach Nummer 102 beträgt	40,00 €
106	– Die Entschädigung nach Nummer 103 beträgt	70,00 €
107	– Die Entschädigung nach Nummer 104 beträgt	125,00 €
	Der überwachte Anschluss ist ein ISDN-Primärmultiplexanschluss:	
108	– Die Entschädigung nach Nummer 102 beträgt	490,00 €
109	– Die Entschädigung nach Nummer 103 beträgt	855,00 €
110	– Die Entschädigung nach Nummer 104 beträgt	1525,00 €
	Der überwachte Anschluss ist ein digitaler Teilnehmeranschluss mit einer Übertragungsgeschwindigkeit von mehr als 144 kbit/s, aber kein ISDN-Primärmultiplexanschluss:	
111	– Die Entschädigung nach Nummer 102 beträgt	65,00 €
112	– Die Entschädigung nach Nummer 103 beträgt	110,00 €
113	– Die Entschädigung nach Nummer 104 beträgt	200,00 €

JVEG § 23

V. Justizvergütungs- und -entschädigungsgesetz

Nr.	Tätigkeit	Höhe
	Abschnitt 2. Auskünfte über Bestandsdaten	
200	Auskunft über Bestandsdaten nach § 3 Nr. 3 TKG, sofern 1. die Auskunft nicht über das automatisierte Auskunftsverfahren nach § 112 TKG erteilt werden kann und die Unmöglichkeit der Auskunftserteilung auf diesem Wege nicht vom Unternehmen zu vertreten ist und 2. für die Erteilung der Auskunft nicht auf Verkehrsdaten zurückgegriffen werden muss: je angefragten Kundendatensatz	18,00 €
201	Auskunft über Bestandsdaten, zu deren Erteilung auf Verkehrsdaten zurückgegriffen werden muss: für bis zu 10 in demselben Verfahren gleichzeitig angefragte Kennungen, die der Auskunftserteilung zugrunde liegen ..... [1] Bei mehr als 10 angefragten Kennungen wird die Pauschale für jeweils bis zu 10 weitere Kennungen erneut gewährt. [2] Kennung ist auch eine IP-Adresse.	35,00 €
202	Es muss auf Verkehrsdaten nach § 113b Abs. 2 bis 4 TKG zurückgegriffen werden: Die Pauschale 201 beträgt	40,00 €
	Abschnitt 3. Auskünfte über Verkehrsdaten	
300	Auskunft über gespeicherte Verkehrsdaten: für jede Kennung, die der Auskunftserteilung zugrunde liegt Die Mitteilung der die Kennung betreffenden Standortdaten ist mit abgegolten.	30,00 €
301	Für die Auskunft muss auf Verkehrsdaten nach § 113b Abs. 2 bis 4 TKG zurückgegriffen werden: Die Pauschale 300 beträgt	35,00 €
302	Die Auskunft wird im Fall der Nummer 300 aufgrund eines einheitlichen Ersuchens auch oder ausschließlich für künftig anfallende Verkehrsdaten zu bestimmten Zeitpunkten erteilt: für die zweite und jede weitere in dem Ersuchen verlangte Teilauskunft	10,00 €
303	Auskunft über gespeicherte Verkehrsdaten zu Verbindungen, die zu einer bestimmten Zieladresse hergestellt wurden, durch Suche in allen Datensätzen der abgehenden Verbindungen eines Betreibers (Zielwahlsuche): je Zieladresse .... Die Mitteilung der Standortdaten der Zieladresse ist mit abgegolten.	90,00 €
304	Für die Auskunft muss auf Verkehrsdaten nach § 113b Abs. 2 bis 4 TKG zurückgegriffen werden: Die Pauschale 303 beträgt	110,00 €
305	Die Auskunft wird im Fall der Nummer 303 aufgrund eines einheitlichen Ersuchens auch oder ausschließlich für künftig anfallende Verkehrsdaten zu bestimmten Zeitpunkten erteilt: für die zweite und jede weitere in dem Ersuchen verlangte Teilauskunft	70,00 €
306	Auskunft über gespeicherte Verkehrsdaten für eine von der Strafverfolgungsbehörde benannte Funkzelle (Funkzellenabfrage)	30,00 €
307	Für die Auskunft muss auf Verkehrsdaten nach § 113b Abs. 2 bis 4 TKG zurückgegriffen werden: Die Pauschale 306 beträgt	35,00 €

Abschn. 5. Entschädigung v Zeugen usw § 23 JVEG

Nr.	Tätigkeit	Höhe
308	Auskunft über gespeicherte Verkehrsdaten für mehr als eine von der Strafverfolgungsbehörde benannte Funkzelle: Die Pauschale 306 erhöht sich für jede weitere Funkzelle um	4,00 €
309	Auskunft über gespeicherte Verkehrsdaten für mehr als eine von der Strafverfolgungsbehörde benannte Funkzelle und für die Auskunft muss auf Verkehrsdaten nach § 113 b Abs. 2 bis 4 TKG zurückgegriffen werden: Die Pauschale 306 erhöht sich für jede weitere Funkzelle um	5,00 €
310	Auskunft über gespeicherte Verkehrsdaten in Fällen, in denen lediglich Ort und Zeitraum bekannt sind: Die Abfrage erfolgt für einen bestimmten, durch eine Adresse bezeichneten Standort	60,00 €
311	Für die Auskunft muss auf Verkehrsdaten nach § 113 b Abs. 2 bis 4 TKG zurückgegriffen werden: Die Pauschale 310 beträgt	70,00 €
	Die Auskunft erfolgt für eine Fläche:	
312	– Die Entfernung der am weitesten voneinander entfernten Punkte beträgt mehr als 10 Kilometer: Die Entschädigung nach Nummer 306 beträgt	190,00 €
313	– Die Entfernung der am weitesten voneinander entfernten Punkte beträgt mehr als 10, aber nicht mehr als 25 Kilometer: Die Pauschale beträgt	490,00 €
314	– Die Entfernung der am weitesten voneinander entfernten Punkte beträgt mehr als 25, aber nicht mehr als 45 Kilometer: Die Pauschale beträgt	930,00 €
	Liegen die am weitesten voneinander entfernten Punkte mehr als 45 Kilometer auseinander, ist für den darüber hinausgehenden Abstand die Entschädigung nach den Nummern 312 bis 314 gesondert zu berechnen.	
	Die Auskunft erfolgt für eine Fläche und es muss auf Verkehrsdaten nach § 113 b Abs. 2 bis 4 TKG zurückgegriffen werden:	
315	– Die Entfernung der am weitesten voneinander entfernten Punkte beträgt nicht mehr als 10 Kilometer: Die Pauschale 310 beträgt	230,00 €
316	– Die Entfernung der am weitesten voneinander entfernten Punkte beträgt mehr als 10, aber nicht mehr als 25 Kilometer: Die Pauschale 310 beträgt	590,00 €
317	– Die Entfernung der am weitesten voneinander entfernten Punkte beträgt mehr als 25, aber nicht mehr als 45 Kilometer: Die Pauschale 310 beträgt	1120,00 €
	Liegen die am weitesten voneinander entfernten Punkte mehr als 45 Kilometer auseinander, ist für den darüber hinausgehenden Abstand die Entschädigung nach den Nummern 315 bis 317 gesondert zu berechnen.	
318	Die Auskunft erfolgt für eine bestimmte Wegstrecke: Die Pauschale 310 beträgt für jeweils angefangene 10 Kilometer Länge	110,00 €
319	Die Auskunft erfolgt für eine bestimmte Wegstrecke und es muss auf Verkehrsdaten nach § 113 b Abs. 2 bis 4 TKG zurückgegriffen werden: Die Pauschale 310 beträgt für jeweils angefangene 10 Kilometer Länge	130,00 €

Nr.	Tätigkeit	Höhe
320	Umsetzung einer Anordnung zur Übermittlung künftig anfallender Verkehrsdaten in Echtzeit: je Anschluss .... Mit der Entschädigung ist auch der Aufwand für die Abschaltung der Übermittlung und die Mitteilung der den Anschluss betreffenden Standortdaten entgolten.	100,00 €
321	Verlängerung der Maßnahme im Fall der Nummer 320	35,00 €
	Leitungskosten für die Übermittlung der Verkehrsdaten in den Fällen der Nummern 320 und 321:	
322	– wenn die angeordnete Übermittlung nicht länger als eine Woche dauert	8,00 €
323	– wenn die angeordnete Übermittlung länger als eine Woche, jedoch nicht länger als zwei Wochen dauert	14,00 €
324	– wenn die angeordnete Übermittlung länger als zwei Wochen dauert: je angefangenen Monat	25,00 €
325	Übermittlung der Verkehrsdaten auf einem Datenträger ...	10,00 €

Abschnitt 4. Sonstige Auskünfte

400	Auskunft über den letzten dem Netz bekannten Standort eines Mobiltelefons (Standortabfrage)	90,00 €
401	Im Fall der Nummer 400 muss auf Verkehrsdaten nach § 113 b Abs. 2 bis 4 TKG zurückgegriffen werden: Die Pauschale 400 beträgt	110,00 €
402	Auskunft über die Struktur von Funkzellen: je Funkzelle	35,00 €

Vorbem. II 1 vor und in Z 1 geändert dch Art 4 Z 3 G v 10. 12. 15, BGBl 2218, in Kraft seit 18. 12. 15, Art 8 G, ÜbergangsR jeweils § 24 JVEG. Anlage 3 geändert dch Art 4 Z 5 c G v 10. 12. 15, BGBl 2218, ÜbergangsR jeweils § 24 JVEG.

Gliederung

1) Systematik, I–IV 1
2) Regelungszweck, I–IV 2
3) Sachlicher Geltungsbereich, I–IV 3
4) Persönlicher Geltungsbereich: Dritter, II–IV 4
5) Entschädigungspflicht, II 1 .... 5, 6
6) Nur Zeugenentschädigung, II 1 7
7) Entschädigungshöhe, II 2 8
8) Datenverarbeitung bei Rasterfahndung, III, IV 9–11

1 **1) Systematik, I–IV.** Die Vorschrift bezieht in II denjenigen in den Kreis der nach dem JVEG Entschädigungsberechtigten ein, der zwar weder Zeuge noch Sachverständiger ist, jedoch freiwillig oder zwangsweise gerade und nur nach §§ 142 I 1, 144 I ZPO, § 113 I 2 FamFG Urkunden, sonstige Unterlagen oder Gegenstände vorlegt oder deren Besichtigung duldet oder die solche Leistungen für ein Ermittlungs- oder gerichtliches Verfahren erbringt, die man mit denjenigen eines Zeugen usw auf Grund einer Heranziehung nach § 1 vergleichen kann. Obwohl im Einzelfall eine entsprechende Anwendung der Regelung für Zeugen auch beim sachverständigen Zeugen oder für Sachverständige in Betracht kommen könnte, je nach der Art der Leistung, gibt es nach II 1 aE doch nur ein Zeugengeld. Die Gesamtregelung hat einen zB gegenüber § 7 vorrangigen eng auslegbaren Ausnahmecharakter. Sie ermöglicht daher keine entsprechende Anwendung, VG Bln NVwZ-RR **99**, 415. § 90 III Z 1 TKG hat den Vorrang, LG Augsb JB **00**, 488.

2 **2) Regelungszweck, I–IV.** Die Vorschrift schließt zum Teil bisherige Regelungslücken. Sie bezweckt im übrigen eine Vereinheitlichung und Vereinfachung der Entschädigung für Leistungen. Der Staatsbürger müßte sie zwar an sich als einen Teil seiner allgemeinen Ehrenpflicht erbringen. Eine Behörde müßte sie schon nach Art

35 I GG (Amtshilfepflicht) grundsätzlich unentgeltlich leisten. Sie könnten aber der nach Art und dem Umfang doch zu unzumutbaren finanziellen Belastungen führen.

3) Sachlicher Geltungsbereich, I–IV. Die Vorschrift gilt im Gesamtbereich des JVEG. Vgl auch § 43 AWG.

4) Persönlicher Geltungsbereich: Dritter, II–IV. Die Vorschrift gilt für „Dritte", also für eine solche natürliche oder juristische privat- oder öffentlichrechtliche Person, die weder Gericht oder Gerichtsvollzieher ist, LG Nürnb-Fürth DGVZ **98**, 60, noch Partei, noch Zeuge, noch Sachverständiger, noch sachverständiger Zeuge, noch Dolmetscher oder Übersetzer, die aber den in I genannten Maßnahmen unterliegt oder ihnen ausgesetzt ist, LG Kblz Rpfleger **03**, 318. Hierher kann zB eine Bank oder ein Steuerberater zählen. Ob auch ein Geschädigter etwa im Ermittlungsverfahren hierher zählt, hängt von den Umständen und insbesondere davon ab, ob man ihn nach § 1 herangezogen hat, Ffm NJW **98**, 551. Vgl auch Rn 6.

Nicht Dritter sein kann eine Behörde oder sonstige öffentliche Stelle. Denn für sie gilt JVEG nach § 1 II 1 nur bei einer Sachverständigenleistung und daher nicht bei einer ja andersartigen Leistung nach § 23, LG Nürnb-Fürth DGVZ **98**, 60 (Gerichtsvollzieher).

5) Entschädigungspflicht, II 1. Jede der in II 1 genannten Leistungen zB nach §§ 142 I 1, 144 I 2, 3 II ZPO kann die Entschädigung erforderlich machen. Das gilt auch zB bei der Anfertigung einer Kopie oder bei dem Ausdruck aus einer elektronischen Datei oder bei der Herausgabe von Unterlagen, Kblz JB **05**, 658. Dabei ist wegen des Ausnahmecharakters nach Rn 1 eine enge Auslegung erforderlich. Es muß also zB grundsätzlich ein ordnungsgemäßes Ersuchen etwa nach § 95 I oder § 98 a StPO auf eine Vorlage und Auslieferung eines Gegenstands vorliegen, auf eine ordnungsgemäße Abhöranordnung nach § 100 b III StPO oder auf ein ordnungsgemäßes Auskunftsersuchen usw.

„Strafverfolgungsbehörde" ist nach § 1 II 1 Z 1 die Staatsanwaltschaft, die Polizei mit einer vorherigen Billigung der Staatsanwaltschaft, (zum alten Recht) Stgt JB **96**, 597, ferner die Finanzbehörde wegen §§ 385 ff AO und auch das Strafgericht, LG Kblz Rpfleger **03**, 318, aber nicht eine Verwaltungsbehörde.

„Ersuchen" ist jede Aufforderung zur Vornahme einer Handlung nach II 1. Auf eine zugehörige Rechtspflicht kommt es nicht an. Ein Ersuchen kann auch ohne eine gerichtliche Beschlagnahme vorliegen, Schlesw SchlHA **91**, 170.

Freilich mag der ihm folgende Dritte *gutgläubig* gewesen sein. Zumindest dann muß man ihn auch bei Formfehlern der Anordnung, des Ersuchens usw entschädigen. Eine auch nur leichte Fahrlässigkeit vor der Befolgung einer erkennbar fehler- oder zweifelhaften Anordnung würde aber schädlich sein. Denn dann war die Leistung nicht nicht erforderlich.

Das *Gesetz zu Art 10 GG* sieht in seinem § 20, zuletzt geändert durch Art 2 TKEntschNeuOG, vor, daß die in § 1 I G berechtigten Stellen für die Leistungen nach § 2 I G eine solche Entschädigung gewähren müssen, deren Umfang sich nach § 23 JVEG bemißt. Es handelt sich um Leistungen der Deutschen Post AG, der Deutschen Telekom AG oder anderer Betreiber von Telekommunikationsanlagen im Zusammenhang mit Beschränkungen des Brief-, Post- und Telekommunikationsgeheimnissen. Eine unentgeltliche Auskunft kommt nach § 90 II TKG nur in Betracht, soweit eine Abfrage im automatisierten Verfahren erfolgt, Zweibr MDR **97**, 980, LG Bln JB **99**, 319, aM Hamm JB **99**, 318, LG Mü JB **99**, 316 (abl Scharff mit Üb). Eine Auskunft nur über Namen und Anschriften reicht nicht, LG Duisb JB **98**, 655. Im übrigen vgl § 23 I.

6) Nur Zeugenentschädigung, II 1. Die Vorschrift schränkt die scheinbar umfassend angeordnete Geltung des JVEG auf den Dritten ein. Ungeachtet des wahren Charakters seiner Leistung erhält er eine Entschädigung nur wie ein Zeuge, nicht wie ein Sachverständiger usw, soweit es bei Leistungen im Rahmen von § 23 bleibt, Celle JB **93**, 119. Das gilt auch dann, wenn eine Behörde Dritter ist und/oder wenn sie, ein Mitarbeiter oder Arbeitnehmer hochqualifizierte Leistungen oder Verrichtungen ausführen. Das ergibt sich zusätzlich aus II 2. Freilich kann eine Sachverständigenschädigung notwendig sein, soweit die Tätigkeit über die in § 23 genannte hinausgeht. Das gilt zB bei einer Auswertung, Celle JB **93**, 119.

8 **7) Entschädigungshöhe, I, II 2.** Soweit der Dritte (Post, Celle JB **93**, 118, TELEKOM, Oldb NJW **97**, 2693, LG Osnabr JB **97**, 375, Sparkasse, Kblz JB **97**, 540, Kapitalgesellschaft, Düss AnwBl **98**, 284, Köln JB **00**, 84, rechtsfähiger Verein oder Einzelperson) einen Arbeitnehmer oder sonstigen Mitarbeiter zur Erfüllung der Pflichten nach II einsetzt, kommt im Rahmen der Zeugenentschädigung nach Rn 7 wiederum nur eine weiter eingeschränkte Entschädigung in Betracht, Hs 1. Auszahlbar sind für Aufwendungen nach §§ 5, 7, § 261 HGB (Bereithaltung von Lesehilfen, Schlesw SchlHA **91**, 170) nur die Beträge nach (jetzt) § 22, Kblz JB **05**, 658, LG Kblz Rpfleger **03**, 319. Im übrigen gilt die umfangreiche Anlage zu I (oben abgedruckt) mit ihrem Entschädigungsverzeichnis, vom *Verfasser* hier als EV bezeichnet.

Der Dritte muß seine Aufwendungen *im einzelnen darlegen,* LG Osnabr NdsRpfl **99**, 22. Nur er und nicht sein Mitarbeiter können nach § 23 vorgehen. Demgegenüber sind alle übrigen Vorschriften des § 19 mit Ausnahme von § 19 II, 3 nach § 23 II 2 Hs 2 und darüber hinaus des übrigen JVEG bei derartigen Aufwendungen unanwendbar. Bei mehrtägiger Inanspruchnahme darf man nur die letzte Stunde der Gesamtzeit aufrunden, Oldb NJW **97**, 2693, LG Osnabr NdsRpfl **97**, 11. Der nach I Leistende darf keine eigene Umsatzsteuer in Rechnung stellen, sondern er darf nach § 12 Rn 14 nur die *ihm* in Rechnung gestellte fremde Umsatzsteuer ersetzt fordern.

9 **8) Datenverarbeitung bei Rasterfahndung, III, IV.** Es handelt sich um die nach § 98a StPO unter der dort genannten Voraussetzungen zulässige sog Rasterfahndung. Sie ist nur mithilfe einer elektronischen Datenverarbeitung durchführbar, LG Osnabr JB **00**, 209. Ein sog Zielsuchlauf zählt nicht hierher, Köln RR **00**, 31, LG Hildesh JB **99**, 428, LG Osnabr JB **00**, 209, ebensowenig ein Mietaufwand der Polizei bei einer Telefonüberwachung, Celle NdsRpfl **01**, 135.

10 III, IV setzen die *Notwendigkeit* dieses Einsatzes infolge der Aufforderung einer Strafverfolgungsbehörde voraus. Eine private Anlage zu anderen Zwecken zählt nicht hierher. Die Anknüpfung an die Investitionssumme ist problematisch. Trotz der erforderlichen Glaubhaftmachung nach III 3, § 294 ZPO dürfte zB oft kaum nachfeststellbar sein, ob die im Einzelfall benutzte Software zusammen mit der Hardware (gutes Gesetzesdeutsch?) die Summe von 10 000 EUR überschritten hat. Sie dürfte einschließlich der Mehrwertsteuer gelten, jedoch abzüglich etwa zugebilligter Skonti, Rabatte usw, also den tatsächlich gezahlten Gesamtpreis ausmachen. Dabei muß man eine Maus usw miteinbeziehen, auch den notwendigen Drucker usw.

11 *Im Zweifel* ist ein Betrag von mehr als 10 000 EUR nicht erreicht oder nicht glaubhaft. Es sollten strenge Anforderungen bestehen. Mag der Gesetzgeber einfachere Anknüpfungsmerkmale wählen. Evtl muß man den Rechnungshof zur Klärung der Investitionssumme einschalten (Amtshilfe), soweit es um eine Investition der öffentlichen Hand geht. Natürlich läßt sich die Summe auch durch Sachverständige überprüfen. Freilich kommt es nicht auf das Erforderliche an, sondern auf das tatsächlich Gezahlte.

Abschnitt 6. Schlussvorschriften

Übergangsvorschrift

24 [1]Die Vergütung und die Entschädigung sind nach bisherigem Recht zu berechnen, wenn der Auftrag an den Sachverständigen, Dolmetscher oder Übersetzer vor dem Inkrafttreten einer Gesetzesänderung erteilt oder der Berechtigte vor diesem Zeitpunkt herangezogen worden ist. [2]Dies gilt auch, wenn Vorschriften geändert werden, auf die dieses Gesetz verweist.

Schrifttum: *Bund* Rpfleger **05**, 132 (Üb).

1 **1) Systematik, S 1, 2.** Die Vorschrift regelt ebenso wie die vergleichbaren in den anderen Kostengesetzen eine nur scheinbar rein rechtstechnische Frage. In Wahrheit ist sie ein Ausdruck schwieriger Anknüpfungsprobleme. Die jetzige Fassung mit ihrem Charakter als einer „Ewigkeitsnorm" ändert trotz solcher Eleganz nichts an der Tatsache, daß jeder denkbare Anknüpfungspunkt – hier der Zeitpunkt der unbedingten Auftragserteilung – einen Streit über die Brauchbarkeit hervorrufen könnte. § 25 hat als Spezialvorschrift den Vorrang vor § 24. Es kann zur Anwendbarkeit des alten Rechts für den Zeitraum A und daneben des neuen Rechts für den Anschlußzeitraum B kommen.

2) **Regelungszweck, S 1, 2.** Ausgehend von den Erwägungen in Rn 1 dient die 2
Vorschrift der Vereinfachung und damit sowohl der Zweckmäßigkeit als auch der
Rechtssicherheit. Jeder dieser Aspekte erfordert eine etwas andere Auslegung. Daher
muß man bestrebt sein, beide Aspekte zu verbinden. Dabei muß man auch stets den
Grundsatz nach Grdz 2 vor § 1 mitbeachten, daß das JVEG für den Kostenschuldner
nicht allzu belastend sein darf.

3) **Geltungsbereich, S 1, 2.** Die Vorschrift gilt sowohl für Sachverständige, 3
Dolmetscher und Übersetzer als auch für ehrenamtliche Richter, Vertrauenspersonen
nach § 1 IV, Zeugen und Dritte nach § 23, also für alle nach dem JVEG Anspruchsberechtigten.

4) **Auftragserteilung, S 1 Hs 1.** Es kommt für diejenige Gruppe, die eine Ver- 4
gütung erhält, nach Hs 1 auf den Zeitpunkt der Auftragserteilung an, BGH RR 87,
1470, Bbg Rpfleger 87, 340. Maßgeblich ist also der Zeitpunkt der Heranziehung im
Sinn von § 1 Rn 11 ff. Dabei entscheidet der Zeitpunkt der Wirksamkeit des auch
etwa telefonischen Eingangs des Auftrags, § 130 BGB. Maßgeblich ist also nicht derjenige der Beschlußfassung, Düss JB 87, 1856, oder derjenige der Absendung des
Auftrags. Freilich mag sich zB der Dolmetscher erst auf Grund einer mündlichen
Beweisaufnahme oder Verhandlung äußern sollen. Dann ist erst ihr Beginn maßgeblich, Hbg Rpfleger 87, 478, Karlsr JB 87, 1853. Eine Beschlußfassung (Verkündung)
und ein Auftrag können etwa gegenüber einem schon anwesenden Berechtigten
praktisch zusammenfallen.

Die „*Unterbrechung*" eines erteilten Auftrags kann evtl als eine Beendigung mit ei- 5
nem etwa später nachfolgenden Neuauftrag oder als eine bloße Verzögerung des fort-
laufenden bisherigen Auftrags vorliegen. Ähnliches gilt zB bei der Anordnung der
Ergänzung oder einer mündlichen Erläuterung eines schriftlichen Gutachtens, Düss
OLGR 97, 133, KG JB 07, 493, Schlesw SchlHA 88, 145, großzügiger Celle JB 05,
551, Ffm OLGR 95, 226, Hamm AnwBl 90, 102, strenger Bbg JB 89, 702, Düss JB
87, 1856, Hbg MDR 90, 64.

5) **Heranziehung, S 1 Hs 2.** Für diejenige Gruppe, die keine Vergütung erhält, 6
sondern eine Entschädigung, kommt es auf den Zeitpunkt der ersten Heranziehung
nach § 1 an. Vgl daher dort. Beim Dolmetscher zur mündlichen Verhandlung kommt es
auf ihren Zeitpunkt und nicht den früheren Ladungszeitpunkt an, Stgt Just 95, 55.

6) **Verweisung, S 2.** Die Regelung erfaßt zB eine Änderung der GOÄ, auf die 7
§ 10 II verweist.

Übergangsvorschrift aus Anlass des Inkrafttretens dieses Gesetzes

25 ¹Das Gesetz über die Entschädigung der ehrenamtlichen Richter in der Fassung der Bekanntmachung vom 1. Oktober 1969 (BGBl. I S. 1753), zuletzt geändert durch Artikel 1 Abs. 4 des Gesetzes vom 22. Februar 2002 (BGBl. I S. 981), und das Gesetz über die Entschädigung von Zeugen und Sachverständigen in der Fassung der Bekanntmachung vom 1. Oktober 1969 (BGBl. I S. 1756), zuletzt geändert durch Artikel 1 Abs. 5 des Gesetzes vom 22. Februar 2002 (BGBl. I S. 981), sowie Verweisungen auf diese Gesetze sind weiter anzuwenden, wenn der Auftrag an den Sachverständigen, Dolmetscher oder Übersetzer vor dem 1. Juli 2004 erteilt oder der Berechtigte vor diesem Zeitpunkt herangezogen worden ist. ²Satz 1 gilt für Heranziehungen vor dem 1. Juli 2004 auch dann, wenn der Berechtigte in derselben Rechtssache auch nach dem 1. Juli 2004 herangezogen worden ist.

1) **Systematik, S 1, 2.** Es handelt sich um eine gegenüber § 24 vorrangige Spe- 1
zialvorschrift. Ihr entspricht § 72 GKG, Teil I A dieses Buchs, und § 61 RVG, Teil X
dieses Buchs. An der Anwendbarkeit des alten Rechts nach § 25 ändert sich nichts
dadurch, daß das ZSEG formell nach Art 6 Z 2 KostRMoG mit dem Ablauf des
30. 6. 04 aufgehoben worden ist.

2) **Regelungszweck, S 1, 2.** Es gelten dieselben Erwägungen wie bei § 24 Rn 2. 2

3) **Auftragserteilung, S 1 Hs 1.** Es gelten dieselben Erwägungen wie bei § 24 3
Rn 4, 5.

4) **Heranziehung, S 1 Hs 2, S 2.** Es gelten dieselben Erwägungen wie bei § 24 4
Rn 6.

JVEG Anh § 25 V. Justizvergütungs- und -entschädigungsgesetz

Anhang nach § 25
Gewährung von Reiseentschädigungen an mittellose Personen und Vorschußzahlungen für Reiseentschädigungen an Zeuginnen, Zeugen, Sachverständige, Dolmetscherinnen, Dolmetscher, Übersetzerinnen und Übersetzer, ehrenamtliche Richterinnen, ehrenamtliche Richter und Dritte

1   **Vorbem.** Die nachfolgenden Bestimmungen sind bundeseinheitlich beschlossen und zuletzt am 29. 1. 14, BAnZ 595, rückwirkend zum 1. 8. 13 geändert worden. Sie ersetzen die früheren von den Ländern erlassenen Bestimmungen. Durch die bundeseinheitliche Neuregelung ist zugleich die Grundsatzentscheidung des BGH NJW **75**, 1125 überholt, aM LAG Düss JB **05**, 484 (freilich gelten die Richtlinien für das Gericht nicht bindend). Wegen der eventuellen Zuständigkeit des EuGH vgl BSG NJW **84**, 676. Die neuen Bestimmungen sind in den Bundesländern wie folgt eingeführt worden:
Baden-Württemberg: VwV vom 22. 1. 14, Just 50;
Bayern: Bek vom 7. 1. 14, JMBl 22;
Berlin: AV vom 10. 1. 14, ABl 158;
Brandenburg: AV vom 7. 1. 14, JVBl 5;
Bremen:
Hamburg: AV vom 6. 1. 14, JVBl 49;
Hessen: RdErl zuletzt vom 8. 4. 14, JMBl 228;
Mecklenburg-Vorpommern: AV vom 31. 1. 14, ABl 66;
Niedersachsen: AV vom 28. 1. 14, NdsRpfl 88;
Nordrhein-Westfalen: AV v 30. 12. 13, JMBl **14**, 14;
Rheinland-Pfalz: VV vom 23. 1. 14, JBl 8;
Saarland: AV vom 14. 1. 14;
Sachsen: VwV vom 17. 10. 14, JMBl 93;
Sachsen-Anhalt: AV vom 17. 1. 14, JMBl 27;
Schleswig-Holstein: AV vom 3. 2. 14, SchlHA 92;
Thüringen: VV vom 26. 3. 14, JMBl 44.
Nachstehend ist die für Nordrhein-Westfalen geltende bundeseinheitliche Fassung abgedruckt. Vom Abdruck ergänzender Länderbestimmungen wird hier abgesehen.

1. [1]Mittellosen Parteien, Beschuldigten oder anderen Beteiligten können auf Antrag Mittel für die Reise zum Ort einer Verhandlung, Vernehmung oder Untersuchung und für die Rückreise gewährt werden. [2]Hierauf soll in der Ladung oder in anderer geeigneter Weise hingewiesen werden. [3]Die gewährten Mittel gehören zu den Kosten des Verfahrens (vgl Nrn. 9008 Nr. 2 und 9015 der Anlage 1 zu § 3 Abs. 2 GKG, Nr 2007 Nr. 2 der Anlage 1 zu § 3 Abs. 2 FamGKG, Nummer 31008 Nr. 2 des Kostenverzeichnisses zum GNotKG. [4]Als mittellos im Sinne dieser Vorschrift sind Personen anzusehen, die nicht in der Lage sind, die Kosten der Reise aus eigenen Mitteln zu bestreiten. [5]Die Vorschriften über die Bewilligung von Prozess- oder Verfahrenskostenhilfe bleiben unberührt.
1.1 [1]Über die Bewilligung entscheidet das Gericht, bei staatsanwaltschaftlichen Verhandlungen, Vernehmungen oder Untersuchungen der Staatsanwalt. [2]Nach Bewilligung verfährt die Geschäftsstelle, soweit in der Bewilligung nichts anderes bestimmt ist, wie folgt:
1.1.1 Die Reiseentschädigung wird durch den für den Erlass der Auszahlungsanordnung zuständige Anweisungsstelle zur Zahlung angewiesen.
1.1.2 [1]Die Reiseentschädigung ist so zu bemessen, dass sie die notwendigen Kosten der Hin- und Rückreise deckt. [2]Zu den Reisekosten gehören entsprechend den Vorschriften des JVEG neben den Fahrtkosten gegebenenfalls auch unvermeidbare Tagegelder (entsprechend § 6 Abs. 1 JVEG) und Übernachtungskosten (entsprechend § 6 Abs. 2 JVEG), ferner gegebenenfalls Reisekosten für eine notwendige Begleitperson sowie Kosten für eine notwendige Vertretung (entsprechend § 7 Abs. 1 Satz 2 JVEG). [3]Eine Erstattung von Verdienstausfall kommt nicht in Betracht.

1.1.3 ¹Regelmäßig sind Fahrkarten der zweiten Wagenklasse der Deutschen Bahn oder eines anderen Anbieters im öffentlichen Personenverkehr zur Verfügung zu stellen. ²Eine Auszahlung kommt nur im Ausnahmefall in Betracht.
1.1.4 ¹Eine Durchschrift der Kassenanordnung oder ein Nachweis über die Gewährung von Reiseentschädigung ist zu den Sachakten zu nehmen. ²Auf der Kassenanordnung ist dies zu bescheinigen.
1.1.5 ¹Wird eine Reiseentschädigung bewilligt, bevor die Ladung abgesandt worden ist, so ist dies nach der Art und, soweit möglich, auch nach der Höhe in auffallender Form in der Ladung zu vermerken. ²Wird schon vor dem Termin eine Kassenanordnung vorbereitet, so ist der Betrag, sofern er aktenkundig ist, auffällig zu vermerken.
1.1.6 ¹Fällt der Grund für die Reise weg oder erscheint der Antragsteller nicht zu dem Termin, ist die zur Verfügung gestellte Fahrkarte oder die Reiseentschädigung zurückzufordern. ²Gegebenenfalls ist dafür zu sorgen, dass der Fahrpreis für nicht benutzte Fahrkarten erstattet wird.
1.2 ¹Ist in Eilfällen die Übermittlung einer Fahrkarte oder die Auszahlung des Betrages an die Antragstellerin oder den Antragsteller durch die zuständige Anweisungsstelle nicht mehr möglich, kann die Geschäftsstelle des Amtsgerichts, in dessen Bezirk sich der Antragsteller aufhält, ersucht werden, die Beschaffung der Fahrkarte oder die Auszahlung des Betrages für die Hin- und Rückreise zu veranlassen. ²Die gewährte Reiseentschädigung ist auf der Ladung auffällig zu vermerken. ³Die ladende Stelle ist unverzüglich von der Gewährung der Reiseentschädigung zu benachrichtigen.
1.3 Der Anspruch erlischt, wenn er nicht binnen drei Monaten nach der Verhandlung, Vernehmung oder Untersuchung geltend gemacht wird.
2. ¹Ist es in Eilfällen nicht möglich, die Entscheidung des zuständigen Gerichts oder der zuständigen Staatsanwalts einzuholen, kann die Präsidentin oder der Präsident bzw. die Direktorin oder der Direktor des Amtsgerichts, in dessen Bezirk sich der Antragsteller aufhält, im Verwaltungsweg eine Reiseentschädigung bewilligen. ²Abschnitt I Nr. 1 Nrn. 1.1.1 bis 1.1.3 und 1.1.6 gelten entsprechend. ³Die gewährte Reiseentschädigung ist auf der Ladung auffällig zu vermerken; die ladende Stelle ist unverzüglich von der Bewilligung und der Gewährung der Reiseentschädigung zu benachrichtigen.
3. ¹Zeuginnen, Zeugen, Sachverständigen, Dolmetscherinnen, Dolmetschern, Übersetzerinnen, Übersetzern, ehrenamtlichen Richterinnen, ehrenamtlichen Richtern und Dritten ist nach § 3 JVEG auf Antrag ein Vorschuss für Reiseentschädigungen zu bewilligen, wenn der oder dem Berechtigten voraussichtlich erhebliche Fahrtkosten oder sonstige Aufwendungen entstehen werden. ²Hierauf soll in der Ladung oder in anderer geeigneter Weise hingewiesen werden.
3.1 Für die Bewilligung und Anweisung gelten folgende Bestimmungen:
3.1.1 Die Vorschüsse werden von der zum Erlass der Auszahlungsanordnung zuständigen Anweisungsstelle bewilligt und zur Zahlung angewiesen.
3.1.2 Nrn. 1.1.2 bis 1.1.6 gelten entsprechend mit der Maßgabe, dass Fahrtkosten bis zur Höhe der Kosten für die Benutzung der ersten Wagenklasse gewährt werden können.
3.1.3 ¹Bei der Vorbereitung der Anweisung für die Entschädigung von Zeuginnen, Zeugen, ehrenamtlichen Richterinnen, ehrenamtlichen Richtern und Dritten sowie für die Vergütung von Sachverständigen, Dolmetscherinnen, Dolmetschern, Übersetzerinnen und Übersetzern vor dem Termin ist die Vorschusszahlung, sofern sie aktenkundig ist, in auffälliger Weise zu vermerken. ²Wird die Berechnung der Entschädigung oder Vergütung nicht schriftlich eingereicht, sind die Antragstellerinnen und Antragsteller in jedem Falle zu befragen, ob und gegebenenfalls in welcher Höhe sie Vorschüsse erhalten haben, um deren Anrechnung sicherzustellen. ³Die Befragung ist in der Auszahlungsanordnung zu vermerken.
3.2 ¹Ist in Eilfällen die Übermittlung einer Fahrkarte oder die Auszahlung des Betrages nicht mehr möglich, kann auch die Geschäftsstelle des Amtsgerichts, in dessen Bezirk sich der Antragsteller aufhält, einen Vorschuss nach § 3 JVEG bewilligen und zur Zahlung anweisen. ²Ist ein Antrag auf gerichtliche Festsetzung des Vorschusses gestellt oder wird eine Festsetzung für angemessen erachtet, kann in dringenden Fällen auf Ersuchen des für die Entscheidung nach § 4 Abs. 1 JVEG zuständigen Gerichts eine Fahrkarte für ein bestimmtes Beförderungsmittel zur Verfügung gestellt und/oder ein festgesetzter Vorschuss ausge-

zahlt werden. ³Die Auszahlung des Vorschusses ist in der Ladung auffällig zu vermerken. ⁴Die ladende Stelle ist von der Gewährung des Vorschusses unverzüglich zu benachrichtigen.

VI. Entschädigung der Handelsrichter

107 GVG ^I Die ehrenamtlichen Richter, **die weder ihren Wohnsitz noch ihre gewerbliche Niederlassung am Sitz der Kammer für Handelssachen haben, erhalten Tage- und Übernachtungsgelder nach den für Richter am Landgericht geltenden Vorschriften.**

^{II} **Den** ehrenamtlichen Richtern **werden die Fahrtkosten in entsprechender Anwendung des § 5 des Justizvergütungs- und -entschädigungsgesetzes ersetzt.**

Schrifttum: *Lindloh,* Der Handelsrichter und sein Amt, 6. Aufl 2012.

1) Systematik, I, II. Gemäß § 45a DRiG führen die ehrenamtlichen Richter bei der Kammer für Handelssachen nunmehr (wieder) die Bezeichnung „Handelsrichter". Das hat der Gesetzgeber bei der obigen Neufassung übersehen. Obwohl die Handelsrichter die Voraussetzungen des § 1 I Z 2 Hs 1 JVEG erfüllen, Teil V dieses Buchs, gilt für sie diese Vorschrift nach ihrem Hs 2 nicht. Vielmehr gilt die Sonderregelung des § 107 GVG. Diese stellt keinen Verstoß gegen Art 3 GG dar, Celle Rpfleger **75**, 39. Soweit andere Gesetze auf § 107 GVG Bezug nehmen, gilt auch für die Entschädigung dieser anderen Richter die Sonderregelung des § 107. 1

Die Entschädigung erfolgt *von Amts wegen.* Der Handelsrichter hat auf sie einen Rechtsanspruch. Es gibt keine Ausschlußfrist und keine kurze Verjährungsfrist. 2

Den *ordentlichen Rechtsweg* eröffnet § 107 GVG nicht. Die Festsetzung erfolgt also durch die Justizverwaltung. Gegen diese Festsetzung ist nach § 23 EGGVG der Antrag auf eine gerichtliche Entscheidung mit der Begründung zulässig, daß die Festsetzung den Handelsrichter in seinen Rechten beeinträchtige, weil sie rechtswidrig sei.

Es *entscheidet* nach § 30a EGGVG, Teil XII B dieses Buchs, dasjenige AG, bei dem die zuständige Kasse eingerichtet ist. Das AG muß im Verfahren den Vertreter der Staatskasse anhören. § 83 GNotKG, Teil III dieses Buchs, gilt entsprechend. Die Gerichtskosten für das Verfahren auf die Festsetzung der Entschädigung und für das Beschwerdeverfahren richten sich nach den §§ 77ff GNotKG. Der Geschäftswert ergibt sich nach § 30a EGGVG aus § 36 GNotKG. 3

2) Regelungszweck, I, II. Es ist an sich keine eigenständige Regelung der Handelsrichter notwendig. Sie hat historische Hintergründe. Auch der Handelsrichter hat nicht andere Stimmrechte als sonstige ehrenamtliche Richter. Sein Ansehen ist allerdings hoch. Das mag ein Grund für die Sonderregelung sein. Im übrigen steht der Handelsrichter mangels einer Entschädigung auch wegen seines Zeitaufwands schlechter da als der sonstige ehrenamtliche Richter. Das hängt mit dem Umstand zusammen, daß er ja aus einem einigermaßen abgrenzbaren Berufsstand kommt und auch grundsätzlich nur über Fälle entscheidet, die eben diesen Berufsstand betreffen. Auch hier spielen ständische historische Argumente auch heute noch ersichtlich eine Rolle. Das alles sollte zu einer zurückhaltenden Handhabung der Vorschrift führen. 4

3) Tage- und Übernachtungsgeld des Auswärtigen, I. Derjenige Handelsrichter, der am Sitz der Kammer für Handelssachen keinen Wohnsitz und keine gewerbliche Niederlassung hat, erhält eine Entschädigung nach I, II. Maßgeblich ist der Wohnsitz nach § 7 BGB. Bei einer gewerblichen Niederlassung kann es sich um irgendeine Niederlassung des Unternehmens handeln, also auch um eine Zweigniederlassung. Der Handelsrichter erhält ein Tagegeld und ein Übernachtungsgeld nach I sowie einen Fahrtkostenersatz gemäß Rn 5. Er erhält jedoch keine Entschädigung für seine Zeitversäumnis. Das Tagegeld richtet sich nach der Abwesenheitsdauer. Die Sätze nach §§ 16ff JVEG, Teil V dieses Buchs, sind nicht anwendbar. Das Landesrecht regelt die Höhe des Tagegelds. 5

4) Fahrtkostenersatz, II. Er richtet sich jetzt für jeden Handelsrichter unabhängig von den Voraussetzungen des I gemäß II nach den Fahrtkostenregeln des § 5 JVEG, Teil V dieses Buchs. 6

VII. Durchführungsvorschriften zu den Kostengesetzen

Grundzüge

1) Systematik, Regelungszweck. Die Regelung der Verfahrenskosten gehört nach Art 74 Z 1 GG zu der konkurrierenden Gesetzgebung. Sie erfolgt durch die Bundesgesetzgebung. Ihre Durchführung ist nach Artt 83, 92 GG Sache der Länder, soweit es sich nicht um ihre Anwendung bei den Bundesgerichten handelt. Demgemäß haben die Länder Ausführungsvorschriften (Verwaltungsvorschriften) erlassen. Diese sind aber zum Teil bundeseinheitlich unter einer Mitwirkung des Bundesministers der Justiz beschlossen worden, so insbesondere die Kostenverfügung. Sie ist verfassungsgemäß, BVerfG **8**, 166. Sie ist zwar kein Gesetz, Düss JB **08**, 43, Kblz MDR **05**, 1079, Zweibr MDR **93**, 1133. Sie kann aber die Behörde zB nach Art 3 I GG binden, Kblz Rpfleger **88**, 384. Andere Vorschriften dieser Art, zB die Justizverwaltungskostenordnung und die Justizbeitreibungsordnung, werden sowohl als Bundeswie als Landesrecht angewendet.

A. Kostenverfügung
(KostVfg)
vom 10. 8. 2015

Vorbem. Der Bundesminister der Justiz und die Landesjustizverwaltungen hatten auf Grund der Kostennovelle 1975 eine Neufassung der Kostenverfügung beschlossen. Sie ist bundeseinheitlich mehrfach geändert worden. Nachstehend ist die mehrfach geänderte Neufassung für Schleswig-Holstein abgedruckt. Die bisherige Fassung ist eingeführt sowie geändert und ergänzt in:

Bund: Bek zuletzt BAnz **15**, B 1;
Baden-Württemberg: AV zuletzt Just **15**, 205;
Bayern: Bek zuletzt JMBl **15**, 93;
Berlin: AV zuletzt ABl **15**, 1792;
Brandenburg: AV zuletzt JMBl **15**, 59;
Bremen:
Hamburg: AV zuletzt JVBl **15**, 55;
Hessen: RdErl zuletzt JMBl **15**, 222;
Mecklenburg-Vorpommern: AV zuletzt ABl **15**, 494;
Niedersachsen: AV zuletzt NdsRpfl **15**, 195;
Nordrhein-Westfalen: AV zuletzt JMBl **15**, 356;
Rheinland-Pfalz: AV zuletzt JBl **15**, 67;
Saarland: AV zuletzt v 24. 6. 15;
Sachsen: VV zuletzt JMBl **15**, 158;
Sachsen-Anhalt: AV zuletzt JMBl **15**, 65;
Schleswig-Holstein: AV zuletzt SchlHA **15**, 265, in Kraft seit 17. 8. 15;
Thüringen: VV zuletzt JMBl **15**, 43.

Ein Abdruck mancher zusätzlicher Änderungen und Ergänzungen der Länder erfolgt hier nicht. Denn sie haben nur Bedeutung für das jeweilige Land, sind dort aber jedem Kostenbeamten zugänglich.

KostVfg Übers VII. DurchfVorschriften zu den Kostengesetzen

(Amtliche) Inhaltsübersicht

Abschnitt 1. Allgemeine Bestimmungen

	§§
Kostenbeamter	1
Pflichten des Kostenbeamten im Allgemeinen	2
Mitwirkung der aktenführenden Stelle	3

Abschnitt 2. Kostenansatz

Begriff und Gegenstand	4
Zuständigkeit	5
Kostenansatz bei Verweisung eines Rechtsstreits an ein Gericht eines anderen Landes	6
Voraussetzungen des Kostenansatzes und Feststellung der Kostenschuldner im Allgemeinen	7
Kostengesamtschuldner	8
Kosten bei Bewilligung von Prozess- oder Verfahrenskostenhilfe	9
Unvermögen des Kostenschuldners in anderen Fällen	10
Nichterhebung von Auslagen	11
Absehen von Wertermittlungen	12
Kostenansatz bei gegenständlich beschränkter Gebührenfreiheit	13
Haftkosten	14
Zeit des Kostenansatzes im Allgemeinen	15
Zeit des Kostenansatzes in besonderen Fällen	16
Heranziehung steuerlicher Werte	17
Gebührenansatz bei gleichzeitiger Belastung mehrerer Grundstücke	18
Gerichtsvollzieherkosten	19
Kostensicherung	20
Sicherstellung der Kosten (Abschnitt 3 GNotKG)	21
Jährliche Vorschüsse im Zwangsverwaltungsverfahren	22
Zurückbehaltungsrecht	23
Kostenrechnung	24
Anforderung der Kosten mit Sollstellung	25
Anforderung der Kosten ohne Sollstellung	26

Abschnitt 3. Weitere Pflichten des Kostenbeamten

Behandlung von Ersuchen und Mitteilungen der Vollstreckungsbehörde	27
Berichtigung des Kostenansatzes	28
Nachträgliche Änderung der Kostenforderung	29
Nachträgliche Änderung der Kostenhaftung	30
Einrede der Verjährung	31
Durchlaufende Gelder	32

Abschnitt 4. Veränderung von Ansprüchen

Veränderung von Ansprüchen	33

Abschnitt 5. Kostenprüfung

Aufsicht über den Kostenansatz	34
Kostenprüfungsbeamte	35
Berichtigung des Kostenansatzes im Verwaltungsweg	36
Nichterhebung von Kosten	37
Erinnerungen und Beschwerden der Staatskasse	38
Besondere Prüfung des Kostenansatzes	39
Aufgaben und Befugnisse des Prüfungsbeamten	40
Umfang der Kostenprüfung	41
Verfahren bei der Kostenprüfung	42
Beanstandungen	43
Niederschrift über die Kostenprüfung	44
Jahresberichte	45

Abschnitt 6. Justizverwaltungskosten

Entscheidungen nach dem Justizverwaltungskostengesetz	46
Laufender Bezug von Abdrucken aus dem Schuldnerverzeichnis	47

Abschnitt 7. Notarkosten

Einwendungen gegen die Kostenberechnung	48

A. Kostenverfügung §§ 1–3 KostVfg

Abschnitt 1. Allgemeine Bestimmungen

Kostenbeamter

1 Die Aufgaben des Kostenbeamten werden nach den darüber ergangenen allgemeinen Anordnungen von den Beamten des gehobenen oder mittleren Justizdienstes oder vergleichbaren Beschäftigten wahrgenommen.

Bem. Die Kostenfestsetzung nach §§ 103 ff ZPO, 11 RVG, den Gesetzen und Verordnungen zur Ausführung von Verträgen mit ausländischen Staaten über die Rechtshilfe sowie die Anerkennung und Vollstreckung gerichtlicher Entscheidungen und anderer Schuldtitel in Zivil- und Handelssachen ist nach § 21 I RPflG eine Aufgabe des Rpfl. 1

Pflichten des Kostenbeamten im Allgemeinen

2 I Der Kostenbeamte ist für die Erfüllung der ihm übertragenen Aufgaben, insbesondere für den rechtzeitigen, richtigen und vollständigen Ansatz der Kosten verantwortlich.

II ¹Der Kostenbeamte bescheinigt zugleich mit Aufstellung der Schlusskostenrechnung den vollständigen Ansatz der Kosten auf den Akten (Blattsammlungen) unter Bezeichnung der geprüften Blätter und unter Angabe von Tag und Amtsbezeichnung. ²Bei Grundakten, Registerakten, Vormundschaftsakten, Betreuungsakten und ähnlichen Akten, die regelmäßig für mehrere gebührenpflichtige Angelegenheiten geführt werden, erfolgt die Bescheinigung für jede einzelne Angelegenheit. ³Die Bescheinigung ist auch zu erteilen, wenn die Einziehung von Kleinbeträgen vorbehalten bleibt.

Mitwirkung der aktenführenden Stelle

3 I ¹Die aktenführende Stelle ist dafür verantwortlich, dass die Kosten rechtzeitig angesetzt werden können. ²Sofern sie für den Kostenansatz nicht selbst zuständig ist, legt sie die Akten dem Kostenbeamten insbesondere vor,

1. wenn eine den Rechtszug abschließende gerichtliche Entscheidung ergangen ist,
2. wenn die Akten infolge Einspruchs gegen den Vollstreckungsbescheid bei Gericht eingehen,
3. wenn eine Klage erweitert oder Widerklage erhoben wird oder sich der Streitwert anderweitig erhöht,
4. wenn die gezahlten Zeugen- und Sachverständigenvorschüsse zur Deckung der entstandenen Ansprüche nicht ausreichen,
5. wenn die Akten aus einem Rechtsmittelzug zurückkommen,
6. wenn eine schriftliche oder elektronische Mitteilung über einen Zahlungseingang (Zahlungsanzeige) oder ein mit dem Abdruck eines Gerichtskostenstemplers versehenes Schriftstück eingeht, es sei denn, dass die eingehende Zahlung einen nach § 26 eingeforderten Vorschuss betrifft,
7. wenn eine Mitteilung über die Niederschlagung von Kosten oder über die Aufhebung der Niederschlagung eingeht,
8. wenn eine Mitteilung über den Erlass oder Teilerlass von Kosten eingeht,
9. wenn aus sonstigen Gründen Zweifel bestehen, ob Kosten oder Vorschüsse zu berechnen sind.

³Die Vorlage ist in den Akten unter Angabe des Tages kurz zu vermerken.

II Die aktenführende Stelle hat alle in der Sache entstehenden, von dem Kostenschuldner zu erhebenden Auslagen in den Akten in auffälliger Weise zu vermerken, soweit nicht eine Berechnung zu den Akten gelangt.

III ¹In Zivilprozess-, Strafprozess-, Bußgeld-, Insolvenz-, Zwangsversteigerungs- und Zwangsverwaltungsverfahren, in Familien- und Lebenspartnerschaftssachen, in Vormundschafts-, Betreuungs- und Pflegschaftssachen, in Nachlasssachen sowie in arbeits-, finanz-, sozial- und verwaltungsgerichtlichen Verfahren sind sämtliche Kostenrechnungen, Beanstandungen der Kostenprüfungsbeamten und Zahlungsanzeigen sowie Mitteilungen über die Niederschlagung von Kosten, über die Aufhebung der Niederschlagung oder den (Teil-)Erlass vor dem ersten Aktenblatt einzuheften oder in eine dort einzuheftende Aktentasche lose einzulegen oder, soweit die Akten nicht zu heften sind, unter dem Aktenumschlag lose zu verwahren. ²Das Gleiche kann auch in anderen Verfahren geschehen, wenn dies zweckmäßig erscheint, insbesondere wenn die Akten umfangreich sind. ³Ist ein Vollstreckungsheft angelegt, sind die Kostenrechnungen, Beanstandungen, Zahlungsanzeigen und Nachrichten in diesem entsprechend zu verwahren (vgl. § 16 Abs. 2 StVollstrO). ⁴Wird es notwendig, die vor dem ersten Aktenblatt eingehefteten oder verwahrten Schriftstücke mit Blattzahlen zu versehen, sind dazu römische Ziffern zu verwenden.

IV Die aktenführende Stelle hat laufend auf dem Aktenumschlag oder einem Kostenvorblatt die Blätter zu bezeichnen,
1. auf denen sich Abdrucke von Gerichtskostenstemplern, Aktenausdrucke nach § 696 Abs. 2 Satz 1 ZPO mit Gerichtskostenrechnungen oder Vermerke hierüber befinden,
2. aus denen sich ergibt, dass Vorschüsse zum Soll (§ 25) gestellt oder ohne vorherige Sollstellung (§ 26) eingezahlt worden sind,
3. auf denen sich Kostenrechnungen, Zahlungsanzeigen, Mitteilungen über die Niederschlagung von Kosten oder über die Aufhebung der Niederschlagung sowie Mitteilungen über den (Teil-)Erlass von Kosten oder die Anordnung ihrer Nichterhebung (§ 21 GKG, § 20 FamGKG, § 21 GNotKG) befinden, die nicht nach Absatz 3 eingeheftet oder verwahrt werden,
4. auf denen Kleinbeträge vermerkt sind, deren Einziehung oder Auszahlung nach der über die Behandlung solcher Beträge erlassenen Bestimmungen einstweilen vorbehalten bleibt.

V ¹Die aktenführende Stelle leitet die Akten und Blattsammlungen vor dem Weglegen dem Kostenbeamten zu. ²Dieser prüft, ob berechnete Kosten entweder zum Soll gestellt sind oder der Zahlungseingang nachgewiesen ist. ³Er bescheinigt diese Prüfung auf den Akten (Blattsammlungen) unter Bezeichnung des letzten Aktenblattes und unter Angabe von Tag und Amtsbezeichnung. ⁴Die Bescheinigung ist auch zu erteilen, wenn die Einziehung von Kleinbeträgen vorbehalten sind.

Abschnitt 2. Kostenansatz

Begriff und Gegenstand

4 I ¹Der Kostenansatz besteht in der Aufstellung der Kostenrechnung (§ 24). ²Er hat die Berechnung der Gerichtskosten und Justizverwaltungskosten sowie die Feststellung der Kostenschuldner zum Gegenstand. ³Zu den Kosten gehören alle für die Tätigkeit des Gerichts und der Justizverwaltung zu erhebenden Gebühren, Auslagen und Vorschüsse.

II ¹Ist die berechnete Kostenforderung noch nicht beglichen, veranlasst der Kostenbeamte deren Anforderung gemäß § 25 oder § 26.

III Handelt es sich um Kosten, die durch den Antrag einer für die Vollstreckung von Justizkostenforderungen zuständigen Stelle (Vollstreckungsbehörde) auf Vollstreckung in das unbewegliche Vermögen entstanden sind, wird zwar eine Kostenrechnung aufgestellt; die entstandenen Kosten sind der Vollstreckungsbehörde jedoch lediglich zur etwaigen späteren Einziehung als Nebenkosten mitzuteilen.

IV ¹Können die Gebühren für die Entscheidung über den Antrag auf Anordnung der Zwangsversteigerung oder über den Beitritt zum Verfahren (Nr. 2210 KV GKG) oder die Auslagen des Anordnungs-(Beitritts-)verfahrens nicht vom Antragsteller eingezogen werden, weil ihm Prozesskostenhilfe ohne Zahlungsbestimmung bewilligt ist oder ihm Gebühren- oder Auslagenfreiheit zusteht (z. B. bei der Zwangsversteigerung wegen rückständiger öffentlicher Abgaben), veranlasst der Kostenbeamte die Anforderung der Kosten gemäß § 25. ²Die Vollstreckungsbehörde meldet die Kosten – unbeschadet sonstiger Einziehungsmöglichkeiten – in dem Zwangsversteigerungsverfahren mit dem Range des Anspruchs des betreibenden Gläubigers auf Befriedigung aus dem Grundstück rechtzeitig an (§ 10 Abs. 2, §§ 12, 37 Nr. 4 ZVG. ³Dies gilt im Zwangsverwaltungsverfahren entsprechend. ³Absatz 3 bleibt unberührt.

ᵛ Für die Behandlung von kleinen Kostenbeträgen gelten die hierfür erlassenen besonderen Bestimmungen.

ᵛᴵ Sind Kosten zugleich mit einem Geldbetrag im Sinne des § 1 Abs. 1 der Einforderungs- und Beitreibungsanordnung einzuziehen, so richtet sich das Verfahren nach der Einforderungs- und Beitreibungsanordnung.

Bem. §§ 4, 5 betreffen nicht das Kostenfestsetzungsverfahren nach §§ 103 ff ZPO, **1** BGH NJW **04**, 367. Zu § 4 IV aF LG Osnabr JB **12**, 319. Mangels Ansatz (noch) keine Erinnerung nach § 66 I 1 GKG, Teil I A dieses Buchs, AG Bad Segeberg RR **14**, 510.

Zuständigkeit

5 ᴵ ¹Der Kostenansatz richtet sich, soweit Kosten nach dem Gerichtskostengesetz erhoben werden, nach § 19 GKG, soweit Kosten nach dem Gesetz über Gerichtskosten in Familiensachen erhoben werden, nach § 18 FamGKG, und in den Angelegenheiten der freiwilligen Gerichtsbarkeit nach § 18 GNotKG. ²Kosten der Vollstreckung von freiheitsentziehenden Maßregeln der Besserung und Sicherung werden bei der nach § 19 Abs. 2 GKG zuständigen Behörde angesetzt, soweit nicht die Landesregierungen durch Rechtsverordnung andere Zuständigkeiten begründet haben (§ 138 Abs. 2 StVollzG).

ᴵᴵ Hat in Strafsachen der Bundesgerichtshof die Sache ganz oder teilweise zur anderweitigen Verhandlung und Entscheidung zurückverwiesen, übersendet die für den Kostenansatz zuständige Behörde eine beglaubigte Abschrift der rechtskräftigen Entscheidung zum Kostenansatz an den Bundesgerichtshof.

ᴵᴵᴵ Zu den durch die Vorbereitung der öffentlichen Klage entstandenen Kosten (Nrn. 9015, 9016 KV GKG) gehören auch

1. die Auslagen, die der Polizei bei der Ausführung von Ersuchen des Gerichts oder der Staatsanwaltschaft, bei der Tätigkeit der Polizeibeamten als Ermittlungspersonen der Staatsanwaltschaft und in den Fällen entstehen, in denen die Polizei nach § 163 StPO aus eigenem Entschluss Straftaten erforscht,
2. Auslagen, die den zuständigen Verwaltungsbehörden als Verfolgungsorganen in Straf- und Bußgeldsachen erwachsen sind.

ᴵⱽ ¹Wenn das Gericht in einem Strafverfahren wegen einer Steuerstraftat auf eine Strafe oder Maßnahme oder in einem Bußgeldverfahren wegen einer Steuerordnungswidrigkeit auf eine Geldbuße oder Nebenfolge erkennt, gehören zu den Kosten des gerichtlichen Verfahrens die Auslagen, die einer Finanzbehörde bei der Untersuchung und bei der Teilnahme am gerichtlichen Verfahren entstanden sind. ²Diese Auslagen sind nicht nach § 464 b StPO festzusetzen, sondern als Gerichtskosten zu berechnen und einzuziehen. ³Soweit die Auslagen bei einer Bundesfinanzbehörde entstanden sind, werden sie als durchlaufende Gelder behandelt und an sie abgeführt (vgl. § 24 Abs. 7, § 32), wenn sie den Betrag von 25 Euro übersteigen. ⁴An die Landesfinanzbehörden werden eingezogene Beträge nicht abgeführt.

ⱽ ¹Geht ein Mahnverfahren gegen mehrere Antragsgegner nach Widerspruch oder Einspruch in getrennte Streitverfahren bei verschiedenen Gerichten über, übersendet das Mahngericht den übernehmenden Gerichten jeweils einen vollständigen Verfahrensausdruck samt Kostenrechnung (§§ 25 und 26) oder eingezahlt sind. ³Bei nicht maschineller Bearbeitung hat der Kostenbeamte des abgebenden Gerichts den Kostenbeamten der übernehmenden Gerichte das Original oder eine beglaubigte Abschrift der Kostenrechnung zu übersenden und sie über das sonst von ihm Veranlasste zu unterrichten. ⁴Zahlungsanzeigen und sonstige Zahlungsnachweise sind im Original oder in beglaubigter Ablichtung beizufügen.

ⱽᴵ ¹Die Kosten für
1. die Eröffnung einer Verfügung von Todes wegen,
2. die Abnahme einer eidesstattlichen Versicherung zwecks Erwirkung eines Erbscheins und

3. die Beurkundung der Ausschlagung der Erbschaft oder der Anfechtung der Ausschlagung der Erbschaft

werden bei dem nach § 343 FamFG zuständigen Nachlassgericht angesetzt (§ 18 Abs. 1 Nr. 1, Abs. 2 GNotKG).
² Erfolgt die Eröffnung oder die Beurkundung bei einem anderen Gericht, ist das Nachlassgericht zu verständigen. ³ Diese Bestimmungen gelten auch dann, wenn die beiden Gerichte in verschiedenen Ländern der Bundesrepublik liegen. ⁴ Sie gelten nicht für Kosten einer Beurkundung nach § 31 IntErbRVG (§ 18 Abs. 2 Satz 2 GNotKG). ⁵ Soweit das Landwirtschaftsgericht an die Stelle des Nachlassgerichts tritt, wird auch die Gebühr für die Abnahme einer eidesstattlichen Versicherung zwecks Erwirkung eines Erbscheins beim Landwirtschaftsgericht angesetzt.

1 **Bem.** Mietkosten der Polizei für einen Computer zwecks einer Telefonüberwachung zählen nicht zu den Auslagen nach (jetzt) III, Celle Rpfleger **01**, 148.

Kostenansatz bei Verweisung eines Rechtsstreits an ein Gericht eines anderen Landes

6 ¹ ¹ Wird ein Rechtsstreit an ein Gericht eines anderen Landes der Bundesrepublik verwiesen, so ist für den Kostenansatz der Kostenbeamte des Gerichts zuständig, das nach der Vereinbarung des Bundes und der Länder über den Ausgleich von Kosten – Gemeinsame Allgemeine Verfügung des MJF und des MASGV vom 11. Juli 2001 – II 312/5600 – 81 SH – [SchlHA 2001 S. 180] zuletzt geändert durch Bekanntmachung vom 18. Januar 2010 – II 312/5600 – 81 SH – [SchlHA S. 59] die Kosten einzuziehen hat.
II Einzuziehende Beträge, die nach § 59 RVG auf die Staatskasse übergegangen sind, werden im Falle der Verweisung eines Rechtsstreits an ein Gericht eines anderen Landes bei dem Gericht angesetzt, an das der Rechtsstreit verwiesen worden ist (vgl. Vereinbarung über den Ausgleich von Kosten – a. a. O.).

1 **Bem.** Wegen des Kostenausgleichs in Schiffahrtsrechtlichen Verteilungsverfahren s Teil VII B 6 dieses Buchs.

Voraussetzungen des Kostenansatzes und Feststellung der Kostenschuldner im Allgemeinen

7 ¹ ¹ Wer Kostenschuldner ist und in welchem Umfang er haftet, stellt der Kostenbeamte fest. ² Dabei ist zu beachten, dass nach § 29 Nr. 3 GKG, § 24 Nr. 3 FamGKG, § 27 Nr. 3 GNotKG und § 18 Nr. 3 JVKostG auch Dritte, die kraft Gesetzes für die Kostenschuld eines anderen haften (im letztgenannten Fall nach den Vorschriften des bürgerlichen Rechts z. B. Erben, Ehegatten, Vermögensübernehmer), als Kostenschuldner auf Leistung oder Duldung der Zwangsvollstreckung in Anspruch genommen werden können.
II Haften mehrere Kostenschuldner als Gesamtschuldner, bestimmt der Kostenbeamte unter Beachtung der Grundsätze in § 8, wer zunächst in Anspruch genommen werden soll.
III Die Ermittlung und Feststellung von Personen, die nicht der Staatskasse für die Kostenschuld haften, sondern nur dem Kostenschuldner gegenüber zur Erstattung der Kosten verpflichtet sind, ist nicht Sache des Kostenbeamten.

Kostengesamtschuldner

8 ¹ ¹ Soweit in Angelegenheiten, für die das Gerichtskostengesetz, das Gesetz über Gerichtskosten in Familiensachen oder das Gerichts- und Notarkostengesetz gilt, einem gesamtschuldnerisch haftenden Kostenschuldner die Kosten durch gerichtliche Entscheidung auferlegt oder von ihm durch eine vor Gericht abgegebene oder ihm mitgeteilte Erklärung übernommen sind, soll die Haftung des anderen gesamtschuldnerisch haftenden Kostenschuldners (Zweitschuldners) nur geltend gemacht werden, wenn eine Zwangsvollstreckung in das bewegliche Vermögen des erstgenannten Kostenschuldners (Erstschuldners) erfolglos geblieben ist oder aussichtslos erscheint (§ 31 Abs. 2 Satz 1, § 18 GKG, § 26 Abs. 2 Satz 1, § 17 FamGKG, § 33 Abs. 1 Satz 1, § 17 GNotKG). ² Dass die Zwangsvollstreckung aussichtslos sei, kann regelmäßig angenommen werden, wenn ein

Erstschuldner mit bekanntem Wohnsitz oder Sitz oder Aufenthaltsort im Ausland der Zahlungsaufforderung nicht nachkommt und gegen ihn ggf. im Ausland vollstreckt werden müsste. ³Dies gilt insbesondere dann, wenn die Zwangsvollstreckung im Ausland erfahrungsgemäß lange Zeit in Anspruch nimmt oder mit unverhältnismäßig hohen Kosten verbunden wäre.

II ¹Soweit einem Kostenschuldner, der aufgrund von § 29 Nr. 1 GKG, § 24 Nr. 1 FamGKG oder § 27 Nr. 1 GNotKG haftet (Entscheidungsschuldner), Prozess- oder Verfahrenskostenhilfe bewilligt worden ist, darf die Haftung eines anderen Kostenschuldners nicht geltend gemacht werden; von diesem bereits erhobene Kosten sind zurückzuzahlen, soweit es sich nicht um eine Zahlung nach § 13 Abs. 1 und 3 des Justizvergütungs- und -entschädigungsgesetzes handelt und die Partei, der Prozess- oder Verfahrenskostenhilfe bewilligt worden ist, der besonderen Vergütung zugestimmt hat. ²Die Haftung eines anderen Kostenschuldners darf auch nicht geltend gemacht werden, soweit dem Entscheidungsschuldner ein Betrag für die Reise zum Ort einer Verhandlung, Vernehmung oder Untersuchung und für die Rückreise gewährt worden ist (§ 31 Abs. 3 GKG, § 26 Abs. 3 FamGKG, § 33 Abs. 2 GNotKG).

III Absatz 2 ist entsprechend anzuwenden, soweit der Kostenschuldner aufgrund von § 29 Nr. 2 GKG, § 24 Nr. 2 FamGKG oder § 27 Nr. 2 GNotKG haftet (Übernahmeschuldner) und wenn

1. der Kostenschuldner die Kosten in einem vor Gericht abgeschlossenen oder durch Schriftsatz gegenüber dem Gericht angenommenen Vergleich übernommen hat,
2. der Vergleich einschließlich der Verteilung der Kosten vor dem Gericht vorgeschlagen worden ist und
3. das Gericht in seinem Vergleichsvorschlag ausdrücklich festgestellt hat, dass die Kostenregelung der sonst zu erwartenden Kostenentscheidung entspricht (§ 31 Abs. 4 GKG, § 26 Abs. 4 FamGKG, § 33 Abs. 3 GNotKG).

IV ¹In allen sonstigen Fällen der gesamtschuldnerischen Haftung für die Kosten bestimmt der Kostenbeamte nach pflichtmäßigem Ermessen, ob der geschuldete Betrag von einem Kostenschuldner ganz oder von mehreren nach Kopfteilen angefordert werden soll. ²Dabei kann insbesondere berücksichtigt werden,

1. welcher Kostenschuldner die Kosten im Verhältnis zu den übrigen endgültig zu tragen hat,
2. welcher Verwaltungsaufwand durch die Inanspruchnahme nach Kopfteilen entsteht,
3. ob bei einer Verteilung nach Kopfteilen Kleinbeträge oder unter der Vollstreckungsgrenze liegende Beträge anzusetzen wären,
4. ob die Kostenschuldner in Haushaltsgemeinschaft leben,
5. ob anzunehmen ist, dass einer der Gesamtschuldner nicht zur Zahlung oder nur zu Teilzahlungen in der Lage ist.

Bem. Wegen Art 3 I GG kann die Behörde an die Einhaltung auch im Verfahren nach (jetzt) § 66 GKG oder § 76 FamGKG, Teile I A, B dieses Buchs, gebunden sein, KG MDR **02**, 1276. III enthält für den Kostenbeamten verständliche Richtlinien auch mit Außenwirkung gegenüber dem Kostenschuldner, Düss JB **04**, 606, Ffm JB **01**, 37, Kblz FamRZ **01**, 297. I 3 bindet das Gericht nicht, Kblz MDR **05**, 1079. (Jetzt) IV ist auch dann anwendbar, wenn der in Anspruch Genommene Prozesskostenhilfe mit Raten, der Gegner eine solche aber ohne Ratenpflichten erhält, Kblz RR **01**, 941, oder wenn unklar ist, ob ein weiterer Gesamtschuldner vorhanden ist, BGH GRUR-RR **12**, 184 links unten. 1

Kosten bei Bewilligung von Prozess- oder Verfahrenskostenhilfe

9 Bei Bewilligung von Prozess- oder Verfahrenskostenhilfe sind die Durchführungsbestimmungen zur Prozess- und Verfahrenskostenhilfe sowie zur Stundung der Kosten des Insolvenzverfahrens (DB-PKH) zu beachten.

Bem. Die DB-PKH sind im Teil VII B 5 dieses Buchs abgedruckt. Wegen der Stundung der Kosten im Insolvenzverfahren vgl Teil VII F dieses Buchs. 1

Unvermögen des Kostenschuldners in anderen Fällen

10 ^I ¹In anderen als den in § 8 Abs. 2, 3 und in der Nr. 3.1 der Durchführungsbestimmungen zur Prozess- und Verfahrenskostenhilfe sowie zur Stundung der Kosten des Insolvenzverfahrens (DB-PKH) bezeichneten Fällen darf der Kostenbeamte vom Ansatz der Kosten nur dann absehen, wenn das dauernde Unvermögen des Kostenschuldners zur Zahlung offenkundig oder ihm aus anderen Vorgängen bekannt ist oder wenn sich der Kostenschuldner dauernd an einem Ort aufhält, an dem eine Beitreibung keinen Erfolg verspricht. ²Das dauernde Unvermögen des Kostenschuldners ist nicht schon deshalb zu verneinen, weil er möglicherweise später einmal in die Lage kommen könnte, die Schuld ganz oder teilweise zu bezahlen. ³Wenn dagegen bestimmte Gründe vorliegen, die dies mit einiger Sicherheit erwarten lassen, liegt dauerndes Unvermögen nicht vor.

^{II} Ohne Rücksicht auf das dauernde Unvermögen des Kostenschuldners sind die Kosten anzusetzen,
1. wenn ein zahlungsfähiger Kostenschuldner für die Kosten mithaftet;
2. wenn anzunehmen ist, dass durch Ausübung des Zurückbehaltungsrechts (§ 23) die Zahlung der Kosten erreicht werden kann, insbesondere dann, wenn ein anderer Empfangsberechtigter an der Aushändigung der zurückbehaltenen Schriftstücke ein Interesse hat;
3. wenn die Kosten zugleich mit einem Geldbetrag im Sinne des § 1 Abs. 1 der Einforderungs- und Beitreibungsanordnung einzuziehen sind (§ 4 Abs. 6);
4. wenn es sich um Gebühren oder Vorschüsse handelt, von deren Entrichtung die Vornahme einer Amtshandlung abhängt (§ 26).

^{III} ¹Angaben im Verfahren über die Prozess- oder Verfahrenskostenhilfe, Feststellungen im Strafverfahren über die Einkommens- und Vermögensverhältnisse des Beschuldigten (Nr. 14 der Richtlinien für das Strafverfahren und das Bußgeldverfahren) oder Mitteilungen der Vollstreckungsbehörde können dem Kostenbeamten einen Anhalt für seine Entschließung bieten. ²Er wird dadurch aber nicht von der Verpflichtung entbunden, selbständig zu prüfen und zu entscheiden, ob tatsächlich Unvermögen zur Zahlung anzunehmen ist. ³Nötigenfalls stellt er geeignete Ermittlungen an. ⁴In Strafsachen sind an Stellen außerhalb der Justizverwaltung Anfragen nach den wirtschaftlichen Verhältnissen des Kostenschuldners nur ausnahmsweise und nur dann zu richten, wenn nicht zu befürchten ist, dass dem Kostenschuldner aus diesen Anfragen Schwierigkeiten erwachsen könnten. ⁵Bei der Fassung etwaiger Anfragen ist jeder Hinweis darauf zu vermeiden, dass es sich um Kosten aus einer Strafsache handelt.

^{IV} Der Kostenbeamte vermerkt in den Akten, dass er die Kosten nicht angesetzt hat; er gibt dabei die Gründe kurz an und verweist auf die Aktenstelle, aus der sie ersichtlich sind.

^V Nach Absatz 1 außer Ansatz gelassene Kosten sind anzusetzen, wenn Anhaltspunkte dafür bekannt werden, dass eine Einziehung Erfolg haben wird.

1 **Bem.** Die Vorschrift gilt nur im Innenverhältnis zwischen dem Land und den Kostenbeamten Oldb JB **16**, 248.

Nichterhebung von Auslagen

11 ¹Der Kostenbeamte ist befugt, folgende Auslagen außer Ansatz zu lassen:
1. Auslagen, die durch eine von Amts wegen veranlasste Verlegung eines Termins oder Vertagung einer Verhandlung entstanden sind (§ 21 Abs. 1 Satz 2 GKG, § 20 Abs. 1 Satz 2 FamGKG, § 21 Abs. 1 Satz 2 GNotKG),
2. Auslagen, die durch eine vom Gericht fehlerhaft ausgeführte Zustellung angefallen sind (z. B. doppelte Ausführung einer Zustellung, fehlerhafte Adressierung),
3. Auslagen, die entstanden sind, weil eine angeordnete Abladung von Zeugen, Sachverständigen, Übersetzern usw. nicht oder nicht rechtzeitig ausgeführt worden ist.

²Der Kostenbeamte legt die Akten aber dem Gericht mit der Anregung einer Entscheidung vor, wenn dies mit Rücksicht auf rechtliche oder tatsächliche

Schwierigkeiten erforderlich erscheint. ³Die Entscheidung des Kostenbeamten nach Satz 1 ist keine das Gericht bindende Anordnung im Sinne von § 21 Abs. 2 Satz 3 GKG, § 20 Abs. 2 Satz 3 FamGKG und § 21 Abs. 2 Satz 3 GNotKG.

Absehen von Wertermittlungen
– zu Vorbemerkung 1.1 Abs. 1 KG GNotKG, Vorbemerkung 1.3.1 Abs. 2 FamGKG –

12 Von Wertermittlungen kann abgesehen werden, wenn nicht Anhaltspunkte dafür bestehen, dass das reine Vermögen des Fürsorgebedürftigen mehr als 25 000 Euro beträgt.

Kostenansatz bei gegenständlich beschränkter Gebührenfreiheit

13 ¹Bei Erbscheinen und ähnlichen Zeugnissen (Nr. 12210 KV GNotKG), die zur Verwendung in einem bestimmten Verfahren gebührenfrei oder zu ermäßigten Gebühren zu erteilen sind (z. B. gemäß § 317 Abs. 5 LAG, § 64 Abs. 2 SGB X, § 31 Abs. 1 Buchst. c VermG i. V. m. § 181 BEG), hat der Kostenbeamte die Urschrift und Ausfertigung der Urkunde mit dem Vermerk „Zum ausschließlichen Gebrauch für das ...-verfahren gebührenfrei – zu ermäßigten Gebühren – erteilt" zu versehen. ²Die Ausfertigung ist der Behörde oder Dienststelle, bei der das Verfahren anhängig ist, mit dem Ersuchen zu übersenden, den Beteiligten weder die Ausfertigung auszuhändigen noch eine Abschrift zu erteilen.

Haftkosten

14 ¹Die Erhebung von Kosten der Vollstreckung von freiheitsentziehenden Maßregeln der Besserung und Sicherung richtet sich nach § 138 Abs. 2, § 50 StVollzG. ²Die Kosten der Untersuchungshaft sowie einer sonstigen Haft außer Zwangshaft, die Kosten einer einstweiligen Unterbringung (§ 126 a StPO), einer Unterbringung zur Beobachtung (§ 81 StPO § 73 JGG) und einer einstweiligen Unterbringung in einem Heim für Jugendhilfe (§ 71 Abs. 2, § 72 Abs. 4 JGG) werden nur angesetzt, wenn sie auch von einem Gefangenen im Strafvollzug zu erheben wären (Nr. 9011 KV GKG, Nr. 2009 KV FamGKG, Nr. 31011 KG GNotKG, Vorbemerkung 2 KV JVKostG i. V. m. Nr. 9011 KV GKG).

Zeit des Kostenansatzes im Allgemeinen

15 I ¹Soweit nichts anderes bestimmt oder zugelassen ist, werden Kosten alsbald nach Fälligkeit angesetzt (z. B. § 6 Abs. 1 und 2, §§ 7 bis 9 GKG, §§ 9 bis 11 FamGKG, §§ 8, 9 GNotKG) und Kostenvorschüsse berechnet, sobald sie zu leisten sind (z. B. §§ 15 bis 18 GKG, §§ 16, 17 FamGKG, §§ 13, 14, 17 GNotKG). ²Dies gilt insbesondere auch vor Versendung der Akten an das Rechtsmittelgericht.

II ¹Auslagen sind in der Regel erst bei Beendigung des Rechtszuges anzusetzen, wenn kein Verlust für die Staatskasse zu befürchten ist. ²Das Gleiche gilt für die Abrechnung der zu ihrer Deckung erhobenen Vorschüsse. ³Werden jedoch im Laufe des Verfahrens Gebühren fällig, sind mit ihnen auch die durch Vorschüsse nicht gedeckten Auslagen anzusetzen.

III Absatz 2 gilt nicht
1. für Auslagen, die in Verfahren vor einer ausländischen Behörde entstehen,
2. für Auslagen, die einer an der Sache nicht beteiligten Person zur Last fallen.

IV ¹Steht zu dem in Absatz 1 bezeichneten Zeitpunkt der den Gebühren zugrunde zu legende Wert noch nicht endgültig fest, werden die Gebühren unter dem Vorbehalt späterer Berichtigung nach einer vorläufigen Wertannahme angesetzt. ²Auf rechtzeitige Berichtigung ist zu achten (vgl. § 20 GKG, § 19 FamGKG, § 20 GNotKG); in Angelegenheiten, auf die das Gerichts- und Notarkostengesetz Anwendung findet, ist erforderlichenfalls dem Kostenschuldner mitzuteilen, dass ein Wertermittlungsverfahren eingeleitet ist (§ 20 Abs. 2 GNotKG). ³Dasselbe gilt für Angelegenheiten, auf die das Gesetz über Gerichtskosten in Familiensachen Anwendung findet (§ 19 Abs. 2 FamGKG).

Zeit des Kostenansatzes in besonderen Fällen

16 I. Gebühr für die Durchführung des Insolvenzverfahrens
– zu Nrn. 2320, 2330 KV GKG –

[I] Die Gebühr für die Durchführung des Insolvenzverfahrens ist spätestens nach Abhaltung des Prüfungstermins (§ 176 InsO) anzusetzen.

[II] Bei Einstellung des Insolvenzverfahrens oder nach Bestätigung des Insolvenzplanes hat der Kostenbeamte den Insolvenzverwalter schriftlich aufzufordern, einen Betrag zurückzubehalten, der zur Deckung der näher zu bezeichnenden Gerichtskosten ausreicht.

II. Kosten in Vormundschafts-, Dauerbetreuungs-, Dauerpflegschafts- und Nachlasssachen
– zu § 8 GNotKG, § 10 FamGKG –

[1]Die bei Vormundschaften, Dauerbetreuungen und -pflegschaften sowie bei Nachlasssachen zu Beginn eines jeden Kalenderjahres fällig werdenden Gebühren können, wenn kein Verlust für die Staatskasse zu besorgen ist, gelegentlich der Prüfung der jährlichen Rechnungslegung angesetzt werden. [2]Zur Sicherstellung des rechtzeitigen Ansatzes dieser Gebühren sind die in Betracht kommenden Akten von dem Kostenbeamten in ein Verzeichnis einzutragen, das mindestens folgende Spalten enthält:

1. Lfd. Nr., 2. Aktenzeichen, 3. Bezeichnung der Sache, 4. Jahresgebühr berechnet am:

III. Kosten in Scheidungsfolgesachen und in Folgesachen

Gebühren in Scheidungsfolgesachen und in Folgesachen eines Verfahrens über die Aufhebung der Lebenspartnerschaft werden erst angesetzt, wenn eine unbedingte Entscheidung über die Kosten ergangen ist oder das Verfahren oder die Instanz durch Vergleich, Zurücknahme oder anderweitige Erledigung beendet ist (§ 9 Abs. 1, § 11 Abs. 1 FamGKG).

Heranziehung steuerlicher Werte
– zu § 46 Abs. 3 Nr. 3, § 48 GNotKG –

17
[I] Wird auf einen für Zwecke der Steuererhebung festgesetzten Wert (§ 46 Abs. 3 Nr. 3 GNotKG) oder den Einheitswert von Grundbesitz (§ 48 GNotKG) zurückgegriffen, genügt als Nachweis die Vorlage des Steuerbescheides (Feststellungsbescheides, Einheitswertbescheides), sofern sich der Einheitswert des Grundbesitzes nicht schon aus der steuerlichen Unbedenklichkeitsbescheinigung ergibt.

[II] [1]Das Finanzamt ist um Auskunft über die Höhe der für Zwecke der Steuererhebung festgesetzten Werte, die Höhe des Einheitswertes oder um Erteilung einer Abschrift des entsprechenden Steuerbescheides nur zu ersuchen, wenn der Kostenschuldner den Steuerbescheid nicht vorlegt, ausnahmsweise auch dann, wenn die Wertermittlung besonders schwierig ist. [2]Für die Aufbewahrung des Einheitswertbescheides gelten die Bestimmungen der Aktenordnung entsprechend.

Kostenansatz bei gleichzeitiger Belastung mehrerer Grundstücke
– zu § 18 Abs. 3 GNotKG –

18
[1]Für die Eintragung oder Löschung eines Gesamtrechts sowie für die Eintragung der Veränderung eines solchen bei mehreren Grundbuchämtern werden die Kosten im Fall der Nummern 14122, 14131 oder 14141 KV GNotKG bei dem Gericht angesetzt, bei dessen Grundbuchamt der Antrag zuerst eingegangen ist. [2]Entsprechendes gilt für die Eintragung oder Löschung eines Gesamtrechts sowie für die Eintragung der Veränderung eines solchen Rechts bei mehreren Registergerichten im Fall der Nummern 14221, 14231 oder 14241 KV GNotKG (§ 18 Abs. 3 GNotKG). [3]Die Kostenbeamten der beteiligten Grund-

buchämter bzw. Registergerichte haben sich vorab wegen des Kostenansatzes und des Zeitpunkts des Eingangs der Anträge zu verständigen; das die Kosten ansetzende Grundbuchamt bzw. Registergericht hat eine Abschrift der Kostenrechnung an alle beteiligten Grundbuchämter bzw. Registergerichte zu übermitteln.

Gerichtsvollzieherkosten
– zu § 13 Abs. 3 GvKostG –

19 Hat der Gerichtsvollzieher bei Aufträgen, die ihm vom Gericht erteilt werden, die Gerichtsvollzieherkosten (Gebühren und Auslagen) zu den Akten mitgeteilt und nicht angezeigt, dass er sie eingezogen hat, sind sie als Auslagen des gerichtlichen Verfahrens anzusetzen (vgl. § 13 Abs. 3 GvKostG, § 24 Abs. 7 Satz 3).

Kostensicherung

20 [I] Zur Sicherung des Kostenausgangs sehen die Kostengesetze vor
1. die Erhebung von Kostenvorschüssen, von denen die Vornahme einer Amtshandlung nicht abhängt (z. B. §§ 15, 17 Abs. 3 GKG, § 16 Abs. 3 FamGKG, § 14 Abs. 3 GNotKG);
2. die Zurückstellung von Amtshandlungen bis zur Entrichtung bestimmter Gebühren oder Kostenvorschüsse (z. B. §§ 12 Abs. 1 und 3 bis 6, §§ 12a, 13, 17 Abs. 2 GKG, §§ 14 Abs. 1 und 3, § 16 Abs. 1 und 2 FamGKG, §§ 13, 14 Abs. 1 und 2 GNotKG, § 8 Abs. 2 JVKostG);
3. die Ausübung eines Zurückbehaltungsrechts (§ 23).

[II] [1]Die Erhebung eines Kostenvorschusses, von dessen Zahlung die Amtshandlung nicht abhängt (Absatz 1 Nr. 1), ordnet der Kostenbeamte selbständig an. [2]Das Gleiche gilt in den Fällen der §§ 12, 12a, 13 GKG und § 14 FamGKG, jedoch ist der Eingang zunächst dem Richter (Rechtspfleger) vorzulegen, wenn sich daraus ergibt, dass die Erledigung der Sache ohne Vorauszahlung angestrebt wird.

[III] Soweit eine gesetzliche Vorschrift die Abhängigmachung der Vornahme des Geschäfts von der Vorauszahlung der Kosten gestattet (z. B. §§ 379a, 390 Abs. 4 StPO, § 17 Abs. 1 Satz 2, Abs. 2 GKG, § 16 Abs. 1 Satz 2, Abs. 2 FamGKG, §§ 13, 14 Abs. 1 Satz 2, Abs. 2 GNotKG), hat der Kostenbeamte vor der Einforderung des Vorschusses die Entscheidung des Richters (Rechtspflegers) einzuholen; dies gilt nicht in den Fällen der §§ 12, 12a, 13 GKG und § 14 FamGKG (vgl. Absatz 2 Satz 2).

[IV] In Justizverwaltungsangelegenheiten bestimmt der nach § 46 zuständige Beamte die Höhe des Vorschusses.

[V] Ist die Vornahme einer Amtshandlung nicht von der Zahlung eines Auslagenvorschusses abhängig, soll dieser regelmäßig nur eingefordert werden, wenn die Auslagen mehr als 25 Euro betragen oder ein Verlust für die Staatskasse zu befürchten ist.

[VI] In den Fällen des Absatzes 1 Nr. 1 und 3 sowie des § 17 Abs. 2 GKG, des § 16 Abs. 2 FamGKG und des § 14 Abs. 2 GNotKG sowie in gleichartigen Fällen ist ein Vorschuss nicht zu erheben, wenn eine Gemeinde, ein Gemeindeverband oder eine sonstige Körperschaft des öffentlichen Rechts Kostenschuldner ist.

Sicherstellung der Kosten (Abschnitt 3 GNotKG)

21 [1]Wird Sicherstellung zugelassen, wird der Vorschuss zwar berechnet, aber nicht nach § 4 Abs. 2 angefordert. [2]Die Sicherheit kann vorbehaltlich anderer Anordnungen des Richters (Rechtspflegers) in der in den §§ 232 bis 240 BGB vorgesehenen Weise geleistet werden. [3]Die Verwertung der Sicherheit ist Sache der Vollstreckungsbehörde, nachdem ihr die aus Anlass des Geschäfts erwachsenen Kosten zur Einziehung überwiesen sind.

KostVfg §§ 22–24   VII. DurchfVorschriften zu den Kostengesetzen

Jährliche Vorschüsse im Zwangsverwaltungsverfahren
– zu § 15 Abs. 2 GKG –

22 I ¹Der jährlich zu erhebende Gebührenvorschuss soll regelmäßig in Höhe einer Gebühr mit einem Gebührensatz von 0,5 bemessen werden. ²Daneben ist ein Auslagenvorschuss in Höhe der im laufenden Jahr voraussichtlich erwachsenden Auslagen zu erheben.

II ¹In Zwangsverwaltungsverfahren, in denen Einnahmen erzielt werden, deren Höhe die Gebühren und Auslagen deckt, kann die Jahresgebühr, wenn kein Verlust für die Staatskasse zu besorgen ist, anlässlich der Prüfung der jährlichen Rechnungslegung angesetzt werden. ²§ 16 Abschnitt II Satz 2 gilt entsprechend. ³Von der Erhebung eines Vorschusses kann in diesem Fall abgesehen werden.

Zurückbehaltungsrecht
– zu § 11 GNotKG, § 17 Abs. 2 GKG, § 16 Abs. 2 FamGKG, § 9 JVKostG –

23 I ¹In Angelegenheiten, auf die das Gerichts- und Notarkostengesetz anzuwenden ist, und in Justizverwaltungsangelegenheiten sind Urkunden, Ausfertigungen, Ausdrucke und Kopien sowie gerichtliche Unterlagen regelmäßig bis zur Zahlung der in der Angelegenheit erwachsenen Kosten zurückzubehalten. ²Die Entscheidung über die Ausübung des Zurückbehaltungsrechts trifft der Kostenbeamte nach billigem Ermessen. ³Dies gilt entsprechend in den Fällen des § 17 Abs. 2 GKG und des § 16 Abs. 2 FamGKG.

II ¹Kosten, von deren Entrichtung die Herausgabe abhängig gemacht wird, sind so bald wie möglich anzusetzen. ²Können sie noch nicht endgültig berechnet werden, sind sie vorbehaltlich späterer Berichtigung vorläufig anzusetzen.

III ¹Ist ein anderer als der Kostenschuldner zum Empfang des Schriftstücks berechtigt, hat ihn der Kostenbeamte von der Ausübung des Zurückbehaltungsrechts zu verständigen. ²Erhält der Empfangsberechtigte in derselben Angelegenheit eine sonstige Mitteilung, so ist die Nachricht, dass das Schriftstück zurückbehalten wird, nach Möglichkeit damit zu verbinden.

IV Wegen des Vermerks der Ausübung des Zurückbehaltungsrechts und der Aufführung des dritten Empfangsberechtigten in der Kostenrechnung wird auf § 24 Abs. 6 verwiesen.

V Für die sichere Verwahrung von Wertpapieren, Sparkassenbüchern, Grundpfandrechtsbriefen und sonstigen Urkunden von besonderem Wert ist Sorge zu tragen.

VI Die zurückbehaltenen Schriftstücke sind an den Empfangsberechtigten herauszugeben,
1. wenn die Zahlung der Kosten nachgewiesen ist,
2. wenn die Anordnung, dass Schriftstücke zurückzubehalten sind, vom Kostenbeamten oder durch gerichtliche Entscheidung aufgehoben wird.

Kostenrechnung

24 I Die Urschrift der Kostenrechnung für die Sachakte enthält
1. die Angabe der Justizbehörde, die Bezeichnung der Sache und die Geschäftsnummer,
2. die einzelnen Kostenansätze und die Kostenvorschüsse unter Hinweis auf die angewendete Vorschrift, bei Wertgebühren auch den der Berechnung zugrunde gelegten Wert,
3. den Gesamtbetrag der Kosten,
4. Namen, Anschriften und ggf. Geschäftszeichen und Geburtsdaten der Kostenschuldner.

II ¹Haften mehrere als Gesamtschuldner oder hat ein Kostenschuldner die Zwangsvollstreckung in ein bestimmtes Vermögen zu dulden, ist dies in der Urschrift der Kostenrechnung zu vermerken. ²Bei der anteilmäßigen Inanspruchnahme des Kostenschuldners (z. B. § 8 Abs. 4) ist ein eindeutiger Vorbehalt über die Möglichkeit einer weiteren Inanspruchnahme aufzunehmen. ³Unter Beachtung der Grundsätze in § 8 Abs. 4 ist weiter anzugeben, wie die einzelnen Gesamtschuldner zunächst in Anspruch genommen werden. [4]Erst- und Zweitschuldner (§ 8 Abs. 1) sind ausdrücklich als solche zu bezeichnen. [5]Wird der Zweitschuldner vor dem Erstschuldner in Anspruch genommen (§ 8 Abs. 1), sind die Gründe hierfür kurz anzugeben.

III Ist bei mehreren Kostengesamtschuldnern damit zu rechnen, dass der zunächst in Anspruch Genommene die Kosten bezahlen wird, kann die Aufführung der weiteren Gesamtschuldner durch ausdrücklichen Vermerk vorbehalten werden.

IV [1]Sind Kosten durch Verwendung von Gerichtskostenstemplern entrichtet oder durch Aktenausdrucke nach § 696 Abs. 2 Satz 1 ZPO mit Gerichtskostenrechnungen nachgewiesen, ist zu vermerken, wo sich diese Zahlungsnachweise befinden. [2]Sind Kosten bereits gebucht, ist das Zuordnungsmerkmal des Kassenverfahrens anzugeben.

V Ergeben sich aus den Akten Anhaltspunkte dafür, dass noch weitere Kosten geltend gemacht werden können, die vom Kostenschuldner als Auslagen zu erheben sind (z. B. Vergütungen von Pflichtverteidigern, Verfahrensbeiständen oder Sachverständigen), ist ein eindeutiger Vorbehalt über die Möglichkeit einer Inanspruchnahme für die weiteren, nach Art oder voraussichtlicher Höhe zu bezeichnenden Kosten in die Urschrift der Kostenrechnung aufzunehmen.

VI [1]Die Ausübung des Zurückbehaltungsrechts (§ 23) ist mit kurzer Begründung zu vermerken. [2]Ist ein anderer als der Kostenschuldner zum Empfang des Schriftstücks berechtigt (§ 23 Abs. 3), wird er gleichfalls in der Urschrift der Kostenrechnung aufgeführt.

VII [1]Enthält die Urschrift der Kostenrechnung Beträge, die anderen Berechtigten als der Staatskasse zustehen und nach der Einziehung an sie auszuzahlen sind (durchlaufende Gelder), hat der Kostenbeamte sicherzustellen, dass er von einer Zahlung Kenntnis erlangt. [2]Der Empfangsberechtigte ist in der Kostenrechnung aufzuführen. [3]Im Falle des § 19 ist der Gerichtsvollzieher als empfangsberechtigt zu bezeichnen.

VIII Wenn für einen Vorschuss Sicherheit geleistet ist (§ 21), ist dies durch rot zu unterstreichenden Vermerk anzugeben.

IX Der Kostenbeamte hat die Urschrift der Kostenrechnung unter Angabe von Ort, Tag und Amtsbezeichnung zu unterschreiben.

Bem. Ein Verstoß gegen einzelne Regelungen (jetzt) des § 24 ist unschädlich, sofern überhaupt eine überprüfbare Begründung vorliegt, BGH Rpfleger 75, 432. 1

Anforderung der Kosten mit Sollstellung

25 I Mit der Sollstellung wird die Buchung des zu erhebenden Betrags im Sachbuch der Kasse, die dortige Überwachung des Zahlungseingangs und im Fall der Nichtzahlung die selbständige Einziehung durch die Vollstreckungsbehörde bewirkt.

II [1]Der Kostenbeamte veranlasst die Sollstellung der Kosten nach den näheren Bestimmungen des Bundesministeriums der Justiz und für Verbraucherschutz oder der jeweiligen Landesjustizverwaltung und sorgt dafür, dass jeder Kostenschuldner, der in Anspruch genommen werden soll, einen Ausdruck der ihn betreffenden Inhalte der Kostenrechnung mit einer Zahlungsaufforderung und einer Rechtsbehelfsbelehrung (Kostenanforderung) erhält. [2]In der Zahlungsaufforderung sind der Zahlungsempfänger mit Anschrift und Bankverbindung sowie das Zuordnungsmerkmal der Sollstellung (z. B. Kassenzeichen) anzugeben. [3]Kostenanforderungen, die automationsgestützt erstellt werden, bedürfen weder einer Unterschrift noch eines Abdrucks des Dienstsiegels; auf der Kostenanforderung ist zu vermerken, dass das Schreiben mit einer Datenverarbeitungsanlage erstellt wurde und daher nicht unterzeichnet wird. [4]Manuell erstellte Kostenrechnungen sind stattdessen mit Unterschrift oder mit dem Abdruck des Dienstsiegels zu versehen.

III Sofern der Kostenschuldner im automatisierten Mahnverfahren von einem Bevollmächtigten vertreten wird, kann die Kostenanforderung diesem zugesandt werden.

KostVfg § 26 VII. DurchfVorschriften zu den Kostengesetzen

Anforderung der Kosten ohne Sollstellung
– zu §§ 379a, 390 Abs. 4 StPO, §§ 12, 12a, 13, 17 Abs. 1 Satz 2, Abs. 2 GKG, §§ 14, 16 Abs. 1 Satz 2, Abs. 2 FamGKG, §§ 13, 14 Abs. 1 Satz 2, Abs. 2 GNotKG, § 8 Abs. 2 JVKostG –

26 ᴵ ¹Vorweg zu erhebende Gebühren und Kostenvorschüsse, von deren Entrichtung die Vornahme einer Amtshandlung oder die Einleitung oder der Fortgang eines Verfahrens abhängig ist, sind ohne Sollstellung unmittelbar vom Zahlungspflichtigen anzufordern; das gleiche gilt im Falle der Ausübung des Zurückbehaltungsrechts (§ 23). ²§ 24 Abs. 1 ist zu beachten. ³Die Kostenanforderung ist mit einer Rechtsbehelfsbelehrung zu versehen. ⁴Wegen der Einzelheiten der Kostenanforderung ohne Sollstellung wird auf die näheren Bestimmungen des Bundesministeriums der Justiz und für Verbraucherschutz oder der jeweiligen Landesjustizverwaltung verwiesen.

ᴵᴵ Steht der Wert des Streitgegenstandes oder der Geschäftswert noch nicht endgültig fest, sind der Berechnung vorläufig die Angaben des Klägers oder Antragstellers zugrunde zu legen, sofern sie nicht offenbar unrichtig sind.

ᴵᴵᴵ Hat das Gericht den Betrag des Vorschusses und die Zahlungsfrist selbst bestimmt (z. B. in den Fällen der §§ 379, 402 ZPO), kann eine Kostenrechnung (§ 24 Abs. 1) unterbleiben, wenn das gerichtliche Schriftstück alle für die Bewirkung der Zahlung erforderlichen Angaben enthält.

ᴵⱽ ¹Hat der Zahlungspflichtige auf die Gebühren oder Vorschüsse (Absatz 1) Beträge bezahlt, die zur Deckung nicht völlig ausreichen, ist er auf den Minderbetrag hinzuweisen; hat er noch keine Kostenanforderung erhalten, ist der Minderbetrag ohne Sollstellung entsprechend Absatz 1 anzufordern. ²Ist der Minderbetrag nur gering, führt der Kostenbeamte zunächst eine Entscheidung des Richters (Rechtspflegers) darüber herbei, ob der Sache gleichwohl Fortgang zu geben sei. ³Wird der Sache Fortgang gegeben, wird der fehlende Betrag gemäß § 25 mit Sollstellung angefordert, falls er nicht nach den bestehenden Bestimmungen wegen Geringfügigkeit außer Ansatz bleibt; besteht der Richter (Rechtspfleger) dagegen auf der Zahlung des Restbetrages, ist nach Satz 1 zu verfahren.

ⱽ Wird in den Fällen der §§ 379a 390 Abs. 4 StPO der angeforderte Betrag nicht voll gezahlt, sind die Akten alsbald dem Gericht (Vorsitzenden) zur Entscheidung vorzulegen.

ⱽᴵ Sofern der Zahlungspflichtige von einem Bevollmächtigten, insbesondere dem Prozess- oder Verfahrensbevollmächtigten oder Notar, vertreten wird, soll die Kostenanforderung grundsätzlich diesem zur Vermittlung der Zahlung zugesandt werden.

ⱽᴵᴵ ¹Ist die Zahlung des Vorschusses an eine Frist geknüpft (z. B. in den Fällen der §§ 379a, 390 Abs. 4 StPO, § 18 GBO), ist die Kostenanforderung von Amts wegen zuzustellen. ²In sonstigen Fällen wird sie regelmäßig als Brief abgesandt.

ⱽᴵᴵᴵ ¹Wird der Kostenanforderung keine Folge geleistet, hat der Kostenbeamte die in der Sache etwa entstandenen oder noch entstehenden Kosten zu berechnen und zum Soll zu stellen (§ 25). ²Das gleiche gilt, wenn die Anordnung, durch welche die Vornahme eines Geschäfts von der Vorauszahlung abhängig gemacht war, wieder aufgehoben oder wenn von der gesetzlich vorgesehenen Vorwegleistungspflicht eine Ausnahme bewilligt wird (z. B. nach § 14 GKG, § 15 FamGKG, § 16 GNotKG). ³Kommt der zur Vorwegleistung Verpflichtete in den Fällen des § 12 Abs. 1, 3 Satz 3 und 4 GKG, des § 12a GKG sowie des § 14 Abs. 1, 3 FamGKG der Zahlungsaufforderung nicht nach, werden die in § 12 Abs. 1, 3 Satz 3 und 4 GKG und § 14 Abs. 1, 3 FamGKG genannten Gebühren nur insoweit angesetzt, als sich der Zahlungspflichtige nicht durch Rücknahme der Klage oder des Antrags von der Verpflichtung zur Zahlung befreien kann.

ᴵˣ ¹Von der Übersendung einer Schlusskostenrechnung kann abgesehen werden, wenn sich die endgültig festgestellte Kostenschuld mit dem vorausgezahlten Betrag deckt. ²Ansonsten ist die Schlusskostenrechnung unverzüglich zu übersenden.

A. Kostenverfügung §§ 27, 28 KostVfg

Abschnitt 3. Weitere Pflichten des Kostenbeamten

Behandlung von Ersuchen und Mitteilungen der Vollstreckungsbehörde

27 I ¹Ersucht die Vollstreckungsbehörde um Auskunft darüber, ob sich aus den Sachakten Näheres über die Einkommens- und Vermögensverhältnisse eines Kostenschuldners ergibt, insbesondere über das Vorhandensein pfändbarer Ansprüche, hat der Kostenbeamte die notwendigen Feststellungen zu treffen. ²Befinden sich die Akten beim Rechtsmittelgericht, trifft diese Verpflichtung den Kostenbeamten dieses Gerichts.

II ¹Ersucht die Vollstreckungsbehörde um eine Änderung oder Ergänzung der Kostenrechnung, weil sie eine andere Heranziehung von Gesamtschuldnern oder eine Erstreckung der Rechnung auf bisher nicht in Anspruch genommene Kostenschuldner für geboten hält, hat der Kostenbeamte aufgrund der Ermittlungen der Vollstreckungsbehörde die Voraussetzungen für die Heranziehung dieser Kostenschuldner festzustellen (vgl. § 7 Abs. 1) und gegebenenfalls eine neue oder ergänzte Kostenrechnung aufzustellen. ²Die Gründe für die Inanspruchnahme des weiteren Kostenschuldners sind in der Kostenrechnung anzugeben. ³Soweit hierbei Kosten eines bereits erledigten Rechtsmittelverfahrens zu berücksichtigen sind, sind die dem Kostenbeamten obliegenden Dienstverrichtungen von dem Kostenbeamten des Rechtsmittelgerichts zu erledigen; eine Zweitschuldneranfrage kann vom Kostenbeamten des Gerichts des ersten Rechtszuges beantwortet werden, falls eine Zweitschuldnerhaftung nicht besteht.

III Die Bestimmungen des Absatzes 2 gelten entsprechend, wenn ein Kostenschuldner vorhanden ist, der wegen der Kostenschuld lediglich die Zwangsvollstreckung in ein bestimmtes Vermögen (z. B. der Grundstückseigentümer bei dinglich gesicherten Forderungen, für die er nicht persönlich haftet) zu dulden hat.

IV Wird dem Kostenbeamten eine Mitteilung über die Niederschlagung oder den (Teil-)Erlass der Kostenforderung vorgelegt, hat er zu prüfen, ob weitere Einziehungsmöglichkeiten bestehen und teilt diese der Vollstreckungsbehörde mit.

V ¹Eine Zahlungsanzeige, die sich auf einen zum Soll gestellten Betrag bezieht und nicht bei den Sachakten zu verbleiben hat, ist von dem Kostenbeamten unter Angabe des Grundes der Rückgabe zurückzusenden. ²Die Rücksendung einer Zahlungsanzeige hat er auf der vorderen Innenseite des Aktenumschlags oder einem Kostenvorblatt zu vermerken. ³Der Vermerk muss den Einzahler, den Betrag der Einzahlung, die Buchungsnummer und den Grund der Rückgabe enthalten. ⁴Abweichend von Satz 2 und 3 kann auch eine Kopie der Zahlungsanzeige zu den Sachakten genommen werden, auf der der Grund der Rückgabe vermerkt ist.

VI ¹Die Rücksendung einer Zweitschuldneranfrage und das mitgeteilte Ergebnis hat der Kostenbeamte auf der Urschrift der Kostenrechnung zu vermerken. ²Abweichend hiervon kann auch eine Kopie der Zweitschuldneranfrage zu den Sachakten genommen werden, auf der das mitgeteilte Ergebnis vermerkt ist.

Berichtigung des Kostenansatzes

28 I Der Kostenbeamte hat bei jeder Änderung der Kostenforderung den Kostenansatz zu berichtigen und, wenn hierdurch auch die Kosten eines anderen Rechtszuges berührt werden, den Kostenbeamten dieses Rechtszuges zu benachrichtigen, soweit er nicht selbst für den Kostenansatz des anderen Rechtszuges zuständig ist (z. B. § 5 Abs. 2).

II ¹Solange eine gerichtliche Entscheidung oder eine Anordnung im Dienstaufsichtsweg nicht ergangen ist, hat er auf Erinnerung oder auch von Amts wegen unrichtige Kostenansätze richtigzustellen. ²Will er einer Erinnerung des Kostenschuldners nicht oder nicht in vollem Umfang abhelfen oder richtet sich die Erinnerung gegen Kosten, die auf Grund einer Beanstandung des Prüfungsbeamten angesetzt sind, so hat er sie mit den Akten dem Prüfungsbeamten vorzulegen.

KostVfg § 29   VII. DurchfVorschriften zu den Kostengesetzen

Nachträgliche Änderung der Kostenforderung

29 ^I Ändert sich nachträglich die Kostenforderung, so stellt der Kostenbeamte eine neue Kostenrechnung auf, es sei denn, dass die Kostenforderung völlig erlischt.

^{II} Erhöht sich die Kostenforderung, so veranlasst er die Nachforderung des Mehrbetrages gemäß § 25 oder § 26.

^{III} ¹Vermindert sie sich oder erlischt sie ganz, so ordnet er durch eine Kassenanordnung die Löschung im Soll oder die Rückzahlung an. ²In der Kassenanordnung sind sämtliche in derselben Rechtssache zum Soll gestellten oder eingezahlten Beträge, für die der Kostenschuldner haftet, anzugeben; dabei hat der Kostenbeamte, wenn mehrere Beträge zum Soll stehen, diejenigen Beträge zu bezeichnen, für die weitere Kostenschuldner vorhanden sind. ³Die Anordnung der Löschung oder Rückzahlung ist unter Angabe des Betrages auf der Urschrift der Kostenrechnung in auffälliger Weise zu vermerken.

^{IV} ¹Bei Vertretung durch einen Prozess- oder Verfahrensbevollmächtigten (§ 81 ZPO, § 11 FamFG, § 113 Abs. 1 Satz 2 FamFG) ist die Rückzahlung an diesen anzuordnen, es sei denn, die Partei oder der Beteiligte hat der Rückzahlung gegenüber dem Gericht ausdrücklich widersprochen. ²Stimmt der Bevollmächtigte in diesem Fall der Rückzahlung an die Partei oder den Beteiligten nicht zu, sind die Akten dem Prüfungsbeamten zur Entscheidung vorzulegen.

^V In anderen Fällen ist die Rückzahlung an einen Bevollmächtigten anzuordnen,

1. wenn er eine Vollmacht seines Auftraggebers zu den Akten einreicht, die ihn allgemein zum Geldempfang oder zum Empfang der im Verfahren etwa zurückzuzahlenden Kosten ermächtigt, und wenn keine Zweifel bezüglich der Gültigkeit der Vollmacht bestehen, oder
2. wenn es sich bei dem Bevollmächtigten um einen Rechtsanwalt, Notar oder Rechtsbeistand handelt und dieser rechtzeitig vor Anordnung der Rückzahlung schriftlich erklärt, dass er die Kosten aus eigenen Mitteln bezahlt hat.

^{VI} Im Falle der Berichtigung wegen irrtümlichen Ansatzes muss aus der Kostenrechnung und aus der Kassenanordnung hervorgehen, inwiefern der ursprüngliche Ansatz unrichtig war.

^{VII} Hat die Dienstaufsichtsbehörde oder der Kostenprüfungsbeamte (§ 35) die Berichtigung angeordnet, ist dies zu vermerken.

^{VIII} Im Falle des Kostenerlasses ist die den Kostenerlass anordnende Verfügung zu bezeichnen.

^{IX} Beruht die Berichtigung oder Änderung auf einer mit Beschwerde anfechtbaren gerichtlichen Entscheidung, ist anzugeben, dass die Entscheidung dem zur Vertretung der Staatskasse zuständigen Beamten vorgelegen hat.

^X ¹Wird die Rückzahlung von Kosten veranlasst, die durch Verwendung von Gerichtskostenstemplern entrichtet oder ohne Sollstellung eingezahlt sind oder deren Zahlung durch Aktenausdrucke nach § 696 Abs. 2 Satz 1 ZPO mit Gerichtskostenrechnungen nachgewiesen ist, hat ein zweiter Beamter oder Beschäftigter der Geschäftsstelle in der Kassenanordnung zu bescheinigen, dass die Beträge nach den angegebenen Zahlungsnachweisen entrichtet und die Buchungsangaben aus den Zahlungsanzeigen über die ohne Sollstellung eingezahlten Beträge richtig übernommen sind. ²Die Anordnung der Rückzahlung ist bei oder auf dem betroffenen Zahlungsnachweis in auffälliger Weise zu vermerken; der Vermerk ist rot zu unterstreichen.

^{XI} Sind infolge der nachträglichen Änderung der Kostenrechnung nur Kleinbeträge nachzufordern, im Soll zu löschen oder zurückzuzahlen, sind die für die Behandlung solcher Beträge getroffenen besonderen Bestimmungen zu beachten.

^{XII} Wird eine neue Kostenrechnung aufgestellt (Absatz 1), ist in ihr die frühere Kostenrechnung zu bezeichnen; die frühere Kostenrechnung ist mit einem zu unterstreichenden Hinweis auf die neue Kostenrechnung zu versehen.

---

1   1) **Bem.** Die ZPO hat gegenüber (jetzt) V 1 den Vorrang, Brdb NJW **07**, 1470.

A. Kostenverfügung §§ 30–34 KostVfg

Nachträgliche Änderung der Kostenhaftung

30 ᴵ ¹Tritt zu dem bisher in Anspruch genommenen Kostenschuldner ein neuer hinzu, der vor jenem in Anspruch zu nehmen ist (vgl. § 8), stellt der Kostenbeamte zunächst fest, ob die eingeforderten Kosten bereits entrichtet sind. ²Nur wenn die Kosten nicht oder nicht ganz bezahlt sind und auch nicht anzunehmen ist, dass der nunmehr in Anspruch zu nehmende Kostenschuldner zahlungsunfähig sein werde, stellt er eine neue Kostenrechnung auf. ³Er veranlasst sodann die Löschung der den bisherigen Kostenschuldner betreffenden Sollstellung und die Sollstellung (§ 25) gegenüber dem neuen Kostenschuldner.

ᴵᴵ ¹Erlischt nachträglich die Haftung eines Gesamtschuldners ganz oder teilweise, berichtigt der Kostenbeamte die Kostenrechnung. ²Er veranlasst die Löschung der gegen den bisherigen Kostenschuldner geltend gemachten Forderung und die Rückzahlung bereits bezahlter Beträge, soweit nunmehr keinerlei Haftungsgrund vorliegt. ³Soweit ein anderer Kostenschuldner in Anspruch zu nehmen ist, veranlasst er die Kostenanforderung nach § 25.

Einrede der Verjährung
– zu § 5 Abs. 2 GKG, § 7 Abs. 2 FamGKG, § 6 Abs. 2 GNotKG, § 5 Abs. 2 JVKostG –

31 ¹Ist der Anspruch auf Erstattung von Kosten verjährt, hat der Kostenbeamte die Akten dem zur Vertretung der Staatskasse zuständigen Beamten vorzulegen. ²Soll nach dessen Auffassung die Verjährungseinrede erhoben werden, ist hierzu die Einwilligung des unmittelbar vorgesetzten Präsidenten einzuholen. ³Von der Erhebung der Verjährungseinrede kann mit Rücksicht auf die Umstände des Falles abgesehen werden. ⁴Hat der zur Vertretung der Staatskasse zuständige Beamte dem Kostenbeamten mitgeteilt, dass die Verjährungseinrede nicht erhoben werden soll, ist dies auf der zahlungsbegründenden Unterlage in den Sachakten zu vermerken.

Durchlaufende Gelder

32 ᴵ Sind durchlaufende Gelder in der Kostenrechnung enthalten (§ 24 Abs. 7), hat der Kostenbeamte nach Eingang der Zahlungsanzeige eine Auszahlungsanordnung zu erteilen.

ᴵᴵ Sofern durchlaufende Gelder durch Verwendung von Gerichtskostenstemplern entrichtet oder sonst ohne Sollstellung eingezahlt sind, gilt § 29 Abs. 10 Satz 1 entsprechend.

ᴵᴵᴵ ¹Die Anordnung der Auszahlung ist bei oder auf dem betroffenen Zahlungsnachweis oder auf der Urschrift der Kostenrechnung in auffälliger Weise zu vermerken. ²Der Vermerk ist zu unterstreichen.

Abschnitt 4. Veränderung von Ansprüchen

Veränderung von Ansprüchen

33 Für die Niederschlagung, die Stundung und den Erlass von Kosten gelten die darüber ergangenen besonderen Bestimmungen.

Abschnitt 5. Kostenprüfung

Aufsicht über den Kostenansatz

34 ᴵ Die Vorstände der Justizbehörden überwachen im Rahmen ihrer Aufsichtspflichten die ordnungsmäßige Erledigung des Kostenansatzes durch den Kostenbeamten.

ᴵᴵ Die besondere Prüfung des Kostenansatzes ist Aufgabe der Kostenprüfungsbeamten (§ 35).

ᴵᴵᴵ Die dem Rechnungshof zustehenden Befugnisse bleiben unberührt.

Kostenprüfungsbeamte

35 Kostenprüfungsbeamte sind
1. der Bezirksrevisor,
2. die weiter bestellten Prüfungsbeamten.

Berichtigung des Kostenansatzes im Verwaltungsweg
– zu § 19 Abs. 5 GKG, § 18 Abs. 3 FamGKG, § 18 Abs. 6 GNotKG –

36 [1] Solange eine gerichtliche Entscheidung nicht ergangen ist, sind die Vorstände der Justizbehörden und die Kostenprüfungsbeamten befugt, den Kostenansatz zu beanstanden und den Kostenbeamten zur Berichtigung des Kostenansatzes anzuweisen. [2] Der Kostenbeamte hat der Weisung Folge zu leisten; er ist nicht berechtigt, deshalb die Entscheidung des Gerichts herbeizuführen.

Nichterhebung von Kosten
– zu § 21 GKG, § 20 FamGKG, § 21 GNotKG, § 13 JVKostG –

37 [1] Die Präsidenten der Gerichte und die Leiter der Staatsanwaltschaften sind für die ihrer Dienstaufsicht unterstellten Behörden zuständig, im Verwaltungsweg anzuordnen, dass in den Fällen des § 21 Abs. 1 GKG, des § 20 Abs. 1 FamGKG, des § 21 Abs. 1 GNotKG und des § 13 JVKostG Kosten nicht zu erheben sind. [2] Über Beschwerden gegen den ablehnenden Bescheid einer dieser Stellen wird im Aufsichtsweg entschieden.

Erinnerungen und Beschwerden der Staatskasse
– zu § 66 GKG, § 57 FamGKG, § 81 GNotKG, § 22 JVKostG –

38 [1] Der Vertreter der Staatskasse soll Erinnerungen gegen den Kostenansatz nur dann einlegen, wenn es wegen der grundsätzlichen Bedeutung der Sache angezeigt erscheint, von einer Berichtigung im Verwaltungsweg (§ 36) abzusehen und eine gerichtliche Entscheidung herbeizuführen.

[II] [1] Alle beschwerdefähigen gerichtlichen Entscheidungen einschließlich der Wertfestsetzungen, durch die der Kostenansatz zuungunsten der Staatskasse geändert wird, hat der Kostenbeamte des entscheidenden Gerichts dem zur Vertretung der Staatskasse zuständigen Beamten mitzuteilen. [2] Legt der Kostenbeamte eine Erinnerung des Kostenschuldners dem zur Vertretung der Staatskasse zuständigen Beamten vor (§ 28 Abs. 2), prüft dieser, ob der Kostenansatz im Verwaltungsweg zu ändern ist oder ob Anlass besteht, für die Staatskasse ebenfalls Erinnerung einzulegen. [3] Soweit der Erinnerung nicht abgeholfen wird, veranlasst er, dass die Akten unverzüglich dem Gericht vorgelegt werden.

Besondere Prüfung des Kostenansatzes

39 [1] Bei jeder Justizbehörde findet in der Regel einmal im Haushaltsjahr eine unvermutete Prüfung des Kostenansatzes durch einen Kostenprüfungsbeamten (§ 35) statt.

[II] Zeit und Reihenfolge der Prüfungen bestimmt der Dienstvorgesetzte des Prüfungsbeamten, und zwar im Einvernehmen mit dem Dienstvorgesetzten der Staatsanwaltschaft, wenn die Prüfung bei einer Staatsanwaltschaft stattfinden soll.

Aufgaben und Befugnisse des Prüfungsbeamten

40 [1] [1] Der Prüfungsbeamte soll sich nicht auf die schriftliche Beanstandung vorgefundener Mängel und Verstöße beschränken, sondern durch mündliche Erörterung wichtiger Fälle mit dem Kostenbeamten, durch Anregungen und Belehrungen das Prüfungsgeschäft möglichst nutzbringend gestalten und auf die Beachtung einheitlicher Grundsätze beim Kostenansatz hinwirken. [2] Nebensächlichen Dingen soll er nur nachgehen, wenn sich der Verdacht von Unregelmäßigkeiten oder fortgesetzten Nachlässigkeiten ergibt.

II ¹Die Einsicht sämtlicher Akten, Bücher, Register, Verzeichnisse und Rechnungsbelege ist ihm gestattet. ²Sofern Verfahrensunterlagen mittels elektronischer Datenverarbeitung geführt werden, ist sicherzustellen, dass der Prüfungsbeamte Zugriff auf diese Daten erhält.

III Von den beteiligten Beamten kann er mündlich näheren Aufschluss über die Behandlung von Geschäften verlangen.

IV Aktenstücke über schwebende Rechtsstreitigkeiten sowie in Testaments-, Grundbuch- und Registersachen hat er in der Regel an Ort und Stelle durchzusehen; sonstige Akten kann er sich an seinen Dienstsitz übersenden lassen.

Umfang der Kostenprüfung

41 ᴵ Der Prüfungsbeamte hat besonders darauf zu achten,
1. ob die Kosten rechtzeitig, richtig und vollständig angesetzt sind und ob sie, soweit erforderlich, mit oder ohne Sollstellung (§ 25 und § 26) angefordert sind;
2. ob Gerichtskostenstempler bestimmungsgemäß verwendet sind und ob der Verbleib der Abdrucke von Gerichtskostenstemplern, falls sie sich nicht mehr in den Akten befinden, nachgewiesen ist;
3. ob die Auslagen ordnungsgemäß vermerkt sind;
4. ob bei Bewilligung von Prozess- oder Verfahrenskostenhilfe
    a) die an beigeordnete Anwälte gezahlten Beträge in zulässigem Umfang von dem Zahlungspflichtigen angefordert,
    b) etwaige Ausgleichsansprüche gegen Streitgenossen geltend gemacht und
    c) die Akten dem Rechtspfleger in den Fällen des § 120 Abs. 3, des § 120 a Abs. 1 sowie des § 124 Abs. 1 Nrn. 2 bis 5 ZPO zur Entscheidung vorgelegt worden sind und ob Anlass besteht, von dem Beschwerderecht gemäß § 127 Abs. 3 ZPO Gebrauch zu machen.

II Soweit nicht in Absatz 1 etwas anderes bestimmt ist, erstreckt sich die Prüfung nicht auf den Ansatz und die Höhe solcher Auslagen, für deren Prüfung andere Dienststellen zuständig sind.

Verfahren bei der Kostenprüfung

42 ᴵ ¹Der Prüfungsbeamte soll aus jeder Gattung von Angelegenheiten, in denen Kosten entstehen können, selbst eine Anzahl Akten auswählen und durchsehen, darunter auch solche, die nach ihrem Aktenzeichen unmittelbar aufeinanderfolgen. ²Bei der Auswahl sind auch die Geschäftsregister und das gemäß § 16 Abschnitt II zu führende Verzeichnis zu berücksichtigen und namentlich solche Akten zur Prüfung vorzumerken, in denen höhere Kostenbeträge in Frage kommen.

II Bei der Aktenprüfung ist auch darauf zu achten, dass die Sollstellungen und die ohne Sollstellung geleisteten Beträge in der vorgeschriebenen Weise nachgewiesen sind.

III Bei der Nachprüfung der Verwendung von Gerichtskostenstemplern ist auch eine Anzahl älterer, insbesondere weggelegter Akten durchzusehen.

IV Bei der Prüfung der Aktenvermerke über die Auslagen (§ 41 Abs. 1 Nr. 3) ist stichprobenweise festzustellen, ob die Auslagen vorschriftsmäßig in den Sachakten vermerkt und beim Kostenansatz berücksichtigt sind.

Beanstandungen

43 ᴵ ¹Stellt der Prüfungsbeamte Unrichtigkeiten zum Nachteil der Staatskasse oder eines Kostenschuldners fest, ordnet er die Berichtigung des Kostenansatzes an. ²Die Anordnung unterbleibt, wenn es sich um Kleinbeträge handelt, von deren Einziehung oder Erstattung nach den darüber getroffenen Bestimmungen abgesehen werden darf.

II An die Stelle der Berichtigung tritt ein Vermerk in der Niederschrift (§ 44), wenn eine gerichtliche Entscheidung ergangen ist oder der Kostenansatz auf einer Anordnung der Dienstaufsichtsbehörde beruht.

III ¹Die Beanstandungen (Absatz 1 Satz 1) sind für jede Sache auf einem besonderen Blatt zu verzeichnen, das zu den Akten zu nehmen ist. ²In dem Fall des Absatzes 1 Satz 2 sind sie in kürzester Form unter der Kostenrechnung zu vermerken.

IV ¹Der Prüfungsbeamte vermerkt die Beanstandungen nach Absatz 1 außerdem in einer Nachweisung. ²Der Kostenbeamte ergänzt die Nachweisung durch Angabe des Zuordnungsmerkmals der Kassenanordnung oder der sonst erforderlichen Vermerke über die Erledigung; sodann gibt er sie dem Prüfungsbeamten zurück. ³Der Prüfungsbeamte stellt bei der nächsten Gelegenheit stichprobenweise fest, ob die entsprechenden Buchungen tatsächlich vorgenommen sind. ⁴Die Nachweisungen verwahrt er jahrgangsweise.

V Stellt der Prüfungsbeamte das Fehlen von Akten fest, hat er alsbald dem Behördenvorstand Anzeige zu erstatten.

Niederschrift über die Kostenprüfung

44 I ¹Der Prüfungsbeamte fertigt über die Kostenprüfung eine Niederschrift, die einen Überblick über Gang und Ergebnis des Prüfungsgeschäfts ermöglichen soll.

II ¹Er erörtert darin diejenigen Einzelfälle, die grundsätzliche Bedeutung haben, die anderwärts abweichend beurteilt werden oder die sonst von Erheblichkeit sind (vgl. dazu § 43 Abs. 2). ²Weiter führt er die Fälle auf, in denen ihm die Einlegung der Erinnerung (§ 38 Abs. 1) angezeigt erscheint oder die zu Maßnahmen im Dienstaufsichtsweg Anlass geben können. ³Die Niederschriften können in geeigneten Fällen für die einzelnen geprüften Geschäftsstellen getrennt gefertigt werden.

III ¹Je ein Exemplar der Niederschrift leitet der Prüfungsbeamte den Dienstvorgesetzten zu, die die Prüfung angeordnet oder mitangeordnet haben (§ 39 Abs. 2). ²Er schlägt dabei die Maßnahmen vor, die er nach seinen Feststellungen bei der Prüfung für angezeigt hält.

Jahresberichte

45 I ¹Bis zum 1. Juni eines jeden Jahres erstattet der Prüfungsbeamte seinem Dienstvorgesetzten Bericht über das Gesamtergebnis der Kostenprüfungen im abgelaufenen Haushaltsjahr. ²Er legt darin insbesondere die Grundsätze dar, von denen er sich bei seinen Anordnungen oder bei der Behandlung einzelner Fälle von allgemeiner Bedeutung hat leiten lassen.

II Soweit nicht bei allen Dienststellen Prüfungen haben vorgenommen werden können, sind die Gründe kurz anzugeben.

III ¹Die Präsidenten der Landgerichte (Präsidenten der Amtsgerichte) legen die Jahresberichte mit ihrer Stellungnahme dem Präsidenten des Oberlandesgerichts[1] vor. ²Die Präsidenten der Sozialgerichte legen die Jahresberichte mit ihrer Stellungnahme dem Präsidenten des Landessozialgerichts vor.

IV ¹Der Präsident des Oberlandesgerichts, der Präsident des Oberverwaltungsgerichts, der Präsident des Finanzgerichts und der Präsident des Landessozialgerichts treffen nach Prüfung der Jahresberichte die für ihren Bezirk notwendigen Anordnungen und berichten über Einzelfragen von allgemeiner Bedeutung der Landesjustizverwaltung. ²Der Präsident des Oberlandesgerichts teilt die Berichte dem Generalstaatsanwalt mit, soweit sie für diesen von Interesse sind.

Abschnitt 6. Justizverwaltungskosten

Entscheidungen nach dem Justizverwaltungskostengesetz
– zu § 4 Abs. 2 und 3, §§ 8 und 10 JVJKostG –

46 Die nach § 4 Abs. 2 und 3, §§ 8 und 10 JVJKostG der Behörde übertragenen Entscheidungen obliegen dem Beamten, der die Sachentscheidung zu treffen hat.

---

[1] **Berlin:** Präsident des Kammergerichts.

B. Ländervereinbarungen §§ 47, 48 KostVfg, KostAnsatz

Laufender Bezug von Abdrucken aus dem Schuldnerverzeichnis

47 Bei laufendem Bezug von Abdrucken aus dem Schuldnerverzeichnis ist die Absendung der noch nicht abgerechneten Abdrucke in einer Liste unter Angabe des Absendetages, des Empfängers und der Zahl der mitgeteilten Eintragungen zu vermerken.

Abschnitt 7. Notarkosten

Einwendungen gegen die Kostenberechnung
– zu §§ 127 bis 130 GNotKG –

48 ^{I} ^{1}Gibt der Kostenansatz eines Notars, dem die Kosten selbst zufließen, der Dienstaufsichtsbehörde zu Beanstandungen Anlass, fordert sie den Notar auf, den Ansatz zu berichtigen, gegebenenfalls zuviel erhobene Beträge zu erstatten oder zuwenig erhobene Beträge nachzufordern und, falls er die Beanstandungen nicht als berechtigt anerkennt, die Entscheidung des Landgerichts herbeizuführen. ^{2}Die Aufforderung soll unterbleiben, wenn es sich um Kleinbeträge handelt, von deren Erstattung oder Nachforderung nach den für Gerichtskosten im Verkehr mit Privatpersonen getroffenen Bestimmungen abgesehen werden darf. ^{3}Die Dienstaufsichtsbehörde kann es darüber hinaus dem Notar im Einzelfall gestatten, von der Nachforderung eines Betrages bis zu 25 Euro abzusehen.

^{II} Hat der Kostenschuldner die Entscheidung des Landgerichts gegen den Kostenansatz beantragt, kann die Aufsichtsbehörde, wenn sie den Kostenansatz für zu niedrig hält, den Notar anweisen, sich dem Antrag mit dem Ziel der Erhöhung des Kostenansatzes anzuschließen.

^{III} Entscheidungen des Landgerichts und Beschwerdeentscheidungen des Oberlandesgerichts, gegen die die Rechtsbeschwerde zulässig ist, hat der Kostenbeamte des Landgerichts mit den Akten alsbald der Dienstaufsichtsbehörde des Notars zur Prüfung vorzulegen, ob der Notar angewiesen werden soll, Beschwerde oder Rechtsbeschwerde zu erheben.

B. Weitere Ländervereinbarungen zur Durchführung der Kostengesetze

Vorbemerkung. Zur Durchführung der Kostengesetze und in deren Ausführung haben der Bundesminister der Justiz und für Verbraucherschutz und die Länder bundeseinheitlich außer der Kostenverfügung noch weitere Verwaltungsbestimmungen getroffen. Nachstehend sind die wichtigsten abgedruckt.

1) Vereinbarung zur Beschleunigung der Festsetzung und Anweisung von Vergütungen, Entschädigungen und Auslagen in Rechtssachen sowie des Kostenansatzes vom 22. 3. 58
Von den Ländern eingeführt:

Baden-Württemberg: AV zuletzt vom 3. 9. 04, Justiz 373;
Bayern: Bek zuletzt vom 25. 2. 05, JMBl 26;
Berlin: AV zuletzt vom 13. 5. 87, ABl 731;
Brandenburg: AV zuletzt vom 24. 8. 94, JMBl 117;
Bremen:
Hamburg: AV zuletzt vom 3. 8. 04, JVBl 51;
Hessen: RdErl vom 24. 6. 58, JMBl 63;
Mecklenburg-Vorpommern: AV vom 3. 12. 04, ABl 1072;
Niedersachsen: AV zuletzt vom 22. 10. 87, NdsRpfl 246;

KostAnsatz, KostAusgleich VII. DurchfVorschriften z d KostenG

Nordrhein-Westfalen: AV zuletzt vom 8. 6. 04, JMBl 159;
Rheinland-Pfalz: LV zuletzt vom 16. 4. 04, JBl 182;
Saarland: LV vom 20. 8. 87;
Sachsen:
Sachsen-Anhalt: AV zuletzt vom 16. 8. 04, JMBl 219;
Schleswig-Holstein: AV zuletzt vom 31. 3. 88, SchlHA 63 aufgehoben dch AV vom 3. 9. 15, SchlHA 394, zum 1. 11. 15;
Thüringen: VV vom 31. 7. 91, JMBl 86.

Nachstehend ist die in Schleswig-Holstein bis zum 31. 10. 15 gegoltene Fassung abgedruckt.

1. Müssen Akten wegen der Einlegung von Rechtsmitteln oder aus sonstigen Gründen für längere Zeit versandt werden, so sind folgende Geschäfte möglichst noch vor Versendung der Akten vorzunehmen:
1.1. die Festsetzung der aus der Staatskasse zu gewährenden Vergütungen der Rechtsanwälte und Steuerberater gemäß den dazu ergangenen besonderen Verwaltungsvorschriften (Gemeinsame Allgemeine Verfügung des Justizministers und des Sozialministers ..., zuletzt geändert durch ...),
1.2. die Festsetzung der Entschädigungen nach dem Gesetz über die Entschädigung der ehrenamtlichen Richter,
1.3. die Festsetzung der Entschädigungen nach dem Gesetz über die Entschädigung von Zeugen und Sachverständigen,
1.4. die Anweisung sonstiger Auslagen in Rechtssachen,
1.5. der Kostenansatz nach den §§ 4 ff der Kostenverfügung . . . .

2. Kann dies nicht geschehen, insbesondere weil ein Festsetzungsantrag erst nach der Aktenversendung eingeht, so sind die Akten kurzfristig zurückzufordern.

3. Bei der Verweisung oder Abgabe eines Verfahrens an ein Gericht eines anderen Bundeslandes bleiben § 6 KostVfg. und Abschnitt II A Nr. 2.2.1 der in Nummer 1.1 angeführten Verwaltungsvorschriften unberührt.

4. [1] Über Vergütungs- und Entschädigungsanträge ist im allgemeinen unverzüglich zu befinden. [2] Werden zu Teilansprüchen der beantragten Vergütungen oder Entschädigungen längerfristige Aufklärungen oder gerichtliche Entscheidungen erforderlich, so sollen in der Regel die unstreitigen Beträge – soweit es sich hierbei nicht um verhältnismäßig niedrige Beträge handelt – schon vorab festgesetzt und zur Auszahlung angewiesen werden.

2) Vereinbarung über den Ausgleich von Kosten in Verfahren
vor den ordentlichen Gerichten usw (Anlage 3 zur KostVfg)
Von den Ländern zum 2. 1. 02 eingeführt:

Baden-Württemberg: VwV zuletzt vom 28. 12. 16, Justiz **17**, 105;
Bayern: Bek zuletzt vom 19. 12. 16, JMBl **17**, 2;
Berlin: ABl **01**, 4474;
Brandenburg: Bek vom 13. 2. 10, JMBl 15;
Bremen:
Hamburg: AV zuletzt vom 29. 12. 16, JVBl **17**, 20;
Hessen: Bek zuletzt vom 6. 2. 17, JMBl 236;
Mecklenburg-Vorpommern: VwV zuletzt vom 29. 12. 16, ABl **17**, 27;
Niedersachsen: AV zuletzt vom 16. 1. 17, NdsRpfl 43;
Nordrhein-Westfalen: AV zuletzt vom 21. 12. 16, JMBl **17**, 13;
Rheinland-Pfalz: RdSchr zuletzt vom 5. 1. 17, JBl 7;
Saarland: RV zuletzt vom 5. 1. 17, ABl 50;
Sachsen: VwV zuletzt vom 30. 6. 16, JMBl 49;
Sachsen-Anhalt: Bek zuletzt vom 28. 12. 16, JMBl **17**, 23;
Schleswig-Holstein: Bek zuletzt vom 21. 12. 16, SchlHA **17**, 17;
Thüringen: Bek zuletzt vom 1. 2. 10, JMBl 29.

B. Ländervereinbarungen **KostAusgleich**

Vgl. dazu auch *Schneider* JB **17**, 339 (Üb). Nachstehend ist die in Schleswig-Holstein geltende Fassung abgedruckt.

Vorspruch *(hier nicht abgedruckt)*

I. Kosten in gerichtlichen Verfahren bei Verweisung eines Verfahrens an ein anderes Gericht

1. [1] Wird ein Verfahren an ein anderes Gericht verwiesen, so werden die Kosten (Gebühren und Auslagen), die vor der Verweisung fällig geworden sind, bei dem verweisenden Gericht angesetzt und eingezogen. [2] Kostenvorschüsse werden bei dem verweisenden Gericht eingezogen, wenn sie bereits vor der Verweisung angesetzt waren oder das Gericht eine Amtshandlung von ihrer Zahlung abhängig gemacht hatte.

2. [1] Die nach der Verweisung fällig werdenden Kosten werden stets bei dem Gericht angesetzt und eingezogen, an das das Verfahren verwiesen worden ist. [2] Dies gilt auch für Kostenvorschüsse, die zwar vor der Verweisung fällig geworden sind, im Zeitpunkt der Verweisung bei dem verweisenden Gericht aber noch nicht angesetzt waren.

3. [1] Sind nach der Verweisung eines Verfahrens Kosten zurückzuzahlen, so wird die Rückzahlung bei dem Gericht angeordnet, an das das Verfahren verwiesen worden ist, auch wenn die Kosten bei dem verweisenden Gericht eingezogen worden sind. [2] Die Zurückzahlung der Kosten erfolgt aus den Haushaltsmitteln des Gerichts, an das das Verfahren verwiesen worden ist.

II. Vergütungen der in gerichtlichen Verfahren im Wege der Verfahrens- oder Prozesskostenhilfe oder nach § 138 FamFG beigeordneten Rechtsanwälte sowie der nach § 73 a Abs. 1 Satz 3 SGG, § 142 Abs. 2 Satz 1 FGO oder § 166 Abs. 1 Satz 2 VwGO beigeordneten Prozessvertreter bei Verweisung eines Verfahrens an ein anderes Gericht

1. [1] Wird ein Verfahren an ein anderes Gericht verwiesen, so setzt der Urkundsbeamte der Geschäftsstelle dieses Gerichts die Vergütung des von dem verweisenden Gericht beigeordneten Rechtsanwalts oder beigeordneten Prozessvertreters fest; er erteilt auch die Auszahlungsanordnung. [2] Die Vergütung des beigeordneten Rechtsanwalts oder beigeordneten Prozessvertreters wird aus den Haushaltsmitteln des Gerichts gezahlt, an das das Verfahren verwiesen worden ist.

2. [1] Nummer 1 gilt nicht, wenn bereits vor der Versendung der Akten der Anspruch fällig geworden und der Festsetzungsantrag bei dem verweisenden Gericht eingegangen ist. [2] Die Geschäftsstelle des verweisenden Gerichts hat Festsetzungsanträge, die nach der Aktenversendung bei ihr eingehen, an die nach Nr. 1 zuständige Geschäftsstelle weiterzugeben.

III. Auslagen bei Inanspruchnahme der Amtshilfe von Behörden

[1] Nimmt ein Gericht oder eine Staatsanwaltschaft die Amtshilfe einer anderen Behörde der Justizverwaltung oder einer Fachgerichtsbarkeit bei der Vernehmung von Zeugen oder Sachverständigen in Anspruch, so zahlt die in Anspruch genommene Behörde die den Zeugen, Sachverständigen oder Dolmetschern zu gewährenden Entschädigungen oder Vergütungen nur aus, wenn eine Barzahlung erforderlich ist. [2] Die Zahlung ist unverzüglich zu den Sachakten mitzuteilen. [2] Es genügt die Übersendung einer Durchschrift der Auszahlungsanordnung, die auch elektronisch erfolgen kann. [3] Auf der Urschrift der Auszahlungsanordnung ist zu bescheinigen, dass die Anzeige zu den Sachakten erstattet ist.

IV. Abgabe eines Verfahrens, Erstattungsverzicht

1. Die Abschnitte I und II gelten auch bei der Abgabe eines Verfahrens.

2. Die Länder verzichten gegenseitig auf die Erstattung von Beträgen, die nach den Abschnitten I bis III eingezogen oder ausgezahlt werden, auf den Ausgleich von Zahlungen, die aufgrund der Bewilligung von Verfahrens- oder Prozesskostenhilfe geleistet werden, sowie auf die Abführung der Einnahmen, die sich aufgrund des § 59 RVG ergeben.

KostAusgleich, EinlieferungsS VII. DurchfVorschriften zu den KostenG

V. Reiseentschädigung und Vorschüsse

Die Länder verzichten gegenseitig auf die Erstattung von Reiseentschädigungen, die an mittellose Personen oder als Vorschüsse an Zeugen und Sachverständige gezahlt werden.

VI. Gerichtsvollzieherkosten

¹Wird ein Gerichtsvollzieher aufgrund der Bewilligung von Verfahrens- oder Prozesskostenhilfe eines anderen Gerichts unentgeltlich tätig, so verzichten die Länder gegenseitig auf die Erstattung der Auslagen, die dem Gerichtsvollzieher aus der Landeskasse ersetzt werden. ²Dies gilt auch, wenn die Gerichtsvollzieherkosten bei dem Gericht, das die Verfahrens- oder Prozesskostenhilfe bewilligt hat, später eingezogen werden.

VII. Geltungsbereich

Die Abschnitte I bis III gelten nicht im Verhältnis zum Bund; die Länder verzichten jedoch auch zugunsten des Bundesgerichtshofs, des Bundesarbeitsgerichts, des Bundesfinanzhofs, des Bundessozialgerichts, des Bundesverwaltungsgerichts, des Deutschen Patent- und Markenamts und des Bundespatentgerichts auf die Erstattung der in den Abschnitten V und VI genannten Beträge.

VIII. Schlussbestimmungen

(nicht mit abgedruckt)

3) Vereinbarung über die Kosten in Einlieferungssachen

Von den Ländern eingeführt:

Bund: Bek vom 9. 7. 93, BAnz Nr 134;
Baden-Württemberg:
Bayern: Bek vom 26. 7. 93, JMBl 114;
Berlin:
Brandenburg:
Bremen:
Hamburg: AV vom 16. 8. 93, JVBl 93;
Hessen: RdErl vom 22. 9. 93, JMBl 664;
Mecklenburg-Vorpommern: Bek vom 26. 7. 93, ABl 1423;
Niedersachsen: Bek vom 20. 12. 93, NdsRpfl **94**, 14;
Nordrhein-Westfalen:
Rheinland-Pfalz: RdSchr vom 28. 7. 93, JBl 214;
Saarland: Bek vom 22. 6. 93, GMBl 318;
Sachsen: Bek vom 6. 8. 93, ABl 1042;
Sachsen-Anhalt: AV vom 28. 12. 93, MBl 622;
Schleswig-Holstein: AV vom 2. 8. 93, SchlHA 204;
Thüringen: VV vom 28. 9. 93, JMBl 254.

Nachstehend ist die in Schleswig-Holstein geltende Fassung abgedruckt.

1. ¹Kosten, die den deutschen Behörden bei der Einlieferung eines Verfolgten aus dem Ausland in die Bundesrepublik durch die Einlieferung bis zur deutschen Grenze oder dem ersten deutschen See- oder Flughafen erwachsen, werden, wenn bei der Einlieferung mehrere Justizverwaltungen beteiligt sind, von diesen zu gleichen Teilen übernommen. ²Die Justizverwaltung, die zuerst ein Einlieferungsersuchen angeregt oder im Ausland unmittelbar gestellt hat, zahlt

B. Ländervereinbarungen   **EinlieferungsS, VerteidRef**

zunächst den gesamten Betrag dieser Kosten und fordert dann die auf die anderen Justizverwaltungen entfallenden Anteile zur Erstattung an.

2. Diese Regelung gilt auch, wenn vor der Einlieferung des Verfolgten
a) von einer bisher nicht beteiligten Justizverwaltung ein weiteres Einlieferungsersuchen bei der Bundesregierung angeregt oder im Ausland unmittelbar gestellt wird oder
b) im Hinblick auf die Einlieferung mehrere Strafverfahren aus dem Bereich verschiedener Landesjustizverwaltungen bei einer Strafverfolgungsbehörde verbunden worden sind.

3. Bei der Einziehung der Verfahrenskosten wird dem Verfolgten im Bereich jeder Justizverwaltung der auf diese entfallende Anteil der Einlieferungskosten in Rechnung gestellt, der auf eine andere Justizverwaltung entfallende Kostenanteil zusätzlich dann, wenn deren Verfahren übernommen worden ist.

4. Ist der Gesamtbetrag der nach Nummer 1 zu zahlenden Kosten nicht höher als [jetzt:] 102,26 Euro, so werden die Einlieferungskosten allein von der Landesjustizverwaltung getragen, die zuerst das Einlieferungsersuchen angeregt oder gestellt hat.

5., 6. *(nicht mit abgedruckt)*

4) Vereinbarung über den Ersatz von Auslagen der zu Verteidigern bestellten Referendare
Von den Ländern eingeführt:

Baden-Württemberg: AV zuletzt vom 1. 8. 91, Justiz 444;
Bayern: Bek vom 1. 12. 80, JMBl 81, 12;
Berlin: AV vom 1. 12. 80, ABl 81, 40;
Brandenburg:
Bremen:
Hamburg: AV vom 1. 12. 80, JVBl 81, 1;
Hessen: RdErl zuletzt vom 23. 3. 90, JMBl 249;
Mecklenburg-Vorpommern:
Niedersachsen: AV vom 1. 12. 80, NdsRpfl 273;
Nordrhein-Westfalen: AV vom 1. 12. 80, JMBl 81, 13;
Rheinland-Pfalz: VV zuletzt vom 13. 10. 95, JBl 263 (Aufhebung);
Saarland: AV vom 1. 12. 80, GMBl 81, 14;
Sachsen:
Sachsen-Anhalt:
Schleswig-Holstein: AV vom 1. 12. 80, SchlHA 81, 21;
Thüringen:

Nachstehend ist die in Schleswig-Holstein geltende Fassung abgedruckt.

1. [1]Referendaren, die gemäß § 142 Abs. 2 StPO als Verteidiger bestellt werden, sind die für die Erledigung des Auftrags aufgewendeten notwendigen Auslagen aus der Staatskasse zu ersetzen (vgl. Nr. 107 Abs. 2 RiStBV). [2][Jetzt] § 46 Abs. 1 Satz 1 und [jetzt] § 47 RVG gelten sinngemäß. [3]Zur Verminderung der Auslagen sind die Einrichtungen der Justizverwaltung zu benutzen; dies gilt insbesondere bei der Anfertigung von Schriftsätzen und Abschriften.

2. Zuständig für die Erteilung der Auszahlungsanordnung ist der Urkundsbeamte der Geschäftsstelle des Gerichts des Rechtszugs.

3. Die Erteilung der Auszahlungsanordnung ist den Beamten des gehobenen Justizdienstes vorbehalten.

4. Die Beträge sind als Auslagen in Rechtssachen zu buchen.

Bem. Die Beiordnung eines Justizbeamten oder Referendars nach § 116 ZPO aF **1** ist seit 1. 1. 81 nicht mehr zulässig, G v 13. 6. 80, BGBl 677. Die oben genannten AV der Länder enthalten teilweise Übergangsregelungen.

DB-PKH VII. DurchfVorschriften zu den KostenG

5) Durchführungsbestimmungen zur Prozess- und Verfahrenskostenhilfe sowie zur Stundung der Kosten des Insolvenzverfahrens (DB-PKH)

Vorbem. Die nachstehenden Bestimmungen binden den Richter als Verwaltungsvorschriften nicht, Düss Rpfleger **86**, 108. Sie sind zwischen den Justizverwaltungen des Bundes und der Länder abgestimmt. Sie sind zunächst zum 1. 7. 04 in Neufassung veröffentlicht und zum 1. 9. 09 und sodann zum 1. 8. 13 schließlich zum Teil zum 1. 12. 15 geändert worden:

Baden-Württemberg: VwV zuletzt vom 11. 1. 16, Justiz 49;

Bayern: Bek zuletzt vom 9. 11. 15, JMBl 111;

Berlin: VV zuletzt vom 10. 11. 15, ABl 2563;

Brandenburg: AV zuletzt vom 20. 11. 15, JMBl 115;

Bremen: AO vom 10. 12. 80;

Hamburg: AV zuletzt vom 22. 2. 16, JVBl 52;

Hessen: RdErl vom 23. 11. 15, JMBl 555;

Mecklenburg-Vorpommern: AV zuletzt vom 16. 11. 15, ABl 788;

Niedersachsen: AV zuletzt vom 28. 10. 15, NdsRpfl 360;

Nordrhein-Westfalen: AV zuletzt vom 14. 10. 15, JMBl 363;

Rheinland-Pfalz: VV vom 23. 11. 15, JBl 119;

Saarland: AV zuletzt vom 25. 11. 15;

Sachsen: AV zuletzt vom 3. 2. 16, JMBl 9;

Sachsen-Anhalt: AV zuletzt vom 2. 11. 15, JMBl 110;

Schleswig-Holstein: AV zuletzt vom 10. 11. 15, SchlHA 462;

Thüringen: VV zuletzt vom 23. 10. 15, JMBl 49.

Nachstehend ist die für Bayern veröffentlichte Neufassung mit den für Schleswig-Holstein veröffentlichten bundeseinheitlichen Änderungen abgedruckt. Sie sind für Schleswig-Holstein zum 1. 12. 15 erfolgt, s den Abdruck ihres Abschnitts A unten.

1. Antrag auf Prozesskostenhilfe

1.1 ¹Einem Antrag auf Bewilligung der Prozesskostenhilfe ist grundsätzlich das Formular „Erklärung über die persönlichen und wirtschaftlichen Verhältnisse bei Prozess- oder Verfahrenskostenhilfe" beizufügen (§ 117 Abs. 2 bis 4 ZPO in Verbindung mit den Bestimmungen der Prozesskostenhilfeformularverordnung). ²Wird der Antrag zu Protokoll der Geschäftsstelle erklärt, soll die Partei durch Aushändigung des Hinweisblattes zum Formular auf die Bedeutung der Prozesskostenhilfe hingewiesen werden.

1.2 Hat eine Partei die Bewilligung von Prozesskostenhilfe beantragt, so sind die Akten dem Gericht vorzulegen.

2. Mitwirkung der Geschäftsstelle

2.1 I ¹Die Vordrucke mit den Erklärungen über die persönlichen und wirtschaftlichen Verhältnisse und die dazugehörenden Belege sowie die bei der Durchführung der Prozesskostenhilfe entstehenden Vorgänge sind in allen Fällen unabhängig von der Zahl der Rechtszüge für jeden Beteiligten in einem besonderen Beiheft zu vereinigen. ²Das gilt insbesondere für Kostenrechnungen und Zahlungsanzeigen über Monatsraten und sonstige Beträge (§ 120 Abs. 1 ZPO).

II ¹In dem Beiheft sind ferner die Urschriften der die Prozesskostenhilfe betreffenden gerichtlichen Entscheidungen und die dazugehörigen gerichtlichen Verfügungen aufzubewahren. ²In die Hauptakten ist ein Abdruck der gerichtlichen Entscheidungen aufzunehmen. ³Jedoch sind zuvor die Teile der gerichtlichen Entscheidungen zu entfernen oder unkenntlich zu machen, die Angaben über die persönlichen und wirtschaftlichen Verhältnisse der Parteien enthalten. ⁴Enthält die gerichtliche Entscheidung keine Angaben über die persönlichen und

B. Ländervereinbarungen   DB-PKH

wirtschaftlichen Verhältnisse der Partei, so kann die Urschrift auch zur Hauptakte genommen werden; in diesem Fall ist ein Abdruck im Beiheft aufzubewahren.

III [1] Das Beiheft sowie die darin zu verwahrenden Schriftstücke erhalten hinter dem Aktenzeichen den Klammerzusatz (PKH). [2] Werden die Prozessakten zur Entscheidung über ein Rechtsmittel dem Rechtsmittelgericht vorgelegt, so ist den Akten das Beiheft beizufügen. [3] Das Beiheft ist dagegen zurückzubehalten, wenn die Akten an nicht beteiligte Gerichte oder Behörden versandt werden. [4] Gleiches gilt, wenn dem Verfahrensgegner, seinem Prozessbevollmächtigten, Dritten oder ihren Bevollmächtigten Akteneinsicht (auch in Form der Übersendung der Akten) gewährt wird.

2.2 Hat das Gericht Prozesskostenhilfe bewilligt, so vermerkt die Geschäftsstelle auf dem Aktendeckel neben dem Namen der Partei „Prozesskostenhilfe mit/ohne Zahlungsbestimmung bewilligt Bl. ...".

2.3 [I] Der Geschäftsstelle des Gerichts, bei dem sich das Beiheft befindet, obliegen die Anforderungen der Zahlungen mit Kostenanforderung (Nr. 4.1) und die Überwachung des Eingangs dieser Beträge.

[II] Ist der Zahlungspflichtige mit einem angeforderten Betrag länger als einen Monat im Rückstand, so hat ihn die Geschäftsstelle einmal unter Hinweis auf die Folgen des § 124 Abs. 1 Nr. 5 ZPO an die Zahlung zu erinnern.

2.4 Dem Kostenbeamten sind die Akten – unbeschadet der Bestimmungen der Kostenverfügung – vorzulegen, sobald

2.4.1 das Gericht Prozesskostenhilfe bewilligt hat,

2.4.2 die Entscheidung über die Prozesskostenhilfe geändert worden ist,

2.4.3 das Rechtsmittelgericht andere Zahlungen als das Gericht der Vorinstanz bestimmt hat,

2.4.4 das Gericht die Entscheidung über die zu leistenden Zahlungen geändert oder die Bewilligung der Prozesskostenhilfe aufgehoben hat,

2.4.5 47 Monatsraten eingegangen sind.

2.5 Dem Rechtspfleger sind die Akten in folgenden Fällen vorzulegen:

2.5.1 nach Eingang der auf die Absendung der Kostenanforderung (Nr. 4.5) folgenden ersten Zahlung der Partei zur Bestimmung einer Wiedervorlagefrist zwecks Prüfung der vorläufigen Einstellung der Zahlungen (§ 120 Abs. 3 Nr. 1 ZPO),

2.5.2 wenn die Partei, der Prozesskostenhilfe mit Zahlungsbestimmung bewilligt ist, mit der Zahlung einer Monatsrate oder eines sonstigen Betrages länger als drei Monate im Rückstand ist (§ 124 Abs. 1 Nr. 5 ZPO),

2.5.3 wenn sich nach einer vorläufigen Einstellung der Zahlungen (§ 120 Abs. 3 Nr. 1 ZPO) Anhaltspunkte dafür ergeben, dass die bisherigen Zahlungen die voraussichtlich entstehenden Kosten nicht decken,

2.5.4 bei jeder Veränderung des Streitwertes,

2.5.5 wenn der Gegner Zahlungen auf Kosten leistet,

2.5.6 wenn eine Entscheidung über die Kosten ergeht oder diese vergleichsweise geregelt werden (§ 120 Abs. 3 Nr. 2 ZPO),

2.5.7 wenn die Akten nach Beendigung eines Rechtsmittelverfahrens an die erste Instanz zur Überprüfung zurückgegeben werden, ob die Zahlungen nach § 120 Abs. 3 ZPO vorläufig einzustellen sind,

2.5.8 wenn nach Ansatz der Kosten zu Lasten des Gegners eine Zweitschuldneranfrage der Gerichtskasse eingeht und die Partei, der Prozesskostenhilfe mit Zahlungsbestimmung bewilligt ist, als Zweitschuldner nach [jetzt] § 31 Abs. 2 Satz 1 GKG in Anspruch genommen werden kann (Nr. 4.8),

2.5.9 wenn sich Anhaltspunkte dafür ergeben, dass die Partei entgegen § 120a Abs. 2 Satz 1 bis 3 ZPO dem Gericht wesentliche Verbesserungen ihrer Einkommens- und Vermögensverhältnisse oder Änderungen ihrer Anschrift unrichtig oder nicht unverzüglich mitgeteilt hat (§ 124 Abs. 1 Nr. 4 ZPO),

2.5.10 wenn eine rechtskräftige Entscheidung ergangen ist oder das Verfahren anderweitig beendet worden ist, um gemäß § 120a Abs. 3 ZPO zu prüfen, ob eine Änderung der Entscheidung über die zu leistenden Zahlungen mit Rücksicht auf das durch die Rechtsverfolgung oder -verteidigung Erlangte geboten ist oder zur eventuellen Bestimmung einer Frist zur Überprüfung der persönlichen oder wirtschaftlichen Verhältnisse der Partei nach § 120a Abs. 1, 2 ZPO.

3. Bewilligung von Prozesskostenhilfe ohne Zahlungsbestimmung

3.1 Soweit und solange ein Kostenschuldner nach den Vorschriften der Zivilprozessordnung von der Entrichtung der Kosten deshalb befreit ist, weil ihm oder seinem Gegner Prozesskostenhilfe ohne Zahlungsbestimmung bewilligt ist, wird wegen dieser Kosten eine Kostenrechnung (§ 24 KostVfg) auf ihn nicht ausgestellt.

3.2 [I] Waren Kosten bereits vor der Bewilligung angesetzt und der Gerichtskasse zur Einziehung überwiesen, so ersucht der Kostenbeamte die Gerichtskasse, die Kostenforderung zu löschen, soweit die Kosten noch nicht gezahlt sind.

[II] [1]Die Rückzahlung bereits entrichteter Kosten ist nur dann anzuordnen, wenn sie nach dem Zeitpunkt gezahlt sind, in dem die Bewilligung wirksam geworden ist. [2]Wird die Partei, der Prozesskostenhilfe ohne Zahlungsbestimmung bewilligt ist, rechtskräftig in die Prozesskosten verurteilt (Entscheidungsschuldner nach § 29 Nr. 1 GKG), sind vom Gegner bereits entrichtete Kosten zurück zu zahlen (§ 31 Abs. 3 Satz 1 zweiter Halbsatz GKG). [3]Das Gleiche gilt gemäß § 31 Abs. 4 GKG, soweit der Schuldner aufgrund des § 29 Nr. 2 GKG (Übernahmeschuldner) haftet, wenn
a. er die Kosten in einem vor Gericht abgeschlossenen oder gegenüber dem Gericht angenommenen Vergleich übernommen hat und
b. der Vergleich einschließlich der Verteilung der Kosten von dem Gericht vorgeschlagen worden ist und
c. das Gericht in seinem Vergleichsvorschlag ausdrücklich festgestellt hat, dass die Kostenregelung der sonst zu erwartenden Kostenentscheidung entspricht.
[4]§ 8 KostVfg ist zu beachten.

3.3 [1]Der Kostenbeamte hat den Eintritt der gesetzlichen Voraussetzungen, unter denen die Kosten von der Partei, der Prozesskostenhilfe ohne Zahlungsbestimmung bewilligt ist, und dem Gegner eingezogen werden können, genau zu überwachen. [2]Zu beachten ist dabei Folgendes:

3.3.1 Zu Lasten der Partei dürfen die außer Ansatz gelassenen Beträge nur aufgrund einer gerichtlichen Entscheidung angesetzt werden, durch die die Bewilligung aufgehoben worden ist (§ 124 ZPO).

3.3.2 [1]Zu Lasten des Gegners sind die Kosten, von deren Entrichtung die Partei befreit ist, erst anzusetzen, wenn der Gegner rechtskräftig in die Prozesskosten verurteilt ist oder sie durch eine vor Gericht abgegebene oder dem Gericht mitgeteilte Erklärung übernommen hat oder sonst für die Kosten haftet (§ 125 Abs. 1 ZPO, § 29 GKG); dies gilt auch für die Geltendmachung von Ansprüchen, die nach § 59 RVG auf die Bundes- oder Landeskasse übergegangen sind. [2]Die Gerichtskosten, von deren Zahlung der Gegner einstweilen befreit ist (§ 122 Abs. 2 ZPO), sind zu seinen Lasten anzusetzen, wenn er rechtskräftig in die Prozesskosten verurteilt ist oder der Rechtsstreit ohne Urteil über die Kosten durch Vergleich oder in sonstiger Weise beendet ist (§ 125 Abs. 2 ZPO). [3]Wird ein Rechtsstreit, in dem dem Kläger, Berufungskläger oder Revisionskläger Prozesskostenhilfe ohne Zahlungsbestimmung bewilligt ist, mehr als sechs Monate nicht betrieben, ohne dass das Ruhen des Verfahrens (§ 251 ZPO) angeordnet ist, so stellt der Kostenbeamte durch Anfrage bei den Parteien fest, ob der Rechtsstreit beendet ist. [4]Gibt keine der Parteien binnen angemessener Zeit eine Erklärung ab, so setzt er auf den Gegner die diesem zur Last fallenden Kosten an. [5]Das gleiche gilt, wenn die Parteien den Rechtsstreit trotz der Erklärung, dass er nicht beendet sei, auch jetzt nicht weiter betreiben oder wenn der Gegner erklärt, der Rechtsstreit ruhe oder sei beendet.

4. Bewilligung von Prozesskostenhilfe mit Zahlungsbestimmung

4.1 [1]Der Kostenbeamte behandelt die festgesetzten Monatsraten und die aus dem Vermögen zu zahlenden Beträge (§ 120 Abs. 1 ZPO) wie Kostenforderungen. [2]Sie werden von der Geschäftsstelle ohne vorherige Überweisung an die Gerichtskasse unmittelbar von dem Zahlungspflichtigen angefordert (§ 26 KostVfg). [3]Monatsraten, Teilbeträge und einmalige Zahlungen sowie deren Fälligkeitstermine sind sowohl in der Urschrift der Kostenrechnung als auch in der Kostenanforderung besonders anzugeben.

4.2 [1]Sind vor Bewilligung der Prozesskostenhilfe Gerichtskosten angesetzt und der Gerichtskasse zur Einziehung überwiesen, so ist zu prüfen, ob und ggf.

B. Ländervereinbarungen DB-PKH

wann diese bezahlt worden sind. ²Ist eine Zahlung noch nicht erfolgt, so veranlasst der Kostenbeamte die Löschung des Kostensolls.
4.3 Zahlungen vor Wirksamwerden der Prozesskostenhilfe sollen erst bei der Prüfung nach § 120 Abs. 3 Nr. 1 ZPO berücksichtigt werden, spätere Zahlungen sind auf die nach § 120 Abs. 1 ZPO zu leistenden anzurechnen.
4.4 ¹Wird die Partei, der Prozesskostenhilfe mit Zahlungsbestimmung bewilligt ist, rechtskräftig in die Prozesskosten verurteilt (Entscheidungsschuldner nach § 29 Nr. 1 GKG), sind vom Gegner bereits entrichtete Kosten zurückzuzahlen (§ 31 Abs. 3 Satz 1 zweiter Halbsatz GKG), soweit es sich nicht um eine Zahlung nach § 13 Abs. 1 und 3 JVEG handelt und die Partei, der Prozesskostenhilfe bewilligt worden ist, der besonderen Vergütung zugestimmt hat.
²Das Gleiche gilt gemäß § 31 Abs. 4 GKG, soweit der Schuldner aufgrund des § 29 Nr. 2 GKG (Übernahmeschuldner) haftet, wenn
a. er die Kosten in einem vor Gericht abgeschlossenen oder gegenüber dem Gericht angenommenen Vergleich übernommen hat und
b. der Vergleich einschließlich der Verteilung der Kosten von dem Gericht vorgeschlagen worden ist und
c. das Gericht in seinem Vergleichsvorschlag ausdrücklich festgestellt hat, dass die Kostenregelung der sonst zu erwartenden Kostenentscheidung entspricht.
³§ 8 KostVfg ist zu beachten.
4.5^{I} ¹Bestimmt das Rechtsmittelgericht andere Zahlungen als das Gericht der Vorinstanz, so ist von dem Kostenbeamten des Rechtsmittelgerichts eine entsprechende Änderung der Zahlungen zu veranlassen (Nr. 4.1). ²Dabei ist darauf hinzuweisen, dass die Kostenanforderung der Vorinstanz gegenstandslos ist. ³Die Geschäftsstelle des Gerichts der Vorinstanz hat noch eingehende Zahlungsanzeigen zu dem an das Rechtsmittelgericht abgegebenen Beiheft weiterzuleiten.
^{II} Nach Abschluss in der Rechtsmittelinstanz sendet die Geschäftsstelle des Rechtsmittelgerichts das Beiheft mit den Akten an das Gericht der Vorinstanz zur weiteren Bearbeitung zurück.
4.5.1 ¹Jedoch gilt für Zahlungen, die während der Anhängigkeit des Verfahrens vor einem Gerichtshof des Bundes an die Landeskasse zu leisten sind (§ 120 Abs. 2 ZPO), Folgendes: ²Die Zahlungen werden (abweichend von Nr. 2.3 Satz 1) nach den Hinweisen des Kostenbeamten des Gerichtshofs von der Geschäftsstelle des Gerichts des ersten Rechtszuges angefordert und überwacht. ³Dabei werden der Geschäftsstelle die Entscheidungen des Gerichtshofes, soweit sie die Prozesskostenhilfe betreffen, in beglaubigter Abschrift mitgeteilt. ⁴Der Zahlungsverzug (Nr. 2.5.2) ist dem Gerichtshof anzuzeigen. ⁵Nach Rückkehr der Akten vom Rechtsmittelgericht (Nr. 4.4 Satz 4) werden die angefallenen Vorgänge mit dem Beiheft vereinigt.
4.5.2 Zahlungen, die nach § 120 Abs. 2 ZPO an die Bundeskasse zu leisten sind, werden von der Geschäftsstelle des Gerichtshofs des Bundes angefordert und überwacht.
4.6 Für die Behandlung der Kostenanforderung gilt § 26 Abs. 6 KostVfg entsprechend.
4.7 ¹Sieht der Rechtspfleger im Falle einer Vorlage nach Nr. 2.5.2 davon ab, die Bewilligung der Prozesskostenhilfe aufzuheben, so hat der Kostenbeamte die zu diesem Zeitpunkt rückständigen Beträge der Gerichtskasse zur Einziehung zu überweisen. ²Die Gerichtskasse ist durch einen rot zu unterstreichenden Vermerk „ZA" um Zahlungsanzeige zu ersuchen.
4.8 ¹Zu Lasten des Gegners der Partei, der Prozesskostenhilfe bewilligt ist, sind die unter die Bewilligung fallenden Kosten erst anzusetzen, wenn er rechtskräftig in die Prozesskosten verurteilt ist oder sie durch eine vor Gericht abgegebene oder dem Gericht mitgeteilte Erklärung übernommen hat oder sonst für die Kosten haftet (§ 125 Abs. 1 ZPO, § 29 GKG). ²Nr. 3.3.2 Satz 1 letzter Halbsatz gilt entsprechend.
4.9 ¹Wird dem Kostenbeamten eine Zweitschuldneranfrage der Gerichtskasse vorgelegt, so prüft er, ob die Partei, der Prozesskostenhilfe mit Zahlungsbestimmung bewilligt ist, für die gegen den Gegner geltend gemachten Gerichtskosten als Zweitschuldner ganz oder teilweise haftet. ²Liegen diese Voraussetzungen vor, so unterrichtet er die Gerichtskasse hiervon und legt die Akten mit

1285

einer Berechnung der Kosten, für die die Partei nach § 31 Abs. 2 GKG in Anspruch genommen werden kann, unverzüglich dem Rechtspfleger vor.

5. Gemeinsame Bestimmungen bei Bewilligung von Prozesskostenhilfe

5.1 Werden dem Kostenbeamten Tatsachen über die persönlichen oder wirtschaftlichen Verhältnisse bekannt, die eine Änderung oder Aufhebung der Bewilligung der Prozesskostenhilfe rechtfertigen könnten (§ 120 a, § 124 Abs. 1 Nrn. 2 bis 5 ZPO), hat er die Akten dem Rechtspfleger vorzulegen.

5.2 Hat der Gerichtsvollzieher Berechnungen über Kosten für Amtshandlungen, die er aufgrund der Prozesskostenhilfe unentgeltlich erledigt hat, zu den Akten mitgeteilt, so sind diese Kosten beim Ansatz wie sonstige Gerichtskosten zu behandeln.

5.3 [1]Wenn bei einem obersten Gerichtshof des Bundes Kosten der Revisionsinstanz außer Ansatz geblieben sind, weil dem Kostenschuldner oder seinem Gegner Prozesskostenhilfe bewilligt ist, hat der Kostenbeamte diesem Gericht Nachricht zu geben, sobald sich ergibt, dass Beträge durch die Bundeskasse einzuziehen sind.
[2]Dieser Fall kann eintreten,

5.3.1 wenn das Revisionsgericht die Sache zur anderweitigen Verhandlung und Entscheidung, auch über die Kosten des Revisionsverfahrens, zurückverwiesen hat und nach endgültigem Abschluss des Verfahrens zu Lasten des Gegners der Partei, der Prozesskostenhilfe bewilligt ist, Kosten des Revisionsverfahrens gemäß Nr. 3.3.2 oder 4.5 anzusetzen sind;

5.3.2 wenn der für die Revisionsinstanz beigeordnete Rechtsanwalt seinen Anspruch auf Vergütung gegen die Bundeskasse geltend macht, nachdem die Prozessakten zurückgesandt sind; in diesem Fall teilt der Urkundsbeamte der Geschäftsstelle des obersten Gerichtshofes des Bundes eine beglaubigte Abschrift des Beschlusses, durch den die Vergütung festgesetzt worden ist, zu den Prozessakten mit;

5.3.3 wenn nach Beendigung des Revisionsverfahrens ein Beschluss ergeht, durch den die Bewilligung der Prozesskostenhilfe aufgehoben wird.

5.4 [1]In der Nachricht teilt der Kostenbeamte mit, ob und ggf. in welcher Höhe etwaige Zahlungen, die nach § 120 Abs. 2 ZPO an die Landeskasse entrichtet worden sind, auf die Kosten des Revisionsverfahrens zu verrechnen sind.
[2]Sind die Zahlungen nach § 120 Nr. 2 ZPO an die Bundeskasse zu leisten, so sind dem obersten Gerichtshof des Bundes alle die bewilligte Prozesskostenhilfe betreffenden Entscheidungen, die Kostenentscheidungen und eine Kostenrechnung unter Angabe der Beträge mitzuteilen, die in dem Verfahren von der Landeskasse vereinnahmt worden sind.

6. Verfahren bei Verweisung und Abgabe

6.1 [1]Wird ein Verfahren an ein anderes Gericht verwiesen oder abgegeben, so hat der Kostenbeamte des übernehmenden Gerichts erneut eine Kostenanforderung zu übersenden (Nrn. 4.1, 4.5). [2]Dabei ist darauf hinzuweisen, dass die Kostenanforderung des verweisenden oder abgebenden Gerichts gegenstandslos ist.

6.2 Die Geschäftsstelle des verweisenden oder abgebenden Gerichts hat noch eingehende Zahlungsanzeigen an das übernehmende Gericht weiterzuleiten.

7. Kostenansatz nach Entscheidung oder bei Beendigung des Verfahrens

7.1 [I] [1]Ergeht im Verfahren eine Kostenentscheidung, wird ein Vergleich geschlossen oder wird das Verfahren in dieser Instanz auf sonstige Weise beendet, setzt der Kostenbeamte die Kosten an und stellt die Kostenschuldner fest. [2]In die Kostenrechnung sind die Gerichtskosten und die nach § 59 RVG auf die Staatskasse übergegangenen Ansprüche aufzunehmen.

[II] Sämtliche Zahlungen der Partei sind – erforderlichenfalls nach Anfrage bei der Kasse – zu berücksichtigen.

[III] Ist Prozesskostenhilfe mit Zahlungsbestimmung bewilligt worden, so sind die Akten nach Aufstellung der Kostenrechnung unverzüglich dem Rechtspfleger vorzulegen.

B. Ländervereinbarungen DB-PKH

7.2 ¹Die Kosten der Rechtsmittelinstanz werden von dem Kostenbeamten des Rechtsmittelgerichts angesetzt (§ 19 Abs. 1 Satz 1 Nr. 2 GKG). ²Kann dieser die Zahlungen, die von der Partei geleistet worden sind, der Prozesskostenhilfe bewilligt wurde, noch nicht abrechnen, weil zu diesem Zeitpunkt die Vergütungen der Rechtsanwälte noch nicht bezahlt sind (§§ 50, 55 RVG) oder noch Zahlungen der Partei ausstehen, so hat die endgültige Abrechnung der Kostenbeamte der ersten Instanz vorzunehmen.

7.3 Der Partei, die Zahlungen zu leisten [?geleistet?] hat, ist eine Abschrift der Kostenrechnung zu erteilen verbunden mit einem Nachforderungsvorbehalt, wenn eine Inanspruchnahme über den in der Kostenrechnung enthaltenen Betrag hinaus in Betracht kommt.

8. Weiteres Verfahren nach Aufstellung der Kostenrechnung

8.1 Nach Vorlage der Akten (Nr. 4.8, 7.1 Abs. 3) prüft der Rechtspfleger, welche Entscheidungen zur Wiederaufnahme oder Einstellung der Zahlungen zu treffen sind.

8.2 ¹Ergibt sich eine Restschuld der Partei, der Prozesskostenhilfe bewilligt ist, so soll der Zeitpunkt der Einstellung der Zahlungen bestimmt werden. ²War vorher eine vorläufige Einstellung verfügt, so ist ihre Wiederaufnahme anzuordnen. ³Bei diesen Entscheidungen wird auch die zu den Akten mitgeteilte Vergütung des beigeordneten Rechtsanwalts (§ 50 Abs. 2 RVG) zu berücksichtigen sein, soweit die Vergütung noch nicht aus der Staatskasse beglichen ist und der Partei ein Erstattungsanspruch gegen den Gegner nicht zusteht. ⁴Teilt der Rechtsanwalt seine gesetzliche Vergütung (mit den Gebühren nach [jetzt] § 14 Abs. 1 RVG nicht mit oder wird eine notwendige Kostenausgleichung nach § 106 ZPO nicht beantragt, so wird der Rechtspfleger seine Bestimmung ohne Rücksicht auf die Vergütungsansprüche des Rechtsanwalts treffen.

8.3 Ebenfalls zu berücksichtigen sind bereits bekannte Gerichtsvollzieherkosten (§ 122 Abs. 1 Nr. 1a ZPO).

8.4 ¹Ergibt sich keine Restschuld der Partei, so ist – unter Berücksichtigung der Vergütung des Rechtsanwalts oder der Kosten des Gerichtsvollziehers – die Einstellung der Zahlungen anzuordnen. ²Zu beachten ist, dass eine endgültige Einstellung der Zahlung unter Umständen erst nach Rechtskraft der Entscheidung verfügt werden kann, weil bei Einlegung eines Rechtsmittels durch die Partei die Raten bis zur 48. Monatsrate weiter zu zahlen sind. ³Gleiches gilt, wenn die Partei bei Rechtsmitteleinlegung des Prozessgegners Prozesskostenhilfe beantragt.

9. Aufhebung und Änderung der Bewilligung der Prozesskostenhilfe

9.1 ¹Hat das Gericht die Bewilligung der Prozesskostenhilfe aufgehoben (§ 124 ZPO), so berechnet der Kostenbeamte die bis zu diesem Zeitpunkt angefallenen Kosten (ggf. unter Einbeziehung der nach § 59 Abs. 2 RVG auf die Staatskasse übergegangenen Ansprüche der Rechtsanwälte) und überweist sie der Gerichtskasse zur Einziehung; § 10 Kostenverfügung bleibt unberührt. ²Soweit erforderlich, ist der beigeordnete Rechtsanwalt zur Einreichung seiner Kostenrechnung aufzufordern (§§ 50 Abs. 2, 55 Abs. 6 RVG). ³Die aufgrund der Bewilligung der Prozesskostenhilfe bezahlten Beträge sind abzusetzen. ⁴Die Löschung der Sollstellung über die vom Gericht gemäß § 120 Abs. 1 ZPO festgesetzten Zahlungen ist zu veranlassen.

9.2 Setzt das Gericht andere Zahlungen fest, so berichtigt der Kostenbeamte den Ansatz nach Nr. 4.1.

10. Verfahren bei der Verwaltungs-, Finanz- und Sozialgerichtsbarkeit

Bei den Gerichten der Verwaltungs-, der Sozial- und der Finanzgerichtsbarkeit tritt in den vorstehenden Bestimmungen an die Stelle des Rechtspflegers der Urkundsbeamte der Geschäftsstelle des jeweiligen Rechtszugs, soweit er nach § 166 Abs. 2, 3, 7 VwGO, § 73a Abs. 4, 5, 9 SGG oder § 142 Abs. 3, 4, 8 FGO zuständig ist, im übrigen der Richter.

11. Stundung der Kosten des Insolvenzverfahrens

11.1 Hat das Gericht die Stundung der Kosten des Insolvenzverfahrens nach § 4a InsO bewilligt, so vermerkt die Geschäftsstelle auf dem Aktendeckel neben dem Namen des Schuldners „Stundung bewilligt Bl. ..." .

11.2 Werden nach Erteilung der Restschuldbefreiung die Stundung verlängert und Zahlungen festgelegt (§ 4b InsO), so gelten im Übrigen entsprechend:

11.2.1 [1]Nr. 2.1 mit der Maßgabe, dass die im Zusammenhang mit der Entscheidung nach § 4b InsO und ihrer Durchführung anfallenden Vorgänge in das Beiheft aufzunehmen sind. [2]Der Klammerzusatz lautet „(Stundung)". [3]Nach Abschluss des Insolvenzverfahrens und nach rechtskräftiger Gewährung der Restschuldbefreiung gilt § 117 Abs. 2 Satz 2 ZPO entsprechend.

11.2.2 Nr. 2.3.4.

11.2.3 Nr. 2.4.1 mit folgendem Wortlaut:
„nach Eingang des mit der Bestätigung der Sollstellung versehenen Datenblattes zur Bestimmung einer Wiedervorlagefrist zwecks Prüfung der Einstellung der Zahlungen".

11.2.4 Nr. 2.4.2 mit Maßgabe, dass der Klammerzusatz „(vgl. § 4c Nr. 3 InsO)" lautet.

11.2.5 Nr. 4.1 mit der Maßgabe, dass der Landesjustizkasse grundsätzlich der konkret berechnete Gesamtbetrag der Kosten des Insolvenzverfahrens als Höchstbetrag zur Einziehung zu überweisen ist.

11.2.6 Nr. 5.1 mit der Maßgabe, dass der Klammerzusatz „(§ 4b Abs. 2 InsO i. V. mit § 120 Abs. 4 Satz 1 und 2 ZPO, § 4c Nrn. 1, 2 und 4 InsO)" lautet.

11.2.7 Nr. 9.1 Sätze 1 bis 3 mit der Maßgabe, dass der Klammerzusatz in Satz 1 „(§ 4c InsO)" lautet.

11.2.8 Nr. 9.2.

11.2.9 Nr. 10 mit der Maßgabe
- dass die Höhe der vom Kostenbeamten in der Schlusskostenrechnung berechneten Kosten des Insolvenzverfahrens dem Kostenschuldner mitzuteilen ist,
- dass der Klammerzusatz in Nr. 10.2 Abs. 1 Satz 1 „(§ 4b InsO auch i. V. mit § 120 Abs. 4 Satz 1 und 2 ZPO, § 4c InsO)"lautet und
- dass in dem Klammerzusatz in Nr. 10.3.1 und Nr. 10.4 Satz 1 jeweils die Angabe „§ 124 Nr. 4 ZPO" und die Angabe „§ 4c Nr. 3 InsO" ersetzt wird.

11.3 Dem Rechtspfleger sind die Akten ferner vorzulegen, wenn die Restschuldbefreiung versagt oder widerrufen wird (§ 4c Nr. 5 InsO) oder wenn der Schuldner keine angemessene Erwerbstätigkeit ausübt, sich nicht um eine Beschäftigung bemüht oder eine zumutbare Tätigkeit ablehnt (§ 4c Nr. 4 InsO).

Anlage 1 zu Nr. 1.3 DB-PKH
Fassg für Schleswig-Holstein (SchlHA **15**, 462, in Kraft seit 1. 12. 15)

Kostenvoranschlag zur Bewilligung von Prozesskostenhilfe (§ 115 ZPO)

	Klageverfahren vor den ordentlichen Gerichten					
	I. Instanz				II. Instanz	
		nach Mahnverfahren			nach Mahnverfahren	
1	2	3	4	5	6	
Streitwert bis	nur GKG	GKG + RVG	nur GKG	GKG + RVG	GKG + RVG	
Euro	Euro	Euro	Euro	Euro	Euro	
500	73	231	105	263	314	
1 000	127	389	159	421	503	
1 500	178	544	213	579	691	
2 000	223	693	267	738	880	
3 000	270	892	324	946	1 126	

B. Ländervereinbarungen   **DB-PKH**

	Klageverfahren vor den ordentlichen Gerichten				II. Instanz
	I. Instanz				
	nach Mahnverfahren		nach Mahnverfahren		
1	**2**	**3**	**4**	**5**	**6**
Streitwert bis	nur GKG	GKG + RVG	nur GKG	GKG + RVG	GKG + RVG
Euro	Euro	Euro	Euro	Euro	Euro
4 000	318	1 091	381	1 155	1 372
5 000	365	1 291	438	1 364	1 618
6 000	413	1 490	495	1 572	1 864
7 000	460	1 689	552	1 781	2 110
8 000	508	1 888	609	1 990	2 356
9 000	555	2 088	666	2 199	2 602
10 000	603	2 287	723	2 407	2 848
13 000	668	2 489	801	2 622	3 105
16 000	733	2 691	879	2 837	3 362
19 000	798	2 892	957	3 052	3 619
22 000	863	3 094	1 035	3 267	3 877
25 000	928	3 296	1 113	3 482	4 134
30 000	1 015	3 607	1 218	3 810	4 524
35 000	1 103	3 917	1 323	4 138	4 914
40 000	1 190	4 228	1 428	4 466	5 304
45 000	1 278	4 539	1 533	4 794	5 694
50 000	1 365	4 849	1 638	5 122	6 083
65 000	1 665	5 402	1 998	5 735	6 847
80 000	1 965	5 955	2 358	6 348	7 610
95 000	2 265	6 508	2 718	6 961	8 373
110 000	2 565	7 061	3 078	7 574	9 136
125 000	2 865	7 614	3 438	8 187	9 900
140 000	3 165	8 166	3 798	8 799	10 663
155 000	3 465	8 719	4 158	9 412	11 426
170 000	3 765	9 272	4 518	10 025	12 189
185 000	4 065	9 825	4 878	10 638	12 952
200 000	4 365	10 378	5 238	11 251	13 716
230 000	4 813	11 182	5 775	12 145	14 831
260 000	5 260	11 987	6 312	13 039	15 947
290 000	5 708	12 791	6 849	13 933	17 063
320 000	6 155	13 596	7 386	14 827	18 179
350 000	6 603	14 400	7 923	15 721	19 295
380 000	7 050	15 205	8 460	16 615	20 411
410 000	7 498	16 009	8 997	17 509	21 526
440 000	7 945	16 814	9 534	18 403	22 642
470 000	8 393	17 618	10 071	19 297	23 758
500 000	8 840	18 423	10 608	20 191	24 874

DB-PKH VII. Durchf Vorschriften zu den Kostengesetzen

Anlage 2 zu Nr. 1.3 DB-PKH
(Stand: 1. August 2013)

Kostenvoranschlag zur
Bewilligung von Verfahrens- bzw. Prozesskostenhilfe
in familiengerichtlichen Verfahren I. Instanz (§§ 76 FamFG, 115 ZPO)

	Hauptsacheverfahren				Verfahren einstw. Rechtsschutz	
	Scheidungssachen einschl. Folgesachen	Selbständige Familienstreitsachen	Kindschaftssachen	Übrige Sachen	Kindschaftssachen	Übrige Sachen und Familienstreitsachen
1	2	3	4	5	6	7
Verfahrenswert bis	nur FamGKG	nur FamGKG	nur FamGKG	nur FamGKG	nur FamGKG	nur FamGKG
Euro	Euro	Euro	Euro	Euro	Euro	Euro
500	70	105	18	70	15	53
1 000	106	159	27	106	16	80
1 500	142	213	36	142	21	107
2 000	178	267	45	178	27	134
3 000	216	324	54	216	32	162
4 000	254	381	64	254	38	191
5 000	292	438	73	292	44	219
6 000	330	495	83	330	50	248
7 000	368	552	92	368	55	276
8 000	406	609	102	406	61	305
9 000	444	666	111	444	67	333
10 000	482	723	121	482	72	362
13 000	534	801	134	534	80	401
16 000	586	879	147	586	88	440
19 000	638	957	160	638	96	479
22 000	690	1 035	173	690	104	518
25 000	742	1 113	186	742	111	557
30 000	812	1 218	203	812	122	609
35 000	882	1 323	221	882	132	662
40 000	952	1 428	238	952	143	714
45 000	1 022	1 533	256	1 022	153	767
50 000	1 092	1 638	273	1 092	164	819
65 000	1 332	1 998	333	1 332	200	999
80 000	1 572	2 358	393	1 572	236	1 179
95 000	1 812	2 718	453	1 812	272	1 359
110 000	2 052	3 078	513	2 052	308	1 539
125 000	2 292	3 438	573	2 292	344	1 719
140 000	2 532	3 798	633	2 532	380	1 899
155 000	2 772	4 158	693	2 772	416	2 079
170 000	3 012	4 518	753	3 012	452	2 259
185 000	3 252	4 878	813	3 252	488	2 439
200 000	3 492	5 238	873	3 492	524	2 619
230 000	3 850	5 775	963	3 850	578	2 888
260 000	4 208	6 312	1 052	4 208	631	3 156
290 000	4 566	6 849	1 142	4 566	685	3 425
320 000	4 924	7 386	1 231	4 924	739	3 693
350 000	5 282	7 923	1 321	5 282	792	3 962
380 000	5 640	8 460	1 410	5 640	846	4 230
410 000	5 998	8 997	1 500	5 998	900	4 499
440 000	6 356	9 534	1 589	6 356	953	4 767
470 000	6 714	10 071	1 679	6 714	1 007	5 036
500 000	7 072	10 608	1 768	7 072	1 061	5 304

B. Ländervereinbarungen **DB-PKH**

	Hauptsacheverfahren				Verfahren einstw. Rechtsschutz	
	Scheidungssachen einschl. Folgesachen	Selbständige Familiensachen	Kindschaftssachen	Übrige Sachen	Kindschaftssachen	Übrige Sachen und Familienstreitsachen
1	2	3	4	5	6	7
Verfahrenswert bis	FamGKG +RVG	FamGKG +RVG	FamGKG +RVG	FamGKG +RVG	FamGKG +RVG	FamGKG +RVG
Euro	Euro	Euro	Euro	Euro	Euro	Euro
500	228	263	176	228	173	211
1 000	368	421	289	368	278	342
1 500	508	579	402	508	388	473
2 000	649	738	515	649	497	604
3 000	838	946	676	838	655	784
4 000	1 028	1 155	837	1 028	812	964
5 000	1 218	1 364	999	1 218	970	1 145
6 000	1 407	1 572	1 160	1 407	1 127	1 325
7 000	1 597	1 781	1 321	1 597	1 284	1 505
8 000	1 787	1 990	1 482	1 787	1 442	1 685
9 000	1 977	2 199	1 644	1 977	1 599	1 866
10 000	2 166	2 407	1 805	2 166	1 757	2 046
13 000	2 355	2 622	1 955	2 355	1 901	2 222
16 000	2 544	2 837	2 105	2 544	2 046	2 398
19 000	2 733	3 052	2 254	2 733	2 191	2 573
22 000	2 922	3 267	2 404	2 922	2 335	2 749
25 000	3 111	3 482	2 554	3 111	2 480	2 925
30 000	3 404	3 810	2 795	3 404	2 714	3 201
35 000	3 697	4 138	3 035	3 697	2 947	3 476
40 000	3 990	4 466	3 276	3 990	3 181	3 752
45 000	4 283	4 794	3 517	4 283	3 414	4 028
50 000	4 576	5 122	3 757	4 576	3 648	4 303
65 000	5 069	5 735	4 070	5 069	3 937	4 736
80 000	5 562	6 348	4 383	5 562	4 226	5 169
95 000	6 055	6 961	4 696	6 055	4 515	5 602
110 000	6 548	7 574	5 009	6 548	4 804	6 035
125 000	7 041	8 787	5 322	7 041	5 092	6 448
140 000	7 533	8 799	5 634	7 533	5 381	6 900
155 000	8 026	9 412	5 947	8 026	5 670	7 333
170 000	8 519	10 025	6 260	8 519	5 959	7 766
185 000	9 012	10 638	6 573	9 012	6 248	8 199
200 000	9 505	11 251	6 886	9 505	6 537	8 632
230 000	10 220	12 145	7 332	10 220	6 947	9 257
260 000	10 935	13 039	7 779	10 935	7 358	9 883
290 000	11 650	13 933	8 225	11 650	7 769	10 508
320 000	12 365	14 827	8 672	12 365	8 180	11 134
350 000	13 080	15 721	9 118	13 080	8 590	11 759
380 000	13 795	16 615	9 565	13 795	9 001	12 385
410 000	14 510	17 509	10 011	14 510	9 412	13 010
440 000	15 225	18 403	10 458	15 225	9 822	13 636
470 000	15 940	19 297	10 904	15 940	10 233	14 261
500 000	16 655	20 191	11 351	16 655	10 644	14 887

1291

StaatskVerg

6) Vereinbarung über die Festsetzung der aus der Staatskasse zu gewährenden Vergütung der Rechtsanwältinnen, Rechtsanwälte, Patentanwältinnen, Patentanwälte, Rechtsbeistände, Steuerberaterinnen und Steuerberater

Vorbemerkung. Die nachstehenden Bestimmungen sind zwischen den Justizverwaltungen des Bundes und der Länder abgestimmt. Sie sind wie folgt eingefügt worden:

Baden-Württemberg: VwV zuletzt vom 16. 12. 14, Justiz **15**, 23;
Bayern: Bek zuletzt vom 22. 4. 14, JMBl 60;
Berlin: AV vom 14. 7. 14, ABl 1435;
Brandenburg: AV zuletzt vom 3. 4. 14, JMBl 45;
Bremen:
Hamburg: AV zuletzt vom 8. 4. 14, JVBl 59;
Hessen: RdErl vom 14. 7. 14, JMBl 345;
Mecklenburg-Vorpommern: VwV zuletzt vom 13. 5. 14, ABl 619;
Niedersachsen: AV zuletzt vom 2. 4. 14, NdsRpfl 143;
Nordrhein-Westfalen: AV zuletzt vom 1. 4. 14, JMBl 139;
Rheinland-Pfalz: VV zuletzt vom 14. 4. 14, JBl 43;
Saarland: AV zuletzt vom 2. 4. 14;
Sachsen: VwV vom 16. 10. 14, JMBl 92;
Sachsen-Anhalt: AV zuletzt vom 6. 7. 15, JMBl 68;
Schleswig-Holstein: AV zuletzt vom 19. 12. 16, SchlHA **17**, 16;
Thüringen: VV zuletzt vom 28. 8. 14, JMBl 91.

Nachstehend ist die für Schleswig-Holstein veröffentlichte Fassung der bundeseinheitlich vereinbarten AV, in Kraft seit 1. 1. 14.

I. (nicht mit abgedruckt)

II. A. Vergütung der beigeordneten oder bestellten Rechtsanwälte

I. Festsetzungsantrag

1. Allgemeine Bestimmungen

1.1 Festsetzungsantrag
[1]Der Festsetzungsantrag mit der Berechnung der Gebühren und Auslagen (§ 10 RVG) ist bei der Geschäftsstelle zweifach einzugleichen. [2]Rechtsanwälte sind nicht verpflichtet, die Festsetzung der ihnen aus der Staatskasse zu zahlenden Vergütung mit den amtlichen Formularen zu beantragen. [3]Formlos oder mit Hilfe der elektronischen Datenverarbeitung erstellte Festsetzungsanträge sollen inhaltlich den amtlichen Formularen entsprechen.

1.2 Festsetzung
1.2.1 [1]Die Festsetzung (§ 55 RVG) ist dem gehobenen Dienst vorbehalten. [2]Die Landesjustizverwaltungen und das Bundesministerium der Justiz und für Verbraucherschutz können abweichende Regelungen treffen.
1.2.2 [1]Kann Verjährung in Betracht kommen (vgl. §§ 195, 199 BGB; § 8 RVG), so hat die Urkundsbeamtin oder der Urkundsbeamte der Geschäftsstelle (UdG) vor der Entscheidung über den Festsetzungsantrag die Akten mit einem entsprechenden Hinweis der Vertretung der Staatskasse vorzulegen (s. Nr. 14.4). [2]Sieht diese von der Erhebung der Verjährungseinrede ab, so hat der UdG dies auf der Festsetzung zu vermerken.

1.2.3 ¹Müssen die Sachakten wegen der Einlegung von Rechtsmitteln oder aus sonstigen Gründen versandt werden, so ist die Vergütung möglichst vorher festzusetzen. ²Sonst sind Akten, die für längere Zeit versandt sind, kurzfristig zurückzufordern.

1.2.4 ¹Wird dem Festsetzungsantrag entsprochen, so ist keine Mitteilung erforderlich. ²Soweit die Entscheidung von dem Antrag abweicht, ist ihr Inhalt dem Rechtsanwalt schriftlich mitzuteilen.

1.2.5 ¹Die Festsetzung ist zu den Sachakten zu nehmen. ²Auf dem Beiordnungsbeschluss ist neben dem Namen des beigeordneten Rechtsanwalts das Datum der Festsetzung in auffälliger Weise zu vermerken.

1.3 Auszahlungsanordnung

1.3.1 ¹Die Auszahlungsanordnung wird von dem UdG des Gerichts erteilt, bei dem die Vergütung festgesetzt worden ist. ²Hat der UdG des Gerichts des ersten Rechtszugs die Vergütung festgesetzt und die Bundeskasse die Vergütung zu zahlen (§ 45 Abs. 1, 3 RVG), so hat er ein Exemplar der Festsetzung dem Gericht des Bundes zur Erteilung der Auszahlungsanordnung zu übersenden.

1.3.2 Ein Exemplar der Auszahlungsanordnung ist zu den Sachakten zu nehmen.

1.3.3 ¹Werden in derselben Sache weitere Auszahlungsanordnungen notwendig, so sind auch davon Exemplare zu den Sachakten zu nehmen; in der Kostenberechnung sind sämtliche Gebühren und Auslagen aufzuführen; bereits gezahlte Beträge sind abzusetzen. ²Der Tag der früheren Auszahlungsanordnung ist anzugeben. ³Dies gilt auch, wenn Vorschüsse gezahlt sind (s. Nr. 1.5.3).

1.3.4 Nr. 2.4.4 ist zu beachten.

1.4 Vertretung der Staatskasse, Prüfung der Festsetzung

1.4.1 Die Vertretung der Staatskasse bei der Festsetzung einschließlich des Erinnerungs- und Beschwerdeverfahrens richtet sich nach den dafür ergangenen besonderen Bestimmungen.

1.4.2 Alle gerichtlichen Entscheidungen, durch die eine Festsetzung zu Ungunsten der Staatskasse geändert wird, hat der UdG vor Anweisung des Mehrbetrages der Vertretung der Staatskasse mitzuteilen.

1.4.3 Erinnerungen oder Beschwerden namens der Staatskasse sind nur zu erheben, wenn es sich um Fragen von grundsätzlicher Bedeutung oder um Beträge handelt, die nicht in offensichtlichem Missverhältnis zu dem durch das Erinnerungs- oder Beschwerdeverfahren entstehenden Zeit- und Arbeitsaufwand stehen.

1.4.4 Soll nach Auffassung der Vertretung der Staatskasse die Verjährungseinrede erhoben werden (s. Nr. 1.2.2), so hat sie dazu die Einwilligung der unmittelbar vorgesetzten Präsidentin oder des unmittelbar vorgesetzten Präsidenten einzuholen.

1.5 Vorschuss

1.5.1 Für die Festsetzung und Auszahlung des Vorschusses (§ 47 RVG) gelten die Bestimmungen für die Festsetzung und Auszahlung des endgültigen Betrages sinngemäß.

1.5.2 Die Auszahlungen sind als Abschlagszahlungen zu leisten und als Haushaltsausgaben zu buchen.

1.5.3 Der UdG überwacht die Fälligkeit der Vergütung und sorgt dafür, dass der Vorschuss alsbald abgerechnet wird (s. Nr. 1.3.3).

1.6 Wiedereinforderung überzahlter Beträge

Überzahlungen an Gebühren, Auslagen oder Vorschüssen sind nach der Justizbeitreibungsordnung einzuziehen.

2. Besondere Bestimmungen
für die Vergütung der im Wege der
Prozess- oder Verfahrenskostenhilfe beigeordneten Rechtsanwälte

2.1 Zuständigkeit für die Festsetzung im Allgemeinen

¹Die aus der Staatskasse zu gewährende Vergütung (§§ 45, 50 Abs. 1 RVG) wird von dem UdG des Gerichts des Rechtszugs festgesetzt (§ 55 Abs. 1 RVG). ²In Angelegenheiten, in denen sich die Gebühren nach Teil 3 des Vergütungsverzeichnisses zum RVG bestimmen, erfolgt die Festsetzung durch den UdG des Gerichts des Rechtszugs, nach Beendigung des Verfahrens durch rechtskräf-

tige Entscheidung oder in sonstiger Weise jedoch von dem UdG des Gerichts des ersten Rechtszugs.
2.2 Zuständigkeit zur Festsetzung im Falle der Verweisung oder Abgabe eines Verfahrens
2.2.1 Bei Verweisung oder Abgabe eines Verfahrens an ein Gericht eines anderen Landes gilt die Vereinbarung über den Ausgleich von Kosten in der jeweils gültigen Fassung.
2.2.2 [1]Bei Verweisung oder Abgabe eines Verfahrens an ein Gericht desselben Landes gilt folgendes: Der UdG des verweisenden oder abgebenden Gerichts setzt die aus der Staatskasse zu gewährende Vergütung fest, wenn bereits vor der Versendung der Akten an das Gericht, an das das Verfahren verwiesen oder abgegeben worden ist, der Anspruch fällig geworden und der Festsetzungsantrag eingegangen ist. [2]Andernfalls sind Festsetzungsanträge an die Geschäftsstelle des Gerichts weiterzugeben, an das das Verfahren verwiesen oder abgegeben worden ist.
2.3 Vergütung des beigeordneten Anwalts, Kostenfestsetzung, Übergang auf die Staatskasse
2.3.1 [1]Bei der Festsetzung der vom Gegner an die Partei, der Prozess- oder Verfahrenskostenhilfe bewilligt ist, oder an deren Rechtsanwalt zu erstattenden Kosten (§§ 103 bis 107, 126 ZPO, auch in Verbindung mit §§ 76 Abs. 1, 85 FamFG) prüft die Rechtspflegerin oder der Rechtspfleger, ob bereits eine Vergütung aus der Staatskasse gezahlt worden ist und ob der aus der Staatskasse gewährte Betrag ganz oder zum Teil auf die im Kostenfestsetzungsbeschluss festzusetzenden Kosten anzurechnen ist. [2]Er stellt zugleich fest, ob und inwieweit der Erstattungsanspruch gegen die Zählungspflichtige oder den Zahlungspflichtigen auf die Staatskasse übergegangen ist (§ 59 Abs. 1 Satz 1 RVG). [3]Dabei berücksichtigt er, dass ein übergegangener Anspruch der Staatskasse nicht zusteht, soweit die an den Rechtsanwalt gezahlte Vergütung durch Zahlungen der Partei an die Staatskasse gedeckt ist. [4]Den auf die Staatskasse übergegangenen Betrag vermerkt er im Kostenfestsetzungsbeschluss. [5]Nötigenfalls nimmt er eine erläuternde Berechnung auf. [6]Soweit ein Erstattungsanspruch auf die Staatskasse übergegangen ist, nimmt der Rechtspfleger in den Kostenfestsetzungsbeschluss nur den Betrag auf, der an die Partei oder an deren Rechtsanwalt noch zu erstatten bleibt.
2.3.2 [1]Macht der Rechtsanwalt seinen Vergütungsanspruch gegen die Staatskasse erst geltend, nachdem die von der gegnerischen Partei zu erstattenden Kosten bereits nach §§ 103 bis 107 und 126 ZPO, auch in Verbindung mit §§ 76 Abs. 1, 85 FamFG festgesetzt worden sind, so fordert der Rechtspfleger die vollstreckbare Ausfertigung des Kostenfestsetzungsbeschlusses von der- oder demjenigen zurück, zu deren oder dessen Gunsten er ergangen ist. [2]Nach der Festsetzung der aus der Staatskasse zu gewährenden Vergütung vermerkt der Rechtspfleger auf der vollstreckbaren Ausfertigung des Kostenfestsetzungsbeschlusses, um welchen Betrag sich die festgesetzten Kosten mindern und welcher Restbetrag noch zu erstatten ist; falls erforderlich, fügt er eine erläuternde Berechnung bei. [3]Die gleichen Vermerke setzt er auf den Kostenfestsetzungsbeschluss und bescheinigt dort außerdem, dass die vollstreckbare Ausfertigung mit denselben Vermerken versehen und zurückgesandt worden ist.
2.3.3 Wird die Vergütung festgesetzt, ohne dass die vollstreckbare Ausfertigung des Kostenfestsetzungsbeschlusses vorgelegt worden ist, so hat der UdG den erstattungspflichtigen Gegner zu benachrichtigen.
2.3.4 Bei der Einziehung der auf die Staatskasse übergegangenen Beträge sind § 122 Abs. 1 Nr. 1 Buchstabe b ZPO, auch in Verbindung mit §§ 76 Abs. 1, 85 FamFG, § 6 Abs. 2 KostVfg und Nr. 3.3.2 Satz 1 sowie Nr. 4.6 der Durchführungsbestimmungen zur Prozess- oder Verfahrenskostenhilfe sowie zur Stundung der Kosten des Insolvenzverfahrens (DB-PKH) zu beachten.
2.3.5 [1]Zahlt die erstattungspflichtige gegnerische Partei bei der Vollstreckung aus dem Kostenfestsetzungsbeschluss freiwillig auch die nach Nr. 2.3.2 oder 2.3.3 abgesetzte Vergütung, so hat die Gerichtsvollzieherin oder der Gerichtsvollzieher sie anzunehmen und an die Kasse abzuführen. [2]Zieht der Gerichtsvollzieher nur den Restbetrag der festgesetzten Kosten ein, so hat er dies zu den Gerichtsakten mitzuteilen, damit der auf die Staatskasse übergegangene Betrag eingezogen werden kann (s. Nr. 2.4.1). [3]Waren die einzuziehenden Be-

träge bereits zum Soll gestellt, so gibt der UdG die Mitteilung an die Kasse weiter.

2.3.6 Beantragt der beigeordnete Rechtsanwalt nach Aufhebung der Bewilligung der Prozess- oder Verfahrenskostenhilfe die Festsetzung der Vergütung gemäß § 11 RVG gegen die eigene Partei, so sind die Nrn. 2.3.1 bis 2.3.5 entsprechend anzuwenden.

2.4 Wiedereinforderung von der Partei, der Prozess- oder Verfahrenskostenhilfe bewilligt worden ist, von der gegnerischen Partei oder von Streitgenossinnen oder Streitgenossen.

2.4.1 [1]Der UdG hat in jedem Fall zu prüfen und nötigenfalls zu überwachen, ob die aus der Staatskasse gezahlte Vergütung von der Partei oder von der erstattungspflichtigen gegnerischen Partei eingefordert werden kann (§ 59 RVG). [2]Zu diesem Zweck hat er erforderlichenfalls die Parteien aufzufordern, ihre Kostenberechnung dem Gericht zur Ausgleichung mitzuteilen. [3]Kann er die Mitwirkung der Parteien nicht erreichen, so hat er den Anspruch der Staatskasse nach Aktenlage zu berechnen. [4]Der Anspruch gegen die Partei kann, solange die Bewilligung der Prozess- oder Verfahrenskostenhilfe nicht aufgehoben ist (vgl. Nr. 3.3.1, Nr. 5.1 DB-PKH), nur nach den Bestimmungen geltend gemacht werden, die das Gericht getroffen hat (vgl. § 122 Abs. 1 Nr. 1 Buchstabe b ZPO, auch in Verbindung mit §§ 76 Abs. 1, 85 FamFG). [5]Gegebenenfalls ist eine Änderung dieser Bestimmungen anzuregen (vgl. § 120a Abs. 1 ZPO, Nr. 5.1 DB-PKH).

2.4.2 Der mit der Festsetzung der Vergütung befasste UdG hat Streitgenossen der Partei, die von dem dieser Partei beigeordneten Rechtsanwalt als Wahlanwalt vertreten werden, zur Zahlung des auf sie entfallenden Anteils an der aus der Staatskasse gezahlten Vergütung aufzufordern, soweit dies nicht aus besonderen Gründen, z. B. wegen feststehender Zahlungsunfähigkeit, untunlich erscheint.

2.4.3 [1]Die Zahlungsaufforderung an die ausgleichspflichtigen Streitgenossen kann nicht auf § 59 RVG gestützt werden und darf daher nicht in der Form einer Gerichtskostenrechnung ergehen. [2]Wird nicht freiwillig gezahlt, so sind die Vorgänge dem unmittelbar vorgesetzten Präsidenten vorzulegen, der gegebenenfalls die Klageerhebung veranlasst.

2.4.4 Wenn Streitgenossen der Partei, der Prozess- oder Verfahrenskostenhilfe bewilligt ist, vorhanden sind, ist in der Festsetzung der Vergütung zu vermerken, ob und für welche Streitgenossen der Partei der beigeordnete Rechtsanwalt zugleich Wahlanwalt gewesen ist und ob ein Ausgleichsanspruch der Staatskasse gegen diese Streitgenossen geltend gemacht oder aus welchen Gründen davon abgesehen worden ist.

2.4.5 [1]Die von Streitgenossen der Partei gezahlten Beträge sind bei den vermischten Einnahmen zu buchen. [2]Die für die Buchung notwendigen Kassenanordnungen sind der zuständigen Kasse unverzüglich nach Zahlungseingang zuzuleiten. [3]Eine ggf. zu den Sachakten erteilte Zahlungsanzeige ist beizufügen.

2.5 Festsetzung der weiteren Vergütung (§ 50 RVG)

2.5.1 Vor der Festsetzung der weiteren Vergütung hat sich der UdG davon zu überzeugen, dass

2.5.1.1 das Verfahren durch rechtskräftige Entscheidung oder in sonstiger Weise beendet ist,

2.5.1.2 sämtliche der Partei beigeordneten Rechtsanwälte und, soweit der gegnerischen Partei ebenfalls Prozess- oder Verfahrenskostenhilfe bewilligt und die PKH-Partei der gegnerischen Partei erstattungspflichtig ist, auch die der gegnerischen Partei beigeordneten Rechtsanwälte ihre Vergütung (§§ 45 Abs. 1, 49 RVG) beantragt haben und dass über diese Anträge abschließend entschieden worden ist,

2.5.1.3 die Schlusskostenrechnung unter Berücksichtigung der gemäß § 59 Abs. 1 Satz 1 RVG auf die Staatskasse übergegangenen Ansprüche (vgl. Nr. 2.5.1.2) aufgestellt worden und ein gegen die gegnerische Partei zum Soll gestellter Betrag, für den die Partei als Zweitschuldner haften würde, gezahlt ist, so dass feststeht, welcher Betrag zur Deckung der in § 122 Abs. 1 Nr. 1 ZPO, auch in Verbindung mit §§ 76 Abs. 1, 85 FamFG, bezeichneten Kosten und Ansprüche erforderlich ist,

StaatskVerg VII. DurchfVorschriften zu den Kostengesetzen

2.5.1.4 sämtliche der Partei beigeordneten Rechtsanwälte die weitere Vergütung (§ 50 RVG) beantragt haben,
2.5.1.5 die von der Partei zu zahlenden Beträge (§§ 120 ZPO, auch in Verbindung mit §§ 76 Abs. 1, 85 FamFG, 50 Abs. 1 Satz 1 RVG) beglichen sind oder eine Zwangsvollstreckung in das bewegliche Vermögen der Partei erfolglos geblieben ist oder aussichtslos erscheint,
2.5.1.6 und ggf. in welcher Höhe nach Verrechnung der von der Partei gezahlten Beträge auf den nach Nr. 2.5.1.3 berechneten Betrag ein Überschuss verbleibt,
2.5.1.7 in den Anträgen angegeben ist, welche Zahlungen die beigeordneten Rechtsanwälte von der Partei oder einem Dritten erhalten haben.
2.5.2 Haben noch nicht sämtliche der Partei und ggf. der gegnerischen Partei beigeordneten Rechtsanwälte ihre Vergütung beantragt (vgl. Nrn. 2.5.1.2, 2.5.1.4) oder die erhaltenen Zahlungen angegeben (vgl. Nr. 2.5.1.7), so fordert der UdG sie unter Hinweis auf die Rechtsfolgen (§ 55 Abs. 6 Satz 2 RVG) gegen Empfangsbekenntnis auf, innerhalb einer Frist von einem Monat bei der Geschäftsstelle des Gerichts, dem der UdG angehört, die Anträge einzureichen oder sich zu den Zahlungen zu erklären.
2.5.3 Waren die Zahlungen der Partei an die Staatskasse nach § 120 Abs. 3 ZPO, auch in Verbindung mit §§ 76 Abs. 1, 85 FamFG, durch das Gericht vorläufig eingestellt und reicht der Überschuss (vgl. Nr. 2.5.1.6) zur Deckung der weiteren Vergütung nicht aus, ist die Akte zunächst dem Rechtspfleger zur Entscheidung über die Wiederaufnahme der Zahlungen vorzulegen.
2.5.4 Verzögert sich die Entscheidung über den Antrag, weil z. B. das Ergebnis der Kosteneinziehung von der gegnerischen Partei, weitere Zahlungen der Partei oder der Eingang weiterer Anträge abzuwarten ist, hat der UdG den Rechtsanwalt über den Grund der Verzögerung zu unterrichten.
2.5.5 Die weitere Vergütung ist bei dem Haushaltstitel für die Vergütung beigeordneter Rechtsanwälte zu buchen.
2.5.6 Ändert sich nach der Festsetzung der weiteren Vergütung die Kostenforderung gegen die Partei (vgl. Nr. 2.5.1.3), sind die Akten dem UdG zur Prüfung vorzulegen, ob die Festsetzung zu berichtigen ist.
2.6 Bei der Anwendung der vorstehenden besonderen Bestimmungen für die Vergütung der im Wege der Verfahrenskostenhilfe beigeordneten Rechtsanwälte tritt an die Stelle der Bezeichnung „Partei" die Bezeichnung „Beteiligter".
2.7 Die vorstehenden besonderen Bestimmungen gelten für die Vergütung der im Wege der Prozesskostenhilfe beigeordneten Patentanwälte und Steuerberater sowie die im Wege des § 138 FamFG, auch in Verbindung mit § 270 FamFG, beigeordneten oder nach §§ 57, 58 ZPO bestellten Rechtsanwälte sinngemäß.

B. Vergütung bei Beratungshilfe

1. [1]Für die Festsetzung der Vergütung bei Beratungshilfe gilt Teil A Nr. 1 bis 1.2.2, 1.2.4, 1.3 bis 1.3.3 und 1.4 bis 1.4.4 sinngemäß. [2]Der Festsetzungsantrag kann mit Hilfe der elektronischen Datenverarbeitung erstellt werden oder von einem anderen Formular abweichen, wenn er inhaltlich diesem entspricht. [3]Die Geschäftsstellen geben die amtlichen Formulare für den Beratungshilfeantrag und für den Festsetzungsantrag unentgeltlich aus. [4]Sofern ein Berechtigungsschein erteilt worden ist, ist die Festsetzung zur Durchschrift des Berechtigungsscheins zu nehmen.
2. [1]Der UdG hat in jedem Fall zu prüfen und nötigenfalls zu überwachen, ob die aus der Landeskasse gezahlte Vergütung von erstattungspflichtigen Gegnern eingefordert werden kann (§ 59 Abs. 1, 3 RVG, § 9 BerHG). [2]Unter gesetzlicher Vergütung im Sinne des § 9 Satz 1 BerHG ist die an nicht im Rahmen der Beratungshilfe tätige Beratungspersonen zu zahlende Vergütung zu verstehen. [3]Der auf die Landeskasse übergegangene schuldrechtliche Anspruch auf Erstattung der Vergütung ist wie der Anspruch eines ausgleichspflichtigen Streitgenossen geltend zu machen (vgl. Teil A Nrn. 2.4.2 bis 2.4.5).

II.

Ergänzend zu den vorgenannten Bestimmungen wird Folgendes bestimmt:
1. Zu Teil A Nr. 1.3.2

C. Rechnungsgebühren **StaatskVerg, SVertO, RgGeb**

Die Auszahlungsanordnung ist auf den dafür aufgelegten besonderen Formularen zu erteilen.
2. Zu Teil A Nr. 1.4
2.1 In dem Festsetzungsverfahren einschließlich des Erinnerungs- und Beschwerdeverfahrens wird die Staatskasse durch die Bezirksrevisorin oder den Bezirksrevisor vertreten.
2.2 [1] Der Bezirksrevisor hat die Festsetzungen und Auszahlungsanordnungen anlässlich der örtlichen Prüfung des Kostenansatzes anhand der Sachakten stichprobenweise zu prüfen. [2] Sofern die Auszahlung nicht nennenswert verzögert wird, kann der Dienstvorgesetzte des Bezirksrevisors anordnen, dass in bestimmten Fällen (z. B. in Zweifelsfällen oder bei Bildung von Prüfungsschwerpunkten) Festsetzungen vor Vollzug der Auszahlungsanordnung durch den Bezirksrevisor zu prüfen sind.
2.3 Von der Erhebung der Verjährungseinrede wird regelmäßig abgesehen werden können, wenn
2.3.1 der Anspruch zweifelsfrei begründet ist und
2.3.2 entweder die Verjährungsfrist erst verhältnismäßig kurze Zeit abgelaufen ist oder der Anspruchsberechtigte aus verständlichen Gründen (z. B. Schweben eines Rechtsmittels oder eines Parallelprozesses, längeres Ruhen des Verfahrens, Tod des Anwalts), die in einem Sachzusammenhang mit dem Erstattungsantrag stehen müssen, mit der Geltendmachung seines Anspruchs gewartet hat.

III. (nicht mit abgedruckt)

7) Aus dem Abkommen über die Zuständigkeit
des AG Hamburg für Verteilungsverfahren nach der
Schiffahrtsrechtlichen Verteilungsordnung

Von den Ländern eingeführt:

Baden-Württemberg: G vom 22. 5. 73, GBl 136;
Bayern: Bek vom 17. 7. 73, GVBl 448;
Berlin: G vom 30. 3. 73, GVBl 566;
Brandenburg:
Bremen: G vom 15. 5. 73, GBl 105;
Hamburg: Bek vom 10. 7. 73, GVBl 280;
Hessen: G vom 4. 4. 73, GVBl 123;
Mecklenburg-Vorpommern:
Niedersachsen: G vom 29. 5. 73, GVBl 177;
Nordrhein-Westfalen: G vom 12. 6. 73, GV 350;
Rheinland-Pfalz: G vom 30. 5. 73, GVBl 115, Bek vom 24. 8. 73, GVBl 260;
Saarland: G vom 21. 3. 73, ABl 265;
Sachsen:
Sachsen-Anhalt:
Schleswig-Holstein: G vom 19. 3. 92, GVBl 208;
Thüringen:

§ 3. Die Freie und Hansestadt Hamburg verzichtet auf Kostenausgleichsansprüche gegen die an diesem Abkommen beteiligten Länder; sie erhält die Einnahmen des Amtsgerichts Hamburg aus den ihm übertragenen Aufgaben.

C. Rechnungsgebühren und Rechnungsbeamte

Bem. Art XI § 4 II Z 1 KostÄndG hat die AV des früheren RJM über Rechnungsgebühren und Rechnungsbeamte vom 25. 4. 38, DJ 654, soweit sie bisher als Rechtsvorschrift angewendet wurde, außer Kraft gesetzt. In diesen Ländern werden Rechnungsge-

RgGeb, Stdg, ErlGerK VII. DurchfVorschriften zu den Kostengesetzen

bühren, §§ 72 GKG, 139 KostO, nicht mehr erhoben. § 70 GKG ist durch Art 3 I Z 20 des 2. KostRModG v 23. 7. 13, BGBl 2584, mit Wirkung v 1. 8. 13 aufgehoben. Art 50 G. § 139 KostO ist durch Art 45 desselben G grundsätzlich aufgehoben worden (Ausnahmen § 136 GNotKG, Teil III dieses Buchs). Damit hat sich C praktisch erledigt.

D. Stundung und Erlaß von Gerichtskosten und anderen Justizverwaltungsabgaben

Vorbemerkungen

1 **1) Geschichtliches.** Durch die VO vom 20. 3. 1935, RGBl 406, wurde die Reichshaushaltsordnung in der Justizverwaltung vom 1. 4. 35 ab eingeführt und gleichzeitig über Stundung und Niederschlagung von Gerichtskosten und anderen Justizverwaltungsabgaben, vgl Einf 2 vor § 21 GKG, Teil I A dieses Buchs, Bestimmung getroffen. Hierzu hatte der frühere RJM die AV vom 28. 3. 35, DJ 480, 7. 2. 42, DJ 117, vom 4. 6. 42, DJ 388, vom 7. 4. 43, DJ 231, und 6. 8. 43, DJ 405, erlassen, die Ausführungsbestimmungen enthielten und durch die er die nachgeordneten Stellen in bestimmtem Rahmen zu Erlaß und Stundung ermächtigte.

Diese allgemeinen Verfügungen sind nach 1945 von den Ländern zum Teil ganz aufgehoben und durch entsprechende ersetzt, teilweise abgeändert worden.

2 **2) Jetziger Rechtszustand.** Es gelten die folgenden Regeln:
A. Systematik. Eine bundeseinheitliche Regelung fehlt. Für Forderungen des *Bundes* gilt die Bek zuletzt vom 4. 7. 87, BAnz 73.

3 **B. Fortgeltendes früheres Reichsrecht.** Die VO vom 20. 3. 35, RGBl 406, lautet:

§ 1. Für die gesamte Reichsjustizverwaltung gilt vom 1. April 1935 an die Reichshaushaltsordnung.

§ 2. Mit Wirkung vom gleichen Zeitpunkt an wird über die Stundung und Niederschlagung von Gerichtskosten und anderen Justizverwaltungsabgaben aller Art folgendes bestimmt:

1. Soweit nicht abweichende Verwaltungsvorschriften bestehen, können Justizverwaltungsabgaben von der mit der Einziehung betrauten Behörde gestundet werden, wenn ihre Einziehung mit erheblichen Härten für den Zahlungspflichtigen verbunden wäre und der Anspruch durch die Stundung nicht gefährdet wird. Über Beschwerden wird im Aufsichtsweg entschieden.
2. Der Reichsminister der Justiz kann für einzelne Fälle Justizverwaltungsabgaben, deren Einziehung mit besonderen Härten für den Zahlungspflichtigen verbunden wäre, ganz oder zum Teil erlassen oder die Erstattung oder Anrechnung bereits entrichteter Abgaben verfügen. Er kann die Befugnis für bestimmte Arten von Fällen auf die nachgeordneten Behörden übertragen.
3. Die Vorschriften der Absätze 1 und 2 finden entsprechende Anwendung, wenn an baren Auslagen im Sinne der Kostengesetze oder an Entschädigungen der Laienrichter oder an notwendigen Auslagen der Beschuldigten (§§ 467, 473 Strafprozeßordnung) mehr als der endgültig festgestellte Betrag aus der Reichskasse gezahlt worden ist.

4 **C. Länderrecht.** Es gelten die folgenden Länderregeln (meist in den Landesjustizkostengesetzen).
Baden-Württemberg: G v 11. 11. 15, GVBl 462;
Bayern: Bek zuletzt vom 14. 8. 08, JMBl 146;
Berlin: AV vom 14. 3. 13, ABl 459;
Brandenburg: AV zuletzt vom 15. 9. 09, JMBl 135;
Bremen: JKostG zuletzt vom 4. 12. 01, GBl 407;
Hamburg: AV zuletzt vom 30. 10. 95, JVBl 95;
Hessen: RdErl vom 9. 1. 15, JMBl 39;
Mecklenburg-Vorpommern: VwV vom 11. 6. 12, ABl 526;

Niedersachsen: AV zuletzt vom 18. 2. 15, NdsRpfl 113;
Nordrhein-Westfalen: RV zuletzt vom 2. 12. 14;
Rheinland-Pfalz: AV vom 18. 3. 83, GVBl 80;
Saarland: G zuletzt vom 31. 3. 04, ABl 1037;
Sachsen: VwV vom 2. 7. 01, JMBl 76;
Sachsen-Anhalt: AV vom 15. 5. 14, JMBl 115;
Schleswig-Holstein: G zuletzt vom 25. 7. 14, GVBl 132 (Art 4); AV zuletzt vom 20. 4. 17, SchlHA 169, berichtigt 210;
Thüringen: G zuletzt vom 26. 5. 16, GVBl 44; VO v 8. 6. 17, GVBl 154.

Die für Schleswig-Holstein geltende AV vom 20. 4. 17 lautet:

I

Zur Ausführung des § 2 des Gesetzes über Gebührenfreiheit, Stundung und Erlass von Kosten im Bereich der Gerichtsbarkeiten vom 23. Dezember 1969 (GVOBl. Schl.-H. 1970 S. 4), zuletzt geändert durch Artikel 4 des Gesetzes vom 15. Juli 2014 (GVOBl. Schl.-H. S. 132), wird Folgendes bestimmt:

1. Stundung

1.1 Zuständig für die Stundung
a) von Gerichtskosten,
b) von nach § 59 Abs. 1 des Rechtsanwaltsvergütungsgesetzes vom 5. Mai 2004 (BGBl I S. 718), zuletzt geändert durch Artikel 13 des Gesetzes vom 21. November 2016 (BGBl. I S. 2591), auf das Finanzministerium des Landes Schleswig-Holstein – Landeskasse – (FM-LK) übergegangenen Ansprüche,
c) der in § 1 Nummer 5 bis 9 des Justizbeitreibungsgesetzes vom 21. November 2016 (BGBl. I S. 2591) genannten Ansprüche, die dem FM-LK noch nicht zur Einziehung überwiesen worden sind,
ist in den Fällen der Buchstaben a und b sowie den damit in Zusammenhang stehenden Rückzahlungsansprüchen die Gerichtspräsidentin oder der Gerichtspräsident, in deren oder dessen Geschäftsbereich das Verfahren im ersten Rechtszug anhängig war, und in den Fällen des Buchstaben c, sowie den damit in Zusammenhang stehenden Rückzahlungsansprüchen die Gerichtspräsidentin oder der Gerichtspräsident, in deren oder dessen Geschäftsbereich die Ansprüche entstanden sind.

1.2 ¹Zuständig für die Stundung von Ansprüchen der in Nummer 1.1 genannten Art, die dem FM-LK zur Einziehung überwiesen sind, ist das FM-LK. ²Bei Anträgen auf Erlass dieser Ansprüche ist auch die jeweilige Gerichtspräsidentin oder der jeweilige Gerichtspräsident im Rahmen ihrer oder seiner Zuständigkeit nach Nummer 2 zur Stundung befugt.

1.3 Zuständig für die Stundung von Kosten in Strafsachen, die mit einem Gnadengesuch verbunden sind oder in Zusammenhang stehen, ist die Gnadenbehörde.

1.4 ¹In den Fällen der Nummer 1.6 der Verwaltungsvorschriften zu § 59 der Landeshaushaltsordnung Schleswig-Holstein i. d. F. vom 29. Juni 1992 (GVOBl. Schl.-H. S. 381), zuletzt geändert durch Artikel 1 des Gesetzes vom 7. Juli 2015 (GVOBl. Schl.-H. S. 200) ist für die Entscheidung über Stundungsanträge die oberste Justizbehörde zuständig. ²In diesen Fällen hat die Gerichtspräsidentin oder der Gerichtspräsident den Antrag mit einem Bericht der obersten Justizbehörde vorzulegen.

1.5 Für die Stundung sind die Bestimmungen der Nummern 1 bis 1.5.3 der Verwaltungsvorschriften zu § 59 der Landeshaushaltsordnung mit der Maßgabe anzuwenden, dass
a) Stundung ohne Antrag von Amts wegen gewährt werden kann,
b) Stundungszinsen nicht erhoben werden,
c) Stundung auch ohne Sicherheitsleistung gewährt werden kann.
Satz 1 Buchstabe a gilt nicht für das FM-LK.

1.6 ¹Die Entscheidung über die Stundung ist mit einer Rechtsbehelfsbelehrung zu versehen. ²Deren Inhalt bestimmt sich nach § 108 Absatz 5 Landesverwaltungsgesetz vom 2. Juni 1992 (GVOBl. Schl.-H. S. 243, ber. S. 534), zuletzt geändert durch Gesetz vom 11. Januar 2017 (GVOBl. Schl.-H. S. 8).

1.7 Wird gegen die Entscheidung über die Stundung ein Rechtsbehelf eingelegt, ist
a) in Verfahren, die Gerichtskosten der ordentlichen Gerichtsbarkeit betreffen, der Antrag an das nach § 30a Absatz 2 des Einführungsgesetzes zum Gerichtsverfassungsgesetz vom 27. Januar 1877 (RGBl. S. 77), zuletzt geändert durch Artikel 4 des Gesetzes vom 31. Juli 2016 (BGBl. I S. 1914), zuständige Amtsgericht weiterzuleiten,
b) in Verfahren, die Gerichtskosten der Fachgerichtsbarkeiten betreffen, nach den Bestimmungen der §§ 40 ff. der Verwaltungsgerichtsordnung vom 19. März 1991 (BGBl. S. 686), zuletzt geändert durch Artikel 17 des Gesetzes vom 22. Dezember 2016 (BGBl. I S. 3106), zu verfahren.

2. Erlass

2.1 Zuständig für den Erlass von
a) Gerichtskosten,
b) nach § 59 Abs. 1 des Rechtsanwaltsvergütungsgesetzes auf die Landeskasse übergegangenen Ansprüche,
c) Ansprüche nach § 1 Abs. 1 Nummer 5 bis 9 des Justizbeitreibungsgesetzes und den damit in Zusammenhang stehenden Erstattungen oder Anrechnungen bereits entrichteter Beträge
ist in den Fällen der Buchstaben a und b die Gerichtspräsidentin oder der Gerichtspräsident, in deren oder dessen Geschäftsbereich das Verfahren im ersten Rechtszug anhängig war, und in den Fällen des Buchstaben c die Gerichtspräsidentin oder der Gerichtspräsident, in deren oder dessen Geschäftsbereich die Ansprüche entstanden sind.

2.2 [1] In den Fällen der Nummer 3.5 der Verwaltungsvorschriften zu § 59 der Landeshaushaltsordnung ist für die Entscheidung über Erlassanträge die oberste Justizbehörde zuständig. [2] In diesen Fällen hat die Gerichtspräsidentin oder der Gerichtspräsident den Antrag mit einem Bericht der obersten Justizbehörde vorzulegen.

2.3 Ausschließlich zuständig für die Entscheidung über einen Erlass von Kosten in Strafsachen, die mit einem Gnadengesuch verbunden sind oder in Zusammenhang stehen, ist die Gnadenbehörde.

2.4 Für die Bearbeitung von Anträgen der in Nummer 2.1 genannten Art gilt Folgendes:

2.4.1 Zunächst ist zu prüfen, ob die Zwangsvollstreckung eingestellt werden soll, um Härten für die Zahlungspflichtige oder den Zahlungspflichtigen zu vermeiden.

2.4.2 Der Kostenansatz ist in jedem Fall nachzuprüfen und gegebenenfalls zu berichtigen.

2.4.3 [1] Ist die Forderung nicht einziehbar und bereits der FM-LK zur Einziehung überwiesen, so ist nach Nummer 2 der Verwaltungsvorschriften zu § 59 der Landeshaushaltsordnung zu verfahren; bei Forderungen, die noch nicht zum Soll stehen, ist vom Kostenansatz abzusehen (§ 10 Kostenverfügung). [2] Die Antragstellerin oder der Antragsteller ist zu benachrichtigen.

2.4.4 [1] In allen Fällen ist zu prüfen, ob dem Antrag auf andere Weise abzuhelfen ist (z. B. durch Stundung des Gesamtbetrags oder mit Ratenzahlung, in Justizverwaltungsangelegenheiten durch Gebührenermäßigung oder Absehen von der Kostenerhebung nach § 10 des Justizverwaltungskostengesetzes vom 23. Juli 2013 [BGBl. I S. 2586, 2655], zuletzt geändert durch Artikel 15 Absatz 7 des Gesetzes vom 21. November 2016 [BGBl. I S. 2591]). [2] Dabei ist auch die Möglichkeit zu erwägen, ob über die einzuziehenden Ansprüche ein Vergleich gemäß § 58 Absatz 1 Nummer 2 Landeshaushaltsordnung abgeschlossen werden kann. [3] Dies kommt in Betracht, wenn sich eine dritte Person unmittelbar zur Zahlung eines größeren Geldbetrages auf die Forderung, deren Verwirklichung unsicher ist, gegen Befreiung der Schuldnerin oder des Schuldners vom Restbetrag verpflichten will. [4] Es muß sich jedoch um einen echten Vergleich und nicht nur um einen verschleierten Kostenerlass handeln. [5] Der Vergleichsvorschlag ist der obersten Justizbehörde zur Entscheidung vorzulegen.

⁶Die Zuständigkeitsregelung für Vergleiche über Gerichtskosten im Rahmen von gerichtlichen und außergerichtlichen Schuldenbereinigungsverfahren wird nicht berührt (Erlass des MJAE vom 8. Februar 2007 – II 111/5230 – 78 SH).

2.4.5 ¹Bei Anträgen nach § 2 Absatz 2 Nummer 2 des Gesetzes über Gebührenfreiheit, Stundung und Erlass von Kosten im Bereich der Gerichtsbarkeiten ist die wirtschaftliche Lage der Kostenschuldnerin oder des Kostenschuldners zu berücksichtigen und zu prüfen, ob sie/er nicht wenigstens einen Teil der Schuld zahlen kann. ²Die Kostenschuldnerin oder der Kostenschuldner hat die Angaben über ihre/seine wirtschaftlichen Verhältnisse durch Vorlage entsprechender Belege (z. B. Lohnbescheinigung, Teilzahlungsverträge, Quittungen) nachzuweisen.

2.4.6 Bei der Entscheidung über die Rückzahlung oder Anrechnung bereits entrichteter Beträge müssen die in § 2 Absatz 2 des Gesetzes über Gebührenfreiheit, Stundung und Erlass von Kosten im Bereich der Gerichtsbarkeiten genannten Voraussetzungen zum Zeitpunkt der Zahlung vorgelegen haben.

2.4.7 Haften weitere Personen für die Kosten, so ist lediglich die Antragstellerin oder der Antragsteller von der Haftung für die Kosten zu befreien, wenn nicht die Kostenschuld mit Wirkung für alle Schuldner erlassen werden soll.

2.4.8 Fehlbeträge, die vom Landesrechnungshof festgestellt worden sind, dürfen nur nach dessen Anhörung erlassen werden.

2.5 Der der obersten Justizbehörde zu erstattende Bericht soll insbesondere folgende Angaben enthalten:

2.5.1 Die Bezeichnung der Sache, das Aktenzeichen und das Kassenzeichen, den Gang und das Ergebnis des Verfahrens in den einzelnen Instanzen; in Strafsachen außerdem Angaben über den Sachverhalt, über Vorstrafen und etwaige Gnadenerweise;

2.5.2 die Höhe der ursprünglichen Kostenschuld, getrennt nach Gebühren, durchlaufenden Geldern (mit Angabe der/des Empfangsberechtigten), Auslagen einschließlich Haftkosten und Nebenkosten;

2.5.3 die persönlichen Verhältnisse der Kostenschuldnerin oder des Kostenschuldners; in Fällen nach § 2 Absatz 2 Nummer 2 des Gesetzes über Gebührenfreiheit, Stundung und Erlass von Kosten im Bereich der Gerichtsbarkeiten auch ihre bzw. seine Einkommens- und Vermögensverhältnisse, etwaige sonstige Zahlungsverpflichtungen und Umstände, die die wirtschaftliche Leistungsfähigkeit der/des Zahlungspflichtigen beeinflussen;

2.5.4 den Verlauf und derzeitigen Stand des Einziehungsverfahrens, z. B. ob Teilzahlungen freiwillig geleistet oder beigetrieben werden, und, soweit weitere Kostenschuldner haften, auch den Stand des Verfahrens gegen die Mithaftenden;

2.5.5 in Strafsachen den Stand der Strafvollstreckung, etwaige Beschlüsse nach §§ 56 bis 57 des Strafgesetzbuches in der Fassung der Bekanntmachung vom 13. November 1998 (BGBl. I S. 3322), zuletzt geändert durch Artikel 1 des Gesetzes vom 1. März 2017 (BGBl. I S. 386), sowie Name und Anschrift einer etwaigen Bewährungshelferin oder eines etwaigen Bewährungshelfers;

2.5.6 ¹eine Stellungnahme, ob ein Erlass befürwortet wird. ²Dabei ist anzugeben, ob die Zwangsvollstreckung eingestellt und der Kostenansatz geprüft worden ist.

2.6 ¹Die Entscheidung über den Kostenerlass ist mit einer Rechtsbehelfsbelehrung zu versehen. ²Deren Inhalt bestimmt sich nach § 108 Absatz 5 Landesverwaltungsgesetz.

2.7 Wird gegen die Entscheidung über den Kostenerlass ein Rechtsbehelf eingelegt, ist
a) in Verfahren, die Gerichtskoten der ordentlichen Gerichtsbarkeit betreffen, der Antrag an das nach § 30a Absatz 2 des Einführungsgesetzes zum Gerichtsverfassungsgesetz zuständige Amtsgericht weiterzuleiten,
b) in Verfahren, die Gerichtskosten der Fachgerichtsbarkeiten betreffen, nach den Bestimmungen der §§ 40 ff. der Verwaltungsgerichtsordnung zu verfahren.

3. Zuständigkeit zum Erlass von Gerichtskosten in bestimmten Fällen

3.1 Die Amtsgerichte werden ermächtigt, nach § 2 Absatz 2 Nummer 1 des Gesetzes über Gebührenfreiheit, Stundung und Erlass von Kosten im Bereich der Gerichtsbarkeiten folgende Gebühren und Auslagen zu erlassen:

3.1.1 Gerichtliche Auslagen, die von den mit der Verwaltung der Hypothekengewinnabgabe beauftragten Stellen geschuldet werden, soweit die Aufgaben der beauftragten Stellen solche Auslagen verursachen;

Stdg, ErlGerK, Kleinbetr VII. DurchfVorschriften zu den Kostengesetzen

3.1.2 gerichtliche Auslagen in Grundbuchsachen, soweit sie in landwirtschaftlichen Siedlungsverfahren nach dem Reichssiedlungsgesetz in der im Bundesgesetzblatt Teil III, Gliederungsnummer 2331-1, veröffentlichten bereinigten Fassung, zuletzt geändert durch Artikel 8 Absatz 2 des Gesetzes vom 29. Juli 2009 (BGBl. I S. 2355), und nach dem Bundesvertriebenengesetz i. d. F. der Bekanntmachung vom 10. August 2007 (BGBl. I S. 1902), zuletzt geändert durch Artikel 10 des Gesetzes vom 20. November 2015 (BGBl. I S. 2010), entstehen und die betreffenden gerichtlichen Geschäfte nach § 29 des Reichssiedlungsgesetzes von den Gerichtsgebühren befreit sind;

3.1.3 [1] in Angelegenheiten der freiwilligen Gerichtsbarkeit aus Anlass der nachstehenden aufgeführten förderungswürdigen Maßnahmen zur Verbesserung der Agrarstruktur, die außerhalb eines Verfahrens vor der Siedlungs- oder Flurbereinigungsbehörde durchgeführt werden, Gerichtsgebühren in dem Umfange, in dem Kosten im Falle der gesetzlichen Gebührenbefreiung nicht erhoben würden. [2] Förderungswürdig sind einzelbetriebliche Maßnahmen in der Landwirtschaft aus Mitteln der Gemeinschaftsaufgabe „Verbesserung der Agrarstruktur und des Küstenschutzes" oder aus besonderen Landesmitteln nach den Richtlinien des Landes. [3] Der Nachweis über die Anwendung dieser Richtlinien ist durch eine Bescheinigung der zuständigen Behörde zu erbringen.

3.2 Hinsichtlich der Rechtsbehelfsbelehrung und des Rechtsbehelfsverfahrens gelten die Nummern 2.6 und 2.7 entsprechend.

4. Kosten bei Bundesgerichten

Die vorstehenden Bestimmungen gelten nicht für Kosten, die bei Bundesgerichten entstanden sind.

II

Diese Allgemeine Verfügung tritt am 1. Juli 2017 in Kraft.

Gleichzeitig tritt die Allgemeine Verfügung vom 12. November 2008 über Stundung und Erlass von Gerichtskosten – II 313/5602 – 22 SH – (SchlHA S. 447) außer Kraft.

E. Behandlung von Kleinbeträgen

(AV RJM vom 23. 11. 37 idF RJM 9. 12. 40, DJ 37, 1834/40, 1383, geändert durch AV vom 21. 5. 74, BAnz 100, vgl AnwBl **74**, 211)

Vorbem. Die AV ergingen in Ausführung zu § 4 V KostVfg, Teil VII A dieses Buchs. Sie sind von Bund (einmal) und von den Ländern (vielfach) geändert worden; zum Teil ist auch eine Neuregelung erfolgt oder eine Landesregelung ersatzlos aufgehoben worden. Für die *Bundesverwaltung* gilt RdSchr BMdF vom 6. 2. 62, MinBl FM 460, sowie AV vom 21. 5. 74, s oben.

Baden-Württemberg: AV zuletzt vom 8. 3. 94, Just 119;
Bayern: Bek zuletzt vom 1. 6. 05, JMBl 57;
Berlin: AV vom 16. 12. 58, ABl **59**, 51;
Brandenburg: AV zuletzt vom 7. 8. 15, JMBl 67;
Bremen: Erl zuletzt vom 30. 10. 67, ABl 353;
Hamburg: AV zuletzt vom 27. 11. 01, JVBl 128;
Hessen: RdErl zuletzt vom 21. 4. 06, JMBl 285;
Mecklenburg-Vorpommern:
Niedersachsen: RdErl zuletzt vom 17. 5. 95, NdsRpfl 155;
Nordrhein-Westfalen: AV zuletzt vom 8. 6. 04, JMBl 159;
Rheinland-Pfalz: AV zuletzt vom 24. 2. 71, JMBl 57;
Saarland: VO zuletzt vom 22. 8. 94, GMBl 437;
Sachsen: VV zuletzt vom 1. 10. 02, JMBl 315;
Sachsen-Anhalt: AV zuletzt vom 10. 11. 14, JMBl 185;
Schleswig-Holstein: AV aufgehoben durch AV vom 15. 3. 96, SchlHA 102 (kein Ersatz);
Thüringen: VV vom 22. 12. 03, JMBl **04**, 15.

E. Behandlung von Kleinbeträgen

Nachstehend ist die bis 1996 in Schleswig-Holstein geltende Fassung abgedruckt (es gibt bisher keine bundeseinheitliche Regelung).

I.

1. Für die Behandlung von Kleinbeträgen gelten die Vorschriften der Anlage zu Nummer 2.6 der Verwaltungsvorschriften zu § 59 der Landeshaushaltsordnung.

2. Die Festsetzung, Erhebung oder Einziehung von Kleinbeträgen ist außer in den in Nummern 6.1 der Anlage zu Nummer 2.6 der Verwaltungsvorschriften zu § 59 der Landeshaushaltsordnung bezeichneten Fällen geboten bei Gerichtskosten und sonstigen Justizverwaltungsausgaben, wenn

a) die Vorauszahlungen vorgeschrieben ist oder die Vornahme eines Geschäfts davon abhängig gemacht wird, daß der Betrag gezahlt wird,

b) der Kostenschuldner persönlich (oder sein Bevollmächtigter) bei der Gerichtsstelle anwesend ist und der Betrag durch Übergabe von Zahlungsmitteln in Kostenmarken oder durch Verwendung eines Gerichtskostenstemplers entrichtet werden kann,

c) der Kostenschuldner mehrere kleine Kostenbeträge oder erfahrungsgemäß wiederkehrend Kostenbeträge zu zahlen hat. In diesen Fällen werden die Kleinbeträge aus mehreren Angelegenheiten, soweit sie zusammen die Kleinbetragsgrenze überschreiten, in einer Kostenrechnung zusammengefaßt; der Kostenbeamte weist durch einen entsprechenden Vermerk in den Akten darauf hin.

3. [1]Der Kostenbeamte stellt grundsätzlich bei Fälligkeit der Kosten und im besonderen unter Beachtung von §§ 13, 14 der Kostenverfügung (Allgemeine Verfügung vom 1. März 1976 [SchlHA S. 56]), zuletzt geändert durch Allgemeine Verfügung vom 10. Dezember 1980 (SchlHA 1981 S. 21), die Kostenrechnung auf. [2]Ist von der Einziehung kleiner Kostenbeträge abzusehen, so vermerkt er unter der Kostenrechnung, daß die Einziehung vorbehalten bleibt. [3]Er veranlaßt die Einziehung, sobald in derselben oder einer anderen Angelegenheit weitere Kostenforderungen gegen denselben Kostenschuldner entstanden sind. [4]Der Registraturbeamte bezeichnet die Blätter, auf denen sich Vermerke über Kleinbeträge befinden, auf dem Aktenumschlag (§ 3 Abs. 4 Buchst. d Kostenverfügung).

4. Für die Zurückzahlung von Kleinbeträgen gelten die Bestimmungen der Nummer 2 Buchst. d und der Nummer 3 entsprechend.

5. Auf den Zahlungsverkehr der Arbeitsverwaltungen der Justizvollzugsanstalten sowie auf eigene Gelder und Bezüge der Gefangenen nach dem Strafvollzugsgesetz findet die Regelung in Nummer 1 keine Anwendung.

6. Die Behandlung von Kleinbeträgen durch den Gerichtsvollzieher richtet sich nach § 82 der Gerichtsvollzieherordnung (Allgemeine Verfügung vom 5. Februar 1980 [SchlHA S. 50]), zuletzt geändert durch Allgemeine Verfügung vom 11. Dezember 1980 (SchlHA 1981 S. 12), und Nummer 7 der *Gerichtsvollzieherkostengrundsätze* (Allgemeine Verfügung vom 1. März 1976 [SchlHA S. 56]), zuletzt geändert durch Allgemeine Verfügung vom 14. November 1980 (SchlHA S. 210).

7. [1]Bei der Kostenprüfung ist § 50 Abs. 1 der Kostenverfügung, bei der Prüfung der Notarkosten § 56 Abs. 1 der Kostenverfügung zu beachten. [2]In besonderen Fällen, insbesondere wenn es sich um eine Frage von grundsätzlicher Bedeutung handelt, oder wenn ein bloßer Hinweis zur künftigen Beachtung nicht genügt, kann durch den Bezirksrevisor jedoch angeordnet werden, daß der Kostenansatz berichtigt wird und kleine Kostenbeträge nachgefordert oder erstattet werden. [3]Bei Geschäftsprüfungen der Gerichtsvollzieher richtet sich die Höhe des Kleinbetrages nach Nummer 6. [4]Kleinbeträge, die danach nicht nachgefordert oder nicht zurückgezahlt werden, sind nach Nummer 7 der Gerichtsvollzieherkostengrundsätze oder § 82 der Gerichtsvollzieherordnung zu buchen.

II. *(nicht abgedruckt)*

F. Stundung der Kosten im Insolvenzverfahren

1 **Schrifttum:** *Kothe/Wolfhard/Ahrens/Grote,* Verfahrenkostenstundung, Restschuldbefreiung und Verbraucherinsolvenzverfahren, 5. Aufl 2011.

InsO § 4a. Stundung der Kosten des Insolvenzverfahrens. I ¹Ist der Schuldner eine natürliche Person und hat er einen Antrag auf Restschuldbefreiung gestellt, so werden ihm auf Antrag die Kosten des Insolvenzverfahrens bis zur Erteilung der Restschuldbefreiung gestundet, soweit sein Vermögen voraussichtlich nicht ausreichen wird, um diese Kosten zu decken. ²Die Stundung nach Satz 1 umfasst auch die Kosten des Verfahrens über den Schuldenbereinigungsplan und des Verfahrens zur Restschuldbefreiung. ³Der Schuldner hat dem Antrag eine Erklärung beizufügen, ob ein Versagungsgrund des § 290 Absatz 1 Nummer 1 vorliegt. ⁴Liegt ein solcher Grund vor, ist eine Stundung ausgeschlossen.

II ¹Werden dem Schuldner die Verfahrenskosten gestundet, so wird ihm auf Antrag ein zur Vertretung bereiter Rechtsanwalt seiner Wahl beigeordnet, wenn die Vertretung durch einen Rechtsanwalt erforderlich erscheint. ² § 121 Abs. 3 bis 5 der Zivilprozessordnung gilt entsprechend.

III ¹Die Stundung bewirkt, dass
1. die Bundes- oder Landeskasse
   a) die rückständigen und die entstehenden Gerichtskosten,
   b) die auf sie übergegangenen Ansprüche des beigeordneten Rechtsanwalts
   nur nach den Bestimmungen, die das Gericht trifft, gegen den Schuldner geltend machen kann;
2. der beigeordnete Rechtsanwalt Ansprüche auf Vergütung gegen den Schuldner nicht geltend machen kann.

²Die Stundung erfolgt für jeden Verfahrensabschnitt besonders. ³Bis zur Entscheidung über die Stundung treten die in Satz 1 genannten Wirkungen einstweilig ein. ⁴ § 4b Abs. 2 gilt entsprechend.

InsO § 4b. Rückzahlung und Anpassung der gestundeten Beträge. I ¹Ist der Schuldner nach Erteilung der Restschuldbefreiung nicht in der Lage, den gestundeten Betrag aus seinem Einkommen und seinem Vermögen zu zahlen, so kann das Gericht die Stundung verlängern und die zu zahlenden Monatsraten festsetzen. ² § 115 Absatz 1 bis 3 sowie § 120 Absatz 2 der Zivilprozessordnung gelten entsprechend.

II ¹Das Gericht kann die Entscheidung über die Stundung und die Monatsraten jederzeit ändern, soweit sich die für sie maßgebenden persönlichen oder wirtschaftlichen Verhältnisse wesentlich geändert haben. ²Der Schuldner ist verpflichtet, dem Gericht eine wesentliche Änderung dieser Verhältnisse unverzüglich anzuzeigen. ³ § 120a Absatz 1 Satz 2 und 3 der Zivilprozessordnung gilt entsprechend. ⁴Eine Änderung zum Nachteil des Schuldners ist ausgeschlossen, wenn seit der Beendigung des Verfahrens vier Jahre vergangen sind.

InsO § 4c. Aufhebung der Stundung. Das Gericht kann die Stundung aufheben, wenn
1. der Schuldner vorsätzlich oder grob fahrlässig unrichtige Angaben über Umstände gemacht hat, die für die Eröffnung des Insolvenzverfahrens oder die Stundung maßgebend sind, oder eine vom Gericht verlangte Erklärung über seine Verhältnisse nicht abgegeben hat;
2. die persönlichen oder wirtschaftlichen Voraussetzungen für die Stundung nicht vorgelegen haben; in diesem Fall ist die Aufhebung ausgeschlossen, wenn seit der Beendigung des Verfahrens vier Jahre vergangen sind;
3. der Schuldner länger als drei Monate mit der Zahlung einer Monatsrate oder mit der Zahlung eines sonstigen Betrages schuldhaft in Rückstand ist;
4. der Schuldner keine angemessene Erwerbstätigkeit ausübt und, wenn er ohne Beschäftigung ist, sich nicht um eine solche bemüht oder eine zumutbare Tätigkeit ablehnt und dadurch die Befriedigung der Insolvenzgläubiger beeinträchtigt; dies gilt nicht, wenn den Schuldner kein Verschulden trifft; § 296 Absatz 2 Satz 2 und 3 gilt entsprechend;
5. die Restschuldbefreiung versagt oder widerrufen wird.

Stundung InsO, ZahlVGJG

InsO § 4d. Rechtsmittel. ¹ Gegen die Ablehnung der Stundung oder deren Aufhebung sowie gegen die Ablehnung der Beiordnung eines Rechtsanwalts steht dem Schuldner die sofortige Beschwerde zu.

II ¹ Wird die Stundung bewilligt, so steht der Staatskasse die sofortige Beschwerde zu. ² Diese kann nur darauf gestützt werden, dass nach den persönlichen oder wirtschaftlichen Verhältnissen des Schuldners die Stundung hätte abgelehnt werden müssen.

InsO § 63. Vergütung des Insolvenzverwalters. ¹...

II Sind die Kosten des Verfahrens nach § 4a gestundet, steht dem Insolvenzverwalter für seine Vergütung und seine Auslagen ein Anspruch gegen die Staatskasse zu, soweit die Insolvenzmasse dafür nicht ausreicht.

G. Unbare Zahlweise
(ZahlVGJG)

Vorbem. Art 2 des Zweiten Gesetzes zur Modernisierung der Justiz (2. Justizmodernisierungsgesetz – JuMoG) v 22. 12. 06, BGBl 3416, geändert dch Art 175 VO v 31. 8. 15, BGBl 1474, in Kraft seit 8. 9. 15, Art 627 I VO, hat das Gesetz über den Zahlungsverkehr mit Gerichten und Justizbehörden (ZahlVGJG) gebracht. Es eröffnet bei den Gerichten und Justizbehörden des Bundes wie der Länder auf Grund von erforderlichen Ermächtigungen in dort genannten Fällen die Möglichkeit unbarer Zahlungen und stellt evtl eine Bankeinzahlung einer Barzahlung gleich.

Ermächtigungen sind bisher wie folgt ergangen.

Nordrhein-Westfalen: VO vom 20. 3. 07, GVBl 137, geändert am 11. 7. 13, GVBl 459.

ZahlVGJG § 1. Ermächtigungen. ¹ ¹ Die Landesregierungen werden ermächtigt, durch Rechtsverordnung zu bestimmen, in welchen Fällen Zahlungen an Gerichte und Justizbehörden der Länder unbar zu leisten sind. ² Die Landesregierungen können durch Rechtsverordnung die Ermächtigung nach Satz 1 auf die Landesjustizverwaltungen übertragen.

II Das Bundesministerium der Justiz und für Verbraucherschutz wird ermächtigt, durch Rechtsverordnung ohne Zustimmung des Bundesrates zu bestimmen, in welchen Fällen Zahlungen durch die Gerichte und Justizbehörden des Bundes oder an Gerichte und Justizbehörden des Bundes unbar zu leisten sind.

III ¹ In den Rechtsverordnungen ist zu bestimmen, in welcher Weise unbare Zahlungen an die Gerichte und Justizbehörden erfolgen können und nachzuweisen sind. ² Die Barzahlung ist zu gewährleisten, wenn dem Zahlungspflichtigen eine unbare Zahlung nicht möglich oder wenn Eile geboten ist. ³ Für die nach Absatz 1 zu erlassende Rechtsverordnung gelten die Sätze 1 und 2 nur, wenn die Zahlungen aufgrund bundesrechtlicher Vorschriften erfolgen.

ZahlVGJG § 2. Bankeinzahlung. Solange am Ort des Gerichts oder der Justizbehörde ein Kreditinstitut aufgrund besonderer Ermächtigung kostenlos Zahlungsmittel für das Gericht oder für die Justizbehörde gegen Quittung annimmt, steht diese Zahlungsmöglichkeit der Barzahlung gleich.

VIII. Justizverwaltungskosten

Grundzüge

1) Allgemeines. Die Justizverwaltungskosten fallen weder unter das GKG noch unter das GNotKG. Sie sind vielmehr durch das Justizverwaltungskostengesetz (JVKostG), einheitlich geregelt worden. Es ist ein Gerichtskostengesetz, BayObLG **04**, 315. Es ist heute teilweise als Bundesrecht, teilweise als Landesrecht anwendbar, vgl unten Einf 1, 2. Auf dem Gebiet des Familienrechts bestehen vielfach Sonderregelungen, Vorbemerkung Rn 3. Das Hinterlegungsrecht, das früher Landesrecht war, ist mit der Hinterlegungsordnung Reichsrecht geworden, jetzt also Bundesrecht und Landesrecht; die kostenrechtlichen Bestimmungen sind ersatzlos entfallen. Einzelheiten vgl B. 1

A. Gesetz über Kosten in Angelegenheiten der Justizverwaltung (Justizverwaltungskostengesetz – JVKostG)

(Art 2 des 2. KostRModG v 23. 7. 13, BGBl 2586, zuletzt geändert dch Art 2 des 7. BZRGÄndG v 18. 7. 17, BGBl 2732, ÜbergangsR § 24 JVKostG)

(Amtliche) Inhaltsübersicht

Abschnitt 1. Allgemeine Vorschriften §§

Geltungsbereich 1
Kostenfreiheit 2
Kostenfreie Amtshandlungen 3
Höhe der Kosten 4
Verjährung, Verzinsung 5

Abschnitt 2. Fälligkeit und Sicherstellung der Kosten

Fälligkeit der Kosten im Allgemeinen 6
Fälligkeit bestimmter Auslagen 7
Vorschuss 8
Zurückbehaltungsrecht 9

Abschnitt 3. Kostenerhebung

Ermäßigung der Gebühren und Absehen von der Kostenerhebung 10
Absehen von der Kostenerhebung wegen des öffentlichen Interesses 11
Nichterhebung von Kosten in bestimmten Fällen 12
Nichterhebung von Kosten bei unrichtiger Sachbehandlung 13

Abschnitt 4. Kostenhaftung

Amtshandlungen auf Antrag 14
Datenabruf aus einem Register oder dem Grundbuch 15
Schutzschriftenregister .... 15 a
Unternehmensregister 16
Behördliche Schlichtung nach § 57 a des Luftverkehrsgesetzes .... 16 a
Mahnung bei der Forderungseinziehung nach dem Justizbeitreibungsgesetz .. 17
Weitere Fälle der Kostenhaftung 18
Mehrere Kostenschuldner 19

Abschnitt 5. Öffentlich-rechtlicher Vertrag

Übermittlung gerichtlicher Entscheidungen 20
Auskunft für wissenschaftliche Forschungsvorhaben 21

Abschnitt 6. Rechtsbehelf und gerichtliches Verfahren

Einwendungen und gerichtliches Verfahren 22

Abschnitt 7. Schluss- und Übergangsvorschriften

Bekanntmachung von Neufassungen 23
Übergangsvorschrift 24
Übergangsvorschrift aus Anlass des Inkrafttretens dieses Gesetzes 25

Anlage (zu § 4 Absatz 1)

Einführung

A. Bundesgesetzliche Regelung. Über die Entwicklung bis Dezember 2016 unterrichtet die 47. Aufl. 1

Änderungen ergaben sich dch
- Art 10 G v 1. 6. 17, BGBl 1396;
- Art 27 G v 5. 7. 17, BGBl 2208;
- Art 2 des 7. BZRGÄndG v 18. 7. 17, BGBl 2732.

2   **B. Landesgesetzliche Regelung.** Vgl zunächst Rn 1. Auch die Länder hatten im Anschluß an die bundesgesetzliche Gebührenerhöhung die Gebühren der bisherigen JVKostO, soweit sie als Landesrecht anzuwenden ist, durch ihrerseits erlassene Kostenmaßnahmengesetze mehrfach erhöht. Die einzelnen Länder haben unterschiedliche Fassungen erlassen (im nachfolgenden zitiert nach dem Schleswig-Holsteinischen JVKostG in der Fassung vom 8. 7. 92, GVBl 439, zuletzt geändert durch Art 1 G vom 15. 7. 14, GVBl 132).

3   *LJVKostG § 1.* [I] [1] In Justizverwaltungsangelegenheiten erheben die Justizbehörden des Landes Kosten (Gebühren und Auslagen) nach dem Justizverwaltungskostengesetz vom 23. Juli 2013 (BGBl. I S. *2655*). [2] Hiervon ausgenommen sind § 4 Abs. 3 der Justizverwaltungskostenordnung sowie § 4 Abs. 4 und 5 der Justizverwaltungskostenordnung in den Fällen des § 4 Abs. 3 der Justizverwaltungskostenordnung.

[II] Ergänzend gelten die nachfolgenden Vorschriften und das anliegende Gebührenverzeichnis.

[III] *(nicht abgedruckt)*

LJVKostG § 2. Die Justizbeitreibungsordnung in der im Bundesgesetzblatt Teil III, Gliederungsnummer 305-1, veröffentlichten bereinigten Fassung, zuletzt geändert durch Artikel 4 Absatz 9 des Gesetzes vom 29. Juli 2009 (BGBl. I 2258), gilt für die Einziehung der dort in § 1 Abs. 1 genannten Ansprüche auch insoweit, als diese Ansprüche nicht auf bundesrechtlicher Regelung beruhen.

LJVKostG § 3. Soweit Vollstreckungsbeamtinnen und Vollstreckungsbeamte der Justizverwaltung im Verwaltungszwangsverfahren für andere als Justizbehörden tätig werden, sind die Vorschriften des Gerichtsvollzieherkostengesetzes vom 19. April 2001 (BGBl. I S. 623), zuletzt geändert durch Artikel 6 des Gesetzes vom 23. Juli 2013 (BGBl. I S. 2586), anzuwenden.

LJVKostG §§ 4–6. (abgedruckt in Teil VIII B dieses Buchs)

LJVKostG § 7. *(aufgehoben)*

4   **Bem.** Wegen der amtlichen *Anlage* vgl Teil VIII B dieses Buchs.
Die landesrechtlichen Gebühren folgen im ihnen nach § 1 II, IV JVKostG noch verbliebenen Bereich also der jeweiligen bundesrechtlichen Regelung. Wegen der meist zahlreichen Verordnungen vgl Schlegelberger/Friedrich.

5   **C. Länderübersicht.** Es gelten die in § 2 GNotKG Rn 12, Teil III dieses Buchs, aufgeführten Ländergesetze, meist das jeweilige LJKostG.

6   **Bem.** Wegen der Einwendungen gegen die Festsetzung und den Kostenansatz, gegen die Vorschußanordnung oder ein Zurückbehaltungsrecht sowie hinsichtlich des Absehens von Vollstreckungskosten bei Gefangenen oder Verwahrten, die die zugewiesene Arbeit verrichten, trifft nach § 1 II schon die bundesgesetzliche Regelung Vorsorge für eine bundeseinheitliche Handhabung.

7   *Landesgesetzlich* geregelt (vgl die oben angeführten Landesgesetze) sind die Gebühren für Familienstiftungen, für Feststellungserklärungen nach § 1059a Z 2 BGB, für Abschriften und Auszüge aus dem Schuldnerverzeichnis, zB LG Paderborn **Rpfleger 97**, 396, bisher Z 4, 5, 8 des Gebührenverzeichnisses aF; für die Prüfung der Amtsführung eines Notars, etwa in Niedersachsen, BVerfG NJW **08**, 2770; für Hamburg auch Schreibauslagen in besonderen Fällen, VO vom 13. 10. 59, GVBl 143.

Abschnitt 1. Allgemeine Vorschriften

Geltungsbereich

1 ᴵ Dieses Gesetz gilt für die Erhebung von Kosten (Gebühren und Auslagen) durch die Justizbehörden des Bundes in Justizverwaltungsangelegenheiten, soweit nichts anderes bestimmt ist.

ᴵᴵ ¹Dieses Gesetz gilt für die Justizbehörden der Länder in folgenden Justizverwaltungsangelegenheiten:
1. Befreiung von der Beibringung des Ehefähigkeitszeugnisses (§ 1309 Absatz 2 des Bürgerlichen Gesetzbuchs),
2. Anerkennung ausländischer Entscheidungen in Ehesachen (§ 107 des Gesetzes über das Verfahren in Familiensachen und in den Angelegenheiten der freiwilligen Gerichtsbarkeit),
3. Registrierung nach dem Rechtsdienstleistungsgesetz,
4. automatisiertes Abrufverfahren in Handels-, Partnerschafts-, Genossenschafts- und Vereinsregisterangelegenheiten,
5. automatisiertes Abrufverfahren in Grundbuchangelegenheiten, in Angelegenheiten der Schiffsregister, des Schiffsbauregisters und des Registers für Pfandrechte an Luftfahrzeugen,
5 a. Einstellung von Schutzschriften in das Schutzschriftenregister,
6. Rechtshilfeverkehr mit dem Ausland in zivilrechtlichen Angelegenheiten sowie
7. besondere Mahnung nach § 5 Absatz 2 des Justizbeitreibungsgesetzes.

²Im Fall des Satzes 1 Nummer 7 steht eine andere Behörde, die nach § 2 Absatz 1 Satz 2 und 3 des Justizbeitreibungsgesetzes an die Stelle der Gerichtskasse tritt, einer Justizbehörde gleich.

ᴵᴵᴵ Dieses Gesetz gilt ferner für den Rechtshilfeverkehr in strafrechtlichen Angelegenheiten mit dem Ausland, mit einem internationalen Strafgerichtshof und mit anderen zwischen- und überstaatlichen Einrichtungen einschließlich der gerichtlichen Verfahren.

ᴵⱽ Die Vorschriften dieses Gesetzes über das gerichtliche Verfahren sind auch dann anzuwenden, wenn in Justizverwaltungsangelegenheiten der Länder die Kosten nach landesrechtlichen Vorschriften erhoben werden.

Vorbem. II 1 Z 5a eingefügt dch Art 7 Z 2 G v. 20. 11. 15, BGBl 2018, in Kraft seit 1. 1. 16, Art 10 II G. Sodann II 1 Z 7, II 2 sprachlich angepaßt dch Art 15 VII Z 2 EuKoPfVODG v 21. 11. 16, BGBl 2591, in Kraft seit 1. 7. 17, Art 21 VI G. ÜbergangsR jeweils § 24 JVKostG.

1) Geltungsbereich. Es muß eine Justizverwaltungsangelegenheit vorliegen, Köln FGPrax **17**, 142 (evtl nicht in einer Nachlaßsache). 1

Kostenfreiheit

2 ᴵ Der Bund und die Länder sowie die nach den Haushaltsplänen des Bundes oder eines Landes verwalteten öffentlichen Anstalten und Kassen sind von der Zahlung der Gebühren befreit.

ᴵᴵ Von der Zahlung der Gebühren sind auch ausländische Behörden im Geltungsbereich der Richtlinie 2006/123/EG des Europäischen Parlaments und des Rates vom 12. Dezember 2006 über Dienstleistungen im Binnenmarkt (ABl. L 376 vom 27. 12. 2006, S. 36) befreit, wenn sie auf der Grundlage des Kapitels VI der Richtlinie Auskunft aus den in Teil 1 Hauptabschnitt 1 Abschnitt 4 oder Abschnitt 5 des Kostenverzeichnisses bezeichneten Registern oder Grundbüchern erhalten und wenn vergleichbaren deutschen Behörden für diese Auskunft Gebührenfreiheit zustünde.

ᴵᴵᴵ Von den in § 380 des Gesetzes über das Verfahren in Familiensachen und in den Angelegenheiten der freiwilligen Gerichtsbarkeit genannten Stellen werden Gebühren nach Teil 1 Hauptabschnitt 1 Abschnitt 4 des Kostenverzeichnisses nicht erhoben, wenn die Abrufe erforderlich sind, um ein vom Gericht gefordertes Gutachten zu erstatten.

ᴵⱽ Sonstige bundesrechtliche oder landesrechtliche Vorschriften, durch die eine sachliche oder persönliche Befreiung von Kosten gewährt ist, bleiben unberührt.

Kostenfreie Amtshandlungen

3 Keine Kosten mit Ausnahme der Dokumentenpauschale werden erhoben
1. für Amtshandlungen, die durch Anzeigen, Anträge und Beschwerden in Angelegenheiten der Strafverfolgung, der Anordnung oder der Vollstreckung von Maßregeln der Besserung und Sicherung oder der Verfolgung einer Ordnungswidrigkeit oder der Vollstreckung einer gerichtlichen Bußgeldentscheidung veranlasst werden;
2. in Gnadensachen;
3. in Angelegenheiten des Bundeszentralregisters außer für die Erteilung von Führungszeugnissen nach den §§ 30, 30a und 30b des Bundeszentralregistergesetzes;
4. in Angelegenheiten des Gewerbezentralregisters außer für die Erteilung von Auskünften nach § 150 der Gewerbeordnung;
5. im Verfahren über Anträge nach dem Gesetz über die Entschädigung für Strafverfolgungsmaßnahmen sowie über Anträge auf Entschädigung für sonstige Nachteile, die jemandem ohne sein Verschulden aus einem Straf- oder Bußgeldverfahren erwachsen sind;
6. für die Tätigkeit der Staatsanwaltschaft im Aufgebotsverfahren.

Höhe der Kosten

4 ^{I} Kosten werden nach der Anlage zu diesem Gesetz erhoben.

^{II} ^{1}Bei Rahmengebühren setzt die Justizbehörde, die die gebührenpflichtige Amtshandlung vornimmt, die Höhe der Gebühr fest. ^{2}Sie hat dabei insbesondere die Bedeutung der Angelegenheit für die Beteiligten, Umfang und Schwierigkeit der Amtshandlung sowie die Einkommens- und Vermögensverhältnisse des Kostenschuldners zu berücksichtigen.

^{III} ^{1}Bei der Ablehnung oder Zurücknahme eines Antrags kann die Justizbehörde dem Antragsteller eine Gebühr bis zur Hälfte der für die Vornahme der Amtshandlung bestimmten Gebühr auferlegen, bei Rahmengebühren jedoch nicht weniger als den Mindestbetrag. ^{2}Das Gleiche gilt für die Bestätigung der Ablehnung durch die übergeordnete Justizbehörde.

Verjährung, Verzinsung

5 ^{I} Ansprüche auf Zahlung von Kosten verjähren in vier Jahren nach Ablauf des Kalenderjahrs, in dem die Kosten fällig geworden sind.

^{II} ^{1}Ansprüche auf Rückerstattung von Kosten verjähren in vier Jahren nach Ablauf des Kalenderjahrs, in dem die Zahlung erfolgt ist. ^{2}Die Verjährung beginnt jedoch nicht vor dem in Absatz 1 bezeichneten Zeitpunkt. ^{3}Durch die Einlegung eines Rechtsbehelfs mit dem Ziel der Rückerstattung wird die Verjährung wie durch Klageerhebung gehemmt.

^{III} ^{1}Auf die Verjährung sind die Vorschriften des Bürgerlichen Gesetzbuchs anzuwenden; die Verjährung wird nicht von Amts wegen berücksichtigt. ^{2}Die Verjährung der Ansprüche auf Zahlung von Kosten beginnt auch durch die Aufforderung zur Zahlung oder durch eine dem Schuldner mitgeteilte Stundung erneut. ^{3}Ist der Aufenthalt des Kostenschuldners unbekannt, so genügt die Zustellung durch Aufgabe zur Post unter seiner letzten bekannten Anschrift. ^{4}Bei Kostenbeträgen unter 25 Euro beginnt die Verjährung weder erneut noch wird sie oder ihr Ablauf gehemmt.

^{IV} Ansprüche auf Zahlung und Rückerstattung von Kosten werden nicht verzinst.

Abschnitt 2. Fälligkeit und Sicherstellung der Kosten

Fälligkeit der Kosten im Allgemeinen

6 ^{I} ^{1}Kosten werden, soweit nichts anderes bestimmt ist, mit der Beendigung der gebührenpflichtigen Amtshandlung fällig. ^{2}Wenn eine Kostenentscheidung der Justizbehörde ergeht, werden entstandene Kosten mit Erlass der Kostenentscheidung, später entstehende Kosten sofort fällig.

A. Justizverwaltungskostengesetz §§ 6–12 JVKostG

II Die Gebühren für den Abruf von Daten oder Dokumenten aus einem Register oder dem Grundbuch und für die Übermittlung von Rechnungsunterlagen einer Kleinstkapitalgesellschaft durch das Unternehmensregister werden am 15. Tag des auf den Abruf oder die Übermittlung folgenden Monats fällig, sofern sie nicht über ein elektronisches Bezahlsystem sofort beglichen werden.

III Die Jahresgebühr für die Führung des Unternehmensregisters wird jeweils am 31. Dezember für das abgelaufene Kalenderjahr fällig.

Vorbem. Zu II KG FGPrax 15, 233.

Fälligkeit bestimmter Auslagen

7 Die Dokumentenpauschale sowie die Auslagen für die Versendung von Akten werden sofort nach ihrer Entstehung fällig.

Vorschuss

8 I Die Justizbehörde kann die Zahlung eines Kostenvorschusses verlangen.

II Sie kann die Vornahme der Amtshandlung von der Zahlung oder Sicherstellung des Vorschusses abhängig machen.

Zurückbehaltungsrecht

9 Urkunden, Ausfertigungen, Ausdrucke und Kopien können nach billigem Ermessen zurückbehalten werden, bis die in der Angelegenheit erwachsenen Kosten bezahlt sind.

Abschnitt 3. Kostenerhebung

Ermäßigung der Gebühren und Absehen von der Kostenerhebung

10 Die Justizbehörde kann ausnahmsweise, wenn dies mit Rücksicht auf die wirtschaftlichen Verhältnisse des Kostenschuldners oder aus Billigkeitsgründen geboten erscheint, die Gebühren ermäßigen oder von der Erhebung der Kosten absehen.

Absehen von der Kostenerhebung wegen des öffentlichen Interesses

11 I Die Justizbehörde kann von der Erhebung der Gebühr für die Beglaubigung von Kopien, Ausdrucken, Auszügen und Dateien absehen, wenn die Beglaubigung für Zwecke verlangt wird, deren Verfolgung überwiegend im öffentlichen Interesse liegt.

II ¹Die Justizbehörde kann von der Erhebung der Dokumenten- und Datenträgerpauschale ganz oder teilweise absehen, wenn
1. Kopien oder Ausdrucke gerichtlicher Entscheidungen für Zwecke verlangt werden, deren Verfolgung überwiegend im öffentlichen Interesse liegt, oder
2. Kopien oder Ausdrucke amtlicher Bekanntmachungen anderen Tageszeitungen als den amtlichen Bekanntmachungsblättern auf Antrag zum unentgeltlichen Abdruck überlassen werden.

²Keine Dokumentenpauschale wird erhoben, wenn Daten im Internet zur nicht gewerblichen Nutzung bereitgestellt werden.

Nichterhebung von Kosten in bestimmten Fällen

12 ¹Kosten in den Fällen des § 1 Absatz 3 werden nicht erhoben, wenn auf die Erstattung
1. nach § 75 des Gesetzes über die internationale Rechtshilfe in Strafsachen,
2. nach § 71 des IStGH-Gesetzes oder
3. nach europäischen Rechtsvorschriften oder völkerrechtlichen Vereinbarungen, die besondere Kostenregelungen vorsehen,

ganz oder teilweise verzichtet worden ist. ²In den in Satz 1 bezeichneten Angelegenheiten wird eine Dokumenten- oder Datenträgerpauschale in keinem Fall erhoben. ³Das Gleiche gilt für Auslagen nach Nummer 9001 des Kostenverzeichnisses zum Gerichtskostengesetz.

Nichterhebung von Kosten bei unrichtiger Sachbehandlung

13 Kosten, die bei richtiger Behandlung der Sache nicht entstanden wären, werden nicht erhoben.

Abschnitt 4. Kostenhaftung

Amtshandlungen auf Antrag

14 ᴵ Die Kosten für Amtshandlungen, die auf Antrag durchgeführt werden, schuldet, wer den Antrag gestellt hat, soweit nichts anderes bestimmt ist.

ᴵᴵ ¹Absatz 1 gilt nicht in den in § 12 Satz 1 bezeichneten Angelegenheiten für den Verfolgten oder Verurteilten sowie im Schlichtungsverfahren nach § 57 a des Luftverkehrsgesetzes ²Die §§ 57 a und 87 n Absatz 6 des Gesetzes über die internationale Rechtshilfe in Strafsachen bleiben unberührt.

Vorbem. II 1 ergänzt dch Art 5 Z 2 G v 19. 2. 16, BGBl 254, in Kraft 1. 4. 16, Art 24 I 3 G, ÜbergangsR § 24 JVKostG. § 57 a LuftVerkehrsG idF Art 21 Z 3 a – G des zuvor genannten G v 19. 2. 16.

Datenabruf aus einem Register oder dem Grundbuch

15 ¹Die Gebühren für den Abruf von Daten oder Dokumenten aus einem Register oder dem Grundbuch schuldet derjenige, der den Abruf tätigt. ²Erfolgt der Abruf unter einer Kennung, die aufgrund der Anmeldung zum Abrufverfahren vergeben worden ist, ist Schuldner der Gebühren derjenige, der sich zum Abrufverfahren angemeldet hat.

Schutzschriftenregister

15a Die Gebühr für die Einstellung einer Schutzschrift schuldet derjenige, der die Schutzschrift eingereicht hat.

Vorbem. Eingefügt dch Art 7 Z 3 G v 20. 11. 15, BGBl 2018, in Kraft seit 1. 1. 16, Art 10 II G, ÜbergangsR § 24 JVKostG.

1 **1) Geltungsbereich.** Es geht um eine Schutzschrift nach §§ 945 a, b ZPO, eingereicht nach der SRV v 24. 11. 15, BGBl 2135, in Kraft im Kern seit 1. 1. 16, § 10 III SRV, teils ab 1. 1. 17, § 10 II SRV, ÜbergangsR BLAH Einl III 78.

Unternehmensregister

16 Die Jahresgebühr für die Führung des Unternehmensregisters schuldet

1. jedes Unternehmen, das seine Rechnungslegungsunterlagen im Bundesanzeiger bekannt zu machen hat oder beim Betreiber des Bundesanzeigers zur Hinterlegung eingereicht hat, und
2. jedes Unternehmen, das in dem betreffenden Kalenderjahr nach § 8 b Absatz 2 Nummer 9 und 10, Absatz 3 Satz 1 Nummer 2 des Handelsgesetzbuchs selbst oder durch einen von ihm beauftragten Dritten Daten an das Unternehmensregister übermittelt hat.

Behördliche Schlichtung nach § 57 a des Luftverkehrsgesetzes.

16a Die Gebühr 1220 des Kostenverzeichnisses schuldet nur das Unternehmen.

Mahnung bei der Forderungseinziehung nach dem Justizbeitreibungsgesetz

17 Die Gebühr für die Mahnung bei der Forderungseinziehung schuldet derjenige Kostenschuldner, der nach § 5 Absatz 2 des Justizbeitreibungsgesetzes besonders gemahnt worden ist.

Vorbem. Sprachliche Anpassgen dch Art 15 VII Z 3 a, b EuKoPfVODG v 21. 11. 16, BGBl 2591, in Kraft seit 1. 7. 17, Art 21 VI G, ÜbergangsR § 24 JVKostG.

Weitere Fälle der Kostenhaftung

18 Die Kosten schuldet ferner derjenige,
1. dem durch eine Entscheidung der Justizbehörde oder des Gerichts die Kosten auferlegt sind,
2. der sie durch eine vor der Justizbehörde abgegebene oder ihr mitgeteilte Erklärung übernommen hat und
3. der nach den Vorschriften des bürgerlichen Rechts für die Kostenschuld eines anderen kraft Gesetzes haftet.

Mehrere Kostenschuldner

19 Mehrere Kostenschuldner haften als Gesamtschuldner.

Abschnitt 5. Öffentlich-rechtlicher Vertrag

Übermittlung gerichtlicher Entscheidungen

20 I Für die Übermittlung gerichtlicher Entscheidungen in Form elektronisch auf Datenträgern gespeicherter Daten kann durch öffentlich-rechtlichen Vertrag anstelle der zu erhebenden Auslagen eine andere Art der Gegenleistung vereinbart werden, deren Wert den ansonsten zu erhebenden Auslagen entspricht.

II Werden neben der Übermittlung gerichtlicher Entscheidungen zusätzliche Leistungen beantragt, insbesondere eine Auswahl der Entscheidungen nach besonderen Kriterien, und entsteht hierdurch ein nicht unerheblicher Aufwand, so ist durch öffentlich-rechtlichen Vertrag eine Gegenleistung zu vereinbaren, die zur Deckung der anfallenden Aufwendungen ausreicht.

III Werden Entscheidungen für Zwecke verlangt, deren Verfolgung überwiegend im öffentlichen Interesse liegt, so kann auch eine niedrigere Gegenleistung vereinbart oder auf eine Gegenleistung verzichtet werden.

Auskunft für wissenschaftliche Forschungsvorhaben

21 [1]Erfordert die Erteilung einer Auskunft für wissenschaftliche Forschungsvorhaben aus den vom Bundesamt für Justiz geführten Registern einen erheblichen Aufwand, ist eine Gegenleistung zu vereinbaren, welche die notwendigen Aufwendungen deckt. [2]§ 10 ist entsprechend anzuwenden.

Abschnitt 6. Rechtsbehelf und gerichtliches Verfahren

Einwendungen und gerichtliches Verfahren

22 I [1]Über Einwendungen gegen den Ansatz der Kosten oder gegen Maßnahmen nach den §§ 8 und 9 entscheidet das Amtsgericht, in dessen Bezirk die Justizbehörde ihren Sitz hat. [2]Für das gerichtliche Verfahren sind die §§ 5a, 5b, 66 Absatz 2 bis 8, die §§ 67 und 69a des Gerichtskostengesetzes entsprechend anzuwenden.

II Betreffen gerichtliche Verfahren nach Absatz 1 Justizverwaltungsangelegenheiten der Vorstände der Gerichte der Verwaltungs-, Finanz-, Sozial- und Arbeitsgerichtsbarkeit, in denen Kosten nach landesrechtlichen Vorschriften erhoben werden, entscheidet anstelle des Amtsgerichts das Eingangsgericht der jeweiligen Gerichtsbarkeit, in dessen Bezirk die Behörde ihren Sitz hat.

Bem. Zu Einwendungen KG NJW **16**, 411.

Abschnitt 7. Schluss- und Übergangsvorschriften
Bekanntmachung von Neufassungen

23 ¹Das Bundesministerium der Justiz und für Verbraucherschutz kann nach Änderungen den Wortlaut des Gesetzes feststellen und als Neufassung im Bundesgesetzblatt bekannt machen. ²Die Bekanntmachung muss auf diese Vorschrift Bezug nehmen und angeben
1. den Stichtag, zu dem der Wortlaut festgestellt wird,
2. die Änderungen seit der letzten Veröffentlichung des vollständigen Wortlauts im Bundesgesetzblatt sowie
3. das Inkrafttreten der Änderungen.

Vorbem. § 1 geändert dch Art 176 VO v 31. 8. 15, BGBl 1474, in Kraft seit 8. 9. 15, Art 627 I VO, ÜbergangsR § 24 JVKostG.

Übergangsvorschrift

24 ¹Das bisherige Recht ist anzuwenden auf Kosten
1. für Amtshandlungen, die auf Antrag durchgeführt werden, wenn der Antrag vor dem Inkrafttreten einer Gesetzesänderung bei der Justizbehörde eingegangen ist,
2. für ein gerichtliches Verfahren, wenn das Verfahren vor dem Inkrafttreten einer Gesetzesänderung anhängig geworden ist,
3. für den Abruf von Daten und Dokumenten aus einem Register oder dem Grundbuch, wenn die Kosten vor dem ersten Tag des auf das Inkrafttreten einer Gesetzesänderung folgenden Monats fällig geworden sind,
4. in den übrigen Fällen, wenn die Kosten vor dem Inkrafttreten einer Gesetzesänderung fällig geworden sind.

²Dies gilt auch, wenn Vorschriften geändert werden, auf die das Justizverwaltungskostengesetz verweist.

Übergangsvorschrift aus Anlass des Inkrafttretens dieses Gesetzes

25 ᴵ Die Justizverwaltungskostenordnung in der im Bundesgesetzblatt Teil III, Gliederungsnummer 363-1, veröffentlichten bereinigten Fassung, die zuletzt durch Artikel 2 des Gesetzes vom 11. Juni 2013 (BGBl. I S. 1545) geändert worden ist, und Verweisungen hierauf sind weiter anzuwenden auf Kosten
1. für Amtshandlungen, die auf Antrag durchgeführt werden, wenn der Antrag vor dem Inkrafttreten des 2. Kostenrechtsmodernisierungsgesetzes vom 23. Juli 2013 (BGBl. I S. 2586) bei der Justizbehörde eingegangen ist,
2. für ein gerichtliches Verfahren, wenn das Verfahren vor dem Inkrafttreten des 2. Kostenrechtsmodernisierungsgesetzes vom 23. Juli 2013 (BGBl. I S. 2586) anhängig geworden ist,
3. für den Abruf von Daten und Dokumenten aus einem Register oder dem Grundbuch, wenn die Kosten vor dem ersten Tag des auf das Inkrafttreten des 2. Kostenrechtsmodernisierungsgesetzes vom 23. Juli 2013 (BGBl. I S. 2586) folgenden Kalendermonats fällig geworden sind,
4. in den übrigen Fällen, wenn die Kosten vor dem Inkrafttreten des 2. Kostenrechtsmodernisierungsgesetzes vom 23. Juli 2013 (BGBl. I S. 2586) fällig geworden sind.

ᴵᴵ Soweit wegen der Erhebung von Haftkosten die Vorschriften des Gerichtskostengesetzes entsprechend anzuwenden sind, ist auch § 73 des Gerichtskostengesetzes in der bis zum 27. Dezember 2010 geltenden Fassung entsprechend anzuwenden.

A. Justizverwaltungskostengesetz **Anl JVKostG**

Anlage
(zu § 4 Absatz 1)

Kostenverzeichnis

(Amtliche) Gliederung

Vorbem. Die Abkürzung KVJV ist nichtamtlich.

	KVJV
Teil 1. Gebühren	1100–1403
Hauptabschnitt 1. Register- und Grundbuchangelegenheiten	1100–1152
Abschnitt 1. Rechtsdienstleistungsregister	1110–1112
Abschnitt 2. Unternehmensregister	1120–1124
Abschnitt 3. Bundeszentral- und Gewerbezentralregister	1130–1132
Abschnitt 4. Abruf von Daten in Handels-, Partnerschafts-, Genossenschafts- und Vereinsregisterangelegenheiten	1140, 1141
Abschnitt 5. Einrichtung und Nutzung des automatisierten Abrufverfahrens in Grundbuchangelegenheiten, in Angelegenheiten der Schiffsregister, des Schiffsbauregisters und des Registers für Pfandrechte an Luftfahrzeugen	1150–1152
Abschnitt 6. Schutzschriftenregister	1160
Hauptabschnitt 2. Verfahren des Bundesamts für Justiz	1210
Abschnitt 1. Ordnungsgeldverfahren	1210, 1211
Abschnitt 2. Schlichtung nach § 57 a LuftVG	1220
Hauptabschnitt 3. Justizverwaltungsangelegenheiten mit Auslandsbezug	1310–1334
Abschnitt 1. Beglaubigungen und Bescheinigungen	1310, 1311
Abschnitt 2. Rechtshilfeverkehr in zivilrechtlichen Angelegenheiten	1320–1322
Abschnitt 3. Sonstige Angelegenheiten mit Auslandsbezug	1330–1334
Hauptabschnitt 4. Sonstige Gebühren	1400–1403
Teil 2. Auslagen	2000–2002

Teil 1. Gebühren

Nr.	Gebührentatbestand	Gebührenbetrag
	Hauptabschnitt 1. Register- und Grundbuchangelegenheiten	
	Abschnitt 1. Rechtsdienstleistungsregister	
1110	Registrierung nach dem RDG	150,00 €
	Bei Registrierung einer juristischen Person oder einer Gesellschaft ohne Rechtspersönlichkeit wird mit der Gebühr auch die Eintragung einer qualifizierten Person in das Rechtsdienstleistungsregister abgegolten.	
1111	Eintragung einer qualifizierten Person in das Rechtsdienstleistungsregister, wenn die Eintragung nicht durch die Gebühr 1110 abgegolten ist:	
	je Person	150,00 €
1112	Widerruf oder Rücknahme der Registrierung	75,00 €
	Abschnitt 2. Unternehmensregister	

(Amtliche) Vorbemerkung 1.1.2:

[1] Mit der Jahresgebühr nach den Nummern 1120 bis 1122 wird der gesamte Aufwand zur Führung des Unternehmensregisters mit Ausnahme der Übermittlung von Rechnungsunterlagen im Fall der Nummer 1124 entgolten. [2] Sie umfasst jedoch nicht den Aufwand für die Erteilung von Ausdrucken oder Kopien, die Überlassung von elektronisch gespeicherten Dokumenten und die Beglaubigung von Kopien, Ausdrucken, Auszügen und Dateien.

1120	Jahresgebühr für die Führung des Unternehmensregisters für jedes Kalenderjahr, wenn das Unternehmen bei	

JVKostG Anl

VIII. Justizverwaltungskosten

Nr.	Gebührentatbestand	Gebührenbetrag
	der Offenlegung der Rechnungslegungsunterlagen die Erleichterungen nach § 326 HGB in Anspruch nehmen kann	3,00 €
	I ¹Die Gebühr entsteht für jedes Kalenderjahr, für das ein Unternehmen die Rechnungslegungsunterlagen im Bundesanzeiger bekannt zu machen hat oder beim Betreiber des Bundesanzeigers hinterlegt hat. ²Dies gilt auch, wenn die bekannt zu machenden Unterlagen nur einen Teil des Kalenderjahres umfassen.	
	II Die Gebühr wird nicht erhoben, wenn für das Kalenderjahr die Gebühr 1122 entstanden ist.	
1121	Das Unternehmen kann die Erleichterungen nach § 326 HGB nicht in Anspruch nehmen: Die Gebühr 1120 beträgt	6,00 €
1122	Jahresgebühr für die Führung des Unternehmensregisters für jedes Kalenderjahr, in dem das Unternehmen nach § 8b Abs. 2 Nr. 9 und 10, Abs. 3 Satz 1 Nr. 2 HGB selbst oder durch einen von ihm beauftragten Dritten Daten an das Unternehmensregister übermittelt hat	30,00 €
1123	Übertragung von Unterlagen der Rechnungslegung, die in Papierform zum Register eingereicht wurden, in ein elektronisches Dokument (§ 8b Abs. 4 Satz 2, § 9 Abs. 2 HGB): für jede angefangene Seite	3,00 € – mindestens 30,00 €
	¹Die Gebühr wird für die Dokumente eines jeden Unternehmens gesondert erhoben. ²Mit der Gebühr wird auch die einmalige elektronische Übermittlung der Dokumente an den Antragsteller abgegolten.	
1124	Übermittlung von Rechnungslegungsunterlagen einer Kleinstkapitalgesellschaft, die beim Bundesanzeiger hinterlegt sind (§ 326 Abs. 2 HGB): je übermittelter Bilanz	1,50 €

Vorbem. Nr 1124 in der Gebührenhöhe ermäßigt dch Art 10 G v 1. 6. 17, BGBl 1396, in Kraft seit 23. 6. 17, Art 11 III G, ÜbergangsR § 24 IV JVKostG.

Abschnitt 3. Bundeszentral- und Gewerbezentralregister

(Amtliche) Vorbemerkung 1.1.3:

Die Gebühr 1130 wird nicht erhoben, wenn ein Führungszeugnis zur Ausübung einer ehrenamtlichen Tätigkeit benötigt wird, die für eine gemeinnützige Einrichtung, für eine Behörde oder im Rahmen eines der in § 32 Abs. 4 Nr. 2 Buchstabe d EStG genannten Dienste ausgeübt wird.

1130	Führungszeugnis nach § 30a oder § 30b BZRG	13,00 €
1131	*(aufgehoben)*	
1132	Auskunft nach § 150 Absatz 1 Satz 1 der Gewerbeordnung	13,00 €

Vorbem. Amtl Vorbemerkg 1.1.3, Nr. 1130 geändert, Nr. 1131 aufgehoben, Nr. 1132 geändert dch Art 2 Z 1–4 des 7. BZRGÄndG v 18. 7. 17, BGBl 2732, in Kraft: Art 2 Z 1–3 (Nr. 1130, frühere 1131) seit 31. 8. 18, Art 6 II G, Art 2 Z 4 (Nr. 1132) abh 31. 8. 20, Art 6 III G, ÜbergangsR jeweils § 24 IV JVKostG.

Nr.	Gebührentatbestand	Gebühren-betrag
	Abschnitt 4. Abruf von Daten in Handels-, Partnerschafts-, Genossenschafts- und Vereinsregisterangelegenheiten	
	(Amtliche) Vorbemerkung 1.1.4: I ¹Dieser Abschnitt gilt für den Abruf von Daten und Dokumenten aus dem vom Registergericht geführten Datenbestand. ²Für den Aufruf von Daten und Dokumenten in der Geschäftsstelle des Gerichts werden keine Gebühren erhoben. II Neben den Gebühren werden keine Auslagen erhoben.	
1140	Abruf von Daten aus dem Register: je Registerblatt	4,50 €
1141	Abruf von Dokumenten, die zum Register eingereicht wurden: für jede abgerufene Datei	1,50 €
	Abschnitt 5. Einrichtung und Nutzung des automatisierten Abrufverfahrens in Grundbuchangelegenheiten, in Angelegenheiten der Schiffsregister, des Schiffsbauregisters und des Registers für Pfandrechte an Luftfahrzeugen sowie des Schutzschriftenregisters	
	Vorbem. Mager kursiver Text: nicht amtlich	
	(Amtliche) Vorbemerkung 1.1.5: I ¹Dieser Abschnitt gilt für den Abruf von Daten und Dokumenten aus dem vom Grundbuchamt oder dem Registergericht geführten Datenbestand. ²Für den Aufruf von Daten und Dokumenten in der Geschäftsstelle des Grundbuchamts oder des Registergerichts werden keine Gebühren erhoben. ³Der Abruf von Daten aus den Verzeichnissen (§ 12 a Abs. 1 der Grundbuchordnung, § 31 Abs. 1, § 55 Satz 2 SchRegDV, §§ 10 und 11 Abs. 3 Satz 2 LuftRegV) und der Abruf des Zeitpunkts der letzten Änderung des Grundbuchs oder Registers sind gebührenfrei. II Neben den Gebühren werden keine Auslagen erhoben.	

1) **Geltungsbereich, I, II.** Der „Aufruf" nach I 2 umfaßt eine Einsicht und eine Auskunft sowohl ins Grundbuch als auch in die Grundakte, Böhringer Rpfleger **14**, 404. Bei einer Kopie gelten KVfG 17 000–17 003, Böhringer Rpfleger **14**, 404.

1150	Genehmigung der Landesjustizverwaltung zur Teilnahme am eingeschränkten Abrufverfahren (§ 133 Abs. 4 Satz 3 der Grundbuchordnung, auch i. V. m. § 69 Abs. 1 Satz 2 SchRegDV, und § 15 LuftRegV) .... ¹Mit der Gebühr ist die Einrichtung des Abrufverfahrens für den Empfänger mit abgegolten. ²Mit der Gebühr für die Genehmigung in einem Land sind auch weitere Genehmigungen in anderen Ländern abgegolten.	50,00 €
1151	Abruf von Daten aus dem Grundbuch oder Register: für jeden Abruf aus einem Grundbuch- oder Registerblatt	8,00 €
1152	Abruf von Dokumenten, die zu den Grund- oder Registerakten genommen wurden: für jedes abgerufene Dokument	1,50 €
	Abschnitt 6. Schutzschriftenregister	
1160	Einstellung einer Schutzschrift	83,00 €

Vorbem. Abschn 6 eingefügt dch Art 7 Z 4 G v 20. 11. 15, BGBl 2018, in Kraft seit 1. 1. 16, Art 10 II G, ÜbergangsR § 24 JVKostG. Zur SRV vgl bei § 15 a JVKostG.

Nr.	Gebührentatbestand	Gebührenbetrag
	Hauptabschnitt 2. Verfahren des Bundesamts für Justiz	
	Abschnitt 1. Ordnungsgeldverfahren	
	(Amtliche) Vorbemerkung 1.2.1: Wird ein Ordnungsgeldverfahren gegen mehrere Personen durchgeführt, entstehen die Gebühren für jede Person gesondert.	
1210	Durchführung eines Ordnungsgeldverfahrens nach § 335 HGB	100,00 €
1211	Festsetzung eines zweiten und jedes weiteren Ordnungsgelds jeweils	100,00 €
	Abschnitt 2. Schlichtung nach § 57a LuftVG	
1220	Verfahrensgebühr .... Die Gebühr entsteht nicht, wenn dem Fluggast die Gebühr 1222 auferlegt oder das Schlichtungsbegehren dem Luftfahrtunternehmen nicht zugeleitet wird.	290,00 €
1221	Das Luftfahrtunternehmen erkennt die Forderung des Fluggastes innerhalb von vier Wochen ab Zuleitung des Schlichtungsbegehrens an und die Durchführung des Schlichtungsverfahrens wird entbehrlich: Die Gebühr 1220 ermäßigt sich auf	75,00 €
1222	Auferlegung einer Gebühr nach § 57a Abs. 3 LuftVG ...	30,00 €

Zu Nr. 1220–1222:

Vorbem. 1220 amtliche Anm idF 1221, 1222 eingefügt dch Art 5 Z 4a, b G v 19. 2. 16, BGBl 254, in Kraft seit 1. 4. 16, Art 24 I 3 G, ÜbergangsR § 24 JVKostG.

Anhang nach Nr 1222
Gebühr nach VSBG

VSBG § 31. Gebühr. [I] [1] Die Universalschlichtungsstelle des Landes nach § 29 Absatz 3 Satz 1 Nummer 1 und 2 erhebt für die Durchführung des Streitbeilegungsverfahrens vom Unternehmer, der zur Teilnahme an dem Streitbeilegungsverfahren bereit ist oder verpflichtet ist, eine Gebühr, deren Höhe kostendeckend sein soll und die Höhe des Streitwerts berücksichtigt. [2] Die Gebühr beträgt
1. 190 Euro bei Streitwerten bis einschließlich 100 Euro,
2. 250 Euro bei streitwerten über 100 Euro bis einschließlich 500 Euro,
3. 300 Euro bei Streitwerten über 500 Euro bis einschließlich 2000 Euro und
4. 380 Euro bei Streitwerten über 2000 Euro.

[II] [1] Erkennt der Unternehmer den geltend gemachten Anspruch sofort vollständig an, ermäßigt sich die Gebühr auf 75 Euro; die Gebühr entfällt im Fall der Ablehnung der weiteren Durchführung des Streitbeilegungsverfahrens nach § 14 Absatz 5 Satz 2. [2] Die Universalschlichtungsstelle des Landes kann eine niedrigere Gebühr bestimmen oder eine Gebührenbefreiung gewähren, wenn die Erhebung der Gebühr nach Absatz 1 Satz 2 und nach Satz 1 nach den besonderen Umständen des Einzelfalls unbillig erscheint. [3] Die Erhebung der Gebühr erscheint insbesondere dann unbillig, wenn die Universalschlichtungsstelle die Durchführung des Streitbeilegungsverfahrens nach § 30 Absatz 1 Nummer 6 ablehnt, nachdem der Unternehmer sich in der Sache geäußert hat.

[III] [1] Von dem Verbraucher, der die Durchführung eines Streitbeilegungsverfahrens beantragt hat, kann eine Gebühr nur erhoben werden, wenn der Antrag unter Berücksichtigung der gesamten Umstände als missbräuchlich anzusehen ist. [2] In diesem Fall beträgt die Gebühr 30 Euro.

Vorbem. Fassg Art 1 VSBG v 17. 2. 16, BGBl 254, in Kraft seit 1. 4. 16, Art 24 I 3 G, ÜbergangsR Art 23 G

A. Justizverwaltungskostengesetz **Anl JVKostG**

Nr.	Gebührentatbestand	Gebühren-betrag
	Hauptabschnitt 3. Justizverwaltungsangelegenheiten mit Auslandsbezug	
	Abschnitt 1. Beglaubigungen und Bescheinigungen	
1310	Beglaubigung von amtlichen Unterschriften für den Auslandsverkehr	20,00 €
	Die Gebühr wird nur einmal erhoben, auch wenn eine weitere Beglaubigung durch die übergeordnete Justizbehörde erforderlich ist.	
1311	Bescheinigungen über die Beurkundungsbefugnis eines Justizbeamten, die zum Gebrauch einer Urkunde im Ausland verlangt werden	15,00 €
	Die Gebühr wird nicht erhoben, wenn eine Beglaubigungsgebühr nach Nummer 1310 zum Ansatz kommt.	
	Abschnitt 2. Rechtshilfeverkehr in zivilrechtlichen Angelegenheiten	
	(Amtliche) Vorbemerkung 1.3.2: [1]Gebühren nach diesem Abschnitt werden nur in Zivilsachen und in Angelegenheiten der freiwilligen Gerichtsbarkeit erhoben. [2]Die Gebühren nach den Nummern 1321 und 1322 werden auch dann erhoben, wenn die Zustellung oder Rechtshilfehandlung wegen unbekannten Aufenthalts des Empfängers oder sonst Beteiligten oder aus ähnlichen Gründen nicht ausgeführt werden kann. [3]In den Fällen der Nummern 1321 und 1322 werden Gebühren und Auslagen nicht erhoben, wenn die Gegenseitigkeit verbürgt ist. [4]Die Bestimmungen der Staatsverträge bleiben unberührt.	
1320	Prüfung von Rechtshilfeersuchen in das Ausland	15,00 bis 55,00 €
1321	Erledigung von Zustellungsanträgen in ausländischen Rechtsangelegenheiten	15,00 €
1322	Erledigung von Rechtshilfeersuchen in ausländischen Rechtsangelegenheiten	15,00 bis 255,00 €
	Abschnitt 3. Sonstige Angelegenheiten mit Auslandsbezug	
1330	Befreiung von der Beibringung des Ehefähigkeitszeugnisses (§ 1309 Abs. 2 BGB)	15,00 bis 305,00 €
1331	Feststellung der Landesjustizverwaltung, dass die Voraussetzungen für die Anerkennung einer ausländischen Entscheidung vorliegen oder nicht vorliegen (§ 107 FamFG)	15,00 bis 305,00 €
	[1]Die Gebühr wird auch erhoben, wenn die Entscheidung der Landesjustizverwaltung von dem Oberlandesgericht oder in der Rechtsbeschwerdeinstanz aufgehoben wird und das Gericht in der Sache selbst entscheidet. [2]Die Landesjustizverwaltung entscheidet in diesem Fall über die Höhe der Gebühr erneut. [3]Sie ist in diesem Fall so zu bemessen, als hätte die Landesjustizverwaltung die Feststellung selbst getroffen.	
1332	Mitwirkung der Bundeszentralstelle für Auslandsadoption (§ 1 Abs. 1 AdÜbAG) bei Übermittlungen an die zentrale Behörde des Heimatstaates (§ 4 Abs. 6 AdÜbAG)	15,00 bis 155,00 €

JVKostG Anl

VIII. Justizverwaltungskosten

Nr.	Gebührentatbestand	Gebührenbetrag
	Die Gebühr wird in einem Adoptionsvermittlungsverfahren nur einmal erhoben.	
1333	Bestätigungen nach § 9 AdÜbAG	40,00 bis 100,00 €
1334	Bescheinigungen nach § 7 Abs. 4 AdVermiG	40,00 bis 100,00 €
	Hauptabschnitt 4. Sonstige Gebühren	
1400	Beglaubigung von Kopien, Ausdrucken, Auszügen und Dateien	0,50 € für jede angefangene Seite – mindestens: 5,00 €
	[1]Die Gebühr wird nur erhoben, wenn die Beglaubigung beantragt ist; dies gilt nicht für Ausdrucke aus dem Unternehmensregister und für an deren Stelle tretende Dateien. [2]Wird die Kopie oder der Ausdruck von der Justizbehörde selbst hergestellt, so kommt die Dokumentenpauschale (Nummer 2000) hinzu.	
1401	Bescheinigungen und schriftliche Auskünfte aus Akten und Büchern	15,00 €
	Die Gebühr wird auch für eine Bescheinigung erhoben, aus der sich ergibt, dass entsprechende Akten nicht geführt werden oder ein entsprechendes Verfahren nicht anhängig ist.	
1402	Zeugnisse über das im Bund oder in den Ländern geltende Recht	15,00 bis 255,00 €
1403	Mahnung nach § 5 Abs. 2 des Justizbeitreibungsgesetzes	5,00 €

Zu 1401:

1 **Geltungsbereich.** Anwendbar auch beim Ergebnis der Auskunft, es sei zB kein Nachlaßwert vorhanden, Düss JB **17**, 600, Hamm JB **17**, 599, aM Kblz JB **17**, 203 (aber die amtliche Anmerkung geht auch in solche Richtung).

Zu 1403:

Vorbem. Sprachliche Anpassg dch Art 15 VII Z 4 EuKoPfVODG v 21. 11. 16, BGBl 2591, in Kraft seit 1. 7. 17, Art 21 VI G, ÜbergangsR § 24 JVKostG.

Teil 2. Auslagen

Nr.	Auslagentatbestand	Höhe
(Amtliche) Vorbemerkung 2:		
Für die Erhebung der Auslagen ist Teil 9 des Kostenverzeichnisses zum GKG entsprechend anzuwenden, soweit nachfolgend nichts anderes bestimmt ist.		
2000	Pauschale für die Herstellung und Überlassung von Dokumenten:	
	1. Ausfertigungen, Kopien und Ausdrucke, die auf Antrag angefertigt oder auf Antrag per Telefax übermittelt worden sind:	
	für die ersten 50 Seiten je Seite	0,50 €
	für jede weitere Seite	0,15 €
	2. Überlassung von elektronisch gespeicherten Dateien oder deren Bereitstellung zum Abruf anstelle der in Nummer 1 genannten Ausfertigungen, Kopien und Ausdrucke:	
	je Datei	1,50 €

A. Justizverwaltungskostengesetz **Anl JVKostG**

Nr.	Auslagentatbestand	Höhe
	für die in einem Arbeitsgang überlassenen, bereitgestellten oder in einem Arbeitsgang auf denselben Datenträger übertragenen Dokumente insgesamt höchstens	5,00 €
	[I] Die Höhe der Dokumentenpauschale nach Nummer 1 ist für jeden Antrag und im gerichtlichen Verfahren in jedem Rechtszug und für jeden Kostenschuldner nach § 14 JVKostG gesondert zu berechnen; Gesamtschuldner gelten als ein Schuldner.	
	[II] Werden zum Zweck der Überlassung von elektronisch gespeicherten Dateien Dokumente zuvor auf Antrag von der Papierform in die elektronische Form übertragen, beträgt die Dokumentenpauschale nach Nummer 2 nicht weniger, als die Dokumentenpauschale im Fall der Nummer 1 betragen würde.	
	[III] [1] Frei von der Dokumentenpauschale sind für jede Partei, jeden Beteiligten, jeden Beschuldigten und deren bevollmächtigte Vertreter jeweils 1. eine vollständige Ausfertigung oder Kopie oder ein vollständiger Ausdruck jeder gerichtlichen oder behördlichen Entscheidung und jedes vor Gericht abgeschlossenen Vergleichs, 2. eine Ausfertigung ohne Tatbestand und Entscheidungsgründe und 3. eine Kopie oder ein Ausdruck jeder Niederschrift über eine Sitzung. [2] § 191a Abs. 1 Satz 2 GVG bleibt unberührt.	
	[IV] Bei der Gewährung der Einsicht in Akten wird eine Dokumentenpauschale nur erhoben, wenn auf besonderen Antrag ein Ausdruck einer elektronischen Akte oder ein Datenträger mit dem Inhalt einer elektronischen Akte übermittelt wird.	
	Vorbem. (Amtliche) Anmerkung IV angefügt dch Art 27 G v 5. 7. 17, BGBl 2208, in Kraft seit 1. 1. 18, Art 33 I G, ÜbergangsR § 24 JVKostG.	
2001	Dokumentenpauschale für einfache Kopien und Ausdrucke gerichtlicher Entscheidungen, die zur Veröffentlichung in Entscheidungssammlungen oder Fachzeitschriften beantragt werden: Die Dokumentenpauschale nach Nummer 2000 beträgt für jede Entscheidung höchstens	5,00 €
2002	Datenträgerpauschale	3,00 €
	Die Datenträgerpauschale wird neben der Dokumentenpauschale bei der Übermittlung elektronisch gespeicherter Daten auf Datenträgern erhoben.	

Hinterl

B. Gebühren in Hinterlegungssachen

1 **1) Bundesrecht.** Die Gebühren in Hinterlegungssachen waren im sechsten Abschnitt der HinterlO vom 10. 3. 1937, RGBl 285, letzte Änderung durch Art 4 § 23 G vom 20. 8. 75, BGBl 2189, geregelt. §§ 24–26 HinterlO sind durch Art 2 Z 1 G v 20. 8. 90, BGBl 1765, in Kraft seit 1. 9. 90, Art 4, mit Wirkung vom 1. 7. 92 bundesgesetzlich ersatzlos aufgehoben worden. Damit ist auch die Grundlage für die Ausführungsbestimmungen mit ihren Zuschlägen in Bund und Ländern entfallen.

2 **2) Landesrecht.** Nach der Aufhebung des bisherigen Bundesrechts, Rn 1, sind landesgesetzlich vgl Art 72 I GG, folgende Regelungen entstanden.

Baden-Württemberg: G zuletzt vom 10. 2. 15, GBl 89, 94;
Bayern: G zuletzt vom 25. 4. 14, GVBl 166;
Berlin: G zuletzt vom 16. 4. 14, GVBl 98;
Brandenburg: G v 10. 7. 14, GVBl Nr 35;
Bremen: Bek zuletzt vom 4. 11. 14, GBl 447;
Hamburg: G zuletzt vom 3. 9. 14, GVBl 413;
Hessen: G zuletzt vom 25. 3. 15, GVBl 126;
Mecklenburg-Vorpommern: G zuletzt vom 11. 11. 15, GVBl 462;
Niedersachsen: G zuletzt vom 17. 2. 16, GVBl 37;
Nordrhein-Westfalen: G vom 20. 5. 14, GVBl 311;
Rheinland-Pfalz: G zuletzt vom 3. 4. 14 GVBl 34;
Saarland: G zuletzt vom 12. 2. 14, ABl 146;
Sachsen: G zuletzt vom 14. 12. 12, GVBl 478; VO zuletzt vom 9. 7. 14, GVBl 405;
Sachsen-Anhalt: G zuletzt vom 5. 12. 14, GVBl 512;
Schleswig-Holstein: G zuletzt vom 15. 7. 14, GVBl 132;
Thüringen: G v 28. 10. 13, GVBl 295.

Nachstehend ist die in Schleswig-Holstein geltende Regelung abgedruckt:

LJVerwKG § 1. [II] Ergänzend gelten die nachfolgenden Vorschriften und das anliegende Gebührenverzeichnis.

LJVerwKG § 4. In Hinterlegungssachen setzt bei den Rahmengebühren nach Nummer 3.1 des Gebührenverzeichnisses die Hinterlegungsstelle, bei den Rahmengebühren nach den Nummern 3.3 und 3.4 des Gebührenverzeichnisses die Stelle, die über die Beschwerde zu entscheiden hat, die Höhe der Gebühr fest.

LJVerwKG § 5. In Hinterlegungssachen werden als Auslagen erhoben

1. die Dokumentenpauschale nach § 4 Abs. 1, 2, 4 und 6 sowie nach § 4 Abs. 4 und 5 *der Justizverwaltungskostenordnung* (jetzt: des JVKostG) jeweils in Verbindung mit § 4 Abs. 1 *der Justizverwaltungskostenordnung* (jetzt: des JVKostG) sowie sonstige Auslagen nach § 5 Abs. 1 *der Justizverwaltungskostenordnung* (jetzt: des JVKostG),
2. die Beträge, die bei der Umwechslung von Zahlungsmitteln nach § 11 Abs. 2 Satz 2 des Hinterlegungsgesetzes vom 3. November 2010 (GVOBl. Schl.-H. S. 685) oder bei der Besorgung von Geschäften nach § 14 Hinterlegungsgesetz an Banken oder an andere Stellen zu zahlen sind,
3. die Dokumentenpauschale für Abschriften, die anzufertigen sind, weil ein Antrag auf Annahme nicht in der erforderlichen Anzahl von Stücken vorgelegt worden ist.

LJVerwKG § 6. [I] Die Kosten in Hinterlegungssachen werden bei der Hinterlegungsstelle angesetzt.

[II] [1] Zuständig für Entscheidungen nach § 13 der Verordnung über Kosten im Bereich der Justizverwaltung ist das Amtsgericht, bei dem die Hinterlegungsstelle eingerichtet ist. [2] Das gleiche gilt für Einwendungen gegen Maßnahmen nach Absatz 3 Nr. 2 und 3.

B. Gebühren in Hinterlegungssachen   **Hinterl Anl**

III Im Übrigen gilt für die Kosten in Hinterlegungssachen abweichend von der *Justizverwaltungskostenordnung* (jetzt: JVKostG) **Folgendes**:

1. Zur Zahlung der Kosten sind auch die empfangsberechtigte Person, an die oder für deren Rechnung die Herausgabe verfügt wurde, sowie diejenige oder derjenige verpflichtet, in deren oder dessen Interesse eine Behörde um die Hinterlegung ersucht hat.
2. Die Kosten können der Masse entnommen werden, soweit es sich um Geld handelt, das in das Eigentum des Landes übergegangen ist.
3. Die Herausgabe hinterlegter Sachen kann von der Zahlung der Kosten abhängig gemacht werden.
4. Die Nummern 1 bis 3 sind auf Kosten, die für das Verfahren über Beschwerden erhoben werden, nur anzuwenden, soweit diejenige Person, der die Kosten dieses Verfahrens auferlegt worden sind, empfangsberechtigt ist.
5. Kosten sind nicht zu erheben oder sind, falls sie erhoben wurden, zu erstatten, wenn die Hinterlegung aufgrund des § 116 Abs. 1 Nr. 4 und des § 116a der Strafprozeßordnung erfolgte, um eine beschuldigte Person von der Untersuchungshaft zu verschonen, und die beschuldigte Person rechtskräftig außer Verfolgung gesetzt oder freigesprochen oder das Verfahren gegen sie eingestellt wird; ist der Verfall der Sicherheit rechtskräftig ausgesprochen worden, so werden bereits erhobene Kosten nicht erstattet.
6. Ist bei Vormundschaften, Betreuungen, Pflegschaften für Minderjährige und in den Fällen des § 1667 des Bürgerlichen Gesetzbuches aufgrund gesetzlicher Verpflichtung oder Anordnung des Vormundschaftsgerichts hinterlegt worden, gilt *§ 92 Abs. 1 Satz 1 der Kostenordnung* (jetzt: KVfG 11102, 12311) *in der im Bundesgesetzblatt Teil III, Gliederungsnummer 361-1, veröffentlichten bereinigten Fassung, zuletzt geändert durch Artikel 1 des Gesetzes vom 3. Juli 2004 (BGBl. I S. 1410)*, entsprechend.
7. Die Verjährung des Anspruchs auf Zahlung der Kosten hindert das Land nicht, nach den Nummern 2 und 3 zu verfahren.
8. *§ 3 der Justizverwaltungskostenordnung* (jetzt: des JVKostG) findet keine Anwendung.

Anlage
(zu § 1 Abs. 2 LJVerwKG)

Gebührenverzeichnis

Nr.	Gegenstand	Gebühren
1	Feststellungserklärung nach § 1059a Abs. 1 Nr. 2, auch in Verbindung mit Absatz 2, § 1059e, § 1092 Abs. 2, § 1098 Abs. 3 des Bürgerlichen Gesetzbuches	25 bis 385 Euro
2	Schuldnerverzeichnis	
2.1	Entscheidung über den Antrag auf Bewilligung des laufenden Bezugs von Abdrucken (§ 882 g der Zivilprozessordnung)	525 Euro
2.2	Entscheidung über den Antrag auf Bewilligung des laufenden Bezugs von Abdrucken (§ 915 d der Zivilprozessordnung in der bis zum 31. Dezember 2012 geltenden Fassung in Verbindung mit § 39 Nr. 5 des Einführungsgesetzes zur Zivilprozessordnung	525 Euro
	(Amtliche) Anmerkung: Die Gebühr entsteht nur einmal, wenn die Bewilligung in einem Verfahren für mehrere Schuldnerverzeichnisse erteilt oder versagt wird.	
2.3	Erteilung von Abdrucken (§§ 882 b, 882 g der Zivilprozessordnung oder §§ 915, 915 d der Zivilprozessordnung in der bis zum 31. Dezember 2012 geltenden Fassung in	

Hinterl Anl VIII. Justizverwaltungskosten

Nr.	Gegenstand	Gebühren
	Verbindung mit § 39 Nr. 5 des Einführungsgesetzes zur Zivilprozessordnung	0,50 Euro je Eintragung, mindestens 17 Euro
	(Amtliche) Anmerkung: Neben den Gebühren für die Erteilung von Abdrucken werden die Dokumentenpauschale und die Datenträgerpauschale nicht erhoben.	
2.4	Einsicht in das Schuldnerverzeichnis (§ 882f der Zivilprozessordnung) je übermitteltem Datensatz	4,50 Euro
	(Amtliche) Anmerkung: [1]Die Gebühr entsteht auch, wenn die Information übermittelt wird, dass für den Schuldner kein Eintrag verzeichnet ist (Negativauskunft). [2]Die Gebühr entsteht nicht im Fall einer Selbstauskunft.	
3	Hinterlegungssachen	
3.1	Bei Hinterlegung von Wertpapieren, sonstigen Urkunden, Kostbarkeiten und von unverändert aufzubewahrenden Zahlungsmitteln (§ 11 Abs. 2 Satz 1 des Hinterlegungsgesetzes) in jeder Angelegenheit, in der eine besondere Annahmeverfügung ergeht	8 bis 255 Euro
3.2	Anzeige gemäß § 15 Abs. 1 Satz 2 des Hinterlegungsgesetzes	8 Euro
	(Amtliche) Anmerkung: Neben der Gebühr für die Anzeige werden nur die Auslagen nach *§ 137 Abs. 1 Nr. 2 und 3 der Kostenordnung* (jetzt: KVfG 31 002–31 005) erhoben	
3.3	Zurückweisung der Beschwerde	8 bis 255 Euro
3.4	Zurücknahme der Beschwerde	8 bis 65 Euro
4	Beeidigung, Ermächtigung	
4.1	Allgemeine Beeidigung von Dolmetscherinnen und Dolmetschern nach § 5 des Justizdolmetschergesetzes vom 30. Juli 2009 (GVOBl. Schl.-H. S. 500), geändert durch Artikel 17 des Gesetzes vom 9. März 2010 (GVOBl. Schl.-H. S. 356)	150 Euro
4.2	Ermächtigung von Übersetzerinnen und Übersetzern zur Bescheinigung der Richtigkeit und Vollständigkeit der Übersetzungen nach §§ 5, 6 Abs. 2 des Justizdolmetschergesetzes	150 Euro
	(Amtliche) Anmerkungen: [1]Werden die unter Nr. 4.1 und 4.2 genannten Amtshandlungen gleichzeitig beantragt, beträgt die Gebühr 170 Euro. [2]Werden die unter Nr. 4.1 und 4.2 genannten Amtshandlungen für mehrere Sprachen gleichzeitig beantragt, erhöht sich die Gebühr einmalig um 50 Euro. [3]Die Beeidigung von Richterinnen, Richtern, Justizamtinnen oder Justizbeamten als Dolmetscherinnen und Dolmetscher ist gebührenfrei.	
4.3	Ablehnung eines Antrags auf Vornahme einer Amtshandlung, für die eine Gebühr nach den Nummern 4.1 und 4.2 vorgesehen ist	75 Euro
5	Überlassung einer gerichtlichen Entscheidung auf Antrag nicht am Verfahren beteiligter Dritter	12,50 Euro je Entscheidung
	(Amtliche) Anmerkung: 1. Neben der Gebühr werden Auslagen nicht erhoben.	

B. Gebühren in Hinterlegungssachen   **Hinterl Anl**

Nr.	Gegenstand	Gebühren
	2. Die Behörde kann von der Erhebung der Gebühr ganz oder teilweise absehen, wenn gerichtliche Entscheidungen für Zwecke verlangt werden, deren Verfolgung überwiegend im öffentlichen Interesse liegt. 3. § 7a der Justizverwaltungskostenordnung (jetzt: des JVKostG) ist entsprechend anzuwenden.	
6	Beglaubigung von Unterschriften und Handzeichen nach § 92 Landesverwaltungsgesetz (Amtliche) Anmerkung: ¹Die Gebühr wird nur erhoben, wenn die Beglaubigung beantragt ist. ²Die Behörde kann vom Ansatz absehen, wenn die Beglaubigung für Zwecke verlangt wird, deren Verfolgung überwiegend im öffentlichen Interesse liegt.	2,00 Euro
7	Notarangelegenheiten	
7.1	Entscheidung über die Bestellung einer Notarvertreterin oder eines Notarvertreters (§ 39 Abs. 1 Satz 1 der Bundesnotarordnung in der im Bundesgesetzblatt Teil III, Gliederungsnummer 303-1, veröffentlichten bereinigten Fassung, zuletzt geändert durch Artikel 1 des Gesetzes vom 22. Dezember 2010, BGBl. I S. 2255)	
7.1.1	für eine ständige Notarvertretung	25 Euro
7.1.2	in den übrigen Fällen	25 Euro
7.2	Entscheidung über eine Genehmigung nach § 8 Abs. 3 der Bundesnotarordnung	30 Euro
7.3	Regelmäßige Prüfung der Amtsführung nach § 93 der Bundesnotarordnung	
7.3.1	bei bis zu 400 in der Urkundenrolle zu notierenden Geschäften im Prüfungszeitraum	500 Euro
7.3.2	bei 401 bis 2000 in der Urkundenrolle zu notierenden Geschäften im Prüfungszeitraum	800 Euro
7.3.3	bei mehr als 2000 in der Urkundenrolle zu notierenden Geschäften im Prüfungszeitraum	1000 Euro

Bem. Wegen 2.2 vgl KV 9000 Rn 2, Teil I A dieses Buchs.   1

IX. Beitreibung

Grundzüge

1) Systematik, Regelungszweck. Die Gerichtskosten einschließlich der Justiz- 1
verwaltungskosten sind öffentliche Abgaben. Sie unterliegen wie alle öffentlichen Abgaben nicht der Beitreibung im zivilprozeßrechtlichen Vollstreckungsverfahren, sondern dem Verwaltungszwangsverfahren, BVerwG NJW **83**, 900. Dieses Verfahren richtet sich nach dem JBeitrG, BFH ZIP **16**, 1392, BVerwG NJW **83**, 900. Die Einforderung und Beitreibung von Geldstrafen, Geldbußen, Ordnungsgeldern und Zwangsgeldern usw richtet sich nach der EBAO, B. Die Verfahrenskosten folgen regelmäßig der Strafe. In gewissen Fällen muß man sie von dieser trennen und der Gerichtskasse zur Einziehung überweisen.

2) Geltungsbereich. Das JBeitrG ergreift nicht nur Gerichtskosten und Justiz- 2
verwaltungskosten zumindest in der Praxis aller Gerichtsbarkeiten, sondern ist zB auch für den Ersatzanspruch eines im Prozeß- oder Verfahrenskostenhilfeverfahren nach §§ 114ff ZPO, 76 FamFG beigeordneten Anwalts von Bedeutung, § 1 Z 8 JBeitrG. Da auch der nach dem bürgerlichen Recht für die Gerichtskosten Haftende ein Kostenschuldner ist, §§ 27, 29 Z 3 GNotKG, Teil III dieses Buchs, stehen ihm im Beitreibungsverfahren nur die Rechtsbehelfe der Kostengesetze offen. Wegen der Vertretung des Justizfiskus vgl § 2. Dort ist Vollstreckungsbehörde, wenn die StVollstrO Anwendung findet, die dort in I–IV bezeichnete Behörde, andernfalls diejenige, die auf die Strafe erkannt hat, und falls es sich um eine Kollegialbehörde handelt, deren Vorsitzender.

3) Kleinbetrag. Über die Beitreibung eines Kleinbetrags siehe Teil VII E dieses 3
Buchs. Über die Mitwirkung des Gerichtsvollziehers bei der Beitreibung vgl die GVGA.

A. Justizbeitreibungsgesetz

idF der Bek v 27. 6. 17, BGBl 1926, sofort geändert dch Art 5 G v 30. 6. 17,
BGBl 2094
(§§-Überschriften nichtamtlich)

Schrifttum: App MDR **96**, 769 (ausf); *Lappe/Steinbild*, JBeitrO, Kommentar, 1960.

Einführung

1) Geltungsbereich. Das JBeitrG (früher JBeitrO) gilt sowohl als Bundesrecht wie 1
auch als Landesrecht. Soweit es als Bundesrecht anwendbar ist, ist es zunächst durch Art 9 des Gesetzes vom 7. 8. 52, BGBl 401, geändert worden, §§ 12–14. Dem sind die Länder mit entsprechenden eigenen Änderungsgesetzen gefolgt. Durch Art XI § 4 I Z 8 ist das Kostenmaßnahmegesetz vom 7. 8. 52 insofern aufgehoben worden, ebenso sind die KostMaßG der Länder aufgehoben worden, Art XI § 4 VII, soweit sie nicht für die Gebühren oder Auslagen gelten, die nach dem 1. 10. 1957 auf Grund von Landesrecht entstehen.

Bundesrechtlich ist die frühere JBeitrO mehrfach *geändert* worden. Dieser Änderung 2
haben sich die Länder durch die in der Vorbemerkung B zum JVKostG, Teil VIII A dieses Buchs, genannten Gesetze dahingehend angeschlossen, daß die bundesrechtliche Fassung für die Einziehung der in § 1 I genannten Ansprüche auch insoweit gilt, als diese Ansprüche nicht auf bundesrechtlicher Regelung beruhen. Durch § 1 II, III ist bundesrechtlich sichergestellt worden, daß das JBeitrG auch bei einer Einziehung eines Anspruchs, der auf dem Bundesrecht beruht, durch die Justizbehörden der Länder gilt, ferner, daß sie auch dann anzuwenden ist, wenn es um einen sonstigen Anspruch durch diese Behörden im Verwaltungszwangsverfahren geht. Wegen I Z 4a dort Vorbem. Die geplanten Änderungen durch ein Gesetz zur Änderung des Sachverständigenrechts usw sind bereits eingearbeitet.

JBeitrG Einf, § 1

3 Das *JBeitrG gilt also* in allen Fällen für den Bund und für die Bundesländer in derselben Fassung. Durch das VerwVollstrG vom 27. 4. 53, BGBl 157, das die Vollstreckung einer öffentlichrechtlichen Geldforderung des Bundes und des bundesmittelbaren Personen des öffentlichen Rechts selbständig regelt, wird das JBeitrG und damit sein Geltungsbereich, § 1, kraft einer ausdrücklichen Vorschrift, § 1 III VerwVollstrG, nicht berührt. Das trifft auch für die landesrechtliche Anwendung des JBeitrG zu. Das JBeitrG steht der Vollstreckung eines Ordnungsgeldes nach § 890 ZPO im Ausland nicht entgegen, BGH WertpMitt **10**, 894.

(Geltungsbereich)

1 ^I Nach diesem Gesetz werden folgende Ansprüche beigetrieben, soweit sie von Justizbehörden des Bundes einzuziehen sind:

1. Geldstrafen und andere Ansprüche, deren Beitreibung sich nach den Vorschriften über die Vollstreckung von Geldstrafen richtet;
2. gerichtlich erkannte Geldbußen und Nebenfolgen einer Ordnungswidrigkeit, die zu einer Geldzahlung verpflichten;
2 a. Ansprüche aus gerichtlichen Anordnungen über die Einziehung oder die Unbrauchbarmachung einer Sache;
2 b. Ansprüche aus gerichtlichen Anordnungen über die Herausgabe von Akten und sonstigen Unterlagen nach § 407 a Absatz 5 Satz 2 der Zivilprozessordnung;
3. Ordnungs- und Zwangsgelder;
4. Gerichtskosten;
4 a. Ansprüche auf Zahlung der vom Gericht im Verfahren der Prozesskostenhilfe oder nach § 4 b der Insolvenzordnung bestimmten Beträge;
4 b. nach den §§ 168 und 292 Absatz 1 des Gesetzes über das Verfahren in Familiensachen und in den Angelegenheiten der freiwilligen Gerichtsbarkeit festgesetzte Ansprüche;
5. Zulassungs- und Prüfungsgebühren;
6. alle sonstigen Justizverwaltungsabgaben;
7. Kosten der Gerichtsvollzieher und Vollziehungsbeamten, soweit sie selbständig oder gleichzeitig mit einem Anspruch, der nach diesem Gesetz vollstreckt wird, bei dem Auftraggeber oder Ersatzpflichtigen beigetrieben werden;
8. Ansprüche gegen Beamte, nichtbeamtete Besitzer und Vertrauenspersonen, gegen Rechtsanwälte, Vormünder, Betreuer, Pfleger und Verfahrenspfleger, gegen Zeugen und Sachverständige sowie gegen mittellose Personen auf Erstattung von Beträgen, die ihnen in einem gerichtlichen Verfahren zuviel gezahlt sind;
9. Ansprüche gegen Beschuldigte und Nebenbeteiligte auf Erstattung von Beträgen, die ihnen in den Fällen der §§ 465, 467, 467 a, 470, 472 b, 473 der Strafprozessordnung zuviel gezahlt sind;
10. alle sonstigen Ansprüche, die nach Bundes- oder Landesrecht im Verwaltungszwangsverfahren beigetrieben werden können, soweit nicht ein Bundesgesetz vorschreibt, daß sich die Vollstreckung nach dem Verwaltungsvollstreckungsgesetz oder der Abgabenordnung richtet.

^{II} Dieses Gesetz findet auch auf die Einziehung von Ansprüchen im Sinne des Absatzes 1 durch Justizbehörden der Länder Anwendung, soweit die Ansprüche auf bundesrechtlicher Regelung beruhen.

^{III} Die Vorschriften dieses Gesetzes über das gerichtliche Verfahren finden auch dann Anwendung, wenn sonstige Ansprüche durch die Justizbehörden der Länder im Verwaltungszwangsverfahren eingezogen werden.

^{IV} Werden zusammen mit einem Anspruch nach Absatz 1 Nummer 1 bis 3 die Kosten des Verfahrens beigetrieben, so gelten auch für die Kosten die Vorschriften über die Vollstreckung dieses Anspruchs.

^V ¹Nach diesem Gesetz werden auch die Gebühren und Auslagen des Deutschen Patentamts und die sonstigen dem Absatz 1 entsprechenden Ansprüche, die beim Deutschen Patentamt entstehen, beigetrieben. ²Dies gilt auch für Ansprüche gegen Patentanwälte und Erlaubnisscheininhaber.

A. Justizbeitreibungsordnung §§ 1, 2 JBeitrG

VI ¹Die Landesregierungen werden ermächtigt, durch Rechtsverordnung abweichend von diesem Gesetz zu bestimmen, daß Gerichtskosten in den Fällen des § 109 Absatz 2 des Gesetzes über Ordnungswidrigkeiten und des § 27 des Gerichtskostengesetzes nach Vorschriften des Landesrechts beigetrieben werden. ²Die Landesregierungen können die Ermächtigung durch Rechtsverordnung auf die Landesjustizverwaltung übertragen.

Vorbem. I Z 2 b geändert dch Art 5 I G v 11. 10. 16, BGBl 2222, in Kraft seit 15. 10. 16, Art 10 G. Weitere Ändergen dch Art 14 Z 2 a–e EuKoPfVODG v 21. 11. 16, BGBl 2591, in Kraft seit 1. 7. 17, Art 21 VI G, sowie dch Art 6 XXIII G v 13. 4. 17, BGBl 872, in Kraft ebenfalls seit 1. 7. 17, Art 8 G.

1) Geltungsbereich, I–VI. Die Stundung und der Erlaß von Kosten und Ansprüchen nach I Z 5–9 sind teilweise *landesrechtlich* geregelt, Teil VII F dieses Buchs. II gilt auch im Verwaltungszwangsverfahren, VGH Kassel NVwZ-RR **15**, 87.

V gibt dem Patentamt außerhalb der Voraussetzungen des § 1 keineswegs die Befugnis zur Durchsetzung eines Erstattungsanspruchs nur auf Grund eines Leistungsbescheids, BPatG GRUR **89**, 749.

2) Länderrecht, VI. Es gelten die folgenden Verordnungen: 2

Baden-Württemberg:

Bayern:

Berlin:

Brandenburg:

Bremen:

Hamburg:

Hessen:

Mecklenburg-Vorpommern:

Niedersachsen:

Nordrhein-Westfalen:

Rheinland-Pfalz:

Saarland:

Sachsen:

Sachsen-Anhalt:

Schleswig-Holstein:

Thüringen:

(Vollstreckungsbehörden)

2 I ¹Die Beitreibung obliegt in den Fällen des § 1 Absatz 1 Nummer 1 bis 3 den nach den Verfahrensgesetzen für die Vollstreckung dieser Ansprüche zuständigen Stellen, soweit nicht die in Absatz 2 bezeichnete Vollstreckungsbehörde zuständig ist, im Übrigen den Gerichtskassen als Vollstreckungsbehörden. ²Die Landesregierungen werden ermächtigt, an Stelle der Gerichtskassen andere Behörden als Vollstreckungsbehörden zu bestimmen. ³Die Landesregierungen können die Ermächtigung auf die Landesjustizverwaltung übertragen.

II Vollstreckungsbehörde für Ansprüche, die beim Bundesverfassungsgericht, Bundesministerium der Justiz und für Verbraucherschutz, Bundesgerichtshof, Bundesverwaltungsgericht, Bundesfinanzhof, Generalbundesanwalt beim Bundesgerichtshof, Bundespatentgericht, Deutschen Patent- und Markenamt, Bundesamt für Justiz oder dem mit der Führung des Unternehmensregisters im Sinn des § 8 b des Handelsgesetzbuchs Beliehenen entstehen, ist das Bundesamt für Justiz.

III ¹Von den in Absatz 1 bezeichneten Vollstreckungsbehörden ist diejenige zuständig, die den beizutreibenden Anspruch einzuziehen hat. ²Dem Vollziehungsbeamten obliegende Vollstreckungshandlungen kann die Vollstreckungsbehörde außerhalb ihres Amtsbezirks durch einen Vollziehungsbeamten vornehmen lassen, der für den Ort der Vollstreckung zuständig ist. ³Die Unzuständigkeit einer

Vollstreckungsbehörde berührt die Wirksamkeit ihrer Vollstreckungsmaßnahmen nicht.
IV Die Vollstreckungsbehörden haben einander Amtshilfe zu leisten.

Vorbem. II geändert dch Art 177 VO v 31. 8. 15, BGBl 1474, in Kraft seit 8. 9 15, Art 627 I VO.

1 **Länderrecht.** Gemäß I 2, 3 sind Verordnungen erlassen in:
Baden-Württemberg vom 7. 10. 99, GBl 766, geändert durch G vom 14. 10. 08, GBl 333;
Bayern vom 16. 10. 72, GVBl 451, zuletzt geändert durch VO vom 17. 12. 04, GVBl 585;
Berlin:
Brandenburg vom 18. 10. 06, GVBl II 447;
Bremen vom 31. 10. 72, GBl 237, zuletzt geändert durch G vom 18. 12. 74, GBl 351;
Hamburg:
Hessen:
Mecklenburg-Vorpommern vom 1. 11. 91, GVBl 442, geändert durch VO v 6. 8. 01, GVBl 312;
Niedersachsen:
Nordrhein-Westfalen vom 30. 4. 61, GVBl 207;
Rheinland-Pfalz vom 15. 1. 75, GVBl 64;
Saarland:
Sachsen vom 27. 4. 93, GVBl 370;
Sachsen-Anhalt:
Schleswig-Holstein vom 4. 12. 96, GVBl 720.
Thüringen:

Für den *Arrestvollzug* in Strafsachen ist gemäß § 111 f StPO die in § 2 JBeitrG bezeichnete Behörde zuständig, LG Aachen DGVZ **03**, 23, LG Bonn DGVZ **01**, 10. Dabei kann mangels Vorhandenseins eines Vollziehungsbeamten der Gerichtsvollzieher nach § 196 GVGA zuständig werden, LG Aachen DGVZ **03**, 23, Kessel DGVZ **01**, 10.

(Zustellungen)

3 [1] Zustellungen sind nur erforderlich, soweit dies besonders bestimmt ist. [2] Sie werden sinngemäß nach den Vorschriften der Zivilprozessordnung über Zustellungen von Amts wegen bewirkt. [3] Die dem Gericht vorbehaltenen Anordnungen trifft die Vollstreckungsbehörde.

(Vollstreckungsschuldner)

4 [1] Die Vollstreckung kann gegen jeden durchgeführt werden, der nach den für den beizutreibenden Anspruch geltenden besonderen Vorschriften oder kraft Gesetzes nach den Vorschriften des bürgerlichen Rechts zur Leistung oder zur Duldung der Vollstreckung verpflichtet ist. [2] Aus einer Zwangshypothek, die für einen der in § 1 bezeichneten Ansprüche eingetragen ist, kann auch gegen den Rechtsnachfolger des Schuldners in das belastete Grundstück vollstreckt werden.

(Vollstreckungsbeginn)

5 [1] [1] Die Vollstreckung darf erst beginnen, wenn der beizutreibende Anspruch fällig ist. [2] In den Fällen des § 1 Absatz 1 Nummer 8 und 9 darf die Vollstreckung erst beginnen, wenn der Zahlungspflichtige von den ihm zustehenden Rechtsbehelfen binnen zwei Wochen nach der Zahlungsaufforderung oder nach der Mitteilung einer Entscheidung über seine Einwendungen gegen die Zahlungsaufforderung keinen Gebrauch gemacht hat. [3] Vorschriften, wonach aus vollstreckbaren Entscheidungen oder Verpflichtungserklärungen erst nach deren Zustellung vollstreckt werden darf, bleiben unberührt.

II In der Regel soll der Vollstreckungsschuldner (§ 4) vor Beginn der Vollstreckung zur Leistung innerhalb von zwei Wochen schriftlich aufgefordert und nach vergeblichem Ablauf der Frist besonders gemahnt werden.

Bem. Ein Verstoß gegen II kann die Unbeitreibbarkeit beim Schuldner zur Folge haben, LG Stade DGVZ **06**, 76. 1

(Anzuwendende Vorschriften)

6 I Für die Vollstreckung gelten nach Maßgabe der Absätze 2 bis 4 folgende Vorschriften sinngemäß:
1. §§ 735 bis 737, 739 bis 741, 743, 745 bis 748, 753 Absatz 4 und 5, §§ 758, 758 a, 759, 761, 762, 764, 765 a, 766, 771 bis 776, 778, 779, 781 bis 784, 786, 788, 789, 792, 793, 802 a bis 802 i, 802 j Absatz 1 und 3, §§ 802 k bis 827, 828 Absatz 2 und 3, §§ 829 bis 837 a, 840 Absatz 1, Absatz 2 Satz 2, §§ 841 bis 886 der Zivilprozessordnung,
2. sonstige Vorschriften des Bundesrechts, die die Zwangsvollstreckung aus Urteilen in bürgerlichen Rechtsstreitigkeiten beschränken, sowie
3. die landesrechtlichen Vorschriften über die Zwangsvollstreckung gegen Gemeindeverbände oder Gemeinden.

II ¹An die Stelle des Gläubigers tritt die Vollstreckungsbehörde. ²Bei der Zwangsvollstreckung in Forderungen und andere Vermögensrechte wird der Pfändungs- und der Überweisungsbeschluß von der Vollstreckungsbehörde erlassen. ³Die Aufforderung zur Abgabe der in § 840 Absatz 1 der Zivilprozessordnung genannten Erklärungen ist in den Pfändungsbeschluß aufzunehmen.

III ¹An die Stelle des Gerichtsvollziehers tritt der Vollziehungsbeamte. ²Der Vollziehungsbeamte wird zur Annahme der Leistung, zur Ausstellung von Empfangsbekenntnissen und zu Vollstreckungshandlungen durch einen schriftlichen Auftrag der Vollstreckungsbehörde ermächtigt. ³Aufträge, die mit Hilfe automatischer Einrichtungen erstellt werden, werden mit dem Dienstsiegel versehen; einer Unterschrift bedarf es nicht. ⁴Der Vollziehungsbeamte hat im Auftrag der Vollstreckungsbehörde auch die in § 840 Absatz 1 der Zivilprozessordnung bezeichneten Erklärungen entgegenzunehmen. ⁵Die in § 845 der Zivilprozessordnung bezeichnete Benachrichtigung hat der Vollziehungsbeamte nach den Vorschriften der Zivilprozessordnung über die Zustellung auf Betreiben der Parteien zuzustellen.

IV Gepfändete Forderungen sind nicht an Zahlungs Statt zu überweisen.

V Die Vollstreckungsbehörden dürfen das Bundeszentralamt für Steuern ersuchen, bei den Kreditinstituten die in § 93 b Absatz 1 der Abgabenordnung bezeichneten Daten abzurufen, wenn
1. der Schuldner seiner Pflicht, eine Vermögensauskunft zu erteilen, nicht nachkommt oder
2. bei einer Vollstreckung in die Vermögensgegenstände, die in der Vermögensauskunft angegeben sind, eine vollständige Befriedigung der Forderung, wegen der die Vermögensauskunft verlangt wird, voraussichtlich nicht zu erwarten ist.

Vorbem. Zunächst I Z 1 geändert dch Art 14 Z 3, 4 EuKoPfVODG v 21. 11. 16, BGBl 2591, in Kraft: Z 3 seit 26. 11. 16, Art 21 III 1 G; Z 4 seit 1. 1. 18, Art 21 VII G. Ab 1. 1. 22 heißt es bei § 753 ZPO: „Absatz 4 bis 6", Art 14 Z 5 EuKoPfVODG in Verbindung mit Art 32 Z 2 IX G v 5. 7. 17, BGBl 2208. V angefügt dch Art 5 G v 30. 6. 17, BGBl 2094, in Kraft seit 6. 7. 17, Art 6 G. In BGBl **17**, 1926 (1928) steht eine amtliche FN zu § 6 Z 1 (dort zu § 753 IV) mit einer Verweisung auf Ändergen zum 1. 1. 18 und 1. 1. 22 dch Art 14 Z 4, 5 in Verbindung mit Art 21 VII G v 21. 11. 16, BGBl 2591.

Schrifttum: *Büttner* RPfleger **16**, 81 (Üb).

Geltungsbereich. I Z 1 gilt zB bei § 802 g ZPO, BGH WertpMitt **15**, 1118, LG 1
Stgt DGVZ **15**, 129. I Z 1 gilt *nicht* auch nur entsprechend bei einer strafrechtlichen Nebenfolge auf Zahlung, LG Bln DGVZ **06**, 77. I Z 3 gilt auch bei § 35 I FamFG,

BGH FGPrax **17**, 285. Der Gerichtsvollzieher braucht den Drittschuldner nicht zwecks Entgegennahme von dessen Erklärung aufzusuchen, AG Bayreuth DGVZ **95**, 78. Zur Auslegung von III BVerwG NJW **83**, 900. Ein formloser Antrag reicht, AG Medebach DGVZ **16**, 81. Eine Kosteneinziehungsstelle der Justiz reicht zB in Berlin, KG MDR **14**, 1196. Zum Begriff des Vollziehungsbeamten AG Büdingen DGVZ **97**, 14. Der Gerichtsvollzieher ist kein Vollziehungsbeamter, Hamm DGVZ **02**, 167. Er aber zB bei (jetzt) § 802 g II ZPO zuständig, AG Rastatt DGVZ **97**, 190. Die Anordnung muß den Gläubiger nennen, AG Pirna DGVZ **10**, 238.

(Vermögensauskunft und Vollstreckung in das unbewegliche Vermögen)

7 [1] Die Abnahme der Vermögensauskunft beantragt die Vollstreckungsbehörde bei dem zuständigen Gerichtsvollzieher; die Vollstreckung in unbewegliches Vermögen beantragt sie bei dem zuständigen Amtsgericht. [2] Der Antrag ersetzt den vollstreckbaren Schuldtitel. [3] Eine Zustellung des Antrags an den Schuldner ist nicht erforderlich. [4] Die Vollstreckungsbehörde kann die bei dem zentralen Vollstreckungsgericht nach § 802 k Absatz 1 der Zivilprozessordnung verwalteten Vermögensverzeichnisse zu Vollstreckungszwecken abrufen.

1   **Bem.** Man braucht den Antrag nach S 3 nicht förmlich zu stellen, Ffm JB **98**, 49, AG Medebach DGVZ **16**, 82. Es ist ein Nachweis der Unpfändbarkeit erforderlich, Ffm Rpfleger **77**, 145.

(Einwendungen)

8 [I] [1] Einwendungen, die den beizutreibenden Anspruch selbst, die Haftung für den Anspruch oder die Verpflichtung zur Duldung der Vollstreckung betreffen, sind vom Schuldner gerichtlich geltend zu machen

    bei Ansprüchen nach § 1 Absatz 1 Nummer 4, 6, 7

nach den Vorschriften über Erinnerungen gegen den Kostenansatz,

    bei Ansprüchen gegen nichtbeamtete Beisitzer, Vertrauenspersonen, Rechtsanwälte, Zeugen, Sachverständige und mittellose Personen (§ 1 Absatz 1 Nummer 8)

nach den Vorschriften über die Feststellung eines Anspruchs dieser Personen,

    bei Ansprüchen nach § 1 Absatz 1 Nummer 9

nach den Vorschriften über Erinnerungen gegen den Festsetzungsbeschluß. [2] Die Einwendung, dass mit einer Gegenforderung aufgerechnet worden sei, ist in diesen Verfahren nur zulässig, wenn die Gegenforderung anerkannt oder gerichtlich festgestellt ist. [3] Das Gericht kann anordnen, dass die Beitreibung bis zum Erlass der Entscheidung gegen oder ohne Sicherheitsleistung eingestellt werde und daß die Vollstreckungsmaßregeln gegen Sicherheitsleistung aufzuheben seien.

[II] [1] Für Einwendungen, die auf Grund der §§ 781 bis 784, 786 der Zivilprozessordnung erhoben werden, gelten die Vorschriften der §§ 767, 769, 770 der Zivilprozessordnung sinngemäß. [2] Für die Klage ist das Gericht zuständig, in dessen Bezirk die Vollstreckung stattgefunden hat.

1   **Geltungsbereich.** „Einwendungen" ist weit gemeint, Düss DS **16**, 234. Zu § 8 I Hs 1 zählt eine Einwendung gegen den sachlichrechtlichen Anspruch, wie bei § 767 ZPO, Nürnb Rpfleger **01**, 362, oder den Einwand des Insolvenzverwalters, gegen den Gerichtskosten angesetzt sind, die Masse reiche zur vollständigen Befriedigung aller Massegläubiger nicht aus, so schon Düss Rpfleger **90**, 134, oder der Einwand des Fehlens einer Kostenhaftung nach § 54 Z 3 GKG, BGH Rpfleger **02**, 95. Zu I 2 Celle NJW **13**, 486 (bestätigend), oder der Einwand der Gewährung einer Ratenzahlung, LG Wiesb Rpfleger **13**, 572, oder der Einwand eines fehlerhaften Vollstreckungsauftrags, AG Landau DGVZ **14**, 244, oder der Mißachtung eines Vollstreckungsverbots zB nach § 210 InsO, BFH ZIP **16**, 1392. Zu II 1 zählt auch der Einwand nach § 781 ZPO, Jena FamRZ **06**, 646.

Gerichtlich muß man eine Einwendung geltend machen, zB nach § 66 I 1 GKG, BFH ZIP **16**, 1392, VGH Kassel NVwZ-RR **15**, 88, also nicht nur zB im Grundbuchverfahren, Ffm JB **09**, 554.

Nicht hierher gehört zB eine Einwendung gegen die Art und Weise der Zwangsvollstreckung, wie bei § 766 ZPO, Nürnb Rpfleger **01**, 362, VGH Kassel NVwZ-RR **15**, 88, aM FG Hbg JB **12**, 35, oder gegen den Vollstreckungszeitpunkt, Düss DS **16**, 234.

(Einstellung, Zahlungsnachweis, Stundung)

9 ^{I} Werden Einwendungen gegen die Vollstreckung erhoben, so kann die Vollstreckungsbehörde die Vollstreckungsmaßnahmen einstweilen einstellen, aufheben oder von weiteren Vollstreckungsmaßnahmen Abstand nehmen, bis über die Einwendung endgültig entschieden ist.

^{II} Der Vollziehungsbeamte hat von der Pfändung abzusehen, wenn ihm die Zahlung oder Stundung der Schuld nachgewiesen wird.

Bem. Zur Problematik FG Hbg Rpfleger **12**, 157 (bitte lesen).   1

(Anwendung des GKG und des GvKostG)

10 ^{I} Bei der Pfändung von Forderungen oder anderen Vermögensrechten gelten die Vorschriften des Gerichtskostengesetzes sinngemäß.

^{II} Für die Tätigkeit des Vollziehungsbeamten gelten die Vorschriften des Gerichtsvollzieherkostengesetzes sinngemäß.

Vorbem. Umnumerierg des früheren § 11 in § 10 dch Art 14 Z 6 EuKoPfVODG v. 21. 11. 16, BGBl 2591, in Kraft seit 1. 7. 17, Art 21 VI G.

(Inkrafttreten)

11 *(überholt)*

B. Einforderungs- und Beitreibungsanordnung

Grundzüge

1) Systematik, Regelungszweck. An die Stelle der Anordnung über die Einforderung und Beitreibung von Vermögensstrafen und Verfahrenskosten vom 15. 2. 56 ist die nachfolgende Einforderungs- und Beitreibungsanordnung (EBAO) durch eine Vereinbarung zwischen dem Bundesjustizminister und den Landesjustizverwaltungen vom 1. 8. 11, BAnz Nr 112a, getreten. Sie ist von § 2 I 2, 3 JBeitrG gedeckt, BayObLG Rpfleger **91**, 13. Die Länderfassungen sind wie folgt veröffentlicht: 1
Baden-Württemberg: VwV zuletzt vom 6. 7. 11, Justiz 233;
Bayern: Bek zuletzt vom 25. 7. 11, JMBl 82;
Berlin: AV zuletzt vom 22. 7. 11, ABl 2063;
Brandenburg: AV zuletzt vom 12. 8. 11, JMBl 104;
Bremen: AV vom 18. 7. 11, ABl 1051;
Hamburg: AV zuletzt vom 25. 7. 11, JVBl 90;
Hessen: RdErl zuletzt vom 8. 9. 11, JMBl 469;
Mecklenburg-Vorpommern: AV zuletzt vom 18. 7. 11, ABl 358;
Niedersachsen: AV zuletzt vom 10. 8. 11, NdsRpfl 301;
Nordrhein-Westfalen: AV zuletzt vom 1. 8. 11, JMBl 154;
Rheinland-Pfalz: VV zuletzt vom 3. 8. 11, JBl 96;
Saarland: AV zuletzt vom 11. 7. 11;
Sachsen: VwV vom 31. 8. 11, JMBl 48, 77;
Sachsen-Anhalt: AV vom 27. 6. 11, JMBl 107;
Schleswig-Holstein: Bek zuletzt vom 23. 6. 11, SchlHA 228;
Thüringen: VV zuletzt vom 18. 7. 11, JMBl 33.

EBAO Grundz §§ 1–4

Abschnitt 1. Allgemeine Bestimmungen

Grundsatz

1 ^I Die Einforderung und Beitreibung von
1. Geldstrafen und anderen Ansprüchen, deren Beitreibung sich nach den Vorschriften über die Vollstreckung von Geldstrafen richtet,
2. gerichtlich erkannten Geldbußen und Nebenfolgen einer Ordnungswidrigkeit, die zu einer Geldzahlung verpflichten,
3. Ordnungs- und Zwangsgeldern mit Ausnahme der im Auftrag des Gläubigers zu vollstreckenden Zwangsgelder

(Geldbeträge) richten sich, soweit gesetzlich nicht anders bestimmt ist, nach der Justizbeitreibungsordnung (JBeitrO) und nach dieser Anordnung.

^{II} Gleichzeitig mit einem Geldbetrag (Absatz 1) sind auch die Kosten des Verfahrens einzufordern und beizutreiben, sofern nicht die Verbindung von Geldbetrag und Kosten gelöst wird (§ 15).

^{III} Bei gleichzeitiger Einforderung und Beitreibung von Geldbetrag und Kosten gelten die Vorschriften dieser Anordnung auch für die Kosten.

^{IV 1} Die Einforderung und Beitreibung von Geldbeträgen ist Aufgabe der Vollstreckungsbehörde (§ 2). ² Ihr obliegt auch die Einforderung und Beitreibung der Kosten des Verfahrens, soweit und solange die Verbindung von Geldbetrag und Kosten besteht. ³ Die Vollstreckungsbehörde beachtet hierbei die Bestimmungen der §§ 3 bis 14.

^V Wird die Verbindung von Geldbetrag und Kosten gelöst, so werden die Kosten nach den Vorschriften der Kostenverfügung der zuständigen Kasse zur Sollstellung überwiesen und von dieser oder der sonst zuständigen Stelle nach den für sie geltenden Vorschriften eingefordert und eingezogen.

^{VI} Für die Einziehung von Geldbußen, die von Disziplinargerichten, Richterdienstgerichten oder Dienstvorgesetzten verhängt worden sind, und für die Kosten des Disziplinarverfahrens gelten besondere Bestimmungen.

Vollstreckungsbehörde

2 Vollstreckungsbehörde ist, soweit gesetzlich nichts anderes bestimmt ist,
1. in den Fällen, auf welche die Strafvollstreckungsordnung Anwendung findet, die dort bezeichnete Behörde,
2. im Übrigen diejenige Behörde oder Dienststelle der Behörde, die auf die Verpflichtung zur Zahlung des Geldbetrages erkannt hat, oder, soweit es sich um eine kollegiale Behörde oder Dienststelle handelt, deren Vorsitzende oder Vorsitzender.

Abschnitt 2. Einforderung und Beitreibung durch die Vollstreckungsbehörde

Anordnung der Einforderung

3 ^I Sofern nicht Zahlungserleichterungen (§ 8 Abs. 3, § 12) gewährt werden, ordnet die Vollstreckungsbehörde die Einforderung von Geldbetrag und Kosten an, sobald die darüber ergangene Entscheidung vollstreckbar ist.

^{II} Die Zahlungsfrist beträgt vorbehaltlich anderer Anordnung der Vollstreckungsbehörde zwei Wochen.

Kostenrechnung

4 ^{I 1} Ist die Einforderung angeordnet, so stellt die Kostenbeamtin oder der Kostenbeamte der Vollstreckungsbehörde eine Kostenrechnung auf. ² Darin sind sämtliche einzufordernden Beträge aufzunehmen. ³ Durch die Zeichnung übernimmt die Kostenbeamtin oder der Kostenbeamte die Verantwortung für die Vollständigkeit und Richtigkeit der Kostenrechnung.

II Die Zahlungsfrist (§ 3 Absatz 2) ist in der Kostenrechnung zu vermerken.

III Im Übrigen gilt für die Kostenrechnung § 27 der Kostenverfügung entsprechend.

Einforderung

5 I ¹Die in die Kostenrechnung aufgenommenen Beträge werden von dem Zahlungspflichtigen durch Übersendung einer Zahlungsaufforderung eingefordert. ²In der Zahlungsaufforderung ist zur Zahlung an die für den Sitz der Vollstreckungsbehörde zuständige Kasse aufzufordern.

II ¹Die Reinschrift der Zahlungsaufforderung ist von der Kostenbeamtin oder dem Kostenbeamten unter Angabe des Datums und der Amts-(Dienst-)bezeichnung unterschriftlich zu vollziehen. ²Soweit die oberste Justizbehörde dies zugelassen hat, kann sie ausgefertigt, beglaubigt, von der Geschäftsstelle unterschriftlich vollzogen oder mit dem Abdruck des Dienstsiegels versehen werden. ³Bei maschineller Bearbeitung bedarf es einer Unterschrift nicht; jedoch ist der Vermerk anzubringen „Maschinell erstellt und ohne Unterschrift gültig".

III Die Mitteilung einer besonderen Zahlungsaufforderung unterbleibt bei Strafbefehlen, die bereits die Kostenrechnung und die Aufforderung zur Zahlung enthalten.

IV ¹Der Zahlungsaufforderung (Absatz 1) oder dem Strafbefehl (Absatz 3) ist eine auf das Konto der zuständigen Kasse lautender Überweisungsträger beizufügen. ²Im Verwendungszweck sind die Vollstreckungsbehörde in abgekürzter Form anzugeben und das Aktenzeichen so vollständig zu bezeichnen, dass die zuständige Kasse in der Lage ist, hiernach die Zahlungsanzeige zu erstatten. ³Die Kennzeichnung der Sache als Strafsache ist zu vermeiden.

V Die Erhebung durch Postnachnahme ist nicht zulässig.

Nicht ausreichende Zahlung

6 Reicht die auf die Zahlungsaufforderung entrichtete Einzahlung zur Tilgung des ganzen eingeforderten Betrages nicht aus, so richtet sich die Verteilung nach den kassenrechtlichen Vorschriften, soweit § 459b StPO, § 94 OWiG nichts anderes bestimmen.

Mahnung

7 I Nach vergeblichem Ablauf der Zahlungsfrist sollen Zahlungspflichtige vor Anordnung der Beitreibung in der Regel zunächst besonders gemahnt werden (§ 5 Absatz 2 JBeitrO).

II Mahnungen unterbleiben, wenn damit zu rechnen ist, dass Zahlungspflichtige sie unbeachtet lassen werden.

Anordnung der Beitreibung

8 I Geht binnen einer angemessenen Frist nach Abgang der Mahnung oder, sofern von einer Mahnung abgesehen worden ist, binnen einer Woche nach Ablauf der Zahlungsfrist (§ 3 Abs. 2) keine Zahlungsanzeige der zuständigen Kasse ein, so bestimmt die Vollstreckungsbehörde, welche Vollstreckungsmaßnahmen ergriffen werden sollen.

II In geeigneten Fällen kann sie die zuständige Kasse um Auskunft ersuchen, ob ihr über die Vermögens- und Einkommensverhältnisse der Zahlungspflichtigen und die Einziehungsmöglichkeiten etwas bekannt ist.

III Welche Vollstreckungsmaßnahmen anzuwenden sind oder ob Zahlungspflichtigen Vergünstigungen eingeräumt werden können, richtet sich nach den für das Einziehungsverfahren maßgebenden gesetzlichen und Verwaltungsvorschriften (vgl. §§ 459ff. StPO, die §§ 91ff. OWiG, die §§ 6ff. JBeitrO, § 49 StVollstrO).

IV ¹Im Übrigen sind die Vollstreckungsmaßnahmen anzuwenden, die nach Lage des Einzelfalles am schnellsten und sichersten zum Ziele führen. ²Auf die persönlichen und wirtschaftlichen Verhältnisse der Zahlungspflichtigen und ihrer Familie ist dabei Rücksicht zu nehmen, soweit das Vollstreckungsziel hierdurch nicht beeinträchtigt wird.

V Kommt die Zwangsvollstreckung in Forderungen oder andere Vermögensrechte in Betracht, so hat die Vollstreckungsbehörde den Pfändungs- und Überweisungsbeschluss zu erlassen (§ 6 Absatz 2 JBeitrO).

VI ¹Ein Antrag auf Einleitung eines Zwangsversteigerungs- oder Zwangsverwaltungsverfahrens soll nur gestellt, der Beitritt zu einem solchen Verfahren nur erklärt werden, wenn ein Erfolg zu erwarten ist und das Vollstreckungsziel anders nicht erreicht werden kann. ²Ist Vollstreckungsbehörde (§ 2) die Richterin oder der Richter beim Amtsgericht, so ist, soweit die Strafvollstreckungsordnung Anwendung findet, die Einwilligung der Generalstaatsanwältin oder des Generalstaatsanwalts, im Übrigen die der Präsidentin oder des Präsidenten des Landgerichts (Präsidentin oder Präsidenten des Amtsgerichts) erforderlich.

Vollstreckung in bewegliche Sachen

9 **I** ¹Soll in bewegliche Sachen vollstreckt werden, so erteilt die Vollstreckungsbehörde der Vollziehungsbeamtin oder dem Vollziehungsbeamten unmittelbar oder über die Geschäftsstelle des Amtsgerichts einen Vollstreckungsauftrag. ²In den Auftrag sind die Kosten früherer Einziehungsmaßnahmen als Nebenkosten aufzunehmen.

II Die Ausführung des Auftrages, die Ablieferung der von der Vollziehungsbeamtin oder dem Vollziehungsbeamten eingezogenen oder beigetriebenen Geldbeträge und die Behandlung der erledigten Vollstreckungsaufträge bei der zuständigen Kasse richten sich nach den Dienstvorschriften für die Vollziehungsbeamtinnen und -beamten und den kassenrechtlichen Vorschriften.

III Die Vollstreckungsbehörde überwacht die Ausführung des Vollstreckungsauftrags durch Anordnung einer Wiedervorlage der Akten.

Vollstreckung in beweglichen Sachen im Bezirk einer anderen Vollstreckungsbehörde

10 **I** Soll in bewegliche Sachen vollstreckt werden, die sich im Bezirk einer anderen Vollstreckungsbehörde befinden, so gilt § 9, soweit nicht in Absatz 2 etwas anderes bestimmt ist.

II ¹Die Vollziehungsbeamtin oder der Vollziehungsbeamte rechnet über die eingezogenen Beträge mit der zuständigen Kasse ab, welche die Vollstreckungsbehörde durch Rücksendung des Vollstreckungsauftrags oder des Ersuchens verständigt. ²Gehört die ersuchende Vollstreckungsbehörde einem anderen Lande an als die Vollziehungsbeamtin oder der Vollziehungsbeamte, so werden die eingezogenen Geldbeträge und Kosten des Verfahrens an die für die ersuchende Vollstreckungsbehörde zuständige Kasse abgeführt. ³Die eingezogenen Kosten der Vollstreckung sind an die für die Vollziehungsbeamtin oder den Vollziehungsbeamten zuständige Kasse abzuführen; soweit sie von der Schuldnerin oder dem Schuldner nicht eingezogen werden können, werden sie der Vollstreckungsbehörde eines anderen Landes nicht in Rechnung gestellt.

Spätere Beitreibung

11 **I** Ist bei Uneinbringlichkeit eines Geldbetrages, an dessen Stelle eine Freiheitsstrafe nicht treten soll, mit der Möglichkeit zu rechnen, dass spätere Vollstreckungsmaßnahmen erfolgreich sein werden, so ordnet die Vollstreckungsbehörde eine Wiedervorlage der Akten an.

II Uneinbringlich gebliebene Kosten des Verfahrens werden, wenn sie nicht mehr zusammen mit dem Geldbetrag beigetrieben werden können, nach § 1 Absatz 5, § 15 Absatz 1 Nummer 1 der zuständigen Kasse zur Einziehung überwiesen, sofern die Überweisung nicht nach § 16 Absatz 2 unterbleibt.

Zahlungserleichterungen

12 ^{I} Werden für die Entrichtung eines Geldbetrages Zahlungserleichterungen bewilligt, so gelten diese Zahlungserleichterungen auch für die Kosten.

^{II} ^{1}Ist die Höhe der Kosten den Zahlungspflichtigen noch nicht mitgeteilt worden, so ist dies bei der Mitteilung der Zahlungserleichterungen nachzuholen. ^{2}Die Androhung künftiger Zwangsmaßnahmen für den Fall der Nichtzahlung der Kosten unterbleibt hierbei. ^{3}Einer Mitteilung der Höhe der Kosten bedarf es nicht, wenn das dauernde Unvermögen der Kostenschuldnerin oder des Kostenschuldners zur Zahlung feststeht.

Zurückzahlung von Geldbeträgen und Kosten

13 ^{I} Sind Geldbeträge zu Unrecht vereinnahmt worden oder auf Grund besonderer Ermächtigung zurückzuzahlen, so ordnet die Vollstreckungsbehörde die Zurückzahlung an.

^{II} Dasselbe gilt, wenn zusammen mit dem Geldbetrag Kosten des Verfahrens oder Vollstreckungskosten zurückzuholen sind.

^{III} Bei unrichtiger Berechnung ist eine neue Kostenrechnung aufzustellen.

^{IV} In der Anordnung ist der Grund der Zurückzahlung (z. B. gnadenweiser Erlass durch Verfügung ... oder Zurückzahlung wegen irrtümlicher Berechnung) kurz anzugeben.

^{V} ^{1}Zu der Auszahlungsanordnung an die zuständige Kasse ist der für die Zurückzahlung von Gerichtskosten bestimmte Vordruck zu verwenden; er ist, soweit erforderlich, zu ändern. ^{2}Bei automatisierten Verfahren wird die Auszahlungsanordnung maschinell erstellt. ^{3}Der oder die Empfangsberechtigte ist von der Vollstreckungsbehörde über die bevorstehende Zurückzahlung zu benachrichtigen.

Durchlaufende Gelder

14 ^{I} Beträge, die nach den Vorschriften dieser Anordnung eingezogen werden, aber nicht der Landeskasse, sondern anderen Berechtigten zustehen, werden bei der Aufstellung der Kostenrechnung als durchlaufende Gelder behandelt.

^{II} ^{1}Auf Grund der von der zuständigen Kasse übermittelten Zahlungsanzeige oder der maschinell übermittelten Kontobuchungen ordnet die Vollstreckungsbehörde die Auszahlung an den Empfangsberechtigten an. ^{2}§ 38 der Kostenverfügung gilt entsprechend.

Abschnitt 3. Lösung von Geldbetrag und Kosten

Grundsatz

15 ^{I} Die Verbindung von Geldbetrag und Kosten (§ 1 Absatz 2) wird gelöst, wenn
1. sich die Beitreibung des Geldbetrages erledigt und für die Kostenforderung Beitreibungsmaßnahmen erforderlich werden;
2. nachträglich eine Gesamtgeldstrafe gebildet wird oder
3. die Vollstreckungsbehörde die getrennte Verfolgung beider Ansprüche aus Zweckmäßigkeitsgründen anordnet.

^{II} Hat das Land aus einer wegen Geldbetrag und Kosten vorgenommenen Zwangsvollstreckung bereits Rechte erworben, so darf eine Anordnung nach Absatz 1 Nr. 3 nur ergehen, wenn die Wahrnehmung dieser Rechte wegen der Kosten allein keine Schwierigkeiten bereitet oder wenn der Landeskasse durch die Aufgabe der wegen der Kosten begründeten Rechte kein Schaden erwächst.

Überweisung der Kosten an die zuständige Kasse

16 ^{I} ^{1}Bei der Überweisung der Kosten an die Kasse zur Einziehung (§ 4 Absatz 2 der Kostenverfügung) hat die Kostenbeamtin oder der Kostenbeamte, wenn bereits eine Zahlungsaufforderung an die Kostenschuldnerin oder den

Kostenschuldner ergangen war, die Aufnahme des nachstehenden Vermerks in die Reinschrift der Kostenrechnung zu veranlassen:
„Diese Zahlungsaufforderung tritt an die Stelle der Zahlungsaufforderung d .... vom .... Bei Zahlungen ist statt der bisherigen Geschäftsnummer das Kassenzeichen anzugeben."
²Hat sich der Kostensatz nicht geändert, so genügt die Übersendung einer Rechnung, in der lediglich der Gesamtbetrag der früheren Rechnung, die geleisteten Zahlungen und der noch geschuldete Restbetrag anzugeben sind. ³Bewilligte Zahlungserleichterungen (§ 8 Absatz 3, § 12) sind der zuständigen Kasse mitzuteilen.

II Die Überweisung der Kosten unterbleibt, wenn die Voraussetzungen vorliegen, unter denen die Kostenbeamtin oder der Kostenbeamte von der Aufstellung einer Kostenrechnung absehen darf (§ 10 der Kostenverfügung).

III Der Kasse mit zu überweisen sind auch die nicht beigetriebenen Kosten eines der Lösung (§ 15) vorausgegangen Einziehungsverfahrens.

Wahrnehmung der Rechte aus früheren Vollstreckungen

17 I ¹Hatte das Land vor der Trennung von Geldbetrag und Kosten aus einer Zwangsvollstreckung wegen der Kosten bereits Rechte erlangt, so teilt die Vollstreckungsbehörde dies der zuständigen Kasse unter Übersendung der vorhandenen Beitreibungsverhandlungen mit. ²Dies gilt nicht, wenn die wegen der Kosten begründeten Rechte nach § 15 Absatz 2 aufgegeben werden.

II ¹Ist der Vollziehungsbeamtin oder dem Vollziehungsbeamten ein Vollstreckungsauftrag erteilt (§ 9 Absatz 1 Satz 1, § 10 Absatz 1), so hat die zuständige Kasse der Vollziehungsbeamtin oder dem Vollziehungsbeamten gegenüber jetzt die Stellung der Auftraggeberin; sie hat sie oder ihn hiervon zu verständigen. ²Der Auftrag bleibt bestehen, bis die zuständige Kasse ihn zurücknimmt.

Abschnitt 4
Geldauflagen im Strafverfahren

18 I ¹Geldzahlungen, die Zahlungspflichtigen nach § 56 b Absatz 2 Nummer 2, § 57 Absatz 3 Satz 1 StGB, § 153 a StPO, § 15 Absatz 1 Satz 1 Nummer 3, den §§ 23, 29, 45, 88 Absatz 5 und § 89 Absatz 3 JGG oder anlässlich eines Gnadenerweises auferlegt sind, werden nicht mit Zahlungsaufforderung (§ 5 Absatz 1) eingefordert. ²Ihre Beitreibung ist unzulässig.

II ¹Wird die Geldauflage gestundet, so prüft die Vollsteckungsbehörde, ob die zuständige Kasse ersucht werden soll, die Einziehung der Kosten auszusetzen. ²Ein Ersuchen empfiehlt sich, wenn die sofortige Einziehung der Kosten den mit der Stundung der Geldauflage verfolgten Zweck gefährden würde.

Abschnitt 5. Schlussvorschriften
Inkrafttreten, Außerkrafttreten

19 *(nicht abgedruckt)*

X. Gesetz über die Vergütung der Rechtsanwältinnen und Rechtsanwälte (Rechtsanwaltsvergütungsgesetz – RVG)

in der Fassung Art 3 KostRMoG v 5. 5. 04, BGBl 718, 788,
zuletzt geändert durch Art 2 VIII G v. 18. 7. 17, BGBl 2739

Grundzüge

Schrifttum: *Asperger/Helfstab/Richter,* RVG-effizient, 2. Aufl 2014; *Axmann,* Berufs- und Vergütungsrecht für die Anwaltschaft, 2. Aufl 2007; *Baronin von König/Bischof,* Kosten in Familiensachen, 2009; *Baumgärtel/Hergenröder/Houben,* RVG, 16. Aufl 2014; *Berners,* Die RVG-Prüfung usw, 2. Aufl 2007; *Beutling,* Anwaltsvergütung in Verwaltungssachen, 2004; *Bischof/Jungbauer/Bräuer/Klipstein/Klüsener/Kerber,* RVG, 8. Aufl 2018; *Bonefeld,* Gebührenabrechnung erbrechtlicher Mandate; 2. Aufl 2011; *Braun,* Gebührenabrechnung nach dem neuen RVG, 2004; *Braun/Hansens,* RVG-Praxis, 2004; *Brieske/Teubel/Scheungrab* (Hrsg), Vergütungsrecht, 2007; *Bultmann,* Die neue Rechtsanwaltsvergütung, 2004; *Burchard/Wüst,* RVG, 2004; *Burhoff* (Hrsg), RVG in Straf- und Bußgeldsachen, 4. Aufl 2014; *Burhoff/Kindermann,* RVG 2004, 2004; *Dörndorfer,* Rechtsanwalts- und Gerichtskosten in Familiensachen 2009; *Dormann,* JurCalc, 2004 RVG, 2004; *Ebert,* Das neue Rechtsanwaltsvergütungsgesetz (RVG), 2. Aufl 2004; *Enders,* RVG für Anfänger, 18. Aufl 2018; *Enders* JB **13**, 507 (Üb zum 2. KostRModG); *Enders/Hansens/Jungbauer/Meyer,* RVG, 2004; *Ernst,* RVG, 2004; *Fischer* MDR **13**, 881 (Üb); *Fraunholz/Keller/Schneider/Schmahl,* RVG, 9. Aufl 2005; *Gerold/Schmidt,* RVG, 23. Aufl 2017, bearbeitet von *Müller-Rabe/Mayer/Burhoff; Goebel,* Anwaltsgebühren im Forderungseinzug usw, 2014; *Goebel/Gottwald,* RVG, 2004; *Göttlich/Mümmler,* RVG, 4. Aufl 2012; *Gross,* Anwaltsgebühren in Ehe- und Familiensachen, 4. Aufl 2014; *Hartung/Römermann,* Beck'sche Synopse zum neuen Vergütungsrecht, 2004; *Hartung/Schons/Enders,* RVG, 3. Aufl 2017 (Bespr *Schneider* NJW **17**, 3213 und Rpfleger **17**, 736); *Hellstab* Rpfleger **14**, 468 (Üb); *Herrmann,* Erfolgreiche Gebührenabrechnung nach dem RVG usw, 2004; *Hinne,* Anwaltsvergütung im Sozialrecht, 2. Aufl 2013; *Jost,* Gebühren- und Kostenrecht im FG- und BFH-Verfahren, 4. Aufl 2014; *Jungbauer,* Rechtsanwaltsvergütung, 6. Aufl 2015; *Jungbauer,* Das familienrechtliche Mandat, 3. Aufl 2013; *Kilian* AnwBl **13**, 882 (Üb); *Kindermann,* Gebührenpraxis für Rechtsanwälte, 2005; *Lappe,* Gebührentabellen für Rechtsanwälte, 23. Aufl 2009; *Lappe* NJW **08**, 485 (Rspr-Üb); *Lautwein,* Vergütungstipps nach dem RVG, 2005; *Leicht/Sell-Kanyi,* RVG 2004, 2004; *Leipold,* Anwaltsvergütung in Strafsachen, 2004; *Lorenz/Klanke,* InsVV – GKG – RVG, 2. Aufl 2014; *Lutje,* RVG von A–Z, 2004; *Lutje,* RVG Gebührenrechner 2. 1. 2006; *Lutz,* Gerichtskosten- und Rechtsanwaltsvergütungsgesetz, 5. Aufl 2004; *Madert,* Rechtsanwaltsvergütung in Straf- und Bußgeldsachen, 5. Aufl 2004; *Madert* VerwS, Anwaltsgebühren in Verwaltungs-, Sozial- und Steuersachen, 3. Aufl 2007; *Madert* ZivilS, Anwaltsgebühren in Zivilsachen, 4. Aufl 2000; *Mayer* NJW **17**, 3426 (Üb); *Mayer,* Das neue Gebührenrecht in der anwaltlichen Praxis, 2013; *Mayer/Kroiß* (Hrsg), RVG, 7. Aufl 2018; *Müller-Rabe* NJW **10**, 2009 (FGG-Reform); *Nath/Giebler/Prutsch,* Vergütungs- und Kostenrecht, 2005; *Onderska,* Anwaltsgebühren in Verkehrssachen, 4. Aufl 2013; *Petzold/von Seltmann,* Das neue Kostenrecht, GKG, JVEG und RVG, 2004; *Reckin,* Das 1 × 1 des RVG, 2016; *Rehberg/Asperger/Vogt/Feller/Hellstab/Jungbauer/Bestelmeyer/Frankenberg,* RVG, 7. Aufl 2018; *Reimann* FamRZ **13**, 1257 (Üb); *Reisert,* Anwaltsgebühren im Straf- und Bußgeldrecht, 2011; *Riedel/Sußbauer,* RVG, 10. Aufl 2015 (Bespr *Hellstab* Rpfleger **16**, 46, *Wasserburg* NJW **15**, 1001); *Ringel/Schwarz,* Das neue Vergütungsrecht für Rechtsanwälte, 2013; *Schaefer/Kiemstedt,* Anwaltsgebühren im Arbeitsrecht, 3. Aufl 2011; *Schellenberg* AnwBl **17**, 984 (rechtspolitisch); *Scherer,* Grundlagen des Kostenrechts – RVG, 17. Aufl 2014; *Schneider,* Anwaltkommentar RVG, 8. Aufl 2017; *Schneider* NJW **13**, 1533 (Üb); *Schneider,* RVG Praxiswissen, 4. Aufl 2017; *Schneider,* Gebührenrecht, Honorargestaltung, Kostenrecht, 2005; *Schneider,* Fälle und Lösungen zum RVG, 4. Aufl 2014; *Schneider,* Gebühren in Familiensachen, 2. Aufl 2018; *Schneider,* Anwaltsvergütung in Verkehrssachen, 2018; *Schneider/Thiel,* Das neue Gebührenrecht für Anwälte, 2. Aufl 2013; *Schons,* Das RVG, das unverstandene Gesetz, Festschrift für *Madert* (2006) 219; *Schons* AnwBl **13**, 314 (Üb zur Reform); *Teubel/Scheungrab,* Vergütungsrecht, 2. Aufl 2011; *Wolf,* RVG für Einsteiger, 5. Aufl 2016; *Wolf,* RVG-Navigator, 2004.

RVG Grdz

X. Rechtsanwaltsvergütungsgesetz

Gliederung

1) Geschichtliches und Rechtspolitik	1–10
2) (Amtliche) Übersicht	11
3) Vergütungsgrundlage	12–20
A. Anwaltsvertrag	12
B. Sachlichrechtliche Folgen	13
C. Geschäftsführung ohne Auftrag	14
D. Ungerechtfertigte Bereicherung	15
E. Beiordnung	16
F. Funktion des RVG	17
G. Hinweis- oder Belehrungspflicht	18
H. Beispiele zur Frage einer Hinweis- oder Belehrungspflicht	19
I. Verstoß	20
4) Vergütungsschuldner	21–33
A. Vertragspartner	21
B. Staatskasse	22
C. Beschuldigter	23
D. Vertretener	24
E. Rechtsnachfolger	25
F. Begünstigte Partei	26, 27
G. Prozeßgegner des Auftraggebers	28–31
H. Antragsgegner	32
I. Mitschuldner	33
5) Vergütungsfestsetzung	34, 35
A. Gegenüber dem Auftraggeber	34
B. Gegenüber der Staatskasse	35
6) Kostenerstattung	36–40
A. Grundsatz: Maßgeblichkeit der Verfahrensordnung	36
B. Zivilprozeß	37
C. Freiwillige Gerichtsbarkeit	38
D. Strafverfahren	39
E. Verwaltungs-, Sozial-, Finanzgerichtsverfahren	40
7) Internationales Recht; ausländischer Anwalt	41–43
A. Deutscher Anwalt im Ausland	41
B. Ausländischer Anwalt im Inland	42
C. EU-Anwalt	43

1–7   **1) Geschichtliches und Rechtspolitik,** dazu *Kilian* AnwBl **11**, 877, *Mayer* NJW **16**, 1555, *Schneider* NJW **07**, 325 (je: Üb): Über die Entwicklung bis Dezember 2016 unterrichtet die 47. Aufl.

8   *Weitere Änderungen* ergaben sich durch
- das Gesetz zur Reform der strafrechtlichen Vermögensabschöpfung vom 13. 4. 17, BGBl 872;
- das Gesetz zur Durchführung der Verordnung (EU) 2015/848 über Insolvenzverfahren vom 5. 6. 17, BGBl 1476;
- das Gesetz zur Einführung eines familiengerichtlichen Genehmigungsvorbehaltes für freiheitsentziehende Maßnahmen bei Kindern vom 17. 7. 17, BGBl 2424;
- das Gesetz zur Einführung eines Wettbewerbsregisters und zur Änderung des Gesetzes gegen Wettbewerbsbeschränkungen vom 18. 7. 17, BGBl 2739.

9   Zur *Rechtspolitik* Einl I 3.
10   Das Gesetz wird amtlich als RVG abgekürzt.
11   **2) (Amtliche) Inhaltsübersicht**

Abschnitt 1. Allgemeine Vorschriften	§§
Geltungsbereich	1
Höhe der Vergütung	2
Gebühren in sozialrechtlichen Angelegenheiten	3
Vergütungsvereinbarung	3 a
Erfolgsunabhängige Vergütung	4
Erfolgshonorar	4 a
Fehlerhafte Vergütungsvereinbarung	4 b
Vergütung für Tätigkeiten von Vertretern des Rechtsanwalts	5
Mehrere Rechtsanwälte	6
Mehrere Auftraggeber	7
Fälligkeit, Hemmung der Verjährung	8

X. Rechtsanwaltsvergütungsgesetz Grdz RVG

	§§
Vorschuss	9
Berechnung	10
Festsetzung der Vergütung	11
Anwendung von Vorschriften für die Prozesskostenhilfe	12
Abhilfe bei Verletzung des Anspruchs auf rechtliches Gehör	12 a
Elektronische Akte, elektronisches Dokument	12 b
Rechtsbehelfsbelehrung	12 c

Abschnitt 2. Gebührenvorschriften

Wertgebühren	13
Rahmengebühren	14
Abgeltungsbereich der Gebühren	15
Anrechnung einer Gebühr	15 a

Abschnitt 3. Angelegenheit

Dieselbe Angelegenheit	16
Verschiedene Angelegenheiten	17
Besondere Angelegenheiten	18
Rechtszug; Tätigkeiten, die mit dem Verfahren zusammenhängen	19
Verweisung, Abgabe	20
Zurückverweisung, Fortführung einer Folgesache als selbständige Familiensache	21

Abschnitt 4. Gegenstandswert

Grundsatz	22
Allgemeine Wertvorschrift	23
Gegenstandswert im Verfahren über die Prozesskostenhilfe	23 a
Gegenstandswert im Musterverfahren nach dem Kapitalanleger-Musterverfahrensgesetz	23 b
Gegenstandswert im Sanierungs- und Reorganisationsverfahren nach dem Kreditinstitute-Reorganisationsgesetz	24
Gegenstandswert in der Vollstreckung und bei der Vollziehung	25
Gegenstandswert in der Zwangsversteigerung	26
Gegenstandswert in der Zwangsverwaltung	27
Gegenstandswert im Insolvenzverfahren	28
Gegenstandswert im Verteilungsverfahren nach der Schifffahrtsrechtlichen Verteilungsordnung	29
Gegenstandswert in gerichtlichen Verfahren nach dem Asylgesetz	30
Gegenstandswert in gerichtlichen Verfahren nach dem Spruchverfahrensgesetz	31
Ausschlussverfahren nach dem Wertpapiererwerbs- und Übernahmegesetz	31 a
Gegenstandswert bei Zahlungsvereinbarungen	31 b
Wertfestsetzung für die Gerichtsgebühren	32
Wertfestsetzung für die Rechtsanwaltsgebühren	33

Abschnitt 5. Außergerichtliche Beratung und Vertretung

Beratung, Gutachten und Mediation	34
Hilfeleistung in Steuersachen	35
Schiedsrichterliche Verfahren und Verfahren vor dem Schiedsgericht	36

Abschnitt 6. Gerichtliche Verfahren

Verfahren vor den Verfassungsgerichten	37
Verfahren vor dem Gerichtshof der Europäischen Gemeinschaften	38
Verfahren vor dem Europäischen Gerichtshof für Menschenrechte	38 a
Von Amts wegen beigeordneter Rechtsanwalt	39
Als gemeinsamer Vertreter bestellter Rechtsanwalt	40
Prozesspfleger	41
Vertreter des Musterklägers	41 a

Abschnitt 7. Straf- und Bußgeldsachen sowie bestimmte sonstige Verfahren

Feststellung einer Pauschgebühr	42
Abtretung des Kostenerstattungsanspruchs	43

Abschnitt 8. Beigeordneter oder bestellter Rechtsanwalt, Beratungshilfe

Vergütungsanspruch bei Beratungshilfe	44
Vergütungsanspruch des beigeordneten oder bestellten Rechtsanwalts	45
Auslagen und Aufwendungen	46
Vorschuss	47
Umfang des Anspruchs und der Beiordnung	48
Wertgebühren aus der Staatskasse	49
Weitere Vergütung bei Prozesskostenhilfe	50
Festsetzung einer Pauschgebühr	51
Anspruch gegen den Beschuldigten oder den Betroffenen	52

	§§
Anspruch gegen den Auftraggeber, Anspruch des zum Beistand bestellten Rechtsanwalts gegen den Verurteilten	53
Verschulden eines beigeordneten oder bestellten Rechtsanwalts	54
Festsetzung der aus der Staatskasse zu zahlenden Vergütungen und Vorschüsse	55
Erinnerung und Beschwerde	56
Rechtsbehelf in Bußgeldsachen vor der Verwaltungsbehörde	57
Anrechnung von Vorschüssen und Zahlungen	58
Übergang von Ansprüchen auf die Staatskasse	59
Beiordnung und Bestellung durch Justizbehörden	59 a

Abschnitt 9. Übergangs- und Schlussvorschriften

Bekanntmachung von Neufassungen	59 b
Übergangsvorschrift	60
Übergangsvorschrift aus Anlass des Inkrafttretens dieses Gesetzes	61
Verfahren nach dem Therapieunterbringungsgesetz	62

Anlage 1 (zu § 2 Abs. 2), **Anlage 2** (zu § 13 Abs. 1)

12 **3) Vergütungsgrundlage.** Man muß fünf Aspekte beachten.

A. Anwaltsvertrag, dazu *Kilian,* Rechtliche Grundlagen der anwaltlichen Tätigkeit, 2005; *Kilian,* in: *Graf von Westphalen/Thüsing,* Vertragsrecht usw: Rechtsanwälte, 2015, 1: Der Anwalt wird grundsätzlich auf Grund eines privatrechtlichen Vertrags mit dem Auftraggeber nach dem BGB tätig. Der Vertragsabschluß kann nach § 151 BGB auch durch eine schlüssige Annahme des Angebots erfolgen, BGH MDR **10**, 1088 (Treuhand), Stgt AnwBl **76**, 439. Eine Annahme liegt noch nicht dann vor, wenn der Anwalt zunächst – selbst aufwendig – prüft, ob er annehmen soll. Daher ist eine Informationsaufnahme keineswegs stets bereits ein Teil der Vertragstätigkeit. Die letztere liegt erst ab der Auftragsannahme und daher erst bei einer auftrags*gemäßen* Informationsaufnahme vor. Freilich kann im Stadium der Prüfung, ob der Anwalt einen Hauptauftrag annehmen will, bereits ein zumindest stillschweigend zustandegekommener Vertrag über eine Beratung zu den Erfolgsaussichten eines etwaigen Hauptauftrags liegen und zB nach § 34 vergütungspflichtig sein. Das muß aber nicht so sein, AG Lahr JB **07**, 87. Der Auftrag muß unbedingt sein, zum Problem Bischof JB **13**, 232.

Der Anwalt muß eine *Ablehnung* des Angebots nach § 44 BRAO unverzüglich wie bei § 121 I 1 BGB erklären. Andernfalls kann er sich schadensersatzpflichtig machen. Ein Vertragsverbot kann sich aus §§ 45 ff BRAO ergeben. Es handelt sich beim Anwaltsvertrag meist um einen Vertrag über Dienste höherer Art, BGH NJW **87**, 316, nämlich um einen Geschäftsbesorgungsvertrag nach §§ 611, 612 I, 662 ff, 675 I BGB, Saarbr KTS **78**, 185, AG Köln AnwBl **89**, 624, AG Warendorf JB **03**, 421.

Um einen *Werkvertrag* nach §§ 631 ff BGB handelt es sich nur ausnahmsweise, nämlich dann, wenn der Anwalt eine Gewährleistung für den Erfolg übernimmt. Das kann, muß aber nicht so sein, selbst nicht nach einem Garantieversprechen des Anwalts, Ffm NJW **07**, 1468, auch nicht zB bei einem Gutachten nach (jetzt) § 34 I 1, AG Suhl AGS **89**, 96, oder bei einem Vertragsentwurf, BGH NJW **96**, 661. Eine Vermögens- oder Nachlaßverwaltung ist meist kein Werkvertrag. Das Vorliegen einer sog Erfolgsgebühr etwa nach VV 1000–1002 zwingt nicht zur Annahme eines Werkvertrags.

Ein *Maklervertrag* nach §§ 652 ff BGB liegt grundsätzlich selbst dann nicht vor, wenn der Auftraggeber den Anwalt mit der Vermittlung eines Darlehens beauftragt. Der Anwalt hat also auch dann einen Vergütungsanspruch, wenn seine Bemühung erfolglos bleibt. Etwas anderes gilt nur dann, wenn ein rechtlicher Beistand für die gesamten Vertragspflichten des Anwalts völlig nebensächlich ist, BGH NJW **85**, 2642, Ffm AnwBl **81**, 375, Karlsr JB **91**, 375. Dann aber fehlt es ohnehin an der besonders gearteten anwaltlichen Berufstätigkeit.

13 **B. Sachlichrechtliche Folgen.** Der Umfang des Auftrags des Anwalts, seine Rechte und Pflichten richten sich zunächst sachlichrechtlich nach dem jeweiligen Vertragsverhältnis. Der Vertrag ist nach § 627 I BGB wegen des Charakters der Anwaltstätigkeit als einer höheren Dienstleistung nach Rn 12 auch ohne die Angabe eines gar wichtigen Grundes jederzeit beiderseits fristlos kündbar, BGH NJW **87**, 316. Dem Grunde nach fußt auch der Vergütungsanspruch des Anwalts auf dem Vertragsrecht, nur der Höhe nach meist auf dem Gesetz, BGH RR **04**, 1133. Bei einer Gebührenvereinbarung kann ihr hartnäckiges Leugnen durch den Auftraggeber ein „Auflösungsverschulden" für eine Kündigung des Anwalts bedeuten, Düss AnwBl **09**, 72. In einem Kündigungsfall behält der Anwalt eine Vergütung nach Maßgabe des § 628 BGB, Henssler/Deckenbrock NJW **05**, 1 (ausf). Das gilt zB für diejenige Tätigkeit, die er bereits vertragsgemäß vorgenommen hat, BGH NJW **14**, 318, aber auch für die anschließend noch im wahren Interesse der Partei vorgenommenen unaufschiebbaren Handlungen. Zu deren Wahrnehmung kann er sogar verpflichtet sein, BGH NJW **87**, 316, Düss VersR **88**, 1155, AG Köln AnwBl **89**, 624. Wegen Herabsetzung der Vergütung bei einer vorzeitigen Kündigung des Auftraggebers BGH NJW **87**, 316. Eine Kündigung des Anwalts ohne Schuld des Auftraggebers führt zum Vergütungsverlust, soweit der Auftraggeber einen anderen ProzBev bestellen muß, BGH AnwBl **17**, 786 rechts, aM Baumert MDR **17**, 1337 (für Verschuldensunabhängigkeit). Eine Mandatskündigung wegen Vertrauensverlustes kann zum Wegfall eines Gebührenanspruchs führen. Zum Problem Ffm NJW **16**, 1599, krit Offermann-Burckart NJW **16**, 1552. Zu Gefahren einer Mandatsniederlegung Ritter NJW **15**, 2008 (Üb).

Natürlich kommt nur ein *wirksamer* Anwaltsvertrag in Betracht, Stgt JB **99**, 314 (ein Verstoß gegen § 46 I BRAO beim Syndikus ist schädlich), AG Warendorf JB **03**, 421 (ein Verstoß gegen § 14 I 2 BNotO ist schädlich). Massenninkasso ist nicht von vornherein unstatthaft, Kleine-Cosack NJW **11**, 2257. Bei einem Auftrag in einer Betreuungssache kann wegen § 275 FamFG evtl ein Mangel der Geschäftsfähigkeit des Betreuten unbeachtbar sein, Kblz NJW **14**, 1251. Bei einer schuldhaften Schlechterfüllung kann an sich ein Vergütungsanspruch bestehenbleiben, Kblz RR **06**, 1360, sofern nicht die Anwaltsleistung grob fehlerhaft und unbrauchbar ist, BGH NJW **04**, 2817, Schlesw MDR **04**, 908, und sofern der Anwalt nicht auch noch kündigt, Düss AnwBl **11**, 870, krit Baumert MDR **17**, 1337 (für Verschuldensunabhängigkeit). Diesem Vergütungsanspruch gegenüber kann ohne aber ein Schadensersatzanspruch des Auftraggebers entstehen, BGH WertpMitt **11**, 2111, Celle RR **10**, 133, Meyer JB **14**, 407. Er beschränkt sich freilich meist auf den sog Mangelfolgeschaden. Ein Verstoß gegen § 43 a IV BRAO (Verbot widerstreitender Interessen) kann mitbeachtbar sein, BAG NJW **05**, 922. Es kann auch ein Herausgabeanspruch des Auftraggebers wegen eingezogener Gelder gegenüberstehen, BGH BB **07**, 1919.

Eine *Anscheinsvollmacht* mit der Folge einer vertraglichen Vergütung ist nach den Regeln des BGB möglich, BGH MDR **81**, 913.

Eine *Abtretung* des Vergütungsanspruchs an einen Nichtanwalt ist ohne eine Zustimmung des Auftraggebers schon nach §§ 134 BGB, 203 I Z 3 StGB grundsätzlich nichtig, BGH NJW **95**, 2915 (Ausnahme bei Bestellung des Zessionars zum Abwickler, BGH MDR **97**, 197). Sie ist im übrigen auch nur unter den Voraussetzungen des § 49b IV 2 BRAO statthaft, abgedruckt bei § 3a, Prechtel NJW **97**, 1813. Sie ist zB wirksam, soweit der Anwalt an einen solchen Kollegen abtritt, der ihn zuvor außergerichtlich und im Verfahren nach § 11 vertreten und die Sache umfassend kennengelernt hatte, BGH NJW **05**, 507.

C. Geschäftsführung ohne Auftrag. Der Anwalt mag auch im Rahmen einer Geschäftsführung ohne Auftrag nach §§ 677ff, 670, 683, 684 BGB tätig werden, Celle FamRZ **09**, 1775. Der Auftrag geht dann bei einer anwaltlichen Leistung nach § 1 Rn 36ff auf eine übliche Vergütung, also auf diejenige nach dem RVG. Eine Genehmigung des Geschäftsherrn macht das RVG anwendbar. Mangels einer Genehmigung kann Rn 15 nach § 684 S 1 BGB infragekommen. Eine Vorschuß- oder Vorauszahlungsleistung aus eigener Kasse kann dem Anwalt einen solchen Anspruch geben, den er aufrechnen kann (Frage der Auslegung des Anwaltsvertrags und der Leistungsbehörde). 14

D. Ungerechtfertigte Bereicherung. Ein Vergütungsanspruch des Anwalts kann sich auch auf Grund einer ungerechtfertigten Bereicherung nach §§ 812ff BGB ergeben. Hierher gehört auch die Tätigkeit trotz einer Nichtigkeit des Anwaltsvertrags etwa wegen einer Geisteskrankheit des Auftraggebers. Bei § 134 BGB oder bei §§ 45 BRAO, 138a, 146 StPO entsteht nach § 817 BGB kein Vergütungsanspruch. 15

E. Beiordnung. Schließlich kommt als Rechtsgrundlage der Tätigkeit des Anwalts eine öffentlichrechtliche Beiordnung durch das Gericht zB nach §§ 45ff (Prozeß- oder Verfahrenskostenhilfe) in Betracht. Unter den jeweils dort erörterten Voraussetzungen muß in einem bestimmten Umfang aber auch dann ein Vertrag zwischen dem Anwalt 16

RVG Grdz

X. Rechtsanwaltsvergütungsgesetz

und seinem Mandanten hinzukommen. Die Vergütung einschließlich eines Auslagenersatzes darf nicht zu einer nach Art 12 GG unzumutbaren Unterbezahlung führen, BVerfG NJW **01**, 1270. Das muß man bei der Auslegung mitbeachten.

17   **F. Funktion des RVG.** Seine Handhabung darf nicht gegen die Berufsfreiheit nach Art 12 GG verstoßen, BVerfG AnwBl **09**, 650, Gaier AnwBl **10**, 78. In den meisten Fällen Rn 12–16 ergeben sich die Rechte und Pflichten des Anwalts grundsätzlich nicht aus dem RVG, sondern aus den jeweils genannten sachlichrechtlichen Vorschriften. Nach § 612 I BGB gilt mindestens als stillschweigend vereinbart, daß der Anwalt überhaupt eine Vergütung erhält, Düss FamRZ **09**, 2027. Auch das Abraten etwa vom Prozeß kann nach § 34 vergütungspflichtig sein. Diese Vorschrift verweist beim Fehlen einer Vergütungsabrede ohnehin für ihren Anwendungsbereich auf das bürgerliche Recht.

Das auf Art 74 Z 1 GG beruhende RVG tritt nur nach Grund und Höhe *ergänzend* zu diesen Vorschriften hinzu, BGH NJW **87**, 316. Es enthält allerdings insofern eine Sonderregelung. Es ist nur in bestimmten Grenzen abdingbar, im übrigen zwingendes vorrangiges Recht. Das verkennt BGH NJW **17**, 2554 (krit Kilian). Dieser Zwang ist mit dem EU-Recht vereinbar, EuGH BB **02**, 643 (zustm Schlosser JZ **02**, 453), krit Sagawe ZRP **02**, 281 (ausf). Zur grenzüberschreitenden vorläufigen Kontenpfändung Klüsener JB **17**, 57 (Üb). Immerhin hat die bloße Ergänzungsfunktion des RVG nach § 4 Rn 5 ff erhebliche Auswirkungen zB auf die Zulässigkeit einer Honorarvereinbarung unterhalb der gesetzlichen Gebühren. Im übrigen regelt das RVG grundsätzlich nur die Frage, welche Zahlungsansprüche der Anwalt gegenüber dem Auftraggeber im Innenverhältnis hat.

Das RVG *regelt nicht* die weitere Frage, ob und unter welchen Voraussetzungen sein Auftraggeber von einem Prozeßgegner eine Erstattung der Anwaltskosten zB nach §§ 91 ff ZPO fordern kann. Freilich kann der Anwalt auch vom Prozeßgegner seines Auftraggebers unter Umständen unmittelbar eine Erstattung fordern, zB nach § 126 ZPO, Rn 28. Ein Honorarverzicht ist evtl nach § 1 UWG wettbewerbswidrig und außerdem nach § 138 BGB sittenwidrig, BGH NJW **80**, 2407. Wegen einer geringeren als der gesetzlichen Vergütung usw § 4 II sowie § 49 b I 2 BRAO, abgedruckt bei § 3 a. Die Fälligkeit richtet sich nach § 8. Wegen eines Vorschusses § 9.

18   **G. Hinweis- oder Belehrungspflicht.** Eine Belehrung über die Vergütungspflicht ist nicht stets zwingend, erst recht nicht stets zur gesetzlichen Gebührenhöhe ohne eine Anfrage des Auftraggebers, BGH AnwBl **06**, 215 links oben, Hamm AnwBl **13**, 665. Allerdings muß der Anwalt nach § 49 b V BRAO, abgedruckt bei § 3 a, sogar schon vor der Übernahme des Auftrags darauf hinweisen, daß eine auch nur evtl infrage kommende sog Wertgebühr nach § 2 Rn 1 entstehen kann, wie ja meist nach § 2 I, Hartmann NJW **04**, 2484, Schultzky Festgabe für Vollkommer (2006) 417. Zur Hinweispflicht bei einer Erstberatung LG Stgt AnwBl **16**, 772.

19   **H. Beispiele zur Frage einer Hinweis- oder Belehrungspflicht**
Arbeitssache: S „Beweislast", „Kostenerstattung".
Beratungshilfe: S „Prozeß- oder Verfahrenskostenhilfe usw".
Beweislast: Der Anwalt muß darlegen, wie er einen Hinweis erteilt hat. Der Auftraggeber muß sodann das Fehlen eines korrekten Hinweises beweisen, BGH BB **07**, 2768 (verfassungsrechtlich krit Steike AnwBl **08**, 55). Das gilt zB in einer arbeitsrechtlichen Sache trotz der Abgrenzungsprobleme zur sozialrechtlichen Sache, Fischer NZA **04**, 1186, Notz NZA **04**, 686.
Frage des Auftraggebers: Notwendig wird ein Hinweis oder eine Belehrung auf Grund der Frage eines Auftraggebers.
Gegenstandswert: Notwendig sein kann eine Kostenbelehrung bei einem hohen solchen Wert, Hamm AnwBl **13**, 665.
Kostenerstattung: Notwendig sein kann ein Hinweis darauf, daß vor dem erstinstanzlichen ArbG nach § 12 a I 2 ArbGG keine solche Erstattung erfolgt, LG Mü AnwBl **81**, 68.
Nachholung: S „Zeitpunkt".
Notareinschaltung: *Nicht* allgemein notwendig ist ein Hinweis auf den Zwang einer solchen Maßnahme, BGH AnwBl **97**, 673, zumal der Anwalt anders als ein Notar nur die Interessen seines Auftraggebers vertritt, Peperkorn AnwBl **95**, 305.

X. Rechtsanwaltsvergütungsgesetz **Grdz RVG**

Prozeß- oder Verfahrenskostenhilfe usw: Notwendig sein kann ein Hinweis auf eine solche Möglichkeit zB nach §§ 114 ff ZPO, 76 ff FamFG, 11 a ArbGG, oder auf eine Beratungshilfe nach dem BerHG, Celle RR **10**, 133, Kblz AnwBl **90**, 164, Greißinger AnwBl **92**, 49.
Rechtsbehelfsbelehrung: Notwendig ist sie nach §§ 3 c, 33 V 2, 52 IV 2.
Umstände: Notwendig sein kann ein Hinweis oder eine Belehrung nach den Umständen des Einzelfalls, BGH NJW **98**, 1361, Kblz AnwBl **88**, 64, Stgt JB **03**, 586.
Unwirtschaftlichkeit: Notwendig sein kann ein Hinweis oder eine Belehrung zB über die Kosten dann, wenn eine Unwirtschaftlichkeit der Rechtsverfolgung droht, etwa nach §§ 157, 242 BGB, BGH NJW **80**, 2128.
Unverhältnismäßigkeit: Notwendig sein kann ein Hinweis dann, wenn das (vereinbarte) Honorar unverhältnismäßig höher werden kann als der erstrebte Erfolg in der Hauptsache, LG Duisb RR **13**, 484.
Verbrauchermandat: Notwendig sein kann eine Belehrung bei einem solchen Auftrag nach § 357 VIII 2 BGB, Mayer AnwBl **14**, 908.
Zeitpunkt: Notwendig ist ein Hinweis oder eine Belehrung zum frühestmöglichen Zeitpunkt. Zumindest ist eine wie bei § 121 I 1 BGB unverzügliche Nachholung nötig. Der Auftraggeber soll die Möglichkeit erhalten, sich zur Gebührenhöhe näher zu informieren und evtl von vornherein oder wenigstens nachträglich eine für ihn günstigere Honorarvereinbarung zu erreichen, falls sie überhaupt zulässig ist. Dergleichen ist auch durchweg zumindest im Kern durchaus durchführbar und zumutbar.

I. Verstoß. Ein schuldhafter Verstoß des Anwalts kann berufsrechtliche Folgen **20** haben, Hartung MDR **04**, 1094. Er kann auch als eine Schlechterfüllung nach Rn 13 Schadensersatzpflichten nach sich ziehen. Das gilt sogar bei einer unentgeltlichen Tätigkeit nach Rn 21. Freilich muß der Auftraggeber darlegen und beweisen, daß er eine für ihn günstigere Lösung bei diesem oder einem anderen Anwalt erreicht hätte. Das wird aber weder mit dem sog Anscheinsbeweis nach BLAH Anh § 286 ZPO Rn 15 noch gar ohne einen solchen leicht gelingen, von Ausnahmefällen abgesehen. Eine Nichtigkeit des Anwaltsvertrags etwa nach § 134 BGB liegt schon deshalb nicht vor, weil diese Vorschrift nur ein gesetzliches Verbot regelt, § 49 b V BRAO aber ein gesetzliches Gebot. Deshalb hat ein Verstoß gegen § 49 b V BRAO keine unmittelbaren gebührenrechtlichen Nachteile, Kblz RR **08**, 270. Ein Verstoß gegen § 43 a IV BRAO kann zur Nichtigkeit und damit zum Fehlen eines Vergütungsanspruchs führen, KG NJW **08**, 1458. § 138 BGB dürfte nur bei einer Planmäßigkeit eines Anwaltsverstoßes praktisch infrage kommen. Daher dürfte § 49 b V BRAO zivilrechtlich keine übermäßige praktische Bedeutung haben, AG Altenkirchen RR **08**, 186, so bedauerlich das theoretisch auch sein mag. Strafrechtlich kann allerdings § 263 StGB in Betracht kommen, Kleine-Cosack NJW **11**, 2255, aM Schultzky Festgabe für Vollkommer (2006) 417 (aber der Auftraggeber würde evtl überhaupt keinen Auftrag erteilen), auch § 352 StGB, BVerfG NJW **11**, 2275.

4) Vergütungsschuldner. Als Schuldner derjenigen Gebühren und Auslagen, die **21** der Anwalt und bei einer Sozietät im Zweifel diese zur gesamten Hand beanspruchen kann, BGH NJW **96**, 2859, kommen die folgenden Personen in Betracht.
A. Vertragspartner. Vergütungsschuldner ist derjenige, der dem Anwalt einen Auftrag erteilt, Köln AnwBl **78**, 65 (krit Schmidt), Hempel NZA **14**, 1007. Das ist kein unentgeltlicher Vorgang nach § 662 BGB. Denn kein Anwalt arbeitet umsonst. Zur Unentgeltlichkeit müssen vielmehr besondere Umstände vorliegen, etwa bei einer bloßen Gefälligkeit gegenüber Angehörigen oder sehr guten Freunden. Der Auftraggeber haftet für die von seinem gesetzlichen Vertreter oder vom ProzBev nach § 11 Rn 14 ff für ihn eingegangene Verpflichtung. Soweit der Anwalt für eine solche Tätigkeit einen Vertreter bestellt, die er nach dem Vertrag an sich persönlich erledigen soll und muß, haftet für dessen Vergütung nicht der Auftraggeber des Anwalts, sondern der Anwalt selbst als Auftraggeber, BGH NJW **81**, 1728. Für den Unterbevollmächtigten gilt aber meist dasselbe wie für den Hauptbevollmächtigten.
Bei einer *Rechtsschutzversicherung* ist auch nach deren Deckungszusage grundsätzlich nach § 17 II ARB nur der Versicherungsnehmer als Auftraggeber der Vertragspartner des Anwalts. Der Versicherungsnehmer hat freilich nach § 1 II AGB einen Freistel-

lungsanspruch wegen der Anwaltsvergütung gegen die Versicherung. Bei anderen Versicherungen sind oft sie selbst Auftraggeber.

22 **B. Staatskasse.** Soweit das Gericht einen Anwalt zum *Amtsverteidiger* nach §§ 140, 141 StPO bestellt hat, haftet der Staat auf Grund des durch die Beiordnung begründeten öffentlichrechtlichen Verhältnisses.

Soweit das Gericht einen Anwalt in einer *Privatklagesache* oder einer Nebenklagesache oder in einem Anklageerzwingungsverfahren nach §§ 379 III, 397, 172 III 2 StPO beiordnet, haftet der Staat auf Grund des auch durch eine solche Beiordnung begründeten öffentlichrechtlichen Verhältnisses nach § 53.

Soweit das Gericht einen Anwalt im Weg der *Prozeß- oder Verfahrenskostenhilfe* nach §§ 114 ff ZPO, §§ 78, 138 FamFG, § 11a ArbGG beiordnet und die Partei ihn auch entsprechend beauftragt hat, haftet der Staat auf Grund des auch durch eine solche Beiordnung begründeten öffentlichrechtlichen Verhältnisses nach §§ 45 ff, allerdings evtl nur hilfsweise, nämlich bei §§ 78, 138 FamFG. § 126 ZPO bleibt nach Rn 28 bestehen.

23 **C. Beschuldigter.** Auch im Rahmen der gerichtlichen Bestellung eines Verteidigers oder der Beiordnung eines Anwalts kommt eine Haftung des Beschuldigten in Höhe der Vergütung eines gewählten Verteidigers in Betracht, soweit nicht nach §§ 52, 53 die Staatskasse gezahlt hat.

24 **D. Vertretener.** Soweit der Vorsitzende einen Anwalt nach §§ 57, 58, 779, 787 ZPO, 72 SGG zum besonderen Vertreter bestellt hat, haftet der Vertretene, nicht der Antragsteller. Bei §§ 58, 787 ZPO vertritt er den künftigen Eigentümer.

25 **E. Rechtsnachfolger.** Bei der Veräußerung einer streitbefangenen Sache bleibt das Vertragsverhältnis mit dem bisherigen Schuldner bestehen. Soweit der Rechtsnachfolger den Anwalt den Prozeß weiterführen läßt, liegt ein zumindest stillschweigendes Vertragsverhältnis zwischen dem Rechtsnachfolger und dem Anwalt vor. Insoweit haftet der Rechtsnachfolger.

26 **F. Begünstigte Partei.** Soweit das Gericht der Partei nach §§ 78b, c ZPO einen *Notanwalt* beigeordnet hat, weil sie keinen zu ihrer Vertretung bereiten Anwalt gefunden hat, ist nur die Partei nach BLAH Grdz 4 vor § 50 ZPO Vergütungsschuldner.

27 Soweit das Gericht einen Anwalt im Weg der *Prozeß- oder Verfahrenskostenhilfe* nach §§ 114 ff ZPO, § 78 FamFG, § 11a ArbGG beigeordnet hat, haftet die begünstigte Partei jedenfalls insoweit, als sie mit dem beigeordneten Anwalt den zu seiner Tätigkeit außerdem erforderlichen Vertrag schließt. Allerdings muß der beigeordnete Anwalt zur Vermeidung einer Schadensersatzpflicht schon vor dem Zeitpunkt der Vollmachtserteilung an ihn die dringend notwendigen Maßnahmen treffen. Insofern steht ihm ein Vergütungsanspruch gegenüber der begünstigten Partei schon auf Grund einer Geschäftsführung ohne Auftrag nach §§ 677 ff BGB zu.

Die *Haftung der* begünstigten *Partei* tritt neben die Haftung der Staatskasse. Die Haftung der begünstigten Partei besteht freilich für die Dauer der Prozeßkostenhilfe wegen § 122 I Z 3 ZPO praktisch nicht.

Auch der *Bereicherte* nach Rn 15 kann Vergütungsschuldner sein. Dasselbe gilt für einen Bürgen oder manchen sonstigen Dritten.

28 **G. Prozeßgegner des Auftraggebers.** Er kann nach § 126 ZPO haften, soweit das Gericht ihn in die Prozeßkosten verurteilt hat.

> **ZPO § 126.** *Beitreibung der Rechtsanwaltskosten.* **¹ Die für die Partei bestellten Rechtsanwälte sind berechtigt, ihre Gebühren und Auslagen von dem in die Prozeßkosten verurteilten Gegner im eigenen Namen beizutreiben.**
>
> II ¹**Eine Einrede aus der Person der Partei ist nicht zulässig.** ²**Der Gegner kann mit Kosten aufrechnen, die nach der in demselben Rechtsstreit über die Kosten erlassenen Entscheidung von der Partei zu erstatten sind.**

29 § 126 ZPO gibt dem beigeordneten Anwalt einen gesetzlichen Vergütungsanspruch *aus eigenem Recht*. Die Vorschrift beseitigt nicht den Kostenerstattungsanspruch der begünstigten Partei gegenüber ihrem Prozeßgegner. Der beigeordnete Anwalt muß mit seinem Auftraggeber abrechnen. Er hat eine ähnliche Stellung wie der Überweisungsgläubiger. Soweit er vor der Beiordnung Wahlanwalt war, kommt bei einer Aufhebung der Prozeßkostenhilfe nach § 124 ZPO wegen des Fehlens ihrer Rück-

wirkung für einen Anspruch nach § 126 ZPO nur diejenige Vergütung in Betracht, die seit der Beiordnung entstanden ist.

Bis zur *Aufhebung* der Prozeßkostenhilfe usw hat der beigeordnete Anwalt keinen Anspruch auf eine volle Vergütung gegenüber der mittellosen Partei nach § 122 I Z 3 ZPO. Wegen des von der Staatskasse an den beigeordneten Anwalt gezahlten Betrags tritt nach § 59 ein Forderungsübergang kraft Gesetzes auf sie ein.

Der beigeordnete Anwalt kann seine Kosten auf *seinen* Namen festsetzen lassen. **30** Diese Möglichkeit besteht allerdings nicht mehr, soweit er von seinem Auftraggeber eine Zahlung erhalten hat. Soweit das Gericht die Vergütung auf den Namen des beigeordneten Anwalts oder auf den Namen seines Auftraggebers festgesetzt und an den beigeordneten Anwalt gezahlt hat, muß er beim Wegfall des Vollstreckungstitels zurückzahlen. Für die Kosten des Festsetzungsverfahrens haftet derjenige, auf dessen Namen die Festsetzung erfolgte.

Der Anspruch des beigeordneten Anwalts gegenüber dem Prozeßgegner seines **31** Auftraggebers entsteht als ein *bedingter Vergütungsanspruch* bereits mit dem Erlaß eines nach §§ 708ff vorläufig vollstreckbaren Urteils. Eine Betreibung auf Grund dieses Vollstreckungstitels verpflichtet aber den beigeordneten Anwalt unter den Voraussetzungen des § 717 II ZPO zu einem Schadensersatz. Erst mit dem Eintritt der formellen Rechtskraft nach § 705 ZPO entsteht der Anspruch endgültig. Ein Prozeßvergleich auch nach § 278 VI ZPO steht einem rechtskräftigen Urteil gleich.

H. Antragsgegner. Bei einer Beiordnung nach § 138 FamFG in einer Scheidungs- **32** sache ist zunächst nur der Scheidungsantragsgegner Vergütungsschuldner. Erst soweit er in Verzug kommt, kommt nach Rn 22 eine Haftung der Landeskasse in Betracht.

I. Mitschuldner. Wegen der Mitschuldner als Vergütungsschuldner § 29 GKG, **33** § 24 FamGKG, Teil I A, B dieses Buchs.

5) Vergütungsfestsetzung. Man muß die folgenden Fallgruppen unterscheiden. **34**

A. Gegenüber dem Auftraggeber. Die Festsetzung der Anwaltsvergütung gegenüber dem Auftraggeber erfolgt in der Regel nach § 21 Z 2 RPflG, § 11 I, II durch den Rpfl. Bei einer Rahmengebühr nach Einl II A 12 und soweit der Auftraggeber eine solche Einwendung oder Einrede erhebt, die nicht im Gebührenrecht ihren Grund hat, muß der Anwalt seine Vergütung vor dem ordentlichen Prozeßgericht einklagen. Zuständig ist nach § 34 ZPO das Gericht des Hauptprozesses, BLAH § 34 ZPO Rn 3, also in einer Familiensache das FamG, Hbg FamRZ **85**, 409, KG FamRZ **81**, 1090, BLAH § 34 ZPO Rn 4, aM BGH **97**, 81, Karlsr FamRZ **85**, 498, Saarbr FamRZ **86**, 73 (aber der Hauptprozeß fand eben vor dem FamG statt).

Örtlich zuständig ist schon wegen Art 7 Z 1 b EuGVVO, aber auch innerstaatlich grundsätzlich das Gericht am Ort der vertragscharakteristischen Leistung, BGH NJW **06**, 1806, und daher natürlich am Ort der Kanzlei, BGH (3. ZS) NJW **91**, 3096 und (9. ZS) NJW **06**, 1806 (auch internationalrechtlich, wenn deutsches Recht anwendbar ist), BayObLG NJW **03**, 1197, Stgt RR **03**, 1706, aM ohne Erörterung der EuGVVO und ohne Vorlage nach § 132 GVG BGH (10. ZS) **157**, 22 (zustm Krügermeyer-Kalthoff MDR **04**, 166, Schneider AnwBl **04**, 121, Stöber NJW **06**, 2662, krit Schütt AnwBl **04**, 177, abl Gottwald FamRZ **04**, 98), Hbg RR **03**, 1705, Karlsr NJW **03**, 2175 (aber es gibt zumindest eine Lebenserfahrung, daß der am Kanzleiort entstehende Rechtsrat und nicht dessen Bezahlung den gemeinsam zumindest stillschweigend anerkannten Vertragsschwerpunkt bildet).

Entgegen dem übersozial fürsorglichen Argument, maßgeblich sei der Sitz des zahlenden Auftraggebers, geht nämlich in Wahrheit immer noch *Geist vor Geld,* wie beim Arzt oder beim Steuerberater oder beim Wirtschaftsprüfer. Das gilt, zumal man selbst bei einer Vertretung vor einem auswärtigen Gericht keine Erfolgsgarantie vereinbaren kann. Es gilt auch unabhängig von der noch so feinsinnigen Charakterisierung der Tätigkeit des Anwalts neben einem Ladenkauf usw. Es kommt freilich nicht stets auf den Ort der tatsächlichen Anwaltsarbeit an, aM Stöber AGS **06**, 416. Einzelheiten bei § 11.

B. Gegenüber der Staatskasse. Soweit das Gericht den Anwalt im Weg der Pro- **35** zeßkostenhilfe beigeordnet hatte, erfolgt die Festsetzung seiner Vergütung gegenüber der Staatskasse im Verfahren nach § 55. Vgl die dortigen Einzelheiten. Wegen der Anrechnung von Vorschüssen und Zahlungen sowie des Forderungsübergangs auf die Staatskasse §§ 58, 59.

RVG Grdz, Einf § 1 X. Rechtsanwaltsvergütungsgesetz

36   **6) Kostenerstattung.** Der nachfolgende Grundsatz wirkt sich in allen Gerichtsbarkeiten aus.
  A. Grundsatz: Maßgeblichkeit der Verfahrensordnung. Das RVG regelt grundsätzlich lediglich die Frage, ob und welche Vergütung der Anwalt gegenüber seinem Auftraggeber oder den in Rn 20–33 weiter genannten Personen fordern kann. Die weitere Frage, ob sein Auftraggeber gegenüber dessen Prozeßgegner einen Kostenerstattungsanspruch hat, regeln die einschlägigen Verfahrensordnungen.

37   **B. Zivilprozeß.** Die Kostenerstattung erfolgt im Verfahren nach §§ 91 ff, 103 ff ZPO. Soweit der Anwalt in einer eigenen Sache aufgetreten ist, hat er im Rahmen eines Kostenerstattungsanspruchs einen Anspruch auf diejenigen Gebühren und Auslagen, die er als ProzBev nach § 11 Rn 14 ff erhalten hätte. Wegen der Gebühren eines ausländischen Anwalts Rn 41, 42.

38   **C. Freiwillige Gerichtsbarkeit.** Die Kostenfestsetzung regelt § 85 FamFG in Verbindung mit §§ 103 ff ZPO, soweit sie dort in Betracht kommt.

39   **D. Strafverfahren.** Im Strafprozeß regelt § 464 b StPO die Kostenfestsetzung. Im übrigen sind §§ 103 ff ZPO entsprechend anwendbar, BLAH § 104 ZPO Rn 3. Wegen einer Privatklagesache § 471 ZPO.

40   **E. Verwaltungs-, Sozial-, Finanzgerichtsverfahren.** Vgl § 34 a BVerfGG, § 162 VwGO, § 139 FGO, §§ 193, 197 a SGG, zu letzteren Teil II B dieses Buchs.

41   **7) Internationales Recht; ausländischer Anwalt,** dazu *Bach* Rpfleger 91, 7 (ausf): Maßgeblich ist im Rahmen des deutschen Internationalen Privatrechts nach Rn 34 meist das Recht des Niederlassungsorts des Anwalts, SG Münst AnwBl 92, 238, *Bach* Rpfleger 91, 7.
  A. Deutscher Anwalt im Ausland. Für die gesamte Berufstätigkeit eines deutschen Anwalts auch im Ausland gilt also unabhängig von der Staatsangehörigkeit und dem Wohnsitz des Auftraggebers grundsätzlich das RVG, insbesondere VV 2200 (Einvernehmen mit dem Auftreten des ausländischen Anwalts). Es gilt einschließlich der Bestimmungen über den Gegenstandswert. Für ihn kommen auch dann die deutschen Bestimmungen in Betracht, wenn das ausländische Gericht oder die ausländische Behörde den Wert nach ihren Bestimmungen anders festgesetzt haben. Denn die Wertfestsetzung und die Gebührenberechnung stellen ein einheitliches System dar.
  Nach dem *Niederlassungsrecht* des Anwalts muß man auch die Frage prüfen, ob und welche Honorarvereinbarungen er treffen kann.

42   **B. Ausländischer Anwalt im Inland.** Eine Wertfestsetzung nach §§ 32, 33 oder eine Festsetzung der Vergütung nach § 11 I kann ein ausländischer Anwalt bei einem deutschen Gericht für seine Gebühren nicht erwirken. Denn diese gesetzliche Möglichkeit steht nur einem solchen Anwalt offen, der seine Vergütung nach dem RVG berechnen darf, also nach § 1 Rn 6 einem deutschen Anwalt, AG Heilbr DGVZ 15, 42. Es kommt aber eine Erstattung von Kosten eines ausländischen Anwalts in Höhe seines Heimatrechts in Betracht.

43   **C. EU-Anwalt.** Vgl zur Rechtsstellung des ausländischen EU-Anwalts auch das EuRAG, BLAH SchlAnh VII. Zu seiner Vergütung Köln AnwBl 82, 532, LG Hbg RR 00, 510 ([jetzt] RVG anwendbar), *Bach* Rpfleger 91, 7 (zum alten Recht).

Abschnitt 1. Allgemeine Vorschriften

Einführung

1   **1) Systematik.** Der Abschnitt 1 enthält Vorschriften für jede anwaltliche Berufstätigkeit. Einige von ihnen beziehen sich nur auf das gerichtliche Verfahren, andere auch auf das außergerichtliche. Der Abschnitt enthält keine eigentlichen Vergütungsvorschriften. Diese folgen im Vergütungsverzeichnis der Anlage 1 zu § 2 II RVG, abgedruckt und erläutert hinter § 61.

2   **2) Geltungsbereich.** Zu den allg Vorschriften zählen nach §§ 1, 5 auch diejenigen über den sachlichen und persönlichen Geltungsbereich, ferner § 3a die Regelung der Zulässigkeit einer Honorarvereinbarung sowie nach § 7 die Regelung der Vergütung für einen Auftrag an mehrere Anwälte nach § 6 und für die Tätigkeit eines

Abschnitt 1. Allgemeine Vorschriften **Einf § 1, § 1 RVG**

Anwalts für mehrere Auftraggeber, schließlich nach §§ 10, 11 die Vorschriften über die Fälligkeit nach § 8, die Berechnung und die Festsetzung der Vergütung und die Regelung des Vorschusses, § 9.

Geltungsbereich

1 I ¹Die Vergütung (Gebühren und Auslagen) für anwaltliche Tätigkeiten der Rechtsanwältinnen und Rechtsanwälte bemisst sich nach diesem Gesetz. ²Dies gilt auch für eine Tätigkeit als Prozesspfleger nach den §§ 57 und 58 der Zivilprozessordnung. ³Andere Mitglieder einer Rechtsanwaltskammer, Partnerschaftsgesellschaften und sonstige Gesellschaften stehen einem Rechtsanwalt im Sinne dieses Gesetzes gleich.

II ¹Dieses Gesetz gilt nicht für eine Tätigkeit als Syndikusrechtsanwalt (§ 46 Absatz 2 der Bundesrechtsanwaltsordnung). ²Es gilt ferner nicht für eine Tätigkeit als Vormund, Betreuer, Pfleger, Verfahrenspfleger, Verfahrensbeistand, Testamentsvollstrecker, Insolvenzverwalter, Sachwalter, Mitglied des Gläubigerausschusses, Nachlassverwalter, Zwangsverwalter, Treuhänder oder Schiedsrichter oder für eine ähnliche Tätigkeit. ³§ 1835 Abs. 3 des Bürgerlichen Gesetzbuchs bleibt unberührt.

III Die Vorschriften dieses Gesetzes über die Erinnerung und die Beschwerde gehen den Regelungen der für das zugrunde liegende Verfahren geltenden Verfahrensvorschriften vor.

Vorbem. II 1 eingefügt, dadch bisherige II 1, 2 zu II 2, 3 dch Art 5 Z 1, 2 G v 21. 12. 15, BGBl 2517, in Kraft seit 1. 1. 16, Art 9 I G, ÜbergangsR § 60 RVG.

Gliederung

1) **Systematik, I–III**	1–4
A. Vergütungsbegriff	1
B. Vergütungsgrund	2
C. Vergütungsgrenzen	3
D. Fälligkeit, Vorschuß	4
2) **Regelungszweck, I–III**	5
3) **Persönlicher Geltungsbereich, I, II**	6–21
A. Rechtsanwalt, Rechtsanwaltsgesellschaft	6, 7
B. Andere Personen	8
C. Beispiele zur Frage des persönlichen Geltungsbereichs, I, II	9–20
D. Erstattungsfähigkeit	21
4) **Sachlicher Geltungsbereich, II**	22–52
A. Berufstätigkeit	23, 24
B. Unabhängigkeit	25
C. Grundregeln in eigener Sache	26, 27
D. Erstattungsumfang in eigener Sache	28–30
E. Erstattungsgrenzen in eigener Sache	31
F. Verkehrsgebühr in eigener Sache	32, 33
G. Umsatzsteuer in eigener Sache	34
H. Selbstverteidigung	35
I. Beispiele zur Frage des sachlichen Geltungsbereichs, II	36–52
5) **Vorrang bei Rechtsmitteln, III**	53

1) Systematik, I–III. Man sollte zwei Aspekte beachten. **1**

A. Vergütungsbegriff. I 1 versteht unter dem Oberbegriff der Vergütung ausdrücklich sowohl „Gebühren", einen bei diesem Freiberufler trotz seiner Stellung als Organ der Rechtspflege eigentlich verfehlten behördenorientierten, aber allen Novellen trotzenden Begriff, Kilian AnwBl **03**, 708, als auch die Auslagen. Damit entspricht der Begriff Vergütung dem Begriff Kosten in § 1 I 1 GKG, § 1 S 1 FamGKG, § 1 I GNotKG und § 1 I GvKostG, Teile I, A, B, III, XI dieses Buchs. Allerdings kennt das RVG den Begriff Kosten auch in der Form von Geschäftskosten, VV amtliche Vorbemerkung 7 I 1. Im übrigen behandelt I 1 nur die Vergütung „nach diesem Gesetz". Daher gehört der sachlichrechtliche Anspruch auf den Ersatz anderer Auslagen wie zB verauslagter Gerichtsgebühren nach § 11 Rn 3 nicht hierher.

B. Vergütungsgrund. Das RVG regelt den Grund einer Vergütung des Anwalts **2** nur ausnahmsweise, nämlich für den bestellten oder den im Weg der Prozeßkosten-

RVG § 1 X. Rechtsanwaltsvergütungsgesetz

hilfe usw beigeordneten Anwalt in § 45 I, für den eine Beratungshilfe leistenden Anwalt in § 44 und für den Pflichtverteidiger in § 45 III. Im übrigen überläßt es die Regelung des Vergütungsanspruchs dem Grunde nach dem bürgerlichen Recht, auch zB beim Notanwalt nach § 78 b ZPO, LG Arnsb AnwBl **83**, 180. Es beschränkt sich nach Grdz 12 vor (jetzt) § 14 grundsätzlich auf die privatrechtliche und teilweise öffentlichrechtliche Regelung der Höhe der jeweiligen Vergütung, BGH NJW **87**, 316. Denn I 1 spricht von „bemisst", nicht von „bestimmt", Chemnitz AnwBl **96**, 629. Der Höhe nach hat nach Rn 5 das RVG den Vorrang vor dem BGB.

3 **C. Vergütungsgrenzen.** Soweit schon dem Grunde nach kein Vergütungsanspruch besteht, kommt es auch nicht darauf an, ob die Tätigkeit *durch einen Anwalt* erfolgt und ob sie an sich einen Gebührentatbestand des RVG erfüllt. Eine Vergütung kann zB dann entfallen, wenn der Anwalt ohne jeden Auftrag handelt oder wenn der Anwalt eine Tätigkeit unentgeltlich übernommen hat und auch so übernehmen durfte oder wenn er die Vertragspflichten erheblich verletzt und deshalb einen Anspruch verwirkt hat.

4 **D. Fälligkeit, Vorschuß.** Das RVG regelt allerdings nicht nur die Höhe der Vergütung, sondern auch deren Fälligkeit nach § 8. Es regelt auch nach §§ 9 usw die Frage, unter welchen Voraussetzungen der Anwalt einen Vorschuß fordern kann. Der Anwalt muß dem Auftraggeber zwar grundsätzlich nur auf dessen Verlangen die voraussichtliche Höhe der gesetzlichen Vergütung mitteilen. Besondere Umstände können aber eine Mitteilung auch ohne ein Verlangen notwendig machen, Kblz MDR **86**, 1037. Die Art und der Umfang dieser Aufklärungspflicht richten sich nach der erkennbaren Interessenlage des Auftraggebers, BGH **77**, 29, Kblz MDR **86**, 1037.

5 2) **Regelungszweck, I–III.** Die Gebühren sind zwecks Vereinfachung grundsätzlich Pauschgebühren. Sie sind nur ausnahmsweise Einzelgebühren. Als Pauschgebühren gelten sie nach § 15 jeweils eine ganze Reihe von anwaltlichen Tätigkeiten ab. Sie gelten nach VV amtliche Vorbemerkung 7 I 1 auch die allgemeinen Geschäftskosten mit ab. Der durchschnittliche Arbeitsaufwand des Anwalts bildet zwar eine Grundlage der Bemessung der Pauschgebühren durch das Gesetz. Er spielt aber im Einzelfall grundsätzlich keine Rolle. Er kann freilich für die Auslegung des Gesetzes beachtbar sein.

I 1 klärt den *abschließenden Vorrang* des RVG gegenüber dem BGB usw bei der Frage, ob, wann, von wem, wem gegenüber und wieviel er fordern kann. Damit bezweckt die Vorschrift auch eine Stärkung der Rechtssicherheit. Das muß man bei der Auslegung mitbeachten.

6 3) **Persönlicher Geltungsbereich, I.** Es gibt zwei Hauptgruppen.
A. Rechtsanwalt, Rechtsanwaltsgesellschaft. Das RVG ist kraft Gesetzes ohne die Notwendigkeit einer Vereinbarung seiner Wirksamkeit nur insoweit gültig, als es um die Tätigkeit eines deutschen in Deutschland zugelassenen Rechtsanwalts geht, AG Heilbr DGVZ **15**, 42, Mankowski NJW **05**, 2347. Es muß sich also um jemanden handeln, der die Voraussetzungen der BRAO erfüllt und überhaupt als Anwalt zugelassen ist. Auch wenn diese Voraussetzungen vorliegen, ist das RVG nicht stets anwendbar. Die Partnerschaft mit einer rechtsbesorgenden Leistung steht dem Anwalt nach I 3 Hs 1 gleich. Das gilt also für alle gesetzlich zulässigen Formen des Zusammenschlusses von Anwälten mit einer eigenen Rechtspersönlichkeit auf dem Gebiet zumindest auch der Rechtsberatung, zB für eine BGB-Gesellschaft schon wegen BGH **146**, 341. Auch die Rechtsanwaltsgesellschaft als GmbH nach § 58 c BRAO gilt als *ein* Anwalt, auch eine Anwalts-Aktiengesellschaft usw.

Der Anwalt muß außerdem auch noch innerhalb des *sachlichen Geltungsbereichs* des RVG tätig werden, LG Essen FamRZ **17**, 1428. II ergibt, wann das nicht so ist. II setzt aber voraus, daß es sich überhaupt um einen Anwalt handelt. Das ergibt sich zwar nicht aus dem Wortlaut von II 1, wohl aber aus seinem Zusammenhang mit I 1.

7 Dagegen ist das RVG grundsätzlich durchaus *unabhängig* von irgendeiner *anwaltlichen Übung*, noch gar einer solchen bloß lokaler Art, BLAH § 788 ZPO Rn 28 „Androhung", aM Stgt Rpfleger **84**, 117. Die im RVG genannten Ausnahmen bestätigen diese Regel nur.

8 **B. Andere Personen,** dazu *Vogl* Rpfleger **98**, 138 (Üb). Soweit eine andere Person als ein deutscher Rechtsanwalt nach Rn 6 im sachlichen Geltungsbereich des RVG tätig wird, muß man nach Rn 9 ff von Fall zu Fall prüfen, ob es anwendbar ist.

Abschnitt 1. Allgemeine Vorschriften **§ 1 RVG**

C. Beispiele zur Frage des persönlichen Geltungsbereichs, I, II 9

Angestellter Anwalt: Er kann unter I fallen, BGH AnwBl **11**, 778 (Fallfrage). S auch Rn 16 „Syndikusanwalt".

Anwaltsnotar: Hier muß man wiederum die folgende Unterscheidung treffen.

Soweit der Anwaltsnotar eine solche Handlung vornimmt, die entweder eindeutig *nicht* in den Bereich der *notariellen* Tätigkeit fällt oder bei der die Abgrenzung zu einer notariellen Tätigkeit nicht eindeutig möglich ist, muß man nach § 24 II 2 BNotO annehmen, daß er als Anwalt tätig geworden ist. Das kommt zB dann in Betracht, wenn es sich um die Vertretung einseitiger Interessen handelt, Hamm DNotZ **85**, 183. In diesem Umfang ist das RVG anwendbar.

Soweit der Anwaltsnotar eine *notarielle* Tätigkeit ausübt, ist das RVG *unanwendbar*. Auch insofern regeln §§ 85 ff GNotKG, Teil III dieses Buchs, seine Vergütung nach Rn 11 abschließend wie beim Nur-Notar. Wenn ein Anwaltsnotar eine Handlung der in § 24 I BNotO genannten Art vornimmt, muß man nach § 24 II 1 BNotO annehmen, daß er als Notar tätig geworden ist, soweit die Handlung dazu bestimmt ist, ein Amtsgeschäft der in § 34 sowie in den VV 1000 ff, 2100 ff bezeichneten Art vorzubereiten oder auszuführen.

Eine typisch notarielle Tätigkeit liegt zB dann vor, wenn der Notar eine *Urkunde anfertigt* und die Beteiligten berät. Zu Abgrenzungsproblemen Hamm DNotZ **85**, 183.

Ausländischer Anwalt: Grdz 41–43 vor § 1.
Berufsstandsvertreter: Für ihn ist das RVG *unanwendbar*, LAG Hamm MDR **94**, 416.
Bücherrevisor: Für ihn ist das RVG *unanwendbar*.
Einigungsstelle: Auf eine Beratung vor ihr ist das RVG anwendbar, BVerwG NZA RR **17**, 112.
Frachtführer: Für ihn ist das RVG *unanwendbar*.
Gewerkschaftsvertreter: Für ihn ist das RVG *unanwendbar*.
Hausverwalter: Als solcher kann er mangels Anwaltseigenschaft nur auf Grund einer Vereinbarung eine Vergütung vom Auftraggeber nach dem RVG fordern, LG Mönchengladb NZM **02**, 141.

Hochschullehrer: Ein solcher Rechtslehrer an einer deutschen Hochschule, der 10 nach § 67 I 1 VwGO auftritt, kann Gebühren und Auslagen nach § 162 II 1 VwGO in derselben Höhe wie ein Anwalt fordern, BVerwG NJW **78**, 1173, Düss MDR **95**, 424, LG Münst ZMR **96**, 386, aM LG Gießen AnwBl **87**, 499, VG Mannh NJW **91**, 1195, VG Mü NJW **89**, 314 (aber die erstere Vorschrift stellt den Hochschullehrer dem Anwalt gleich). Entsprechendes gilt bei §§ 22 I 1 BVerfGG, § 392 AO, 139 III 2 FGO, 138 I StPO, 40 BDiszO, Mußgnug NJW **89**, 2037.

Vgl im übrigen § 5 Rn 11 „Hochschullehrer" (grds *Unanwendbarkeit* des RVG).

Insolvenzverwalter: Das RVG ist nach II 1 auf ihn *unanwendbar*, BGH RR **04**, 1133. Vielmehr gilt die InsVV, SchlAnh E dieses Buchs.
Nachlaßpfleger: Das RVG ist anwendbar, soweit eine anwaltstypische Tätigkeit erfolgt, Schlesw NJW **13**, 3190.
Nachlaßverwalter: Das RVG ist nach II 1 auf ihn *unanwendbar*.

Nichtanwalt: Er mag kraft Vertrags etwa als Schiedsrichter eine Vergütung nach 11 Rn 15 nach dem RVG beanspruchen dürfen.

Nur-Notar: Das RVG ist auf den Nur-Notar *unanwendbar*. Denn §§ 85 ff GNotKG, Teil III dieses Buchs, regeln nach Rn 9 seine Vergütung abschließend, AG Pfaffenhofen DGVZ **84**, 47. Das gilt auch dann, wenn die Vergütung nach dem GNotKG geringer ist als eine vergleichbare Anwaltsvergütung.

Patentanwalt, dazu *Albrecht/Hoffmann*, Die Vergütung des Patentanwalts, 2. Aufl 12 2013: Die Gebühren des Patentanwalts richten sich evtl auch (noch) nach dem freilich nicht mehr ganz zeitgemäßen § 43 a PatAnwO (entspricht weitgehend dem § 49 b BRAO, abgedruckt bei § 3 a RVG) und nach der Gebührenordnung für Patentanwälte. Sie verweist allerdings mehrfach auf (jetzt) das RVG, BPatG GRUR **83**, 648. Vgl im übrigen Einf 9, 10 vor § 45.

Soweit ein Patentanwalt *zugleich Rechtsanwalt* ist, können Gebührenvorschriften des RVG und anderer Regelungen zusammentreffen. Dann kann die Gesamtvergütung erstattungsfähig sein.

Wegen der *Fälligkeit* und der *Verjährung* BGH BB **82**, 1204.

RVG § 1 X. Rechtsanwaltsvergütungsgesetz

13 **Patentingenieur:** Das RVG ist auf ihn *unanwendbar.* Denn er ist kein Patentanwalt. Bei ihm muß man die Erstattungsfähigkeit immer besonders prüfen. Dasselbe gilt bei einem anderen erlaubten technischen Berater.
Pfleger: Volpert NJW 13, 1659 (Üb).
Privatpartei: Das RVG ist auf sie *unanwendbar,* BVerfG JB 05, 144.
Prozeßpfleger: Für denjenigen nach §§ 57, 58 ZPO gilt nach I 2 das RVG, Düss JB 09, 32.
Psychosozialer Prozessbegleiter: Es gilt das 3. Opferrechtsreformgesetz vom 21. 12. 15, BGBl 2525, mit seinem als Art 4 verkündeten Gesetz über die psychosoziale Prozessbegleitung im Strafverfahren (PsychPbG), daher auch dessen Vergütungsregelung in Kraft ab 1. 1. 17, Art 5 S 2 G:

PsychPbG § 6. Höhe der Vergütung. [1]Der beigeordnete psychosoziale Prozessbegleiter erhält für die Wahrnehmung seiner Aufgaben aus der Staatskasse für eine psychosoziale Prozessbegleitung eine Vergütung
1. im Vorverfahren in Höhe von 520 Euro,
2. im gerichtlichen Verfahren im ersten Rechtszug in Höhe von 370 Euro,
3. nach Abschluss des erstinstanzlichen Verfahrens in Höhe von 210 Euro.
[2]Mit der Vergütung nach Satz 1 sind auch Ansprüche auf Ersatz anlässlich der Ausübung der psychosozialen Prozessbegleitung entstandener Aufwendungen und Auslagen sowie Ansprüche auf Ersatz der auf die Vergütung entfallenden Umsatzsteuer abgegolten.

PsychPbG § 7. Entstehung des Anspruchs. [1]Der Anspruch auf Vergütung entsteht für jeden Verfahrensabschnitt nach § 6 Satz 1 gesondert. [2]Das gerichtliche Verfahren beginnt, wenn das für die Hauptverhandlung zuständige Gericht die Eröffnung des Hauptverfahrens nach § 203 der Strafprozessordnung beschließt.

PsychPbG § 8. Anwendung des Rechtsanwaltsvergütungsgesetzes. Auf den Umfang und die Fälligkeit des Vergütungsanspruchs sowie auf die Festsetzung der Vergütungen und Vorschüsse einschließlich der Rechtsbehelfe sind § 8 Absatz 1, § 47 Absatz 1 Satz 1, § 48 Absatz 1, die §§ 54, 55 Absatz 1, § 56 Absatz 1 Satz 1 und Absatz 2 des Rechtsanwaltsvergütungsgesetzes entsprechend anzuwenden.

PsychPbG § 9. Erlöschen des Anspruchs. Der Vergütungsanspruch erlischt, wenn er nicht binnen 15 Monaten nach Einstellung oder rechtskräftigem Abschluss des Verfahrens bei dem für die Festsetzung der Vergütung zuständigen Gericht geltend gemacht wird.

Rechtsanwaltsgesellschaft: Das RVG gilt für sie. Sie steht nach I 3 *einem* Anwalt (also nicht mehreren) gleich.
Rechtsanwaltskammermitglied: Ein solches, das nicht selbst Anwalt ist, steht nach I 3 dem Anwalt gleich.
14 **Rechtsbeistand:** Das RVG gilt für den Rechtsbeistand grds entweder direkt nach I 3, soweit er Mitglied einer Rechtsanwaltskammer ist, oder doch sinngemäß evtl nach § 4 I 1 Hs 1 RDGEG, Teil XII A dieses Buchs. Wegen einer dem Rechtsbeistand verbotenen Beratungshilfe § 44 Rn 2. Für Frachtprüfer gilt nach § 4 I 1 Hs 2 RDGEG diese Regelung nur eingeschränkt.
Rechtsdienstleister: Das RVG gilt für denjenigen nach RDG nebst EGRDG, Schönfelder ErgBd Nr 99, 99 a, nur, soweit er eben ein Anwalt nach der BRAO ist, Schönfelder ErgBd Nr 98. Ein anderer Rechtsdienstleister mag eine entsprechende Anwendbarkeit des RVG vereinbaren. Das verbieten RDG und EGRDG nicht, auch nicht bei hochmodisch werdender online-Beratung.
Rentenberater: KG JB 11, 136.
Sanierungsberater: Seine Tätigkeit unterfällt als solche *nicht* dem RVG. Vgl Mock ZIP 14, 445 (ausf).
15 **Schiedsrichter:** Vielfach und grds zulässig vereinbart man für die Vergütung von Schiedsrichtern das RVG als anwendbar. Es kann im Zweifel als vereinbart gelten, Buchwaldt NJW 94, 638.
Stellvertreter: § 5.

Abschnitt 1. Allgemeine Vorschriften § 1 RVG

Steuerberater: Für ihn gilt die StBVergV, abgedruckt bei § 35. Es handelt sich um 16 eine RechtsVO auf Grund von § 64 StGB, Lappe NJW 82, 1436, Mittelsteiner BB 83, 1529.
Diese Vergütungsverordnung ist allerdings grundsätzlich *ähnlich wie* Teile des RVG. Daher kann man das RVG zur Auslegung jener Verordnung vielfach ergänzend heranziehen. Wegen der zahlreichen Probleme bei demjenigen Steuerberater, der zugleich Anwalt ist, Dornbach DB 83, 421 (ausf). Zur Vergütung des Anwalts bei der nichtstreitigen Steuerberatung Schall BB 88, 1363 (ausf).
Syndikusanwalt: Das RVG ist auf denjenigen nach § 46 II BRAO gemäß II 1 *unanwendbar*.
Testamentsvollstrecker: Seine Tätigkeit unterfällt *nicht* dem RVG.
Verfahrenspfleger, -beistand: § 1835 III BGB, BGH FGPrax 15, 27 (Tatfrage, ob in Höhe des RVG), Volpert NJW 13, 2491 (Üb).
Vertreter des Rechtsanwalts: § 5. 17
Vertreter einer beruflichen, genossenschaftlichen oder gewerkschaftlichen 18 **Vereinigung:** Das RVG ist nach §§ 11 ArbGG, 73 VI, 166 SGG auf ihn *unanwendbar*, LAG Hamm DB 94, 336.
Wirtschaftsjurist: Soweit er nicht Anwalt ist, ist das RVG auf ihn grds *unanwendbar*. 19 Vgl aber Rn 11 „Nichtanwalt".
Wirtschaftsprüfer: Vgl zunächst „Steuerberater". Auf ihn ist das RVG im übrigen 20 *unanwendbar*. Bei demjenigen Anwalt, der auch als Wirtschaftsprüfer tätig ist, kann für letzteres (jetzt) das JVEG (Sachverständiger) anwendbar sein, Teil V dieses Buchs, Hamm JB 01, 249.
Zwangsverwalter: Seine Tätigkeit unterfällt *nicht* dem RVG.

D. Erstattungsfähigkeit. Man muß die Frage, ob und in welcher Höhe ein Auf- 21 traggeber an den Anwalt oder an eine diesem gleichstehende Person im Innenverhältnis zahlen muß, von der Frage unterscheiden, ob und in welchem Umfang er vom Prozeßgegner oder Vertragspartner usw eine Erstattung solcher Zahlungen fordern kann (Außenverhältnis), LG Hbg NJW 91, 3156.
Das RVG regelt die Erstattungsfähigkeit *grundsätzlich nicht*. Man muß insofern auf die betreffende Prozeßordnung oder auf die Vertragsvereinbarungen zwischen den Parteien zurückgreifen. Im folgenden erfolgt jedoch zur Erstattbarkeit bei der Erörterung der einzelnen Tätigkeiten des Anwalts ebenfalls durchweg eine kurze Stellungnahme. Erstattbar sind nur tatsächlich entstandene notwendige Kosten, Römermann NJW 12, 2635.

4) Sachlicher Geltungsbereich, II. Während I den persönlichen Geltungsbereich 22 umschreibt, enthält II nicht etwa eine positive Umschreibung des sachlichen Geltungsbereichs des RVG, sondern in einer unvollständigen Aufzählung Merkmale solcher Tätigkeiten, die aus dem sachlichen Geltungsbereich herausfallen. Das Gesetz überläßt also die Abgrenzung des sachlichen Geltungsbereichs der Rechtsprechung und dem Berufsrecht, soweit nicht einer der in II 1 direkt genannten Fälle vorliegt. Diese Abgrenzung ist oft schwierig. Denn es treffen rechtliche und andere Interessen zusammen. Im wesentlichen ergibt sich das folgende Bild.

A. Berufstätigkeit. Es muß sich um eine Berufstätigkeit des Anwalts handeln. Sie 23 muß zum typischen Aufgabengebiet des Anwalts gehören, BGH NJW 80, 1856, BFH BB 81, 225. Dazu gehört nach § 3 BRAO jede Art von einem freilich auch gerade rechtlichen und nicht nur familiären, wissenschaftlichen, rein wirtschaftlichen oder freundschaftlichen Beistand, jede Art der Wahrnehmung rechtlicher Interessen, BGH 68, 62, Düss AnwBl 86, 408, Ffm AnwBl 81, 152, nach § 34 auch als Mediator im Auftrag beider Parteien. Man nimmt einen Anwalt im Zweifel als solchen in Anspruch, solange es sich nicht nach § 24 II BNotO, Rn 9 „Anwaltsnotar" um eine typische Notartätigkeit handelt.
Soweit diese Voraussetzungen vorliegen, ist das RVG auf *jede Art der Berufstätigkeit* das Anwalts anwendbar. Das gilt nach § 63 InsO sowie die InsVV, SchlAnh E dieses Buchs auch dann, wenn er zB im Rahmen einer Insolvenzverwaltung nun eben als Anwalt tätig wird, BFH DB 86, 627, soweit nicht eine spezielle Vergütungsordnung für Insolvenzverwalter zwingend gilt. Das gilt unabhängig davon, ob der Anwalt die

Tätigkeit nur im Innenverhältnis gegenüber dem Auftraggeber oder auch im Außenverhältnis gegenüber dem Prozeßgegner oder Vertragspartner des Auftraggebers entwickelt hat. Wegen einer Maklertätigkeit Rn 12.

Es gehören zur Berufstätigkeit auch die *Vorbereitung* eines Vertrags, die bloße Beratung des Auftraggebers, die Erstattung eines Gutachtens nur ihm gegenüber. Es ist unerheblich, ob der Anwalt in einem Verfahren vor einem Gericht oder einer Verwaltungsbehörde oder außerhalb eines gerichtlichen oder behördlichen Verfahrens tätig wird. Es ist auch unerheblich, ob er auf Grund des Bundesrechts oder des Landesrechts tätig wird.

Nicht hierher gehören evtl zB: Eine Darlehensgewährung oder -aufnahme; ein Finanzierungsplan ohne eine rechtliche Beratung.

24 Allerdings enthalten VV 2501 ff in Verbindung mit § 8 *BerHG Sonderregeln* für den Fall, daß sich die Tätigkeit des Anwalts auf eine außergerichtliche Beratung beschränkt.

25 **B. Unabhängigkeit.** Der Anwalt muß seine Tätigkeit als ein unabhängiges Organ der Rechtspflege nach § 1 BRAO ausgeübt haben. Insofern ist selbstverständlich ein Auftragsverhältnis ebenso unschädlich wie eine etwaige Geschäftsführung ohne Auftrag. Die Tätigkeit des Anwalts in einer Eigenschaft als Angestellter, also zB als Syndikus, fällt aber nicht unter das RVG, vgl auch § 46 BRAO, RS 35, aM Hbg MDR **80**, 586, LG Bonn Rpfleger **90**, 435 (aber das ist eine weisungsgebundene Tätigkeit eines Arbeitnehmers). Ebensowenig gehört hierher die Tätigkeit des Anwalts in seiner Eigenschaft als Geschäftsführer einer Gesellschaft.

26 **C. Grundregeln in eigener Sache.** Soweit der Anwalt für sich selbst tätig wird, fehlt es an einem Auftragsverhältnis, Mü MDR **78**, 150, Rostock JB **01**, 194. Soweit der Anwalt aber überhaupt eine Erstattung eigener Kosten verlangen kann, muß man ihm die Gebühren und Auslagen in derjenigen Höhe erstatten, die er nach § 91 II 4 ZPO als ein bevollmächtigter Anwalt erstattet verlangen könnte.

27 Die Vorschrift zieht die Folgerung aus (jetzt) § 78 IV ZPO, BVerfG **53**, 207. Der Anwalt muß allerdings *selbst* tätig geworden sein, und zwar als: Partei nach BLAH Grdz 4 vor § 50 ZPO; als Streithelfer nach § 66 ff ZPO; als gesetzlicher Vertreter eines Beteiligten; als Vorstandsmitglied; als Partei kraft Amts nach BLAH Grdz 8–12 vor § 50 ZPO, Kblz VersR **82**, 197; als Beigetretener nach § 72 ZPO. Es reicht also nach II nicht aus, daß der Anwalt in einer dieser Eigenschaften nur einen anderen Anwalt unterrichtet, Schlesw SchlHA **79**, 60, Stgt JB **76**, 192. Ebensowenig reicht es aus, daß ein Anwalt nur in seiner weiteren Eigenschaft als Notar tätig wird, AG Friedberg DGVZ **81**, 47, oder daß er sich selbst „verteidigt". Vgl freilich Rn 35.

28 **D. Erstattungsumfang in eigener Sache.** Der Anwalt hat unter dieser Voraussetzung gegenüber dem Gegner einen Anspruch auf die Vergütung eines bevollmächtigten Anwalts. Diese Regelung ist in allen Verfahrensordnungen im Prinzip anwendbar. Die Regelung ist mit dem GG vereinbar, BVerfG NJW **80**, 1677. Sie gilt, soweit nicht eine bloße Bagatelle mit einem klaren Sachverhalt vorliegt.

Die Erstattungsfähigkeit besteht mit dieser Einschränkung auch bei einer *außergerichtlichen* Geltendmachung, LG Mannh AnwBl **75**, 68, AG Neunkirchen AnwBl **78**, 185, OVG Münst AnwBl **89**, 399, aM LG Hbg AnwBl **80**, 82, AG Heidenheim VersR **76**, 501 (aber es kommt hier nur auf die Anwaltseigenschaft an, nicht auf das Verfahrensstadium).

29 Erstattungsfähig sind evtl auch die *Reisekosten* dann, wenn der Anwalt nicht am Prozeßort wohnt, Hamm MDR **75**, 762. Erstattungsfähig ist auch eine Verkehrsgebühr, soweit der Anwalt als ProzBev seiner Ehefrau eine Unterrichtung eines auswärtigen Kollegen vornimmt, § 1364 BGB. Vgl aber auch Rn 33.

30 Wenn *mehrere* Anwälte Partei sind, kann sich jeder Anwalt selbst vertreten. Jeder kann also seine eigenen Kosten erstattet verlangen, es sei denn, er habe einen der anderen Anwälte bevollmächtigt, Ffm AnwBl **81**, 155, Mü Rpfleger **81**, 81, Nürnb AnwBl **81**, 194, aM Lappe NJW **76**, 166 (inkonsequent). Dem steht nicht entgegen, daß die getrennt eingereichten Schriftsätze inhaltlich übereinstimmten. Es stört auch nicht, daß nicht alle Anwälte im Termin anwesend waren, Ffm AnwBl **81**, 155. Wegen eines Simultananwalts in einer eigenen Sache VV 3400. Wegen einer Verfassungsbeschwerde BVerfG AnwBl **76**, 164.

Abschnitt 1. Allgemeine Vorschriften § 1 RVG

E. Erstattungsgrenzen in eigener Sache. Die Grenzen der Erstattungsfähigkeit 31
liegen in einem Verstoß gegen Treu und Glauben, Düss Rpfleger **76**, 256, Hbg MDR
80, 501, großzügiger Mü Rpfleger **81**, 71, strenger Rpfleger **80**, 194 (stellt darauf ab,
ob für die Aufspaltung der Mandate sachliche Gründe vorlagen).
F. Verkehrsgebühr in eigener Sache. Die Verkehrsgebühr (jetzt) VV 3400 ist im 32
übrigen in einer eigenen Sache grundsätzlich nicht erstattungsfähig, Kblz VersR **81**,
165, Kblz VersR **81**, 865. Denn der Anwalt hat im allgemeinen die Fähigkeit, selbst einen anderen Anwalt zu unterrichten, Ffm Rpfleger **78**, 69, Schlesw SchlHA **77**, 70.
Das gilt auch dann, wenn der Anwalt als Testamentsvollstrecker einen anderen Anwalt
unterrichtet oder wenn er eine solche Tätigkeit als Insolvenzverwalter vornimmt, soweit dann nicht eine spezielle Vergütungsordnung für Insolvenzverwalter zwingend
gilt. Vgl dazu § 63 InsO sowie die InsVV, SchlAnh E dieses Buchs, Ffm Rpfleger **77**,
459, Kblz VersR **82**, 197, Schlesw SchlHA **77**, 70, aM Karlsr KTS **78**, 260 (aber der
obige Grundgedanke bleibt auch bei solcher Spezialtätigkeit bestehen).
Mit der in Rn 29 genannten Ausnahme sind auch die Kosten des Verkehrsanwalts 33
der *Ehefrau* nicht erstattungsfähig, Kblz VersR **86**, 451, Schlesw SchlHA **86**, 144.
G. Umsatzsteuer in eigener Sache. Vgl bei VV 7008, auch zur Erstattungs- 34
fähigkeit.
H. Selbstverteidigung. Bei einer Selbstverteidigung ist wegen der Verweisung 35
des § 464a II 2 StPO auf den gesamten § 91 II ZPO auch (jetzt) dessen S 3 anwendbar, LG Mainz NJW **79**, 1897. Zur Verfassungsmäßigkeit BVerfG **53**, 218. Es ist dann
unerheblich, ob der Anwalt im Verfahren auch „Verteidiger" sein konnte, LG Hbg
AnwBl **76**, 25, LG Itzehoe AnwBl **80**, 471, AG Würzb AnwBl **77**, 82, aM LG Bonn
MDR **78**, 511, LG Würzb JB **77**, 517, Kurzka MDR **75**, 548 (aber die Selbstverteidigung ist eben nach § 91 II 3 ZPO ausdrücklich erstattbar).
Man muß die etwa aus der Staatskasse gezahlten *Pflichtverteidigerkosten* anrechnen.
I. Beispiele zur Frage des sachlichen Geltungsbereichs, II. Die Aufzählung 36
ist nicht abschließend. Das ergeben nach Rn 37 die Worte „... oder für eine ähnliche
Tätigkeit" in II 2. Es handelt sich zum Teil um ehrenamtliche Tätigkeiten, etwa des
Vormunds, zum Teil um solche Tätigkeiten, die man in einem erheblichen Umfang
auch einem Nichtanwalt zu übertragen pflegt und für die daher andere gesetzliche
Vergütungsvorschriften bestehen, BGH JB **99**, 135. Das gilt etwa beim Insolvenzverwalter nach § 63 InsO oder bei einer solchen Tätigkeit, die der Anwalt nicht im Auftrag einer Partei und nicht in deren Interesse vornimmt, etwa beim Treuhänder.
Abgeordneter: Seine Tätigkeit unterfällt *nicht* dem RVG. 37
Abwickler: Rn 43 „Liquidator".
„Ähnliche Tätigkeit": Das ist eine nach dem Wortlaut reichlich schwammig umschriebene Arbeit des Anwalts. Nach dem Sinn kann man sie etwas deutlicher eingrenzen: Es muß um eine solche Tätigkeit gehen, die man nach Rn 36 mitbeurteilen kann und die also keine von vornherein anwaltstypischen Aufgaben umfaßt
und zumindest nicht deren Schwerpunkt bildet. Auch dann bleibt freilich für diesen Auffangbegriff reichlich Raum. Anders als zB § 1 I 1 GKG, Teil I A dieses
Buchs, enthält I 1 nicht das Wort „nur" (nach dem RVG). Das ändert nichts daran,
daß II eine Ausnahme von I nennt. Nun macht aber die Unanwendbarkeit des
RVG im „ähnlichen Fall" eine solche Anwaltstätigkeit nicht vergütungslos. Deshalb
ist weder eine weite noch eine enge Auslegung dieser Klausel notwendig.
Aktiengesellschaft: Rn 40 „Gemeinsamer Vertreter".
Angestellter: Rn 25.
Anlagenberater: Eine solche Tätigkeit läßt sich grds *nicht* nach dem RVG vergüten,
BGH NJW **80**, 1855. Eine Ausnahme gilt bei einer Rechtsberatung.
Aufsichtsratsmitglied: Eine solche Tätigkeit gehört zu der „ähnlichen Tätigkeit"
nach II 1. Die Vergütung erfolgt nach § 113 AktG usw.
Berufsvormund: Rn 51 „Vormund". 38
Betreuer, dazu *Lütgens,* Die Vergütung des Betreuers, 4. Aufl 2005; *Volpert* NJW **13**,
1287; *Zimmermann* FamRZ **06**, 1802 (je Üb): Eine solche Tätigkeit macht das RVG
nach II 1 *unanwendbar,* BVerfG FamRZ **00**, 1285, Mü Rpfleger **97**, 186, Bestelmeyer FamRZ **99**, 1637, aM BayObLG FGPrax **03**, 179, Ffm NJW **03**, 3642, LG
Mainz NZM **06**, 800 (aber die Abgrenzung muß klar bleiben, und die nachste-

RVG § 1 X. Rechtsanwaltsvergütungsgesetz

henden Vorschriften enthalten vorrangige speziellere Sonderregeln). Eine Tätigkeit gerade als Anwalt muß deutlich erkennbar sein, SG Bln FamRZ **11**, 1170. Die Betreuer-Entschädigung richtet sich nach §§ 1908 e, h, i I 1 in Verbindung mit 1835 a, 1836, 1836 a, b BGB sowie nach dem VBVG, Anh § 1 JVEG, Teil V dieses Buchs, BVerfG FamRZ **00**, 1285, Hamm FamRZ **07**, 1186, LG Münst FamRZ **11**, 136.

S auch Rn 45 „Pfleger", Rn 49 „Verfahrensbeistand", „Verfahrenspfleger", Rn 51 „Vormund".

Betriebsrat: Soweit er einen Anwalt als solchen hinzuzieht, ist das RVG anwendbar, LAG Ffm DB **87**, 1440. Vgl aber auch „Einigungsstelle".

Buchführung: Diese Tätigkeit unterfällt nur dann dem RVG, wenn der Anwalt mit ihr einen Rechtsrat erteilt.

39 **Einigungsstelle:** § 65 Rn 5 ff.

Ergänzungspfleger: Rn 45 „Pfleger".

Finanzierungsplan: Die Tätigkeit bei seiner Erstellung kann rein wirtschaftlich sein. Dann fällt sie *nicht* unter das RVG. Freilich kommt es sehr auf die Umstände an.

Gegenpfleger: Rn 45 „Pfleger".

Gegenvormund: Rn 51 „Vormund".

40 **Gemeinsamer Vertreter:** Der Gemeinsame Vertreter der außenstehenden Aktionäre wird nach Rn 37 in „ähnlicher Tätigkeit" nach II 1 tätig, BayObLG **92**, 91, aM Düss DB **84**, 2188. Die Vergütung erfolgt nach § 306 AktG usw, aM Düss DB **84**, 2188, Ffm JB **86**, 1052 (je: in Anlehnung an [jetzt] das RVG).

Gesellschaft: S „Gemeinsamer Vertreter".

41 **Gläubigerausschuß:** Eine Tätigkeit in dieser Eigenschaft nach §§ 67 ff InsO zählt zu den Tätigkeiten nach II 1. Die Vergütung richtet sich nach § 73 InsO in Verbindung mit § 65 InsO (Ermächtigung zur Festsetzung durch Verordnung). Vgl auch SchlAnh E.

42 **Insolvenzverwalter usw,** dazu *Haarmeyer/Wutzke/Förster,* Vergütung im Insolvenzverfahren, 1999; *Madert* AnwBl **99**, 91 (Üb): II 1 nennt seine Tätigkeit ausdrücklich, Köln AnwBl **76**, 246, LG Aachen Rpfleger **78**, 380 (auch für seine außergerichtliche Tätigkeit), Lüke KTS **88**, 421. Für ihn gilt die *InsVV,* SchlAnh E dieses Buchs. Das gilt auch dann, wenn er in einem Beschwerdeverfahren eine Stellungnahme abgibt, LG Gött Rpfleger **00**, 299. § 5 I InsVV verweist freilich auf das RVG, soweit ein als Anwalt zugelassener Insolvenzverwalter eine solche Tätigkeit ausübt, die ein nicht als Anwalt zugelassener Verwalter angemessenerweise einem Anwalt übertragen hätte, BGH NZM **04**, 880. Eine Vereinbarung der Anwendung das RVG ist unwirksam, soweit § 63 InsO vorgeht.

S auch Rn 49 „Verfahrenskoordinator", Rn 51 „Vorläufiger Insolvenzverwalter".

Justitiar: Soweit er für den Arbeitgeber tätig ist, bleibt nach § 46 BRAO das RVG *unanwendbar,* LSG Mü AnwBl **02**, 432.

Kreditvermittlung: Rn 43 „Makler".

43 **Liquidator:** Der rechtsgeschäftlich bestellte Liquidator wird nach II 1 tätig, BGH **139**, 312. Auch der gerichtlich bestellte Liquidator einer Handelsgesellschaft arbeitet in „ähnlicher Tätigkeit" nach II 1. Seine Vergütung errechnet sich in einer entsprechenden Anwendung der in Rn 42 genannten InsVV, BGH **98**, 3567.

Makler: Seine Tätigkeit unterfällt *nicht* dem RVG. Freilich kann eine Rechtsberatung hinzutreten. Ein reines Makler-Erfolgshonorar unterfällt nicht dem § 3 a RVG.

Mediator: Diese Form außergerichtlicher Konfliktbereinigung durch einen „neutralen" Dritten oder durch einen richterlichen Mediator kann durchaus anwaltstypisch sein, Hamm MDR **99**, 836, GSchm 7, aM Bischof MDR **03**, 919, Enders JB **98**, 59 (aber der Anwalt ist der geradezu klassische Mediator). Trotzdem macht § 34 mit seiner Verweisung auf das BGB das RVG mit Ausnahme seines in erster Linie direkt anwendbaren § 4 nur hilfsweise anwendbar.

Nachlaßabwicklung: Zum Problem Wielgoss JB **00**, 295 (ausf).

Nachlaßpfleger: Rn 45 „Pfleger".

44 **Nachlaßverwalter:** II 1 nennt seine Tätigkeit ausdrücklich. Seine Vergütung richtet sich nach § 1987 BGB, BayObLG JB **86**, 90. Er kann keine Erstattung der von ihm zu zahlenden Umsatzsteuer fordern.

Abschnitt 1. Allgemeine Vorschriften　　　　　　　　　　　　　**§ 1 RVG**

Pfleger: Seine Tätigkeit macht das RVG nach II 1 grds *unanwendbar,* Oldb JB **12**, 472, LG Duisb JB **99**, 602. Seine Vergütung richtet sich zB nach §§ 1835, 1915 BGB, nicht nach (jetzt) VV 6300 ff, Ffm RR **16**, 384 (allenfalls VV 2501 ff), Hamm RR **11**, 1091, Karlsr NJW **15**, 2051, aM Schlesw MDR **08**, 1367, LG Aachen Rpfleger **87**, 372, LG Landau Rpfleger **03**, 691 (aber es gelten dieselben Erwägungen wie beim Betreuer nach Rn 38). Das gilt insbesondere für seine Postentgelte. Eine etwa nach dem RVG gezahlte Vergütung läßt sich anrechnen, BayObLG RR **89**, 136.

Der Pfleger kann die Erstattung der von ihm zu zahlenden *Umsatzsteuer* jedenfalls nicht nach VV 7008 fordern. Man muß diesen Umstand bei der Bemessung seiner Vergütung berücksichtigen. Zur Entschädigung Bach Rpfleger **92**, 89, Deinert Rpfleger **92**, 92 und 329.

Eine *entsprechende* Anwendung des RVG der Höhe nach mag aber infragekommen, soweit ein Pfleger einen Anwalt hinzugezogen hätte, BGH NJW **14**, 866, LG Darmst FamRZ **05**, 735.

S auch Rn 38 „Betreuer", Rn 49 „Verfahrenspfleger".

Rentenberater: LSG Essen L 1 AZ 98/02 v 18. 4. 03.

Richter: Seine Tätigkeit zB als Beisitzer eines Ehrengerichts unterfällt *nicht* dem RVG.

Sachverständiger: Seine Tätigkeit als solcher unterfällt *nicht* dem RVG.
Vgl aber § 34.

Sachwalter: Die Tätigkeit des Sachwalters nach § 9 SVertO ist eine „ähnliche Tätigkeit" nach II 1. Wegen der Insolvenz SchlAnh E dieses Buchs.

Schiedsgutachter, Schiedsrichter: II 1 nennt seine Tätigkeit ausdrücklich. Seine Vergütung richtet sich grds *nicht* nach dem RVG, Meyer JB **09**, 72, sondern nach dem Schiedsrichtervertrag nach §§ 1034 ff ZPO. Mangels einer dortigen Vereinbarung kann über § 612 II BGB das RVG entsprechend anwendbar sein.

Schiedsrichterliches Verfahren: II 1 gilt auch bei §§ 1025 ff ZPO, Schäfer NJW **15**, 3398 (Üb).

Sequester: Seine Tätigkeit nach § 938 ZPO ist eine „ähnliche Tätigkeit" nach II 1. Seine Vergütung erfolgt in einer entsprechenden Anwendung der Vergütungsregeln nach § 63 InsO. Sie muß angemessen sein, Köln JB **86**, 1425, Mü Rpfleger **85**, 409. Man entnimmt die Vergütung des Sequesters den Einkünften. Auch der Sequester kann sich gegen die Festsetzung der Vergütung beschweren, Saarbr DGVZ **77**, 189. Dafür besteht kein Anwaltszwang.

Wenn aber der Antragsteller und der Sequester die Höhe der Vergütung *vereinbart* haben, darf das Gericht die Vergütung des Sequesters nicht festsetzen, Hbg KTS **77**, 176. Wegen der Erstattungsfähigkeit der Kosten der Sequestration BLAH § 788 ZPO Rn 37 „Sequestration".

Syndikus-Anwalt: Rn 25.

Testamentsvollstrecker, dazu *Schwarz-Gewallig,* Die Testamentsvollstreckervergütung, Diss Regensb 2005/6: Seine Tätigkeit macht nach II 1 das RVG *unanwendbar,* aM Ffm MDR **00**, 788, FG Bre AnwBl **97**, 124 (soweit er, falls nicht selbst Anwalt, einen solchen hätte zuziehen müssen). Seine Vergütung erfolgt nach § 2221 BGB, Köln JB **93**, 669. Er kann keine Erstattung der von ihm geschuldeten Umsatzsteuer verlangen.

Treuhänder: Seine Tätigkeit macht nach II 1 das RVG *unanwendbar.* Seine Vergütung erfolgt, sofern es sich nicht um einen Sequester nach Rn 47 handelt, nach dem VBVG, Anh I § 1 JVEG, Teil V dieses Buchs, Köln JB **00**, 26. Man kann aber auch evtl die Anwendbarkeit der Vergütungsregeln des RVG vereinbaren. Vgl auch SchlAnh E dieses Buchs.

Verfahrensbeistand: Seine Tätigkeit macht nach II 1 das RVG *unanwendbar.*

Verfahrenskoordinator: *Unanwendbar* ist das RVG auf diese Tätigkeit nach § 269 e InsO aus den im SchlAnh F dieses Buches Rn 5 dargelegten Gründen. Die Vergütung erfolgt eben nach dem dort kommentierten § 269 g InsO.

Verfahrenspfleger, dazu *Felix* Rpfleger **16**, 189 (Üb): Seine Tätigkeit macht nach II 1 das RVG *unanwendbar,* BVerfG FamRZ **00**, 1285, LG Mainz RR **06**, 1444, AG Sinzig FamRZ **07**, 1585, aM BGH FamRZ **15**, 847, Mü RR **09**, 356, Rostock Rpfleger **10**, 77 (unvollständig zitierend. Aber ein klarer Wortlaut verbietet jede Auslegung, BLAH Einl III 39). Vgl im übrigen Rn 38 „Betreuer". Wegen seiner

RVG §§ 1, 2 X. Rechtsanwaltsvergütungsgesetz

Auslagen gilt das GNotKG, Teil III dieses Buchs. Auch andere Ansprüche bleiben unberührt, BVerfG FamRZ **00**, 1285. Die derzeitige gesetzliche Vergütungsregelung ist verfassungsgemäß, BVerfG Rpfleger **01**, 83.

50 **Verkehrsanwalt:** Man muß für die Frage, ob ein Anwalt in einer der in dieser Aufzählung genannten Eigenschaften die Erstattung einer Verkehrsgebühr fordern kann, von der Überlegung ausgehen, ob ein Nichtanwalt einen Verkehrsanwalt hätte hinzuziehen dürfen. Vgl im übrigen VV 3400.

Vermögensverwalter: Seine Tätigkeit ist eine „ähnliche Tätigkeit" nach II 1. Seine Vergütung richtet sich nach der Parteivereinbarung. Man muß sie nicht nur nach dem Wert des verwalteten Vermögens bemessen, sondern unter anderem auch nach dem Umfang und seiner Mühe. Bei einer Hausverwaltung mag die Vergütung eines Zwangsverwalters nach Rn 52f beachtlich sein.

51 **Vorläufiger Insolvenzverwalter:** Rn 42 „Insolvenzverwalter" entsprechend, Schl-Anh E dieses Buchs.

Vorstand: Seine Tätigkeit ist eine „ähnliche Tätigkeit" nach II 1. Seine Vergütung richtet sich nach § 67 AktG usw.

Zustellungsbevollmächtigter: Seine Tätigkeit ist eine „ähnliche Tätigkeit" nach II 1.

52 **Zwangsverwalter:** Dazu gilt

> *ZVG § 152a. Ermächtigung.* [1]Der Bundesminister der Justiz und für Verbraucherschutz wird ermächtigt, Stellung, Aufgaben und Geschäftsführung des Zwangsverwalters sowie seine Vergütung (Gebühren und Auslagen) durch Rechtsverordnung mit Zustimmung des Bundesrates näher zu regeln. [2]Die Höhe der Vergütung ist an der Art und dem Umfang der Aufgabe sowie an der Leistung des Zwangsverwalters auszurichten. [3]Es sind Mindest- und Höchstsätze vorzusehen.

II 1 nennt seine Tätigkeit ausdrücklich. Seine Vergütung richtet sich nach der ZwVwV, SchlAnh G dieses Buchs. Ihr § 17 III 1 verweist freilich auf das RVG, soweit ein als Anwalt zugelassener Zwangsverwalter eine solche Tätigkeit ausübt, die ein nicht als Anwalt zugelassener Verwalter angemessenerweise einem Anwalt übertragen hätte, BGH NZM **04**, 880.

Zwangsvollstreckung: Die Tätigkeit als besonderer Vertreter nach § 779 II 1 ZPO ist nach II 1 *nicht* nach dem RVG vergütbar. Es mögen (jetzt) §§ 25, 26 usw mitbeachtlich sein, Mümmler JB **76**, 164.

53 **5) Vorrang bei Rechtsmitteln, III.** Die neue Vorschrift stimmt mit § 1 V GKG überein, ebenso mit § 1 II FamGKG, § 1 VI GNotKG, § 1 V JVEG, § 1 IV JVKostG, Teile I A, B, III, V, VIII A dieses Buchs. Vgl daher bei § 1 GKG.

Höhe der Vergütung

2 [I] Die Gebühren werden, soweit dieses Gesetz nichts anderes bestimmt, nach dem Wert berechnet, den der Gegenstand der anwaltlichen Tätigkeit hat (Gegenstandswert).

[II] [1]Die Höhe der Vergütung bestimmt sich nach dem Vergütungsverzeichnis der Anlage 1 zu diesem Gesetz. [2]Gebühren werden auf den nächstliegenden Cent auf- oder abgerundet; 0,5 Cent werden aufgerundet.

Gliederung

1) Systematik, I, II	1, 2
A. Wertgebühr	1
B. Rahmengebühr	2
2) Regelungszweck, I, II	3
3) Gegenstandswert, I	4
4) Wertänderung, I	5
5) Vergütungsverzeichnis, II 1	6
6) Auf-, Abrundung, II 2	7

1 **1) Systematik, I, II.** Das RVG kennt die folgenden Gebührenarten.

A. Wertgebühr. Vgl zunächst Einl II 10. Die Wertgebühr gilt immer dann, wenn das Gesetz nichts anderes bestimmt. Die Gebührenhöhe für jeden Wert ergibt sich dann im allgemeinen aus der Tabelle des § 13 I 3. Wertgebühren außerhalb dieser

Tabelle sind auch die anteilig bemessenen Gebühren nach VV 1009 und diejenigen Gebühren, die innerhalb eines Gebührensatzrahmens nach VV 2100 usw nach dem Gegenstandswert anfallen.

Hinweisen muß der Anwalt nach § 49b V BRAO, abgedruckt bei § 3a, schon vor einer Auftragsannahme auf das auch nur etwaige Entstehen einer Wertgebühr nach Grdz 18 vor § 1, Hartmann NJW **04**, 2484 (auch wegen der Folgen einer Unterlassung).

B. Rahmengebühr. Vgl zunächst Einl II 12. Bei den Rahmengebühren muß 2 man den schließlich richtigen Betrag für den einzelnen Fall innerhalb des vom Gesetz angegebenen Betragsrahmens ermitteln. Das gilt zB bei VV 4100ff (Strafsachen, Ausnahme amtliche Vorbemerkung 4 V); bei VV 3102 (Sozialgerichtsbarkeit) und bei VV 3403 (einfaches Schreiben). Soweit es sich um eine strafrechtliche Einziehung oder um eine verwandte Maßnahme handelt, muß man den Gegenstandswert nach VV 4143 innerhalb des anwendbaren Rahmens mit berücksichtigen.

2) Regelungszweck, I, II. Die Vorschrift dient ebenso wie für die Gerichtsge- 3 bühren § 64 GKG, § 56 FamGKG, Teile I A, B dieses Buchs, einer möglichst gerechten Anknüpfung der Gebührenbemessung, Karlsr Rpfleger **00**, 185. Sie soll gleichzeitig andere denkbare Anknüpfungsmethoden wie etwa den Zeitaufwand mit seinen kaum beherrschbaren Einzelproblemen vermeiden. Die Maßgeblichkeit eines Werts je Angelegenheit ergibt sich aus § 22 I. Sie macht zwar von zwei wiederum schwierig genug ermittelbaren Faktoren abhängig. Sie stellt aber doch das „geringste Übel" dar. Sie dient damit auch der Zweckmäßigkeit. Der formelle Hilfscharakter von I ändert nichts daran, daß sein Ausgangspunkt die Praxis beherrscht. Man sollte ihn nicht durch eine noch stärkere Ziselierung der ohnehin aufs äußerste ausdifferenzierten Methoden der Wertermittlung überstrapazieren.

3) Gegenstandswert, I. Maßgebend ist der Wert des Gegenstands, Brdb Rpfleger 4 **10**, 392. Gegenstand ist nach § 7 Rn 27 anders als bei § 90 BGB dasjenige gegenwärtige oder künftige oder behauptete Recht oder Rechtsverhältnis, auf das sich bei einer objektiven Prüfung auftragsgemäß die anwaltliche Tätigkeit für gerade diesen Auftraggeber und wegen gerade dieses Auftrags oder gerade dieser Geschäftsführung ohne Auftrag erstreckt, BGH NJW **07**, 2050. Das kann auch bei einer BGB-Gesellschaft vorliegen, Hbg MDR **00**, 727. Oft stimmt der Gegenstand nach I mit demjenigen des gerichtlichen Verfahrens überein. Die Festsetzung erfolgt nach §§ 22ff. Es erfolgt bei mehreren Gegenständen grundsätzlich eine Zusammenrechnung, Brschw MDR **82**, 241, Düss JB **86**, 387. Soweit sich die Tätigkeit des Anwalts auf eine besondere Angelegenheit im gebührenrechtlichen Sinn nach § 18 erstreckt, ist evtl eine entsprechende besondere Wertfestsetzung erforderlich. Es entscheidet der objektive Verkehrswert, nicht die Vorstellung des Antragstellers und schon gar nicht ein sog Liebhaberwert oder ein sonstiges subjektives Interesse.

Maßgebend ist derjenige *Zeitpunkt,* in dem die Gebühr entsteht, in dem also der Anwalt die Tätigkeit vornimmt. Es kommt auf die Fälligkeit dieser Gebühr nach § 8 I nicht an.

4) Wertänderung, I. Soweit sich der Gegenstandswert nach Rn 4 während der 5 Tätigkeit des Anwalts erhöht, muß man die Gebühr nach dem erhöhten Wert berechnen. Die Erhöhung beginnt mit der zugehörigen Tätigkeit. Soweit sich der Wert während der Tätigkeit vermindert, darf man diese Wertminderung nur für diejenige Gebühr berücksichtigen, die durch eine Tätigkeit erst nach der Wertminderung entsteht. Soweit also der Anwalt bereits in einem solchen Zeitraum tätig wurde, in dem noch der höhere Wert galt, bleibt die anschließende Wertminderung nach § 15 IV unerheblich. Entscheidend ist dann also immer der höchste Wert, etwa bei einer Klagänderung nach § 263 ZPO.

Wegen der Situation bei einer *Verbindung* mehrerer Verfahren zwischen denselben Parteien zB nach § 147 ZPO Düss Rpfleger **78**, 427.

5) Vergütungsverzeichnis, II 1. Das RVG enthält ein Verzeichnis in einer amt- 6 lichen Anlage 1 zu II 2, abgedruckt und erläutert hinter § 61, vergleichbar zB den Verzeichnissen zum GKG, zum FamGKG, zum GNotKG und zum GvKostG, Teile I A, B, III, XI dieses Buchs. Dieses Verzeichnis trägt beim RVG die amtliche Bezeich-

RVG §§ 2, 3 X. Rechtsanwaltsvergütungsgesetz

nung „Vergütungsverzeichnis". Sie heißt in diesem Buch VV, im Gegensatz zu KV (Kostenverzeichnis zum GKG), zum KVFam (Kostenverzeichnis zum FamGKG), zum KVfG (Kostenverzeichnis zum GNotKG) und zum KVGv (Kostenverzeichnis zum GvKostG). Das Vergütungsverzeichnis enthält wie die vorgenannten anderen Verzeichnisse Teile und innerhalb jedes Teils weitere amtliche Untergliederungen. Vor vielen einzelnen Nummern mit jeweils 4 Zahlen, zB VV 1000, befinden sich amtliche „Vorbemerkungen". Sie sind ihrerseits amtlich auf 1–4 Ebenen gegliedert, zB „1.1.2.4". Hinter vielen einzelnen Nummern befinden sich amtliche „Anmerkungen". Sie tragen allerdings diese Bezeichnung im Gegensatz zu den amtlichen Vorbemerkungen nur dort, wo das Gesetz an anderer Stelle auf die verweist.

7   **6) Auf-, Abrundung, II 2.** Die dem § 34 IV GNotKG, Teil III dieses Buchs, entsprechende Vorschrift schafft eine buchstäblich centgenaue Regelung, Enders JB 02, 117 (ab 0,5 Cent: Aufrundung). Sie bezieht sich nur auf Gebühren, nicht auch auf die nach § 1 I 1 begrifflich davon zu unterscheidenden Auslagen nach VV 7000 ff, und daher auch nicht auf die Umsatzsteuer nach VV 7008. Man muß jede im Gesetz selbständig genannte Gebühr auf- oder abrunden.

Gebühren in sozialrechtlichen Angelegenheiten

3 ¹ ¹In Verfahren vor den Gerichten der Sozialgerichtsbarkeit, in denen das Gerichtskostengesetz nicht anzuwenden ist, entstehen Betragsrahmengebühren. ²In sonstigen Verfahren werden die Gebühren nach dem Gegenstandswert berechnet, wenn der Auftraggeber nicht zu den in § 183 des Sozialgerichtsgesetzes genannten Personen gehört; im Verfahren nach § 201 Absatz 1 des Sozialgerichtsgesetzes werden die Gebühren immer nach dem Gegenstandswert berechnet. ³In Verfahren wegen überlanger Gerichtsverfahren (§ 202 Satz 2 des Sozialgerichtsgesetzes) werden die Gebühren nach dem Gegenstandswert berechnet.
ᴵᴵ Absatz 1 gilt entsprechend für eine Tätigkeit außerhalb eines gerichtlichen Verfahrens.

Schrifttum: *Klier* NZS 04, 469 (Üb).

Gliederung

1) Systematik, I, II	1
2) Regelungszweck, I, II	2
3) Betragsrahmengebühr, I 1	3–10
A. Pauschgebühr	3, 4
B. Rahmengrenzen	5, 6
C. Einzelbemessung	7
D. Höchstgebühr	8
E. Kostenerstattung	9
F. Vergütung des bei I 1 beigeordneten Anwalts	10
4) Wertgebühr, I 2, 3	11–16
A. Anwendungsbereich	11
B. Beispiele zur Frage eines sonstigen Verfahrens, I 2	12–14
C. Vergütung des bei I 2 beigeordneten Anwalts	15
D. Vergütung bei Verfahren wegen Überlänge, I 3	16
5) Außergerichtliches Verfahren, II	17

1   **1) Systematik, I, II.** Für die Vergütung des Anwalts vor den Gerichten der Sozialgerichtsbarkeit enthält § 3 eine Sonderregelung. Sie ist durch die erheblichen Abweichungen des Sozialgerichtsverfahrens vom sonstigen Kostensystem bedingt. In allen Fällen ist eine Honorarvereinbarung nach § 3 a zulässig.
Außerhalb eines gerichtlichen Verfahrens gelten § 34, VV 2300 ff.

2   **2) Regelungszweck, I, II.** Die Vorschrift bezweckt eine Anpassung der kostenrechtlichen Regelung dort, wo das GKG als Anknüpfung für die Anwaltsvergütung ausfällt. Man muß sie zur Vermeidung eines Vergütungslochs großzügig handhaben.

3   **3) Betragsrahmengebühr, I 1.** Vgl zunächst Einl II A 12. Es gelten drei Grundsätze.
   A. Pauschgebühr. Die Regelung gilt für diejenigen Verfahren, in denen das GKG unanwendbar ist. Das ist dann so, wenn der Kläger oder der Bekl nach § 197 a I

Abschnitt 1. Allgemeine Vorschriften § 3 RVG

SGG, Teil II B dieses Buchs, zu den in § 183 SGG genannten Personen gehört, also dann, wenn der Kläger oder der Bekl Versicherter, Leistungsempfänger (einschließlich Hinterbliebenenleistungsempfänger), Behinderter oder deren Sonderrechtsnachfolger nach § 56 SGB I ist oder wenn er diesen Personen nach § 183 S 1, 3 SGG gleichsteht. Der Anwalt erhält dann in jedem Rechtszug eine im Rahmen von I liegende Pauschgebühr. Er erhält sie auch dann, wenn *sein* Auftraggeber nicht zu den vorgenannten Personen nach §§ 183, 197a SGG gehört und deshalb nach § 184 SGG gebührenpflichtig ist. Sie entsteht mit der auftragsgemäßen Entgegennahme der Information. Es findet keine Herabsetzung infolge einer vorzeitigen Auftragsbeendigung statt. Der Ersatz der Auslagen bestimmt sich nach VV 7000.

Die Sätze für jede Instanz stellen den *Normalrahmen* dar. Er umfaßt die gesamte Tätigkeit des Anwalts für einen Auftraggeber wie in einem vergleichbaren Verfahren vor dem Zivilgericht. Vertritt der Anwalt mehrere Auftraggeber, erhöhen sich der Mindest- und Höchstbetrag evtl nach VV 1008, § 7 Rn 14, 15, (zum alten Recht) SG Münst AnwBl **85**, 387. **4**

B. Rahmengrenzen. Man darf den Rahmen dann nicht nach unten oder oben ausweiten, wenn in einem Zivilprozeß weniger als eine volle Gebühr oder mehr als drei volle Gebühren entstehen würden. Diesen Umstand muß man vielmehr bei der Bemessung der Gebühr innerhalb des Rahmens berücksichtigen. Entsprechendes gilt nach §§ 17ff dann, wenn der Anwalt sowohl im Prozeß als auch in einem Nebenverfahren tätig wird, sofern das Nebenverfahren nicht zum Rechtszug gehört, (zum alten Recht) Fichte DAngVers **88**, 362 (Zwangsvollstreckung), Wilm SozVers **93**, 113 (Vorlageverfahren). Falls der Anwalt im Verfahren vor einem Zivil- oder Verwaltungsgericht nur eine 0,5 Gebühr oder nur eine 0,3 Gebühr verdienen würde, erhält er dafür wenigstens den Mindestbetrag der Pauschgebühr, nicht etwa 0,5 oder 0,3 der nach § 14 ermittelten Gebühr oder eine Gebühr innerhalb eines entsprechend ermäßigten Rahmens, (zum alten Recht) BSG SGb **79**, 348 (zustm Schmidt 389). **5**

Das gilt auch im *Kostenfestsetzungsverfahren* und in der Zwangsvollstreckung. Daher erhält der nur hiermit beauftragte Anwalt ohne Rücksicht auf die Höhe der Kosten die Pauschgebühr, ein ungereimtes, aber nach dem Gesetz unausweichliches Ergebnis.

Beim *einstweiligen Rechtsschutz* nach § 86b SGG gilt § 16 Z 6. Es gilt aber auch § 17 Z 4. Das bedeutet, daß der Anwalt dafür eine besondere Pauschgebühr erhalten kann. **6**

C. Einzelbemessung, dazu *Neumann* DAngVers **94**, 107 (Üb): Der Anwalt darf und muß seine das Verfahren der Instanz abgeltende Pauschgebühr im Einzelfall nach § 14 I bemessen, Wilde/Homann NJW **81**, 1073. Danach darf und muß er von der sogenannten Mittelgebühr ausgehen. Sie bildet man aus dem Höchstbetrag + Mindestbetrag : 2, BVerwG AnwBl **81**, 191, LSG Schlesw Breith **95**, 738, SG Karlsr AnwBl **84**, 571, aM Neumann DAngVers **94**, 107, Plagemann SGb **82**, 191. **7**

Sie kommt als *Pauschgebühr* nur für ausgesprochene Normalfälle ohne Besonderheiten in ihrer Bedeutung, ihrem Umfang und ihrer Schwierigkeit und bei durchschnittlichen Vermögensverhältnissen des Klägers in Betracht, LG Flensb JB **87**, 1515, LSG Schlesw NZS **04**, 668 (sogar bei existenzsichernder Leistung –?–), SG Speyer NZS **93**, 86. Bei Abweichungen vom Normalfall wegen der Bedeutung oder der Schwierigkeit der Sache oder der wirtschaftlichen Verhältnisse des Klägers oder des Umgangs mit ihm oder auch des anwaltlichen Arbeitsaufwandes darf und muß man eine jeweils geringere oder höhere Gebühr bis zur Grenze des Rahmens ansetzen, SG Bln JB **99**, 303, SG Düss SGb **92**, 361, SG Lüb MDR **02**, 911. So kann die Qualifikation als Fachanwalt evtl erhöhend wirken, Klier NZS **04**, 469. Das Haftungsrisiko nach § 14 I 2 kann zB bei einer Rentenberechnung hoch sein, Klier NZS **04**, 470.

D. Höchstgebühr. Sie mag zB beim Streit um den Bezug einer Dauerrente schon wegen deren Bedeutung häufig richtig sein, SG Darmst NZS **96**, 304, SG Freiburg JB **99**, 416, SG Saarbr AnwBl **86**, 211, oder bei einer Auseinandersetzung mit mehreren unterschiedlichen Gutachten, SG Bln AnwBl **82**, 32, SG Münst AnwBl **93**, 44, SG Nürnb NJW **76**, 311, oder bei einer besonderen Bedeutung für den Kläger oder bei einem großen Umfang, SG Mainz AnwBl **95**, 109, SG Münst AnwBl **93**, 44. Eine Gebührenvereinbarung nach § 3a ist in den Grenzen von dort V grundsätzlich zulässig. **8**

RVG § 3 X. Rechtsanwaltsvergütungsgesetz

9 **E. Kostenerstattung.** Im Kostenerstattungsverfahren nach § 197 SGG, Teil II B dieses Buchs, darf und muß der Urkundsbeamte die vom Anwalt nach § 14 I 1 bestimmte Gebühr nach § 14 I 2 nur auf eine etwaige Unbilligkeit prüfen, SG Freib AnwBl **81**, 123, SG Stgt AnwBl **79**, 404. Eine Unbilligkeit liegt nach § 14 Rn 24 auch hier bei einer Überhöhung der Gebühr um 20% und mehr. Sie kann aber auch sonst vorliegen, BSG SGb **84**, 578. Endgültig muß über die Gebühr auch hier das Gericht entscheiden. Ein Gutachten der Rechtsanwaltskammer ist nicht erforderlich, soweit es sich nicht um einen „Rechtsstreit" handelt, BSG AnwBl **84**, 565. Abstriche von weniger als 25 Euro sind meist unnötig, SG Düss AnwBl **84**, 570, Meyer-Ladewig § 197 SGG Rn 7 c.

10 **F. Vergütung des bei I 1 beigeordneten Anwalts.** Die Vergütung des bei I 1 im Weg der Prozeßkostenhilfe nach § 73 a SGG beigeordneten Anwalts ergibt sich nicht aus § 49. Denn dem Anwalt steht nach § 45 grundsätzlich die gesetzliche Vergütung des Wahlanwalts zu, und § 49 sieht keine Einschränkung dieses Grundsatzes vor, falls der Anwalt Rahmengebühren erhält. Denn die geminderten Sätze treten nur an die Stelle der Gebühren „nach dem Gegenstandswert".

Deshalb erhält der Anwalt die sich aus I 1 ergebende Gebühr *ungekürzt*, (je zum alten Recht) Meyer-Ladewig § 73 a SGG Rn 13 a, Wilde/Homann NJW **81**, 1070. Dabei muß man von der Mittelgebühr des Normalrahmens ausgehen, LSG Schlesw AnwBl **89**, 114. (Jetzt) § 14 I 4 ist auch hier anwendbar, Madert AnwBl **94**, 380, aM Hansens JB **96**, 28. Auch ein Vorschuß steht dem Anwalt nach § 47 I 1 zu. „Angemessen" ist meist ein Vorschuß in Höhe der Mittelgebühr zuzüglich der Unkostenpauschale nach (jetzt) VV 7002, LSG Stgt Just **91**, 69.

11 **4) Wertgebühr,** I 2, 3, vgl zunächst Einl II A 10. Sie kommt in einer ganzen Reihe von Situationen infrage.

A. Anwendungsbereich. In anderen als den in I 1 genannten Verfahren ist nach I 2 der Gegenstandswert nach I 2 Hs 1 grundsätzlich nur dann maßgeblich, wenn der Auftraggeber nicht zu den in § 183 SGG, Teil II B dieses Buchs, genannten Personen gehört. Voraussetzung ist danach, daß in dem Verfahren nach § 197 a SGG das GKG anwendbar ist. Andernfalls erhält der Anwalt die Pauschalgebühr nach I 1. Eine Ausnahme nennt Hs 2, dazu Rn 14 „Verpflichtungsurteil".

12 **B. Beispiele zur Frage eines sonstigen Verfahrens, I 2**

Arzneimittel: Der Wert der Aufnahme eines Arzneimittels in eine amtliche Liste bestimmt sich nach dem wirtschaftlichen Interesse des Herstellers, SG Köln PharmaR **92**, 272.

Berufsgenossenschaft: Beim Streit um die Mitgliedschaft in einer Berufsgenossenschaft ist das Achtfache des Jahresbeitrags maßgebend, BSG AnwBl **82**, 30 (krit Diemer). Beim Streit um die Zugehörigkeit zu einer anderen Berufsgenossenschaft ist die Differenz der für den streitigen Zeitraum zu zahlenden Beiträge maßgebend, LSG Essen AnwBl **84**, 563.

Betriebskrankenkasse: Der Wert ihrer Errichtung ergibt sich nach dem wirtschaftlichen Interesse der klagenden Ortskrankenkasse, BSG NZS **97**, 438 (je nach Zahl der Pflichtmitglieder).

Kassenarzt: Beim Streit um die Zulassung ist das zu erwartende oder erzielte Mehreinkommen maßgeblich, und zwar für mindestens 5 Jahre, BSG JB **96**, 149, LSG Schlesw NZS **97**, 343, SG Düss MedR **94**, 381, aM LSG Bre SGb **89**, 110, LSG Celle SGB **98**, 272.

Krankenhausarzt: Maßgeblich ist nach (jetzt) § 23 III 2 Hs 2 meist der Lohn für 2 Jahre, BSG NZS **94**, 143, beim Dauerassistenten meist 4000 EUR, LSG Celle SGB **98**, 272. Wert des Streits um Honorarkürzungen ist der streitige Betrag, LSG Essen JB **98**, 318, LSG Stgt JB **98**, 146. Bei einer Chefarzt-Ermächtigung sind meist 15 000 Euro, evtl mehr angemessen, LSG Stgt MedR **94**, 67.

13 **Krankenhauszulassung:** Maßgeblich ist der fünffache Jahresgewinn, BSG NZS **01**, 280.

14 **Standortanerkennung** für ein Großgerät: Der Wert ergibt sich aus den Anschaffungskosten mit einem Privatpatientenabschlag oder aus dem Wert der Nutzung für 5 Jahre, LSG Stgt MedR **92**, 243.

Abschnitt 1. Allgemeine Vorschriften §§ 3, 3a RVG

Verpflichtungsurteil: Im Verfahren nach § 201 I SGG auf ein Zwangsgeld wegen Nichterfüllung eines Verpflichtungsurteils nach § 131 SGG ist der Gegenstandswert nach I 2 Hs 2 stets maßgebend.
Wahlanfechtung: Maßgeblich ist der Auffangwert, LSG Bln NZS **98**, 400.
Winterbau-Umlage: Es gilt ein dreifacher Jahresbetrag, BSG JB **96**, 149.

C. Vergütung des bei I 2 beigeordneten Anwalts. Die Vergütung des bei I 2   15
im Weg der Prozeßkostenhilfe beigeordneten Anwalts richtet sich uneingeschränkt nach §§ 45 ff. Also entstehen die Gebühren des § 49.

D. Vergütung bei Verfahren wegen Überlänge, I 3. Im Verfahren nach § 202   16
S 2 SGG gilt der Gegenstandswert.

5) Außergerichtliches Verfahren, II. In diesem Bereich gilt I entsprechend. Vgl   17
daher Rn 3–15.

Vergütungsvereinbarung

3a ^I ¹Eine Vereinbarung über die Vergütung bedarf der Textform. ²Sie muss als Vergütungsvereinbarung oder in vergleichbarer Weise bezeichnet werden, von anderen Vereinbarungen mit Ausnahme der Auftragserteilung deutlich abgesetzt sein und darf nicht in der Vollmacht enthalten sein. ³Sie hat einen Hinweis darauf zu enthalten, dass die gegnerische Partei, ein Verfahrensbeteiligter oder die Staatskasse im Falle der Kostenerstattung regelmäßig nicht mehr als die gesetzliche Vergütung erstatten muss. ⁴Die Sätze 1 und 2 gelten nicht für eine Gebührenvereinbarung nach § 34.

^{II} ¹Ist eine vereinbarte, eine nach § 4 Abs. 3 Satz 1 von dem Vorstand der Rechtsanwaltskammer festgesetzte oder eine nach § 4 a für den Erfolgsfall vereinbarte Vergütung unter Berücksichtigung aller Umstände unangemessen hoch, kann sie im Rechtsstreit auf den angemessenen Betrag bis zur Höhe der gesetzlichen Vergütung herabgesetzt werden. ²Vor der Herabsetzung hat das Gericht ein Gutachten des Vorstands der Rechtsanwaltskammer einzuholen; dies gilt nicht, wenn der Vorstand der Rechtsanwaltskammer die Vergütung nach § 4 Abs. 3 Satz 1 festgesetzt hat. ³Das Gutachten ist kostenlos zu erstatten.

^{III} ¹Eine Vereinbarung, nach der ein im Wege der Prozesskostenhilfe beigeordneter Rechtsanwalt für die von der Beiordnung erfasste Tätigkeit eine höhere als die gesetzliche Vergütung erhalten soll, ist nichtig. ²Die Vorschriften des bürgerlichen Rechts über die ungerechtfertigte Bereicherung bleiben unberührt.

^{IV} *(aufgehoben)*

BRAO § 49 b. Vergütung. ^I ¹Es ist unzulässig, geringere Gebühren und Auslagen zu vereinbaren oder zu fordern, als das Rechtsanwaltsvergütungsgesetz vorsieht, soweit dieses nichts anderes bestimmt. ²Im Einzelfall darf der Rechtsanwalt besonderen Umständen in der Person des Auftraggebers, insbesondere dessen Bedürftigkeit, Rechnung tragen durch Ermäßigung oder Erlaß von Gebühren oder Auslagen nach Erledigung des Auftrags.

^{II} ¹Vereinbarungen, durch die eine Vergütung oder ihre Höhe vom Ausgang der Sache oder vom Erfolg der anwaltlichen Tätigkeit abhängig gemacht wird oder nach denen der Rechtsanwalt einen Teil des erstrittenen Betrages als Honorar erhält (Erfolgshonorar), sind unzulässig, soweit das Rechtsanwaltsvergütungsgesetz nichts anderes bestimmt. ²Vereinbarungen, durch die der Rechtsanwalt sich verpflichtet, Gerichtskosten, Verwaltungskosten oder Kosten anderer Beteiligter zu tragen, sind unzulässig. ³Ein Erfolgshonorar im Sinne des Satzes 1 liegt nicht vor, wenn lediglich vereinbart wird, dass sich die gesetzlichen Gebühren ohne weitere Bedingungen erhöhen.

^{III} ¹Die Abgabe und Entgegennahme eines Teils der Gebühren oder sonstiger Vorteile für die Vermittlung von Aufträgen, gleichviel ob im Verhältnis zu einem Rechtsanwalt oder Dritten gleich welcher Art, ist unzulässig. ²Zulässig ist es jedoch, eine über den Rahmen der Nummer 3400 der Anlage 1 zum Rechtsanwaltsvergütungsgesetz hinausgehende Tätigkeit eines anderen Rechtsanwalts angemessen zu honorieren. ³Die Honorierung der Leistungen hat der Verantwortlichkeit sowie dem Haftungsrisiko der beteiligten Rechtsanwälte und den sonstigen Umständen Rechnung zu tragen. ⁴Die Vereinbarung einer

solchen Honorierung darf nicht zur Voraussetzung einer Mandatserteilung gemacht werden. [5] Mehrere beauftragte Rechtsanwälte dürfen einen Auftrag gemeinsam bearbeiten und die Gebühren in einem den Leistungen, der Verantwortlichkeit und dem Haftungsrisiko entsprechenden angemessenen Verhältnis untereinander teilen. [6] Die Sätze 2 und 3 gelten nicht für beim Bundesgerichtshof zugelassene Prozeßbevollmächtigte.

IV [1] Die Abtretung von Vergütungsforderungen oder die Übertragung ihrer Einziehung an Rechtsanwälte oder rechtsanwaltliche Berufsausübungsgemeinschaften (§ 59 a) ist zulässig. [2] Im Übrigen sind Abtretung oder Übertragung nur zulässig, wenn eine ausdrückliche, schriftliche Einwilligung des Mandanten vorliegt oder die Forderung rechtskräftig festgestellt ist. [3] Vor der Einwilligung ist der Mandant über die Informationspflicht des Rechtsanwalts gegenüber dem neuen Gläubiger oder Einziehungsermächtigten aufzuklären. [4] Der neue Gläubiger oder Einziehungsermächtigte ist in gleicher Weise zur Verschwiegenheit verpflichtet wie der beauftragte Rechtsanwalt.

V Richten sich die zu erhebenden Gebühren nach dem Gegenstandswert, hat der Rechtsanwalt vor Übernahme des Auftrags hierauf hinzuweisen.

BRAO § 59 b. Satzungskompetenz. [1] Das Nähere zu den beruflichen Rechten und Pflichten wird durch Satzung in einer Berufsordnung bestimmt.

II Die Berufsordnung kann im Rahmen der Vorschriften dieses Gesetzes näher regeln:

1.–6. ...

7. die besonderen Berufspflichten bei der Vereinbarung und Abrechnung der anwaltlichen Gebühren und bei deren Beitreibung;

8., 9. ...

BORA § 21. Honorarvereinbarung. [1] Das Verbot, geringere als die gesetzlichen Gebühren zu fordern oder zu vereinbaren, gilt auch im Verhältnis zu Dritten, die es anstelle des Mandanten oder neben diesem übernehmen, die Gebühren zu bezahlen, oder die sich gegenüber dem Mandanten verpflichten, diesen von anfallenden Gebühren freizustellen.

BORA § 22. Gebühren- und Honorarteilung. Als eine angemessene Honorierung im Sinne des § 49 b Abs. 3 Satz 2 und 3 Bundesrechtsanwaltsordnung ist in der Regel eine hälftige Teilung aller anfallenden gesetzlichen Gebühren ohne Rücksicht auf deren Erstattungsfähigkeit anzusehen.

CCBE 3.3. Quota-litis-Vereinbarung

3.3.1. Der Rechtsanwalt darf hinsichtlich seines Honorars keine quota-litis-Vereinbarung abschließen.

3.3.2. Quota-litis-Vereinbarung im Sinne dieser Bestimmung ist ein vor Abschluss der Rechtssache geschlossener Vertrag, der das an den Rechtsanwalt zu zahlende Honorar ausschließlich von dem Ergebnis abhängig macht und in dem sich der Mandant verpflichtet, dem Anwalt einen Teil des Ergebnisses zu zahlen.

3.3.3. Ein Vertrag sollte nicht als quota-litis-Vereinbarung betrachtet werden, wenn er vor Abschluss der Rechtssache abgeschlossen wird und den Grundsatz über eine zusätzliche Zahlung bei positivem Ergebnis enthält, und wenn die Höhe dieser Sonderzahlung im Nachhinein im Rahmen offener Verhandlungen zwischen dem Mandanten und dem Rechtsanwalt bestimmt werden soll.

3.3.4. Eine quota-litis-Vereinbarung liegt dann nicht vor, wenn die Vereinbarung die Berechnung des Honorars aufgrund des Streitwertes vorsieht und einem amtlichen oder von der für den Rechtsanwalt zuständigen Stelle genehmigten Tarif entspricht.

CCBE 3.4. Honorarabrechnung

3.4.1. Der Rechtsanwalt hat seinem Mandanten die Grundlagen seiner gesamten Honorarforderungen offen zu legen; der Betrag des Honorars muss angemessen sein.

3.4.2. [1] Vorbehaltlich einer abweichenden, gesetzlich zulässigen Vereinbarung des Rechtsanwaltes mit seinem Mandanten ist das Honorar entspre-

Abschnitt 1. Allgemeine Vorschriften § 3a RVG

chend den Regeln der Standesorganisation zu berechnen, der der Rechtsanwalt angehört. ²Gehört der Rechtsanwalt mehreren Berufsorganisationen an, so sind die Regeln der Berufsorganisation maßgebend, mit der das Mandatsverhältnis die engste Verbindung hat.

Schrifttum: *Fölsch* MDR **16**, 133 (Üb); *Henssler/Kilian*, Die Berufsregeln der Europäischen Rechtsanwälte (CCBE-Regeln) in der Rechtsprechung deutscher Gerichte, in: Festschrift für Hellwig (2011); *Jungbauer* FPR **10**, 348 (Familienrecht); *Kilian* AnwBl **12**, 209 (zu § 49b V BRAO); *Kilian*, in: *Graf von Westphalen/Thüsing*, Vertragsrecht usw: Rechtsanwälte, 2015, 41; *Mayer* AnwBl **08**, 479; *Rick*, Die Hinweispflicht nach § 49b Abs 5 BRAO – eine Bestandsaufnahme, Festschrift für *Hartung* (2008) 127; *Schneider* NZFam **15**, 209 und AnwBl **16**, 178, *Schons* AnwBl **17**, 966 (je: Üb); *Teubel/Schons*, Erfolgshonorar für Anwälte, 2008.

Gliederung

1) **Systematik, I–III**	1–4
A. Schuldrechtsanteil	1
B. Ausnahmecharakter	2
C. Öffentlichrechtlicher Anteil	3
D. Privatrechtlicher Hauptanteil	4
2) **Regelungszweck, I–III**	5–9
A. Qualitätsanreiz	5
B. Risiken	6
C. Ansehen der Rechtspflege	7
D. Berufsfrieden	8
E. Anwaltsschutz	9
3) **Zulässigkeit, Notwendigkeit einer Vereinbarung, I–III**	10–12
A. Schutzzweck	11
B. Zulässigkeitsgrenzen	12
4) **Form der Vereinbarung I 1–3**	13–21
A. Textform, I 1	15
B. Beispiele zur Frage der Textform, I 1	16, 17
C. Bezeichnung als Vergütungsvereinbarung usw, I 2 Hs 1	18
D. Deutliche Abgrenzung von anderen Vereinbarungen, I 2 Hs 2	19
E. Hinweis auf Grenzen der Erstattbarkeit, I 3	20
F. Nicht in der Vollmacht, I 2 Hs 3	21
5) **Unanwendbarkeit bei Vereinbarung nach § 34, I 4**	22
6) **Inhalt der Vereinbarung, I**	23–26
A. Bestimmte Höhe, I	24
B. Beispiele zur Frage der Zulässigkeit einer Vereinbarung, I	25, 26
7) **Herabsetzung, II**	27–36
A. Unangemessene Höhe, II	28
B. Beispiele zur Frage einer Unangemessenheit, II 1	29–32
C. Gutachten bei geplanter Herabsetzung, II 2 Hs 1	33
D. Kein Gutachten bei § 4 III 1, § 3a II 2 Hs 2	34
E. Verfahren bei Gutachten, II 2, 3	35
F. Beispiele zur Frage einer Herabsetzung, II 2, 3	36
8) **Prozeßkostenhilfe, III**	37–46
A. Grundsatz: Nichtigkeit einer Vereinbarung höherer Vergütung innerhalb Beiordnung, III 1	37, 38
B. Aufhebung der Prozeßkostenhilfe, III 1	39, 40
C. Freiwillige vorbehaltlose Zahlung, III 2	41
D. Freiwilligkeit, III 2	42
E. Vorbehaltslosigkeit, III 2	43
F. Dritter, III 2	44
G. Unanwendbarkeit, III 1, 2	45
H. Nach Bewilligung, III 1, 2	46
9) **Kostenerstattung, I–III**	47

1) Systematik, I–III. Die Vorschrift eröffnet die Gruppe der Regelungen nach §§ 3a–4b einer solchen Vergütung, die von der gesetzlichen abweicht. Ergänzend gelten die dort in Bezug genommenen Vorschriften verschiedener Gesetze. Die ganze Regelung ist auch eine Folge von BVerfG NJW **07**, 979 = BGBl 495. **1**

A. Schuldrechtsanteil. Das Vertragsverhältnis zwischen dem Auftraggeber und dem Anwalt unterliegt nach Grdz 12 vor § 1 grundsätzlich den Regeln des Schuldrechts. Das gilt unabhängig davon, ob es im Einzelfall einen Dienstvertrag über höhere Dienste darstellt, BGH NJW **87**, 316, oder einen solchen Auftrag, der eine Geschäftsbesorgung zum Gegenstand hat, einen Werkvertrag oder ein Vertragsverhältnis eigener Art mit mehreren Elementen der eben genannten Vertragstypen. Im Schuldrecht herrscht der Grundsatz der Vertragsfreiheit. Er gilt auch für die Art und Höhe der Vergütung sowie für ihre Fälligkeit. Ohne das RVG könnten die Vertragspartner die gesamten Vergütungsfragen in den Grenzen von BRAO und BORA frei aushandeln, Kilian BB **06**, 225. Nur eine Tätigkeit nach § 34 I führt evtl zur Anwendbarkeit des übrigen RVG. Sie führt aber evtl auch zur Geltung nur des BGB und macht dann nach Rn 22 (jetzt) § 3a unanwendbar, AG Lübeck NJW **07**, 3792. Verbreitet sind zB pauschalierte Vergütungsvereinbarungen mit Rechtsschutzversicherungen, Fromm NJW **13**, 3498 (ausf).

2   **B. Ausnahmecharakter.** So betrachtet sind alle Festgebühren des RVG eine Ausnahme vom Grundsatz der Vertragsfreiheit und alle Rahmengebühren ebenfalls eine ihrerseits eingeschränkte Ausnahme von jenem Grundsatz. So betrachtet stellt § 3a in einem begrenzten Umfang nur den sachlichrechtlichen Grundsatz der Vertragsfreiheit wieder her.

3   **C. Öffentlichrechtlicher Anteil.** Allerdings enthält das Vertragsverhältnis zwischen dem Auftraggeber und dem Anwalt stets auch ein solches Element, das über rein schuldrechtliche privatrechtliche Beziehungen hinausgeht. Denn der Anwalt wird nach § 1 BRAO, § 1 II BORA als ein unabhängiges Organ der Rechtspflege tätig, BGH BB **87**, 1066. Diese Stellung gibt ihm besondere vor Rn 1 abgedruckte nationale wie internationale Rechte und besondere Pflichten. Sie wirkt sich auf den Charakter des gesamten Vertragsverhältnisses zum Auftraggeber aus, BGH BB **87**, 1066, so wie sie sich gegenüber dessen Prozeßgegner und auch gegenüber dem Gericht auswirkt.

4   **D. Privatrechtlicher Hauptanteil.** Trotz dieses im Interesse der Rechtspflege erheblichen öffentlichrechtlichen Elements bildet aber doch das privatrechtliche schuldrechtliche Element des Anwaltsvertrags sein Hauptmerkmal. Das gilt zumindest für den frei gewählten Anwalt. Es gilt weitgehend aber auch für den vom Gericht bestellten oder beigeordneten Anwalt. Das zeigt sich gerade auch im Bereich der Prozeßkostenhilfe usw. Denn selbst der dort beigeordnete Anwalt benötigt zum Tätigwerden grundsätzlich zusätzlich die entsprechende Vollmacht des Begünstigten. Das Gesetz läßt also den Beiordnungsvorgang keineswegs ausreichen. Es läßt vielmehr erst das auf Grund des Vertrauens des Begünstigten zustande kommende Vertragsverhältnis für die Tätigkeit des beigeordneten Anwalts und damit natürlich auch weitgehend für seine Vergütung maßgeblich werden.

Diese *Zusammenhänge* muß man bei der Auslegung des bei einer Anwaltstätigkeit nach § 1 I nicht abdingbaren zwingenden § 3a *berücksichtigen*. Sie haben zB eine erhebliche Bedeutung für die Frage der Zulässigkeit einer Vergütung unterhalb der gesetzlichen Beträge. § 138 BGB bleibt unberührt, BGH ZIP **16**, 1479. Eine Honorarvereinbarung ist aber keineswegs schon grundsätzlich sittenwidrig, Köln JB **13**, 471. Sittenwidrig kann eine solche Vergütung sein, die nicht einmal $2/3$ des Üblichen erreicht, BAG ZIP **15**, 991. Auch eine Verbindung von Zeit- und Mindesthonorar kann statthaft sein, Kunze AnwBl **17**, 1073 unter Hinweis auf Mü, aM Schons AnwBl **17**, 280.

5   **2) Regelungszweck, I–III.** Eine *über* den gesetzlichen Beträgen liegende Vergütung kann im Interesse einer hochstehenden Rechtspflege durchaus begrüßenswert sein, Hellwig AnwBl **98**, 623. Sie scheint nur wenig Anwendung zu finden, Kilian AnwBl **14**, 815.

A. Qualitätsanreiz. Ein hohes Honorar kann die Arbeitslust und damit die Qualität der Leistung des Anwalts ganz erheblich steigern. Das kommt nicht nur seinem Auftraggeber durchaus zugute, sondern allen anderen Beteiligten und darüber hinaus dem Ansehen der Justiz insgesamt.

6   **B. Risiken.** Es entstehen dadurch aber auch Risiken und Gefahren für die Rechtspflege. Sie erfordert eine klare Sach- und Beweislage, BGH VersR **91**, 721. Das gilt jedenfalls insoweit, als der Anwalt seine Tätigkeit von der Zusage einer höheren als der gesetzlichen Vergütung in irgendeiner rechtlichen, wirtschaftlichen oder auch nur psychologischen Weise abhängig machen könnte. Trotz scharfer Konkurrenz und trotz freier Wahlmöglichkeit kann es für einen Auftraggeber triftige Gründe

geben, gerade diesen Anwalt zu beauftragen, selbst wenn dieser Anwalt höhere als die gesetzlichen Gebühren fordert.

Der Auftraggeber mag zB *verhindern* wollen, daß ein weiterer Außenstehender in seine geschäftlichen Verhältnisse Einblick nimmt. Deshalb mag er gerade denjenigen Anwalt beauftragen „müssen", der diese Verhältnisse schon aus einem vorangegangenen Verfahren kennt. Es gibt auch vielfältige gesellschaftliche Verflechtungen, die den Auftraggeber nicht rechtlich, wohl aber faktisch nahezu zwingen, einen bestimmten Anwalt zu beauftragen. Dieser könnte durch die Forderung nach höheren als den gesetzlichen Gebühren seine Position unangemessen ausbauen.

C. Ansehen der Rechtspflege. Überdies ist es dem Ansehen der Rechtspflege 7 nicht dienlich, wenn ein Auftraggeber unter Umständen lange nach demjenigen Anwalt suchen müßte, der noch für gesetzliche Gebühren arbeiten wollte. Selbst wenn die Konkurrenzsituation eine solche Entwicklung derzeit kaum befürchten läßt und selbst wenn das Gericht jedenfalls im Bereich des Zivilprozesses durch die Bestellung eines Notanwalts nach §§ 78 b, c ZPO dem Bürger eine allzu demütigende Suche nach einem zu seiner Vertretung bereiten Anwalt ersparen kann, muß man die Grauzone eingrenzen. Sie liegt dort, wo der Auftraggeber zwar zur höheren als der gesetzlichen Vergütung zahlungsfähig, aber im Grunde nicht zahlungsbereit ist, andererseits aber den Notanwalt nicht beanspruchen kann oder will.

D. Berufsfrieden. Ob auch ein Berufsfrieden des Anwaltsstandes in Wahrheit ein 8 Argument gegen eine allzu leichte Vereinbarkeit höherer als gesetzlicher Vergütungen wäre, kann zweifelhaft sein. Es besteht eine solche Wirtschaftsform, die zwar nur noch sehr eingeschränkt als „freie Marktwirtschaft" gelten kann, aber doch aufbauend auf dem Schutz der freien Entfaltung der Persönlichkeit nach Art 2 GG dem Tüchtigeren seine Chance gibt und auf die Selbstregulierungskräfte eines Markts vertraut. Dann braucht man auch den Anwaltsberuf ebensowenig wie zB den Beruf des Arztes oder des Architekten schon deshalb in seiner Funktionsfähigkeit einzuschränken, weil auch dort nach Art 12 GG Marktprinzipien herrschen, BVerfG **76**, 171 und 196.

Man kann sich auch nach der Neuregelung des Anwaltsrechts durch Änderungen der BRAO und durch die BORA nebst deren Anlage CCBE, alle abgedruckt vor Rn 1, teilweise des Eindrucks nicht erwehren, daß eigenartig anmutende *Berufsprivilegien* längst vergangener Zeiten zumindest unterschwellig sehr wohl immer noch eine gewisse Rolle spielen, wenn die Warnung vor einer allzu freien Aushandelbarkeit der Vergütung des Anwalts erklingt.

Weder das *Sozialstaatsprinzip* noch die Qualität der Rechtspflege müssen unbedingt leiden, wenn es Anwälte gibt, die es sich auf die Dauer mit Erfolg leisten können, ihre Dienste von solchen Honoraren abhängig zu machen, die nur der Begüterte zahlen kann. Sie können solche Erfolge nur durch erstklassige Leistungen erzielen, und ein paar mehr solcher Leistungen könnten sich rechtspolitisch segensreich auswirken und sind im Grunde bitter notwendig.

E. Anwaltsschutz. Indessen läßt sich natürlich nicht verkennen, daß gerade der 9 tüchtige, sorgfältige Anwalt durch eine erhebliche Beschränkung der freien Aushandelbarkeit seiner Vergütung doch auch wesentlich vor der Kommerzialisierung Schutz erhält. Je weniger er und die Kollegen überhaupt das Honorar aushandeln können, desto angenehmer kann er sich auf die Sacharbeit konzentrieren. Schon aus diesem Grund ist eine Begrenzung der Vereinbarkeit einer höheren als der gesetzlichen Vergütung meist wünschenswert. Eine rechtzeitig und ausreichend erfolgende Anpassung der gesetzlichen Gebühren und Auslagen an die wirtschaftliche Allgemeinentwicklung nach oben oder nach unten ist der für alle Beteiligten grundsätzlich bessere Weg.

Die *Entscheidungsfreiheit* des Auftraggebers dazu, ob er mehr als die gesetzliche Vergütung zahlen will, soll möglichst unangetastet bleiben. Auch das ist ein Zweck von § 3 a, (zum alten Recht) Hamm OLGR **96**, 275.

3) Zulässigkeit, Notwendigkeit einer Vereinbarung, I–III, dazu *Schneider* 10 NZFam **15**, 1119 (Üb): Eine höhere als die gesetzliche Vergütung einschließlich Auslagen ist nach Rn 4 grundsätzlich keineswegs sittenwidrig. Sie kommt freilich nur insofern in Betracht, als der Anwalt sie mit dem Auftraggeber vereinbart hat. Das gilt auch bei einem sog Dauermandat, dazu Schneider AnwBl **09**, 208 (Üb). Es gilt ferner bei § 34. Dazu ist nach III 1 auch ein Pflichtverteidiger befugt, BGH NJW **80**, 1394, nicht aber der nach §§ 121 ff ZPO beigeordnete Anwalt für seine von der Beiordnung erfaßte Tätigkeit. Das kann nach Rn 74 ff, 78 ff vor, während und theoretisch sogar nach der auftragsgemäßen Anwaltstätigkeit geschehen. Das Gesetz gibt dem Anwalt zwar dann, wenn eine Festgebühr ein zu grobes Regelungsmittel wäre, bereits bei der Bestimmung der gesetzlichen Vergütung einen gewissen Spielraum, indem es lediglich eine Rahmengebühr schafft. Soweit der Anwalt aber auch diesen Spielraum für zu gering hält, muß er eine darüber hinausgehende Rahmengebühr oder Festvergütung wiederum nach § 3a vereinbaren.

11   **A. Schutzzweck.** Diese Regelung soll den Auftraggeber vor einer unüberlegten, leichtfertigen oder unbewußten Eingehung von solchen Zahlungspflichten schützen, die ihm und darüber hinaus dem Ansehen der Rechtspflege schaden könnten, BGH VersR **91**, 721, Ffm AnwBl **83**, 513, Karlsr AnwBl **15**, 182. Das Gesetz will den Auftraggeber vor einem allzu „schlechten Geschäft" mit dem Anwalt schützen. Es soll auch solche Streitigkeiten vermeiden, die bei einer Anhäufung dem Ansehen der Anwaltschaft schaden würden, BGH VersR **91**, 721, Ffm AnwBl **83**, 513, Kblz Rpfleger **77**, 107. I 1 soll auch dem Anwalt den Vereinbarungsnachweis erleichtern, Karlsr AnwBl **15**, 182.

12   **B. Zulässigkeitsgrenzen.** Man kann die Zulässigkeit einer Honorarvereinbarung bei einem Betriebsrat verneinen, BAG MDR **00**, 588. Dasselbe gilt beim Beisitzer einer Einigungsstelle, LAG Hamm NZA-RR **06**, 323 (nur § 76a III BetrVG). Die Vereinbarung, daß ein anderer Mitarbeiter des Anwalts als die in § 5 Genannten ebenso wie die letzteren ein Honorar erhalten, ist kein Fall des I 1, Schlesw SchlHA **90**, 75. Im Zweifel muß der nach § 3a vergütbare Anwalt persönlich tätig werden, KG AGS **00**, 143, oder doch durch einen Sozius.

Die Möglichkeit, statt einer Vereinbarung einer höheren als der gesetzlichen Vergütung unter bestimmten Voraussetzungen eine gesetzliche Zusatzgebühr zu fordern, etwa als eine sog *Erschwernisgebühr*, ist bisher nur vereinzelt im geltenden Recht vorhanden, zB in § 4a I 2. Enthält die – wenn auch nur mündliche – Vereinbarung die Bedingung, daß eine etwa geringere gesetzliche Gebühr vorgeht, ist das keine Vereinbarung einer höheren Gebühr, LG Bln AnwBl **01**, 516.

Natürlich sind *allgemeine Vertragsvoraussetzungen* des BGB wie die Geschäftsfähigkeit, das Fehlen der Sittenwidrigkeit oder Arglist usw, LG Stgt JB **16**, 416, auch bei einer Honorarvereinbarung Bedingungen ihrer Zulässigkeit und Wirksamkeit. Auch eine Gebührenüberhebung auf Grund einer Vereinbarung kann nach § 352 StGB strafbar sein, aM BGH AnwBl **06**, 759 (aber auch dann „erhebt" der Anwalt bei einem unverkrampften Sprachgebrauch). Gesetzliche Begrenzungen der Vertragsfreiheit sind trotz Art 12 I GG zwecks Vermeidung „sozialer oder wirtschaftlicher Ungleichgewichte" wohl verfassungsgemäß, BVerfG GRUR **14**, 169 (– ? –. Ziemlich vage Begriffe!).

13   **4) Form der Vereinbarung, I 1–3.** Man darf nicht (mehr) zwischen einer nach I über das gesetzliche Maß hinausgehenden höheren und einer geringeren als der gesetzlichen Vergütung nach § 4 I 1 unterscheiden. Denn jede Vereinbarung einer Vergütung ist nach § 4b S 1, Rn 15 ff schon formell als solche nur insofern wirksam, als sie in einer Textform nach § 126b BGB erfolgt. Der Anwalt muß ihre Einhaltung beweisen. Diese Voraussetzungen gelten auch dann, wenn der Auftraggeber seinerseits ein Anwalt ist. Es kommt nicht darauf an, ob das Angebot zur Vereinbarung vom Auftraggeber oder vom Anwalt stammt. Die Vereinbarung muß auch dann die nachfolgenden Voraussetzungen erfüllen, wenn der Auftrag erst auf Grund einer als neuer Antrag geltenden verspäteten Annahme eines ursprünglichen Antrags nach § 150 I BGB oder § 150 II BGB erst auf Grund einer Annahme unter Erweiterungen, Einschränkungen oder sonstigen Änderungen zustande gekommen ist.

Andererseits ist es nur erforderlich, daß die Vereinbarung in der erforderlichen *Form* schon und noch im Zeitpunkt des Abschlusses gerade dieser Vereinbarung vorliegt. Diese Vereinbarung kann selbst dann bestehenbleiben, wenn die Vertragspartner die schriftliche Erklärung des Auftraggebers sogleich anschließend einverständlich zerreißen, weil sie etwa aus Steuergründen nur eine andere „Vereinbarung" als ein bloßes

Scheingeschäft treffen, BGH VersR **91**, 721. Eine Vorlegbarkeit ist nur beim Streit oder im Urkundenprozeß erforderlich, BGH VersR **91**, 721.

Ein *Formverstoß* führt nach (jetzt) § 4b S 1 grundsätzlich zur Geltung nur der gesetzlichen Vergütung, BGH NJW **14**, 2654 (krit Schons AnwBl **14**, 818), Kilian NJW **05**, 3104. Der Anwalt muß dann natürlich eine Berechnung nach § 10 erteilen, Düss MDR **03**, 58, AG Bln-Spandau AGS **03**, 444. Zur Arglist Römermann/Günther NJW **16**, 1003. Bei Berufung auf einen Formverstoß vgl § 242 BGB, BGH MDR **15**, 1445.

A. Textform, I 1. Nicht (mehr) nur die Erklärung des Auftraggebers braucht eine Form zur Wirksamkeit, sondern (jetzt) die gesamte Vergütungsvereinbarung. Erforderlich ist die Textform. I 1 verweist dazu zwar nicht ausdrücklich auf § 126b BGB. Dessen Anwendbarkeit ergibt sich aber aus dem Charakter des Anwaltsvertrags nach Rn 1.

Textform bedeutet daher: Es muß eine Urkunde oder eine andere solche Unterlage vorliegen, die zur dauernden Wiedergabe in Schriftzeichen geeignet ist. Es muß eine Benennung der Personen aller Vereinbarungspartner erfolgen. Der Abschluß der Gebührenvereinbarung muß durch Nachbildungen der Namensunterschriften oder anders erkennbar sein.

B. Beispiele zur Frage der Textform, I 1

Änderung: Eine Änderung der Vereinbarung ist nur insofern wirksam, als beide Partner auch ihr Einverständnis zur Änderung in Textform abgegeben haben. Selbst dann darf aber nicht ein räumlicher Abschluß fehlen, BGH ZIP **11**, 2311.

Auslandswährung: Ausreichend ist die Vereinbarung des Honorars in einer ausländischen Währung, BGH VersR **91**, 721.

Bestimmtheit: Sie muß vorliegen, Karlsr AnwBl **15**, 182.
S auch „Pauschale".

Betreuungsgericht: Eine Textform des Betreuungsgerichts ist grds nicht nötig. Eine Ausnahme kann bei einer vergleichsweisen Vereinbarung wegen § 1822 Z 12 BGB vorliegen.

CD-Rom: Ausreichend ist diese Form, LG Kleve RR **03**, 196.

Computerfax: Ausreichend ist diese Form, LG Kleve RR **03**, 196.

Diskette: Ausreichend ist die Diskettenform, LG Kleve RR **03**, 196.

Dritter: Die Erklärung eines Dritten für den Auftraggeber braucht ebenfalls (jetzt) die Form, BGH NJW **91**, 3095. Sie bindet dann grundsätzlich nur den Dritten, LG Bln AnwBl **82**, 262. Etwas anderes gilt natürlich beim gesetzlichen oder rechtsgeschäftlichen Vertreter, soweit die Vollmacht ihrerseits wirksam erfolgte oder soweit eine wirksame nachträgliche Genehmigung erfolgte.

E-mail: Ausreichend ist diese Form, LG Görlitz AnwBl **13**, 939, LG Kleve RR **03**, 196.

Gesetzlicher Vertreter: S „Dritter".

Internet: Beim Internet ist ein Download nötig, Hbg RR **07**, 839, KG NJW **06**, 3215, Pal/Ellenb 3, aM Neuß/Volmert ZGS **06**, 3633, Zenker JZ **07**, 816 (auch Download reicht nicht).

Mündlichkeit: *Nicht* ausreichend ist eine nur mündliche Erklärung oder Bestätigung, BGH NJW **91**, 3095, Hbg MDR **78**, 936.

Papier: Ausreichend ist die Papierform, BGH NJW **09**, 3301.

Pauschale: *Nicht* ausreichend ist eine solche Umschreibung der Tätigkeit, Karlsr AnwBl **15**, 182.

Scan: S „Telefax".

Schuldanerkenntnis: *Nicht* ausreichend ist ein abstraktes Schuldanerkenntnis ohne jeden Hinweis auf den Schuldgrund trotz einer etwaigen Kenntnis des Erklärenden darüber, für welche Tätigkeit das Anerkenntnis gelten soll, wegen der grundsätzlichen Notwendigkeit der Angabe des Schuldgrunds in der Erklärung selbst, Düss AnwBl **98**, 102, Hamm RR **11**, 697.

Schuldbeitritt: *Nicht* ausreichend ist meist ein bloßer Schuldbeitritt, BGH VersR **91**, 720, aM BGH MDR **15**, 915 (ohne Vorlage nach § 132 GVG).

SMS: Ausreichend ist diese Form.

Speichern: Ausreichend ist die Möglichkeit des Speicherns oder Ausdruckens.

Telefax: Ausreichend ist ein Telefax, auch mit eingescannter Unterschrift, BGH NJW **00**, 2340. S auch Rn 16 „Computerfax".
Telefon: *Nicht* ausreichend ist eine nur telefonische Erklärung oder Bestätigung, BGH NJW **91**, 3095, Hbg MDR **78**, 936.
Unterschrift: Der Auftraggeber muß sich spätestens im Zeitpunkt der Unterschrift darüber im klaren gewesen sein, daß er eine höhere als die gesetzliche Vergütung zahlen solle, Ffm AnwBl **83**, 513. Sofern der Anwalt den Auftraggeber nicht zumindest in einem Zweifelsfall auf diesen Umstand hingewiesen hat, kann man eine Erklärung des Auftraggebers nur ausnahmsweise als wirksam ansehen, Ffm AnwBl **83**, 513, aM LG Mü NJW **75**, 937 (aber man muß in Formfragen stets streng sein). Der Auftraggeber braucht allerdings nicht zu wissen, daß der Anwalt auf eine höhere als die gesetzliche Vergütung ohne eine wirksame Vereinbarung keinen Anspruch hat, BGH NJW **04**, 2818, Heinze NJW **04**, 3671. Eine mechanisch hergestellte Unterschrift reicht. Sie ist aber nicht nötig, Hamm RR **07**, 852.

Nicht ausreichend ist eine Blanko-Unterschrift, Düss AnwBl **02**, 432.
Wechsel: *Nicht* ausreichend ist ein Wechsel, Düss RR **93**, 948.

18 **C. Bezeichnung als Vergütungsvereinbarung usw, I 2 Hs 1.** Auch dann, wenn der Auftraggeber die in I 1 genannte Vereinbarung „verfaßt" hat, muß sie zur Gültigkeit die Bezeichnung „Vergütungsvereinbarung" oder eine vergleichbare Bezeichnung erhalten. I 2 Hs 1 meint: Die Bezeichnung muß mit dem Wort „Vergütungsvereinbarung" oder einem vergleichbaren Ausdruck klarstellen, daß sich der Auftraggeber über den Charakter der Abrede klar ist.

Unschädlich ist unter diesen Bedingungen zB eine Erklärung in einem solchen Schriftstück, das sich nach seiner äußeren Aufmachung als ein Formular darstellt, das also dazu dient, öfter verwendet zu werden, selbst wenn es zB mit einer Schreibmaschine oder mit einem anderen Vervielfältigungsgerät entstand. Es mag das Wort „Vergütungsvereinbarung" durch ein anderes Wort ersetzbar sein, etwa „Honorarvertrag" oder „Honorarabrede" oder „Honorarvereinbarung", (zum alten Recht) AG Gemünden JB **07**, 306, auch „Gebührenvertrag", evtl sogar nur „Honorarschein" oder „Vergütung" oder gar nur „Gebührenforderung". Es kann auch sogar das Wort „einverstanden" unter einer vom Partner als „Vergütungsvereinbarung" überschriebenen inhaltlich ausreichenden Urkunde reichen. Natürlich muß stets ganz eindeutig erkennbar sein, für welche bestimmte Anwaltstätigkeit die Vereinbarung gelten soll. Zu den Begriffen Henke AnwBl **07**, 611.

19 **D. Deutliche Abgrenzung von anderen Vereinbarungen, I 2 Hs 2.** Die Gebührenvereinbarung ist nach I 2 Hs 2 auch bei einer Einhaltung der Bedingung Rn 19 nur dann gültig, wenn sie mit Ausnahme der Auftragserteilung eine deutliche Abgrenzung von anderen Vereinbarungen zeigt. Das ist eine geringere Bedingung als nach dem früheren § 3 I 1 BRAGO, nach dem in einem Formular überhaupt keine anderen Erklärungen enthalten sein durften, (zum alten Recht) BGH NJW **04**, 2819. Die in der Praxis vorherrschende Prozeßvollmacht ist also trotz Rn 18 dann zulässig, wenn sie nur im hier interessierenden Teil die nach Rn 19 erforderliche Bezeichnung trägt und wenn sich diese Gebührenvereinbarung von der übrigen Prozeßvollmacht usw „deutlich absetzt".

Ob ein *eigener Absatz* im grammatikalischen Sinn stets als eine derartige Abgrenzung ausreicht, ist zweifelhaft, aM BGH NJW **16**, 1597, Karlsr AnwBl **15**, 350 (je: zu formal). Man sollte sich insbesondere bei einem umfangreichen Formulartext dringlich darum bemühen, die Gebührenvereinbarung und deren Bezeichnung optisch so scharf zu sondern, daß der Auftraggeber beim besten Willen nicht überzeugend behaupten kann, die Vergütungsvereinbarung nicht gewollt zu haben. Er trägt im Zweifel die Beweislast dafür, daß er eine *niedrigere* Vergütung als die gesetzliche vereinbart hatte. Für eine *höhere* bleibt es bei der Beweislast des Anwalts.

In diesen Grenzen sind *andersartige* selbständige Erklärungen unschädlich, auch zB eine früher an dieser Stelle verbotene Gerichtsstandsvereinbarung wegen aller etwaigen Streitigkeiten oder wegen eines etwaigen Streits über die Honorarvereinbarung, (zum alten Recht) Mü NJW **93**, 3336, oder eine Nebenabrede über eine Auslage oder eine Fälligkeit etwa im üblichen Honorarschein oder eine Quittung über den Erhalt eines Exemplars der Vereinbarung, (zum alten Recht) BGH AnwBl **78**, 227, aM Düss

Abschnitt 1. Allgemeine Vorschriften § 3a RVG

MDR **00**, 420 (aber das alles wirkt auf einen verständigen Auftraggeber weder verwirrend noch ablenkend). Ein Empfangsbekenntnis kann bei einer Einhaltung der vorgenannten deutlichen Abgrenzung der Gebührenvereinbarung unschädlich sein, BGH NJW **09**, 3302, GSchm 71, aM Düss MDR **03**, 58 (zu formell).

Soweit der Auftraggeber zumindest die *Prozeßvollmacht* auf einem besonderen Schriftstück erteilt hat, ist die Gebührenvereinbarung nach I 2 auch dann zulässig, wenn sie zusammen mit weiteren andersartigen Erklärungen in einem weiteren Schriftstück vorliegt, etwa zusammen mit der Information oder mit dem Auftrag, LG Mü NJW **75**, 937. Die vorstehenden Regeln gelten auch für eine nachträgliche Änderung der ursprünglichen Gebührenvereinbarung.

E. Hinweis auf Grenzen der Erstattbarkeit, I 3. Die Vergütungsvereinbarung 20 muß auch einen Hinweis darauf enthalten, daß weder der Gegner noch ein anderer Beteiligter noch die Staatskasse grundsätzlich („regelmäßig") mehr als die gesetzliche Vergütung erstatten muß. Das ergibt sich auf Grund des Prinzips der Erstattbarkeit nur im Rahmen des gesetzlich Notwendigen, zB nach § 91 I 1, II 1 ZPO, BLAH dort Rn 28 ff, 158 ff, Hau JZ **11**, 1049, aM Schlosser NJW **09**, 2415. Der Hinweis nach I 3 braucht natürlich nur dieses Prinzip zu nennen und keinen Kommentar zu den zahllosen Einzelfragen und zu Ausnahmen zu geben. Es muß aber eindeutig erkennbar sein, daß alle Gebührenvereinbarungen oberhalb des Gesetzlichen nur im Innenverhältnis zwischen Anwalt und Auftraggeber verbindlich sein können.

F. Nicht in der Vollmacht, I 2 Hs 3. Die Vereinbarung nach Rn 15–17 darf 21 sich nicht in der Prozeßvollmacht befinden. Das gilt auch bei einer handschriftlichen Prozeßvollmacht. Ein Formular ist freilich unter den Voraussetzungen Rn 18 ff unschädlich, BGH NJW **09**, 3302, Heinze NJW **04**, 3670. Eine räumliche Trennung der Vereinbarung von anderem Text ist nicht (mehr) nötig, Heinze NJW **04**, 3670.

5) Unanwendbarkeit bei Vereinbarung nach § 34, I 4. Die Vorschrift stellt 22 klar, daß I 1, 2 nicht bei einer Gebührenvereinbarung nach § 34 gelten, BGH NJW **16**, 1597. Diese Bestimmung erwartet eine solche Vereinbarung bei einem mündlichen oder schriftlichen Rat oder einer Auskunft ohne eine andere gebührenpflichtige Tätigkeit. Sie gilt ferner bei einem schriftlichen Gutachten. Sie gilt schließlich bei einer Tätigkeit als Mediator. Zu allen diesen Bereichen § 34 Rn 4 ff. Dann gelten zur Gebührenvereinbarung § 34 Rn 27 und ohne eine solche § 34 Rn 30 ff mit Vorrang (nur) vor § 3a I 1, 2.

6) Inhalt der Vereinbarung, I. Die Vereinbarung einer höheren als der gesetz- 23 lichen Vergütung muß einen klaren unmißverständlichen Inhalt oder Berechnungsmaßstab haben, (je zum alten Recht) Ffm AnwBl **88**, 120, Hamm AnwBl **86**, 452. Es muß eindeutig feststellbar sein, daß man eine höhere als die gesetzliche Vergütung vereinbart hat. Das läßt sich meist erst ab dem Klarstehen der gesetzlichen Vergütung und daher erst am Ende der Anwaltstätigkeit errechnen, BGH NJW **04**, 2819. Es muß ferner eindeutig feststehen, für welche anwaltliche Tätigkeit der Auftraggeber die höhere als die gesetzliche Vergütung zahlen soll, Naumb NJW **09**, 1679. Wegen des Eingriffs in Art 12 GG darf man die Anforderungen an die Bestimmtheit freilich nicht überspannen, BVerfG NJW **02**, 3314, Mü AnwBl **17**, 209. §§ 133, 157 BGB sind anwendbar. Bei einer vorzeitigen Erledigung kann eine Herabsetzung nach § 628 I 1 BGB oder zumindest nach (jetzt) II infragekommen, BGH NJW **87**, 315, Düss MDR **85**, 845, Zweibr AGS **99**, 26. § 628 I 1 BGB ist freilich abdingbar, Düss MDR **85**, 845. Im Zweifel liegt keine Vereinbarung nach (jetzt) § 3a vor, AG Bln-Spandau AGS **03**, 444. Im übrigen gelten die folgenden Regeln.

A. Bestimmte Höhe, I. Erforderlich ist die Vereinbarung einer einigermaßen 24 mühelos möglichen Methode einer ziffernmäßigen Errechnung, Hamm AnwBl **86**, 452. Es muß auch klar sein, für welchen Tätigkeitsabschnitt die Vereinbarung gilt und für welchen nicht, Karlsr AnwBl **15**, 182, AG Bln-Spandau AGS **03**, 444. Auch § 307 II BGB (Transparenzgebot) zwingt zur Erkennbarkeit der Leistung des Auftraggebers, Ffm OLGR **00**, 97. Die Vereinbarung kann die Vergütung in einer im frühestmöglichen Zeitpunkt in EUR oder sonstwie bestimmten oder ohne weiteres bestimmbaren Höhe festlegen, BVerfG NJW **02**, 3314. Es gibt verschiedene Arten von Honorarvereinbarungen, Winkler Festschrift für Madert (2006) 239 (ausf).

25 B. Beispiele zur Frage der Zulässigkeit einer Vereinbarung, I
Abtretung: Rn 26 „Mehrheit von Auftraggebern".
Anerkenntnis: *Unzulässig* sein kann eine Umgehung des § 3 a mittels eines Anerkenntnisses, Hamm RR **11**, 695.
Angelegenheitenzahl: Ihre Vereinbarung ist zulässig, Düss OLGR **93**, 160.
„Angemessene Vergütung": Ihre bloß so formulierte Vereinbarung zur Gebühr oder zum Gegenstandswert oder zu Auslagen ist *unzulässig*, Hamm AnwBl **86**, 452. Vgl aber Rn 35.
Anrechnung: Ihr Abbedingen ist zulässig, ebenso ihre Vornahme.
Auslagen: Eine vom Gesetz abweichende Vereinbarung ist zulässig.
  Soweit die Partner eine höhere Vergütung vereinbaren, sind entsprechend höhere *Auslagen* nach § 1 I 1 inbegriffen. Sie können aber auch vereinbaren, daß nur die Gebühren höher als die gesetzlichen liegen sollen. Ebenso ist eine Vereinbarung zulässig, daß man nur die Auslagen in einem weiteren Umfang als nach dem Gesetz bezahlen muß. Das kann sich zB auf die Höhe von Reisekosten oder von Tagegeldern beziehen.
  Freilich müssen sich die vereinbarten Beträge wenigstens im *Rahmen des Möglichen* halten. Andernfalls würden die Partner in Wahrheit gar keine „Auslagen" vereinbaren. Gerade auch bei einer Auslagenvereinbarung darf man die Anforderungen nach Rn 24 nicht überspannen. „Spesen" meint Auslagen oder Unkosten in Verbindung mit der Erledigung des Auftrags, BVerfG NJW **02**, 3314 (verfassungsgemäß). Ein Pauschbetrag für Auslagen umfaßt im Zweifel auch diejenigen nach (jetzt) VV 7000–7005, LG Kblz AnwBl **84**, 206. Die Mehrwertsteuer zählt nach VV 7008 zu den Auslagen und steckt im Zweifel daher im vereinbarten Pauschbetrag der „Vergütung" wie der „Auslagen", Kblz OLGZ **79**, 230, LG Kblz AnwBl **84**, 206.
Ausschluß gesetzlicher Vergütung: Seine bloße Vereinbarung mit oder ohne einen Zusatz der Vereinbarung einer „höheren" Vergütung ist *unzulässig*.
Beratungshilfe: Enders JB **14**, 281, Mayer AnwBl **13**, 894 (je: Üb).
Dienstleistung: Rn 26 „Sach- oder Dienstleistung".
Fälligkeit: Die Vereinbarung zB ihres früheren oder späteren Eintritts als nach § 8 ist zulässig. Eine frühere bedeutet wegen einer früheren Verfügungs- oder Verzinsungsmöglichkeit eine Honorarerhöhung. Sie erfordert daher nach I 1 eine Textform der Gebührenvereinbarung.
Fahrzeit: Ihre Vereinbarung ist zulässig, Hamm JB **02**, 638.
Festbetrag: Seine Vereinbarung ist zulässig, BGH NJW **80**, 1852, LG Aachen AnwBl **99**, 412.
Gegenstandswert: Seine Vereinbarung ist zulässig. Das gilt auch bei einem Auftrag über mehrere Gegenstände, Düss JB **10**, 84. Es gilt auch bei einer Unterschreitung des gesetzlichen Werts. Es gilt auch bei seinem völligen Überschreiten, Hamm AnwBl **86**, 452, LG Düss JB **91**, 531, LG Köln BB **99**, 1929 (wegen grenzüberschreitender Tätigkeit 3.3.4 CCBE, abgedruckt vor Rn 1). Daran ändert auch § 22 II nichts. Denn sein S 1 Hs 2 läßt den Vorrang von § 3 a bestehen. Das Fehlen eines Hinweises nach § 49 b V BRAO, abgedruckt vor Rn 1, kann unangenehme Folgen haben, Kübler/Kallenbach AnwBl **10**, 1215. Es kann im Extremfall einen Honoraranspruch entfallen lassen, Saarbr JB **08**, 30. Der Auftraggeber muß das Fehlen beweisen, Düss AnwBl **09**, 70.
  S auch „Angemessene Vergütung".
Gesetzwidrigkeit: § 134 BGB bleibt nach Rn 4 unberührt.
Grenzüberschreitende Tätigkeit: S „Gegenstandswert".
Hinweispflicht: Ausnahmsweise kann sie zur Höhe mitbestehen, Düss MDR **12**, 316.
Höchstgrenze: Eine Vereinbarung zu ihr ist zulässig, etwa ihr Abbedingen. S auch Rn 26 „Rahmenobergrenze".
Höchstsatz: Seine Vereinbarung ist zulässig. Zum Problem Hellwig AnwBl **11**, 476.
„Höhere Vergütung": Eine bloße derartige Vereinbarung ist mangels Bestimmtheit *unzulässig*.
Internetauktion: BVerfG NJW **08**, 1298 leitet aus Art 12 GG ihre Zulässigkeit bei einer Anwaltsleistung ab.

Abschnitt 1. Allgemeine Vorschriften § 3a RVG

Mehrfaches der gesetzlichen Gebühr: Seine Vereinbarung ist nach Rn 29 begrenzt zulässig, Mü AnwBl **16**, 770. 26
Mehrheit von Auftraggebern: Die Vereinbarung einer zu bestimmenden Mehrheit ist zB statt des nach außen allein auftretenden Treuhänders oder neuen Gläubigers zulässig.
Mehrwertsteuer: Rn 25 „Auslagen", Rn 26 „Umsatzsteuer".
Minutensatz: S „Zeithonorar".
Mißverhältnis: S „Sittenwidrigkeit".
Pauschale: Ihre Vereinbarung ist wie bei Rn 25 „Festbetrag" grds zulässig. Zur Problematik einer Pauschale für die Beratung aller Betriebsangehörigen BGH NJW **82**, 2329.
Prozentualer Zuschlag: Seine Vereinbarung ist zulässig.
Rahmenobergrenze: Ihre Vereinbarung ist zulässig, unabhängig vom Umfang und von der Schwierigkeit des Falls usw, BGH AnwBl **78**, 227.
Rentenzahlung: Ihre Vereinbarung als Honorar ist zulässig.
„RVG-Tabelle": *Unzulässig* ist eine allgemeine Bezugnahme, Ffm MDR **10**, 176.
Sach- oder Dienstleistung: Ihre Vereinbarung statt Geld ist zulässig.
Sittenwidrigkeit: § 138 BGB usw bleibt nach Rn 4 unberührt.
Stundensatz: S „Zeithonorar".
Treuhand: S „Mehrheit von Auftraggebern".
Übergangsrecht: Die Vereinbarung einer Abweichung vom gesetzlichen Übergangsrecht ist zulässig.
Umgehung: Rn 25 „Anerkenntnis".
Umsatzsteuer: Eine Vereinbarung ist zulässig, daß man die Umsatzsteuer anders als nach VV 7008 dem Auftraggeber gegenüber berechnen darf. Das darf freilich nicht gegen das UStG verstoßen. Im Zweifel enthält das vereinbarte Honorar die Umsatzsteuer, Karlsr OLGZ **79**, 230, LG Kblz AnwBl **84**, 206.
Vielfaches der gesetzlichen Gebühr: S „Mehrfaches der gesetzlichen Gebühr".
Wartezeit: Ihre Vereinbarung ist zulässig, Hamm JB **02**, 638.
Wert: Rn 25 „Angemessene Vergütung", „Gegenstandswert".
Zeithonorar, dazu *Heinz* AnwBl **15**, 672, *Hommerich/Kilian* NJW **09**, 1569 (Üb mit Tabelle): Seine Verabredung ist zulässig, BVerfG AnwBl **09**, 650 (es darf keine Pauschale werden), Düss NJW **12**, 622, Soldan Institut AnwBl **06**, 473 (Üb). Das gilt zB bei einem Minutensatz, BGH AnwBl **09**, 554 (auch zu den Grenzen), Ffm AnwBl **98**, 661 (evtl Verstoß gegen § 1 UWG bei bestimmten Telefonnummern). Es gilt auch bei einem 15-Minuten-Takt, BGH AnwBl **09**, 554 (auch zu den Grenzen), Schlesw AnwBl **09**, 555, aM Düss AnwBl **10**, 296, LG Köln AnwBl **17**, 560 (je: Verstoß gegen § 307 BGB, so zu streng). Es gilt bei einem Stundensatz, Düss AnwBl **11**, 871, Karlsr AnwBl **15**, 182, Kblz Rpfleger **10**, 546 (250 EUR statthaft), LAG Hann AnwBl **15**, 720 (290 EUR statthaft). Denn das ist gerade eine der häufigsten Arten von Vereinbarungen. Sie hat sich völlig durchgesetzt. Eine Aufrundung (nur) der letzten pro Tag angefangenen 15 Minuten ist zulässig, Düss MDR **11**, 760. Mangels eines bestimmten Zeitsatzes gilt das nach § 287 II ZPO ermittelbare Übliche, Hbg RR **17**, 1466.

Freilich muß der voraussichtliche *Gesamtaufwand* dabei erkennbar sein, Ffm RR **00**, 1368. Auch muß der Auftraggeber irgendwie die Leistungsbeschreibung einer Zeitberechnung überprüfen können, BGH NJW **10**, 1364, Düss NJW **12**, 622, Ffm AnwBl **11**, 300. Ungeklärtheit geht bei einer Häufung zulasten des Anwalts, Düss AnwBl **11**, 871 (Betrugsverdacht nötig). Eine unwirksame Abrechnung läßt sich durch eine gesetzliche ersetzen, Kblz RR **12**, 1466. Ein Lesetempo läßt sich nicht verbindlich festlegen, Ritter NJW **15**, 2149. Es darf aber kein offensichtlicher Rechtsmißbrauch vorliegen.
Zusatzgebühr: Ihre Vereinbarung ist zulässig, BGH AnwBl **78**, 227.

7) **Herabsetzung, II.** Soweit die Parteien eine über die gesetzliche Vergütung 27
hinausgehende Vergütung wirksam vereinbart haben und dabei kein Formmangel nach Rn 1 ff und keine Nichtigkeit vorliegt, kann der Auftraggeber unter den Voraussetzungen II im Honorarprozeß des Anwalts gegen ihn oder in einem eigenen Prozeß als Kläger eine Herabsetzung bis zur Höhe der gesetzlichen Vergütung und

nicht darunter erreichen, BGH **162**, 101 (zum alten Recht). Dasselbe gilt bei einer nach § 4 III 1 festgesetzten oder bei einer nach § 4a vereinbarten Vergütung. Dabei ist § 628 I 1 BGB grundsätzlich vorrangig. BGH NJW **97**, 2388 wendet (jetzt) II auch auf eine Vereinbarung mit einem Dritten an, zB mit dem Gegner des Auftraggebers. Aber äußerste Vorsicht! Zuständig ist das Prozeßgericht. Im einzelnen ist die Herabsetzung auf die gesetzliche Vergütung vom Zusammentreffen der folgenden Voraussetzungen abhängig.

Die *Beweislast* für eine niedrigere als die gesetzliche Vergütung liegt beim Auftraggeber, Düss OLGR **01**, 260 (angebliche Unentgeltlichkeit), Mü NJW **84**, 2537.

28 **A. Unangemessene Höhe, II 1.** Die vereinbarte oder nach dem klaren Gesetzestext sogar auch eine von dem Vorstand der Anwaltskammer festgesetzte oder nach § 4a als Erfolgshonorar vereinbarte Vergütung muß unter einer Berücksichtigung aller Umstände nach Treu und Glauben unangemessen hoch sein, BGH NJW **10**, 1364, Hamm JB **02**, 638. Es muß ein auffälliges Mißverhältnis bestehen, BGH FamRZ **17**, 316 links Mitte. Es muß ein unzumutbarer Unterschied zwischen der Forderung und einer Angemessenheit bestehen, Köln JB **13**, 471, LG Aachen AnwBl **99**, 412, LG Bln JB **91**, 530. Maßgeblich ist weder die Sicht des Auftraggebers noch diejenige des Anwalts, sondern ein möglichst objektiver Maßstab. Man muß dabei beachten, daß die Vergütung auch eine Hingabe an Erfüllungs Statt einschließt.

29 **B. Beispiele zur Frage einer Unangemessenheit, II 1**

Aufwand: Der Begriff einer allgemein aufwandsangemessenen Vergütung ist nicht überzeugend, aM BGH NJW **03**, 3486 (aber der Akzent liegt besser nicht beim Aufwand, sondern bei der Kopfarbeit, also bei der Leistung). S aber auch Rn 32 „Zeitaufwand".

Bedeutung: Beachtbar sein kann die Bedeutung der Sache für den Auftraggeber.

Beweislast: Im Prozeß muß der Anwalt den Umfang und Schwierigkeitsgrad seiner Leistung darlegen und beweisen, Ffm AnwBl **11**, 300, LG Karlsr AnwBl **83**, 178. Dazu genügt nicht eine bloße Bezugnahme auf Akten, Ffm AnwBl **88**, 120. Der Auftraggeber muß die Unangemessenheit der Leistung beweisen. Es kann ein Anscheinsbeweis wie stets nach BLAH Anh § 286 ZPO Rn 15 vorliegen, BGH **144**, 343.

Erfolg: Beachtbar sein kann der Umfang des Erfolgs der Auftragstätigkeit.

Erledigung: Beachtbar sein kann die Entwicklung des Auftrags zB bei einer vorzeitigen Erledigung.

Erwerbsverlust: Beachtbar sein kann ein sonstiger Erwerbsverlust des Anwalts infolge dieses Auftrags.

30 **Gesetzliche Vergütung:** Man muß die gesetzliche Vergütung zwar ebenfalls im Prinzip mitberücksichtigen. Sie trägt den vorgenannten Umständen aber als eine Pauschgebühr oft nicht genug Rechnung. Deshalb gibt sie meist keinen ausreichenden Anhalt für die Beurteilung der Frage, ob die Vergütung angemessen ist, BGH NJW **97**, 2388, Henssler NJW **05**, 1538. Das 3,2fache ist nicht zu hoch, Mü RR **12**, 1469. Freilich muß der Anwalt bei mehr als dem Fünffachen der gesetzlichen Vergütung die Vermutung der Unangemessenheit durch extreme Umstände entkräften, BGH **162**, 101 (krit Henke AnwBl **08**, 58), Ffm AnwBl **06**, 216 (krit Henke). Denn sonst kann eine derart überhöhte Vergütung wucherisch oder sittenwidrig und deshalb ungültig sein. Erst gegen das Gutachten mag man dann II 1 anwenden dürfen. Das gilt besonders in einer Strafsache, Hamm JB **02**, 638. Das gilt nicht etwa § 464 II StPO entgegensteht. Soweit der Anwalt bei einer Rahmengebühr innerhalb des Rahmens geblieben ist, ist II 1 zunächst unanwendbar. Dann muß man zunächst nach § 14 II vorgehen. Die gesetzliche Vergütung bildet stets die Untergrenze.

31 **Haftungsrisiko:** Beachtbar sein kann ein besonderes Haftungsrisiko des Anwalts, Schwan/Jüngel AnwBl **06**, 269.

Höhe: Hbg RR **17**, 1466 hält 180 EUR für den üblichen Stundensatz und spricht von 30–500 EUR. Celle MDR **10**, 116 billigt einen Stundensatz von 150 EUR auch dann, wenn das teurer als eine Wertgebühr wird. Karlsr AnwBl **15**, 182, LG Köln AnwBl **99**, 703 billigen einen Stundensatz von 300 EUR + MWSt. AG Hbg AGS **00**, 81 billigen einen Stundensatz von 200 EUR. LG Mü NJW **75**, 938 (zustm Chemnitz) hielt einen Stundensatz von (jetzt ca) 40 EUR nicht für offenbar unan-

gemessen. Mü AnwBl **17**, 209 billigt das Doppelte der gesetzlichen Vergütung. BGH **77**, 250 hält das 10fache der gesetzlichen Vergütung zwecks Abwendung der Insolvenz für tragbar. LG Bln AnwBl **82**, 262 hält bei einem Rauschgiftfall den 6fachen Satz der gesetzlichen Vergütung nicht für unangemessen. BGH NJW **10**, 1364 (krit Lührig AnwBl **10**, 347) hält mehr als das Fünffache evtl für vertretbar. BGH AnwBl **09**, 389 schwankt beim 5fachen Satz. Hamm JB **08**, 307, Köln NJW **98**, 1961 halten das 5–6fache nicht für unangemessen hoch. BVerfG AnwBl **09**, 650, LG Düss JB **91**, 532 sehen die Vereinbarung des Fünffachen des gesetzlichen Gegenstandswerts als nicht zu hoch an. LG Karlsr AnwBl **83**, 179 hielt (jetzt ca) 1500 EUR zusätzliche (jetzt) Terminsgebühr für jeden Verhandlungstag für zulässig. Bei einer Strafverteidigung können 150 000 EUR angemessen sein, Köln JB **13**, 471.
Hotline-Beratung: Sie kann unstatthaft sein, Mü DB **00**, 919. Vgl aber auch Rn 25.
Pauschale: Sie ist statthaft, Köln JB **13**, 471.
Persönliche Verhältnisse: Beachtbar sein können die persönlichen Verhältnisse des Auftraggebers.
Rahmengebühr: Rn 30 „Gesetzliche Vergütung".
Ruf: Beachtbar sein kann das berufliche Ansehen des Anwalts, Hamm JB **02**, 638.
Schwierigkeit: Beachtbar ist die Schwierigkeit des Falls, Mü DB **00**, 919. 32
Sonderhonorar: Beachtbar sein kann ein Sonderhonorar für einzelne Tätigkeiten des Anwalts innerhalb seiner Auftragsbearbeitung.
Spezialkenntnis: Beachtbar sein kann der Grad der Spezialkenntnis des Anwalts.
Umfang: Beachtbar sein kann der Umfang der Sache, Mü DB **00**, 919.
Verantwortlichkeit: Beachtbar sein kann der Verantwortungsgrad beim Anwalt.
Wirtschaftliche Verhältnisse: Beachtbar sein können die wirtschaftlichen Verhältnisse des Auftraggebers.
Zeitaufwand: Beachtbar sein kann der Grad des Zeitaufwands des Anwalts, Hamm AnwBl **97**, 723.
S aber auch Rn 29 „Aufwand".
Zeitpunkt: Maßgebend ist der Zeitpunkt der Fälligkeit nach § 8, also meist der Zeitpunkt der Erledigung des Auftrags. Denn II durchbricht das an sich auch beim Anwaltsvertrag beachtbare Prinzip pacta sunt servanda, Schwan/Jüngel AnwBl **06**, 269.
Ziel: Beachtbar sein kann das wirtschaftliche oder immaterielle Ziel des Auftraggebers.

C. Gutachten bei geplanter Herabsetzung, II 2 Hs 1. Ein Gutachten derje- 33
nigen Anwaltskammer, der der Anwalt angehört, um dessen Vergütung es geht, ist in einer Abweichung von § 14 II nur insoweit nötwendig, als das Gericht erwägt, die vereinbarte Vergütung irgendwie herabzusetzen, Köln NJW **98**, 1961, LG Karlsr AnwBl **83**, 178, Schneider NJW **04**, 193. Es genügt, daß die Herabsetzung nur in einem von mehreren Punkten erfolgen soll oder daß die Herabsetzung auf einen solchen Betrag erfolgen soll, der immer noch mehr ausmacht als die gesetzliche entsprechende Vergütung. Das alles gilt auch vor einem Versäumnisurteil nach §§ 330 ff ZPO.

Unanwendbar ist II 2 Hs 1, soweit der Anwalt eine Herabsetzung anerkennt oder die Parteien sich vergleichen oder die Unangemessenheitsfrage nicht entscheidungserheblich ist.

D. Kein Gutachten bei § 4 III 1, § 3a II 2 Hs 2. Ein Gutachten ist nach § 4 34
III 1 dann nicht erforderlich, wenn die Vertragspartner vereinbart haben, der Anwalt solle die Vergütung in seinem Ermessen festsetzen oder ein Vertragspartner solle das tun. Wenn sie die Festsetzung der Vergütung in das Ermessen der Anwaltskammer gestellt hatten, ist ihr Gutachten also nicht notwendig. Das Gericht sollte der Anwaltskammer aber vor einer Abweichung von ihrem vorprozessualen Gutachten eine Gelegenheit zur erneuten Stellungnahme geben.

E. Verfahren bei Gutachten, II 2, 3. Es gilt dasselbe wie bei § 14 II. Vgl daher 35
dort.

F. Beispiele zur Frage einer Herabsetzung, II 2, 3 36
von Amts wegen: Das Gericht muß die Unangemessenheit einer Vergütungsvereinbarung von Amts wegen berücksichtigen.
Bereicherung: S „Rückzahlung".

Einwendung: Man kann die Notwendigkeit einer Herabsetzung im Prozeß des Anwalts gegen seinen Auftraggeber einwenden.

Formular: Formularmäßige Mandatsbedingungen unterliegen (jetzt) §§ 307 ff BGB und können die Anwaltsvergütung keineswegs beliebig regeln, Bunte NJW **81**, 2657.

Klage: Man kann eine Herabsetzung mit einer Gestaltungsklage nach BLAH Grdz 10 vor § 253 ZPO fordern.

Kosten: Das Gutachten ist nach II 3 kostenlos, LG BadBad Rpfleger **01**, 324.

Kündigung: Zum Verhältnis zum vorrangigen § 628 I 1 BGB BGH NJW **87**, 316. Diese Vorschrift verdrängt aber (jetzt) den § 3a II keineswegs stets ganz, Düss AnwBl **85**, 201, aM RS 37, SchGei 44 (Gleichrang).

Mandatsniederlegung: Die Androhung des Anwalts, er werde mangels einer ihm genehmen Honorarvereinbarung das Mandat niederlegen, ist insofern nicht widerrechtlich, als der Anwalt ein berechtigtes Interesse an einer über die gesetzliche Vergütung hinausgehenden Vergütung hat, BGH AnwBl **78**, 228.

Nichtigkeit: Unter den Voraussetzungen des § 138 BGB ist die Vergütungsvereinbarung nichtig, Köln VersR **98**, 520, LG Aachen AnwBl **99**, 412, LG Mü NJW **75**, 937. Freilich kann § 139 BGB anwendbar sein.

Rückzahlung: Aus einer Herabsetzung kann sich nach §§ 812 ff BGB eine Rückzahlungspflicht des Anwalts ergeben.

Vergleich: Statthaft ist eine Herabsetzung auch noch nach einem außergerichtlichen Vergleich nach § 779 BGB. Denn es gilt dasselbe wie bei einer „Zahlung".

Verwirkung: Sie kommt nur unter ganz besonderen Umständen infrage.

Verzicht: S „Zahlung".

Zahlung: Statthaft ist eine Herabsetzung auch noch nach einer Zahlung. Denn der Anspruch auf eine Herabsetzung bis auf die gesetzliche Vergütung ist unverzichtbar. Es handelt sich nämlich um eine öffentlichrechtliche Möglichkeit.

37   8) **Prozeßkostenhilfe, III.** Es empfehlen sich vier Prüfschritte.

A. Grundsatz: Nichtigkeit einer Vereinbarung höherer Vergütung innerhalb Beiordnung, III 1. Zwar ist der vom Gericht im Weg der Prozeßkostenhilfe usw beigeordnete Anwalt grundsätzlich auf den zusätzlichen Abschluß eines Vertrags mit dem Begünstigten und auf dessen entsprechende Prozeßvollmacht angewiesen und dementsprechend auch zur Übernahme des Mandats grundsätzlich nicht verpflichtet. Gleichwohl bewirkt die Bewilligung der Prozeßkostenhilfe nach § 122 I Z 3 ZPO unter anderem, daß der beigeordnete Anwalt im Umfang der Beiordnung einen Vergütungsanspruch gegen die Partei jedenfalls zunächst nicht geltend machen kann. Er hat ja nach §§ 45 ff einen Anspruch auf die Zahlung seiner Gebühren und Auslagen gegenüber der Staatskasse.

38   Deshalb bestimmt III I, daß eine Vereinbarung über eine höhere als die gesetzliche Vergütung zwischen dem beigeordneten Anwalt und der begünstigten Partei für die von der Beiordnung erfaßte Tätigkeit nach § 134 BGB *nichtig* ist. Wirksam ist aber (jetzt) eine solche Vereinbarung, die die gesetzlichen Gebühren als vertragliche übernimmt oder einen Teil der gesetzlichen Vergütung vertraglich übernimmt, etwa für einen auswärtigen Beweistermin. Es kommt nicht darauf an, ob die Partner die Vereinbarung vor oder nach der Beiordnung geschlossen haben. Auch ist unerheblich, ob die Beiordnung rückwirkend erfolgte, soweit sie nur eben wirksam war.

39   **B. Aufhebung der Prozeßkostenhilfe, III 1.** Soweit das Gericht die Prozeßkostenhilfe nach § 124 ZPO aufhebt, wirkt diese Aufhebung nach BLAH § 124 ZPO Rn 25 eindeutig zurück. Der Aufhebungsbeschluß stellt den Bewilligungsbeschluß also richtig. Der Begünstigte gilt rückwirkend als zumindest ausreichend bemittelt. § 122 I Z 3 ZPO hindert den beigeordneten Anwalt infolge der Aufhebung der Bewilligung nicht mehr daran, seinen Vergütungsanspruch gegenüber dem Auftraggeber geltend zu machen.

Gleichwohl umfaßt dieses Recht nur den *gesetzlichen* Anspruch. Denn man müßte andernfalls die zuvor geschlossene Gebührenvereinbarung nach § 158 I BGB so konstruieren, daß sie in Wahrheit unter der zumindest stillschweigenden aufschiebenden Bedingung einer Aufhebung der Prozeßkostenhilfe stand. Eine solche Konstruktion widerspricht so hochgradig jedenfalls der Situation des Begünstigten im Zeitpunkt des ja meist auf die Bewilligung der Prozeßkostenhilfe alsbald folgenden Vertragsschlusses mit dem beigeordneten Anwalt, daß eine solche Auslegung kaum noch nach §§ 157, 242 BGB verantwortbar wäre.

Eine Konstruktion dahin, daß die Gebührenvereinbarung nach § 158 III BGB unter einer *auflösenden Bedingung* der Aufhebung der Prozeßkostenhilfe oder des Nichteintritts einer solchen Situation geschlossen wäre, ist schon deshalb nicht sinnvoll, weil bei einer auflösenden Bedingung nach dieser Vorschrift mit dem Eintritt der Bedingung die Wirkung des Rechtsgeschäfts endet und der frühere Rechtszustand wieder eintritt. Damit würde also gerade die Gebührenvereinbarung entfallen, statt mit der Aufhebung der Prozeßkostenhilfe zu entstehen. **40**

C. Freiwillige vorbehaltlose Zahlung, III 2. Soweit eine Erklärung des Auftraggebers nicht den Rn 1–40 genügt, kann der Anwalt grundsätzlich nur die gesetzliche Vergütung fordern. Er kann den höheren Betrag also weder einklagen, Brschw NJW **04**, 2606, noch wegen der Nichtzahlung des höheren Betrags ein Zurückbehaltungsrecht geltend machen oder etwa mit der Differenzsumme aufrechnen. Er kann selbst die gesetzliche Vergütung insoweit nicht fordern, als der Auftraggeber nicht einmal mit ihr zu rechnen brauchte. **41**

Eine vom Auftraggeber freiwillig und ohne jeden Vorbehalt geleistete Zahlung über die gesetzliche Vergütung hinaus gibt ihm aber nach (jetzt) III 2 nicht schon deshalb ein *Zurückforderungsrecht,* weil seine Erklärung nur nicht dem Gesetz entsprach, BGH NJW **01**, 519, Ffm AnwBl **88**, 120, LG Görlitz AnwBl **13**, 939. Vielmehr kommt eine Zurückforderung nach §§ 812ff BGB in Betracht, BGH NJW **04**, 1171 und 2819, Brschw NJW **04**, 2606, freilich nur in den Grenzen von § 814 BGB, Hbg MDR **00**, 116. Ein Verzicht auf das Rückforderungsrecht ist möglich. Er liegt aber nicht schon in der Erklärung, es bestehe kein Rückforderungsanspruch, Ffm AnwBl **88**, 120. Der Anwalt ist für einen solchen Verzicht natürlich beweispflichtig.

Der Auftraggeber kann auch eine etwa freiwillig und vorbehaltlos geleistete *Teilzahlung* auf die vereinbarte Vergütung jedenfalls nicht schon wegen des Formfehlers zurückfordern, soweit er die Teilzahlung eindeutig gerade auf denjenigen Betrag leistete, der über eine gesetzliche Vergütung hinausging.

D. Freiwilligkeit, III 2. Eine Zahlung ist nur dann freiwillig und ohne Vorbehalt, wenn der Auftraggeber oder für ihn ein Dritter nach § 267 BGB sie in dem Bewußtsein tätigt, daß ein Formverstoß vorliege und daß er deshalb in Wahrheit nicht soviel schulde, BGH NJW **03**, 820, Kblz MDR **04**, 55, AnwGH Hamm RR **99**, 1582 (Hotline-Beratung). Weitere Bedingung der Freiwilligkeit ist, daß der Auftraggeber auch nicht insbesondere in einem kritischen Moment nur unter irgendeinem rechtmäßigen oder gar rechtswidrigen Druck von wem auch immer gezahlt hat, Kilian NJW **05**, 3106. Eine Freiwilligkeit fehlt, soweit der Anwalt sein Tätigwerden von der Zahlung abhängig machte und eine Stellungnahmefrist erst noch ablaufen kann, KG MDR **05**, 58, Kilian NJW **05**, 3106, oder wenn der Anwalt mit einer Vergütungsklage drohte, Kilian NJW **05**, 3107, oder mit einer Niederlegung des Mandats nebst einer Nachteilserwähnung, LG Karlsr MDR **91**, 548. Ohne eine solche Nachteilserwähnung wäre die bloße Ankündigung allerdings nicht vertragswidrig, BGH NJW **02**, 2774. BGH NJW **10**, 1364 zieht die Grenze zeitlich zB beim Verteidiger erst vor oder während der Hauptverhandlung. **42**

E. Vorbehaltlosigkeit, III 2. Vorbehaltlosigkeit ist nur eine solche Leistung, die der Auftraggeber ohne jeden Zweifel an der Berechtigung der Forderung vornimmt, Kilian NJW **05**, 3107. **43**

Soweit diese Voraussetzungen *nicht* vorliegen, hat er erst recht einen Rückforderungsanspruch nach § 812ff BGB, Ffm AnwBl **88**, 120, KG MDR **05**, 58. Das gilt auch wegen eines vor der Honorarvereinbarung gezahlten Vorschusses auf die gesetzliche Vergütung, Ffm AnwBl **83**, 513, Hamm OLGR **96**, 275.

Die *Arglisteinrede* des Anwalts ist nicht schon mit der Begründung zulässig, ihm habe widerstrebt, eine gesetzliche Schriftform zu fordern, BGH VersR **91**, 721, Ffm AnwBl **83**, 513. Der Anwalt muß den Auftraggeber auf das Übersteigen des gesetzlichen Anspruchs hingewiesen haben, Ffm AnwBl **88**, 251. Der Auftraggeber trägt die Beweislast dafür, daß er ohne jeden Rechtsgrund zahlte, LG Freib JB **83**, 1511. Der Anwalt trägt

RVG §§ 3a, 4   X. Rechtsanwaltsvergütungsgesetz

für die Freiwilligkeit der Zahlung die Beweislast, BGH NJW **04**, 2820, Kblz MDR **04**, 55, LG Freibg MDR **83**, 1033. Auch eine wirksame Aufrechnung kann eine „Leistung" sein, krit Karlsr JB **07**, 142. Ein Schuldanerkenntnis ist keine „Leistung".

44   **F. Dritter, III 2.** Die vorstehenden Regeln gelten auch dann, wenn ein Dritter für den Auftraggeber zahlt. Es kommt dann darauf an, ob zumindest auch der Auftraggeber selbst freiwillig und vorbehaltslos handelte, also eine Zahlungsanweisung gab. Unter dieser Voraussetzung kommt es auf die subjektiven Vorstellungen des Dritten zur Freiwilligkeit und Vorbehaltslosigkeit grundsätzlich nicht an. Wenn andererseits der Dritte persönlich freiwillig und vorbehaltslos für den Auftraggeber zahlte, wenn der letztere aber mit einer solchen Leistung nicht oder nur unter Druck einverstanden war, liegt insgesamt keine ausreichende Leistung vor.

45   **G. Unanwendbarkeit, III 1, 2.** Die Vorschrift bezieht sich nicht auf andere Fälle der Beiordnung, also nicht auf eine solche nach §§ 57, 58, 779, 787 ZPO, auch nicht auf eine Beiordnung als Notanwalt nach §§ 78 b, c ZPO. Wegen des gerichtlich bestellten Verteidigers vgl § 52. Für den in einer Privatklagesache oder in einer Nebenklagesache sowie im Anklageerzwingungsverfahren beigeordneten Anwalt gilt III ebenfalls nicht. III gilt nur im Umfang der Beiordnung.

46   **H. Nach Bewilligung, III 1, 2.** Solange und soweit das Gericht die Prozeßkostenhilfe bewilligt hat, kommt es auf die Beurteilung des Anwalts über die Zahlungsfähigkeit der begünstigten Partei nicht an. Die nachträgliche Bewilligung der Prozeßkostenhilfe ist nach BLAH § 119 ZPO Rn 4–28 erst vom Zeitpunkt ihrer Wirksamkeit an beachtbar. Man muß eine Gebührenvereinbarung vor diesem Zeitpunkt und für den vor der Wirksamkeit der Bewilligung liegenden Tätigkeitsabschnitt des Anwalts unabhängig von III beurteilen. Wegen der Anrechnung von Zahlungen nach der Bewilligung der Prozeßkostenhilfe § 58.

47   **9) Kostenerstattung, I–III.** Jedenfalls fehlt ein sachlichrechtlicher Ersatzanspruch bei einer Vereinbarung über die gesetzliche Vergütung hinaus schon mangels Notwendigkeit solcher Mehrkosten nach § 91, BGH RVGreport **15**, 68, KG JB **15**, 627, Mediger MDR **17**, 250, aM Knott/Gottschalk/Uhl AnwBl **10**, 749 (aber damit unterläuft man nach BLAH § 91 ZPO Rn 28 einen Hauptgedanken der Kostenerstattung. Das gilt im Ergebnis auch bei einem schiedsrichterlichen Verfahren nach §§ 1025 ff ZPO, Mü SchiedsVZ **12**, 156, von Bernuth SchiedsVZ **13**, 213, großzügiger Mü NZG **16**, 995 (LS).

Erfolgsunabhängige Vergütung

4   ^I ¹In außergerichtlichen Angelegenheiten kann eine niedrigere als die gesetzliche Vergütung vereinbart werden. ²Sie muss in einem angemessenen Verhältnis zu Leistung, Verantwortung und Haftungsrisiko des Rechtsanwalts stehen. ³Liegen die Voraussetzungen für die Bewilligung von Beratungshilfe vor, kann der Rechtsanwalt ganz auf eine Vergütung verzichten. ⁴§ 9 des Beratungshilfegesetzes bleibt unberührt.

^{II} ¹Der Rechtsanwalt kann sich für gerichtliche Mahnverfahren und Zwangsvollstreckungsverfahren nach den §§ 802 a bis 863 und 882 b bis 882 f der Zivilprozessordnung verpflichten, dass er, wenn der Anspruch des Auftraggebers auf Erstattung der gesetzlichen Vergütung nicht beigetrieben werden kann, einen Teil des Erstattungsanspruchs an Erfüllungs statt annehmen werde. ²Der nicht durch Abtretung zu erfüllende Teil der gesetzlichen Vergütung muss in einem angemessenen Verhältnis zu Leistung, Verantwortung und Haftungsrisiko des Rechtsanwalts stehen.

^{III} ¹In der Vereinbarung kann es dem Vorstand der Rechtsanwaltskammer überlassen werden, die Vergütung nach billigem Ermessen festzusetzen. ²Ist die Festsetzung der Vergütung dem Ermessen eines Vertragsteils überlassen, gilt die gesetzliche Vergütung als vereinbart.

Schrifttum: *Hartung*, Die Vergütungsvereinbarung nach § 4 Abs. 1 RVG, Festschrift für *Hartung* (2008) 17; *Teubel/Schons*, Erfolgshonorar für Anwälte, 2008.

Abschnitt 1. Allgemeine Vorschriften § 4 RVG

Gliederung

1) Systematik, I–III 1
2) Regelungszweck, I–III 2
3) Geltungsbereich, I–III 3
4) Geringere Vergütung, I 4–14
   A. Zulässigkeit bei außergerichtlicher Tätigkeit, I 1 .... 5, 6
   B. Unzulässigkeit bei anderer als außergerichtlicher Tätigkeit, § 49b I BRAO ... 7
   C. Vereinbarkeit mit übernationalem Recht 8
   D. Vereinbarkeit mit dem GG 9
   E. Vereinbarkeit mit Berufsrecht 10
   F. Ermäßigung, Erlaß 11
   G. Textform, I 1 12
   H. Angemessenes Verhältnis, I 2 13
   I. Verzicht bei Beratungshilfe, I 3, 4 14
5) Annahme an Erfüllungs Statt, II 15–20
   A. Geltung im Mahnverfahren, II 1 Fall 1 16
   B. Geltung im Zwangsvollstreckungsverfahren, II 1 Fall 2 17
   C. Verpflichtung nur mangels Beitreibbarkeit, II 1 Fälle 1, 2 18
   D. Bloßer Vergütungsteil, II 1 Fälle 1, 2 19
   E. Angemessenes Verhältnis, II 2 20
6) Ermessensgrundsatz, III 21–28
   A. Ermessen der Anwaltskammer, III 1 .... 22, 23
   B. Ermessen eines Vertragspartners, III 2 24
   C. Ermessen eines Dritten 25
   D. Abwägungspflicht 26
   E. Anfechtbarkeit 27
   F. Unwirksamkeit 28

1) Systematik, I–III. Während § 3a die Grundsätze einer wie immer gearteten **1** Vergütungsvereinbarung regelt, erfaßt § 4 vorrangig speziell die erfolgsunabhängige Vereinbarung und § 4a ebenso vorrangig speziell die erfolgsabhängige. Der abschließende § 4b scheint einen Verstoß gegen § 4 nicht mitzuerfassen. Man muß aber bedenken, daß § 4 ja auf § 3a aufbaut, den § 4b sehr wohl ausdrücklich miterfaßt. Soweit § 3a überhaupt nicht anwendbar ist, nämlich zB nach dessen I 4 auf eine Vereinbarung nach § 34, gilt auch nicht § 4.

2) Regelungszweck, I–III. Die mit dem früheren § 4 weitgehend inhaltlich **2** übereinstimmende Vorschrift dient natürlich wie die übrigen Vorschriften der Gruppe §§ 3a–4b einerseits die Interessen beider Partner wahrenden, andererseits die Stellung des Anwalts als Organ der Rechtspflege nach § 1 BRAO und damit erhöht die Rechtssicherheit beachtenden Abwägung. Man sollte § 4 weder zu „anwaltsfreundlich" noch zu mandantenfreundlich auslegen. Das gilt insbesondere bei der Angemessenheitsprüfung nach I 2 und beim Ermessen nach III. Natürlich soll der Anwalt nicht umsonst arbeiten, BGH RR **14**, 380.

3) Geltungsbereich, I–III. I behandelt nur eine rein außergerichtliche Tätigkeit, **3** diese freilich auch dann, wenn der Auftrag von vornherein oder durch spätere Erweiterungen auch auf eine gerichtliche Phase erging. II erfaßt ein gerichtliches Mahnverfahren nach §§ 688ff ZPO und Teile der Zwangsvollstreckung nach §§ 704ff ZPO. III gilt für beide Tätigkeitsbereiche nach I, II.

4) Geringere Vergütung, I. Die Frage, ob, wann und unter welchen Bedingun- **4** gen der Anwalt eine geringere als die gesetzlich vorgesehene Vergütung in Form einer Geld-, Sach- oder Dienstleistung vereinbaren, fordern oder annehmen darf, läßt sich aus I nur teilweise beantworten. Ob überhaupt eine geringere Vergütung vorliegt, kann man oft erst am Ende der Anwaltstätigkeit klären, etwa bei Zeitgebühren. Man muß zunächst das in Rn 6 erläuterte grundsätzliche Verbot beachten. Man muß differenzieren. Wegen der internen Honorarabsprache zwischen dem ProzBev nach § 11 Rn 14ff und einem Terminsanwalt (zum alten Recht) BGH NJW **01**, 753, Hamm AnwBl **10**, 144 (je: kein Verstoß gegen § 49b BRAO bei geringerer Vergütung). Zum Problem der Vereinbarkeit mit dem EU-Recht krit Sagawe ZRP **02**, 281 (ausf). Zur Zulässigkeit einer Mindestgebühr EuGH AnwBl **07**, 149 (Italien). Vorsicht bei Allgemeinen Inkassobedingungen, LG Arnsb JB **04**, 610!

Zur Frage einer *unentgeltlichen* Beratung im Allgemeininteresse Bälz/Moelle/Zeidler NJW **08**, 3383 (ausf). Völlig unentgeltlich darf der Anwalt grundsätzlich nicht einmal bei einer Erstberatung in einer Unfallsache arbeiten, aM BGH NJW **17**, 2554 (krit Kilian. Der BGH verkennt die Regeln Grdz 17 von § 1). Vgl auch Rn. 5, 13.

5   **A. Zulässigkeit bei außergerichtlicher Tätigkeit, I 1.** In einer außergerichtlichen Angelegenheit ist eine geringere Vergütung unter bestimmten weiteren Voraussetzungen kraft ausdrücklicher gesetzlicher Regelung zulässig, BGH AnwBl **07**, 871, LG Bln AnwBl **01**, 516. Außergerichtlich ist jede Tätigkeit, die sich nicht gegenüber dem Gericht oder unmittelbar auf ein gerichtliches Verfahren bezieht, auch nach § 34 eine Auskunft, eine Beratung, eine außergerichtliche Vertretung, ein Gutachten, eine sog Rechtsberatungshotline, LG Bln AnwBl **99**, 115. Außergerichtlich kann auch eine solche Tätigkeit während eines gerichtlichen Verfahrens sein, die sich zB auf die bloße Beratung dazu beschränkt, ob der Auftraggeber dem Verfahren beitreten soll. Der bloße Verkehrsanwalt ist außergerichtlich tätig. Das UWG verbietet ein zu starkes Unterschreiten der gesetzlichen Vergütung.

6   Der Begriff „außergerichtlich" ist an sich eng auslegbar. Denn nach der Gesetzessystematik stelle die Erlaubnis nach I 1 eine ausnahme vom grundsätzlichen Verbot im gleichrangigen § 49 b I 1 BRAO dar, abgedruckt bei § 3 a vor Rn 1. Zu sog Rationalisierungsabkommen der Rechtsschutzversicherer krit Schons NJW **04**, 2852.

Die geringere Vergütung ist nach I 1 aber auch dann zulässig, wenn der Anwalt einen öffentlich- oder privatrechtlichen *Verband* oder einen eingetragenen oder nicht eingetragenen Verein zugunsten seiner Mitglieder im Rahmen des satzungsgemäßen Aufgabenbereichs vertritt oder berät. Sie ist ferner gegenüber dem aus der Staatskasse zu vergütenden Anwalt zulässig, Bbg NJW **06**, 1536.

7   **B. Unzulässigkeit bei anderer als außergerichtlicher Tätigkeit, § 49 b I BRAO.** Die Vorschrift, abgedruckt bei § 3 a, ist nach Celle NJW **05**, 2160 nicht verfassungswidrig. Zu dieser Problematik Feuerich/Weyland (vor Rn 1) § 49 b BRAO Rn 16. Die Vorschrift enthält den klaren Grundsatz der Unzulässigkeit der Vereinbarung oder Forderung geringerer als derjenigen Gebühren und Auslagen, die (jetzt) das RVG vorsieht, LG Halle RR **98**, 1677. I 1 erlaubt eine solche Vereinbarung lediglich eng begrenzt. Sogar im außergerichtlichen Bereich ist danach keineswegs jede Art von Gebühr unterhalb des RVG vereinbar. Der Auftraggeber muß beweisen, daß er mit dem Anwalt die gesetzliche Vergütung teilweise oder ganz abbedungen hat, BGH RR **97**, 1285, oder daß er nur die von seiner Rechtsschutzversicherung erstatteten Kosten zahlen müsse, LG Hbg AnwBl **79**, 66.

8   **C. Vereinbarkeit mit übernationalem Recht.** Damit scheint der frühere diesbezügliche Streit beigelegt zu sein. Es bleibt die erhebliche Problematik der Vereinbarkeit von § 49 b I 1 BRAO, abgedruckt bei § 3 a, mit zumindest demjenigen vorrangigen übernationalen Recht, das bei einem Bezug auf einen ausländischen EU-Anwalt usw anwendbar wird. Vgl zunächst freilich die CCBE, abgedruckt bei § 3 a, für den grenzüberschreitenden Bereich der Anwaltstätigkeit. Weltweit dürfte sie auch nach Art 12 GG geschützten näherliegenden Freiheit des Aushandelns einer Vergütung unterhalb gesetzlicher Regelvorschriften mindestens ebenso nahekommen wie der deutsche Standpunkt. Natürlich muß man von Fall zu Fall klären, ob die Position des nach dem deutschen Recht abrechnenden Anwalts in ihrer Gesamtstellung derjenigen des deutschen Rechtsanwalts als eines Organs der Rechtspflege nach § 1 BRAO hinreichend vergleichbar ist. Deshalb lassen sich hier auch kaum Allgemeinregeln aufstellen.

9   **D. Vereinbarkeit mit dem GG.** Auch die Vereinbarkeit mit Art 12 GG kann dann durchaus fraglich sein, wenn man die Internationalisierung des Anwaltsberufs mit ihren ganz neuen berufs- und wettbewerbsrechtlichen Auswirkungen zum Anlaß nimmt, auch national grundsätzlich doch mehr Bewegungsfreiheit im Gebührenrecht auch nach unten zu fordern. Ob die angestrebte Ausgewogenheit des gesetzlichen Gesamtkonzepts zur Folge haben muß, daß der Anwalt zB auch dann vor Gericht nicht weniger als nach dem RVG fordern darf, wenn alle Schriftsätze vom etwa technisch wesentlich sachkundigeren Auftraggeber druckfertig entworfen wurden, ist eine bei hohem Streitwert durchaus auch verfassungsrechtlich unterschiedlich beantwortbare Frage.

10   **E. Vereinbarkeit mit Berufsrecht.** Wegen der Berufsordnung und der Berufsregeln bei einer grenzüberschreitenden Tätigkeit vgl bei § 3 a. Der Sonderweg nach

§ 49 b I 2 BRAO ist kein Argument für die Verfassungsmäßigkeit von § 49 b I 1 BRAO, zumal er nach Rn 11 nur eine Art nachträgliches anwaltliches Almosen erlaubt. Der berufsrechtliche Verstoß bedeutet nicht automatisch eine zivilrechtliche Nichtigkeit.

F. Ermäßigung, Erlaß. Die Möglichkeit von Ermäßigung oder Erlaß nach § 49 b 11
I 2 BRAO, abgedruckt bei § 3 a, besteht nur „im Einzelfall". Auch das gilt nur „unter besonderen Umständen" gerade „in der Person des Auftraggebers", also nicht in der Sache, außerdem nach § 8 Rn 6 ff erst „nach Erledigung des Auftrags", also weder von vornherein, LG Halle RR **98**, 1677 (bei Gebührenteilungsabrede), noch während der anwaltlichen Tätigkeit.

Die als Beispiel besonderer persönlicher Umstände des Auftraggebers genannte „Bedürftigkeit" kann bei einem hohen Gegenstandswert freilich etwa auch eine *Großstadtkommune* treffen. Sie warten lassen zu müssen, ob ihr Anwalt ihr einen Teil ihrer Schuld ganz am Schluß gnädig erläßt, ist kein sonderlich würdevoller Versuch einer Regelung dann, wenn sie als Auftraggeberin die eigentliche Arbeit für den Prozeß erledigt.

G. Textform, I 1. Aus den Gründen Rn 1 ist auch hier die Textform des § 3 a 12
I 1 nach dort Rn 15–17 notwendig.

H. Angemessenes Verhältnis, I 2. Unzulässig ist eine solche Vereinbarung, die 13
sich überhaupt nicht mehr an den Bewertungsmaßstäben des RVG orientiert, etwa am Umfang oder der Schwierigkeit der Leistung, Köln NJW **06**, 923, LG Essen NJW **04**, 2836, großzügiger LG Bre NJW **04**, 2837 (aber auch § 4 gehört zum System des RVG). Daher muß die niedrigere Vergütung in einem angemessenen Verhältnis zur Leistung, Verantwortung und zum Haftungsrisiko des Anwalts bleiben, BGH AnwBl **08**, 880, Hamm NJW **04**, 3269, Köln NJW **06**, 923.

I. Verzicht bei Beratungshilfe, I 3, 4, dazu *Enders* JB **14**, 283 (Üb): Bei einer 14
Möglichkeit nach §§ 114–127 ZPO (nicht erst bei einer Bewilligung) ist ein Verzicht nach I 3 statthaft, nicht notwendig. Ein Kostenersatz durch den Gegner nach § 9 BerHG bleibt nach I 4 möglich.

5) Annahme an Erfüllungs Statt, II. Die Vorschrift schafft keine Zulässigkeit ei- 15
nes geringeren als des gesetzlichen Honorars, sondern meint eine Art Vereinfachung des Gesamtvorgangs der Abrechnung. Unter den in II 1 genannten Voraussetzungen kann, nicht muß, der Anwalt einen Teil des Erstattungsanspruchs des Auftraggebers gegen den Prozeß- oder Verfahrensgegner an Erfüllungs Statt als Honorar annehmen. Die entsprechende Verpflichtung kann schon vor demjenigen Zeitpunkt erfolgen, in dem feststeht, daß der Erstattungsanspruch des Auftraggebers beim Schuldner nicht beitreibbar ist. Das ist eine Art Risikoausfallversicherung zugunsten des Auftraggebers und zulasten des Anwalts, eine Art Gegenstück zu der nach § 49 b II 1 Hs 2 BRAO, abgedruckt bei § 3 a, gerade ausdrücklich unstatthaften sog quota litis, auf die das ganze wirtschaftlich halbwegs hinausläuft. Eine Textform ist wie bei jeder Gebührenvereinbarung nach § 3 a I 1 notwendig. Der Auftraggeber hat die Beweislast nach BLAH Anh § 286 ZPO, Hamm AnwBl **10**, 144, Mü NJW **84**, 2537.

A. Geltung im Mahnverfahren, II 1 Fall 1. Die Möglichkeit Rn 15 besteht im 16
gerichtlichen Mahnverfahren nach §§ 688 ff ZPO bis zu seinem Ende nach BLAH § 696 ZPO Rn 12.

B. Geltung im Zwangsvollstreckungsverfahren, II 1 Fall 2. Die Möglichkeit 17
Rn 15 besteht ferner in denjenigen Verfahren der Zwangsvollstreckung, die §§ 802 a– 863 ZPO (Vollstreckung wegen einer Geldforderung in das bewegliche Vermögen) und §§ 882 b–882 f ZPO (II 1 Fall 2 ist nicht angepaßt worden) regeln (Eidesstattliche Versicherung und Haft einschließlich „Schuldnerverzeichnis").

C. Verpflichtung nur mangels Betreibbarkeit, II 1 Fälle 1, 2. Der Anwalt 18
darf sich nur auf eine Annahme an Erfüllungs Statt nur dann verpflichten, daß man den Erstattungsanspruch des Auftraggebers beim Gegner nicht beitreiben kann, genauer: nicht seinerseits nach der ZPO usw vollstrecken kann. Eine Verpflichtung schon für den Fall, daß die Betreibbarkeit „ungewiß" oder „zweifelhaft" usw ist, ist nach § 134 BGB unzulässig und daher unwirksam.

19 **D. Bloßer Vergütungsteil, II 1 Fälle 1, 2.** Eine Regelung nach Rn 15–18 ist stets nur dann wirksam, wenn sie sich auf einen angemessenen Teil der gesetzlichen Vergütung des Anwalts beschränkt. Das ergibt sich aus dem Zusammenspiel von II 1, 2. Zur letzteren Bestimmung Rn 20.

20 **E. Angemessenes Verhältnis, II 2.** Es gilt nach Rn 14 dasselbe wie bei I 2.

21 **6) Ermessensgrundsatz, III.** Die Vertragspartner können die Festsetzung einer über die gesetzliche Vergütung hinausgehenden erfolgsunabhängigen Vergütung unter den Voraussetzungen III einem Ermessen überlassen. Insofern gelten im einzelnen die folgenden Regeln.

22 **A. Ermessen der Anwaltskammer, III 1.** Die Partner können eine Festsetzung dem „billigen" Ermessen des Vorstandes der Rechtsanwaltskammer überlassen. Dabei muß die „Vereinbarung" nach III 1 auch die Textform nach § 3a I 1 wahren, um wirksam zu sein. Der Vorstand muß in Wahrheit im Rahmen eines pflichtgemäßen Ermessens unter einer Abwägung aller Gesichtspunkte entscheiden. Zuständig ist diejenige Anwaltskammer, der derjenige Anwalt angehört, der eine höhere als die gesetzliche Vergütung erhalten soll.

Es kommt also *nicht* auf die Anwaltskammer am Wohnsitz oder Sitz *des Auftraggebers* an. Ebensowenig ist diejenige Anwaltskammer zuständig, in deren Bezirk das Prozeßgericht liegt.

23 Zur Entscheidung ist nach §§ 63 ff BRAO nur der *Vorstand* der Anwaltskammer zuständig. Seine Tätigkeit nach III 1 ist zugleich eine Tätigkeit nach § 73 BRAO. Das Präsidium ist ebensowenig wie die Kammerversammlung zuständig. Die Vertragspartner können auch nachträglich vereinbaren, daß die zunächst vereinbarte Vergütung zB wegen eines anschließenden Streits nunmehr dem Ermessen des Vorstands der Anwaltskammer überlassen bleiben soll. Vgl zum Verfahren des Vorstands auch § 14 II, dort Rn 27 ff.

24 **B. Ermessen eines Vertragspartners, III 2.** Die Partner können formell auch die Festsetzung der Vergütung wie bei §§ 317 I, 319 II BGB dem Ermessen „eines Vertragsteils" überlassen. Auch dann muß die Vereinbarung die Textform nach § 3a I 1 einhalten. Diese Regelung hätte ohne III 2 für denjenigen Partner, der das Ermessen nicht ausüben soll, größere Risiken als diejenige der Übertragung des Ermessens auf den Vorstand der Anwaltskammer. Deshalb liegt im Zweifel das Ermessen nicht bei einem Vertragspartner, weder beim Anwalt, noch beim Auftraggeber, sondern beim Vorstand der Anwaltskammer. Soweit eindeutig feststeht, daß wenigstens einer der Vertragspartner die Vergütung in eigenem Ermessen bestimmen soll, kommt es in Wahrheit nicht darauf an, welcher der Partner gemeint ist. Denn dann gilt nach III 2 ja doch nur mit dem Vorrang vor §§ 317 I, 319 II BGB die gesetzliche Vergütung als vereinbart, anders als bei Rn 22, 23.

25 **C. Ermessen eines Dritten.** III 1, 2 enthalten nach ihrem Wortlaut keine Regeln dazu, ob auch ein Dritter die höhere Vergütung in eigenem Ermessen soll festsetzen dürfe. Das scheinbare Schweigen des Gesetzes ist aber nicht als ein Verbot auslegbar. Denn III 1, 2 enthalten insofern keine abschließende Regelung und sind auch nicht eng auslegbar. Das wäre nur dann so, wenn diese Regeln ihrerseits Ausnahmen von gesetzlichen Grundsätzen wären. Deshalb darf man auch nicht einfach aus III 1, Rn 22, 23, einen ohnehin stets problematischen Umkehrschluß ziehen.

Das sind sie aber bei einer näheren Betrachtung nicht. Vielmehr stellt § 4 insgesamt im Prinzip eine Rückkehr zum Grundsatz der *Vertragsfreiheit* dar. Der Anwaltsvertrag ist als ein zumindest wesentlich auch schuldrechtlicher Vertrag daher unter anderem einer Regelung nach § 317 BGB zugänglich, also der Bestimmung der Leistung durch einen Dritten. Diese Vorschrift ist dann direkt anwendbar.

26 **D. Abwägungspflicht.** Sofern die Bestimmung also nur einem einzigen Dritten überlassen bleiben soll, muß man nach § 317 I BGB im Zweifel annehmen, daß er sie nach „billigem", in Wahrheit pflichtgemäßem Ermessen vornehmen soll, also unter einer Abwägung aller in Betracht kommenden Gesichtspunkte. Sofern die Bestimmung durch mehrere Dritte erfolgen soll, ist nach § 317 II BGB im Zweifel die Übereinstimmung aller erforderlich. Sofern eine Summe bestimmt werden soll, ist bei der Angabe verschiedener Summen im Zweifel nach § 317 II Hs 2 BGB die Durch-

Abschnitt 1. Allgemeine Vorschriften §§ 4, 4a RVG

schnittssumme maßgebend. Die einem Dritten überlassene Bestimmung der Leistung erfolgt nach dem ebenfalls direkt anwendbaren § 318 BGB durch eine Erklärung gegenüber einem der Vertragspartner.

E. Anfechtbarkeit. Jeder Vertragspartner kann die getroffene Bestimmung nach 27 § 318 II 1 BGB wegen Irrtums, Drohung oder arglistiger Täuschung anfechten, und zwar gegenüber dem anderen Vertragspartner. Die Anfechtung muß nach § 318 II 2 BGB unverzüglich erfolgen, nachdem der Anfechtungsberechtigte von dem Anfechtungsgrund Kenntnis erlangt hat. Sie ist nach § 318 II 3 BGB dann unstatthaft, wenn 30 Jahre verstrichen sind, nachdem die Bestimmung erfolgte.

Soweit der *Dritte* die Leistung bestimmen soll, ist seine Bestimmung für die Vertragspartner nach § 319 I 1 BGB dann unverbindlich, wenn sie offenbar unbillig ist. Die Bestimmung erfolgt dann nach § 319 I 2 Hs 1 BGB durch ein Urteil. Dasselbe gilt nach § 319 I 2 Hs 2 BGB dann, wenn der Dritte die Bestimmung nicht treffen kann oder will oder wenn er sie verzögert. Auch diese Vorschriften sind unmittelbar anwendbar.

F. Unwirksamkeit. Dagegen ist ein solcher Vertrag, der die Bestimmung nach 28 § 319 II BGB in das „freie Belieben" eines Dritten stellt, wegen des öffentlichrechtlichen Einschlags des Anwaltsvertrags unwirksam. Er würde die im Interesse der Rechtspflege erforderliche Bestimmbarkeit der Vergütung des Anwalts der Höhe nach so ungewiß machen, daß man ihn nicht mehr hinnehmen kann. Deshalb ist § 319 II BGB unanwendbar. Die Vertragspartner können die Bestimmung der Vergütung unter den Voraussetzungen Rn 31–34 auch einem Schiedsgericht oder einem Schiedsgutachter überlassen.

Erfolgshonorar

4a I ¹Ein Erfolgshonorar (§ 49b Abs. 2 Satz 1 der Bundesrechtsanwaltsordnung) darf nur für den Einzelfall und nur dann vereinbart werden, wenn der Auftraggeber aufgrund seiner wirtschaftlichen Verhältnisse bei verständiger Betrachtung ohne die Vereinbarung eines Erfolgshonorars von der Rechtsverfolgung abgehalten würde. ²In einem gerichtlichen Verfahren darf dabei für den Fall des Misserfolgs vereinbart werden, dass keine oder eine geringere als die gesetzliche Vergütung zu zahlen ist, wenn für den Erfolgsfall ein angemessener Zuschlag auf die gesetzliche Vergütung vereinbart wird. ³Für die Beurteilung nach Satz 1 bleibt die Möglichkeit, Beratungs- oder Prozesskostenhilfe in Anspruch zu nehmen, außer Betracht.

II Die Vereinbarung muss enthalten:
1. die voraussichtliche gesetzliche Vergütung und gegebenenfalls die erfolgsunabhängige vertragliche Vergütung, zu der der Rechtsanwalt bereit wäre, den Auftrag zu übernehmen, sowie
2. die Angabe, welche Vergütung bei Eintritt welcher Bedingungen verdient sein soll.

III ¹In der Vereinbarung sind außerdem die wesentlichen Gründe anzugeben, die für die Bemessung des Erfolgshonorars bestimmend sind. ²Ferner ist ein Hinweis aufzunehmen, dass die Vereinbarung keinen Einfluss auf die gegebenenfalls vom Auftraggeber zu zahlenden Gerichtskosten, Verwaltungskosten und die von ihm zu erstattenden Kosten anderer Beteiligter hat.

PatAnwO § 43b. Erfolgshonorar. I ¹Vereinbarungen, durch die eine Vergütung oder ihre Höhe vom Ausgang der Sache oder vom Erfolg der anwaltlichen Tätigkeit abhängig gemacht wird oder nach denen der Patentanwalt einen Teil des erstrittenen Betrages als Honorar erhält (Erfolgshonorar), sind unzulässig, soweit nachfolgend nichts anderes bestimmt ist. ²Vereinbarungen, durch die der Patentanwalt sich verpflichtet, Gerichtskosten, Verwaltungskosten oder Kosten anderer Beteiligter zu tragen, sind unzulässig.

II ¹Ein Erfolgshonorar darf nur für den Einzelfall und nur dann vereinbart werden, wenn der Auftraggeber aufgrund seiner wirtschaftlichen Verhältnisse bei verständiger Betrachtung ohne die Vereinbarung eines Erfolgshonorars von der Rechtsverfolgung abgehalten würde.

RVG § 4a X. Rechtsanwaltsvergütungsgesetz

III ¹Die Vereinbarung bedarf der Textform. ²Sie muss als Vergütungsvereinbarung oder in vergleichbarer Weise bezeichnet werden, von anderen Vereinbarungen mit Ausnahme der Auftragserteilung deutlich abgesetzt sein und darf nicht in der Vollmacht enthalten sein. ³Die Vereinbarung muss enthalten:
1. die erfolgsunabhängige Vergütung, zu der der Patentanwalt bereit wäre, den Auftrag zu übernehmen, sowie
2. die Angabe, welche Vergütung bei Eintritt welcher Bedingungen verdient sein soll.

IV ¹In der Vereinbarung sind außerdem die wesentlichen Gründe anzugeben, die für die Bemessung des Erfolgshonorars bestimmend sind. ²Ferner ist ein Hinweis aufzunehmen, dass die Vereinbarung keinen Einfluss auf die gegebenenfalls vom Auftraggeber zu zahlenden Gerichtskosten, Verwaltungskosten und die von ihm zu erstattenden Kosten anderer Beteiligter hat.

V ¹Aus einer Vergütungsvereinbarung, die nicht den Anforderungen der Absätze 2 und 3 entspricht, erhält der Patentanwalt keine höhere als eine nach den Vorschriften des bürgerlichen Rechts bemessene Vergütung. ²Die Vorschriften des bürgerlichen Rechts über die ungerechtfertigte Bereicherung bleiben unberührt.

StBerG § 9a. Erfolgshonorar. I ¹Vereinbarungen, durch die eine Vergütung für eine Hilfeleistung in Steuersachen oder ihre Höhe vom Ausgang der Sache oder vom Erfolg der Tätigkeit abhängig gemacht wird oder nach denen der Steuerberater oder Steuerbevollmächtigte einen Teil der zu erzielenden Steuerermäßigung, Steuerersparnis oder Steuervergütung als Honorar erhält (Erfolgshonorar), sind unzulässig, soweit nachfolgend nichts anderes bestimmt ist. ²Vereinbarungen, durch die der Steuerberater oder Steuerbevollmächtigte sich verpflichtet, Gerichtskosten, Verwaltungskosten oder Kosten anderer Beteiligter zu tragen, sind unzulässig.

II ¹Ein Erfolgshonorar darf nur für den Einzelfall und nur dann vereinbart werden, wenn der Auftraggeber aufgrund seiner wirtschaftlichen Verhältnisse bei verständiger Betrachtung ohne die Vereinbarung eines Erfolgshonorars von der Rechtsverfolgung abgehalten würde. ²Dabei darf für den Fall des Misserfolgs vereinbart werden, dass keine oder eine geringere als die gesetzliche Vergütung zu zahlen ist, wenn für den Erfolgsfall ein angemessener Zuschlag auf die gesetzliche Vergütung vereinbart wird.

III ¹Die Vereinbarung bedarf der Textform. ²Sie muss als Vergütungsvereinbarung oder in vergleichbarer Weise bezeichnet werden, von anderen Vereinbarungen deutlich abgesetzt sein und darf nicht in der Vollmacht enthalten sein. ³Die Vereinbarung muss enthalten:
1. die voraussichtliche gesetzliche Vergütung und gegebenenfalls die erfolgsunabhängige vertragliche Vergütung, zu der der Steuerberater oder Steuerbevollmächtigte bereit wäre, den Auftrag zu übernehmen, sowie
2. die Angabe, welche Vergütung bei Eintritt welcher Bedingungen verdient sein soll.

IV ¹In der Vereinbarung sind außerdem die wesentlichen Gründe anzugeben, die für die Bemessung des Erfolgshonorars bestimmend sind. ²Ferner ist ein Hinweis aufzunehmen, dass die Vereinbarung keinen Einfluss auf die gegebenenfalls vom Auftraggeber zu zahlenden Gerichtskosten, Verwaltungskosten und die von ihm zu erstattenden Kosten anderer Beteiligter hat.

V ¹Aus einer Vergütungsvereinbarung, die nicht den Anforderungen der Absätze 2 und 3 entspricht, kann der Steuerberater oder Steuerbevollmächtigte keine höhere als die gesetzliche Vergütung fordern. ²Die Vorschriften des bürgerlichen Rechts über die ungerechtfertigte Bereicherung bleiben unberührt.

WiPrO § 55a. Erfolgshonorar für Hilfeleistung in Steuersachen. I ¹Vereinbarungen, durch die eine Vergütung für eine Hilfeleistung in Steuersachen oder ihre Höhe vom Ausgang der Sache oder vom Erfolg der Tätigkeit des Wirtschaftsprüfers abhängig gemacht wird oder nach denen der Wirtschaftsprüfer einen Teil der zu erzielenden Steuerermäßigung, Steuerersparnis oder Steuervergütung als Honorar erhält (Erfolgshonorar), sind unzulässig, soweit nachfolgend nichts anderes bestimmt ist. ²Vereinbarungen, durch die der Wirtschaftsprüfer sich verpflichtet, Gerichtskosten, Verwaltungskosten oder Kosten anderer Beteiligter zu tragen, sind unzulässig.

II Ein Erfolgshonorar darf nur für den Einzelfall und nur dann vereinbart werden, wenn der Auftraggeber aufgrund seiner wirtschaftlichen Verhältnisse bei verständiger Betrachtung ohne die Vereinbarung eines Erfolgshonorars von der Rechtsverfolgung abgehalten würde.

III ¹Die Vereinbarung bedarf der Textform. ²Sie muss als Vergütungsvereinbarung oder in vergleichbarer Weise bezeichnet werden, von anderen Vereinbarungen mit Ausnahme der Auftragserteilung deutlich abgesetzt sein und darf nicht in der Vollmacht enthalten sein. ³Die Vereinbarung muss enthalten:

1. die erfolgsunabhängige Vergütung, zu der der Wirtschaftsprüfer bereit wäre, den Auftrag zu übernehmen, sowie
2. die Angabe, welche Vergütung bei Eintritt welcher Bedingungen verdient sein soll.

IV ¹In der Vereinbarung sind außerdem die wesentlichen Gründe anzugeben, die für die Bemessung des Erfolgshonorars bestimmend sind. ²Ferner ist ein Hinweis aufzunehmen, dass die Vereinbarung keinen Einfluss auf die gegebenenfalls vom Auftraggeber zu zahlenden Gerichtskosten, Verwaltungskosten und die von ihm zu erstattenden Kosten anderer Beteiligter hat.

V ¹Aus einer Vergütungsvereinbarung, die nicht den Anforderungen der Absätze 2 und 3 entspricht, erhält der Wirtschaftsprüfer keine höhere als eine nach den Vorschriften des bürgerlichen Rechts bemessene Vergütung. ²Die Vorschriften des bürgerlichen Rechts über die ungerechtfertigte Bereicherung bleiben unberührt.

Vorbem. Wegen § 49 b II BRAO vgl dessen Abdruck hinter § 3 a.

Schrifttum: *Blattner* AnwBl 12, 562; *Enders* JB 08, 337; *Fölsch* MDR 08, 728 (je: Üb); *Hänsch,* Das anwaltliche Erfolgshonorar, 2008; *Hommerich/Kilian* AnwBl 09, 541 (krit Rückblick); *Kilian* NJW 08, 1905; *Kleine-Cosack* BB 08, 1406, *Mayer* AnwBl 08, 479 (je: Üb); *Mayer/Winkler,* Erfolgshonorar, 2008; *Schons,* Der lange Weg zum Erfolgshonorar, Festschrift für *Hartung* (2008) 185; *Teubel/Schons,* Erfolgshonorar für Anwälte, 2008; *Winter,* Erfolgshonorare für Rechtsanwälte, 2008.

Gliederung

1) Systematik, I–III	1
2) Regelungszweck, I–III	2, 3
3) Sachlicher Geltungsbereich, I–III	4
4) Persönlicher Geltungsbereich, I–III	5
5) Erfolgshonorar, I 1	6–14
A. Entweder: Erfolgsabhängigkeit, § 49 b II 1 Hs 1 BRAO	7
B. Erfolg	8, 9
C. Abhängigkeit	10
D. Oder: Teil des Erstrittenen, § 49 b II 1 Hs 2 BRAO	11–13
E. Fehlen bloßer Erhöhungsvereinbarung	14
6) Statthaftigkeit nur für Einzelfall, I 1	15, 16
7) Unentbehrlichkeit eines Erfolgshonorars, I 1, 3	17–21
A. Grundlage: Wirtschaftliche Verhältnisse	18
B. Verständige Betrachtung	19
C. Abhaltung von Rechtsverfolgung ohne Erfolgshonorar	20
D. Maßgeblich: Zeitpunkt der Honorarvereinbarung	21
8) Mißerfolg eines Gerichtsverfahrens, I 2	22–26
A. Gerichtliches Verfahren	23
B. Mißerfolgsgebührenvereinbarung	24
C. Gleichzeitige Vereinbarung eines Erfolgszuschlags	25, 26
9) Mußinhalt der Vereinbarung, II, III	27
10) Gesetzliche und erfolgsunabhängige vertragliche Vergütungsangabe, II Z 1	28–32
A. Voraussichtliche gesetzliche Vergütung, Hs 1	29–31
B. Evtl: Erfolgsunabhängige vertragliche Vergütung, Hs 2	32
11) Erfolgsbeschreibung, II Z 2	33, 34
12) Wesentliche Bemessungsgründe, III 1	35
13) Hinweis auf Beschränkung auf eigene Anwaltskosten, III 2	36
14) Anwendbarkeit auch des § 3 a	37

15) Verstoß: Anwendbarkeit des § 4 b 38
16) Beispiele zur Frage eines Erfolgshonorars, I–III 39

1   **1) Systematik, I–III.** In der Gruppe §§ 3a–4b regelt § 4a nur einen Teil der möglichen Arten von Gebührenvereinbarungen. Damit erfolgt eine nach § 49b II I Hs 2 BRAO, abgedruckt bei § 3a, statthafte nationale Ausgestaltung eines Erfolgshonorars, während bei einer grenzüberschreitenden Tätigkeit zunächst § 29 BRAO und CCBE 3.3, 3.4 beachtbar sind, beide ebenfalls abgedruckt bei § 3a. Soweit § 3a I 1, 2 nach dort S 4 in Verbindung mit § 34 unanwendbar sind, mag doch jedenfalls ein Erfolgshonorar zumindest auch nach § 4a unstatthaft sein. Was nach I 1 in Verbindung mit § 49b II 1 Hs 1, 2 BRAO gar kein Erfolgshonorar ist, unterfällt auch nicht dem weiteren § 4a. Ergänzend gilt stets § 4b.

2   **2) Regelungszweck, I–III.** Die Statthaftigkeit eines Erfolgshonorars ist nationalrechtlich eine Ausnahme vom gegenteiligen Grundsatz. Das ergibt sich direkt aus I 1 in Verbindung mit § 49b II 1 BRAO, indirekt auch aus § 1 1 1 trotz des dort ja fehlenden einschränkenden Worts „nur" (kostenpflichtig, wenn). Ob diese grundsätzlich unveränderte Einschränkung der Berufsfreiheit nach Artt 1, 2, 12 GG und der schuldrechtlichen Vertragsfreiheit des BGB auch nach der Haltung des BVerfG NJW **07**, 979 = BGBl 495 noch vertretbar ist, wird vermutlich weiterhin heftig streitig bleiben können.

Problematisch bleibt die ganze Regelung in jedem Fall. Ein Erfolgshonorar mag den Anwalt zu besonderer Anstrengung beflügeln. Er ist aber ohnehin als Organ der Rechtspflege wie als Vertragspartner in der Pflicht, mit allen Kräften tätig zu sein. Wenn die Partner im übrigen nach I 2 beim Mißerfolg ein Honorar von fast oder ganz 0 vereinbaren, kann das in einem ausgedehnten schwierigen aufwendig zu bearbeitenden Fall fast die Existenz des Anwalts gefährden (so durchaus auch eine Erfahrung). Den Auftraggeber kann eine Halbierung der erstrittenen Summe (50% Erfolgshonorar) bei immer noch beim Mißerfolg ja von ihm seinem Anwalt zu zahlenden gesetzlichen Vergütung (kein Gebrauch von I 2) auch reichlich teuer zu stehen kommen (er hätte dieselbe anwaltliche Anstrengung wesentlich billiger verlangen können). Die Geldabhängigkeit anwaltlicher Tätigkeit wird in jedem Fall verdachtsdeutlich. Man sollte daher um § 4a beiderseits eher einen Bogen machen und die Vorschrift wenn überhaupt, dann zurückhaltend handhaben.

3   *Enge Auslegung* ist ohnehin nach BLAH Einl III 36 eine allgemeine Folge bei einer Ausnahmeregelung, Kilian NJW **08**, 1906. Das muß man bei sämtlichen nicht gerade sonderlich einfachen Einzelfragen in § 4a mitbeachten. Natürlich darf das nun auch nicht zum Abwürgen der eindeutig eröffneten Möglichkeiten einer Vereinbarung nach dieser Vorschrift führen. Im wirklichen Zweifel muß man aber die weniger weitgehende Lösung wählen, mag sie nun zulasten des Anwalts führen oder neutralere Folgen für ihn haben.

4   **3) Sachlicher Geltungsbereich, I–III.** Die Vorschrift erfaßt in den Grenzen einer Tätigkeit über § 34 hinaus (dann keine Vergütungsvereinbarung nach § 3a I 1, 2, dort S 4 vorhanden) jede Art von Anwaltstätigkeit vor Gericht oder sonstwo. § 121 ZPO schließt § 4a nicht aus, und umgekehrt, LG Paderborn AnwBl **11**, 1118.

5   **4) Persönlicher Geltungsbereich, I–III.** Die Regelung gilt für den Anwalt, § 1 Rn 6ff. Beim Patentanwalt gilt § 43b PatAnwO, beim Steuerberater § 9a StBerG, beim Wirtschaftsprüfer § 55a WiPrO, alle abgedruckt vor Rn 1. Beim sonstigen Rechtsdienstleister gilt das RDG, Düss MDR **16**, 58 (Hochschullehrer), mit seinem RDGEG, Teil XII dieses Buchs, soweit danach das RVG mitbeachtbar ist. Ein Versicherungsberater nach § 34e GewO darf eine Vereinbarung treffen, LG Münst RR **16**, 316. Beim Vertreter des Anwalts gilt § 5.

6   **5) Erfolgshonorar, I 1.** Es muß um die Vereinbarung gerade eines solchen Honorars gehen, um ein Erfolgshonorar gilt. I 1 verweist dazu auf die amtliche Begriffsbestimmung in § 49b II 1 BRAO, abgedruckt bei § 3a. Danach umfaßt der Begriff weitergehend als früher jede Vereinbarung, durch die die Partner eine Vergütung entweder schon dem Grunde nach oder doch zumindest deren Höhe vom Zusammentreffen einer der beiden folgenden Voraussetzungen Rn 7–13 einerseits und da-

Abschnitt 1. Allgemeine Vorschriften § 4a RVG

mit des Fehlens der Situation Rn 14 andererseits abhängig machen. Auch ein „Vergleichshonorar" kann ein Erfolgshonorar sein, BGH AnwBl **09**, 654.

A. Entweder: Erfolgsabhängigkeit, § 49 b II 1 Hs 1 BRAO. Es mag die Vergütung von Ausgang der Sache oder vom Erfolg der anwaltlichen Tätigkeit abhängig sein sollen. Das ist ein gesetzlich nicht näher bestimmter Begriff. Man darf und muß ihn wie stets im Vertragsrecht nach Treu und Glauben auslegen und dabei auf die Interessen der Vertragspartner mitabstellen. 7

B. Erfolg. Jede Verbesserung kann einen Erfolg bedeuten, von 0 auf 1 angefangen. Die Verbesserung mag materiell oder immateriell sein. Sie mag ohne oder mit einem Begleitnachteil erfolgen. Es kommt auf den Saldo an, auf das Endergebnis. Dieses mag aber schon bei einem bestimmten Teilbetrag oder sonstigen Teilvorteil den vereinbarten Erfolg darstellen. Eine spätere erneute Verschlechterung mag als mitbeachtbar gelten oder unbeachtlich sein sollen. Eine örtliche Beschränkung mag ausreichen oder nicht. Eine der Art nach vorhandene Begrenzung mag ebenso beurteilbar sein. Es mögen ein oder mehrere Ereignisse oder Ergebnisse zum vereinbarten Erfolg nötig sein oder ausreichen. Der Erfolg bei einem von mehreren Gegenständen nach § 15 Rn 12 oder in zwei von mehr Angelegenheiten nach § 15 Rn 8ff mag vereinbarungsgemäß reichen. Es mögen ein voller und ein weiterer Teilerfolg zusammentreffen sollen. Jede Variante kann ausreichen. 8

Ein Vergleichen Vorher-Nachher ist also notwendig und meist ausreichend. Auch ein prozentual nicht völlig untergeordneter Erfolg kann reichen. Es kommt eben alles auf die Vereinbarung dessen an, was die Partner als Erfolg ansehen wollen. 9

C. Abhängigkeit. Eine Abhängigkeit vom Erfolg ist notwendig. Eine bloße Mitabhängigkeit kann nach Rn 3 reichen, aber nicht im Zweifel. Vgl auch den Bereich der erfolgsunabhängigen Vergütung nach § 4. Eine gemeinsame Hoffnung oder Zuversicht reicht nicht, eine hochgradige Gewißheit reicht wohl oft zur Abhängigkeit. „Nur wenn" macht abhängig, „falls" wohl nicht stets. „Wahrscheinlich" liegt auf der Grenze. Ein Hinweis auf eine bisherige Streitigkeit in Rspr oder Lehre kann gerade zur bewußten Abhängigkeit vom Erfolg führen. Auch hier ist alles eine Auslegungsaufgabe nach § 157 BGB. 10

D. Oder: Teil des Erstrittenen, § 49 b II 1 Hs 2 BRAO, abgedruckt bei § 3 a. Es mag auch statt Rn 7–10 die Vereinbarung auf einen Teil des erstrittenen Betrags (so der Wortlaut) oder des sonst Erstrittenen (Werts, vernünftige Gesetzesauslegung, BLAH Einl III 35 ff) gehen. Diese sog quota litis zählt nämlich jetzt nach § 49 b II 1 Hs 2 BRAO mit zum Bereich eines Erfolgshonorars. 11

Hierher zählt auch der Fall, daß das Honorar aus dem Mehr eines *Verkaufserlöses* gegenüber Richtsätzen bestehen soll, BGH NJW **87**, 2451, Karlsr JB **91**, 374. Diese Regelung ist grundsätzlich bedenklich, BGH BB **87**, 1066. Denn der Anwalt darf sein Interesse an einer angemessenen Vergütung nicht so betonen, daß er sich gewissermaßen zum Streitgenossen der Partei macht, BGH NJW **81**, 998. Ein Prozeßfinanzierungsvertrag kann eine unstatthafte Umgehung des Verbots nach § 49 b II BRAO darstellen, Mü NJW **12**, 2207. 12

Indessen sind auch nach der gesetzlichen Neuregelung insofern zumindest Ausnahmen denkbar. Das gilt nach Rn 35 zumindest im Bereich des EuRAG. 13

E. Fehlen bloßer Erhöhungsvereinbarung. In keinem der Fälle Rn 7–13 darf nur eine Vereinbarung einer bloßen Erhöhung des Honorars vorliegen. Denn sie führt zum Fehlen eines Erfolgshonorars. 14

6) Statthaftigkeit nur für Einzelfall, I 1. Ein Erfolgshonorar nach Rn 7–13 ist nur bei seiner Vereinbarung für „den Einzelfall" statthaft. Sie darf also nicht für eine bestimmte oder gar noch unbestimmte Mehrzahl oder gar Vielzahl von Fällen erfolgen, Mayer AnwBl **08**, 474. Das gilt sowohl bei Angelegenheiten nach § 15 Rn 8 ff als auch bei verschiedenen Gegenständen nach § 15 Rn 12, soweit sie auch mehrere Angelegenheiten bedeuten. 15

Unschädlich ist eine Tätigkeit in demselben Einzelfall für mehrere Auftraggeber nach § 7 I, Kilian NJW **08**, 1907. Schädlich wird sie natürlich beim Vorliegen auch mehrerer Fälle. 16

17 **7) Unentbehrlichkeit eines Erfolgshonorars, I 1, 3.** Selbst unter den Voraussetzungen Rn 7–16 ist die Vereinbarung eines solchen Honorars nur insoweit statthaft, als der Auftraggeber ohne ein Erfolgshonorar sein Recht nicht verfolgen würde, von der Rechtsverfolgung „abgehalten würde". Das ist eine ganz erhebliche Begrenzung. Das gilt nach Rn 2 erst recht wegen der Notwendigkeit einer strengen Auslegung. Dabei bleibt für die Beurteilung nach I 1 die Möglichkeit einer Beratungs- oder Prozeßkostenhilfe gemäß I 3 außer Betracht.

18 **A. Grundlage: Wirtschaftliche Verhältnisse.** Die Beurteilung muß gerade auf Grund der wirtschaftlichen Verhältnisse des Auftraggebers erfolgen, LG Bln AnwBl **11**, 150. Die immaterielle Lage ist also bestenfalls im Rahmen der wirtschaftlichen mitbeachtbar. Auch etwaige psychische Lagen oder Auswirkungen sind allenfalls mitbeachtbar. Sie können sich freilich ganz gewaltig auch wirtschaftlich auswirken, etwa auf die Arbeitskraft. Es ist nach Rn 19 eine Saldierung der Gesichtspunkte unvermeidbar und nicht allzu schroff erlaubt.

19 **B. Verständige Betrachtung.** Denn man darf und muß die Verhältnisse Rn 18 „verständig betrachten". Das ist eine Öffnung zu einer gewissen Großzügigkeit trotz enger Auslegung.

„Verständig" beläßt einen nicht geringen Beurteilungsraum, ein Ermessen, eine Wahlfreiheit trotz evtl verschiedener Möglichkeiten. Verständig kann auch dasjenige sein, was nicht gerade offensichtlich oder dringend ratsam ist. Es reicht, daß man sich vernünftig verhält. Es genügt, durchaus sinnvoll vorzugehen. Es ist verständig, auch eine immerhin erwägbare Lösung zu suchen. Es muß keine hinreichende Erfolgsaussicht bestehen. Es ist keine wirkliche Bedürftigkeit nötig, Kilian NJW **08**, 1907. Die Finanzlage ist mitbeachtbar, Mayer AnwBl **08**, 474.

Zweck ist die nur so herstellbare Fähigkeit der Rechtsverfolgung als Kläger wie Bekl, Antragsteller wie -gegner oder sonstwie Beteiligter. Diesen Sinn der Vorschrift darf man stets mitbeachten.

20 **C. Abhaltung von Rechtsverfolgung ohne Erfolgshonorar.** Immerhin muß die Notwendigkeit Rn 17 vorliegen. Es reicht also nicht, daß man sich nur schwerer entschließen würde oder daß man gewisse finanziell erheblichere Risiken eingehen müßte oder daß man eher noch zuwarten oder verhandeln möchte oder daß man einfach nur unsicher ist. Vielmehr muß feststehen, daß man eben von der Rechtsverfolgung oder -verteidigung absehen würde, weil wirtschaftlich faktisch absehen müßte. Diese Bedingung darf man bei aller „Verständigkeit" nach Rn 19 nicht einfach übergehen oder zu sehr herabspielen.

21 **D. Maßgeblich: Zeitpunkt der Honorarvereinbarung.** Für alle Voraussetzungen Rn 17–20 kommt es auf den Zeitpunkt der Honorarvereinbarung an, Kilian NJW **08**, 1907. Er kann mit der Auftragserteilung zusammenfallen, ihr aber auch vorangehen oder nachfolgen. Unschädlich ist ein nachträglicher Wegfall der Voraussetzungen, Kilian NJW **08**, 1907, schon gar nicht formularmäßig, LG Bln AnwBl **11**, 150.

22 **8) Mißerfolg eines Gerichtsverfahrens, I 2.** Es kommt jetzt evtl auch die Vereinbarkeit eines sog Mißerfolgshonorars infrage. Ihre Wirksamkeit hängt vom Zusammentreffen der folgenden drei Bedingungen ab.

23 **A. Gerichtliches Verfahren.** Es muß ein solches Verfahren beim Abschluß der Vereinbarung schon und noch vorliegen. Es reicht ein Verfahren vor einem beliebigen Staats- oder Schiedsgericht jeder Instanz und nach jeder Verfahrensordnung. Ein berufsgerichtliches Verfahren mag ebenfalls ausreichen. Ein bloßes behördliches oder staatsanwaltschaftliches oder Verwaltungsverfahren reicht selbst dann nicht, wenn in ihm eine einzelne richterliche Handlung erfolgt.

Eine *Anhängigkeit* (Eingang des Erstantrags oder erste gerichtliche Handlung von Amts wegen) reicht. Eine Rechtshängigkeit zB nach § 261 ZPO ist nicht nötig. Die formelle Rechtskraft beendet dieses gerichtliche Verfahren. Ein Eilverfahren reicht auch ohne ein zugehöriges Hauptverfahren. Jedes Gerichtsverfahren beurteilt sich hier gesondert, solange keine Verbindung vorliegt und fortbesteht.

24 **B. Mißerfolgsgebührenvereinbarung.** Die Partner müssen gerade für den Fall eines Mißerfolgs vereinbart haben, daß keine oder eine geringere als die gesetzliche Vergütung entstehen soll. Mißerfolg ist das Gegenteil von Erfolg nach Rn 8, 9. Ein

Abschnitt 1. Allgemeine Vorschriften § 4a RVG

Unentschieden ist weder ein Erfolg noch ein Nichterfolg, soweit noch ein Erfolg gerade dieses Verfahrens folgen kann. Geringer als gesetzlich ist jede Vergütung, die im Ergebnis zu einem nicht völlig niedrigeren Betrag als dem gesetzlichen führt. „Vergütung" umfaßt dabei nach § 1 I 1 jeweils auch die Auslagen.

C. Gleichzeitige Vereinbarung eines Erfolgszuschlags. Zu den Bedingungen 25 Rn 23, 24 muß unbedingt eine weitere gleichzeitige Vereinbarung für den Erfolgsfall hinzutreten. Sie muß auf einen mindestens „angemessenen Zuschlag" auf die gesetzliche Vergütung erfolgen. Sie muß im übrigen alle Voraussetzung der Wirksamkeit einer Erfolgshonorarvereinbarung erfüllen.

„Angemessen" ist ein solcher Zuschlag, der über das Gesetzliche mehr als völlig un- 26 erheblich hinausgeht. In EUR hängt der Betrag von der Höhe der gesetzlichen Vergütung ab. Man wird ähnlich wie zB bei § 323 ZPO per Saldo ein Mehr von etwa 10% meist als ausreichend erachten und eine geringere Überschreitung des Gesetzlichen wohl meist als noch keinen angemessenen Zuschlag bewerten.

9) Mußinhalt der Vereinbarung, II, III. Die Vereinbarung nach I muß min- 27 destens vier Inhaltspunkte aufweisen, um wirksam zu sein. Zwei davon regelt II Z 1, 2, die beiden restlichen erfaßt III. Rechtsbehelfsbelehrung, Verstoß: §§ 12c, 33 V 2, 52 IV 2.

10) Gesetzliche und erfolgsunabhängige vertragliche Vergütungsangabe, 28 **II Z 1.** Zunächst muß die Vereinbarung die folgenden Angaben enthalten. Sie müssen zusammentreffen.

A. Voraussichtliche gesetzliche Vergütung, Hs 1. Die Vereinbarung muß die- 29 jenige Vergütung (nach § 1 I 1 Gebühren und Auslagen) nennen, die der Auftraggeber kraft Gesetzes seinem Anwalt und den von diesem beauftragten Personen schulden würde, Ffm WertpMitt **11,** 1193.

„Voraussichtlich" bedeutet: Im Zeitpunkt des Abschlusses gerade der Vereinbarung 30 des Erfolgshonorars nach Rn 21 nach bestem Wissen und Gewissen für den Anwalt errechenbar, nicht auch für den Auftraggeber, zumindest soweit dieser kein Anwalt oder sonstiger Volljurist ist. Dabei darf und muß man sich natürlich mit derjenigen bloßen Schätzung begnügen, die etwa beim Gegenstandswert oder bei einer Satzrahmen- oder Betragsrahmengebühr nach Einl II B 13 absehbar ist. Man braucht weder eine Auskunft des Gerichts oder der Anwaltskammer dazu zu erbitten noch ein förmliches Wertfestsetzungsverfahren auch nur zu beantragen.

Für alle Instanzen der Tätigkeit gerade dieses Anwalts muß man schätzen, soweit sie 31 über die erste Instanz auch nur einigermaßen wahrscheinlich hinausgehen könnte. Hier muß aber eine, bitte gesondert gefertigte, ganz grobe Schätzung durchaus genügen. Der Anwalt ist kein Hellseher. Daher ist er auch entgegen dem obendrein lückenhaft zitierenden BGH ZIP **14,** 2140 durchaus kein „Garant", schon gar nicht stets strafrechtlich, Römermann/von der Meden AnwBl **14,** 1003. „Vor Gericht und auf hoher See ist der Mensch allein". Auch außergerichtlich kann man meist nur grob schätzen. Ein entsprechender Hinweis darf dann genügen, aber nicht zu Bequemlichkeit führen. Künftige Gebührenerhöhungen usw lassen sich natürlich allenfalls direkt vor ihrer Verkündungsreife einschätzen. Wehe demjenigen, der sich im Gesetzgebungsverfahren als Normalbürger vorzutasten wagt.

B. Evtl: Erfolgsunabhängige vertragliche Vergütung, Hs 2. Die Vorschrift ist 32 schwer verständlich. Ihr Sinn ist: Wenn der Anwalt bereit wäre, den Auftrag auch unabhängig von einem Erfolgshonorar zu übernehmen, aber nur nach § 4 statt nach § 4a zu einem zwar erfolgsunabhängigen, aber immerhin doch über dem Gesetzlichen liegenden Vertragshonorar, soll in der Vereinbarung eines doch noch zustandekommenden Erfolgshonorars auch stehen, was ohne dieses Erfolgshonorar entstanden wäre, damit der Auftraggeber vor seinem Einverständnis noch abwägen kann, ob er mit oder ohne ein Erfolgshonorar abschließen sollte. Man kann des „Guten" nach deutscher Überperfektion an Fürsorge auch reichlich viel tun, zurückhaltend ausgedrückt. Hier darf man nun wirklich auch im Zweifel nicht nach Rn 2 allzu hart urteilen.

11) Erfolgsbeschreibung, II Z 2. Wesentlich verständlicher und überzeugender 33 als die Voraussetzung Rn 32 ist die nach II Z 2 notwendige Angabe, welche Vergütung beim Eintritt welcher Bedingung der Anwalt nun als Erfolgshonorar verdienen

1389

soll, Ffm WertpMitt 11, 1193. Das bedeutet die Notwendigkeit, ganz klar zu bestimmen, was die Partner als einen Erfolg nach Rn 7 ff verstehen wollen. Damit ergänzt II Z 2 die Voraussetzung I 1 Hs 1 ganz wesentlich. Das ist ja auch zur Verringerung oder gar Vermeidung einer elenden Kette von Auslegungsstreitereien zu späteren Zeitpunkten dringend notwendig, nicht nur ratsam.

34 *Vorsicht* dennoch vor allzu akribischer Darlegung. Je ausführlicher, desto auslegbarer. Das ist nicht nur beim Testament eine alte Erfahrung. Um eine gewisse Auslegung kommt man fast nie herum. Deshalb darf das Erfolgshonorar auch nicht an einer solchen Notwendigkeit von vornherein scheitern. Rn 2 bleibt beim Zweifel hart genug. Die Vereinbarung darf nicht zur Examensklausur werden.

35 **12) Wesentliche Bemessungsgründe, III 1.** In der stattlichen Reihe der Bedingungen der Wirksamkeit eines Erfolgshonorars ist die zwingende Angabe der wesentlichen Gründe der Bemessung des Erfolgshonorars (gemeint: nach seiner Höhe, Fälligkeit usw) nicht die leichteste. Aber man muß sie im Zusammenhang mit I 1 sehen. Die Vereinbarung soll aus sich heraus ergeben, ob sich die Partner überhaupt ausreichend über die dortigen Voraussetzungen klar waren und ob sie ihre Lage einigermaßen richtig „subsumiert" haben, also als passend und ausreichend bewertet haben. Auch das muß nicht erschöpfend und auch nicht überall überzeugend erfolgen. Es muß aber doch immerhin eine auch im Kern einigermaßen zutreffende Bemühung um Rn 7 ff erkennbar sein. Je präziser, nachvollziehbarer und rechnerisch haltbarer, desto eher wirksam. Je dürftiger, ersichtlich einseitiger, desto eher unwirksam. Wieder ein weites Feld gerichtlicher wie etwa nach § 14 entsprechend kammerlicher Ermessensbemühungen und Rechtserkenntnis-Notwendigkeiten beim etwa späteren Streit.

36 **13) Hinweis auf Beschränkung auf eigene Anwaltskosten, III 2.** Schließlich zwingt diese Vorschrift dazu, in die Vereinbarung einen Hinweis darauf aufzunehmen, daß sie sich auf die dem eigenen Anwalt und seinen Erfüllungsgehilfen geschuldete Vergütung beschränkt und daher alle etwaigen weiteren Kosten wie Gerichtskosten, Verwaltungskosten und Erstattungsansprüche eines Gegners oder Dritten unberührt läßt. Vgl dazu § 49b II 2 BRAO, abgedruckt bei § 3 a.
Schutz des Auftraggebers ist natürlich der Sinn. Deshalb darf man nicht zu großzügig mit den Anforderungen sein. Auch hier kommt es ebenso natürlich aber auch auf den Auftraggeber an, auf seine Vertrautheit mit dem Kostenrecht oder mit bisherigen Verfahren, auf etwaige Vorgespräche nebst bestätigenden Anwaltsschreiben usw.

37 **14) Anwendbarkeit auch des § 3 a.** Eine Vereinbarung nach § 4 a ist einer der Anwendungsfälle des § 3 a, dort Rn 1. Deshalb darf man nie dessen Mitbeachtung übersehen, zB zur Frage der Textform nach § 3 a I 1 usw. Vgl die dortigen Kommentierungen.

38 **15) Verstoß. Anwendbarkeit des § 4 b.** Vgl dessen Kommentierung.

39 **16) Beispiele zur Frage eines Erfolgshonorars, I–III.**

Fehlerhafte Vergütungsvereinbarung

4 b [1] Aus einer Vergütungsvereinbarung, die nicht den Anforderungen des § 3 a Satz 1 und 2 oder des § 4 a Abs. 1 und 2 entspricht, kann der Rechtsanwalt keine höhere als die gesetzliche Vergütung fordern. [2] Die Vorschriften des bürgerlichen Rechts über die ungerechtfertigte Bereicherung bleiben unberührt.

1 **1) Systematik, S 1, 2.** Im begrenzten Geltungsbereich Rn 2 enthält § 4 b einen Teil der zivilrechtlichen Folgen eines Verstoßes bei einer Gebührenvereinbarung. S 1 schafft eine eigene Folge, S 2 verweist auf §§ 812 ff BGB. Berufsrechtliche Folgen nennt § 4 b nicht. Vgl. dazu BORA und CCBE, teilweise abgedruckt bei § 3 a. Strafrechtliche Folgen nennt § 4 b ebenfalls nicht. Infrage kommen können zB §§ 263, 266 StGB.

2 **2) Regelungszweck, S 1, 2.** Es geht um eine solche Folgenbestimmung, die zu einem Formverstoß einerseits keine völlige Honorarlosigkeit macht, andererseits aber doch solche Konsequenzen zieht, die schon zur Sorgfalt auch in Formfragen beim Abschluß einer den Anwalt ja begünstigenden Honorarabrede führen sollen. In diesem Sinn sollte man die Vorschrift handhaben.

3) **Geltungsbereich, S 1, 2.** Er ist keineswegs umfassend. S 1 nennt vielmehr 3
nach § 1 I 1 abschließend, die hier erfaßten Lagen.

A. **Keine Textform, § 3 a I 1.** Es muß ein solcher Verstoß gerade bei einer Vereinbarung einer Vergütung über die gesetzliche hinaus vorliegen. Er muß eindeutig sein. Er muß beim Abschluß der Vereinbarung vorgelegen haben. Die Partner können auf die Textform nicht wirksam verzichten. Zur Textform § 3a Rn 12ff. Die Textform muß den Gesamttext decken.

B. **Keine ausreichende Bezeichnung usw, § 3 a I 2.** Es muß ein Verstoß gegen auch nur eine der Anforderungen des § 3 a I 2 vorliegen. 4

C. **Keine Beachtung von § 4 a I oder II.** Es mag auch oder nur ein Verstoß 5
gegen auch nur eine der Anforderungen des § 4 a I oder II vorliegen, dazu dort Rn 6–34.

D. **Unerheblichkeit anderer Verstöße.** Es kommt (nur) bei § 4b wegen der abschließenden Aufzählung der von ihm erfaßten Verstöße nicht darauf an, ob die Vereinbarung auch noch gegen eine der weiteren Voraussetzungen der §§ 3a, 4 oder 4a III verstößt. 6

4) **Folge: Nur gesetzliche Vergütung, S 1.** Ein Verstoß nach Rn 3–5 hat zumindest die Folge, daß der Anwalt keine höhere als die gesetzliche Vergütung (nach § 1 I 1 Gebühren und Auslagen) erhält, BGH NJW **14**, 2654, Mü NJW **12**, 3454. Das gilt evtl auch dann, wenn nur ein Teil der Abreden gegen § 3 a verstößt, BGH AnwBl **09**, 654. Freilich bleibt S 2 beachtbar. 7

5) **Anwendbarkeit der §§ 812 ff BGB, S 2.** Infolge dieser Vorschriften kann zB 8
der Auftraggeber eine über das Gesetzliche hinausgehende Vergütung nach § 814 Hs 1 BGB dann nicht zurückfordern, wenn er diese Überzahlung in Kenntnis des Fehlens einer Pflicht dazu geleistet hatte. Das bloße Kennenmüssen wäre aber unschädlich.

Vergütung für Tätigkeiten von Vertretern des Rechtsanwalts

5 Die Vergütung für eine Tätigkeit, die der Rechtsanwalt nicht persönlich vornimmt, wird nach diesem Gesetz bemessen, wenn der Rechtsanwalt durch einen Rechtsanwalt, den allgemeinen Vertreter, einen Assessor bei einem Rechtsanwalt oder einen zur Ausbildung zugewiesenen Referendar vertreten wird.

Gliederung

1) Systematik	1
2) Regelungszweck	2
3) Geltungsbereich	3, 4
4) Beispiele zur Frage eines Vertreters	5–20
5) Gebührenhöhe	21
6) Erstattungsfähigkeit	22

1) **Systematik.** Der Anwalt muß seine Tätigkeit grundsätzlich bis auf untergeordnete Hilfstätigkeiten im wesentlichen an sich nach §§ 613 S 1, 664 I 1, 675 I BGB persönlich leisten. Man muß nach diesen Vorschriften klären, ob und in welchem Umfang sich der Anwalt anderer Personen bedienen darf und für die Erfüllungsgehilfen nach §§ 276, 278 BGB haftet, BGH NJW **81**, 2741. Der Anwaltsvertrag ist aber praktisch dennoch im Interesse des Auftraggebers nach §§ 665 S 1, 675 BGB weitgehend mangels abweichender Abreden so auslegbar, daß der Anwalt außergerichtlich wie gerichtlich durch einen von ihm beauftragten Vertreter tätig werden darf, soweit dieser auch die zB im Termin auftretenden tatsächlichen oder rechtlichen Probleme beherrscht. Das gilt natürlich erst recht für eine rein technische Hilfe durch das Personal. 1

Die Erlaubnis zur Vertretertätigkeit *fehlt*, soweit eine besondere Weisung des Auftraggebers oder dessen erkennbares Interesse die höchstpersönliche Wahrnehmung dieses Tätigkeitsabschnitts durch den Anwalt zB als den ständigen Vertrauensanwalt des Auftraggebers erfordern. Dann mag zB § 812 BGB anwendbar sein. Im übrigen muß man den Text der Prozeßvollmacht zB nach § 80 ZPO beachten. Auch eine

Honorarvereinbarung nach § 3a kann auf die Notwendigkeit der zumindest grundsätzlich persönlichen Tätigkeit hindeuten.

In seinem Geltungsbereich schließt der auch im Kostenfestsetzungsverfahren beachtbare § 5 als eine *Sondervorschrift* andere Regeln nach §§ 315, 316, 611, 612 BGB aus, Düss AnwBl **91**, 272, LG Münst JB **96**, 639. Wer nicht unter § 5 fällt, muß natürlich nach Rn 8, 16 nicht ohne jede Vergütung arbeiten. Das ist so selbstverständlich, daß § 5 es bei seiner abschließenden Aufzählung nicht mitbetonen muß. Es sind dann die eben genannten weiteren Vorschriften anwendbar.

Nur gegenüber dem *beauftragten Anwalt* entsteht ein Vertragsverhältnis, nicht gegenüber dessen Vertreter. Das Innenverhältnis zwischen den Anwälten richtet sich nach §§ 662ff, 675 BGB. Dabei entsteht ein Vergütungsanspruch des Vertreters nach § 5. Dabei können die beiden in ihrem Innenverhältnis grundsätzlich unabhängig vom RVG und von § 49b BRAO, abgedruckt bei § 3a, oder von § 1 UWG frei vereinbaren, ob und wie sie eine Aufteilung des vom vertretenen Anwalt erwirtschafteten Honorars vornehmen wollen, BGH AnwBl **06**, 673. Zur Rechnungsstellung im Innenverhältnis Ribbrock AnwBl **08**, 184 (Üb). Auch im Innenverhältnis muß grundsätzlich niemand umsonst arbeiten, LG Arnsb RR **01**, 1144. Es ist allenfalls in demselben LG-Bezirk noch üblich, etwa für einen Kollegen einen Termin unentgeltlich wahrzunehmen, also „kollegialiter", AG Saarbr AGS **99**, 119.

2 **2) Regelungszweck.** Soweit der Anwalt gegen diese Vertragspflichten verstößt, mag der Auftraggeber sachlichrechtliche Ansprüche gegen ihn haben, etwa unter dem Gesichtspunkt der Schlechterfüllung oder des Verzugs. § 5 läßt zwar solche Ansprüche unberührt. Die Vorschrift bestimmt aber im Interesse der Kostengerechtigkeit wie der Prozeßwirtschaftlichkeit nach BLAH Grdz 14 vor § 128 ZPO, daß es für den gesetzlichen Vergütungsanspruch des Anwalts nicht darauf ankommt, ob er sich vertreten lassen durfte, sondern nur darauf, ob er sich durch eine der in § 5 abschließend genannten Personen im Rahmen eines Unterauftrags und nicht im Rahmen einer gemeinsam beauftragten Sozietät vertreten ließ, LG Landau MDR **79**, 160. Ein Einzelauftrag an nur einen der Sozien kommt zB beim Verteidiger wegen § 136 StPO infrage, Hartung MDR **02**, 1224. Das Gesetz sieht nur diese Person als so weit ausgebildet an, daß ihre Tätigkeit derjenigen des Anwalts gleichsteht.

3 **3) Geltungsbereich.** Die Vorschrift gilt nur, aber eben auch für sämtliche auftragsgemäßen Anwaltstätigkeiten. Soweit eine Vergütung nach § 5 entstanden ist, bleibt sie von einem früheren oder späteren Handeln eines nicht unter § 5 fallenden Vertreters unberührt.

4 Soweit der Anwalt *mit dem Auftraggeber vereinbart*, daß ihn jemand vertreten darf, ist diese Vereinbarung auch dann formlos gültig, wenn das RVG nach ihr auf eine andere als auf die in § 5 genannten Personen anwendbar sein soll. Diese Frage hätte LG Gießen VersR **81**, 963 mitprüfen sollen. Allerdings läßt sich § 5 nicht schon durch ein Einverständnis direkt anwendbar machen, Ffm NJW **75**, 2211, LG Mainz JB **97**, 249, LG Zweibr Rpfleger **77**, 114. § 4 ist nur dann anwendbar, wenn es im Ergebnis zu einer höheren als der gesetzlichen Vergütung kommt, Schlesw SchlHA **90**, 75.

5 **4) Beispiele zur Frage eines Vertreters.** Aus den Gründen Rn 1 ist die Aufzählung in § 5 zwar lückenhaft, aber dennoch abschließend, Düss AnwBl **91**, 272. Aus dieser Aufzählung der dem Anwalt nach Rn 1–4 gebührenrechtlich gleichstehenden Vertreter ergibt sich das folgende Bild.

Allgemeiner Vertreter: Das ist der nach § 53 BRAO in den dort genannten Fällen erforderliche amtlich bestellte Vertreter, Düss NJW **94**, 1296. Er steht im Umfang seiner Bestellung dem vertretenen Anwalt in jeder Hinsicht gleich, Düss Rpfleger **94**, 270. Er kann daher seinerseits grds eine der in § 5 genannten Personen zu seinem Untervertreter bestellen und auch mit dem Auftraggeber des von ihm vertretenen Anwalts vereinbaren, nicht als dessen amtlich bestellter Vertreter tätig zu sein, sondern als dessen Bevollmächtigter, soweit das nicht rechtsmißbräuchlich ist.

Amtlich bestellter Vertreter: Der nach § 53 BRAO amtlich bestellte Vertreter ist der „allgemeine Vertreter", Düss NJW **94**, 1296.

6 **Andere Personen:** Infolge der aus den Gründen Rn 1, 5, 21 abschließenden Aufzählung der gebührenrechtlich dem Anwalt gleichstehenden Personen können an-

Abschnitt 1. Allgemeine Vorschriften **§ 5 RVG**

dere als die § 5 genannten Personen *nicht* durch ihre Tätigkeit eine volle gesetzliche Vergütung des Anwalts auslösen, LG Gießen VersR **81**, 963 (Angestellte), LG Oldb Rpfleger **84**, 36, LAG Halle AnwBl **95**, 561 und 562. Das gilt selbst dann, wenn der Vertreter Volljurist ist, Ffm NJW **75**, 2211, LG Kref AnwBl **76**, 181, LG Zweibr Rpfleger **77**, 114. Der Auftraggeber kann den Anwalt zwar ermächtigen, sich durch andere Personen vertreten zu lassen, etwa durch den Bürovorsteher, eine Kanzleikraft, einen wissenschaftlichen Mitarbeiter oder die Ehefrau. Der Anwalt hat aber insofern eben keinen gesetzlichen Vergütungsanspruch. Er kann insofern auch keinen vertraglichen Vergütungsanspruch erwerben.

§§ 3a–4b lassen die Vereinbarung einer Vergütung nur derart zu, daß diese nach oben oder unten vom Gesetz abweichen soll, nicht auch derart, daß sie selbst dann in gesetzlicher oder davon abweichender Höhe entstehen soll, wenn der Anwalt sich durch andere als die in § 5 genannten Personen vertreten läßt. Denn so weit geht der Sinn der §§ 3a–4b ersichtlich nicht.

Eine andere Frage ist natürlich diejenige, ob eine solche andere Person einen *eigenen sachlichrechtlichen Vergütungsanspruch* gegenüber demjenigen Anwalt erhalten kann, der sie unmittelbar beauftragt hat, und/oder gegenüber dessen Auftraggeber. Üb zur heftigen Streitfrage, in welcher Höhe ein solcher Anspruch bestehen kann, bei Rn 21 (Zivilsachen), Rn 14 (Strafsachen). Ein solcher Anspruch darf aber nicht zu einer Umgehung des § 5 führen. Insoweit kann ein sog Gebührenteilungsvertrag nach § 134 BGB nichtig sein.

S auch Rn 10 „Bürovorsteher".

Angestellter: S „Andere Personen".

Assessor: Auf ihn ist § 5 jetzt ausdrücklich ebenfalls *anwendbar*, soweit er bei diesem 7 Anwalt derzeit beschäftigt ist, also während der von ihm für diesen Auftraggeber seines Chefs geleisteten Tätigkeit, (zum alten Recht) BGH AnwBl **04**, 528.

§ 5 ist aber *dann unanwendbar*, wenn der Assessor bei diesem Anwalt nicht be- 8 schäftigt ist oder überhaupt nicht bei einem Anwalt beschäftigt ist. Es sind dann allenfalls §§ 611 ff BGB in Verbindung mit §§ 398 ff BGB anwendbar, Zweibr AnwBl **85**, 161, LG Bochum Rpfleger **88**, 426, LG Frankenth AnwBl **85**, 162 (wenden [jetzt] § 46 an). Der Assessor kann aber ein allgemeiner Vertreter nach Rn 5 sein. Dann darf und muß man ihn natürlich nach § 5 beurteilen.

Assessor ist man erst ab einer Befähigung zum Richteramt nach §§ 5 ff DRiG.

Beigeordneter oder bestellter Anwalt: Er kann als Anwalt, um dessen Vertretung 9 es geht, bei einer Vertretung durch eine der in § 5 genannten Personen seine gesetzliche Vergütung auch insofern beanspruchen, etwa bei einer Prozeßkostenhilfe aus der Staatskasse, Stgt Rpfleger **96**, 83, LG Kempten FamRZ **06**, 1692, LAG Halle AnwBl **95**, 561, aM Düss JB **85**, 1496, LG Kleve JB **84**, 1022. Eine Beiordnung eines Anwalts als des Vertreters eines anderen Anwalts und nicht etwa als dessen allgemeiner Vertreter oder Praxisabwickler kommt nur theoretisch in Betracht. Dann kann § 5 ausnahmsweise anwendbar sein, Köln JB **95**, 203, LG Kref AnwBl **76**, 181, aM Düss MDR **78**, 1031 (falls ein Assessor seine Zulassung schon beantragt hatte und wenig später erhält).

Bürogemeinschaft: Rn 20 „Sozius".

Bürovorsteher: Auf ihn ist § 5 *unanwendbar*, LG Bückeb JB **01**, 102, LG Münst 10 MDR **96**, 972, LAG Hamm MDR **94**, 1049. Das gilt selbst dann, wenn der Auftraggeber mit seiner Tätigkeit einverstanden ist, wenn der Bürovorsteher dieselbe Sachkunde wie der Anwalt hat und wenn der Bürovorsteher zulässigerweise nach Rn 1–4 die Schriftsätze vorbereitet, das Material herbeigeschafft, Vorverhandlungen geführt und den Anwalt auch noch in anderer Weise weitgehend unterstützt und entlastet hat. Seine Vergütung gegenüber dem Anwalt und evtl gegenüber dem Auftraggeber des Anwalts bestimmt sich nach dem sachlichen Recht meist mit etwa 33,3–50% einer Anwaltsvergütung, Köln AnwBl **85**, 327, LG Münst MDR **96**, 972, LAG Hamm MDR **94**, 1049, aM LG Oldb Rpfleger **84**, 36 (er erhalte gar nichts. Aber nach Rn 1 muß niemand umsonst arbeiten).

S auch Rn 6 „Andere Personen".

Diplomjurist: Auf ihn ist § 5 nach Rn 6 „Andere Personen" auch *nicht entsprechend* anwendbar, LAG Halle AnwBl **95**, 561 und 562.

Durchlauftermin: § 5 ist nach Rn 1 meist anwendbar.

RVG § 5 X. Rechtsanwaltsvergütungsgesetz

Einfacher Fall: § 5 ist mangels einer eindeutig anderen Weisung des Auftraggebers durchweg anwendbar.
EuRAG-Anwalt: Er steht in den Grenzen des EuRAG dem deutschen Anwalt gleich.
11 **Hochschullehrer:** Auf ihn ist § 5 wie überhaupt das RVG grds selbst dann *unanwendbar*, wenn er zulässigerweise zB als Verteidiger tätig wird, LG Gießen AnwBl **87**, 500 (krit Hermann), VG Mannh NJW **91**, 1195, VG Mü NJW **89**, 314, aM BVerfG NJW **78**, 1173, Düss MDR **95**, 424, Mü FamRZ **01**, 1718 (aber die Aufzählung in § 5 ist eben trotz ihrer Lückenhaftigkeit nach Rn 1, 5 am Anfang abschließend). Er kann einen Vergütungsanspruch nach dem bürgerlichen Recht haben, Deumeland ZMR **96**, 386. Insofern mögen die Vertragspartner eine entsprechende Anwendung des RVG und damit auch seines § 5 zulässigerweise vereinbaren, Düss NStZ **96**, 100 (zustm Deumeland), Herrmann AnwBl **87**, 501.
Wegen der *ausnahmsweisen* Anwendbarkeit des RVG § 1 Rn 10.
12 **Mehrheit von Anwälten:** Es gilt § 6, soweit der Auftraggeber mehrere selbständige Anwälte und nicht nur Sozien nebeneinander beauftragt hat.
Mehrkosten: Zu ihrer Vermeidung ist § 5 meist im zumindest mutmaßlichen Interesse des Auftraggebers anwendbar.
Pflichtverteidiger: Soweit es sich um einen Anwalt handelt, muß man ihn auch als Pflichtverteidiger nach § 5 behandeln. Er kann also eine der dort genannten Personen zu seinem Vertreter bestellen. Das gilt allerdings nur, soweit die gerichtliche Bestellung seine Vertretung deckt. Das ist grds bei einer Übertragung der gesamten Verteidigung oder der Verteidigung in der Hauptverhandlung nicht so. Als der allgemeine Vertreter nach Rn 5 erhält auch der als Pflichtverteidiger Tätige die volle Vergütung, Düss NJW **94**, 1296.
13 **Praxisabwickler:** Er ist nicht schon in dieser Funktion eine der in § 5 genannten Personen. Er ist insbesondere nicht der „allgemeine Vertreter" des verstorbenen Anwalts. Das ergibt sich aus §§ 53, 55 BRAO. Sie unterscheiden zwischen den Funktionen des allgemeinen Vertreters eines lebenden Anwalts und des Abwicklers der Kanzlei eines verstorbenen Anwalts. Außerdem hat der Abwickler nach § 55 III 2 BRAO einen Vergütungsanspruch vom Zeitpunkt seiner Bestellung an in eigener Person.
Die Vorschrift regelt auch das gebührenrechtliche *Innenverhältnis* zwischen ihm und den Erben des verstorbenen Anwalts. Der Abwickler ist anders als der allgemeine Vertreter sogar nach § 55 IV BRAO berechtigt, Kostenforderungen des verstorbenen Anwalts im eigenen Namen für Rechnung der Erben geltend zu machen.
Soweit es sich beim Praxisabwickler um einen Anwalt handelt, ist er in dieser letzteren Eigenschaft allerdings eine der in § 5 genannten Personen. Freilich ist die Anwaltseigenschaft nach § 55 I 1 BRAO keine zwingende Bedingung der Bestellung zum Praxisabwickler.
Protokollierungstermin: § 5 ist nach Rn 1 meist anwendbar.
Prozeßkostenhilfe: Rn 9 „Beigeordneter oder bestellter Anwalt".
14 **Rechtsanwalt:** Jeder zugelassene Rechtsanwalt ist, soweit er für einen anderen Anwalt als Vertreter tätig wird, nach § 5 behandelbar, KG MDR **88**, 787, Stgt JB **17**, 538. Das gilt unabhängig davon, ob er mit dem vertretenen Anwalt in einer Bürogemeinschaft oder in einer Sozietät arbeitet. Erforderlich und ausreichend ist die Zulassung zur Anwaltschaft nach § 12 BRAO.
Rechtsanwaltsgesellschaft: Es gilt § 1 I 3.
Rechtsbeistand: Infolge der aus den Gründen Rn 1, 5 am Anfang abschließenden Aufzählung ist § 5 auf ihn beim Fehlen einer Kammermitgliedschaft *unanwendbar*, Düss Rpfleger **08**, 207, LG Kleve JB **84**, 1022. Das gilt selbst dann, wenn er (jetzt) ein sog Kammerrechtsbeistand nach dem RDGEG ist, Teil XII dieses Buchs, (zum alten Recht) Düss JB **85**, 1496. Er kann nach dem sachlichen Recht als eine „andere Person" nach Rn 6 eine Vergütung erhalten. Sie mag 66,6% einer Anwaltsvergütung betragen, aber auch im Ergebnis an ein volles Anwaltshonorar heranreichen können.
15 **Rechtsfachwirt:** § 5 ist auf ihn *unanwendbar*, Jungbauer JB **08**, 231.
Referendar, dazu *Vogl* Rpfleger **98**, 141 (Üb): Man muß die folgenden Situationen unterscheiden.

Abschnitt 1. Allgemeine Vorschriften **§ 5 RVG**

- **(Zur Ausbildung zugewiesener Referendar):** Die Tätigkeit dieses sog Sta- 16
tionsreferendars steht derjenigen des Anwalts außerhalb des Anwaltszwangs gleich.
Das gilt auch in einer Strafsache, soweit dort nicht eine Genehmigung des Gerichts erforderlich ist, aber fehlt. Es ist unerheblich, ob die Justizverwaltung diesen
Referendar gerade demjenigen Anwalt zur Ausbildung zugewiesen hatte, den er
nun vertritt, oder einem anderen Anwalt. Denn § 5 verlangt nur noch einen „zur
Ausbildung zugewiesenen", nicht einen „dem Rechtsanwalt" (so der frühere Gesetzestext) oder gar einen gerade „diesem Rechtsanwalt" zugewiesenen Referendar, Düss JB 05, 364, LG Osnabr JB 92, 798, Schnabl/Keller AnwBl 08, 133, aM
LG Hbg Rpfleger 88, 548.
Es ist unerheblich, ob die Justizverwaltung den Referendar dem Anwalt gerade
in dem hier fraglichen *Schwerpunktbereich* überwiesen hatte, sofern man ihn nur
überhaupt einem Anwalt im Tätigkeitszeitraum schon und noch zugewiesen hat,
LG Osnabr 92, 798. Die nach dem RVG bemessenen Gebühren für diejenige
Tätigkeit, die ein irgendeinem Anwalt zur Ausbildung zugewiesener Referendar
vornimmt, sind also insofern, als er als Vertreter dieses oder eines anderen Anwalts tätig wird, die gesetzlichen Gebühren des vertretenen Anwalts nach § 91
II 1 ZPO in den Grenzen eines Überforderungsverbots, Karlsr JB 88, 74, LG
Ffm AnwBl 78, 30. Vgl aber auch Rn 18.
- **(Nicht zur Ausbildung zugewiesener Referendar):** Soweit die Justizverwal- 17
tung den Referendar im Tätigkeitszeitraum weder demjenigen Anwalt zur Ausbildung zugewiesen hat, den er vertritt, noch einem anderen Anwalt, soweit er
also kein sog Stationsreferendar ist, gehört er *nicht* zu den in § 5 genannten Personen, Stgt Rpfleger 96, 83 (auch beim nach [jetzt] § 45 beigeordneten Anwalt),
LG Heilbr MDR 95, 968, LG Zweibr Rpfleger 77, 114, aM Schnabl/Keller
AnwBl 08, 133. Es sind dann nach Rn 1 vielmehr §§ 315, 316, 612 ff BGB anwendbar. Dabei kann eine Vergütung von etwa 66,6% der Anwaltsvergütung
oder mehr infragekommen, LG Aschaffenb JB 77, 1254, AG Freibg AnwBl 82,
24, zumindest aber etwa 50%, LG Brschw JB 86, 53, LG Darmst JB 82, 73
(zustm Mümmler), LG Düss JB 87, 1031, aM Düss JB 91, 671 (abl Mümmler),
LG Heilbr MDR 95, 968, AG Mainz AnwBl 81, 51 (aber nach Rn 1 muß niemand umsonst arbeiten).
Es kommt nicht darauf an, ob der Referendar schon eine *Stationszeit* bei einem
Anwalt absolviert hat und zB jetzt dort noch freiwillig arbeitet. Es kommt erst
recht nicht darauf an, ob seine Stationszeit bei diesem oder einem anderen Anwalt schon unmittelbar bevorsteht. Es reicht auch nicht, daß man den Referendar diesem oder einem anderen Anwaltsnotar nur in dessen Notareigenschaft zur
Ausbildung in der freiwilligen Gerichtsbarkeit überwiesen hatte, LG Brschw
Rpfleger 85, 507. Auch ein Einverständnis des Auftraggebers macht § 5 nicht
anwendbar, ebensowenig wie eine Tätigkeit bei diesem Anwalt als dessen juristischer Hilfsarbeiter.
Freilich kann der Nicht-Stationsreferendar gleichwohl nach § 53 IV 2 BRAO
unter den dort genannten Voraussetzungen der *allgemeine Vertreter* des Anwalts
sein. In dieser Eigenschaft fällt er unter § 5.
- **(Pflichtverteidiger):** Soweit das Gericht den Referendar zum Pflichtverteidiger 18
bestellt, hat dieser keinen persönlichen Anspruch nach dem RVG. Das gilt unabhängig davon, ob er Stationsreferendar eines Anwalts ist oder nicht, Kblz Rpfleger 91, 432, LG Aachen JB 91, 1185, aM Hamm MDR 94, 736. Keinen Anspruch hat der Referendar ferner dann, wenn er der amtlich bestellte Vertreter
ist, Düss NJW 94, 1296. Dann hat der Vertretene den Anspruch.
Sachverständiger: Er gehört in dieser Eigenschaft *nicht* zu den in § 5 genannten 19
Personen. Seine Vergütung bemißt sich nach dem JVEG, Teil V dieses Buchs, oder
nach dem bürgerlichen Recht. Seine Tätigkeit fällt auch dann nicht unter § 5,
wenn das Gericht ihn bestellt hat und wenn man ihn öffentlich beeidigt hatte. Es
kommt auch nicht darauf an, ob er einen Ortstermin durchgeführt hat.
Säumnisantrag, -termin: § 5 ist nach Rn 1 durchweg anwendbar.
Sozius: Man muß den Sozius in seiner Eigenschaft als einen zugelassenen Anwalt 20
nach § 5 beurteilen. Er kann außerdem der allgemeine Vertreter sein. Dann muß
man ihn auch insofern nach § 5 beurteilen. Derjenige Anwalt, der mit einem an-

deren Anwalt eine Bürogemeinschaft betreibt, läßt sich nicht schon wegen dieses Gemeinschaftsverhältnisses nach § 5 behandeln, wohl aber als Anwalt und eventuell als allgemeiner Vertreter des anderen Anwalts. Derjenige Assessor, der zwar schon praktisch ein Sozius des zugelassenen und vertretenen Anwalts ist, der aber trotzdem persönlich gerade noch nicht als Anwalt zugelassen ist, läßt sich nicht nach § 5 beurteilen, aM Düss MDR **78**, 1031, Ffm NJW **75**, 2211 (aber auch hier gilt die Erwägung Rn 8).

Stationsreferendar: Rn 15.

Steuerberater: Er gehört *nicht* zum Personenkreis des § 5, Düss Rpfleger **08**, 207.

Student: Er gehört *nicht* zum Personenkreis des § 5. Zwar mag praktisch oft eine dem Referendar vergleichbare Lage bestehen. Der Student ist aber in der abschließenden Aufzählung des § 5 nicht enthalten, aM GS 37.

Terminsvertreter: Derjenige ProzBev, der im eigenen Namen einen Terminsvertreter beauftragt, hat einen Vergütungsanspruch gegen den eigenen Auftraggeber, BGH AnwBl **06**, 673.

Weiterer Anwalt: Bei ihm ist *nicht* § 5 anwendbar, sondern § 6, aM Stgt Rpfleger **11**, 459 (Fallfrage).

Wissenschaftlicher Hilfsarbeiter: Rn 6 „Andere Personen".

21 **5) Gebührenhöhe:** Soweit § 5 anwendbar ist, gilt grundsätzlich das gesamte übrige RVG ebenfalls. Das gilt auch dann, wenn der Vertreter kein Volljurist ist. Denn dann muß der Vertretene umso mehr an Einweisung, Beaufsichtigung usw aufwenden. Deshalb gilt auch § 14 uneingeschränkt. Wegen einer Honorarvereinbarung vgl freilich Rn 1. Wegen anderer Personen vgl Rn 6.

22 **6) Erstattungsfähigkeit.** Man muß nach den in Betracht kommenden Verfahrensvorschriften prüfen, ob und inwieweit die Kosten eines Vertreters für die Rechtsverfolgung notwendig und damit erstattungsfähig sind, zB §§ 91 ff ZPO, 464 a II Z 2 StPO, LG Wuppert JB **86**, 1515 (Bürovorsteher: 33,3%), LG Darmst JB **82**, 73 (50%), LG Brschw Rpfleger **85**, 507, LG Kassel AnwBl **80**, 203 (das erstere Gericht billigt bei einem Assessor 66,6% der Anwaltsgebühren, beide Gerichte billigen bei einem Nicht-Stationsreferendar die Hälfte der Anwaltsgebühren zu), LG Aschaffenb JB **77**, 1254, LG Osnabr JB **78**, 216 (das LG billigt 66,6% der Anwaltsgebühren), LG Mosbach AnwBl **76**, 180 (billigt 75% der Anwaltsgebühren zu), aM LG Ravensb NJW **76**, 2225, AG Hagen NJW **75**, 939 (je: volle Anwaltsgebühren), Saarbr JB **84**, 1668, LG Kleve JB **84**, 1022, LG Mainz JB **97**, 249 (je: überhaupt keine Erstattungsfähigkeit).

In einer Strafsache hängt die Erstattungsfähigkeit beim *Pflichtverteidiger* wegen seiner grundsätzlichen Pflicht zur persönlichen Tätigkeit von einer Zustimmung des Gerichts ab, BGH StrV **81**, 393, soweit nicht der amtlich bestellte Vertreter tätig wird, BGH NJW **75**, 2351, Düss NJW **94**, 1296, strenger Hamm AnwBl **79**, 236.

Mehrere Rechtsanwälte

6 Ist der Auftrag mehreren Rechtsanwälten zur gemeinschaftlichen Erledigung übertragen, erhält jeder Rechtsanwalt für seine Tätigkeit die volle Vergütung.

Schrifttum: *Henssler/Streck* (Hrsg), Handbuch des Sozietätsrechts, 2. Aufl 2011.

Gliederung

1) Systematik	1
2) Regelungszweck	2
3) Voraussetzungen	3–10
A. Mehrere selbständige Anwaltsverträge	3
B. Mehrere selbständige Anwälte nebeneinander	4
C. Unanwendbarkeit bei Sozietät	5
D. Folgen bei Sozietät	6–8
E. Unanwendbarkeit bei Bürogemeinschaft	9
F. Gemeinschaftliche Erledigung	10
4) Jeweils volle Vergütung	11
5) Erstattungsfähigkeit	12

Abschnitt 1. Allgemeine Vorschriften § 6 RVG

1) Systematik. § 6 regelt die Stellung mehrerer Auftrag*nehmer*, § 7 diejenige 1 mehrerer Auftrag*geber*. Daneben gilt § 5 selbständig. § 6 hat einen grob mißverständlichen Wortlaut. Nach diesem Wortlaut würde die Vorschrift gerade den Einzelauftrag an eine Anwaltsgemeinschaft meinen. Indessen erfaßt § 6 gerade diesen Fall nicht. Das beruht auf der bisher wohl noch häufigsten Rechtsform der Anwaltsgemeinschaft, aus der man nach Rn 3, 4 eine Gesamtgläubigerschaft und eine Gesamtschuldnerschaft der Sozien ableiten darf und muß. Es gibt Sonderregeln mit einem Vorrang vor § 5, zB in VV 3400, 3401.

2) Regelungszweck. In den praktisch engen Grenzen ihres Geltungsbereichs 2 nach Rn 1, 3 ff stellt die schon zwecks Rechtssicherheit zur Vermeidung von Mißverständnissen leider dennoch unverändert ziemlich mißglückte Vorschrift die Vergütungspflicht des Auftraggebers gegenüber einem jeden der von ihm beauftragten selbständigen Anwälte klar. Die Vergütungspflicht ist an sich eine Selbstverständlichkeit. § 6 besagt aus denselben Erwägungen etwas ebenso Selbstverständliches, nämlich, daß es für die Höhe der Vergütung natürlich schon nach § 14 auf die Art und den Umfang der Tätigkeit eines jeden solcher Anwälte ankommt. Alles das erfordert eine zurückhaltende Auslegung im Interesse der Verhütung überhöhter Gesamtansprüche.

3) Voraussetzungen. § 6 gilt bei jedem Gebühren- oder Auslagentatbestand. Die 3 Vorschrift ist nur anwendbar, soweit die folgenden Voraussetzungen zusammentreffen.

A. Mehrere selbständige Anwaltsverträge. Der Auftraggeber muß gerade anders als bei § 5 Rn 1 nicht nur einen einzigen Auftrag erteilt haben, sondern er muß in derselben Angelegenheit nach § 15 Rn 8 oder wegen desselben Gegenstands nach § 15 Rn 12 mehrere inhaltlich übereinstimmende, aber rechtlich selbständige Anwaltsverträge geschlossen haben. Er muß also entgegen dem Wortlaut von § 6 gerade nicht nur einen, sondern gleichzeitig oder nacheinander mehrere Aufträge erteilt haben. Diese müssen allerdings zur Anwendbarkeit des § 6 zeitlich schon und noch bestehen. Sie müssen sich also zumindest zeitweise überlappen. Jeder dieser Aufträge muß gerade einem Anwalt gelten, damit § 6 anwendbar ist.

B. Mehrere selbständige Anwälte nebeneinander. Die mehreren Aufträge 4 nach Rn 2 müssen sich an mehrere Anwälte richten. Diese müssen nebeneinander und nicht füreinander tätig sein. Sie müssen voneinander unabhängig sein. Sie müssen rechtlich selbständig arbeiten.

C. Unanwendbarkeit bei Sozietät. Deshalb ist die Vorschrift auf eine zumindest 5 nach außen als örtliche oder überörtliche Sozietät auftretende Anwaltsmehrheit unanwendbar. Der Mandant will sie nämlich nur als einen einzigen ProzBev usw nach § 11 Rn 14 ff beauftragen. § 6 ist dann auch auf eine anwaltliche BGB-Außengesellschaft unanwendbar. Das gilt unabhängig von der Rechtsform des Innenverhältnisses der BGB-Gesellschaft, Karlsr RR **87**, 868, AG Köln DGVZ **88**, 123. Denn im hier maßgeblichen Außenverhältnis liegt nicht nur grundsätzlich lediglich ein einziger Auftrag vor, sondern es liegt eine rechts-, partei- und prozeßfähige einheitliche Partei vor, BGH **146**, 341, Jungbauer JB **02**, 284, Schmidt NJW **05**, 2804. Vgl auch § 7 Rn 7 „BGB-Gesellschaft". Dann steht der Vergütungsanspruch allen Sozien zur gesamten Hand insgesamt nur einmal zu, auch wenn jeder Sozius ihn als Gesamtgläubiger geltendmachen kann.

Schon nach der Beurteilung vor der vorgenannten Grundsatzentscheidung des BGH arbeiten die Sozien grundsätzlich nicht nebeneinander, sondern *füreinander*, als Gesamtschuldner, Karlsr RR **87**, 868, und Gesamtgläubiger, BGH NJW **95**, 1841 (ohne Vorlage nach § 132 GVG), Brdb MDR **99**, 635, Köln RR **97**, 438 (Ausnahme: sog gemischte Sozietät wegen sachgebietsbeschränkter Tätigkeitsbefugnis), aM BGH NJW **80**, 999 (der Auftraggeber beauftrage grundsätzlich nur einen der Sozien, sei aber damit einverstanden, daß die anderen Sozien den Beauftragten vertreten. Das läuft auf dasselbe hinaus). Kein Sozius kann sich dahinter verstecken, er sei nicht der „Sachbearbeiter", BGH FamRZ **03**, 231. Das alles gilt auch bei einer überörtlichen Sozietät, Karlsr JB **95**, 31, Mü AnwBl **95**, 196. Immer neue Versuche, mangels „Sachbearbeitung" nicht oder nicht sogleich tätig werden zu sollen, bis hin zu einem

Befangenheitsvorwurf gegenüber einem anders beurteilenden Richter können ein Rechtsmißbrauch nach BLAH Einl III 54 sein.

Auch *andere Formen* des Zusammenschlusses wie zB eine Partnerschaftsgesellschaft, eine GmbH, eine AG oder gar eine Europäische wirtschaftliche Interessenvereinigung sind im Ergebnis einer BGB-Außengesellschaft für die Vergütungsfragen so ähnlich beurteilbar, daß man die vorstehenden Regeln entsprechend anwenden kann und muß.

Freilich mag man im Einzelfall nach § 5 Rn 1 nur einen *einzelnen* Sozius oder eine Teilzahl der Sozien beauftragt haben. Dann würde man selbst bei einer als BGB-Außengesellschaft konstruierten Sozietät die Lage ähnlich wie bei BGH NJW **96**, 2859 beurteilen müssen. Im übrigen werden nur Sozien Gesamtschuldner, nicht ihr angestellter Anwalt, Karlsr AnwBl **03**, 116.

6 **D. Folgen bei Sozietät.** Es besteht übrigens eine andere Regelung als bei der *Notargemeinschaft,* BayObLG MDR **81**, 238. Daraus folgt: Die gesetzliche Vergütung ist nach § 428 S 1 BGB nur so hoch, als ob der Auftraggeber einen einzelnen Anwalt beauftragt hätte. Der Auftraggeber braucht nach § 421 S 1 BGB nur einmal zu leisten. Es erhält also gerade nicht jeder Sozius eine eigene Vergütung. Alles das gilt auch dann, wenn Sozius A einem Anwalt C Untervollmacht zur Vertretung des Sozius B erteilt, Kblz AnwBl **95**, 105.

7 Freilich steht eine solche Vergütung, die einer der Sozien *vor* der Bildung einer Anwaltsgemeinschaft bereits erarbeitet hatte, die der Auftraggeber ihm aber noch nicht gezahlt hatte, diesem Gemeinschafter so lange zu, bis er den Vergütungsanspruch etwa auf Grund des Sozietätsvertrags in die Anwaltsgemeinschaft einbringt. Das ist nicht stets so, BGH DB **88**, 1113 (auch zum Einzelmandat des verstorbenen Sozius).

8 Andererseits entsteht dann, wenn der bisher beauftragte Anwalt und ein *eintretender Teilhaber* eine Sozietät bilden, auch dadurch nicht eine Erhöhung der Gesamtverbindlichkeit des Auftraggebers nach (jetzt) § 6, BGH MDR **94**, 308. Etwas anderes gilt lediglich dann, wenn der Auftraggeber die beiden Anwälte vor der Bildung ihrer Anwaltsgemeinschaft mit der gemeinschaftlichen Erledigung beauftragt hätte.

Im übrigen kann man den Auftrag an eine Anwaltsgemeinschaft nach Treu und Glauben evtl dahin *auslegen,* daß grundsätzlich jeder Sozius als beauftragt gilt. Die Sozien können im Gesellschaftsvertrag vereinbaren, daß Ansprüche aus Honorarvereinbarungen allein einem Sozius zustehen sollen, LG Karlsr AnwBl **83**, 179. Bei einer Auflösung der Sozietät usw kann man nach §§ 730 ff BGB vorgehen und ist eine Abtretung möglich und notwendig.

Hat das Gericht (nur) einen Sozius im Weg der *Prozeßkostenhilfe* nach §§ 114 ff ZPO usw beigeordnet, liegt keine Mitbeauftragung der übrigen Sozien vor, BGH BB **91**, 1378.

9 **E. Unanwendbarkeit bei Bürogemeinschaft.** Unanwendbar ist § 6 schließlich bei einer bloßen Bürogemeinschaft. Dann hat nur der einzelne Anwalt einen Auftrag. Unanwendbar ist § 6 auch nach Rn 12 auf den Zusammenschluß von Rechts- und Patentanwalt. Denn der letztere erhält seine Vergütung nach § 1 Rn 12 nicht nach dem RVG.

10 **F. Gemeinschaftliche Erledigung.** Die mehreren Aufträge an die nach Rn 2–9 nebeneinander tätigen Anwälte müssen sich auf eine gemeinschaftliche Erledigung derselben Angelegenheit nach §§ 15 II, 16 erstrecken. Dabei mag innerhalb desselben Aufgabenbereichs Anwalt 1 einen Schwerpunkt A bearbeiten sollen, Anwalt 2 einen Schwerpunkt B. § 6 ist also insoweit unanwendbar, als der Auftraggeber für verschiedene Tätigkeiten mehrere Aufträge an mehrere Anwälte erteilt, etwa den Anwalt A als ProzBev bestellt, den B als Verkehrsanwalt nach VV 3400, den C als Terminsanwalt nach VV 3401 und den D als Beweisanwalt nach VV 3330. Das gilt erst recht in einer überörtlichen Sozietät nach Rn 4, 5, Karlsr JB **95**, 31, Mü AnwBl **95**, 196.

Es *gilt ferner,* soweit es um ein Nacheinander geht, etwa zunächst um den Anwalt X und nach dessen Tod oder Ausscheiden um den Anwalt Y, Düss JB **87**, 901, Hbg JB **75**, 773. Es muß auch dieselbe Angelegenheit nach § 15 II 1 vorliegen, auch wenn § 6 das Wort „Angelegenheit" anders als zB §§ 7 I, 14 I, 15, 22 I nicht ausdrücklich nennt. Eine gewisse Arbeitsteilung ändert an der Anwendbarkeit von § 6 nichts. Ein Unterbevollmächtigter gehört nicht hierher.

Abschnitt 1. Allgemeine Vorschriften   §§ 6, 7 RVG

Soweit die mehreren lediglich nebeneinander tätigen Anwälte *verschiedene Angelegenheiten* bearbeiten sollen, erhält jeder von ihnen ohnehin eine volle Vergütung im Umfang seiner Tätigkeit. Insoweit ist eine ausdrückliche gesetzliche Regelung überhaupt nicht notwendig. Es liegen dann eben mehrere voneinander völlig unabhängige Vertragsverhältnisse vor.

4) Jeweils volle Vergütung. Jeder der nach Rn 2–10 nebeneinander beauftragten 11 Anwälte hat nur, aber eben auch im Umfang seiner Tätigkeit einen Anspruch auf die volle gesetzliche Vergütung. Die Beauftragung mehrerer lediglich nebeneinander tätig werdender selbständiger Anwälte kann also erheblich teurer werden als die Beauftragung einer Anwaltsgemeinschaft. Freilich kann zB bei einer Bestellung mehrerer Verteidiger nach §§ 3 I, II, 14 I 1 für jeden eine geringere Vergütung herauskommen. Auch mag sich aus §§ 60, 61 jeweils die Anwendung anderen Rechts ergeben. Es kann für jeden Anwalt ein anderer Gegenstandswert nach §§ 22 ff maßgeblich werden. Eine einzelne Gebühr mag nur bei dem einen Anwalt anfallen.

5) Erstattungsfähigkeit. Auch nach § 6 kann der Auftraggeber nach § 91 II 3 12 ZPO grundsätzlich lediglich die Vergütung eines einzelnen Anwalts erstattet fordern, Hamm Rpfleger 77, 375. Das gilt auch bei einer Klage und einer Widerklage nach BLAH Anh § 253 ZPO, KG MDR 75, 449. Es gilt ferner wegen der Verweisung in § 464a II Z 2 StPO auf § 91 II ZPO auch in einer Strafsache, Düss JMBl NRW 83, 100, KG JR 75, 476, Mümmler JB 78, 1597. Eine Ausnahme mag bei der Notwendigkeit eines zusätzlichen Spezialisten gelten, BVerfG NJW 78, 259, Düss Rpfleger 75, 323, Ffm JB 77, 942, ferner bei § 137 I 2 StPO. Vgl im übrigen BLAH § 91 ZPO Rn 132 ff „– (Anwaltskäufung)". Beim Zusammentreffen eines Anwalts und eines Patentanwalts sind § 27 V GebrMG, §§ 85 V, 140 III MarkenG, § 143 III PatG beachtlich. Man muß nach § 91 II 3 ZPO auch prüfen, ob der Auftraggeber vom Prozeßgegner diejenige Summe erstattet fordern kann, die der höchsten gesetzlichen Vergütung entspricht, oder nur einen geringeren Betrag, Kblz AnwBl 95, 105.

Alles das gilt auch dann, wenn der Sozius A einem Anwalt C eine *Untervollmacht* zur Vertretung des Sozius B erteilt, Kblz AnwBl 95, 105, oder wenn sich der Fiskus durch mehrere Behörden vertreten läßt, Köln JB 80, 1083.

Bei der Klage des Auftraggebers gegen *frühere Sozien* können die Kosten eines jeden erstattungsfähig sein, Hbg MDR 89, 824.

Wegen eines *Anwaltswechsels* vgl BLAH § 91 ZPO Rn 124 ff.

Mehrere Auftraggeber

7 **I** Wird der Rechtsanwalt in derselben Angelegenheit für mehrere Auftraggeber tätig, erhält er die Gebühren nur einmal.

II ¹Jeder der Auftraggeber schuldet die Gebühren und Auslagen, die er schulden würde, wenn der Rechtsanwalt nur in seinem Auftrag tätig geworden wäre; die Dokumentenpauschale nach Nummer 7000 des Vergütungsverzeichnisses schuldet er auch insoweit, wie diese nur durch die Unterrichtung mehrerer Auftraggeber entstanden ist. ²Der Rechtsanwalt kann aber insgesamt nicht mehr als die nach Absatz 1 berechneten Gebühren und die insgesamt entstandenen Auslagen fordern.

Schrifttum: *Schneider* NJW **15**, 998 (Üb). Vgl ferner bei § 6.

Gliederung

1) Systematik, I, II	1
2) Regelungszweck, I, II	2
3) Persönlicher Geltungsbereich, I, II	3
4) Sachlicher Geltungsbereich: Mehrheit von Auftraggebern, I 1	4–24
A. Grundsatz: Zahl der Auftraggeber, nicht Arbeitsumfang	4, 5
B. Beispiele zur Frage einer Mehrheit von Auftraggebern, I 1	6–24
5) Derselbe Anwalt, I 1	25, 26
6) Dieselbe Angelegenheit, derselbe Gegenstand, I 1	27, 28
7) Derselbe Rechtszug, I 1	29
8) Haftung des einzelnen Auftraggebers, II	30–34
A. Grundsatz: Haftung eines jeden, II 1	30

1399

B. Gesamtschuldner 31
C. Einzelschuldner 32
D. Beim Patentanwalt 33
E. Höchstforderung, II 2 34
9) **Erstattungsfähigkeit: Übersicht, I, II** 35
10) **Alle Streitgenossen siegen, § 100 I–IV ZPO** 36–39
   A. Keine Gesamtgläubigerhaft 37, 38
   B. Bei erheblicher Verschiedenheit der Beteiligung: Entsprechende Kostenverteilung 39
11) **Ein Streitgenosse siegt, einer verliert, § 100 I–IV ZPO** 40–45
   A. Grundsatz der Kostenteilung 41
   B. Grundsatz der Kostentrennung 42
   C. Baumbach'sche Formel 43–45
12) **Ausscheiden eines Streitgenossen, § 100 I–IV ZPO** 46–48
13) **Erstattung im einzelnen, § 100 I–IV ZPO** 49–66
   A. Grundsatz: Nur anteilige Erstattung 51–53
   B. Nur wegen notwendiger Kosten 54–56
   C. Notwendigkeit von Anwaltskosten 57
   D. Aufträge an gesonderte Anwälte 58, 59
   E. Aufträge an gemeinsamen Anwalt 60–62
   F. Gemeinsame Festsetzungsanträge 63
   G. Verbot des Rechtsmißbrauchs 64
   H. Notwendigkeit einer Glaubhaftmachung 65
   I. Weiteres Verfahren 66
14) **Teilunterliegen, Teilsieg mehrerer Streitgenossen, § 100 I–IV ZPO** ... 67
15) **Rechtsmittel, § 100 I–IV ZPO** 68, 69

1 **1) Systematik, I, II.** Die Vorschrift regelt als Gegenstück zu § 6 die Stellung des Anwalts bei einer Mehrheit von Auftrag*gebern*. Derjenige Anwalt, der mehrere Auftraggeber in derselben Angelegenheit nach § 15 II vertritt, erhält zwecks Kostendämpfung in einer Abweichung vom BGB Gebühren und Auslagen grundsätzlich nur in derselben Höhe wie dann, wenn ihn nur einer der Auftraggeber beauftragt hätte, Ffm ZMR **88**, 231. § 7 gilt entsprechend seiner Stellung unter den allgemeinen Vorschriften des Abschnitts 1 für sämtliche Verfahrensarten, deren Vergütung das RVG regelt. Die Vorschrift gilt also zB für die Zwangsvollstreckung, AG Gelsenkirchen DGVZ **86**, 122, AG Neuwied DGVZ **01**, 94, und auch für den im Weg einer Prozeßkostenhilfe nach §§ 114ff ZPO usw beigeordneten Anwalt, BGH NJW **93**, 1715, und bei einer außergerichtlichen Tätigkeit. Das gilt natürlich nur wegen des davon begünstigten Auftraggebers, nicht auch wegen des ohne eine Prozeßkostenhilfe prozessierenden Streitgenossen nach §§ 59ff ZPO, Kblz JB **04**, 384. Vgl aber auch zB § 146 StPO.

I regelt die *Gesamtvergütung*, also diejenige Vergütung, die ein für mehrere Auftraggeber tätiger Anwalt insgesamt von allen Auftraggebern fordern kann. Man nennt das auch einen Mehrvertreterzuschlag. Dabei gilt eine Anwaltssozietät mangels abweichender Verabredung als *ein* Anwalt. Die Gebührenhöhe regelt VV 1008. Diese Vorschrift ist mit dem GG vereinbar, BVerfG FamRZ **02**, 533, Düss JB **02**, 247. II regelt deren Haftung. Im Insolvenzverfahren gilt VV amtliche Vorbemerkung 3.3.5 II als eine vorrangige Sondervorschrift.

2 **2) Regelungszweck, I, II.** Die Vorschrift bezweckt im Interesse der Gerechtigkeit eine möglichst differenzierte Vergütung von Mehrarbeit. Auf sie kommt es nach Rn 4 freilich im Einzelfall nicht an. Außerdem muß man die erhöhten Allgemeinkosten, die erhöhte Verantwortung und die erhöhte Haftungsgefahr beachten, Düss RR **01**, 1655. Freilich soll auch eine unvertretbare Gebührenerhöhung unterbleiben. Zweck ist ferner im Interesse der Wirtschaftlichkeit eine einigermaßen praktikable und im Interesse der Rechtssicherheit eine möglichst einfache Ermittlung der Berechnungsgrundlagen in ihrem riesigen Geltungsbereich. Alle diese teilweise gegenläufigen Ziele finden in der Ausgestaltung durch die Rechtsprechung und Lehre ihren oft genug mühsamen Ausdruck. Sie lassen Probleme offen. Sie zwingen zur vorsichtigen Abwägung ohne eine Notwendigkeit deutscher Überperfektion, die alles nur noch komplizierter macht. Das sollte man bei der Auslegung mitbeachten.

Behutsamkeit ist insbesondere bei der Behandlung der nicht wenigen schwierigen Fragen bei unterschiedlichem Erfolg mehrerer Auftraggeber nach Rn 35ff ratsam. Am ehesten hilft dann wohl oft die Baumbach'sche Formel Rn 43. Jedenfalls sollte man eine möglichst einfache Lösung vorziehen. Selbst bei ihr bleiben genug Einordnungs-Rechenaufgaben. Das Kostenrecht darf nicht den eigentlichen Streit überwuchern.

3) Persönlicher Geltungsbereich, I, II. Die Vorschrift gilt im Gesamtbereich 3 des § 1 I, also auch zB für den Anwalt nach VV 2300, 3400, auch für den Patentanwalt, Düss GRUR **79**, 192, Ffm Rpfleger **93**, 420.

4) Sachlicher Geltungsbereich: Mehrheit von Auftraggebern, I 1. Auftraggeber ist derjenige, der zumindest auch für sich selbst und zumindest auch auf seine 4 eigene Rechnung den Anwalt zu arbeiten veranlaßt. Vertragspartner und Auftraggeber sind meist und daher im Zweifel dieselbe Person. Sie können aber auch unterschiedliche Personen sein, BGH Rpfleger **87**, 387, BSG NJW **12**, 878, Mü JB **90**, 1156. Trotz der Auslegbarkeit des Begriffs Auftraggeber kommt es darauf an, wem die Tätigkeit des Anwalts eigentlich direkt nützen soll, BGH MDR **94**, 413, BVerwG NJW **00**, 2288, Düss Rpfleger **10**, 47, aM Köln JB **85**, 66. Dabei gilt im wesentlichen folgendes.

A. Grundsatz: Zahl der Auftraggeber, nicht Arbeitsumfang. Es müssen gerade in derselben Angelegenheit nach § 15 Rn 8 ff tatsächlich mehrere Auftraggeber vorhanden sein, Düss RR **01**, 1655, Mü Rpfleger **90**, 436. Diese können natürliche oder juristische Personen oder sonstige Personenmehrheiten sein, Düss RR **01**, 1655, Ffm GRUR **84**, 162. Es kommt grundsätzlich nicht darauf an, ob sie Kläger oder Bekl sind, ob Widerkläger oder Rechtsmittelbekl, einfacher oder notwendiger Streitgenosse, Streithelfer, Dritter oder Beigeladener, Hbg MDR **84**, 413, Mü MDR **93**, 582, VGH Mü JB **80**, 1017. Vgl aber Rn 22 „Widerklage".

Es kommt nicht auf den Arbeitsumfang an, sondern grundsätzlich nur auf die *Zahl der Aufträge* oder Auftraggeber, BGH MDR **94**, 414, Nürnb JB **01**, 528, Düss JB **02**, 247, aM Kblz JB **90**, 1448, Köln JB **79**, 1815 (aber der Wortlaut und Sinn von I 1 sind eindeutig). Das gilt zB auch dann, wenn von 10 Miterben nur 3 klagen, Drsd JB **01**, 27, oder wenn nur ein Teil der Miterben eine Beteiligung am Verfahren ablehnt, mehrere andere das aber nicht tun, Düss RR **01**, 1655.

Gar nicht selbstverständlich ist die Unerheblichkeit des Arbeitsumfangs und der Schwierigkeit der Sach- und Rechtslage nach I. Denn das sind ganz erhebliche Aspekte einer sachgerechten Vergütung. Nun sind sie ja im Bereich des § 14 unverändert sehr wohl beachtbar, auch bei mehreren Auftraggebern. Im übrigen kann natürlich von Mandant zu Mitmandant eine Mehrzahl von Angelegenheiten nach § 15 II mit der Folge der Unanwendbarkeit von I vorliegen. Schließlich mag bei derselben Angelegenheit nach § 15 Rn 9 ff die Mehrarbeit nur wegen mehrerer Auftraggeber meist wirklich nicht sonderlich ins Gewicht fallen. Es bleiben aber bei I doch deutlich Probleme. Sie lassen sich auch im Kern nicht über II ganz lösen. Man muß versuchen, sehr sorgfältig zu klären, ob wirklich nur dieselbe Angelegenheit vorliegt. Das mag zumindest bei einem Teil der Tätigkeit anders sein.

Es ist grundsätzlich *unerheblich, ob* die mehreren Auftraggeber von vornherein oder *nacheinander* beteiligt sind, BGH Rpfleger **78**, 370, Ffm AnwBl **80**, 295, Nürnb MDR **10**, 532, aM Düss Rpfleger **82**, 441, AG Münst JB **76**, 1342 (aber im Ergebnis hat der Anwalt zumindest zeitweise „mehrere" Auftraggeber gehabt). Eine Mindestzeitdauer mehrerer Aufträge ist nicht erforderlich, BGH MDR **79**, 39.

Wenn aber ein Auftraggeber aus dem Prozeß *ausscheidet* und der Anwalt erst anschließend die Vertretung des im Prozeß Verbleibenden übernimmt, muß er seine Vergütung sowohl gegenüber dem früheren als auch gegenüber dem jetzigen Auftraggeber einzeln berechnen, Ffm VersR **78**, 573, LG Kblz JB **97**, 363.

Dasselbe gilt dann, wenn der bisherige Auftraggeber ausscheidet und dafür ein an- 5 derer Auftraggeber eintritt, also bei einer subjektiven Klagänderung nach § 59 ZPO, BGH Rpfleger **78**, 370, Köln Rpfleger **92**, 217, Mü JB **94**, 480, aM AG St Wendel JB **06**, 374 (nur *eine* Angelegenheit). Anders liegt es, falls neben dem Ausscheidenden noch ein weiterer Auftraggeber vorhanden ist und bleibt, den der Anwalt von vornherein vertreten hat, Kblz VersR **83**, 64.

B. Beispiele zur Frage einer Mehrheit von Auftraggebern, I 1 6

Abtretung: Beim Auftrag nach einer Abtretung ist der neue Gläubiger mangels einer nach § 4 zulässigen eindeutig anderen Abrede der *alleinige* Auftraggeber, selbst als ein bloßer Treuhänder. Denn auch dieser ist im Außenverhältnis der alleinige Rechtsinhaber und übrigens auch nicht ein bloßer Prozeßstandschafter nach BLAH Grdz 21 ff vor § 50 ZPO. Auch eine offene oder gar verdeckte Sicherungsabtretung oder ein sonstiges Prozeßführungsrecht machen daher den Treugeber nicht zum Auftraggeber. § 7 spricht gerade nicht von „Beteiligten", sondern klar nur von „Auftraggebern".

Ärztegemeinschaft: Sie stellt eine Mehrheit von Auftraggebern dar, zB nach Rn 7 als BGB-Gesellschaft, aM Köln MDR **95**, 1074, SG Dortm JB **95**, 586 (aber hier liegt meist keine Gemeinschaft vor, sondern eine BGB-Gesellschaft).

Anwalts-GmbH: S „Anwaltssozietät" und Rn 10 „Gesellschaft mit beschränkter Haftung".

Anwaltssozietät: Es gelten jetzt dieselben Regeln wie bei Rn 7 „BGB-Gesellschaft", Hbg MDR **01**, 773, LG Kblz VersR **02**, 865. Das gilt auch bei einer Sozietät von Rechtsanwälten und Steuerberatern, BGH JB **04**, 376. Oft ist nur die Sozietät und nicht eine Bündelung der Sozien gemeint, etwa beim wettbewerbsrechtlichen Unterlassungsanspruch der Sozietät, Düss RR **02**, 645, aM Kblz VersR **03**, 386 (es komme nur auf den Auftrag an, nicht auf dessen Verständnis durch das Gericht. Vgl aber gerade dazu Rn 7 „BGB-Gesellschaft"). Nur bei einer anderen Form, etwa einer Anwalts-GmbH usw, ist die weitgehend überzeugende Grundsatzentscheidung BGH **146**, 341 nicht einschlägig, ferner nicht bei einer bloßen Innengesellschaft, etwa bei der Auseinandersetzung früherer Sozien. Dann kann § 7 anwendbar bleiben, Hbg MDR **99**, 381. Die Vorschrift gilt auch dann, wenn nur die einzelnen Mitglieder als Gesamtschuldner Bekl sind, Schlesw MDR **03**, 1202.

Arbeitsgemeinschaft (ARGE): Rn 7 „BGB-Gesellschaft".

7 **Beteiligter:** Es gilt dasselbe wie bei Rn 16 „Partei".

BGB-Gesellschaft, dazu *Habersack* BB **01**, 477, *Jungbauer* JB **01**, 284, *Schmidt* NJW **01**, 1056 (je: allgemeine dogmatische Üb), *Hansens* AnwBl **01**, 581 (Auswirkungen auf [jetzt] § 7, ausf): Infolge der weitgehend überzeugenden Grundsatzentscheidung BGH **146**, 341 muß man jetzt wegen der Rechts-, Partei- und Prozeßfähigkeit der Außengesellschaft bürgerlichen Rechts mit eigenen Rechten und Pflichten zunächst klären, ob die BGB-Gesellschaft als solche auftritt oder ob nur oder auch neben der Gesellschaft einzelne Gesellschafter handeln, Naumb JB **02**, 26, Schlesw RR **04**, 422.

Tritt eine BGB-Außengesellschaft *als solche auf,* muß man streng zwischen einem Gesellschafts- und einem Gesellschafterprozeß unterscheiden, Schmidt NJW **01**, 1003. Dabei kann bei einer Aufzählung der Sozien mit einem Zusatz „als BGB-Gesellschaft" usw ein Gesellschaftsprozeß vorliegen. Das gilt sowohl für den Aktiv- als auch für den Passivprozeß und natürlich auch für alle außerprozessualen Formen des Streits oder auch nur einer Forderung. Es gilt das alles auch in der Zwangsvollstreckung. Zum Altfall BGH JB **04**, 146, Kblz MDR **02**, 721. Soweit die BGB-Gesellschaft in Wahrheit nur als solche auftritt, liegt *keine* Mehrheit von Auftraggebern vor. Folglich kommt dann auch keine Erhöhungsgebühr nach VV 1008 in Betracht, BGH AnwBl **04**, 251, Oldb MDR **17**, 179, LG Bln JB **03**, 531, aM LG Halle JB **02**, 257 (inkonsequent). Dafür kann und muß die Sozietät auch sorgen, BGH AnwBl **04**, 251. Auf eine Eigenschaft als ein bloßer Auftragnehmer kommt es nicht bei § 7 an, sondern bei § 6, dort Rn 4 ff.

Wenn freilich auch oder sogar nur mehrere Gesellschafter eindeutig als solche bloßen *Einzelpersonen* auftreten, nicht als Gesamtheit der Gesellschafter, kann jeweils insoweit eine Mehrheit von Auftraggebern vorliegen, BGH NJW **02**, 2958, Schlesw RR **04**, 422. Damit sind weite Teile der früheren Streitfrage erledigt. Wenn sowohl die Gesellschaft als solche auftritt als auch mehrere oder alle Gesellschafter eindeutig zusätzlich klagen oder verklagt werden, kann wegen dieser letzteren eine Mehrheit von Auftraggebern vorliegen, Nürnb (4. ZS) JB **01**, 528 und (13. ZS) NJW **01**, 3489.

Die bloße *Aufzählung von Gesellschaftern* ist aber kein eindeutiger Hinweis darauf, daß sie *zusätzlich* zu ihrer Gesellschaft auftreten. Im Zweifel ist eine Rückfrage zB nach § 139 ZPO ratsam. Indessen kann sie nicht diejenige Handhabung ändern, die das Prozeßgericht bei *seiner* Beurteilung etwa erkennbar vorgenommen hat.

Abschnitt 1. Allgemeine Vorschriften § 7 RVG

Beigeladener: Beteiligte nach §§ 57 FGO, 69 SGG, 63 VwGO, 48 I, II WEG (Beigeladene) stellen zusammen mit der Hauptpartei oder untereinander eine Mehrheit von Auftraggebern dar, VGH Mü JB **80**, 1017.
Beratungshilfe: Vgl bei VV 2501 ff.
Betriebsrat: Es liegt auch bei mehreren Angehörigen nur ein *einziger* Auftraggeber vor, BAG MDR **00**, 588.
Betreuer: Jeder Betreute kann Auftraggeber sein, Ffm Rpfleger **80**, 310 (Abwesenheitspfleger).
Bevollmächtigter: Rn 21 „Vertreter".
Bietergemeinschaft: Im Vergabeprüfverfahren ist sie nur ein *einziger* Auftraggeber, Jena JB **01**, 208.
Bruchteilsgemeinschaft: Ihre Mitglieder stellen eine Mehrheit von Auftraggebern dar, Ffm AnwBl **05**, 366.
Bürogemeinschaft: Sie stellt eine Mehrheit von Auftraggebern dar.
Ehegatten: Sie sind in eigener Sache unabhängig von der Art des Streitgegenstands 8 und unabhängig von der Person des unmittelbar mit dem Anwalt in Kontakt tretenden Ehegatten regelmäßig mehrere Auftraggeber, Düss AnwBl **88**, 70, FG Bre EFG **94**, 316, FG Stgt JB **97**, 584, aM Köln AnwBl **80**, 158 (Fallfrage; abl Schmidt). Das gilt erst recht bei verschiedenen Angelegenheiten nach §§ 15, 16, LG Passau RR **15**, 1216. Es gilt auch bei einer Beratungshilfe.
Eigentum: Mehrere Bruchteilseigentümer sind mehrere Auftraggeber, Düss JB **96**, 584. Vertritt ein Anwalt mehrere durch dieselbe Enteignung Betroffene, liegt dieselbe Angelegenheit vor, soweit er für alle Auftraggeber gleichgerichtet vorgehen kann und muß, BGH AnwBl **84**, 501.
 S auch Rn 19 „Streitgenossen", Rn 23 „Wohnungseigentümergemeinschaft".
Eltern und Kind: Sie sind mehrere Auftraggeber, LG Stade Rpfleger **86**, 495, Groetschel NJW **76**, 664, aM OVG Bre Rpfleger **80**, 310, OVG Lüneb JB **83**, 696, Lappe MDR **77**, 279 (aber jedes Rechtssubjekt ist ein eigener Auftraggeber, auch wenn für ihn ein Vertreter tätig werden muß). Es kann aber zB beim Unterhaltsverfahren eine Verschiedenheit der Gegenstände vorliegen. Dann ist (jetzt) § 22 I anwendbar, Bbg JB **83**, 129, Ffm MDR **81**, 238, Hbg JB **82**, 1179.
 S auch Rn 11 „Kind."
Erbe: Der Erbe und der verstorbene Erblasser stellen natürlich dann *nicht* mehrere 9 Auftraggeber dar, wenn der Auftrag erst nach dem Erbfall erfolgte, FG Karlsr JB **97**, 585. Die Forderung eines Miterben zur Leistung an alle ändert nichts daran, daß nur ein einzelner Auftraggeber vorliegt, Drsd JB **00**, 27.
Erbengemeinschaft: Ihre Mitglieder sind bei einem Auftrag erst nach dem Tod des Erblassers grds mehrere Auftraggeber, BGH Rpfleger **04**, 439 (auch bei einer Vertretung durch nur *einen* Miterben), LG Bln Rpfleger **02**, 589 (krit Sendke), AG Neuwied DGVZ **01**, 94, aM Düss Rpfleger **82**, 199, Ffm AnwBl **81**, 403, Nürnb MDR **93**, 699 (aber die Gemeinschaft bürgerlichen Rechts folgt anderen Regeln als die BGB-Gesellschaft).
 Sie sind aber nach § 8 Rn 9 dann nur *ein* Auftraggeber, wenn der Anwalt den Auftrag schon vom *Erblasser* erhalten hatte, BayObLG JB **02**, 473, Kblz MDR **93**, 284, LG Gött Rpfleger **90**, 91, aM Düss MDR **96**, 1300, Hamm AnwBl **93**, 577, Zweibr Rpfleger **95**, 384 (aber dann setzt der Anwalt nur einen Einzelauftrag fort).
 S auch Rn 14 „Nachlaßpfleger", Rn 20 „Testamentsvollstrecker".
Fiskus: Er ist nur *ein* Auftraggeber, selbst wenn mehrere Behörden auftreten. Das gilt 10 unabhängig von etwa unterschiedlicher Interessenlage solcher Behörden.
Gemeinschaft: Rn 7 „Bruchteilsgemeinschaft", „Bürogemeinschaft", Rn 9 „Erbengemeinschaft", Rn 23 „Wohnungseigentümergemeinschaft".
Geschäftsführung ohne Auftrag: Sie steht einem Auftrag gleich.
Gesellschaft: Rn 7 „BGB-Gesellschaft" usw.
Gesellschaft mit beschränkter Haftung: Sie ist als juristische Person nur *ein* Auftraggeber, soweit nicht zusätzlich Gesellschafter als Partei usw den Anwalt beauftragen.
 S auch Rn 7 „BGB-Gesellschaft" auch zur Anwalts-GmbH, Rn 11 „Juristische Person".

1403

RVG § 7 X. Rechtsanwaltsvergütungsgesetz

Gesetzlicher Vertreter: Es handelt sich dann um mehrere Auftraggeber, wenn mehrere Beteiligte denselben gesetzlichen Vertreter haben, Karlsr AnwBl **81**, 193, aM Hbg MDR **82**, 1030 (aber es kommt nach Rn 8 „Eltern und Kind" auf das Rechtssubjekt an und nicht auf den Vertreter). Es liegen auch dann mehrere Auftraggeber vor, wenn von mehreren Beteiligten einer auch der gesetzlichen Vertreter des anderen ist. Jedes minderjährige Kind ist ein eigener Auftraggeber, selbst bei mehreren gesetzlichen Vertretern.

Soweit aber ein gesetzlicher Vertreter *persönlich* am Verfahren *unbeteiligt* ist und nur als gesetzlicher Vertreter eines einzelnen Vertretenen handelt, liegt *keine* Mehrheit von Auftraggebern vor, vgl auch § 149 StPO, aM Ffm AnwBl **80**, 260 (aber auch hier kommt es nur auf den Vertretenen an).

Information: Es ist unerheblich, wie viele Personen den Anwalt informieren.

11 **Insolvenzverwalter:** Mehrere Insolvenzverwalter sind eine Mehrheit von Auftraggebern, BGH AnwBl **94**, 196, Düss AnwBl **83**, 518, Köln JB **09**, 309, aM Kblz MDR **79**, 413. Bei einer Klage gegen eine Person als Insolvenzverwalter und gegen dieselbe Person persönlich liegt für deren Anwalt eine Mehrheit von Auftraggebern vor, Ffm Rpfleger **83**, 499.

Interessenlage: Gerade bei gleicher Interessenlage kann eine Mehrheit von Auftraggebern vorliegen.

Juristische Person: Sie ist wegen ihrer Rechtsfähigkeit als solche nur *ein* eigener Auftraggeber, selbst wenn mehrere sie vertreten. Natürlich liegt beim Nebeneinander mehrerer juristischer Personen eine Mehrheit von Auftraggebern vor, aM Kblz JB **92**, 600.

Kind: Jedes Kind ist ein eigener Auftraggeber, Bbg JB **83**, 129, Hbg JB **82**, 1179, Karlsr AnwBl **81**, 72, aM AG Neuss FamRZ **95**, 1282.

S auch Rn 8 „Eltern und Kind".

Klagänderung: Soweit der Anwalt den Ausscheidenden und den nun Bekl zeitweise gemeinsam vertritt, stellen sie eine Mehrheit von Auftraggebern dar, Kblz RR **00**, 1370, Schlesw JB **97**, 584.

Kommanditgesellschaft: Bei ihr und der Komplementär-Gesellschaft und auch bei der GmbH & Co KG handelt es sich grds *nicht* um eine Mehrheit von Auftraggebern, Hamm MDR **80**, 152, Köln JB **78**, 1173, Meier AnwBl **87**, 90, aM Ffm Rpfleger **82**, 441, Kblz AnwBl **88**, 71, LAG Düss JB **01**, 358 (aber auch hier gelten die zur BGB-Gesellschaft nach Rn 7 entwickelten Regeln im Ergebnis entsprechend).

Freilich kann neben der KG auch eine aktive oder passive Rolle *einzelner* oder sogar aller *Gesellschafter* vorliegen. Diese können dann neben der KG weitere Auftraggeber sein, Bbg JB **86**, 721, Ffm AnwBl **83**, 182, Kblz Rpfleger **85**, 253.

12 **Kraftfahrzeugführer, -halter, -versicherer:** Sie stellen meist eine Mehrheit von Auftraggebern dar, Kblz JB **90**, 42, Mü AnwBl **77**, 112, Oldb AnwBl **93**, 529, aM Zweibr JB **88**, 354 (aber das ist ein geradezu klassischer Fall mehrerer Rechtssubjekte und daher mehrerer Auftraggeber).

13 **Mieter:** Mehrere Mieter stellen im Räumungsprozeß eine Mehrheit von Auftraggebern dar, Düss ZMR **98**, 492, LG Bonn Rpfleger **90**, 137, AG Dortm Rpfleger **94**, 117.

Minderjähriger: Rn 10 „Gesetzlicher Vertreter", Rn 11 „Kind".

14 **Nachlaßpfleger:** Auch soweit er „die" unbekannten Erben vertritt, ist er nur *ein* Auftraggeber, Hbg JB **88**, 505, KG JB **02**, 248. Denn er ist eine Partei kraft Amts.

Nebenintervenient: Rn 19 „Streithelfer", Hbg MDR **84**, 413, Mü MDR **94**, 735.

Nebenkläger: Mehrere Nebenkläger stellen eine Mehrheit von Auftraggebern dar, Hbg JB **97**, 195, Naumb JB **94**, 157, LG Hbg JB **97**, 194.

Nichteingetragener Verein: Rn 21 „Verein".

15 **Offene Handelsgesellschaft:** Sie bildet *keine* Mehrheit von Auftraggebern, SG Dortm JB **94**, 731. Denn die OHG ist ein eigenes Rechtssubjekt.

Freilich kann neben der OHG auch eine aktive oder passive Rolle *einzelner* oder sogar aller *Gesellschafter* vorliegen. Diese können dann neben der OHG weitere Auftraggeber sein.

Orchestervorstand: Rn 21 „Verein".

Abschnitt 1. Allgemeine Vorschriften § 7 RVG

Partei: Auftraggeber ist *nur die Partei* nach BLAH Grdz 4 vor § 50 ZPO. Denn sonst 16
verschwimmen alle Grenzen. Es könnte zu unabsehbaren Hintermännern kommen. Das RVG kennt gerade nicht den Begriff des Interessenschuldners. Unerheblich ist daher für § 7, wer nach dem Anwaltsvertrag die Vergütung zahlen soll, die Information erteilt oder beim Vertragsabschluß tätig ist.
Partei kraft Amts: Jede derartige Partei nach BLAH Grdz 8 vor § 50 ZPO ist Auftraggeber, BGH AnwBl **94**, 196, Düss AnwBl **83**, 518, Hbg JB **82**, 1024, aM Kblz MDR **79**, 413 (aber dann liegen mehrere Rechtssubjekte vor).
Parteiwechsel: § 15 Rn 41.
Partnerschaftsgesellschaft: Man muß sie nach §§ 1ff PartGG wie eine Offene Handelsgesellschaft nach Rn 15 beurteilen, LG Bln JB **98**, 141.
Personalrat: Rn 7 „Betriebsrat".
Pfleger: Jeder Gepflegte kann Auftraggeber sein, Ffm Rpfleger **80**, 310 (Abwesenheitspfleger), Hbg JB **82**, 1505, Mü MDR **90**, 933 (Nachlaßpfleger).
Praxisgemeinschaft: Es gelten grds dieselben Regeln wie Rn 7 „BGB-Gesellschaft", zB bei Ärzten, Rn 6 „Ärztegemeinschaft".
Privatkläger: Mehrere Privatkläger bilden eine Mehrheit von Auftraggebern, LG Kref AnwBl **81**, 27, LG Nürnb-Fürth BB **81**, 1175.
Prozeßkostenhilfe: Auftraggeber ist nicht der Staat oder die Staatskasse, sondern die Partei nach BLAH Grdz 4 vor § 50 ZPO. Natürlich mag der Anwalt im Auftrag mehrerer Parteien tätig werden, Hamm AnwBl **80**, 75. Dann entsteht ein Anspruch gegen die Landeskasse bei einer Beiordnung nur für einzelne Auftraggeber nur wegen deren Wertanteile, Jena Rpfleger **06**, 663.
Prozeßstandschaft, zum Begriff BLAH Grdz 21 ff vor § 50 ZPO: Trotz der etwaigen Rechtskrafterstreckung nach BLAH § 325 ZPO Rn 17 liegt nach (jetzt) § 4 Rn 25 nur *ein* Auftraggeber vor, soweit nicht eindeutig auch der Hintermann zum Partner des Anwaltsvertrags werden soll, Kblz MDR **00**, 529.
Prozeßverbindung, -trennung: § 15 Rn 17.
Rechtsanwaltsgesellschaft: Rn 6 „Anwaltssozietät", Rn 7 „BGB-Gesellschaft".
Rechtsmißbrauch: Er ist auch bei § 7 schädlich (Versagung der Erhöhung), Celle AnwBl **97**, 351.
Rechtsnachfolger: Rn 9 „Erbe", „Erbengemeinschaft".
Selbstvertretung: Soweit der Anwalt den Auftraggeber und sich selbst vertritt, liegt 17
eine Mehrheit von Auftraggebern vor, Hbg JB **78**, 1180. Vgl aber ferner Rn 2ff.
Sicherungsgeber: Rn 6 „Abtretung".
Sozietät: Rn 6 „Anwaltssozietät". 18
Steuerberater: Rn 6 „Anwaltssozietät", Rn 7 „BGB-Gesellschaft." 19
Streitgenossen: Mehrere Streitgenossen nach §§ 59ff ZPO, die gemeinschaftlich und nicht unabhängig voneinander auftreten, Karlsr JB **92**, 239, stellen eine Mehrheit von Auftraggebern dar, Düss AnwBl **95**, 476, Kblz JB **14**, 309, Mü Rpfleger **87**, 388 (Bruchteilseigentümer als Gesamtgläubiger oder -schuldner), aM KG JB **99**, 79, Köln MDR **93**, 1021 (je: bei der Abwehr inhaltsgleicher Unterlassungsansprüche. Aber es kommt nur auf die Personenmehrheit an). Tritt derselbe Anwalt als ProzBev des Auftraggebers nach § 11 Rn 14ff und als Unterbevollmächtigter des ProzBev eines Streitgenossen des Auftraggebers auf, liegen mehrere Aufträge vor, LG Frankenth Rpfleger **84**, 202 rechts. Wegen einer Prozeßkostenhilfe Rn 1. § 7 ist auch bei mehreren Asylbewerbern anwendbar.
S auch Rn 7 „BGB-Gesellschaft".
Streithelfer: Mehrere Streithelfer nach §§ 66ff ZPO stellen eine Mehrheit von Auftraggebern dar. Ein Streithelfer und seine Partei stellen ebenfalls eine Mehrheit von Auftraggebern dar.
Anders liegt es dann, wenn der Anwalt denselben Auftraggeber in diesen beiden Rollen vertritt, Mü MDR **94**, 735, aM LG Verden JB **79**, 1504 (aber dann ist nur *ein* Rechtssubjekt Auftraggeber).
Testamentsvollstrecker: Mehrere Testamentsvollstrecker können mehrere Auftrag- 20
geber sein, BGH MDR **94**, 413, Düss AnwBl **83**, 518, Hbg MDR **78**, 1031, aM Kblz MDR **79**, 413.
Tod: Der selbst vor der Klagezustellung eingetretene Tod ändert nichts an § 7, Kblz Rpfleger **16**, 739.

1405

Unterbevollmächtigter: VV 1008 kommt nur dann infrage, wenn er für mehrere Auftraggeber und nicht nur im Auftrag des Hauptbevollmächtigten tätig wird.
Unterhalt: Rn 11 „Kind".
Unternehmensgruppe: Rn 7 „BGB-Gesellschaft".

21 **Verein:** Es gilt jetzt infolge des Grundsatzurteils BGH **146**, 341 im Ergebnis insbesondere beim nichteingetragenen Verein im Aktiv- wie Passivprozeß dasselbe wie Rn 7 „BGB-Gesellschaft". § 50 II ZPO ist gegenstandslos geworden, Schmidt NJW **01**, 1003.
Vergütungszahler: Es ist nahezu unerheblich, wer den Anwalt bezahlt.
Vermächtnisnehmer: Sie sind auch dann mehrere Auftraggeber, wenn das Gericht ihre Forderungen zu einem Gesamtstreitwert addiert, aM Kblz Rpfleger **82**, 441 (aber es kommt auf die Personenzahl an).
Versicherung: Man muß nach Rn 12 „Kraftfahrzeugführer, -halter, -versicherer" nach den Gesamtumständen klären, ob ein Auftrag oder mehrere etwa von Versicherungsnehmer, Halter und Versichertem vorliegen.
Verteidiger: Eine Verteidigung mehrerer Beschuldigter durch einen gemeinschaftlichen Verteidiger ist nach § 146 StPO unzulässig. Wenn das Mandat zur Verteidigung mehrerer Beschuldigter in Einzelmandate aufgeteilt wird, ist § 7 *unanwendbar,* LG Saarbr AnwBl **75**, 367. Wenn ein Verteidiger den Pflichtverteidiger eines anderen Mitangeklagten vertritt, ist *keine* Mehrheit von Auftraggebern vorhanden.
Vertrag zugunsten eines Dritten: Es liegt *keine* Mehrheit von Auftraggebern vor. Denn der Dritte wird trotz eigener Forderungsrechte kein Vertragspartner des Anwalts.
Vertrag mit Schutzwirkung zugunsten eines Dritten: Es liegt *keine* Mehrheit von Auftraggebern vor. Denn der Dritte wird noch weniger als beim Vertrag zugunsten eines Dritten ein Vertragspartner des Anwalts.
Vertreter: *Nur* der *Vertretene* ist Auftraggeber, Ffm JB **89**, 1111, LG Bln AnwBl **77**, 469. Man muß klären, ob der Anwalt nur als Vertreter, auch als Vertreter oder nur im eigenen Namen handelt, Bre JB **87**, 378, Hbg JB **78**, 1180.
Vormund: Jedes Mündel kann Auftraggeber sein.

22 **Widerklage:** Da es sich zwischen dem Bekl und dem Widerkläger nach BLAH Anh § 253 ZPO um dieselbe Person handelt, liegt insofern *keine* Mehrheit von Auftraggebern vor.

23 **Wohnungseigentümergemeinschaft:** Sie ist nach § 10 VI WEG rechtsfähig, soweit sie bei der Verwaltung des gemeinschaftlichen Eigentums am Rechtsverkehr teilnimmt, so schon (je zum alten Recht) BGH NJW **05**, 2061, AG Schorndorf DGVZ **06**, 62. In diesem Umfang kann evtl *keine* Mehrheit von Auftraggebern vorliegen, AG Schorndorf DGVZ **06**, 62. Das gilt auch, soweit der Verwalter nach § 27 III WEG im Namen der Gemeinschaft und mit einer Wirkung für und gegen sie handelt.
Nur in den von § 10 VI WEG *nicht erfaßten* Bereichen gilt: Es kann sich nach § 10 I WEG um eine Mehrheit von Auftraggebern handeln, so schon (je zum alten Recht) BGH Rpfleger **98**, 478, Mü ZMR **03**, 451, Schlesw NZM **04**, 240, aM BayObLG AnwBl **01**, 183, Schlesw RR **04**, 804, LG Aurich Rpfleger **87**, 128 (abl Smid Rpfleger **87**, 334). Das gilt auch, soweit der Verwalter nach § 27 II WEG im Namen aller Wohnungseigentümer und mit Wirkung für und gegen sie handelt.
Wenn aber der *Verwalter* nach § 27 I WEG, *nur im eigenen Namen* als Prozeßstandschafter handelt, ist *nur er* Auftraggeber, BGH Rpfleger **87**, 387, Hamm Rpfleger **90**, 225, Kblz JB **00**, 529. Der Verwalter ist zwar oft, aber nicht stets berechtigt oder gar verpflichtet, zwecks Kostenersparnis im eigenen Namen vorzugehen, (je zum alten Recht) Mü ZMR **03**, 451, LG Mü ZMR **03**, 535, LG Essen Rpfleger **02**, 101, aM Kblz JB **00**, 529, LG Hbg ZMR **02**, 307, LG Mü JB **87**, 596 (aber eine Kostenersparnis ist ein allgemeines Gebot der §§ 91 ff ZPO). Das ist freilich nur für die Erstattungsfähigkeit von Bedeutung. Der Anwalt muß nicht auf eine Auftragserteilung nur eines Prozeßstandschafters nach BLAH Grdz 21 ff vor § 50 ZPO hinwirken, Kblz JB **00**, 529.

Abschnitt 1. Allgemeine Vorschriften § 7 RVG

Zeugen: Mehrere Auftraggeber in derselben Angelegenheit nach § 15 Rn 9 ff liegen 24
dann vor, wenn der Anwalt in einer Verhandlung für mehrere Zeugen tätig wird,
Kblz JB **05**, 589.
Zusammenwirken: Es ist nicht notwendig, daß mehrere Personen bei der Auftragserteilung bewußt zusammenwirken.
Zwangsversteigerung: § 7 gilt auch bei (jetzt) § 26, aM LG Hamm Rpfleger **01**, 323
(aber § 7 gilt allgemein, und § 26 spricht nur von „einem" Beteiligten oder Bieter).

5) Derselbe Anwalt, I 1. Die mehreren Auftraggeber müssen denselben Anwalt 25
beauftragt haben. Er muß in derselben Stellung zu seinen mehreren Auftraggebern
tätig geworden sein. Soweit sie eine Anwaltsgemeinschaft beauftragt haben, gilt dieser
Vorgang nach dort Rn 2 ff grundsätzlich als die Beauftragung nur eines Anwalts, nicht
mehrerer nach § 6, LG Bochum Rpfleger **77**, 333. Es reicht aus, daß der Anwalt
mehrere Personen teils als ProzBev nach § 11 Rn 14 ff, teils als Verkehrsanwalt, Beistand, Beweisanwalt, Terminsanwalt oder als Unterbevollmächtigter vertritt. Das gilt
bei jedem Beteiligten und jeder Partei, also auch zB beim Streitgenossen, Streitverkündeten, Widerkläger oder Beigeladenen.

Das ist aber *nicht* so, wenn derselbe Anwalt für den einen Auftraggeber als ProzBev,
für den Streitgenossen dieses Auftraggebers aber lediglich als Unterbevollmächtigter
des von diesem beauftragten ProzBev auftritt. Dann liegen zwei Aufträge vor. Daher
ist § 6 anwendbar, aM HaRö 12. Wegen einer Prozeßkostenhilfe Rn 7.

Soweit sich allerdings *Streitgenossen* getrennt vergleichen oder soweit das Gericht die 26
Klage eines Streitgenossen rechtskräftig abweist, erst dann aber gegen den anderen
getrennt verhandelt und entscheidet, kann § 7 anwendbar sein. Eine vor der Trennung entstandene Pauschgebühr gilt nach § 15 II auch eine gleiche Tätigkeit nach der
Trennung ab. Ebensowenig entstehen die bereits entstandenen Pauschgebühren beim
Hinzutreten oder beim Ausscheiden von Auftraggebern nochmals. Soweit der Anwalt
aber vor einer Verbindung bereits eine besondere Gebühr verdient hatte, verbleibt
ihm diese.

§ 7 ist unanwendbar, soweit sich zwei Anwälte *selbst* vertreten, Hbg JB **78**, 1015.

6) Dieselbe Angelegenheit, derselbe Gegenstand, I 1. Der Anwalt muß für 27
die mehreren Auftraggeber in derselben gemeinsamen Angelegenheit nach § 15
Rn 8 ff, §§ 17, 18 tätig geworden sein, BVerfG **65**, 75, Düss GRUR **00**, 825. Man
muß wie dort nach § 15 Rn 12, BGH JB **05**, 141 die Begriffe Angelegenheit und Gegenstand unterscheiden, Kblz JB **09**, 249, LG Saarbr JB **99**, 310. Für die Frage, ob dieselbe Angelegenheit vorliegt, kommt es auch bei § 7 auf den Umfang des Auftrags an.

Gegenstand ist dasjenige Recht oder Rechtsverhältnis, auf das sich die jeweilige anwaltliche Tätigkeit und nicht nur der jeweilige Auftrag tatsächlich bezieht, BVerfG
NJW **00**, 3126 (also bei mehreren Verfassungsbeschwerden evtl mehrere Gegenstände),
Hamm RR **11**, 1566, Kblz JB **09**, 249, Mü JB **04**, 376 (Mehrheit gleichlautender
Ansprüche), aM Jahns AnwBl **88**, 477. Es kann sich dabei um ein gegenwärtiges oder
künftiges Recht oder Rechtsverhältnis handeln, auch um ein bedingtes oder betagtes,
um ein behauptetes, erstrebtes oder geleugnetes, abgestrittenes. Beim bloßen Gläubigerwechsel bleibt es bei demselben Gegenstand, Düss JB **11**, 589. Aus zunächst einem
einzigen Gegenstand können sich mehrere Angelegenheiten ergeben.

Eine Angelegenheit kann *mehrere Gegenstände* umfassen. Dann gilt (jetzt) § 22 I, 28
BGH JB **91**, 534, Ffm MDR **02**, 236, Stgt JB **98**, 303.

7) Derselbe Rechtszug, I 1. Es muß sich um denselben Rechtszug handeln. Das 29
ergibt sich aus § 15 II 2. Vgl § 15 Rn 52 ff, § 19.

8) Haftung des einzelnen Auftraggebers, II. Man muß zwei Regeln beachten. 30

A. Grundsatz: Haftung eines jeden, II 1. Jeder Auftraggeber haftet gegenüber
dem Anwalt für dessen Gebühren und mit der Ausweitung durch II 1 Hs 2 (Dokumentenpauschale nach VV 7000) für dessen Auslagen so, als ob er allein den Auftrag
erteilt hätte, Ffm ZMR **88**, 231, LG Bln Rpfleger **92**, 258. Man muß also dann,
wenn die Gesamtvergütung mehrere Gegenstände umfaßt, zunächst die Gesamtvergütung nach dem zusammengerechneten Wert nach § 22 I errechnen. Anschließend
muß man die für den Auftrag jedes einzelnen Auftraggebers entstandene Vergütung
berechnen. Beide Summen muß man dann miteinander vergleichen.

1407

31 **B. Gesamtschuldner.** Jeder Auftraggeber haftet als Gesamtschuldner nach §§ 421 ff BGB, also nicht nur als Teilschuldner nach § 420 BGB. Er haftet daher wegen II 1 Hs 1 nur in Höhe des von ihm persönlich erteilten Auftrags, soweit dieser sich mit dem Auftrag der übrigen Auftraggeber deckt. II überläßt das Innenverhältnis der Gesamtschuldner untereinander dem § 426 BGB, Köln RR **99**, 726, Mü JB **78**, 1493. Das gilt schon ab einem gemeinsamen Antrag, BGH NJW **81**, 1666. Der zahlende Gesamtschuldner hat dann den Ausgleichsanspruch des § 426 II 1 BGB, BGH NJW **91**, 97.

Die für die Berechnung der Gesamtvergütung erfolgten *Erhöhungen* nach (jetzt) VV 1008 bleiben für die Berechnung der von dem einzelnen Auftraggeber geschuldeten Vergütung außer Betracht, Düss ZMR **88**, 23, Mü JB **78**, 1806, LG Bln Rpfleger **92**, 258. Das gilt auch (jetzt) bei § 59, LG Bln Rpfleger **92**, 258.

32 **C. Einzelschuldner.** Für diejenige Tätigkeit des Anwalts, die nur auf dem Einzelauftrag *eines* der Auftraggeber beruht, haftet nur dieser Auftraggeber, falls es sich um eine gebührenrechtlich besonders erfaßbare Tätigkeit handelt. Das gilt nach § 60 ZPO insbesondere also bei verschiedenen Gegenständen. Ein Streitgenosse haftet zB nicht für diejenige Terminsgebühr, die nur bei den anderen Streitgenossen entstanden ist. Die Leistung eines Auftraggebers befreit die anderen gesamtschuldnerischen Auftraggeber in Höhe dieser Leistung. Der Ausgleich nach Rn 31 geschieht aber nicht im Verfahren nach § 11, sondern im Klageweg, BGH NJW **91**, 97, Mü Rpfleger **78**, 337.

33 **E. Beim Patentanwalt.** II gilt auch für ihn, Ffm GRUR **79**, 76.

34 **F. Höchstforderung, II 2.** Der Anwalt kann insgesamt nicht mehr als die nach I berechnete Gesamtvergütung nach Rn 30, 31 einschließlich der insgesamt entstandenen Auslagen fordern, Schlesw SchlHA **78**, 178. „Fordern" meint: durchsetzen. Der Anwalt kann also jedem Auftraggeber zunächst eine höhere Rechnung schicken und abwarten, welchen Betrag jeder Auftraggeber zahlt. Er muß aber natürlich nicht so handeln, sondern kann jedem Auftraggeber eine nur diesen betreffende Rechnung senden. Zur Verteilung auch Mü AnwBl **85**, 42.

35 **9) Erstattungsfähigkeit: Übersicht, I, II,** dazu *Olivet,* Die Kostenverteilung im Zivilurteil, 4. Aufl 2006:

§ 7 regelt nicht die Frage der Erstattungsfähigkeit, Meyer JB **08**, 634. Diese richtet sich vielmehr nach §§ 91 ff ZPO, § 85 FamFG, §§ 464 ff StPO usw, Bbg MDR **00**, 791. Vgl zunächst § 100 ZPO. Diese Vorschrift regelt nicht alle denkbaren Fälle ausdrücklich, Meyer JB **08**, 634, Schroers VersR **75**, 110. Im Zivilprozeß und im Verfahren nach § 113 I 2 FamFG gelten die folgenden Regeln.

36 **10) Alle Streitgenossen siegen, § 100 I–IV ZPO.** Das Gegenstück zu dem in § 100 ZPO ausdrücklich geregelten Unterliegen mehrerer oder aller Streitgenossen nach §§ 59 ff ZPO ist ein Sieg mehrerer oder aller Streitgenossen. Diesen Fall erfaßt § 100 ZPO nicht ausdrücklich. Es haben sich im wesentlichen die folgenden Regeln herausgebildet.

37 **A. Keine Gesamtgläubigerschaft.** Siegende einfache wie notwendige Streitgenossen nach §§ 59, 62 ZPO sind selbst dann, wenn das Gericht ihnen die Hauptsache ausdrücklich als Gesamtgläubigern zugesprochen hat, nicht auch wegen der Kosten Gesamtgläubiger, Karlsr JB **06**, 205. Sie sind vielmehr Gläubiger nach Kopfteilen, genauer hier: nach ihrem Anteil an der Hauptsache, also nicht stets zu gleichen Anteilen.

38 Das gilt auch dann, wenn das Gericht die Verlierer in der Hauptsache „als Gesamtschuldner" verurteilt hat und wenn sie daher wegen der Kosten nach § 100 IV ZPO ebenfalls als Gesamtschuldner haften. Das alles gilt jedenfalls, soweit das Gericht nicht im Urteil ausdrücklich die Sieger gerade auch wegen der Kosten fehlerhaft, aber nun einmal wirksam „als Gesamtgläubiger" bezeichnet hat. Diese Beurteilung wirkt sich nicht nur auf die Fassung der Kostenentscheidung aus, sondern vor allem auf die Kostenerstattung. Alle diese Fragen sind heftig umstritten.

39 **B. Bei erheblicher Verschiedenheit der Beteiligung: Entsprechende Kostenverteilung.** Soweit eine erheblich verschiedene Beteiligung am Rechtsstreit dazu führt, daß jeder dieser unterschiedlich beteiligten Streitgenossen jeweils voll siegt, sind die in § 100 II ZPO enthaltenen Grundsätze entsprechend anwendbar. Vgl für die Kostenentscheidung Rn 40 und für die Kostenerstattung Rn 49.

11) Ein Streitgenosse siegt, einer verliert, § 100 I–IV ZPO. Auch den Fall, **40** daß von zwei Streitgenossen der eine voll siegt, der andere voll verliert, regelt § 100 ZPO nicht direkt. Dasselbe gilt für die Varianten, daß von mehr als zwei Streitgenossen einer oder mehrere ganz siegen, einer oder mehrere ganz verlieren oder daß zB der Streitgenosse A ganz siegt, B halb siegt, halb verliert und C ganz verliert usw. Diese Situationen können allerdings nur bei einfachen Streitgenossen entstehen, nicht bei notwendigen nach § 62 ZPO.

Für die Kosten*entscheidung* gelten die nachfolgenden Regeln. Für die Kosten*erstattung* ergeben sich daraus die in Rn 49 ff dargestellten Folgen.

A. Grundsatz der Kostenteilung. Das Gericht muß in allen diesen Fällen zu- **41** nächst § 92 ZPO anwenden und darf § 100 ZPO nur ergänzend mit heranziehen. Es muß immer bedenken, daß es sich nach BLAH Üb 4 vor § 59 ZPO in Wahrheit nur um eine willkürliche Zusammenfassung mehrerer Klagen in demselben Prozeß handelt.

Der *siegende* Streitgenosse soll natürlich grundsätzlich keine Kosten tragen, von § 96 ZPO abgesehen. Er soll vielmehr nur einen Erstattungsanspruch erhalten. Das Gericht darf den Gegner grundsätzlich nur seinem Teil entsprechend belasten, BGH FamRZ **05**, 1740, Kblz JB **14**, 146. Ausnahmsweise mag bei einem vermögenden Elternteil und einem erwerbslosen Kind nur der erstere belastbar sein, Kblz JB **00**, 145.

B. Grundsatz der Kostentrennung. §§ 91 ff ZPO gehen an sich von der Regel **42** aus, daß das Gericht im Interesse der Einheit der Kostenentscheidung nicht zwischen den Gerichtskosten und den außergerichtlichen Kosten unterschiedliche Quoten bilden soll und darf. Bei Streitgenossen ist aber gerade der entgegengesetzte Grundsatz erforderlich. Denn es liegt ja eine andere Ausgangsgrundlage vor. Es wäre nicht zu verantworten, denjenigen Streitgenossen mitzubelasten, der in diesem Umfang gar nicht unterlegen ist, und umgekehrt.

Daher muß das Gericht in der *Kostengrundentscheidung* nach BLAH Üb 35 vor § 91 ZPO über die Gerichtskosten (Gebühren und Auslagen) einerseits und über die außergerichtlichen Kosten (Gebühren und Auslagen) andererseits gesonderte Aussprüche formulieren. Darüber besteht Einigkeit.

C. Baumbach'sche Formel. Streit besteht allerdings darüber, welche Fassung die **43** Kostengrundentscheidung nach BLAH Üb 35 von § 91 ZPO in solchen Mischfällen am zweckmäßigsten erhalten soll. Hierüber gingen die Meinungen früher noch erheblich stärker auseinander. Der von Baumbach in BLAH § 100 ZPO Rn 52 angeregte Weg hat sich bewährt, VerfGH Mü NJW **01**, 2962, lt ZöHe § 100 ZPO Rn 7, 8 „trotz seiner Tücken … seit vielen Jahrzehnten", LG Bonn Rpfleger **89**, 521. Er „beherrscht die Praxis völlig", Mü Rpfleger **89**, 128, Stgt Rpfleger **90**, 183, Herr DRiZ **89**, 87 (er erstrebt mit seiner von ihm selbst als „Säckeotheorie" referierten Fortentwicklung eine Präzisierung und Vereinfachung mit eindrucksvoll komplizierten Rechenbeispielen).

Die sog *Baumbach'sche Formel* erfaßt einen Fall, in dem bei einer etwa gleichhohen **44** Beteiligung der Bekl X siegt, der Bekl Y unterliegt. Sie *lautet:*
„Die Gerichtskosten tragen der Kläger und der Beklagte Y je zur Hälfte. Von den außergerichtlichen Kosten tragen der Kläger die des Beklagten X voll und ½ der eigenen, der Beklagte Y die eigenen und ½ der dem Kläger erwachsenen Kosten".

Entsprechendes gilt dann, wenn von zwei Klägern der eine siegt, der andere unterliegt. Bei *mehr als zwei* Streitgenossen sind die Quoten entsprechend zu ändern.

Man sollte diese Fassung *anderen* Lösungsversuchen etwa von Roeder DRiZ **91**, 93 **45** (im Ergebnis ähnlich) erfahrungsgemäß *vorziehen*. Man sollte nicht etwa schreiben, der Kläger und der Bekl X trügen je die Hälfte der Kosten. Denn eine solche Fassung würde dem siegenden Bekl X endgültig jeden Kostentitel nehmen. Unzweckmäßig wäre auch die Fassung, die dem siegenden Bekl X entstandenen besonderen Kosten trage der Kläger. Denn sie würde dem Kostenaufbau der ZPO widersprechen.

Wenn das Gericht trotzdem in solcher Weise entschieden hat, bleibt nur übrig, die Kostenentscheidung bei der Kostenfestsetzung so *auszulegen*, daß der Gegner und der unterliegende Streitgenosse die Kosten im Verhältnis ihrer Beteiligung und nach § 100 I–III ZPO tragen.

Zur Nutzbarkeit der Baumbach'schen Formel mit Mitteln einer objektorientierten Programmierung etwa bei „java" Schuster http://www.de/jurpc.de/jurpc/show?id=20140189.

46 **12) Ausscheiden eines Streitgenossen, § 100 I–IV ZPO.** An sich soll das Teilurteil nach BLAH § 301 ZPO Rn 19 überhaupt keine Kostenentscheidung enthalten. Jedoch bleibt § 100 ZPO auf den Zeitraum bis zum Ausscheiden eines Streitgenossen anwendbar. Man darf also für diesen Zeitraum auch schon im Teilurteil eine Kostenentscheidung treffen. Man muß sie dann im etwaigen Schlußurteil mit berücksichtigen, BGH RR **91**, 187.

47 § 100 IV ZPO ist auch dann anwendbar, wenn das Gericht den einen Streitgenossen durch ein *Teilurteil* verurteilt hat, den anderen durch ein Schlußurteil. Es reicht aus, daß sich die gesamtschuldnerische Haftung zur Hauptsache aus dem Urteil ergibt.

48 Wenn sich ein *ausgeschiedener* Streitgenosse nicht am Rechtsmittel beteiligt, ist § 100 ZPO unanwendbar. Das gilt selbst dann, wenn es sich nach § 59 ZPO um einen einfachen und nicht nach § 62 ZPO notwendigen Streitgenossen handelt. Auf die restlichen Streitgenossen ist § 97 ZPO anwendbar. Bei einer Klagerücknahme nach § 269 ZPO kann § 100 ZPO anwendbar sein, BPatG GRUR-RR **14**, 216. Bei einer solchen gegenüber nur einzelnen Streitgenossen unterbleibt eine Kostenentscheidung. Wegen der Kostenerstattung Rn 49 ff.

49 **13) Erstattung im einzelnen, § 100 I–IV ZPO.** Man muß die Frage, ob, wann und wie eine Kostengrundentscheidung nach BLAH Üb 35 von § 91 ZPO notwendig ist und wie man sie berichtigen, ergänzen oder anfechten kann, von der Frage unterscheiden, welche Regeln im einzelnen bei der aus der Kostengrundentscheidung natürlich folgenden Kostenerstattung entstehen. Zwar darf der Rpfl die Kostengrundentscheidung im Erstattungsverfahren nach BLAH Einf 17–19 vor §§ 103–107 ZPO nur auslegen, nicht ändern. Gerade bei der Auslegung können aber zusätzliche Probleme entstehen.

50 Fast alle Fragen zur Kostenerstattung sind vor allem in der Praxis *heftig umstritten*. Das hängt zum Teil damit zusammen, daß man vom erwünschten Ergebnis her argumentiert und Widersprüche zu den eigentlich als Ausgangspunkt geltenden Grundsätzen hinnimmt, nach denen man die Kostengrundentscheidung formulieren muß. Im wesentlichen ergeben sich etwa die folgenden Meinungen. Nach einem Beitritt erst nach Urteilsverkündung (vor einem Rechtsmittel) gibt es keine erstinstanzliche Erstattung, Naumb BauR **12**, 843.

51 **A. Grundsatz: Nur anteilige Erstattung.** Aus den Grundsätzen der Kostenteilung und Kostentrennung nach Rn 41, 42 und aus den daraus am besten ableitbaren Baumbach'schen Formel nach Rn 43 folgt für die Kostenerstattung aus der Sicht des Gläubigers der Grundsatz: Jeder siegende Streitgenosse kann grundsätzlich die Erstattung nur, aber auch aller derjenigen nach Rn 54 notwendigen Kosten fordern, die *auf ihn persönlich* entfallen, also auf seinen *Kopfteil*, BGH FamRZ **06**, 694, Düss MDR **08**, 594 (auch nach einer Klagänderung), Mü JB **13**, 144, es sei denn, er hätte entweder mit seinen Streitgenossen eine für ihn abweichende Vereinbarung getroffen, Mü MDR **95**, 856, oder er könnte glaubhaft machen, daß er im Innenverhältnis allein zahlungspflichtig sei, Kblz RR **04**, 72, Schütt MDR **04**, 137. Entsprechendes gilt beim ausgeschiedenen Streitgenossen: Er trägt seinen Kopfteil, Brdb MDR **04**, 842.

52 Er kann also auch *nicht von vornherein* ohne die Notwendigkeit einer weiteren Glaubhaftmachung nach § 294 ZPO die Erstattung derjenigen gesamten Summe fordern, für die er einen gemeinsamen Anwalt als Gesamtschuldner haftet. Denn eine solche Lösung könnte zu einer Bereicherung des Siegers führen, Kblz RR **04**, 72 (großzügig beim Haftpflichtversicherer), Schlesw JB **99**, 29, LG Saarbr JB **99**, 310, aM Düss MDR **88**, 325, Ffm JB **86**, 96, Hamm JB **05**, 91 (vgl aber Rn 68).

53 Die *weiteren Varianten* im Meinungsbild haben in der Praxis keine Bedeutung.

Abschnitt 1. Allgemeine Vorschriften §7 RVG

B. Nur wegen notwendiger Kosten. Auch soweit ein Streitgenosse nach 54
Rn 36 ff grundsätzlich eine Kostenerstattung fordern kann, gilt das doch nur, aber auch
sehr wohl wegen aller derjenigen Kosten, die für ihn nach § 91 ZPO auch objektiv
notwendig waren, BGH NJW **13**, 2827, Kblz JB **00**, 85 rechts.

Solche Kosten, die er zwar für notwendig hielt, die aber ihrer Art oder Höhe nach 55
schon außerhalb der Sonderfälle einer Streitgenossenschaft nach den Regeln des § 91
ZPO *nicht* erstattungsfähig wären, werden nicht dadurch erstattungsfähig, daß ein
Streitgenosse sie geltend macht.

Diese *Einschränkung* der Erstattungsfähigkeit ist im Grunde unabhängig von dem 56
Meinungsstreit zu Rn 51, 52 unstreitig. Streitig ist nur weiterhin die Frage der
Glaubhaftmachung nach Rn 61.

C. Notwendigkeit von Anwaltskosten. Man muß die Frage, ob insbesondere 57
Rechtsanwaltskosten notwendig waren, nach § 91 ZPO beantworten, BLAH § 91
ZPO Rn 114 ff, 124 ff, 157 ff, 220 ff usw. Hier nur einige Ergänzungen speziell für die
Fälle der Streitgenossenschaft.

D. Aufträge an gesonderte Anwälte. Grundsätzlich darf jeder Streitgenosse ei- 58
nen eigenen Anwalt beauftragen. Der Erstattungspflichtige muß also die Kosten der
Anwälte aller Streitgenossen erstatten, soweit es nicht mehr Anwälte als Streitgenossen
gab, Bbg Rpfleger **11**, 352, Ffm AnwBl **88**, 74, Kblz MDR **95**, 263 (jedenfalls bei
Interessengegensätzen), strenger Düss JB **10**, 431, Ffm AnwBl **88**, 74, Kblz MDR **10**,
1158. Ein Rechtsmißbrauch ist nach Rn 64 unstatthaft, aber nicht einfach unterstellbar.

Das gilt *unabhängig von* etwaigen *AKB*. Denn sie berühren nur das Innenverhältnis. 59
Der vorstehende Grundsatz gilt nach BLAH § 91 ZPO Rn 137 dann nur eingeschränkt,
wenn eine Versicherung ihren Anwalt auch für den Versicherungsnehmer beauftragt
hatte und wenn der Versicherungsnehmer außerdem einen eigenen Anwalt hat.

E. Aufträge an gemeinsamen Anwalt. Wenn alle Streitgenossen oder einige 60
von mehreren Streitgenossen gemeinsam einen Einzelanwalt oder eine Anwaltssozietät beauftragt haben, muß man § 7 beachten, BLAH § 91 ZPO Rn 136 „Sozius" zur
Streitfrage. Die Streitgenossen können zusammen höchstens einmal die vollen Gebühren und Auslagen des gemeinsamen ProzBev nach § 11 Rn 14 fordern, Hbg JB
77, 199, Mü Rpfleger **88**, 38.

Wenn ein Streitgenosse eine Kostenerstattung verlangt, kann er zunächst grund- 61
sätzlich die Festsetzung derjenigen Kosten fordern, die ihn allein betreffen, BGH RR
03, 1217, Ffm MDR **02**, 236, Mü JB **13**, 144. Er kann aber außerdem auch die Festsetzung derjenigen Kosten fordern, für die er dem Anwalt gesamtschuldnerisch haftet,
Stgt Rpfleger **01**, 566 (Umsatzsteuer), LG Kref AnwBl **80**, 365, aM Ffm AnwBl **85**,
263 (inkonsequent). Er muß aber dazu nach § 294 ZPO *glaubhaft* machen, daß er die
Kosten *bezahlt hat oder* daß seine Streitgenossen wegen einer eigenen Vermögenslosigkeit nicht zahlen können. Es kommt also darauf an, ob er die Kosten dem Anwalt
gegenüber *bezahlen muß*.

Soweit er nicht die Zahlung der gesamten gesamtschuldnerisch geschuldeten Ver- 62
gütung nach Rn 62 glaubhaft machen kann, kann er nach Rn 51 *nur* eine Erstattung
des bei einem Kostenausgleich *auf ihn fallenden* Kostenteils fordern, BGH RR **03**,
1217, Kblz BauR **13**, 2068, Mü JB **13**, 144, aM Ffm VersR **81**, 194, KG JB **99**, 417,
LAG Köln MDR **01**, 357 (je: inkonsequent).

F. Gemeinsame Festsetzungsanträge. Wenn Streitgenossen die Kostenfestset- 63
zung gemeinsam betreiben, muß der Rpfl für jeden Streitgenossen auf seinen Bruchteil nach dem Innenverhältnis zwischen ihnen festsetzen, falls das den Gegner besonders berührt, KG RR **01**, 1435 (evtl auf ein Rechtsmittel hin). Viele beachten diese
Notwendigkeit nicht. Im Zweifel liegt eine Gesamtgläubigerschaft vor, BGH AnwBl
85, 524 (zustm Japes/Joswig).

G. Verbot des Rechtsmißbrauchs. Jeder Rechtsmißbrauch ist nach BLAH 64
Einl III 54 auch bei der Kostenerstattung unstatthaft, Bbg Rpfleger **11**, 352. Das gilt
zB dann, wenn ein Komplementär einen eigenen ProzBev bestellt, Hamm Rpfleger
78, 329, Stgt Just **80**, 20, aM Düss JB **81**, 762 (aber ein Rechtsmißbrauch ist nie erlaubt). Ein Rechtsmißbrauch liegt nach BLAH § 91 ZPO Rn 124 ff auch bei einem
grundlosen Anwaltswechsel vor, Bbg JB **86**, 923, Hbg JB **82**, 767, Mü MDR **90**,

1411

555, aM Hbg JB **80**, 761, Mü JB **81**, 138 (mit einer bedenklichen Großzügigkeit beseitigt man aber kein Unrecht. Ein grundloser Anwaltswechsel auf Kosten des Gegners läßt sich nicht rechtfertigen).

65   H. **Notwendigkeit einer Glaubhaftmachung.** Vgl zunächst Rn 55, 60. Die Glaubhaftmachung erfolgt wie sonst nach § 294 ZPO. Zusätzlich enthält § 104 II 1 ZPO denselben Grundsatz. § 104 II 2 ZPO enthält einige Ausnahmen wegen der einem Anwalt entstandenen Auslagen an Post-, Telefax- und Fernsprechgebühren. Dazu genügt die bloße anwaltliche Versicherung.

66   I. **Weiteres Verfahren.** Da der Rpfl die Kostenerstattung praktisch im Kostenfestsetzungsverfahren prüfen muß, gelten §§ 103–107 ZPO, insbesondere § 104 ZPO.

67   14) **Teilunterliegen, Teilsieg mehrerer Streitgenossen,** § 100 I–IV ZPO. Soweit von mehreren Streitgenossen der eine oder mehrere oder alle jeweils für die eigene Person teilweise siegen und teilweise unterliegen, liegt eine andere Situation als bei Rn 40 ff vor. Man muß aber die Grundsätze Rn 36–66 auch auf ein Teilunterliegen und einen Teilsieg entsprechend anwenden und zusätzlich § 92 ZPO hinzuziehen. Stets sollte das Gericht auf eine möglichst gerechte, aber auch einfache und klare Fassung der Kostengrundentscheidung achten. Es sollte versuchen, die obigen Grundsätze für und gegen einen jeden der Streitgenossen einzuhalten.

68   15) **Rechtsmittel,** § 100 I–IV ZPO. Rechtsbehelfsbelehrung, Verstoß: §§ 12 c, 33 V 2, 52 IV 2. Gegen die Kostengrundentscheidung nach BLAH Üb 35 vor § 91 ZPO sind diejenigen Rechtsmittel statthaft, die ihrer Form entsprechen, jeweils eingeschränkt durch § 99 ZPO. Gegen die Entscheidung im Kostenfestsetzungsverfahren sind die in § 104 ZPO genannten Rechtsbehelfe (befristete Erinnerung) oder Rechtsmittel (sofortige Beschwerde) möglich.

69   Stets muß man bei der Anfechtung einer Kostenentscheidung beachten, daß ein *Beschwerdewert* von mehr als 200 EUR nach § 567 II ZPO (Kostengrundentscheidung) eine Voraussetzung ist. Beim Rpfl gilt § 11 RPflG, BLAH § 104 ZPO Rn 41 ff.

Fälligkeit, Hemmung der Verjährung

8 I ¹Die Vergütung wird fällig, wenn der Auftrag erledigt oder die Angelegenheit beendet ist. ²Ist der Rechtsanwalt in einem gerichtlichen Verfahren tätig, wird die Vergütung auch fällig, wenn eine Kostenentscheidung ergangen oder der Rechtszug beendet ist oder wenn das Verfahren länger als drei Monate ruht.

II ¹Die Verjährung der Vergütung für eine Tätigkeit in einem gerichtlichen Verfahren wird gehemmt, solange das Verfahren anhängig ist. ²Die Hemmung endet mit der rechtskräftigen Entscheidung oder anderweitigen Beendigung des Verfahrens. ³Ruht das Verfahren, endet die Hemmung drei Monate nach Eintritt der Fälligkeit. ⁴Die Hemmung beginnt erneut, wenn das Verfahren weiter betrieben wird.

Gliederung

1) Systematik, I, II	1
2) Regelungszweck, I, II	2
3) Geltungsbereich, I, II	3, 4
A. Grundsatz: Umfassende Geltung	3
B. Beispiele zur Frage des Geltungsbereichs, I, II	4
4) Voraussetzungen, I 1, 2	5–20
A. Grundsatz: Maßgeblichkeit der Tätigkeitsart, I 1	5
B. Erledigung des Auftrags, I 1 Hs 1	6
C. Beispiele zur Frage einer Erledigung des Auftrags, I 1 Hs 1	7–9
D. Beendigung der Angelegenheit, I 1 Hs 2	10
E. Beispiele zur Frage einer Beendigung der Angelegenheit, I 1 Hs 2	11
F. Ergehen einer Kostenentscheidung, I 2 Hs 1	12
G. Beispiele zur Frage einer Kostenentscheidung, I 2 Hs 1	13
H. Beendigung des Rechtszuges, I 2 Hs 2	14
I. Beispiele zur Frage einer Beendigung des Rechtszugs, I 2 Hs 2	15, 16
J. Ruhen des Verfahrens für längere Zeit, I 2 Hs 3	17
K. Beispiele zur Frage einer Fälligkeit nach I 2 Hs 3	18

Abschnitt 1. Allgemeine Vorschriften　　　　　　　　　　　　　　**§ 8 RVG**

    L. Wiederaufnahme der Vertretung 19
    M. Stundungsablauf 20
  5) Verjährung des Vergütungsanspruchs, II 1–4 21–29
    A. Grundsatz: Maßgeblichkeit des BGB 21
    B. Fristbeginn 22
    C. Beispiele zur Frage einer Verjährung, II 1–4 23–25
    D. Hemmung der Verjährung 26
    E. Beispiele zur Frage der Verjährungshemmung, II 1–4 27
    F. Hemmungsende und -erneuerung 28
    G. Neubeginn der Verjährung 29

1) Systematik, I, II. Man muß zwischen einem Vorschuß nach § 9 auf die Vergütung, der Entstehung eines Vergütungsanspruchs, seiner Fälligkeit nach §§ 4, 8, seiner Klagbarkeit nach § 10 und seiner Verjährung unterscheiden. Der Gebührenanspruch entsteht (erwächst), sobald der Anwalt die gebührenpflichtige Tätigkeit vorzunehmen beginnt, VGH Mü NVwZ-RR **08**, 504, sobald er daher etwa in den Grenzen von Grdz 12 vor § 1 die auftragsgemäße Information entgegenzunehmen beginnt. Bei einer Pauschgebühr entsteht der Anspruch also durch die erste Tätigkeit, die zu der mit ihr abgegoltenen Tätigkeitsgruppe gehört, Ffm RR **04**, 1665. Das gilt unabhängig davon, ob der Anwalt ihn jetzt schon klageweise geltend machen kann. Denn die Klagbarkeit ist nach § 10 Rn 1 gerade erst eine Folge der Fälligkeit. Eine spätere Wertänderung läßt die schon entstandene Gebühr weder ganz noch teilweise entfallen, VGH Mü NVwZ-RR **08**, 504.

Ein *Verzugsschaden* nach § 288 IV BGB setzt eine solche Anwaltstätigkeit voraus, die erst *nach* dem Eintritt des Verzugs beginnt. Denn sonst ist der „Schaden" schon vor einem Verzug eingetreten. Daher kann die erste Mahnung, die erst den Verzug herbeiführen soll, wegen § 8 in Verbindung mit § 288 I 1 BGB noch nicht wegen ihrer Vergütung einen Verzugsschaden begründen. Das übersehen manche.

Die *Fälligkeit* setzt das Entstehen voraus. Sie kann bei jedem Auftraggeber nach § 7 unterschiedlich eintreten. Sie tritt nach § 15 Rn 1 erst dann ein, wenn die zeitlich erste der in § 8 genannten Voraussetzungen vorliegt. Damit gibt I eine gegenüber § 271 BGB vorrangige Sonderregelung. Zu ihr tritt die Notwendigkeit einer Berechnung nach § 10. Man kann man die Fälligkeit nach § 4 Rn 25 vorrangig abweichend von § 8 vereinbaren. Zum Ausgleich der gegenüber dem BGB hinausgeschobenen Fälligkeit gibt § 9 einen Anspruch auf einen Vorschuß.

Die Fälligkeit ist nach § 33 II 1 ihrerseits eine Voraussetzung für den Antrag des Anwalts auf eine *Wertfestsetzung*, soweit eine solche für die Gerichtsgebühren nicht erfolgt, und für eine Wertbeschwerde nach § 33 III. Die Fälligkeit ist auch eine Voraussetzung für die gesondert zu prüfende Einforderbarkeit nach § 10 und nach § 11 II 1 für den Antrag des Anwalts auf die Festsetzung seiner Vergütung gegenüber dem Auftraggeber und umgekehrt. Die Fälligkeit gibt dem Auftraggeber einen Anspruch auf eine dem § 10 entsprechende Abrechnung des Anwalts, auch nach einer Zahlung. Für den Anspruch des Auftraggebers gegenüber seinem Prozeßgegner auf eine Kostenerstattung ist § 8 unerheblich, Kblz JB **12**, 75. Die Fälligkeit einer weiteren Vergütung des bei einer Prozeßkostenhilfe usw beigeordneten Anwalts nach § 50 gegenüber der Staatskasse tritt mit dem Festsetzungsbeschluß nach § 55 ein.

Änderungen sind durch eine Vereinbarung sowohl bei der Fälligkeit als auch bei der Verjährung statthaft. Soweit eine Vereinbarung den Anwalt besserstellt, muß man für sie § 4 beachten.

2) Regelungszweck, I, II. Die Vorschrift dient der Rechtssicherheit, nicht nur im Bereich der ZPO, BLAH Einl III 43, sondern im gesamten Anwendungsgebiet des RVG. Denn sie legt wesentliche Anknüpfungszeitpunkte mit ihren auch berufs- und strafrechtlichen Auswirkungen möglichst genau fest. Es geht sowohl um die Befriedigung des Anwalts als auch um die im Interesse aller Beteiligten liegende alsbaldige Klärung des Vergütungsanspruchs und des Beginns der Verjährungsfrist. Das muß man bei der Auslegung mitbeachten.

Vorleistungspflicht des Anwalts ist an sich natürlich keine Selbstverständlichkeit. Sie besteht ja auch nur mit den ganz erheblichen Einschränkungen nach § 9 mit seinem Vorschußrecht des Anwalts. Andererseits ist dies letztere ja zB gegenüber dem Arztrecht eine ziemliche Besserstellung. Deshalb sollte man durchaus die Fälligkeitsaus-

RVG § 8   X. Rechtsanwaltsvergütungsgesetz

lösungen und daher die Begriffe Auftragserledigung, Angelegenheitsbeendigung, Kosten(grund)entscheidung und Rechtszugsbeendigung nicht in einer für den Auftraggeber allzu ungünstigen Weise auslegen. An eine anwaltsfreundlichere Vereinbarung sollte man folglich keine zu geringen Anforderungen stellen. Selbst ein umfassendes Vorschußrecht ändert nichts am Grundsatz der Vorleistungspflicht. Das gilt selbst bei einer solchen Tätigkeit, die einen hohen Einsatz von Zeit, Können, Organisation und weiteren Anwaltsfähigkeiten erfordert und bei der obendrein die Zahlungsfähigkeit oder -bereitschaft des Auftraggebers nicht sicher sein könnte. Vorleistung ist im Kern auch eine Folge der Stellung als Organ der Rechtspflege nach § 1 BRAO.

Zwar löst der *früheste* der ja nicht wenigen Vorgänge in I die Fälligkeit aus. Der Anwalt soll nicht länger als wirklich nötig auf seine Vergütung warten müssen. Das darf nun aber ebenfalls nicht zu einer allzu anwaltsfreundlichen Handhabung der Begriffe Auftragserledigung oder Beendigung einer Angelegenheit, Rechtszugsende oder Ruhensdauer führen. Es kann notwendig sein, nur eine Teilfälligkeit anzunehmen oder eine vorsorgliche Rückfrage beim Auftraggeber zu stellen, wie dieser die obigen Fälligkeitsvoraussetzungen beurteilt. Natürlich muß der Anwalt auch kein offenkundiges Hinhalten hinnehmen. Es mag aber verständlich sein, wenn der Auftraggeber noch etwas zuwarten möchte, ob sich zB sein Gegner nun zufriedengibt. Dann mag der Auftrag schon deshalb noch nicht (ganz oder teilweise) erledigt sein usw.

3 **3) Geltungsbereich, I, II.** Die Vorschrift gilt für jede anwaltliche Tätigkeit.

A. Grundsatz: Umfassende Geltung. § 8 gilt jedem gegenüber. Sie gilt also nicht nur im Verhältnis zwischen dem Anwalt und seinem Auftraggeber. Die Fälligkeit kann gegenüber Streitgenossen nach §§ 59 ff ZPO zu verschiedenen Zeitpunkten eintreten, etwa bei einem Vergleich mit nur einem von ihnen. Die Vorschrift umfaßt nach § 1 I 1 die gesamte Vergütung, also Gebühren und Auslagen.

4 **B. Beispiele zur Frage des Geltungsbereichs, I, II**
Bestellter Anwalt: § 8 gilt auch für ihn, auch bei § 52.
Hebegebühr: S „Vorschuß".
Honorarvereinbarung: § 8 gilt auch für eine nach § 3a vereinbarte Vergütung. Das ist freilich abdingbar.
Mithaftung: § 8 gilt auch im Verhältnis zu einem mithaftenden Dritten.
S auch „Rechtsschutzversicherung".
Patentanwalt: Wegen der Fälligkeit seines Gebührenanspruchs BGH BB **82**, 1204.
Pauschale nach § 51: § 8 gilt auch für sie, Brschw JB **01**, 309, Hamm JB **01**, 309.
Pflichtverteidiger: § 8 gilt auch für ihn.
S auch „Pauschale nach § 51".
Prozeßgegner: § 8 gilt *nicht* im Verhältnis zum Prozeßgegner des Auftraggebers.
Prozeßkostenhilfe: § 8 gilt nach § 122 I Z 3 ZPO, § 78 FamFG auch für den beigeordneten Anwalt.
Rechtsschutzversicherung: § 8 gilt auch ihr gegenüber.
Ruhen: I 2 Hs 3 gilt *nicht* bei §§ 1025 ff ZPO, Köln JB **93**, 345.
Schiedsrichterliches Verfahren: S „Ruhen".
Verfahrenskostenhilfe: S „Prozeßkostenhilfe".
Vorschuß: § 8 gilt *nicht* auch für einen Vorschuß, auch nicht in der Form des VV 1009 amtliche Anmerkung II 2 (Hebegebühr).

Wegen der *Auslagen* kann sich der Anwalt aber durch die Forderung nach der Zahlung eines Vorschusses nach § 9 schon vor der Fälligkeit eine Deckung verschaffen.

5 **4) Voraussetzungen, I 1, 2.** Die Fälligkeit setzt das Entstehen voraus. Sie beginnt mit dem Eintritt des zeitlich ersten der nachfolgend geschilderten Ereignisse, BGH RR **92**, 255, Brschw JB **01**, 309, Naumb JB **98**, 81, aM Hamm JB **01**, 309 (erst bei der Möglichkeit einer abschließenden Gesamtschau. Vgl aber Rn 1).

A. Grundsatz: Maßgeblichkeit der Tätigkeitsart, I 1. Die Fälligkeit richtet sich zunächst danach, ob der Anwalt in einem gerichtlichen Verfahren oder außerhalb eines solchen Verfahrens tätig wird. Soweit der Anwalt nur außerhalb eines gericht-

Abschnitt 1. Allgemeine Vorschriften   § 8 RVG

lichen Verfahrens tätig wird, reicht es aus und ist es notwendig, daß eine der Voraussetzungen Rn 6–11 vorliegt. Bei dem durch eine Prozeß- oder Verfahrenskostenhilfe nach § 48 beigeordneten Anwalt schafft auch ein solcher Beschluß eine Fälligkeit, durch den der Rpfl die Prozeß- oder Verfahrenskostenhilfe nach § 124 ZPO, § 76 FamFG aufhebt oder die Beiordnung aufhebt. Eine Verweisung an ein Gericht derselben Ebene schafft aber keine Fälligkeit.

B. Erledigung des Auftrags, I 1 Hs 1. Vgl zunächst Rn 5. Während zB § 15 I, **6** IV von der Erledigung der Angelegenheit sprechen, enthält I 1 den Begriff der Erledigung des Auftrags, Düss MDR **12**, 436 links, und gleichzeitig den Begriff der Beendigung der Angelegenheit. Man darf aus den in demselben Satz auftretenden Worten „Auftrag" einerseits, „Angelegenheit" andererseits grundsätzlich keine Rückschlüsse auf einen unterschiedlichen Inhalt der beiden Begriffe ziehen. Denn für die Abgrenzung des Begriffs Angelegenheit, den § 15 zentral regelt, ist ja nach § 15 Rn 9 ff in erster Linie der Umfang des Auftrags maßgeblich. Es ist aber möglich, daß der Auftrag erledigt ist, bevor die Angelegenheit erledigt oder beendet ist. Das gilt etwa beim Auftrag nur wegen eines Teils der Sache. Ebenso möglich ist, daß ein Auftrag mehrere Angelegenheiten nach §§ 16 ff umfaßt. Eine Kenntnis des Anwalts von der Erledigung ist nicht nötig, aM AG Waiblingen AnwBl **99**, 705 (aber der Wortlaut von I 1 stellt eindeutig nur auf die objektive Erledigung ab. § 199 I BGB ändert daran nichts. Denn die Fälligkeit ist nicht anspruchsbegründend, sondern setzt einen vorhandenen Anspruch voraus. Die Verjährung ist erst eine Folge der Fälligkeit).

C. Beispiele zur Frage einer Erledigung des Auftrags, I 1 Hs 1 **7**
Abgabe: Rn 9 „Verweisung".
Aufhebung: Erledigung des Auftrags kann auch dessen Aufhebung sein.
Beendigung: Erledigung des Auftrags ist seine Beendigung, BGH NJW **06**, 2703, also das vollständige Erfüllung der eigentlichen anwaltlichen Leistung ohne dessen bürotechnische Abwicklung, BGH NJW **85**, 257, AG Köln JB **99**, 528 (außergerichtlicher Vergleich).
Beiordnung: Bei dem durch eine Prozeß- oder Verfahrenskostenhilfe oder nach § 11a ArGG, Teil II A dieses Buchs, beigeordneten Anwalt erledigt sich der Auftrag auch durch den Tod des Auftraggebers oder durch die Aufhebung der Beiordnung oder Bestellung.
S auch Rn 9 „Tod".
Erfolg: Erledigung des Auftrags kann auch dessen Erfüllung ohne den vom Auftraggeber erhofften Erfolg sein, selbst wenn der Anwalt sich um ihn bemüht hatte. Das gilt nach Grdz 12 vor § 1 wohl zumindest meist beim Tätigwerden vor Gericht.
Erfüllung: S „Beendigung".
Insolvenz: Erledigung des Auftrags kann nach § 115 I InsO grds auch beim Insol- **8** venzverfahren über das Vermögen des Schuldners eintreten, soweit sich der Auftrag auf das zur Insolvenzmasse gehörige Vermögen bezieht.
Instanz: *Keine* Erledigung des Auftrags ist das Instanzende, soweit sich der Auftrag nicht eindeutig auf die Vertretung in dieser bisherigen Instanz beschränkt hat.
Kündigung: Erledigung des Auftrags kann auch dessen Kündigung durch den Auftraggeber oder den Anwalt sein. Dann ist es für die Fälligkeit evtl unerheblich, ob der Anwalt später in derselben Sache nochmals einen Auftrag desselben Mandanten erhält, Schlesw JB **80**, 68.
Ob freilich bei einer Kündigung *überhaupt* ein Gebührenanspruch entsteht oder bestehenbleibt, das darf man nicht nach § 8 prüfen, sondern vor allem nur nach § 15.
Niederlegung: Erledigung des Auftrags ist auch eine Niederlegung des Mandats. Die Fälligkeit ändert sich dann durch eine spätere Wiedererneuerung der Vertretung nicht, Schlesw JB **80**, 68.
Pflichtverteidiger: § 45 Rn 27.
Rechtszug: S „Instanz".
Tod: Erledigung des Auftrags ist nach §§ 673, 675 BGB, § 6 Rn 5 auch der Tod ei- **9** nes Einzelanwalts, soweit der Auftrag nicht nun auf einen Sozius oder auf einen Abwickler nach § 55 BRAO übergeht, Hartung MDR **02**, 1224.

Keine Erledigung ist nach § 672 S 1 BGB, § 7 Rn 9 „Erbengemeinschaft" grds der Tod des Auftraggebers, Hamm JB **77**, 350. Er kann freilich zB in einer Strafsache die Beendigung der Angelegenheit nach Rn 10 darstellen.
S auch Rn 7 „Beiordnung".
Unmöglichkeit: Erledigung des Auftrags kann auch sein, daß sich die (weitere) Durchführung des Auftrags als objektiv unmöglich erwiesen hat.
Unvermögen: Erledigung des Auftrags kann auch das Eintreten eines Unvermögens des Anwalts zur weiteren Durchführung der Arbeit sein.
Vergleich: Erledigung des Auftrags kann ein außergerichtlicher Vergleich nach § 779 BGB sein, AG Köln JB **99**, 528.
Verweisung: Erledigung des Auftrags kann auch eine Verweisung zB nach § 281 ZPO oder eine Abgabe nach § 20 sein, soweit der Anwalt beim übernehmenden BGH nicht zugelassen ist.
Zulassungsverlust: Erledigung des Auftrags kann auch der Verlust der Zulassung zur Anwaltschaft sein, gleich aus welchem Grund. Dasselbe gilt bei einer Aufgabe dieser Zulassung.
Keine Erledigung tritt nach § 6 Rn 5 beim Zulassungsverlust nur eines von mehreren gemeinsam beauftragten Sozien ein, Hartung MDR **02**, 1224.

10 **D. Beendigung der Angelegenheit, I 1 Hs 2.** Vgl zunächst Rn 5. Während zB § 15 I, IV von der „Erledigung" der Angelegenheit sprechen, nennt I 1 die „Beendigung" der Angelegenheit, BGH NJW **06**, 2703. Praktisch meint I 1 Hs 2 dasselbe wie bei § 15. Maßgebend ist nicht eine gebührenrechtliche Beendigung, sondern eine prozessuale oder außergerichtliche, Naumb JB **98**, 81, AG Köln AnwBl **99**, 487. Ein Auftrag kann auch hier mehrere Angelegenheiten umfassen, etwa beim Eil- und Hauptverfahren nach § 17 Z 4a, b, § 19 I 2 Z 11, Düss AnwBl **90**, 324, KG JB **86**, 724, oder beim Beschwerdeverfahren nach § 15 II 2, Hamm AnwBl **92**, 400. Dadurch können unterschiedliche Fälligkeiten eintreten, LG Lübeck 14 S 83/12 v 13. 6. 13. Im wesentlichen kommt Rn 10, 11 für eine anwaltliche Tätigkeit außerhalb eines gerichtlichen Verfahrens in Betracht. Denn bei einer Tätigkeit in einem gerichtlichen Verfahren liegt in der Regel schon eine der Voraussetzungen Rn 12–19 vor.

11 **E. Beispiele zur Frage einer Beendigung der Angelegenheit, I 1 Hs 2**

Anrechenbarkeit: Die Anrechenbarkeit einer Gebühr auf eine weitere Tätigkeit zB nach VV amtliche Vorbemerkung 3 V zeigt, daß das Gesetz die bisherige Angelegenheit für abgeschlossen hält. Eine solche Anrechenbarkeit hindert also den Eintritt der Fälligkeit wegen einer Beendigung der vorangegangenen Angelegenheit nicht.
Auftragsende: Mit dem bisherigen Auftrag endet auch die bisherige Angelegenheit.
Kenntnis: Solange der Anwalt noch keine Kenntnis von solchen Tatsachen nach BLAH Einf 17 vor § 284 ZPO hat, die nach der Ansicht des Auftraggebers eine weitere Anwaltstätigkeit erübrigen, mag evtl noch keine Beendigung vorliegen, AG Waiblingen AnwBl **99**, 705. Es kommt aber auf die Umstände an.
Prozeßvergleich: Ein voller solcher Vergleich nach BLAH Anh § 307 ZPO beendet die Angelegenheit, AG Köln VersR **08**, 815.
Rechtskraft: Eine formelle Rechtskraft zB nach § 705 ZPO braucht nicht vorzuliegen, aM Brschw **16**, 359, KG JB **15**, 519 (je: viel zu eng).
Tätigkeitsteil: Soweit das Gesetz einen Tätigkeitsteil als eine besondere Angelegenheit bezeichnet, kommt es auf die Beendigung dieses Tätigkeitsteils an, Hamm JB **92**, 94.
Teilerledigung: *Keine* Beendigung der Angelegenheit liegt bei ihrer nur teilweisen Erledigung und bei demselben Auftraggeber vor.
Teilurteil: *Keine* Beendigung der Angelegenheit erfolgt mit einem Teilurteil nach § 301 ZPO ohne eine Kostengrundentscheidung nach BLAH Üb 35 vor § 91 ZPO.
Urteil: Bei ihm endet die Angelegenheit erst mit seinem Erlaß und mangels einer Verkündung erst mit seiner Zustellung, Düss OLGR **99**, 298.

Abschnitt 1. Allgemeine Vorschriften § 8 RVG

Vertragsentwurf: Er beendet die Angelegenheit erst dann, wenn der Auftraggeber ihn prüfen konnte, BGH AnwBl **85**, 257.
Weiterer Auftrag: Mit ihm endet die bisherige Angelegenheit. Das folgt aus § 15 V, VI.

F. Ergehen einer Kostenentscheidung, I 2 Hs 1. Vgl zunächst Rn 5. Es muß 12 eine gerichtliche Entscheidung über Gerichts- und/oder Anwaltskosten (Gebühren und Auslagen) vorliegen.

G. Beispiele zur Frage einer Kostenentscheidung, I 2 Hs 1 13

Anderes Verfahren: *Keine* Kostenentscheidung liegt vor, solange sie erst in einem anderen Verfahren erfolgen soll, KG Rpfleger **84**, 625.
Arrest, einstweilige Verfügung: S „Wirksamkeit".
Bekanntgabe: S „Wirksamkeit".
Erledigung der Hauptsache: *Keine* Kostenentscheidung sind beiderseits wirksame Erledigterklärungen nach BLAH § 91a ZPO Rn 96 ff. Sie ermöglichen erst eine Kostenentscheidung. Dann gilt Rn 14.
Form: Kostenentscheidung kann jede Form sein, also ein Urteil, ein Beschluß oder eine Verfügung oder ein Schiedsspruch. Auch ein Vergleich kann ausreichen, soweit er nicht nur wie zB bei § 278 VI ZPO bloß etwas feststellt, selbst wenn das Gericht es vorgeschlagen hatte.
Gerichtskosten: Kostenentscheidung ist auch eine solche nur über Gerichtskosten zB nach § 27 Z 1 GNotKG, Teil III dieses Buchs, oder nach § 114 GBO.
Gesetzliche Kostenfolge: Soweit sich eine Kostenfolge unmittelbar *aus dem Gesetz* ergibt, etwa nach § 269 III 2, IV ZPO oder nach § 22 I 1, 2 GKG, Teil I A dieses Buchs, liegt ungeachtet der etwaigen Bezeichnung durch das Gericht in Wahrheit gar keine Kosten-„Entscheidung" vor, sondern eine gesetzliche Kostenregelung, die ein gerichtlicher Ausspruch nur bekräftigt. Das gilt selbst dann, wenn dadurch ein zusätzlicher Vollstreckungstitel entsteht, aM BJPT 19, GSchm 13, RS 9 (aber er ist nur die Folge einer unmittelbar vom Gesetz getroffenen Kostenentscheidung).
Kostenfestsetzung: Sie ist keine Fälligkeitsbedingung, BGH NJW **78**, 2670. Das gilt, zumal eine Erstattung durch einen Prozeßgegner oft gar nicht infragekommt, etwa bei § 61 I 2 ArbGG.
Kostengrundentscheidung: Ausreichend ist jede solche zB nach BLAH Üb 35 vor § 91 ZPO, Kblz JB **99**, 304.
Mahnbescheid: *Keine* Kostenentscheidung, sondern eine bloße Kostenforderung enthält der Mahnbescheid nach § 692 ZPO. Er enthält auch keine Beendigung des Rechtszugs nach Rn 14, Lappe Rpfleger **81**, 341, Schmidt MDR **81**, 725, aM Weinbörner Rpfleger **81**, 222.
Mitteilung: S „Wirksamkeit".
Rechtskraft: Kostenentscheidung kann auch eine noch nicht zB nach §§ 322, 705 ZPO rechtskräftige sein.
Rechtswidrigkeit: Kostenentscheidung kann auch eine rechtswidrige sein.
Streitgenossen: S „Teilkostenentscheidung".
Teilkostenentscheidung: Ausreichend ist auch sie, Naumb JB **98**, 81. Sie ist aber auch notwendig. Sie macht natürlich nur die von ihr erfaßten und ihretwegen entstandenen Kosten fällig. Das gilt auch bei einer Entscheidung über die Kosten nur eines von mehreren Streitgenossen nach §§ 59 ff ZPO, Brschw NdsRpfl **85**, 15, Mü Rpfleger **98**, 489.
Teilurteil: *Keine* Kostenentscheidung ist ein solches Urteil nach § 301 ZPO, das die Kostenbeurteilung dem Schlußurteil überläßt. Man weiß ja dann auch noch gar nicht, ob es überhaupt zu einem Schlußurteil kommen wird oder etwa zB zu einer nach § 269 ZPO wirksamen Klagerücknahme mit einer Zustimmung des Bekl usw.
Vergleich: S „Form".
Verwaltungsakt: *Keine* Kostenentscheidung ist ein Verwaltungsakt.
Vollstreckungsbescheid: Kostenentscheidung ist dieser Bescheid nach § 699 ZPO.
Vorläufige Vollstreckbarkeit: Kostenentscheidung kann auch eine nach §§ 708 ff ZPO nur vorläufig vollstreckbare sein.

Vorschußforderung: *Keine* Kostenentscheidung ist eine Vorschußforderung des Gerichts zB nach § 379 ZPO, § 12 GKG, Teil I A dieses Buchs.
Wirksamkeit: Kostenentscheidung ist erst diejene Entscheidung, die erkennbar wirksam werden soll. Daher liegt zB im Eilverfahren nach §§ 916 ff, 935 ZPO mit dem Satz „die Kosten folgen der Hauptsache" eine durch dieses oder durch sein endgültiges Ausbleiben bedingte Kostenentscheidung vor, KG AnwBl **84**, 625, aM GSchm 13. Eine Kostenentscheidung ist im übrigen auch erst dann ergangen, wenn sie nach der maßgeblichen Verfahrensordnung wirksam *ist*. Man muß also die jeweils einschlägigen Vorschriften über die Bekanntmachung oder Zustellung beachten.
Zustellung: S „Wirksamkeit".

14 **H. Beendigung des Rechtszuges, I 2 Hs 2.** Vgl zunächst Rn 5. Es handelt sich hier nicht um den gebührenrechtlichen Begriff des Rechtszugs nach § 15 II 2, den I 1 Hs 2 mitregelt, sondern um den verfahrensrechtlichen Begriff. Es ist also unerheblich, ob der Anwalt auch nach der Beendigung des verfahrensrechtlichen Rechtszugs noch eine Tätigkeit vornehmen muß, etwa zwecks einer Abwicklung, § 19 I 2 Z 9. Maßgebender Zeitpunkt ist auch hier die Verkündung, Düss OLGR **99**, 298, oder der Zugang bei einer Entscheidung ohne eine Verkündung. Das etwa anschließende Kostenfestsetzungsverfahren zB nach §§ 103 ff ZPO schiebt die Fälligkeit nicht hinaus.
Man muß die Frage der Beendigung natürlich für *jeden Rechtszug besonders* prüfen.

15 **I. Beispiele zur Frage einer Beendigung des Rechtszugs, I 2 Hs 2**
Abschlußentscheidung: Beendigung liegt in jeder solchen Entscheidung, Düss AnwBl **90**, 324, unabhängig von ihrer Anfechtbarkeit. Das gilt freilich nur mangels einer Kostenentscheidung. Andernfalls gelten Rn 12, 13. Ausnahmsweise beendet das Berufungsurteil nach § 540 ZPO im Anschluß an ein Grund-Ersturteil nach § 304 ZPO den Rechtszug unabhängig von einer Kostenentscheidung.
Abwicklung: Beendigung bleibt trotz einer etwaigen Abwicklungstätigkeit zB nach § 19 I bestehen, BGH AnwBl **85**, 257 (Kostenfestsetzung).
Anklagerücknahme: Beendigung liegt in diesem Vorgang.
Antragsrücknahme: Beendigung liegt in diesem Vorgang zB beim Arrest oder bei einer einstweiligen Anordnung oder Verfügung etwa nach §§ 916 ff, 935 ff ZPO, 49 ff FamFG.
Beitreibung: Beendigung liegt in der Beitreibung zB nach § 788 ZPO.
Beschwerde: Beendigung liegt in einer diesen Rechtszug abschließenden Entscheidung.
Eilantragsentscheidung: Beendigung erfolgt durch eine Entscheidung über einen Antrag zB auf einen Arrest oder eine einstweilige Anordnung oder Verfügung etwa nach §§ 916 ff, 935 ff ZPO, 49 ff FamFG wegen § 16 Z 5 oder § 17 Z 4a, auch ohne einen Kostenausspruch.
Endurteil: Beendigung liegt im wirksam gewordenen Endurteil, auch zB im Teilurteil nach § 301 ZPO im Umfang seiner Wirkung, Mü JB **98**, 644, Naumb JB **98**, 81.
Erledigung der Hauptsache: Beendigung liegt in übereinstimmenden wirksamen vollen Erledigterklärungen nach BLAH § 91a ZPO Rn 96 ff unabhängig von einem zugehörigen Kostenausspruch, Hansen JB **88**, 692, aM GSchm 16.
Grundbuch: Beendigung liegt evtl in einer Grundbucheintragung nach § 44 II GBO.
Grundurteil: *Keine* Beendigung des ersten Rechtszugs liegt grds im Grundurteil nach § 304 ZPO. Denn das Betragsverfahren bildet mit dem Grundverfahren eine Einheit. Dasselbe gilt dann, wenn der Rechtsmittelführer das Rechtsmittel gegen das Grundurteil zurücknimmt oder wenn dieses unzulässig ist. Der erste Rechtszug endet aber grundsätzlich durch ein den Anspruch dem Grunde nach abweisendes Urteil oder mit einer Zurückverweisung im Betragsverfahren nach § 21.
Hiervon gilt eine *Ausnahme* für die Verfahrensgebühr, auch bei einem zurückverweisenden Urteil nach § 538 II 1 Z 4 ZPO. Denn dann liegt eine weitergreifende Beendigung der Angelegenheit wegen § 21 vor.
Hebegebühr: Beendigung liegt in der Ablieferung einer Hebegebühr nach VV 1009.

Abschnitt 1. Allgemeine Vorschriften   § 8 RVG

Klagerücknahme: Beendigung liegt in einer Klagerücknahme nach § 269 ZPO, LG 16
Bonn AnwBl **92**, 239 (unabhängig davon, ob noch ein ohnehin ja nur deklaratorischer Aussprach nach § 269 III 2, IV ZPO folgt).
Kostenfestsetzung: Rn 15 „Abwicklung".
Rechtsmittelrücknahme: Beendigung liegt in ihr unabhängig von einem Kostenausspruch zB nach § 516 III 2 ZPO, Hansens JB **88**, 692.
Rechtspfleger: Beendigung liegt in einer wirksamen abschließenden Entscheidung des Rpfl.
Teilurteil: Rn 15 „Endurteil".
Urteil: Rn 15 „Endurteil".
Vergleich: Beendigung liegt evtl in einem außergerichtlichen, jedoch zugleich prozeßabschließenden Vergleich nach § 779 BGB, erst recht im Prozeßvergleich nach BLAH Anh § 307 ZPO, soweit er wirksam ist, evtl also erst nach dem Eintritt einer aufschiebenden Bedingung oder nach dem Wegfall einer auflösenden.
Verweisung: Beendigung kann in einem solchen Vorgang zB nach § 281 ZPO liegen, falls der Anwalt vor dem Adressatgericht nicht in dieser Sache weiter tätig wird, aM RS 13.
Vollstreckungsbescheid: Beendigung liegt im Vollstreckungsbescheid nach § 699 ZPO.
Vorbehaltsurteil: Beendigung liegt auch in einem solchen Urteil nach §§ 305, 780 ZPO.
  Keine Beendigung liegt in einem solchen Urteil nach §§ 302, 599 ZPO. Freilich kann eine Fälligkeit nach I 1 Hs 2 eintreten.
Widerklagerücknahme: Beendigung liegt in der Rücknahme einer Widerklage nach BLAH Anh § 253, § 269 ZPO.
Zurückverweisung: Beendigung kann wegen § 21 in einer solchen Zurückverweisung zB nach § 538 II 1 Z 1 ZPO liegen, falls der Anwalt im anschließenden Verfahren nicht tätig bleibt, evtl auch ohne diese weitere Voraussetzung.
Zwischenurteil: Keine Beendigung liegt grds im Zwischenurteil nach § 303 ZPO. Vgl freilich I 1 Hs 2.
  S aber auch „Zurückverweisung".
Zwischenverfügung: *Keine* Beendigung liegt grds in einer Verfügung zB des Grundbuchamts nach § 18 GBO.

J. Ruhen des Verfahrens für längere Zeit, I 2 Hs 3. Diese Voraussetzung liegt 17
vor, soweit das Gericht in der Angelegenheit längere Zeit hindurch nichts veranlaßt hat, und zwar mindestens länger als einen Monate, Schlesw SchlHA **80**, 223, oder gar jahrelang, BGH AnwBl **85**, 257, OVG Bre JB **91**, 929. Das gilt in jedem staatsgerichtlichen Verfahren unabhängig davon, ob es im Amts- oder Parteibetrieb abläuft.
  Es kommt gebührenrechtlich also *nicht* auf den wesentlich engeren zivilprozessualen Begriff des Ruhens nach § 251 ZPO allein an, sondern auf die grundsätzlich aus irgendeinem Grund eintretende tatsächliche Untätigkeit des Gerichts, OVG Bre JB **91**, 929. Es genügt die Untätigkeit des beauftragten oder ersuchten Richters nach §§ 360, 361 ZPO, § 157 GVG. Das gilt auch bei §§ 148 ff, 239 ZPO, §§ 138 c IV, 145, 205, 217 ff, 228, 246, 265 III, IV, 416 StPO. Vgl zu § 205 StPO aber Bbg JB **90**, 1281, Düss JB **80**, 392, Hamm AnwBl **85**, 155 (je: Gesamtbetrachtung). Die Frist beginnt mit der Anordnung des Ruhens, der Unterbrechung, der Aussetzung oder der letzten Handlung der Partei.

K. Beispiele zur Frage einer Fälligkeit nach I 2 Hs 3 18
Aktenversendung: *Nicht* fällig wird die Vergütung schon infolge einer bloßen Aktenversendung.
Aussetzung: Auch dann zB nach §§ 148 ff ZPO müssen mehr als 3 Monate vergangen sein.
Fortführung: Fällig bleibt eine Vergütung infolge einer Fortführung des Verfahrens, Schlesw JB **80**, 68. Das gilt auch bei einer Fortführung nur der Rechtsmittelinstanz für den nur erstinstanzlichen Anwalt. Sie läßt vielmehr evtl eine nochmalige Vergütung entstehen, Köln JB **93**, 345.
Grundurteil: Fällig kann die Vergütung nach ihm nach § 304 ZPO schon beim Weiterbetreiben des Rechtsmittels nur für das Grundverfahren werden.

Insolvenz: *Nicht* fällig wird die Vergütung schon infolge der Eröffnung eines Insolvenzverfahrens.
Klagerweiterung: S „Untätigkeit".
Schiedsrichterliches Verfahren: *Nicht* fällig wird die Vergütung schon wegen eines Verfahrens nach §§ 1025 ff ZPO, Köln JB **93**, 345.
Terminierung: *Nicht* fällig wird die Vergütung schon infolge einer späten Terminierung zB nach § 216 ZPO, noch gar wegen „Überlastung".
Überlastung: S „Terminierung".
Untätigkeit: Fällig wird eine Vergütung wegen des von ihr betroffenen Teils des Gesamtverfahrens, zB bei einer Klagerweiterung nach § 263 ZPO, einer Widerklage nach BLAH Anh § 253 ZPO oder beim Verbundverfahren nach dem FamFG, Düss FamRZ **99**, 1130.
Nicht fällig wird die Vergütung schon infolge einer Untätigkeit nur des Sachverständigen zB nach § 409 ZPO trotz des Drängens des Gerichts.
Unterbrechung: Auch dann zB nach § 240 ZPO müssen mehr als 3 Monate vergangen sein.
Verbundverfahren: S „Untätigkeit".
Widerklage: S „Untätigkeit".

19   **L. Wiederaufnahme der Vertretung.** Den in § 8 ausdrücklich genannten Voraussetzungen der Fälligkeit steht eine Wiederaufnahme der Vertretung nach der vorangegangenen Niederlegung des Mandats gleich, Schlesw SchlHA **80**, 223.

20   **M. Stundungsablauf.** Soweit der Anwalt mit dem Auftraggeber eine Stundung zulässigerweise vereinbart hat, wird die Vergütung mit dem Stundungsablauf erstmals oder erneut fällig. Eine einseitige Stundungserklärung reicht nicht. Soweit der Auftraggeber eine Prozeßkostenhilfe usw erhalten hat, steht der hier wegen § 4 V 1 ohnehin unzulässigen vereinbarten Stundung die gesetzliche des § 122 I Z 3 ZPO bis zur Aufhebung der Prozeßkostenhilfe nach § 124 ZPO gleich.
Kein Stundungsablauf liegt beim bestellten oder beigeordneten Anwalt des § 45 oder des § 53 vor. Denn § 52 hat keine Stundungswirkung.

21   **5) Verjährung des Vergütungsanspruchs, II 1–4.** Eine *Verwirkung* nach PalGrü § 242 BGB Rn 87 ff darf und muß das Gericht von Amts wegen unabhängig von einer Verjährungseinrede prüfen. Sie tritt freilich kaum vor einer Verjährung ein. II gilt schon nach dem klaren Wortlaut von II 1 nur bei der Vergütung der Tätigkeit in einem gerichtlichen Verfahren beliebiger Art. Eine Verwirkung kommt bei einer kurzen Verjährungsfrist kaum in Betracht, Zweibr Rpfleger **06**, 572.
A. Grundsatz: Maßgeblichkeit des BGB. Das RVG regelt die Verjährung der Vergütung nur teilweise. Sie richtet sich grundsätzlich nach §§ 194 ff BGB, (je zum alten Recht) BGH NJW **98**, 3486, Düss FamRZ **08**, 1009, Naumb JB **98**, 81. Eine Ausnahme besteht nach II. Das alles gilt unabhängig von der Ausgestaltung des Vertrags zwischen dem Auftraggeber und dem frei gewählten Anwalt im einzelnen, zB bei einer Honorarvereinbarung nach § 3 a, BGH **86**, 101. Vgl freilich Rn 1. Für das Rechtsverhältnis zwischen dem amtlich bestellten oder beigeordneten Anwalt und der Staatskasse gelten nur teilweise abweichende Vorschriften nach §§ 45 ff, Düss FamRZ **08**, 1009. Wegen der Verjährung des Gebührenanspruchs eines Patentanwalts BGH BB **82**, 1204.

22   **B. Fristbeginn.** Die Verjährungsfrist beträgt grundsätzlich 3 Jahre, (jetzt) § 195 BGB, soweit die Vergütung (Gebühren und Auslagen) dem Anwalt und nicht der Staatskasse zufließt, BGH **86**, 101, Hbg JB **91**, 234, Hamm JB **92**, 94. Das gilt auch bei dem durch eine Prozeß- oder Verfahrenskostenhilfe nach §§ 114 ff ZPO, 76 ff FamFG beigeordneten Anwalt, Düss FamRZ **08**, 1009, Ffm JB **88**, 1010, Schlesw JB **90**, 763. Es gilt ebenso beim beigeordneten Nebenklägervertreter, Brschw JB **00**, 475.
Die *Frist beginnt* nach § 199 I Z 1, 2 BGB mit dem Ablauf desjenigen Kalenderjahres, in dem der Anspruch nach *dieser* Vorschrift entstanden ist und der Anwalt natürlich von den seinen Anspruch begründenden Umständen Kenntnis erlangt oder ohne eine grobe Fahrlässigkeit erlangen müßte. Der Vergütungsanspruch verjährt ferner nach § 199 III 1 Z 1, 2 BGB evtl nach 10 oder 30 Jahren. Maßgeblich ist nach § 199

III 2 BGB die früher endende Frist, BGH AnwBl **85**, 257. Es gilt auch für die Pauschale nach §§ 42, 51, Brschw JB **01**, 308, Hbg JB **91**, 233.

C. Beispiele zur Frage einer Verjährung, II 1–4 23

Entstehung: Entstanden ist der Anspruch gerade nach dem hier allein maßgeblichen § 199 I Z 1 BGB anders als nach Rn 1 erst mit der bürgerlichrechtlichen Fälligkeit, PalE § 199 BGB Rn 3. Sie hängt an sich von der Klagbarkeit ab, PalE § 199 BGB Rn 3. Diese hängt nach Rn 23 von der Ordnungsmäßigkeit der Berechnung nach § 10 I 1 ab. Indessen macht § 10 I 2 die Verjährung gerade nicht von der Mitteilung der Berechnung abhängig. Daher beginnt die Verjährungsfrist mit ihrem Beginn im Ergebnis doch nur von den Voraussetzungen Rn 5 ff ab. Nur auf diesem Umweg bleibt die bisherige Rspr verwertbar, (je zum alten Recht) BGH MDR **98**, 860, Brdb JB **00**, 475, Köln AnwBl **99**, 487. Das gilt auch bei Geschäftsführung des Anwalts ohne Auftrag, LG Wiesb AnwBl **79**, 390.

Erstattungsanspruch: Der rechtskräftige Kostenerstattungsanspruch des Auftraggebers gegenüber dem Prozeßgegner zB nach § 91 ZPO verjährt nach (jetzt) § 197 I Z 3 BGB erst nach 30 Jahren, BGH FamRZ **06**, 855.

Festsetzungsantrag: Ein solcher nach § 11 VII hemmt nach § 204 I Z 1 BGB die 24 Verjährung unabhängig von einer Mitteilung der Berechnung, BGH NJW **98**, 3486.

Gebührenklage: Sie hemmt nach § 204 I Z 1 BGB die Verjährung unabhängig von einer Mitteilung der Berechnung, BGH NJW **98**, 3486.

Mitteilung: Es ist unerheblich, ob der Anwalt die Berechnung seiner Vergütung dem Auftraggeber während der Verjährungsfrist mitgeteilt hat, BGH MDR **98**, 1313, Hamm JB **92**, 94.

S auch Rn 23 „Entstehung", Rn 24 „Festsetzungsantrag", „Gebührenklage".

Pauschale: Die Verjährung gilt auch für den Anspruch auf eine Pauschgebühr in 25 einer Straf- oder Bußgeldsache nach § 51, Hbg JB **91**, 233.

Pflichtverteidiger: Auch bei ihm gilt grds (jetzt) die Dreijahresfrist, (je zum alten Recht) Celle JB **83**, 699, Hamm AnwBl **96**, 478, KG JB **99**, 26. Von diesem Grundsatz enthält (jetzt) § 52 V 1 eine Ausnahme, BGH **86**, 102. Man muß sie wie jede Ausnahme eng auslegen.

Ruhen: Nach seinem Ende kann eine zuvor verjährte Gebühr durch erneute Tätigkeit neu entstehen, VGH Mannh NJW **17**, 1408.

Stundung: Sie kann nach Treu und Glauben gemäß § 242 BGB als stillschweigend vereinbart gelten, BGH **86**, 103.

Verbundverfahren: Zu den Folgen einer Abtrennung Schneider NZFam **15**, 57.

Vereinbarung: Die Parteien können eine vom Gesetz abweichende Fälligkeit vereinbaren, aM GSchm 75 (aber § 8 enthält nicht nur Schuldrecht, sondern auch die gesetzliche Regelung der Stellung eines Organs der Rechtspflege).

Wertfestsetzung: Die Verjährung tritt auch dann ein, wenn eine Wertfestsetzung zunächst nicht oder überhaupt nicht erfolgt ist. Denn der Anwalt hätte sie nach RS 18 selbst beantragen können, aM (je zum alten Recht) BGH MDR **98**, 860, Kblz AnwBl **83**, 172, Oldb AnwBl **76**, 134.

D. Hemmung der Verjährung. Eine Hemmung der Verjährung für eine Tätig- 26 keit beliebiger Art gerade und nur im gerichtlichen Verfahrens beliebiger Art tritt nach II 1 *ferner* nach § 204 BGB durch die Anhängigkeit dieses Verfahrens einschließlich seiner Nebenverfahren wie einer Streitwert- und Kostenfestsetzung zB nach §§ 103 ff ZPO ein. Sie beginnt mit dem Eingang des verfahrenseinleitenden Antrags beim Gericht, BGH NJW **87**, 3265, BLAH § 261 ZPO Rn 1. Die Anhängigkeit kann im Eilverfahren zB nach §§ 916 ff, 935 ff ZPO mit der Rechtshängigkeit der §§ 253, 261 ZPO zusammenfallen, BLAH § 920 ZPO Rn 8. Sie ist aber der weitere Begriff.

Hemmungswirkung ist diejenige der §§ 204, 209 BGB. Nach dem Hemmungsende läuft also die restliche Verjährungsfrist weiter.

E. Beispiele zur Frage der Verjährungshemmung, II 1–4 27

Anerkenntnis: Hemmend wirkt eine Anerkenntnis nach § 781 BGB oder nach BLAH Anh § 307 ZPO (im Prozeß).

S auch „Ratenzahlung", aber auch „Ankündigung".

Ankündigung: *Nicht* hemmend wirkt schon eine bloß vage Ankündigung eines Anerkenntnisses oder einer Ratenzahlung, LG Oldb AnwBl **01**, 248.

Aufrechnung: Hemmend wirkt eine Aufrechnung des Anspruchs im Prozeß nach BLAH § 145 ZPO Rn 9.

Berechnung: Eine Hemmung tritt dann ein, wenn der Anwalt seine Berechnung nach § 10 erst nach dem Ablauf der normalen Verjährungsfrist erteilt, BGH NJW **98**, 1313.

Festsetzung: Hemmend wirkt ein Antrag auf eine Festsetzung der Vergütung nach § 11 VI, (zum alten Recht) Hamm JB **92**, 94. Eine Hemmung tritt ferner zwischen einer ursprünglich niedrigeren und einer später höheren Wertfestsetzung ein, BGH NJW **98**, 2670.

Güteverfahren: Hemmend wirkt ein Güteantrag bei einer Gütestelle zB nach § 794 I Z 1 ZPO.

Insolvenz: Hemmend wirkt die Geltendmachung des Anspruchs im Insolvenzverfahren, auch bei der Vergütung des Insolvenzverwalters, BGH WertpMitt **10**, 2125.

Klage: Hemmend wirkt eine Klagerhebung nach §§ 253, 261 ZPO, (zum alten Recht) BGH MDR **98**, 1313.

Mahnverfahren: Hemmend wirkt das Mahnverfahren nach §§ 688 ff ZPO.

Ratenzahlung: Hemmend wirkt jede Ratenzahlung, Köln OLGR **93**, 126.

S auch „Anerkenntnis", „Ankündigung".

Streitverkündung: Hemmend wirkt eine Streitverkündung nach § 72 ZPO in demjenigen Prozeß, von dessen Ausgang der Anspruch abhängt.

Zwangsvollstreckung: Hemmend wirkt jede Vollstreckungshandlung nach §§ 704 ff ZPO.

28 **F. Hemmungsende und -erneuerung.** Beendet ist die Hemmung ab dem Ende der Anhängigkeit nach II 1 und mit der nach § 705 ZPO mit dem Ablauf der Rechtsmittelfrist eintretenden formellen Rechtskraft, BGH NJW **95**, 1096, oder mit einer beliebigen Art einer anderweitigen Beendigung des Verfahrens nach II 2. Hierher zählen zB: Eine Antrags- oder Klagerücknahme nach § 269 ZPO; ein Prozeßvergleich nach BLAH Anh § 307 ZPO; ein Ausscheiden des Bekl durch eine Klagänderung nach §§ 263, 264 ZPO, BGH FamRZ **87**, 928; ein Ruhen des Verfahrens nach § 251a ZPO; nach II 3 der Ablauf des dritten Monats nach dem Eintritt der Fälligkeit nach § 8, falls das Verfahren ruht.

Erneuter Hemmungsbeginn erfolgt nach II 4, soweit eine der Parteien zB nach BLAH Grdz 4 vor § 50 ZPO oder einer der Beteiligten oder das Gericht das Verfahren inhaltlich erkennbar weiterbetreibt. Das geschieht noch nicht durch eine bloße Sachstandsanfrage, wohl aber zB durch den Antrag auf eine Aufnahme oder auf eine Terminsbestimmung etwa nach § 216 ZPO.

29 **G. Neubeginn der Verjährung.** Er tritt nach § 212 BGB dann ein, wenn der Schuldner den Anspruch des Anwalts anerkennt, etwa durch eine Ratenzahlung. Auch eine Vollstreckungsmaßnahme zB nach BLAH Grdz 51 vor § 704 ZPO kann zum Neubeginn ausreichen.

Vorschuss

9 Der Rechtsanwalt kann von seinem Auftraggeber für die entstandenen und die voraussichtlich entstehenden Gebühren und Auslagen einen angemessenen Vorschuss fordern.

Gliederung

1) Systematik	1
2) Regelungszweck	2
3) Geltungsbereich	3–6
A. Wahlanwalt	3
B. Notanwalt	4
C. Sonstige Beiordnung oder Bestellung	5
D. Außerhalb Bestellung oder Beiordnung usw	6

Abschnitt 1. Allgemeine Vorschriften § 9 RVG

4) **Forderungszeitraum**	7, 8
5) **Schuldner**	9–12
A. Auftraggeber, Staatskasse	9
B. Dritter	10
C. Gesetzlicher Vertreter	11
D. Partei kraft Amts	12
6) **Angemessenheit der Höhe**	13–17
A. Treu und Glauben	14
B. Keine Raten	15
C. Gebührenvereinbarung	16
D. Berechnung	17
7) **Verstoß**	18–21
A. Scharfer Maßstab	19
B. Sicherheitsleistung	20
C. Verzugszinsen	21
8) **Zahlungsfolgen**	22–27
A. Tilgung	22, 23
B. Rückzahlungspflicht	24
C. Verzinsungspflicht	25
D. Grenzen der Rückzahlungspflicht	26
E. Verjährung	27

1) Systematik. Der Vertrag zwischen dem Anwalt und dem Auftraggeber ist nach Grdz 12 vor § 1 grundsätzlich ein Geschäftsbesorgungsvertrag nach § 675 I BGB. Infolgedessen hat der Anwalt schon nach *§ 669 BGB* grundsätzlich einen Anspruch gegen den Auftraggeber auf einen Vorschuß für alle zur Ausführung des Auftrags entstandenen und erforderlichen Aufwendungen, also auf seine Auslagen nach VV 7000 ff, BGH VersR **91**, 122. § 9 enthält außerhalb einer vorrangigen spezielleren Ergänzung in § 47 für den beigeordneten oder bestellten Anwalt insofern wegen einer Vergütung gerade nach dem RVG und damit wegen § 34 auch als Mediator und wegen § 78 c II ZPO auch als Notanwalt nach Rn 4 nur eine Bestätigung, AG Mü RR **13**, 95, und gewisse Ausweitung der Regelung des § 669 BGB. Für eine nicht nach dem RVG erfolgende Vergütung bleibt es ganz bei § 669 BGB. VV 1009 (Heberecht) hat den Vorrang. § 788 I 1 Hs 2 ZPO bleibt anwendbar.

Darüber hinaus gibt § 9 dem Anwalt aber als einem *Organ der Rechtspflege* nach § 1 BRAO als Sicherung und darüber hinaus nach Rn 22 einen Anspruch auf einen angemessenen Vorschuß auch wegen der zwar schon entstandenen, aber noch nicht nach § 8 fälligen Kosten, BGH NJW **85**, 2264. Dasselbe gilt wegen der voraussichtlich entstehenden Kosten, BGH AnwBl **89**, 228. Das Vorschußrecht gilt auch bei vereinbarten Gebühren und Auslagen. Der Anwalt kann schon die Übernahme des Auftrags von einem Vorschuß abhängig machen. Er ist nicht eine Bank des Auftraggebers. Das alles gilt nach Rn 17 jeweils einschließlich der Umsatzsteuer. Wegen einiger Ausnahmen Rn 5, 6. Der Anwalt ist zu einer Vorschußforderung zwar berechtigt („kann"), aber nicht verpflichtet, BGH NJW **05**, 1188 rechts oben. Er hat ein Ermessen zum Ob, BGH NJW **05**, 1188 rechts oben, auch als Verteidiger gegenüber der Staatskasse.

Insofern kann der Anwalt seine an sich aus § 8 und aus § 320 BGB folgende Vorleistungspflicht weitgehend in eine solche des Auftraggebers *abändern*. Es besteht keine Pflicht des Anwalts, ohne einen Vorschuß Auslagen zu machen. Er kann mangels eines Vorschußerhalts grundsätzlich sogar § 320 BGB zurückhalten, freilich nach 50 III 2 BRAO nur in den Grenzen von § 242 BGB. Der Anwalt kann mangels eines Vorschußerhalts seine weitere Tätigkeit nach einer Ankündigung einstellen und auch nach § 628 I 1 BGB kündigen und seine bisherige Vergütung fordern.

Der Anwalt kann auf sein Vorschußrecht auch ganz oder teilweise oder zeitweise *verzichten*. Sein bloßes Schweigen oder eine bloße Untätigkeit in der Vorschußfrage ist kein Verzicht. Andererseits ist auch ein stillschweigender Verzicht möglich. Es kommt daher auf die Gesamtumstände an. Ein Verzicht kann nach § 321 BGB widerruflich sein. Vgl auch Rn 19. Ob der Anwalt zB gegenüber einer Zinszahlung zugunsten des Auftraggebers im Kostenfestsetzungsverfahren nach § 11 einen vom Anwalt aus eigener Kasse geleisteten Vorschuß verzinsen kann, ist eine nach den Fallumständen zu klärende Frage.

1423

RVG § 9 X. Rechtsanwaltsvergütungsgesetz

2 **2) Regelungszweck.** Die Vorschrift dient der wirtschaftlichen Sicherung des Anwalts, BGH NJW **04**, 1047, als eines vom „normalen" Gläubiger zu unterscheidenden Organs der Rechtspflege nach § 1 BRAO mit dessen zahlreichen zusätzlichen Obliegenheiten und Pflichten teils schon vor einer Auftragsannahme, teils über die Beendigung der eigentlichen Aufgaben weit hinaus. Sie soll aber auch eine mehr als angemessene Vorleistung des Auftraggebers verhindern. Alles das muß man bei der Auslegung mitbeachten.

Voraussichtliche Kosten sind zwar bei so manchem guten Handwerker vor Durchführung eines größeren Auftrags durchaus Gegenstand von Vorschußbitten, verständlicherweise. Indessen sollte sich der Anwalt zumindest bei derartigen vielleicht erst nach § 8 spürbar später fällig werdenden Gebühren zurückhalten. Zwar ist er keine Bank des Auftraggebers. Dasselbe gilt aber auch umgekehrt. Auch beim Arzt ist gegenüber einem Privatpatienten eine Vorschußforderung wohl eine ziemlich seltene Ausnahme. Natürlich kann eine umfangreiche schwierige Tätigkeit den Betrieb einer Anwaltskanzlei monatelang völlig beherrschen. Insbesondere Reisekosten usw mögen so hoch werden, daß man ihre Vorwegausgabe dem Anwalt nicht zumuten kann. Dennoch ehrt es ihn, möglichst erst einmal auftragsgemäß tätig zu sein, soweit finanziell einigermaßen erträglich.

3 **3) Geltungsbereich.** Es gibt vier Tätigkeitsbereiche.

A. Wahlanwalt. Ein Vorschußrecht hat nicht nur der ProzBev nach § 11 Rn 14 ff, sondern jeder beauftragte Wahlanwalt, auch zB der nur außergerichtliche, zB der als Berater oder Gutachter beauftragte, der Wahlverteidiger, der Beratungs-, Termins-, Verkehrs- oder Beweisanwalt. Nur der Vormund, Betreuer oder Pfleger usw nach § 1 Rn 36 ff kann einen angemessenen Vorschuß dem Vermögen des Mündels entnehmen, KG AnwBl **84**, 71. Ein unter § 1 II Fallender hat zwar kein Vorschußrecht nach § 9. Er kann aber ein Vorschußrecht zB nach §§ 669, 670, 1835 I, 1915 BGB haben.

4 **B. Notanwalt.** Der nach §§ 78b, c ZPO beigeordnete sog Notanwalt kann einen Vorschuß auch nach § 78c II ZPO geltend machen.

> **ZPO § 78c. Auswahl des Rechtsanwalts.** II **Der beigeordnete Rechtsanwalt kann die Übernahme der Vertretung davon abhängig machen, dass die Partei ihm einen Vorschuss zahlt, der nach dem Rechtsanwaltsvergütungsgesetz zu bemessen ist.**

Er kann verständigerweise auch *nach* der Übernahme der Vertretung einen Vorschuß fordern. Der Anwalt kann ihn für entstandene und für voraussichtliche Gebühren und Auslagen fordern.

5 **C. Sonstige Beiordnung oder Bestellung.** Der ohne eine Verfahrenskostenhilfe nach § 76 FamFG in einer *Scheidungssache* beigeordnete Anwalt erhält einen Vorschuß nach § 39 S 1. Dasselbe gilt nach § 39 S 2 für einen in einer Lebenspartnerschaftssache beigeordneten Anwalt. Soweit das Gericht den Anwalt im Weg der Prozeßkostenhilfe nach §§ 114 ff ZPO bestellt oder beigeordnet hat, kann er einen Vorschuß nach § 47 I 1 fordern. Das gilt freilich wegen § 122 I Z 3 ZPO nur gegenüber der Staatskasse. Man muß aber auch § 47 I 2 mitbeachten (Vorschuß aus der Staatskasse nur beim Verzug des Zahlungspflichtigen). Dieselbe Regelung enthält die Vorschrift für den nach § 67a VwGO bestellten Anwalt als allgemeinen Vertreter. § 47 entspricht nur eingeschränkt dem § 9. Der Anwalt hat auch dann ein Vorschußrecht, wenn er eine Prozeßkostenhilfe usw erst beantragen soll, Enders JB **03**, 225. Das alles gilt entsprechend bei § 11a ArbGG. Wegen § 51 dort Rn 37. Eine Verrechnung eines vor der Beiordnung oder Bestellung erfolgten Vorschusses geschieht nach § 58. Der besondere Vertreter nach § 41 S 1 erhält nach S 2 keinen Vorschuß.

6 **D. Außeralb Bestellung oder Beiordnung usw.** Soweit das Gericht den Anwalt wegen einer nur teilweisen Bewilligung einer Prozeßkostenhilfe usw außerhalb der Beiordnung beauftragt hat, kann er einen Vorschuß nach § 9 fordern. Bei einer Beratungshilfe kann der Anwalt nach § 47 II keinen Vorschuß fordern. Der gerichtlich bestellte Verteidiger kann nach § 51 I 1 einen Vorschuß fordern. Dasselbe gilt nach § 53 I in Verbindung mit § 51 I 1 für denjenigen Anwalt, den das Gericht dem

Privatkläger, dem Nebenkläger oder dem Antragsteller im Anklageerzwingungsverfahren oder sonst im Strafverfahren oder in einem Auslieferungsverfahren beigeordnet hat. Eine Bestellung zum gesetzlichen oder besonderen gesetzlichen Vertreter kann ein Vorschußrecht entsprechend § 1835 II BGB zur Folge haben.

4) Forderungszeitraum. Das Vorschußrecht entsteht mit dem Anwaltsvertrag, 7 BGH AnwBl **89**, 228. Hinzutreten muß freilich schon nach dem klaren Gesetzeswortlaut eine Vorschuß-„Forderung" des Anwalts. Sie liegt keineswegs stets schon in der Annahme des Auftrags. Sie muß zwar nicht in der Form des § 10 erfolgen. Jedoch ist eine nachprüfbare Aufgliederung ratsam, um eine Klärung der Angemessenheit nach Rn 13 zu ermöglichen. Sie kann darin liegen, daß der Anwalt eine Berechnung nach § 10 vor der Fälligkeit nach § 8 übersendet. Andererseits braucht der Anwalt für die Geltendmachung des bloßen Vorschusses nicht die Form des § 10 einzuhalten, solange noch keine Fälligkeit nach § 8 vorliegt.

Freilich kann der Anwalt die Auftragsannahme *in den Grenzen des Vorschußrechts* 8 nach § 150 II BGB von der Vorschußzahlung abhängig machen. Er sollte das dann auch wie bei § 121 I 1 BGB unverzüglich eindeutig klarstellen, auch als ein beigeordneter oder bestellter Anwalt bei § 47. Allerdings kann der Anwalt unaufschiebbare Tätigkeiten schon vorher vornehmen müssen, etwa ein Rechtsmittel rechtzeitig vor dem Fristablauf einlegen müssen. Der Auftraggeber kann mit der Zahlung bis zur genauen Bezifferung der Forderung auf einen Vorschuß warten. Das Vorschußrecht besteht, solange der Anwalt die gesetzliche oder vertragliche Vergütung (Gebühren und Auslagen) noch nicht nach (jetzt) § 10 fordern kann, BGH NJW **06**, 2703 (Fälligkeit), Schmidt AnwBl **82**, 72, aM KG AnwBl **82**, 72 (aber für einen Vorschuß besteht ab einer Klagbarkeit der endgültigen Forderung kein Rechtsschutzbedürfnis zB nach BLAH Grdz 33 vor § 253 ZPO). Andererseits kann es sogar strafrechtlich und im übrigen berufsrechtlich bedenklich sein, mit einer Vorschußforderung bis zum Eintritt wirtschaftlicher Schwierigkeiten des Auftraggebers zu warten, BGH NJW **89**, 1167.

5) Schuldner. Es gibt vier Personengruppen. 9

A. Auftraggeber, Staatskasse. Schuldner des Vorschusses ist der Auftraggeber sowie die Staatskasse, soweit das Gesetz die letztere bei Rn 1–6 als Schuldnerin benennt, ferner derjenige, der dem Anwalt kraft Gesetzes mithaftet.

B. Dritter. Ein Dritter ist nur insoweit vorschußpflichtig, als er selbst unmittelbar 10 dem Anwalt gegenüber die Haftung übernommen hat. Im übrigen ist ein Dritter keineswegs vorschußpflichtig. Das gilt selbst dann, wenn er seinerseits dem Auftraggeber des Anwalts gegenüber auf Grund eines Vertrags oder einer gesetzlichen Vorschrift vorschußpflichtig ist, wie der Ehegatte gegenüber dem anderen nach § 1360a IV BGB oder wie die Rechtsschutzversicherung des Auftraggebers diesem gegenüber nach §§ 1 II, 4 III Z 3a ARB, AG Köln AnwBl **03**, 60, Bergmann VersR **81**, 520. Sie zahlt den Anwalt nur nach § 267 I 1 BGB und kann vom Anwalt nichts aus eigenem Recht zurückfordern, Bergmann VersR **81**, 520. Der Auftraggeber kann gegen sie einen Freistellungsanspruch haben, AG Köln AnwBl **03**, 60.

Der Anwalt darf aber einen Vorschuß *im Namen des Auftraggebers* gegenüber demjenigen Dritten fordern, der dem Auftraggeber gegenüber leisten muß. Der Anwalt darf insoweit die Forderung auch gerichtlich geltend machen.

C. Gesetzliche Vertreter. Auch der gesetzliche Vertreter ist mangels einer eige- 11 nen Haftungsübernahme nicht persönlich vorschußpflichtig, zB nicht der Betreuer. Das gilt natürlich nur, soweit er den Anwaltsvertrag nur im Namen des Betreuten und nicht zumindest auch im eigenen Namen abgeschlossen hat. Ein Minderjähriger haftet als Auftraggeber (im Strafverfahren eher möglich) wegen §§ 104 ff BGB (Ausnahme: § 110 BGB) erst nach einer Genehmigung des Anwaltsvertrags durch den gesetzlichen Vertreter.

D. Partei kraft Amts. Eine Partei kraft Amts nach BLAH Grdz 8 vor § 50 ZPO 12 ist kein gesetzlicher Vertreter. Sie ist selbst Partei nach BLAH Grdz 4 vor § 50 ZPO. Sie haftet daher auch persönlich für einen Vorschuß, soweit sie den Anwaltsvertrag abgeschlossen hat oder soweit das Gericht ihr den Anwalt beigeordnet hat.

RVG § 9 X. Rechtsanwaltsvergütungsgesetz

Das gilt zB: Für den Testamentsvollstrecker; den Insolvenzverwalter; den vorläufigen Insolvenzverwalter; den Sequester nach § 938 ZPO; den Zwangsverwalter; den Pfleger des Sammelvermögens; den Nachlaßpfleger.

13 **6) Angemessenheit der Höhe.** Der Vorschuß soll den Anwalt nach Rn 1 wegen aller Arten von entstandenen oder voraussichtlich entstehenden Gebühren und Auslagen sichern, also wegen seiner Gesamtvergütung, BGH VersR **91**, 122, Bbg Rpfleger **11**, 352, AG Dieburg RR **04**, 932. Aus dem Wesen eines Vorschusses folgt, daß er jedenfalls den voraussichtlich entstehenden Gesamtbetrag der endgültigen Vergütung des Anwalts in dieser Instanz nicht übersteigen soll, BGH NJW **04**, 1047. Dabei muß der Anwalt das voraussichtliche prozessuale Verhalten des Gegners seines Auftraggebers miterwägen. Andererseits braucht der Vorschuß grundsätzlich keineswegs hinter der voraussichtlich endgültig entstehenden Gesamtvergütung zurückzubleiben, Bbg Rpfleger **11**, 352. Er darf dem Sicherungszweck nach Rn 2 dienen. Er kann zB eine volle Gebühr betragen, AG Düss AnwBl **03**, 58 rechts. Der Anwalt ist nach Rn 1 kein kostenloser Kreditgeber. Er hat ein Ermessen zur Vorschußhöhe, BGH NJW **04**, 1047, AG Köln VersR **15**, 1003.

14 **A. Treu und Glauben.** Indessen können Treu und Glauben nach § 242 BGB in Verbindung mit den Berufsrichtlinien zu § 177 BRAO unter einer Beachtung der Umstände dazu führen, bereits einen unter der voraussichtlichen endgültigen Vergütung liegenden Betrag als angemessenen Vorschuß ausreichen zu lassen. Es kommt auf die Art und den Umfang der anwaltlichen Tätigkeit ebenso an wie auf die Einkommens- und Vermögensverhältnisse des Auftraggebers, ferner auf die voraussichtliche Dauer des Verfahrens und auf alle auch bei § 14 beachtbaren Gesichtspunkte. Der Anwalt braucht in keinem Fall ohne jeden Vorschuß tätig zu werden. Er mag notfalls nach Rn 16 ohne eine Bindung an § 315 BGB einen weiteren Vorschuß nachfordern.

15 **B. Keine Raten.** Der Anwalt braucht sich auch nicht mit Raten zufrieden zu geben. Denn der Auftraggeber kann und muß bei mangelnder Zahlungsfähigkeit eine Prozeßkostenhilfe nach §§ 114 ff ZPO usw beantragen. Im allgemeinen kann ein Betrag in Höhe der voraussichtlichen Verfahrens- und Terminsgebühr als Vorschuß ausreichen. Soweit nur geringere Gebühren als erstinstanzlich zB nach VV 3100, 3104 bevorstehen, mag ein entsprechend geringerer Vorschuß ausreichen.

16 **C. Gebührenvereinbarung.** Auch eine Gebührenvereinbarung nach § 3 a löst in angemessener Höhe eine Vorschußpflicht aus, und zwar grundsätzlich in voller Höhe. Soweit der Anwalt den ihm gezahlten Vorschuß ordnungsgemäß verbraucht hat, kann er nach Rn 14 vom Auftraggeber in Höhe der für die weitere Tätigkeit voraussichtlich noch anfallenden weiteren Vergütung wiederum einen angemessenen Vorschuß fordern, BGH NJW **04**, 1047, etwa bei einer Klagerhöhung oder wegen einer Widerklage nach BLAH Anh § 253 ZPO, freilich nicht zur Unzeit.

17 **D. Berechnung.** Bei der Berechnung des Vorschusses muß man die in § 10 genannten Regeln mit berücksichtigen. Die Vorschrift gilt aber für den Vorschuß nicht direkt. Daher ist auch eine mündliche oder telefonische Forderung wirksam, wenn auch kaum ratsam. Der Vorschuß kann in Bargeld oder in einer anderen Leistung bestehen, BGH AnwBl **89**, 228. Der Anwalt kann sich auch einen Anspruch des Auftraggebers gegen einen Dritten als einen Vorschuß nach §§ 398 ff BGB abtreten lassen. Wegen der Umsatzsteuer vgl bei VV 7008.

18 **7) Verstoß.** Soweit der Auftraggeber einen ordnungsgemäß angeforderten Vorschuß nicht pünktlich und vollständig zahlt, kann der Anwalt auf Zahlung klagen. Er kann auch die weitere Tätigkeit im Weg eines Zurückbehaltungsrechts nach § 320 BGB ablehnen, bis der Vorschuß eingegangen ist, BGH NJW **12**, 2043. Er kann nach § 628 I 2 BGB in Verbindung mit §§ 8, 15 IV RVG für seine bisherige Tätigkeit die Vergütung fordern. Auch kommt ein Schadensersatzanspruch des Anwalts nach § 628 II BGB in Betracht. Es liegt dann auch ein wichtiger Grund für eine fristlose Kündigung nach § 671 II 1 BGB vor, BGH VersR **89**, 861. § 671 III BGB ist nach § 675 I BGB nicht mehr anwendbar. Der Anwalt haftet dann auch dem Auftraggeber nach § 671 II 2 BGB nicht auf einen Schadensersatz. Er braucht deshalb auch nach § 671 II 1 BGB keine unaufschiebbaren Geschäfte mehr vorzunehmen.

Abschnitt 1. Allgemeine Vorschriften § 9 RVG

A. Scharfer Maßstab. Man muß allerdings gemäß § 242 BGB nach Treu und 19 Glauben und unter Berücksichtigung der BORA einen scharfen Maßstab an ein so weitgehendes Zurückbehaltungs-, Untätigkeits- oder sogar Kündigungsrecht des Anwalts anlegen. Das gilt insbesondere dann, wenn ein Fristablauf bevorsteht. Deshalb darf jedenfalls eine fristlose Kündigung nicht zur Unzeit erfolgen. Der Anwalt muß zumeist auch schon die bloße Untätigkeit dem Auftraggeber ankündigen.

Im *bloßen Unterlassen* der Vorschußanforderung liegt nach Rn 1 grundsätzlich *kein* Verzicht. Selbst nach einem zumindest stillschweigenden Vorschußverzicht begründet eine nachträglich eintretende erhebliche Verschlechterung der Vermögensverhältnisse des Auftraggebers ein evtl sogar erneutes Vorschußrecht.

B. Sicherheitsleistung. Der Anwalt kann auch anstelle eines Vorschusses eine Si- 20 cherheitsleistung fordern, BGH AnwBl **89**, 228. Er muß aber etwa entgegenstehende Berufsregeln beachten. Besser ist es dann, dem Auftraggeber den Rat zu geben, eine Prozeßkostenhilfe nach §§ 114ff ZPO usw zu beantragen.

C. Verzugszinsen. Der Anwalt darf auf bereits entstandene Gebühren und nicht 21 auf Auslagen bei einem Vorschußverzug nach dem Ablauf von 30 Tagen seit dem Zugang der Vorschußforderung nach §§ 286 III 1 Hs 1, 288 BGB Verzugszinsen fordern. Er muß einen Verbraucher nach §§ 13, 286 III 1 Hs 2 BGB entsprechend belehren. Der Zinssatz richtet sich nach § 286 I, II BGB. Der Anwalt darf den Vorschuß grundsätzlich nach dem bürgerlichen Recht und auch nach dem RVG einklagen, sei es im eigenen Namen, sei es für den Fall Rn 9–12, daß er einen Anspruch des Auftraggebers gegenüber einem Dritten im Namen des ersteren einklagt, damit der Auftraggeber dem Anwalt einen Vorschuß zahlen kann. Man muß dann stets das Berufsrecht berücksichtigen. Es kann theoretisch berufswidrig sein, den Vorschuß geltend zu machen. Berufsregeln dazu können freilich praktisch unbeachtbar sein. Denn sie berühren kaum die Funktionsfähigkeit der Anwaltschaft. Soweit die Tätigkeit des Anwalts nicht von einem Vorschuß abhängig sein darf, kann er einen Vorschuß natürlich erst recht nicht einklagen. Das Gegenteil wäre widersinnig.

8) Zahlungsfolgen. Man muß zwei Fallgruppen unterscheiden. 22

A. Tilgung. Manche sehen beim Vorschuß nur den Sicherungszweck nach Rn 2. Das hätte zur Folge, daß eine Verrechnung jedenfalls insofern zunächst unterbleiben könnte, als noch Gebühren und Auslagen entstehen können. §§ 9, 47 lassen aber erkennen, daß der Vorschuß nicht nur ein Sicherungsmittel sein soll, sondern eine Vorauszahlung auf bereits entstandene und noch voraussichtlich entstehende Gebühren und Auslagen nach Rn 1.

Der Vorschuß geht daher bei richtiger Betrachtung in das Vermögen des Anwalts über, auch *steuerrechtlich*. Er bewirkt im Zeitpunkt der Zahlung eine Tilgung der bereits geschuldeten Vergütung nach § 362 BGB, LG Kref JB **76**, 65. Soweit er über diese geschuldete Vergütung hinausgeht, bewirkt er die Tilgung derjenigen weiteren Gebühren und Auslagen, die erst nach dem Zahlungszeitpunkt entstehen, Brschw JB **76**, 1109. Wer zahlt, kann eine Quittung fordern. Sie muß die Umsatzsteuer wie sonst gesondert angeben.

Eine *Verrechnung* kommt nur innerhalb desselben Auftrags oder derselben Angelegenheit nach § 15 Rn 8ff infrage.

Soweit das Gericht den Anwalt im Weg der *Prozeß- oder Verfahrenskostenhilfe* nach 23 §§ 114ff ZPO, §§ 76ff FamFG beigeordnet hat, muß der Anwalt einen vom Auftraggeber oder von einem Dritten bezahlten Vorschuß nach § 58 II allerdings zunächst auf diejenigen Vergütungen anrechnen, für die ein Anspruch gegen die Bundes- oder Landeskasse nicht besteht. Wegen des Pflichtverteidigers und des beigeordneten Anwalts §§ 53, 58.

B. Rückzahlungspflicht. Der Anwalt muß einen über die im Zahlungszeitpunkt 24 entstandenen und voraussichtlich entstehenden Gebühren und Auslagen erheblich hinausgehenden Vorschuß nach §§ 242, 812ff BGB grundsätzlich zurückzahlen. Auch der Auftraggeber ist ihm gegenüber ja kein kostenloser Kreditgeber. Das gilt auch dann, wenn der Anwalt noch eine weitere Angelegenheit später abrechnen muß, LG Gießen VersR **95**, 217. Der Anwalt kann sich gegenüber dem Rückforderungsanspruch nicht auf § 818 II BGB berufen, auch nicht auf § 4 I 3, Hamm AGS 96, 122. Man muß aber auch in diesem Zusammenhang alle Umstände berücksichtigen. Man muß die sich oft rasch ändernde und damit für den Auftraggeber verteuernde Verfahrenslage in einer für den Anwalt nicht zu engherzigen Weise vorausbedenken. Auch wäre es nicht sinnvoll, den Anwalt zur Zurückzahlung eines solchen Vorschuß-Teilbetrags zu zwingen, den er wenige Tage später auf Grund einer weitergehenden auftragsgemäßen Tätigkeit nun doch fordern könnte. Eine Aufrechnung bleibt in den Grenzen Rn 22 möglich, Düss OLGR 98, 435.

25   **C. Verzinsungspflicht.** Eine Verzinsungspflicht eines zuviel erhaltenen Vorschußbetrags kann sich nach denselben Regeln wie Rn 21 ergeben. Das gilt zB dann, wenn der Anwalt die voraussichtliche Vergütung schuldlos oder gar schuldhaft zu hoch veranschlagt hatte. Im letzteren Fall kann sich die Verzinsungspflicht sogar in Höhe eines über den gesetzlichen Zinsfuß hinausgehenden Betrags aus dem Gesichtspunkt einer vertraglichen Schadensersatzpflicht infolge einer Schlechterfüllung ergeben. Denn der Anwalt muß beim Erhalt des Vorschusses nochmals wenigstens in Umrissen prüfen, ob die gezahlte Summe nach der jetzigen Entwicklung seiner Tätigkeit zu hoch war.

Dann müßte er den Vorschuß wie bei § 121 I 1 BGB unverzüglich teilweise *zurückzahlen* oder mit dem Auftraggeber vereinbaren, daß er ihn zinslos behalten darf, um der Verzinsungspflicht zu entgehen. Er sollte den Überschußbetrag im Zweifel auf ein verzinsliches Anderkonto einzahlen.

26   **D. Grenzen der Rückzahlungspflicht.** Soweit allerdings der Rpfl die Bewilligung einer Prozeß- oder Verfahrenskostenhilfe nach § 124 ZPO, § 76 FamFG aufhebt, muß der beigeordnete Anwalt den Vorschuß nicht zurückzahlen.

27   **E. Verjährung.** Der Rückforderungsanspruch zuviel gezahlten Vorschusses verjährt nach §§ 195, 199 BGB in 3 Jahren seit dem Schluß desjenigen Jahres, in dem sich der Auftrag erledigt hat. Denn dann ist der Rückforderungsanspruch nach § 199 I Z 1 BGB entstanden. Die Fälligkeit nach § 8 reicht also nicht stets, aM Düss OLGR 92, 75. Wegen der weiteren Voraussetzungen insoweit § 199 I Z 2, III 2 BGB.

Berechnung

10 ^{I 1}Der Rechtsanwalt kann die Vergütung nur aufgrund einer von ihm unterzeichneten und dem Auftraggeber mitgeteilten Berechnung einfordern. ²Der Lauf der Verjährungsfrist ist von der Mitteilung der Berechnung nicht abhängig.

^{II 1}In der Berechnung sind die Beträge der einzelnen Gebühren und Auslagen, Vorschüsse, eine kurze Bezeichnung des jeweiligen Gebührentatbestands, die Bezeichnung der Auslagen sowie die angewandten Nummern des Vergütungsverzeichnisses und bei Gebühren, die nach dem Gegenstandswert berechnet sind, auch dieser anzugeben. ²Bei Entgelten für Post- und Telekommunikationsdienstleistungen genügt die Angabe des Gesamtbetrags.

^{III} Hat der Auftraggeber die Vergütung gezahlt, ohne die Berechnung erhalten zu haben, kann er die Mitteilung der Berechnung noch fordern, solange der Rechtsanwalt zur Aufbewahrung der Handakten verpflichtet ist.

Gliederung

1) Systematik, I–III	1
2) Regelungszweck, I–III	2
3) Begriff der Einforderung, I, II	3, 4
4) Notwendigkeit einer schriftlichen Berechnung, I–III	5–20
A. Grundsatz: Angabe der RVG-Vorschriften	7
B. Beispiele zur Frage notwendiger RVG-Angaben, I–III	8
C. Ausnahme; Verzicht des Auftraggebers	9
D. Angabe des Gegenstandswerts	10, 11
E. Angabe der Beträge der Gebühren und eigenen Auslagen	12
F. Angabe der verauslagten Gerichtskosten	13
G. Angaben zum Vorschuß	14
H. Unterschrift	15

Abschnitt 1. Allgemeine Vorschriften § 10 RVG

I. Beispiele zur Frage einer ausreichenden Unterschrift, I–III 16
J. Weitere Angaben 17
K. Mitteilung 18
L. Beispiele zur Frage einer Mitteilung, I–III .... 18 a
M. Aufbewahrung 19
N. Nachforderung 20
5) **Verstoß, I–III** 21–26
A. Keine Klagbarkeit 21
B. Heilbarkeit 22
C. Irrtum usw 23
D. Berufsrecht 24
E. Zahlung 25
F. Recht des Auftraggebers 26

1) Systematik, I–III. Man muß unterscheiden zwischen dem Entstehen (dem **1** Erwachsen) der gerade nach § 1 I anwaltlichen und gerade nach dem RVG zu handhabenden Vergütung einschließlich einer Mediation nach § 34 mit dem Beginn der jeweiligen Tätigkeit auf Grund des Anwaltsvertrags, ihrer Fälligkeit nach § 8 (vorher nur Vorschuß nach § 9) und ihrer erst beim Zusammentreffen beider bisherigen Voraussetzungen möglichen außergerichtlichen oder gerichtlichen Einforderbarkeit, Düss AnwBl **88**, 252, LG Köln JB **97**, 203. § 10 regelt die Möglichkeit dieser Geltendmachung. Die Vorschrift stellt eine Voraussetzung der Klagbarkeit auf, Ffm AnwBl **75**, 163, KG AnwBl **82**, 72, LG Bln MDR **92**, 524. Diese ist selbstverständlich und muß jedem Anwalt bekannt sein, Kblz MDR **11**, 576. Die Vorschrift enthält also keine Voraussetzung des sachlichrechtlichen Anspruchs, sondern eine Prozeßvoraussetzung nach Rn 18, 21. Zum Umfang mit dem Auftraggeber Heussen AnwBl **09**, 157 (rät auch vom Honorarprozeß ab).

Sie ist auf ein nach § 3a *vereinbartes* Honorar nur insoweit anwendbar, als die Partner kein Festhonorar vereinbart haben, Düss NJW **12**, 622, oder als der Anwalt einen Vorschuß oder Auslagen abrechnen muß, RS 12, strenger GSchm § 3a Rn 38, HRS 37 (aber zumindest II paßt nur sehr bedingt zur Honorarvereinbarung). Im übrigen ist § 10 auf den Vorschuß nach § 9 nicht anwendbar. Denn § 10 spricht von der eigentlichen „Vergütung". Freilich ist nach § 9 Rn 7, 8 eine nachprüfbare Aufgliederung auch beim Vorschuß ratsam. Hat der Anwalt freilich einen Vorschuß erhalten, gilt Rn 15. § 10 kann auch beim Terminsvertreter anwendbar sein, BGH AnwBl **11**, 787 rechts, Hansens AnwBl **11**, 760. Gegenüber der Staatskasse haben §§ 55 ff als Sondervorschriften den Vorrang, KG JB 15, 26.

Die *Verjährung* ist nach der Berechnung nach § 10 unabhängig, so auch Schneider NZFam **16**, 1170. Das stellt I 2 klar. Das bedeutet freilich nur: Die Verjährungsfrist kann zwar erst ab Fälligkeit nach § 8 beginnen, dann aber schon vor der Mitteilung der Kostenberechnung, LG Bln MDR **92**, 524. Dasselbe gilt von einer Hemmung der Verjährung, LG Zweibr RR **96**, 824. Dann hat eine verspätete Mitteilung auch keine Rückwirkung, Köln AnwBl **94**, 471. Zur Verjährung § 8 Rn 21 ff.

Es besteht also eine *Obliegenheit* des Anwalts zur wie bei § 121 I 1 BGB unverzüglichen Erstellung seiner Berechnung: Erfüllt er sie nicht, können für ihn erhebliche Nachteile eintreten. Deshalb handelt er völlig korrekt, wenn er seine Berechnung alsbald nach dem Eintritt ihrer Voraussetzungen absendet.

Unanwendbar ist § 10 im Kostenfestsetzungsverfahren nach §§ 103 ff ZPO (dort grundsätzlich nur Geltendmachung des Erstattungsanspruchs im Außenverhältnis) und bei einem sachlichrechtlichen Ersatzanspruch, Brdb AnwBl **01**, 306, LG Bln ZMR **10**, 527.

2) Regelungszweck, I–III. Er besteht wie bei § 19 GNotKG, Teil III dieses Buchs, **2** vor allem in einer Nachprüfbarkeit der Berechnung, BGH NJW **02**, 2775. Das gilt für den Auftraggeber und für alle diejenigen, die die Berechnung ebenfalls überprüfen wollen oder müssen, zB einer Rechtsschutzversicherung, einen Gegner des Auftraggebers, das Gericht beim Streit über die Vergütung usw. Der Anwalt als Organ der Rechtspflege nach § 1 BRAO soll sich aus allen diesen Gründen auch von vornherein wegen seiner Vergütungsforderungen eine Selbstkontrolle auferlegen, zumal die Berechnung in der Praxis wohl meist beim Personal erfolgt. Das alles muß man bei der Auslegung mitbeachten.

RVG § 10   X. Rechtsanwaltsvergütungsgesetz

Keinen Roman braucht der Anwalt in seiner Berechnung zu schreiben. Er kann ein Grundvertrauen des Auftraggebers erwarten. Andererseits soll dieser nun auch nicht einen weiteren Anwalt oder sonstigen Kostenrechtskundigen benötigen müssen, um die Berechnung halbwegs verstehen zu können. Es muß ihm möglich sein, bei gutem Willen wenigstens im Kern nachzuvollziehen, ob der Anwalt auch alles dasjenige getan hat, was er berechnet. Ein paar Worte mehr können hier Wunder wirken und zusätzlichen Erklärungsaufwand erheblich verringern, um nur einen ersten Teil solcher Folgen anzusprechen. Eine Anwaltsrechnung sollte das Vertrauen zu ihm festigen, statt zu schwächen.

3 **3) Begriff der Einforderung, I, II.** Die Einforderung liegt in jeder Geltendmachung des Anspruchs. Diese liegt zB in einer Zahlungsaufforderung durch die Übersendung einer Rechnung nach der Fälligkeit nach § 8 oder ohne eine solche oder in einem Festsetzungsgesuch nach § 11, soweit es auch eine dem § 10 entsprechende Berechnung enthält, Düss AnwBl **88**, 253, LG Bochum JB **13**, 638. Eine Rechnung vor der Fälligkeit läßt sich wegen § 9 meist als die Bitte um einen Vorschuß umdeuten. Sie liegt auch in einer Mahnung, ferner aber auch in einer außergerichtlichen oder prozessualen Aufrechnung, Ffm AnwBl **75**, 163, oder in der Geltendmachung eines Zurückbehaltungsrechts gegenüber einem Zahlungsanspruch des Auftraggebers. Sie liegt natürlich auch in der Klage nach § 253 ZPO oder Widerklage nach BLAH Anh § 253 ZPO oder im Antrag auf einen Mahnbescheid nach § 890 ZPO, BGH AnwBl **85**, 257. Der bloße Antrag auf eine Wertfestsetzung stellt allerdings noch keine Einforderung nach I 1 dar.

4 Wenn ein *bestellter Verteidiger* seine Vergütung von der Staatskasse fordert, liegt keine Einforderung vor. Denn er ist insofern überhaupt kein beauftragter Anwalt nach Grdz 20, 21 vor § 1.

5 **4) Notwendigkeit einer schriftlichen Berechnung, I–III.** Der Anwalt muß eine Berechnung der Gebühren und Auslagen aufstellen. Ohne sie entsteht nach Rn 21 keine Zahlungspflicht des Auftraggebers und kein Schuldnerverzug. Das gilt unabhängig davon, ob er einen Vorschuß verlangt oder erhalten hat und ob der Auftraggeber weiß, daß der Gegner Anwaltskosten bezahlen muß, Köln AnwBl **94**, 471. Der Auftraggeber kann ab der Fälligkeit der Vergütung nach § 8 jederzeit ihre Berechnung fordern und einklagen, etwa um seine etwaige restliche Zahlungspflicht baldmöglichst klären zu können. Für jeden Auftrag muß der Anwalt eine einheitliche Berechnung für den Auftraggeber unter einer Angabe der Angelegenheit nach § 15 Rn 8 anfertigen. Bei mehreren Auftraggebern muß man der Berechnung entnehmen können, wer in welcher Höhe haften soll.

Der *ehemalige* Anwalt hat dieselbe Pflicht, soweit der bestellte Abwickler nicht tätig geworden ist, BGH BB **04**, 1415. Wenn der Anwalt verstorben ist, muß der Praxisabwickler die Berechnung aufstellen. Ein Festsetzungsgesuch kann ausreichen, Drsd JB **98**, 599. Auch bei einer Honorarvereinbarung nach § 3a erwartet der Auftraggeber schon aus Steuergründen durchweg eine nachprüfbare Berechnung.

6 Die Berechnung muß nach Rn 7ff schon wegen der Notwendigkeit der Unterschrift nach I 1 *schriftlich* erfolgen. Ausreichend ist das erklärte Ziel, die Vergütung „einmal vorzurechnen", BGH NJW **02**, 2775. Sie braucht nicht auf einem Extrablatt zu erfolgen. Ein solches ist aber ratsam, Schneider AnwBl **04**, 510. Sie muß mindestens die folgenden Angaben enthalten.

7 **A. Grundsatz: Angabe der RVG-Vorschriften.** Die Berechnung muß die angewandten RVG-Vorschriften (Gebühren und Auslagen) einzeln zuordnen und für den Auftraggeber überprüfbar darstellen. Der Anwalt muß also die Paragraphen und VV-Nummern nennen.

8 **B. Beispiele zur Frage notwendiger RVG-Angaben, I–III**

Amtliche Vorbemerkung oder Anmerkung: Es kann nach Rn 7 durchaus notwendig sein, dergleichen beim VV mitanzugeben.

Angelegenheit: Es ist zumindest ratsam, sie kurz zu umreißen.

Ins Blaue: Wenn der Anwalt nur irgendwelche Vorschriften ins Blaue aufgeführt hat, fehlt eine „Angabe" nach II 1 und damit schon die formelle Gültigkeit der Einforderung. Dasselbe gilt erst recht dann, wenn es in der Rechnung nur heißt „Berechnet nach dem RVG" usw, aM GSchm 8 (aber damit könnte der Anwalt

Abschnitt 1. Allgemeine Vorschriften § 10 RVG

den klaren Regelungszweck der Nachprüfbarkeit der zugrunde gelegten Vorschriften Rn 2 glatt und allzu bequem umgehen. Es kommt oft genug auf eine Genauigkeit an, etwa nach VV 2300, 2302 usw bei der Abgrenzung von § 34).
Gebührentatbestand: Der Anwalt muß ihn kurz umreißen, zB „Verfahrensgebühr".
Mittelgebühr: Es kann ähnlich wie bei einer Arztrechnung notwendig sein, die Überschreitung einer gesetzlichen Mittelgebühr stichwortartig zu rechtfertigen, zB mit „besonders schwieriger Fall" usw.
Paragraph: Der Anwalt muß die angewandten §§ nennen. Denn ungeachtet des früheren Worts „Kostenvorschriften" meint „Gebührentatbestand" vernünftigerweise neben dem nur zusätzlich ausdrücklich genannten „Vergütungsverzeichnis" zwecks einer Verständlichkeit für den Auftraggeber nach Rn 2 auch die zugehörigen Paragraphen, die ja oft erst eine wirkliche Nachprüfung ermöglichen. Bei umfangreicheren Vorschriften kann es notwendig sein, auch den Absatz, den Satz, die Ziffer usw der Vorschrift mit anzugeben. Er muß auch die Nummern des meist ja zugehörigen Vergütungsverzeichnisses (VV) sowie evtl die amtlichen Vorbemerkungen oder amtlichen Anmerkungen in ihrer jeweiligen genauen hier angewandten Unterteilung als Bestandteile der Vorschriften angeben. Denn man kann nach Rn 2 evtl nur durch alle diese Einzelheiten den Zweck erreichen, dem Empfänger den Nachvollzug zu ermöglichen, § 19 GNotKG Rn 8, 9, Teil III dieses Buchs.
Unanwendbare Vorschrift: Soweit der Anwalt eine nach seiner Meinung anwendbare, in Wahrheit aber unanwendbare Kostenvorschrift aufführt, beeinträchtigt dieser Mangel nicht die formelle Gültigkeit der Berechnung. Er löst aber natürlich keine diesbezügliche Zahlungspflicht des Auftraggebers aus.
Vergütungsverzeichnis: S „Paragraph".
Vorschrift: S „Paragraph".

C. Ausnahme: Verzicht des Auftraggebers. Der Auftraggeber kann allerdings 9 auf die Einhaltung dieser Erfordernisse ganz oder teilweise verzichten. Der Verzicht kann stillschweigend erfolgen. Das könnte zB in einem langandauernden Vertrauensverhältnis oder beim kleinen Endbetrag gegen einen begüterten Auftraggeber oder bei einer sofortigen Barzahlung in einem einfachen Fall so sein. Es ist also eine Fallfrage, etwa dann, wenn der Auftraggebers des ProzBev im folgenden Gebührenstreit seines früheren Anwalts insoweit keine Rüge erhebt, insbesondere dann nicht, wenn er gleichzeitig andere Rügen geltend macht, wenn er etwa die sonstige Arbeit des früheren Anwalts als einen Vertragsverstoß tadelt. In der auch ohne einen Erhalt der Berechnung natürlich möglichen Erfüllung liegt nicht stets ein stillschweigender Verzicht, selbst wenn der Auftraggeber die Zahlung nicht ausdrücklich unter einem Vorbehalt leistet. Es gilt vielmehr III. Der Anwalt muß den Verzicht beweisen.

D. Angabe des Gegenstandswerts. Soweit es sich um eine solche Gebühr han- 10 delt, die sich nach § 2 I nach einem Gegenstandswert berechnet, muß der Anwalt auch den Gegenstandswert in der Berechnung angeben. Er muß ihn so darstellen, daß der Empfänger die Berechnung nachvollziehen kann, Brdb AnwBl 01, 306. Zu diesem Zweck kann es wie nach § 19 GNotKG Rn 9, Teil III dieses Buchs, erforderlich sein, den Gegenstandswert aufzuschlüsseln. Zwar braucht der Anwalt insofern keinen Roman zu schreiben. Die Berechnung muß aber nach Rn 2 jedenfalls die tragenden Überlegungen zum Gegenstandswert stichwortartig erkennen lassen.

Die Anführung derjenigen *Gesetzesvorschriften,* die der Anwalt dem Gegenstandswert 11 zugrunde legt, ist nicht unbedingt stets erforderlich, wohl aber dann, wenn der Auftraggeber die Ermittlung anders nur schwer nachvollziehen könnte. Ein gewissenhafter Anwalt sollte die maßgeblichen Vorschriften wie bei Rn 7 stets angeben, und zwar bei umfangreicheren Vorschriften ihren Absatz, Satz, ihre Ziffer usw. Natürlich macht die Angabe einer nach der Ansicht des Auftraggebers oder des Gerichts unrichtigen Vorschrift usw die Berechnung nicht etwa schon deshalb unwirksam oder unfällig.

E. Angabe der Beträge der Gebühren und eigenen Auslagen. Der Anwalt 12 muß in der Berechnung die Beträge der einzelnen Gebühren und eigenen Auslagen in EUR angeben. Selbstverständlich muß er die Beträge aufschlüsseln, soweit das erforderlich ist, um dem Empfänger die Nachprüfung zu ermöglichen. Das gilt zB bei einer Rahmengebühr nach (jetzt) § 14 in Verbindung mit § 315 II BGB, Köln

1431

RVG § 10

JB 02, 581, insbesondere bei einer Überschreitung eines Mittel- oder Sollwerts. Er darf nicht etwa nur eine Gesamtforderung beziffern. Er muß auch die in Anrechnung gestellte Umsatzsteuer nachvollziehbar angeben. Dazu gehört der angesetzte Prozentsatz auch dann, wenn der Anwalt nicht ausnahmsweise nur eine ermäßigte Umsatzsteuer absetzt.

Soweit ein *Dritter* der Rechnungsempfänger sein soll, mag der Auftraggeber der Schuldner der ihm dann etwa gesondert zu berechnenden Umsatzsteuer sein sollen oder müssen. Das muß der Anwalt mit dem Auftraggeber zB zur Klärung von dessen Vorsteuer-Abzugsberechtigung erörtern.

Bei einem *Zeithonorar* nach § 3a Rn 26 ist ansich die Angabe der auftragsgemäßen Gesamtzeit je nach der Vereinbarungsart in Minuten oder Stunden ohne deren evtl seitenlange Aufspaltung nach Tagen oder gar Wochen ausreichend. Es wäre glatter Betrug(sversuch), mehr als tatsächlich aufgewandt zu berechnen. Sorgfalt bei der Ermittlung der Gesamtzeit ist natürlich Sache des Anwalts und damit etwa beim Großauftrag Sache einer sorgfältigen Organisation. Sie mag durchaus die Uhrzeiten im Innenbetrieb nachvollziehbar verzeichnen müssen.

Das wird freilich praktisch *fast unkontrollierbar*, soweit es zB darum geht, wieviel Zeit der Anwalt oder seine Assistenten zum Überdenken, Abschätzen, Einkalkulieren möglichen gegnerischen Verhaltens usw tatsächlich verbraucht haben. Man kann kaum verlangen, daß jeder Beteiligte jede Minute auftraggemäßer Kopfarbeit sogleich mit der Uhr kontrolliert und aufschreibt. Erfahrungssätze gibt es kaum. Einer denkt schneller, der andere langsamer und deshalb vielleicht gründlicher (nicht immer). Hier liegen für den Anwalt wie für den Auftraggeber Risiken in evtl hochstelligen Bereichen, wie etwa ein berühmter amerikanischer Krimi verdeutlicht hat.

Bei *Post- und Telekommunikationsdienstleistungen* genügt allerdings nach II 2 die Angabe des Gesamtbetrags. Der Anwalt hat nach VV 7002 die Wahl, ob er die tatsächlich entstandenen derartigen Auslagen oder einen Pauschsatz in Höhe von 20% der gesetzlichen Gebühren einschließlich Umsatzsteuer fordern will, in derselben Angelegenheit nach § 15 Rn 8 und im gerichtlichen Verfahren in demselben Rechtszug nach § 19 Rn 1 jedoch höchstens 20 EUR, und zwar auch in einer Strafsache oder im Bußgeldverfahren. Das Porto für die Übersendung der Rechnung usw gehört nach Vorbem 5 vor VV 7000 „Porto" zu den Auslagen nur, soweit es über die Allgemeinkosten hinausgeht.

13 **F. Angabe der verauslagten Gerichtskosten.** Der Anwalt muß in der Berechnung auch den Betrag der von ihm innerhalb dieses Auftrags tatsächlich insgesamt verauslagten Gerichtskosten nennen. Soweit er Gerichtskosten in mehreren Teilbeträgen, zu unterschiedlichen Zeitpunkten und unter Umständen in irgendeiner für den Empfänger nicht sofort verständlichen Weise gezahlt hat, kann die Aufschlüsselung auch dieses Postens erforderlich sein.

14 **G. Angaben zum Vorschuß.** Der Anwalt muß in der Berechnung angeben, ob, wann, von wem und in welcher Höhe er Vorschüsse erbeten hatte oder ob der Auftraggeber unaufgefordert zahlte. Das gilt auch bei einer Honorarvereinbarung nach § 3a. Der Zeitpunkt der Empfangnahme ist jedenfalls insofern erforderlich, als Verzinsungsfragen davon abhängen können. Eine Verzinsung ist freilich von den Umständen abhängig. Der Auftraggeber kann auf die Erteilung einer Abrechnung klagen.

15 **H. Unterschrift.** Der Anwalt muß die Berechnung nach I 1 unterzeichnen, Düss JB 12, 586, Kblz FamRZ 02, 1506, Enders JB 12, 450. Die Unterschrift muß den gesamten notwendigen Inhalt der Berechnung decken. Zu den einschlägigen umfangreichen Anforderungen der Rspr BLAH § 129 ZPO Rn 9ff. Zumindest das Begleitschreiben muß diese Anforderungen erfüllen, Schlesw MDR 12, 1260. Erforderlich ist grundsätzlich eine eigenhändige handschriftliche Unterschrift.

16 **I. Beispiele zur Frage einer ausreichenden Unterschrift, I–III**

Abtretung: Ausreichend ist die Unterschrift des neuen Gläubigers einer Anwaltsforderung, Bork NJW 92, 2449, aM AG Waiblingen AnwBl 91, 54 (abl Madert).

Allgemeinvertretung: Ausreichend ist die Unterschrift des Allgemeinvertreters nach § 53 BRAO, Brdb AnwBl 01, 306.

Begleitschreiben: Ausreichend ist die Unterzeichnung eines Begleitschreibens, in dem der Anwalt sich die Berechnung zu eigen macht und dafür die Verantwortung übernimmt.
Bürogemeinschaft: *Nicht* ausreichend ist die Unterschrift desjenigen Anwalts, der mit dem beauftragten Kollegen nur in einer Bürogemeinschaft arbeitet, AG Waiblingen AnwBl **89**, 400.
Bürovorsteher: *Nicht* ausreichend ist die handschriftliche oder gar faksimilierte Unterschrift des Bürovorstehers oder eines anderen Mitarbeiters, etwa eines „Kostenfachmanns".
Elektronische Fassung: Es gilt § 12b.
Faksimile: *Nicht* ausreichend ist eine solche Form der „Unterschrift".
Honorarprozeßklage: Ausreichen kann die Klageschrift nach § 253 ZPO im Honorarprozeß. Sie kann zumindest Mängel nach § 295 I heilen.
Kopie: Ausreichen kann die Übersendung eines solchen Schreibens nebst einer solchen Rechnung an den Rechtsschutzversicherer, die der Anwalt an den Auftraggeber leitet.
Namensabkürzung: *Nicht* ausreichend ist die bloße Paraphe, Düss JB **12**, 586.
Praxisübernehmer: Ausreichend ist die Unterschrift eines Praxisübernehmers, Düss MDR **00**, 360, Fischer-Dorp AnwBl **91**, 89, aM AG Waiblingen AnwBl **91**, 54.
Rechtsschutzversicherung: S „Kopie".
Sozius: Ausreichend ist die Unterschrift eines Sozius, Brdb AnwBl **01**, 306.
Verzicht: *Nicht* ausreichend ist ein Verzicht des Auftraggebers auf eine wirksame Unterschrift. Denn mit seiner Unterzeichnung übernimmt der Anwalt die zivilrechtliche, strafrechtliche und berufsrechtliche Verantwortung nach § 352 StGB usw, AG Waiblingen AnwBl **89**, 400.
Zulassung: Ausreichend ist die Unterschrift des ProzBev desjenigen Anwalts, der keine Zulassung nach der BRAO mehr hat, Düss MDR **00**, 360, aM HaRö 25 (aber man darf die Worte „von ihm" nun auch nicht allzu streng verstehen. Das zeigt schon die Übung bei einer Sozietät).

J. Weitere Angaben. Natürlich muß der Anwalt seine Adresse angeben. Es ist wegen § 14 IV 1 Z 2 UStG 2005 ferner notwendig, entweder die allgemeine zehnstellige Steuernummer *oder* (so der eindeutige Gesetzestext) die etwaige zusätzliche Umsatzsteuer-Identifikations-Nr des Anwalts in der Rechnung anzugeben. Es hängt im übrigen von den Umständen ab, ob der Anwalt in der Berechnung über die vorstehenden Angaben hinaus weitere Angaben machen muß. Das Fehlen der Erwähnung weiterer Angaben in § 10 bedeutet nicht die Entbehrlichkeit aller dort nicht ausdrücklich genannten Angaben. Anderseits enthält § 10 eine grundsätzlich vollständige Darstellung der notwendigen Angaben. Weitere Angaben sind daher nur ausnahmsweise notwendig. Rechtsbehelfsbelehrung: §§ 12c, 33 V 2, 52 IV 2. 17

Hierher können Angaben über die Angelegenheit nach § 15 Rn 8 zählen, Düss FamRZ **09**, 2032, oder über die Höhe, den Empfangszeitpunkt und evtl das Empfangskonto solcher Summen, bei denen es bereits streitig geworden ist, ob der Auftraggeber sie an den Anwalt als Vorschüsse oder zu anderen Zwecken gezahlt hat, etwa als eine Zahlung auf ein Treuhandkonto.

K. Mitteilung. Der Anwalt muß die Berechnung an den oder die mehreren Auftraggeber richten. Er muß sie ihm oder jedem von ihnen nach I 1 mitteilen, LG Mannh AnwBl **13**, 150. Das gilt insbesondere auch nach dem Erhalt eines Vorschusses. 18

Der Anwalt muß den Auftraggeber genau und richtig bezeichnen, BayObLG **90**, 338 (zum vergleichbaren [jetzt] § 19 I GNotKG), OVG Hbg AnwBl **02**, 116 (die Bezeichnung nur des angeblich zahlungspflichtigen Dritten reicht nicht).

L. Beispiele zur Frage einer Mitteilung, I–III 18a
Dritter: Eine Übersendung nur an einen Dritten, etwa an die Rechtsschutzversicherung ohne eine Vollmacht des Auftraggebers, reicht grundsätzlich nicht, ebensowenig eine bloße Mitteilung davon an den Auftraggeber, Köln AnwBl **94**, 471. Der Auftraggeber kann den Anwalt aber anweisen, die Berechnung auch oder sogar nur an einen Dritten zu senden, eben an den Rechtsschutzversicherer. Im Zweifel ist er damit stillschweigend einverstanden, AG Köln VersR **08**, 815. Zu einer zusätzlichen Überweisung auch an einen anderen als den Auftraggeber, etwa an seine Rechts-

schutzversicherung, ist der Anwalt allerdings erst nach einer freiwilligen Übernahme auch dieser Aufgabe verpflichtet.
Einklagbarkeit: Der Auftraggeber kann nach Rn 15 eine Mitteilung einklagen.
Elektronische Mitteilung: § 12b, Enders JB **12**, 450.
Ersatzanspruch: S „Mehrfache Mitteilung".
Festsetzungsgesuch: Ausreichen kann seine Übermittlung nach Rn 5 durch das Gericht, Drsd JB **98**, 599.
Klageschrift: Ausreichend ist eine Mitteilung zusammen mit der Klageschrift, BGH NJW **02**, 2775.
Mehrfache Mitteilung: Sie ist nur unter besonderen Voraussetzungen nötig, zB dann, wenn der zahlungswillige Auftraggeber die Berechnung verloren oder irrig vernichtet hat und wenn er sie evtl auch für seine Steuererklärung oder zur Geltendmachung von Ersatzansprüchen braucht. Es besteht dann eine Nebenpflicht zur nochmaligen Mitteilung aus dem Anwaltsvertrag.
Mündliche Mitteilung: Sie reicht *nicht*.
Prozeßschriftsatz: Ausreichend ist eine Mitteilung zusammen mit ihm, BGH NJW **02**, 2775.
Schriftform: Sie ist notwendig. Ein Telefax reicht.
Steuererklärung: S „Mehrfache Mitteilung".
Telefax: S „Schriftform".
Telefonform: Sie reicht *nicht*.
Verlust: S „Mehrfache Mitteilung".
Vernichtung: S „Mehrfache Mitteilung".
Zugang: Er muß nach § 130 BGB erfolgen. *Nicht* nötig ist eine förmliche Zustellung.

19 **M. Aufbewahrung.** Soweit der Auftraggeber die Vergütung gezahlt hat, ohne die Berechnung erhalten zu haben, kann er nach III die Mitteilung der Berechnung wegen §§ 666, 675 BGB noch fordern, solange der Anwalt die Handakten noch aufbewahren muß. Dieser Anspruch ist abtretbar. Die Aufbewahrungsfrist endet nach § 50 II BRAO 5 Jahre nach der Beendigung des Auftrags oder 6 Monate nach demjenigen Zeitpunkt, in dem der Anwalt den Auftraggeber aufgefordert hat, die Handakten in Empfang zu nehmen, sofern der Auftraggeber dieser Aufforderung nicht nachgekommen ist. Nach einer Aktenrückgabe braucht der Anwalt wohl keine Berechnung mehr vorzunehmen.
Der Lauf der *Verjährungsfrist* ist nach I 2 von der Mitteilung der Berechnung nicht abhängig.

20 **N. Nachforderung.** Sie ist grundsätzlich im Rahmen der gesetzlichen oder vereinbarten Vergütung statthaft und nicht von einem Irrtum bei der bisherigen Berechnung abhängig, Düss AnwBl **08**, 718, aM LG Nürnb-Fürth AnwBl **84**, 94 (abl Schmidt). Vgl auch Rn 21. Das Gericht ändert Unrichtigkeiten ab, soweit es nicht in ein Anwaltsermessen nach § 14 eingreifen müßte. Zum Problem BGH ZfS **95**, 269, Hbg MDR **79**, 235, Enders JB **96**, 561. Freilich muß es eine Verwirkung von Amts wegen beachten.

21 **5) Verstoß, I–III.** Sofern die Berechnung nicht allen Anforderungen nach Rn 3–20 entspricht, braucht der Auftraggeber nicht zu zahlen und gerät nicht in einen Zahlungsverzug. Es tritt keine Verzinsungspflicht ein. Eine Aufrechnung vor dem Eintritt der Einforderbarkeit führt nicht zum Erlöschen der Aufrechnungsforderung des Auftraggebers. Der Anwalt kann schadensersatzpflichtig sein.
A. Keine Klagbarkeit. Das Gericht muß die Honorarklage des Anwalts insofern wegen des Fehlens der von Amts wegen beachtbaren Prozeßvoraussetzung der Klagbarkeit evtl nach einem vergeblichen Hinweis nach § 139 ZPO durch ein sog Prozeßurteil nach BLAH Grdz 14 vor § 253 ZPO als zumindest derzeit noch unzulässig abweisen, Ffm AnwBl **75**, 163, LG Bln MDR **92**, 524, aM GS 56, RS 3 (je: Abweisung als zur Zeit unbegründet). Dasselbe gilt beim Mahnantrag. Denn man muß die Prozeßvoraussetzungen auch im Mahnverfahren beachten, BLAH § 691 ZPO Rn 3.

22 **B. Heilbarkeit.** Allerdings kann der Anwalt eine unvollständige Berechnung durch ergänzende Angaben und deren Mitteilung in der Klagschrift nach § 253 ZPO oder

Abschnitt 1. Allgemeine Vorschriften **§§ 10, 11 RVG**

bis zum Schluß der mündlichen Verhandlung nach §§ 136 IV, 296a ZPO heilen, BGH AnwBl **85**, 257, Düss AnwBl **88**, 252. Das gilt grundsätzlich bei jedem Punkt. Eine Unrichtigkeit bei einzelnen Posten etwa wegen eines Diktat- oder Schreibfehlers oder einer irrigen Gesetzesanwendung läßt zwar das Bestehen der Berechnung und deren Mitteilung unberührt. Sie verpflichtet aber allenfalls zur Zahlung der in Wahrheit richtigen Beträge, LG Nürnb-Fürth AnwBl **84**, 94. Auch das gilt natürlich erst nach einer Berichtigung. Denn es ist grundsätzlich nicht eine Aufgabe des Auftraggebers, sich die in Wahrheit anwendbaren Vorschriften herauszusuchen, gar mit der Hilfe eines Dritten.

C. Irrtum usw. Der Auftraggeber mag freilich bei einem offensichtlichen Additionsfehler usw nur den richtigen Betrag zahlen müssen. Vgl auch Rn 20. Der Anwalt kann auch eine irrtümlich nicht geltend gemachte Gebühr sowie irrig nicht angesetzte Auslagen nachfordern, solange der Auftraggeber keine Verjährung geltend macht, Hbg MDR **79**, 235, LG Bln MDR **92**, 524. Soweit der Auftraggeber ein sofortiges Anerkenntnis erklärt, bleibt er nach § 93 ZPO kostenfrei, Düss MDR **00**, 420, Köln MDR **00**, 910. 23

D. Berufsrecht. Ein Verstoß gegen die gesetzlichen Anforderungen der Berechnung ist ferner grundsätzlich ein ehrengerichtlich rügbarer Verstoß gegen § 43 BRAO. Er kann den Anwalt bei einem Verschulden auch seines Personals nach § 278 BGB schadensersatzpflichtig machen. Das gilt unabhängig von einer Versicherung der Richtigkeit. Denn das Schuldrecht sieht dergleichen nicht allgemein vor. Der Auftraggeber kann freilich nach Rn 6 auf eine Berechnung teilweise oder sogar gänzlich verzichten. 24

E. Zahlung. Soweit der Auftraggeber trotz einer mangelhaften oder fehlenden Berechnung gezahlt *hat*, mag er trotzdem eine in Wahrheit bestehende Schuld erfüllt haben. Denn der Vergütungsanspruch kann entstanden und nach § 8 fällig geworden sein. Deshalb hat der Auftraggeber unter solchen Voraussetzungen keinen Rückzahlungsanspruch, es sei denn, er hätte sich bei der Zahlung seine Rechte vorbehalten, Ffm AnwBl **75**, 164, aM Hbg MDR **00**, 116 (überliest die vorstehenden Worte „unter solchen Voraussetzungen"). Sein Recht nach III bleibt unberührt. Die dort genannte Pflicht zur Aufbewahrung der Handakten richtet sich nach § 50 II BRAO. Sie erlischt also mit der Aktenherausgabe an den Auftraggeber oder sechs Monate nach der Aufforderung zur Empfangnahme oder fünf Jahre nach der Auftragsbeendigung nach § 8 Rn 6–9. 25

F. Rechte des Auftraggebers. Der Auftraggeber kann vor dem Erhalt einer ausreichenden Berechnung keine wirksame Aufrechnung mit einer eigenen Gegenforderung erklären. Denn der Anwalt kann die endgültige Vergütung überhaupt noch nicht fordern, der Auftraggeber schuldet insofern unabhängig von der Frage der Fälligkeit der Vergütungsforderung nach § 8 noch nichts nach § 387 BGB, BGH AnwBl **85**, 257, Ffm AnwBl **75**, 163, Köln AnwBl **94**, 471. Der Auftraggeber kann sein Recht nach III auch im Klageweg durchsetzen und zugleich insofern eine Beschwerde beim Vorstand der Anwaltskammer einlegen. Der erstattungspflichtige Gegner hat nicht gegen den ProzBev des Siegers einen Herausgabeanspruch wegen des Festsetzungsbeschlusses nach der Zahlung, LG Darmst RR **99**, 584. Der Anwalt kann nur mit einer Honorarforderung aus *diesem* Auftrag aufrechnen, Düss RR **99**, 643. Ein Zurückbehaltungsrecht läßt sich vor einer Erteilung der Kostenberechnung nicht ausüben. 26

Festsetzung der Vergütung

11 I ¹ Soweit die gesetzliche Vergütung, eine nach § 42 festgestellte Pauschgebühr und die zu ersetzenden Aufwendungen (§ 670 des Bürgerlichen Gesetzbuchs) zu den Kosten des gerichtlichen Verfahrens gehören, werden sie auf Antrag des Rechtsanwalts oder des Auftraggebers durch das Gericht des ersten Rechtszugs festgesetzt. ² Getilgte Beträge sind abzusetzen.

II ¹ Der Antrag ist erst zulässig, wenn die Vergütung fällig ist. ² Vor der Festsetzung sind die Beteiligten zu hören. ³ Die Vorschriften der jeweiligen Verfahrensordnung über das Kostenfestsetzungsverfahren mit Ausnahme des § 104 Abs. 2 Satz 3 der Zivilprozessordnung und die Vorschriften der Zivilprozessordnung über die Zwangsvollstreckung aus Kostenfestsetzungsbeschlüssen gelten entsprechend. [4]Das Verfahren vor dem Gericht des ersten Rechtszugs ist gebührenfrei. [5]In den Vergütungsfestsetzungsbeschluss sind die von dem Rechtsanwalt gezahlten Auslagen für die Zustellung des Beschlusses aufzunehmen. [6]Im Übrigen findet eine Kostenerstattung nicht statt; dies gilt auch im Verfahren über Beschwerden.

III [1]Im Verfahren vor den Gerichten der Verwaltungsgerichtsbarkeit, der Finanzgerichtsbarkeit und der Sozialgerichtsbarkeit wird die Vergütung vom Urkundsbeamten der Geschäftsstelle festgesetzt. [2]Die für die jeweilige Gerichtsbarkeit geltenden Vorschriften über die Erinnerung im Kostenfestsetzungsverfahren gelten entsprechend.

IV Wird der vom Rechtsanwalt angegebene Gegenstandswert von einem Beteiligten bestritten, ist das Verfahren auszusetzen, bis das Gericht hierüber entschieden hat (§§ 32, 33 und 38 Abs. 1).

V [1]Die Festsetzung ist abzulehnen, soweit der Antragsgegner Einwendungen oder Einreden erhebt, die nicht im Gebührenrecht ihren Grund haben. [2]Hat der Auftraggeber bereits dem Rechtsanwalt gegenüber derartige Einwendungen oder Einreden erhoben, ist die Erhebung der Klage nicht von der vorherigen Einleitung des Festsetzungsverfahrens abhängig.

VI [1]Anträge und Erklärungen können ohne Mitwirkung eines Bevollmächtigten schriftlich eingereicht oder zu Protokoll der Geschäftsstelle abgegeben werden. [2]§ 129a der Zivilprozessordnung gilt entsprechend. [3]Für die Bevollmächtigung gelten die Regelungen der für das zugrunde liegende Verfahren geltenden Verfahrensordnung entsprechend.

VII Durch den Antrag auf Festsetzung der Vergütung wird die Verjährung wie durch Klageerhebung gehemmt.

VIII [1]Die Absätze 1 bis 7 gelten bei Rahmengebühren nur, wenn die Mindestgebühren geltend gemacht werden oder der Auftraggeber der Höhe der Gebühren ausdrücklich zugestimmt hat. [2]Die Festsetzung auf Antrag des Rechtsanwalts ist abzulehnen, wenn er die Zustimmungserklärung des Auftraggebers nicht mit dem Antrag vorlegt.

Schrifttum: *Baronin von König*, Kosten- und Vergütungsfestsetzung im Zivilprozess, 2009; *von Eicken/Hellstab/Lappe/Dörndorfer/Asperger*, Die Kostenfestsetzung, 23. Aufl 2018; *Engels* MDR **01**, 372 (Üb); *Hünnekens*, Kostenabwicklung in Zivil- und Familiensachen und bei Prozeßkostenhilfe, 2. Aufl 1999; *Schütt* MDR **01**, 1278 (Üb zum vergleichbaren § 104 ZPO).

Gliederung

1) Systematik, I–VIII	1
2) Regelungszweck, I–VIII	2–4
A. Erleichterung	2
B. Unterschied zum sonstigen Kostenfestsetzungsverfahren	3
C. Innenverhältnis	4
3) Geltungsbereich, I–VIII	5, 6
A. Umfassende Anwendbarkeit	5
B. Beispiele zur Frage einer Anwendbarkeit, I–VIII	6
4) Gegenstand der Festsetzung, I, VIII	7–12
A. Gesetzliche Vergütung, I 1	7, 8
B. Nicht vertragliche Vergütung	9
C. Wechsel der Vergütungsart	10, 11
D. Gebührenteilungsabkommen	12
5) Antrag, I 1, II, VI	13–38
A. Anwalt als Prozeßbevollmächtigter	14, 15
B. Beispiele zur Frage eines Prozeßbevollmächtigten, I 1, II, VI	16
C. Anwalt als Beistand	17
D. Anwalt als Unterbevollmächtigter	18, 19
E. Anwalt als Verkehrsanwalt	20
F. Nicht mehr zugelassener Anwalt; Erbe	21

Abschnitt 1. Allgemeine Vorschriften § 11 RVG

    G. Patentanwalt 22
    H. Steuerberater 23
    I. Auftraggeber 24
    J. Beispiele zur Frage eines Auftraggebers, I 1 .... 24 a
    K. Antragsgegner 25
    L. Beispiele zur Frage eines Antragsgegners, I 1, II, VI .... 25 a
    M. Sonstige Personen 26
    N. Pauschgebühr nach § 42 27
    O. Aufwendungen nach § 670 BGB 28, 29
    P. Form, VI 30
    Q. Fristbeginn, II 1 31
    R. Fristende 32
    S. Rechtsschutzbedürfnis 33
    T. Weitere Zulässigkeitsvoraussetzungen 34
    U. Beispiele zur Frage eines Antragsinhalts, I 1, II VI 35–38
6) **Zuständigkeit, I 1, III** 39–42
    A. Ordentliches Gericht, Arbeitsgericht, I 1 40
    B. Beispiele zur Frage einer Zuständigkeit nach I 1 41
    C. Sonstige Gerichte, III 42
7) **Allgemeine Verfahrensregeln, I–III** 43, 44
    A. Anhörung 43
    B. Amtsprüfung 44
8) **Prüfungsumfang, I–IV** 45–49
    A. Grundsatz: Umfassende Prüfung 45
    B. Verzinsung 46, 47
    C. Aussetzung, IV 48
    D. Beachtung des Antragsgegners 49
9) **Gebührenrechtlicher Einwand, I–III** 50, 51
10) **Nicht gebührenrechtlicher Einwand, V 1, 2** 52–70
    A. Antragsgegner 53
    B. Form 54
    C. Frist 55
    D. Arglist 56, 57
    E. Beispiele zur Frage eines nicht gebührenrechtlichen Einwands, V 1 58–70
11) **ZPO: Entscheidung des Rechtspflegers, II 3, 5, 6** 71–81
    A. Beschlußform 71
    B. Beschlußinhalt 72
    C. Kosten 73
    D. Mitteilung des Festsetzungsbeschlusses 74–76
    E. Rechtskraft 77
    F. Berichtigung 78
    G. Wiederaufnahme 79
    H. Zwangsvollstreckung 80, 81
12) **ZPO: Rechtsbehelfe – Übersicht: Sofortige Beschwerde oder sofortige Erinnerung, II 3** 82–89
    A. Evtl keine sofortige Beschwerde 84, 85
    B. Sondern sofortige Erinnerung 86
    C. Aber Abweichungen 87, 88
    D. Notwendigkeit zügigen Verfahrens 89
13) **ZPO: Sofortige Beschwerde im einzelnen, II 3, § 11 I RPflG** 90–105
    A. Beschwerdeberechtigung 91
    B. Beschwer, Beschwerdewert über 200 EUR 92–94
    C. Notfrist: 2 Wochen 95
    D. Form 96
    E. Verfahren des Rechtspflegers bei sofortiger Beschwerde: Bei Begründetheit Abhilfe durch ihn selbst 97
    F. Verfahren des Rechtspflegers bei sofortiger Beschwerde: Bei Unbegründetheit Vorlage beim Beschwerdegericht 98
    G. Keine Nichtabhilfe des Erstrichters 99
    H. Verfahren des Beschwerdegerichts 100
    I. Anwaltszwang 101
    J. Entscheidung des Beschwerdegerichts 102
    K. Begrenzung durch Antrag 103
    L. Verbot der Schlechterstellung 104
    M. Mitteilung 105
14) **ZPO: Sofortige Erinnerung im einzelnen, II 3, § 11 II RPflG** 106–126
    A. Erinnerungsberechtigung 107
    B. Beschwer, Beschwerdewert bis 200 EUR 108
    C. Notfrist: 2 Wochen 109
    D. Notfristbegriff 110
    E. Notfristberechnung 111

RVG § 11

X. Rechtsanwaltsvergütungsgesetz

  F. Einlegung 112, 113
  G. Form 114
  H. Kein Anwaltszwang bei Einlegung; keine Bedingung 115
  I. Aussetzung der Vollziehung 116
  J. Allgemeines zum Verfahren des Rechtspflegers bei sofortiger Erinnerung,
   § 11 II 2, 3 RPflG 117, 118
  K. Abhilfe durch den Rechtspfleger, § 11 II 2 RPflG 119
  L. Keine Abhilfe durch den Rechtspfleger: Vorlage bei seinem Richter,
   § 11 II 3 RPflG 120
  M. Allgemeines zum Verfahren des Richters bei sofortiger Erinnerung,
   § 11 II 3, 4 RPflG 121, 122
  N. Entscheidung des Richters, § 11 II 4 RPflG 123, 124
  O. Zurückverweisung, Zurück- oder Weiterleitung durch den Erstrichter,
   § 11 II 4 RPflG 125
  P. Zurückverweisung durch Beschwerdegericht, § 11 II 4 RPflG 126
 15) **Verjährung, VII** 127
 16) **Abweichungen bei Rahmengebühr, VIII** 128–137
  A. Voraussetzung: Rahmengebühr, VIII 1 .... 129, 130
  B. Entweder: Mindestgebühr, VIII 1 Hs 1 .... 131, 132
  C. Oder: Schriftliche Zustimmung des Auftraggebers, VIII 1 Hs 2, S 2 .. 133–136
  D. Vorlage der Zustimmung beim Antrag, VIII 2 137
 17) **Gebührenklage, V, VIII** 138–141
  A. Nur bei Unanwendbarkeit von § 12 138
  B. Zuständigkeit 139
  C. Verfahren 140
  D. Vollstreckung 141

1 **1) Systematik, I–VIII.** Die Vorschrift schafft nach Rn 4 ein gegenüber §§ 103 ff ZPO, 85 FamFG selbständiges Kostenklärungsverfahren. Es ist vereinfacht und (jetzt) erstinstanzlich gebührenfrei, (teils zum alten Recht) BVerfG NJW **77**, 145, Zweibr Rpfleger **94**, 477, VGH Kassel NJW **07**, 3738. Es macht eine Vergütungsklage grundsätzlich überflüssig und nimmt ihr daher das Rechtsschutzbedürfnis nach BLAH Grdz 33 vor § 253 ZPO, BGH NJW **81**, 876 nach Rn 52, solange und soweit kein Fall des V 2 vorliegt. Es gilt nur dann, wenn der Anwalt in einem bereits begonnenen und nicht nur geplanten oder angekündigten gerichtlichen Verfahren tätig war, also nicht bei einer solchen Schutzschrift nach § 945 a I 2 ZPO, der kein Gerichtsverfahren folgt, Bbg JB **94**, 160, Hamm NJW **89**, 1131, KG JB **98**, 30. Auch ein Mahnverfahren nach §§ 688 ff ZPO oder ein Prozeß- oder Verfahrenskostenhilfeverfahren nach §§ 114 ff ZPO, 76 FamFG reicht aus. Es kann eine solche Tätigkeit genügen, die nicht direkt gegenüber dem Gericht erfolgt, etwa beim Verkehrsanwalt nach Rn 20 oder bei einer außergerichtlichen Einigung nach VV 1000 zwecks Beendigung eines Prozesses selbst bei einer Einbeziehung eines nicht anhängigen Anspruchs. Die Anwaltstätigkeit muß aber stets unter § 1 I gefallen sein.

 Unanwendbar ist § 11 also bei einer nur unter § 1 II fallenden Tätigkeit, zB als Insolvenzverwalter, als Pfleger, LG Düss JB **85**, 726, oder für einen Betriebs- oder Personalrat oder bei einem schiedsrichterlichen Verfahren des § 36, KG Rpfleger **98**, 172, und bei einer Beratungshilfe, AG Mainz Rpfleger **85**, 324. Unanwendbar ist § 11 ferner bei einer zwar anwaltlichen, aber nur außergerichtlichen Tätigkeit, etwa einer vor der Klageeinreichung beendeten. Das gilt nach Rn 3 unabhängig von einer Einstufbarkeit als Vorbereitungskosten nach § 91 ZPO usw. Die EuGVVO hat den Vorrang, Mankowski AnwBl **09**, 126.

2 **2) Regelungszweck, I–VIII.** Es gibt mehrere Aspekte.

 A. Erleichterung. Die Regelung dient dem Anwalt zur leichteren und rascheren Erlangung seiner Gebühren und Auslagen gegenüber seinem Auftraggeber, allerdings auch nur ihm gegenüber, Schlesw JB **75**, 475. Dieses Verfahren erübrigt mit seinem Vollstreckungstitel nach II 3 in Verbindung mit § 794 I Z 2 ZPO im Regelfall nach Rn 1 eine Gebührenklage gegen den Kostenschuldner. Das dient der Prozeßwirtschaftlichkeit nach BLAH Grdz 14 vor § 128. Daher fehlt einer Gebührenklage ebenso wie einem Mahnantrag nach Rn 138 das Rechtsschutzbedürfnis nach BLAH Grdz 33 vor § 253 ZPO, soweit § 11 anwendbar ist. Es bleibt allerdings auch dann für die Gesamtvergütung bestehen, wenn der Auftraggeber nur wegen einer Teilvergütung nichtgebührenrechtliche Einwendungen erhebt. Dann ist auch ein obligatorisches

Abschnitt 1. Allgemeine Vorschriften § 11 RVG

Güteverfahren nach § 15a EGZPO aus prozeßwirtschaftlichen Erwägungen nicht erforderlich.

Das Verfahren dient aber auch dem *Auftraggeber* des Anwalts und dem Rechtsnachfolger des Auftraggebers, Köln JB **82**, 76, auch dem Rechtsschutzversicherer, LAG Nürnb JB **96**, 263. Er kann so eine rasche und für ihn kostenfreie Nachprüfung der Richtigkeit der Kostenberechnung des Anwalts nach § 10 erreichen.

Keine Bevorzugung des Anwalts darf sich aus dem Erleichterungszweck ergeben. Wer festsetzt, darf und muß sich um Objektivität nachvollziehbar bemühen. Weder im Zweifel zugunsten des Anwalts noch übrigens im Zweifel zugunsten des Auftraggebers, sondern im Zweifel nach Kräften in den Grenzen der Verhältnismäßigkeit als eines prozessualen Grundsatzes nach BLAH Einl III 23 und des daher Zumutbaren weitere Klärungsbemühung. Das gilt insbesondere bei der ja oft leider knifflligen Frage eines gebührenrechtlichen oder nichtgebührenrechtlichen Einwands nach Rn 50 ff. Auch sie darf sich nicht nur nach der Prozeßwirtschaftlichkeit nach BLAH Grdz 14 vor § 128 ZPO richten, trotz deren erheblicher Bedeutung. Kostengerechtigkeit bleibt auch bei § 11 das eindeutige Hauptziel und der Maßstab der Handhabung.

B. Unterschied zum sonstigen Kostenfestsetzungsverfahren. § 11 hat zwar 3 in seiner Zielsetzung Ähnlichkeiten mit §§ 103 ff ZPO, auf die II 3 auch weitgehend und § 85 FamFG ganz verweist. Trotzdem darf man die beiden Verfahren nicht miteinander verwechseln. §§ 103 ff ZPO dienen der Abwicklung der Kostenerstattung im Verhältnis zwischen den Parteien eines Zivilprozesses. Das Kostenfestsetzungsverfahren betrifft also das Außenverhältnis des Auftraggebers des Anwalts zum Prozeßgegner, OVG Lüneb NVwZ-RR **04**, 156. Es setzt einen bereits bestehenden Vollstreckungstitel gerade wegen der Kosten voraus, also eine sog Kostengrundentscheidung zB nach BLAH Üb 35 vor § 91 ZPO. Es ist ein selbständiges Nachverfahren zum Hauptprozeß, BGH NJW **08**, 2040, Düss MDR **91**, 357, Kblz **97**, 1023.

C. Innenverhältnis. Demgegenüber betrifft § 11 das Innenverhältnis zwischen 4 dem Auftraggeber und seinem Vertragspartner, dem Anwalt, LG Lüb JB **15**, 83, OVG Lüneb NVwZ-RR **04**, 156. Es ist nach Rn 1 trotz seiner Abwicklung in den Hauptakten ein gegenüber dem ursprünglichen Hauptprozeß ganz selbständiges Verfahren, BGH NJW **91**, 2084, LG Lüb JB **15**, 83, LSG Chemnitz JB **14**, 196. Es betrifft nach Rn 7 auch in einer Abweichung von §§ 103 ff ZPO, 85 FamFG nicht die gesamten Prozeßkosten, sondern nur die „Vergütung" des Anwalts. In diesem Innenverhältnis dient es allerdings ebenso wie das Verfahren der §§ 103 ff ZPO einer vereinfachten Abwicklung. Es schafft im Innenverhältnis gerade erst einen Vollstreckungstitel nach § 794 I Z 2 ZPO. Insofern lassen sich die Vorschriften des einen und des anderen Verfahrens nach II 3 bedingt zur Auslegung gegenseitig heranziehen. Indessen bindet eine Entscheidung in dem einen Verfahren nicht in dem anderen, Karlsr MDR **86**, 157.

3) Geltungsbereich, I–VIII. § 11 gilt nach Rn 1 nur im gerichtlichen Verfah- 5 ren.

A. Umfassende Anwendbarkeit. § 11 gilt nach III 1 in jeder Gerichtsbarkeit, BFH Rpfleger **92**, 82, OVG Saarlouis NVwZ-RR **18**, 78. Die Vorschrift setzt einen rechtsgeschäftlichen Auftrag und damit einen Anwaltsvertrag nach Grdz 12 vor § 1 voraus, KG FamRZ **93**, 460. Ist der Antragsgegner der Auftraggeber, braucht er nicht eine Prozeßpartei nach BLAH Grdz 4 vor § 50 ZPO zu sein, Mü JB **98**, 599. Der Auftragsumfang ist unerheblich.

B. Beispiele zur Frage einer Anwendbarkeit, I–VIII 6

Aufwendungen: Anwendbar ist § 11 auch auf sämtliche nicht unter VV 7000 ff fallenden sonstigen Aufwendungen nach § 670 BGB, zB nach Rn 29 auf etwa von ihm verauslagte Gerichtskosten.
Auslagen: Anwendbar ist § 11 nach Rn 7 auf sämtliche Auslagen nach VV 7000 ff.
Beiordnung: *Unanwendbar* ist § 11 auf den im Weg einer Prozeß- oder Verfahrenskostenhilfe nach §§ 114 ff ZPO, § 76 FamFG beigeordneten Anwalt. Denn der Staat ist nicht der Auftraggeber des Anwalts, und im übrigen hat zB § 122 I Z 3 ZPO nach Rn 13 den Vorrang. Das übersieht Kblz FamRZ **04**, 1743.

1439

RVG § 11　　　　　　　　　　　　　　　　　　X. Rechtsanwaltsvergütungsgesetz

Etwas anderes gilt erst nach der Ablehnung einer Prozeß- oder Verfahrenskostenhilfe oder nach deren Aufhebung nach § 124 ZPO, KG MDR 11, 628.
Beweisanwalt: Anwendbar ist § 11 auf den Anwalt als Beweisanwalt.
Gesetzlicher Vertreter: *Unanwendbar* ist § 11 auf den Anwalt als gesetzlichen Vertreter. Denn dann gibt es nach § 1 II keinen Auftraggeber nach I 1 in Gestalt der von ihm vertretenen Partei. Es gelten dann Spezialvorschriften.
Partei kraft Amts: *Unanwendbar* ist § 11 auf den Anwalt als eine Partei kraft Amts nach BLAH Grdz 21 ff vor § 50 ZPO. Denn dann gibt es nach § 1 II keinen Auftraggeber nach I 1 in Gestalt der von ihm indirekt mit-„vertretenen" Partei. Es gelten dann Spezialvorschriften.
Prozeßkostenhilfe: S „Beiordnung".
Schlechterfüllung: *Unanwendbar* ist § 11 bei einem Anspruch gegen den Anwalt wegen Schlechterfüllung. Es gilt dann nach Rn 67 das BGB.
Steuerberatung: Entsprechend anwendbar ist § 11 nach §§ 45, 46 StBVergV für den Steuerberater oder eine Steuerberatungsgesellschaft vor Gericht, FG Kassel EFG 87, 523, Schall BB 88, 384, aM Lappe NJW 82, 1439 (aber die Verweisung ist uneingeschränkt).
Terminsanwalt: Anwendbar ist § 11 auf den Anwalt als Terminsanwalt.
Unterbevollmächtigter: Anwendbar ist § 11 auf den Anwalt als Unterbevollmächtigter.
Verkehrsanwalt: Anwendbar ist § 11 auf den Anwalt als Verkehrsanwalt.
Zwangsvollstreckung: Anwendbar ist § 11 auf eine Zwangsvollstreckung aus einem gerichtlichen Titel, LG Freibg JB 12, 442.

7　　**4) Gegenstand der Festsetzung, I, VIII.** Man muß wie folgt unterscheiden.
　　A. Gesetzliche Vergütung, I 1. Gegenstand der Festsetzung im Verfahren nach § 11 ist nur die gesetzliche Vergütung des Anwalts gerade als solchen, Mü AnwBl 93, 576 ([jetzt] Verfahrensgebühr), LG Ffm Rpfleger 92, 271 (legt den Begriff großzügig aus), LAG Hamm MDR 02, 60. Denn I 1 ist nach Rn 9 nach seinem Wortlaut und Sinn eindeutig. Im Bereich von § 1 II ist § 11 ebenfalls unanwendbar.
　　Der *Begriff* gesetzlicher Vergütung umfaßt nach § 1 nur gesetzliche Gebühren und gesetzliche Auslagen einer Tätigkeit in einem gerichtlichen Verfahren, Nürnb AnwBl 94, 423, LG Ffm Rpfleger 84, 433 (legt den Begriff „gesetzlich" widersprüchlich weit/eng aus). Zum verwaltungsgerichtlichen Verfahren kann das Vorverfahren gehören, VGH Kassel NJW 10, 3467 (auch ohne einen Beschluß nach § 162 I, II VwGO). Zur gesetzlichen Vergütung gehört nach § 5 auch diejenige der dort genannten Vertreter, aber nach § 5 Rn 5 ff nicht diejenige anderer Personen, LAG Hamm MDR 94, 1049. Wegen sonstiger Aufwendungen Rn 6. Eine Beschränkung auf einzelne Gebühren kommt nicht in Betracht, aM LAG Nürnb JB 96, 263 (sogar auf bloße Feststellungen. Aber das alles öffnet der Zersplitterung Tür und Tor). Das Gericht übernimmt bei § 11 grundsätzlich (Ausnahme: Rn 45) eine im Rechtsstreit erfolgte Wertfestsetzung und setzt daher jetzt keinen eigenen Wert fest, solange nicht IV gilt.
　　Auch die *gesetzliche Umsatzsteuer* (Mehrwertsteuer) läßt sich nach § 11 festsetzen. Zwar nimmt II 3 den § 104 II 3 ZPO ausdrücklich von der auch nur entsprechenden Anwendung aus. Die letztere Vorschrift regelt aber nur den Wegfall einer Erleichterung für den Anwalt bei der Festsetzung der Umsatzsteuer im dortigen Verfahren. II 3 RVG verbietet also die Anwendung auch der Umsatzsteuer keineswegs, sondern schließt nur eine bloße Erklärung aus, der Anwalt könne sie nicht als Vorsteuer abziehen. Es ist auch nicht sinnvoll, die Umsatzsteuer vom Verfahren nach § 11 auszunehmen. Das widerspräche dem Erleichterungszweck nach Rn 2.

8　　Allerdings kann man nach § 11 nicht alle Formen der gesetzlichen Vergütung festsetzen lassen, nämlich nach Rn 131 ff *nicht* stets diejenige auf Grund einer *Rahmengebühr,* und nach I 1 auch nicht diejenige, die nicht zu den Kosten des gerichtlichen Verfahrens gehört, zB nach §§ 91 ff ZPO. Ein Vorschuß nach § 9 ist wegen § 11 II 1 nur insoweit fällig, als die Vergütung schon nach § 8 fällig ist, also meist nur bei einer Nachforderung.

9　　**B. Nicht vertragliche Vergütung.** I 1 stellt klar, daß einer Festsetzung nach § 11 nicht eine nach § 3a vertraglich vereinbarte Vergütung unterliegt, sondern nach Rn 7 nur die gesetzliche. Soweit also der Anwalt auf Grund einer Vereinbarung nach

§ 4 eine höhere oder eine geringere als die gesetzliche Vergütung fordern kann, darf und muß er im Streitfall eine Gebührenklage vor dem ordentlichen Gericht nach § 253 ZPO erheben, BFH Rpfleger **92**, 82, Düss RR **05**, 500.

C. Wechsel der Vergütungsart. Er darf dann auch *nicht* etwa auch nur hilfsweise 10 dazu übergehen, eine Vergütung in gesetzlicher Höhe nach § 11 festsetzen zu lassen, um anschließend einen Mehrbetrag auf Grund einer angeblichen Vereinbarung nach § 3a einzuklagen. Andererseits mag in einem Festsetzungsantrag nach § 11 ein zumindest stillschweigender Verzicht auf die Geltendmachung weitergehender Vergütungsansprüche aus einer Honorarvereinbarung liegen. Dann muß man aber im Verfahren nach § 11 zunächst klären, ob ein solcher Verzicht wirksam ist. Das gilt auch dann, wenn sich der Auftraggeber zu dieser Frage nicht von sich aus äußert.

Natürlich kann der Anwalt auch nicht dann eine Festsetzung nach § 11 in Höhe 11 der gesetzlichen Vergütung beantragen, wenn seine Vergütungsvereinbarung in wirksamer Weise auf eine *niedrigere* als die gesetzliche Vergütung lautete. Wenn er freilich die Gebührenvereinbarung für unwirksam hält, darf er einen Antrag nach § 11 stellen. Es bleibt dann dem Auftraggeber überlassen, die Einwendung der niedrigeren Vereinbarung geltend zu machen.

D. Gebührenteilungsabkommen. Ein solches kann jedenfalls dann einer Ver- 12 einbarung gleichkommen, wenn der Anwalt es auch mit dem Auftraggeber abgesprochen hat, Karlsr MDR **92**, 616 (sonst aber nicht), Kblz AnwBl **85**, 43.

5) Antrag, I 1, II, VI. Das Verfahren erfolgt nur auf Grund eines Antrags, also 13 nicht von Amts wegen. Antragsberechtigt ist nach Rn 24 zunächst der Anwalt, dann aber auch der Auftraggeber. Auch die beiderseitigen Rechtsnachfolger sind antragsberechtigt. Es ist die in Rn 7, 8 dargestellte „gesetzliche Vergütung" umfassend als Antragsgegenstand ausreichend. § 11 ist auch auf denjenigen Anwalt anwendbar, der nur eine einzelne Verfahrenshandlung vornimmt. Eine Zulassung zur Anwaltschaft braucht nicht mehr zu bestehen. Die Vorschrift erfaßt alle Verfahrensarten, auch zB das Prozeßkostenhilfeverfahren, KG JB **82**, 1185, Kblz JB **79**, 1315. Auch die Pauschgebühr nach § 42 und Auslagen als Teil von Verfahrenskosten reichen aus. Die nachfolgende Darstellung der Hauptfunktionen ist daher nicht abschließend. Freilich ist § 11 unanwendbar, soweit eine Tätigkeit nach § 1 II vorliegt.

Nur eigene Tätigkeit macht antragsberechtigt. Ein vorher oder hinterher beauftragter anderer Anwalt mag für *seine* Tätigkeit natürlich ebenfalls antragsberechtigt sein. Er hat aber für die Tätigkeiten seines Nachfolgers oder Vorgängers nicht automatisch für § 11 Vollmacht. Freilich kann er vom Nachfolger oder Vorgänger im Einzelfall eine Vollmacht erhalten haben. Dann tritt er aber eben nach § 11 insoweit nur als ein VerfBev dieses alleinigen Antragstellers auf, solange er nicht dessen Tätigkeit und die eigene zugleich nach § 11 geltend macht. Es ist dringend ratsam, dann aber zu klären, wer in welcher Eigenschaft auftritt. Mangels einer solchen Klärung darf das Gericht auch nicht an den unklaren Antragsteller für dessen Auftraggeber zustellen.

Jedes gerichtliche Verfahren und jede Anwaltsfunktion können nach Rn 5 Grundlage eines Anspruchs nach § 11 sein, soweit das Gesetz nichts Abweichendes wie zB in § 122 I Z 3 ZPO bestimmt.

Nur *gegen* den *Auftraggeber* und nicht gegen einen Dritten ist der Antrag zulässig, BGH NJW **05**, 156 links oben.

Nicht antragsberechtigt ist der Prozeßgegner des Auftraggebers. Er kann nach §§ 103 ff ZPO vorgehen.

A. Anwalt als Prozeßbevollmächtigter. Wegen der Bevollmächtigung gilt 14 nach VI 3 die jeweilige Verfahrensordnung, zB §§ 79–81 ZPO. Zum Antrag ist jeder RA berechtigt. Wegen dieses Begriffs § 1 Rn 6, 7. Der Antrag bezweckt natürlich nicht etwa eine Festsetzung nur „gegen sich selbst", sondern eine möglichst günstige Festsetzung zugunsten des Antragstellers in einem einfachen Verfahren. Deshalb nimmt der antragstellende RA etwaige Abstriche in Kauf. Das verkennt Lappe Rpfleger **96**, 130. Auch die „Ich"-Form des Antrags meint im Zweifel: im Namen des Auftraggebers, Kblz JB **02**, 199. Sie kann aber auch sich selbst meinen, OVG Saarlouis NVwZ-RR **18**, 78.

In Betracht kommt zunächst die Tätigkeit des ProzBev. Dieser *Begriff* ist weit. Als 15 ProzBev gilt zunächst natürlich derjenige, den die Partei mit der Führung des

Rechtsstreits oder des sonstigen gerichtlichen Verfahrens beliebiger Art im ganzen beauftragt hat, Hamm AnwBl **85**, 222, aber auch ein VerfBev im FamFG-Verfahren oder vor dem BVerfG, einem Arbeits-, Finanz-, Sozial- oder Verwaltungsgericht, ferner derjenige Anwalt, der anstelle des sonst fehlenden ProzBev handelte, Zweibr Rpfleger **77**, 112 ff.

16   **B. Beispiele zur Frage eines Prozeßbevollmächtigten, I 1, II, VI**
Adhäsionsverfahren: ProzBev kann der Anwalt auch dann sein, wenn er nur in einem solchen Verfahren nach §§ 406 ff StPO tätig wird.
Bußgeldsache: S „Ordnungswidrigkeit".
Einigung: ProzBev kann wegen der weiten Auslegung nach Rn 15 auch derjenige Anwalt sein, der nur eine Einigung protokollieren läßt.
Einzeltätigkeit: ProzBev sein kann wegen der weiten Auslegung nach Rn 15 (nur) hier auch derjenige Anwalt, der nur eine Einzeltätigkeit ausübt.
Familienstreitsache: ProzBev kann der Anwalt auch dann sein, wenn er in einer solchen Sache nach § 112 FamFG tätig wird.
Gerichtlich bestellter Vertreter: *Kein* ProzBev ist der nach § 57 ZPO tätige Anwalt, Düss VersR **80**, 389, LG Düss Rpfleger **86**, 280. Das gilt zumindest dann, wenn er der ihn vertretenden Anwaltssozietät angehört.
Insolvenz: ProzBev kann der Anwalt nach VV 3313 ff auch dann sein, wenn er in einem solchen Verfahren nach der InsO tätig wird, dort freilich nicht, soweit er als Insolvenzverwalter oder als Liquidator arbeitet. Denn dann gibt es keinen Auftraggeber nach I, Schlesw JB **75**, 457, LAG Halle AnwBl **98**, 668.
Mahnverfahren: ProzBev kann der Anwalt auch dann sein, wenn er nur im Mahnverfahren nach §§ 688 ff ZPO tätig ist, KG AnwBl **82**, 310, Kblz MDR **03**, 1457, Mü AnwBl **79**, 392 (zum Teil auch zu §§ 114 ff ZPO).
Nichtgericht: *Kein* ProzBev ist der Bevollmächtigte in einem Verfahren vor einem Nichtgericht.
Ordnungswidrigkeit: ProzBev kann der Anwalt auch dann sein, wenn er in einer bloßen Bußgeldsache tätig wird.
Prozeß- oder Verfahrenskostenhilfe: ProzBev kann der Anwalt auch dann sein, wenn er nur im Prozeß- oder Verfahrenskostenhilfeverfahren nach §§ 114 ff ZPO, § 76 FamFG tätig wird, KG AnwBl **82**, 310, Kblz MDR **03**, 1457, Mü AnwBl **79**, 392 (zum Teil auch zu §§ 688 ff ZPO).
Rechtsmittelverzicht: ProzBev kann wegen der weiten Auslegung nach Rn 15 auch derjenige Anwalt sein, der nur einen Rechtsmittelverzicht zB nach § 515 ZPO erklärt.
Rechtspfleger: *Kein* ProzBev ist der Rpfl. Er ist auch dann nicht zur Antragstellung berechtigt, wenn er wie ein ProzBev tätig wird, KG MDR **77**, 678. Der Rpfl ist auch nicht als Nachlaßpfleger antragsberechtigt, auch nicht, soweit er ein gesetzlicher Vertreter ist und soweit das Nachlaßgericht seine Vergütung wegen einer Prozeßführung festsetzt.
Schiedsrichterliches Verfahren: *Kein* ProzBev ist der Bevollmächtigte im Verfahren nach §§ 1025 ff ZPO.
Sozius: Ein Sozius kann den Antrag auf eine Festsetzung zugunsten der Sozietät stellen, Saarbr Rpfleger **78**, 227. Er muß nach Rn 77, 80 alle Mitantragsteller und alle Antragsgegner für den beantragten Vollstreckungstitel nach Rn 80 für § 750 I 1 ZPO ausreichend bezeichnen. Das Gericht prüft nicht von Amts wegen, ob die Sozietät im Innenverhältnis einen Sozius von der Befugnis zur Vergütungsforderung nach § 11 ausschließt und wie sie den Erlös verteilt, Brdb MDR **09**, 1254. Auf eine Rüge des Antragstellers gilt V nach Rn 62 „Gläubigerstellung".
Strafsache: ProzBev kann der Anwalt auch dann sein, wenn er in einer Strafsache tätig wird.
Terminanwalt: ProzBev ist wegen der weiten Auslegung nach Rn 15 (nur) hier auch ein bloßer Terminanwalt nach VV 3403.
Zwangsversteigerung, -verwaltung: ProzBev kann der Anwalt auch dann sein, wenn er in einem solchen Verfahren nach VV 3311, 3312 tätig wird, Köln JB **81**, 54.

Abschnitt 1. Allgemeine Vorschriften § 11 RVG

Zwangsvollstreckung: ProzBev kann der Anwalt auch dann sein, wenn er nur im 17
Zwangsvollstreckungsverfahren nach §§ 704 ff ZPO tätig wird, aM RS 18 (aber
auch das ist ein gerichtliches Verfahren).

C. Anwalt als Beistand. Es reicht auch aus, daß der Anwalt als ein Beistand neben der Partei zB nach § 90 ZPO oder einem Zeugen nach VV amtliche Vorbemerkung 3 I aufgetreten ist, ohne ProzBev oder Unterbevollmächtigter oder Verkehrsanwalt zu sein. Dann darf sich der Anwalt auf die Vornahme einer einzelnen Handlung beschränkt haben, aM RS 19.

D. Anwalt als Unterbevollmächtigter. Es reicht auch aus, daß der Anwalt als ein 18
bloßer Unterbevollmächtigter nach VV amtliche Vorbemerkung 3.4 I aufgetreten ist, also nicht als ProzBev, nicht als Beistand und auch nicht als Verkehrsanwalt. Es ist aber dann für ein Verfahren nach § 11 gerade im Verhältnis zum Auftraggeber des Hauptbevollmächtigten erforderlich, daß der Auftraggeber den Anwalt direkt als seinen Unterbevollmächtigten beauftragt hat und daß es sich nicht nur um ein Vertragsverhältnis zwischen dem Hauptbevollmächtigten oder ProzBev einerseits und dem Unterbevollmächtigten andererseits handelt. Es kann eine auch stillschweigend mögliche Vollmacht des Auftraggebers an den ProzBev zur Bestellung eines Unterbevollmächtigten vorliegen, Zweibr Rpfleger **94**, 477. Im Zweifel liegt kein ausreichender direkter Vertrag zwischen dem Auftraggeber und dem Anwalt als Unterbevollmächtigtem vor. Dergleichen ist nach Rn 59 „Auftrag" ein nichtgebührenrechtlicher Einwand.

Auch der *Unterbevollmächtigte* darf sich aber wie ein ProzBev nicht auf die Vornah- 19
me einer einzelnen Handlung beschränkt haben. Vielmehr muß der Auftraggeber ihn nach § 81 ZPO mit der Vertretung für die ganze Instanz beauftragt haben, sofern es nach der Sachlage nicht nur noch um eine einzelne Handlung geht, etwa um eine Terminswahrnehmung, Zweibr Rpfleger **94**, 477.

Unanwendbar ist die Vorschrift beim ProzBev, soweit es um dessen Beauftragung eines weiteren Hauptbevollmächtigten geht. Denn das erlaubt § 81 ZPO nicht, BGH NJW **81**, 1727.

E. Anwalt als Verkehrsanwalt. Es reicht auch aus, daß der Anwalt als ein bloßer 20
Verkehrsanwalt tätig geworden ist, ohne ProzBev, Beistand oder Unterbevollmächtigter zu sein. Wegen der Einzelheiten zum Begriff des Verkehrsanwalts VV 3400 ff. Verkehrsanwalt kann auch derjenige Anwalt sein, der nur einen einzelnen Beweistermin wahrnimmt, sofern er eine weitergehende Vollmacht hat.

F. Nicht mehr zugelassener Anwalt; Erbe. Zum Antrag ist auch ein nicht 21
mehr zugelassener Anwalt berechtigt, sofern er in einer der in Rn 14–20 genannten Stellungen tätig war. Aus diesem Grund ist auch der Erbe eines solchen Anwalts zum Antrag berechtigt, selbst wenn er nicht auch selbst Anwalt ist. Das Gericht muß ihn auch am Verfahren als Antragsgegner beteiligen.

G. Patentanwalt. Der Patentanwalt kann einen Festsetzungsantrag nach § 11 stel- 22
len, soweit er (jetzt) nach dem RVG abrechnen darf und das auch tut, BPatG GRUR **02**, 733, aM BGH MDR **15**, 1206 (ohne Vorlage nach dem RsprEinhG, BLAH Anh § 140 GVG), Düss GRUR-RR **09**, 240, Mü MDR **01**, 353. Andernfalls hat er keinen Anspruch nach § 11.

H. Steuerberater. Ein Steuerberater oder eine Steuerberatungsgesellschaft oder 23
ein Steuerbevollmächtigter können nach § 45 StBVergV einen Antrag nach § 11 stellen, (je zum alten Recht) BFH Rpfleger **92**, 82, FG Bln EFG **85**, 197, FG Kassel EFG **87**, 523, aM FG Mü BB **86**, 315, Lappe NJW **82**, 1439.

I. Auftraggeber. Zum Antrag ist auch der Auftraggeber des Anwalts berechtigt, 24
BVerfG NJW **77**, 145, FG Neustadt/W Rpfleger **02**, 176. Das gilt zwecks Überprüfung und Feststellung der wahren Gebühren und gerade deshalb auch nach Vorschuß, LAG Nürnb JB **96**, 263, oder zwecks Feststellung einer Zahlungspflicht oder ihres Fehlens, Köln JB **84**, 1356, oder einer erfolgten Überzahlung, Lappe Rpfleger **96**, 186, aM Engels MDR **01**, 372.

J. Beispiele zur Frage eines Auftraggebers, I 1 24a
BGB–Gesellschaft: Ihr Gesellschafter ist *nicht* schon wegen seiner Beteiligung neben der Gesellschaft Auftraggeber, BGH NJW **05**, 156, sondern nur, soweit auch er selbst den Auftrag erteilt hat, Hbg MDR **84**, 594, Kblz NJW **03**, 1130.

RVG § 11 X. Rechtsanwaltsvergütungsgesetz

Beiordnung: *Kein Auftraggeber* liegt vor, soweit der Anwalt nur auf Grund einer Beiordnung zB nach § 121 ZPO oder §§ 76ff FamFG oder § 11a I ArbGG tätig wird. Freilich kann ein Auftragsverhältnis hinzutreten, wie meist.
Dritter: *Kein* Auftraggeber ist ein zahlungspflichtiger Dritter, solange er nicht auch oder allein selbst einen Auftrag erteilt hat, Mü MDR **98**, 1373, FG Neustadt/W Rpfleger **02**, 176.
Gründungsgesellschaft: Auftraggeberin kann sie sein, LAG Kiel AnwBl **97**, 568 (GmbH).
Hausanwalt: Antragsberechtigt kann auch er sein, nämlich zB als Auftraggeber ihres ProzBev nach § 81 ZPO, Hbg JB **84**, 1179, Mü MDR **98**, 1373, Schlesw JB **84**, 1178.
KG: Der persönlich haftende Gesellschafter ist *nicht* schon deshalb Auftraggeber, weil er sachlichrechtlich für die Kostenschuld der auftraggebenden KG haftet, Hbg MDR **84**, 593, Schlesw JB **84**, 1178, Engels MDR **01**, 372.
Mehrheit: Bei mehreren Auftraggebern gilt § 7, Einzelheiten Engels MDR **01**, 377.
Nichtbeteiligter: Antragsberechtigt sein kann auch ein Nichtbeteiligter des Verfahrens, Mü AnwBl **99**, 56.
 S auch „Versicherer".
OHG: Es gilt dasselbe wie bei einer „BGB-Gesellschaft", Schlesw SchlHA **85**, 31.
Personengesellschaft: Auftraggeberin kann sie sein, freilich nicht schon zB wegen § 128 HGB, Bbg JB **83**, 1194, Hbg MDR **84**, 1178.
Rechtsnachfolger: Antragsberechtigt ist derjenige des Auftraggebers, KG JB **86**, 220 (Praxisübernehmer), Köln JB **82**, 76, Schlesw JB **84**, 1517.
Rechtsschutzversicherer: Antragsberechtigt kann auch er sein, LAG Nürnb JB **96**, 263.
 S auch „Versicherer".
Versicherer: Antragsberechtigt kann auch er sein, Köln JB **78**, 221, LAG Nürnb JB **96**, 263.
 S auch „Nichtbeteiligter", „Rechtsschutzversicherer".
Vertragspartner: Ihn meint I 1, Mü AnwBl **99**, 56, also *nicht stets* den Auftraggeber nach § 7, LG Bln JB **78**, 221.

25 **K. Antragsgegner.** Soweit der Anwalt den Festsetzungsantrag stellt, ist nur noch sein Auftraggeber der Antragsgegner, Hbg MDR **84**, 593, Köln JB **78**, 221, Schlesw SchlHA **85**, 31, und umgekehrt.

25a **L. Beispiele zur Frage eines Antragsgegners, I 1, II, VI**
Ausgangsverfahren: *Kein* Antragsgegner ist der Prozeßgegner eines Ausgangsverfahrens. Denn § 11 betrifft nach Rn 4 nur das Innenverhältnis einer Prozeßpartei nach BLAH Grdz 4 vor § 50 ZPO zu ihrem Anwalt.
Auslandsschuldner: Antragsgegner kann ein im Ausland lebender Schuldner sein, Hamm JB **95**, 363.
Betriebsrat: *Kein* nach § 11 geeigneter Antragsgegner ist er, LAG Düss JB **99**, 32.
Personalrat: Es gilt dasselbe wie beim „Betriebsrat".
Prozeßpartei: Antragsgegner kann man auch ohne Prozeßpartei nach BLAH Grdz 4 vor § 50 ZPO sein, Köln NJW **78**, 896.
Rechtsnachfolger: Antragsgegner kann der Rechtsnachfolger des Auftraggebers sein, Köln JB **84**, 1517.

26 **M. Sonstige Personen.** Der Anwalt kann auch als Prozeß- oder Verfahrenspfleger nach § 57 ZPO den Antrag nach § 11 stellen. Ein ausländischer Anwalt kann zwar nach § 27 EuRAG die Rechte eines inländischen Anwalts haben. Er kann nach § 1 Rn 6 deshalb aber noch nicht einfach nach dem RVG abrechnen. Ein bürgender oder erstattungspflichtiger Dritter ist nicht antragsberechtigt.

27 **N. Pauschgebühr nach § 42.** Zum Antrag berechtigt nicht nur allgemein „die gesetzliche Vergütung", sondern insbesondere die zumindest im weiteren Sinn ebenfalls dahin zählende, aber eben erst infolge zusätzlicher gerichtlicher „Feststellung" nach § 42 I 1 zustande kommende Pauschgebühr des Anwalts als Wahlanwalt im Straf- oder Bußgeldverfahren. Das klärt I 1 ausdrücklich.

Abschnitt 1. Allgemeine Vorschriften § 11 RVG

O. Aufwendungen nach § 670 BGB. Zum Antrag berechtigen auch die zu ersetzenden Aufwendungen nach § 670 BGB, also diejenigen, die der Anwalt zwecks Ausführung des Auftrags den Umständen nach für erforderlich halten durfte. 28

Teil der Kosten des gerichtlichen Verfahrens müssen solche Aufwendungen aber gewesen sein, um einen Antrag nach § 11 zu erlauben. Auch das klärt I 1. Im Zivilprozeß richtet sich solche Zugehörigkeit nach §§ 91ff ZPO, im FamFG-Verfahren nach §§ 80 ff FamFG, im Strafprozeß nach §§ 464 ff StPO, im Bußgeldverfahren nach §§ 105 ff OWiG usw. Hauptfall sind verauslagte Vorschüsse, Vorauszahlungen usw an das Gericht oder an den Gerichtsvollzieher, auch wegen eines Sachverständigen oder Zeugen. Freilich muß es sich auch bei der Vorbereitung um Prozeßkosten handeln, BLAH § 91 ZPO Rn 270 ff (ausf). 29

Unanwendbar ist § 11 auf solche Kosten, die den Rahmen des Auftrags zur Tätigkeit gerade in einem gerichtlichen Verfahren überschreiten. Das gilt zB bei einer Tätigkeit im schiedsrichterlichen Verfahren nach §§ 1025 ff ZPO, KG RR **98**, 864, soweit es dort nicht um die Anrufung auch des Staatsgerichts geht. Es gilt auch bei einer nicht vor Gericht erfolgenden Tätigkeit als Betreuer usw nach § 1 II, Düss AnwBl **80**, 156, LG Düss Rpfleger **86**, 280, KG FamRZ **93**, 460, oder bei VV 2303, Mü Rpfleger **94**, 316, LAG Hamm AnwBl **89**, 625, oder bei VV 6200 ff.

P. Form, VI. Der Antrag ist mündlich oder nach § 12b elektronisch oder schriftlich zum Protokoll des Urkundsbeamten der Geschäftsstelle zulässig. Zur Entgegennahme ist nach § 129a ZPO, § 25 II FamFG jedes AG zuständig. Es muß den Antrag unverzüglich nach § 121 I 1 BGB an das nach Rn 39 ff zuständige Gericht weiterleiten. Es besteht nach VI 1 kein Bevollmächtigten- oder gar Anwaltszwang. Das gilt auch dann, wenn im Hauptprozeß ein Anwaltszwang nach § 78 ZPO besteht, Hbg RR **01**, 59, oder wenn bei einer etwa nach V nötigen Vergütungsklage ein Anwaltszwang bestehen würde. 30

Q. Fristbeginn, II 1. Der Antrag des Anwalts wie des Auftraggebers ist erst dann zulässig, wenn die Vergütung des Anwalts nach § 8 fällig ist, Düss AnwBl **88**, 252. Außerdem muß spätestens nun eine (jetzt) dem § 10 genügende Berechnung vorliegen, Düss AnwBl **88**, 253. Daher kommt die Festsetzung eines nach § 9 erbetenen Vorschusses nicht vor der Fälligkeit der endgültigen Vergütung in Betracht (Verrechnung). Ein zur Zwangsvollstreckung geeigneter Titel ist anders als bei § 103 ZPO nicht erforderlich. Denn andernfalls wäre § 11 überflüssig. Bei einer Prozeßkostenhilfe ist der Antrag erst nach der Entscheidung über die dortige Vergütung aus der Staatskasse statthaft, Schlesw OLGR **02**, 466. 31

R. Fristende. Der Antrag ist vom Eintritt der Fälligkeit der Vergütung nach Rn 31 an unbefristet zulässig. Er hemmt nach VII die Verjährung ebenso wie eine Klagerhebung. 32

S. Rechtsschutzbedürfnis. Der Antrag erfordert ein Rechtsschutzbedürfnis nach BLAH Grdz 33 vor § 253 ZPO. Es kann zB für den Auftraggeber wie für den Anwalt dann fehlen, wenn der erstere bereits unstreitig vorbehaltlos gezahlt hat, Schlesw SchlHA **80**, 204, oder soweit er unstreitig überzahlt hat. Freilich kann der Auftraggeber dann zumindest die Feststellung beantragen, daß er nichts nachzuzahlen braucht, Köln JB **84**, 1356, aM Schlesw SchlHA **80**, 204 (aber eine Überhebung von Gebühren wäre sogar evtl strafbar). Soweit nach V solche Einwendungen oder Einreden in Betracht kommen, die nicht im Gebührenrecht ihren Grund haben, geht es allerdings nicht um die Zulässigkeit, sondern um die Begründetheit des Antrags. Die Besorgnis der Nichterfüllung ersetzt nicht das Erfordernis der Fälligkeit nach Rn 31. Denn der Anwalt kann einen Vorschuß nach § 9 fordern. 33

T. Weitere Zulässigkeitsvoraussetzungen. Im Insolvenzverfahren über das Vermögen des Auftraggebers ist eine Festsetzung nach § 11 grundsätzlich unzulässig, § 240 ZPO, Hamm Rpfleger **75**, 446. Sie ist jedoch ausnahmsweise dann zulässig, wenn ein wirksamer Verzicht auf eine Befriedigung aus der Masse und auf eine Vollstreckung während des Insolvenzverfahrens vorliegt. 34

U. Beispiele zur Frage eines Antragsinhalts, I 1, II, VI 35
Abschrift: Rn 38 „Kopie".

RVG § 11

Anwaltszwang: Er besteht nach VI 1 *nicht*.
Berechnung: Der Anwalt muß als Antragsteller eine Vergütungsberechnung nebst den zu Mitteilungen an den Auftraggeber erforderlichen Kopien auch von Belegen nach II 3 in Verbindung mit § 103 II 2 ZPO beifügen, solange das nicht schon vorher geschehen war. Die Berechnung oder der Antrag müssen die Forderung nachvollziehbar darstellen.
Beweis: Ein voller Beweis ist nur insoweit erforderlich, als der Antragsgegner eine Tatsache bestreitet, Hamm Rpfleger **75**, 264, KG Rpfleger **78**, 33.
S auch Rn 37 „Glaubhaftmachung".
Bezifferung: Der Auftraggeber braucht als Antragsteller keine bezifferte Forderung zu stellen. Er muß nur angeben, für welches Verfahren er beantragt. Er muß ferner nur verdeutlichen, daß der Anwalt keine oder keine so hohe Vergütung fordern dürfe, Köln JB **84**, 1356, LAG Nürnb JB **96**, 263.
Bezugnahme: Für den Auftraggeber kann eine Bezugnahme auf die Anwaltsberechnung nebst einer Angabe derjenigen Punkte reichen, in denen sie als bedenklich erscheint. Vgl auch Rn 24. Der Anwalt kann auf die Prozeßakten Bezug nehmen.

36 **Einzelaufstellung:** Der Anwalt braucht dem Gericht gegenüber anders als bei § 10 grds keine Einzelaufstellung vorzunehmen, KG Rpfleger **78**, 33.
Fälligkeit: Der Anwalt muß die Fälligkeit nach § 8 darlegen.
Gegenstandswert: Der Anwalt muß zu einem noch nicht festgesetzten oder sonstwie noch nicht klaren Gegenstandswert Ausführungen machen. Sie können nach Rn 48 zur Aussetzung bis zur Wertfestsetzung zwingen.
Glaubhaftmachung: Sie ist nur in einer entsprechenden Anwendung von § 104 II ZPO erforderlich. Es genügt daher zur Berücksichtigung eines Ansatzes, daß der Anwalt ihn nach § 294 ZPO glaubhaft macht. Soweit es um die Entgelte für Post- und Telekommunikationsdienstleistungen nach VV 7001 (nicht auch nach VV 7002) geht, genügt die Versicherung des Anwalts, daß diese Auslagen entstanden sind. Bei der Umsatzsteuer ist die Erklärung, daß die Beträge nicht als Vorsteuer abziehbar sind, nicht nötig. Denn II 2 verweist auf §§ 103ff ZPO unter Ausgrenzung von § 104 II 3 ZPO. Es handelt sich ja nicht um einen Erstattungsanspruch, LAG Nürnb Rpfleger **99**, 99.
Die Glaubhaftmachung muß *schriftlich oder* entsprechend § 130a ZPO, § 14 II FamFG *elektronisch* oder *zum Protokoll* des Urkundsbeamten der Geschäftsstelle erfolgen. Denn sonst fehlt der Beleg, den der entsprechend anwendbare § 103 II ZPO erforderlich macht. Bei ungewöhnlich hohen Auslagen entstehen entsprechend hohe Anforderungen an die Darlegung und auch an die Glaubhaftmachung, KG NJW **76**, 1272 (zu § 104 ZPO).
S auch Rn 35 „Beweis".

37 **Kopie:** Der Anwalt muß für jeden Antragsgegner nach § 103 II 2 ZPO eine solche der Berechnung und des Antrags sowie der etwa beigefügten Belege einreichen.
Mehrheit von Auftraggebern: Bei ihr nach § 7 muß der Anwalt angeben, was das Gericht gegen wen festsetzen soll, Engels MDR **01**, 374.
Mitteilung: S „Übersendung".
Rahmengebühr: Bei ihr nach Einl II A 12 ist wegen VIII 1 die Beifügung der Zustimmung des Auftraggebers bei mehr als der Mindestgebühr des Rahmens erforderlich.
Tätigkeitsumfang: Soweit der Auftraggeber den Festsetzungsantrag stellt, muß er jedenfalls den Umfang der Tätigkeit des Anwalts im wesentlichen darlegen.
Tilgung: Der Anwalt muß nach I 2 die vom Auftraggeber schon getilgten Beträge anders als bei § 104 ZPO von der Forderung absetzen.

38 **Übersendung:** Wegen § 10 I 1 muß der Anwalt darlegen, daß und wann er seine Berechnung dem Auftraggeber bereits übersandt habe, oder er muß gleichzeitig mit dem Antrag nach § 11 eine dem § 10 entsprechende Berechnung an den Auftraggeber übersenden.
Umsatzsteuer: Rn 36 „Glaubhaftmachung".
Unterschrift: Der Anwalt braucht anders als bei § 10 seine Berechnung nicht zu unterschreiben.

Abschnitt 1. Allgemeine Vorschriften **§ 11 RVG**

Verrechnung: Der Anwalt muß wie jeder Gläubiger wegen §§ 366 I, 367 II BGB eine etwaige Verrechnungsanweisung des Auftraggebers beachten. Eine Überweisung oder sonstige Zahlung oder Leistung ist wie stets nach §§ 157, 242 BGB auslegbar, auch wegen einer solchen Verrechnung. Erst beim danach feststehenden Fehlen einer solchen Anweisung darf der Anwalt nach §§ 366 II ff BGB verfahren und evtl zunächst auf Verzugszinsen auch nach § 288 IV BGB verrechnen, bevor man den Rest nach I 2 absetzen muß.

Der Anwalt kann *nicht* geltendmachen, er habe einen Vorschuß mit einem Erstattungsanspruch wegen verauslagter Gerichtskosten oder wegen irgendwelcher Vollstreckungskosten verrechnet, Hamm Rpfleger **79**, 436.

Zinsen: Der Antragsteller muß nach § 104 I 2 ZPO angeben, ob und welche Zinsen er verlangt.

6) Zuständigkeit, I 1, III. Es kommt nicht auf eine Erstattungsfähigkeit an. Zuständig ist nach I 1 das Gericht der ersten Instanz. Man muß zwei Fallgruppen unterscheiden. 39

A. Ordentliches Gericht, Arbeitsgericht, I 1. Zur Bearbeitung des Festsetzungsantrags ist nach I 1 im Bereich der ordentlichen Gerichtsbarkeit sowie der Arbeitsgerichtsbarkeit funktionell nach §§ 3 Z 3b, 21 Z 2 RPflG der Rpfl grundsätzlich des Prozeßgerichts des ersten Rechtszugs zuständig, Hamm AnwBl **85**, 222, Naumb NJW **08**, 1238, LG Bln MDR **01**, 533. Das stellt I 1 für das Erkenntnisverfahren klar. Daher läuft das Verfahren nach § 11 auch unter dem Aktenzeichen des Ausgangsverfahrens. Wegen der weiteren Gerichtsbarkeiten verweist III 1 auf die jeweilige Verfahrensordnung nach Rn 42, soweit es sich um die Festsetzung im Erkenntnisverfahren geht. II 3 Hs 2 verweist jedoch nur auf die ZPO, soweit die Festsetzung im Zwangsvollstreckungsverfahren erfolgt. Der Rpfl kann wegen mehrerer Anträge oder Instanzen mehrfach zuständig sein. Im folgenden wird die Regelung nur für die ordentliche Gerichtsbarkeit ausführlich dargestellt. 40

Der Rpfl des Prozeßgerichts erster Instanz ist nach I 1 zur Festsetzung der Vergütung *für alle Rechtszüge* zuständig. Das gilt auch dann, wenn der Anwalt nicht im ersten Rechtszug tätig war. Es gilt auch für die Kosten des Festsetzungsverfahrens, BVerfG NJW **77**, 145 (wegen einer Ausnahme Rn 82), FG Kassel NJW **77**, 168.

B. Beispiele zur Frage einer Zuständigkeit nach I 1 41

Antrag: Aus der Zuständigkeit des Rpfl ergibt sich, daß die Festsetzung erst dann möglich ist, wenn eine Prozeßpartei nach BLAH Grdz 4 vor § 50 ZPO oder ein Beteiligter mindestens einen das Hauptverfahren einleitenden Antrag beim Gericht eingereicht hat. Soweit er diesen Antrag nach VV 3101 Z 1 usw nicht eingereicht oder zurückgenommen hat, ist eine Festsetzung evtl nicht möglich.

Familiensache: Es kann der Rpfl des FamG zuständig sein, BGH **97**, 81, KG Rpfleger **78**, 231.

Güteverfahren: Nach einem Güteverfahren nach VV 2303 Z 1 ist dasjenige Gericht zuständig, vor dem der anschließende Prozeß ablief, LAG Hamm AnwBl **89**, 625.

Mangels einer solchen Entwicklung ist § 11 *unanwendbar,* Mü Rpfleger **94**, 316, LAG Hamm AnwBl **89**, 625.

Landwirtschaftssache: Bei einer Abgabe an das Landwirtschaftsgericht gilt dasselbe wie bei „Verweisung".

Mahnverfahren: Zur Festsetzung der im Mahnverfahren entstandenen Anwaltsgebühren ist dasjenige Gericht zuständig, das nach § 690 I Z 5 ZPO das zuständige Prozeßgericht wurde oder gewesen wäre, BGH NJW **91**, 2084, aM Naumb NJW **08**, 1238, RS 25 (das sei unpraktisch).

Rechtswegeverweisung: Es gilt bei §§ 17 ff GVG dasselbe wie bei „Verweisung".

Schlichtungsverfahren: Im Verfahren nach § 111 II ArbGG ist das spätere Streitgericht zuständig, LAG Hamm AnwBl **89**, 625.

Verweisung: Nach einer Verweisung zB nach § 281 ZPO ist nur dasjenige Gericht zuständig, an das die Verweisung erfolgte, auch wegen eines nur vor dem verweisenden Gericht aufgetretenen Unterbevollmächtigten, LAG Düss JB **95**, 649, SG Stgt AnwBl **79**, 188.

RVG § 11 X. Rechtsanwaltsvergütungsgesetz

Zwangsvollstreckung: Für Vollstreckungskosten der ordentlichen Gerichtsbarkeit ist wegen § 788 II 1 ZPO grundsätzlich der Rpfl des nach §§ 764 I, 802 ZPO ausschließlich zuständigen Vollstreckungsgerichts zuständig, BGH NJW **05**, 1273, Celle JB **16**, 19, BLAH § 788 ZPO Rn 11 (Ausnahmen dort Rn 12), aM GS 119 (Prozeßgericht). Jedoch ist wegen II 3 Hs 2 im Verfahren der Vermögensauskunft nach §§ 802 c ff ZPO der Gerichtsvollzieher zuständig, (je zum alten Recht) OVG Kblz NJW **80**, 1541, OVG Lüneb NJW **84**, 2485, OVG Münst Rpfleger **86**, 153, aM OVG Münst NJW **86**, 1190 (VG). Nach dem Ende der Zwangsvollstreckung nach BLAH Grdz 52 vor § 704 ZPO ist dasjenige Vollstreckungsgericht zuständig, in dessen Bezirk die letzte Vollstreckungshandlung erfolgte.

42 **C. Sonstige Gerichte, III.** Im verwaltungsgerichtlichen, finanzgerichtlichen und sozialgerichtlichen Verfahren ist nach III 1 der Urkundsbeamte nach § 26 RPflG zuständig, VGH Mannh NVwZ-RR **08**, 582. Das gilt, zumal das RPflG für diese Festsetzungsverfahren nicht gilt, OVG Bre AnwBl **84**, 52, OVG Münst NVwZ-RR **04**, 311, aM OVG Münst Rpfleger **01**, 252 (aber die nachfolgenden Vorschriften sind vorrangige Spezialregeln). Vielmehr sind dann §§ 146, 151, 165, 167 I 2, 168 I Z 4 VwGO anwendbar, VGH Kassel NJW **11**, 1468, ferner sind §§ 128, 133, 149 FGO, 178, 197 SGG anwendbar, letztere abgedruckt in Teil II B dieses Buchs. Beim Verfassungsgericht ist nach § 37 Rn 9 sein Rpfl zuständig.

43 **7) Allgemeine Verfahrensregeln, I–III.** In der ordentlichen Gerichtsbarkeit gelten zwei Hauptregeln.

A. Anhörung. Der Rpfl muß nach II 2 vor einer auch nur teilweisen Entscheidung nach Rn 49 zulasten des jeweils Betroffenen nach Artt 2 I, 20 III GG diesen anhören, BVerfG **101**, 404, vgl schon (je noch zu Art 103 I GG) Brdb NJW **99**, 1268, LG Bln JB **00**, 32 und 33. Es kann schon dann sinnvoll sein, den Antrag des Anwalts förmlich zuzustellen, wenn Zweifel bestehen, ob der Auftraggeber die Berechnung nach § 10 erhalten hatte, Ffm JB **83**, 1517. Bei einem unbekannten Aufenthalt des Antraggegners ist eine öffentliche Zustellung zB nach §§ 185 ff ZPO erforderlich, Hbg JB **76**, 60. Die Anhörung muß auch bei einer klaren Vergütungslage erfolgen, schon wegen eines etwaigen nicht gebührenrechtlichen Einwands nach Rn 52. Das gilt evtl auch gegenüber dem Antragsteller, Ffm NJW **99**, 1265, oder gegenüber dem Antragsgegner als seinem Auftraggeber, AG Linz AnwBl **01**, 573, oder gegenüber dem Bezirksrevisor, LG Lüneb Rpfleger **99**, 491 (je zu § 104 ZPO).

Ein *Verstoß* kann auf einen Antrag zur Zurückverweisung führen, §§ 538, 567 ff ZPO, LG Bln JB **00**, 32 und 33. Er ist aber evtl heilbar, BLAH § 295 ZPO Rn 44. Die Anhörung kann mündlich oder schriftlich erfolgen. Der Rpfl muß eine angemessene Anhörungsfrist gewähren. Schon deshalb muß er die Fristsetzung nach § 329 II 2 ZPO förmlich zustellen, Ffm NJW **84**, 744. Zwei Wochen reichen als Frist oft aus.

44 **B. Amtsprüfung.** Der Rpfl darf sich nach II 2 in Verbindung mit § 104 II 1 ZPO mit einer bloßen Glaubhaftmachung nach § 294 ZPO begnügen. Er darf nach § 104 II 2 ZPO eine anwaltliche Versicherung wegen der Auslagen an Post- und anderen Telekommunikationsmitteln nach VV 7001 ausreichen lassen. Er darf alle Beweismittel berücksichtigen und auch nach § 287 ZPO verfahren, Kblz VersR **81**, 361. Er kann solche Beweise erheben, die eine Partei angetreten hat, Ffm Rpfleger **80**, 70. Er darf insbesondere einen Sachverständigen zur Ermittlung des Werts oder als eine Rechnungsperson hinzuziehen. Er darf und muß evtl Akten beiziehen oder dienstliche Erklärungen anfordern, soweit das Protokoll für die Festsetzung nicht ausreicht, Ffm Rpfleger **80**, 70, Kblz Rpfleger **80**, 393.

Der Rpfl nimmt eine *Amtsprüfung* nach BLAH Grdz 39 vor § 128 ZPO vor, Ffm AnwBl **83**, 186, FG Neustadt/W Rpfleger **02**, 167. Er führt aber keine Amtsermittlung nach BLAH Grdz 38 vor § 128 ZPO durch, Hägele AnwBl **77**, 139 und 403, aM Lappe AnwBl **77**, 302. Deshalb gelten auch zB der Beibringungsgrundsatz und die Verhandlungsmaxime nach BLAH Grdz 18 ff vor § 128 ZPO.

45 **8) Prüfungsumfang, I–IV.** Ein Grundsatz hat drei Arten von Auswirkungen. Sie werden im folgenden für den Bereich der ZPO dargestellt.

Abschnitt 1. Allgemeine Vorschriften § 11 RVG

A. Grundsatz: Umfassende Prüfung. Der Rpfl muß grundsätzlich umfassend prüfen, ob und welche Vergütung dem Anwalt zusteht. Er darf über den Antrag nach § 308 I 1 ZPO nicht hinausgehen, nach Rn 46, 47 auch nicht zur Verzinsung und zur Umsatzsteuer. Denn die Kosten sind in diesem Verfahren die Hauptsache. Er darf aber Einzelposten innerhalb des erkennbar Verlangten in den Grenzen Rn 72 auswechseln. Bei einer Werterhöhung darf der Rpfl eine Antragserhöhung nach § 139 I 2 ZPO anregen. Dergleichen ist kein Ablehnungsgrund nach §§ 42 ff ZPO, solange der Rpfl keinen unangemessenen Druck ausübt. Auch bei einer Auswechslung kann natürlich eine Rückfrage ratsam sein. Das Gericht verfährt wegen des Wert grundsätzlich nach Rn 7. Der Rpfl darf aber einen noch nicht gerichtlich festgesetzten Wert in einer vom Anwalt abweichenden Höhe zugrundelegen. Vgl freilich auch Rn 48.

B. Verzinsung. Der Rpfl darf und muß nach II 3 in Verbindung mit § 104 I 2 **46** ZPO nur auf Grund eines Antrags aussprechen, daß der Auftraggeber die festgesetzten Beträge vom Eingang des Festsetzungsantrags an mit jährlich fünf Prozentpunkten über dem Basiszinssatz nach § 247 BGB verzinsen muß, BGH RR **04**, 1133, KG JB **02**, 482. Das gilt wegen § 197 I 2 SGG, Teil II B dieses Buchs, auch beim Sozialgericht und wegen § 464b S 2, 3 StPO auch in einer Strafsache. Maßgeblich ist der Eingang des ersten Antrags nach § 11 beim Gericht. Für die Zeit vorher besteht keine Verzinsungspflicht, BSG MDR **87**, 171, SG Heilbr RR **00**, 952, SG Konst AnwBl **84**, 573.

Die Verzinsungspflicht besteht auch dann schon vom Zeitpunkt des Eingangs des **47** Antrags nach § 11 an, wenn der weiter erforderliche *Verzinsungsantrag* erst *später eingegangen* ist. Denn § 104 I 2 ZPO stellt auf den Antrag des § 104 I 1 ZPO ab, also nicht auf den Verzinsungsantrag. Wegen der Einzelheiten BLAH § 104 ZPO Rn 23 ff.

C. Aussetzung, IV. §§ 148, 239 ff ZPO sind unabhängig vom Verlauf des Haupt- **48** prozesses anwendbar. Soweit auch nur ein einzelner am Verfahren nach § 11 Beteiligter oder der Bezirksrevisor in einer entsprechenden Anwendung einen vom Anwalt angegebenen entscheidungserheblichen Gegenstandswert bestreitet, muß der Rpfl das Festsetzungsverfahren nach IV solange aussetzen, bis das Gericht nach §§ 32, 33, 38 I über diese wertabhängige Streitfrage auch für das Verfahren nach § 11 rechtskräftig und damit in den Grenzen des § 107 ZPO bindend entschieden hat, LAG Mainz NZA-RR **12**, 657. Das gilt auch dann, wenn der Streit über den Wert erst in der Beschwerdeinstanz entsteht. Wenn allerdings gegenüber einem Streitwertbeschluß eine Verfassungsbeschwerde vorliegt, findet keine Aussetzung nach IV statt, Schlesw SchlHA **79**, 58. Gegen die Aussetzung oder deren Ablehnung kommt eine sofortige Beschwerde nach § 252 ZPO infrage.

D. Beachtung des Antragsgegners. Vgl zunächst Rn 43 ff. Der Rpfl muß nach **49** Rn 43 auch einen im Ausland befindlichen Auftraggeber des Anwalts anhören, Hamm Rpfleger **95**, 382, LG Kiel JB **75**, 345 (ein einfacher Brief an eine nicht überprüfte Auslandsanschrift reiche nicht aus. Das ist aber zu streng. Vgl freilich §§ 1067–1071 ZPO). Der Antragsteller ist nicht Adressat einer an den Antragsgegner erforderlichen Zustellung, auch nicht auf Grund der früheren Prozeßvollmacht nach (jetzt) § 178 II ZPO, Bbg JB **94**, 160, Hamm JB **92**, 394. Der Rpfl muß die Anhörung notfalls im Weg der öffentlichen Zustellung nach (jetzt) §§ 185 ff ZPO sicherstellen, Hbg JB **76**, 60.

Manche fordern eine *Belehrung* des Antragsgegners über die Rechtsfragen, BGH Rpfleger **76**, 354, Lappe Rpfleger **96**, 183. Das ist aber im Zivilprozeß grundsätzlich mangels einer ausdrücklichen Anordnung im Gesetz nicht notwendig. Man sollte sich vor einer systemfremden Ausweitung hüten. Rechtsbehelfsbelehrung: Verstoß: §§ 12 c, 33 V 2, 52 IV 2.

Schweigen des Antragsgegners bedeutet jedenfalls nicht ein Zugeständnis, soweit der Antrag unschlüssig war und später widersprüchlich wird, Kblz Rpfleger **04**, 250.

9) Gebührenrechtlicher Einwand, I–III. Entsprechend dem Grundsatz der **50** Amtsprüfung nach Rn 44 darf und muß in der im folgenden dargestellten ordentlichen Gerichtsbarkeit der Rpfl eine solche Einwendung oder Einrede voll berücksichtigen, die im Gebührenrecht ihren Grund hat. Das gilt, sofern sie sich überhaupt

1449

auf das kostenrechtliche Verhältnis zwischen dem Auftraggeber und dem Anwalt dem Grunde und/oder der Höhe nach auswirkt, LAG Stgt Rpfleger **82**, 485, sei es auch „nur" im Weg einer Anrechnung oder bei der Fälligkeit nach § 8.

Soweit nach dem Vortrag des Antragsgegners immerhin zumindest auch ein *nicht* gebührenrechtlicher Einwand vorliegen *kann*, darf der Rpfl nicht tätig werden, KG Rpfleger **07**, 616, Kblz JB **12**, 654, VGH Mü NJW **08**, 2203. Der nicht gebührenrechtliche Einwand muß also in den Grenzen einer Arglist nach Rn 56, 57 weder substantiiert noch wie nach BLAH § 253 ZPO Rn 32 schlüssig sein, Kblz JB **13**, 199, Köln JB **13**, 88, VGH Mü NJW **08**, 2203. Der Rpfl muß dann nach V 1 verfahren. Denn andernfalls würde er grundsätzlich der dem Prozeßgericht nach Rn 52 vorbehaltenen Prüfung eines nicht gebührenrechtlichen Einwands vorgreifen. Er darf und muß allerdings dann nach § 11 festsetzen, wenn die geltend gemachte Einwendung oder Einrede „nicht gebührenrechtlicher Art" nach Rn 56, 57 offensichtlich aus der Luft gegriffen ist.

51   Soweit eine Festsetzung nach § 11 zulässig und notwendig ist, *fehlt* für eine Klage des Anwalts oder des Auftraggebers vor dem ordentlichen Gericht zur Klärung der gebührenrechtlichen Fragen das *Rechtsschutzbedürfnis* nach Rn 1, BGH NJW **81**, 876.

52   **10) Nicht gebührenrechtlicher Einwand, V 1, 2.** Soweit einer der möglichen Antragsgegner des Festsetzungsverfahrens eine solche Einwendung oder Einrede erhebt, die nicht im Gebührenrecht ihren Grund hat, darf und muß in der im folgenden dargestellten ordentlichen Gerichtsbarkeit der Rpfl oder Urkundsbeamte nach Rn 50 die Festsetzung der Vergütung des Anwalts im Verfahren als nach § 11 unzulässig ablehnen, Kblz VersR **02**, 778, LG Potsd Rpfleger **10**, 396. Damit eröffnet sich dem Antragsteller der Weg einer Klage.

Der Rpfl darf nach Rn 50 die *Bedeutung* einer solchen Einwendung oder Einrede grundsätzlich *nicht* über ihre Entscheidungserheblichkeit für das Festsetzungsverfahren nach § 11 hinaus prüfen, Kblz RR **16**, 381, LAG Hbg NZA-RR **12**, 493, OVG Bln-Brdb NJW **10**, 2378. Wegen der Ausnahmen Rn 56, 57. Insofern entsteht für eine Klärung durch das ordentliche Gericht nach Rn 138 ff bei seiner Einschaltung durch eine Klage des Anwalts auch das Rechtsschutzbedürfnis für eine Vergütungsklage nach Rn 1, BGH NJW **81**, 876. Dazu ist kein vorheriges Rechtsmittel gegen die Ablehnung nach § 11 nötig. Das gilt also auch für einen abtrennbaren Teil der Gesamtvergütung, KG AnwBl **82**, 375. Der Anwalt braucht erst im streitigen Verfahren nach einem Mahnverfahren nach §§ 688 ff ZPO darzulegen, daß und weshalb § 11 unanwendbar sei, LG Karlsr AnwBl **83**, 178.

Nicht gebührenrechtlich ist ein solcher Einwand, der sich nicht nur gegen die Richtigkeit einzelner Ansätze richtet, sondern gegen den *Gebührenanspruch als solchen* nach Grund und/oder Höhe, Brdb Rpfleger **03**, 539, Kblz RR **16**, 381, LAG Hbg NZA-RR **12**, 493, aM Köln AnwBl **16**, 855.

Ziemlich schwierig kann die Einordnung „gebührenrechtlich" oder „nicht gebührenrechtlich" sein. Der Erleichterungszweck nach Rn 2 hilft nur vordergründig weiter. Denn es kann zunächst bei § 11 erleichtern, eine Gebührenrechtlichkeit zu verneinen, aber zB im Verfahren nach §§ 103 ff ZPO erleichtern, einen Einwand nicht mitbeachten zu müssen. Nicht maßgeblich darf jedenfalls eine bloße Arbeitserleichterung des nach § 11 Zuständigen sein. Vielmehr zeigt die Fülle von Streitfragen im ABC Rn 58 ff die Notwendigkeit, behutsam im Einzelfall abzuwägen. Dabei bleibt das Gebot nach Rn 57, dem Prozeßgericht nicht vorzugreifen. Es darf nur nicht zum floskelhaften Vorwand werden.

53   **A. Antragsgegner.** Antragsgegner nach V 1 kann der Anwalt oder sein Auftraggeber sein, Köln FamRZ **10**, 1187.

54   **B. Form.** Zu einer nicht gebührenrechtlichen Einwendung oder Einrede ist in V, VI keine Form und kein Bevollmächtigten oder gar Anwaltszwang nach § 78 ZPO erforderlich. Indessen mag sich die Notwendigkeit einer Form aus anderen gesetzlichen Vorschriften ergeben.

55   **C. Frist.** Man kann eine nicht gebührenrechtliche Einwendung oder Einrede in jedem Abschnitt des Festsetzungsverfahrens nach § 11 bis zur formellen Rechtskraft des Festsetzungsbeschlusses zB nach § 705 ZPO geltend machen, also auch zB im Be-

schwerdeverfahren nach (jetzt) § 571 II 1 ZPO, LAG Mainz BB **00**, 1948, LAG Nürnb JB **11**, 201.

D. Arglist. Arglist ist wie stets im Verfahren auch hier schädlich, BLAH Einl III 54. Eine offensichtlich aus der Luft gegriffene Einwendung „nicht gebührenrechtlicher Art" läßt das Recht und die Pflicht des Rpfl zur Festsetzung im Verfahren nach § 11 ausnahmsweise bestehen, Ffm JB **11**, 33, Kblz RR **16**, 381, LAG Hbg NZA-RR **12**, 493. 56

Allerdings darf der Rpfl nach Rn 50 der Prüfung durch das Prozeßgericht *nicht vorgreifen*, Bbg FamRZ **01**, 505, Mü JB **78**, 1810. Man muß mit dem Arglistvorwurf vorsichtig umgehen, Hamm JB **76**, 1649. Grundsätzlich ist bei der „Erhebung" noch keine volle Substantiierung wie zB nach BLAH § 253 ZPO Rn 32 nötig, Kblz RR **16**, 381, VGH Kassel NJW **07**, 3738, OVG Schlesw NJW **07**, 2204. Daher liegt ein Mißbrauch nur dann vor, wenn die Einwendung wirklich unter keinem vernünftigen Gesichtspunkt Bestand haben kann, Düss JB **08**, 91 (Schlechterfüllung), Bbg FamRZ **01**, 505, Brdb Rpfleger **03**, 539, Naumb MDR **01**, 114 (je: Verjährung. Aber gerade diese Frage erfordert meist eine nähere Prüfung), VGH Kassel NJW **07**, 3738 (Kündigung), LAG Bln-Brdb NZA **08**, 430 (Zeitgewinn). Es muß erkennbar sein, ob überhaupt und welcher Art eine Einwendung vorliegt. Eine nur floskelhafte Behauptung eines Gebührenverzichts reicht nicht, Hbg JB **00**, 144, ebensowenig ein widersprüchlicher Vortrag, Hbg MDR **99**, 1091. 57

Die *floskelhafte* Wiedergabe des Gesetzestextes oder die bloße Bemerkung, man mache zB eine Schlechterfüllung geltend, mögen unzureichend sein, Ffm JB **11**, 33, Karlsr OLGR **00**, 393, Naumb FamRZ **08**, 1969. Ein schlüssiger Vortrag der Einwendung wie nach BLAH § 253 ZPO Rn 32 ist aber eben nicht erforderlich. Es ist erforderlich und reicht vielmehr ein zum sachlichrechtlichen Einwand usw im Kern ausreichender Tatsachenvortrag, Brdb Rpfleger **03**, 539, Naumb OLGR **03**, 360, Zweibr OLGR **03**, 290.

E. Beispiele zur Frage eines nicht gebührenrechtlichen Einwands, V 1 58

Absetzung: Nicht gebührenrechtlicher Einwand, KG Rpfleger **78**, 33.
Abtretung: Nicht gebührenrechtlicher Einwand, Karlsr Rpfleger **96**, 83.
Anfechtung: Nicht gebührenrechtlicher Einwand. Denn sie ist eine sachlichrechtliche Erklärung.
Anrechnung: *Recht und Pflicht zur Festsetzung,* soweit der Antragsgegner die Nichtbeachtung des Anrechnungsgebots (jetzt) nach VV amtliche Vorbemerkung 3 IV 1 usw rügt, BGH NJW **97**, 743.
Arbeitsrecht: Nicht gebührenrechtlicher Einwand beim Fehlen eines Hinweises des Anwalts nach § 12a I 2 ArbGG, LAG Düss MDR **04**, 418 (erfolglos nach gerichtlichem Hinweis).
Arglist: Rn 56, 57.
Aufklärung: Rn 67 „Schlechterfüllung".

Nicht gebührenrechtlicher Einwand, soweit der Auftraggeber behauptet, er habe den Auftrag auf Grund eines Verschulden des Anwalts nach § 15 Rn 88 ff gekündigt oder der Anwalt habe zur Unzeit grundlos gekündigt, OVG Münst Rpfleger **86**, 320.

Aufrechnung: Nicht gebührenrechtlicher Einwand, soweit zB der Antragsgegner mit einem Schadensersatzanspruch wegen Schlechterfüllung oder aus einem anderen sachlichen Grund aufrechnet, Ffm JB **17**, 409, KG Rpfleger **07**, 616, Kblz JB **00**, 33.

Auftrag: Nicht gebührenrechtlicher Einwand, soweit der Auftraggeber behauptet, persönlich überhaupt keinen wirksamen hier erheblichen Auftrag erteilt zu haben, Kblz JB **94**, 733, Köln JB **13**, 88, LAG Hbg NZA-RR **12**, 493. Die Vorlage einer Prozeßvollmacht zB nach § 80 ZPO ändert an der Beachtlichkeit des Einwands nichts. Denn sie gilt voll nur im Außenverhältnis zum Prozeßgegner, unabhängig von Instanzfragen, Ffm JB **82**, 227, LAG Hbg NJW-RR **12**, 493. Nicht gebührenrechtlicher Einwand auch beim Streit über den Auftragsumfang, Düss JB **94**, 425, LAG Düss AnwBl **00**, 631, oder bei einem bedingten Auftrag, OVG Lüneb NdsRpfl **95**, 219. 59

Aufwendung für Gerichtskosten: (Jetzt) *Recht und Pflicht zur Festsetzung* nach Rn 6, 29.
Ausschluß: Rn 69 „Tätigkeitsverbot".
60 **Belehrung:** Nicht gebührenrechtlicher Einwand, soweit der Anwalt den Auftraggeber über dessen Kostenpflichten vorwerfbar gar nicht, unvollständig oder sonst unrichtig belehrt hat, Brdb Rpfleger **96**, 42, Kblz MDR **86**, 1037, LAG Hbg MDR **87**, 962.
Betriebsrat: Nicht gebührenrechtlicher Einwand, sofern er zahlen soll, LAG Hamm MDR **85**, 789. Denn er ist trotz seiner Beteiligungsfähigkeit nach §§ 80ff ArbGG nicht rechtsfähig, ArbG Siegen AnwBl **90**, 100.
Beweisfrage: Rn 67 „Schlechterfüllung".
Dritter: Rn 64 „Kostenübernahme eines Dritten".
Einigung: Rn 70 „Vergleich".
61 **Erbe usw:** Nicht gebührenrechtlicher Einwand, soweit die Rechtsnachfolge streitig ist, KG JB **86**, 220 (Praxisübernahme), Köln JB **82**, 76, LAG Nürnb JB **96**, 263 (Rechtsschutzversicherer). § 780 ZPO ist anwendbar, Düss Rpfleger **81**, 409, Schlesw JB **84**, 1517.
Erfolgshonorar: Rn 62 „Gebührenvereinbarung".
Erfüllung: Nicht gebührenrechtlicher Einwand, sofern der Antragsgegner behauptet, er habe den Vertrag bereits erfüllt, zB durch eine Aufrechnung nach Rn 58, durch die Tilgung der Schuld, Düss JB **85**, 1819, Ffm AnwBl **83**, 568, infolge Zahlungen weiterer Auftraggeber mit der Folge des § 7 II, durch eine Verrechnung oder durch einen Schulderlaß. Er muß wenigstens den Zeitpunkt und die Art der Zahlung schlüssig darlegen, Ffm AnwBl **83**, 568, Hbg JB **95**, 426. Andernfalls gilt Rn 56. Dabei darf man aber die Anforderungen nicht überspannen, Ffm AnwBl **83**, 568.
Recht und Pflicht zur Festsetzung wegen I 2, soweit die Erfüllung unstreitig ist, sei es auch nach § 138 III ZPO, Ffm JB **79**, 528, KG Rpfleger **78**, 33, Nürnb JB **06**, 257, oder soweit sich eine Erfüllung nur infolge eines angeblich zu hohen Wertansatzes ergibt, Saarbr MDR **05**, 779.
Erlaß: S „Erfüllung".
Fälligkeit: Nicht gebührenrechtlicher Einwand bei dem Einwand einer zulässig vereinbarten späteren Fälligkeit.
Recht und Pflicht zur Festsetzung bei der gesetzlichen Fälligkeit.
Fehlen eines Auftrags: Rn 59 „Auftrag".
Folgesache: Ihr Vorliegen oder Fehlen kann bei (jetzt) § 138 FamFG nach § 11 prüfbar sein, Hbg JB **95**, 426.
62 **Gebührentatbestand:** Sein Vorliegen oder Fehlen braucht eine Prüfung.
Gebührenvereinbarung: Nicht gebührenrechtlicher Einwand, Bbg JB **88**, 1335, Köln JB **12**, 654, Naumb MDR **02**, 238. Das muß grds zunächst dann gelten, wenn die Vereinbarung eine höhere als die gesetzliche Vergütung ausmacht. Nicht gebührenrechtlicher Einwand dann auch für denjenigen gesetzlichen Teilbetrag, der in der Vereinbarung steckt, Ffm Rpfleger **89**, 303. Es gilt aber auch dann, wenn die Partner des Anwaltsvertrags eine geringere als die gesetzliche Vergütung vereinbart haben, Düss JB **04**, 537, Ffm Rpfleger **89**, 303, OVG Bre AnwBl **84**, 325. Vgl allerdings auch Rn 9–12. Es reicht auch, daß zB ein Teilungsabkommen zwischen dem ProzBev und dem Verkehrsanwalt usw zustande kam, Karlsr JB **92**, 740, Kblz Rpfleger **94**, 228, aM Schlesw JB **83**, 1516.
S auch Rn 64 „Kostenteilungsvereinbarung", Rn 66 „Ratenzahlungsvereinbarung".
Gegenstandswert: Rn 45, 48.
Gerichtskosten, Aufwendung für: (Jetzt) *Recht und Pflicht zur Festsetzung*, Rn 6, 29.
Gesellschaft: Nicht gebührenrechtlicher Einwand, wenn der Geschäftsführer einwendet, er sei nicht wirksam bestellt worden, aM Hbg MDR **85**, 774 (aber dann kann ein wirksamer Anwaltsvertrag jedenfalls mit diesem „Auftraggeber" fehlen). Nicht gebührenrechtlicher Einwand bei einer Forderung gegen einen Gesellschafter, wenn Auftraggeber die Gesellschaft ist, selbst eine OHG. Denn ihr Gesellschafter haftet nur, ohne selbst Auftraggeber zu sein.

Abschnitt 1. Allgemeine Vorschriften § 11 RVG

Gläubigerstellung: Nicht gebührenrechtlicher Einwand, soweit der Antragsgegner seinen Honoraranspruch verloren haben könnte usw, etwa wegen der Auflösung oder Verschmelzung seiner Sozietät, Düss RR **05**, 500.
Güteverfahren: Rn 65 „Obligatorisches Güteverfahren".
Höchstbetrag: Rn 65 „Obergrenze".
Honorarabrede: Rn 62 „Gebührenvereinbarung". 63
Insolvenz: Der Anwalt muß wegen der Vergütung für seine Tätigkeit für den Schuld- 64
ner vor der Verfahrenseröffnung Klage nach § 179 I InsO erheben, LG Köln KTS **84**, 501, LAG Nürnb ZIP **15**, 1900, aM Düss AnwBl **80**, 261, Karlsr FamRZ **07**, 231 (aber die Eröffnung des Insolvenzverfahrens hat eine völlig neue Gesamtlage erbracht).
Kostenteilungsvereinbarung: Nicht gebührenrechtlicher Einwand, soweit der Auftraggeber beteiligt ist, Karlsr MDR **92**, 616 (sonst nicht), Kblz JB **92**, 339, Schlesw JB **83**, 1516.
S auch Rn 62 „Gebührenvereinbarung".
Kostenüberhöhung: Rn 67 „Schlechterfüllung".
Kostenübernahme eines Dritten: Nicht gebührenrechtlicher Einwand, soweit der Auftraggeber sie behauptet, Düss Rpfleger **94**, 82.
Kündigung: Nicht gebührenrechtlicher Einwand.
Liquidation: Nicht gebührenrechtlicher Einwand. Denn ob der anwaltliche Liquidator nach dem RVG abrechnen kann, läßt sich nicht im Verfahren nach § 11 klären, sondern nur durch eine Gebührenklage, LAG Halle Rpfleger **98**, 172.
Mehrheit von Auftraggebern: Es kommt bei jedem auf die Lage an, LG Kaisersl 65
JB **06**, 479.
S auch Rn 61 „Erfüllung".
Nachliquidation: *Recht und Pflicht zur Festsetzung.*
Niederlegung: Nicht gebührenrechtlicher Einwand, soweit der Anwalt das Mandat angeblich zur Unzeit niedergelegt hat, Kblz Rpfleger **89**, 477.
S auch Rn 67 „Schlechterfüllung".
Obergrenze: Nicht gebührenpflichtiger Einwand, Kblz RR **16**, 381. Dann kommt auch nicht der zugestandene Höchstbetrag zur Festsetzung nach § 11 infrage, Kblz RR **16**, 381.
Obligatorisches Güteverfahren: Nicht gebührenrechtlicher Einwand. Denn es stellt nach § 15a EGZPO kein gerichtliches Verfahren dar.
Positive Vertragsverletzung: Rn 67 „Schlechterfüllung".
Privatgutachten: Nicht gebührenrechtlicher Einwand.
Prozeßkostenhilfe: Nicht gebührenrechtlicher Einwand, Düss JB **11**, 643, zB soweit der Auftraggeber behauptet, der Anwalt habe gewußt, daß das Verfahren nur bei einer Bewilligung von Prozeßkostenhilfe stattfinden solle, KG AnwBl **82**, 375, Kblz JB **94**, 732, oder der Anwalt habe gewußt, daß die Partei keine Anwaltsgebühren zahlen könne, Kblz RR **98**, 864, oder soweit der Auftraggeber rügt, der Anwalt habe ihn nicht darüber aufgeklärt, daß im Prozeßkostenhilfeverfahren Anwaltskosten entstünden, Kblz JB **06**, 199.
Recht und Pflicht zur Festsetzung, soweit der Auftraggeber sich auf § 122 I Z 3 ZPO beruft, (zum alten Recht) Hbg JB **95**, 426, (zum neuen Recht) Naumb FamRZ **08**, 1969.
Prozeßverlust: Rn 67 „Schlechterfüllung".
Ratenzahlungsvereinbarung: Nicht gebührenrechtlicher Einwand. 66
Recht und Pflicht zur Festsetzung schon bei einer bloßen Entgegennahme von Raten, Kblz MDR **04**, 1083.
Rechtsnachfolger: Rn 61 „Erbe usw".
Rechtsschutzversicherung: Nicht gebührenrechtlicher Einwand, LAG Nürnb JB **96**, 263. Nicht gebührenrechtlicher Einwand, soweit der Auftraggeber behauptet, der Anwalt habe es versäumt, ihre Deckungszusage einzuholen, Kblz VersR **02**, 778, oder soweit der Auftraggeber eine Vereinbarung mit dem Anwalt behauptet, dieser müsse sich zunächst an die Rechtsschutzversicherung halten (Stundung), OVG Lüneb NdsRpfl **95**, 219, oder soweit der Auftraggeber behauptet, der Anwalt habe ihn zu Unrecht nicht über die Möglichkeit einer Prozeßkostenhilfe belehrt, Bbg JB **87**, 386, Brdb Rpfleger **96**, 41, Kblz JB **86**, 1668.

RVG § 11

Ihr etwaiges *Bestehen* berührt aber nur das Innenverhältnis zwischen ihr und dem Auftraggeber, nicht das für die Festsetzung allein maßgebliche Außenverhältnis zwischen dem Auftraggeber und dem Anwalt. Sie hindert die Festsetzung daher nicht, LAG Stgt Rpfleger **82**, 485.

67 Schadensersatzanspruch: Rn 58 „Aufrechnung", Rn 67 „Schlechterfüllung".
Schlechterfüllung: Nicht gebührenrechtlicher Einwand, meist, nicht stets, Düss JB **08**, 1301, soweit der Auftraggeber nachvollziehbar im einzelnen behauptet, der Anwalt habe den Vertrag schlecht erfüllt, Schlesw AGS **03**, 160, LAG Hbg NZA-RR **12**, 493, OVG Lüneb NVwZ-RR **10**, 662, er habe zB eine unzulässige Klage erhoben, VG Hann NdsRpfl **96**, 170, oder er habe vermeidbare Kosten verursacht, Kblz JB **11**, 596 links, Köln AnwBl **80**, 155, oder soweit der Auftrageber nicht nur floskelhaft (dann Rn 57) behauptet, der Anwalt habe ihm nur eine mangelhafte Beratung zu einer Beweisfrage erteilt, Stgt JB **76**, 1200, oder eine unzureichende Belehrung erteilt usw, Brdb Rpfleger **96**, 41, Kblz AnwBl **98**, 543, Nürnb JB **00**, 37, oder der Anwalt habe den Prozeßverlust verschuldet, LG Bln JB **96**, 88, LAG Hbg NZA-RR **12**, 493, OVG Lüneb NdsRpfl **95**, 219, oder Unterlagen nicht herausgegeben, Hbg MDR **01**, 1192.
Recht und Pflicht zur Festsetzung, soweit der Auftraggeber nur völlig unsubstantiiert meint, er „fühle sich schlecht beraten", Rn 57.
Schuldübernahme: Nicht gebührenrechtlicher Einwand, soweit sie durch einen Dritten erfolgte, Düss Rpfleger **94**, 82.
Sozietät: Rn 62 „Gläubigerstellung".
68 Streitwert: Rn 48.
Stundung: Nicht gebührenrechtlicher Einwand.
69 Tatbestandsmäßigkeit: *Recht und Pflicht zur Festsetzung,* soweit der Antragsgegner die Tatbestandsmäßigkeit des Antrags bestreitet, Engels MDR **01**, 375. S auch Rn 58 „Anrechnung".
Tätigkeitsverbot: Nicht gebührenrechtlicher Einwand, Köln JB **80**, 117.
Teil der Forderung: Nicht gebührenrechtlicher Einwand, soweit der Antragsgegner nach seinem Tatsachenvortrag bei dessen gebührenrechtlicher Prüfung im Ergebnis nur, aber doch immerhin einen abtrennbaren Teil der Forderung beanstandet, Hamm JB **75**, 1605, KG Rpfleger **82**, 310, Kblz JB **00**, 33.
Recht und Pflicht zur Festsetzung wegen der unstreitigen Restforderung.
Tilgung: Rn 61 „Erfüllung".
Überschreitung des Auftrags: Nicht gebührenrechtlicher Einwand.
Unentgeltlichkeit: Rn 70 „Verzicht".
Ungerechtfertigte Bereicherung: Rn 70 „Zurückzahlung".
Unterschrift: *Recht und Pflicht zur Festsetzung,* soweit nur eine ordnungsgemäße Unterschrift unter der im übrigen nicht beanstandeten Gebührenrechnung streitig ist. Denn dieser Formfehler läßt sich heilen.
Unzulässige Rechtsausübung: Nicht gebührenrechtlicher Einwand nach Rn 56, 57, Düss JB **04**, 537.
Ursächlichkeit: Ihr Vorliegen oder Fehlen kann zum Gebührentatbestand gehören und daher nach § 11 prüfbar sein, aM Ffm JB **87**, 1799, KG JB **80**, 72.
70 Vereinbarung: Rn 62 „Gebührenvereinbarung".
Verfahrenskostenhilfe: Rn 65 „Prozeßkostenhilfe".
Vergleich: Nicht gebührenrechtlicher Einwand, soweit eine Einigung streitig ist, aM KG JB **09**, 35. Nicht gebührenrechtlicher Einwand, soweit der Antragsgegner die Ursächlichkeit der Mitwirkung des Anwalts bestreitet, Ffm JB **87**, 1799, KG JB **90**, 72. Denn das ist ein typischer solcher Fall. Ein nichtgebührenrechtlicher Einwand, soweit der Auftrag nicht auch auf einen Vergleich hin erteilt sei. Ausreichend ist die Behauptung, es habe keine Mitregelung einer regelungsbedürftigen Frage stattgefunden, Kblz Rpfleger **12**, 589.
Recht und Pflicht zur Festsetzung bei einer Einigungsgebühr des Verkehrsanwalts, Rn 20.
Vergütungsvereinbarung: Rn 62 „Gebührenvereinbarung".
Verjährung: Nicht gebührenrechtlicher Einwand, Kblz JB **13**, 199, Naumb MDR **01**, 114 (auch zur Arglist. Vgl aber Rn 57), LAG Bre JB **00**, 362.

Abschnitt 1. Allgemeine Vorschriften § 11 RVG

Recht und Pflicht zur Festsetzung, soweit die Einrede offensichtlich unbegründet ist, Köln OLGR **97**, 343, Naumb MDR **01**, 114, LAG Bre JB **00**, 362.

Verwirkung: Nicht gebührenrechtlicher Einwand.

Verzicht: Nicht gebührenrechtlicher Einwand, aber nur bei seiner Substantiierung, Hbg JB **00**, 144, LAG Düss AnwBl **00**, 631 („kollegialiter").

Vollmacht: *Recht und Pflicht zur Festsetzung.* Denn es geht auch um das Gebührenrecht als Folge, Saarbr MDR **09**, 1135.

S auch Rn 59 „Auftrag".

Vorbereitungskosten: Rn 29.

Vorschuß: Es erfolgt keine Verrechnung eines Vorschusses mit einem nach § 11 nicht festsetzbaren Anspruch, Ffm JB **78**, 1810, Schlesw JB **77**, 1391.

Wert: *Recht und Pflicht zur Festsetzung* bei einem zu hohen Wertansatz, Saarbr MDR **05**, 779.

S auch Rn 48.

Wiederholung des Gesetzestextes: Rn 56, 57 „Arglist".

Zahlung: Rn 61 „Erfüllung".

Zurückbehaltungsrecht: Rn 68 „Stundung", Rn 70 „Verjährung".

Zurückzahlung: Nicht gebührenrechtlicher Einwand, soweit der Auftraggeber eine Überzahlung behauptet und deshalb vom Anwalt ihre Zurückzahlung fordert, aus welchem Grund auch immer. Denn dieser Anspruch geht über den Zweck des § 11 hinaus und erfordert eine sachlichrechtliche Klärung.

11) ZPO: Entscheidung des Rechtspflegers, II 3, 5, 6. Die Vorschrift verweist für das Erkenntnisverfahren auf die jeweilige Verfahrensordnung, also auf das ArbGG, das FamFG, die FGO, das SGG, die VwGO und die ZPO. Für die Festsetzung im jeweils zugehörigen Zwangsvollstreckungsverfahren verweist II 3 nur auf die ZPO, unabhängig von der bisherigen Erkenntnis-Verfahrensart. Im folgenden wird ausführlich die Regelung nach der ZPO dargestellt, und zwar sowohl für die erste Instanz als auch für das zugehörige System der Rechtsbehelfe. Soweit die genannten anderen Verfahrensarten abweichende Regeln enthalten, wird nach Rn 47 III 1, 2 anwendbar. **71**

A. Beschlußform. Der Rpfl entscheidet nach § 216 ZPO unverzüglich wie bei § 121 I 1 BGB, Schneider MDR **91**, 124 (auch zum Verstoß). Er entscheidet auch in der Sommerzeit vom 1. 7.–31. 8. Er entscheidet durch einen Beschluß, II 3 in Verbindung mit § 104 I 1 ZPO. Der Beschluß lautet auf die gänzliche Festsetzung der Vergütung oder auf eine gänzliche oder teilweise Abweisung des Antrags als unzulässig oder unbegründet. Der Rpfl muß den Beschluß nach BLAH § 329 ZPO Rn 8, 9 voll unterzeichnen, Karlsr RR **04**, 1507 (zu § 104 ZPO). Andernfalls liegt nur ein Entwurf vor, Karlsr RR **04**, 1507 (zu § 104 ZPO). Er muß seinen Beschluß begründen, Brdb Rpfleger **99**, 175, Hbg MDR **02**, 1274, KG MDR **99**, 1151 (je zum vergleichbaren § 104 ZPO), BLAH § 329 ZPO Rn 4. Das gilt insbesondere bei einer Teil- oder Ganzabweisung, LG Bln JB **99**, 481, Hansens Rpfleger **99**, 109 (je zu § 104 ZPO), oder wenn es um § 574 I 2 ZPO geht. Bloße Floskeln sind keine Begründung, Ffm JB **99**, 494. Ein Nachschieben von Gründen ist unzulässig, Brdb Rpfleger **99**, 175. Die Entscheidung muß sich heraus nachprüfbar sein, Hbg MDR **02**, 1274. Sie ist auslegbar, KG MDR **02**, 722, Kblz JB **03**, 297. Der Rpfl darf nicht einfach einen Schriftsatz eines Beteiligten von sich aus korrigieren, Kblz Rpfleger **78**, 330, Stgt JB **78**, 1252.

B. Beschlußinhalt. Er muß den vom Auftraggeber geschuldeten Gesamtbetrag *ziffernmäßig* feststellen, und zwar in EUR. Er darf nach § 308 I ZPO keinen solchen Betrag zusprechen, den der Antragsteller nicht beantragt hat. Er darf und muß aber innerhalb des begehrten Gesamtbetrags eine anderweitige Abgrenzung der Einzelposten vornehmen, soweit ihm das erforderlich scheint, Karlsr FamRZ **04**, 967, Kblz JB **92**, 474, OVG Münst AnwBl **00**, 377 (je zu § 104 ZPO), strenger BJBCMU 34. Freilich ist eine solche anderweitige Abgrenzung von Einzelposten nur innerhalb derselben Kostenart zulässig. Der Rpfl darf nicht zB statt eines unberechtigt geltend gemachten Teils der Honorarforderung solche Aufwendungen des Anwalts für verauslagte Gerichtskosten berücksichtigen, die der Anwalt überhaupt nicht geltend gemacht hatte, Kblz JB **90**, 1012. Rechtsbehelfsbelehrung, Verstoß: §§ 12 c, 33 V 2, 52 IV 2. **72**

RVG § 11 X. Rechtsanwaltsvergütungsgesetz

73   **C. Kosten.** Der Rpfl muß im Beschluß aussprechen, wer der oder die Kostengläubiger sind. Bei einer Anwaltssozietät sind nur alle im Antrag als solche angegebenen oder mühelos erkennbaren echten Sozien Gläubiger, LG Bonn Rpfleger **84**, 28, LG Gießen DGVZ **95**, 88, Meyer-Stolte Rpfleger **85**, 43. Der Rpfl sollte klarstellen, ob eine *gesamtschuldnerische* Haftung *oder* eine *Kopfhaftung* besteht. Denn der Festsetzungsbeschluß ist ein Vollstreckungstitel nach § 794 I Z 2 ZPO.
Der Beschluß enthält *keine volle Kostenentscheidung,* VG Kblz JB **03**, 262. Denn das Festsetzungsverfahren ist nach II 4 zwar nur gerichtsgebührenfrei. In den Vergütungsfestsetzungsbeschluß gehörten aber nach II 5 die vom Anwalt „gezahlten" Auslagen für die Zustellung des Beschlusses, LG Bln Rpfleger **86**, 63, genauer: die von ihm voraussichtlich zu zahlenden. Denn der Beschluß ist im Antragszeitpunkt noch gar nicht entstanden. Es gibt „im übrigen" nach II 6 auch keine Erstattungsfähigkeit, (zum alten Recht) Ffm MDR **00**, 544, (zum neuen Recht) Kblz RR **16**, 381, FG Hbg RR **11**, 720. Das gilt in allen Instanzen. Wegen der Verzinsung Rn 46, 47. Wegen einer Aussetzung Rn 48.

74   **D. Mitteilung des Festsetzungsbeschlusses.** Das Gericht gibt den Festsetzungsbeschluß bekannt, VGH Kassel NJW **09**, 1625, und zwar nicht an den vom Auftraggeber etwa inzwischen für den ursprünglichen Hauptprozeß bestellten neuen ProzBev nach § 81 ZPO, sondern an den Auftraggeber selbst, solange er nicht auch für das Verfahren nach § 11 eine Prozeßvollmacht nach § 80 ZPO erteilt hat, Hamm Rpfleger **83**, 366.

75   Dem *Antragsteller* gibt der Rpfl den Beschluß nach II 3 in Verbindung mit § 104 I 4 Hs 2 ZPO formlos bekannt, soweit er seinem Antrag voll stattgegeben hat. Denn der Antragsteller hat schon mangels einer Beschwer nach BLAH Grdz 14 vor § 511 ZPO keinen Rechtsbehelf. Soweit der Rpfl den Antrag ganz oder teilweise zurückweist oder die Festsetzung ablehnt, muß er die Entscheidung dem Antragsteller nach II 3 in Verbindung mit § 104 I 4 Hs 1 ZPO von Amts wegen zustellen.

76   Dem *Antragsgegner* stellt der Rpfl den Festsetzungsbeschluß II 3 in Verbindung mit § 104 I 4 Hs 1 ZPO insoweit förmlich zu, als er dem Festsetzungsantrag ganz oder teilweise stattgegeben hat. Nach einem Anwaltswechsel muß man beachten, daß der Auftrag an den neuen Anwalt das Verfahren mit dem bisherigen Anwalt nach § 11 nicht stets miterfaßt, Hamm JB **92**, 394. Soweit der Rpfl den Festsetzungsantrag zurückgewiesen hat, braucht er den Antragsgegner überhaupt nicht zu benachrichtigen. Er kann ihn aber nach Rn 75, II 3 in Verbindung mit § 104 I 4 Hs 2 ZPO auch formlos benachrichtigen.

77   **E. Rechtskraft.** Der Rpfl darf den Festsetzungsbeschluß nach BLAH § 104 ZPO Rn 31 nicht ohne einen gesetzlichen Grund aufheben oder ändern, Düss Rpfleger **78**, 269, Saarbr AnwBl **80**, 299. Der Festsetzungsbeschluß erwächst ebenso wie der Ablehnungsbeschluß nach §§ 322, 329, 705 ZPO in formelle und innere Rechtskraft, BGH NJW **97**, 743, KG Bln AnwBl **94**, 84, Schlesw SchlHA **85**, 47. Das gilt aber nur für den Gesamtbetrag und die Absetzung bestimmter Rechnungsposten. Wegen der inneren Rechtskraft muß der Beschluß ebenso wie nach § 750 I 1 ZPO wegen der Vollstreckbarkeit nach Rn 15, 80 alle antragstellenden Anwaltssozien und alle Antragsgegner genau bezeichnen.

78   **F. Berichtigung.** Der Rpfl kann und muß evtl den Beschluß in einer entsprechenden Anwendung des § 319 ZPO berichtigen, Hamm MDR **77**, 760, Stgt Just **80**, 439, aM Zweibr Rpfleger **03**, 101. Wegen eines echten Rechtsfehlers ist aber nur die Erinnerung nach Rn 86 zulässig. Das Prozeßgericht kann keine Berichtigung des Festsetzungsbeschlusses vornehmen. Eine Ergänzung des Festsetzungsbeschlusses ist in einer entsprechenden Anwendung des § 321 ZPO zulässig, Hamm Rpfleger **80**, 482, KG Rpfleger **80**, 158, Mü AnwBl **88**, 249. § 12a ist anwendbar.

79   **G. Wiederaufnahme.** Für eine Wiederaufnahmeklage nach §§ 578 ff ZPO besteht kein Rechtsschutzbedürfnis. Denn innerhalb der für die Wiederaufnahmeklage gegebenen Klagefrist ist nach II 3 in Verbindung mit § 104 III 2, 569 I 1, 2 ZPO, § 11 I, II 1 RPflG die sofortige Beschwerde oder Erinnerung zulässig. Die Rechtskraft des Festsetzungsbeschlusses nach Rn 77 steht nicht der Möglichkeit entgegen, eine solche Vergütung geltend zu machen, die man im bisherigen Festsetzungsverfahren nicht benannt hat, Hamm Rpfleger **82**, 80, KG Rpfleger **76**, 366.

Abschnitt 1. Allgemeine Vorschriften   § 11 RVG

H. Zwangsvollstreckung. Der Festsetzungsbeschluß ermöglicht nach II 3 Hs 2   80
in Verbindung mit § 794 I Z 2 ZPO eine Zwangsvollstreckung. Das gilt freilich nach
II 3 Hs 2 in Verbindung mit §§ 724, 727, 725, 750 ZPO nur, sofern er eine Vollstreckungsklausel aufweist, LG Ffm Rpfleger **81**, 204, AG Bln-Wedding DGVZ **78**,
32 (zu § 727 ZPO). Deshalb muß er nach Rn 15, 77 bei einer antragstellenden Anwaltssozietät deren Mitglieder nach § 750 I 1 ZPO und alle Antragsgegner ausreichend kennzeichnen. Der Gläubiger muß nach II 3 Hs 2 in Verbindung mit § 798
ZPO die zweiwöchige Wartefrist seit der Zustellung an den Antragsgegner abwarten,
außer bei § 105 ZPO. Wegen einer erleichterten Vollstreckbarkeit (jetzt) nach der
EuGVVO Schmidt RIW **91**, 630. Mit der Zwangsvollstreckung auf Grund eines Urteils im Rechtsstreit des Auftraggebers des Anwalts mit seinem Prozeßgegner hat die
Zwangsvollstreckung auf Grund des Festsetzungsbeschlusses nach § 11 nichts zu tun.
Der Festsetzungsbeschluß ist ja ein selbständiger Vollstreckungstitel. Deshalb setzt eine
Zwangsvollstreckung auf Grund des Festsetzungsbeschlusses nicht voraus, daß das Ur-
teil bereits zugestellt worden ist, LG Ffm Rpfleger **81**, 204. Zuständig ist nach
§§ 764, 802 ZPO ausschließlich das Vollstreckungsgericht.

Eine *Einstellung* der Zwangsvollstreckung aus dem Festsetzungsbeschluß ist durch- 81
aus denkbar, zB bei einem Widerspruch gegen einen Arrestbefehl. Wegen der Einzelheiten Rn 116. Über die Einwirkung der Aufhebung des Urteils BLAH Einf 8 vor
§ 103 ZPO.

Eine *Vollstreckungsabwehrklage* ist nur unter einer Beachtung von § 767 II ZPO möglich, BGH NJW **97**, 743, VGH Kassel NJW **07**, 3738.

12) ZPO: Rechtsbehelfe – Übersicht: Sofortige Beschwerde oder sofortige   82
Erinnerung, II 3. Rechtsbehelfsbelehrung, Verstoß: §§ 12c, 33 V 2, 52 IV 2. In der
im folgenden dargestellten ordentlichen Gerichtsbarkeit ist das System der Rechtsbehelfe gegen die Entscheidung des Rpfl nach wie vor alles andere als übersichtlich. II 3 verweist für die ordentliche Gerichtsbarkeit im Erkenntnisverfahren allgemein, für die anderen Gerichtsbarkeiten für die Zwangsvollstreckungsverfahren und daher auch wegen
der zugehörigen Rechtsbehelfe auf die Vorschriften der ZPO über das Kostenfestsetzungsverfahren, die sinngemäß anwendbar sind. § 104 III 1 ZPO bestimmt, daß gegen
die Entscheidung im Kostenfestsetzungsverfahren die sofortige Beschwerde stattfindet.
Gemeint ist dabei eine Erstentscheidung des Richters. Soweit indessen der Rpfl die
Erstentscheidung trifft, weil er nach Rn 39, 71 zuständig ist, muß man den vorrangigen spezielleren § 11 I, II RPflG beachten.

§ 11 I RPflG erklärt grundsätzlich dasjenige Rechtsmittel für gegeben, das nach   83
den allgemeinen verfahrensrechtlichen Vorschriften zulässig ist, also die sofortige Beschwerde nach § 104 III 1 ZPO. Insofern muß man also die Entscheidung des Rpfl
ebenso behandeln wie eine Entscheidung, die der Richter getroffen hätte. Im einzelnen Rn 90ff, BayLBG für Heilberufe Rpfleger **01**, 48.

A. Evtl keine sofortige Beschwerde. § 11 II RPflG enthält demgegenüber eine   84
vorrangige Ausnahmevorschrift für den in seinem S 1 genannten Fall, daß nach den
allgemeinen verfahrensrechtlichen Vorschriften ein Rechtsmittel gegen eine solche
Entscheidung, die der Richter getroffen hätte, nicht „eingelegt werden" kann, also
entweder allgemein unstatthaft oder im Einzelfall unzulässig ist. Das gilt schon wegen
Art 19 IV GG, BVerfG FamRZ **01**, 828.

Nur die letztere Situation kommt hier infrage, sie aber immer dann, wenn der
für eine sofortige Beschwerde nach § 567 II ZPO erforderliche *Beschwerdewert* von
mehr als 200 EUR *nicht vorliegt,* aM Nürnb MDR **05**, 534. Denn es handelt sich
bei der Erstentscheidung des Rpfl nach § 11 um eine „Entscheidung über Kosten"
nach § 567 II ZPO. Die frühere gesetzliche Unterscheidung zwischen der „Verpflichtung, die Prozeßkosten zu tragen", also der sog Kostengrundentscheidung
nach BLAH Üb 35 vor § 91 ZPO, und andersartigen Kostenentscheidungen mit
einem anderen Beschwerdewert ist übrigens weggefallen.

Auch ein Verstoß gegen die *Beschwerdefrist* des § 569 I 2, 3 ZPO macht eine sofor- 85
tige Beschwerde unzulässig und damit § 11 II RPflG anwendbar. Auch ein Formverstoß kann diese Rechtsfolge haben, etwa eine Unwirksamkeit oder gar ein Fehlen der
für die sofortige Beschwerde wie für jeden sog bestimmenden Schriftsatz erforderlichen Unterschrift nach BLAH § 129 ZPO Rn 9ff, aM Brdb FamRZ **14**, 333. Auch

alle übrigen Fehler, die zur Unzulässigkeit einer sofortigen Beschwerde führen, so daß sie „nicht eingelegt werden" kann, eröffnen nur den Rechtsbehelf nach § 11 II RPflG.

86 **B. Sondern sofortige Erinnerung.** Der Rechtsbehelf besteht nach § 11 II 1 lt Hs RPflG in der Erinnerung „innerhalb einer Frist von zwei Wochen". Die damit sog sofortigen Erinnerung ist weder eine einfache unbefristete noch eine sog Durchgriffs-Erinnerung früherer Art, Ffm NJW **99**, 1265. Ebenso wie bei einer sofortigen Beschwerde das bisherige Gericht abhelfen darf und daher evtl auch nach § 572 I 1 Hs 1 ZPO muß, bestimmt auch § 11 II 2 RPflG gerade für die sofortige Erinnerung ausdrücklich, daß der Rpfl ihr abhelfen „kann", Ffm MDR **14**, 1227, und daher prüfen muß, ob er abhelfen muß. Hier liegt also keine Systemabweichung gegenüber §§ 567 ff ZPO mehr vor.

87 **C. Aber Abweichungen.** Es gibt aber eine wichtige Abweichung: Während bei der sofortigen Beschwerde wegen der indirekten Verweisung von § 11 I RPflG auf § 104 III 1 ZPO und damit auch auf § 572 I 1 Hs 2 ZPO das bisherige Gericht die Sache dem höheren zur Entscheidung vorlegen muß, soweit das bisherige die sofortige Beschwerde nicht für begründet hält, darf und muß der Rpfl bei einer solchen sofortigen Erinnerung, der er nicht abhelfen will, die Sache nach § 11 II 3 RPflG nur seinem Richter und damit *derselben Instanz vorlegen.*

88 Es gibt noch eine *weitere* Abweichung vom Verfahren der sofortigen Beschwerde. Während das Erstgericht bei ihr unter den Voraussetzungen Rn 87 dem Beschwerdegericht vorlegen muß, muß der *Erstrichter* auf eine zulässige Vorlage seines Rpfl nach Rn 87 hin nur scheinbar wegen § 11 II 4 RPflG mit seiner Verweisung „im Übrigen" auf §§ 567 ff ZPO dem Beschwerdegericht vorlegen (früher sog Durchgriffs-erinnerung).

In Wahrheit *muß* er *stets selbst entscheiden.* Denn Voraussetzung der sofortigen Erinnerung statt der sofortigen Beschwerde war ja gerade, daß gegen die Entscheidung des Rpfl dann, wenn der Richter sie von vornherein getroffen hätte, nach den allgemeinen Verfahrensregeln kein Rechtsmittel gegeben gewesen wäre. Würde der Erstrichter auf Vorlage des Rpfl nunmehr dem höheren Gericht vorlegen dürfen, würde aus einer gesetzlich unangreifbaren Richterentscheidung eine angreifbare, nur weil der Rpfl tätig war. Diese Komplikation soll § 11 II RPflG nach einer jahrzehntelang verunglückten Praxis gerade verhindern.

Die Vorlagepflicht von § 11 II 3 RPflG beim Richter des Rpfl besteht nur aus *verfassungsrechtlichen* Erwägungen nach Art 101 I 2 GG. Sie ist eine Folge der unveränderten Zwitterstellung des Rpfl. Er ist einerseits „Gericht", andererseits aber eben immer noch nicht ein echter „Richter", obwohl sich seine früher echt richterlichen Aufgaben verzehnfacht haben.

89 **D. Notwendigkeit zügigen Verfahrens.** Nimmt man nun noch hinzu, daß dieses ganze „System" eine Fülle von Falschbehandlungen bei sämtlichen Beteiligten nahezu unvermeidbar macht, wird das gesetzliche Durcheinander erst in seinem ganzen gegenüber früher nur umgeschichteten Ausmaß deutlich, aM Baronin von König Rpfleger **00**, 8 (aber man kann wegen der Gesetzesfassung leider nicht mit einem angeblichen Entlastungszweck argumentieren, den der Gesetzgeber selbst nicht umgesetzt hat). Es bleibt die Alltagslast der Praxis, sich gegenseitig durch eine vernünftige und im Rahmen der Zuständigkeitsgrenzen großzügige Verfahrensweise zu helfen, um auf diesem Nebenschauplatz am Ende des Erkenntnisverfahrens den Prozeßbeteiligten vor der Zwangsvollstreckung nicht zusätzliche Probleme als eine Folge deutscher Überperfektion zu schaffen.

90 **13) ZPO: Sofortige Beschwerde im einzelnen, II 3, § 11 I RPflG.** Im Bereich der im folgenden dargestellten ordentlichen Gerichtsbarkeit vgl zunächst die Rechtsbehelfsübersicht Rn 82–89. Wegen der Verweisung in II 3 auf §§ 104 ff ZPO ist § 104 III ZPO in Verbindung mit § 11 I RPflG als Rechtsmittel gegen die Entscheidung schon des Rpfl nach Rn 71–81 statthaft, soweit gegen diese Entscheidung dann, wenn der Richter sie erlassen hätte, eben die sofortige Beschwerde nach § 104 III ZPO statthaft und zulässig wäre, LG Potsd Rpfleger **14**, 226. Dazu müssen die folgenden Voraussetzungen zusammentreffen.

Abschnitt 1. Allgemeine Vorschriften § **11 RVG**

A. Beschwerdeberechtigung. Zur sofortigen Beschwerde sind der Anwalt nach 91
Rn 13 ff und der Auftraggeber nach Rn 24 berechtigt, Hbg MDR **01**, 1192. Die sofortige Beschwerde eines Anwalts kann nach BLAH Grdz 51, 52 vor § 128 ZPO in einen Antrag auf die bloße Festsetzung des Gegenstandswerts nach §§ 3 ff ZPO oder § 63 GKG oder § 55 FamGKG, Teile I A, B dieses Buchs, oder (jetzt) § 32 II 1 RVG umdeutbar sein, Bbg JB **76**, 185, Ffm JB **79**, 601 und 1873.

B. Beschwer, Beschwerdewert über 200 EUR. Der Beschwerdeführer muß 92
wie bei jedem Rechtsmittel nach BLAH Grdz 14 vor § 511 ZPO im Ergebnis beschwert sein, BGH MDR **11**, 199 links, LG Bln JB **00**, 70, LG Ulm JB **07**, 367. Es muß der Beschwerdewert von mindestens 200,01 EUR nach Rn 84 nach II 3 in Verbindung mit (jetzt) § 567 II ZPO betragen, LG Ulm JB **07**, 367. Dabei zählen Zinsen und die Umsatzsteuer mit, Kblz MDR **92**, 196.

Eine bloße *Nachliquidation* nach BLAH § 103 ZPO Rn 40 gehört nicht in das Be- 93
schwerdeverfahren und nimmt diesem das Rechtsschutzbedürfnis, Kblz VersR **90**, 1255. Man muß vielmehr eine Ergänzung des bisherigen Festsetzungsbeschlusses beantragen, Ffm Rpfleger **78**, 29, Kblz JB **91**, 968, Saarbr AnwBl **80**, 299, aM KG MDR **91**, 356, Kblz JB **77**, 1778 (aber man darf an das Ergänzungsverfahren keine geringeren formalen Anforderungen stellen als an das Hauptverfahren).

Demgegenüber darf man einen berechtigten *Einzelposten* anstelle eines unberech- 94
tigten *nachschieben*, ähnlich einer Klagänderung, Ffm Rpfleger **88**, 163, KG RR **91**, 768. Das gilt, soweit nicht ein Teilverzicht auf die sofortige Beschwerde vorliegt, Stgt Just **78**, 234, und soweit der bisherige Festsetzungsbeschluß nicht schon formell rechtskräftig geworden ist.

Man „soll" nach § 571 I ZPO die sofortige Beschwerde *begründen*. Es besteht aber keine allgemeine Begründungspflicht. Vgl freilich § 571 III 2, 3 ZPO. Im Zweifel gilt der gesamte Festsetzungsbeschluß als angegriffen. Ein vor dem Erlaß der Entscheidung des Rpfl nachgereichter Schriftsatz läßt sich nicht als eine rechtzeitige sofortige Beschwerde umdeuten, Stgt Rpfleger **82**, 309.

Eine *Teilanfechtung* ist grundsätzlich statthaft, sofern die für jede Anfechtung selbständig erforderliche Beschwer vorliegt, Düss Rpfleger **98**, 104 (keine Addition). Soweit sie zur Zurückverweisung an den Rpfl führt, kann man beim Vorliegen einer weiteren Beschwer nun auch einen anderen Teil des Festsetzungsbeschlusses anfechten, Stgt JB **78**, 1251.

C. Notfrist: 2 Wochen. Wegen der Verweisung von II 3 auf § 104 III 1 ZPO 95
nach Rn 82 und wegen der grundsätzlichen Anwendbarkeit von § 11 I RPflG nach Rn 83 mit seiner Rückverweisung auf § 104 III 1 ZPO und damit auf §§ 567 ff ZPO muß man nach § 569 I 1 ZPO die sofortige Beschwerde nach § 11 II 1 RPflG binnen einer Notfrist nach § 224 I 2 ZPO von zwei Wochen seit der Zustellung usw erheben. Die Einlegung beim Beschwerdegericht genügt nach § 569 I 1 Hs 2 ZPO zur Fristwahrung. § 129a ZPO ist nach VI 2 anwendbar und ermöglicht die Einreichung bei jedem AG, gibt aber die Einhaltung der Frist erst mit dem rechtzeitigen Eingang beim Prozeßgericht. Bei einer Fristversäumnis kommt nach §§ 233 ff ZPO eine Wiedereinsetzung in Betracht, § 11 II 2–4 RPflG.

D. Form. Als ein bestimmender Schriftsatz nach BLAH § 129 ZPO Rn 5 braucht 96
die sofortige Beschwerde eine grundsätzlich eigenhändige und handschriftliche Unterschrift des Rechtsmittelführers, BLAH § 129 ZPO Rn 9 ff. Beim Telefax muß man die Kopiervorlage unterschreiben, BGH NJW **94**, 2097. Zur digitalen Signatur BLAH § 129 ZPO Rn 19, zum elektronischen Dokument § 12b. Eine Paraphe nach BLAH § 129 ZPO Rn 31 reicht nicht, BAG BB **97**, 947 (ohne Vorlage nach dem RsprEinhG, BLAH Anh § 140 GVG), aM BGH DB **96**, 557 (aber erst durch die volle Unterschrift übernimmt der Beschwerdeführer erkennbar die volle Verantwortung).

Ein *Bevollmächtigten- oder gar Anwaltszwang* zur bloßen *Einlegung* besteht nicht, BGH NJW **06**, 2261, Ffm MDR **14**, 1227. Das gilt schon wegen des gegenüber §§ 78, 569 III ZPO vorrangigen VI 1 und auch wegen § 13 RPflG, Köln OLGR **05**, 406, Mü MDR **99**, 1224, Nürnb (3. ZS) MDR **00**, 233 und (4. ZS) MDR **01**, 597, aM Ffm MDR **99**, 705, Nürnb (6. ZS) Rpfleger **99**, 268 (aber nach [jetzt] § 569 I 1 Hs 2 ZPO ist die Einlegung gerade nicht zwingend beim Beschwerdegericht not-

1459

wendig und daher auch beim Rpfl möglich. Daher wäre auch § 13 RPflG anwendbar). OVG Hbg NVwZ-RR **09**, 452, bejaht einen Vertretungszwang nach § 67 IV VwGO, aM VGH Kassel NVwZ-RR **09**, 902.

97 **E. Verfahren des Rechtspflegers bei sofortiger Beschwerde: Bei Begründetheit Abhilfe durch ihn selbst.** Es kann eine Berichtigung nach §§ 319, 329 ZPO notwendig sein, Bbg JB **95**, 648, Kblz RR **99**, 867, LG Bln JB **99**, 538. Sie entfällt zB oft nach BLAH § 319 ZPO Rn 22 „Übersehen" beim bloßen Übersehen einer Entscheidung über einen angemeldeten Kostenpunkt. Gegen ihre Ablehnung ist nach § 567 I Z 2 ZPO in Verbindung mit § 11 I RPflG eine sofortige Beschwerde statthaft. Mangels einer Notwendigkeit eines Berichtigungsverfahrens gilt: Soweit der Rpfl die sofortige Beschwerde nach seiner pflichtgemäßen Prüfung für statthaft, zulässig und begründet hält, darf und muß er ihr nach § 572 I 1 Hs 1 ZPO in Verbindung mit § 11 II 2 RPflG selbst abhelfen Das ist der wesentliche Unterschied zum früheren Verfahren des Rpfl bei einer damaligen sofortigen Beschwerde. Vgl auch Rn 99.

Das *Verfahren* des Rpfl erfolgt nach §§ 569ff ZPO in Verbindung mit § 11 I RPflG. Ein Anwaltszwang besteht nach Rn 96 im gesamten Verfahren des Rpfl bis zu seiner Abhilfeentscheidung wegen § 13 RPflG, § 78 I ZPO nicht. Der Rpfl muß den Beschwerdegegner nach Artt 2 I, 20 III GG vor einer Abhilfe anhören, BVerfG **101**, 404 (faires Verfahren). Dazu muß er eine angemessene Frist setzen, und zwar durch eine nach § 329 II 2 ZPO förmlich zuzustellende Verfügung. Eine mündliche Verhandlung ist nach § 128 IV ZPO zulässig, aber nicht notwendig.

Die *Abhilfeentscheidung* des Rpfl erfolgt durch einen Beschluß. Der Rpfl muß ihn nach BLAH § 329 ZPO Rn 4 nachvollziehbar begründen. Eine floskelhafte „Begründung" reicht nicht aus. Sie kann vielmehr zur Zurückverweisung wegen eines Verfahrensfehlers führen. Soweit im Abhilfeverfahren Kosten entstanden sein können, muß der Rpfl nach § 97 ZPO in seiner Abhilfeentscheidung über sie mitbefinden, Kblz AnwBl **03**, 315, LG Karlsr MDR **03**, 178 (zu § 104 ZPO). Der Rpfl muß seine Abhilfeentscheidung verkünden oder mangels einer mündlichen Verhandlung dem siegenden Beschwerdeführer nach § 329 III Hs 1 ZPO zustellen, soweit sie auch nur wegen der Kosten einen Vollstreckungstitel nach § 794 I Z 2 ZPO enthält, im übrigen formlos nach § 329 II 1 ZPO mitteilen.

Dem unterliegenden Beschwerdegegner muß der Rpfl seine Abhilfeentscheidung *förmlich zustellen*. Denn sie kann entweder nach §§ 567 I Z 1, II ZPO (ausreichende Beschwer) in Verbindung mit § 11 I RPflG oder nach § 567 I Z 2 ZPO in Verbindung mit § 11 I Hs 2 RPflG (Zurückweisung des Antrags auf Kostenfestsetzung) nunmehr seitens des bisherigen Beschwerdegegners (Gläubigers) nach § 329 III ZPO befristet anfechtbar sein. Mit der gesetzmäßigen Bekanntgabe der Abhilfe endet das bisherige Beschwerdeverfahren. Es besteht ja kein Anlaß zu weiteren Maßnahmen.

Eine *irrige Verfahrensweise* muß der fälschliche Adressat, etwa der Richter des Rpfl oder das Beschwerdegericht, durch eine formlose Zurücksendung korrigieren, notfalls durch einen nach § 572 III ZPO zurückverweisenden Beschluß.

98 **F. Verfahren des Rechtspflegers bei sofortiger Beschwerde: Bei Unbegründetheit Vorlage beim Beschwerdegericht.** Soweit der Rpfl die sofortige Beschwerde nach seiner Prüfung gemäß Rn 97 jedenfalls für unbegründet hält, darf et das Rechtsmittel nicht selbst zurückweisen, Mü Rpfleger **01**, 98. Vielmehr muß er das Rechtsmittel unverzüglich wie bei § 121 I 1 BGB (allgemeiner Rechtsgedanke: ohne schuldhaftes Zögern) nach § 572 I 1 Hs 2 ZPO in Verbindung mit § 11 II 3 RPflG dem Beschwerdegericht vorlegen, also dem LG nach § 72 GVG oder dem OLG nach § 119 I Z 1, III, IV GVG (in einer FamFG-Sache nur, soweit das OLG ausdrücklich als Beschwerdegericht amtieren muß). Das muß ohne jede weitere Prüfung geschehen. Die Vorlage erfolgt an das Kollegium oder an den Einzelrichter, Hamm MDR **93**, 384.

Die *Nichtabhilfe- und Vorlageentscheidung* erfolgt durch eine Verfügung oder einen Beschluß des Rpfl nach § 329 ZPO, strenger Düss MDR **11**, 1500 (nur Beschluß). Beide Formen erfordern eine wenigstens im Kern nachvollziehbare Kurzbegründung, Düss JB **10**, 427, Hbg MDR **02**, 1274. Denn das Beschwerdegericht muß erkennen können, daß der Rpfl keinen Verfahrensfehler beging. Der Rpfl teilt diese Begrün-

Abschnitt 1. Allgemeine Vorschriften § 11 RVG

dung nach § 329 II 1 ZPO den Parteien formlos mit, Düss JB **10**, 427. Die Vorlage enthält keine Kostenentscheidung. Eine floskelhafte „Begründung" reicht trotz aller Erlaubnis zur Kurzfassung nicht. Die Nichtbeachtung dieser Erfordernisse kann nach § 572 III ZPO zur Zurückverweisung an den Rpfl führen, Kblz JB **02**, 200, auch zur Unwirksamkeit der Beschwerdeentscheidung des Rpfl, BGH Rpfleger **09**, 221.

Es ist *keine Vorlage beim Richter des Rechtspflegers* zulässig. Denn dieser nimmt am Verfahren über die sofortige Beschwerde nicht teil, Brdb NJW **99**, 1268, Düss AnwBl **99**, 288, Ffm NJW **99**, 1265. Eine Vorlage an den Richter des Rpfl kommt auch nicht bei § 5 RPflG infrage. Denn der Rpfl muß die Akten bei einer unbegründeten sofortigen Beschwerde mangels einer eigenen Abhilfe eben unverzüglich direkt dem Beschwerdegericht vorlegen und alles weitere diesem überlassen.

G. Keine Nichtabhilfe des Erstrichters. Es gibt bei einer sofortigen Beschwerde keinen Nichtabhilfebeschluß des Richters des Rpfl. Folglich gibt es beim Verstoß auch keine förmliche Zurückverweisung vom Richter an seinen Rpfl. Vielmehr gibt der Richter die Sache formlos an den Rpfl mit einem Hinweis darauf zurück, daß *dieser* dem Beschwerdegericht vorlegen muß, oder er leitet die Akte zweckmäßigerweise formlos an das Beschwerdegericht mit der Anregung weiter, den Nichtabhilfebeschluß des Rpfl als dessen Vorlage umzudeuten. Freilich mag bei einer Sturheit des Rpfl auch einmal eine Aufhebung nur des Nichtabhilfebeschlusses nebst einer Zurückverweisung seitens des Richters des Rpfl ratsam sein und wäre wirksam. 99

H. Verfahren des Beschwerdegerichts. Sein Verfahren ist alles andere als einfach. Das Beschwerdegericht prüft zunächst, ob der Vorlagebeschluß des Rpfl berechtigt ist. Eine unberechtigten Vorlage hebt das Beschwerdegericht auf. Es kann das Verfahren entsprechend (jetzt) § 538 II 1 Z 1 ZPO an den Rpfl der ersten Instanz (nicht an seinen Richter) zurückverweisen, BGH RR **05**, 1299, Ffm JB **99**, 482, Hamm MDR **00**, 174. Dann muß der Rpfl auch über die Beschwerdekosten entscheiden, Bbg JB **79**, 1713. Eine Zurückverweisung ist auch nach BLAH Grdz 51, 52 vor § 128 ZPO nicht stets in eine Vorlage umdeutbar, Ffm VersR **78**, 261, Hamm Rpfleger **78**, 421, KG Rpfleger **78**, 337. 100

Sofern die *Vorlage statthaft* war, entscheidet das Beschwerdegericht nach § 572 II 1 ZPO über die Statthaftigkeit, Zulässigkeit und Begründetheit der sofortigen Beschwerde. Auch das Beschwerdegericht muß grundsätzlich den gesamten Beschluß überprüfen, aber nach § 308 I ZPO nur im Rahmen von dessen Anfechtung, Mü MDR **00**, 666. Es braucht trotz § 571 I ZPO nicht schon auf Grund eines bloßen Vorbehalts des Beschwerdeführers dessen Begründung abzuwarten. Es muß nur eine angemessene Frist ablaufen lassen, Brschw MDR **93**, 1116 (2–3 Wochen). Es besteht vor dem OVG kein Vertretungszwang nach § 67 I VwGO, VGH Mannh JB **97**, 643. Dabei beachtet das Beschwerdegericht §§ 567–572 ZPO.

I. Anwaltszwang. Ein Anwaltszwang entfällt zwar für die *Einlegung* nach Rn 96. Grundsätzlich besteht aber im Verlauf des Beschwerdeverfahrens vor dem Beschwerdegericht ein Anwaltszwang nach § 78 I 2 ZPO. Indessen kann dort im Beschwerdeverfahren nach § 571 IV 1 ZPO auch jeder Anwalt auftreten. Darüber hinaus besteht vor dem Beschwerdegericht insoweit überhaupt kein Anwaltszwang, als das Gericht eine schriftliche Erklärung angeordnet hat, falls man die Beschwerde auch zum Protokoll der Geschäftsstelle einlegen *durfte* (§ 569 III ZPO), selbst wenn man sie nicht so eingelegt *hatte*. Denn dann entfällt der Anwaltszwang für die angeordnete Erklärung nach § 78 III Hs 2 ZPO. Diese Ausnahme ist freilich nach BLAH Einl III 36 ff nicht weit auslegbar. Eine mündliche Verhandlung findet nach §§ 128 IV, 572 IV ZPO nicht zwingend statt. Wohl aber ist das rechtliche Gehör notwendig, Art 103 I GG, soweit das Beschwerdegericht zulasten des Anzuhörenden entscheiden will. 101

J. Entscheidung des Beschwerdegerichts. Das Beschwerdegericht entscheidet nach §§ 329, 572 IV ZPO durch einen Beschluß. Es muß den Beschluß unabhängig von seiner etwaigen Anfechtbarkeit grundsätzlich begründen, BLAH § 329 ZPO Rn 4. Rechtsbehelfsbelehrung, Verstoß: §§ 12c, 33 V 2, 52 IV 2. 102

K. Begrenzung durch Antrag. Das Beschwerdegericht darf dem Beschwerdeführer nach § 308 I ZPO nicht mehr zusprechen, als er begehrt hat, Ffm JB **75**, 662, Mü Rpfleger **00**, 298, OVG Hbg AnwBl **87**, 290. Das Beschwerdegericht verwirft eine unzulässige Beschwerde nach § 572 II 2 ZPO. 103

Es weist eine zulässige, aber *unbegründete* sofortige Beschwerde zurück. Soweit sie *Erfolg* hat, hebt das Beschwerdegericht den Festsetzungsbeschluß auf. Das Beschwerdegericht verweist im übrigen das Verfahren entweder nach § 572 III ZPO zurück oder entscheidet selbst darüber, wie der Festsetzungsbeschluß nun lauten soll. Im Umfang einer Zurückverweisung kann das Beschwerdegericht nach § 572 III ZPO Weisungen für die neue Festsetzung erteilen. Soweit die Vorlage unzulässig war, zB wegen des Nichterreichens der Beschwerdesumme nach Rn 92 ff, gibt das Beschwerdegericht die Sache an den Rpfl zurück, ohne eine Aufhebung auszusprechen, so schon Kblz Rpfleger **76**, 11.

Die *innere Rechtskraft* des Beschlusses des Rechtsmittelgerichts tritt nach §§ 322, 329 ZPO unabhängig von derjenigen der Hauptsache ein.

Das Beschwerdegericht muß nach II 3 in Verbindung mit §§ 91, 97 ZPO mangels einer Zurückverweisung über die *Kosten* des Beschwerdeverfahrens entscheiden, Kblz MDR **02**, 909, aM Karlsr FamRZ **02**, 1501 (systemwidrig). § 93 ZPO ist entsprechend anwendbar, auch wenn der Beschwerdegegner der sofortigen Beschwerde nicht entgegengetreten war, LG Halle MDR **00**, 480, Schneider MDR **02**, 1221 (je: Üb zur Streitfrage). Gebühren: Des Gerichts: (jetzt) KV 1811, Kblz MDR **02**, 909, Auslagen wie sonst; des Anwalts: 0,5 Gebühr, VV 3500 ff. Das Rechtsmittel ist bis zur Wirksamkeit der Rechtsmittelentscheidung rücknehmbar. Die Rücknahme ist als eine Parteiprozeßhandlung nach BLAH Grdz 58 vor § 128 ZPO unwiderruflich, Kblz JB **76**, 116. Der Rpfl muß die Anwaltsgebühren bei einer Rücknahme der sofortigen Beschwerde entsprechend § 516 III ZPO von Amts wegen festsetzen.

104 **L. Verbot der Schlechterstellung.** Das Beschwerdegericht muß grundsätzlich das Verbot der Schlechterstellung (sog reformatio in peius) beachten, Mü Rpfleger **82**, 196, Oldb JB **78**, 1811, LG Würzb JB **79**, 1034. Es kann den angefochtenen Beschluß aber klarstellend aufheben, soweit die Kostengrundentscheidung nach BLAH Üb 35 vor § 91 ZPO weggefallen ist (anderer Auffassung, Mü JB **82**, 1563, Pauling JB **02**, 61 (auch zu weiteren Ausnahmen). Es muß § 97 ZPO beachten, aber auch § 99 I ZPO. Wenn der Rpfl die sofortige Beschwerde zurückgewiesen hatte, statt die Akten vorzulegen, kann das Beschwerdegericht in der Sache entscheiden, ohne den angefochtenen Beschluß aufheben zu müssen, aM Ffm VersR **78**, 261, Kblz JB **76**, 1346 (das Beschwerdegericht müsse die angefochtene Entscheidung dann aufheben, wenn der Ablehnungswille des Erstgerichts klar erkennbar sei. Aber die erstere Lösung ist prozeßwirtschaftlicher, BLAH Grdz 14 vor § 128 ZPO). In einer Familiensache ist der Familiensenat des OLG für die Entscheidung über die sofortige Beschwerde zuständig, BGH FamRZ **78**, 586, Bischof MDR **78**, 716.

105 **M. Mitteilung.** Das Beschwerdegericht muß seinen Beschluß nach § 329 III Hs 1 ZPO förmlich zustellen, evtl auch nach §§ 329 III Hs 2, 574 ZPO, und zwar nach § 172 ZPO stets dem ProzBev nach § 81 ZPO. Das Beschwerdegericht darf seine Entscheidung nach §§ 318, 329 ZPO nicht abändern. Wegen der Einstellung der Zwangsvollstreckung § 570 III ZPO. Wegen einer weiteren Beschwerde nach einer Zulassung (jetzt) im FamFG-Verfahren BayObLG **02**, 275. Gegen die Entscheidung des OLG kommt eine Rechtsbeschwerde unter der Voraussetzungen des § 574 In-Betracht, BGH RR **04**, 356 (krit Timme/Hülk MDR **04**, 467), BayObLG Rpfleger **03**, 43. Es ist jedoch keine weitere sofortige Beschwerde statthaft. Rechtsbehelfsbelehrung, Verstoß: §§ 12 c, 33 V 2, 52 IV 2.

106 **14) ZPO: Sofortige Erinnerung im einzelnen, II 3, § 11 II RPflG.** Im Bereich der ordentlichen Gerichtsbarkeit vgl zunächst wiederum die Rechtsbehelfsübersicht Rn 82–89. Wegen der Verweisung in II 3 auf §§ 104 ff ZPO ist nach Rn 71, 81 die sofortige (befristete) Beschwerde in Verbindung mit § 11 II 1 RPflG als Rechtsmittel gegen die Entscheidung des Rpfl statthaft, soweit gegen die Entscheidung dann, wenn der Richter sie erlassen hätte, *keine* sofortige Beschwerde und kein anderes Rechtsmittel statthaft und zulässig wäre, BayLBG für Heilberufe Rpfleger **01**, 48. Das übersieht Schütt MDR **99**, 85 (zu § 104 ZPO). Dazu müssen im einzelnen die folgenden Voraussetzungen zusammentreffen.

107 **A. Erinnerungsberechtigung.** Zur sofortigen Erinnerung sind der Anwalt nach Rn 13 ff und der Auftraggeber nach Rn 24 berechtigt. Die sofortige Erinnerung kann in einen Antrag auf die bloße Festsetzung des Gegenstandswerts nach §§ 63 ff GKG,

Abschnitt 1. Allgemeine Vorschriften § 11 RVG

53 ff FamGKG, Teile I A, B dieses Buchs, umdeutbar sein, Bbg JB **76**, 185, oder in eine Erinnerung gegen den Kostenansatz nach §§ 66 GKG, 57 FamGKG, Düss JB **06**, 143. Eine Anschlußerinnerung ist möglich, LG Bln Rpfleger **96**, 397 (auch zu den Grenzen).

B. Beschwer, Beschwerdewert bis 200 EUR. Wegen der Beschwer Rn 92. 108 Der Beschwerdewert darf in jedem Verfahren 200 EUR nicht übersteigen, Stgt JB **79**, 609, aM Nürnb JB **75**, 191. Denn nur dann wäre nach § 567 II ZPO in Verbindung mit § 11 1 RPflG eine Entscheidung des Richters unangreifbar. Vgl im übrigen wie bei Rn 92–94 auch zur Nachliquidation.

C. Notfrist: 2 Wochen, Ffm Rpfleger **83**, 117. Zwar bezeichnet § 11 II 1 Hs 2 109 RPflG die dortige Anfechtungsform nur als „die Erinnerung", nicht als „sofortige Erinnerung" und schon gar nicht als „sofortige Beschwerde". Trotzdem ist die Frist zur Einlegung eine Notfrist nach § 224 I 2 ZPO. Denn § 11 II 1 Hs 2 RPflG nennt zwar nur eine „Frist von zwei Wochen". Das ist aber nach Rn 95 wegen der Fassung von § 11 II RPflG der Sache nach eine Notfrist. Daran ändert sich auch nichts durch den Umstand, daß zum einen § 11 II 2 RPflG ebenso wie der hier nachrangige § 572 I 1 Hs 1 ZPO den Rpfl ermächtigt und daher evtl verpflichtet, der Erinnerung abzuhelfen. Denn zum anderen sind nach § 11 II 4 RPflG nur „im übrigen" die Vorschriften über die „sofortige Beschwerde" sinngemäß auf die sofortige Erinnerung anwendbar.

D. Notfristbegriff. Auch § 224 I 2 ZPO ändert nichts. Danach sind Notfristen nur 110 diejenigen Fristen, die „in diesem Gesetz" als solche bezeichnet sind. Durch die Verweisung in § 11 II 1 RPflG auf die gerade für die sofortige Beschwerde der ZPO nach § 569 I 1 ZPO grundsätzlich geltende Frist nimmt das Gesetz aber auf die ZPO Bezug.

E. Notfristberechnung. Die zweiwöchige Notfrist (im SGG-Verfahren: 1 Monat, § 197 II SGG) errechnet *sich* nach § 222 ZPO. Es gibt nach § 224 ZPO keine Abkürzung oder Verlängerung. Die Notfrist beginnt nach II 3 in Verbindung mit §§ 11 II 1 RPflG, 569 I 2 ZPO mit der Zustellung des Festsetzungsbeschlusses. Der Fristanlauf ist von einer Belehrung unabhängig. Da der Rpfl aber im Verfahren bis zum Erlaß seines Beschlusses nach Artt 2 I, 20 III GG, BVerfG **101**, 404 das rechtliche Gehör gewähren mußte, beginnt die Notfrist ferner nur dann zu laufen, wenn er spätestens bei der Zustellung des Kostenfestsetzungsbeschlusses eine Abschrift oder Ablichtung der Kostenberechnung des Anwalts (nicht der Gerichtskosten, Hbg JB **85**, 1884) beigefügt hat, aM Mü Rpfleger **90**, 503, ZöHe 14 (aber es ist eine vollständige Fassung des Festsetzungsbeschlusses ohne dessen Unterlagen kaum vorhanden). Die Frist läuft ferner nicht, soweit der Rpfl eine Position einfach ohne Anhörung stillschweigend gestrichen hatte. Soweit der Festsetzungsbeschluß nach § 105 ZPO auf das Urteil oder den Vergleich geraten war, beginnt die Frist mit der Zustellung dieses einheitlichen Titels nach § 317 ZPO. Eine inhaltliche Berichtigung erfordert eine neue Zustellung.

F. Einlegung. Die sofortige Erinnerung muß grundsätzlich innerhalb der Notfrist 112 bei demjenigen Gericht eingehen, dessen Rpfl den angefochtenen Beschluß erlassen hat, Hamm AnwBl **95**, 270, Mü Rpfleger **92**, 425, aM Bbg JB **75**, 1498 (aber das ist ein allgemeines Erfordernis jeder fristgebundenen Anfechtung). Der Eingang auf der Posteinlaufstelle ist ausreichend. Ein Eingang auf der Geschäftsstelle derjenigen Abteilung, deren Rpfl entschieden hat, ist nicht erforderlich. Soweit man die sofortige Erinnerung nach VI 2 in Verbindung mit § 129 a I ZPO zum Protokoll des Urkundsbeamten eines anderen Gerichts eingelegt hat, wird sie nach VI 2, § 129 a II 2 ZPO grundsätzlich erst dann wirksam, wenn sie beim Gericht desjenigen Rpfl eingeht, der den angefochtenen Beschluß erlassen hat.

Eine Einlegung der sofortigen Erinnerung bei dem *Beschwerdegericht* wahrt aller- 113 dings die Frist auch dann, wenn kein dringlicher Fall vorliegt. Das ergibt sich nach Rn 109 aus §§ 11 II 1 RPflG, 569 I Hs 2 ZPO. Soweit der Erinnerungsführer auf einen Schriftsatz Bezug nimmt, muß er doch eine eindeutige Rechtsmittelerklärung innerhalb der Frist abgeben, Düss MDR **78**, 477, Ffm Rpfleger **83**, 117, Stgt Rpfleger **82**, 309.

Die nachträgliche *Erweiterung* der sofortigen Erinnerung ist zulässig, Karlsr Rpfleger **92**, 494, Köln JB **84**, 929, Schlesw JB **87**, 1726, ebenso eine unselbständige An-

RVG § 11 X. Rechtsanwaltsvergütungsgesetz

schließung, Bbg JB **78**, 593. Das stellt § 567 III ZPO klar. Da es sich um eine Notfrist handelt, kommt gegen ihre Versäumung die Wiedereinsetzung nach §§ 233 ff ZPO in Betracht.

114 **G. Form.** Die Bezeichnung des Rechtsbehelfs bindet nicht. Der Rpfl prüft, was der Einreicher gemeint hat, und deutet notfalls von Amts wegen erkennbar in die richtige Bezeichnung um, Karlsr AnwBl **99**, 247.
Man kann die sofortige Erinnerung nach VI 1 *schriftlich* einlegen. Dann ist nach BLAH § 129 ZPO Rn 9 die eigenhändige Unterschrift notwendig, LG Bln MDR **76**, 407. Man kann die sofortige Erinnerung auch per Telefax, elektronisch nach VI 2 in Verbindung mit §§ 130 a–d ZPO *oder zum Protokoll* des Urkundsbeamten der Geschäftsstelle einlegen, nicht aber telefonisch, auch nicht durch die bloße Bezugnahme auf einen vor der Erinnerung eingegangenen Schriftsatz, Celle Rpfleger **94**, 290. Zur Entgegennahme ist die Geschäftsstelle sowohl desjenigen Gerichts zuständig, dessen Rpfl den angefochtenen Beschluß erlassen hatte, Köln MDR **75**, 671, als auch nach § 129 a I ZPO die Geschäftsstelle eines jeden anderen AG.

115 **H. Kein Anwaltszwang bei Einlegung; keine Bedingung.** Es besteht nach Rn 96 zur Einlegung nach VI 1 kein Bevollmächtigten- oder gar Anwaltszwang. Er besteht nach § 11 II 2 RPflG auch dann nicht, wenn der Rpfl der sofortigen Erinnerung nicht abhilft und sie daher nach § 11 II 3 RPflG dem Richter vorlegt. Das gilt, zumal dieser die sofortige Erinnerung nach Rn 123, 124 nicht dem Beschwerdegericht zuleiten darf, sondern stets selbst abschließend entscheiden muß. Ein Anwaltszwang besteht auch dann nicht, wenn der Richter die sofortige Erinnerung fälschlich dem Beschwerdegericht zuleitet, Bbg JB **78**, 1366, Düss JB **78**, 1570, Kblz VersR **80**, 539. Wegen des Anwaltszwangs in weiteren Verfahren Rn 101.
Als eine Parteiprozeßhandlung nach BLAH Grdz 47 vor § 128 ZPO duldet die sofortige Erinnerung *keine Bedingung*, Stgt Rpfleger **82**, 309. Eine fehlerhafte Bezeichnung läßt sich aber nach Rn 114 heilen. Eine ausdrückliche Erklärung der sofortigen Erinnerung ist nicht notwendig.

116 **I. Aussetzung der Vollziehung.** Nach § 11 II 4 RPflG sind auf die sofortige Erinnerung „im übrigen" §§ 567 ff ZPO sinngemäß anwendbar, strenger Kblz MDR **15**, 1264 rechts. Nach § 570 II ZPO kann derjenige Rpfl, dessen Entscheidung man angefochten hat, im Erinnerungsverfahren bis zu seiner Entscheidung über eine Abhilfe oder Nichtabhilfe die Vollziehung des angefochtenen Beschlusses entsprechend § 570 II ZPO aussetzen. Dagegen ist nach § 567 I Z 1, 2 ZPO kein Rechtsbehelf statthaft.

117 **J. Allgemeines zum Verfahren des Rechtspflegers bei sofortiger Erinnerung, § 11 II 2, 3 RPflG.** Der Rpfl kann der sofortigen Erinnerung nach §§ 11 II 2, 21 Z 1 RPflG abhelfen, Stgt NJW **99**, 368, aM Schneider Rpfleger **98**, 500 (aber der Wortlaut und Sinn sind eindeutig, BLAH Einl 39). Er muß abhelfen, soweit er die sofortige Erinnerung für zulässig und begründet hält, Ffm Rpfleger **79**, 388. Daher ist er zunächst nach Rn 86, 116 sowohl zur Prüfung der Zulässigkeit berechtigt und verpflichtet als auch zur Prüfung der Begründetheit der sofortigen Erinnerung, Hamm Rpfleger **86**, 484, Rostock MDR **06**, 538, LG Bln JB **99**, 313. Das gilt auch beim etwaigen Wiedereinsetzungsgesuch wegen einer Versäumung der Erinnerungsfrist nach § 233 ZPO, Düss Rpfleger **83**, 29, KG RR **02**, 1219. Das gilt ferner trotz § 8 I RPflG auch dann, wenn der Richter rechtswidrig über die Abhilfe entscheiden hatte, ohne die Entscheidung des Rpfl abzuwarten, LAG Düss Rpfleger **93**, 439. Man muß auch eine als sofortige Beschwerde bezeichnete Eingabe aus den Gründen Rn 82 ff, 97 ff zunächst dem Rpfl vorlegen. Rechtsbehelfsbelehrung, Verstoß: §§ 12 c, 33 V 2, 52 IV 2.
Der Rpfl darf und muß insbesondere prüfen, ob er der sofortigen Erinnerung *teilweise* abhilft, Düss Rpfleger **86**, 404 (abl Lappe/Meyer-Stolte), Ffm Rpfleger **10**, 111. Der Urkundsbeamte der Geschäftsstelle und notfalls der Richter des Rpfl, Hamm Rpfleger **86**, 277, legen daher die sofortige Erinnerung zunächst dem Rpfl vor. Wegen der etwaigen Aussetzung der Vollziehung Rn 116. Eine mündliche Verhandlung ist nach § 128 IV ZPO in Verbindung mit § 11 II 4 RPflG, § 572 IV ZPO statthaft, aber nicht notwendig. Der Rpfl muß bereits von sich aus dem Gegner des Erinnerungsführers vor einer diesem ungünstigen Entscheidung wie bei Rn 43 nach

Artt 2 I, 20 III GG das rechtliche Gehör geben, BVerfG **101**, 404. Diese Anhörung ist also nur dann nicht erforderlich, wenn der Rpfl der sofortigen Erinnerung *nicht abhelfen* will.

Der Rpfl muß grundsätzlich den *gesamten* Festsetzungsbeschluß überprüfen, selbst **118** wenn die sofortige Erinnerung nicht den gesamten Beschluß angreift. Denn selbst die etwaige Unrichtigkeit einzelner Posten mag am Ergebnis des angefochtenen Beschlusses nichts ändern.

Im Verfahren vor dem Rpfl ist die *Rücknahme* der sofortigen Erinnerung zulässig. Sie führt auf einen Antrag des Gegners zur Auferlegung von dessen außergerichtlichen Kosten zu Lasten des Erinnerungsführers. Das Erinnerungsverfahren ist nach § 11 IV RPflG gerichtsgebührenfrei.

K. Abhilfe durch den Rechtspfleger, § 11 II 2 RPflG. Soweit der Rpfl die **119** sofortige Erinnerung für zulässig und begründet hält, muß er ihr abhelfen, Ffm Rpfleger **79**, 388, LG Bln Rpfleger **89**, 56. Soweit er der sofortigen Erinnerung abhilft, entscheidet er nach §§ 329, 572 I 1 Hs 1, IV ZPO durch einen Beschluß. Er darf also nicht bei Vorlage an den Richter offen lassen, wie weit er abhilft, Düss MDR **86**, 503, Mü Rpfleger **81**, 412, LG Bln Rpfleger **89**, 56, aM Lappe/Mayer-Stolte Rpfleger **86**, 405 (vgl aber Rn 120). Er hebt den angefochtenen Beschluß auf und erläßt einen neuen Festsetzungsbeschluß oder einen Ergänzungsbeschluß, Mü Rpfleger **81**, 71, Meyer-Stolte Rpfleger **83**, 30. Der Rpfl muß seinen Beschluß nach BLAH § 329 ZPO Rn 4 begründen, soweit er den Beteiligten belastet. Die Abhilfeentscheidung muß eine auf den Einzelfall bezogene Prüfung und Würdigung zeigen, um eine Zurückverweisung an den Rpfl zu vermeiden, Ffm MDR **10**, 344. Kosten des Gerichts: Keine Gebühren, § 11 IV RPflG, jedoch Auslagen wie sonst; des Anwalts: 0,5 Gebühr, VV 3500.

Diese Entscheidung des Rpfl *beendet* das bisherige Erinnerungsverfahren. Sie ist, soweit sie eine neue Beschwer enthält, wiederum beschwerde- oder erinnerungsfähig, KG Rpfleger **82**, 230, Mü Rpfleger **89**, 55. Freilich muß der jetzt Beschwerde insoweit dann auch eine Notfrist einhalten, Mü Rpfleger **89**, 55. Das gilt auch dann, wenn der Rpfl auf eine sofortige Erinnerung den ursprünglichen Festsetzungsbeschluß wieder herstellt. Die erste Erinnerung lebt nicht wieder auf, Mü Rpfleger **89**, 55.

Der Rpfl muß auch dann den ganzen Festsetzungsbeschluß *neu fassen,* wenn er der sofortigen Erinnerung nur teilweise stattgeben will. Freilich muß der unveränderte Teil vollstreckbar bleiben, Mü Rpfleger **84**, 235. Er darf also nicht auch nur zunächst den übrigen Teil vorlegen, Düss MDR **86**, 503 (abl Lappe/Meyer-Stolte Rpfleger **86**, 404), auch nicht bei wechselseitigen Erinnerungen, aM LG Detm Rpfleger **96**, 238 (abl Lappe). Ihn bindet aber ein nur wegen der Höhe eingelegter Antrag auch dann, wenn die Kosten gar nicht entstanden waren.

Wenn der Rpfl der sofortigen Erinnerung *voll* abhilft, muß er wegen § 308 II ZPO auch über die außergerichtlichen Kosten des Erinnerungsverfahrens entscheiden. Im Fall einer nur teilweisen Abhilfe ergeht keine Kostenentscheidung, Ffm JB **85**, 1718, Mü Rpfleger **77**, 70. Die Kostenentscheidung darf den Erinnerungsführer nicht schlechter stellen als vorher, Köln NJW **75**, 2347. Ein Austausch von Einzelposten ist wie stets statthaft, BGH RR **06**, 811.

L. Keine Abhilfe durch den Rechtspfleger: Vorlage bei seinem Richter, **120** § 11 II 3 RPflG, dazu *Peters,* Die Rechtsnatur des Nichtabhilfe- und Vorlagebeschlusses, Festschrift für *Gaul* (1997) 517: Nur soweit der Rpfl der sofortigen Erinnerung nicht abhilft, vermerkt er das in der Akte und verfügt die Vorlage an den Richter. Spätestens in diesem Zeitpunkt muß er eine etwa bisher fehlende Begründung des angefochtenen Beschlusses nach BLAH § 329 ZPO Rn 4, 19 nachholen, Düss Rpfleger **85**, 255, Ffm Rpfleger **10**, 111, Mü Rpfleger **92**, 382.

Der bloße *Vermerk* des Rpfl „ich helfe nicht ab" ist ein Verstoß gegen Artt 2 I, 20 III GG, BVerfG **101**, 404 (also noch nicht Art 103 I GG). Er führt auf einen Antrag zur Zurückverweisung nach § 572 III ZPO entsprechend § 538 II 1 Z 1 ZPO an den Rpfl, BayObLG Rpfleger **93**, 485, Mü Rpfleger **90**, 156, Rostock MDR **06**, 538. Besser, wenn auch nicht notwendig, ist ein förmlicher Nichtabhilfebeschluß. Ihn muß der Rpfl natürlich ebenso begründen, Bbg JB **87**, 569, LG Detm Rpfleger **96**, 238. Stets ist nach BLAH § 329 ZPO Rn 8, 9 seine volle Unterschrift nötig. Wegen einer teilweisen Nichtabhilfe Rn 119. Der Rpfl teilt die Nichtabhilfe den Beteiligten mit, Mü Rpfleger 92, 382.

Eine *Bezugnahme* auf die Gründe des angefochtenen Beschlusses kann genügen. Jedoch muß sich der Rpfl mit den etwa zusätzlichen Erwägungen der Erinnerungsbegründung natürlich erkennbar ernsthaft auseinandersetzen. Eine Leerfloskel „aus den zutreffenden Gründen des angefochtenen Beschlusses" reicht ebensowenig wie beim Richter.

121 **M. Allgemeines zum Verfahren des Richters bei sofortiger Erinnerung, § 11 II 3, 4 RPflG.** Erst sobald der Rpfl auf Grund der Vorlage der Akte bei ihm nach Rn 117 den erforderlichen Nichtabhilfevermerk oder Nichtabhilfebeschluß nach Rn 120 unterschrieben hat, Hamm Rpfleger **86**, 277, darf und muß der Urkundsbeamte der Geschäftsstelle des Rpfl die Akten dem Richter des Rpfl vorlegen. Das muß dann freilich auch nach § 11 II 7 RPflG in Verbindung mit § 572 I 1 Hs 2 ZPO unverzüglich geschehen, also ohne ein schuldhaftes Zögern wie bei § 121 I 1 BGB (allgemeiner Rechtsgedanke).

Erst jetzt darf und muß dieser Richter den Beschluß in seinem ganzen Umfang überprüfen, soweit der Rpfl ihn nicht bereits aufgehoben oder abgeändert hatte. Der Richter darf also nicht etwa über eine Abhilfe auch nur zunächst gewissermaßen für den Rpfl befinden, solange der Rpfl nicht in eigener Zuständigkeit über die Abhilfe nach Rn 117–119 befunden hatte, LAG Düss Rpfleger **93**, 439. Denn nunmehr gilt der Fall so, als ob der Richter die Sache an sich gezogen hätte, BayObLG Rpfleger **90**, 201.

Hat der Rpfl eine ordnungsgemäß in seiner eigenen Zuständigkeit eine *Abhilfe abgelehnt* und hat der Urkundsbeamte die Akte anschließend dem Richter erstmals oder erneut vorgelegt, darf der Rpfl seine Entscheidung grundsätzlich nicht mehr von sich aus ändern, Mü Rpfleger **82**, 196, es ei denn nach einer Zurückverweisung an ihn. Eine etwaige Abänderung darf den Erinnerungsführer nicht schlechter stellen als vorher, Mü MDR **00**, 665. Der Rpfl darf also jetzt nicht mehr doch noch abhelfen, KG Rpfleger **85**, 455. Soweit nicht bereits der Rpfl den Gegner des Erinnerungsführers angehört hatte, muß sein Richter diese Anhörung nachholen, und zwar erst jetzt nach Art 103 I GG, BVerfG **101**, 404, es sei denn, auch er will der sofortigen Erinnerung nicht abhelfen. Die Anhörung heilt einen früheren Verstoß, BVerfG **5**, 22. Zu Frage eines Anwaltszwangs Rn 101.

122 Der Richter prüft zunächst nach Rn 84, ob die sofortige Erinnerung im vorgelegten Umfang *statthaft und zulässig* ist. Wenn er sie für unzulässig hält, weil sie nicht rechtzeitig eingegangen ist, prüft er, ob eine etwa beantragte Wiedereinsetzung in den vorigen Stand nach §§ 233 ff ZPO notwendig ist, Düss MDR **75**, 233, Mü Rpfleger **76**, 301 (abl Stöber); Schlesw SchlHA **80**, 56. Wenn er sie für unzulässig hält, weil wegen einer Überschreitung des Beschwerdewerts von 200 EUR eine sofortige Beschwerde statthaft ist, verfährt er nach Rn 99.

Im Anschluß an eine Bejahung der Zulässigkeit der sofortigen Erinnerung klärt der Richter, ob sie auch *begründet* ist. Er muß den Eingang einer etwa fehlenden Erinnerungsbegründung abwarten oder eine angemessene Frist nach § 224 ZPO setzen, LG Ffm Rpfleger **90**, 285.

123 **N. Entscheidung des Richters, § 11 II 4 RPflG.** Der Richter des Rpfl entscheidet unter einer Mitbeachtung von §§ 569 ff ZPO über die sofortige Erinnerung dann, wenn sie im Zeitpunkt dieser seiner Entscheidung nach Rn 84 statthaft ist, Schlesw SchlHA **81**, 56. Das ist dann so, wenn gegen einen von vornherein vom Richter erlassenen Festsetzungsbeschluß nach Rn 84 kein Rechtsmittel zulässig gewesen wäre, Kblz Rpfleger **91**, 298. Das kommt nach § 567 II ZPO vor allem dann in Betracht, wenn der Wert des Beschwerdegegenstands nach (jetzt) § 567 II ZPO 200 EUR nicht übersteigt oder wenn er unter die Beschwerdesumme sinkt, BVerfG FamRZ **01**, 828, Düss Rpfleger **98**, 104, Kblz Rpfleger **92**, 242.

124 Die Entscheidung erfolgt *in voller richterlicher Besetzung*. Der Einzelrichter des § 348 ZPO entscheidet freilich in einer entsprechenden Anwendung von § 568 ZPO erst recht in diesem Nebenverfahren sinnvollerweise allein. Der Einzelrichter des § 348a ZPO muß über die sofortige Erinnerung entscheiden, soweit das Gericht den Rechtsstreit dem Einzelrichter übertragen hat und soweit der Einzelrichter den Rechtsstreit weder nach § 348 III ZPO an das Gericht in voller Besetzung zurückverwiesen noch nach § 348a II ZPO zurückübertragen hat, so schon Kblz Rpfleger **78**, 329. Der Einzelrichter muß ferner im Rahmen von §§ 526, 527 III Z 5 ZPO entscheiden. Der Vorsitzende der Kammer für Handelssachen muß im Rahmen von § 349 II Z 12 ZPO selbst entscheiden. In einer Familiensache nach dem FamFG ist der Familienrichter zuständig.

Die Entscheidung erfolgt nach § 329 ZPO in Verbindung mit § 11 II 4 RPflG, § 572 IV ZPO durch einen *Beschluß*. Der Richter muß ihn nach BLAH § 329 ZPO Rn 4 begründen, Bbg JB **87**, 569. Er muß ihn nach BLAH § 329 ZPO Rn 8, 9 voll unterschreiben. Er darf den Erinnerungsführer nicht schlechter stellen als vorher. Der Richter darf auch nicht über die Anträge hinaus Kosten festsetzen. Er darf nicht formlos an den Rpfl zurück „abgeben".

Der Rpfl mag einen erheblichen *Verfahrensfehler* begangen haben, etwa wegen einer Mißachtung des rechtlichen Gehörs nach Rn 117 oder wegen einer rechtsfehlerhafter Anforderung einer in Wahrheit schon nach § 269 III, IV ZPO erfolgten Kostenfolge oder Kostengrundentscheidung nach BLAH § 269 ZPO Rn 33. Rechtsbehelfsbelehrung, Verstoß: §§ 12c, 33 V 2, 52 IV 2. Dann darf und muß der Richter schon zwecks einer Vermeidung der Verkürzung der Instanz unter einer Aufhebung des angefochtenen Beschlusses auf einen Antrag entsprechend § 538 II 1 Z 1 ZPO an den Rpfl zurückverweisen und evtl auch § 21 GKG, § 20 FamGKG anwenden, Teile I A, B dieses Buchs. Das Gericht entscheidet bei einer vollen Entscheidung über die Kosten der Erinnerung nach §§ 91, 97 ZPO, Kblz RR **16**, 381, Zweibr Rpfleger **03**, 101, LG Karlsr MDR **03**, 178. Das gilt aber nicht bei einer bloß teilweisen Abhilfe, Mü Rpfleger **77**, 70. Das Erinnerungsverfahren ist freilich nach § 11 IV RPflG gerichtsgebührenfrei. Gerichtsauslagen wie sonst; Kosten des Anwalts: 0,5 Gebühr, VV 3500 ff. Das Gericht muß seine Entscheidung den Beteiligten nach § 329 II 1 ZPO formlos mitteilen.

O. Zurückverweisung; Zurück- oder Weiterleitung durch den Erstrichter, § 11 II 4 RPflG. Soweit der Richter die „sofortige Erinnerung" nach BLAH Grdz 51, 52 vor § 128 ZPO für eine sofortige Beschwerde nach § 11 I RPflG hält oder soweit er das Verfahren des Rpfl sonstwie für fehlerhaft hält, kann er im ersteren Fall korrekterweise mangels seiner eigenen Sachzuständigkeit nur entweder die Akten unter einem Hinweis auf letztere formlos an den Rpfl zurückleiten oder sie ebenso formlos oft zweckmäßigerweise an das Beschwerdegericht weiterleiten. Eine förmliche Zurückverweisung unter einer Aufhebung des angefochtenen Beschlusses kommt wie bei § 538 II 1 Z 1 ZPO nur bei einer statthaften und dann vom Rpfl verfahrensfehlerhaft weiterbehandelten sofortigen Erinnerung in Betracht. 125

In den übrigen Fällen hat der Erstrichter ja keine Entscheidungsbefugnis. Freilich mag bei einer hartnäckigen Wiederholung fehlerhaft eingestufter Vorlagen durch den Rpfl einmal auch im Fall des § 11 I RPflG eine förmliche Zurückverweisung zweckmäßig sein. Sie ist stets wirksam. Sie erfolgt durch einen nach BLAH § 329 ZPO Rn 4 zu begründenden Beschluß. Eine formlose Zurück- oder Weiterleitung wegen § 11 I RPflG sollte anstandshalber eine stichwortartige Kurzbegründung enthalten.

P. Zurückverweisung durch Beschwerdegericht, § 11 II 4 RPflG. Da über eine sofortige Erinnerung bei ihrer Statthaftigkeit nach Rn 84 stets entweder der Rpfl oder *sein* Richter entscheiden müssen, wäre eine Vorlage gar mittels eines Nichtabhilfebeschlusses durch den Erstrichter beim Beschwerdegericht insofern stets verfahrensfehlerhaft. Das Beschwerdegericht verweist dann auf einen Antrag durch einen in voller Besetzung gefaßten und unterschriebenen Beschluß nebst einer Kurzbegründung (Anstandspflicht) entsprechend § 538 II 1 Z 1 ZPO an den Erstrichter zurück und unterrichtet die Beteiligten nach § 329 II 1 ZPO. 126

15) Verjährung, VII. Der Eingang des ordnungsgemäßen Antrags auf die Festsetzung der Vergütung beim zuständigen Gericht nach Rn 39 ff hemmt die Verjährung im Antragsumfang nach § 204 I Z 1 BGB wie eine Klageerhebung, Kblz FamRZ **02**, 1506, LAG Düss JB **92**, 799. Das gilt ohne Rücksicht auf den Zeitpunkt einer Mitteilung an den Antragsgegner, BGH NJW **81**, 826, aM LG Bonn JB **75**, 1337 (abl Chemnitz), LG Stgt AnwBl **79**, 24 (abl Chemnitz). Es kommt auch nicht darauf an, ob der Antragsgegner eine nicht zum Gebührenrecht gehörende Einwendung oder Einrede erhebt. Die Hemmung dauert nach § 204 II 1 BGB bis zum Ablauf von 127

6 Monaten seit der formellen Rechtskraft der Entscheidung über den Festsetzungsantrag oder einer anderweitigen Erledigung des eingeleiteten Verfahrens. Nach einer Antragsrücknahme oder -abtretung muß man nach § 204 II 3 BGB neu klagen (keine diesbezügliche Klagefrist).

128 **16) Abweichungen bei Rahmengebühr, VIII.** Das gesamte Festsetzungsverfahren nach § 11 kann unanwendbar sein, soweit es um eine Rahmengebühr im Sinn von Einl II Rn 12, 13 und damit um eine sog Betragsrahmengebühr oder um eine sog Satzrahmengebühr des Anwalts geht. Es bleibt nur dann anwendbar, wenn zur Voraussetzung einer Rahmengebühr entweder die eine oder die andere der nachfolgenden Bedingungen hinzutreten. Außerdem ist ein Ausschlußzeitpunkt beachtbar.
Unanwendbar ist VIII bei einer Festgebühr nach Einl II Rn 14.

129 **A. Voraussetzung: Rahmengebühr, VIII 1.** Die Vorschrift stellt klar, daß das vereinfachte Festsetzungsverfahren nur eingeschränkt gilt, soweit es sich um eine gesetzliche Rahmengebühr nach Einl II A 12 oder um eine Satzrahmengebühr nach Einl II A 13 handelt. Bei einer etwa vertraglich vereinbarten Rahmengebühr liegt schon aus den Gründen Rn 9–12 grundsätzlich keine Möglichkeit der Festsetzung nach § 11 vor.

130 VIII erfaßt Rahmengebühren *jeder Art,* Kblz MDR **00**, 1083, zB VV 2300, VGH Kassel NJW **10**, 3467. Der Grund der Vorschrift liegt darin, daß man den Besonderheiten der Rahmengebühr im vereinfachten Festsetzungsverfahren kaum Rechnung tragen kann, Ffm MDR **82**, 412. Wegen der einzelnen Fälle (jetzt) §§ 7, 14, Karlsr MDR **81**, 677, Mümmler JB **78**, 648. In diesen Fällen kommt eine Festsetzung jedenfalls gegenüber dem Auftraggeber in Betracht, LG Nürnb-Fürth AnwBl **75**, 67 (macht für den Fall eines Verfahrens der freiwilligen Gerichtsbarkeit eine Ausnahme). Das gilt auch im Fall der Verrechnung eines vom Auftraggeber bereits gezahlten Vorschusses, Hamm Rpfleger **79**, 436.

131 **B. Entweder: Mindestgebühr, VIII 1 Hs 1.** Bei Rn 129, 130 bleibt das Verfahren nach § 11 grundsätzlich dann zulässig, wenn der Anwalt innerhalb der Rahmengebühr nur die Mindestgebühr fordert, (teils zum alten Recht) Kblz RR **01**, 1655, LG Hagen Rpfleger **98**, 41, VGH Kassel NJW **10**, 3467. Durch die jetzige Gesetzesfassung ist der diesbezügliche frühere Streit erledigt. Im Antrag auf Festsetzung einer Mindestgebühr liegt der Verzicht auf eine höhere, BGH AnwBl **13**, 665.

132 *Schädlich* bleibt es aber dann, wenn der Anwalt *etwas mehr als* die Mindestgebühr fordert, BGH Rpfleger **77**, 60, oder wenn die Parteien die Frage der Erstattungsfähigkeit in einem gerichtlichen Vergleich geregelt haben. Nur eine völlig unerhebliche Forderung über die Mindestgebühr hinaus mag unschädlich bleiben, etwa bis 2% (bei kleiner Gebührenhöhe) oder bis 3%. Aber Vorsicht! Das Gesetz verlangt Strenge.

133 **C. Oder: Schriftliche Zustimmung des Auftraggebers, VIII 1 Hs 2, S 2.** Statt der Bedingung Rn 131, 132 reicht es für die Zulässigkeit des Verfahrens nach § 11 auch aus, wenn der Auftraggeber der über der Mindestgebühr liegenden Höhe „der Gebühren" ausdrücklich zugestimmt hat.

134 *Ausdrücklich* muß die Zustimmung erfolgt sein. Eine stillschweigende und nur aus den Umständen ableitbare Erklärung reicht ebensowenig wie eine inhaltlich mehrdeutige, unklare oder gar widersprüchliche ausdrückliche. Das Wort Zustimmung braucht zwar nicht ebenfalls ausdrücklich vorzuliegen. Es muß aber doch aus dem ausdrücklichen schriftlichen Text ganz eindeutig das Einverständnis, die Einwilligung, die Genehmigung, die Übereinstimmung oder ein gleichwertiges Zustimmen schon seinem Wortlaut nach hervorgehen.

135 *Schriftform* ist schon wegen der Notwendigkeit der „Vorlage der Zustimmungserklärung" nach VIII 2 erforderlich. Die Vorlage etwa einer gar eidesstattlichen Erklärung eines anderen als des Auftraggebers ist keine Vorlage „der Zustimmungserklärung" selbst.

136 „*Höhe der Gebühren*" stellt nicht auf eine einzelne von mehreren Gebühren ab, sondern auf ihre Gesamtheit. Sonst würde es in VIII 1 etwa heißen „Höhe der fraglichen (oder: jeweiligen) Gebühr". Der Auftraggeber muß also entweder der Überschreitung jeder etwaigen Mindestgebühr oder doch im Ergebnis eindeutig der Gesamtsumme der Rahmengebühren der jeweils geltend gemachten Berechnung zugestimmt haben.

Abschnitt 1. Allgemeine Vorschriften § 11 RVG

Festgebühren bleiben bei alledem natürlich hier unbeachtet. Eine Zustimmung zur jeweiligen Mittelgebühr reicht nicht aus, LG Zweibr JB **10**, 140.

D. Vorlage der Zustimmung beim Antrag, VIII 2. Die Zulässigkeit des Verfahrens nach § 11 hängt bei Rn 133–136 außerdem davon ab, daß der Anwalt die Zustimmungserklärung des Auftraggebers zugleich mit dem Festsetzungsantrag nach Rn 13–38 vorlegt, VGH Kassel NJW **10**, 3467. Eine Nachreichung ist also grundsätzlich schädlich. Das Gericht muß dann trotzdem die Festsetzung nach § 11 ablehnen. Eine zeitlich völlig unerhebliche Nachreichung etwa noch am Tag des Eingangs des Antrags auf der Posteinlaufstelle oder auch am Morgen des folgenden Werktags mag freilich ausnahmsweise unschädlich sein. Aber auch hier Vorsicht! Das Gesetz verlangt Strenge. Eine nachgeschobene Zustimmung ist zwar nicht schon wegen der Verzögerung der Einreichung verdächtig. Dennoch darf das Gericht nicht schon dann Tür und Tor öffnen, wenn der Anwalt eine einfache Obliegenheit versäumt hat. Eine Wiedereinsetzung nach § 233 ZPO entfällt schon mangels des Vorliegens einer förmlichen Frist. 137

17) Gebührenklage, V, VIII. Es gibt vier Aspekte. 138

A. Nur bei Unanwendbarkeit von § 12. Eine Gebührenklage hat ebenso wie ein Mahnantrag nach Rn 2 ein Rechtsschutzbedürfnis nach BLAH Grdz 33 vor § 253 ZPO nur, soweit § 11 auch nur teilweise unanwendbar ist.

B. Zuständigkeit. Soweit der Anwalt oder der Auftraggeber wegen der umstrittenen Vergütung des Anwalts nach Rn 52 einen Mahnbescheid beantragen oder eine Klage erheben dürfen und müssen, ist neben dem Gericht des allgemeinen Gerichtsstands des Auftraggebers nach §§ 12 ff ZPO auch als ein besonderer Wahlgerichtsstand das Gericht des Hauptprozesses nach § 34 ZPO zuständig, etwa ein Familiengericht nach Grdz 34 vor § 1. Es mag auch die Kammer für Handelssachen auch nach § 34 ZPO tätig werden, KG FamRZ **81**, 1090, aM BGH **97**, 81, Karlsr FamRZ **85**, 498 (aber es kommt eben auch hier auf den Schwerpunkt an). In einer Strafsache, FamFG-Sache usw ist das ordentliche Zivilgericht zuständig. Eine Verweisung ändert die Zuständigkeit nicht. Das alles gilt auch im Rechtsmittelverfahren, BVerfG NJW **77**, 145. Für die Arbeitsgerichtsbarkeit verweisen §§ 2, 46 II ArbGG auf die ZPO und damit auf § 34 ZPO, BAG NJW **98**, 1092. 139

Hauptprozeß ist jedes zivilprozessuale Verfahren, auch die Zwangsvollstreckung oder das Insolvenz- oder Zwangsversteigerungsverfahren. § 34 ZPO regelt auch die sachliche Zuständigkeit. Soweit eine Klage vor dem Gericht des Hauptprozesses nicht möglich ist, etwa weil ihm die Zuständigkeit für die Gebührenklage fehlt, kommt nach § 797 I ZPO als Gericht dasjenige des Erfüllungsorts nach § 29 ZPO in Betracht, also nach Grdz 34 vor § 1, BLAH § 29 ZPO Rn 18 grundsätzlich das für den Sitz des Anwalts zuständige Zivilgericht. Man muß auch keineswegs stets im Verwaltungsrechtsweg klagen. Denn an der bürgerlichrechtlichen Natur des Gebührenanspruchs ändert sich nichts dadurch, daß das RVG die Höhe der gesetzlichen Gebühr bestimmt.

§ 34 ZPO ist auch auf den *Rechtsnachfolger* des Anwalts anwendbar, nicht aber dann, wenn es um eine Gebührenklage gegenüber einem Dritten geht, etwa gegenüber einem Bürgen.

C. Verfahren. Der Anwalt muß darlegen, weshalb eine Vergütungsfestsetzung nach § 11 zumindest teilweise nicht möglich ist. Er ist für eine solche Lage und evtl auch für eine Vergütungsvereinbarung beweispflichtig, Mü NJW **84**, 2537. 140

Eine *hilfsweise Beschränkung* auf die *gesetzliche* Vergütung führt nicht etwa zu einer Verweisung auf das Verfahren nach § 11. Vielmehr darf und muß das Gericht dann dem Hilfsantrag stattgeben.

Anders als beim Kostenfestsetzungsverfahren nach § 104 ZPO kann man im Weg einer Vollstreckungsabwehrklage wegen § 767 II ZPO nur eine solche Einwendung geltend machen, die man noch nicht im Festsetzungsverfahren erheben konnte. Denn der Rpfl hatte den Auftraggeber hören müssen. Er hatte ihm also eine Gelegenheit zur Äußerung gegeben.

D. Vollstreckung. Eine Zwangsvollstreckung kann eine unzulässige Rechtsausübung sein, soweit der Festsetzungsbeschluß unrichtig ist und besondere Umstände 141 hinzutreten. ArbG Düss VersR **90**, 1370 rechnet hierher auch die Erschleichung eines sittenwidrigen Beschlusses nach den Grundsätzen zur Rechtskraftdurchbrechung sittenwidriger Vollstreckungsbescheide.

Anwendung von Vorschriften für die Prozesskostenhilfe

12 ¹Die Vorschriften dieses Gesetzes für im Wege der Prozesskostenhilfe beigeordnete Rechtsanwälte und für Verfahren über die Prozesskostenhilfe sind bei Verfahrenskostenhilfe und im Fall des § 4a der Insolvenzordnung entsprechend anzuwenden. ²Der Bewilligung von Prozesskostenhilfe steht die Stundung nach § 4a der Insolvenzordnung gleich.

1 **1) Systematik, S 1, 2.** Die Vorschrift ergänzt §§ 45ff, VV 1000ff für die in S 1 genannten Fälle.

2 **2) Regelungszweck, S 1, 2.** Es geht um eine Vereinheitlichung, Vereinfachung und damit um mehr Zweckmäßigkeit und Rechtssicherheit. Das sollte man bei der Auslegung mitbeachten.

3 **3) Geltungsbereich, S 1, 2.** Die Vorschrift gilt bei § 4a InsO, AG Gött Rpfleger **11**, 44. Hierher gehören §§ 4 V, 45, 46, 47 I, 48–59, AG Gött Rpfleger **11**, 44, VV 3334, 3336.

Nicht hierher gehören § 39 (gilt nur bei § 138 FamFG, auch in Verbindung mit § 270 FamFG), § 40 (gilt nur bei § 67a VwGO), § 41 I (gilt nur bei §§ 57, 58 ZPO).

4 **4) Verweisung, S 1, 2.** Die Verweisungstechnik ist umfassend. Sie macht sämtliche für den bei einer Prozeßkostenhilfe beigeordneten Anwalt vorhandene Kostenvorschriften des RVG uneingeschränkt im Geltungsbereich Rn 3 entsprechend anwendbar.

Abhilfe bei Verletzung des Anspruchs auf rechtliches Gehör

12a ¹Auf die Rüge eines durch die Entscheidung nach diesem Gesetz beschwerten Beteiligten ist das Verfahren fortzuführen, wenn

1. ein Rechtsmittel oder ein anderer Rechtsbehelf gegen die Entscheidung nicht gegeben ist und
2. das Gericht den Anspruch dieses Beteiligten auf rechtliches Gehör in entscheidungserheblicher Weise verletzt hat.

II ¹Die Rüge ist innerhalb von zwei Wochen nach Kenntnis von der Verletzung des rechtlichen Gehörs zu erheben; der Zeitpunkt der Kenntniserlangung ist glaubhaft zu machen. ²Nach Ablauf eines Jahres seit Bekanntmachung der angegriffenen Entscheidung kann die Rüge nicht mehr erhoben werden. ³Formlos mitgeteilte Entscheidungen gelten mit dem dritten Tage nach Aufgabe zur Post als bekannt gemacht. ⁴Die Rüge ist bei dem Gericht zu erheben, dessen Entscheidung angegriffen wird; § 33 Abs. 7 Satz 1 und 2 gilt entsprechend. ⁵Die Rüge muss die angegriffene Entscheidung bezeichnen und das Vorliegen der in Absatz 1 Nr. 2 genannten Voraussetzungen darlegen.

III Den übrigen Beteiligten ist, soweit erforderlich, Gelegenheit zur Stellungnahme zu geben.

IV ¹Das Gericht hat von Amts wegen zu prüfen, ob die Rüge an sich statthaft und ob sie in der gesetzlichen Form und Frist erhoben ist. ²Mangelt es an einem dieser Erfordernisse, so ist die Rüge als unzulässig zu verwerfen. ³Ist die Rüge unbegründet, weist das Gericht sie zurück. ⁴Die Entscheidung ergeht durch unanfechtbaren Beschluss. ⁵Der Beschluss soll kurz begründet werden.

V Ist die Rüge begründet, so hilft ihr das Gericht ab, indem es das Verfahren fortführt, soweit dies aufgrund der Rüge geboten ist.

VI Kosten werden nicht erstattet.

Schrifttum (teilweise zum alten Recht): *Endell,* Die Verwirklichung des rechtlichen Gehörs durch die Anhörungsrüge gemäß § 321a ZPO, 2016; *Hinz* WoM **02**, 6 (Üb); *Ket-*

Abschnitt 1. Allgemeine Vorschriften § 12a RVG

tinger, Die Verfahrensgrundrechtszüge usw, 2007; *Poelzig* ZZP **121**, 223 („Vorlagerüge"); *Polep/Rensen,* Die Gehörsrüge (§ 321a ZPO), 2004; *Schmidt* MDR **05**, 915 (Üb); *Schnabl,* Die Anhörungsrüge nach § 321a ZPO, 2007; *Schneider* MDR **06**, 969 (Üb); *Schneider,* Die Gehörsrüge – eine legislative Missgeburt, Festschrift für *Madert* (2006) 187; *Treber* NJW **05**, 97 (Üb); *Vollkommer,* Erste praktische Erfahrungen mit der neuen Gehörsrüge gemäß § 321a ZPO, Festschrift für *Musielak* (2004) 619; *Vollkommer,* Streit- und Zweifelsfragen bei der schrittweisen Einführung der Gehörsrüge in den deutschen Zivilprozess, Festschrift für *Georgiades* (2006) 589; *Zuck* MDR **11**, 399 (Üb). Rechtsvergleichend *Liu*, Festschrift für *Gottwald* (2014) 398.

Gliederung

1) Systematik, I–VI	1
2) Regelungszweck, I–VI	2, 3
3) Geltungsbereich, I–VI	4
4) Ausschluß von §§ 319–321, 329 ZPO usw, I–VI	5–9
A. Keine Berichtigung entsprechend §§ 319, 329 ZPO usw	6
B. Keine Tatbestandsberichtigung nach §§ 320, 329 ZPO usw	7, 8
C. Keine Ergänzung der Entscheidung nach §§ 321, 329 ZPO usw	9
5) Unbeachtbarkeit von § 156 ZPO, I–VI	10
6) Unstatthaftigkeit, Unzulässigkeit eines Rechtsmittels oder anderen Rechtsbehelfs, I Z 1	11–14
A. Maßgeblichkeit nur der Entscheidung nach dem RVG	12
B. Unstatthaftigkeit, Unzulässigkeit jedes anderen Rechtsbehelfs	13, 14
7) Entscheidungserheblichkeit der Verletzung des Anspruchs auf rechtliches Gehör, I Z 2	15–20
A. Gehörsverletzung gerade zulasten des Beschwerten	16
B. Gehörsbegriff	17, 18
C. Entscheidungserheblichkeit des Gehörsverstoßes	19
D. Nicht nur bei Endentscheidung, I Z 1, 2	20
8) Notwendigkeit einer Rüge, I, II	21
9) Rügefrist, II 1–3	22–25
A. Fristbeginn mit Kenntnis der Verletzung, II 1 Hs 1	23
B. Glaubhaftmachung, II 1 Hs 2	24
C. Jahres-Ausschlußfrist, II 2, 3	25
10) Zuständigkeit, Rügeform, II 4	26, 27
A. Schriftform oder elektronisch, II 4 Hs 1	26
B. Auch zum Protokoll, II 4 Hs 2	27
11) Rügeinhalt, II 5	28–39
A. Bezeichnung der angegriffenen Entscheidung, II 5 Hs 1	28
B. Darlegung der Gehörsverletzung, II 5 Hs 2	29, 30
C. Darlegung der Entscheidungserheblichkeit der Gehörsverletzung, II 5 Hs 2	31–34
D. Voraussichtlichkeit, II 5 Hs 1, 2	35
E. Beispiele zur Frage einer Gehörsverletzung, II 5 Hs 1, 2	36–39
12) Stellungnahme des Gegners, III	40–42
A. Erforderlichkeit	40
B. Stellungnahmefrist	41
C. Gegenäußerung des Rügeführers	42
13) Verwerfung, Zurückweisung, IV	43–53
A. Amtsprüfung der Statthaftigkeit und Zulässigkeit, IV 1	43, 44
B. Freigestellte mündliche Verhandlung, IV 1	45
C. Bei Unstatthaftigkeit oder Unzulässigkeit: Verwerfungsbeschluß, IV 2, 4, 5 ...	46
D. Begründung der Verwerfung	47, 48
E. Verwerfungskosten	49, 50
F. Bei Unbegründetheit: Zurückweisungsbeschluß, IV 3–5	51
G. Begründung der Zurückweisung	52
H. Zurückweisungskosten	53
14) Abhilfe: Verfahrensfortführung, V	54–57
A. Entbehrlichkeit einer Fortführungsentscheidung, V 1	55
B. Zurückversetzung des Verfahrens, V 2, 4	56
C. Neue Entscheidung, V 3	57
15) Einstellung der Zwangsvollstreckung, § 707 ZPO	58, 59
16) Keine Kostenerstattung, VI	60
17) Verstoß, I–VI	61
18) Rechtsbehelfe, Verfassungsbeschwerde, I–VI	62–68
A. Nicht bei greifbarer Gesetzwidrigkeit	63
B. Keine Gegenvorstellung	64
C. „Ergänzende" Rechtsbeschwerde	65
D. Meistbegünstigung	66
E. Verfassungsbeschwerde	67
F. Gegen Abhilfe	68

RVG § 12a

1 **1) Systematik, I–VI.** Die Vorschrift ist kein Rechtsmittel nach BLAH Grdz 3 vor § 511 ZPO, BGH RR **12**, 978 (zu § 321a ZPO). Sie ist eine notwendige Ergänzung zu §§ 1–11. Denn sie regelt eine dort nicht eindeutig oder gar nicht erfaßte Situation. § 12a gilt deshalb neben §§ 1–11 nur hilfsweise, eben nur, soweit diese letzteren Bestimmungen nicht ausreichen. Daher muß man zunächst prüfen, ob §§ 1–11 anwendbar sind. Nur bei deren Unanwendbarkeit entsteht ein Rechtsschutzbedürfnis nach BLAH Grdz 33 vor § 253 ZPO zum Verfahren nach § 12a, Celle MDR **03**, 593 (zu § 321a ZPO).

2 **2) Regelungszweck, I–VI.** Die Vorschrift bezweckt die Heilung eines Verstoßes gegen Art 103 I GG und nur dieses Verstoßes, so jetzt auch BVerfG RR **11**, 1610 (zu § 321a ZPO, kunstvoll aussparend zitierend), LG Bln WoM **16**, 418, weitergehend BVerfG NZA **08**, 1201 (zu § 78a ArbGG). Sie dient der Selbstkorrektur des bisherigen Gerichts, krit Kroppenberg ZZP **116**, 437, Rensen JZ **09**, 197. Sie dient aber auch der Entlastung des BVerfG, BGH NJW **12**, 3088 (zu § 321a ZPO), Oldb NJW **03**, 149. Gravenhorst MDR **03**, 888 schlägt stattdessen für den Zivilprozeß die „kleine Verfassungsbeschwerde" mit §§ 577a–e ZPO vor (so sein Entwurf). Das BVerfG soll sich nicht mit einem solchen Verstoß gegen Art 103 I GG befassen müssen, den das Verfahrensgericht aus einer Gleichgültigkeit oder Gedankenlosigkeit oder sogar ohne jede Vorwerfbarkeit begangen hatte und den es bei einer nochmaligen Prüfung voraussichtlich selbst beheben kann, BVerfG NJW **07**, 2241 und 2243. Das rechtfertigt zB im Zivilprozeß die Durchbrechung der Bindung an die eigene Entscheidung nach §§ 318, 329 ZPO und sogar der inneren Rechtskraft nach § 322 ZPO. Es erübrigt auch ein ohnehin meist erst unter anderen Umständen mögliches Abänderungsverfahren nach §§ 323, 323a ZPO oder eine jetzt unstatthafte weitere Beschwerde, KG MDR **02**, 1086 (zu § 321a ZPO).

3 *Gerechtigkeit* nach BLAH Einl III 9, 36 ist also das Hauptziel. Daneben dient § 12a aber eben auch der Prozeßwirtschaftlichkeit nach BLAH Grdz 14 vor § 128 ZPO. Das gilt zwar nicht zugunsten des Verfahrensgerichts, wohl aber zugunsten des überlasteten BVerfG. Deshalb muß man die Vorschrift im Zweifel nach BLAH Grdz III 36ff zulasten des Verfahrensgerichts auslegen. Man muß ihre Voraussetzungen also großzügig bejahen, aM Jena MDR **11**, 1377 (zu § 321a ZPO). Freilich sollte eine solche Auslegung nun auch keineswegs dazu führen, einer unterlegenen Partei nach BLAH Grdz 4 vor § 50 ZPO einen billigen Vorwand zu geben, statt eines Rechtsmittelrisikos bequem einen Gehörsverstoß zu behaupten und damit einfach eine Wiedereröffnung der Verhandlung an § 156 ZPO vorbei zu erreichen, um dann ergänzend vortragen und beweisen zu können, was sie längst hätte tun können und müssen. Auch diese Gefahr muß man bei der Auslegung mitbeachten.

Rechtssicherheit nach BLAH Einl III 43 ist ein weiteres Ziel. Denn eine rechtzeitige Rüge nach § 12a hemmt den Eintritt der formellen Rechtskraft zB nach § 705 ZPO und damit auch der inneren zB nach § 322 ZPO.

Zeitgemäß ist die Vorschrift allemal. Zwar ist eine Gehörsrüge im ohnehin äußerst komfortabel ausgestalteten System einer Überprüfbarkeit gerichtlichen Handelns ein weiterer Schritt, das Verfahren schon dieser Instanz noch einmal zeitlich zu verlängern und auch durchaus zu komplizieren. Fast endlose Geduld ist aber auch ein Zeichen gelassener Rechtsstaatlichkeit auf hohem Niveau, keineswegs verfassungsrechtlich nötig, trotzdem verfassungsgemäß und der Gerechtigkeit geradezu grenzenlos dienend. Wenn die Beteiligten es nicht bis zum Rechtsmißbrauch nach BLAH Einl III 54 strapazieren, sondern vernünftig abwägend handhaben, erfüllt es unverändert einen wichtigen Schlußzweck und kann eine weitere Instanz verhindern helfen.

4 **3) Geltungsbereich, I–VI.** Die Vorschrift ist dem § 321a ZPO nachgebildet. Sie ist in allen Verfahren nach dem RVG und der ZPO uneingeschränkt anwendbar. Das gilt auch zB: Im Prozeßkostenhilfeverfahren nach §§ 114ff ZPO, Naumb FamRZ **07**, 917, auch im Wiedereinsetzungsverfahren unter weiterer Gewährung, so § 238 ZPO, BGH FamRZ **09**, 685, Düss BauR **15**, 1719; im Urkunden-, Scheck- und Wechselprozeß nach §§ 592ff ZPO (Vor- und Nachverfahren) und im Eilverfahren auf einen Arrest oder auf eine einstweilige Verfügung nach §§ 916ff, 935ff ZPO sowie im WEG-Verfahren; beim Kostenansatz; bei einer Erinnerung und bei einer Beschwerde; bei der Wertfestsetzung; beim Vorschuß; beim Zurückbehaltungsrecht; bei einer unrichtigen Sachbehandlung; bei der Bestimmung des Zahlungspflichtigen.

In den *anderen* Gerichtsverfahren gelten entsprechende Vorschriften, §§ 72 a, 78 a ArbGG, BVerfG NZA **08**, 1201, BAG NZA **17**, 139, ArbG Oldb NZA **10**, 527, § 83 a EnWG, § 44 FamFG, § 61 FamGKG, Teil I B dieses Buchs, § 133 a FGO, BFH NVwZ-RR **09**, 703, FG Kassel NZA-RR **06**, 80, § 81 III GBO, § 69 a GKG, Teil I A dieses Buchs, § 131 GNotKG, Teil III dieses Buchs, § 5 II 2 GvKostG, Teil XI dieses Buchs, § 71 a GWB, § 55 IV JGG, § 4 a JVEG, Teil V dieses Buchs, § 83 III MarkenG, BPatG GRUR **07**, 156 (Vorrang), § 89 a MarkenG, § 29 III SchiffsRegO, § 178 a SGG, §§ 32 a, 356 a StPO, § 152 a VwGO, § 121 a WDiszplO.

4) Ausschluß von §§ 319–321, 329 ZPO usw, I–VI. Vor einer Prüfung der 5 Voraussetzungen nach I muß man nach Rn 1 als Gericht wie Partei nach BLAH Grdz 4 vor § 50 ZPO oder ProzBev nach § 81 ZPO klären, ob das Rechtsschutzbedürfnis nach BLAH Grdz 33 vor § 253 ZPO für ein Verfahren nach § 12 a schon deshalb fehlt, weil einer der Wege einer Berichtigung oder Ergänzung der Entscheidung entsprechend §§ 319–321, 329 ZPO usw infrage kommt. **§ 12a RVG**

A. Keine Berichtigung entsprechend §§ 319, 329 ZPO usw. Das Gericht muß 6 zunächst schon von Amts wegen prüfen, ob eine Berichtigung wegen einer offenbaren Unrichtigkeit im Hinblick auf die hier natürlich allein interessierende Frage einer entscheidungserheblichen Gehörsverletzung möglich und daher notwendig ist. Das kann zB dann so sein, wenn das Gericht das rechtliches Gehör nach Art 103 I GG zumindest nach seiner wahren Ansicht erteilt und nur vergessen hatte, das Ergebnis dieser Erteilung in der Entscheidung zum Ausdruck zu bringen. Denn dann kann schon infolge einer Berichtigung im einfacheren und schnelleren Verfahren nach §§ 319, 329 ZPO usw eine Rüge nach § 12 a unnötig werden, das Rechtsschutzbedürfnis beseitigen und eine verständige Partei bereits deshalb von ihr absehen, großzügiger BVerfG NJW **04**, 3552, Köln FamRZ **05**, 2075 (je zu § 321 a ZPO). Die Berichtigung mag im Tenor, Tatbestand oder den Entscheidungsgründen nach zB § 313 III ZPO oder zB zu Protokollgründen nach §§ 313 a I 2, 540 I 2 ZPO usw notwendig sein.

B. Keine Tatbestandsberichtigung nach §§ 320, 329 ZPO usw. Sodann muß 7 man bei einer hier beachtbaren Kostenentscheidung etwa in einem Urteil wie bei einen Beschluß prüfen, ob wenigstens eine Berichtigung des etwaigen Tatbestands oder Sachverhalts nach §§ 320, 329 ZPO usw wiederum im Hinblick auf eine entscheidungserhebliche Gehörsverletzung nach Art 103 I GG infrage kommt. Das kann nicht nur die Partei nach BLAH Grdz 4 vor § 50 ZPO prüfen, die ja einen nach §§ 320 I, III, 329 ZPO notwendigen Antrag stellen müßte. Vielmehr darf und muß auch das Gericht eine solche Prüfung im Zivilprozeß zwecks Anregung eines etwaigen Parteiantrags vornehmen. Zwar bezieht sich die Erörterungs- und Hinweispflicht des § 139 ZPO auf den Verfahrensabschnitt „mündliche Verhandlung". Diese ist ja spätestens mit der Maßnahme nach §§ 136 IV, 296 a S 1 ZPO jedenfalls zunächst beendet gewesen. Indessen zielt § 12 a V ja gerade auf die „Fortführung des Verfahrens" ab, also jedenfalls beim Verfahren mit einer möglichen oder notwendigen mündlichen Verhandlung nach § 128 I ZPO auf den Wiedereintritt in sie. Im übrigen gilt die Fürsorgepflicht des Gerichts nach BLAH Einl III 27 in allen Verfahrensabschnitten.

Mit § 320 V ZPO usw *erzielt man* freilich vordergründig nur eine Verbesserung des 8 Tatbestands, nicht der Entscheidungsgründe. Sie mag aber auch und gerade in der Frage der Erteilung oder Verletzung des rechtlichen Gehörs Auswirkungen bis hin zur Anfechtbarkeit des Urteils und damit zum Entfallen des Verfahrens nach § 12 a mit sich bringen, wenn auch sicher nur selten. Im übrigen kann ja ein Verfahren nach §§ 320, 329 ZPO ein solches nach § 321 ZPO zur Folge haben, das ebenfalls einen Vorrang vor demjenigen nach § 12 a hätte.

C. Keine Ergänzung der Entscheidung nach §§ 321, 329 ZPO usw. Schließ- 9 lich muß man klären, ob eine Ergänzung der Entscheidung nach §§ 321, 329 ZPO usw infrage kommt. Auch diese Prüfung ist eine Aufgabe nicht nur der Partei, sondern trotz des Erfordernisses ihres Antrags auch des Gerichts wegen seiner in Rn 7 dargelegten hier ebenso bestehenden Fürsorgepflicht. Auch bei § 321 ZPO kommt es hier natürlich nur auf eine etwaige entscheidungserhebliche Gehörsverletzung an.

Immerhin kann sie gerade auch bei §§ 321, 329 ZPO usw ein Anlaß zur Ergänzung der Entscheidung sein und damit ein Verfahren nach § 12a erübrigen.

10 **5) Unbeachtbarkeit von § 156 ZPO, I–VI.** Dagegen ist im Zivilprozeß § 156 ZPO bei § 12a zunächst unbeachtbar. Denn die Geltungsbereiche überschneiden sich zunächst nicht. § 156 ZPO setzt zwar voraus, daß das Gericht die mündliche Verhandlung bereits nach §§ 136 IV, 296a S 1 ZPO geschlossen hatte. Die Vorschrift gilt aber nur bis zur Verkündung oder sonstigen gesetzmäßigen Mitteilung der Entscheidung. Demgegenüber hat § 12a gerade eine bereits wirksam erlassene Entscheidung zur Voraussetzung. Ob im Verfahren nach § 12a dann nach dem Schluß der dortigen Verhandlung, aber vor der Entscheidung über die Rüge eine Wiedereröffnung dieser letzteren Verhandlung nach § 156 ZPO notwendig wird, ist eine andere Frage. Diese läßt sich an diesem Anfang der Prüfschritte des § 12a noch nicht beantworten. Natürlich kann ein Verstoß gegen § 156 ZPO die Rüge nach § 12a eröffnen.

11 **6) Unstatthaftigkeit, Unzulässigkeit eines Rechtsmittels oder anderen Rechtsbehelfs, I Z 1.** Ein Abhilfeverfahren nach § 12a setzt das Zusammentreffen mehrerer Bedingungen voraus. Es sind mehrere Prüfschritte erforderlich.

12 **A. Maßgeblichkeit nur der Entscheidung nach dem RVG.** Es kommt bei I Z 1 nur auf eine solche Entscheidung an, die das Gericht gegenüber einem gerade nach dem RVG Beteiligten getroffen hat.

13 **B. Unstatthaftigkeit, Unzulässigkeit jedes anderen Rechtsbehelfs.** Es darf gegen die Entscheidung auch kein Rechtsmittel und überhaupt kein Rechtsbehelf irgendeiner Art statthaft oder schon und noch zulässig sein, BGH NJW **12**, 3088 (zu § 321a ZPO). Hierher kann auch zB eine Nichtzulassungsbeschwerde nach § 544 ZPO oder ein Fristablauf zählen. Damit erweitert I Z 1 den Kreis der zunächst durchzuprüfenden Rechtsbehelfe im weitestmöglichen Sinn und engt dadurch zugleich die Möglichkeit einer Anhörungsrüge ungeachtet ihrer nach Rn 3 eher weiten Auslegbarkeit doch wieder ein.

14 Daher darf man nun auch *nicht* gleich wieder mit dem schon nach altem Recht genügend problematisch gewesenen „*außerordentlichen Rechtsmittel*" wegen „greifbarer Gesetzwidrigkeit" nach BLAH § 567 ZPO Rn 10 die Einschränkung des I unterlaufen oder überhöhen, je nach der Betrachtungsweise und Wunschrichtung. Auch eine Gegenvorstellung nach BLAH Grdz 6ff vor § 567 ZPO muß nicht vorangehen. Denn § 12a tritt ja gerade an deren Stelle. Freilich kann nach Rn 21 eine hilfsweise Gehörsrüge in Betracht kommen.

Ein Verstoß gegen *Art 101 I 2 GG* kann § 12a entsprechend anwendbar machen, BGH RR **07**, 1654 (zu § 321a ZPO).

15 **7) Entscheidungserheblichkeit der Verletzung des Anspruchs auf rechtliches Gehör, I Z 2.** Nach der Klärung, ob eine der Situationen Rn 5–9 vorliegt, und nach der Feststellung, daß ein Rechtsmittel oder ein anderer Rechtsbehelf nach Rn 11–14 unstatthaft ist, hängt die Statthaftigkeit des Abhilfeverfahrens nach § 12a davon ab, daß außerdem auch das Gericht des bisherigen Rechtszugs den Anspruch des Rügeführers auf das rechtliche Gehör in einer entscheidungserheblichen Weise verletzt hat, BGH WoM **11**, 562. Hier muß man also mehrere Unterfragen prüfen.

16 **A. Gehörsverletzung gerade zulasten des Beschwerten.** Gerade das angegangene Gericht muß gerade das rechtliche Gehör gerade demjenigen Beteiligten versagt haben, den die Entscheidung beschwerte und der jetzt als Rügeführer auftritt, BGH MDR **10**, 100, BSG NZA-RR **05**, 603 (je zu § 321a ZPO). Also reicht keine andere Art von Verfahrensverstoß, BGH MDR **10**, 100, Celle MDR **08**, 1180, Kblz FamRZ **08**, 1967 (je zu § 321a ZPO), weitergehend BVerfG NZA **08**, 1201 (zu § 78a ArbGG). Der Verstoß mag zB vor dem Schluß einer etwaigen mündlichen Verhandlung nach §§ 136 IV, 296a ZPO oder im etwaigen Wiedereintrittsverfahren nach § 156 ZPO entstanden sein, im schriftlichen Verfahren bis zum Schluß der Frist zum Vortrag nach § 128 II 2 ZPO. Er mag in nur einem oder in mehreren Punkten vorliegen. Er mag sich nach zB § 139 II 1 ZPO auf eine Tatsache nach BLAH Einf 17 vor § 284 ZPO oder auf eine Rechtsfrage beziehen. Er mag auch nur den Kostenpunkt nach §§ 91ff ZPO usw betreffen, Celle FamRZ **03**, 1578, Düss MDR **10**,

1487 (je zu § 321a ZPO). Er mag nur diesen Rügeführer oder neben ihm auch andere beschweren. Auch die Staatskasse kann eine Beteiligte sein.
Besteht ein Verstoß nur gegenüber einem *anderen Beteiligten*, entfällt für den Rügeführer die Möglichkeit nach I Z 2. Denn diese Vorschrift spricht vom Anspruch auf Gehör gerade „dieser" Partei. I Z 2 soll natürlich nicht auch dem durch einen Gehörsverstoß gar nicht Betroffenen eine Rügemöglichkeit eröffnen, Bre MDR **14**, 493. Deshalb ist auch bei einfachen Streitgenossen nach §§ 59–61 ZPO nur der persönlich Beschwerte rügeberechtigt. Bei notwendigen Streitgenossen nach § 62 ZPO kommt es auf die Umstände an. Auch dann muß aber der Rügeführer zumindest mit durch eine Gehörsverletzung beschwert sein. Das kann auch ein Streithelfer nach § 66 ZPO sein, BGH NJW **09**, 2681.

B. Gehörsbegriff. Rechtliches Gehör muß man wie bei BLAH Einl III 16, Grdz 41   17
vor § 128 ZPO beurteilen. Es erfordert also bei aller manchmal gefährlich schillernden Unschärfe des Begriffs und seiner oft allzu zweckorientierten Auslegung doch im Kern die ausreichende Möglichkeit einer Äußerung zu einer tatsächlichen oder rechtlichen Frage innerhalb einer nach den Umständen angemessenen nicht allzu großzügig ansetzbaren Frist. Eine allzu weite Auslegung ist gefährlich, großzügiger Köln FamRZ **05**, 2075.

Gesetz und Gesamtumstände sind dabei mitbeachtbar, letztere zumindest hilfsweise   18
und evtl sogar vorrangig. Im übrigen sei auf die Erörterungen möglicher Gehörsverletzungen bei den einzelnen Vorschriften der ZPO, des GVG usw verwiesen. Eine Bereitschaft zur Selbstkritik ist eine gebieterische Forderung an das Gericht gerade im Verfahren nach § 12a. Das gilt besonders bei der Beurteilung, ob man das Gehör verletzt hatte. Eine Ängstlichkeit ist freilich keineswegs ratsam. Zwar sollte das Gericht nach den Anregungen Rn 3 vorgehen. Es sollte aber eben auch nicht eine Beibehaltung der Entscheidung scheuen, wenn es sich einigermaßen bestätigt fühlt. Mag in solchem Fall dann eben eine Verfassungsbeschwerde folgen müssen.

C. Entscheidungserheblichkeit des Gehörsverstoßes. Gerade der Verstoß gegen das Gebot rechtlichen Gehörs muß für den Rügeführer in der Entscheidung   19
auch nur evtl nachteilige Auswirkungen gehabt haben, BVerfG NJW **09**, 1586, BGH WertpMitt **11**, 1804, LG Bln WoM **16**, 418 (je zu § 321a ZPO). Er muß dadurch also beschwert sein. Diese Ursächlichkeit muß nach Rn 29, 30 zweifelsfrei feststehen. Sonst scheitert die Rüge, Zuck NJW **08**, 2081 (zur Nichtzulassungsbeschwerde bei § 321a ZPO). Die Nichtbeachtung einer argumentativen Stellungnahme ist grundsätzlich entscheidungserheblich, BGH WertpMitt **10**, 1789. Eine Mitursächlichkeit genügt. Es ist nicht ein Auswirkung in der Hauptsache erforderlich. Anders als § 139 II 1 ZPO reicht die auch nur nachteilige Auswirkung wegen einer Nebenforderung, BLAH § 4 ZPO Rn 10ff usw. Begriff der Ursächlichkeit BLAH § 287 ZPO Rn 6–8.

Umfangserheblichkeit des Verstoßes ist *nicht* erforderlich. Denn Entscheidungserheblichkeit ist etwas anderes als ein erhebliches Ausmaß. Daher reicht theoretisch ein Nachteil von sehr geringer Summe. Freilich dürfte das Rechtsschutzbedürfnis nach BLAH Grdz 33 vor § 253 ZPO bei winzigen Auswirkungen fehlen: minima non curat praetor. Vor diesem Gedanken sollte der Richter auch bei § 12a nicht furchtsam zurückweichen. In einem allzu krass geringfügig „entscheidungserheblichen" Fall dürfte in einer Rüge nach § 12a sogar ein Rechtsmißbrauch nach BLAH Einl III 54 liegen. Freilich sollte sich das Gericht hüten, diesen Gedanken zum faulen Abschmettern einer Abhilfebitte zu mißbrauchen.

D. Nicht nur bei Endentscheidung, I Z 1, 2. Eine Anhörungsrüge kommt   20
anders als bei § 321a I 2 ZPO nicht nur beim Verstoß einer Endentscheidung infrage. Sie ist vielmehr bei jeder Entscheidung des Richters, Rpfl oder Urkundsbeamten welcher Form auch immer statthaft. Hierher zählt also zB auch eine Zwischen- oder Teilentscheidung.

Unerheblich ist für die Abgrenzung die jeweilige Bezeichnung der Entscheidung. Maßgeblich ist vielmehr der durch eine Auslegung nach den Grundsätzen BLAH Grdz 52 vor § 128 ZPO ermittelbare Inhalt der Entscheidung.

Unanwendbar ist § 12a bei einem bloßen Verwaltungsakt.

8) Notwendigkeit einer Rüge, I, II. Das Gericht muß ein Verfahren nach § 12a   21
zwar nach Rn 7 evtl von Amts wegen anregen. Das Verfahren beginnt aber nach I

nur auf Grund einer Rüge, also eines hier besonders benannten Antrags, I. Er ist eine Parteiprozeßhandlung nach BLAH Grdz 47 vor § 128 ZPO des nach dem RVG Beteiligten. Er hat die in BLAH Grdz 51 ff vor § 128 ZPO erläuterten Folgen für die Auslegung, einen Widerruf usw. Die unrichtige Bezeichnung ist unschädlich, soweit die Zweckrichtung einer Bitte um Abhilfe gerade wegen einer Gehörsverletzung eindeutig erkennbar ist. Die Gehörsrüge kann auch neben einem Rechtsbehelf oder Rechtsmittel hilfsweise erfolgen.

22   **9) Rügefrist, II 1–3.** Man muß die Rügeschrift nach II 1 innerhalb von zwei Wochen einreichen. Die Rechtzeitigkeit ist eine Voraussetzung der Zulässigkeit der Rüge. Das ergibt sich aus IV 1, 2. Die Zweiwochenfrist ist abweichend von § 321 a II 1 ZPO keine Notfrist nach § 224 I 2 ZPO. Eine gerichtliche Fristkürzung oder -verlängerung ist mangels einer entsprechenden gesetzlichen Regelung nicht zulässig. Es ist aber nach BLAH § 233 ZPO Rn 8 „Rechtliches Gehör" eine Wiedereinsetzung entsprechend § 233 ZPO statthaft. Eine dem § 224 I 1 ZPO entsprechende Regelung fehlt im RVG, einem selbständigen Gesetz. Man kann § 224 I 1 ZPO innerhalb der Zeitgrenze des II 2 auch nicht einfach sinngemäß als eine Grundregel anwenden. Denn Fristregeln sind als ein formelles Recht grundsätzlich streng auslegbar. Wegen der Einreichung beim unzuständigen Gericht Rn 26.

23   **A. Fristbeginn mit Kenntnis der Verletzung, II 1 Hs 1.** Die Rügefrist beginnt mit der Kenntnis des Rügeführers oder seines ihm nach §§ 51 II, 85 II ZPO gleichgestellten gesetzlichen Vertreters oder ProzBev von der Verletzung des rechtlichen Gehörs, BVerfG RR **11**, 1610, BAG NZA **17**, 139, Jena RR **11**, 1694 (je zu § 321 a ZPO). Die Rügefrist kann für jeden Betroffenen je nach dem Zeitpunkt gerade seiner Kenntnis unterschiedlich anlaufen. Zum Nachweis des Zustellungszeitpunkts gelten die sonst üblichen Regeln, zB im Zivilprozeß BLAH § 418 ZPO Rn 5 „Post", „Zustellungsurkunde".

Kenntnis ist mehr als ein bloßes Kennenmüssen, -sollen oder -können. Ähnlich wie zB bei § 814 BGB kommt es auf ein positives direktes Wissen an, BAG NZA **17**, 139 MDR **07**, 47 (ohne Vorlage nach dem RsprEinhG, BLAH Anh § 140 GVG), Rensen MDR **07**, 697, aM BGH FamRZ **06**, 1029 (je zu § 321 a ZPO). Nach dem klaren Wortlaut von II 1 Hs 1 ist eine Kenntnis aber nur von der Verletzung notwendig, nicht auch von deren Entscheidungserheblichkeit, Rieble/Vielmeier JZ **11**, 925. In der Praxis sollte man deshalb an die Kenntnis keine überscharfen Anforderungen stellen.

Unerheblich ist der Zustellungszeitpunkt der Entscheidung, aM BGH MDR **13**, 421, Oldb MDR **09**, 764, ZöV 11 (je zu § 321 a ZPO). Aber Wortlaut und Sinn sind eindeutig, BLAH Einl III 39). Natürlich bleibt ein Rechtsmißbrauch nach BLAH Einl III 54 unstatthaft, BVerfG RR **10**, 1215, Jena RR **11**, 1694, Oldb MDR **09**, 764 (je: bewußte Nichtkenntnisnahme, je zu § 321 a ZPO). Nichtlesen ist aber noch nicht stets Rechtsmißbrauch.

24   **B. Glaubhaftmachung, II 1 Hs 2.** Der Rügeführer muß den Zeitpunkt seiner Kenntnis von der Gehörsverletzung nicht nur darlegen, sondern auch glaubhaft machen. Das geschieht wie stets nach § 294 ZPO, also mit allen Beweismitteln, auch und vor allem mit einer eidesstattlichen Versicherung. Die falsche wäre nach § 156 StGB strafbar. Man kann die Glaubhaftmachung im Zivilprozeß nur innerhalb einer vom Gericht etwa nach § 139 ZPO setzbaren angemessenen Frist nachholen.

Nicht erforderlich ist ein über eine überwiegende Wahrscheinlichkeit hinausgehender Beweisantritt oder gar ein Beweis bis zur vollen Überzeugung des Gerichts nach BLAH § 286 ZPO Rn 18. Freilich kann ein Anscheinsbeweis für oder gegen den Rügeführer nach den Regeln BLAH Anh § 286 ZPO Rn 15 ff vorliegen. Er kann zu einer Verschärfung wie Verringerung der Anforderungen an die Glaubhaftmachung führen.

25   **C. Jahres–Ausschlußfrist, II 2, 3.** Nach dem Ablauf eines Jahres seit der Bekanntgabe der angegriffenen Entscheidung an den Beteiligten, seinen gesetzlichen Vertreter oder seinen ProzBev ist die Rüge nach II 2 unstatthaft. Dabei gilt eine nur formlos mitgeteilte Entscheidung nach der verfassungsrechtlich hier wie bei ähnlichen Regelungen problematischen Unterstellung mit dem dritten Tag nach der etwaigen Aufgabe zur Post nach II 3 als bekanntgegeben, BVerfG NJW **07**, 2244 (zu § 321 a ZPO). Es handelt sich bei der Jahresfrist um eine Ausschlußfrist nach BLAH

Üb 11 vor § 214 ZPO. Sie läßt ebensowenig wie zB bei § 234 III ZPO eine Wiedereinsetzung zu. Die Aufgabe zur Post ergibt sich aus den Gerichtsakten (Abvermerk der Postausgangsstelle). Fehlt ein Abgangsvermerk oder ist er widersprüchlich oder unklar, läuft die Frist allenfalls seit dem einwandfreien Datum der sonstigen Bekanntgabe. II 3 gilt nicht bei einem anderen Übermittlungsweg als der Aufgabe zur Post. Vgl freilich § 12b.

10) Zuständigkeit, Rügeform, II 4. Zuständig ist nach II 4 Hs 1 dasjenige Gericht, 26 dessen Entscheidung der Rügeführer angreift, nicht etwa das nächsthöhere Gericht.

Die Einreichung bei einem *unzuständigen* Gericht wahrt die Rügefrist des II 1–3 wegen der Verweisung in II 4 Hs 2 auf § 33 VII 1 nur unter den Voraussetzungen der §§ 129a ZPO, 25 III 2 FamFG (rechtzeitige Weiterleitung an das zuständige Gericht). Es gilt die normale Besetzung, BGH-RR **06**, 64.

Als *Rügeform* schreibt II 4 Hs 1 mangels einer elektronischen Einreichung nach § 12b einen herkömmlichen Schriftsatz vor, BGH NJW **05**, 2017 (zu § 321a ZPO). Eine nur telefonische Einlegung ist also unzulässig und wirkungslos. Erst recht ist eine nur stillschweigende Rüge unzureichend, mag sie auch sonst denkbar sein wie etwa im finanzgerichtlichen Verfahren, BGH BB **01**, 2459. Im übrigen muß man bei einer genaueren Prüfung wie folgt unterscheiden.

A. Schriftform oder elektronisch, II 4 Hs 1. Die Rüge kann nach II 4 Hs 1 mangels einer elektronischen Übersendung schriftlich erfolgen. Die Einreichung durch ein Telefax ist wie sonst statthaft. Sie unterliegt den auch zur Unterschrift nach BLAH § 129 ZPO Rn 44 „Telefax" entwickelten Regeln.

B. Auch zum Protokoll, II 4 Hs 2. Es kommt auch die Einreichung zB nach 27 § 129a ZPO durch eine Erklärung zum Protokoll der Geschäftsstelle eines jeden AG infrage, BGH FamRZ **12**, 1866 links oben (zu § 44 FamFG), Hinz WoM **02**, 10, aM Schmidt MDR **02**, 916 (aber die eben genannte Vorschrift gilt allgemein). Das folgt aus der Verweisung des II 4 Hs 2 auf § 33 VII 1 Hs 2. Daher gibt es auch anders als evtl im Zivilprozeß keinen Anwaltszwang wie bei §§ 78 III Hs 2, 129a ZPO. Wegen der Bevollmächtigung gilt die jeweilige Verfahrensordnung entsprechend, II 4 Hs 2 in Verbindung mit § 33 VII 1. Freilich liegt auch dann eine rechtzeitige Einreichung nach II 1–4 wegen § 129a II 2 ZPO erst mit dem Eingang auf der Posteinlaufstelle desjenigen Gerichts vor, das erstinstanzlich entschieden hatte.

11) Rügeinhalt, II 5. Unabhängig von der Rügeform nach Rn 26, 27 muß die 28 Rügeschrift stets zur Wirksamkeit den folgenden Mindestinhalt haben. Er läßt sich bis zum Ablauf der Rügefrist nachholen, Kblz FamRZ **08**, 1460 (zu § 321a ZPO), auch auf eine evtl zB nach § 139 ZPO notwendige Anheimgabe durch das Gericht.

A. Bezeichnung der angegriffenen Entscheidung, II 5 Hs 1. Der Rügeführer muß die angegriffene Entscheidung bezeichnen. In der Regel genügen das vollständige Aktenzeichen und das Gericht. Natürlich sollte man auch das Datum und bei mehreren an demselben Tag ergangenen Entscheidungen etwa über verschiedene Verfahrensteile diejenige Entscheidung im einzelnen bezeichnen, um deren Unrichtigkeit es geht. Unvollständige oder fehlerhafte Angaben muß das Gericht wie bei allen Parteiprozeßhandlungen nach den Regeln BLAH Grdz 51ff vor § 128 ZPO durch eine Auslegung wenn möglich klären, auch durch eine Rückfrage, evtl nebst einer Fristsetzung. Verbleibende Unklarheiten können zur Unzulässigkeit der Rüge führen.

B. Darlegung der Gehörsverletzung, II 5 Hs 2. Der Rügeführer muß zusätz- 29 lich zu den Angaben Rn 28 auch darlegen, daß das Gericht seinen Anspruch auf das rechtliche Gehör überhaupt jetzt neu und eigenständig verletzt habe, BVerfG NJW **08**, 2635, BGH MDR **16**, 1350 links, Jena MDR **11**, 450, aM Olzen JR **06**, 351, Zuck NJW **08**, 168 (je zu § 321a ZPO; je zu eng). Diese Darlegung ist derjenigen nach § 520 III 2 Z 2 ZPO (Berufungsbegründung) vergleichbar, ebenso derjenigen nach § 551 III Z 2 ZPO (Revisionsbegründung) und derjenigen nach § 575 III Z 3 ZPO (Rechtsbeschwerdebegründung). Eine neue und selbständige Gehörsverletzung liegt nicht schon im Fall des § 574 IV 2 Hs 2 ZPO vor, BGH NJW **08**, 923.

Darlegen ist weniger als glaubhaft machen oder Beweis antreten, aber mehr als eine 30 bloße floskelhafte Wiederholung des Gesetzestextes oder als eine Beschränkung auf eine vage Rechtsansicht. Darlegen bedeutet: Bestimmte Umstände tatsächlicher und/oder rechtlicher Art benennen, aus denen man zumindest eine nicht ganz hergesuchte Möglichkeit einer Gehörsverletzung vernünftigerweise ableiten kann, wenn nicht muß, BVerfG RR **93**, 383. Eine ganz entfernte Möglichkeit wie „es läßt sich nicht völlig ausschließen, daß" reicht nicht aus. Eine hochgradige Gewißheit wie „es läßt sich zwingend nur folgern, daß" ist nicht notwendig, strenger Hamm RR **11**, 140 (zu § 321 a ZPO: Schriftsatzeingang nötig). Ein Mittel nach § 294 ZPO oder ein Beweisantritt ersetzt nicht die logisch vorher notwendige Darlegung, wozu das Mittel und der Beweisantritt dienen sollen. Eine Wiederholung zB der Begründung einer Nichtzulassungsbeschwerde nach § 544 II 1 ZPO kann genügen, aM BGH NJW **09**, 1609 (aber es kann ziemlich entbehrlich sein, eine dort eingehende Auseinandersetzung nur umzuformulieren).

Eine *Flut von Zitaten* und Fundstellen ist erst in Verbindung mit dem konkreten Fall interessant. Man sollte weder zu hohe noch zu geringe Anforderungen an die Darlegung stellen. Was vernünftigerweise eigentlich ganz plausibel klingt, sollte ausreichen. Ohne eine gewisse Auseinandersetzung mit der Rechtsprechung und Lehre zum oft gefährlich schillernden Begriff der Verletzung des rechtlichen Gehörs dürfte eine Darlegung aber leider oft nicht ausreichen. Im Verfahren ohne einen Anwaltszwang darf das Gericht weniger harte Anforderungen stellen. Auch dort ist aber eine Phrasendrescherei kein Weg, sich eine Abhilfe nach § 12a zu verschaffen. Ein kluges Gericht wägt in einer Bereitschaft zur Selbstkritik ruhig ab.

31 **C. Darlegung der Entscheidungserheblichkeit der Gehörsverletzung, II 5 Hs 2.** Der Rügeführer muß zusätzlich zu den Angaben Rn 28–30 schließlich auch darlegen, daß und inwieweit die von ihm behauptete Verletzung des rechtlichen Gehörs gerade ihm gegenüber nachteilig entscheidungserheblich war, und zwar gerade in der jetzt gerügten Entscheidung, BGH GRUR-RR **11**, 391 rechts unten, Bbg MDR **10**, 833 (je zu § 321 a ZPO). Das ist der oft schwierigste Teil der Rügebegründung. Mängel können zur Unzulässigkeit der Rüge führen. Deshalb ist gerade auch hier jede Sorgfalt notwendig.

32 *Entscheidungserheblichkeit* ist ein vom Gesetz nicht näher umschriebener Begriff. Er erfordert eine doppelte Prüfung, am besten in der folgenden Reihenfolge.

33 *Ursächlichkeit* ist das erste notwendige Erfordernis. Der Begriff der Ursächlichkeit ist in seiner schillernden Vieldeutigkeit in BLAH § 287 ZPO Rn 6 ff erläutert. Dort ergibt sich auch der Hauptunterschied zwischen einer haftungsbegründenden und einer haftungsausfüllenden Ursächlichkeit. Dieser für die Anwendbarkeit des strengeren § 286 ZPO oder des milderen § 287 ZPO wesentliche Unterschied spielt auch hier eine Rolle, wo es nicht um einen Schaden geht, sondern um eine Fortführung des erstinstanzlich scheinbar schon beendeten Prozesses. Je nach der Art der Ursächlichkeit ist das Gericht also in seiner Entscheidung über die Fortführung der Instanz freier oder gebundener.

34 *Erheblichkeit* ist nach einer Bejahung der Ursächlichkeit ein weiteres Merkmal, von dessen Vorliegen eine Abhilfe abhängt. Erheblichkeit ist ein weiterer schillernder Begriff. Die Floskel, alles nicht mehr ganz Unerhebliche sei eben erheblich, wirkt nur auf den ersten Blick als Wortklauberei. In Wahrheit hilft sie oft ganz gut, die richtige Abgrenzung zu finden. Jedenfalls deutet sie die vernünftige Auslegungsrichtung an. Man sollte wie überhaupt vor Rn 2 eine Erheblichkeit eher bejahen als verneinen. Andererseits darf nicht jede winzige Ungenauigkeit oder Unterlassung zur Bejahung einer Entscheidungserheblichkeit führen. Auch hier gilt es also behutsam und vernünftig abzuwägen.

35 **D. Voraussichtlichkeit, II 5 Hs 1, 2.** Bei allen Prüfschritten Rn 28 ff ist letzthin eine nachträgliche Prognose erforderlich: Wie hätte das Gericht ohne seinen Gehörsverstoß mit einiger Sicherheit entscheiden müssen? Das ist fast dieselbe schwierige Fragestellung wie zB dann, wenn es um ein angebliches Anwaltsverschulden und seine Auswirkungen auf den Prozeß geht. Auch hier kommt es wie dort nicht darauf an, wie dieses Gericht entschieden *hätte*, sondern wie es hätte entscheiden *müssen*, BGH NJW **05**, 3072, Düss VersR **88**, 522, Hamm RR **95**, 526. Auch hier ist eine weder zu strenge noch zu großzügige Handhabung notwendig.

36 **E. Beispiele zur Frage einer Gehörsverletzung, II 5 Hs 1, 2.** Bei allen Einzelvorschriften befinden sich Hinweise auf mögliche Verstöße gegen Art 103 I GG in den Kommentierungen. Deshalb hier nur einige häufige Beispiele. Man muß

Abschnitt 1. Allgemeine Vorschriften § 12a RVG

bei § 12a beachten, daß nicht nur ein Verstoß gerade der Endentscheidung beachtlich ist.

von Amts wegen: Eine Gehörsverletzung kann vorliegen, soweit das Gericht einen von Amts wegen beachtbaren Umstand außer acht läßt. Das gilt, obwohl das Gericht nach den Regeln BLAH Grdz 39 (nicht 38) vor § 128 ZPO nur auf Bedenken aufmerksam macht. Denn es muß ja eine Gelegenheit zur Stellungnahme geben.

Erst recht gilt das bei einer notwendigen Amtsermittlung nach BLAH Grdz 38 vor § 128 ZPO.

Befangenheit: Eine Gehörsverletzung liegt vor, soweit der Richter unter einem Verstoß zB gegen § 47 ZPO verfrüht entscheidet. Denn vor der Erledigung des Ablehnungsgesuchs darf er in dieser Sache überhaupt nicht entscheiden, solange noch ein Aufschub erlaubt ist.

Eine Gehörsverletzung *fehlt,* soweit das Ablehnungsgesuch unbeachtbar, weil rechtsmißbräuchlich ist oder soweit eine Ablehnungsentscheidung unanfechtbar ist, BGH NJW **07,** 3789 (abl Fölsch, beide zu § 321a ZPO).

Besetzungsfehler: Eine Gehörsverletzung liegt vor, soweit das Gericht in einer gesetzwidrigen Besetzung entscheidet. Denn darin liegt ein Entzug des gesetzlichen Richters nach Art 102 I 2 GG, der allein entscheiden darf und folglich auch selbst (mit-)anhören muß.

Beweisantrag: Eine Gehörsverletzung liegt vor, soweit das Gericht einen ordnungsgemäßen Beweisantrag zB nach §§ 355 ff ZPO übergeht, BVerfG RR **96,** 184 (zu § 321a ZPO). Denn gerade in der Beweiserhebung liegt oft die entscheidende Chance des Beweisführers, sich mit seinen Tatsachenbehauptungen Gehör zu verschaffen. Die nun notwendige Erheblichkeitsprüfung erfolgt nach Rn 31–35.

Formverstoß: Eine Gehörsverletzung liegt vor, soweit das Gericht eine zum rechtlichen Gehör erforderliche Form mißachtet, soweit es etwa eine Frist ohne förmliche Zustellung einer ordnungsgemäß unterschriebenen Fristverfügung bewilligt, sodaß weder ihr Anlauf noch ihr Ablauf feststellbar ist. 37

Eine Gehörsverletzung *fehlt* nach Rn 6, soweit das Gericht die Entscheidung lediglich zB nach § 319 ZPO irrig falsch bezeichnet hat.

Fristverstoß: Eine Gehörsverletzung liegt vor, soweit das Gericht vor dem Ablauf der gesetzlichen oder von ihm selbst gesetzten richterlichen Frist diejenige Entscheidung trifft, vor der es die Frist gerade abwarten mußte. Das gilt unabhängig von einem Verschulden des Gerichts. Ein Fristverstoß liegt auch dann vor, wenn die Entscheidung zwar äußerlich nach dem Fristablauf erfolgt, aber ohne eine Berücksichtigung einer noch im Gang von der Posteinlaufstelle zum Richter befindlichen Stellungnahme, die der Absender etwa unter einer erlaubten Ausnutzung der Frist bis zur letzten Minute eingereicht hatte.

Zu kurze Fristen stehen an sich ausreichenden, aber nicht abgelaufenen gleich. S auch Rn 39 „Zustellung".

Gerichtsstand: Eine Gehörsverletzung *fehlt* durchweg, soweit das Gericht lediglich örtlich unzuständig ist. Denn es entscheidet dann im übrigen in seiner dort richtigen Besetzung usw.

Heilung: Sie bleibt möglich, BVerfG NJW **09,** 1584 (zu § 321a ZPO).

Kostenvorschuß: Er kann ausreichen.

Mündliche Erörterung: Nach ihr *fehlt* zu diesem Punkt eine Gehörsverletzung, BGH RR **07,** 1370 (zu § 321a ZPO).

Nachfrist: S „Fristverstoß".

Neuer Sachvortrag: Er ist unstatthaft, BGH FamRZ **07,** 1463 (zu § 321a ZPO).

Örtliche Unzuständigkeit: Es gilt dasselbe wie bei Rn 38 „Sachliche Unzuständigkeit".

Präklusion: Sie kann zB bei §§ 283, 296 ZPO eine Gehörsverletzung darstellen, 38 Köln FamRZ **05,** 2075. Aber Vorsicht!

Prozeßkostenhilfe: Eine Gehörsverletzung kann vorliegen, soweit das Gericht eine Prozeßkostenhilfe nach § 127 I ZPO fälschlich versagt oder nach BLAH § 119 ZPO Rn 5 verspätet über sie entscheidet. Denn von ihrer ordnungsgemäßen Gewährung kann wesentlich mitabhängen, welchen zumindest vorschußpflichtigen

Beweisantrag die bedürftige Partei stellt und wozu sie es zur streitigen und damit Beweiskostenrisiken auslösenden Verhandlung kommen läßt, um nur einige der Auswirkungen zu skizzieren.
Prozeßvoraussetzungen: Rn 36 „von Amts wegen".
Rechtliche Beurteilung: Eine Gehörsverletzung kann vorliegen, soweit das Gericht seiner Entscheidung eine Rechtsansicht zugrundelegt, die es zB unter einem Verstoß gegen § 139 ZPO nicht rechtzeitig vor dem Verhandlungsschluß nach §§ 136 IV, 296a ZPO oder vor dem nach § 128 II 2 ZPO gleichstehenden Zeitpunkt dem dann Benachteiligten zur etwaigen Stellungnahme als eine freilich nur vorläufige Bewertung mitgeteilt hat.
Eine Gehörsverletzung *fehlt* bei einer im übrigen bloßen Falschbeurteilung, BGH NJW **09**, 1609 (zu § 321a ZPO), BFH NVwZ-RR **09**, 703 (zu § 133a FGO).
Rechtsweg: Eine Gehörsverletzung liegt vor, soweit das Gericht nach § 13 GVG im Rechtsweg unzuständig ist. Denn darin liegt ein Verstoß auch gegen das Gebot des gesetzlichen Richters nach Art 102 I 2 GG.
S aber auch Sachliche „Unzuständigkeit".
Sachliche Unzuständigkeit: Eine Gehörsverletzung *fehlt*, soweit das Gericht lediglich nach dem GVG sachlich unzuständig ist. Denn auf diesen Verstoß könnte man nicht einmal eine Berufung nach § 513 II ZPO stützen.
S aber auch „Rechtsweg".
Sachverständiger: Eine Gehörsverletzung kann vorliegen, soweit das Gericht trotz eigener Sachunkenntnis ihn nicht befragt hat, BGH MDR **11**, 382 rechts oben (zu § 321a ZPO).
Säumnis: Eine Gehörsverletzung liegt meist vor, soweit das Gericht objektiv unrichtig nach §§ 296, 330ff ZPO eine Säumnis der Partei annimmt und darauf eine Entscheidung auch nur mitstützt. Dabei kommt es nicht darauf an, ob das Gericht eine Entschuldigung hätte annehmen dürfen und müssen. Freilich darf man zB nach BLAH § 337 ZPO Rn 37 „Verkehrsprobleme" nicht jede Verspätung bis nach dem Urteilserlaß stets schon wegen eines Verkehrsstaus als eine nachträgliche Entschuldigung bewerten.
Schriftsatz: Rn 30.
39 **Terminierung:** Eine Gehörsverletzung *kann vorliegen,* soweit das Gericht den Verhandlungstermin mit einer nach §§ 217, 274 III ZPO gesetzwidrig kurzen Einlassungs- oder Ladungsfrist anberaumt, insbesondere bei einer zB Auslandszustellung nach § 183 ZPO.
Eine Gehörsverletzung *fehlt*, soweit das Gericht eine wenn auch scheinbar kurze gesetzliche Frist einhält. Angesichts heutiger Übermittlungsgeschwindigkeiten per Telefax Elektronik usw sind manche früher reichlich knappen gesetzlichen Fristen durchaus nicht mehr zu kurz.
Terminsänderung: S „Vertagung".
Überraschungsurteil: Eine Gehörsverletzung liegt vor, soweit das Gericht in seiner Entscheidung entgegen BLAH § 139 ZPO Rn 36 eine solche Bewertung vornimmt, mit der der Benachteiligte nicht zu rechnen braucht, mag diese Bewertung sich nun auf eine Tatsache nach BLAH Einf 17 vor § 284 ZPO oder auf eine rechtliche Beurteilung beziehen.
Unrichtigkeit: Sie kann eine Gehörsverletzung darstellen, Köln FamRZ **05**, 2075 (zu § 321a ZPO). Aber Vorsicht!
Unzuständigkeit: Rn 37 „Örtliche Unzuständigkeit", Rn 38 „Sachliche Unzuständigkeit".
Verhandlungsleitung: Eine Gehörsverletzung kann vorliegen, soweit der Vorsitzende gegen eine wesentliche Vorschrift seiner Verhandlungsleitung nach § 136 ZPO usw verstößt, soweit er etwa einen Beteiligten nicht ausreichend zu Wort kommen läßt oder die Verhandlung verfrüht schließt. Freilich ist zB § 156 ZPO nach dem Urteilserlaß nach Rn 10 unbeachtbar. Gerade ein Verstoß gegen diese Vorschrift kann aber die Rüge einer Gehörsverletzung eröffnen.
Verkürzte Berücksichtigung: Eine Gehörsverletzung kann bei ihr vorliegen, BVerwG NVwZ **13**, 226 (zu § 321a ZPO).
Verschulden: Es ist unbeachtbar, BVerfG **62**, 353 (zu § 321a ZPO).

Abschnitt 1. Allgemeine Vorschriften § 12a RVG

Verspäteter Vortrag: Eine Gehörsverletzung kann vorliegen, soweit das Gericht einen Vortrag objektiv zu Unrecht zB nach §§ 283, 296 ZPO als verspätet zurückweist und darauf seine Entscheidung stützt.
Vertagung: Eine Gehörsverletzung liegt vor, soweit das Gericht eine nach § 227 ZPO objektiv notwendige Vertagung ablehnt oder nicht wenigstens mit dem Betroffenen erörtert. Denn er mag zu ihr einen bisher nicht notwendig zur Sprache gekommenen Grund haben.
Willkür: Eine Gehörsverletzung kann natürlich bei einer nach BLAH Einl III 21, § 281 ZPO Rn 39 willkürlichen Entscheidung vorliegen.
Zurückweisung wegen Verspätung: S „Verspäteter Vortrag".
Zustellung: Eine Gehörsverletzung kann vorliegen, soweit das Gericht infolge einer objektiv unrichtigen Bewertung eine Zustellung nach §§ 166 ff, 191 ff, 317 ZPO usw nicht für notwendig hält oder eine nur versuchte als gesetzmäßig korrekt ausgeführt ansieht und folglich zu seiner Entscheidung kommt, statt zB eine Zustellung richtig nachholen zu lassen. Freilich kann zB § 189 ZPO geheilt haben.
S auch Rn 37 „Fristverstoß".

12) Stellungnahme des Gegners, III. Das Gericht muß dem Gegner des Rüge- **40** führers eine Gelegenheit zur Stellungnahme geben, freilich nur, „soweit erforderlich", BGH NJW 12, 3088 (zu § 321a ZPO). Es soll also einen weiteren Verstoß gegen Art 103 I GG verhindern.
A. Erforderlichkeit. Die Anhörung des Rügegegners darf unterbleiben, soweit das Gericht eine Verwerfung als unzulässig oder eine Zurückweisung als unbegründet nach IV plant. Denn dann erleidet der Gegner des Rügeführers durch die Entscheidung nach § 12a keinen Rechtsnachteil, Müller NJW 02, 2744 (zu § 321a ZPO). Die Lage ist insofern nicht anders als in zahllosen vergleichbaren prozessualen Fällen. Natürlich kann es trotzdem ratsam oder doch sinnvoll sein, dem Gegner eine Gelegenheit zur Äußerung zu geben, schon damit das Gericht prüfen kann, ob der Gegner die geplante Beurteilung über den Rügeführer teilt oder ob sein Gegner sogar noch zusätzlich tatsächliche Umstände oder rechtliche Argumente für eine solche Verwerfung oder Zurückweisung der Rüge benennen kann, durch die man den Rügeführer noch eher überzeugen könnte. Jedenfalls ist eine Anhörung auch vor einer geplanten Verwerfung oder Zurückweisung keineswegs unstatthaft, auch nicht zwecks einer Prozeßwirtschaftlichkeit, nach BLAH Grdz 14 vor § 128 ZPO. Freilich verbietet sich auch im Abhilfeverfahren etwas ersichtlich Unnötiges, etwa bei einem eindeutigen Fristverstoß.
Unzulässig ist es, einfach Ergänzungen des früheren Vortrags unter dem Vorwand nachzuschieben, der Gegner oder man selbst habe kein ausreichendes Gehör gehabt.
B. Stellungnahmefrist. Wenn das Gericht sich entschließt, dem Gegner eine Ge- **41** legenheit zur Stellungnahme zu geben, dann muß es ihm dazu auch eine ausreichende Frist setzen. Ihre Länge richtet sich nach den Umständen. Die moderne Technik mag eine nur elektronische oder telefonische Rückfrage ausreichen lassen oder etwa bei einer Fristsetzung per Telefax eine kürzere Frist als bei einer schriftlichen Fristsetzung zulassen. Überfallartige Schnellfristen muß das Gericht ebenso vermeiden wie allzu großzügige Fristen in diesem ja ohnehin die jeweilige Instanz verlängernden Verfahrensabschnitt, durch den ein Rügeführer vielleicht nur Zeit bis zur Leistungsfähigkeit gewinnen will. In einem nicht zu komplizierten Fall mögen 2–3 Wochen genügen. Freilich kann man die oft schwierigen Fragen einer Gehörsverletzung auch nicht zwischen Tür und Angel sorgfältig überprüfen. Immerhin hatte ja auch der Rügeführer nach II 1 evtl nur zwei Wochen zur Rüge Zeit. Es heißt also auch hier behutsam abwägen. Eine Woche mehr ist besser als eine zu wenig.
C. Gegenäußerung des Rügeführers. III sieht sie nicht ausdrücklich vor oder **42** ermöglicht sie auch nur anders als zB §§ 275 IV, 276 III ZPO. Das ändert nichts daran, daß eine nach III eingeholte Stellungnahme das Gericht zur Vermeidung eines weiteren Verstoßes gegen Art 103 I GG dazu zwingen kann, auch den Rügeführer unter einer Übersendung der gegnerischen Äußerung noch kurz anzuhören, insbesondere vor einer Verwerfung oder Zurückweisung der Rüge.

13) Verwerfung, Zurückweisung, IV. Das weitere Verfahren hängt davon ab, ob **43** das Gericht die Rüge als erfolglos oder erfolgreich erachtet. Das gilt auch bei einer nur teilweisen derartigen Beurteilung. Soweit die Rüge neben einem Rechtsbehelf oder

1481

Rechtsmittel hilfsweise vorliegt, ist sie beim Erfolg der ersteren gegenstandslos geworden. Nach einem Richterwechsel kommt es für den jetzt zuständigen Richter darauf an, wie sein Vorgänger hätte beurteilen müssen, Schneider MDR **05**, 249.

A. Amtsprüfung der Statthaftigkeit und Zulässigkeit, IV 1. Stets muß das Gericht zunächst und vorrangig von Amts wegen nach Rn 46 prüfen, ob die Rüge an sich statthaft ist und ob der Rügeführer sie außerdem sowohl in der gesetzlichen Form als auch innerhalb der gesetzlichen Frist erhoben hat. Die Prüfung erfolgt am besten in der vorstehenden Reihenfolge. Sie hat jedenfalls den Vorrang vor der Begründetheitsprüfung. Zwar dürfte das Gericht die Rüge als unstatthaft oder unzulässig, hilfsweise als unbegründet erachten. Es dürfte aber die ersteren beiden Prüfschritte nach BLAH Grdz 17 vor § 253 ZPO nicht wegen einer Unbegründetheit offen lassen. IV 1 ähnelt § 589 I 1 ZPO weitgehend schon im Wortlaut. Zuständig ist die Besetzung des angegriffenen Gerichts, BGH FamRZ **05**, 1831 (zu § 321a ZPO). § 320 IV 2 ZPO ist unanwendbar, BGH FamRZ **05**, 1831.

44 *Von Amts wegen* muß das Gericht diese Prüfung nach dem klaren Wortlaut und Sinn des IV 1 vornehmen. Eine Amtsprüfung nach BLAH Grdz 39 vor § 128 ZPO ist etwas anderes und weniger als eine Amtsermittlung nach BLAH Grdz 38 vor § 128 ZPO. Das Gericht nimmt daher keine amtliche Untersuchung vor. Es macht vielmehr nur von Amts wegen auf gewisse Bedenken aufmerksam und fordert dazu auf, sie durch Nachweise zu entkräften. Das geschieht nach Rn 40–42 im einzelnen nach III.

45 **B. Freigestellte mündliche Verhandlung, IV 1.** Soweit es um eine Prüfung der Statthaftigkeit und Zulässigkeit der Rüge geht, darf das Gericht eine mündliche Verhandlung anordnen Es muß das aber nicht tun. Das ergibt sich daraus, daß seine Entscheidung nach IV 2, 4 durch einen Beschluß ergeht. Denn zB im Zivilprozeß kann eine Entscheidung, die kein Urteil ist, nach § 128 IV ZPO ohne eine mündliche Verhandlung ergehen, soweit das Gesetz nichts anderes bestimmt. § 12a IV enthält keine derartige andere Bestimmung. Es gelten also die allgemeinen Regeln zur freigestellten mündlichen Verhandlung.

Auch bei einer Unbegründetheit ist eine mündliche Verhandlung zulässig. Denn das Wort „Entscheidung" in IV 4 bezieht sich auf IV 2 und 3.

46 **C. Bei Unstatthaftigkeit oder Unzulässigkeit: Verwerfungsbeschluß, IV 2, 4, 5.** Soweit die Rüge entweder schon an sich überhaupt unstatthaft oder doch jedenfalls mangels rechter Form und Frist im Einzelfall unzulässig ist, muß das Gericht sie durch einen Beschluß verwerfen, Düss WoM **04**, 161 (zu § 321a ZPO), VGH Kassel NVwZ-RR **08**, 70 (zu § 69a GKG, Teil I A dieses Buchs). IV 2 spricht systematisch teilweise unscharf von einer Verwerfung als „unzulässig" statt als „unstatthaft oder unzulässig", meint aber dasselbe. IV 2 ähnelt dem § 589 I 2 ZPO schon im Wortlaut weitgehend. Der Beschluß ist nach IV 4 unanfechtbar.

47 **D. Begründung der Verwerfung.** Begründen *soll* das Gericht seinen Beschluß „kurz" nach IV 5, einer wiederum etwas systemwidrigen unklaren Anordnung. An sich braucht ein unanfechtbarer Beschluß nach BLAH § 329 ZPO Rn 6 keine Begründung. Indessen erfordert nicht nur eine Anstandspflicht (nobile officium) eine gewisse wenigstens „kurze" Begründung. Deshalb bringt die formell bloße Sollvorschrift doch wie so oft eine praktisch weitgehende Notwendigkeit einer Begründung. Es fordert eben auch der Gesetzestext eine vollwertige Begründung. Zwar ist die Verwerfung nach IV 4 unanfechtbar, Rn 46. Indessen mag nunmehr erst recht eine Gehörsverletzung in Wahrheit jedenfalls vor den etwa trotz aller Entlastungsversuche des Gesetzgebers doch noch anrufbaren BVerfG zutrage treten. Schon deshalb muß das Gericht in Wahrheit ohne ein Ermessen zum Ob seine Gründe der Verwerfung nachprüfbar offenbaren, Kblz MDR **15**, 118, Sangmeister NJW **07**, 2364 (zu § 321a ZPO), aM BVerfG NJW **11**, 1497 zu § 321a ZPO (!? Es sollte dankbar sein). Eine Unanfechtbarkeit nach IV 4 meint ja wie stets in einer vergleichbaren Lage keine Unzulässigkeit einer Verfassungsbeschwerde zum BVerfG.

48 *Kurz und klar* sollen und dürfen die Gründe sein. Sie sollten bei einem Fristverstoß eindeutig erkennen lassen, welche der unterschiedlichen Fristen des II 3 der Rügeführer nicht eingehalten hatte. Im zivilprozessualen Revisionsverfahren braucht das Gericht keine Begründung zu geben, soweit es nach § 564 ZPO verfahren hat, BGH NJW **05**, 1433 links oben (zu § 321a ZPO).

Abschnitt 1. Allgemeine Vorschriften § 12a RVG

E. **Verwerfungskosten.** Kostenrechtlich gilt: Es entsteht nur bei einer vollen Verwerfung oder Zurückweisung der Rüge eine Gerichtsgebühr nach KV 1700 usw als eine Verfahrensfestgebühr von 50 EUR, Teil I A dieses Buchs, aM Celle MDR **12**, 1067 (aber KV 1700 ist schon nach seinem Wortlaut eindeutig anwendbar, BLAH Einl III 39). Bei einer auch nur teilweisen Statthaftigkeit, Zulässigkeit und Begründetheit entsteht diese Gebühr wegen § 1 I 1 GKG weder im Umfang dieses Teilerfolgs noch wegen des erfolglosen Rügerests. Auslagen entstehen beim Gericht schon wegen VV 9002 amtliche Anmerkung in aller Regel ebenfalls nicht. Daher besteht insoweit keineswegs stets ein Anlaß zu einer Grundentscheidung über Gerichtskosten nach BLAH Üb 35 vor § 91 ZPO. Anwaltsgebühren entstehen nicht für denjenigen, der schon vor dem Abhilfeverfahren tätig war. Denn dann gehört seine Tätigkeit nach § 19 I 2 Z 5 zum Rechtszug, auch wenn das Abhilfeverfahren dort nicht als „insbesondere zugehörig" gilt. Soweit der Anwalt nur im Verfahren nach § 12a tätig ist, entsteht unabhängig von seinem Ergebnis nach VV 3330 eine Vergütung. 49

§ 96 ZPO ist im Zivilprozeß unanwendbar. Denn die Rüge ist kein Angriffs- oder Verteidigungsmittel nach BLAH Einl III 70, sondern die Fortsetzung des Angriffs selbst. Auch § 97 ZPO ist nicht einmal entsprechend anwendbar. Denn es liegt kein Rechtsmittel nach BLAH Grdz 1 ff vor § 511 ZPO vor, sondern aus den obigen Gründen nach BLAH § 97 ZPO Rn 15 allenfalls ein Rechtsbehelf ohne eine Anfallwirkung. 50

F. **Bei Unbegründetheit: Zurückweisungsbeschluß, IV 3–5.** Soweit die Rüge zwar nach Rn 43–50 statthaft und zulässig ist, sich aber als unbegründet erweist, muß das Gericht über sie ebenfalls durch einen Beschluß entscheiden. Es verwirft sie dann freilich nicht, sondern „weist sie zurück", am klarsten mit dem freilich nicht notwendigen Zusatz „als unbegründet". Rechtsbehelfsbelehrung, Verstoß: §§ 12c, 33 V 2, 52 IV 2. 51

G. **Begründung der Zurückweisung.** Kurz begründen soll das Gericht diesen Beschluß nach Rn 47, 48 wie bei einer Verwerfung, Rensen MDR **05**, 184 (zu § 321a ZPO). Soweit das Gericht schon eine Gehörsverletzung verneint, braucht es natürlich nicht zum nachrangigen Grund der Entscheidungsunerheblichkeit Stellung zu nehmen. Es darf und sollte das aber hilfsweise zur zusätzlichen Stützung seiner Beurteilung tun. Es muß natürlich zur Ursächlichkeitsfrage verneinend Ausführungen machen, soweit es eine Gehörsverletzung einräumt oder zulässigerweise mangels einer Ursächlichkeit offen lassen will. 52

H. **Zurückweisungskosten.** Kostenrechtlich gilt Rn 49 auch hier, BGH WoM **05**, 475 (zu § 321a ZPO). §§ 96, 97 ZPO sind auch hier unanwendbar. 53

14) **Abhilfe: Verfahrensfortführung, V.** Soweit das Gericht die Rüge für statthaft, zulässig und begründet erachtet, muß es ihr nach V 1 abhelfen, indem es das Verfahren fortführt. Das gilt nach Hs 2 freilich nur, soweit die Fortführung auf Grund der Rüge nicht bloß zweckmäßig, sondern geradezu notwendig ist. Eine solche Beschränkung ist eigentlich selbstverständlich. Denn schon mit ihr war das Ziel des ganzen Abhilfeverfahrens erreicht. Noch nicht erreicht hat der Rügeführer schon jetzt eine Änderung der bisherigen Entscheidung. Sie kann sich erst am Ende des nun fortzuführenden Verfahrens nochmals unverändert ergeben. Sie ist aber noch keineswegs sicher. Insoweit ähnelt V 2 der Situation nach einem ordnungsgemäßen Einspruch gegen ein Versäumnisurteil oder gegen einen Vollstreckungsbescheid nach §§ 342, 700 I ZPO. Es gibt wegen des Fehlens der Rechtsmitteleigenschaft einer Rüge nach § 12a kein Verschlechterungsverbot, BGH RR **12**, 978 (zu § 321a ZPO). § 590 ZPO ist unanwendbar. BGH MDR **14**, 1338 bindet (zu § 321a ZPO) das Revisionsgericht nicht an eine objektiv unrichtige Zulassung nach V (aber wo liegen dann die Grenzen?). 54

A. **Entbehrlichkeit einer Fortführungsentscheidung, V 1.** Will das Gericht das Verfahren fortführen, faßt es grundsätzlich weder einen Aufhebungsbeschluß noch einen besonderen Fortführungsbeschluß, OVG Lüneb FamRZ **12**, 1314 (zu § 321a ZPO). Der erstere wäre verfrüht. Denn es kann sich ja erst durch das Fortführungsverfahren ergeben, was aus der bisherigen Entscheidung wird. Der letztere wäre ebenso überflüssig wie zB bei §§ 342, 700 I ZPO, Schmidt MDR **02**, 917 (zu § 321a ZPO). Er wäre freilich unschädlich. Es kann insofern ratsam sein, als sonst unklar bliebe, in welchem Umfang das erstinstanzliche Verfahren seinen Fortgang nehmen soll. Die 55

1483

RVG § 12a

Entscheidung bindet das Gericht nicht, BGH MDR **14**, 1338, Petry MDR **07**, 498, aM Kblz MDR **07**, 544 (systemwidrig).

56 **B. Zurückversetzung des Verfahrens, V 2, 4**, BGH WoM **11**, 178 (zu § 321a ZPO). Die zu § 342 ZPO entwickelten Regeln sind hier mitverwendbar. Das gilt insbesondere zur Behandlung von Verspätungsfragen oder einem früheren Anerkenntnis usw. Die Zurückversetzung erfolgt im Zivilprozeß nur in den Stand „vor dem Schluß der mündlichen Verhandlung" nach §§ 136 IV, 296a ZPO oder im schriftlichen Verfahren in denjenigen Zeitpunkt, bis zu dem man nach § 128 II 2 ZPO Schriftsätze einreichen darf. Beides erfolgt außerdem nur in den Grenzen Rn 53. Eine zeitlich noch weitere Zurückversetzung ist nicht zulässig.

57 **C. Neue Entscheidung, V 3.** § 343 ZPO gilt entsprechend, BGH NJW **11**, 1516 (zu § 321a ZPO). Soweit also die nach der neuen Verhandlung notwendige Entscheidung mit der bisherigen übereinstimmt, muß das Gericht die bisherige in seiner neuen Entscheidung ausdrücklich aufrechterhalten. Andernfalls muß das Gericht in seiner neuen Entscheidung die bisherige aufheben oder teilweise ändern und zur Sache neu erkennen, AG Magdeb ZMR **03**, 45 (zu § 321a ZPO). Das kann auch zum Nachteil des Rügeführers geschehen (kein Verbot einer sog reformatio in peius), Ffm NJW **04**, 168 (zu § 321a ZPO). Eine Aufrechterhaltung wie eine Aufhebung oder Änderung gehören in den Tenor der jetzt erforderlichen andersartigen neuen Entscheidung, etwa in einem jetzt erforderlichen Kostenbeschluß nach § 91a ZPO. Im übrigen gelten die zu § 343 ZPO entwickelten Regeln nach BLAH dort Rn 2ff entsprechend. Rechtsbehelfsbelehrung, Verstoß: §§ 12c, 33 V 2, 52 IV 2.

58 **15) Einstellung der Zwangsvollstreckung usw, § 707 ZPO.** Wegen der Abgrenzung zu § 66 VII 2 GKG vgl dort Rn 15, Teil I A dieses Buchs. § 707 ZPO nennt in I 1 auch § 321a ZPO. Das heißt auch hier: Das Gericht kann auf einen Antrag nach § 707 I 1 ZPO anordnen, daß die Zwangsvollstreckung gegen eine Sicherheitsleistung einstweilen eingestellt werde oder nur gegen eine Sicherheitsleistung stattfinde und daß die Vollstreckungsmaßregeln gegen eine Sicherheitsleistung aufzuheben seien. Dagegen kommt eine Einstellung der Zwangsvollstreckung ohne jede Sicherheitsleistung selbst dann nicht in Betracht, wenn nach § 294 ZPO glaubhaft ist, daß der Schuldner zu ihr nicht in der Lage ist und daß die Vollstreckung ihm einen nicht ersetzbaren Nachteil bringen würde. Denn letzteres nennt nur der hier nicht ebenfalls für anwendbar erklärte § 707 I 2 ZPO.

59 *Sicherheitsleistung* muß das Gericht bei § 707 I 1 ZPO und folglich nach §§ 108 ff ZPO beurteilen. Infrage kommt also wohl nach § 108 I 2 Hs 1 ZPO in erster Linie eine schriftliche, unwiderrufliche, unbedingte und unbefristete Bürgschaft eines im Inland zum Geschäftsbetrieb befugten Kreditinstituts,.

Das *Verfahren* erfordert nach § 707 II 1 ZPO keine mündliche Verhandlung. Eine Anfechtung der Entscheidung ist nach § 707 II 2 ZPO unstatthaft. Das gilt unabhängig davon, ob die Entscheidung in der neuen Hauptsacheentscheidung ergeht oder durch einen gesonderten Beschluß, von dem § 707 II 2 ZPO unvollständig spricht. Wenn das Gericht sie in der neuen Hauptsachentscheidung mittrifft, ist deren übriger Inhalt natürlich wie sonst anfechtbar. Dazu kann eine Beschwer wie sonst zB nach BLAH Grdz 14 vor § 511 ZPO notwendig sein, aM Saarbr RR **09**, 1152 (aber § 12a befreit nicht von solcher Grundbedingung). Rechtsbehelfsbelehrung, Verstoß: §§ 12c, 33 V 2, 52 IV 2.

60 **16) Keine Kostenerstattung, VI.** Die Vorschrift ordnet das wie allgemein im Kostenrecht an.

61 **17) Verstoß, I–VI.** Soweit das Gericht gegen § 12a verstößt, mag daran ein erneuter Verstoß auch gegen Art 103 I GG liegen. Indessen würde dessen Beachtbarkeit schon in diesen Verfahrensabschnitt womöglich zu ewigen Wiederholungen des Abhilfeverfahrens führen. Das ist mit dem Grundsatz der durch § 12a ohnehin schon strapazierten Prozeßwirtschaftlichkeit nach BLAH Grdz 14 vor § 128 ZPO nicht vereinbar. Deshalb macht ja auch IV 4 zumindest einen Verwerfungs- oder Zurückweisungsbeschluß unanfechtbar, VerfGH Mü RR **11**, 430, Nürnb FamRZ **15**, 270 (je zu § 321a ZPO). Vielmehr ist dann, wenn sich der Verstoß vor der Entscheidung des Abhilfeverfahrens nicht mehr beheben läßt, gegen eine Verwerfung oder Zurückwei-

Abschnitt 1. Allgemeine Vorschriften § 12a RVG

sung nur die Verfassungsbeschwerde nach Rn 67 denkbar. Gegen eine Abhilfe kommt nur der im fortgeführten Verfahren mögliche sonstige Rechtsbehelf infrage, BGH WertpMitt 12, 325 rechts (evtl keine Bindung des Rechtsmittelgerichts).

18) Rechtsbehelfe, Verfassungsbeschwerde, I–VI. Rechtsbehelfsbelehrung, **62** Verstoß: §§ 12 c, 33 V 2, 52 IV 2. Das Rechtsmittelgericht darf und muß eine Fortführungsentscheidung nach Rn 54 voll überprüfen, BGH FamRZ 16, 1077 rechts unten. Eine Verwerfung oder Zurückweisung ist nach IV 4 unanfechtbar. Dasselbe gilt zumindest für eine Abhilfe. Erst die nach der Verfahrensfortführung ergehende Entscheidung zur Sache mag wie sonst anfechtbar sein.

A. Nicht bei greifbarer Gesetzwidrigkeit. Eine nach früherer Ansicht möglich **63** gewesene außerordentliche Beschwerde wegen greifbarer Gesetzwidrigkeit war in Wahrheit schon nach dem alten Recht grundsätzlich wegen Verstoßes gegen das Gebot der Rechtsmittelklarheit nach BLAH § 567 ZPO Rn 10 unstatthaft, BVerfG NJW **03**, 1924, BGH FamRZ **06**, 696 (ohne Vorlage nach dem RsprEinhG, BLAH Anh § 140 GVG), BFH (1. Sen) NJW **04**, 2853, BVerwG NVwZ **05**, 232 (ohne Vorlage nach dem RsprEinhG), aM BFH (4. Sen) NJW **04**, 2854, Schuschke NZM **03**, 466 (WEG). Sie ist außerdem zumindest im Zivilprozeß wegen § 574 ZPO unstatthaft, BGH FamRZ **06**, 696, BFH BB **03**, 514, KG FGPrax **05**, 66, aM BFH NJW **05**, 3374 (ohne Vorlage nach dem RsprEinhG), Bloching/Ketfinger NJW **05**, 863 (sie sei „dem Tod noch einmal von der Schippe gesprungen"). Sie läßt sich auch wegen BVerfG NJW **03**, 1924 nicht mehr in eine fristgebundene bisher vielfach als zulässig erachtete Gegenvorstellung nach BLAH Grdz 6 vor § 567 ZPO umdeuten, wie es bisher zB BFH NJW **03**, 919, Köln NZM **03**, 247, Naumb RR **03**, 313 taten. Vgl dazu aber Rn 64.

B. Keine Gegenvorstellung. Eine Gegenvorstellung nach BLAH Grdz 6 vor **64** § 567 ZPO ist wegen einer Verletzung des rechtlichen Gehörs nicht in einer auch nur entsprechenden Anwendung von § 12 a statthaft, BVerfG NJW **06**, 2907, BGH NJW **07**, 3789 ohne Vorlage nach dem RsprEinhG, BLAH Anh § 140 GVG (abl Fölsch, beide zu § 321 a ZPO), Mü MDR **15**, 1320, großzügiger BGH NJW **14**, 681 (Prozeßkostenhilfe –?–), BFH NJW **06**, 861, Kblz MDR **14**, 986, strenger Köln RR **05**, 1228. Die Erfolglosigkeit einer Nichtzulassungsbeschwerde nach § 544 ZPO mag aber eine Anhörungsrüge notwendig machen, BVerfG NJW **07**, 3419 (zu § 321 a ZPO).

C. „Ergänzende" Rechtsbeschwerde. Demgegenüber bejaht BGH NJW **04**, **65** 2529 eine „ergänzende" Rechtsbeschwerde nach einer willkürlichen Nichtzulassung (!?), strenger grundsätzlich denn auch BFH NJW **07**, 547 (zustm Rimmelspacher LMK **05**, 94), ähnlich BGH MDR **13**, 422 (ohne Vorlage nach § 132 GVG). Der Rechtsbeschwerdeführer kann eine Rechtsbeschwerde freilich nicht bloß zur Ergänzung der Begründung einlegen, BGH FamRZ **06**, 408 links Mitte (zu § 321 a ZPO). Zum Problem Gaul DGVZ **05**, 113.

D. Meistbegünstigung. Allenfalls ist im Zivilprozeß der sog Meistbegünsti- **66** gungsgrundsatz nach BLAH Grdz 28 vor § 511 ZPO anwendbar, BGH **161**, 348 (falscher Gerichtshinweis), Althammer/Löhnig NJW **04**, 1569.

E. Verfassungsbeschwerde, dazu *Allgäuer* NJW **13**, 3484, *Rieble/Vielmeier* JZ **11**, **67** 923 (je: ausf): Grundsätzlich nur, soweit das Gericht eine umfassende Anhörungsrüge nach IV 4 unanfechtbar verworfen oder zurückgewiesen hat, kommt vernünftigerweise nun erst jetzt nach § 90 II 1 BVerfGG eine Verfassungsbeschwerde in Betracht, BVerfG AnwBl **13**, 666 links und rechts, VerfGH Mü NVwZ-RR **16**, 890, HessStGH NJW **05**, 2217 und 2219, strenger VerfG Brdb FamRZ **11**, 1243, Jooß NJW **16**, 1212 (je zu § 321 a ZPO). § 12 a soll sie ja nach Rn 2, 3 nur auf ein möglichst geringes Maß beschränken und sie nicht etwa völlig ausschließen. Das letztere wäre einem einfachen Bundesgesetz ja auch gar nicht möglich. Ausnahmsweise darf man schon vor der Erschöpfung des Rechtswegs das Verfassungsgericht anrufen, BVerfG AnwBl **13**, 666 links, VerfG Bln FamRZ **08**, 168 (zu § 321 a ZPO). Das gilt zB dann, wenn ein Verstoß gegen Art 103 I GG infragekommt, BVerfG NJW **11**, 2276, oder wenn eine Anhörungsrüge offensichtlich aussichtslos wäre, BVerfG NJW **10**, 1588, oder wenn sie zeitlich unzumutbar wäre, BVerfG FamRZ **10**, 865. Ein Rechtsmittelverzicht reicht aber dazu nicht, aM Schnabl AnwBl **08**, 190 (aber genau diese Belastungsursache beim BVerfG soll ja gerade möglichst unterbleiben). Ebensowenig reicht dazu die Rücknahme der Anhörungsrüge, VerfGH Bln NJW **08**, 3421 (zu § 321a ZPO).

68 F. **Gegen Abhilfe.** Eine Abhilfe läßt sich mit demjenigen Rechtsbehelf bekämpfen, der gegen die Entscheidung im nun fortgeführten Verfahren infrage kommt, Jooß NJW **16**, 1212 (zu § 321a ZPO).

Elektronische Akte, elektronisches Dokument

12b ¹In Verfahren nach diesem Gesetz sind die verfahrensrechtlichen Vorschriften über die elektronische Akte und über das elektronische Dokument für das Verfahren anzuwenden, in dem der Rechtsanwalt die Vergütung erhält. ²Im Fall der Beratungshilfe sind die entsprechenden Vorschriften des Gesetzes über das Verfahren in Familiensachen und in den Angelegenheiten der freiwilligen Gerichtsbarkeit anzuwenden.

Gliederung

1) Systematik, S 1, 2	1
2) Regelungszweck, S 1, 2	2
3) Anwendbarkeit der Verfahrensregeln, S 1, 2	3
4) Verstoß, S 1, 2	4

1 **1) Systematik, S 1, 2.** Die Form einer elektronischen Bearbeitung erhält in § 12b für die in § 1 genannten Verfahren ähnlich wie §§ 130a–d ZPO, § 14 FamFG einen Teil der notwendigen kostenrechtlichen Anpassungsregeln. Weitere finden sich in §§ 11, 33 und in VV 7000. Dem § 12b entsprechen im Kern § 5a GKG, § 14 FamGKG, Teile I A, B dieses Buchs, § 7 GNotKG, Teil III dieses Buchs, § 4b JVEG, Teil V dieses Buchs. Es handelt sich um vorrangige Sondervorschriften.

2 **2) Regelungszweck, S 1, 2.** Das Kostenrecht soll den Anforderungen der elektronischen Übermittlungs- und Speicherungstechnik genügen. Das scheint wegen des ständigen technischen Fortschritts eine weite Auslegung zu rechtfertigen. Andererseits unterliegen Spezialregeln grundsätzlich einer engen Auslegung. Man muß beide Gedanken möglichst spannungsfrei verbinden, um zu einer brauchbaren Handhabung zu kommen.

3 **3) Anwendbarkeit der Verfahrensregeln, S 1, 2.** Es sind anwendbar bei S 1, 2 vor allem die in § 5a Rn 3 GKG, Teil I A dieses Buchs, aufgeführten Vorschriften der ZPO, bei S 1 außerdem alle diejenigen Bestimmungen der jeweiligen Verfahrensordnung, die zur Führung einer elektronischen Akte und eines gerichtlichen elektronischen Dokuments gelten, soweit der Anwalt in jenem Verfahren eine Vergütung nach dem RVG enthält und man ihn nicht etwa unter die in § 1 II genannten Fälle einordnen muß.

4 **4) Verstoß, S 1, 2.** Ein Fristverstoß kann zB zur Unzulässigkeit der Eingabe wegen ihrer Verspätung führen. Eine Einreichung beim unzuständigen Gericht heilt erst entsprechend § 129a ZPO mit der dortigen Weiterleitung und dem Eingang beim zuständigen Gericht. Ein Mangel im Sinn von S 1, 2 heilt erst mit der Nachreichung des Fehlenden oder einer neuen Eingabe, bei deren elektronischer Übermittlung also erst mit deren Aufzeichnungsende.

Rechtsbehelfsbelehrung

12c Jede anfechtbare Entscheidung hat eine Belehrung über den statthaften Rechtsbehelf sowie über das Gericht, bei dem dieser Rechtsbehelf einzulegen ist, über dessen Sitz und über die einzuhaltende Form und Frist zu enthalten.

1 **1) Systematik.** Die Vorschrift entspricht fast wörtlich § 5b GKG, Teil I A dieses Buchs. Vgl daher dort.

2 **2) Verstoß.** § 33 V 2.

Abschnitt 2. Gebührenvorschriften

Wertgebühren

13 [I] [1]Wenn sich die Gebühren nach dem Gegenstandswert richten, beträgt die Gebühr bei einem Gegenstandswert bis 500 Euro 45 Euro. [2]Die Gebühr erhöht sich bei einem

Gegenstandswert bis ... Euro	für jeden angefangenen Betrag von weiteren ... Euro	um ... Euro
2 000	500	35
10 000	1 000	51
25 000	3 000	46
50 000	5 000	75
200 000	15 000	85
500 000	30 000	120
über 500 000	50 000	150

[3]Eine Gebührentabelle für Gegenstandswerte bis 500 000 Euro ist diesem Gesetz als Anlage 2 [in diesem Buch Schlußanhang D] **beigefügt.**

[II] Der Mindestbetrag einer Gebühr ist 15 Euro.

Gliederung

1) Systematik, I, II	1
2) Regelungszweck, I, II	2
3) Volle Gebühr, I 1–3	3
4) Mindestbetrag, II	4–6
A. Grundsatz	4, 5
B. Hebegebühr	6
5) **Nur begrenzte Auf- oder Abrundung einer Gebühr**	7

1) Systematik, I, II. Die Gebühren der Tabelle beruhen auf einer Abstufung 1 nach den Gegenstandswerten nach § 2 I. Es handelt sich um ein System der Wertklassen, nicht mehr von Wertprozenten. Die Tabelle gilt auch für die auch bei § 13 vorhandenen sog Satzrahmengebühren nach Einl II A 13, BGH VersR **17,** 1156, zB bei VV 2300 (0,5 bis 2,5) für alle Verfahrensarten. Alle Gebühren sind zwecks Vereinfachung Pauschgebühren nach Einl II A 9. Sie gelten eine Mehrheit von Tätigkeiten in derselben Angelegenheit ab. Der Anwalt erhält also nicht für jede einzelne Maßnahme stets eine Einzelgebühr, etwa für den einzelnen Schriftsatz oder für die Wahrnehmung des einzelnen Termins.

Indessen ist die Tabelle *bei einer Betragsrahmengebühr* nach Einl II A 13 gemäß § 14 *unanwendbar,* zB bei VV 4100. Denn dann gibt es keinen Gegenstandswert. Auch bei § 34 gilt § 13 nicht. Bei § 3 a kann man § 13 als anwendbar vereinbaren. II gilt aber mangels einer Mitvereinbarung dann nicht, BGH GRUR **06,** 169. § 49 hat den Vorrang bei Wertgebühren aus der Staatskasse. § 50 nimmt aber wieder auf § 13 Bezug.

2) Regelungszweck, I, II. Die Vorschrift spiegelt wie die entsprechenden Vor- 2 schriften aller anderen Kostengesetze das Ringen um eine solche Vergütungshöhe wider, die wegen ihres aus Zweckmäßigkeitsgründen wertbezogenen Schematismus den Anwalt oft fast umsonst arbeiten läßt, ihn dann aber auch einmal königlich entlohnt. Soweit die Vorschrift überhaupt im Einzelfall über die Wertermittlung hinaus einen Spielraum läßt, sollte man die Zweckmäßigkeit bei ihrer Auslegung stets mitbeachten.

Abhängigkeit vom Streit- oder Verfahrenswert ist zwar zB nach § 32 I ein Hauptgrundsatz bei einer überhaupt wertabhängigen Gebühr. Er ändert aber natürlich nichts daran, daß die Tätigkeit des Anwalts von derjenigen des Gerichts derart abweichen kann, daß man den Gegenstandswert anders als den Streit- oder Verfahrenswert ansetzen darf und muß. Freilich braucht eine solche Abweichung eine nachvollziehbare Begründung, soweit es überhaupt auch einen Streit- oder Verfahrenswert gibt, mag dieser nun schon festgesetzt vorliegen oder nicht.

3 3) **Volle Gebühr, I 1–3.** Es kommt nur indirekt auf die jeweilige Instanz an. Denn die jeweiligen Unterschiede derselben Gebührenart in den verschiedenen Rechtszügen ergeben sich direkt aus den entsprechenden Nr des VV. So ergibt sich zB in einer Strafsache für die Verfahrensgebühr vor dem AG des ersten Rechtszugs nach VV 4107 ein geringerer Rahmen als für diejenige vor der Strafkammer nach VV 4113 und für diejenigen im Berufungsverfahren nach VV 4125 oder im Revisionsverfahren nach VV 4131. In einem Zivilprozeß zeigt erstinstanzlich VV 3100 eine geringere Verfahrensgebühr als zweitinstanzlich VV 3200 usw.

Für eine volle = 1,0 Gebühr gilt zunächst der in I 1 genannte Ausgangsbetrag von 45 EUR. Erhöhungen ergibt in I 2 die Tabelle. Die weitere amtliche Tabelle des I 3, abgedruckt im SchlAnh D, zeigt mit ihren unmittelbar genannten Endbeträgen bei Werten zwischen 500 und 500 000 EUR die Einzelausrechnungen. Die Tabelle I 2 gibt die Schlußanweisung, vom Mehrbetrag des auf je 50 000 EUR aufzurundenden Gegenstandswerts einen Betrag von 150 EUR zu dem bei 500 000 EUR geltenden Wert hinzuzurechnen.

4 4) **Mindestbetrag, II.** Es stehen sich ein Grundsatz und eine Abweichung gegenüber.

A. Grundsatz. Der Mindestbetrag einer Gebühr beträgt grundsätzlich 15 EUR (Ausnahme: Hebegebühr, Rn 6). Das gilt allerdings nur für die Gebühr, nicht für die Auslagen. Das zeigt schon der Wortlaut der Vorschrift. Ein Mindestbetrag besteht also nicht auch für die Dokumentenpauschale nach VV 7000. II ist eine allgemeine Vorschrift. Sie bestimmt den Mindestbetrag jeder einzelnen im Gesetz selbständig genannten Gebühr, FG Bln EFG **86**, 624 (zu § 3 StBVergG), also nicht etwa nur der Gesamtgebühr. II nennt also den Mindestbetrag einer jeden Gebühr, auch des Bruchteils einer vollen Gebühr.

Allerdings darf man *nicht* schon *jede bloße Erhöhung* mit dem Betrag von mindestens 15 EUR ansetzen, AG Mü DGVZ **78**, 414, also zB nicht eine solche nach I 2. Andererseits macht auch jede einzelne Bruchteilsgebühr mindestens 15 EUR aus.

5 Die *Mindestgebühr* kommt auch in dem theoretischen Fall eines Werts von 0 EUR in Anwendung, LG Heilbr JB **13**, 607, LG Kiel SchlHA **90**, 12. In Wahrheit kommt ein solcher „Wert" gar nicht vor.

6 **B. Hebegebühr.** Nach VV 1009 beträgt die Mindestgebühr einer Hebegebühr nur 1 EUR. Das ist eine vorrangige Ausnahme gegenüber § 13 II.

7 5) **Nur begrenzte Auf- oder Abrundung einer Gebühr.** Man darf und muß nach § 2 II 2 nur noch den Bruchteil eines Cents je einzelner Gebühr ab- oder aufrunden, also ab 0,5 Cent auf den nächsthöheren vollen Cent, sonst auf den nächstniedrigeren. Nicht etwa darf man 5 Cent auf 10 Cent aufrunden.

Rahmengebühren

14 **I** ¹Bei Rahmengebühren bestimmt der Rechtsanwalt die Gebühr im Einzelfall unter Berücksichtigung aller Umstände, vor allem des Umfangs und der Schwierigkeit der anwaltlichen Tätigkeit, der Bedeutung der Angelegenheit sowie der Einkommens- und Vermögensverhältnisse des Auftraggebers, nach billigem Ermessen. ²Ein besonderes Haftungsrisiko des Rechtsanwalts kann bei der Bemessung herangezogen werden. ³Bei Rahmengebühren, die sich nicht nach dem Gegenstandswert richten, ist das Haftungsrisiko zu berücksichtigen. ⁴Ist die Gebühr von einem Dritten zu ersetzen, ist die von dem Rechtsanwalt getroffene Bestimmung nicht verbindlich, wenn sie unbillig ist.

II ¹Im Rechtsstreit hat das Gericht ein Gutachten des Vorstands der Rechtsanwaltskammer einzuholen, soweit die Höhe der Gebühr streitig ist; dies gilt auch im Verfahren nach § 495a der Zivilprozeßordnung. ²Das Gutachten ist kostenlos zu erstatten.

Schrifttum: *Bohnenkamp,* Die Gutachtertätigkeit des Vorstandes der Rechtsanwaltskammer, Festschrift *125 Jahre Rechtsanwaltskammer für den OLG Bezirk Hamm* (2004) 359.

Abschnitt 2. Gebührenvorschriften § 14 RVG

Gliederung

1) Systematik, I, II	1
2) Regelungszweck: Berücksichtigung aller Umstände, I, II	2
3) Abwägungsmerkmale, I 1–3	3–17
A. Umfang und Schwierigkeit der anwaltlichen Tätigkeit, I 1	3
B. Beispiele zur Frage von Umfang und Schwierigkeit, I 1	4
C. Bedeutung der Angelegenheit, I 1	5
D. Beispiele zur Frage einer Bedeutung der Angelegenheit, I 1	6
E. Einkommensverhältnisse des Auftraggebers, I 1	7–9
F. Vermögensverhältnisse des Auftraggebers, I 1	10, 11
G. Billiges Ermessen, I 1	12
H. Haftungsrisiko, I 1–3	13
I. Mittelgebühr, I 1–3	14
J. Höchstgebühr, I 1–3	15
K. Abgrenzung zum Durchschnitt	16
L. Mindestgebühr, I 1–3	17
4) Gesamtabwägung, I 1–3	18–22
A. Beachtung des Innen- und Außenverhältnisses	19
B. Unanwendbarkeit beim Streit	20
C. Weites Anwaltsermessen	21
D. Maßgeblichkeit des Anwalts	22
5) Unbilligkeit, I 4	23–26
A. Ermessensbegrenzung	23
B. Maßstabe: Prozentsatz der Überschreitung	24
C. Beweislast	25
D. Weiteres Verfahren	26
6) Gutachten, II	27–43
A. Notwendigkeit	28
B. Beispiele zur Frage einer Notwendigkeit, II	29–31
C. Verfahren	32
D. Beispiele zur Frage des Verfahrens, II	33–42
E. Verstoß	43

1) Systematik, I, II. § 14 erfaßt diejenigen Fälle, in denen keine vorrangige Honorarvereinbarung nach § 3a vorliegt und in denen das RVG für die Tätigkeit gerade als Anwalt nach § 1 Rn 6 eine Rahmengebühr vorsieht. Das kann ein Betragsrahmen nach Einl II A 12 sein, also eine in EUR bezifferte Mindest- und Höchstgebühr, zB VV 1005–1007 usw. Es kann auch ein Gebührensatzrahmen nach Einl II A 13 sein. Bei ihm richtet sich die Gebühr zwar nach dem Gegenstandswert. Die ihm entsprechende Gebühr entsteht aber je nach der Lage des Einzelfalls nur zu einem Bruchteil bis zur vollen Gebühr. Das gilt etwa bei VV 2100, 2201 usw. Die Vorschrift gilt auch beim Vorschuß nach § 9, BGH AGS **04**, 145. Sie gilt ferner beim Nebenklägervertreter, Düss MDR **96**, 1190. Sie gilt ferner im FamFG-Verfahren für den bei einer Verfahrenskostenhilfe beigeordneten Anwalt, Düss AnwBl **82**, 254. Sie gilt nicht für eine Tätigkeit vor einem Prozeßkostenhilfeantrag, SG Fulda JB **12**, 362.

Unanwendbar ist § 14 bei der Bestimmung eines Gegenstandswerts. Er ist vielmehr bei einer Satzrahmengebühr gerade eine Voraussetzung der Anwendbarkeit des Ermessens innerhalb des Rahmens.

2) Regelungszweck: Berücksichtigung aller Umstände, I, II. Der Anwalt und kein anderer darf abwägen, also nicht etwa der Rechtsschutzversicherer. Der Anwalt darf und muß die im Einzelfall richtige Gebühr unter einer Berücksichtigung sämtlicher Umstände dieses konkreten Einzelfalls ermitteln. Er muß also einen bestimmten Währungsbetrag bestimmen. Diese Bestimmung ist für den Auftraggeber grundsätzlich verbindlich. Er muß notfalls wegen einer Unbilligkeit nach § 315 III BGB und darf nach Rn 23ff nicht nach dem nur einem Dritten eröffneten Weg des I 4 vorgehen. Die Vorschrift nennt nur die wichtigsten dieser Umstände, LSG Erfurt MDR **02**, 607. I 1–3 verdeutlichen, daß es sich um eine nicht abschließende und daher weit auslegbare Aufzählung handelt, BSG NJW **10**, 1402. Es bestehen weitgehende Übereinstimmungen mit § 48 II 1 GKG, Teil I A dieses Buchs. Die dortigen Regeln sind daher auch bei § 14 RVG zur Auslegung mit heranziehbar. Das alles muß auch die Anwaltskammer bei II beachten.

Erhebliche Verantwortung erwartet die Vorschrift vom Anwalt als Gegenstück zu seinem außerordentlich weiten „billigen" und wie stets bei diesem Begriff in Wahrheit

1489

durchaus pflichtgemäßen Ermessen nach Rn 12. „Alle" Umstände darf und muß er mitabwägen. Damit geht es auch um seine Stellung als Organ der Rechtspflege nach § 1 BRAO und nicht nur um diejenige eines Vergütungsgläubigers im Einzelfall. Natürlich muß er nur diesen bestimmten Einzelauftrag beachten, aber seine Umstände eben so objektiv wie ihm zumutbar. Das gilt bei jeder Art von Rahmengebühr nach Rn 1. Den Gegenstandswert nennt § 14 nicht ausdrücklich mit, setzt vielmehr seine Klärung vielmehr an sich voraus. Praktisch muß der Anwalt aber auch ihn als einen der beachtbaren Gesamtumstände zumindest dann mitabwägen, wenn er noch nicht feststeht. Das erhöht seine Verantwortung nochmals zusätzlich.

Absprachen im Strafverfahren verdienen eine großzügige Handhabung des § 14 und eine auch rechtspolitische Beachtung, Sinnen ZRP 00, 71.

3   **3) Abwägungsmerkmale, I 1–3.** Der Anwalt hat nach Rn 12 ein weites „billiges" Ermessen. Die gesetzliche Aufzählung nennt nur die wichtigen Merkmale. Sie ist also keineswegs abschließend, BSG NJW **10**, 1403, LSG Essen JB **15**, 471. Die Merkmale sind zahlreich. Sie gelten sowohl für eine Betrags- als auch für eine Satzrahmengebühr, aber auch für andere Gebührenarten mit einem Spielraum. Man muß nach Rn 18 stets den Einzelfall zugrundelegen. Es empfiehlt sich die folgende Prüfreihe.

A. Umfang und Schwierigkeit der anwaltlichen Tätigkeit, I 1, dazu Enders JB **04**, 459 (Üb zum Umfang), vgl auch VV 2300 Rn 26: Berücksichtigen darf und muß man teilweise abweichend von § 48 II 1 GKG, Teil I A dieses Buchs, vor allem den objektiv zeitlichen Umfang und den Schwierigkeitsgrad der Sache für den Anwalt, LSG Essen JB **15**, 471, LSG Mü JB **16**, 243, also den Zeitaufwand, BSG NJW **10**, 1403, Otto NJW **06**, 1477 (nennt 3 Stunden als Mittelmaß), und die Intensität seiner Arbeit zur Betreuung der Sache. Das ergibt sich schon daraus, daß I 1 ausdrücklich nicht den Umfang und die Schwierigkeit „der Sache" oder „der Angelegenheit", sondern „der anwaltlichen Tätigkeit" nennt, Rostock JB **17**, 250. Man muß sowohl den tatsächlichen Umfang der anwaltlichen Tätigkeit wie auch den Grad der rechtlichen Probleme berücksichtigen, BSG NJW **10**, 1403. Er muß dabei vom Leitbild der zugehörigen Verfahrensordnung vom Ablauf eines Verfahrens und nicht nur von Leerformeln ausgehen. Der höhere Zeitaufwand des „Dummen" darf nicht zu einer besonderen „Dummengebühr" führen, AG Kehl JB **11**, 477, Fischer NZA **04**, 1186. Ein objektiv überflüssiger Aufwand kann aber durchaus mitbeachtbar sein, wenn er auf dem Wunsch des Auftraggebers beruhte.

Jedes der beiden Merkmale Umfang einerseits, Schwierigkeit andererseits kann bereits die Höhe der Rahmengebühr beeinflussen. Das gilt trotz des im Gegensatz zu VV 2300 vorhandenen Verbindungsworte „und" in I 1. Einen Einfluß kann also schon der Umfang haben, aber auch schon die Schwierigkeit, natürlich erst recht beides. Andererseits mag ein geringer Umfang ebenso beachtbar sein wie eine gleichzeitige erhöhte Schwierigkeit oder umgekehrt. Es kommt eben auf die Gesamtabwägung an.

4   **B. Beispiele zur Frage von Umfang und Schwierigkeit, I 1**
Aktenumfang: Er ist beachtbar. Das gilt zur Hauptakte wie zu Beiakten.
Art des Delikts: Sie ist beachtbar, AG Kelheim AnwBl **05**, 240 (mittlerer Unfall).
Ausführungslänge: Ihre Kürze oder Länge ist beachtbar, Köln JB **98**, 540 (freilich kann in der Kürze die Würze liegen! Ausführungen ersichtlich nur zur Beeindruckung des Auftraggebers mag er zwar durchaus bezahlen sollen, dürfen sich aber nicht zulasten eines evtl erstattungspflichtigen Gegners auswirken).
Behinderung: Beachtbar ist eine Behinderung zB des Auftraggebers.
Beiordnung: Sie ändert nichts an der Anwendbarkeit von I 1, SG Fulda JB **13**, 244.
Beschwerdeverfahren: Beachtbar ist der Umstand, daß der Anwalt als Verteidiger auch im zugehörigen Beschwerdeverfahren tätig war, LG Flensb JB **85**, 1348.
Besichtigung: Ihre Zahl und Dauer ist beachtbar, Düss AnwBl **80**, 468, LG Flensb JB **83**, 560, LG Lübeck DAR **90**, 357.
Besprechung: Ihre Zahl und Dauer ist beachtbar einschließlich Fahrtzeiten usw.
Bürokosten: Die allgemeinen des Anwalts sind *nicht* beachtbar.
Dauer des Verfahrens usw: S „Verfahrensdauer", „Verhandlungsdauer".

Doppelfunktion: Eine solche Stellung des Anwalts ist beachtbar, LG Kref MDR **78**, 1046.
Durchsetzbarkeit: Beachtbar ist die Auswirkung der Anwaltstätigkeit auf die Durchsetzbarkeit des Anspruchs, Düss AnwBl **89**, 293, Mü MDR **92**, 83, LG Wuppert AnwBl **85**, 338.
Fachanwalt: S „Rechtliche Schwierigkeit", „Rechtsprechung, Lehre".
Grad der Mühe: Er ist beachtbar, etwa beim Plädoyer, LG Wuppert AnwBl **85**, 160, oder zur Erzielung einer Kostenentscheidung, LG Köln JB **01**, 195.
S auch „Rechtsprechung, Lehre".
Grad der Streitigkeit: Er ist beachtbar.
Haft: Beachtbar sind ihre Verhängung wie ihre Dauer, Kblz Rpfleger **03**, 468, nebst einer zugehörigen Beschwerde usw, LG Flensb JB **83**, 569, LG Köln JB **01**, 195, LG Lübeck DAR **90**, 357.
Kostenfestsetzung: Der Umfang des Festsetzungsverfahrens ist beachtbar, SG Düss AnwBl **83**, 40.
Lebenshaltung: Die allgemeinen derartigen Kosten des Anwalts sind *nicht* beachtbar.
Lebenskostensteigerung: Die allgemeine ist *nicht* beachtbar.
Mammutverfahren: Fromm NJW **13**, 357 (Üb bei StPO).
Ortsrecht: Die Schwierigkeit seiner Klärung ist beachtbar, Fischer NZA **04**, 1186.
Persönlichkeit: Eine Schwierigkeit der Persönlichkeit zB des Auftraggebers ist beachtbar, LG Karlsr AnwBl **80**, 121, AG Kref AnwBl **80**, 303, Fischer NZA **04**, 1187, aM Düss AnwBl **89**, 704 (aber sie kann die Arbeit ganz erheblich schwerer oder auch leichter machen).
Rechtliche Schwierigkeit: Sie ist beachtbar, BVerwG NJW **83**, 607, AG Ffm AnwBl **03**, 373 (Mietrecht), AG Lüneb JB **03**, 250 (dort aber zu großzügig), Fischer NZA **04**, 1186 (Arbeitsrecht), SG Marbg JB **08**, 365 (Arztrecht), LG Mü JB **13**, 86 (Handwerksrecht). Das gilt auch zugunsten eines Spezialisten, also eines Fachanwalts, LG Karlsr AnwBl **80**, 121, AG Köln AnwBl **78**, 63, VGH Kassel MDR **92**, 910.
Das letztere hat aber in einem einfachen Durchschnittsfall *keine* Bedeutung, LG Mü JB **08**, 249 (Tempoverstoß).
S auch „Rechtsprechung, Lehre".
Rechtsprechung, Lehre: Beachtbar ist die Notwendigkeit, eine umfangreiche und/oder streitige Rechtsprechung oder Lehre zu prüfen oder Fachgutachten auf einem Spezialgebiet zu würdigen, BVerwG NVwZ **83**, 607, Düss OLGR **98**, 87, LG Kiel JB **92**, 602.
Rechtszug: Es kommt auf die Situation im jeweilgen Rechtszug an. Das gilt aber nur beim dortigen erstmaligen Auftreten eines Merkmals.
Es gilt also *nicht,* soweit es schon im vorigen Rechtszug klärbar war oder sich erledigt hatte.
S auch „Verhandlungsdauer".
Rente: Es kann eine Mittelgebühr angemessen sein, SG Drsd JB **08**, 417.
Sachverhaltsklärung: Die Schwierigkeit seiner Klärung ist beachtbar.
Sachverständiger: Beachtbar ist der Umstand, daß ein Sachverständiger notwendig wird, LG Bochum AnwBl **85**, 151 (Ladung eines Psychiaters).
Spezialrecht: S „Rechtliche Schwierigkeit", „Rechtsprechung, Lehre".
Tarifvereinbarung: Die Schwierigkeit ihrer Klärung ist beachtbar, Fischer NZA **04**, 1186.
Verfahrensdauer: Sie ist beachtbar, soweit man sie auf das Verhalten der Parteien oder ihrer Anwälte oder der übrigen Beteiligten einschließlich des Gerichts zurückführen muß.
Ein verfahrensabkürzendes Vorgespräch erhöht eine Termingebühr *nicht,* LG Hbg JB **08**, 312.
S auch „Verhandlungsdauer".
Verhandlungsdauer: Sie ist beachtbar, soweit das VV sie nicht schon selbst berücksichtigt, Stgt Rpfleger **14**, 163. Es kommt auf jeden Verhandlungstag mit seiner Dauer gesondert an, Bre JB **81**, 1193, Düss Rpfleger **93**, 41, Kblz JB **99**, 247 (StPO). Eine durchschnittliche Verhandlungsdauer ist im höheren Rechtszug meist deutlich länger als zB beim Strafrichter des AG, Bre JB **81**, 1193, Düss Rpfleger

93, 41. Eine kurze Dauer kann bei großer Bedeutung unschädlich sein, Düss JB **12**, 358.
Verweisung: Sie kann beachtbar sein, BVerwG AnwBl **81**, 191.
Vorarbeit: Ihre Dauer ist beachtbar, LG Freibg AnwBl **98**, 213, LG Ravensb AnwBl **85**, 160, LG Wuppert AnwBl **85**, 160. Das gilt zB bei der Vorbereitung des Plädoyers, LG Wuppert AnwBl **85**, 160.
Wartezeit: Sie ist beachtbar, zB diejenige vor dem Aufruf, Hamm AGS **98**, 136, Karlsr AGS **93**, 77, LG Ravensb AnwBl **85**, 160.
Zahl der Verfahrensgegner: Sie ist beachtbar.
Zeugenzahl: Sie ist beachtbar.

5 **C. Bedeutung der Angelegenheit, I 1.** Es kommt ausdrücklich bei I 1 auch zumindest unter anderem sowohl auf eine tatsächliche als auch auf eine ideelle, gesellschaftliche, wirtschaftliche oder eine rechtliche Bedeutung gerade für den Auftraggeber an, BVerfG **137**, 350 oben, LG Kblz JB **10**, 33, also nicht auch oder gar nur für die Allgemeinheit (Ausnahme: Rn 6). Dabei sind auch mittelbare Auswirkungen mitbeachtbar.

6 **D. Beispiele zur Frage einer Bedeutung der Angelegenheit, I 1**
Berufliche Stellung: Sie ist beachtbar, AG Zittau RR **06**, 575.
  S auch „Berufsauswirkung".
Berufsauswirkung: Sie ist beachtbar, LG Flensb JB **84**, 138, LG Limb JB **86**, 232, AG Homb ZfS **97**, 388.
  S auch „Berufliche Stellung", „Wehrdienst".
Disziplinarverfahren: Beachtbar ist ein solches drohendes, LG Hanau AnwBl **82**, 388, aM LG Flensb JB **77**, 1089.
Eilverfahren: LSG Darmst JB **14**, 582 geht von einer auf 2/3 verkürzten Mittelgebühr aus.
Erfolg: *Unbeachtbar* ist der vom Auftraggeber erstrebte Erfolg. Denn dieser Faktor ist vor allem in einer Strafsache als Anknüpfungspunkt wenig geeignet.
  S auch „Persönliches Interesse".
Fahrerlaubnis: Beachtbar sein kann ihr Entzug, LG Flensb JB **76**, 1216.
Freispruch: *Unbeachtbar* ist ein etwaiger Erstattungsanspruch an die Staatskasse, LG Paderb MDR **90**, 1137.
Gegenstandswert: Er ist *unbeachtbar*, GSchm 11, aM LG Kiel JB **92**, 602 (aber er findet schon über die Gebührenhöhe Beachtung).
Gesellschaftliche Stellung: Sie ist beachtbar, LG Hanau AnwBl **82**, 388, AG Hann AnwBl **80**, 311.
Mitverschulden: *Unbeachtbar* ist meist ein fremdes Mitverschulden.
Name: S „Gesellschaftliche Stellung", „Öffentliche Stellung".
Öffentliche Stellung: Sie ist beachtbar, LG Hanau AnwBl **82**, 388, AG Hann AnwBl **80**, 311.
Ordnungswidrigkeit: Es gelten ähnliche Erwägungen wie bei einer Strafsache, AG Eilenburg JB **10**, 34.
Persönliches Interesse: *Unbeachtbar* ist dasjenige des Auftraggebers. Denn es kann von der Bedeutung der Sache durchaus abweichen.
  S auch „Erfolg".
Schadensersatzanspruch: S „Zivilrechtlicher Anspruch".
Sexueller Mißbrauch: Beachtbar ist zumindest derjenige eines Schutzbefohlenen, Hamm JB **98**, 588.
Strafsache: In einer Strafsache muß man die Bedeutung der Angelegenheit daran messen, was es für den Beschuldigten aus der Sicht eines unbeteiligten Dritten bedeutet, nicht oder nicht so hoch bestraft zu werden, LG Flensb JB **76**, 1217 und 1504. Die subjektive Sicht des Beschuldigten ist aber mitbeachtbar, LG Kblz JB **10**, 34, AG Hamm AnwBl **80**, 311. Ein von Anfang an volles Geständnis kann sich zugunsten des Kostenschuldners auswirken, Hamm AnwBl **00**, 135 (auch bei Mord). Für die Bedeutung der Sache kann es auch wesentlich sein, ob es sich um einen Musterprozeß handelt und ferner, wie lange eine Verhandlung dauerte, KG JB **12**, 483. Eine Bedeutung hat stets die Zahl der noch möglicherweise beachtbaren Vorstrafen, LG Flensb

JB 84, 548, LG Mü JB 82, 1182, AG Hann AnwBl 80, 311. Der Nebenklägerbevollmächtigte erhält keineswegs grds weniger, Düss JB 12, 358, LG Kblz JB 14, 302. S auch „Erfolg".
Vorprozeß: Er kann beachtbar sein, LG Mü AnwBl 82, 263.
Wehrdienst: Beachtbar ist eine Einberufung des Berufstätigen zur Bundeswehr, BVerwG NVwZ 83, 607.
Wirtschaftliche Auswirkung: Sie ist beachtbar, LG Flensb JB 84, 1038, SG Freiberg MDR 99, 833. Das gilt bei einem Unternehmen und auch bei einem Angehörigen.

Eine *besondere* wirtschaftliche Bedeutung findet allerdings in den Fällen eines Gebührensatzrahmens nach Einl II A 13 meist schon bei der Bestimmung des Gegenstandswerts eine genügende Berücksichtigung, BPatG GRUR 79, 704, LG Kiel JB 92, 602.
Zivilrechtlicher Anspruch: *Unbeachtbar* ist ein solcher Anspruch, aM Düss JB 89, 961, LG Mü AnwBl 82, 263, LG Wuppert AnwBl 85, 160 (aber den Zivilrichter bindet das Strafurteil nur bedingt). Diese Faktoren sind allerdings für den Nebenkläger meist beachtlich, AG Hanau AnwBl 80, 311.

E. Einkommensverhältnisse des Auftraggebers, I 1. Auch sie sind beachtbar, 7 LSG Essen JB 15, 471. Auch hier ist kein Schematismus zulässig. Tabellen sind kaum geeignet. Das Brutto- und das maßgebliche Nettoeinkommen können erheblich auseinanderklaffen, AG Hagen NJW 86, 1186. Auch hier sind die Durchschnittsverhältnisse der Bevölkerung der Ausgangspunkt, AG Freibg AnwBl 82, 264.

Beachtbar sind zB: Die Höhe der laufenden Ausgaben; Schulden und sonstige Belastungen; die Kinderzahl; Unterhalts- oder Freistellungsansprüche; eine Rechtsschutzversicherung; eine Unterhaltspflicht; eine Entnahme aus einem Gewerbebetrieb, selbst wenn er mit einem Verlust arbeitet.

Man darf nach der Klärung des Ausgangspunkts nach Rn 7 nun nur auf die Ver- 8 hältnisse des *Auftraggebers* bei der Fälligkeit nach Rn 11 abstellen, nicht auf diejenigen eines Erstattungspflichtigen, Mü AnwBl 79, 74, LG Nürnb-Fürth JB 85, 869, AG Northeim AnwBl 83, 230, aM LG Bayreuth JB 85, 1187 (Gesamtentwicklung), LG Kref JB 76, 64, GSchm 61 (der günstigste Zeitpunkt. Aber dann könnte sich eine Verarmung während des Mandats verhängnisvoll auswirken). Man muß aber berücksichtigen, ob der Auftraggeber von einem Unterhaltspflichtigen eine Zahlung nach §§ 1360a, 1610 BGB erhalten kann, oder von einer Versicherung.

Die Ertragslage des *Anwalts* kann mitbeachtbar sein. Sie ist jedoch in keinem Fall 9 ausschlaggebend. Seine Feiertagstätigkeit kann sich aber gebührenerhöhend auswirken, SG Dortm AnwBl 83, 474, Jansen/Braun AnwBl 92, 254. Eine allgemeine *Verteuerung* ist unerheblich. Denn sie stellt gerade keinen Umstand „des Einzelfalls" dar.

F. Vermögensverhältnisse des Auftraggebers, I 1. Dieser Faktor ist zwar wich- 10 tig, Düss JB 00, 360. Er ist aber eben doch nur ein Einzelfaktor. Ausgangspunkt sind die Durchschnittsverhältnisse, AG Freibg AnwBl 82, 264. Bei einem Kind ohne ein eigenes Vermögen stellt man auf die Eltern ab. Die Verhältnisse eines solchen Dritten, der nicht Auftraggeber ist, sind unbeachtbar, LG Paderb MDR 90, 1137. Das gilt selbst dann, wenn er erstattungspflichtig ist.

Wenig brauchbar ist eine Bewertung durch den Betriebsinhaber, ebensowenig ein 11 Steuerbescheid usw. Besser brauchbar ist der *Lebenszuschnitt*. Eine Rechtsschutzversicherung kann beachtbar sein, aM AG Bonn JB 81, 1051. Manche Gerichte berücksichtigen das Vermögen erst dann, wenn es den Freibetrag einer etwaigen Vermögenssteuer überschreitet, Köln MDR 75, 767 (zu [jetzt] § 48 GKG, Teil I A dieses Buchs), aM Oswald NJW 76, 2254. Man darf die Erträgnisse heranziehen, etwa einen hohen Gewinn. Man darf jedoch kein Schema etwa derart bilden, daß das Vermögen 10% des Streitwerts darstelle. Ein Vermögen ist nicht schon deshalb belanglos, weil es keine Erträge abwirft oder weil es belastet ist. Unbeachtbar sind der übliche Hausrat, ein kleines Spargutehaben usw.

Maßgeblicher Zeitpunkt ist derjenige der Fälligkeit der Gebühr nach § 8, Kblz Rpfleger 95, 83, oder auch derjenige der Abrechnung nach § 10. Denn erst dann kann man alle Umstände abschließend überblicken, LG Nürnb-Fürth JB 85, 869, aM LG Bayreuth JB 85, 1187, LG Kref AnwBl 76, 136 (Auftragserteilung).

RVG § 14

12   **G. Billiges Ermessen, I 1.** Der Anwalt darf und muß gegenüber dem Auftraggeber ein Ermessen ausüben, LG Bln JB **08**, 201, LSG Essen NZA-RR **08**, 606, Madert AnwBl **94**, 379. Wie so oft enthält auch I 1 durch das Wort „billiges" (Ermessen) einen mißverständlichen Akzent. Der Anwalt ist zur Berücksichtigung sämtlicher Umstände nicht nur berechtigt, sondern auch verpflichtet, Mü MDR **04**, 176, LG Heilbr AnwBl **78**, 29, LG Zweibr JB **08**, 311. Das gilt nur dann nicht, wenn das RVG direkt dergleichen verbietet, zB in VV 2301 amtliche Anmerkung I, VV 2401 amtliche Anmerkung I. Es gilt ferner nicht, soweit das Gesetz selbst schon ein Ehrenamt der an sich notwendigen Abwägung zum Anlaß nimmt, einen höheren Rahmen zu bestimmen, zB bei allen Zuschlagsgebühren VV 4101 usw. Dann darf er aber einen innerhalb *dieses* Rahmens besonderen Umstand beachten, BVerwG AnwBl **81**, 191.

Er muß daher in Wahrheit ein *pflichtgemäßes Ermessen* ausüben, BGH AnwBl **12**, 663. Er muß also alle sachfremden Erwägungen unterlassen. Sein guter Ruf ist keine sachfremde Erwägung. Die Bestimmung erfolgt nach § 315 II BGB durch eine empfangsbedürftige Willenserklärung gegenüber dem Auftraggeber. Sie ist nicht absetzbar, BGH FamRZ **09**, 324 links oben. Den Anwalt bindet sie, BGH NJW **87**, 3203, Brdb JB **08**, 364, KG Rpfleger **15**, 598. Das gilt auch wegen des etwa von ihm mitermittelbaren Gegenstandswerts, § 23 II 2, Brdb JB **08**, 364. Das hat freilich mit einem Antrag nach § 42 gar nichts zu tun, aM Jena JB **10**, 643 (aber § 14 gibt kein Ermessen zum Ob). Ein Widerruf ist nur ausnahmsweise zulässig, KG Rpfleger **04**, 484, etwa beim Übersehen eines Gebührentatbestands, BGH NJW **87**, 3202, Brdb JB **08**, 364.

13   **H. Haftungsrisiko, I 1–3.** Das auch in § 4 I 2 behandelte Haftungsrisiko des Anwalts ist ein weiteres Bemessungsmerkmal, so auch BSG NJW **10**, 109, ferner LSG Essen JB **15**, 471. Das gilt freilich nur dann, wenn es sich um ein „besonderes" derartiges Risiko handelt, also nicht schon dann, wenn es um das mit jeder Anwaltstätigkeit verbundene Risiko einer zum Schadensersatz verpflichtenden vorwerfbaren Fehlhandlung des Anwalts oder seiner Erfüllungsgehilfen geht, für die er nach § 278 BGB mithaftet, LG Potsd Rpfleger **15**, 230 (geringes Risiko). Das Gesetz schafft auch dann für ein besonderes Haftungsrisiko einen gewissen Gebührenausgleich, wenn sich der Anwalt für den Haftungsfall versichert hat. Denn ein besonderes Risiko läßt sich meist nur durch entsprechend höhere Versicherungsprämien absichern. Sie lassen sich auch nicht vollständig durch eine steuerliche Absetzung als eine Betriebsausgabe beseitigen.

Der Anwalt „kann" ein solches Risiko mitberücksichtigen. Er *muß* es bei I 3 tun, also bei einer solchen Rahmengebühr nach Einl II A 12, die sich nicht nach einem Gegenstandswert richtet, also bei einer Betragsrahmengebühr etwa bei VV 2102, 2103 usw, nicht aber auch bei einem Gebührensatzrahmen nach Einl II A 13, also zB nicht bei VV 2100, 2300 usw.

14   **I. Mittelgebühr, I 1–3.** Man muß in der Praxis grundsätzlich von dem Mittelbetrag der einschlägigen Rahmengebühr nach Einl II A 12 ausgehen, um eine wenigstens einigermaßen gleichmäßige eigene Berechnungspraxis zu erzielen, BVerwG AnwBl **98**, 540, LG Potsd Rpfleger **15**, 230, LSG Essen JB **15**, 471. Das gilt auch bei einer schwierigen Lage dann, wenn das Gesetz sie schon beim Rahmen beachtet hat, AG Pankow/Weißensee FamRZ **04**, 213. Es gilt auch dann, wenn erhöhende und verringernde Umstände gleichgewichtig sind, LSG Jena MDR **02**, 606, LSG Mü JB **16**, 243. Kein Rechtsgebiet erlaubt es vornherein im Ergebnis von der Mittelgebühr abzuweichen, AG Tauberbischofs RVGreport **15**, 62, aM Fischer NZA **04**, 1187 (Arbeitsrecht). Mittelgebühr ist nicht die Hälfte der Höchstgebühr, sondern die Mitte des Rahmens, Düss AnwBl **89**, 293, Hbg Rpfleger **99**, 413, AG Pankow/Weißensee FamRZ **04**, 213. Vgl aber auch VV 2300. Das ändert nichts an der Notwendigkeit einer Gesamtabwägung nach Rn 18 ff.

15   **J. Höchstgebühr, I 1–3.** Man darf den Höchstwert des Rahmens außerhalb VV 1008 keineswegs überschreiten und ihn überhaupt nur bei überdurchschnittlichen Einkommens- und Vermögensverhältnissen und einer besonderen Schwierigkeit der anwaltlichen Tätigkeit ansetzen, BKartA Rpfleger **07**, 576, nicht schon dann, wenn die Sache zwar eine erhebliche wirtschaftliche Bedeutung hat, rechtlich aber einfach gelagert ist, Mü VersR **77**, 1036, aM AG Betzdorf AnwBl **84**, 454. Bei § 34 I 3 gelten besondere Höchstgebühren.

Die Höchstgebühr ist andererseits *nicht von einem lückenlosen Zusammentreffen* sämtlicher Erhöhungsmerkmale abhängig, BayObLG JB **00**, 641, LG Saarbr JB **13**, 472,

VG Dessau NVwZ-RR **03**, 909, aM LG Bln JB **98**, 25 (aber das widerspräche der erforderlichen Gesamtabwägung nach Rn 18 ff). Ein einzelnes Merkmal kann so überwiegen, daß es schon deshalb die Höchstgebühr rechtfertigt, LG Saarbr JB **13**, 472, SG Ffm JB **15**, 638.

K. Abgrenzung zum Durchschnitt. Ein solches Strafverfahren wegen des Verdachts der Trunkenheit am Steuer, in dem das Gericht oder der Anwalt einen Sachverständigen zu Rate ziehen, kann noch eine Durchschnittssache sein. Das gilt auch dann, wenn der Staatsanwalt einen Freispruch beantragte, LG Osnabr AnwBl **84**, 263, aM LG Mü JB **82**, 1182. Es gilt auch bei einer Privatklage, LG Mü AnwBl **80**, 470. Es gilt schließlich bei einer Nebenklage, Düss JB **12**, 358, Mü AnwBl **80**, 469, LG Dortm AnwBl **80**, 470, aM LG Karlsr DAR **82**, 19 (systemwidrig). Eine Durchschnittssache kann ferner bei einem auf das Strafmaß beschränkten Rechtsmittel vorliegen, GSchm 16, aM LG Bayreuth JB **81**, 546. Dasselbe gilt für eine Schadensersatzforderung nach einem „normalen" Verkehrsunfall, KG VersR **76**, 641, oder bei einer Ordnungswidrigkeit ohne weitere Auswirkungen, LG Magdeb JB **08**, 85.

Man muß die Notwendigkeit eines *Dolmetschers* oder einiger Sprachkenntnisse des Anwalts berücksichtigen, AG Bruchsal VersR **86**, 689, AG Ffm VersR **86**, 776, AG Köln AnwBl **88**, 76, aM Düss AnwBl **99**, 704 (aber Sprachkenntnisse können wichtigste Voraussetzungen einer erfolgreichen Tätigkeit sein). Die Rücknahme der Anklage vor der Eröffnung des Hauptverfahrens kann die Höchstgebühr auslösen. Die Ablehnung der Eröffnung kann sich erhöhend auswirken, AG Hann AnwBl **80**, 311. Reicht auch der Höchstwert nach § 14 nicht zur angemessenen Vergütung aus, kann eine Überschreitung des jeweils einschlägigen Gebührenrahmens nach gesetzlichen Sonderregeln in Betracht kommen.

L. Mindestgebühr, I 1–3. Die Mindestgebühr kommt nur bei einem Mindestbemittelten und dann in Betracht, wenn die Sache gleichzeitig einfach liegt, Zweibr FamRZ **04**, 1743, LG Zweibr Rpfleger **10**, 701, VG Düss AnwBl **84**, 322, und wenn sie nur einen geringen Umfang hat oder wenn ein einzelnes Merkmal so überwiegt, daß es schon deshalb nur die Mindestgebühr rechtfertigt.

4) Gesamtabwägung, I 1–3. Man muß sämtliche in Rn 2–17 genannten Faktoren miteinander abwägen, BGH JB **13**, 419, Mü MDR **92**, 83, LG Zweibr JB **08**, 311. Das Gesetz nennt keinen generell bezifferten Ausgangswert. Infolgedessen hat keiner der Einzelfaktoren von vornherein einen Vorrang, LSG Erfurt MDR **02**, 607, aM Otto NJW **26**, 1477. Jeder Einzelfaktor kann zwar ziemlich maßgeblich werden, Mü JB **79**, 227, LG Flensb JB **76**, 1504. Das ändert aber nichts an der Notwendigkeit einer Gesamtabwägung.

A. Beachtung des Innen- und Außenverhältnisses. Man muß bei der Ausübung des Ermessens das Rechtsverhältnis zwischen dem Anwalt und seinem Auftraggeber beachten. Man muß aber auch dasjenige zum erstattungspflichtigen Gegner des Auftraggebers oder zu einem ersatzpflichtigen Dritten bedenken. Im ersteren Rechtsverhältnis ist das Ermessen des Anwalts weiter als im letzteren. Dem Auftraggeber gegenüber ist jede Bestimmung des Anwalts verbindlich, die keinen Ermessensmißbrauch darstellt, LG Flensb JB **78**, 863, LG Zweibr JB **08**, 311. Den Anwalt bindet seine Bestimmung grundsätzlich, BGH AnwBl **87**, 489, Kblz AGS **00**, 88. Er muß zwar nicht, sollte aber zumindest beim Abweichen von einer Mittelgebühr eine für den Auftraggeber nachvollziehbare Begründung geben.

B. Unanwendbarkeit beim Streit. Bei einem Streit zwischen dem Anwalt und seinem Auftraggeber scheidet eine Festsetzung nach § 11 VIII aus, soweit der Anwalt mehr als die Mindestgebühr fordert oder wenn der Auftraggeber der Höhe der Gebühren nicht ausdrücklich zugestimmt hat. Daher kann das Gericht nur noch prüfen, ob der Anwalt die Regeln des § 315 I, III BGB verkannt hat, Schmidt AnwBl **75**, 334, ob er also in einer sachfremden und objektiv willkürlichen nicht mehr einigermaßen vernünftigen Weise gerechnet hat. Das Gericht muß zB klären, ob er zB einen auf der Hand liegenden Faktor überhaupt nicht beachtet oder einen offensichtlich völlig abwegigen Faktor zum fast alleinigen Maßstab gemacht hat, LG Ffm AnwBl **76**, 353, LG Osnabr AnwBl **78**, 30, oder ob er überhaupt keinen erkennbaren Gebrauch seines Ermessens gemacht hat (Vorsicht!), LG Mü JB **76**, 792.

21 C. **Weites Anwaltsermessen.** Alles, worüber man streiten kann, was aber noch nicht nachweisbar auf Rechen-, Denk-, Auslassungsfehlern und dergleichen beruht, bleibt im Verhältnis zwischen dem Anwalt und seinem Auftraggeber im Rahmen des anwaltlichen Ermessens, LG Potsd Rpfleger **15**, 230. Alles, was wenigstens eine gewisse Bemühung um eine Gesamtabwägung erkennen läßt und keinen Hauptaspekt glatt übergeht, bleibt also einer gerichtlichen Abänderung im Streit zwischen dem Anwalt und seinem Auftraggeber grundsätzlich entzogen, Hamm JB **99**, 525, LG Aachen AnwBl **83**, 235, LG Potsd Rpfleger **15**, 230, strenger LG Lüb Rpfleger **78**, 327, Baumgärtel VersR **78**, 593 (für sein Punktesystem LG Hof JB **06**, 636, dagegen AG Nürnb AnwBl **85**, 322).

22 D. **Maßgeblichkeit des Anwalts.** Maßgeblich ist nicht derjenige Betrag, der aus der Sicht eines unbeteiligten Dritten und damit also noch am ehesten objektiv angemessen ist, sondern derjenige Betrag, den der Anwalt bei einer pflichtgemäßen Gesamtabwägung nach seinem Standpunkt als angemessen ansehen durfte, Jena AnwBl **08**, 151, LG Kblz AnwBl **98**, 486, AG Duisb AnwBl **76**, 407. Einzelposten sind austauschbar. Der Anwalt trägt anders als bei Rn 25 die Beweislast für die Billigkeit seiner Bestimmung, BGH NJW **83**, 1178. Er darf sich nicht auf Floskeln beschränken, Stgt GRUR-RR **12**, 414.

23 5) **Unbilligkeit, I 4.** Die Vorschrift gilt nicht gegenüber dem nach Rn 2 auf § 315 III BGB angewiesenen Auftraggeber. Das ergibt sich schon aus ihrem Wortlaut.

A. **Ermessensbegrenzung.** Soweit also ein Dritter die Gebühr ersetzen oder ein Prozeßgegner sie erstatten muß, kommt das Kostenfestsetzungsverfahren zum Zug. Dritter ist ein Erstattungspflichtiger, evtl auch die Staatskasse zB nach § 467 II StPO, aber nicht eine Rechtsschutzversicherung. Im Festsetzungsverfahren ist die von dem Anwalt getroffene Bestimmung nach oben oder unten grundsätzlich nach § 315 II BGB für ihn bindend, BGH AnwBl **13**, 665. Sie ist daher nur insoweit nicht verbindlich, als sie bei einer Gesamtabwägung unbillig ist, LG Meiningen JB **11**, 643, LSG Essen JB **15**, 471, VG Köln JB **17**, 308. Eine grobe Unbilligkeit ist nicht nötig, aM LAG Bln-Brdb NZA-RR **11**, 364. Im Verhältnis zum erstattungspflichtigen Gegner des Auftraggebers oder zu einem sachrechtlichen ersatzpflichtigen Dritten ist also das grundsätzlich pflichtgemäße Ermessen des Anwalts lediglich ein wenig eingeschränkt. Indessen ist diese gesetzliche Nuance zwischen I 1–3 und I 4 völlig überspitzt. Daher ist praktisch auch gegenüber dem Dritten nur ein Ermessensmißbrauch schädlich, LG Freib AnwBl **98**, 213, LG Potsd Rpfleger **14**, 227, VG Düss AnwBl **84**, 322. Erst ein solcher Ermessensmißbrauch macht die anwaltliche Bestimmung unverbindlich. Erst dann darf und muß das Gericht die Gebühr neu festsetzen.

24 B. **Maßstab: Prozentsatz der Überschreitung.** Manche Gerichte prüfen *demgegenüber*, ob der Anwalt das in anderen Fällen objektiv Angemessene deutlich überschritten hat, und halten nur eine so erhebliche Abweichung für unbillig, zB LG Hagen AnwBl **83**, 46, LG Memmingen JB **77**, 513, LG Regensb JB **78**, 67. Manche halten schon eine Überschreitung von 10% für unbillig, LG Kref JB **85**, 397.

Andere Gerichte betonen, man dürfe auch bei I 4 keine kleinlichen Streichungen oder belanglosen Meinungsverschiedenheiten austragen, Mü AnwBl **80**, 469, LG Kaisersl AnwBl **77**, 41, Schmidt AnwBl **75**, 334.

Wieder andere halten eine Abweichung von bis zu 20% gegenüber dem objektiv Angemessenen für vertretbar, BGH AnwBl **12**, 663, Düss JB **17**, 468, Naumb BauR **15**, 1723. Maßgebend sind dabei die gesamten Gebühren des Verfahrensabschnitts, Kblz NJW **05**, 918. Auch das soll aber nur bei einer Beachtung der Bemessungskriterien gelten, Mü Rpfleger **04**, 294. Manche sehen demgemäß eine Abweichung erst ab etwa 20% als unbillig an, KG Rpfleger **11**, 347, LG Potsd Rpfleger **14**, 227, LSG Essen JB **15**, 471. Man liest auch von 30% als einer noch hinnehmbaren Abweichungsgröße, Kallenbach AnwBl **10**, 431, Kitzinger FamRZ **05**, 11. Wieder andere erlauben mangels besonderer Umstände überhaupt keine Abweichung vom Mittelwert, BGH AnwBl **13**, 295, BVerwG Rpfleger **02**, 98, Fölsch NJW **12**, 271.

Jedenfalls ist jeder *Schematismus* unzulässig, LG Kaisersl MDR **91**, 560. Jedes Ermessen eröffnet nämlich begrifflich irgendeinen Spielraum auch gegenüber einem weitgehend gleichen Sachverhalt.

Zweischneidig ist ein recht großer Ermessensraum des Anwalts. Man kann nicht damit argumentieren, der Auftraggeber könne sich durch eine Gebührenvereinbarung nach § 3a schützen. Derjenige Anwalt, der nur auf Grund einer Gebührenvereinbarung zur Tätigkeit bereit ist, wird keineswegs weniger als bei gesetzlicher Vergütung verdienen wollen. Mehr als 10% Abweichung gelten oft schon als Abänderungsgrund zB bei § 323 ZPO, § 238 FamFG. Dann wären 20% Abweichung schon reichlich viel. So wichtig für eine hohe Qualität eine entsprechende Vergütung sein dürfte, so wichtig ist es auch, das ein Organ der Rechtspflege nach § 1 BRAO maßhält, wie etwa der Privatarzt des Privatpatienten, der kaum ohne triftigen Grund über die üblichen Grenzen von derzeit dem 2,3fachen nach der GOÄ hinausgehen darf, ohne erheblichen Ärger zu riskieren.

C. Beweislast. Wer als Dritter einen Ermessensmißbrauch behauptet, trägt anders **25** als bei Rn 22 die entsprechende Beweislast, LG Potsd JB **04**, 25, VGH Mü JB **04**, 650, aM Bln EFG **81**, 366 (der Anwalt müsse bei einer Beanstandung die für seine Bemessung maßgeblichen Erwägungen selbst darlegen und beweisen. Aber im Ermessen eröffnet nach Rn 24 einen Spielraum. Daher muß derjenige die Beweislast tragen, der eine Überschreitung des Spielraums behauptet).

D. Weiteres Verfahren. Eine Honorarvereinbarung ist, soweit sie überhaupt zu- **26** lässig ist, so lange bindend, wie kein Ermessensmißbrauch feststeht. Ein Austausch von Einzelposten ist zulässig, BLAH § 104 ZPO Rn 52. Im Kostenfestsetzungsverfahren ist die Feststellung der Unbilligkeit jedenfalls bei deren Offenkundigkeit wie bei § 291 ZPO entbehrlich, LG Mü NJW **76**, 1702. Das Revisionsgericht kann nach § 559 ZPO eine vom Tatrichter vorgenommene Bemessung ohnehin grundsätzlich nur auf das Vorliegen eines Rechtsirrtums, auf die Verkennung wesentlicher Umstände oder auf eine Ermessensüberschreitung prüfen. Im übrigen ist § 315 III BGB auch im Verhältnis zum erstattungspflichtigen Dritten anwendbar, Schmidt NJW **75**, 1727.

6) Gutachten, II, dazu *Schneider* MDR **02**, 1295 (Üb): Die Vorschrift lautet ähn- **27** lich wie § 3a II 2, 3. Gleichwohl sind die Voraussetzungen der Einholung des Gutachtens teilweise anders als dort. Das Gutachten soll dem Gericht vielmehr die Ansicht der Berufsvertretung mit ihrer zusätzlichen Erfahrung vermitteln. § 34 I 3 Hs 1 macht § 14 II nicht mitanwendbar.

A. Notwendigkeit. Die Notwendigkeit eines Gutachtens entsteht allenfalls im **28** Verhältnis gerade zwischen dem Anwalt oder einem der Anwaltskammer angehörenden Rechtsbeistand und dem Auftraggeber oder dessen Rechtsnachfolger, BGH GRUR **15**, 1197 (also nicht im Verhältnis zum Gegner). Sie entsteht auch nach II 1 Hs 1 aE dann nur, soweit sich herausstellt, daß die Frage der Angemessenheit der vom Anwalt bestimmten Gebührenhöhe oder die Frage ihrer Unbilligkeit nicht nur entscheidungserheblich ist, sondern daß sie auch wenigstens im Kern erkennbar streitig ist, Mü MDR **05**, 1186, AG Hagen AnwBl **05**, 508. Dabei ist § 138 III, IV ZPO anwendbar. Das gilt nur im Rechtsstreit um die Vergütung, *Schneider* NJW **04**, 193, freilich auch bei einer Aufrechnung oder bei der Behauptung einer Überzahlung nach § 812 BGB. Es gilt auch dann, wenn das Gericht die Anwaltsforderung bisher für angemessen hält.

B. Beispiele zur Frage einer Notwendigkeit, II **29**
Abtretung: Rn 31 „Schadensersatz".
Anspruchsgrund: *Nicht* notwendig ist ein Gutachten schon wegen II bei einem Streit zum Anspruchsgrund, Düss AnwBl **84**, 443, Hamm ZfS **92**, 119, Mümmler JB **85**, 9.
S auch „Grundurteil".
Erstattungsprozeß: *Nicht* notwendig wird ein Gutachten schon wegen II im Verfahren zwischen dem Auftraggeber und seinem Prozeßgegner wegen der Kostenerstattung zB nach §§ 91 ff ZPO, BVerwG JB **82**, 857, Düss JB **09**, 588, AG Essen AnwBl **05**, 508, aM Vagt DNotZ **85**, 512 (aber § 14 betrifft nur das Innenverhältnis Anwalt – Auftraggeber).
Grundurteil: *Nicht* notwendig ist ein Gutachten schon vor einem solchen Urteil nach § 304 ZPO, Düss AnwBl **84**, 444.
S auch „Anspruchsgrund".

Herabsetzung: Notwendig ist ein Gutachten dann, wenn das Gericht dazu neigt, irgendeine Herabsetzung der Vergütung vorzunehmen, etwa bei einer Honorarvereinbarung nach (jetzt) § 3a II, Köln NJW **98**, 1961. Denn auch diese Situation setzt nach § 3a II 1 einen „Rechtsstreit" voraus, also eine Streitigkeit auch zur Gebührenhöhe nach II 1. Indessen kann es ratsam sein, den Sachverhalt durch Auflagen nach § 273 ZPO oder durch die Anheimgabe einer Stellungnahme zu bisher eingegangenen gegnerischen Schriftsätzen usw soweit nach §§ 138, 139 ZPO aufzuklären, daß sich die Anwaltskammer ein vollständiges Bild machen kann.

30 **Insolvenz:** *Nicht* stets notwendig ist ein Gutachten im Anfechtungsprozeß des Insolvenzverwalters, BGH NJW **80**, 1962. Das gilt auch gegenüber einer Rechtsschutzversicherung.

Kleinverfahren: Notwendig sein kann ein Gutachten auch im sog Kleinverfahren nach § 495a ZPO, Schmidt AnwBl **79**, 133.

Kostenfestsetzung: *Nicht* notwendig ist ein Gutachten stets im Festsetzungsverfahren zwischen dem Anwalt und dem früheren Auftraggeber, BVerwG NJW **06**, 248, Ffm FamRZ **92**, 711, LG Nürnb-Fürth JB **85**, 869. Freilich ist das Gericht auch dann zur Einholung eines Gutachtens berechtigt, auch im Rechtsmittelzug.
S auch Rn 31 „Zeitpunkt".

Mahnverfahren: Notwendig sein kann ein Gutachten auch nach einem Mahnverfahren nach §§ 688 ff ZPO von dem Übergang in das streitige Verfahren nach § 696 ZPO ab.

Mindestgebühr: *Nicht* notwendig ist ein Gutachten wegen II 1 Hs 1 aE. Denn es besteht dann kein Streit gerade über die Höhe einer Gebühr, sondern nur dazu, ob der Anwalt sie überhaupt beanspruchen kann, Düss AnwBl **85**, 239, LG Flensb JB **87**, 1515.

Mittelgebühr: *Nicht* notwendig ist ein Gutachten beim Streit darüber, wie hoch das Gesetz eine Mittelgebühr nach rn 14 bemißt, etwa bei (jetzt) VV 2300, AG Hbg-Harbg AnwBl **05**, 589, AG Kaufbeuren AnwBl **05**, 508.
S auch Rn 31 „Unstreitigkeit".

Nichtgebührenrecht: Notwendig sein kann ein Gutachten auch dann, wenn der Auftraggeber nur einen nichtgebührenrechtlichen Einwand nach § 11 V 1, 2 erhebt, aM Düss AnwBl **85**, 259. Denn das Gericht soll schon bei der Schlüssigkeitsprüfung wie nach BLAH § 253 ZPO Rn 32 die Ansicht der Berufsvertretung mitbeachten, großzügiger GS 106, 108 (nicht bei Säumnis oder Anerkenntnis).

31 **Säumigkeit:** Notwendig sein kann ein Gutachten bei einer Streitigkeit und Entscheidungserheblichkeit auch dann, wenn sich der frühere Auftraggeber nicht auf eine Verhandlung einläßt, wenn er also zB nach §§ 330 ff ZPO säumig ist. Denn das Gericht soll schon bei der Schlüssigkeitsprüfung wie nach BLAH § 253 ZPO Rn 32 die Ansicht der Berufsvertretung mitbeachten, aM GSchm 106, 108.
Nicht notwendig ist ein Gutachten natürlich bei einer Klagabweisung durch ein sog unechtes Versäumnisurteil nach § 331 II Hs 2 ZPO.

Schadensersatz: *Nicht* notwendig ist ein Gutachten dann, BVerfG JB **82**, 857. Das gilt zB dann, wenn der Anwalt nur einen ihn abgetretenen Schadensersatzanspruch des Auftraggebers geltendmacht, AG Hameln AnwBl **05**, 589. Freilich ist es auch dann zulässig.

Unstreitigkeit: *Nicht* notwendig ist ein Gutachten bei einer Unstreitigkeit der Gebührenhöhe, großzügiger LG Flensb JB **87**, 1515 (Entbehrlichkeit sogar bei einer Mittelgebühr mangels substantiierter Bedenken).

Vergleich: *Nicht* notwendig ist ein Gutachten beim Vergleich, großzügiger LG Flensb JB **87**, 1515.

Vorfrage: *Nicht* notwendig ist ein Gutachten bei einer bloßen Vorfrage, Düss VersR **08**, 1685.

Zeitpunkt: Notwendig wird ein Gutachten wenn überhaupt, dann bereits vor der sachlichen Entscheidung über die Angemessenheit der Gebühr, Bbg OLGZ **76**, 354, nicht etwa erst im Kostenfestsetzungsverfahren.

32 **C. Verfahren.** Das Gericht holt das Gutachten von Amts wegen ohne eine Widerspruchsmöglichkeit eines Beteiligten beim Vorstand derjenigen Anwaltskammer ein, der der Anwalt jetzt angehört, so wohl auch Schneider NJW **04**, 195. Denn das

Abschnitt 2. Gebührenvorschriften § 14 RVG

ist wie nach BLAH Grdz 14 vor § 128 ZPO prozeßwirtschaftlich und läßt sich ebensogut aus II in Verbindung mit § 73 Z 3 BRAO ableiten wie eine Zuständigkeit derjenigen Kammer, der der Anwalt zur Zeit der Ausführung des Auftrags oder der Berechnung nach § 10 angehörte.

D. Beispiele zur Frage des Verfahrens, II 33

Ablehnbarkeit: Wenn vor der Erstellung des Gutachtens eine Befangenheitsbesorgnis wie nach § 406 ZPO besteht, sollte der Vorstand ein anderes Mitglied bestellen, obwohl das Verfahren nicht auf die Person eines Einzelsachverständigen ausgerichtet ist. Tritt eine Befangenheit erst nach der Erstellung des Gutachtens zutage, muß das Gericht sie bei der Würdigung des Gutachtens mitbeachten, BGH **62**, 94.

Aktenrückgabe: Soweit der Vorstand der Anwaltskammer die Akten mit der Ansicht zurückgibt, er könne sich wegen Unklarheiten des Sachverhalts *noch nicht gutachtlich äußern*, muß das Gericht im Rahmen seines pflichtgemäßen Ermessens bei einer Anhörung der Parteien prüfen, ob es sich der Auffassung der Anwaltskammer anschließt. Das Gericht muß dann das Erforderliche zur weiteren Sachaufklärung veranlassen. Andernfalls mag das Gericht die Akten dem Vorstand der Anwaltskammer unter einer Mitteilung der eigenen Beurteilung der Gutachtenreife erneut übersenden oder selbst entscheiden, ohne die Akten erneut nach dort übersenden zu müssen. 34

Soweit der Vorstand der Anwaltskammer die Erstellung des Gutachtens *endgültig verweigert* oder die Hergabe des Gutachtens allzu lange hinauszögert, sei es auch unter der Angabe, der von ihm beauftragte Anwalt habe den Entwurf aus irgendwelchen Gründen nicht fertiggestellt, darf und muß das Gericht die Akten wie bei § 121 I 1 BGB unverzüglich zurückfordern. Diese Maßnahme kann zu einer nun sehr raschen Beifügung des Gutachtens führen. Notfalls darf und muß das Gericht ohne ein Gutachten entscheiden. Die Ordnungsmittel gegenüber einem einzelnen Sachverständigen nach §§ 408, 409 ZPO sind aus den Gründen Rn 33 unanwendbar.

Aktenüberlassung: Der Vorstand kann die Erstellung des Gutachtens von einer Überlassung aller derjenigen Akten und Beiakten abhängig machen, die nach seinem pflichtgemäßen Ermessen zu einem brauchbaren Gutachten erforderlich sind. Das Gericht darf und muß ihm grundsätzlich die Akten im Original und vollständig übersenden. Der Vorstand darf alle ihm zugeleiteten Unterlagen demjenigen Mitglied übergeben, das er mit dem Entwurf beauftragt. 35

Von diesem Grundsatz können insofern *Ausnahmen* bestehen, als es dem berechtigten Interesse eines am Gebührenstreit Beteiligten widerspricht, gerade diesem Anwalt derartige Unterlagen zugänglich zu machen. Handakten des Anwalts dürfen nur dann eine Beachtung erhalten, wenn sie derzeit ein Teil der Gerichtsakten sind. Insoweit besteht aber natürlich auch eine Auswertungspflicht des Vorstands. Handakten, die der Anwalt direkt dem Vorstand der Anwaltskammer zur Einsicht gibt und der Gutachter ausgewertet hat, müssen auch dem Gericht und dem Gegner zugänglich sein. Andernfalls ist das Gutachten unverwertbar.

Bearbeitungszeitspanne: Wegen der allgemein bekannten Belastung aller Anwälte ist es ratsam, dem Vorstand eine mehrmonatige *Zeitspanne* zur Erstellung des Gutachtens zu überlassen oder erst nach dem Ablauf einer solchen Zeit eine Sachstandsanfrage zu halten. Das gelegentliche Argument, die – wenn auch zahlreichen – Vorstandsmitglieder seien allzu überlastet und müßten obendrein unentgeltlich tätig werden, ist aber nicht vorrangig. Jeder größere Betrieb muß die notwendigen Organisationsaufnahmen treffen. Das gilt auch für die Vertretung einer mitgliederstarken Berufsvertretung. Sie muß ihre gesetzlichen Pflichten als ein Gegenstück besonderer Rechte und einer besonderen Verantwortung auch dann wie bei § 121 I 1 BGB unverzüglich erfüllen, wenn sie keine Vergütung mit sich bringen.

S auch Rn 39 „Frist".

Bestimmung des Gutachters: Der Vorstand der Anwaltskammer bestimmt in eigener Zuständigkeit im Rahmen seines pflichtgemäßen Ermessens in der Regel eines seiner Mitglieder zum Gutachter. Dieser Anwalt trägt natürlich die Mitverantwortung für den Inhalt des Gutachtens. Er ist persönlich kein gerichtlich beauftragter Sachverständiger. Er erhält natürlich ebensowenig eine Vergütung wie der Vorstand der Anwaltskammer. Das gilt nach § 1 II JVEG, Teil V dieses Buchs. Denn es han- 36 delt sich nach Rn 32 gerade nicht um eine Sachverständigenleistung, selbst wenn sie ihr praktisch nahesteht.

37 **Einzelsachverständiger:** Unanwendbar sind alle diejenigen Vorschriften, die auf die Einzelperson eines Sachverständigen abzielen, BGH **62**, 95, Ffm MDR **83**, 327, Pieper ZZP **84**, 22.
S auch „Erläuterung".
Ergänzung: Das Gericht darf und muß evtl die Anwaltskammer um eine Ergänzung ihres Gutachtens ersuchen, falls ihm das bisherige Gutachten unvollständig oder unklar scheint. Es ist ein nobile officium des Vorstands, wie bei § 121 I 1 BGB unverzüglich eine entsprechende ergänzende Stellungnahme abzugeben.
Erläuterung: Eine mündliche Erläuterung wie nach § 411 III ZPO kommt nur unter den Voraussetzungen des § 284 S 2–4 ZPO infrage. Denn die Vorschriften zur Einzelperson sind grds unanwendbar, vgl „Einzelsachverständiger".

38 **Ermittlungen:** Der Vorstand der Anwaltskammer sollte von sich aus keine Sachverhaltsaufklärung betreiben, ohne zumindest mit dem Gericht vorher insofern Kontakt aufzunehmen. Zwar sind die Grundsätze des Sachverständigenbeweises im Zivilprozeß teilweise entsprechend anwendbar. Indessen ist es nicht die Aufgabe des Vorstands, dem Gericht die Aufklärung des Sachverhalts über solche Fragen abzunehmen, die das Gericht ja anders als zB in einem Abstammungsverfahren oder bei einem Bauprozeß grundsätzlich ebenfalls sachverständig beurteilen kann.
Läßt sich der für eine Begutachtung benötigte Sachverhalt nicht weiter aufklären, sollte der Vorstand vom *bisher bekannten* Sachverhalt ausgehen, Schmidt AnwBl **79**, 133.

39 **Frist:** S zunächst Rn 35 „Bearbeitungszeitspanne".
Das Gericht kann der Anwaltskammer eine Frist zur Hergabe des Gutachtens setzen. Es muß so verfahren, falls die Anwaltskammer die Erstellung des Gutachtens ohne ausreichende von ihr mitgeteilte Gründe unangemessen verzögert. Denn das Gericht hat nach BLAH Einl III 27 im Rechtsstreit eine vorrangige Fürsorgepflicht gegenüber beiden Prozeßparteien, BVerfG **52**, 144, Karlsr MDR **81**, 503. Überdies ist das Gutachten kein Sachverständigenbeweis nach §§ 402ff ZPO, sondern als eine amtliche Auskunft ein selbständiges Erkenntnismittel, LG BadBad Rpfleger **01**, 324, AG Duisb AnwBl **82**, 318, BLAH Üb 32 vor § 373 ZPO, aM Mü MDR **89**, 923.

40 **Kosten:** Das Gutachten ist kostenlos, II 2, LG BadBad Rpfleger **01**, 324. Es entsteht also auch keine Auslagen-Ersatzpflicht.
Nichtgebührenrecht: Soweit der Streit im Gebührenprozeß in Wahrheit nur noch andere als gebührenrechtliche Fragen betrifft, etwa insolvenzrechtliche, ist kein Gutachten erforderlich und sollte sich der Vorstand der Anwaltskammer nicht äußern. Das gilt selbst dann, wenn das Gericht im Ergebnis eine Herabsetzung der vereinbarten Vergütung plant, BGH **77**, 254.

41 **Rechtliches Gehör:** Das Gericht gibt den Parteien oder Beteiligten das rechtliche Gehör zum Gutachten und läßt sie über das Gutachten mitverhandeln.
Rechtsbehelfsbelehrung, Verstoß: §§ 12 c, 33 V 2, 52 IV 2.
Unklarheit: Rn 37 „Ergänzung".
Unterschrift: Stets muß der Vorstand der Anwaltskammer die Endfassung des Gutachtens zumindest neben dem von ihm bestellten Gutachter unterschreiben und damit die Verantwortung übernehmen.
Unvollständigkeit: Rn 37 „Ergänzung", Rn 42 „Zitate".

42 **Vergütung:** Rn 36 „Bestimmung des Gutachters".
Verständlichkeit: Das Gutachten sollte für den Auftraggeber des am Gebührenrechtsstreit beteiligten Anwalts verständlich sein, also in der Regel für den Kläger jenes Prozesses. Man würde ihm Steine statt Brot geben, durch rechtswissenschaftlich zutreffende, aber für den Laien kaum noch verständliche Ausführungen erst recht eine Unsicherheit über die entscheidungserheblichen Fragen herbeizuführen. Überdies sollte der Vorstand der Anwaltskammer auch nur den Anschein einer Parteilichkeit vermeiden. Er hat anderseits das Recht und die Pflicht, die Stellung des Anwalts als eines unabhängigen Organs der Rechtspflege nach § 1 BRAO angemessen zu berücksichtigen.

Verweigerung: Rn 34 „Aktenrückgabe".
Würdigung: Das Gutachten bindet das Gericht wegen § 286 ZPO nicht in seiner freien Würdigung. Das Gericht sollte aber eine Abweichung ausreichend nachvollziehbar begründen.
Zitate: Es steigert die Überzeugungskraft des Gutachtens, wenn es Zitate aus der Rechtsprechung und Lehre nicht allzu „wählerisch" auf einen bloßen Teil des Einschlägigen beschränkt.

D. Verstoß. Eine pflichtwidrige Nichteinholung des Gutachtens kann als ein Verfahrensfehler zur Zurückverweisung wie nach (jetzt) § 538 II 1 Z 1 ZPO führen, BVerfG FamRZ **02**, 532 (aber kaum Verfassungsbeschwerde), Bbg MDR **98**, 800, Ffm AnwBl **98**, 484, aM GSchm 130 (Berufungsgericht entscheidet selbst). Die Verwertung des Gutachtens des Vorstands einer nach Rn 32 unzuständigen Anwaltskammer ist ebenfalls ein erheblicher Verfahrensmangel. Das Gericht darf vor einem Gutachten von der Gebührenvereinbarung nach (jetzt) § 3a nicht abweichen, LG Karlsr AnwBl **83**, 179. 43

Abgeltungsbereich der Gebühren

15 I Die Gebühren entgelten, soweit dieses Gesetz nichts anderes bestimmt, die gesamte Tätigkeit des Rechtsanwalts vom Auftrag bis zur Erledigung der Angelegenheit.

II Der Rechtsanwalt kann die Gebühren in derselben Angelegenheit nur einmal fordern.

III Sind für Teile des Gegenstands verschiedene Gebührensätze anzuwenden, entstehen für die Teile gesondert berechnete Gebühren, jedoch nicht mehr als die aus dem Gesamtbetrag der Wertteile nach dem höchsten Gebührensatz berechnete Gebühr.

IV Auf bereits entstandene Gebühren ist es, soweit dieses Gesetz nichts anderes bestimmt, ohne Einfluss, wenn sich die Angelegenheit vorzeitig erledigt oder der Auftrag endigt, bevor die Angelegenheit erledigt ist.

V ¹Wird der Rechtsanwalt, nachdem er in einer Angelegenheit tätig geworden ist, beauftragt, in derselben Angelegenheit weiter tätig zu werden, erhält er nicht mehr an Gebühren, als er erhalten würde, wenn er von vornherein hiermit beauftragt worden wäre. ²Ist der frühere Auftrag seit mehr als zwei Kalenderjahren erledigt, gilt die weitere Tätigkeit als neue Angelegenheit und in diesem Gesetz bestimmte Anrechnungen von Gebühren entfallen. ³Satz 2 gilt entsprechend, wenn ein Vergleich mehr als zwei Kalenderjahre nach seinem Abschluss angefochten wird oder wenn mehr als zwei Kalenderjahre nach Zustellung eines Beschlusses nach § 23 Absatz 3 Satz 1 des Kapitalanleger-Musterverfahrensgesetzes der Kläger einen Antrag nach § 23 Absatz 4 des Kapitalanleger-Musterverfahrensgesetzes auf Wiedereröffnung des Verfahrens stellt.

VI Ist der Rechtsanwalt mit einzelnen Handlungen oder mit Tätigkeiten, die nach § 19 zum Rechtszug oder zum Verfahren gehören, beauftragt, erhält er nicht mehr an Gebühren als der mit der gesamten Angelegenheit beauftragte Rechtsanwalt für die gleiche Tätigkeit erhalten würde.

Schrifttum: *Müller-Rabe,* Angelegenheit und Auftrag in Familiensachen, Festschrift für Madert (2006) 159; *Schneider* AnwBl **08**, 773 (Üb).

Gliederung

1) Systematik, I–VI	1–3
2) Regelungszweck, I–VI	4
3) Geltungsbereich, I–VI	5–7
4) Dieselbe Angelegenheit, II	8–75
A. Begriff der Angelegenheit	9–11
B. Abgrenzung zum Begriff des Gegenstands	12
C. Abgrenzung zum Begriff des Rechtszugs	13
D. Identitätsprüfung	14
E. Innerer Zusammenhang	15
F. Bei Gerichtsverfahren	16

RVG § 15 X. Rechtsanwaltsvergütungsgesetz

    G. Verfahrensmehrheit 17–19
    H. Einmaligkeit der Gebühr 20, 21
    I. Beispiele zur Frage derselben Angelegenheit, II 22–74
    J. Umfang der Abgeltung 75
5) Verschiedene Gebührensätze für Teile eines Gegenstands, III 76–80
6) Vorzeitige Erledigung usw, IV 81–92
    A. Grundsatz: Bestehenbleiben der Vergütung 81, 82
    B. Kündigung des Anwalts wegen Vertragswidrigkeit des Auftraggebers ... 83, 84
    C. Beispiele zur Frage einer Vertragswidrigkeit des Auftraggebers, IV 85
    D. Kündigung des Anwalts ohne Vertragswidrigkeit des Auftraggebers 86
    E. Kündigung des Auftraggebers wegen Vertragswidrigkeit des Anwalts ... 87
    F. Beispiele zur Frage einer Vertragswidrigkeit des Anwalts, IV 88
    G. Kündigung des Auftraggebers ohne Vertragswidrigkeit des Anwalts 89, 90
    H. Erstattungsfähigkeit 91
    I. Weitere Ausnahmefälle 92
7) Auftrag zum weiteren Tätigwerden, V 93–97
    A. Grundsatz: Keine weitere Vergütung, V 1 93
    B. Keine neue Angelegenheit 94
    C. Verkehrsanwalt wird Prozeßbevollmächtigter 95
    D. Ausnahme bei Werterhöhung 96
    E. Weitere Ausnahme bei 2-Jahres-Zeitablauf, V 2, 3 97
8) Mehrere Einzelaufträge usw, VI 98, 99

1   **1) Systematik, I–VI.** I enthält den das RVG beherrschenden Grundsatz der Verfahrenspauschgebühr nach Einl II A 9. Der Anwalt erhält also nicht für jede einzelne Tätigkeit eine Vergütung (Einzelaktgebühr). Es bestehen vielmehr Pauschgebühren, die jeweils eine ganze Gruppe von Einzeltätigkeiten unabhängig vom Umfang und Grad der im einzelnen aufgewandten Mühe vergüten. Daneben gibt es auch Erfolgsgebühren, (jetzt) VV 1000 ff usw, Chemnitz Festschrift für Schmidt (1981) 6, auch zur Gesamtproblematik.

2   Solche *Pauschgebühren* gelten nicht nur wiederholte gleichartige Tätigkeiten derselben Tätigkeitsgruppe ab, zB die Wahrnehmung mehrerer Termine in demselben Verfahren, sondern auch solche, die sich in die besonderen Gebührentatbestände des VV nicht einreihen lassen.

3   Die Fälligkeit einer Pauschgebühr nach § 8 tritt bereits dann ein, wenn der Anwalt die zu dieser Tätigkeitsgruppe erforderlichen *Arbeiten verrichtet hat,* wenn sich also sein diesbezüglicher Auftrag erledigt hat. Das gilt selbst dann, wenn es sich für ihn um eine vorzeitige Erledigung der Angelegenheit oder Beendigung des Auftrags handelt und wenn es im Verfahren später nach IV zu einer anderen Tätigkeitsgruppe kommt, die ein anderer Anwalt wahrnimmt. Die Pauschgebühr entsteht für den zunächst beauftragten Anwalt unabhängig davon, ob der Auftraggeber gleichzeitig oder später einen weiteren Anwalt beauftragt, zusätzlich innerhalb derselben Tätigkeitsgruppe tätig zu werden.

4   **2) Regelungszweck, I–VI.** Die Vorschrift dient sowohl der Kostengerechtigkeit als auch der Vereinfachung und damit auch in diesem wirtschaftlich so wichtigen Bereich des Prozesses der Prozeßwirtschaftlichkeit, BLAH Grdz 14 vor § 128 ZPO. Dem Wesen der Pauschgebühr entsprechend kommt es grundsätzlich nicht darauf an, ob der Anwalt in derselben Angelegenheit und innerhalb derselben Tätigkeitsgruppe viel oder wenig tun mußte. II soll eine Häufung von anteiliger Gesamtgebühr und Einzelgebühr verhindern, VGH Mü NVwZ-RR **17**, 992 rechts.

5   **3) Geltungsbereich, I–VI.** Die Vorschrift enthält in I nach ihrem Wortlaut nur eine Hilfsregelung für den Fall, daß keine vorrangig anderen Regeln bestehen. Indessen beherrscht das Prinzip der Pauschgebühr nach Rn 1 in Wahrheit das ganze RVG. Daher handelt es sich bei abweichenden Vorschriften in Wahrheit um Ausnahmeregeln vom Grundsatz der Pauschgebühr. Dessen ungeachtet sind solche Ausnahmeregeln vorrangig.

6   *Vorrangige Sonderregeln sind zB* die als besondere Angelegenheit geregelten Fälle des § 18. In allen diesen Fällen entstehen besondere Gebühren.

7   § 15 *gilt auch* für ein solches Verfahren, für das man die Gebühr nach (jetzt) § 37 bestimmen muß, KG Rpfleger **79**, 435.

8   **4) Dieselbe Angelegenheit, II.** Der Anwalt kann die Gebühren in derselben Angelegenheit nach Rn 20 nur einmal fordern. Bei verschiedenen Angelegenheiten gilt § 17.

1502

A. Begriff der Angelegenheit. Das RVG bestimmt den in ihm verschiedentlich 9 genannten Begriff der Angelegenheit nicht ausdrücklich, BGH Rpfleger **78**, 370, Ffm RR **16**, 384, Lissner FamRZ **13**, 1272.

Das RVG erwähnt den Begriff zB in §§ 7 I, 14 I 1, 15 ff, 22 I. Es handelt sich um 10 einen *gebührenrechtlichen Begriff*. Das muß man bei der Ermittlung seines Umfangs und Inhalts mitberücksichtigen. Der Begriff Angelegenheit dient gebührenrechtlich zur Abgrenzung desjenigen anwaltlichen zusammengehörenden Tätigkeitsbereichs, den eine Pauschgebühr abgelten soll, Ffm RR **10**, 176. Der Begriff ist derselbe wie derjenige im BerHG, AG Leverkusen FamRZ **08**, 166.

Grundsätzlich soll die Pauschgebühr nach I die *gesamte Tätigkeit* des Anwalts vom Er- 11 halt des jeweiligen Auftrags bis zur Erledigung dieses Auftrags oder bis zu seinem Ausscheiden abgelten, BGH JB **15**, 465, Ffm RR **10**, 176, AG Luckenwalde JB **11**, 256. Daraus wird bereits deutlich, daß es wesentlich auf die Art und den Umfang des Auftrags des Anwalts ankommt, BGH MDR **14**, 864, Düss AnwBl **09**, 70, LG Passau RR **15**, 1216. Ein Auftrag kann mehrere Angelegenheiten umfassen, BGH NJW **06**, 2703, Köln MDR **10**, 474. Rechtsmißbrauch durch Aufspaltung ist unstatthaft, KG GRUR-RR **12**, 482.

B. Abgrenzung zum Begriff des Gegenstands. Man muß vom Begriff der 12 Angelegenheit den Begriff des Gegenstands unterscheiden, Ffm RR **16**, 384, Kblz JB **09**, 249. Auch diesen Begriff bestimmt das RVG nicht unmittelbar. Man findet ihn zB in VV 1008 amtliche Anmerkung I. Es handelt sich dabei um dasjenige Recht oder Rechtsverhältnis, auf das sich die jeweilige anwaltliche Tätigkeit bezieht, BGH NJW **04**, 1045, Kblz JB **09**, 249, Meyer JB **07**, 518.

Mehrdeutig ist dabei zumindest der Begriff Rechtsverhältnis. Er kann ein sachlichrechtliches oder ein prozeßrechtliches oder beides bedeuten. Sachlichrechtlich muß eine aus einem greifbaren tatsächlichen Sachverhalt entstandene Rechtsbeziehung von Personen zu Personen oder Sachen bestehen, BGH NZM **12**, 641, BAG NZA **14**, 804, Kblz ZIP **12**, 2309. Es kann auch ein sog Drittrechtsverhältnis reichen, BGH WertpMitt **12**, 1584, BLAH § 256 ZPO Rn 5. Prozeßrechtlich besteht viel Unklarheit, BLAH Grdz 4 ff vor § 128 ZPO. Es handelt sich um die Beziehungen der Parteien untereinander, zum Gericht oder eben auch zum Anwalt. Viel kann man mit keiner dieser Deutungen gewinnen.

Der *Streitgegenstand* könnte am ehesten zur Abgrenzung helfen. Auch dieser Begriff erweist sich freilich als kompliziert genug. § 2 ZPO bezeichnet den sog prozessualen Anspruch. Das ist die auf Grund eines bestimmten tatsächlichen Sachverhalts aufgestellte Forderung, über deren Berechtigung die Kläger einen Ausspruch des Gerichts begehrt, BGH NJW **13**, 542, BAG NJW **14**, 718, Saarbr RR **10**, 327. Das hilft aber auch nur bei einer Tätigkeit des Anwalts vor Gericht weiter. Auch hier besteht die Gefahr eines Argumentierens vom gewünschten (Kosten-)Ergebnis her. Auch den Gegenstandsbegriff muß man daher möglichst interessenneutral behutsam abwägen.

Eine Angelegenheit kann mit dem Gegenstand *übereinstimmen*. Sie kann aber auch nach (jetzt) § 22 I *mehrere* Gegenstände umfassen, Düss MDR **12**, 740, Kblz JB **09**, 249, Meyer JB **10**, 521. Mehrere Gegenstände können also dieselbe Angelegenheit bilden, BVerfG RR **01**, 139, BGH AnwBl **84**, 501, OVG Münst JB **99**, 470. Das gilt zB bei dem einen Unfallopfer für den Sachschaden, bei dem anderen für ein Schmerzensgeld.

C. Abgrenzung zum Begriff des Rechtszugs. Schließlich muß man von den 13 Begriffen Angelegenheit und Gegenstand den Begriff Rechtszug unterscheiden. Auch diesen Begriff bestimmt das Gesetz nicht ausdrücklich. Man findet ihn zB in § 17 Z 1 und in § 19 I 1.

D. Identitätsprüfung. Man muß die Frage, ob dieselbe Angelegenheit oder ver- 14 schiedene Angelegenheiten vorliegen, im Einzelfall nach seinen gesamten Umständen prüfen, Ffm FamRZ **11**, 672, LG Tüb ZMR **02**, 128, Meyer JB **08**, 239. Es muß regelmäßig ein einheitlicher Lebensvorgang vorliegen, BVerfG RR **01**, 139, BGH JB **15**, 465, LG Passau RR **15**, 1216.

Maßgeblich sind nach Rn 11 die Art und der *Umfang des Auftrags*, BGH JB **15**, 465, Ffm FamRZ **11**, 672, Lensing VersR **13**, 1499. Es kommt auf den erstrebten Erfolg gerade dieses Einzelauftrags an, nicht auf allgemeine Gewinnwünsche oder sonstige allgemeine Ziele des Auftraggebers über den konkreten Einzelauftragserfolg hinaus.

Problematisch genug bleibt das Abstellen auf den Auftrag. Abgesehen davon, daß damit ein sachlichrechtlicher Begriff auch kostenrechtlich maßgeblich wird, kann man natürlich auch den Auftragsbegriff äußerst unterschiedlich verstehen. Dabei besteht stets die Gefahr, vom gewünschten Ende her zu denken: Bei mehreren Angelegenheiten evtl höhere Gebühr als bei nur einer einzigen Angelegenheit, also den Auftragsbegriff möglichst eng fassen, und umgekehrt, je nach Funktion des Beurteilenden, zB Anwalt einerseits, Kostenbeamter andererseits.

Besonders schwierig kann die Sache auf diesem Boden dann werden, wenn man herausfinden soll, ob sich der Auftraggeber zum endgültigen Umfang der Anwaltstätigkeit im Grunde von Anfang an oder erst nach und nach entschlossen hat und ob der Anwalt ebenso wie der Auftraggeber dachte. Dabei mag es seinem Gebühreninteresse durchaus mehr entgegenkommen, anfangs nicht so weitgehend beauftragt worden zu sein.

Die *Beweislast* dürfte daher für diesen letzteren Fall mit der Folge einer Mehrheit von Angelegenheiten grundsätzlich beim Anwalt liegen. Das alles wird durch das Problem der Abgrenzung von Angelegenheit und Gegenstand nach Rn 12 nicht gerade einfacher. Behutsame Abwägung bei möglichster Interessenneutralität ist das Gebot einer brauchbaren Handhabung.

15 **E. Innerer Zusammenhang.** Allerdings muß man einen bei objektiver Betrachtung vorhandenen inneren Zusammenhang der einzelnen Tätigkeiten des Anwalts mitbeachten, BVerfG **137**, 345, BGH RR **16**, 884, LG Passau RR **15**, 1216, aM Düss GRUR **00**, 825 (aber auch bei einer Wahrnehmung von teilweise unterschiedlichen Interessen der Auftraggeber kann im Kern ein einheitlicher Lebensvorgang bestehen), AG Leverkusen FamRZ **08**, 166. Der erforderliche innere Zusammenhang kann auch bei zeitlich aufeinander folgenden Aufträgen vorliegen, Celle Rpfleger **11**, 47, Ffm RR **05**, 68, Köln JB **95**, 470.

Schillernd ist auch der Begriff des inneren Zusammenhangs. Er soll wohl von einem *äußeren* Zusammenhang abgrenzen. Was ist der Unterschied zB bei einer zeitlichen Reihenfolge? Liegt nach 1 Woche nur noch ein äußerer Zusammenhang vor, wenn überhaupt? Oder kann auch noch nach 3 Monaten infolge etwa eines gegnerischen oder auch eines gerichtlichen Verhaltens sehr wohl sogar ein innerer Zusammenhang offensichtlich sein? Auch hier bleibt wieder die Gefahr eines Argumentierens vom gewünschten (Kosten-)Ergebnis wie bei Rn 14 bestehen. Der Satz, es bestehe ein oder kein innerer Zusammenhang, kommt erfahrungsgemäß leider ziemlich oft ohne nähere Begründung daher, ähnlich wie etwa der Satz von einer Lebenserfahrung beim sog Anscheinsbeweis. Vorsichtige und nachvollziehbar begründete Abwägung sind auch hier dringend notwendig. Es kann um ganz erhebliche Gebührenunterschiede gehen.

Es muß eine *einheitliche Behandlung* möglich sein, BGH NJW **10**, 3038. Ein Auftrag leitet grundsätzlich eine neue Angelegenheit ein, vgl aber auch V. Vieles ist eine Auslegungsfrage, BGH NJW **10**, 3036. Ein Auftrag kann sich auf mehrere Angelegenheiten beziehen, Schlesw SchlHA **85**, 164, LG Kleve AnwBl **81**, 509, Meyer JB **08**, 239, aM Klimke AnwBl **82**, 219. Sie können sich auch erst allmählich zusätzlich ergeben. Bis zur Erledigung des Auftrags erfolgt die etwa erweiterte Tätigkeit meist innerhalb dieses bisherigen Auftrags und nicht etwa auf Grund eines natürlich möglichen neuen, Ffm OLGR **95**, 107.

Es kann aber auch für dieselbe Angelegenheit eine *Mehrzahl von Aufträgen* an denselben Anwalt vorliegen, BVerfG RR **01**, 139, BGH NJW **11**, 157, LG Tüb ZMR **02**, 128. Erforderlich sind die Gleichartigkeit des Verfahrens und auch hier ein innerer Zusammenhang, ein einheitlicher Lebensvorgang, BVerfG NJW **00**, 3126, BGH NJW **11**, 157, AG Kblz FamRZ **02**, 480. Eine Mehrheit von Auftraggebern nach § 7 Rn 4 ff (zur BGB-Gesellschaft dort Rn 7) ist nicht dasselbe wie eine Mehrheit von Aufträgen oder Angelegenheiten, BGH NJW **11**, 157.

16 **F. Bei Gerichtsverfahren.** Für den in der Praxis häufigsten Fall, daß der Anwalt in einem gerichtlichen oder behördlichen Verfahren tätig werden soll, ist die Angelegenheit im allgemeinen mit dem Verfahren identisch, KG Rpfleger **79**, 434, Mü AnwBl **95**, 48, LG Saarbr JB **99**, 310 (je: Drittwiderklage). Das gilt auch bei einer

echten Klagenverbindung, Hamm Rpfleger **89**, 170, Schlesw FamRZ **91**, 52, VGH Stgt BaWüBl **82**, 397, aM Mü MDR **86**, 329 (aber auch dann besteht ja im Ergebnis nur ein einziges Verfahren). Das gilt auch bei der Verbindung mehrerer Verfahren, BGH RR **16**, 884, LG Kblz Rpfleger **05**, 278. Der Anwalt darf nicht nur zwecks einer Gebührenerhöhung Verfahren vereinzeln, BGH NJW **04**, 1045. Bei § 113 SGG kann der Anwalt ein Wahlrecht haben, LSG Essen JB **15**, 21.

G. Verfahrensmehrheit. Eine Prozeßverbindung liegt aber nicht schon bei einer 17 gleichzeitigen Terminierung stets vor, Mü Rpfleger **90**, 184, Saarbr RR **89**, 1216, LG Potsd JB **13**, 587. Mehrere Verfahren bedeuten grundsätzlich mehrere Angelegenheiten, auch bei gleichartigen Sachverhalten, AG Köln AnwBl **88**, 357, AG Tecklenburg AnwBl **95**, 48, strenger LG Cottbus Rpfleger **01**, 569 (52 Einzelverfahren sind evtl dennoch nur *eine* Angelegenheit).

Etwas anderes kann aber zB dann gelten, wenn nach einem einheitlichen *Mahn-* 18 *antrag* nach § 690 ZPO gegen zwei Schuldner das Streitgericht erst mehrere Prozesse anordnet und sie später doch wieder verbindet, Düss AnwBl **97**, 624.

Nicht leicht ist die Abgrenzung dann, wenn *verschiedene Stellen* zur Erledigung der 19 Angelegenheit *mitwirken* müssen. Der Umfang des Auftrags ist auch bei der Beantwortung der Frage maßgeblich, ob man mehrere Gegenstände dann nach § 22 I zusammenrechnen muß, so daß der Anwalt nur eine Gebühr erhält, oder ob er jede Sache als eine besondere Angelegenheit vergütet erhält, Kblz JB **77**, 61, LG Aachen JB **78**, 230.

H. Einmaligkeit der Gebühr. In derselben Angelegenheit kann der Anwalt in 20 demselben prozessualen Rechtszug die Verfahrens-, Termins- und Einigungsgebühr sowie die Auslagenpauschale nach (jetzt) VV 7002 nur einmal fordern, BGH VersR **17**, 1156, BPatG GRUR-RR **13**, 312, Naumb JB **14**, 581, aM Hamm JB **78**, 854 wegen § 927 ZPO. Der Grundsatz der Einmaligkeit gilt auch für eine etwa anwendbare Bruchteilsgebühr. Der Anwalt verdient also die 0,5 Gebühr auch dann nur einmal, wenn er an mehreren nichtstreitigen Verhandlungsterminen teilgenommen hat, zB VV 3105.

Soweit eine *höhere und eine geringere* Gebühr zusammentreffen, geht die geringe in 21 der höheren auf. Es entsteht also nur eine volle Terminsgebühr, wenn der Anwalt in der Sache einmal streitig und einmal nichtstreitig verhandelt hat. Soweit der Anwalt für eine nichtstreitige Verhandlung die 0,5 Gebühr verdient hat, kann er nicht daneben noch eine 0,5 Gebühr für einen Vertagungsantrag nach VV 3105 verdienen.

I. Beispiele zur Frage derselben Angelegenheit, II. Vgl vor allem die amt- 22 lichen Aufzählungen in §§ 16–18. Ergänzend gilt folgendes.

Abmahn- und Abschlußschreiben: Rn 74 „Wettbewerbssache".
Abschlußschreiben: Rn 74 „Wettbewerbssache".
Abtretung: Dieselbe Angelegenheit liegt dann vor, wenn der frühere Gläubiger dem jetzigen beitritt, Nürnb MDR **08**, 352.
Abwicklung: Sie gehört nach Rn 75 mangels einer besonderen gesetzlichen Regelung zur Hauptangelegenheit.
Adhäsionsverfahren: Dieselbe Angelegenheit liegt grds mit einer Verteidigung in derselben Instanz vor, LG Düss JB **16**, 637. Dieselbe Angelegenheit kann auch bei mehreren solchen Verfahren vorliegen, Stgt JB **15**, 248, LG Düss JB **16**, 637. Es kann aber auch eine Addition nötig sein, Oldb JB **17**, 82.
Ärztliche Schlichtungsstelle: *Verschiedene* Angelegenheiten liegen bei der Tätigkeit vor der Schlichtungsstelle und im Prozeß vor, Enders JB **08**, 227 (ausf), aM AG Wiesb JB **09**, 191.
Akteneinsicht: Rn 72 „Vorbereitungshandlung".
Aktenzeichen: Dieselbe Angelegenheit liegt vor, soweit es nach einem rechtskräftigen Feststellungsurteil zu einer unzulässigen Leistungsklage unter dem bisherigen Aktenzeichen statt in einem neuen Verfahren kommt, aM Kblz JB **91**, 72 (aber es bleibt bei nur einem Verfahren).
Anhörungsrüge: Dieselbe Angelegenheit liegt nach § 19 I 2 Z 5 beim Verfahren 23 nach § 321a ZPO, § 44 FamFG usw vor.
Anrechnung: Soweit das Gesetz zB in VV amtliche Vorbemerkung 3 IV 1, V, VI eine Anrechnung vorschreibt, sieht es die Angelegenheit als eine *besondere* an. Man

muß also für jede Angelegenheit nach ihrem Gegenstandswert zunächst besondere Gebühren und Auslagen berechnen, aM LG Köln MDR **91**, 65 (abl Schneider). Der Anwalt erhält jedoch nur den höheren Betrag.
Anspruchsmehrheit: Rn 45 „Mehrheit von Ansprüchen".
Arbeitsrecht: Dieselbe Angelegenheit liegt vor, soweit es um die Kündigung des Arbeitgebers und um die Bemühung des Arbeitnehmers um eine einvernehmliche Lösung des Arbeitsverhältnisses geht, AG Mettmann JB **92**, 321, aM Ffm RR **10**, 176, oder soweit mehrere Arbeitnehmer ihren Lohn einklagen, LAG Nürnb JB **02**, 363 (mehrere Gegenstände nach § 22 I). Dieselbe Angelegenheit ist die Erteilung eines Zeugnisses und dessen Änderung, LG Ffm JB **14**, 637.

Verschiedene Angelegenheiten sind die Einholung einer Zustimmung des Integrationsamts und die Kündigung eines Schwerbehinderten, Enders JB **08**, 396.
S auch § 16 Z 9.

24 **Arrest, einstweilige Anordnung oder Verfügung:** § 16 Z 5, § 17 Z 4. Dieselbe Angelegenheit liegt ausnahmsweise vor, soweit der Anwalt denselben Auftraggeber in einem Rechtfertigungsverfahren vor dem Hauptsachegericht nach § 942 I ZPO und in einem Verfahren zwecks einer Aufhebung der einstweiligen Verfügung gegen eine Sicherheitsleistung nach § 939 ZPO vertritt, Kblz VersR **84**, 1194. Auch eine Schutzschrift nach § 945a I 2 ZPO gehört zur Angelegenheit Eilverfahren.

Verschiedene Angelegenheiten liegen bei § 17 Z 4 vor, ferner bei einer Abänderung nach Ablauf von 2 Jahren, Schneider NZFam **15**, 301.

25 **Asylverfahren:** Dieselbe Angelegenheit kann beim Verfahren nach § 80 VII VwGO nach einem solchen nach § 80 V VwGO vorliegen, VG Mü JB **15**, 407.

Verschiedene Angelegenheiten liegen vor, soweit es sich um mehrere Verfahren eines Bewerbers handelt, Ffm FamRZ **11**, 672 (Umverteilung und Aufenthaltserlaubnis), Finke JB **99**, 231 (Anerkennung und Umverteilung), oder gar mehrerer Bewerber, LG Kiel JB **96**, 544, LG Lüneh JB **88**, 1332, auch mehrerer Familienmitglieder, LG Stade JB **98**, 196, AG Aachen AnwBl **86**, 345, AG Köln AnwBl **85**, 335, aM LG Bln Rpfleger **96**, 464, LG Kblz JB **97**, 33, LG Osnabr JB **99**, 248 (abl Enders. Aber die Verfahrenszahl und die Personenzahl treffen sogar zur Mehrheit zusammen).
S auch Rn 49 „Mehrheit von Verfahren".
Aufenthaltserlaubnis: *Verschiedene* Angelegenheiten liegen bei Anträgen mehrerer Familienmitglieder jeweils für sich selbst vor, VG Bln NVwZ-RR **11**, 790.
S aber auch „Asylverfahren".
Aufenthaltsermittlung: Der Prozeßauftrag umfaßt sie mit.
26 **Auftragserweiterung:** Rn 15.
Auftragsinhalt: Rn 14, 15.
Auskunft: Dieselbe Angelegenheit liegt meist beim Auskunftsanspruch gegen mehrere Bekl vor, Ffm JB **02**, 139, ebenso bei einer Stufenklage nach § 254 ZPO.
S aber auch Rn 69 „Unterhalt", Rn 72 „Vorbereitungshandlung".
Außergerichtliche Regelung: Dieselbe Angelegenheit liegt dann vor, wenn es sich um einen einheitlichen Auftrag handelt, eine außergerichtliche Regelung aller Schulden durchzuführen, LG Bielef Rpfleger **89**, 375, AG Bayreuth JB **91**, 543, selbst wenn er den Rest notgedrungen einklagt, BGH MDR **14**, 864, oder wenn es um eine Unfallschadensregulierung geht, BGH NJW **95**, 1431.

Eine regelmäßige Neuberechnung kann eine *neue* Angelegenheit bilden, LG Kleve AnwBl **82**, 219, AG Siegburg VersR **04**, 396. Verschiedene Angelegenheiten können auch nach (jetzt) VV amtliche Vorbemerkung 3 IV 1 vorliegen, AG Kleve AnwBl **94**, 197. Das gilt zB dann, wenn der Anwalt wegen eines Teils außergerichtlich und wegen des Rests als Verkehrsanwalt tätig wird, Bbg JB **99**, 21.
Aussetzung: Dieselbe Angelegenheit kann auch nach Jahr und Tag bei einer Aufnahme vorliegen, Oldb NJW **11**, 1615 (Versorgungsausgleich).
27 **Baulandsache:** *Verschiedene* Angelegenheiten können bei einer Verletzung gegenüber mehreren Anträgen auf eine Gerichtsentscheidung gegen einen Umlegungsplan bis zur Verfahrensverbindung vorliegen.
Bebauung: Dieselbe Angelegenheit liegt vor, soweit es darum geht, die Bebauungsmöglichkeit eines Grundstücks vorzubereiten und hierzu die behördlichen Genehmigungen zu beschaffen sowie mit dem Nachbarn wegen des Verzichts auf seine

Abschnitt 2. Gebührenvorschriften   § 15 RVG

Grunddienstbarkeit zu verhandeln, oder wenn mehrere Eigentümer den Bebauungsplan angreifen, OVG Münst AGS **00**, 226 (mehrere Gegenstände, § 22 I).
Verschiedene Angelegenheiten liegen vor, soweit die Baubehörde die Baugenehmigung verweigert und der Auftraggeber daher die Behörde verklagen muß.
Bedingung: Dieselbe Angelegenheit liegt dann vor, wenn der Anwalt zunächst wegen einer Bedingung und dann wegen der bedingt gewesenen Hauptsache tätig wird, BGH JB **76**, 749.
Beratung: Sie gehört mangels einer besonderen gesetzlichen Regelung zB in § 34 zur Hauptangelegenheit.
Beratungshilfe, dazu *Lissner* FamRZ **13**, 1271 (Üb): Der Begriff Angelegenheit ist derselbe wie bei Rn 9, Naumb Rpfleger **13**, 626, LG Halle RR **12**, 895. Die Zahl der Beratungshilfescheine ist unbeachtbar, Mü NZFam **14**, 233, Naumb FamRZ **14**, 239, Schlesw Rpfleger **13**, 546. Dieselbe Angelegenheit kann bei der Aufenthaltsbestimmung dieses minderjährigen Kindes bei einem Elternteil vorliegen, AG Hann JB **06**, 138, oder bei der Beratung zum Unterhalt, Haushaltssachen und Umgang, Düss MDR **12**, 1499, LG Osnabr JB **07**, 586, aM Düss AnwBl **09**, 69, Köln FamRZ **09**, 1245, LG Mönchengladb MDR **09**, 534, oder bei Unterhalt, Güterrecht und Vermögensauseinandersetzung, Ffm MDR **14**, 1152, oder wegen einer Waschmaschine, einer Versicherung, wegen des Schornsteinfegers und wegen Schulbücher, LG Osnabr JB **08**, 600. Zum sog Download LG Kaiserl Rpfleger **11**, 447.
Verschiedene Angelegenheiten können bei einer Beratungshilfe und einem folgenden Prozeß vorliegen (Fallfrage), Düss Rpfleger **09**, 90, Stgt JB **07**, 21, AG Pforzheim FamRZ **12**, 1415. Haushalt und Kindschaft sind zwei Angelegenheiten, AG Syke JB **11**, 600, ebenso Sorgerecht und Haushaltsgegenstände, Mü NZFam **14**, 233. Auskunft, Ehegattenunterhalt und Kindesunterhalt sind 3 Angelegenheiten, Bbg JB **11**, 425. Scheidung, Personensorge, Umgangsrecht, Ehewohnung, Haushalt, Unterhalt, Güterrecht, Vermögensauseinandersetzung können zusammen 4 Angelegenheit bilden, Mü NJW **15**, 2436.
S auch Rn 65 „Sozialhilfe", die amtliche Vorbemerkung 2.5 II und bei VV 2500.
Berufung: Dieselbe Angelegenheit liegt dann vor, wenn eine Partei die Berufung 28
zunächst beim LG und vor dessen Entscheidung vorsorglich auch beim OLG einlegt, BGH BB **07**, 72, oder wenn ein Streitgenosse nach §§ 59 ff ZPO die Berufung nach § 516 zurücknimmt und sein Anwalt nun den anderen Streitgenossen vertritt, Kblz MDR **07**, 684.
Verschiedene Angelegenheiten liegen dann vor, wenn nach der unanfechtbaren Verwerfung einer früheren Berufung nun eine weitere auf andere Gründe gestützte folgt, Hbg MDR **94**, 948. Vgl auch § 17 Z 1.
Beschwerde: § 16 Z 12, § 17 Z 1.
Besoldung: *Verschiedene* Angelegenheiten sind eine Neuberechnung und eine Rückforderung.
Betreuung: *Verschiedene* Angelegenheiten liegen vor, soweit das Gericht den Anwalt im Betreuungsverfahren beiordnet und soweit er dann im Zusammenhang mit einer betreuungsgerichtlichen Genehmigung tätig wird, LG Stade AnwBl **98**, 668, AG Hanau AGS **03**, 350.
Beweismaterial: Seine Beschaffung gehört meist zur Hauptsache.
Bruchteileigentum: Dieselbe Angelegenheit liegt bei einer Klage gegen mehrere solche Personen vor, Schlesw JB **80**, 1505 (Wertaddition, § 22 I).
Bußgeldverfahren: Rn 55 „Ordnungswidrigkeit".
Darlehen: Dieselbe Angelegenheit liegt vor bei der Abwehr eines solchen Anspruchs und bei seiner Freistellung, AG Ettlingen FamRz **16**, 254.
Download: S „Beratungshilfe".   29
Drittschuldner: *Verschiedene* Angelegenheiten liegen dann vor, wenn sich der Anwalt an mehrere unterschiedlich residierende Drittschuldner nach § 840 ZPO wendet, Köln Rpfleger **01**, 149, AG Detm JB **16**, 550.
Drittwiderklage: Rn 74 „Widerklage".
Drittwiderspruchsklage: Dieselbe Angelegenheit liegt bei einer Klage nach § 771 ZPO gegen mehrere Pfändungsgläubiger nach § 829 ZPO wegen derselben Sache vor, auch bei unterschiedlichen Forderungen, Düss AnwBl **78**, 422, Mü AnwBl **95**, 47 (je: Wertaddition nach § 22 I).

1507

30 Ehelichkeitsanfechtung: Diejenige wegen mehrerer Kinder in demselben Verfahren bildet dieselbe Angelegenheit.
31 Ehescheidung: Dieselbe Angelegenheit liegt in folgenden Fällen vor: Es geht um den Übergang vom Aufhebungs- zum Scheidungsantrag, KG FamRZ **11**, 667, Mü MDR **94**, 948; es geht um einen Auftrag zur Herbeiführung einer Ehescheidung nebst einer Verfahrenskostenhilfe, selbst wenn der Anwalt zB wegen eines Umzugs des Gegners Anträge bei mehreren Familiengerichten nacheinander auf Grund derselben Vollmacht einreicht, Hamm MDR **85**, 774; es geht überhaupt bei einer gerichtlichen Tätigkeit um die Scheidung nebst ihren nicht abgetrennten Folgesachen nach (jetzt) § 16 Z 4, KG JB **11**, 81, Köln FamRZ **13**, 1421, LG Darmst FamRZ **12**, 813, aM Celle NJW **11**, 3110, Stgt Rpfleger **13**, 102, AG Pforzheim FamRZ **16**, 396 (aber § 16 Z 4 ist eindeutig). Wegen wechselseitiger Scheidungsanträge Bbg JB **76**, 775, KG MDR **75**, 1029; es geht um die Scheidung und den Unterhalt, AG Kblz FamRZ **02**, 480, aM Kblz JB **12**, 419. Vgl auch bei § 41.

Verschiedene Angelegenheiten sind grds ein erstes, durch Antragsrücknahme beendetes Verfahren und ein danach mit anderem Sachverhalt folgendes weiteres, Zweibr Rpfleger **17**, 346.

S auch Rn 28 „Getrenntleben", Rn 49 „Mehrheit von Verfahren", Rn 68 „Trennung".
32 Einfuhrabgabe: Dieselbe Angelegenheit liegt vor, soweit der Anwalt verschiedene Eingangsabgaben für dieselbe Einfuhr anficht.
Einsicht: Rn 48 „Vorbereitungshandlung".
Einspruch: Dieselbe Angelegenheit liegt mit der Hauptsache vor, Celle JG **16**, 414.
Einstellung und Abgabe: Verschiedene Angelegenheiten liegen bei einer endgültigen Einstellung des Strafverfahrens und einer Abgabe an die Verwaltungsbehörde vor, AG Lemgo JB **09**, 254.
Einstweilige Anordnung oder Verfügung: § 18 I Z 1.
S auch Rn 24 „Arrest, einstweilige Anordnung oder Verfügung".
Einzeltätigkeit: *Verschiedene* Angelegenheiten liegen nach der Amtlichen Vorbemerkung 4.3 III 1, VV 4300 zwischen ihr und der Tätigkeit als ProzBev oder Verteidiger vor.
Elterngeld: Dieselbe Angelegenheit liegt bei einer Verletzung mehrerer Kinder desselben Elternteils vor, so schon LG Münst Rpfleger **00**, 220.
33 Enteignung: Dieselbe Angelegenheit liegt vor, soweit der Anwalt über die Zulässigkeit der Enteignung und zugleich über die Höhe einer etwaigen Enteignungsschädigung verhandelt, oder wenn der Anwalt mehrere Eigentümer mit nahezu demselben Ziel vertritt, BGH JB **84**, 537.

Verschiedene Angelegenheiten sind freihändige Erwerbsverhandlungen einerseits, nachfolgende Besitzeinweisungs- und Enteignungsverfahren andererseits, KG JB **09**, 642.
34 Erbrecht: Dieselbe Angelegenheit liegt vor, soweit der Anwalt einen Auftrag hat, ein Grundstück von einer Erbengemeinschaft zu kaufen, oder wenn er mehrere Vermächtnisnehmer gegen denselben Erben vertritt, Kblz JB **82**, 1828, Mü JB **90**, 602 (je: Wertaddition), Schlesw JB **80**, 1505 (keine Addition), oder wenn er die Nachlaßauseinandersetzung auch steuerlich regeln soll, Mümmler JB **87**, 1326, oder wenn mehrere Erben den Erblasserprozeß fortsetzen.

Verschiedene Angelegenheiten liegen dann vor, wenn der Anwalt zunächst einen Erbvertrag anfechten und dann wider Erwarten klagen muß oder wenn er zunächst einen Nichterben als Bekl des einen Rechtsstreits, dann den oder die Erben als Bekl eines weiteren Rechtsstreits vertritt oder wenn der Anwalt auf Grund eines umfassenden Auftrags zunächst das Erbscheinsverfahren und später die Erbauseinandersetzung betreibt (kein genügender innerer Zusammenhang), LG Hann MDR **95**, 1076, Meyer JB **10**, 521, oder wenn der Notar zunächst den Erbschein für den Auftraggeber beantragt und ihn dann im Antragsverfahren eines anderen Erben vertritt, Meyer JB **10**, 521, oder wenn ein Erbscheinsverfahren mehrerer Auftraggeber von vornherein vertritt, LG Naumb AnwBl **13**, 150.
Erinnerung: Dieselbe Angelegenheit liegt nach § 16 Z 12 vor, soweit es um den Kostenansatz und um die Kostenfestsetzung geht.

Ermittlungsverfahren: *Verschiedene* Angelegenheiten können zwischen ihm und dem Hauptverfahren vorliegen (Fallfrage), aM LG Aachen JB **78**, 230, LG Köln JB **91**, 1331 (je zum alten Recht).
S auch Rn 55 „Ordnungswidrigkeit".
Erneuter Auftrag: Rn 53 „Neuer Auftrag".
Familiensache: Vgl Müller-Rabe Festschrift für Madert (2006) 159 (zum alten 35 Recht, ausf).
Feststellung und Anspruchshöhe: Es können eine oder *mehrere* Angelegenheiten vorliegen, großzügiger Enders JB **00**, 3 (stets mehrere Angelegenheiten mangels eines einheitlichen Auftrags und eines gleichen Rahmens. Beide Merkmale lassen sich aber nach Rn 9 ff nur nach den Gesamtumständen des Einzelfalls prüfen).
Flurbereinigung: Dieselbe Angelegenheit liegt vor, soweit der Anwalt Widersprü- 36 che gegen die Wertermittlung nach § 27 FlurbG und gegen den Bereinigungsplan nach § 58 FlurbG einlegt, Wielgoss JB **99**, 408.
Folgesache: Rn 31 „Ehescheidung".
Freiheitsentziehungsverfahren: *Verschiedene* Angelegenheiten liegen vor für das zivilgerichtliche Verfahren auf eine Freiheitsentziehung, auf eine Unterbringung und auf deren Aufhebung usw, VV 6300 ff, BGH NJW **12**, 3728 rechts, Köln MDR **12**, 1499.
Gebührenvereinbarung: *Verschiedene* Angelegenheiten können auf Grund einer Ver- 37 einbarung nach § 3 a als vorhanden gelten, soweit sie wirksam erfolgte.
Gegendarstellung: Dieselbe Angelegenheit liegt bei mehreren Geschädigten wegen derselben unrichtigen Darstellung vor, BGH NJW **10**, 3036, Hbg JB **87**, 1037 (mehrere Gegenstände nach § 22 I). Dieselbe Angelegenheit ist auch eine Gegendarstellung und die zugehörige einstweilige Verfügung, BGH NJW **11**, 2510 (vgl aber auch § 17 Rn 12).
S aber auch Rn 69 „Unterlassung".
Gehörsrüge: Rn 23 „Anhörungsrüge".
Gesamtschuldner: Dieselbe Angelegenheit liegt dann vor, soweit der Anwalt mehrere Gesamtschuldner vertritt, Düss GRUR **00**, 825, Köln OLGR **99**, 220, LG Köln JB **10**, 301.
Gesellschaft: Dieselbe Angelegenheit liegt dann vor, wenn der Anwalt den vom Ausschluß bedrohten Gesellschafter in mehreren Versammlungen vertritt, Düss OLGR **93**, 160, oder wenn es um eine Klage gegen mehrere GmbH-Gesellschafter wegen einer Nichtzahlung ihrer Stammeinlagen geht, Kblz JB **92**, 601 (Wertaddition nach § 22 I).
Verschiedene Angelegenheiten liegen bei Anfechtungsklagen verschiedener Kläger gegen einen Beschluß einer Aktiengesellschaft bis zur Verbindung der Prozesse vor, BGH ZIP **10**, 1414.
Gesetzliche Bezeichnung: *Verschiedene* Angelegenheiten liegen natürlich insoweit 38 vor, als das Gesetz die Vorgänge als besondere Angelegenheiten bezeichnet, zB in § 18, und soweit nur eine Person dem Anwalt einen Auftrag erteilt.
Getrenntleben: Dieselbe Angelegenheit liegt vor, soweit der Anwalt einen Ehegatten wegen mehrerer Gegenstände im Zusammenhang mit der Regelung des Getrenntlebens vertritt, LG Bln Rpfleger **84**, 162, aM AG Köln AnwBl **86**, 414.
Verschiedene Angelegenheiten liegen vor, soweit es zunächst um einen Trennungsunterhalt, später um die Haushaltsteilung geht, LG Detm Rpfleger **92**, 205, aM LG Trier Rpfleger **02**, 161 (aber dann hat ein deutlicher Wechsel im Auftrag stattgefunden) oder später um die Scheidung, Brdb FamRZ **10**, 834, AG Detm FamRZ **09**, 2029.
S auch Rn 31 „Ehescheidung".
Grundbucheinsicht: Rn 72 „Vorbereitungshandlung".
Grunddienstbarkeit: Rn 26 „Bebauung".
Güteverfahren: *Verschiedene* Angelegenheiten liegen zwischen dem in § 17 Z 7 a genannten Güteverfahren und dem nachfolgenden Prozeß vor.
Haushaltssache: Rn 38 „Getrenntleben". 39
Hebegebühr: VV 1009 bildet eine besondere Angelegenheit.
Hilfsantrag: Dieselbe Angelegenheit bilden nach § 45 I 2 GKG, Teil I A dieses Buchs, der Hilfsauftrag und der Hauptantrag.

Hilfsaufrechnung: Sie bildet nach § 45 III, IV GKG, Teil I A dieses Buchs keine neue Angelegenheit (allenfalls Werterhöhung).

Hindernis: Dieselbe Angelegenheit liegt dann vor, wenn sich der Anwalt von vornherein der Zustimmung seines Auftraggebers bei einem von vornherein möglichen Hindernis vergewissert, dessen Beseitigung mit einem gewissen Risiko verbunden ist und das dann auch eintritt.

40 **Hinterlegung:** Dieselbe Angelegenheit liegt nach § 19 I 2 Z 7 dann vor, wenn es zunächst um eine Zahlung und dann um eine Zustimmung zur Auskehr statt um eine Zahlung des Hinterlegten geht, Hbg NZM **99**, 806, oder wenn es nur um die Rückgabe der Sicherheit nach §§ 109 I, II, 715 ZPO geht.

Verschiedene Angelegenheiten liegen dann vor, wenn der ProzBev zwecks einer Einleitung oder Abwehr der Zwangsvollstreckung eine Sicherheit hinterlegt, Karlsr MDR **97**, 509 ([jetzt] VV 2300).

41 **Internet:** Rn 70 „Verlag".

Jährliche Handlung: Je dieselbe Angelegenheit kann bei einer sich so wiederholenden Abrechnung usw vorliegen, LG Nürnb-Fürth JB **10**, 592.

42 **Kartellsache:** *Verschiedene* Angelegenheiten sind das Gestattungsverfahren nach § 115 II 1 GWB und das Hauptsacheverfahren, Naumb BauR **15**, 1723.

Klagänderung: Sie ändert nicht den Rechtszug, Hbg JB **78**, 1807.

Klagerweiterung: Dieselbe Angelegenheit liegt grds vor, Schlesw JB **85**, 394. S aber auch Rn 68 „Trennung".

Kompetenzkonflikt: Rn 74 „Zuständigkeitsbestimmung".

Kostenansatz, -festsetzung: § 16 Z 12.

Kündigung: Rn 50 „Mieterhöhung", „Mietvertrag", Rn 60 „Räumung".

43 **Lebenspartnerschaft:** § 16 Z 4.

44 **Mahnverfahren:** Dieselbe Angelegenheit liegt bei §§ 688 ff ZPO in folgenden Fällen vor: Es gelten im Mahnverfahren gegen mehrere Schuldner, Schlesw SchlHA **88**, 66, auch wenn das eine Verfahren später als das andere nach § 697 ZPO in das streitige Verfahren übergeht, Düss JB **92**, 799; es handelt sich um das Mahnverfahren und das nachfolgende streitige Verfahren nach einem Widerspruch, KG Rpfleger **00**, 238, Naumb Rpfleger **12**, 357, LG Hann Rpfleger **01**, 620, aM BGH BB **04**, 2602 rechts Mitte, Brdb Rpfleger **07**, 508, AG Salzwedel JB **08**, 88 (aber infolge des Widerspruchs gibt es im Ergebnis doch nur ein einheitliches Verfahren. Man kann auch nie sicher sein, daß der Antragsgegner weder einen Widerspruch noch einen Einspruch einlegen wird).

Verschiedene Angelegenheiten können bei einer außergerichtlichen Tätigkeit und einem nachfolgenden Mahnverfahren vorliegen, AG Alzey AnwBl **82**, 399, AG Hbg AnwBl **93**, 293, AG Kleve AnwBl **94**, 197.

Mehrheit von Anklagen: Dieselbe Angelegenheit liegt bei einer wesentlichen Inhaltsgleichheit zwischen zurückgenommener erster und dann eingereichter zweiter vor, Düss RVGreport **15**, 64.

45 **Mehrheit von Ansprüchen:** Dieselbe Angelegenheit liegt dann vor, wenn der Anwalt in demselben Schreiben oder in derselben Klage oder Klagerwiderung mehrere Ansprüche behandelt, oder wenn er zunächst wegen aller und sodann nach demselben Auftrag nochmals wegen eines einzelnen dieser Ansprüche tätig wird, Köln JB **95**, 470.

Verschiedene Angelegenheit liegen meist bei der Beratung derselben Auftraggeber zu verschiedenen Problemen auf Grund mehrerer nacheinander erfolgender Besuche vor, AG Köln AnwBl **86**, 414, oder bei der Behandlung mit einer Erlaubnis des Auftraggebers in getrennten Vorgängen, Ffm MDR **78**, 500, LG Hagen AnwBl **78**, 67, Madert ZfS **99**, 97, oder bei solchen mehreren unterschiedlichen Verfahren, die man unabhängig voneinander beurteilen muß, BGH JB **15**, 466.

46 **Mehrheit von Aufträgen:** Dieselbe Angelegenheit liegt vor, soweit der Anwalt auf Grund desselben Auftrags nacheinander mehrere Auftraggeber nach § 7 zunächst teilweise gleichzeitig betreut, BGH MDR **11**, 949, Hamm JB **02**, 192, Kblz JB **12**, 77, und damit bei einem Teil von ihnen scheitert, oder eine Forderung zunächst außergerichtlich und dann teilweise gerichtlich verfolgt, BGH MDR **14**, 864.

Verschiedene Angelegenheiten liegen vor, soweit der Anwalt von vornherein mehrere Aufträge hat, LG Mannh AnwBl **13**, 150, OVG Lüneb NJW **07**, 395,

Abschnitt 2. Gebührenvorschriften **§ 15 RVG**

aM BGH NJW **11**, 784, AG Köln JB **10**, 474, oder soweit er zunächst nur von *einem* Interessenten einen Auftrag hatte und erst nach dessen Beendigung einen Auftrag von einem anderen Interessenten erhält, Hbg MDR **02**, 1339, Kblz JB **02**, 191.

Mehrheit von Entwürfen: Es können *verschiedene* Angelegenheiten oder Gegenstände vorliegen, BGH ZIP **13**, 1717.

Mehrheit von Gegnern: Dieselbe Angelegenheit kann auch dann vorliegen, wenn der Anwalt mit mehreren Gegnern des Auftraggebers verhandelt oder sie verklagt, BGH MDR **10**, 1493, Stgt JB **11**, 84, LG Mü JB **09**, 589, oder sie abmahnt, LG Saarbr ZMR **13**, 68, oder sie abwehrt, aM BGH JB **08**, 416.

Mehrheit von Gläubigern: *Verschiedene* Angelegenheiten liegen vor, soweit es um eine Mehrheit von Gläubigern geht, Kblz NJW **78**, 2400, aM AG Kblz FamRZ **11**, 668, oder zunächst um den Mahnantrag nach § 690 ZPO und dann um den Antrag auf einen Vollstreckungsbescheid nach § 699 ZPO, VV 3305, 3308, AG Kelheim JB **00**, 368 rechts, aM LG Essen JB **02**, 246 (zustm Schneider), AG Kblz FamRZ **01**, 512, LAG Nürnb JB **02**, 363 (aber trotz mancher Einheitlichkeit des Lebensvorgangs bleibt doch die Sache jedes Gläubigers, auch des minderjährigen, bei einer Gesamtabwägung ein in sich geschlossener Aufgabenkreis). Verschiedene Angelegenheiten liegen ferner vor, soweit der Anwalt im Rahmen eines Sanierungsauftrags die Gläubiger einzeln ansprechen und verschieden behandeln soll, AG Stgt AnwBl **86**, 415, oder soweit es sich um eine Widerspruchsklage nach § 771 ZPO gegen mehrere Gläubiger wegen unterschiedlicher Forderungen und mehrerer Pfändungen handelt, Bbg JB **77**, 489. 47

Mehrheit von Schuldnern: Rn 44 „Mahnverfahren", Rn 46 „Mehrheit von Gegnern", Rn 60 „Räumung", Rn 69 „Unfallschadensregulierung". 48

Mehrheit von Tätigkeiten: Dieselbe Angelegenheit kann auch dann vorliegen, wenn der Anwalt dasselbe mehrfach tut, also zB ein Rechtsmittel vorsorglich noch einmal einlegt.

Mehrheit von Verfahren: Vgl zunächst Rn 16, 17. Dieselbe Angelegenheit liegt vor, sobald und solange eine Verbindung nach § 147 ZPO wirksam ist, VGH Mannh NVwZ-RR **06**, 855 links unten. Bei § 113 SGG kann der Anwalt ein Wahlrecht haben, LSG Essen JB **15**, 21. 49

Verschiedene Angelegenheiten liegen bis zu einer etwaigen Verbindung grds vor, soweit es sich um mehrere Verfahren handelt, KG ZIP **09**, 1087, OVG Münst JB **09**, 530, aM OVG Münst NJW **10**, 1016 (LS). Das gilt selbst bei gleichartigen Sachverhalten, BGH ZIP **10**, 1415 (ohne Vorlage nach dem RsprEinhG, BLAH Anh § 140 GVG), KG ZIP **09**, 1087, LG Bonn Rpfleger **12**, 651, aM BFH **112**, 119, BVerwG NJW **00**, 2289 (Parallelverfahren. Aber sie bleiben selbständig). Es gilt zB bei verschieden begründeten zeitlich aufeinander folgenden Scheidungsverfahren, Zweibr MDR **17**, 366.

Ausnahmen bestehen zB bei einer Mehrheit von Erinnerungen, § 16 Z 10, oder von Beschwerden, oder nach § 19 I 2 Z 1, 2 bei einer Mehrheit von einstweiligen Anordnungen.

S auch Rn 25 „Asylverfahren", Rn 34 „Erbrecht", Rn 36 „Folgesache", Rn 68 „Trennung".

Mehrheit von Verträgen: *Verschiedene* Angelegenheiten liegen vor, soweit es um verschiedene Verträge geht, Ffm RR **05**, 68, zB um Forderungen aus Kauf- und Werklieferungsverträgen, LG Stade AnwBl **87**, 198.

Mehrheit von Vorwürfen: Dieselbe Angelegenheit liegt innerhalb desselben Verfahrens vor, KG JB **13**, 363.

Mieterhöhung: Dieselbe Angelegenheit liegt dann vor, wenn der Anwalt sowohl in einem Mieterhöhungsverfahren als auch im Rahmen einer Wohnraumkündigung tätig wird, LG Kblz JB **95**, 201, aM GSchm 60 (aber zunächst liegt in beiden Fällen ein Mietvertrag vor). 50

Mietvertrag: Üb bei Schneider MDR **03**, 1162. Dieselbe Angelegenheit liegt dann vor, wenn der Anwalt Eheleute berät, solange die Ehe intakt ist, LG Bln JB **84**, 894, LG Gött AnwBl **84**, 516, AG Bochum AnwBl **86**, 46. Dasselbe gilt bei einer zeitgleichen Tätigkeit wegen zweier Nebenkostenabrechnungen desselben Vermieters, Köln MDR **10**, 474.

Eine Zahlungsaufforderung und eine Kündigungsandrohung sind *verschiedene* Angelegenheiten, LG Detm JB **81**, 214.

51 **Möglichkeit mehrerer Wege:** Dieselbe Angelegenheit liegt dann vor, wenn der Anwalt den Auftraggeber entscheiden läßt, welchen von mehreren möglichen Wegen er einschlagen soll, und dann weisungsgemäß weiterhandelt.

52 **Nachbarrecht:** Rn 27 „Bebauung".

Nachlaßsache: Rn 34 „Erbrecht".

Nachverfahren: *Verschiedene* Angelegenheiten liegen nach § 17 Z 5 zwischen ihm und dem Urkunden-, Wechsel- oder Scheckprozeß nach §§ 592 ff ZPO vor.

Nebenintervention: Rn 67 „Streithilfe".

Nebenkläger: Dieselbe Angelegenheit liegt vor, soweit der Anwalt mehrere Nebenkläger in demselben Verfahren vertritt, Düss JB **91**, 70. Sie kann sogar beim Zusammentreffen von Nebenklage und Verteidigung vorliegen, Celle Rpfleger **11**, 47.

Nebentätigkeit: Sie gehört mangels einer besonderen gesetzlichen Regelung zur Hauptangelegenheit.

53 **Neuer Antrag:** Derjenige nach einer Zurücknahme oder Abweisung des vorangegangenen begründet keine neue Angelegenheit, OVG Lüneb AGS **01**, 9.

Neuer Auftrag: *Verschiedene* Angelegenheiten liegen grds vor, soweit es sich jetzt um einen neuen Auftrag handelt, Hbg MDR **89**, 78 (auch zu einer Ausnahme), Stgt AnwBl **10**, 807, AG Itzehoe ZfS **88**, 44.

54 **Neue Situation:** *Verschiedene* Angelegenheiten liegen vor, soweit der Anwalt angesichts einer völlig unerwarteten neuen Lage den Auftrag erhält, nunmehr dieser entsprechend tätig zu werden.

Neuer Streitgegenstand: Rn 59 „Prozeßvergleich".

Nichtzulassungsbeschwerde: Dieselbe Angelegenheit ist grds die Vertretung des einen Antragstellers und die Verteidigung gegenüber dem anderen, Mü JB **16**, 634 (auch zu einer Ausnahme).

Verschiedene Angelegenheiten bilden dasjenige Verfahren, in dem keine Zulassung nach § 544 ZPO erfolgte, und die zugehörige Beschwerde nach II 2. Das auf eine Beschwerde zugelassene Rechtsmittel ist ein neuer Rechtszug nach § 17 Z 9.

Normenkontrolle: Dieselbe Angelegenheit liegt zwischen dem Verfahren nach § 47 I VwGO und demjenigen nach § 57 V VwGO vor, OVG Bre JB **88**, 865.

55 **Ordnungswidrigkeit:** Dieselbe Angelegenheit liegt oft vor, soweit der Anwalt zunächst im Verwaltungs- oder Ermittlungsverfahren und dann im Bußgeldverfahren tätig wird, BGH AnwBl **13**, 234, LG Potsd JB **13**, 367, AG Luckenwalde JB **11**, 256, aM LG Düss AnwBl **77**, 265, AG Frankenberg JB **11**, 367, AG Friedberg RR **09**, 560 (aber das gehört im Ergebnis zusammen), oder wenn er im Ermittlungsverfahren erst den Halter, dann den Fahrer vertritt, AG Tüb JB **02**, 419.

Vgl aber auch § 17 Z 10. Selbständige nicht formell verbundene Verfahren bilden *mehrere* Angelegenheiten, LG Bonn JB **16**, 476.

56 **Parteinämlichkeit:** *Verschiedene* Angelegenheiten liegen beim Fehlen der Nämlichkeit nach BLAH Grdz 4 vor § 50 ZPO vor, Kblz JB **98**, 359.

S auch Rn 64 „Selbständiges Beweisverfahren".

57 **Parteiwechsel:** Dieselbe Angelegenheit liegt dann vor, wenn auf der Klägerseite ein Parteiwechsel eintritt, Celle MDR **99**, 1348. Das gilt auch dann, wenn der Bekl widerspricht, auch wenn er einen neuen Auftrag erteilt hat. Wegen eines Parteiwechsels des Auftraggebers vgl freilich § 7 Rn 3, 4 und Nürnb MDR **10**, 532. Dieselbe Angelegenheit liegt auch dann vor, wenn es zu einem Parteiwechsel des Prozeßgegners kommt, Celle MDR **99**, 1348, Stgt MDR **10**, 356, AG St Wendel JB **06**, 374, aM Mü JB **95**, 37 (aber für den Auftraggeber bleibt es bei demselben Verfahren). Das gilt erst recht bei einem nur scheinbaren Parteiwechsel, Mü Rpfleger **91**, 175 (in Wahrheit nur anfänglich falsche Parteibezeichnung).

Verschiedene Angelegenheiten liegen dann vor, wenn der erste Auftraggeber ausscheidet, bevor der zweite den Anwalt beauftragt, Karlsr JB **01**, 89, Köln JB **06**, 249, LG Kblz JB **97**, 363. Soweit sich aber solche Phasen überschneiden, liegt nur *eine* Angelegenheit vor, Hamm JB **02**, 192, Kblz JB **02**, 191, Köln JB **06**, 249.

Persönlichkeitsrecht: Zum Problem bei mehreren getrennten Abmahnungen BGH MDR **09**, 1073.

Abschnitt 2. Gebührenvorschriften § 15 RVG

Pressedelikt: Dieselbe Angelegenheit liegt dann vor, wenn sich Abmahnungen auf 58
eine Print- wie auf eine Internetausgabe erstrecken, BGH NJW **10**, 3038, oder
wenn derselbe Verstoß in mehreren Medien erfolgt, Köln JB **11**, 536.
    Verschiedene Angelegenheiten liegen beim Zusammentreffen von Ansprüchen auf
Gegendarstellung, Richtigstellung und Unterlassung vor, BGH NJW **10**, 3038.
    S auch Rn 46 „Mehrheit von Aufträgen".
Privatklage: Dieselbe Angelegenheit liegt nach § 16 Z 12 evtl bei der Kombination
mit einer Widerklage vor.
    Verschiedene Angelegenheiten liegen beim Sühneversuch nach § 380 StPO und
beim anschließenden Gerichtsverfahren vor, aM AG Mainz AnwBl **81**, 512.
Prospekthaftung: Dieselbe Angelegenheit kann auch bei zeitlich versetzten Schadensersatzforderungen mehrerer Gesellschafter vorliegen, auch in zweiter Instanz,
BGH NJW **14**, 2126.
Prozeßkostenhilfe: § 16 Z 4, 5.
Prozeßvergleich: Dieselbe Angelegenheit ist grds das Verfahren bis zum Abschluß 59
des Prozeßvergleichs nach BLAH Anh § 307 ZPO und das Nachverfahren über
dessen Wirksamkeit, BGH VersR **10**, 1665, Hamm JB **00**, 470, LG Bonn Rpfleger
90, 39, aM Schmidt AnwBl **77**, 111 (aber das Verfahren sollte mit dem Vergleich
gerade beendet sein).
    Verschiedene Angelegenheiten liegen dann vor, wenn der Vergleich auch einen
neuen Streitgegenstand nach BLAH § 2 ZPO Rn 4 umfaßt, BGH **87**, 231, Ffm
FamRZ **84**, 408, oder wenn eine Vergleichsanfechtung erst nach 2 Jahren erfolgt,
BGH VersR **10**, 1665.
    S auch Rn 70 „Vergleich".
Räumung: Dieselbe Angelegenheit kann bei einer Mehrheit von Schuldnern für 60
den Gläubigeranwalt vorliegen, Köln JB **92**, 318, LG Tüb ZMR **02**, 182.
    Verschiedene Angelegenheiten liegen bei einer Kündigung und einem Räumungsantrag vor, Karlsr NZM **06**, 259, LG Mönchengladb NZM **06**, 174, Peter NZM
06, 801, aM BGH NJW **07**, 2050, LG Bonn NZM **06**, 658, AG Hbg-Altona
NZM **06**, 775 (aber das sind zwei durchaus verschiedene Vorgänge).
    S auch Rn 50 „Mieterhöhung".
Räumungsfrist: Es kommt darauf an, ob das Gericht das Verfahren mit dem Hauptprozeß nach § 147 ZPO verbunden hat.
Rat: *Verschiedene* Angelegenheiten liegen nach § 34 zwischen dem Rat und einer
sonstigen Tätigkeit vor, die mit dem Rat oder der Auskunft zusammenhängt.
Rechtsmittel: Dieselbe Angelegenheit liegt bei § 16 Z 11 vor. 61
    Verschiedene Angelegenheiten liegen nach § 17 Z 1 für jedes Rechtsmittel vor,
auch beim Teilurteil nach § 301 ZPO.
Rechtsschutzversicherung: Rn 71 „Versicherung".
Rechtszug: *Verschiedene* Angelegenheiten liegen nach (jetzt) § 17 Z 1 grds bei einem
neuen Rechtszug vor, BAG NJW **08**, 1341. Ausnahmen bestehen zB bei § 19 I 2
Z 10.
Registereinsicht: Rn 72 „Vorbereitungshandlung".
Rehabilitierungsverfahren: Dieselbe Angelegenheit liegt vor, soweit der Anwalt
mehrere Strafentscheidungen gegen denselben Auftraggeber bekämpft und auch
dann anschließend seine Rehabilitierung betreibt, Brdb JB **95**, 418, oder soweit
mehrere Antragsteller ihre Rehabilitierung nach einem gegen alle gerichteten Strafurteil fordern, Naumb JB **94**, 157.
Revision: Dieselbe Angelegenheit liegt bei der Revision des Auftraggebers und der- 62
jenigen der Staatsanwaltschaft vor, Düss MDR **93**, 699, Mü JB **08**, 249.
    Verschiedene Angelegenheiten sind aber nach § 17 Z 1 eine Berufung und eine
folgende Revision oder nach § 17 Z 9 das Nichtzulassungs- und das anschließende
Revisionsverfahren.
Richtigstellung: Rn 69 „Unterlassung".
Ruhen des Verfahrens: Dieselbe Angelegenheit liegt grds dann vor, wenn es nach
dem Ruhen zur Fortsetzung des Verfahrens nach BLAH § 251 ZPO Rn 10ff
kommt, VGH Mü NJW **15**, 649. Eine Ausnahme kann nach V 2 Hs 2 eintreten,
ferner nach einer Verjährung der zunächst entstandenen Gebühr wegen einer nun
erneuten Tätigkeit, VGH Mannh NJW **17**, 1408.

63 **Säumnis:** Rn 32 „Einspruch".
Sanierung: Rn 47 „Mehrheit von Gläubigern".
Schadensersatz: Dieselbe Angelegenheit liegt vor, auch wenn sich die Erledigung des Auftrags über mehrere Jahre hinzieht und sich auch auf die jeweils neu hinzukommenden Schadensbeträge aus derselben Ursache (Unfall) erstreckt, BGH NJW **95**, 1431, aM LG Kleve AnwBl **81**, 509, Schütt JB **99**, 72 (aber dann besteht durchaus ein innerer Zusammenhang nach Rn 15), oder wenn der Geschädigte auf Grund desselben Vorfalls einen Sachschadensersatz und ein Schmerzensgeld fordert.

Verschiedene Angelegenheiten liegen dann vor, wenn zwei Jahre nach der Schadensregulierung eine Abänderung der Unfallrente erfolgen soll, AG Siegburg VersR **04**, 396, oder wenn der Anwalt nach einem Schmerzensgeld(vergleich) nun auf Grund eines neuen Auftrags den Ersatz des materiellen Schadens fordert.
Scheckprozeß: *Verschiedene* Angelegenheiten liegen nach § 17 Z 5 RVG in Verbindung mit § 605a ZPO zwischen ihm und dem Nachverfahren vor.
Scheidungssache: Rn 31 „Ehescheidung", Rn 49 „Mehrheit von Verfahren".
Schiedsrichterliches Verfahren: Rn 48a „Vollstreckbarerklärung", § 16 Z 7–9.
Schuldenregulierung: Rn 26 „Außergerichtliche Regelung".
Schutzschrift: Dieselbe Angelegenheit liegt bei ihr nach § 945a I 2 ZPO zum Eilverfahren nach §§ 916ff, 935ff ZPO vor, Bbg AGS **03**, 537.

64 **Selbständiges Beweisverfahren:** Es kommt bei §§ 485ff ZPO auf die Umstände an. Bei einer Nämlichkeit des Gegenstands nach BLAH § 2 ZPO Rn 4 und der Parteien nach BLAH Grdz 4 vor § 50 ZPO liegt dieselbe Angelegenheit vor, Brdb JB **07**, 142, aM KG MDR **09**, 954. Ein bloßer Gegenstandswechsel ändert nichts an derselben Angelegenheit, Mü MDR **99**, 1347. Ein Rollenwechsel ändert nichts an der Parteinämlichkeit, Köln RR **00**, 361.

Verschiedene Angelegenheiten liegen nach Rn 56 „Parteinämlichkeit" mangels einer Gegenstands- *und* Parteinämlichkeit zum Hauptprozeß vor, Kblz JB **06**, 134, aM Mü MDR **00**, 603, oder nach Rn 97 dann, wenn bis zum Hauptprozeß über 2 Jahre vergingen, Zweibr JB **99**, 414, oder wenn der Anwalt nach dem Gutachten nun die dort ermittelten Mangelbeseitigungskosten im Hauptprozeß fordert, Mümmler JB **96**, 240 und 347.
Sicherheitsleistung: Rn 40 „Hinterlegung".
Sicherungsvollstreckung: Dieselbe Angelegenheit sind die Sicherungsvollstreckung nach § 720a ZPO und die anschließende Verwertung, LG Mü DGVZ **07**, 43.

65 **Sorgerecht:** Dieselbe Angelegenheit liegt vor, soweit es um das Sorgerecht und das Umgangsrecht geht, Düss JB **16**, 579, Hamm FamRZ **08**, 1876, AG Ludwigslust FamRZ **16**, 1196, aM Naumb FPR **08**, 256 (Aufenthaltsbestimmung und Umgang). Auch ein Unterhalt und das Sorgerecht können dieselbe Angelegenheit darstellen, BVerfG NJW **02**, 429 (dort ausdrücklich als vertretbar bezeichnet), LG Kleve Rpfleger **03**, 304 (einschließlich Wohnungszuweisung), LG Mönchengladb FamRZ **04**, 216, aM LG Marbg JB **11**, 652, LG Mönchengladb MDR **09**, 534, AG Unna FamRZ **08**, 800. Eine bloße Gegenstandsveränderung läßt dieselbe Angelegenheit bestehen, aM Köln JB **84**, 97.

Verschiedene Angelegenheiten sind Sorgerecht und Haushaltsgegenstände, Mü NZFam **14**, 233.
Sozialhilfe: Dieselbe Angelegenheit sind eine Heimunterbringung und Gebührenfragen (Telekom, GEZ), AG Kblz Rpfleger **99**, 30. Die Anfechtung mehrerer an dieselbe Person gerichteten Sozialhilfebescheide im Rahmen der Beratung stellt dieselbe Angelegenheit dann dar, wenn man die Anträge gemeinsam behandeln soll, LG Gött Rpfleger **02**, 160, AG Osnabr FamRZ **99**, 392.

Verschiedene Angelegenheiten können beim Anspruch auf die Heimunterbringung eines Obdachlosen und auf eine Abwehr von Schadensforderungen der Sozialbehörde aus einer früheren Vermietung vorliegen, LG Bayreuth JB **89**, 1675.

66 **Sozialrechtliches Vorverfahren:** *Verschiedene* Angelegenheiten liegen zwischen ihm und dem Hauptprozeß vor, SG Stgt AnwBl **80**, 127.
Sprungrevision: Rn 62 „Revision".
Steuerrecht: Je Kalenderjahr = Steuerjahr gibt es eine *eigene* Angelegenheit, wie beim Steuerberater.
 S auch Rn 32 „Einfuhrabgabe".

Strafsache: Dieselbe Angelegenheit sind das vorgerichtliche und das gerichtliche 67
Verfahren, Saarbr Rpfleger **07**, 342, LG Aachen JB **78**, 230, LG Köln AnwBl **79**,
75. In demselben Verfahren mag der Anwalt mehrere Beteiligte mit sogar unterschiedlichen Zielen vertreten, LG Kref AnwBl **79**, 79, oder soweit er für denselben Auftraggeber in einer Doppelfunktion tätig wird, LG Freib AnwBl **82**, 390.
Streitgenossen: Dieselbe Angelegenheit liegt vor, soweit sie nach §§ 59 ff ZPO in demselben Rechtsstreit Bekl sind, KG JB **99**, 79, oder soweit es um getrennte Versäumnisurteile gegen Streitgenossen geht, Hamm Rpfleger **89**, 170.
 Verschiedene Angelegenheiten können trotz einer Streitgenossenschaft mehrerer Kläger vorliegen, AG Münst VersR **08**, 1257 (unterschiedliche Prüfungen nötig).
Streithilfe: Dieselbe Angelegenheit liegt vor, soweit der Anwalt einen solchen Streithelfer nach §§ 66 ff ZPO vertritt, der zunächst die eine Hauptpartei und sodann deren Prozeßgegner unterstützt, Hamm Rpfleger **89**, 127, KG Rpfleger **83**, 125, Mü Rpfleger **89**, 128, oder soweit der Anwalt die Partei und ihren Streithelfer vertritt, Celle MDR **14**, 117, aM KG AnwBl **15**, 99, oder die zum Streithelfer gewordene frühere Partei vertritt, Stgt JB **83**, 857. Das gilt jedenfalls insoweit, als nur einer dieser Auftraggeber der wahre Schuldner des Prozeßgegners sein kann, Kblz VersR **90**, 637.
S auch Rn 56 „Parteinämlichkeit".
Streitschlichtung: Rn 38 „Güteverfahren".
Stufenklage: Grundsätzlich dieselbe Angelegenheit liegt in allen Stufen nach § 254 ZPO vor.
 Ausnahmsweise kann nach der Zurückverweisung einer Stufe eine diesbezügliche *neue* Angelegenheit entstehen.
Sühneversuch: Rn 58 „Privatklage".
Teilforderung: Dieselbe Angelegenheit liegt dann vor, wenn der Gläubiger mehrere 68
Schuldner wegen ihrer Anteile an derselben Schuld beansprucht, Hbg JB **79**, 53.
Teilurteil: Dieselbe Angelegenheit liegt bei § 301 ZPO vor, soweit der Anwalt wegen des in der Instanz gebliebenen Rechts tätig wird. Vgl auch Rn 61 „Rechtsmittel".
Terminierung: Rn 17.
Therapieunterbringung: Vgl § 20 III 2 ThUG, abgedruckt bei VV 6300–6303.
Trennung: *Verschiedene* Angelegenheiten können bei verschiedenen Folgesachen bestehen, Düss JB **16**, 579, Hamm FamRZ **11**, 1686. Vgl freilich dazu auch § 16 Rn 6. Verschiedene Angelegenheiten liegen dann vor, wenn nach einer Klageweiterung oder ohne sie eine Trennung in mehrere Verfahren erfolgt, LG Saarbr MDR **01**, 1442, aM Nürnb JB **78**, 708 (aber es liegen im Ergebnis mehrere selbständige Verfahren vor), oder wenn das FamG eine Folgesache abtrennt, Karlsr JB **99**, 420, Köln FamRZ **07**, 647, oder wenn es um die Scheidung einerseits und einen Trennungsunterhalt andererseits geht, Mü MDR **11**, 1386, Stgt Rpfleger **13**, 102, LG Mü Rpfleger **11**, 614. Die Prüfung einer Vergütung (nur) bei einer Beratungshilfe führt aber nach der amtlichen Vorbemerkung 2.5 II (jetzt) zum gegenteiligen Ergebnis.
Umgangsrecht: Rn 65 „Sorgerecht". 69
Unfallschadenregulierung: Die Inanspruchnahme zB von Fahrer, Halter und Versicherer desselben Kfz ist dieselbe Angelegenheit, LG Flensb JB **86**, 723, aM Hamm AnwBl **83**, 141.
 Verschiedene Angelegenheiten können bei mehreren gegnerischen Kfz vorliegen, AG Herborn ABS **03**, 447.
S auch Rn 26 „Außergerichtliche Regelung".
Unterbrechung: Grundsätzlich dieselbe Angelegenheit bleibt grds nach der Aufnahme nach § 250 ZPO bestehen, Meyer JB **07**, 518.
 Eine *Ausnahme* gilt nach V 2.
Unterhalt: Dieselbe Angelegenheit liegt auf Grund eines einheitlichen Auftrags bei jährlich neuen Berechnungen vor, BGH NJW **95**, 1431, aM LG Kleve AnwBl **81**, 509, Schütt JB **99**, 72.
 Verschiedene Angelegenheiten sind Auskunft über Unterhalt und über Zugewinnausgleich, AG Darmst FamRZ **11**, 137.

S auch Rn 31 „Ehescheidung", Rn 47 „Mehrheit von Gläubigern", Rn 65 „Sorgerecht" sowie VV 3335.
Unterlassung: Dieselbe Angelegenheit liegt beim Unterlassungsanspruch gegen mehrere Täter vor, Hbg JB **98**, 541, Hamm JB **96**, 312, Stgt JB **98**, 302 (mehrere Gegenstände, nach § 22 I), aM LG Bln JB **09**, 421 (gegen Autor und Verlag). Dasselbe gilt bei der entsprechenden Abwehr, Stgt JB **98**, 302.
Verschiedene Angelegenheiten liegen vor bei einem Unterlassungs-, einem Gegendarstellungs- und einem Richtigstellungsanspruch, BGH AnwBl **16**, 173.
S auch Rn 58 „Pressedelikt".
Urkunde: In derselben Urkunde nach §§ 415 ff ZPO können *verschiedene* Angelegenheiten zusammentreffen, LG Stgt AnwBl **87**, 341.
Urkundenprozeß: *Verschiedene* Angelegenheiten liegen nach § 17 Z 5 zwischen ihm nach §§ 592 ff ZPO und dem Nachverfahren nach § 600 ZPO vor.
70 **Verbindung:** Vgl zunächst Rn 16, 17.
S ferner Rn 49 „Mehrheit von Verfahren", Rn 70 „Verfassungsbeschwerde".
Verbundverfahren: Rn 31 „Ehescheidung".
Vereinfachtes Verfahren: VV 3335, 3336.
Vereinzelung: Der Anwalt darf nicht nur zwecks einer Gebührenerhöhung Verfahren vereinzeln, BGH NJW **04**, 1045.
Verfassungsbeschwerde: *Verschiedene* Angelegenheiten liegen vor, soweit es sich um äußerlich verbundene Verfassungsbeschwerden handelt, BVerfG AnwBl **76**, 164.
Vergleich: Dieselbe Angelegenheit liegt vor, soweit der Anwalt zunächst am Vergleich oder Zwischenvergleich und dann an der Klärung seiner Wirksamkeit oder sonstwie an seiner Durchführung mitwirkt, Ffm FamRZ **17**, 393, Schlesw NdsRpfl **00**, 23, LG Hbg MDR **94**, 518, oder am Streit um sein Wirksamkeit, Hamm AnwBl **80**, 155, oder bei einer Einbeziehung nicht anhängiger Ansprüche in den Prozeßvergleich nach BLAH Anh § 307 ZPO, Schlesw JB **80**, 1516.
Verschiedene Angelegenheiten liegen dann vor, wenn der Anwalt zunächst die Erfolgsaussichten geprüft und nach einer seinem Rat folgenden Klagerücknahme nach § 269 ZPO nun den Auftrag zu außergerichtlichen Vergleichsverhandlungen erhält, Stgt AnwBl **10**, 807.
S auch Rn 59 „Prozeßvergleich".
Vergütungsfestsetzung: *Verschiedene* Angelegenheiten sind das Hauptverfahren und das Verfahren nach § 11, Köln AGS **00**, 208.
Verkehrsanwalt: Rn 73 „Wechsel der Anwaltsfunktion".
Verlag: Dieselbe Angelegenheit kann beim Verstoß sowohl im Druckbereich als auch im Onlinebereich vorliegen, BGH NJW **11**, 2591.
Versäumnisurteil: Rn 32 „Einspruch".
71 **Versicherung:** Dieselbe Angelegenheit liegt dann vor, wenn der ProzBev beim Rechtsschutzversicherer eine Deckungszusage einholt, BGH NJW **12**, 920, LG Mü JB **93**, 163, AG Bln-Charlottenb JB **02**, 25, aM Celle JB **11**, 317, LG Mü AnwBl **09**, 238, AG Rostock JB **11**, 317 (aber dann besteht durchaus ein innerer Zusammenhang nach Rn 15).
Verschiedene Angelegenheiten können vorliegen, soweit der Anwalt zunächst den Kaskoversicherer und dann den Haftpflichtversicherer oder umgekehrt zur Zahlung auffordert oder soweit er zunächst einen Versicherer und dann den Schädiger auffordert, Schmidt AnwBl **75**, 222, aM Klimke AnwBl **75**, 220, oder wenn der Anwalt bei einer Lebensversicherung verschiedenen Beanspruchern gegenüber auftritt, Mü AnwBl **80**, 504.
Vertrag: Dieselbe Angelegenheit liegt vor, soweit der Anwalt zunächst einen Vertrag beurkunden lassen soll und dann prüft, ob die notarielle Urkunde das von dem Auftraggeber Gewollte richtig wiedergibt, BGH AnwBl **85**, 257.
72 **Verwaltungsverfahren:** Vgl VV 2401. *Verschiedene* Angelegenheiten liegen auch vor, soweit der Anwalt zunächst die Vornahme eines Verwaltungsakts erreichen und dann den Widerruf dieses Verwaltungsakts verhindern soll oder soweit der Anwalt eine Sache vor verschiedenen Behörden durchfechten soll und soweit es auch nicht um ein der Klage voraufgehendes Nachprüfungsverfahren geht.
S auch Rn 55 „Ordnungswidrigkeit".

Verweisung: Dieselbe Angelegenheit liegt bei einer Tätigkeit in derselben Funktion vor und nach einer Verweisung nach § 20 I 1 vor, Hbg MDR **86**, 596.
  Verschiedene Angelegenheiten liegen vor, soweit der bisherige Verkehrsanwalt nach einer Verweisung der ProzBev nach § 81 ZPO wird, Hbg MDR **89**, 78, oder soweit nach § 20 I 2 die Verweisung an ein niedrigeres Gericht erfolgt.
  S auch Rn 74 „Zurückverweisung".
Vollstreckbarerklärung: *Verschiedene* Angelegenheiten liegen beim Hauptverfahren und demjenigen nach §§ 537, 558 ZPO vor, soweit es nicht nach § 19 I 2 Z 9 ein Teil der Hauptsache ist, Schneider AGS **96**, 85. Auch die Vollstreckbarerklärung eines Schiedsspruches nach §§ 1059 ff ZPO bildet eine gesonderte Angelegenheit, VV 3327 Rn 3.
Vollstreckungsabwehrklage: *Verschiedene* Angelegenheiten liegen zwischen der Zwangsvollstreckung nach §§ 704 ff ZPO und der Abwehrklage nach § 767 ZPO vor.
Vorbereitungshandlung: Sie rechnet mangels einer abweichenden gesetzlichen Regelung nach Rn 75 zur Hauptangelegenheit.
Vorläufige Anordnung: Sie gehört meist zur Angelegenheit der Hauptsache, Celle JB **82**, 222, Ffm JB **85**, 1818. Auch ein Abänderungsverfahren nach § 80 VII VwGO kann neue Gebühren und Erstattbarkeiten auslösen, Enders JB **16**, 393.
Vorläufige Einstellung: Dieselbe Angelegenheit liegt nach § 19 I 2 Z 11 grds mit dem Vollstreckungsverfahren vor.
  Verschiedene Angelegenheiten bestehen bei einer abgesonderten Verhandlung, VV 3328 amtliche Anmerkung S 1.
Vorläufige Vollstreckbarkeit: *Verschiedene* Angelegenheiten liegen beim derartigen Verfahren nach § 19 I 2 Z 11 bei einer besonderen mündlichen Verhandlung vor.
Vormundschaft: Dieselbe Angelegenheit liegt bei einer Vertretung mehrerer Mündel vor demselben Gericht in demselben Verfahren vor.
  Verschiedene Angelegenheiten liegen meist dann vor, wenn der Anwalt zunächst die Bestellung des Vormunds fordert und wenn er dann die Genehmigung eines Rechtsgeschäfts und schließlich die Abberufung des Vormunds beantragt. Es kommt aber auf die Umstände an.
  Vgl auch Rn 28 „Betreuung".
Wechsel der Anwaltsfunktion: Dieselbe Angelegenheit liegt zB beim Wechsel 73 vom ProzBev nach § 81 ZPO zum Verkehrsanwalt und umgekehrt vor.
Wechsel des Auftraggebers: Dieselbe Angelegenheit liegt dann vor, wenn der Gesamt-Rechtsnachfolger an die Stelle des Vorgängers tritt.
  Verschiedene Angelegenheiten entstehen grds beim Eintritt eines Einzelrechtsnachfolgers auch innerhalb desselben Rechtszugs, Stgt JB **82**, 551.
Wechsel des Gegners: Er bleibt unbeachtbar, Ffm JB **79**, 1506, Hamm JB **80**, 859, Köln JB **83**, 80.
Wechselprozeß: Dieselbe Angelegenheit liegt vor bei einer Klage aus mehreren Wechseln nach §§ 602 ff ZPO, Düss AGS **97**, 133 (Wertaddition, § 22 I).
  Verschiedene Angelegenheiten liegen zwischen ihm und dem Nachverfahren vor, § 17 Z 5.
Weitere vollstreckbare Ausfertigung: *Verschiedene* Angelegenheiten liegen nach § 18 Z 5 zwischen diesem Verfahren nach § 733 ZPO und der übrigen Tätigkeit vor.
Wettbewerbssache: Dieselbe Angelegenheit liegt vor, soweit der Anwalt beim Fehlen 74 eines Klagauftrags ein Abmahn- und dann ein Abschlußschreiben nach BLAH § 93 ZPO Rn 30, 77 fertigt, Hbg AnwBl **82**, 397, aM BGH NJW **08**, 1744, oder soweit er gleichlautende Abmahnungen an viele Konzernunternehmer richtet, Düss AnwBl **83**, 31, oder soweit er erst eine Abmahnung nach deren Zurückweisung und dann die Arrest- oder Verfügungssache betreibt, KG JB **09**, 28 (dort als derselbe „Gegenstand" eingeordnet). Bei getrennten Abmahnungen zum Persönlichkeitsrecht nach Wort- und Bildverstößen kommt es auf die Umstände an, BGH GRUR **08**, 367. Rechtsmißbrauch durch Aufspaltung ist unstatthaft, KG GRUR-RR **12**, 482.

Widerklage: Dieselbe Angelegenheit sind grds die Klage und eine Widerklage nach BLAH Anh § 253 ZPO, Bbg JB **78**, 866. Dasselbe gilt bei Versetzung des Klägers und eines Drittwiderbekl, Celle MDR **15**, 246, Stgt JB **16**, 415.
  Verschiedene Angelegenheiten können aber bei einer Widerklage nur gegen einen Dritten vorliegen, Stgt RR **13**, 64.
Widerklage bei Privatklage: § 16 Z 12.
Widerruf: Dieselbe Angelegenheit liegt dann vor, wenn der Kläger mehrere Täter wegen derselben Tat verklagt, Hbg JB **90**, 855 (Wertaddition nach § 22 I).
Wiederaufnahme: *Verschiedene* Angelegenheiten sind nach § 17 Z 12 das Wiederaufnahmeverfahren zB nach §§ 578 ff ZPO und das wiederaufgenommene nach VV 4100 ff, 5100 ff.
Wiedereinsetzung: Dieselbe Angelegenheit sind das Haupt- und ein Wiedereinsetzungsverfahren zB nach §§ 233 ff ZPO.
Wohnraumkündigung: Rn 50 „Mieterhöhung".
Wohnungszuweisung: Rn 65 „Sorgerecht".
Zeitablauf: Rn 97.
Zugewinnausgleich: Rn 46 „Unterhalt".
Zulassung eines Rechtsmittels: § 16 Z 11.
Zurückverweisung: *Verschiedene* Angelegenheiten liegen nach (jetzt) § 21 I vor, soweit der Anwalt vor und nach einer Zurückverweisung zB nach § 538 II ZPO tätig wird, (teilweise zum alten Recht) Düss JB **78**, 1808, Karlsr MDR **08**, 473, SG Hbg JB **93**, 219, aM RS § 15 Rn 10 (aber die Zurückverweisung leitet ein doch meist wesentlich anderes weiterlaufendes Verfahren ein). Ficht der Auftraggeber nach einer Zurückverweisung den Verwaltungsakt erneut an, entstehen vor dem Gericht erneut Gebühren, GSchm 3.
  S auch Rn 48 „Verweisung".
Zuständigkeit: Durchweg *verschiedene* Angelegenheiten liegen vor, soweit für mehrere Gegenstände auch verschiedene Gerichte zuständig sind, LG Münst Rpfleger **90**, 78.
Zuständigkeitsbestimmung: *Verschiedene* Angelegenheiten liegen vor, soweit der Anwalt auch im Verfahren auf die Bestimmung des zuständigen Gerichts nach § 36 I Z 5, 6 ZPO tätig wird. Denn dann liegt bereits eine rechtskräftige Vorentscheidung zur Zuständigkeitsfrage vor. Die auf die Bestimmung des zuständigen Gerichts gerichtete Tätigkeit gehört aber zur Instanz nach § 19 I 2 Z 3.
Zwangsversteigerung, -verwaltung: Dieselbe Angelegenheit liegt vor, soweit der Anwalt auftragsgemäß mehreren Zwangsversteigerungsverfahren beitritt, Köln AnwBl **90**, 323, oder soweit er mehrere Beteiligte in demselben Verfahren vertritt.
Zwangsvollstreckung: *Verschiedene* Angelegenheiten sind das Erkenntnisverfahren nach §§ 253 ff ZPO und das Vollstreckungsverfahren nach §§ 704 ff ZPO, Kblz JB **99**, 328. Vgl im übrigen § 58. Jede selbständige Zwangsvollstreckungssache ist nach § 18 Z 1 eine eigene Angelegenheit.
  S auch Rn 29 „Drittschuldner", Rn 40 „Hinterlegung".

75 **E. Umfang der Abgeltung.** Entsprechend dem Wesen der Pauschgebühr nach Rn 1, 2 gilt sie nicht nur die im Gebührentatbestand bezeichnete Tätigkeit des Anwalts ab, sondern nach § 19 auch die zur Vorbereitung oder zur Abwicklung erforderliche. Sie gilt also zB mit ab: Die Einsicht in ein Register; die Gestellung eines Fotokopier- oder Fotoapparats, Crämer AnwBl **77**, 51. Wegen der Sachkosten der Filme usw gilt VV 7000. Freilich muß man nach § 19 I 2 Z 1, 9 prüfen, ob etwa ein besonderes Verfahren erforderlich ist.

76 **5) Verschiedene Gebührensätze für Teile eines Gegenstands, III.** Die Vorschrift hat Nachrang nach der amtlichen Vorbemerkung 3 IV, Karlsr JB **12**, 357. Sie wiederholt für den gesamten Geltungsbereich des RVG den in §§ 36 III GKG, 30 III FamFG, 94 I GNotKG ausgesprochenen Grundsatz. Man muß für einen ausscheidbaren Teil eines gebührenrechtlichen Gegenstands bei einer gesonderten Tätigkeit des Anwalts auch eine gesonderte Gebührenberechnung vornehmen. Der Anwalt kann aber nicht mehr als die aus dem Gesamtbetrag der Teile errechnete Gebühr nach dem höchsten Gebührensatz verdienen. Dieser Grundsatz gilt nicht nur dann, wenn man verschiedene Gebührensätze anwenden müßte, sondern auch bei der Anwendbarkeit gleicher Gebührensätze.

III gilt *entsprechend,* wenn für den einen Teilgegenstand eine Geschäftsgebühr usw nach VV 2300, für einen anderen aber (jetzt) eine Verfahrensgebühr usw nach VV 3100 angefallen ist, Düss Rpfleger **92**, 526.

Wenn das Gericht also über einen *Teil des Gegenstands* gesondert verhandeln läßt, **77** muß man die Terminsgebühr für jeden Teil besonders berechnen. Sie kann aber auch bei einer Verbindung erst nach der Verhandlung nicht mehr betragen als für den ganzen Gegenstand. Dasselbe gilt bei einem Teilvergleich.

Verschiedene Gebührensätze kommen zB dann in Betracht, wenn die Partei nur **78** für einen Teil des Streitgegenstandes eine *Prozeß- oder Verfahrenskostenhilfe* erhalten hat, Mümmler JB **84**, 643, aM Zweibr Rpfleger **95**, 75, Hbg JB **95**, 426, RS 30 (der beigeordnete Anwalt erhalte die Differenz zwischen den Wahlanwaltsgebühren für den vollen Streitwert und denjenigen für den von der Bewilligung gedeckten Teil. Das ist unnötig kompliziert und nicht kostengerechter).

Verschiedene Gebührensätze kommen *ferner zB* dann in Betracht, wenn die Parteien **79** zunächst über die Hauptsache streitig verhandeln, wenn sich die Hauptsache dann erledigt und wenn die Parteien daher nur noch über die Kostenfolge streiten. Eine Terminsgebühr kann zur Kostenfrage nicht entstehen. Denn sie ist bereits voll in der Hauptsache entstanden, KG Rpfleger **77**, 72. Wenn ein gerichtlicher Vergleich nach BLAH Anh § 307 ZPO über den Klaganspruch und gleichzeitig über einen weiteren bisher nicht anhängigen Anspruch zustande kommt, ist Höchstgrenze die Einigungsgebühr nach VV 1000 über den ganzen Gegenstand nach dem zusammengerechneten Wert, Kblz JB **97**, 633.

Verschiedene Gebührensätze sind diejenigen der Tabelle zu *§ 13 I 3* und der Tabelle zu *§ 49.* § 22 II bleibt beachtbar, Enders JB **17**, 339. **80**

6) Vorzeitige Erledigung usw, IV. Der nachfolgende Grundsatz zeigt seine Wir- **81** kung sowohl bei einer zeitlichen als auch bei einer inhaltlichen Beschränkung der ursprünglich vorgesehenen Anwaltstätigkeit, LG Bln AnwBl **82**, 122. Es gibt Auswirkungen in mehreren Fallgruppen. Bei einer Pauschalvergütung ist IV unanwendbar, Düss JB **10**, 199.

A. Grundsatz: Bestehenbleiben der Vergütung. Die Vorschrift ist eine Folge des Pauschcharakters der Gebühren, LG Hbg AnwBl **85**, 261, Madert AnwBl **97**, 678. Eine einzelne Pauschgebühr ermäßigt sich grundsätzlich nicht schon deshalb, weil sich herausstellt, daß der Anwalt einen geringeren Arbeitsaufwand hatte als man im Zeitpunkt der Auftragserteilung annehmen konnte oder mußte. Diese Erwägung gilt auch für den Einzelauftrag, auch für eine vereinbarte Vergütung in den Grenzen von §§ 3a, 4. Freilich muß die Gebühr bereits entstanden sein, zB nach VV 4200.

IV ist also *nicht* auf eine solche Gebühr anwendbar, die erst infolge einer nicht stattgefundenen weiteren Durchführung des Auftrags entstanden wäre. Auch bei einer Rahmengebühr nach Einl II A 12 kann sich eine vorzeitige Erledigung ausnahmsweise gebührenverringernd oder -erhöhend auswirken, freilich nur innerhalb des Rahmens.

Der Grundsatz, daß die bereits entstandene Gebühr bestehen bleibt, LG Bln VersR **82** **88**, 702, gilt nur mit gesetzlichen *Ausnahmen* zB in VV 2300, 3101, 3414, 4105. Der Mindestbetrag nach § 13 II bleibt stets bestehen. Es gilt die Regel: Erst anrechnen, dann kürzen, Mü RR **12**, 767.

B. Kündigung des Anwalts wegen Vertragswidrigkeit des Auftraggebers. **83** Die nach Grdz 3 vor § 1 auf das Vertragsverhältnis zwischen dem Anwalt und dem Auftraggeber anwendbaren sachlichrechtlichen Vorschriften bleiben in den Grenzen von IV unberührt. Daher gelten grundsätzlich nach Grdz 13 vor § 1 auch die sachlichrechtlichen Kündigungsfolgen nach §§ 627ff BGB, soweit nicht IV vorrangig etwas anderes bestimmt. Nur beim Dauerberatungsvertrag mag zur fristlosen Kündigung eine Begründung notwendig sein, Hamm RR **95**, 1530.

Der Auftraggeber kann eine vom Anwalt erklärte Kündigung nach §§ 276, 278 **84** BGB *verschuldet* haben. Das muß der Anwalt beweisen, BGH MDR **97**, 197, Düss AGS **93**, 74. Die Fortsetzung des Auftrags muß dem Anwalt also unzumutbar geworden sein. Dann hat der Anwalt nach § 628 I 1 BGB einen Anspruch auf den seiner bisherigen Leistung entsprechenden Vergütungsteil. Ferner behält der Anwalt nach § 628 II BGB einen Anspruch auf den Ersatz des durch die Aufhebung des Anwaltsvertrags entstehenden Schadens. Dieser besteht im Fortfall solcher Gebühren, die erst durch eine weitere Tätigkeit des Anwalts entstanden wären. Freilich würde eine deshalb freiwerdende Arbeitskraft des Anwalts schadensmindernd wirken können.

Eine Kündigung dieser Art kann zB dann vorliegen, wenn sich der Auftraggeber dem Anwalt gegenüber zwar evtl sogar mehr oder minder schuldlos, aber doch zumindest objektiv *vertragswidrig* verhalten hat.

85 **C. Beispiele zur Frage einer Vertragswidrigkeit des Auftraggebers, IV**

Abwegigkeit: S „Rechtsansicht".

Berufsehre: Vertragswidrig ist die Forderung des Auftraggebers nach einem solchen Verhalten des Anwalts, das gegen seine Berufsehre verstoßen würde. Freilich kann eine Vertragspflicht durchweg den Vorrang vor allgemeinen Berufsregeln haben.

Ersatzanspruch: Vertragswidrig handelt der Auftraggeber bei einem völlig unbegründeten Ersatzanspruch.

Gerichtsentscheidung: *Nicht* vertragswidrig ist ein Beharren des Auftraggebers auf einer Entscheidung des Gerichts statt des Anwalts, Karlsr AnwBl 94, 522, es sei denn, die Unsinnigkeit der Fortführung des Prozesses würde für den Anwalt als ein Organ der Rechtspflege nach § 1 BRAO zur Unzumutbarkeit führen, LG Hbg AnwBl 85, 261, AG Köln AnwBl 89, 624.

Hartnäckigkeit: S „Information", „Rechtsansicht".

Information: Vertragswidrig ist meist ein hartnäckiges Unterlassen der notwendigen Information des Anwalts.
S auch „Hartnäckigkeit".

Mandatswechsel: Vertragswidrig handelt der Auftraggeber dann, wenn er vor der Beendigung des Auftrags das Mandat grundlos einem anderen Anwalt überträgt.

Rechtsansicht: Vertragswidrig ist meist eine aus der Sicht des Anwalts nun wirklich völlig abwegige und daher inhaltlose Rechtsansicht, soweit der Auftraggeber sie hartnäckig aufrechterhält.

Revision: Vertragswidrig handelt der Auftraggeber bei einem Revisionsauftrag entgegen dem wohlbegründeten Rat des Anwalts, Karlsr MDR 94, 519.

Standesehre: S „Berufsehre".

Überhöhte Anforderungen: Vertragswidrig handelt der Auftraggeber bei eindeutig zu hohen Anforderungen an den Anwalt, Hamm AGS 96, 16.

Umformulierung: Vertragswidrig sein kann die Forderung des Auftraggebers nach unzumutbar weitgehenden Umformulierungen, LG Hbg AnwBl 85, 261, AG Köln AnwBl 89, 624.

Vertrauen: Vertragswidrig ist eine Zerstörung des notwendigen Vertrauensverhältnisses zwischen dem Auftraggeber und dem Anwalt durch den ersteren, Hamm AGS 96, 16.

Vorschuß: Vertragswidrig ist die Nichtzahlung eines zulässigerweise vom Anwalt nach § 9 erbetenen Vorschusses trotz seines klaren Hinweises auf eine mögliche Kündigungsfolge, Düss AS 93, 74. Einen Vorschuß muß der Anwalt nur insoweit nach §§ 628 I 2, 812 ff BGB in den Grenzen von § 818 III BGB herausgeben, als der Vorschuß die dem Anwalt nach Rn 84 zustehende Teilvergütung übersteigt.

Vorwurf: Vertragswidrig ist erst ein völlig unbegründeter Vorwurf des Auftraggebers, Karlsr JB 10, 199.

86 **D. Kündigung des Anwalts ohne Vertragswidrigkeit des Auftraggebers.**
Vgl zunächst Rn 83. Soweit der Anwalt kündigt, ohne daß sich der Auftraggeber ihm gegenüber vertragswidrig verhalten hätte, hat der Anwalt nach § 628 I 2 BGB auch wegen der bereits entstandenen und daher an sich nach § 628 I 1 BGB forderbaren Gebühren keinen Anspruch, falls seine bisherigen Leistungen infolge seiner eigenen Kündigung für den Auftraggeber kein Interesse mehr haben, BGH NJW 85, 41, Hbg MDR 81, 768. Eine Aufrechnung usw durch den Auftraggeber ist ab einem objektiven Wegfall seines Interesses nicht nötig. Das alles gilt erst recht dann, wenn ein objektiv wichtiger Kündigungsgrund vorliegt, zB aus einem gesundheitlichen Grund, falls nicht zugleich ein vertragswidriges Verhalten des Auftraggebers vorhanden ist, für den es ja nicht auf ein etwaiges Verschulden ankommt.

Soweit daher der Auftraggeber nunmehr die Angelegenheit einem anderen Anwalt überträgt, hat der frühere Anwalt grundsätzlich in demjenigen Umfang keinen Gebührenanspruch, in dem der Auftraggeber dem folgenden Anwalt für eine gleiche Tätigkeit gleiche Gebühren zahlen muß, BGH JB **84**, 1659, Karlsr JB **84**, 1659, es sei denn, die Leistung des bisherigen Anwalts behielte ihren Wert, Karlsr MDR **94**, 519. Das letztere kann zB dann geschehen, wenn der Auftraggeber aufbauend auf der Tätigkeit des bisherigen Anwalts nun selbst tätig wird, Pabst MDR **78**, 449. Die Honorarforderung erlischt ohne die Notwendigkeit einer Aufrechnung, BGH NJW **85**, 41. Der Auftraggeber ist für ein Verschulden des Anwalts dann beweispflichtig, BGH NJW **82**, 437. Er kann zB wegen einer Kündigung des Anwalts zur Unzeit einen Schadensersatzanspruch nach § 671 II 1, 2 BGB haben.

E. Kündigung des Auftraggebers wegen Vertragswidrigkeit des Anwalts. 87
Soweit der Auftraggeber infolge eines vertragswidrigen Verhaltens des Anwalts kündigt, bleibt zwar der Anspruch des Anwalts auf die bisher entstandenen Gebühren nach § 628 I 1 in Verbindung mit § 627 I BGB theoretisch bestehen, Neuhofer AnwBl **04**, 583.

Indessen *entfällt* sein Vergütungsanspruch ähnlich wie bei Rn 86 nach § 628 I 2 Hs 2 BGB, soweit seine bisherige Leistung infolge der Kündigung des Auftraggebers für diesen kein Interesse mehr hat, etwa weil dieser nun einen anderen Anwalt beauftragen und bezahlen muß, Neuhofer AnwBl **04**, 583. Außerdem muß man auch hier § 628 II 1 BGB beachten, LG Hbg AnwBl **85**, 261. Der Auftraggeber hat nach § 628 II BGB einen Anspruch auf den Ersatz des durch die Kündigung entstehenden Schadens. Er kann mit diesem Schadensersatzanspruch gegenüber dem Vergütungsanspruch des Anwalts aufrechnen, Neuhofer AnwBl **04**, 583. Freilich muß ein wirklicher Schaden entstanden sein. Er würde zB bei einer ohnehin bestehenden Zahlungsunfähigkeit des zu Unrecht beklagten Prozeßgegners fehlen, Neuhofer AnwBl **04**, 584. Dabei darf der Auftraggeber am Ende nicht besser dastehen als nach einer vertragsgemäßen Anwaltstätigkeit, Neuhofer AnwBl **04**, 584.

F. Beispiele zur Frage einer Vertragswidrigkeit des Anwalts, IV 88
Beratungsfehler: Vertragswidrig sein kann ein solcher Vorgang.
Fristversäumung: Vertragswidrig sein kann ein solcher Vorgang, BGH NJW **82**, 438.
Honorarmehrforderung: Vertragswidrig ist es, unberechtigt nach der Annahme des Auftrags ein höheres Honorar nach § 3a zu fordern, LG Karlsr MDR **91**, 548.
Interessenkollision: Vertragswidrig ist eine Tätigkeit trotz einer solchen Lage ohne Zustimmung des Auftraggebers, BGH NJW **85**, 41.
Sozietätswechsel: Vertragswidrig ist sein schon bei der Auftragsannahme ihm bekannter Plan, zumindest in die gegnerische Sozietät, Düss JB **93**, 731.
Straftat: Vertragswidrig sein kann sie sogar dann, wenn der Anwalt ihretwegen Selbstmord begeht.
Tatsachenvortrag: Vertragswidrig sein kann der Vortrag einer dem Auftraggeber schädlichen Tatsache, Pabst MDR **78**, 449.
Terminsversäumung: Vertragswidrig sein kann ein solcher Vorgang.
Treuepflichtverletzung: Vertragswidrig ist der Verstoß gegen eine gesetzliche oder vertragliche Treuepflicht.
Unterlassung: Vertragswidrig sein kann es, eine Anfrage des Gerichts nicht zu beantworten oder dessen Auflage nicht zu erfüllen, BGH NJW **82**, 438 (der Auftraggeber ist beweispflichtig).
Untersuchungshaft: S „Veruntreuung".
Vertrauensverlust: Vertragswidrig sein kann es, durch einen Fehler in einem anderen Verfahren das Vertrauen des jetzigen Auftraggebers im jetzigen Fall zu zerstören.
Veruntreuung: Vertragswidrig ist ein solcher Vorgang nebst Untersuchungshaft des Anwalts, BGH VersR **96**, 99.
Weisungsverstoß: Vertragswidrig sein kann ein solcher Vorgang zB gegenüber dem Gericht oder Jugendamt bei einer Erklärung zur Unterhaltspflicht des Auftraggebers, BGH AnwBl **77**, 164.
Zulassungsverlust: Vertragswidrig ist er bei einem Verschulden des Anwalts daran, Düss MDR **79**, 147, Kblz MDR **91**, 1098.
Zulassungsverzicht: Vertragswidrig ist folgender Vorgang: Der Anwalt verschweigt bei der Annahme des Auftrags, daß er demnächst (nicht: schon ein Jahr vorher, Düss MDR **79**, 147) aus freier Entschließung auf die Rechte aus der Zulassung verzich-

ten will, und gibt anschließend die Verzichtserklärung ab, Ffm JB **80**, 141, Hbg MDR **81**, 767.

Zuvielforderung: Vertragswidrig sein kann es, für den Auftraggeber eine zu hohe Forderung einzuklagen.

89 **G. Kündigung des Auftraggebers ohne Vertragswidrigkeit des Anwalts.** Soweit der Auftraggeber kündigt, ohne durch ein vertragswidriges Verhalten des Anwalts dazu veranlaßt worden zu sein, steht dem Anwalt nach § 628 I 1 BGB die bisher entstandene Vergütung zu, Düss AnwBl **85**, 259. Der Auftraggeber muß dann einen nun etwa eingeschalteten weiteren Anwalt auch entsprechend zusätzlich zum bisherigen vergüten.

90 Ein vertragswidriges Verhalten des Anwalts kann zB in folgenden Fällen *fehlen:* Der Anwalt nimmt einen Auftrag an, obwohl er sich bereits für ein Amt im Staatsdienst beworben hat. Das gilt jedenfalls solange, wie er nicht übersehen kann, ob und wann die Behörde der Bewerbung stattgibt; er legt das Mandat wegen der Aussichtslosigkeit der Sache nieder, LG Hbg AnwBl **85**, 261; er gibt die Zulassung auf Grund eines nach der Auftragsannahme gefaßten Entschlusses wegen Alters oder Krankheit auf, Kblz JB **78**, 1068; er entschließt sich erst ein Jahr nach der Auftragsannahme zur freiwilligen Aufgabe der Zulassung, Düss MDR **79**, 147.

91 **H. Erstattungsfähigkeit.** Wegen der Erstattungsfähigkeit der Kosten bei einer Tätigkeit mehrerer Anwälte in derselben Angelegenheit BLAH § 91 ZPO Rn 124 ff.

92 **I. Weitere Ausnahmefälle.** Abweichend von dem Grundsatz Rn 81 gelten folgende weitere Sonderregeln neben denjenigen zur Kündigung nach Rn 83–86: VV 3101, 3201 usw (vorzeitige Beendigung des Auftrags in den dort genannten Fällen).

93 **7) Auftrag zum weiteren Tätigwerden, V.** Ein Grundsatz hat eine Ausnahme.

A. Grundsatz: Keine weitere Vergütung, V 1. Soweit der in derselben Angelegenheit tätig gewordene Anwalt nunmehr von demselben Auftraggeber den zusätzlichen Auftrag erhält, in derselben Angelegenheit weiter tätig zu werden, erhält er grundsätzlich nach V 1 nicht mehr an Gebühren, als er erhalten würde, wenn man ihn von vornherein auch mit dieser weiteren Tätigkeit beauftragt hätte. Das gilt zB dann, wenn der Anwalt zunächst einen Einzelauftrag erhielten oder gar nun den ProzBev wurde, LG Köln VersR **75**, 73 (abl Klimke VersR **75**, 291). Die ursprüngliche Angelegenheit darf aber beim Auftrag zum weiteren Tätigwerden noch nicht endgültig beendet gewesen sein, Meyer DRiZ **04**, 291.

94 **B. Keine neue Angelegenheit.** Der neue Auftrag darf im Rahmen von V 1 keine neue Angelegenheit begründen. Man muß die Sache vielmehr so ansehen, als wenn die Erledigung der Angelegenheit immer in denselben Händen gelegen hätte. Der schon bei einer Beweisaufnahme tätig gewordene Verkehrsanwalt erhält also nicht mehr, wenn er für die Vertretung bei einer weiteren Beweisaufnahme einen selbständigen Auftrag erhält.

95 **C. Verkehrsanwalt wird Prozeßbevollmächtigter.** Wenn der Anwalt bisher nach VV 3400 Verkehrsanwalt war und infolge einer Verweisung nun der ProzBev nach § 81 ZPO wird, erhält er (jetzt) keine Gebühr 3100 und umgekehrt, Ffm GRUR **88**, 646, Hbg MDR **86**, 596, Kblz JB **95**, 251 (auch zur Erstattungsfrage). War der Anwalt zunächst Beweisanwalt und wird er nun ProzBev nach § 81 ZPO, erhält er neben der schon entstandenen Gebühr VV 3402 keine weitere Terminsgebühr, wohl aber eine Verfahrensgebühr. Denn jetzt hat sich sein Auftrag erweitert. Bei einer Betrags- oder Satzrahmengebühr nach Einl II A 12, 13 darf und muß man eine Erweiterung nach § 14 mitbeachten. V gilt auch dann anwendbar, wenn ein früherer Praxisabwickler in derselben Angelegenheit einen neuen Auftrag erhält, Ffm AnwBl **80**, 71, KG MDR **77**, 238, Kblz JB **79**, 1314.

96 **D. Ausnahme bei Werterhöhung.** Man muß aber natürlich eine etwaige spätere *Erhöhung* des Gegenstandswerts berücksichtigen. Das gilt etwa dann, wenn sich die Vertretung des Anwalts in einem Beweistermin nur auf einen Teil des späteren Streitgegenstands nach BLAH § 2 ZPO Rn 4 bezog. Soweit sich der Gegenstandswert demgegenüber verringert, behält der Anwalt die bereits entstandenen höheren Gebühr.

Wegen der Anrechnung von Einzelgebühren in einer Strafsache VV amtliche Vorbemerkung 4.3 III.

E. Weitere Ausnahme bei 2-Jahres-Zeitablauf, V 2, 3. Als Ausnahme vom 97 Grundsatz des V 1, Rn 93–96, gilt eine weitere Tätigkeit als neue Angelegenheit mit der Folge einer zusätzlichen Vergütung, soweit der frühere Auftrag beim Beginn der Entgegennahme der zur weiteren Tätigkeit gehörigen Information bereits seit mehr als zwei Kalenderjahren erledigt war, Stgt JB **02**, 526, VGH Mü **15**, 649, VG Potsd Rpfleger **09**, 700. V 2, 3 haben den Vorrang vor (jetzt) § 21 I, Köln MDR **09**, 1365, Schneider MDR **03**, 728 und NZFam **14**, 1127. Die Frist errechnet sich nach §§ 186 ff BGB. „Erledigt" ist dasselbe wie bei I, IV. Der Anwalt muß den Auftrag also vollständig erfüllt haben, VGH Mü NJW **15**, 649. Maßgeblich ist also die Fälligkeit nach § 8, Karlsr JB **98**, 26, Stgt JB **02**, 526. Es kommt nicht auf die Verkündung an, sondern auf die Kenntnisnahme von ihr, Hbg MDR **14**, 808. (Jetzt) V 2, 3 sind nicht anwendbar, soweit der Anwalt während der zwei Jahre außergerichtlich tätig blieb, BGH NJW **06**, 1525, Nürnb Rpfleger **04**, 378. Es muß ein neuer Auftrag vorliegen, Brdb FamRZ **17**, 303.

Unanfechtbar sind V 2, 3 auch dann, wenn es um die Anfechtung eines Prozeßvergleichs usw geht. Denn eine auch nur entsprechende Anwendung einer stets eng auslegbaren Ausnahmebestimmung ist nach BLAH Einl III 36 schon grundsätzlich unstatthaft. Das gilt nach Einl II B 8 erst recht bei einer kostenverursachenden Ausnahmevorschrift, aM BGH MDR **10**, 1218 (aber andere Verstöße rechtfertigen nicht schon deshalb einen weiteren). Es gilt auch bei einer bloßen Aussetzung, Oldb FamRZ **11**, 666, oder bei einem Einspruch gegen ein Versäumnisurteil erst nach über zwei Jahren, Brdb FamRZ **17**, 303.

8) Mehrere Einzelaufträge usw, VI. Die Vorschrift gilt auch in einer Straf- oder 98 Bußgeldsache. Wenn der Anwalt in derselben Angelegenheit beliebiger Art einen oder mehrere Aufträge zur Vornahme einer oder mehrerer einzelner Handlungen erhält, kann die Gesamtgebühr nicht mehr als dann betragen, wenn er von vornherein einen Auftrag zur umfassenden Erledigung dieser Angelegenheit erhalten hätte. Dasselbe gilt bei einem Auftrag nur zu einer solchen Tätigkeit, die nach § 19 zum Rechtszug oder zum Verfahren gehört. Die Pauschgebühr für eine bestimmte Tätigkeit begrenzt nach II 2 auch die Gesamtgebührenhöhe für Einzeltätigkeiten unter der Voraussetzung, daß es sich um denselben Rechtszug oder dasselbe Verfahren handelt. Eine noch so häufige Anfertigung von Schriftsätzen oder die noch so häufige Erteilung von Ratschlägen in derselben Angelegenheit kann nicht mehr als *eine* Verfahrensgebühr ergeben.

Derjenige Anwalt, der den Auftraggeber im Termin vertritt, kann auch für die 99 Wahrnehmung *mehrerer* solcher Termine nicht mehr als eine Terminsgebühr verlangen. Man muß also für jede Gebührenart eine besondere Prüfung wegen der Höhe der Einzelgebühr und derjenigen Gebühr vornehmen, die sonst höchstens für die Tätigkeit entstehen kann. Dementsprechend kann zB eine Mehrzahl von Einzeltätigkeiten im Zwangsvollstreckungsverfahren nach §§ 704 ff ZPO gemäß VV 3309, 3310 immer nur insgesamt 0,3 Gebühr jeder Art bringen.

Unanwendbar ist VI aber, soweit aus einem oder mehreren Einzelaufträgen jetzt ein Gesamtauftrag zB als ProzBev wird. Denn das ist nach Rn 95 eine bloße Auftragserweiterung. Unanwendbar ist VI ferner dann, wenn man nach V 2 von mehreren Angelegenheiten ausgehen muß, VG Potsd Rpfleger **09**, 700.

Anrechnung einer Gebühr

15a ^I Sieht dieses Gesetz die Anrechnung einer Gebühr auf eine andere Gebühr vor, kann der Rechtsanwalt beide Gebühren fordern, jedoch nicht mehr als den um den Anrechnungsbetrag verminderten Gesamtbetrag der beiden Gebühren.

^{II} Ein Dritter kann sich auf die Anrechnung nur berufen, soweit er den Anspruch auf eine der beiden Gebühren erfüllt hat, wegen eines dieser Ansprüche gegen ihn ein Vollstreckungstitel besteht oder beide Gebühren in demselben Verfahren gegen ihn geltend gemacht werden.

RVG § 15a

X. Rechtsanwaltsvergütungsgesetz

Schrifttum: *Baronin von König* Rpfleger **09**, 487; *Enders* JB **09**, 393 und 449; *Fölsch* MDR **09**, 1137; *Hansens* AnwBl **09**, 535; *Kindermann* FPR **10**, 351; *Müller-Rabe* NJW **09**, 2913 (je: Üb).

Gliederung

1) Systematik, I, II	1
2) Regelungszweck, I, II	2
3) Geltungsbereich, I, II	3
4) **Bei Anrechenbarkeit: Entstehung beider Gebühren, I Hs 1**	4
5) **Bei Anrechnung: Verminderter Gesamtbetrag, I Hs 2**	5
6) **Berufung eines Dritten auf Anrechnung, II**	6–9
A. Stets: Erfüllung wenigstens einer der Gebühren, II Hs 1	7
B. Außerdem: Entweder Vollstreckungstitel wegen eines der Gebührenansprüche, II Hs 2	8
C. Außerdem: Oder Geltendmachung beider Gebührenansprüche, II Hs 3	9
7) **Verfahren I, II**	10

1 **1) Systematik, I, II.** Die Vorschrift ergänzt zum Abgeltungsbereich der Gebühren § 15 auf einem seit Jahr und Tag äußerst unruhigen umstrittenen Feld, demjenigen der Folgen der mißvergnügt unterschiedlich gehandhabten Anrechnung nach der amtlichen Vorbemerkung 3 IV, BGH NJW **11**, 2511, aM KG JB **10**, 527. Sie behandelt in I das Innenverhältnis des Anwalts zum Auftraggeber, in II das Außenverhältnis zum Dritten, vor allem zum Prozeßgegner des Auftraggebers.

§ 15 a ist aber *keine Gesetzesänderung* nach § 60 I 3, sondern ein bloßer inhaltlicher Klarstellungsversuch, BGH (je ohne Vorlage nach § 132 GVG, 1. ZS) GRUR-RR **11**, 392 links oben, (2. ZS) NJW **09**, 3101, (4. ZS) VersR **11**, 412, (5. ZS) FamRZ **10**, 1248, (7. ZS) FamRZ **11**, 104 rechts oben, (8. ZS) ZIP **10**, 2268, (9. ZS) JB **10**, 358, (10. ZS) JB **12**, 420, (12. ZS) FamRZ **11**, 1222, Bbg JB **10**, 25, Brdb MDR **11**, 1207, Celle RR **11**, 713, Drsd JB **09**, 582, Düss JB **11**, 301, Ffm JB **10**, 241, Hamm JB **10**, 587, KG AnwBl **09**, 647 und 648, Kblz FamRZ **10**, 230, Köln AnwBl **10**, 146, Mü AnwBl **09**, 880, Naumb JB **10**, 298, Oldb JB **10**, 421, Stgt AnwBl **09**, 147, LG Bln Rpfleger **09**, 648, LG Hbg JB **09**, 641, AG Buchsal JB **09**, 584, AG Wesel JB **09**, 584, Enders JB **09**, 563, aM BGH ohne Vorlage nach § 132 GVG (10. ZS) NJW **10**, 77, Brschw MDR **10**, 175, Bre JB **10**, 242, Celle JB **10**, 197, KG JB **11**, 590, Köln JB **10**, 207, Oldb FamRZ **10**, 400, Rostock **10**, 591, OVG Lüneb AnwBl **09**, 880 (aber gerade ein gesetzgeberischer Irrtum läßt sich inhaltlich klarstellen, wie zB bei § 319 ZPO eine offensichtlich unrichtige Entscheidung). Der Große Senat des BGH hat bemerkenswerterweise bisher tatsächlich noch nicht entscheiden können, KG Rpfleger **10**, 53, Stgt Rpfleger **09**, 647.

2 **2) Regelungszweck, I, II.** Es geht um eine Klarstellung einerseits der Möglichkeiten des Anwalts, andererseits der Grenzen dieser Möglichkeiten, OVG Lüneb NJW **13**, 1618, und der Abwehrchancen des Betroffenen. Auch zB der Kostenbeamte bei der Kostenfestsetzung nach § 11 soll klarer berechnen können. Das alles dient der Gerechtigkeit wie der Prozeßwirtschaftlichkeit nach BLAH Grdz 14 vor § 128 ZPO. Es kann eine Auswirkung bei der amtlichen Vorbemerkung 3 IV eintreten, aber nur begrenzt, Ffm JB **13**, 467. Ob § 15 a die unnötig hochgeschossenen Auseinandersetzungen zu Anrechnungsfragen begrenzen und gar beseitigen wird, ist fraglich, aber wünschenswert.

3 **3) Geltungsbereich, I, II.** Die Vorschrift ist immer dann anwendbar, wenn der Anwalt oder ein Sozius derselben Sozietät zumindest dem Grunde nach in derselben Angelegenheit nach § 15 Rn 9 mehrere Gebühren verdient hat, Enders JB **14**, 395, und wenn das Gesetz nun eine Anrechnung der einen auf eine andere Gebühr vorsieht. Eine Anrechnung erfolgt nur auf Antrag, aM KG JB **10**, 527.

4 **4) Bei Anrechenbarkeit: Entstehung beider Gebühren, I Hs 1.** Soweit das Gesetz überhaupt nach Rn 3 eine Anrechnung der Gebühr A auf eine Gebühr B vorsieht, kann der Anwalt an sich beide Gebühren fordern. Das gilt nicht nur dem Grunde nach, sondern zunächst rein rechnerisch auch der Höhe nach. Er hat ja die bei jeder dieser beiden Gebühren vorausgesetzte Tätigkeit erbracht.

Eine Folge ist ein *Wahlrecht* des Anwalts, Ffm FamRZ **13**, 324: Er mag nur die Gebühr A oder nur die Gebühr B geltendmachen. Dann erfolgt auch keine Anrechnung, soweit die geforderte Summe nicht den in I Hs 2 genannten verminderten Gesamtbetrag überschreitet, OVG Lüneb NJW **13**, 1618. Natürlich muß der Anwalt klar mitteilen, welche der beiden Gebühren er fordert und inwiefern sie die eben genannte Obergrenze nicht überschreitet. Das müssen der Auftraggeber, dessen Gegner und der Kostenbeamte nachvollziehen können.

5) Bei Anrechnung: Verminderter Gesamtbetrag, I Hs 2. Der Anwalt darf insgesamt nur höchstens denjenigen Betrag fordern, der sich bei einer gesetzlich vorgesehenen Anrechnung ergibt. Insofern ist im Ergebnis doch stets und auch bei Rn 4 eben die gesetzliche Anrechnung zumindest rechnerisch zur Begrenzung der Gesamtforderung für diese Teile der Anwaltstätigkeit unvermeidbar. Das stellt I Hs 2 klar.

6) Berufung eines Dritten auf Anrechnung, II. Der zB als Prozeßverlierer nach § 91 ZPO erstattungspflichtige Prozeßgegner oder ein sonstiger kostenhaftender Dritter darf sich zB bei der Kostenfestsetzung auf eine im Innenverhältnis zwischen dem siegenden Gegner und seinem Anwalt notwendige Anrechnung grundsätzlich nicht berufen, BGH FamRZ **10**, 1248, sondern nur dann ausnahmsweise, wenn die Bedingung Rn 7 und außerdem entweder die weitere Bedingung Rn 8 oder Rn 9 erfüllt sind, BGH NJW **09**, 3101, Kblz JB **13**, 255 links. Die Staatskasse kann Dritte sein, Zweibr FamRZ **11**, 139, ebenso ein Alleinerbe, LAG Rostock JB **16**, 522. Bei Prozeßkostenhilfe ist die Staatskasse nicht Dritter, sondern Kostenschuldner, LSG Mü JB **16**, 84.

A. Stets: Erfüllung wenigstens einer der Gebühren, II Hs 1. Stets muß der Dritte zumindest den Anspruch auf die Erstattung der einen der beiden im Anrechnungsverhältnis stehenden Gebühren erfüllt haben. Eine Erfüllung kann auch durch einen eindeutig auf die fraglichen Kosten miterstreckten Prozeßvergleich nach BLAH Anh § 307 ZPO eintreten, Kblz Rpfleger **14**, 110, Stgt AnwBl **10**, 723, aM Bbg JB **14**, 132 (viel zu streng). Eine Erfüllung kann ferner auch durch eine Aufrechnung erfolgen, Köln JB **12**, 22.

B. Außerdem: Entweder Vollstreckungstitel wegen eines der Gebührenansprüche, II Hs 2. Außer der in Rn 7 genannten Erfüllung muß entweder der Dritte der Schuldner eines solchen Erstattungsanspruchs sein, für den gegen ihn ein Vollstreckungstitel zB nach §§ 704, 794 ZPO besteht. Er muß schon und noch vorliegen, Kblz JB **14**, 477. Man muß ihm die Höhe der Gebühr unmißverständlich entnehmen können, Stgt AnwBl **10**, 533. Ob er sich anfechten läßt, ist hier zunächst unbeachtbar. Eine Auslegung ist stets möglich, Kblz JB **10**, 586, Stgt JB **10**, 587. Eine Bezifferung in einem Vergleich ist nötig, Kblz JB **10**, 584, Mü JB **10**, 583 und 584, Zweibr AnwBl **11**, 75. Eine Generalquittung in einem Vergleich tituliert nicht eine geltendgemachte Nebenforderung, Köln JB **10**, 526, erst recht nicht das Fehlen jeder Kostenregelung, Oldb JB **11**, 86, Zweibr RR **11**, 503.

C. Außerdem: Oder Geltendmachung beider Gebührenansprüche in demselben Verfahren, II Hs 3. Anstatt der Voraussetzungen Rn 7, 8 mag auch zusätzlich zu derjenigen Rn 7 die weitere Bedingung erfüllt sein, daß der Gläubiger beide im Anrechnungsverhältnis stehende Gebühren erstattet fordert. Dabei kann es ausreichen, daß der Gläubiger die Gebühr A nur teilweise erstattet haben will, die Gebühr B aber ganz oder umgekehrt oder daß er jede dieser Gebühren nur zu einem Teil geltendmacht, womöglich zu unterschiedlichen Prozentsätzen. Erkenntnisverfahren nach §§ 253ff ZPO und zugehörige Kostenfestsetzung nach §§ 103ff ZPO sind dasselbe Verfahren, Saarbr JB **10**, 195.

7) Verfahren, I, II. Vgl VV 3100 Rn 56 und zur Kostenfestsetzung zB BLAH § 103 ZPO Rn 19 „Geschäftsgebühr". Die jeweils dort vorgeschlagene weitgehende Einordnung der Geschäftsgebühr VV 2300 usw als Vorbereitungskosten nach BLAH § 91 ZPO Rn 270ff kann dazu beitragen, einen erheblichen Teil der bisher so heftig umstrittenen Fragen zu lösen. An dieser erheblichen Möglichkeit einer Vereinfachung ändert nämlich § 15a gar nichts. Daher bleibt insofern auch eine gesonderte Klage des Prozeßgegners wegen Fehlens eines Rechtsschutzbedürfnisses nach BLAH Grdz 33 vor § 253 ZPO unverändert unzulässig (Vorrang von §§ 103ff ZPO).

Abschnitt 3. Angelegenheit

Dieselbe Angelegenheit

16 Dieselbe Angelegenheit sind

1. das Verwaltungsverfahren auf Aussetzung oder Anordnung der sofortigen Vollziehung sowie über einstweilige Maßnahmen zur Sicherung der Rechte Dritter und jedes Verwaltungsverfahren auf Abänderung oder Aufhebung in den genannten Fällen;
2. das Verfahren über die Prozesskostenhilfe und das Verfahren, für das die Prozesskostenhilfe beantragt worden ist;
3. mehrere Verfahren über die Prozesskostenhilfe in demselben Rechtszug;
3 a. das Verfahren zur Bestimmung des zuständigen Gerichts und das Verfahren, für das der Gerichtsstand bestimmt werden soll; dies gilt auch dann, wenn das Verfahren zur Bestimmung des zuständigen Gerichts vor Klageerhebung oder Antragstellung endet, ohne dass das zuständige Gericht bestimmt worden ist;
4. eine Scheidungssache oder ein Verfahren über die Aufhebung einer Lebenspartnerschaft und die Folgesachen;
5. das Verfahren über die Anordnung eines Arrests, zur Erwirkung eines Europäischen Beschlusses zur vorläufigen Kostenpfändung, über den Erlass einer einstweiligen Verfügung oder einstweiligen Anordnung, über die Anordnung oder Wiederherstellung der aufschiebenden Wirkung, über die Aufhebung der Vollziehung oder die Anordnung der sofortigen Vollziehung eines Verwaltungsakts und jedes Verfahren über deren Abänderung, Aufhebung oder Widerruf;
6. das Verfahren nach § 3 Abs. 1 des Gesetzes zur Ausführung des Vertrages zwischen der Bundesrepublik Deutschland und der Republik Österreich vom 6. Juni 1959 über die gegenseitige Anerkennung und Vollstreckung von gerichtlichen Entscheidungen, Vergleichen und öffentlichen Urkunden in Zivil- und Handelssachen in der im Bundesgesetzblatt Teil III, Gliederungsnummer 319-12, veröffentlichten bereinigten Fassung, das zuletzt durch Artikel 23 des Gesetzes vom 27. Juli 2001 (BGBl. I S. 1887) geändert worden ist, und das Verfahren nach § 3 Abs. 2 des genannten Gesetzes;
7. das Verfahren über die Zulassung der Vollziehung einer vorläufigen oder sichernden Maßnahme und das Verfahren über einen Antrag auf Aufhebung oder Änderung einer Entscheidung über die Zulassung der Vollziehung (§ 1041 der Zivilprozessordnung);
8. das schiedsrichterliche Verfahren und das gerichtliche Verfahren bei der Bestellung eines Schiedsrichters oder Ersatzschiedsrichters, über die Ablehnung eines Schiedsrichters oder über die Beendigung des Schiedsrichteramts, zur Unterstützung bei der Beweisaufnahme oder bei der Vornahme sonstiger richterlicher Handlungen;
9. das Verfahren vor dem Schiedsgericht und die gerichtlichen Verfahren über die Bestimmung einer Frist (§ 102 Abs. 3 des Arbeitsgerichtsgesetzes), die Ablehnung eines Schiedsrichters (§ 103 Abs. 3 des Arbeitsgerichtsgesetzes) oder die Vornahme einer Beweisaufnahme oder einer Vereidigung (§ 106 Abs. 2 des Arbeitsgerichtsgesetzes);
10. im Kostenfestsetzungsverfahren und im Verfahren über den Antrag auf gerichtliche Entscheidung gegen einen Kostenfestsetzungsbescheid (§ 108 des Gesetzes über Ordnungswidrigkeiten) einerseits und im Kostenansatzverfahren sowie im Verfahren über den Antrag auf gerichtliche Entscheidung gegen den Ansatz der Gebühren und Auslagen (§ 108 des Gesetzes über Ordnungswidrigkeiten) andererseits jeweils mehrere Verfahren über
    a) die Erinnerung,
    b) den Antrag auf gerichtliche Entscheidung,
    c) die Beschwerde in demselben Beschwerderechtszug;

Abschnitt 3. Angelegenheit § 16 RVG

11. das Rechtsmittelverfahren und das Verfahren über die Zulassung des Rechtsmittels; dies gilt nicht für das Verfahren über die Beschwerde gegen die Nichtzulassung eines Rechtsmittels;
12. das Verfahren über die Privatklage und die Widerklage und zwar auch im Fall des § 388 Abs. 2 der Strafprozessordnung und
13. das erstinstanzliche Prozessverfahren und der erste Rechtszug des Musterverfahrens nach dem Kapitalanleger-Musterverfahrensgesetz.

Vorbem. Z 5 geändert dch Art 13 Z 1 EuKoPfVODG v 21. 11. 16, BGBl 2591, in Kraft seit 18. 1. 17, Art 21 I G, ÜbergangsR § 60 RVG

Schrifttum: *Schneider* AnwBl 08, 773 (Üb)

Gliederung

1) Systematik, Z 1–13	1
2) Regelungszweck, Z 1–13	2
3) Sofortige Vollziehung usw, Z 1	3
4) Prozeßkostenhilfe, Z 2	4
5) Mehrheit von Prozeßkostenhilfeverfahren, Z 3	5
6) Bestimmung von Gericht und Gerichtsstand, Z 3 a	6
7) Scheidungssache, Lebenspartnerschaftssache und Folgesachen, Z 4	7, 8
8) Abschnitte des Eilverfahrens untereinander, Z 5	9–19
A. Grundsatz: Nur einmal Gebühren	9–11
B. Rechtfertigungsverfahren, § 942 ZPO	12–14
C. Berufungsinstanz	15
D. Beschwerdeinstanz	16, 17
E. Vollziehung	18
F. Einstweilige Anordnung	19
9) Deutsch-österreichischer Vertrag, Z 6	20
10) Vorläufige Maßnahme usw im schiedsrichterlichen Verfahren, Z 7	21, 22
11) Bestellung eines Schiedsrichter usw, Z 8	23–26
A. Bestellung, Z 8 Hs 1	23
B. Ablehnung, Z 8 Hs 2 Fall 1	24
C. Beendigung des Schiedsrichteramtes, Z 8, Hs 2 Fall 2	25
D. Unterstützung bei Beweisaufnahme, sonstige richterliche Handlung, Z 8 Hs 3	26
12) Arbeitsrechtliches Schiedsverfahren, Z 9	27
13) Mehrheit von Rechtsmitteln bei Kostenansatz und -festsetzung usw, Z 10	28
14) Zulassung eines Rechtsmittels, Z 11	29, 30
A. Zulassung und Rechtsmittelverfahren, Z 11 Hs 1	29
B. Nichtzulassungsbeschwerde und Rechtsmittelverfahren, Z 11 Hs 2	30
15) Widerklage, Z 12	31
16) Kapitalanleger-Musterverfahren, Z 13	32

1) Systematik, Z 1–13. Vgl zunächst Einf vor § 16. Die Vorschrift eröffnet als **1** Ergänzung zu § 15 I die lange Reihe von Aufzählungen zahlreicher ziemlich verwirrend aneinandergereihter Situationen, in denen bald dieselbe Angelegenheit vorliegt, bald „verschiedene" und bald „besondere" Angelegenheiten sprachlich nicht weniger klar voneinander getrennt folgen und schließlich Rechtszugszuordnungen die Unübersichtlichkeit nochmals steigern. Bei deren Aufzählung bildet dann § 19 II plötzlich eine Rückkehr zur Einordnung nach dem Begriff der Angelegenheit die „Krönung" dieses Wirrwarrs.

Nur beispielhaft sind alle diese Aufzählungen. Daher bleibt das Absuchen in §§ 16 ff ohnehin nur eine Krücke zum notwenigen Nachdenken. Das bei der eigentlichen Kernvorschrift zum Begriff der Angelegenheit in § 15 Rn 25 ff abgedruckte ABC mag eine weitere Hilfe bilden.

2) Regelungszweck, Z 1–13. Die Vorschrift dient zusammen mit §§ 17–19 der **2** etwas bequemeren Ermittlung, ob eine oder mehrere Angelegenheiten vorliegen und damit in demselben Rechtszug nach § 15 I nur einmal die jeweilige Gebühr entsteht usw. Dabei muß man in den eben genannten Vorschriften Regelungen nicht ganz selten an ganz verschiedenen Stellen der §§ wie auch des VV suchen. Ob das Gesetz den Regelungszweck damit erreicht hat, läßt sich füglich bezweifeln. Der nur bei-

1527

spielhafte Charakter der Einzelvorschrift verbietet bei aller gesetzliches Verbindlichkeit doch zudem ihre allzu strikte Auslegung. Eine behutsame Abwägung hilft im Einzelfall am ehesten. Dabei mag man mitbeachten, daß der gebührenbegrenzende Ausdruck „nur" aus zB § 1 I 1 GKG, Teil I A dieses Buchs, in § 1 I RVG fehlt. Im Zweifel also keineswegs stets zulasten des Anwalts und damit nicht stets eine einzige Angelegenheit.

3 **3) Sofortige Vollziehung usw, Z 1.** Innerhalb der Verwaltungsverfahren gibt es die engeren Fälle einer Aussetzung oder Anordnung der sofortigen Vollziehung sowie einstweiliger Maßnahmen zur Sicherung der Rechte Dritter nach § 69 II FGO, § 86 III SGG, §§ 80 IV, 80a I, II VwGO und die hierzu gehörigen Abänderungs- oder Aufhebungslagen nach den vorgenannten Bestimmungen. Sie gehören nach Z 1 zu der Tätigkeit des Anwalts im Verwaltungsverfahren im weiteren Sinn, also zu derjenigen Tätigkeit, die § 17 Z 1 umschreibt. Solange also kein gerichtliches Verfahren folgt, erhält der Anwalt neben der Vergütung nach VV Teile 1 und 2 für die in § 16 Z 1 genannten engeren Fälle wegen § 15 I keine besondere Vergütung. Erst wenn ein Gerichtsverfahren folgt, werden aus den in § 16 Z 1 genannten Tätigkeiten gegenüber derjenigen im gerichtlichen Verfahren nach § 69 III, VI VwGO, § 86b SGG, §§ 80 V, VII, 80a III in Verbindung mit § 80 V, VII VwGO verschiedene Angelegenheiten.

4 **4) Prozeßkostenhilfe, Z 2.** Das Verfahren nach §§ 114ff ZPO einschließlich der Aufhebung der Bewilligung nach § 124 ZPO ist dann dieselbe Angelegenheit nach § 15 I, wenn der im Prozeßkostenhilfeverfahren tätige Anwalt im gleichzeitig anlaufenden oder der Bewilligung erst nachfolgenden Hauptprozeß als ProzBev nach § 81 ZPO tätig wird, Bbg NZFam **15**, 462, Celle FamRZ **11**, 666 (dort verneint), Ffm FamRZ **17**, 992. Andernfalls entsteht ein Vergütungsanspruch nach VV 3334.
Nicht hierher gehört natürlich die Gebühr für eine nach VV 1000ff vergütbare Einigung, zB für einen nach § 118 I 3 Hs 2 ZPO im Prozeßkostenhilfeverfahren abgeschlossenen Vergleich. Ein Prozeßkostenhilfeantrag für das Rechtsmittel oder für die Verteidigung dagegen gehört zum Rechtsmittelzug auch beim erstinstanzlich tätig gewesenen ProzBev.
Z 1 gilt in derselben Weise für den Anwalt des Antrags*stellers* wie für den Anwalt seines Prozeß*gegners*. Soweit das Gericht nach § 127 ZPO keine Prozeßkostenhilfe bewilligt, kommt ebenfalls VV 3334 in Betracht.

5 **5) Mehrheit von Prozeßkostenhilfeverfahren, Z 3.** Hierher kann auch ein neuer Prozeßkostenhilfeantrag mit einer neuen Begründung zählen, ebenso ein Antrag nun auch des Gegners oder ein Antrag auf eine Änderung oder Aufhebung der bisherigen Bewilligung im Ganzen oder etwa zur Ratenfrage. Die mehreren derartigen Verfahren bilden eine einzige Angelegenheit nach § 15 I, soweit sie zu demselben Rechtszug gehören, Bbg NZFam **15**, 462. Vgl im übrigen bei Rn 4. Das Beschwerdeverfahren nach § 127 ZPO ist eine besondere Angelegenheit nach § 18 Z 3 Hs 1. Es löst die Gebühr VV 3500 aus, und zwar jedes Beschwerdeverfahren.

6 **6) Bestimmung von Gericht und Gerichtsstand, Z 3 a.** Dieselbe Angelegenheit bilden das Verfahren zur Bestimmung des zuständigen Gerichts und dasjenige Hauptverfahren, für das diese Bestimmung erfolgen soll oder muß. Das gilt nach Z 3 Hs 2 auch dann, wenn das Bestimmungsverfahren zB nach §§ 35ff ZPO vor der Klagerhebung nach §§ 253, 261 oder vor einer Antragstellung zB nach §§ 23ff FamFG ohne eine Bestimmung endet, Mü RR **17**, 1024 (nennt irrig einen I). Dadurch sind die bisher beim inzwischen aufgehobenen § 19 I 2 Z 3 Fall 2 entstandenen Streitfragen überholt.

7 **7) Scheidungssache, Lebenspartnerschaftssache und Folgesachen, Z 4,** dazu *Schneider/Thiel* NZFam **16**, 108 (Üb): Die in diesen Vorschriften genannten Fälle einschließlich zugehöriger einstweiliger Maßnahmen sind dieselbe Angelegenheit nach dem RVG, also vor allem nach (jetzt) § 15 I, Düss AnwBl **17**, 273, Mü AnwBl **00**, 58, LG Bayreuth JB **90**, 1274, aM Düss AnwBl **09**, 69 (zustm Nielsen AnwBl **11**, 212), LG Gießen FamRZ **10**, 400, AG Brdb Rpfleger **06**, 200. Das gilt auch nach einer Abtrennung, Düss JB **00**, 413, Nürnb MDR **13**, 1042, zum Problem einer Abtrennung Schneider NZFam **14**, 984. Z 4 erfaßt nur den Verhandlungs- und Entscheidungsverbund, Nürnb NJW **11**, 3108, einschließlich der an das Gericht der Ehesache übergeleiteten Verfahren, Ffm FamRZ **10**, 231. Trotzdem kommt Z 4 auch dann in Betracht, wenn das FamG über die Scheidung eher als über die Folgesache entscheidet, Düss AnwBl **83**, 556, Mü MDR **84**, 321 (man muß das weitere Verfahren nach [jetzt] § 15 II, III wie im Restverfahren nach einem Teilurteil nach § 301 ZPO behandeln), aM Göppinger AnwBl **77**, 441. Ein Verfahren auf eine Ehetrennung nach ausländischem Recht und das Sorgerechtsverfahren sind verschiedene Angelegenheiten, Mü FamRZ **93**, 459. Auch § 15 V 2 macht nach über zwei Kalenderjahren eine Folgesache zu einer neuen Angelegenheit.

Da § 23 nur für den Gegenstandswert auf das GKG verweist, nicht auch für die Abgrenzung des Begriffs Angelegenheit, sind bei mehreren Kindern die in § 15 Rn 9 ff genannten Regeln anwendbar, aM Stgt AnwBl **84**, 203 (auch bei mehreren Kindern liege stets nur eine Angelegenheit vor).

Unanwendbar ist Z 4 auf ein vorgerichtliches Beratungshilfeverfahren, Drsd RR **11**, **8** 713, Nürnb NJW **11**, 3108, LG Marbg JB **11**, 652.

Zu einer *Honorarvereinbarung* wegen Z 4 Mümmler JB **77**, 1335.

8) Abschnitte des Eilverfahrens untereinander, Z 5. Man muß fünf Aspekte **9** unterscheiden.

A. Grundsatz: Nur einmal Gebühren. Es sind sowohl ein oder mehrere Abänderungsverfahren als auch entsprechende Aufhebungs- oder Widerrufsverfahren gegenüber dem voraufgegangenen Antragsverfahren dieselbe Angelegenheit. Daher erhält der Anwalt für eine Tätigkeit in diesen einzelnen Abschnitten desselben Eilverfahrens nur einmal Gebühren, KG RR **09**, 1438, VGH Mü NJW **07**, 2715, OVG Münst NVwZ-RR **17**, 435. Das gilt für alle Verfahrensarten, auch für diejenigen der freiwilligen Gerichtsbarkeit nach Rn 19. Zum Zusammentreffen von § 80 V, VII VwGO, OVG Münst NVwZ-RR **17**, 435, VG Mü JB **15**, 639.

Freilich kann natürlich zB *sowohl* ein neues Arrestverfahren *als auch* ein Verfahren **10** auf den Erlaß einer einstweiligen Verfügung vorliegen, etwa beim Antrag auf die „Verlängerung" einer befristeten einstweiligen Verfügung, Hbg JB **91**, 1084. In jedem dieser Eilverfahren kann der Anwalt unabhängig von dem anderen Eilverfahren Gebühren verdienen, außerdem Gebühren im Hauptprozeß.

Das *Widerspruchsverfahren* nach §§ 924, 936 ZPO gilt selbst dann als dieselbe Angelegenheit **11** wie das Anordnungsverfahren, wenn der Anwalt mehrere Widersprüche einlegt. Dasselbe gilt beim Abänderungsverfahren nach §§ 927, 936 ZPO unabhängig davon, ob er zB eine Erhöhung oder eine Herabsetzung der Unterhaltsrente fordert.

Nicht hierher gehört das Zusammentreffen von Eil- und Hauptverfahren. Das sind nach § 17 Z 4 verschiedene Angelegenheiten.

B. Rechtfertigungsverfahren, § 942 ZPO. Wenn dasjenige AG, in dessen Bezirk **12** sich der Streitgegenstand nach BLAH § 2 ZPO Rn 4 befindet, in einem dringenden Fall nach § 942 I 1 ZPO eine einstweilige Verfügung unter der Bestimmung einer Frist erlassen hat, innerhalb der man die Ladung des Gegners zur mündlichen Verhandlung über die Rechtmäßigkeit der einstweiligen Verfügung beim Gericht der Hauptsache beantragen muß, bilden die Verfahren vor dem AG und das Verfahren vor dem Gericht der Hauptsache über die Rechtmäßigkeit dieselbe Angelegenheit, Schlesw JB **89**, 637. Daher entsteht die Verfahrensgebühr nur einmal, soweit derselbe Anwalt in beiden Verfahren tätig wird.

Soweit ein *Anwaltswechsel* erfolgt ist, liegt allerdings keine einheitliche Angelegenheit **13** vor, (zum alten Recht) Stgt JB **76**, 192. Wenn der Antragsgegner unzulässigerweise beim unzuständigen AG einen Widerspruch erhebt, ist das weitere Verfahren vor dem AG eine besondere Angelegenheit. Dasselbe gilt dann, wenn der Antragsgegner ein Widerspruchsverfahren vor einem sonst unzuständigen Gericht einleitet.

In der Regel ist ein Verfahren vor dem *Gericht der Hauptsache* im Anschluß an dasjenige **14** vor dem AG der Belegenheit erforderlich. Daher können die Mehrkosten grundsätzlich erstattungsfähig sein.

C. Berufungsinstanz. Z 5 gilt auch im Berufungsrechtszug, soweit das Anordnungs-, **15** Aufhebungs- oder Abänderungsverfahren dort stattfindet, Mü JB **88**, 474.

RVG § 16 X. Rechtsanwaltsvergütungsgesetz

Das gilt aber auch dann, wenn derselbe Anwalt in mehreren Berufungsverfahren gegen mehrere Urteile im Hinblick auf dieselbe Anordnung tätig wird.

16   **D. Beschwerdeinstanz.** Der Beschwerderechtszug bleibt von der ersten Instanz getrennt. Soweit das Beschwerdegericht zB eine einstweilige Verfügung erläßt und soweit der Antragsgegner einen Widerspruch einlegt, gehört dieser zur betreffenden Instanz. Denn beide Verfahren beziehen sich auf die Anordnung. Wenn dagegen das Beschwerdegericht einen Arrest erlassen hat und wenn der Antragsgegner beim Erstgericht die Aufhebung des Arrests wegen veränderter Umstände betreibt, bilden das Beschwerde- und das Aufhebungsverfahren zusammen dieselbe Instanz.

17   Die Beschwerdeinstanz ist ein *besonderer Rechtszug*. In ihr entstehen Gebühren nach VV 3500.

18   **E. Vollziehung.** Die Vollziehung zB des Arrests oder der einstweiligen Verfügung nach §§ 929, 936 ZPO ist ein Teil der Zwangsvollstreckung nach §§ 704 ff ZPO und nicht ein Teil des vorläufigen Erkenntnisverfahrens. Der Anwalt erhält daher für seine Tätigkeit im Vollziehungsverfahren eine besondere Vergütung nach VV 3309, 3310, soweit nicht die Vollziehung mit der unter (jetzt) § 19 I Z 9 fallenden vergütungsfreien Zustellung wie meist zusammenfällt, Düss MDR **90**, 733, Hamm Rpfleger **01**, 458, Karlsr JB **97**, 193.

Die *Aufhebung* der Vollziehung ist eine Aufhebung der Zwangsvollstreckung und nicht eine Aufhebung der Anordnung des Arrests. Sie fällt daher unter VV 3309, 3310. Eine Fristsetzung nach § 926 I ZPO ist durch die Verfahrensgebühr abgegolten.

19   **F. Einstweilige Anordnung.** Z 5 gilt einheitlich im Verfahren des VG oder FG über den Antrag auf eine Wiederherstellung oder Anordnung der aufschiebenden Wirkung nach § 80 V VwGO, oder auf eine Aussetzung oder Aufhebung der Vollziehung nach § 69 III FGO, VGH Kassel DVBl **90**, 721, OVG Kblz NVwZ **85**, 354, OVG Münst NJW **01**, 843, sowie im Verfahren auf den Erlaß einer einstweiligen Anordnung nach §§ 49 FamFG, 123 VwGO, 114 FGO. Auch im Verfahren über die Wiederherstellung der hemmenden Wirkung nach § 69 IV FGO gilt Z 5. Hierher gehört auch die Klage auf eine einstweilige Einstellung nach § 258 AO, FG Hann EFG **84**, 521.

Ein *Verlängerungsantrag* ist eine neue Angelegenheit, Zweibr RR **12**, 1095.

20   **9) Deutsch-österreichischer Vertrag, Z 6.** Statt des in Z 6 genannten Vertrags gelten weitgehend Artt 36 ff EuGVVO, vgl KV 1512 Vorbem vor dort Rn 1, Teil I A dieses Buchs. Daher ist Z 6 von vornherein praktisch gegenstandslos.

21   **10) Vorläufige Maßnahme usw im schiedsrichterlichen Verfahren, Z 7.** Nach § 17 Z 6 sind das schiedsrichterliche Verfahren nach §§ 1025 ff ZPO und das Zulassungs- sowie das Aufhebungs- oder Änderungsverfahren verschiedene Angelegenheiten. § 16 Z 9 betrifft demgegenüber nur das Verhältnis zwischen dem Zulassungs- und dem Änderungs- oder Aufhebungsverfahren. Z 7 bestimmt, daß beim Zusammentreffen dieser letzteren Verfahren nach § 1041 II und III ZPO diese beiden Verfahren bei demselben Anwalt für denselben Auftraggeber nur eine einzige Angelegenheit bilden.

22   Ist er sowohl nach § 1041 II ZPO als auch nach § 1041 III ZPO als auch in einem *anderen Zusammenhang* tätig, können zwei oder mehr Angelegenheiten vorliegen. Für die Abgeltung der nach diesen Regeln bestehenden jeweils einen Angelegenheit gilt § 15 wie sonst.

23   **11) Bestellung eines Schiedsrichters usw, Z 8.** Die Vorschrift stellt klar, daß das Verfahren nach §§ 1025 ff ZPO und die in Z 8 genannten Unterverfahren dieselbe Angelegenheit nach § 15 I sind.

A. Bestellung, Z 8 Hs 1. Die Vorschrift erfaßt das Verfahren vor dem OLG nach § 1062 I Z 1 Hs 1 ZPO wegen der Bestellung eines Einzelschiedsrichters, weil sich die Parteien nicht nach § 1035 III 1 ZPO auf ihn einigen können. Dasselbe gilt bei der Notwendigkeit nach § 1035 III 3 ZPO, durch das OLG den Vorsitzenden des Schiedsgerichts bestellen zu lassen, oder bei der Notwendigkeit einer Maßnahme des OLG nach § 1035 IV ZPO. Denn auch sie gehört noch zum Bestellungsverfahren. Schließlich gehört hierher eine Tätigkeit des Anwalts vor dem OLG bei der Bestel-

Abschnitt 3. Angelegenheit § 16 RVG

lung eines Ersatzschiedsrichters. Denn § 1039 I 2 ZPO verweist mangels einer abweichenden Parteivereinbarung in § 1039 II ZPO auf das Verfahren beim Schiedsrichter und damit auf § 1035 ZPO. Auf diese Vorschrift nimmt § 1062 I Z 1 Hs 1 ZPO Bezug.

B. Ablehnung, Z 8 Hs 2 Fall 1. Die Vorschrift erfaßt die Tätigkeit des Anwalts 24 im Verfahren vor dem OLG nach § 1062 I Z 1 Hs 2 ZPO zwecks einer Entscheidung über die Ablehnung eines Schiedsrichters nach § 1037 III 1 ZPO. Sie gilt auch, soweit das Schiedsgericht einschließlich des abgelehnten Schiedsrichters das schiedsrichterliche Verfahren nach § 1037 III 2 ZPO fortsetzt und einen Schiedsspruch erläßt, obwohl zugleich das staatsgerichtliche Verfahren nach § 1037 III 1 ZPO anhängig ist. Das gilt freilich nur, falls der Anwalt nicht auch in anderen staatsgerichtlichen Verfahren tätig wird, die mit dem schiedsrichterlichen Verfahren zusammenhängen.

C. Beendigung des Schiedsrichteramtes, Z 8 Hs 2 Fall 2. Die Vorschrift er- 25 faßt die Tätigkeit des Anwalts vor dem OLG nach § 1062 I Z 1 Hs 3 ZPO im Verfahren zwecks einer Entscheidung des Staatsgerichts über die Beendigung des Schiedsrichteramts nach § 1038 I 2 ZPO oder des Amts des Ersatzschiedsrichters nach § 1039 I ZPO in Verbindung mit § 1038 I 2 ZPO.

D. Unterstützung bei Beweisaufnahme, sonstige richterliche Handlung, 26 **Z 8 Hs 3.** Die Vorschrift erfaßt schließlich die Tätigkeit des Anwalts vor dem AG nach § 1062 IV ZPO im Verfahren zwecks einer staatsgerichtlichen Unterstützung bei einer schiedsrichterlichen Beweisaufnahme oder nach § 1050 ZPO zwecks Vornahme einer solchen Handlung des Staatsgerichts, zu der das Schiedsgericht nicht befugt ist. Das gilt unabhängig davon, ob die Schiedsrichter nach § 1050 S 2 ZPO von ihrer Berechtigung Gebrauch machen, an einer staatsgerichtlichen Beweisaufnahme teilzunehmen und Fragen zu stellen. Denn es handelt sich auch dann nach Z 10 um eine anwaltliche Tätigkeit vor dem AG. Das gilt gerade insoweit, als der Anwalt in demselben schiedsrichterlichen Verfahren auch noch vor einem Staatsgericht anderweitig tätig wird.

12) Arbeitsrechtliches Schiedsverfahren, Z 9. Für die Tätigkeit im schieds- 27 richterlichen Verfahren nach §§ 102 ff ArbGG entstehen Gebühren nach § 36 I Z 2, II in Verbindung mit VV 3100 ff. Soweit der Anwalt in demselben Rechtszug auch eine Tätigkeit nach Z 9 ausübt, sind die Tätigkeiten dieselbe Angelegenheit nach § 15 I.

13) Mehrheit von Rechtsmitteln bei Kostenansatz und -festsetzung usw, 28 **Z 10.** Die Vorschrift macht sowohl mehrere Erinnerungen als auch mehrere Beschwerden als auch derartige Rechtsmittelkombinationen gegen einen Kostenansatz oder gegen die Kostenfestsetzung oder im Verfahren nach § 108 OWiG zu derselben Angelegenheit nach § 15 I. Das gilt aber nur innerhalb entweder des Kostenansatzes oder der Kostenfestsetzung und jeweils innerhalb desselben Rechtszugs nach §§ 15 II, 19 I 1.

14) Zulassung eines Rechtsmittels, Z 11. Man muß zwei Fallgruppen unter- 29 scheiden.

A. Zulassung und Rechtsmittelverfahren, Z 11 Hs 1. Soweit das Verfahren über die Zulassung eines Rechtsmittels Erfolg hat, bildet dieses Zulassungsverfahren mit dem daraus folgenden weiteren Verfahren über das inzwischen zugelassene Rechtsmittel nach Hs 1 dieselbe Angelegenheit nach § 15 I. Der Anwalt erhält also in demselben Rechtszug die Gebühren nur einmal. Das Zulassungs- und das Rechtsmittelverfahren gelten dabei auch als derselbe Rechtszug nach (jetzt) § 15 II, VGH Kassel NVwZ-RR **00**, 19, OVG Münst AGS **00**, 147.

B. Nichtzulassungsbeschwerde und Rechtsmittelverfahren Z 11 Hs 2. Das 30 Verfahren über die Beschwerde gegen die Nichtzulassung zB nach § 544 ZPO und das anschließende Rechtsmittelverfahren sind verschiedene Angelegenheiten nach § 17 Z 9. Die Vorschrift ist als eine Auffangbestimmung weit auslegbar. Unter Hs 2 fällt also auch das Asylverfahrensrecht, (zum alten Recht) VGH Mannh NVwZ-RR **04**, 156, und derjenige Teil einer Nichtzulassungsbeschwerde usw, der eben keinen Erfolg hatte, (zum alten Recht) VGH Mannh AnwBl **00**, 374.

RVG §§ 16, 17

31 **15) Widerklage, Z 12.** Wenn nicht der Verletzte, sondern nach § 374 II StPO ein Dritter die Klage erhoben hat und wenn der Beschuldigte nach § 388 II StPO eine Widerklage gegen den Verletzten erhebt, bildet die Tätigkeit des Anwalts als Beistand oder Vertreter des Privatklägers und des Widerbekl sowie des Verteidigers des Angeklagten nach Z 12 dieselbe Angelegenheit nach § 15 I. Freilich dürfte dann wegen der Vertretung mehrerer Auftraggeber durchweg VV 1008 mit seiner Erhöhung der Gebühr anwendbar sein.

32 **16) Kapitalanleger-Musterverfahren, Z 13.** Das Verfahren nach §§ 1 ff KapMuG, abgedruckt bei BLAH SchlAnh VIII, schiebt sich als eine Art Zwischenverfahren mit freilich weit über die Rechtskraft des Musterentscheids nach § 16 KapMuG hinausgehender Wirkung in jeden betroffenen Hauptprozeß hinein. Daher liegt in erster Instanz dieselbe Angelegenheit vor, soweit der Anwalt im Hauptprozeß und im Musterverfahren nach §§ 688 ff ZPO tätig ist, krit Schneider BB 05, 2258.

Unanwendbar ist Z 15 aber im zugehörigen Rechtsbeschwerdeverfahren vor dem BGH nach § 26 KapMuG.

Verschiedene Angelegenheiten

17 Verschiedene Angelegenheiten sind
1. das Verfahren über ein Rechtsmittel und der vorausgegangene Rechtszug,
1 a. jeweils das Verwaltungsverfahren, das einem gerichtlichen Verfahren vorausgehende und der Nachprüfung des Verwaltungsakts dienende weitere Verwaltungsverfahren (Vorverfahren, Einspruchsverfahren, Beschwerdeverfahren, Abhilfeverfahren), das Verfahren über die Beschwerde und die weitere Beschwerde nach der Wehrbeschwerdeordnung, das Verwaltungsverfahren auf Aussetzung oder Anordnung der sofortigen Vollziehung sowie über einstweilige Maßnahmen zur Sicherung der Rechte Dritter und ein gerichtliches Verfahren,
2. das Mahnverfahren und das streitige Verfahren,
3. das vereinfachte Verfahren über den Unterhalt Minderjähriger und das streitige Verfahren,
4. das Verfahren in der Hauptsache und ein Verfahren
   a) auf Anordnung eines Arrests oder zur Erwirkung eines Europäischen Beschlusses zur vorläufigen Kontenpfändung,
   b) auf Erlass einer einstweiligen Verfügung oder einer einstweiligen Anordnung,
   c) über die Anordnung oder Wiederherstellung der aufschiebenden Wirkung, über die Aufhebung der Vollziehung oder über die Anordnung der sofortigen Vollziehung eines Verwaltungsakts sowie
   d) über die Abänderung, die Aufhebung oder den Widerruf einer in einem Verfahren nach den Buchstaben a bis c ergangenen Entscheidung,
5. der Urkunden- oder Wechselprozess und das ordentliche Verfahren, das nach Abstandnahme vom Urkunden- oder Wechselprozess oder nach einem Vorbehaltsurteil anhängig bleibt (§§ 596, 600 der Zivilprozessordnung),
6. das Schiedsverfahren und das Verfahren über die Zulassung der Vollziehung einer vorläufigen oder sichernden Maßnahme sowie das Verfahren über einen Antrag auf Aufhebung oder Änderung einer Entscheidung über die Zulassung der Vollziehung (§ 1041 der Zivilprozessordnung),
7. das gerichtliche Verfahren und ein vorausgegangenes
   a) Güteverfahren vor einer durch die Landesjustizverwaltung eingerichteten oder anerkannten Gütestelle (§ 794 Abs. 1 Nr. 1 der Zivilprozessordnung) oder, wenn die Parteien den Einigungsversuch einvernehmlich unternehmen, vor einer Gütestelle, die Streitbeilegung betreibt (§ 15 a Abs. 3 des Einführungsgesetzes zur Zivilprozessordnung),
   b) Verfahren vor einem Ausschuss der in § 111 Abs. 2 des Arbeitsgerichtsgesetzes bezeichneten Art,
   c) Verfahren vor dem Seemannsamt zur vorläufigen Entscheidung von Arbeitssachen und

Abschnitt 3. Angelegenheit § 17 RVG

d) Verfahren vor sonstigen gesetzlich eingerichteten Einigungsstellen, Gütestellen oder Schiedsstellen,
8. das Vermittlungsverfahren nach § 165 des Gesetzes über das Verfahren in Familiensachen und in den Angelegenheiten der freiwilligen Gerichtsbarkeit und ein sich anschließendes gerichtliches Verfahren,
9. das Verfahren über ein Rechtsmittel und das Verfahren über die Beschwerde gegen die Nichtzulassung des Rechtsmittels,
10. das strafrechtliche Ermittlungsverfahren und
   a) ein nachfolgendes gerichtliches Verfahren und
   b) ein sich nach Einstellung des Ermittlungsverfahrens anschließendes Bußgeldverfahren,
11. das Bußgeldverfahren vor der Verwaltungsbehörde und das nachfolgende gerichtliche Verfahren,
12. das Strafverfahren und das Verfahren über die im Urteil vorbehaltene Sicherungsverwahrung und
13. das Wiederaufnahmeverfahren und das wiederaufgenommene Verfahren, wenn sich die Gebühren nach Teil 4 oder 5 des Vergütungsverzeichnisses richten.

Vorbem. Z 4 idF Art 13 Z 2 EuKoPfVODG v 21. 11. 16, BGBl 2591, in Kraft seit 18. 1. 17, Art 21 I G, ÜbergangsR § 60 RVG.

Schrifttum: *Schneider* AnwBl 08, 773 (Üb).

Gliederung

1) Systematik, Regelungszweck, Z 1–13	1
2) Rechtsmittelverfahren, Z 1	2–2 g
A. Grundsatz: Kein gesetzlicher Rechtszugsbegriff	2 a
B. Abgrenzung	2 b
C. Beispiele zur Frage desselben Rechtszugs, Z 1	2 c–2 g
3) Verwaltungsverfahren usw, Z 1 a	3
4) Mahnverfahren usw, Z 2	4–6
A. Sachlicher Zusammenhang	4
B. Zeitlicher Zusammenhang	5
C. Derselbe Anwalt	6
5) Vereinfachtes Unterhaltsverfahren, Z 3	7, 8
6) Hauptsache- und Eilverfahren, Z 4 a–d	9–14
A. Abgrenzung	9
B. Zweck	10
C. Erfaßte Verfahren	11
D. Eilverfahren: Verschiedene Angelegenheit	12, 13
E. Maßgeblichkeit des Antrags	14
7) Urkundenprozeß und ordentliches Verfahren, Z 5	15–25
A. Nach Abstandnahme, § 596 ZPO	16
B. Abstandserklärung	17
C. Erklärungsfolgen	18, 19
D. Nachverfahren nach Urkundenprozeß, § 600 ZPO	20
E. Nachverfahren nach Aufrechnung, § 302 ZPO	21
F. Verschiedene Angelegenheit	22
G. Anrechnung, VV 3100 amtliche Anmerkung II	23
H. Weiteres Verfahren	24, 25
8) Vollziehung beim einstweiligen Rechtsschutz, Z 6	26
9) Güteverfahren und weiteres Verfahren, Z 7 a–d	27–34
A. Gütestelle, Z 7 a	28
B. Obligatorisches Güteverfahren	29
C. Schlichtungsausschuß, Z 7 b	30
D. Seemannsamt, Z 7 c	31
E. Sonstige Einigungsstelle, Gütestelle oder Schiedsstelle, Z 7 d	32, 33
F. Unanwendbarkeit, Z 7 a–d	34
10) Vermittlungsverfahren nach § 165 FamFG, Z 8	35
11) Nichtzulassungsbeschwerde und Rechtsmittelverfahren, Z 9	36
12) Ermittlungs- und Straf- oder Bußgeldverfahren, Z 10	37
13) Bußgeld- und gerichtliches Verfahren, Z 11	38
14) Strafverfahren und vorbehaltene Sicherungsverwahrung, Z 12	39
15) Wiederaufnahme, Z 13	40–43
A. Vergütungszweck	41
B. Antrag; Aufhebendes Verfahren	42
C. Ersetzendes Verfahren	43

RVG § 17
X. Rechtsanwaltsvergütungsgesetz

1   **1) Systematik, Regelungszweck Z 1–13.** Die Vorschrift bildet das Gegenstück zu § 16. Ihre Aufzählung ist abschließend wie bei § 18. Vgl im übrigen § 16 Rn 1, 2, natürlich mit umgekehrtem Ergebnis.

2   **2) Rechtsmittelverfahren, Z 1.** Die Vorschrift klärt die Verschiedenheit von Vorinstanz und Rechtsmittelzug.
Die Vorschrift gilt in allen gerichtlichen Verfahrensarten. Der Begriff Rechtszug ist nicht ohne Schwierigkeiten bestimmbar. Vgl zunächst § 19.

2a   **A. Grundsatz: Kein gesetzlicher Rechtszugsbegriff.** Das RVG gibt keine ausdrückliche Bestimmung des Begriffs Rechtszug. Man kann zur Klärung des gebührenrechtlichen Begriffs des Rechtszugs die verfahrensrechtlichen Begriffe etwa der ZPO nicht voll heranziehen, Schneider Rpfleger **91**, 175. Aber auch § 36 GKG, Teil I A dieses Buchs, ist nur bedingt anwendbar. Denn es ergeben sich Abweichungen zum Teil ausdrücklich aus dem RVG, zum Teil auch aus der Art der Tätigkeit des Anwalts.
Nur nach der ZPO umfaßt der Rechtszug den Zeitraum von der Klagerhebung nach §§ 253, 261 ZPO oder der Einreichung eines Gesuchs oder Rechtsmittels bis zum Eintritt der formellen Rechtskraft des Urteils nach § 705 ZPO mit den Ausnahmen Rn 2b oder bis zur Einlegung eines Rechtsmittels nach §§ 511 ff ZPO, Schneider Rpfleger **91**, 175. Jedoch gehören nach der ZPO das Kostenfestsetzungsverfahren nach §§ 103 ff ZPO und das Verfahren vor einem Vollstreckungsgericht noch zum Rechtszug. Das ist nur eine der bemerkenswerten Abweichungen vom Gebührenrecht, wo zB nach § 19 I 2 Z 11, 13, 16, II, VV 3309, 3310 die Tätigkeit des Anwalts in der Zwangsvollstreckung eine besondere Vergütung auslöst.
Das Gesetz bezeichnet manche Tätigkeitsarten des Anwalts als *gebührenrechtlich zum Rechtszug gehörig*, zB in §§ 19, 20. Wegen der Verfahren vor den Verfassungs-, Verwaltungs- und Finanzgerichten zB § 37 II. Ergänzende Bestimmungen zum Umfang des Rechtszugs enthält zB § 21.
Eine *sofortige Beschwerde* in einer bürgerlichen Rechtsstreitigkeit nach §§ 567 ff ZPO gilt gebührenrechtlich als ein besonderer Rechtszug. Er löst allerdings nach VV 3500 nur eine 0,5 Gebühr aus. Das gilt auch in einem Verfahren vor den Verwaltungs- oder Finanzgerichten nach § 37 oder vor dem EuGH nach § 38.
In anderen Fällen gilt die Verteidigergebühr die Vergütung für das Beschwerdeverfahren in einer Strafsache und in den im VV Teil 4, 5 genannten Fällen ab, zB durch (jetzt) VV 4100, 4105, Düss MDR **86**, 607. Es gibt aber auch gesetzliche Sonderregeln. Danach ist die Gebühr in der Beschwerdeinstanz ebenso hoch wie im ersten Rechtszug oder noch höher, zB nach VV amtliche Vorbemerkung 3.2.1 I Z 3 (Vollstreckbarerklärung einer ausländischen Entscheidung).

2b   **B. Abgrenzung.** Die gebührenrechtliche Abgrenzung mehrerer Rechtszüge voneinander folgt nach Rn 2a aus dem gebührenrechtlichen Begriff Rechtszug. Die Tätigkeit des Anwalts braucht aber mit dem Beginn eines gebührenrechtlichen Rechtszugs nicht zusammenzufallen. Sie kann später beginnen und früher als der gebührenrechtliche Rechtszug enden. Auch eine Kündigung beendet zB den Auftrag. §§ 627, 628 BGB sind nach § 3 Rn 54 ff grundsätzlich anwendbar, BGH NJW **82**, 438.
Der Rechtszug kann auch dann *wieder aufleben*, wenn sich zB herausstellt, daß der Antrag nicht völlig erledigt war, etwa wenn die Parteien in demselben gerichtlichen Verfahren über die Wirksamkeit eines zuvor abgeschlossenen Prozeßvergleichs nach BLAH Anh § 307 ZPO streiten, Hamm Rpfleger **85**, 415, Kblz NJW **78**, 2399, Stgt JB **78**, 1654. Wiederaufleben kann der Rechtszug ferner, wenn jemand den Prozeßvergleich widerruft.
Die formelle *Rechtskraft* nach § 705 ZPO beendet den gebührenrechtlichen Rechtszug nicht unbedingt. Es gehören zB die Streitwertfestsetzung sowie einige der in § 19 I 2 Z 9 genannten Tätigkeiten noch zum Rechtszug. Zum unteren Rechtszug gehört auch die Prüfung der Erfolgsaussicht eines Rechtsmittels durch den nur für die Vorinstanz beauftragten Anwalt, solange er dazu kein Gutachten nach § 34 erstellt, sowie ein vor dem Zeitpunkt der Einlegung des Rechtsmittels abgeschlossener Vergleich.

Abschnitt 3. Angelegenheit § 17 RVG

C. Beispiele zur Frage desselben Rechtszugs, Z 1. Vgl zunächst § 19. Ergänzend gilt folgendes. **2c**
Abänderungsverfahren: Es kann einen *neuen* Rechtszug bilden.
Abgabe: Rn 2f „Verweisung".
Ablehnung: S „Befangenheit".
Abwicklungstätigkeit: Sie gehört zum Rechtszug, BGH NJW **13**, 312.
Anhörungsrüge: Die Fortsetzung nach § 321a V ZPO, § 44 FamFG erfolgt in demselben Rechtszug.
Auftragsannahme: Mit ihr beginnt kostenrechtlich bereits der Rechtszug.
Auftragsumfang: Seine Erweiterung begründet nicht stets einen neuen Rechtszug.
Befangenheit: Der Antrag zB nach § 44 ZPO gehört zum Rechtszug nach § 19 I 2 Z 3, Schneider MDR **01**, 130.
Das Beschwerdeverfahren ist natürlich ein *neuer* Rechtszug.
Berufung: Rn 64 „Rechtsmittel".
Beschwerde: Sie begründet in Zivilsachen auch bei einer Abhilfe durch den Vorderrichter nach § 572 I 1 ZPO einen *neuen* Rechtszug, GSchm 92, aM LG Hann Rpfleger **89**, 376. Rn 64 „Rechtsmittel".
Betragsurteil: Rn 2d „Rechtsmittel".
Beweisanwalt: Seine Tätigkeit in einem weiteren Termin kann auch kostenrechtlich in demselben Rechtszug erfolgt sein.
Bußgeldverfahren: Rn 2c „Ordnungswidrigkeit".
Dasselbe Gericht: Rn 2f „Verschiedene Kollegien".
Dauerverfahren: Rn 2c „Abänderungsverfahren".
Einspruch: Derselbe Rechtszug bleibt bestehen, schon mangels einer sog Anfallwirkung nach BLAH Grdz 3 vor § 511 ZPO. Das gilt auch im Steuerrecht, BFH **112**, 119.
Endurteil: Rn 2g „Zwischenurteil".
Erbrecht: Derselbe Rechtszug liegt dann vor, wenn es sich um die Fortsetzung des Rechtsstreits für die Erben durch den ProzBev des Erblassers nach § 81 ZPO handelt oder wenn im Erbscheinsverfahren das AG einer Beschwerde nicht abhilft und das LG entscheidet.
S auch Rn 2e „Unterbrechung".
Erledigung: Hatte man sie nach § 91a ZPO irrig angenommen, bleibt die weitere Tätigkeit solche in demselben Rechtszug.
Geschäftsverteilung: Rn 2f „Verschiedene Kollegien".
Grundurteil: Rn 2d „Rechtsmittel".
Information: Ihre Entgegennahme gehört zum Rechtszug.
Klagänderung: Diejenige nach § 263 ZPO gehört zum Rechtszug.
Mahnverfahren: Wegen seiner Eigenständigkeit nach BLAH Grdz 1 vor § 688 ZPO kann es gegenüber dem streitigen Verfahren scheinbar einen eigenen Rechtszug darstellen, so AG Miesbach RR **97**, 1431. Indessen ist die Möglichkeit des Widerspruchs nach § 694 ZPO oder des Einspruchs nach § 700 ZPO dem Mahnverfahren doch so mitteigen, daß auch kostenrechtlich unabhängig von § 19 keine zwei Rechtszüge vorliegen.
Nachverfahren: Rn 2d „Rechtsmittel".
Nebentätigkeit: Sie gehört zum Rechtszug, BGH NJW **13**, 312.
Ordnungswidrigkeit: Derselbe Rechtszug liegt vor, soweit der Anwalt wegen einer Ordnungswidrigkeit zunächst vor der Verwaltungsbehörde und dann vor dem AG tätig wird, AB Bre AnwBl **77**, 265, aM Düss AnwBl **77**, 265.
Parteiwechsel: Derjenige beim Prozeßgegner gehört zum Rechtszug, Köln JB **83**, 80, Schlesw AnwBl **87**, 387.
Prozeßhindernde Einrede: Rn 2g „Zulässigkeitsrüge".
Prozeßvergleich: Derselbe Rechtszug liegt vor, soweit das Verfahren vor demselben Gericht wegen der Unwirksamkeit eines Prozeßvergleichs nach BLAH Anh § 307 ZPO seinen Fortgang nimmt.
Rechtsbehelf: Rn 2c „Einspruch".
Rechtsmittel: Es gibt zahlreiche Situationen. **2d**

RVG § 17   X. Rechtsanwaltsvergütungsgesetz

- **(Anschlußberufung):** Derselbe Rechtszug besteht bei einer Anschlußberufung nach § 524 ZPO zeitlich nach der Rücknahme einer selbständigen Berufung, (je zum alten Recht) Bbg JE **81**, 281, Mü AnwBl **78**, 108.
- **(Erneute Einlegung):** Derselbe Rechtszug besteht dann, wenn dieselbe Partei nach BLAH Grdz 4 vor § 50 ZPO vor einer Entscheidung über ihr Rechtsmittel oder nach der Rücknahme oder Verwerfung ihres Rechtsmittels zB nach §§ 516, 522 ZPO innerhalb der Rechtsmittelfrist das Rechtsmittel nochmals einlegt, BGH MDR **07**, 559 links, KG JB **89**, 1542, Pantle NJW **88**, 2775, aM Hbg JB **95**, 31, LG Bln JB **86**, 389, GSchm 134.
- **(Grund und Betrag):** *Verschiedene* Rechtszüge bestehen bei Rechtsmitteln gegen ein Grundurteil und das zughörige Betragsurteil je nach § 304 ZPO, aM Ffm Rpfleger **78**, 110.
- **(KapMuG):** BGH WertpMitt **16**, 255.
- **(Mehrere Urteile):** *Verschiedene* Rechtszüge bestehen, soweit der Anwalt für mehrere Rechtsmittel gegen verschiedene Urteile tätig wird, Düss AnwBl **88**, 414.
- **(Nichtzulassungsbeschwerde):** *Verschiedene* Rechtszüge bestehen beim Verfahren nach dem Erfolg einer Nichtzulassungsbeschwerde nach § 544 VI 1 ZPO. Das folgt aus § 16 Z 11 Hs 2.
- **(Rechtsmittelgericht):** *Verschiedene* Rechtszüge bestehen, soweit das Rechtsmittelverfahren nun auch vor das Rechtsmittelgericht kommt, LG Hann Rpfleger **89**, 376.
- **(Streitgenossen):** Derselbe Rechtszug besteht dann, wenn mehrere Streitgenossen nach §§ 59 ff ZPO vor der Zurücknahme oder Verwerfung einer ersten Berufung nun auch ihrerseits gegen dasselbe Urteil Berufung einlegen, LG Bln MDR **88**, 329.
S auch Rn 2 d.
- **(Teilurteile):** *Verschiedene* Rechtszüge bestehen bei Rechtsmitteln gegen mehrere Teilurteile nach § 301 ZPO wegen derselben Partei nach BLAH Grdz 4 vor § 50 ZPO.
- **(Unteres Gericht):** Derselbe Rechtszug besteht, soweit das Erstgericht über ein Rechtsmittel entscheidet, LG Hann Rpfleger **89**, 376.
- **(Vorbehalt und Nachverfahren):** *Verschiedene* Rechtszüge bestehen bei Rechtsmitteln gegen ein Vorbehaltsurteil und gegen das Urteil im Nachverfahren nach §§ 302, 600 ZPO.
- **(Wechselseitige Rechtsmittel):** Derselbe Rechtszug besteht bei Rechtsmitteln beider Parteien gegen dasselbe Urteil.
- **(Zulassung):** Derselbe Rechtszug besteht beim Verfahren über die Zulassung des Rechtsmittels nach § 16 Z 11 Hs 1 (Ausnahme: § 16 Z 11 Hs 2).
S auch „Nichtzulassungsbeschwerde".
- **(Zurückverweisung):** Rn 2 g.
- **(Zwischenurteil):** Rn 2 g.

Revision: Rn 2 d „Rechtsmittel".
Ruhen des Verfahrens: Derselbe Rechtszug liegt dann vor, wenn es nach der Anordnung des Ruhens zur Fortsetzung des Verfahrens nach § 251 ZPO kommt.
Selbständiges Beweisverfahren: § 19 Rn 19 „Selbständiges Beweisverfahren".
Sofortige Beschwerde: Rn 2 d „Rechtsmittel".
Streitgenossen: Derselbe Rechtszug liegt in folgenden Fällen vor: Der Anwalt vertritt in demselben Verfahren mehrere Streitgenossen nach §§ 59 ff ZPO. Es ist dann unerheblich, ob das Gericht die Klage schon sämtlichen Streitgenossen zugestellt hat. Es handelt sich um mehrere nacheinander eingelegte Rechtsmittel von Streitgenossen gegen dasselbe Urteil, selbst wenn der Anwalt des Rechtsmittelbekl vor der Verbindung gesonderte Abweisungsanträge gestellt hat, LG Bln MDR **88**, 329.
Streitverkündung: Die Tätigkeit für den zuvor als Partei Ausgeschiedenen und nun nach § 74 I ZPO als Streithelfer Beigetretenen bildet denselben Rechtszug, Stgt JB **83**, 857.
Stufenklage: Derselbe Rechtszug liegt für die Durchführung aller Stufen nach § 254 ZPO (vor demselben Gericht) vor, Schlesw JB **75**, 473.

Abschnitt 3. Angelegenheit § 17 RVG

Teilurteil: Rn 2 d „Rechtsmittel". 2e
Trennung: Derselbe Rechtszug liegt dann vor, wenn es zu einer Verfahrenstrennung nach § 145 ZPO kommt.
Unterbrechung: Derselbe Rechtszug liegt dann vor, wenn der Rechtsstreit nach der Urteilsverkündung, aber vor dem Eintritt der formellen Rechtskraft nach § 705 ZPO durch den Tod des Rechtsvorgängers nach § 239 ZPO unterbrochen worden war und wenn die Parteien jetzt im Aufnahmeverfahren nach § 250 ZPO über den Eintritt einer Rechtsnachfolge streiten.
Verbindung: Derselbe Rechtszug liegt vor, soweit der Anwalt vom Zeitpunkt der Verbindung nach § 147 ZPO an im nunmehr einheitlichen Verfahren tätig wird, Bbg JB **86**, 219, Kblz MDR **86**, 861.
Verschiedene Rechtszüge können bis zur Verkündung vorliegen, Bbg JB **89**, 1544.
S auch Rn 67 „Streitgenossen".
Verbundverfahren: Dasjenige nach § 137 FamFG gehört zum Rechtszug, Düss AnwBl **83**, 556.
Vergleich: Derselbe Rechtszug liegt grds beim Verfahren infolge einer Anfechtung nach BLAH Anh § 307 ZPO Rn 36 oder eines Widerrufs usw vor, Hamm JB **00**, 469, Saarbr JB **90**, 97, Schlesw OLGR **99**, 448.
Außergerichtliche Vergleichsverhandlungen bilden nur dann einen *besonderen* Rechtszug, wenn sie nach einem unbedingten Prozeßauftrag erfolgt sind, Hamm VersR **93**, 95. Ein Prozeßvergleich nach dem Urteilserlaß vor einer Rechtsmitteleinlegung gehört zum ersten Rechtszug. Nach einem Vergleichswiderruf oder einer Vergleichsanfechtung wird der Anwalt nach Rn 2b nicht schon deshalb in einem neuen Rechtszug tätig.
Verschiedene Kollegien: Derselbe Rechtszug liegt dann vor, wenn das Verfahren 2f nacheinander vor verschiedenen Senaten, Kammern oder Kollegien desselben Gerichts abläuft, zB zunächst vor der Zivilkammer und dann vor der Kammer für Handelssachen.
Verwaltungsverfahren: Rn 2 c „Ordnungswidrigkeit".
Verweisung: Derselbe Rechtszug liegt nach § 20 S 1 grds vor, soweit der Anwalt im Verfahren vor dem verweisenden oder abgebenden Gericht und im Verfahren vor dem übernehmenden Gericht tätig wird.
Verschiedene Rechtszüge liegen nach § 20 S 2 ausnahmsweise vor, soweit die Verweisung an ein Gericht eines niedrigeren Rechtszugs erfolgt. Im Verhältnis vom Erstgericht des verweisenden OLG zum VG besteht nur derselbe Rechtszug, VGH Mü NVwZ-RR **10**, 663 links.
S auch Rn 2 g „Zurückverweisung".
Vollstreckungsabwehrklage: *Verschiedene* Rechtszüge liegen vor, soweit der Anwalt zunächst im Erkenntnisverfahren und nun im Verfahren einer Vollstreckungsabwehrklage nach § 767 ZPO tätig wird.
Vorbehaltsurteil: Rn 2 d „Rechtsmittel".
Vorbereitungsmaßnahme: Sie gehört zum Rechtszug.
Vorlage: Derselbe Rechtszug liegt bei einer Vorlage beim Großen oder Gemeinsamen Senat nach § 132 GVG vor.
Verschiedene Rechtszüge liegen bei einer Vorlage beim EuGH, beim BVerfG oder beim VerfGH eines Landes vor.
Wiederaufnahme: *Verschiedene* Rechtszüge liegen vor, soweit der Anwalt zunächst 2g im Erkenntnisverfahren nach §§ 253 ff ZPO usw und nun im Wiederaufnahmeverfahren nach §§ 578 ff ZPO tätig wird, Seetzen NJW **84**, 348.
Wiedereinsetzung: Derselbe Rechtszug liegt vor, soweit es sich um eine Wiedereinsetzung in den vorigen Stand nach §§ 233 ff ZPO und um das anschließende Verfahren zur Hauptsache handelt.
Zulässigkeitsrüge: Derselbe Rechtszug liegt dann vor, wenn es sich um das Verfahren vor einer Zulässigkeitsrüge oder um dasjenige zur Hauptsache handelt, auch im Fall eines Zwischenurteils über die Zulässigkeitsrüge nach § 303 ZPO.
Zurückverweisung: *Verschiedene* Rechtszüge liegen nach § 21 I grds vor, soweit es um das weitere Verfahren vor demjenigen Gericht geht, an das die Zurückverweisung zB nach § 538 II ZPO erfolgte. Dasselbe gilt, soweit es um die Einlegung

eines Rechtsmittels gegen eine solche Entscheidung geht, die auf Grund einer Zurückverweisung erging.
S auch Rn 2 d „Rechtsmittel".
Zwangsvollstreckung: Rn 2 f „Vollstreckungsabwehrklage".
Zwischenurteil: *Verschiedene* Rechtszüge liegen vor, soweit es zunächst um die Berufung gegen ein Zwischenurteil nach §§ 280, 303 ZPO geht, sodann um die nach der Rücknahme dieses Rechtsmittels eingelegte Berufung gegen das Endurteil, Düss MDR **88**, 508.
S auch Rn 2 d „Rechtsmittel", Rn 2 g „Zulässigkeitsrüge".

3 **3) Verwaltungsverfahren usw, Z 1 a.** Im Verfahren vor einer beliebigen Verwaltungsbehörde entstehen grundsätzlich die Gebühren VV 2300. Dieses Verfahren beginnt mit den einleitenden Maßnahmen der Verwaltungsbehörde oder mit einem Antrag des einzelnen und endet mit dem Erlaß eines Verwaltungsakts. Hierher zählen auch zB: Das Verfahren vor einer Selbstverwaltungsbehörde; ein solches vor einer öffentlichrechtlichen Stiftung, Anstalt oder Körperschaft; ein Zulassungsverfahren beim Anwalt, Notar, Steuerberater, Wirtschaftsprüfer usw; eine Enteignung; eine Flurbereinigung; eine Umlegung nach dem BauGB. An dieses erste Verwaltungsverfahren kann sich ein weiteres Verfahren vor einer Verwaltungsbehörde anschließen, das der Nachprüfung des Verwaltungsakts dient. Z 1 a nennt diesen Abschnitt „weiteres Verwaltungsverfahren" und bezeichnet dessen Unterarten näher.
Ferner gibt es ein Widerspruchsverfahren nach § 68 VwGO sowie zB ein Verwaltungsverfahren auf eine *Aussetzung* als gerichtliche Zulässigkeitsvoraussetzung nach § 80 VI VwGO oder auf eine Anordnung der sofortigen Vollziehung des Verwaltungsakts. Schließlich kennt das Gesetz die einstweilige Verwaltungsmaßnahme zur Sicherung der Rechte Dritter. Alle diese Verwaltungsverfahren können in ein gerichtliches Verfahren münden.
Zu Z 1 a zählt ferner das Verfahren über die *Beschwerde* und die weitere Beschwerde nach der *WBO*.
Keine verschiedene Angelegenheit entsteht beim Antrag nach § 149 I 2 VwGO, OVG Magdeb JB **12**, 299.
Jedes der vorgenannten Verfahren ist gebührenrechtlich eine eigene Angelegenheit nach § 15 II, OVG Magdeb NVwZ-RR **11**, 86. Daher kann der Anwalt die Gebühren jeweils nebeneinander erhalten, OVG Hbg Rpfleger **09**, 416, Tysper AnwBl **04**, 645. Erfolgt eine Entscheidung über mehrere Widersprüche oder Einsprüche gemeinsam, handelt es sich um mehrere Nachprüfungsverfahren, FG Bre EFG **94**, 313, FG Düss EFG **90**, 332. Dasselbe gilt für getrennte Entscheidungen nach einer gemeinsamen Verhandlung. Z 1 a gilt auch für die Tätigkeit desjenigen Anwalts, der einen formlosen Rechtsbehelf im Verwaltungsweg einlegt.

4 **4) Mahnverfahren usw, Z 2.** Die Vorschrift gilt für jede Art von Mahnverfahren, also sowohl für dasjenige nach §§ 688 ff ZPO als auch für dasjenige nach § 46 a ArbGG oder nach § 182 a SGG. Wegen des Endes des zivilprozessualen Mahnverfahrens BLAH § 696 ZPO Rn 12. Z 2 macht das Mahnverfahren und das streitige Verfahren zu verschiedenen Angelegenheiten, BGH FamRZ **04**, 1721 links oben.
A. Sachlicher Zusammenhang. Dabei kommt es nicht darauf an, daß das zugehörige streitige Verfahren dem Mahnverfahren „nachfolgt". Trotzdem muß es sich natürlich zum einen um dasjenige streitige Verfahren handeln, das auf Grund eines Widerspruchs gegen den Mahnbescheid nach § 694 ZPO oder auf Grund eines Einspruchs gegen den Vollstreckungsbescheid nach § 700 ZPO entsteht und daher zumindest zunächst den im Mahnverfahren geltend gemachten Anspruch ganz oder bei einer zulässigen Beschränkung des Widerspruchs oder Einspruchs teilweise erfaßt, Köln JB **00**, 78. Es reicht auch, daß zB wegen einer nachträglichen Klärung der Unzulässigkeit eines Mahnverfahrens etwa wegen der Notwendigkeit einer Auslandszustellung eine selbständige Klage nachfolgt, Hbg MDR **92**, 1091.

5 **B. Zeitlicher Zusammenhang.** Es muß aber auch noch ein gewisser zeitlicher Zusammenhang zwischen dem Mahnverfahren und dem zugehörigen streitigen Verfahren oder der folgenden selbständigen Klage nach Rn 4 bestehen, Hamm JB **02**, 28. Zwar braucht keine „alsbaldige" Abgabe nach § 696 III ZPO erfolgt zu sein. Auch

schadet ein Ruhen des Verfahrens nach § 251 ZPO nicht, sofern die Anordnung des Ruhens erst nach dem Beginn des streitigen Verfahrens nach § 697 ZPO erfolgt ist. Andererseits fehlt das streitige Verfahren nach Z 2 dann, wenn zwischen der Einlegung des Widerspruchs oder Einspruchs und der nächsten Tätigkeit des Gerichts im streitigen Verfahren aus irgendeinem Grund nichts geschehen ist, etwa eine Reihe von Monaten, Hamm JB 02, 28 (6 Monate noch unschädlich), oder gar Jahre hindurch, Mü MDR 00, 785.

C. Derselbe Anwalt. Sowohl im Mahnverfahren als auch im nachfolgenden 6 Rechtsstreit muß derselbe Anwalt tätig sein. Soweit ein anderer Anwalt im streitigen Verfahren tätig wird, entstehen für ihn unter den dortigen Voraussetzungen neue selbständige Gebühren. Wegen der Kostenerstattung Rn 39 ff.

5) Vereinfachtes Unterhaltsverfahren usw, Z 3. Die Vorschrift gilt für die 7 Erstfestsetzung nach §§ 249 ff FamFG.

Wie bei Z 2 kommt es *nicht* mehr auf ein zeitliches ausdrückliches „*Nachfolgen*" des 8 streitigen Verfahrens an. Dennoch gelten vernünftigerweise im Kern dieselben zeitlichen Erwägungen wie bei Rn 5.

6) Hauptsache- und Eilverfahren, Z 4 a–d. Man sollte mehrere Aspekte beachten. 9

A. Abgrenzung. Die Vorschriften enthalten vorrangige Ausnahmeregelungen gegenüber § 15 II. Daneben gilt gleichrangig § 16 Z 5. Die Vorschriften sind daher eng auslegbar. § 16 Z 5 enthält eine Klarstellung dahin, daß nicht jeder der in § 17 Z 4a, b, d genannten Abschnitte des Eilverfahrens nun auch noch für sich als eine besondere Angelegenheit gilt, sondern daß das Eilverfahren in sich wiederum nur als eine Angelegenheit gilt.

B. Zweck. Die Vorschriften bezwecken eine angemessene Beachtung der besonderen Anforderungen, die ein Eilverfahren erfahrungsgemäß an den Anwalt stellt. 10 Das muß man bei der Auslegung mitbeachten.

C. Erfaßte Verfahren. Die Regelungen gelten für den Zivilprozeß, das arbeitsgerichtliche, finanzgerichtliche, sozialgerichtliche Verfahren, Klier NZS 04, 470. Sie 11 gelten ferner für das verwaltungsgerichtliche Verfahren sowie das streitige Verfahren der freiwilligen Gerichtsbarkeit.

Sie gelten aber *nicht* für das Strafverfahren. Eine einstweilige Anordnung nach § 21 V 5 ArbGG gehört ebenfalls nicht hierher, Hamm NZA 93, 960.

D. Eilverfahren: Verschiedene Angelegenheit. Das jeweilige Eilverfahren gilt 12 gegenüber dem Hauptprozeß als eine „verschiedene" Angelegenheit, BGH NJW 09, 2068, Köln JB 75, 186. Das gilt auch dann, wenn das Eilverfahren und der Hauptprozeß zeitlich zusammenfallen oder miteinander verbunden sind, Abramenko AnwBl 06, 273. Die Einstufung als verschiedene Angelegenheit gilt auch dann, wenn der Anwalt Anträge zum Hauptprozeß und zum Eilverfahren gleichzeitig oder im Verhältnis von Haupt- und Hilfsantrag stellt, BGH NJW 11, 2511 (Abschlußerklärung als Hauptsache). Voraussetzung ist natürlich, daß der Anwalt Aufträge sowohl zum Haupt- als auch zum Eilverfahren hat, Köln JB 75, 185.

Infolge der Einstufung des Eilverfahrens als *verschiedene Angelegenheit* findet keine 13 Zusammenrechnung nach § 22 I und keine Anrechnung einer Gebühr auf eine andere statt. Lediglich beim Abschluß einer Einigung erhält der Anwalt nur eine einheitliche Einigungsgebühr, sofern die Beteiligten Gegenstände des Eilverfahrens und des Hauptprozesses in die Einigung einbezogen haben, freilich nach den zusammengerechneten Gegenstandswerten, Karlsr FamRZ 07, 1114, Kblz MDR 08, 1068.

E. Maßgeblichkeit des Antrags. Maßgeblich dafür, ob mehrere Verfahrensgebühren entstehen, sind die Anträge. Sofern der Anwalt nur einen einheitlichen An- 14 trag stellt, ist es unerheblich, ob das Gericht diesem Antrag erst nach und nach in mehreren Entscheidungen stattgibt. Sofern der Anwalt aber einen Antrag nach seiner Abweisung wiederholt, kann eine neue Angelegenheit vorliegen. Demgegenüber bleibt es bei derselben Angelegenheit dann, wenn der Anwalt eine Aufhebung des Arrests oder der einstweiligen Verfügung mehrfach beantragt. Das gilt selbst dann, wenn zwischen diesen Anträgen ein erheblicher zeitlicher Abstand liegt und wenn

RVG § 17 X. Rechtsanwaltsvergütungsgesetz

das frühere Aufhebungs- oder Widerspruchsverfahren im Zeitpunkt des erneuten Aufhebungsantrags bereits formell rechtskräftig geendet hatte.

15 **7) Urkundenprozeß und ordentliches Verfahren, Z 5.** Die Vorschrift gilt als eine gegenüber § 15 vorrangige Sonderregel wegen der Wesensverschiedenheit des Urkundenverfahrens nach § 592 ZPO und des Nachverfahrens nach § 600 ZPO und der im letzteren sowie nach einer Abstandnahme vom Urkundenprozeß nach § 596 ZPO oft notwendigen gesteigerten Tätigkeit des Anwalts, Schlesw SchlHA **87**, 190. Sie erfaßt nur die beiden Situationen Rn 16–20, nicht aber die einfachere Lage Rn 21.

Die Vorschrift *dient* sowohl der Kostengerechtigkeit als auch der Rechtssicherheit durch eine Klarstellung des auch gebührenrechtlichen Eigenlebens des Nachverfahrens. Sie dient wegen des Abstellens auf den Begriff der Angelegenheit in VV 7000, 7002 zugleich auch der Klärung im Auslagenbereich. Zwar muß man vorrangige Sonderregeln grundsätzlich eng auslegen. Der Sinn von Z 5 ist aber gerade die Verhütung einer zu geringen Vergütung. Das sollte man bei seiner Anwendung mitbedenken.

16 **A. Nach Abstandnahme, § 596 ZPO.** Der Kläger des Urkunden-, Wechsel- oder Scheckprozesses kann auch ohne eine Einwilligung des Bekl bis zum Schluß der mündlichen Verhandlung nach §§ 136 IV, 296 a ZPO von dem besonderen Prozeß in der Weise Abstand nehmen, daß der Rechtsstreit im ordentlichen Verfahren anhängig bleibt, Köln VersR **93**, 902. Er kann also den Antrag auf eine Verhandlung in dem besonderen Prozeß zurücknehmen, ohne die Klage nach § 269 ZPO zurückzunehmen, Vollkommer NJW **00**, 1685. Er kann dadurch unter anderem eine Prozeßabweisung vermeiden, BGH BB **81**, 638 (abl Zeiss JR **81**, 333). Ein Abstand für einen zum Teilurteil nach § 301 ZPO geeigneten Teil des Anspruchs ist zulässig.

17 **B. Abstandserklärung.** Sie erfolgt entweder in der mündlichen Verhandlung bis zu deren Schluß oder noch nach einer Erledigung der Hauptsache nach § 91 a ZPO oder schriftlich im schriftlichen Verfahren zB nach § 128 II ZPO oder im Aktenlageverfahren etwa nach § 251 a ZPO. Der Kläger kann seine Erklärung auch bei einer Säumnis des Bekl nach § 331 ZPO abgeben. Die Erklärung muß unbedingt und vorbehaltlos sein. Sie kann auch durch eine schlüssige Handlung erfolgen, BLAH Grdz 51 vor § 128 ZPO. Die Erklärung ist eine nach BLAH Grdz 47 vor § 128 ZPO unwiderrufliche und unanfechtbare Parteiprozeßhandlung, Naumb NZM **99**, 1008. Sie bewirkt einen tatsächlichen Stillstand des Verfahrens bis zu einer neuen Ladung, sofern das Gericht nicht im Einverständnis mit den Parteien sofort im ordentlichen Verfahren weiterverhandeln läßt.

18 **C. Erklärungsfolgen.** Die Abstandserklärung läßt die Rechtshängigkeit nach § 261 ZPO mit ihren prozessualen und sachlichrechtlichen Wirkungen fortdauern. Alle bisherigen Prozeßhandlungen bleiben voll wirksam. Das gilt auch für alle bisherigen Entscheidungen. Z 5 erfaßt das Verfahrensstadium nach der wirksamen Abstandserklärung bis zur Beendigung des nun bestehenbleibenden Rechtsstreits im ordentlichen Verfahren dieser Instanz.

19 Die Vorschrift gilt auch für den *Scheckprozeß* nach § 605 a ZPO. Ihn erwähnt sie infolge eines erneuten offensichtlichen Redaktionsversehens des Gesetzgebers nicht besonders. Er enthält aber durch die Verweisung auf die Regeln des Wechselprozesses nach § 602 ZPO keine andere gebührenrechtliche Situation.

20 **D. Nachverfahren nach Urkundenprozeß, § 600 ZPO.** Soweit der Bekl des Urkunden-, Wechsel- oder Scheckprozesses dem geltend gemachten Anspruch widersprochen hat, muß das Gericht ihm bei seiner Verurteilung nach § 599 I ZPO die Ausführung seiner Rechte von Amts wegen vorbehalten. Soweit das Urteil keinen Vorbehalt enthält, kann der Bekl nach § 599 II ZPO die Ergänzung des Urteils beantragen, Hamm BB **92**, 236. Infolge des Vorbehalts bleibt der Rechtsstreit nach § 600 I ZPO im ordentlichen Verfahren kraft Gesetzes anhängig Z 5 erfaßt auch dieses Verfahrensstadium. Wegen des Scheckprozesses Rn 19.

21 **E. Nachverfahren nach Aufrechnung, § 302 ZPO.** In diesem Verfahren ist (jetzt) Z 5 unanwendbar, Schlesw SchlHA **87**, 190.

Abschnitt 3. Angelegenheit § 17 RVG

F. Verschiedene Angelegenheit. Das Nachverfahren gilt bei Rn 16–20 als eine 22 „verschiedene" Angelegenheit. Es können also in diesem Verfahren Gebühren unabhängig von denjenigen entstehen, die der Anwalt im Urkunden-, Wechsel- oder Scheckprozeß verdient hatte.

G. Anrechnung, VV 3100 amtliche Anmerkung II. Die Verfahrensgebühr des 23 Urkunden-, Wechsel- oder Scheckprozesses nach §§ 592 ff ZPO ist aber auf dieselbe Gebührenart des nachfolgenden ordentlichen Verfahrens anrechenbar. Das gilt auch für die Verkehrsgebühr nach VV 3400 als einer Unterart der Verfahrensgebühr.

H. Weiteres Verfahren. Soweit der Gegenstandswert im Urkundenprozeß usw 24 und im Nachverfahren übereinstimmt, entsteht im Nachverfahren nach § 600 ZPO keine neue Verfahrens- oder Verkehrsgebühr. Sofern der Wert im Nachverfahren geringer ist, gilt dasselbe. Sofern der Wert im Nachverfahren höher ist, muß man die Verfahrensgebühr nach dem höheren Wert berechnen und um die im Urkundenprozeß usw verdiente Verfahrensgebühr kürzen. Beim Gegenstandswert des späteren Verfahrens bleiben die Kosten des Urkundenprozesses und die Rückzahlung auf Grund des dort ergangenen Urteils außer Betracht.

Im übrigen bleiben die im Urkundenprozeß usw entstandenen Gebühren von den 25 im *Nachverfahren* entstehenden unberührt. Soweit der ProzBev des Klägers nach der Stellung der eigenen Anträge nach § 596 ZPO erklärt hat, daß er vom Urkundenprozeß usw Abstand nehme, hat in jenem Prozeß keine Verhandlung stattgefunden. Soweit sich der Bekl lediglich die Ausführung seiner Rechte vorbehalten, im übrigen aber nichtstreitig verhandelt hat, liegt eine nichtstreitige Verhandlung vor.

8) Vollziehung beim einstweiligen Rechtsschutz, Z 6. Die Vorschrift enthält 26 eine vorrangige Sonderregelung für den Fall, daß der Anwalt im Rahmen eines Verfahrens vor dem OLG nach § 1062 I Z 3 ZPO wegen der Zulassung der Vollziehung einer vorläufigen oder sichernden Maßnahme des Schiedsgerichts nach § 1041 I, II ZPO oder wegen der Aufhebung des OLG-Zulassungsbeschlusses oder seiner Änderung nach § 1041 III ZPO tätig wird. Z 6 stellt klar, daß das Verfahren nach § 1041 II ZPO gegenüber sonstigen Tätigkeiten des Anwalts im Zusammenhang mit einem schiedsrichterlichen Verfahren grundsätzlich als eine „verschiedene" Angelegenheit nach § 15 gilt und daß man das Verfahren nach § 1041 III ZPO ebenso beurteilen muß. Demgegenüber betrifft § 16 Z 9 nur das Verhältnis zwischen dem Zulassungs- und dem Änderungs- oder Aufhebungsverfahren.

9) Güteverfahren und weiteres Verfahren, Z 7 a–d. Die Vorschrift bezieht 27 sich grundsätzlich auf jedes bundes- oder landesrechtliche Einigungs-, Güte- oder Schiedsverfahren. Das ergibt sich aus Z 7 d. Dazu zählen Z 7 a–c einige dieser Verfahrensarten beispielhaft und nicht abschließend auf. Gemeinsam ist: Das Güteverfahren usw und das anschließende weitere gerichtliche Verfahren sind „verschiedene" Angelegenheiten. Sie können also gesondert Gebühren entstehen lassen.

A. Gütestelle, Z 7 a. Es geht um das Verfahren vor einer vor einem deutschen 28 Gericht oder vor einer durch die Landesjustizverwaltung eingerichteten oder anerkannten Gütestelle nach § 794 I Z 1 ZPO oder nach § 15 a EGZPO, dazu Hartmann NJW **99**, 3748, Schneider AnwBl **01**, 327, Zietsch/Roschmann NJW **01**, Beilage zu Heft 51 S 3 (je: Üb). Gütestellen sind derzeit nur durch die Landesjustizverwaltungen eingerichtet, und zwar bei der Sozialverwaltung Hamburg (Öffentliche Rechtsauskunfts- und Vergleichsstelle), VO zuletzt vom 1. 2. 11, VOBl 49, BGH **123**, 340, Hbg FamRZ **84**, 69, GebO vom 1. 2. 11, VOBl 51, ferner für Lübeck, AV LJM vom 4. 8. 49, SchlHA 276, und 17. 12. 52, SchlHA **53**, 9, ferner für München, Traunstein, Würzburg, Bek vom 31. 7. 84, BayJMBl 146, dazu Bethke DRiZ **94**, 16, BLAH Anh nach § 307 ZPO Rn 17, § 794 ZPO Rn 4, § 797 a ZPO Rn 1.

B. Obligatorisches Güteverfahren. Für das obligatorische Güteverfahren nach 29 § 15 a EGZPO haben die Länder folgende Regelungen getroffen:

Baden-Württemberg: G vom 28. 6. 00, GVBl 470, zuletzt geändert am 11. 10. 07, GBl 469; dazu LG BadBad WoM **01**, 560, Heck AnwBl **00**, 596, Kothe, SchlichtungsG Baden-Württemberg (Kommentar), 2001, Wolfram-Korn/Schmarsli, Außergerichtliche Streitschlichtung in Deutschland, dargestellt anhand des Schlichtungsgesetzes Baden-Württemberg, 2001;

Bayern: G vom 24. 5. 00, GVBl 268, berichtigt GVBl **02**, 39, zuletzt geändert am 8. 4. 13, GVBl 174, dazu LG Mü ZMR **14**, 574, AG Nürnb NJW **01**, 3489, *Ott,* Außergerichtliche Konfliktbeilegung in Zivilsachen, 2000;
Berlin:
Brandenburg: G vom 5. 10. 00, GVBl 134, und 24. 11. 00, GVBl 158, zuletzt geändert am 18. 12. 06, GVBl 186;
Bremen:
Hamburg:
Hessen: G vom 6. 2. 01, GVBl 98, zuletzt geändert am 23. 12. 13, GVBl 622;
Mecklenburg-Vorpommern: G vom 13. 9. 90, GBl 1527, zuletzt geändert am 1. 7. 10, GVBl 329;
Niedersachsen: G v 17. 12. 09, GVBl 482;
Nordrhein-Westfalen: G vom 26. 10. 10, GVBl 30, dazu Böhm AnwBl **00**, 596, Dieckmann NJW **00**, 2802, Serwe, Gütestellen- und Schlichtungsgesetz NRW, 2002; *Wiemers/Schulte,* Schiedsamtsgesetz Nordrhein-Westfalen, 7. Aufl 2014;
Rheinland-Pfalz: G vom 10. 9. 08, GVBl 204;
Saarland: G vom 21. 2. 01, ABl 532, zuletzt geändert am 26. 10. 10, ABl 1406, dazu BGH RR **17**, 443;
Sachsen: G vom 27. 5. 99, GVBl 247, zuletzt geändert am 18. 12. 13, GVBl 970;
Sachsen-Anhalt: G vom 22. 6. 01, GVBl 214, zuletzt geändert am 5. 12. 14, GVBl 512;
Schleswig-Holstein: G vom 11. 12. 01, GVBl 361, berichtigt **02**, 218, zuletzt geändert am 16. 12. 08, GVBl 831;
Thüringen: G idF vom 17. 5. 96, GVBl 61, zuletzt geändert am 9. 9. 10, GVBl 291.

30 **C. Schlichtungsausschuß, Z 7 b.** Es handelt sich um das Verfahren vor dem zur Beilegung von Streitigkeiten zwischen Ausbildenden und Auszubildenden aus einem bestehenden Berufsausbildungsverhältnis von den Handwerksinnungen und im übrigen von den zuständigen Stellen nach dem Berufsbildungsgesetz gebildeten Ausschüssen nach § 111 II ArbGG, LAG Hamm MDR **89**, 186.

31 **D. Seemannsamt, Z 7 c.** Es handelt sich um das Verfahren vor dem Seemannsamt, soweit es zur vorläufigen Entscheidung einer Arbeitssache zuständig ist, § 111 I 2 ArbGG in Verbindung mit § 69 SeemannsG vom 26. 7. 57, BGBl 713, zuletzt geändert am 29. 10. 01, BGBl 2785.

32 **E. Sonstige Einigungsstelle, Gütestelle oder Schiedsstelle, Z 7 d.** Hierher gehören alle weiteren bundes- oder landesrechtlich eingerichteten Stellen dieser Art. In Betracht kommt zunächst das Verfahren vor einer Einigungsstelle nach § 40 I BetrVG, BAG DB **96**, 1613, bzw nach § 76 BetrVG, BAG DB **96**, 1613, Mümmler JB **81**, 1148. Für die Mitglieder einer Einigungsstelle gelten an sich §§ 612, 315, 316 BGB, soweit keine besondere Vereinbarung besteht, BAG NJW **91**, 1846. Für die Mitglieder einer Einigungsstelle nach dem BetrVG gilt

> *BetrVG § 76 a. Kosten der Einigungsstelle.* ¹ Die Kosten der Einigungsstelle trägt der Arbeitgeber.
>
> II ¹Die Beisitzer der Einigungsstelle, die dem Betrieb angehören, erhalten für ihre Tätigkeit keine Vergütung; § 37 Abs. 2 und 3 gilt entsprechend. ²Ist die Einigungsstelle zur Beilegung von Meinungsverschiedenheiten zwischen Arbeitgeber und Gesamtbetriebsrat oder Konzernbetriebsrat zu bilden, so gilt Satz 1 für die einem Betrieb des Unternehmens oder eines Konzernunternehmens angehörenden Beisitzer entsprechend.
>
> III ¹Der Vorsitzende und die Beisitzer der Einigungsstelle, die nicht zu den in Absatz 2 genannten Personen zählen, haben gegenüber dem Arbeitgeber Anspruch auf Vergütung ihrer Tätigkeit. ²Die Höhe der Vergütung richtet sich nach den Grundsätzen des Absatzes 4 Satz 3 bis 5.
>
> IV ¹Das Bundesministerium für Arbeit und Soziales kann durch Rechtsverordnung die Vergütung nach Absatz 3 regeln. ²In der Vergütungsordnung sind Höchstsätze festzusetzen. ³Dabei sind insbesondere der erforderliche Zeitaufwand, die Schwierigkeit der Streitigkeit sowie ein Verdienstausfall zu berück-

sichtigen. ⁴Die Vergütung der Beisitzer ist niedriger zu bemessen als die des Vorsitzenden. ⁵Bei der Festsetzung der Höchstsätze ist den berechtigten Interessen der Mitglieder der Einigungsstelle und des Arbeitgebers Rechnung zu tragen.

V Von Absatz 3 und einer Vergütungsordnung nach Absatz 4 kann durch Tarifvertrag oder in einer Betriebsvereinbarung, wenn ein Tarifvertrag dies zulässt oder eine tarifliche Regelung nicht besteht, abgewichen werden.

Soweit der Anwalt nicht als Beisitzer tätig wird, sondern als *Parteivertreter*, bleibt (jetzt) Z 7 d anwendbar, Bauer/Röder DB **89**, 224.

Weiter kommen in Betracht: Das Verfahren vor dem Schiedsmann nach der preußischen SchiedsmannO; das Verfahren vor der bei der Industrie- und Handelskammer eingerichteten Einigungsstelle nach § 15 UWG; das Verfahren vor der beim Patentamt eingerichteten Schiedsstelle nach §§ 28 ff ArbNEG; das Verfahren vor einer Schiedsstelle nach § 14 des G über die Wahrnehmung von Urheberrechten und verwandten Schutzrechten, Mü Rpfleger **94**, 316. Im Verfahren nach § 15 dieses Gesetzes gilt allerdings (jetzt) VV 3302 Z 1 als vorrangige Sondervorschrift, Mü Rpfleger **94**, 316; das Verfahren vor der Schiedsstelle wegen eines Anspruchs gegenüber dem Entschädigungsfonds nach § 14 Z 3a des G vom 5. 4. 65, BGBl 213; das Verfahren vor der Einigungsstelle nach §§ 39 ff ErstrG vom 23. 4. 92, BGBl 938; das Verfahren vor einer Schiedsstelle nach § 17 BPflegesatzVO; das Verfahren vor einer bayerischen Schlichtungsstelle, BayJMBl **84**, 146.

Auch *weitere Verfahren* vor sonstigen gesetzlich eingerichteten Einigungsstellen oder Schiedsstellen oder Gütestellen könne hierher zählen. Das setzt nicht voraus, daß ein solches Verfahren einen bürgerlichen Rechtsstreit durch die Betätigung jener Stelle verhindern soll. Denn § 17 steht im Abschnitt 3 „Angelegenheit", der für alle Teile des VV gilt.

F. **Unanwendbarkeit, Z 7 a–d.** Nicht hierher gehören: Die gerichtliche Güteverhandlung nach § 54 ArbGG. Denn mit ihr beginnt bereits die mündliche Verhandlung. Insofern gelten VV 3100 ff; ein Verfahren vor einer der zahlreichen privat eingerichteten Schieds- und Schlichtungsstellen, etwa vor einer Gutachterkommission der Ärztekammer, Madert AGS **01**, 50. Insofern gelten § 34, VV 2100 ff, 3403.

10) **Vermittlungsverfahren nach § 165 FamFG, Z 8.** Die Vorschrift erfaßt das gerichtliche Verfahren nach § 165 FamFG zur Vermittlung beim Streit der Eltern darüber, ob der eine dem anderen die Durchführung einer gerichtlichen Verfügung über den Umgang mit einem gemeinschaftlichen Kind vereitelt oder erschwert. Dieses Vermittlungsverfahren gilt als „verschiedene" Angelegenheit gegenüber allen anderen Verfahren. Es können also gesondert Gebühren entstehen.

11) **Nichtzulassungsbeschwerde und Rechtsmittelverfahren, Z 9.** Vgl bei § 16 Rn 30.

12) **Ermittlungs- und Straf- oder Bußgeldverfahren, Z 10.** Die Vorschrift erfaßt zum einen nach *Z 10a* in seiner Neufassung, KG JB **17**, 192, die Tätigkeit zunächst in strafrechtlichen Ermittlungsverfahren und sodann im zugehörigen nachfolgenden gerichtlichen Verfahren, zum anderen nach *Z 10b* die Fälle, daß die Staatsanwaltschaft ihr Verfahren nur wegen einer Straftat einstellt oder die Verfolgung nicht übernimmt, sich aber nach § 43 I OWiG ein Bußgeldverfahren anschließt, oder daß die Staatsanwaltschaft zwar zunächst die Verfolgung übernommen hatte, die Sache dann aber an die Verwaltungsbehörde nach § 43 II OWiG abgegeben hat und daß dort nun ein Bußgeldverfahrens beginnt. In allen diesen Fällen bilden das Verfahren der Staatsanwaltschaft und dasjenige des Gerichts oder der Verwaltungsbehörde „verschiedene" Angelegenheiten.

13) **Bußgeld- und gerichtliche Verfahren, Z 11.** Die Vorschrift erfaßt die Tätigkeit zunächst im Bußgeldverfahren vor der Verwaltungsbehörde und sodann im zugehörigen gerichtlichen Verfahren, AG Kempen JB **14**, 302.

14) **Strafverfahren und vorbehaltene Sicherungsverwahrung, Z 12.** Die Vorschrift erfaßt die Tätigkeit des Anwalts für den Auftraggeber, soweit es um die Entscheidung des erstinstanzlichen Gerichts über eine im Urteil vorzubehaltende Si-

RVG §§ 17, 18

X. Rechtsanwaltsvergütungsgesetz

cherungsverwahrung geht, § 275a StPO in Verbindung mit §§ 66a StGB, 246a S 1, 267 VI 1, 268d, 454 II 6 StPO. Beide Verfahren sind „verschiedene" Angelegenheiten. Vgl ferner § 20 III 2 ThUG, abgedruckt bei VV 6300–6303. Folglich können Gebühren gesondert entstehen.

40 **15) Wiederaufnahme, Z 13.** Die Vorschrift erfaßt nur eine Tätigkeit nach VV Teile 4, 5, also nicht ein zivilrechtliches Wiederaufnahmeverfahren nach §§ 578 ff ZPO. Das straf- oder bußgeldrechtliche Wiederaufnahmeverfahren beginnt mit einem neuen Zwischenrechtszug. Er ist eine von Ersetzenden Verfahren „verschiedene" Angelegenheit. Sie läßt daher nach VV 4137, 4138 gesonderte Gebühren entstehen.

Z 12 gilt auch im *Wiederaufnahmeverfahren* eines *Adhäsionsverfahrens* und dann, wenn sich das Wiederaufnahmeverfahren nach § 406c I StPO darauf beschränkt, eine wesentlich andere Entscheidung über den vermögensrechtlichen Anspruch herbeizuführen. Soweit sich der Wiederaufnahmeantrag nach § 406c II StPO nur gegen den strafrechtlichen Teil des Urteils richtet, gilt Z 12 für die Vertretung im Wiederaufnahmeverfahren, soweit durch den erstrebten Erfolg auch nach § 406a III StPO eine Aufhebung der vermögensrechtlichen Entscheidung eintreten kann.

Eine erneute Einstellung nach § 154 II StPO zählt *nicht* hierher, AG Osnabr JB **08**, 588.

41 **A. Vergütungszweck.** Die Vorschrift bezweckt eine angemessene Vergütung in einem solchen Verfahren, das oft ganz außerordentliche Fähigkeiten des Anwalts erfordert. Denn die zu bekämpfende Rechtskraft stellt eine schon psychologisch kaum überwindbare Barriere dar, AG Osnabr JB **08**, 588. Zwar können irgendwelche formell als Wiederaufnahmeantrag aufgezogene Maßnahmen nicht wegen dieser Form Gewicht haben, solange nicht die vom Gesetz mit Recht verlangten streng begrenzten Umstände wenigstens einigermaßen ausreichend nachvollziehbar zutagetreten. Trotzdem sollte der Anwalt auch gebührenmäßig dann eine Unterstützung erwarten können, wenn er um die Beseitigung einer solchen Entscheidung kämpft, die nun einmal nicht mehr rechtsmittelfähig ist und doch ein schreckliches Unrecht bedeuten kann. Man sollte diese Lage bei der Auslegung stets mitbedenken.

42 **B. Antrag; Aufhebendes Verfahren.** Z 12 umfaßt das Stadium vor der Vorbereitung eines Antrags auf eine Wiederaufnahme einschließlich des etwaigen Rats, einen solchen Antrag nicht zu stellen, sowie die beiden anschließenden Verfahrensabschnitte, also zunächst die Zulässigkeitsprüfung, die mit der Entscheidung nach §§ 367, 368 StPO endet, und sodann das anschließende Aufhebende Verfahren (iudicium rescindens), die mit der Entscheidung über das Begründetsein des Antrags nach § 370 StPO endet.

43 **C. Ersetzendes Verfahren.** Eine Tätigkeit des Anwalts in dem schließlich folgenden Ersetzenden Verfahren (iudicium rescissorium), das mit einer Entscheidung nach einer erneuten Hauptverhandlung nach § 373 StPO endet, stellt demgegenüber einen anderen Verfahrensabschnitt dar, nämlich das „wiederaufgenommene" Verfahren. Für diesen können gesondert Gebühren entstehen.

Besondere Angelegenheiten

18 [1]**Besondere Angelegenheiten sind**
1. **jede Vollstreckungsmaßnahme zusammen mit den durch diese vorbereiteten weiteren Vollstreckungshandlungen bis zur Befriedigung des Gläubigers; dies gilt entsprechend im Verwaltungszwangsverfahren (Verwaltungsvollstreckungsverfahren);**
2. **jede Vollziehungsmaßnahme bei der Vollziehung eines Arrests oder einer einstweiligen Verfügung (§§ 928 bis 934 und 936 der Zivilprozessordnung), die sich nicht auf die Zustellung beschränkt;**
3. **solche Angelegenheiten, in denen sich die Gebühren nach Teil 3 des Vergütungsverzeichnisses richten, jedes Beschwerdeverfahren, jedes Verfahren über eine Erinnerung gegen einen Kostenfestsetzungsbeschluss und jedes sonstige Verfahren über eine Erinnerung gegen eine Entscheidung des Rechtspflegers, soweit sich aus § 16 Nummer 10 nichts anderes ergibt;**

4. das Verfahren über Einwendungen gegen die Erteilung der Vollstreckungsklausel, auf das § 732 der Zivilprozessordnung anzuwenden ist;
5. das Verfahren auf Erteilung einer weiteren vollstreckbaren Ausfertigung;
6. jedes Verfahren über Anträge nach den §§ 765 a, 851 a oder § 851 b der Zivilprozessordnung und jedes Verfahren über Anträge auf Änderung oder Aufhebung der getroffenen Anordnungen, jedes Verfahren über Anträge nach § 1084 Absatz 1, § 1096 oder § 1109 der Zivilprozessordnung und über Anträge nach § 31 des Auslandsunterhaltsgesetzes;
7. das Verfahren auf Zulassung der Austauschpfändung (§ 811 a der Zivilprozessordnung);
8. das Verfahren über einen Antrag nach § 825 der Zivilprozessordnung;
9. die Ausführung der Zwangsvollstreckung in ein gepfändetes Vermögensrecht durch Verwaltung (§ 857 Abs. 4 der Zivilprozessordnung);
10. das Verteilungsverfahren (§ 858 Abs. 5, §§ 872 bis 877, 882 der Zivilprozessordnung);
11. das Verfahren auf Eintragung einer Zwangshypothek (§§ 867, 870 a der Zivilprozessordnung);
12. die Vollstreckung der Entscheidung, durch die der Schuldner zur Vorauszahlung der Kosten, die durch die Vornahme einer Handlung entstehen, verurteilt wird (§ 887 Abs. 2 der Zivilprozessordnung);
13. das Verfahren zur Ausführung der Zwangsvollstreckung auf Vornahme einer Handlung durch Zwangsmittel (§ 888 der Zivilprozessordnung);
14. jede Verurteilung zu einem Ordnungsgeld gemäß § 890 Abs. 1 der Zivilprozessordnung;
15. die Verurteilung zur Bestellung einer Sicherheit im Fall des § 890 Abs. 3 der Zivilprozessordnung;
16. das Verfahren zur Abnahme der Vermögensauskunft (§§ 802 f und 802 g der Zivilprozessordnung;
17. das Verfahren auf Löschung der Eintragung im Schuldnerverzeichnis (§ 882 e der Zivilprozessordnung);
18. das Ausüben der Veröffentlichungsbefugnis;
19. das Verfahren über Anträge auf Zulassung der Zwangsvollstreckung nach § 17 Abs. 4 der Schifffahrtsrechtlichen Verteilungsordnung;
20. das Verfahren über Anträge auf Aufhebung von Vollstreckungsmaßregeln (§ 8 Abs. 5 und § 41 der Schifffahrtsrechtlichen Verteilungsordnung) und
21. das Verfahren zur Anordnung von Zwangsmaßnahmen durch Beschluss nach § 35 des Gesetzes über das Verfahren in Familiensachen und in den Angelegenheiten der freiwilligen Gerichtsbarkeit.

II Absatz 1 gilt entsprechend für
1. die Vollziehung eines Arrestes und
2. die Vollstreckung

nach den Vorschriften des Gesetzes über das Verfahren in Familiensachen und in den Angelegenheiten der freiwilligen Gerichtsbarkeit.

Gliederung

1) Systematik, I, II	1
2) Regelungszweck, I, II	2
3) Vollstreckungsmaßnahmen usw, I Z 1	3–5
A. Innerer Zusammenhang	4
B. Sonst: Verschiedene Maßnahmen	5
4) Vollziehung beim Arrest usw, I Z 2	6–10
A. Begriff	6
B. Besondere Angelegenheit	7, 8
C. Gebot, Verbot	9, 10

5) Beschwerde, Erinnerung, I Z 3 11–17
   A. Beschwerde 11–13
   B. Erinnerung gegen die Kostenfestsetzung 14, 15
   C. Erinnerung gegen den Kostenansatz 16
   D. Sonstige Erinnerung 17
6) **Einwendung gegen Vollstreckungsklausel, I Z 4** 18, 19
7) **Weitere vollstreckbare Ausfertigung, I Z 5** 20
8) **Vollstreckungsschutz usw, I Z 6** 21
9) **Austauschpfändung, I Z 7** 22
10) **Besondere Verwertung, I Z 8** 23
11) **Verwaltung eines gepfändeten Vermögensrechts, I Z 9** 24
12) **Verteilungsverfahren, I Z 10** 25
13) **Zwangshypothek, I Z 11** 26
14) **Vorauszahlung zur Vornahme einer Handlung, I Z 12** 27
15) **Durchführung der Handlung, I Z 13** 28–30
16) **Ordnungsgeld wegen Duldung oder Unterlassung, I Z 14** ... 31
17) **Bestellung einer Sicherheit, I Z 15** 32
18) **Vermögensauskunft, I Z 16** 33–38
19) **Löschung der Eintragung im Schuldnerverzeichnis, I Z 17** .. 39
20) **Veröffentlichungsbefugnis, I Z 18** 40
21) **Zulassung der Zwangsvollstreckung, I Z 19** 41
22) **Aufhebung einer Vollstreckungsmaßregel, I Z 20** 42
23) **Zwangsmaßnahmen nach § 35 FamFG, I Z 21** 43
24) **Arrestvollziehung, Vollstreckung nach FamFG, II** 44, 45
   A. Arrestvollziehung, II Z 1 44
   B. Vollstreckung, II Z 2 45

1 **1) Systematik, I, II.** Als eine gegenüber § 15 II vorrangige Sonderregelung gilt § 18 für die in I Z 1–21 abschließend aufgezählten Verfahren, (zum alten Recht) Düss FamRZ **92**, 1329.

2 **2) Regelungszweck, I, II.** Die Vorschrift bezweckt eine angemessene Beachtung der auch bei I Z 1–21 besonderen Anforderungen an den Anwalt. Das muß man bei der Auslegung mitbeachten.

3 **3) Vollstreckungsmaßnahme usw, I Z 1.** Abweichend von §§ 7 I 1, 15 II enthält I Z 1 eine ausdrückliche vorrangige Begriffsbestimmung dahin, daß jede Vollstreckungsmaßnahme zusammen mit den durch diese vorbereiteten weiteren Vollstreckungshandlungen bis zur Befriedigung des Gläubigers in der Zwangsvollstreckung grundsätzlich *eine* Angelegenheit darstellt, LG Memmingen DGVZ **18**, 19 (Drittauskunft nach § 802l ZPO), LG Mönchengladb Rpfleger **06**, 210, AG Brake JB **16**, 326. Gleichwohl gilt auch in der Zwangsvollstreckung nach § 704 ff ZPO keineswegs jeder einzelne Akt als eine besondere Angelegenheit, Bbg JB **92**, 607, LG Konst Rpfleger **00**, 463, AG Wuppert DGVZ **11**, 35. Das gilt auch für eine gütliche Einigung. Das verdeutlichen § 16 einerseits, AG Meißen DGVZ **17**, 183, und die abschließenden Aufzählungen in §§ 17, 18 andererseits. I Z 1 gilt im Verwaltungszwangs- oder -vollstreckungsverfahren.

4 **A. Innerer Zusammenhang.** Dieselbe Angelegenheit bilden grundsätzlich die gesamten zu einer bestimmten Vollstreckungsmaßnahme gehörenden und miteinander in einem inneren Zusammenhang stehenden Einzelmaßnahmen gleicher Art von der Vorbereitung der Vollstreckung, AG Worms DGVZ **98**, 127, zB der Ermittlung einer Anschrift, Lorenschat DGVZ **89**, 151, über einen Wohnungswechsel des Schuldners, Mü JB **92**, 326, LG Hagen JB **16**, 661, AG Melsungen DGVZ **95**, 13, und über einen Auftrag zur Vollstreckung in der Wohnung nach einem vergeblichen Versuch im Geschäftslokal, AG Schleiden DGVZ **05**, 1421, bis zur Befriedigung des Gläubigers, AG Brake JB **16**, 326, oder bis zum sonstigen Abschluß der Zwangsvollstreckung nach BLAH Grdz 52 vor § 704 ZPO, AG Wuppert DGVZ **11**, 35. Eine Kostenforderung reicht als Vollstreckungstitel, VG Gelsenkirchen NVwZ-RR **13**, 984.

5 **B. Sonst: Verschiedene Maßnahmen.** Nur diejenigen Einzelmaßnahmen stehen in einem inneren Zusammenhang, die die einmal eingeleitete Maßnahme mit demselben Ziel der Befriedigung fortsetzen, LG Bonn Rpfleger **90**, 226. Bei verschiedenen Maßnahmen liegen immer besondere Angelegenheiten vor, Düss AnwBl **87**, 619, Hbg JB **79**, 854. Die Vollstreckung gegen mehrere Gesamtschuldner ist nicht stets eine Mehrheit von Angelegenheiten, BGH AnwBl **06**, 857 (zum alten Recht), Schlesw

JB **96**, 89, aM Düss OLGR **96**, 248, Hamm AnwBl **88**, 357, LG Düss JB **93**, 217 (je: systemwidrig).

4) Vollziehung beim Arrest usw, I Z 2. Es gibt drei Aspekte. **6**

A. Begriff. Die Vollziehung entspricht einer Vollstreckung. Sie regeln §§ 928 ff, 936 ZPO. Sie beginnt nach BLAH § 929 ZPO Rn 18 „– (Parteibetrieb)" mit der Parteizustellung des Arrestbefehls oder der einstweiligen Verfügung an den Schuldner, LG Bln AnwBl **82**, 122, LG Düss RR **99**, 303, aM LG Bielef AnwBl **89**, 109 (es seien [jetzt] VV 3100 ff anwendbar. Aber die Zustellung ist der klassische Vollzugsbeginn). Freilich reicht die bloße Zustellung nach I Z 2 Hs 2 noch nicht, Brschw Rpfleger **06**, 44. Bei einer solchen einstweiligen Verfügung nach §§ 890, 935 ff ZPO, durch die das Gericht dem Schuldner etwas gebietet oder verbietet, genügt die fristgemäße Parteizustellung zur Vollziehung.

B. Besondere Angelegenheit. Da die Vollziehung einer Zwangsvollstreckung **7** entspricht, gelten dieselben Regeln wie nach I Z 1 für eine Vollstreckungsmaßnahme mit der Abweichung, daß es sich auch nicht nur um die Zustellung nach §§ 929, 936 ZPO handeln darf. Jede neue Vollziehung ist also eine neue Angelegenheit. Das gilt zB dann, wenn die erste Vollziehung ergebnislos oder unzulässig war, aM KG MDR **09**, 892, oder wenn das Gericht auf Grund einer Erinnerung des Schuldners die Pfändung zunächst für unzulässig erklärt hatte, wenn der Gläubiger aber im Beschwerdeverfahren die Aufhebung der Entscheidung des Erstgerichts erreicht hatte und erneut pfänden muß.

Soweit der Anwalt den Arrestbefehl oder die einstweilige Verfügung dem Schuldner nach einer Tätigkeit als ProzBev nach § 81 ZPO zustellen läßt, gilt nämlich (jetzt) § 19 I 2 Z 9 die *Zustellung* mit ab, Düss VersR **88**, 861, Kblz JB **03**, 137, Schlesw SchlHA **84**, 62.

Soweit ein nur mit der *Vollziehung* nach § 929 ZPO beauftragter Anwalt die Zustellung veranlaßt, gilt die Vergütung für seine sonstige Tätigkeit in dieser Sache diese **8** Tätigkeit mit ab. Die Entgegennahme des Pfändungsbeschlusses nach § 829 ZPO läßt noch keine Gebühr nach I Z 2 entstehen. Wenn der Gläubiger den Antrag auf eine Pfändung gleichzeitig mit dem Antrag auf eine Anordnung des Arrests oder einer einstweiligen Verfügung stellt, verdient der Anwalt die Vergütung nach I Z 2 nur dann, wenn das Gericht den Arrest oder die einstweilige Verfügung auch anordnet. Denn es handelt sich dann um einen durch die Anordnung bedingten Pfändungsantrag, Düss Rpfleger **84**, 161.

C. Gebot, Verbot. Bei einer solchen einstweiligen Verfügung, durch die das Gericht dem Schuldner etwas nach § 890 ZPO gebietet oder verbietet, entsteht eine **9** Situation nach I Z 2 durch den Antrag auf die Eintragung einer Arresthypothek nach § 932 III ZPO, KG MDR **91**, 66. Dasselbe gilt bei einer Vormerkung, Ffm DB **83**, 2354, Hamm Rpfleger **02**, 541, Mü AnwBl **98**, 349. Das gilt auch bei einem Widerspruch nach §§ 924, 936 ZPO oder einer Verfügungsbeschränkung, Ffm Rpfleger **78**, 269.

Wenn das Gericht das *Grundbuchamt* nach § 941 ZPO um eine Eintragung ersucht **10** hat, erhält der dieses Ersuchen anregende Anwalt keine gesonderte Vergütung, Düss VersR **88**, 861, Ffm Rpfleger **78**, 269. Der Anwalt des Schuldners erhält nach der Aufhebung einer einstweiligen Verfügung für den Antrag auf eine Berichtigung des Grundbuchs ebenfalls keine Vergütung nach I Z 2. Denn es handelt sich insofern nicht mehr um eine Maßnahme in der Zwangsvollstreckung.

Die vorstehenden Regeln gelten entsprechend beim Antrag auf eine Eintragung in das *Handelsregister* oder auf eine Löschung eines Gebrauchsmusters oder einer Marke beim Patentamt.

5) Beschwerde, Erinnerung, I Z 3. Man sollte vier Arten von Rechtsbehelfen **11** unterscheiden.

A. Beschwerde. Die Vorschrift erfaßt grundsätzlich jede Art von Beschwerde, also die einfache Beschwerde, die sofortige Beschwerde, etwa nach § 11 II 3 in Verbindung mit § 11 I RPflG, und auch die etwa zulässige weitere Beschwerde oder eine Rechtsbeschwerde unabhängig von ihrer Bezeichnung, also auch zB dann, wenn man sie irrtümlich als Berufung bezeichnet hat.

RVG § 18 X. Rechtsanwaltsvergütungsgesetz

12 Die Vorschrift gilt grundsätzlich für jede Beschwerde im Verfahren von VV 3100–3518 und auch dann, wenn dieser Teil 3 entsprechend anwendbar ist. Ausnahmeregeln enthält § 16 Z 10 (Mehrheit solches Verfahren in demselben Rechtszug). I Z 3 ist auch im Verfahren über die Zulassung oder Nichtzulassung eines Rechtsmittels anwendbar, VV amtliche Vorbemerkung 3.2 I.

13 Das Gericht mag über die Beschwerde auf Grund einer mündlichen Verhandlung durch ein *Endurteil* entscheiden, BLAH § 922 ZPO Rn 24. Dann gelten vom Zeitpunkt der Anordnung der mündlichen Verhandlung an (jetzt) VV 3100 oder 3200ff unmittelbar, Ffm AnwBl **78**, 313, Mü RR **96**, 447, OVG Bre AnwBl **84**, 562, aM BGH MDR **03**, 528 (abl Schneider 529), Brdb RR **00**, 512, Hbg JB **96**, 248 (je inkonsequent). Eine Beschwerde oder Erinnerung ist stets eine besondere Angelegenheit, Bischof JB **06**, 347.

Vgl bei KV 1957, Teil I A dieses Buchs. Wegen der Sonderregel im Zwangsvollstreckungsverfahren § 57 II 6.

14 **B. Erinnerung gegen die Kostenfestsetzung.** Die Vorschrift gilt im Verfahren nach § 104 III ZPO, auch für die sofortige Erinnerung nach § 11 II 3 in Verbindung mit § 11 II RPflG, Schneider NJW **14**, 523. Das gilt sowohl im dortigen Verfahren vor dem Rpfl nach § 11 II 2 RPflG, als auch im Verfahren vor dem Richter nach § 11 II 3 RPflG, als auch zB im verwaltungsgerichtlichen Verfahren vor dem Urkundsbeamten, BVerwG JB **07**, 534, aM VG Mü JB **05**, 595 (aber entgegen dem scheinbar klaren Wortlaut ist der Sache nach das gesamte Kostenfestsetzungsverfahren gemeint). Für den vorangegangenen Kostenfestsetzungsantrag erhält der ProzBev nach (jetzt) § 19 I 2 Z 14 keine Vergütung, Kblz VersR **81**, 467. Mehrere derartige Verfahren bilden wegen der Verweisung auf § 16 Z 10 nur eine und dieselbe Angelegenheit.

15 Soweit das Gericht des Rpfl über die nur scheinbare Erinnerung nicht selbst abschließend entschieden oder die Erinnerung an den Rpfl zurückverweist, sondern die Akten an das in Wahrheit zuständige Rechtsmittelgericht zB bei § 11 Rn 125 *abgibt*, wird aus dem Erinnerungsverfahren das in Wahrheit ja von Anfang an vorliegende Beschwerdeverfahren. Daher kann auch die Gebühr nach VV 3500 entstehen, und zwar insgesamt nur einmal, Bbg JB **93**, 88, SchGei 9, aM Hamm Rpfleger **90**, 409. Die Vergütung kann auch dann erstattungsfähig sein, wenn der Rpfl oder sein Gericht der Erinnerung abhelfen.

16 **C. Erinnerung gegen den Kostenansatz.** I Z 3 ist ferner für das Verfahren nach §§ 66 GKG, 57 FamGKG, 18 GNotKG, 5 GvKostG anwendbar, Teile I, A, B, III, XI dieses Buchs, nicht aber im bloßen Erinnerungsverfahren nach § 6 II BerHG. Mehrere Verfahren bilden wegen der Verweisung auf § 16 Z 10 nur eine und dieselbe Angelegenheit.

17 **D. Sonstige Erinnerung.** I Z 3 erfaßt auch alle sonstigen Erinnerungen gegen Entscheidungen des Rpfl in einer Sache mit Gebühren nach VV Teil 3.

18 **6) Einwendung gegen Vollstreckungsklausel, I Z 4.** Es handelt sich lediglich um die Einwendung gegen die Erteilung einer Vollstreckungsklausel nach § 732 ZPO, Hbg JB **95**, 547, Kblz JB **00**, 77. Die bloße Prüfung des gegnerischen Antrags reicht, Kblz JB **00**, 77. Das ist auch zB nach §§ 738, 742, 744, 749, 795 ZPO so. I Z 4 gilt ferner bei einer Einwendung gegen eine Vollstreckungsklausel auf Grund einer gerichtlichen oder notariellen Urkunde nach §§ 797 III, VI, 797a II ZPO und auf Grund des Vergleichs vor einer Gütestelle nach § 747a II ZPO. Denn diese Fälle stehen der in § 732 ZPO genannten Situation rechtlich so weitgehend gleich, daß I Z 4 trotz der notwendigen engen Auslegung anwendbar ist.

19 Eine *einstweilige Anordnung* auf die Einstellung nach § 732 II ZPO beendet die Zwangsvollstreckung nicht, selbst wenn sie auf eine Aufhebung der Zwangsvollstreckungsmaßnahme gegen eine Sicherheitsleistung lautet. Wenn der ProzBev im Zusammenhang etwa mit einem Rechtsmittel, einem Antrag auf die Wiedereinsetzung oder einem solchen auf eine Wiederaufnahme des Verfahrens eine vorläufige Einstellung der Zwangsvollstreckung beantragt, gilt die Verfahrensgebühr nach § 19 I 2 Z 1 diese Tätigkeit ab, es sei denn, daß eine abgesonderte mündliche Verhandlung darüber stattfindet. Im letzteren Fall gilt VV 3328 nach dort amtliche Anmerkung S 1.

7) Weitere vollstreckbare Ausfertigung, I Z 5. Die Vorschrift erfaßt das Verfahren nach § 733 ZPO, § 95 FamFG. Es handelt sich stets um eine besondere Angelegenheit, auch für den früheren ProzBev, Hamm JB **01**, 29, Zweibr JB **99**, 160, Enders JB **01**, 29, und auch dann, wenn der Anwalt schon sonstwie in der Zwangsvollstreckung tätig war, Kblz JB **00**, 77. Soweit das Gericht den Schuldner anhört, erhält auch sein Anwalt eine Vergütung nach VV 3310. Eine zugehörige Erinnerung ist mit abgegolten.

Keine besondere Angelegenheit ist demgegenüber (nur) für den Anwalt des ursprünglichen Gläubigers eine *Umschreibung* nach § 727 ZPO, Hamm JB **01**, 29, Karlsr JB **90**, 349, Köln JB **95**, 474 (es sei denn, der Rechtsnachfolger hätte den Auftrag erteilt). Das gilt selbst dann, wenn das Gericht auch nach § 733 ZPO verfahren könnte.

8) Vollstreckungsschutz usw, I Z 6. Die Vorschrift nennt eine Reihe von Vollstreckungsschutzmöglichkeiten und beim Europäischen Vollstreckungstitel über eine unbestrittene Forderung sowie bei § 31 AUG die Möglichkeit einer Verweigerung, Aussetzung oder Beschränkung der Zwangsvollstreckung. Ein Antrag nach jeder der in I Z 6 genannten Bestimmungen löst eine besondere Angelegenheit aus. Das gilt allerdings nur insofern, als er ein gerichtliches Verfahren verursacht, also nicht, wenn es zB nur um einen Aufschub durch den Gerichtsvollzieher nach § 765 a II ZPO oder um eine Erinnerung nach § 766 ZPO geht, Mü MDR **91**, 66. Eine Fortsetzung etwa nach einem ersten Fristablauf bildet für den bisherigen Anwalt dieselbe Angelegenheit.

Auch jedes Verfahren auf die *Änderung* einer getroffenen Vollstreckungsschutzmaßnahme oder ihre Ablehnung gilt gegenüber dem vorangegangenen zugehörigen Verfahren als besondere Angelegenheit. Dasselbe gilt bei einer Mehrheit von Schuldnern, LG Mannh Rpfleger **82**, 238 (Räumungsschutz für Eheleute). Es können alle Gebühren nach VV 3309, 3310 entstehen.

Wegen § 721 ZPO ist VV 3333 als eine vorrangige *Sondervorschrift* anwendbar. § 850 f zählt nicht hierher, sondern (jetzt) VV 3309, 3310, Ffm AnwBl **98**, 105.

9) Austauschpfändung, I Z 7. Es handelt sich um das Verfahren nach § 811 a ZPO. Mehrere Austauschanträge des Schuldners betreffen dieselbe Angelegenheit. Eine vorläufige Austauschpfändung nach § 811 b ZPO gehört wegen der abschließenden Aufzählung in § 18 nicht hierher. •

10) Besondere Verwertung, I Z 8. Hierher zählen die Verfahren nach § 825 I oder II ZPO. Sie erfassen jede Art von besonderer Verwertung, die nach diesen Bestimmungen zulässig ist. Mehrere Maßnahmen nach § 825 I ZPO können untereinander verschiedene Angelegenheiten darstellen. Es kommt darauf an, ob sie sich auf denselben Gegenstand beziehen, ob sie vielleicht einen Teil des Gegenstands der einen Verwertungsart, einen weiteren Teil der anderen unterwerfen, jedoch gleichzeitig ergehen und daher vernünftigerweise doch nur eine Angelegenheit bilden usw. Nach dem Fehlschlagen eines ersten Verwertungsversuchs kann jeder weitere eine neue Angelegenheit bilden.

Obwohl der Anwalt auch bei *§ 844 ZPO* dieselbe Verantwortung und Mühe hat wie bei § 825 ZPO, ist wegen der abschließenden Regelung in § 18 dessen I Z 8 auf die besondere Verwertung nach § 844 ZPO nicht anwendbar, (zum alten Recht) LG Bln Rpfleger **90**, 92. Soweit keine gerichtliche Anordnung stattfindet, kann VV 2300 anwendbar sein.

11) Verwaltung eines gepfändeten Vermögensrechts, I Z 9. Hierher gehört lediglich die in § 857 IV ZPO vorgesehene Verwaltung eines solchen gepfändeten unveräußerlichen Rechts, dessen Ausübung man einem anderen überlassen kann. Die Vorschrift umfaßt die gesamte Verwaltung bis zu ihrer Beendigung. Die besondere Angelegenheit beginnt mit der ersten Verwaltungshandlung. Sie endet mit der Befriedigung des Gläubigers. Für das der Anordnung vorangegangene Verfahren erhält der Anwalt eine weitere Gebühr nach VV 3309, 3310. Sie gilt auch die Pfändung ab.

12) Verteilungsverfahren, I Z 10. Hierher gehört das Verfahren nach §§ 858 V, 872–877, 882 ZPO.

1549

RVG § 18   X. Rechtsanwaltsvergütungsgesetz

26   13) **Zwangshypothek, I Z 11.** Die Vorschrift erfaßt nur das Verfahren der Eintragung nach §§ 867, 870a ZPO, LG Stgt JB **97**, 106. Sie gilt auch die Verteilung der Hypothek auf mehrere Grundstücke nach § 867 II ZPO ab.

Demgegenüber entstehen *besondere Vergütungen* für folgende Tätigkeiten: Die Erwirkung eines Erbscheins nach § 792 ZPO. Denn er ist zu einem Verfahren nach §§ 867, 870a ZPO nicht stets notwendig. Dann kann eine Vergütung nach VV 2300 entstehen; den Antrag auf eine Berichtigung des Grundbuchs nach § 14 GBO; die Beschaffung einer behördlichen Genehmigung; die Erteilung eines Zeugnisses nach § 27 II ZVG; die Löschung der Zwangshypothek. Eine Grundbuchbeschwerde löst die Gebühr VV 3500 aus.

I Z 11 ist dann *unanwendbar*, wenn es um eine Vormerkung, um einen Widerspruch oder um eine Verfügungsbeschränkung geht, Ffm Rpfleger **78**, 269, oder wenn es um die Pfändung einer Hypothek nach § 830 ZPO oder einer Reallast, Grund- oder Rentenschuld nach § 857 VI ZPO geht.

27   14) **Vorauszahlung zur Vornahme einer Handlung, I Z 12.** Es geht nur um das Verfahren nach § 887 II ZPO. Das Verfahren zur Ausführung der Zwangsvollstreckung auf die Vornahme selbst richtet sich nach I Z 13. Soweit wegen desselben Betrags mehrere Vollstreckungen erforderlich sind, können innerhalb von I Z 12 mehrere Angelegenheiten vorliegen. Keine neue Angelegenheit entsteht bei einer Vollstreckung wegen einer Nachforderung. Denn es handelt sich um dieselbe Vollstreckungsmaßnahme.

Das Verfahren auf die *Verurteilung* zur Vorauszahlung gehört zum Ermächtigungsverfahren nach § 887 I ZPO. Es bildet mit ihm ebenfalls eine Angelegenheit. Erst mit dem Antrag oder Auftrag auf eine Vorauszahlung nach § 887 II ZPO beginnt die besondere Angelegenheit von I Z 12.

Gegenstandswert ist bei § 887 I ZPO der vorauszahlende Kostenbetrag, bei § 887 II ZPO der Wert des geschützten Rechts.

28   15) **Durchführung der Handlung, I Z 13.** Es gibt zwei Anwendungsbereiche. Die Vorschrift erfaßt das Verfahren nach § 888 ZPO und nur dieses, nicht die Durchführung einer vertretbaren Handlung nach § 887 I ZPO und auch nicht das Verfahren zur Vorauszahlung der Kosten nach § 887 II ZPO. Für das letztere gilt I Z 12. Es muß sich also um die Zwangsvollstreckung wegen einer unvertretbaren Handlung handeln. Zum Begriff der Vertretbarkeit oder Unvertretbarkeit BLAH § 887 ZPO Rn 20ff. Die bloße Androhung genügt, (zum altem Recht) Hamm MDR **88**, 506.

29   *Jeder neue Antrag* begründet eine neue Angelegenheit, HaRö 76, aM LG Mannh Rpfleger **08**, 160. Sie endet mit der Ahndung oder Zurückweisung des Antrags. Ein Aufforderungsschreiben und das sodann durchgeführte Verfahren nach § 888 ZPO sind aber nur eine einheitliche Zwangsvollstreckungsmaßnahme, Hamm Rpfleger **84**, 117.

30   *Gegenstandswert* ist das Interesse an der zu erzwingenden Handlung. Im Beschwerdeverfahren muß man die Höhe des Zwangs- oder Ordnungsmittels beachten, § 48 GKG: Anh I Rn 144, Teil I A dieses Buchs. Da man bei der Zwangsvollstreckung auf die Leistung der sachlichrechtlichen eidesstattlichen Versicherung nach § 889 II ZPO gemäß § 888 ZPO verfahren muß, ist auch trotz der engen Auslegbarkeit I Z 13 bei § 889 II ZPO anwendbar.

31   16) **Ordnungsgeld wegen Duldung oder Unterlassung, I Z 14.** Es handelt sich um das Verfahren nach § 890 I ZPO. Man muß es von der einer Verurteilung vorausgehenden Androhung eines Ordnungsgelds nach § 890 II ZPO unterscheiden. Das letztere Verfahren bildet keine besondere Angelegenheit, sondern gehört zum Rechtszug.

Jeder Antrag nach § 890 I ZPO stellt eine *neue* Angelegenheit dar, LG Mannh Rpfleger **08**, 160. Sie endet mit der Ahndung oder mit der Zurückweisung des Antrags. Soweit der Anwalt wegen mehrerer selbständiger Zuwiderhandlungen mehrere Anträge stellt, liegen also mehrere Angelegenheiten vor, insbesondere bei mehreren Schuldnern, Düss JB **87**, 72, KG JB **04**, 46. Das gilt selbst dann, wenn das Gericht über die mehreren Zuwiderhandlungen in demselben Beschluß entscheidet.

Soweit aber das Gericht mehrere in Tateinheit begangene Verstöße durch *denselben Beschluß* ahndet, liegt nur eine Angelegenheit vor, (je zum alten Recht) Bbg JB **92**, 607, Hbg JB **93**, 96, Kblz JB **00**, 325.

Abschnitt 3. Angelegenheit § 18 RVG

Die Verfahrensgebühr entsteht mit dem *Eingang des Antrags* beim Gericht. *Gegenstandswert* ist das Interesse an der zu erzwingenden Handlung, nicht die Höhe der Verurteilung. Denn um sie geht nicht der eigentliche jetzige Streit.

17) Bestellung einer Sicherheit, I Z 15. Es handelt sich nur um das Verfahren 32 nach § 890 III ZPO. Das Verfahren nach § 890 I ZPO richtet sich nach I Z 14. Man muß zwischen der Zwangsvollstreckung zur Bewirkung der Sicherheit und dem Verfahren zur Bestellung der Sicherheit unterscheiden. Jedes dieser Verfahren stellt eine besondere Angelegenheit dar.
Gegenstandswert ist der Wert des geschützten Rechts.

18) Vermögensauskunft, I Z 16, dazu *Enders* JB **15**, 617 (Üb): Das Verfahren 33 erfaßt die Vermögensauskunft nach (jetzt) §§ 802f, g ZPO, Winterstein DGVZ **99**, 42. Sie gilt nur ab dem Vorliegen der Voraussetzungen, also zB nicht, soweit man den Schuldner nicht ermitteln kann, soweit er ganz oder nach (jetzt) § 802b II ZPO zulässigerweise in Raten zahlt, AG Korbach DGVZ **03**, 62, oder wenn eine Pfändung volle Deckung verspricht, Enders JB **99**, 2, Winterstein DGVZ **99**, 42. Demgegenüber gehört das Verfahren zur Abnahme der sachlichrechtlichen eidesstattlichen Versicherung nach I Z 13. Zur Drittauskunft AG Meißen DGVZ **17**, 183.

Das *gesamte Verfahren* ist *eine* Angelegenheit vom Eingang des Antrags bis zur Abgabe der Auskunft. Es erfaßt, soweit insgesamt beantragt, auch die Verhaftung und Vorschußleistung. Ein Verfahren nach (jetzt) § 802d ZPO läßt eine gesonderte Gebühr entstehen, ein solches auf eine bloße Nachbesserung nicht, Enders JB **99**, 3, Winterstein DGVZ **99**, 42. Die Gebühr entsteht mit der Antragstellung. Es können sämtliche Gebühren entstehen.

Die *Verfahrensgebühr* entsteht auch dann, wenn der Anwalt nur eine Abschrift oder 34 Ablichtung des Vermögensverzeichnisses beantragt, LG Darmst JB **92**, 399, Enders JB **99**, 2, Winterstein DGVZ **99**, 42 (etwas anderes gilt beim bloßen Verhaftungsauftrag, Enders JB **99**, 3), aM LG Detm Rpfleger **90**, 391, AG Kaisersl DGVZ **89**, 44 (nur, wenn beim Antrag schon ein Verzeichnis vorlag).

Die *Terminsgebühr* entsteht, sobald der Anwalt in einem vom Gericht anberaum- 35 ten Termin den Auftraggeber vertritt, VV amtliche Vorbemerkung 3 III Hs 1. Auch der Termin vor dem Gerichtsvollzieher reicht, zumal er ja einem AG zugeordnet ist, Enders JB **99**, 3. Sie entsteht auch dann, wenn der Schuldner nicht erscheint und der Anwalt des Gläubigers den Erlaß des Haftbefehls beantragt. Bloß ergänzende Fragen können reichen. Denn es ist für die Terminsgebühr kein Sachantrag mehr nötig.

Unter den Voraussetzungen VV 1000 kann eine *Einigungsgebühr* in voller Höhe 36 entstehen.

Die Verfahren gegenüber *mehreren Schuldners* bilden mehrere Angelegenheiten. Das 37 gilt auch bei solchen Gesamtschuldnern, die das Gericht in demselben Urteil verurteilt hatte.

Für den *Gegenstandswert* ist § 25 I Z 1 maßgeblich. 38

19) Löschung der Eintragung im Schuldnerverzeichnis, I Z 17. Es handelt 39 sich um das Verfahren nach § 882e III ZPO. Der Anwalt muß in diesem Verfahren tatsächlich tätig geworden sein. Die bloße Löschungsbewilligung reicht nicht. Denn erst der Löschungsantrag des Schuldners löst das Verfahren aus, Enders JB **99**, 4. Die Angelegenheit endet mit der Entscheidung. Ein neuer Antrag stellt eine neue Angelegenheit dar.

Nicht hierher gehört die bloße Einholung einer Auskunft aus dem Schuldnerverzeichnis nach (jetzt) §§ 882f ff ZPO, AG Lahnstein DGVZ **02**, 190.

20) Veröffentlichungsbefugnis, I Z 18. Die Vorschrift erfaßt das Verfahren zur 40 Ausübung einer Veröffentlichungsbefugnis. Auch wenn der Gläubiger die Entscheidung zB in mehreren Zeitungen veröffentlichen darf, handelt es sich nur um eine Angelegenheit.

21) Zulassung der Zwangsvollstreckung, I Z 19. Das Verteilungsgericht muß 41 das Verfahren dann einstellen, wenn es die Haftungssumme nach der Eröffnung höher festgesetzt hat, wenn der Mehrbetrag jedoch nicht innerhalb der vom Gericht zu bestimmenden Frist nach § 5 IV SVertO eingeht oder wenn keine entsprechende Sicherheitsleistung erfolgt oder der Eröffnungsantrag nach § 17 I Z 3 SVertO nachträglich wegfällt.

Bereits *vor dieser Einstellung* kann das Gericht die an sich nach § 8 IV SVertO noch unzulässige Zwangsvollstreckung auf Grund des Antrags eines am Verfahren teilnehmenden Gläubigers unter den in § 17 IV SVertO bestimmten Voraussetzungen zulassen. Nur diesen Fall erfaßt I Z 19, also *nicht andere Anträge* wegen einer Vollstreckungsmaßnahme. VV 3322 gilt die Tätigkeit des Anwalts wegen solcher anderen Anträge ab.

42 **22) Aufhebung einer Vollstreckungsmaßregel, I Z 20.** Nach der Eröffnung des Verteilungsverfahrens ist ähnlich wie im Insolvenzverfahren eine Einzelzwangsvollstreckung bis zur Verfahrensbeendigung grundsätzlich unzulässig. Auf Grund eines Antrags können aber das Prozeßgericht und in einem dringenden Fall das Vollstreckungsgericht nach §§ 8 V, 41 SVertO unter anderem die Einstellung der Zwangsvollstreckung gegen oder ohne eine Sicherheitsleistung anordnen.

Soweit das Gericht eine solche Einstellung *angeordnet* hat, kann das Vollstreckungsgericht nach § 8 V 1 SVertO auf Grund des Antrags des Schuldners eine Vollstreckungsmaßregel gegen eine Sicherheitsleistung aufheben. Solange der Schuldner die Unzulässigkeit der Zwangsvollstreckung durch eine Klage nach § 8 V 2 SVertO geltend macht, ist zu einer solchen Anordnung nach § 8 V 3 SVertO das Prozeßgericht zuständig.

I Z 22 erfaßt diese Aufhebungsanträge, also *nicht andere Anträge* wegen einer Vollstreckungsmaßnahme. Solche anderen Anträge gilt jeweils VV 3323 ab.

43 **23) Zwangsmaßnahmen nach § 35 FamFG, I Z 21.** Es geht um die Durchsetzung der Verpflichtung zur Vornahme oder Unterlassung einer Handlung nach § 35 I–III FamFG oder der Verpflichtung zur Herausgabe einer Sache usw nach § 35 IV FamFG.

44 **24) Arrestvollziehung, Vollstreckung nach FamFG, II.** Besondere Angelegenheiten sind, auch untereinander, jede Anwaltstätigkeit auf einem der beiden nachfolgenden Gebiete, dort jeweils für alle zu derselben Gruppe gehörenden Tätigkeiten.

A. **Arrestvollziehung, II Z 1.** Nach § 95 I FamFG in Verbindung mit §§ 928 ff ZPO kann es auch im FamFG-Verfahren zu einem persönlichen oder dinglichen Arrestvollzug kommen. Das gilt auch im Zusammenhang mit einer einstweiligen Anordnung nach §§ 49 ff FamFG. Diese Fälle erfaßt II Z 1.

45 B. **Vollstreckung, II Z 2.** Die Vorschrift erfaßt jede Art von Vollstreckung nach §§ 86 ff FamFG, auch diejenige nach § 95 FamFG in Verbindung mit §§ 704 ff ZPO und diejenige nach §§ 120, 216, 270, 371, 409 FamFG.

Rechtszug; Tätigkeiten, die mit dem Verfahren zusammenhängen

19 [1] [1]Zu dem Rechtszug oder dem Verfahren gehören auch alle Vorbereitungs-, Neben- und Abwicklungstätigkeiten und solche Verfahren, die mit dem Rechtszug oder dem Verfahren zusammenhängen, wenn die Tätigkeit nicht nach § 18 eine besondere Angelegenheit ist. [2]Hierzu gehören insbesondere
1. die Vorbereitung der Klage, des Antrags oder der Rechtsverteidigung, soweit kein besonderes gerichtliches oder behördliches Verfahren stattfindet;
1a. die Einreichung von Schutzschriften;
2. außergerichtliche Verhandlungen;
3. Zwischenstreite, die Bestellung von Vertretern durch das in der Hauptsache zuständige Gericht, die Ablehnung von Richtern, Rechtspflegern, Urkundsbeamten der Geschäftsstelle oder Sachverständigen, die Entscheidung über einen Antrag betreffend eine Sicherungsanordnung, die Wertfestsetzung, die Beschleunigungsrüge nach § 155 b des Gesetzes über das Verfahren in Familiensachen und in den Angelegenheiten der freiwilligen Gerichtsbarkeit;
4. das Verfahren vor dem beauftragten oder ersuchten Richter;
5. das Verfahren
    a) über die Erinnerung (§ 573 der Zivilprozessordnung),
    b) über die Rüge wegen Verletzung des Anspruchs auf rechtliches Gehör,
    c) nach Artikel 18 der Verordnung (EG) Nr. 861/2007 des Europäischen Parlaments und des Rates vom 13. Juni 2007 zur Einführung eines europäischen Verfahrens für geringfügige Forderungen,

Abschnitt 3. Angelegenheit § 19 RVG

d) nach Artikel 20 der Verordnung (EG) Nr. 1896/2006 des Europäischen Parlaments und des Rates vom 12. Dezember 2006 zur Einführung eines Europäischen Mahnverfahrens und

e) nach Artikel 19 der Verordnung (EG) Nr. 4/2009 über die Zuständigkeit, das anwendbare Recht, die Anerkennung und Vollstreckung von Entscheidungen und die Zusammenarbeit in Unterhaltssachen;

6. die Berichtigung und Ergänzung der Entscheidung oder ihres Tatbestands;
7. die Mitwirkung bei der Erbringung der Sicherheitsleistung und das Verfahren wegen deren Rückgabe;
8. die für die Geltendmachung im Ausland vorgesehene Vervollständigung der Entscheidung und die Bezifferung eines dynamisierten Unterhaltstitels;
9. die Zustellung oder Empfangnahme von Entscheidungen oder Rechtsmittelschriften und ihre Mitteilung an den Auftraggeber, die Einwilligung zur Einlegung der Sprungrevision oder Sprungrechtsbeschwerde, der Antrag auf Entscheidung über die Verpflichtung, die Kosten zu tragen, die nachträgliche Vollstreckbarerklärung eines Urteils auf besonderen Antrag, die Erteilung des Notfrist- und des Rechtskraftzeugnisses;

9a. die Ausstellung von Bescheinigungen, Bestätigungen oder Formblättern einschließlich deren Berichtigung, Aufhebung oder Widerruf nach
a) § 1079 oder § 1110 der Zivilprozessordnung,
b) § 48 des Internationalen Familienrechtsverfahrensgesetzes,
c) § 57 oder § 58 des Anerkennungs- und Vollstreckungsausführungsgesetzes,
d) § 14 des EU-Gewaltschutzverfahrensgesetzes;
e) § 71 Absatz 1 des Auslandsunterhaltsgesetzes und
f) § 27 des Internationalen Erbrechtsverfahrensgesetzes;

10. die Einlegung von Rechtsmitteln bei dem Gericht desselben Rechtszugs in Verfahren, in denen sich die Gebühren nach Teil 4, 5 oder 6 des Vergütungsverzeichnisses richten; die Einlegung des Rechtsmittels durch einen neuen Verteidiger gehört zum Rechtszug des Rechtsmittels;

10a. Beschwerdeverfahren, wenn sich die Gebühren nach Teil 4, 5 oder 6 des Vergütungsverzeichnisses richten und dort nichts anderes bestimmt ist oder keine besonderen Gebührentatbestände vorgesehen sind;

11. die vorläufige Einstellung, Beschränkung oder Aufhebung der Zwangsvollstreckung, wenn nicht eine abgesonderte mündliche Verhandlung hierüber stattfindet;
12. die einstweilige Einstellung oder Beschränkung der Vollstreckung und die Anordnung, dass Vollstreckungsmaßnahmen aufzuheben sind (§ 93 Abs. 1 des Gesetzes über das Verfahren in Familiensachen und in den Angelegenheiten der freiwilligen Gerichtsbarkeit), wenn nicht ein besonderer gerichtlicher Termin hierüber stattfindet;
13. die erstmalige Erteilung der Vollstreckungsklausel, wenn deswegen keine Klage erhoben wird;
14. die Kostenfestsetzung und die Einforderung der Vergütung;
15. *(aufgehoben)*
16. die Zustellung eines Vollstreckungstitels, der Vollstreckungsklausel und der sonstigen in § 750 der Zivilprozessordnung genannten Urkunden und
17. die Herausgabe der Handakten oder ihre Übersendung an einen anderen Rechtsanwalt.

II Zu den in § 18 Abs. 1 Nr. 1 und 2 genannten Verfahren gehören ferner insbesondere

1. gerichtliche Anordnungen nach § 758a der Zivilprozessordnung sowie Beschlüsse nach den §§ 90 und 91 Abs. 1 des Gesetzes über das Verfahren in Familiensachen und in den Angelegenheiten der freiwilligen Gerichtsbarkeit,
2. die Erinnerung nach § 766 der Zivilprozessordnung,
3. die Bestimmung eines Gerichtsvollziehers (§ 827 Abs. 1 und § 854 Abs. 1 der Zivilprozessordnung) oder eines Sequesters (§§ 848 und 855 der Zivilprozessordnung),

RVG § 19
X. Rechtsanwaltsvergütungsgesetz

4. die Anzeige der Absicht, die Zwangsvollstreckung gegen eine juristische Person des öffentlichen Rechts zu betreiben,
5. die einer Verurteilung vorausgehende Androhung von Ordnungsgeld und
6. die Aufhebung einer Vollstreckungsmaßnahme.

Vorbem. Zunächst I 2 Z 3, 9 geändert dch Art 10 Z 2a–c G v 8. 7. 14, BGBl 890, in Kraft: teils seit 10. 1. 15, Art 15 I G, teils seit 16. 7. 14, Art 15 II G. Anschließend I 2 Z 9 geändert, Z 9a eingefügt, Z 10a berichtigt dch Art 4 Z 1–3 G v 5. 12. 14, BGBl 1964, in Kraft: I 2 Z 9, 9a seit 11. 1. 15, Art 5 I G, Z 10a seit 13. 12. 14, Art 5 II G. Weiterhin I 2 Z 9a lit c ergänzt dch Art 4 G v 10. 12. 14, BGBl 2082, Inkrafttreten nach Art 8 I 2 G (Bek dem BJM). Ferner I 2 f angefügt dch Art 14 Z 1–3 G v 29. 6. 15, BGBl 1042, in Kraft seit 17. 8. 15, Art 22 I G. Sodann I 2 Z 1a eingefügt dch Art 8 G v 20. 11. 15, BGBl 2018, in Kraft seit 1. 1. 16, Art 10 II G. Schließlich I 2 Z 3 ergänzt dch Art 5 III G v. 11. 10. 16, BGBl 2222. ÜbergangsR jeweils § 60 RVG.

Gliederung

1) Systematik, I, II	1
2) Regelungszweck, I, II	2
3) Geltungsbereich, I, II	3–5
A. Pauschvergütung	4
B. Abgrenzung	5
4) Vorbereitung der Klage usw, I 2 Z 1	6, 7
A. Grundsatz: Maßgeblichkeit des Auftrags	6
B. Beispiele zur Frage einer Vorbereitung, I 2 Z 1	7
5) Schutzschrift, I 2 Z 1a	8
6) Außergerichtliche Verhandlung, I 2 Z 2	9
7) Zwischenstreit usw, I 2 Z 3	10–20
A. Anwendungsbereich	11–13
B. Nicht mehr: Bestimmung des zuständigen Gerichts	14
C. Bestellung eines Vertreters durch das in der Hauptsache zuständige Gericht	15
D. Ablehnungsverfahren	16
E. Sicherungsanordnung	17
F. Wertfestsetzung	18
G. Beschleunigungsrüge	19
H. Antrag zur Prozeß- oder Sachleitung	20
8) Verfahren vor dem verordneten Richter, I 2 Z 4	21
9) Erinnerung usw, I 2 Z 5	22
10) Berichtigung oder Ergänzung der Entscheidung usw, I 2 Z 6	23
11) Sicherheitsleistung, I 2 Z 7	24–26
12) Vervollständigung einer Entscheidung mit Auslandswirkung und Bezifferung beim dynamisierten Unterhalt, I 2 Z 8	27, 28
13) Zustellung und Empfangnahme von Entscheidungen usw, I 2 Z 9, 9a	29–40
A. Zustellung oder Empfangnahme einer Entscheidung oder Rechtsmittelschrift, Mitteilung an den Auftraggeber	30
B. Beispiele zur Frage einer Zustellung oder Empfangnahme, I 2 Z 9	31–33
C. Einwilligung zur Sprungrevision oder Sprungrechtsbeschwerde	34
D. Ausspruch über die Verpflichtung, die Kosten zu tragen	35, 36
E. Vollstreckbarerklärung eines Urteils	37, 38
F. Notfrist- oder Rechtskraftzeugnis	39
G. Ausstellung von Bescheinigungen usw, I 2 Z 9a	40
14) Einlegung von Rechtsmitteln, I 2 Z 10	41
15) Beschwerdeverfahren nach VV Teile 4–6, I 2 Z 10a	42
16) Vorläufige Einstellung usw, I 2 Z 11	43
17) Einstweilige Einstellung der Vollstreckung, I 2 Z 12	44
18) Erstmalige Erteilung der Vollstreckungsklausel, I 2 Z 13	45
19) Kostenfestsetzung, Einforderung der Vergütung, I 2 Z 14	46, 47
20) Zustellung des Vollstreckungstitels usw, I 2 Z 16	48
21) Herausgabe der Handakten usw, I 2 Z 17	49, 50
22) Zwangsvollstreckungssache, II	51–57
A. Nachtzeit, Sonntag, Feiertag, Wohnungsdurchsuchung, II Z 1	52
B. Erinnerung, II Z 2	53
C. Bestimmung des Gerichtsvollziehers oder Sequesters, II Z 3	54
D. Anzeige der Vollstreckungsabsicht, II Z 4	55
E. Androhung von Ordnungsgeld, II Z 5	56
F. Aufhebung einer Vollstreckungsmaßnahme, II Z 6	57

1) Systematik, I, II. Der Begriff des Rechtszugs weicht im Kostenrecht teilweise vom Prozeßrecht ab, Schneider Rpfleger **91**, 175. Im Prozeßrecht beginnt der Rechtszug im allgemeinen mit der Einreichung eines Antrags, einer Klage, eines Rechtsmittels usw (Anhängigkeit) und endet mit der formellen Rechtskraft des Urteils nach § 705 ZPO oder mit der Einlegung eines Rechtsmittels, BLAH § 172 ZPO Rn 15. Demgegenüber gehören zum Rechtszug im gebührenrechtlichen Sinn gewisse Tätigkeiten des Anwalts ab dem Erhalt des Prozeßauftrags vor dem prozeßrechtlichen Beginn und nach dem prozeßrechtlichen Ende der Instanz, KG AnwBl **86**, 545, Karlsr RR **08**, 658. Das letzte übersieht LG Freibg VersR **91**, 689. Das ändert freilich nichts daran, daß § 19 zB in I 2 Z 2 nur in dem jeweiligen Rechtszug gilt und daß zB § 21 I durch eine Rückverweisung eben einen neuen Rechtszug schafft. Daher gilt I 2 Z 2 dann erst innerhalb *dieses* neuen erstrechtlichen Rechtszugs.

§ 19 umschreibt zusammen mit §§ 20, 21 den für die Vergütung des Anwalts im bürgerlichen Rechtsstreit maßgebenden Begriff des Rechtszugs nach (jetzt) § 15 II 2, Schlesw SchlHA **89**, 161. Die Aufzählung ist nur beispielhaft. Das verdeutlicht das Wort „insbesondere" in I 2. Sie ist also *nicht abschließend,* (je zum alten Recht) BGH NJW **91**, 2085, KG AnwBl **86**, 545, Karlsr FamRZ **09**, 2026. Man muß also nach den Umständen unter einer Abwägung des jeweiligen Schwerpunkts der anwaltlichen Tätigkeit prüfen, ob sie schon oder noch zum gebührenrechtlichen Rechtszug zählt, Karlsr Rpfleger **97**, 233.

2) Regelungszweck, I, II. Die in Rn 1 genannte Zuordnung erfolgt aus Zweckmäßigkeitsgründen, Köln JB **07**, 303, und deshalb, weil zB eine Einordnung der Tätigkeit zur Vorbereitung einer Klage unter VV 2300 dann ungerechtfertigt ist, wenn es wenigstens zur anschließenden Klageinreichung kommt, weil die für das Verfahren vor dem Gericht vorgesehenen Pauschgebühren VV 3100 ff auf solche vorbereitenden, begleitenden und nachfolgenden abschließenden Tätigkeiten mit zugeschnitten sind. 2

3) Geltungsbereich, I, II. Grundsätzlich ist einerseits der Beginn des Auftrags und andererseits die Erledigung dieser Angelegenheit ein wesentlicher Anhaltspunkt für den Beginn und das Ende des gebührenrechtlichen Rechtszugs. Das gilt auch bei VV 3101 ff. Sie stellen ja nur Ergänzungen oder besondere Ausgestaltungen der Grundgedanken VV 3100 dar. 3

A. Pauschvergütung. Aus dem Pauschcharakter der Gebühren folgt weiter, daß § 19 sinngemäß auch für diejenigen anderen Verfahren gilt, für die VV Teil 3 besondere Vorschriften enthält, also zB für das Mahnverfahren nach (jetzt) VV 3305–3308, AG Bonn Rpfleger **91**, 175 (abl Schneider), für das Aufgebotsverfahren nach VV 3324, für das Beschwerdeverfahren nach VV 3500 ff, für das Güteverfahren nach VV 3403, usw. Wegen der Zugehörigkeit des Vergleichs zum Rechtszug vgl bei VV 1000, auch wegen der Fortsetzung des Rechtsstreits wegen eines Streits über die Wirksamkeit eines Vergleichs. 4

B. Abgrenzung. Eine der in § 19 genannten Tätigkeiten des ProzBev ist nach § 15 V auch dann mit der für diesen Rechtszug vorgesehenen Vergütung abgegolten, wenn der Auftraggeber ihn zu einzelnen oder mehreren der in § 19 genannten Tätigkeiten besonders beauftragt hat. Das gilt aber nicht, sofern eine solche Tätigkeit als eine besondere Angelegenheit gilt, etwa eine Gutachtenerstattung nach § 34 oder die Zahlung an einen Anwalt oder eine Auszahlung durch den Anwalt oder die Ablieferung von Wertpapieren und Kostbarkeiten nach VV 1009 oder eine Vertretung nur im Zwischenstreit, etwa nach § 387 ZPO, (zum alten Recht) Hbg MDR **87**, 947, oder ein Tätigkeit in der Zwangsvollstreckung nach VV 3309, 3310 oder eine solche im Beschwerdeverfahren. 5

4) Vorbereitung der Klage usw, I 2 Z 1. Ein einfacher Grundsatz zeigt viele Auswirkungen. 6

A. Grundsatz: Maßgeblichkeit des Auftrags. Maßgeblich ist der Auftrag.

B. Beispiele zur Frage einer Vorbereitung, I 2 Z 1 7

Antrag: Zur Vorbereitung der Klage zählt diejenige eines zugehörigen Antrags oder Gesuchs, Hamm RR **06**, 242, Meyer JB **09**, 182.

Arrest, einstweilige Verfügung: Zur Vorbereitung zählt auch diejenige eines Eilantrags zB nach §§ 916 ff, 935 ff ZPO. Hierher gehört auch eine Schutzschrift nach § 945 a I 2 ZPO sowie eine Aufforderung zur Anerkennung der Wirksamkeit einer Eilanordnung.

Auskunft: Rn 8 „Verteidigung".
Beratung: Zur Vorbereitung zählt die Beratung zB über die Art des einzuschlagenden Wegs. Man muß eine dadurch entstehende Ratsgebühr nach VV 2100 amtliche Anmerkung II auf die Verfahrensgebühr anrechnen.
Besonderes Verfahren: Es kann eine Vorbereitungsmaßnahme auf der Seite des Antragstellers oder Klägers wie auf derjenigen des Antragsgegners oder Bekl besonders vergütbar sein, sofern ein „besonderes gerichtliches oder behördliches Verfahren stattfindet". Es muß sich aber eben auch um ein besonderes Verfahren handeln, also nicht um das ohnehin mit der Klage usw beabsichtigte.
Deckungszusage: *Unanwendbar* ist Z 1 auf die Einholung der Deckungszusage eines Rechtsschutzversicherers. Denn das betrifft das Innenverhältnis des Auftraggebers zu einem noch Dritten und damit einen anderen Gegenstand, AG Bln-Charlottenb JB **02**, 25, AG Ahaus JB **76**, 57, Enders JB **02**, 25, aM Mü JB **93**, 163.
Dritter: Rn 8 „Verteidigung".
Grundbuch: Zur Vorbereitung zählt auch eine Einsicht in ein am Ort der Kanzlei oder auswärts liegendes Grundbuch, Schlesw SchlHA **80**, 218.
Information: Zur Vorbereitung zählt die auftragsgemäße Entgegennahme der Information. Es ist unerheblich, wer dem Anwalt die Information gibt und ob er sich Material selbst besorgt.
Klagandrohung: Zur Vorbereitung zählt eine Klagandrohung usw, AG Hann WoM **09**, 731.
Kündigung: Zur Vorbereitung zählt eine Kündigung nebst Klagandrohung.
Mahnung: Zur Vorbereitung zählt eine Mahnung oder Zahlungsaufforderung, Hamm RR **06**, 242.
Rechtsmittel: Zur Vorbereitung zählt auch diejenige eines Rechtsmittels nach §§ 511 ff ZPO.
Register: Zur Vorbereitung zählt auch eine Einsicht in ein am Ort der Kanzlei oder auswärts befindliches Register.
   S auch „Grundbuch".
Verteidigung: Zur Vorbereitung zählt auch diejenige einer Rechtsverteidigung zB durch Einholung einer Auskunft bei einem Dritten oder einer Behörde oder beim Auftraggeber. Das ergibt schon die amtliche Vorbemerkung 3 II.
Zahlungsaufforderung: S „Mahnung".

8   **5) Schutzschrift, I 2 Z 1a.** Die Vorschrift erfaßt die Einreichung einer jeden Schutzschrift nach §§ 945 a, b ZPO usw. Schon der Vorgang der elektronischen Einreichung auch nach der SRV v 24. 11. 15, BGBl 2135, abgedruckt bei BLAH hinter § 945 b ZPO, löst die Gebühr aus, und zwar je Schutzschrift. Sie deckt die weitere Tätigkeit gegenüber der das Register führenden Justizverwaltung Hessen nach der SRV.

9   **6) Außergerichtliche Verhandlung, I 2 Z 2.** Die Verfahrensgebühr gilt eine außergerichtliche Verhandlung dann bereits mit ab, wenn es zur Klage oder zum Widerspruch gegen einen Mahnbescheid nach § 694 ZPO und damit nach § 697 ZPO zum streitigen Verfahren kommt oder bereits gekommen ist, Hamm JB **92**, 413, Karlsr Just **90**, 21, VGH Kassel AnwBl **84**, 52. Das übersieht LG Freibg VersR **91**, 689. Das gilt auch dann, wenn der Auftraggeber mit dem Klagauftrag zugleich den Auftrag zu einer außergerichtlichen Vergleichsverhandlung verbunden hat, Köln VersR **12**, 1387. Durch eine Einigung, zB durch einen Vergleich, kann zusätzlich die Einigungsgebühr nach (jetzt) VV 1000 entstehen, VGH Kassel AnwBl **84**, 52. Wegen eines anderen mitverglichenen Anspruchs VV 1000 Rn 84.

10   **7) Zwischenstreit usw, I 2 Z 3.** Die Vorschrift faßt eine Reihe von untereinander mehr oder minder verschiedenen Nebenverfahren zusammen. Auch die Aufzählung in I 2 Z 3 ist in sich nur beispielhaft und keineswegs abschließend. Das Gesetz nennt im einzelnen die folgenden Situationen.

11   **A. Anwendungsbereich.** Hierher gehört nur ein Zwischenstreit vor demselben Prozeßgericht, etwa über eine einstweilige Anordnung nach § 49 FamFG innerhalb einer isolierten Familiensache, Düss JB **91**, 215, oder über die Zulassung eines Streithelfers nach § 71 ZPO oder über eine Streitverkündung nach §§ 72 ff ZPO, Bischof MDR **99**, 790, oder über die Rechtmäßigkeit der Aussageverweigerung eines Zeugen oder der Gutachtenverweigerung eines Sachverständigen nach §§ 387, 402, 408

Abschnitt 3. Angelegenheit § 19 RVG

ZPO, Hbg MDR **87**, 947, oder über die Verpflichtung zur Rückgabe einer dem gegnerischen Anwalt übergebenen Urkunde nach § 135 ZPO oder über eine Aussetzung nach §§ 148, 149 ZPO, Hbg MDR **02**, 479.

Das *Normenkontrollverfahren* vor dem BVerfG nach § 37 gehört nicht hierher. Dasselbe gilt für ein Verfahren nach Art 177 EGV vor dem EuGH nach § 38 oder über ein ähnliches Verfahren vor dem VerfGH eines Landes oder vor einem VG. 12

Im übrigen kann eine besondere Gebühr entstehen, soweit zB nur im *Zwischenstreit* eine Verhandlung stattfindet. Dann ist aber für die etwaige Terminsgebühr auch nur der Wert des Zwischenstreits maßgeblich. Ferner kommt natürlich eine besondere Vergütung für denjenigen Anwalt zur Anwendung, der nur etwa den Streithelfer, den Zeugen oder den Sachverständigen im Zwischenstreit vertritt. Seine Gebühren richten sich (jetzt) nach VV 3100 ff, Hbg MDR **87**, 948. 13

Der *Gegenstandswert* bemißt sich nach dem Wert des Zwischenstreits. Die Einmischungsklage nach §§ 64, 65 ZPO ist eine besondere Angelegenheit. Wegen einer Berufung erst gegen das Zwischenurteil, dann nach einer Rücknahme der ersteren gegen das Endurteil § 15 Rn 57 ff.

B. Nicht mehr: Bestimmung des zuständigen Gerichts. Das Verfahren nach §§ 36, 37 ZPO, § 5 FamFG bildet jetzt zusammen mit dem Hauptverfahren nach § 16 Z 3 a dieselbe Angelegenheit. Dadurch sind die einschlägigen früheren Streitfragen überholt. Das übersieht Rostock GRUR **14**, 304. 14

C. Bestellung eines Vertreters durch in der Hauptsache zuständige Gericht. In Betracht kommt eine Bestellung nach §§ 57, 58, 494 II, 779, 787 ZPO. Bei einer Anordnung durch das Vollstreckungsgericht bildet dieses Verfahren zusammen mit der Zwangsvollstreckung dieselbe Angelegenheit. 15

D. Ablehnungsverfahren, dazu *Schneider* NZFam **15**, 413 (Üb): Hierher zählt die Ablehnung eines Richters, eines Rpfl, eines Urkundsbeamten der Geschäftsstelle oder eines Sachverständigen nach §§ 42 ff, 406 ZPO, 6 FamFG, 10 RPflG. Auch das Verfahren über die Ablehnung eines Schiedsgutachters nach BLAH Anh § 1025 ZPO zählt hierher. 16

Nicht hierher gehört das Verfahren über die Ablehnung eines Schiedsrichters nach § 1036 ZPO. Dann ist § 16 Z 10 anwendbar. Das zugehörige Beschwerdeverfahren zählt nicht zum Rechtszug, Saarbr JB **92**, 742.

E. Sicherungsanordnung. Hierher zählt das Verfahren nach § 283 a ZPO im Räumungsprozeß. 17

F. Wertfestsetzung. Hierher zählt das Verfahren zur Festsetzung sowohl des Zuständigkeitsstreitwerts nach §§ 3 ff ZPO als auch des Kostenwerts nach § 63 GKG, Teil I A dieses Buchs, ferner nach § 55 FamFG und nach §§ 32, 33. Das gilt auch nach der Rechtskraft des Urteils. 18

Soweit allerdings das höhere Gericht den Festsetzungsbeschluß des unteren für diese zB nach § 63 III 1 GKG *mitabändert,* zählt dieses Verfahren zur höheren Instanz. Ein Beschwerdeverfahren nach VV 3500 ff ist ein besonderer Rechtszug. Soweit sich der Anwalt im eigenen Namen beschwert, muß er bei einer Zurückweisung der Beschwerde die Kosten dieses Verfahrens selbst tragen. Soweit er siegt, hat er gegen die Parteien keinen Kostenerstattungsanspruch. Denn sie sind nicht seine Verfahrensgegner.

Eine *Gegenvorstellung* zB nach BLAH Grdz 6 vor § 567 ZPO gehört schon wegen des Fehlens einer Anfallwirkung nach BLAH Grdz 3 vor § 511 ZPO zum jeweiligen vorangegangenen Rechtszug. Soweit der Anwalt nur einen Auftrag für die Einlegung einer Gegenvorstellung erhalten hat, gilt VV 3500 Rn 2.

G. Beschleunigungsrüge. Hierher zählt ferner das Verfahren nach § 155 b FamFG, nicht auch das Beschwerdeverfahren nach § 155 c FamFG. 19

H. Antrag zur Prozeß- oder Sachleitung. Diesen Fall erwähnt I 2 Z 3 nicht ausdrücklich. Soweit der Anwalt einen Antrag gestellt hat, der über die Prozeß- oder Sachleitung hinausgeht, gelten allenfalls VV 3105, 3106. 20

8) Verfahren vor dem verordneten Richter, I 2 Z 4. Wegen des Verfahrens §§ 361, 362 ZPO. Soweit sich die Tätigkeit des Anwalts auf eines dieser Verfahren beschränkt, ist VV 3331 anwendbar. Wegen einer Erinnerung Rn 22. 21

RVG § 19
X. Rechtsanwaltsvergütungsgesetz

22 **9) Erinnerung usw, I 2 Z 5.** Soweit es sich um eine Anrufung des Gerichts oder um eine befristete Erinnerung gegen eine Entscheidung des beauftragten oder ersuchten Richters, des Rpfl oder des Urkundsbeamten der Geschäftsstelle handelt, etwa nach § 573 I ZPO, § 11 II RPflG, § 178 SGG, § 151 VwGO (Z 5 gilt dann jeweils entsprechend), oder um die Rüge der Verletzung des Anspruchs auf rechtliches Gehör nach § 12a, liegt die Zugehörigkeit zum Rechtszug nach I 2 Z 5 vor. Dasselbe gilt beim Verfahren nach §§ 1087 oder §§ 1097ff ZPO auf Grund der jeweiligen EU-Verordnung und nach Art 19 VO (EG) Nr 4/2009. Soweit sich die Tätigkeit des Anwalts auf eines dieser Verfahren beschränkt, gelten VV 3330, 3331.

23 **10) Berichtigung oder Ergänzung der Entscheidung usw, I 2 Z 6.** Die Vorschrift faßt ähnlich wie I 2 Z 3 mehrere unterschiedliche Vorgänge zusammen. Auch Z 6 ist in sich ebensowenig wie Z 3 und ebensowenig wie überhaupt § 19 eng auslegbar. Wegen des Verfahrens §§ 319–321, 716 ZPO, § 120 VwGO, VGH Mü JB **10**, 29. Soweit sich die Tätigkeit des Anwalts nur auf ein solches Verfahren beschränkt, erhält er Gebühren nach VV 3309 an, Kblz AnwBl **02**, 252, und zwar auf Grund eines Gegenstandswerts nach der Höhe des Berichtigungs- oder Ergänzungsanspruchs.

24 **11) Sicherheitsleistung, I 2 Z 7.** In dieses Verfahren gehört sowohl die Mitwirkung, bei ihrer Erbringung, Kblz MDR **90**, 732, Stgt JB **85**, 1344, als auch die Rückgabe und daher zB der Antrag auf eine Fristbestimmung für die Einwilligung in die Rückgabe nach dem Wegfall des Grundes nach § 109 I ZPO als auch der Antrag auf die Anordnung der Rückgabe nach §§ 109 II, 715 ZPO. Ebenso zählt hierher jetzt nach dem ausdrücklichen Gesetzestext das Verfahren auf die Anordnung einer Sicherheitsleistung und die Art ihrer Erbringung behandeln. Es entsteht also keine Gebühr nach VV 2300, auch nicht für die Ausführung der Hinterlegung, LG Mü ZMR **86**, 365, obwohl es sich um ein Verfahren vor einer Justizverwaltungsstelle handelt.

25 Man muß das Verfahren wie diejenigen Tätigkeiten behandeln, die erforderlich sind, um ein Urteil rechtskräftig werden zu lassen oder die *Einstellung der Zwangsvollstreckung* zu erreichen, (je zum alten Recht) Ffm MDR **77**, 760, KG MDR **76**, 767, Köln JB **77**, 1397, aM KG JB **77**, 501, Karlsr Rpfleger **97**, 233 (aber die vorstehende Lösung ist eleganter).

26 Hierhin zählt auch das Verfahren wegen der *Rückgabe einer Bürgschaftsurkunde*. Der Anwalt kann aber für eine Einzahlung oder Auszahlung eine Hebegebühr beanspruchen.

27 **12) Vervollständigung einer Entscheidung mit Auslandswirkung und Bezifferung beim dynamisierten Unterhalt, I 2 Z 8.** Eine deutsche Gerichtsentscheidung, die der Gläubiger zB in Großbritannien und Nordirland geltend machen will, muß nach § 313 V ZPO eine Begründung enthalten, um den dortigen Stellen die Nachprüfung im Rahmen des Abkommens zu ermöglichen. Das gilt auch allgemein für ein solches Versäumnis- oder Anerkenntnisurteil nach § 313b III ZPO, das der Gläubiger im Ausland geltend machen will. Soweit das Gericht seine Entscheidung nur in abgekürzter Form erlassen hat, muß es nach § 9 AusfG auf Grund eines Antrags den Tatbestand und die Entscheidungsgründe nachträglich anfertigen. Dieser Antrag und die Tätigkeit des ProzBev gehören zum Rechtszug. Sie sind also durch die nach VV 3100 erhaltene Gebühr abgegolten.

28 Ein *Mindestbetrags-Unterhaltstitel* nach § 1612a BGB erhält vor einer Auslandsvollstreckung nach § 790 ZPO von der ausstellenden Stelle eine Bezifferung, wiederum zwecks einer Ermöglichung oder doch Erleichterung der Nachprüfung der Höhe durch die Auslandsbehörden. Auf dieses Beizifferungsverfahren bezieht sich Z 8 ebenfalls.

29 **13) Zustellung und Empfangnahme von Entscheidungen usw, I 2 Z 9, 9a.** Die Vorschrift enthält ähnlich wie Z 3, 6 eine Reihe von untereinander nicht unterschiedlichen Situationen. Die Vorschrift ist ebensowenig wie I 2 Z 3, 6 und wie überhaupt § 19 eng auslegbar, BGH NJW **91**, 2085, Kblz AnwBl **88**, 415, Hansens NJW **92**, 1148. Sie erfaßt auch die Zustellung zwecks einer Vollziehung nach §§ 929, 936, Ffm JB **02**, 140. Freilich kann VV 3201 nach dort Rn 1 anwendbar sein, KG MDR **09**, 470.

30 **A. Zustellung oder Empfangnahme einer Entscheidung oder Rechtsmittelschrift, Mitteilung an den Auftraggeber.** Sie müssen ja noch jeweils an den ProzBev der bisherigen Instanz erfolgen, solange der Auftraggeber für den höheren

1558

Rechtszug dafür noch keinen anderen ProzBev bestellt hat. Das gilt auch dann, wenn der Revisionsanwalt mit ihm korrespondiert und wenn der Berufungsanwalt den Auftraggeber noch in diesem Zusammenhang berät, KG MDR 79, 319, aM KG AnwBl 82, 112, oder wenn der Berufungsanwalt zum Antrag auf eine Verlängerung der Revisionsbegründungsfrist zB nach § 551 II 5, 6 ZPO Stellung nimmt, KG AnwBl 86, 545.

B. Beispiele zur Frage einer Zustellung und Empfangnahme, I 2 Z 9 31

Arrest, einstweilige Verfügung: Hierher gehört die Zustellung und Empfangnahme einer solchen Eilentscheidung nach §§ 916ff, 935ff ZPO. Das gilt auch dann, wenn dadurch gleichzeitig der Vollzug nach §§ 929, 936 ZPO erfolgt oder beginnt, Düss MDR 90, 733, Kblz AnwBl 88, 415, Naumb JB 00, 362.

Auslandsunterhaltsgesetz: Hierher gehört die Ausstellung des Formblatts oder der Bescheinigung nach § 71 I AUG, BLAH Anh § 168 GVG.

Kostenfestsetzungsbeschluß: Hierher gehört die Zustellung und Empfangnahme einer solchen Entscheidung zB nach § 104 ZPO.

Nichtzulassungsbeschwerde: Hierher gehören zB bei § 544 ZPO das Abraten an den Auftraggeber, einen BGH-Anwalt zu bestellen, Köln JB 13, 81, sowie die Weiterleitung der Information des Gegners über dessen Einlegung, die Besprechung mit dem Auftraggeber sowie eine Zustimmung, auch zur Fristverlängerung, Hbg MDR 13, 1136.

Rechtsmittelbegründungsschrift: Hierher gehört die Zustellung und Empfangnahme einer solchen Schrift zB nach § 520 ZPO, KG JB 98, 20, Karlsr MDR 07, 1226. 32

S auch Rn 33 „Verlängerung".

Rechtsmittelschrift: Hierher gehört die Zustellung und Empfangnahme einer Rechtsmittelschrift, BGH RR 17, 640, zB nach § 517 ZPO, Hbg MDR 03, 835, Karlsr RR 08, 658, Kblz MDR 10, 236.

Urteil: Hierher gehört die Zustellung und Empfangnahme eines Urteils, LAG Düss JB 92, 467.

Verlängerung: Hierher gehört die Zustellung einer Entscheidung über die Verlängerung einer Frist zB zur Berufungsbegründung nach § 520 II 2, 3 ZPO, Kblz AnwBl 88, 415. 33

Versäumnisurteil: Hierher gehört die Zustellung eines solchen Urteils des höheren Gerichts zB nach § 539 ZPO, solange die Partei noch keinen etwa gewünschten anderen ProzBev bestellt hat.

Verwerfung: Hierher gehört die Zustellung eines Verwerfungsbeschlusses zB nach § 522 I 3 ZPO, so schon Kblz AnwBl 88, 415.

C. Einwilligung zur Sprungrevision oder Sprungrechtsbeschwerde. Wegen des Verfahrens § 566 I ZPO, § 75 FamFG. Das Verfahren gehört zu demjenigen Rechtszug, dessen ProzBev oder VerfBev die Einwilligung erwirkt. 34

D. Ausspruch über die Verpflichtung, die Kosten zu tragen. Vgl §§ 91a, 269 III 2 und 3, 346, 516 III ZPO, § 83 FamFG. Die Abgeltung der Tätigkeit des Anwalts in diesem Verfahren erfolgt durch die Verfahrensgebühr, (je zum alten Recht) Ffm Rpfleger 82, 81, Schlesw SchlHA 89, 131, aM Düss MDR 99, 1155, Nürnb AnwBl 85, 206 (es entstehe zusätzlich [jetzt] eine volle Verfahrensgebühr nach dem Kostenstreitwert. Aber Z 9 hat als eine Spezialvorschrift den Vorrang und umfaßt auch diese Tätigkeit). 35

Sofern der Anwalt einen jetzt ohnehin überflüssig gewordenen Antrag in einer mündlichen *Verhandlung* stellt, gilt die Terminsgebühr VV 3104 diese Tätigkeit ab. 36

E. Vollstreckbarerklärung eines Urteils. Es handelt sich um das Verfahren nach §§ 537, 558 ZPO, also in den Rechtsmittelinstanzen. Soweit der Rechtsmittelführer nur einen Teil des Urteils angefochten hat, erhält der ProzBev des Rechtsmittelgegners für eine derartigen Antrag 0,5 Verfahrensgebühr nach VV 3329 und 0,5 Terminsgebühr nach VV 3331 jeweils nach dessen Wert, Düss MDR 90, 733. Denn dieser Teil bleibt für den Wert des Berufungsgegenstands unberücksichtigt. I 2 Z 9 ist also nur dann anwendbar, wenn es um ein Rechtsmittel gegen das gesamte Urteil geht und wenn der Rechtsmittelführer dieses Rechtsmittel anschließend beschränkt hat oder wenn sich im Weg einer Ausdehnung der Berufung oder durch eine An- 37

RVG § 19 X. Rechtsanwaltsvergütungsgesetz

schlußberufung nach § 524 ZPO das Rechtsmittel auf einen weiteren Teil oder das ganze angefochtene Urteil erstreckt. Denn nur dann ist der gesamte Anspruch in der Rechtsmittelinstanz, LG Bonn MDR **01**, 417.

38 *Hierher zählt ferner* das Verfahren auf die Zulassung einer Vollstreckung aus einem Titel gegen die öffentliche Hand, soweit dazu nach dem Landesrecht in Verbindung mit § 15 Z 3 EGZPO und mit einem Vorrang gegenüber § 882 a ZPO ein besonderer Antrag notwendig ist, Kblz MDR **90**, 733.

39 **F. Notfrist- oder Rechtskraftzeugnis.** Wegen des Erteilungsverfahrens § 706 ZPO. Es ist unerheblich, ob den Antrag der ProzBev desjenigen Rechtszuges stellt, in dem das Gericht das Zeugnis erteilen muß, oder ob ein Anwalt eines anderen Rechtszugs diesen Antrag stellt. Auch für einen Antrag im Rahmen der Zwangsvollstreckung entstehen keine besonderen Gebühren.

40 **G. Ausstellung von Bescheinigungen usw, I 2 Z 9 a.** Hier geht es um die in I 2 Z 9 a unter a)–f) abschließend aufgezählten Bescheinigungen, Bestätigungen oder Formblätter sowie um deren etwaige Berichtigung, Aufhebung oder deren etwaigen Widerruf. Während KV 1511, KVFam 1711, Teile I A, B dieses Buchs, die Gerichtsgebühren für diese Tätigkeiten regeln, erhält der in diesen Nebenverfahren tätige Anwalt keine besondere Vergütung, soweit sie zu demjenigen Rechtszug gehört, in dem er ohnehin tätig ist.

41 **14) Einlegung von Rechtsmitteln, I 2 Z 10.** Soweit der Anwalt in einem nach VV Teile 4–6 vergütbaren Verfahren für den Auftraggeber ein Rechtsmittel einlegen soll, gelten die folgenden Unterscheidungen.

Soweit der Verteidiger den Auftraggeber dahin *berät*, ob dieser ein Rechtsmittel einlegen soll, gilt eine nach (jetzt) VV 4100, 4101 entstandene Gebühr diese Tätigkeit mit ab, Zweibr Rpfleger **78**, 28, LG Köln JB **11**, 307.

Soweit der Verteidiger das Rechtsmittel des Auftraggebers bei demjenigen Gericht des *bisherigen Rechtszugs* einlegen darf und einlegt, in dem er bisher tätig war, gehört diese Tätigkeit nach Hs 1 zu diesem Rechtszug, LG Köln JB **11**, 307. Das gilt insbesondere auch, soweit er eine Beschwerde einlegt, Köln JB **98**, 642 (auch wenn er die Beschwerde erst nach einem weiteren Verhandlungstag einlegt) oder wenn der Berufungs-Pflichtverteidiger Revision einlegt, Jena JB **06**, 365. Soweit der Verteidiger freilich in der Vorinstanz nicht als solcher tätig war, entsteht die Gebühr für die Rechtsmittelinstanz nach Hs 2 aber bereits mit der Einlegung des Rechtsmittels.

42 **15) Beschwerdeverfahren nach VV Teile 4–6, I 2 Z 10 a.** Das an die Einlegung anschließende Verfahren fällt unter Z 10 a dann, wenn es dafür keine oder gerade keine besonderen Gebührentatbestände gibt.

43 **16) Vorläufige Einstellung usw, I 2 Z 11.** In Betracht kommt ein Verfahren nach § 108 ZPO, Karlsr Rpfleger **97**, 233, Kblz MDR **90**, 732, ferner zB ein erstinstanzliches Verfahren nach § 570 III ZPO, VGH Kassel NJW **08**, 679, ferner nach §§ 707, 719, 769 ZPO, Kblz NZM **08**, 184, LAG Köln NZA-RR **17**, 674, ferner nach § 771 III ZPO, Celle JB **97**, 101, Hbg MDR **96**, 1298, Kblz Rpfleger **08**, 49 (auch außerhalb einer Klage nach § 767 ZPO), oder ein Verfahren nach §§ 785, 786, 805 IV, 810 II, 924 III ZPO.

Es muß allerdings ein Verfahren *ohne* eine abgesonderte *mündliche Verhandlung* vorliegen, Hamm MDR **01**, 1441, Karlsr FamRZ **13**, 326, Mü MDR **91**, 66. Andernfalls gilt grundsätzlich VV 3328, VGH Kassel NJW **08**, 679. Bei § 718 ZPO gilt allerdings wiederum (jetzt) I 2 Z 11, Hamm MDR **75**, 501.

44 **17) Einstweilige Einstellung der Vollstreckung, I 2 Z 12.** Es geht um die in § 93 I Z 1–5 FamFG abschließend aufgezählten Fälle einer Wiedereinsetzung, Wiederaufnahme, Beschwerde, Abänderung und Durchführung eines Vermittlungsverfahrens nach § 165 FamFG. Jede dieser Tätigkeitsgruppen zählt für sich. In jeder Gruppe wird die gesamte Gerichtstätigkeit nur einmal vergütet.

45 **18) Erstmalige Erteilung der Vollstreckungsklausel, I 2 Z 13.** Wegen des Verfahrens vgl § 725 ZPO. Hier gilt dasselbe wie bei Rn 39, Köln JB **95**, 474, LAG Düss JB **92**, 467. Soweit man auf die Erteilung der Klausel nach § 731 ZPO klagen muß, handelt es sich schon nach dem Gesetzestext um eine besondere Angelegenheit. Hatte das Gericht im Unterhaltsprozeß für den Zeitraum A den Titel auf den

Rechtsnachfolger umgeschrieben und eine Vollstreckungsklausel erteilt, stellt die Erteilung einer weiteren vollstreckbaren Ausfertigung für den Zeitraum B keine erstmalige Erteilung nach (jetzt) I 2 Z 13 dar, Schlesw AnwBl **91**, 656.

19) Kostenfestsetzung, Einforderung der Vergütung, I 2 Z 14. Das Verfahren nach §§ 104, 107 ZPO zählt zum Rechtszug. Hierher gehört also auch nach dieser letzteren Bestimmung anderweitige Festsetzung wegen einer Streitwertänderung. Das Erinnerungsverfahren gegen die Kostenfestsetzung und gegen den Kostenansatz nach §§ 104 III ZPO, 66 I GKG, 57 I FamGKG, Teile I A, B dieses Buchs, läßt eine Gebühr nach VV 3500 entstehen. 46

Auch die *Einforderung* nach §§ 10, 55 zählt zum Rechtszug, Meyer JB **08**, 410, nicht aber das selbständige Vergütungsfestsetzungsverfahren nach § 11, dort Rn 1. Im Erinnerungs- und Beschwerdeverfahren entsteht eine Gebühr nach VV 3500. 47

20) Zustellung des Vollstreckungstitels usw, I 2 Z 16. Es handelt sich um die Zustellung des Urteils, des Arrests oder der einstweiligen Verfügung auch durch einen Beschluß, Hamm Rpfleger **01**, 458, der Vollstreckungsklausel nach §§ 724ff ZPO und der in § 750 ZPO genannten sonstigen Urkunden zur Vorbereitung der Zwangsvollstreckung. Die Zustellung einer Bürgschaftsurkunde nach § 751 II ZPO gehört zur Zwangsvollstreckung, Düss ZB **98**, 103 (abl Schroeder). Sie stellt eine besondere Angelegenheit dar, LG Landshut AnwBl **80**, 267, aM Ffm Rpfleger **90**, 270 ([jetzt] § 19). 48

21) Herausgabe der Handakten usw, I 2 Z 17. Sowohl die Herausgabe der Handakten als auch ihre Übersendung an einen anderen Anwalt gehört zum Rechtszug. Hierher zählt auch diejenige Übersendung, die nicht an den Anwalt einer anderen Instanz für denselben Rechtsstreit erfolgt. 49

Allerdings können *Telekommunikationsgebühren* nach VV 7001, 7002 entstehen. Für die Abgabe einer gutachtlichen Äußerung im Zusammenhang mit der Übersendung der Handakten an den Anwalt des höheren Rechtszugs kann eine Gebühr nach VV 3400 amtliche Anmerkung entstehen. 50

22) Zwangsvollstreckungssache, II. Die Vorschrift steht systematisch verunglückt nicht in § 18, sondern in II. Sie faßt in einer wiederum durch das Wort „insbesondere" als nicht abschließend gekennzeichneten Art einige typische Anwendungsfälle von § 18 I Z 1, 2 zusammen. Besondere Angelegenheiten sind also auch innerhalb der Gruppe von Vollstreckungs- oder Vollziehungsmaßnahmen die folgenden Vorgänge. 51

A. Nachtzeit, Sonntag, Feiertag, Wohnungsdurchsuchung, II Z 1. Es handelt sich um in § 758a I–V ZPO, §§ 90, 91 I FamFG vorgesehenen Maßnahmen. Die Tätigkeit des hiermit beauftragten Anwalts gilt nach § 15 I als eine besondere Angelegenheit nach § 18 I Z 1. Die Verfahrensgebühr des ProzBev gilt diese Tätigkeiten also nicht ab. (Jetzt) VV 3403 ist daneben unanwendbar, AG Bad Homburg DGVZ **96**, 46. Vgl die Feiertagsgesetze, KVfG 26000 Rn 4, Teil III dieses Buchs. 52

B. Erinnerung, II Z 2. Es handelt sich um eine Erinnerung gegen die Art und Weise der Zwangsvollstreckung nach § 766, § 95 I FamFG, aM (zum alten Recht, schon wegen II Z 2 nF mit seiner Verweisung auf § 766 ZPO und auf § 18 I Z 1, 2 nF überholt) BGH FamRZ **10**, 810. 53

C. Bestimmung des Gerichtsvollziehers oder Sequesters, II Z 3. Es handelt sich um Bestimmungen nach §§ 827 I, 848, 854 I, 855 ZPO. 54

Soweit der Anwalt des Drittschuldners einen derartigen Antrag stellt, erhält er eine Vergütung nach VV 3309, 3310.

D. Anzeige der Vollstreckungsabsicht, II Z 4. Es handelt sich um die nach § 882a ZPO erforderliche Anzeige der Vollstreckungsabsicht gegenüber einer juristischen Person des öffentlichen Rechts, Schlesw JB **78**, 391. Das gilt, sofern alle sonst notwendigen Voraussetzungen der Zwangsvollstreckung beim Zugang der Ankündigung vorlagen, Ffm Rpfleger **81**, 158. Die Anzeige der Vollstreckungsabsicht ist eine die Zwangsvollstreckung vorbereitende Handlung. Sie läßt bereits eine Gebühr nach (jetzt) II Z 4 entstehen, LAG Hamm AnwBl **84**, 161. Das gilt selbst dann, wenn es nicht mehr zur Zwangsvollstreckung kommt. 55

Soweit der Anwalt in der Zwangsvollstreckung *noch weiter tätig* wird, ist die Tätigkeit im Zusammenhang mit der Anzeige der Vollstreckungsabsicht jetzt ebenfalls nach II Z 4 in Verbindung mit § 18 I Z 1 wegen § 15 I besonders vergütbar.

Eine entsprechende Regelung gilt für den Antrag an das Gericht, nach § *152 II FGO* zu verfahren. Düss Rpfleger **86**, 109 stellt einen Antrag nach § 114 GemO NRW gleich. Ffm Rpfleger **74**, 448 wendet bei einem Antrag auf die Zulassung der Zwangsvollstreckung nach § 146 Hessische GemO § 31 an.

56 **E. Androhung von Ordnungsgeld, II Z 5.** Wenn das Prozeßgericht in demjenigen Urteil, das die Verpflichtung zu einer Duldung oder Unterlassung ausspricht, noch keine Androhung für den Fall der Zuwiderhandlung vorgenommen hatte, muß es auf Grund eines Antrags des Gläubigers die Androhung nach § 890 II Hs 2 ZPO durch einen besonderen Beschluß nachholen. Nur den letzteren Fall erfaßt II Z 5. Die Verfahrensgebühr des ProzBev gilt eine bereits im Urteil ausgesprochene Androhung ab, BGH MDR **79**, 116. Die besondere Androhung rechnet zur Zwangsvollstreckung. Soweit sich die Tätigkeit des Anwalts darauf beschränkt, diese besondere Androhung zu beantragen, erhält er unabhängig davon eine Gebühr nach VV 3309, ob er ProzBev war oder nicht.

Soweit der Anwalt aber auch im anschließenden *Ahndungsverfahren* nach § 890 I, III ZPO tätig wird, regelt § 18 I Z 14 seine Vergütung als eine ebenfalls besondere Angelegenheit. Daher gilt § 15 I die Tätigkeit für die Androhung mit ab.

57 **F. Aufhebung einer Vollstreckungsmaßnahme, II Z 6.** Eine solche Tätigkeit gibt ebenfalls nach § 18 I Z 1 in Verbindung mit § 15 I keine besondere Gebühr. Das gilt sowohl dann, wenn der Anwalt nicht etwa nur insofern tätig wird, als auch dann, wenn er nur wegen dieser Aufhebung tätig wird, etwa als Anwalt des Schuldners, (zum alten Recht) BGH **69**, 148.

Hierin gehört auch eine *außergerichtliche Auseinandersetzung* wegen einer Zwangsvollstreckung in einen schuldnerfremden Wert. Hierher gehört auch das Ersuchen an den Gerichtsvollzieher um eine Freigabe sowie die Rücknahme des Pfändungsantrags nach § 829 ZPO oder das Ersuchen, den Pfändungsbeschluß aufzuheben, ferner auch eine Erinnerung, etwa des Drittschuldners nach § 840 ZPO, BGH **69**, 148.

Verweisung, Abgabe

20 [1] Soweit eine Sache an ein anderes Gericht verwiesen oder abgegeben wird, sind die Verfahren vor dem verweisenden oder abgebenden und vor dem übernehmenden Gericht ein Rechtszug. [2] Wird eine Sache an ein Gericht eines niedrigeren Rechtszugs verwiesen oder abgegeben, ist das weitere Verfahren vor diesem Gericht ein neuer Rechtszug.

Gliederung

1) Systematik, S 1, 2	1
2) Regelungszweck, S 1, 2	2
3) Geltungsbereich, S 1, 2	3
4) Abhängigkeit von der Verweisungsebene, S 1, 2	4–17
A. Grundsatz	4
B. Beispiele zur Frage einer Anwendbarkeit von S 1 oder S 2	5–15
C. Gebührenfolgen	16, 17
5) Kostenerstattung, S 1, 2	18

1 **1) Systematik, S 1, 2.** Die Vorschrift ist ebenso wie § 21 eine Ergänzung zu § 15 II 2. Sie gibt den Umfang und die Abgrenzung des Rechtszugs bei einer Verweisung oder einer Abgabe an. Demgegenüber enthält § 21 die Regelung bei einer Zurückverweisung. Soweit nach S 1 derselbe Rechtszug vorliegt, entstehen neue Gebühren. Das gilt aber zwecks der Kostengerechtigkeit dann nicht, wenn der Anwalt tätig werden kann, sei es auch in veränderter Eigenschaft, etwa vorher als ProzBev nach § 81 ZPO, jetzt als Verkehrsanwalt. Für ihn ist dann natürlich nicht VV 3100 anwendbar, sondern VV 3400. Andernfalls richtet sich die Erstattungsfähigkeit der Mehrkosten nach § 91 II 3 ZPO, BLAH § 91 ZPO Rn 124ff.

Wenn das Gericht eine Klage wegen des Fehlens eines notwendigen Verweisungsantrags *als unzulässig abweist*, wenn der Kläger dann aber vor dem in Wahrheit zustän-

Abschnitt 3. Angelegenheit § 20 RVG

digen Gericht neu klagt, handelt es sich um eine neue Angelegenheit, nicht etwa um eine Fortsetzung des Rechtszugs.

2) Regelungszweck, S 1, 2. Er ist einerseits die Vermeidung einer zu hohen 2 Vergütung, andererseits die Sicherstellung einer angemessenen in den im einzelnen sehr unterschiedlichen Fallgruppen von S 1, 2, bei denen der Anwalt sehr unterschiedlich schwierige Aufgaben lösen muß. Diese letzteren Gesichtspunkte sind bei der Auslegung besonders mitbeachtlich.

3) Geltungsbereich, S 1, 2. § 20 gilt für ein gerichtliches Verfahren auf Verwei- 3 sung oder Abgabe jeder Art. Der bisherige und der neue Gerichtszweig sind also unerheblich. Es ist für die gebührenrechtliche Beurteilung unerheblich, ob das Gericht prozessual zulässigerweise verwiesen hat.

§ 20 gilt *nicht* bei einer Verweisung oder Abgabe an eine andere *Verwaltungsbehörde* oder von dieser an eine weitere. Es kommt dann darauf an, ob es sich um dieselben Angelegenheit handelt, ob also § 15 I, II 1 anwendbar sind. § 20 gilt auch nicht bei der Zulassung eines Rechtsmittels. Dann gilt § 16 Z 11, § 17 Z 9, oder § 21 bei einer Zurückverweisung.

4) Abhängigkeit von der Verweisungsebene, S 1, 2. Es gibt einen breiten 4 Anwendungsbereich. Es kommt nicht darauf an, ob die Abgabe oder Verweisung mit Recht erfolgte.

A. Grundsatz. Die Verfahren vor dem verweisenden oder abgebenden und vor dem übernehmenden Gericht bilden nach *S 1* nur für denselben Anwalt nur dann denselben Rechtszug nach § 15 II 2 und damit dieselbe Angelegenheit nach § 15 I, wenn die Sache in derselben prozessualen Instanz und damit als sog Horizontalverweisung auf derselben Ebene bleibt.

Demgegenüber liegen nach *S 2* mehrere Rechtszüge vor, soweit eine Abgabe oder Verweisung und damit auch etwa eine Zurückverweisung nach § 21 an ein Gericht eines niedrigeren Rechtszugs und damit eine sog vertikale oder Diagonalverweisung erfolgt, Ffm GRUR **88**, 646, LG Düss JB **83**, 1035, VGH Mü NVwZ-RR **10**, 663 links. Das gilt auch dann, wenn zB das LG als Berufungsgericht an eine erstinstanzliche Kammer desselben LG verweist, KG JB **87**, 696, Mü MDR **92**, 523, Oldb AnwBl **85**, 262.

B. Beispiele zur Frage einer Anwendbarkeit von S 1 oder S 2 5
AG an LG: Rn 10 „Sachliche Unzuständigkeit".
Arbeitsgerichtsverfahren: Rn 9.
BSG an SG: S 2 ist anwendbar, soweit das BSG als Erstgericht an ein SG abgibt, zB nach §§ 39 II, 51, 98 SGG.
BVerwG an VG: S 1 ist anwendbar, soweit das BVerwG als Erstgericht an ein VG verweist, zB nach § 50 VwGO.
Einstweilige Verfügung: S 1 ist auf eine Verfügung nach § 942 I ZPO und das weitere Eilverfahren vor dem LG anwendbar, Kblz JB **82**, 1103.
Finanzgerichtsverfahren: S 1 ist anwendbar, § 70 FGO. 6
Funktionelle Unzuständigkeit: S 1 ist anwendbar, soweit es um eine Abgabe wegen der funktionellen Zuständigkeit einer anderen Abteilung usw desselben Gerichts nach dem Geschäftsverteilungsplan geht, zB bei §§ 97 ff GVG.
Genossenschaftsrecht: Rn 10 „Sachliche Unzuständigkeit".
Gerichtsbarkeit: Rn 9.
Geschäftsverteilungsplan: S „Funktionelle Unzuständigkeit".
Handelssache: S „Funktionelle Unzuständigkeit".
Haushaltssache: Rn 10 „Sachliche Unzuständigkeit".
Kompetenzkonflikt: Rn 15 „Zuständigkeitsbestimmung". 7
Landwirtschaftsverfahren: Rn 10 „Sachliche Unzuständigkeit".
LG an AG: Rn 10 „Sachliche Unzuständigkeit", Rn 11 „Schiffahrtssache".
Markensache: Rn 10 „Sachliche Unzuständigkeit".
Örtliche Unzuständigkeit: S 1 ist anwendbar, zB bei § 70 FGO, § 83 VwGO, 8 § 281 ZPO.
S auch bei den anderen Stichwörtern.
OVG an BVerwG: S 1 ist anwendbar, soweit das OVG oder ein VGH als Berufungsgericht an einen Wehrdienstsenat des BVerwG verweist, BVerwG Rpfleger **82**, 310.

RVG § 20 X. Rechtsanwaltsvergütungsgesetz

S auch Rn 10 „Sachliche Unzuständigkeit".
OLG an VG: § 2 ist hier anwendbar. Im Verhältnis vom Erstgericht (LG) zum VG gilt § 15 II 2, VGH Mü NVwZ-RR **10**, 663 links.
9 **Pflichtverteidiger:** S 1 ist auch bei ihm anwendbar, Hamm Rpfleger **99**, 235.
Prozeßgericht an FamFG-Gericht: Rn 10 „Sachliche Unzuständigkeit".
Rechtswegeverweisung: S 1 ist anwendbar, soweit eine Verweisung mit der Begründung erfolgt, es sei ein anderer Rechtsweg statthaft, zB nach §§ 17ff GVG, § 12 I 1 ArbGG, Hbg MDR **16**, 242 §§ 48a ArbGG, 52 III SGG, 34 III FGO, 41 III VwGO, sofern die Sache auf derselben Ebene bleibt.
10 **Sachliche Unzuständigkeit:** S 1 ist anwendbar, soweit eine Verweisung wegen einer sachlichen Unzuständigkeit auf derselben Ebene erfolgt. Das gilt auch bei einer derartigen Verweisung vom AG an das erstinstanzliche LG zB nach §§ 281, 506, 696, 700 III ZPO, § 112 II GenG, § 270 StPO, oder vom erstinstanzlichen LG an das AG, Hamm JMBl NRW **79**, 119, zB nach §§ 281, 506, 696, 700 III ZPO, § 82 MarkenG, 112 II GenG, ferner zB nach §§ 50 II, 83 VwGO, 98 SGG, 12 LwVG (Abgabe), 209, 270 StPO, § 102 S 2 JGG.
S auch bei den anderen Stichwörtern.
11 **Schiffahrtssache:** S 1 ist anwendbar, soweit ein erstinstanzliches LG an ein Schiffahrtsgericht verweist, Nürnb JB **91**, 1636.
S auch Rn 10 „Sachliche Unzuständigkeit".
SG, VG an gleichartiges Gericht: S 1 ist anwendbar, soweit ein SG oder VG wegen örtlicher Unzuständigkeit an ein gleichartiges anderes Gericht verweist, zB § 98 SGG.
Sozialgerichtsverfahren: Rn 5 „BSG an SG", Rn 9 „Rechtswegeverweisung", Rn 11 „SG, VG an gleichartiges Gericht", Rn 12 „Übergang kraft Gesetzes".
Strafverfahren: S 1 ist anwendbar, zB bei §§ 209, 270 StPO, auch bei § 51, soweit der Verteidiger vor dem übernehmenden Gericht ebenfalls irgendwie tätig wird, Hamm JB **99**, 194. Rn 10 „Sachliche Unzuständigkeit", Rn 12 „Übergang kraft Gesetzes".
12 **Übergang kraft Gesetzes:** S 1 ist anwendbar, soweit eine Sache kraft Gesetzes an ein anderes Gericht übergeht, zB nach §§ 215 SGG, 13a, 14, 15 StPO, 36 I Z 1–4 ZPO.
Überörtliche Sozietät: Werden vor dem verweisenden und vor dem nunmehr zuständigen Gericht Mitglieder derselben überörtlichen Sozietät tätig, fallen dieselben Gebühren nur einmal an, Ffm RR **99**, 435.
13 **Verwaltungsgerichtsverfahren:** Rn 5 „BVerwG an VG", Rn 8 „Örtliche Zuständigkeit", „OVG an BVerwG", Rn 9 „Rechtswegeverweisung".
Vorverfahren: S 1 ist *unanwendbar*, soweit es um die ja schon endgültig verdiente Gebühr nach § 84 geht, Hamm JB **01**, 362.
14 **Wehrdienstsache:** Rn 8 „OVG an BVerwG".
15 **Zuständigkeitsbestimmung:** S 1 ist *unanwendbar*, soweit es um die Bestimmung des zuständigen Gerichts zur Behebung eines positiven oder negativen Kompetenzkonflikts nach § 36 I Z 5, 6 ZPO, § 5 FamFG geht. Denn dann liegt eine neue Angelegenheit vor, weil bereits eine rechtskräftige Vorentscheidung vorhanden ist, aM GSchm 4. Die auf die Bestimmung des zuständigen Gerichts gerichtete Tätigkeit gehört zur Instanz nach § 19 I 2 Z 3.

16 **C. Gebührenfolgen.** Bei einer Verweisung oder Abgabe auf derselben Ebene nach Rn 3–15 entstehen diejenigen Gebühren nicht nochmals, die vor dem zunächst angerufenen Gericht entstanden waren, BVerwG AnwBl **81**, 191, Ffm MDR **79**, 682. Das gilt nach Rn 1 freilich nur, soweit derselbe Anwalt tätig bleibt und soweit der Gebührentatbestand dort bereits abgeschlossen war, Ffm GRUR **88**, 646, Hbg MDR **90**, 361, LG Kref Rpfleger **81**, 320. Wenn er an einem Termin teilgenommen hatte und nach dem Termin das Gericht anschließend verweisen hat, dann sollte die Terminsgebühr bereits entstanden. Dasselbe gilt dann, wenn der Kläger einen Sachantrag stellt und wenn der Bekl demgegenüber eine Unzuständigkeit einwendet, selbst wenn der Kläger daraufhin hilfsweise einen Verweisungsantrag stellt.
Eine erst *nach der Verweisung* anfallende Gebühr tritt zu der bereits entstandenen Vergütung natürlich hinzu, Bbg JB **79**, 366, SG Stgt AnwBl **79**, 188. Für die einheit-

liche Grundgebühr usw nach VV 4100ff ist derjenige Rahmen maßgeblich, der vor dem höchsten der beteiligten Gerichte gilt, Hbg Rpfleger **90**, 223, Hamm JB **01**, 362, Schlesw JB **84**, 867.

Wegen der *Anrechnung* der Gebühr des Verkehrsanwalts nach VV 3400 auf die Verfahrensgebühr und umgekehrt § 15 Rn 94. Wenn das SG nach § 52 III SGG an das VG oder an das Zivilgericht verweist, muß man jede Gebühr gesondert berechnen, die Rahmengebühr nach Einl II A 12 für die Tätigkeit vor dem SG unter Berücksichtigung der weiteren Tätigkeit vor dem anderen Gericht nach § 14. **17**

Entsprechendes gilt bei einer Verweisung vom *VG* an ein anderes Gericht des ersten Rechtszugs, BVerwG AnwBl **81**, 191. Das gilt mit der Einschränkung, daß man die Tätigkeit des Anwalts vor dem VG höher bewerten muß als diejenige Tätigkeit, die dann erforderlich gewesen wäre, wenn der Antrag unmittelbar beim anderen Gericht erfolgt wäre. Der Anwalt erhält die höhere Gebühr.

5) Kostenerstattung, S 1, 2. Sie richtet sich nach den allgemeinen Vorschriften, zB §§ 91ff ZPO, § 113 I 2 FamFG. Wegen eines Anwaltswechsels BLAH § 91 ZPO Rn 124ff. Vgl ferner oben Rn 1. **18**

Zurückverweisung, Fortführung einer Folgesache als selbständige Familiensache

21 I Soweit eine Sache an ein untergeordnetes Gericht zurückverwiesen wird, ist das weitere Verfahren vor diesem Gericht ein neuer Rechtszug.

II In den Fällen des § 146 des Gesetzes über das Verfahren in Familiensachen und in den Angelegenheiten der freiwilligen Gerichtsbarkeit, auch in Verbindung mit § 270 des Gesetzes über das Verfahren in Familiensachen und in den Angelegenheiten der freiwilligen Gerichtsbarkeit, bildet das weitere Verfahren vor dem Familiengericht mit dem früheren einen Rechtszug.

III Wird eine Folgesache als selbständige Familiensache fortgeführt, sind das fortgeführte Verfahren und das frühere Verfahren dieselbe Angelegenheit.

Gliederung

1) Systematik, I–III	1
2) Regelungszweck, I–III	2
3) Geltungsbereich, I	3–15
A. Zurückverweisung	3, 4
B. Beispiele zur Frage einer Anwendbarkeit, I	5–15
4) Neuer Rechtszug, I	16, 17
A. Grundsatz, I	16
B. Verfahrensgebühr	17
5) §§ 146, 270 FamFG, II	18, 19
6) Fortführung als selbständige Familiensache, III	20

1) Systematik, I–III. § 21 schafft einen neuen Rechtszug. Erst in ihm gilt § 19 und dort zB I 2 Z 2. Über das Verhältnis von § 21 zu §§ 15ff vgl § 20 Rn 1. I bildet eine Ausnahme von § 15 I. II bildet eine Ausnahme von der Ausnahme des I und damit eine Rückkehr zum Grundsatz des § 15 I. § 15 V 2 hat nach dort Rn 97 beim dortigen Zeitraum von über 2 Kalenderjahren den Vorrang. § 21 gilt für jedes gerichtliche Verfahren, auch für das Strafverfahren, Düss Rpfleger **94**, 38. Das übersieht Schlesw JB **97**, 418 offenbar. Die Vorschrift gilt auch für das Verfahren vor dem BVerfG, BGH NJW **13**, 3453, oder nach dem FamFG, (zum alten Recht) Stgt JB **96**, 588, AG Bln-Tiergarten AnwBl **84**, 111, oder in der Finanzgerichtsbarkeit oder im SGG-Verfahren. **1**

2) Regelungszweck, I–III. Die Vorschrift dient einer angemessenen Berücksichtigung besonders schwieriger Anwaltsaufgaben, (zum alten Recht) BGH MDR **04**, 1024. Der Anwalt muß ja gerade nach einer Zurückverweisung im allgemeinen besonders darauf achten, daß dem Fehler des Erstgerichts nicht neue andere Verfahrensfehler folgen. Sie können leider erfahrungsgemäß dem mit einer Zurückverweisung konfrontierten Richter aus Nervosität usw passieren. Der Anwalt muß ferner besonders berücksichtigen, daß überhaupt immerhin oft fast das gesamte erstinstanzliche Verfahren praktisch noch einmal beginnt. Das muß man bei der Auslegung mitbeach- **2**

ten, ebenso wie die Regel, daß I als eine Ausnahmevorschrift eng auslegbar ist, II als eine Rückkehr zum Grundsatz nach Rn 1 aber weit auslegbar ist.

3 **3) Geltungsbereich, I.** § 21 gilt in jedem gerichtlichen Verfahren, nicht aber bei einer Zurückverweisung vom Gericht an die Staatsanwaltschaft oder Verwaltungsbehörde. Die Vorschrift enthält auch im Bereich außerhalb von VV 3100 ff einen allgemeinen Vergütungsgrundsatz. Die Vorschrift gilt auch beim Verkehrsanwalt.

A. Zurückverweisung. Die Vorschrift versteht unter einer Zurückverweisung nur eine solche den Rechtsmittelzug beendende Entscheidung. Sie braucht nicht ausdrücklich „Zurückverweisung" zu lauten. Sie muß zumindest teilweise statt einer an sich möglichen eigenen Sachentscheidung zB nach § 538 II ZPO zur abschließenden nochmaligen Beurteilung zunächst wieder gerade nur durch ein diesem Rechtsmittelgericht untergeordnetes Gericht erfolgen, Hbg JB **83**, 1515, Oldb AnwBl **85**, 261. Dabei mag sie an einen anderen Senat, eine andere Kammer oder eine andere Abteilung dieses untergeordneten Gerichts gehen. Die Zurückverweisung darf nach § 20 Rn 18 nur nicht an ein solches Gericht eines niedrigeren Rechtszugs gehen, das einem anderen Rechtsweg angehört. Die Sache muß also nach Rn 10 „Sachentscheidung" an das zurückverweisende Gericht durch ein Rechtsmittel gelangt sein. Bei einer Beschwerde muß aber auch die Hauptsache durch das Rechtsmittel zu dem zurückverweisenden Gericht gelangt sein. Das vorgeordnete Gericht darf nach § 20 Rn 3 ff nicht erstinstanzlich tätig geworden sein.

Untergeordnetes Gericht nach § 21 ist auch ein solches oberes Bundesgericht, an das das BVerfG die Sache auf Grund einer Verfassungsbeschwerde zurückverweist. Auch dann ergibt sich die Notwendigkeit einer weiteren Verhandlung unter einer Berücksichtigung der beim BVerfG ergangenen Entscheidung.

Keine Unterordnung liegt vor, soweit das Rechtsmittelgericht an *sein* erstinstanzliches Gremium „zurückverweist". Denn das ist in Wahrheit eine Verweisung nach § 20, dort Rn 4.

4 Es ist *nicht erforderlich*, daß die Zurückverweisung nach §§ 563 I 2 ZPO, 354 II 2, III StPO, 144 V VwGO, 170 III SGG gerade an dasjenige Gericht erfolgt, gegen dessen Entscheidung sich das Rechtsmittel richtet.

5 **B. Beispiele zur Frage einer Anwendbarkeit, I**

Abgabe: Rn 14 „Verweisung".

Ablehnung: Rn 10 „Sachentscheidung".

Anerkenntnisentscheidung: Eine Zurückverweisung kann mit einem (teilweisen) Anerkenntnisurteil nach § 307 ZPO zusammen ergehen.

Aussetzung: Rn 6 „Grundentscheidung".

Erledigung der Hauptsache: Eine Zurückverweisung *fehlt* mangels einer Sachentscheidung des Rechtsmittelgerichts nach beiderseitigen wirksamen Erledigterklärungen nach BLAH § 91 a ZPO Rn 96.

6 **Grundentscheidung:** Eine Zurückverweisung liegt der Sache nach dann vor, wenn in der Rechtsmittelinstanz eine Grundentscheidung zB nach § 304 ZPO ergeht, Hamm AnwBl **02**, 1, Kblz JB **97**, 642, Oldb (2. ZS) OLGR **00**, 61, aM BGH FamRZ **04**, 1194, Bre OLGR **01**, 481, Oldb (6. ZS) JB **02**, 474 (aber auch dann können alle Merkmale Rn 3 vorliegen).

Es mag das *Rechtsmittel* gegen die Grundentscheidung sachlich teilweise Erfolg gehabt haben, Schlesw JB **96**, 135, oder auch ganz geblieben sein, Düss JB **97**, 364, Kblz JB **97**, 643, Oldb OLGR **00**, 61, aM BGH MDR **04**, 1024, Bre MDR **02**, 298, Oldb JB **02**, 474 (aber auch dann können alle Voraussetzungen Rn 3 vorliegen). Das gilt auch bei einer Zurückverweisung durch eine Versäumnisentscheidung nach § 539 ZPO, Düss JB **78**, 1808.

Weiteres Beispiel: Der BGH nimmt eine Revision gegen ein Grundurteil nicht an, Ffm AnwBl **84**, 98, Kblz JB **97**, 643, aM Hbg JB **87**, 233.

7 Eine Zurückverweisung *fehlt* in folgenden Fällen: Ein Grundurteil ist ohne die Einlegung eines Rechtsmittels rechtskräftig geworden; es ist keine Sachentscheidung des Rechtsmittelgerichts ergangen, etwa wegen einer Rechtsmittelrücknahme nach Rn 9 „Rechtsmittelrücknahme", oder wegen einer Verwerfung als unzulässig nach Rn 13 „Unzulässigkeit des Rechtsmittels"; die Parteien haben einen Zwischenvergleich geschlossen. Denn das getrennte Verfahren über den Grund

und den Betrag in derselben Instanz ohne eine Entscheidung des Rechtsmittelgerichts begründet keinen neuen Rechtszug. Das gilt selbst dann, wenn die Parteien über den Betrag weiter verhandeln, ohne die Entscheidung des Rechtsmittelgerichts im Verfahren über das Grundurteil abzuwarten.

Eine andere Beurteilung kann dann gelten, wenn die Parteien zwar in der eben genannten Situation zunächst weiterverhandeln, wenn das Gericht aber das *Betragsverfahren* wegen der Einlegung eines Rechtsmittels gegen das Grundurteil aussetzt. 8

S auch Rn 11 „Stillschweigende Entscheidung".
Nebenentscheidung: Rn 10 „Sachentscheidung".
Prozeßhindernde Einrede: Rn 15 „Zwischenentscheidung". 9
Prozeßkostenhilfe: Rn 10 „Sachentscheidung".
Rechnungslegung: Rn 12 „Teilentscheidung".
Rechtsmittelrücknahme: Eine Zurückverweisung *fehlt* mangels einer Sachentscheidung des Rechtsmittelgerichts wegen einer Rechtsmittelrücknahme zB nach § 516 ZPO.
Rechtsmittelverwerfung: Rn 10 „Sachentscheidung".
Rest der Klageforderung: Rn 12 „Teilurteil", Rn 13 „Übernahme einer Rechtsansicht".
Revision: Rn 6 „Grundentscheidung".
Ruhen des Verfahrens: Eine Zurückverweisung *fehlt* mangels einer Sachentscheidung des Rechtsmittelgerichts nach einem Ruhen nach § 251 ZPO.
Sachentscheidung: Eine Zurückverweisung *fehlt* nach Rn 3, soweit die Sache ohne eine Sachentscheidung durch ein Urteil oder einen Beschluß des übergeordneten Gerichts an das Erstgericht zurückfällt. Eine solche Lage kann zB nach einem Ablehnungs-, Prozeß- oder Verfahrenskostenhilfe- oder sonstigen Neben- oder Zwischenverfahren vorliegen, ferner nach Rn 9 nach einer Rechtsmittelrücknahme oder -verwerfung. 10

Scheidung: Nach ihrem erstinstanzlichen Ausspruch gilt vor dem Beschwerdegericht I.
   Unanwendbar ist I nach einer erstinstanzlichen Abweisung. Dann gilt nach Rn 18 vielmehr II.
Sprungrevision: Eine Zurückverweisung liegt zB bei § 566 ZPO auch dann vor, wenn zB der BGH die vorher beim LG anhängig gewesene Sache an das OLG zurückverweist.
Stillschweigende Entscheidung: Eine Zurückverweisung kann auch dann vorliegen, wenn das Gericht sie zwar nicht ausdrücklich ausspricht, wenn sie sich aber verfahrensrechtlich ergibt, Kblz JB **97**, 642). Ein Verzicht auf die Notwendigkeit einer Sachentscheidung bei einer Zurückverweisung wäre allerdings unrichtig. 11
   S auch Rn 6 „Grundentscheidung".
Stufenklage: Eine Zurückverweisung liegt bei § 254 ZPO dann vor, wenn das Berufungsgericht die Berufung gegen ein Auskunftsurteil zurückweist, und nach Rn 12 „Teilentscheidung" dann, wenn das Erstgericht nun zur Höhe entscheiden muß, Kblz JB **75**, 474, Schlesw JB **75**, 473.
   Eine Zurückverweisung *fehlt* dann, wenn das Rechtsmittelgericht selbst zur Auskunft verurteilt und die Sache nur zur restlichen Entscheidung zurückgibt, Mü MDR **11**, 574.
Teilentscheidung: Eine Zurückverweisung liegt vor, soweit das Rechtsmittelgericht über ein Rechtsmittel gegen eine Teilentscheidung nach § 301 ZPO entscheidet, während das Erstgericht über den Rest der Forderung weiter verhandeln läßt, Düss MDR **93**, 1021, aM Mü JB **81**, 1677, BJCMU 20, GSchm 6, 25 (aber auch dann können alle Merkmale Rn 3 vorliegen). Diese Situation kann auch dann eine Zurückverweisung nach § 21 dann darstellen, wenn das Teilurteil des Rechtsmittelgerichts nur die erste Stufe einer Stufenklage nach § 254 ZPO, also nur die Auskunft und Rechnungslegung betrifft und wenn der Kläger anschließend die Leistungsklage weiter betreibt, Hamm AnwBl **02**, 112, Schlesw JB **75**, 473, aM Mü MDR **98**, 1501, LG Bln Rpfleger **99**, 239, oder wenn das Berufungsgericht den nach einem erstinstanzlichen Teilurteil über § 538 I ZPO nun in die Berufung gelangten Anspruch dort dem Grunde nach mitbeurteilt, so schon Mü AnwBl **85**, 589, oder wenn das Berufungsverfahren gegen das Teilurteil zur ersten Stufe durch einen 12

RVG § 21 X. Rechtsanwaltsvergütungsgesetz

Vergleich endet und der Rest in der ersten Instanz bleibt, Hamm JB **00**, 302, Schlesw JB **75**, 473.

13 **Übernahme einer Rechtsansicht:** Eine Zurückverweisung *fehlt* dann, wenn sich das Erstgericht wegen eines bei ihm anhängig gebliebenen Teils der Klageforderung der Auffassung des Rechtsmittelgerichts zum dort entschiedenen weiteren Teil anschließt, Mü Rpfleger **81**, 456.

Unzulässigkeit des Rechtsmittels: Eine Zurückverweisung *fehlt* nach Rn 10 „Sachentscheidung", soweit das Rechtsmittelgericht ein Rechtsmittel zB nach § 522 ZPO als unzulässig verwirft.

Vergleich: Eine Zurückverweisung *fehlt* nach Rn 7 grds mangels einer Sachentscheidung des Rechtsmittelgerichts, soweit sich die Parteien in der Rechtsmittelinstanz vergleichen, auch nur über den Grund.

Versäumnisentscheidung: Eine Zurückverweisung liegt auch beim bloßen Versäumnisentscheid des Rechtsmittelgerichts nach § 539 ZPO unter den übrigen Voraussetzungen vor. Denn auch das ist eine Sachentscheidung, Düss JB **78**, 1808.

Verwaltungsbehörde: Eine Zurückverweisung *fehlt*, soweit das Gericht an diese Behörde abgibt. Denn sie ist kein untergeordnetes „Gericht" nach I. Nach einer solchen Abgabe liegt nach § 15 Rn 74 „Zurückverweisung" eine neue Angelegenheit vor.

14 **Verweisung:** An der Zurückverweisung ändert sich nichts dadurch, daß das Erstgericht die Sache anschließend wirksam an ein anderes, auch an das vorgeordnete, Gericht verweist oder „abgibt", Hamm JB **79**, 54. Natürlich muß man die Tätigkeit ab einer solchen Verweisung wie sonst evtl zusätzlich vergüten.

Verwerfung: Rn 13 „Unzulässigkeit des Rechtsmittels".

15 **Zulässigkeitsrüge:** Eine Zurückverweisung liegt vor, soweit das Rechtsmittelgericht die Verwerfung einer Zulässigkeitsrüge bestätigt, s „Zwischenentscheidung". S auch Rn 13 „Unzulässigkeit des Rechtsmittels".

Zurückfallen der Sache: Rn 10 „Sachentscheidung".

Zurücknahme des Rechtsmittels: Eine Zurückverweisung *fehlt*, soweit der Rechtsmittelführer ein Rechtsmittel zB nach § 516 ZPO zurücknimmt.

Zwischenentscheidung: Soweit auf ein Zwischenurteil des LG zB nach §§ 280, 302 ZPO nur das OLG die Berufung verworfen oder zurückgewiesen hat und der Prozeß vor dem LG weiterläuft, entsteht eine Gebühr nach (jetzt) § 21, Hbg JB **83**, 1515, Kblz JB **97**, 642, aM Mü JB **84**, 1177 (aber auch dann liegen alle Merkmale Rn 3 vor). Das gilt selbst dann, wenn das OLG keine ausdrückliche Zurückverweisung ausgesprochen hatte, Kblz JB **97**, 642.

Zwischenverfahren: Rn 10 „Sachentscheidung".

16 **4) Neuer Rechtszug, I.** Es stehen sich ein Grundsatz und eine Ausnahme gegenüber. Zum Vorrang von I gegenüber § 19 dort Rn 1.

A. Grundsatz, I. Der schon vor der Zurückverweisung in dieser Angelegenheit tätig gewesene Anwalt erhält eine Gebühr für seine weitere Tätigkeit außerhalb Rn 17 unabhängig von derjenigen Gebühr, die er im früheren erstinstanzlichen Verfahren und/oder in der Rechtsmittelinstanz vor dem Rechtsmittelgericht verdient hat. Das gilt wegen Rn 1 und wegen § 19 Rn 1 auch für die Geschäftsgebühr nach VV 2300. Denn sie steht der in Rn 17 genannten Verfahrensgebühr nicht gleich, (zum alten Recht) LG Aachen MDR **88**, 593, aM Düss JB **83**, 697.

Das gilt aber natürlich nur insoweit, als durch seine Tätigkeit im Verfahren nach der Zurückverweisung *neue Gebühren* entstehen, etwa nach VV 3104, GSchm 7, oder nach (jetzt) VV 4105, Düss Rpfleger **94**, 38. Er erhält für diese weitere Tätigkeit eine Gebühr natürlich nur nach dem jetzigen Gegenstandswert. Wenn also das Rechtsmittelgericht eine Entscheidung des Erstgerichts zum Teil bestätigt, bleibt dieser Wert außer Betracht, Köln JB **79**, 697. Soweit sich der Gegenstandswert nach der Zurückverweisung erhöht, gilt er für diejenige Gebühr maßgeblich, die erst jetzt entsteht. Dabei kommt es zB für die Termingebühr darauf an, wann das Gericht den jetzt erheblichen Termin durchgeführt hat. Eine Anrechnung einer früher entstandenen Einigungsgebühr erfolgt nicht.

17 **B. Verfahrensgebühr.** Zu ihr ist als Ausnahme eine Anrechnungsvorschrift in VV amtliche Vorbemerkung 3 VI vorrangig. Das setzt natürlich eine frühere gleichartige

Abschnitt 4. Gegenstandswert §§ 21, 22 RVG

Tätigkeit desselben Anwalts im bisherigen Verfahren voraus. Das alles gilt auch bei der Verfahrensgebühr eines Verkehrsanwalts, Mü JB **92**, 167. Es gilt auch im Verfahren der freiwilligen Gerichtsbarkeit, BayObLG JB **00**, 583.

5) §§ 146, 270 FamFG, II. Soweit das Rechtsmittelgericht ein den Scheidungsantrag abweisenden Beschluß aufhebt, muß es die Sache nach § 146 I 1 FamFG, in einer Lebenspartnerschaftssache in Verbindung mit § 270 FamFG, dann an dasjenige Gericht zurückverweisen, das die Abweisung ausgesprochen hat, wenn bei diesem Gericht eine Folgesache zur Entscheidung ansteht. Dann bildet das weitere Verfahren vor dem FamG mit dem früheren Verfahren abweichend von I denselben Rechtszug. Die nach der Zurückverweisung bereits vorher für diesen Anwalt angefallenen Gebühren entstehen also nicht noch einmal. Das gilt auch dann, wenn nach dem Geschäftsverteilungsplan des FamG jetzt eine andere Abteilung funktionell zuständig ist, Rn 3, (zum alten Recht) Hamm OLGR **95**, 12. 18

Natürlich erhält der erst *nach* der Zurückverweisung tätig gewordene Anwalt, eine volle Vergütung wie sonst. Der bisherige Anwalt erhält solche Gebühren, die ihm vor der Zurückverweisung noch nicht entstehen konnten, jetzt aber für ihn aus seiner weiteren Tätigkeit anfallen, etwa infolge einer erstmals jetzt über eine Folgesache anfallenden Tätigkeit, Ffm AnwBl **83**, 519 (Erhöhung des Gegenstandswerts, Rn 16, evtl unerheblich bei § 47). Eine Kostenerstattung richtet sich (jetzt) nach §§ 150ff FamFG, Hbg MDR **75**, 852. 19

6) Fortführung als selbständige Familiensache, III. Die Vorschrift erfaßt den Fall § 142 II 2, 3 FamFG, Zweibr FamRZ **12**, 1413. Rn 19 bleibt beachtbar. 20

Abschnitt 4. Gegenstandswert

Grundsatz

22 ¹ In derselben Angelegenheit werden die Werte mehrerer Gegenstände zusammengerechnet.

II ¹Der Wert beträgt in derselben Angelegenheit höchstens 30 Millionen Euro, soweit durch Gesetz kein niedrigerer Höchstwert bestimmt ist. ²Sind in derselben Angelegenheit mehrere Personen wegen verschiedener Gegenstände Auftraggeber, beträgt der Wert für jede Person höchstens 30 Millionen Euro, insgesamt jedoch nicht mehr als 100 Millionen Euro.

Gliederung

1) Zusammenrechnung, I	1, 2
2) Grundsatz: Absoluter Höchstwert, II 1 Hs 1	3
3) Abdingbarkeit, II 1 Hs 1	4
4) Vorrang anderer Bestimmungen, II 1 Hs 2	5
5) Mehrheit von Auftraggebern, II 2	6, 7

1) Zusammenrechnung, I. Die den §§ 39 I GKG, 33 FamGKG ähnelnde Vorschrift ergänzt § 2 I. Wenn eine und dieselbe Angelegenheit nach § 15 Rn 9 und nach §§ 15, 16, VV 1008 Rn 3 und im gerichtlichen Verfahren in demselben Rechtszug nach § 15 II mehrere Gegenstände nach § 7 Rn 27 umfaßt, muß man die Werte für jede Gebühr schon wegen § 15 II 1 meist zusammenrechnen, BVerfG NJW **97**, 3431, Köln NJW **09**, 3586, Stgt JB **15**, 248. Vgl auch §§ 5 ZPO, 48 I GKG, Teil I A dieses Buchs. Das gilt also zB auch dann, wenn mehrere Rechtsstreite oder Verfahren oder ein Rechtsstreit oder ein außergerichtlicher Vergleich nach § 779 BGB die Ansprüche für oder gegen eine oder mehrere Personen regeln, Kblz **09**, 249, OVG Münst JB **09**, 252, Zweibr AnwBl **00**, 695, oder gegen mehrere Drittschuldner nach § 840 ZPO, LG Kblz JB **10**, 49, aM BGH MDR **11**, 697 links, wenn ein eingeforderter Anspruch und ein noch nicht anhängiger weiterer Anspruch unter einen gemeinsamen Vergleich oder eine Einigung fallen, Meyer JB **10**, 521, oder wenn ein Teilgegenstand ausscheidet und ein anderer hinzukommt, KG JB **08**, 148. Die Mehrheit von Gegen- 1 ständen mag sich also auch erst im Verlauf derselben Angelegenheit ergeben. Die Folge dieser Zusammenrechnung ist der Umstand, daß die Gebühr wegen der Degression der Gebührentabelle meist niedriger ausfällt als zwei Einzelgebühren auf Grund der Einzelwerte. Das darf der Anwalt nicht durch eine Vereinzelung der Angelegenheiten unterlaufen, BGH NJW **04**, 1045.

2   Die Zusammenrechnung nach I ist aber rechtssystematisch die *Ausnahme*. Man muß die Vorschrift also eng auslegen, Hbg MDR **84**, 166, Schneider Rpfleger **82**, 370. Das gilt insbesondere im Verfahren nach dem GNotKG, Teil III dieses Buchs, etwa beim Kauf nebst einer Belastungsvollmacht, LG Duisb JB **07**, 428. Es gibt viele Zusammenrechnungsverbote. Eine Zusammenrechnung findet zB nicht statt bei VV 1009 amtliche Anmerkung III und auch nicht bei § 28, ferner nicht bei (jetzt) § 44 GKG, Schlesw JB **75**, 473, und nicht bei §§ 45, 48 II–IV GKG. Nach I kann man dann verfahren müssen, wenn der Anwalt nach einer Tätigkeit im Erkenntnisverfahren nun im Kostenfestsetzungsverfahren tätig wird, LG Bln JB **99**, 33. Führt I nicht zu einer Erhöhung der Vergütung, kann (jetzt) VV 1008 entsprechend anwendbar sein, BGH **81**, 40, aM Köln Rpfleger **87**, 263.

Unanwendbar sind I, II bei verschiedenen Angelegenheiten.

3   **2) Grundsatz: Absoluter Höchstwert, II 1 Hs 1.** Die Vorschrift ist verfassungsgemäß, BVerfG NJW **07**, 2098. Vgl freilich DAV AnwBl **06**, 532, Henke AnwBl **06**, 55. Sie gilt bei einem einzigen Auftraggeber. Bei mehreren gilt II 2. II 1 Hs 1 entspricht §§ 39 II Hs 1 GKG, 33 II Hs 1 FamGKG, Teile I A, B dieses Buchs. Sie gilt allgemein, aber nur für den gesetzlich ermittelten Gegenstandswert. Sie gilt auch bei § 15 III, Enders JB **17**, 339. Sie gilt auch bei mehreren Gegenständen innerhalb derselben Angelegenheit nach § 15 Rn 9ff als die Obergrenze des Gesamtwerts. Sie gilt sogar bei unterschiedlichen Parteirollen desselben Auftraggebers innerhalb derselben Angelegenheit. Sie gilt also nicht etwa auch für den nach § 3 a Rn 25 zulässig vereinbarten höheren Wert. Denn § 3 a hat den Vorrang. Andernfalls würde einer der Grundsätze des RVG an dieser Stelle seine Grenze finden. Das ist zwar vielleicht der Wunschtraum manchen Politikers, aber nicht der erkennbare Text und nicht der allein erkennbare Sinn und Zweck des RVG.

Das gilt umso mehr seit der erheblich weiteren Liberalisierung der Vereinbarkeit zB im Bereich des § 34 (Beratung, Gutachten und Mediation). Denn jetzt *darf* der Anwalt die ganze Honorarfrage nicht nur aushandeln, sondern *soll* das sogar tun. II soll sogar dann keine unabdingbare absolute Grenze ziehen.

4   **3) Abdingbarkeit, II 1 Hs 1.** Sie ist also die wahre Geltungsgrenze von II. Die Partner des Anwaltsvertrags müssen lediglich die Bedingungen des § 3 a einhalten und mögen eine Erstattung nur in den Grenzen von II herbeiführen können. Das paßt auch allein zur unveränderten Grundhaltung des RVG, den Anwalt evtl für nur sehr wenig Geld erheblich arbeiten zu lassen, und umgekehrt.

5   **4) Vorrang anderer Bestimmungen, II 1 Hs 2.** Wie bei §§ 39 II Hs 2 GKG, 33 II Hs 2 FamGKG, Teile I A, B dieses Buchs, stellt auch § 22 II 1 in Hs 2 klar, daß eine andere gesetzliche Bestimmung vor Hs 1 den Vorrang hat. Das gilt zB bei § 23 III 2 lt Hs (Höchstwert dort nur 500 000 EUR) usw. Auch diese geringeren Höchstwerte gelten wie bei Hs 1 nach Rn 3, 4 aber nicht bei einer wirksamen Vereinbarung höherer Werte nach § 4.

6   **5) Mehrheit von Auftraggebern, II 2.** Die Vorschrift gibt bei jedem Auftraggeber je Angelegenheit unter Mitbeachtung von § 7 I zunächst rein rechnerisch einen Höchstwert von 30 Millionen EUR in derselben Angelegenheit nach § 15 Rn 9ff, Köln AnwBl **10**, 67. Drei Auftraggeber würden also einen Höchstwert von 90 Millionen EUR ausmachen. Den vierten könnte man aber nur noch mit weiteren 10 Millionen EUR bewerten. Denn auch bei einer Mehrheit von Auftraggebern lautet der gesetzliche Höchstwert je Angelegenheit von 100 Millionen EUR, Enders JB **17**, 396. Auf die Zahl der Gegenstände nach § 15 Rn 12 kommt es innerhalb derselben Angelegenheit (jetzt) ebenfalls an, (zum alten Recht) BGH NJW **10**, 1373. Denn der Wortlaut spricht jetzt eindeutig zusätzlich von verschiedenen Gegenständen, BLAH Einl III 39.

Abschnitt 4. Gegenstandswert　　　　　　　　　　　　　　　　**§§ 22, 23 RVG**

Abdingbarkeit nach Rn 4 gilt natürlich auch hier. Es kommt dabei auf jeden einzel-　7
nen Auftraggeber an. Hat der Anwalt mit dem Mandanten A nichts nach § 4 zum
Wert vereinbart, darf er für ihn höchstens 30 Millionen EUR als Wert ansetzen. Hat
er mit B eine wirksame Wertvereinbarung getroffen, mag er ihm gegenüber entsprechend mehr ansetzen dürfen, usw. Das gilt umso mehr, als die evtl nach VV 7007 zu
beanspruchende Erstattung der etwaigen Prämie einer Haftpflichtversicherung beim
Haftungsbetrag von über 30 Millionen keinen vollen Haftungsausgleich garantieren
kann.

Allgemeine Wertvorschrift

23　I　¹Soweit sich die Gerichtsgebühren nach dem Wert richten, bestimmt sich
der Gegenstandswert im gerichtlichen Verfahren nach den für die Gerichtsgebühren geltenden Wertvorschriften. ²In Verfahren, in denen Kosten nach dem
Gerichtskostengesetz oder dem Gesetz über Gerichtskosten in Familiensachen
erhoben werden, sind die Wertvorschriften des jeweiligen Kostengesetzes entsprechend anzuwenden, wenn für das Verfahren keine Gerichtsgebühr oder eine
Festgebühr bestimmt ist. ³Diese Wertvorschriften gelten auch entsprechend für
die Tätigkeit außerhalb eines gerichtlichen Verfahrens, wenn der Gegenstand der
Tätigkeit auch Gegenstand eines gerichtlichen Verfahrens sein könnte. ⁴§ 22
Abs. 2 Satz 2 bleibt unberührt.

II　¹In Beschwerdeverfahren, in denen Gerichtsgebühren unabhängig vom Ausgang des Verfahrens nicht erhoben werden oder sich nicht nach dem Wert richten, ist der Wert unter Berücksichtigung des Interesses des Beschwerdeführers
nach Absatz 3 Satz 2 zu bestimmen, soweit sich aus diesem Gesetz nichts anderes ergibt. ²Der Gegenstandswert ist durch den Wert des zugrunde liegenden
Verfahrens begrenzt. ³In Verfahren über eine Erinnerung oder eine Rüge wegen
Verletzung des rechtlichen Gehörs richtet sich der Wert nach den für Beschwerdeverfahren geltenden Vorschriften.

III　¹Soweit sich aus diesem Gesetz nichts anderes ergibt, gelten in anderen
Angelegenheiten für den Gegenstandswert die Bewertungsvorschriften des Gerichts- und Notarkostengesetzes und die §§ 37, 38, 42 bis 45 sowie 99 bis 102
des Gerichts- und Notarkostengesetzes entsprechend. ²Soweit sich der Gegenstandswert aus diesen Vorschriften nicht ergibt und auch sonst nicht feststeht,
ist er nach billigem Ermessen zu bestimmen; in Ermangelung genügender tatsächlicher Anhaltspunkte für eine Schätzung und bei nichtvermögensrechtlichen
Gegenständen ist der Gegenstandswert mit 5000 Euro, nach Lage des Falles
niedriger oder höher, jedoch nicht über 500 000 Euro anzunehmen.

Schrifttum: *Bertelsmann,* Gegenstandswerte in arbeitsgerichtlichen Beschlußverfahren,
2000; *Brinkmann* JB **10**, 119; *Kallenbach* AnwBl **12**, 246 (je: Üb).

Gliederung

1) Systematik, I–III	1
2) Regelungszweck, I–III	2
3) Gerichtliches Verfahren, I, II	3–11
A. Begriff, I 1	3, 4
B. Beispiele zur Frage einer Anwendbarkeit von I 1	5
C. Festgebühr nach GKG oder FamGKG, I 2	6
D. Außergerichtliche prozeßbezogene Tätigkeit usw, I 3	7–9
E. Beispiele zur Frage einer außergerichtlichen prozeßbezogenen Tätigkeit, I 3	10
F. Maßgebliche Wertvorschriften, I 1–4	11
4) Beschwerdeverfahren, II	12
5) Andere Angelegenheit, III	13–22
A. Begriff, III 1	13
B. Beispiele zur Frage einer anderen Angelegenheit, III 1	14
C. Maßgebliche Wertvorschriften, III 1	15–17
D. Fehlen von Wertvorschriften, III 2	18
E. Beispiele zur Frage einer Anwendbarkeit von III 2	19
F. Ausgangswert: 5000 EUR, III 2	20
G. Wertabweichung, III 2	21
H. Beispiele zur Frage einer Wertabweichung, III 2	22

RVG § 23

1 **1) Systematik, I–III.** Die Vorschrift bestimmt zunächst allgemein die Regeln zur Ermittlung desjenigen Gegenstandswerts des Gegenstands nach § 15 Rn 12, nach dem sich die Gebühren des Anwalts richten. Ergänzend gelten §§ 24 ff für die dort genannten Tätigkeitsbereiche als vorrangige Sondervorschriften. Für das Wertfestsetzungsverfahren gelten §§ 32, 33. Man muß grundsätzlich unterscheiden, und zwar zwischen einem gerichtlichen Verfahren, einer solchen Tätigkeit, deren Gegenstand auch derjenige eines gerichtlichen Verfahrens sein könnte, und einer anderen Angelegenheit nach § 15 Rn 9 ff. Wegen der Hinweispflicht auf Wertgebühren Grdz 17 vor § 1.

2 **2) Regelungszweck, I–III.** I, II dienen der Vereinfachung und Vereinheitlichung bei der Wertermittlung vor Gericht. Man muß die Vorschrift daher so weit wie irgend vertretbar in diesem Sinn auslegen. III bezweckt im Bereich der Notwendigkeit einer solchen selbständigen Wertbemessung eine Abwägung zwischen einem Ermessens und festen Ermessensgrenzen. Letztere sind natürlich auch schon bei der Ermessensausübung mitbeachtbar. Man darf zB keinen Durchschnittsfall hart an der festen Obergrenze bewerten.

3 **3) Gerichtliches Verfahren, I, II.** Bei diesem Tätigkeitsbereich bestimmt der Streit- oder Geschäftswert für die Gerichtsgebühren grundsätzlich auch den Gegenstandswert für die Anwaltsgebühren. Man muß vier Aspekte beachten.
A. Begriff, I 1. Gerichtliches Verfahren ist jedes Verfahren vor einem Gericht irgendwelcher Art mit einem oder mehreren unabhängigen staatlichen Richtern nach Artt 92, 97 GG zur Herbeiführung einer Entscheidung, auch dasjenige der freiwilligen Gerichtsbarkeit, Enders JB 09, 281 (Üb). Es ist nur die Anwaltstätigkeit „in" dem Verfahren nötig, nicht eine solche direkt vor dem Gericht. Es reicht daher zB die Tätigkeit eines Verkehrsanwalts nach VV 3400. Es kommt nicht darauf an, ob das Verfahren vor dem Urkundsbeamten der Geschäftsstelle, dem Rpfl, dem Richter oder dem Gerichtsvollzieher bei einer Zwangsvollstreckung stattfindet. Das übersehen Ahlemeier/Pautz DGVZ 90, 39.

4 *„Verfahren"* ist dabei jeder durch Prozeßregeln geordnete Ablauf zwecks einer gerichtlichen Entscheidung oder Rechtsgestaltung oder Entscheidungsdurchsetzung. Jedes Verfahren hat seinen eigenen Wert, Hbg AnwBl 03, 114.
Mangels einer Gerichtsgebühr oder denn Wertabhängigkeit gilt III, Rn 13.

5 **B. Beispiele zur Frage einer Anwendbarkeit von I 1**
Arbeitssache: Anwendbar ist I 1 in einem solchen Verfahren, (jetzt) § 1 Z 5 GKG (vgl freilich auch § 2 II GKG), Teil I A dieses Buchs, BAG DB 00, 2436, LAG Bln MDR 03, 1021, LAG Mainz NZA-RR 07, 542. Wegen eines Ausschlusses eines Betriebsratsmitglieds LAG Hamm BB 85, 994 (zum alten Recht).
Betragsrahmengebühr: *Unanwendbar* ist I 1 bei einer solchen Gebühr nach Einl II A 12 etwa einer in Strafsache oder Sozialgerichtssache, aM BSG BB 78, 663 (aber das ist eine gänzlich andere Bewertungsmethode).
Betreuungssache: Anwendbar ist I 1 in einem solchen Verfahren, OVG Bautzen NVwZ-RR 16, 119 (Kindertagesstätte).
Betriebsrat: S „Arbeitssache".
Bürgerlicher Streit: Anwendbar ist I 1 in jedem solchen Prozeß.
Festgebühr: *Unanwendbar* ist I 1 hier. Es gilt Rn 6.
Finanzgericht: Anwendbar ist I 1 in einem solchen Verfahren.
Freiwillige Versteigerung: *Unanwendbar* ist I 1 außerhalb der Zwangsvollstreckung.
Gutachterausschuß: S „Verwaltungsbehörde".
Insolvenz: *Vorrang* hat § 28.
Landwirtschaftsgericht: Anwendbar ist I 1 in einem solchen Verfahren.
Mahnverfahren: Anwendbar ist I 1 bei §§ 688 ff ZPO, Karlsr JB 07, 428.
Nachlaßsache: Anwendbar ist I 1 in einem solchen Verfahren.
Räumung: S „Zwangsvollstreckung".
Registersache: Anwendbar sein kann I 1 in einer solchen Sache.
Schiffahrtsrechtliches Verteilungsverfahren: *Vorrang* hat § 29.
Sozialgericht: Anwendbar sein kann I 1 auch in einem solchen Verfahren.
  Vgl aber „Betragsrahmengebühr", „Festgebühr".
Spruchstelle: S „Verwaltungsbehörde".

Abschnitt 4. Gegenstandswert § 23 RVG

Unterbringung: Anwendbar ist I 1 in einem solchen Verfahren, LG Mü AnwBl **83**, 31.
Verfassungsgericht: Anwendbar ist I 1 in einem solchen Verfahren, OVG Münst FamRZ **08**, 800.
Verwaltungsbehörde: Anwendbar ist I 1 insoweit, als das Gesetz für eine anwaltige Tätigkeit vor einer nicht staatlichen Stelle ausdrücklich auf Gebührenvorschriften für gerichtliche Verfahren *verweist,* etwa in § 36 oder in VV amtliche Vorbemerkung 6.2 III. Denn dann muß man auch die zugehörige Bewertung ebenso wie bei einem gerichtlichen Verfahren vornehmen. Ferner mag ein Verwaltungsverfahren die notwendige Vorstufe eines Gerichtsverfahrens sein. Insoweit kann I 3 anwendbar sein.
    Unanwendbar ist I 1 grds bei einer Tätigkeit des Anwalts vor einer Verwaltungsbehörde oder vor einer Spruchstelle oder einem Gutachterausschuß und einem ähnlichen nichtgerichtlichen Spruchkörper, aM BayObLG AnwBl **03**, 182, auch nicht seine Mitwirkung bei einer Beurkundung oder Beglaubigung. Denn die letzteren Vorgänge stellen kein gerichtliches Verfahren dar.
    S auch Rn 7 ff.
Verwaltungsgericht: Anwendbar ist I 1 in einem solchen Verfahren, OVG Münst NVwZ-RR **10**, 999.
Zwangsversteigerung, Zwangsverwaltung: Anwendbar sein kann I 1 auch in einem solchen Verfahren nach § 869 ZPO usw. Es gibt aber eigene vorrangige Wertvorschriften nach §§ 26, 27, LG Bonn JB **80**, 887.
Zwangsvollstreckung: Anwendbar ist I 1 grds im Verfahren nach §§ 704 ff ZPO einschließlich einer Räumung nach § 885 ZPO, aM Ahlemeier/Pautz DGVZ **90**, 39.
    Vorrang hat aber § 25.

    C. Festgebühr nach GKG oder FamGKG, I 2. Oft nennt das GKG, Teil I A 6 dieses Buchs, eine Festgebühr nach Einl II A 14, zB in KV 1121, 1123, 1510. Dasselbe gilt beim FamGKG, Teil I B dieses Buchs, zB in KVFam 1311, 1312, 1600–1603, 1710 ff. Der Grundsatz der Anknüpfung an einen Streitwert würde dann unbrauchbar sein. Deshalb macht I 2 dann die Wertvorschriften des GKG oder FamGKG wenigstens entsprechend anwendbar.

    D. Außergerichtliche prozeßbezogene Tätigkeit usw, I 3. Die Vorschrift gilt, 7 soweit der Anwalt zB im Hinblick auf ein gerade in dieser und nicht nur in irgendeiner anderen Angelegenheit nach § 15 Rn 9 bevorstehendes oder bereits stattfindendes gerichtliches Verfahren und damit in einem inneren Zusammenhang mit ihm nach Rn 2–6 tätig wird, jedoch nicht gerade *in* ihm. Es kommt also nur darauf an, ob der Gegenstand seiner Tätigkeit erfahrungsgemäß und im allgemeinen auch der Gegenstand eines gerichtlichen Verfahrens sein könnte, Mü MDR **16**, 1415. Das ist so, soweit es um einen sachlichrechtlichen Anspruch geht. Dann richtet sich der Gegenstandswert ebenfalls nach den für das gerichtliche Verfahren voraussichtlich geltenden Vorschriften. Das gilt natürlich nur, soweit der Streitwert und der Gegenstandswert übereinstimmen, Bbg JB **81**, 923, Saarbr JB **91**, 835. Das Hauptanwendungsgebiet ist die Tätigkeit in dem ein gerichtliches Verfahren vorbereitenden Abschnitt sowie diejenige, die ein gerichtliches Verfahren vermeiden soll. Dabei ist eine weite Auslegung notwendig.
    Eine Gebühr entsteht für eine solche Tätigkeit allerdings nur dann, wenn der An- 8 walt *keinen Prozeßauftrag* erhält, sei es, daß sich die Angelegenheit ohne ein gerichtliches Verfahren erledigt, sei es, daß der Anwalt in dem anschließenden gerichtlichen Verfahren nicht tätig werden soll und auch nicht tätig wird. Soweit er im gerichtlichen Verfahren tätig wird, muß man nach VV amtliche Vorbemerkung 3 IV 1 die Gebühr für die vorangehende oder gleichzeitige außergerichtliche Tätigkeit unter Umständen auf die Verfahrensgebühr für das gerichtliche Verfahren anrechnen.
    Soweit eine Klageeinreichung nach § 42 V GKG *fehlt,* kann man auf die erste Gel- 9 tendmachung des Anspruchs oder auf die Erledigung abstellen.

    E. Beispiele zur Frage einer außergerichtlichen prozeßbezogenen Tätig- 10 **keit, I 3**
Allgemeine Geschäftsbedingungen: *Nicht* hierher gehört ihr Entwurf mangels ausreichenden Zusammenhangs mit einem konkreten Verfahren.

Aufhebungsvertrag: Hierher gehört ein solcher die Kündigung des Arbeitgebers vermeidender Vorgang, BAG DB **00**, 2436.
Auskunft: Hierher gehört eine Auskunft wegen eines bevorstehenden Verfahrens, BGH NJW **07**, 2051 (Räumung).
  Nicht hierher gehört dergleichen außerhalb eines Gerichtsverfahren(splans).
Aussöhnungsversuch: Hierher gehört eine solche Bemühung.
Einigungsversuch: Hierher gehört der Versuch einer gütlichen Einigung.
Erbteilung: Hierher gehört wegen § 2042 BGB ein Erbteilungsvorschlag.
Folgesache: Hierher gehört die Verhandlung in einer beliebigen Scheidungsfolgesache nach §§ 137 ff FamFG.
Kündigung: Hierher gehört ein solcher Vorgang beliebigen Ursprungs, OVG Lüneb JB **14**, 305 (Schwerbehinderter), GSchm 25, RS 11, differenzierend GS 24, aM Schneider MDR **00**, 685 (aber es kann zB die Wirksamkeit einer Kündigung ein tragender rechtskraftfähiger Bestandteil eines Räumungsurteils sein und beim Feststellungsurteil auf eine Beendigung des Mietverhältnisses ebenso wirken).
Mahnung: Hierher gehört ein solcher Vorgang beliebigen Ursprungs.
Rat: Es gilt dasselbe wie bei einer „Auskunft".
Rechtsmittel: Hierher gehört das Abraten von einem Rechtsmittel.
Sanierungsversuch: Hierher gehört eine solche Bemühung.
Vergleich: Hierher gehört ein außergerichtlicher Vergleich nach § 779 BGB.
Vertragsentwurf: *Nicht* hierher gehört eine solche Tätigkeit nach VV 2300.
Vorbereitung: Hierher gehört die Vorbereitung zB einer Klage oder einer Rechtsverteidigung.
Vorverfahren: Hierher gehört ein Einspruchs-, Widerspruchs- oder Beschwerdeverfahren als Vorstufe für ein auch nur evtl nachfolgendes verwaltungs- oder finanzgerichtliches Verfahren, OVG Bln NJW **82**, 2517.
Zahlungsaufforderung: Hierher gehört eine solche Aufforderung. Das gilt selbst dann, wenn der Anwalt derzeit noch nicht klagen soll.
Zwangsvollstreckung: Hierher gehört die Vorankündigung eines solchen Verfahrens gegen den Fiskus nach § 882a ZPO.

11 **F. Maßgebliche Wertvorschriften, I 1–4.** Vgl im einzelnen §§ 39 ff GKG, 33 ff FamGKG, Teile I A, B dieses Buchs, und die in den Anh nach §§ 48, 51, 52 GKG kommentierten weiteren Vorschriften der ZPO, der InsO usw, ferner § 83 GNotKG, Teil III dieses Buchs, LG Mü AnwBl **83**, 31 auch in Verbindung mit § 34 LwVG, Teil IV dieses Buchs. Die Regelung ist verfassungsgemäß. Das gilt insbesondere insoweit, als er auch auf die Einkommens- und Vermögensverhältnisse der Parteien oder Beteiligten abstellt, BVerfG BGBl **89**, 1301 = BVerfG **80**, 106. I 4 verweist überflüssigerweise auf den ohnehin geltenden § 22 II 2. Das bedeutet nicht etwa, daß § 22 II 1 unanwendbar wäre. Denn auch diese Vorschrift gilt außerhalb einer wirksamen Wertvereinbarung allgemein. Grundsätzlich bleibt unbeachtbar, in welcher Instanz das Verfahren abläuft, BPatG GRUR **12**, 1176.

12 **4) Beschwerdeverfahren, II.** Es handelt sich um Klarstellungen dahin, daß der Anwalt auch dann Wertgebühren fordern kann, wenn seine Tätigkeit in einem solchen Verfahrensabschnitt erfolgt, für den es entweder keine Gerichtsgebühr oder nur eine wertunabhängige Gerichtsgebühr gibt oder für die eine gerichtliche Festgebühr entsteht. Es gilt dann nach II 1 grds die Verweisung auf III 2 mit einer Berücksichtigung des wirtschaftlichen Interesses des Beschwerdeführers, OVG Bautzen NVwZ-RR **10**, 207, und mit der in II 2 genannten Begrenzung. II 3 verweist für den Wert einer Erinnerung oder der Rüge der Verletzung des rechtlichen Gehörs nach § 12a GKG, § 44 FamFG, Teile I A, B dieses Buchs, auf die Regeln zum Beschwerdeverfahren. Maßgeblich sind nicht die vom Beschwerdeführer behaupteten Verhältnisse, sondern die evtl vom Sachverständigen ermittelten tatsächlichen, BGH MDR **05**, 1194.

13 **5) Andere Angelegenheit, III.** Soweit es für die Gerichtsgebühren des gerichtlichen Verfahrens keine Wertvorschriften gibt, muß man den Gegenstandswert nach (jetzt) III bestimmen, BayObLG FamRZ **99**, 604 (zu [jetzt] § 107 FamFG). Das gilt vor allem dann, wenn das Verfahren gerichtsgebührenfrei ist, Düss JB **93**, 554, Brdb FamRZ **06**, 1860 links, LG Hann JB **87**, 231, aM LAG Bre MDR **86**, 260, VGH Mü BayVBl **82**, 60 (aber das ist gerade ein typischer Fall). Es gilt auch dann, wenn sich die

Gerichtsgebühr nicht nach einem Streitwert, Geschäftswert usw richtet, sondern wenn sie zB eine Rahmengebühr nach Einl II A 12 darstellt. Insofern gelten jedoch vielfach Sonderregeln. Ratsam ist eine Honorarvereinbarung nach § 3 a. Mangels einer solchen Vereinbarung sollte man in drei Prüfschritten vorgehen.

A. Begriff, III 1. III ist eine Auffangvorschrift, LAG Bre AnwBl **84**, 165, LAG Kiel JB **07**, 258 links Mitte. Das wird schon durch die Formulierung „soweit sich aus diesem Gesetz nichts anderes ergibt" und durch das Wort „andere" deutlich. Man muß also zunächst prüfen, ob ein gerichtliches Verfahren mit wertabhängigen Gebühren nach Rn 2, 11 vorliegt oder ob es sich um eine der Tätigkeiten Rn 7–10 handelt. Erst wenn beides nicht so ist, liegt eine andere Angelegenheit nach III 1 vor.

Man muß also auch darauf achten, daß diejenige Tätigkeit des Anwalts, die einem gerichtlichen Verfahren *vorausgeht* oder die sich lediglich in einer außergerichtlichen Förderung eines gerichtlichen Verfahrens erstreckt, evtl gemäß I 3 nach den für das gerichtliche Verfahren geltenden Wertvorschriften und nicht etwa nach III bewertbar ist. Es kommt also nicht nur darauf an, ob der Anwalt auch unmittelbar vor einem Gericht tätig geworden ist.

B. Beispiele zur Frage einer anderen Angelegenheit, III 1   **14**

Aufhebungsverhandlung: Nach III gehört eine Verhandlung zwecks Aufhebung eines Arbeitsverhältnisses, LAG Köln MDR **97**, 600, AG Hbg AnwBl **89**, 241.
Außergerichtlicher Streit: Nach III gehört die Vertretung eines Beteiligten bei einer solchen Auseinandersetzung, Stecher FamRZ **89**, 1038.
Beratung: Nach III gehört eine außergerichtliche Beratung.
Betriebsratsanfechtung: Nach III gehört die Anfechtung einer Wahl eines Betriebsrats, LAG Hamm NZA-RR **05**, 435 links.
Betriebsratsauflösung: Nach III gehört der Streit um die Auflösung eines Betriebsrats, LAG Bln-Brdb NZA **10**, 967, LAG Köln JB **98**, 366.
Betriebsratsbüro: Nach III gehört der Streit um ein Büro für den Betriebsrat, ArbG Stralsund JB **01**, 594.
Betriebsratsfreistellung: Nach III gehört der Streit um die weitere Freistellung eines Betriebsratsmitglieds, LAG Düss JB **92**, 94, oder eine Freistellung an einem bestimmten Einzeltag, LAG Köln NZA-RR **07**, 605.
Betriebsratskündigung: Nach III gehört der Streit um die Ersetzung der Zustimmung zur Kündigung eines Mitglieds des Betriebsrats, LAG Nürnb JB **01**, 595.
Betriebsratswahl – Abbruch: Derzeit 10 000 EUR, LAG Kiel NZA-RR **14**, 495.
Erbvertrag: Nach III gehört seine Anfechtung.
Gebrauchsmuster-Löschungsverfahren: III ist anwendbar, BPatG JB **17**, 74 (sehr ausf).
Kooperationsvertrag: Nach III gehört eine Mitwirkung an ihm, BGH VersR **89**, 103 (abl Madert AnwBl **90**, 223).
Personalvertretungs-Beschlußverfahren: Nach III gehört der Streit um ein Beschlußverfahren zur Personalvertretung OVG Greifsw NVwZ-RR **04**, 159, OVG Magdeb JB **07**, 427.
Sozialplan: Nach III gehört der Streit um die Anfechtung eines Sozialplans, BAG NZA **05**, 1136, LAG Düss JB **02**, 314, oder der Streit um eine Zusatzleistung, BAG NZA **17**, 518.
Streitbeendigung: Es gilt dasselbe wie beim „Vergleich".
Testamentsentwurf: Nach III gehört eine solche Tätigkeit.
Umgruppierung: Nach III gehört der Streit um eine Umgruppierung, LAG Hamm NZA-RR **05**, 435 rechts.
Vergleich: *Nicht* nach III, sondern nach I 3 gehört ein solcher streitbeendender Vorgang.
Vertragsentwurf: Nach III gehört der Entwurf oder die Verhandlung über einen Vertrag, Stecher FamRZ **89**, 1038.

C. Maßgebliche Wertvorschriften, III 1. Man vergleiche die dort genannten   **15** Vorschriften des GNotKG, Teil III dieses Buchs. Der maßgebende Zeitpunkt für die Bewertung ist derjenige, in dem der Anwalt die Gebühren verdient, nicht derjenige der Fälligkeit nach § 8. Das Gericht prüft im Rahmen eines pflichtgemäßen Ermessens, ob man Verbindlichkeiten abziehen muß, Hamm FamRZ **11**, 242. Ein Abzug ist insoweit berechtigt, als die Beteiligten eine Verbindlichkeit bei der Beratungstätigkeit usw als feststehend angesehen hatten. Das ist regelmäßig bei einer öffentlichen Last so. Wenn die Verbindlichkeit aber ein Gegenstand der beratenden Tätigkeit des Anwalts war, darf man sie nicht abziehen. Eine rückwirkende nachträgliche Änderung des Einheitswerts kann sich auch hier auswirken, Karlsr JB **82**, 112. „Bei" der Bestellung nach § 43 S 1 GNotKG, Teil III dieses Buchs, wird der Anwalt auch dann tätig, wenn es nicht zu ihr kommt.

16 Während bei der Bewertung in einem *gerichtlichen* Verfahren oder der nach I 3 wertmäßig gleichstehenden Tätigkeit sämtliche Wertvorschriften des GNotKG anwendbar sind, darf man in einer *anderen Angelegenheit* nach III nur die in III 1 genannten abschließend aufgezählten Wertvorschriften des GNotKG heranziehen. Andernfalls muß man eine Schätzung nach III 2 vornehmen. Bei einem Leistungsaustauschvertrag kann man jede Anwaltstätigkeit zwecks des Abschlusses eines Austauschvertrags einbeziehen.

17 Manche gehen bei einer Veräußerung eines *Geschäftsanteils* von seinem objektiven Wert aus und errechnen diesen im allgemeinen aus dem Endpreis, aM Schmidt NJW **75**, 1418. Bei der Neufassung eines Gesellschaftsvertrags muß man alle Einlagen und den Firmenwert zusammenziehen, auch wenn der Anwalt nur einen einzelnen Gesellschafter vertritt, Stgt AnwBl **76**, 440, aM BGH MDR **95**, 319 (aber der Anwalt hat eine Mitverantwortung an der Neugestaltung des gesamten Rechtsverhältnisses). Bei der Mitwirkung an einer Kooperationsvereinbarung ist ein Bruchteil des Umsatzes angemessen, BGH VersR **89**, 103.

18 **D. Fehlen von Wertvorschriften, III 2.** Soweit sich der Gegenstandswert nicht aus den in III 1 genannten Vorschriften ergibt und soweit er auch wirklich nicht sonst feststeht, gilt III 2 als eine Auffangvorschrift, BPatG GRUR-RR **15**, 230, Mü NZM **17**, 94, Brinckmann JB **10**, 120. Das Gericht muß den Wert dann nach seinem „billigen" und in Wahrheit wie stets pflichtgemäßen Ermessen durch eine Schätzung bestimmen, BAG NZA **17**, 518, BPatG JB **17**, 74 (sehr ausf). Soweit es sich eindeutig um eine bestimmte Summe handelt, etwa bei einem Darlehen, einer Schenkung oder einer Steuererklärung, steht der Gegenstandswert fest, LAG Bre AnwBl **84**, 165, aM Mümmler JB **90**, 949, Schall AnwBl **91**, 614 (aber bei einer selbst nur schwierig erkennbaren eindeutigen Summe bleibt kein Platz für eine andere Bewertung). Eine Ausnahme mag bei einem weit übersetzten Scheinantrag vorliegen.

Oft liegen *keine genügenden* tatsächlichen *Anhaltspunkte* für eine pflichtgemäße Schätzung vor oder es handelt sich um eine nichtvermögensrechtliche Angelegenheit nach § 36 II GNotKG, Teil III dieses Buchs, LAG Köln NZA-RR **08**, 541, LAG Nürnb NZA-RR **06**, 491, LAG Stgt JB **92**, 601. Dann richtet sich der Wert nach dem Schwierigkeitsgrad und dem Umfang der Anwaltstätigkeit, LAG Bre NZA **07**, 1390. Man muß das wirtschaftliche Interesse des Antragstellers mitbeachten, BPatG GRUR-RR **15**, 230, OVG Lüneb NVwZ-RR **11**, 423. Es beträgt der Gegenstandswert grundsätzlich 5000 EUR, (jetzt) III 2 Hs 2, BGH JB **07**, 315, BAG NZA **17**, 518, OVG Mü NZM **17**, 94.

19 **E. Beispiele zur Frage einer Anwendbarkeit von III 2**
Arbeitgebervertreter: III 2 gilt bei der Beleidigung eines solchen Funktionärs, LAG Stgt NZA-RR **08**, 93.
Bebauungsplan: Meist nicht gilt III 2 in einem solchen Streit.
Beschlußverfahren des Arbeitsgerichts: Vgl zB auch BAG BB **00**, 516, LAG Hbg NZA-RR **05**, 210, LAG Nürnb NZA-RR **06**, 491, ferner § 30 KostO Rn 59 ff, Teil III dieses Buchs.
Betreuungsverfahren: III 2 gilt hier, LG Ffm NZFam **15**, 786.
Betriebsratsgröße: Sie ist unbeachtbar, LAG Kiel NZA-RR **15**, 157, VGH Mü JB **00**, 534, aM LAG Köln MDR **05**, 342.
Betriebsratsvorsitzender: III 2 gilt beim Streit um ein Zutrittsrecht dieses Funktionärs, LAG Hamm NZA-RR **07**, 153.
Betriebsratszutritt: Maßgebend ist III 2, nicht eine Monatsvergütung, LAG Hbg NZA-RR **27**, 317.
BetrVG: III 2 gilt zB in einem Verfahren nach
§ 5 III, IV BetrVG, LAG Hbg JB **12**, 308, LAG Hamm NZA-RR **16**, 610;

Abschnitt 4. Gegenstandswert　　　　　　　　　　　　　　　　§ 23 RVG

§ 9 BetrVG, LAG Hbg NZA-RR **16**, 159 (bis 20 Beschäftigte), LAG Köln NZA-RR **08**, 541;
§ 19 BetrVG, LAG Hamm JB **12**, 532, aM LAG Drsd NZA-RR **15**, 56 (evtl 20 000 EUR);
§ 23 I BetrVG, LAG Nürnb JB **14**, 77;
§ 37 VI BetrVG, LAG Drsd NZA-RR **14**, 497, LAG Düss JB **17**, 199, LAG Kiel NZA-RR **14**, 97;
§ 38 BetrVG, LAG Kiel NZA-RR **08**, 93;
§ 40 BetrVG, LAG Bln-Brdb JB **14**, 586;
§ 48 III 1 BetrVG, LAG Stgt JB **11**, 595;
§ 76 II BetrVG, LAG Bln NZA-RR **04**, 342, LAG Erfurt JB **97**, 421, LAG Mü DB **83**, 2044;
§ 77 VI BetrVG, LAG Hamm NZA-RR **06**, 154;
§ 78 IV Z 2 BetrVG, LAG Hbg NZA-RR **07**, 154;
§ 87 I Z 1 BetrVG, LAG Hamm NZA-RR **06**, 96;
§ 87 I Z 2 BetrVG, LAG Köln NZA-RR **07**, 152;
§ 87 I Z 3 BetrVG, LAG Mainz NZA-RR **08**, 376;
§ 87 I Z 10, 11 BetrVG, LAG Mainz NZA-RR **07**, 658;
§ 99 I 1 BetrVG, LAG Hbg JB **14**, 22, LAG Kiel NZA **15**, 1344;
§ 99 IV BetrVG, LAG Drsd NZA-RR **15**, 96, LAG Kiel NZA-RR **15**, 665, LAG Köln NZA-RR **15**, 100, aM LAG Hbg NZA-RR **13**, 432 (§ 33, Monatsgehalt), LAG Hamm NZA-RR **15**, 49 (§ 42 II GKG), LAG Nürnb NZA-RR **14**, 212 (nach Einstellungsdauer $1/3$–$1/1$-Hilfswert);
§ 100 II 3 BetrVG: wie bei § 99 IV BetrVG, LAG Stgt NZA-RR **10**, 102, aM LAG Hbg NZA-RR **13**, 432 (0,5 Monatsgehalt);
§ 103 II BetrVG: LAG Hbg NZA-RR **11**, 489, LAG Mainz NZA-RR **11**, 215;
§§ 111 ff BetrVG, LAG Düss NZA-RR **09**, 276, LAG Hamm NZA-RR **11**, 271, OVG Lüneb JB **14**, 484.
Einigungsstelle: III 2 gilt bei einer Anfechtung des Spruchs einer solchen Stelle, LAG Hbg JB **12**, 364, LAG Hamm NZA-RR **14**, 385 (grds 5000 EUR, evtl Abzug), LAG Mainz NZA-RR **07**, 380 (2–3facher Ausgangswert).
FamFG: III 2 gilt bei § 107 FamFG, (zum alten Recht) BayObLG FamRZ **99**, 604. Im Vermittlungsverfahren nach (jetzt) § 165 FamFG mag (jetzt) § 36 GNotKG entsprechend anwendbar sein, Nürnb JB **06**, 200 (3000 EUR), Brdb FamRZ **06**, 1860 links (1.000 EUR).
Jugendhilfe: III 2 gilt, OVG Lüneb JB **14**, 145.
Lizenzgebühr: III 2 gilt bei einer umsatzabhängigen solchen Gebühr.
Personalvertretung: 5000 EUR, OVG Lüneb JB **14**, 144, aber auch 15 000 EUR, OVG Bln-Brdb NZA-RR **17**, 41. VGH Mü NVwZ-RR **17**, 799 wendet 5000 EUR auch bei einem Massenverfahren an (–?–)
Rundfunkgebühr: III 2 gilt im Streit um Befreiung von ihr, OVG Lüneb JB **09**, 539.
Unterlassung: III 2 gilt beim Filesharing, BGH GRUR-RR **17**, 426 (15 000 EUR). VGH Mü NZA-RR **17**, 439 (auch im Massenverfahren).
Urheberrecht: III 2 gilt auch bei einer Abmahnung wegen Filesharings, BGH GRUR-RR **17**, 496 (doppelte Lizenzgebühr).
VwGO: III 2 gilt im gerichtskostenfreien verwaltungsgerichtlichen Verfahren, VG Hann NVwZ-RR **09**, 224 (kein Rückgriff auf § 52 II GKG).

F. Ausgangswert: 5000 EUR, III 2. Der Wert von 5000 EUR ist kein Regelwert, sondern ein bloßer Ausgangs- oder Hilfswert, BAG NZA **17**, 518, LAG Hbg JB **12**, 308, LAG Mainz NZA-RR **11**, 215, aM LAG Kiel JB **01**, 643 (aber schon der Gesetzestext zeigt den bloßen Hilfscharakter). 20

G. Wertabweichung, III 2. Er kann nach der Lage des Einzelfalls niedriger oder höher liegen. Eine Abweichung vom Ausgangswert ist aber nicht stets schon wegen einer grundsätzlichen Bedeutung der Sache nötig, LAG Bre BB **79**, 1096, LAG Mainz NZA-RR **05**, 385. Der Aufwand des Gerichts oder eines ProzBev oder VerfBev ist nicht maßgebend, sondern nur die Bedeutung der Sache, LAG Kiel JB **07**, 258 links Mitte. Beim Zusammentreffen eines vermögensrechtlichen und eines nichtvermögensrechtlichen Gegenstands nach § 48 GKG Rn 6 ff, Teil I A dieses Buchs, 21 muß man die Werte nach § 22 I zusammenrechnen. Jeder Anspruch hat überhaupt grundsätzlich seinen eigenen Wert, LAG Köln NZA-RR **08**, 158. 500 000 EUR sind nach III 2 lt Hs stets der Höchstsatz, BAG NZA **17**, 518.

22 **Beispiele zur Frage einer Wertabweichung, III 2**
1250 EUR: LAG Mainz JG **16**, 358.
1333 EUR: LAG Düss NZA-RR **07**, 265.
2000 EUR: LAG Kiel NZA-RR **07**, 659 (§ 100 BetrVG).
3000 EUR: LAG Köln NZA-RR **07**, 31.
5000 EUR: BVerwG JB **12**, 197.
8000 EUR: LAG Hbg NZA-RR **11**, 488 links, LAG Mainz NZA-RR **07**, 539.
12000 EUR: LAG Kiel NZA-RR **06**, 660 (Eilverfahren), LAG Köln NZA-RR **07**, 152.
20 000 EUR: BPatG GRUR-RR **15**, 230 (markenrechtliches Widerspruch – Beschwerdeverfahren), LAG Köln NZA-RR **07**, 381 (Unwirksamkeit einer Gesamtbetriebsratsvereinbarung).
25 000 EUR: BPatG JB **12**, 310 (markenrechtliche Löschung – Beschwerdeverfahren).
50 000 EUR: BPatG GRUR-RR **16**, 382 (markenrechtlicher Widerspruch).
10 000 000 EUR: BGH GRUR **17**, 320.

Gegenstandswert im Verfahren über die Prozesskostenhilfe

23a ^I Im Verfahren über die Bewilligung der Prozesskostenhilfe oder die Aufhebung der Bewilligung nach § 124 Absatz 1 Nummer 1 der Zivilprozessordnung bestimmt sich der Gegenstandswert nach dem für die Hauptsache maßgebenden Wert; im Übrigen ist er nach dem Kosteninteresse nach billigem Ermessen zu bestimmen.

^{II} Der Wert nach Absatz 1 und der Wert für das Verfahren, für das die Prozesskostenhilfe beantragt worden ist, werden nicht zusammengerechnet.

1 **1) Systematik, Regelungszweck, I, II.** Die Vorschrift nennt die Wertregeln zu VV 3335 entsprechend dem jetzigen Aufbau des RVG nicht mehr wie früher als amtliche Anmerkung I, II, sondern in einer eigenständigen Fassung. Sie dient demselben Zweck wie VV 3335 Rn 2–5.

2 **2) Gegenstandswert, I.** Es handelt sich um eine vorrangige Spezialregelung, (je zum alten Recht) BayObLG JB **90**, 1640, Kblz JB **92**, 325, LG Hann MDR **93**, 391. Im Bewilligungs- wie im Aufhebungsverfahren nur oder zumindest auch nach § 124 Z 1 ZPO ist als Gegenstandswert der Wert der Hauptsache für die Anwaltskosten maßgeblich, (jetzt) I Hs 1, Kblz JB **92**, 325, LG Hann MDR **93**, 391, OVG Hbg NVwZ-RR **07**, 638. Das gilt auch im dazu gehörigen Beschwerdeverfahren, BGH MDR **10**, 1350 (verwechselt Streitwert und Gegenstandswert), Ffm JB **92**, 98, Mü JB **06**, 596. Es gilt grundsätzlich auch bei einer Ratenzahlungsanordnung usw nach (jetzt) §§ 120 I, III, 120a ZPO, aM Ffm JB **88**, 1375, Kblz JB **93**, 423 (aber auch dann geht es zunächst um die Gesamtbelastung und erst zweitrangig um die Art ihrer Bezahlung). Bei einer nur teilweisen Bewilligung ist natürlich auch nur dieser Hauptsacheteil maßgeblich, Enders JB **97**, 451. In allen übrigen Fällen und daher auch zB im Aufhebungsverfahren nur nach § 124 Z 2–4 ZPO oder im Beschwerdeverfahren nach § 127 nur wegen der Ratenhöhe ist nach I Hs 2 das Kosteninteresse maßgeblich und nach einem billigen Ermessen bestimmbar. In Wahrheit ist auch das „billige" Interesse ein pflichtgemäßes, wenn auch weit gespanntes. Es kommt dann also darauf an, welche Kosten die Partei bei einer Prozesskostenhilfe sparen würde. Dabei darf und muß man natürlich diese Kosten schätzen, soweit sie noch nicht feststehen.

3) Keine Wertzusammenrechnung, II. Trotz unterschiedlicher Gegenstände zwischen dem Bewilligungs- und dem Hauptsacheverfahren darf man bei der jeweiligen Verfahrensgebühr keine Wertzusammenrechnung vornehmen. Etwas anderes kann bei den übrigen Gebührenarten gelten.

Abschnitt 4. Gegenstandswert §§ 23b–25 RVG

Gegenstandswert im Musterverfahren nach dem Kapitalanleger-Musterverfahrensgesetz

23b Im Musterverfahren nach dem Kapitalanleger-Musterverfahrensgesetz bestimmt sich der Gegenstandswert nach der Höhe des von dem Auftraggeber oder gegen diesen im Ausgangsverfahren geltend gemachten Anspruchs, soweit dieser Gegenstand des Musterverfahrens ist.

1) Geltungsbereich. Es geht um das Verfahren nach §§ 1ff KapMuG, abgedruckt bei BLAH SchlAnh VIII. § 23b gilt sowohl im erstinstanzlichen Verfahren vor dem OLG als auch im Rechtsbeschwerdeverfahren gegen den Musterentscheid vor dem BGH nach § 26 KapMuG. 1

2) Gegenstandswert: Höhe des Klaganspruchs. Maßgebend ist der Anspruch 2 des Ausgangsverfahrens. Natürlich kommt es nur auf denjenigen Teil des Klaganspruchs an, der überhaupt einen Anlaß zu einem Musterverfahrensantrag nach § 2 KapMuG gegeben hat. Dessen Wert muß man im einzelnen wie stets nach §§ 3ff ZPO usw berechnen, Anh § 48 GKG, Teil I A dieses Buchs, BGH WertpMitt 16, 255.

Gegenstandswert im Sanierungs- und Reorganisationsverfahren nach dem Kreditinstitute-Reorganisationsgesetz

24 Ist der Auftrag im Sanierungs- und Reorganisationsverfahren von einem Gläubiger erteilt, bestimmt sich der Wert nach dem Nennwert der Forderung.

1) Systematik, Regelungszweck. Es handelt sich zusammen mit § 23a GKG 1 (Kostenschuldner), § 53a GKG (Streitwert) und KV 1650–1653 (Gerichtsgebühren), Teil I A dieses Buchs, um eine vorrangige Spezialregelung.

2) Wert: Nennbetrag der Forderung. Die Vorschrift gilt nur, soweit gerade ein 2 Gläubiger einen Auftrag im Verfahren nach dem KredReorgG (Art 1 RestrukturierungsG) erteilt hat, nicht ein anderer Beteiligter nach dem KredReorgG. Im letzteren Fall bleibt es wegen der Unanwendbarkeit des nach Rn 1 eng auslegbaren § 24 bei den sonstigen Vorschriften zum Gegenstandswert nach §§ 22ff.

Gegenstandswert in der Vollstreckung und bei der Vollziehung

25 ¹ In der Zwangsvollstreckung, in der Vollstreckung, in Verfahren des Verwaltungszwangs und bei der Vollziehung eines Arrests oder einer einstweiligen Verfügung bestimmt sich der Gegenstandswert
1. nach dem Betrag der zu vollstreckenden Geldforderung einschließlich der Nebenforderungen; soll ein bestimmter Gegenstand gepfändet werden und hat dieser einen geringeren Wert, ist der geringere Wert maßgebend; wird künftig fällig werdendes Arbeitseinkommen nach § 850d Abs. 3 der Zivilprozessordnung gepfändet, sind die noch nicht fälligen Ansprüche nach § 51 Abs. 1 Satz 1 des Gesetzes über Gerichtskosten in Familiensachen und § 9 der Zivilprozessordnung zu bewerten; im Verteilungsverfahren (§ 858 Abs. 5, §§ 872 bis 877 und 882 der Zivilprozessordnung) ist höchstens der zu verteilende Geldbetrag maßgebend;
2. nach dem Wert der herauszugebenden oder zu leistenden Sachen; der Gegenstandswert darf jedoch den Wert nicht übersteigen, mit dem der Herausgabe- oder Räumungsanspruch nach den für die Berechnung von Gerichtskosten maßgeblichen Vorschriften zu bewerten ist;
3. nach dem Wert, den die zu erwirkende Handlung, Duldung oder Unterlassung für den Gläubiger hat, und
4. in Verfahren über die Erteilung der Vermögensauskunft nach § 802c der Zivilprozessordnung nach dem Betrag, der einschließlich der Nebenforderun-

gen aus dem Vollstreckungstitel noch geschuldet wird; der Wert beträgt jedoch höchstens 2000 Euro.

II In Verfahren über Anträge des Schuldners ist der Wert nach dem Interesse des Antragstellers nach billigem Ermessen zu bestimmen.

Gliederung

1) Systematik, I, II	1
2) Regelungszweck, I, II	2
3) Geltungsbereich: Zwangsvollstreckung, Vollziehung, I, II	3
4) Gegenstandswert I, II	4–14
A. Forderung, bestimmter Gegenstand, I Z 1 Hs 1, 2	5, 6
B. Künftiges Arbeitseinkommen, I Z 1 Hs 3	7
C. Zwangsversteigerung, Verteilungsverfahren, I Z 1 Hs 4	8
D. Herausgabe, Räumung, Sachleistung: Grundsätzlich Sachwert, I Z 2 Hs 1	9
E. Herausgabe, Räumung: Höchstens GKG-Wert, I Z 2 Hs 2	10
F. Handlung, Duldung, Unterlassung, I Z 3	11
G. Vermögensauskunft: Grundsätzlich noch geschuldete Summe, I Z 4 Hs 1	12
H. Vermögensauskunft: Höchstwert 2000 EUR, I Z 4 Hs 2	13
I. Schuldnerantrag, II	14

1 **1) Systematik, I, II.** Die Vorschrift regelt die Bewertung, VV 3309, 3310 regeln die Gebührenarten und -höhen in der Zwangsvollstreckung nach §§ 704 ff ZPO usw. I Z 2 hat den Vorrang vor Z 1, LG Hbg JB **01**, 110.

2 **2) Regelungszweck, I, II.** Die Vorschrift dient zusammen mit §§ 16–18 einer einigermaßen gerechten Erfassung und Bewertung der außerordentlich unterschiedlich gearteten und durchaus unterschiedlich schwierigen Tätigkeiten des Anwalts in der Zwangsvollstreckung. Im Bemühen um eine Kostengerechtigkeit ist eine auch in diesem Abwicklungsstadium zwecks Prozeßwirtschaftlichkeit wünschenswerte wie problematische Fallaufzählung entstanden. Sie verwirrt oft. Man sollte diese Unklarheiten nicht auf dem Rücken des Anwalts austragen.

3 **3) Geltungsbereich: Zwangsvollstreckung, Vollziehung I, II.** Es gilt dasselbe wie bei VV amtliche Vorbemerkung 3.3.3. Die Vorschrift gilt also auch beim Vollzug eines Arrests oder einer einstweiligen Verfügung nach §§ 929, 936 ZPO mit einer Wertobergrenze Anordnungsverfahren, KG Rpfleger **91**, 126, Karlsr Rpfleger **99**, 509. Sie gilt auch im Verwaltungsverfahren, Schneider NJW **14**, 523.

4 **4) Gegenstandswert, I, II.** Vgl zunächst Anh I nach § 48 GKG: § 3 ZPO Rn 12 „Arrest", Rn 132 „Vollstreckbarerklärung", Rn 133 „Vollstreckungsabwehrklage", Rn 134 „Vollstreckungsschutz", Rn 135 „Vormerkung", Rn 144 „Zwangsvollstreckung", je Teil I dieses Buchs.

Soweit es um eine *Zwangsvollstreckung* geht, enthalten I, II vorrangige Wertvorschriften.

5 **A. Forderung, bestimmter Gegenstand, I Z 1 Hs 1, 2.** Nach diesen Vorschriften bestimmt sich unabhängig vom Erfolg grundsätzlich der Gegenstandswert je Vollstreckungsverfahren (Angelegenheit) nach dem Betrag der zu vollstreckenden Geldforderung, LG Hbg AnwBl **06**, 499, und zwar abweichend von § 43 I GKG und von § 37 I FamGKG, Teile I A, B dieses Buchs, einschließlich der Nebenforderungen, also einschließlich der bis zur Einziehung laufenden Zinsen, Mümmler JB **75**, 395, RS 4, aM BJBCMU 6 (aber man darf und muß evtl schätzen, wie zB bei Rn 12). Bei mehreren Drittschuldnern nach § 840 ZPO muß man addieren, AG Bln-Mitte JB **09**, 606, aM AG Mosbach Rpfleger **10**, 530. Hierher gehören ferner die Kosten des Erkenntnisverfahrens und der früheren Zwangsvollstreckung, nicht der jetzigen, aM Köln MDR **76**, 323.

„*Gegenstand*" ist auch ein Recht oder eine Forderung, Brdb Rpfleger **17**, 42, LG Hbg JB **01**, 110, LG Kiel JB **91**, 1198, aM AG Chemnitz AGS **95**, 92. Maßgebend ist ihre objektive Höhe.

„*Zu vollstrecken*" ist derjenige Anspruch, dessentwegen die Vollstreckung jetzt erfolgen soll, nicht etwa stets derjenige, über den der Vollstreckungstitel lautet, LG Kiel JB **91**, 1199. Deshalb kommt auch bei einer ins Leere gehenden Pfändung keineswegs ein Wert von 0 EUR und daher auch keineswegs nur die Mindestgebühr nach

Abschnitt 4. Gegenstandswert § 25 RVG

(jetzt) § 13 II in Betracht, Karlsr Rpfleger **11**, 224, Naumb RR **14**, 1151, LG Mannh JB **15**, 328, aM Brdb Rpfleger **17**, 42, Köln Rpfleger **01**, 152, LG Hbg JB **01**, 110 (je: systemwidrig). Soweit der Gläubiger zulässigerweise nur wegen eines Teils des Titels vollstrecken läßt, ist auch nur dieser Teil der Gegenstand der Vollstreckung. Eine unvollständige Befriedigung des Gläubigers ändert am Wert nichts, Naumb RR **14**, 1151, LG Stgt DGVZ **13**, 185, aM LG Heilbr JB **13**, 607 (aber der Wortlaut von I Z 1 Hs 1, 2 ist eindeutig, BLAH Einl III 39).

Eventuell muß man den *Wert schätzen*. Dann kann eine höhere Endforderung unbeachtlich sein, AG Donaueschingen Rpfleger **90**, 390.

Zum Begriff der *Nebenforderung* § 43 GKG. Soll jedoch der Gerichtsvollzieher **6** einen bestimmten Gegenstand nach §§ 803 ff ZPO pfänden und hat dieser im Zeitpunkt der Anwalttätigkeit einen solchen Wert, der unter dem Betrag der zu vollstreckenden Forderung liegt, ist nach *I Z 1 Hs 2* nur der Wert des Gegenstands maßgebend. Was der Gerichtsvollzieher oder der Rpfl pfänden soll, bestimmt der Gläubiger. Man darf grundsätzlich keine Bestimmung annehmen, solange er sie nicht ausdrücklich getroffen hat.

Bei einem Verfahren auf eine *Durchsuchungsanordnung* nach § 758a ZPO ist ein Bruchteil des sonst maßgeblichen Werts ansetzbar, Köln MDR **88**, 329.

B. Künftiges Arbeitseinkommen, I Z 1 Hs 3. Bei einer Pfändung nach § 850d **7** III ZPO und nicht etwa derjenigen nach § 832 ZPO muß man nach *I Z 1 Hs 3* den Wert der noch nicht fälligen Ansprüche nach § 51 I 1 FamGKG, Teil I B dieses Buchs, und nach § 9 ZPO bestimmen, (zum alten Recht) LG Kiel JB **91**, 1199. Es gelten also nicht etwa § 23 RVG in Verbindung mit dem GNotKG. Maßgeblich für das Jahreseinkommen ist der Bruttobetrag abzüglich der dem Schuldner nach § 850d I 2 ZPO verbleibenden Beträge zur Zeit der Antragstellung. Evtl gilt die geringste Gebührenstufe, Köln JB **87**, 1048, LG Kiel SchlHA **90**, 12, aM LG Kiel JB **91**, 1198. Dagegen ist § 17 III GKG (höchstens 3facher Jahresbetrag) schon nach dem eindeutigen Wortlaut von I Z 1 Hs 3 unanwendbar, GS 8, aM AG Freyung MDR **85**, 858. Bei einer einstweiligen Anordnung mag entsprechend § 53 II 1 GKG, Teil I A dieses Buchs, ein Halbjahresbetrag die Obergrenze bilden, KG JB **80**, 1198.

C. Zwangsversteigerung, Verteilungsverfahren, I Z 1 Hs 4. Bei einer Zwangs- **8** versteigerung ist grundsätzlich der Verkehrswert ansetzbar, LG Dortm Rpfleger **96**, 212. Im Verteilungsverfahren nach §§ 858 V, 872–877, 882 ZPO ist nach I Z 1 Hs 1 grundsätzlich der Betrag der zu vollstreckenden Geldforderung einschließlich der Nebenforderungen ansetzbar. Dazu gehören Zinsen bis zum endgültigen Verteilungsplan sowie Kosten des Erkenntnisverfahrens und einer früheren Vollstreckung. Nach I Z 1 Hs 4 darf man aber höchstens den zu verteilenden Geldbetrag berücksichtigen. Es kommt auf den Wert am Verteilungstag an. Man muß von dem hinterlegten Betrag die gemeinsamen Kosten aller Gläubiger wegen § 874 II ZPO abziehen, aM GS 13. Zwar nimmt auch der Staat wegen der Kosten an der Verteilung teil. Es kommt aber nur auf den Wert für den Gläubiger dieses Verfahrens an.

D. Herausgabe, Räumung, Sachleistung: Grundsätzlich Sachwert, I Z 2 **9** **Hs 1.** Soweit es um eine Herausgabe nach § 883 ZPO einschließlich Räumung nach § 885 ZPO oder um eine zu leistende Sache geht, ist grundsätzlich der Sachwert maßgeblich (wichtige Ausnahme: Rn 10!). Die Vorschrift ist auch dann anwendbar, wenn es um eine Sachmehrheit geht, etwa um die gesamte Habe, LG Hbg JB **01**, 110. „Sache" ist hier nur eine körperliche, LG Hbg JB **01**, 110. Maßgeblich ist der Zeitpunkt der gebührenauslösenden zugehörigen Anwalttätigkeit.

Eine *Forderung* ist keine „Sache" nach Hs 1, AG Chemnitz AGS **95**, 92, aM LG Kiel JB **91**, 1198 (aber das Wort „Gegenstandswert" in Hs 2 bezieht sich nur auf „Sache" in Hs 1).

E. Herausgabe, Räumung: Höchstens GKG-Wert, I Z 2 Hs 2. Bei einer **10** Herausgabe und insbesondere bei einer Räumung darf der Gegenstandswert nach dem RVG grundsätzlich höchstens den Streitwert nach dem GKG erreichen, also höchstens den Jahresmietwert. Denn § 41 II 1, 2 GKG, Teil I A dieses Buchs, stellt unverändert auf ihn ab. Das gilt auch im Räumungsschutzverfahren nach § 765a ZPO, LG Görlitz AGS **03**, 48. Der Gesetzgeber wollte ersichtlich nicht eine Vollstreckung evtl ungleich höher vergüten als den Prozeß. Das stellt I Z 2 Hs 2 klar.

Nur dann, wenn der Gläubiger die Herausgabe nicht zumindest auch wegen der Beendigung eines Mietverhältnisses usw verlangt, sondern *ausschließlich aus* einem *anderen Rechtsgrund*, zB aus einem Eigentum oder Besitz, kommt als Wert der Verkehrswert in Betracht. Denn die Begrenzung in § 41 II 2 GKG erfaßt wegen seines Wortes „auch" diesen Fall des „nur" nicht mit, Teil I A § 41 GKG Rn 26, Enders JB **99**, 60.

11 **F. Handlung, Duldung, Unterlassung, I Z 3.** Bei der Vollstreckung wegen einer zu erwirkenden Handlung, Duldung oder Unterlassung zB nach §§ 887, 888, 890 ZPO ist der Wert dieser Maßnahme für den Gläubiger maßgeblich, also sein Erfüllungsinteresse, Karlsr FamRZ **17**, 468. Beim Anspruch auf einen Vertragsabschluß ist derjenige Betrag maßgeblich, den der Vertrag beschaffen soll, Brdb MDR **14**, 1414. Man muß das Gläubigerinteresse schätzen, LAG Ffm NZA-RR **14**, 697. Der nach § 887 II ZPO verlangte Vorschuß liegt durchweg niedriger als das Gläubigerinteresse, solange es nicht nur um ihn geht. Ein Zwangs- oder Ordnungsgeld ist unmaßgeblich. Meist ist richtiger Wert derjenige der Hauptsache, BayObLG **88**, 444, Köln JB **92**, 251, LAG Ffm NZA-RR **14**, 697. Ein Auskunftsanspruch ist nur den Bruchteil des Leistungsanspruchs wert, Karlsr FamRZ **17**, 468.

12 **G. Vermögensauskunft: Grundsätzlich noch geschuldete Summe, I Z 4 Hs 1.** Es müssen die Voraussetzungen eines Verfahrens zur prozessualen Versicherung nach der (jetzt) §§ 802 c ff ZPO vorliegen, AG Aalen DGVZ **06**, 124 (nicht schon beim bloßen Ratenzahlungsangebot des Schuldners). Dann richtet sich der Wert grundsätzlich (Ausnahme: Rn 13!) nach demjenigen Betrag, den der Schuldner einschließlich der Nebenforderungen aus dem Vollstreckungstitel noch schuldet. Beim Zusammentreffen eines Pfändungs- und eines Auskunftsauftrags muß man die Kosten des ersteren mit einrechnen, Enders JB **99**, 3. Soweit Kosten noch nicht feststehen, muß man sie schätzen, wie zB bei Rn 5.

Unanwendbar ist I Z 4 bei einer eidesstattlichen Versicherung nach § 883 II ZPO. Dann gilt vielmehr I Z 2, LG Köln JB **77**, 404. Ebensowenig gilt I Z 4 bei einer sachlichrechtlichen eidesstattlichen Versicherung etwa nach §§ 259, 260 BGB.

13 **H. Vermögensauskunft: Höchstwert 2000 EUR, I Z 4 Hs 2.** Höchstens sind jedoch im Verfahren nach der (jetzt) §§ 802 c ff ZPO 2000 EUR ansetzbar.

14 **I. Schuldnerantrag, II.** Im Verfahren über einen Antrag des Schuldners beliebiger Art in der Zwangsvollstreckung ist der Wert nach II nach dem Interesse des Antragstellers oder Beschwerdeführers nach einem „billigen", in Wahrheit pflichtgemäßen Ermessen (Abwägung unter Beachtung des Antrags) bestimmbar.

Bei einem auf § 765 a ZPO gestützten Antrag auf einen nur kurzen Räumungsaufschub kann man als den Wert das Nutzungsentgelt für diesen Zeitraum ansetzen, Kblz NZM **05**, 360, LG Görlitz AGS **03**, 408, LG Münst Rpfleger **96**, 166. Das gilt jedoch ebenfalls nur in den Grenzen von Rn 10. Höchstwert ist bei II derjenige des zu vollstreckenden Anspruchs. Oft ist die Hälfte des Jahresnutzungswerts sinnvoll, LG Münst Rpfleger **96**, 166. Bei einer Beschwerde gegen ein Ordnungs- oder Zwangsmittel der ZPO ist nach § 48 GKG Anh I (§ 3 ZPO) Rn 144, Teil I A dieses Buchs meist dessen Höhe maßgeblich, aM Düss OLGR **93**, 125, Ffm OLGR **96**, 238, OLG Köln OLGR **94**, 138 (je: systemwidrig).

Gegenstandswert in der Zwangsversteigerung

26 In der Zwangsversteigerung bestimmt sich der Gegenstandswert
1. bei der Vertretung des Gläubigers oder eines anderen nach § 9 Nr. 1 und 2 des Gesetzes über die Zwangsversteigerung und die Zwangsverwaltung Beteiligten nach dem Wert des dem Gläubiger oder dem Beteiligten zustehenden Rechts; wird das Verfahren wegen einer Teilforderung betrieben, ist der Teilbetrag nur maßgebend, wenn es sich um einen nach § 10 Abs. 1 Nr. 5 des Gesetzes über die Zwangsversteigerung und die Zwangsverwaltung zu befriedigenden Anspruch handelt; Nebenforderungen sind mitzurechnen; der Wert des Gegenstands der Zwangsversteigerung (§ 66 Abs. 1, § 74 a Abs. 5 des Gesetzes über die Zwangsversteigerung und die Zwangsverwaltung), im

Abschnitt 4. Gegenstandswert   § 26 RVG

Verteilungsverfahren der zur Verteilung kommende Erlös, sind maßgebend, wenn sie geringer sind;
2. bei der Vertretung eines anderen Beteiligten, insbesondere des Schuldners, nach dem Wert des Gegenstands der Zwangsversteigerung, im Verteilungsverfahren nach dem zur Verteilung kommenden Erlös; bei Miteigentümern oder sonstigen Mitberechtigten ist der Anteil maßgebend;
3. bei der Vertretung eines Bieters, der nicht Beteiligter ist, nach dem Betrag des höchsten für den Auftraggeber abgegebenen Gebots, wenn ein solches Gebot nicht abgegeben ist, nach dem Wert des Gegenstands der Zwangsversteigerung.

Gliederung

1) Systematik, Regelungszweck, Z 1–3	1
2) Geltungsbereich, Z 1–3	2
3) Gegenstandswert, Z 1–3	3–9
A. Grundsatz: Sonderregeln	3
B. Vertretung des Gläubigers, eines dinglich Berechtigten oder eines Widerspruchsberechtigten, Z 1	4
C. Grenze: Festgesetzter Wert, Z 1	5, 6
D. Vertretung eines anderen Beteiligten, Z 2	7, 8
E. Vertretung eines nicht beteiligten Bieters, Z 3	9

1) Systematik, Regelungszweck, Z 1–3. § 26 enthält die Regelung des Gegen- 1 standswerts, VV 3311, 3312 diejenige der Gebührenhöhen. Die Vorschriften unterscheiden zwecks Kostengerechtigkeit zwischen der Vertretung eines Beteiligten und der Vertretung eines solchen Bieters, der kein Beteiligter ist. § 7 ist anwendbar, dort Rn 24.

2) Geltungsbereich, Z 1–3. Die Vorschrift gilt im Verfahren nach § 869 ZPO in 2 Verbindung mit dem ZVG. Dazu zählt aber auch zB das Teilungsversteigerungsverfahren nach § 180 ZVG, LG Köln AnwBl **81**, 76, ferner das Verfahren nach einem anderen Gesetz, soweit es auf das ZVG verweist. Soweit eine Zwangsvollstreckung nach § 133 ZVG gegen den Ersteher in das Grundstück erfolgt, handelt es sich um eine neue Angelegenheit. Sie läßt die Gebühren VV 3311, 3312 neu entstehen. Wegen der Befriedigung hinsichtlich der Kosten §§ 10 II, 12 Z 1 ZVG. Für das Rechtsmittelverfahren gelten nicht VV 3311, 3312, sondern VV 3500. Im Verfahren nach § 765a ZPO entstehen gesonderte Gebühren. Die Hebegebühr richtet sich nach VV 1009. Eine Tätigkeit des Anwalts in einem mit dem Zwangsversteigerungsverfahren zusammenhängenden Rechtsstreit läßt Gebühren nach VV 3100ff neben den Gebühren nach VV 3311, 3312 entstehen.
Unanwendbar ist § 26 auf die Zwangsliquidation einer Bahneinheit oder auf eine freiwillige Versteigerung des Notars nach § 116 GNotKG, Teil III dieses Buchs, § 20 III BNotO, § 61 I Z 1 BeurkG. Dann gilt VV 2300 und für den Wert § 23 III in Verbindung mit §§ 47 ff GNotKG.

3) Gegenstandswert, Z 1–3. Es lassen sich mehrere Fallgruppen bilden. 3

A. Grundsatz: Sonderregeln. Die Vorschrift setzt abweichend von §§ 43 I, 54 GKG einen Gegenstandwert nach Sonderregeln fest, Nürnb JB **76**, 916. Für die Wertfestsetzung ist daher auch nicht § 23, sondern § 33 anwendbar. (Jetzt) Z 1–3 sind nach Rn 2 auch bei einer Teilungsversteigerung nach §§ 180 ff ZVG anwendbar. Der Gegenstandswert richtet sich danach, ob es sich bei dem Auftraggeber um einen Gläubiger handelt, einen anderen Beteiligten außer dem Schuldner, um den Schuldner oder um einen am Verfahren im übrigen nicht beteiligten Bieter.

B. Vertretung des Gläubigers, eines dinglich Berechtigten oder eines Wi- 4 **derspruchsberechtigten, Z 1.** Soweit der Anwalt den betreibenden oder den beitretenden Gläubiger oder einen nach § 9 Z 1, 2 ZVG Beteiligten vertritt, ist maßgeblich der nach § 46 ZVG festgesetzte oder nach § 3 ZPO, Anh I § 48 GKG, Teil I A dieses Buchs, zu schätzende und am tatsächlichen Wert auszurichtende Gegenstandswert des dem Gläubiger oder dem dinglich Berechtigten oder dem Widerspruchsberechtigten zustehenden Rechts einschließlich der Nebenforderungen nach Z 1 Hs 3, Schneider MDR **76**, 181. Zum Begriff der Nebenforderung § 44 GKG Rn 1, 2, Teil I A dieses Buchs.

Soweit das Versteigerungsverfahren nur wegen einer *Teilforderung* erfolgt, bleibt grundsätzlich der volle Wert des dem Gläubiger usw zustehenden Rechts einschließlich der Nebenforderungen maßgeblich. Allerdings gilt nach § 10 I Z 5 ZVG von diesem Grundsatz eine Abweichung dann, wenn es sich bei der Teilforderung nur um einen Anspruch aus einem persönlichen Vollstreckungstitel handelt. Dann ist nach Z 1 Hs 2 nur der Teilbetrag maßgeblich. Das gilt aber nur dann, wenn sich auch der Gegenstand der Anwaltstätigkeit auf diese persönliche Teilforderung beschränkt. Soweit der Anwalt einen mit mehreren Forderungen Beteiligten vertritt, muß man die Werte zusammenrechnen.

5 **C. Grenze: Festgesetzter Wert, Z 1.** Stets begrenzen der vom Gericht nach §§ 66 I, 74 a V, 162 ZVG festgesetzte Grundstückswert und mangels einer solchen Festsetzung der Verkehrswert ohne eine Absetzung der Grundstückslasten und im Verteilungsverfahren der zur Verteilung kommende Erlös den Gegenstandswert nach Z 1 Hs 4, § 107 I ZVG für den Anwalt mangels Anwendbarkeit des § 32 II unanfechtbar nach oben, GSchm 15, RS 8, aM Schneider MDR **76**, 182. Von diesem Wert darf man die nach § 109 I ZVG aus der Teilungsmasse vorweg entnehmbaren Verfahrenskosten nicht abziehen. Man darf sie auch zu dem bestehenbleibende Rechte nicht hinzuzählen. Unerheblich ist der nur auf den Gläubiger entfallene Erlös.

6 Deshalb ist eine *Gebührenvereinbarung* nach § 3a ratsam, Schneider MDR **76**, 182. Bei der Versteigerung mehrerer Grundstücke in demselben Verfahren muß man die Werte zusammenrechnen, soweit der Anwalt für denselben Auftraggeber wegen mehrerer Grundstücke tätig wird. Bei mehreren Rechten verschiedener Berechtigter als Auftraggeber muß man die Werte getrennt errechnen.

7 **D. Vertretung eines anderen Beteiligten, Z 2.** Der Anwalt mag auch einen nicht in Z 1 genannten Beteiligten nach § 9 ZVG vertreten, insbesondere den Schuldner, den Insolvenz- oder Nachlaßverwalter, einen Miterben, den Testamentsvollstrecker, einen Gesamthandsberechtigten, einen Auseinandersetzungsgläubiger oder den Eigentümer oder Miteigentümer. Dann ist der ganze oder anteilige Wert des Gegenstands der Zwangsversteigerung nach §§ 66 I, 74 a V, 162 ZVG und im Verteilungsverfahren der zur ganzen oder anteiligen Verteilung kommende Erlös maßgeblich. Der Einheitswert gilt nicht bei genügenden Anhaltspunkten für eine Wertfestsetzung, LG Zweibr JB **06**, 382.

8 Von diesem Grundsatz gilt bei einer *Teilungsversteigerung* nach §§ 180ff ZVG die folgende Ausnahme: Soweit der Anwalt einen Miteigentümer oder sonstigen Mitberechtigten vertritt, ist nur der Anteil dieses Auftraggebers an dem Versteigerungsobjekt maßgeblich, Z 2 Hs 2, LG Bonn JB **80**, 887, Mümmler JB **79**, 1285. Diese Ausnahme gilt aber nicht, soweit es sich um eine Pfändung und Überweisung des Rechts eines Miteigentümers oder sonstigen Mitberechtigten handelt. Dann ist vielmehr die Forderung seines Gläubigers maßgeblich.

9 **E. Vertretung eines nicht beteiligten Bieters, Z 3.** Der Anwalt mag schließlich auch einen solchen Bieter oder Ersteller oder dessen Bürgen vertreten, der im übrigen nicht am Verfahren beteiligt ist. Dann ist der Betrag des höchsten Gebots dieses Auftraggebers maßgeblich. Bei einem Einzel- oder Gruppenausgebot nach § 63 ZVG ist die Summe der Höchstgebote maßgeblich. Das Höchstgebot bleibt auch dann entscheidend, wenn es den Wert des Gegenstands der Zwangsversteigerung übersteigt. „Gebot" ist bei alledem das Bargebot nach § 49 ZVG und der Wert der bestehenbleibenden Rechte. Soweit dieser Auftraggeber kein Gebot abgegeben hat, ist der Wert des Gegenstands der Zwangsversteigerung nach §§ 66 I 1, 74a V, 162 ZVG maßgebend. Ein bestehenbleibendes Recht muß man dem Bargebot hinzurechnen.

Gegenstandswert in der Zwangsverwaltung

27 [1] In der Zwangsverwaltung bestimmt sich der Gegenstandswert bei der Vertretung des Antragstellers nach dem Anspruch, wegen dessen das Verfahren beantragt ist; Nebenforderungen sind mitzurechnen; bei Ansprüchen auf wiederkehrende Leistungen ist der Wert der Leistungen eines Jahres maßgebend. [2] Bei der Vertretung des Schuldners bestimmt sich der Gegenstandswert nach dem zusammengerechneten Wert aller Ansprüche, wegen derer das Verfahren beantragt ist, bei der Vertretung eines sonstigen Beteiligten nach § 23 Abs. 3 Satz 2.

Abschnitt 4. Gegenstandswert § 27 RVG

Gliederung

1) Systematik, S 1, 2	1
2) Regelungszweck, S 1, 2	2
3) Geltungsbereich, S 1, 2	3
4) Gegenstandswert, S 1, 2	4–8
A. Vertretung des Antragstellers, S 1	5, 6
B. Vertretung des Schuldners, S 2 Hs 1	7
C. Vertretung eines sonstigen Beteiligten, S 2 Hs 2	8

1) Systematik, S 1, 2. Eine Zwangsverwaltung nach § 869 ZPO in Verbindung 1 mit §§ 146 ff ZVG kommt nicht nur bei einem Grundstück in Betracht, sondern nach § 870 ZPO auch bei einem solchen Recht, für das die Grundstücksvorschriften gelten, etwa bei einem Erbbaurecht, einem Wohnungseigentum, einem Bergwerkseigentum usw und bei einem Hochseekabel.

Der Anwalt erhält seine Tätigkeit *unterschiedlich* vergütet. § 27 bestimmt den Wert. VV 3311, 3312 bestimmen die Gebührenhöhen. Bei einer einstweiligen Einstellung oder Beschränkung der Zwangsverwaltung nach VV 3311 Z 6 gilt für den Gegenstandswert vorrangig § 25 II.

Unanwendbar ist die Vorschrift bei einem Schiff oder Schiffsbauwerk nach § 870 a ZPO und bei einem in der Luftfahrzeugrolle eingetragenen Luftfahrzeug nach § 99 I LuftfzRG.

2) Regelungszweck, S 1, 2. Eine Differenzierung charakterisiert ebenso wie für 2 die Zwangsversteigerung auch für die Zwangsverwaltung bei der Anwaltstätigkeit die Vergütung. Sie ist auch hier ein Ausdruck des Bemühens um eine Kostengerechtigkeit. Die Pauschalierungen dienen auch der Vereinfachung. Sie nehmen gewisse dadurch bedingte Vergröberungen in Kauf. Wegen des ohnehin meist hohen Gegenstandswerts sollte man § 27 nicht allzu großzügig handhaben.

3) Geltungsbereich, S 1, 2. Die Vorschrift erfaßt die Tätigkeit des Anwalts in der 3 Zwangsverwaltung nach §§ 146 ff, 172 ZVG. Die gerichtliche Verwaltung eines Grundstücks für die Rechnung des Erstehers nach § 94 ZVG ist keine Zwangsverwaltung. Auch die Sequestration nach §§ 848, 855, 857 IV, 938 II ZPO, 25 ZVG ist keine Zwangsverwaltung. Das Prozeßgericht kann allerdings durch eine einstweilige Verfügung auch eine Zwangsverwaltung anordnen, obwohl die einstweilige Verfügung grundsätzlich nur der Sicherung des Gläubigers und nicht seiner endgültigen Befriedigung dient. Dann darf und muß man §§ 146 ff ZVG anwenden. Daher ist § 27 dann ebenfalls anwendbar. Wegen der ergänzenden Vorschriften Einf 2, 3 vor VV 3311.

Unanwendbar ist § 27 grundsätzlich nach § 1 II wegen der Tätigkeit des Anwalts als Zwangsverwalter. Der Anwalt mag aber als Zwangsverwalter einen Prozeß führen dürfen und müssen. Insofern ist § 27 anwendbar.

4) Gegenstandswert, S 1, 2. Die Vorschrift enthält Sonderregeln gegenüber 4 § 56 GKG, Teil I A dieses Buchs. Daher ist § 24 I unanwendbar. Der Gegenstandswert ist davon abhängig, wen der Anwalt vertritt. Die Vertretung mehrerer Beteiligter ist nur eine einzige Angelegenheit. Verschiedene Gegenstände dieser Angelegenheit muß man zusammenrechnen.

A. Vertretung des Antragstellers, S 1. Bei der Vertretung des antragstellenden 5 oder beitretenden Gläubigers bestimmt sich der Gegenstandswert nach S 1 Hs 1 für beide Gebühren des VV 3311 amtliche Anmerkung Z 3, 4 nach demjenigen Anspruch oder Anspruchsteil, dessentwegen der Auftraggeber die Anordnung der Zwangsverwaltung oder die Zulassung seines Beitritts beantragt. Zur Feststellung dieses Werts gelten §§ 48 ff wie sonst. Die Nebenforderungen und daher auch die Zinsen und Kosten treten anders als bei § 43 I GKG, Teil I A dieses Buchs, für die Gebühr VV 3311 amtliche Anmerkung Z 4 nach § 27 S 1 Hs 2 hinzu, sonst nicht, Wolicke NZM 01, 666. Soweit es sich bei seinem Anspruch um einen solchen auf eine wiederkehrende Leistung beliebiger Art handelt, also nicht nur von Miete oder Pacht und auch um der Höhe nach wechselnde Beträge, ist nach S 1 Hs 3 der Jahreswert maßgebend, einschließlich der laufenden Zinsen. Das gilt auch dann, wenn die tatsächliche Forderung geringer ist, BGH NJW 07, 527. Mehrere Ansprüche muß man nach § 22 I zusammenrechnen.

6 Der *Jahreswert* ist aber nicht nur ein Höchstwert. Ein Rückstand aus der Zeit vor der Anordnung der Zwangsverwaltung tritt nicht hinzu. Denn S 2 enthält keine (jetzt) dem § 42 III GKG entsprechende Regelung, BJBCMU 8, aM RS 7.

7 B. Vertretung des Schuldners, S 2 Hs 1. Hier muß man den Gegenstandswert nach dem zusammengerechneten Wert aller derjenigen Ansprüche einschließlich aller Nebenforderungen zusammenrechnen, wegen derer das Verfahren schon und noch läuft. Es ist bei einem von vornherein bestehenden Vertretungsauftrag unerheblich, ob das Gericht das Verfahren wegen aller dieser Ansprüche oder nur wegen einiger von ihnen angeordnet hat. Soweit der Anwalt erst nach der Rücknahme eines Anspruchs oder nach der Nichtzulassung eines Beitritts den Auftrag gegen die restlichen Ansprüche erhält, sind auch nur diese maßgeblich.

8 C. Vertretung eines sonstigen Beteiligten, S 2 Hs 2. Hier und daher zB bei der Vertretung eines dinglich Berechtigten im Verteilungsverfahren bestimmt sich der Gegenstandswert nach § 23 III 2 und daher nach dem „billigen" und in Wahrheit wie stets pflichtgemäßen Ermessen des Gerichts wie bei § 23 Rn 17–19 und dabei nach dem Interesse des Auftraggebers, notfalls nach dem Auffangwert von 5000 EUR. Ihn darf und muß das Gericht nach § 23 III 2 Hs 2 evtl herab- oder heraufsetzen, höchstens auf 500 000 EUR. Das gilt auch bei der Vertretung eines Insolvenzverwalters als des Antragstellers, RS 8, aM GSchm 8 (aber auch der Insolvenzverwalter ist wegen seines Antrags ein Verfahrensbeteiligter unabhängig von seinem Antragsgrund). Es kann ein Wert über dem Jahresbetrag entstehen. Bei mehreren Beteiligten muß man die Werte zusammenrechnen.

Gegenstandswert im Insolvenzverfahren

28 I ¹Die Gebühren der Nummern 3313, 3317 sowie im Fall der Beschwerde gegen den Beschluss über die Eröffnung des Insolvenzverfahrens der Nummern 3500 und 3513 des Vergütungsverzeichnisses werden, wenn der Auftrag vom Schuldner erteilt ist, nach dem Wert der Insolvenzmasse (§ 58 des Gerichtskostengesetzes) berechnet. ²Im Fall der Nummer 3313 des Vergütungsverzeichnisses beträgt der Gegenstandswert jedoch mindestens 4000 Euro.

II ¹Ist der Auftrag von einem Insolvenzgläubiger erteilt, werden die in Absatz 1 genannten Gebühren und die Gebühr nach Nummer 3314 nach dem Nennwert der Forderung berechnet. ²Nebenforderungen sind mitzurechnen.

III Im Übrigen ist der Gegenstandswert im Insolvenzverfahren unter Berücksichtigung des wirtschaftlichen Interesses, das der Auftraggeber im Verfahren verfolgt, nach § 23 Abs. 3 Satz 2 zu bestimmen.

Schrifttum: *Eickmann*, InsO-Vergütungsrecht, 2. Aufl 2001; *Keller*, Vergütung und Kosten im Insolvenzverfahren, 4. Aufl 2016; *Lorenz/Ulanke*, InsVV – GKG – RVG, 2. Aufl 2014.

Gliederung

1) Systematik, I–III	1
2) Regelungszweck, I–III	2
3) Vertretung des Schuldners, I	3–10
A. Insolvenzmasse	3
B. Absonderungsrecht	4
C. Schätzung	5
D. Berechnungszeitpunkt	6
E. Eröffnungsverfahren, VV 3313	7
F. Insolvenzverfahren, VV 3317	8
G. Beschwerdeverfahren gegen Eröffnung, VV 3500, 3513	9
H. Festsetzungsverfahren, I	10
4) Vertretung des Gläubigers, II	11–17
A. Nennwert der Forderung	12
B. Eröffnungsverfahren, VV 3314	13
C. Insolvenzverfahren, VV 3317	14
D. Bloße Forderungsanmeldung, VV 3320	15
E. Beschwerde gegen Eröffnungsbeschluß, VV 3500, 3513	16
F. Festsetzungsverfahren, II	17
5) Weitere Fälle, III	18

§ 28 RVG

1) Systematik, I–III. Als eine Vervollständigung der Vergütungsregeln zum Insolvenzverfahren nach VV 3313 ff bringt die Vorschrift in einer Ergänzung der mitbeachtlichen §§ 2 I, 22 ff eigenständige und gegenüber den allgemeinen Wertvorschriften des RVG vorrangige Sonderbestimmungen. Sie differenzieren je nach der Verfahrensart im einzelnen. § 28 geht auch dem (jetzt) § 58 GKG trotz der Bezugnahme auf ihn in I 2 im übrigen vor, Enders JB **99**, 226 (auch zur Schuldenbereinigung, vgl aber auch VV 2300), aM KG ZIP **13**, 1974 (seinerseits unklar).

Dabei dient III als eine *Auffangvorschrift*. Das zeigen die Worte „Im Übrigen". III ist also neben I, II hier hilfsweise anwendbar. § 32 mit seiner Maßgeblichkeit des für Gerichtsgebühren festgesetzten Werts bleibt als ein Teil der Allgemeinen Vorschriften des Abschnitts 1 des RVG zwar theoretisch verbindlich. Jedoch zeigten I–III im Ergebnis doch solche Berechnungsgrundlagen, die § 32 weitgehend unanwendbar machen, BGH JB **03**, 253. Wegen einer Auftragsmehrheit gilt VV amtliche Vorbemerkung 3.3.5 II. Für die Wertfestsetzung gilt ergänzend § 33.

2) Regelungszweck, I–III. Die Vorschriften zeigt das deutliche Bestreben, schon beim Gegenstandswert und nicht nur bei der Gebührenhöhe die wirtschaftliche Bedeutung der jeweiligen Anwaltstätigkeit angemessen zu berücksichtigen. Das kommt in III direkt, in I, II indirekt zum Ausdruck. Insbesondere bei der in Rn 1 angesprochenen manchmal schwierigen Abgrenzung zu § 32 muß man den wirtschaftlichen Aspekt der Auslegung mit zugrundelegen, Saarbr RR **15**, 764.

3) Vertretung des Schuldners, I. Es gibt acht Aspekte.

A. Insolvenzmasse. Soweit der Anwalt den Schuldner vertritt, ist die Insolvenzmasse maßgeblich. Man muß sie infolge der Verweisung in I nach (jetzt) § 58 I GKG berechnen, Teil I A dieses Buchs, KG ZIP **13**, 1974, aM Enders JB **99**, 171 (II habe Vorrang vor [jetzt] § 58 II GKG. Aber der Gesetzestext ist eindeutig). Die Insolvenzmasse umfaßt nach §§ 35, 36 InsO das gesamte dem Schuldner zur Zeit der Verfahrenseröffnung gehörende pfändbare und während des Verfahrens von ihm erlangte und einer Zwangsvollstreckung unterliegende Vermögen. Sie erfaßt also auch den sog Neuerwerb. Das gilt nach Rn 6 jeweils einschließlich Früchten, Nutzungen und Zinsen zur Zeit der Verfahrensbeendigung, ohne einen Abzug von Massekosten und Masseschulden nach §§ 53–55 InsO.

Zur Insolvenzmasse zählen zB die Geschäftsbücher und diejenigen Sachen, die nur nach § 811 I Z 4, 9 ZPO unpfändbar sind, § 36 II InsO, sowie die in § 36 III InsO genannten Sachen.

Nicht zur Insolvenzmasse zählen diejenigen Gegenstände, die einem Aussonderungsrecht nach §§ 47, 48 InsO unterliegen, und die in § 36 InsO als unpfändbar bezeichneten Gegenstände.

B. Absonderungsrecht. Man muß diejenigen Gegenstände abziehen, die nach §§ 49 ff InsO einer abgesonderten Befriedigung unterliegen, und zwar in Höhe des dazu nötigen Betrags, I in Verbindung mit § 58 I 2 GKG, Teil I A dieses Buchs, KG ZIP **13**, 1973. Die Massekosten und Masseschulden sind nicht absetzbar.

C. Schätzung. Man muß die zur Insolvenzmasse gehörenden oder sie vermindernden Gegenstände und Rechte nach ihrem objektiven Wert anhand aller möglichen Anhaltspunkte wie zB des Inventars oder der letzten Bilanz pflichtgemäß schätzen. Man kann vom Verkehrswert ausgehen, Enders JB **99**, 171. Die Einschränkungen der §§ 4–9 ZPO gelten nicht. Grundsätzlich bildet das Verzeichnis der Massegegenstände nach § 151 InsO die Grundlage der Schätzung. Bei einer Fortführung des Geschäfts durch den Insolvenzverwalter darf man der Insolvenzmasse nur den Reinerlös zuschlagen, nicht den Produktionserlös.

D. Berechnungszeitpunkt. Für die Berechnung der Insolvenzmasse entscheidet der Zeitpunkt der Beendigung des Insolvenzverfahrens, I in Verbindung mit § 58 I 1 GKG, Teil I A dieses Buchs, KG ZIP **13**, 1974, also nicht der Zeitpunkt der Antragstellung, Enders JB **99**, 171. Man muß evtl wegen der früheren Fälligkeit der Gebühr eine vorläufige Berechnung vornehmen und diese später unter Umständen richtigstellen. Soweit der Auftrag vor der Beendigung des Insolvenzverfahrens endet, ist der Zeitpunkt der Beendigung der Tätigkeit des Anwalts maßgeblich, Enders JB **99**, 171.

RVG § 28 X. Rechtsanwaltsvergütungsgesetz

7   E. **Eröffnungsverfahren, VV 3313.** In diesem Verfahrensabschnitt einschließlich des Schuldenbereinigungsplans nach VV 3315 ist I auch dann anwendbar, wenn sich der Gläubiger gegen die Zurückweisung des Eröffnungsantrags beschwert und wenn der Anwalt den zukünftigen Insolvenzschuldner als den Beschwerdegegner vertritt, § 34 I Hs 1 InsO, Köln JB **94**, 101, Saarbr RR **15**, 766. Der Mindestwert beträgt bei VV 3313 nach I 2 = 4000 EUR. Vgl auch Rn 11, 12.

8   F. **Insolvenzverfahren, VV 3317.** In diesem gesamten Abschnitt ab der Eröffnung des Verfahrens nach § 27 InsO ist I anwendbar. Es gibt aber keinen Mindestwert.

9   G. **Beschwerdeverfahren gegen Eröffnung, VV 3500, 3513.** Die Wertbemessung nach I erfolgt, soweit sich die Beschwerde gegen den Eröffnungsbeschluß nach § 27 InsO richtet, Köln JB **94**, 101. Man kann I auch im Beschwerdeverfahren gegen die Ablehnung der Verfahrenseröffnung mangels Masse nach § 26 InsO anwenden, Köln JB **94**, 101, aM Drsd MDR **94**, 1253. Es gibt auch hier keinen Mindestwert.

10 H. **Festsetzungsverfahren, I.** Die Wertfestsetzung erfolgt nach § 33. § 23 I ist nur hilfsweise anwendbar. Denn § 28 ist eine ihm gegenüber vorrangige Sonderregel.

11 **4) Vertretung des Gläubigers, II.** Hierzu zählt auch derjenige Absonderungsberechtigte, dem der Schuldner auch persönlich haftet. Soweit der Anwalt einen Insolvenzgläubiger vertritt, muß man die folgenden Fälle unterscheiden.

12 A. **Nennwert der Forderung.** Maßgeblich ist der Nennwert der Forderung dieses Gläubigers, II 1, also ihr im Eröffnungsantrag nach § 14 InsO glaubhaft gemachter tatsächlicher Betrag, Enders JB **99**, 171. Nach II 2 muß man alle Nebenforderungen hinzurechnen, insbesondere Zinsen und die etwa erstattungsfähigen Kosten bis zur Eröffnung des Insolvenzverfahrens, Enders JB **99**, 171, nur nachrangig auch die Zinsen seit der Eröffnung und die Kosten im Insolvenzverfahren nach § 39 I Z 1, 2 InsO. Das gilt in den folgenden Fällen. Der Nennbetrag bleibt auch dann maßgebend, wenn die Insolvenzmasse ihn gar nicht erreicht, Enders JB **99**, 171.

13 B. **Eröffnungsverfahren, VV 3314.** In diesem Verfahrensabschnitt muß man den Nennwert der gesamten Forderung auch dann zugrunde legen, wenn der Insolvenzantrag nur auf einem Teilbetrag beruht, Drsd MDR **94**, 1253, Enders JB **99**, 171, RS 8, aM BJBCMU 13, GS 9.

14 C. **Insolvenzverfahren, VV 3317.** Im gesamten Insolvenzverfahren ab seiner Eröffnung ist der Nennwert der Forderung wie oben dargestellt maßgeblich.

15 D. **Bloße Forderungsanmeldung, VV 3320.** Soweit der Anwalt lediglich eine Insolvenzforderung anmelden soll und nur diesen Auftrag durchführt, ist grundsätzlich der Nennwert der zugehörigen gesamten nach § 174 InsO angemeldeten Forderung einschließlich der Nebenansprüche und Kosten vor der Eröffnung sowie der Zinsen bis zu ihr maßgeblich. Soweit er aber nur einen Teil jener Forderung anmeldet, ist im Gegensatz zum Eröffnungsverfahren auch nur diese Teilforderung maßgeblich, Enders JB **99**, 171, RS 8. Hatte er zunächst den Auftrag zur Anmeldung der gesamten Forderung und hatte er auf Grund seines Rats der Gläubiger nur einen Teil anmelden lassen, kommt neben der Gebühr VV 3320 nach dem Wert der angemeldeten Teilforderung eine Ratgebühr gemäß § 34 nach dem Wert der nicht angemeldeten Teilforderung in Betracht.

Soweit ein zur Absonderung Berechtigter nach § 52 InsO den *Ausfall* anmeldet, richtet sich der Wert nach dem angeblichen Ausfall. Er richtet sich für verschiedene Verfahrensabschnitte also evtl nach verschiedenen Ausfallgebühren.

16 E. **Beschwerde gegen Eröffnungsbeschluß, VV 3500, 3513.** Auch in diesem Fall ist der Nennwert der Forderung wie oben dargestellt maßgeblich.

17 F. **Festsetzungsverfahren, II.** Die Wertfestsetzung erfolgt nach § 33 Rn 12 soweit erforderlich. Das Gericht kann seinen Beschluß nach dem Eintritt der formellen Rechtskraft im Sinn von § 33 III ff nicht mehr ändern.

18 **5) Weitere Fälle, III.** Die Vorschrift gilt „im Übrigen", also in allen von I, II nicht vorrangig besonders geregelten Fällen „im" Insolvenzverfahren. Sie gilt in Wahrheit auch im Eröffnungsverfahren. Man muß dann den Gegenstandswert unter einer Berücksichtigung des wirtschaftlichen und nicht des rechtlichen Interesses des Auftraggebers und nicht eines anderen Beteiligten im Verfahren nach § 23 III 2 be-

stimmen, also nach einem billigen und daher wie stets pflichtgemäßen Ermessen usw nach § 23 Rn 17–19. Mangels ausreichender Anhaltspunkte ist § 23 III 2 mit seinen bezifferten Werten anwendbar. Das ergibt die Verweisung in § 28 III. Die Wertfestsetzung erfolgt wie bei Rn 12, 17, vgl § 33.

Beispiele: Bei einer Vertretung anderer Personen als des Gläubigers oder des Schuldners, zB des Insolvenzverwalters; bei einer Schuldnervertretung wegen des Insolvenzplans ist der zu erhaltende Vermögensteil maßgeblich, Enders JB **99**, 171; bei einer Gläubigervertretung wegen des Insolvenzplans ist die Differenz zwischen dem Plan und einer geforderten Quote maßgeblich, Enders **99**, 171; bei der Vertretung wegen einer Restschuldbefreiung ist das wirtschaftliche Interesse des Antragstellers maßgeblich, BGH JB **03**, 253, oder die Summe derjenigen Forderungen, von denen der Schuldner seine Befreiung begehrt, Enders JB **99**, 171 (Schuldnervertretung), 172 (Gläubigervertretung); beim Streit um die Höhe der Vergütung des Insolvenzverwalters ist sie maßgeblich, nicht die vom Gläubiger erstrebte Verbesserung seiner Befriedigung, BGH ZIP **12**, 1732 links unten.

Gegenstandswert im Verteilungsverfahren nach der Schifffahrtsrechtlichen Verteilungsordnung

29 Im Verfahren nach der Schifffahrtsrechtlichen Verteilungsordnung gilt § 28 entsprechend mit der Maßgabe, dass an die Stelle des Werts der Insolvenzmasse die festgesetzte Haftungssumme tritt.

1) Geltungsbereich. Es ist im Bereich der §§ 486 ff HGB grundsätzlich § 28 entsprechend anwendbar. An die Stelle der dort genannten Insolvenzmasse tritt bei der Vertretung des Schuldners im Eröffnungsverfahren, im Verteilungsverfahren und im Beschwerdeverfahren die gerichtlich nach § 5 SVertO festgesetzte Haftungssumme, unter Umständen die nach § 30 II SVertO erhöhte Haftungssumme und stets nach § 28 I 2 höchstens 4000 EUR. Die festgesetzte Haftungssumme ist nach § 5 III SVertO auch dann maßgeblich, wenn man ihre Einzahlung durch eine Sicherheitsleistung ersetzen kann und wenn die letztere die Haftungssumme nicht voll deckt. Bei der Vertretung eines Gläubigers ist der Nennbetrag seiner Forderung maßgeblich. Einen Nebenanspruch muß man hinzurechnen. Vgl im übrigen § 28 Rn 7 ff. **1**

Gegenstandswert in gerichtlichen Verfahren nach dem Asylgesetz

30 [I] [1]In Klageverfahren nach dem Asylgesetz beträgt der Gegenstandswert 5000 Euro, in Verfahren des vorläufigen Rechtsschutzes 2500 EUR. [2]Sind mehrere natürliche Personen an demselben Verfahren beteiligt, erhöht sich der Wert für jede weitere Person in Klageverfahren um 1000 Euro und in Verfahren des vorläufigen Rechtsschutzes um 500 Euro.

[II] Ist der nach Absatz 1 bestimmte Wert nach den besonderen Umständen des Einzelfalls unbillig, kann das Gericht einen höheren oder einen niedrigeren Wert festsetzen.

Vorbem. Überschrift, I 1 idF Art 14 Z 8 b G v 20. 10. 15, BGBl 1722, in Kraft seit 1. 11. 15, Art 15 III G, ÜbergangsR § 60 RVG.

1) Geltungsbereich, I 1, 2. Die Vorschrift gilt nur in jedem gerichtlichen Verfahren, Schneider NJW **14**, 523, nicht im Verwaltungsverfahren. Man muß vier Situationen unterscheiden. **1**

A. Asylanerkennung usw, I 1 Hs 1. Im Klageverfahren um die Asylanerkennung nach Art 16a GG, § 1 I AsylG beträgt der Gegenstandswert 5000 EUR, VG Stgt JB **07**, 427. Er umfaßt stets auch das gerichtliche Verfahren über die Feststellung von Abschiebungshindernissen nach §§ 31, 53 AsylG, BVerwG NVwZ **94**, 586, VGH Mü AGS **02**, 58, auch nach § 73c AsylG, VG Düss JB **15**, 31, und nach § 60 I AufenthG, BVerwG NVwZ **07**, 469. Eine Abschiebungsandrohung oder -anordnung erhöht den Wert nicht, OVG Münst AGS **98**, 120, RS 2. Eine objektive Klagenhäufung ist unbeachtlich.

2   **B. Sonstiges Klageverfahren, I Hs 1.** Alle nicht unter Rn 1, 3, 4 fallenden gerichtlichen Klageverfahren nach dem AsylG haben (jetzt) einen Gegenstandswert von ebenfalls 5000 EUR. Hierher gehören zB (jetzt) auch eine isolierte Klage auf einen Abschiebungsschutz nach § 53 AuslG, BVerwG DÖV **94**, 386, ferner eine Klage auf die Herausgabe eines Reisepasses nach § 65 AsylG, auf eine Erweiterung des Aufenthaltsbereichs nach § 58 I, V AsylG oder auf Aufenthaltsregelungen nach §§ 47 oder 55 AsylG, oder auf einen Schutz nach § 60 II, III, V oder VII AufenthG, VGH Mü NVwZ-RR **08**, 740, OVG Münst NVwZ-RR **09**, 904, ferner die Klage auf eine Einreiseerlaubnis nach §§ 18 II, IV, 18a VI AsylG oder gegen eine Zurückschiebung nach § 18 III AsylG oder gegen die Verlassenspflicht nach § 36 AuslG oder auf eine Duldung nach §§ 43 III, 43a III 2, IV AsylG.

3   **C. Vorläufiger Rechtsschutz, I 1 Hs 2.** In diesem Verfahren gilt ein Gegenstandswert von 2500 EUR.

4   **D. Beteiligung mehrerer, I 2.** Bei einer Beteiligung mehrerer Menschen an demselben Klageverfahren erhöht sich der Gegenstandswert anstelle der hier unanwendbaren Regelung des VV 1008, LG Bln Rpfleger **96**, 464, um 1000 EUR je weiterer Person unabhängig von deren Alter, Geschlecht, Nationalität, Religion usw. Auch eine Familienzugehörigkeit ist unbeachtlich. Das gilt sowohl bei der Asylanerkennung als auch bei einem sonstigen Klageverfahren nach Rn 2. Im Verfahren des vorläufigen Rechtsschutzes beträgt die entsprechende Erhöhung 500 EUR. Das gilt natürlich jeweils nur, soweit auch derselbe Anwalt diese mehreren Personen vertritt. Unerheblich ist, ob er die Personen als Kläger/Antragsteller oder als Bekl/Antragsgegner des Bundesbeauftragten nach § 6 AsylG vertritt. Die jeweilige Werterhöhung tritt auch bei einer Verbindung mehrerer Verfahren ein, soweit diese nicht nur vorübergehend etwa zur Verhandlung erfolgt. Die Erhöhung gilt auch dann, wenn für die mehreren Menschen mehrere Anwälte tätig sind, für jeden dieser Anwälte.

4   2) **Unbilligkeit, II.** Vgl § 14 I, dort Rn 23 ff.

Gegenstandswert in gerichtlichen Verfahren nach dem Spruchverfahrensgesetz

31 ¹ ¹Vertritt der Rechtsanwalt im Verfahren nach dem Spruchverfahrensgesetz einen von mehreren Antragstellern, bestimmt sich der Gegenstandswert nach dem Bruchteil des für die Gerichtsgebühren geltenden Geschäftswerts, der sich aus dem Verhältnis der Anzahl der Anteile des Auftraggebers zu der Gesamtzahl der Anteile aller Antragsteller ergibt. ²Maßgeblicher Zeitpunkt für die Bestimmung der auf die einzelnen Antragsteller entfallenden Anzahl der Anteile ist der jeweilige Zeitpunkt der Antragstellung. ³Ist die Anzahl der auf einen Antragsteller entfallenden Anteile nicht gerichtsbekannt, wird vermutet, dass er lediglich einen Anteil hält. ⁴Der Wert beträgt mindestens 5000 Euro.

II Wird der Rechtsanwalt von mehreren Antragstellern beauftragt, sind die auf die einzelnen Antragsteller entfallenden Werte zusammenzurechnen; Nummer 1008 des Vergütungsverzeichnisses ist insoweit nicht anzuwenden.

1   1) **Systematik, I, II.** Es handelt sich um eine vorrangige Spezialvorschrift. Sie ist dementsprechend eng auslegbar.

2   2) **Regelungszweck, I, II.** Er besteht in einer vernünftigen Abwägung der unterschiedlichen Interessen der Beteiligten und ihrer Vertreter.
Unanwendbar ist § 31 bei der Vertretung eines Antrags*gegners*. Dann gilt § 32 I in Verbindung mit § 15 SpruchG.

3   3) **Geltungsbereich, I, II.** Man muß drei Situationen unterscheiden.

A. Einer von mehreren Antragstellern, I 1–4. Soweit der Anwalt einen von mehreren vor Gericht vorhandenen Antragstellern vertritt, bestimmt dessen Anteil den Gegenstandswert, und zwar nach I 2 derjenige im Zeitpunkt der Antragstellung, also des Antragseingangs *dieses* Auftraggebers unabhängig vom weiteren Verfahrensverlauf. Er ergibt den entsprechenden Bruchteil des für die Gerichtsgebühren geltenden Geschäftswerts nach § 74 GNotKG, Teil III dieses Buchs. Das Gericht setzt ihn nach § 15 I 4 SpruchG von Amts wegen fest. Es geht zwar von den Angaben des Antragstellers aus, Düss WertpMitt **17**, 1853. Es geht aber nicht nur um denjenigen Betrag, den der Antragsteller in EUR fordert, sondern um eine rechnerische Größe nach § 15 I 2 SpruchG. Der maßgebende Bruchteil errechnet sich aus der Gesamtzahl der Anteile aller Antragsteller und nicht aller vorhandenen Anteile. Bei jedem weiteren Antragsteller ist der Zeitpunkt seines Antragseingangs maßgeblich. Die Zahl der weiteren Anteile läßt sich mangels einer Anwendbarkeit von I 3 notfalls schätzen. Der Mindestwert beträgt nach I 4 stets 5000 EUR.

B. Einziger Antragsteller, I 1 entsprechend. Wenn nur ein einziger von mehreren möglichen Antragstellern vor Gericht zieht und der Anwalt ihn vertritt, gelten die Regeln Rn 1 entsprechend.   4

C. Mehrere Antragsteller, II. Soweit der Anwalt mehrere auch vor Gericht vorhandene Antragsteller vertritt, findet eine Zusammenrechnung ihrer Anteile statt und ist VV 1008 unanwendbar. Das gilt unabhängig von der an sich nach § 22 I beurteilbaren Zahl der Gegenstände. § 7 bleibt aber anwendbar.   5

Ausschlussverfahren nach dem Wertpapiererwerbs- und Übernahmegesetz

31a ¹Vertritt der Rechtsanwalt im Ausschlussverfahren nach § 39b des Wertpapiererwerbs- und Übernahmegesetzes einen Antragsgegner, bestimmt sich der Gegenstandswert nach dem Wert der Aktien, die dem Auftraggeber im Zeitpunkt der Antragstellung gehören. ²§ 31 Abs. 1 Satz 1 bis 4 und Abs. 2 gilt entsprechend.

1) Systematik, Regelungszweck, S 1, 2. Es handelt sich um eine vorrangige Spezialregelung zwecks einer Wertklärung nach deren Zeitpunkt wie Höhe.   1

2) Geltungsbereich, S 1, 2. Die Vorschrift gilt nur bei einem Ausschlußverfahren nach § 39b WpÜG. Der dort nach dem FamFG vornehmbare Ausschluß der übrigen Aktionäre richtet sich nach § 39a WpÜG. Nach § 39b VI 1 WpÜG gilt für die Gerichtskosten des Ausschlußverfahrens das GNotKG, Teil III dieses Buchs. Für diese Gerichtskosten enthält § 73 GNotKG eine eigene Wertregelung. Sie ist nach § 23 I 1 beachtbar.   2

3) Gegenstandswert, S 1, 2. Maßgebend ist der Kurswert derjenigen Aktien, die dem Auftraggeber im Zeitpunkt der Antragstellung nach § 39a I 1 WpÜG gehören. Das zeigt auch die Verweisung in S 2 auf § 31 I 2. „Antragstellung" meint den Antragseingang beim OLG Ffm. Ein Eingang bei einem unzuständigen Gericht reicht nicht. Maßgeblich ist dann erst der Eingang bei dem eben genannten OLG (Posteinlaufstelle). Steht die dortige Uhrzeit nicht aktenkundig fest, gilt der Kurs um 12 Uhr mittags als die am ehesten sinnvolle genaue Zeit gerade bei einer starken Kursschwankung.   3

4) Einzelfragen, S 2. Ist die Anzahl der auf einen Antragsteller entfallenden Anteile nicht gerichtsbekannt, darf und muß man wegen der Verweisung in S 2 auf § 31 I 3 vermuten, daß dieser Antragsteller nur einen einzigen Anteil hält. In jedem Fall beträgt der Mindestwert wegen der Verweisung in S 2 auf § 31 I 4 5000 EUR. Bei Aufträgen mehrerer Antragsteller erfolgt eine Wertzusammenrechnung und ist VV 1008 unanwendbar, S 2 in Verbindung mit § 31 II.   4

5) Erstattbarkeit, S 1, 2. Maßgebend sind § 39 VI 2, 39b VI 1 WpÜbG (nur ausnahmsweise Erstattbarkeit aus Billigkeitsgründen).   5

Gegenstandswert bei Zahlungsvereinbarungen

31b Ist Gegenstand einer Einigung nur eine Zahlungsvereinbarung (Nummer 1000 des Vergütungsverzeichnisses), beträgt der Gegenstandswert 20 Prozent des Anspruchs.

1) Systematik, Regelungszweck. Es handelt sich um eine eng auslegbare vorrangige Spezialvorschrift.   1

2) Geltungsbereich: Zahlungsvereinbarung, VV 1000. Diesen Begriff bestimmt in VV 1000 die amtliche Anmerkung I 1 Z 2. Vgl daher dort Rn 18 ff.   2

Unanwendbar ist § 31 b beim Hinzutreten einer Sicherungsabtretung, AG Vaihingen JB **15**, 550 (dann also voller Anspruchswert).

Wertfestsetzung für die Gerichtsgebühren

32 ^I Wird der für die Gerichtsgebühren maßgebende Wert gerichtlich festgesetzt, ist die Festsetzung auch für die Gebühren des Rechtsanwalts maßgebend.

^{II} ¹Der Rechtsanwalt kann aus eigenem Recht die Festsetzung des Werts beantragen und Rechtsmittel gegen die Festsetzung einlegen. ²Rechtsbehelfe, die gegeben sind, wenn die Wertfestsetzung unterblieben ist, kann er aus eigenem Recht einlegen.

Gliederung

1) **Systematik, I, II**	1
2) **Regelungszweck, I, II**	2
3) **Maßgeblichkeit des Streitwerts, I**	3–8
A. Grundsatz: Abhängigkeit vom gerichtlichen Wert	3
B. Beispiele zur Frage einer Anwendbarkeit von I	4–8
4) **Antragsrecht des Anwalts, II 1**	9–11
A. Notwendigkeit eigenen Interesses	10
B. Beispiele zur Frage eines Antragsrechts, II 1	11
5) **Beschwerderecht des Anwalts, II 2**	12–19
A. Beschwerdefähige Entscheidung	13, 14
B. Beschwer	15
C. Beispiele zur Frage einer Beschwer, II 2	16
D. Entweder: Beschwerdewert	17
E. Oder: Zulassung	18
F. Weitere Voraussetzungen	19
6) **Unterbleiben einer Wertfestsetzung, II 2**	20, 21
7) **Weiteres zum Rechtsmittelverfahren, II**	22–24

1   **1) Systematik, I, II.** §§ 32, 33 beziehen sich in einer Ergänzung von § 23 I 1 nur auf die Wertfestsetzung für ein gerichtliches Verfahren vor einem beliebigen Gericht aller Gerichtsbarkeiten. Eine solche Wertfestsetzung gilt nach § 23 I 3 dann auch für diejenige Tätigkeit des Anwalts, die das gerichtliche Verfahren in diesem Gebührenrechtszug vorbereitet oder außergerichtlich begleitet, etwa bei einem Verkehrsanwalt oder bei einer außergerichtlichen Einigung. Die Vorschrift gilt auch für einen Unterbevollmächtigten, Terminsanwalt, Beweisanwalt oder Beistand. Zum gerichtlichen Verfahren gehört natürlich auch das Mahnverfahren zB nach §§ 688 ff ZPO. Es reicht also aus, daß die Sache anhängig ist. Eine Rechtshängigkeit nach §§ 253 I, 261 I ZPO ist nicht erforderlich. § 32 erfaßt auch denjenigen Anwalt, der keinen Antrag stellt, OVG Greifsw NJW **08**, 2936 links.

Beim *Abweichen* des Streitwerts vom Gegenstandswert gilt nach § 33 Rn 4.

Soweit es wegen des gesamten oder eines teilweisen Anspruchs des Auftraggebers *überhaupt nicht* zu einer *gerichtlichen* Anhängigkeit kommt, findet natürlich keine Festsetzung des Streitwerts für Gerichtsgebühren statt. §§ 32, 33 sind ferner dann unanwendbar, wenn es sich um eine solche Anwaltstätigkeit handelt, die ein etwa vorhandenes gerichtliches Verfahren nicht betrifft, etwa um eine Beratung im Zusammenhang mit dem Abschluß eines solchen Vertrags, um den die Partner anschließend vor Gericht streiten. Dann muß der Anwalt den Gegenstandswert selbst ansetzen. Soweit der Wert streitig ist, muß ihn das Gericht im Zusammenhang mit einer etwaigen Gebührenklage festsetzen.

2   **2) Regelungszweck, I, II.** Die Vorschrift dient in I, II unterschiedlichen Zwecken. I bezweckt wie §§ 22, 23 eine Vereinheitlichung und Vereinfachung beim wesentlichen Anknüpfungspunkt der Vergütung dem Grunde nach im gerichtlichen Verfahren. Man muß die Vorschrift daher als eine Zweckmäßigkeitsvorschrift ebenso großzügig auslegen wie den der Gerechtigkeit dienenden II mit einer notwendigen Ergänzung des Rechtsmittelsystems. Denn sonst könnte dem Anwalt wegen des Fehlens einer eigenen Beschwerdemöglichkeit nach § 66 II GKG, Teil I A dieses Buchs (er ist nicht Partei) oder nach § 57 II FamGKG, Teil I B dieses Buchs (er ist kein Beteiligter) die Möglichkeit fehlen, eine angemessene Vergütung auch gegen die „Billigkeits"-Interessen des Auftraggebers und gar des etwa erstattungspflichtigen Gegners durchzusetzen, soweit der richtige Wert streitig ist, KG JB **84**, 578, Mü JB **85**, 1085.

3) Maßgeblichkeit des Streitwerts, I. Der nachfolgende Grundsatz hat mancherlei Auswirkungen. 3
A. Grundsatz: Abhängigkeit vom gerichtlichen Wert. Soweit das Gericht einen Streitwert für seine Gebühren nach § 63 I 1 GKG, § 55 I 1 FamGKG, Teile I A, B dieses Buchs, vorläufig oder nach § 63 II 1 GKG, § 55 II FamGKG endgültig festsetzt, gilt die Festsetzung grundsätzlich auch für die Gebühren des Anwalts wegen einer Tätigkeit in diesem gerichtlichen Verfahren und wegen desselben Gegenstands nach § 15 Rn 12, Hbg AnwBl **03**, 114. Das gilt natürlich nur für ein solches gerichtliches Verfahren, in dem eine Festsetzung des Streitwerts kraft Gesetzes in Betracht kommt, Karlsr MDR **09**, 588, sei es durch einen Beschluß oder im Urteil. Auf eine Anfechtbarkeit einer solchen Festsetzung kommt es für I nicht an. Eine persönliche Gebührenfreiheit ändert an der Anwendbarkeit von I nichts. Vgl §§ 63–66 GKG, §§ 55 ff FamGKG, 79 GNotKG, Teil III dieses Buchs, § 61 I ArbGG, 142 PatG, 142 MarkenG, auch in Verbindung mit § 8 II 3 MarkenG, ferner §§ 26 GebrMG, 54 II DesignG, 12 UWG, 247 AktG, 182 InsO, § 164 VwGO, VGH Kassel JB **17**, 309.

Mangels einer Wertabhängigkeit ist I unanwendbar, Karlsr MDR **09**, 588, und § 33 anwendbar.

B. Beispiele zur Frage einer Anwendbarkeit von I 4
Änderung: Soweit das Gericht den Streitwert ändert, ist der neue Wert maßgebend. Falls bereits eine Festsetzung der Anwaltsgebühren erfolgt war, muß man auch sie entsprechend nach § 11 II 3 RVG, § 17 ZPO, § 85 FamFG auf einen Antrag ändern, solange keine Verjährung vorliegt. Nach Ablauf der Frist des § 33 III 1 ist eine Änderung selbst dann unstatthaft, wenn das Gericht nach § 43 GKG hätte festsetzen müssen, LAG Bln-Brdb NZA-RR **17**, 558.
Auftraggeber: Der gerichtlich festgesetzte Streitwert ist auch für den Auftraggeber maßgebend.
Außergerichtliche Einigung: Soweit ein gerichtliches Verfahren schwebt, kann die Streitwertfestsetzung auch eine außergerichtliche Einigung nach § 779 BGB umfassen.
Aussetzung: Bei einem Rechtsmittel des Anwalts muß das Gericht die anderen Verfahren bis zur Klärung der Streitfrage über den Wert nach § 11 IV RVG, § 148 ZPO, § 21 FamFG usw aussetzen.
Bindung: Die Festsetzung bindet das Gericht im Gebührenrechtsstreit, Celle VersR 5 **11**, 1579. Wenn der Anwalt in diesem Verfahren oder im Festsetzungsverfahren gegen den Streitwert eine Einwendung erheben will, muß er nach II 1 im Festsetzungsverfahren das zulässige Rechtsmittel einlegen, BBg JB **76**, 186. Eine Streitwertfestsetzung durch das Gericht bindet den Anwalt im übrigen nur insoweit, als sich seine Tätigkeit mit dem für die Streitwertfestsetzung maßgebenden Gegenstand deckt, BayObLG Rpfleger **79**, 434. Sie bindet nicht, soweit die Partner des Anwaltsvertrags eine nach §§ 3a, 4 wirksame Einigung über einen höheren bezifferten und nicht nur „angemessenen" Gegenstandswert als den gerichtlich festgesetzten Streitwert getroffen haben. Das gilt aber nur für die an dieser Vereinbarung schon und noch Beteiligten, Ffm JB **80**, 579. Soweit der Urkundsbeamte der Geschäftsstelle einen Streitwert angenommen hat, bindet dieser Vorgang den Anwalt nicht.
Erledigung: *Unanwendbar* ist I dann, wenn sich der Auftrag vor der Klagerhebung 6 nach §§ 253, 261 ZPO oder vor der Einlegung eines Rechtsmittels teilweise oder vor einer Festsetzung des Streitwerts ganz erledigt, etwa infolge des Tods oder einer Kündigung, und wenn der Streitwert danach höher geworden ist.
Erstattungsfähigkeit: Sie richtet sich stets nach dem gesetzlichen Gegenstandswert in Verbindung mit §§ 91 ff ZPO usw, Ffm JB **80**, 579, Hamm AnwBl **75**, 95.
Gegenstand: Wenn der Gegenstand einer Anwaltstätigkeit über denjenigen des gerichtlichen Verfahrens hinausgeht oder hinter ihm zurückbleibt, ist I evtl *unanwendbar* und stattdessen (jetzt) § 33 anwendbar, BayObLG AnwBl **92**, 331, LAG Hamm JB **87**, 231, LAG Köln MDR **99**, 121. Beim Vergleich kommt es bei der Einbezie-

hung eines Zusatzanspruchs zur Hauptforderung darauf an, ob er im Vergleich eine Mitregelung findet, Stgt MDR **16**, 1052.
Kündigung: S „Erledigung".
Miterbe: *Unanwendbar* ist I, soweit der Anwalt im Erbscheinserteilungsverfahren nur einen Miterben vertritt, BayObLG JB **78**, 1374.
Mithaftung: Der gerichtlich festgesetzte Streitwert ist auch für einen Mithaftenden maßgebend.

7 **Nach dem Prozeß:** Es gilt dasselbe wie bei Rn 8 „Vor dem Prozeß".
Rechtsmittel: Anwendbar ist I auch in Verbindung zB mit § 47 I 1 GKG, Teil I A dieses Buchs, BGH WertpMitt **13**, 3088 rechts.
  S auch Rn 4 „Aussetzung", „Bindung".
Rechtsnachfolger: Der gerichtlich festgesetzte Streitwert ist auch für einen Rechtsnachfolger maßgebend.
Rechtspfleger: Solange er ein gerichtliches Verfahren bearbeitet, ist er nach § 4 RPflG auch für die Wertfestsetzung zuständig.
Staatskasse: Der gerichtlich festgesetzte Streitwert ist auch für die Staatskasse maßgebend.
Streitgenosse: *Unanwendbar* ist I, soweit der Anwalt nur einen von mehreren Streitgenossen nach §§ 59 ff ZPO vertritt, während die übrigen andere Ansprüche oder solche in anderer Höhe geltendmachen oder auf die Zahlung abweichender Beträge verklagt worden sind, wenn das Gericht also zusammengerechnet hat, (zum alten Recht) BGH Rpfleger **77**, 60.

8 **Tod:** Rn 4 „Erledigung".
Verwaltungsbehörde: Wegen des Widerspruchsverfahren vor ihr VG Augsb AnwBl **84**, 319.
Vor dem Prozeß: Die gerichtliche Streitwertfestsetzung kann eine solche Tätigkeit miterfassen, die dem Prozeß vorausgeht und die nach § 19 I 2 Z 3 zum Gebührenrechtszug gehört.

9 **4) Antragsrecht des Anwalts, II 1.** Der Anwalt hat nach Rn 12 schon wegen seiner grundsätzlichen Bindung an die gerichtliche Wertfestsetzung ein eigenes Recht, eine noch nicht erfolgte Wertfestsetzung zu beantragen. Dieses Recht besteht für sämtliche gerichtlichen Verfahren. Das gilt nach Rn 14 auch dann, wenn das Gericht den Streitwert von Amts wegen festsetzen soll oder soweit das Gericht den Wert schon ohne einen Widerspruch des Auftraggebers festgesetzt hat, soweit der Anwalt aber beschwert ist, Rostock JB **14**, 194, VGH Mü NVwZ-RR **14**, 447, OVG Münst Rpfleger **10**, 80 rechts, aM Köln GRUR **88**, 724 (aber eine Beschwer ist stets ein ausreichender Grund).

10 **A. Notwendigkeit eigenen Interesses.** Da nach § 32 aber nur die Festsetzung des Werts für die Gebühren des Gerichts in Betracht kommt, besteht ein Antragsrecht des Anwalts nur, soweit er ein eigenes rechtliches Interesse an der Festsetzung hat, falls also die Wertfestsetzung für seine Gebühr maßgebend ist, BayObLG AnwBl **92**, 331.
  Es ist immerhin auch denkbar, ein eigenes rechtliches Interesse des Anwalts an einer *niedrigeren* Wertfestsetzung dann zu bejahen, wenn er etwa fürchtet, auf Grund eigener früherer Angaben mit einer geringeren Werteinschätzung jetzt einem Schadensersatzanspruch des Auftraggebers ausgesetzt zu werden oder dessen Vertrauen und damit angekündigte Folgeaufträge vielleicht von hohen Gegenstandswerten zu verlieren usw. Dergleichen könnte auch über ein „nur" wirtschaftliches und als solches nicht ausreichendes Interesse durchaus hinausgehen.

11 **B. Beispiele zur Frage eines Antragsrechts, II 1**
Abgrenzung: Man muß einen Antrag nach II 1 von einem solchen nach § 33 I unterscheiden.
  S auch „Auslegung".
Anhörung: Wenn sich der Anwalt durch einen Antrag oder auch ohne einen förmlichen Antrag der Sache nach in ein anhängiges Wertsetzungsverfahren einschaltet, muß das Gericht ihm als einem von jetzt an auch persönlich Beteiligten im weiteren Verfahrensgang vor einer ihm nachteiligen Wertänderung nach Art 103 I GG das rechtliche Gehör geben. Das Gericht muß dann auch der von diesem Anwalt vertretenen Partei selbst das rechtliche Gehör geben. Denn sie mag zB an einer dem Anwalt günstigeren Wertfestsetzung aus berechtigten Gründen nicht interessiert

sein. Soweit allerdings das Gericht gar nicht weiß, daß der Anwalt ein gerichtliches Verfahren mit seiner Tätigkeit begleitet, wenn sich etwa seine Mitwirkung auf eine außergerichtliche Beratung beschränkt, kann das Gericht den Anwalt solange nicht anhören, bis er sich wenigstens wegen der Wertfestsetzung beim Gericht meldet.

Antragsfrist: II 1 schreibt *keine* solche Frist vor.

S aber auch „Verwirkung".

Arbeitsgerichtliches Verfahren: Ein Antragsrecht besteht auch in diesem Verfahren, LAG Bre MDR **86**, 261, LAG Kiel AnwBl **02**, 186, LAG Nürnb JB **93**, 172.

Auslegung: Man darf und muß evtl den Antrag wie jede Prozeßhandlung nach BLAH Grdz 52 vor § 128 ZPO auslegen, OVG Münst NVwZ-RR **13**, 903 links, Natter NZA **04**, 689.

Finanzgericht: *Kein* Antragsrecht besteht dort, BFH JB **16**, 244.

Gegenstandswert: Ausreichen kann nach Rn 14 ein zu gering festgesetzter Wert.

Instanz: S „Rechtszug".

Rechtsschutzbedürfnis: Vgl zunächst Rn 10. Für den Antrag muß also wie für jede Prozeßhandlung ein Rechtsschutzbedürfnis bestehen, zB BLAH Grdz 33 vor § 253 ZPO. Dieses Rechtsschutzbedürfnis kann aber auch nach der formellen Rechtskraft der Sachentscheidung nach § 705 ZPO usw vorliegen. Freilich kann das Rechtsschutzinteresse auch dann bestehen, wenn der Anwalt dem Auftraggeber die Gebühren nicht voll in Rechnung stellen will, Karlsr AnwBl **85**, 41.

Rechtszug: Zum Antrag ist der Anwalt desjenigen *Rechtszugs* berechtigt, für den das Gericht den Wert festsetzen soll. Innerhalb dieses Rechtszugs ist nach § 11 I jeder Anwalt antragsberechtigt, für den die Wertfestsetzung auch nach seinem Ausscheiden maßgebend ist.

Sozius: Antragsberechtigt ist auch der diese Sache an sich nicht bearbeitende Sozius, VGH Kassel AnwBl **82**, 309. Auch der erst nachträglich eingetretene Sozius ist antragsberechtigt, VGH Kassel AnwBl **82**, 309, ferner der nur außergerichtlich mitwirkende Anwalt, soweit zB ein Vertretungsverbot vorliegt.

Überhöhte Wertangabe: Sie kann zumindest ein Betrugsversuch sein, Köln GRUR-RR **13**, 341 (freilich keineswegs stets).

Unterbleiben einer Wertfestsetzung: Ein Antragsrecht besteht auch in solcher Lage, falls ein für die Gerichtsgebühren nach § 23 maßgebender Wert an sich vorhanden ist und falls sich auch die Anwaltsgebühr nach diesem Wert richten soll.

Vertretungsverbot: S „Sozius".

Verwirkung: Eine Verwirkung kann beim Zusammentreffen des sog Zeitmoments und des sog Umstandsmoments nach § 242 BGB eintreten.

Wertvereinbarung: Eine beabsichtigte oder erfolgte solche Vereinbarung nach (jetzt) § 3 a beseitigt das Antragsrecht grds *nicht*, BFH NJW **76**, 208, Karlsr AnwBl **85**, 41, aM VGH Mannh NVwZ-RR **95**, 126.

5) Beschwerderecht des Anwalts, II 2. Der Anwalt hat in jedem gerichtlichen **12** Verfahren ein eigenes Beschwerderecht, LAG Bre NZA **04**, 1180, LAG Kiel AnwBl **02**, 186, OVG Münst NVwZ-RR **13**, 903 links, und zwar nach Rn 19 in demselben Rahmen, in dem sein Auftraggeber nach den einzelnen Verfahrensordnungen dasselbe Recht hat. Eine Beschwerde kann auch hinter dem Wort „Erinnerung" stecken. Es müssen die folgenden Voraussetzungen zusammentreffen.

A. Beschwerdefähige Entscheidung. Zunächst muß eine beschwerdefähige Ent- **13** scheidung vorliegen. Sie besteht auch dann, wenn das Gericht etwa nur in seinen Entscheidungsgründen „Wert X EUR" formuliert hat, OVG Saarlouis JB **97**, 198. Auch eine vorläufige Festsetzung nach § 62 S 1 GKG, Teil I A dieses Buchs, ist beschwerdefähig, Bre AnwBl **88**, 71, aM Karlsr MDR **08**, 1368. Dasselbe gilt für eine vorläufige Festsetzung nach § 63 I 1 GKG, Schneider MDR **00**, 381, aM Ffm OLGR **99**, 43, Kblz MDR **14**, 560.

Keine solche Entscheidung ist aber die bloße Annahme eines Werts durch den Urkundsbeamten der Geschäftsstelle. Es mag auch nur eine Entscheidung zum Zuständigkeitswert vorliegen, im Zweifel liegt aber nicht nur sie vor, aM Mü MDR **98**, 1242. Eine Urteilsaufhebung durch das Rechtsmittelgericht umfaßt den Satz „Wert X EUR" der Entscheidungsgründe meist mit. Eine Fälligkeit der Anwaltsvergütung nach § 8 braucht hier anders als bei § 33 II 1 noch nicht vorzuliegen. Es genügt ein Vorschußanspruch nach § 9, Bre AnwBl **88**, 71, aM Ffm OLGR **99**, 43.

14 Zur Beschwerde ist der Anwalt der ersten *Instanz* auch gegen eine Festsetzung durch das Berufungsgericht dann berechtigt, wenn diese Festsetzung den Wert der ersten Instanz mit einbezieht. Wenn der Anwalt während einer Instanz wechselt, ist der neue Anwalt selbständig beschwerdeberechtigt, soweit es sich um seine Gebühren handelt. Er ist aber nicht beschwerdeberechtigt, soweit nur die Gebühren des bisherigen Anwalts infrage stehen. Soweit der Anwalt die Partei gar nicht vor diesem Gericht vertreten hat, hat er auch kein Beschwerderecht, Brdb FamRZ **97**, 37.

15 B. Beschwer. Der Anwalt muß selbst beschwert sein, Saarbr FamRZ **09**, 1172, OVG Lüneb JB **15**, 85, VGH Mü NVwZ-RR **14**, 447. Das gilt beim „bloßen" ProzBev nach § 81 ZPO, der sich nicht selbst vertritt, nur dann so, wenn das Gericht den Wert zumindest indirekt auch ihm gegenüber zu niedrig festgesetzt hat, LAG Hamm NZA-RR **06**, 268, VGH Mü NVwZ-RR **14**, 447, OVG Münst NVwZ-RR **10**, 80 rechts (dort verneint), aM OVG Münst NVwZ-RR **13**, 309 links.

16 C. Beispiele zur Frage einer Beschwer, II 2

Anwalt als Partei: Soweit der Anwalt *selbst* Partei ist, kommt es zwar theoretisch darauf an, ob er sich selbst zum ProzBev bestellt hat. Im Ergebnis ist dann aber die Frage unerheblich, in welcher Eigenschaft er das Rechtsmittel einlegt.
Herabsetzung: S „Zu hoher Wert".
Heraufsetzung: S „Zu niedriger Wert".
Zu hoher Wert: Soweit der Anwalt die Beschwerde mit einer zu hohen Wertfestsetzung begründet, muß man im Zweifel davon ausgehen, daß er die Beschwerde in Wahrheit nur für den Auftraggeber und nicht persönlich eingelegt hat, BayObLG ZMR **01**, 296, Brdb FamRZ **07**, 71, LAG Bre NZA **04**, 1180. Denn sonst wäre sie unstatthaft, VGH Mannh NVwZ-RR **10**, 943, aM OVG Münst NVwZ-RR **13**, 309 links. Eine nur auf Anweisung des Rechtsschutzversicherers erhobene Herabsetzungsbeschwerde ist unzulässig, LAG Düss MDR **95**, 1074.
Honorarvereinbarung: Bei ihr mit einer wertunabhängigen Gebühr kann eine Beschwer darin liegen, daß der Anwalt einer Herabsetzung nach § 3 a II vorbeugen will, BFH NJW **76**, 268. Sie kann auch sonst trotz § 3 a vorliegen, GSchm **87**, aM VGH Mannh NVwZ-RR **95**, 126.
Zu niedriger Wert: Soweit der Anwalt seine Beschwerde damit begründet, das Gericht habe den Wert zu niedrig festgesetzt, ist seine Formulierung „namens und im Auftrag des Mandanten" dennoch auslegungsbedürftig, LAG Hamm MDR **01**, 1442. Es kommt auf das prozessual Vernünftige an, Drsd RR **01**, 792, OVG Münst NVwZ-RR **13**, 903 links (eben!).
Rechtsschutzversicherer: S „Zu hoher Wert".
Verbesserung: Stets muß eine Verbesserung der Lage des Anwalts erhoffbar sein, Köln VersR **97**, 601. Man muß im Zweifel davon ausgehen, daß er die Beschwerde nur im eigenen Namen und nicht auch in demjenigen der Partei, eingelegt hat, Brdb FamRZ **07**, 2000, Stgt RR **11**, 715, OVG Münst NVwZ-RR **13**, 903 links (?). Im Zweifel empfiehlt sich aber doch zunächst nach § 139 ZPO, § 113 I 2 FamFG eine Rückfrage beim Anwalt dazu, was je gemeint hat.
Kein Widerspruch des Auftraggebers: Eine Beschwer besteht aber auch dann, wenn das Gericht den Wert ohne einen Widerspruch des Auftraggebers festgesetzt hat, aM Köln GRUR **88**, 724 (aber hier geht es ja gerade um das eigene Recht eines unabhängigen Organs der Rechtspflege, § 1 BRAO).
Zweifel: S „Verbesserung".

17 D. Entweder: Beschwerdewert. Der Wert des Beschwerdegegenstands muß entweder nach II 1 in Verbindung mit § 68 I 1 GKG, § 59 I 1 FamGKG, Teile I A, B dieses Buchs, auch ohne eine solche ausdrückliche Verweisung der Sache nach grundsätzlich 200 EUR übersteigen, Düss MDR **12**, 433, KG ZMR **08**, 449. Eine Ausnahme gilt nach Rn 18. Beschwerdewert ist der Unterschiedsbetrag zwischen derjenigen entstandenen und voraussichtlich noch entstehenden Gesamtvergütung (Gebühren und Auslagen), die sich auf Grund der bisherigen Festsetzung gerade für diesen Anwalt als Beschwerdeführer ergibt, und derjenigen entstandenen und voraussichtlichen Gesamtvergütung, die sich nach dem behaupteten und vom Anwalt mit seiner Beschwerde auch jetzt erstrebten Wert ergibt, Hbg AnwBl **81**, 501, Naumb NZA-RR **08**, 206, Chemnitz AnwBl **82**, 438, aM LG Stade AnwBl **82**, 438 (aber es kommt auf das Ergebnis an).

Das gilt etwa bei §§ 567 II ZPO, § 68 I GKG, § 59 I FamGKG, § 83 GNotKG, Teile I A, B, III dieses Buchs, 146 III VwGO, 128 III FGO. Dabei ist die Grundlage eine Wahlanwaltsvergütung und nicht nur die Vergütung aus der Staatskasse, Celle FamRZ **06**, 1690. Auch in einer Prozeß- oder Verfahrenskostenhilfesache muß man den Beschwerdewert wegen § 126 ZPO, §§ 76 ff FamFG nach dem vollen Gebührenbetrag berechnen, aM LAG Halle NZA-RR **13**, 605, LAG Mainz NZA-RR **11**, 424 links (je: nur nach dem aus § 49 errechneten Betrag; systemwidrig). Nach einer teilweisen Abhilfe durch das Erstgericht ist nur noch der restliche Beschwerdewert maßgeblich, Hamm JB **82**, 582, Kblz JB **86**, 893.

Man muß die *Umsatzsteuer* nach VV 7008 einrechnen. Denn sie stellt einen Teil der Gesamtvergütung dar, OVG Hbg AnwBl **81**, 501 (zustm Schmidt). Die Gerichtskosten bleiben hier unbeachtet.

Es erfolgt *keine Zusammenrechnung* der Werte der etwaigen Beschwerden der Anwälte beider Parteien, aM VGH Stgt MDR **76**, 609 (aber jeder Anwalt hat seine eigenen Rechte mit deren Grenzen). Es gibt auch keine Zusammenrechnung der Werte der Beschwerden des ProzBev und des Verkehrsanwalts.

D. Oder: Zulassung. Statt der Voraussetzung Rn 17 genügt nach § 68 I 2 GKG, **18** § 59 I 2 FamGKG, Teile I A, B dieses Buchs, auch eine Zulassung der Beschwerde durch das Erstgericht wegen einer grundsätzlichen Bedeutung der zur Entscheidung stehenden Rechtsfragen. Die Zulassung muß aber bereits im Festsetzungsbeschluß erfolgt sein und läßt sich nicht nachholen.

E. Weitere Voraussetzungen. Der Anwalt hat ein Antragsrecht nur im Umfang **19** eines sonst am Wertfestsetzungsverfahren Beteiligten. Soweit also die Wertfestsetzung unanfechtbar oder nur zusammen mit der Entscheidung in der Hauptsache anfechtbar ist, ist der Anwalt nicht persönlich zur Beschwerde berechtigt, soweit die Festsetzung nicht auch für seine Gebühren maßgebend ist, Bre AnwBl **88**, 71, Hamm FamRZ **05**, 1767, aM Köln OLGR **00**, 323. Das gilt auch nach 61 I ArbGG. Der Anwalt kann auf ein Beschwerderecht verzichten. Ein Verzicht auf die Begründung der Festsetzung ist kein Rechtsmittelverzicht.

„*Abänderungsantrag*" oder „*Erinnerung*" reichen zur Einleitung eines Beschwerdeverfahrens aus, Drsd RR **01**, 792, Ffm JB **79**, 1873.

In einem bürgerlichen Rechtsstreit und in einem solchen Verfahren, das auf die Wertfestsetzungsvorschriften des bürgerlichen Rechtsstreits für die Gerichtsgebühren verweist, ist der persönlich beschwerdeführende Anwalt grundsätzlich auch an die in §§ 63 III 2, 68 I 3 Hs 1 GKG in Verbindung mit § 63 III 2 GKG, Teil I A dieses Buchs, und in §§ 55 III 2, 59 I 3 Hs 1 FamGKG, Teil I B dieses Buchs, in Verbindung mit § 55 III 2 FamGKG genannte *Beschwerdefrist* seit der formellen Rechtskraft der Hauptsacheentscheidung oder seit einer anderweitigen Erledigung des Hauptverfahrens gebunden. Ausnahmsweise läuft die Beschwerdefrist nach II, § 68 I 3 Hs 2 GKG, § 59 I 3 Hs 2 FamGKG dann, wenn das Gericht den Streitwert später als einen Monat vor dem Ablauf der vorgenannten Sechsmonatsfrist festgesetzt hatte, erst einen Monat nach der Zustellung oder formlosen Mitteilung des Festsetzungsbeschlusses ab. Eine Wiedereinsetzung ist nach § 68 II GKG, § 59 II FamGKG statthaft. Soweit für einen der Beteiligten die Frist noch läuft, läuft sie allerdings auch zugunsten des Anwalts. Ist sie zwar abgelaufen, hat das Gericht aber über die Beschwerde noch nicht entschieden, kann der Anwalt sich noch unselbständig anschließen.

6) Unterbleiben einer Wertfestsetzung, II 2. Soweit das Gericht eine nach **20** dem Gesetz notwendige Wertfestsetzung unterlassen hat, kann der Anwalt den zulässigen Rechtsbehelf aus eigenem Recht ergreifen, BVerfG FamRZ **01**, 753, Saarbr RR **99**, 1280, Schneider MDR **99**, 1397. Das kommt nach § 61 I ArbGG zB dann in Betracht, wenn das ArbG die Wertfestsetzung in seinem Urteil unterlassen hat. Zwar hat die Wertfestsetzung keine Bedeutung mehr für die Rechtsmittelfähigkeit. Trotzdem ist § 61 I ArbGG nicht wegen eines bloßen Redaktionsversehens bestehengeblieben, aM LAG Hamm AnwBl **79**, 431. Die Vorschrift hat vielmehr ihren

RVG §§ 32, 33 X. Rechtsanwaltsvergütungsgesetz

Sinn behalten. Denn es handelt sich um eine Zusatzvorschrift zu § 63 GKG, § 55 FamGKG, Teile I A, B dieses Buchs.

21 Der Anwalt kann also eine Ergänzung nach § 321 ZPO oder evtl eine Abhilfe nach § 12a GKG, § 44 FamGKG oder auch eine Berichtigung nach § 319 ZPO beantragen. Das Gericht muß ihn als einen Beteiligten aus eigenem Recht auch bei einer von Amts wegen oder von einem anderen Beteiligten beantragten Änderung oder Berichtigung anhören, soweit es den Anwalt durch seine geplante Entscheidung benachteiligen würde. Es muß ihm auch seine Entscheidung mitteilen. Eine Berichtigung kann aber nicht zu einer anderen Festsetzung führen. Eine Anfechtung der Wertfestsetzung durch den Anwalt kommt nicht in Betracht. Das arbeitsgerichtliche Beschlußverfahren nach § 2a I ArbGG ist nach § 2 II GKG gebührenfrei. Infolgedessen erfolgt in einem solchen Verfahren eine Wertfestsetzung nach § 33.

22 **7) Weiteres zum Rechtsmittelverfahren, II.** Vgl § 68 GKG, Teil I A dieses Buchs, Brdb FamRZ 07, 2000, Saarbr FamRZ 09, 1172, Schlesw MDR 09, 1355, § 59 FamGKG, Teil I B dieses Buchs, sowie § 83 GNotKG, Teil III dieses Buchs, ferner §§ 567 ZPO, 34 II LwVG, 146, 165 VwGO. Der Einzelrichter des § 568 I 1 ZPO ist funktionell auch hier zuständig. Es besteht kein Anwaltszwang. Es gibt nach § 68 GKG Rn 19 kein Verschlechterungsverbot. Der auf die einfache oder sofortige Beschwerde ergehende Beschluß bindet alle Beteiligten, nicht nur den Anwalt. Soweit der Rpfl den Wert festgesetzt hat, ist je nach einem Erreichen oder Nichterreichen des Beschwerdewerts die sofortige Beschwerde wie nach einer Entscheidung des Richters nach § 11 I RPflG oder die sofortige Erinnerung nach § 11 II 1 RPflG statthaft, § 11 Rn 82–126 zum jeweiligen Verfahren, das hier entsprechend abläuft.

23 Soweit der Anwalt unterliegt, braucht er nur seine *Auslagen* zu tragen. Denn § 68 III 1 GKG, § 59 III 1 FamGKG sind gegenüber KV 1811 vorrangig. Soweit der Anwalt im Beschwerdeverfahren siegt, entstehen keine Kosten. Denn es handelt sich um einen Streit ohne einen Gegner. Zwischen dem Anwalt und der Gegenpartei besteht nämlich kein Prozeßverhältnis. Die Gegenpartei unterliegt daher nicht nach § 91 ZPO.

24 Daran ändert sich auch dann nichts, wenn sie im Beschwerdeverfahren *Stellung* genommen und dem Beschwerdeantrag widersprochen hat. Die Unhaltbarkeit einer gelegentlichen früheren Gegenmeinung, die eine Parallele zum Zwischenstreit zog, ergibt sich zB dann, wenn beide Anwälte eine Erhöhung des Streitwerts erstreben, beide Parteien aber wegen einer Kostenteilung daran interessiert sind, den Streitwert niedrig zu halten.

Wertfestsetzung für die Rechtsanwaltsgebühren

33 I ¹Berechnen sich die Gebühren in einem gerichtlichen Verfahren nicht nach dem für die Gerichtsgebühren maßgebenden Wert oder fehlt es an einem solchen Wert, setzt das Gericht des Rechtszugs den Wert des Gegenstands der anwaltlichen Tätigkeit auf Antrag durch Beschluss selbstständig fest.

II ¹Der Antrag ist erst zulässig, wenn die Vergütung fällig ist. ²Antragsberechtigt sind der Rechtsanwalt, der Auftraggeber, ein erstattungspflichtiger Gegner und in den Fällen des § 45 die Staatskasse.

III ¹Gegen den Beschluss nach Absatz 1 können die Antragsberechtigten Beschwerde einlegen, wenn der Wert des Beschwerdegegenstands 200 Euro übersteigt. ²Die Beschwerde ist auch zulässig, wenn sie das Gericht, das die angefochtene Entscheidung erlassen hat, wegen der grundsätzlichen Bedeutung der zur Entscheidung stehenden Frage in dem Beschluss zulässt. ³Die Beschwerde ist nur zulässig, wenn sie innerhalb von zwei Wochen nach Zustellung der Entscheidung eingelegt wird.

IV ¹Soweit das Gericht die Beschwerde für zulässig und begründet hält, hat es ihr abzuhelfen; im Übrigen ist die Beschwerde unverzüglich dem Beschwerdegericht vorzulegen. ²Beschwerdegericht ist das nächsthöhere Gericht, in Zivilsachen der in § 119 Abs. 1 Nr. 1 des Gerichtsverfassungsgesetzes bezeichneten Art jedoch das Oberlandesgericht. ³Eine Beschwerde an einen obersten Gerichtshof des Bundes findet nicht statt. ⁴Das Beschwerdegericht ist an die Zulassung der Beschwerde gebunden; die Nichtzulassung ist unanfechtbar.

Abschnitt 4. Gegenstandswert   § 33 RVG

V ¹War der Beschwerdeführer ohne sein Verschulden verhindert, die Frist einzuhalten, ist ihm auf Antrag von dem Gericht, das über die Beschwerde zu entscheiden hat, Wiedereinsetzung in den vorigen Stand zu gewähren, wenn er die Beschwerde binnen zwei Wochen nach der Beseitigung des Hindernisses einlegt und die Tatsachen, welche die Wiedereinsetzung begründen, glaubhaft macht. ²Ein Fehlen des Verschuldens wird vermutet, wenn eine Rechtsbehelfsbelehrung unterblieben oder fehlerhaft ist. ³Nach Ablauf eines Jahres, von dem Ende der versäumten Frist an gerechnet, kann die Wiedereinsetzung nicht mehr beantragt werden. ⁴Gegen die Ablehnung der Wiedereinsetzung findet die Beschwerde statt. ⁵Sie ist nur zulässig, wenn sie innerhalb von zwei Wochen eingelegt wird. ⁶Die Frist beginnt mit der Zustellung der Entscheidung. ⁷Absatz 4 Satz 1 bis 3 gilt entsprechend.

VI ¹Die weitere Beschwerde ist nur zulässig, wenn das Landgericht als Beschwerdegericht entschieden und sie wegen der grundsätzlichen Bedeutung der zur Entscheidung stehenden Frage in dem Beschluß zugelassen hat. ²Sie kann nur darauf gestützt werden, dass die Entscheidung auf einer Verletzung des Rechts beruht; die §§ 546 und 547 der Zivilprozessordnung gelten entsprechend. ³Über die weitere Beschwerde entscheidet das Oberlandesgericht. ⁴Absatz 3 Satz 3, Absatz 4 Satz 1 und 4 und Absatz 5 gelten entsprechend.

VII ¹Anträge und Erklärungen können ohne Mitwirkung eines Bevollmächtigten schriftlich eingereicht oder zu Protokoll der Geschäftsstelle abgegeben werden; § 129a der Zivilprozessordnung gilt entsprechend. ²Für die Bevollmächtigung gelten die Regelungen der für das zugrunde liegende Verfahren geltenden Verfahrensordnung entsprechend. ³Die Beschwerde ist bei dem Gericht einzulegen, dessen Entscheidung angefochten wird.

VIII ¹Das Gericht entscheidet über den Antrag durch eines seiner Mitglieder als Einzelrichter; dies gilt auch für die Beschwerde, wenn die angefochtene Entscheidung von einem Einzelrichter oder einem Rechtspfleger erlassen wurde. ²Der Einzelrichter überträgt das Verfahren der Kammer oder dem Senat, wenn die Sache besondere Schwierigkeiten tatsächlicher oder rechtlicher Art aufweist oder die Rechtssache grundsätzliche Bedeutung hat. ³Das Gericht entscheidet jedoch stets ohne Mitwirkung ehrenamtlicher Richter. ⁴Auf eine erfolgte oder unterlassene Übertragung kann ein Rechtsmittel nicht gestützt werden.

IX ¹Das Verfahren über den Antrag ist gebührenfrei. ²Kosten werden nicht erstattet; dies gilt auch im Verfahren über die Beschwerde.

Gliederung

1) Systematik, I–IX	1
2) Regelungszweck, I–IX	2
3) Geltungsbereich, I	3–6
A. Gerichtliches Verfahren	3
B. Streitwert unmaßgeblich	4
C. Beispiele zur Frage einer Unmaßgeblichkeit des Streitwerts, I	5
D. Fehlen eines Streitwerts	6
4) Festsetzungsantrag, I, II, VII	7–14
A. Rechtsanwalt	8
B. Verkehrsanwalt	9
C. Auftraggeber	10
D. Erstattungspflichtiger Gegner	11
E. Staatskasse	12
F. Frist, II 1	13
G. Form, VII	14
5) Zuständigkeit, I	15
6) Weiteres Verfahren, II, VII 1, VIII	16
7) Entscheidung, I, VIII	17
8) Mitteilung, I, VIII	18
9) Gegen Entscheidung des Richters: Befristete Beschwerde, III–IX	19–26
A. Entweder: Beschwerdewert, III 1	20
B. Oder: Zulassung wegen grundsätzlicher Bedeutung, III 2	21
C. Keine Beschwerde an Obersten Gerichtshof des Bundes, IV 3	22
D. Frist, III 3, V, VII 3	23
E. Form, VII 1–3	24
F. Weiteres Verfahren, IV 1, 2, VIII	25

1599

G. Entscheidung, IV–IX 26
10) **Gegen Entscheidung des Rechtspflegers: Beschwerde oder sofortige Erinnerung, III 1–4, IV, § 11 I, II RPflG** 27
11) **Weitere Beschwerde, VI** 28–32
   A. Zulässigkeit 28
   B. Frist, Form 29
   C. Zuständigkeit 30
   D. Weiteres Verfahren 31
   E. Entscheidung 32
12) **Gegenvorstellung, I–IX** 33

1 **1) Systematik, I–IX.** Die Vorschrift gibt in einer Ergänzung zu § 32 und zur Schließung dortiger Lücken im Interesse einer klaren Berechnungsgrundlage die Möglichkeit einer Wertfestsetzung dann, wenn die Voraussetzung Rn 3, 4 und außerdem mindestens eine der beiden Voraussetzungen Rn 5 oder Rn 6 vorliegen. Es ist nach Rn 4 nur entweder § 32 oder lediglich hilfsweise § 33 anwendbar, soweit die Gegenstände nach § 15 Rn 12 übereinstimmen. Ein Antragsrecht nach § 33 nimmt einem Antrag nach § 32 das Rechtsschutzbedürfnis, BayObLG AnwBl **92**, 331. Ein solches kann auch mangels einer kostenauslösenden Anwaltstätigkeit fehlen, BGH RR **17**, 640.

2 **2) Regelungszweck, I–IX.** Als eine Ergänzung zu §§ 22 ff enthält § 33 die Vorschriften zum Wertfestsetzungsverfahren, soweit es nicht schon zur Festsetzung der Gerichtsgebühren nach dem GKG oder FamGKG stattfindet, Teile I A, B dieses Buchs, BayObLG JB **79**, 1505. Wie jede Verfahrensregel bezweckt auch § 33 eine abgewogene Berücksichtigung der Interessen des Anwalts, seines Auftraggebers wie auch indirekt eines etwa erstattungspflichtigen Gegners des Auftraggebers. Man sollte die Vorschrift dementsprechend weder zu großzügig noch zu eng auslegen. Das gilt insbesondere bei III–V.

3 **3) Geltungsbereich, I.** Die Vorschrift gilt in jeder Gerichtsbarkeit. Sie gilt nur hilfsweise. Sie gilt nur für diejenigen Anwaltsgebühren, die sich nicht nach dem für die Gerichtsgebühren maßgeblichen Wert richten. Die Festsetzung ist für jeden Rechtszug neu erforderlich. Es empfehlen sich die folgenden Unterscheidungen.

A. Gerichtliches Verfahren. Der Anwalt muß für einen beliebigen Beteiligten wegen des hier vorhandenen Gegenstands in einem gerichtlichen Verfahren tätig geworden sein. Die bloße Möglichkeit eines gerichtlichen Verfahrens nach § 23 I 3 genügt nicht. Der Anwalt braucht in dem gerichtlichen Verfahren aber nicht auch vor dem Gericht aufgetreten zu sein, LG Dessau-Roßlau JB **08**, 89. Er mag zB lediglich eine beratende Tätigkeit ausgeübt haben; er mag Verkehrsanwalt oder Beweisanwalt oder Terminsanwalt gewesen sein; sein Auftrag mag vor dem Beginn des gerichtlichen Termins geendet haben; ein anderer Anwalt mag den Auftraggeber vor dem Gericht vertreten haben; es mag während des gerichtlichen Verfahrens zu einer außergerichtlichen Einigung gekommen sein.

Wenn es *nicht* zu einem gerichtlichen Verfahren kommt, ist § 33 unanwendbar, Karlsr MDR **15**, 1095 (außergerichtlicher Vergleich nach § 779 BGB), AG Bln-Tempelhof-Kreuzberg FamRZ **08**, 1102. Es reicht auch kein Auftrag erst nach dem Ende eines Gerichtsverfahrens, LG Dessau-Roßlau JB **08**, 89. Das alles gilt auch dann, wenn zB die Verwaltungsbehörde den angefochtenen Verwaltungsakt auf Grund des Widerspruchs aufhebt und wenn es daher nicht zu einer Klage vor dem VG kommt. Dann bleibt nur eine Gebührenklage übrig. Dann muß das Prozeßgericht den Gegenstandswert klären. Eine Wertfestsetzung zB durch das Patentamt ist unstatthaft, BPatG GRUR **09**, 704.

Ein Antrag nach § 33 ist aber auch dann jedenfalls nicht direkt zulässig, wenn sich die Wertfestsetzung nach *§ 32* erreichen läßt und wenn diese Festsetzung für die anwaltliche Tätigkeit auch maßgebend ist. Dann ist § 33 allenfalls hilfsweise und keineswegs wahlweise anwendbar, LAG Kiel AnwBl **02**, 186. Die Vorschrift gilt andererseits für eine anwaltliche Tätigkeit in einem gerichtlichen Verfahren jeder Art, sofern überhaupt § 22 anwendbar ist. Auch das Prozeß- oder Verfahrenskostenhilfeverfahren nach §§ 114 ff ZPO, 76 FamFG reicht aus. Freilich müssen die Gegenstände nach § 15 Rn 12 übereinstimmen, LAG Köln AnwBl **02**, 185.

Abschnitt 4. Gegenstandswert **§ 33 RVG**

Wenn eine Festsetzung nach § 33 möglich ist, aber bisher nicht erfolgte und wenn der Gegenstandswert bei der Festsetzung der Vergütung des Anwalts streitig wird, muß nach § 11 IV eine *Aussetzung* erfolgen, bis der Wert formell rechtskräftig feststeht.

B. Streitwert unmaßgeblich. Der für die Gerichtsgebühren maßgebende Wert darf für die anwaltliche Tätigkeit in dem gerichtlichen Verfahren wegen § 2 I nicht maßgebend sein, BayObLG AnwBl **92**, 331. Der Streitwert und der Gegenstandswert dürfen sich also nicht decken. 4

C. Beispiele zur Frage einer Unmaßgeblichkeit des Streitwerts, I 5

Abweichung des Gegenstands: Unmaßgeblichkeit des Streitwerts dann, wenn der Gegenstand der Anwaltstätigkeit nach § 15 Rn 12 von demjenigen der Gerichtstätigkeit abweicht, BayObLG **01**, 346, Düss WoM **97**, 2477.

Abweichung bei Streitgenossen: Unmaßgeblichkeit des Streitwerts dann, wenn der Anwalt nur einen Streitgenossen nach §§ 59 ff ZPO vertritt und wenn die übrigen Ansprüche entweder anderer Art oder anderer Höhe geltendmachen, Ffm JB **80**, 1661.

Anschlußrevision: Unmaßgeblichkeit des Streitwerts dann, wenn es um eine wirkungslos gewordene Anschlußrevision zB nach § 566 ZPO geht, BGH JB **79**, 358.

Arbeitsfreistellung: Unmaßgeblichkeit des Streitwerts dann, wenn es um eine Freistellung von der Arbeitspflicht bei vollem Lohn geht, LAG Mainz DB **02**, 1460.

Aufrechnung: Unmaßgeblichkeit des Streitwerts dann, wenn es um eine Hilfsaufrechnung oder um eine Hauptaufrechnung geht, LAG Hamm MDR **89**, 852, aM Hamm JB **07**, 205, KG JB **07**, 488.

Besondere Wertvorschrift: Unmaßgeblichkeit des Streitwerts dann, wenn es für den Anwalt eine besondere Wertvorschrift gibt.

Derselbe Antrag: *Keine* Unmaßgeblichkeit des Streitwerts dann, wenn der Streithelfer nach § 66 ZPO denselben Antrag stellt wie seine Hauptpartei, BGH JB **13**, 477, oder wenn er keinen Antrag stellt, BFH RR **16**, 831.

Erbschein – Erbanteil: Unmaßgeblichkeit des Streitwerts dann, wenn der Auftraggeber im Verfahren auf die Einziehung und andersartige Neuerteilung eines Erbscheins nur einen Erbanteil beansprucht, BayObLG **01**, 346.

Hilfsantrag: *Keine* Unmaßgeblichkeit des Streitwerts dann, wenn es um einen unbeschiedenen Hilfsantrag in Verbindung mit § 45 I 2 GKG geht, aM (zum alten Recht) LAG Düss JB **94**, 359, LAG Hamm MDR **89**, 852.

Hilfswiderklage: Unmaßgeblichkeit des Streitwerts dann, wenn es um sie nach BLAH Anh § 253 ZPO Rn 12 geht.

Klagerücknahme: Unmaßgeblichkeit des Streitwerts dann, wenn der Anwalt des Bekl den Vertretungsauftrag erst nach der Wirksamkeit einer teilweisen Klagerücknahme erhält, Kblz Rpfleger **88**, 161.

Mehrheit von Ansprüchen: Unmaßgeblichkeit des Streitwerts dann, wenn sich der Streitwert mehrerer Ansprüche nur nach dem höheren Anspruch richtet, etwa bei § 48 IV GKG, Teil I A dieses Buchs, der Anwalt aber wegen beider tätig wird.

Mehrheit von Auftraggebern: Unmaßgeblichkeit des Streitwerts bei mehreren Auftraggebern nach § 7 mit unterschiedlichen Interessen, BGH MDR **13**, 1316 rechts oben, BayObLG JB **01**, 644 rechts unten.

Streithelfer: S „Derselbe Antrag".

Zurückbehaltungsrecht: *Keine* Unmaßgeblichkeit des Streitwerts.

D. Fehlen eines Streitwerts. Es mag ein Streitwert wegen des Fehlens einer Gerichtsgebührenpflicht unbeachtbar sein. Es mag auch an einem für vorhandene Gerichtsgebühren maßgebenden Wert fehlen, BayObLG FamRZ **99**, 604 (zu [jetzt] § 107 FamFG). OVG Münst BauR **14**, 2085 wendet § 33 auch dann an, wenn ein Mehrvergleich keinen vollen Bezug zum bisherigen Streitgegenstand nach BLAH § 2 ZPO Rn 4 hat (?). 6

Beispiele: Weil für das Gericht eine Festgebühr gilt, Mü FamRZ **11**, 1687, aM Nürnb RR **12**, 1417; weil sich die Gerichtsgebühren nach einem Gegenstandsrahmen richten, wenn es um ein Beschlußverfahren mit dem Betriebsrat geht, BAG MDR **00**, 588; weil das Verfahren gerichtsgebührenfrei ist, BSG JB **05**, 543 (Vertragsarzt), Hamm GRUR-RR **17**, 360 (Ordnungsmittelverfahren nach § 890 ZPO), LAG

Mainz NZA-RR **12**, 552. Vgl auch wegen § 188 S 2 VwGO § 2 GKG Rn 16, Teil I A dieses Buchs.

7 **4) Festsetzungsantrag, I, II, VII.** Die Festsetzung erfolgt nur auf Grund eines Antrags, BFH WertpMitt **16**, 255, Düss MDR **16**, 304, also nicht von Amts wegen, BAG BB **00**, 516, Rostock RR **14**, 320. Die Festsetzung erfolgt nur für den jeweiligen Antragsteller. Man muß einen Antrag nach I und einen solchen nach § 32 II 1 unterscheiden. Dazu darf und muß das Gericht den Antrag wie bei BLAH Grdz 51, 52 vor § 128 ZPO auslegen, Natter NZA **04**, 689. Für einen Antrag nach II ist eine nachvollziehbare Begründung erforderlich. Der Anwalt muß zwar an sich keinen bezifferten Wertvorschlag machen, OVG Bautzen NVwZ-RR **10**, 207, insbesondere nicht bei einem klar bezifferten oder bezifferbaren Gegenstandswert, BayObLG JB **92**, 341. Es ist aber wegen Rn 20 doch evtl ein bestimmter Antrag nötig. Das Gericht muß imstande sein, nach seinem pflichtgemäßen Ermessen eine Schätzung vorzunehmen. Es müssen die folgenden Anforderungen vorliegen.

8 **A. Rechtsanwalt.** Natürlich ist derjenige Anwalt antragsberechtigt, der für die Berechnung seiner Gebühren die Festsetzung des Werts benötigt, BAG BB **00**, 516, BayObLG FamRZ **04**, 1302, LAG Bre AnwBl **84**, 165. Das gilt auch für den Terminsanwalt nach VV 3301 und für den nur mit einer Einzeltätigkeit nach VV 3304 beauftragten Anwalt. Der sich selbst vertretende Anwalt kann die Festsetzung nicht gegen sich selbst betreiben, soweit ein erstattungspflichtiger Gegner fehlt, LAG Mü AnwBl **88**, 72.

9 **B. Verkehrsanwalt.** Auch der Verkehrsanwalt ist wegen seiner Gebühr VV 3400 beschwerdeberechtigt. Für einen weitergehenden Antrag würde grundsätzlich bei ihm das Rechtsschutzbedürfnis fehlen.

10 **C. Auftraggeber.** Auch der Auftraggeber ist berechtigt, von sich aus eine Wertfestsetzung zu beantragen. Denn auch er mag an einem amtlich ermittelten korrekten Ausgangspunkt für die Berechnung der Anwaltsgebühren selbst dann interessiert sein, wenn es wegen der letzteren noch nicht zu Meinungsverschiedenheiten gekommen ist. Auch der nach § 40 I BetrVG unter Umständen zahlungspflichtige Auftraggeber hat ein eigenes Antragsrecht, LAG Stgt BB **80**, 1695. Auch eine erstattungsberechtigte juristische Person des öffentlichen Rechts kann antragsberechtigt sein, VG Mü NVwZ-RR **03**, 907 (II 2 entsprechend). Auch ein Anwalt kann der Auftraggeber eines Kollegen sein, auch als eines im Namen nur des ProzBev beauftragten Unterbevollmächtigten.

11 **D. Erstattungspflichtiger Gegner.** Der Prozeßgegner ist insofern zum Antrag berechtigt, als er Anwaltsgebühren erstatten soll. Auch der nach § 40 I BetrVG unter Umständen zahlungspflichtige Auftraggeber ist antragsberechtigt, LAG Stgt BB **80**, 1695.

12 **E. Staatskasse.** Soweit das Gericht den Anwalt bei einer Prozeß- oder Verfahrenskostenhilfe nach § 45 beigeordnet hatte, ist auch die Bundes- oder Landeskasse zur Antragstellung berechtigt.

13 **F. Frist, II 1.** Der Antrag ist erst dann zulässig, wenn die Vergütung nicht nur entstanden, sondern auch nach § 8 fällig ist, LAG Kiel NZA-RR **06**, 321. Er ist also nicht schon zum Zweck der Zahlung eines Vorschusses nach § 9 zulässig, LAG Kiel NZA-RR **06**, 321. Ein unzulässig früh eingereichter Antrag gibt dem Gericht in der Regel die Pflicht zur Rückfrage nach § 139 ZPO, ob es den Antrag bis zur Fälligkeit der Gebühr unbearbeitet liegen lassen soll. Man kann den Antrag evtl auch ohne eine Rückfrage in diesem Sinn auslegen. Nach der Fälligkeit braucht man keinen Antrag zu wiederholen, aM BJBCMU 32 (aber das wäre förmelnd). Ein Antrag ist auch noch nach dem Erhalt einer Vergütung zulässig, etwa wegen gegnerischer Wertbedenken auch nach § 107 ZPO oder wegen einer angeblichen Überzahlung. Er ist solange zulässig, wie ein Rechtsschutzbedürfnis zB nach BLAH Grdz 33 vor § 253 ZPO besteht.

14 **G. Form, VII.** Der Antrag ist zum Protokoll des Urkundsbeamten der Geschäftsstelle oder schriftlich oder in elektronischer Form nach § 12b zulässig. Ein unzuständiges Gericht ist nach VII 1 ebenfalls zur Entgegennahme berechtigt und zur wie bei § 121 I 1 BGB unverzüglichen Weiterleitung nach § 129a ZPO verpflichtet. Es besteht nach VII 1 Hs 1 kein Bevollmächtigten- oder gar Anwaltszwang, (zum alten Recht) Wenzel DB **77**, 722.

Abschnitt 4. Gegenstandswert § 33 RVG

5) Zuständigkeit, I. Die Vorschrift hat den Vorrang vor § 68 GKG, § 59 FamGKG, 15
Teile I A, B dieses Buchs. Zur Festsetzung ist das Gericht der Hauptsache desjenigen
Rechtszugs nach § 15 Rn 52 zuständig, für den der Anwalt tätig geworden ist. Der
Rpfl entscheidet nach § 4 I RPflG, soweit er das zugrunde liegende Geschäft bearbeitet
hat. Die Festsetzung erfolgt auch nur für diesen Rechtszug. Sie erfolgt also abweichend
von § 32 nicht durch das obere Gericht für die untere Instanz, sondern für
jeden Rechtszug gesondert. Das höhere Gericht darf auch anders als bei § 63 III 1
GKG, § 55 III 1 FamGKG nicht die Festsetzung des unteren von Amts wegen ändern.

6) Weiteres Verfahren, II, VII 1, VIII. Es besteht keine Amtsermittlung, sondern 16
der Beibringungsgrundsatz wie zB bei BLAH Grdz 20 vor § 128 ZPO. Das Gericht
muß vor einer Entscheidung alle von ihr evtl benachteiligten Beteiligten anhören,
Artt 2 I, 20 III GG (Rpfl), BVerfG **101**, 404, Art 103 I GG (Richter). Beteiligte
sind alle Antragsberechtigten. Der Arbeitgeber ist auch dann ein Beteiligter, wenn der
VerfBev des Betriebsrats die Festsetzung gegen diesen betreibt, LAG Mü DB **83**,
2044. Ein solcher Anwalt, der nicht vor dem Gericht aufgetreten ist, ist aber nur insoweit
beteiligt, als er sich eingeschaltet hat oder als seine Beteiligung aus den Akten
ersichtlich ist. Der Umfang der Anhörungspflicht ergibt sich aus dem Streitstoff,
BVerfG **89**, 35, 392. Freilich muß der Beteiligte sich auch selbst Gehör verschaffen,
BVerfG **21**, 137. Die Anhörung erstreckt sich auch auf eine Rechtsfrage, BVerfG
WoM **99**, 383. Lückenhafte Antragsangaben rechtfertigen keineswegs stets eine Zurückweisung,
LAG Hamm MDR **82**, 876. Der Anwalt eines erstattungspflichtigen
Prozeßgegners ist mangels eines eigenen Antrags nicht selbst beteiligt. Eine mündliche
Verhandlung ist zulässig, aber nicht notwendig. Das Gericht darf nicht über
einen Antrag nach I hinausgehen, Düss MDR **16**, 304.

7) Entscheidung, I, VIII. Das Gericht entscheidet nach I durch einen Beschluß. 17
Es entscheidet nach VIII 1 Hs 1 grundsätzlich durch eines seiner Mitglieder als Einzelrichter,
OVG Magdeb JB **07**, 427.
Er *überträgt* nach VIII 2 das Verfahren dem Kollegium ähnlich dem § 348 III 1 Z 1,
2 ZPO dann, wenn die Sache besondere Schwierigkeiten tatsächlicher oder rechtlicher
Art aufweist oder wenn die Rechtssache eine grundsätzliche Bedeutung hat. Ein
ehrenamtlicher Richter wirkt nach VIII 3 nie mit. Die Übertragung oder ihre Unterlassung
sind unanfechtbar, VIII 4. Diese ganze Regelung stimmt – hier sogar schon
erstinstanzlich – mit derjenigen für ihre Erinnerung oder Beschwerde nach § 66 VI
GKG, § 57 V FamGKG überein, Teile I A, B dieses Buchs. Das Gericht muß seinen
Beschluß grundsätzlich begründen, BVerfG **58**, 357, BLAH § 329 ZPO Rn 4. Das
gilt auch zur Zulassung oder Nichtzulassung nach Rn 21, §§ 547, 576 III ZPO,
BGH WoM **04**, 162. Die Nichtbehandlung eines wesentlichen Tatsachenvortrags läßt
auf eine Nichtbeachtung schließen, BVerfG **86**, 146. Eine Kostenentscheidung erfolgt
wegen IX 2 nicht, Rn 26. Rechtsbehelfsbelehrung, Verstoß: §§ 12 c, 33 V 2, 52
IV 2.

8) Mitteilung, I, VIII. Das Gericht muß seinen Beschluß zumindest allen von 18
der Entscheidung auch nur evtl benachteiligten Beteiligten und daher auch den Parteien
persönlich nach der in Betracht kommenden Verfahrensordnung bekannt machen.
Es muß ihn im bürgerlichen Rechtsstreit also nach §§ 329 II 2, 569 I 2 ZPO
von Amts wegen zustellen, LAG Köln JB **91**, 1678. Denn der Beschluß setzt die Beschwerdefrist
nach III 3 in Lauf. Er wirkt nur für die Gebühren dieses Antragstellers,
nicht anderer Beteiligter, also nicht als ein sog Vorratsbeschluß, Natter NZA **04**, 689.
Vielmehr muß ein anderer Beteiligter entweder einen eigenen Antrag nach § 33 stellen
oder eine Honorarklage erheben.

9) Gegen Entscheidung des Richters: Befristete Beschwerde, III–IX. Gegen 19
den Festsetzungsbeschluß des Richters ist die Beschwerde zulässig, soweit eine
Beschwer zB nach BLAH Grdz 14 vor § 511 ZPO vorliegt, LAG Mainz NZA-RR
12, 552, LAG Mü AnwBl **97**, 679 und soweit entweder die Voraussetzungen Rn 20,
23 ff oder diejenigen Rn 21, 23 ff zusammentreffen.
Eine *Beschwer* ist stets erforderlich, Karlsr RR **09**, 1366, LAG Köln NZA-RR **06**,
598 (sie fehlt dann, wenn der Anwalt nur im Namen der Partei eine Werterhöhung

1603

fordert) und NZA-RR **14**, 153 (sie fehlt dann, wenn die Partei eine Werterhöhung zugunsten ihres Anwalts fordert). Bei einer unklaren Beschwerdeschrift gilt der Anwalt als Beschwerdeführer wegen einer Werterhöhung, OVG Bln-Brdb NJW **14**, 2973. Es erfolgt keine Absenkung des Werts von Amts wegen, OVG Bln-Brdb NJW **14**, 2973.

20 **A. Entweder: Beschwerdewert, III 1.** Entweder muß der Wert des Beschwerdegegenstands und damit die die Höhe der vom Anwalt jetzt erstrebten Vergütung bei der Einlegung der Beschwerde (jetzt) 200 EUR übersteigen, LG Kblz FamRZ **07**, 232, LAG Köln NZA-RR **07**, 660, LAG Mainz NZA-RR **11**, 434 links, aM Brdb FamRZ **10**, 2098 (aber III 1 ist eindeutig). Man muß die Umsatzsteuer miteinrechnen, OVG Hbg AnwBl **81**, 501. Gerichtsgebühren sind unbeachtbar, LAG Mainz NZA-RR **12**, 443. Wegen der Berechnung § 32 Rn 17. Aus diesem Grund ist ein in EUR bezifferter Antrag des Beschwerdeführers erforderlich, LAG Bre NZA **04**, 1180. Bei einer teilweisen Abhilfe bleibt der restliche Beschwerdewert maßgeblich, Düss JB **87**, 1260, Ffm Rpfleger **88**, 30. Soweit das Erstgericht allerdings eine Wertfestsetzung aus verfahrensrechtlichen Gründen abgelehnt hatte, ist eine Beschwerdesumme nicht erforderlich. Nach einer bloßen Teilabhilfe des Erstgerichts bleibt die Beschwerde nach IV 1 Hs 2 nach einem anfänglichen Beschwerdewert von über 200 EUR zulässig. Ein erst jetzt durch einen Vergleich in das Verfahren hineingenommener Wert kann erhöhend wirken, LAG Mainz NZA-RR **08**, 271.

21 **B. Oder: Zulassung wegen grundsätzlicher Bedeutung, III 2.** Statt der Voraussetzung Rn 20 kann es auch ausreichen, daß das Gericht der angefochtenen Entscheidung die Beschwerde wegen einer grundsätzlicher Bedeutung der zur Entscheidung stehenden Frage bereits in seinem Beschluß zugelassen hat, BGH FamRZ **04**, 530, LG Kblz FamRZ **07**, 232. Dazu besteht unter den Voraussetzungen von III 2 auch eine Pflicht zwecks Wahrung der Rechtseinheit. Das ist dieselbe Regelung wie bei § 66 II 2 GKG, § 57 II 2 FamGKG, Teile I A, B dieses Buchs, und bei § 83 I 2 GNotKG, Teil III dieses Buchs. Eine Nichtzulassung ist nach IV 4 unanfechtbar. Eine nachträgliche Zulassung ist unstatthaft, KG Rpfleger **07**, 554, Mü JB **10**, 487. Eine Berichtigung entsprechend § 319 ZPO ist möglich. Eine Nichterwähnung der Zulassungsfrage kann aber eine Nichtzulassung bedeuten, Saarbr RR **99**, 214.

Nicht ausreichend ist eine Zulassung entgegen einem gesetzlichen Verbot, BGH RR **17**, 253 rechts unten.

22 **C. Keine Beschwerde an Obersten Gerichtshof des Bundes, IV 3.** Eine Beschwerde an einen Obersten Gerichtshof des Bundes nach Art 95 I GG ist grundsätzlich unstatthaft. Schon deshalb ist auch eine Beschwerde an den BFH unzulässig, BGH VersR **94**, 1089 (Ausnahme allenfalls bei greifbarer Gesetzwidrigkeit). Eine Entscheidung des BPatG nach § 144 PatG ist nicht mit der Beschwerde an den BGH anfechtbar, BGH GRUR **82**, 672.

23 **D. Frist, III 3, V, VII 3.** Die Beschwerdefrist beträgt 2 Wochen seit der ordnungsgemäß förmlichen Zustellung der Entscheidung. Das gilt unabhängig davon, ob für das Hauptverfahren andere Beschwerdefristen gelten, LSG Essen AnwBl **95**, 203. Eine formlose Mitteilung setzt die Frist des III 3 nicht in Lauf, LG Potsd Rpfleger **13**, 649, LAG Kiel NZA-RR **17**, 157, wohl aber die Fünfmonatsfrist des § 569 I 2 ZPO, Kblz FamRZ **04**, 208. Eine Verkündung reicht für den Fristbeginn nur dann aus, wenn sie auch für eine Entscheidung in der Hauptsache ausreicht. Es handelt sich nicht um eine Notfrist iSv § 224 I 2 ZPO, § 113 I 2 FamFG. Denn § 33 bezeichnet sie nicht als solche.

Eine unselbständige *Anschlußbeschwerde* wie zB nach BLAH § 567 ZPO Rn 20ff ist unstatthaft, BayObLG **82**, 24, aM GSchm 39. Man muß ihre Begründung aber von Amts wegen mitbeachten, BayObLG **82**, 26. Zur Fristwahrung ist nach VII 3 der Eingang bei demjenigen Gericht notwendig, das die angefochtene Entscheidung erlassen hat.

Wiedereinsetzung ist nach V in einer Anlehnung an §§ 233ff ZPO und entsprechend § 68 II GKG möglich, Teil I A dieses Buchs.

24 **E. Form, VII 1–3.** Es ist ein Beschwerdeantrag erforderlich, LAG Mainz MDR **07**, 370. Die Beschwerde ist nach Rn 23 statthaft schriftlich oder in elektronischer Form nach § 12b oder zum Protokoll des Urkundsbeamten der Geschäftsstelle des-

Abschnitt 4. Gegenstandswert § 33 RVG

jenigen Gerichts, dessen Wertfestsetzungsbeschluß der Beschwerdeführer anficht. Ein Bevollmächtigten- oder gar Anwaltszwang besteht dafür nach VII 1 Hs 1 nicht. Wegen einer erfolgten Bevollmächtigung gelten nach VII 2 die Regeln der jeweils zugrundeliegenden Verfahrensordnung nach zB §§ 79, 80 ZPO entsprechend.

F. Weiteres Verfahren, IV 1, 2, VIII. Es gelten dieselben Regeln wie bei § 66 III 1, 2, VI GKG, § 57 FamGKG, Teile I A, B dieses Buchs, und bei § 83 GNotKG, Teil III dieses Buchs. Es gelten also ergänzend die Regeln des jeweiligen Beschwerdeverfahrens, im Zivilprozeß also §§ 567 ff ZPO. **25**

Zuständig ist als Beschwerdegericht gegen eine Wertfestsetzung des AG das LG, gegen eine solche des FamG das OLG nach § 119 I Z 1 a GVG. Wegen eines neuen Vorbringens gilt dort auch im Abhilfeverfahren § 571 II 1 ZPO, Brdb FamRZ **04**, 653. Eine Änderung im Beschwerdeverfahren ist schon bei dem etwa abhelfenden Erstgericht statthaft, (zum alten Recht) LAG Halle MDR **98**, 741.

Das Erstgericht darf bis zur Vorlage beim Beschwerdegericht der Beschwerde *abhelfen* und muß das evtl auch tun. Ein Verstoß führt zur Zurückverweisung, Hbg MDR **04**, 412, Mü MDR **04**, 291, Nürnb MDR **04**, 169. Das Erstgericht muß seinen Nichtabhilfebeschluß begründen, BLAH § 329 ZPO Rn 4. Auch ein solcher Verstoß kann zur Zurückverweisung führen, Hbg MDR **04**, 412, Mü MDR **04**, 291, Nürnb MDR **04**, 169. Das Erstgericht muß seine Nichtabhilfeentscheidung den Beteiligten bekanntgeben. Das kann nach § 329 II ZPO formlos geschehen. Ab einer Nichtabhilfe muß das Erstgericht die Beschwerde unverzüglich dem Beschwerdegericht vorlegen, also wie bei § 121 I 1 BGB ohne ein schuldhaftes Zögern, Hamm Rpfleger **86**, 483. Es gibt kein sog Verschlechterungsverbot und keine Bindung an § 308 I ZPO, BayObLG JB **93**, 309, GSchm 68, 69, aM LAG Mainz NZA-RR **07**, 543, LAG Köln MDR **00**, 670.

G. Entscheidung, IV–IX. Auch das im Rechtszug nächsthöhere Gericht als Beschwerdegericht entscheidet durch einen Beschluß, LAG Mainz NZA-RR **07**, 543. Es muß ihn grundsätzlich begründen, BLAH § 329 ZPO Rn 4. Rechtsbehelfsbelehrung, Verstoß: §§ 12 c, 33 V 2, 52 IV 2. Es muß ihn insoweit förmlich zustellen, als eine weitere Beschwerde in Betracht kommt und nach der einschlägigen Verfahrensordnung nur binnen einer gesetzlichen Frist zulässig ist oder als die Frist des § 107 I 1 ZPO in Betracht kommt. **26**

Es entstehen im Antragsverfahren erster Instanz nach IX 1 keine *Gerichtsgebühren*. Im Beschwerdeverfahren können Gebühren zB nach KV 1811 entstehen, (je zum alten Recht) LAG Hamm JB **88**, 998, aM BayObLG Rpfleger **87**, 37, KG JB **88**, 327, oder nach KV 8613, Natter NZA **04**, 689. Stets können Auslagen nach KV 9000 ff entstehen, Teil I A dieses Buchs. Eine Kostenentscheidung erfolgt nicht. Außergerichtliche Kosten werden nach IX 2 weder erstinstanzlich noch in der höheren Instanz erstattet, Brinkmann JB **10**, 119.

10) Gegen Entscheidung des Rechtspflegers: Beschwerde oder sofortige Erinnerung, III 1–4, IV, § 11 I, II RPflG. Soweit der Rpfl nach Rn 15 entschieden hat, ist je nachdem, ob gegen eine richterliche Entscheidung die Beschwerde nach Rn 20–24 statthaft wäre, je nach der Verfahrensart die einfache oder eine sofortige Beschwerde auch hier nach § 11 I RPflG oder die sofortige Erinnerung nach § 11 II 1 RPflG statthaft. Zum Verfahren dort Rn 82–126. **27**

11) Weitere Beschwerde, VI. Sie ist eine Rechtsbeschwerde nach § 574 ZPO. Man sollte die folgenden Prüfschritte vornehmen. **28**

A. Zulässigkeit. Die weitere Beschwerde ist gegen eine Beschwerdeentscheidung des LG nach VI 1 statthaft, soweit das Beschwerdegericht sie wegen der grundsätzlichen Bedeutung der zur Entscheidung stehenden Frage zuläßt. Die Zulassung muß schon in dem Beschluß mit der Beschwerdeentscheidung im Tenor oder in den Gründen erfolgen, BGH FamRZ **04**, 530. Die Nichterwähnung der Zulassungsfrage kann aber eine Nichtzulassung bedeuten, Saarbr RR **99**, 214. Eine Zulassung ist nicht nachträglich statthaft, Köln JB **97**, 474 links und rechts. Daher ist eine Ergänzung entsprechend § 321 ZPO nicht (mehr) statthaft, BGH MDR **81**, 571, Köln VersR **97**, 1509. Indessen ist eine Berichtigung entsprechend § 319 ZPO sinnvollerweise zulässig. Es kommt bei der weiteren Beschwerde nicht auf einen Beschwerde-

1605

wert an, sondern eben nur auf die Zulassung wegen einer grundsätzlichen Bedeutung wie bei Rn 21 und natürlich auf eine Beschwer, also auf eine Benachteiligung durch die Vorentscheidung. Die Zulassung bindet das OLG, VI 4 in Verbindung mit IV 4 Hs 1. Es darf aber zur Sache frei entscheiden.

Eine weitere Beschwerde an einen *Obersten Gerichtshof des Bundes* ist ebenso wie eine Erstbeschwerde nach IV 3 unstatthaft, auch wenn VI 4 den IV 3 nicht mitnennt. Eine Nichtzulassungsbeschwerde ist nach (jetzt) VI 4 in Verbindung mit IV 4 Hs 2 unstatthaft, (zum alten Recht) Köln JB **97**, 474 rechts.

29 **B. Frist, Form.** Maßgeblich sind die einschlägigen Verfahrensvorschriften nach VI 4 in Verbindung mit III 3. Eine Wiedereinsetzung ist nach VI 4 in Verbindung mit V statthaft. Man kann die weitere Beschwerde nach VII 1, § 129a ZPO zum Protokoll der Geschäftsstelle einlegen. Daher besteht nach § 78 III Hs 2 ZPO kein Anwaltszwang, Wenzel DB **77**, 722. Eine elektronische Einreichung ist nach § 12b statthaft.

30 **C. Zuständigkeit.** Zur Entscheidung über die weitere Beschwerde ist nach der Beendigung des nach VI 4 in Verbindung mit IV 1 notwendigen Abhilfeprüfungsverfahrens das OLG zuständig. Soweit ein Bundesland mehrere OLG hat, ist nach § 30a III EGGVG, Teil XII B dieses Buchs, die Übertragung der Zuständigkeit auf eines der OLG durch den Landesgesetzgeber zulässig.

31 **D. Weiteres Verfahren.** Man kann die weitere Beschwerde nur darauf stützen, daß die Entscheidung auf einer Verletzung des Rechts beruhe. §§ 546, 547 ZPO gelten entsprechend. Im übrigen ist eine Begründung nicht notwendig. Ein neuer Tatsachenvortrag ist nicht zulässig. Das OLG prüft nur Rechtsfragen.

32 **E. Entscheidung.** Auch das Gericht der weiteren Beschwerde entscheidet durch einen Beschluß. Es ist zwar an die Zulassung der weiteren Beschwerde gebunden, nicht aber auf die Prüfung der Frage beschränkt, deretwegen die Zulassung erfolgte. Das Beschwerdegericht sollte ihn unabhängig von seiner grundsätzlichen Unanfechtbarkeit im allgemeinen wenigstens stichwortartig begründen. Das Gericht teilt seine Entscheidung wegen ihrer grundsätzlichen Unanfechtbarkeit den Beteiligten formlos mit. Kosten: KV 1812, Teil I A dieses Buchs, nicht § 33 IX (bezieht sich hier auf den Antrag nach I), LAG Hamm NZA-RR **07**, 491.

33 **12) Gegenvorstellung, I–IX.** Eine solche wie zB nach BLAH Grdz 6 vor § 567 ZPO ist allenfalls innerhalb der Frist des III 3 statthaft, BPatG GRUR **80**, 331. Zur Problematik § 12a Rn 63. Im übrigen gelten die für die Beschwerde genannten Regeln entsprechend.

Abschnitt 5. Außergerichtliche Beratung und Vertretung

Beratung, Gutachten und Mediation

34 ^I ¹Für einen mündlichen oder schriftlichen Rat oder eine Auskunft (Beratung), die nicht mit einer anderen gebührenpflichtigen Tätigkeit zusammenhängen, für die Ausarbeitung eines schriftlichen Gutachtens und für die Tätigkeit als Mediator soll der Rechtsanwalt auf eine Gebührenvereinbarung hinwirken, soweit in Teil 2 Abschnitt 1 des Vergütungsverzeichnisses keine Gebühren bestimmt sind. ²Wenn keine Vereinbarung getroffen worden ist, erhält der Rechtsanwalt Gebühren nach den Vorschriften des bürgerlichen Rechts. ³Ist im Fall des Satzes 2 der Auftraggeber Verbraucher, beträgt die Gebühr für die Beratung oder für die Ausarbeitung eines schriftlichen Gutachtens jedoch jeweils höchstens 250 Euro; § 14 Abs. 1 gilt entsprechend; für ein erstes Beratungsgespräch beträgt die Gebühr jedoch höchstens 190 Euro.

^{II} Wenn nichts anderes vereinbart ist, ist die Gebühr für die Beratung auf eine Gebühr für eine sonstige Tätigkeit, die mit der Beratung zusammenhängt, anzurechnen.

Schrifttum: *Ebert,* Anwaltsvergütung in der Mediation, Festschrift für *Madert* (2006) 67; *Enders* JB **13**, 225 (Üb); *Haft/Schlieffen,* Handbuch Mediation, 2. Aufl 2008; *Weiler/ Schlickum,* Praxishandbuch Mediation, 2. Aufl 2012.

Abschnitt 5. Außergerichtliche Beratung und Vertretung § 34 RVG

Gliederung

1) **Systematik, I, II**	1–3
A. Rat, Auskunft (Beratung)	1
B. Gutachten	2
C. Mediation	3
2) **Regelungszweck, I, II**	4–6
A. Rat, Auskunft (Beratung)	4
B. Gutachten	5
C. Mediation	6
3) **Geltungsbereich, I, II**	7–9
A. Rat, Auskunft (Beratung)	7
B. Gutachten	8
C. Mediation	9
4) **Rat, Auskunft, I, II**	10–14
A. Begriffe	10
B. Kein Zusammenhang mit anderer gebührenpflichtiger Tätigkeit	11–13
C. Persönliche Erteilung	14
5) **Schriftliches Gutachten, I**	15–25
A. Schriftlichkeit	15
B. Bezeichnung	16
C. Rang	17
D. Unerheblichkeit einer Überzeugungskraft	18
E. Bedeutung von Fundstellen	19
F. Unabhängigkeit	20–22
G. Verständlichkeit	23
H. Auftrag	24, 25
6) **Tätigkeit als Mediator, I**	26
7) **Gebührenvereinbarungsziel, I 1**	27
8) **Mangels Vereinbarung: Grundsatz: Bürgerliches Recht, I 2**	28, 29
9) **Mangels Vereinbarung: Sonderregeln beim Verbraucher, I 3**	30–38
A. Auftraggeber ist Verbraucher, I 3 Hs 1, 2	31
B. Rahmengebühr, I 3 Hs 1	32
C. Höchstgebühr außerhalb Erstberatung, I 3 Hs 1	33
D. Höchstgebühr für Erstberatung, I 3 Hs 2	34
E. Mehr als Erstberatung	35, 36
F. Weitere Besprechung	37
G. Keine Untergrenze	38
10) **Kostenerstattung bei Rat, Auskunft (Beratung), I, II**	39–42
A. Begründetheit des Anspruchs	39
B. Beispiele zur Frage einer Kostenerstattung bei Rat, Auskunft, I, II	40–42
11) **Kostenerstattung beim Gutachten, I**	43–50
A. Waffengleichheit	44
B. Beispiele zur Frage einer Kostenerstattung beim Gutachten, I	45–50

1) Systematik, I, II. Auch (jetzt) § 34 erfordert einen Auftrag nach Grdz 12 vor **1** § 1, Karlsr JB **01**, 473.

A. Rat, Auskunft (Beratung). Soweit sich die Tätigkeit des Anwalts auf einen Rat oder eine Auskunft (Beratung) nach I 1 beschränken, entsteht nur die dortige Gebühr, BGH GRUR **10**, 1122 links, VG Mü JB **01**, 90. Dabei ist I 1, 2 der Grundsatz und I 3 die vorrangige Ausnahme (nur) wegen der Obergrenze der Gebühr, AG Jena AnwBl **98**, 539, AG Karlsr AnwBl **85**, 109. Freilich kann auch für eine über I 1 hinausgehende Tätigkeit im bloßen Innenverhältnis eine Gebühr nach VV 2300 mit oder ohne Außenwirkung entstehen, Engels AnwBl **08**, 361, aM BGH GRUR **10**, 1122 links. Soweit der Anwalt im Zusammenhang mit einer Tätigkeit nach I 1, 2 auch nach außen tätig wird, ist bei einer Mediation I 1 anwendbar, VV amtliche Vorbemerkung 2 I. Im übrigen gilt schon für eine einfache diesbezügliche Tätigkeit des Anwalts VV 2302 und für weitergehende Tätigkeiten außergerichtlicher Art (jetzt) VV 2300, BGH GRUR **10**, 1122 links, AG Brschw AnwBl **84**, 517, Gellwitzki JB **10**, 456, und VV 3101, LG Stade AnwBl **82**, 539. Das gilt also bei einer Tätigkeit gegenüber dem Gegner des Auftraggebers, mag dieser eine natürliche Person oder eine juristische Person oder Behörde sein.

VV 1000 bleibt anwendbar.

B. Gutachten. Die Vorschrift schafft ferner eine besondere Regelung der Vergü- **2** tung eines Gutachters. Man muß die Begriffe Gutachten, Schriftsatz, Rat, Auskunft unterscheiden. Das Gutachten wendet sich an den Auftraggeber und gibt diesem auf einem beliebigen Gebiet des in- oder ausländischen Rechts eine Entscheidungshilfe, Köln JB **78**, 870. Das tun allerdings auch ein Rat oder eine Auskunft. Zwischen dem Gutachten einerseits, dem Rat oder einer Auskunft andererseits bestehen aber graduelle und evtl auch formelle Unterschiede. In einem Gutachten spricht der Anwalt als Wissenschafter, bei einem Rat oder einer Auskunft spricht er zwar als Volljurist, vorwiegend aber als Praktiker. Anders ausgedrückt: In einem Gutachten übernimmt der Anwalt die Verantwortung dafür, daß seine Überlegungen und deren Ergebnisse auch einer wissenschaftlichen Prüfung standhalten, Mü MDR **92**, 194.

Bei einem *Rat* oder einer *Auskunft* mögen taktische, psychologische und andere Elemente der Berufserfahrung zu solchen Erwägungen und Ergebnissen führen, die zwar den Stand von Rechtsprechung und Lehre nicht unbeachtet lassen dürfen, die wissenschaftliche Haltbarkeit aber nicht in den Vordergrund zu stellen brauchen.

Demgegenüber wendet sich ein Schriftsatz *an den Gegner* des Auftraggebers und/oder an ein Gericht oder an eine Behörde und kündigt überdies in der Regel einen mündlichen Vortrag an.

I 1 regelt das „Normalgutachten". Den Spezialfall eines Gutachtens über die Erfolgsaussichten eines Rechtsmittels erfassen vorrangig VV 2101, 2103.

3   **C. Mediation,** dazu *Bischof* FPR **12**, 258 (Üb): Die Vorschrift bringt schließlich eine vorrangige Spezialregelung der Vergütung in einem in § 278a ZPO und im MediationsG, BLAH Anh § 278a ZPO, näher bestimmten Bereich anwaltlicher Tätigkeit, AG Lübeck NJW **07**, 3792. Das gilt ungeachtet von dessen Vereinbarkeit mit den bisherigen Grenzen anwaltlicher Befugnisse. Insoweit ist die Brauchbarkeit des § 34 von Vorfragen mitabhängig, die das RVG bewußt unbeantwortet läßt. Vielmehr gilt das BGB, AG Lübeck NJW **07**, 3792.

4   **2) Regelungszweck I, II.** Er ist bei den drei Erscheinensformen etwas unterschiedlich.

A. Rat, Auskunft (Beratung). Die Vorschrift soll schon in diesem Teil ihres Geltungsbereichs eine zwar angemessene, aber auch weder zu geringe noch zu großzügige Vergütung bereitstellen. Sie sollte zugleich sichern, daß der Anwalt auch in einem Grenzfall nicht umsonst arbeiten muß. Das ist gerade wegen der vielfältigen Abgrenzungsprobleme ein bei der Auslegung stets mitbeachtbarer Gesichtspunkt. Er darf freilich nicht zu einer grundsätzlichen Abweichung von den bei einer Rahmengebühr maßgebenden Merkmalen des § 14 zugunsten des Anwalts führen. Das übersehen manche.

5   **B. Gutachten.** Die Vorschrift stellt auch für diesen Teil ihres Geltungsbereichs die denkbar weitestmögliche Breite bei der Berechnung der Vergütung sicher. Das ist wegen des enorm weitgespannten Begriffs „Gutachten" auch kaum anders regelbar. Durch I 3 Hs 2 mit seiner Verweisung auf § 14 wird immerhin klar, daß der Anwalt innerhalb seines weiten Ermessens nicht beliebig ansetzen darf. Er muß vielmehr die zu § 14 entwickelten feingestuften Berechnungsregeln nachprüfbar beachten. Man muß ihre Einhaltung daher auch bei VV 2103 sorgfältig bei der Auslegung mitbeachten.

6   **C. Mediation.** Die Begriffsbestimmung in § 1 MediationsG nach Rn 3 ändert nichts daran, daß der Gesetzgeber wohl auch die Entwicklung der Praxis abwarten will. Demgemäß hat die Praxis die Aufgabe, diesen Begriff mit Leben auszufüllen. Das sollte in einer ruhigen Abwägung und unter einer Besinnung auf den Umstand erfolgen, daß jedenfalls im Bereich der gerichtlichen Anwaltstätigkeit eine auch an den Prozeßordnungen orientierte Auslegung notwendig und durchaus sinnvoll und hilfreich bleibt.

3) Geltungsbereich, I, II. Es gibt drei Bereiche.

7   **A. Rat, Auskunft (Beratung).** Die Vorschrift gilt grundsätzlich für Angelegenheiten jeder Art auf jedem sachlichrechtlichen oder prozeßrechtlichen Gebiet jeder Gerichtsbarkeit. Es kann sich auch um eine familienrechtliche Angelegenheit handeln, Clauss-Hasper NZFam **16**, 735, Kitzinger FamRZ **05**, 11. Es muß sich aber stets um eine solche Angelegenheit handeln, für die nach § 15 Rn 9ff überhaupt das RVG gilt. Daher ist § 34 nicht anwendbar, soweit es sich nur um eine Tätigkeit nach § 1 II handelt, Stgt AnwBl **07**, 230 (zustm Henke).

Abschnitt 5. Außergerichtliche Beratung und Vertretung § 34 RVG

Soweit der Anwalt den Rat oder die Auskunft im Rahmen einer *Beratungshilfe* nach dem BerHG erteilt, gilt VV 2501 als eine vorrangige Sondervorschrift. Soweit der Anwalt in derselben Angelegenheit nach § 15 Rn 8ff dem Auftraggeber *mehrere Ratschläge* erteilt, entsteht nach § 15 II 1 nur eine Gebühr. Das gilt auch dann, wenn sich die mehreren Ratschläge auf verschiedene *Gegenstände* nach § 15 Rn 2 beziehen. Soweit der Anwalt in einer Zusammenrechnung mehrere Ratschläge für *verschiedene Rechtsfragen* erteilt, muß man eine Zusammenrechnung nach § 22 I vornehmen. Soweit der Anwalt in verschiedenen *Angelegenheiten* mehrere Ratschläge erteilt, entsteht für jede Angelegenheit eine Ratgebühr.

B. Gutachten. Die Vorschrift erfaßt nur ein schriftliches Gutachten nach Rn 2, Mü MDR **92**, 194 (aber Wortlaut und Sinn waren und sind eindeutig, BLAH Einl III 39). Dieses kann auf jedem beliebigen gerichtlichen oder außergerichtlichen Rechtsgebiet erfolgen, auch in ausländischen oder internationalen Recht.

C. Mediation, dazu *Bischof* JB 17, 230 (Üb): Die Vorschrift erfaßt jede Art von Mediation innerhalb oder außerhalb eines gerichtlichen Verfahrens zB nach dem MediationsG nach Rn 3. Das gilt vor, gleichzeitig mit oder nach ihm. Sie gilt auch bei einer solchen Tätigkeit ein zugehöriges Gerichtsverfahren etwa nach dem VSBG. Sie gilt ebenso innerhalb oder außerhalb eines schiedsrichterlichen Verfahrens nach §§ 1025ff ZPO. Sie gilt aber nur, soweit der Anwalt gerade „als Mediator" und nicht als ein weisungsgebundener Bevollmächtigter eines der Beteiligten tätig wird, Brschw AnwBl **07**, 89.

4) Rat, Auskunft, I, II. Man muß drei Aspekte beachten.

A. Begriffe. Rat ist die gerade anwaltliche juristische Empfehlung eines Verhaltens im Hinblick auf eine bestimmte Lage, AG Brühl AnwBl **08**, 888, Schall BB **89**, 956. Sie bezieht sich auf eine für die Angelegenheit erhebliche Frage. Auch ein Abraten kann ein Rat sein, zB wegen einer Rechtsmittelzulassung, KG JB **98**, 21. Beim Rat soll der Anwalt in einer bestimmten Situation eine Empfehlung oder einen Vorschlag machen. Er soll dazu auch im Kern ein Ergebnis nennen, mit oder ohne eine mehr oder weniger knappe Begründung. Er soll aber keine wissenschaftlich fundierte abschließend begründete gutachterliche Äußerung von sich geben. Der Rat kann in derselben Angelegenheit nach § 15 Rn 9ff eine oder mehrere tatsächliche oder rechtliche Fragen betreffen. Dann gilt § 15I.

Auskunft ist die Beantwortung einer genauen tatsächlichen oder rechtlichen Frage allgemeiner Art ohne eine bestimmte Beziehung auf einen bestimmten Einzelfall, AG Brühl AnwBl **08**, 888, Schall BB **89**, 956, zB die Mitteilung eines Aktenzeichens, AG Saarbr AnwBl **78**, 192. Ein Rat und eine Auskunft können auf Grund eines ausdrücklichen oder stillschweigenden Auftrags erfolgen. Sie können mündlich, fernmündlich, elektronisch, per Telefax oder schriftlich geschehen. Eine einmalige oder wiederholte Besprechung kann einen Rat oder mehreren auch unterschiedlichen Ratschlägen führen. Sie kann sich aber auf eine bloße Erörterung beschränken. Sie ist also der weitere wie unklarere Begriff. Die Geschäftsgebühr nach VV 2300 schließt eine Ratsgebühr nach I 1 aus. Eine bloße Weiterleitung von Schriftsätzen ist kein Rat, Hamm AnwBl **01**, 371.

B. Kein Zusammenhang mit anderer gebührenpflichtiger Tätigkeit. I 1 kommt nach seinem klaren Wortlaut nur dann in Betracht, wenn der Rat oder die Auskunft des Anwalts nicht mit einer anderen gebührenpflichtigen Tätigkeit zusammenhängen. Die Ratsgebühr entsteht nur dann, wenn der Anwalt in derselben Angelegenheit nach § 15 Rn 9 nicht eine Gebühr für eine sonstige Tätigkeit verdient, Düss AnwBl **99**, 287, Schlesw JB **81**, 1347, AG Hbg AnwBl **80**, 80. Andernfalls erfolgt nach II 1 eine Anrechnung der Ratgebühr auf die sonstige Gebühr. Das gilt auch dann, wenn zum Rat- oder Auskunftsauftrag nachträglich ein weitergehender Auftrag hinzutritt. Zum Anrechnungsbegriff LG Stade AnwBl **82**, 540.

Grundsätzlich ist *jede* anwaltliche Tätigkeit mit einer Ratserteilung verknüpft. Daher macht es sich jede beliebige andere Gebühr des RVG die Ratsgebühr hinfällig, sofern eine solche weitere Tätigkeit mit der Ratserteilung im Zusammenhang steht, BAG NZA **15**, 632, links, Kblz VersR **82**, 1011. Das kann zB gelten: Für die Verkehrsgebühr

1609

RVG § 34　　　　　　　X. Rechtsanwaltsvergütungsgesetz

13　nach VV 3400; für die Gebühr des Beweisanwalts nach VV 3401; für eine Gebühr nach (jetzt) VV 2300, Düss JB **12**, 583, Schlesw SchlHA **81**, 207, Engels AnwBl **08**, 361; für eine Gebühr nach (jetzt) VV 2501, Düss MDR **86**, 158; für einen Rat des bisherigen ProzBev zur Frage der Aussichten eines Rechtsmittels nach (jetzt) VV 2100ff, BGH NJW **91**, 2084, aM Düss JB **92**, 39, Hamm AnwBl **92**, 286, Enders JB **97**, 115 (aber das gehört noch zur Prüfung der instanzabschließenden Entscheidung).

Bestehen bleibt die Ratsgebühr aber natürlich, soweit der Rat oder die Auskunft über dasjenige hinausgeht, was im Rahmen der weiteren Tätigkeit notwendig ist, BAG NZA **15**, 632, links, zB wenn sich der Rat auf einen solchen Anspruchsteil erstreckt, den der Anwalt nicht mit einklagen soll. Es kann freilich auch für diese weitergehende Tätigkeit VV 3101 anwendbar sein. Maßgebend ist dafür der Umfang des Hauptauftrags.

14　**C. Persönliche Erteilung.** Die Gebühr nach § 34 entsteht nur, soweit gerade der Anwalt und kein anderer den mündlichen oder schriftlichen Rat oder die Auskunft erteilen. Auch bei § 34 gilt § 5. Man muß nach den dortigen Regeln prüfen, ob die Auskunft oder der Rat eines Mitarbeiters des Anwalts seiner persönlichen Tätigkeit gleichstehen. Danach genügt ein Rat oder eine Auskunft des Büropersonals selbst dann grundsätzlich nicht, wenn der Anwalt von dieser Tätigkeit wußte und sie billigte. Das gilt sogar dann, wenn der Rat oder die Auskunft für ein solches Verhalten seines Personals haftet, KG JB **98**, 20, AG Essen AnwBl **98**, 214. Wenn freilich ein Mitarbeiter den vom Anwalt erarbeiteten Rat nur als sein Erklärungsbote weitergibt, liegt rechtlich doch eine persönliche Erteilung durch den Anwalt vor.

15　**5) Schriftliches Gutachten, I.** Man sollte sechs Aspekte beachten.

A. Schriftlichkeit. Sie liegt auch bei einem Telefax vor, ebenso bei einer elektronisch sonstwie übermittelten Form einer Niederschrift oder eines diktierten oder sonstwie eingegebenen Textes.

Eine nur *mündliche* oder *fernmündliche* Äußerung ist auch dann *kein* schriftliches Gutachten, wenn sie höchsten wissenschaftlichen Ansprüchen genügt und das Ergebnis wochenlanger Überlegungen oder Prüfungen ist. Natürlich kann eine stichwortartige oder jedenfalls knappe schriftliche Bestätigung einer umfassenden bereits zuvor mündlich erteilten gutachterlichen Äußerung nun ihrerseits ein schriftliches Gutachten sein. Aus der schriftlichen Fassung muß aber wenigstens im Kern zusammenhängend der Gedankengang und das Ergebnis des Anwalts erkennbar werden.

16　**B. Bezeichnung.** Die bloße Bezeichnung eines Schriftstücks als „Gutachten" reicht ebensowenig zur Annahme eines Gutachtens nach I 1 aus wie eine äußerliche Aufmachung in der bei Gutachten üblichen Form, wie sie sich gerade bei inhaltlich dürftigen derartigen Stellungnahmen leider nicht ganz selten findet, Mü MDR **92**, 194.

17　**C. Rang.** Andererseits erfordert I 1 keine eingehende Auseinandersetzung mit der wissenschaftlichen Lehre, ebensowenig wie das JVEG, Teil V dieses Buchs. Vielmehr genügt ein Gutachten gewöhnlicher Art. Allerdings muß der Anwalt auch bei einem solchen Gutachten eine gesonderte Darstellung des Sachverhalts und eine wenigstens wissenschaftliche Ausrichtung von dessen Beurteilung liefern. Dazu muß er wenigstens im Kern den Meinungsstand der Rechtsprechung und Lehre nennen und sodann eine gewisse Auseinandersetzung mit vorhandenen Gegenmeinungen und vor allem natürlich eine Begründung der eigenen Stellungnahme abgeben, Karlsr BB **76**, 334, Mü JB **99**, 298.

18　**D. Unerheblichkeit einer Überzeugungskraft.** Für das Vorliegen eines Gutachtens ist es an sich unerheblich, ob der Gedankengang des Anwalts oder gar sein Ergebnis überzeugt. Andererseits genügt nicht irgendeine krause Aneinanderreihung verworrener Gedanken und auch nicht im ungenügend erstellten sog Gefälligkeitsgutachten nach Rn 20. Es muß ein immerhin im Prinzip einer wissenschaftlichen Arbeitsweise entsprechender Aufbau vorhanden sein, der die Gesetze der Logik einhält. Ein Gutachten darf auch nicht zu einseitig ausfallen, ungeachtet aller Entschlossenheit zur Herausstellung einer für den Auftraggeber günstigen Standpunkts. Der Stil ist unerheblich. Ein Gutachten mag einen reinen Urteilsstil („Denn"-Stil) aufweisen. Die Kürze oder Länge eines gutachtlichen Gedankengangs kann, sie muß aber keineswegs ein Anhaltspunkt für das Vorliegen eines Gutachtens im Sinn von I 1 sein.

Abschnitt 5. Außergerichtliche Beratung und Vertretung

E. Bedeutung von Fundstellen. Die Anführung von Fundstellen kann zwar ein Anhaltspunkt dafür sein, daß der Anwalt überhaupt eine Auseinandersetzung mit dem Stand der Meinungen vorgenommen hat. Sie ist aber für sich allein betrachtet kein Anscheinsbeweis nach BLAH Anh § 286 ZPO Rn 15 ff für das Vorliegen eines Gutachtens. Das Fehlen solcher Belege besagt nur sehr bedingt etwas gegen die Qualität als Gutachten. Gerade bei der Ausfüllung von Gesetzeslücken oder auf einem bisher wissenschaftlich noch kaum erarbeiteten Gebiet und daher beim Fehlen von anderen Meinungen kann eine Äußerung ein hochrangiges Gutachten darstellen. *Einseitige, lückenhafte* Angabe von Fundstellen kann zum Fehlen des Rn 17 notwendigen Rangs führen. Das gilt trotz erkennbarer Tendenzen auch in sogar hochrangigen Urteilen, ungeachtet äußerer Länge in Wahrheit ziemlich „sportlich", mit früheren Maßstäben wissenschaftlicher Genauigkeit und Vollständigkeit umzugehen. Wehret den Anfängen.

F. Unabhängigkeit. Problematisch ist das sog „Gefälligkeitsgutachten". Bei ihm wird für den außenstehenden Dritten während der Lektüre nur zu rasch deutlich, daß der Verfasser in Wahrheit nur irgendeine Untermauerung des vom Auftraggeber gewünschten oder von ihm selbst für ratsam gehaltenen Ergebnisses versucht hat, ohne den Stand der Meinungen einigermaßen zuverlässig zu ermitteln oder gar zu verarbeiten, Naumb NJW 09, 1679 (wendet daher I unrichtig an). Zwar muß der Anwalt grundsätzlich lediglich die rechtlich haltbaren Interessen seines Auftraggebers vertreten. Wenn er aber ein schriftliches Gutachten erstatten soll, trägt er als ein unabhängiges Organ der Rechtspflege nach § 1 BRAO auch eine wissenschaftliche Verantwortung.

Das gilt sowohl dann, wenn er damit rechnen kann, daß der Auftraggeber das Gutachten nur *zur eigenen Information* verwenden will, als auch dann, wenn der Auftraggeber wie so oft das Gutachten in erster Linie zur Stärkung seiner Verhandlungsführung oder dem Gericht zusenden will. Zwar ist ein vom Gericht direkt beauftragter Sachverständiger natürlich beiden Parteien gegenüber unabhängig. Der Anwalt ist aber auftragsgemäß gebunden.

Der Anwalt muß andererseits schon aus *Berufsgründen* die Anfertigung eines solchen Gutachtens *ablehnen*, dessen Gedankengang und/oder Ergebnisse seiner Überzeugung und wissenschaftlichen Mindestanforderungen nicht entsprechen, mögen sie dem Auftraggeber auch scheinbar noch so nützen. Er darf und muß sich in einem solchen Konflikt auf die Erteilung eines Rats oder einer Auskunft oder auf die Anfertigung eines Schriftsatzes beschränken. Auch hier werden die Unterschiede zwischen diesen Begriffen deutlich.

G. Verständlichkeit. Der Anwalt muß einerseits schon aus *Berufsgründen* die Anfertigung eines solchen Gutachtens mit juristischer Begründung erhalten haben. Im Zweifel erstreckt sich der Auftrag nur auf die Erteilung eines Rats oder einer Auskunft, insbesondere in Fall VV 2100. Es kommt darauf an, ob der Auftraggeber ersichtlich eine ausgearbeitete juristische Begründung wünsche und auch zusätzlich vergüten wollte. *Das gilt besonders dann, wenn der Anwalt zugleich in derselben Angelegenheit nach § 15 Rn 9 ff der ProzBev zB nach § 81 ZPO ist, KarlsR MDR 76, 670, KölnR JB 78, 870, Mümmler JB 78, 496.* Das gilt, obwohl I 1 nicht ausdrücklich dergleichen wünscht. Denn eine ausgearbeitete juristische Begründung ist ein selbstverständlicher Bestandteil einer solchen Arbeit, die den Begriff Gutachten verdient. Ein Gutachtenvertrag ist grundsätzlich kein Dienst-, sondern ein Werkvertrag nach §§ 631 ff BGB, LG Hbg AnwBl **75**, 237. Er stellt stets eine eigene Angelegenheit ohne eine Anrechnung auf andere Gebühren dar, KarlsR MDR **76**, 670, Mümmler JB **78**, 496.

H. Auftrag. Der Anwalt muß einen Auftrag gerade zur Ausarbeitung eines schriftlichen Gutachtens mit juristischer Begründung erhalten haben. Im Zweifel erstreckt sich der Auftrag nur auf die Erteilung eines Rats oder einer Auskunft, insbesondere im Fall VV 2100. Es kommt darauf an, ob der Auftraggeber ersichtlich eine ausgearbeitete juristische Begründung wünsche und auch zusätzlich vergüten wollte. *Das gilt besonders dann, wenn der Anwalt zugleich in derselben Angelegenheit nach § 15 Rn 9 ff der ProzBev zB nach § 81 ZPO ist, KarlsR MDR 76, 670, Köln JB 78, 870, Mümmler JB 78, 496.* Das gilt, obwohl I 1 nicht ausdrücklich dergleichen wünscht. Denn eine ausgearbeitete juristische Begründung ist ein selbstverständlicher Bestandteil einer solchen Arbeit, die den Begriff Gutachten verdient. Ein Gutachtenvertrag ist grundsätzlich kein Dienst-, sondern ein Werkvertrag nach §§ 631 ff BGB, LG Hbg AnwBl **75**, 237. Er stellt stets eine eigene Angelegenheit ohne eine Anrechnung auf andere Gebühren dar, KarlsR MDR **76**, 670, Mümmler JB **78**, 496.

25 Soweit der Auftraggeber ein schriftliches Gutachten über die *Aussichten einer Berufung oder einer Revision* wünschte, gilt VV 2103 als eine vorrangige Sondervorschrift.

26 **6) Tätigkeit als Mediator, I,** dazu *Enders* JB 06, 505 (Üb): § 1 MediationsG, BLAH Anh § 278a ZPO, enthält eine Begriffsbestimmung. Grundgedanke ist die gleichzeitige Tätigkeit für mehrere oder alle Beteiligten über Interessengegensätze hinweg zwecks einer eigenverantwortlichen freiwilligen Einigung, BGH NJW 02, 2948, ähnlich wie zB § 278 VI ZPO beim richterlichen Vergleichsvorschlag. Diesen letzteren soll ein Mediator aber möglichst ganz oder doch möglichst lange zurückhalten. Vgl zB Haft/Schlieffen (vor Rn 1). Mediator ist der Anwalt nur, soweit und solange er die bisher „eigentlich" strikt verbotene Vertretung gegensätzlicher Interessen vornimmt. Soweit er in einem Mediationsverfahren nur im Auftrag eines einzelnen Beteiligten oder mehrerer auf derselben Interessenseite auftritt, ist der, dessen oder deren Bevollmächtigter und ist § 34 unanwendbar. Vielmehr ist dann die übrige RVG anwendbar. Ein unstatthaft vom Gericht bestellter Mediator kann einen Vergütungsanspruch nach §§ 670, 675 BGB in Verbindung mit dem JVEG (entsprechend anwendbar) haben, Kblz MDR 14, 681.

27 **7) Gebührenvereinbarungsziel, I 1,** dazu *Streck* AnwBl 06, 149 (Üb): Der Anwalt „soll" auf eine Gebührenvereinbarung nach § 3a oder nach § 4 hinwirken, LG Essen RR 14, 380. Er hat aber zur Erwirkung oder auch nur zum Versuch der Erwirkung einer solchen Gebührenvereinbarung keineswegs stets auch eine Pflicht, aM *Enders* JB 06, 1, *Graf von Westphalen* AnwBl 06, 47 (aber mangels einer Vereinbarung gelten nach I 2 die Vorschriften des bürgerlichen Rechts nach Rn 28 als *dann* sehr wohl gesetzliche Gebührentatbestände, wenn auch nicht so bequem bereits in EUR lautende). Seine Tätigkeit bleibt nach I 2 keineswegs insoweit völlig unvergütet, als er keine wirksame Gebührenvereinbarung erzielt. „Hinwirken" bedeutet auch nicht: drängen, gar einen Verbraucher „verkaufen", Schons AnwBl 06, 566, oder nötigen oder gar erpressen. I 1 gibt bei einer Gesetzmäßigkeit einer Mediation zwar ein Recht und auch ein gesetzliche Aufforderung, aber weder eine Pflicht noch auch nur eine Obliegenheit. Denn die letztere zieht beim Verstoß immerhin Rechtsnachteile nach sich. I 2 regelt das Fehlen einer Gebührenvereinbarung aber gänzlich anders. Ein Formzwang besteht aber nur, soweit es zu einer Vereinbarung nach § 3a kommt, Toussaint AnwBl 07, 68.

28 **8) Mangels Vereinbarung; Grundsatz: Bürgerliches Recht, I 2.** Soweit es nicht für gerade diesen Anwalt nach I 1 zu einer wirksamen Gebührenvereinbarung kommt, gelten nach Grdz 13 vor § 1 das bürgerliche Recht nach I 2 maßgeblich, BVerwG NZA-RR 17, 112, Naumb NJW 09, 1679, Meyer JB 11, 123, praktisch also §§ 612 II, 632 II, ferner 662ff, 675ff BGB, Grdz 12ff vor § 1. Vgl dazu die Kommentare zum BGB und zur „üblichen" Vergütung AG Emmerich JB 09, 303 (0,75 Gebühr), AG Stgt JB 14, 473 (kein Stundensatz von 150 EUR beim Wert von nur 331 EUR), Kilian MDR 08, 780 (Üb). Gestaltungsanregungen zB bei Enders JB 06, 225. § 14 II ist nicht anwendbar. Denn der ganze § 14 gilt nach seiner Überschrift und seinem I 1 nur bei Rahmengebühren nach Einl II A 12. Dazu zählen die nach §§ 662ff BGB anwendbaren §§ 612 II und vor allem 632 BGB keineswegs.

29 *Keine Vereinbarung* liegt erst dann vor, wenn auch keine nach § 3a II 1 mögliche Herabsetzung erfolgt ist. Das setzt natürlich voraus, daß es zuvor überhaupt zu einer eben nur unangemessen hohen Vereinbarung gekommen war. Scheitert das Hinwirken nach I 1 schon vorher, braucht man natürlich nicht nach § 3a II 1 vorzugehen.

30 **9) Mangels Vereinbarung; Sonderregeln beim Verbraucher, I 3.** In einer Abweichung vom Grundsatz Rn 28, 29 gelten nach I 3 vorrangige Sonderregeln mit geringeren Höchstbeträgen unter den folgenden Voraussetzungen.

31 **A. Auftraggeber ist Verbraucher, I 3 Hs 1, 2.** Der Auftraggeber muß in allen Fällen des I 3 jeweils nach § 13 BGB Verbraucher sein. Das gilt trotz des dortigen Begriffswirrwarrs, Fischer NZA 04, 1188 (auf zum Arbeitsrecht).

BGB § 13. Verbraucher. Verbraucher ist jede natürliche Person, die ein Rechtsgeschäft zu Zwecken abschließt, die überwiegend weder ihrer gewerblichen noch ihrer selbständigen beruflichen Tätigkeit zugerechnet werden können.

Abschnitt 5. Außergerichtliche Beratung und Vertretung § **34 RVG**

Es muß sich also um ein Verbrauchergeschäft handeln, Enders JB **05**, 58. Dazu zählt keineswegs nur der Anwaltsvertrag, aM Hümmerich/Brieske AnwBl **06**, 749 (aber I 3 verweist ganz allgemein auf § 13 BGB). Maßgeblich ist der objektive Inhalt des Vorgangs. Auch eine Rücksendung unbestellter Ware zählt hierher, ebenso eine Beratung im Arbeitsrecht, AG Hbg-St Georg JB **05**, 645, oder im Erbrecht, AG Einbeck JB **05**, 646.

B. **Rahmengebühr, I 3 Hs 1**. Unter der Voraussetzung Rn 31 ergibt sich bei einer Beratung nach Rn 10 oder bei einem schriftlichen Gutachten nach Rn 15–25 eine Rahmengebühr nach § 14 I, der nach § 34 I 3 Hs 1 ausdrücklich anwendbar ist. Vgl daher im einzelnen § 14 Rn 1–26. **32**

C. **Höchstgebühr außerhalb Erstberatung, I 3 Hs 1**. Soweit es um die Anwaltstätigkeit außerhalb eines ersten Beratungsgesprächs nach §§ 34 ff geht, entsteht die in Rn 32 genannte Gebühr höchstens mit 250 EUR. **33**

D. **Höchstgebühr für Erstberatung, I 3 Hs 2**. Soweit es um ein bloßes erstes Beratungsgespräch geht, entsteht die in Rn 32 genannte Gebühr höchstens mit 190 EUR. **34**

Es muß sich also um eine erste *mündliche oder telefonische* Beratung dieses Anwalts oder dieser Sozietät in dieser Angelegenheit auf einem beliebigen Rechtsgebiet nach § 15 Rn 8 ff handeln. Eine schriftliche oder elektronische Tätigkeit ist kein Beratungs„gespräch", Fischer NZA **04**, 1188. Freilich darf sie nicht kostenträchtig unerwartbar erfolgen. Der Begriff Erstberatung ergibt sich bei einer erlaubten und nur bei Willkür angreifbaren Auslegung, BayVerfGH RR **98**, 1778.

E. **Mehr als Erstberatung**. Sobald die Tätigkeit des Anwalts *über* die bloße meist nur überschlägige und oft notgedrungen vorbehaltlose Raterteilung hinausgeht, sei es auch nur durch ein Telefonat usw, ist der als eine Sonderregel eng auslegbare I 3 Hs 2 unanwendbar, (zum alten Recht) KG AnwBl **02**, 305. Das darf natürlich nicht zu einer Umgehung und Unterwanderung durch irgendwelche in Wahrheit keineswegs angezeigte Aktivitäten führen. Man sollte den Verstoß gegen eine derart notwendige Zurückhaltung allerdings auch nicht durch eine systematisch unhaltbare Ausweitung des Begriffs der bloßen Beratung ahnden. **35**

Soweit erhebliche Anhaltspunkte dafür bestehen, daß bereits eine *frühere* Beratung stattfand, ist der Auftraggeber für (jetzt) I 3 Hs 2 beweispflichtig, AG Karlsr AnwBl **97**, 500. Der Rat des vorinstanzlichen ProzBev, im Rechtsmittelverfahren etwas zu tun oder zu unterlassen, ist keine Erstberatung, KG JB **98**, 21, AG Essen AnwBl **98**, 214, Schneider MDR **01**, 1032. **36**

F. **Weitere Besprechung**. Sie tritt in derselben Angelegenheit nach § 15 Rn 9 ff erst nach dem Ende, dem Abbruch oder nach einer nicht nur technisch bedingten und nicht nur ganz kurzen echten Unterbrechung der ersten Besprechung ein, KG AnwBl **02**, 305, Mü RR **00**, 655, AG Brühl JB **98**, 136. Sie ist auch dann keine Erstberatung, wenn sie auf jener aufbaut, KG AnwBl **02**, 305. Sie kann auch dann eine echte weitere und nicht nur die fortgesetzte Erstberatung sein, wenn der Anwalt zuvor noch nicht abschließend Stellung nehmen konnte oder sollte. Denn dann hatte er zuvor nicht etwa nur teilweise erfüllt, sondern den Auftrag der Erstberatung zu *ihren* Bedingungen sehr wohl erfüllt gehabt. Grundsätzlich muß der Anwalt beweisen, daß mehr als eine Erstberatung erfolgte. Dafür kann es aber einen Anscheinsbeweis mit einer Beweislastumkehr nach BLAH Anh § 286 ZPO Rn 15 ff geben, AG Karlsr AnwBl **97**, 500. **37**

G. **Keine Untergrenze**. Die Anwaltstätigkeit muß sich auf die erste mündliche Beratung beschränken. Eine Begrenzung nach unten ist im RVG nicht mehr enthalten, Stgt AnwBl **07**, 230 (zustm Henke mit an nordamerikanische Warenhausbräuche – Rechtsrat im Kaufhaus für 5 Dollar – erinnernden Erwägungen zum Einführungsangebot einer Erstberatung gegen Kaffee, Kuchen und 5 EUR Draufgeld für den Kunden). **38**

10) Kostenerstattung bei Rat, Auskunft (Beratung), I, II, dazu *Dittmar* NJW **86**, 2091 (ausf): Es gibt viele Aspekte **39**

A. **Begründetheit des Anspruchs**. Die Erstattungsfähigkeit besteht allerdings nur insoweit, als der zugrundeliegende Anspruch auch begründet ist.

1613

40 B. Beispiele zur Frage einer Kostenerstattung bei Rat, Auskunft, I, II
Beitritt: S „Stellungnahme".
Eignung: S „Zuständigkeit".
Einlassung: Erstattbar sein können die Kosten einer Beratung dazu, ob sich der künftige Bekl auf einen bevorstehenden Prozeß einlassen soll, Ffm JB **85**, 1410, Hbg JB **85**, 297, KG JB **89**, 1114.
Hausanwalt: S „Verkehrsanwalt".
Parteiprozeß: Erstattbar sein können auch Kosten im sog Parteiprozeß nach BLAH Üb 7 vor § 78 ZPO, LG Bln MDR **82**, 499.
Rechtsmittelaussicht: Erstattbar sein kann eine Ratsgebühr des erstinstanzlichen Anwalts oder eines sonstigen Anwalts wegen der Aussichten eines gegnerischen Rechtsmittels, Düss JB **92**, 39, Mü Rpfleger **81**, 32, aM KG JB **98**, 20, Zweibr JB **98**, 22 (vgl aber Rn 20).

41 Stellungnahme: Soweit jemand die Aufforderung erhalten hat, zu einem *bereits anhängigen* Verfahren eine *Stellungnahme* abzugeben, sich dann den Rat eines Anwalts geholt und unter Umständen auch die erbetene Stellungnahme abgegeben hat, dem Verfahren aber nicht förmlich beigetreten ist, kommt für oder gegen ihn im Verfahren grundsätzlich auch keine Kostenentscheidung in Betracht. Dann ist diejenige Gebühr, die der Auftraggeber seinem Anwalt zahlen muß, nicht nach den prozessualen Grundsätzen erstattungsfähig. Aus dem sachlichen Recht mag sich aber nach BLAH Üb 43 ff vor § 91 ZPO eine Ersatzpflicht desjenigen ergeben, der die Aufforderung zur Stellungnahme ausgesprochen hat. Eine solche Pflicht besteht freilich nicht, soweit die „Aufforderung" in Wahrheit nur eine „Anheimgabe" war.

42 Verkehrsanwalt: Erstattbar sein können Kosten unabhängig davon, ob die Voraussetzungen für die Bestellung eines Verkehrsanwalts nach VV 3400 vorlagen, Karlsr Just **92**, 126 (Vertrauensanwalt), aM Oldb JB **78**, 1811 (aber § 91 ZPO stellt allgemein auf die Notwendigkeit ab, BLAH § 91 ZPO Rn 220 ff)
Vertrauensanwalt: S „Verkehrsanwalt".
Verwaltungsverfahren: Erstattbar sein können Kosten eines verwaltungsgerichtlichen Vorverfahrens, OVG Bln AnwBl **85**, 53, VGH Mü JB **06**, 77 (auch zu den Grenzen).
Vorprozessuale Verhandlungen: *Nicht* automatisch erstattbar sind Kosten für solche Tätigkeit nach BLAH § 91 ZPO Rn 270 ff, BGH RR **88**, 1199, Düss Rpfleger **96**, 526, Kblz AnwBl **85**, 214.
Zusammenhang: Vgl zunächst Rn 11–13, ferner Düss AnwBl **99**, 290.
Zuständigkeit: Erstattbar ist zumindest eine Beratungsgebühr dazu, welches Gericht zuständig ist und welcher Anwalt empfehlenswert ist, Bbg JB **91**, 959, Düss DB **94**, 1517, Karlsr MDR **82**, 1024.

43 11) Kostenerstattung beim Gutachten, I. Auch die Beibringung eines Gutachtens nach I 1 kann zur zweckentsprechenden Rechtsverfolgung oder Rechtsverteidigung als sog Vorbereitungskosten nach BLAH §§ 91 ff ZPO Rn 270 ff usw notwendig sein. Im übrigen muß man die folgende Unterscheidung treffen.

44 A. Waffengleichheit. In diesem Zusammenhang muß man den Grundsatz der Waffengleichheit nach BLAH Einl III 21 für beide Parteien beachten, LG Mü VersR **86**, 1246, FG Hann EFG **86**, 303. Er kann es erforderlich machen, die Erstattungsfähigkeit dann zu bejahen, wenn der Gegner auf dem betreffenden Sachgebiet kundig ist.

45 B. Beispiele zur Frage einer Kostenerstattung beim Gutachten, I
Auslandsrecht: Beim ausländischen Recht muß man § 293 ZPO beachten, Mankowski MDR **01**, 199.
Eilverfahren: Die Regeln „Erforderlichkeit" gelten auch im Verfahren nach §§ 916 ff, 935 ff ZPO zur Glaubhaftmachung nach §§ 294, 920 II, 936 ZPO, KG AnwBl **87**, 239, Schlesw JB **79**, 1518.
Einflußlosigkeit: Rn 47 „Prozeßausgang".
Erfolgsaussicht: Erstattbar sein können solche Kosten, die man zur Beurteilung der Prozeßaussicht hat, BGH **153**, 235 (Üb), Bre VersR **82**, 362, aM Hamm JB **76**, 94, Kblz JB **95**, 87, Köln JB **03**, 313.

Abschnitt 5. Außergerichtliche Beratung und Vertretung § **34 RVG**

Erforderlichkeit: Erstattbar sind die aus der Sicht einer vernünftigen Partei nach § 91 ZPO usw erforderlichen Kosten, BGH MDR **03**, 413, Karlsr JB **05**, 544 rechts, Nürnb RR **05**, 1664.

Sachliche Fundierung: Eine Erstattbarkeit kann dann vorliegen, wenn die Partei 46 sonst gar nicht sachlich fundiert vortragen konnte, BGH NJW **06**, 2415, Düss RR **96**, 572, Hbg JB **90**, 1476.

Mieterhöhung: *Nicht* erstattbar sind die Kosten eines nach § 558 BGB vor einer Mieterhöhung eingeholten Privatgutachtens, LG Köln WoM **97**, 269, LG Mainz NZM **05**, 15, LG Saarbr AnwBl **85**, 210. Das gilt erst recht für die Kosten eines weiteren derartigen Gutachtens, aM AG Lehrte WoM **83**, 320 (abl Röchling).

Privatgutachten, dazu *Hannes,* Die zivilprozessuale Erstattungsfähigkeit von Privatgutachtenkosten usw, 2012: Die Kosten eines von der Partei eingeholten sog Privatgutachtens nach BLAH Üb 21 vor § 402 ZPO sind nur nach einer strengen Prüfung erstattbar, Kblz JB **13**, 205, Köln RR **10**, 752, Naumb MDR **13**, 1065. Sie sind jedenfalls im Zivilprozeß (anders als bei einer Amtsermittlung nach BLAH Grdz 38 vor § 128 ZPO usw, VGH Mü NVwZ-RR **10**, 663 rechts) grundsätzlich insoweit erstattungsfähig, als die Partei persönlich ihre Behauptungen nur mithilfe eines solchen Privatgutachtens ausreichend darlegen und unter Beweis stellen kann, BGH BauR **17**, 1424, Nürnb DS **16**, 296. Maßgeblich ist der Zeitpunkt der Beauftragung des Privatgutachters, Kblz JB **16**, 149. Der Gutachter muß freilich unabhängig sein, Drsd JB **03**, 312.

– **(Abtretung):** Maßgeblich ist die Lage des neuen Gläubigers als Kläger, Kblz BauR **11**, 1868.

– **(Arrest, einstweilige Verfügung):** Die Erstattungsfähigkeit ist insbesondere für ein solches Privatgutachten nach BLAH Üb 21 vor § 402 ZPO vorhanden, das man in einem vorläufigen Verfahren nach §§ 916 ff, 935 ff ZPO oder nach §§ 49 ff FamFG eingeholt hat, BGH NJW **90**, 123, BAG BB **07**, 2636, Nürnb BauR **12**, 1288 links. Freilich gelten schärfere Anforderungen, OVG Lüneb JB **14**, 201. Das gilt auch für die Kosten eines solchen Sachverständigen, den die Partei zB in der Verhandlung über einen Antrag auf den Erlaß eines Arrests oder einer einstweiligen Verfügung wegen der Notwendigkeit einer sofortigen Glaubhaftmachung nach §§ 920 II, 936, 294 II ZPO gestellt hat, Düss DB **81**, 785 (das OLG billigt mit Recht einen frei vereinbarten Stundensatz im Rahmen des Üblichen zu), Kblz VersR **92**, 1277.

– **(Bauprozeß):** Brdb RR **15**, 1243, Kblz JB **16**, 149, Köln RR **10**, 752 (je: ausf).

– **(Beweisbeschluß):** Ein folgender fast gleichartiger Beweisbeschluß spricht *gegen* die Erstattbarkeit der Kosten, LG Wiesb JB **17**, 94. Er zwingt evtl zum Abbruch des Privatgutachtens, Bre MDR **10**, 719.

– **(Brauchbarkeit):** Die Kosten der Brauchbarkeitsprüfung eines Gutachtens sind grds als Allgemeinkosten *nicht* erstattbar, Kblz Rpfleger **03**, 384.

– **(Darlegungspflicht):** Man muß nicht dem Gegner den voraussichtlichen Kostenrahmen darlegen, aM Jena Rpfleger **06**, 625 (aber das sprengt den Umfang des prozessualen Treu und Glaubens nun doch). Die Grenzen eigener Darlegungspflicht haben auch bei der Frage der Erforderlichkeit eines Privatgutachtens Bedeutung, Kblz RR **13**, 348.

– **(Einführung in den Prozeß):** Es läßt sich noch während des Prozesses einführen, Hamm RR **13**, 895, Köln NJW **14**, 2131. Es ist zwar grds die Einführung des Privatgutachtens in den Prozeß notwendig, Mü JB **95**, 372, aM Saarbr JB **95**, 623 (aber nur eine solche Einführung stellt den Bezug zum Prozeß und damit zu den Prozeßkosten her). Ein Privatgutachten kann aber ausnahmsweise auch zwecks Klärung der Prozeßaussichten erstattungsfähig sein, BGH NJW **13**, 1823, Mü Rpfleger **13**, 578, aM Köln JB **03**, 313 (aber das ist sogar eine typisch sinnvolle Situation).

– **(Einsparung):** Die Erstattungsfähigkeit besteht dann, wenn das Privatgutachten nach BLAH Üb 21 vor § 402 ZPO ein vom Gericht sonst benötigtes Gutachten nach §§ 402 ff ZPO ersparte, Nürnb Rpfleger **02**, 482, LG Düss VersR **92**, 472 (nicht aber nach dessen Auftragserteilung, Kblz VersR **96**, 1561), oder soweit der Parteiaufwand die Kosten des Gehilfen eines gerichtlichen Sachverständigen erspart, Kblz VersR **06**, 243.

RVG § 34 X. Rechtsanwaltsvergütungsgesetz

- **(Entscheidungseinfluß)**: Soweit nicht nur eine ganz einseitige „gutachterliche" und in Wahrheit völlig unbrauchbare Stellungnahme vorliegt, Karlsr JB **92**, 746, hängt die Erstattungsfähigkeit auch *nicht* davon ab, ob und welchen *Einfluß* das Privatgutachten auf die Entscheidung des Gerichts gehabt hat, BGH NJW **12**, 1371, BPatG GRUR **81**, 815, Mü Rpfleger **13**, 578, aM BGH NJW **17**, 1397 rechts (ohne Vorlage nach § 132 GVG), Düss RR **97**, 1431, OVG Lüneb JB **16**, 653 (aber notwendig konnte auch dasjenige sein, was aus evtl ganz unvorhersehbaren anderen Gründen dann doch nicht mehr entscheidungserheblich geworden ist).
- **(Erfolgsaussicht)**: Die Kosten eines Gutachtens über die Aussichten eines Rechtsmittels können erstattungsfähig sein, aM Mü MDR **92**, 194, Schlesw SchlHA **84**, 47 (aber man kann die Notwendigkeit nicht schon grds je Instanz unterschiedlich beurteilen). Freilich ist in der höheren Instanz eher eine gewisse Zurückhaltung nötig, Drsd JB **03**, 312, Hbg MDR **97**, 784.
- **(Ergänzung)**: Eine Erstattbarkeit besteht dann, wenn es um die sachkundige Ergänzung eines Vortrags geht, Kblz VersR **02**, 1531 rechts, LG Saarbr RR **15**, 722.
- **(Kindschaftssache)**: Köln FamRZ **13**, 319 LS.
- **(Mehrheit von Verwendungen)**: Bei der Verwendung des Gutachtens in mehreren Prozessen muß man seine Kosten aufteilen. Dafür muß man die Streitwerte nach §§ 3 ff ZPO beachten, aber natürlich auch die jeweilige Bedeutung des Gutachtens für den Prozeß.
- **(Meinungsumfrage)**: Ihre Kosten nach BLAH Üb 7 vor § 402 ZPO können erstattbar sein, KG Rpfleger **87**, 262.
- **(Musterprozeß)**: S „– (Schwierige wirtschaftliche Frage)".
- **(Nachlaßsache)**: Es gelten grds keine besonderen Regeln, Düss FamRZ **16**, 2143 (auch zu Ausnahmen).
- **(Patentrecht)**: S „Schwierige technische Frage".
- **(Prozeßbezug)**: Es muß also ein direkter Prozeßbezug bestehen, BGH NJW **13**, 1823, Bre NJW **15**, 509, Kblz DS **16**, 262. Dabei muß man insbesondere den Grundsatz der sog Waffengleichheit nach BLAH Einl III 21 beachten, ebenso wie beim vorprozessualen Gutachten, Bre NJW **15**, 509, Zweibr MDR **09**, 415, LG Hbg JB **03**, 311.
- **(Rechtsmittelaussicht)**: Rn 104 „– (Erfolgsaussicht)".
- **(Sachdienlichkeit)**: Sie ist stets mitbeachtbar, Drsd MDR **16**, 397.
- **(Sachlichrechtlicher Ersatzanspruch)**: Natürlich kann mangels einer prozessualen Erstattungsfähigkeit ein sachlichrechtlicher Ersatzanspruch nach BLAH Üb 43 vor § 91 ZPO vorliegen, Nürnb JB **78**, 117.
- **(Schwierige medizinische Frage)**: Die Erstattbarkeit hängt von den Umständen ab, strenger Stgt RR **93**, 1339. Es kommt nicht auf eine Beschränkung auf die haftungsbegründende Ursächlichkeit nach BLAH § 287 ZPO Rn 6 an, aM Hamm JB **07**, 596.
- **(Schwierige Rechtsfrage)**: Eine Erstattbarkeit besteht dann, wenn es um ein schwieriges Rechtsproblem geht, BVerfG NJW **93**, 2793 (dort freilich ein in Wahrheit vorprozessuales Gutachten), Mü Rpfleger **00**, 425, Mankowski MDR **01**, 199, strenger Karlsr JB **06**, 35 links (je: ausländisches Recht), Hbg RR **00**, 877 (ausländisches Recht nur bei Zeitdruck). Ausreichend sind auch Gebührenprobleme auf einem Spezialgebiet, BVerwG Rpfleger **08**, 666, Kblz Rpfleger **86**, 108, Mü MDR **92**, 194. Zwar ist die Rechtsprechung oft zu enggezig. Eine Verweisung zB auf § 293 ZPO ist oft nur ein Ausdruck einer Selbsttäuschung des Gerichts. Andererseits sind nach Rn 46 die Kosten eines juristischen Privatgutachtens nach BLAH Üb 21 vor § 402 ZPO keineswegs automatisch erstattungsfähig, Ffm RR **87**, 380.
- **(Schwierige technische Frage)**: Bei schwierigen technischen Fragen sind die Kosten des Privatgutachtens nach BLAH Üb 21 vor § 402 ZPO fast immer erstattungsfähig, Düss JB **09**, 319, Ffm Rpfleger **87**, 172, Kblz JB **12**, 256. Das gilt zB dann, wenn der Gutachter einen anderen privaten oder gerichtlich bestellten Gutachter widerlegen soll, Kblz MDR **03**, 1142, Saarbr OLGR **01**, 437, Stgt BauR **02**, 665.
- **(Schwierige wirtschaftliche Frage)**: Eine Erstattbarkeit besteht dann, wenn es um eine schwierige wirtschaftliche Frage geht, Zweibr DB **97**, 218 (Unterneh-

Abschnitt 5. Außergerichtliche Beratung und Vertretung　　　§ 34 RVG

mensbewertung). Eine Erstattungsfähigkeit besteht ferner dann, wenn es sich um einen Musterprozeß mit schwierigen wirtschaftlichen Überlegungen und einer großen rechtlichen oder wirtschaftlichen Tragweite handelt.
- **(Selbständiges Beweisverfahren):** Eine Erstattbarkeit kann zB nach § 494a II ZPO bestehen, BGH NJW **13**, 1821, auch nach Einführung eines vorprozessualen Gutachtens, Köln NJW **14**, 2131.
- **(Straftatverdacht):** Eine Erstattbarkeit besteht dann, wenn es zB um den Verdacht der Vortäuschung eines Unfalls geht, Brdb VersR **08**, 1132, Celle RR **11**, 1057, Ffm OLGR **96**, 216.
- **(Ungewöhnlichkeit):** Eine Erstattbarkeit besteht grds auch bei einer ungewöhnlichen Klage, Hbg JB **76**, 97, Hamm Rpfleger **86**, 141.
- **(Urkundenprozeß):** Eine Erstattbarkeit kann nach BLAH § 592 ZPO Rn 11 bestehen, aM Kblz NJW **11**, 942.
- **(Ursächlichkeit):** Zum Problem allgemein BVerfG NJW **11**, 1276.
　　S auch „Schwierige medizinische Frage".
- **(Vergleich):** Ein Vergleich mag auch auf einem Privatgutachten nach BLAH Üb 21 vor § 402 ZPO beruhen. Dann können dessen Kosten erstattungsfähig sein, Nürnb FamRZ **02**, 1719. Ein Vergleich nach § 779 BGB oder nach BLAH Anh § 307 ZPO schließt die Erstattbarkeit mangels anderweitiger Absprachen nicht aus, LG Brschw MDR **79**, 320.
- **(Verjährung):** Die Möglichkeit einer Verjährungseinrede ist unbeachtbar, Kblz MDR **08**, 1179.
- **(Versicherung):** Rn 48.
- **(Versicherungsbetrug):** Ein solcher Verdacht macht ein Privatgutachten meist erstattbar, LG Köln VersR **13**, 76, aM Köln JB **13**, 320.
- **(Widerlegungszweck):** S „Schwierige Frage".
　　S auch „Arrest, einstweilige Verfügung".
- **(Zusatzgutachten):** Neben einem vom Gericht eingeholten Gutachten kommt eine Erstattung der Kosten eines nun erst eingeholten Parteigutachtens nach BLAH Üb 21 vor § 402 ZPO nur dann in Betracht, wenn es das Gerichtsgutachten widerlegen sollte, Kblz Rpfleger **91**, 389, wenn die Partei es dazu auch mangels eigener Sachkunde benötigte, Düss MDR **12**, 53, Kblz JB **07**, 652, Zweibr MDR **09**, 415, und wenn das Gericht es wenigstens für beachtbar hielt, Köln VersR **93**, 716.
- **(Zwangsvollstreckung):** Es gelten nach §§ 704ff ZPO dieselben Regeln wie im Erkenntnisverfahren nach §§ 253ff ZPO, Brdb JB **08**, 271.

Prozeßausgang: Eine Erstattbarkeit besteht auch dann, wenn das Gutachten den Prozeßausgang nicht beeinflußt hat, Düss RR **96**, 572, Hamm OLGR **99**, 11, Saarbr JB **90**, 623, aM Hamm RR **96**, 830, Mü RR **95**, 1470, LG Bln JB **85**, 126 (aber auch andere Beweiskosten sind unabhängig vom Ausgang der Beweisaufnahme erstattbar). Natürlich besteht ein Anzeichen für eine Erstattbarkeit bei Verwendung des Gutachtens durch das Gericht, Stgt VersR **79**, 849, oder bei seiner Ursächlichkeit für eine Einigung, Nürnb Rpfleger **02**, 482, LG Brschw MDR **79**, 320. 47

Rechtsfrage: *Nicht* erstattbar sind Kosten eines Gutachtens über nur innerdeutsche Rechtsfragen, Düss OLGR **95**, 102, Ffm Rpfleger **78**, 385, Kblz Rpfleger **86**, 107, es sei denn, man braucht es zB zum Nachweis eines Verstoßes des Berufungsgerichts gegen Denkgesetze usw zwecks Revision, Hamm JB **78**, 1079.
　　S auch Rn 46 „Auslandsrecht".

Sachkundigkeit: Eine Erstattungsfähigkeit kann dann vorliegen, wenn die Partei sonst gar nicht sachlich fundiert vortragen kann, BGH NJW **06**, 2415, Düss RR **96**, 572, Hbg JB **90**, 1476, oder wenn der Gegner auf dem betreffenden Sachgebiet kundig ist, Karlsr JB **05**, 544 links, Mü NJW **72**, 2273. Das alles übersieht BVerfG NJW **93**, 2793, das die Regeln der Erstattungsfähigkeit eines vorprozessualen Gutachtens mit denjenigen eines (dort gar nicht erfolgten) im Prozeß eingeholten Gutachtens verwechselt.

Sachlichrechtlicher Ersatzanspruch: Eine Erstattbarkeit besteht unabhängig von einem gleichartigen sachlichrechtlichen Ersatzanspruch nach BLAH Üb 43 vor § 91 ZPO, etwa nach § 2314 I 2 BGB, Mü Rpfleger **83**, 486.

Selbständiges Beweisverfahren: Eine Erstattbarkeit besteht unabhängig davon, ob ein solches Verfahren nach §§ 485 ff ZPO möglich gewesen wäre, Stgt Just 80, 328.
Ursächlichkeit: S „Prozeßausgang".

48 **Versicherung:** Die Kosten eines Privatgutachtens können insbesondere dann erstattungsfähig sein, wenn die Versicherung es vor dem Prozeß eingeholt hat, BGH MDR 09, 231 rechts, Brdb VersR 06, 287, Kblz MDR 08, 472 (je: jedenfalls nach einem angeblichen Versicherungsbetrug), strenger Celle JB 00, 205, Karlsr VersR 04, 931 (zustm Otto), Kblz VersR 04, 803 (aber die Grundregeln Rn 45 bleiben auch zugunsten einer Versicherungsgesellschaft bestehen).

Eine Erstattungsfähigkeit besteht auch dann, wenn die *gegnerische* Versicherungsgesellschaft nunmehr ihrerseits ein Privatgutachten eingeholt hat, Bre VersR 82, 362, Ffm VersR 81, 69, LG Mü VersR 86, 1246, aM KG VersR 80, 387, Karlsr VersR 80, 337. Eine Erstattungsfähigkeit besteht ferner dann, wenn die Versicherungsgesellschaft das Gutachten während eines Strafverfahrens mit Rücksicht auf einen bestimmt gegen den Versicherten bevorstehenden Schadensersatzprozeß eingeholt hat. Dann gelten zur Höhe des erstattungsfähigen Betrags die Regeln (jetzt) des JVEG als Richtsätze, Teil V dieses Buchs, Kblz VersR 76, 1051. Wenn man im Zeitpunkt der Einholung des Privatgutachtens noch keineswegs an einen Prozeß denken konnte, kann man die Kosten dieses Gutachtens unter Umständen zusammen mit der Klageforderung geltend machen. Man darf die Erledigung eines Strafverfahrens gegen sich abwarten, Hbg JB 90, 1469.

49 **Vorbereitungskosten:** Für eine Erstattbarkeit als Vorbereitungskosten nach BLAH § 91 ZPO Rn 270 ff muß ein gewisser Bezug zum bevorstehenden Prozeß bestehen, BGH NJW 08, 1598 links, Ffm RR 09, 1076, Kblz MDR 08, 472. Das kann auch und gerade dann gelten, wenn man den Prozeß eigentlich vermeiden möchte, wie wohl fast stets, aM Brdb JB 09, 145. Es kommt darauf an, ob die Partei ohne ein Gutachten ausreichend vortragen kann, BGH NJW 06, 2415, Hamm RR 96, 830, Nürnb RR 05, 1664. Die Kosten von Arbeiten der Partei zur Vorbereitung einer vom Gericht anzuordnenden Begutachtung, etwa vom Aufbau eines Baugerüsts oder von Abschlepparbeiten am Unfallwagen oder von Arbeiten zur Freilegung eines Mauerwerks, sind grds erstattungsfähig, Düss RR 97, 1360, Hbg MDR 93, 87, Kblz MDR 04, 1025.

Erstattungsfähig sind auch die Kosten der Beseitigung von solchen Schäden, die der Sachverständige nicht verhindern konnte, Kblz JB 78, 120, aM Düss MDR 97, 886, KG JB 78, 1247 (aber sie sind die unvermeidbare Folge seines korrekten Einsatzes). Erstattbar sind die Beträge jeweils in Höhe der üblichen Vergütung, soweit sie zum Geschäftsbereich der Partei zählen und deren gewöhnlichen zumutbaren Prozeßaufwand übersteigen, Schlesw SchlHA 84, 132, aM KG Rpfleger 81, 203, oder soweit sie die Kosten eines gerichtlich bestellten Sachverständigen übersteigen, Kblz AnwBl 88, 298. Die Stundensätze (jetzt) des JVEG sind nur Anhaltspunkte, Kblz VersR 88, 702.

Hilfeleistung in Steuersachen

35 [I] Für die Hilfeleistung bei der Erfüllung allgemeiner Steuerpflichten und bei der Erfüllung steuerlicher Buchführungs- und Aufzeichnungspflichten gelten die §§ 23 bis 39 der Steuerberatervergütungsverordnung in Verbindung mit den §§ 10 und 13 der Steuerberatervergütungsverordnung entsprechend.

[II] [1] Sieht dieses Gesetz die Anrechnung einer Geschäftsgebühr auf eine andere Gebühr vor, stehen die Gebühren nach den §§ 23, 24 und 31 der Steuerberatervergütungsverordnung, bei mehreren Gebühren deren Summe, einer Geschäftsgebühr nach Teil 2 des Vergütungsverzeichnisses gleich. [2] Bei der Ermittlung des Höchstbetrags des anzurechnenden Teils der Geschäftsgebühr ist der Gegenstandswert derjenigen Gebühr zugrunde zu legen, auf die angerechnet wird.

Vorbem. Es gilt jetzt die *StBVV*, zuletzt geändert dch Art 9 Z 6 VO v 18. 7. 16, BGBl 1722, in Kraft seit 23. 7. 16, Art 11 I VO:

Abschnitt 5. Außergerichtliche Beratung und Vertretung § 35 RVG

StBVergV § 10. Wertgebühren. [I] [1] Die Wertgebühren bestimmen sich nach den der Verordnung als Anlage beigefügten Tabellen A bis E. [2] Sie werden nach dem Wert berechnet, den der Gegenstand der beruflichen Tätigkeit hat. [3] Maßgebend ist, soweit diese Verordnung nichts anderes bestimmt, der Wert des Interesses.

[II] In derselben Angelegenheit werden die Werte mehrerer Gegenstände zusammengerechnet; dies gilt nicht für die in den §§ 24 bis 27, 30, 35 und 37 bezeichneten Tätigkeiten.

StBVV § 13. Zeitgebühr. [1] Die Zeitgebühr ist zu berechnen
1. in den Fällen, in denen diese Verordnung dies vorsieht,
2. wenn keine genügenden Anhaltspunkte für eine Schätzung des Gegenstandswerts vorliegen; dies gilt nicht für Tätigkeiten nach § 23 sowie für die Vertretung im außergerichtlichen Rechtsbehelfsverfahren (§ 40), im Verwaltungsvollstreckungsverfahren (§ 44) und in gerichtlichen und anderen Verfahren (§§ 45, 46).

[2] Sie beträgt 30 bis 70 Euro je angefangene halbe Stunde.

StBVV § 23. Sonstige Einzeltätigkeiten. [1] Die Gebühr beträgt für

1. die Berichtigung einer Erklärung	$2/10$ bis $10/10$
2. einen Antrag auf Stundung	$2/10$ bis $8/10$
3. einen Antrag auf Anpassung der Vorauszahlungen	$2/10$ bis $8/10$
4. einen Antrag auf abweichende Steuerfestsetzung aus Billigkeitsgründen	$2/10$ bis $8/10$
5. einen Antrag auf Erlaß von Ansprüchen aus dem Steuerschuldverhältnis oder aus zollrechtlichen Bestimmungen	$2/10$ bis $8/10$
6. einen Antrag auf Erstattung (§ 37 Abs. 2 der Abgabenordnung)	$2/10$ bis $8/10$
7. einen Antrag auf Aufhebung oder Änderung eines Steuerbescheides oder einer Steueranmeldung	$2/10$ bis $10/10$
8. einen Antrag auf volle oder teilweise Rücknahme oder auf vollen oder teilweisen Widerruf eines Verwaltungsaktes	$4/10$ bis $10/10$
9. einen Antrag auf Wiedereinsetzung in den vorigen Stand außerhalb eines Rechtsbehelfsverfahrens	$4/10$ bis $10/10$
10. sonstige Anträge, soweit sie nicht in Steuererklärungen gestellt werden	$2/10$ bis $10/10$

einer vollen Gebühr nach Tabelle A (Anlage 1). [2] Soweit Tätigkeiten nach den Nummern 1 bis 10 denselben Gegenstand betreffen, ist nur eine Tätigkeit maßgebend, und zwar die mit dem höchsten oberen Gebührenrahmen.

StBVV § 24. Steuererklärungen. [I] [1] Der Steuerberater erhält für die Anfertigung

1. der Einkommensteuererklärung ohne Ermittlung der einzelnen Einkünfte	$1/10$ bis $6/10$

einer vollen Gebühr nach Tabelle A (Anlage 1); Gegenstandswert ist die Summe der positiven Einkünfte, jedoch mindestens 8000 Euro;

2. der Erklärung zur gesonderten Feststellung der Einkünfte ohne Ermittlung der Einkünfte	$1/10$ bis $5/10$

einer vollen Gebühr nach Tabelle A (Anlage 1); Gegenstandswert ist die Summe der positiven Einkünfte, jedoch mindestens 8000 Euro;

3. der Körperschaftsteuererklärung	$2/10$ bis $8/10$

einer vollen Gebühr nach Tabelle A (Anlage 1); Gegenstandswert ist das Einkommen vor Berücksichtigung eines Verlustabzugs, jedoch mindestens 16 000 Euro; bei der Anfertigung einer Körperschaftsteuererklärung für eine Organgesellschaft ist das Einkommen der Organgesellschaft vor Zurechnung maßgebend; das entsprechende Einkommen ist bei der Gegenstandsberechnung des Organträgers zu kürzen;

1619

4. *(aufgehoben)*
5. der Erklärung zur Gewerbesteuer $^1/_{10}$ bis $^6/_{10}$
einer vollen Gebühr nach Tabelle A (Anlage 1); Gegenstandswert ist der Gewerbeertrag vor Berücksichtigung des Freibetrags und eines Gewerbeverlustes, jedoch mindestens 8000 Euro;
6. der Gewerbesteuerzerlegungserklärung $^1/_{10}$ bis $^6/_{10}$
einer vollen Gebühr nach Tabelle A (Anlage 1); Gegenstandswert sind 10 Prozent der als Zerlegungsmaßstab erklärten Arbeitslöhne, jedoch mindestens 4000 Euro;
7. der Umsatzsteuer-Voranmeldung sowie hierzu ergänzender Anträge und Meldungen $^1/_{10}$ bis $^6/_{10}$
einer vollen Gebühr nach Tabelle A (Anlage 1); Gegenstandswert sind 10 Prozent der Summe aus dem Gesamtbetrag der Entgelte und der Entgelte, für die der Leistungsempfänger Steuerschuldner ist, jedoch mindestens 650 Euro;
8. der Umsatzsteuererklärung für das Kalenderjahr einschließlich ergänzender Anträge und Meldungen $^1/_{10}$ bis $^8/_{10}$
einer vollen Gebühr nach Tabelle A (Anlage 1); Gegenstandswert sind 10 Prozent der Summe aus dem Gesamtbetrag der Entgelte und der Entgelte, für die der Leistungsempfänger Steuerschuldner ist, jedoch mindestens 8000 Euro;
9. *(aufgehoben)*
10. der Vermögensteuererklärung oder der Erklärung zur gesonderten Feststellung des Vermögens von Gemeinschaften $^1/_{20}$ bis $^{18}/_{20}$
einer vollen Gebühr nach Tabelle A (Anlage 1); Gegenstandswert ist das Rohvermögen, jedoch bei natürlichen Personen mindestens 12 500 Euro und bei Körperschaften, Personenvereinigungen und Vermögensmassen mindestens 25 000 Euro;
11. der Erklärung zur Feststellung nach dem Bewertungsgesetz oder dem Erbschaftsteuer- und Schenkungsteuergesetz $^1/_{20}$ bis $^{18}/_{20}$
einer vollen Gebühr nach Tabelle A (Anlage 1); Gegenstandswert ist der erklärte Wert, jedoch mindestens 25 000 Euro;
12. der Erbschaftsteuererklärung ohne Ermittlung der Zugewinnausgleichsforderung nach § 5 des Erbschaftsteuergesetzes $^2/_{10}$ bis $^{10}/_{10}$
einer vollen Gebühr nach Tabelle A (Anlage 1); Gegenstandswert ist der Wert des Erwerbs von Todes wegen vor Abzug der Schulden und Lasten, jedoch mindestens 16 000 Euro;
13. der Schenkungsteuererklärung $^2/_{10}$ bis $^{10}/_{10}$
einer vollen Gebühr nach Tabelle A (Anlage 1); Gegenstandswert ist der Rohwert der Schenkung, jedoch mindestens 16 000 Euro;
14. der Kapitalertragsteueranmeldung sowie für jede weitere Erklärung in Zusammenhang mit Kapitalerträgen $^1/_{20}$ bis $^6/_{20}$
einer vollen Gebühr nach Tabelle A (Anlage 1); Gegenstandswert ist die Summe der kapitalertragsteuerpflichtigen Kapitalerträge, jedoch mindestens 4000 Euro;
15. der Lohnsteuer-Anmeldung $^1/_{20}$ bis $^6/_{20}$
einer vollen Gebühr nach Tabelle A (Anlage 1); Gegenstandswert sind 20 Prozent der Arbeitslöhne einschließlich sonstiger Bezüge, jedoch mindestens 1000 Euro;
16. von Steuererklärungen auf dem Gebiet der Einfuhr- und Ausfuhrabgaben und der Verbrauchsteuern, die als Einfuhrabgaben erhoben werden, $^1/_{10}$ bis $^3/_{10}$
einer vollen Gebühr nach Tabelle A (Anlage 1); Gegenstandswert ist der Betrag, der sich bei Anwendung der höchsten

Abschnitt 5. Außergerichtliche Beratung und Vertretung § 35 RVG

in Betracht kommenden Abgabensätze auf die den Gegenstand der Erklärung bildenden Waren ergibt, jedoch mindestens 1000 Euro;

17. von Anmeldungen oder Erklärungen auf dem Gebiete der Verbrauchsteuern, die nicht als Einfuhrabgaben geschuldet werden,
einer vollen Gebühr nach Tabelle A (Anlage 1); Gegenstandswert ist für eine Steueranmeldung der angemeldete Betrag und für eine Steuererklärung der festgesetzte Betrag, jedoch mindestens 1000 Euro; $1/_{10}$ bis $3/_{10}$

18. von Anträgen auf Gewährung einer Verbrauchsteuervergütung oder einer einzelgesetzlich geregelten Verbrauchsteuererstattung, sofern letztere nicht in der monatlichen Steuererklärung oder Steueranmeldung geltend zu machen ist,
einer vollen Gebühr nach Tabelle A (Anlage 1); Gegenstandswert ist die beantragte Vergütung oder Erstattung, jedoch mindestens 1000 Euro; $1/_{10}$ bis $3/_{10}$

19. von Anträgen auf Gewährung einer Investitionszulage
einer vollen Gebühr nach Tabelle A (Anlage 1); Gegenstandswert ist die Bemessungsgrundlage; $1/_{10}$ bis $6/_{10}$

20. von Anträgen auf Steuervergütung nach § 4a des Umsatzsteuergesetzes
einer vollen Gebühr nach Tabelle A (Anlage 1); Gegenstandswert ist die beantragte Vergütung; $1/_{10}$ bis $6/_{10}$

21. von Anträgen auf Vergütung der abziehbaren Vorsteuerbeträge
einer vollen Gebühr nach Tabelle A (Anlage 1); Gegenstandswert ist die beantragte Vergütung, jedoch mindestens 1300 Euro; $1/_{10}$ bis $6/_{10}$

22. von Anträgen auf Erstattung von Kapitalertragsteuer und Vergütung der anrechenbaren Körperschaftsteuer
einer vollen Gebühr nach Tabelle A (Anlage 1); Gegenstandswert ist die beantragte Erstattung, jedoch mindestens 1000 Euro; $1/_{10}$ bis $6/_{10}$

23. von Anträgen nach Abschnitt X des Einkommensteuergesetzes
einer vollen Gebühr nach Tabelle A (Anlage 1); Gegenstandswert ist das beantragte Jahreskindergeld; $2/_{10}$ bis $10/_{10}$

24. (aufgehoben)

25. der Anmeldung über den Steuerabzug von Bauleistungen
einer vollen Gebühr nach Tabelle A (Anlage 1); Gegenstandswert ist der angemeldete Steuerabzugsbetrag (§§ 48 ff. des Einkommensteuergesetzes), jedoch mindestens 1000 Euro; $1/_{10}$ bis $6/_{10}$

26. für die Erstellung sonstiger Steuererklärungen
einer vollen Gebühr nach Tabelle A (Anlage 1); Gegenstandswert ist die jeweilige Bemessungsgrundlage, jedoch mindestens 8000 Euro. $1/_{10}$ bis $6/_{10}$

II Für die Ermittlung der Zugewinnausgleichsforderung nach § 5 des Erbschaftsteuergesetzes erhält der Steuerberater 5 Zehntel bis 15 Zehntel einer vollen Gebühr nach Tabelle A (Anlage 1); Gegenstandswert ist der ermittelte Betrag, jedoch mindestens 12 500 Euro.

III Für einen Antrag auf Lohnsteuer-Ermäßigung (Antrag auf Eintragung von Freibeträgen) erhält der Steuerberater $1/_{20}$ bis $4/_{20}$ einer vollen Gebühr nach Tabelle A (Anlage 1); Gegenstandswert ist der voraussichtliche Jahresarbeitslohn; er beträgt mindestens 4500 Euro.

IV Der Steuerberater erhält die Zeitgebühr

1. (aufgehoben)

2. für Arbeiten zur Feststellung des verrechenbaren Verlustes gemäß § 15 a des Einkommensteuergesetzes;
3. für die Anfertigung einer Meldung über die Beteiligung an ausländischen Körperschaften, Vermögensmassen und Personenvereinigungen und an ausländischen Personengesellschaften;
4. *(aufgehoben)*
5. für sonstige Anträge und Meldungen nach dem Einkommensteuergesetz;
6.–10. *(aufgehoben)*
11. für die Anfertigung eines Antrags auf Stundung nach § 95 Abs. 2 des Einkommensteuergesetzes;
12. für die Anfertigung eines Antrags auf Gewährung der Zulage nach Neubegründung der unbeschränkten Steuerpflicht nach § 95 Abs. 3 des Einkommensteuergesetzes.
11.[1] für die Überwachung und Meldung der Lohnsumme sowie der Behaltensfrist im Sinne von § 13 a Absatz 1 in Verbindung mit Absatz 6 Satz 1, Absatz 5 in Verbindung mit Absatz 6 Satz 2 des Erbschaftsteuer- und Schenkungsteuergesetzes;
12.[2] für die Berechnung des Begünstigungsgewinnes im Sinne von § 34 a Absatz 1 Satz 1 des Einkommensteuergesetzes (Begünstigung der nicht entnommenen Gewinne).

StBVV § 25. Ermittlung des Überschusses der Betriebseinnahmen über die Betriebsausgaben. ^I ¹Die Gebühr für die Ermittlung des Überschusses der Betriebseinnahmen über die Betriebsausgaben bei den Einkünften aus Land- und Forstwirtschaft, Gewerbebetrieb oder selbständiger Arbeit beträgt 5 Zehntel bis 20 Zehntel einer vollen Gebühr nach Tabelle B (Anlage 2). ²Gegenstandswert ist der jeweils höhere Betrag, der sich aus der Summe der Betriebseinnahmen oder der Summe der Betriebsausgaben ergibt, jedoch mindestens 12 500 Euro.

^{II} Für Vorarbeiten, die über das übliche Maß erheblich hinausgehen, erhält der Steuerberater die Zeitgebühr.

^{III} Sind bei mehreren Einkünften aus derselben Einkunftsart die Überschüsse getrennt zu ermitteln, so erhält der Steuerberater die Gebühr nach Absatz 1 für jede Überschußrechnung.

^{IV} ¹Für die Aufstellung eines schriftlichen Erläuterungsberichts zur Ermittlung des Überschusses der Betriebseinnahmen über die Betriebsausgaben erhält der Steuerberater $2/_{10}$ bis $12/_{10}$ einer vollen Gebühr nach Tabelle B (Anlage 2). ²Der Gegenstandswert bemisst sich nach Absatz 1 Satz 2.

StBVV § 26. Ermittlung des Gewinns aus Land- und Forstwirtschaft nach Durchschnittssätzen. ^I ¹Die Gebühr für die Ermittlung des Gewinns nach Durchschnittssätzen beträgt 5 Zehntel bis 20 Zehntel einer vollen Gebühr nach Tabelle B (Anlage 2). ²Gegenstandswert ist der Durchschnittssatzgewinn nach § 13 a Abs. 3 Satz 1 des Einkommensteuergesetzes.

^{II} Sind für mehrere land- und forstwirtschaftliche Betriebe desselben Auftraggebers die Gewinne nach Durchschnittssätzen getrennt zu ermitteln, so erhält der Steuerberater die Gebühr nach Absatz 1 für jede Gewinnermittlung.

StBVV § 27. Ermittlung des Überschusses der Einnahmen über die Werbungskosten. ^I ¹Die Gebühr für die Ermittlung des Überschusses der Einnahmen über die Werbungskosten bei den Einkünften aus nichtselbständiger Arbeit, Kapitalvermögen, Vermietung und Verpachtung oder sonstigen Einkünften beträgt 1 Zwanzigstel bis 12 Zwanzigstel einer vollen Gebühr nach Tabelle A (Anlage 1). ²Gegenstandswert ist der jeweils höhere Betrag, der sich aus der Summe der Einnahmen oder der Summe der Werbungskosten ergibt, jedoch mindestens 8000 Euro.

---

[1] Nummerierung ist amtlich durch VO v 11. 12. 2012 (BGBl. I S. 2637).
[2] Nummerierung ist amtlich durch VO v 11. 12. 2012 (BGBl. I S. 2637).

Abschnitt 5. Außergerichtliche Beratung und Vertretung § 35 RVG

II ¹Beziehen sich die Einkünfte aus Vermietung und Verpachtung auf mehrere Grundstücke oder sonstige Wirtschaftsgüter und ist der Überschuß der Einnahmen über die Werbungskosten jeweils getrennt zu ermitteln, so erhält der Steuerberater die Gebühr nach Absatz 1 für jede Überschußrechnung.

III Für Vorarbeiten, die über das übliche Maß erheblich hinausgehen, erhält der Steuerberater die Zeitgebühr.

StBVV § 28. Prüfung von Steuerbescheiden. Für die Prüfung eines Steuerbescheids erhält der Steuerberater die Zeitgebühr.

StBVV § 29. Teilnahme an Prüfungen. Der Steuerberater erhält

1. für die Teilnahme an einer Prüfung, insbesondere an einer Außen- oder Zollprüfung (§ 193 der Abgabenordnung, Artikel 48 der Verordnung (EU) Nr. 952/2013 des Europäischen Parlaments und des Rates vom 9. Oktober 2013 zur Festlegung des Zollkodex der Union (ABl. L 269 vom 10. 10. 2013, S. 1; L 287 vom 29. 10. 2013, S. 90), die durch die Verordnung (EU) 2016/2339 (ABl. L 354 vom 23. 12. 2016, S. 32) geändert worden ist, in der jeweils geltenden Fassung) einschließlich der Schlußbesprechung und der Prüfung des Prüfungsberichts, für die Teilnahme an einer Ermittlung der Besteuerungsgrundlagen (§ 208 der Abgabenordnung) oder für die Teilnahme an einer Maßnahme der Steueraufsicht (§§ 209 bis 217 der Abgabenordnung) die Zeitgebühr;

2. für schriftliche Einwendungen gegen den Prüfungsbericht 5 Zehntel bis 10 Zehntel einer vollen Gebühr nach Tabelle A (Anlage 1).

StBVV § 30. Selbstanzeige. ¹ Für die Tätigkeit im Verfahren der Selbstanzeige (§§ 371 und 378 Absatz 3 der Abgabenordnung) einschließlich der Ermittlungen zur Berichtigung, Ergänzung oder Nachholung der Angaben erhält der Steuerberater $^{10}/_{10}$ bis $^{30}/_{10}$ einer vollen Gebühr nach Tabelle A (Anlage 1).

II Der Gegenstandswert bestimmt sich nach der Summe der berichtigten, ergänzten und nachgeholten Angaben, er beträgt jedoch mindestens 8000 Euro.

StBVV § 31. Besprechungen. ¹ Für Besprechungen mit Behörden oder mit Dritten in abgabenrechtlichen Sachen erhält der Steuerberater $^{5}/_{10}$ bis $^{10}/_{10}$ einer vollen Gebühr nach Tabelle A (Anlage 1).

II ¹Die Besprechungsgebühr entsteht, wenn der Steuerberater an einer Besprechung über tatsächliche oder rechtliche Fragen mitwirkt, die von der Behörde angeordnet ist oder im Einverständnis mit dem Auftraggeber mit der Behörde oder einem Dritten geführt wird. ²Der Steuerberater erhält diese Gebühr nicht für die Beantwortung einer mündlichen oder fernmündlichen Nachfrage der Behörde.

StBVV § 32. Einrichtung einer Buchführung. Für die Hilfeleistung bei der Einrichtung einer Buchführung im Sinne der §§ 33 und 34 erhält der Steuerberater die Zeitgebühr.

StBVV § 33. Buchführung. ¹ Für die Buchführung oder das Führen steuerlicher Aufzeichnungen einschließlich des Kontierens der Belege beträgt die Monatsgebühr $^{2}/_{10}$ bis $^{12}/_{10}$ einer vollen Gebühr nach Tabelle C (Anlage 3).

II Für das Kontieren der Belege beträgt die Monatsgebühr $^{1}/_{10}$ bis $^{6}/_{10}$ einer vollen Gebühr nach Tabelle C (Anlage 3).

III Für die Buchführung oder das Führen steuerlicher Aufzeichnungen nach vom Auftraggeber kontierten Belegen oder erstellten Kontierungsunterlagen beträgt die Monatsgebühr $^{1}/_{10}$ bis $^{6}/_{10}$ einer vollen Gebühr nach Tabelle C (Anlage 3).

IV Für die Buchführung oder das Führen steuerlicher Aufzeichnungen nach vom Auftraggeber erstellten Eingaben für die Datenverarbeitung und beim Auftraggeber eingesetzten Datenverarbeitungsprogrammen des Steuerberaters erhält der

1623

Steuerberater neben der Vergütung für die Datenverarbeitung und für den Einsatz der Datenverarbeitungsprogramme eine Monatsgebühr von $1/20$ bis $10/20$ einer vollen Gebühr nach Tabelle C (Anlage 3).

V Für die laufende Überwachung der Buchführung oder der steuerlichen Aufzeichnungen des Auftraggebers beträgt die Monatsgebühr $1/10$ bis $6/10$ einer vollen Gebühr nach Tabelle C (Anlage 3).

VI Gegenstandswert ist der jeweils höchste Betrag, der sich aus dem Jahresumsatz oder aus der Summe des Aufwandes ergibt.

VII Für die Hilfeleistung bei sonstigen Tätigkeiten im Zusammenhang mit der Buchführung oder dem Führen steuerlicher Aufzeichnungen erhält der Steuerberater die Zeitgebühr.

VIII Mit der Gebühr nach den Absätzen 1, 3 und 4 sind die Gebühren für die Umsatzsteuervoranmeldung (§ 24 Abs. 1 Nr. 7) abgegolten.

StBVV § 34. Lohnbuchführung. I Für die erstmalige Einrichtung von Lohnkonten und die Aufnahme der Stammdaten erhält der Steuerberater eine Gebühr von 5 bis 16 Euro je Arbeitnehmer.

II Für die Führung von Lohnkonten und die Anfertigung der Lohnabrechnung erhält der Steuerberater eine Gebühr von 5 bis 25 Euro je Arbeitnehmer und Abrechnungszeitraum.

III Für die Führung von Lohnkonten und die Anfertigung der Lohnabrechnung nach vom Auftraggeber erstellten Buchungsunterlagen erhält der Steuerberater eine Gebühr von 2 bis 9 Euro je Arbeitnehmer und Abrechnungszeitraum.

IV Für die Führung von Lohnkonten und die Anfertigung der Lohnabrechnung nach vom Auftraggeber erstellten Eingaben für die Datenverarbeitung und mit beim Auftraggeber eingesetzten Datenverarbeitungsprogrammen des Steuerberaters erhält der Steuerberater neben der Vergütung für die Datenverarbeitung und für den Einsatz der Datenverarbeitungsprogramme eine Gebühr von 1 bis 4 Euro je Arbeitnehmer und Abrechnungszeitraum.

V Für die Hilfeleistung bei sonstigen Tätigkeiten im Zusammenhang mit dem Lohnsteuerabzug und der Lohnbuchführung erhält der Steuerberater die Zeitgebühr.

VI Mit der Gebühr nach den Absätzen 2 bis 4 sind die Gebühren für die Lohnsteueranmeldung (§ 24 Abs. 1 Nr. 15) abgegolten.

StBVV § 35. Abschlußarbeiten. I Die Gebühr beträgt für

1. a) die Aufstellung eines Jahresabschlusses (Bilanz und Gewinn- und Verlustrechnung) $10/10$ bis $40/10$
   b) die Erstellung eines Anhangs $2/10$ bis $12/10$
2. die Aufstellung eines Zwischenabschlusses oder eines vorläufigen Abschlusses (Bilanz und Gewinn- und Verlustrechnung) $10/10$ bis $40/10$
3. a) die Ableitung des steuerlichen Ergebnisses aus dem Handelsbilanzergebnis $2/10$ bis $10/10$
   b) die Entwicklung einer Steuerbilanz aus der Handelsbilanz $5/10$ bis $12/10$
4. die Aufstellung einer Eröffnungsbilanz $5/10$ bis $12/10$
5. die Aufstellung einer Auseinandersetzungsbilanz $5/10$ bis $20/10$
6. den schriftlichen Erläuterungsbericht zu Tätigkeiten nach den Nummern 1 bis 5 $2/10$ bis $12/10$
7. a) die beratende Mitwirkung bei der Aufstellung eines Jahresabschlusses (Bilanz und Gewinn- und Verlustrechnung) $2/10$ bis $10/10$
   b) die beratende Mitwirkung bei der Erstellung eines Anhangs $2/10$ bis $4/10$
   c) die beratende Mitwirkung bei der Erstellung eines Lageberichts $2/10$ bis $4/10$
8. *(aufgehoben)*

Abschnitt 5. Außergerichtliche Beratung und Vertretung § 35 RVG

einer vollen Gebühr nach Tabelle B (Anlage 2).

II ¹Gegenstandswert ist
1. in den Fällen des Absatzes 1 Nummer 1 bis 3 und 7 das Mittel zwischen der berichtigten Bilanzsumme und der betrieblichen Jahresleistung;
2. in den Fällen des Absatzes 1 Nr. 4 und 5 die berichtigte Bilanzsumme;
3. in den Fällen des Absatzes 1 Nr. 6 der Gegenstandswert, der für die dem Erläuterungsbericht zugrunde liegenden Abschlußarbeiten maßgeblich ist.

²Die berichtigte Bilanzsumme ergibt sich aus der Summe der Posten der Aktivseite der Bilanz zuzüglich Privatentnahmen und offener Ausschüttungen, abzüglich Privateinlagen, Kapitalerhöhungen durch Einlagen und Wertberichtigungen. ³Die betriebliche Jahresleistung umfaßt Umsatzerlöse, sonstige betriebliche Erträge, Erträge aus Beteiligungen, Erträge aus anderen Wertpapieren und Ausleihungen des Finanzanlagevermögens, sonstige Zinsen und ähnliche Erträge, Veränderungen des Bestands an fertigen und unfertigen Erzeugnissen, andere aktivierte Eigenleistungen sowie außerordentliche Erträge. ⁴Ist der betriebliche Jahresaufwand höher als die betriebliche Jahresleistung, so ist dieser der Berechnung des Gegenstandswerts zugrunde zu legen. ⁵Betrieblicher Jahresaufwand ist die Summe der Betriebsausgaben einschließlich der Abschreibungen. ⁶Bei der Berechnung des Gegenstandswerts ist eine negative berichtigte Bilanzsumme als positiver Wert anzusetzen. ⁷Übersteigen die betriebliche Jahresleistung oder der höhere betriebliche Jahresaufwand das 5fache der berichtigten Bilanzsumme, so bleibt der übersteigende Betrag bei der Ermittlung des Gegenstandswerts außer Ansatz. ⁸Der Gegenstandswert besteht nur aus der berichtigten Bilanzsumme, wenn die betriebliche Jahresleistung geringer als 3000 Euro ist. ⁹Der Gegenstandswert besteht nur aus der betrieblichen Jahresleistung, wenn die berichtigte Bilanzsumme geringer als 3000 Euro ist.

III Für die Anfertigung oder Berichtigung von Inventurunterlagen und für sonstige Abschlußvorarbeiten bis zur abgestimmten Saldenbilanz erhält der Steuerberater die Zeitgebühr.

StBVV § 36. Steuerliches Revisionswesen. ¹Der Steuerberater erhält für die Prüfung einer Buchführung, einzelner Konten, einzelner Posten des Jahresabschlusses, eines Inventars, einer Überschussrechnung oder von Bescheinigungen für steuerliche Zwecke und für die Berichterstattung hierüber die Zeitgebühr.

II Der Steuerberater erhält
1. für die Prüfung einer Bilanz, einer Gewinn- und Verlustrechnung, eines Anhangs, eines Lageberichts oder einer sonstigen Vermögensrechnung für steuerliche Zwecke $2/_{10}$ bis $10/_{10}$
einer vollen Gebühr nach Tabelle B (Anlage 2) sowie die Zeitgebühr; der Gegenstandswert bemißt sich nach § 35 Absatz 2;
2. für die Berichterstattung über eine Tätigkeit nach Nummer 1 die Zeitgebühr.

StBVV § 37. Vermögensstatus, Finanzstatus für steuerliche Zwecke. ¹Die Gebühr beträgt für
1. die Erstellung eines Vermögensstatus oder Finanzstatus $5/_{10}$ bis $15/_{10}$
2. die Erstellung eines Vermögensstatus oder Finanzstatus aus übergebenen Endzahlen (ohne Vornahme von Prüfungsarbeiten) $1/_{10}$ bis $6/_{10}$
3. den schriftlichen Erläuterungsbericht zu den Tätigkeiten nach Nummer 1 $2/_{10}$ bis $6/_{10}$
einer vollen Gebühr nach Tabelle B (Anlage 2). ²Gegenstandswert ist für die Erstellung eines Vermögensstatus die Summe der Vermögenswerte, für die Erstellung eines Finanzstatus die Summe der Finanzwerte.

StBVV § 38. Erteilung von Bescheinigungen. I ¹Der Steuerberater erhält für die Erteilung einer Bescheinigung über die Beachtung steuerrechtlicher Vorschriften in Vermögensübersichten und Erfolgsrechnungen 1 Zehntel bis 6 Zehntel einer vollen Gebühr nach Tabelle B (Anlage 2). ²Der Gegenstandswert bemißt sich nach § 35 Abs. 2.

RVG § 35 X. Rechtsanwaltsvergütungsgesetz

II Der Steuerberater erhält für die Mitwirkung an der Erteilung von Steuerbescheinigungen die Zeitgebühr.

StBVV § 39. Buchführungs- und Abschlußarbeiten für land- und forstwirtschaftliche Betriebe. [1] Für Angelegenheiten, die sich auf land- und forstwirtschaftliche Betriebe beziehen, gelten abweichend von den §§ 32, 33, 35 und 36 die Absätze 2 bis 7.

II Die Gebühr beträgt für
1. laufende Buchführungsarbeiten einschließlich Kontieren der Belege jährlich $3/10$ bis $20/10$
2. die Buchführung nach vom Auftraggeber kontierten Belegen oder erstellten Kontierungsunterlagen jährlich $3/20$ bis $20/20$
3. die Buchführung nach vom Auftraggeber erstellten Datenträgern oder anderen Eingabemitteln für die Datenverarbeitung neben der Vergütung für die Datenverarbeitung und für den Einsatz der Datenverarbeitungsprogramme jährlich $1/20$ bis $16/20$
4. die laufende Überwachung der Buchführung jährlich $1/10$ bis $6/10$

einer vollen Gebühr nach Tabelle D (Anlage 4). Die volle Gebühr ist die Summe der Gebühren nach Tabelle D Teil a und Tabelle D Teil b.

III [1] Die Gebühr beträgt für
1. die Abschlußvorarbeiten $1/10$ bis $5/10$
2. die Aufstellung eines Abschlusses $3/10$ bis $10/10$
3. die Entwicklung eines steuerlichen Abschlusses aus dem betriebswirtschaftlichen Abschluß oder aus der Handelsbilanz oder die Ableitung des steuerlichen Ergebnisses vom Ergebnis des betriebswirtschaftlichen Abschlusses oder der Handelsbilanz $3/20$ bis $10/20$
4. die beratende Mitwirkung bei der Erstellung eines Abschlusses $1/20$ bis $10/20$
5. die Prüfung eines Abschlusses für steuerliche Zwecke $1/10$ bis $8/10$
6. den schriftlichen Erläuterungsbericht zum Abschluß $1/10$ bis $8/10$

einer vollen Gebühr nach Tabelle D (Anlage 4). [2] Die volle Gebühr ist die Summe der Gebühren nach Tabelle D Teil a und Tabelle D Teil b.

IV Die Gebühr beträgt für
1. die Hilfeleistung bei der Einrichtung einer Buchführung $1/10$ bis $6/10$
2. die Erfassung der Anfangswerte bei Buchführungsbeginn $3/10$ bis $15/10$

einer vollen Gebühr nach Tabelle D Teil a (Anlage 4).

V [1] Gegenstandswert ist für die Anwendung der Tabelle D Teil a die Betriebsfläche. [2] Gegenstandswert für die Anwendung der Tabelle D Teil b ist der Jahresumsatz zuzüglich der Privatanlagen, mindestens jedoch die Höhe der Aufwendungen zuzüglich der Privatentnahmen. [3] Im Falle des Absatzes 3 vermindert sich der 100 000 Euro übersteigende Betrag auf die Hälfte.

VI Bei der Errechnung der Betriebsfläche (Absatz 5) ist
1. bei einem Jahresumsatz bis zu 1000 Euro je Hektar das Einfache,
2. bei einem Jahresumsatz über 1000 Euro je Hektar das Vielfache, das sich aus dem durch 1000 geteilten Betrag des Jahresumsatzes je Hektar ergibt,
3. bei forstwirtschaftlich genutzten Flächen die Hälfte,
4. bei Flächen mit bewirtschafteten Teichen die Hälfte,
5. bei durch Verpachtung genutzten Flächen ein Viertel

der tatsächlich genutzten Flächen anzusetzen.

VII Mit der Gebühr nach Absatz 2 Nr. 1, 2 und 3 ist die Gebühr für die Umsatzsteuervoranmeldungen (§ 24 Abs. 1 Nr. 7) abgegolten.

1 1) **Systematik, I, II.** Der Anwalt darf nach § 3 Z 1 StBerG unbeschränkt in einer Steuersache helfen. § 35 I RVG macht diejenigen Teile der zugehörigen StBVergV entsprechend anwendbar, die solche Tätigkeiten erfassen, für die es im RVG sonst keine genauen Vorschriften gäbe. § 35 I 1 versteht aber darunter nur die Hilfe bei einer Erfüllung der allgemeinen Steuerpflichten wie etwa der Erstellung einer Steuererklärung oder bei der Erfüllung steuerlicher Buchführungs- und Aufzeichnungspflichten. Die Prüfung eines Steuerbescheids ist eine Hilfeleistung nach § 35, Nürnb RR **15**, 1199. Im restlichen Gesamtbereich einer steuerlichen Anwaltstätigkeit gilt das RVG direkt. Das gilt auch insoweit, als auch die StBVergVähnliche Regelungen enthält. Man prüft also zunächst, ob §§ 10–13, 23–39 StBVergV anwendbar sind, und man wendet mangels deren Anwendbarkeit das RVG an, etwa bei Auslagen.

2) Regelungszweck, I, II. Die Vorschrift bezweckt die gebührenrechtliche 2 Gleichstellung des Anwalts mit dem Steuerberater. In diesem Sinn ist § 35 auslegbar.

3) Geltungsbereich, I, II. Vgl bei den in § 35 genannten Vorschriften der 3 StBVergV. Die Vorschrift gilt auch für einen zum Betreuer bestellten solchen Anwalt, der zu den von § 3 StBerG erfaßten Personen zählt, LG Düss RR **08**, 1606.

4) Gegenstandswert, I, II. Er ergibt sich aus dem Interesse des Auftraggebers. 4

5) Anrechnung, II. Bei §§ 23, 24, 31 StBVergV, oben abgedruckt, stehen die 5 Gebühren einer Geschäftsgebühr nach VV 2200 usw nach *II 1* gleich. Wegen des Höchstbetrags einer Anrechnung vgl *II 2*.

Schiedsrichterliche Verfahren und Verfahren vor dem Schiedsgericht

36 ^I Teil 3 Abschnitt 1, 2 und 4 des Vergütungsverzeichnisses ist auf die folgenden außergerichtlichen Verfahren entsprechend anzuwenden:
1. schiedsrichterliche Verfahren nach Buch 10 der Zivilprozessordnung und
2. Verfahren vor dem Schiedsgericht (§ 104 des Arbeitsgerichtsgesetzes).

^{II} Im Verfahren nach Absatz 1 Nr. 1 erhält der Rechtsanwalt die Terminsgebühr auch, wenn der Schiedsspruch ohne mündliche Verhandlung erlassen wird.

Schrifttum: *Enders* JB **98**, 169, 281 (Üb); *Schwab/Walter*, Schiedsgerichtsbarkeit, 7. Aufl 2005.

Gliederung

1) Systematik, I, II	1
2) Regelungszweck, I, II	2
3) Geltungsbereich, I, II	3, 4
A. Anwendbarkeit	3
B. Unanwendbarkeit	4
4) Gebühren, I, II	5–12
A. Grundsatz: Möglichkeit mehrerer Gebühren, I	5
B. Verfahrensgebühr, I	6
C. Terminsgebühr, I, II	7–9
D. Einigungsgebühr, I	10
E. Berufung, Revision, I, II	11
F. Einzeltätigkeit, I, II	12
5) Gegenstandswert, I, II	13
6) Kostenerstattung, I, II	14

1) Systematik, I, II. Die Vorschrift enthält nach der amtlichen Vorbemerkung 2 I 1 formell vor § 34, VV 2100 ff vorrangige Sonderregeln. Infolge der weitgehenden Verweisungen handelt es sich sachlich aber um bloße Klarstellungen. Das gilt freilich nicht für die den Anwalt besonders begünstigende Regelung in II. Bei einer bloßen Einzeltätigkeit gilt VV 3326. § 11 ist unanwendbar, KG JB **98**, 307.

2) Regelungszweck, I, II. Ob man das schiedsrichterliche Verfahren nach 2 §§ 1025 ff ZPO usw dem staatlichen Zivilprozeß vergütungsmäßig grundsätzlich gleichstellen sollte, läßt sich keineswegs stets einfach beantworten. Die Aufgaben des Anwalts vor dem Schiedsgericht dürften durchweg schwieriger sein. Das gilt schon im Hinblick auf verborgene Befangenheitsgefahren. Sie dürften in schiedsrichterlichen Verfahren noch stärker als im Zivilprozeß eintreten.

Der *Gegenstandswert* läßt sich zwar großzügig festlegen. Er ist aber auch kein gesetzmäßiges Steuerungsmittel für die ihm ja formell erst folgenden Gebührenhöhen.

Andererseits darf man die Parteien eines schiedsrichterlichen Verfahrens nun auch nicht für eine solche Verfahrenswahl kostenmäßig überbelasten. Alles das sollte man bei der Auslegung insbesondere der in Bezug genommenen Vorschriften etwa über die Tätigkeit im Beweisverfahren oder bei einer rechtlichen Erörterung mitbedenken.

3 **3) Geltungsbereich, I, II.** Es lassen sich zwei Fallgruppen unterscheiden.

A. Anwendbarkeit. Die Vorschrift bezieht sich zunächst nach I Z 1 auf das schiedsrichterliche Verfahren nach §§ 1025 ff ZPO vor dem nach § 1029 ZPO vereinbarten oder durch eine letztwillige Verfügung oder Satzung nach § 1066 ZPO bestimmten Schiedsgericht von der Auftragserteilung bis zur Verfahrensbeendigung nach § 1056 ZPO. Sie gilt darüber hinaus auch für ein Verfahren vor einem solchen gesetzlich eingesetzten Schiedsgericht, auf das §§ 1025 ff ZPO anwendbar sind, etwa nach § 8 G über die Verbände der gesetzlichen Krankenkassen vom 17. 8. 55, BGBl 524, geändert am 20. 12. 88, BGBl 2477/2572. Sie gilt schließlich nach I Z 2 für das Verfahren vor dem Schiedsgericht der §§ 104 ff ArbGG und bei VV Teil 3 Abschnitt 4.

4 **B. Unanwendbarkeit.** In einem Verfahren wegen des Schiedsrichtervertrags nach BLAH Anh § 1035 ZPO gelten für eine außergerichtliche Tätigkeit des Anwalts §§ 1029 ff ZPO sowie § 34, VV 2100 ff (hilfsweise, Rn 1) und im Rechtsstreit vor dem Staatsgericht nach § 1032 II, 1040 II, III, 1041, 1059, 1060, 1061 III, 1065 ZPO über die Schiedsvereinbarung oder den Schiedsrichtervertrag VV 3100–3213 infolge der Verweisung auf sie in I unmittelbar. Im Verfahren über die Vollstreckbarerklärung eines Schiedsspruchs und eines Anwaltsvergleichs nach §§ 796 a–c ZPO gilt VV 3327 als eine gegenüber § 36 vorrangige Sonderregelung. Bei einem bloßen Schiedsgutachten nach BLAH Einf 12 vor § 1025 ZPO gilt VV 2300. Das gilt auch bei einem internationalen Schiedsgericht nach § 1061 ZPO.

Soweit der Anwalt lediglich im Verfahren auf eine gerichtliche Entscheidung über die *Bestellung oder Ablehnung* eines Schiedsrichters oder Ersatzschiedsrichters nach §§ 1034 II, 1035 III, IV, 1037, 1039 ZPO oder über die Beendigung des Schiedsrichteramts nach § 1038 I ZPO oder zur Unterstützung bei der Beweisaufnahme durch das Staatsgericht oder bei der Vornahme einer sonstigen Handlung des Staatsgerichts nach § 1050 ZPO tätig wird, enthalten VV 3327, 3332 ebenfalls eine gegenüber § 36 vorrangige Sonderregelung. Soweit der Anwalt allerdings ein ProzBev nach § 81 ZPO ist und in diesem Zusammenhang auch nach VV 3327, 3332 tätig wird, sind teilweise (jetzt) §§ 16, 17 anwendbar, Ffm AnwBl *79*, 116, Karlsr JB *75*, 481.

5 **4) Gebühren, I, II.** Der folgende Grundsatz wirkt sich bei allen Gebührenarten aus.

A. Grundsatz: Möglichkeit mehrerer Gebühren, I. VV 3100–3213 ff gelten entsprechend. Es können grundsätzlich alle dort genannten Gebühren entstehen. Die Gebühren entstehen grundsätzlich in voller Höhe.

6 **B. Verfahrensgebühr, I.** Die Verfahrensgebühr entsteht nach § 16 Z 8 mit jeder auftragsgemäßen Tätigkeit des Anwalts im schiedsrichterlichen Verfahren, auch vor dem Staatsgericht. Dazu gehört bereits die Entgegennahme der Information. Das Verfahren beginnt mit dem Antrag auf die Einberufung des Schiedsgerichts. Der Verfahrensauftrag kann also schon vorher erfolgen. Der Rechtszug endet mit der Übersendung des Schiedsspruchs nach § 1054 IV ZPO oder des Beschlusses der Feststellung der Beendigung des Verfahrens nach § 1056 ZPO. § 19 ist anwendbar. Bei einer vorzeitigen Auftragsbeendigung ist VV 3101 anwendbar.

7 **C. Terminsgebühr, I, II.** Die Terminsgebühr entsteht nach I Z 1, II nicht nur dann, wenn das Schiedsgericht eine mündliche Verhandlung durchführt, sondern als eine Ausnahme von VV 3104 I auch ohne eine solche, falls nur das Schiedsgericht überhaupt anschließend einen Schiedsspruch nach §§ 1051 ff ZPO erläßt. Das beruht darauf, daß das Schiedsgericht sein Verfahren grundsätzlich gemäß §§ 1042 III, IV, 1047 ZPO nach seinem freien Ermessen bestimmen kann, daß es also grundsätzlich keine mündliche Verhandlung vornehmen muß, sondern das erforderliche rechtliche Gehör nach §§ 1042 I 2, 1047 I ZPO auch schriftlich gewähren kann.

Nach *§ 105 ArbGG* ist allerdings eine mündliche Verhandlung notwendig. Daher gilt II nicht im Fall I Z 2.

Abschnitt 5. Außergerichtliche Beratung und Vertretung **§ 36 RVG**

Ein *Termin* liegt schon dann vor, wenn eine Erörterung des Streitstoffs erfolgt, VV amtliche Vorbemerkung 3 III Hs 1 Fall 1. Das kann schon zwecks einer Vermeidung des Antrags auf eine Einberufung des Schiedsgerichts geschehen. Im übrigen braucht der Anwalt nur im Termin verhandlungsbereit zu erscheinen, auch bei einer gegnerischen Säumnis. Ein Sachantrag wie bei BLAH § 297 ZPO Rn 4 ist nicht erforderlich. Vielmehr genügt die bloße Terminswahrnehmung. VV 3105 ist anwendbar.

Eine Terminsgebühr entsteht nach VV amtliche Vorbemerkung 3 III Hs 1 Fall 3   8 auch, sobald der Anwalt als ProzBev nach § 81 ZPO den Antraggeber in einem *Beweis*aufnahmeverfahren vor dem Schiedsgericht vertritt. Es kann sich um eine Beweisaufnahme mit gesetzlichen Beweismitteln handeln. Wegen der weitgehenden Gestaltungsfreiheit des Schiedsgerichts bei seinem Verfahren darf man an die Entstehung der Terminsgebühr dann erst recht nur geringe Anforderungen stellen. Wegen einer staatsrichterlichen Unterstützung der schiedsrichterlichen Beweisaufnahme usw Rn 3.

Auch eine *Erörterung* oder Besprechung mit zumindest auch einem Verfahrensbe-   9 teiligten außer dem Auftraggeber ohne eine Beteiligung des Schiedsgerichts zwecks einer Vermeidung oder Erledigung des schiedsrichterlichen Verfahrens kann nach VV amtliche Vorbemerkung 3 III Hs 1 Fall 2, Hs 2 eine Terminsgebühr entstehen lassen. Man darf sie nicht schon kraft Gesetzes auf die Verfahrensgebühr anrechnen.

Eine Terminsgebühr entsteht für den im schiedsrichterlichen Verfahren tätigen Anwalt schon dann, wenn das *Staatsgericht* nach § 1050 ZPO in einem Termin tätig wird. Denn nach § 15 II kommt dieselbe Gebührenart je Angelegenheit nur einmal in Betracht, und nach § 16 Z 8 bildet das schiedsrichterliche Verfahren mit dem staatsgerichtlichen nach § 1050 ZPO dieselbe Angelegenheit.

Mehr als ein bloßes Betreiben des Geschäfts ist freilich auch bei II notwendig. Sonst würde eine Terminsgebühr automatisch neben der Verfahrensgebühr entstehen. Das kann nicht der Sinn von II sein.

D. **Einigungsgebühr, I.** Eine solche Gebühr kann unter den Voraussetzungen 10 VV 1000 wegen einer gerichtlichen oder außergerichtlichen Einigung entstehen. Dann kann eine Ermäßigung entsprechend VV 1003 bei einer außerschiedsgerichtlichen Einigung eintreten, Hilger JB **08**, 287, aM BJBCMU 23, RS 12 (aber Teil 1 und daher auch VV 1003 gilt nach seiner amtlichen Vorbemerkung 1 *neben* den in § 36 I genannten Teilen 3 Abschnitt 1, 2 des VV. Daher ist unerheblich, daß kein staatsgerichtliches Verfahren vorliegt, aM GSchm 14).

E. **Berufung, Revision, I, II.** Soweit die Schiedsvereinbarung oder das ge- 11 setzliche schiedsrichterliche Verfahren mehrere Rechtszüge vorsieht, erhöhen sich nach I die Gebühren im Berufungs- und Revisionsverfahren nach VV 3200–3213. Im Verfahren auf die Zulassung der Sprungrevision nach § 566 ZPO sind VV 3206 ff nach der amtlichen Vorbemerkung 3.2 I ebenfalls anwendbar. II gilt auch in der Rechtsmittelinstanz.

F. **Einzeltätigkeit, I, II.** Auch im schiedsrichterlichen Verfahren können für den 12 lediglich mit Einzeltätigkeiten beauftragten Anwalt zB VV 3330, 3401, 3402–3405 anwendbar sein.

5) Gegenstandswert, I, II. Das Schiedsgericht darf den Wert nicht selbst fest- 13 setzen, BGH NJW **85**, 1903 (§ 41 ZPO). Es ist aber im allseitigen Einverständnis eine Wertvereinbarung möglich, Enders JB **98**, 172. Andernfalls muß das Staatsgericht tätig werden. Zur Bemessung des Werts durch das Staatsgericht § 48 GKG Anh I Rn 96 ff (§ 3 ZPO) „Schiedsrichterliches Verfahren", Teil I A dieses Buchs.

6) Kostenerstattung, I, II. Mangels einer abweichenden Regelung in der 14 Schiedsvereinbarung kann das Schiedsgericht ohne eine Bindung an §§ 91 ff ZPO über die Kostenverteilung nach § 1057 ZPO nach seinem pflichtgemäßen Ermessen unter einer Berücksichtigung der Umstände und insbesondere des Verfahrensausgangs entscheiden. Es kann zB vermeidbare Kosten auferlegen und erstattungsfähige streichen, BLAH § 1057 ZPO Rn 2, 3. Dazu kommt auch nach § 1057 II 2 ZPO eine Ergänzung des Schiedsspruchs infrage, BGH JZ **77**, 185. Ist die Kostenfestsetzung unterblieben oder erst nach der Beendigung des schiedsrichterlichen Verfahrens möglich, ergeht hierüber nach § 1057 II 2 ZPO eine gesonderte Entscheidung.

Abschnitt 6. Gerichtliche Verfahren

Verfahren vor den Verfassungsgerichten

37 [I] Die Vorschriften für die Revision in Teil 4 Abschnitt 1 Unterabschnitt 3 des Vergütungsverzeichnisses gelten entsprechend in folgenden Verfahren vor dem Bundesverfassungsgericht oder dem Verfassungsgericht (Verfassungsgerichtshof, Staatsgerichtshof) eines Landes:
1. Verfahren über die Verwirkung von Grundrechten, den Verlust des Stimmrechts, den Ausschluss von Wahlen und Abstimmungen,
2. Verfahren über die Verfassungswidrigkeit von Parteien,
3. Verfahren über Anklagen gegen den Bundespräsidenten, gegen ein Regierungsmitglied eines Landes oder gegen einen Abgeordneten oder Richter und
4. Verfahren über sonstige Gegenstände, die in einem dem Strafprozess ähnlichen Verfahren behandelt werden.

[II] [1] In sonstigen Verfahren vor dem Bundesverfassungsgericht oder dem Verfassungsgericht eines Landes gelten die Vorschriften in Teil 3 Abschnitt 2 Unterabschnitt 2 des Vergütungsverzeichnisses entsprechend. [2] Der Gegenstandswert ist unter Berücksichtigung der in § 14 Abs. 1 genannten Umstände nach billigem Ermessen zu bestimmen; er beträgt mindestens 5000 Euro.

Schrifttum: *Dörr,* Die Verfassungsbeschwerde in der Prozeßpraxis, 2. Aufl 1997; *Gusy,* Die Verfassungsbeschwerde, 1988, Rn 253–259; *Zuck* NJW **13**, 2248 (Üb).

Gliederung

1) Systematik, I, II	1
2) Regelungszweck, I, II	2
3) Strafprozeßähnliches Verfahren, I	3
4) Sonstiges Verfahren, II 1	4–6
5) Gegenstandswert, II 2	7–9
A. Ermessen	8
B. Wertfestsetzung	9
6) Kostenerstattung, I, II	10

1 **1) Systematik, I, II.** Die Vorschrift regelt die Vergütung des Anwalts für jede Tätigkeit in allen Verfahren vor dem BVerfG oder vor dem Staats- oder Verfassungsgerichtshof eines Landes, auch nach VV amtliche Vorbemerkung 4 I als ein Beistand oder Vertreter eines Beteiligten, eines Verletzten, eines Zeugen oder Sachverständigen. Ein Äußerungsberechtigter ist ein Beteiligter, BVerfG NJW **97**, 233. Daneben gelten die sonstigen Vorschriften des RVG, soweit die Besonderheiten des Verfahrens vor dem VerfG es zulassen. Jedes Verfahren ist eine selbständige Gebührenangelegenheit nach § 15 II 1, BVerfG **53**, 334. Das gilt auch für das Normenkontrollverfahren auf Grund einer Vorlage nach Art 100 I GG (§ 13 Z 11 BVerfGG), BVerfG **53**, 332. Vertritt der Anwalt mehrere Beschwerdeführer in einer gegen eine Rechtsnorm gerichteten Verfassungsbeschwerde, fällt keine erhöhte Verfahrensgebühr an, (zum alten Recht) BVerfG RR **01**, 139. Für die Erstattung von Dokumentenauslagen gilt (jetzt) VV 7000, BVerfG NJW **97**, 2669. § 3a ist anwendbar.
Wegen der *Gerichtskosten* gelten § 34 I BVerfGG (grundsätzliches Kostenfreiheit), § 34 II, III BVerfGG (Mißbrauchsgebühr), § 38 GKG Anh, Teil I A dieses Buchs. Vgl auch Rn 10.

2 **2) Regelungszweck, I, II.** Die Vorschrift bezweckt eine angemessene Vergütung des Anwalts für eine solche Tätigkeit, die oft in ihrer Reichweite über den bestimmten Einzelfall ganz erheblich hinaus geht und schon deshalb eine ganz ungewöhnliche Leistung erfordert. Das muß man bei der Auslegung erheblich mitbeachten.

3 **3) Strafprozeßähnliches Verfahren. I.** Das ist ein solches Verfahren, in dem insgesamt oder für einzelne Maßnahmen die StPO anwendbar ist, etwa bei § 13 Z 1, 2, 4, 9, § 28 I BVerfGG. Die Aufzählung nach I Z 4 ist nicht erschöpfend. Die Regelung in I gilt zB für „ähnliche" Verfahren etwa auf eine Erzwingung der Strafverfolgung wegen eines Verfassungsverstoßes (§ 38 Hess StGHG) und für Anklagen gegen ein Mitglied des Rechnungshofes (§ 14 Z 6 Hbg VerfGG). Maßgebend sind die Gebührenvorschriften für die Revision in Strafsachen nach VV 4100, 4101, 4104, 4105, 4130–4135 entsprechend. Wenn das Gericht einen Verteidiger beiordnet (nicht im Normenkontrollverfahren auf Antrag eines Strafgerichts, BVerfG **1**, 108), gelten auch §§ 45ff. Wegen der Einzelheiten vgl die Erläuterungen zu diesen Vorschriften. Die Gebühren sind Pauschgebühren nach Einl II A 9. Ihre Bemessung richtet sich nach § 48. Vgl aber auch Rn 2. Bei einer Vertretung mehrerer Auftraggeber ist § 7 anwendbar, VGH Mü AnwBl **92**, 499. VV 1008 ist also nach Rn 5 anwendbar.

4) Sonstiges Verfahren, II 1. Das ist jedes nicht unter Rn 3 fallende. Die Gebührenregelung entspricht VV 3206–3213, weil diese Verfahren den Verfahren vor den Verwaltungsgerichten ähneln. Dazu gehören Verfahren wegen Wahlprüfungen nach § 13 Z 3 BVerfGG, Organstreitigkeiten nach § 13 Z 5 BVerfGG, abstrakte und konkrete Normenkontrollverfahren nach Art 100 GG nach § 13 Z 6 und 11 BVerfGG, öffentlichrechtliche Streitigkeiten zwischen dem Bund und den Ländern nach § 13 Z 7 und 8 BVerfGG oder zwischen den Ländern oder innerhalb desselben Landes und Verfassungsbeschwerden nach § 90 BVerfGG. VV 3206–3213 sind auch dann anwendbar, wenn für das Ausgangsverfahren Rahmengebühren gelten, Wilm SozVers **93**, 113. 4

Wegen der *Einzelheiten* vgl die Erläuterungen zu VV 3206–3213. Eine Terminsgebühr kann auch ohne eine mündliche Verhandlung entstehen. Denn II 1 verweist auch auf VV 3210, 3213 und wegen der dortigen amtlichen Anmerkungen auf VV 3104, 3106. Das gilt freilich bei einer Verfassungsbeschwerde nicht, weil dort eine Verhandlung nicht stets notwendig, sondern nur nach dem Gerichtsermessen möglich ist, BVerfG **41**, 228. VV 3208 ist *nicht* auch auf den nicht beim BGH zugelassenen Anwalt anwendbar, BVerfG NJW **13**, 677. Im Verfahren über eine Verfassungsbeschwerde kann ohne eine mündliche Verhandlung keine Terminsgebühr entstehen, (zum alten Recht) BVerfG **41**, 228. VV 1008 ist grundsätzlich anwendbar, (zum alten Recht) BVerfG RR **01**, 139, VGH Mü AnwBl **92**, 499, nicht aber bei derselben Verfassungsbeschwerde, BVerfG Rpfleger **98**, 82. 5

Wenn das Gericht den Anwalt im Weg der *Prozeß- oder Verfahrenskostenhilfe* nach § 121 ZPO, § 76 FamFG beigeordnet hat, BVerfG **79**, 252, entstehen Gebühren nach §§ 45ff. Für Auslagen gilt (jetzt) § 46, BVerfG **36**, 308 (Wahrnehmung eines Verkündungstermins). 6

Es gibt *keine Anrechnung*. Vielmehr stellt das Verfahren vor einem Verfassungsgericht stets eine besondere Angelegenheit dar, Rn 7.

5) Gegenstandswert, II 2, dazu *Kakeldey* AnwBl **96**, 229: Jedes Verfahren bildet nach Rn 1 eine eigene gebührenrechtliche Angelegenheit nach § 15 II 1. Die Gebühren VV 3206–3213 bestimmen sich nach dem Gegenstandswert nach § 22. Da aber ein Verfassungsgericht in der Regel keine Gerichtsgebühren erhebt, zB § 34 I BVerfGG, schafft II 2 eine Sondervorschrift für die Bemessung des Gegenstandswertes. Die Vorschrift gilt im Verfahren der konkreten Normenkontrolle nach Art 100 I GG auch für den Anwalt eines Äußerungsberechtigten, BVerfGG **53**, 334, mag auch der Gegenstandswert (Streitwert) des ausgesetzten Prozesses wesentlich geringer sein. 7

A. Ermessen. Die Bemessungsgrundsätze entsprechen denjenigen des § 14 I, BVerfG **137**, 350 oben. Das BVerfG bestimmt den Gegenstandswert nach II 2 durch sein „billiges", in Wahrheit wie stets pflichtgemäßes Ermessen, BVerfG NJW **80**, 1566, VerfGH Potsd NVwZ-RR **09**, 662. Es geht dabei teilweise eigene Wege, BVerfG **79**, 369, Kakeldey AnwBl **96**, 229, Zuck (vor Rn 1) 1006ff. Gegen sie bestehen in folgender Hinsicht Bedenken: Ob die Verfassungsbeschwerde erfolgreich oder erfolglos war, BVerfG NJW **10**, 1191, und ob der Senat oder eine seiner Kammern die Entscheidung getroffen hat, muß bei der Bemessung des Gegenstandswerts außer Betracht bleiben. Denn die „Bedeutung der Angelegenheit" ist zwar mitbeachtbar, BVerfG **137**, 350 oben. Sie hängt aber nicht allein von diesen Umständen ab, aM GSchm 22. Ein Erfolgshonorar ist dem Kostenrecht in § 3a bekannt, vgl auch schon BVerfG NVwZ-RR **01**, 281, Kakeldey AnwBl **96**, 229. 8

Eine *einstweilige Anordnung* mag 10%–50% der Hauptsache wert sein.

Ferner ist der *Mindestbetrag* von (jetzt) 5000 Euro lediglich eine *Untergrenze,* BVerfG AnwBl **80,** 358, VerfGH Brdb NVwZ-RR **04,** 154. Man sollte sie auch bei einer bloßen Geringfügigkeit der Sache nicht unterschreiten, BVerfG AnwBl **80,** 358, Zuck AnwBl **78,** 333. Die Untergrenze gilt auch bei der Nichtannahme einer Verfassungsbeschwerde, BVerfG NJW **10,** 1191. Sie ist aber auch kein Regelwert für eine nicht zur Entscheidung angenommene Verfassungsbeschwerde. Auch dann können die Bedeutung der Sache und der Umfang und die Schwierigkeit der anwaltlichen Tätigkeit zu einer höheren Bewertung führen, BVerfG NJW **95,** 1737, VerfGH Brdb NVwZ-RR **04,** 154, Kakeldey AnwBl **96,** 229. Bei einer Stattgabe sind meist ca 8000 EUR angemessen, evtl mehr, soweit die Verfassungsrechtsfrage über den Rechtskreis des Beschwerdeführers weit hinausreicht, BVerfG NJW **06,** 2249. Zum Sonderfall der kommunalen Verfassungsbeschwerde NWVerfGH NVwZ-RR **98,** 151.

Bei der *Bedeutung* der Sache muß man auch die Auswirkungen auf die wirtschaftlichen Verhältnisse und auf die Stellung und das Ansehen mitbeachten, BVerfG NJW **89,** 2047. Beachtbar sind auch etwaige Auswirkungen über das Interesse des Antragstellers hinaus, BVerfG NJW **00,** 1399, etwa die Gesetzeskraft der Entscheidung nach § 31 II BVerfGG.

Beim *Umfang und der Schwierigkeit* der Sache kommt es auch darauf an, ob der Anwalt ausreichend gründlich gearbeitet hat, BVerfG NJW **89,** 2047.

9 **B. Wertfestsetzung.** Die Festsetzung des Gegenstandswerts der Tätigkeit des Anwalts erfolgt nach Rn 1 wegen der Gerichtskostenfreiheit nach § 33 I, II, VI durch das Verfassungsgericht, BVerfG **53,** 332. Das gilt auch bei einer Honorarvereinbarung nach § 3a, BVerfG **21,** 190. Nur wenn der Kostenrechnung ein höherer Gegenstandswert als der Mindestwert zugrunde liegt, ist ein entsprechender Festsetzungsantrag zulässig, BVerfG NJW **00,** 1399. Zu den Antragsberechtigten nach § 33 II 2 gehören der Anwalt in einer eigenen Sache, BVerfG **53,** 212, und im Verfahren nach Art 100 I GG auch der im Ausgangsverfahren beauftragte Anwalt, BVerfG **53,** 332, evtl auch der bevollmächtigte Hochschullehrer. Dieser hat aber in einer eigenen Sache kein Rechtsschutzbedürfnis für die Festsetzung, BVerfG **70,** 410.

Zuständig für die Festsetzung sind nach § 15a BVerfGG auch die Kammern, BVerfG NJW **86,** 2305. Funktionell wird nach § 21 Z 2 RPflG jeweils der Rpfl des Verfassungsgerichts zuständig, BVerfG NJW **99,** 778 (zu § 11).

10 **6) Kostenerstattung, I, II.** Das Verfahren ist von dem Ausgangsverfahren unabhängig, Mü VersR **79,** 90. Es ist grundsätzlich nach § 34 I BVerfGG kostenfrei. Das Gericht kann aber nach § 34 II BVerfGG eine Mißbrauchsgebühr verhängen, BVerfG NJW **01,** 120. Nach § 34a BVerfGG kommt eine gänzliche oder teilweise Kostenerstattung in Betracht, teils kraft Gesetzes, BVerfG NJW **90,** 2124, teils kraft richterlicher Anordnung, BVerfG NJW **97,** 46 (selten). Erstattungspflichtig ist derjenige, dem man die Rechtsverletzung zuordnen muß, BVerfG NJW **79,** 95. Das Verfassungsgericht kann seine Kostenentscheidung nachträglich klarstellen, BVerfG RR **96,** 138. Mangels einer Entscheidung über eine Erstattung aus Auslagen gehören diese zu den Kosten des zugrundeliegenden Verfahrens. Ein bloß zur Äußerung Berechtigter erhält keine Auslagenerstattung, BVerfG NJW **99,** 203. Anwaltskosten sind Auslagen nach VV 7000 ff, BVerfG NJW **97,** 2668. Es können mehrere Anwälte notwendig sein, BVerfG NJW **99,** 133.

Verfahren vor dem Gerichtshof der Europäischen Gemeinschaften

38 [I] [1]In Vorabentscheidungsverfahren vor dem Gerichtshof der Europäischen Gemeinschaften gelten die Vorschriften in Teil 3 Abschnitt 2 Unterabschnitt 2 des Vergütungsverzeichnisses entsprechend. [2]Der Gegenstandswert bestimmt sich nach den Wertvorschriften, die für die Gerichtsgebühren des Verfahrens gelten, in dem vorgelegt wird. [3]Das vorlegende Gericht setzt den Gegenstandswert auf Antrag durch Beschluss fest. [4]§ 33 Abs. 2 bis 9 gilt entsprechend.

[II] Ist in einem Verfahren, in dem sich die Gebühren nach Teil 4, 5 oder 6 des Vergütungsverzeichnisses richten, vorgelegt worden, sind in dem Vorabentscheidungsverfahren die Nummern 4130 und 4132 des Vergütungsverzeichnisses entsprechend anzuwenden.

Abschnitt 6. Gerichtliche Verfahren § 38 RVG

III Die Verfahrensgebühr des Verfahrens, in dem vorgelegt worden ist, wird auf die Verfahrensgebühr des Verfahrens vor dem Gerichtshof der Europäischen Gemeinschaften angerechnet, wenn nicht eine im Verfahrensrecht vorgesehene schriftliche Stellungnahme gegenüber dem Gerichtshof der Europäischen Gemeinschaften abgegeben wird.

Gliederung

1) Systematik, I–III 1
2) Regelungszweck, I–III 2
3) Vorabentscheidungsverfahren, I 3–5
   A. Gebühren nach dem Gegenstandswert, I 1–3 4
   B. Gegenstandswert, I 2, 3 5
4) Betragsrahmengebühr, II 6
5) Anrechnung, III 7
6) Kostenerstattung, I–III 8

Schrifttum: *Mohsseni* JB **12**, 340 (Üb).

1) Systematik, I–III. Der EuGH gewährt unter anderem einen Rechtsschutz auf 1 Grund von Nichtigkeits-, Untätigkeits- und Amtshaftungsklagen. Er übt Funktionen der Verfassungsgerichtsbarkeit wegen des Verhältnisses zwischen den Gemeinschaften, ihren Mitgliedern und ihren Organen aus. Für die gerichtliche Praxis hat vor allem die in Art 234 EGV und in weiteren Übereinkommen geregelte Zuständigkeit für Vorabentscheidungen eine Bedeutung.

Für das *einzelstaatliche Gericht* hat eine Bedeutung die Auslegung des EG-Vertrags und die Gültigkeit oder Auslegung der Handlungen von Gemeinschaftsorganen oder die Auslegung von Satzungen der Gemeinschaftseinrichtungen. Seine Entscheidung kann innerstaatlich unanfechtbar sein. Dann hat es die Möglichkeit und evtl vor der Nichtanwendung von EU-Recht nach Artt 225 I 1, 234 II, III EGV die Pflicht, die Frage dem EuGH zur Vorabentscheidung vorzulegen, EuGH NJW **88**, 1451, BLAH Anh § 1 GVG Rn 1–15. Das gilt nur dann nicht, wenn der EuGH schon entschieden hat oder wenn die Auslegung keinen vernünftigen Zweifel mehr erlaubt, EuGH NJW **83**, 1257.

Die *Parteien* haben *kein* Vorlagerecht, sondern können nur eine Vorlage anregen. Sie erhalten eine Gelegenheit zur Stellungnahme. Auch ein Schiedsgericht nach §§ 1025 ff ZPO usw hat keine Vorlagebefugnis. Über die Höhe und Erstattungsfähigkeit der Kosten des Ausgangsverfahrens und des Vorabentscheidungsverfahrens entscheidet der EuGH nicht, weil das die Aufgabe des innerstaatlichen Rechts ist. Die Höhe regelt § 38 in Verbindung mir VV 3206–3213 für das Vorabentscheidungsverfahren, nicht für andere Verfahren (die amtliche Überschrift ist mißverständlich). In ihnen entstehen Gebühren nach dem sinngemäß anwendbaren § 37 II 1 auf Grund eines nach § 37 II 2 bemeßbaren Gegenstandswerts.

2) Regelungszweck, I–III. Die Vorschrift bezweckt eine angemessene Vergütung 2 für eine Tätigkeit, die ganz außergewöhnlich hohe Anforderungen auch an den mit solchen Fragen häufiger befaßten Anwalt stellt. Das muß man durch eine entsprechend großzügige Handhabung der im VV infrage kommenden Gebührenspannen wie des jeweils maßgeblichen Gegenstandswerts zum Ausdruck bringen.

3) Vorabentscheidungsverfahren, I. Die Regelung unterscheidet in I danach, 3 ob im Ausgangsverfahren Gebühren nach dem Gegenstandswert entstehen. Sie entscheidet in I ob Rahmengebühren nach EinI II A 12, 13 gelten. In beiden Fällen ist das Verfahren vor dem EuGH eine besondere Angelegenheit nach § 15 II 1, Bischof AGS **98**, 49. In ihm entstehen daher neu Gebühren, BGH RR **12**, 2118. VV amtliche Vorbemerkung 3 III ist anwendbar.

A. Gebühren nach dem Gegenstandswert, I 1–3. Es kann vor ein Ausgangs- 4 verfahren in einen Zivilprozeß oder in der Finanz- oder Verwaltungsgerichtsbarkeit gehen. Für die Gebühren gelten nach I 1 dann VV 3206–3213 entsprechend, BGH RR **12**, 2118. Das gilt unabhängig davon, ob der Anwalt auch im Ausgangsverfahren tätig war oder ist. Es gilt zB dann, wenn der EuGH nur über Fragen zu einem bloßen Teilgegenstand des Ausgangsverfahrens entscheidet, BFH **119**, 397,

1633

jedoch wegen der Verfahrensgebühr nach Rn 7 unter einer Anrechnung der im Ausgangsverfahren entstandenen Verfahrensgebühr. Die Terminsgebühr VV 3210 erfordert keine Antragstellung im Termin. Sie entsteht nach VV amtliche Vorbemerkung 3 III auch für die Vertretung in einem Verhandlungs-, Erörterungs- oder Beweistermin oder für die Wahrnehmung eines vom gerichtlichen Sachverständigen anberaumten Termins oder nach VV amtliche Vorbemerkung 3 III für die Mitwirkung an einer Besprechung mit mindestens einem weiteren Beteiligten als dem Auftraggeber zwecks einer Vermeidung oder Erledigung des Verfahrens ohne eine Beteiligung des Gerichts. Sie entsteht nach VV 3104 amtliche Anmerkung I Z 1 evtl auch dann, wenn es keine mündliche Verhandlung gibt. Wegen einer Honorarvereinbarung Plagemann NJW **90**, 2720.

Unanwendbar ist I auf ein direktes Klageverfahren vor dem EuGH etwa nach Artt 226 ff EGV mit dem Ziel einer echten Sach-Endentscheidung, aM Bischof AGS **92**, 50, GS 4 (I entsprechend. Das gelte auch bei einer zugehörigen einstweiligen Anordnung).

5 **B. Gegenstandswert, I 2, 3.** Er bestimmt sich nach I 2 nach den Wertvorschriften für das Ausgangsverfahren. Daher sind meist §§ 48 ff GKG, §§ 33 ff FamGKG maßgeblich, Teile I A, B dieses Buchs, (zum alten Recht) BFH BStBl **76** II 714. Dabei kommt es nicht auf die Bedeutung der Entscheidung für die Allgemeinheit an, sondern auf das Interesse des Klägers, BFH **119**, 397. Es kann dabei zu einem Wert unterhalb desjenigen des Ausgangsverfahrens kommen. VV 3208 ist anwendbar wie nach § 37 Rn 5 vor dem BVerfG usw. Soweit das Vorlageverfahren nur einen Teil des Ausgangsverfahrens erfaßt, ist auch nur dieser Teil für den Wert maßgeblich, BFH **119**, 398. Eine den Hauptsachewert übersteigende Bedeutung des Vorlageverfahrens ist aber unerheblich, BFH **119**, 398. Das vorlegende Gericht setzt den Wert nach I 3 entsprechend § 33 II–IX durch einen Beschluß fest. Eine entsprechende Anwendung auf andere Vorlageverfahren ist unzulässig, BVerwG BayVBl **89**, 285.

6 **4) Betragsrahmengebühr, II.** Im Ausgangsverfahren mag die Gebühr nach VV Teilen 4–6 oder vor einem Sozialgericht als eine sog Betragsrahmengebühr nach Einl II A 12 nur nach der Mindest- und Höchstbetrag nach bestimmt sein, also vor allem in Strafsachen, Bußgeld oder bestimmten Sozialgerichtssachen. Dann erhält der Anwalt unabhängig von seiner etwaigen Tätigkeit auch im Ausgangsverfahren für das Vorabentscheidungsverfahren eine Gebühr nach VV 4130, 4132, II. Die Bemessung im Einzelfall richtet sich nach §§ 14, 33 unter einer Beachtung von Rn 2. Eine Festsetzung gegen den Auftraggeber ist nach § 11 VIII unstatthaft.

7 **5) Anrechnung, III.** Man muß nach III 1 die Verfahrensgebühr des Ausgangsverfahrens auf diejenige des Verfahrens vor dem EuGH anrechnen, wenn nicht nach III Hs 2 vor dem EuGH eine schriftliche Stellungnahme nach Artt 20, 23 II, 24 EuGH-Satzung und nach ihrem Protokoll nach Art 103 EuGH-VerfO erfolgt, FG Mü EFG **89**, 254 (nötig ist die Einhaltung der Zweimonatsfrist seit der Zustellung des Vorlagebeschlusses). Dabei kann sich ergeben, daß der Anwalt für das Vorabentscheidungsverfahren keine weitere Verfahrensgebühr als für das Ausgangsverfahren erhält.

8 **6) Kostenerstattung, I–III,** dazu *Deumeland* NJ **12**, 195 (Üb): Die Kosten des Vorabentscheidungsverfahrens gehören wie diejenigen anderer Zwischenverfahren zu denjenigen des Ausgangsverfahrens. Daher richtet sich die Kostenerstattung nach den Bestimmungen für das Ausgangsverfahren in §§ 61 I 2 ArbGG, 139 ff FGO, 193 SGG, Teil II B dieses Buchs, §§ 464a II, 467 StPO, 162 ff VwGO, 91 ff ZPO.

Verfahren vor dem Europäischen Gerichtshof für Menschenrechte

38a [1]In Verfahren vor dem Europäischen Gerichtshof für Menschenrechte gelten die Vorschriften in Teil 3 Abschnitt 2 Unterabschnitt 2 des Vergütungsverzeichnisses entsprechend. [2]Der Gegenstandswert ist unter Berücksichtigung der in § 14 Absatz 1 genannten Umstände nach billigem Ermessen zu bestimmen; er beträgt mindestens 5000 Euro.

1 **1) Systematik, Regelungszweck, S 1, 2.** Die Vorschrift entspricht in S 1 fast wörtlich, in S 2 wörtlich dem § 37 II. Vgl daher dort Rn 4 ff.

Abschnitt 6. Gerichtliche Verfahren § 39 RVG

Von Amts wegen beigeordneter Rechtsanwalt

39 ¹ Der Rechtsanwalt, der nach § 138 des Gesetzes über das Verfahren in Familiensachen und in den Angelegenheiten der freiwilligen Gerichtsbarkeit, auch in Verbindung mit § 270 des Gesetzes über das Verfahren in Familiensachen und in den Angelegenheiten der freiwilligen Gerichtsbarkeit, dem Antragsgegner beigeordnet ist, kann von diesem die Vergütung eines zum Prozessbevollmächtigten bestellten Rechtsanwalts und einen Vorschuss verlangen.

II Der Rechtsanwalt, der nach § 109 Absatz 3 oder § 119a Absatz 6 des Strafvollzugsgesetzes einer Person beigeordnet ist, kann von dieser die Vergütung eines zum Verfahrensbevollmächtigten bestellten Rechtsanwalts und einen Vorschuss verlangen.

Gliederung

1) Systematik, I, II 1
2) Regelungszweck, I, II 2
3) Geltungsbereich: Beiordnung, I, II 3–5
   A. Grundsatz: Gerichtliche Anordnung 3
   B. Beiordnungsfolgen 4
   C. Vorschuß 5
4) Kostenerstattung, I, II 6

1) Systematik, I, II. Die Vorschrift enthält vorrangige Sonderregeln für den nach 1 § 138 FamFG oder nach §§ 109 III oder 119a VI StVollzG beigeordneten Anwalt. Sie eröffnet aber auch dem Grunde nach einen Vorschußanspruch. Auf ihn ist im einzelnen § 9 anwendbar. Das gilt auch ohne eine ausdrückliche Verweisung auf die letztere Vorschrift.

2) Regelungszweck, I, II. Die Vorschrift dient im wesentlichen der Klarstellung 2 und Begrenzung, also der Rechtssicherheit nach BLAH Einl III 43. In Verbindung mit der allgemeinen Erkenntnis nach BLAH Einl III 36, daß vorrangige Sonderregeln eng auslegbar sind, sollte man § 39 nicht zu großzügig handhaben. Freilich hat die Bezugnahme auf die allgemeinen Vorschriften zugunsten eines ProzBev oder VerfBev auch zur Folge, daß die Auslegung der insoweit mitanwendbaren VV 3100, 4100 wie sonst erfolgen muß.

3) Geltungsbereich: Beiordnung, I, II. Die Regelung ähnelt derjenigen bei ei- 3 ner Prozeß- oder Verfahrenskostenhilfe nach § 119 ZPO, §§ 76 ff FamFG, § 48 RVG. Man sollte zwei Gesichtspunkte beachten.

A. Grundsatz: Gerichtliche Anordnung. Wenn in einer Scheidungs- oder Lebenspartnerschaftssache der Antragsgegner keinen Anwalt als seinen Bevollmächtigten bestellt hat, muß das FamG ihm wegen des Anwaltszwangs des § 114 I FamFG von Amts wegen zur Wahrnehmung seiner Rechte im ersten Rechtszug wegen des eigenen Antrags und wegen der Regelung der elterlichen Sorge für ein gemeinschaftliches Kind usw einen Anwalt beiordnen, soweit diese Maßnahme nach § 138 FamFG, auch in Verbindung mit § 270 FamFG nach der freien Überzeugung des Gerichts zum Schutz des Antragsgegners als unabweisbar erscheint. Der beigeordnete Anwalt hat die Stellung eines Beistands nach § 90 ZPO, §§ 138, 270 FamFG, solange ihm der Auftraggeber keine Prozeß- oder Verfahrensvollmacht nach § 81 ZPO, § 11 FamFG erteilt hat. Entsprechendes gilt für den von Amts wegen beigeordneten Anwalt nach dem StVollzG.

B. Beiordnungsfolgen. Durch die Beiordnung entsteht unabhängig von einer 4 solchen Vollmacht ein Rechtsverhältnis zwischen dem Staat und dem beigeordneten Anwalt mit einem Vergütungsanspruch nach §§ 45 II, 47 I. Es entsteht freilich nur im Umfang der Beiordnung. Durch die Erteilung der Vollmacht entsteht ein Vertragsverhältnis zwischen dem Begünstigten und dem beigeordneten Anwalt. Es entsteht evtl auch über den Beiordnungsumfang hinaus. Beide Situationen sind mit derjenigen eines nach § 121 ZPO, § 76 FamFG bei einer Prozeß- oder Verfahrenskostenhilfe beigeordneten Anwalts weitgehend vergleichbar. Sie weisen auch viele Ähnlichkeiten mit der Beiordnung eines Notanwalts nach § 78b ZPO auf. Allerdings gilt § 39 nicht bei einer Beiordnung nach §§ 78b, c ZPO.

Der beigeordnete Anwalt kann von demjenigen, dem das Gericht ihn beigeordnet hat, dieselbe *gesetzliche Vergütung* nach VV 1000ff, 3100ff, 4100ff wie ein solcher Anwalt verlangen, den man nach § 81 ZPO zum ProzBev bestellt hätte, solange der Antragsgegner den beigeordneten Anwalt nicht gerade wegen der Beiordnung auch mit einer Vollmacht versehen hat usw. Er kann dann zB eine Terminsgebühr fordern, soweit er die Rechte des Antragsgegners in dessen Abwesenheit ausübt, Bbg JB **79**, 246, Mümmler JB **81**, 1459. Vom Zeitpunkt einer Vollmacht an kann der beigeordnete Anwalt ohnehin wie jeder privat beauftragte Anwalt vom Auftraggeber die gesetzliche oder die etwa vereinbarte vertragliche Vergütung fordern. Der beigeordnete Anwalt muß sich zunächst stets an den Antragsgegner wenden. Erst beim Zahlungsverzug des Antragsgegners kann der beigeordnete Anwalt seine Vergütung nach § 45 II einschließlich eines Vorschusses von der Landeskasse fordern. Der Anwalt muß den vorgenannten Verzug darlegen und evtl beweisen.

Keinen Vergütungsanspruch hat der beigeordnete Anwalt gegen den Antrag*steller*. Denn § 126 ZPO ist nicht entsprechend anwendbar.

5 **C. Vorschuß.** Der beigeordnete Anwalt kann auch einen Vorschuß zunächst vom Antragsgegner fordern. Das gilt unabhängig davon, ob er auch schon eine Prozeßvollmacht hat. Diese Sonderregelung findet nach Rn 1 in § 9 ihre Ergänzung. Als eine Sondervorschrift ist sie nach BLAH Einl III 36 eng auslegbar. Das bedeutet: Das Vorschußrecht besteht, soweit das Gericht den Anwalt nach §§ 138, 270 FamFG oder nach §§ 109 III, 119a VI StVollzG beigeordnet hat und soweit der Anwalt gerade deshalb tätig wird, also auch als ein Beistand. Die Fälligkeit richtet sich nach § 8. Beim nachweisbaren Zahlungsverzug des Antragsgegners kann der beigeordnete Anwalt den Vorschuß auch nach §§ 45 II, 47 I 2 von der Landeskasse fordern.

Soweit der Antragsgegner auch nur auf Grund der Beiordnung des Anwalts diesem einen Antrag zur Vertretung in einer der soeben genannten Sachen erteilt, wird der Anwalt nicht mehr wegen der Beiordnung tätig, sondern auf Grund des nun bestehenden normalen Auftragsverhältnisses. Er kann daher einen Vorschuß nach § 9 fordern.

6 **4) Kostenerstattung, I, II.** Sie kommt auf Grund einer gerichtlichen Kostenverteilung in Betracht, ferner bei einer Abweisung des Scheidungsantrags.

Als gemeinsamer Vertreter bestellter Rechtsanwalt

40 Der Rechtsanwalt kann von den Personen, für die er nach § 67a Abs. 1 Satz 2 der Verwaltungsgerichtsordnung bestellt ist, die Vergütung eines von mehreren Auftraggebern zum Prozessbevollmächtigten bestellten Rechtsanwalts und einen Vorschuss verlangen.

1 **1) Systematik.** Sind an einem Rechtsstreit mehr als 20 Personen im gleichen Interesse beteiligt, ohne einen ProzBev nach § 81 ZPO in Verbindung mit § 67a VwGO zu haben, kann das Gericht ihnen nach § 67a I 1 VwGO durch einen unanfechtbaren Beschluß aufgeben, innerhalb einer angemessenen Frist einen gemeinsamen Bevollmächtigten zu bestellen, wenn sonst die ordnungsgemäße Durchführung des Rechtsstreits beeinträchtigt wäre. Wenn sie dieser Anordnung nicht nachkommen, kann das Gericht nach § 67a I 2 VwGO durch einen weiteren ebenfalls unanfechtbaren Beschluß einen Anwalt als ihren gemeinsamen Vertreter bestellen. Er oder sein Vertreter ist dann nach § 67a I 3, II VwGO allein befugt, für sie Verfahrenshandlungen vorzunehmen, bis die Bestellung eines nach § 67a II 2 VwGO dann an seine Stelle tretenden anderen Bevollmächtigten erfolgt.

Seine *Vergütung* regelt § 40 als eine vorrangige Spezialvorschrift ähnlich wie §§ 39, 41. Danach muß sich der bestellte Anwalt wegen seiner Vergütung einschließlich eines Vorschusses zunächst an den oder die Vertretenen wenden. Sie sind seine gesetzlichen Kostenschuldner, auch wenn sie mit seiner Bestellung nicht einverstanden sind. Erst beim Verzug auch nur eines von ihnen kann er nach Rn 4 dann nach § 45 II die

Abschnitt 6. Gerichtliche Verfahren　　　　　　　　§§ 40, 41 RVG

Staatskasse in Anspruch nehmen. Ein Verzug tritt bei einer Nichtzahlung trotz Fälligkeit und Mahnung oder ab der Zustellung eines Vergütungsfestsetzungsbeschlusses ein.

2) Regelungszweck. Die Vorschrift dient der Klärung der Honorarfragen in demjenigen Teil des durch die Bestellung entstandenen Rechtsverhältnisses, der sich zwischen dem bestellten Anwalt und den begünstigten Personen entwickelt. 2

3) Geltungsbereich. Sachlich muß eine Bestellung gerade nach Rn 1, persönlich eine Bestellung gerade eines Anwalts nach § 1 vorliegen. 3

4) Vergütung wie bei mehreren Auftraggebern. Die Gebühren und Auslagen des nach § 67a VwGO bestellten Anwalts richten sich unabhängig von einem Einverständnis der Beteiligten nach § 7, VV 1008, 3100ff, 7000ff. Beim Zahlungsverzug auch nur eines der Vertretenen kann der bestellte Anwalt seine Vergütung nach § 45 II von der Landeskasse fordern, GS 8, aM Hansens NJW **91**, 1140 (erst bei Verzug aller. Vgl aber § 7 II), jedoch nur wie ein bei einer Prozeßkostenhilfe beigeordneter Anwalt. Den Rest kann er von den Vertretenen fordern. 4

5) Fälligkeit. Sie ergibt sich aus § 8. 5

6) Vorschuß. Er ist nach §§ 9, 40, 47 I 2 möglich. 6

Prozesspfleger

41 ¹Der Rechtsanwalt, der nach § 57 oder § 58 der Zivilprozessordnung dem Beklagten als Vertreter bestellt ist, kann von diesem die Vergütung eines zum Prozeßbevollmächtigten bestellten Rechtsanwalts verlangen. ²Er kann von diesem keinen Vorschuss fordern. ³§ 126 der Zivilprozessordnung ist entsprechend anzuwenden.

1) Systematik, S 1–3. Die Vorschrift schafft in ihrem Geltungsbereich eine vorrangige Spezialregelung für den sog Prozeßpfleger nach §§ 57, 58 ZPO. Sie steht in einer Anlehnung an §§ 39, 40 neben diesen. S 2 schließt § 9 aus. Die Verweisung auf § 126 ZPO in S 3 bringt dem bestellten Anwalt ein eigenes Beitreibungsrecht. 1

2) Regelungszweck, S 1–3. Es gilt im wesentlichen dasselbe wie bei § 39 Rn 2. S 3 dient einer gewissen Entlastung der Staatskasse, BLAH § 126 ZPO Rn 2. Das sollte man bei der Auslegung mitbeachten. 2

3) Geltungsbereich, S 1–3. Sachlich muß eine Bestellung nach § 57 oder nach § 58 ZPO vorliegen. Das Prozeßgericht muß also den Anwalt einer nach § 51 ZPO nicht prozeßfähigen Partei nach BLAH Grdz 4 vor § 50 ZPO als einer Bekl ohne einen gesetzlichen Vertreter wegen einer Gefahr im Verzug bis zum Eintritt des gesetzlichen Vertreters bestellt haben. Zu diesen als eine Ausnahme streng handhabbaren Bedingungen BLAH § 57 ZPO Rn 3ff. Persönlich muß es sich gerade um einen Anwalt nach § 1 handeln. Bei § 58 ZPO muß es sich um einen Prozeß wegen des Rechts an einem herrenlosen Grundstück oder Schiff handeln. 3

4) Vergütung eines Prozeßbevollmächtigten, S 1. Es entsteht wie bei § 39 Rn 3 ein Rechtsverhältnis einerseits zwischen dem Staat und dem bestellten Anwalt, andererseits zwischen ihm und der durch die Bestellung begünstigten Partei. Im ersteren hat der Anwalt nach § 45 I Fall 2 einen Vergütungsanspruch gegen die Staatskasse, auch ohne eine Beiordnung durch eine Prozeßkostenhilfe nach §§ 114ff ZPO und selbst nach einer Bevollmächtigung durch den mit der Beiordnung Begünstigten. Diesem letzteren gegenüber kann der Anwalt dieselbe gesetzliche Vergütung wie ein solcher Anwalt verlangen, den der Begünstigte zum ProzBev bestellt hätte. 4

5) Kein Vorschuß, S 2. Unter einem Ausschluß des § 9 und in einer Abweichung von § 39 S 1, § 40 kann der nach §§ 57 oder 58 ZPO bestellte Anwalt bis zum Erhalt einer etwaigen Prozeßvollmacht nach § 80 ZPO keinen Vorschuß fordern. Er handelt ja in einer Situation der Gefahr im Verzug. Dann darf er sein Handeln als ein Organ der Rechtspflege nach § 1 BRAO nicht von einem Vorschuß abhängig machen. 5

6) Beitreibungsrecht, S 3. Die Vorschrift verweist voll auf § 126 ZPO. Der bestellte Anwalt darf daher, seine Gebühren und Auslagen von dem in die Prozeßkosten 6

1637

verurteilten Prozeßgegner des Begünstigten nach § 126 I ZPO im eigenen Namen beitreiben. Die Kostenfestsetzung erfolgt nach §§ 103 ff ZPO. Eine Einrede aus der Person der Partei ist nach § 126 II 1 ZPO unstatthaft. Der Gegner kann aber nach § 126 II 2 ZPO mit solchen Kosten aufrechnen, die die Partei nach der in demselben Rechtsstreit ergangenen Kostengrundentscheidung erstatten muß. Zu diesen Fragen BLAH §§ 91, 126 ZPO je Rn 3 ff.

Vertreter des Musterklägers

41a I ¹Für das erstinstanzliche Musterverfahren nach dem Kapitalanleger-Musterverfahrensgesetz kann das Oberlandesgericht dem Rechtsanwalt, der den Musterkläger vertritt, auf Antrag eine besondere Gebühr bewilligen, wenn sein Aufwand im Vergleich zu dem Aufwand der Vertreter der beigeladenen Kläger höher ist. ²Bei der Bemessung der Gebühr sind der Mehraufwand sowie der Vorteil und die Bedeutung für die beigeladenen Kläger zu berücksichtigen. ³Die Gebühr darf eine Gebühr mit einem Gebührensatz von 0,3 nach § 13 Absatz 1 nicht überschreiten. ⁴Hierbei ist als Wert die Summe der in sämtlichen nach § 8 des Kapitalanleger-Musterverfahrensgesetzes ausgesetzten Verfahren geltend gemachten Ansprüche zugrunde zu legen, soweit diese Ansprüche von den Feststellungszielen des Musterverfahrens betroffen sind, höchstens jedoch 30 Millionen Euro. ⁵Der Vergütungsanspruch gegen den Auftraggeber bleibt unberührt.

II ¹Der Antrag ist spätestens vor dem Schluss der mündlichen Verhandlung zu stellen. ²Der Antrag und ergänzende Schriftsätze werden entsprechend § 12 Absatz 2 des Kapitalanleger-Musterverfahrensgesetzes bekannt gegeben. ³Mit der Bekanntmachung ist eine Frist zur Erklärung zu setzen. ⁴Die Landeskasse ist nicht zu hören.

III ¹Die Entscheidung kann mit dem Musterentscheid getroffen werden. ²Die Entscheidung ist dem Musterkläger, den Musterbeklagten, den Beigeladenen sowie dem Rechtsanwalt mitzuteilen. ³ § 16 Absatz 1 Satz 2 des Kapitalanleger-Musterverfahrensgesetzes ist entsprechend anzuwenden. ⁴Die Mitteilung kann durch öffentliche Bekanntmachung ersetzt werden, § 11 Absatz 2 Satz 2 des Kapitalanleger-Musterverfahrensgesetzes ist entsprechend anzuwenden. ⁵Die Entscheidung ist unanfechtbar.

IV ¹Die Gebühr ist einschließlich der anfallenden Umsatzsteuer aus der Landeskasse zu zahlen. ²Ein Vorschuss kann nicht gefordert werden.

Schrifttum: *Fölsch* NJW 13, 507.

Gliederung

1) Systematik, I–IV	1
2) Regelungszweck, I–IV	2
3) Geltungsbereich, I–IV	3
4) Antrag, I 1, II 1	4, 5
5) Möglichkeit einer Sondergebühr, I 1	6–9
6) Bekanntgabe des Antrags, II 2	10
7) Erklärungsfrist, II 3	11
8) Keine Anhörung der Landeskasse, II 4	12
9) Entscheidung, III	13–15
A. Form: Beschluß, III 1	13
B. Begründung, III 1	14
C. Mitteilung, III 2–4	15
10) Bemessung der Sondergebühr, I 2–4	16–18
A. Berücksichtigung des Mehraufwands usw, I 2–4	16
B. Höchstgebühr, I 3	17
C. Geschäftswert, I 4	18
11) Unberührtheit des Vergütungsanspruchs gegen den Auftraggeber, I 5	19
12) Gebührenschuldner, IV 1	20
13) Kein Vorschuß, IV 2	21
14) Rechtsbehelfe, I–IV	22

1 **1) Systematik, I–IV.** Die Vorschrift gibt unter den Voraussetzungen I 1, 2 dem ProzBev nach § 81 ZPO gerade und nur eines Musterklägers nach § 9 I Z 1 Kap-

Abschnitt 6. Gerichtliche Verfahren § **41a RVG**

MuG, abgedruckt bei BLAH SchlAnh VIII, zusätzlich zu den allgemein nach dem RVG anfallenden Gebühren nach IV 1 eine besondere Gebühr aus der Staatskasse. § 41a ist also nach I 5 eine Ergänzung zum sonstigen Vergütungsrecht.

2) Regelungszweck, I–IV. Zur Einhaltung des Grundsatzes einer angemessenen 2 Vergütung des Anwalts ist eine Anpassung an besondere Verantwortung und Mühe im Musterverfahren nötig. Andererseits ist § 41a als Spezialvorschrift eigentlich eng auslegbar, BLAH Einl III 36. Man muß bei der Handhabung dieses Spannungsverhältnis mitbeachten und trotz der Unanfechtbarkeit der Entscheidung nach III 4 doch wenigstens im Kern nachvollziehbar als mitbedacht darstellen.

3) Geltungsbereich, I–IV. Es ist innerhalb der von § 1 KapMuG erfaßten Fälle 3 die erstinstanzliche Tätigkeit des ProzBev gerade und nur eines Musterklägers nach § 9 I Z 1 KapMuG, also nicht eines sonstigen Beteiligten wie zB des Musterbekl nach § 9 I Z 2 KapMuG oder eines nach § 9 I Z 3 KapMuG Beigeladenen, also desjenigen Klägers, den das OLG eben nach § 9 IV KapMuG nicht als Musterklägers ausgewählt hat.

4) Antrag, I 1, II 1. Eine Sondergebühr entsteht nur auf Grund eines zugehörigen 4 Antrags. I 1 scheint ein Antragsrecht nur dem ProzBev des Musterklägers nach § 81 ZPO zu geben. Natürlich ist aber auch ein Antrag des Musterklägers selbst für seinen ProzBev sinnvoll. Deshalb kann offenbleiben, ob ein ja ohnehin nur über den Anwalt im Anwaltsprozeß nach BLAH Üb 6 vor § 78 ZPO wirksamer Antrag nun als Anwalts- oder Klägerantrag auslegbar wäre.

Es gibt keinen Formzwang, wohl aber eine *Antragsfrist* bis zum Schluß der münd- 5 lichen Verhandlung nach § 11 I 1 KapMuG in Verbindung mit §§ 136 IV, 296a ZPO. Inhaltlich ist der klare Wunsch einer Sondergebühr nötig. Er mag sich auch stillschweigend ergeben, BLAH Grdz 51 vor § 128 ZPO.

5) Möglichkeit einer Sondergebühr, I 1. Sie kommt nur dann infrage, wenn 6 der Aufwand des ProzBev gerade des Musterklägers nach § 9 I Z 1 KapMuG im Vergleich zum Aufwand der Vertreter „der" nach § 9 IV KapMuG Beigeladenen „höher" ist.

„*Aufwand*" ist sowohl nach der Art der Bemühung gemeint als auch nach ihrem 7 Ort und nach ihrer Zeitdauer. Er umfaßt alle Komponenten der erforderlichen oder vernünftigerweise sinnvollen oder gar ratsamen Bemühungen. Dabei muß man natürlich auch den Schwierigkeitsgrad schon beim Ob einer Sondergebühr mitbeachten.

„*Höher*" ist ein Aufwand schon dann, wenn er nicht wesentlich höher ist. Denn I 1 8 nennt nicht auch das Wort „wesentlich". Andererseits ist nicht jedes kleine bißchen Mehraufwand ein „höherer". Jeder Musterkläger verursacht stets ein größeres Maß an Bemühung als ein Beigeladener. Würde schon dieses Maß zur Sondergebühr reichen, könnte man die gesetzliche Bedingung „höher" auch weglassen. Es muß daher doch ein deutlich höherer Aufwand vorliegen.

„*Der*" Beigeladenen scheint alle zu meinen. Man darf das aber nicht dahin verste- 9 hen, daß der Aufwand des ProzBev des Musterklägers höher sein müsse als die addierten Aufwände aller Beigeladenen. Das könnte gerade bei vielen von ihnen I 1 praktisch unanwendbar machen. Man muß daher vielmehr eher das Wort „der" so verstehen: Der Aufwand des ProzBev des Musterklägers muß den durchschnittlichen Aufwand eines Kollegen eines jeden Beigeladenen deutlich übersteigen.

6) Bekanntgabe des Antrags, II 2. Zumindest nach einer nach Rn 5 rechtzeiti- 10 gen Antragstellung muß das Gericht den Antrag und etwaige ergänzende Schriftsätze bekanntgeben. Das erfolgt entsprechend § 12 II KapMuG. Freilich ist nach II 4 die nach IV 1 gerade alleinige Schuldnerin einer Sondergebühr, nämlich die Landeskasse, gerade nicht anzuhören. Deshalb bleibt die Handhabung dieser wenig durchdachten Vorschrift problematisch.

Unstatthaft wäre eine *öffentliche* Bekanntmachung nach § 10 I KapMuG. Denn auf diese Vorschrift verweist § 41a II 2 RVG gerade nicht mit.

7) Erklärungsfrist, II 3. Das OLG muß nach § 12 I 1 KapMuG zugleich mit der 11 Bekanntgabe nach Rn 10 eine Erklärungsfrist zum Antrag nach Rn 4 setzen. Es gibt keine gesetzlich bestimmte Frist. Daher wählt das OLG ihre Dauer nach pflichtgemäßem Ermessen. 1 Monat dürfte eher die Untergrenze darstellen, 3 Monate eine

RVG § 41a

Obergrenze. Aus der Fristsetzung folgt die Notwendigkeit einer förmlichen Zustellung der Fristsetzung und damit praktisch auch der ja gleichzeitigen Bekanntgabe nach § 11 I 1 KapMuG in Verbindung mit § 329 II 2 ZPO (funktionelle Zuständigkeit des Vorsitzenden, Verfügung). Eine Rechtsbehelfsbelehrung ist nach § 11 I 1 mit seiner Verweisung auf §§ 253 ff ZPO, auch auf § 232 ZPO jetzt und nach Rn 15 nötig.

12 **8) Keine Anhörung der Landeskasse, II 4.** Zu dieser ziemlich widersinnigen, aber klaren Anordnung Rn 10.

13 **9) Entscheidung, III.** Es gibt mehrere Aspekte.
A. Form: Beschluß, III 1. Es ist statthaft, die Form des Musterentscheids zu wählen, also nach § 16 I 1 KapMuG den Beschluß. Er ist aber auch dann nötig, wenn das OLG zulässigerweise gesondert vor oder nach Erlaß des Musterentscheids über die Sondergebühr befindet. Denn das OLG entscheidet nach KapMuG als Kollegium. Ein Urteil kommt bei dieser gegenüber dem Musterentscheid bloßen Nebenentscheidung nicht infrage.

14 **B. Begründung, III 1.** Zwar ist die Entscheidung nach III 4 unanfechtbar. Dennoch ist eine wenigstens stichwortartige nachvollziehbare Begründung wenigstens bei einer Ablehnung der Bewilligung eine Anstandspflicht des Gerichts, BLAH § 329 ZPO Rn 6 (formell freilich Entbehrlichkeit).

15 **C. Mitteilung, III 2–4.** Das OLG muß seine Ablehnung oder Bewilligung nach III 2 mitteilen, oder durch eine hier ausdrücklich nicht nur hilfsweise statthafte öffentliche Bekanntmachung nach § 11 II 2 KapMuG vornehmen („ersetzen" meint nicht nur „hilfsweise"). Denn letztere entsprechend anwendbare Vorschrift spricht von „bewirken". Die öffentliche Bekanntmachung ist ähnlich wie eine öffentliche Zustellung nach § 186 ZPO vornehmbar. Denn § 11 I 1 meint nicht nur §§ 253 ff ZPO, sondern auch die ja im erstinstanzlichen LG-Prozeß mitanwendbaren §§ 1 ff ZPO.

16 **10) Bemessung der Sondergebühr, I 2–4.** Das OLG muß bei einer Bewilligung mehrere Gesichtspunkte beachten.
A. Berücksichtigung des Mehraufwands usw, I 2. Der Mehraufwand nach Rn 6–9 ist nur *ein* Bemessungsfaktor. Das OLG muß auch den Vorteil der Tätigkeit des Musterklägervertreters und dessen gesamte materielle wie immaterielle Bedeutung für alle nach § 9 I Z 3 KapMuG beigeladenen Kläger mitbeachten. *Nicht* derart zwingend mitbeachtbar sind die Auswirkungen beim Muster*beklagten*. Das bedeutet aber nun auch nicht deren völlige Unbeachtbarkeit. Das OLG hat hier ein wie stets pflichtgemäßes Ermessen.

17 **B. Höchstgebühr, I 3.** Sie beträgt 0,3 Gebühr.

18 **C. Geschäftswert, I 4.** Ihn errechnet man aus der Summe derjenigen Ansprüche, die das Prozeßgericht nach § 8 KapMuG verfahrensmäßig durch Aussetzung zurückgestellt hat. Das gilt aber nur, soweit diese Ansprüche von den Feststellungszielen des Musterverfahrens betroffen sind. Sind diese Fragen wertmäßig geklärt, mag rechnerisch ein Wert über 30 Millionen EUR entstehen. Dieser letztere Betrag ist aber der hier gesetzliche Höchstwert.

19 **11) Unberührtheit des Vergütungsanspruchs gegen den Auftraggeber, I 5.** Die Vorschrift stellt nach Rn 1 nur klar.

20 **12) Gebührenschuldner, IV 1.** Wie schon in Rn 1 dargestellt, ist Gebührenschuldner der Sondergebühr nach I 1 nur die Landeskasse. Das gilt ausdrücklich auch für die bei der Sondergebühr anfallende Umsatzsteuer nach VV 7008. Insoweit müßte IV 1 korrekt auch besser von einer Auslage sprechen.

21 **13) Kein Vorschuß, IV 2.** Die Vorschrift hat Vorrang vor § 9.

22 **14) Rechtsbehelfe, I–IV.** Die Entscheidung nach III 1 ist nach III 5 unanfechtbar. Im übrigen gelten keine Besonderheiten.
Unanwendbar ist § 41a auf das Rechtsbeschwerdeverfahren nach § 20, BGH Wertp-Mitt **17**, 340.

Abschnitt 7. Straf- und Bußgeldsachen sowie bestimmte sonstige Verfahren

Feststellung einer Pauschgebühr

42 I ¹In Strafsachen, gerichtlichen Bußgeldsachen, Verfahren nach dem Gesetz über die internationale Rechtshilfe in Strafsachen, in Verfahren nach dem IStGH-Gesetz, in Freiheitsentziehungs- und Unterbringungssachen sowie in Verfahren über freiheitsentziehende Unterbringungen und freiheitsentziehende Maßnahmen nach § 151 Nummer 6 und 7 des Gesetzes über das Verfahren in Familiensachen und in den Angelegenheiten der freiwilligen Gerichtsbarkeit stellt das Oberlandesgericht, zu dessen Bezirk das Gericht des ersten Rechtszugs gehört, auf Antrag des Rechtsanwalts eine Pauschgebühr für das ganze Verfahren oder für einzelne Verfahrensabschnitte durch unanfechtbaren Beschluss fest, wenn die in den Teilen 4 bis 6 des Vergütungsverzeichnisses bestimmten Gebühren eines Wahlanwalts wegen des besonderen Umfangs oder der besonderen Schwierigkeit nicht zumutbar sind. ²Dies gilt nicht, soweit Wertgebühren entstehen. ³Beschränkt sich die Feststellung auf einzelne Verfahrensabschnitte, sind die Gebühren nach dem Vergütungsverzeichnis, an deren Stelle die Pauschgebühr treten soll, zu bezeichnen. ⁴Die Pauschgebühr darf das Doppelte der für die Gebühren eines Wahlanwalts geltenden Höchstbetrage nach den Teilen 4 bis 6 des Vergütungsverzeichnisses nicht übersteigen. ⁵Für den Rechtszug, in dem der Bundesgerichtshof für das Verfahren zuständig ist, ist er auch für die Entscheidung über den Antrag zuständig.

II ¹Der Antrag ist zulässig, wenn die Entscheidung über die Kosten des Verfahrens rechtskräftig ist. ²Der gerichtlich bestellte oder beigeordnete Rechtsanwalt kann den Antrag nur unter den Voraussetzungen des § 52 Abs. 1 Satz 1, Abs. 2, auch in Verbindung mit § 53 Abs. 1, stellen. ³Der Auftraggeber, in den Fällen des § 52 Abs. 1 Satz 1 der Beschuldigte, ferner die Staatskasse und andere Beteiligte, wenn ihnen die Kosten des Verfahrens ganz oder zum Teil auferlegt worden sind, sind zu hören.

III ¹Der Senat des Oberlandesgerichts ist mit einem Richter besetzt. ²Der Richter überträgt die Sache dem Senat in der Besetzung mit drei Richtern, wenn es zur Sicherung einer einheitlichen Rechtsprechung geboten ist.

IV Die Feststellung ist für das Kostenfestsetzungsverfahren, das Vergütungsfestsetzungsverfahren (§ 11) und für einen Rechtsstreit des Rechtsanwalts auf Zahlung der Vergütung bindend.

V ¹Die Absätze 1 bis 4 gelten im Bußgeldverfahren vor der Verwaltungsbehörde entsprechend. ²Über den Antrag entscheidet die Verwaltungsbehörde. ³Gegen die Entscheidung kann gerichtliche Entscheidung beantragt werden. ⁴Für das Verfahren gilt § 62 des Gesetzes über Ordnungswidrigkeiten.

Vorbem. I 1 geändert dch Art 4 Z 1 G v 17. 7. 17, BGBl 2424, in Kraft seit 1. 10. 17, Art 5 G, ÜbergangsR § 60 RVG.

Gliederung

1) Systematik, I–V	1
2) Regelungszweck, I–V	2
3) Persönlicher Geltungsbereich, I–V	3
4) Sachlicher Geltungsbereich: Besonders umfangreiche oder schwierige Straf- oder Bußgeldsache usw, I–V	4–10
A. Grundsatz: Unzumutbarkeit der Normalgebühren	5
B. Beispiele zur Anwendbarkeit von I 1	6–10
5) Unanwendbarkeit bei Wertgebühr, I 2	11
6) Obergrenze der Pauschgebühr, I 4	12
7) Verfahren, I–III	13–22
A. Antrag	14
B. Zuständigkeit des OLG	15
C. Zuständigkeit des BGH	16
D. Zuständigkeit eines sonstigen Gerichts	17

E. Keine Zuständigkeit wegen Vorschusses 18
F. Anhörung 19
G. Prüfungsumfang 20
H. Auslagen 21
I. Entscheidung 22
8) Bindung der Feststellung, IV 23
9) Bußgeldverfahren vor Verwaltungsbehörde, V 24
10) Erstattungsfähigkeit, I–V 25

1   **1) Systematik, I–V.** Die Vorschrift gilt ebenso wie § 43 nur für den Wahlanwalt. Demgegenüber gilt § 51 nur für den gerichtlich bestellten oder beigeordneten Anwalt. Beide Vorschriften stehen also nebeneinander. Sie haben weitgehend übereinstimmende Inhalte. § 42 ist dem § 51 weitgehend nachgebildet. Im folgenden sind zur Vermeidung von Wiederholungen grundsätzlich nur diejenigen Teile des § 42 näher dargestellt, die von § 51 abweichen. Diese Abweichungen haben freilich teilweise eine grundsätzliche Bedeutung.

2   **2) Regelungszweck, I–V.** Die Vorschrift dient ähnlichen Zwecken wie § 51 Rn 2. Sie soll auch die Erstattbarkeit einer über den gesetzlichen einfachen Vergütungsmaßstab hinausgehenden vereinbarten Vergütung nach § 3 a erleichtern. Denn auch § 42 schafft ja eine gesetzliche und damit erstattungsfähige Vergütung.
    Es gibt freilich einen *erheblichen Unterschied*. Der bestellte oder beigeordnete Anwalt erhält nach VV 4100 ff, 5100 ff fast stets eine Festgebühr nach Einl II A 14. Der Wahlanwalt erhält nach denselben Vorschriften durchweg eine Betragsrahmengebühr nach Einl II A 12. Sie erlaubt es schon nach diesen „Normalregeln", die in I 1 genannten Umstände schon weitgehend mitzuberücksichtigen. Daher verbleibt für die Anwendbarkeit bei § 42 von vornherein ein wesentlich engerer Bereich als bei § 51. Das darf und muß man bei der Auslegung ganz wesentlich mitbedenken. Anders ausgedrückt: Unzumutbarkeit nach I 1 liegt bei § 42 wesentlich seltener vor als bei § 51, **BGH JB 07, 531**.
    Angemessene kostendeckende Vergütung ist trotzdem das Ziel auch beim Wahlanwalt, BVerfG NJW 01, 1269. Auch das darf und muß man bei der Auslegung stets mitbeachten.

3   **3) Persönlicher Geltungsbereich, I–V.** Abgesehen von dem in Rn 1 genannten wesentlichen Unterschied zwischen dem hier allein geregelten Wahlanwalt und dem allein in § 51 geregelten gerichtlich bestellten oder beigeordneten Anwalt gilt dasselbe wie bei § 51 Rn 3. § 42 gilt also für: Den Verteidiger; den nur mit einer Einzeltätigkeit beauftragten Anwalt; den Beistand; den Anwalt als den Vertreter eines Privat- oder Nebenklägers oder eines Einziehungsberechtigten oder sonstigen Nebenbeteiligten; den bestellten oder beigeordneten Anwalt nach §§ 52, 53.

4   **4) Sachlicher Geltungsbereich: Besonders umfangreiche oder schwierige Straf- oder Bußgeldsache usw, I–V.** Es muß eines der in I 1, V aufgezählten Verfahren vorliegen, also: Eine Strafsache; ein gerichtliches Bußgeldverfahren; ein Bußgeldverfahren vor der Verwaltungsbehörde; ein Gnadenverfahren; ein Verfahren nach dem Gesetz über die internationale Rechtshilfe in Strafsachen; ein Verfahren nach dem IStGH-Gesetz; eine Freiheitsentziehungs- oder Unterbringungssache oder eine solche Sache nach § 151 Z 6, 7 FamFG. Dabei mag es um das gesamte Verfahren gehen oder nur um einen einzelnen Verfahrensabschnitt.
    Besonders umfangreich oder schwierig ist etwas erst dann, wenn es über „normalen" Umfang oder „normale" Schwierigkeiten eindeutig hinausgeht. Denn die „normalen" Grade fallen schon unter VV 4100 ff ohne § 42. Es gelten beim Wahlanwalt praktisch dieselben Erwägungen wie beim nach § 51 geregelten bestellten oder beigeordneten Anwalt, dort Rn 4–23. Man muß eben nur stets mitbedenken, daß schon die Begriffe des besonderen Umfangs und/oder der besonderen Schwierigkeit wegen der durchweg anwendbaren Betragsrahmengebühren enger auslegbar sind als bei § 51.

5   **A. Grundsatz: Unzumutbarkeit der Normalgebühren.** Es gelten verstärkt die Erwägungen bei § 51 Rn 4–8. Man darf also die Unzumutbarkeit der „Normal"-Gebühren des VV noch weniger rasch feststellen als beim gerichtlich bestellten oder

beigeordneten Anwalt. Das gilt umso mehr, als der Wahlanwalt innerhalb eines Rahmens bestimmen kann, wieviel er an Vergütung fordert. Andererseits soll die Zubilligung einer Pauschgebühr auch beim Wahlanwalt nicht praktisch unmöglich sein. Vielmehr muß man unter einer Abwägung der Umstände des § 14 vorgehen, Düss JB 12, 424, Jena NJW 06, 933. Man muß dabei wegen des besonderen Umfangs und/ oder der besonderen Schwierigkeit der Tätigkeit hier des Wahlanwalts in dem fraglichen Verfahrensabschnitt oder gar im gesamten Verfahren klären, ob sogar die Obergrenze der einschlägigen Gebühr(en) des VV doch nur zu einer unzumutbaren Unterbezahlung führt, KG JB 10, 140. Würde man praktisch alles mithilfe der Höchstgebühr des VV vergüten können, wäre § 42 überflüssig. So darf man die Vorschrift also eindeutig nicht verstehen. Es bleibt sehr wohl ein eine Zubilligung durchaus erfordernder Bereich.

B. Beispiele zur Anwendbarkeit von I 1. Die bei § 51 Rn 9–23 genannten Beispiele nebst Fundstellen beziehen sich weitgehend noch auf den früheren § 99 I BRAGO. Man muß jetzt bei § 42 außerdem bedenken, daß eben nach Rn 5 der verbleibende Bereich beim Wahlanwalt noch kleiner ist als beim gerichtlich bestellten oder beigeordneten Anwalt. Mit diesen Einschränkungen gelten ähnliche Erwägungen wie bei § 51 Rn 9–23. Auch hier mag es sich um tatsächliche oder rechtliche Umstände handeln. Umfang und Schwierigkeit sind zwei gleichwertige Merkmale. Eines von beiden reicht aus und ist nötig. Nicht ausreichend wäre es, wenn erst bei einer Gesamtbewertung beider Merkmale der erforderliche „besondere" Grad vorliegen würde. 6–10

5) Unanwendbarkeit bei Wertgebühr, I 2. Eine Pauschgebühr kommt auch bei § 42 selbst unter den Voraussetzungen Rn 1–10 nicht in Betracht, soweit nach dem VV Wertgebühren entstehen. Dieser Begriff gilt nur nach Einl II A 10, 11, also nicht bei einer sog Betragsrahmengebühr nach Einl II A 12. Das würde nämlich zur Folge haben, daß alle solchen Fälle einer Betragsrahmengebühr für eine Pauschgebühr nach § 42 ausfielen. Das ist nicht der Sinn der Vorschrift. Sie soll ja gerade in den für die Tätigkeit des Wahlanwalts fast ausschließlich nach Betragsrahmen „normal" vergütbaren Fällen die wenigen verbleibenden Unzumutbarkeiten verhindern. § 42 gilt also gerade bei einer Betragsrahmengebühr nach VV 4100ff, 5100ff. Die Pauschgebühr bleibt dem Wahlanwalt daher nur in den wenigen Fällen VV 4142–4145, 5116 von vornherein versagt. 11

6) Obergrenze der Pauschgebühr, I 4. In einer Abweichung von § 51 bestimmt I 4 beim Wahlanwalt eine absolute Höchstgrenze einer etwaigen überhaupt zulässigen Pauschgebühr nach Einl II A 14. Sie beträgt das Doppelte der für die Gebühren des Wahlanwalts geltenden Höchstbeträge nach VV Teile 4–6. Die Pauschgebühr darf also im Fall VV 4112 (Verfahrensgebühr im ersten Rechtszug vor der Strafkammer) wegen den dortigen „Normalrahmens" von 50 bis 320 EUR den Betrag von 640 EUR nicht übersteigen. War ein Angeklagter nicht auf freiem Fuß, beträgt demgemäß nach VV 4113 die „Normalgebühr" 50 bis 400 EUR, die Pauschale also höchstens 800 EUR. 12

Jede Pauschgebühr läßt sich auf diese Weise *gesondert* errechnen. Treffen also zB die zuletzt genannte Verfahrensgebühr und die Terminsgebühr des Wahlanwalts nach VV 4115 für zwei Hauptverhandlungstage zusammen, tritt zu den eben errechneten 800 EUR höchstens für jeden Tag das Doppelte von 700 EUR = 1400 EUR hinzu, für zwei Tage also = 2800 EUR, mithin insgesamt 800 + 2800 = 3600 EUR und außerdem bei der Grundgebühr VV 4101 das Doppelte von 880 EUR. Das alles sind dann die absoluten Höchstwerte einer gesetzlichen, gerichtlich festgestellten Pauschale. Ein darüber hinausgehendes Honorar braucht eine Vereinbarung nach § 4.

7) Verfahren, I–III. Es gelten grundsätzlich dieselben Regeln wie bei § 51 Rn 25–40. 13

A. Antrag. Ein Antrag hier des Wahlanwalts ist nach I 1 wie bei § 51 Rn 25 notwendig. Es erfolgt also keine Feststellung einer Pauschgebühr von Amts wegen ohne einen Antrag. Abweichend von § 51 ist der Antrag aber nach II 1 dann zulässig, wenn die Kostengrundentscheidung bereits rechtskräftig ist. Denn erst dann kennt das Gericht die Beteiligten und ihre Verhältnisse endgültig oder kann sie nach Rn 19 anhören. Außerdem kann der gerichtlich bestellte oder beigeordnete Anwalt nach II 2 14 einen Antrag nur unter den Voraussetzungen des § 52 I 1, II stellen, auch in Verbindung mit § 53 I. Er muß dazu also die Gebühren eines Wahlverteidigers vom Begünstigten fordern können, weil dieser entweder aus der Staatskasse eine Erstattung fordern kann oder zur Zahlung mit oder ohne Raten imstande ist. Das ist eine wohl irrig in § 42 aufgenommene Überflüssigkeit. Denn § 42 gilt gerade für den Wahlanwalt, und für den gerichtlich beigeordneten oder bestellten besagt bereits § 51 zumindest scheinbar abschließend, welche Voraussetzungen dort nötig sind. Immerhin bedeutet die nun einmal verwirrend nach § 42 geratene Vorschrift mit ihren Verweisungen eine Beschränkung der Antragsmöglichkeiten im Rahmen des § 51. Der Antrag hemmt die dreijährige Verjährung des § 195 BGB. § 193 BGB gilt entsprechend, Hamm AnwBl **96**, 478.

Zeitlich muß man wegen IV möglichst so vorgehen, daß die Entscheidung nach Rn 22 noch vor der Kostenfestsetzung ergeht, Jena JB **10**, 643. Ein späterer Antrag wird aber nicht schon deshalb unstatthaft, aM Düss JB **13**, 80, Jena JB **10**, 643 (aber eine schon rechtskräftige Kostenfestsetzung kann dann eben eine Entscheidung nach § 42 nicht mehr beachten).

Inhaltlich muß der Antrag natürlich ergeben, für welchen Umfang des Verfahrens die Pauschgebühr gelten soll und worin der gerade besonderen Grad der Leistung bestanden hat, den I 1 voraussetzt. Der Antragsteller muß daher auch die Unzumutbarkeit sogar eines Normal-Höchstbetrags nach Rn 5 darlegen und im Zweifel zumindest nach dem entsprechend anwendbaren § 294 ZPO glaubhaft machen. Eine Bezifferung ist zwar nicht formell notwendig. Sie ist aber erlaubt und oft ratsam.

15 **B. Zuständigkeit des OLG.** Es gelten nach I 1 dieselben Regeln wie bei § 51 II 1 Hs 1, dort Rn 26.

16 **C. Zuständigkeit des BGH.** Es gelten nach I 5 dieselben Regeln wie bei § 51 Rn 27, in Wahrheit auch Hamm JB **07**, 529. Wegen der Ähnlichkeit von § 51 mit § 42 und der Verweisung in § 51 II 4 auf § 42 III insgesamt kann man III 1 entgegen dem nur scheinbar auf das OLG beschränkten Wortlaut auch auf den BGH beziehen. Daher ist der Einzelrichter auch beim BGH zuständig. Er kann die Sache aber nach III 2 dem Senat übertragen.

17 **D. Zuständigkeit eines sonstigen Gerichts.** Es gelten dieselben Regeln wie bei § 51 Rn 28.

18 **E. Keine Zuständigkeit wegen Vorschusses.** Das zur Feststellung der Pauschgebühr zuständige Gericht darf dem Wahlanwalt anders als bei § 51 dem beigeordneten oder bestellten Anwalt keinen Vorschuß bewilligen. Denn § 42 enthält keine dem § 51 I 5 entsprechenden Vorschuß, und der Wahlanwalt kann auch nicht nach § 47 vom Gericht einen Vorschuß fordern. Denn diese Vorschrift steht im Abschnitt 8 „Beigeordneter oder bestellter Rechtsanwalt...". Der Wahlanwalt kann also allenfalls nach § 9 einen Vorschuß von seinem Auftraggeber fordern. Das ist umso mißlicher, als der Wahlanwalt ja nach Rn 14 schon mit der bloßen Feststellung einer dann freilich allseits nach IV bindenden Pauschgebühr bis zur Rechtskraft der Kostengrundentscheidung warten muß.

19 **F. Anhörung.** Es gelten nach II 3 fast dieselben Regeln wie bei § 51 Rn 30. Das Gericht muß alle in II 3 genannten Beteiligten schon wegen der Bindungswirkung nach Rn 23 anhören. Das gilt zumindest zusätzlich vor einer der Beteiligten sonstwie nachteiligen Entscheidung.

20 **G. Prüfungsumfang.** Es gelten praktisch fast dieselben Regeln wie bei § 51 Rn 31–35. Auch bei § 42 liegt bei einer Erfüllung der Voraussetzungen dem Grunde nach ein Rechtsanspruch vor. Die Höhe der Pauschgebühr steht aber im pflichtgemäßen Ermessen des Gerichts. Es muß dabei alle Umstände nachvollziehbar abwägen. *Nach oben* begrenzt I 4 das Ermessen nach Rn 12. *Nach unten* gilt dasselbe wie bei § 51 Rn 34. Freilich ist eben der Bereich einer bloßen Feststellungsmöglichkeit aus den Gründen Rn 2, 4 enger als bei § 51. Das Gericht prüft zB keine Einwendung zum Grund der Vergütungsforderung, Jena Rpfleger **08**, 88. Soweit das Gericht die Feststellung einer Pauschgebühr auf einen oder mehrere Verfahrensabschnitte beschränkt, darf und muß es nach I 3 diejenigen Gebühren des VV bezeichnen, an deren Stelle die Pauschgebühr tritt. Dabei ist „Verfahrensabschnitt" jeder Teil, für den das VV mindestens eine selbständige Gebühr bringt, KG JB **16**, 132.

H. Auslagen. Es gilt dasselbe wie bei § 51 Rn 36. 21
I. Entscheidung. Es gilt dasselbe wie bei § 51 Rn 38–40. § 42 gibt aber im Gegensatz zu § 51 keine „Bewilligung" und damit keinen Vollstreckungstitel im engeren Sinn, sondern nur der Höhe nach eine formell bloße „Feststellung". Es bleibt daher eine Festsetzung nach § 11 oder ein Kostenfestsetzungsverfahren oder ein Honorarprozeß notwendig. Vgl freilich Rn 23. Nach I 3 muß das Gericht bei einer Feststellung nur für einzelne „Verfahrensabschnitte" diejenigen Gebühren nach dem VV bezeichnen, an deren Stelle die Pauschgebühr tritt. Verfahrensabschnitt ist jeder Teil, für den das VV eine besondere Gebühr nennt. Die Entscheidung ist nach I 1 unanfechtbar. Das Gericht muß ihn wegen § 304 IV StPO trotzdem begründen. Eine Gegenvorstellung ist statthaft. Rechtsbehelfsbelehrung, Verstoß: §§ 12c, 33 V 2, 52 IV 2. 22

8) Bindung der Feststellung, IV. Die Feststellung nach Rn 22 bindet nach IV für das Kostenfestsetzungsverfahren gegenüber dem Gegner oder der Staatskasse, für das Vergütungsfestsetzungsverfahren nach § 11 und für einen Rechtsstreit des Anwalts auf die Zahlung der Vergütung der Höhe nach, Jena Rpfleger 08, 98. Deshalb ist auch kein Gutachten wie nach § 11 II erforderlich. Damit stellt die Feststellung einen inhaltlichen Hauptteil des formell zusätzlich erforderlichen Vollstreckungstitels dar. 23

Sachlichrechtliche Einwendungen zum Grund der Vergütungsforderung etwa wegen einer angeblichen Schlechterfüllung oder Verjährung unterliegen aber *nicht* der Bindung nach IV.

9) Bußgeldverfahren vor Verwaltungsbehörde, V. Die Vorschrift enthält in S 1, 2 praktisch dieselben Regeln wie bei § 51 Rn 41. S 3, 4 gibt zusätzlich eine Möglichkeit, die Feststellung der Verwaltungsbehörde gerichtlich anzufechten, und zwar im Verfahren nach § 62 OWiG, also mit einer Entscheidungszuständigkeit des nach § 68 OWiG berufenen AG. 24

10) Erstattungsfähigkeit, I–V. Nach § 464a I 1, II Z 2 StPO hängt eine Erstattungsfähigkeit unter anderem davon ab, ob eine Anwaltsvergütung nach § 91 II ZPO erstattbar wäre. Nach I–V kann eine höhere vereinbarte Vergütung auch beim Wahlanwalt als eine gesetzliche Vergütung anfallen. Daran ändert die Notwendigkeit einer gerichtlichen Feststellung nach I 1 nichts. Infolgedessen kann auch sie erstattungsfähig sein. 25

Abtretung des Kostenerstattungsanspruchs

43 [1] Tritt der Beschuldigte oder der Betroffene den Anspruch gegen die Staatskasse auf Erstattung von Anwaltskosten als notwendige Auslagen an den Rechtsanwalt ab, ist eine von der Staatskasse gegenüber dem Beschuldigten oder dem Betroffenen erklärte Aufrechnung insoweit unwirksam, als sie den Anspruch des Rechtsanwalts vereiteln oder beeinträchtigen würde. [2] Dies gilt jedoch nur, wenn zum Zeitpunkt der Aufrechnung eine Urkunde über die Abtretung oder eine Anzeige des Beschuldigten oder des Betroffenen über die Abtretung in den Akten vorliegt.

Gliederung

1) Systematik, S 1, 2	1
2) Regelungszweck, S 1, 2	2
3) Persönlicher Geltungsbereich, S 1, 2	3
4) Sachliche Voraussetzungen, S 1, 2	4–12
A. Anspruch der Staatskasse	4
B. Erstattungs- oder Honoraranspruch	5
C. Abtretung	6
D. Abtretungszeitpunkt	7
E. Abtretungsgleicher Vorgang	8
F. Aufrechnungserklärung	9
G. Vereitelung oder Beeinträchtigung	10–12
5) Verfahren, S 1, 2	13
6) Rechtsmittel, S 1, 2	14

RVG § 43 X. Rechtsanwaltsvergütungsgesetz

1 **1) Systematik, S 1, 2.** Der Beschuldigte oder Betroffene kann einen gesetzlichen Anspruch auf die Erstattung von Anwaltskosten als notwendigen Auslagen nach §§ 464 b, 464 a II Z 2 StPO evtl in Verbindung mit §§ 105 ff OWiG in den Grenzen der §§ 134, 138 BGB und unter einer Beachtung der §§ 398 ff BGB grundsätzlich an den Verteidiger abtreten, um seine Verpflichtungen gegenüber dem Verteidiger ganz oder teilweise zu erfüllen. Ohne § 43 könnte die Staatskasse infolgedessen nach §§ 404 ff BGB auch dem Verteidiger gegenüber unbegrenzt aufrechnen, soweit überhaupt eine Aufrechnung zulässig ist, § 30 a EGGVG, Teil XII B dieses Buchs.

2 **2) Regelungszweck, S 1, 2.** § 43 soll verhindern, daß eine derartige Aufrechnung der Staatskasse den Honoraranspruch des Verteidigers gefährdet oder vereitelt, LG Saarbr RR **10**, 1648. Ohne die Vorschrift würde der Verteidiger infolge einer gesetzlich zulässigen Maßnahme des Auftraggebers im Ergebnis aus vom Verteidiger nicht vertretbaren Gründen sein bereits verdientes Honorar ganz oder teilweise gefährden können. Das ist nicht im Interesse einer geordneten Rechtspflege.

3 **3) Persönlicher Geltungsbereich, S 1, 2.** Diese Regelung gilt nach dem Wortlaut der Vorschrift freilich nur zugunsten eines als Verteidiger oder mit einer Einzeltätigkeit beauftragten Anwalts oder eines nach § 138 II StPO als Verteidiger zugelassenen Rechtsbeistands. Sie gilt also nicht für einen anderen Verteidiger, etwa einen Hochschullehrer. Sie gilt auch nicht für Auslagen des Angeklagten, LG Bbg JB **76**, 1353.

4 **4) Sachliche Voraussetzungen, S 1, 2.** Es müssen die folgenden sachlichen Voraussetzungen zusammentreffen, damit eine von der Staatskasse gegenüber dem Beschuldigten oder Betroffenen erklärte Aufrechnung dem Anwalt gegenüber unwirksam ist.
A. **Anspruch der Staatskasse.** Sie muß aus demselben oder einem anderen Verfahren einen fälligen Anspruch haben, Nürnb JB **90**, 1167. Er mag sich auf eine Geldstrafe und/oder nur auf Kosten beziehen.

5 B. **Erstattungs- oder Honoraranspruch.** Der Beschuldigte oder Betroffene muß einen Anspruch gegen die Staatskasse aus diesem oder auch aus einem anderen Verfahren auf die Erstattung gerade von Anwaltskosten nach dem RVG oder BGB oder GKG als eines Teils der notwendigen Auslagen nach §§ 464 b, 464 a II Z 2 StPO haben, evtl in Verbindung mit §§ 105 ff OWiG. Der Anspruch muß im Zeitpunkt des Zugangs der Abtretungsanzeige beim Gericht oder der Verwaltungsbehörde nach Rn 6 schon und noch bestehen. Er muß fällig sein. Er darf auch bei einer Vereinbarung nach § 3 a die gesetzliche Vergütung nicht übersteigen, KG Rpfleger **92**, 38, Mü AnwBl **79**, 71. Er muß bezifferbar sein.
Unanwendbar ist S 1 auf einen Anspruch aus § 464 a II Z 1 StPO oder auf einen Haftentschädigungsanspruch, LG Saarbr RR **10**, 1648. Dann bleibt die Aufrechnung also voll möglich, AG Bbg JB **76**, 257 und 764.
Der *Anwalt* muß gegen den Beschuldigten oder Betroffenen einen Anspruch auf die Zahlung von Gebühren und/oder Auslagen haben, BVerfG NJW **09**, 2735, LG Bbg JB **76**, 1353, AG Bonn AnwBl **76**, 312. Der Anspruch muß auch durch eine Tätigkeit gerade in diesem Verfahren entstanden sein. Das setzt S 1 als selbstverständlich voraus, aM Nürnb JB **90**, 1533. Es muß sich um einen gesetzlichen Anspruch handeln. Ein vereinbartes höheres Honorar reicht nicht aus, KG Rpfleger **92**, 38 (zustm Hansens), Mü Rpfleger **79**, 76 (abl Chemnitz). Ein Anspruch des Beschuldigten oder Betroffenen auf die Erstattung eigener Auslagen gehört nicht hierher, LG Bbg JB **76**, 1353, AG Bbg AnwBl **76**, 257.

6 C. **Abtretung.** Der Beschuldigte oder Betroffene muß seinen Erstattungsanspruch nach Rn 4 an den Anwalt formwirksam nach § 398 BGB ganz oder teilweise nach Rn 1, 2 sachlichrechtlich wirksam abgetreten haben. Der Erstattungsanspruch des Auftraggebers muß gerade aus denjenigen Forderungen des Anwalts hervorgehen, die der Anwalt gegen den Auftraggeber hat, LG Bbg JB **76**, 1353.
Unzureichend ist eine bloße Befugnis zur Entgegennahme oder Einziehung auf Grund eines Erstattungsanspruchs oder gar eine solche in der Vollmachtsurkunde, Brschw NdsRpfl **85**, 147, KG AnwBl **80**, 379, Nürnb Rpfleger **15**, 600.

D. Abtretungszeitpunkt. Die Abtretung muß nach S 2 vor dem Zugang der Aufrechnungserklärung der Staatskasse erfolgt sein, so schon (je zum alten Recht). Düss JB **93**, 730, Schlesw JB **97**, 313, LG Mainz JB **01**, 93 (abl Wedel). Damit ist eine frühere Streitfrage geklärt. Das Wort „Urkunde" in S 2 belegt klar die Notwendigkeit der Schriftform. Die Urkunde mit der Anzeige des Beschuldigten oder Betroffenen von der Abtretung muß gerade von diesen Personen stammen. Eine Abtretungsmitteilung des Anwalts reicht also nicht. Die ausreichende Anzeige muß im Zeitpunkt der Aufrechnung (Zugang nach § 130 BGB und nicht schon bloße Aufrechenbarkeit nach § 389 BGB) bereits in den Akten vorliegen. Der bloße Eingang beim Aufrechnenden reicht noch nicht. Es empfiehlt sich daher für den Anwalt, die Abtretungsanzeige sogleich bei oder nach dem Auftragserhalt vorsorglich einzureichen. 7

Die *Beweislast* für eine solche Rechtzeitigkeit liegt beim Anwalt oder Auftraggeber. Der Anwalt muß die Abtretungsurkunde auch dann einreichen, wenn seine Prozeßvollmacht eine Ermächtigung zum Geldempfang umfaßt, KG Rpfleger **80**, 402. Freilich ist auch eine einwandfrei mit dem Original ersichtlich übereinstimmende Kopie „eine" Urkunde nach S 2, der nicht „die" Urkunde fordert. „In *den* Akten" meint aber nicht nur irgendwelche (Parallel-)Akten, sondern die Akten des betreffenden Verfahrens. Sonst würde sich S 2 mit „in Akten" begnügen, aM GS 28, 29. Zu spät wäre danach eine Abtretung erst nach der Aufrechnung.

E. Abtretungsgleicher Vorgang. LG Bln Rpfleger **80**, 119 setzt der Abtretung einen Auftrag zur Einziehung nebst einer Vollmacht zur freien Verfügung gleich. Ein solcher Vorgang läßt sich aber nur nach einer Prüfung der Umstände einer Abtretung gleichsetzen, KG AnwBl **80**, 379. 8

F. Aufrechnungserklärung. Die Staatskasse muß gegenüber dem Beschuldigten oder Betroffenen wegen eines Anspruchs aus demselben oder einem anderen Verfahren eine Aufrechnung erklärt haben. Zum Zeitpunkt Rn 7. Die Aufrechnung muß den Anforderungen der §§ 387 ff BGB entsprechen. Soweit der Aufrechnungsbetrag gegenüber dem Honoraranspruch höher ist, bleibt die Aufrechnung natürlich wirksam. 9

G. Vereitelung oder Beeinträchtigung. Die Aufrechnung nach Rn 9 muß gerade einen in diesem Verfahren schon und noch bestehenden Honoraranspruch des Anwalts nach Rn 5 und nicht etwa den an den Anwalt abgetretenen Erstattungsanspruch des Beschuldigten oder Betroffenen ganz oder teilweise vereiteln oder beeinträchtigen. Es genügt jede nicht ganz unerhebliche Art einer objektiven solchen Störung, um die Aufrechnung unwirksam zu machen, also jede Verschlechterung der Vermögenslage des Anwalts, BVerfG NJW **09**, 2735, KG NJW **79**, 2255, LG Bbg JB **76**, 1353. Es genügt zB eine bloße Verzögerung des Zahlungseingangs oder die Notwendigkeit einer Vollstreckung, KG NJW **79**, 2255, oder ein bloßes Ratenzahlungsangebot des Auftraggebers oder dessen Stundungsbitte. Denn auch durch sie kann es zumindest unsicher werden, ob der Anwalt unter diesen Umständen den Auftraggeber trotz seiner Abtretung dennoch in Anspruch nehmen könnte. Die Lage muß nicht für den Anwalt unzumutbar geworden sein. 10

Der Anwalt muß die Höhe seiner noch offenen Honorarforderung gerade aus diesem Verfahren und daher auch einen erhaltenen Vorschuß sowie die Vereitelung oder Beeinträchtigung seines Anspruchs beim Streit darlegen und *beweisen,* Bbg JB **77**, 1251 und 1576 (er müsse sie zumindest machen § 294 ZPO glaubhaft machen), aM GSchm 44 (Glaubhaftmachung genüge stets), GSEMM 10 (die bloße Angabe genüge. Aber es gelten sinnvollerweise die üblichen zivilprozessualen Beweislastregeln für diesen im Grunde vermögensrechtlichen Anspruch zumindest entsprechend). 11

Eine *Vereitelung oder Beeinträchtigung fehlt,* soweit der Auftraggeber und der Anwalt in einer nach § 3 a zulässigen Honorarvereinbarung festgelegt haben, daß sich der Anwalt bei einer etwaigen Aufrechnung der Staatskasse stets an den Auftraggeber halten kann, und soweit der Auftraggeber dann auch zahlungsfähig und zahlungswillig ist oder soweit der Auftraggeber dem Anwalt einen Vorschuß vereinbart haben und soweit dieser beitreibbar ist, Mümmler JB **76**, 713, aM, Schmidt AnwBl **75**, 336 (vgl aber Rn 2) oder soweit der Anwalt bereits befriedigt worden ist. Der Anwalt braucht sich aber nicht auf Ratenzahlungen einzulassen, AG Bbg AnwBl **76**, 257. 12

5) Verfahren, S 1, 2. Über eine Verweigerung der Zahlung der Staatskasse entscheidet einem Zivilverfahren das Gericht, Ffm JB **83**, 89, im Verfahren nach dem in 13

Rn 1 genannten § 30a EGGVG, Teil XII B dieses Buchs, das AG im Bezirk der zur Kosteneinziehung oder Anspruchsbefriedigung zuständigen Kasse, also nicht der Aufrechnungsstelle. Es entscheidet ohne die Notwendigkeit einer mündlichen Verhandlung durch einen zu begründenden Beschluß, den es den Beteiligten mitteilt. Vgl ferner § 462 a StPO, BGH Rpfleger **98**, 304.

14 **6) Rechtsmittel, S 1, 2.** Rechtsbehelfsbelehrung, Verstoß: §§ 12 c, 33 V 2, 52 IV 2. Gegen den Beschluß nach Rn 13 ist die Beschwerde und evtl die weitere Beschwerde nach § 83 GNotKG statthaft, Teil III dieses Buchs, Hbg AnwBl **86**, 42, KG NJW **79**, 225, Nürnb AnwBl **90**, 49.

Abschnitt 8. Beigeordneter oder bestellter Rechtsanwalt, Beratungshilfe

Vergütungsanspruch bei Beratungshilfe

44 ¹Für die Tätigkeit im Rahmen der Beratungshilfe erhält der Rechtsanwalt eine Vergütung nach diesem Gesetz aus der Landeskasse, soweit nicht für die Tätigkeit in Beratungsstellen nach § 3 Abs. 1 des Beratungshilfegesetzes besondere Vereinbarungen getroffen sind. ²Die Beratungshilfegebühr (Nummer 2500 des Vergütungsverzeichnisses) schuldet nur der Rechtsuchende.

Schrifttum: *Dörndorfer*, Kostenhilferecht für Anfänger, 6. Aufl 2014; *Dürbeck/ Gottschalk*, Prozess- und Verfahrenskostenhilfe, Beratungshilfe, 8. Aufl 2016; *Engels*, Prozeßkostenhilfe, 1990; *Friedrichs* NJW **95**, 617; *Gnisa* DRiZ **13**, 350 (Üb); *Greissinger*, Beratungshilfegesetz, 1990; *Groß*, Beratungshilfe, Prozeßkostenhilfe, Verfahrenskostenhilfe 14. Aufl 2017 (Bespr *Lissner* Rpfleger **16**, 447); *Hellstab* Rpfleger **16**, 523 (Rspr-Üb); *Hünneken*, Kostenabwicklung … bei Prozeßkostenhilfe, 3. Aufl 2002; *Hundt*, Prozesskosten- und Beratungshilfe, 2008; *Jungbauer*, Die Reform der Prozesskostenhilfe, 2014; *Kammeier* Rpfleger **98**, 503 (Üb); *Kilian* AnwBl **14**, 46; *Klose* DRiZ **11**, 244 (je: Üb); *Künzl/Koller*, Prozeßkostenhilfe usw, 2. Aufl 2003; *Lissner* Rpfleger JB **13**, 539 (Üb); *Lissner/Dietrich/Eilzer/Germann/Kessel*, Beratungshilfe mit Prozesskosten- und Verfahrenskostenhilfe, 2. Aufl 2014; *Möbius*, Das Prinzip der Rechtsschutzgleichheit im Recht der Prozesskostenhilfe, 2013; *Nickel* MDR **17**, 499 (Rspr-Üb); *Poller/Hörtl/Kopf*, Gesamtes Kostenhilferecht, 3. Aufl 2017; *Reckin* AnwBl **13**, 889 (Üb); *Schneider* NZFam **16**, 977 (Üb); *Timme* NJW **13**, 3057 (Üb); *Vallender*, Beratungshilfe, 1990; *Walters*, Leitfaden der Beratungs- und Prozeßkostenhilfe im Europäischen Wirtschaftsraum, 1997; *Zimmermann*, Straf- und Verfahrenskostenhilfe insbesondere in Familiensachen, 5. Aufl 2016 (Bespr *Christl* FamRZ **16**, 876, *Felix* Rpfleger **16**, 683).

Gliederung

1) Systematik, S 1, 2	1
2) Regelungszweck, S 1, 2	2
3) Sachlicher Geltungsbereich, S 1, 2	3, 4
4) Persönlicher Geltungsbereich, S 1, 2	5–8
A. Grundsatz: Vergütung ohne Beiordnung	6
B. Festgebühr gegen Auftraggeber	7
C. Sonstiger Vergütungsanspruch gegen Landeskasse	8
5) Kostenschuldner, S 1, 2	9, 10
A. Landeskasse, S 1	9
B. Rechtssuchender, S 2	10
6) Erstattungspflicht des Gegners, S 1, 2	11, 12
7) Formular und -zwang, S 1, 2	13

1 **1) Systematik, S 1, 2.** Für die Fälle einer Beiordnung des Anwalts im Weg einer Prozeßkostenhilfe im Zivilprozeß nach §§ 114 ff ZPO und den ihm gebührenrechtlich gleichgestellten anderen gerichtlichen Verfahren zB nach § 76 FamFG kann man die Anwaltsvergütung den Vorschriften der §§ 45 ff entnehmen. Demgegenüber enthalten § 44, VV 2500 eine Regelung der Vergütung des Anwalts oder desjenigen Rechtsbeistands, der Mitglied einer Anwaltskammer ist, LG Münst Rpfleger **90**, 27,

Abschn. 8. Beigeordneter oder bestellter RA, Beratungshilfe § 44 RVG

der im Rahmen einer außergerichtlichen Beratungshilfe tätig wird, Köln RR **11**, 1295. Sie gilt freilich nicht abschließend. Vgl zB wegen einer Angelegenheit des Arbeits- oder Sozialrechts in Niedersachsen die VO vom 5. 1. 83, NdsRpfl 6, abgedruckt AnwBl **83**, 117. Sie hat nach § 44 S 1 Hs 2 Vorrang. Ihr § 7 lautet:

VO § 7. [I] **Die Beratungshilfe ist für den Rechtsuchenden unentgeltlich.**

[II] **Der RA wird seinen Anspruch auf die gesetzliche Vergütung nur dann gegenüber dem Rechtsuchenden geltend machen, wenn dieser von seinem Gegner auf einen etwaigen Kostenerstattungsanspruch die angefallenen Rechtsanwaltsgebühren bereits erhalten hat, oder dem Rechtsuchenden aufgrund der anwaltlichen Tätigkeit ein so erheblicher Vermögenswert zugeflossen ist, daß die Voraussetzungen des § 1 Abs. 1 Nr. 1 nicht mehr vorliegen.**

[III] [1] **RAe die sich an der Beratungshilfe beteiligen, werden für ihre Tätigkeit eine Vergütung aus Mitteln der Justizverwaltung erhalten, sobald die haushaltsrechtlichen Voraussetzungen dafür gegeben sind.** [2] **Die Höhe der Vergütung und das Verfahren bei ihrer Auszahlung werden dann gesondert geregelt.**

2) Regelungszweck, S 1, 2. §§ 45 ff bezwecken eine angemessene, differenzierte **2** und doch nicht zu komplizierte Vergütung des Anwalts auf dem Gebiet der Beratungshilfe, das ähnlich der Prozeßkostenhilfe als eine Folge staatlicher Fürsorgeaufgaben dem freiberuflichen Anwalt eine Fülle teils schwieriger und oft undankbarer Aufgaben gegenüber einer Gruppe solcher Menschen auferlegt, die sich nicht leicht behandeln lassen. Das alles muß man bei der Auslegung mitbeachten.

3) Sachlicher Geltungsbereich, S 1, 2. Bundesrechtliche Grundlage ist das **3** BerHG. Es basiert unter anderem auf der Sozialstaatsverpflichtung des Art 20 I GG. Es gilt auch für Ausländer, Deumeland JB **93**, 707. Es hat als ein Bundesgesetz auf dem Gebiet der konkurrierenden Gesetzgebung nach Art 74 Z 1 GG den Vorrang vor Länderregelungen, vgl Art 72 GG. § 2 II 1 BerHG ermöglicht auch eine Beratungshilfe in Angelegenheiten, für deren Entscheidung die Gerichte für Arbeitssachen zuständig sind. Es besteht in § 12 für die Länder, Berlin, Bremen und Hamburg folgende Sonderregelung:

BerHG § 12. [Sonderregelung für Bremen, Hamburg und Berlin]. [I] **In den Ländern Bremen und Hamburg tritt die eingeführte öffentliche Rechtsberatung an die Stelle der Beratungshilfe nach diesem Gesetz, wenn und soweit das Landesrecht nichts anderes bestimmt.**

[II] **Im Land Berlin hat der Rechtsuchende die Wahl zwischen der Inanspruchnahme der dort eingeführten öffentlichen Rechtsberatung und Beratungshilfe nach diesem Gesetz, wenn und soweit das Landesrecht nichts anders bestimmt.**

[III, IV] ...

Das Gesetz enthält mit dieser Regelung *kein Verbot Öffentlicher Rechtsauskunfts- oder* **4** *Beratungsstellen* usw auf Grund von Landes- oder Gemeinderecht, etwa der Lübecker Stelle, AV vom 4. 8. 49, SchlHA 276, und vom 17. 12. 52, SchlHA **53**, 9. Solche Institutionen unterfallen aber nicht dem BerHG. Der vor ihnen tätige Anwalt erhält Gebühren jedenfalls nicht nach § 44, VV 2500ff, sondern evtl zB nach VV 2302 oder nach VV 2300.

4) Persönlicher Geltungsbereich, S 1, 2. Die Vorschrift gilt für den Anwalt und **5** für seinen Vertreter nach § 5, aber evtl nicht für den Rechtsbeistand, (je zum alten Recht) LG Bielef Rpfleger **89**, 202 (abl Feuerich), aM EGH Mü AnwBl **82**, 447, LG Münst Rpfleger **90**, 24, GS 2. Der folgende Grundsatz hat zwei Hauptauswirkungen.

A. Grundsatz: Vergütung ohne Beiordnung. Das Vergütungssystem nach dem **6** BerHG weicht sowohl von demjenigen für die Prozeß- oder Verfahrenskostenhilfe nach §§ 114ff ZPO, 76 FamFG als auch von demjenigen des sonstigen RVG ab. Das muß man beachten, um am die volle Vergütungsanspruch zu erfassen, der dem Anwalt im Rahmen seiner Tätigkeit nach dem BerHG zusteht.

Der Anwalt wird *nicht beigeordnet*. Dennoch bestehen nach § 16 I BORA eine Berufspflicht, bei einem begründeten Anlaß auf die Möglichkeit einer Beratungshilfe hinzuweisen, und nach § 49a S 1 BRAO eine grundsätzliche Pflicht zur Übernahme

1649

der Beratungshilfe. Derjenige Anwalt, an den sich eine Partei mit oder ohne einen Berechtigungsschein wendet, darf seine Tätigkeit nach § 49 a S 2 BRAO nur aus einem wichtigen Grund ablehnen, Meyer JB **11**, 123.

7   B. **Festgebühr gegen Auftraggeber.** Vgl VV 2500. § 11 ist unanwendbar, AG Mainz Rpfleger **85**, 342 (zum alten Recht).

8   C. **Sonstiger Vergütungsanspruch gegen Landeskasse.** VV 2501 ff geben weitere Vergütungsansprüche des Anwalts, und zwar nicht gegenüber dem Auftraggeber, sondern gegenüber der Landeskasse. Voraussetzung ist ein Berechtigungsschein zugunsten des Auftraggebers, Stgt FamRZ **09**, 1243. Diese Vergütungsansprüche bestehen also auch, soweit der Auftraggeber diejenige Festgebühr nach VV 2500 schuldet oder gezahlt hat, die der Anwalt ihm nicht erlassen durfte, oder soweit eine Vollstreckung wegen dieser Festgebühr erfolglos war oder sein dürfte.

9   **5) Kostenschuldner, S 1, 2.** Es gelten zwei gegensätzliche Prinzipien.
    A. **Landeskasse, S 1.** Grundsätzlich ist Kostenschuldner nach S 1 Hs 1 die Landeskasse, soweit nicht nach Hs 2 andere Stellen vorrangig haften.

10 B. **Rechtsuchender, S 2.** Für die Gebühr VV 2500 haftet nur der Rechtsuchende. Der Anwalt kann sie erlassen, Klier NZS **04**, 470.

11 **6) Erstattungspflicht des Gegners, S 1, 2.** Hierzu bestimmt

    BerHG § 9. [Kostenersatz durch Gegner]. ¹Ist der Gegner verpflichtet, dem Rechtsuchenden die Kosten der Wahrnehmung seiner Rechte zu ersetzen, hat er für die Tätigkeit der Beratungsperson die Vergütung nach den allgemeinen Vorschriften zu zahlen. ²Der Anspruch geht auf die Beratungsperson über. ³Der Übergang kann nicht zum Nachteil des Rechtsuchenden geltend gemacht werden.

12 **Bem.** Der Anwalt kann im Rahmen einer Beratungshilfe Ansprüche *gegen drei Schuldner* erhalten: Gegen den Auftraggeber; gegen die Landeskasse; gegen den Prozeßgegner des Auftraggebers.

13 **7) Formular und -zwang, S 1, 2.** Hierzu bestimmt

    BerHG § 11. [Vordrucke]. Das Bundesministerium der Justiz und für Verbraucherschutz wird ermächtigt, zur Vereinfachung und Vereinheitlichung des Verfahrens durch Rechtsverordnung mit Zustimmung des Bundesrates Formulare für den Antrag auf Gewährung von Beratungshilfe und auf Zahlung der Vergütung der Beratungsperson nach Abschluß der Beratungshilfe einzuführen und über deren Verwendung vorzuschreiben.

    Vorbem. Änderg dch Art 140 VO v 31. 8. 15, BGBl 1474, in Kraft seit 8. 9. 15, Art 627 I VO.

    Vgl die BerHFV v. 2. 1. 14, BGBl 2, in Kraft seit 9. 1. 14, § 4 S 1 BerHFV. Sie ersetzt die frühere BerHVV, § 4 S 2 BerHFV.

Vergütungsanspruch des beigeordneten oder bestellten Rechtsanwalts

45 ¹ Der im Wege der Prozeßkostenhilfe beigeordnete oder nach § 57 oder § 58 der Zivilprozessordnung zum Prozeßpfleger bestellte Rechtsanwalt erhält, soweit in diesem Abschnitt nichts anderes bestimmt ist, die gesetzliche Vergütung in Verfahren vor Gerichten des Bundes aus der Bundeskasse, in Verfahren vor Gerichten eines Landes aus der Landeskasse.

II Der Rechtsanwalt, der nach § 138 des Gesetzes über das Verfahren in Familiensachen und in den Angelegenheiten der freiwilligen Gerichtsbarkeit, auch in Verbindung mit § 270 des Gesetzes über das Verfahren in Familiensachen und in den Angelegenheiten der freiwilligen Gerichtsbarkeit, nach § 109 Absatz 3 oder § 119a Absatz 6 des Strafvollzugsgesetzes beigeordnet oder nach § 67a Abs. 1 Satz 2 der Verwaltungsgerichtsordnung bestellt ist, kann eine Vergütung aus der Landeskasse verlangen, wenn der zur Zahlung Verpflichtete (§ 39 oder § 40) mit der Zahlung der Vergütung im Verzug ist.

Abschn. 8. Beigeordneter oder bestellter RA, Beratungshilfe § 45 RVG

III ¹Ist der Rechtsanwalt sonst gerichtlich bestellt oder beigeordnet worden, erhält er die Vergütung aus der Landeskasse, wenn ein Gericht des Landes den Rechtsanwalt bestellt oder beigeordnet hat, im Übrigen aus der Bundeskasse. ²Hat zuerst ein Gericht des Bundes und sodann ein Gericht des Landes den Rechtsanwalt bestellt oder beigeordnet, zahlt die Bundeskasse die Vergütung, die der Rechtsanwalt während der Dauer der Bestellung oder Beiordnung durch das Gericht des Bundes verdient hat, die Landeskasse die dem Rechtsanwalt darüber hinaus zustehende Vergütung. ³Dies gilt entsprechend, wenn zuerst ein Gericht des Landes und sodann ein Gericht des Bundes den Rechtsanwalt bestellt oder beigeordnet hat.

IV ¹Wenn der Verteidiger von der Stellung eines Wiederaufnahmeantrags abrät, hat er einen Anspruch gegen die Staatskasse nur dann, wenn er nach § 364 b Abs. 1 Satz 1 der Strafprozessordnung bestellt worden ist oder das Gericht die Feststellung nach § 364 b Abs. 1 Satz 2 der Strafprozessordnung getroffen hat. ²Dies gilt auch im gerichtlichen Bußgeldverfahren (§ 85 Abs. 1 des Gesetzes über Ordnungswidrigkeiten).

V ¹Absatz 3 ist im Bußgeldverfahren vor der Verwaltungsbehörde entsprechend anzuwenden. ²An die Stelle des Gerichts tritt die Verwaltungsbehörde.

Schrifttum: Vgl bei § 44.

Gliederung

1) **Systematik, I–V**	1
2) **Regelungszweck, I–V**	2
3) **Persönlicher Geltungsbereich, I–V**	3–12
A. Rechtsanwalt	3
B. Nichtanwalt	4
C. Patentanwalt	5, 6
D. Beiordnung	7
E. Beispiele zur Frage einer Beiordnung, I–V	8
F. Bestellung	9
G. Beispiele zur Frage einer Bestellung, I–V	10
H. Vollmacht	11
I. Fehlen einer Vollmacht	12
4) **Sachlicher Geltungsbereich, I–V**	13–19
A. Tätigkeit innerhalb der Beiordnung oder Bestellung	13
B. Beispiele zur Frage einer Tätigkeit innerhalb der Beiordnung oder Bestellung, I–V	14–19
5) **Schuldner, I–V**	20–22
A. Staatskasse	20
B. Gegner	21
C. Mittelloser	22
6) **Vergütungshöhe, I–V**	23–26
7) **Fälligkeit, I–V**	27, 28
8) **Verjährung, I–V**	29
9) **Zurückzahlung, I–V**	30–32
10) **Anspruch gegen die Staatskasse, II**	33–37
A. Beiordnung oder Bestellung	33
B. Verzug	34–36
C. Verfahren	37
11) **Sonstige Bestellung oder Beiordnung, III**	38–43
A. Staatskasse, III 1	40
B. Bestellung oder Beiordnung durch mehrere Gerichte, III 2, 3	41–43
12) **Abraten von Wiederaufnahme, IV**	44, 45
13) **Bußgeldverfahren vor Verwaltungsbehörde, V**	46

1) Systematik, I–V. Der Anspruch des im Weg der Prozeß- oder Verfahrenskostenhilfe nach §§ 114 ff ZPO, §§ 76 ff FamFG oder nach § 12 in Verbindung mit § 11 a ArbGG, Teil II A dieses Buchs, oder mit § 4 a II InsO oder nach §§ 57, 58 ZPO oder §§ 138, 270 FamFG oder nach §§ 109 III, 119 VI StVollzG oder nach § 67 a I 2 VwGO oder sonstwie gerichtlich bestellten oder beigeordneten Anwalts gegen die Staatskasse ist öffentlichrechtlich, Ffm FamRZ **88**, 1184, KG Rpfleger **88**, 122. Ihn regeln teils § 45, teils § 47 und wegen des Umfangs einer Beiordnung § 48, wegen der Höhe §§ 49, 50. Die Festsetzung regelt § 55. §§ 56, 57 regeln Rechtsmit-

RVG § 45 X. Rechtsanwaltsvergütungsgesetz

tel. Eine Anrechenbarkeit kann sich aus § 58 ergeben. Einen Anspruchsübergang regelt § 59.
Beim von der *Staatsanwaltschaft* nach § 163 III 2 StPO oder vom *Bundesamt für Justiz* nach §§ 53, 87e IRG bestellten Zeugenbeistand gilt vorrangig § 59a.
Zur Ungenauigkeit des *Begriffs Vergütung* Chemnitz AnwBl **85**, 597. Er richtet sich direkt gegen die Staatskasse. Er hat seine Grundlage nur in § 45. Der ordentliche Rechtsweg ist nach § 55 unstatthaft. Das gilt auch für den Rechtsnachfolger des beigeordneten Anwalts.

2   **2) Regelungszweck, I–V.** Die Vorschrift wirkt bei der Durchführung der ähnlich wie bei der Prozeßkostenhilfe stattfindenden Fürsorge des Staats, LAG Hamm MDR 97, 405. Sie bezweckt eine Klarstellung, wer dem bestellten oder beigeordneten Anwalt haftet. Sie dient also der Klärung des Kostenschuldners.

3   **3) Persönlicher Geltungsbereich, I–V.** Es müssen die folgenden Voraussetzungen zusammentreffen.
A. Rechtsanwalt. Der Vergütungsanspruch steht nur einem Anwalt zu. Er muß also zur Anwaltschaft zugelassen sein. Er kann sich durch seinen allgemeinen Vertreter nach § 5 vertreten lassen. Soweit das geschieht, entsteht der Vergütungsanspruch grundsätzlich für den bestellten oder beigeordneten Anwalt nach § 5 Rn 9 und nicht für seinen Vertreter. Von dieser Regel gilt für denjenigen Anwalt eine Ausnahme, den das Gericht nach § 121 III ZPO, § 76 FamFG zur Wahrnehmung eines Termins zur Beweisaufnahme vor dem ersuchten Richter oder zur Vermittlung des Verkehrs mit dem ProzBev nach § 81 ZPO beigeordnet hat. Im übrigen kann sich der bestellte oder beigeordnete Anwalt auf Grund einer Vollmacht des Auftraggebers vertreten lassen, soweit nicht ein gesetzlicher Anwaltszwang engere Grenzen setzt. Er muß dann den Vertreter aus eigenen Mitteln vergüten.

4   **B. Nichtanwalt.** Das Gericht kann einen Prozeßagenten oder einen Rechtsbeistand nicht als einen Vertreter des Mittellosen beiordnen. Denn § 121 II ZPO, § 76 FamFG lassen nur die Beiordnung eines Anwalts zu. Daher entsteht für denjenigen Parteivertreter vor dem ArbG, der kein Anwalt ist, jedenfalls grundsätzlich kein Vergütungsanspruch nach §§ 45ff. Davon kann nach Rn 8 auf Grund einer fälschlichen Beiordnung wegen ihrer Wirkung als ein Staatshoheitsakt nach BLAH Üb 10 vor § 300 ZPO eine Ausnahme gelten, Düss JB **83**, 715. Auch ein Nur-Notar, Hochschullehrer oder ausländischer Anwalt ist wie ein Rechtsbeistand nicht geeignet, ein beigeordneter Anwalt zu werden. Über einen Patentanwalt Rn 5, 6 und BLAH Einf 7 vor § 121 ZPO. Der durch die Prozeß- oder Verfahrenskostenhilfe unterstützte Mittellose erlangt keinen Anspruch nach §§ 45ff.

5   **C. Patentanwalt.** Man muß drei Fallgruppen unterscheiden.
– *Patentsache.* Im Verfahren vor dem Patentamt, dem Patentgericht und dem BGH kann ein Beteiligter eine Verfahrenskostenhilfe nach §§ 129–142 PatG, § 12 II GebrMG, § 36 SortenschutzG erhalten. Die Vorschriften sehen vielfach eine entsprechende Anwendung der §§ 114ff ZPO vor.

6   – *Patentstreitsache.* Für den Patentanwalt bestimmt in einer Patentstreitsache vor einem ordentlichen Gericht das Gesetz über die Beiordnung von Patentanwälten bei Prozeßkostenhilfe:

PatAnwBeiOG § 1. ¹ Wird in einem Rechtsstreit, in dem ein Anspruch aus einem der im Patentgesetz, im Gebrauchsmustergesetz, im Halbleiterschutzgesetz, im Markengesetz, im Gesetz über Arbeitnehmererfindungen, im Designgesetz oder im Sortenschutzgesetz geregelten Rechtsverhältnisse geltend gemacht wird, einer Partei Prozeßkostenhilfe bewilligt, so kann ihr auf Antrag zu ihrer Beratung und zur Unterstützung des Rechtsanwalts ein Patentanwalt beigeordnet werden, wenn und soweit es zur sachgemäßen Rechtsverfolgung oder Rechtsverteidigung erforderlich erscheint.

II Das gleiche gilt für sonstige Rechtsstreitigkeiten, soweit für die Entscheidung eine Frage von Bedeutung ist, die ein Patent, ein Gebrauchsmuster, den Schutz einer Topographie, eine Marke oder ein sonstiges nach dem Markengesetz geschütztes Kennzeichen, ein eingetragenes Design, eine nicht geschützte Erfindung oder eine sonstige die Technik bereichernde Leistung, einen Sorten-

Abschn. 8. Beigeordneter oder bestellter RA, Beratungshilfe § 45 RVG

schutz oder eine nicht geschützte, den Pflanzenbau bereichernde Leistung auf dem Gebiet der Pflanzenzüchtung betrifft, oder soweit für die Entscheidung eine mit einer solchen Frage unmittelbar zusammenhängende Rechtsfrage von Bedeutung ist.
III Die Vorschriften des § 117 Abs. 1, des § 119 Abs. 1 Satz 1, des § 121 Abs. 2 und 3, des § 122 Abs. 1 Nr. 1 Buchstabe b und Nr. 3 und der §§ 124, 126 und 127 der Zivilprozeßordnung gelten entsprechend.

G § 2. Auf die Erstattung der Gebühren und Auslagen des beigeordneten Patentanwalts sind die Vorschriften des Rechtsanwaltsvergütungsgesetzes, die für die Vergütung bei Prozesskostenhilfe gelten, sinngemäß mit folgenden Maßgaben anzuwenden:
1. Der Patentanwalt erhält eine Gebühr mit einem Gebührensatz von 1,0 und, wenn er eine mündliche Verhandlung oder einen Beweistermin wahrgenommen hat, eine Gebühr mit einem Gebührensatz von 2,0 nach § 49 des Rechtsanwaltsvergütungsgesetzes,
2. Reisekosten für die Wahrnehmung einer mündlichen Verhandlung oder eines Beweistermins werden nur ersetzt, wenn das Prozessgericht vor dem Termin die Teilnahme des Patentanwalts für geboten erklärt hat.

– *Beigeordneter Vertreter.* Nach § 2 G vom 7. 9. 66, BGBl 557, 585, zuletzt geändert dch Art 5 XV G vom 10. 10. 13, BGBl 3799, sind die für Prozeßkostenhilfe geltenden Vorschriften des RVG auf den beigeordneten Patentanwalt mit den Einschränkungen Z 1, 2 entsprechend anwendbar.

D. Beiordnung. Den Anwalt mag ich I–IV das Gericht oder bei V eine Verwaltungsbehörde aus wirtschaftlichen Erwägungen beigeordnet haben, Karlsr FamRZ **96**, 1448. Das ist zwar begrifflich etwas anderes als eine „Bestellung" nach Rn 9. Der Sache nach gibt es aber kaum Unterschiede. Eine Beiordnung kann erfolgt sein auch nach §§ 121 ff ZPO, § 12 in Verbindung mit § 4a II InsO, LG Hann AnwBl **85**, 596, nach § 11a ArbGG, nach § 48 I Z 1 BRAO oder nach entsprechenden Vorschriften anderer Verfahrensordnungen, etwa nach (jetzt) §§ 138, 270 FamFG, Bbg JB **85**, 1419, Hamm AnwBl **83**, 34, Zweibr Rpfleger **85**, 505, oder nach §§ 109 III, 119 VI StVollzG oder nach § 142 FGO oder nach § 73a SGG oder nach §§ 67a I 2, 166 VwGO. 7

E. Beispiele zur Frage einer Beiordnung, I–V 8
Antrag: Der bloße Beiordnungsantrag einer Partei führt natürlich noch nicht automatisch zu einer Beiordnung, und zwar auch dann nicht, wenn das Gericht den Antrag übersehen hatte.
Aufhebung der Prozeßkostenhilfe: S „Bewilligung", „Rückwirkung".
Bedingung: Eine Bedingung der Beiordnung ist grds unstatthaft und unwirksam, aM RS 21. Davon muß man eine Ausnahme bei einer Beschränkung der Beiordnung auf die Bedingungen eines im Bezirk des Prozeßgerichts Niedergelassenen machen, BLAH § 121 ZPO Rn 62.
Beweisanwalt: Es gelten dieselben Regeln wie beim ProzBev nach § 81 ZPO. Der Beweisanwalt braucht für eine Vergütung aus der Staatskasse wegen eines Vergleichs eine entsprechend ausgeweitete Beiordnung, KG JB **95**, 420, aM Düss AnwBl **83**, 187.
Bewilligung: Ein Beschluß mit der Bewilligung einer Prozeß- oder Verfahrenskostenhilfe ist weder stets erforderlich noch anstelle der allein maßgebenden Beiordnung ausreichend. Das gilt trotz der praktischen Verknüpfung beider Maßnahmen. Selbst eine Aufhebung der Bewilligung nach § 124 ZPO, § 76 FamFG beendet nicht stets die Beiordnung. Das gilt wiederum trotz der praktischen Verbindung auch dieser beiden Maßnahmen.
Eigene Sache: Eine Beiordnung kann theoretisch auch in einer eigenen Sache des Anwalts erfolgen, Mü AnwBl **81**, 507, praktisch aber kaum, aM KG NJW **09**, 2754 (läßt offen, ob fehlerhaft).
Fehler: Auch eine fehlerhafte Beiordnung etwa ohne die vorherige Bewilligung einer Prozeßkostenhilfe kann nach Rn 4 einen Anspruch nach (jetzt) § 56 auslösen, Mü MDR **86**, 242, Schlesw JB **91**, 227. Unschädlich ist zB die Beiordnung durch

den Rpfl statt durch den Richter oder ohne einen Antrag, Zweibr Rpfleger **02**, 627, oder ohne eine Notwendigkeit, Zweibr Rpfleger **95**, 364. Das gilt freilich *nicht* bei einem so schweren Verstoß daß der Staatsakt der Beiordnung nichtig ist, BLAH Üb 14 vor § 300 ZPO.
Form: Die Beiordnung erfordert einen Beschluß. Ihn kann auch das Beschwerdegericht treffen, Köln Rpfleger **83**, 124, LSG Erfurt JB **00**, 669. Die Beiordnung kann nicht stillschweigend erfolgen, vgl § 48 IV, Hamm JB **98**, 643, Kblz AnwBl **98**, 218.
S auch „Mitteilung".
Gesetzlicher Vertreter: Ihn darf das Gericht beiordnen, soweit er eben ein Anwalt ist.
Mitteilung: Die bloße Mitteilung des erforderlichen ausdrücklichen Beiordnungsbeschlusses kann dann formlos erfolgen, Zweibr JB **80**, 1204, auch telefonisch oder durch ein Telefax, sogar durch eine Überlassung der Akte zur Einsicht.
Nicht genügt zur Mitteilung eine bloße Ladung.
Nebenkläger: Zu seiner Vertretung darf das Gericht beiordnen, BGH NJW **11**, 2968.
Notanwalt: Den Notanwalt nach §§ 78 b, c ZPO ordnet das Gericht nach III 1 bei. Daran ändert sich nichts durch sein Vorschußrecht nach § 78 c II ZPO. Denn I ist eindeutig.
Rechtsmittel: Gegen die Beiordnung hat der Anwalt grds kein Rechtsmittel, Düss JB **86**, 298.
Rückwirkung: Die Beiordnung kann rückwirkend erfolgen, BGH **82**, 446, wie bei § 119 ZPO, BLAH dort Rn 10ff, strenger Köln FamRZ **97**, 683. Das darf freilich nur mit dem Einverständnis des beigeordneten Anwalts geschehen. Eine Beiordnung gilt mangels einer klaren Rückwirkung erst ab der Bekanntgabe an den Beigeordneten.
Eine *Aufhebung* der Prozeßkostenhilfe nach § 124 ZPO beendet zwar auch die Beiordnung, aber *nicht* rückwirkend, Düss AnwBl **83**, 94.
Sozius: Nur der nach § 121 ZPO beigeordnete Sozius kann die Vergütung fordern. Das gilt auch dann, wenn er einen anderen Sozius unterbeauftragt hatte, Düss AnwBl **91**, 223.
Terminsvertreter: Er kann je nach dem Ausmaß seiner Tätigkeit alle Gebühren nach VV 4001 ff verlangen können, Nürnb AnwBl **15**, 183 links.
Umfang: Über den Umfang einer Beiordnung § 48.
Unterauftrag: S „Sozius".
Verkehrsanwalt: Es gelten dieselben Regeln wie beim ProzBev nach § 81 ZPO. Der Verkehrsanwalt braucht für eine Vergütung aus der Staatskasse wegen eines Vergleichs keine entsprechende ausgeweitete Beiordnung, KG JB **95**, 420, aM Düss AnwBl **83**, 187.
Verstoß: S „Fehler".
Wirkung: Die Beiordnung bewirkt grds kein besonderes Gewaltverhältnis zwischen der Justizverwaltung und dem beigeordneten Anwalt, Karlsr FamRZ **96**, 1428. Sie bewirkt daher auch keine Weisungsgebundenheit des letzteren, Kleinwegener FamRZ **90**, 1065. Deshalb berührt sie auch nicht die Freiheit der Ausübung des Anwaltsberufs, Hamm AnwBl **75**, 95. Sie verpflichtet den Anwalt nur dann zur Tätigkeit, wenn die Partei keinen zur Vertretung bereiten Anwalt findet, BLAH § 121 ZPO Rn 79.
S auch „Rückwirkung".

9 **F. Bestellung.** Das Gericht mag statt einer Beiordnung eine Bestellung des Anwalts nach §§ 57, 58 ZPO, §§ 140ff StPO, §§ 138, 270 FamFG, § 67a I 2 VwGO vorgenommen haben, Düss AnwBl **91**, 410.

10 **G. Beispiele zur Frage einer Bestellung, I–V**
Von Amts wegen: Es ist unerheblich, ob das Gericht den Anwalt von Amts wegen oder auf einen Antrag bestellt hat.
Antrag: Es ist unerheblich, ob das Gericht den Anwalt von Amts wegen oder auf einen Antrag bestellt hat.
Anwaltstätigkeit: Die Bestellung muß sich gerade auf die Tätigkeit als Anwalt richten. Es ist dann unerheblich, ob die Bestellung auch noch einen anderen Zweck als die Verteidigung erfaßt.

Abschn. 8. Beigeordneter oder bestellter RA, Beratungshilfe § 45 RVG

Bedingung: Das Gericht kann den Anspruch nach III nicht durch solche Bedingungen wirksam einschränken oder ausschließen, die es der Bestellung beifügt, Düss AnwBl **85**, 152, Ffm NJW **80**, 1704, Hamm AnwBl **82**, 214. Es kann also zB nicht einen zweiten Pflichtverteidiger mit der Maßgabe beiordnen, daß insgesamt nur eine Gebühr erstattet werde. Wenn der Verteidiger allerdings überraschend mitteilt, der Angeklagte habe ihn damit beauftragt, einen Rechtsmittelverzicht zu erklären, werden etwa abweichende vorangegangene Ausführungen des Verteidigers unerheblich.
S auch „Beschränkung".

Beschränkung: Das Gericht kann eine Bestellung zB auf einen Anhörtermin wegen eines Widerrufs der Bewährungsfrist oder auf eine ähnliche Einzeltätigkeit beschränken.
S auch „Rechtsmittelinstanz".

Einzeltätigkeit: S „Beschränkung".

Form: Die Bestellung kann anders als eine Beiordnung auch durch ein schlüssiges Verhalten des Gerichts erfolgen, (zum alten Recht) LG Kblz NJW **04**, 962.

Gerichtsfehler: Es ist unerheblich, ob die Nachricht von der Bestellung auf einem Gerichtsfehler beruht, solange der Bestellte gutgläubig bleibt.

Niederlegung: Wegen einer Niederlegung des Mandats erst während der Hauptverhandlung LG Ffm Rpfleger **82**, 238.

Prozeßpfleger: I gilt auch für den nach §§ 57, 58 ZPO bestellten Prozeßpfleger.

Rechtsgrund: Der Rechtsgrund der Bestellung ist unerheblich. Maßgebend ist allein die Tatsache einer Bestellung.
S auch „Gerichtsfehler".

Rechtsmittelinstanz: Die Bestellung gilt über die Instanz hinaus, auch für die Beschwerde, die Rechtsbeschwerde, die Berufung und die Revision. Das ist auch dann so, wenn eine Revision unzulässig wäre, wenn das Gericht aber über diese Frage noch entscheiden muß. Sie gilt ferner für die Anfertigung der Revisionsbegründung oder der Revisionsbeantwortung. Denn auch diese Maßnahmen gehören zur notwendigen Verteidigung. Sie gilt weiter für eine Tätigkeit im Haftprüfungstermin des Revisionsverfahrens.
Das Gericht kann die Bestellung auch für die mündliche *Verhandlung* im Revisionsverfahren vornehmen. Es kann die Bestellung dann auf den ersten Rechtszug beschränken, falls es sich nicht um eine notwendige Verteidigung handelt.
S auch „Revisionsverhandlung".

Revisionsverhandlung: Die Bestellung gilt nach § 350 III StPO grds *nicht* für die mündliche Verhandlung im Revisionsverfahren, weil es dort keine notwendige Verteidigung gibt. Freilich kann das Gericht die Bestellung gerade auch auf diese Verhandlung erstrecken.

Rückwirkung: Die Bestellung gilt *grds ab ihrer Vornahme*.
Sie gilt jedoch nach III, § 141 III StPO *ausnahmsweise* ohne Rücksicht auf den Zeitpunkt ihres Erlasses auch für ein Vorverfahren, Kblz Rpfleger **81**, 246, Stgt JB **99**, 415 (Berufungsinstanz), vgl Rn 1 (stillschweigende Bestellung) und Rn 51, 52, oder wegen der Anreisekosten, Kblz JB **93**, 675, oder wegen einer Wahlverteidigertätigkeit vor einer Bestellung und Verbindung, Hamm JB **02**, 302.

Überflüssigkeit: *Unanwendbar* ist III soweit der Anwalt zwar formell innerhalb der Bestellung tätig wird, jedoch überflüssige oder wertlose Handlungen vornimmt.

Umfang: Die Bestellung ergibt grds, in welchem Umfang das Gericht den Anwalt bestellt. Sofern es keine Einschränkungen gemacht hat, gilt die Bestellung für die gesamte Verteidigung in ihrem gesetzlichen Umfang bis zur Rechtskraft der Entscheidung. Sie gilt evtl sogar für das Wiederaufnahmeverfahren bis zur Entscheidung über den Antrag. Die Bestellung hat denselben Umfang, soweit das Gericht den Anwalt nur für die Hauptverhandlung bestellt hat. Denn die StPO läßt eine Bestellung nur für einen einzelnen Prozeßabschnitt grds nicht zu.

Vermögensrechtlicher Anspruch: Die Bestellung gilt auch für einen im Strafverfahren erhobenen solchen Anspruch, Schlesw JB **98**, 22, strenger Celle JB **17**, 197.

Verordneter Richter: Die Bestellung gilt auch für einen Termin vor dem zB nach §§ 361, 362 ZPO beauftragten oder ersuchten Richter.

1655

RVG § 45　　　　　　　　　　　　　　　　　　　X. Rechtsanwaltsvergütungsgesetz

Vollmacht: Es ist unerheblich, ob der Beschuldigte eine Vollmacht zB nach § 80 ZPO erteilt.
Wahlverteidiger: *Unanwendbar* ist III auf den bloßen Wahlverteidiger Hbg MDR **76**, 952.

11　**H. Vollmacht.** Zur Anwaltseigenschaft und zur Beiordnung oder Bestellung muß grundsätzlich eine Vollmacht hinzutreten, um einen Vergütungsanspruch entstehen zu lassen, BGH **60**, 258, Zweibr JB **94**, 749. Denn die Partei hat die Freiheit der Wahl desjenigen Anwalts, den das Gericht ihr nach § 121 I–III ZPO, § 76 FamFG beiordnen soll. Nur dann, wenn die Partei keinen zur Vertretung bereiten Anwalt findet, erfolgt die Beiordnung oder Bestellung eines vom Gericht ausgewählten Anwalts. Auch das ändert aber nichts an der Notwendigkeit einer Vollmacht.
　　Die Vollmacht braucht *nicht schriftlich* zu erfolgen. Man kann sie auch stillschweigend erteilen. Sie liegt meist schon im eigenen Prozeß- oder Verfahrenskostenhilfeantrag. Der Antragsteller kann im eigenen Auftreten im Termin neben dem Anwalt liegen. Sie kann sich auch aus einer aktenkundigen Tätigkeit des Anwalts ergeben, LG Bln Rpfleger **78**, 270. Sie kann nachträglich erfolgen. Allerdings ergibt sie sich noch nicht aus einer allgemeinen Prozeßförderung durch den Anwalt oder stets aus einer auftraglosen Geschäftsführung, aM KG Rpfleger **85**, 39 (aber ein bestenfalls vermutbares Einverständnis ist noch keine erteilte Vollmacht). Eine Tätigkeit gegen den Willen des Nicht-Auftraggebers verhindert eine Vergütung. Das gilt unabhängig vom Beweggrund des Nicht-Auftraggebers und davon, ob seine Haltung nur einem Dritten bekannt war, BGH **138**, 287, es sei denn, der Anwalt handelte im übergeordneten öffentlichen Interesse nach § 679 BGB. Auch muß man Treu und Glauben mitbeachten, BGH NJW **90**, 2542.

12　**I. Fehlen einer Vollmacht.** Ohne eine Vollmacht liegt kein Vertragsverhältnis zB zum Mittellosen vor, BGH **60**, 258, Bbg JB **78**, 887. Der beigeordnete oder bestellte Anwalt hat dann einen Vergütungsanspruch gegen die Staatskasse noch nicht stets wegen seiner Bemühung um einen Auftrag und um eine Vollmacht, Bbg JB **78**, 886. Er hat einen Vergütungsanspruch damit vielmehr nur insoweit, als er auf Grund seiner Fürsorgepflicht für die begünstigte Partei eine unaufschiebbare Handlung vornimmt, KG Rpfleger **85**, 39. Er muß gewissenhaft prüfen, ob die Handlung unaufschiebbar ist. Unter dieser Voraussetzung handelt er als ein Geschäftsführer ohne Auftrag. Er erhält daher gegenüber der begünstigten Partei einen Vergütungsanspruch nach §§ 677 ff, 812 ff BGB, BGH **140**, 355, BAG BB **80**, 1428, KG AnwBl **85**, 218, auch schon nach § 674 BGB, Düss AnwBl **83**, 94, Kblz AnwBl **97**, 240, Zweibr Rpfleger **84**, 115. Das kann zB dann eintreten, wenn der Anwalt im Verhandlungstermin einen Sachantrag stellt, um den Erlaß eines Versäumnisurteils zu verhüten.

13　**4) Sachlicher Geltungsbereich, I–V.** Ein einfacher Grundsatz wirft viele Fragen auf.
　　A. Grundsatz: Tätigkeit innerhalb der Beiordnung oder Bestellung. Zur Anwaltseigenschaft, zur Beiordnung oder Bestellung und zur Vollmacht muß eine nach dem RVG gebührenpflichtige Tätigkeit nur oder zumindest auch gerade personell und sachlich im Rahmen der Beiordnung oder Bestellung und der Vollmacht hinzutreten, LG Mü AnwBl **84**, 508. Sie mag auch durch einen Vertreter nach § 5 erfolgen. Ausnahmsweise mag sogar die Tätigkeit eines nicht zu § 5 gehörenden Vertreters reichen, Stgt Rpfleger **96**, 83, LG Mainz MDR **97**, 406, LAG Halle AnwBl **95**, 561 und 562. Natürlich reicht erst recht die Tätigkeit eines anderen Mitglieds einer als solcher bevollmächtigten Sozietät, Düss JB **91**, 970, Ffm MDR **88**, 874. Auch die Tätigkeit eines Praxisabwicklers nach §§ 53 IX, 55 III BRAO reicht.

14　**B. Beispiele zur Frage einer Tätigkeit innerhalb der Beiordnung oder Bestellung, I–V**
　　Ablehnung der Tätigkeit: Dann entsteht *kein* Anspruch nach § 45, aM GSchm 39 (aber eine Tätigkeit ist die erste Anspruchsvoraussetzung).
　　Abtretung: Bei einer Abtretung des Vergütungsanspruchs muß man die Angabe derjenigen einzelnen Rechtsstreitigkeit fordern, für die ein Vergütungsanspruch entstanden sein soll. Man muß auch die Auszahlungsbehörde angeben. Bei einem künftigen Vergütungsanspruch ist wenigstens eine schon wirksam erfolgte Beiord-

nung oder Bestellung erforderlich. Daher ist eine Pfändung nach § 829 ZPO jedenfalls nicht zB für einen Anspruch „auf Auszahlung von Prozeß- oder Verfahrenskostenhilfekosten" oder „aus einer künftigen Beiordnung oder Bestellung" zulässig. Ein Pfändungsgläubiger kann nach § 55 vorgehen.

Anwaltsfehler: Der Anspruch ist zwar grds nicht von einem Erfolg der Tätigkeit des 15 beigeordneten oder bestellten Anwalts abhängig, Karlsr MDR **92**, 619. Wenn dieser aber wegen eines vertragswidrigen Verhaltens gegen seinen Auftraggeber auch beim Fehlen zB einer Prozeß- oder Verfahrenskostenhilfe keinen Anspruch hätte, erhält er auch keine Vergütung aus der Staatskasse, BVerwG Rpfleger **95**, 75, Karlsr MDR **92**, 619.

Aufrechnung: Den Anspruch nach (jetzt) § 45 berührt eine Aufrechnung des Kostenschuldners gegenüber dem Kostengläubiger (Prozeßgegner) nicht, AG Nürnb AnwBl **86**, 455.

Erfolg: S „Anwaltsfehler".

Erledigung der Hauptsache: Es entsteht dann *kein* Anspruch nach § 45, wenn der Anwalt eine schon vor der Bewilligung der Prozeß- oder Verfahrenskostenhilfe eingetretene Erledigung der Hauptsache nach § 91a ZPO dem Gericht nicht wie bei § 121 I 1 BGB unverzüglich angezeigt hat.

Erstattungsanspruch des Anwalts: Derjenige Anspruch des beigeordneten oder 16 bestellten Anwalts auf eine Erstattung seiner Vergütung durch den in die Kosten verurteilten Gegner, den sich der Anwalt zB nach § 126 I ZPO, § 76 FamFG auch auf den eigenen Namen festsetzen lassen kann, bleibt durch den Anspruch gegenüber der Staatskasse nach §§ 45ff unberührt.

Mehrheit von Schuldnern: Es besteht zwischen den Schuldnern solcher mehreren Ansprüche auch kein Gesamtschuldverhältnis. Der Anwalt kann jeden Schuldner in Anspruch nehmen. Wegen der Anrechnung der Zahlungen § 58 II.

Pfändung: Es gilt dasselbe wie bei Rn 14 „Abtretung". 17

Rückwirkung: Die Tätigkeit muß grds der Beiordnung oder Bestellung *zeitlich nachfolgen*, Schlesw JB **91**, 228, Zweibr JB **94**, 352, LG Nürnb-Fürth AnwBl **87**, 55. Sofern das Gericht den Anwalt allerdings mit einer Rückwirkung beigeordnet oder bestellt hat, kann auch die vor der Beiordnung oder Bestellung liegende Tätigkeit ausreichen. Eine Tätigkeit, die erst dem Zustandekommen des Auftrags dient, begründet grundsätzlich keinen Anspruch nach §§ 45 ff. Von dieser Regel gilt eine Ausnahme dann, wenn die Partei nach der Beiordnung oder Bestellung zunächst die Vollmacht erteilt hatte und wenn der Anwalt sie erst anschließend zur Erteilung der Information usw aufgefordert hat.

Im übrigen kann nach Rn 10–12 eine Tätigkeit nach der Beiordnung oder Bestellung, aber *vor der Vollmachtserteilung* ausreichen.

Verzicht: Ein Verzicht des beigeordneten oder bestellten Anwalts auf eine Zahlung 18 gegenüber dem Auftraggeber berührt nicht seinen Anspruch gegen die Staatskasse, KG Rpfleger **82**, 396. Er kann aber auch ihr gegenüber zumindest wegen einer noch nicht angefallener Vergütung wirksam verzichten, KG Rpfleger **82**, 396, Stgt FamRZ **02**, 1505, OVG Ffo NVwZ-RR **03**, 906.

Zahlungsunfähigkeit: Der Anspruch des beigeordneten oder bestellten Anwalts 19 gegen einen später zahlungsfähigen Auftraggeber bleibt vom Anspruch nach § 45 unberührt. Diesen Anspruch kann der Anwalt allerdings erst nach einer Aufhebung zB der Bewilligung der Prozeßkostenhilfe nach § 124 ZPO, § 76 FamFG geltend machen, Hbg MDR **85**, 941. Das gilt nur bei einer Erschleichung der Prozeß- oder Verfahrenskostenhilfe oder der Beiordnung nicht.

5) Schuldner, I–V. Man muß drei Beteiligte unterscheiden. Der Anwalt kann die 20 Reihenfolge einer Inanspruchnahme selbst bestimmen, aM Celle JB **84**, 1248 (aber das Gesetz enthält keine Rangfolge, auch nicht in § 59).

A. Staatskasse. Zur Zahlung der Vergütung nach §§ 45ff ist die Staatskasse unmittelbar als Kostenschuldnerin (Erstschuldnerin) Schuldnerin, Mü FamRZ **06**, 1461. Sie ist daher auch nicht ein bloßer Dritter nach § 14 I 4. Soweit es sich um ein Verfahren vor einem Bundesgericht handelt, ist die Bundeskasse Schuldnerin. Im übrigen ist die Landeskasse Schuldnerin. Im einzelnen ist diejenige Kasse zuständig, die für den Bezirk des beiordnenden Gerichts tätig wird, vgl auch § 5 KostVfg, Teil VII A dieses Buchs. Die zuständige Staatskasse kann eine Einwendung nur aus § 54 erheben, nicht aus dem Recht des zB durch die Prozeß- oder Verfahrenskostenhilfe Begünstigten. Der Anspruch des beigeordneten Anwalt bleibt auch dann bestehen, wenn der Anwalt auch einen Streitgenossen nach §§ 59 ff ZPO als Wahlanwalt vertritt, Düss MDR **97**, 1071, LG Frankenth MDR **97**, 208, RS 45, aM BGH NJW **93**, 1715, LG Bln RR **97**, 382 (aber dann liegen zwei selbständige Rechtsverhältnisse des Anwalts vor). Freilich erhöht sich dann der Anspruch gegen die Staatskasse auch nicht. Eine solche Erhöhung nach VV 1008 erfolgt erst bei einer Beiordnung für mehrere Begünstigte.

21 **B. Gegner.** Der beigeordnete oder bestellte Anwalt kann einen Vergütungsanspruch gegenüber dem nach §§ 91 ff ZPO, §§ 80 ff, 113 I 2 FamFG oder auf Grund eines Vergleichs auch wegen der Anwaltskosten erstattungspflichtigen Prozeßgegner des Auftraggebers haben, zB nach § 126 I ZPO. Das gilt, soweit der Vergütungsanspruch nicht schon nach § 59 auf die Staatskasse übergegangen ist. Eine Einrede aus der Person der Partei ist nach § 126 II 1 ZPO unstatthaft. Der Prozeßgegner kann nach § 126 II 2 ZPO mit solchen Kosten aufrechnen, die die Partei nach der in demselben Rechtsstreit über die Kosten erlassenen Entscheidung erstatten muß.

22 **C. Mittelloser.** Der beigeordnete Anwalt kann auch gegen den durch die Prozeß- oder Verfahrenskostenhilfe Begünstigten einen Anspruch haben, sei es auf Grund des Anwaltsvertrags vor oder nach der Beiordnung oder Bestellung mit einer Vollmacht nach Rn 10, 11, sei es auch nach Rn 12 ohne eine Vollmacht nach §§ 677 ff BGB. Das übersieht Mü FamRZ **06**, 1461. Freilich schränken § 122 I Z ZPO, § 76 FamFG die Geltendmachung ein. Soweit der Anwalt auch einen Streitgenossen oder Streithelfer des Mittellosen vertreten hat, können diese ihm natürlich ebenfalls haften.

23 **6) Vergütungshöhe, I–V.** Der Anspruch nach §§ 45 ff umfaßt die „gesetzliche Vergütung" für dasjenige Verfahren und dort für denjenigen Umfang, für den das Gericht den Anwalt nach § 48 beigeordnet oder bestellt hat. Die gesetzliche Vergütung umfaßt Gebühren und Auslagen, AG Aachen JB **05**, 475. Sie findet freilich nach § 49 Grenzen. Sie läßt sich ohne eine Zustimmung des beigeordneten oder bestellten Anwalts nicht beschränken, Oldb JB **95**, 138. Eine Beschränkung läßt sich nicht einseitig nachholen, Fischer JB **99**, 344. Auch der anstelle eines anderen Anwalts Beigeordnete oder Bestellte hat den vollen Vergütungsanspruch, Celle NJW **08**, 2511, Nürnb AnwBl **15**, 183 links. Soweit es nach VV nicht auf den Umfang oder Schwierigkeitsgrad der Tätigkeit des Wahlanwalts ankommt, gilt dasselbe auch beim beigeordneten oder bestellten Anwalt. Seine Beiordnung kann nicht wirksam zu einem nur eingeschränkten Vergütungsanspruch erfolgen, Karlsr JB **91**, 80. Umsatzsteuer kommt wie sonst infrage, KG NJW **09**, 2754 rechts oben. Ein Vorsteuerabzugsrecht der bedürftigen Partei ist für den Vergütungsanspruch unbeachtbar, Klüsener JB **17**, 2.

24 Dazu kann (jetzt) auch eine *Einigungsgebühr* nach VV 1000 zählen, BGH JB **88**, 1376, Düss (3. ZS) AnwBl **92**, 48, Zweibr Rpfleger **16**, 587 (auch zB eine Terminsgebühr), aM Düss (6. FamS) AnwBl **83**, 320 (abl Chemnitz). Die Beiordnung kann sinnvollerweise gerade auch für eine Einigung erfolgen).

Bei den Gebühren darf der Festsetzungsbeamte *nicht prüfen, ob der Anwalt sachgemäß gehandelt* hat. Andernfalls würde der Festsetzungsbeamte den Anwalt in seiner Entschlußfreiheit beeinträchtigen können, aM Düss (10. FamS) MDR **93**, 1132 und (11. ZS) MDR **93**, 584, Saarbr AnwBl **88**, 420 (vgl aber § 55).

25 Allerdings hat der beigeordnete oder bestellte Anwalt keinen Anspruch auf die Bezahlung solcher Gebühren, die er wegen einer offensichtlich *zwecklosen* oder gar unzulässigen Handlung entstehen ließ, Karlsr RR **87**, 63, Saarbr JB **05**, 484 (Treu und Glauben beachten), insbesondere etwa nur zur Erzielung von Einkünften, LAG Stgt BB **89**, 296 (aber Vorsicht! Grundsätzlich ist der Beiordnungs- oder Bestellungsumfang maßgebend, Düss MDR **89**, 827). (Jetzt) § 14 I ist anwendbar, Düss AnwBl **82**, 254, aM Mü Rpfleger **91**, 465 (nur eingeschränkt anwendbar. Aber man muß sich auf die Beiordnung oder Bestellung auch insofern verlassen können).

26 Bei *Auslagen* ist dagegen nach § 46 I eine Prüfung der Sachdienlichkeit erforderlich. Eine *Gebührenvereinbarung* der später begünstigten Partei mit dem damaligen Wahlanwalt vor dem Zeitpunkt seiner Beiordnung ist nach § 3a III 1 unerheblich.

Abschn. 8. Beigeordneter oder bestellter RA, Beratungshilfe   § 45 RVG

7) Fälligkeit, I–V. Sie richtet sich (jetzt) nach § 8, dabei nach den frühesten von 27
mehreren Fälligkeitsterminen, BGH RR **92**, 254, Köln JB **93**, 345, Mü AnwBl **85**,
597 (zustm Chemnitz). Zu den dort erörterten Gründen der Beendigung der Beiordnung oder Bestellung meist mit der Beendigung der Angelegenheit treten: Ein Vertretungsverbot; die Aufhebung der Beiordnung nach § 48 II BRAO und nicht erst das Instanzende, aM Hbg JB **91**, 233, oder gar die Rechtskraft, aM Bbg JB **90**, 1281, Hamm AnwBl **96**, 478.

Weiter zählen hierzu: Die Aufhebung der Bewilligung der Prozeß- oder Verfahrenskostenhilfe nach § 124 ZPO, § 76 FamFG; beim Beweisanwalt die Beendigung der dortigen Beweisaufnahme. Allerdings kann der Anwalt für eine solche Einigung noch eine Vergütung nach §§ 45ff fordern, an der er mitgewirkt hat und die erst nach dem Zeitpunkt der Verweisung abgeschlossen oder wirksam wurde.

Weiterer Beendigungsgrund: Der Tod der begünstigten Partei. Das gilt freilich nur mit 28
der Einschränkung, daß der beigeordnete oder bestellte Anwalt entsprechend § 674 BGB eine Vergütung für eine solche Tätigkeit erhält, bei deren Vornahme er vom Tod noch keine Kenntnis hatte und auch nicht zu haben brauchte. Soweit er allerdings als ein Wahlanwalt des Rechtsnachfolgers der Partei von diesem eine Gebühr erhalten kann, kann er für die Tätigkeit nach dem Tod des Rechtsvorgängers keine Vergütung nach §§ 45ff beanspruchen.

Ein *Vorschuß* kommt nach § 47 schon vor der Fälligkeit infrage.

8) Verjährung, I–V. Der Anspruch des beigeordneten oder bestellten Anwalts 29
verjährt nach § 8 II, LAG Mü AnwBl **94**, 424, aM RS 39 (30 Jahre), evtl erst nach einer dortigen Hemmung. Eine Verjährung berechnet sich je Angelegenheit nach § 15 Rn 9ff, Düss AnwBl **90**, 324, Ffm JB **88**, 1010, Mü AnwBl **99**, 78. Sie beginnt dann nach derselben Zeit wie gegenüber dem Auftraggeber auch gegenüber der Staatskasse, Stgt JB **02**, 538, also nach § 195 BGB (jetzt) nach drei Jahren, BGH RR **92**, 254, Brschw JB **01**, 308, Stgt JB **02**, 538 (je zum alten Recht). Die Frist beginnt nach §§ 199 I, 201 Z 1 BGB mit dem Ablauf desjenigen Kalenderjahrs, in dem der Anspruch entstanden ist und in dem der Anwalt von den anspruchsbegründenden Umständen und der Person des Schuldners Kenntnis erlangt oder ohne grobe Fahrlässigkeit erlangen müßte, BGH RR **92**, 254, KG Rpfleger **88**, 122, LAG Mü MDR **94**, 738.

Die *Staatskasse* hat die Einrede der Verjährung aus einem eigenem Recht. Der Lauf der Frist ist also von einer Verjährungsfrist für einen Anspruch des beigeordneten oder bestellten Anwalts gegen die begünstigte Partei unabhängig. Die Berufung auf eine Verjährung kann ausnahmsweise wegen eines Rechtsmißbrauchs unbeachtbar sein, Ffm FamRZ **88**, 1185. Der rechtskräftig festgestellte Vergütungsanspruch verjährt nach § 197 I Z 3 BGB nach 30 Jahren.

9) Zurückzahlung, I–V. Der beigeordnete oder bestellte Anwalt muß einen zu- 30
viel erhaltenen Betrag an die Staatskasse zurückzahlen. Das gilt auch bei einer grob fahrlässigen Vereitelung des Übergangs der Forderung auf die Landeskasse, LG Bln VersR **85**, 460. Denn er ist insofern ungerechtfertigt bereichert. Der Rückzahlungsanspruch der Staatskasse ist aber öffentlichrechtlich, LG Ulm AnwBl **78**, 264, Krämer AnwBl **79**, 168. Die Staatskasse kann diesen Rückzahlungsanspruch nach § 1 Z 8 JustBeitrG geltend machen, Teil IX A dieses Buchs. Der Anwalt kann nicht einwenden, er sei nicht mehr bereichert.

Er hat aber den Einwand, er habe *darauf vertrauen können,* den erhaltenen Betrag 31
behalten zu dürfen, Ffm NJW **75**, 706, LG Bochum AnwBl **84**, 106, aM LG Ulm AnwBl **78**, 246.

Das Recht der *Nachforderung* nach (jetzt) § 20 GKG, § 19 FamGKG, Teile I A, B 32
dieses Buchs, gilt auch hier, LG Ulm AnwBl **78**, 264. Die vorerwähnte Frist beginnt nicht vor Rechtskraft des Abschlusses des Hauptverfahrens oder vor der Kenntnis von der formellen Rechtskraft der erstmaligen Festsetzung, KG Rpfleger **76**, 110. Der beigeordnete oder bestellte Anwalt kann nicht auf die Feststellung klagen, daß der Staatskasse ein Rückzahlungsanspruch nicht zustehe. Denn darin würde eine Umgehung des Ausschlusses des ordentlichen Rechtswegs liegen.

10) Anspruch gegen die Staatskasse, II. Man muß die Voraussetzungen und das 33
Verfahren beachten.

RVG § 45

A. Beiordnung oder Bestellung. Das Gericht muß den Anwalt nach Rn 3 ff entweder nach § 138, § 270 FamFG oder nach §§ 109 III, 119 VI StVollzG nach § 47 I 2 beigeordnet haben, oder es muß ihn nach § 67 a I 2 VwGO nach § 40 bestellt haben.

34 **B. Verzug.** Der Antragsgegner muß für denjenigen Zeitraum mit der Zahlung der Vergütung im Verzug sein, in dem das Gericht den Anwalt bereits nach Rn 33 beigeordnet oder bestellt hat und soweit nicht ein nachfolgender Vertrag zwischen dem Antragsgegner und dem Anwalt und eine vertragsgemäße Zahlung des Auftraggebers diese Beiordnung oder Bestellung überholt hat. Erst dann hat der Anwalt im Anschluß an ein vorher bloßes Anwartschaftsrecht einen nicht mehr aufschiebend bedingten, sondern endgültigen Vergütungsanspruch gegenüber der Staatskasse. Das folgt nach Rn 2 aus dem mit der Beiordnung oder Bestellung entstehenden Rechtsverhältnis zwischen dem Anwalt und dem beiordnenden oder bestellenden Staat.

35 Der Antragsgegner muß sich gerade mit der Zahlung der gesetzlichen Vergütung eines bestellten oder beigeordneten Anwalts gänzlich oder mit einem nicht völlig unbedeutenden Teilbetrag im *Verzug* befinden, also nicht etwa mit einer Zahlung auf Grund des inzwischen zustandegekommenen Vertragsverhältnisses mit dem Anwalt.

36 Man muß den Verzug nach *§§ 286 ff BGB* beurteilen, großzügiger BGH NJW **98**, 1870 (Glaubhaftmachung nach § 294 ZPO reiche). Es muß also zunächst die Vergütungsforderung nach § 8 I fällig geworden sein. Sodann muß der Anwalt dem Antragsgegner eine dem § 10 entsprechende Rechnung zugesandt haben. Schließlich muß der Antragsgegner nach § 286 III 1 BGB binnen 30 Tagen seit der Fälligkeit und dem Rechnungszugang nicht geleistet haben. Der Anwalt muß den Verzug beweisen.

Einen *Vorschuß* kann der beigeordnete oder bestellte Anwalt aus der Staatskasse unter den Voraussetzungen des § 47 I 2 fordern.

37 **C. Verfahren.** Man muß zunächst den Umfang der Beiordnung nach (jetzt) § 48 ermitteln, Kblz FamRZ **85**, 619. Der Vergütungsanspruch geht nur auf denjenigen Betrag, den ein im Prozeßkostenhilfeverfahren nach § 121 ZPO beigeordneter Anwalt hat. Der Anspruch unterliegt den von Amts wegen beachtbaren, wenn auch nicht von Amts wegen ermittelbaren allgemeinen rechtshindernden oder -vernichtenden Umständen wie zB der Erfüllung oder einem Rechtsmißbrauch. Er kann auch bei einem sonstigen Verschulden des beigeordneten oder bestellten Anwalts nach § 54 entfallen, etwa bei der vorwerfbaren Verursachung einer zu teuren Tätigkeit, also auch bei einer Schlechterfüllung, Mü JB **04**, 37, LG Köln Rpfleger **90**, 371, LAG Stgt JB **92**, 401, auch bei der Versäumung einer Wiedereinsetzung, BVerwG Rpfleger **95**, 75, Karlsr MDR **92**, 619. Die bloße Tätigkeit innerhalb der Beiordnung ist aber natürlich nicht vorwerfbar, Düss MDR **89**, 827, aM Düss JB **94**, 547, Mü JB **93**, 617.

Der beigeordnete oder bestellte Anwalt erhält seine *Auslagen* entsprechend § 46 erstattet. Ein Auslagenverzicht ist widerrufbar, Hamm AnwBl **80**, 39. Die aus der Staatskasse zahlbare Vergütung wird im Verfahren nach (jetzt) § 55 *festgesetzt*, Kblz FamRZ **85**, 619. Eine Anrechnung solcher Vorschüsse oder Zahlungen, die der beigeordnete oder bestellte Anwalt von dem Antragsgegner oder von einem Dritten vor oder nach der Beiordnung oder Bestellung erhalten hat, richtet sich nach § 58 II.

Soweit dem beigeordneten oder bestellten Anwalt wegen seiner Vergütung ein Anspruch gegen den Antragsgegner oder den ersatzpflichtigen Prozeßgegner des Antragsgegners zusteht, *geht der Anspruch* entsprechend § 59 mit der Befriedigung des Anwalts durch die Staatskasse auf diese *über*.

38 **11) Sonstige Bestellung oder Beiordnung, III.** Die Vorschrift regelt in einem Auffangtatbestand, welche Kasse dem außerhalb Rn 33–37 auf einen Antrag oder von Amts wegen wirksam ausdrücklich oder eindeutig stillschweigend gerichtlich oder nach V verwaltungsbehördlich bestellten oder beigeordneten Anwalt Gebühren und Auslagen zahlen muß. Das kann etwa nach §§ 118a II 3, 140 I–III, 141, 350 III StPO, § 68 JGG geschehen sein. III gilt auch beim anstelle eines Pflichtverteidigers bestellten Verteidiger, Karlsr NJW **08**, 2935. Es ist eine unbeschränkte Bestellung möglich. Die Kasse braucht nach § 55 I keineswegs demselben Gericht zuzugehören, dessen Urkundsbeamter die Vergütung festgesetzt hat.

Abschn. 8. Beigeordneter oder bestellter RA, Beratungshilfe §§ 45, 46 RVG

III nennt auch diejenige Kasse, an die der Anwalt nach § 58 III 2, 3 eine *Rückzahlung* leisten oder eine Mitteilung richten muß.
Die Vorschrift *dient* der Klarstellung der Zuständigkeiten und damit der Rechts- 39 sicherheit. Deshalb muß man sie streng auslegen, freilich nicht nur zulasten, sondern auch zugunsten des Anwalts. Sein Anspruch hängt nicht von einer Zahlungsfähigkeit des Beschuldigten ab.

A. **Staatskasse, III 1.** Es kommt für die Zuständigkeit darauf an, welches Gericht 40 den Anwalt bestellt oder beigeordnet hat, also nicht darauf, vor welchen Gerichten der Bestellte oder Beigeordnete tätig geworden ist. Soweit ein Bundesgericht tätig wurde, ist die Bundeskasse zuständig, im übrigen die Landeskasse.

Wahlweise gegen die Staatskasse oder nach § 52 gegen den Beschuldigten kann der Anwalt vorgehen. Er muß sich aber nach § 58 III eine Zahlung des Beschuldigten auf den Anspruch gegen die Staatskasse anrechnen lassen.

B. **Bestellung oder Beiordnung durch mehrere Gerichte, III 2, 3.** Soweit 41 zunächst ein Gericht des Bundes und anschließend ein Gericht des Landes den Anwalt bestellt oder beigeordnet hat, kommen unterschiedliche Zahlstellen in Betracht. Maßgeblich ist, welche Vergütung der Anwalt bereits durch die Tätigkeit bei demjenigen Gericht verdient hatte, das ihn bestellt oder beigeordnet hat. Es kommt also darauf an, welche Gebühren bereits durch jene Tätigkeit des Anwalts entstanden sind und welchen Umfang der Tätigkeit sie abgelten.

Diese Gebühren trägt diejenige Kasse, deren Gericht beigeordnet hat. Das nach 42 einer *Verweisung* entstandene Mehr an Gebühren zahlt diejenige Kasse, an deren Gericht die Sache nunmehr anhängig ist. Bei Auslagen entscheidet der Zeitpunkt der Entstehung. III 3 schafft die entsprechende Regelung für den Fall, daß zunächst ein Gericht eines Landes und sodann ein Gericht des Bundes eine Bestellung oder Beiordnung vorgenommen hatten.

Soweit zunächst ein Gericht des *einen* Bundeslandes, sodann ein Gericht eines *anderen* Bundeslandes die Bestellung oder Beiordnung vorgenommen hatten, ist III entsprechend anwendbar.

Nach *V* tritt in der Lage Rn 38–43 im Bußgeldverfahren die Verwaltungsbehörde 43 an die Stelle des Gerichts.

12) **Abraten von Wiederaufnahme, IV.** Für die Vorbereitung des Antrags auf die 44 Wiederaufnahme zB nach §§ 578 ff ZPO, die Stellung eines solchen Antrags und die Vertretung im Verfahren bis zur Entscheidung über den Antrag, erhält der Anwalt Gebühren nach VV 4137–4141 und im Bußgeldverfahren solche nach allenfalls VV 5200. Denn dort fehlt eine den VV 4137–4141 entsprechende direkte Regelung. Nach VV 4137 amtliche Anmerkung entsteht nach IV 1 eine Geschäftsgebühr grundsätzlich auch dann, wenn der Anwalt dem Auftraggeber davon abrät, einen Wiederaufnahmeantrag zu stellen. Das gilt nach IV 2 auch entsprechend im Wiederaufnahmeverfahren nach § 85 OWiG.

Falls der Anwalt aber als ein *gerichtlich bestellter oder beigeordneter* Verteidiger tätig 45 wird, ist diese Regelung nur anwendbar, sofern das Gericht ihn bereits vor diesem Abraten nach § 364b I 1 Z 1 oder 2 oder 3 StPO bestellt hatte oder falls das Gericht in demjenigen Zeitpunkt, in dem der Verteidiger dem Auftraggeber vom Wiederaufnahmeantrag abriet, nach § 364b I 2 StPO durch einen Beschluß festgestellt hatte, daß die Voraussetzungen des § 364b I 1 Z 1–3 StPO vorlagen. Auf eine Vollmacht des Verurteilten kommt es dann nicht an.

13) **Bußgeldverfahren vor Verwaltungsbehörde, V.** Infolge der Verweisung in 46 V 1 gilt III nach Rn 38 ff entsprechend. Die Zuständigkeit ergibt sich aus V 2. Maßgebend ist, welches Verfahren tatsächlich stattfindet.

Auslagen und Aufwendungen

46 [I] Auslagen, insbesondere Reisekosten, werden nicht vergütet, wenn sie zur sachgemäßen Durchführung der Angelegenheit nicht erforderlich waren.

[II] [1] Wenn das Gericht des Rechtszugs auf Antrag des Rechtsanwalts vor Antritt der Reise feststellt, dass eine Reise erforderlich ist, ist diese Feststellung für das Festsetzungsverfahren (§ 55) bindend. [2] Im Bußgeldverfahren vor der Ver-

1661

RVG § 46

waltungsbehörde tritt an die Stelle des Gerichts die Verwaltungsbehörde. [3]Für Aufwendungen (§ 670 des Bürgerlichen Gesetzbuchs) gelten Absatz 1 und die Sätze 1 und 2 entsprechend; die Höhe zu ersetzender Kosten für die Zuziehung eines Dolmetschers oder Übersetzers ist auf die nach dem Justizvergütungs- und -entschädigungsgesetz zu zahlenden Beträge beschränkt.

III [1]Auslagen, die durch Nachforschungen zur Vorbereitung eines Wiederaufnahmeverfahrens entstehen, für das die Vorschriften der Strafprozessordnung gelten, werden nur vergütet, wenn der Rechtsanwalt nach § 364b Abs. 1 Satz 1 der Strafprozessordnung bestellt worden ist oder wenn das Gericht die Feststellung nach § 364b Abs. 1 Satz 2 der Strafprozessordnung getroffen hat. [2]Dies gilt auch im gerichtlichen Bußgeldverfahren (§ 85 Abs. 1 des Gesetzes über Ordnungswidrigkeiten).

Gliederung

1) Systematik, I–III	1
2) Regelungszweck, I–III	2
3) Geltungsbereich, I–III	3–8
A. Auslagenarten	4
B. Beispiele zur Frage der Auslagenarten, I–III	5
C. Beiordnungsarten	6
D. Anwendungsgrenzen	7, 8
4) Nicht erforderliche Auslagen, I	9–31
A. Grundsatz: Beweislast der Staatskasse	9–11
B. Auslagenbegriff	12
C. Sachgemäße Durchführung der Angelegenheit	13
D. Kostensparsamkeit	14
E. Abwägung	15, 16
F. Zweckmäßigkeit	17
G. Beispiele zur Frage einer Erforderlichkeit, I	18–31
5) Mehrkosten des auswärtigen Anwalts, I	32–38
A. Grundsatz: Notwendigkeit eines Kostenvergleichs	32–34
B. Zulassungsfragen	35–38
6) Sonstige Reisekosten und Aufwendungen, I, II	39–42
7) Feststellungsverfahren, II	43–50
A. Antrag	43
B. Zuständigkeit	44
C. Verfahren	45
D. Entscheidung	46, 47
E. Unanfechtbarkeit	48
F. Bindungswirkung	49, 50
8) Auslagen bei Wiederaufnahmeprüfung, III	51–53

1   **1) Systematik, I–III.** Zu der in § 45 genannten gesetzlichen Vergütung, auf die der beigeordnete oder bestellte Anwalt einen Anspruch hat, zählen nach § 1 I auch die Auslagen für seine Berufstätigkeit nach VV 7000ff. Von diesem Grundsatz enthält § 46 Ausnahmen.

2   **2) Regelungszweck, I–III.** Die Vorschrift bezweckt eine Eingrenzung der Möglichkeit des beigeordneten oder bestellten Anwalts, Auslagen geltend zu machen. Das dient der Kostendämpfung. Als eine Ausnahmevorschrift gegenüber der in Rn 1 genannten Regelung ist § 46 ungeachtet des vorgenannten Zwecks grundsätzlich nach BLAH Einl III 36 einschränkend auslegbar. Anderenseits darf die Auslegung nicht zu einer nach Art 12 GG unzumutbaren Unterstützung führen, BVerfG NJW 01, 1270. II dient einer Erleichterung des beigeordneten oder bestellten Anwalts bei der Prüfung, ob eine Auslage als erforderlich bewertbar sein wird, und einer Erleichterung seiner Partei bei der Prüfung, ob sie solche Auslagen selbst bezahlen will. Auch das muß man bei der Auslegung mitbeachten.

3   **3) Geltungsbereich, I–III.** *I 1* erfaßt nach Rn 5 alle gerade durch die Beiordnung oder Bestellung verursachten und dazu erforderlichen Arten von Auslagen des beigeordneten oder bestellten Anwalts der Wirksamkeit seiner Beiordnung oder Bestellung und nicht nur Reisekosten nach § 91 ZPO. Das ergibt sich aus dem Wort „insbesondere". I 1 erfaßt auch den örtlich zugelassenen Anwalt, AG Büdingen FamRZ 08, 1461.

    II 1, 2 erfaßt nur Reisekosten. *II 3* erfaßt auch „andere Auslagen" nach VV 7000ff.

Abschn. 8. Beigeordneter oder bestellter RA, Beratungshilfe § **46 RVG**

A. Auslagenarten. Hierher zählen auch die Auslagen für einen Dolmetscher, den **4**
der beigeordnete oder bestellte Anwalt zuzieht, um überhaupt eine brauchbare Information zu erlangen, Hamm FamRZ **08**, 1463, LG Kblz JB **01**, 642 (Grenzen beim auswärtigen „Vertrauensdolmetscher"), LG Bochum JB **02**, 147, AG Wermelskirchen Rpfleger **01**, 504 (je zur Beratungshilfe), aM LAG Hamm BB **85**, 530 (aber solche Dolmetscherhilfe ist oft unentbehrlich und darum eine typische Auslage).

B. Beispiele zur Frage der Auslagenarten, I–III **5**
Allgemeine Geschäftsunkosten: *Nicht hierher zählen* allgemeine Geschäftsunkosten nach (jetzt) VV amtliche Vorbemerkung 7 I, VG Oldb/Osnabr Rpfleger **91**, 160, etwa der Kaufpreis oder die Miete für eine Schreibmaschine oder die Kosten der in jedem Anwaltsbüro erforderlichen Fachliteratur.
BGB-Anwendbarkeit: Hierher gehören solche Auslagen, für die der beigeordnete oder bestellte Anwalt nach den §§ 670, 675 I BGB vom Auftraggeber eine Erstattung fordern könnte, LG Lübeck MDR **78**, 1033.
Beiordnung usw: *Nicht* hierher gehören Aufwendungen vor der Wirksamkeit einer Beiordnung oder Bestellung, auch einer evtl rückwirkenden, Düss VersR **78**, 965, aM LG Bielef AnwBl **79**, 185.
Ortstermin: Hierher gehören Kosten aus Anlaß der Teilnahme an demjenigen Ortstermin, den ein Sachverständiger zur Vorbereitung eines Gutachtens anberaumt hat.
Terminsvertretung: Hierher gehören die Kosten für einen wegen eigener schuldloser Verhinderung notwendigen Terminsvertreter, LAG Hamm NZA-RR **06**, 598.
Umsatzsteuer: Hierher gehört diese Steuer nach VV 7008.
Vorschuß aus eigenen Mitteln: *Nicht* hierher gehören solche in Wahrheit nur der Partei entstehenden Aufwendungen, die der Anwalt ihr lediglich aus eigenen Mitteln vorschießt.

C. Beiordnungsarten. § 46 gilt grundsätzlich auch für den in einer Strafsache **6**
beigeordneten oder in einem Bußgeldverfahren bestellten Anwalt, Kblz JB **93**, 675 (auch wegen Anreisekosten vor der Bestellung im Ausnahmefall), oder für den in einem Auslieferungsverfahren beigeordneten Anwalt oder für den im gerichtlichen Verfahren auf eine Freiheitsentziehung beigeordneten Anwalt, VV 6300–6303. § 46 gilt auch im Rahmen einer Beratungshilfe. Wegen des beigeordneten Vertreters im Patentanmeldeverfahren BPatG GRUR **91**, 130.

D. Anwendungsgrenzen. Soweit wegen § 46 kein Anspruch auf einen Auslagen- **7**
ersatz gegenüber der Staatskasse besteht, kann nach § 58 II ein entsprechender Anspruch gegenüber dem Auftraggeber bestehen bleiben. Wegen des Vorschusses vgl § 47. Der sich selbst verteidigende Anwalt hat keinen Anspruch. Das gilt trotz der Verweisung des § 464 a II Z 2 StPO auf § 91 II 3 ZPO, BVerfG NJW **98**, 2205, LG Bln NJW **07**, 1477, LG Potsd Rpfleger **14**, 338.

Wegen der eventuellen Zuständigkeit des *EuGH* BSG NJW **84**, 576. **8**

4) Nicht erforderliche Auslagen, I. Der folgende Grundsatz hat zahlreiche **9**
Auswirkungen.

A. Grundsatz: Beweislast der Staatskasse. Vgl zunächst Rn 1–6. Ein Anspruch auf einen Auslagenersatz entfällt nur insofern, als die Auslagen nicht erforderlich waren. Aus der Fassung folgt, daß die Staatskasse nach Rn 13 beweisen muß, daß die Auslagen nicht erforderlich waren. Im Zweifel bleibt also der Ersatzanspruch bestehen, anders als beim Erstattungsanspruch gegenüber dem unterliegenden Prozeßgegner des Auftraggebers nach §§ 91 ff ZPO usw.

Daran *ändert* auch die Fassung von (jetzt) *II nichts*, BPatG GRUR **91**, 130, Düss **10**
MDR **84**, 426, KG Rpfleger **95**, 226, aM KG JB **09**, 31 links Mitte. Vgl aber auch Rn 14.

Unzulässig ist die Erstattung der Kosten von objektiv *nicht notwendigen Fotokopien*. **11**
Das gilt auch, wenn die Kosten 3% der Gesamtkosten nicht übersteigen, aM Düss MDR **84**, 426 (aber kein Anwalt darf schludrig arbeiten).

B. Auslagenbegriff. Vgl zunächst Rn 1–6 und VV 7000 ff. Es kommen grund- **12**
sätzlich nur solche Auslagen in Betracht, die der Anwalt für eine Tätigkeit nach der Beiordnung oder Bestellung tatsächlich gemacht hatte. Solche Auslagen, die vor dem Zeitpunkt der Beiordnung oder Bestellung entstanden sind, zählen jedenfalls insoweit

nicht hierher, als die Beiordnung oder Bestellung nicht rückwirkend erfolgte, Düss VersR **78**, 965, Kblz Rpfleger **81**, 246, aM LG Bielef AnwBl **79**, 185 (inkonsequent).

13 **C. Sachgemäße Durchführung der Angelegenheit.** Für die Frage, ob die Auslagen nicht erforderlich waren, kommt es darauf an, ob der beigeordnete oder bestellte Anwalt die Angelegenheit auch ohne diese Auslagen sachgemäß durchführen konnte. Auch insofern trägt die Staatskasse nach Rn 9 die Beweislast, KG Rpfleger **95**, 226. Im Zweifel zugunsten des Anwalts, Schlesw OLGR **98**, 307, Mümmler JB **95**, 249. Maßgebend ist dabei der Entstehungs- und nicht der spätere Festsetzungszeitpunkt.

14 **D. Kostensparsamkeit.** Man muß allerdings in diesem Zusammenhang den allgemeinen Kostengrundsatz berücksichtigen, daß jede Partei und daher auch jeder für sie tätige Anwalt die Kosten und damit auch die Auslagen möglichst niedrig halten müssen, BVerfG WoM **10**, 644, BGH WoM **13**, 59, BAG NZA-RR **13**, 260. Im übrigen kann ein Anscheinsbeweis nach BLAH Anh § 286 ZPO Rn 15 gegen die Erforderlichkeit sprechen und die Beweislast umkehren, Rostock JB **14**, 638.

15 **E. Abwägung.** Man muß die Prüfung, ob die Erforderlichkeit fehlte, vor allem aus der Sicht des Anwalts und nicht nur des Gerichts und unter einer Berücksichtigung aller Umstände vornehmen, Naumb JB **01**, 482, Rostock JB **14**, 638, VG Oldb/Osnabr Rpfleger **91**, 160. Es kommt auf den Sachverhalt an, auf die Prozeßlage, LAG Hamm AnwBl **84**, 316, auf einen etwaigen Zeitdruck infolge einer kurzen gerichtlichen Frist ebenso wie auf die Entfernungen zum Wohnsitz eines Zeugen oder Sachverständigen, zum Unfallort oder auf die Schriftgewandtheit des Auftraggebers. Es kann darauf ankommen, ob eine entlegene Rechtsmaterie vorliegt, ob eine Berührung mit einem Auslandsrecht stattfindet, ob die Entscheidung für den Auftraggeber eine besondere wirtschaftliche oder immaterielle Bedeutung hat usw.

16 Der beigeordnete oder bestellte Anwalt darf trotz des Umstands, daß ihn in erster Linie die Staatskasse bezahlen soll, *keineswegs fiskalische Interessen* dem Interesse des Auftraggebers an einer sachgerechten Bearbeitung vorziehen. Er hat freilich oft einen etwas geringeren finanziellen Spielraum als ein Wahlanwalt. Er muß den Kostengesichtspunkt und die übrigen Aspekte sorgfältig abwägen.

17 **F. Zweckmäßigkeit.** Was bei dieser Abwägung nachträglich betrachtet zumindest zweckmäßig oder ratsam war, das braucht zwar nicht unbedingt erforderlich zu sein. Wegen der nötigen engen Auslegung von I reicht eine objektive Zweckmäßigkeit aber durchweg doch aus, um den Anspruch bestehen zu lassen.

Nicht erforderlich ist aber dasjenige, was nur auf einer objektiv unnötige Kosten auslösenden Anweisung des Auftraggebers beruht. Mag er dem Anwalt solche Zusatzauslagen bezahlen müssen. Das kann jedoch die Staatskasse nicht schon deshalb ebenfalls binden.

18 **G. Beispiele zur Frage einer Erforderlichkeit, I**
Ablichtung: Kosten einer Ablichtung (zB Fotokopie) statt einer Abschrift sind bei einem weder zu strengen noch zu großzügigen Maßstab meist (jetzt) grds erforderliche Auslagen, BVerfG WoM **70**, 1280, Stgt JB **83**, 577, AG Bonn AnwBl **98**, 217, aM Schlesw SchlHA **85**, 78, VG Oldb/Osnabr Rpfleger **91**, 160 (aber VV 7000 Z 1 usw erwähnen angesichts der heutigen Verhältnisse die Abschrift schon gar nicht mehr).

19 Ablichtungskosten können *entbehrlich* sein, soweit der beigeordnete oder bestellte Anwalt die Akten ungesichtet Blatt für Blatt abgelichtet hat, BFH BB **84**, 1351, oder soweit der Anwalt einen Anspruch auf eine unentgeltliche Anfertigung und Überlassung durch das Gericht hat.

S auch Rn 20, 21 „Abschrift".

20 **Abschrift:** Die Kosten einer zusätzlichen Abschrift können erforderliche Auslagen sein, zB bei § 23 BVerfGG, BVerfG AnwBl **61**, 21. Das gilt, obwohl VV 7000 Z 1 usw die Abschrift neben der Ablichtung schon gar nicht mehr erwähnt. Denn das kann verständigerweise nicht einfach bedeuten, daß der Anwalt überhaupt keine Abschrift mehr auf fremde Kosten machen dürfte.

21 Eine *Entbehrlichkeit* kann vorliegen, soweit eine Abschrift nur deshalb notwendig wurde, weil der Auftraggeber sich durch ein eigenes Verschulden die Möglichkeit genommen hatte, seinem Anwalt die Unterlagen zu beschaffen, oder soweit es sich um solche zusätzlichen Abschriften handelt, die nicht unter Sondervorschriften fal-

len. In solchen Normalfällen kommt es auch nicht auf das Einverständnis zB des durch die Prozeßkostenhilfe begünstigten Auftraggebers an. Daher kann die Erforderlichkeit zB dann fehlen, wenn der Bekl zur Begründung seiner Einwendungen eine Berechnung beigefügt hat.
S auch Rn 18 „Ablichtung".

Aktenauszug: Kosten von Abschriften oder Ablichtungen einer Akte können in folgenden Fällen erforderliche Auslagen sein: Es geht um die erstinstanzliche Akte, und der etwa mit Recht gesondert beauftragte zweitinstanzliche Anwalt benötigt diese, es sei denn, der erstinstanzliche Anwalt hätte diese Teile aus seiner Handakte entfernt; der Anwalt braucht einen Auszug aus der Strafakte zur Durchführung der Verteidigung, AG Brilon Rpfleger **93**, 206, AG Kassel AnwBl **88**, 126. 22

Alles das gilt, soweit man dem Auftraggeber die Beschaffung der Unterlagen nicht zumuten kann.

Aktenversendung: Es gelten dieselben Maßstäbe wie bei KV 9003, Teil I A dieses Buchs, KG JB **80**, 1198. 23

Anschrift: Kosten der Anschriftenermittlung etwa wegen eines dringend erforderlichen Zeugen können erforderlich sein.

Auskunft: Ihre Kosten können erforderlich sein.

Beiordnung, Bestellung: Unkosten können *entbehrlich* sein, soweit sie vor der Beiordnung oder Bestellung des Anwalts entstanden sind, Düss VersR **78**, 965, Kblz Rpfleger **81**, 246, aM LG Bielef AnwBl **79**, 185 (aber dann würden die Grenzen verschwimmen). Eine Entbehrlichkeit kann ferner vorliegen, soweit der beigeordnete oder bestellte Anwalt dem Auftraggeber einen Betrag vorgeschossen hat, Karlsr JB **75**, 487. 24

Dokumentenpauschale: Rn 18–21. 25

Dolmetscher: Kosten eines Dolmetschers können zB dann erforderliche Aufwendungen nach I 3 sein, wenn ihn der Anwalt zur Verständigung mit dem Auftraggeber usw wirklich benötigt, (je zu altem Recht) BVerfG Rpfleger **04**, 179, Brdb Rpfleger **02**, 367, AG Wermelskirchen Rpfleger **01**, 504. Der Höhe nach begrenzen §§ 8ff JVEG, Teil V dieses Buchs, die Erstattung.
S auch Rn 31 „Übersetzung".

Eigenes Interesse: Unkosten können *entbehrlich* sein, soweit der Anwalt sie nur im eigenen Interesse entstehen läßt, etwa zur Durchsetzung seines Vergütungsanspruchs gegenüber der Staatskasse oder zur Ergänzung einer Fallsammlung usw. 26

Einverständnis des Auftraggebers: Es ist anders als bei VV 7000 weder erforderlich noch ausreichend.

Fotokopie: Rn 18 „Ablichtung".

Gutachten: Kosten eines Arztgutachtens zur Vorklärung eines Kunstfehlers können erforderliche Auslagen sein, AG Hanau AnwBl **89**, 63 (zustm Greissinger). 27

Hilfskraft: Die Kosten einer qualifizierten Hilfskraft können zB in einem umfangreichen Strafverfahren erforderlich sein, Brdb NStZ-RR **97**, 64.

Information durch Auftraggeber: Unkosten können *entbehrlich* sein, soweit der Auftraggeber sie hat, um dem Anwalt die notwendige Information zu erteilen. Insofern kann der Auftraggeber allerdings gegenüber dem unterliegenden Prozeßgegner einen Erstattungsanspruch nach § 91 I ZPO haben. 28

Informationsreise: Kosten einer Informationsreise des *Anwalts* können im Rahmen von VV 7003ff erforderliche Auslagen sein, zB wenn er dasjenige Material beschaffen will, dessen Besorgung man wegen der Schwierigkeit der zu behandelnden Frage der Partei nicht zumuten kann, oder wenn er einen Bau oder eine Unfallstelle usw beschtigt. 29

Kosten einer Reise des *Auftraggebers* können *entbehrlich* sein, soweit man ihm zB diese Beschaffung von Beweismaterial auch selbst zumuten kann, Düss MDR **90**, 947 (noch nicht bekanntlich Alibizeuge im Ausland), Karlsr JB **75**, 487, aM Düss VersR **81**, 1131, Stgt VersR **79**, 427 (Auftraggeber zur Bezahlung nicht imstande, Aufwendung für den Erfolg des Prozesses wichtig), oder soweit man sich Unterlagen schriftlich beschaffen kann, AG Kblz JB **00**, 415. Die Erstattung erfolgt höchstens bis zur Höhe der Kosten eines Verkehrsanwalts nach § 121 IV ZPO, § 76 FamFG, Hamm MDR **05**, 538.

Kopie: Rn 18 „Ablichtung", „Abschrift".
30 **Luftpost:** Luftpostporto kann zu den erforderlichen Auslagen gehören, soweit dieser Weg aus Zeitnot oder aus anderen vernünftigen Gründen notwendig oder doch dringend ratsam ist. Wegen der Möglichkeit, den Postgebührenpauschsatz zu fordern, VV 7001, 7002.
Privatgutachten: § 47 Rn 5, Hamm AnwBl **13**, 771.
Terminswahrnehmung: Mangels einer rechtzeitigen Abladung sind ihre Kosten grds erforderlich, Nürnb JB **94**, 32. Das gilt auch beim Fehlen eines gegnerischen Hinweises, er werde einen Termin nicht wahrnehmen, Kblz JB **10**, 209, unabhängig vom Wohn- oder Kanzleisitz des beigeordneten oder bestellten Anwalts. Es gilt auch bei einem Termin vor dem beauftragten oder ersuchten Richter, jedenfalls durch den beigeordneten oder bestellten Anwalt oder seinen Vertreter nach § 5. S auch Rn 31 „Vorschuß".
31 **Übersetzung:** Kosten einer Übersetzung können erforderliche Auslagen sein, KG JB **09**, 31 links Mitte. Das gilt auch dann, wenn der Anwalt die Übersetzung selbst anfertigt, Hamm JB **01**, 248 rechts (ziemlich streng), KG Rpfleger **95**, 226, Mü NJW **82**, 2740. Freilich muß die Partei die deutsche Sprache nicht beherrschen können, Celle FamRZ **91**, 215, KG Rpfleger **95**, 226, Oldb JB **96**, 255. Sie mag auch zumutbar selbst eine Übersetzung beschaffen können. S auch Rn 25 „Dolmetscher".
Unterbevollmächtigter: Seine Terminsgebühr ist nach § 46 erstattbar, Brdb AnwBl **07**, 726, Hamm MDR **14**, 308.
Vergleichsverhandlung: Reisekosten zu ihrem Ort können erforderlich sein.
Vorschuß: Er kann erforderlich sein, um eine Information zu erhalten oder dem Auftraggeber eine Informationsreise zu ermöglichen, soweit dafür eine Reiseentschädigung nach § 25 JVEG Anh, Teil V dieses Buchs anfallen kann.

32 **5) Mehrkosten des auswärtigen Anwalts, I.** Es gibt keine direkte Regelung. Man darf und muß daher I auch hier anwenden und dabei die zB zu § 91 ZPO entwickelten Regeln mitbeachten. Dann sind vor allem zwei Aspekte beachtbar. § 121 III ZPO bleibt bestehen, ist aber großzügig auslegbar geworden, Nürnb NJW **05**, 687.
A. Grundsatz: Notwendigkeit eines Kostenvergleichs. Soweit Mehrkosten dadurch entstehen, daß der beigeordnete oder bestellte Anwalt seinen Wohnsitz oder seine Kanzlei nicht im Bezirk des Prozeßgerichts hat, gilt dasselbe wie bei § 91 II 2 ZPO. Der Grundgedanke lautet: Die Staatskasse soll nicht mehr als denjenigen Betrag zahlen müssen, den sie zahlen müßte, wenn der Anwalt im Bezirk des Prozeßgerichts oder dessen auswärtige Abteilung residiert hätte, BLAH § 91 ZPO Rn 165.
33 Man muß diejenigen Kosten, die dem beigeordneten Anwalt *tatsächlich* entstanden sind, mit denjenigen *vergleichen,* die bei einer Kanzlei im Gerichtsbezirk entstanden wären, Nürnb JB **02**, 589. Das gilt unabhängig von einer Feststellung der Erforderlichkeit der Reisekosten, Mü MDR **98**, 439, Stgt Rpfleger **87**, 265. Das gilt auch für die Reisekosten des beigeordneten Anwalts zu einem auswärtigen Beweistermin.
34 Man darf aber dann die Kosten einer *Informationsreise* des Auftraggebers usw *nicht berücksichtigen.* Denn der Auftraggeber muß diese Kosten grundsätzlich selbst tragen, Schlesw JB **75**, 1346, Stgt Rpfleger **87**, 265, LAG Mü MDR **02**, 1278. Es ist aber zulässig, im Umfang von § 121 II 1 ZPO, § 76 FamFG einen auswärtigen Anwalt nur unter der Bedingung beizuordnen, daß er auf diesen Anspruch auf den Ersatz der Mehrkosten verzichtet, Celle MDR **11**, 984, LAG Bre MDR **88**, 698, großzügiger Hamm Rpfleger **07**, 33, ferner aM Celle AnwBl **81**, 196, Düss FamRZ **93**, 819 (aber dann entstehen eben keine weiteren Kosten. Außerdem sind der Wortlaut und Entlastungssinn hier auch eindeutig, BLAH Einl III 39. Wenn das Gericht dann einen Termin am Wohnort des Anwalts und nicht am Gerichtssitz abhält, darf man die Reisekosten zum Terminsort nicht berücksichtigen.
35 **B. Zulassungsfragen.** Die Vorschrift stellt wegen § 78 ZPO nur noch auf die Zulassung zur Anwaltschaft infolge des Wegfalls des sog Lokalisierungsgebots in den meisten Fällen ab.
Eine Prüfung darf beim beigeordneten oder bestellen Anwalt nach § 121 II 2 ZPO, § 76 FamFG nur dahin ergehen, daß der Beigeordnete gegenüber dem Be-

Abschn. 8. Beigeordneter oder bestellter RA, Beratungshilfe   § 46 RVG

zirksansässigen keine weiteren Kosten verursacht. Nur soweit solche Beschränkungen nicht erfolgt sind, muß die Staatskasse dem Anwalt die durch seine Niederlassung außerhalb des Gerichtsbezirks entstehenden Mehrkosten vergüten, Brdb MDR **09**, 175 rechts, Drsd JB **09**, 358, Nürnb OLGR **09**, 199, strenger Düss Rpfleger **04**, 710, Stgt FamRZ **08**, 261.

Diese Vorschrift ist als eine *Ausnahme von einer Ausnahme* und mithin als eine Rückkehr zum Grundsatz der Ersatzfähigkeit weit auslegbar, BGH NJW **03**, 893, Bre JB **01**, 532, Düss MDR **02**, 151. Daher kommen dann auch die Kosten des Unterbevollmächtigten als erstattungsfähig in Betracht, soweit sie Reisekosten des bestellten oder beigeordneten Hauptbevollmächtigten erübrigen, Brdb JB **97**, 592, KG Rpfleger **05**, 200.

Das gilt auch zB bei einem im Weg der Verfahrenskostenhilfe für eine *Familiensache* 36 beigeordneten Anwalt, Rostock FamRZ **01**, 510, aM (je zum alten § 78 ZPO) Brdb JB **97**, 591, LAG Köln MDR **99**, 1469 (wohl überholt). Es gilt im übrigen dann, wenn ein zweiter geeigneter Anwalt fehlt oder wenn dieser verhindert ist oder wenn die Reise erforderlich war. Es gilt auch für ein Verfahren außerhalb der ordentlichen Gerichtsbarkeit. Denn es ist auch dann oft notwendig, einen Anwalt am Wohnsitz des Auftraggebers beizuordnen, etwa für die Wahrnehmung eines Verkündungstermins vor dem BVerfG, BVerfG **36**, 308, oder vor einem ArbG, aM ArbG Hbg MDR **88**, 434 (aber das Gericht legt zu Unrecht eng aus).

In einer *Ehesache* ist ein Anwalt allerdings grundsätzlich bei allen Gerichten postu- 37 lationsfähig. Er hat keinen Ersatzanspruch wegen der Kosten der Wahrnehmung eines Termins bei einem auswärtigen FamG, (je zum alten Recht) Drsd JB **98**, 268, Naumb MDR **02**, 177, aM Brschw AnwBl **83**, 570, Celle AnwBl **81**, 196. Dasselbe gilt beim sog Außenbezirksanwalt nach § 105 V UrhG, (zum alten Recht) Karlsr GRUR **83**, 606.

Freilich bekommt derjenige beigeordnete oder bestellte auswärtige Anwalt, der in 38 einem nach *nicht dem Anwaltszwang unterliegenden* Verfahren außerhalb des Gerichtsbezirks seiner Niederlassung tätig wird, seine notwendigen Reisekosten erstattet, (zum alten Recht) Mü AnwBl **84**, 210 (zustm Schmidt).

6) Sonstige Reisekosten und Aufwendungen, I, II. I stellt ausdrücklich klar, 39 daß auch Reisekosten zu den grundsätzlich ersatzfähigen Auslagen zählen und daß daher auch der Ersatz von Reisekosten nur dann entfällt, wenn sie nicht erforderlich waren. Man darf die Regelung in II nur in diesem Zusammenhang sehen. Man darf aus der Fassung von II nicht etwa bei einer isolierten Betrachtung folgern, daß Reisekosten nur dann ersatzfähig wären, wenn der beigeordnete oder bestellte Anwalt nachweisen könnte, daß die Reise erforderlich gewesen sei.

Vielmehr stellt *II* nur eine *zusätzliche Sicherungsmöglichkeit* des beigeordneten oder 40 bestellten Anwalts bei den Reisekosten dar. Er kann nach II 1 beantragen, die Erforderlichkeit der Reise vor deren Antritt festzustellen. Soweit das Gericht diese Feststellung trifft, bindet diese Entscheidung für die Feststellung der Ersatzfähigkeit der Reisekosten dem Grunde nach, II 1. Im Festsetzungsverfahren nach § 55 ist dann nur noch eine Prüfung der Höhe dieser Kosten zulässig.

Der Anwalt muß aber zu einem Antrag nach II 1 *keineswegs stets* stellen, Schlesw 41 Rpfleger **02**, 85. Soweit er ihn nicht stellt oder soweit keine Entscheidung nach II erfolgt oder das Gericht die Erforderlichkeit nach II verneint, bleibt es bei dem Grundsatz nach I. Freilich enthält eine die Erforderlichkeit verneinende Entscheidung nach II eine erhebliche Beweiserleichterung für die Staatskasse dahin, daß die Reisekosten auch wirklich nicht erforderlich waren.

Die Regelung ist nach II 1, 2 grundsätzlich auf *Reisekosten* anwendbar. Nach II 3 42 gelten II 1, 2 aber für Aufwendungen des Anwalts nach § 670 BGB entsprechend.

7) Feststellungsverfahren, II. Man sollte fünf Abschnitte prüfen. Das Verfahren 43 kommt nach II 3 auch für andere Auslagen als Reisekosten infrage.

A. Antrag. Es ist ein Antrag erforderlich. Antragsberechtigt sind sowohl der beigeordnete oder bestellte Anwalt als auch der Bezirksrevisor als der Vertreter der Staatskasse, aM RS 30 (aber auch sie kann erheblich an der Dämpfung von Auslagen aus ihren Mitteln interessiert sein). Der Auftraggeber des Anwalts oder dessen Prozeßgegner sind nicht antragsberechtigt. Der Antrag ist nach II 1 nur „vor Antritt der

Reise" zulässig. Denn später fehlt das Rechtsschutzinteresse für eine Entscheidung. Sie hat ja gerade den Sinn, die Erforderlichkeit vor dem Entstehen der Reisekosten zu prüfen. Eine Feststellung nach II bezieht sich nur auf eine bestimmte Aufwendung und ist keine Beiordnung, Hamm FamRZ **08**, 1463 (Dolmetscher).

44 **B. Zuständigkeit.** Zur Entscheidung ist dasjenige Gericht zuständig, das den Anwalt beigeordnet oder bestellt hat. Im Bußgeldverfahren ist die Verwaltungsbehörde nach II 2 zuständig. Das Gericht oder die Behörde entscheiden in voller Besetzung. Das gilt auch dann, wenn sein Vorsitzender die Beiordnung nach § 121 IV ZPO, § 76 FamFG angeordnet hatte. Beim Gericht ist keineswegs der Rpfl oder der Urkundsbeamte der Geschäftsstelle zur Feststellung zuständig. Denn es geht um solche Fragen, die nur das erkennende Gericht aus seiner Beurteilung der sachlichrechtlichen und prozessualen Gesamtsituation beantworten kann. Das übersieht BVerwG NJW **94**, 3243 (Urkundsbeamter).

Das gilt unabhängig davon, ob der Urkundsbeamte wegen seiner Zuständigkeit nach § 55 im allgemeinen eine größere Erfahrung mit Reisekosten hat. Denn das Verfahren nach II bezweckt nicht die Festsetzung der Höhe der Reisekosten, sondern die Feststellung ihrer *Notwendigkeit* dem Grunde nach.

45 **C. Verfahren.** Das Gericht muß bei einem Antrag des beigeordneten oder bestellten Anwalts den Bezirksrevisor schon wegen Rn 43 nach Art 103 I GG anhören, insoweit auch RS 30 (inkonsequent gegenüber seiner Meinung Rn 43), und umgekehrt. Eine mündliche Verhandlung ist zulässig. Eine Anhörung des Auftraggebers des beigeordneten Anwalts oder des Prozeßgegners ist nicht erforderlich, aber zulässig. Eine Beiordnung nur zu den Bedingungen eines Ortsansässigen nach § 121 III ZPO, § 76 FamFG bindet auch für das Feststellungsverfahren nach II, Mü MDR **00**, 1456.

46 **D. Entscheidung.** Das Gericht oder bei II 2 die Verwaltungsbehörde entscheidet durch einen Beschluß. Es muß ihn grundsätzlich begründen, BLAH § 329 ZPO Rn 4.

Das Gericht oder bei II 2 die Verwaltungsbehörde kann feststellen, daß die Reise *erforderlich* ist. Es muß dann die Reise in ihrem voraussichtlichen Umfang auf der Grundlage des Antrags so genau wie möglich bestimmen. Freilich deckt ein die Erforderlichkeit feststellender Beschluß oft auch spätere tatsächliche Abweichungen von der zunächst geplanten Reiseroute oder ihrer Dauer. Es empfiehlt sich, in dem Beschluß vorbeugend wenigstens stichwortartig klarzustellen, daß und in welchem ungefähren Umfang solche etwaigen Abweichungen zulässig sein sollen.

Soweit eine solche Erläuterung fehlt, muß man den Beschluß auf der Grundlage des Feststellungsverfahrens nach II *auslegen*. Eine Feststellung zum Protokoll, daß die Gegenwart des ProzBev notwendig ist, dürfte meist ausreichen, strenger Naumb JB **99**, 370. Im Zweifel ist eine solche Auslegung zulässig, die den im Antrag genannten Reisezweck fördert oder zu seiner Erreichung notwendig ist. Auch hier ist kein allzu enger Maßstab erlaubt, LG Karlsr AnwBl **86**, 46.

47 Das Gericht oder bei II 2 die Verwaltungsbehörde kann auch den Antrag als unzulässig oder unbegründet *zurückweisen*. Im letzteren Fall hat es zugleich festgestellt, daß die ihm zur Entscheidung unterbreitete Reise nicht erforderlich ist. Freilich entsteht dadurch keine Bindungswirkung nach Rn 49, 50.

Die Entscheidung ist auch dahin möglich, daß die Reise zu einem möglichst genau zu bezeichnenden *Teil* erforderlich sei und im übrigen nicht erforderlich sei. Die Entscheidung des Gerichts ist als solche auch dann wirksam, wenn das Gericht erst nach dem Antritt der Reise entscheidet. Wegen der Bindungswirkung in diesem Fall Rn 49, 50. Die Entscheidung enthält keinen Kostenausspruch.

48 **E. Unanfechtbarkeit.** Die zurückweisende oder auch die stattgebende Entscheidung sind grundsätzlich unanfechtbar. Denn es liegt kein Fall des § 55 vor, und es fehlen auch die Voraussetzungen des § 567 ZPO, Celle JB **12**, 528, Düss Rpfleger **94**, 226, Mü MDR **89**, 481, aM LG Hbg AnwBl **80**, 307 ([jetzt] § 56 sei entsprechend anwendbar. Diese Vorschrift bezieht sich aber nur auf § 55).

Eine *weitere Beschwerde* ist *unstatthaft*, so schon KG MDR **86**, 505. Im Verwaltungsprozeß muß man aber § 146 III VwGO beachten, VGH Kassel NJW **85**, 218. Auch eine außerordentliche Beschwerde ist unstatthaft.

Abschn. 8. Beigeordneter oder bestellter RA, Beratungshilfe §§ 46, 47 RVG

F. Bindungswirkung. Soweit das Gericht die Notwendigkeit der Reise feststellt, bindet diese Feststellung nach II 1 für das Festsetzungsverfahren nach § 55 zwischen dem beigeordneten oder bestellten Anwalt und der Staatskasse dem Grunde nach. Sie erlaubt nur noch eine Prüfung der Höhe der Reisekosten. Soweit das Gericht die Notwendigkeit verneint oder den Antrag als unzulässig verwirft oder erst nach dem Antritt der Reise eine Entscheidung getroffen hat, sind der Urkundsbeamte der Geschäftsstelle und im Erinnerungsverfahren das zuständige Gericht in der Beurteilung der Erforderlichkeitsfrage nach § 55 grundsätzlich frei, Celle JB 12, 528. Denn die Feststellung der Erforderlichkeit durch das Gericht vor dem Antritt der Reise ist keine Voraussetzung der Ersatzfähigkeit. 49

Freilich bietet eine solche Entscheidung, die die Erforderlichkeit der Reise verneint, in der Regel einen *Anscheinsbeweis* nach BLAH Anh § 286 Rn 15 dafür, daß die dann stattgefundene Reise auch wirklich nicht erforderlich war. Man muß aber bedenken, daß das Gericht im Verfahren nach II ja durchweg vor dem Antritt der Reise entschieden hat und daß sich während der Reise etwa im Verlauf eines auswärtigen Beweistermins oder rückwirkend im weiteren Verfahrensablauf zeigen kann, daß die Reise doch sehr wohl erforderlich war. 50

Keine Bindung tritt für ein Vergütungsfestsetzungsverfahren nach § 11 oder für die Kostenfestsetzung nach §§ 103 ff ZPO ein.

8) Auslagen bei Wiederaufnahmeprüfung, III. Die Vergütung derjenigen Auslagen, die im Zusammenhang mit der Vorbereitung eines Wiederaufnahmeantrags entstehen, ist nach III 1 im Strafverfahren nur insoweit möglich, als das Gericht entweder den Verteidiger schon vor der Entstehung dieser Auslagen nach § 364b I 1 StPO bestellt hatte oder als es eine Feststellung nach § 364b I 2 StPO getroffen hat. Unter diesen Voraussetzungen entsteht der Anspruch auf den Auslagenersatz allerdings unabhängig davon, ob der Anwalt dem Auftraggeber davon abgeraten hat, den Wiederaufnahmeantrag zu stellen. 51

Das Gericht darf auch nicht prüfen, ob die Nachforschungen des Anwalts notwendig waren. Es darf und muß nur prüfen, ob seine Auslagen *notwendig* waren, Krägeloh NJW 75, 140. Das Gericht darf in diesem Zusammenhang nicht zu engherzig vorgehen, Krägeloh NJW 75, 140. 52

Im *bußgeldrechtlichen* Wiederaufnahmeverfahren nach § 85 I OWiG gelten die Regeln Rn 51, 52 nach III 2 entsprechend. 53

Vorschuss

47 I ¹Wenn dem Rechtsanwalt wegen seiner Vergütung ein Anspruch gegen die Staatskasse zusteht, kann er für die entstandenen Gebühren und die entstandenen und voraussichtlich entstehenden Auslagen aus der Staatskasse einen angemessenen Vorschuss fordern. ²Der Rechtsanwalt, der nach § 138 des Gesetzes über das Verfahren in Familiensachen und in den Angelegenheiten der freiwilligen Gerichtsbarkeit, auch in Verbindung mit § 270 des Gesetzes über das Verfahren in Familiensachen und in den Angelegenheiten der freiwilligen Gerichtsbarkeit, nach § 109 Absatz 3 oder § 119a Absatz 6 des Strafvollzugsgesetzes beigeordnet oder nach § 67a Abs. 1 Satz 2 der Verwaltungsgerichtsordnung bestellt ist, kann einen Vorschuss nur verlangen, wenn der zur Zahlung Verpflichtete (§ 39 oder § 40) mit der Zahlung des Vorschusses im Verzug ist.

II Bei Beratungshilfe kann der Rechtsanwalt aus der Staatskasse keinen Vorschuss fordern.

Gliederung

1) Systematik, Regelungszweck, I, II	1
2) Geltungsbereich, I, II	2
3) Vorschuß, I	3–8
A. Rechtsnatur	3
B. Gebührenvorschuß	4
C. Auslagenvorschuß	5
D. Angemessenheit	6
E. Verzug, I 2	7
F. Rückforderung	8
4) Rechtsmittel, I, II	9

RVG § 47 X. Rechtsanwaltsvergütungsgesetz

1 **1) Systematik, Regelungszweck, I, II.** § 9 enthält den Grundgedanken. § 47 enthält die im Bereich der §§ 45 ff spezielle Auswirkung einer zwecks Kostengerechtigkeit auch hier erforderlichen Vorschußpflicht diesmal der Staatskasse. Der beigeordnete oder bestellte Anwalt soll nicht zu lange auf seine Vergütung warten müssen.

2 **2) Geltungsbereich, I, II.** § 47 enthält die Regelung der Vorschußpflicht der Staatskasse gegenüber dem beigeordneten oder bestellten Anwalt. Die Vorschrift gilt auch zugunsten eines nach §§ 57, 58 ZPO zum Prozeßpfleger bestellten Anwalts. Er kann auch gegenüber dem Auftraggeber einen Vergütungsanspruch haben. Insofern ist § 9 dann trotz des Umstands anwendbar, daß er auch als beigeordneter oder bestellter Anwalt tätig wird. § 47 gilt grundsätzlich auch für den gerichtlich bestellten Verteidiger und den bei einer Privatklage usw beigeordneten Anwalt. In einer Straf- oder Bußgeldsache gilt aber § 51 I 5 bei einer Pauschgebühr wegen eines Vorschusses vorrangig. § 47 gilt ferner in einer Auslieferungssache und im gerichtlichen Verfahren auf eine Freiheitsentziehung.

Für das *Festsetzungsverfahren* nach § 55 erhält der beigeordnete oder bestellte Anwalt keine Gebühr und daher auch insofern keinen Vorschuß. II stellt klar, daß der Anwalt auch bei einer Beratungshilfe aus der Staatskasse keinen Vorschuß fordern kann.

3 **3) Vorschuß, I.** Es gibt fünf Aspekte.
A. Rechtsnatur. Soweit § 47 dem beigeordneten oder bestellten Anwalt ein Vorschußrecht gibt, hat er einen Rechtsanspruch. Der ordentliche Rechtsweg ist aber unstatthaft. Vielmehr muß der Anwalt den Anspruch im Verfahren nach § 55 geltend machen. Gegen eine Ablehnung sind die Erinnerung und dann die Beschwerde nach § 56 statthaft.

4 **B. Gebührenvorschuß.** Ein Anspruch auf einen Gebührenvorschuß besteht natürlich nur insoweit, als Gebühren auch wirklich schon „entstanden" sind, anders als nach § 9, Jena JB **14**, 597, und anders als bei den Auslagen nach Rn 5, aM BJBCMU 3. Ein Gebührenanspruch entsteht, sobald der Anwalt eine gebührenpflichtige Tätigkeit vorgenommen hat. Er entsteht auch bei einer Rahmengebühr nach Einl II A 12, LSG Stgt JB **90**, 883. Er entsteht meist in Höhe der Mittelgebühr nach § 14 Rn 14. Der Eintritt der Fälligkeit nach (jetzt) § 8 ist nicht erforderlich, Mümmler JB **75**, 1001.

5 **C. Auslagenvorschuß.** Ein solcher Anspruch besteht sowohl wegen der bereits tatsächlich entstandenen Auslagen nach VV 7000 ff als auch wegen der „voraussichtlich entstehenden" und auch nach § 46 I erforderlichen Auslagen. Man muß diese letztere Voraussetzung bei einem objektiven Maßstab unter einer Berücksichtigung aller Umstände nicht ohne weiter zu engen noch zu weiten Auslegung prüfen. Man muß beim vorbehaltlos beigeordneten Auswärtigen auch dessen Reisekosten mitbevorschussen, LG Bautzen JB **07**, 655, ebenso Kosten eines notwendigen Privatgutachtens, Hamm AnwBl **13**, 771. Eine Fälligkeit des Anspruchs auf einen Auslagenersatz ist nicht erforderlich. Ein Zurückhaltungsrecht mangels eines Vorschusses besteht nicht.

6 **D. Angemessenheit.** Der Anspruch erstreckt sich nach I 1 auf einen „angemessenen" Vorschuß. Vgl § 9 Rn 13 ff. Der beigeordnete oder bestellte Anwalt kann also für die vollen entstandenen Gebühren und die vollen voraussichtlich entstehenden Auslagen einen Vorschuß fordern, BSG MDR **91**, 680, Bbg JB **90**, 725, Hamm AnwBl **13**, 771, aM AG Alzey AnwBl **81**, 113 (angemessen seien nur 80% der entstandenen Vergütung. Das findet im Gesetz keine Stütze). Die Vorschußhöhe hängt auch davon ab, bei welchem Gericht eine Anklage erfolgt oder erfolgen kann, im Zweifel beim niedrigeren, LG Hbg AnwBl **88**, 358. Wegen des Feststellungsverfahrens gelten § 46 Rn 43 ff. Eine Nachforderung bleibt statthaft.

7 **E. Verzug, I 2.** Soweit das Gericht den Anwalt nach §§ 138, 270 FamFG oder nach §§ 109 III, 119 VI StVollzG beigeordnet oder nach § 67 a I 2 VwGO bestellt hat, kann er aus der Staatskasse nach I 2 einen Vorschuß nur bei einem mindestens glaubhaften Verzug des nach §§ 39, 40 Zahlungspflichtigen fordern. Der Verzug eines der Vertretenen genügt, v Eicken AnwBl **91**, 190, aM Hansens NJW **91**, 1140 (aber auch dann liegt ein Verzug „des" einen Zahlungspflichtigen vor. Er ist durchweg ohnehin ein Gesamtschuldner). Ein Verzug ist nach §§ 286 ff BGB prüfbar. Er setzt die

Fälligkeit nach § 8, die ordnungsgemäße Berechnung nebst einer angemessenen Zahlungsfrist nach § 10 und die vorwerfbare Nichteinhaltung der Frist voraus.

F. Rückforderung. Die Staatskasse darf und muß einen überhöhten Vorschuß im Kostenfestsetzungsverfahren nach § 11 zurückfordern, OVG Lüneb JB **91**, 1348. Das gilt auch ohne einen solchen Vorbehalt. In Betracht kommt eine Rückforderung auch zB bei einer Herabsetzung des Gegenstandswerts nach §§ 22 ff, OVG Lüneb JB **91**, 1348. Nach Jahr und Tag besteht aber auch hier ein Vertrauensschutz des Anwalts, aM OVG Lüneb JB **91**, 1349 (aber § 242 BGB und der Verwirkungsgedanke gelten auch hier, wie stets). Freilich muß auch das Festsetzungsverfahren längst beendet sein. 8

4) **Rechtsmittel, I, II.** Es gilt § 56. 9

Umfang des Anspruchs und der Beiordnung

48 [I] Der Vergütungsanspruch bestimmt sich nach den Beschlüssen, durch die die Prozesskostenhilfe bewilligt und der Rechtsanwalt beigeordnet oder bestellt worden ist.

[II] [1] In Angelegenheiten, in denen sich die Gebühren nach Teil 3 des Vergütungsverzeichnisses bestimmen und die Beiordnung eine Berufung, eine Beschwerde wegen des Hauptgegenstands, eine Revision oder eine Rechtsbeschwerde wegen des Hauptgegenstands betrifft, wird eine Vergütung aus der Staatskasse auch für die Rechtsverteidigung gegen ein Anschlussrechtsmittel und, wenn der Rechtsanwalt für die Erwirkung eines Arrests, einer einstweiligen Verfügung oder einer einstweiligen Anordnung beigeordnet ist, auch für deren Vollziehung oder Vollstreckung gewährt. [2] Dies gilt nicht, wenn der Beiordnungsbeschluss ausdrücklich etwas anderes bestimmt.

[III] [1] Die Beiordnung in einer Ehesache erstreckt sich im Fall des Abschlusses eines Vertrags im Sinne der Nummer 1000 des Vergütungsverzeichnisses auf alle mit der Herbeiführung der Einigung erforderlichen Tätigkeiten, soweit der Vertrag
1. den gegenseitigen Unterhalt der Ehegatten,
2. den Unterhalt gegenüber den Kindern im Verhältnis der Ehegatten zueinander,
3. die Sorge für die Person der gemeinschaftlichen minderjährigen Kinder,
4. die Regelung des Umgangs mit einem Kind,
5. die Rechtsverhältnisse an der Ehewohnung und den Haushaltsgegenständen oder
6. die Ansprüche aus dem ehelichen Güterrecht

betrifft. [2] Satz 1 gilt im Fall der Beiordnung in Lebenspartnerschaftssachen nach § 269 Abs. 1 Nr. 1 und 2 des Gesetzes über das Verfahren in Familiensachen und in den Angelegenheiten der freiwilligen Gerichtsbarkeit entsprechend.

[IV] [1] Die Beiordnung in Angelegenheiten, in denen nach § 3 Absatz 1 Betragsrahmengebühren entstehen, erstreckt sich auf Tätigkeiten ab dem Zeitpunkt der Beantragung der Prozesskostenhilfe, wenn vom Gericht nichts anderes bestimmt ist. [2] Die Beiordnung erstreckt sich ferner auf die gesamte Tätigkeit im Verfahren über die Prozesskostenhilfe einschließlich der vorbereitenden Tätigkeit.

[V] [1] In anderen Angelegenheiten, die mit dem Hauptverfahren nur zusammenhängen, erhält der für das Hauptverfahren beigeordnete Rechtsanwalt eine Vergütung aus der Staatskasse nur dann, wenn er ausdrücklich auch hierfür beigeordnet ist. [2] Dies gilt insbesondere für
1. die Zwangsvollstreckung, die Vollstreckung und den Verwaltungszwang;
2. das Verfahren über den Arrest, den Europäischen Beschluss zur vorläufigen Kontenpfändung, die einstweilige Verfügung und die einstweilige Anordnung;
3. das selbstständige Beweisverfahren;
4. das Verfahren über die Widerklage oder den Widerantrag, ausgenommen die Rechtsverteidigung gegen den Widerantrag in Ehesachen und in Lebenspartnerschaftssachen nach § 269 Abs. 1 Nr. 1 und 2 des Gesetzes über das Verfahren in Familiensachen und in den Angelegenheiten der freiwilligen Gerichtsbarkeit.

RVG § 48 X. Rechtsanwaltsvergütungsgesetz

VI [1] Wird der Rechtsanwalt in Angelegenheiten nach den Teilen 4 bis 6 des Vergütungsverzeichnisses im ersten Rechtszug bestellt oder beigeordnet, erhält er die Vergütung auch für seine Tätigkeit vor dem Zeitpunkt seiner Bestellung, in Strafsachen einschließlich seiner Tätigkeit vor Erhebung der öffentlichen Klage und in Bußgeldsachen einschließlich der Tätigkeit vor der Verwaltungsbehörde. [2] Wird der Rechtsanwalt in einem späteren Rechtszug beigeordnet, erhält er seine Vergütung in diesem Rechtszug auch für seine Tätigkeit vor dem Zeitpunkt seiner Bestellung. [3] Werden Verfahren verbunden, kann das Gericht die Wirkungen des Satzes 1 auch auf diejenigen Verfahren erstrecken, in denen vor der Verbindung keine Beiordnung oder Bestellung erfolgt war.

Vorbem. V 2 Z 2 idF Art 13 Z 3 EuKoPfVODG v 21. 11. 16, BGBl 2591, in Kraft seit 18. 1. 17, Art 21 I G. ÜbergangsR § 60 RVG.

Schrifttum: *Döndorfer*, Kostenhilferecht für Anfänger, 6. Aufl 2014; *Poller/Teubel*, Gesamtes Kostenhilferecht, 2. Aufl 2014; *Schneider* NZFam **14**, 257 (Üb).

Gliederung

1) Systematik, I–VI	1
2) Regelungszweck, I–VI	2
3) Geltungsbereich, I–VI	3, 4
4) Umfang der Beiordnung oder Bestellung, I	5–13
A. Grundsatz: Maßgeblichkeit der Beiordnung oder Bestellung	5–8
B. Form	9, 10
C. Wirksamkeit	11–13
5) Bewilligungszeitpunkt, § 119 I 1, 2 ZPO	14–24
A. Ausdrückliche Festsetzung im Bewilligungsbeschluß	15, 16
B. Mangels ausdrücklicher Festsetzung: Bewilligungsreife	17
C. Begriff	18
D. Unentbehrlichkeit	19, 20
E. Folge: Evtl Rückwirkung	21
F. Entsprechende Auslegbarkeit der Bewilligung	22–24
6) Rückwirkung der Bewilligung, § 119 I 1, 2 ZPO	25–52
A. Grundsätzlich keine Rückwirkung vor Antragseingang	25
B. Ausnahmsweise Rückwirkung ab Antragseingang	26–28
C. Rückwirkung erst nach Prüfung	29
D. Rückwirkung erst nach Unterlagenvorlage	30
E. Sonstige Rückwirkung vor Instanzende	31–34
F. Rückwirkung bei Antrag vor Instanzende	35, 36
G. Beispiele zur Frage einer Rückwirkung vor Instanzende	37
H. Unzulässigkeit bei Antrag nach Instanzende	38, 39
I. Zulässigkeit bei Beschwerde gegen Ablehnung von Prozeßkostenhilfe	40, 41
J. Zulässigkeit während Vergleichs-Widerrufsfrist	42
K. Zulässigkeit nach Rechtskraft einer günstigen Entscheidung	43
L. Unzulässigkeit nach Rechtskraft einer ungünstigen Entscheidung usw	44, 45
M. Zulässigkeit bei Erledigung der Hauptsache	46
N. Schädlichkeit von Verschulden des Antragstellers	47, 48
O. Keine Rückwirkung bei Tod, Erlöschen, Ausscheiden usw	49–52
7) Vergütbare Tätigkeiten, I–VI	53–88
A. Grundsatz: Maßgeblichkeit der Beiordnung oder Bestellung	53, 54
B. Erste Instanz: Umfassende Beiordnung oder Bestellung, I	55
C. Beispiele zur Frage des Umfangs einer Beiordnung oder Bestellung, I	56–70
D. Beschwerdeverfahren	71
E. Berufung, Beschwerde, Revision, Rechtsbeschwerde: Umfassende Beiordnung, II	72
F. Anschlußrechtsmittel, II	73
G. Arrest, vorläufige Kontenpfändung, einstweilige Verfügung, einstweilige Anordnung: Notwendigkeit der Beiordnung, II, V	74, 75
H. Vollziehung, II, V	76
I. Ehesache: Geltungsbereich, III 1	77
J. Ehesache: Jeder Vertrag, jede erforderliche Tätigkeit, III 1	78
K. Beispiele zur Frage einer Anwendbarkeit von III 1 Z 1–6	79
L. Lebenspartnerschaftssache, III 2	80
M. Sozialrecht, IV	81
N. Mit dem Hauptprozeß zusammenhängende Angelegenheit: Notwendigkeit der Beiordnung, V	82
O. Zwangsvollstreckung, Vollstreckung, Verwaltungszwang, V 2 Z 1	83
P. Arrest, vorläufige Kontenpfändung, einstweilige Verfügung, einstweilige Anordnung, V 2 Z 2	84
Q. Selbständiges Beweisverfahren, V 2 Z 3	85

Abschn. 8. Beigeordneter oder bestellter RA, Beratungshilfe § 48 RVG

R. Widerklage, V 2 Z 4 86–88
8) **Vergütungshöhe I–III** 89–97
   A. Grundsatz: Möglichkeit mehrerer Gebühren 89, 90
   B. Verfahrensgebühr 91
   C. Terminsgebühr 92
   D. Einigungsgebühr 93
   E. Beispiele zur Frage einer Einigungsgebühr, I–III 94–97
9) **Vor Bestellung, VI** 98–101
   A. Erster Rechtszug, VI 1 .... 98, 99
   B. Berufungsverfahren, Revisionsverfahren, VI 2 100
   C. Verfahrensverbindung, VI 3 101

1) Systematik, I–VI. Man muß zwischen der Bewilligung der Prozeß- oder Ver- **1**
fahrenskostenhilfe, der Beiordnung oder Bestellung eines Anwalts zB nach § 67 a I 2
VwGO und dem Vertrag zwischen dem beigeordneten oder bestellten Anwalt und des
Begünstigten unterscheiden, Düss MDR **89**, 827, LG Ulm AnwBl **96**, 63. Die Bewilligung erfolgt nach §§ 119, 120 ZPO, §§ 76 ff FamFG für das Erkenntnisverfahren
durch das Prozeßgericht (Familiengericht) des Rechtszugs und für die Zwangsvollstreckung oder den Verwaltungszwang durch das Vollstreckungsgericht nach §§ 764,
802 ZPO. Soweit das Prozeßgericht statt des Vollstreckungsgerichts entschieden hat,
bleibt seine Entscheidung als ein Staatshoheitsakt nach BLAH Üb 10 vor § 300 ZPO
bis zu einer Aufhebung wirksam. Die Beiordnung nach § 121 I ZPO erfolgt zwar im
Anwaltsprozeß nach BLAH Üb 6 vor § 78 ZPO stets. Sie erfolgt im Parteiprozeß nach
BLAH Üb 7 vor § 78 ZPO jedoch nur auf Grund eines Antrags der Partei nach
BLAH Grdz 4 vor § 50 ZPO und nach § 121 II ZPO nur insoweit, als eine Vertretung
durch einen Anwalt erforderlich erscheint oder als den Gegner ein Anwalt vertritt.

Die Beiordnung oder Bestellung eines Anwalts nur zur Wahrnehmung eines *Beweisaufnahmetermins* vor dem etwa nach § 362 ZPO ersuchten Richter oder eines
Verkehrsanwalts erfolgt sowohl im Anwaltsprozeß nach § 78 ZPO als auch im Parteiprozeß (ohne Anwaltszwang) nur beim Vorliegen besonderer Umstände zB nach
§ 121 III ZPO. In allen diesen Fällen muß der Anwalt zur Übernahme der Tätigkeit
bereit sein. Nur dann, wenn die Partei keinen derartigen Anwalt findet, kommt eine
Beiordnung oder Bestellung von Amts wegen in Betracht, zB nach § 121 IV ZPO.

2) Regelungszweck, I–VI. § 122 I Z 3 ZPO stellt klar, daß der beigeordnete **2**
Anwalt einen Vergütungsanspruch gegen die Partei nicht geltend machen kann. Der
beigeordnete Anwalt braucht aber natürlich nicht ohne jede Vergütung tätig zu werden. Er hat einen Vergütungsanspruch gegenüber der Staatskasse. Den Umfang dieses
Anspruchs regeln (jetzt) §§ 48 ff, Celle Rpfleger **90**, 27, Mü AnwBl **82**, 443. Entsprechendes gilt für den nach § 67 a I 2 VwGO bestellten Anwalt.

3) Geltungsbereich, I–VI. Neben dem in Rn 2 genannten Anspruch, den § 48 **3**
regelt, kann der Anwalt evtl einen Vergütungsanspruch gegenüber der begünstigten
Partei haben. Das gilt etwa insoweit, als das Gericht die Bewilligung der Prozeßkostenhilfe aufhebt. Denn diese Aufhebung hat stets eine Rückwirkung, BLAH § 124 ZPO
Rn 25. Ein solcher Vergütungsanspruch gegenüber der Partei errechnet sich nicht nach
§ 48, sondern nach den in Betracht kommenden sachrechtlichen Vorschriften, also
meist nach § 675 I BGB. Soweit er besteht, kann der Vergütungsanspruch nach § 48
grundsätzlich bestehen bleiben. Man muß jedoch §§ 58, 59 beachten. Zum Asylverfahren Jendrusch NVwZ **17**, 516 (Üb).

Unanwendbar ist § 48 im Adhäsionsverfahren nach § 404 StPO, Hamm NJW **13**,
326 (dort auch zur Gegenansicht), LG Potsd JB **11**, 135.

Für den Anspruch auf einen *Auslagenersatz* gilt § 46. **4**

4) Umfang der Beiordnung oder Bestellung, I, dazu *Schneider* NZFam **14**, **5**
732 (Üb): Die Beiordnung erfolgt nach §§ 119 I 1 ZPO, 76 FamFG nur für den jeweiligen Rechtszug. Zum Begriff des Rechtszugs § 15 Rn 52 ff und § 19. Man muß
drei Aspekte beachten.

A. Grundsatz: Maßgeblichkeit der Beiordnung oder Bestellung. Der Vergütungsanspruch des beigeordneten oder bestellten Anwalts gegen die Staatskasse ist nach
seinem Grund und seiner Höhe von dem Umfang der Beiordnung oder Bestellung
abhängig, Ffm FamRZ **13**, 906, Karlsr JB **12**, 594, Kblz FamRZ **15**, 434 rechts unten.

RVG § 48 X. Rechtsanwaltsvergütungsgesetz

Zwar macht I nach seinem Wortlaut auch den Bewilligungsbeschluß zur Grundlage des Vergütungsanspruchs. Die Bewilligung und die Beiordnung müssen nach Rn 1 aber nicht unbedingt inhaltlich übereinstimmen. Gerade deshalb kommt es in Wahrheit bei einer Prozeß- oder Verfahrenskostenhilfe nur auf den Umfang der Beiordnung und nur hilfsweise auf den Umfang der Bewilligung an, Bbg FamRZ **08**, 2143, wohl auch Kblz NZFam **14**, 749, ferner Oldb RR **11**, 716, aM Hbg AnwBl **83**, 572, LG Bln MDR **89**, 366, GS 10 (aber auch eine von der Bewilligung abweichende Beiordnung bleibt nach Rn 7 gebührenrechtlich maßgeblich). Erst ganz hilfsweise ist der Beiordnungsantrag maßgeblich. Bewilligung und Beiordnung umfassen nur notwendige Kosten nach BLAH § 91 ZPO Rn 28ff, Kblz FamRZ **15**, 434 links.

6   Wenn der Anwalt zwar im Rahmen des Bewilligungsbeschlusses, aber *über den Rahmen des Beiordnungsbeschlusses hinaus* tätig wurde, mag ein Anspruch auf die zugehörige Vergütung infolge einer nachträglichen Erweiterung der Beiordnung entstehen. Solange das nicht geschieht, hat der Anwalt wegen der von der Beiordnung nicht gedeckten Tätigkeit jedenfalls keinen Anspruch nach (jetzt) §§ 48ff, Düss JB **05**, 363, Kblz NZFam **14**, 749, VG Kassel NVwZ-RR **10**, 744.

7   Soweit der Anwalt auf Grund einer solchen Beiordnung tätig wurde, die *über* den Rahmen der *Bewilligung hinausging*, mag das Gericht fehlerhaft gehandelt haben. In der Regel wird es infolgedessen die Bewilligung nachträglich erweitern. Soweit das nicht geschieht, bleibt der Vergütungsanspruch im gesamten Umfang der Beiordnung bestehen. Eine Auslegung durch das beiordnende Gericht kann eine bei einer Einwilligung des Anwalts sogar rückwirkend zulässige Erweiterung der Beiordnung oder Bestellung bedeuten.

8   Ein etwaiger *Kostenniederschlagungsbeschluß* nach § 21 GKG, § 20 FamGKG, Teile I A, B dieses Buchs, beeinträchtigt einen Anspruch nach dem RVG ohnehin nicht. Denn diese Vorschriften gelten nur für die Gerichtskosten.

9   **B. Form.** Die Beiordnung erfolgt bei einer Prozeß- oder Verfahrenskostenhilfe nach §§ 121 ZPO, 76 FamFG bei I–III 1, 2 durch das gesamte Prozeßgericht, bei III 3, 4 durch den Vorsitzenden. Sie geschieht durch einen Beschluß. Das Gericht muß seinen Beschluß zumindest insoweit stichwortartig begründen, als es die Beiordnung etwa teilweise ablehnt, BLAH § 127 ZPO Rn 14, § 329 ZPO Rn 4.

10   Eine *stillschweigende* Beiordnung ist nicht wirksam. Denn es gibt keinen stillschweigenden Beschluß. Daher ist auch eine stillschweigende Ausdehnung der Bewilligung der Prozeßkostenhilfe unzulässig. Soweit das Gericht zwar ausdrücklich eine Beiordnung ausspricht, jedoch nicht ausdrücklich eine Bewilligung erklärt, kann man freilich davon ausgehen, daß im Umfang der Beiordnung auch eine Bewilligung erfolgt ist. Diese Möglichkeit besteht nur dann nicht, wenn es sich um eine Beiordnung nach § 121 IV ZPO handelt. Denn der Vorsitzende darf eine Prozeßkostenhilfe nicht allein bewilligen.

11   **C. Wirksamkeit.** Die Beiordnung wird bei einer Prozeß- oder Verfahrenskostenhilfe mit der Mitteilung wirksam, LSG Essen JB **15**, 20. Sie erfolgt an den Antragsteller, seinen Prozeßgegner oder einen sonst am Verfahren Beteiligten, natürlich auch an den beigeordneten Anwalt. Eine formlose Mitteilung genügt sowohl, soweit das Gericht die Beiordnung ausspricht, als auch insoweit, als es eine Beiordnung nach § 329 II 1 ZPO in Verbindung mit § 127 II 1 ZPO ablehnt.

Die *erste gesetzmäßige Mitteilung* macht den Beschluß gegenüber allen Beteiligten wirksam. In anderen Verfahren gelten die eben genannten Regeln entsprechend. Für die Mitteilung ist ausreichend: Die Verkündung; die Übersendung durch die Post; die Aushändigung durch einen Gerichtsboten; der Einwurf in einen Briefkasten; ein Telefonat; ein Telefax; eine elektronische Nachricht nach §§ 130a–d ZPO; eine mündliche Mitteilung des Urkundsbeamten der Geschäftsstelle.

12   Ein als *unzustellbar* zurückkommender Brief ist nicht mitgeteilt worden. § 184 II 1 ZPO ist unanwendbar. Denn es handelt sich nicht um eine Zustellung durch eine Aufgabe zur Post. Ein Aktenvermerk über die Mitteilung ist nicht notwendig. Er ist aber ratsam. Eine förmliche Zustellung statt einer formlosen Mitteilung genügt immer.

13   Für die Wirksamkeit der Beiordnung ist es *unerheblich,* ob das Gericht sie überhaupt oder in diesem Rahmen *anordnen durfte.* Die Zulässigkeit der Beiordnung ist jedenfalls

1674

Abschn. 8. Beigeordneter oder bestellter RA, Beratungshilfe § 48 RVG

in der Kosteninstanz nicht nachprüfbar. Für den Kostenbeamten und das Beschwerdegericht ist auch die gesetzwidrige Beiordnung eines auswärtigen Anwalts außerhalb von § 121 III, IV ZPO bindend. Auch eine Beiordnung durch einen Einzelrichter oder durch den ersuchten Richter ist für die Kosteninstanz bindend. Bei einer Abweichung der Urschrift von der dem Anwalt zugestellten Ausfertigung gilt nach Rn 53 zu seinen Gunsten die letztere.

5) Bewilligungszeitpunkt, § 119 I 1, 2 ZPO. Man muß unterscheiden zwi- 14 schen demjenigen Zeitpunkt, zu dem die Bewilligung erfolgen soll und muß, und demjenigen Zeitpunkt, zu dem sie tatsächlich erfolgt *ist*.

A. Ausdrückliche Festsetzung im Bewilligungsbeschluß. Maßgeblich ist zu- 15 nächst derjenige Zeitpunkt, von dem ab das Gericht die Prozeßkostenhilfe ausdrücklich festsetzt, BGH FamRZ **06**, 548, OVG Bln-Brdb NJW **15**, 106, Saarbr OLGR **09**, 929. Das gilt unabhängig davon, ob die Festsetzung zu einem früheren oder späteren Zeitpunkt hätte erfolgen müssen oder gar nicht hätte erfolgen dürfen, Düss JB **94**, 176, Köln FamRZ **97**, 1545, LAG Hamm NZA-RR **07**, 602, aM Nürnb MDR **00**, 657 (aber es liegt ein wirksamer Staatsakt nach BLAH Üb 10 vor § 300 ZPO vor). Im letzteren Fall mag der Beschluß anfechtbar sein. Er ist aber zunächst einmal nicht schon wegen einer fehlerhaften Festsetzung des Bewilligungsbeginns etwa unwirksam. Er bleibt vielmehr nach BLAH Üb 19, 20 vor § 300 ZPO (zum Urteil) bis zu seiner Abänderung oder Aufhebung ebenso gültig wie andere gerichtliche Entscheidungen. Es liegt auch keineswegs stets schon wegen einer fehlerhaften Rückwirkung eine greifbare Gesetzwidrigkeit vor, zum problematischen Begriff Ffm Rpfleger **93**, 251, BLAH § 127 ZPO Rn 25, § 567 ZPO Rn 10.

Zur *Bindungswirkung* BLAH § 329 ZPO Rn 16 „§ 318". Das Gericht bestimmt 16 zweckmäßigerweise in seinem Bewilligungsbeschluß ausdrücklich den Anfangstag seiner Wirkung, Kblz AnwBl **78**, 316.

B. Mangels ausdrücklicher Festsetzung: Bewilligungsreife. Soweit das Ge- 17 richt den Anfangstag der Prozeßkostenhilfe-Bewilligung nicht nach Rn 15 im Beschluß ausdrücklich festgesetzt hat, nehmen zwar manche an, daß die Bewilligung grundsätzlich nur für die Zukunft gelte, also für die Zeit seit der formlosen Mitteilung der Bewilligung an den Antragsteller, BGH NJW **85**, 921, Drsd MDR **17**, 171, Köln JB **06**, 657 rechts. Es kann aber nicht einfach der Wunsch des Antragstellers allein maßgeblich sein. Er kann ja nicht einfach mit einem sofortigen Gehorsam des Gerichts rechnen.

C. Begriff. In Wahrheit gilt vielmehr die Regel: Maßgeblich ist grundsätzlich der 18 Zeitpunkt der Bewilligungsreife, Stgt FamRZ **16**, 395 (auch zu einer Ausnahme). Das ist derjenige Zeitpunkt, zu dem das Gericht die Prozeßkostenhilfe bei einem ordnungsgemäßen wie bei § 121 I 1 BGB unverzüglichen Geschäftsgang bewilligen muß oder mußte, BVerfG NJW **05**, 3489, BGH BB **98**, 665 (ohne Vorlage nach § 132 GVG), VGH Mü NVwZ-RR **16**, 48, aM BGH NJW **82**, 1104, Düss FamRZ **00**, 1224, Zweibr FamRZ **97**, 683 (wegen Bedürftigkeit stets nur der aktuelle Stand), Brdb JB **07**, 656, VG Karlsr JB **15**, 200 (je: Antragseingang), OVG Lüneb FamRZ **05**, 463 (tatsächlicher Entscheidungszeitpunkt. Aber auch ein Urteil gehört in den Zeitpunkt der Entscheidungsreife nach BLAH § 300 ZPO Rn 6, nicht vorher und nicht später).

D. Unentbehrlichkeit. Diese Regel ist praktisch unentbehrlich, um grobe Unbil- 19 ligkeiten zu verhüten, evtl sogar einen Verstoß gegen Artt 2 I, 20 III GG (Rpfl) BVerfG **101**, 404, Art 103 I GG (Richter), Düss FamRZ **89**, 81. Sie ist auch deshalb unentbehrlich, um den Antragsteller vor denjenigen Nachteilen zu schützen, die eine für ihn unverschuldete Verzögerung des Verfahrens bringen würde, Düss FamRZ **97**, 1088, aM Hamm FamRZ **97**, 1018, Köln RR **00**, 1606 (aber der Antragsteller hat einen Anspruch auf eine unverzügliche Entscheidung, Köln FamRZ **10**, 52, Schlesw MDR **11**, 1378). Der Zeitpunkt der Bewilligungsreife entspricht dem Regelungszweck der gesamten Prozeßkostenhilfe nach BLAH Üb 1 vor § 114 ZPO und der gerichtlichen Fürsorgepflicht im gesamten Bewilligungsverfahren nach BLAH Üb 5 vor § 114 ZPO.

1675

RVG § 48 X. Rechtsanwaltsvergütungsgesetz

20 Er schließt einerseits die Notwendigkeit einer *sorgfältigen* Prüfung der Bewilligungsvoraussetzungen ein, BLAH Üb 8 vor § 114 ZPO, andererseits nach BLAH § 118 ZPO Rn 2 das Gebot der *Zügigkeit* des Verfahrens. Die Bewilligungsreife setzt eine Kenntnis des beabsichtigten Sachantrags nach § 253 II Z 2 ZPO voraus. Der Bewilligungsantrag muß nach § 118 ZPO vollständig belegt vorliegen, Köln FamRZ **01**, 232, OVG Kblz NVwZ-RR **14**, 77. Der Antragsgegner soll meist eine Stellungnahme abgegeben haben können, BGH NZFam **15**, 179.

In der *Beschwerdeinstanz* tritt die Bewilligungsreife für das Beschwerdegericht frühestens mit der Vorlage des etwa notwendigen Nichtabhilfebeschlusses des Erstgerichts nach BLAH § 127 ZPO Rn 92 ein, VGH Kassel AnwBl **98**, 55.

21 **E. Folge: Evtl Rückwirkung.** Aus dem Grundsatz der Bewilligungsreife kann sich nach Rn 25 die Notwendigkeit einer Rückwirkung der Bewilligung ergeben, BGH BB **98**, 665 (ohne Vorlage nach § 132 GVG), KG FamRZ **00**, 838 und 839, Zweibr FamRZ **04**, 1500, aM BGH NJW **87**, 2379, Düss FamRZ **89**, 81, Stgt MDR **87**, 329 (grundsätzlich nur für die Zukunft. Aber das ist nicht konsequent. Alle Beteiligten können und müssen sich auf eine Wirkung ab der Bewilligungsreife einstellen. Auch ein Urteil kann und muß evtl rückwirkend ergehen).

Ebenso ergibt sich ein *Verbot* der Rückwirkung vor der Bewilligungsreife. Daher gibt es keine Bewilligung für einen vom Antragsgegner zu vertretenden Verzögerungszeitraum, Karlsr FamRZ **96**, 1287, VGH Mannh JB **91**, 1115.

22 **F. Entsprechende Auslegbarkeit der Bewilligung.** Nach dem Grundsatz der Bewilligungsreife nach Rn 17 darf und muß man nach BLAH Grdz 51, 52 vor § 128 ZPO eine solche Entscheidung auslegen, die über den Zeitpunkt des Beginns der Prozeßkostenhilfe keine ausdrückliche nach Rn 15, 16 bindende abweichende Festsetzung enthält. Denn man muß dem Gericht seinen Willen zu einer sachgemäßen Entscheidung unterstellen. Deshalb kann eine Bewilligung auch ohne eine ausdrückliche rückwirkende Festsetzung rückwirkend erfolgt sein, Bbg FamRZ **88**, 1081, Celle JB **78**, 125, OVG Bln JB **94**, 350.

23 Freilich muß die Absicht der Rückwirkung doch einigermaßen *eindeutig erkennbar* sein, BGH NJW **82**, 446, Hamm Rpfleger **84**, 448. Man kann nicht aus der Erkenntnis, daß eine Prozeßkostenhilfe ab der Bewilligungsreife erfolgen soll, stets darauf schließen, daß das Gericht auch den richtigen Zeitpunkt gewählt *hat,* Christl MDR **83**, 628, aM Düss Rpfleger **86**, 108, Mü Rpfleger **86**, 108, LAG Bre AnwBl **82**, 443 (im Zweifel wirke der Beschluß stets auf den Tag der Antragstellung zurück. Aber das ist ohnehin nur ausnahmsweise möglich).

24 Man darf also *keine gewaltsame* Auslegung im Sinn des Gesollten statt des Gewollten vornehmen.

25 **6) Rückwirkung der Bewilligung, § 119 I 1, 2 ZPO.** Es gelten wegen des Grundsatzes der Bewilligungsreife nach Rn 17–21 zur Rückwirkung ziemlich komplizierte oft verkannte Regeln.

A. Grundsätzlich keine Rückwirkung vor Antragseingang. Eine rückwirkende Bewilligung auf einen Zeitpunkt *vor* dem Eingang des Prozeßkostenhilfe-Antrags ist grundsätzlich unzulässig, BGH JB **93**, 51, Brdb FamRZ **12**, 319, LAG Nürnb JB **11**, 377. Man beantragt es infolgedessen bei einer vernünftigen Auslegung nach Rn 22 auch nicht, Karlsr FamRZ **93**, 216, LG Landau Rpfleger **85**, 375, LAG Ffm MDR **01**, 2017. Soweit unklar bleibt, ob der rechtzeitig gefertigte Antrag auch vor dem Instanzende eingegangen ist, muß das Gericht den Antrag jedenfalls dann zurückweisen, wenn sich der Antragsteller nicht im Verfahren nach seinem Schicksal erkundigt hat, Brdb AnwBl **98**, 670, Celle JB **96**, 141.

Allerdings muß das Gericht ausnahmsweise im *Amtsprüfungsverfahren* nach BLAH Grdz 38 vor § 128 ZPO auch einen Prozeßkostenhilfe-Antrag anregen und beim eigenen Verstoß rückwirkend an einem möglichen Auftragseingang entscheiden, Brdb FamRZ **97**, 1542, Karlsr FamRZ **01**, 1156.

Fälschlich erfolgte absichtliche derartige Rückwirkung *vor* Antragseingang bindet allerdings grundsätzlich nach Rn 16, Bbg FamRZ **89**, 884.

26 **B. Ausnahmsweise Rückwirkung ab Antragseingang.** Das Gericht kann zu Recht oder zu Unrecht nach Rn 15 bindend die Bewilligung rückwirkend auf den

1676

Abschn. 8. Beigeordneter oder bestellter RA, Beratungshilfe § 48 RVG

Zeitraum seit dem Antragseingang festgesetzt haben, KG FamRZ **80**, 580. Andernfalls kommt eine Rückwirkung auf diesen frühestmöglichen Bewilligungszeitpunkt nach Rn 25 nur ausnahmsweise in Betracht, Stgt Rpfleger **03**, 200, LAG Halle FamRZ **10**, 315, OVG Bln-Brdb NVwZ-RR **08**, 288.

Das kann zB dann erfolgen, wenn das Gericht den *Prozeßgegner nicht* nach § 118 I 1 ZPO *hört*, weil dann nach BLAH § 118 ZPO Rn 18 „aus besonderen Gründen als unzweckmäßig erscheint". Die Bewilligungsreife nach Rn 17 kann etwa dann bereits im Zeitpunkt des Antragseingangs eintreten, wenn der Antrag erst während einer mündlichen Verhandlung im Hauptprozeß erfolgt und wenn die Klagerwiderung usw schon vorliegt oder wenn schon eine Beweisaufnahme zB nach §§ 355 ff ZPO erfolgt ist oder wenn der Antragsteller zwar eine Frist voll ausnutzt, das Gericht aber eben deshalb nicht mehr vor dem Fristablauf entscheiden kann, KG JR **88**, 436, ArbG Regensb JB **91**, 1230. Es reicht kaum aus, den Antrag erst am Schluß der letzten Verhandlung nach §§ 136 IV, 296 a ZPO zu stellen. Denn dann braucht man kaum noch Hilfe, Karlsr FamRZ **96**, 1288. 27

Der Antrag muß natürlich *vollständig* vorliegen, BGH JB **92**, 823 (StPO), LG Regensb JB **02**, 8, LAG Halle AnwBl **00**, 62. Der Antragsteller muß insbesondere die persönlichen Voraussetzungen nach § 117 ZPO rechtzeitig ausreichend dargetan und nach § 118 ZPO etwa belegt haben, BGH JB **92**, 823, BVerwG JB **95**, 304, LG Regensb JB **02**, 84, aM Oldb JB **92**, 248, LAG Hamm MDR **93**, 91 (aber eine Bewilligungsreife nach Rn 17 liegt eben doch erst ab dem Eingang des zuvor Fehlenden vor. Das gilt auch dann, wenn das Gericht das Fehlende pflichtgemäß nachfordert). Eine unrichtige Namensschreibweise kann bei einer Eindeutigkeit der Nämlichkeit und bei einer formell ordnungsgemäßen Zustellung unschädlich sein, Bbg FamRZ **01**, 291. 28

C. Rückwirkung erst nach Prüfung. Der Zeitpunkt des Antragseingangs kann also eigentlich niemals mit demjenigen der Bewilligungsreife nach Rn 17 zusammenfallen. Dazwischen muß immer die ordnungsgemäße Prüfung des Gesuchs liegen. Sie mag aber ja nur wenige Sekunden dauern müssen, BGH NJW **82**, 446, Düss FamRZ **89**, 81, Karlsr RR **89**, 1466, aM Düss Rpfleger **86**, 108, Ffm AnwBl **86**, 255, Hbg JB **85**, 655 (Rückbeziehung für den Bekl schon vom Zeitpunkt des Klageingangs beim Gericht ab. Aber dann liegt grundsätzlich noch gar kein Prozeßverhältnis nach BLAH Grdz 4 vor § 128 ZPO vor). 29

D. Rückwirkung erst nach Unterlagenvorlage. Man darf die Bewilligung auch nicht etwa schon dann auf den Zeitpunkt des Antragseingangs zurückbeziehen, wenn der Antragsteller die erforderlichen Unterlagen zwar nicht vollständig oder gar nicht vorgelegt hatte, wenn das Gericht aber eine angemessene Frist zur Nachreichung eingehalten hat, Karlsr FamRZ **96**, 1288. Denn die Bewilligungsreife nach Rn 17 ist dann eben erst mit dem Eingang des noch Fehlenden und nach seiner anschließenden unverzüglichen Prüfung eingetreten, Karlsr FamRZ **96**, 1288, Saarbr MDR **10**, 176, LAG Köln NZA-RR **16**, 101, aM Ffm Rpfleger **93**, 251, Nürnb MDR **01**, 1435, Oldb JB **92**, 248 (aber die fristgemäße Nachreichung ändert nichts am anfänglichen Fehlen des für ihn zuungunsten der Prozeßkostenhilfe Entscheidungserheblichen). Eine Rückwirkung kann aber dann notwendig sein, wenn das Gericht das Fehlen der Unterlagen weder gerügt noch ihre Nachreichung befristet hatte, Karlsr FamRZ **99**, 305, oder wenn es einen sonstigen Verfahrensfehler gemacht hatte, Naumb FamRZ **15**, 947 (nur zur Erfolgsaussicht). 30

E. Sonstige Rückwirkung vor Instanzende. Soweit das Gericht nicht zu Recht oder zu Unrecht nach Rn 15 bindend den Beginn der Prozeßkostenhilfe im Bewilligungsbeschluß ausdrücklich festgesetzt hatte, kommt nach dem Grundsatz der Bewilligungsreife nach Rn 17 eine sonstige Rückwirkung eines vor dem Ende dieser Instanz ergangenen oder zu erlassenden Bewilligungsbeschlusses auf einen Zeitpunkt nach dem Antragseingang in Betracht. 31

Maßgebend ist also auch hier wiederum, ob der Gericht bei einer *einerseits gründlichen, andererseits zügigen* Behandlung über den Bewilligungsantrag früher hätte entscheiden können und müssen, Hamm MDR **12**, 1118, Karlsr FamRZ **90**, 81, oder ob es einen Vertrauenstatbestand geschaffen hatte, wie oft durch Güteverhandlungen 32

1677

usw, etwa nach § 278 II–VI ZPO oder im Arbeitsgerichtsverfahren, LAG Halle AnwBl **00**, 62.

33 *Beispiele:* Das Gericht hat den Antrag zunächst übersehen; es hat das Formular nach § 117 ZPO vermeidbar verspätet geprüft; es hätte eine Frist zur Nachreichung von Belegen oder zur Glaubhaftmachung nach §§ 118 II 1, 294 ZPO früher setzen müssen; es hat einen Beweisbeschluß erlassen und damit nach BLAH § 114 ZPO Rn 86 die Erfolgsaussicht bejaht, gleichwohl noch ergänzende Angaben zur Erfolgsaussicht gefordert und erst nach deren Eingang entschieden; es hat die Bezugnahme auf ein bei ihm schwebendes Parallelverfahren zunächst als ausreichend erachtet und dann jene Akten versandt, Köln FamRZ **88**, 1297.

34 Freilich darf *kein Verschulden* des Antragstellers mitwirken, Köln FamRZ **99**, 1143, aM Karlsr FamRZ **06**, 1852 (aber die Pflicht nach § 117 II ZPO gilt uneingeschränkt).

35 **F. Rückwirkung bei Antrag vor Instanzende.** Soweit der Antrag vor dem Abschluß der Instanz eingegangen war, kommt es mangels einer abweichenden ausdrücklichen Festsetzung im Bewilligungsbeschluß nach Rn 15 zunächst darauf an, ob schon vor dem Instanzende eine Bewilligungsreife nach Rn 17 eingetreten ist, Hamm MDR **12**, 1118, OVG Hbg NJW **10**, 695, OVG Magdeb NJW **12**, 632. Nur insoweit ist die Rückwirkung zulässig und notwendig, BGH NJW **85**, 922, Hamm FamRZ **05**, 463, OVG Lüneb NJW **12**, 248, aM OVG Bre JB **90**, 1191 (nicht mehr nach einer Erledigung. Aber es kommt für die „Beabsichtigung" eben auf die Bewilligungsreife an).

36 Freilich muß der Wahlanwalt auch nach BLAH § 121 ZPO Rn 10 *bereit* gewesen sein, sich beiordnen zu lassen, Christl MDR **83**, 538 und 624.

37 **G. Beispiele zur Frage einer Rückwirkung vor Instanzende**
Beiordnungsfehler: Rückwirkung entsteht dann, wenn das Gericht nicht rechtzeitig von Amts wegen nach § 121 ZPO einen Anwalt beigeordnet hatte, Karlsr FamRZ **01**, 1155, Mü FamRZ **02**, 1196.
Belehrungsfehler: Rückwirkung entsteht dann, wenn das Gericht den Antragsteller durch eine unrichtige Belehrung von einem rechtzeitigen Antrag abgehalten hatte, Brdb FamRZ **97**, 1542.
Entscheidung vor Fristablauf: Rückwirkung entsteht dann, wenn das Gericht zur Hauptsache vor dem Ablauf seiner Frist zur Stellungnahme des Prozeßgegners entschieden hat, Düss MDR **87**, 941 (zum gegenteiligen Fall).
Nachreichung: Rückwirkung entsteht dann, wenn der Antragsteller die nach § 117 II ZPO erforderlichen oder sonstigen Unterlagen erst nach dem Schluß der Verhandlung nach §§ 136 IV, 296 a ZPO oder noch später nachreichen konnte, BGH JB **85**, 141, Zweibr FamRZ **04**, 1500.
Unzumutbarkeit: Rückwirkung entsteht dann, wenn es dem Antragsteller nicht zuzumuten war, den Bewilligungsantrag nach § 117 ZPO vor dem Sachantrag der Hauptsache nach BLAH § 297 ZPO Rn 4 zu stellen, Karlsr FamRZ **87**, 1167 (Vorsicht!).
Widerrufsvergleich: Rückwirkung entsteht dann, wenn die Widerrufsfrist eines Vergleichs nach BLAH Anh § 307 ZPO Rn 10 noch nicht abgelaufen war, LG Hbg FamRZ **99**, 600.
Zurückverweisung: Rückwirkung entsteht dann, wenn das Beschwerdegericht erst nach dem Instanzende nach BLAH § 572 ZPO Rn 14 zurückverweisen konnte, Kblz FamRZ **96**, 44.

38 **H. Unzulässigkeit bei Antrag nach Instanzende.** Soweit das Gericht nicht nach Rn 15 bindend eine rückwirkende Prozeßkostenhilfe im Bewilligungsbeschluß nach Rn 25 ausdrücklich festgesetzt hat, Bbg FamRZ **89**, 884, ist eine Rückwirkung grundsätzlich unzulässig, strenger LAG Köln NZA-RR **16**, 101 (überhaupt nicht statthaft). Das gilt, soweit die Bewilligungsantrag erst nach dem Ende dieser Instanz nach § 119 I 1 ZPO beim Gericht vollständig eingegangen war, BGH JB **91**, 1116, Kblz MDR **15**, 898, Naumb FamRZ **15**, 947, aM Karlsr MDR **07**, 1447. Dasselbe gilt dann, wenn die Erklärung nach § 117 II–IV ZPO erst nach dem Instanzende eingeht, ohne daß das Gericht eine so lange Frist nach BLAH § 117 ZPO Rn 35 gesetzt hatte, Bbg FamRZ **01**,

628, LAG Nürnb Rpfleger **13**, 344, OVG Münst NJW **07**, 1485. Dasselbe gilt natürlich erst recht dann, wenn die Darlegung usw nicht einmal in einer bewilligten Frist einging, Saarbr FamRZ **10**, 1750. Eine Ausnahme kann im FamFG-Verfahren vor einer Kostenentscheidung bestehen, Mü FamRZ **01**, 1309. Das Gericht dieser Instanz kann den erst nach ihrem Ende eingegangenen Antrag unbearbeitet zu den Akten nehmen. Es kann aber die rückwirkende Bewilligung auch zur Klarstellung ausdrücklich ablehnen, BGH (St) AnwBl **87**, 55, BVerwG JB **92**, 346, Hbg WoM **93**, 462.

Eine *rückwirkende* Bewilligung kommt nur ausnahmsweise bei einer Schuldlosigkeit des Antragstellers infrage, Ffm NJW **14**, 2367 (zustm Reichling), Karlsr FamRZ **11**, 1608 (Nachreichung in gerichtlicher Frist), Naumb FamRZ **15**, 947. Eine Rückwirkung kann auch bei einer Zulassung der Revision nach § 543 II Z 1 ZPO wegen Art 3 GG infragekommen, BVerfG NJW **15**, 2174. Dem Antragsteller bleibt evtl ein neuer Antrag ohne eine Rückwirkung offen. Ein Anwaltsverschulden gilt nach BLAH § 85 ZPO Rn 8 auch hier als ein solches der Partei, OVG Hbg FamRZ **92**, 79.

Es kommt dann allenfalls eine Entscheidung der *Justizverwaltung* in Betracht, und **39** zwar nicht nach § 23 EGGVG, sondern nach § 30a EGGVG, Teil XII B dieses Buchs. Man kann sie auch nach dieser Vorschrift anfechten, (zum alten Recht) Hbg MDR **83**, 234.

I. Zulässigkeit bei Beschwerde gegen Ablehnung von Prozeßkostenhilfe. **40** Soweit nicht das Gericht nach Rn 15 bindend im Bewilligungsbeschluß einen abweichenden Zeitpunkt bestimmt hat, kommt eine Rückwirkung auch bei einer Entscheidung erst nach dem Abschluß dieser Instanz nach § 119 I 1 ZPO auch dann in Betracht, wenn der Antragsteller gegen einen die Prozeßkostenhilfe-Bewilligung ablehnenden Beschluß eine mit Gründen versehene sofortige Beschwerde nach § 127 eingelegt hat, LG Dortm AnwBl **84**, 222 (abl Chemnitz).

Das gilt zunächst dann, wenn das Erstgericht den dortigen Prozeßkostenhilfeantrag **41** verzögerlich behandelt hatte, Schlesw JB **02**, 85. Es gilt ferner auch dann, wenn die Beschwerde gegen die Prozeßkostenhilfe-Ablehnung vor dem Ende der Instanz der Hauptsache einging. Es gilt schließlich auch dann, wenn der Antragsteller seine sofortige Beschwerde schuldlos erst später eingelegt hatte, etwa deshalb, weil das Gericht die ablehnende Entscheidung dem Antragsgegner nicht vor dem Instanzende der Hauptsache nach § 329 ZPO mitgeteilt hatte, BFH DB **84**, 2495, Bbg FamRZ **90**, 181, Karlsr FamRZ **90**, 82, aM KG FamRZ **86**, 825, Schlesw SchlHA **84**, 175, Zweibr FamRZ **80**, 909 (aber das würde auf einen Verstoß zumindest gegen Art 103 I GG hinauslaufen).

Unstatthaft ist eine Rückwirkung jedoch, soweit erstinstanzlich kein Bedürfnis für die Beiordnung eines Anwalts nach § 121 ZPO bestand, VGH Mannh NVwZ-RR **05**, 367, oder nach einer Klagerücknahme nach § 269 ZPO, VGH Mü FamRZ **14**, 960.

J. Zulässigkeit während Vergleichs-Widerrufsfrist. Soweit das Gericht nicht **42** in seinem Beschluß nach Rn 15 bindend einen abweichenden Zeitpunkt des Beginns der Prozeßkostenhilfe festgesetzt hat, ist eine rückwirkende Bewilligung auch dann statthaft, wenn der Antragsteller das Bewilligungsgesuch erst nach dem Abschluß eines widerruflichen Prozeßvergleichs nach BLAH Anh § 307 ZPO Rn 42 vor dem Ablauf der Widerrufsfrist eingereicht hat, LG Hbg FamRZ **99**, 600, AG Groß Gerau MDR **81**, 853.

K. Zulässigkeit nach Rechtskraft einer günstigen Entscheidung. Soweit das **43** Gericht den Bewilligungsbeginn nicht nach Rn 15 bindend ausdrücklich abweichend festgesetzt hat, steht die formelle Rechtskraft eines dem Antragsteller günstigen Urteils nach § 705 ZPO einer Rückwirkung der Bewilligung grundsätzlich nicht entgegen, Ffm MDR **83**, 137, Hbg FamRZ **83**, 1230, Karlsr RR **98**, 1086, aM Ffm AnwBl **82**, 533 (zu einer Feststellungsklage. Aber auch dann ist die Bewilligungsreife nach Rn 17 der richtige Zeitpunkt). Der günstigen Entscheidung steht die Rücknahme des gegnerischen Rechtsmittels gleich, BGH AnwBl **88**, 420 (wegen [jetzt] § 516 III ZPO).

L. Unzulässigkeit nach Rechtskraft einer ungünstigen Entscheidung usw. **44** Soweit das Gericht nicht nach Rn 15 bindend den Bewilligungsbeginn ausdrücklich abweichend festgesetzt hatte, kommt eine Rückwirkung jedenfalls insoweit nicht mehr in Betracht, als im Zeitpunkt der Entscheidung über das Bewilligungsgesuch

RVG § 48

bereits ein dem Antragsteller ungünstiges Urteil formell nach § 705 ZPO rechtskräftig geworden ist, Ffm MDR **86**, 857, Hamm FamRZ **85**, 825, OVG Lüneb NVwZ **05**, 470, aM Hamm FamRZ **85**, 825, VGH Mannh FamRZ **88**, 857 (aber auch dann ist die Bewilligungsreife nach Rn 17 der richtige Zeitpunkt).

45 Der dem Antragsteller ungünstigen Entscheidung steht seine *Klagerücknahme* nach § 269 ZPO in der Regel gleich, LAG Bln DB **89**, 2440, aM Köln MDR **97**, 690 (aber wer die Klage zurücknimmt, gibt zumindest zunächst den Kampf auf, wie es nicht einmal der Verlierer stets tut).

46 M. **Zulässigkeit bei Erledigung der Hauptsache.** Soweit das Gericht nicht nach Rn 15 bindend den Bewilligungszeitpunkt ausdrücklich abweichend festgesetzt hat, kommt nach einer wirksamen Erledigung der Hauptsache nach BLAH § 91a ZPO Rn 98 eine rückwirkende Bewilligung jedenfalls nicht mehr für den früheren Hauptantrag in Betracht, BFH BB **86**, 187, LAG Hamm NZA **04**, 102, Pentz NJW **85**, 1820, aM ThP § 119 ZPO Rn 4 (auch dann könne das Gericht unter den übrigen Voraussetzungen rückwirkend bewilligen. Aber inzwischen ist die Rechtshängigkeit nach BLAH § 91a ZPO Rn 110 entfallen). Freilich kommt eine rückwirkende Bewilligung wenigstens noch im Umfang der inzwischen stattgefundenen Erledigterklärungen in Betracht, Köln FamRZ **81**, 486.

47 N. **Schädlichkeit von Verschulden des Antragstellers.** Sofern nicht das Gericht nach Rn 15 bindend den Beginn der Prozeßkostenhilfe im Bewilligungsbeschluß ausdrücklich abweichend festgesetzt hatte, schadet bei Rn 38–46 ein Verschulden des Antragstellers wie sonst. Er muß sich das Verschulden eines gesetzlichen Vertreters nach § 51 II ZPO wie dasjenige eines ProzBev nach § 85 II ZPO anrechnen lassen.

48 Ein solches Verschulden *fehlt*, soweit der Antragsteller die Entscheidung *abwartet*, statt das Gericht zu mahnen, Düss AnwBl **78**, 418. Dagegen kann man nicht nur deshalb ein Verschulden verneinen, weil ein stillschweigender Antrag vorliege. Denn er reicht nach BLAH § 117 ZPO Rn 4 nicht aus, aM AG Stgt AnwBl **82**, 254.

49 O. **Keine Rückwirkung bei Tod, Erlöschen, Ausscheiden usw.** Durch den Tod des Antragstellers würde eine Prozeßkostenhilfe ohnehin enden, Ffm FamRZ **11**, 385, Kblz FamRZ **96**, 809. Mit ihm erledigt sich das bisherige Bewilligungsverfahren. Daher kommt jetzt auch grundsätzlich keine rückwirkende oder sonstige Bewilligung mehr in Betracht, BGH FamRZ **11**, 35 (Ausnahme: Bewilligungsreife vor dem Tod), Celle JB **12**, 208, Kblz FamRZ **16**, 2025, aM LSG Darmst Rpfleger **97**, 392 (aber es liegt kein Rechtsschutzbedürfnis nach BLAH Grdz 33 vor § 253 ZPO mehr vor).

50 Das scheint *nicht selbstverständlich* zu sein. Der Erbe rückt ja sachlichrechtlich in die Position des Erblassers ein. Er kann und muß indessen für seine Person eine Prozeßkostenhilfe und die etwaige Beiordnung eines Anwalts nach § 121 ZPO neu beantragen, OVG Lüneb NJW **07**, 1224 (Ende des Insolvenzverfahrens). Eine Anrechnung der vom Erblasser erbrachten Zahlungen ist übrigens nur in demselben Prozeß denkbar, aM KG Rpfleger **86**, 281, LG Bielef Rpfleger **89**, 113 (wegen der vor dem Erbfall entstandenen Kosten. Aber man sollte nach BLAH Grdz 14 vor § 128 ZPO prozeßwirtschaftlich bewerten).

51 Entsprechendes gilt beim *Erlöschen* der antragstellenden *juristischen* Person nach BLAH § 50 ZPO Rn 7, 21 oder beim Ausscheiden und ähnlichen endgültigen Vorgängen der Beendigung der Parteistellung nach § 114 S 1 ZPO oder bei vollständiger Erledigung auf Grund einer Versöhnung, Mü OLGR **94**, 315.

52 Mit dem Ausscheiden usw des Begünstigten erlischt sie nämlich. Das gilt unabhängig davon, daß eine Prozeßvollmacht nach § 86 ZPO nicht automatisch erlischt. Daher kann der Ausgeschiedene evtl entsprechend nach § 674 BGB gegen die Staatskasse vorgehen. Dem Erlöschen steht auch die Beendigung der *Liquidation* nach BLAH § 50 ZPO Rn 20–23 gleich.

53 7) **Vergütbare Tätigkeiten, I–VI.** Der folgende Grundsatz hat zahlreiche Auswirkungen.

A. **Grundsatz: Maßgeblichkeit der Beiordnung oder Bestellung.** Ihren Umfang ergibt der Beiordnungs- oder Bestellungsbeschluß, Brdb MDR **09**, 175 rechts, Celle MDR **11**, 324, Kblz FamRZ **15**, 1825. Er muß einen oder mehrere Ansprüche bestimmt erfassen, sei es auch durch eine unmißverständliche Verweisung oder Bezug-

Abschn. 8. Beigeordneter oder bestellter RA, Beratungshilfe § 48 RVG

nahme etwa auf die Klageschrift. Soweit die Ausfertigung von der Urschrift abweicht, ist grundsätzlich die Ausfertigung maßgebend. Denn nur sie ist nach außen in Erscheinung getreten, und der Anwalt konnte und mußte sich nach Rn 13 auf sie verlassen. *Etwas anderes gilt* dann, wenn der Irrtum aus der Ausfertigung ersichtlich war oder wenn sie ernste Zweifel an ihrer Richtigkeit aufkommen ließ. Dann hat der Anwalt eine Erkundigungspflicht. Der Umfang der Beiordnung oder Bestellung ist nach Rn 1 ff auch dann maßgeblich, wenn er zB vom Umfang der Bewilligung der Prozeßkostenhilfe etwa abweicht. Eine Beiordnung kann stillschweigend erfolgen. Eine Auslegung des Beiordnungsbeschlusses ist statthaft und oft notwendig.

Soweit der *Umfang der Beiordnung oder Bestellung unklar* ist, ist grundsätzlich kein **54** Vergütungsanspruch nach §§ 48 ff entstanden. Eine Ausnahme gilt dann, wenn die in II 2 vorgesehene Einschränkung der Beiordnung nicht eindeutig ist. Im übrigen bildet der Umfang der Bewilligung den meist maßgeblichen Anhaltspunkt für den Umfang der Beiordnung. In diesem Zusammenhang muß man § 119 I 1 ZPO beachten. Nach dieser Vorschrift erfolgt die Bewilligung der Prozeßkostenhilfe für jeden Rechtszug besonders. „Rechtszug" ist hier dasselbe wie „Instanz" nach § 27. Denn es handelt sich auch bei § 119 I 1 ZPO um eine Kostenvorschrift.

B. Erste Instanz: Umfassende Beiordnung oder Bestellung, I. Der beigeord- **55** nete oder bestellte Anwalt darf in der Instanz umfassend tätig werden, also auch in einem Beweistermin vor einem beauftragten oder ersuchten Richter. Vgl freilich § 46 II. Für einen Beweisaufnahmetermin vor dem ersuchten Richter usw enthält § 121 III ZPO die Möglichkeit der zusätzlichen Beiordnung eines Verkehrsanwalts.

Die *Zwangsvollstreckung* stellt ist ein neues Verfahren dar. Dafür kann und muß man unter den Voraussetzungen der §§ 114 ff ZPO gesondert eine Prozeßkostenhilfe beantragen. Das ergibt sich auch aus V 2 Z 1 und aus § 20 I Z 5 RPflG, BLAH § 119 ZPO Rn 50. Entsprechendes gilt für die Beiordnung. Für eine Ehesache enthält III vorrangige Sonderregeln.

C. Beispiele zur Frage des Umfangs einer Beiordnung oder Bestellung, I

Anspruchsbestimmtheit: Rn 53. **56**

Anwaltszwang: Eine Beiordnung oder Bestellung erfaßt auch die Tätigkeit in einem solchen Verfahrensabschnitt, der zwar nicht dem Anwaltszwang unterliegt, der der beigeordnete oder bestellte Anwalt aber im Rahmen seiner Vertragspflichten wahrnehmen muß. Das kann etwa für die Teilnahme an einer Beweisaufnahme vor dem nach §§ 361, 362 ZPO ersuchten oder beauftragten Richter gelten.

Aufhebung der Prozeßkostenhilfe: Eine Beiordnung erfaßt auch die Verhandlung **57** über die Aufhebung der Bewilligung der Prozeßkostenhilfe nach § 124 ZPO zugunsten der eigenen Partei oder des Prozeßgegners. Diese Tätigkeit ist freilich wohl stets durch die Gebühren im Hauptverfahren mitabgegolten.

Keine Erfassung tritt ein, soweit das Gericht die Bewilligung rückwirkend aufhebt, etwa wegen einer Erschleichung, Düss MDR **89**, 365. Ein bereits entstandener Vergütungsanspruch des Anwalts bleibt aber auch dann bestehen, Düss JB **86**, 298, Kblz FamRZ **97**, 755, Zweibr Rpfleger **84**, 115.

Außergerichtliche Tätigkeit: Trotz § 19 I 2 Z 2 erfaßt eine Beiordnung im Zwei- **58** fel (bei einer eindeutigen Beiordnung gilt Rn 96) *nicht* auch eine außergerichtliche Tätigkeit, zB eine Vergleichsverhandlung. Denn das Gericht darf den Anwalt nur für das gerichtliche Verfahren beiordnen, Bbg FamRZ **08**, 2143, Drsd JB **16**, 87, Düss FamRZ **06**, 628, aM BGH NJW **88**, 494, Brdb FamRZ **05**, 1264, Mü FamRZ **04**, 966 (aber das ganze Prozeßkostenhilfeverfahren darf sich eben nur auf eine Hilfe für einen „Prozeß" beschränken).

Beratung, Besprechung usw (VV 2300): Die Beiordnung erfaßt grds *keine* Tätig- **59** keit des Anwalts nach (jetzt) VV 2300, Düss FamRZ **98**, 1036.

Etwas anderes gilt nur dann, wenn die außergerichtliche Tätigkeit des Anwalts auf den Abschluß eines Vertrags im Sinn von III 1 abzielt, Düss VersR **82**, 882.
S auch Rn 64 „Prozeßvergleich".

Beweisaufnahme: Rn 56 „Anwaltszwang", Rn 69 „Verkehrsanwalt".

Drittwiderspruchsklage: Rn 83.

Einigung: Rn 58 „Außergerichtlicher Vergleich", Rn 64 „Prozeßvergleich".

60 Familiensache: Die Beiordnung kann sich auf eine Folgesache nach § 137 FamFG auswirken, Bbg JB 09, 591, Karlsr NJW 10, 1383. Bei einer Trennung einer Folgesache aus dem Verbund wirkt die Bewilligung *nicht* mehr fort, Brschw AGS 03, 167.
Feststellungsklage: Rn 66 „Übergang zur Leistungsklage".
Güteverhandlung: Eine Beiordnung für die erste Instanz erfaßt eine Güteverhandlung nach § 278 II–V ZPO oder vor dem ArbG nach § 62 II ArbGG.

61 Hilfsaufrechnung: Eine Beiordnung oder Bestellung erfaßt auch die Tätigkeit im Rahmen einer Hilfsaufrechnung nach BLAH § 145 ZPO Rn 13, LG Bln AnwBl 79, 273.

62 Klagänderung, -erweiterung: Eine Beiordnung oder Bestellung erfaßt im Zweifel *nicht* auch eine Klagänderung oder -erweiterung nach §§ 263, 264 ZPO. S auch Rn 66 „Übergang zur Leistungsklage".
Leistungsklage: Rn 66 „Übergang zur Leistungsklage".
Mahnverfahren: Die Beendigung für das Mahnverfahren nach §§ 688 ff ZPO umfaßt *nicht* auch das folgende streitige Verfahren. Der Rpfl oder der etwa landesrechtlich zuständige Urkundsbeamte nach BLAH Grdz 4 vor § 688 ZPO darf eine solche Erstreckung wegen § 8 IV RPflG auch gar nicht vornehmen.

63 Nachverfahren: Eine Beiordnung erfaßt auch die Tätigkeit im Nachverfahren nach einem solchen Urkundenprozeß gemäß § 600 ZPO, für den das Gericht den Anwalt beigeordnet hatte, Düss Rpfleger 87, 263.

64 Prozeßvergleich: Eine Beiordnung kann einen außergerichtlichen und auch einen Prozeßvergleich nach BLAH Anh § 307 ZPO umfassen, Karlsr MDR 09, 1253, Köln FamRZ 08, 707, Mü AnwBl 08, 74. Sie tut das meist, Düss VersR 82, 882, Kblz JB 16, 137, Rostock FamRZ 08, 708, aber nicht stets, Drsd FamRZ 12, 242. Freilich kann sich die Beiordnung nach Rn 58 auf den Prozeßvergleich beschränken, Celle MDR 11, 324. Sie mag bei einer Erstreckung auf nicht unter § 261 ZPO rechtshängige Ansprüche nur eine Einigungsgebühr nach VV 1000 erfassen, keine Verhandlungs- oder Terminsgebühr, Drsd FamRZ 17, 993, Köln NZFam 15, 231, OVG Hbg NJW 13, 2378, aM BAG JB 15, 35, Karlsr RR 17, 575, Zweibr FamRZ 16, 254. Eine nachträgliche Bewilligung kann auch zugehörige Verhandlungen und Erörterungen nach dem Antrag auf eine Prozeßkostenhilfe umfassen, Düss JB 09, 250.
S auch Rn 59 „Beratung, Besprechung usw (VV 2300)".
Reisekosten: Eine ohne örtliche Begrenzung nach § 121 III ZPO erfolgte Beiordnung umfaßt die Reisekosten, Brdb MDR 09, 175 rechts, KG JB 11, 94, Nürnb MDR 08, 113.
Sammelklage: Sie kann zwecks einer Kostenersparnis bei gleichartigen Sachverhalten notwendig sein, LAG Bln NJW 06, 1998.

65 Streitgenosse: Der Vergütungsanspruch des beigeordneten oder bestellten Anwalts verringert sich nicht dadurch, daß er einen anderen Streitgenossen nach §§ 59 ff ZPO als Wahlanwalt vertritt, Hamm Rpfleger 03, 447, Zweibr Rpfleger 09, 68, AG Buchen JB 11, 378, aM BGH MDR 93, 913, Kblz JB 04, 384 (aber der Anwalt hat bei solcher „Misch"-Vertretung keineswegs nur Vorteile). Eine Erhöhung nach (jetzt) § 7 steht ihm nur zu, soweit er nicht nur einen, sondern mehrere Streitgenossen als beigeordneter Anwalt vertritt, Kblz JB 13, 137, Mü MDR 11, 326, LAG Mainz MDR 97, 1167. Dabei kommt es nur auf den Umfang der Beiordnung oder Bestellung an, Kblz JB 13, 137, Mü MDR 11, 326, Naumb Rpfleger 13, 100.
Soweit das Gericht den Anwalt für einen Rechtsstreit gegen *mehrere Streitgenossen* beigeordnet hat, hat er einen Vergütungsanspruch nur einmal, falls er die Streitgenossen in getrennten Prozessen verklagt. Etwas anderes gilt dann, wenn das Gericht den Rechtsstreit gegen einen Streitgenossen abtrennt.
Stufenklage: Mangels einer ausdrücklichen Beschränkung gilt die Beiordnung für alle Stufen nach § 254 ZPO, Hamm OLGR 96, 114, Mü FamRZ 94, 1184, Saarbr JB 84, 1250.
Teilanspruch: Bei einer Beschränkung der Prozeßkostenhilfe und der Beiordnung erhält der beigeordnete Anwalt die Vergütung nach § 48 aus dem Teilwert, insoweit aber uneingeschränkt, Mü MDR 95, 209.

Abschn. 8. Beigeordneter oder bestellter RA, Beratungshilfe § 48 RVG

Tod: Die Bewilligung endet mit dem Tod der begünstigten Partei, Düss MDR **99**, 830, Ffm NJW **85**, 751. Das gilt freilich nicht etwa rückwirkend, Düss MDR **99**, 830, KG Rpfleger **86**, 281, aM Ffm JB **96**, 141.
Trennung: Eine Beiordnung bleibt auch nach einer Verfahrenstrennung nach § 145 ZPO bestehen.
Übergang zur Leistungsklage: Eine Beiordnung erfaßt im Zweifel *nicht* auch den 66 Übergang von einer Feststellungsklage nach § 256 ZPO zu einer höher bewertbaren Leistungsklage nach § 253 ZPO, es sei denn, daß das Gericht von vornherein die Beiordnung oder Bestellung wegen des gesamten noch etwa entstehenden Schadens ausgesprochen hatte.
Übersetzung: Eine Beiordnung oder Bestellung erfaßt im Zweifel *nicht* auch eine 67 eigene Übersetzertätigkeit. Der Anwalt müßte sich insofern aus Anlaß der Protokollierung beiordnen lassen.
Urkundenprozeß: Rn 63 „Nachverfahren".
Verbindung: Maßgeblich ist der Beiordnungszeitpunkt, Enders JB **09**, 116. Denn sie 68 wirkt sonst nicht zurück, Hamm JB **79**, 865, KG JB **09**, 532.
Vergleich: Rn 58 „Außergerichtliche Tätigkeit", Rn 64 „Prozeßvergleich".
Verkehrsanwalt: Der nur als Verkehrsanwalt nach BLAH § 91 ZPO Rn 220 ff bei- 69 geordnete Anwalt kann die Vergütung zur Wahrnehmung eines auswärtigen Beweistermins nur insoweit fordern, als das Gericht ihn auch nach § 121 III ZPO beigeordnet hatte, Mü AnwBl **89**, 58. Der Verkehrsanwalt ist *nicht* stets auch zur Mitwirkung am Vergleichsabschluß beigeordnet, KG JB **95**, 420.
Verweisung: Eine Beiordnung oder Bestellung erfaßt im Zweifel *jetzt* auch die Tä- 70 tigkeit nach einer Verweisung zB nach § 281 ZPO, §§ 17, 17a GVG an ein anderes Gericht. Das gilt auch nach einer *Zurückverweisung* zB nach § 538 ZPO, (zum alten Recht) Düss AnwBl **88**, 422, OVG Münst JB **94**, 176.
Vollstreckbarerklärung: Diejenige nach § 537 ZPO unterfällt der ersten Instanz.
Vollstreckungsabwehrklage: Rn 83.
Vollziehung: Rn 76.
Widerklage: Rn 86–88.
Zurückverweisung: S „Verweisung".
Zwangsvollstreckung: Rn 83.

D. Beschwerdeverfahren. Es ist ein besonderer Rechtszug. Das gilt nach Rn 83 71 auch in der Zwangsvollstreckung. Zum Beschwerdeverfahren gehört schon die Beschwerdeschrift oder ihre Begründung auch dann, wenn der Anwalt sie bei demjenigen Erstgericht einlegt, das ihn beigeordnet oder bestellt hatte. Das gilt selbst dann, wenn dieses Gebiet der Beschwerde abhilft, Hamm Rpfleger **81**, 322, aM Karlsr AnwBl **80**, 198. Demgemäß kann der Anwalt auf Grund derjenigen Bewilligung, die das Beschwerdegericht „für die erste Instanz" erteilt, für die Tätigkeit im Beschwerdeverfahren keine Vergütung nach (jetzt) § 48 fordern, Kblz VersR **85**, 273. Er muß vielmehr für das Beschwerdeverfahren eine gesonderte Beiordnung haben. Vgl aber auch wegen einer Anschlußbeschwerde Rn 73.

E. Berufung, Beschwerde, Revision, Rechtsbeschwerde: Umfassende Bei- 72 **ordnung, II.** In einem solchen Verfahren gelten nach Rn 55 ff grundsätzlich dieselben Regeln wie in der 1. Instanz. Jedes selbständige Rechtsmittelverfahren erfordert eine gesonderte Beiordnung, etwa gegen ein Versäumnisurteil und gegen den Hauptsacheurteil. Die Beiordnung des Anwalts des Rechtsmittelbekl umfaßt den Antrag, den Gegner nach dessen Rechtsmittelrücknahme des Rechtsmittels nach § 516 III 2 ZPO für verlustig zu erklären.

F. Anschlußrechtsmittel, II. Die Vorschrift erweitert die Beiordnung grundsätz- 73 lich ausdrücklich auch auf den Fall, daß der Prozeßgegner der begünstigten Partei eine Anschlußberufung nach § 524 ZPO mit oder ohne eine Klagerweiterung oder eine Anschlußrevision nach § 554 ZPO oder ein anderes Anschlußrechtsmittel einlegt. Das Gericht kann freilich die Beiordnung für ein solches Anschlußrechtsmittel ausschließen. II 2 macht die Wirksamkeit eines solchen Ausschlusses davon abhängig, daß das Gericht den Ausschluß ausdrücklich bestimmt. Im Zweifel liegt also kein derartiger Ausschluß der Beiordnung vor. II gilt ferner für eine Anschlußberufung oder Anschlußrevision usw gerade des Prozeßgegners.

Für ihre Einlegung durch den Mittellosen ist demgegenüber stets eine besondere Beiordnung *seines* Anwalts notwendig.
Eine *Anschlußbeschwerde* nach § 567 III ZPO macht wegen gleicher Interessenlage II entsprechend anwendbar.

74 **G. Arrest, vorläufige Kontenpfändung, einstweilige Verfügung, einstweilige Anordnung: Notwendigkeit der Beiordnung, II, V.** Für ein Verfahren über einen Arrest nach § 916 ZPO, eine vorläufige Kontenpfändung nach §§ 946 ff ZPO, eine einstweilige Verfügung nach § 935 ZPO oder eine einstweilige Anordnung zB nach § 49 FamFG, die mit dem Hauptprozeß nur zusammenhängt, ist nach (jetzt) V 2 Z 2 eine besondere ausdrückliche Beiordnung erforderlich, Bbg FamRZ **86**, 701. Das gilt auch bei einer Beiordnung nach (jetzt) § 138 FamFG, Kblz FamRZ **85**, 619. Zum Verfahren über den Arrest und über die einstweilige Verfügung gehören das Anordnungsverfahren und das Widerspruchsverfahren nach §§ 924 ff ZPO. Für das Aufhebungsverfahren nach §§ 926 ff ZPO ist nochmals eine besondere ausdrückliche Beiordnung erforderlich.

75 Das in V 2 Z 2 genannte Verfahren auf eine einstweilige Anordnung umfaßt diejenige in einer *Ehesache* nach §§ 49 ff FamFG mit den sich aus III 1 ergebenden Abweichungen, ferner das übrige FamFG-Verfahren oder das Verfahren eines FG oder eines VG. Das Abänderungsverfahren zählt zum Anordnungsverfahren, Hamm MDR **83**, 847.

76 **H. Vollziehung, II, V.** Soweit das Gericht den Anwalt zur Erwirkung eines Arrests oder einer einstweiligen Verfügung oder einstweiligen Anordnung nach V 2 Z 2 usw ausdrücklich beigeordnet hat, gilt diese Beiordnung nach II 1 auch für die Vollziehung des Arrests oder der einstweiligen Verfügung nach §§ 929, 936 ZPO, es sei denn nach II 2, daß das Gericht ausdrücklich bestimmt hat, daß die Beiordnung nicht für die Vollziehung erfolgt. Das gilt nicht, soweit ein Anwaltszwang nach § 78 ZPO besteht, BGH NJW **02**, 2179. Im Zweifel liegt kein solcher Ausschluß vor.

77 **I. Ehesache: Geltungsbereich, III 1,** dazu *Schneider/Thiel* NZFam **16**, 844 (Üb): Nach der Neuregelung durch §§ 76 ff FamFG hat III 1 eine Bedeutung insoweit nur dann, wenn das Gericht eine Folgesache ausdrücklich ausgenommen hat, (zum alten Recht) KG AnwBl **81**, 302, Göppinger FamRZ **78**, 326.
Im übrigen hat III 1 eine Bedeutung für einen solchen Vertrag der dort genannten Art, der *nicht im Rahmen einer Scheidungssache* beabsichtigt ist oder zustande kommt. Freilich tritt dieser Fall nur theoretisch ein.

78 **J. Ehesache: Jeder Vertrag, jede erforderliche Tätigkeit, III 1.** Die Beiordnung des Anwalts erstreckt sich auf den Abschluß eines Vertrags der in III 1 Z 1–6 genannten Art, Saarbr NJW **08**, 3150. Man muß die Frage, ob ein solcher Vertrag vorliegt, großzügig beantworten. Denn III 1 stellt nicht etwa eine Ausnahme von V 1 dar. Außerdem soll III 1 aus rechtspolitischen Erwägungen den Abschluß eines Vertrags in einer Ehesache auch gebührenrechtlich erleichtern. Freilich muß der Vertrag zumindest auch einen der in III 1 genannten Punkte mitregeln, Düss AnwBl **82**, 378, Mü MDR **86**, 770, Zweibr FamRZ **84**, 74, aM Düss JB **81**, 563, KG Rpfleger **80**, 78, Mü JB **83**, 716.
Jede zur Herbeiführung der Einigung *erforderliche* Tätigkeit fällt unter eine Beiordnung. Erstattbar ist daher neben der Einigungsgebühr VV 1000 auch eine Differenzverfahrens- wie -terminsgebühr.

79 **K. Beispiele zur Frage einer Anwendbarkeit von III 1 Z 1–6**
Anhängigkeit: Anwendbar ist III 1 grds auch auf eine nicht mit anhängige Sache, Karlsr JB **96**, 638.
S aber auch „Außergerichtliche Verhandlung".
Außergerichtliche Verhandlung: *Unanwendbar* ist III 1 auf einen solchen Vorgang ohne jede Absicht zum Abschluß einer Einigung. Das kann selbst dann gelten, wenn er zum außergerichtlichen Vertrag führt, (je zum alten Recht) Brdb Rpfleger **01**, 140, Hamm Rpfleger **87**, 82, Kblz FamRZ **16**, 659, aM RS 12, SchGei 8 (vgl aber Rn 58).
Aussöhnung: Anwendbar ist III 1 für den in einer Ehesache beigeordneten Anwalt auch auf die Tätigkeit bei einer Aussöhnung. Denn die Aussöhnung betrifft die Hauptsache.

Abschn. 8. Beigeordneter oder bestellter RA, Beratungshilfe § 48 RVG

Dauer: Anwendbar ist III 1 evtl bei einer Einigung nur für die Dauer des Scheidungsverfahrens auch eben nur für diesen Tätigkeitszeitraum, Karlsr JB **90**, 231, Stgt Rpfleger **80**, 120.
Kosten: Anwendbar ist III 1 auch auf eine von der Entscheidung abweichende Vereinbarung der Parteien über die Kosten, Schlesw JB **76**, 1229.
Rückwirkung: Anwendbar ist III 1 dann, wenn die Beiordnung nach Rn 25 ff rückwirkend erfolgt ist, auch für diesen Zeitraum.
Schulden: Anwendbar ist III 1 auf eine Einigung über die Regelung ehegemeinschaftlicher Schulden, aM (zum alten Recht) Kblz FamRZ **04**, 1805.
Sorgerecht: S „Umgangsvereinbarung".
Umfang: Anwendbar ist III 1 wenn überhaupt, dann auf den gesamten Inhalt der Einigung, Schlesw FamRZ **12**, 1418.
S auch „Anhängigkeit", „Aussöhnung", „Kosten".
Umgangsvereinbarung: Anwendbar ist III 1 Z 3, 4 bei einer Beiordnung für das isolierte Sorgerechtsverfahren wegen des Regelungszwecks Rn 78 auch die mitgetroffene Umgangsvereinbarung, aM Kblz JB **01**, 311, Mü MDR **99**, 1328, Zweibr Rpfleger **01**, 557 (aber auch letzteres dient dem ersteren mit).
Vergleich: Anwendbar ist III 1 auch auf eine Erweiterung der Bewilligung auf den Vergleich, Celle JB **16**, 470, Kblz FamRZ **17**, 318, Stgt JB **16**, 246. Zur Problematik Drsd MDR **15**, 713, Enders JB **16**, 59, Schneider NZFam **15**, 451 und 1052 (je: Üb).
Verkehrsanwalt: *Unanwendbar* ist III 1 auf ihn, Mü JB **03**, 469, Zweibr JB **86**, 223, aM Düss JB **81**, 563, Oldb JB **92**, 100, Stgt Just **79**, 865.
Vor Beiordnung: *Unanwendbar* ist III 1 grds auf eine Anwaltstätigkeit vor der Beiordnung.
S freilich auch „Rückwirkung".
Wirksamkeit: Anwendbar sein kann III 1 evtl auch dann, wenn der Einigungsvertrag nicht wirksam ist.

L. Lebenspartnerschaftssache, III 2. Soweit das Gericht den Anwalt in einem 80 Verfahren nach § 269 I Z 1, 2 FamFG beigeordnet hat, gelten die Regeln Rn 77–79 sinngemäß. Infrage kommen nur: Die Aufhebung der Lebenspartnerschaft nach §§ 14–19 LPartG (§ 661 I Z 1 ZPO); die Feststellung des Bestehens oder Nichtbestehens der Lebenspartnerschaft nach § 1 LPartG; die Verpflichtung zur Fürsorge und Unterstützung in der partnerschaftlichen Lebensgemeinschaft nach § 2 LPartG.

M. Sozialrecht, IV. Eine Beiordnung bei § 3 I mit Betragsrahmengebühren nach 81 Einl II A 12 erstreckt sich auf die in IV abschließend aufgezählten Verfahren nach §§ 114 ff ZPO.

N. Mit dem Hauptprozeß zusammenhängende Angelegenheit: Notwendig- 82 **keit der Beiordnung, V 1.** In einer solchen Angelegenheit, die mit dem Hauptprozeß nur zusammenhängt und ihn nicht selbst darstellt, erhält der für den Hauptprozeß beigeordnete Anwalt eine Vergütung nur insoweit, als das Gericht ihn ausdrücklich auch für die andere Angelegenheit beigeordnet hat. Im Zweifel liegt keine solche Erstreckung der Beiordnung vor, großzügiger Karlsr FamRZ **84**, 920. Eine stillschweigende Beiordnung reicht wegen des Worts „ausdrücklich" in V 1 nicht, aM RS 37.
V 2 nennt in Z 1–4 einige *Beispiele ohne eine abschließende Aufzählung.* Das ergibt sich schon aus dem Wort „insbesondere" in IV 2. Zu V 1 zählen ferner zB: Das Kostenfestsetzungsverfahren; eine Genehmigung etwa der Baubehörde oder des Vormundschaftsgerichts; ein Verfahren vor der Hinterlegungsstelle; ein Adhäsionsverfahren nach § 404 V StPO, LG Osnabr JB **13**, 85.

O. Zwangsvollstreckung, Vollstreckung, Verwaltungszwang, V 2 Z 1. Vgl 83 zunächst Rn 55 ff. Es ist also eine ausdrückliche Beiordnung gerade für die Zwangsvollstreckung nach §§ 704 ff ZPO oder für eine Vollstreckung nach §§ 86 ff FamFG oder für einen Verwaltungszwang durch das Vollstreckungsgericht nach § 119 II ZPO im dort genannten jeweiligen Umfang erforderlich, BGH NJW **79**, 1048. Eine solche Beiordnung umfaßt dann alle notwendigen Vollstreckungshandlungen bis zur Befriedigung des Gläubigers, also auch die Abwehr einer Beschwerde des Schuldners, LG Detm AnwBl **83**, 34. Man darf auch nicht etwa für jede Vollstreckungsmaßnahme zwischen der Beiordnung für die Zwangsvollstreckung „ganz allgemein" und derjenigen für die

RVG § 48 X. Rechtsanwaltsvergütungsgesetz

Instanz unterscheiden. Damit würde man nämlich dem beigeordneten Anwalt unzumutbare Schwierigkeiten machen, erst recht der Partei. Der Schuldner braucht zur Abwehr einer Zwangsvollstreckungsmaßnahme wie zur Aufhebung aller Zwangsvollstreckungsmaßnahmen ebenfalls einen ausdrücklichen Beiordnungsbeschluß.

Eine Beiordnung für die Zwangsvollstreckung deckt aber *nicht* die Tätigkeit des Anwalts in einem Prozeß auf Grund einer Vollstreckungsabwehrklage nach § 767 ZPO oder einer Widerspruchsklage nach §§ 771 ff ZPO. Das Beschwerdeverfahren beurteilt sich auch in der Zwangsvollstreckung nach Rn 71. Auch eine Erinnerung gegen eine Entscheidung des Erstgerichts braucht eine zugehörige Beiordnung, AG Brdb Rpfleger **10**, 331. Wegen einer Teilungsversteigerung LG Saarbr Rpfleger **86**, 72.

84 **P. Arrest, vorläufige Kontenpfändung, einstweilige Verfügung, einstweilige Anordnung, V 2 Z 2.** Rn 74–76.

85 **Q. Selbständiges Beweisverfahren, V 2 Z 3.** Für das selbständige Beweisverfahren ist eine besondere Beiordnung sowohl dann erforderlich, wenn es nach § 486 II 1, III ZPO vor der Anhängigkeit des zugehörigen Hauptprozesses stattfinden soll, als auch dann, wenn es nach § 486 I, III ZPO im Rahmen des Hauptprozesses stattfinden soll. Denn auch dann hängt das selbständige Beweisverfahren mit dem Hauptprozeß nur nach V 1 zusammen und stellt eine andere Angelegenheit dar.

Soweit das selbständige Beweisverfahren nach der *Anhängigkeit eines Hauptprozesses* anläuft, gilt § 19 I 1 die Tätigkeit des Anwalts grundsätzlich durch seine Vergütung für den Hauptprozeß mit ab.

86 **R. Widerklage, V 2 Z 4.** Zur Tätigkeit im Verfahren über eine Widerklage nach BLAH Anh § 253 ZPO für den Widerkläger oder für den Widerbekl ist grundsätzlich eine ausdrückliche besondere Beiordnung erforderlich. Das gilt auch in einer Ehe- oder Lebenspartnerschaftssache. Denn Hs 2 gilt nur für eine Rechtsverteidigung nach Rn 88. Eine Beiordnung liegt im Zweifel nicht vor. Mit einer Klagerücknahme nach § 269 ZPO erlischt eine Beiordnung für die Verteidigung gegen die bisherige Widerklage. Denn dann ist auch gebührenrechtlich die Instanz beendet. Das alles gilt auch bei einer Wider-Widerklage nach BLAH Anh § 253 ZPO Rn 14.

87 Die *Hilfsaufrechnung* nach BLAH § 145 ZPO Rn 13 zählt nicht hierher.

88 Soweit es sich um die Rechtsverteidigung gegenüber einem Gegenantrag in einer *Ehesache* nach §§ 121 ff FamFG handelt, ist *ausnahmsweise keine* besondere ausdrückliche Beiordnung erforderlich. Denn dann wird die Ehe in ihrem ganzen Bestand angegriffen und läßt sich daher nur einheitlich beurteilen. Dasselbe gilt bei der Rechtsverteidigung gegenüber einem Gegenantrag in einem Verfahren über eine Lebenspartnerschaft nach § 269 I Z 1, 2 FamFG, also über die Aufhebung der Lebenspartnerschaft nach §§ 14–19 LPartG (Z 1), über die Feststellung des Bestehens oder Nichtbestehens einer Lebenspartnerschaft nach § 1 LPartG (Z 2) oder über die Verpflichtung zur Fürsorge und Unterstützung in der partnerschaftlichen Lebensgemeinschaft nach § 2 LPartG (Z 3). Wegen einer Antragsrücknahme Rn 86, 87.

89 **8) Vergütungshöhe, I–III.** Der folgende Grundsatz wirkt sich auf alle Gebührenarten aus.

A. Grundsatz: Möglichkeit mehrerer Gebühren. Der beigeordnete Anwalt kann sämtliche Gebühren und Auslagen beanspruchen, die sich aus seiner Tätigkeit ab der Wirksamkeit seiner Beiordnung und unter der Voraussetzung einer wirksamen Vollmacht der begünstigten Partei zB nach § 80 ZPO ergeben, Nürnb AnwBl **11**, 230, Oldb RR **07**, 792, Schlesw SchlHA **82**, 48. Man muß somit so beurteilen, als sei er mit der Beiordnung in den Rechtsstreit eingetreten, selbst wenn er vorher als Wahlanwalt tätig war.

Der beigeordnete Anwalt erhält also alle diejenigen Gebühren, die seit seiner Beiordnung erstmals oder wiederholt entstehen, aM Köln JB **78**, 869 (inkonsequent). Soweit sich im Beiordnungszeitpunkt bereits seine Tätigkeit *erledigt* hatte, etwa durch den Tod der begünstigten Partei, entsteht kein Anspruch gegen die Staatskasse.

90 Soweit das Gericht den Anwalt dem dann *Verstorbenen* beigeordnet hatte und die Beiordnung auch zugunsten des Rechtsnachfolgers wiederholt, entstehen dem Anwalt die bereits zu Lebzeiten des Verstorbenen verdienten Gebühren nicht schon infolge des Wechsels der Person nochmals.

Abschn. 8. Beigeordneter oder bestellter RA, Beratungshilfe § 48 RVG

B. Verfahrensgebühr. Der beigeordnete Anwalt erhält nach Rn 89 die Verfahrensgebühr in einem anhängigen Rechtsstreit ab seiner Beiordnung vor, und daher auch schon für die Einholung seiner auftragsgemäßen Erstinformation. Eine Tätigkeit vor der Beiordnung geht in derjenigen nach der Beiordnung auf, Bbg JB **90**, 204. Nur die letztere zählt also, BGH AnwBl **92**, 191. Der Anwalt erhält die Verfahrensgebühr nach dem Gegenstandswert im Zeitpunkt des Wirksamwerdens seiner Beiordnung. Sie mag nur 0,8 Gebühr betragen, LAG Nürnb Rpfleger **15**, 345. Eine Herabsetzung des Streitwerts etwa nach § 144 PatG oder nach § 12 UWG oder nach § 247 AktG, alle kommentiert in § 51 GKG Anh I, Teil I A dieses Buchs, erfolgt lediglich im Interesse der wirtschaftlich schwächeren Partei. Sie bewirkt nicht, daß der beigeordnete Anwalt seine Vergütung nur nach diesem herabgesetzten Wert erhält. 91

C. Terminsgebühr. Der beigeordnete Anwalt erhält die Terminsgebühr nach VV 3104, soweit das Gericht ihn vor dem Beginn des Termins wirksam beigeordnet hatte oder soweit es die spätere Beiordnung rückwirkend angeordnet hat, Hbg MRD **86**, 65, Saarbr NJW **08**, 3150. Er erhält dann keine Terminsgebühr, soweit das Gericht ihn nur (jetzt) zu einem Vertrag nach VV 1000 beigeordnet hat, Celle Rpfleger **89**, 333, Hamm FamRZ **13**, 394, Mü FamRZ **09**, 1780, aM Kblz FamRZ **09**, 143, Köln FamRZ **08**, 707, Stgt FamRZ **08**, 1010. Eine Beiordnung für die „Vereinbarung zum Umgangsrecht" umfaßt nach einem Termin dazu zB nach § 118 I 3, II 2, 3 ZPO auch die zugehörige Termingebühr, aM Düss FamRZ **09**, 714. 92

D. Einigungsgebühr. Der eindeutig beigeordnete Anwalt (andernfalls Rn 56–70) kann eine Einigungsgebühr nach VV 1000 auch dann erhalten, wenn die Parteien den Vertrag zwar nach dem Erlaß des Urteils schließen, aber noch vor dem Eintritt der Rechtskraft zB nach § 705 ZPO, und wenn der Vertrag in demjenigen Rechtszug zustande kommt, für den das Gericht ihn beigeordnet hatte, und sofern er nach der Beiordnung am Vertragsabschluß mitgewirkt hat, Düss AnwBl **82**, 378, Schlesw SchlHA **82**, 48. 93

E. Beispiele zur Frage einer Einigungsgebühr, I–III 94
Außergerichtlicher Vertrag: Die Regeln Rn 93 gelten auch bei einem außergerichtlichen Vertrag, (je zum alten Recht) BGH VersR **88**, 941, Düss MDR **03**, 415, Mü JB **04**, 37, aM BGH NJW **02**, 3713 (ohne Vorlage nach § 132 GVG), Kblz RR **95**, 1339, LAG Köln JB **94**, 481 (aber der Vertrag diente dann der Beendigung auch des Rechtsstreits).
Einbeziehung: Eine Einigungsgebühr erhält der beigeordnete Anwalt bei einer Einbeziehung weiterer Punkte in den Vertrag nach dem Gesamtwert nur dann, wenn das Gericht ihn vor dem Vertragsabschluß auch im weitergehenden Umfang beigeordnet hat, Kblz JB **97**, 81, Nürnb AnwBl **11**, 230, AG Kblz JB **97**, 82. Eine solche Beiordnung kann nicht stillschweigend wirksam erfolgen, LG Bln MDR **03**, 366.
Gegenstandswert: Der beigeordnete Anwalt kann aus der Staatskasse eine Einigungsgebühr stets nur nach dem Wert desjenigen Anspruchs verlangen, für den das Gericht ihn beigeordnet hatte. 95
Mehrheit von Gebühren: Zur Frage des Zusammentreffens der Gebühren Rn 91–93 Nickel FamRZ **09**, 1643 (ausf).
Prozeßkostenhilfe: Man muß natürlich auch hier zwischen der allein maßgebenden Beiordnung und einer Prozeßkostenhilfebewilligung nach § 119 ZPO unterscheiden. 96
Nach Rechtskraft: Keine Einigungsgebühr entsteht beim Vertragsabschluß erst nach dem Eintritt der formellen Rechtskraft der Entscheidung nach § 705 ZPO. Das gilt selbst dann, wenn die Vertragsverhandlungen schon vor der Rechtskraft begonnen hatten, Schlesw SchlHA **87**, 48.
Verkehrsanwalt: Keine Einigungsgebühr erhält der nur als Verkehrsanwalt Beigeordnete mangels einer eindeutigen Erstreckung auf einen weitergehenden Vertrag, Bbg MDR **99**, 569, Düss MDR **91**, 258, KG JB **95**, 426. 97

9) Vor Bestellung, VI. Die Vorschrift gilt für jede Tätigkeit nach VV Teile 4–6. Man muß jede Instanz gesondert beurteilen. 98
A. Erster Rechtszug, VI 1. Eine Bestellung des Verteidigers mit einer Rückwirkung ist grundsätzlich unzulässig, Hamm AnwBl **95**, 562, Jena Rpfleger **09**, 171, Köln NJW **03**, 2038, aM Düss MDR **88**, 989 (wegen der Auslagen), GSchm 5. Das

gilt auch bei einer Verbindung mehrerer Verfahren zB nach § 147 ZPO, Kblz Rpfleger **01**, 514.

99 *V* macht von diesem Grundsatz insofern eine *Ausnahme,* als es auf den Zeitpunkt der Bestellung für die erste Instanz (und nur für sie!) nicht ankommt, Jena JB **06**, 424, Kblz JB **07**, 645, Köln NJW **03**, 2038. Das mag so sein, wenn der Anwalt also schon vor der Anklageerhebung gerade als Wahlverteidiger tätig war, LG Kiel JB **96**, 469, oder wenn er am ersten Verhandlungstag noch Wahlverteidiger war, KG JB **97**, 361. *V* ist zwingend, Köln NJW **03**, 2038. Der Verteidiger erhält die Vergütung nach VI 1 auch dann, wenn das Gericht ihn erst während des Hauptverfahrens bestellt, zB am zweiten Verhandlungstag. Bei einer Beiordnung erst nach einer Zurückverweisung gilt (jetzt) VI 1 nicht rückwirkend, LG Köln JB **96**, 532.

100 **B. Berufungsverfahren, Revisionsverfahren, VI 2.** Soweit der Verteidiger in diesen Abschnitten tätig wird, erhält er nach VI 2 seine Vergütung in diesem Rechtszug auch für seine Tätigkeit vor seiner Bestellung.

101 **C. Verfahrensverbindung, VI 3.** Hier kann das Gericht nach seinem pflichtgemäßen Ermessen die Wirkungen Rn 98, 99 auch auf diejenigen Verfahren erstrecken, in denen vor der Verbindung zB nach § 147 ZPO keine Beiordnung oder Bestellung erfolgt war. Das gilt aber nur dann, wenn es den Anwalt in einem der Verfahren schon vor der Verbindung beigeordnet hatte, LG Dessau-Roßlau JB **15**, 643, nicht aber auch in einem der dann durch die Verbindung hinzugekommenen, Hamm JB **05**, 535, Jena Rpfleger **09**, 171, Rostock JB **14**, 300, aM Kblz JB **12**, 523 (abl Enders).

Wertgebühren aus der Staatskasse

49 Bestimmen sich die Gebühren nach dem Gegenstandswert, werden bei einem Gegenstandswert von mehr als 4000 Euro anstelle der Gebühr nach § 13 Absatz 1 folgende Gebühren vergütet:

Gegenstandswert bis ... Euro	Gebühr ... Euro	Gegenstandswert bis ... Euro	Gebühr ... Euro
5 000	257	16 000	335
6 000	267	19 000	349
7 000	277	22 000	363
8 000	287	25 000	377
9 000	297	30 000	412
10 000	307	über	
13 000	321	30 000	447

Gliederung

1) Systematik	1
2) Regelungszweck	2
3) Geltungsbereich	3, 4
4) Berechnung	5
5) Mindestgebühr	6
6) Rechtsmittelverfahren	7

1 **1) Systematik.** Auch für den im Weg der Prozeß- oder Verfahrenskostenhilfe nach §§ 114 ff ZPO, 76 FamFG beigeordneten Anwalt gilt an sich die Tabelle nach § 13 I. Der beigeordnete Anwalt erhält die dort vorgesehenen Gebühren bei einem Gegenstandswert bis zu 4000 EUR. In diesem Bereich ist seine gesetzliche Gebühr also ebenso hoch wie diejenige des Wahlanwalts. § 49 schafft als eine vorrangige Sonderregel wegen seiner Tätigkeit nur während der Beiordnung, AG Gött ZIP **14**, 1401, und auch dann nur für den Bereich von mehr als 4000 EUR Gebühren, die gegenüber denjenigen nach § 13 I geringer sind. Die Vorschrift gilt nur für den Anspruch gegenüber der Staatskasse. Das ergibt sich aus der amtlichen Überschrift.

Diese Regelung ist *verfassungsmäßig,* (je zum alten Recht) BVerfG NJW **08**, 1063, aM Benkelberg FuR **98**, 339. Denn ein Organ der Rechtspflege nach § 1 BRAO hat manchmal erhöhte soziale Pflichten und zumindest *einen* stets zahlungsfähigen Schuldner, die Staatskasse. Freilich ist die Beibehaltung der Gebührenhöhen trotz der sonst im Gesamtbereich des RVG kräftig angestiegenen Kosten problematisch.

2) Regelungszweck. Die Vorschrift dient der Kostendämpfung. Sie läßt zu einer 2 Auslegung kaum Raum. Soweit eine Auslegung dennoch erforderlich werden sollte, muß man sie zwecks Rechtssicherheit beim Rechenwerk strikt vornehmen.

Problematisch bleibt die Deckelung der Anwaltsgebühren nach § 49 trotz aller verständlichen Bemühung um Kostenbegrenzung zugunsten der Staatskasse. Der Anwalt hat auch beim Auftraggeber mit Prozeß- oder Verfahrenskostenhilfe genau dieselbe Sorgfaltspflicht wie beim nicht derart Bedürftigen. Es mögen durchaus sogar einmal noch schwierigere tatsächliche wie rechtliche Verhältnisse gerade infolge der Bedürftigkeit bestehen. Wenn der Staat sich gottlob angehalten sieht, dem Bedürftigen keinen sinnvollen Rechtsschutz aus Kostengründen zu versagen, dann ist es eigentlich inkonsequent, den Anwalt schon deswegen jedenfalls ab 4000 EUR Gegenstandswert nach oben kräftig zunehmend auf Ertrag mitverzichten zu lassen, weil auch er nach § 1 BRAO im Organ der Rechtspflege ist. Wer weniger als sonst erhält, hat menschlich verständlich evtl auch ein geringeres Engagement für solch Mandat, auch wenn er das natürlich nicht einräumt. Natürlich gilt das nicht für denjenigen, der gerade für den bedürftigen Mandanten besonders intensiv eintritt.

Nur bedingt hilft § 51 mit seinen strengen Voraussetzungen auf einem bloßen Teilgebiet.

3) Geltungsbereich. Die Tabelle gilt zunächst dann, wenn der Anwalt eine Wert- 3 gebühr nach Einl II 10, 11 dieses Buchs beanspruchen kann. Das gilt also dann, wenn sich der Betrag unmittelbar aus dem Streitwert, Geschäftswert, Gegenstandswert oder aus dem Ausmaß der rechtskräftig erkannten Strafe ergibt.

Die Tabelle gilt ferner dann, wenn ein *Gebührensatzrahmen* nach Einl II 12 dieses Buchs anwendbar ist. Das gilt also dann, wenn man also den Gegenstandswert usw ermitteln und dann innerhalb eines gesetzlichen Rahmens den passenden Bruchteil ermitteln muß.

Dagegen bleibt die Tabelle des § 49 theoretisch unbeachtbar, soweit das Gesetz als 4 Vergütung eine *Betragsrahmengebühr* nach Einl II 12 dieses Buchs vorsieht, also zB im sozialgerichtlichen Angelegenheiten nach § 3 I 1, Klier NZS **04**, 471. Das gilt also, soweit das Gesetz für die fragliche Tätigkeit unmittelbar und unabhängig von einem Gegenstandswert usw einen Rahmen zwischen einer in EUR bezifferten Mindest- und Höchstgebühr vorsieht. Der beigeordnete Anwalt erhält aber nach dem VV praktisch nur eine jeweilige Festgebühr. Daher hat sich die theoretisch fortbestehende Frage praktisch derzeit erledigt.

4) Berechnung. § 49 nennt volle 1,0 Gebühren. Soweit der Anwalt eine Bruch- 5 teilsgebühr verdient, etwa eine 0,5 Gebühr, muß man den entsprechenden Bruchteil der in § 49 genannten Gebühr ansetzen, Bbg JB **09**, 305. Eine etwaige Herabsetzung des Streitwerts nach § 144 PatG, § 142 MarkenG, § 26 GebrMG, § 12 UWG, § 51 GKG Anh I, II, Teil I A dieses Buchs, bleibt bei § 49 unbeachtet. Man muß auch dann den vollen Streitwert zugrunde legen. § 15 III bleibt anwendbar. Liegt der Gebührensatz über 1,0, muß man ihn entsprechend anwenden und zB bei einer 1,3 Gebühr und einem Gegenstandswert über 30 000 EUR das 1,3fache errechnen. Das gilt auch zB bei VV 1008, Hamm MDR **80**, 152, VGH Mannh JB **09**, 490, und zwar entsprechend auch bei verschiedenen Gegenständen, (zum alten Recht) BGH NJW **81**, 2757. Es gilt nach Rn 7 auch im höheren Rechtszug.

5) Mindestgebühr. Der Mindestbetrag nach § 13 II ist auch bei § 49 = 15 EUR. 6 Eine Aufrundung findet nicht mehr statt. Das erstere ergibt sich daraus, daß § 45 I mit den Worten „gesetzliche Vergütung" grundsätzlich auf § 13 verweist. § 49 enthält weder zum Mindestbetrag noch zur Aufrundung abweichende Sonderregeln.

6) Rechtsmittelverfahren. Im Beschwerdeverfahren, Berufungsverfahren oder 7 Revisionsverfahren muß man die Gebühren aus § 49 nach VV 3200ff erhöhen. Denn auch die letzteren Vorschriften gehören zu der „gesetzlichen Vergütung" nach § 13 I, auf die § 49 alle Instanzen verweist.

Auch (jetzt) *§ 7 I* ist anwendbar, Hamm MDR **80**, 152.

Weitere Vergütung bei Prozesskostenhilfe

50 I ¹Nach Deckung der in § 122 Absatz 1 Nummer 1 der Zivilprozessordnung bezeichneten Kosten und Ansprüche hat die Staatskasse über die auf sie übergegangenen Ansprüche des Rechtsanwalts hinaus weitere Beträge bis zur Höhe der Regelvergütung einzuziehen, wenn dies nach den Vorschriften der Zivilprozessordnung und nach den Bestimmungen, die das Gericht getroffen hat, zulässig ist. ²Die weitere Vergütung ist festzusetzen, wenn das Verfahren durch rechtskräftige Entscheidung oder in sonstiger Weise beendet ist und die von der Partei zu zahlenden Beträge beglichen sind oder wegen dieser Beträge eine Zwangsvollstreckung in das bewegliche Vermögen der Partei erfolglos geblieben ist oder aussichtslos erscheint.

II Der beigeordnete Rechtsanwalt soll eine Berechnung seiner Regelvergütung unverzüglich zu den Prozessakten mitteilen.

III Waren mehrere Rechtsanwälte beigeordnet, bemessen sich die auf die einzelnen Rechtsanwälte entfallenden Beträge nach dem Verhältnis der jeweiligen Unterschiedsbeträge zwischen den Gebühren nach § 49 und den Regelgebühren; dabei sind Zahlungen, die nach § 58 auf den Unterschiedsbetrag anzurechnen sind, von diesem abzuziehen.

Schrifttum: *Dörndorfer*, Kostenhilferecht für Anfänger, 6. Aufl 2014; *Poller/Teubel*, Gesamtes Kostenhilferecht, 2. Aufl 2014.

Gliederung

1) Systematik, I–III	1
2) Regelungszweck, I–III	2–4
3) Weitere Vergütung, I 1	5–9
A. Grundsatz: Kein Vorteil der Staatskasse	5
B. Einstellung von Raten	6
C. Überschuß	7
D. Verrechnung	8
E. Auslagen	9
4) Zuständigkeit, I 1	10
5) Festsetzungszeitpunkt, I 2	11
6) Berechnung der Vergütung, II	12–16
A. Abgrenzung zu § 55	13
B. Obliegenheit	14
C. Unverzüglichkeit	15
D. Mitteilung	16
7) Beiordnung mehrerer Anwälte, III	17, 18
8) Beweislast, I–III	19

1 **1) Systematik, I–III.** Der im Weg der Prozeß- oder Verfahrenskostenhilfe nach §§ 114 ff ZPO, 76 FamFG beigeordnete Anwalt erhält nach §§ 122 I Z 3 ZPO, 76 FamFG keinen Vergütungsanspruch gegenüber dem Auftraggeber, seiner Partei. Er erhält vielmehr nach § 45 einen Vergütungsanspruch gegenüber der Staatskasse. § 59 ist anwendbar. Die Höhe der Gebühr richtet sich zunächst nach § 13 I 1, 2, jedoch im Bereich des § 49 nur nach dieser Vorschrift. Die Gebühren nach § 49 sind deutlich niedriger als die Regelgebühren. Falls nicht infolge einer Aufhebung der Bewilligung des Prozeß- oder Verfahrenskostenhilfe eine Verbesserung der Gebührenansprüche des beigeordnet gewesenen Anwalts entsteht, verdient er also grundsätzlich im Rahmen der Hilfe evtl weniger als ein nicht beigeordneter Wahlanwalt außerhalb einer solchen Hilfe. Eine Wertabsenkung kommt nicht zusätzlich infrage, BVerfG Rpfleger 07, 429.

2 **2) Regelungszweck, I–III.** Diese Schlechterstellung soll § 50 unter bestimmten Voraussetzungen beseitigen oder doch mildern, Düss AnwBl **84**, 445, Hamm MDR **85**, 149. I 1 gibt dem beigeordneten Anwalt einen Anspruch auf eine zusätzliche Zahlung aus der Staatskasse. Das Gesetz nennt sie weiter die „weitere Vergütung".

3 Sie kann so viel ausmachen, daß der beigeordnete Anwalt auch im Geltungsbereich von § 49 die „Regelgebühren" des § 13 I 1, 2 verdient. Anders ausgedrückt: Der beigeordnete Anwalt steht evtl finanziell ebenso gut da, wie wenn der Auftraggeber ihn *außerhalb einer Prozeß- oder Verfahrenskostenhilfe* eingeschaltet hätte. Er

Abschn. 8. Beigeordneter oder bestellter RA, Beratungshilfe § 50 RVG

steht unter Umständen sogar noch besser als ein nicht beigeordneter Wahlanwalt da. Denn Gebührenschuldner des beigeordneten Anwalts ist die Staatskasse. Sie ist stets zahlungsfähig und meist auch sogleich zahlungswillig. Er braucht auch nicht auf etwaige Zahlungen eines erstattungspflichtigen Gegners des Auftraggebers zu warten.

Diese gewisse gebührenrechtliche in Rn 5 ff näher dargestellte Besserstellung eines 4
beigeordneten Anwalts gegenüber einem ohne eine Prozeß- oder Verfahrenshilfe tätigen Wahlanwalt ist um so überraschender, als sie *zulasten der Staatskasse* entstehen kann. Die Verfassungsmäßigkeit der Vorschrift ist zweifelhaft, (je zum alten Recht) Düss Rpfleger **89**, 31, LAG Hamm MDR **87**, 258 (abl Klüsener Rpfleger **87**, 475, Theisen AnwBl **88**, 280), aM Bbg FamRZ **88**, 193, Mü AnwBl **87**, 102, Zweibr FamRZ **87**, 403.

3) Weitere Vergütung, I 1. Man muß vier Gesichtspunkte beachten. 5

A. Grundsatz: Kein Vorteil der Staatskasse. Der beigeordnete Anwalt kann die Differenz zwischen den auf die Staatskasse übergegangenen Ansprüchen des Anwalts und denjenigen nach § 13 I 1, 2 beanspruchen, soweit die Staatskasse von einem oder mehreren Gebührenschuldnern insgesamt mehr als diejenige Summe eingezogen hat, die zur Bezahlung der nach § 122 I Z 1 ZPO entstandenen Kosten und der Ansprüche nach § 59 I erforderlich geworden ist, also bis zu den Regelgebühren. Diese Regelung ist zulässig, Hamm MDR **85**, 149, Enders JB **02**, 184, aM Ffm MDR **86**, 1054.

Gerichtskosten darf man dabei nicht in Rechnung zu stellen, soweit man (jetzt) § 31 II Hs 1 GKG, § 26 II Hs 1 FamGKG, Teile I A, B dieses Buchs, beachten muß, Düss Rpfleger **88**, 164. Es gibt eine weitere Vergütung nach I 1 auch dann, wenn aus einer ratenlosen Prozeß- oder Verfahrenskostenhilfe in derselben Instanz eine solche mit Raten wird, Mü Rpfleger **95**, 365 (anders also dann, wenn die Vorinstanz ratenlos bewilligt hatte), LG Nürnb-Fürth Rpfleger **94**, 259.

B. Einstellung von Raten. Eine Einstellung von Ratenzahlungspflichten nach 6
§ 120 III Z 1 ZPO kommt also erst nach einer vollen instanzübergreifenden Deckung der Regelgebühren des beigeordneten Anwalts (sog *Differenzgebühren*) in Betracht, Köln Rpfleger **97**, 313, LG Mainz AnwBl **03**, 374, BLAH § 120 ZPO Rn 16, aM Hamm Rpfleger **94**, 469, LAG Hbg AnwBl **95**, 204, LAG Kiel AnwBl **02**, 62 (vgl aber Rn 5).

C. Überschuß. Es müssen Zahlungen der Gebührenschuldner die rückständigen 7
und die entstehenden Gerichtskosten und Gerichtsvollzieherkosten (je: Gebühren und Auslagen) sowie die auf die Staatskasse übergegangenen Ansprüche beigeordneter Anwälte gegen die begünstigte Partei in demjenigen Umfang decken, in dem die Staatskasse nach § 120 ZPO von der begünstigten Partei Zahlungen fordern durfte. Es muß außerdem ein Überschuß vorliegen. Es ist unerheblich, ob und auf eine bestimmte Kostenart Überzahlungen eingingen. Es genügt für den Ausgleichsanspruch des beigeordneten Anwalts, daß der Saldo einen Überschuß der vorgenannten Art ausweist.

D. Verrechnung. Diesen Überschuß muß die Staatskasse also zunächst zur Ver- 8
besserung der Vergütung des beigeordneten Anwalts verwenden. Soweit er zur vollen Vergütung nach § 13 nicht ausreicht, erhält der beigeordnete Anwalt den Überschuß voll, Düss MDR **88**, 243. Er geht aber wegen der verbleibenden Differenz leer aus, Düss JB **91**, 236, Saarbr JB **88**, 368. Soweit die Differenz der Vergütungen nach § 13 I ermöglicht, darf die Staatskasse unter den weiteren Voraussetzungen des § 50 den Überschuß nur an den beigeordneten Anwalt auskehren. Erst wenn der Überschuß so groß ist, daß trotz einer weiteren Vergütung bis zur Höhe der Beträge nach § 13 I 1, 2 noch ein Überschußrest in der Staatskasse verbleibt, kommt eine Rückzahlungspflicht an den Gebührenschuldner und ein entsprechender Rückzahlungsanspruch des letzteren in Betracht. Hat die Staatskasse eine objektiv nicht gerechtfertigte Rückzahlung an den Begünstigten verfügt, bleibt der Anspruch des beigeordneten Anwalts auf eine weitere Vergütung nach § 50 bestehen, Mü AnwBl **84**, 105.

E. Auslagen. I 1 erwähnt übergegangene „Ansprüche", also auch Auslagen. Die 9
amtliche Überschrift des § 50 und sein weiterer Text sprechen überdies von weiterer

RVG § 50 X. Rechtsanwaltsvergütungsgesetz

„Vergütung" als dem amtlichen Oberbegriff für Gebühren und Auslagen nach § 1 I 1. Wegen VV 7001, 7002 (Pauschalen) kann § 50 auch einen Anspruch auf eine weitere Auslagenerstattung gegen die Staatskasse bedeuten. Daher muß sie den beigeordneten Anwalt unter Umständen auch wegen seiner Auslagen so befriedigen, als ob er außerhalb einer Prozeß- oder Verfahrenskostenhilfe tätig geworden wäre.

10   **4) Zuständigkeit, I 1.** Zur Zahlung einer weiteren Vergütung ist diejenige Staatskasse verpflichtet, die die Beträge nach I 1 fordern konnte, also nach § 120 II ZPO oder nach § 59 I 1 RVG. Es kommt nicht darauf an, ob auch diese Staatskasse alle ihr zustehenden Beträge erhalten hat. Es reicht vielmehr aus, daß irgendeine Staatskasse insgesamt solche Beträge erhalten oder eingezogen hat, die die Gesamtschuld nach § 122 I Z 1 a–b ZPO übersteigen.

11   **5) Festsetzungszeitpunkt, I 2.** Durchweg ist erst am Ende eines gerichtlichen Verfahrens übersehbar, ob ein Überschuß nach Rn 7 entstanden ist, Düss MDR **91**, 550. Daher sieht I 2 eine Festsetzungspflicht des Gerichts mit der Folge der Fälligkeit eines etwaigen Zahlungsanspruchs erst nach der Rechtskraft oder sonstigen Beendigung des Verfahrens etwa durch einen Vergleich oder infolge beiderseitiger wirksamer Vollerledigterklärungen nach BLAH § 91 a ZPO Rn 96 vor, Düss MDR **91**, 550 (also zB nicht beim bloßen Ruhen nach § 251 ZPO), Oldb JB **95**, 536. Das gilt auch beim abgetrennten Verfahren über einen Versorgungsausgleich, selbst wenn das Gericht es erst nach langer Zeit abschließen kann, Kblz MDR **00**, 851. Die Festsetzung macht die weitere Vergütung gegenüber der Staatskasse nach § 8 Rn 1 fällig.

Eine zusätzliche Voraussetzung der Festsetzungspflicht besteht natürlich darin, daß der Schuldner sämtliche nach § 122 I Z 1 a–b ZPO geschuldeten Beträge entweder *freiwillig* beglichen hat, auch nach einer irrtümlichen Rückzahlung, Kblz AnwBl **89**, 243, oder daß die Staatskasse sie nicht mehr weiter beitreiben kann, Oldb JB **95**, 536.

12   **6) Berechnung der Vergütung, II.** Damit die Staatskasse prüfen kann, ob und in welcher Höhe der beigeordnete Anwalt einen Anspruch auf die Zahlung einer weiteren Vergütung nach I 1 haben kann, benötigt sie eine entsprechende Berechnung, Hamm MDR **85**, 149. Das gilt allerdings nur, soweit der beigeordnete Anwalt überhaupt eine weitere Vergütung nach Rn 5 ff gerade aus der Staatskasse erhalten möchte, also zB mangels seiner Befriedigung durch den Gegner nach § 126 ZPO oder durch den Auftraggeber oder durch einen Dritten, etwa durch den Rechtsschutzversicherer. Diese Berechnung muß natürlich auf eine Wahlanwaltsvergütung nach § 13 I 1, 2 abstellen. Denn nur so läßt sich die fragliche Differenz zwischen den mindestens nach § 49 vergütbaren Beträgen und der evtl nach § 50 darüber hinaus entstehenden Summe klären.

13   **A. Abgrenzung zu § 55.** Demgemäß unterscheidet der ergänzend beachtbare § 55 zwischen der „aus der Staatskasse zu gewährenden Vergütung" nach § 55 I 1, also derjenigen nach § 49, und nach § 55 VI 1 den „Vergütungen, für die ihm (gemeint: dem beigeordneten Anwalt) *noch* Ansprüche gegen die Staatskasse zustehen". Das sind solche nach § 50.

14   **B. Obliegenheit.** Der beigeordnete Anwalt hat zu einer zu verstehenden Berechnung einer „Idealvergütung" zwar keine Pflicht. Es handelt sich aber um eine berufsrechtliche und gebührenrechtliche Obliegenheit. Er „soll" so handeln. Das ergibt sich auch aus § 55 VI 2. Kommt nämlich der Anwalt einer Aufforderung des Gerichts zu einer fristgerechten Einreichung eines Kostenfestsetzungsantrags nach § 55 I, VI 1 nicht nach, erlöschen seine Ansprüche auf eine weitere Vergütung nach § 55 VI 2.

15   **C. Unverzüglichkeit.** Ein Formularzwang kann wegen der weiteren Vergütung nicht entstehen, anders als zB bei § 13 BerHG. Unabhängig von § 55 VI 2 soll der beigeordnete Anwalt seine Vergütungsberechnung unverzüglich zu den Prozeßakten mitteilen. Diese bloße Sollvorschrift hat wegen der Regelung des § 55 kaum Bedeutung. „Unverzüglich" in II bedeutet: ohne vorwerfbares Zögern wie bei § 121 I 1 BGB, also alsbald nach der Fälligkeit einer Wahlanwaltsvergütung nach § 8.

16   **D. Mitteilung.** Der beigeordnete Anwalt muß seine Berechnung dem Gericht nach II mitteilen. Er hält die Frist des § 55 VI nur dann ein, wenn der eigentliche Kostenfestsetzungsantrag rechtzeitig bei demjenigen Gericht eingeht, dessen Ur-

Abschn. 8. Beigeordneter oder bestellter RA, Beratungshilfe §§ 50, 51 RVG

kundsbeamter den beigeordneten Anwalt zur Antragstellung aufgefordert hat. Ein solcher Antrag darf eine Bezugnahme auf eine bereits zu den Prozeßakten eingereichte Berechung nach II enthalten.

7) Beiordnung mehrerer Anwälte, III. Die Vorschrift enthält Sonderregeln für 17 den Fall, daß das Gericht mehrere Anwälte beigeordnet hatte, sei es gleichzeitig, zeitlich überlappend oder für mehrere zeitlich nicht überlappende Verfahrensabschnitte derselben Instanz oder auch anderer Rechtszüge, Hamm Rpfleger **94**, 469, aM Mü OLGR **95**, 156. Der etwaige Gesamtüberschuß in der Staatskasse nach Rn 2 ff errechnet sich nach dem Verhältnis der Ausgleichsansprüche eines jeden beigeordneten Anwalts. Dabei spielen natürlich die Art und der Umfang der Auftragserteilung der Partei an die verschiedenen beigeordneten Anwälte sowie die Art und der Umfang ihrer vertragsgemäßen Tätigkeit eine erhebliche Rolle. Man darf die nach § 58 anrechenbaren Vorschüsse und Zahlungen nach III Hs 2 nicht abziehen.

Für den *Zeitpunkt* der Einreichung der Vergütungsberechnung und die etwaige 18 gerichtliche Frist sind für jeden beigeordneten Anwalt die in Rn 11–15 erörterten Gesichtspunkte maßgeblich.

8) Beweislast, I–III. Jeder beigeordnete Anwalt ist dafür beweispflichtig, daß 19 seine weitere Vergütung nach I 1 in dem von ihm behaupteten Umfang aus der Staatskasse erstattbar und daß die Zahlung nach § 8 Rn 1 fällig ist. Die Staatskasse ist dafür beweispflichtig, daß ein solcher Anspruch im von ihr behaupteten Umfang nach § 55 VI 2 erloschen ist.

Festsetzung einer Pauschgebühr

51 I ¹In Straf- und Bußgeldsachen, Verfahren nach dem Gesetz über die internationale Rechtshilfe in Strafsachen, in Verfahren nach dem IStGH-Gesetz, in Freiheitsentziehungs- und Unterbringungssachen sowie in Verfahren über freiheitsentziehende Unterbringungen und freiheitsentziehende Maßnahmen nach § 151 Nummer 6 und 7 des Gesetzes über das Verfahren in Familiensachen und in den Angelegenheiten der freiwilligen Gerichtsbarkeit ist dem gerichtlich bestellten oder beigeordneten Rechtsanwalt für das ganze Verfahren oder für einzelne Verfahrensabschnitte auf Antrag eine Pauschgebühr zu bewilligen, die über die Gebühren nach dem Vergütungsverzeichnis hinausgeht, wenn die in den Teilen 4 bis 6 des Vergütungsverzeichnisses bestimmten Gebühren wegen des besonderen Umfangs oder der besonderen Schwierigkeit nicht zumutbar sind. ²Dies gilt nicht, soweit Wertgebühren entstehen. ³Beschränkt sich die Bewilligung auf einzelne Verfahrensabschnitte, sind die Gebühren nach dem Vergütungsverzeichnis, an deren Stelle die Pauschgebühr treten soll, zu bezeichnen. ⁴Eine Pauschgebühr kann auch für solche Tätigkeiten gewährt werden, für die ein Anspruch nach § 48 Absatz 6 besteht. ⁵Auf Antrag ist dem Rechtsanwalt ein angemessener Vorschuss zu bewilligen, wenn ihm insbesondere wegen der langen Dauer des Verfahrens und der Höhe der zu erwartenden Pauschgebühr nicht zugemutet werden kann, die Festsetzung der Pauschgebühr abzuwarten.

II ¹Über die Anträge entscheidet das Oberlandesgericht, zu dessen Bezirk das Gericht des ersten Rechtszugs gehört, und im Fall der Beiordnung einer Kontaktperson (§ 34a des Einführungsgesetzes zum Gerichtsverfassungsgesetz) das Oberlandesgericht, in dessen Bezirk die Justizvollzugsanstalt liegt, durch unanfechtbaren Beschluss. ²Der Bundesgerichtshof ist für die Entscheidung zuständig, soweit er den Rechtsanwalt bestellt hat. ³In dem Verfahren ist die Staatskasse zu hören. ⁴§ 42 Abs. 3 ist entsprechend anzuwenden.

III ¹Absatz 1 gilt im Bußgeldverfahren vor der Verwaltungsbehörde entsprechend. ²Über den Antrag nach Absatz 1 Satz 1 bis 3 entscheidet die Verwaltungsbehörde gleichzeitig mit der Festsetzung der Vergütung.

Vorbem. I 1 geändert dch Art 4 Z 2 G v 17. 7. 17, BGBl 2424, in Kraft seit 1. 10. 17, Art 5 G, ÜbergangsR § 60 RVG.

Schrifttum: *Burhoff* Rpfleger **16**, 515 (Üb); *Dörndorfer*, Kostenhilferecht für Anfänger, 6. Aufl 2014; *Fromm* JB **16**, 3 und 508 (je: Üb); *Poller/Teubel*, Gesamtes Kostenhilferecht, 2. Aufl 2014.

1693

RVG § 51

X. Rechtsanwaltsvergütungsgesetz

Gliederung

1)	Systematik, I–III	1
2)	Regelungszweck, I–III	2
3)	Persönlicher Geltungsbereich, I–III	3
4)	**Sachlicher Geltungsbereich: Besonders umfangreiche oder schwierige Straf- oder Bußgeldsache usw, I 1**	4–23
	A. Grundsatz: Unzumutbarkeit „normaler" Festgebühren	5
	B. Zeitraum seit Bestellung	6
	C. Erhebliche Abweichung vom Durchschnitt	7
	D. Rechtsanspruch	8
	E. Beispiele zur Frage einer Anwendbarkeit von I 1	9–23
5)	**Unanwendbarkeit bei Wertgebühr, I 2**	24
6)	**Verfahren, I, II**	25–40
	A. Antrag	25
	B. Zuständigkeit des OLG	26
	C. Zuständigkeit des BGH	27
	D. Zuständigkeit eines sonstigen Gerichts	28
	E. Zuständigkeit wegen Vorschusses	29
	F. Anhörung	30
	G. Prüfungsumfang	31
	H. Zum Grund: Rechtsanspruch	32
	I. Zur Höhe: Ermessen	33
	J. Mindestgebühr	34
	K. Nach Wahlverteidigung	35
	L. Auslagen	36
	M. Vorschuß	37
	N. Entscheidung	38–40
7)	**Bußgeldverfahren vor Verwaltungsbehörde, III**	41

1   **1) Systematik, I–III.** Die Vorschrift ist aus Art 12 I GG ableitbar, BVerfG NJW 07, 1445. Sie gilt im Gegensatz zu § 42 nur für einen gerichtlich bestellten oder beigeordneten Anwalt. Es schafft inhaltlich ähnlich wie beim Wahlverteidiger der für ihn und bei § 52 III auch für den Pflichtverteidiger anwendbar bleibende § 42 einen Rechtsanspruch auf einen festen Pauschbetrag nach Einl II A 9, 14 für die gesamte Tätigkeit, Hamm AnwBl **85**, 155. Er hat theoretisch einen Vorrang vor (jetzt) VV 4100 ff, 5100 ff, Hamm AnwBl **96**, 479, Kblz JB **00**, 251 (daher Anrechnung bereits erfolgter Gebührenzahlung). Indessen schränken die vielen Spezialregeln der VV 4100 ff, 5100 ff praktisch den verbleibenden Regelungsbedarf nach § 51 doch auch wieder erheblich ein. (Jetzt) § 20 bleibt anwendbar, Hamm JB **99**, 194.

2   **2) Regelungszweck, I–III.** Die Vorschrift soll verhindern, daß der bestellte oder beigeordnete Verteidiger im Verhältnis zu seiner Vergütung unzumutbare Nachteile hat, BVerfG NJW **07**, 3420, Düss JB **99**, 134, Karlsr JB **17**, 467. Die sonst maßgebliche Gebühr muß unzumutbar sein, also augenfällig unzureichend und unbillig, Kblz Rpfleger **76**, 331. Dabei hat das Gericht einen weiten Beurteilungsspielraum, Hamm JB **02**, 143. Man kann ihn als eine nahezu bestehende Blankovollmacht bezeichnen, Eisenberg/Classen NJW **90**, 1023.

Diese Situation tritt *keineswegs* schon *bei jeder* solchen Straf- oder Bußgeldsache ein, deren Umfang oder Schwierigkeit das Normale übersteigt. Das gilt seit der Einführung des VV mit seiner Fülle von Spezialgebühren bei einem größeren Aufwand des Anwalts an Zeit und Mühe erst recht. Die Gebühr nach I soll dem Verteidiger auch keinen zusätzlichen Gewinn bringen. Sie soll eben nur eine unzumutbare Benachteiligung verhindern. Deshalb ist nach Rn 1 grundsätzlich keine Pauschalierung der Beurteilung erlaubt, sondern es ist eine sorgfältige Einzelfallabwägung erforderlich, großzügiger im Ausnahmefall Jena Rpfleger **05**, 277.

3   **3) Persönlicher Geltungsbereich, I–III.** Die Vorschrift gilt nur für den gerichtlich bestellten oder beigeordneten Anwalt, meist also den Pflichtverteidiger, Bbg JB **77**, 1103. Ihm steht derjenige Anwalt gleich, den das Gericht dem Privatkläger, dem Nebenkläger oder im Anklageerzwingungsverfahren nach (jetzt) § 53 beigeordnet hat, Hamm JB **01**, 530, 531. Ferner gilt I für den in einer Auslieferungssache beigeordneten Anwalt sowie dann, wenn die gerichtliche Bestellung oder Beiordnung eines Anwalts nach VV Teilen 4–6 sonstwie in Betracht kommt. Sie gilt ferner nach § 37 in einer vor einem Verfassungsgericht anhängigen Sache, soweit sie einen straf-

Abschn. 8. Beigeordneter oder bestellter RA, Beratungshilfe § 51 RVG

rechtlichen Charakter hat. Auch der beigeordnete Zeugenbeistand kann hierher gehören, Düss JB **01**, 27, KG JB **13**, 360, Köln Rpfleger **02**, 96. Wegen des Vertreters § 5. Der *frei gewählte* Anwalt eines Privatklägers, Nebenklägers oder im Anklageerzwingungsverfahren und anderer Personen gehören nicht hierher, Hbg AnwBl **79**, 236, Hamm JB **01**, 530, Kblz Rpfleger **85**, 169. Der Wahlverteidiger kann eine Gebührenvereinbarung nach § 3a treffen. Er hat aber einen Erstattungsanspruch nur in Höhe der gesetzlichen Gebühren. Zu ihnen zählen diejenigen nach (jetzt) § 51 nicht, Kblz Rpfleger **85**, 169, aM Bbg JB **82**, 90.

4) Sachlicher Geltungsbereich: Besonders umfangreiche oder schwierige 4
Straf- oder Bußgeldsache usw, I 1. Die Vorschrift gilt für jede Tätigkeit, für die das Gericht oder die Verwaltungsbehörde den Anwalt beigeordnet oder bestellt hat, zB in einer Vollstreckungssache, Hamm AnwBl **91**, 1206. Sie gilt auch im Verfahren nach dem Gesetz über die internationale Rechtshilfe in Strafsachen und im Verfahren nach dem IStGH-Gesetz, in einem Freiheitsentziehungsverfahren nach §§ 415ff FamFG und in einer Unterbringungssache usw nach § 151 Z 6, 7 oder nach §§ 312ff FamFG. Dabei kommt eine Pauschgebühr für das ganze Verfahren in Betracht, BGH NJW **06**, 1536, oder auch nur für einen oder mehrere einzelne Verfahrensabschnitte, also nach I 3 für jeden Teil, der eine gesonderte Festgebühr entstehen läßt, KG JB **16**, 132. Der folgende Grundsatz hat zahlreiche Auswirkungen.

Unanwendbar ist § 51 im Verfahren nach der Wehrdisziplinarordnung, BVerwG NVwZ-RR **16**, 311.

A. Grundsatz: Unzumutbarkeit „normaler" Festgebühren. Wegen der er- 5
heblichen Anhebung der Gebühren im Jahr 1975 (vorher mußte eine „außergewöhnlich" umfangreiche oder schwierige Strafsache vorliegen) darf man § 51 nicht mehr nur auf ganz seltene Ausnahmen anwenden. Man darf also nicht mehr so strenge Anforderungen wie nach dem ganz früheren Recht stellen, Hamm JB **06**, 255 rechts unten, Gerken Rpfleger **90**, 480, strenger Kblz JB **00**, 415.

Dennoch bleibt eine gewisse *Zurückhaltung* ratsam (je zum Recht bis Juni 2004) Bbg JB **75**, 203 (zustm Mümmler), Düss JB **99**, 134, Mü AnwBl **77**, 118. Das gilt aus den Gründen Rn 2 erst recht seit der Einführung des VV. Denn es bringt für manche Sondertätigkeit bereits eine besondere gesetzliche Normalgebühr, BVerfG NJW **07**, 3420. Eine solche Tätigkeit reicht daher für § 51 trotz seiner Ausweitung von einer „außergewöhnlichen" Tätigkeit auf eine „besonders" umfangreiche oder schwierige nicht mehr aus.

B. Zeitraum seit Bestellung. Für die Prüfung, ob eine Gebühr nach I erforder- 6
lich wird, ist grundsätzlich nur der Zeitraum seit der Bestellung des Verteidigers maßgeblich, Düss AnwBl **92**, 402, Karlsr Rpfleger **97**, 451 (auch bei einer nicht alsbaldigen Entscheidung und beim Ausbleiben einer Erinnerung), Stgt Rpfleger **99**, 412, aM Hamm Rpfleger **01**, 450 (aber das widerspricht dem Regelungszweck). Von dieser Regel gilt an sich nur bei (jetzt) § 16 Z 4, 5 eine Ausnahme, Jena JB **99**, 133, Saarbr JB **97**, 361. Aber auch eine gerichtlich verursachte vermeidbare Verzögerung der Beiordnung darf nicht zum Nachteil des Beigeordneten führen, Hamm JB **97**, 362.

C. Erhebliche Abweichung vom Durchschnitt. Insgesamt muß die Tätigkeit 7
des Verteidigers das Durchschnittsmaß (jetzt) der infrage kommenden Gebührenvorschrift des VV *erheblich* überschritten haben, Celle JB **13**, 302, Nürnb JB **15**, 449, KG Rpfleger **15**, 48. Sie muß das Mittelmaß zumindest *deutlich* überschritten haben, Mü AnwBl **76**, 178. Eine nur *etwas überdurchschnittliche* Schwierigkeit usw reicht also nach wie vor nicht aus.

Allerdings stellt das Wort „*oder*" in 1 1 klar, daß sowohl ein besonderer Umfang als auch eine besondere Schwierigkeit ausreichen. Sie brauchen also nicht zusammenzutreffen. Beim Zusammentreffen von Umfangs- und Schwierigkeitsmerkmalen liegt durchweg eine Unzumutbarkeit vor, Hamm NJW **07**, 858. Es mögen dann insgesamt bei diesen Einzelfaktoren etwas geringere Anforderungen als dann ausreichen, wenn nur der Umfang oder nur die Schwierigkeit bei einer *Gesamtbewertung* überdurchschnittliche Anforderungen stellen, Hamm JB **07**, 308, (zum alten Recht) Mü AnwBl **76**, 178. Es kommt auf die Umstände für den fraglichen Gebührenabschnitt an, Jena JB **05**, 476. Jeder Schematismus ist unzulässig, Hbg MDR **87**, 607, Hamm Rpfleger **01**, 146. Daher sind Leitlinien etwa von Schlesw JB **86**, 197 jedenfalls nicht verbind-

1695

lich. Es ist unerheblich, ob die besondere Schwierigkeit oder der besondere Umfang tatsächlicher oder rechtlicher Art ist. Bei einer Gesamtbewertung kann Überdurchschnittliches und Unterdurchschnittliches abwägbar werden, Bbg JB **17**, 631.

Maßgeblich ist eine objektive *Unzumutbarkeit* der „normalen" gesetzlichen Festgebühren gerade wegen des besonderen Umfangs oder der besonderen tatsächlichen und/oder rechtlichen Schwierigkeit, BVerfG NJW **07**, 3420, Celle JB **13**, 302, Hamm JB **02**, 251. Es soll kein Sonderopfer des Anwalts entstehen, so schon BVerfG **68**, 237. Eine Unzumutbarkeit entsteht aber nicht schon wegen einer allgemeinen „Unbilligkeit" oder „Ungerechtigkeit", Köln AnwBl **02**, 113, oder „Unwirtschaftlichkeit", Kblz JB **08**, 313 links oben. Einen auswärtigen Wohnsitz des Verteidigers usw darf man nicht bei § 51 berücksichtigen, BGH NJW **15**, 2437, sondern man darf ihn nur bei der Auslagenberechnung beachten, BayObLG MDR **87**, 870. Die Ansicht der Vorsitzenden ist stets beachtbar, aber nicht stets bindend, Hamm JB **99**, 194.

8 **D. Rechtsanspruch.** Soweit die gesetzlichen Voraussetzungen vorliegen, besteht ein Rechtsanspruch auf die erhöhte Pauschgebühr unabhängig von den Haushaltsmitteln, GS 17, aM Düss AGS **99**, 71, Hbg MDR **90**, 272 (aber I 1 spricht von „ist ... zu bewilligen").

9 **E. Beispiele zur Frage einer Anwendbarkeit von I 1.** Fundstellen beziehen sich vielfach noch auf § 99 I BRAGO. Vgl daher zunächst Rn 5–8.

Abfallbeseitigung: I kann anwendbar sein, Hamm JB **00**, 250 rechts.

Aktenumfang: Er ist natürlich ein gewichtiges Anzeichen für den Umfangsgrad der Sachen, Drsd AGS **00**, 109, Stgt AnwBl **92**, 89, Marberth-Kubicki AnwBl **04**, 574, strenger Mü JB **17**, 410. Hierher gehören meist auch notwendige Vor- und Beiakten.

Allgemeine Bedeutung: Sie allein macht I *nicht* anwendbar. Es muß auch eine besondere Bedeutung gerade für den Auftraggeber vorliegen.

Aufmerksamkeit: Man kann ausnahmsweise die allgemeine Aufmerksamkeit mitbeachten, die der Prozeß fand, Hamm Rpfleger **02**, 480.

Ausländer: I kann anwendbar sein, soweit der Angeklagte deutsch nicht sprechen oder nicht verstehen kann, Bbg JB **88**, 1178, Hamm AnwBl **98**, 416, aM Karlsr Rpfleger **87**, 176 (Fallfrage). I kann ferner anwendbar sein, soweit der Verteidiger sogar einen Dolmetscher ersetzt, aM Düss Rpfleger **09**, 644, Hamm JB **97**, 195. Es kommt aber auch hier auf die Umstände an, Karlsr JB **17**, 467, Kblz JB **08**, 313 links oben.

Auslandsrecht: Seine Erörterung kann mitbeachtlich sein, BayObLG MDR **87**, 870.

Auslandsreise: Die Teilnahme an ihr kann beachtlich sein, Hamm JB **02**, 143.

Aussage gegen Aussage: I kann anwendbar sein, Hamm JB **03**, 365.

Außenwirtschaftsrecht: Seine Erörterung kann mitbeachtlich sein, Hamm AnwBl **98**, 612.

Aussetzung: Die anschließende Neueinarbeitung kann mitbeachtlich sein.

Auswärtiger Termin: Besonders ein solcher Beweistermin spricht für einen besonderen Umfang. Freilich muß das gesetzlich schon differenzierende Vergütungsmaß zur angemessenen Vergütung nicht ausreichen.

Baader-Meinhoff-Prozesse: Wegen der Anwendbarkeit von I in solcher Art von Verfahren usw Ffm NJW **75**, 948.

Beiordnung: I kann bei § 140 II StPO anwendbar sein, Hamm AnwBl **98**, 416.

Besprechung: I kann dann anwendbar sein, soweit zahlreiche langwierige Besprechungen erforderlich waren, Hamm JB **01**, 248 links oben, Nürnb JB **00**, 476. Das gilt auch für eine vor der Hauptverhandlung stattfindende verfahrensverkürzende Besprechung, Kblz Rpfleger **05**, 627. 16 Stunden können reichen, Hamm JB **05**, 649.

Beweisantrag: Seine Gesamtzahl und/oder sein Schwierigkeitsgrad sind mitbeachtlich.

Beweiswürdigung: I kann dann anwendbar sein, wenn der Verteidiger einen solchen Beweis würdigen muß, zu dessen Beurteilung das Gericht 70 Seiten brauchen wird, Hamm JB **02**, 78 rechts.

S auch: „Aussage gegen Aussage".

Abschn. 8. Beigeordneter oder bestellter RA, Beratungshilfe § 51 RVG

Dauer: Rn 17 „Verfahrensdauer". 10
Dolmetscher: Rn 9 „Ausländer".
Eigenermittlung: Sie kann mitbeachtbar sein.
Einarbeitungszeit: Rn 21 „Vorbereitungszeit".
Einkommensverlust: Man darf und muß ihn im Rahmen der Zumutbarkeitsprüfung nach Rn 7 mitbeachten, BVerfG **68**, 255.
Einstellung: I kann auch dann anwendbar sein, wenn es erst nach der Anwaltstätigkeit zur Einstellung des Verfahrens kommt.
  Unanwendbar ist I aber auf eine Tätigkeit *nach* der Verfahrenseinstellung, Hamm AnwBl **98**, 614.
Einzelne Teile des Verfahrens: Das Gericht darf und muß sie theoretisch mitbeachten. Das bestimmt I ausdrücklich.
  Innerhalb der Hauptverhandlung ist aber die gesonderte Bewilligung einer Pauschvergütung für einzelne Verhandlungs*tage* wegen der Berücksichtigung der Gesamtdauer bereits bei den „Normalgebühren" des VV praktisch *nicht* zulässig, (zum alten Recht) Kblz JB **93**, 607.
Einziehungsverfahren: Eine dortige Zusatzarbeit kann mitbeachtbar sein.
Fahrtzeit: Sie hat grds *keine* Bedeutung, BGH NJW **15**, 2437, aM Hamm NJW **07**, 311, Nürnb Rpfleger **16**, 372 (aber sie kann auch bei einer einfachen Lage auftreten).
  S aber auch Rn 9 „Besprechung".
Federführung: Sie bedeutet *keine* „besondere Schwierigkeit", Hamm AnwBl **98**, 612.
Fremdsprache: Sie bedeutet *nicht stets* eine „besondere Schwierigkeit", Karlsr JB **17**, 410.
Grobes Mißverhältnis: Es kann ausreichen, KG JB **13**, 360.
Großverfahren: Rpfleger **15**, 668 (bitte lesen).
Grundsatzfrage: Sie kann zB bei einer erstmaligen Klärung eine Pauschale rechtfertigen, BGH NJW **06**, 1536.
Haft: Sie findet im sog Zuschlag schon grds eine ausreichende Beachtung, Kblz JB **08**, 313 links oben. Die Zahl der Besuche oder ihre Begleitumstände bleiben aber mitbeachtbar.
  Vgl auch Rn 23 „Zeitaufwand".
Haftprüfungstermin: I ist bei einer Teilnahme des Anwalts wegen VV 4102 Z 3 nur noch ausnahmsweise anwendbar.
Hauptverhandlungsdauer: Rn 17 „Verfahrensdauer".
Hilfskraft: I kann anwendbar sein, soweit der Verteidiger eine oder gar mehrere besondere Hilfskräfte einstellen mußte.
Höchstgebühr: Grundsätzlich bildet die Höchstgebühr eines Wahlverteidigers auch 11
im Rahmen von I die Obergrenze, Hamm JB **03**, 138 und 139, KG JB **92**, 742, Kblz Rpfleger **92**, 268. Diese Grenze kann aber durchaus erreichbar sein, Hamm JB **02**, 78. Sie kann sogar ausnahmsweise überschreitbar sein, Düss AnwBl **82**, 265, Hamm JB **02**, 251, Kblz Rpfleger **92**, 268.
  Das gilt etwa: Bis zum Doppelten der Höchstgebühr des Wahlanwalts, Köln JB **03**, 81, Mü AnwBl **82**, 213, Nürnb AnwBl **00**, 56; darüber hinaus, Karlsr AnwBl **89**, 113; bis zum Dreifachen, Hamm JB **97**, 84 (nur, wenn die Arbeitskraft des Verteidigers lange Zeit hindurch ganz oder fast ganz notwendig wurde); bis zum Vierfachen, Mü AnwBl **77**, 118; bis zum Fünffachen, Bbg JB **80**, 1043, Kblz Rpfleger **92**, 268; bis zum Sechsfachen, Hamm NStZ **00**, 555; über das Sechsfache hinaus, Hamm JB **94**, 102.
Justizvollzugsanstalt: Rn 10 „Haft".
Kostensteigerung: Sie reicht *nicht* aus.
Mehrzahl von Pflichtverteidigern: Sie kann den Umfang oder die Schwierigkeit beim einzelnen verringern, Hbg JB **90**, 354.
Öffentlichkeit: Ihre besondere Aufmerksamkeit reicht für I erst bei einem entspre- 12
chenden Mehraufwand des Anwalts, Hamm JB **02**, 420.
Patentrecht: Rn 14 „Spezialrecht".
Pause: Man darf und muß eine nicht zu lange Pause jeweils mitrechnen, Jena JB **97**, 86, eine kurze unter einer Stunde *nicht stets,* Karlsr AGS **93**, 77.

1697

RVG § 51

Persönlichkeit: I kann anwendbar sein, soweit man einen Beteiligten in seiner Persönlichkeit nur besonders schwer beurteilen kann, Hamm JB **01**, 641, etwa weil er besonders uneinsichtig ist oder weil er die Verteidigung sehr behindert, Mü AnwBl **81**, 462, Nürnb JB **00**, 476.
Psychiater: Seine Hinzuziehung reicht für I *nicht stets* aus, wohl aber bei vielen Fachfragen, Brdb AGS **99**, 41.
S aber auch „Persönlichkeit".
Reisezeit: Rn 23 „Zeitaufwand".
Revision: Das RVG vergütet die zugehörige Tätigkeit bereits gesondert.
Sachverständigengutachten: Seine Begleitung und Bewertung können mitbeachtbar sein, besonders bei mehreren widersprüchlichen Gutachten.

13 **Sachverständigenzahl:** Sie ist meist ein erhebliches Merkmal.
Schwierig, aber nicht umfangreich: I kann nach Rn 7 dann anwendbar sein, wenn die Sache zwar besonders schwierig, nicht aber besonders umfangreich ist, Karlsr AnwBl **78**, 358, Mü AnwBl **81**, 462, Oswald AnwBl **75**, 434.
Sicherungsverwahrung: I kann anwendbar sein, soweit dem Angeklagten eine Sicherungsverwahrung droht, Mü JB **75**, 1475.

14 **Spezialrecht:** I kann anwendbar sein, soweit sich der Verteidiger in ein deutsches Spezialrecht einarbeiten mußte, BayObLG AnwBl **87**, 619, Kblz Rpfleger **85**, 508, oder in ausländisches Recht, Rn 9 „Auslandsrecht".
Sprachprobleme: Rn 9 „Ausländer".
Staatsschutzverfahren: III, IV können anwendbar sein, KG Rpfleger **15**, 48.
Steuerrecht: Seine Erörterung kann mitbeachtbar sein.

15 **Termine außerhalb der Hauptverhandlung:** I kann trotz VV 4102 ganz ausnahmsweise dann anwendbar sein, wenn mehrere Termine außerhalb der Hauptverhandlung stattfinden. Man muß aber mitbeachten, daß VV 4102 jetzt bis zu drei Terminsgebühren je Rechtszug ermöglicht und damit den Anwendungsbereich von § 51 verkleinert.
Die Wahrnehmung eines einzelnen Beweistermins außerhalb der Hauptverhandlung reicht aber noch *nicht* aus.
Terminsdauer: Rn 17 „Verfahrensdauer".
Umfangreich und besonders schwierig: Insbesondere bei zB 410 Stunden Verfahrensdauer ist eine weit über die RVG hinausgehende Pauschvergütung nötig, BVerfG AnwBl **11**, 701, Düss AnwBl **15**, 981 (3400 Sachen).

16 **Umfangreich, aber nicht schwierig:** I kann nach Rn 7 dann anwendbar sein, wenn die Sache zwar besonders umfangreich, nicht aber besonders schwierig ist, Hamm MDR **91**, 1206.
S auch Rn 19 „Vielzahl von Schriftsätzen", Rn 20 „Vielzahl von Taten".
Uneinsichtigkeit: Rn 12 „Persönlichkeit".
Ungerechtigkeit: Rn 7.
Unnötige Maßnahme: Sie bleibt grds *unberücksichtigt*, Hbg JB **88**, 598, Karlsr JB **85**, 353, Schlesw AGS **98**, 7. Man sollte aber nicht zu streng sein.
Unterbrechung: Die anschließende Neueinarbeitung kann mitbeachtbar sein.
Unterbringungssache: Schon die Notwendigkeit der Prüfung eines psychiatrischen und psychologischen Gutachtens kann I anwendbar machen, Düss Rpfleger **01**, 371, Kblz JB **00**, 415.
Untersuchungshaft: I kann dann anwendbar sein, wenn der Angeklagte in einer Untersuchungshaft einsitzt, Mü JB **75**, 1475. Freilich gibt das VV dann ja ohnehin erhöhte „Normalgebühren", nämlich nach der amtlichen Vorbemerkung 4 IV solche „mit Zuschlag", etwa in VV 4101 usw. I kommt aber bei besonders vielen oder schwierigen Besuchen in der Untersuchungshaft infrage.

17 **Veränderung des rechtlichen Gesichtspunkts:** Ein Hinweis nach § 265 StPO reicht für I *nicht stets* aus.
Verbindung: Man muß bei ihr eine Mehrzahl von Gebühren mitbeachten, Jena Rpfleger **09**, 171.
Verfahrensdauer: I kann wegen der im VV eingeführten Berücksichtigung längerer Verhandlungsdauern bei den „Normalgebühren" etwa in VV 4110, 4111 usw *grds nicht mehr* nur wegen einer solchen Verhandlungsdauer gelten. Die Vorschrift kann vielmehr insoweit nur dann in Betracht kommen, wenn zum reinen Zeitablauf

Abschn. 8. Beigeordneter oder bestellter RA, Beratungshilfe § 51 RVG

eine von VV 4110, 4111 usw nicht schon mitbedachte wirklich unzumutbare Belastung hinzutritt, BVerfG AnwBl **11**, 701, Hamm NJW **06**, 75 rechts. Nur insoweit darf man die bisherigen Fundstellen noch mitbeachten.

Danach kann I mit der vorgenannten Einschränkung *anwendbar* sein, soweit es sich um eine besonders lange Verfahrensdauer handelt, Düss AnwBl **15**, 981, Hamm AnwBl **00**, 378 (4,5 Stunden beim Jugendschöffengericht), Mü JB **75**, 1475 (13 Stunden Terminsdauer mit nur 2 Stunden Pause), Mü AnwBl **76**, 179 (9,25 Stunden Terminsdauer, Vernehmung von 14 Zeugen und einem Sachverständigen usw), aM Bbg JB **79**, 71 (bei der Strafkammer ist eine Verhandlungsdauer von 8 Stunden noch normal). 410 Stunden erfordern eine erheblich über die Norm hinausgehende Pauschalvergütung, BVerfG AnwBl **11**, 701. Die Vorschriften des VV mit einer Erwähnung der Verhandlungsdauer können auch nicht stets die jeweils zugehörige Vor- und Nacharbeit voll berücksichtigen, Bbg JB **88**, 1350.

Unter solchen Voraussetzungen ist es dann ungeachtet VV 4111, 4112 usw *unbeachtbar*, welche Dauer einzelne Verhandlungen haben, Hamm JB **00**, 249, aM Hbg Rpfleger **90**, 479 (abl Gerken), Hamm (2. StS) AnwBl **02**, 433 (aber man muß eine Gesamtabwägung vornehmen, Rn 2), Bbg JB **92**, 327.

S auch Rn 10 „Einzelne Teile des Verfahrens", Rn 12 „Pause", Rn 23 „Zeitaufwand".

Vermögensrechtlicher Anspruch: Das RVG vergütet die zugehörige Tätigkeit bereits gesondert.

Vernehmung: I ist bei einer Teilnahme des Anwalts an einer Vernehmung wegen VV 4102 Z 1, 2 nur noch ausnahmsweise anwendbar, etwa bei einer ganz besonders langen oder mühsamen Vernehmung.

Verteuerung: Rn 11 „Kostensteigerung".

Verzögerndes Verhalten: Man darf ein das Verfahren verzögerndes Verhalten des 18 Verteidigers keineswegs außer Betracht lassen, soweit es nur gesetzlich zulässig war, aM Hbg MDR **88**, 254, Karlsr JB **85**, 353, Schlesw NStZ **96**, 443 (aber dann würden die Grenzen des Erlaubten rasch unklar).

Vielzahl von Schriftsätzen: I kann anwendbar sein, soweit viele sehr umfangreiche 19 Schriftsätze erforderlich waren.

S auch Rn 16 „Umfangreich, aber nicht schwierig".

Vielzahl von Taten: I kann anwendbar sein, soweit es sich um eine große Zahl von 20 Einzeltaten handelt.

S auch Rn 16 „Umfangreich, aber nicht schwierig".

Vorbereitungszeit: I kann anwendbar sein, soweit die Vorbereitungszeit ungewöhn- 21 lich kurz war, Hamm JB **06**, 591 (Wochenende), aber auch, soweit sie ungewöhnlich lang oder schwierig sein mußte, Bbg JB **84**, 1191, Hbg JB **06**, 535 (13 Besuche in der Haftanstalt), Hamm JB **97**, 85, aM BGH Rpfleger **96**, 169 (aber eine überlange Verfahrensdauer nebst der zugehörigen Vorbereitungszeit des Verteidigers sollten hier stets reichen).

Vorfrage: Ihre Klärung zB bei Vorstrafen kann beim „Zeitaufwand" nach Rn 23 durchaus mitbeachtbar sein.

Vorzeitige Beendigung der Verteidigung: Soweit der bestellte Verteidiger eine vorzeitige Beendigung seiner Tätigkeit verschuldet hat, kann eine entsprechende *Verringerung* der nach I sonst zu bemessenden Vergütung notwendig sein, KG JR **79**, 43.

S auch Rn 22 „Wartezeit".

Wahlverteidiger: Seine zusätzliche Tätigkeit wirkt nicht stets dahin, den Umfang oder die Schwierigkeit für den bestellten oder beigeordneten Anwalt zu vermindern, Düss JB **01**, 247, Hamm AGS **98**, 138, aM Stgt Rpfleger **99**, 412.

Wartezeit: I kann anwendbar sein, soweit der Verteidiger sehr lange warten mußte, 22 etwa deswegen, weil das Gericht eine andere Strafsache zwischengeschaltet hatte oder weil durch einen vorangegangenen anderen Termin eine Verzögerung eingetreten war, Hamm MDR **82**, 263.

Wiederaufnahmeverfahren: Die Tätigkeit des Verteidigers in diesem Stadium ist 23 mitbeachtlich, Hamm AnwBl **01**, 246.

Wirtschaftsstrafsache: I ist *nicht* schon deshalb anwendbar, weil es sich um eine Wirtschaftsstrafsache handelt, Kblz Rpfleger **85**, 508, aM Hamm JB **06**, 137. Wohl aber muß man eine etwaige besondere rechtliche Schwierigkeit berücksichtigen, Bbg JB **77**, 951, Hamm NJW **06**, 74.

Zeitaufwand: I kann seinetwegen anwendbar sein, BVerfG NJW **01**, 1269, Hamm JB **02**, 78 (50 Stunden) Karlsr Rpfleger **05**, 694 (10 Stunden Haftbesuch), Köln JB **09**, 255 (zu § 42: $3^{1}/_{2}$ Stunden Ermittlungen) aM Bbg JB **89**, 965, BayObLG AnwBl **87**, 610. Es kommt auf die objektive Dauer der tatsächlichen Anwaltstätigkeit an, Hbg Rpfleger **90**, 479, Stgt Rpfleger **14**, 692 (weniger als 1 Stunde im ganztägigen Termin). Maßgeblich ist das Verhältnis zu vergleichbaren anderen gleichartigen Straftaten. Man darf nur gleichrangige Sachen vergleichen. Eine Überspannung der Anforderungen sollte unterbleiben, BGH Rpfleger **96**, 169, Hamm Rpfleger **99**, 235, Kblz NStZ **88**, 371. Vgl aber auch Rn 5 mit den Sondervorschriften für längere Terminsdauern. Daher ist I nur noch ausnahmsweise anwendbar. Eine durch den Anwalt erreichte erhebliche Abkürzung läßt sich zu seinen Gunsten mitbeachten, Hamm JB **06**, 138 links unten Mitte.

Unanwendbar ist I wegen eines nur persönlichen Umstands beim Verteidiger, BGH NJW **15**, 2437.

S auch Rn 17 „Verfahrensdauer".

Zeugenzahl: Sie kann ein erhebliches Merkmal sein, soweit es nicht nur um jeweils eine kurze Alltagsfrage geht.

24 **5) Unanwendbarkeit bei Wertgebühr, I 2.** Eine Pauschgebühr kommt selbst unter den Voraussetzungen Rn 1–23 nicht in Betracht, soweit nach dem VV Wertgebühren nach Einl II A 10, 11 entstehen. I 1 gilt also nur, soweit das VV eine Festgebühr nach Einl II A 14 vorsieht. Das ist freilich beim gerichtlich bestellten oder beigeordneten Anwalt ganz die Regel. I 2 hat also eine Bedeutung nur in verhältnismäßig wenigen Fällen, VV 4142–4146, 5116, Fromm JB **08**, 509, also dort, wo schon die „Normalgebühr" eine Berücksichtigung schwieriger Umstände usw erlaubt.

25 **6) Verfahren, I, II.** Es empfiehlt sich, in der folgenden Reihe zu prüfen.

A. Antrag. Eine Pauschvergütung nach I erfolgt nur auf Grund eines möglichst, aber nicht zwingend schriftlichen Antrags. Antragsberechtigt ist nach Rn 1 der gerichtlich bestellte oder beigeordnete Anwalt. Ihm steht der amtlich bestellte Vertreter oder derjenige Anwalt gleich, den er bevollmächtigt. Der Erhalt der gesetzlichen „Normal"-Vergütung ist kein Antragshindernis. Man kann den Antrag nach I 1 für das ganze Verfahren oder für nur einen oder mehrere einzelne Verfahrensabschnitte stellen. Man kann den Antrag ungeachtet der Zuständigkeiten Rn 26, 27 beim erstinstanzlichen Gericht einreichen. Der Antragsteller muß den (rechtzeitigen) Antragseingang beweisen, KG JB **11**, 254 rechts unten.

Antragsinhalt ist eine aus sich heraus nachvollziehbare Darlegung und evtl eine Glaubhaftmachung wie nach § 294 ZPO aller derjenigen Umstände, die eine besondere Pauschgebühr nach Rn 4–23 rechtfertigen. Eine Bezifferung ist nicht notwendig. Eine Ergänzung der Angaben ist bis zur Entscheidung statthaft.

Der Antrag ist ab der Fälligkeit nach § 8 *bis zum Ende des* gesamten *Straf- oder Bußgeldverfahrens zulässig.* Diese Gesamtzeit ist maßgeblich, Bbg JB **17**, 632. Eine zu lange Verzögerung des Antrags kann als ein vorheriger Verzicht gelten. Nach dem Verjährungseintritt ist der Antrag unzulässig, KG JB **99**, 26. Die Verjährungsfrist beträgt (jetzt) 3 Jahre, und zwar grundsätzlich seit dem Schluß desjenigen Jahres, in dem der Anspruch entstand, §§ 195, 199 I Z 1 BGB, (je zum alten Recht) Ffm JB **88**, 1010, Hamm Rpfleger **98**, 38, Mü JB **84**, 1830. Der Lauf der Verjährungsfrist ist nicht während eines Festsetzungsverfahrens der allgemeinen Pflichtverteidigergebühren gehemmt, Hamm Rpfleger **98**, 38. Wegen eines Gebührenvorschusses Rn 37.

Eine *Antragsbeschränkung* ergibt sich gerade für den bestellten oder beigeordneten Anwalt aus dem systematisch verfehlt angesiedelten § 42 II 2 mit seinen Verweisungen auf § 52 I 1, II, auch in Verbindung mit § 53 I, aM Hamm MDR **87**, 608. Vgl dazu dort.

26 **B. Zuständigkeit des OLG.** Über den Antrag entscheidet grundsätzlich nach §§ 42 III, 51 II 1 der Strafsenat desjenigen OLG, zu dessen Bezirk dasjenige Gericht gehört, bei dem die Sache nach II 1 Hs 1 im ersten Rechtszug anhängig ist oder war, BGH NJW **16**, 2352, Karlsr Rpfleger **17**, 479, so wohl auch BGH NJW **12**, 167

Abschn. 8. Beigeordneter oder bestellter RA, Beratungshilfe § 51 RVG

(unscharf). Nach einer Verweisung ist das neue Gericht zuständig. Bei der Beiordnung einer Kontaktperson nach § 34a EGGVG ist nach II 1 Hs 2 dasjenige OLG zuständig, in dessen Bezirk die Justizvollzugsanstalt liegt. Das OLG entscheidet nach dem in II 4 für entsprechend anwendbar erklärten § 42 III 1 grundsätzlich durch einen Einzelrichter. Dieser überträgt die Sache entsprechend § 42 III 2 bindend und unanfechtbar dann auf den dreiköpfig besetzten Senat, wenn es zur Sicherung einer einheitlichen Rechtsprechung notwendig ist.

C. Zuständigkeit des BGH. Soweit der BGH den Anwalt bestellt hat, ist nach II 2   27
sein Strafsenat zur Entscheidung über den Antrag zuständig, BGH NJW **12**, 167. Die Vorschrift meint die seltenen Fälle, in denen der BGH nach § 350 III StPO auch für die Hauptverhandlung in der Revisionsinstanz einen Anwalt bestellt. Sie erfaßt also nicht schon diejenigen Fälle, in denen der BGH im Vorverfahren oder vor einer Abgabe an das OLG einen Anwalt bestellt hatte, BGH NJW **16**, 2352 (dann ist evtl das für das Hauptverfahren zuständige OLG zuständig). Die Entscheidung des BGH erfaßt nur die Pauschale für die Vorbereitung und Wahrnehmung der Revisionsverhandlung. Sie erfaßt nicht schon die Tätigkeit des Verteidigers für die Einlegung der Revision und für deren Begründung. Für diese letztere Tätigkeit bleibt das OLG zuständig, selbst wenn sich dann eine Hauptverhandlung vor dem BGH mit dafür dessen Zuständigkeit anschließt. Das OLG ist auch dann für das ganze Verfahren nach § 120 GVG zuständig, wenn der BGH im Vorverfahren einen Verteidiger bestellt hatte, BGH JB **16**, 469.

D. Zuständigkeit eines sonstigen Gerichts. In einem Disziplinarverfahren ist   28
im ersten Rechtszug das Truppendienstgericht zuständig, nicht das Bundesdisziplinargericht oder das BVerwG, BVerwG JB **91**, 1619. Im ehrengerichtlichen Verfahren ist der Ehrengerichtshof zuständig. Es kann ein Landesberufsgericht zuständig sein, LBerG Mü AnwBl **02**, 434.

E. Zuständigkeit wegen Vorschusses. Das zur Bewilligung zuständige Gericht   29
ist nach Rn 37 auch zur Entscheidung über einen aus der Staatskasse erbetenen Vorschuß zuständig. Das gilt etwa wegen einer überlangen Wartezeit nach einer vorläufigen Einstellung, Düss Rpfleger **95**, 39, oder dann, wenn nach über 50 erstinstanzlichen Verhandlungstagen die Dauer der Revisionsverfahren noch nicht absehbar ist, Hamm AnwBl **01**, 245 links.

F. Anhörung. Das Gericht entscheidet im Rahmen eines selbständigen Verfahrens.   30
Es muß den Gegner vor einer ihm nachteiligen Entscheidung nach Art 103 I GG anhören, BVerfG Rpfleger **64**, 210. Es muß nach II 3 auch stets den Bezirksrevisor als den Vertreter der Staatskasse anhören, anschließend also evtl dem Antragsteller aus ihm anzuratenden Stellungnahme zur Äußerung des Bezirksrevisors, BVerfG **18**, 49.

G. Prüfungsumfang. Das Gericht prüft den Zeitraum seit dem Eingang des An-   31
trags, Hamm JB **97**, 362, und evtl den davor gelegenen nach § 48 V. Es prüft nur, ob die Voraussetzungen nach I für alle Verfahrensabschnitte oder wenigstens für einzelne Verfahrensabschnitte oder für einzelne Gebührenanteile zutreffen oder nicht, Jena Rpfleger **05**, 277.

H. Zum Grund: Rechtsanspruch. Es besteht dem Grunde nach beim Vorliegen   32
der Voraussetzungen ein Rechtsanspruch. Soweit sich diese Frage nicht übersehen läßt, muß das Gericht eine vorläufige Entscheidung treffen und diese unter Umständen später abändern, Düss MDR **91**, 1000. Das gilt etwa nach einer vorläufigen Einstellung oder dann, wenn man im Anschluß an eine erstinstanzliche Entscheidung nach der Fälligkeit einer Vergütung nach § 8 I 2 ein Rechtsmittel erwarten muß, ohne daß schon der weitere Umfang der Sache feststeht.

Das *Gericht prüft* grundsätzlich die Berechtigung eines Verhaltens des Verteidigers nicht nach, Hamm JB **01**, 194 (Ausnahme: ersichtlicher Mißbrauch der Verteidigerrechte). Es berücksichtigt alle Umstände, Hamm JB **01**, 413. Es ermittelt den Umfang und die sonstigen Umstände der Tätigkeit des Anwalts aber nicht von Amts wegen. Es darf und muß vielmehr eine aus sich heraus nachvollziehbare Begründung abwarten, insbesondere nach in den aktenkundigen Vorgängen wie etwa einem Anstaltsbesuch, einer Erörterung mit der Polizei usw, Hamm JB **02**, 195.

Es ist auch möglich, daß der Anwalt *nach dem Erhalt der Regelgebühr* und auch/oder nach der Erwirkung eines Beschlusses nach § 52 ohne eine besondere Verzögerung

1701

einen Anspruch nach I geltend macht. Er kann einen Antrag auch dann begründen, wenn das Gericht nach sehr umfangreichen Bemühungen des Verteidigers das Verfahren einstellt. Das Gericht muß bedenken, daß im Gegensatz zur früheren Fassung von I, die eine Zubilligung der Pauschvergütung in das Ermessen des Präsidenten stellte, jetzt ein Rechtsanspruch besteht.

33 **I. Zur Höhe: Ermessen.** Der Höhe nach hat das Gericht ein pflichtgemäßes Ermessen in den Grenzen nach unten von Rn 34. Keineswegs muß die Pauschale lediglich kostendeckend sein. Daher kann die Pauschgebühr die Gebühr eines Wahlverteidigers überschreiten, aM KG Rpfleger **16**, 244, Kblz JB **17**, 195 (krit Fromm). Das gilt freilich nur bis zur Obergrenze des § 42 I 4. Die Pauschvergütung soll die gesamte Tätigkeit des Anwalts für das ganze Verfahren oder für den der Bewilligung zugrunde gelegten einzelnen Verfahrensabschnitt abgelten, Kblz AnwBl **00**, 760, Schlesw SchlHA **87**, 14.

Es läßt sich die Vergütung auch *für jede Instanz gesondert* und dabei unterschiedlich hoch ansetzen. Daher muß das Gericht den unterschiedlichen Ablauf des Verfahrens zB mit unterschiedlichen Schwierigkeitsgraden je Instanz berücksichtigen, Hamm JB **05**, 538, Karlsr JB **75**, 487. Es kann zB eine Pauschale oberhalb des Antrags bewilligen, Hamm JB **01**, 413. Man kann zB das Doppelte einer Wahlverteidigergebühr ansetzen, Stgt Rpfleger **08**, 442. Es kann aber auch etwa wegen einer vorübergehenden Vertretung des Anwalts trotz § 5 eine entsprechend niedrigere Pauschale zubilligen. Etwas anderes gilt dann, wenn der Vertreter für den vertretenen Anwalt tätig wurde und wenn die notwendige Fortdauer der Information des letzteren teurer würde. § 20 ist dort nach Rn 8 „Pflichtverteidiger" anwendbar. Das Urkundenverlesungsverfahren nach § 249 II StPO wirkt evtl nicht als ein Erhöhungsgrund, Düss JB **03**, 23.

Nach I 1, 3 ist eine Bewilligung für nur *einzelne Verfahrensabschnitte* zulässig, Bbg JB **88**, 1347, aM Hbg JB **89**, 1556. Sie ist freilich nicht stets ratsam, Düss MDR **93**, 1133, Hbg JB **89**, 1556, Kblz JB **93**, 607. Jedenfalls muß das Gericht nach I 3 in seinem Beschluß den behandelten Verfahrensabschnitt angeben und diejenigen Gebühren nach dem VV kennzeichnen, an deren Stelle die Pauschgebühr treten soll. Eine Anrechnung schon erhaltener Vorschüsse und sonstiger Zahlungen nach § 52 findet erst im Festsetzungsverfahren des § 55 statt. Dasselbe gilt von der Prüfung der Verjährung, aM KG JB **99**, 26.

34 **J. Mindestgebühr.** Nach unten ist das Ermessen zur Höhe durch den Betrag derjenigen Gebühr begrenzt, die dem Anwalt nach den VV zustehen würde und die sie überschreiten muß. Eine vorherige Festsetzung nach (jetzt) § 45 ist nicht erforderlich, Hamm Rpfleger **98**, 39. Im übrigen tritt die Gebühr des § 51 zwar evtl neben den Anspruch nach § 52, Hamm AnwBl **88**, 358. Vgl freilich § 52 I 2. Sie tritt aber nicht neben, sondern an die Stelle der Gebühr des § 45. Deshalb muß das Gericht die letztere, etwa ausgezahlte Gebühr anrechnen.

Man muß die *Umsatzsteuer* zusätzlich zur erhöhten Gebühr ansetzen. Denn sie entsteht nach VV 7008 auf die „Vergütung" insgesamt, Kblz JB **85**, 417. Sie ist erstattungsfähig, LAG Mainz JB **97**, 29. Eine Verzinsung ist nicht statthaft.

35 **K. Nach Wahlverteidigung.** (Jetzt) Beachtung findet auch nach dem in *I 4* für entsprechend anwendbar erklärten § 48 V, was der Verteidiger etwa als vorher beauftragter Wahlanwalt schon erhalten hatte, Düss JB **01**, 247, Jena JB **99**, 132, Saarbr JB **97**, 361, aM Karlsr AnwBl **97**, 571.

36 **L. Auslagen.** Wegen der Umsatzsteuer vgl Rn 34. Die restlichen Auslagen fallen nicht unter die Pauschgebühr des § 51. Der Urkundsbeamte setzt sie gesondert fest.

37 **M. Vorschuß.** Grundsätzlich ist ein Vorschuß aus der Staatskasse nicht zulässig. Wegen des Vorschusses vom Beschuldigten § 52 Rn 6. Man muß dem Anwalt einen Vorschuß aus der Staatskasse aber auf seinen Antrag nach *I 5* unabhängig von § 46 zubilligen. Das geschieht ausnahmsweise zur Vermeidung einer unzumutbaren wirtschaftlichen Notlage des Anwalts und aus anderen Billigkeitsgründen wenigstens auf eine erbrachte Teilleistung wegen der mit Sicherheit zu erwartenden Pauschale, (je zum alten Recht) Bbg JB **82**, 94, Hamm JB **00**, 586 (nach über 50 Verhandlungstagen), Jena JB **02**, 643 (ausf).

Das gilt „*insbesondere*" dann, wenn man dem Anwalt wegen einer langen Verfahrensdauer und wegen der Höhe der voraussichtlichen Pauschgebühr nicht zumuten

Abschn. 8. Beigeordneter oder bestellter RA, Beratungshilfe §§ 51, 52 RVG

kann, die Festsetzung der Pauschgebühr abzuwarten, BVerfG NJW 05, 3699. Das kann auch nach einer längeren vorläufigen Einstellung nach § 205 StPO geschehen, Düss JB 95, 93. Es ist auch ein weiterer Vorschuß möglich, Hamm AGS 98, 141. Ein Vorschuß ist auch mangels einer alsbaldigen Entscheidungsreife nach der Rechtskraft des Hauptverfahrens zulässig, Hamm JB 99, 639. Man muß aber auch die Möglichkeit mitbeachten, die § 47 I bietet, BVerfG NJW 05, 3699. Der Anwalt muß seine Einnahmen und Ausgaben im einzelnen darstellen, BVerfG NJW 07, 1445. Zur Rückforderung nach Verjährung KG JB 11, 255 rechts.

N. Entscheidung. Das Gericht entscheidet, sobald die vergütbare Tätigkeit beendet 38 ist, Düss JB 06, 315, meist also nach dem Abschluß der Instanz, in der Revisionsinstanz nach dem Vorliegen der Revisionsbegründung, Düss Rpfleger 93, 305, aM Bbg JB 90, 1282, Düss MDR 93, 1133 (grundsätzlich müsse man die Rechtskraft abwarten).

Das Gericht entscheidet *in voller Besetzung.* Das OLG entscheidet freilich nach 39 Rn 26 grundsätzlich durch den Einzelrichter. Die Entscheidung ergeht durch einen Beschluß. Das Gericht muß ihn trotz seiner in II 1 betonten Unanfechtbarkeit nach § 304 IV StPO grundsätzlich begründen, BLAH § 329 ZPO Rn 4. Die Pauschvergütung wird nach Rn 34 nicht verzinst. Das darf das Gericht mitbedenken. Das Gericht teilt die Entscheidung den Beteiligten formlos mit.

Eine *Gegenvorstellung* wie nach BLAH Grdz 6 vor § 567 ZPO ist denkbar, Nürnb JB 40 75, 201. Sie kann zu einer Änderung des Beschlusses führen. Sie hat aber nicht schon wegen einer Änderung der Rechtsprechung stets Erfolg, Hamm Rpfleger 02, 45.

Auszahlung erfordert im Anschluß an die Entscheidung Rn 38, 39 eine Festsetzung nach § 55.

7) Bußgeldverfahren vor Verwaltungsbehörde, III. I gilt auch dort, und zwar 41 nach III 1 entsprechend. Nach III 2 ist die Verwaltungsbehörde statt des Gerichts zuständig. Sie darf nur gleichzeitig mit der Festsetzung der Vergütung auch über einen Pauschgebührenantrag mitentscheiden. Nach dem Übergang des Bußgeldverfahrens in ein gerichtliches Verfahren, gelten I, II direkt.

§ 57 bleibt anwendbar. Für den dortigen Antrag auf eine gerichtliche Entscheidung gilt nach § 57 S 2 nun § 62 OWiG.

Anspruch gegen den Beschuldigten oder den Betroffenen

52 I ¹Der gerichtlich bestellte Rechtsanwalt kann von dem Beschuldigten die Zahlung der Gebühren eines gewählten Verteidigers verlangen; er kann jedoch keinen Vorschuss fordern. ²Der Anspruch gegen den Beschuldigten entfällt insoweit, als die Staatskasse Gebühren gezahlt hat.

II ¹Der Anspruch kann nur insoweit geltend gemacht werden, als dem Beschuldigten ein Erstattungsanspruch gegen die Staatskasse zusteht oder das Gericht des ersten Rechtszugs auf Antrag des Verteidigers feststellt, dass der Beschuldigte ohne Beeinträchtigung des für ihn und seine Familie notwendigen Unterhalts zur Zahlung oder zur Leistung von Raten in der Lage ist. ²Ist das Verfahren nicht gerichtlich anhängig geworden, entscheidet das Gericht, das den Verteidiger bestellt hat.

III ¹Wird ein Antrag nach Absatz 2 Satz 1 gestellt, setzt das Gericht dem Beschuldigten eine Frist zur Darlegung seiner persönlichen und wirtschaftlichen Verhältnisse; § 117 Abs. 2 bis 4 der Zivilprozessordnung gilt entsprechend. ²Gibt der Beschuldigte innerhalb der Frist keine Erklärung ab, wird vermutet, dass er leistungsfähig im Sinne des Absatzes 2 Satz 1 ist.

IV ¹Gegen den Beschluss nach Absatz 2 ist die sofortige Beschwerde nach den Vorschriften der §§ 304 bis 311a der Strafprozessordnung zulässig. ²Dabei steht im Rahmen des § 44 Satz 2 der Strafprozessordnung die Rechtsbehelfsbelehrung des § 12 c der Belehrung nach § 35 a Satz 1 der Strafprozessordnung gleich.

V ¹Der für den Beginn der Verjährung maßgebende Zeitpunkt tritt mit der Rechtskraft der das Verfahren abschließenden gerichtlichen Entscheidung, in Ermangelung einer solchen mit der Beendigung des Verfahrens ein. ²Ein Antrag des Verteidigers hemmt den Lauf der Verjährungsfrist. ³Die Hemmung endet sechs Monate nach der Rechtskraft der Entscheidung des Gerichts über den Antrag.

RVG § 52

VI ¹Die Absätze 1 bis 3 und 5 gelten im Bußgeldverfahren entsprechend. ²Im Bußgeldverfahren vor der Verwaltungsbehörde tritt an die Stelle des Gerichts die Verwaltungsbehörde.

ThUG § 20. Vergütung des Rechtsanwalts. **II** ¹§ 52 Absatz 1 bis 3 und 5 des Rechtsanwaltsvergütungsgesetzes ist auf den beigeordneten Rechtsanwalt (§ 7) entsprechend anzuwenden. ²Gegen den Beschluss nach § 52 Absatz 2 des Rechtsanwaltsvergütungsgesetzes ist die Beschwerde statthaft; § 16 Absatz 2 ist anzuwenden.

Schrifttum: *Dörndorfer,* Kostenhilferecht für Anfänger, 6. Aufl 2014; *Poller/Teubel,* Gesamtes Kostenhilferecht, 2. Aufl 2014.

Gliederung

1) Systematik, I–VI	1
2) Regelungszweck, I–VI	2
3) Persönlicher Geltungsbereich, I–VI	3–5
A. Direkte Anwendbarkeit	3
B. Entsprechende Anwendbarkeit	4
C. Unanwendbarkeit	5
4) Anspruchsentstehung, I 1 Hs 1	6–9
5) Vorschuß, I 1 Hs 2	10, 11
6) Anspruchswegfall, I 2	12, 13
7) Auslagen, I	14
8) Grundregeln zur Geltendmachung, II	15
9) Erstattungsanspruch, II 1 Hs 1	16–18
A. Freispruch	17
B. Härtefall	18
10) Zahlungsfähigkeit, II 1 Hs 2, III	19–35
A. Antrag	20, 21
B. Fälligkeit	22
C. Zuständigkeit, II 1, 2	23, 24
D. Anhörung	25
E. Prüfungsmaßstab	26
F. Ermittlungspflicht	27
G. Prüfungsgrenzen	28
H. Leistungsfähigkeit	29
I. Unterhaltsfragen	30
J. Pfändbarkeitsfragen	31
K. Sonstige Fragen	32
L. Entscheidung	33, 34
M. Mitteilung	35
11) Sofortige Beschwerde, IV	36–48
A. Beschwerdeberechtigte	37, 38
B. Beschwerdewert	39, 40
C. Form, Frist	41, 42
D. Zuständigkeit	43, 44
E. Prüfungsumfang	45
F. Entscheidung	46
G. Nachträgliche Änderung	47
H. Unzulässigkeit weiterer Beschwerde	48
12) Änderung der Verhältnisse, II 1, 2 IV	49
13) Verjährung, V	50–52
A. Frist	50
B. Hemmung	51
C. Unanwendbarkeit	52
14) Bußgeldverfahren, VI	53

1 **1) Systematik, I–VI.** Die Vorschrift regelt die Einzelheiten des gesetzlichen an sich öffentlichrechtlichen Vergütungsanspruchs des gerichtlich bestellten Verteidigers gegen den Beschuldigten nach der Person des Berechtigten, der Anspruchsentstehung und der Durchsetzbarkeit. Sie steht neben (jetzt) §§ 51, 55, 56, Rostock JB **97**, 37. Wegen der entsprechenden Anwendbarkeit von I–III, V vgl den Gesetzestext von § 20 II ThUG vor der Vorbem.

2 **2) Regelungszweck, I–VI.** Rechtsgrund der Vorschrift ist die Erwägung, daß der Pflichtverteidiger einerseits keinen Vertrag mit dem Beschuldigten erzwingen kann, daß er aber auch nicht „nur" einen Anspruch gegen die Staatskasse haben soll, soweit der Beschuldigte zahlungsfähig ist. Andererseits soll der Beschuldigte an einen bestellten Verteidiger auch nicht mehr als an einen Wahlverteidiger zahlen müssen, Düss Rpfleger **78**, 233.

3) Persönlicher Geltungsbereich, I–VI. Man kann drei Fallgruppen erkennen. **3**
A. Direkte Anwendbarkeit. Nur der gerichtlich bestellte Anwalt kann neben dem Vergütungsanspruch an die Staatskasse und allenfalls in dessen Höhe auch einen Anspruch auf eine Vergütung im Umfang seiner Bestellung und für die Dauer seiner Tätigkeit als Pflichtverteidiger wie ein Wahlanwalt gegenüber dem Beschuldigten haben, BGH **86**, 99.

B. Entsprechende Anwendbarkeit. I ist nach § 53 entsprechend anwendbar auf **4** denjenigen Anwalt, den das Gericht dem Privatkläger oder Nebenkläger oder im Anklageerzwingungsverfahren beigeordnet hat, ferner auf den im Disziplinarverfahren beigeordneten Verteidiger, ferner auf den im Verfahren auf eine Freiheitsentziehung beigeordneten Verteidiger und schließlich nach § 37 Rn 3 in dem Verfahren vor einem Verfassungsgericht, soweit es sich um ein strafrechtsähnliches Verfahren handelt.

C. Unanwendbarkeit. Dagegen ist die Vorschrift unanwendbar, soweit der An- **5** walt aus einem zusätzlich mit dem Beschuldigten geschlossenen Anwaltsvertrag und dann insbesondere aus einer ganz freiwilligen Honorarvereinbarung nach § 3a eine Forderung erhebt, BGH NJW **80**, 1394, Düss AnwBl **84**, 265. Das gilt sowohl für eine *vor* der Bestellung zum Pflichtverteidiger zustande gekommene Vereinbarung als auch für eine der Bestellung *nach*folgende, BGH **86**, 100. Auch ein denkbarer Anspruch auf Grund einer Geschäftsbesorgung usw entsteht jedenfalls nicht nach § 52, sondern allenfalls zB nach dem BGB. Der Beschuldigte mag den Anwalt auch über dessen Bestellung oder Beiordnung hinaus beauftragt haben.

Auch bei einer *Kündigung* des Anwaltsvertrags über eine Wahlverteidigung ist (jetzt) § 52 bis zum Zeitpunkt einer Bestellung zum Pflichtverteidiger unanwendbar, BGH **86**, 100. § 52 gilt ferner nicht im Verfahren nach dem Gesetz über die internationale Rechtshilfe in Strafsachen. Die Vorschrift gilt allerdings auch, soweit der bestellte Verteidiger gegenüber dem Beschuldigten auf eine Vergütung von diesem verzichtet. Denn das wäre nach Rn 20 unzulässig.

4) Anspruchsentstehung, I 1 Hs 1. Der Anspruch nach § 52 entsteht kraft Ge- **6** setzes mit der Wirksamkeit der gerichtlichen Bestellung des Anwalts und in ihrem Umfang, Düss AnwBl **97**, 682. Er entsteht also zB nicht schon nach § 52 in einer Gnadensache. Er ist von einem Auftrag des Beschuldigten ebenso unabhängig wie überhaupt vom Willen des Beschuldigten, BGH **86**, 100. Er kann also sogar bei einer Bestellung gegen den Willen des Beschuldigten entstehen. Es ist unerheblich, ob es sich um ein Verfahren nach der StPO oder nach dem JGG handelt. Die Bestellung kann und muß ja unter Umständen auch dann erfolgen, wenn der Beschuldigte sie ablehnt. Der Anspruch entsteht für den gerichtlich bestellten Verteidiger auch dann, wenn der Beschuldigte einen Wahlverteidiger hat, Düss AnwBl **78**, 358. Er entsteht in der vollen Höhe der Gebühren eines Wahlverteidigers.

Der Anspruch entsteht *unabhängig davon, ob* das Gericht den Angeklagten *verurteilt* **7** *oder freispricht* oder ob es das Verfahren einstellt. Denn der bestellte Verteidiger soll beim Freispruch usw nicht weniger erhalten als bei einer Verurteilung. Der Anspruch entsteht nach II 2 sogar dann, wenn die Sache überhaupt nicht gerichtlich anhängig wurde. Da die Entstehung des Anspruchs von der Bestellung abhängt, geht der Anspruch nicht über die in VV 4100 ff genannten Fälle hinaus.

Der Anspruch nach § 52 ist *unabhängig von* dem etwaigen *Anspruch nach* §§ 42, 51, **8** solange die Staatskasse nicht zahlt und der Anspruch gegen den Beschuldigten nicht deshalb nach I 2 wegfällt.

Die Ansprüche gegenüber der Staatskasse und gegenüber dem Beschuldigten kön- **9** nen also nebeneinander bestehen, Ffm JB **11**, 34, Hamm MDR **87**, 608, Saarbr Rpfleger **99**, 507. Freilich hängt ihre Durchsetzbarkeit von unterschiedlichen gesetzlichen Voraussetzungen ab. Soweit der Beschuldigte dem Pflichtverteidiger einen Auftrag erteilt, gelten die Regeln zugunsten eines *Wahlverteidigers*. Man muß aber auch insoweit I 2 beachten.

10 **5) Vorschuß, I 1 Hs 2.** Der gerichtlich bestellte Verteidiger kann wegen eines Anspruchs nach § 52 grundsätzlich keinen Vorschuß fordern. Vgl aber § 51 Rn 37. Der Anwalt kann zwar eine wirklich ganz freiwillig vom Beschuldigten geleistete Zahlung annehmen, BGH NJW **80**, 1394. Er muß aber aus berufsrechtlichen Gründen den Beschuldigten darüber aufklären, daß dieser zu einer Zahlung nicht verpflichtet ist. Der bestellte Verteidiger darf seine Tätigkeit nicht von einer Zahlung abhängig machen.

11 Eine erfolgte *Zahlung* ist auf die von der Staatskasse zu zahlenden Gebühren *anrechenbar*. Das gilt auch für eine solche Zahlung, die der Anwalt vor seiner gerichtlichen Bestellung für seine Tätigkeit in dieser Strafsache erhalten hat. Es gilt auch unabhängig davon, ob der Anwalt diese Zahlung in Höhe der gesetzlichen Gebühren eines Wahlverteidigers oder auf Grund einer Honorarvereinbarung nach § 3a erhalten hat. Soweit der Beschuldigte bereits gezahlt hat, muß der Anwalt nach § 58 III 1 die von der Staatskasse erhaltenen Beträge in einer entsprechenden Höhe an diese zurückzahlen. Soweit der Beschuldigte den Anwalt auch von sich aus über den Rahmen des Pflichtverteidigers hinaus beauftragt hat, gilt § 9, etwa in einem Gnadenverfahren.

12 **6) Anspruchswegfall, I 2.** Der Anspruch nach I 1 entfällt nach I 2 insoweit, als die Staatskasse den gerichtlich bestellten Anwalt nach §§ 42, 51 insgesamt vergütet hat, Hbg Rpfleger **99**, 413, Karlsr Rpfleger **77**, 335. Andernfalls könnte der vom Gericht bestellte Verteidiger mehr Vergütung als ein vom Beschuldigten gewählter Verteidiger erhalten. Das ist nicht der Sinn der Regelung, Düss Rpfleger **78**, 233. Denn § 52 stellt nur eine Folgeregelung des Umstands dar, daß das Gericht unter bestimmten Voraussetzungen einen Verteidiger schon wegen der Art des Vorwurfs bestellen muß, also unabhängig von den Vermögensverhältnissen des Beschuldigten, vielmehr vor allem im Interesse eines geordneten Verfahrensablaufs, im Interesse der Wahrheitsfindung und der Herbeiführung eines gerechten Urteils.

13 Der bestellte Verteidiger muß sich auch eine Zusatzgebühr nach (jetzt) § 48 V 1 auf eine Wahlverteidigergebühr nach (jetzt) § 52 *anrechnen* lassen, aM Düss AnwBl **84**, 264 (zustm Chemnitz. Vgl aber Rn 10). Die Zusatzgebühr für ihn entfällt nur dann, wenn er die Wahlverteidigergebühr voll erhält. Beim Teilfreispruch sind gezahlte Pflichtverteidigergebühren nur im anteiligen Verhältnis von Freispruch und Verurteilung anrechenbar, Düss JB **99**, 83, aM Saarbr Rpfleger **00**, 564 (aber „insoweit" in I 2 ist gerade ein Differenzierungsgebot).

14 **7) Auslagen, I.** § 52 gibt dem gerichtlich bestellten Anwalt grundsätzlich keine Befugnis, vom Beschuldigten die Erstattung von Auslagen zu fordern, Düss Rpfleger **01**, 46, Kblz MDR **80**, 163, Stgt MDR **85**, 959. Ein solcher Anspruch ist auch nicht erforderlich. Denn der bestellte Verteidiger erhält nach §§ 45 I, 46 seine notwendigen Auslagen von der Staatskasse ersetzt. Nicht erforderliche Auslagen mag der Anwalt nach § 3a verlangen können.

Mehrwertsteuer ist zwar nach VV 7008 eine Auslage. Sie läßt sich aber ersetzt fordern, Düss AnwBl **87**, 339, Stgt MDR **85**, 959.

15 **8) Grundregeln zur Geltendmachung, II.** Man muß zwischen der Entstehung des sachlichrechtlichen Vergütungsanspruchs nach I und der Möglichkeit seiner Geltendmachung nach II unterscheiden. Während die Entstehung nach Rn 4–7 nur von der Bestellung zum Verteidiger und von einer überhaupt kostenpflichtigen Tätigkeit abhängt, ist die Möglichkeit der der einer Einforderung nach § 20 I ähnlichen gerichtlichen oder außergerichtlichen Geltendmachung davon abhängig, daß entweder die Voraussetzungen Rn 16–18 oder die Voraussetzungen Rn 19–35 vorliegen, aM BGH NJW **83**, 1047 (aber der Wortlaut und Sinn von II ist eindeutig).

16 **9) Erstattungsanspruch, II 1 Hs 1.** Es reicht aus, daß dem Beschuldigten ein Erstattungsanspruch gegen die Staatskasse zusteht, Düss Rpfleger **91**, 475, oder gegen einen Dritten, etwa nach §§ 1360a IV, 1610 BGB, auch gegen eine Rechtsschutzversicherung, aM GS 26. Dann findet auch anders als bei Rn 19 im Umfang eines solchen Erstattungsanspruchs kein gerichtliches Feststellungsverfahren statt.

17 **A. Freispruch.** Ein Erstattungsanspruch kann sich aus §§ 467, 467a StPO zugunsten des Freigesprochenen ergeben. Seine Existenz soll dem Freigesprochenen ja

keinen Gewinn bringen. Er soll nur so stehen, wie er vor dem Beginn des Verfahrens wirtschaftlich dastand. Da andererseits die Bestellung des Verteidigers nicht von der Vermögenslage abhängt, sondern von der Art und Schwere des Vorwurfs, kann man es grundsätzlich nicht verantworten, die Staatskasse zum Vorteil des Beschuldigten zu belasten. Es kommt auch ein Erstattungsanspruch nach § 473 II 1 StPO (erfolgloses Rechtsmittel der Staatsanwaltschaft) oder nach § 473 III StPO in Betracht (erfolgreich beschränktes Rechtsmittel). Bei der Rücknahme eines Rechtsmittels des Nebenklägers ist (jetzt) § 52 anwendbar, Celle JB **95**, 365.

B. Härtefall. Auch ein Härtefall rechtfertigt es nicht, den Erstattungsanspruch unberücksichtigt zu lassen. Unter der Voraussetzung, daß ein etwaiger Erstattungsanspruch gegenüber einem Privatkläger mit einiger Sicherheit durchsetzbar wäre, gelten diese Erwägungen auch bei einem solchen Anspruch. Sie gelten auch bei einem Teilfreispruch, LG Mainz MDR **81**, 428. Die Geltendmachung des Anspruchs aus I ist von der Höhe des durchsetzbaren Erstattungsanspruchs abhängig. Das ergibt sich aus den Worten „nur insoweit" in II 1 Hs 1. Natürlich muß sich der bestellte Verteidiger die etwa aus der Staatskasse schon erhaltene Vergütung anrechnen lassen. 18

10) Zahlungsfähigkeit, II 1 Hs 2, III. Es reicht auch statt Rn 16–18 aus, daß der Beschuldigte nach Rn 29–32 ohne eine Beeinträchtigung des für ihn und seine Familie notwendigen Unterhalts zur Zahlung oder wenigstens zu solcher in Raten an den bestellten Verteidiger imstande ist. Dann findet anders als bei Rn 16–18 ein gerichtliches Feststellungsverfahren statt. Im einzelnen müssen die folgenden Voraussetzungen zusammentreffen. 19

A. Antrag. Der bestellte Verteidiger muß einen Antrag auf die Feststellung der Zahlungsfähigkeit des Beschuldigten stellen. Ein Anspruchsverzicht ist nach § 49b I 1 BRAO ist unzulässig. Der Antrag kann zum Protokoll des Urkundsbeamten der Geschäftsstelle, entsprechend § 12b elektronisch oder schriftlich erfolgen. Es besteht nach § 33 VI 1 kein Anwaltszwang. Es gibt keine Antragsfrist. Der Antrag braucht nicht diejenige Summe zu enthalten, die der Anwalt von dem Beschuldigten fordern will. Denn es geht zunächst nur um die Klärung, ob und inwieweit der Beschuldigte überhaupt zahlen kann, aM RS 19. Deshalb stellt auch eine bezifferte Forderung noch keine Einforderung nach § 10 I 1 dar. 20

Der Anwalt muß aber trotz der Pflicht zur Amtsermittlung nach Rn 23–34 wenigstens in Umrissen *darlegen*, auf Grund welcher Tatsachen er den Beschuldigten für zahlungsfähig hält, Düss JB **85**, 725, strenger Kblz Rpfleger **93**, 506 (es fordert genaue Angaben zur Leistungsfähigkeit).

Der Antragsteller muß den Anspruch *im einzelnen begründen*. Man kann die Angabe des Wohnorts oder Aufenthaltsorts und der Tatsachen verlangen, aus denen sich die nach II maßgeblichen Vermögensverhältnisse ergeben. Düss JB **85**, 725. 21

B. Fälligkeit. Die Gebühr muß nach § 8 fällig sein, aM GS 31 (Fälligkeit evtl wegen V 1 erst ab Rechtskraft. Aber V I regelt nur die Verjährung). Denn es besteht nach Rn 11–13 keine Möglichkeit, einen Vorschuß zu fordern. Das Gericht prüft noch nicht im Verfahren nach Rn 23–34, freilich im etwa folgenden Gebührenprozeß, ob eine Verjährung eingetreten ist. Deshalb ist ein Antrag auch nach dem Verjährungseintritt zulässig. Der Anwalt kann nach Rn 50–52 abwarten, ob sich der Beschuldigte auf die Verjährung beruft und ob die Verjährung nach V abweichend von § 8 eingetreten ist. 22

C. Zuständigkeit, II 1, 2. Soweit das Verfahren bereits vor einem Gericht anhängig wurde, ist nach II 1 das Gericht des ersten Rechtszuges zuständig. Das gilt auch dann, wenn das Gericht den Verteidiger erst in einer höheren Instanz bestellt hatte. Nach einer Abgabe oder Verweisung wird dasjenige Gericht zuständig, an das die Abgabe oder Verweisung erfolgte. 23

Soweit das Verfahren zB nach § 81 II StPO *nicht* gerichtlich *anhängig* geworden ist, ist nach II 2 dasjenige Gericht zuständig, das den Verteidiger bestellt hat. 24

D. Anhörung. Das zuständige Gericht muß den Beschuldigten nach Art 103 I GG, III 1 anhören. Zu diesem Zweck muß es ihm eine nach den Umständen ausreichende Frist zur Stellungnahme auf den gleichzeitig übersandten oder nachgereichten Antrag nebst dessen Begründung geben. Die Frist sollte mindestens etwa 2 Wochen und grundsätzlich nicht mehr als etwa 1 Monat betragen. Der Beschuldigte muß 25 nichts darlegen. Erfüllt er aber eine solche Obliegenheit nicht, darf und muß nach III 2 das Gericht nach Rn 27 seine Leistungsfähigkeit nach Rn 29–32 vermuten.

26 **E. Prüfungsmaßstab.** Das Gericht muß trotz der gewissen Darlegungslast des Anwalts nach Rn 20, 21 von Amts wegen prüfen, ob die Voraussetzungen II 1 Hs 2 vorliegen, LG Lübeck JB **78**, 547. Maßgeblich ist der Zeitraum zwischen der gerichtlichen Bestellung des Anwalts und der Erledigung der Angelegenheit, Hbg MDR **78**, 164 (abl Schmidt MDR **78**, 425), Kblz Rpfleger **95**, 83, AG Freibg AnwBl **82**, 266, aM AG Aachen JB **02**, 308 (Antragszeitpunkt), Bbg JB **90**, 482, Düss Rpfleger **85**, 327, AG Aachen JB **02**, 308 (je: maßgeblich sei der Zeitpunkt der Entscheidung nach II. Die Folge wäre aber unter anderem, daß das Gericht nach dem Tod des Beschuldigten den Anspruch nicht mehr versagen könnte).

27 **F. Ermittlungspflicht.** Das Gericht muß die ihm zugänglichen Ermittlungsmöglichkeiten ausschöpfen. Es kann auch ein Ersuchen an die Polizei oder an die Staatsanwaltschaft richten. Es erfolgen aber keine Fahndungsmaßnahmen. III 1 fordert eine Fristsetzung des Gerichts an den Beschuldigten zur Darlegung seiner persönlichen und wirtschaftlichen Verhältnisse wie bei § 117 II–IV ZPO. Der Beschuldigte muß also auch den nach § 117 IV ZPO notwendigen Vordruck benutzen. Vgl im einzelnen bei BLAH § 117 ZPO Rn 24–34. Eine Fristüberschreitung führt unabhängig von einem Verschulden nach III 2 zur gesetzlichen Vermutung der Leistungsfähigkeit nach II 1. Mangels einer ausdrücklich vorgeschriebenen Unwiderleglichkeit der Vermutung läßt sich nach dem Grundgedanken des § 292 ZPO ein Beweis des Gegenteils theoretisch konstruieren. Indessen könnte man damit den Fristablauf fast völlig unterlaufen. Das ist ersichtlich nicht der Sinn von III 2. Daher sollte das Gericht grundsätzlich wie stets bei einer Frist streng sein. Maßgeblich sind die Verhältnisse des Beschuldigten, nicht diejenigen der Staatskasse, LG Kref AnwBl **80**, 38.

28 **G. Prüfungsgrenzen.** Das Gericht prüft nicht, ob die Forderung des Anwalts dem § 14 entspricht. Es prüft vielmehr nur, bis zu welcher Summe der Beschuldigte leistungsfähig ist, GSchm 39, aM KG JR **77**, 172. Manche halten das Verfahren nach Hs 2 nur bei einem Teilfreispruch für sinnvoll, Matzen AnwBl **76**, 287. Ein Rechtsschutzbedürfnis wie nach BLAH Grdz 33 vor § 253 ZPO ist wie stets erforderlich. Es kann nach II 1 Hs 1 zB bei einem Freispruch fehlen. Eine Verjährungsprüfung findet jetzt noch nicht statt, Düss Rpfleger **81**, 368, Mü AnwBl **82**, 389.

29 **H. Leistungsfähigkeit.** Der Beschuldigte muß den Anspruch auf eine Vergütung nach I ohne eine Beeinträchtigung des für sich selbst oder seine Familie notwendigen Unterhalts zumindest in Raten zahlen können. Diese Anforderungen erinnern an die umgekehrten Regeln zur Bedürftigkeit bei einer Prozeßkostenhilfe nach §§ 114 ff ZPO. Diese Regeln sind insofern bedingt mitverwendbar.

30 **I. Unterhaltsfragen.** Eine Zahlungsfähigkeit läßt sich bejahen, soweit zwar eine gewisse Beeinträchtigung des Unterhalts stattfinden würde, nicht aber auch das notwendige Mindestmaß des Unterhalts gefährdet ist, wenn der Beschuldigte zB den Höchstsatz der gesetzlichen Ausbildungsförderung erhält, Düss MDR **84**, 1043. Andererseits darf der Beschuldigte im notwendigen Umfang einen Unterhalt auch für seine Familie vorgehen lassen. Zur Familie zählen diejenigen Personen, die mit ihm in einer ständigen häuslichen Gemeinschaft zusammenleben und mit ihm verwandt oder verschwägert sind oder als solche gelten, zumindest: Der Ehegatte; der eingetragene Lebenspartner; die Kinder; die Eltern; die Enkel; die Großeltern; ein Stiefgehöriger nahen Grades; auch Tante oder Onkel, soweit sie im Haushalt leben; *nicht* aber der Bruder oder die Schwester. Denn diese sind überhaupt nicht unterhaltsberechtigt.

31 **J. Pfändbarkeitsfragen.** Auch die Lohnpfändungsbestimmungen nach §§ 850 c ff ZPO geben einen gewissen, wenn auch nicht allein maßgeblichen Anhalt, aM KG JR **77**, 173. Dasselbe gilt für die Anwendbarkeit der Maßstäbe des § 115 ZPO, Celle NdsRpfl **82**, 224. Man kann auch vom Mindestbetrag des Doppelten der Sozialhilfe ausgehen, LG Mainz MDR **81**, 428. Soweit der Beschuldigte ein Darlehen aufgenommen hat, steht seine Zahlungsfähigkeit erst dann fest, wenn unter anderem auch die Fähigkeit feststeht, das Darlehen zurückzuzahlen. Mitbeachtbar sein kann ein durchsetzbarer Anspruch gegen einen Dritten oder nach dem StrEG, LG Hbg AnwBl **85**, 594.

Abschn. 8. Beigeordneter oder bestellter RA, Beratungshilfe § 52 RVG

K. Sonstige Fragen. Ein etwaiges Schuldanerkenntnis oder Schuldversprechen 32 des Beschuldigten vor der Wirksamkeit der gerichtlichen Feststellung seiner Leistungsfähigkeit ist unbeachtbar. Einen Verzug und eine etwaige Aufrechnungsmöglichkeit muß man nach dem BGB beurteilen.

L. Entscheidung. Das Gericht entscheidet durch einen Beschluß. Es muß ihn 33 grundsätzlich begründen, BLAH § 329 ZPO Rn 4. Er enthält nur die Feststellung der Zahlungsfähigkeit nach II 1 Hs 2. Das Gericht setzt also nicht etwa die Vergütungsforderung nach I fest, LG Lahn-Gießen MDR **78**, 249 (zustm Schmidt). Vielmehr stellt das Gericht ohne eine Verurteilung zu einer Zahlung und damit ohne den Erlaß eines Vollstreckungstitels nur fest, daß der Beschuldigte die Gebührenforderung in der beanspruchten Höhe oder bis zu einem darunter liegenden Betrage auf einmal oder wenigstens in vom Gericht bestimmbaren Raten zu zahlen imstande ist. Das Gericht mag auch feststellen, daß überhaupt keine Zahlungsfähigkeit besteht. Dann weist es den Antrag ab.

Eine Anordnung von *Ratenzahlungen* einschließlich festsetzbarer Zahlungstermine 34 ist also zulässig. Das ergibt sich aus II 1 lt Hs. Sie ist oft die Voraussetzung dafür, die Zahlungsfähigkeit überhaupt zu bejahen. Das Gericht muß die Ratenhöhe, -zahl und -zeit im Beschluß festsetzen. Der Beschluß enthält keine Verurteilung zu einer in EUR bestimmten Zahlung. Er ist auch nicht wegen der Raten ein Vollstreckungstitel. Er klärt nur die Leistungsfähigkeit. Daher muß der Anwalt notfalls mangels einer Festsetzbarkeit nach § 11 V, VIII auf eine Zahlung klagen, HRS 44, aM GSchm 37. Es besteht erstinstanzlich eine *Gerichtskostenfreiheit* nach § 1 I 1 GKG, Teil I A dieses Buchs. Außergerichtliche Kosten sind nicht erstattbar.

M. Mitteilung. Das Gericht muß den Beschluß dem Antragsteller und dem Be- 35 schuldigten förmlich zustellen. Denn gegen die Entscheidung ist die sofortige Beschwerde und damit ein fristgebundenes Rechtsmittel zulässig ist, IV in Verbindung mit § 311 II StPO. Zur Rechtsmittelbelehrung nach § 35 a StPO vgl unten Rn 42.

11) Sofortige Beschwerde, IV. Gegen den Feststellungsbeschluß nach Rn 33, 34 36 ist die sofortige Beschwerde nach §§ 304 ff StPO statthaft, sofern nicht das OLG oder der BGH nach § 304 IV 2 Hs 1 StPO entschieden hat.

A. Beschwerdeberechtigte. Zur sofortigen Beschwerde sind der Beschuldigte 37 sowie der gerichtlich bestellte Anwalt berechtigt, Düss Rpfleger **79**, 393. Auch der Freigesprochene ist beschwerdeberechtigt, soweit das Gericht fälschlich gegen ihn einen Beschluß erlassen hat.

Die *Staatskasse* ist selbst dann *nicht* beschwerdeberechtigt, wenn das Gericht ihr die 38 notwendigen Auslagen des Angeklagten auferlegt hat, Düss JMBlNRW **79**, 67, LG Würzb JB **81**, 1836, GSchm 14, aM Düss MDR **79**, 1045, Hbg MDR **84**, 251. Auch ein erstattungspflichtiger Dritter ist nicht beschwerdeberechtigt.

B. Beschwerdewert. Der Beschwerdewert muß 200 EUR übersteigen, IV in 39 Verbindung mit §§ 35 II 1, 304 III StPO. Denn es handelt sich um eine „Entscheidung über Kosten" nach § 304 III StPO, aM Mü AnwBl **78**, 265, GSchm 14 (aber auch die Klärung der Leistungsfähigkeit ist ein Teil der Kostentragungsfrage). Wert ist auch hier der Unterschiedsbetrag zwischen dem in der angefochtenen Entscheidung zugebilligten und dem in der Beschwerdeinstanz beantragten Betrag, also die Differenz, um die sich der Beschwerdeführer verbessert will.

Maßgeblich ist der Wert im *Zeitpunkt der Einlegung* der sofortigen Beschwerde. Da- 40 her bleibt eine spätere Verminderung außer Betracht, soweit sie nicht auf einer willkürlichen Beschränkung des Beschwerdeantrags beruht. Man muß die Umsatzsteuer berücksichtigen. Der Beschwerdeführer muß den Beschwerdewert wie bei § 294 ZPO glaubhaft machen.

C. Form, Frist. Die sofortige Beschwerde kann zum Protokoll des Urkundsbe- 41 amten der Geschäftsstelle, entsprechend § 12b elektronisch oder schriftlich erfolgen. Ein Anwaltszwang besteht nach IV 1 in Verbindung mit § 306 I StPO nicht. Die Einlegung beim Beschwerdegericht genügt zur Fristwahrung nicht.

Die *Einlegungsfrist* beträgt nach IV 1 in Verbindung mit §§ 35 II 1, 311 II StPO 42 eine Woche seit der Bekanntmachung der Entscheidung. Bei einer Therapieunterbringung beträgt die Beschwerdefrist 2 Wochen, § 20 II 2 Hs 2 in Verbindung mit § 16 II ThUG, erstere Vorschrift abgedruckt vor der Vorbem. Infolge der Verweisung

1709

RVG § 52 X. Rechtsanwaltsvergütungsgesetz

von § 311 II StPO auf § 35 StPO liegt bei einer in der Anwesenheit der Beteiligten auf Grund einer mündlichen Verhandlung ergangenen Entscheidung die Bekanntmachung in der Verkündung, andernfalls in der Zustellung. Maßgeblich ist die Zustellung an den jeweiligen Beschwerdeführer. Wegen der Notwendigkeit einer Rechtsbehelfsbelehrung nach § 12c stellt IV 2 im Rahmen des § 44 S 2 StPO diesen Vorgang der Belehrung nach § 35 StPO gleich. Verstoß: § 33 V 2.

43   **D. Zuständigkeit.** Zur Entscheidung über die sofortige Beschwerde ist das Beschwerdegericht zuständig. Dasjenige Gericht, das nach II 1 Hs 2 oder nach II 2 entschieden hat, ist grundsätzlich zu einer Änderung seiner durch die sofortige Beschwerde angefochtenen Feststellungen nicht befugt. Es hilft jedoch nach IV in Verbindung mit § 311 III StPO der Beschwerde dann ab, wenn es zum Nachteil des Beschwerdeführers solche Tatsachen oder Beweisergebnisse verwertet hat, zu denen es ihn noch nicht gehört hatte, und soweit es auf Grund des nachträglichen Vorbringens die Beschwerde für begründet hält.

44   Bei einer *Abhilfeentscheidung* erläßt das Gericht einen erneuten Beschluß nebst einer nachprüfbaren Begründung nach Rn 46. Es stellt ihn den Beteiligten förmlich zu. Gegen diesen Beschluß ist nach IV in Verbindung mit §§ 304 ff StPO wiederum eine sofortige Beschwerde zulässig.

45   **E. Prüfungsumfang.** Das Beschwerdegericht prüft in den Grenzen der Beschwerdeanträge die Angelegenheit von Amts wegen im vollen Umfang und nach allen Richtungen. Die sofortige Beschwerde läßt eine Aussetzung der Vollziehung der angefochtenen Entscheidung zu, § 307 StPO.

46   **F. Entscheidung.** Das Beschwerdegericht entscheidet bei einer Stattgabe durch einen Beschluß. Es muß ihn nach Rn 48 grundsätzlich begründen, auch wenn eine weitere Beschwerde nicht zulässig ist, BLAH § 329 ZPO Rn 4, 6 (dort auch zu Ausnahmen). Die Entscheidung ergeht wegen des Fehlens einer Gebührenvorschrift nach § 1 I 1 GKG, Teil I A dieses Buchs gebührenfrei, soweit das Gericht der sofortigen Beschwerde stattgibt. Soweit eine Verwerfung oder Zurückweisung erfolgt, entsteht nach KV 4401 eine Gebühr von 30 EUR. Eine Erstattung außergerichtlicher Kosten findet nicht statt. Das Beschwerdegericht teilt seine Entscheidung den Beteiligten formlos mit.

47   **G. Nachträgliche Änderung.** Es gelten dieselben Regeln wie bei Rn 37–46.

48   **H. Unzulässigkeit weiterer Beschwerde.** Eine weitere Beschwerde gegen eine Stattgabe ist nach IV in Verbindung mit § 310 II StPO nicht statthaft, Hamm MDR 98, 185.

49   **12) Änderung der Verhältnisse, II 1, 2, IV.** Soweit nicht das Beschwerdegericht gemäß IV in Verbindung mit § 311a StPO nach Rn 47 eine nachträgliche Entscheidung treffen muß, ist bei einer Verbesserung der Vermögenslage des Beschuldigten nach der Beendigung der Tätigkeit des bestellten Anwalts kein neuer Antrag nach II 1 Hs 2 und daher auch keine abweichende Entscheidung zulässig, GSchm 72, 74, aM RS 27. Der Beschuldigte ist bei einer *Verschlechterung seiner Vermögensverhältnisse* gegenüber einem vom Anwalt wegen der Feststellung nach II 1 Hs 2 im Gebührenprozeß erwirkten rechtskräftigen Urteil auf den dortigen Vollstreckungsschutz angewiesen, SchGei 19, aM RS 24 (§ 323 ZPO entsprechend).

50   **13) Verjährung, V.** Vgl zunächst Rn 22 ff.
A. Frist. Es gilt die dreijährige Verjährungsfrist nach § 195 BGB. Sie beginnt nach V 1 abweichend von § 8 erst mit dem Schluß desjenigen Jahres, in dem die das Verfahren abschließende Entscheidung rechtskräftig wurde oder in dem beim Fehlen einer solchen Entscheidung das Verfahren aus irgendeinem Grund endete, wenn auch nur faktisch. Die Verjährungsfrist beginnt also nicht schon mit der Beendigung des Rechtszugs. V 1 ist auch dann anwendbar, wenn sich der Auftrag schon im Lauf des Verfahrens erledigt. Das alles gilt unabhängig davon, ob der Pflichtverteidiger vor dem Eintritt der Rechtskraft ausscheidet.

51   **B. Hemmung.** Eine Hemmung tritt nicht dadurch ein, daß der Anwalt keinen Antrag stellt oder daß das Gericht über den Antrag noch nicht entschieden hat. Der Anwalt muß also nach V 2 den Antrag rechtzeitig stellen. Das gilt insbesondere dann, wenn noch Ermittlungen notwendig sind. Der Antrag hemmt die Verjährung nach

1710

V 2. Die Hemmung endet nach V 3 6 Monate nach der Rechtskraft der Entscheidung des Gerichts über den Antrag oder nach einer Antragsrücknahme. Der rechtskräftig festgestellte Vergütungsanspruch verjährt nach § 197 I Z 3 BGB nach 30 Jahren.

C. Unanwendbarkeit. (Jetzt) V ist bei einer Wahlverteidigung unanwendbar, BGH 86, 102.

14) Bußgeldverfahren, VI. Im gesamten Bußgeldverfahren, auch dem gerichtlichen, gelten I–III, V entsprechend, VI 1. Im Verfahren vor der Verwaltungsbehörde tritt nach VI 2 an die Stelle des Gerichts natürlich die Verwaltungsbehörde.

Anspruch gegen den Auftraggeber, Anspruch des zum Beistand bestellten Rechtsanwalts gegen den Verurteilten

53 I Für den Anspruch des dem Privatkläger, dem Nebenkläger, dem Antragsteller im Klageerzwingungsverfahren oder des sonst in Angelegenheiten, in denen sich die Gebühren nach Teil 4, 5 oder 6 des Vergütungsverzeichnisses bestimmen, beigeordneten Rechtsanwalts gegen seinen Auftraggeber gilt § 52 entsprechend.

II ¹Der dem Nebenkläger, dem nebenklageberechtigten Verletzten oder dem Zeugen als Beistand bestellte Rechtsanwalt kann die Gebühren eines gewählten Beistands aufgrund seiner Bestellung nur von dem Verurteilten verlangen. ²Der Anspruch entfällt insoweit, als die Staatskasse die Gebühren bezahlt hat.

III ¹Der in Absatz 2 Satz 1 genannte Rechtsanwalt kann einen Anspruch aus einer Vergütungsvereinbarung nur geltend machen, wenn das Gericht des ersten Rechtszugs auf seinen Antrag feststellt, dass der Nebenkläger, der nebenklageberechtigte Verletzte oder der Zeuge zum Zeitpunkt des Abschlusses der Vereinbarung allein auf Grund seiner persönlichen und wirtschaftlichen Verhältnisse die Voraussetzungen für die Bewilligung von Prozesskostenhilfe in bürgerlichen Rechtsstreitigkeiten nicht erfüllt hätte. ²Ist das Verfahren nicht gerichtlich anhängig geworden, entscheidet das Gericht, das den Rechtsanwalt als Beistand bestellt hat. ³ § 52 Absatz 3 bis 5 gilt entsprechend.

Vorbem. II 1 ergänzt dch Art 5 Z 1 G v 17. 7. 15, BGBl 1349, in Kraft seit 25. 7. 15, Art 10 G, ÜbergangsR § 60 RVG.

Gliederung

1) Systematik, I–III	1
2) Regelungszweck, I–III	2
3) Beiordnung, I	3
4) Anwendbare Vorschriften, I	4
5) Beispiele zur Frage anwendbarer Vorschriften, I	5–9
6) Bestellung als Beistand, II	10
7) Vergütungsvereinbarung, III	11–16
A. Bestellung nach II 1	11
B. Vergütungsvereinbarung, III	12
C. Keine Bedürftigkeit des Auftraggebers, III 1	13
D. Antrag, III 1	14
E. Zuständigkeit, III 1, 2	15
F. Weiteres Verfahren, III 3	16

1) Systematik, I–III. Die Vorschrift enthält vorrangige Sonderregeln für die beiden in I, II etwas unterschiedlich behandelten Fälle einer Beiordnung einerseits, einer Bestellung als Beistand andererseits. Die jeweiligen Verweisungen stellen die weitgehende Gleichbehandlung mit einem Verteidiger sicher und dienen damit der Kostengerechtigkeit. Das muß man bei der Auslegung mitbeachten.

2) Regelungszweck, I–III. Es gelten die zu den Regelungszwecken bei VV 4100–6404 ff jeweils in Rn 2 genannten Erwägungen entsprechend. Im wesentlichen ist also eine großzügige Handhabung ratsam, vgl auch Rn 5.

3) Beiordnung, I. Die Beiordnung erfolgt nur im Weg der Prozeßkostenhilfe nach §§ 114 ff ZPO entsprechend, BGH NJW 11, 2968, Bbg AnwBl 85, 319, Düss JB 86, 74. Anwendbar ist auch § 117 II–IV ZPO, Schlesw JB 94, 673, LG Duisb AnwBl 80, 124, nicht aber § 121 II 1 Hs 2 ZPO, BVerfG NJW 83, 1599, Düss JB

86, 47, Hbg AnwBl **85**, 319. Die Beiordnung erfolgt für den Privatkläger nach § 379 III StPO, Jacobs, Molketin AnwBl **81**, 483, Kaster MDR **94**, 1073, für den Nebenkläger nach §§ 397a I, 406g III Z 1 StPO, Schwab MDR **83**, 810, im Klageerzwingungsverfahren nach § 172 III 2 Hs 2 StPO. Der Privatkläger und der Nebenkläger können einen Revisionsantrag oder einen Antrag auf die Wiederaufnahme des Verfahrens nach § 390 II StPO wirksam nur durch einen Anwalt stellen, Ruppert MDR **95**, 556. Der Verletzte kann ein Klageerzwingungsverfahren nach § 172 III 2 Hs 1 StPO wirksam nur durch einen Anwalt beantragen.

Die Beiordnung erfolgt *für jede Instanz besonders*, Hbg AnwBl **86**, 455. Über einen Antrag auf eine Beiordnung zum Zweck der Einlegung und Rechtfertigung einer Revision entscheidet das Revisionsgericht, BGH AnwBl **87**, 55. Nach dem Instanzende besteht für diese Instanz kein Beiordnungsbedürfnis mehr, BGH AnwBl **87**, 55.

Soweit der Beschuldigte ein *Widerkläger* ist, kann das Gericht auch ihm einen Anwalt beiordnen, allerdings nur wegen der Widerklage. Im übrigen kommt nur eine Bestellung nach § 140 StPO in Betracht. Eine sonstige Beiordnung ist nach § 434 II StPO zB für den Einziehungsbeteiligten statthaft.

Da der beigeordnete Anwalt ProzBev ist, genügt dann nicht die bloße Beiordnung. Vielmehr muß nach Grdz 16 vor § 1 ein wirksamer *Auftrag* des Privatklägers, Nebenklägers oder Verletzten *hinzukommen*. Soweit ein solcher Auftrag fehlt, kommen als Anspruchsgrundlage freilich auch eine Geschäftsführung ohne Auftrag nach §§ 677ff BGB oder eine ungerechtfertigte Bereicherung §§ 812ff BGB in Betracht.

4 **4) Anwendbare Vorschriften, I.** Obwohl es sich um eine Beiordnung im Weg der Prozeßkostenhilfe handelt, Rn 1, gelten nicht §§ 45ff voll, sondern es gilt § 52 entsprechend.

5 **5) Beispiele zur Frage anwendbarer Vorschriften, I**
Anrechnung: Soweit der beigeordnete Anwalt von einem in die Kosten verurteilten Auftraggeber eine Zahlung erhält, muß er sie sich nach § 58 III anrechnen lassen.
Beitreibung: § 126 ZPO ist anwendbar, Hbg Rpfleger **75**, 319.
6 **Einziehung:** Der beigeordnete Anwalt erhält auch eine Gebühr bei einer Einziehung nach VV 4143. Denn auch diese Vorschrift gehört zu den von I erfaßten.
Erinnerung: Über eine Erinnerung des beigeordneten Anwalts gegen die Gebührenfestsetzung durch den Urkundsbeamten der Geschäftsstelle entscheidet nach § 56 I nicht der Vorsitzende des Gerichts desjenigen Rechtszugs, bei dem die Festsetzung erfolgt ist, sondern sein Kollegium.
7 **Mehrere Auftraggeber:** Soweit der beigeordnete Anwalt mehrere Auftraggeber vertritt, ist § 7 anwendbar.
Besonderer Umfang: Es ist eine Gebühr bei einer Strafsache besonderen Umfangs nach § 51 möglich.
8 **Vermögensrechtlicher Anspruch:** Der beigeordnete Anwalt erhält auch eine Gebühr für die Geltendmachung eines solchen Anspruchs nach VV 4144. Denn auch diese Vorschrift gehört zu den von I erfaßten.
Vorverfahrensgebühr: Der beigeordnete Anwalt erhält auch diese Gebühr nach VV 4105, 4106, Düss Rpfleger **01**, 199, Kblz JB **07**, 645. Das gilt allerdings wegen der Zeitschranken des § 395 I StPO aF, soweit diese noch gelten, BGBl **87**, 1132 FN, nicht beim Vertreter des ja erst zukünftigen Nebenklägers, Oldb JB **91**, 943, aM Hamm AnwBl **85**, 321, Schlesw SchlHA **86**, 16, LG Duisb AnwBl **94**, 248.
9 **Wahlanwaltskosten:** Der dem Nebenkläger beigeordnete Anwalt kann Wahlanwaltskosten nur insoweit festgesetzt erhalten, als sie die Pflichtanwaltskosten übersteigen.
Wahlverteidiger: Für den in § 52 I 1 Hs 1 ja in Bezug genommenen Wahlverteidiger gelten wegen Rn 4 die Regeln VV 4100ff.
Weiterer Verhandlungstag: Der beigeordnete Anwalt erhält die Gebühr eines Wahlanwalts für jeden weiteren Verhandlungstag, VV 4109, 4110 usw.
Zurückliegende Tätigkeit: Ein Anspruch für sie setzt eine rückwirkende Beiordnung voraus, Zweibr Rpfleger **84**, 203.

10 **6) Bestellung als Beistand, II.** Für den Sonderfall der Bestellung als ein bloßer Beistand gibt II 1 eine Verweisung auf die Gebühren eines Wahlverteidigers. Vgl bei

den in Bezug genommenen Vorschriften, zB §§ 42, 45–48, 51, 55–57. II 1, 2 stellen einen Gebührenerstattungsanspruch klar und begrenzen ihn. § 52 ist bei II nicht entsprechend anwendbar. Dabei muß man den vorrangigen III mitbeachten. Der Anspruch nach II verjährt nach 30 Jahren, KG JB **17**, 129.

7) Vergütungsvereinbarung, III. Man prüft am besten in folgender Weise. **11**
A. Bestellung nach II 1. Die Bestellung des Anwalts muß gerade nach II 1 erfolgt sein. Es darf also keine Beiordnung nach I vorliegen. Vgl also zunächst Rn 10.
B. Vergütungsvereinbarung, III 1. Der bestellte Anwalt muß mit seinem Auftraggeber eine Vereinbarung nach §§ 3 a ff wirksam geschlossen haben. Vgl insofern auch dort. **12**
C. Keine Bedürftigkeit des Auftraggebers, III 1. Der Auftraggeber darf nicht nach § 114 ZPO nach seinen persönlichen und wirtschaftlichen Verhältnissen zur Zeit der Vergütungsvereinbarung außerstande gewesen sein, die Kosten des Verfahrens auch nur zum Teil oder in Raten aufzubringen. Vgl zB BLAH § 114 ZPO Rn 46 ff (ausf) zu den dort freilich umgekehrt prüfbaren Voraussetzungen. **13**
D. Antrag, III 1. Der bestellte Anwalt muß die Feststellung nach Rn 13 beim Gericht beantragen. Der Antrag ist nicht fristabhängig. Er braucht das Fehlen einer Bedürftigkeit des Auftraggebers nicht schlüssig wie bei § 253 II 2 ZPO darzulegen. Er sollte aber insofern auch keine offensichtlich haltlosen Floskeln enthalten. **14**
E. Zuständigkeit, III 1, 2. Während einer gerichtlichen Anhängigkeit desjenigen Verfahrens, für das die Bestellung erfolgte, ist nach *III 1* das Gericht des ersten Rechtszugs zuständig. Andernfalls ist nach *III 2* dasjenige Gericht zuständig, das den Anwalt bestellt hat. **15**
F. Weiteres Verfahren, III 3. Es gelten § 52 III–V entsprechend. Vgl also § 52 Rn 25 ff zur Fristsetzung, Entscheidung und Anfechtbarkeit usw. **16**

Verschulden eines beigeordneten oder bestellten Rechtsanwalts

54 Hat der beigeordnete oder bestellte Rechtsanwalt durch schuldhaftes Verhalten die Beiordnung oder Bestellung eines anderen Rechtsanwalts veranlasst, kann er Gebühren, die auch für den anderen Rechtsanwalt entstehen, nicht fordern.

Gliederung

1) Systematik	1
2) Regelungszweck	2
3) Geltungsbereich	3–5
4) Schuldhaftes Verhalten	6–8
5) Beispiele zur Frage eines schuldhaften Verhaltens	9–11
6) Umfang des Gebührenverlusts	12, 13
7) Umfang des Auslagenverlusts	14

1) Systematik. Die Vorschrift regelt anders als § 15 IV nur den öffentlichrechtlichen Vergütungsanspruch gegenüber der Staatskasse. Sie nennt nur einen der Gründe, aus denen ein beigeordneter oder bestellter Anwalt einen Vergütungsanspruch verlieren kann. Der Vergütungsanspruch hängt nicht nur vom Umfang der Beiordnung oder Bestellung ab, sondern auch von dem Umfang einer wirksamen Vollmacht der begünstigten Partei. Deshalb kann der Vergütungsanspruch zB für eine Tätigkeit des Anwalts nach der Beendigung des Auftragsverhältnisses entfallen. Man muß den Vergütungsanspruch des bisher beigeordneten oder bestellten Anwalts auch unabhängig vom Vergütungsanspruch eines anderen Anwalts jedenfalls insoweit kürzen, als der bisher beigeordnete oder bestellte Anwalt objektiv unzulässige oder völlig zwecklose Maßnahmen getroffen hat. **1**

§ 54 behandelt dabei nur den Fall, daß gerade ein *schuldhaftes* Verhalten des Anwalts A die Beiordnung oder Bestellung eines Anwalts B veranlaßt hat. Es darf also kein solcher Anwaltswechsel stattgefunden haben, der ohne ein Anwaltsverschulden notwendig wurde, etwa wegen einer Erkrankung des bisherigen Anwalts, LG Landshut JB **04**, 145, LG Regensb FamRZ **05**, 1189, BLAH § 91 ZPO Rn 124 ff.

§ 54 erfaßt nur *Gebühren*, nicht Auslagen, Jena Rpfleger **06**, 435.

2 2) Regelungszweck. Es kann sich aus vielen Gründen im Lauf eines Verfahrens die Notwendigkeit ergeben, einen anderen als den bisher beigeordneten oder bestellten Anwalt derart zu behandeln. Eine bloße Zweckmäßigkeit würde dazu freilich nicht ausreichen. Dieser andere nun einmal vom Gericht beigeordnete oder bestellte Anwalt hat natürlich einen öffentlichrechtlichen Vergütungsanspruch nach § 45 auch in Verbindung mit § 67 a I 2 VwGO. Die Staatskasse kann ihm seine Vergütung nicht mit der Begründung kürzen oder gar verweigern, sie habe schon an seinen Vorgänger etwas gezahlt, Hamm FamRZ **95**, 748, Karlsr JB **91**, 80, LG Mönchengladb AnwBl **78**, 358.

Würde der *bisher* beigeordnete oder bestellte Anwalt seinen Vergütungsanspruch *daneben* ungeschmälert behalten, könnte es zu einer mehrfachen Belastung der Staatskasse kommen. Diese Mehrbelastung ist insoweit unzumutbar, als die weitere Beiordnung oder Bestellung auf einem Verschulden des bisher beigeordneten oder bestellten Anwalts beruht. Deshalb sieht § 54 vor, daß der bisherige Anwalt dann die Gebühren eines nun anderen Anwalts nicht fordern kann.

3 3) Geltungsbereich. Man darf im Festsetzungsverfahren nach § 55 keineswegs umfassend prüfen, ob die Tätigkeit des beigeordneten oder bestellten Anwalts zweckentsprechend war und ob eine andere Handhabung kostengünstiger zu demselben Erfolg für den Auftraggeber geführt hätte. Die Staatskasse kann keineswegs jede etwaige Pflichtwidrigkeit des beigeordneten oder bestellten Anwalts einwenden. Das wäre ein Einwand aus einem fremden Recht, aM BVerwG Rpfleger **95**, 75. Er würde die Entscheidungsfreiheit des Anwalts als eines selbständigen Organs der Rechtspflege nach § 1 BRAO beeinträchtigen.

Im übrigen bestehen der Anspruch gegenüber der Staatskasse und der etwaige Anspruch gegenüber dem Auftraggeber grundsätzlich *unabhängig voneinander*. Außerdem kann der Festsetzungsbeamte die Zweckmäßigkeit der Handlungsweise des beigeordneten oder bestellten Anwalts schon nach seiner Ausbildung und seinen Kenntnissen unter Umständen nicht ausreichend beurteilen.

4 Vgl wegen der zum Teil weitergehenden *Einwendungsmöglichkeiten des Auftraggebers* § 15 Rn 82 ff. Allerdings können sich die Einwendungen der Staatskasse mit den Einwendungen des Auftraggebers decken. Ein Anspruch gegenüber der Staatskasse entfällt ferner dann, wenn der gesamte Vergütungsanspruch in einer nach § 13 I bezifferbaren Höhe getilgt ist oder wenn der Anwalt die gesamte Tätigkeit seinem Referendar überläßt. Ferner kann ein Anspruch nach § 59 Rn 12 ff entfallen, soweit der Anwalt arglistig handelte.

5 Die Staatskasse kann sich aber nicht auf eine etwaige *Vereinbarung* zwischen dem Anwalt und seinem Auftraggeber über eine Unentgeltlichkeit der Tätigkeit des Anwalts berufen. Es kommt auch nicht darauf an, ob die Staatskasse einen Erstattungsanspruch gegenüber dem Prozeßgegner der durch die Beiordnung oder Bestellung begünstigten Partei hat oder haben könnte.

§ 54 gilt im Rahmen einer *Beratungshilfe*. Zum Verhältnis zu (jetzt) VV 3330 Schmidt AnwBl **84**, 496.

6 4) Schuldhaftes Verhalten. Ein schuldhaftes Verhalten des zunächst beigeordneten oder bestellten Anwalts kann sowohl bei einem direkten oder bedingten Vorsatz als auch bei einer bewußten oder unbewußten Fahrlässigkeit vorliegen, Ffm JB **75**, 1612, Kblz JB **03**, 470. Ein grobes Verschulden ist nach dem Gesetzeswortlaut wie nach dem Sinn der Regelung nicht erforderlich. Es genügt also schon eine leichte Fahrlässigkeit. Das Verschulden eines Erfüllungsgehilfen reicht wie stets nach § 278 BGB.

7 Der zunächst beigeordnete oder bestellte Anwalt handelt nur insofern vorwerfbar, als er gegen dasjenige Sorgfaltsmaß verstößt, das man von ihm unter einer Berücksichtigung der gesamten *Umstände* und bei einer Zugrundelegung durchschnittlicher rechtlicher Kenntnisse und bei einer Beachtung der Berufserfahrung dieses Anwalts erwarten konnte. Es ist weder ein zu strenger noch ein zu großzügiger Maßstab ratsam.

8 Ein Verschulden kann *schon alsbald nach der Beiordnung oder Bestellung* eingetreten sein. Ein Verschulden kann auch in einem späteren Zeitpunkt eingetreten sein, vor allem wegen einer vorwerfbaren Zerstörung des Vertrauensverhältnisses, Zweibr RR **99**, 436.

5) Beispiele zur Frage eines schuldhaften Verhaltens 9
Abrechnung: Schuldhaft sein kann eine objektiv überhöhte Kostenabrechnung, Kblz JB 03, 470.
Kein Aufhebungsantrag: Schuldhaft ist es, daß der Anwalt nach einem vorwerfbaren Verhalten der Partei nicht die Aufhebung der Beiordnung oder Bestellung beantragt hat.
Ausbleiben: Schuldhaft sein kann ein solcher Vorgang, LG Osnabr JB 11, 527. Freilich kann eine Verhinderung schuldlos sein.
Beratung: Schuldhaft sein kann natürlich eine unrichtige Beratung, Kblz JB 03, 470.
Beweislast: Die Beweislast für ein Verschulden oder für ein entscheidungserhebliches Mitverschulden des bisher beigeordneten oder bestellten Anwalts liegt in den Grenzen der Amtsermittlung grundsätzlich bei der Staatskasse. Denn IV gibt ihr nie Einwendung. Er muß aber einen Entpflichtungsantrag wegen Schuldlosigkeit darlegen.
Bewerbung: S „Hindernis".
Ehrengericht: Schuldhaft ist die Erschleichung oder sonstwie unredliche Erwerbung der Zulassung mit der Folge ihres Entzugs durch ein Ehrengericht. Schuldhaft ist die Aufgabe der Zulassung zur Vermeidung eines Ehrengerichtsverfahrens.
Entlassung: Schuldhaft ist die Entlassung infolge eines dem Anwalt vorwerfbaren Verhaltens gegenüber dem Auftraggeber oder sonst durch eine vorwerfbare Sachbehandlung.
Schuldlos sein kann das Anwaltsverhalten nach § 15 Rn 90 dann, wenn der Auftraggeber durch eigene Schuld die Entlassung veranlaßt hat, etwa durch einen grundlosen Vollmachtsentzug.
Vor Erledigung: Schuldhaft ist eine freiwillige Aufgabe der Zulassung vor der Erledigung der Aufgabe aus der Beiordnung oder Bestellung.
Fehler: Schuldhaft ist natürlich ein vermeidbarer Fehler.
Hindernis: Schuldhaft ist die Unterlassung des Hinweises auf einen solchen Umstand, der den Anwalt voraussichtlich daran hindert, die Angelegenheit zu übernehmen oder zu Ende zu führen, Bbg JB 84, 1562, Ffm AnwBl 84, 205. Das mag zB dann gelten, wenn er eine frühere Tätigkeit in derselben Angelegenheit evtl sogar unter einem Verstoß gegen § 356 StGB unterdrückt oder wenn er einen Zulassungsmangel nicht erwähnt oder verschwiegen hat, daß er seine Zulassung höchstwahrscheinlich demnächst aufgeben wollte, Ffm AnwBl 84, 205.
Er braucht aber eine etwaige Bewerbung um eine Einstellung in den Staatsdienst oder um ein politisches Mandat jedenfalls solange *nicht* anzugeben, wie er noch nicht übersehen kann, ob und wann seine Bewerbung einen Erfolg haben wird, Bbg JB 84, 1562, Ffm AnwBl 84, 205.
Krankheit: *Schuldlos* sein kann die Aufgabe der Zulassung wegen einer dauernden 10 erheblichen Erkrankung.
Kritik: *Schuldlos* sein kann die Aufgabe der Beiordnung (Antrag auf Aufhebung) wegen einer völlig grundlosen Kritik des Auftraggebers nach § 48 II BRAO.
S auch Rn 11 „Wichtiger Grund".
Kündigung: Schuldhaft ist eine objektiv grundlose Kündigung des Anwalts.
Schuldlos sein kann eine wirksame Kündigung des Anwalts.
Mitverschulden des Gerichts: Ein gerichtliches Mitverschulden läßt sich am besten nach den zu § 254 BGB entwickelten Regeln beurteilen. Es kann etwa im Amtsermittlungsverfahren bei der Unterlassung derjenigen Aktivität vorliegen, die zumindest auch das Gericht hätte vornehmen müssen. Ob im Prozeß mit einer Parteiherrschaft nach BLAH Grdz 18 vor § 128 ZPO etwa schon ein objektiver Verstoß gegen § 139 ZPO als ein den Anwalt auch nur teilweise entlastendes gerichtliches Mitverschulden beurteilbar wäre, läßt sich nur bei einer sehr zurückhaltenden Abwägung der Gesamtumstände klären.
Nachteilszufügung: Schuldhaft ist ein solches Verhalten, das dem Auftraggeber erhebliche vermeidbare Rechtsnachteile drohen, Ffm JB 75, 1614.
Niveau des Berufsstands: Ein Absinken des allgemeinen Niveaus des Berufsstands darf zwar nicht völlig unbeachtet bleiben. Es darf aber auch nicht zum Vorwand für eine allzu eilfertige Verneinung jeglicher Schuld des Anwalts dienen. Es ist nicht die Aufgabe der Justiz, derartige Verfallserscheinungen auch nur indirekt zu un-

terstützen, schon gar nicht zulasten des Steuerzahlers. Man muß die Berufsrichtlinien nach § 177 II Z 2 BRAO mitbeachten. Sie sind aber nicht verbindlich für die Beurteilung der Frage, ob der beigeordnete oder bestellte Anwalt schuldhaft handelt.
Notlage: *Schuldlos* sein kann die Aufgabe der Zulassung wegen einer unverschuldeten wirtschaftlichen Notlage.
Pflichtwidrigkeit: Schuldhaft ist die Aufgabe der Zulassung wegen einer eigenen Pflichtwidrigkeit.
Politisches Mandat: Rn 9 „Hindernis".

11 **Selbstmord:** *Schuldlos* sein kann ein vom Auftraggeber etwa durch haltlose Kritik ausgelöster Selbstmord des Anwalts.
Sozietät: *Schuldlos* sein kann ein zunächst unvorhersehbar gewesener Eintritt in die gegnerische Sozietät, Düss JB **93**, 731.
Staatsdienst: Rn 9 „Hindernis".
Straftat: Schuldhaft ist die Aufgabe der Zulassung wegen einer eigenen Straftat.
Verkehrsunfall: *Schuldlos* sein kann natürlich ein solcher Vorgang.
Vertretungsverbot: Schuldhaft ist meist ein solches Verhalten, das zu einem gerichtlichen Vertretungsverbot führt.
Vollmachtsentzug: Rn 9 „Entlassung".
Weisung des Auftraggebers: *Schuldlos* ist die Nichtbefolgung einer objektiv unhaltbaren Weisung des Auftraggebers. Denn der Anwalt ist ein Organ der Rechtspflege und daher nach § 1 BRAO auch unabhängig.
Wichtiger Grund: *Schuldlos* sein kann die Aufgabe der Beiordnung (Aufhebungsauftrag) aus einem wichtigen Grund nach § 48 II BRAO.
S auch Rn 10 „Notlage".
Zulassungsmangel: Rn 9 „Hindernis".

12 **6) Umfang des Gebührenverlusts.** Eine Verringerung des Gebührenanspruchs tritt nur dann ein, wenn das Gericht infolge eines schuldhaften Verhaltens des bisher beigeordneten oder bestellten Anwalts nach Rn 6 ff nach dessen Anhörung gemäß Art 103 I GG einen anderen Anwalt wirksam beiordnet oder bestellt. Auch dann behält der bisherige Anwalt seinen Gebührenanspruch grundsätzlich. Dieser verringert sich nur um diejenigen gleichartigen Gebühren, die der nunmehrige Anwalt von der Staatskasse fordern kann. Eine solche letztere Forderung besteht durchweg zumindest in einer Verfahrens- oder Grundgebühr, Zweibr NJW **99**, 436, aber auch zB in einer auch beim neuen Anwalt angefallenen Terminsgebühr, Hbg JB **85**, 1655. Auch das gilt aber nur bis zur Höhe der Gebühren des bisherigen Anwalts.

13 Bis zur Klärung der Frage, welche Gebühren der nunmehr beigeordnete oder bestellte Anwalt beanspruchen darf, kann das Gericht das Festsetzungsverfahren für den bisherigen Anwalt *aussetzen*, Ffm JB **75**, 1613, Nürnb AnwBl **03**, 375. § 125 ist bei einem unverschuldeten Anwaltswechsel unanwendbar, Nürnb AnwBl **03**, 374. Daher darf das Gericht die neue Beiordnung oder Bestellung nicht etwa unter der Bedingung vornehmen, daß es dem nun beigeordneten oder bestellten Anwalt Gebühren nur in derjenigen Höhe zubilligen würde, in der sie dem bisherige Anwalt entstanden oder nicht entstanden wären, KG JB **81**, 706, Naumb NJW **03**, 2921 (keine Bindung des Urkundsbeamten), aM Köln FamRZ **04**, 124. Freilich kann der neue Anwalt in den Grenzen einer Berufswidrigkeit auf Gebühren verzichten, KG Rpfleger **82**, 396, Zweibr JB **94**, 749.

14 **7) Umfang des Auslagenverlusts.** Obwohl § 54 nur von Gebühren und nicht von Auslagen spricht, gelten seine Regeln auch für Auslagen, nach § 46, Hbg Rpfleger **77**, 420, aM RS 10.

Festsetzung der aus der Staatskasse zu zahlenden Vergütungen und Vorschüsse

55 ¹ ¹Die aus der Staatskasse zu gewährende Vergütung und der Vorschuss hierauf werden auf Antrag des Rechtsanwalts von dem Urkundsbeamten der Geschäftsstelle des Gerichts des ersten Rechtszugs festgesetzt. ²Ist das Verfahren nicht gerichtlich anhängig geworden, erfolgt die Festsetzung durch den Urkundsbeamten der Geschäftsstelle des Gerichts, das den Verteidiger bestellt hat.

Abschn. 8. Beigeordneter oder bestellter RA, Beratungshilfe § 55 RVG

II In Angelegenheiten, in denen sich die Gebühren nach Teil 3 des Vergütungsverzeichnisses bestimmen, erfolgt die Festsetzung durch den Urkundsbeamten des Gerichts des Rechtszugs, solange das Verfahren nicht durch rechtskräftige Entscheidung oder in sonstiger Weise beendet ist.

III Im Fall der Beiordnung einer Kontaktperson (§ 34a des Einführungsgesetzes zum Gerichtsverfassungsgesetz) erfolgt die Festsetzung durch den Urkundsbeamten der Geschäftsstelle des Landgerichts, in dessen Bezirk die Justizvollzugsanstalt liegt.

IV Im Fall der Beratungshilfe wird die Vergütung von dem Urkundsbeamten der Geschäftsstelle des in § 4 Abs. 1 des Beratungshilfegesetzes bestimmten Gerichts festgesetzt.

V ¹§ 104 Abs. 2 der Zivilprozessordnung gilt entsprechend. ²Der Antrag hat die Erklärung zu enthalten, ob und welche Zahlungen der Rechtsanwalt bis zum Tag der Antragstellung erhalten hat. ³Bei Zahlungen auf eine anzurechnende Gebühr sind diese Zahlungen, der Satz oder der Betrag der Gebühr und bei Wertgebühren auch der zugrunde gelegte Wert anzugeben. ⁴Zahlungen, die der Rechtsanwalt nach der Antragstellung erhalten hat, hat er unverzüglich anzuzeigen.

VI ¹Der Urkundsbeamte kann vor einer Festsetzung der weiteren Vergütung (§ 50) den Rechtsanwalt auffordern, innerhalb einer Frist von einem Monat bei der Geschäftsstelle des Gerichts, dem der Urkundsbeamte angehört, Anträge auf Festsetzung der Vergütungen, für die ihm noch Ansprüche gegen die Staatskasse zustehen, einzureichen oder sich zu den empfangenen Zahlungen (Absatz 5 Satz 2) zu erklären. ²Kommt der Rechtsanwalt der Aufforderung nicht nach, erlöschen seine Ansprüche gegen die Staatskasse.

VII ¹Die Absätze 1 und 5 gelten im Bußgeldverfahren vor der Verwaltungsbehörde entsprechend. ²An die Stelle des Urkundsbeamten der Geschäftsstelle tritt die Verwaltungsbehörde.

Schrifttum: *Kindermann* FPR **10**, 353 (Üb).

Gliederung

1) Systematik, I–VII	1
2) Regelungszweck, I–VII	2
3) Geltungsbereich, I–VII	3
4) Antrag, I, V, VI	4–14
A. Rechtsanwalt, I 1	5
B. Beiordnung oder Bestellung, I 1	6
C. Form, I 1	7
D. Frist, I 1, V, VI	8, 9
E. Inhalt, V 2, 3	10, 11
F. Kein Anwaltszwang, I 1	12
G. Glaubhaftmachung, V 1	13
H. Bloße Versicherung, V 1	14
5) Weiteres Festsetzungsverfahren, I–VII	15–26
A. Zuständigkeit bei gerichtlicher Anhängigkeit, I 1	15–17
B. Zuständigkeit ohne gerichtliche Anhängigkeit, I 2	18
C. Zuständigkeit bei Tätigkeit nach VV Teil 3, II	19
D. Zuständigkeit bei Beiordnung nach § 34a EGGVG, III	20
E. Zuständigkeit bei Beratungshilfe, IV	21
F. Zuständigkeit im Bußgeld-Verwaltungsverfahren, VII	22
G. Prüfungsumfang, VI	23
H. Beispiele zur Frage des Prüfungsumfangs, VI	24
I. Aufforderung, VI	25
J. Verstoß, VI	26
6) Entscheidung, VI	27–33
A. Beschluß oder Verfügung	27
B. Notwendigkeit einer Begründung	28
C. Entbehrlichkeit einer Begründung	29
D. Keine Zinsen, Kosten	30
E. Mitteilung	31
F. Wirkung	32
G. Änderung, Nachforderung	33

RVG § 55

1) Systematik, I–VII. Das Festsetzungsverfahren nach § 55 hat zwar eine gewisse Ähnlichkeit mit der Kostenfestsetzung nach §§ 103 ff ZPO. Während aber dort die Klärung einer Erstattungspflicht der einen Prozeßpartei gegenüber der anderen erfolgt, Zweibr FamRZ **00**, 756, hat § 55 die Erstattungspflicht der Staatskasse gegenüber dem beigeordneten Anwalt zum Gegenstand, Mü FamRZ **06**, 1461. Das gilt unabhängig von dem Ausgang des zugrunde liegenden Rechtsstreits. Das Verfahren nach § 55 ist damit von einem Kostenfestsetzungsverfahren nach §§ 103 ff ZPO grundsätzlich unabhängig, AG Lübeck Rpfleger **84**, 75, Bratfisch Rpfleger **89**, 308, aM Naumb RR **13**, 1341. Deshalb ist zB § 104 I 2 ZPO (Verzinsung) mangels einer Miterwähnung in (jetzt) § 55 unanwendbar, AG Bln-Schöneb JB **02**, 375. Es ist auch anders als im Kostenfestsetzungsverfahren grundsätzlich kein Vollstreckungstitel erforderlich. Das Abrechnungsverbot gegenüber dem Prozeßgegner des Auftraggebers nach § 126 ZPO bleibt. Man darf ferner das Verfahren nach § 55 nicht mit einer Streitwertbeschwerde nach dem GKG, Teil I A dieses Buchs, verwechseln, LAG Nürnb NZA-RR **14**, 560.

Man muß die in § 56 genannte Erst-„Erinnerung" gegen die Festsetzung von der dort behandelten befristeten *Zweiterinnerung* unterscheiden, ähnlich wie bei § 66 GKG, Teil I A dieses Buchs. Die Festsetzung erfolgt in einem justizförmigen Verwaltungsverfahren, Düss Rpfleger **08**, 317, OVG Lüneb JB **88**, 1501. Sie ist aber kein Justizverwaltungsakt nach § 23 EGGVG, Naumb NJW **03**, 2921, aM AG Lübeck Rpfleger **84**, 75 (zustm Lappe). Ergänzend regeln §§ 56, 57 die Anfechtbarkeit einer Entscheidung nach § 55. Eine Feststellungsklage beim FG, SG oder VG ist wegen der Spezialregelung des § 55 unstatthaft, vgl auch § 1 I Z 8 und § 8 I JBeitrG, Teil IX A dieses Buchs. Das gilt zumindest mangels einer unzumutbaren Verzögerung der Entscheidung nach § 55. § 464 b StPO tritt zurück, Jena Rpfleger **06**, 435.

Zur *Verwaltungsvorschrift* in Baden-Württemberg Lissner JB **17**, 233 (Üb).

2) Regelungszweck, I–VII. Die Vorschrift dient der Klarstellung und Vereinfachung, indem sie insbesondere das Rechtsbehelfsverfahren in einer wohltuenden Form vom zivilrechtlichen Kostenfestsetzungsverfahren unabhängig sowie zügiger und einfacher gestaltet, Nürnb MDR **06**, 235. Diese Zweckmäßigkeit sollte auch der Auslegung stets mit zugrundeliegen. Es bleiben ja leider genug Zweifelsfragen, wie die folgende Kommentierung zeigt.

3) Geltungsbereich, I–VII. Die Vorschrift gilt nach I 1 für die gesamte Vergütung aus der Staatskasse. Diese umfaßt nach § 1 I 1 die Gebühren und die Auslagen und auch einen Vorschuß. Die Vorschrift gilt für den vom Gericht bestellten oder beigeordneten Anwalt.

Die Vorschrift gilt *nicht für den Wahlverteidiger*. Eine Entscheidung über seine Gebühr ist nach § 11 VIII abgesehen von der Mindestgebühr oder einer Zustimmung des Auftraggebers nur im Klageweg möglich. Die Vorschrift gilt auch nicht für diejenigen Kosten, die ein Beteiligter dem anderen erstatten muß. Für die Festsetzung dieser letzten Kosten gilt § 464 II StPO. Die Vorschrift gilt ferner nicht für Parteiauslagen, AG Kblz JB **09**, 329.

4) Antrag, I, V, VI. Zum Antrag ist nur der vom Gericht oder von einer Verwaltungsbehörde in einem beliebigen Verfahren einer Gerichtsbarkeit beigeordnete oder bestellte Anwalt und nicht etwa eine Partei oder deren Prozeßgegner berechtigt. Die letzteren sind auf die Rechtsbehelfe gegen die Zulassungsforderung der Staatskasse angewiesen. Es müssen die folgenden Voraussetzungen zusammentreffen. Die Vergütungsfestsetzung erfolgt also nicht von Amts wegen. Das weitere Verfahren erfolgt aber nach Rn 24 von Amts wegen. Ein Verzicht ist statthaft. Er führt zum Anspruchsverlust, LG Kblz JB **10**, 647.

5) A. Rechtsanwalt, I 1. Zum Antrag ist nur eine zur Anwaltschaft zugelassene Person berechtigt. Die Antragsberechtigung bleibt auch nach dem Ausscheiden aus der Anwaltschaft bestehen. Auch der Kanzleiabwickler nach § 55 BRAO ist antragsberechtigt. Nach dem Tod des beigeordneten oder bestellten Anwalts sind seine Erben und sein Sozius berechtigt. Auch ein Abtretungs- oder ein Pfändungsgläubiger nach § 829 ZPO ist berechtigt, Saarbr JB **13**, 416. Ein Rechtsbeistand ist bei einer rechtmäßigen oder rechtswidrigen Beiordnung oder Bestellung als einem wirksamen Staatshoheitsakt antragsberechtigt, LG Bielef JB **89**, 1256. Wegen der Beiordnung als eine Kontaktperson Rn 21.

Die von der Beiordnung oder Bestellung *begünstigte Prozeßpartei* nach BLAH Grdz 4 vor § 50 ZPO oder gar deren Prozeßgegner sind nicht antragsberechtigt, BGH MDR **78**, 214. Denn im Verfahren nach § 55 handelt es sich nur um die Feststellung der Vergütungsforderung des Anwalts gegenüber der Staatskasse, Zweibr JB **99**, 590. Diese Feststellung ist für die von der Beiordnung oder Bestellung begünstigte Partei nicht bindend. Sie kann sich dann, wenn ein Anspruch des beigeordneten oder bestellten Anwalts gegen seinen Auftraggeber infolge der Befriedigung des Anwalts durch die Staatskasse auf diese nach § 59 übergegangen ist, nach § 66 GKG, Teil I A dieses Buchs, gegen einen solchen ihr etwa nach KV 9007 in Rechnung gestellten Betrag wenden, BGH MDR **78**, 214.

B. Beiordnung oder Bestellung, I 1. Das Gericht muß den Anwalt erstmalig 6 oder erneut beigeordnet oder bestellt haben, Brdb FamRZ **12**, 898. Das kann auch für eine Vereinbarung über einen zunächst nicht mit rechtshängig gewesenen Anspruch geschehen sein, Stgt MDR **08**, 1067. Es genügt eine solche Maßnahme für einen Beweis- oder Termins- oder Verkehrsanwalt. Einzelheiten §§ 45 ff. Die Tätigkeit darf also nicht außerhalb der Beiordnung oder Bestellung erfolgt sein, Zweibr JB **99**, 590, LG Osnabr JB **08**, 247. Die Beiordnung oder Bestellung bindet unabhängig von deren formeller oder inhaltlicher Zulässigkeit und Begründetheit den Urkundsbeamten, Düss JB **17**, 412, Mü Rpfleger **86**, 108. Jede Beiordnung führt zu einem eigenständigen Verfahren, Düss JB **08**, 592, aM LAG Mü JB **10**, 26 (abl Enders).

C. Form, I 1. Der Antrag unterliegt keiner gesetzlichen Form, KG JB **15**, 25. Man 7 kann ihn nach § 78 III Hs 2, auch VI ZPO zum Protokoll des Urkundsbeamten der Geschäftsstelle oder auch nach § 12 b elektronisch und ohne einen Anwaltszwang einreichen. Entgegen der VO des JustMin Nordrhein-Westfalen vom 23. 5. 58, JMBl NRW 145 (zum alten Recht) ist keineswegs ein Vordruck notwendig, Ffm JB **92**, 683, Hamm AnwBl **75**, 95, LAG Hamm AnwBl **85**, 106. Dieses kann aber hilfreich sein.

D. Frist, I, V, VI. Der Antrag ist grundsätzlich schon vor der Fälligkeit einer Ver- 8 gütung nach § 8 zulässig, aM RS 17. Denn der beigeordnete oder bestellte Anwalt hat einen Anspruch auf einen Vorschuß nach § 47. Im übrigen ist der Antrag grundsätzlich nicht fristabhängig. Die Verjährung richtet sich nach §§ 195 ff BGB. Sie beginnt nach § 199 I BGB mit dem Schluß desjenigen Jahres, in dem der Anspruch entstanden ist und der Anwalt von den anspruchsbegründenden Umständen und der Person seines Kostenschuldners eine Kenntnis erhalten hatte oder sie ohne eine grobe Fahrlässigkeit hätte erhalten müssen. Eine Verwirkung ist denkbar, aber nur unter strengen Voraussetzungen annehmbar, Hamm JB **82**, 877, LAG Hamm AnwBl **94**, 97.

Sofern der Urkundsbeamte der Geschäftsstelle den Anwalt vor einer Festsetzung 9 nach § 50 auffordert, einen Antrag auf die Festsetzung einer *weiteren Vergütung* zu stellen, muß der Anwalt freilich ausnahmsweise nach VI 1 eine Ausschlußfrist von einem Monat seit dem Zugang der Aufforderung einhalten, um das Erlöschen seines Anspruchs zu verhindern. Zur Wirksamkeit der Frist ist eine volle Namensunterzeichnung des Urkundsbeamten erforderlich, BGH NJW **80**, 1168, Bbg JB **93**, 89, Düss MDR **89**, 556. Auch ein Ausfertigungsvermerk muß die volle Unterschrift tragen, BGH NJW **87**, 2868.

Ein *Fristverstoß* unterliegt der Darlegungs- und Beweislast der Staatskasse. Er hat die Rechtsfolgen RZ 26. Eine Wiedereinsetzung findet nicht statt, Bbg JB **93**, 89, KG JB **84**, 1652, Köln RR **99**, 1583.

E. Inhalt, V 2, 3, dazu Enders JB **09**, 397 (Üb): Der Antrag muß das Verlangen 10 auf die Festsetzung der Vergütung und/oder eines Vorschusses enthalten. Der Anwalt muß eindeutig klären, daß er gerade nach § 55 vorgeht. Der Antrag muß eine Berechnung nach § 10 enthalten. Der Anwalt muß sie unterzeichnen, Kblz FamRZ **02**, 1506. Der Antragsteller muß wegen § 58 außerdem erklären, ob und welche Zahlungen er im Zusammenhang mit dieser Angelegenheit von dem Auftraggeber, von der Staatskasse oder von einem Dritten bis zum Tag der Antragstellung erhalten hat, Ffm JB **13**, 22, also bis zur Unterzeichnung des Antrags oder seiner Erklärung zum Protokoll des Urkundsbeamten. Er kann natürlich in diesem Zeitpunkt nur solche Zahlungen angeben, die er bereits bis dahin kennt. Zahlungen, die er erst nach diesem Zeitpunkt objektiv erhält oder die er erst nach diesem Zeitpunkt etwa infolge

RVG § 55 X. Rechtsanwaltsvergütungsgesetz

des Zugangs einer Gutschriftsanzeige erfährt, muß er unverzüglich und daher wie bei § 121 I 1 BGB ohne sein schuldhaftes Zögern nachträglich angeben.

11 Einer Zahlung steht eine *gleichwertige Art der Leistung* gleich, etwa der Empfang eines Verrechnungsschecks, sofern der Anwalt ihn nach seinem Inhalt bereits einlösen kann. Der Anwalt muß auch solche Leistungen angeben, von denen er noch nicht sicher ist, ob sie tatsächlich erfolgen werden. Er muß also zB auch einen solchen Wechsel nennen, den er zwar zur Einlösung vorlegen könnte, bei dem er sich aber über die Deckung nicht sicher ist. Er darf auf solche Zweifel natürlich hinweisen. Im übrigen braucht er nur solche Angaben zu machen, die nicht schon aktenkundig sind. Mangels eines ausreichenden Vortrags ist die Bestimmung des Anwalts nach § 14 nicht bindend, Düss Rpfleger **02**, 271, Köln JB **96**, 357.

Bei einer *ausrechenbaren* Gebühr muß der Anwalt auch die Angaben nach V 3 machen, um dem Urkundsbeamten alle nach § 58 I, II nötigen Daten zu nennen.

12 F. **Kein Anwaltszwang, I 1.** Der Antrag unterliegt keinem Anwaltszwang. Das ergibt sich auch nach Rn 7 schon daraus, daß man ihn zum Protokoll des Urkundsbeamten der Geschäftsstelle stellen kann.

13 G. **Glaubhaftmachung, V 1.** Der Antragsteller muß die Vergütungsforderung nach Grund und Höhe mangels Offenkundigkeit nach § 291 ZPO glaubhaft machen, BGH RR **14**, 960, Düss AnwBl **09**, 72 links, AG Plön JB **12**, 591. Eine Glaubhaftmachung erfolgt stets wie bei § 294 ZPO, LAG Mainz FamRZ **97**, 947. Eine Glaubhaftmachung ist grundsätzlich auch ausreichend, Köln MDR **09**, 345 (Reisekosten), Saarbr GRUR-RR **09**, 326 (Patentanwalt), aM KG FamRZ **09**, 1781. Beides ergibt sich aus V 1 in Verbindung mit § 104 II 1 ZPO, Düss JB **09**, 370, AG Magdeb JB **05**, 651 (je: Beratungshilfe).

Was ist „Wahrscheinlichkeit", was ist ein „Überwiegen"? Beides sind ziemlich schillernde Begriffe. Theoretisch können 50,1% etwas überwiegen lassen. Aber wovon 50,1%? Und wie grenzt man überwiegende Wahrscheinlichkeit von einiger Wahrscheinlichkeit ab, um nur einen zB bei § 448 ZPO auftauchenden Abgrenzungsstreitpunkt anzudeuten, BLAH dort Rn 6? In Wahrheit sind ja auch die gesetzlichen Ausgangsworte „glaubhaft" oder glaubwürdig vieldeutig. Man muß daher eine nicht stets sonderlich überzeugende Abwägung in Kauf nehmen.

Eine Glaubhaftmachung muß *schriftlich oder* entsprechend § 12b *elektronisch oder zum Protokoll* der Geschäftsstelle erfolgen. Denn sonst fehlt der Beleg. Glaubhaftmachung ist überwiegende Wahrscheinlichkeit, BVerfG **38**, 39, BGH MDR **11**, 69 links oben, VGH Mü NVwZ-RR **13**, 946. Eine vollständige Gewißheit ist also nicht erforderlich. Bei ungewöhnlich hohen Auslagen entstehen entsprechend hohe Anforderungen an die Darlegung und auch an die Glaubhaftmachung, KG NJW **76**, 1272. Aus der Stellung der Verweisungsvorschrift V 1 vor V 2 läßt sich ableiten, daß der Anwalt die Erklärung darüber nicht glaubhaft zu machen braucht, ob und welche Zahlungen er bis zur Antragstellung vom Auftraggeber oder von einem Dritten erhalten hat. Zur Glaubhaftmachung kann ausnahmsweise eine anwaltliche Versicherung oder/und die Vorlage der Handakten trotz des BDSG ratsam oder sogar notwendig sein, LG Gött JB **86**, 242, aM LG Hann Rpfleger **86**, 72, AG Brschw AnwBl **85**, 538 und 539 (aber auch der Urkundsbeamte ist schweigepflichtig). Die Dokumentenpauschale nach VV 7000 erfordert eine Glaubhaftmachung nicht nur zum Ob, sondern auch zum Umfang.

14 H. **Bloße Versicherung, V 1.** Nach § 104 II 2 ZPO genügt es zur Berücksichtigung eines Ansatzes, daß der Anwalt wegen der Auslagen an Post- und sonstige Telekommunikationsgebühren versichert, daß diese Auslagen auch tatsächlich entstanden sind, Köln MDR **86**, 152, Mü MDR **92**, 1005, LG Aachen AnwBl **99**, 59, aM Ffm AnwBl **82**, 202. Es kann eine stichwortartige Angabe der Tatsachen ausreichen, LG Köln AnwBl **82**, 84. Allerdings darf man die Anforderungen nicht zu gering bemessen, Ffm JB **82**, 555, Kblz VersR **87**, 914, strenger Hbg JB **81**, 454 (Einzelnachweis), großzügiger Mü AnwBl **83**, 569. Soweit ein Streit über die Notwendigkeit der Porto- und Telefonauslagen usw besteht, genügt jetzt die Versicherung des Anwalts, aM AG Kblz FamRZ **07**, 233 links. Freilich bleiben unrichtige Angaben strafbar, § 263 StGB.

Auch die *Umsatzsteuer* gehört zur Vergütung, unabhängig davon, ob der Auftraggeber Vorsteuer abziehen darf, Brschw JB **17**, 526, Hbg MDR **13**, 1194, aM Celle

Abschn. 8. Beigeordneter oder bestellter RA, Beratungshilfe § **55 RVG**

JB **14**, 31. Bei ihr genügt nach V 1 in Verbindung mit § 104 II 3 ZPO die Erklärung des Antragstellers, daß er die Beträge nicht als Vorsteuer abziehen könne, BGH NJW **03**, 1534, Saarbr BauR **14**, 1048, LAG Kiel NZA-RR **14**, 98, aM Celle JB **14**, 31, LAG Mainz FamRZ **97**, 947. Der Anwalt braucht diese Erklärung also weder nach § 294 ZPO glaubhaft zu machen, LAG Kiel NZA-RR **14**, 98, noch sonstwie zu bekräftigen, LG Hann JB **99**, 29. Die bloße Erklärung genügt aber nur dann, wenn sie wenigstens dem Sinn nach eindeutig ist, Saarbr MDR **99**, 61. Die Erklärung muß auch unmißverständlich sein, KG MDR **95**, 321. Sie muß sich auf den Zeitpunkt der Fälligkeit nach § 8 beziehen, Kblz JB **99**, 304. Man darf eine stillschweigende Erklärung nur ausnahmsweise unter einer Berücksichtigung aller Umstände annehmen, LG Karlsr JB **96**, 428, AG Bln-Charlottenb JB **96**, 425. Sie liegt nicht schon im bloßen Ansatz der Umsatzsteuer, Karlsr JB **00**, 477, LAG Ffm DB **89**, 2272, Hansens JB **95**, 173. Der Urkundsbeamte braucht insofern nicht nachzufragen, Düss JB **02**, 590, Schlesw RR **04**, 356, VGH Mannh NVwZ-RR **04**, 311.

5) **Weiteres Festsetzungsverfahren, I–VII.** Man muß sechs Abschnitte beachten. 15

A. **Zuständigkeit bei gerichtlicher Anhängigkeit, I 1.** Sobald das Beiordnungs- oder Bestellungsverfahren gerichtlich anhängig ist, wird der Urkundsbeamte der Geschäftsstelle des Gerichts des ersten Rechtszugs zuständig, Stgt Rpfleger **11**, 458. Das gilt bis zum Ende dieser Instanz. Es gilt auch dann, wenn die Beiordnung oder Bestellung erst in einem höheren Rechtszug erfolgt ist. Eine Anhängigkeit ist gegenüber der Rechtshängigkeit meist der weitere Begriff, BLAH § 261 ZPO Rn 1. Die Anhängigkeit beginnt mit dem Antragseingang auf der Posteinlaufstelle.

Dasjenige Gericht, *an das* der Prozeß *verwiesen wurde*, ist für den ganzen Rechtszug 16 zuständig, soweit der Anwalt auch nach der Verweisung beigeordnet oder bestellt geblieben ist. Das gilt auch bei einer Verweisung in ein anderes Bundesland für die erst jetzt fällige Vergütung. Wegen der Zuständigkeit bei einer Verweisung an das Gericht eines anderen Landes vgl die Ländervereinbarung zum Kostenausgleich, Teil VII B 2 dieses Buchs.

Der *Rechtspfleger ist als solcher in keinem Fall zuständig.* Denn § 21 Z 1–3 RPflG 17 nennt im Gegensatz zu §§ 103 ff ZPO, 11 RVG den (jetzt) § 55 nicht, Drsd FamRZ **97**, 951, Hamm Rpfleger **89**, 319, Stgt Rpfleger **11**, 458 (unterstellt, der Rpfl könne als Urkundsbeamter entschieden haben –?–).

Wenn das Beiordnungsverfahren im Zeitpunkt der Entscheidung über den Vergütungsantrag bereits durch eine rechtskräftige Entscheidung oder in sonstiger Weise insgesamt *beendet ist,* bleibt der Urkundsbeamte der Geschäftsstelle des Gerichts des ersten Rechtszugs zuständig, (je zum alten Recht) LSG Celle JB **99**, 590, OVG Saarlouis JB **92**, 31. Das gilt auch für die infolge einer Beiordnung für die Zwangsvollstreckung nach §§ 704 ff ZPO entstandenen Kosten, Schlesw SchlHA **82**, 112, aM Mü JB **85**, 1841 (Zuständigkeit des Vollstreckungsgerichts nach §§ 764, 802 ZPO). Denn die Akten befinden sich dann wieder beim Gericht des ersten Rechtszugs oder sollen sich jedenfalls dann wieder dort befinden.

B. **Zuständigkeit ohne gerichtliche Anhängigkeit, I 2.** Wenn das Verfahren 18 etwa bei § 81 II StPO mit der Tätigkeit des Anwalts überhaupt nicht nach Rn 15 anhängig geworden ist, erfolgt die Festsetzung der Vergütung durch den Urkundsbeamten der Geschäftsstelle desjenigen Gerichts, das den Verteidiger bestellt hat. Das ist dann nicht so, wenn das gerichtliche Verfahren auch nur vorübergehend anhängig war. Eine irrige Einreichung macht dennoch anhängig. Dasselbe gilt von einer Einreichung bei einem sachlich, örtlich oder funktionell unzuständigen Gericht der Hauptsache.

C. **Zuständigkeit bei Tätigkeit nach VV Teil 3, II.** Soweit man die Vergütung 19 des Anwalts nach VV 3100–3518 errechnen muß, erfolgt die Festsetzung durch den Urkundsbeamten der Geschäftsstelle des Gerichts des jeweiligen Rechtszugs der Beiordnung, solange das Verfahren nicht durch eine rechtskräftige Entscheidung oder in sonstiger Weise beendet ist. Hier ist also evtl der Urkundsbeamte eines höheren Rechtszugs zuständig. Das alles gilt auch bei einer Abgabe oder Verweisung, auch bei einer Rechtswegverweisung. *Nach* der Rechtskraft oder sonstigen Verfahrensbeendigung gelten wieder Rn 18, 19.

D. **Zuständigkeit bei Beiordnung nach § 34a EGGVG, III.** Bei der Beiord- 20 nung einer Kontaktperson erfolgt die Festsetzung durch den Urkundsbeamten der

Geschäftsstelle desjenigen LG, in dessen Bezirk diejenige Justizvollzugsanstalt liegt, in der sich der Inhaftierte im Zeitpunkt des Eingangs des Festsetzungsantrags oder nach einer Verlegung im Zeitpunkt der Fälligkeit nach § 8 jetzt aufhält. Denn das ist im Zusammenhang mit dem allgemeinen Grundgedanken der möglichsten Sach- und Personennähe der sinnvollste Anknüpfungsort wie bei Rn 22. Eine ausreichende Glaubhaftmachung bindet den Urkundsbeamten nach § 14 Rn 23 ff, Düss JB **82**, 871, Saarbr JB **82**, 714.

21 **E. Zuständigkeit bei Beratungshilfe, IV.** In diesem Fall setzt der Urkundsbeamte der Geschäftsstelle des in § 4 I BerHG bestimmten Gerichts die Vergütung fest. Er beachtet nach § 44 Rn 13 den Vordruckzwang nach der BerHFV. Das gilt auch dann, wenn der Rechtsuchende den Anwalt vor einem Antrag auf einen Berechtigungsschein nach § 6 BerGH beauftragt hat.

> **BerHG § 4. *Entscheidung über den Antrag.*** **I [1] Über den Antrag auf Beratungshilfe entscheidet das Amtsgericht, in dessen Bezirk der Rechtsuchende seinen allgemeinen Gerichtsstand hat. [2] Hat der Rechtsuchende im Inland keinen allgemeinen Gerichtsstand, so ist das Amtsgericht zuständig, in dessen Bezirk ein Bedürfnis für Beratungshilfe auftritt.**

Der *allgemeine Gerichtsstand* ergibt sich aus §§ 12 ff ZPO, BayObLG JB **95**, 366. Maßgebend ist auch hier wie bei Rn 21 die Zeit des Antragseingangs, Hamm FamRZ **08**, 2294, Zweibr JB **98**, 197. Wegen des Verfahrens bei einem Zuständigkeitsstreit BayObLG Rpfleger **88**, 470. Bei einem Verstoß gegen den Vordruckzwang gilt dasselbe wie bei § 117 IV ZPO, BLAH dort Rn 35 ff (nach vergeblichem Hinweis Ablehnung).

22 **F. Zuständigkeit im Bußgeld-Verwaltungsverfahren, VII.** Die Vorschrift verweist in S 1 auf I, V und macht in S 2 statt des Urkundsbeamten der Geschäftsstelle die Verwaltungsbehörde zur Festsetzung zuständig. VI gilt nicht auch nur entsprechend mit.

23 **G. Prüfungsumfang, VI.** Der Urkundsbeamte prüft die Voraussetzungen Rn 4 ff. Er wird als ein unabhängiges Gerichtsorgan tätig. Er prüft in den nachfolgenden Grenzen von Amts wegen. Er berücksichtigt nur tatsächlich erfolgte Zahlungen, OVG Lüneb NJW **09**, 1226.

24 **H. Beispiele zur Frage des Prüfungsumfangs, VI**
Keine Aktenvorlage: Wegen der Weisungsfreiheit des Urkundsbeamten darf er die Sache auch bei einer Zweifelsfrage weder dem Richter noch dem Rpfl vorlegen. § 5 RPflG gilt für ihn *nicht*.
Amtshilfe: Der Urkundsbeamte darf nach Art 35 GG eine Amtshilfe beanspruchen.
Anrechnung: Der Urkundsbeamte kann sich auf eine Anrechnung nach VV amtliche Vorbemerkung 3 IV erst nach einer Tilgung einer anrechenbaren Geschäftsgebühr durch den Begünstigten an den beigeordneten Anwalt berufen, Stgt Rpfleger **08**, 208.
Antragsbindung: Die Antragsforderung bindet wegen des Antragszwangs nach Rn 4 auch ähnlich wie bei § 308 I ZPO das Gericht. Das gilt selbst dann, wenn nach der Akte ein höherer Anspruch möglich scheint, aM RS 21. Der Urkundsbeamte darf aber einen höheren Antrag anregen. Er darf auch in den Antragsgrenzen Einzelposten austauschen, KG AnwBl **77**, 510.
Auskunft: Der Urkundsbeamte darf eine Auskunft einholen.
Austausch: S „Antragsbindung".
DB-PKH: S „Prozeßkostenhilfe".
Fristsetzung: Sofern der Urkundsbeamte einen seiner Überprüfung zugänglichen und behebbaren Mangel vorfindet, setzt er dem Antragsteller eine angemessene Frist zur Behebung nach Artt 2 I, 20 III GG, BVerfG **101**, 404 (gilt hier entsprechend).
Insolvenz: Der Urkundsbeamte prüft *nicht* ein Insolvenzverfahren gegen den Prozeßgegner des Auftraggebers des beigeordneten Anwalts. Denn eine solche Insolvenz kann erst nach einem Forderungsübergang auf die Staatskasse nach § 59 I 1 zu ihrem Nachteil erheblich werden, und die Staatskasse kann das nach § 59 Rn 17 wegen § 59 I 2 nicht dem beigeordneten Anwalt anlasten.

Abschn. 8. Beigeordneter oder bestellter RA, Beratungshilfe § 55 RVG

Kostenerforderlichkeit: Der Urkundsbeamte prüft sie mit, Kblz FamRZ **15**, 433, aM (jetzt) Hamm AnwBl **17**, 95.
Kostenfestsetzungsbeschluß: Dieser bindet den Urkundsbeamten *nicht*.
Kostengrundentscheidung: Der Urkundsbeamte ist von einer solchen Entscheidung zB nach BLAH Üb 35 vor § 91 ZPO unabhängig. Sie bindet ihn also nicht. Er darf sie nur nicht unterlaufen, AG Saarlouis AnwBl **82**, 262.
Prozeßkostenhilfe: Der Urkundsbeamte beachtet die DB-PKH, Teil VII 5 dieses Buchs.
    Der Urkundsbeamte prüft *nicht*, ob das Gericht eine Prozeßkostenhilfe und Beiordnung hätte einschränken müssen, Naumb MDR **09**, 234, oder ob es sie hätte versagen müssen, Düss Rpfleger **08**, 317, Schlesw FamRZ **09**, 537, LAG Nürnb NZA-RR **16**, 36, aM Düss JB **90**, 612, Ffm AnwBl **82**, 381, Mü JB **87**, 442 (aber es handelt sich nach Rn 1 um ein bloßes justizförmiges Verwaltungsverfahren). Auch eine Aufhebung der Prozeßkostenhilfe nach § 124 ZPO läßt einen vorher entstandenen Anspruch des beigeordneten Anwalts gegen die Staatskasse nicht wegfallen, Kblz AnwBl **97**, 240.
Rahmengebühr: Der Urkundsbeamte darf eine Rahmengebühr nach Einl II A 12 festsetzen, auch oberhalb ihres Mindestbetrags. Das gilt, zumal die Staatskasse kein Dritter nach § 14 I 4 ist.
Schlechterfüllung: Der Urkundsbeamte prüft evtl eine Schlechterfüllung zB durch vermeidbar hohe Kosten getrennter Verfahren vergütungsmindernd, Hamm MDR **09**, 295.
Staatskasse: Sie bindet den Urkundsbeamten *nicht*. Er unterliegt daher keiner Weisung des Bezirksrevisors.
Übergang auf Staatskasse: § 59 ist in diesem Verfahrensabschnitt unbeachtbar.
Umsatzsteuer: Ihre Erstattbarkeit richtet sich nach dem UStG, OVG Bln-Brdb NVwZ-RR **16**, 157. Das Recht zum Vorsteuerabzug wirkt sich auf die Höhe der Vergütung nicht aus, Düss JB **16**, 581, Mü JB **16**, 633.
Unbilligkeit: Der Urkundsbeamte darf und muß nur ganz ausnahmsweise wegen einer Unbilligkeit kürzen, Düss AnwBl **82**, 254, Köln JB **96**, 357.
Vereinbarung wegen Staatskasse: Der Urkundsbeamte beachtet die Vereinbarung über die Festsetzung der aus der Staatskasse zu zahlenden Vergütung der Rechtsanwälte und Steuerberater, Teil VII 6 dieses Buchs.
Keine Verhandlung: Es findet *keine* mündliche Verhandlung statt.
Vermeidbare Kosten: S „Schlechterfüllung".
Verzicht: Der Urkundsbeamte prüft *nicht* einen etwaigen Verzicht des Anwalts auf Gebühren und/oder auf Auslagen gegenüber dem Auftraggeber.
Weisungsfreiheit: Der Urkundsbeamte ist nicht weisungsgebunden, Kblz MDR **75**, 75.
Wertansatz: Der Urkundsbeamte ist bis zu einer gerichtlichen Festsetzung des Werts zur eigenen Wertannahme dann befugt und verpflichtet, wenn das Gericht nicht auf Grund einer Anregung festsetzt und wenn er nicht bis zur gerichtlichen Wertfestsetzung aussetzt. Mehrere Festsetzungsbeschlüsse können wegen ihres Zusammenhangs eine einheitliche Bewertung nach § 304 III StPO erfordern, KG Rpfleger **17**, 117.
Zahlungen: Der Urkundsbeamte berücksichtigt nur tatsächlich erfolgte Zahlungen, OVG Lüneb NJW **09**, 1226.

I. Aufforderung, VI. Soweit eine weitere Vergütung nach § 50 in Betracht 25 kommt, kann und muß der Urkundsbeamte vor einer Festsetzung den Antragsteller auffordern, einen Antrag auf die Festsetzung derjenigen Vergütungen einzureichen, für die ihm noch Ansprüche gegen die Staatskasse zustehen, oder sich zu den empfangenen Zahlungen nach V 2 zu erklären. Eine solche Aufforderung kommt natürlich nur insoweit in Betracht, als der beigeordnete Anwalt noch keine nach § 50 I, II ausreichende Berechnung nach § 10 eingereicht hat.
    Das Wort „kann" in VI 1 legt nur die Zuständigkeit des Urkundsbeamten zu dieser Aufforderung fest. Es gibt ihm kein Ermessen, aM RS 29 (aber der Urkundsbeamte kann evtl gar nicht anders seine Schlußkostenrechnung erstellen). Der Urkundsbeamte muß also nach Rn 23 vor einer für den beigeordneten Anwalt nachteiligen

Entscheidung die in VI 1 zwingend genannte Ausschlußfrist von mindestens einem Monat setzen, Artt 2 I, 20 III GG, BVerfG **101**, 404 (gilt hier entsprechend). Sie ist keine Notfrist nach § 224 I 2 ZPO, Bbg JB **93**, 89, Köln RR **99**, 1583, LSG Celle JB **99**, 589. Daher gibt es gegen ihre Versäumung auch keine Wiedereinsetzung, Bbg JB **93**, 89, Köln RR **99**, 1583. Die Aufforderung braucht keinen Hinweis auf die Wirkung eines ergebnislosen Fristablaufs zu enthalten. Sie sollte aber wenigstens einen Hinweis auf die Existenz der Vorschrift VI 2 geben. Das ist eine Anstandspflicht. In einem besonders umfangreichen oder aus anderem Grund schwierigen Fall kann eine Frist von über einem Monat erforderlich sein, aM RS 32 (aber dann könnte eine bloße Monatsfrist einen Verstoß gegen das Verfassungsgebot eines fairen Verfahren bedeuten, BLAH Einl III 23. Daher ist eine teleologische Handhabung der Monatsfrist dann statthaft, BLAH Einl III 40). Die Aufforderung kann auch vor dem Verfahrensabschluß wirksam sein, Kblz MDR **13**, 300.

Der Urkundsbeamte muß diejenige Verfügung oder denjenigen Beschluß, durch den er die Frist setzt, mit seinem vollen Namen *unterzeichnen,* Bbg JB **93**, 89, Düss JB **07**, 42. Vgl zur Unterschrift VV 3403 Rn 9 ff (ausführliches ABC). Eine bloße Abkürzung (Paraphe) genügt also nicht, BGH VersR **90**, 673, Brdb Rpfleger **98**, 208, Düss JB **07**, 42. Denn es handelt sich um eine fristschaffende Maßnahme. Der Urkundsbeamte muß die Aufforderung dem beigeordneten Anwalt nach § 329 II 2 Hs 2 ZPO förmlich zustellen lassen. Eine Zustellung durch ein Empfangsbekenntnis genügt nach § 174 ZPO. Zur Fristwahrung muß der Antrag beim fristsetzenden Gericht eingehen.

26   **J. Verstoß, VI.** Man muß zwei Fallgruppen unterscheiden.

Beim *Verstoß des Anwalts* gegen die Frist *erlöschen* seine Ansprüche, auch derjenige auf eine Grundvergütung nach § 49, Zweibr Rpfleger **13**, 625. Sie erlöschen freilich nach VI 2 nur gegen die Staatskasse auf eine weitere Vergütung nach § 50, nicht aber auch diejenigen gegen den Begünstigten oder dessen Prozeßgegner nach § 126 ZPO. Es erlöschen die Ansprüche nach § 49 wie auch diejenigen nach (jetzt) § 50, Kblz RR **04**, 67, Köln RR **99**, 1583, AG Andernach JB **03**, 536. Der Urkundsbeamte kann dieses Erlöschen durch einen gesonderten Beschluß feststellen, KG JB **84**, 1692. Ein Verstoß des Anwalts gegen die Pflicht zur Mitteilung erhaltener Zahlungen des Auftraggebers führt nicht zwingend zur Kürzung der Vergütung, Hamm RR **16**, 885 (-?-).

Ein *Verstoß des Gerichts* hat die Unbeachtbarkeit der Aufforderung nach VI zur Folge. Die Ausschlußwirkung tritt mangels einer wirksamen Festsetzung nicht ein, Zweibr Rpfleger **05**, 445 (zum alten Recht).

27   **6) Entscheidung, VI.** Es gelten die folgenden Regeln.

A. Beschluß oder Verfügung. Der Urkundsbeamte der Geschäftsstelle lehnt eine Festsetzung ganz oder teilweise als derzeit überhaupt unzulässig oder unbegründet ab, Ffm JB **75**, 1612, oder er setzt die Vergütung ganz oder teilweise in einer bestimmten Höhe fest. Das erfolgt durch einen Beschluß oder eine Verfügung oder durch eine Auszahlungsanordnung, Naumb Rpfleger **12**, 156. Beides ist nach Rn 1 kein Verwaltungsakt nach § 23 EGGVG. Die Entscheidung ist nach § 56 anfechtbar.

Der Urkundsbeamte muß wie bei § 121 I 1 BGB *unverzüglich* entscheiden, wie jeder Beamte, BLAH § 104 ZPO Rn 15, Schneider MDR **91**, 124 (auch zum Verstoß). Bei ihm muß man neben § 839 I, III BGB die vorrangigen §§ 23 ff EGGVG sowie die Möglichkeit einer Dienstaufsichtsbeschwerde beachten, insbesondere auch bei einer bloßen Untätigkeit). Das gilt in allen Gerichtsbarkeiten.

28   **B. Notwendigkeit einer Begründung.** Der Urkundsbeamte muß den Beschluß grundsätzlich mit einer wenigstens stichwortartigen Begründung versehen, BLAH § 329 ZPO Rn 4, Bbg JB **77**, 381. Denn sonst würden die Grundlagen der Nachprüfbarkeit durch den beigeordneten Anwalt wie durch das Gericht fehlen, BVerfG **6**, 44, Bbg JB **78**, 1360. Der Urkundsbeamte muß eine zunächst fehlende Begründung spätestens dann nachholen, wenn er einer Erinnerung gegen seinen Beschluß nicht abhilft, KG **75**, 109, LG Bln JB **76**, 1542. Rechtsbehelfsbelehrung, Verstoß: §§ 12 c, 33 V 2, 52 IV 2.

29   **C. Entbehrlichkeit einer Begründung.** Soweit allerdings der Beschluß in keinerlei Rechte eines Beteiligten eingreift, darf eine Begründung ausnahmsweise fehlen, BVerfG NJW **57**, 289. Das gilt zB dann, wenn der Urkundsbeamte in seinem Beschluß dem Antrag voll stattgegeben hat und wenn bereits erkennbar ist, daß die

Staatskasse keinerlei Bedenken hat. Denn dann wäre eine Beschwerde unzulässig, Bbg JB **75**, 1463. Eine Begründung ist auch dann entbehrlich, wenn alle Beteiligten die Erwägungen des Urkundsbeamten einwandfrei kennen, etwa aus einer mündlichen Erörterung. Es empfiehlt sich dann aber, in die Akten einen Vermerk darüber aufzunehmen. Eine Begründung ist schließlich dann entbehrlich, wenn alle Beteiligten einen Rechtsmittelverzicht wirksam erklärt haben.

D. Keine Zinsen, Kosten. Eine Kostenentscheidung findet nicht statt. Denn das 30 Verfahren vor dem Urkundsbeamten ist kostenfrei. Es gibt nach Rn 1 auch keine Verzinsung wie bei § 104 I 2 ZPO.

E. Mitteilung. Der Urkundsbeamte muß seine Entscheidung förmlich zustellen. 31 Denn sie unterliegt zwar keinem befristeten Rechtsmittel. Sie ist aber ein Vollstreckungstitel nach §§ 329 III Hs 1, 794 I Z 2 ZPO, aM RS 46 (je unnötig prozeßunwirtschaftlich). Das gilt auch dann, wenn der Urkundsbeamte im Verfahren eine Aufforderung nach VI 1 erlassen hatte. Es genügt also keine formlose Mitteilung von Amts wegen. Eine bloße Verfügung ohne eine mindestens inhaltlich abschließende Entscheidung ist keine Feststellung, LG Karlsr NJW **76**, 1274.

F. Wirkung. Die Festsetzung macht die weitere Vergütung des § 50 gegenüber der 32 Staatskasse nach § 8 Rn 1 fällig. Sie wirkt für und gegen alle an diesem Festsetzungsverfahren Beteiligten. Sie wirkt mangels eines Antragsrechts nach Rn 4 also nicht auch gegenüber dem Prozeßgegner. Sie bindet die Staatskasse nach § 56 solange, bis das Gericht den Beschluß auf Grund einer Erinnerung ändert oder aufhebt. Die Entscheidung erwächst allerdings nicht in eine formelle Rechtskraft. Eine endgültige falsche Berechnung der Vergütung kann nach Rn 27 eine Amtshaftung auslösen, Matzen AnwBl **76**, 333.

G. Änderung, Nachforderung. Abweichend von § 63 III GKG, Teil I A dieses 33 Buchs, sieht § 55 keine Änderungsbefugnis vom Amts wegen mehr vor, (teils zum alten Recht) Ffm FamRZ **91**, 1462 (Heilung infolge zulässiger Erinnerung), Hamm RR **16**, 885, Schmidt MDR **83**, 637, Kraemer AnwBl **79**, 168, aM KG Rpfleger **78**, 312, Stgt AnwBl **78**, 463 (aber der Wortlaut und Sinn sind eindeutig). Eine Nachforderung etwa wegen eines irrig zunächst zu niedrigen Antrags ist statthaft, Schlesw FamRZ **09**, 452. Wegen eines Rechtsbehelfs der Staatskasse § 56.

Erinnerung und Beschwerde

56 I ¹Über Erinnerungen des Rechtsanwalts und der Staatskasse gegen die Festsetzung nach § 55 entscheidet das Gericht des Rechtszugs, bei dem die Festsetzung erfolgt ist, durch Beschluss. ²Im Fall des § 55 Abs. 3 entscheidet die Strafkammer des Landgerichts. ³Im Fall der Beratungshilfe entscheidet das nach § 4 Abs. 1 des Beratungshilfegesetzes zuständige Gericht.

II ¹Im Verfahren über die Erinnerung gilt § 33 Abs. 4 Satz 1, Abs. 7 und 8 und im Verfahren über die Beschwerde gegen die Entscheidung über die Erinnerung § 33 Abs. 3 bis 8 entsprechend. ²Das Verfahren über die Erinnerung und über die Beschwerde ist gebührenfrei. ³Kosten werden nicht erstattet.

Gliederung

1) Systematik, Regelungszweck, I, II	1
2) (Erst-)Erinnerung, I 1	2–7
A. Berechtigung des Rechtsanwalts	2
B. Berechtigung der Staatskasse	3
C. Keine Berechtigung anderer Personen	4
D. Gegenstand der Erinnerung	5
E. Form, Frist	6
F. Beschwer	7
3) Weiteres (Erst-)Erinnerungsverfahren, I, II	8, 9
A. Zuständigkeit	8
B. Prüfungsumfang	9
4) Entscheidung über die (Erst-)Erinnerung, I	10–12
A. Beschluß	10
B. Begründung, Kosten	11
C. Mitteilung	12
5) Befristete Beschwerde, II	13–20
A. Zulässigkeit	13

RVG § 56 X. Rechtsanwaltsvergütungsgesetz

    B. Entweder: Beschwerdewert über 200 EUR, II 1, § 33 III 1 14
    C. Oder: Zulassung wegen grundsätzlicher Bedeutung, II 1, § 33 III 2 15
    D. Keine Beschwerde an Obersten Gerichtshof des Bundes 16
    E. Form, Frist 17
    F. Beispiele zum weiteren Verfahren, II 18, 19
    G. Beschluß 20
    6) Gegen Rechtspfleger mangels Beschwerdewerts: Befristete Zweiterinnerung, I, II, § 11 II 1 RPflG 21
    7) Weitere Beschwerde, II 1, § 33 VI 22
    8) Gegenvorstellung, Verfassungsbeschwerde, I, II 23

1   **1) Systematik, Regelungszweck, I, II.** Es gelten dieselben Erwägungen wie bei § 55 Rn 1, 2.

2   **2) (Erst-)Erinnerung, I 1.** Die Vorschrift geht § 30 a EGGVG vor, Teil XII B dieses Buchs, Köln RR **03**, 575. (Jetzt) I 1 geht auch § 27 EGGVG vor, Naumb NJW **03**, 2921. Es gelten für die (Erst-)Erinnerung die folgenden Regeln.
    A. Berechtigung des Rechtsanwalts. Der nach §§ 45 ff usw beigeordnete oder bestellte Anwalt ist zur (Erst-)Erinnerung berechtigt. Das gilt natürlich auch zugunsten seines Rechtsnachfolgers, auch infolge einer Abtretung, Düss FamRZ **97**, 532.

3   **B. Berechtigung der Staatskasse.** Auch die Staatskasse ist zur (Erst-)Erinnerung berechtigt, Düss Rpfleger **95**, 421, KG JB **09**, 32. Der Bezirksrevisor oder der Leiter des Rechnungsamts vertritt sie. Die Staatskasse kann auch eine Verjährung des Anspruchs geltend machen. Sie soll allerdings nur bei einer grundsätzlichen Streitfrage eine (Erst-)Erinnerung einlegen, soweit es ihr als angemessen erscheint, eine gerichtliche Entscheidung herbeizuführen. In anderen Fällen soll die Staatskasse den Weg der Anweisung zur Berichtigung im Verwaltungsverfahren wählen.
    Die Staatskasse kann sowohl dann die (Erst-)Erinnerung einlegen, wenn ihr die Vergütung als *zu niedrig* erscheint, KG FamRZ **87**, 727, als auch dann, wenn sie ihr als *zu hoch* erscheint, KG Rpfleger **77**, 227. Im letzteren Fall ist die (Erst-)Erinnerung keineswegs eine solche zugunsten einer der Parteien des Hauptverfahrens, sondern zugunsten der Staatskasse.
    Die (Erst-)Erinnerung ist *nach der Auszahlung* der festgesetzten Vergütung nicht mehr zulässig, Hbg AnwBl **82**, 256 (zustm Schmidt MDR **83**, 637), aM BVerfG NdsRpfl **83**, 160, KG JB **09**, 32, Schlesw FamRZ **09**, 452 (aber der Vertrauensschutz sollte im öffentlichen Recht stets eine überzeugende Miterörterung finden, bevor man ihn ablehnt).

4   **C. Keine Berechtigung anderer Personen.** Andere als die in Rn 1–3 genannten Personen sind zur (Erst-)Erinnerung nicht berechtigt, VG Karslr JB **15**, 200. Das gilt insbesondere für die durch die Prozeßkostenhilfe begünstigte Partei und ihren Prozeßgegner oder für den Beschuldigten. Er kann nur nach § 66 GKG vorgehen, Teil I A dieses Buchs.

5   **D. Gegenstand der Erinnerung.** Die (Erst-)Erinnerung richtet sich gegen die Entscheidung über die Festsetzung der Vergütung insgesamt. Die Unrichtigkeit eines einzelnen Postens begründet die (Erst-)Erinnerung nicht, soweit das Gesamtergebnis richtig ist. Freilich gilt das nur in rechnerischer Hinsicht.

6   **E. Form, Frist.** Die (Erst-)Erinnerung ist nicht an eine Form gebunden. Es ist kein bestimmter Antrag erforderlich. Das ergibt sich aus II 1 Hs 1 in Verbindung mit § 33 VII 1. Man kann die (Erst-)Erinnerung nach diesen Vorschriften schriftlich oder nach § 12b elektronisch nach §§ 78 III Hs 2, 129 a ZPO ohne einen Anwaltszwang und auch zum Protokoll der Geschäftsstelle einlegen.
    Man muß *keine Frist* einhalten, Düss JB **17**, 354, Naumb Rpfleger **12**, 156. Das ergibt sich (jetzt) aus II 1 Hs 1 in Verbindung mit § 33 III 3, Jena Rpfleger **06**, 435, LAG Mü NZA-RR **14**, 613, RS 5. Daher ist die frühere Frage einer etwaigen Verwirkung teilweise überholt, Brdb JB **10**, 308, AG Halle Rpfleger **12**, 266, LAG Mü NZA-RR **14**, 613, aM Düss JB **17**, 354, Rostock JB **12**, 198. § 20 GKG, Teil I A dieses Buchs, ist nicht entsprechend anwendbar, Düss JB **17**, 354, KG FamRZ **04**, 1805, aM Brdb JB **10**, 308, Düss JB **81**, 1847, Ffm JB **91**, 1649, Hamm JB **82**, 877.

7   **F. Beschwer.** Für das Erinnerungsverfahren verweist II 1 Hs 1 nicht auf § 33 III insgesamt. Auch paßt ein Beschwerdewert nach § 33 III 1 oder die Notwendigkeit einer Zulassung nach § 33 III 2 nicht schon zum Erinnerungsverfahren. Daher darf man diese Voraussetzungen in diesem Rechtsbehelfsstadium vernünftigerweise nicht mitfordern. Es ist keine bezifferte Mindestbeschwer erforderlich. Natürlich muß aber irgendeine meßbare Beschwer vorliegen. Sonst würde ein Rechtsschutzbedürfnis fehlen. Eine Beschwer kann sich auch aus einer vorwerfbaren erheblichen Verzögerung des Festsetzungsverfahrens ergeben, Naumb NJW **03**, 2921, oder aus einem Verstoß gegen das Gebot kostensparender Prozeßführung, Hamm MDR **14**, 286 (zB durch vermeidbare Mehrheit von Verfahren).

Mit der (Erst-)Erinnerung kann man die *Unrichtigkeit* der Festsetzung insgesamt oder in einzelnen für das Ergebnis maßgeblichen Punkten rügen. Man kann auch als ein beigeordneter oder bestellter Anwalt weitere Kosten nachschieben, Saarbr AnwBl **77**, 510. Eine (Erst-)Erinnerung der Staatskasse kann sich gegen die Notwendigkeit oder gegen die Höhe auch von Auslagen richten.

3) Weiteres (Erst-)Erinnerungsverfahren, I, II. Der Urkundsbeamte darf und muß evtl nach seiner pflichtgemäßen Erkenntnis die Gegenseite anhören, BVerfG NJW **00**, 1709. Er kann dann ohne einen Kostenausspruch der Erinnerung ganz oder teilweise abhelfen, Ffm JB **91**, 1694, Köln FamRZ **10**, 232, Naumb FamRZ **07**, 1115. Dagegen ist (erneut) Erinnerung statthaft, LG Düss JB **16**, 637. Er muß mangels Abhilfe die Akten wegen des Charakters der Erinnerung als eines bloßen Rechtsbehelfs wie bei § 121 I 1 BGB unverzüglich dem Gericht seiner Instanz zur Entscheidung über die Erinnerung vorlegen, Naumb FamRZ **07**, 1115. Er muß das in einem Vermerk nicht nur floskelhaft begründen (andernfalls Rückgabe an ihn, aM Düss JB **79**, 48). Für das weitere Erinnerungsverfahren ergeben sich zwei Aspekte.

A. Zuständigkeit. Zur Entscheidung über die (Erst-)Erinnerung im Umfang einer Nichtabhilfe durch den Urkundsbeamten ist stets das Gericht desjenigen Rechtszugs zuständig, dessen Beamter die angefochtene Vergütung festgesetzt hat, also zB der Familienrichter, KG FamRZ **87**, 727. Das kann also bei § 55 II das Erstgericht sein, Naumb FamRZ **07**, 1115, auch als Familiengericht, Köln FamRZ **13**, 1063. Das gilt nach I 2 auch dann, wenn das Hauptverfahren in einem anderen Rechtszug endet. Bei § 55 III (Beiordnung einer Kontaktperson nach § 34a EGGVG) entscheidet die Strafkammer desjenigen LG, in dessen Bezirk im Zeitpunkt des Eingangs der Erinnerung oder nach einer Verlegung jetzt die Justizvollzugsanstalt liegt. Bei einer Beratungshilfe entscheidet nach I 3 das nach § 4 I BerHG, abgedruckt in § 55 Rn 22, zuständige Gericht, Ffm RR **12**, 1024.

Das Gericht entscheidet nach II 1 in Verbindung mit § 33 VIII 1 grundsätzlich durch den Einzelrichter, BVerwG JB **06**, 198. Er kann freilich nach II 1 in Verbindung mit § 33 VIII 2 die Sache dem Kollegium unanfechtbar und bindend übertragen. Soweit das Gesetz das zugrunde liegende Geschäft nach § 4 RPflG dem Rpfl übertragen hatte, entscheidet der Rpfl, AG Lübeck Rpfleger **84**, 75. Beim ArbG entscheidet der Vorsitzende ohne eine Mitwirkung der Arbeitsrichter. Wegen der gegen seine (Erst-)Entscheidung evtl statthaften befristeten Zweiterinnerung Rn 21.

Soweit statt des Urkundsbeamten fälschlich der *Rechtspfleger* entschieden hat, ist sein Richter zuständig, Hamm Rpfleger **89**, 319. § 11 RPflG ist unanwendbar. Denn diese Vorschrift erfaßt nur eine gesetzmäßige Erstentscheidung des Rpfl, und I, II sind ohnehin als Spezialregeln vorrangig. Es liegt erst recht keine Durchgriffserinnerung vor, Bbg JB **91**, 696, Kblz AnwBl **89**, 243. Deshalb ein bloßer Nichtabhilfebeschluß des Richters nebst einer Vorlage beim höheren Gericht unzulässig. Er müßte ihn unter einer Zurückverweisung aufheben, Bbg JB **91**, 696, Köln FamRZ **13**, 1063.

B. Prüfungsumfang. Das Gericht prüft nach Rn 5 die gesamte Festsetzung, LAG Bln MDR **06**, 1438, aM LSG Mü AnwBl **16**, 771. Es darf aber keine Änderung zum Nachteil des Erinnerungsführers vornehmen, Düss AnwBl **80**, 463, RS 7, aM Mümmler JB **75**, 1626. Das Gericht kann auf Grund einer freigestellten mündlichen Verhandlung entscheiden. Sie kommt aber praktisch kaum vor.

4) Entscheidung über die (Erst-)Erinnerung, I. Man muß drei Gesichtspunkte beachten.

A. Beschluß. Das Gericht entscheidet durch einen Beschluß. Das ergibt sich aus I 1. Er bindet weder für das Verfahren nach §§ 103 ff, 126 ZPO noch für dasjenige nach § 11, und umgekehrt.

RVG § 56

11   **B. Begründung, Kosten.** Der Beschluß braucht grundsätzlich eine Begründung, BLAH § 329 ZPO Rn 4. Der Beschluß enthält keine Kostenentscheidung. Denn das (Erst-)Erinnerungsverfahren ist nach II 2 gebührenfrei, aM Köln MDR **13**, 816, ebenso wie übrigens das Zweiterinnerungsverfahren. Es findet nach II 3 keine Kostenerstattung statt. Das Gericht kann den (Erst-)Erinnerungsführer auch schlechter stellen. Rechtsbehelfsbelehrung, Verstoß: §§ 12 c, 33 V 2, 52 IV 2.

12   **C. Mitteilung.** Das Gericht stellt den Beschluß dem (Erst-)Erinnerungsführer förmlich zu. Denn gegen die Entscheidung ist nach Rn 13 eine fristgebundene Beschwerde zulässig. Das Gericht stellt auf Grund einer (Erst-)Erinnerung des Anwalts auch der Staatskasse, auf Grund einer (Erst-)Erinnerung der Staatskasse auch dem Anwalt seine Entscheidung förmlich zu. Denn auch er ist nach Rn 13 befristet beschwerdeberechtigt.

13   **5) Befristete Beschwerde, II.** Man muß sieben Punkte klären.

A. Zulässigkeit. Erst gegen den Beschluß des Gerichts über die (Erst-)Erinnerung ist nach II 1 in Verbindung mit § 33 III 1 die befristete Beschwerde statthaft. Soweit der Rpfl nach Rn 38 über die (Erst-)Erinnerung entschieden hat, ist die befristete Zweiterinnerung nach Rn 21 statthaft. Beschwerdeberechtigt ist auch die Staatskasse, also der Bezirksrevisor, Kblz FamRZ **85**, 619.

Im *Asylrechtsstreit* ist eine Beschwerde nach (jetzt) § 80 AsylG *unstatthaft*, OVG Bln-Brdb NVwZ-RR **17**, 73, OVG Hbg JB **94**, 103.

14   **B. Entweder: Beschwerdewert über 200 EUR, II 1, § 33 III 1.** Die Beschwerde ist nach II 1 in Verbindung mit § 33 III 1, dort zu den Einzelheiten dann zulässig, wenn der Beschwerdewert über 200 EUR liegt. Es muß also der Beschluß im (Erst-)Erinnerungsverfahren, nicht etwa der ursprünglich vom Urkundsbeamten festgesetzte Betrag, den Beschwerdeführer um mehr als 200 EUR beschweren, (zum alten Recht) KG FamRZ **87**, 727, (zum neuen Recht) LG Kblz FamRZ **07**, 232. Maßgebend ist die Beschwer beim aus der Staatskasse zahlbaren Betrag, nicht eine Wahlanwaltsvergütung.

Man muß die *Umsatzsteuer* in die Rechnung des Beschwerdewerts einbeziehen. Denn sie stellt einen Teil des Gesamtanspruchs des beigeordneten Anwalts dar, (jetzt) VV 9008, KG AnwBl **80**, 467, LSG Schlesw AnwBl **89**, 114. Soweit es sich um die Nachprüfung der Richtigkeit der Gesamtforderung auf Grund einer Beschwerde der Staatskasse handelt, darf man nur prüfen, ob die tatsächlich vorhandene Gesamtforderung den festgesetzten Betrag nicht übersteigt.

15   **C. Oder: Zulassung wegen grundsätzlicher Bedeutung, II 1, § 33 III 2.** Die Beschwerde ist nach II 2 in Verbindung mit § 33 III 2, dort zu den Einzelheiten auch dann zulässig, wenn das Gericht der angefochtenen Entscheidung die Beschwerde wegen einer grundsätzlichen Bedeutung der zur Entscheidung stehenden Frage nach dem eindeutigen Gesetzestext bereits in seinem Beschluß zugelassen hat, LG Kblz FamRZ **07**, 232. Eine nachträgliche Zulassung ist also unstatthaft und daher unwirksam, BGH NJW **04**, 779, Mü JB **10**, 487, LG Kblz FamRZ **05**, 741. Nur eine wirksame Zulassung bindet das Beschwerdegericht nach II 2 in Verbindung mit § 33 IV 4 Hs 1, Mü JB **10**, 487. Mangels einer ausdrücklichen Zulassung hat keine Zulassung stattgefunden. Die Nichtzulassung ist nach II 2 in Verbindung mit § 33 IV 4 Hs 2 unanfechtbar.

16   **D. Keine Beschwerde an Obersten Gerichtshof des Bundes.** Eine Beschwerde an einen Obersten Gerichtshof des Bundes ist nach II 1 in Verbindung mit § 33 IV 3 unstatthaft.

17   **E. Form, Frist.** Die Beschwerde ist ohne die Einhaltung einer besonderen Form zulässig. Dasselbe gilt nach II 1 in Verbindung mit § 33 VII 1 für alle weiteren Anträge oder Erklärungen beliebiger Art im Beschwerdeverfahren. Man kann sie nach II 1 in Verbindung mit § 33 VII 1, 2 schriftlich einlegen, auch nach § 129 a ZPO, oder nach § 12 b elektronisch auch nach einem Anwaltszwang unterliegenden Hauptverfahren doch in diesem Beschwerdeverfahren ohne einen Anwaltszwang, OVG Hbg Rpfleger **08**, 46, und auch zum Protokoll des Urkundsbeamten der Geschäftsstelle des Gerichts der angefochtenen Entscheidung. Danach ist eine Einlegung beim Beschwerdegericht unstatthaft. Erfolgt sie trotzdem dort, leitet das Beschwerdegericht

Abschn. 8. Beigeordneter oder bestellter RA, Beratungshilfe § 56 RVG

sie wie bei § 121 I 1 BGB unverzüglich an das Erinnerungsgericht weiter, ohne dazu alles andere stehen und liegen lassen zu müssen. Zur Fristwahrung ist der Eingang beim Erinnerungsgericht notwendig. Man muß nach II 1 in Verbindung mit § 33 III 3 (jetzt) eine Zweiwochenfrist seit der Zustellung der angefochtenen Entscheidung einhalten.

Eine *Wiedereinsetzung* ist nach II 1 in Verbindung mit § 33 V 1, 2 statthaft. Sie wird aber meist am Verschulden des Anwalts nach § 33 VII 2 scheitern. Gegen die Ablehnung einer Wiedereinsetzung ist nach II 1 in Verbindung mit § 33 V 3–6 eine befristete Beschwerde statthaft.

F. Beispiele zum weiteren Verfahren, II 18

Abhilfe: Das Erinnerungsgericht darf und muß evtl der Beschwerde nach II 1 in Verbindung mit § 33 IV 1 Hs 1 abhelfen, Hamm Rpfleger **86**, 483 (zu § 572 ZPO). Gegen einen Abhilfebeschluß ist eine sofortige Beschwerde des Gegners statthaft.

S auch „Nichtabhilfe".

Anhörung: Das Beschwerdegericht muß schon wegen Art 103 I GG den Beschwerdegegner vor einer ihm nachteiligen Entscheidung stets anhören, BVerfG **34**, 346. Das geschieht mit einer oder ohne eine dem Gericht ja freistehende mündliche Verhandlung.

Ehrenamtlicher Richter: Das Kollegium entscheidet nach II 1 in Verbindung mit § 33 VIII 3 stets ohne ihn, Stgt Rpfleger **11**, 458.

Einzelrichter: Er ist nach II 1 in Verbindung mit § 33 VIII 1 grds funktionell zuständig. Er kann aber nach § 33 VIII 2 die Sache wegen einer grundsätzlichen Bedeutung dem Kollegium übertragen.

S auch „Funktionelle Zuständigkeit".

Funktionelle Zuständigkeit: Abgesehen von Rn 16 ist funktionell zuständig die Zivilkammer des LG, nicht der Familiensenat des OLG, (je zum alten Recht) BGH FamRZ **84**, 775, aM Brschw AnwBl **84**, 514, Schlesw SchlHA **83**, 55, LG Köln MDR **85**, 945.

S auch „Einzelrichter".

Mündliche Verhandlung: Sie steht dem Beschwerdegericht nach BLAH § 128 19 ZPO Rn 10 frei.

S aber auch „Anhörung".

Nichtabhilfe: Sie erfolgt durch einen Aktenvermerk des Erinnerungsgerichts. Ihn muß es begründen. Das darf nicht nur floskelhaft erfolgen. Unverzüglich wie bei § 121 I 1 BGB muß das Erinnerungsgericht sodann die Sache dem Beschwerdegericht nach II 1 in Verbindung mit § 33 IV 1 Hs 2 vorlegen und davon die Beteiligten informieren.

Sachliche Zuständigkeit: Beschwerdegericht ist das gegenüber dem Erinnerungsgericht nächsthöhere Gericht. Das kann also zB das LG sein, Kblz FamRZ **12**, 652, oder das OLG nach Rn 16, *nicht* aber der BGH. Bei § 119 I Z 1, III GVG ist das OLG das Beschwerdegericht.

Staatskasse: Sie braucht keinen Volljuristen zu ihrer Vertretung, OVG Bre NVwZ-RR **15**, 439.

G. Beschluß. Das Gericht entscheidet durch einen Beschluß. Es verweist eine 20 nicht ordnungsgemäß vorgelegte Beschwerde zurück, Ffm Rpfleger **90**, 276, Hamm MDR **88**, 871. Es kann auch nach § 319 ZPO von Amts wegen berichtigen. Das Gericht muß bei einer begründeten Erinnerung die Vergütung festsetzen, Brdb JB **07**, 656. Der Beschluß braucht grundsätzlich eine Begründung, BLAH § 329 ZPO Rn 4. Es ergeht keine Kostenentscheidung. Denn das Beschwerdeverfahren ist nach (jetzt) II 2 gerichtsgebührenfrei, Schlesw JB **77**, 1581, und es findet nach (jetzt) II 3 keine Kostenerstattung statt, Zweibr JB **99**, 591. Das Beschwerdegericht prüft auch nicht den Umfang der Bewilligung der Prozeßkostenhilfe durch das Prozeßgericht, Oldb NJW **11**, 1615. Rechtsbehelfsbelehrung, Verstoß: §§ 12 c, 33 V 2, 52 IV 2.

6) Gegen Rechtspfleger mangels Beschwerdewerts: Befristete Zweiterin- 21 **nerung, I, II, § 11 II 1 RPflG.** Soweit der Rpfl über die (Erst-)Erinnerung nach Rn 8 entschieden hat und soweit eine Beschwerdemöglichkeit wegen des Nichterreichens des Beschwerdewerts nach Rn 14 oder aus anderen Gründen entfällt, muß man wie in den vergleichbaren Fällen beachten: § 66 GKG Rn 37, Teil I A dieses Buchs, § 4 JVEG, Teil V dieses Buchs, § 11 II 1 RPflG. Nach dieser letzteren Vorschrift findet dann aus den in § 11 RVG Rn 88 erläuterten verfassungsrechtlichen Gründen eine befristete Erinnerung in dem dort Rn 106–126 erläuterten besonderen Verfahren statt. Über sie entscheidet zunächst der Rpfl, AG Kiel Rpfleger **10**, 127 (auch zu seinem etwaigen Ausschluß wegen Vorbefassung), und mangels dessen Abhilfe sein Richter abschließend. Sie ist also in Wahrheit auch hier eine Zweiterinnerung.

22 **7) Weitere Beschwerde, II 1, § 33 VI.** Eine weitere Beschwerde ist verfassungsgemäß statthaft, Düss JB **17**, 354. Sie ist als eine Rechtsbeschwerde (jetzt) nach II 1 in Verbindung mit § 33 VI 2 nach ihrer Zulassung durch das LG wegen einer grundsätzlichen Bedeutung bereits in seiner Erstbeschwerdeentscheidung und in voller Besetzung statthaft, BGH NJW **04**, 223, Celle Rpfleger **14**, 337. Sie kommt auch dann in Betracht, wenn das LG als das Erstbeschwerdegericht ohne eine vorherige Entscheidung des Vorderrichters entschieden hat. Eine Rechtsbeschwerde zum BGH ist unstatthaft. Denn II 1 in Verbindung mit § 33 VII 1, 2 enthalten eine vorrangige Sonderregelung gegenüber § 574 ZPO, BGH MDR **10**, 946. Sie ist ihm inhaltlich ohnehin so ähnlich, daß seine zusätzliche Anwendung nun wirklich eine Überspitzung der Anfechtungsmöglichkeiten auf diesem ohnehin bis zum Äußersten ausgebauten Nebenschauplatz wäre. Das gilt auch beim beigeordneten Vertreter in einer Patentsache, BGH GRUR **88**, 116.
Zum *weiteren Verfahren* der befristeten weiteren Beschwerde § 33 Rn 28 ff. Eine Zulassung bindet das OLG nach § 33 VI 4 in Verbindung mit IV 4, Celle Rpfleger **14**, 337. Auch das Verfahren über die weitere Beschwerde ist nach II 2 gerichtsgebührenfrei und kennt nach II 3 keine Kostenerstattung.

23 **8) Gegenvorstellung, Verfassungsbeschwerde, I, II.** Sie kommt wie sonst infrage. Zu ihren Voraussetzungen BLAH Grdz 6 vor § 567 ZPO. Eine Verfassungsbeschwerde des nach § 55 IV zurückgewiesenen Anwalts im eigenen Namen ist mangels einer Beschwer unzulässig, BVerfG NJW **06**, 1504. Ein Beratungshilfeempfänger muß beschwert sein, BVerfG NJW **11**, 2570.

Rechtsbehelf in Bußgeldsachen vor der Verwaltungsbehörde

57 ¹Gegen Entscheidungen der Verwaltungsbehörde im Bußgeldverfahren nach den Vorschriften dieses Abschnitts kann gerichtliche Entscheidung beantragt werden. ²Für das Verfahren gilt § 62 des Gesetzes über Ordnungswidrigkeiten.

OWiG § 62. *Rechtsbehelf gegen Maßnahmen der Verwaltungsbehörde.* I ¹Gegen Anordnungen, Verfügungen und sonstige Maßnahmen, die von der Verwaltungsbehörde im Bußgeldverfahren getroffen werden, können der Betroffene und andere Personen, gegen die sich die Maßnahme richtet, gerichtliche Entscheidung beantragen. ²Dies gilt nicht für Maßnahmen, die nur zur Vorbereitung der Entscheidung, ob ein Bußgeldverfahren erlassen oder das Verfahren eingestellt wird, getroffen werden und keine selbständige Bedeutung haben.
II ¹Über den Antrag entscheidet das nach § 68 zuständige Gericht. ²Die §§ 297 bis 300, 302, 306 bis 309 und 311a der Strafprozeßordnung sowie die Vorschriften der Strafprozeßordnung über die Auferlegung der Kosten des Beschwerdeverfahrens gelten sinngemäß. ³Die Entscheidung des Gerichts ist nicht anfechtbar, soweit das Gesetz nichts anderes bestimmt.

1 **1) Geltungsbereich, S 1.** Diese vorrangige Spezialvorschrift ist als solche eng auslegbar. Sie gilt nach S 1 für das Bußgeldverfahren gerade und nur vor der Verwaltungsbehörde gegen jede ihrer Entscheidungen. Demgegenüber gilt ab einer Abgabe an das AG § 55. § 57 gilt auch dann, wenn es sich objektiv um eine Straftat handelte, wenn die Behörde sie aber als eine bloße Ordnungswidrigkeit behandelt hat.

2 **2) Verfahren, S 2.** Vgl bei den in § 62 I, II OWiG genannten Vorschriften.
Zuständig ist nach § 68 I OWiG dasjenige AG, in dessen Bezirk die Verwaltungsbehörde ihren Sitz hat, deren Maßnahme der Antragsteller anficht. Der Antrag ist nach

Abschn. 8. Beigeordneter oder bestellter RA, Beratungshilfe §§ 57, 58 RVG

§ 62 II 2 OWiG in Verbindung mit § 306 I StPO zum Protokoll der Geschäftsstelle möglich. Man kann ihn auf einzelne Teile des Verwaltungsakts beschränken. Man sollte ihn nachvollziehbar begründen. Eine Frist besteht nicht. Eine Verwirkung ist wie sonst denkbar, Kblz FamRZ 99, 1362 (nach 3 Monaten), LSG Celle JB 94, 590 (nach 1 Jahr). Eine Beschwer ist wie stets erforderlich. Es gibt keinen Mindestwert. Die Verwaltungsbehörde darf und muß nach §§ 62 II OWiG, 306 II StPO evtl abhelfen. Es besteht ein Verschlechterungsverbot. Mangels einer Abhilfe legt sie binnen 3 Tagen dem Gericht vor.

Das Gericht muß den Gegner vor einer ihm nachteiligen Entscheidung nach S 2 in Verbindung mit §§ 62 II 2 OWiG in Verbindung mit § 308 I 1 StPO *anhören* und kann das nach § 311a StPO nachholen. Eine mündliche Verhandlung ist statthaft.

3) Entscheidung, S 1, 2. Das AG verwirft einen unzulässigen Antrag und weist 3 einen unbegründeten ab. Einen zulässigen und begründeten Antrag bescheidet es nach S 2 in Verbindung mit §§ 62 II 2 OWiG, 309 II StPO durch die Aufhebung der angefochtenen Maßnahme und durch eine eigene Entscheidung zur Sache. Diese Sachentscheidung kann auch zulasten des Antragstellers ausfallen. Eine Zurückverweisung kann bei einem erheblichen Verfahrensfehler der Verwaltungsbehörde erfolgen. Die Entscheidung erfolgt durch einen Beschluß nach S 2 in Verbindung mit §§ 62 II 2 OWiG, 309 I. Wegen seiner Unanfechtbarkeit nach S 2 in Verbindung mit § 62 II 3 OWiG braucht das AG ihn nicht zu begründen, soweit es den Antrag nicht verwirft. Das Gericht kann den Beschluß deshalb auch formlos mitteilen. Rechtsbehelfsbelehrung, Verstoß: §§ 12c, 33 V 2, 52 IV 2.

4) Kosten, S 1, 2. Bei einer Antragsrücknahme, Verwerfung oder Abweisung 4 trägt der Antragsteller die Kosten einschließlich der Auslagen nach S 2 in Verbindung mit §§ 62 II 2 Hs 2 OWiG, 473 I StPO. Beim Antragserfolg trägt nach S 2 in Verbindung mit §§ 62 II 2 Hs 2 OWiG, 467 StPO die Staatskasse die gesamten Kosten.

Anrechnung von Vorschüssen und Zahlungen

58 [I] Zahlungen, die der Rechtsanwalt nach § 9 des Beratungshilfegesetzes erhalten hat, werden auf die aus der Landeskasse zu zahlende Vergütung angerechnet.

[II] In Angelegenheiten, in denen sich die Gebühren nach Teil 3 des Vergütungsverzeichnisses bestimmen, sind Vorschüsse und Zahlungen, die der Rechtsanwalt vor oder nach der Beiordnung erhalten hat, zunächst auf die Vergütungen anzurechnen, für die ein Anspruch gegen die Staatskasse nicht oder nur unter den Voraussetzungen des § 50 besteht.

[III] [1] In Angelegenheiten, in denen sich die Gebühren nach den Teilen 4 bis 6 des Vergütungsverzeichnisses bestimmen, sind Vorschüsse und Zahlungen, die der Rechtsanwalt vor oder nach der gerichtlichen Bestellung oder Beiordnung für seine Tätigkeit in einer gebührenrechtlichen Angelegenheit erhalten hat, auf die von der Staatskasse für diese Angelegenheit zu zahlenden Gebühren anzurechnen. [2] Hat der Rechtsanwalt Zahlungen empfangen, nachdem er Gebühren aus der Staatskasse erhalten hat, ist er zur Rückzahlung an die Staatskasse verpflichtet. [3] Die Anrechnung und Rückzahlung erfolgt nur, soweit der Rechtsanwalt durch die Zahlungen insgesamt mehr als den doppelten Betrag der ihm ohne Berücksichtigung des § 51 aus der Staatskasse zustehenden Gebühren erhalten würde. [4] Sind die dem Rechtsanwalt nach Satz 3 verbleibenden Gebühren höher als die Höchstgebühren eines Wahlanwalts, ist auch der die Höchstgebühren übersteigende Betrag anzurechnen oder zurückzuzahlen.

Gliederung

1) Systematik, I–III	1–3
2) Regelungszweck, I–III	4, 5
3) Geltungsbereich, I–III	6
4) Anrechnung nach II	7–15
A. Grundsatz: Anrechnungspflicht	7, 8
B. Gesetzlicher Betrag	9
C. Vereinbarte Höhe	10, 11

D. Rückzahlungsvereinbarung 12
E. Vorschuß 13
F. Anrechnungsgrenzen nach II 14
G. Mitteilungspflicht 15
5) Anrechnung, Rückzahlung nach III 16–23
A. Vorschuß, Zahlung 16
B. Vom Beschuldigten oder Dritten 17
C. Vor oder nach der Bestellung 18
D. Tätigkeit in der Strafsache 19–21
E. Anrechnung, III 1, 4 22
F. Rückzahlung, III 2, 4 23
6) Grenzen der Anrechnung oder Rückzahlung, III 3 24–26
A. Grundsatz 24
B. Berechnung 25, 26

1 **1) Systematik, I–III.** Die Vorschrift enthält zwecks Kostengerechtigkeit zwingende Regeln. Der Anwalt kann sie nicht durch eine Sondervereinbarung ausschließen, Düss Rpfleger **96**, 368, Hamm AnwBl **96**, 176. Daher ist auch eine solche Vereinbarung unwirksam, nach der der Anwalt einen ihm vom Beschuldigten oder von einem Dritten gezahlten Betrag an diesen zurückzahlen müsse, soweit die Staatskasse eine Zahlung an den Anwalt leistet.

2 Der beigeordnete Anwalt hat zwar einen *Anspruch* gegen die begünstigte Partei, seinen Auftraggeber. Er kann diesen Anspruch aber nach § 122 I Z 3 ZPO in Verbindung mit § 124 ZPO nur insoweit geltend machen, als das Prozeßgericht zB die Bewilligung der Prozeßkostenhilfe aufgehoben hat. Deshalb geben §§ 45 ff dem beigeordneten Anwalt den Anspruch auf eine gesetzliche Vergütung aus der Staatskasse. Der Anwalt kann nach § 126 ZPO auch gegen den in die Prozeßkosten verurteilten Gegner seines Auftraggebers einen Vergütungsanspruch haben.

3 Soweit nun die Staatskasse nach §§ 45 ff an den beigeordneten Anwalt eine Vergütung gezahlt hat, kann sie unter den Voraussetzungen des § 59 zur *Minderung* der Belastung des Staats die auf sie kraft Gesetzes übergegangenen Ansprüche des beigeordneten Anwalts gegenüber dem Auftraggeber oder gegenüber dem in die Prozeßkosten verurteilten Gegner grundsätzlich erstatten fordern. Von diesem Grundsatz macht II für die dort genannten Fälle eine Einschränkung.

Von II weichen wiederum die *Sonderregelungen* in III ab. Zur Neufassung KG JB **17**, 192.

4 **2) Regelungszweck, I–III.** Die Vorschrift dient der Verminderung von Überzahlungen. Sie dient damit der Kostendämpfung. Das darf aber nicht zu einer formalistischen Anwendung führen. Natürlich soll es keine problematische Bereicherung des Anwalts geben. Ebensowenig soll aber die Staatskasse bei Zweifeln oder Unklarheiten einen Vorteil haben. Das muß man bei der Auslegung mitbedenken.

5 *II* entspricht auch dem Grundgedanken des § 366 II BGB. Danach soll unter anderem mangels einer abweichenden Bestimmung des Schuldners durch seine nicht völlig ausreichende Zahlung zunächst diejenige Forderungstilgung eintreten, die dem Gläubiger eine geringere Sicherheit bietet. Das gilt auch dann, wenn das Gericht den Anwalt rückwirkend beigeordnet hat. Das alles stellt eine gewisse Begünstigung des beigeordneten Anwalts dar. Diesen Zweck muß man bei der Auslegung mitbeachten.

III zeigt die Bemühung des Gesetzes um einen Ausgleich der Interessen einerseits der Staatskasse, andererseits des beigeordneten oder bestellten Anwalts. Auch das hat für die Auslegung seine Bedeutung.

6 **3) Geltungsbereich, I–III.** *I* gilt im Bereich der Beratungshilfe nach § 44, VV 2501, 2502, Naumb Rpfleger **12**, 156. § 9 BerGH ist abgedruckt oben § 44 Rn 11. Die Beratungshilfegebühr VV 2500 schuldet aber nach § 44 S 2 hier der Rechtsuchende. Insofern ist daher § 9 BerHG und damit § 58 I unanwendbar, aM Celle MDR **11**, 455.

II gilt für den beigeordneten Anwalt im Gesamtbereich der Gebühren nach VV 3100–3518.

I gilt *nicht* für eine solche Zahlung, die der Auftraggeber oder dessen Gegner oder ein Dritter dem beigeordneten Anwalt mit der eindeutigen, wenn auch vielleicht nur stillschweigenden Bestimmung zur Weiterleitung an einen Verkehrsanwalt oder zur

Weiterleitung an das Gericht als einen Kostenvorschuß gezahlt haben und die der Anwalt auch entsprechend behandelt hat. Die Staatskasse gehört nicht zu (jetzt) II, LG Bln AnwBl **83**, 478.

III gilt für den beigeordneten oder bestellen Anwalt im Gesamtbereich nach VV 4100–6404.

4) Anrechnung nach II, dazu *Al-Jumaili* JB **00**, 565 (Üb): Man muß drei Aspekte beachten. 7

A. Grundsatz: Anrechnungspflicht. Grundsätzlich muß die Staatskasse jede Zahlung und jeden Vorschuß anrechnen, den ein Auftraggeber oder dessen Gegner oder ein Dritter dem beigeordneten Anwalt in derselben kostenrechtlichen Angelegenheit gerade aus dem Bereich VV 3100–3518 vor oder nach der Beiordnung nicht nur zahlen soll, will oder muß, sondern auch tatsächlich gezahlt hat, AG Mosbach RR **11**, 699. Eine Zahlung nur an die Landeskasse nach § 120 II ZPO ohne deren Weiterleitung nach § 50 an den Anwalt reicht für eine Anrechnung noch nicht aus. Dasselbe gilt für eine nur bedingt erfolgte Zahlung oder für nur durchlaufende Gelder. Die Anrechnung erfolgt zunächst auf diejenige Vergütung, für die der beigeordnete Anwalt einen Anspruch gegen die Staatskasse nicht oder nur unter den Voraussetzungen des § 50 hat (sog Differenzbetrag), Ffm JB **14**, 411, Zweibr FamRZ **71**, 139, aM Düss JB **09**, 188, LAG Ffm JB **09**, 586. Davon nimmt II nur eine solche Zahlung aus, die der Auftraggeber mithilfe eines ihm erteilten Darlehens geleistet hat, LSG Essen AnwBl **92**, 46. Zur außergerichtlichen Geschäftsgebühr Ffm RR **13**, 320, Oldb FamRZ **12**, 244 (je: bitte lesen).

Man muß also *wie folgt rechnen:* Zunächst muß man die volle gesetzliche Vergütung ermitteln, die dem beigeordneten Anwalt als einem Wahlanwalt gegen seinen Auftraggeber zustehen würde. Sodann muß man diejenige Vergütung errechnen, die ihm infolge der Beiordnung gegenüber der Staatskasse zusteht. Dabei ergibt sich meist eine Differenz wegen der geringeren Höhe des letzteren Betrags gegenüber dem ersteren.

Einen etwa an den beigeordneten Anwalt vom Auftraggeber oder dessen Gegner 8 oder einem Dritten gezahlten *Vorschuß* usw muß man zunächst auf diese Differenz verrechnen, so auch Schlesw MDR **08**, 947. Erst wenn der an den beigeordneten Anwalt geleistete Betrag höher ist als diese Differenz, muß der Anwalt den entsprechenden Restbetrag des erhaltenen Vorschusses usw nunmehr an die Staatskasse zahlen.

Keineswegs ist nach Rn 3 mangels einer Verrechnungsanweisung des Kostenschuldners einfach eine *anteilige Verrechnung* auf außergerichtliche und gerichtliche Kosten mit dem Wortlaut und dem Regelungszweck vereinbar, aM Stgt FamRZ **99**, 390.

B. Gesetzlicher Betrag. Soweit der Auftraggeber oder dessen Gegner oder ein 9 Dritter einen Vorschuß oder eine sonstige Zahlung nur in derjenigen Höhe geleistet haben, für die der beigeordnete Anwalt als Wahlanwalt eine gesetzliche Vergütung hätte, findet die Anrechnung voll statt, Naumb Rpfleger **12**, 156. Es kommt insoweit nicht darauf an, wer die Zahlung erbringt. Es reicht also aus, daß ein Streitgenosse des Auftraggebers nach §§ 59 ff ZPO oder daß der Prozeßgegner des Auftraggebers zahlen oder daß der Anwalt von ihnen entsprechende Beträge beitreibt. Auch eine vom Auftraggeber gezahlte Rate ist anrechenbar.

Nicht anrechenbar sind Auslagen nach VV 7002 oder Umsatzsteuer nach VV 7008, KG Rpfleger **15**, 598.

C. Vereinbarte Höhe. Soweit der beigeordnete Anwalt mit dem Auftraggeber für 10 dieselbe kostenrechtliche Angelegenheit nach § 15 Rn 9 eine Vergütungsvereinbarung nach § 3 a zulässig getroffen hat, kommt eine Anrechnung der daraufhin an ihn gezahlten Beträge doch nur bis zur Höhe der ihm als einem Wahlanwalt zustehenden gesetzlichen Vergütung in Betracht. Im übrigen ist die Honorarvereinbarung im Verhältnis zur Staatskasse unwirksam, soweit sie diese benachteiligen würde. Eine Vergütungsvereinbarung kann also die Staatskasse nicht benachteiligen.

Soweit der Auftraggeber und der Anwalt für mehrere kostenrechtlich selbständige 11 Angelegenheiten eine einheitliche *Sondervergütung* oberhalb der gesetzlichen Vergütung vereinbart haben und soweit das Gericht der Partei zB eine Prozeßkostenhilfe nach § 119 ZPO nur für eine dieser Angelegenheiten bewilligt hat, muß man die an

1733

RVG § 58

den Anwalt geleisteten Zahlungen usw zunächst im Verhältnis des Werts der mehreren Angelegenheiten aufspalten und dann die Anrechnung desjenigen Teils, der auf die Prozeßkostenhilfesache entfällt, nach den obigen anderen Grundsätzen vornehmen.

12 **D. Rückzahlungsvereinbarung.** Eine vor der Beiordnung getroffene Vereinbarung dahin, daß der Anwalt einen solchen Betrag an den Auftraggeber oder dessen Gegner oder einen Dritten zurückzahlen soll, der nach seiner etwaigen Beiordnung auf den durch die Staatskasse gedeckten Teil entfällt, ist allerdings wirksam.

13 **E. Vorschuß.** Ein Vorschuß deckt nicht die volle gesetzliche Verfahrensgebühr des Wahlanwalts ab, sondern nur den nach § 49 nicht gedeckten Teil. Soweit die Zahlung für einen bestimmten Rechtszug erfolgt, ist eine Anrechnung nur auf die Gebühren dieses Rechtszugs zulässig.

14 **F. Anrechnungsgrenzen nach II.** Man muß eine Zahlung wegen der gesetzlichen Vergütung des Wahlanwalts für eine kostenrechtlich andere Angelegenheit nach § 15 Rn 9 unberücksichtigt lassen. Dasselbe gilt für eine solche Zahlung, die ein Anwalt vor einer Zurückverweisung zB nach § 21 erhalten hat, wenn die Beiordnung ohne eine Rückwirkung erst nach der Zurückverweisung erfolgt ist. Bei einer Beiordnung nur für einen Anspruchsteil darf die Anrechnung nur wegen der gerade auf diesen Teil geleisteten Zahlungen erfolgen. Dasselbe gilt bei einer Beiordnung nur für die Klage nach § 253 ZPO oder Widerklage nach BLAH Anh § 253 ZPO. Über die Anrechenbarkeit eines Teils eines einheitlichen Sonderhonorars für mehrere Angelegenheiten s oben.
Wegen einer *rückwirkenden* Beiordnung Bbg JB **85**, 730, Düss AnwBl **82**, 382.

15 **G. Mitteilungspflicht.** Wegen der Notwendigkeit einerseits und der Begrenztheit einer Anrechnung andererseits besteht für den beigeordneten Anwalt nach § 55 V 2 Hs 1 eine Pflicht zur Erklärung darüber, ob und welche Zahlungen er von der Partei oder von dem Gegner oder von einem Dritten bis zum Antrag auf eine Vergütung erhalten hat. Nach Hs 2 jener Bestimmung besteht ferner eine Pflicht zur Anzeige solcher Zahlungen, die der Anwalt nach jenem Zeitpunkt erhalten hat. Das gilt auch beim Fehlen einer Abführungspflicht. Denn der Urkundsbeamte muß eine Möglichkeit zur Überprüfung behalten. Der Anwalt muß seine jeweilige Mitteilung genau beziffern.

16 **5) Anrechnung, Rückzahlung nach III.** Es gibt sechs Aspekte. Der Anwalt muß sie in seiner Berechnung nach § 10 so genau beziffert beachten, daß die Staatskasse ihre Lage nach Rn 16–26 prüfen kann. Auch der Auftraggeber hat ein Recht darauf, die Frage der Anrechenbarkeit überprüfen zu können.
A. Vorschuß, Zahlung. III umfaßt jede Art von Vorschuß zB nach §§ 9, 47 oder von einer solchen Zahlung, die der Anwalt nach VV 4100–6404 erhalten hat, Düss MDR **93**, 808. Der Barzahlung steht die Überweisung, die Hergabe eines Schecks usw gleich.

17 **B. Vom Beschuldigten oder Dritten.** In Betracht kommt jede Leistung einer dieser Personen in dieser Angelegenheit aus irgendeinem Rechtsgrund und in einem beliebigen Rechtszug. Es reicht zB aus, daß Angehörige des Auftraggebers oder daß der Ehegatte des Beschuldigten für diesen oder daß ein Mitbeschuldigter oder daß ein erstattungspflichtiger Dritter als eine natürliche oder juristische Person etwa als ein Rechtsschutzversicherer oder daß der Gegner des Beschuldigten in einer Privatklagesache gezahlt hat. Wegen einer Selbstverteidigung des Anwalts § 1 Rn 75.

18 **C. Vor oder nach der Bestellung.** Es ist für die Anrechenbarkeit oder die Rückzahlungspflicht unerheblich, ob der Anwalt den Vorschuß oder die Zahlung vor oder nach seiner gerichtlichen Bestellung erhalten hat, Stgt Rpfleger **07**, 682. Es ist hier auch unerheblich, ob die Leistung auf Grund einer Gebührenvereinbarung nach § 3a oder wegen der gesetzlichen Zahlungspflicht erfolgt ist, Düss MDR **93**, 808. Anrechenbar und rückzahlbar ist auch ein solcher Betrag, den der Beschuldigte oder ein Dritter nach einer Feststellung seiner Leistungsfähigkeit nach § 52 II gezahlt hat.

19 **D. Tätigkeit in der Strafsache.** Der Vorschuß oder die Zahlung müssen wegen der Tätigkeit gerade als beigeordneter oder bestellter Anwalt gerade in dieser Straf-

sache von dem vorbereitenden Verfahren, Oldb JB **07**, 415, bis zur Rechtskraft oder sonstigen endgültigen Beendigung erfolgt sein. Es findet also keine Anrechnung solcher Gebühren statt, die der Anwalt für eine solche Tätigkeit erhalten hat, die eine Gebühr nach §§ 45 ff nicht abgilt, etwa als Wahlverteidiger vor der Beiordnung oder Bestellung als Pflichtverteidiger, Düss JB **87**, 1800, Mü Rpfleger **79**, 354, aM Stgt Rpfleger **07**, 682. Es erfolgt eine Anrechnung auch nur solcher Zahlungen, die die Staatskasse schuldet, Bbg JB **91**, 1347.

Anrechenbar sind zB: Ein solcher Vorschuß, den der Anwalt für seine Reiseunkosten als Verteidiger erhalten hat, (je zum alten Recht) Düss Rpfleger **96**, 368, GSEMMR 35, aM Stgt Rpfleger **79**, 78 (aber auch eine Reise ist eine Tätigkeit in der Strafsache); eine Zahlung des Auftraggebers für einen Antrag auf eine Wiederaufnahme. Denn die Bestellung zum Verteidiger umfaßt das Verfahren zur Entscheidung über die Begründetheit des Wiederaufnahmegesuchs nach § 370 StPO mit; die Zahlung eines Dritten an den Pflichtverteidiger, auch wenn er keine Festsetzung für das Ermittlungsverfahren beantragt hat, Oldb JB **07**, 415.

Nicht anrechenbar sind zB: Eine solche Zahlung, die der Auftraggeber dem Anwalt **20** für dessen Tätigkeit in einer anderen Instanz oder für eine Tätigkeit leistet, die (jetzt) §§ 45 ff nicht abgelten, Düss MDR **93**, 808, Stgt Rpfleger **07**, 682, Enders JB **96**, 449, etwa für die Geltendmachung eines vermögensrechtlichen Anspruchs oder für ein Gnadengesuch, Mü JB **79**, 860; eine Zahlung auf Auslagen.

Der zunächst als *Wahlverteidiger* und anschließend in derselben Sache als Pflicht- **21** verteidiger tätige Anwalt kann nach III 4 für dieselbe Instanz höchstens denjenigen Betrag beanspruchen, den er als Wahlverteidiger als Höchstgebühr verlangen könnte.

E. Anrechnung, III 1, 4. Soweit die Staatskasse noch nicht gezahlt hat, verrin- **22** gert sich ihre Zahlungspflicht um denjenigen Vorschuß oder diejenige Zahlung, die der Anwalt erhalten hat. Anrechenbar sind nur echte Gebühren, diese allerdings ohne Umsatzsteuer, Hamm AnwBl **96**, 176, Stgt JB **96**, 134, und keine tatsächlichen bloßen Auslagen, Hamm AnwBl **96**, 176.

Höchstens die Höchstgebühr eines Wahlverteidigers darf dem Pflichtverteidiger nach III 4 verbleiben.

F. Rückzahlung, III 2, 4. Soweit die Staatskasse in demjenigen Zeitpunkt bereits **23** gezahlt hatte, in dem der Vorschuß oder die Zahlung des Beschuldigten oder des Dritten beim Anwalt eingingen, muß der Anwalt grundsätzlich an die Staatskasse zurückzahlen. Diese Pflicht läßt sich nicht irgendwie abbedingen. Maßgeblich ist bei einer Überweisung usw die Gutschrift auf dem Konto des Anwalts. Höchstens die Höchstgebühr eines Wahlverteidigers darf dem Pflichtverteidiger auch hier nach III 4 verbleiben.

6) Grenzen der Anrechnung oder Rückzahlung, III 3. Es gibt zwei Ge- **24** sichtspunkte.

A. Grundsatz. III 3 weicht von der Regelung des II ab. Nach II ist ein solcher Vorschuß oder eine Zahlung, die der beigeordnete Anwalt von seinem Auftraggeber oder einem Dritten vor oder nach der Beiordnung erhalten hat, zunächst auf diejenige Vergütung anrechenbar, für die der Anwalt einen Anspruch gegen die Staatskasse nicht oder nur unter den Voraussetzungen des § 50 hat, LG Osnabr JB **14**, 83. Demgegenüber erfolgt eine Anrechnung nach III 1 auf jede von der Staatskasse geschuldete oder geleistete Zahlung.

III 3 beläßt dem Anwalt aber in dem dort bestimmten Umfang den *Vorteil* der besonderen Zahlung des Beschuldigten oder eines Dritten. Das gilt auch bei einer Pauschvergütung, Zweibr JB **98**, 75.

B. Berechnung. Die Anrechnung erfolgt nur insoweit, als der Anwalt durch eine **25** Zahlungen mehr als den doppelten Betrag nach § 51 einschließlich aller Auslagen erhalten würde, Stgt JB **96**, 134.

Beispiel: Der gerichtlich bestellte Verteidiger hat einen Anspruch in Höhe von **26** 600 EUR. Der Auftraggeber hat ihm 1500 EUR gezahlt. Von diesen 1500 EUR braucht sich der Anwalt auf seinen Zahlungsanspruch gegen die Staatskasse nur 300 EUR anrechnen zu lassen. Denn es bleiben ihm zweimal 600 = 1200 EUR anrechnungsfrei.

RVG § 59

Übergang von Ansprüchen auf die Staatskasse

59 ^I ¹Soweit dem im Wege der Prozesskostenhilfe oder nach § 138 des Gesetzes über das Verfahren in Familiensachen und in den Angelegenheiten der freiwilligen Gerichtsbarkeit, auch in Verbindung mit § 270 des Gesetzes über das Verfahren in Familiensachen und in den Angelegenheiten der freiwilligen Gerichtsbarkeit, beigeordneten oder nach § 67a Abs. 1 Satz 2 der Verwaltungsgerichtsordnung bestellten Rechtsanwalt wegen seiner Vergütung ein Anspruch gegen die Partei oder einen ersatzpflichtigen Gegner zusteht, geht der Anspruch mit der Befriedigung des Rechtsanwalts durch die Staatskasse auf diese über. ²Der Übergang kann nicht zum Nachteil des Rechtsanwalts geltend gemacht werden.

^{II} ¹Für die Geltendmachung des Anspruchs sowie für die Erinnerung und die Beschwerde gelten die Vorschriften über die Kosten des gerichtlichen Verfahrens entsprechend. ²Ansprüche der Staatskasse werden bei dem Gericht des ersten Rechtszugs angesetzt. ³Ist das Gericht des ersten Rechtszugs ein Gericht des Landes und ist der Anspruch auf die Bundeskasse übergegangen, wird er insoweit bei dem jeweiligen obersten Gerichtshof des Bundes angesetzt.

^{III} Absatz 1 gilt entsprechend bei Beratungshilfe.

Gliederung

1) Systematik, I–III	1
2) Regelungszweck, I–III	2
3) Geltungsbereich, I–III	3
4) Forderungsübergang, I 1	4–16
A. Grundsatz: Übergang kraft Gesetzes	4
B. Umfang	5
C. Anwendbarkeit des Gerichtskostenrechts	6
D. Verhältnis zur Staatskasse	7
E. Wahlrecht des Anwalts	8
F. Kostenverteilung nach Bruchteilen	9–11
G. Kostenvergleich	12–14
H. Arglistfolgen	15, 16
5) Kein Übergang zum Nachteil des Anwalts, I 2	17, 18
6) Verfahren, II	19
7) Beispiele zur Frage des Verfahrens, II	20

1 **1) Systematik, I–III.** Der bei einer Prozeßkostenhilfe nach § 121 ZPO oder nach §§ 138 oder 270 FamFG beigeordnete oder nach § 67a I 2 VwGO bestellte Anwalt hat auf Grund dieser Tätigkeit einen Vergütungsanspruch nach § 45 I, II. Er kann diesen gegenüber seinem Auftraggeber allerdings nach §§ 122 I Z 3, 124 ZPO nur nach der etwaigen Aufhebung der Bewilligung der Prozeßkostenhilfe geltend machen. Gegenüber dem zur Zahlung der Prozeßkosten verurteilten Prozeßgegner des Auftraggebers kann der beigeordnete Anwalt seinen Vergütungsanspruch im Umfang seiner Beiordnung und in den Grenzen der §§ 91ff ZPO nach § 126 ZPO geltend machen. Unabhängig davon hat der beigeordnete Anwalt aber eben schon auf Grund der Beiordnung und längst vor einer etwaigen Kostenentscheidung des Prozesses den gesetzlichen Vergütungsanspruch gegenüber der Staatskasse nach §§ 45ff. § 59 gibt der Staatskasse gegen die vorgenannten Personen einen Rückgriffsanspruch. Das geschieht mithilfe eines gesetzlichen Forderungsübergangs.

2 **2) Regelungszweck, I–III.** Selbst unter einer Berücksichtigung etwaiger anrechnungsfähiger Vorschüsse oder Zahlungen des Auftraggebers oder eines Dritten an den beigeordneten Anwalt nach § 58 II hat die Staatskasse im Umfang der Befriedigung des beigeordneten Anwalts nach §§ 45 ff ein Interesse daran, von den sonstigen Kostenschuldnern einen Ersatz zu erlangen, damit sie die Staatsmittel im Ergebnis möglichst geringfügig in Anspruch nehmen muß.

Deshalb enthält I ähnlich wie §§ 412, 774 BGB einen gesetzlichen Forderungsübergang auf die Staatskasse, LG Bln Rpfleger **92**, 258, soweit diese leistet. Diese Konstruktion entspricht vielen vergleichbaren Vorschriften. Damit wird also eine sonst etwa notwendige Abtretung nach §§ 398 ff BGB überflüssig.

Abschn. 8. Beigeordneter oder bestellter RA, Beratungshilfe § 59 RVG

3) Geltungsbereich, I–III. Die Vorschrift gilt direkt im Verfahren der Prozeß- 3
kostenhilfe nach § 121 ZPO und bei dem nach §§ 138 oder 270 FamFG beigeordneten oder nach § 67a I 2 VwGO bestellten Anwalt. I gilt nach III entsprechend im Rahmen einer Beratungshilfe nach dem BerHG.

4) Forderungsübergang, I 1. Es sind vier Fragenkreise vorhanden. 4
A. Grundsatz: Übergang kraft Gesetzes. Vgl zunächst Rn 1, 2. Der Forderungsübergang tritt also kraft Gesetzes ein. Maßgeblicher Zeitpunkt ist nicht etwa derjenige der Entstehung des Vergütungsanspruchs gegenüber dem Auftraggeber oder dem ersatzpflichtigen Prozeßgegner und auch nicht derjenige der Festsetzung nach § 55 II, sondern erst der Zeitpunkt der „Befriedigung des Rechtsanwalts", also der tatsächlichen Leistung der Staatskasse an ihn, BGH MDR **98**, 1248, Mü FamRZ **06**, 1461, LG Bln Rpfleger **92**, 258.

B. Umfang. Der Anspruch geht so über, wie er im Zeitpunkt der Befriedigung 5
nach Rn 4 rechtlich bestand, Düss Rpfleger **11**, 446. Er ändert ja seinen Rechtscharakter überhaupt nicht, Celle MDR **14**, 923, Düss FER **00**, 42, Karlsr JB **99**, 370, aM LG Frankenth JB **86**, 1383. Die gesetzliche Stundung nach § 122 I Z 3 ZPO bleibt bestehen. Das gilt auch zugunsten eines nicht bedürftigen Erben des Auftraggebers, aM RS 13. Die Staatskasse kann daher erst nach einer Änderung oder Aufhebung der Prozeßkostenhilfe gemäß §§ 120a oder 124 ZPO und auch nur in den Grenzen Rn 17ff gegen die begünstigte Partei vorgehen, KG Rpfleger **06**, 662. Sie kann aber auch in diesen Grenzen den Beitreibungsanspruch nach § 126 ZPO nun kraft Übergangs auf sie selbst geltend machen, AG Kblz FamRZ **12**, 1238 links Mitte. Dasselbe gilt für einen Zinsanspruch und für ein Sicherungsrecht des Anwalts. Die Kosten bleiben außergerichtliche Parteikosten, KG MDR **88**, 420. § 123 ZPO gilt nach dem Forderungsübergang auch zugunsten der Staatskasse, BGH JB **97**, 648, Kblz MDR **08**, 172, LG Mönchengladb AnwBl **03**, 595, aM Mü JB **01**, 310 (aber die Entstehungsgeschichte interessiert gegenüber dem Wortlaut und Sinn nach BLAH Einl III 42 nur begrenzt). Freilich muß die Staatskasse dann §§ 122 I Z 1, 125 I ZPO beachten. Der Anspruch bleibt aber auch dann bestehen, wenn auch der Gegner Prozeß- oder Verfahrenskostenhilfe erhalten hat, Celle MDR **14**, 923.

C. Anwendbarkeit des Gerichtskostenrechts. Deshalb sind auch die Vorschrif- 6
ten für die Gerichtskosten grundsätzlich unanwendbar, vor allem §§ 22, 29, 32 GKG, Teil I A dieses Buchs. Eine Prozeßkostenhilfe für den erstattungspflichtigen Prozeßgegner ist hier unbeachtbar, BGH MDR **97**, 887, Drsd FamRZ **10**, 583, Karlsr FamRZ **05**, 2002, aM Zweibr Rpfleger **89**, 114. Auch eine etwaige Gerichtskostenfreiheit ist unbeachtbar, Düss FER **00**, 42. Beachtbar bleibt aber § 6 GKG, Teil I A dieses Buchs, auf den II 4 verweist. Beachtbar bleibt ferner zB § 9 S 2 AUG, abgedruckt in Üb 8 vor § 22 GKG. Denn dort findet eine „endgültige" Kostenbefreiung statt, soweit nicht das Gericht die Bewilligung der Prozeßkostenhilfe nach § 124 I Z 1 ZPO aufhebt.
Der Verlierer *haftet* also nicht wie als Antragsteller für die Kosten des durch eine Prozeßkostenhilfe begünstigten Siegers, Karlsr JB **99**, 370, Mü AnwBl **13**, 830. Allerdings kann seine Haftung bei einer Übernahme der Kosten gegenüber dem Gericht nach § 29 Z 2 GKG, § 24 Z 2 FamGKG eintreten, Teile I A, B dieses Buchs. Dann liegt aber kein Forderungsübergang vor, sondern ein selbständiger Rechtsgrund.

D. Verhältnis zur Staatskasse. Soweit das Gericht die Kosten nach § 92 ZPO, 7
§ 81 FamFG gegeneinander aufhebt, entsteht keine Kostenpflicht gegenüber der Staatskasse. Zwischen dem beigeordneten oder bestellten Anwalt und der Staatskasse besteht ein bürgschaftsähnliches Verhältnis. Darum gehen alle Nebenrechte des beigeordneten oder bestellten Anwalts entsprechend §§ 401, 406, 407 I, II, 412 BGB über, auch ein Pfandrecht an einer vom verurteilten Prozeßgegner geleisteten Ausländersicherheit. Sie haftet der Staatskasse in Höhe der ersetzten Kosten, dem beigeordneten oder bestellten Anwalt in Höhe des überschießenden Betrags.

E. Wahlrecht des Anwalts. Der beigeordnete oder bestellte Anwalt kann nach 8
Rn 18 wählen, ob er die Staatskasse oder den in die Prozeßkosten verurteilten Prozeßgegner des Auftraggebers in Anspruch nimmt, Dörndorfer Rpfleger **87**, 448, oder

1737

ob er jeden dieser Kostenschuldner zu einem Teil seiner Vergütung beansprucht. Das gilt auch bei der Vertretung mehrerer Streitgenossen. Ein Forderungsübergang nach Rn 4 erfolgt natürlich nur, soweit das Gericht den Anwalt auch einem Streitgenossen beigeordnet hat. Der beigeordnete Wahlanwalt kann also zB nach § 126 ZPO vorgehen. Das muß die Staatskasse bis zu seiner auf solchem Weg erfolgten gänzlichen oder teilweisen Befriedigung wegen Rn 4, 5 abwarten.

9   F. **Kostenverteilung nach Bruchteilen.** Soweit das Gericht die Kosten nach Bruchteilen verteilt hat, darf man die dem beigeordneten oder bestellten Anwalt aus der Staatskasse ersetzten Kosten bei einer Ausgleichung nach § 106 ZPO nicht abziehen. Vielmehr erfolgt zunächst eine Festsetzung so, als ob das Gericht zB überhaupt keine Prozeßkostenhilfe nach § 119 ZPO bewilligt hätte, Mü Rpfleger **82**, 119, Oldb JB **80**, 1052 (krit Mümmler). Man muß die Anwaltskosten gesondert von den etwa zu erstattenden Gerichtskosten ausgleichen. Soweit sich für die mittellose Partei oder für den beigeordneten oder bestellten Anwalt ein solcher Erstattungsanspruch ergibt, der zuzüglich der von der Staatskasse erstatteten Gebühren und Auslagen denjenigen Betrag nicht übersteigt, den der Anwalt ohne eine Beiordnung oder Bestellung von seiner Partei als Wahlanwalt verlangen könnte, bleibt es bei der errechneten Erstattung.

10   Soweit der Erstattungsbetrag höher ist als diese Summe, steht der *Mehrbetrag* der Staatskasse zu. Man kann ihn also nicht für die begünstigte Partei oder ihren Anwalt festsetzen. Denn in dieser Höhe hat ein Übergang auf die Staatskasse stattgefunden. Infolgedessen bleiben bei der Kostenausgleichung die dem beigeordneten oder bestellten Anwalt aus der Staatskasse bezahlten Beträge insoweit unberücksichtigt, als sie zusammen mit den festgesetzten Kosten nicht mehr ergeben, als dem beigeordneten oder bestellten Anwalt gegenüber seinem Auftraggeber dann zustehen würde, wenn er ihn nicht im Rahmen der Beiordnung oder Bestellung vertreten hätte, Brdb JB **99**, 419.

11   Soweit der Urkundsbeamte der Geschäftsstelle bei der Kostenausgleichung *keine Auskunft* der Parteien erhält, muß er so gut wie möglich auf Grund der Akten ausgleichen. Der Anwalt kann dann die Unrichtigkeit durch eine Erinnerung nach § 56 geltend machen.

12   G. **Kostenvergleich.** Ein Vergleich über die Prozeßkosten ist trotz I zulässig, soweit die Kostenpflicht noch nicht rechtskräftig feststeht, Stgt MDR **89**, 744, LG Köln AnwBl **84**, 624. Er kann auch dahin gehen, daß die Beteiligten die außergerichtlichen Kosten gegeneinander aufheben, Stgt MDR **89**, 744. Er ist auch dahin zulässig, daß eine Partei auf die Erstattung der außergerichtlichen Kosten verzichtet. In diesen Fällen ist kein Übergang auf die Staatskasse möglich, Stgt MDR **89**, 744, LG Köln Rpfleger **90**, 372.

13   Soweit die Staatskasse im Anschluß an einen solchen Kostenvergleich *gezahlt* hat, ist ebenfalls nichts auf sie übergegangen. Soweit die Staatskasse den erstattungspflichtigen Prozeßgegner der begünstigten Partei in Anspruch genommen hat, muß sie an ihn zurückzahlen.

14   Soweit die Staatskasse den Kostenvergleich *vor der Rechtskraft* zur Kenntnis erhalten hat, kann sie sich auf den Übergang nicht berufen, Düss Rpfleger **01**, 88. Wenn eine Partei nach der formellen Rechtskraft des Urteils nach § 705 ZPO einwendet, man habe vor dem Eintritt der Rechtskraft den Kostenvergleich geschlossen, kommt eine Geltendmachung nur nach § 767 ZPO in Betracht.

15   H. **Arglistfolgen.** Soweit eine Partei durch den Einwand des Kostenvergleichs die Staatskasse arglistig schädigen würde, ist dieser Einwand unzulässig, LG Köln Rpfleger **90**, 372. Dafür genügt das Bewußtsein, die Staatskasse ohne einen zwingenden Grund sachlich zu beeinträchtigen. Das gilt zB dann, wenn die Parteien im Kostenvergleich gerade nur den von der Staatskasse erstatteten Kostenbetrag aus der Erstattungspflicht der unterlegenen, nicht von einer Prozeßkostenhilfe begünstigten Partei ausgenommen hatten. Eine grobe Fahrlässigkeit genügt.
Sie liegt allerdings *noch nicht dann* vor, wenn der beigeordnete oder bestellte Anwalt eine Festsetzung auf den Namen des Auftraggebers vornehmen läßt und damit die Aufrechnung ermöglicht, aM Mü MDR **97**, 786 (aber man kann dem Anwalt nicht zumuten, auf seine gesetzlichen Möglichkeiten zu verzichten).

Nur bei einer *wirklich arglistigen* Schädigung der Staatskasse hat diese gegenüber 16
dem Anspruch des beigeordneten oder bestellten Anwalts den Einwand der Arglist
und nach einer etwaigen Zahlung ein Rückforderungsrecht.

5) Kein Übergang zum Nachteil des Anwalts, I 2. Der Forderungsübergang 17
nach Rn 3 läßt sich nicht zum Nachteil des beigeordneten oder bestellten Anwalts geltend machen. Er behält mit seinem Anspruch den Vorrang, LAG Nürnb AnwBl **88**, 182. Das gilt auch bei der Zwangsvollstreckung nach §§ 104 ff ZPO oder nach § 55 Rn 24 bei einer Insolvenz des Prozeßgegners des Auftraggebers des beigeordneten Anwalts. Soweit der Anwalt seine Vergütung nur zum Teil erhalten hat, darf er sich aus dem auf ihn übergegangenen Erstattungsanspruch gegenüber dem Prozeßgegner des Auftraggebers zB nach § 126 ZPO befriedigen, bevor die Staatskasse den Forderungsübergang nach I geltend machen darf, LAG Nürnb AnwBl **88**, 182, aM Schlesw AnwBl **94**, 304. Das gilt selbst dann, wenn die Festsetzung auf den Namen der zB durch die Prozeßkostenhilfe begünstigten Partei erfolgt ist. Denn es handelt sich um einen sachlichrechtlichen Anspruch des beigeordneten oder bestellten Anwalts. Auf diesen Vorrang des beigeordneten oder bestellten Anwalts darf sich auch der Kostenschuldner berufen.

Soweit der vom Prozeßgegner des Auftraggebers erstattbare Betrag *zur Deckung* der 18
Anwaltskosten *nicht ausreicht,* darf der beigeordnete oder bestellte Anwalt die Zahlungen der Staatskasse zunächst auf diejenigen Kosten verrechnen, für die der Gegner nicht haftet, LAG Nürnb AnwBl **88**, 182. Das gilt auch dann, wenn der Prozeßgegner einen bezifferten Teilbetrag gezahlt hat. Der Anwalt kann nach Rn 8 zunächst die Staatskasse beanspruchen, aber auch sogleich nach § 126 ZPO vorgehen. Dieser letztere Anspruch geht im Umfang der Befriedigung ebenfalls auf die Staatskasse über, Bre JB **90**, 749, Kblz Rpfleger **94**, 423, Mü AnwBl **91**, 167, aM Zweibr JB **84**, 1044 (abl Mümmler).

6) Verfahren, II. Der Anspruch der Staatskasse ändert durch den Forderungs- 19
übergang nach I seinen rechtlichen Charakter nicht, Mü AnwBl **91**, 167. Trotzdem gelten die Vorschriften über die Einziehung der Kosten des gerichtlichen Verfahrens sinngemäß. Wegen der Zuständigkeit enthält II 2, 3 Einzelheiten. Man kann ihn also in Verwaltungszwangsverfahren geltend machen, im Bereich der ordentlichen Gerichtsbarkeit nach dem JBeitrG, Teil IX A dieses Buchs. Gegenüber der bisher begünstigten Partei ist die Gerichtskostenrechnung der Vollstreckungstitel. Gegenüber dem Prozeßgegner ist das rechtskräftige Urteil der Vollstreckungstitel.

7) Beispiele zur Frage des Verfahrens, II 20

Arglist: Statthaft ist eine solche Einwendung, Mü RR **98**, 214, LG Bln JB **84**, 74, LG Würzb JB **87**, 1193.
S auch „Einwendung".
Aufrechnung: Statthaft ist eine solche des erstattungspflichtigen Gegners im Rahmen von § 126 II ZPO, Mü AnwBl **91**, 167, LG Bln AnwBl **83**, 327, aM Brdb JB **09**, 147, Zweibr JB **84**, 1044. Sie ist ferner dann erlaubt, wenn die Gegenforderung anerkannt oder gerichtlich festgestellt worden ist. Das folgt aus § 8 I 2 JBeitrG, Teil IX A dieses Buchs.
Beschwerdesumme: S „Einwendung".
Einwendung: Statthaft ist sie gemäß II 1 nach §§ 1 Z 4, 8 I JBeitrG, Teil IX A dieses Buchs, im Wege von § 66 GKG, 57 FamGKG usw, Teile I A, B dieses Buchs. Also ist auch eine Beschwerdesumme von über 200 EUR erforderlich. Im übrigen hat der in Anspruch Genommene gegenüber der Staatskasse dieselben Einwendungen wie gegenüber dem beigeordneten oder bestellten Anwalt, Düss JB **85**, 99, zB nach § 122 I Z 1 b, 3 ZPO.
Erfüllung: Statthaft ist eine solche Einwendung.
S auch „Einwendung".
Klagerücknahme: *Unanwendbar* ist § 269 III (jetzt) 4 ZPO für die Landeskasse, Düss Rpfleger **99**, 133, Köln Rpfleger **98**, 129, Nürnb JB **89**, 803, aM LG Aschaffenb JB **90**, 1020, LG Osnabr JB **87**, 1379.
Kostenaufhebung gegeneinander: Statthaft ist eine solche Einwendung nach einer Vereinbarung im Sinn von § 92 I 2 ZPO, Düss Rpfleger **11**, 447.

S auch „Einwendung".
Rechtsmittelrücknahme: *Unanwendbar* sind (jetzt) §§ 516 III 2, 565 ZPO für die Landeskasse, BGH MDR 98, 1248.
Zuvielforderung: Statthaft ist eine solche Einwendung, BGH MDR 78, 214. S auch „Einwendung".

Beiordnung und Bestellung durch Justizbehörden

59a I ¹Für den durch die Staatsanwaltschaft beigeordneten Zeugenbeistand gelten die Vorschriften über den gerichtlich beigeordneten Zeugenbeistand entsprechend. ²Über Anträge nach § 51 Absatz 1 entscheidet das Oberlandesgericht, in dessen Bezirk die Staatsanwaltschaft ihren Sitz hat. ³Hat der Generalbundesanwalt einen Zeugenbeistand beigeordnet, entscheidet der Bundesgerichtshof.

II ¹Für den nach § 87e des Gesetzes über die internationale Rechtshilfe in Strafsachen in Verbindung mit § 53 des Gesetzes über die internationale Rechtshilfe in Strafsachen durch das Bundesamt für Justiz bestellten Beistand gelten die Vorschriften über den gerichtlich bestellten Rechtsanwalt entsprechend. ²An die Stelle des Urkundsbeamten der Geschäftsstelle tritt das Bundesamt. ³Über Anträge nach § 51 Absatz 1 entscheidet das Bundesamt gleichzeitig mit der Festsetzung der Vergütung.

III ¹Gegen Entscheidungen der Staatsanwaltschaft und des Bundesamts für Justiz nach den Vorschriften dieses Abschnitts kann gerichtliche Entscheidung beantragt werden. ²Zuständig ist das Landgericht, in dessen Bezirk die Justizbehörde ihren Sitz hat. ³Bei Entscheidungen des Generalbundesanwalts entscheidet der Bundesgerichtshof.

1   **1) Systematik, I–III.** Es handelt sich um eine gegenüber § 45 III vorrangige Spezialregelung für nicht gerichtlich, sondern von der Staatsanwaltschaft nach § 163 III 2 StPO oder vom Bundesamt für Justiz nach §§ 53, 87e IRG bestellten Zeugenbeistand.

2   **2) Regelungszweck, I–III.** Es gilt dasselbe wie bei § 45 Rn 2.

3   **3) Entsprechende Anwendung des § 45, I 1, II 1.** Vgl daher dort.

4   **4) Zuständigkeiten, I 2, 3, II 2, 3, III 2, 3.** Es gelten die dortigen klaren Regelungen.

5   **5) Rechtsbehelfe, III 1.** Es gilt eine dem § 57 entsprechende Regelung. Vgl dort.

Abschnitt 9. Übergangs- und Schlussvorschriften

Bekanntmachung von Neufassungen

59b ¹Das Bundesministerium der Justiz und für Verbraucherschutz kann nach Änderungen den Wortlaut des Gesetzes feststellen und als Neufassung im Bundesgesetzblatt bekannt machen. ²Die Bekanntmachung muss auf diese Vorschrift Bezug nehmen und angeben
1. den Stichtag, zu dem der Wortlaut festgestellt wird,
2. die Änderungen seit der letzten Veröffentlichung des vollständigen Wortlauts im Bundesgesetzblatt sowie
3. das Inkrafttreten der Änderungen.

Vorbem. S 1 geändert dch Art 177 VO v 31. 8. 15, BGBl 1474, in Kraft seit 8. 9. 15, Art 627 I VO, ÜbergangsR § 60 RVG.

Abschnitt 9. Übergangs- und Schlussvorschriften § 60 RVG

Übergangsvorschrift

60 I ¹Die Vergütung ist nach bisherigem Recht zu berechnen, wenn der unbedingte Auftrag zur Erledigung derselben Angelegenheit im Sinne des § 15 vor dem Inkrafttreten einer Gesetzesänderung erteilt oder der Rechtsanwalt vor diesem Zeitpunkt bestellt oder beigeordnet worden ist. ²Ist der Rechtsanwalt im Zeitpunkt des Inkrafttretens einer Gesetzesänderung in derselben Angelegenheit bereits tätig, ist die Vergütung für das Verfahren über ein Rechtsmittel, das nach diesem Zeitpunkt eingelegt worden ist, nach neuem Recht zu berechnen. ³Die Sätze 1 und 2 gelten auch, wenn Vorschriften geändert werden, auf die dieses Gesetz verweist.

II Sind Gebühren nach dem zusammengerechneten Wert mehrerer Gegenstände zu bemessen, gilt für die gesamte Vergütung das bisherige Recht auch dann, wenn dies nach Absatz 1 nur für einen der Gegenstände gelten würde.

Schrifttum: *Enders* JB 13, 393 (Üb); *Schneider* AnwBl 13, 586 (Üb).

Gliederung

1) Systematik, I, II	1–3
2) Regelungszweck, I, II	4
3) Geltungsbereich, I, II	5
4) Erste Instanz, I 1	6–11
A. Grundsatz: Maßgeblichkeit der Auftragsannahme, I 1 Hs 1	6, 7
B. Unbedingtheit des Auftrags, I 1 Hs 1	8, 9
C. Dieselbe Angelegenheit; derselbe Rechtszug, I 1 Hs 1	10
D. Bestellung, Beiordnung, I 1 Hs 2	11
5) Weiteres Verfahren erster Instanz, I 1	12–27
A. Prozeß- oder Verfahrenskostenhilfe	13
B. Sonstige Beiordnung	14
C. Scheidungsfolgesache	15
D. Teilbetrag	16
E. Nachverfahren	17
F. Wahlverteidiger, Pflichtverteidiger, Beistand	18
G. Neue Angelegenheit	19
H. Streitwertfestsetzung	20
I. Fälligkeit	21
J. Mehrere Auftragszeitpunkte	22–25
K. Prozeßverbindung	26
L. Sonstige Einzelfragen	27
6) Rechtsmittel, I 2	28–33
A. Stichtag	28–30
B. Rücknahme und Wiederholung	31
C. Zurückverweisung	32
D. Unanwendbarkeit bei bloßem Widerspruch	33
7) Auslagen, I 1, 2	34
8) Gesetzesänderung, I 1, 3	35
9) Wertzusammenrechnung, II	36

1) Systematik, I, II. § 60 enthält jetzt eine teilweise mit § 71 I GKG, § 63 **1** FamGKG, Teile I A, B dieses Buchs, übereinstimmende Fassung. Die Vorschrift gilt ohne eine Rückwirkung auf die Zeit vor ihrem Inkrafttreten, Karlsr Rpfleger 89, 524. § 61 regelt vorrangig das Übergangsrecht aus Anlaß des Inkrafttretens des RVG. Das übersieht LG Mönchengladb AnwBl 05, 433.

§ 60 regelt die Frage, ob altes oder neues Recht anwendbar ist, grundsätzlich wieder in erster Instanz davon abhängig, wann der Anwalt den *unbedingten Auftrag* der jeweiligen Tätigkeitsfunktion nach Grdz 12 vor § 1 erhalten hat, Hbg MDR 89, 78, Saarbr JB 96, 252, Madert AnwBl 94, 307, oder wann das Gericht den Anwalt nach §§ 44ff gerichtlich bestellt oder beigeordnet hat. Es kommt nicht mehr darauf an, wann der jeweilige Rechtszug nach § 17 Rn 2aff oder die jeweilige Angelegenheit begann und endete. In der höheren Instanz kommt es unverändert auf den Zeitpunkt der Einlegung des Rechtsmittels an.

Insofern richtig BGH NJW 88, 2671. Seine Auffassung (zum alten Recht), I 1 sei **2** überhaupt nur im Bereich der außergerichtlichen Tätigkeit und solcher Verfahren anwendbar, die beim Inkrafttreten einer Gesetzesänderung gerichtlich noch nicht anhängig waren, ist aber eine *Überdehnung des I 2* (alter wie neuer Fassung). Jene Vorschrift bezieht sich überhaupt nur auf ein Rechtsmittel und läßt keine weiteren stets gefährlichen Umkehrschlüsse zu.

3   Die jetzige Regelung hat auch den Streit um die *Verfassungsmäßigkeit* der früheren Übergangsregelung (Rückwirkungsverbot?) beendet. Abweichend vom früheren Recht regelt § 60 die Vergütung einheitlich. Die Vorschrift enthält also keine unterschiedlichen Anknüpfungspunkte für Gebühren einerseits, Auslagen andererseits. Wegen der Auslagen Rn 34. Auch der Gegenstandswert nach §§ 22 ff unterliegt dem § 60. Das zeigt I 3 in Verbindung mit § 23 und seiner Verweisung zB auf §§ 3 ff ZPO, VerfGH Brdb JB **02**, 370, Kblz Rpfleger **75**, 446, VG Freibg AnwBl **81**, 453.

4   **2) Regelungszweck, I, II.** Die Merkmale Rn 1 erschienen dem Gesetzgeber geeigneter, obwohl es bei einer Anknüpfung an den Zeitpunkt der Auftragserteilung nach Grdz 12 vor § 1 usw schon früher zu zahlreichen Zweifelsfragen gekommen war. Freilich konnte man auch die Zeitpunkte des Beginns oder des Endes eines Rechtszugs oder einer Angelegenheit keineswegs immer ganz einfach feststellen.

5   **3) Geltungsbereich, I, II.** Die Vorschrift gilt im Gesamtbereich des RVG, daher auch zB bei § 23 III, LAG Kiel NZA-RR **15**, 158. Sie gilt auch bei Auslagen. Denn sie gilt nach Rn 34 für die „Vergütung" nach § 1 I 1. Das gilt auch zB für das KostREuroUG, Mü Rpfleger **02**, 380. Sie gilt nicht, soweit es um solche Fragen geht, die rechtstechnisch gerade andere Gesetze für den Anwalt zwar wegen seiner Vergütung regeln, etwa § 104 ZPO (Kostenfestsetzung) und damit wegen der Umsatzsteuer-Darlegungen § 104 II 3 ZPO, BVerfG NJW **96**, 383. Sie gilt aber zB dann, wenn sich die Höhe der Umsatzsteuer ändert. Die Vorschrift gilt auch beim Patentanwalt, Nürnb GRUR-RR **03**, 31.

6   **4) Erste Instanz, I 1.** Es empfiehlt sich, in vier Prüfschritten vorzugehen.

A. **Grundsatz: Maßgeblichkeit der Auftragsannahme, I 1 Hs 1.** Das Übergangsrecht soll nicht in einen laufenden Geschäftsbesorgungsvertrag eingreifen, Bbg JB **78**, 1646. Für die Höhe der Vergütung nach Rn 1–5 ist der Auftrag gerade dieses Auftraggebers maßgeblich, Bbg JB **91**, 239. Es geht nur um den Auftrag gegenüber gerade diesem Anwalt, Nürnb JB **95**, 475. Dabei ist der Zeitpunkt der unbedingten Auftragserteilung nach Rn 8 maßgeblich, Kblz MDR **95**, 1174, Nürnb JB **95**, 475, LAG Kiel NZA-RR **15**, 158. Es entscheidet also nicht schon das Auftragsangebot, sondern erst dessen Annahme und damit erst das Zustandekommen des Vertrags nach §§ 145 ff BGB, von Eicken AnwBl **75**, 339. Das gilt grundsätzlich unabhängig von der Vollmachtserteilung zB nach § 80 ZPO, Hamm AnwBl **77**, 31, Saarbr JB **96**, 790, LG Bln Rpfleger **88**, 123. Das bestätigt auch I 2 mittelbar. In einer eigenen Sache ist der Beginn der Tätigkeit maßgeblich, KG JB **76**, 762, Mü FamRZ **06**, 355, Mümmler JB **87**, 10. Es kommt nicht auf den Beginn des Gerichtsverfahrens an, Ffm FamRZ **07**, 842.

7   Es kommt also auf die *Anhängigkeit oder Rechtshängigkeit* zB nach § 261 ZPO *nur im Sonderfall I 2* an, Kblz AnwBl **89**, 628, Mü MDR **95**, 967, Saarbr JB **97**, 190, aM Düss Rpfleger **88**, 548, KG Rpfleger **88**, 548, Kblz Rpfleger **88**, 548 (vgl aber Rn 1–6). Freilich gibt eine Vertretungsanzeige einen Anhalt für eine vorangegangene Auftragsannahme, AG Bln-Tempelhof-Kreuzberg JB **05**, 196 (zu § 61).

Der Anwalt muß den für ihn günstigeren Sachverhalt darlegen und *beweisen*, BPatG GRUR **07**, 911.

8   **B. Unbedingtheit des Auftrags, I 1 Hs 1.** Der Anwalt darf den Auftrag nicht unter einer Bedingung erhalten haben, Köln JB **06**, 256 links und rechts, Oldb JB **96**, 472, Mü AnwBl **06**, 498, aM LG Bln Rpfleger **88**, 123, AG St Ingbert Rpfleger **88**, 337. Wenn der Anwalt zB den Auftraggeber zunächst nur intern beraten und erst nach einer Erlaubnis oder Deckungszusage seiner Versicherung auch nach außen vertreten soll oder wenn er den Auftrag des Auftraggebers zur Verhandlung mit dem Gegner und nur bei ihrer Erfolglosigkeit zur Klagerhebung nach §§ 253, 261 ZPO erhält, mag auch nur der Auftrag für den ersten Tätigkeitsabschnitt unbedingt vorliegen. Es kann aber auch ein insgesamt unbedingter und allenfalls wegen des Abwartens einer außergerichtlichen Frist zur Vertretung oder Klagerhebung befristeter oder betagter

Abschnitt 9. Übergangs- und Schlussvorschriften § 60 RVG

Auftrag bestehen. Auf ihn kann altes Recht anwendbar sein, Bbg JB **89**, 497, Kblz MDR **95**, 1174, LG Bln Rpfleger **88**, 123.
Beim *Prozeßkostenhilfeantrag* nach § 117 ZPO mag nach Rn 13 der zugehörige Antrag zur Vertretung im Hauptverfahren von der Bewilligung nach § 119 ZPO abhängig sein oder nicht.
Ergibt sich eine *Erfolglosigkeit* des Auftrags erst nach dem Inkrafttreten einer *Gesetzesänderung*, gilt für den zweiten Abschnitt (Klage) das neue Recht, Bbg JB **89**, 497, Saarbr JB **96**, 190, AG Witzenhausen Rpfleger **88**, 337, aM AG St Ingbert Rpfleger **88**, 337 (inkonsequent). Ein Auftrag zur Tätigkeit in der Zwangsvollstreckung wird meist erst mit einem wenigstens vorläufig vollstreckbaren Titel unbedingt, von Eicken AnwBl **75**, 339.
Erteilt der Mandant den unbedingten Auftrag zur Tätigkeit als ProzBev nach § 81   **9**
ZPO erst *nach einer Verweisung*, gilt das Gebührenrecht für diesen Tätigkeitsbereich erst ab dieser Auftragserteilung. Das gilt selbst dann, wenn der Anwalt vorher ein Verkehrsanwalt war, Hbg MDR **89**, 78.

C. Dieselbe Angelegenheit; derselbe Rechtszug, I 1 Hs 1. Der unbedingte   **10**
Auftrag muß auch dieselbe Angelegenheit nach (jetzt) § 15 Rn 9 umfassen, BPatG GRUR **07**, 911, LSG Essen JB **15**, 470, von Eicken AnwBl **75**, 339, Schneider MDR **00**, 605. Soweit verschiedene Angelegenheiten vorliegen, gilt das Übergangsrecht für eine jede von ihnen gesondert, Kblz JB **06**, 134. Man darf diesen Fall nicht mit einer Mehrheit von Gegenständen verwechseln. Zur Abgrenzung § 15 Rn 12. Man darf ihn auch nicht damit verwechseln, daß sich die Gebühren nach dem zusammengerechneten Wert mehrerer Gegenstände richten. Dann gilt der vorrangige II.
Verschiedene Angelegenheiten liegen zwischen einem Mahnverfahren nach §§ 688 ff ZPO usw und dem nachfolgenden streitigen Verfahren nach § 697 ZPO vor, Hbg MDR **97**, 597, Schlesw JB **97**, 413.
Es muß auch *derselbe Rechtszug* vorliegen. Das stellt I 1 klar. Zum Rechtszugsbegriff §§ 15, 19. Vgl unten Rn 28 ff.

D. Bestellung, Beiordnung, I 1 Hs 2. Soweit das Gericht oder eine Justizbe-   **11**
hörde den nach §§ 44 ff Anwalt bestellt oder beigeordnet hat, enthält I 1 Hs 2 abweichend von I 1 Hs 1 einen vorrangigen Bezugszeitpunkt, Celle MDR **95**, 532. Es kommt dann grundsätzlich darauf an, ob die Bestellung oder Beiordnung vor oder nach dem Inkrafttreten einer Gesetzesänderung erfolgt ist, Jena JB **05**, 538. Für die erste Instanz mag das alte Recht anwendbar sein, für die höhere das neue, Hamm JB **05**, 538.
Der Zeitpunkt der Auftragserteilung nach Rn 8 ist aber dann erheblich, wenn zur Bestellung oder Beiordnung eine Auftragserteilung *hinzutreten* muß, um den Anwaltsvertrag wirksam zu machen, wie zB bei der Prozeßkostenhilfe nach Rn 13, BezG Ffo MDR **94**, 101, Oldb JB **96**, 472, LG Osnabr JB **96**, 190, aM Mümmler JB **87**, 13, oder beim Beistand des Nebenklägers, Hamm JB **06**, 30.

5) Weiteres Verfahren erster Instanz, I 1. Man muß zahlreiche Gesichtspunkte   **12**
unterscheiden.

A. Prozeß- oder Verfahrenskostenhilfe. Der Auftrag für dieses Verfahren nach   **13**
§§ 114 ff ZPO, 76 FamFG mag unbedingt sein, während ein Auftrag nach Rn 8 für das zugehörige Hauptsacheverfahren meist von der Bewilligung der Prozeß- oder Verfahrenskostenhilfe nach §§ 119 ZPO, 76 FamFG abhängig und daher aufschiebend bedingt erteilt sein kann, Hamm JB **07**, 596, KG JB **06**, 80, Kblz Rpfleger **06**, 200. Maßgeblich ist für die Bewilligung wie bei Rn 18 der Zugang der Beiordnung beim Anwalt, Stgt AnwBl **80**, 114, aM Hbg JB **76**, 185 (es komme auf den Zeitpunkt des Hinausgehens des Beiordnungsbeschlusses an), Kblz Rpfleger **06**, 200 (Zeitpunkt der Antragstellung. Aber grundsätzlich erst ab einer Kenntnis von der Beiordnung darf der beigeordnete Anwalt als solcher tätig werden). Soweit nach Rn 11 auch eine Beauftragung neben der Beiordnung erforderlich ist, entscheidet bei einer unbedingten Beauftragung nach Rn 8 der frühere Zeitpunkt, Saarbr MDR **14**, 932, Schlesw SchlHA **87**, 175, LG Kblz Rpfleger **88**, 123, aM Mümmler JB **87**, 13 (es entscheide nur der Zeitpunkt der Beiordnung. Aber I 1 ist schon dem Wortlaut nach klar, BLAH Einl III 39). Nach der Ablehnung einer Prozeß- oder Verfahrenskostenhilfe nach §§ 127 I ZPO, 76 FamFG und nach einem evtl anschließenden Pro-

1743

zeßauftrag entscheidet der letztere Zeitpunkt, Düss AnwBl **89**, 62, von Eicken AnwBl **75**, 339, Mümmler JB **87**, 11.

14   **B. Sonstige Beiordnung.** Der Auftragserteilung muß man auch den Zeitpunkt einer Beiordnung nach § 11 a ArbGG und der gerichtlichen Bestellung zum Verteidiger gleichstellen, (jetzt) §§ 45 ff, Celle MDR **95**, 532, Düss Rpfleger **96**, 150, Oldb JB **96**, 472, aM KG Rpfleger **95**, 380. Soweit neben der Beiordnung auch eine Beauftragung erforderlich ist, entscheidet nach Rn 13 auch hier der frühere Zeitpunkt.

15   **C. Scheidungsfolgesache.** Vgl § 63 FamGKG, Teil I B dieses Buchs, und (zum alten Recht) Düss JB **96**, 253.

16   **D. Teilbetrag.** Wenn sich der Auftrag darauf beschränkt, zunächst nur einen Teilbetrag der Gesamtforderung des Gläubigers gerichtlich geltend zu machen, muß man die Anforderungen Rn 8–10 beachten.

17   **E. Nachverfahren.** Das Nachverfahren nach § 600 ZPO zählt im allgemeinen zu dem von vornherein unbedingten Auftrag, einen Urkundenprozeß nach §§ 592 ff ZPO durchzuführen.

18   **F. Wahlverteidiger, Pflichtverteidiger, Beistand.** Wenn das Gericht den Anwalt vor dem Eintritt einer Gesetzesänderung zum Wahlverteidiger, nach ihrem Eintritt zum Pflichtverteidiger oder zum Zeugenbeistand bestellt hatte, ist wegen der Wahlverteidigung das alte Recht und wegen der Pflichtverteidigung das neue Recht anwendbar, Celle MDR **95**, 532, KG Rpfleger **05**, 695, Oldb JB **96**, 472, aM Bbg JB **89**, 965, KG Rpfleger **95**, 380, LG Hann JB **88**, 749 (aber der Wortlaut und Sinn des § 60 verbieten diese Unterscheidung nicht). Maßgeblich ist der Zeitpunkt der Kenntnisnahme der Beiordnung durch den Anwalt wie bei Rn 13, aM Hamm JB **05**, 539 (Beiordnung). Bei mehreren Pflichtverteidigern muß man jeden unabhängig vom anderen beurteilen, Hamm JB **06**, 29 rechts Mitte. Die Grundgebühr nach VV 4100, 4101 mag dann nicht entstehen, wenn sich der Anwalt vor dem Stichtag eingearbeitet hatte, Hamm JB **06**, 200.

19   **G. Neue Angelegenheit.** Das nach § 60 anwendbare Recht entscheidet auch darüber, inwieweit die Gebühr die Tätigkeit des Anwalts abgilt. Es entscheidet also auch darüber, ob gebührenrechtlich eine neue Angelegenheit nach § 15 Rn 9 vorliegt. Vgl aber zunächst Rn 10.

20   **H. Streitwertfestsetzung.** Wegen der Kostenfestsetzung nach § 104 ZPO vgl Rn 5. Soweit das Gericht den Streitwert festgesetzt und entsprechend I altes Recht angewendet hat, gilt nur dieser Streitwert auch für die Anwaltsgebühren.

21   **I. Fälligkeit.** Es kommt nicht darauf an, wann der Anwalt auf Grund des Auftrags oder der Bestellung oder Beiordnung tatsächlich tätig geworden ist und wie lange er tätig war und ob eine späte Beauftragung, Bestellung oder Beiordnung prozessual nachteilig war, Düss JB **97**, 369. Daher kommt es auch nicht darauf an, wann der Gebührenanspruch nach § 8 Rn 1 entstanden ist und wann die Gebühren nach § 8 fällig geworden sind. Der Zeitpunkt der Fälligkeit ist nur dann maßgeblich, wenn kein Auftrag nach Rn 8 vorliegt, etwa bei der Tätigkeit eines Anwalts in einer eigenen Sache oder bei einem Anspruch nach § 1 II RVG in Verbindung mit § 1835 BGB, aM GSchm 20 (aber § 8 I 1 Hs 2 stellt gerade nicht auf eine Auftragserteilung ab. Jeder Anspruch kann fällig werden).

22   **J. Mehrere Auftragszeitpunkte.** Je nach dem Zeitpunkt des jeweiligen Auftrags nach Rn 8 kann für den Anwalt der einen Partei das alte Recht anwendbar sein, für denjenigen der anderen Partei neues, Brdb AnwBl **95**, 150, Saarbr JB **96**, 311, VG Bln NVwZ-RR **03**, 907. Dabei kommt es wiederum nur auf den wirklichen Auftrag an, nicht darauf, ob man ihn früher oder später hatte zustandebringen können, Hamm AnwBl **88**, 359, KG JB **76**, 1195.

23   Dasselbe gilt ferner dann, wenn derselbe Anwalt in verschiedenen oder in derselben Angelegenheit nach § 15 Rn 9 *mehrere* Aufträge von demselben oder von mehreren Auftraggebern nach § 7 erhalten hat, Hbg JB **98**, 75, Schlesw JB **97**, 413 (erst Widerspruch nach § 694 ZPO, dann Auftrag für das streitige Verfahren nach § 697 ZPO), Hbg MDR **89**, 78, Schlesw JB **88**, 1014 (erst Verkehrsanwalt, dann ProzBev

Abschnitt 9. Übergangs- und Schlussvorschriften § 60 RVG

nach § 81 ZPO oder umgekehrt), Bbg AnwBl **89**, 627 (Widerklage nun auch gegen einen Dritten nach BLAH Anh § 253 ZPO Rn 3), GSchm 42 (erst Urkunds- oder Wechselprozeß nach §§ 592 ff, 602 ff, dann Nachverfahren nach § 600 ZPO), aM Kblz JB **90**, 54.

Dasselbe gilt schließlich bei einem *Anwaltswechsel,* Hbg JB **78**, 62, oder beim Par- **24** teiwechsel, Bbg JB **91**, 239, von Eicken AnwBl **75**, 339.

Wegen der Situation bei einem Auftrag zunächst nur zur Abwehr der Klage, dann zur Geltendmachung einer *Widerklage* Rn 8, 9. Bei der Fortführung eines Rechtsstreits durch den Erben der Partei entscheidet der Zeitpunkt der Auftragserteilung des Verstorbenen.

Wegen der Situation nach (jetzt) § 7, VV 1008 vgl Karlsr MDR **76**, 676, Mü JB **25** **78**, 1492.

K. Prozeßverbindung. Vgl bei § 147 ZPO Bbg FamRZ **05**, 1852. **26**

L. Sonstige Einzelfragen. Beim Anwaltswechsel kommt es wie stets auf seine **27** Notwendigkeit an, LG Bln Rpfleger **88**, 123 (D), BLAH § 91 RVG Rn 124 ff. Bei einer Aussetzung zB nach §§ 148 ff ZPO kann das Recht aus der Zeit der Auftragserteilung nach Rn 8 fortgelten, LG Bln VersR **88**, 754. Nach § 3 a läßt sich eine Regelung abweichend von §§ 60, 61 treffen. Vertritt der Anwalt sich selbst, entscheidet nach Rn 6 der Beginn seiner Tätigkeit.

6) Rechtsmittel, I 2. Bei jeder Berufung, Revision, Beschwerde gegen eine den **28** Rechtszug beendende Entscheidung ist der Stichtag maßgebend. Rechtsbehelfsbelehrung, Verstoß: §§ 12 c, 33 V 2, 52 IV 2.

A. Stichtag. Es kommt für den erstmals ab dem Stichtag mit der Einlegung oder einer Abwehr unbedingt Beauftragten auf diesen Auftragszeitpunkt nach Rn 8 an, Hbg MDR **97**, 204, LAG Mainz NZA-RR **05**, 272, OVG Kblz JB **98**, 27, aM LAG Köln JB **00**, 532 (abl Wedel). Für den schon vor dem Stichtag tätig gewesenen Anwalt kommt es dagegen nur auf den Zeitpunkt der Einlegung des Rechtsmittels an, zB nach § 517 ZPO, BGH NJW **88**, 2671, Köln RR **16**, 1085, LAG Bre NZA **04**, 1180. Das alles gilt unabhängig von einem etwaigen Anwaltswechsel vor der nächsten Instanz.

Hierher gehört auch eine Beschwerde in einer Kostensache (nicht die Erinnerung, **29** Rn 33). Es kommt also in diesen letzteren Fällen der Rn 28 nicht auf den Zeitpunkt der Beauftragung an, BGH NJW **88**, 2671, Düss MDR **88**, 977, Schlesw (5. FamS) SchlHA **87**, 176, aM Schlesw (9. ZS) SchlHA **88**, 41, OVG Hbg AnwBl **87**, 556, LG Bln Rpfleger **88**, 123 – B – (aber eine Auslegung ist nur bei einem unklaren Gesetzeswortlaut zulässig. I 2 ist klar und dient auch der Rechtssicherheit).

Es kommt auch nicht auf den Zeitpunkt der Beauftragung mit der Einlegung eines **30** *Anschlußrechtsmittels* zB nach § 524 ZPO an, Bbg JB **77**, 1374, oder auf denjenigen der Bestellung oder Beiordnung nach §§ 44 ff, BGH MDR **78**, 214, Hamm JB **06**, 138 links obere Mitte. Ähnlich wie in der ersten Instanz bei Rn 22 kann für den Rechtsmittelkläger das eine Recht gelten, für den Rechtsmittelbekl das andere, Karlsr AnwBl **88**, 255.

B. Rücknahme und Wiederholung. Bei einer Zurücknahme des Rechtsmittels **31** zB nach § 516 ZPO und der anschließenden nochmaligen Einlegung kommt es wegen (jetzt) § 15 II freilich nur auf den Zeitpunkt der ersten Einlegung an, Hbg JB **76**, 616.

C. Zurückverweisung. Durch eine Zurückverweisung zB nach § 538 ZPO ent- **32** steht nach Rn 10 ein neuer Rechtszug, Stgt MDR **89**, 923, Zweibr JB **00**, 21, SG Hbg JB **93**, 219. Wegen einer Berufung gegen ein Teilurteil nach § 301 ZPO vor dem Inkrafttreten einer Gesetzesänderung, des Schlußurteils aber nach jenem Zeitpunkt Düss MDR **78**, 45.

Ein Auftrag zur Durchführung der Zwangsvollstreckung nach §§ 704 ff ZPO liegt im allgemeinen erst dann vor, wenn der zugrunde liegende Vollstreckungstitel wirksam besteht, Düss JB **78**, 1494.

D. Unanwendbarkeit bei bloßem Rechtsbehelf. Unanwendbar ist I 2 auf **33** einen bloßen Rechtsbehelf wie einen Einspruch zB nach § 338 ZPO, Hbg JB **90**, 726, einen Widerspruch zB nach § 694 ZPO, eine Erinnerung etwa nach § 766 ZPO

1745

oder auch eine Wiederaufnahmeklage zB nach §§ 578 ff ZPO, BLAH Grdz 1 vor § 511 ZPO. Denn diesen Rechtsbehelfen fehlt die sog Anfallwirkung beim höheren Gericht, jedenfalls zunächst, BLAH Grdz 3 vor § 511 ZPO.

34 7) **Auslagen, I 1, 2.** Vgl zunächst Rn 5. Es entscheidet also auch hier der Zeitpunkt der Auftragserteilung nach Rn 8. Es ist also möglich, daß sich zwar die Gebühren nach dem alten Recht richten, die Auslagen aber nach dem neuen, oder umgekehrt. Es kann aber auch dahin kommen, daß der Anwalt eine Auslage auch dann nur nach dem alten Recht abrechnen darf, wenn der zugehörige Auftrag vor dem Stichtag zustande kam, die Auslage aber erst später entstand. Denn I stellt auf die Vergütung und damit nach § 1 I 1 auf den Oberbegriff von Gebühren und Auslagen ab, Kblz JB **89**, 208, aM GSchm VV 7001–7002 Rn 39 (aber schon der Wortlaut ist eindeutig).

35 8) **Gesetzesänderung, I 1, 3.** Die Regelung entspricht den §§ 71 I 1, 3 GKG, 134 GNotKG, 24 S 1, 2 JVEG, 24 JVerwKG, Teile I, III, V, VIII A dieses Buchs. Die Neufestsetzung der zum 1. 7. 04 aufgehobenen Ermäßigungssätze in den neuen Bundesländern durch das Inkrafttreten einer Gesetzesänderung macht (jetzt) § 60 gleich, § 2 VO vom 15. 4. 96, BGBl 604, § 3 VO. Die Vorschrift erfaßte eine Änderung derjenigen Bestimmung, auf die die BRAGO jeweils verwies, etwa in § 8 II 1 BRAGO. Es kam dann auf denjenigen Zeitpunkt an, in dem diejenige Vorschrift, auf die verwiesen war, in einer geänderten Fassung in Kraft trat.

Keine Änderung, sondern ein bloßer inhaltlicher Klarstellungsversuch ist § 15 a, je ohne Vorlage nach § 132 GVG BGH (1. ZS) GRUR-RR **11**, 392 links oben, (2. ZS) NJW **11**, 3101, (4. ZS) VersR **11**, 412, (5. ZS) FamRZ **11**, 1248, (7. ZS) FamRZ **11**, 104 rechts oben und JB **11**, 78, (8. ZS) ZIP **10**, 2268, (9. ZS) JB **10**, 358, (10. ZS) JB **12**, 420, (12. ZS) FamRZ **11**, 1222, Bbg JB **10**, 25, Brdb MDR **11**, 1207, Celle RR **11**, 713, Drsd JB **09**, 582, Düss JB **11**, 301, Ffm JB **10**, 241, Hamm JB **10**, 587, KG Rpfleger **09**, 647 und 648, Kblz FamRZ **10**, 230, Köln AnwBl **10**, 146, Mü AnwBl **09**, 880, Naumb JB **10**, 298, Oldb JB **10**, 421, Stgt AnwBl **10**, 147, LG Bln Rpfleger **09**, 648, LG Hbg JB **09**, 641, AG Bruchsal JB **09**, 584, AG Wesel JB **09**, 584, Enders JB **09**, 543, aM BGH (10. ZS) NJW **10**, 77, Brschw MDR **10**, 175, Bre JB **10**, 242, Celle JB **10**, 197, KG JB **10**, 590, Köln (17. ZS) JB **10**, 207, Oldb FamRZ **10**, 400, Rostock JB **10**, 591, OVG Lüneb NJW **10**, 250 (aber gerade ein gesetzgeberischer Irrtum läßt sich inhaltlich klarstellen, wie zB bei § 319 ZPO eine offensichtlich unrichtige Entscheidung). Der Große Senat des BGH hat bisher nicht entschieden, KG Rpfleger **10**, 53, Stgt Rpfleger **09**, 647.

36 9) **Wertzusammenrechnung, II.** Die Vorschrift klärt, wie man dann verfahren muß, wenn man solche Gegenstände zusammenrechnen muß, für die zum Teil altes, zum Teil neues Recht gilt, zB bei einer Klagerhebung nach §§ 253, 261 ZPO vor einer Gesetzesänderung oder bei einer Klageerweiterung nach § 263 ZPO nach dieser Änderung. Unter den denkbaren Berechnungsmethoden erklärt II diejenige für verbindlich, nach der auch aus verfassungsrechtlichen Bedenken gegen eine Rückwirkung neuen Rechts allein das bisherige Recht gilt. Man muß die damit etwa verbundene wirtschaftlich Benachteiligung inkaufnehmen, BJBCMU 27, Enders JB **95**, 2, aM GSchm 59.

Übergangsvorschrift aus Anlass des Inkrafttretens dieses Gesetzes

61 I [1]Die Bundesgebührenordnung für Rechtsanwälte in der im Bundesgesetzblatt Teil III, Gliederungsnummer 368-1, veröffentlichten bereinigten Fassung, zuletzt geändert durch Artikel 2 Abs. 6 des Gesetzes vom 12. März 2004 (BGBl. I S. 390), und Verweisungen hierauf sind weiter anzuwenden, wenn der unbedingte Auftrag zur Erledigung derselben Angelegenheit im Sinne des § 15 vor dem 1. Juli 2004 erteilt oder der Rechtsanwalt vor diesem Zeitpunkt gerichtlich bestellt oder beigeordnet worden ist. [2]Ist der Rechtsanwalt am 1. Juli 2004 in derselben Angelegenheit tätig und, wenn ein gerichtliches Verfahren anhängig ist, in demselben Rechtszug bereits tätig, gilt für das Verfahren über ein Rechtsmittel, das nach diesem Zeitpunkt eingelegt worden ist, dieses Gesetz.
[3]§ 60 Abs. 2 ist entsprechend anzuwenden.

Abschnitt 9. Übergangs- und Schlussvorschriften §§ 61, 62 RVG

II Auf die Vereinbarung der Vergütung sind die Vorschriften dieses Gesetzes auch dann anzuwenden, wenn nach Absatz 1 die Vorschriften der Bundesgebührenordnung für Rechtsanwälte weiterhin anzuwenden und die Willenserklärungen beider Parteien nach dem 1. Juli 2004 abgegeben worden sind.

Schrifttum: *Müller-Rabe* NJW **05**, 1609 (Üb).

1) Systematik, I, II. Es handelt sich um eine gegenüber § 60 vorrangige Spezialregelung. 1

2) Regelungszweck, I, II. Zwar enthält schon § 60 dieselben Grundgedanken wie § 61. Die Vorschrift hat aber einen zumindest klärenden Sinn. Sie dient damit der Rechtssicherheit. Man sollte sie entsprechend strikt handhaben. 2

3) Geltungsbereich: Inkrafttreten des RVG, I, II. Die Vorschrift klärt die Fortgeltung der BRAGO nach denselben Abgrenzungsmerkmalen für einen Altfall wie bei § 60, aM KG JB **10**, 364 links oben und unten. Das gilt auch für das zugehörige Festsetzungsverfahren, Jena JB **06**, 367 rechts und 368. 3

Es kommt zB bei *I 1* auf den Zeitpunkt der unbedingten Auftragserteilung nach § 60 Rn 8 an, Mü AnwBl **06**, 498, LSG Essen RR **07**, 87, VG Lüneb NJW **05**, 697 („Rechtsmittel" meint dasselbe wie bei § 60 Rn 28), aM LG Mönchengladb AnwBl **05**, 433 (verwechselt § 60 mit § 61 und stellt erst auf den Beginn der dem Auftrag folgenden prozeßbezogenen Tätigkeit ab, überdies irrig die Entgegennahme der Klagezustellung nicht derart einordnend). Bei einem durch eine Prozeßkostenhilfe bedingten Auftrag kommt es also auf den Bewilligungszeitpunkt nach § 119 ZPO an, Drsd FamRZ **07**, 1671, aM AG Bln-Tempelhof-Kreuzberg JB **05**, 365 (inkonsequent). I 1 gilt auch beim Parteiwechsel, BGH NJW **07**, 770. Bei einer Pflichtverteidigung ist ihre Anordnung maßgebend, KG NJW **05**, 3654. 4

I 1 lt Hs ergibt eindeutig, daß der vor dem 1. 7. 04 als Wahlverteidiger tätig gewordene Anwalt hierfür auch dann seine Vergütung nach der BRAGO erhält, wenn das Gericht ihn ab 1. 7. 04 als Pflichtverteidiger bestellt oder beigeordnet hatte, und daß er nur für die letztere Tätigkeit seine Vergütung nach dem RVG erhält, Jena JB **06**, 535, LG Bln JB **05**, 31 (abl Jungbauer) und Rpfleger **05**, 54, Ag Bln-Tiergarten JB **05**, 362 (maßgeblich ist der Zugang der Bestellung), aM Hamm JB **05**, 197, KG Rpfleger **05**, 276, Schlesw NJW **05**, 234 (aber Wortlaut und Sinn sind eindeutig). Das gilt auch für den Beistand eines Nebenklägers nach § 397a I StPO (vor dem 1. 7. 04 Wahlanwalt, ab oder nach dem 1. 7. 04 bestellter Beistand), Brdb Rpfleger **05**, 565. Es kann für das selbständige Beweisverfahren die BRAGO und für den Hauptprozeß das RVG gelten, Brdb JB **07**, 142, Kblz JB **09**, 253, Stgt JB **07**, 32, aM Zweibr AnwBl **06**, 499. Es kann für die erste Instanz noch das alte Recht gelten, für die höhere das neue, Hamm JB **05**, 538. Für die Beiordnung ist deren Erlaß und nicht erst deren Kenntnisnahme durch den beigeordneten Anwalt maßgeblich, Hamm JB **05**, 539.

I 2 gilt zB bei der Beschwerde eines beigeordneten Anwalts, Drsd JB **04**, 593. Auch eine Anrechnung findet bei einer grundsätzlichen Anwendbarkeit des RVG nach diesem und damit zB nach der amtlichen Vorbemerkung 3 IV 1 nur zur Hälfte und höchstens mit 0,75 Gebühr statt, Kitzinger FamRZ **05**, 12. 5

Auch *Anrechnungsfragen* unterfallen dem § 61 und daher nach seinen Zeitabschnitten dem alten oder neuen Recht. Zum Problem Mü RR **06**, 651, AG Stgt JB **05**, 30 (zustm Enders ausf), VGH Mannh NVwZ-RR **08**, 654. 6

II gilt für eine Vergütungsvereinbarung nach § 4 (jetzt) § 3a, BGH ZIP **11**, 2311, aber nur im Verhältnis zwischen dem Anwalt und seinem Auftraggeber, nicht gegenüber einem erstattungspflichtigen Gegner. 7

Verfahren nach dem Therapieunterbringungsgesetz

62 Die Regelungen des Therapieunterbringungsgesetzes zur Rechtsanwaltsvergütung bleiben unberührt.

1) Systematik. Das ThUG ist als Art 5 G v 22. 12. 10, BGBl 2300, verkündet worden. Nach § 7 I ThUG muß das Gericht dem Betroffenen einen Anwalt beiord- 1

RVG § 62 X. Rechtsanwaltsvergütungsgesetz

nen. Er hat nach § 7 II die Stellung eines Beistands. § 78 c I, III ZPO gelten entsprechend.
2   **2) Vergütung.** Vgl § 20 I, III ThUG, abgedruckt bei VV 6300–6303, sowie § 20 II ThUG, abgedruckt bei § 52 RVG.

Anlage 1
(zu § 2 Abs. 2)

Vergütungsverzeichnis (VV)

(Amtliche) Gliederung

Vorbem. Die Abkürzung VV ist nichtamtlich

	VV
Teil 1. Allgemeine Gebühren	1000–1010
Teil 2. Außergerichtliche Tätigkeiten einschließlich der Vertretung im Verwaltungsverfahren	2100–2508
Abschnitt 1. Prüfung der Erfolgsaussicht eines Rechtsmittels	2100–2103
Abschnitt 2. Herstellung des Einvernehmens	2200, 2201
Abschnitt 3. Vertretung	2300–2303
Abschnitt 4. *(aufgehoben)*	
Abschnitt 5. Beratungshilfe	2500–2508
Teil 3. Zivilsachen, Verfahren der öffentlich-rechtlichen Gerichtsbarkeiten, Verfahren nach dem Strafvollzugsgesetz, auch in Verbindung mit § 92 des Jugendgerichtsgesetzes, und ähnliche Verfahren	3100–3518
Abschnitt 1. Erster Rechtszug	3100–3106
Abschnitt 2. Berufung, Revision, bestimmte Beschwerden und Verfahren vor dem Finanzgericht	3200–3213
Unterabschnitt 1. Berufung, bestimmte Beschwerden und Verfahren vor dem Finanzgericht	3200–3205
Unterabschnitt 2. Revision, bestimmte Beschwerden und Rechtsbeschwerden	3206–3213
Abschnitt 3. Gebühren für besondere Verfahren	3300–3336
Unterabschnitt 1. Besondere erstinstanzliche Verfahren	3300–3304
Unterabschnitt 2. Mahnverfahren	3305–3308
Unterabschnitt 3. Vollstreckung und Vollziehung	3309, 3310
Unterabschnitt 4. Zwangsversteigerung und Zwangsverwaltung	3311, 3312
Unterabschnitt 5. Insolvenzverfahren, Verteilungsverfahren nach der Schifffahrtsrechtlichen Verteilungsordnung	3313–3323
Unterabschnitt 6. Sonstige besondere Verfahren	3324–3338
Abschnitt 4. Einzeltätigkeiten	3400–3406
Abschnitt 5. Beschwerde, Nichtzulassungsbeschwerde und Erinnerung	3500–3518
Teil 4. Strafsachen	4100–4304
Abschnitt 1. Gebühren des Verteidigers	4100–4147
Unterabschnitt 1. Allgemeine Gebühren	4100–4103
Unterabschnitt 2. Vorbereitendes Verfahren	4104, 4105
Unterabschnitt 3. Gerichtliches Verfahren	4106–4135
Erster Rechtszug	4106–4123
Berufung	4124–4129
Revision	4130–4135
Unterabschnitt 4. Wiederaufnahmeverfahren	4136–4140
Unterabschnitt 5. Zusätzliche Gebühren	4141–4147
Abschnitt 2. Gebühren in der Strafvollstreckung	4200–4207
Abschnitt 3. Einzeltätigkeiten	4300–4304
Teil 5. Bußgeldsachen	5100–5200
Abschnitt 1. Gebühren des Verteidigers	5100–5116
Unterabschnitt 1. Allgemeine Gebühr	5100
Unterabschnitt 2. Verfahren vor der Verwaltungsbehörde	5101–5106
Unterabschnitt 3. Gerichtliches Verfahren im ersten Rechtszug	5107–5112
Unterabschnitt 4. Verfahren über die Rechtsbeschwerde	5113, 5114
Unterabschnitt 5. Zusätzliche Gebühren	5115, 5116
Abschnitt 2. Einzeltätigkeiten	5200
Teil 6. Sonstige Verfahren	6100–6500
Abschnitt 1. Verfahren nach dem Gesetz über die internationale Rechtshilfe in Strafsachen und Verfahren nach dem Gesetz über die Zusammenarbeit mit dem Internationalen Strafgerichtshof	6100–6102

VV Gliederung, Vorbem 1, 1000

	VV
Unterabschnitt 1. Verfahren vor der Verwaltungsbehörde	6100
Unterabschnitt 2. Gerichtliches Verfahren	6101, 6102
Abschnitt 2. Disziplinarverfahren, berufsgerichtliche Verfahren wegen der Verletzung einer Berufspflicht	6200–6216
Unterabschnitt 1. Allgemeine Gebühren	6200, 6201
Unterabschnitt 2. Außergerichtliches Verfahren	6202
Unterabschnitt 3. Gerichtliches Verfahren	6203–6215
Erster Rechtszug	6203–6206
Zweiter Rechtszug	6207–6210
Dritter Rechtszug	6211–6215
Unterabschnitt 4. Zusatzgebühr	6216
Abschnitt 3. Gerichtliche Verfahren bei Freiheitsentziehung und in Unterbringungssachen	6300–6303
Abschnitt 4. Gerichtliche Verfahren nach der Wehrbeschwerdeordnung	6400–6405
Abschnitt 5. Einzeltätigkeiten und Verfahren auf Aufhebung einer Disziplinarmaßnahme	6500
Teil 7. Auslagen	7000–7008

Teil 1. Allgemeine Gebühren

(Amtliche) Vorbemerkung 1:
Die Gebühren dieses Teils entstehen neben den in anderen Teilen bestimmten Gebühren.

Nr.	Gebührentatbestand	Gebühr oder Satz der Gebühr nach § 13 RVG
1000	Einigungsgebühr	1,5

[I] [1]Die Gebühr entsteht für die Mitwirkung beim Abschluss eines Vertrags, durch den
1. der Streit oder die Ungewissheit über ein Rechtsverhältnis beseitigt wird oder
2. die Erfüllung des Anspruchs bei gleichzeitigem vorläufigem Verzicht auf die gerichtliche Geltendmachung und, wenn bereits ein zur Zwangsvollstreckung geeigneter Titel vorliegt, bei gleichzeitigem vorläufigem Verzicht auf Vollstreckungsmaßnahmen geregelt wird (Zahlungsvereinbarung).
[2]Die Gebühr entsteht nicht, wenn sich der Vertrag ausschließlich auf ein Anerkenntnis oder einen Verzicht beschränkt. [3]Im Privatklageverfahren ist Nummer 4147 anzuwenden.

[II] Die Gebühr entsteht auch für die Mitwirkung bei Vertragsverhandlungen, es sei denn, dass diese für den Abschluss des Vertrags im Sinne des Absatzes 1 nicht ursächlich war.

[III] Für die Mitwirkung bei einem unter einer aufschiebenden Bedingung oder unter dem Vorbehalt des Widerrufs geschlossenen Vertrag entsteht die Gebühr, wenn die Bedingung eingetreten ist oder der Vertrag nicht mehr widerrufen werden kann.

[IV] Soweit über die Ansprüche vertraglich verfügt werden kann, gelten die Absätze 1 und 2 auch bei Rechtsverhältnissen des öffentlichen Rechts.

[V] [1]Die Gebühr entsteht nicht in Ehesachen und in Lebenspartnerschaftssachen (§ 269 Abs. 1 Nr. 1 und 2 FamFG). [2]Wird ein Vertrag, insbesondere über den Unterhalt, im Hinblick auf die in Satz 1 genannten Verfah-

Nr.	Gebührentatbestand	Gebühr oder Satz der Gebühr nach § 13 RVG
	ren geschlossen, bleibt der Wert dieser Verfahren bei der Berechnung der Gebühr außer Betracht. ³In Kindschaftssachen ist Absatz 1 Satz 1 und 2 auch für die Mitwirkung an einer Vereinbarung, über deren Gegenstand nicht vertraglich verfügt werden kann, entsprechend anzuwenden.	

Schrifttum: Schneider MDR **04**, 423 (Üb).

Gliederung

1) Systematik	1
2) Regelungszweck	2
3) Sachlicher Geltungsbereich	3
4) Persönlicher Geltungsbereich	4
5) Einigung	5–56
A. Vertrag mit Streitbeseitigung, amtliche Anmerkung I 1 Hs 1	5
B. Auch BGB-Vergleich	6
C. Auch Prozeßvergleich	7
D. Prozeßvergleich: Doppelnatur	8
E. Prozeßvergleich: Parteiprozeßhandlung	9
F. Kein gegenseitiges Nachgeben nötig	10
G. Vollstreckbarer Anwaltsvergleich nach §§ 796 a–c ZPO	11, 12
H. Aufschiebende Bedingung, amtliche Anmerkung III 1 Fall 1	13
I. Auflösende Bedingung oder Rücktritt oder Widerruf, amtliche Anmerkung III 1 Fall 2	14, 15
J. Weitere Voraussetzungen, amtliche Anmerkung II	16, 17
K. Beispiele zur Frage einer streitbeendenden Einigung	18–56
6) Mitwirkung	57–80
A. Anwaltseigenschaft	58
B. Mitursächlichkeit	59
C. Mitwirkung an der Verhandlung	60
D. Mitwirkung beim Vertragsabschluß	61
E. Bedingung, Widerruf	62
F. Beweislast	63, 64
G. Beispiele zur Frage einer Mitwirkung	65–80
7) Gebührenhöhe	81, 82
A. Außergerichtliche Einigung	81
B. Gerichtliche Einigung, VV 1003	82
8) Gegenstandswert	83–87
A. Grundsatz: Ausgangspunkt Streitwert	83
B. Beispiele zur Frage des Gegenstandswerts	84–87
9) Kostenerstattung	88, 89
A. Grundsatz: Erstattbarkeit	88
B. Beispiele zur Frage einer Erstattbarkeit	89

1) Systematik. Die Vorschrift enthält zwecks einer Förderung jeder streitbeendenden Einigung eine besondere Vergütung. Diese Regelung gilt grundsätzlich für jeden Bereich der anwaltlichen Berufstätigkeit. Sie erfaßt also nicht nur die Mitwirkung an der Beilegung eines Verfahrens, sondern auch diejenige an der Beilegung einer außergerichtlichen Auseinandersetzung. Für den Fall der Erledigung einer Rechtssache nach der Zurücknahme oder Änderung des mit einem Rechtsbehelf angefochtenen Verwaltungsakts enthält VV 1002 eine vorrangige Sondervorschrift, OVG Kblz NVwZ-RR **07**, 565. Weitere vorrangige Sonderregeln enthalten VV 1003–1007. Die Einigungsgebühr ist eine Erfolgsgebühr, Rn 5. Sie tritt stets neben die Verfahrensgebühr VV 3100 usw, Schlesw FamRZ **12**, 1418, oder neben eine Terminsgebühr nach der amtlichen Vorbemerkung 3 III in Verbindung mit VV 3104 usw, Mü JB **09**, 487, oder neben eine Geschäftsgebühr VV 2300, Schlesw MDR **11**, 394. Der Anwalt kann auf sie verzichten, Hamm JB **02**, 364. 1

2) Regelungszweck. Eine außergerichtliche Einigung verdient insbesondere Anerkennung schon deshalb, weil sie meist einen Prozeß erübrigt. Ein Prozeßvergleich nach BLAH Anh § 307 ZPO beugt wenigstens einer Fortsetzung des Streits vor, Dittrich JB **14**, 11. Er verhindert auch eine Rechtsmittelinstanz mit dem Risiko, daß dort 2

VV 1000 Vergütungsverzeichnis

auch noch eine Zurückverweisung zB nach § 538 ZPO erfolgen könnte. Die Bemühung des Anwalts um eine solche dem Rechtsfrieden, der Rechtssicherheit und zumindest meist auch der Gerechtigkeit dienende zweckmäßige Streitbeilegung verdient daher auch eine beachtliche Vergütung. Der Anwalt hat ja auch eine besondere Verantwortung für die Wahrung der Interessen des Auftraggebers und für die Brauchbarkeit und Eindeutigkeit sowie für die Vollstreckbarkeit der Einigung. Das gilt ungeachtet der bei einer näheren Betrachtung nur bedingt erzielten Verbesserung der Anwaltsvergütung bei einer außergerichtlichen Streitbeilegung, Meyer JB **04**, 575 (ausf).

Soweit freilich auch das Gericht bereits schon wegen *§ 278 ZPO* gleichartige Bemühungen anstellen muß, soll die Anwaltsvergütung trotz ihres im Einzelfall äußerst unterschiedlichen Anteils am Gelingen doch nicht so hoch ausfallen wie oben, wenn er und auch evtl sein gegnerischer Kollege ohne das Gewicht einer richterlicher Förderung ans Vergleichswerk gehen muß. Diese Abstufung findet in VV 1003 ihren Ausdruck. Sie mag bei einem hohen Anwaltsanteil am Zustandekommen der Einigung zwar unbefriedigend bleiben. Sie ist aber ein Ausdruck von Erfahrungssätzen. Deshalb sollte man sie respektieren. Das alles sollte man bei der Auslegung mitbeachten.

3   **3) Sachlicher Geltungsbereich.** Die Vorschrift gilt nach Rn 5 ff grundsätzlich für jede Art einer gerichtlichen oder außergerichtlichen Einigung, (teils zum alten Recht) LSG Essen JB **15**, 470, Enders JB **98**, 57, 113, Henssler AnwBl **97**, 129. Das gilt nach der amtlichen Anmerkung I 2 insbesondere in jedem Güteverfahren nach § 36. Es gilt auch bei der Einigung wegen einer „Vergleichsgebühr", Naumb JB **10**, 645. Es gilt auch in der Zwangsvollstreckung nach §§ 704 ff ZPO, BGH NJW **06**, 1599, in einem Arbeitsgerichtsverfahren, LAG Mü NZA-RR **17**, 272, und in einer sozialrechtlichen Angelegenheit, Klier NZS **04**, 471.

VV 1000 ist unanwendbar, soweit es sich um eine solche Angelegenheit nach § 15 Rn 2 handelt, die *keine wirksame Einigung* zuläßt, amtliche Anmerkung IV, Drsd FamRZ **08**, 1010, Kblz MDR **10**, 1350, zB: In einer Abstammungssache nach §§ 169 ff FamFG, Mü FamRZ **11**, 247; in einer Ehesache nach §§ 121 ff FamFG oder Lebenspartnerschaftssache nach §§ 269 f FamFG als solcher, amtliche Anmerkung V 1 (anders zB beim Unterhaltsvertrag, amtliche Anmerkung V 2, oder bei einer Aussöhnung, VV 1001); bei §§ 1666, 1669 BGB, Düss JB **17**, 308, Kblz MDR **10**, 1350; im Beratungshilfeverfahren nach dem BerHG, amtliche Vorbemerkung 2.6; im Verfahren vor den Finanzgerichten, amtliche Anmerkung IV; im Privatklageverfahren nach §§ 374 ff StPO, amtliche Anmerkung I 3 (Anwendbarkeit von VV 4147). Bei einer dortigen Einbeziehung einer nichtstrafrechtlichen Forderung kommt freilich insofern VV 1000 in Betracht.

4   **4) Persönlicher Geltungsbereich.** Die Vorschrift gilt nach § 1 Rn 6 ff soweit der Anwalt als solcher auftragsgemäß tätig wird oder soweit der Auftraggeber die Mitwirkung wirksam genehmigt. Auch seine Tätigkeit als Mediator, Terminsanwalt, Verkehrsanwalt usw oder als Vertreter eines Streithelfers nach §§ 66 ff ZPO kann anwaltstypisch sein. Dennoch verweist der vorrangige § 34 auf eine Gebührenvereinbarung nach § 3 a und mangels einer solchen auf das bürgerliche Recht und damit nicht auf VV 1000. Auch für einen Schiedsrichter nach § 1035 ZPO usw kann eine Einigungsgebühr entstehen, Bork NJW **08**, 1921.

5   **5) Einigung.** Man muß zahlreiche Aspekte beachten.

Maßstab der Prüfung, ob eine Einigung vorliegt, ist weder die Ansicht des einen Partners noch diejenige des gegnerischen, auch nicht die Meinung des einen oder anderen Anwalts als ProzBev, sondern die objektive, wahre Entwicklung nach der Beurteilung entweder des Gerichts oder außergerichtlich eines gedachten verständigen Dritten, soweit irgendein Beteiligter unabhängig von seiner Funktion überhaupt zu mehr als subjektiv um Wahrheit bemühter Haltung imstande ist. Alle müssen also um Selbstkritik und um das Erkenntnis bemüht bleiben, eine Situation nur sehr schwer von allen Seiten gleichgenau und vorurteilsfrei einschätzen zu können. Das bedeutet nicht von vornherein im Zweifel gegen eine Einigungsgebühr, aber auch nicht im Zweifel für sie.

A. Vertrag mit Streitbeseitigung, amtliche Anmerkung I 1 Hs 1. Durch diese Vorschrift wird deutlich, daß ein Vertrag nötig ist, LG Münst Rpfleger **08**, 391, und daß nur ein solcher Vertrag die Gebühr VV 1000 auslösen kann, durch den die

Beteiligten des gerade zwischen ihnen nach der Entstehung oder nach dem Umfang streitigen sachlichrechtlichen und der Parteiherrschaft nach BLAH Grdz 18 vor § 128 ZPO unterliegenden gesetzlichen oder vertraglichen privat- oder öffentlichrechtlichen Rechtsverhältnisses im weitesten Sinn den Streit oder die Ungewißheit selbst und nicht etwa erst durch einen Dritten beseitigen wollen und auch wirksam können, Meyer JB 09, 240. Eine Ungewißheit besteht schon bei der Unsicherheit einer Durchsetzbarkeit. Es kommt auf die Sicht der beiden Parteien nach BLAH Grdz 4 vor § 50 ZPO und nicht auf diejenige eines Dritten an, BGH 66, 250. Theoretisch entbehrlich geworden ist lediglich das bisherige Erfordernis eines gegenseitigen Nachgebens und damit eines Vergleichs nach § 779 BGB, AG Bre ZMR 13, 836. Ein solcher Vergleich genügt natürlich auch bei VV 1000 ff. Anderseits reicht nach Hs 2 derselben Vorschrift eine einseitige Beschränkung auf entweder ein Anerkenntnis nach § 307 ZPO oder einen Verzicht nach § 306 ZPO nicht aus, AG Bre ZMR 13, 836.

Damit bleibt *außerhalb* eines Vergleichs praktisch kaum etwas übrig. Zumindest muß ja anfangs ein Streit oder eine Ungewißheit über ein Rechtsverhältnis beliebiger sachlich- oder prozeßrechtlicher Art bestanden haben. Es muß sich also mindestens ein Beteiligter eines Rechts berühmt haben, Düss AGS 03, 496. Ein bloßes erstmaliges Vertragsaushandeln genügt nicht. Scheiden ein Anerkenntnis wie ein Verzicht evtl als Einigungsformen aus, bleibt praktisch fast nur ein Vergleich. Damit erweist sich VV 1000 als die praktische Übernahme fast aller bisheriger Bedingungen trotz des weitergehenden wie unschärferen Worts „Einigung". Auf dieser Basis läßt sich die umfangreiche Rspr und Lehre zum alten Recht weiter mitverwerten.

Sofern eine Einigung *überhaupt* derart zustande kommt, ist es unerheblich, ob dieser Erfolg im Prozeß oder außergerichtlich entsteht, Düss JB 92, 95, Ffm MDR 77, 590, VGH Kassel AnwBl 84, 52. Es ist ebenso unerheblich, ob eine Einigung dem Ziel der Verhütung eines Prozesses oder seiner Beendigung dient, Bbg JB 17, 572, Mü Rpfleger 92, 272, LG Karlsr AnwBl 75, 442. Ausreichend ist also auch eine Einigung vor der Klage- oder Antragseinreichung oder gar vor der Klagerhebung nach §§ 253, 261 ZPO und damit vor einer Anhängigkeit oder gar Rechtshängigkeit, Stgt AnwBl 08, 303. Die Einigungsgebühr hängt von der Einigung als eine sog Erfolgsgebühr ab, Mü Rpfleger 92, 272, Schlesw SchlHA 87, 191.

B. Auch BGB-Vergleich. Wegen der rechtlichen Voraussetzungen des praktisch 6 weiter teilweise mitbeachtbaren § 779 BGB vgl die einschlägigen Erläuterungsbücher sowie BGH 59, 69, BAG BB 99, 426. Es kommt nicht darauf an, ob die Parteien die Einigung so oder als einen Vergleich bezeichnen, KG Rpfleger 04, 64, LAG Hamm MDR 01, 654, LAG Nürnb MDR 02, 544. Anderseits deutet „Vergleich" auf eine wenigstens prozessuale und rechtsverbindliche Einigung und nicht nur auf deren bloße Absicht hin. Das gilt selbst dann, wenn objektiv kein weiteres Nachgeben erfolgt, LAG Halle MDR 00, 1034, aM GSchm 195. Es kommt auch nicht darauf an, ob die Beteiligten überhaupt erkennen, daß objektiv eine Streitbeseitigung zustande kommt, Hamm MDR 81, 63, Stgt MDR 11, 636. Zu einem tatsächlichen Nachgeben dürfte auch ein stillschweigende Einigungsbereitschaft genügen, LG Stgt AnwBl 00, 375. Eine Form ist nur insoweit erforderlich, als sachlichrechtlich notwendig ist, etwa beim Grundstücksgeschäft nach § 311 b I 1 BGB usw. Vgl aber Rn 73 „Protokoll".

Die Einigungsgebühr kann auch dann entstehen, wenn eine Einigung nicht zwischen dem Auftraggeber und seinem bisherigen Verhandlungs- oder Prozeßgegner zustande kommt, sondern *mit einem Dritten,* zB mit dem Haftpflichtversicherer. Es reicht auch aus, daß der Auftraggeber einem zwischen anderen Personen geschlossenen streitbeseitigenden Vertrag beitritt oder daß der Vertrag auch Beziehungen zwischen einem Streitverkündeten nach § 71 ZPO und einer Prozeßpartei nach BLAH Grdz 4 vor § 50 ZPO regelt, Mü JB 92, 397.

C. Auch Prozeßvergleich. Der Prozeßvergleich ist nach der in § 794 I Z 1 ZPO 7 steckenden teilweisen Begriffsbestimmung eine vor dem Gericht oder vor einer durch die Landesjustizverwaltung eingerichteten oder anerkannten Gütestelle abgegebene beiderseitige Parteierklärung, den Streit ganz oder zu einem eines teilurteilsfähigen Teil beilegt. § 127 a BGB besagt nichts anderes. Die dortige Formulierung „gerichtlicher Vergleich" nötigt nicht zur Unterstellung des Prozeßvergleichs auch unter

§ 779 BGB. Das gilt schon wegen der Nichterwähnung dieser Vorschrift in § 127a BGB, obwohl das nur zu nahe gelegen hätte. Ein gegenseitiges Nachgeben ist insbesondere hier unnötig, Keßler DRiZ **78**, 79.

8   D. Prozeßvergleich: Doppelnatur. Nach der absolut herrschenden Meinung (zum problematischen Begriff BLAH Einl III 47, Zasius DGVZ **87**, 80) hat der Prozeßvergleich nun aber ebenso wie sein Widerruf eine Doppelnatur, BGH NJW **11**, 2141, BAG NJW **12**, 3391, BVerwG NVwZ **13**, 212. Er ist einerseits ein sachlichrechtliches Geschäft nach § 779 BGB, andererseits eine Parteiprozeßhandlung nach Rn 9. Holzhammer Festschrift für Schima (1969) 217 sieht den privatrechtlichen Vergleich und einen Prozeßbeendigungsvertrag isoliert nebeneinander (Doppeltatbestand), ähnlich Tempel Festschrift für Schiedermair (1976) 543. RG **153**, 67 nannte ihn plötzlich wieder hochmodern einen „bloßen Privatvertrag", ähnlich BayObLG DNotZ **88**, 113 („Vertrag"). Es braucht kein Vollstreckungstitel nach § 794 I Z 1 ZPO zu entstehen, Ffm AnwBl **82**, 248.

Natürlich kann ein *sachlichrechtliches* Geschäft gleichzeitig erfolgen, Düss Rpfleger **07**, 77, Stgt OLGZ **89**, 416 (je: Erbvertrag), auch wenn es als solches den Prozeß nicht beenden kann. Für den Prozeßvergleich ist gerade die Mitwirkung des Gerichts eigentümlich. Das Gericht trägt die volle Verantwortung für die Form nach §§ 160 III Z 1, 162 ZPO, und auch für den Inhalt zumindest insofern, daß der Vergleich nicht nicht gegen ein gesetzliches Gebot verstoßen darf, Keßler DRiZ **78**, 80 (weitergehend). Das Gericht darf erst recht einen Vorschlag nach § 278 VI ZPO natürlich nicht mit einem gesetzwidrigen Inhalt und insbesondere nicht mit einem nicht nach §§ 704 ff ZPO vollstreckungsfähigen Inhalt machen.

9   E. Prozeßvergleich: Parteiprozeßhandlung. Der Prozeßvergleich ist also auch eine Prozeß- oder Verfahrenshandlung der Parteien oder Beteiligten nach BLAH Grdz 47 vor § 128 ZPO, soweit er gegenüber dem Prozeßgericht erfolgt, AG Mosbach FamRZ **77**, 813. Das gilt auch bei den Annahmeerklärungen nach § 278 VI 1 ZPO. Sie müssen zur Wirksamkeit ja gerade „gegenüber dem Gericht" erfolgen. Das nicht nur einseitige, sondern gerade gegenseitige, wenn auch ganz geringe, Nachgeben ist nur theoretisch nicht mehr erforderlich. Jedenfalls genügt es nach Rn 10. Es braucht sich nicht auf die Hauptsache zu beziehen. Es genügt erst recht ein ganz geringes einseitiges Nachgeben, Düss JB **92**, 96, LAG Mü JB **92**, 96. Es genügt nach Rn 20, daß eine Partei einen Bruchteil der Kosten und der Zinsen übernimmt, Düss JB **12**, 301, LAG Köln MDR **01**, 656, oder daß der Bekl in eine Klagerücknahme nach § 269 ZPO dann einwilligt, wenn diese Einwilligung notwendig ist, aM Mü MDR **85**, 328, oder daß eine (Teil-)Klagerücknahme und dann ein gegnerischer (Teil-)Anerkenntnis erfolgen. Manche lassen sogar eine volle Anerkennung dann genügen, wenn der Kläger sein auf eine der inneren Rechtskraft nach § 322 ZPO usw fähige Entscheidung gerichtetes Ziel aufgibt. Erst ein Anerkenntnis ohne jede weitere Art der Streitbelegung ist ja nach der amtlichen Anmerkung I 1 Hs 2 schädlich.

10   F. Kein gegenseitiges Nachgeben nötig. Aus diesen Erwägungen folgt immerhin jetzt auch: Eine Einigung läßt auch dann eine Gebühr VV 1000 entstehen, wenn jedenfalls kein gegenseitiges Nachgeben erfolgt, also kein Nachgeben auch um eines gegnerischen Nachgebens willen, BGH FamRZ **09**, 44, Bbg JB **17**, 522, AG Bre ZMR **13**, 836, aM Celle FamRZ **09**, 715, Kblz MDR **12**, 306 (läßt freilich ein ganz geringes Nachgeben genügen). Es kann dann reichen, wenn eine Partei nur eine Klage oder ein Rechtsmittel usw ohne eine gegenseitige diesbezügliche Verpflichtung zB nach §§ 269, 516 ZPO zurücknimmt, nämlich schon auf einen Hinweis des Gerichts zur Zweifelhaftigkeit der Erfolgsaussicht, Schlesw JB **01**, 307, LG Köln JB **01**, 307. Es reicht aber eben dann nicht, wenn der Schuldner nur seine Zahlungspflicht bestätigt, (zum alten Recht) LG Mainz JB **02**, 646.

Schwierig kann die Klärung sein, ob denn überhaupt bisher eine tatsächliche oder rechtliche Meinungsverschiedenheit und daher überhaupt ein Anlaß oder Bedürfnis zu einem Einigungsversuch bestand. Wenn etwa nur unklar war, was ein glaubwürdiger Zeuge wirklich gesehen hat, mag nach der Klärung dieses Details die „Einigung" in Wahrheit nur die Bestätigung der unstreitigen Rechtsfolgen der einen oder anderen Zeugenversion sein. Es heißt daher stets behutsam abzuwägen, ob überhaupt eine

Einigung erfolgt ist. Sie hat ebensowenig für als auch gegen sich von vornherein einen Anscheinsbeweis etwa nach BLAH Anh § 286 ZPO Rn 15.

G. Vollstreckbarer Anwaltsvergleich nach §§ 796 a–c ZPO. Die Vorschrift enthält für die Mitwirkung beim Zustandekommen eines sog Anwaltsvergleichs keine Sonderregel. Die Parteien nach BLAH Grdz 4 vor § 50 ZPO können einen nach § 261 ZPO rechtshängigen Anspruch einbeziehen. Den Anwaltsvergleich nach §§ 796 a–c ZPO müssen nicht nur die Parteien und deren Anwälte unterschrieben haben, sondern er muß auch die Unterwerfungserklärung unter eine sofortige Zwangsvollstreckung enthalten und daher einen zusätzlichen Prozeß zwecks Erhalts eines Vollstreckungstitels erübrigen. Man muß die Mitwirkungsfrage wie bei einer sonstigen Einigung beurteilen. 11

Wegen der *Vollstreckbarerklärung* eines Anwaltsvergleichs gelten VV 3309, 3310, 3327, aM GSchm VV 3100 Rn 4 (VV 3100 ff). Sie ist keine gar aufschiebende Bedingung, sondern ein beanspruchbares Ziel. Natürlich kann der Anwaltsvergleich aber nach seinem Inhalt bedingt sein. 12

H. Aufschiebende Bedingung, amtliche Anmerkung III Fall 1. Aus dieser Vorschrift ergibt sich, daß die Einigungsgebühr unter anderem die volle Wirksamkeit (jetzt) der Einigung voraussetzt, Mü MDR **91**, 263, LG Hanau **87**, 243. Sofern die Parteien die Einigung nach § 158 I BGB ausdrücklich oder nach den Umständen stillschweigend unter einer aufschiebenden Bedingung geschlossen haben, muß die Bedingung eingetreten sein. Eine solche Bedingung kann zB dann vorliegen, wenn es um eine Scheidungsvereinbarung nach § 134 FamFG geht, Bbg JB **80**, 1347, Düss FamRZ **99**, 1683, Hamm JB **80**, 1518, oder wenn der Vergleich eine Genehmigung des Betreuungsschaftsgerichts oder einer Behörde usw braucht. Wenn das Gericht die Genehmigung nicht erteilt oder wenn es seine Genehmigung wirksam widerruft, entsteht keine Gebühr VV 1000. Ob die Mitwirkung eines Dritten eine Bedingung sein soll, ist eine Frage der Auslegung im Einzelfall. 13

I. Auflösende Bedingung oder Rücktritt oder Widerruf, amtliche Anmerkung III 1 Fall 2. Sofern die Parteien den Vertrag nach § 158 II BGB unter einer nur vom Willen beider oder auch nur eines Partners abhängigen auflösenden Bedingung oder unter einem vertraglichen Rücktritts- oder Widerrufsvorbehalt geschlossen haben, muß nach Rn 15 endgültig feststehen, daß die auflösende Bedingung nicht eintritt oder daß kein wirksamer Widerruf mehr möglich ist, GSchm 49. Denn auch eine auflösende Bedingung läßt eine Ungewißheit bestehen, solange der Nichteintritt nicht feststeht. Das kann zB dann so sein, wenn der Vergleich zumindest unter anderem dahin geht, daß er bei einer Nichtzahlung zu einem bestimmten Zeitpunkt hinfällig werden soll. 14

Der Hauptfall ist ein *Widerruf*. Er läßt sich freilich meist als eine aufschiebende Bedingung des Nichtwiderrufs auslegen, BGH **88**, 367, BAG DB **98**, 1924, BVerwG NJW **93**, 2193. Dann kommt es nach Rn 14 also erst dann endgültig zur Einigungsgebühr, wenn kein rechtzeitiger und auch im übrigen wirksamer Widerruf vorliegt, Ffm JB **79**, 849, LG Hbg AnwBl **99**, 488. Auch eine Verwirkungsklausel gehört hierher. 15

Nicht hierher gehört aber ein nur gesetzlich entstehendes Rücktrittsrecht. Es berührt eine vorher entstandene Gebühr nicht.

J. Weitere Voraussetzungen, amtliche Anmerkung II. Der Vertrag mit der streitbeendenden Einigung, auf die es nach der amtlichen Anmerkung II ankommt, kann auch unabhängig von einer etwaigen aufschiebenden oder auflösenden Bedingung unwirksam sein, etwa wegen der Sittenwidrigkeit oder Gesetzwidrigkeit seines Inhalts nach §§ 134, 138 BGB, Bbg JB **87**, 1796, Karlsr OLGR **99**, 332, Schlesw JB **91**, 932, aM Mü AnwBl **91**, 273. Eine Unwirksamkeit kann auch wegen eines etwaigen Formmangels eingetreten sein, LG Hanau AnwBl **87**, 243. Freilich besteht grundsätzlich eine Formfreiheit und kann ein Vertrag auch stillschweigend vorliegen, BGH BB **06**, 2780, Kblz MDR **07**, 245. Die Unwirksamkeit kann sich nach §§ 109, 123, 142 BGB auch nachträglich ergeben, Mü MDR **91**, 263, Schlesw JB **91**, 933. Wegen (jetzt) § 15 IV bleibt eine zuvor bereits verdiente Einigungsgebühr trotzdem bestehen, Karlsr OLGR **99**, 332, Schlesw JB **91**, 933, aM GS 51 (aber das Kostenrecht folgt keinesweges stets dem sachlichen Recht). 16

VV 1000   Vergütungsverzeichnis

17 Wenn die Parteien einen Rechtsstreit wegen eines Streits um die Wirksamkeit eines Vergleichs *fortsetzen,* entsteht nach § 15 II 1, dort Rn 20, 21 für einen in der Folgezeit zustande kommenden „weiteren" Vergleich keine Einigungsgebühr, es sei denn, sie würden nach § 15 II 2, den weiteren Vergleich in einem anderen Rechtszug schließen, Mümmler JB **85**, 1631 oder außergerichtliche Vergleichsverhandlungen und ein Prozeß wären nach § 15 Rn 8 verschiedene Angelegenheiten.

18 **K. Beispiele zur Frage einer streitbeendenden Einigung**

Abfindung: Wenn der Versicherer die Unterschrift einer Abfindungserklärung anfordert, liegt darin ein Anhaltspunkt für ein Vergleichsangebot. Denn das ist der erkennbare Sinn der Aufforderung. Sofern also der Adressat trotz einer Rechtspflicht zum Reden schweigt oder die Erklärung abgibt, kann ein Vergleich zustande gekommen sein, und zwar auch nach einer Teilzahlung ein Gesamtvergleich, LG Karlsr AnwBl **83**, 5.

Vgl aber auch Rn 47 ff „Teilzahlungsvergleich".

19 **Abgabenstreit:** Da eine Einigungsgebühr nach der amtlichen Anmerkung IV nur entstehen kann, soweit die Parteien bei Rechtsverhältnis des öffentlichen Rechts über den Anspruch vertraglich verfügen können, kommt es darauf an, ob das Gesetz ausnahmsweise einen Vertragsabschluß zuläßt.

Unanwendbar ist VV 1000 zB bei einer „Einigung" über einen Prozentsatz des Gewinnanteils am Umsatz, FG Düss EFG **87**, 582.

Adhäsionsverfahren: Rn 45 „Strafsache".

20 **Anerkenntnis:** Das bloße prozessuale oder vorprozessuale oder sachlichrechtliche Anerkenntnis läßt nach der amtlichen Anmerkung (jetzt) I 2 *keine* Gebühr VV 1000 zu, BGH BB **06**, 2780, Bbg JB **17**, 522, AG Köln VersR **13**, 180 (zu VV 1003).

Ein *Vertrag* nach VV 1000 kann allerdings dann vorliegen, wenn zB die Parteien etwas darüber hinaus vereinbaren, UG MDR **14**, 500.

– **(Beiderseitiges Anerkenntnis):** Anwendbar sein kann VV 1000 in einem solchen Fall, Kblz NJW **06**, 850.

– **(Einwendung):** S „– (Wegfall von Beweiszwang)".

– **(Klagerücknahme):** Anwendbar sein kann VV 1000 dann, wenn durch ein Anerkenntnis eine Klagerücknahme und eine vom Gesetz abweichende Kostenregelung zustandekommt, Nürnb JB **00**, 583.

S auch „– (Teilrücknahme)".

– **(Kostenaufhebung gegeneinander):** Anwendbar sein kann VV 1000 dann, wenn der Schuldner sie erreicht, LAG Düss MDR **91**, 284.

– **(Kostenerstattung):** S „– (Verzicht)".

– **(Ratenzahlung):** Anwendbar ist VV 1000 dann, wenn der Gläubiger nur einen Teil der Forderung erhalten will und sich gleichzeitig und nicht etwa erst zeitlich nach einem Anerkenntnis des Schuldners verpflichtet, bei pünktlichen Ratenzahlungen stillzuhalten, aM Karlsr Just **89**, 348, AG Nürnb VersR **83**, 473 (aber das geht über ein bloßes Anerkenntnis hinaus).

S auch „(Ratenzahlung)".

– **(Stundung):** S „– (Verzicht)".

– **(Teilrücknahme):** Anwendbar sein kann VV 1000 dann, wenn auf eine teilweise Klagerücknahme oder Rücknahme einer Widerklage ein Anerkenntnis des Rests folgt, Ffm Rpfleger **90**, 91, Stgt MDR **11**, 636, aM Brdb Rpfleger **05**, 700, Hbg MDR **99**, 189, Zweibr FamRZ **99**, 799 (aber VV 1000 erfordert keinen Vergleich mehr).

– **(Umstellungsfrist):** Anwendbar sein kann VV 1000 dann, wenn der Gläubiger dem Unterlassungsschuldner eine solche Frist einräumt, KG MDR **14**, 500.

– **(Verzicht):** Anwendbar sein kann VV 1000 dann, wenn bei einem formellen Anerkenntnis auch ein Gläubigerverzicht auf die Erstattung von Vergleichs- oder Einigungskosten liegt, Stgt NJW **05**, 2162, oder wenn der Gläubiger für einen bestimmten Zeitraum auf die Vollstreckung aus einem Anerkenntnisurteil verzichtet, etwa nach I 1 Z 2 mittels einer Zahlungsvereinbarung (Raten, Stundung, Rostock MDR **08**, 1307), oder wenn eine Partei nach Rn 53 auf eine Kostenerstattung verzichtet.

Vergütungsverzeichnis **1000 VV**

- **(Wegfall von Beweiszwang):** Anwendbar sein kann VV 1000 dann, wenn der Schuldner eine solche Einwendung fallen läßt, die evtl zur Notwendigkeit einer Beweisaufnahme geführt hätte, Hbg MDR **83**, 589, Dietrich JB **14**, 11.

Anfechtung: Die Anfechtbarkeit ist keine Bedingung, aM Jena JB **12**, 142 rechts. Es ist für (jetzt) VV 1000 zunächst unerheblich, ob der Anwalt eine Anfechtbarkeit verschuldet hat, Bbg JB **87**, 1796, Karlsr OLGR **99**, 332, Schlesw JB **91**, 932, aM Mü MDR **91**, 263 (aber VV 1000 schafft eine Erfolgsgebühr, Rn 5). **21**

Angelegenheit: Jede Angelegenheit nach § 15 Rn 9 läßt nach § 15 II 1 grds nur *eine* Einigungsgebühr zu.

Anhängigkeit: Sie ist nach Rn 5 nicht erforderlich.

Anspruchsverzicht: Rn 53.

Anwaltsvergleich: Rn 11, 12.

Arbeitsrecht: Eine Vereinbarung über einen Gegenstand der Verfügungsbefugnis der Parteien nach § 83 a ArbGG ist ausreichend, zB eine solche, daß nach einer Rücknahme der Kündigung des Arbeitgebers das Arbeitsverhältnis ungekündigt fortbestehen soll, AG Köln VersR **03**, 497, LAG Düss JB **05**, 643 und 644, LAG Kiel NZA-RR **06**, 381, oder das Zusammentreffen der Rücknahme einer Kündigung und einer Kündigungsschutzklage, BAG NJW **06**, 1997. Eine Einigung kann auch natürlich im Gütetermin erfolgen.

S auch Rn 34 „Kündigungsschutz", Rn 44 „Sozialplan".

Arrest, einstweilige Verfügung: Sofern die Parteien im einstweiligen Verfahren nach §§ 916 ff, 935 ff ZPO eine Einigung erzielen, kann VV 1000 anwendbar sein, Celle MDR **08**, 713 (weitergehende Einigung). Das gilt auch dann, wenn die Vereinbarung dahin geht, daß eine schon erlassene einstweilige Verfügung bis zur Entscheidung über die Hauptsache bestehen bleiben soll. Es entsteht bei einer Einbeziehung der schon oder noch nicht anhängigen Hauptsache nur *eine* Einigungsgebühr, natürlich aus den zusammengerechneten Werten dieser beiden Angelegenheiten, aM Hamm Rpfleger **09**, 53 (nur nach dem Hauptsachewert). Im Widerspruchsverfahren nach § 924 ZPO kann eine Einigung vorliegen, soweit der Antragsteller auf ein Recht und der Antragsgegner auf die weitere Durchführung des Verfahrens usw verzichten.

Freilich darf sich der Vertrag nach der amtlichen Anmerkung I 1 Hs 2 *nicht* ausschließlich auf einen *Verzicht* beschränken, Celle MDR **08**, 713 (dort verneint). Unanwendbar ist VV 1000 auch beim nur objektiv übereinstimmenden, aber nicht aufeinander abgestimmten Verhalten.

S auch Rn 41 „Rechtsschutzbedürfnis".

Aufbrauchsfrist: Ihre Einräumung durch den Gläubiger kann (jetzt) die Gebühr VV 1000 auslösen, Ffm GRUR **85**, 239. **22**

Aufenthaltserlaubnis: VV 1000 kann dann vorliegen, wenn der Antragsteller statt seit dem Antragseingang jetzt erst für die Zukunft eine Entscheidung haben will, OVG Bre AGS **01**, 7.

Außergerichtliche Einigung: Eine außergerichtliche Einigung nach § 779 BGB kann nach der amtlichen Anmerkung I 1 Hs 1 ausreichen, soweit sie zumindest teilweise einen Streit oder eine Ungewißheit über ein Rechtsverhältnis beseitigen soll und kann, Hamm AnwBl **05**, 76 (zum alten Recht). Dasselbe gilt für eine gerichtliche Einigung im Streit um die Wirksamkeit einer außergerichtlichen. Vgl. auch Rn 6.

Bedingung: Rn 13–15. **23**

Behörde: Auch eine Einigung mit ihr kann reichen, zB mit dem Jugendamt, aM Karlsr FamRZ **07**, 1672.

Beigeladener: Soweit überhaupt nach der amtlichen Anmerkung IV eine Einigungsgebühr in Betracht kommt, kann die Zustimmung eines notwendig Beigeladenen eine der Voraussetzungen der Wirksamkeit des Vertrags sein.

Beratung: Auch in ihrem Rahmen ist eine Einigung nach § 34 möglich.

Beratungshilfeverfahren: Nach der amtlichen Vorbemerkung 2.5 kommt statt einer Gebühr VV 1000 ff die Festgebühr VV 2508 infrage.

Berufsrecht: Soweit die Voraussetzungen der amtlichen Anmerkung IV vorliegen, kann nach § 33 I Z 3 FGO auch ein das Berufsrecht betreffender Vergleich ausreichen.

Berufungsrücknahme: Rn 40 „Rechtsmittelrücknahme".

24 **Beschränkung des Streitstoffs:** Durch die bloße Beschränkung des Streitstoffs braucht noch *keine* Einigung entstanden zu sein.
Beschwerderücknahme: Rn 40 „Rechtsmittelrücknahme".
Besprechung: Rn 27 „Erfolgreiche Besprechung"
Bewertung: Auch bei einer Einigung über eine sachlichrechtliche oder prozessuale oder kostenrechtliche Bewertungsfrage kann (jetzt) eine Einigung nach VV 1000 vorliegen, Hamm JB **02**, 27.
25 **Daseinsvorsorge:** Bei einem Streit im Bereich der Daseinsvorsorge ist der Abschluß eines Vertrags nach der amtlichen Anmerkung IV meist zulässig.
Dritter: Eine Erklärung des Schuldners, er werde die sofortige Bezahlung seiner Schuld durch einen Dritten veranlassen, falls der Gläubiger die Forderung ermäßige, kann (jetzt) zur Gebühr VV 1000 ausreichen, LG Augsb AnwBl **84**, 516. Freilich ist Vorsicht ratsam. Es mag auch die Beauftragung eines der ProzBev zusätzlich durch einen Dritten ausreichen, LG Bonn JB **95**, 527.
Unanwendbar ist VV 1000, soweit ein Dritter nur durch einen Vertrag mit der vom Anwalt nicht vertretenen anderen Partei der Einigung beitritt, aM BGH **86**, 160.
S auch Rn 43 „Schiedsvereinbarung", Rn 45 „Streithelfer".
Durchsetzbarkeit: Ein Zweifel an ihr kann eine Ungewißheit nach Rn 5 begründen.
26 **Ehesache:** Der vom FamG genehmigte teilweise oder gänzliche Ausschluß des Versorgungsausgleichs nach §§ 217 ff FamFG kann eine Einigung darstellen, Hamm MDR **12**, 1468, Karlsr NZFam **15**, 324, AG Heidelb FamRZ **13**, 395, aM Karlsr NJW **07**, 1072, Stgt NJW **07**, 1072 (aber das ist etwas anderes als ein schon nach dem eindeutigen Wortlaut von I 1 Hs 2 nicht ausreichender bloßer Verzicht, zu ihm aM Düss FamRZ **13**, 1422, Ffm FamRZ **10**, 922, AG Heidelb FamRZ **13**, 395). Dasselbe gilt beim Verzicht auf den Versorgungsausgleich zwecks Beseitigung einer rechtlichen Unsicherheit, Karlsr FamRZ **12**, 395, Mü NJW **12**, 1090, Oldb JB **11**, 415 und 416, und bei einem im Zusammenhang mit einer Ehesache geschlossenen vermögensrechtlichen Vertrag zB über Unterhalt oder Haushalt usw. Eine Einigung während einer fortbestehender Unsicherheit zum Ob und Wie des Versorgungsausgleichs reicht natürlich, Hamm MDR **12**, 1468, Oldb AnwBl **11**, 229, Zweibr MDR **09**, 1314.
Unanwendbar ist VV nach der amtlichen Anmerkung V 1 in der Ehesache selbst (Ausnahme: Unterhalt, amtliche Anmerkung V 2). Denn die Parteien können über sie mit der Ausnahme ihrer vermögensrechtlichen Auswirkungen keine wirksame Einigung treffen, Kitzinger FamRZ **05**, 10.
S auch Rn 51 „Umgangsrecht".
Eingriffsverwaltung: Ein Vertragsabschluß ist auch in einem Enteignungsverfahren zulässig, Köln JB **76**, 190. Soweit er zulässig ist, kann man ihn auch zur Erledigung eines Verfahrens nach § 80 VwGO schließen.
Im Bereich der Eingriffsverwaltung ist ein Vertragsabschluß nach der amtlichen Anmerkung IV dagegen meist *unzulässig*, soweit es sich um zwingendes Recht handelt.
Einspruch: Der Verzicht auf seine Einlegung zB nach §§ 338, 700 ZPO kann ausreichen. Freilich darf sich die Einigung nach der amtlichen Anmerkung I 1 Hs 2 nicht ausschließlich auf einen Verzicht beschränken.
Einstweilige Verfügung: Rn 21 „Arrest, einstweilige Verfügung".
Enteignung: S „Eingriffsverwaltung".
Erbrecht: Jede Einigung der Erben untereinander oder mit einem Nichterben kann ausreichen, aM SchGei 25 (nur bei einer Abfindung). Aber es genügt jede Art des Nachgebens).
27 **„Erfolgreiche Besprechung":** Diese pauschale Behauptung reicht nicht, Kblz BauR **13**, 1916 rechts Mitte.
Erlaßvertrag: Rn 53 „Verzicht".
Erledigung der Hauptsache: Übereinstimmende wirksame Erledigterklärungen beider Parteien nach BLAH § 91 a ZPO Rn 96 sind als solche bloße Parteiprozeßhandlungen nach BLAH Grdz 47 vor § 128 ZPO. Sie besagen lediglich die Rechtshängigkeit der bisher streitigen Ansprüche unmittelbar, Ffm MDR **81**, 676, Hamm MDR **14**, 839, Köln JB **11**, 526. Sie besagen nur, daß die Parteien an einer Sachentscheidung durch das Gericht kein Interesse mehr haben, Koenigk NJW **75**,

529. Sofern die Parteien also nicht gleichzeitig in einem sachlichrechtlichen Streitpunkt eine Einigung erzielen, liegt nach einer unstreitigen Erledigung in den bloßen übereinstimmenden Erledigterklärungen *keine Einigung* nach (jetzt) VV 1000, Celle FamRZ **14**, 1938, Hamm MDR **14**, 839, AG Bln-Tempelhof-Kreuzberg FamRZ **13**, 907, aM Ffm JB **79**, 53. Die Erledigterklärungen können sich evtl nur auf das Rechtsmittelverfahren beziehen, BGH NJW **09**, 234.

Etwas anderes kann natürlich dann gelten, wenn *zunächst umstritten* war, ob ein erledigendes Ereignis eingetreten ist, und wenn erst anschließend übereinstimmende Erledigterklärungen wirksam zustande kommen, Köln JB **06**, 588, Stgt FamRZ **09**, 144, AG Ottweiler JB **12**, 20. Auch dann kann aber zB bei streitigen Kosten- „Anträgen" eine Einigung nach (jetzt) VV 1000 *fehlen*, Schlesw SchlHA **83**, 199. Nach einer Teilerledigung kommt es auf die Gesamtumstände an, soweit man klären muß, ob ein anschließender Vertrag den erledigten Teil irgendwie miterfaßt (meist wohl nicht), KG JB **07**, 33. Beim Fehlen auch einer Einigung zur Kostenverteilung fällt evtl trotzdem eine Einigungsgebühr an, Köln Rpfleger **16**, 610.

Fälligkeit: Es reicht aus, daß die Parteien eine andere als die bisher vereinbarte oder die gesetzliche Fälligkeit vereinbaren, Stgt MDR **11**, 636, AG Hildesh AnwBl **76**, 301, aM AG Kblz FamRZ **09**, 1089. 28

Finanzgerichtliche Verfahren: Man muß die amtliche Anmerkung IV beachten, FG Düss EFG **87**, 582.

S auch Rn 19 „Abgabenstreit", Rn 23 „Berufsrecht".

Form: Soweit die Wirksamkeit eines Vertrags von einer Form abhängt, etwa nach § 311b I 1 BGB, entsteht die Einigungsgebühr erst bei einer Einhaltung der Form, LG Hanau AnwBl **87**, 244.

Genehmigung: Sofern die Wirksamkeit eines Vertrags von einer Genehmigung abhängt, etwa derjenigen des gesetzlichen Vertreters oder der Beigeladenen oder des Betreuungsgerichts oder einer Behörde, entsteht die Einigungsgebühr nach der amtlichen Anmerkung III allenfalls erst mit der wirksamen Erteilung der Genehmigung, (teils zum alten Recht) Hamm Rpfleger **11**, 668, Kblz VersR **83**, 567, Saarbr JB **91**, 378, aM Zweibr JB **83**, 226. Vgl auch Rn 13–15. 29

Gerichtsentlastung: Sie braucht nicht einzutreten, BGH NJW **09**, 234.

Gerichtsvollzieher: Seine bloße Ratenbewilligung nach § 806 b ZPO oder seine bloße Aussetzung der Verwertung bedeutet *keine* Einigung nach VV 1000, Kassel DGVZ **04**, 179, AG Euskirchen DGVZ **05**, 29, ebensowenig sein Auftrag zu einer gütlichen Einigung neben anderen Maßnahmen ohne Bedingung, AG Augsb DGVZ **14**, 26.

Sie kann aber *vorliegen*, soweit auch der Gläubiger auf die Entscheidung des Gerichtsvollziehers nachgebend eingewirkt hat, Enders JB **99**, 58.

S auch Rn 47–50 „Teilzahlungsvergleich".

Geschäftsgrundlage: Soweit sie nach § 779 I Hs 2 BGB bei einem Vergleich fehlte, kann auch eine ja an sich weitergehende Einigung nach VV 1000 wohl meist objektiv *nicht* zustandegekommen sein.

Gesellschaftsvertrag: Das bloße Aushandeln seines Abschlusses, seiner Änderung oder seiner Aufhebung genügt nach Rn 5 mangels eines Streits *nicht*, Düss JB **01**, 87.

Gesetzliche Folge: Soweit die Parteien nur eine ohnehin bereits eingetretene gesetzliche Folge formell bestätigen, liegt *keine Einigung* nach VV 1000 vor. Diese Situation tritt zB dann ein, wenn der Kläger bereits vor dem „Vergleichsabschluß" die Klage nach § 269 III ZPO wirksam zurückgenommen hatte, Mü MDR **96**, 1194, oder wenn der Kläger eine Erklärung des Bekl mit der Verpflichtung zu einer Unterlassung annimmt, um einer Klagabweisung wegen des jetzt weggefallenen Rechtsschutzbedürfnisses nach BLAH Grdz 33 vor § 253 ZPO zu entgehen, Hbg MDR **77**, 502. 30

Grund des Anspruchs: Ein Vertrag nach VV 1000 ist auch über ihn möglich, auch erst im Betragsverfahren nach § 304 ZPO (Auslegungsfrage).

Güteverfahren: Auch im Verfahren nach § 15 a EGZPO oder VV 2303 Z 4 oder nach § 278 ZPO kann natürlich eine Einigung zustandekommen, Naumb JB **10**, 645.

Gutachten: Rn 41 „Sachverständiger".

Haftungsanteil: Eine Einigung über ihn kann ausreichen, Rn 56 „Zwischeneinigung". 31

Nicht ausreichend ist die Einigung nur zur Höhe des Gesamtschadens.

32 **Jugendamt:** Rn 23 „Behörde".
Klagerücknahme: Soweit die Einigung dahin geht, daß der Bekl eine Leistung erbringt und der Kläger deshalb die Klage ganz oder im Rest zurücknimmt, kann ungeachtet der prozessualen Folge des § 269 III 1 ZPO kostenrechtlich doch eine Einigung nach (jetzt) VV 1000 vorliegen, zumal auch § 269 III 2 ZPO kostenmäßig vom „Rechtsstreit" spricht, Kblz MDR **07**, 245, Nürnb JB **00**, 583, LG Wuppert JB **08**, 363, aM LG Kblz JB **96**, 418, LAG Kblz MDR **99**, 445, AG Hbg VersR **03**, 387. Auch die Rücknahme des Scheidungsantrags nach § 141 FamFG kann ausreichen. Ausreichen kann auch eine Klagerücknahme mit einem Verzicht auf den Anspruch unter einer Übernahme der Kosten nebst einer Zustimmung des Gegners zur Rücknahme. Denn sie ist nach der amtlichen Anmerkung I 1 Hs 2 mehr als ein bloßer Anspruchsverzicht, aM Köln MDR **11**, 1387. Ausreichen kann ferner eine bloße „Bereitschaft" des Bekl zur Kostenübernahme nach § 269 III 2 ZPO bei einer Klagerücknahme, aM Karlsr JB **06**, 361, oder nebst einer Kostenübernahme durch einen Dritten. Bei einer Kostenvereinbarung erst nach der Klagerücknahme nach § 269 III 3 ZPO liegt nach Rn 33 nur ein Kostenvertrag vor.
 Nicht ausreichend ist die bloße Zustimmung zur erfolgten Klagerücknahme, Düss Rpfleger **09**, 53 rechts unten, Kblz MDR **07**, 245, oder die bloße Vereinbarung des Ruhens des Verfahrens nebst anschließender Klagerücknahme, Bbg Rpfleger **08**, 668.
 S auch Rn 20 „Anerkenntnis".
Klagerweiterung: Erfolgt sie nach § 263 ZPO innerhalb einer dann nicht ausgenutzten Widerrufsfrist, bleibt sie unbeachtbar.
33 **Kosten:** Es genügt eine Einigung im kleinsten Punkt, etwa bei den Kosten zB nach §§ 91 ff ZPO, Düss JB **12**, 301, (zum alten Recht) Nürnb JB **00**, 583, ferner VG Regensburg JB **15**, 524. Ausreichen kann auch der Verzicht einer Partei auf einen Kostenerstattungsanspruch, Hamm MDR **81**, 63 (Ausnahme: amtliche Anmerkung I 1 Hs 2 Fall 2) oder dessen Zusprechen zugunsten eines Streithelfers nach §§ 66 ff, 101 ZPO, Karlsr RR **96**, 447, oder die Übernahme von objektiv gar nicht entstandenen Kosten.
Kündigung: Ausreichend ist die Erklärung, die Kündigung sei gegenstandslos, LAG Mü JB **92**, 96, oder man nehme sie „zurück", LAG Bln MDR **05**, 1379. Ein Schlichtungsspruch hindert nicht, AG Kblz RR **06**, 1152.
34 **Kündigungsschutz:** Im arbeitsrechtlichen Kündigungsschutzverfahren kann eine Einigung nach VV 1000 auch dann vorliegen, wenn die Parteien nicht die Rechtswirksamkeit, sondern die Gegenstandslosigkeit der angegriffenen Kündigung vereinbaren, LAG Mü JB **92**, 96, oder wenn die Parteien nach Rn 21 „Arbeitsrecht" vereinbaren, nach der Kündigungs- oder Klagerücknahme bestehe das Arbeitsverhältnis fort.
Lebenspartnerschaftssache: Es gilt dasselbe wie bei Rn 26 „Ehesache".
35 **Mahnverfahren:** Natürlich kann auch in ihm zB nach §§ 688 ff ZPO eine Einigung erfolgen.
Mediation: Eine solche zB nach § 34 kann natürlich VV 1000 auslösen, Ebert Festschrift für Madert (2006) 67.
Mietvertrag: Das bloße Aushandeln seiner Entstehung, Änderung oder Aufhebung genügt mangels Streits nach Rn 5 nicht.
Musterprozeß: Seine Verabredung zB nach dem KapMuG, BLAH SchlAnh VIII, als maßgeblich reicht, Meyer JB **09**, 241.
Nach einem Urteil: Rn 39 „Rechtskraft".
Nachlaßgericht: Auch vor ihm kann eine Einigung zustande kommen.
Nebenforderung: Soweit eine Einigung über sie erfolgt, kann eine Einigung nach VV 1000 vorliegen.
Nebenintervention: Rn 45 „Streithelfer".
Nichtigkeit: Rn 16.
36 **Öffentliches Recht:** Man muß die amtliche Anmerkung IV beachten. In diesem Rahmen ist eine Einigung nach VV 1000 nach § 106 VwGO, § 101 I SGG in jedem beliebigen Verfahren wegen einer solchen öffentlichrechtlichen Streitigkeit möglich, über die die Parteien vertraglich verfügen dürfen. Eine solche Einigung ist zB im Umlegungsverfahren möglich, AG Ffm AnwBl **85**, 266. Sie ist auch im

Verfahren vor einem Entschädigungsgericht nach § 177 BEG grds zulässig, ferner im Verfahren über einen Erschließungsbeitrag, OVG Münst AnwBl **93**, 639. Ob die Parteien über den Anspruch vertraglich verfügen können, läßt sich nur unter einer Berücksichtigung der Umstände entscheiden. Im übrigen gilt VV 1002.

S auch Rn 19 „Abgabestreit", Rn 23 „Beigeladener", „Berufsrecht", Rn 25 „Daseinsvorsorge", Rn 26 „Eingriffsverwaltung".
Personensorge: Rn 43 „Sorgerecht", Rn 51 „Umgangsrecht".
Privatklage: Es gilt I 3 und damit VV 4147.
S auch Rn 45 „Strafsache".
Prozeßkostenhilfeverfahren: Eine Einigung ist nach § 118 I 3 ZPO auch im Prozeßkostenhilfeverfahren zulässig, Hbg JB **96**, 62. Vgl im einzelnen VV 1003.
Prozeßvergleich: Rn 3 ff. 37
Räumungsfrist: Ihre Einräumung durch den Vermieter kann durch eine Einigung 38 nach (jetzt) VV 1000 erfolgen, (zum alten Recht) AG Mü WoM **92**, 33.
Ratenzahlung: Rn 47 „Teilzahlungsvertrag".
Rechtsfrage: Eine Ungewißheit nach Rn 5 kann auch wegen einer Rechtsfrage vorliegen. Es muß aber nach Rn 53 „Verzicht" insofern eine endgültige Einigung zu irgendeinem Teil des Streits in der Sache selbst erfolgen.
Rechtshängigkeit: Eine solche zB nach § 261 ZPO ist nach Rn 5 nicht erforderlich.
Rechtskraft: Bis zu ihrem formellen Eintritt nach § 705 ZPO ist eine Einigung 39 noch möglich, wenn auch nach dem Urteil allenfalls in der höheren Instanz oder außergerichtlich, etwa zwischen den Instanzen.

Nach ihrem Eintritt ist grds *kein* Streit und keine Ungewißheit der Parteien über das betreffende Rechtsverhältnis nach der amtlichen Anmerkung I 1 Hs 1 mehr vorhanden. Indessen können neue Streitfragen auftauchen und zumindest zu einer solchen Unsicherheit über die Verwirklichung eines Anspruchs führen, die den Ungewißheit eines Rechtsverhältnisses gleichsteht, etwa zur Zulässigkeit eines Wiedereinsetzungsgesuch nach §§ 233 ff ZPO, einer Vollsteckungsabwehrklage nach § 767 ZPO, einer Wiederaufnahmeklage nach §§ 578 ff ZPO. Auch ist ein Ratenzahlungsvertrag auch nach dem Eintritt der Rechtskraft nach Rn 47 „Teilzahlungsvergleich" zulässig.

S auch Rn 25 „Durchsetzbarkeit", Rn 40 „Rechtsmittelrücknahme".
Rechtsmittelrücknahme: Ausreichend ist eine Rechtsmittelrücknahme der einen 40 Partei zB nach § 516 ZPO, Kblz JB **91**, 535, der Verzicht der anderen auf einen weitergehenden Anspruch, Ffm MDR **77**, 599, LG Tüb AnwBl **98**, 346, oder auf die Erstattung ihrer Kosten, Hamm JB **02**, 364 (es kann ein Verzicht auch auf die Vergleichsgebühren vorliegen), LG Saarbr MDR **13**, 307, oder die Einigung auf eine vom Gesetz abweichende Kostenfolge, Düss AnwBl **09**, 72 links. Ausreichend ist auch eine Rechtsmittelrücknahme wegen einer inzwischen erfolgten oder versprochenen Leistung des Gegners, VGH Kassel AnwBl **84**, 52, LG Bln AnwBl **84**, 450, aM Hamm AGS **02**, 173. Ausreichend ist ferner eine Rechtsmittelübernahme wegen eines Verzichts des Rechtsmittelbekl auf die Vollstreckung für längere Zeit, LG Bln VersR **89**, 409. Ausreichend sind erst recht die Rücknahmen der wechselseitigen Rechtsmittel, Hamm JB **00**, 528. Ausreichend ist auch die bloße Einwilligung in die Rechtsmittelrücknahme des Gegners.
Rechtsmittelverzicht: Es kommt zB bei § 515 ZPO auf die Umstände der Einigung an, aM Saarbr Rpfleger **12**, 470 (*Unanwendbarkeit*).
Rechtsschutzbedürfnis: Es kann dann eine Einigung nach VV 1000 vorliegen, 41 wenn der Kläger eine Erklärung des Bekl mit einer Verpflichtung zu einer Unterlassung nur deshalb annimmt, um einer Klagabweisung wegen des jetzt weggefallenen Rechtsschutzbedürfnisses nach BLAH Grdz 33 vor § 253 ZPO zu entgehen. Denn es kommt nicht auf ein Nachgeben an, (je zum alten Recht) Ffm AnwBl **78**, 467, Schmidt AnwBl **84**, 306.
Revisionsrücknahme: Rn 40 „Rechtsmittelrücknahme".
Rücktritt: Rn 15.
Ruhen des Verfahrens: *Nicht* ausreichend ist eine bloße Einigung auf ein Ruhen nach § 251 ZPO nebst anschließender Klagerücknahme nach § 269 ZPO, Bbg Rpfleger **08**, 668.

VV 1000

Sachverständiger: Beim Streit über seine Eignung usw zB nach §§ 406 ff ZPO kann eine Einigung vorliegen, soweit sich die Parteien auch seiner Sachbeurteilung als Schiedsgutachter nach BLAH Anh § 1025 ZPO beugen wollen, KG JB **85**, 1499, Kblz JB **86**, 1526, LAG Düss JB **00**, 529, aM Stgt JB **84**, 550 (aber der Sachverständige ist kein Richter, dem man sich auch formell beugen müßte).

42 **Sanierung:** Maßgeblich ist zunächst die amtliche Anmerkung IV.
Es liegt dann *keine Einigung* nach VV 1000 vor, wenn man ein im Sanierungsgebiet liegendes Grundstück vor der Aufstellung oder wenigstens vor der Auslegung des Entwurfs des Bebauungsplans an den Sanierungsträger verkauft, BGH NJW **80**, 889.
Scheidungsvereinbarung: Rn 13.

43 **Schiedsgutachter:** Rn 41 „Sachverständiger".
Schiedsvereinbarung: Die bloße Einigung auf ein Schiedsgericht nach § 1029 ZPO beseitigt den Streit oder die Ungewißheit zur Hauptsache noch *nicht*, auch nicht teilweise. Sie klärt vielmehr nur, wie die Parteien den Streit usw weiter prüfen lassen wollen.
Schuldenbereinigung: Rn 22 „Außergerichtliche Einigung".
Selbständiges Beweisverfahren: Ein solches nach §§ 485 ff ZPO reicht für VV 1000 (keine Ermäßigung, VV 1003).
Sittenwidrigkeit: Rn 16.
Sorgerecht: Die nach § 1671 BGB evtl das Gericht bindende wirkliche erst im Ergebnis entstandene Vereinbarung der Eltern genügt, Hamm JB **13**, 79, Naumb FamRZ **14**, 1939, Oldb FamRZ **14**, 1938 (krit Spangenberg FamRZ **15**, 435), aM Düss JB **08**, 416, Zweibr JB **02**, 530 (mangels Beteiligtenherrschaft. Aber die Einigung der Eltern gibt durchweg auch für das FamG den Ausschlag). Das gilt auch bei der Notwendigkeit einer gerichtlichen Bestätigung, Bre MDR **09**, 1341, Naumb JB **13**, 305. Es gilt auch im Beschwerdeverfahren, Schlesw JB **08**, 415. Es gilt auch dann, wenn Dritte sie vorbereitet hatten, Bbg FamRZ **88**, 1193.
Keine Einigungsgebühr entsteht bei einer bloßen Zustimmung ohne Bedenken, Hamm JB **13**, 79, oder dann, wenn sich die Beteiligten nur wegen eines Teils der Kinder einigen, Celle MDR **13**, 1286, Zweibr JB **05**, 645, oder bei § 1666 BGB, Celle FamRZ **11**, 246, Hamm MDR **14**, 37, Stgt MDR **11**, 699, oder bei § 1688 I BGB, Kblz FamRZ **17**, 1958. Ungenügend ist auch eine bloße Zwischeneinigung aM KG FamRZ **14**, 1940, Oldb FamRZ **14**, 1939, Zweibr FamRZ **14**, 1939 (aber es liegt eben keine abschließende Regelung vor).
S auch Rn 51 „Umgangsrecht".

44 **Sozialgericht:** Man muß die amtliche Anmerkung IV beachten.
Sozialplan: Sein Abschluß stellt jedenfalls *keinen* Vergleich nach § 779 BGB dar, BAG BB **99**, 426, ArbG Bln NZA **06**, 543.

45 **Strafsache:** Eine wirksame Einigung ist sowohl nach der Entscheidung zur Geldstrafe als auch vor allem bei vermögensrechtlichen Ansprüchen möglich, Drsd JB **17**, 128.
Streithelfer: Eine Einigung nach VV 1000 zwischen den Parteien nach BLAH Grdz 4 vor § 50 ZPO kann, muß aber nicht auch eine Einigung über das Rechtsverhältnis zum Streithelfer nach §§ 66 ff ZPO enthalten, wenn auch evtl nur zu einer Kostenfrage, Düss JB **12**, 301, KG JB **07**, 360, Kblz MDR **02**, 296, strenger Mü JB **90**, 1619, Stgt Just **99**, 396.
S auch Rn 33 „Kosten".
Stundung: Für VV 1000 genügt nach I 1 Z 2 eine Einigung bei der Stundung, also einer Form von Zahlungsvereinbarung. Der Schuldner mag aber zB außerdem auf Einwendungsmöglichkeiten verzichten, LG Bln JB **85**, 545, LG Heidelb JB **86**, 1166, oder er mag irgendeine Sicherheit leisten, Hbg JB **83**, 1039, LG Kblz JB **90**, 1620.

46 **Teileinigung:** Anwendbar sein kann VV 1000 trotz des nur scheinbar entgegenstehenden Begriffs „Beseitigung des Streits über ein Rechtsverhältnis" in der amtlichen Anmerkung I 1 Z 1. Denn auch eine teilweise Einigung kann eine eben wenigstens teilweise Beseitigung bedeuten, Bbg JB **17**, 522. Die amtliche Anmerkung spricht nicht von „gänzlicher" oder „völliger" oder „restloser" Beseitigung. Unter Rechtsverhältnis kann man auch ein teilweises Rechtsverhältnis verstehen. Es ist eine Beziehung zwischen mindestens zwei Parteien, nicht weniger, aber auch nicht mehr. Wie § 301 I 1 ZPO zeigt, darf und muß das Gericht zumindest im Zivilpro-

zeß sogar durch ein Teilurteil unter den dortigen Voraussetzungen befinden. Die Teilbarkeit ist nötig, aber evtl auch ausreichend. Über sie BLAH § 301 ZPO Rn 5 ff.

Man kann also dann durch eine Einigung einen *bestimmten Teil* des Streitstoffs erledigen, Celle MDR **15**, 984, Karlsr NZFam **15**, 324, zB die Hauptsache oder einen Unterhaltsanspruch für einen bestimmten Teilzeitraum. Das gilt selbst dann, wenn die Kostenfrage offenbleibt. Ein Teilgesamtvergleich beseitigt verschiedene Streitpunkte, aber nicht alle, zB Teile mehrerer streitiger Gegenstände oder den einen ganz, den anderen zum Teil. Demgegenüber beseitigt eine Gesamteinigung die gesamte Streitigkeit. Auch in einem „Teilvergleich" kann etwa bei einer Vereinbarung seiner Regeln für den Rest eine Gesamteinigung liegen. Auch ein Teilerlaß kann ausreichen, Mü MDR **99**, 1286, Bei mehreren Teileinigungen in derselben Angelegenheit muß man § 15 III beachten.

Teilzahlungsvertrag: Eine Einigungsgebühr kann nach I 1 Z 2 zB in folgenden **47** Situationen einer „Zahlungsvereinbarung" entstehen, Mü RVG Report **14**, 410. Rechtspolitisch Henke AnwBl **11**, 289.

– **(Abfindung):** Rn 18.
– **(Abtretung):** Vorliegen kann eine Einigung dann, wenn der Schuldner den nach §§ 850 ff ZPO pfändbaren Teil seines Arbeitseinkommens an den Gläubiger abtritt, KG Rpfleger **05**, 697, LG Frankenth JB **80**, 1668, LG Fulda JB **84**, 255, aM LG Wuppert DGVZ **96**, 94, AG Birkenfeld DGVZ **85**, 175, AG Mü DGVZ **82**, 13 (aber die Abtretung ist ein Nachgeben über die Zahlungspflicht hinaus), oder wenn er einen Steuererstattungsanspruch abtritt, LG Heidelb Rpfleger **84**, 36, LG Osnabr DGVZ **92**, 121, aM LG Hann JB **87**, 1789.
– **(Bürgschaft):** Vorliegen kann eine Einigung dann, wenn der Schuldner eine **48** Bürgschaft beibringt.
– **(Gegenforderungsverzicht):** Vorliegen kann eine Einigung dann, wenn der Schuldner zB auf Grund eines Gutachtens eine eigene Gegenforderung aufgibt und einen Teilbetrag anbietet.
– **(Gerichtsvollzieher):** Rn 29.
– **(„Kostenübernahme"):** *Fehlen* kann eine Einigung dann, wenn der Schuldner mit der „Übernahme der Kosten des Teilzahlungsvergleichs" nach § 99 ZPO in Wahrheit gar nichts Neues oder Zusätzliches übernimmt, Mü JB **93**, 156, LG Bln JB **97**, 367, LG Wuppert JB **88**, 260.
– **(Mehrere Vereinbarungen):** *Enders* JB **17**, 169 (Üb).
– **(Keine Mehrzahlungsbereitschaft):** *Fehlen* kann eine Einigung dann, wenn der Versicherer einen Teilbetrag zahlt, aber eine Mehrzahlung ablehnt, aM AG Ansbach AnwBl **78**, 70.
– **(Rechtsbehelfsverzicht):** Vorliegen kann eine Einigung dann, wenn der Schuldner zB wegen einer Bereitschaft des Gläubigers zum Stillhalten nach Rn 49, auf die Möglichkeit eines Rechtsbehelfs verzichtet, LG Heidelb JB **88**, 1166, LG Kblz JB **90**, 1620, AG Bingen DGVZ **91**, 79.
– **(Rücknahme):** Rn 50 „– (Widerspruchsrücknahme)".
– **(Sicherheitsleistung):** Vorliegen kann eine Einigung dann, wenn der Schuld- **49** ner zB nach §§ 108 ff, 707 ff ZPO eine Sicherheitsleistung erbringt, KG JB **06**, 530, Enders JB **99**, 58.
– **(Stillhalten):** Vorliegen kann eine Einigung dann, wenn sich der Gläubiger unter einer Beschränkung auf einen Teil der bisherigen Forderung verpflichtet, bei einer pünktlichen Ratenzahlung stillzuhalten, LG Tüb AnwBl **98**, 347, Bräuer JB **08**, 65, aM BGH NJW **06**, 3640, AG Nürnb VersR **83**, 474.
– **(Stillschweigende Vereinbarung):** *Fehlen* kann eine Einigung bei einer nur solchen Verhaltensweise des Schuldners, AG Heidelb DGVZ **12**, 127, aM AG Heidelb DGVZ **16**, 113.
– **(Teileinzug):** *Fehlen* kann eine Einigung dann, wenn der Gläubiger nur einem Teileinzug nach § 806 b S 2 ZPO zustimmt, LG Kblz DGVZ **05**, 170, AG Bersenbrück DGVZ **06**, 203.
– **(Teilverzicht nebst Teilzahlung):** *Fehlen* kann eine Einigung dann, wenn ein Teilverzicht und eine Teilzahlung zusammentreffen, Mü MDR **99**, 1286, LG Mü JB **99**, 81.

- **(Bloße Teilzahlungsbereitschaft):** *Fehlen* kann eine Einigung dann, wenn sich der Schuldner nur zu Teilzahlungen verpflichtet oder bereit erklärt, Hamm JB **05**, 588, AG Bad Hersfeld DGVZ **07**, 75, AG Nidda DGVZ **07**, 75.
- **(Verzicht):** Rn 48 „– (Gegenforderungsverzicht)", „– (Rechtsbehelfsverzicht)".
50 - **(Widerspruchsrücknahme):** Vorliegen kann eine Einigung dann, wenn der Schuldner seinen Widerspruch gegen einen Mahnbescheid nach § 694 ZPO zurücknimmt, KG Rpfleger **05**, 697.
- **(Zahlungsmodalitäten):** *Fehlen* kann eine Einigung dann, wenn es nur um Einzelfragen der Zahlung geht, AG Kblz DGVZ **12**, 127, AG Plön DGVZ **11**, 135.
- **(Zahlungsvereinbarung):** Es gilt die amtliche Anmerkung I 1 Z 2, Enders JB **13**, 561 (ausf), aM AG Obernhof JB **13**, 586 (aber der Wortlaut ist eindeutig, BLAH Einl III 39).
- **(Zinsaufschlag):** *Fehlen* kann eine Einigung dann, wenn der Schuldner einem Zinsaufschlag zustimmt, KG JB **81**, 1361, LG Bln JB **85**, 545.
- **(Zwangsvollstreckung):** Vorliegen kann eine Einigung auch im Zwangsvollstreckungsverfahren nach §§ 704 ff ZPO, Jena JB **06**, 473, LG Tüb DGVZ **06**, 61, Hergenröder DGVZ **11**, 122, aM LG Bonn DGVZ **06**, 62, AG Düss DGVZ **13**, 219 (zu § 788 ZPO), AG Wiesb DGVZ **07**, 159 (zu § 806 ZPO). Aber ein Nachgeben ist nicht mehr nötig.

Fehlen kann eine Einigung dann, wenn der Gerichtsvollzieher einen Zahlungsplan nach § 802 b ZPO abschließt, AG Stockach DGVZ **17** 63.

51 **Umgangsrecht:** Vorliegen kann eine Einigung bei einer Regelung, Celle MDR **15**, 984, Köln FamRZ **09**, 539, Saarbr RR **12**, 522, aM LG Hann FamRZ **03**, 467 (aber auch dann ist kein gegenseitiges Nachgeben mehr nötig). Dasselbe gilt aber auch beim ehelichen Kind, Düss JB **97**, 636, Kblz JB **97**, 633, Oldb JB **01**, 587. Das gilt auch bei einer Umgangseinigung im Sorgerechtsverfahren, Stgt JB **98**, 472, und bei (jetzt) § 138 FamFG, Brdb JB **06**, 474, Zweibr JB **06**, 589.

S auch Rn 43 „Sorgerecht".

Unterhalt: Vorliegen kann eine Einigung, Bbg JB **09**, 592, Ffm FamRZ **07**, 843, Kblz NJW **06**, 850, nach der amtlichen Anmerkung V 2 auch beim ehelichen oder nachehelichen Unterhalt. Dabei muß man die dortige Wertanweisung beachten.

Fehlen kann eine Einigung bei einem Trennungsunterhaltsverfahren und einem gleichzeitigen Scheidungsverfahren, Kblz FamRZ **17**, 322.

Unterlassung: Eine Umstellungsfrist kann reichen, KG MDR **14**, 500.

Fehlen kann eine Einigung evtl dann, wenn die Unterlassung nur einen unerheblichen Verfahrensteil ausmacht, Düss JB **16**, 580 links.

Unterwerfung: Sie kann für eine Einigung nach VV 1000 ausreichen, LAG Düss JB **00**, 529.

S aber auch Rn 20 „Anerkenntnis".

Unwirksamkeit: Rn 26.

52 **Verfahrensabsprache:** Sie kann eine Einigung darstellen, zB für einen Musterprozeß oder für eine Nichteinlegung eines Rechtsmittels oder für eine Antragsrücknahme oder über die Vereinbarkeit eines Gutachtens nach Rn 41 „Sachverständiger".

Vergleich: Rn 3 ff.

Vergleich mit einem Dritten: Ein solcher Vergleich kann nach Rn 6 ausreichen.

Verkehrsunfall: Auch seinetwegen kann VV 1000 entstehen, Enders JB **05**, 617, Jungbauer Festschrift für Madert (2006) 133 (je: ausf).

Vermögensrechtlicher Anspruch: Rn 45 „Strafsache".

Versorgungsausgleich: Rn 26 „Ehesache".

Vertrag: Eine Einigung nach VV 1000 kann im Entwurf eines dann auch geschlossenen Vertrags mit der Beseitigung (auch) einer Unsicherheit liegen, BGH FamRZ **09**, 325 links.

Verwaltungsgericht: Man muß die amtliche Anmerkung IV beachten. Eine Einigung nach VV 1000 kann einen bürgerlichrechtlichen Anspruch mitumfassen und sich auch auf die Kostenregelung beschränken.

Vergütungsverzeichnis **1000 VV**

S auch Rn 19 „Abgabenstreit", Rn 23 „Beigeladener", „Berufsrecht", Rn 25 „Daseinsvorsorge", Rn 26 „Eingriffsverwaltung".
Verwirkung: Rn 15.
Verzicht: Eine Einigung nach VV 1000 kann auch darin liegen, daß der Gläubiger   53
nach § 306 ZPO sachlichrechtlich vorprozessual oder prozessual auf einen Anspruch verzichtet, Drsd FamRZ **09**, 1782, KG MDR **14**, 500, Saarbr FamRZ **08**, 1464 (auch zu den Grenzen), aM Bbg JB **17**, 522, oder daß der Gläubiger auf eine Kostenerstattung verzichtet, LAG Köln NZA-RR **06**, 44. Auch ein Honorarverzicht eines ProzBev nach § 81 ZPO kann hierher gehören, Köln JB **06**, 589 links unten. Auch ein Teilverzicht kann ausreichen, etwa darauf, den Anspruch auch auf eine unerlaubte Handlung zu stützen, oder auf Vollstreckungsmaßnahmen nach der amtlichen Anmerkung I 1 Hs 2 Fall 1. Freilich liegen die Grenzen dort, wo die Parteiherrschaft nach der amtlichen Anmerkung IV endet, BLAH Grdz 18 vor § 128 ZPO.

Im übrigen ist ein bloßer Verzicht für VV 1000 nach der amtlichen Anmerkung I 1 Hs 2 Fall 2 *unzureichend,* BGH BB **06**, 2780, Celle MDR **08**, 713, AG Bre ZMR **13**, 836. Das gilt zB für einen Verzicht auf die Weiterverfolgung, Stgt JB **06**, 135, oder auf die sofortige Einleitung der Zwangsvollstreckung, AG Neu-Ulm DGVZ **05**, 47. Daran ändert sich nach dem eindeutigen Sinn der letzteren Vorschrift auch nichts dadurch, daß ein sachlichrechtlicher vertraglicher Anspruchsverzicht nach dem Wortlaut von § 397 I, II Erlaßvertrag heißt.
S auch Rn 26 „Einspruch".
Vollstreckbarer Anwaltsvergleich: Rn 11, 12.
Vollstreckungsabwehrklage: Schon ihre Möglichkeit nach § 767 ZPO eröffnet die Entstehung einer etwaigen Einigung.
Vollstreckungstitel: Seine Entstehung nach §§ 704, 794 ZPO usw bedeutet natürlich *nicht stets* eine Einigung nach VV 1000. Andererseits ist eine solche Einigung nicht stets von seiner Vollstreckbarkeit abhängig, BGH BB **07**, 1302, Ffm JB **82**, 716.
Vollstreckungsvertrag: Er ist im Rahmen der in der Zwangsvollstreckung begrenzten Parteiherrschaft zulässig, BLAH Grdz 24 ff vor § 707 ZPO (ausf), Kuhles/Kaltenbach AnwBl **10**, 207 (unvollständig zitierend). Das gilt vor allem für einen Raten- oder Teilzahlungsvertrag, oben Rn 48.
Vorbehalt: Rn 15.
Vorgreiflichkeit: Ausreichend kann eine Vereinbarung sein, daß der Ausgang eines erst bevorstehenden Prozesses auch für weitere Streitfragen gleicher Art maßgebend sein soll. Denn damit beseitigen die Parteien ebenfalls eine Ungewißheit nach der amtlichen Anmerkung I 1 Hs 1, wenn auch erst für die Zukunft, LAG Düss JB **00**, 529.
S auch Rn 21 „Arrest, einstweilige Verfügung".
Widerruf: Rn 15.   54
Zahlungsfähigkeit: Auch ihretwegen kann eine Ungewißheit nach der amtlichen   55
Anmerkung I 1 Hs 1 vorliegen.
Zahlungsvereinbarung: Rn 47 „Teilzahlungsvertrag".
Zahlungswilligkeit: Für eine Einigung nach VV 1000 reicht eine nunmehr eingeräumte Zahlungsbereitschaft aus, LG Itzehoe AnwBl **00**, 696, LG Wuppert DGVZ **08**, 185.
Zinsen: Ausreichend ist eine Einigung bei den Zinsen, AG Hildesh AnwBl **76**, 301.
Zurückbehaltungsrecht: Ausreichend ist der Verzicht auf seine Ausübung. Freilich ist ein bloßer Verzicht für VV 1000 nach der amtlichen Anmerkung I 1 Hs 2 Fall 2 unzureichend.
Zuständigkeit: Man muß prüfen, ob über die Zuständigkeit ein Streit herrsche und ob die Vereinbarung eines bestimmten Gerichts zB nach § 38 ZPO wenigstens bei einem der Beteiligten ein Nachgeben darstellt, großzügiger GSchm 161.
Zwangsversteigerung: Rn 53 „Verzicht", „Vollstreckungsvertrag".
Zwangsverwaltung: Rn 53 „Verzicht", „Vollstreckungsvertrag".
Zwangsvollstreckung: Zumindest bei einer nur vorläufigen Vollstreckbarkeit nach §§ 708 ff ZPO kann eine Einigung eintreten. Eine vorherige Unsicherheit über die Erfolgsaussicht einer Maßnahme reicht, LG Wuppert DGVZ **08**, 185.

S auch Rn 47 „Teilzahlungsvertrag", Rn 53 „Verzicht", Vollstreckungsabwehrklage", „Vollstreckungsvertrag".
Zwingendes Recht: Man muß die amtliche Anmerkung IV beachten.

56 **Zwischeneinigung,** dazu *Meyer* JB **10**, 520 (Üb): Soweit er nur eine solche Zwischenlösung bringt, die für sich noch keine Beilegung des Rechtsstreits oder eines Teils darstellt, sondern die zB nur eine vorläufige Lösung oder gar nur eine Verfahrensfrage betrifft, entsteht *keine* Einigungsgebühr, Brdb AGS **03**, 206, Jena JB **15**, 640, LAG Düss JB **00**, 529, großzügiger Celle MDR **15**, 984, Zweibr NZFam **14**, 654.

Etwas anderes gilt, sofern die Zwischeneinigung bereits eine praktisch dauerhafte oder gar eine endgültige Regelung eines Teils des gesamten Streits nach Rn 46 herbeiführt, Hamm MDR **12**, 1468, Kblz FamRZ **17**, 319, Köln FamRZ **09**, 715, aM Stgt JB **84**, 550 (aber dann liegt insofern sogar ein endgültiges Nachgeben vor). Eine Einigungsgebühr kann auch dann entstehen, wenn die endgültige Regelung auch nur für eine bestimmte Zeit gelten soll, etwa in einer Ehesache für die Dauer des Verfahrens wegen des Unterhalts.

57 **6) Mitwirkung.** Eine Einigungsgebühr setzt voraus, daß eine Mitwirkung des Anwalts an der Einigung vorliegt, LSG Essen JB **15**, 470. Im einzelnen müssen die folgenden Voraussetzungen vorliegen.

58 **A. Anwaltseigenschaft.** Der Anwalt muß gerade als solcher mitgewirkt haben. Ihm stehen nur die im § 5 genannten Personen gleich. Der Anwalt braucht nicht persönlich anwesend gewesen zu sein. Er braucht nicht persönlich verhandelt zu haben. Bei einem Prozeßvergleich nach BLAH Anh § 307 ZPO braucht er auch nicht der ProzBev nach § 81 ZPO gewesen zu sein. Die Parteien müssen die Einigung nach VV 1000 aber in derjenigen Instanz erzielt haben, für die der Anwalt etwa bestellt worden ist, Mü Rpfleger **82**, 202, oder er muß die Verhandlungen mit dem Gegner eingeleitet oder als Verkehrsanwalt mitgewirkt haben. Letzteres genügt, Ffm JB **84**, 59, AG Hbg AnwBl **89**, 399. Auch der bloße Terminsvertreter kann ausreichen, AG Bln-Mitte JB **06**, 422, AG Köln JB **07**, 139.

Es *reicht nicht aus,* daß der Anwalt lediglich als Insolvenzverwalter oder in einer anderen der in § 1 II genannten Eigenschaften mitgewirkt hat.

59 **B. Mitursächlichkeit.** Die anwaltliche Tätigkeit muß zumindest irgendwie auch nur mitursächlich für die Einigung nach VV 1000 geworden sein, OVG Münst AnwBl **93**, 639, AG Meiningen JB **99**, 244. Es genügt jede Tätigkeit zwecks einer Einigung, BGH FamRZ **09**, 325 links, zB eine Beratung oder eine Prüfung, OVG Hbg Rpfleger **08**, 46, AG Bln-Mitte JB **06**, 422, SG Kblz MDR **02**, 607. Es genügen auch eine Stellungnahme oder eine Begutachtung, LSG Erfurt JB **01**, 474. Auch ein gewisses Abweichen des endgültigen Vertrags vom Rat des Anwalts schadet nichts, soweit doch der Vertragskern dem Rat entspricht, Rn 68. Auch die auftragsgemäße Entgegennahme der Information kann ausreichen, wie stets, aM Kessel DGVZ **04**, 180. Sogar ein bloßes Abraten vom Widerruf reicht, Rn 65.

Allzu großzügige Bejahung einer Mitursächlichkeit kann freilich keineswegs der Sinn der Regelung sein. Zwar mag ein Halbsatz oder ein äußerlich ganz unscheinbarer Einschub wie auch dessen Streichung rechtlich wie wirtschaftlich enorme Auswirkungen haben. Das zeigt der Gesetzgeber unzählig oft selbst und dabei schon sprachlich nicht immer überzeugend. Andererseits ist nicht jedes Komma oder jeder eventuell einmal denkbare weitere Anwendungsfall oder jede theoretisch nicht ganz ausschließbare Variante mehr auch nur mitursächlich für die Bereitschaft zur abschließenden oder wenigstens zwischenzeitlichen Einigung. Man darf die Anforderungen ähnlich wie bei § 286 ZPO nicht zu gering ansetzen. Eine Fälligkeit 5 oder 7 Tage früher muß nicht wirklich mitursächlich gewesen sein, selbst nicht bei einer höheren Gesamtsumme, allenfalls bei einer riesigen.

60 **C. Mitwirkung an der Verhandlung.** Es kann nach der amtlichen Anmerkung II ausreichen, ist aber nicht stets erforderlich, daß der Anwalt lediglich zeitweise oder auch durchgängig nicht nur den Verhandlungen zwecks einer Streitbeendigung und nicht nur dem abschließenden Vertragsabschluß mitgewirkt hat, AG Euskirchen DGVZ **05**, 29. Dann muß aber seine Mitwirkung an der Verhandlung irgendwie ursächlich für die gerade diesen Streit beendende Einigung geworden sein, Kblz JB

92, 603, LG Ffm Rpfleger **85**, 166, Kessel DGVZ **04**, 180. Auch das ergibt sich aus der amtlichen Anmerkung II mit ihrer Verweisung auf die amtliche Anmerkung I. Ihr Hs 2 stellt lediglich die Beweislast klar, Rn 63. Auch eine erst später mit einem anderen Anwalt zustandegekommene Einigung mag eine ihrer Ursachen in der Tätigkeit des früheren Anwalts gehabt haben, Mü AnwBl **97**, 119.

D. Mitwirkung beim Vertragsabschluß. Sofern der Anwalt nicht oder nicht **61** nur an den Verhandlungen mitgewirkt hat, sondern zumindest auch beim Abschluß des Vertrags, kommt erst recht die Einigungsgebühr in Betracht. Die Unterscheidung zwischen der bloßen Verhandlung nach der amtlichen Anmerkung II und der Einigung nach der amtlichen Anmerkung I 1 ist nur dann sinnvoll, wenn die zum Abschluß führende Verhandlung zeitlich nicht mit anderen Teilen der Gesamtverhandlungen zusammenfällt. Sachlich liegen dieselben Voraussetzungen für das Entstehen einer Verfahrensgebühr vor. Es kann eine Beratung nur des Auftraggebers ohne eine weitere Mitwirkung ausreichen, OVG Münst NJW **11**, 3113. Deshalb ist auch nicht die Anwesenheit bei der Einigung notwendig.

Beim vollstreckbaren *Anwaltsvergleich* nach Rn 11, 12 genügt die Mitwirkung nach §§ 796a–c ZPO.

E. Bedingung, Widerruf. Es reicht nach der amtlichen Anmerkung III aus, daß **62** die schließlich erfolgte Einigung unter einer aufschiebenden Bedingung oder unter dem Vorbehalt des Widerrufs stand, sofern der Anwalt irgendwie an dieser Einigung mitgewirkt hat. Das gilt aber nur, sofern die aufschiebenden Bedingungen dann auch wirklich eingetreten ist oder der Widerruf eindeutig nicht mehr zulässig ist, Rn 13 ff.

F. Beweislast. Sofern der Anwalt sich auf eine Mitwirkung bei der Einigung **63** beruht, muß er schon nach dem Wortlaut der amtlichen Anmerkung I 1 diese Mitwirkung beweisen. Sofern er sich lediglich auf die Mitwirkung an vorangegangenen Verhandlungen und auf das natürlich auch dann notwendige anschließende Zustandekommen einer Einigung beruft, muß der Auftraggeber oder sonstige Gebührenschuldner nach Rn 64, (jetzt) amtliche Anmerkung II beweisen, daß die vom Anwalt zu beweisende Mitwirkung für die Einigung nicht zumindest irgendwie mitursächlich war, Düss JB **93**, 72, Karlsr AnwBl **03**, 116, aM Kblz JB **92**, 603 (aber die unstreitige Mitwirkung hat einen Anscheinsbeweis auch für deren Ursächlichkeit zur Folge).

Andernfalls bleibt die durch die Mitwirkung ausgelöste Einigungsgebühr bestehen. Sie ist nur dann nicht entstanden, wenn erwiesenermaßen keinerlei Ursächlichkeit der Mitwirkung des Anwalts für den Inhalt oder auch nur für den Zeitpunkt und für die Form der abschließenden Einigung vorliegt, Kblz JB **92**, 603.

Jede Mitursächlichkeit reicht zur Entstehung der Einigungsgebühr aus, OVG Münst **64** NJW **11**, 3113. Man muß nach den Umständen beurteilen, ob eine Mitursächlichkeit vorliegt. Dabei muß man das Interesse nicht nur des Auftraggebers beachten, sondern man muß auch dasjenige des Partners berücksichtigen.

G. Beispiele zur Frage einer Mitwirkung **65**
Abraten von Einigung: Eine Anwaltstätigkeit kann beim anschließenden Durchsetzen einer günstigeren Bedingung doch mitursächlich für den Enderfolg gewesen sein.

Eine Mitwirkung liegt dann *nicht* vor, wenn der Anwalt nur von der Einigung abgeraten hat, wenn er also ihren Abschluß nicht gefördert, sondern eher erschwert hat, so daß sie nicht wegen, sondern trotz der Tätigkeit des Anwalts zustande gekommen ist.

Abraten vom Widerruf: Diese Tätigkeit kann die Einigungsgebühr auslösen, Ffm AnwBl **83**, 187, Schlesw SchlHA **82**, 143, Stgt AnwBl **80**, 263.

Abweichung von Einigung: Eine nicht nur ganz unwesentliche Abweichung ist *keine* Mitwirkung. Nur eine erlaubte Abweichung wäre ja noch auftragsgemäß. Freilich ist der Gesichtspunkt einer Geschäftsführung ohne Auftrag mitbeachtlich.

Anderer Prozeß: Soweit die Parteien in der Einigung einen anderweitig anhängi- **66** gen Rechtsstreit mitbeenden, muß der Anwalt nicht an jenem anderen Rechtsstreit beteiligt gewesen sein. Er muß aber bei der Einigung mitgewirkt haben. Ein Anwalt, der in einem jener anderen Rechtsstreite tätig war, kann die für die Mitwir-

VV 1000

kung bei der jetzigen Einigung etwa verdiente Einigungsgebühr nur im vorliegenden Verfahren geltend machen.
Anwaltsvergleich: Rn 61.
Anwaltswechsel: Rn 72 „Mehrheit von Anwälten", Rn 78 „Verkehrsanwalt".
Anwesenheit: Sie allein reicht *nicht* aus, LG Ffm Rpfleger **85**, 166.

67 **Auftragsüberschreitung:** Soweit der Anwalt über seinen Auftrag hinausgegangen ist, etwa die Einigung gegen den Willen seines Auftraggebers abgeschlossen oder ein Rechtsmittel zB nach § 516 ZPO zurückgenommen hat, liegt grds *keine* Mitwirkung nach VV 1000 vor. Man muß allerdings das evtl vorhandene Recht des Anwalts beachten, von den Weisungen des Auftraggebers dann abzuweichen, wenn er nach §§ 665, 675 I 1 BGB den Umständen nach annehmen darf, daß der Auftraggeber bei einer Kenntnis der Sachlage die Abweichung billigen werde, vgl auch §§ 678 ff BGB. Insofern muß man allerdings strenge Anforderungen stellen.

68 **Bemühung:** Der Anwalt muß irgendwelche Bemühungen mit dem Ziel des Zustandekommens einer Einigung nach VV 1000 vorgenommen haben, Ffm VersR **81**, 138, AG Hbg AnwBl **89**, 399, OVG Hbg Rpfleger **08**, 46 („Hamburger Vergleich" bei Hochschulzulassung). Es genügt dann, daß die Einigung im großen und ganzen mit dem Vorschlag des Anwalts oder seinen Bemühungen übereinstimmt, Mü JB **09**, 487, LG Köln BB **99**, 1929.
– **(Abraten):** Rn 65 „Abraten von Einigung".
– **(Beratung):** Ausreichen kann sie, OVG Münst NJW **11**, 3113.
– **(Briefwechsel):** Ausreichen kann er.
– **(Einigungsrat):** *Nicht* ausreichend ist ein solcher allgemeiner Rat. Denn dann kann die Ursächlichkeit fehlen.
– **(Entwurf):** Ausreichen kann seine Anpassung oder sonstige Überprüfung des Entwurfs seiner Partei, Karlsr AnwBl **03**, 116.
– **(Erkundigung):** Ausreichen kann sie, zB bei einer Behörde, aM GSchm 30 (aber warum denn nicht?).
– **(Ohne diesen Anwalt):** Ausreichen kann es auch dann, wenn sich der Auftraggeber entschließt, die Einigung ohne Anwalt oder doch ohne den bisherigen herbeizuführen.
Nicht ausreichend ist es, wenn der Anwalt mitteilt, die Verhandlungen seien gescheitert, und wenn die Einigung dann doch noch ohne ihn zustandekommt, Kblz JB **92**, 603, es sei denn, die Inhaltsänderung wäre ganz gering. Die Ursächlichkeit *fehlt* auch, soweit sich die Parteien zur entscheidenden Besprechung gerade ohne den Anwalt treffen, sei es allein, sei es vor dem Gericht, und wenn sie dann auch so ohne den Anwalt zur Einigung kommen.
– **(Telefonat):** Ausreichen kann es.
– **(Verhandlung):** Es ist eine solche mit dem Gegner nicht unbedingt nötig, Enders JB **99**, 58, Meyer JB **02**, 241.
S auch Rn 74 „Scheitern von Verhandlungen".
Beratung: Sie kann ausreichen, Rn 61.
Beweislast: Rn 63, 64.
Empfehlung: Eine nur allgemeine Empfehlung reicht *nicht* aus.

69 **Genehmigung:** Die Besorgung einer notwendigen Genehmigung reicht als Mitwirkung grundsätzlich aus.
Glaubhaftmachung: Sie kann ausreichen, strenger LSG Essen JB **15**, 470 (aber sie kann zB im Eilverfahren durchaus entscheidend sein).

70 **Information:** Ihre bloße Erteilung mag für eine Gebühr VV 1000 *unzureichend* sein, Ffm JB **83**, 573.
Insolvenzverwalter: Rn 58.

71 **Instanz:** Die Parteien müssen die Einigung grds in derjenigen Instanz abschließen, für die der Auftraggeber den Anwalt bestellt hat, Mü Rpfleger **80**, 202. Es reicht allerdings ausnahmsweise aus, daß der Anwalt die Verhandlungen mit dem Gegner eingeleitet hat oder daß der etwa gesondert beauftragte gegnerische Rechtsmittelanwalt die Verhandlungen mit dem erstinstanzlichen Anwalt eingeleitet hat, Kblz JB **91**, 535, oder daß der Anwalt als Verkehrsanwalt beratend und vermittelnd mitgewirkt hat, Rn 78.

Vergütungsverzeichnis **1000 VV**

Korrespondenz: Sie kann ausreichen, also für den Verkehrsanwalt nach Rn 78.
Kündigungsrücknahme: Sie kann ausreichen, LAG Bln MDR **05**, 1379.
Mehrheit von Anwälten: Eine solche nach § 6 ist unschädlich, mag sie gleichzeitig **72** oder in zeitlicher Reihenfolge vorliegen (Anwaltswechsel). Jeder kann an der Einigung mitgewirkt haben, Hbg MDR **84**, 949.
S auch Rn 78 „Verkehrsanwalt".
Mitteilung: S zunächst Rn 68 „Bemühung". Die bloße Mitteilung eines Vorschlags des Gerichts oder des Gegners an den Auftraggeber ohne eine allgemeine Stellungnahme oder begrenzt auf den allgemeinen Rat einer Einigung ist *keine* Mitwirkung nach VV 1000. Die bloße Mitteilung an das Gericht, daß sich die Parteien geeinigt hätten, reicht *nicht* aus, soweit der Anwalt an dem Zustandekommen der Einigung nicht mitgewirkt hat. Das gilt selbst dann, wenn er in einer Ausführung der Einigung die Zurücknahme des Rechtsmittels zB nach § 516 ZPO erklärt. Die bloße Mitteilung der Teilnahme an einem bevorstehenden oder stattgefundenen Sühnetermin reicht *nicht* aus.
S aber auch Rn 73 „Protokoll".
Protokoll: Die Mitwirkung des Anwalts bei der gerichtlichen Protokollierung einer **73** Einigung zB nach §§ 159 ff ZPO reicht aus, auch wenn die Parteien den Inhalt zuvor selbst untereinander vereinbart hatten, aM Brdb FamRZ **96**, 681, Bre JB **80**, 1667, Düss JB **93**, 728 (aber die Protokollierung hat meist sogar einen wesentlichen Anteil). Ein Protokoll ist meist nötig, BGH NJW **02**, 3713, Nürnb JB **06**, 76. Das gilt auch beim Vergleich ab einer Festsetzungsgrundlage, Mü MDR **07**, 1226.
Prozeßkostenhilfe: Der im Weg der Prozeßkostenhilfe nach § 121 ZPO beigeordnete Anwalt kann eine Einigungsgebühr von der Staatskasse verlangen, soweit das Gericht ihn für denjenigen Rechtszug beigeordnet hat, in dem die Einigung zustande kommt, und zwar im Umfang seiner Beiordnung, dann auch nach § 48 Rn 93 ff für einen außergerichtlichen Vertrag, BGH VersR **88**, 941, Bbg JB **96**, 23, Köln Rpfleger **97**, 187, aM Schneider MDR **85**, 815 (aber die Beiordnung erstreckt sich meist auch darauf).
S auch § 122 Rn 96.
Ratenzahlungsvergleich: Rn 80.
Scheitern der Verhandlungen: Das Scheitern der Verhandlungen ist für die Ent- **74** stehung der Einigungsgebühr insoweit unerheblich, als frühere Verhandlungen später doch zum Erfolg führen, wenn vielleicht auch nur mit einigen Abweichungen, vielleicht sogar erst nach dem Tod des Anwalts oder mittels eines anderen Anwalts, Mü NJW **97**, 1315. Soweit ein Rechtsnachfolger des Auftraggebers in die vom Anwalt ausgehandelten Bedingungen eintritt, ohne den Anwalt von sich aus erneut hinzuzuziehen, entsteht durch die Einigung dennoch für den Anwalt die Gebühr nach VV 1000.
Etwas anderes gilt dann, wenn eine ganz *andere* Einigung als die vom Anwalt vorgeschlagene zustande kommt oder wenn der Anwalt von der Einigung nur abgeraten hat, Rn 65 „Abraten von Einigung", oder wenn er nur die Verhandlungen für gescheitert erklärt hat, Kblz JB **90**, 603.
Sorgerecht: Die Einigungsgebühr kann auch entstehen, Celle NJW **10**, 2962 (nicht **75** bei § 1666 BGB -?-), Stgt NJW **07**, 3218 (keine Protokollierung nötig). Sie entsteht auch dann, wenn zwar Dritte die Einigung vorbereitet hatten, wenn der Anwalt aber nach einer Beratung mit seinem Auftraggeber am Abschluß mitwirkt, Bbg FamRZ **88**, 1193.
Keine Einigungsgebühr entsteht mangels einer notwendigen Verfügungsbefugnis der Eltern, KG Rpfleger **10**, 396.
Streithelfer: Der Anwalt des Streithelfers nach §§ 66 ff ZPO kann die Einigungsge- **76** bühr verdienen, soweit er an der Einigung mitgewirkt hat *und* soweit sie auch die Rechtsverhältnisse des Streithelfers mitregelt, Hamm JB **02**, 194, Karlsr RR **96**, 447, Mü Rpfleger **13**, 238 (nicht bei Beibehaltung der gesetzlichen Vergleichskostenregeln).
S aber auch Rn 71 „Instanz".
Teilanerkenntnis, -verzicht: Er kann jeweils ausreichen.
Teilzahlungsvergleich: Rn 80.
Terminsanwalt: Es gilt dasselbe wie beim Verkehrsanwalt nach Rn 78.

VV 1000

Terminsvermittlung: Die bloße Vermittlung löst *keine* Einigungsgebühr aus, Naumb JB **08**, 141.
Unterbevollmächtigter: Es kommt auf die Umstände an, ob der ProzBev nach § 81 ZPO oder Hauptanwalt mitgewirkt hat oder ob das auch oder nur der Unterbevollmächtigte getan hat (meist nicht bei § 4).

77 **Untervertreter:** Der vom Anwalt bestellte Untervertreter kann die Einigungsgebühr für den Anwalt verdienen. Vgl auch § 5, ferner §§ 53–54.

78 **Vergleichsangebot:** Rn 72 „Mitteilung".
Verkehrsanwalt: Eine über die bloße Übermittlung eines Einigungsvorschlags hinausgehende beratende oder vermittelnde oder sonst um den Abschluß einer Einigung bemühte Tätigkeit des Verkehrsanwalts nach VV 3400 kann ausreichen, Düss JB **93**, 728, KG RR **07**, 212 (sogar im Revisionsverfahren), AG Bln-Charlottenb JB **01**, 86, aM Düss MDR **83**, 327 (abl Schmidt 589).
Versorgungsausgleich: Die Einigungsgebühr kann durch einen beiderseitigen Verzicht auf den Versorgungsausgleich entstehen, AG Bln-Tempelhof/Kreuzberg JB **10**, 421, Schneider NZFam **16**, 934. Zum Grundlagenvergleich Schneider JB **16**, 646.
Verzicht: Ein vollständiger Anspruchsverzicht reicht für VV 1000 ebensowenig aus wie ein vollständiges Anerkenntnis nach Rn 20. Ein Teilverzicht kann ausreichen. S auch „Versorgungsausgleich".
Vollstreckbarer Anwaltsvergleich: Rn 11, 12.

79 **Weitergabe:** Rn 72 „Mitteilung".
Widerruf: Rn 65 „Abraten vom Widerruf".

80 **Zwangsvollstreckung:** Auch für eine auf echtem gegenseitigen Nachgeben beruhende Vereinbarung im Vollstreckungsverfahren nach §§ 704 ff ZPO kann der mitwirkende Anwalt eine Einigungsgebühr fordern, LG Bln AnwBl **07**, 197, AG Aachen DGVZ **87**, 62, Murken/Meyer MDR **08**, 1080, aM LG Bonn DGVZ **06**, 62 (Teilzahlungsvergleich. Aber er erfolgt jedenfalls auch zur Beendigung der Zwangsvollstreckung und zumindest im Vollstreckungsverfahren).

81 7) **Gebührenhöhe,** dazu *Engels* MDR **00**, 1287 (Üb): (Jetzt) § 7 ist anwendbar, LG Bonn JB **95**, 527 (Beitritt eines Dritten). Im übrigen muß man zwei Situationen unterscheiden.

A. **Außergerichtliche Einigung.** Es entsteht beim außergerichtlichen Vertrag nach VV 1000 eine 1,5 Gebühr, Naumb FamRZ **08**, 1968. Das gilt auch bei einem außergerichtlichen Vergleich während einer Zwangsvollstreckung oder bei einem Vergleich in einem Verfahren nach § 80 VwGO oder nach § 69 FGO. Es gilt aber nicht im Prozeßkostenhilfeverfahren nach §§ 114 ff ZPO, VV 1003 Rn 12. Erfaßt wird nach Rn 11, 12 auch ein Anwaltsvergleich nach §§ 796 a–c ZPO. Man muß § 15 II, III mitbeachten. Den Vorrang hat VV 1004.

82 B. **Gerichtliche Einigung, VV 1003.** Vgl VV 1003 Rn 3 ff, VV 1004.

83 8) **Gegenstandswert.** Ein einfacher Grundsatz zeigt viele Auswirkungen.

A. **Grundsatz: Ausgangspunkt Streitwert.** Grundsätzlich ist nach § 32 I nur im Umfang eines gerichtlichen Verfahrens § 23 I beachtbar (Maßgeblichkeit des Streitwerts nach dem GKG). Ist er unrichtig, hat der Anwalt ein Beschwerderecht nach § 32 II. Für den Streit- oder Verfahrenswert gilt das ganze GKG und FamGKG, Teile I A, B dieses Buchs. Das Fehlen einer gerichtlichen Vergleichsgebühr führt natürlich nicht zur Gebührenlosigkeit des Anwalts. Dann kommt ein Antrag nach § 33 in Betracht. Bei einer bloßen Zahlungsvereinbarung nach I 1 Z 2 gilt § 31 b.

84 B. **Beispiele zur Frage des Gegenstandswerts**
Arrest, einstweilige Anordnung oder Verfügung: Wenn eine Einigung gleichzeitig ein solches Eilverfahren zB nach §§ 916 ff, 935 ff ZPO, 49 ff FamFG und den Hauptprozeß beendet, handelt es sich um mehrere Gegenstände. Keineswegs steckt der Wert des Eilverfahrens im Hauptprozeß. Beide Verfahren dienen ja verschiedenen Zwecken nach (jetzt) § 53 GKG, Teil I A dieses Buchs, Hbg JB **91**, 1065, Kblz FamRZ **17**, 392, Mü AnwBl **93**, 530, aM Mü FamRZ **91**, 1217.

Nur ein Gegenstand liegt aber dann vor, wenn eine solche Einigung nach VV 1000 zustande kommt, der einen Hauptprozeß und ein Verfahren nach § 80 VwGO oder nach § 69 FGO erledigt.

Vergütungsverzeichnis **1000 VV**

S auch Rn 86 „Mehrheit von Gegenständen".
Einbeziehung in höherer Instanz: Einen eigenen Wert kann die Einbeziehung eines anderen Anspruchs (erst) in der höheren Instanz haben, GSchm 179, aM Hbg MDR 81, 945, Hamm JB **96**, 148 (aber auch das hat eine wirtschaftliche Auswirkung).
Einbeziehung und Rechtshängigkeit, dazu *Enders* JB **11**, 57 (Üb): Durch die Einbeziehung eines bisher nicht nach § 261 ZPO rechtshängigen Anspruchs in eine prozeßbeendende Einigung erhöht sich der Wert evtl nach den Wertangaben der Parteien, Bbg JB **89**, 494, Nürnb AnwBl **11**, 230.
Einbeziehung von Unstreitigem: Bei der Einbeziehung eines bisher unstreitigen 85
Rechtsverhältnisses muß man den Begriff „Unsicherheit" der amtlichen Anmerkung I 1 Hs 1 weit auslegen, Bbg JB **90**, 1619, Nürnb JB **85**, 1395, Bräuer JB **08**, 65 (je: Interesse an der Titulierung), aM Kblz JB **84**, 1218, LAG Mainz JB **85**, 397 (je: Bruchteil).
Man muß also unterscheiden, ob die Einbeziehung nur einen *feststellenden* (deklaratorischen) Charakter hat, Hamm JB **96**, 148 (dann muß man sie wohl oft mangels einer Streitbeendigung unberücksichtigt lassen, Stgt JB **95**, 248, LAG Stgt DB **84**, 784), oder ob die Parteien auch für den einbezogenen Anspruch einen besonderen Vollstreckungstitel zB nach §§ 704, 794 ZPO schaffen wollten. Deshalb geht der Wert auch bei einer Einigung nach VV 1000 nur zwecks ihrer Vollstreckbarkeit über ein solches Protokollinteresse hinaus, Bbg JB **85**, 740, Hamm JB **86**, 745, Kblz AnwBl **84**, 204 (je: Bruchteil), Naumb FamRZ **08**, 1968, Nürnb JB **85**, 1395 (je: evtl voller Betrag), aM Hamm JB **78**, 1563.
Einigungsgegenstand: S „Einigungssumme".
Einigungssumme: Es kommt *nicht* darauf an, *worauf* sich die Parteien geeinigt haben, sondern darauf, *worüber* sie sich einigten, Anh I § 48 GKG Rn 127 „Vergleich", Teil I A dieses Buchs. Der Vergleich oder die Einigung ergreift also alle irgendwie streitigen und auch einbezogenen Ansprüche, Bbg JB **91**, 222, Schlesw SchlHA **91**, 115, Stgt JB **95**, 248.
Die *Einigungssumme* ist also nicht immer maßgeblich, Hbg MDR **81**, 945, KG JB **07**, 360, LAG Düss NZA **17**, 1079. Die Einigungssumme kann sich zB dadurch erhöhen, daß später ein höherer Betrag als der zunächst zugrundegelegte herauskommt, AG Ffm AnwBl **85**, 267, aM Stgt JB **96**, 358, GSchm 41 (aber oft genug bewertet zB das Gericht ein Schmerzensgeld höher als die Parteien usw).
Keine Festsetzbarkeit: Soweit man den Wert nicht nach §§ 32, 33 gerichtlich festsetzen lassen kann, ist eine Klärung des Gegenstandswerts nur in einem Gebührenrechtsstreit möglich. Eine endgültige Festsetzung bindet auch dann, wenn sie unrichtig ist, Bbg FamRZ **04**, 46.
Bloße Feststellung: S „Einbeziehung von Unstreitigem".
Hilfsaufrechnung: Bei einer Einigung über die Klageforderung und über eine 86
Hilfsaufrechnung muß man die Werte nach § 45 III, IV GKG errechnen, Teil I A dieses Buchs.
Kostenübernahme: Bei einer Übernahme der Kosten eines Eilverfahrens in einer Einigung im Hauptprozeß nach § 99 ZPO erhöht sich dessen Gegenstandswert um die Kosten, Ffm JB **81**, 818.
Mehrheit von Anspruchsteilen: Wenn die Parteien mehrere Teile desselben Anspruchs vergleichen, entsteht nach § 15 III keine höhere Gebühr, als wenn sie die ganze Sache verglichen hätten. § 15 II 1 führt meist zu demselben Ergebnis.
Mehrheit von Gegenständen: Bei einer Einigung über mehrere Gegenstände muß man eine Zusammenrechnung nach (jetzt) § 22 I vornehmen, Hbg JB **91**, 1065, Mü AnwBl **93**, 530.
S auch Rn 84 „Arrest, einstweilige Anordnung oder Verfügung".
Mehrvergleich: LAG Hbg NZA-RR **16**, 211, Reckus AnwBl **14**, 51 (Üb).
Miete, Pacht: Rn 87 „Wiederkehrende Leistung".
Prozeßkostenhilfe – Anwalt: Der im Weg einer Prozeßkostenhilfe nach § 121 87
ZPO beigeordnete Anwalt bekommt immer nur die Höchstgebühr aus der Staffel des § 49.
Ratenbewilligung: Die nachträgliche Ratenbewilligung auf Grund eines schon titulierten Anspruchs kann einen eigenen Wert haben.
Teilermäßigung: S „Teilzahlung".

1771

VV 1000, 1001 Vergütungsverzeichnis

Teilzahlung: Ob eine Teil- oder Abschlagszahlung oder eine Teilermäßigung den Restwert mindern, ist eine Auslegungsfrage, strenger Mümmler JB **79**, 1136. Zum Wert in einer Unfallsache bei Teilregulierung Enders JB **17**, 281 (ausf),
Vollstreckungstitelschaffung: Rn 85 „Einbeziehung von Unstreitigem".
Widerklage: Beim Zusammentreffen von Klage nach § 253 ZPO und Widerklage nach BLAH Anh § 253 ZPO ist der Wert des erledigten Teils maßgebend, Düss AnwBl **93**, 530, Hbg JB **81**, 1518, aM Karlsr AnwBl **03**, 116 (auch dann der Gesamtbetrag. Aber für den Restvergleich gibt es nun einmal keine höhere Verantwortung des Anwalts mehr).
Wiederkehrende Leistung: Es ist denkbar, daß bei §§ 41, 42 GKG, Teil I A dieses Buchs, die Einigungssumme höher als der Gegenstandswert ist.
Zahlungsvereinbarung: Es gilt § 31 b.

88 9) **Kostenerstattung.** Es gibt einen Grundsatz und eine Ausnahme.
A. Grundsatz: Erstattbarkeit. Die Einigungsgebühr ist grundsätzlich erstattungsfähig. Eine Ausnahme gilt für das Verfahren vor dem ArbG, § 12a I 1 ArbGG.

89 **B. Beispiele zur Frage einer Erstattbarkeit**
Auslegung: Natürlich kommt es wie stets nach BLAH Grdz 51, 52 vor § 128 ZPO auf sie an, Bbg AnwBl **89**, 111, Karlsr JB **91**, 89.
Außergerichtlicher Vertrag: Nach § 98 ZPO kann Miterstattbarkeit bestehen, BGH NJW **11**, 1681, Brdb JB **12**, 475.
Nicht erstattbar ist die Gebühr der Mitwirkung an einer nur außergerichtlichen Einigung über einen nicht gerichtlich anhängigen Gegenstand, Karlsr FamRZ **08**, 802.
S auch „Kostengrundentscheidung".
Kostengrundentscheidung: Vorrang hat eine formell rechtskräftige solche Entscheidung nach BLAH Üb 35 vor § 91 ZPO oder nach § 91a ZPO, LG Mü JB **98**, 185.
Parteiregelung: Man muß prüfen, ob und in welchem Umfang die Parteien in der Einigung nach VV 1000 zur Erstattbarkeit ebenfalls eine nach § 98 ZPO vorrangige Regelung getroffen haben, BGH NJW **11**, 1681, Ffm NJW **05**, 2466, KG RR **07**, 212.
Prozeßkostenhilfe: Wegen des nach § 48 Beigeordneten s dort.
Teilzahlungsvergleich: BLAH § 788 ZPO Rn 46.
Terminsanwalt: Es kann für den ProzBev und für den Terminsanwalt je eine Einigungsgebühr erstattbar sein, Mü JB **09**, 487.
Verkehrsanwalt: VV 3400.

Nr.	Gebührentatbestand	Gebühr oder Satz der Gebühr nach § 13 RVG
1001	Aussöhnungsgebühr	1,5
	¹Die Gebühr entsteht für die Mitwirkung bei der Aussöhnung, wenn der ernstliche Wille eines Ehegatten, eine Scheidungssache oder ein Verfahren auf Aufhebung der Ehe anhängig zu machen, hervorgetreten ist und die Ehegatten die eheliche Lebensgemeinschaft fortsetzen oder die eheliche Lebensgemeinschaft wieder aufnehmen. ²Dies gilt entsprechend bei Lebenspartnerschaften.	

Gliederung

1) Systematik	1
2) Regelungszweck	2
3) Mitwirkung an der Aussöhnung von Eheleuten	3–14
A. Ehegefährdung	3
B. Ernstlicher Gefährdungswille	4
C. „Hervortreten"	5
D. Grenzfälle	6, 7

Vergütungsverzeichnis **1001 VV**

    E. Aussöhnung: Fortsetzung oder Wiederaufnahme der Lebensgemeinschaft 8
    F. Beispiele zur Frage einer Aussöhnung 9, 10
    G. Mitwirkung an der Aussöhnung 11
    H. Beispiele zur Frage einer Mitwirkung an der Aussöhnung 12–14
    4) Gebührenhöhe 15
    5) Gegenstandswert 16
    6) Mitwirkung an der Aussöhnung von Lebenspartnern 17

1) Systematik. Die Vorschrift schafft nur eine zusätzliche Erfolgsgebühr, amtliche **1** Vorbemerkung 1. Sie enthält eine gegenüber VV 1000 vorrangige, weil speziellere Regelung. Das stellt zusätzlich VV 1000 amtliche Anmerkung V klar. Die Vorschrift gilt nach der amtlichen Anmerkung S 1 nur bei einer noch nicht gerichtlich anhängigen Ehesache nach §§ 121 ff FamFG. Die Anhängigkeit einer sonstigen Sache etwa über einen Unterhalt nach §§ 231 ff FamFG ist unerheblich. Andererseits hat VV 1003 bei einer erstinstanzlichen Anhängigkeit den Vorrang gegenüber VV 1001. Ferner gilt VV 1004 bei einer Rechtsmittelanhängigkeit sogar gegenüber VV 1003, und VV 1005 nochmals auch gegenüber VV 1001 vorrangig. Zusätzlich zu VV 1001 können Gebühren nach den Teilen 2–6 und Auslagen nach Teil 7 entstehen. Ersteres ergibt sich aus der amtlichen Vorbemerkung 1, letzteres daraus, daß die Teile 1–6 keine Auslagen mitregeln. Ohnehin anwendbar bleiben §§ 1 ff, soweit nicht VV 1001 eine Sonderregelung bringt.

2) Regelungszweck. VV 1001 zieht im Interesse der Kostengerechtigkeit die **2** Konsequenz aus dem nach dem Gesetz besonders anerkennungswerten Mitwirken des Anwalts an einer Aufrechterhaltung der Ehe, vgl auch Art 6 I GG. Denselben Zwecken dient auch die Erstreckung auf die Lebenspartnerschaft gemäß der amtlichen Anmerkung S 2 mit der Ausnahme des hier gerade nicht einschlägigen Art 6 I GG. Daher sollte man die Vorschrift großzügig auslegen. Ob die jedenfalls zunächst erzielte Aussöhnung im wohlverstandenen Interesse des Auftraggebers oder gar seines Partners liegt, darf dabei keine Rolle spielen, ebensowenig wie die Frage, ob die Aussöhnung eine Dauer verspricht.

3) Mitwirkung an der Aussöhnung von Eheleuten. Eine Gebühr VV 1001 kann **3** entstehen, soweit die folgenden Voraussetzungen zusammentreffen.

    A. Ehegefährdung. Der Bestand oder Weiterbestand der Ehe muß gefährdet sein. Die Vorschrift nennt als typische Erkennungsmerkmale das Hervortreten des ernstlichen Willens eines Ehegatten, eine Scheidungssache nach §§ 133 ff FamFG anhängig zu machen, AG Oberhausen JB **11**, 246.

    Unanwendbar ist VV 1001 also vor oder nach einer Ehe. Dann mag § 34 anwendbar sein.

    B. Ernstlicher Gefährdungswille. Es muß ein ernstlicher Wille zur Anhängig- **4** machung auch schon vor der Einreichung des Scheidungsantrags usw beim Gericht „hervorgetreten" und daher nach außen erkennbar geworden sein. Insofern stellt VV 1001 eine Durchbrechung des Grundgedankens dar, daß die Tätigkeit des Anwalts vor einer gerichtlichen Anhängigkeit beim Ausbleiben eines anschließenden Gerichtsverfahrens nicht unter VV 3100 fällt, sondern unter VV 2300 ff. Insofern ist VV 1001 gegenüber VV 2300 eine vorrangige Sondervorschrift.

    C. „Hervortreten". Das heißt nach außen deutlich werden. Dazu ist zwar eine **5** Androhung des Scheidungsantrags nicht unbedingt erforderlich. Sie ist aber meist das einzig wirklich sichere Merkmal. Die bloße Beauftragung eines Anwalts, Material für ein Eheverfahren zu sammeln, reicht freilich auch schon aus.

    Denn es kommt nicht darauf an, daß auch der andere Ehepartner oder gar dessen Anwalt oder ein Dritter die Scheidungsabsicht usw erkannte. Es reicht vielmehr aus, daß der scheidungswillige Ehegatte seine Absicht seinem eigenen Anwalt ernstlich *kundgetan* hat, AG Oberhausen JB **11**, 246. Indessen ist bei der Annahme einer solchen Kundgabe eine gewisse Vorsicht ratsam. Jedenfalls muß der Anwalt beweisen, daß auch schon im Innenverhältnis zum Auftraggeber der ernstliche Wille des Ehegatten eindeutig erkennbar ist.

    D. Grenzfälle. Ein Antrag auf eine Verfahrenshilfe nach §§ 114 ff ZPO, 76 **6** FamFG darf nicht schon beim Gericht vorliegen. Denn dann beginnt ein nach dem

VV 1001

vorrangigen VV 1003 vergütetes Verfahren mit Ausnahme des in der dortigen amtlichen Anmerkung Hs 2 bezeichneten Sonderfalls. Es kommt wegen des Hervortretens eines ernstlichen Willens zur Anhängigmachung auch nicht darauf an, ob der Ehepartner nun tatsächlich ein Verfahren anhängig macht und ob dieses auch Erfolg hat oder haben kann.

7   *Nicht* ausreichend sind zB: Der ernstliche, hervorgetretene Wille eines Ehegatten, einen behauptenden oder verneinenden Ehefeststellungsantrag oder einen Herstellungsantrag einzureichen. Denn VV 1001 nennt nicht alle Ehesachen nach § 121 FamFG, sondern aus jenem Kreis nur die Scheidungssache und das Eheaufhebungsverfahren. Ferner reicht zB die bloße Aufhebung der ehelichen Lebensgemeinschaft oder der Auszug eines Ehegatten für sich allein nicht aus. Das gilt selbst dann, wenn ein Ehepartner bereits in diesem Zusammenhang den Anwalt um eine Beratung bat.

Ein nur *tatsächliches Getrenntleben* kann, muß aber nicht ein „Hervortreten" nach Rn 5 bedeuten. Es kommt dann auf die Umstände an. Maßgeblich ist dabei nicht der Wille zum Getrenntleben, sondern der Scheidungs- oder Aufhebungswille. Manche Eheleute leben ganz prächtig getrennt, ohne an eine Scheidung auch nur im entferntesten zu denken. Eine bloße Bitte um eine Beratung über die Möglichkeiten, Voraussetzungen oder Rechtsfolgen eines Scheidungsantrags zeigt meist noch nicht den erforderlichen ernsthaften Willen, zumindest nicht nach außen, allenfalls gegenüber dem zunächst schweigepflichtigen Anwalt. Vgl beim letzteren freilich Rn 5.

8   **E. Aussöhnung: Fortsetzung oder Wiederaufnahme der Lebensgemeinschaft.** In einer Situation nach Rn 3–7 ist eine Aussöhnung eine weitere Voraussetzung. Es müssen also beide Ehegatten die eheliche Lebensgemeinschaft tatsächlich ernstlich fortgesetzt oder wieder aufgenommen haben, Kblz OLGR **00**, 428. Unter der ehelichen Lebensgemeinschaft ist diejenige nach § 1353 I BGB gemeint, also die Geschlechtsgemeinschaft, die häusliche Gemeinschaft, die Pflicht zur Familienplanung usw. Man muß nach den gesamten objektiv erkennbaren Umständen des Einzelfalls prüfen, ob eine Fortsetzung oder Wiederaufnahme vorliegt. Manche halten eine gewisse Zeitdauer der Aussöhnung für erforderlich, Kblz OLGR **00**, 428. Aber schon das erste „Hervortreten" reicht bei einer anschließenden überhaupt erfolgenden Fortsetzung nach der amtlichen Anmerkung S 1, AG Oberhausen JB **11**, 246. Das gilt selbst dann, wenn schließlich doch alles nach ein paar Tagen scheitert, noch gar aus neuen Gründen. Der Anwalt muß beweisen, daß diese Voraussetzung eingetreten war.

9   **F. Beispiele zur Frage einer Aussöhnung**
Antragsrücknahme: Ausreichen kann die Rücknahme eines Antrags auf eine Scheidung nach § 133 FamFG.
Antragsunterlassung: *Nicht* ausreichend ist der nur vorläufige Entschluß den Scheidungsantrag zu unterlassen, soweit sich der Ehegatte anschließend doch bald zum Scheidungsverfahren entschlossen hat.
Aussagegefahr: *Nicht* ausreichend ist die bloße Absicht, eine belastende Aussage des anderen nach einer Scheidung zu verhindern.
Aussetzung: Ausreichen kann eine längere Aussetzung des Verfahrens nach § 146 FamFG.
Bedingung: Ausreichen kann ihre Erfüllung.
Eheliche Gemeinschaft: Ausreichen kann es, daß wieder eine nicht mehr akut gefährdete eheliche Gemeinschaft nach einer Aussöhnung entstanden ist, Kblz OLGR **00**, 428.
Einverständnis: *Nicht* ausreichend ist es mangels einer weiteren Klärung der künftigen Lebensgemeinschaft. Das gilt selbst dann, wenn die häusliche Gemeinschaft vorläufig fortdauert, aber nicht die Geschlechtsgemeinschaft.
Finanzüberlegung: *Nicht* ausreichend ist eine nur finanzielle Beibehaltung des „Ehe"zustands.
Gesellschaftsüberlegung: *Nicht* ausreichend ist eine nur gesellschaftliche Beibehaltung des „Ehe"zustands.
Häusliche Gemeinschaft: S „Einverständnis".

10 **Rücknahme:** Rn 9 „Antragsrücknahme".

Steuerüberlegung: *Nicht* ausreichend ist eine nur steuerliche Beibehaltung des „Ehe"zustands.
Trennungsfortdauer: *Nicht* ausreichend ist das derzeitige Absehen vom Scheidungsantrag trotz fortdauernder Trennung.
Urlaubsreise: Ausreichen kann eine lange gemeinsame Urlaubsreise mit einer harmonischen Klärung der Zukunftsfragen und einer erst späteren erneuten Scheidungsüberlegung nur eines Partners.
Nicht ausreichend ist eine gemeinsame Urlaubsreise ohne eine solche Klärung.
Bloßer Versuch: *Nicht* ausreichend ist der bloße Versuch, nochmals zusammenzuziehen, unter der gleichzeitigen Abrede, bei seinem Scheitern das Scheidungsverfahren fortzusetzen.
Vorläufigkeit: Rn 9 „Antragsunterlassung", „Einverständnis".
Widerruf: „Antragsrücknahme".
Zurückname: Rn 9 „Antragsrücknahme".
Zusammenziehen: Ausreichen kann es, daß der Ehegatte wieder zum anderen gezogen ist.

G. Mitwirkung an der Aussöhnung. Soweit die Voraussetzungen Rn 3–10 vorliegen, muß der Anwalt an der auch wirklich eingetretenen Aussöhnung nachweisbar auch für sie zumindest mitursächlich und damit erfolgreich mitgewirkt haben, BbgJB 85, 233. Er muß einen Auftrag gerade auch zu einer solchen Mitwirkung gehabt haben. Freilich kann dieser Auftrag stillschweigend vorgelegen haben. Es genügt ein bloßer Mitwirkungsauftrag, soweit auch der Erfolg Rn 9 vorliegt. Es ist also kein Auftrag zum direkten Hinarbeiten auf die Aussöhnung erforderlich. Eine Teilnahme am Aussöhnungsgespräch ist nicht erforderlich, Zweibr JB 00, 199. 11

Mitursächlichkeit läßt sich ähnlich wie bei VV 1000 Rn 59 beurteilen, freilich bei VV 1001 wohl meist immateriell als Haupt- oder Alleingegenstand des Versöhnungsauftrags. Maßstab sollte dabei wie bei VV 1000 Rn 5 aA eine Bemühung um objektive Einschätzung sein. Gerade bei Ehegefährdung im Stadium ihres Hervortretens nach Rn 5 wird die eigentliche Ursache einer Aussöhnung nur in den Köpfen der Eheleute liegen. Man darf gerade deshalb an eine Mitursächlichkeit der Anwaltstätigkeit keine zu hohen Anforderungen stellen. Ein enormes Zureden, Warnen vom Versorgungsausgleich oder einer Sorgerechtsregelung sind nicht stets vonnöten. Natürlich dürfte aber eine höfliche formelle Äußerung des Bedauerns für den Scheidungsfall meist noch keine Mitursächlichkeit einer Aussöhnung sein und VV 1001 auslösen. Behutsame Abwägung gerade auch unter Mitbeachtung der Art und des Tons des Anwalts kann durchaus beachtbar sein. Erster oder letzter Anstoß können genügen.

H. Beispiele zur Frage einer Mitwirkung an der Aussöhnung 12
Abraten von Scheidung: *Nicht* ausreichend ist ein solches Verhalten des Anwalts.
Aussetzung des Eheverfahrens: *Nicht* ausreichend die bloße Herbeiführung einer Einigkeit der Eheleute über eine Aussetzung des Eheverfahrens nach § 136 FamFG.
Aussöhnungsanregung des Gerichts: Sie hindert nicht, soweit der Anwalt nicht dazu ganz passiv geblieben ist.
Aussöhnungsanzeige: *Nicht* ausreichend ist eine Anzeige der schon stattgefundenen Versöhnung an einen Dritten oder an das Gericht.
Aussöhnungsbereitschaft: Ausreichend ist ihr Wecken und Fördern, BbgJB 85, 233, Zweibr JB 00, 199. Man kann es bei einer Anwesenheit der Partei im hier allein maßgeblichen außergerichtlichen Versöhnungsgespräch annehmen. Ausreichend ist also eine nicht völlig untergeordnete Mitursächlichkeit, Zweibr JB 00, 199.
Aussöhnungsentgegennahme: Sie ist *nicht* ausreichend.
Aussöhnungsrat: Ausreichend ist ein mit tatkräftigen Anregungsmaßnahmen verbundener Rat des Anwalts an den Auftraggeber zur Aussöhnung.
Nicht ausreichend ist ein allgemeiner Aussöhnungsrat ohne jede weitere Tätigkeit in dieser Richtung.
Erfolgschance: Ausreichend ist der Umstand, daß die Tätigkeit des Anwalts eine maßgebliche Ursache war, selbst wenn er den Erfolg nicht persönlich herbeigeführt hat.

VV 1001, 1002

13 Glaubhaftmachung: Soweit der Anwalt wie nach § 294 ZPO bei nicht zu hohen Anforderungen glaubhaft macht, daß er sich um eine Aussöhnung bemüht habe, die dann allerdings unstreitig ohne seine unmittelbare Mitwirkung alsbald zustande gekommen ist, kann die Vermutung für eine Ursächlichkeit seiner Bemühungen sprechen, Bbg JB **85**, 233. Der Kostenschuldner kann sie aber entkräften.

14 Protokoll: Sein Schweigen kann unschädlich sein, Bbg JB **85**, 233.

Ruhensantrag: Ausreichend ist ein Antrag des Anwalts auf das Ruhen des Scheidungsverfahrens wegen einer möglichen Aussöhnung.

15 4) Gebührenhöhe. Soweit die Voraussetzungen Rn 3–7 vorliegen, entsteht nach VV 1001 mangels einer Anwendbarkeit von VV 1003–1005 eine 1,5 Gebühr, AG Oberhausen JB **11**, 246. Sie tritt zusätzlich zu den anderen Gebühren. Soweit die Aussöhnung in der Berufungs- oder Revisionsinstanz erfolgt, tritt eine Gebührenermäßigung nach VV 1004 ein. Wegen der Gebühr eines im Weg der Verfahrenskostenhilfe beigeordneten Anwalts §§ 42 ff.

16 5) Gegenstandswert. Maßgeblich ist § 23 in Verbindung mit § 48 GKG, Teil I A dieses Buchs.

17 6) Mitwirkung an der Aussöhnung von Lebenspartnern. Die amtliche Anmerkung S 2 macht im Verfahren nach § 269 FamFG über die Aufhebung einer Lebenspartnerschaft nach §§ 15–19 LPartG die Regelung des S 1 entsprechend anwendbar. Vgl daher Rn 3–16.

Nr.	Gebührentatbestand	Gebühr oder Satz der Gebühr nach § 13 RVG
1002	Erledigungsgebühr, soweit nicht Nummer 1005 gilt .... ¹Die Gebühr entsteht, wenn sich eine Rechtssache ganz oder teilweise nach Aufhebung oder Änderung des mit einem Rechtsbehelf angefochtenen Verwaltungsakts durch die anwaltliche Mitwirkung erledigt. ²Das Gleiche gilt, wenn sich eine Rechtssache ganz oder teilweise durch Erlass eines bisher abgelehnten Verwaltungsakts erledigt.	1,5

Gliederung

1) Systematik	1
2) Regelungszweck	2
3) Rechtssache, amtliche Anmerkung S 1, 2	3–6
A. Gerichtsverfahren	4
B. Verwaltungsverfahren	5
C. Unanwendbarkeit	6
4) Erledigung, amtliche Anmerkung S 1, 2	7, 8
A. Begriff der Erledigung	7
B. Beispiele zur Frage einer Erledigung, amtliche Anmerkung S 1, 2	8
5) Mitwirkung des Anwalts	9–15
A. Begriff der Mitwirkung	9–11
B. Beispiele zur Frage einer Mitwirkung, amtliche Anmerkung S 1	12–15
6) Gebührenhöhe	16
7) Gegenstandswert	17
8) Kostenerstattung	18

1 1) Systematik. In einer Verwaltungssache im weitesten Sinn wird der Anwalt für seine erfolgreichen Bemühungen um eine gütliche Erledigung häufig die an sich nach VV 1000 mögliche Einigungsgebühr nach VV 1000 amtliche Anmerkung IV, deshalb nicht verdienen, weil die Beteiligten über den Gegenstand des Verfahrens nicht vertraglich verfügen können. Dann und vor allem im Verfahren der Finanzgerichte und -behörden greift (jetzt) die Tätigkeits- und Erfolgsgebühr VV 1002 ein, OVG Kblz NJW **17**, 905, OVG Lüneb NVwZ-RR **08**, 500. Da es sich um einen Ersatz für die Einigungsgebühr handelt, erhält der Anwalt meist nur entweder nach VV 1000 oder nach VV 1002 eine Gebühr. Eine Auswechslung dieser Gebühren ist meist zulässig, OVG Münst NVwZ-RR **99**, 348. Freilich können VV 1000 und 1002 auch nebeneinander entstehen, je nach dem Gesamtvorgang. Im Verfahren der Sozialgerichte gelten vorrangig VV 1005, 1006, BSG JB **14**, 300. Die Erledigungsgebühr VV 1002 tritt nach der amtlichen Vorbemerkung 1 stets zu mindestens einer Gebühr der Teile 2 ff VV hinzu, zB zu VV 2300 oder 3100 ff.

Soweit die Anwaltstätigkeit im Rahmen einer *Beratungshilfe* nach dem BerHG zur Erledigung der Rechtssache führt, gilt der vorrangige VV 2608. Für den Steuerberater gilt VV 1002 nur im Gerichtsverfahren nach § 45 StBVV, Anh § 35.

2) Regelungszweck. Es ist hochgradig wünschenswert, daß sich gerade ein Verwaltungsprozeß erübrigt, indem die Verwaltung wenigstens auf Grund eines Rechtsbehelfs des Bürgers nachgibt. Deshalb soll eine Mitwirkung des Anwalts an einem solchen Ergebnis eine großzügige Vergütung erhalten, OVG Lüneb NVwZ-RR **08**, 500. Das gilt selbst dann, wenn es nur teilweise gelingt, den Streit beizulegen. Der Streit mit der Öffentlichen Hand ist für den Rechtsfrieden oft besonders schädlich, OVG Lüneb NVwZ-RR **08**, 500. Das darf zwar nicht zur uferlosen Begünstigung des Anwalts führen, aber auch nicht zu einer kleinlichen Einengung des Begriffs der ursächlichen Mitwirkung, zumal man sie ja auf anderen Rechtsgebieten ohnehin meist wesentlich eher bejaht. Das sollte man bei der Auslegung mitbedenken, auch wenn es dabei eine traditionelle Zurückhaltung zu überwinden gilt. Vgl auch Rn 11. 2

3) Rechtssache, amtliche Anmerkung S 1, 2. VV 1002 gilt in jeder Rechtssache, deren Gegenstand ein begehrter oder abgelehnter oder ein mit einem Rechtsbehelf angefochtener Verwaltungsakt ist. Das gilt außergerichtlich wie gerichtlich. 3

VV 1002 beschränkt sich nicht auf ein solches Anfechtungsverfahren, in dem man nur die Aufhebung oder Änderung eines belastenden Verwaltungsakts erstrebt. Auch in einem Verfahren auf den Erlaß eines begünstigenden Verwaltungsakts kann die Gebühr VV 1002 nach der amtlichen Anmerkung S 2 entstehen, (je zum alten Recht) OVG Bre AnwBl **92**, 94 OVG Münst NWBl **98**, 73, Just NVwZ **03**, 181, aM SG Freibg AGS **03**, 211. Das folgt schon daraus, daß es in der Regel zugleich um die Aufhebung des ablehnenden Verwaltungsakts geht, mag dieser Antrag auch oft keine selbständige Bedeutung haben. Fehlt es an einem ablehnenden Bescheid zB bei einer Untätigkeitsklage, ist VV 1002 entsprechend anwendbar, Schürmann SGb **93**, 364, aM FG Bln EFG **81**, 526.

A. Gerichtsverfahren. Rechtssache ist ein gerichtliches Verfahren ohne eine Rücksicht darauf, welchem Zweig der Gerichtsbarkeit das Gericht angehört (wegen der Sozialgerichte Rn 1). Eine Erledigungsgebühr kann deshalb auch im Verfahren vor einem Zivilgericht entstehen, zB nach §§ 217 ff BauGB, 23 ff EGGVG, 223 BRAO, 111 BNotO, 212 BEG, 62 GWB, 2 LwVG, ebenso nach §§ 66 GKG, 83 GNotKG, 6 und 8 JBeitrG, Teile I A, III, IX A dieses Buchs, ferner im Beratungshilfeverfahren, (jetzt) VV 2508, LG Kblz JB **96**, 378, LG Osnabr JB **96**, 378. Hierin gehören auch ein sog Aussetzungsverfahren nach §§ 80 V, VI VwGO, 69 III FGO, und ein Verfahren des einstweiligen Rechtsschutzes etwa bei einer Aussetzung der Vollziehung, VG Darmst NJW **75**, 1716, aM FG Karlsr EFG **86**, 578, FG Köln EFG **90**, 268, OVG Hbg JB **99**, 361, oder eine Klage auf die Feststellung der Nichtigkeit eines Verwaltungsakts oder seiner Unwirksamkeit, OVG Kblz NVwZ-RR **89**, 336, Just NVwZ **03**, 181. 4

B. Verwaltungsverfahren. Rechtssache ist ferner jedes Verfahren vor einer Verwaltungsbehörde über einen begehrten oder einen mit einem Rechtsbehelf angefochtenen Verwaltungsakt einschließlich etwaiger Nebenverfahren zB nach §§ 80 IV VwGO, 69 II FGO. Die Rechtssache muß anhängig sein. Denn sonst kann sie sich schon begrifflich nicht erledigen. Eine Erledigungsgebühr entsteht nach der amtlichen Anmerkung S 2 evtl auch schon im Verwaltungsverfahren erster Stufe, das dem Erlaß eines Verwaltungsakts vorangeht. Sie entsteht aber nicht im Verwaltungsverfahren zwischen Gleichgeordneten gleich welcher Stufe. Denn hier kann kein Verwaltungsakt ergehen. Dann kann der Anwalt eine Einigungsgebühr VV 1000 verdienen, soweit diese Gebühr entstehen kann, VV 1000 amtliche Anmerkung, besonders IV. 5

C. Unanwendbarkeit. Dagegen entsteht *keine* Erledigungsgebühr bei einer reinen Zwischenverfügung oder -auflage oder dann, wenn es sich um eine Feststellungs- oder eine reine Leistungsklage oder um ein entsprechendes Verwaltungsverfahren handelt. 6

VV 1002

Nicht hierher zählt zB ein Normenkontrollverfahren nach § 47 VwGO, OVG Kblz JB **84**, 227. Dann kann der Anwalt aber eine Einigungsgebühr nach VV 1000 erhalten, sofern deren Voraussetzungen vorliegen. Nicht hierher gehört auch die Beschwerde im Prozeßkostenhilfeverfahren, OVG Bre JB **86**, 1360.

7 4) Erledigung, amtliche Anmerkung S 1, 2. Die Rechtssache muß wegen des Charakters von VV 1002 als auch einer Erfolgsgebühr nach Rn 1 erledigt sein.

A. Begriff der Erledigung. Eine Erledigung liegt vor, soweit keine oder keine weitere belastende Entscheidung in der Sache mehr ergehen muß. Unerheblich ist dabei, ob das Verhalten der Behörde zu einer Rücknahme der Klage oder des Rechtsbehelfs führt, OVG Bre AnwBl **92**, 94, zu einem gegenseitigen Nachgeben, zu übereinstimmenden wirksamen Erledigterklärungen, VG Münst AnwBl **81**, 163, oder zu einer Einigung der Beteiligten, VGH Mü AnwBl **81**, 162, VG Wiesb JB **01**, 250, Just NVwZ **03**, 181. Die Gebühr kann daher auch dann entstehen, wenn der Bekl die Erledigung bestreitet und wenn das Gericht sie nun durch ein Urteil feststellt, FG Neust/W EFG **89**, 33, VG Wiesb JB **01**, 250. Es muß sich aber um eine ohne streitige Entscheidung erzielte Erledigung handeln, OVG Kblz NJW **17**, 905, VG Kassel JB **17**, 632. Daher ergeht eine auf die maßgebliche Rechtslage abstellende Entscheidung in der Sache niemals eine Erledigung nach (jetzt) VV 1002, BVerwG NVwZ **82**, 36 (krit Schmidt AnwBl **82**, 27), OVG Münst NWVBl **98**, 73. Bei übereinstimmenden wirksamen Erledigterklärungen zur Hauptsache ist ein verbleibender Streit über die Kosten unschädlich.

Nicht erforderlich ist eine über anwaltliche Normalpflichten von vornherein hinausgehende Tätigkeit, aM OVG Bln-Brdb JB **15**, 246 (aber das gibt weder der Wortlaut noch der Zweck von VV 1002 her).

8 B. Beispiele zur Frage einer Erledigung, amtliche Anmerkung S 1, 2
Abhilfe: Ausreichend ist es, daß die Behörde einen inhaltlich genügenden Änderungsbescheid erläßt, VGH Mannh AnwBl **82**, 208, noch dazu nach einer vorherigen Ablehnung, LG Bln JB **84**, 1854, VGH Mannh JB **91**, 1358, oder daß sie einen ihm entsprechenden neuen Bescheid erläßt, OVG Lüneb AnwBl **83**, 292.

Nicht ausreichend ist es, daß die Ausgangsbehörde dem Widerspruch durch eine Aufhebung ihres Bescheids abhilft, FG Saarbr EFG **95**, 226, aM Plagemann NJW **90**, 2719, oder wenn die Widerspruchsbehörde ihr das empfiehlt, BVerwG MDR **82**, 433, oder wenn sich die Behörde nur aufschiebend bedingt verpflichtet, dem früheren Antrag stattzugeben, LG Brschw JB **85**, 398.

Änderung der Auswirkungen: *Nicht* ausreichend ist es, daß sich infolge einer Übereinkunft der Beteiligten nur die Auswirkungen eines Verwaltungsakts zugunsten des Betroffenen ändern, FG Karlsr EFG **86**, 519, daß zB der Kläger seine Klage gg einen Abgabenbescheid zurücknimmt, weil die Behörde eine Stundung oder den Erlaß auch einer anderen unstreitigen Forderung bewilligt, AG Kblz RR **06**, 1367.

Änderung des Verwaltungsakts: Die Erledigung muß nach der amtlichen Anmerkung S 1 nach der Aufnahme oder Änderung des angefochtenen Verwaltungsakts durch die Verwaltungsbehörde eingetreten sein. Sie muß also dadurch verursacht worden sein, LG Kblz JB **96**, 378. Eine Änderung von Nebenbestimmungen reicht, wenn sich dadurch der Streit erledigt, VGH Mü BayVBl **84**, 92.

Andere Behörde: *Nicht* ausreichend ist die Erteilung des beantragten Bescheids lediglich durch eine andere Behörde, OVG Hbg NVwZ-RR **94**, 621.

Anfechtung des Änderungsbescheids: Sie läßt die Erledigungsgebühr *nicht* entfallen, FG Bln EFG **85**, 41.

Aufschiebende Wirkung: Ausreichend ist es, wenn sich ein Verfahren nach § 80 V VwGO ohne eine streitige Entscheidung dadurch erledigt, daß der Anwalt die Rücknahme des Verwaltungsakts oder die Aufhebung der Vollziehbarkeit oder auch nur die Aussetzung des Vollzugs erreicht, VG Darmst NJW **75**, 1716. Dasselbe muß auch bei § 69 III FGO gelten, FG Bln EFG **81**, 526, aM FG Köln EFG **90**, 268 (aber es wäre eine Förmelei, die Gebühr nur bei der Änderung der sofortigen Vollziehung zu bewilligen).

Bedingung: Rn 8 „Abhilfe", Rn 10 „Verpflichtungsbegehren".
Dritte Behörde: Ihr Handeln reicht *nicht*. Denn es muß stets gerade die an diesem Verfahren beteiligte Behörde diejenige Maßnahme treffen, die eine Erledigung herbeiführt, OVG Hbg NVwZ-RR **94**, 621.

Einlenken der Behörde: Es reicht evtl noch *nicht,* VG Regensburg JB **15**, 424.
Forderungserlaß: Rn 8 „Änderung der Auswirkungen".
Formelle Art und Weise: Ihr Aushandeln reicht *nicht,* OVG Saarlouis NVwZ-RR **14**, 206.
Inhaltlich gleicher Neubescheid: *Nicht* ausreichend ist sein Erlaß statt des aufgehobenen, FG Hann EFG **97**, 373.
Nachbesserung: *Nicht* ausreichend ist eine bloße Nachbesserung des Antragstellers, LG Bln MDR **89**, 923.
Nebenbestimmung: Rn 8 „Änderung des Verwaltungsakts".
Rechtsansicht: *Keine* Erledigungsgebühr entsteht bei einer bloßen Aufgabe der Rechtsansicht, FG Karlsr EFG **86**, 519.
Rechtskraft: Ab der formellen Rechtskraft ist *keine* Erledigung mehr möglich, BVerwG NVwZ **82**, 36, OVG Münst VBlNRW **98**, 73.
Rechtsmittelrücknahme: *Keine* Erledigung liegt dann vor, wenn die Behörde ihr Rechtsmittel gegen ein solches Urteil zurücknimmt, das ihren Verwaltungsakt aufgehoben hatte. Es gibt dann also keine Gebühr VV 1002 für den ProzBev des Klägers, VGH Kassel AnwBl **86**, 411, OVG Lüneb JB **91**, 1068.
Resterledigung: Ausreichend ist eine Erledigterklärung der restlichen sachlichrechtlich noch nicht ganz erledigten Sache, OVG Münst NJW **12**, 329.
Stundung: Rn 8 „Änderung der Auswirkungen".
Teilerfolg: Ausreichend ist ein zufriedenstellender, OVG Münst RVGreport **15**, 19.
Urteilsanerkennung: Ausreichend ist es, daß die Behörde die Geltung des Urteils in einem anderen Verfahren auch hier anerkennt, aM OVG Lüneb AnwBl **82**, 537 (abl Schmidt).
Verpflichtungsbegehren: Ausreichend ist es, daß die Behörde entweder den beantragten oder einen ähnlichen Verwaltungsakt erläßt, der den Antragsteller ebenfalls zufriedenstellt, VGH Mannh VBlBW **90**, 374, oder daß sie sich zu seinem Erlaß aufschiebend bedingt verpflichtet, LG Brschw NdsRpfl **84**, 261.
Vollstreckungsverzicht: Ausreichend ist die Erklärung der Behörde, nicht (mehr) vollstrecken zu wollen, OVG Kblz NVwZ-RR **89**, 335.
Vollziehbarkeit: Rn 8 „Aufschiebende Wirkung".
Widerspruch: Rn 8 „Abhilfe".

5) Mitwirkung des Anwalts. Wegen des Charakters von VV 1002 als auch einer Tätigkeitsgebühr nach Rn 1 ist eine erfolgsbezweckende Mitwirkung des Anwalts erforderlich und ausreichend, BSG JB **09**, 481, OVG Kblz NVwZ-RR **07**, 565. Bei der Erledigung der Rechtssache *nach* einer Aufhebung oder Änderung des Verwaltungsakts muß der Anwalt nach der amtlichen Anmerkung S 1, 2 also nicht nur rein formell mitgewirkt haben, OVG Lüneb NVwZ-RR **13**, 984. Eine Tätigkeit *vor* der Abhilfe durch die Behörde reicht nicht, OVG Münst NJW **13**, 3740.

A. Begriff der Mitwirkung. Unter einer Mitwirkung muß man im Kern dasselbe wie bei VV 1000 Rn 57 ff verstehen, OVG Kblz NJW **17**, 905. Es reicht keine solche Tätigkeit, für die schon eine andere Gebühr entsteht, BSG JB **09**, 481, LSG Mü JB **11**, 476, OVG Bre JB **08**, 531 rechts (Verfahrensgebühr), VG Ffm NVwZ-RR **07**, 829 (Termingebühr). Eine Mitwirkung des Anwalts nur bei der Einlegung eines Rechtsbehelfs oder bei der formellen Beendigung des Verfahrens zB durch die Erklärung der Klagerücknahme oder durch einen Ruhensantrag usw genügt nach Rn 15 „Ruhen" nicht, OVG Lüneb NJW **09**, 460. Da die Gebühr an die Stelle der Einigungsgebühr tritt, ist vielmehr eine Mitwirkung des Anwalts an der die Erledigung verursachenden Maßnahme nötig, OVG Bre NJW **15**, 2603. Ohne eine besondere auf die Beilegung der Sache ohne eine Entscheidung gerichtete Tätigkeit, die zur Erledigung nach Rn 6, 7 nicht nur ganz unwesentlich beigetragen hat, entsteht die Gebühr nicht, BSG JB **09**, 481, OVG Greifsw NVwZ-RR **08**, 501 (zum alten Recht), VG Drsd JB **09**, 482, aM FG Bln EFG **81**, 523, FG Karlsr EFG **82**, 534 (aber Mitwirkung bedeutet nun einmal bei einer vernünftigen Auslegung irgendeine Mitursächlichkeit, OVG Kblz NVwZ-RR **07**, 565). Freilich genügt eine Tätigkeit nach dem Eintritt des erledigenden Ereignisses vor der Abgabe der Erledigterklärung, BSG JB **09**, 133, VGH Mannh AnwBl **06**, 497, VG Ansbach JB **08**, 197. Eine prozessuale Mitwirkung reicht, eine sachlichrechtliche ist nicht nötig, aM OVG Greifsw JB **10**,

VV 1002

646 (aber diese Einschränkung ist weder nach dem Wortlaut noch nach dem Sinn vorhanden und daher auch nach Rn 11 zu streng).

10 Bei einer Erledigung der Rechtssache *ohne Zutun* des Anwalts kann weder nach VV 1000 noch nach VV 1002 eine zusätzliche *Erfolgsgebühr* entstehen. Dieses Zutun darf aber nicht nur in der Führung des Geschäfts im Rechtsstreit durch die Erhebung und Begründung der Klage oder anderer Anträge bestehen. Denn man darf einen Erfolg auf Grund dieser Tätigkeit im Verwaltungsverfahren gebührenrechtlich nicht anders als im Zivilverfahren bewerten. Vielmehr gilt eine Verfahrens-, Geschäfts- oder Terminsgebühr überall die Geltendmachung oder Abwehr eines Anspruchs ab, (je zum alten Recht) BVerwG AnwBl **86**, 41.

11 *Unzumutbare Strenge* ist aber ebensowenig erlaubt wie anderswo, OVG Kblz NJW **17**, 905. Man darf vom Anwalt keine Wunder erwarten. Auch im kostenrechtlichen Bereich neigen viele Verwaltungs-, Sozial- und Finanzgerichte immer noch dazu, auf Grund einer zu weitgehenden oft unbewußten Vermutung der völligen Korrektheit der Behörde zu harte Anforderungen an den Nachweis ihres fehlerhaften Einzelverhaltens zu stellen. Das schlägt dann auf eine ebensolche Härte vor der Bejahung einer Mitwirkung des Anwalts an der Aufdeckung solcher Fehler durch. Dergleichen paßt durchaus nicht mehr zu der Erkenntnis, daß auch der Staat irren kann und das oft genug insbesondere und leider keineswegs nur auf der unteren Sachbearbeiterebene auch tut. Auf dem Boden wohlwollender wie kritischer Distanz zur Staatsmacht braucht so manche bisherige einschlägige Entscheidung eine frische Überprüfung. Es gibt eine gewisse Vermutung dafür, daß ein Einsatz des Anwalts zumindest mitursächlich für die dann auch eingetretene Wirkung war, FG Bln EFG **85**, 517, OVG Lüneb JB **09**, 307 (auch zu den Grenzen).

12 **B. Beispiele zur Frage einer Mitwirkung, amtliche Anmerkung S 1**

Abgabenprozeß: Rn 15 „Tatsächliche Verständigung".
Abnicken: *Nicht* ausreichend ist ein bloßes Abnicken, OVG Lüneb JB **01**, 249.
Aktenkundigkeit: Die Mitwirkung des Anwalts muß nicht aktenkundig sein.
Anderes Verfahren: *Nicht* ausreichend ist das Erstreiten der für die Erledigung maßgeblichen Entscheidung oder ein sonstiges Tätigwerden in einem anderen Verfahren, FG Kassel EFG **89**, 140, FG Köln EFG **03**, 124, VGH Mü NVwZ-RR **94**, 299.
S auch Rn 15 „Ruhen".
Anerkenntnis: Es gilt dasselbe wie bei Rn 14 „Erledigtanzeige", LSG Mü JB **11**, 476.
Anfrage: Sie allein reicht *nicht*, OVG Lüneb JB **09**, 308.
Anwesenheit: Sie allein reicht *nicht*, BSG JB **07**, 584.
Außergerichtliche Einwirkung: Ausreichen kann eine erfolgreiche außergerichtliche Einwirkung auf die Behörde oder deren Aufsichtsbehörde, FG Kassel EFG **95**, 1077, FG Saarbr EFG **89**, 254, oder auf den Gegner, VG Ansbach JB **08**, 197. Diese Einwirkung muß nicht aktenkundig sein.
Aussetzung: *Nicht* ausreichend ist ein Einverständnis mit der Aussetzung des Verfahrens, BSG Breith **93**, 700.
13 **Behördentermin:** Rn 16 „Erörterungstermin".
Beschwerde: *Nicht* ausreichend ist eine bloße Beschwerde, OVG Bre JB **86**, 1360, VGH Mannh JB **90**, 1450, VG Schlesw SchlHA **90**, 40.
Beweismittel: Ausreichen kann ihre Beibringung, BSG JB **14**, 300 (zu VV 1005).
Dritter: Ausreichen kann der Einsatz eines Dritten, FG Düss EFG **85**, 577.
Eidesstattliche Versicherung: Ausreichen kann die Vorlegung einer eidesstattlichen Versicherung auf Grund eines Hinweises der Behörde, FG Bre EFG **90**, 596.
Einigung: Beruht die Erledigterklärung auf einer unter der Mitwirkung des Anwalts erzielten Einigung, kann dadurch (jetzt) eine Einigungsgebühr VV 1000 entstehen, SG Hamm NdsRpfl **95**, 144, OVG Münst Rpfleger **94**, 127.
Einlenken der Behörde: *Nicht* ausreichend ist ihr bloßes Einlenken als eine Folge schriftlicher oder mündlicher Ausführungen des Anwalts im Verfahren, BSG MDR **96**, 642, BVerwG NVwZ **92**, 36, OVG Lüneb JB **01**, 249, aM FG Saarbr EFG **83**, 253, OVG Kblz NVwZ-RR **89**, 335, AG Delbrück AnwBl **01**, 184.

Einreichung von Unterlagen: *Nicht* ausreichend ist die bloße Einreichung von   14
Unterlagen bei der Behörde unter einer Umgehung des Gerichts, FG Kassel EFG
00, 236.
Erledigtanzeige: *Nicht* ausreichend ist eine bloße Erledigtanzeige, auch nicht bei
einer vollen Erledigung, LSG Mü JB **11**, 476, OVG Hbg JB **99**, 361, OVG Münst
NVwZ-RR **99**, 812. Das gilt selbst dann, wenn der Anwalt geraten hat, der Erledigterklärung zuzustimmen, OVG Greifsw AnwBl **98**, 346, oder von einem Antrag nach § 113 I 2 VwGO abzusehen, OVG Münst NVwZ-RR **99**, 812. Nicht ausreichend sind ferner übereinstimmende Vollerledigterklärungen in einem Zivilprozeß, FG Karlsr EFG **76** Nr 578. Nicht ausreichend ist ein bloßer Hinweis auf Voraussetzungen einer Erledigterklärung, OVG Lüneb NVwZ-RR **08**, 500.
Erörterungstermin: Er kann ausreichen, FG Bln EFG **89**, 537, FG Bre EFG **93**,
344, FG Münst JB **04**, 485.
Hinnahme des Verwaltungsakts: Ausreichend ist ein Einwirken des Anwalts auf
seinen Auftraggeber dahin, das Verfahren durch eine wenigstens teilweise Hinnahme eines geänderten Verwaltungsakts zu beenden, FG Düss EFG **94**, 318, OVG
Bre AnwBl **92**, 94, OVG Münst NVwZ-RR **99**, 348, aM OVG Münst NVwZ-RR **93**, 112.
Klagerücknahme: *Nicht* ausreichend ist eine Klagerücknahme auf den Rat des Anwalts, FG Kassel EFG **90**, 268.
Musterverfahren: *Nicht* ausreichend ist die bloße Umsetzung eines Musterverfahrens, OVG Bln-Brdb JB **15**, 246.
   S auch Rn 15 „Ruhen".
Rechtsmittelrücknahme: *Nicht* ausreichend ist eine Rechtsmittelrücknahme auf   15
den Rat des Anwalts, VGH Kassel AnwBl **86**, 411.
Rechtsprechungsnachweis: Ausreichen kann ein bloßer Rechtsprechungsnachweis, FG Saarbr EFG **83**, 253, SG Köln JB **93**, 606.
Ruhen: Ausreichen kann eine Bemühung während des Ruhens des Verfahrens,
VGH Mannh JB **92**, 96.
   Nicht ausreichend ist ein Antrag auf das Ruhen des Verfahrens wegen eines
Musterverfahrens, VGH Kassel NVwZ-RR **94**, 300, OVG Lüneb NVwZ-RR **07**,
817, aM FG Karlsr EFG **82**, 534, OVG Münst MDR **83**, 872.
Schriftsatz: *Nicht* ausreichend ist seine bloße Anfertigung, VGH Mannh NVwZ-RR **08**, 654.
Selbstanzeige: *Nicht* ausreichend ist eine Anregung zu ihr, OVG Lüneb JB **11**, 132.
Tatsächliche Verständigung: Ausreichen kann eine Mitwirkung an einer „tatsächlichen Verständigung" im Abgabenprozeß, BFH BStBl **85** II 354, FG Bre EFG **93**, 344, FG Münst JB **04**, 485.
Teilerledigung: *Nicht* ausreichend ist eine volle Erledigterklärung bei einer Teilerledigung dann, wenn sie der eigenen Entschließung des Anwalts entspricht, OVG
Münst NVwZ-RR **99**, 812.
Terminsbesprechung: Ausreichend ist eine solche Besprechung im Termin, die zur
außergerichtlichen Erledigung führt, mögen auch vorher streitige Anträge erfolgt
sein, FG Kassel EFG **75**, 26.
Unterzeichnung: Ausreichen kann die Veranlassung einer Unterzeichnung, VG
Ansbach AnwBl **84**, 54.
Urkundenvorlegung: Ausreichen kann die unaufgeforderte Vorlegung einer Urkunde, FG Bre EFG **93**, 547.
Widerspruch: *Nicht* ausreichend ist ein bloßer Widerspruch, BSG Rpfleger **07**, 346,
LG Kblz JB **97**, 639, LSG Stgt JB **06**, 422, oder seine mündliche Begründung,
BVerwG AnwBl **86**, 41.

6) Gebührenhöhe. Eine Erledigungsgebühr entsteht in Höhe einer 1,5 Gebühr   16
nach VV 1002, soweit sich nicht aus den vorrangigen VV 1003–1005 andere Höhen
ergeben. Der in Prozeßkostenhilfe beigeordnete Anwalt erhält die Gebühr nach der
Tabelle in § 49. Es erfolgt keine Anrechnung der Geschäftsgebühr aus dem Widerspruchsverfahren, OVG Münst NVwZ-RR **07**, 500.

7) Gegenstandswert. Vgl §§ 23 ff.   17

8) Kostenerstattung. Es gilt dasselbe wie bei VV 1000 Rn 88.   18

Nr.	Gebührentatbestand	Gebühr oder Satz der Gebühr nach § 13 RVG
1003	Über den Gegenstand ist ein anderes gerichtliches Verfahren als ein selbstständiges Beweisverfahren anhängig: Die Gebühren 1000 bis 1002 betragen	1,0
	I ¹Dies gilt auch, wenn ein Verfahren über die Prozesskostenhilfe anhängig ist, soweit nicht lediglich Prozesskostenhilfe für ein selbständiges Beweisverfahren oder die gerichtliche Protokollierung des Vergleichs beantragt wird oder sich die Beiordnung auf den Abschluss eines Vertrags im Sinne der Nummer 1000 erstreckt (§ 48 Abs. 3 RVG). ²Die Anmeldung eines Anspruchs zum Musterverfahren nach dem KapMuG steht einem anhängigen gerichtlichen Verfahren gleich. ³Das Verfahren vor dem Gerichtsvollzieher steht einem gerichtlichen Verfahren gleich.	
	II In Kindschaftssachen entsteht die Gebühr auch für die Mitwirkung am Abschluss eines gerichtlich gebilligten Vergleichs (§ 156 Abs. 2 FamFG) und an einer Vereinbarung, über deren Gegenstand nicht vertraglich verfügt werden kann, wenn hierdurch eine gerichtliche Entscheidung entbehrlich wird oder wenn die Entscheidung der getroffenen Vereinbarung folgt.	

Schrifttum: *Fromm* NJW 13, 1722 (StPO).

Gliederung

1) Systematik	1
2) Regelungszweck	2
3) Geltungsbereich: Anhängigkeit eines, aber nicht jedes gerichtlichen Verfahrens	3
4) Anhängigkeit	4–7
A. Schweben des Verfahrens ab Eingang	5
B. Nicht notwendig auch Rechtshängigkeit	6
C. Unabhängigkeit von Vorschuß	7
5) Gerichtliches Verfahren	8
6) Beispiele zur Frage einer Anwendbarkeit	9–14
7) Gebührenhöhe	15

1 **1) Systematik.** Es handelt sich um eine gegenüber VV 1000–1002 vorrangige Sondervorschrift. Sie steht neben VV 1004, 1005. Sie erweist sich bei näherer Prüfung als ziemlich schwerverständlich gegliedert. VV 3104 kann nach dort Rn 12 nicht hinzutreten, aM OVG Lüneb AnwBl 07, 156.

2 **2) Regelungszweck.** Es soll eine Übertreuerung infolge einer Einigung unterbleiben. Es war dem Anwalt ja nicht gelungen, eine außergerichtliche Einigung zu erzielen. Für das gerichtliche Verfahren entstehen aber schon andere Gebühren.

3 **3) Geltungsbereich: Anhängigkeit eines, nicht aber jedes gerichtlichen Verfahrens.** Es muß gerade auch oder nur über den Gegenstand der Einigung nach VV 1000 im Zeitpunkt dieser Einigung die Anhängigkeit eines gerichtlichen Verfahrens schon und noch vorliegen, LAG Kiel NZA-RR 17, 215. Freilich gilt das nicht in jedem Gerichtsverfahren. Der Kreis der ausreichenden Verfahrensarten ergibt sich erst bei der Mitbeachtung der amtlichen Anmerkung I, II, zur letzteren Schneider NZFam **15**, 825.

4 **4) Anhängigkeit.** Erste Voraussetzung ist eine Anhängigkeit in dem in Rn 3 genannten Zeitpunkt. VV 1003 bestimmt den Anhängigkeitsbegriff nicht. Man muß ihn daher den Verfahrensordnungen entnehmen. Im Bereich der ZPO und daher zB nach § 113 I 2 FamFG auch in einem der dort aufgeführten FamFG-Verfahren gilt das folgende.

A. Schweben des Verfahrens ab Eingang. Anhängigkeit bedeutet das Vorhan- 5
densein, meist als „Schweben" bezeichnet, eines beliebigen Verfahrens und nicht nur
desjenigen Verfahrens, in dem die Einigung erfolgt, vor einem Gericht ab seinem
Eingang in der dortigen Posteinlaufstelle, BGH NJW **87**, 3265, Nürnb Rpfleger **96**,
129, Saarbr MDR **96**, 1193. Es reicht also auch der Eingang bei einem örtlich und/
oder sachlich unzuständigen Gericht. Es kann die Uhrzeit maßgeblich sein, Schlesw
SchlH **89**, 161. Bei einer erstmals in einer Verhandlung erfolgenden Geltendmachung
beginnt die Anhängigkeit mit diesem Vorgang, BGH NJW **87**, 3265. Auf die Kenntnis des Anwalts kommt es sonst für die Anhängigkeit nicht an, ebensowenig auf eine
Genehmigung zum Verfahren.

B. Nicht notwendig auch Rechtshängigkeit. Nicht erforderlich ist es, daß das 6
gerichtliche Verfahren auch schon und noch rechtshängig ist. Die Rechtshängigkeit
tritt nach §§ 253, 261 I ZPO grundsätzlich erst mit der Klagerhebung ein, also nicht
schon mit dem Eingang der Klageschrift beim Gericht, sondern erst mit deren amtlicher wirksamer Zustellung an den Bekl. Von diesem Grundsatz macht im Eilverfahren zB § 920 indirekt eine Ausnahme, weil im Eilverfahren eine Entscheidung evtl
ohne eine vorherige Anhörung des Gegners erfolgt: Anhängigkeit bedeutet (nur) dort
auch bereits Rechtshängigkeit, BGH JZ **95**, 316, Hbg RR **07**, 791, AG Neuruppin
Rpfleger **10**, 551.

C. Unabhängigkeit von Vorschuß. Die Zahlung eines Kostenvorschusses zB 7
nach § 12 GKG, § 12 FamGKG, Teile I A, B dieses Buchs, ist keine Bedingung der
Anhängigkeit, sondern allenfalls als Auflage eine Folge.

5) Gerichtliches Verfahren. Es muß eine Einigung gerade in einem gericht- 8
lichen Verfahren erfolgen. Dabei scheint VV 1003 im Haupttext fast sämtliche Verfahrensarten ausreichen zu lassen und nur ein selbständiges Beweisverfahren zB nach
§§ 485 ff ZPO auszunehmen. Wegen des KapMuG vgl I 2. In Wahrheit bringt die
amtliche Anmerkung I, II erhebliche weitere Einschränkungen. *Keine* Einigung liegt bei einer bloßen Feststellung des Gerichts vor, AGB Kblz JB
10, 474.

6) Beispiele zur Frage einer Anwendbarkeit

Anwaltsvergleich: *Unanwendbar* ist VV 1003 auf ein Verfahren nur zur Vollstreck- 9
barerklärung eines Anwaltsvergleichs nach § 796a ZPO.
Aufrechnung: Anwendbar ist VV 1003 auch bei einer Aufrechnung mit ihrem Gegenstand.
Unanwendbar ist VV 1003 bei einer bloßen Hilfsaufrechnung, BGH MDR **96**,
349, Hamm JB **99**, 470.
Außergerichtliche Einigung: Anwendbar sein kann VV 1003 auch dann, wenn der
beigeordnete Anwalt an einer während des gerichtlichen Verfahrens (nur) außergerichtlichen Einigung nach § 779 BGB mitwirkt, VGH Mü RR **10**, 504, aM
Nürnb RR **06**, 1367.
Ehewohnungs-, Haushaltseinigung: *Unanwendbar* ist VV 1003 auf eine solche
Einigung, die die Rechtsverhältnisse an der Ehewohnung und den Haushaltsgegenständen nach §§ 200 ff FamFG erfaßt. Das ergibt sich aus der amtlichen Anmerkung I 1 Hs 4 in Verbindung mit § 48 III 1 oder (bei Lebenspartnern) § 48
III 2.
Eilverfahren: Anwendbar ist VV 1003 grds auch im Eilverfahren zB nach §§ 916 ff,
935 ff ZPO, §§ 49 ff FamFG, Hamm FamRZ **09**, 540.
Unanwendbar ist VV 1003 im Eilverfahren, soweit der Gegenstand der Einigung
die Hauptsache ist, aM BJBCMU 2.1.3 (aber das sind zwei verschiedene Gegenstände).
Gerichtsvollzieherverfahren: Anwendbar ist VV 1003 auch im Verfahren vor ihm 10
nach §§ 753 ff ZPO usw. Denn er ist bei einem AG als staatliches Organ tätig. Daher steht sein Verfahren einem gerichtlichen nach der amtlichen Anm I 3 gleich.
Güterrechtseinigung: *Unanwendbar* ist VV 1003 auf eine solche Einigung, die
Ansprüche aus dem ehelichen Güterrecht nach §§ 261 ff FamFG erfaßt. Das ergibt
sich aus der amtlichen Anmerkung I 1 Hs 4 in Verbindung mit § 48 III 1 oder (bei
Lebenspartnern) § 48 III 2.

Hilfswiderklage: Anwendbar ist VV 1003 auch bei einer solchen Klage nach BLAH Anh § 253 ZPO Rn 12, BGH NJW **96**, 2307 (zur Rechtshängigkeit).
Kapitalanleger-Musterverfahren: Vgl die amtliche Anmerkung I 2.
Kindschaftssache: S bei den einzelnen Einigungsgegenständen in diesem ABC.

11 **Mahnverfahren:** Anwendbar ist VV 1003 natürlich auch im Mahnverfahren nach §§ 688ff ZPO.
Mehrvergleich: Es muß über ihn vor Gericht eine Verhandlung erfolgen, Meyer JB **13**, 462.
Personensorgeeinigung: *Unanwendbar* ist VV 1003 auf eine solche Einigung, die die Sorge für die Person der gemeinschaftlichen minderjährigen Kinder nach §§ 151 ff FamFG erfaßt. Das ergibt sich aus der amtlichen Anmerkung I 1 Hs 4 in Verbindung mit § 48 III 1, 2.

12 **Prozeßkostenhilfeverfahren:** Man sollte drei Bereiche unterscheiden:
– **(Anwendbarkeit):** Anwendbar ist VV 1003 schon nach dem Haupttext auf ein solches ja gerichtliches Verfahren nach §§ 114ff ZPO im Prinzip sehr wohl, BGH Rpfleger **11**, 404, Stgt MDR **17**, 1452. Das bestätigt die amtliche Anmerkung I 1 Hs 1, (zum neuem Recht) KG Rpfleger **07**, 669, (je zum alten Recht) Kblz MDR **97**, 507, Meyer JB **13**, 462, aM Brdb JB **97**, 638, Drsd JB **97**, 637, Kblz (11. ZS) MDR **98**, 801 (aber auch dieses Verfahren ist eindeutig grundsätzlich ein gerichtliches). Das Prozeßkostenhilfeverfahren muß sich allerdings auf die Durchführung eines gerichtlichen Hauptverfahrens richten, Drsd FamRZ **99**, 391, Köln Rpfleger **98**, 294, Rostock FamRZ **99**, 387, aM LAG Düss MDR **97**, 853 (auch im letzteren Fall).
– **(Mitvergleich):** Wenn die Parteien im Rahmen eines Prozeßvergleichs nach BLAH Anh § 307 ZPO *bisher nichtanhängige* Gegenstände mitvergleichen, entsteht nach dem Wert dieser nun mitverglichenen Gegenstände dann nur eine 1,0 Einigungsgebühr, wenn ein Beteiligter für den streitbeendenden Vertrag eine Prozeßkostenhilfe beantragt oder erhalten hatte, (teils zum alten Recht) LAG Ffm JB **99**, 359, LAG Mainz AnwBl **00**, 697, LAG Mü NZA-RR **17**, 272, aM Kblz Rpfleger **00**, 166, Zweibr JB **05**, 539, LAG Düss AnwBl **15**, 100.
– **(Unanwendbarkeit):** *Unanwendbar* ist VV 1003 allerdings ausnahmsweise nach der amtlichen Anmerkung I 1 Hs 2 bei einem solchen Prozeßkostenhilfeverfahren, das nach Rn 3 noch nicht oder nicht mehr anhängig ist oder das lediglich einem selbständigen Beweisverfahren nach §§ 485 ff ZPO oder der gerichtlichen Protokollierung eines Prozeßvergleichs dient oder sich nur auf die Beiordnung eines Anwalts in einer Ehesache nach §§ 121 ff FamFG zwecks des Abschlusses eines Vertrags nach VV 1000 nach § 48 III über einen der folgenden Gegenstände erstreckt: Über den gegenseitigen Unterhalt der Ehegatten; über den Unterhalt gegenüber den Kindern im Verhältnis der Ehegatten zueinander; über die Sorge für die Person der gemeinschaftlichen minderjährigen Kinder, Kblz FamRZ **06**, 720; über die Regelung des Umgangs mit einem Kind; über die Rechtsverhältnisse an der Ehewohnung und den Haushaltssachen; über die Ansprüche aus dem ehelichen Güterrecht.

13 **Schiedsrichterliches Verfahren:** *Unanwendbar* ist ein solches Verfahren zB nach §§ 1025 ff ZPO. Denn das Schiedsgericht ist gerade kein Staatsgericht, von dem VV 1003 unter dem nur scheinbar weiteren Begriff „anderes gerichtliches Verfahren" der Sache nach eindeutig spricht. Unanwendbar ist VV 1003 erst recht auf ein Verfahren nur zur Vollstreckbarerklärung eines Schiedsspruchs nach § 1059 ZPO.
Selbständiges Beweisverfahren: *Unanwendbar* ist VV 1003 schon nach dem Haupttext für ein solches Verfahren zB nach §§ 485 ff ZPO und nach der amtlichen Anm I 1 Hs 2 für ein zugehöriges Prozeßkostenhilfeverfahren nach §§ 114ff ZPO.
Teilklage: Anwendbar ist VV 1003 auch im Prozeß auf Grund einer bloßen Teilklage.
Teilungsversteigerung: Anwendbar ist VV 1003 auf das Verfahren nach §§ 180ff ZVG. Denn § 180 ZVG bezeichnet diese Versteigerung als Zwangsversteigerung, und sie findet vor Gericht statt, auch soweit es durch den Rpfl amtiert. S auch „Vollstreckungsverfahren".
Umgangsrechtseinigung: Die amtliche Anmerkung II gilt auch hier, Drsd MDR **16**, 241. *Unanwendbar* ist VV 1003 auf eine solche Einigung, die die Regelung des

Umgangs mit einem Kind nach §§ 151 ff FamFG erfaßt, Saarbr Rpfleger **12**, 470, AG Kblz FamRZ **11**, 1814. Das ergibt sich aus der amtlichen Anmerkung I 1 Hs 4 in Verbindung mit § 48 III 1, 2. Es gilt erst recht bei einer nur vorläufigen Einigung, Hamm JB **13**, 243.

Unterhaltseinigung: *Unanwendbar* ist VV 1003 auf eine solche Einigung, die den gegenseitigen Unterhalt der Ehegatten oder gegenüber den Kindern im Verhältnis der Ehegatten zueinander je nach §§ 231 ff FamFG erfaßt. Das ergibt sich aus der amtlichen Anmerkung I 1 Hs 4 in Verbindung mit § 48 III 1. Bei eingetragenen Lebenspartnern gilt dasselbe in Verbindung mit § 48 III 2.

Vereinbarung trotz Verfügungsbegrenzung: Anwendbar ist VV 1003 auch dann, wenn es in einem Kindschaftsverfahren nach §§ 151 ff FamFG, zu einer solchen Vereinbarung kommt, über deren Gegenstand die Beteiligten nach § 36 I 1 FamFG jedenfalls nicht verfügen können. Freilich setzt das außerdem voraus, daß durch eine solche Einigung eine Entscheidung des FamG in der Sache selbst entbehrlich wird, Oldb MDR **16**, 674, oder daß eine dann doch noch ergehende solche Entscheidung im Ergebnis der getroffenen Vereinbarung zumindest in allen wesentlichen Punkten voll folgt. Beides ergibt sich aus der amtlichen Anmerkung II Hs 2, 3.

14

Vergleichsbilligung: Anwendbar ist VV 1003 auch dann, wenn es in einem Kindschaftsverfahren nach §§ 151 ff FamFG zur Mitwirkung des Anwalts am gerichtlich gebilligten Vergleich nach § 156 II FamFG kommt. Das ergibt sich aus der amtlichen Anmerkung II Hs 1.
S aber auch „Vergleichsprotokollierung".

Vergleichsprotokollierung: *Unanwendbar* ist VV 1003 nach der amtlichen Anmerkung I 1 Hs 3 dann, wenn es nur um die gerichtliche Protokollierung eines Vergleichs zB nach § 278 VI ZPO, evtl in Verbindung mit § 113 I 2 FamFG, geht.
S aber auch „Vergleichsbilligung".

Vollstreckungsverfahren: Anwendbar ist VV 1003 grds auch im Verfahren nach §§ 704 ff ZPO usw.
S auch „Teilungsversteigerung", aber auch Rn 9 „Anwaltsvergleich".

Zwangsvollstreckung: S „Vollstreckungsverfahren".

Zwischenvereinbarung: Anwendbar sein kann VV 1003, soweit sich ein gerichtliches Verfahren vermeiden ließ, Celle FamRZ **16**, 255.

7) Gebührenhöhe. Soweit der Vertrag neben anhängigen auch nichtanhängige Gegenstände regelt, tritt die etwaige Ermäßigung auf 1,0 abgesehen vom Fall Rn 7 nur nach dem Wert der anhängigen Gegenstände ein. Man muß beide Teilgebühren zusammenzählen. Sie dürfen nach § 15 III 1,5 Gebühr aus dem Gesamtwert nicht übersteigen.
Die Einigungsgebühr gilt grundsätzlich die *gesamte* Mitwirkung des Anwalts beim Abschluß des Vertrags VV 1000 ab. Wegen desselben Gegenstands kann keine weitere Einigungsgebühr entstehen, LAG Nürnb NZA-RR **09**, 558, vgl aber auch LAG Nürnb NZA-RR **09**, 557, und zwar auch dann nicht, wenn der zunächst abgeschlossene Vertrag unter einer auflösenden Bedingung stand.

15

Nr.	Gebührentatbestand	Gebühr oder Satz der Gebühr nach § 13 RVG
1004	**Über den Gegenstand ist ein Berufungs- oder Revisionsverfahren, ein Verfahren über die Beschwerde gegen die Nichtzulassung eines dieser Rechtsmittel oder ein Verfahren vor dem Rechtsmittelgericht über die Zulassung des Rechtsmittels anhängig:** Die Gebühren 1000 bis 1002 betragen	1,3
	[I] Dies gilt auch in den in den Vorbemerkungen 3.2.1 und 3.2.2 genannten Beschwerde- und Rechtsbeschwerdeverfahren.	
	[II] Absatz 2 der Anmerkung zu Nummer 1003 ist anzuwenden.	

1) Systematik. Während VV 1003 gegenüber VV 1000–1002 eine vorrangige Sonderregelung für die erste Gerichtsinstanz trifft, schafft VV 1004 eine nochmals spe-

1

ziellere oder mindestens mit VV 1003 gleichrangige Sonderregelung für die Berufungs- wie Revisionsinstanz. Im Beschwerdeverfahren in einer FamFG-Sache gilt VV 1004 nach der amtlichen Anmerkung I, II mit ihren Verweisungen auf die amtlichen Vorbemerkungen 3.2.1, 3.2.2 und auf VV 1003 amtliche Anmerkung II in den dort genannten Einzelbereichen ebenfalls, Schlesw JB **08**, 415 (zum alten Recht).

2 2) **Regelungszweck.** Es gelten dieselben Erwägungen wie bei VV 1003 Rn 2. Freilich schlägt sich die Verantwortung des Anwalts im Beschwerde-, Berufungs- wie Revisionsverfahren nicht in einer Erhöhung nieder, sondern in einer Ermäßigung von 1,5 auf 1,3 Gebühr. Damit bleibt es auch in den höheren Instanzen beim Grundgedanken, daß das Gesetz die Tätigkeit des Anwalts am höchsten doch noch beim außergerichtlichen Erfolg vergütet. Ob das demjenigen Grad von Anstrengung und Können gerecht wird, den der Beschwerde-, Berufungs- oder gar der Revisionsanwalt aufwenden muß, bleibt allerdings mehr als fraglich. Man kann das Ziel einer außergerichtlichen vorprozessualen Einigung auch überbetonen.

3 3) **Geltungsbereich: Zulassungsbeschwerde-, Berufungs- oder Revisionsverfahren.** Der Gegenstand muß dort anhängig sein. Das erstinstanzliche finanzgerichtliche Verfahren steht allenfalls nach der amtlichen Vorbemerkung 3.2.1 I Z 1 dem Berufungsverfahren gebührenrechtlich gleich, FG Karlsr JB **07**, 198. Daher ist dann VV 1004 nicht nur entsprechend anwendbar, Schneider AnwBl NJW **07**, 2668 (Üb). Auch die Beschwerde gegen die Nichtzulassung der Berufung oder Revision zB nach § 544 ZPO zählt (jetzt) hierher, Schneider NJW **14**, 523. Zur Anhängigkeit reicht der Eingang der Rechtsmittelschrift beim Rechtsmittelgericht. Die Zustellung an den Rechtsmittelgegner ist nicht zur Anhängigkeit erforderlich. Es reicht die Rechtsmitteleinlegung eines Streithelfers nach §§ 66ff ZPO, BGH NJW **95**, 199.

Beide Instanzen stehen *gleichrangig* nebeneinander. In jeder kann die 1,3 Gebühr entstehen. Es erhält auch derjenige Anwalt der ersten Instanz die Gebühr VV 1004, der in der oberen am Vergleichsabschluß usw mitgewirkt hat, Ffm AnwBl **98**, 537, Hamm JB **98**, 584.

4 4) **Mitvergleich.** Ein Mitvergleich in erster Instanz über einen in der höheren anhängigen Anspruch führt zur Anwendung von (jetzt) VV 1004, KG JB **98**, 189, aM Bbg JB **86**, 1529, LG Bln JB **97**, 639 (Teilung nach Instanzen).

5 Wenn die Parteien *in der höheren Instanz anhängige* Ansprüche in der ersten Instanz *mitvergleichen*, gilt ein einheitlicher Gebührensatz des höheren Rechtszugs, KG JB **98**, 189, RS 42, SchGei 97, aM Bbg JB **86**, 1529, LG Bln JB **97**, 639 (Teilung nach Instanzen).

Bei einer Einbeziehung *nichtanhängiger* Ansprüche im Rechtsmittelverfahren bleibt es insoweit bei einer 1,5 Gebühr, (je zum alten Recht) BGH NJW **02**, 3712, aM Nürnb FamRZ **02**, 475, Schlesw MDR **02**, 421, LG Drsd Rpfleger **03**, 47 (aber das Einbezogene war noch nicht einmal erstinstanzlich anhängig gewesen. Deshalb kommt es auch nicht auf Unterschiede zwischen dem prozessualen und dem kostenrechtlichen Begriff der Instanz an).

6 5) **Gebührenhöhe.** Es entsteht in jeder Rechtsmittelinstanz eine 1,3 Gebühr. Sie tritt an die Stelle von VV 1000–1002, nicht etwa hinzu. Es handelt sich auch nicht etwa um eine zu VV 1003 hinzutretende Gebühr. Denn VV 1004 nennt VV 1003 nicht mit.

7 6) **Gegenstandswert.** Es gilt dasselbe wie bei VV 1000–1002.
8 7) **Kostenerstattung.** Es gilt dasselbe wie bei VV 1000–1002.

Nr.	Gebührentatbestand	Gebühr oder Satz der Gebühr nach § 13 RVG
1005	Einigung oder Erledigung in einem Verwaltungsverfahren in sozialrechtlichen Angelegenheiten, in denen im gerichtlichen Verfahren Betragsrahmengebühren entstehen (§ 3 RVG): Die Gebühren 1000 und 1002 entstehen .... ¹ ¹ Die Gebühr bestimmt sich einheitlich nach dieser Vorschrift, wenn in die Einigung Ansprüche aus anderen	in Höhe der Geschäftsgebühr

Nr.	Gebührentatbestand	Gebühr oder Satz der Gebühr nach § 13 RVG
	Verwaltungsverfahren einbezogen werden. ²Ist über einen Gegenstand ein gerichtliches Verfahren anhängig, bestimmt sich die Gebühr nach Nummer 1006. ³Maßgebend für die Höhe der Gebühr ist die höchste entstandene Geschäftsgebühr ohne Berücksichtigung einer Erhöhung nach Nummer 1008. ⁴Steht dem Rechtsanwalt ausschließlich eine Gebühr nach § 34 RVG zu, beträgt die Gebühr die Hälfte des in der Anmerkung zu Nummer 2302 genannten Betrags. II Betrifft die Einigung oder Erledigung nur einen Teil der Angelegenheit, ist der auf diesen Teil der Angelegenheit entfallende Anteil an der Geschäftsgebühr unter Berücksichtigung der in § 14 Abs. 1 RVG genannten Umstände zu schätzen.	
1006	Über den Gegenstand ist ein gerichtliches Verfahren anhängig: Die Gebühr 1005 entsteht	in Höhe der Verfahrensgebühr
	¹ ¹Die Gebühr bestimmt sich auch dann einheitlich nach dieser Vorschrift, wenn in die Einigung Ansprüche einbezogen werden, die nicht in diesem Verfahren rechtshängig sind. ²Maßgebend für die Höhe der Gebühr ist die im Einzelfall bestimmte Verfahrensgebühr in der Angelegenheit, in der die Einigung erfolgt. ³Eine Erhöhung nach Nummer 1008 ist nicht zu berücksichtigen. II Betrifft die Einigung oder Erledigung nur einen Teil der Angelegenheit, ist der auf diesen Teil der Angelegenheit entfallende Anteil an der Verfahrensgebühr unter Berücksichtigung der in § 14 Abs. 1 RVG genannten Umstände zu schätzen.	

Zu VV 1005, 1006:

1) Systematik, Regelungszweck. Vgl § 3 Rn 1, 2.		1
2) Betragsrahmengebühr. Vgl § 3 Rn 3 ff.		2
3) Gebührenhöhen. § 14 ist anwendbar.		3

Nr.	Gebührentatbestand	Gebühr oder Satz der Gebühr nach § 13 RVG
1008	Auftraggeber sind in derselben Angelegenheit mehrere Personen: Die Verfahrens- oder Geschäftsgebühr erhöht sich für jede weitere Person um .... I Dies gilt bei Wertgebühren nur, soweit der Gegenstand der anwaltlichen Tätigkeit derselbe ist. II Die Erhöhung wird nach dem Betrag berechnet, an dem die Personen gemeinschaftlich beteiligt sind. III Mehrere Erhöhungen dürfen einen Gebührensatz von 2,0 nicht übersteigen; bei Festgebühren dürfen die Erhöhungen das Doppelte der Festgebühr und bei Betragstragrahmengebühren das Doppelte des Mindest- und Höchstbetrags nicht übersteigen. IV Im Fall der Anmerkung zu den Gebühren 2300 und 2302 erhöht sich der Gebührensatz oder Betrag dieser Gebühren entsprechend.	0,3 oder 30% bei Festgebühren, bei Betragsrahmengebühren erhöhen sich der Mindest- und Höchstbetrag um 30%

VV 1008

Schrifttum: *Jungbauer*, Einigungsgebühr in Unfallsachen, Erhöhung nach Nr 1008 VV RVG usw, Festschrift für *Madert* (2006) 141.

Gliederung

1) Systematik, Regelungszweck	1
2) Persönlicher Geltungsbereich	2
3) Beispiele zur Frage des persönlichen Geltungsbereichs	3
4) Sachlicher Geltungsbereich	4, 5
A. Derselbe Gegenstand: Weite Auslegung	4
B. Beispiele zur Frage erfaßter Gebührenarten	5
5) Gebührenhöhe	6–19
A. Berechnung und Begrenzung der Erhöhung	6–10
B. Verschiedene Gegenstände	11
C. Beispiele verschiedener Gegenstände	12
D. Gegenstandswert	13
E. Festgebühr, Betragsrahmengebühr	14–19

1 **1) Systematik, Regelungszweck.** Es handelt sich in einer Ergänzung von § 7 I und von § 15 II 1 um die Bestimmung der Gebührenhöhen im einzelnen. Die Vorschrift gilt nur bei mehreren Personen als Auftraggebern nach § 7, BVerG **137**, 348, BGH NJW **11**, 3723, AG Solingen DGVZ **15**, 155, aM BGH ZIP **13**, 2427 ohne Vorlage nach § 132 GVG (Staat als Auftraggeber zugunsten mehrerer Personen), Karlsr Rpfleger **07**, 684 (Bündelung von Beschaffungsbedarf. Aber der Wortlaut ist eindeutig).
Regelungszweck ist dasselbe wie bei § 7 Rn 2, BGH NJW **10**, 1377.

2 **2) Persönlicher Geltungsbereich.** Auftraggeber müssen mehrere Personen sein. Dazu gibt es viele Aspekte.

3 **3) Beispiele zur Frage des persönlichen Geltungsbereichs**
Angeklagter und Nebenkläger: *Unanwendbar* ist VV 1008 dann, wenn der Anwalt diese beiden Funktionen gegenüber einem weiteren Angeklagten vertritt, LG Kref AnwBl **79**, 79, LG Verden JB **79**, 1504.
BGB-Gesellschaft: Anwendbar ist VV 1008 dann, wenn einzelne Gesellschafter mit verschiedenen Zielen auftreten oder wenn neben der Gesellschaft auch einzelne Gesellschafter auftreten, BGH NJW **11**, 3723 (ohne Vorlage nach § 132 GVG), Kblz JB **12**, 77, LG Bre ZMR **11**, 567, aM BGH NJW **10**, 1007, LG Wuppert Rpfleger **09**, 52.
Unanwendbar ist die Vorschrift dann, wenn nur die Gesellschaft auftritt. Denn sie ist rechts- und parteifähig, BVerfG NJW **02**, 3533, BGH **146**, 341 (ausf) und NJW **06**, 2191, BAG NZA **10**, 226, strenger Beuthien ZIP **11**, 1594. Das gilt bei einer Nennung einzelner Gesellschafter schon zwecks Beachtung von § 788 ZPO, AG Euskirchen DGVZ **15**, 260.
Beiordnung, Bestellung: Anwendbar sein kann VV 1008 auch in einem dieser Fälle, VGH Mannh JB **09**, 490.
Eltern und Minderjähriger: Anwendbar ist VV 1008 auf solche Gruppe, SG Bln JB **11**, 252.
Erbengemeinschaft: Anwendbar ist VV 1008 auf eine anfängliche oder nachfolgende solche Gemeinschaft, Brdb JB **07**, 524, Köln MDR **14**, 1052.
Familienmitglieder: *Anwendbar* ist VV 1008 dann, wenn sie zB jeweils nur für sich eine Aufenthaltserlaubnis beantragen, VG Bln NVwZ-RR **11**, 790.
Hauptpartei und Streithelfer: *Unanwendbar* ist VV 1008 dann, wenn der Anwalt beide vertritt, BGH NJW **10**, 1378 links, Celle MDR **14**, 117, Kblz JB **11**, 597, aM KG AnwBl **15**, 99.
Insolvenz: S „Partei kraft Amts – natürliche Person".
Juristische Person: *Unanwendbar* ist VV 1008 dann, wenn sie als nur ein einziger Auftraggeber auftritt.
Kläger und Widerbeklagter: *Unanwendbar* ist VV 1008 beim Zusammentreffen beider Funktionen.
Kommanditgesellschaft: Anwendbar ist VV 1008 hier, LG Dortm JB **94**, 731.
Offene Handelsgesellschaft: Anwendbar ist VV 1008 hier, LG Dortm JB **94**, 731.

Partei kraft Amts – natürliche Person: *Unanwendbar* ist VV 1008 bei solcher Doppelfunktion derselben Seite des Prozesses, Köln JB **09**, 408 (Insolvenzverwalter).
Rechtsmißbrauch: Er ist wie stets nach BLAH Einl III 54 unstatthaft, LG Hbg RR **13**, 1516.
Soziusse: *Unanwendbar* ist VV 1008 dann, wenn ein Sozius andere Sozien derselben Sozietät vertritt, AG Euskirchen DGVZ **12**, 103.
Streithelfer: S „Hauptpartei und Streithelfer".
Verein: Anwendbar ist VV 1008 beim nichtrechtsfähigen Verein als Bekl.
Unanwendbar ist die Vorschrift bei ihm als Kläger, BGH NJW **08**, 69.
Verkehrsanwalt: Anwendbar sein kann VV 1008 auch bei ihm nach VV 3400.
Vor-GmbH: *Unanwendbar* ist VV 1008 bei ihr als Klägerin, BGH NJW **98**, 1079.
Wohnungseigentum: Anwendbar ist VV 1008 bei zwar mehreren, aber nicht sämtlichen Mitgliedern der WEG, Hbg ZMR **15**, 324, LG Düss ZMR **11**, 160.
Unanwendbar ist die Vorschrift bei allen Mitgliedern wegen der Rechts- und Parteifähigkeit der WEG, BGH NJW **07**, 1952; oder dann, wenn der Verwalter im eigenen Namen der Auftraggeber ist, KG NJW **06**, 1983, Schlesw MDR **08**, 713, AG Emden DGVZ **07**, 47.

4) Sachlicher Geltungsbereich. Die Vorschrift gilt auch im Beratungshilfeverfahren, Jena JB **12**, 140, Naumb JB **10**, 473. Es kommt nicht darauf an, ob und in welchem Ausmaß die mehreren Auftraggeber auch im Einzelfall einen erhöhten Aufwand an Zeit, Mühe und Verantwortungsbewußtsein mit sich bringen, BGH NJW **84**, 2296, BVerwG AGS **00**, 173. Die Vorschrift gilt im Gesamtgebiet einer Tätigkeit für jede Geschäftsgebühr und zusätzlich auch für jede Verfahrensgebühr, LG Ulm AnwBl **08**, 73, auch bei einer bloßen Einzeltätigkeit. § 5 ist anwendbar. § 7 II ist mitanwendbar. Man darf vielmehr nur die folgenden Aspekte beachten.

A. Derselbe Gegenstand: Weite Auslegung. Soweit eine Mehrheit von Gegenständen nach § 15 Rn 12 vorliegt, gilt § 22 I. Nur soweit der Gegenstand innerhalb derselben Angelegenheit nach § 15 Rn 9 für die mehreren Auftraggeber gerade dieses Anwalts in welcher Funktion nach dem RVG auch immer nach § 7 Rn 7 ff übereinstimmt, erhöht sich für jeden weiteren Auftraggeber nach dem Gesetzeswortlaut eine Gebühr, BVerfG **137**, 345. Dazu muß aber innerer Zusammenhang bestehen, BVerfG **137**, 345. Es erhöht sich nur die Verfahrens- oder die Geschäftsgebühr zunächst nach der Gebührenspalte, BVerfG NJW **97**, 3431, AG Stgt MDR **07**, 1107, KG MDR **06**, 177, großzügiger Kblz JB **12**, 428 (auch nach irriger Zugrundelegung desselben Gegenstands. Aber das besagt die Vorschrift gerade nicht).

Man muß trotz der Verweisungen auf lediglich die jeweilige Verfahrens- oder Geschäftsgebühr eine *weite Auslegung* dieser Vorschriften vornehmen, (je zum alten Recht) BGH **81**, 40, Ffm RR **11**, 1579, LG Stgt NZM **02**, 800, aM Köln AnwBl **87**, 242, AG Traunstein FamRZ **09**, 717, ebenso rote der Grundgebühr nach VV 4100, 5100. Soweit jeder Mitmieter eine vom anderen unabhängige Pflicht hat, mögen mehrere Gegenstände vorliegen, Kblz JB **12**, 245, Köln AnwBl **00**, 375.

Durch eine Erhöhung nach VV 7008 tritt nicht etwa auch beim Anwalt der *Gegenpartei* eine entsprechende Erhöhung ein, soweit er unverändert nur einen Auftraggeber vertritt.

B. Beispiele zur Frage erfaßter Gebührenarten
Beratungsgebühr: *Unanwendbar* ist VV 1008 wohl bei der andersgearteten Beratungsgebühr nach § 34.
Betragsrahmengebühr: Anwendbar ist VV 1008 auch bei einer sog Betragsrahmengebühr nach Einl II A 12. Vgl auch unten Rn 7.
Erfolgsgebühr: *Unanwendbar* ist VV 1008 auf eine solche Gebühr. Sie tritt ja stets nur zu einer erhöhten Tätigkeitsgebühr hinzu.
Ermäßigte Gebühr: Auch bei VV 3101, 3105 und ähnlich ermäßigten Gebühren erhöht VV 1008 wegen der Notwendigkeit einer weiten Auslegung die volle Gebühr, (je zum alten Recht) Düss AnwBl **80**, 75, LG Nürnb-Fürth AnwBl **82**, 202, LG Tüb AnwBl **84**, 506, aM BGH NJW **81**, 1103, Hbg MDR **85**, 773, Krauthausen DGVZ **84**, 181 (Ausgangsgebühr sei diejenige, die für die gesamte Sache anfalle. Aber das würde dem Sinn von VV 1008 nicht entsprechen. Denn es geht dort

um eine angemessene Vergütung der jeweiligen Mehrarbeit. Sie fällt auch in den eben genannten weiteren Fällen an).
Festgebühr: Anwendbar ist VV 1008 auch auf eine Festgebühr nach Einl II A 14.
Geschäftsgebühr: Anwendbar ist VV 1008 auch auf eine solche Gebühr, Ffm RR **11**, 1579, KG Rpfleger **07**, 554, AG Traunst FamRZ **09**, 717.
Grundgebühr: Anwendbar ist VV 1008 auch auf eine sog Grundgebühr zB nach VV 4100, 5100.
Gutachtengebühr: *Unanwendbar* ist VV 1008 wohl bei der andersgearteten Gutachtengebühr nach § 34.
Hebegebühr: *Unanwendbar* ist VV 1008 bei der Hebegebühr nach VV 1009.
Höchstgebühr: S „Betragsrahmengebühr".
Kontaktgebühr: *Unanwendbar* ist VV 1008 bei einer solchen Gebühr nach VV 4304.
Mindestgebühr: S „Betragsrahmengebühr".
Mittelgebühr: S „Betragsrahmengebühr".
Satzrahmengebühr: Anwendbar ist VV 1008 auch bei einer sog Satzrahmengebühr nach Einl II A 13. Vgl auch unten Rn 7.
Wertgebühr: Anwendbar ist VV 1008 auch bei einer sog Wertgebühr nach Einl II A 10, BGH NJW **10**, 1007.

6   5) **Gebührenhöhe.** Es gibt mehrere Aspekte.
A. Berechnung und Begrenzung der Erhöhung. Die Berechnung der Erhöhung erfolgt nach der amtlichen Anmerkung II nur nach demjenigen Betrag, an dem die mehreren Auftraggeber nach § 7 gemeinschaftlich beteiligt sind, Hbg MDR **01**, 56 (abl Engels 355), Mü MDR **98**, 1439, LG Lüneb ZMR **16**, 747. Ist das der bisherige Gegenstand der anwaltlichen Tätigkeit nach § 15 Rn 2, muß man die Erhöhung von diesem Gegenstand berechnen. Erhöht sich der Gegenstand, muß man die Verfahrensgebühr entsprechend erhöhen, während sich die Beitrittsgebühr nur nach der gemeinschaftlichen Beteiligung richtet. Wegen der Erhöhungsmöglichkeiten beim Fehlen einer besonderen Untauglichkeit oder Schwierigkeit vgl die amtliche Anm IV.
Beispiel: Der Gegenstand der anwaltlichen Tätigkeit hat zunächst einen Wert von 2000 EUR. Es erfolgt ein Beitritt wegen eines Werts von 1000 EUR, von denen aber nur 500 EUR in den eben erwähnten 2000 EUR stecken. Dann muß man die Verfahrensgebühr nach einem Gegenstandswert von 2500 EUR, die Beitrittsgebühr nach einem Wert von 500 EUR berechnen.

7   *0,3 Gebühr* (und nicht etwa 30% der Ausgangsgebühr, also nicht etwa nur 30% von zB 0,3) entstehen als Erhöhung je weiteren Auftraggeber, LG Düss JB **07**, 480, Herold/Rudy JB **09**, 567, Schneider NZM **07**, 721, aM AG Recklingh DGVZ **05**, 30 (aber der Wortlaut ist eindeutig). Es werden also zB bei zwei Auftraggebern aus 1,0 Gebühr jetzt insgesamt 1,3 Gebühr, aus 0,5 Gebühr jetzt insgesamt 0,8 Gebühr. Auf den Umfang einer Mehrarbeit kommt es nicht an, BGH NJW **11**, 3723 rechts.
Bei einer nur dem Mindest- und Höchstbetrag in EUR nach gesetzlich bestimmten sog *Betragsrahmengebühr* nach Einl II A 12 etwa in einer Straf-, Bußgeld- oder Sozialgerichtssache erhöhen sich zunächst sowohl der Mindest- als auch der Höchstbetrag um 30%. § 14 bleibt innerhalb dieses erhöhten Rahmens beachtbar. Das verkennt Köln MDR **14**, 1052. Auch die Mittelgebühr erhöht sich dann also um 30% ihres vorigen Betrags. Wegen der Unterschiede zwischen den Begriffen Gegenstand und Angelegenheit § 7 Rn 27, 28. Das sollte wenigstens im Kern auch bei einer sog Satzrahmengebühr nach Einl II A 13 gelten.

8   Die amtliche Anmerkung III Hs 1 zeigt, daß nur die „Erhöhungen" insgesamt *nicht mehr als 2,0 Gebühr* ausmachen dürfen. Die Ausgangsgebühr für den ersten Auftraggeber kann hinzutreten, nur insoweit SG Bln JB **11**, 25. Das ist kein Redaktionsversehen des Gesetzgebers, LG Ffm NJW **04**, 3642.
Beispiel: Der Anwalt vertritt acht Kläger. Seine Tätigkeit löst lediglich Verfahrensgebühren nach VV 3100 aus. Er erhält: 1,3 Gebühr (für den ersten Auftraggeber) + 7 × 0,3 Gebühr für die weiteren 7 Auftraggeber) = eigentlich weitere 2,1 Gebühr. Nach der amtlichen Anmerkung III Hs 1 darf schon diese Erhöhung höchstens 2,0 Gebühr ausmachen, Ffm NJW **04**, 3642. Der Anwalt erhält also insgesamt 1,3 + 2,0 = 3,3 Gebühr.

9   Dasselbe gilt bei allen anderen Ausgangsgebühren.

Vergütungsverzeichnis **1008 VV**

Man muß die Berechnung so vornehmen, als ob *alle Auftraggeber von Anfang an* beteiligt gewesen wären.
Beispiel: Für den Auftraggeber A hat der Gegenstand einen Wert von 5000 EUR, für den Auftraggeber B einen solchen von 3000 EUR, von denen 1000 EUR in den 5000 EUR stecken; es erfolgen Beitritte der Auftraggeber C–F mit einem Gegenstandswert von je 5000 EUR, die sämtlich in den 5000 EUR des A stecken. Die höchste Beitrittsgebühr macht zwei Gebühren nach einem Wert von 5000 EUR aus, obwohl der Streitgegenstand insgesamt 7000 EUR beträgt.

Die Verfahrensgebühr entsteht vor allem in einem Zivilprozeß oder einem FamFG- 10
Verfahren nach VV Teil 3. Die vorstehenden Regeln gelten aber auch in einem Verfahren vor dem *Verfassungsgericht* oder in einem Verfahren vor dem *Finanzgericht* oder *Verwaltungsgericht* oder in einem Verfahren vor einem *Ehrengericht* oder einem sonstigen *Berufsgericht,* soweit nicht vorrangige Sondervorschriften gelten.

B. Verschiedene Gegenstände. Wegen der Begriffe Angelegenheit und Gegen- 11
stand § 7 Rn 27, 28. Es kommt auf die tatsächliche Tätigkeit und nicht nur auf den Auftrag an, aM Düss AnwBl **82**, 529. Bei einer Gesamtschuldnerschaft liegt meist derselbe Gegenstand vor. Aus § 5 ZPO kann man keine Abgrenzung ableiten, VGH Kassel MDR **94**, 375. Soweit die Gegenstände der jeweiligen Beteiligung der Auftraggeber nicht übereinstimmen, etwa bei unabhängig voneinander geforderten oder geschuldeten Leistungen, muß man nach (jetzt) § 22 I ihre Werte innerhalb derselben Angelegenheit zusammenrechnen und danach die Gebühr bemessen, Mü MDR **90**, 560, LG Saarbr JB **99**, 310, OVG Münst NJW **12**, 1750, aM Köln Rpfleger **87**, 264.

C. Beispiele verschiedener Gegenstände 12
Asylanträge: Hierher zählen solche Anträge von zB Eltern und Kindern, LG Bln Rpfleger **94**, 454, OLG Osnabr JB **00**, 140, LG Stade JB **98**, 196.
Aufenthaltserlaubnisse: Hierher zählen Aufenthaltserlaubnisse für mehrere Ausländer, OVG Münst NJW **12**, 1750, aM KG JB **07**, 554.
Beurteilungen: Hierher zählen Beurteilungen über mehrere Beamte.
Bruchteilseigentümer: Hierher zählen mehrere solche Personen, BGH JB **78**, 1481, Köln MDR **12**, 1256, LG Köln JB **90**, 857, aM Düss JB **98**, 535, LG Bonn Rpfleger **90**, 136, AG Dortm Rpfleger **94**, 117.
Drittwiderspruchsklage: Hierher zählt eine Klage nach § 771 ZPO gegen mehrere Gläubiger, Bbg JB **77**, 489, Düss AnwBl **78**, 422.
Flurbereinigung: Hierher zählt ein solches Verfahren mit mehreren Beigeladenen, VGH Mannh Rpfleger **90**, 270.
Forderungen: Hierher zählen unterschiedliche Forderungen mehrerer Gläubiger, Hbg MDR **07**, 1044.
Gegendarstellungen: Hierher zählen mehrere solche Vorgänge, OVG Hbg JB **87**, 1037.
Gesellschafter: Hierher zählt ein Streit um die Stammeinlagen mehrerer Gesellschafter, Kblz JB **02**, 601, oder überhaupt um die Klage wegen mehrerer Gesellschafter, Köln JB **06**, 248, Stgt BB **06**, 967.
Haupt- und Hilfsantrag: Hierher zählt dergleichen gegen mehrere Personen, LG Köln Rpfleger Rpfleger **90**, 477.
Kauf: Hierher zählt die Abnahme einer gemeinsam verkauften Sache, Köln JB **87**, 1354.
Rechtsfolgen: Hierher zählen verschiedene Rechtsfolgen.
Sachverhalte: Hierher zählen verschiedene Sachverhalte oder Lebensvorgänge.
Schulwegstreit: Hierher zählt ein solcher Vorgang wegen mehrerer Kinder verschiedener Eltern, OVG Bre Rpfleger **80**, 310.
Trennung von Verfahren: Hierher kann ein solcher Vorgang zB nach § 145 ZPO zählen.
Unterhalt: Hierher zählt ein Streit um Unterhalt verschiedener Gläubiger gegen verschiedene Schuldner, BGH RR **91**, 119, Düss JB **82**, 712, Köln AnwBl **00**, 375.
Unterlassung: Hierher zählt ein Anspruch auf eine Unterlassung gegen mehrere Streitgenossen, Hbg JB **90**, 855, aM Hbg MDR **00**, 727, Köln JB **94**, 157.
Verfassungsbeschwerden: Hierher zählen mehrere Verfassungsbeschwerden gegen dieselbe Vorschrift, BVerfG Rpfleger **98**, 82.

VV 1008, 1009

13   **D. Gegenstandswert.** Dabei kommt den Auftraggebern die *Degression der Gebührenstaffel* zugute, LG Saarbr JB **99**, 310. Wenn der Anwalt zB in demselben Rechtsstreit zwei Pflichtteilsberechtigte vertritt und wenn der eine von ihnen 3000 EUR, der andere 7000 EUR einklagt, berechnet sich eine volle Gebühr aus einem Wert von 10 000 EUR, nicht aus Einzelwerten von 3000 EUR + 7000 EUR.
  Man kann VV 1008 auch auf den im Weg der *Prozeß- oder Verfahrenskostenhilfe* nach §§ 119 ZPO, 76 FamFG beigeordneten Anwalt mehrerer Auftraggeber bei verschiedenen Gegenständen insoweit anwenden, als sich die Zusammenrechnung der Streitwerte wegen (jetzt) § 49, VV 4144 ff nicht auswirkt, BGH **81**, 43, Hamm AnwBl **03**, 179, Schneider Rpfleger **03**, 409. Vgl auch § 7 Rn 1.

14   **E. Festgebühr, Betragsrahmengebühr.** Bei einer Festgebühr nach Einl II A 14 dürfen die Erhöhungen für sämtliche Auftraggeber nach der amtlichen Anmerkung III Hs 2 Fall 1 das Doppelte der einfachen Festgebühr nicht überschreiten, AG Offenbach DGVZ **05**, 47, Schneider DGVZ **05**, 92. Bei einer nur nach dem Mindest- und Höchstbetrag bestimmten sog Betragsrahmengebühr nach Einl II A 12 erhöht sich der Mindest- und Höchstbetrag zwar zunächst durch jeden weiteren Auftraggeber um (jetzt) 0,3 Gebühr. Mehrere Erhöhungen dürfen aber nach der amtlichen Anmerkung III Hs 2 Fall 2 insgesamt das Doppelte des einzelnen Mindest- und Höchstbetrags nicht übersteigen. Es muß sich auch hier um dieselbe Angelegenheit nach § 15 Rn 9 handeln, KG JB **91**, 533, nicht aber auch um denselben Gegenstand nach § 15 Rn 12, Schmidt AnwBl **85**, 388, aM SG Münst AnwBl **85**, 387, Mümmler JB **86**, 360. Aus dem so erhöhten Rahmen muß man die Gebühr im Einzelfall nach § 14 bestimmen.

15   Dabei muß man die *Verhältnisse aller Auftraggeber* berücksichtigen. Bei einer Strafsache kommt wegen des Verbots der Verteidigung mehrerer Beschuldigter nach § 146 StPO eine solche Berechnung nur noch insoweit in Betracht, als der Anwalt mehrere Privatkläger oder mehrere Nebenkläger vertritt, Düss Rpfleger **10**, 47, LG Hanau AnwBl **82**, 494, LG Heilbr AnwBl **80**, 213. Ferner kommt diese Berechnung im Verfahren vor einem VerfG, im Verfahren vor dem SG und für eine Raterteilung in einer strafrechtlichen, bußrechtlichen oder sonstigen Angelegenheit in Betracht, etwa bei (jetzt) VV 2100 ff, Saarbr JB **88**, 860, LG Dortm JB **90**, 22, Köln Rpfleger **92**, 223. Das gilt auch zB im kartellrechtlichen Bußgeldverfahren, KG JB **81**, 533.

16   Die amtliche Anmerkung III erfaßt aber *nicht den sog Gebührensatzrahmen* nach Einl II A 13, also eine solche Gebühr, die das Gesetz nach Bruchteilen bestimmt. Diese Vorschrift ist also zB bei einer Raterteilung in einer zivilrechtlichen Angelegenheit nach (jetzt) § 34 unanwendbar, Stgt AnwBl **84**, 209.

17   In einer *Auslieferungssache* muß dasselbe Auslieferungsverfahren vorliegen, nicht nur dasselbe Strafverfahren im Ausland. Es reicht auch aus, daß der Anwalt mehrere Beteiligte in demselben Verfahren für die Herausgabe eines Gegenstands vertritt.

18   Demgemäß ist VV 1008 dann *unanwendbar,* wenn derselbe Anwalt auf Grund desselben Auslandsverfahrens den einen Auftraggeber im Auslieferungsverfahren und den anderen im Durchlieferungsverfahren vertritt oder wenn er denselben Auftraggeber in einem Auslieferungsverfahren und im Durchlieferungsverfahren vertritt.

19   Eine Gebührenerhöhung nach I 3 infolge einer *Verfahrensverbindung* zB nach § 147 ZPO tritt nur für diejenigen Tätigkeiten ein, die der Anwalt nach der Verbindung vornimmt. Sie gilt also nicht für die schon vorher verdienten Gebühren.

Nr.	Gebührentatbestand	Gebühr oder Satz der Gebühr nach § 13 RVG
1009	Hebegebühr	
	1. bis einschließlich 2500,00 €	1,0%
	2. von dem Mehrbetrag bis einschließlich 10 000,00 €..	0,5%
	3. von dem Mehrbetrag über 10 000,00 €..................	0,25%
	¹ Die Gebühr wird für die Auszahlung oder Rückzahlung von entgegengenommenen Geldbeträgen erhoben.	des aus- oder zu-

Nr.	Gebührentatbestand	Gebühr oder Satz der Gebühr nach § 13 RVG
	II ¹Unbare Zahlungen stehen baren Zahlungen gleich. ²Die Gebühr kann bei der Ablieferung an den Auftraggeber entnommen werden. III Ist das Geld in mehreren Beträgen gesondert ausgezahlt oder zurückgezahlt, wird die Gebühr von jedem Betrag besonders erhoben. IV Für die Ablieferung oder Rücklieferung von Wertpapieren und Kostbarkeiten entsteht die in den Absätzen 1 bis 3 bestimmte Gebühr nach dem Wert. V Die Hebegebühr entsteht nicht, soweit Kosten an ein Gericht oder eine Behörde weitergeleitet oder eingezogene Kosten an den Auftraggeber abgeführt oder eingezogene Beträge auf die Vergütung verrechnet werden.	rückgezahlten Betrags – mindestens 1,00 €

Schrifttum: *Hansens* JB 90, 417 (Üb).

Gliederung

1) Systematik, Z 1–3, amtliche Anmerkung I–V 1
2) Regelungszweck, Z 1–3, amtliche Anmerkung I–V 2
3) Sachlicher Geltungsbereich, Z 1–3, amtliche Anmerkung I–V 3–8
   A. Auftrag 4
   B. Umfassende Abgeltung 5
   C. Beispiele zur Frage des Abgeltungsbereichs 6–8
4) Persönlicher Geltungsbereich, Z 1–3, amtliche Anmerkung I–V 9
5) Gebühren, Auslagen, Z 1–3, amtliche Anmerkung I–V 10–12
6) Gegenstandswert, Z 1–3, amtliche Anmerkung I–V 13, 14
7) Fälligkeit, Z 1–3, amtliche Anmerkung I–V 15
8) Gebührenschuldner, Z 1–3, amtliche Anmerkung I–V 16
9) Entnahmewert, amtliche Anmerkung II 2 17
10) Kostenerstattung, Z 1–3, amtliche Anmerkung I–V 18–26
   A. Grundsatz; Maßgeblichkeit der ZPO 18, 19
   B. Beispiele zur Frage einer Erstattungsfähigkeit 20–26

1) Systematik, Z 1–3, amtliche Anmerkung I–V. Z 1–3 und die amtliche 1 Anmerkung I–V stimmen mit KVfG 25300, 25301, Teil III dieses Buchs, vielfach überein. Die Hebegebühr oder Inkassogebühr entsteht stets besonders, also zusätzlich. Es handelt sich nicht um eine Vermögensverwaltung oder um eine Treuhänderschaft. Daher findet bei Einwendungen gegen die Kostenberechnung des Anwalts ein Verfahren nach § 11 und kein Zivilprozeß statt. Soweit VV 1009 unanwendbar ist, kommt mangels einer besonderen Abrede für eine Tätigkeit wegen einer Hingabe von Geld usw keine Hebegebühr in Betracht. Für eine solche Abrede ist der Anwalt beweispflichtig. § 3a ist anwendbar. Man muß prüfen, ob daneben VV 1009 anwendbar bleibt. VV 1008 ist unanwendbar.

2) Regelungszweck, Z 1–3, amtliche Anmerkung I–V. Wie beim Notar ist 2 auch beim Anwalt der Umgang mit fremdem Geld in bar oder unbar eine über die Rechtsberatung hinausgehende verantwortungsvolle, gefährliche und verführerische Tätigkeit. Ihre gesonderte Vergütung dient der Abgeltung der etwaigen besonderen organisatorischen, zeitlichen und personellen Mühe. VV 7000 ff gelten die etwaigen Auslagen wie sonst zusätzlich ab. Die gesonderte Vergütung dient auch ein wenig der Verhütung von Übergriffen mit ihren bösen straf-, zivil- und berufsrechtlichen Gefahren. Schließlich ist der Anwalt als ein Verwalter fremder Gelder aber keine Bank. Er soll keine Geschäfte damit machen. Alles das muß man bei der Auslegung mitbeachten.

3) Sachlicher Geltungsbereich, Z 1–3, amtliche Anmerkung I–V. Das Ver- 3 wahrungsgeschäft umfaßt die Erhebung. Das ist die Empfangnahme von Dritten zwecks einer Ablieferung an den Auftraggeber oder vom Auftraggeber zwecks einer Weiterleitung an den Prozeßgegner oder einen sonstwie Beteiligten oder Dritten. Das Verwahrungsgeschäft ergreift auch die Ablieferung, also die Weitergabe von Schecks usw des Auftraggebers an einen Dritten. Es umfaßt auch eine zugehörige Rücklieferung. Es erstreckt sich auf deutsches wie ausländisches gültiges Geld oder eine ihm nach der amtlichen Anmerkung II 1 gleichstehende unbare Zahlung, etwa auf eine Überweisung. Es erstreckt sich ferner auf Wertpapiere, also auf Träger des verbrieften Rechts, zB auf Aktien, Wechsel, Schecks, Inhaberschuldverschreibungen, Pfandbriefe, nicht aber auf Bürgschaftsurkunden oder auf bloße Beweisurkunden oder Ausweispapiere, etwa auf einen Grundpfandrechtsbrief oder Versicherungsschein. Es erstreckt sich ferner auf Kostbarkeiten nach BLAH § 813 ZPO Rn 2. Es genügt, daß der Anwalt eine Mitverfügungsgewalt hat.

VV 1009 gilt aber nur, soweit der Anwalt das im Rahmen seiner Tätigkeit erhaltene Geld dann auch tatsächlich nicht nur ungeprüft weitergibt, sondern kontrolliert auszahlt, zurückzahlt, ausliefert oder zurückliefert und nicht nur zB zwecks einer Befriedigung seiner eigenen Forderung erhebt oder annimmt.

4 **A. Auftrag.** Es muß ein Auftrag zur Empfangnahme, Verwahrung oder Aus- oder Rückzahlung vorliegen, BGH **70**, 251. Er kann in der Prozeßvollmacht nach § 80 ZPO liegen oder besonders und auch stillschweigend bestehen. Er liegt im Zweifel nicht vor, Köln JB **77**, 1399, schon gar nicht bei einer angeblich nachträglichen Vollmacht, LG Hagen AnwBl **82**, 541, LG Traunst AnwBl **77**, 261. Die Prozeßvollmacht ermächtigt mangels einer besonderen Absprache zwar zur Empfangnahme der vom Gegner oder aus der Staatskasse zu erstattenden Kosten, § 81 ZPO, Mümmler JB **01**, 295.

Sie ermächtigt aber mangels einer solchen Absprache *nicht* auch zur Entgegennahme der Streitsumme vom Prozeßgegner oder von einem Dritten, GS 6, aM AG Westerstede AGS **94**, 84. Darin, daß der Auftraggeber sich den von seinem Anwalt in Empfang genommenen Betrag usw auszahlen läßt, liegt nicht schon das vorangegangene Einverständnis mit der Zahlung des Schuldners an den Auftraggeber gerade durch die Hand des Anwalts. Denn der Auftraggeber legt meist Wert darauf, nicht auch noch eine Hebegebühr zahlen zu müssen. Das gilt nach Rn 18 auch deshalb, weil ihre Erstattungsfähigkeit problematisch ist. Jeder Auftrag begründet nach Rn 10 eine eigene Angelegenheit.

Wenn freilich der Auftraggeber dem Anwalt Geld zur kontrollierten *Weiterleitung an den Gegner oder einen Dritten* gibt usw, liegt darin im allgemeinen die Erteilung eines Auftrags nach VV 1009. Dasselbe gilt dann, wenn der Auftraggeber den Anwalt ausdrücklich mit der Einziehung der Streitsumme oder des Erlöses einer Zwangsvollstreckung nach §§ 704 ff ZPO und mit der Ablieferung an den Auftraggeber beauftragt, AG Speyer VersR **78**, 930. Ist es im Rahmen eines Auftrags unerheblich, ob ein Dritter für den Auftraggeber leistet oder ob der Auftraggeber für einen Dritten leistet, etwa zur Hinterlegung. Das folgt aus der Fassung „Werden an den Rechtsanwalt Zahlungen geleistet" in I.

5 **B. Umfassende Abgeltung.** Die Hebegebühr gilt alle mit diesem Verwahrungsauftrag zusammenhängenden Tätigkeiten ab. Es ist unerheblich, ob die Zahlung oder Leistung über ein besonderes Konto erfolgte und wie lange der Anwalt sie verwahrt, LG Traunst AnwBl **77**, 261.

6 **C. Beispiele zur Frage des Abgeltungsbereichs, Z 1–3**
Anweisung: Anwendbar ist VV 1009 bei der Prüfung einer Anweisung des Einzahlers, auch einer vom Vertrag abweichenden.
Unanwendbar ist VV 1009 bei der Verwahrung einer Anweisung nach §§ 783 ff BGB, selbst einer unwiderruflichen, es sei denn, daß das Geld auf dem Sparkonto in die alleinige Verfügungsgewalt des Anwalts gekommen ist oder kommen soll.
Auszahlung: Anwendbar ist VV 1009 auf die eigentliche Auszahlung.
S aber auch Rn 7 „Hinterlegung".
Auszahlungsreife: Anwendbar ist VV 1009 auf die Prüfung der Auszahlungsreife.
Auszahlungsunterlagen: Anwendbar ist VV 1009 auf die Prüfung von Auszahlungsunterlagen.
Bote: *Unanwendbar* ist VV 1009 nach der amtlichen Anmerkung V auf eine bloße Botentätigkeit, etwa bei einer bloß technischen und sachlich unkontrollierten Weitergabe irgendwelchen Geldes usw, BGH NJW **07**, 1536, LG Bln JB **85**, 221.

Darlehen: Anwendbar ist VV 1009 auf die Abführung des eigenen Gelds des Anwalts an den Gegner oder als eine Sicherheit (Darlehen des Anwalts), aM RS 4 (aber auch das ist ein sogar typischer Anwendungsfall).
Erlös: Anwendbar ist VV 1009 auf die Einziehung eines Erlöses.
Freigabe: *Unanwendbar* ist VV 1009 auf das bloße Einverständnis mit einer Freigabe. 7
Hinterlegung: Anwendbar ist VV 1009 auf eine auftragsgemäße Hinterlegung etwa nach §§ 110, 707, 709, 710, 713, 719, 732, 769, 771, 890, 921, 923, 925, 927, 936, 939 ZPO und auf die Rücknahme und Rückleitung einer solchen Hinterlegung.
Unanwendbar ist VV 1009 beim bloßen Antrag des Anwalts auf die Auszahlung eines hinterlegten Betrags.
Rückzahlung: Anwendbar ist VV 1009 auf die Rückzahlung zB eines Überschusses.
Schriftwechsel: Anwendbar ist VV 1009 auf einen Schriftwechsel zB wegen eines Anderkontos.
Stimmrecht: *Unanwendbar* ist VV 1009 bei der Ausübung eines Stimmrechts an einem Wertpapier.
Umtausch: *Unanwendbar* ist VV 1009 beim Umtausch von Geld oder Wertpapieren.
Unechtes Wertpapier: *Unanwendbar* ist VV 1009 bei einer Verwahrung zB einer Sparcard.
Verkauf: *Unanwendbar* ist VV 1009 beim Verkauf einer Sache etwa zwecks Verteilung ihres Erlöses. Dann gilt VV 2300. 8
Verrechnung: Anwendbar ist VV 1009 auf eine Verrechnung eines von der Staatskasse zurückgezahlten Betrags. Dasselbe gilt bei einer Verrechnung vom Anderkonto auf das Privatkonto des Anwalts, aM Zenker NJW **03**, 3461 (wendet §§ 670, 675 BGB oder [damals] §§ 137, 141 KostO an).
Verwaltung: Anwendbar ist VV 1009 auf eine Verwaltungshandlung des Anwalts, LG Traunst AnwBl **77**, 261.
Weiterleitung: Anwendbar ist VV 1009 bei einer auftragsgemäßen Weiterleitung des auf ein Anderkonto 1 des Anwalts eingezahlten Betrags auf sein Anderkonto 2.
Keine Zweckbestimmung: Anwendbar ist VV 1009 bei der Verwendung eines solchen Betrags, den der Auftraggeber ohne eine besondere Zweckbestimmung auf ein Anderkonto des Anwalts eingezahlt hat.

4) Persönlicher Geltungsbereich, Z 1–3, amtliche Anmerkung I–V. Die 9 Vorschrift gilt nach § 1 I nur für denjenigen Anwalt, der gerade in dieser Eigenschaft tätig wird. Sie gilt also nicht, soweit er in einer der in § 1 II genannten Positionen Gelder usw erhält, verwahrt oder weiterleitet, Ffm AGS **02**, 222 (dann können zB §§ 631 ff BGB gelten). Den Anwaltsnotar vergütet VV 1009 nur im Rahmen der Anwaltstätigkeit. Soweit er als Notar tätig wird, gilt KVfG 25300, 25301, Teil III dieses Buchs. Der Rechtsbeistand kann dem Anwalt nach § 209 BRAO gleichstehen.

5) Gebühren, Auslagen, Z 1–3, amtliche Anmerkung I–V. Eine Hebegebühr 10 entsteht nur, soweit ein Auftrag auf das Verwahrungsgeschäft als solches oder auf einen seiner Teile vorliegt. Jeder Auftrag läßt nach Rn 4 die zugehörige Hebegebühr entstehen. Es ist unter den vorstehenden Voraussetzungen nicht erforderlich, daß der Anwalt zu einer Zahlung usw an ihn selbst aufgefordert hat. Die Hebegebühr entsteht aber nach der amtlichen Anmerkung I nicht schon mit der Entgegennahme, sondern erst mit der Auszahlung oder Rückzahlung. Sie kann für jeden solchen Vorgang anfallen. Der Einzahler ist unerheblich. Eine falsche Kontobezeichnung löst nur technisch eine neue Anweisung aus, aber keine nochmalige Hebegebühr.

Die *Höhe* der Gebühren hängt vom auszuzahlenden oder zurückzuzahlenden Betrag oder vom Kurswert oder vom sonstigen Wert der abzuliefernden oder zurückzuliefernden Wertpapiere oder Kostbarkeiten im Zeitpunkt der Ablieferung oder Rücklieferung ab. Soweit der Anwalt die Gesamtsumme in Teilbeträgen auszahlt oder zurückzahlt, entstehen nach der amtlichen Anmerkung III die in I genannten Gebühren nach II von jedem jeweils ausgezahlten oder zurückgezahlten Betrag besonders. Dann ist die Gesamtvergütung des Anwalts also im allgemeinen höher als bei einer einmaligen Zahlung. (Jetzt) § 15 III ist wegen seiner umfassenden Geltung anwendbar, aM Enders JB **99**, 59 (vgl aber § 15 Rn 76).

11 Der Anwalt muß im Kosteninteresse des Antraggebers die Auszahlung, Zurückzahlung, Ablieferung oder Zurücklieferung grundsätzlich in *einem* Arbeitsgang vornehmen. Andernfalls kann eine unrichtige Sachbehandlung vorliegen. Sie kann eine Schadensersatzpflicht des Anwalts auslösen. Bei jeder Auszahlung, Zurückzahlung, Ablieferung oder Zurücklieferung beträgt die Mindestgebühr 1 EUR, abweichend von, aber wegen speziellerer Regelung vorrangig vor § 13 II, dort Rn 5 (B).

12 Der Anwalt erhält die Hebegebühr nach der amtlichen Anmerkung V *nicht,* soweit er Geld usw nach Rn 4 lediglich empfängt oder soweit er Kosten an ein Gericht oder an eine Behörde weiterleitet oder eingezogene Kosten an den Auftraggeber abführt oder eingezogene Beträge auf seine Vergütung verrechnet. Soweit er einen ausdrücklichen Einziehungsauftrag hatte, darf man die Hebegebühr nur von dem eingezogenen Betrag abzüglich der eigenen Vergütung berechnen.

Auslagen muß man wie sonst zusätzlich nach VV 7000 ff erstatten.

13 **6) Gegenstandswert, Z 1–3, amtliche Anmerkung I–V.** Soweit es sich um Bargeld handelt, ist der Nominalwert maßgeblich. Bei einer Zahlung in einer ausländischen Währung ist der Kurswert im Zeitpunkt der Belastung des Kontos des Anwalts maßgeblich. Zwar erlischt die Zahlungspflicht erst mit der Gutschrift beim Empfänger. Aber der Zeitraum zwischen der Belastung des Anwaltskontos und der Gutschrift beim Empfänger ist von der Tätigkeit des Anwalts bei einer pflichtgemäßen Zahlungsanweisung weitgehend unabhängig. Man darf ihn daher nicht zulasten des Kostenschuldners gebührenerhöhend berücksichtigen. Andererseits wäre es unbillig, eine Kursminderung in einem solchen Zeitraum, in dem der Anwalt über das Geld keinerlei Anweisungen mehr erteilen konnte, zu seinen Lasten gebührenmindernd zu berücksichtigen.

14 Bei einem Wertpapier ist der *Kurswert* im Zeitpunkt der Abbuchung vom Wertpapierkonto des Anwalts oder seiner Aushändigung des Wertpapiers usw maßgeblich.

Soweit ein Kurswert fehlt, ist der *Verkehrswert* in dem vorgenannten Zeitpunkt maßgeblich. Das gilt auch bei einer Kostbarkeit.

15 **7) Fälligkeit, Z 1–3, amtliche Anmerkung I–V.** Die Fälligkeit tritt nach § 8 mit der Auszahlung oder Zurückzahlung oder mit der Ablieferung oder Zurücklieferung ein. Bei der Auszahlung oder Zurückzahlung eines Teilbetrags usw ist dieser Zeitpunkt maßgeblich, nicht erst derjenige der endgültigen Abrechnung, KG DNotZ 77, 56 (zu [jetzt] KVfG 25300, 25301). Die Verjährung beginnt unabhängig vom Auszahlungszeitpunkt, AG Köln AnwBl **99**, 487.

16 **8) Gebührenschuldner, Z 1–3, amtliche Anmerkung I–V.** Grundsätzlich ist derjenige Auftraggeber der Gebührenschuldner, der den Auftrag und die Vollmacht zur Auszahlung usw an den Anwalt erteilt hat. Das gilt wegen § 49 b I 1 BRAO, abgedruckt bei § 3 a, unabhängig von einer Erstattungsfähigkeit nach Rn 18 ff.

17 **9) Entnahmerecht, amtliche Anmerkung II 2.** Liefert der Anwalt das Verwahrte an den Auftraggeber ab, kann er eine nach Rn 16 fällige Hebegebühr dem Betrag entnehmen. Er kann auch mit seinem Vergütungsanspruch nach dem allgemeinen Recht aufrechnen oder Geld oder Wertpapiere nach § 273 BGB zurückbehalten, soweit er einen nach §§ 8, 10 fälligen Anspruch hat. Er braucht nach § 320 BGB bei einem Wertpapier oder einer Kostbarkeit nach Rn 3 nur Zug um Zug gegen die Zahlung der Hebegebühr abzuliefern.

Diese Befugnisse *bestehen aber nicht,* soweit der Anwalt eine Summe an einen Dritten auszahlen soll. Das ergibt sich aus dem klaren Wortlaut der amtlichen Anmerkung II 2 (Ablieferung „an den Auftraggeber"), aM GSchm 18. Unzulässig ist auch die Einbehaltung einer vom Auftraggeber oder Übergeber oder Einzahler zweckbestimmten Summe oder Sache. Der Anwalt darf auch nicht mit der Auszahlung usw bis zum Erhalt der Hebegebühr warten. Denn sie wird ja nach Rn 16 erst mit der Auszahlung fällig.

18 **10) Kostenerstattung, Z 1–3, amtliche Anmerkung I–V.** Der nachfolgende Grundsatz hat viele Auswirkungen.

A. Grundsatz: Maßgeblichkeit der ZPO. Die Hebegebühr gehört vernünftigerweise jedenfalls im Ergebnis zu den Kosten des Prozesses, aM Mü RR **98**, 1452,

GSchm 19. Sie fällt daher auch unter das Kostenfestsetzungsverfahren nach §§ 103 ff ZPO, BGH NJW 07, 1536, Nürnb JB 92, 107, Schlesw AnwBl 89, 170.
Ihre Erstattungsfähigkeit richtet sich nach §§ 91, 788 ZPO und den entsprechen- 19
den Vorschriften in anderen Verfahren. Die Erstattungsfähigkeit setzt also voraus, daß die Auszahlung oder Rückzahlung, Ablieferung oder Rücklieferung durch den Anwalt zur zweckentsprechenden Rechtsverfolgung oder Rechtsverteidigung notwendig war, Mü MDR 98, 438, LG Detm Rpfleger 03, 36, LG Mü DGVZ 07, 43, aM AG Cloppenb DGVZ 08, 15, AG Eisenhüttenstadt Rpfleger 05, 384. Es ist eine strenge Prüfung dieser Voraussetzungen erforderlich, Nürnb JB 92, 107, LG Detm Rpfleger 03, 36, LG Münst Rpfleger 80, 402.

B. Beispiele zur Frage einer Erstattungsfähigkeit, Z 1–3 20

Abwendung der Vollstreckung: Rn 22.
Aufforderung zur Zahlung: Die Erstattungsfähigkeit kann dann *fehlen,* wenn der Anwalt den Gegner des Auftraggebers zu einer Zahlung an den Anwalt auffordert oder sich für einziehungsermächtigt erklärt, ohne den Gegner zugleich auf die Entstehung einer Hebegebühr bei diesem Zahlungsweg hinzuweisen. Denn dann muß der Gegner des Auftraggebers zur Vermeidung der Gefahr einer Zwangsvollstreckung nach §§ 704 ff ZPO vorsichtshalber an den Anwalt und nicht an den Gläubiger direkt zahlen, Hamm JB 75, 1609, Mü JB 92, 178, AG Bonn VersR 84, 196. S auch Rn 22 „Freiwilligkeit der Zahlung".
Auftrag zur Entgegennahme: Rn 22 „Freiwilligkeit der Zahlung".
Auslandswohnsitz: Erstattungsfähigkeit kann dann vorliegen, wenn der Gläubiger oder Hinterleger im Ausland wohnt(e), AG Bruchsal VersR 86, 689.
Eilbedürfnis: Erstattungsfähigkeit kann vorliegen, soweit ein besonderes Eilbedürfnis 21 bestand.
Freiwilligkeit der Zahlung: Erstattungsfähigkeit liegt grds vor, soweit der Schuld- 22
ner „freiwillig" zwecks einer Vermeidung der Zwangsvollstreckung nach §§ 704 ff ZPO oder wirklich aus freien Stücken an den ProzBev nach § 81 ZPO statt an den Gläubiger zahlt, LG Saarbr JB 06, 316, und soweit der Anwalt auch einen Auftrag zur Entgegennahme hat, Mü JB 92, 178, Schlesw JB 99, 137, LG Ffm AnwBl 89, 109 (auch zu einer Ausnahme), aM Düss JB 95, 50, AG Bln-Neukölln DGVZ 95, 13, AG Erlangen DGVZ 95, 15 (aber dergleichen zählt zur typischen Begleittätigkeit eines ProzBev und ist durchaus sinnvoll).
S auch Rn 20 „Aufforderung zur Zahlung", aber auch Rn 24 „Ratenzahlung".
Gerichtsvollzieher: Die Weiterleitung von Zahlungen des Schuldners durch den Gerichtsvollzieher an den Anwalt läßt *nicht* schon als solche eine Erstattungsfähigkeit der Hebegebühr zu, LG Detm Rpfleger 03, 36.
Hinterlegung: Rn 20 „Auslandswohnsitz", Rn 25 „Schwierigkeit der Rechtslage". 23
Kreditkosten: Eine Erstattungsfähigkeit kann *fehlen,* soweit es sich um Kreditkosten für die Beschaffung von Geldmitteln zur Bezahlung von Prozeßkosten handelt. Denn man muß diese gesondert einklagen, Kblz FamRZ 88, 161.
Prozeßkosten: Rn 23 „Kreditkosten". 24
Prozeßkostenhilfe: Auch gegenüber der Staatskasse gelten für den nach § 121 ZPO beigeordneten Anwalt die Regeln der §§ 91, 788 ZPO auch bei der Hebegebühr (strenge Prüfung nach Rn 19).
Ratenzahlung: Erstattungsfähigkeit kann vorliegen, soweit der Gläubiger den Anwalt zwecks einer Überwachung von unregelmäßigen Ratenzahlungen des Schuldners eingeschaltet hat, Düss JB 95, 50, LG Frankenth JB 79, 1325, LG Kblz JB 84, 870.
S aber auch Rn 22.
Rechtsschutzversicherung: Sie braucht die Hebegebühr *nicht* zu erstatten, AG Schorndorf JB 82, 1348.
Scheck: Eine Erstattungsfähigkeit kann *fehlen,* soweit der Gläubiger einen ungedeckten Scheck des Vollstreckungsschuldners zurückgewiesen und dann einen Scheck des Schuldnervertreters angenommen hat, Nürnb JB 92, 107.
Schutzbedürfnis: Erstattungsfähigkeit kann vorliegen, soweit der Gläubiger ein be- 25
sonderes Schutzbedürfnis zur Einschaltung des Anwalts hatte, etwa wegen unregelmäßiger Ratenzahlungen oder Schwierigkeiten bei der Beitreibung.

S auch Rn 24 „Ratenzahlung", Rn 25 „Schwierigkeit der Rechtslage".
Schwierigkeit der Rechtslage: Erstattungsfähigkeit kann vorliegen, soweit die Rechtslage schwierig war, etwa dann, wenn der Anwalt eine Hinterlegung vorgenommen hat, aM AG Bruchsal VersR **86**, 689.
Sicherheitsleistung: Es kommt auf die Umstände an, BLAH § 788 ZPO Rn 38 (ausf).

26 **Unterhaltspflicht:** Die Erstattungsfähigkeit ist unabhängig davon, ob der Anwalt gegenüber seinem Auftraggeber unterhaltspflichtig ist, LG Bln JB **77**, 1447.
Vergleich: Die Erstattungsfähigkeit entsteht dadurch, daß sich der Erstattungspflichtige in einem solchen Prozeßvergleich nach BLAH Anh § 307 ZPO verpflichtet, den Vergleichsbetrag an den ProzBev des Gegners nach § 81 ZPO zu zahlen, KG Rpfleger **81**, 410, Enders JB **99**, 60, aM BGH NJW **07**, 1536.
Sie entsteht aber *nicht* schon dadurch, daß er sich dazu nur bereiterklärte, Mü MDR **98**, 438, aM AG Bln-Charlottenb JB **96**, 607.
Weisungswidrigkeit: Die Erstattungsfähigkeit kann dann vorliegen, wenn der Schuldner sie entgegen der Weisung eines anderen zahlt, Ffm JB **95**, 321.
Zahlung: Rn 20 „Aufforderung zur Zahlung", Rn 22.
Zwangsversteigerung: Rn 22, Rn 25 „Schutzbedürfnis", strenger LG Münst JB **80**, 1687.
Zwangsvollstreckung: Rn 22, Rn 25 „Schutzbedürfnis".

Nr.	Gebührentatbestand	Gebühr oder Satz der Gebühr nach § 13 RVG
1010	Zusatzgebühr für besonders umfangreiche Beweisaufnahmen in Angelegenheiten, in denen sich die Gebühren nach Teil 3 richten und mindestens drei gerichtliche Termine stattfinden, in denen Sachverständige oder Zeugen vernommen werden .... Die Gebühr entsteht für den durch besonders umfangreiche Beweisaufnahmen anfallenden Mehraufwand.	0,3 oder bei Betragsrahmengebühren erhöhen sich der Mindest- und Höchstbetrag der Terminsgebühr um 30%

Schrifttum: *Enders* JB **13**, 507; *Hansens* RVGReport **13**, 410; *Schneider* NZFam **15**, 411; *Schneider/Thiel* AGS **13**, 53; *Volpert* VRR **14**, 136 (je: Üb).

Gliederung

1) Systematik	1
2) Regelungszweck	2
3) Geltungsbereich	3
4) Mindestens drei gerichtliche Vernehmungstermine	4–8
A. Vernehmungen von Sachverständigen oder Zeugen	5
B. Vernehmungen in jedem der drei Termine	6
C. Unerheblichkeit von Vernehmungsschwierigkeiten	7, 8
5) Besonderer Umfang	9
6) Mehraufwand	10
7) Gebührenhöhe	11
8) Gegenstandswert	12

1 **1) Systematik.** Es handelt sich um eine formell als Zusatzgebühr bezeichnete Ergänzung eines Systems, in dem es an sich keine Beweisgebühren mehr gibt. VV 1010

Vergütungsverzeichnis **1010 VV**

enthält der Sache nach indes eine klare Beweisgebühr, die natürlich an eine Terminsgebühr anknüpft (so in der Gebührenspalte), aber doch eindeutig mehr als die Wahrnehmung *eines* Termins erfordert. Es muß sich erweisen, ob dergleichen neben § 14 sinnvoll ist.

2) Regelungszweck. Ihn nennt die amtliche Anmerkung überflüssigerweise zusätzlich zum Gebührentatbestand nochmals mit praktisch denselben Worten. Diese werden eine Fundgrube für Rechtsprechung und Literatur sein und erweisen sich als höchst schwierig. Denn manche werden (wie die amtliche Begründung im ersten Regierungsentwurf) meinen, VV 1010 erfordere nicht mehr als drei Vernehmungstermine. Das paßt aber schon nicht zum Wortlaut, der durchaus mehr als bloße 3 solche Termine fordert, nämlich zumindest insgesamt eine besonders umfangreiche Beweisaufnahme. 2

3) Geltungsbereich. Ihn begrenzt VV 1010 auf den Teil 3 des Vergütungsverzeichnisses, also auf VV 3100–3518, dort aber ohne weitere Eingrenzung. Mithin ist VV 1010 auch zB in der Zwangsvollstreckung anwendbar. 3

4) Mindestens drei gerichtliche Vernehmungstermine. Sie müssen im Geltungsbereich Rn 3 stattfinden. Sie müssen vor Gericht erfolgen. Der Einzelrichter oder der Vorsitzende reichen, auch der Rpfl oder der Urkundsbeamte der Geschäftsstelle, natürlich auch der Güterichter nach § 278 V ZPO oder ein nach §§ 361, 362 ZPO verordneter (beauftragter oder ersuchter) Richter. 4

A. Vernehmungen von Sachverständigen oder Zeugen. Solche Vernehmungen müssen stattfinden „(... vernommen werden)". Eine bloße Planung reicht nicht. Das gilt selbst dann, wenn sie ihrerseits erhebliche Mühe und Zeit kostete. Auch bleibt unbeachtbar, ob eine Vernehmung aus einem Grund im Bereich des Gerichts oder einer Beweisperson oder eines sonstigen Beteiligten unterblieb, solange sie eben nicht stattfand. Ausreichend ist die Vernehmung eines sachverständigen Zeugen zB nach § 414 ZPO. 5

Nicht ausreichend ist die Vernehmung nur als Partei nach §§ 445 ff ZPO, weder auf Antrag noch von Amts wegen, weder zwecks Information noch zwecks Beweises.

B. Vernehmungen in jedem der drei Termine. Das Gericht muß in jedem der mindestens drei Termine mindestens *einen* Zeugen usw vernehmen. Es braucht in keinem dieser Termine mehrere Beweispersonen zu vernehmen. Die jeweilige Vernehmung muß nicht zum Abschluß schon in einem oder mehreren dieser Termine zu kommen. Sie muß aber eine wirkliche Vernehmung zwecks Beweisaufnahme sein. Bloße Information reicht auch beim Zeugen oder Sachverständigen nicht außerhalb eines Beweiszwecks. 6

C. Unerheblichkeit von Vernehmungsschwierigkeiten. VV 1010 spricht weder von besonderer Schwierigkeit noch von ihr „oder" besonderem Umfang, sondern stellt nur auf besonderen Umfang ab, und zwar nicht schon auf denjenigen auch nur einer der Vernehmungen, sondern nur auf den besonderen Umfang der (gesamten) Beweisaufnahme, freilich auch schon dieser Vernehmungen. Dabei mag sich der besondere Umfang aus der Zahl der Beweisthemen und/oder aus der Dauer ihrer Beantwortungen mit oder ohne Fragen auch der Beteiligten und nicht nur des Gerichts ergeben. 7

Kurze Fragen und Antworten können genügen. Die Vernehmung von 20 Mitbewohnern zur Frage, ob der Bekl stets sein Fahrrad im Flur abstellt, mag je Zeuge nur 1 Minute dauern und trotzdem eine besonders umfangreiche Beweisaufnahme ergeben. 8

5) Besonderer Umfang. Er muß über einen normalen deutlich hinausgehen. Das mag sich nach der Zahl der Beweispersonen ergeben, nach der Art, dem Ort oder der Dauer, nach weiteren Umständen wie Störungen usw. VV 2301 läßt grüßen, obwohl es dort gerade um das Fehlen von Umfang geht. Daher läßt sich auch der Wust von Meinungen zu jener Vorschrift (nach altem Recht VV 2300) mit zur Abgrenzung heranziehen. 9

6) Mehraufwand. Der Anwalt muß gerade für eine besonders umfangreiche Beweisaufnahme einen Mehraufwand haben. Das ergibt sich aus der amtlichen Anmerkung. Ob dieser Mehraufwand finanziell oder zeitlich oder sonstwie entsteht, ist un- 10

VV 1010, Vorbem 2, 2100

beachtbar. Es muß für ihn aber gerade die Beweisaufnahme zumindest mitursächlich gewesen sein.

11 **7) Gebührenhöhe.** Sie beträgt 0,3 Gebühr. Sie entsteht nur zusätzlich zu einer Terminsgebühr. Ist letztere durch einen Mindest- und Höchstbetrag als sog Betragsrahmengebühr nach Einl II A 12 bestimmt, muß man sowohl die Mindest- als auch die Höchstgebühr jeweils um 30% erhöhen, um den jetzt maßgebenden Rahmen zB bei § 14 zu erhalten.

12 **8) Gegenstandswert.** VV 1010 enthält keine Besonderheiten. Dasselbe gilt für §§ 1–60.

Teil 2. Außergerichtliche Tätigkeiten einschließlich der Vertretung im Verwaltungsverfahren

(Amtliche) Vorbemerkung 2:

[1] Die Vorschriften dieses Teils sind nur anzuwenden, soweit nicht die §§ 34 bis 36 RVG etwas anderes bestimmen.

[II] [1] Für die Tätigkeit als Beistand für einen Zeugen oder Sachverständigen in einem Verwaltungsverfahren, für das sich die Gebühren nach diesem Teil bestimmen, entstehen die gleichen Gebühren wie für einen Bevollmächtigten in diesem Verfahren. [2] Für die Tätigkeit als Beistand eines Zeugen oder Sachverständigen vor einem parlamentarischen Untersuchungsausschuss entstehen die gleichen Gebühren wie für die entsprechende Beistandsleistung in einem Strafverfahren des ersten Rechtszugs vor dem Oberlandesgericht.

Abschnitt 1. Prüfung der Erfolgsaussicht eines Rechtsmittels

Nr.	Gebührentatbestand	Gebühr oder Satz der Gebühr nach § 13 RVG
2100	Gebühr für die Prüfung der Erfolgsaussicht eines Rechtsmittels, soweit in Nummer 2102 nichts anderes bestimmt ist .... Die Gebühr ist auf eine Gebühr für das Rechtsmittelverfahren anzurechnen.	0,5 bis 1,0

Gliederung

1) Systematik	1
2) Voraussetzungen	2–9
A. Prüfungsauftrag	2
B. Auch nach bisheriger Befassung mit der Sache	3
C. Verhältnis eines Auftrags zur Rechtsmitteleinlegung	4
D. Zu- oder Abraten	5
E. Keine Rechtsmitteleinlegung	6
F. Vorhandensein eines Gegenstandswerts	7
G. Höhe der Gebühr	8
H. Anrechnung, amtliche Anmerkung	9
3) Kostenerstattung	10

1 **1) Systematik.** VV 2101 hat den Vorrang. VV 2102 hat den Vorrang vor VV 2100, VV 2103 hat den Vorrang vor VV 2101.

2 **2) Voraussetzungen.** VV 2100 ist anwendbar, sofern die folgenden Voraussetzungen zusammentreffen.

A. Prüfungsauftrag. Die Belehrung über die Statthaftigkeit eines Rechtsmittels beliebiger Art löst neben der Vergütung des vorinstanzlichen ProzBev keine zusätzliche Gebühr aus. Der Anwalt muß daher für VV 2100 einen weiteren Auftrag erhalten haben, AG Lahr JB **07**, 87. Dieser Auftrag muß dahin gegangen sein, neben der

Vergütungsverzeichnis **2100 VV**

allgemeinen Statthaftigkeit auch die Zulässigkeit und Begründetheit in diesem Einzelfall und damit die Erfolgsaussicht einer Berufung oder einer Revision oder eines sonstigen Rechtsmittels genauer zu prüfen, Stgt MDR **08**, 1367, Meyer JB **14**, 407. Nach dem eindeutigen Wortlaut von VV 2100 reicht der Auftrag zur Prüfung der Aussichten eines jeden Rechtsmittels beliebiger Art und daher auch einer Beschwerde aus. Soweit der Anwalt den Auftrag erhält, zur Frage der Erfolgsaussichten der Berufung oder Revision oder eines sonstigen Rechtsmittels sogar ein schriftliches Gutachten auszuarbeiten, sind VV 2101 oder VV 2103 nach Rn 1 als vorrangige Sondervorschriften anwendbar, Meyer JB **14**, 407.

B. Auch nach bisheriger Befassung mit der Sache. Der Anwalt darf bis zum Auftrag der Prüfung der Erfolgsaussichten nach Rn 2 auch schon mit derselben Angelegenheit nach § 15 bisher befaßt gewesen sein. Das ergibt sich aus der Stellung von VV 2100 im Teil 2 „Außergerichtliche Tätigkeiten". Denn auch der bisherige ProzBev mag außerhalb des Prozeßauftrags wegen des weiteren Prozeßverlaufs einen nun insofern nur noch außergerichtlichen Beratungsauftrag vor der Erteilung eines Prozeßauftrags für die höhere Instanz an ihn oder einen anderen Anwalt erhalten haben, Düss JB **06**, 635. Freilich kann eine Anrechnung nach Rn 9 erforderlich werden. Das gilt auch wegen der Erfolgsaussicht eines weiteren Rechtsmittels. 3

C. Verhältnis zum Auftrag zur Rechtsmitteleinlegung. Der Anwalt mag im Zeitpunkt der Prüfung der Erfolgsaussichten auch schon einen Auftrag zur Einlegung einer Berufung oder Revision oder eines anderen Rechtsmittels haben, aM Hartung AnwBl **05**, 206. Die Anwendung nach Rn 9 gilt dann seine Prüfungstätigkeit nach Rn 6, 9 mit ab. 4

D. Zu- oder Abraten. Der Anwalt mag dem Auftraggeber zu der Einlegung irgendeines Rechtsmittels raten oder von ihr abraten. Es reicht also aus, daß er den Auftrag hatte, nur die Erfolgsaussichten einer Berufung oder Revision zu prüfen. Es ist nicht stets nötig, daß er zu einem klaren Ergebnis kommt, ein Rechtsmittel sei erfolgversprechend oder nicht erfolgversprechend, und daß er das dem Auftraggeber mitteilt. Vielmehr können auch Zweifel sein Ergebnis sein. VV 2100 verlangt daher erst recht weder das Zuraten noch das Abraten von der Einlegung eines Rechtsmittels. 5

E. Keine Rechtsmitteleinlegung. Der Anwalt darf nach Rn 4 auch nicht für diesen Auftraggeber in dieser Angelegenheit irgendein Rechtsmittel einlegen, Hamm MDR **96**, 424. Bei einem Teilrechtsmittel werden evtl VV 3200 ff anwendbar, LG Köln RR **12**, 1471. Soweit der Auftraggeber allerdings einen anderen Anwalt mit der Einlegung des Rechtsmittels beauftragt, bleibt die Gebühr VV 2100 bestehen. 6

F. Vorhandensein eines Gegenstandswerts. Die Prüfung muß sich auf eine solche Angelegenheit beziehen, für die man die Gebühren nach Gegenstandswert berechnen kann. Denn sonst paßt die Satzrahmengebühr nach Einl II A 13 nicht. Gegenstandswert ist der Rechtsmittelwert im Zeitpunkt der §§ 40 GKG, 34 FamGKG, Teile I A, B dieses Buchs. Es kommt also darauf an, in welchem Umfang der Auftraggeber ein Rechtsmittel erwägt, nicht darauf, in welchem Umfang er es dann einlegt oder nicht. Soweit ein Gegenstandswert fehlt, kommt eine Gebühr nach VV 2100 nicht in Betracht. 7

G. Höhe der Gebühr. Soweit die Voraussetzungen Rn 1–7 vorliegen, entsteht eine 0,5–1,0 Satzrahmengebühr. Auf sie ist § 14 anwendbar. Bei einer Erstberatung kommt eine Gebühr unter der Mittelgebühr infrage. Erstberatung ist eine pauschale überschlägige Einstiegsberatung, BGH AnwBl **07**, 871. Die *Mittelgebühr* beträgt 0,75. 8

H. Anrechnung, amtliche Anmerkung. Vgl zunächst Rn 4, 6. Soweit eine Tätigkeit in diesem Rechtsmittelverfahren folgt, muß man die etwa zunächst nach VV 2100 entstandene Gebühr nach der amtlichen Anmerkung voll auf jede im Rechtsmittelverfahren entstehende Gebühr anrechnen, LG Köln RR **12**, 1471. Das kann zu einer nur noch geringen Restgebühr führen. 9

3) Kostenerstattung. Es gilt dasselbe wie bei § 34. Zur Erstattbarkeit Ffm JB **08**, 539. 10

VV 2101

Nr.	Gebührentatbestand	Gebühr oder Satz der Gebühr nach § 13 RVG
2101	Die Prüfung der Erfolgsaussicht eines Rechtsmittels ist mit der Ausarbeitung eines schriftlichen Gutachtens verbunden: Die Gebühr 2100 beträgt	1,3

Gliederung

1) Systematik, Regelungszweck 1
2) Sachlicher Geltungsbereich 2
3) Persönlicher Geltungsbereich 3
4) Aussichtengutachten 4
5) Gebührenhöhe 5
6) Gegenstandswert 6
7) Keine Anrechnung 7
8) Kostenerstattung 8

1 **1) Systematik, Regelungszweck.** Die Vorschrift hat als eine gegenüber § 34 speziellere Regelung den Vorrang. Sie stellt zwecks einer angemessenen Vergütung einer besonders verantwortungsvollen Tätigkeit eine eng auslegbare Sonderregelung dar. Zur Abgrenzung der Prüfung der Aussichten eines jeden Rechtsmittels von anderen Tätigkeiten VV 2200. VV 2203 ist vorrangig.

2 **2) Sachlicher Geltungsbereich.** Die Vorschrift gilt nur für eine Tätigkeit wegen eines jeden Rechtsmittels. Sie gilt vernünftigerweise trotz Rn 1 auch wegen einer zugehörigen Nichtzulassungsbeschwerde nach § 544 ZPO. Auf ein Gutachten über die Aussichten eines anderen Rechtsbehelfs ist VV 2101 unanwendbar.

3 **3) Persönlicher Geltungsbereich.** Die Vorschrift gilt grundsätzlich für jeden Anwalt. Er braucht nicht beim BGH zugelassen zu sein. Es kann sich zB um einen Anwalt mit besonderen technischen oder rechtlichen Kenntnissen handeln.

4 **4) Aussichtengutachten.** Zum Begriff des Gutachtens § 34 Rn 15 ff. Es ist nicht erforderlich, daß der Anwalt mit der Angelegenheit vorher noch nicht befaßt war. Es ist auch nicht erforderlich, daß ein Auftrag zur Einlegung des Rechtsmittels unterblieben ist. Es kommt auch nicht darauf an, ob der Anwalt abgeraten oder zugeraten hat. Es ist unerheblich, ob der Anwalt nun schließlich ein Rechtsmittel ganz oder teilweise eingelegt hat. Das Rechtsmittel kann, braucht aber noch keineswegs bereits eingelegt worden zu sein. Auftraggeber kann jeder Interessierte sein, auch zB der Sieger der Vorinstanz wegen etwaiger Vergleichserwägungen oder eine Versicherung.

5 **5) Gebührenhöhe.** Es entsteht stets eine 1,3 Gebühr. Es kommt also nicht zu einer Angemessenheitsprüfung etwa nach § 14.

6 **6) Gegenstandswert.** Maßgeblich ist der Wert des vorhandenen oder etwaigen Beschwerdegegenstands, soweit der Beschwerte ein Rechtsmittel einlegen will oder eingelegt hat. Maßgeblich ist derselbe Zeitpunkt wie bei VV 2100 Rn 7. In den in Rn 4 genannten anderen Fällen von Auftraggebern ist das Interesse maßgeblich. Bei einer bloßen Teilanfechtung ermäßigt sich der Wert entsprechend. Vgl ferner § 7.

7 **7) Keine Anrechnung.** Man darf die Gebühr für das Aussichtengutachten nicht auf eine solche Gebühr anrechnen, die im Rechtsmittelverfahren entsteht, Meyer JB 04, 16. Denn VV 2101 verweist zwar auf die „Gebühr 2100", und diese enthält in ihrer amtlichen Anmerkung eine Anrechnungsvorschrift. Indessen enthält VV 2101 nicht auch selbst eine entsprechende Anrechnungsklausel. „Gebühr 2100" meint jedenfalls keineswegs eindeutig mehr als den eigentlichen Gebührentatbestand und damit keineswegs eindeutig auch dessen amtliche Anmerkung. Es heißt auch nicht etwa: „VV 2100 gilt entsprechend", sondern nur: „Die Gebühr 2100". Daher gilt trotz des Fehlens des Worts „nur" in § 1 I 1 doch im Ergebnis der bei § 1 GKG Rn 15, 16, Teil I A dieses Buchs, dargelegte Grundsatz einer Kostenerhebung nur nach dem Gesetz nach § 1 RVG Rn 1 auch hier zumindest entsprechend.

8 **8) Kostenerstattung.** Es gelten §§ 91 ff ZPO usw.

Vergütungsverzeichnis **2102–2201 VV**

Nr.	Gebührentatbestand	Gebühr oder Satz der Gebühr nach § 13 RVG
2102	Gebühr für die Prüfung der Erfolgsaussicht eines Rechtsmittels in sozialrechtlichen Angelegenheiten, in denen im gerichtlichen Verfahren Betragsrahmengebühren entstehen (§ 3 RVG), und in den Angelegenheiten, für die nach den Teilen 4 bis 6 Betragsrahmengebühren entstehen	30,00 bis 320,00 €
	Die Gebühr ist auf eine Gebühr für das Rechtsmittelverfahren anzurechnen.	
2103	Die Prüfung der Erfolgsaussicht eines Rechtsmittels ist mit der Ausarbeitung eines schriftlichen Gutachtens verbunden: Die Gebühr 2102 beträgt	50,00 bis 550,00 €

Zu VV 2102, 2103:

1) Systematik. Regelungszweck. Vgl bei VV 2100, 2101. 1

2) Geltungsbereich. Es gibt mehrere Gebiete. 2

A. Sozialgerichtliches Verfahren nach § 3 RVG. Vgl dort.

B. Tätigkeit im Straf- oder Bußgeldverfahren nach VV Teilen 4, 5. Vgl 3 dort.

C. Tätigkeit im Verfahren nach VV Teil 6. Vgl dort. 4

3) Gebührenhöhen. Man muß die Regeln zur Betragrahmengebühr nach Einl II 5 A 12 beachten. § 14 ist anwendbar.

Die *Mittelgebühr* beträgt bei VV 2102 = 175 EUR, bei VV 2103 = 300 EUR.

4) Anrechnungsfragen. Es gilt dasselbe wie einerseits bei VV 2100 Rn 9, andererseits bei VV 2101 Rn 7. Die Anrechnung ist nötig, weil es sich nicht um eine Abrategebühr handelt, Klier NZS 04, 472. 6

5) Kostenerstattung. Vgl bei VV 2100, 2101. 7

Abschnitt 2. Herstellung des Einvernehmens

Nr.	Gebührentatbestand	Gebühr oder Satz der Gebühr nach § 13 RVG
2200	Geschäftsgebühr für die Herstellung des Einvernehmens nach § 28 EuRAG	in Höhe der einem Bevollmächtigten oder Verteidiger zustehenden Verfahrensgebühr
2201	Das Einvernehmen wird nicht hergestellt: Die Gebühr 2300 beträgt	0,1 bis 0,5 oder Min-

VV 2201

Vergütungsverzeichnis

Nr.	Gebührentatbestand	Gebühr oder Satz der Gebühr nach § 13 RVG
		destbetrag der einem Bevollmächtigten oder Verteidiger zustehenden Verfahrensgebühr

EuRAG § 28. Vertretung und Verteidigung im Bereich der Rechtspflege. [I] Der dienstleistende europäische Rechtsanwalt darf in gerichtlichen Verfahren sowie in behördlichen Verfahren wegen Straftaten, Ordnungswidrigkeiten, Dienstvergehen oder Berufspflichtverletzungen, in denen der Mandant nicht selbst den Rechtsstreit führen oder sich verteidigen kann, als Vertreter oder Verteidiger eines Mandanten nur im Einvernehmen mit einem Rechtsanwalt (Einvernehmensanwalt) handeln.

[II] [1] Der Einvernehmensanwalt muss zur Vertretung oder Verteidigung bei dem Gericht oder der Behörde befugt sein. [2] Ihm obliegt es, gegenüber dem dienstleistenden europäischen Rechtsanwalt darauf hinzuwirken, dass dieser bei der Vertretung oder Verteidigung die Erfordernisse einer geordneten Rechtspflege beachtet.

[III] Zwischen dem Einvernehmensanwalt und dem Mandanten kommt kein Vertragsverhältnis zustande, wenn die Beteiligten nichts anderes bestimmt haben.

Zu VV 2200, 2201:

Gliederung

1) Systematik	1–3
2) Regelungszweck	4
3) Tätigkeit zur Herstellung des Einvernehmens	5–12
A. Alle Gebührenarten	6
B. Pauschale	7
C. Strafsache	8
D. Weitere Berechnungsfragen	9–12
4) Keine Herstellung des Einvernehmens, VV 2201	13–17
A. Verfahren mit Gegenstandswert	14, 15
B. Verfahren ohne Gegenstandswert	16, 17
5) Fälligkeit	18
6) Gebührenschuldner	19
7) Gegenstandswert	20
8) Kostenerstattung	21

1 **1) Systematik.** Die Vorschriften schaffen eine Sonderregelung für den Fall, daß ein zum Alleinauftreten vor deutschen Gerichten oder Behörden befugter Anwalt den Auftrag erhält, prüft und annimmt, das nach § 28 EuRAG erforderliche Einvernehmen mit einem nicht derart befugten europäischen Anwalt usw nach § 1 EuRAG herzustellen, damit dieser vor den deutschen Stellen tätig werden kann. Dabei schaffen VV 2200, 2201 keine Erfolgsgebühren, sondern bloße Geschäftsgebühren, vergleichbar Verfahrensgebühren. VV 1000 kann neben VV 2200 anwendbar sein.

2 Die Vorschriften setzen *nicht* voraus, daß der Anwalt den *Auftrag* gerade von der Partei, dem Beschuldigten usw des Verfahrens mit der Herstellung dieses Einvernehmens erhalten hat. Denn nach § 28 III EuRAG kommt zwischen dem Anwalt und dem „Mandanten" kein Vertragsverhältnis zustande, sofern die Beteiligten nicht etwas anderes bestimmt haben, von Eicken AnwBl **91**, 187. Dieser Gesetzestext zeigt aber auch, daß es natürlich auch nicht schadet, wenn der Auftraggeber selbst oder über seinen ausländischen Anwalt den deutschen Anwalt gebeten hat, das Einvernehmen mit dem Hauptbevollmächtigten des Auftraggebers herzustellen, von Eicken AnwBl **91**,

188, oder daß der ausländische und der inländische Anwalt jeweils neben dem anderen als Bevollmächtigte tätig werden sollen.

Soweit der Anwalt schon und noch einen Auftrag hat und annimmt, über die Herstellung eines solchen Einvernehmens hinaus tätig zu sein, zB als *ProzBev*, Verkehrsanwalt oder Verteidiger, treten VV 2200, 2201 nicht zurück. Denn es findet keine Anrechnung statt. VV 2200, 2201 ermöglichen also die Vergütung einer zusätzlichen oder alleinigen Tätigkeit wegen des erforderlichen Einvernehmens. 3

2) Regelungszweck. Man muß die Bemühung des Anwalts im Rahmen der Herstellung des Einvernehmens sachlichrechtlich nach § 28 EuRAG in Verbindung mit §§ 611, 675 BGB einstufen, wie sonst jede Anwaltstätigkeit nach Grdz 12, 13 vor § 1. VV 2200, 2201 schließen zur Erfüllung der Ergänzungsfunktion des RVG nach Grdz 17, 18 vor § 1 die sonst entstehende Lücke in dem System, daß kein Anwalt grundsätzlich umsonst tätig werden muß. 4

3) Tätigkeit zur Herstellung des Einvernehmens. VV 2200, 2201 gelten, soweit der Anwalt den Auftrag zur Herstellung eines Einvernehmens annimmt und demgemäß anschließend tätig wird. Dabei behandelt VV 2200 das Zustandekommen, VV 2201 das Nichtzustandekommen des Einvernehmens trotz einer Tätigkeit nach VV 2200. Die Vorschriften regeln nicht den Fall, daß der Anwalt eine Bitte zu seinem Tätigwerden zwar prüft, aber dann vor dem Beginn einer entsprechenden Tätigkeit ablehnt. 5

A. Alle Gebührenarten. Es ist bei VV 2200 unerheblich, ob man die Gebühren nach einem Gegenstandswert berechnen müßte, zB nach VV 3100ff, oder ob es zB beim Verteidiger um einen Betragsrahmen oder gar um eine Festgebühr geht. Man muß vielmehr zunächst klären, in welcher Höhe die Verfahrensgebühr dann angefallen wäre, wenn der Anwalt selbst „Bevollmächtigter" wäre, wenn er also ProzBev oder Verkehrsanwalt usw gewesen wäre. Dabei sind §§ 7, 14 usw anwendbar. Eine Grundgebühr wie bei VV 4100, 5100 scheidet nach der Gebührenspalte als Anknüpfungspunkt aus. 6

B. Pauschale. Sodann muß man grundsätzlich diese Verfahrensgebühr schon für die bloße Herstellung des erforderlichen Einvernehmens ansetzen. Sie gilt aber die gesamte Tätigkeit im Rahmen des so begrenzten Auftrags ab. Soweit der Auftrag über die Herstellung des Einvernehmens hinausging, muß man die Vergütung zusätzlich nach dieser weiteren Tätigkeit errechnen. Eine Anrechnung der Gebühren VV 2200, 2201 auf solche weiteren Gebühren findet nicht statt. 7

C. Strafsache. Beim Verteidiger oder Beistand muß man zunächst klären, in welcher Höhe eine Verfahrensgebühr dann als angemessene angefallen wäre, wenn der Anwalt als „Bevollmächtigter oder Verteidiger" tätig gewesen wäre, sei es vor Gericht, sei es vor einer solchen Behörde oder sonstigen Stelle, vor der nach § 28 EuRAG ein Einvernehmen mit ihm nötig ist. Eine Zuschlagsgebühr entsteht unter den Voraussetzungen der amtlichen Vorbemerkung 4 IV nur neben einer Verfahrensgebühr (Geschäftsgebühr). 8

D. Weitere Berechnungsfragen. Das gilt auch bei mehrtätigen Verhandlungen im Strafverfahren, bei der internationalen Rechtshilfe und im Disziplinarverfahren für den Verteidiger oder Beistand usw. Denn die frühere ausdrückliche Unanwendbarkeit einer Reihe von Vergütungsvorschriften für solche Lagen ist entfallen. 9

Die im *konkreten* Fall als angemessen ermittelte Gebühr wird *nicht halbiert,* sondern entsteht unverkürzt. Sie gilt die gesamte Tätigkeit im Rahmen des so begrenzten Auftrags ab. 10

Soweit der Antrag über die Herstellung des Einvernehmens *hinausging,* muß man die Vergütung zunächst nach dieser weiteren Tätigkeit errechnen. 11

Beim *Zusammentreffen* von Verfahren mit und ohne einen Gegenstandswert muß man die Gebühr für jedes Verfahren gesondert errechnen. Am Schluß muß man die ermittelten Gebühren addieren. 12

4) Keine Herstellung des Einvernehmens, VV 2201. Soweit der Anwalt einen derartigen Auftrag zwar erhält und auch in eine entsprechende Tätigkeit eintritt, dann aber doch kein Einvernehmen erzielt, ist VV 2201 anwendbar, also eine Satzrahmengebühr. Ob der Anwalt eine derartige Bemühung vorgenommen hat, läßt sich nur 13

VV 2201, Vorbem 2.3

unter einer Abwägung der Umstände klären. Es gelten dieselben Regeln wie bei einem beliebigen anderen Auftrag, etwa auf die Übernahme einer Tätigkeit als ProzBev oder Verteidiger.

Entsprechend anwendbar ist VV 2201 dann, wenn zB VV 3101 vorliegt oder wenn der Beschuldigte vor einer Prüfung der Sache durch den Anwalt stirbt.

14 **A. Verfahren mit Gegenstandswert.** Soweit der Anwalt das Einvernehmen für ein Verfahren mit Gebühren nach einem Gegenstandswert hergestellt hätte, erhält er für die Bemühung eine Rahmengebühr. Sie errechnet sich wie folgt.

15 Zunächst muß man klären, welche Gebühr für ihn bei einer Herstellung des Einvernehmens angefallen wäre. Dabei muß man nach VV 2200 verfahren. Das gilt auch beim Zusammentreffen von Verfahrensarten mit und ohne einen Gegenstandswert. Von der so ermittelten Gebühr muß man sodann denjenigen *Rahmen ablesen*, den VV 2200 gibt. Welche Endgebühr angemessen ist, muß man wie sonst bei einer Rahmengebühr nach § 14 ermitteln, im Prozeß des Anwalts also evtl unter einer Einschaltung seiner Anwaltskammer nach § 14 II.

16 **B. Verfahren ohne Gegenstandswert.** Soweit der Anwalt das Einvernehmen für ein Verfahren mit solchen Gebühren hergestellt hätte, die nicht von einem Gegenstandswert abhängig gewesen wären, erhält er für seine Bemühung nicht eine Rahmengebühr, sondern einen festen Betrag. Er errechnet sich wie folgt.

17 Zunächst muß man klären, welche Rahmengebühr er dann erhalten hätte, wenn er eine Herstellung des Einvernehmens *erreicht* hätte. Das gilt nach Rn 14, 15 auch beim Zusammentreffen von Verfahrensarten mit und ohne einen Gegenstandswert. Welche Rahmengebühr angefallen wäre, muß man nach den in Rn 8–11 erläuternden Regeln klären. Von der so ermittelten Rahmengebühr nicht des Verteidigers usw, sondern des das Einvernehmen mit ihm herstellenden Anwalts ist dann ihr Mindestbetrag diejenige Summe, die sich als Vergütung ergibt. Da diese Mindestsumme nicht mehr einem Ermessen unterliegt, findet insoweit kein Verfahren nach § 14 statt.

18 **5) Fälligkeit.** Es gelten die allgemeinen Regeln.

19 **6) Gebührenschuldner.** Gebührenschuldner ist derjenige, der dem Anwalt gerade den Auftrag zur Herstellung des Einvernehmens erteilt oder hat. Das kann nach Rn 1, 2 muß aber keineswegs der „Mandant" nach § 28 I, III EuRAG sein.

20 **7) Gegenstandswert.** Soweit das zugehörige Hauptverfahren eine Gebührenberechnung nach einem Gegenstandswert erfordert, muß man ihn wie sonst ermitteln. Nicht etwa darf man den Wert der Herstellung des Einvernehmens abweichend ansetzen. Das Gesetz trägt der Art und Schwierigkeit des Auftrags zur Herstellung des Einvernehmens schon durch seine besondere Gebührenbemessung Rechnung.

21 **8) Kostenerstattung.** Die Erstattungsfähigkeit läßt sich im bürgerlichen Rechtsstreit stets nach § 91 I, II 3 ZPO beurteilen, also nach BLAH § 91 ZPO Rn 124, 132ff nach der Notwendigkeit der Einschaltung mehrerer Anwälte nebeneinander. Mü MDR **98**, 1054, aM EuGH MDR **04**, 358 (krit Kilian. In der Tat läßt sich der Notwendigkeitsgrundsatz wohl kaum schon wegen einer Grenzüberschreitung beseitigen), Bach Rpfleger **91**, 8.

Abschnitt 3. Vertretung

(Amtliche) Vorbemerkung 2.3:

[I] Im Verwaltungszwangsverfahren ist Teil 3 Abschnitt 3 Unterabschnitt 3 entsprechend anzuwenden.

[II] Dieser Abschnitt gilt nicht für die in den Teilen 4 bis 6 geregelten Angelegenheiten.

[III] Die Geschäftsgebühr entsteht für das Betreiben des Geschäfts einschließlich der Information und für die Mitwirkung bei der Gestaltung eines Vertrags.

[IV] [1] Soweit wegen desselben Gegenstands eine Geschäftsgebühr für eine Tätigkeit im Verwaltungsverfahren entstanden ist, wird diese Gebühr zur Hälfte, bei Wertgebühren jedoch höchstens mit einem Gebührensatz von 0,75, auf eine Geschäftsgebühr für eine Tätigkeit im weiteren Verwaltungsverfahren, das der

Nachprüfung des Verwaltungsakts dient, angerechnet. ²Bei einer Betragsrahmengebühr beträgt der Anrechnungsbetrag höchstens 175,00 €. ³Bei der Bemessung einer weiteren Geschäftsgebühr innerhalb eines Rahmens ist nicht zu berücksichtigen, dass der Umfang der Tätigkeit infolge der vorangegangenen Tätigkeit geringer ist. ⁴Bei einer Wertgebühr erfolgt die Anrechnung nach dem Wert des Gegenstands, der auch Gegenstand des weiteren Verfahrens ist.

V Absatz 4 gilt entsprechend bei einer Tätigkeit im Verfahren nach der Wehrbeschwerdeordnung, wenn darauf eine Tätigkeit im Beschwerdeverfahren oder wenn der Tätigkeit im Beschwerdeverfahren eine Tätigkeit im Verfahren der weiteren Beschwerde vor den Disziplinarvorgesetzten folgt.

VI ¹Soweit wegen desselben Gegenstands eine Geschäftsgebühr nach Nummer 2300 entstanden ist, wird diese Gebühr zur Hälfte, jedoch höchstens mit einem Gebührensatz von 0,75, auf eine Geschäftsgebühr nach Nummer 2303 angerechnet. ²Absatz 4 Satz 4 gilt entsprechend.

Nr.	Gebührentatbestand	Gebühr oder Satz der Gebühr nach § 13 RVG
2300	Geschäftsgebühr, soweit in den Nummern 2302 und 2303 nichts anders bestimmt ist .... Eine Gebühr von mehr als 1,3 kann nur gefordert werden, wenn die Tätigkeit umfangreich oder schwierig war.	0,5 bis 2,5

Schrifttum: *Brieske*, Die Geschichte der Vergütung für die außergerichtliche Tätigkeit usw, Festschrift für *Madert* (2006) 57; *Enders*, Anrechnungsprobleme rund um die Geschäftsgebühren, Festschrift für *Madert* (2006) 75.

Gliederung

1) Systematik	1
2) Regelungszweck	2
3) Geltungsbereich	3
4) Pauschgebühr	4
5) Ergänzende Vorschriften	5–9
A. Grundsatz	5
B. Gebührenvereinbarung, §§ 3a, 4	6
C. Beratung usw, § 34	7
D. Einigungsgebühr, VV 1000	8
E. Erledigungsgebühr, VV 1002	9
6) Geschäftsgebühr, amtliche Vorbemerkung 2, 3 III	10–21
A. Rechtsnatur	10
B. Betreiben des Geschäfts	11, 12
C. Anwalt und Notar	13
D. Mehrere Auftraggeber	14
E. Einfaches Schreiben	15
F. Vertragsgestaltung	16, 17
G. Abgrenzung zu bloßer Nachfrage	18–21
7) Gebührenhöhe	22–38
A. Grundsatz	23
B. Mittelgebühr	24, 25
C. Umfang oder Schwierigkeit, amtliche Anmerkung	26–28
D. Beispiele zur Frage von Umfang oder Schwierigkeit, amtliche Anmerkung	29–38
8) Gegenstandswert	39–45
A. Grundsatz	39
B. Freiwillige Gerichtsbarkeit	40
C. Allgemeine Verwaltungsbehörde	41–43
D. Finanzverwaltungsbehörde	44
E. Wertfestsetzung	45
9) Kostenerstattung	46–50
A. Grundsatz: Sachdienlichkeit	46
B. Prozeßwirtschaftlichkeit	47
C. Erforderlichkeit	48
D. Erstattungsgrenzen	49, 50

VV 2300

Vergütungsverzeichnis

1   1) Systematik. Während VV 2100 ff vorrangig das Innenverhältnis zwischen dem Auftraggeber und seinem Anwalt regeln, erfassen VV 2300 ff in erster Linie die nach außen gegenüber einem Partner oder Gegner des Auftraggebers in Erscheinung tretende Anwaltstätigkeit. Die Grenzen fließen freilich. Das gilt zB beim Entwurf einer Urkunde. VV 2302, 2303 und 2305 haben Vorrang. VV 2400, 2401 regeln Sonderfälle der Vertretung und haben den Vorrang vor VV 2300–2303, 2305. Ergänzend gelten VV 1000 ff, 1008, Schlesw MDR **11**, 394. VV 2504 ff stellen weitere vorrangige Sondervorschriften dar. §§ 34–36 haben nach der amtlichen Vorbemerkung 2 I ebenfalls den Vorrang. Eine Ermäßigung nach Art zB des VV 3101 tritt nur über § 14 ein.

Unanwendbar sind VV 2300 ff bei den in Abschnitt 5 des RVG genannten Tätigkeiten, also bei einer Mediation nach § 34 oder bei einer Hilfeleistung in Steuersachen nach § 35 oder im schiedsrichterlichen Verfahren usw nach § 36. Natürlich sind 2300 ff ebenso unanwendbar, soweit eine der in § 1 II genannten Tätigkeiten vorliegt. Ferner sind VV 2300 ff nach der amtlichen Vorbemerkung 2.3 I unanwendbar, soweit der Anwalt im Verwaltungszwangsverfahren tätig ist. Dann gilt VV Teil 3 Abschnitt 3 entsprechend.

2   2) Regelungszweck. Die Beschränkung auf nur eine einzige Gebührenart stellt eine wesentliche Vereinfachung dar. Andererseits bildet die wesentliche Erhöhung des früheren Gebührenrahmens das notwendige Gegenstück zu dieser Vereinfachung. Die Merkmale „umfangreich oder schwierig" führen alsbald zu neuen Abgrenzungsproblemen, zumal sie ja zu den Problemen des ohnehin mitbeachtbaren § 14 hinzutreten. Eine weder zu großzügige noch zu strenge Handhabung dieser praktisch entscheidenden Merkmale kann helfen, die Vorschriften nicht zu einem weiteren Tummelplatz der Meinungen werden zu lassen.

3   3) Geltungsbereich. Die Vorschrift gilt im fast gesamten Bereich außergerichtlicher Anwaltstätigkeit, Meyer JB **13**, 171, auch bei einer Eigenvertretung, AG Ffm JB **15**, 531, einschließlich derjenigen in einer solchen Angelegenheit nach § 15 Rn 9, für die im gerichtlichen Verfahren das FamFG gilt, oder in einer Verwaltungsstreitsache, Schneider NJW **14**, 523 (ausf), mit Ausnahme der in Rn 1 genannten vorrangig anderweit geregelten Gebiete. Maßgeblich sind stets die Art und der Umfang des Auftrags, nicht der etwaigen Vollmacht. Die Vorschrift erfaßt auch den Fall, daß einem Auftrag zu einer nur außergerichtlichen Tätigkeit etwa zwecks Vermeidung eines Prozesses erst nach deren Scheitern später dann notgedrungen doch noch ein Prozeßführungsauftrag folgt, Mü WertpMitt **10**, 1623, LG Limburg JB **08**, 86, aM BGH JB **13**, 418, Celle JB **08**, 319. Die Partner müssen also auf einen außergerichtlichen Erfolg gehofft haben, Hamm MDR **08**, 1334. Dann muß man die Gebühr VV 2300 auf die Verfahrensgebühr VV 3100 usw nach den in der amtlichen Vorbemerkung 3 IV genannten Regeln anrechnen, Stgt NVwZ-RR **09**, 272.

Unanwendbar sind VV 2300, 2301, soweit der Auftrag von vornherein unbedingt auf eine Prozeßführung lautet und soweit der Anwalt nur in diesem Rahmen tätig wird, Oldb MDR **08**, 887, Steenbuck MDR **06**, 425. Das gilt selbst dann, wenn es anschließend nicht zum Prozeß kommt. Ein von vornherein bedingter Prozeßführungsauftrag steht einem unbedingten hier nicht gleich, Mü WertpMitt **10**, 1023, aM Celle JB **08**, 319. Denn auch dann dient eine außergerichtliche Tätigkeit ja zumindest auch der direkten Vorbereitung der Prozeßführung, etwa zwecks einer Klärung des Rechtsschutzbedürfnisses nach BLAH Grdz 33 vor § 253 ZPO. Freilich kann eine Prozeßführung zu einer zusätzlichen außergerichtlichen Tätigkeit außerhalb des Prozeßauftrags führen. Dann kann VV 2300 insoweit anwendbar sein. Bei einer möglichen Beratungshilfe muß man die Voraussetzungen streng prüfen, Kblz JB **10**, 197.

4   4) Pauschgebühr. Auch die Geschäftsgebühr VV 2300 ist eine Pauschgebühr nach Einl II A 9. Sie entsteht nach § 15 II 1 in derselben Angelegenheit nach § 15 Rn 9 nur einmal, LG Bonn NJW **06**, 2641. Das gilt nach § 15 II 2 freilich je Rechtszug. Sie gilt nach der amtlichen Vorbemerkung 2.3 III die gesamte Tätigkeit des Anwalts ab, die sich auf dieselbe Angelegenheit bezieht. Das gilt einschließlich der zugehörigen Nebentätigkeit, zB der Akteneinsicht, auch in Vorakten, oder einer Registereinsicht, oder der Schriftsätze und Besprechungen oder der Entwurfstätigkeit, Schlesw SchlHA **87**, 16.

Soweit eine Entscheidung die bisherige Angelegenheit abschließt, kann durch eine *Beschwerde* nach § 15 II 2 eine neue Angelegenheit eintreten. Eine Gebührenerhöhung tritt aber nicht ein.
Die *Mindestgebühr* von (jetzt) 15 EUR nach § 13 II gilt auch hier, Wielgoss JB **99**, 16.

5) Ergänzende Vorschriften. Der folgende Grundsatz wirkt sich in fünf Richtungen aus.

A. Grundsatz. Die Vorschriften des Teil 1 und der amtlichen Vorbemerkungen 2 und 2.3 ergänzen VV 2300.

B. Gebührenvereinbarung, §§ 3 a, 4. Sie ist zulässig und oft ratsam. Denn man kann den Umfang der Angelegenheit meist bei der Auftragserteilung noch nicht oder nur schwer übersehen. Soweit die Parteien für ein gerichtliches Verfahren eine Vereinbarung über eine besonders hohe Anwaltsvergütung getroffen haben, kann daraus ableitbar sein, daß sie auch die Tätigkeit des Anwalts außerhalb des gerichtlichen Verfahrens mit abgelten wollten.

Unanwendbar sind §§ 3 a, 4 auf eine Vereinbarung zwischen der Versicherung des Auftraggebers und seinem Anwalt, etwa bei einer Unfallschadensregulierung, solange die Versicherung dabei im eigenen Namen handelt.

C. Beratung usw, § 34. Soweit sich eine Tätigkeit des Anwalts auf die Erteilung eines Rats oder einer Auskunft oder auf die Erstellung eines Gutachtens oder auf die Tätigkeit als ein Mediator nach § 34 erstreckt, erhält er nach jener Vorschrift eine Vergütung. Vgl freilich VV 2101 Rn 1.

Soweit es allerdings zu einer solchen Tätigkeit des Anwalts kommt, die *über* einen *Rat oder eine Auskunft hinausgeht*, entsteht eine Gebühr nach VV 2300, BGH GRUR 10, 1122 links, Ffm AnwBl **86**, 210, KG JB **98**, 21. Das mag bei einer Tätigkeit nach außen oder einer solchen nur dem Auftraggeber gegenüber eintreten, aM Düss JV 12, 583, Nürnb AnwBl **10**, 806 (krit Kuhles 788). Auf die erstere muß man freilich die Gebühr nach § 34 anrechnen.

D. Einigungsgebühr, VV 1000. Neben einer Gebühr VV 2300 kann eine Einigungsgebühr entstehen.

Soweit der Auftraggeber den Anwalt *lediglich* beauftragt hat, einen außergerichtlichen *streitbeendenden Vertrag herbeizuführen,* erhält der Anwalt außer der Einigungsgebühr VV 1000 die Geschäftsgebühr VV 2300.

E. Erledigungsgebühr, VV 1002. Auch sie kann neben der Gebühr VV 2300 entstehen.

6) Geschäftsgebühr, amtliche Vorbemerkung 2, 3 III. Sie ist an die Stelle auch der früheren Besprechungs- oder Beweisgebühr getreten. Es gibt zwei Aspekte.

A. Rechtsnatur. Die Geschäftsgebühr entspricht der Verfahrensgebühr (jetzt) VV 3100, Wielgoss JB **99**, 16. Es handelt sich nach Rn 4 um eine Pauschgebühr. Sie gilt nach Rn 4, 11 ff die gesamte Tätigkeit des Anwalts ab. Die Geschäftsgebühr entsteht nicht, soweit sich die Tätigkeit des Anwalts auf die Erteilung eines Rats oder einer Auskunft nach § 34 beschränkt, Nürnb AnwBl **10**, 805.

B. Betreiben des Geschäfts. Eine Geschäftsgebühr kann mit jeder auf die Ausführung des Auftrags gerichteten Tätigkeit entstehen, Engels AnwBl **08**, 361. Die Tätigkeit beginnt mit der auftragsgemäßen Entgegennahme der ersten Information, selbst wenn diese zunächst nur telefonisch und lückenhaft ist. Der Umfang der Tätigkeit des Anwalts ist nicht für die Frage maßgeblich, ob eine Geschäftsgebühr entsteht, sondern nur für die anschließende Frage, welche bestimmte Gebühr innerhalb des Gebührenrahmens angemessen ist.

Abgegolten sind zB: Die erste auftragsgemäße Unterhaltung mit dem Auftraggeber; die anschließende Anlegung einer Handakte; der Entwurf eines Schreibens oder Schriftsatzes; seine Übersendung an den Auftraggeber zur Prüfung; die Durchsicht der Stellungnahme des Auftraggebers; die Reinschrift des Schriftsatzes; seine Unterzeichnung; seine Absendung und Einreichung; der Entwurf und die weitere Tätigkeit bis zur Fertigstellung einer Urkunde, etwa eines Vertrags, eines Formulars, einer Bürgschafts- oder sonstigen Erklärung, eines Testaments; eine Akteneinsicht, AG Brschw AnwBl **84**, 517, AG Nienburg AnwBl **92**, 455.

VV 2300

Keine Geschäftsgebühr ist ein Pauschal- oder Zeithonorar für vorgerichtliche Tätigkeiten, Mü Rpfleger **09**, 593.

13 **C. Anwalt und Notar.** Soweit der Anwalt auch Notar ist, entstehen nach § 24 II BNotO dann Notargebühren, wenn sein Entwurf nach dem Auftrag eine Beurkundung vorbereiten, fördern oder ausführen soll, Hamm MDR **76**, 152, OVG Bre MDR **80**, 873, Mümmler JB **88**, 696. Soweit er dagegen nur den Auftrag hat, den Entwurf zu fertigen, ohne eine Beurkundung vorzubereiten, können beim Anwaltsnotar KVfG 24100 ff anwendbar sein. Er mag aber auch nur als Anwalt beauftragt und tätig geworden sein, LG Bochum Rpfleger **80**, 313, LG Essen Rpfleger **80**, 313. Dann braucht er zunächst nicht darauf hinzuweisen, daß infolge einer Auftragserweiterung auch noch Notargebühren entstehen könnten, Düss MDR **84**, 844.

14 **D. Mehrere Auftraggeber.** Soweit der Anwalt nach § 7 für mehrere Auftraggeber in derselben Angelegenheit nach § 15 Rn 9 tätig wird, kommt bei demselben Gegenstand der Tätigkeit eine Erhöhung der Geschäftsgebühr durch jeden weiteren Auftraggeber nach VV 1008 in Betracht. Das gilt auch bei ihrer gleichzeitigen Beauftragung. Man muß mehrere gleichliegende selbständige Verfahren unabhängig voneinander beurteilen, FG Köln JB **01**, 191.

15 **E. Einfaches Schreiben.** Der Anwalt erhält dafür beim Fehlen eines umfassenderen Auftrags auch zB in einer Angelegenheit des gewerblichen Rechtsschutzes eine Vergütung nur nach (jetzt) VV 2301, Köln GRUR **79**, 76.

16 **F. Vertragsgestaltung.** Es mag auch um die Gestaltung eines Vertrags beliebiger Art gehen, Enders JB **16**, 175 (Mietaufhebung), Meyer JB **16**, 190 (Trennungsunterhalt).

17 Für VV 2300 muß der Anwalt bei dieser Gestaltung *mitwirken*. Das bestimmt die amtliche Vorbemerkung 2. 3 III ausdrücklich. Eine Mitwirkung liegt nicht schon vor, soweit der Anwalt lediglich eine mündliche oder fernmündliche Nachfrage hält. Andererseits ist aber ein Erscheinen zur mündlichen Verhandlung oder ein befugtes Mithören bei der fernmündlichen Verhandlung oder Besprechung ausreichend, (zum alten Recht) LG Gießen VersR **81**, 963 (vgl aber auch § 5 Rn 1). Freilich reichen die bloße Anwesenheit oder das Einreden auf den anderen ohne eine Besprechungs- oder Verhandlungsabsicht nicht aus, (zum alten Recht) AG Bonn VersR **84**, 196.

Es ist eine Mitwirkung an einer diesbezüglichen Verhandlung oder Besprechung zwar ausreichend, aber keineswegs stets notwendig. Vielmehr reichen auch eine Beratung oder ein Urkundenentwurf oder eine bloße Vorprüfung im Büro usw aus, soweit sie eben über eine bloße Nachfrage hinausgehen.

18 **G. Abgrenzung zu bloßer Nachfrage.** Man muß die Abgrenzung zwischen einer bloßen Nachfrage und einer darüber hinausgehenden Mitwirkung nach den Umständen unter einer Beachtung von Treu und Glauben nach § 242 BGB vornehmen.
Beispiele zur bloßen Nachfrage: AG Bersenbrück VersR **83**, 647, AG Gött VersR **81**, 964, AG Kandel VersR **87**, 1024.

19 Eine beratende oder beobachtende Teilnahme *ohne eine Wortmeldung* kann ausreichen, KG AnwBl **84**, 452.

20 Wesentlich ist, daß sich der Gesprächspartner auf ein irgendwie *sachbezogenes, verfahrensförderndes Gespräch* einläßt, AG Hann JB **92**, 36, AG Heidelb VersR **83**, 70, AG Saarbr AnwBl **94**, 145.

21 Dabei brauchen aber *keine gegensätzlichen Standpunkte* vorhanden zu sein, AG Ahaus AnwBl **83**, 472. Eine direkte Eignung der Besprechung zur Beilegung des Streits ist dann nicht erforderlich, LG Köln AnwBl **87**, 294.

22 7) **Gebührenhöhe**, dazu *Otto* NJW **04**, 1420 (Üb): Es entsteht nach Rn 4 gemäß VV 2300 eine Pauschgebühr nach Einl II A 9 von grundsätzlich 0,5–2,5. Sie gilt also die gesamte auftragsgemäße Tätigkeit einschließlich aller Nebentätigkeiten ab. Sie entsteht nach Rn 11 ff bereits mit der auftragsgemäßen Informationsaufnahme. Sie bleibt auf Grund eines Auftrags nach VV 2300 auch dann dem Grunde nach bestehen, wenn die Tätigkeit dann doch nur auf einen Rat nach § 34 hinausläuft. Diesen Umstand darf und muß man dann aber natürlich bei der Bemessung der Gebührenhöhe mitbeachten. Zur Abgrenzung von sachlichrechtlichen Schadensersatzansprüchen bei vorgerichtlichen Rechtsverfolgungskosten Ruess MDR **05**, 313 (ausf mit

Rechenbeispielen). VV 1008 ist anwendbar. Eine Anrechnung erfolgt nach der amtlichen Vorbemerkung 2, 3 IV–VI.

A. Grundsatz. Es handelt sich um eine Satzrahmengebühr nach Einl II A 13, OVG Magdeb NVwZ-RR **11**, 86, VG Ansbach AnwBl **84**, 54. Daher muß man zur Feststellung der jeweils entstandenen Gebühr (jetzt) § 14 hinzuziehen, Mü VersR **77**, 1036, AG Hagen JB **12**, 321, Schons NJW **05**, 1025, aM Mü Rpfleger **91**, 465 (nur eingeschränkte Anwendung). Diese Vorschrift tritt freilich hinter VV 2300 zurück, BGH AnwBl **12**, 775, Jena AnwBl **05**, 296. Spezialkenntnisse wirken innerhalb des Rahmens evtl erhöhend, Ffm DB **92**, 672, Jena JB **01**, 208. Dasselbe gilt für hohe inhaltliche Anforderungen, AG Ffm AnwBl **03**, 373. Im Gebührenrechtsstreit kann nach § 14 Rn 28 ein Gutachten des Vorstands der Anwaltskammer nach § 14 II notwendig sein, nicht aber stets im Kostenfestsetzungsverfahren. 23

B. Mittelgebühr. Sie ist bei einer Zugrundelegung nur der Gebührenspalte zwar theoretisch = 1,5 Gebühr, AG Bielef AnwBl **05**, 223 rechts Mitte, AG Hagen AnwBl **05**, 223, AG Karlsr AnwBl **05**, 223. Nach VV 2300 darf der Anwalt aber eine Gebühr von mehr als 1,3 nicht dann fordern, wenn seine Tätigkeit weder schwierig noch umfangreich war. Damit ist im Ergebnis Mittelgebühr oder sog Schwellengebühr oder *Regelgebühr* je Auftraggeber unter einer Beachtung von VV 1008 amtliche Anmerkung III meist nur der „Schwellen"-Betrag oder „Regelwert" einer 1,3 Gebühr, BGH GRUR **10**, 1122 links, Jena AnwBl **05**, 296, Stgt JB **14**, 140. *Nicht* etwa entsteht ein *Regelrahmen* zwischen 0,5 und 1,3 Gebühr. VV 1008 bleibt nach Rn 14 auch dann anwendbar. Man darf auch nicht einfach hilfsweise nur 0,75 Gebühr ansetzen, aM OVG Lüneb JB **11**, 133. 24

Eine *durchschnittliche* Tätigkeit rechtfertigt nach dem klaren Sinn der amtlichen Anmerkung ohne Möglichkeit inhaltsändernder Auslegung nach BLAH Einl III 39 nur die 1,3 Gebühr, BGH AnwBl **12**, 775, Kblz JB **12**, 75 (zustm Wedel), VG Stgt JB **13**, 359, großzügiger BGH AnwBl **12**, 662 (1,5 Gebühr als Regel (keine Anrufung nach § 132 GVG – ? –). Denn die amtliche Anmerkung ist als Ausnahmeregelung erkennbar: „nur, wenn" meint nicht die Regel. Das bedeutet im Ergebnis: Nur eine überdurchschnittlich umfangreiche oder schwierige Tätigkeit erlaubt mehr als eine 1,3 Gebühr, (zum alten Recht) Düss JB **09**, 588, Kblz JB **12**, 75 (zustm Wedel), großzügiger LG Itzehoe JB **12**, 469. Zum Problem Schneider AnwBl **12**, 806 („Kapriolen des BGH"). 25

Eine *unterdurchschnittliche* Tätigkeit löst deshalb eine Gebühr unterhalb 1,3 aus, (je zum alten Recht) LG Coburg VersR **05**, 1101, AG Gütersloh RR **05**, 939 (0,8 Gebühr), AG Mainz JB **05**, 308 (1,0 Gebühr), AG Hbg AnwBl **05**, 588, AG Heidelb JB **05**, 592 (je: 1,3 Gebühr), Kitzinger FamRZ **05**, 11, aM AG Hagen AnwBl **05**, 508, AG Lörrach JB **05**, 255. Diese Handhabung löst freilich wieder die Frage aus, was durchschnittlich ist. Darüber kann man endlos streiten. Trotzdem ist die Zurückhaltung des Gesetzgebers weise. Solche Klärungen im amtlichen Text lösen dieselben Streitigkeiten aus. Dann lieber Klärung durch Rspr und Lehre. Eine 0,5 Gebühr entsteht nur bei denkbar einfachster Tätigkeit, BGH JB **15**, 466.

C. Umfang oder Schwierigkeit, amtliche Anmerkung. Vgl auch § 14 Rn 3, 4. Eine Gebühr über der Mittelgebühr nach Rn 24, 25 ist nur dann statthaft, wenn die Tätigkeit entweder umfangreich oder schwierig war. Das Gesetz erläutert keinen dieser beiden Begriffe selbst näher, sondern überläßt die Handhabung der Praxis. Es verlangt keine „besondere" Umfangreichheit oder Schwierigkeit", auch nicht ausdrückliche eine „überdurchschnittliche", dazu freilich Rn 25. 26

Umfang ist ein quantitativer Begriff. Schon ein einzelner Schriftsatz mag dazu ausreichen, etwa bei 30 oder mehr Seiten. Die Zahl der Aktenblätter kann, muß aber nicht einen ausreichenden Anhalt geben. Die Verfahrensdauer ist ein ähnlich beurteilbarer Aspekt. Dasselbe gilt von der Zahl der Anträge oder der Parteien usw.

Schwierigkeit ist ein qualitativer Begriff. Man kann ihn kaum ohne Rückgriff auch auf den Durchschnittsbegriff Rn 24, 25 handhaben. Schwierig kann ein rechtlicher wie ein tatsächlicher oder ein psychologischer Aspekt sein. Er kann sich aus sachlichen wie aus persönlichen Gründen ergeben. Sprache des Gesetzes wie Sprache der Beteiligten kann maßgeblich sein, um nur einen kleinen Teil der zahllosen Abgrenzungsmöglichkeiten anzusprechen.

27 *Entweder – oder* muß eine der vorstehenden Voraussetzungen vorliegen. Natürlich kann erst recht ihr Zusammentreffen reichen. Dann mag ein etwas geringerer Grad von Umfang und/oder Schwierigkeit genug Anlaß zur höheren Gebühr sein.

28 *Maßgeblich* ist weder die Einschätzung des Anwalts noch diejenige seines Auftraggebers oder diejenige von dessen Gegner, sondern diejenige bei einer auch aus der Sicht des etwa später entscheidenden Gerichts, sonst aus objektiv vernünftiger Sicht vertretbaren Beurteilung, so verschieden man auch dazu denken mag. Erfahrung dürfte dabei eine erhebliche Rolle spielen.

29 **D. Beispiele zur Frage von Umfang oder Schwierigkeit, amtliche Anmerkung.** Es gibt dazu bereits reichlich Stoff. Die nachfolgenden Fundstellen sind teils zum alten Recht mit umgekehrten Voraussetzungen, aber derselben Art, ergangen.

Abmahnung: Sie mag auch beim finanzstarken Auftraggeber nur 1,3 Gebühr rechtfertigen, zB bei einer Domain-Verwendung, LG Düss RR **06**, 1149.

Abschlußschreiben: Ein solches nach § 93 ZPO kostet meist 1,3 Gebühr, BGH NJW **15**, 3244.

Aktenstudium: Es kann mehr als 1,3 Gebühr rechtfertigen, Henke AnwBl **04**, 579.

Arbeitsrecht: Eine vierseitige Forderung nach der Entfernung einer Abmahnung aus der Personalakte rechtfertigt 1,3 Gebühr, AG Stgt NJW **05**, 1956. Es kann auch ein so schwieriger Fall vorliegen, daß eine 2,1 Gebühr entsteht, AG Kblz JB **06**, 250. In einer Kündigungsschutzsache ist nicht stets 2,5 Gebühr erlaubt, aM AG Hbg-St Georg JB **06**, 309 (zustm Kitzmann). Sie ist aber möglich, AG Bln-Tempelhof-Kreuzberg JB **07**, 486.

Arztrecht: Rn 36 „Spezialrecht".

Auftraggeber: Seine Persönlichkeit kann mehr als 1,3 Gebühr rechtfertigen, Henke AnwBl **04**, 579.

30 **Bausache:** Rn 36 „Spezialrecht".

Bedeutung der Angelegenheit: Sie führt keineswegs stets zur Gebühr von mehr als 1,3, Kitzinger FamRZ **05**, 11.

Besprechung: Ihre Dauer und/oder Schwierigkeit kann mehr als 1,3 Gebühr rechtfertigen, Henke AnwBl **04**, 579. Das darf aber nicht zu Aushöhlung der 1,3 Gebühr führen, auch nicht von vornherein in einer Familiensache, großzügiger Kitzinger FamRZ **05**, 12.

31 **Einkommen und Vermögen:** Es führt keineswegs stets zur Gebühr von mehr als 1,3, Kitzinger FamRZ **05**, 11.

32 **Fremdsprache:** Sie kann nach Rn 28 mehr als 1,3 Gebühr rechtfertigen, Henke AnwBl **04**, 579.

Gutachten: Seine kritische Auswertung kann mehr als 1,3 Gebühr rechtfertigen, Henke AnwBl **04**, 579, oder auch 1,8 Gebühr, AG Köln AnwBl **05**, 723.

33 **Haft:** Sie kann mehr als 1,3 Gebühr rechtfertigen, Henke AnwBl **04**, 579.

Haftungsrisiko: Es läßt sich innerhalb § 14 mitbeachten.

34 **Markenrecht:** Ein Mahnschreiben mit einer Vielzahl von Rechtsfolgen kann eine 2,0 Gebühr auslösen, Ffm GRUR-RR **07**, 256. Eine Abmahnung muß aber nicht schon wegen des Sachgebiets mehr als 1,3 Gebühr wert sein, Ffm GRUR-RR **13**, 272, Hbg AnwBl **10**, 880 (auch nicht beim Verzicht auf einen zusätzlichen Patentanwalt).

Mietrecht: Eine Vermieterkündigung wegen eines Zahlungsverzugs rechtfertigt evtl nur 0,5 Gebühr, LG Karlsr NJW **06**, 1526.

Ortstermin: Er kann mehr als 1,3 Gebühr rechtfertigen, Henke AnwBl **04**, 579.

Pressesache: Es gilt nichts Besonderes, KG JB **10**, 243.

35 **Rechtsprechung:** Ihr Studium kann mehr als 1,3 Gebühr rechtfertigen, Henke AnwBl **04**, 579.

36 **Schadensersatz:** Eine einfache Regelung kann 1,3 Gebühr entstehen lassen, Mü AnwBl **06**, 768 (großzügig). Das gilt erst recht bei der Beurteilung eines Sachverständigen, AG Münst AnwBl **16**, 604.

Schriftsatz: Ihr Umfang kann nach Rn 28 mehr als 1,3 Gebühr rechtfertigen, Henke AnwBl **04**, 579, aber auch zB vier Seiten Auseinandersetzung mit der Sach- und Rechtslage usw evtl nur 1,3 Gebühr, AG Pinneberg JB **05**, 308. Ein kurzes Schreiben mag nur 0,9 Gebühr rechtfertigen, AG Stgt JB **05**, 308.

Schrifttum: Sein Studium kann mehr als 1,3 Gebühr rechtfertigen, Henke AnwBl 04, 579.
Spezialrecht: Es kann mehr als 1,3 Gebühr rechtfertigen, SG Marbg JB 08, 366 (Arztrecht), Henke AnwBl 04, 579. Baurecht ist nicht stets schwierig, VG Mainz NJW 06, 1994.
Steuersache: S „Spezialrecht".
Vergaberecht: Es ist grds eine Überschreitung von 1,3 Gebühr statthaft, Jena AnwBl 37 05, 296. Im Durchschnittsfall billigt BayObLG JB 05, 361 sogar 2,4 Gebühr zu (sehr großzügig), KG Rpfleger 10, 126 billigt 2,0 Gebühr zu. Bei einem einfachen Fall kann eine Unterschreitung von 1,3 Gebühr infragekommen, Jena AnwBl 05, 296, KG JB 14, 75 (evtl nur 1,0 Gebühr). Eine Anrechnung erfolgt auch bei einer Stundenhonorarvereinbarung, BGH NJW 14, 3164.
Verkehrsunfall, dazu *Enders* JB 05, 590, *Onderka,* Anwaltsgebühren in Verkehrssachen, 2006; *Sonderkamp* NJW 06, 1477 (je: Üb): Er kann mehr als 1,3 Gebühr rechtfertigen, zB 1,8 Gebühr, LG Saarbr JB 05, 306 (schwere Verletzung eines Selbständigen), AG Ansbach AnwBl 06, 857 (gegnerische Versicherung verlangt Gutachten), AG Lpz JB 09, 187 (sog 130%-Fall), oder 1,6 Gebühr, AG Coburg JB 07, 74, AG Essen JB 12, 246, AG Hbg-Begedorf JB 05, 389, oder 1,5 Gebühr, AG Hbg-Harb JB 07, 139, AG Kempen JB 05, 592, aM AG Nürnb JB 05, 363, AG Wuppert JB 05, 363, Landstuhl NJW 05, 161 (aber es kommt auf die Umstände an).
Ein *Durchschnittsfall* mag 1,3 Gebühr erlauben, BGH AnwBl 07, 155 (zustm Wendt 144), Kblz JB 12, 75 (zustm Wedel), AG Kehl JB 11, 477.
Ein *einfacher* Unfall mag aber auch nur 1,0 Gebühr rechtfertigen, LG Mannh RR 06, 574, AG Düss JB 09, 593, AG Nürnb JB 07, 414, oder nur 0,9 Gebühr, AG Duisb-Hamborn NJW 05, 911, AG Osnabr JB 05, 308, oder sogar nur 0,8 Gebühr, AG Herne JB 05, 255, großzügiger AG Coburg JB 05, 307 (1,3 Gebühr).
Wettbewerbssache: Auch bei ihr kommt 1,3 Gebühr infrage, Hbg MDR 07, 58.
Zeitaufwand: Er kann mehr als 1,3 Gebühr rechtfertigen, Henke AnwBl 04, 579. 38
Zeugnisberichtigung: Sie muß nicht umfangreich oder schwierig sein, AG Düss NZA-RR 12, 496.

8) Gegenstandswert. Es kommt auf die Art der Gerichtsbarkeit an. Zur außerge- 39 richtlichen Unfallregelung Poppe NJW 15, 3355.

A. Grundsatz. Der Gegenstandswert richtet sich nach den für die Gerichtsgebühren geltenden Wertvorschriften, soweit ein gerichtliches Verfahren vorliegt. Das gilt dann auch für diejenige Tätigkeit des Anwalts, die dem gerichtlichen Verfahren vorausging, LG Aachen AnwBl 15, 720. Der Streitwert ist nach § 23 I auch dann maßgeblich, wenn es nicht mehr zu einem gerichtlichen Verfahren kommt oder wenn der Anwalt in ihm nicht mehr tätig wird. Im übrigen gilt das Interesse des Auftraggebers, Karlsr AnwBl 03, 119, also auch die Schadenshöhe, AG Bln-Mitte AnwBl 15, 981. Auch gilt § 23 III. In derselben Angelegenheit nach § 15 Rn 9 muß man nach § 22 I mehrere Werte zusammenrechnen.

Im Verhältnis *zwischen dem Auftraggeber und dem Anwalt* ist evtl ein anderer Gegenstandswert maßgeblich als im Verhältnis zwischen dem Auftraggeber und dem Verfahrensgegner, Mü VersR 77, 1036.

B. Freiwillige Gerichtsbarkeit. Im Verfahren der freiwilligen Gerichtsbarkeit 40 gelten in Familiensachen einschließlich der Vollstreckung durch das Familiengericht und im Verfahren vor dem OLG nach § 107 FamFG das FamGKG, Teil I B dieses Buchs, und in den übrigen Sachen die Vorschriften über den Gegenstandswert nach dem GNotKG, Teil III dieses Buchs.

C. Allgemeine Verwaltungsbehörde. Im Verfahren vor einer Verwaltungsbe- 41 hörde bemißt sich der Gegenstandswert nach § 23. Man muß ihn nach § 23 I 3 nach den für die Gerichtsgebühren geltenden Vorschriften ermitteln, soweit es sich um eine Tätigkeit des Anwalts im Widerspruchsverfahren, Beschwerdeverfahren oder Abhilfeverfahren handelt. Damit ist sicher, daß im Verwaltungsverfahren und im anschließenden gerichtlichen Verfahren derselbe Gegenstandswert maßgeblich ist. Demgemäß ist bei demselben Gegenstand nach § 15 Rn 12 der vom Gericht festgesetzte Streitwert auch für die im Vorverfahren entstandenen Anwaltsgebühren maßgeblich.

VV 2300, 2301 Vergütungsverzeichnis

42 Für die Tätigkeit des Anwalts im *Verwaltungsverfahren der ersten Stufe* gilt § 23 I 2 ebenfalls. Das folgt aus der Überschrift von VV Teil 2.

43 Das *Nachprüfungsverfahren* bildet mit dem vorangehenden Verwaltungsverfahren verschiedene Angelegenheiten nach § 17 Z 1. Daher darf man verschiedene Bewertungsmaßstäbe zugrunde legen.

44 D. **Finanzverwaltungsbehörde.** In dem Veranlagungsverfahren tritt an die Stelle des streitigen Steuerbetrags der gesamte steuerliche Wert des Auftrags. Man muß also etwa bei der Abfassung einer Steuererklärung denjenigen Wert zugrundelegen, der sich aus der nach der Erklärung zu zahlenden Steuer ergibt, FG Düss EFG **68**, 77.

45 E. **Wertfestsetzung.** Sie erfolgt nach § 33. Denn es genügt nach dort Rn 3, daß der Anwalt zwar in einem gewöhnlichen Verfahren tätig wird, dabei aber nicht vor dem Gericht.

46 9) **Kostenerstattung.** Es gibt zwei Aspekte.

A. **Grundsatz: Sachdienlichkeit.** Die Vorbereitungskosten sind in demjenigen Umfang erstattungsfähig, der gerade der Vorbereitung dieses bestimmten Prozesses mit seinen Anträgen dient, BPatG GRUR **80**, 986, AG Hbg JB **07**, 264, grds auch Meyer JB **15**, aM BGH RR **06**, 501 (ohne Vorlage nach dem RsprEinhG, BLAH Anh § 140 GVG), Köln FamRZ **06**, 1051, LG Dortm JB **12**, 151 (aber § 91 ZPO ist nach Rn 100 nicht so eng).

47 B. **Prozeßwirtschaftlichkeit.** Eine solche Sachdienlichkeit ist aus Gründen der Prozeßwirtschaftlichkeit nach BLAH Grdz 14 vor § 128 ZPO großzügig annehmbar, BPatG GRUR **80**, 987, LG Stendal MDR **07**, 389, AG Stgt AnwBl **09**, 800, aM BGH MDR **06**, 353 (ohne Vorlage nach dem RsprEinhG, BLAH Anh § 140 GVG), Ffm JB **03**, 201, Köln MDR **07**, 119 (aber man muß von der Lage bei der Auftragserteilung ausgehen. Hinterher ist man immer klüger).

Das *Kostenfestsetzungsverfahren* nach §§ 103ff ZPO oder das Verfahren nach § 11 ist oft der richtige, nicht sondern eigentlich sogar zwingende Durchsetzungsweg, krit Meyer JB **15**, 238. Schon das Gebot der Prozeßwirtschaftlichkeit erfordert den einfacheren, schnelleren Weg der Durchsetzung gegenüber einer Gebührenklage womöglich vor einem mit der Sache bisher gar nicht befaßten Gericht. Ihr könnte deshalb sogar das Rechtsschutzbedürfnis nach BLAH Grdz 33 vor § 253 ZPO fehlen. Das übersehen viele. Nach Rn 46 umfassen die Vorbereitungskosten sehr oft auch eine Beratung nach VV 2300. Lehnt der Rpfl bei der Kostenfestsetzung die Mitprüfung ab, kann man immer noch klagen.

48 C. **Erforderlichkeit.** Die Maßnahme muß natürlich zur Rechtsverfolgung erforderlich sein, BPatG GRUR **80**, 987, KG MDR **76**, 670, Mü MDR **76**, 670 und 846 (Testkauf). Sie erfordert also eine gewisse Erfolgsaussicht, AG Geldern JB **05**, 363, aM AG Hbg JB **07**, 264. Die Maßnahme muß außerdem in einem vernünftigen Verhältnis zur Sache stehen, BPatG GRUR **80**, 987 (stellt auf die Angemessenheit ab).

49 D. **Erstattungsgrenzen.** Die Kosten der Beratung durch einen Anwalt dazu, ob sich der Bekl auf den bevorstehenden Prozeß einlassen soll, sind erstattungsfähig, KG MDR **85**, 1038. Das gilt allerdings nur insoweit, als der zugrunde liegende Anspruch auch begründet ist. Anwaltskosten für vorprozessuale Verhandlungen sind aber nicht automatisch erstattungsfähig, Kblz AnwBl **85**, 214, AG Emmerich AnwBl **93**, 641, Schneider MDR **75**, 325. Nicht erstattungsfähig ist ein nur sachlichrechtlicher Anspruch, Eulerich NJW **05**, 3099. Es muß Verzug vor der ersten Mahnung vorliegen, Oldb JB **09**, 362.

50 Zur *Erstattungsfähigkeit* BLAH § 91 ZPO Rn 192, 270ff, Dittmar NJW **86**, 2089, Steenbuck MDR **06**, 427.

Nr.	Gebührentatbestand	Gebühr oder Satz der Gebühr nach § 13 RVG
2301	Der Auftrag beschränkt sich auf ein Schreiben einfacher Art:	

Vergütungsverzeichnis **2301 VV**

Nr.	Gebührentatbestand	Gebühr oder Satz der Gebühr nach § 13 RVG
	Die Gebühr 2300 beträgt .... Es handelt sich um ein Schreiben einfacher Art, wenn dieses weder schwierige rechtliche Ausführungen noch größere sachliche Auseinandersetzungen enthält.	0,3

Gliederung

1) Systematik	1
2) Regelungszweck	2
3) Schreiben einfacher Art	3–8
A. Weder schwierig noch umfangreich	3
B. Durchschnittsbedeutung	4
C. Formular	5
D. Länge usw	6
E. Mehrere Schreiben	7
F. Verfahrensschreiben	8
4) Anrechnung, amtliche Vorbemerkung 3 IV	9
5) Kostenerstattung	10

1) Systematik. Die Vorschrift bringt eine Pauschale zur Abgeltung auch der Vorbereitung und Prüfung, AG Meldorf MDR **11**, 1324. Sie ergänzt im außergerichtlichen Bereich des Teils 2 die VV 2300, 2301, (je zum alten Recht) BGH NJW **83**, 2452, LG Hann AnwBl **89**, 687, LG Hildesh AnwBl **85**, 54 (krit Schmidt). Im gerichtlichen Bereich ist die fast wortgleiche Vorschrift VV 3403 anwendbar. Auch die Gebühr VV 2301 ist auf eine spätere Tätigkeit unter den Voraussetzungen der amtlichen Vorbemerkung 3 IV anrechenbar. Oft ergibt sich schon bei einem späteren Prozeßauftrag aus §§ 18 I Z 1, 19 I 2 Z 1 in Verbindung mit § 15 V, daß die Verfahrensgebühr eine Mahnung usw abgilt, soweit der Gegenstandswert für beide Tätigkeiten derselbe ist. § 34 (Rat, Gutachten) hat den Vorrang.   **1**

2) Regelungszweck. Für die hier genannten Einzeltätigkeiten kommt ein gegenüber jenen Vorschriften niedrigerer Gebührenrahmen in Betracht. Er ist nach dem klaren Wortlaut des VV 2301 nur dann anwendbar, wenn der Anwalt einen nicht über VV 2301 hinausgehenden Auftrag hatte und wenn er auch nur in diesem Rahmen tätig geworden ist, BGH JB **15**, 466. Diese Zweckbegrenzung ist bei der Auslegung mitbeachtbar.   **2**

3) Schreiben einfacher Art. Der Auftrag ist nach Rn 5 (jetzt) allein maßgeblich, nicht die wirklich ausgeführte Arbeit allein, BGH JB **13**, 418, AG Duisb JB **06**, 421. Er muß sich auf eine einfache Anfrage zB beim Einwohnermeldeamt oder auf eine einfache Mahnung oder Zahlungsaufforderung beschränken, (zum alten Recht) BGH NJW **83**, 2451, (zum neuen Recht) AG Meldorf MDR **11**, 574, Jäckle NJW **16**, 980, großzügiger BGH RR **15**, 3794 (Verzug), oder zB auf einen Widerruf, AG Mü MDR **95**, 969 (VerbrKrG), oder auf eine schlichte Kündigung, Mümmler JB **88**, 1131, Schneider MDR **00**, 685, insofern evtl auch auf eine mündliche oder fernmündliche, LG Hildesh AnwBl **85**, 54 (krit Schmidt, der diese Alternativen übersieht), oder auf ein eigenes Schreiben nach § 56 Rn 5–7. Es muß zwar rechtliche oder sachliche Ausführungen darstellen.   **3**

Nicht mehr einfach ist evtl ein sog Abschlußschreiben nach einer einstweiligen Verfügung nach BLAH § 93 ZPO Rn 77 ff. Dann gilt daher VV 2300, BGH MDR **10**, 1087 (krit Möller AnwBl **11**, 52).

A. Weder schwierig noch umfangreich. Das Schreiben darf nach der amtlichen Anmerkung aber weder eine schwierige rechtliche Ausführung noch eine größere sachliche Auseinandersetzung enthalten. Ob lediglich eine solche letztere Tätigkeit stattfinden soll, läßt sich nur unter einer Berücksichtigung der Umstände und nach § 242 BGB unter einer Beachtung von Treu und Glauben ermitteln. Das gilt auch im ge-

1815

werblichen Rechtsschutz nach VV 2300 Rn 15, großzügiger Hbg MDR **09**, 1062 (0,8 Gebühr).

4 **B. Durchschnittsbedeutung.** Wegen der Ähnlichkeit mit VV 2300 amtliche Anmerkung liegt an sich eine Anknüpfung an die dortigen Erwägungen zur Durchschnittsbedeutung Rn 25 nahe. Indessen gilt auch: Wegen der Maßgeblichkeit nur des Auftrags nach Rn 3 kommt es bei VV 2301 nicht allein darauf an, ob man bei einer Zugrundelegung durchschnittlicher rechtlicher Kenntnisse und durchschnittlicher taktischer Erfahrungen sowie durchschnittlicher äußerlicher Anforderungen sagen muß, daß das Schreiben nur einfacher Art ist. Auf den Empfänger kommt es kaum an. Freilich mag ein unstreitig oder erwiesenermaßen genau dem Auftrag entsprechendes Ergebnis immerhin nach seinem äußeren Bild die Abgrenzung durchaus zusätzlich klären oder doch erleichtern. Der Anwalt muß einen weitergehenden Auftrag als denjenigen nach VV 2301 darlegen und im Honorarprozeß beweisen.

Man kann keineswegs schon *im Zweifel* von einem umfangreicheren Auftrag und von einer umfangreicheren Tätigkeit ausgehen. Es kommt dabei also nicht nur darauf an, was der Anwalt getan *hat*, sondern außerdem und zunächst darauf, was er tun *sollte* und *durfte*. Das erschwert die Beurteilung erheblich.

5 **C. Formular.** Es mag selbst ein formularmäßig verfaßtes oder entworfenes Schreiben über den Tätigkeitsbereich des VV 2301 deshalb hinausgehen, weil es nach seinem Inhalt unabhängig von der Herstellungsart eine auftragsgemäße weitergehende anfängliche Mühe kundgibt, BGH NJW **83**, 2451, LG Bln JB **81**, 1528, LG Hann AnwBl **89**, 687. Schon der Entwurf eines Formulars, das der Anwalt dann massenhaft benutzen kann, kann eine sehr erhebliche Mühe darstellen.

Die Verwendung des *Formulars* erfordert jeweils bei der an sich erforderlichen Sorgfalt nochmals eine Überlegung, ob das Formular überhaupt anwendbar ist usw.

6 **D. Länge usw.** Die Länge eines Schreibens gibt einen Anhaltspunkt, aber kein entscheidendes Merkmal zur Abgrenzung. Die Anführung von Vorschriften, die Wiedergabe ihres Inhalts und ähnliche Merkmale sind nur bedingt Anhaltspunkte für eine solche Tätigkeit, die über VV 2301 hinausgeht.

7 **E. Mehrere Schreiben.** Die Abfassung mehrerer derartiger Schreiben in derselben Angelegenheit nach § 15 Rn 9 macht VV 2301 je Angelegenheit nur einmal anwendbar. Das ergibt sich zwar nicht schon aus der Fassung des Haupttextes und seiner amtlichen Anmerkung. Beide sprechen nämlich von „einem" Schreiben. Der Haupttext betont die „Beschränkung" auf „ein" Schreiben. Der Anwalt kann aber dennoch nur scheinbar durch 2, 3 oder 4 Mahnungen usw zweimal, dreimal oder viermal nach VV 2302 verdienen. Denn nach § 15 II, VI kann dieselbe Gebührenart je Angelegenheit unverändert nur einmal entstehen.

8 **F. Verfahrensschreiben.** Ein Schreiben für den Verfahrensbetrieb hat keine geringere Vergütung als ein sonstiges Schreiben einfacher Art zur Folge. Das gilt zB bei einer Aufenthaltsermittlung, (zum alten Recht) BGH MDR **04**, 776, oder bei einer mündlichen oder fernmündlichen *Nachfrage* der genannten Art.

9 **4) Anrechnung, amtliche Vorbemerkung 3 IV,** dazu *Schneider* NZFam **16**, 64 (Üb): Bei demselben Gegenstand nach § 7 Rn 27, 28 muß man eine Gebühr VV 2301 nach der amtlichen Vorbemerkung 3 IV Hs 1 zur Hälfte auf eine Verfahrensgebühr des etwa folgenden gerichtlichen Verfahrens aus dem Bereich des Teils 3 des VV anrechnen. Jedoch darf man nach Hs 2 dieser Vorbemerkung höchstens einen Gebührensatz von 0,75 anrechnen. Bei mehreren Gebühren ist für die Anrechnung nach der amtlichen Vorbemerkung IV 3 die zuletzt entstandene Gebühr maßgebend. Die Anrechnung erfolgt nach der amtlichen Vorbemerkung 3 IV 3 nach demjenigen Gegenstandswert, der auch der Gegenstand des gerichtlichen Verfahrens ist. Der etwa über den späteren Prozeßauftrag hinausgehende Teil VV 2302 bleibt für den Anwalt bestehen.

10 **5) Kostenerstattung.** Eine Kostenerstattung unterliegt anderen Regeln, zB den §§ 91 ff, 788 ZPO, LG Konst Rpfleger **92**, 365. Ein zu weiter Auftrag mag einen Verzugsschaden begrenzen, AG Meldorf MDR **11**, 1324.

Nr.	Gebührentatbestand	Gebühr oder Satz der Gebühr nach § 13 RVG
2302	Geschäftsgebühr in 1. sozialrechtlichen Angelegenheiten, in denen im gerichtlichen Verfahren Betragsrahmengebühren entstehen (§ 3 RVG), und 2. Verfahren nach der Wehrbeschwerdeordnung, wenn im gerichtlichen Verfahren das Verfahren vor dem Truppendienstgericht oder vor dem Bundesverwaltungsgericht an die Stelle des Verwaltungsrechtswegs gemäß § 82 SG tritt .... Eine Gebühr von mehr als 300,00 € kann nur gefordert werden, wenn die Tätigkeit umfangreich oder schwierig war.	50,00 bis 640,00 €

Schrifttum: *Enders* JB 13, 617 (Üb).

1) Geltungsbereich. Die Vorschrift gilt als vorrangige Spezialregelung nur in den in Z 1, 2 abschließend genannten Bereichen. Inhaltlich gilt im Ergebnis dasselbe wie bei VV 2300. Vgl daher insofern dort. **1**

Nr.	Gebührentatbestand	Gebühr oder Satz der Gebühr nach § 34 GKG
2303	Geschäftsgebühr für 1. Güteverfahren vor einer durch die Landesjustizverwaltung eingerichteten oder anerkannten Gütestelle (§ 794 Abs. 1 Nr. 1 ZPO) oder, wenn die Parteien den Einigungsversuch einvernehmlich unternehmen, vor einer Gütestelle, die Streitbeilegung betreibt (§ 15 a Abs. 3 EGZPO), 2. Verfahren vor einem Ausschuss der in § 111 Abs. 2 des Arbeitsgerichtsgesetzes bezeichneten Art, 3. Verfahren vor dem Seemannsamt zur vorläufigen Entscheidung von Arbeitssachen und 4. Verfahren vor sonstigen gesetzlich eingerichteten Einigungsstellen, Gütestellen oder Schiedsstellen ...	1,5

1) Systematik. Die Vorschrift enthält vorrangige Sonderregeln. Sie sprechen auch einen teilweisen ausdrücklichen Ausschluß der allgemeinen Vergütung aus. Sie schaffen stattdessen eine systematisch wie wirtschaftlich abweichende, wenn auch im Ergebnis ähnliche Spezialvergütung. Bei einem Sühneversuch nach § 380 StPO gilt VV 4102 Z 5. **1**

2) Regelungszweck. Die auf einen folgenden Prozeß nur bedingt anrechenbaren Sondergebühren sind in den einzelnen Geltungsbereichen zwecks einer Vereinfachung gleich hoch. Das gilt, obwohl vor allem das Güteverfahren wegen seiner rechtspolitisch oft als besonders wichtig erachteten Funktion der Entlastung der Gerichte und der Streitbeilegung eigentlich eine nochmals hervorgehobene Vergütung nahelegen würde. Die Regelung dient der Vereinfachung. Man darf sie daher nicht indirekt dadurch erschweren, daß man die zum anwendbar bleibenden VV 1000 entwickelten Überlegungen zum Begriff der Einigung nun doch wieder „hintenherum" mitbeachtet. Freilich bedeuten ein Vergleich und eine Einigung im Ergebnis nahezu dasselbe. **2**

1817

VV 2303, Vorbem 2.5, 2500 — Vergütungsverzeichnis

3   **3) Geltungsbereich.** Vgl § 17 Rn 27–34. Die Vorschrift gilt sowohl für den mit dem gesamten Verfahren beauftragten ProzBev nach § 81 ZPO als auch für denjenigen Anwalt, der nur einzelne Handlungen vornehmen soll, Meyer JB **10**, 185, etwa als ein Beistand oder Verkehrsanwalt.
  Unanwendbar ist VV 2305 bei einer kirchlichen Vermittlungsstelle, BGH MDR **11**, 393.

4   **4) Pauschalgebühr.** Bei Z 1–4 entsteht eine Pauschalgebühr von 1,5. Außergerichtlich entsteht also nicht eine Verfahrens- oder Terminsgebühr. Die Geschäftsgebühr gilt als eine Pauschale die gesamte auftragsgemäße Tätigkeit im Verfahren ab, Enders JB **00**, 114. Der Anwalt erhält sie auch bei einer bloßen Einzeltätigkeit. Der Anspruch entsteht mit der auftragsgemäßen Entgegennahme der Information. VV 3100, 3401, 3309, 3500 sind nicht auch nur entsprechend anwendbar. VV 1008 ist anwendbar, (zum alten Recht) Mü AnwBl **82**, 440.

5   **5) Anrechnungen.** Es gibt keine Besonderheiten (mehr).

6   **6) Gegenstandswert.** Es gilt § 23.

7   **7) Kostenerstattung.** Sie hängt bei den sog Vorbereitungskosten von § 91 ZPO ab, BLAH dort Rn 106, 276, und sonst von einer diesbezüglichen Parteivereinbarung. Sie ist nach den einschlägigen Vorschriften der Güteverfahren freilich teilweise unstatthaft. Sie entfällt, soweit ein Güteverfahren nicht zwingend ist, Mü MDR **99**, 381. Vgl. aber auch § 76 BetrVG.

Abschnitt 4. Vertretung in bestimmten Angelegenheiten

(aufgehoben)

Abschnitt 5. Beratungshilfe

(Amtliche) Vorbemerkung 2.5:
Im Rahmen der Beratungshilfe entstehen Gebühren ausschließlich nach diesem Abschnitt.

Nr.	Gebührentatbestand	Gebühr oder Satz der Gebühr nach § 13 RVG
2500	Beratungshilfegebühr .... [1] Neben der Gebühr werden keine Auslagen erhoben. [2] Die Gebühr kann erlassen werden.	15,00 €

Schrifttum: *Dörndorfer*, Kostenhilferecht für Anfänger, 6. Aufl 2014; *Dürbeck/Gottschalk*, Prozeß- und Verfahrenskostenhilfe, Beratungshilfe, 8. Aufl 2016; *Greißinger*, Beratungshilfegesetz, 1990; *Groß*, Beratungshilfe, Prozeßkostenhilfe, Verfahrenskostenhilfe, 13. Aufl 2015 (Bespr *Lissner* Rpfleger **16**, 447); *Hellstab* Rpfleger **16**, 523 (je: Rspr-Üb); *Hundt*, Prozeßkosten- und Beratungshilfe, 2008; *Kammeier* Rpfleger **98**, 501 (Üb); *Kessel/Lissner/Dietrich*, Beratungshilfe mit Prozess- und Verfahrenskostenhilfe, 2. Aufl 2014; *Künzl/Koller*, Prozeßkostenhilfe usw, Aufl 2003; *Lissner* JB **13**, 564 (Üb); *Nickel* MDR **17**, 499 (Rspr-Üb); *Poller/Teubel*, Gesamtes Kostenhilferecht, 2. Aufl 2014); *Vallender*, Beratungshilfe, 1990; *Walters*, Leitfaden der Beratungs- und Prozeßkostenhilfe im Europäischen Wirtschaftsraum, 1997; *Zuck* NJW **12**, 2170 (praktische Hinweise).

1   **1) Festgebühr gegen Auftraggeber.** Sobald der Anwalt eine Beratungshilfe gewährt, entsteht für ihn gegen den Auftraggeber nach § 44 S 2 allenfalls ein Anspruch auf eine Festgebühr von 15 EUR nach VV 2500. Die übrigen Gebühren VV 2501–VV 2508 entstehen gegenüber der Staatskasse.
  Der Anspruch nach VV 2500 ff ist weder von der Vorlage eines Berechtigungsscheins nach § 6 I BerHG noch überhaupt von einer vorangegangenen oder nachträglichen Antragstellung beim AG auf eine Beratungshilfe abhängig, aM Düss JB **10**, 305. Es reicht vielmehr aus, daß der Anwalt eine Beratungshilfe nach § 2 BerHG

tatsächlich geleistet hat, Grunsky NJW **80**, 2048, aM LG Bln Rpfleger **82**, 239. Freilich muß sich der Auftraggeber als ein Rechtsuchender nach § 1 BerHG an den Anwalt gewandt und gerade um eine Beratungshilfe gebeten haben. Soweit der Auftrag unter anderen Voraussetzungen oder in einem weiteren Umfang erging, kommt nach §§ 60, 61 RVG eine Vergütung nach dem übrigen VV in Betracht. Im übrigen muß der Anwalt nach § 44 Rn 13 ein Formular nach der BerHFV benutzen.

2) Abgrenzung. Hier bringt das BerHG zahlreiche Abgrenzungsprobleme mit sich. Der Anwalt muß von vornherein eine Klärung darüber herbeiführen, ob sich der Auftraggeber nur im Rahmen des BerHG an ihn wendet und daher auch nur die Festgebühr VV 2500 entrichten will. Diese Pflicht entsteht sowohl aus dem vorvertraglichen Verhältnis zum Auftraggeber als auch aus dem Berufsrecht. Im Zweifel schuldet der Auftraggeber nur die Festgebühr des (jetzt) VV 2500, aM AG Minden AnwBl **84**, 516 (der Auftraggeber müsse sofort von sich aus auf seine finanziellen Verhältnisse hinweisen. Das ist eine glatte Überforderung gerade dieser Bevölkerungsgruppe). 2

3) Beweislast. Der Anwalt muß beweisen, daß er wenigstens eine Beratungshilfe geleistet hat. Ihr Umfang ist aber für die Festgebühr unerheblich. 3

4) Steuerfragen. Neben der Schutzgebühr in Höhe einer Festgebühr von 15 EUR kann der Anwalt nach der amtlichen Anmerkung S 1 keinen Auslagenersatz vom Auftraggeber fordern, also auch keine Erstattung der Umsatzsteuer, Fischer NZA **04**, 1185. Er muß also die Umsatzsteuer aus der Bruttogebühr VV 2500 herausrechnen, Henke AnwBl **06**, 484. Der Anwalt darf sogar die Festgebühr nach der amtlichen Anmerkung S 2 dem Auftraggeber erlassen, und zwar nach seinem pflichtgemäßen Ermessen und ohne eine nähere Prüfung der Verhältnisse, aber natürlich nicht generell und schon gar nicht allgemein etwa aus Werbegründen. 4

5) Dieselbe Angelegenheit. Die Abgrenzung der einen Beratung von einer weiteren erfolgt im allgemeinen am ehesten entsprechend § 15 II 1 nach dem Begriff derselben Angelegenheit. Man muß stets alle Umstände beachten, LG Kleve Rpfleger **03**, 304, Enders JB **00**, 341 (Üb). Es müssen zusammentreffen: Eine Gleichzeitigkeit oder Einheitlichkeit des Auftrags, eine Gleichartigkeit oder ein gleicher Rahmen der Tätigkeit oder des Verfahrens, ein innerer Zusammenhang nach § 9 Rn 15, Greißinger AnwBl **93**, 12. Die Zahl der Berechtigungsscheine ist nicht maßgeblich, LG Kleve Rpfleger **03**, 304, LG Münst Rpfleger **00**, 281, AG Kelheim FamRZ **00**, 1589, aM Oldb VersR **10**, 688, ferner aM (wegen Scheidung und Folgesachen) LG Gött JB **86**, 1843. Familiensachen nach § 111 FamFG können verschiedene Angelegenheiten sein, AG Eisleben FamRZ **12**, 327. 5

§ 22 I *ist* wegen des Festgebührensystems nach (jetzt) VV 2501 ff jedenfalls nicht direkt anwendbar, Bln Rpfleger **84**, 162. 6

Nr.	Gebührentatbestand	Gebühr oder Satz der Gebühr nach § 13 RVG
2501	Beratungsgebühr	35,00 €
	I Die Gebühr entsteht für eine Beratung, wenn die Beratung nicht mit einer anderen gebührenpflichtigen Tätigkeit zusammenhängt.	
	II Die Gebühr ist auf eine Gebühr für eine sonstige Tätigkeit anzurechnen, die mit der Beratung zusammenhängt.	

Gliederung

1) Systematik	1
2) Regelungszweck	2
3) Geltungsbereich	3
4) Beratung	4
5) Kein Zusammenhang mit anderer Tätigkeit	5

VV 2501

1 **1) Systematik.** Vgl zunächst § 44 Rn 1 und VV 2500 Rn 1. Die Vorschrift weist teilweise Übereinstimmungen oder Ähnlichkeiten mit anderen Vergütungstatbeständen des RVG auf. Gleichwohl geht VV 2501 als eine Spezialvorschrift vor. Hier geht VV 2502 vor. Ergänzend gelten VV 2503 ff. VV 1008 ist unanwendbar, KG Rpfleger **07**, 401, AG Kblz FamRZ **08**, 912 (Streitfrage, bitte nachlesen).

2 **2) Regelungszweck.** Die Vorschrift bezweckt zusammen mit VV 2503 ff eine den recht unterschiedlichen Teilbereichen einer Beratungshilfe entsprechende differenzierte und doch einigermaßen einfache Bemessung der Gebühren. Das System von Festgebühren erspart nur sehr bedingt Auseinandersetzungen über die Frage, ob es den Arbeitsumfang ausreichend abgilt. Umso eher verlagert man die Streitfragen auf die Abgrenzung der einzelnen Tätigkeitsbereiche, etwa auf die Frage, ob die Tätigkeit des Anwalts für einen Vergleich wenigstens nach III mitursächlich war. Eine weder zu strenge noch zu großzügige Auslegung hilft auch hier am ehesten. Man darf keine strengeren Anforderungen als bei einer Prozeßkostenhilfe stellen, BVerfG RR **07**, 1369.

3 **3) Geltungsbereich.** Soweit also der Anwalt nach § 44 Rn 7 nur im Rahmen einer Beratungshilfe tätig wird, erhält er neben der vom Auftraggeber geschuldeten Festgebühr VV 2500 zusätzlich aus der Staatskasse als eine öffentlichrechtliche Vergütung oder Entschädigung die Festgebühren VV 2501 ff. Das gilt unabhängig davon, ob der Gegenstandwert nach den sonstigen Vorschriften des RVG eine höhere oder eine niedrigere Gebühr auslösen würde, Bischof NJW **81**, 898. Der Anwalt ist für die Entstehung einer Gebühr VV 2501 ff beweispflichtig. Je Angelegenheit nach § 15 Rn 9 entsteht die Beratungsgebühr auch bei mehreren Beratungen nur einmal. Bei mehreren Asylbewerbern liegen mehrere Angelegenheiten nach § 15 Rn 25 vor. Zur Abgrenzung mehrerer Beratungen oder Angelegenheiten VV 2500 Rn 5. Ffm RR **16**, 384 wendet VV 2501 ff evtl auch auf einen Ergänzungspfleger an.

4 **4) Beratung.** VV 2501 stimmt fast wörtlich mit § 34 I 1 überein. Beratung ist eine solche Äußerung, die für die gerade anwaltliche Beurteilung und Auffassung einer Angelegenheit und für die Art und Weise ihrer Behandlung eine Bedeutung hat, (zum alten Recht) Bischof NJW **81**, 898. Dazu gehören etwa die Beratung im zugehörigen Prozeß- oder Verfahrenskostenhilfeverfahren nach §§ 114 ff ZPO, 76 FamFG, Mü AnwBl **00**, 58 (nicht auch stets die dortige Vertretung), AG Osnabr JB **98**, 197. Hierher gehört auch eine Einsicht in eine Ermittlungsakte, LG Osnab JB **16**, 137, oder eine Auskunft oder ein Rat, auch sogar der Rat, von einer Maßnahme abzusehen, Bischof NJW **81**, 898, oder ein auf Nebenfragen beschränkter Rat, Hansens JB **86**, 170, RS 107, aM Mümmler JB **80**, 1606, oder ein solcher Rat, den der Rpfl nach § 3 II BerHG erteilen könnte, aber eben nicht erteilen will, Hansens JB **86**, 171. Die Beratung kann schriftlich, per Telefax, elektronisch, telefonisch, mündlich erfolgen. In derselben Angelegenheit nach § 15 Rn 9 fällt VV 2501 nur einmal an, § 15 II 1, dort Rn 22 ff. Bei einer nur mit dem Auftraggeber stattfindenden Erörterung liegt meist ein Rat vor. Demgegenüber erfüllt eine nach außen wirkende Tätigkeit durchweg andere Gebührentatbestände, Bischof NJW **81**, 898.

Unanwendbar ist VV 2501 bei einer nicht gerade als eine Anwaltstätigkeit nach § 1 Rn 23 einstufbaren Tätigkeit, etwa bei einer Kreditvermittlung, Ffm AnwBl **81**, 152.

Derjenige Anwalt, der die Beratung *im Rahmen einer Beratungshilfe* nach Rn 1, 2 erteilt, erhält statt der Vergütung des § 34 eine Festgebühr nach (jetzt) VV 2501, Forstmann AnwBl **82**, 182. Daher ist der Gegenstandswert insofern unerheblich, Forstmann AnwBl **82**, 182. Die amtliche Anmerkung II zwingt zur dort nicht bestimmten Anrechnung, (zum alten Recht) Bischof NJW **81**, 898, (zum neuen Recht) Klier NZS **04**, 470. Bei der dort genannten „sonstigen" Tätigkeit kann es sich um eine gerichtliche oder außergerichtliche handeln.

5 **5) Kein Zusammenhang mit anderer Tätigkeit.** Die Festgebühr VV 2501 entsteht nach der (jetzt) amtlichen Anmerkung I nur, soweit die Beratung nicht mit einer anderen anwaltlich gebührenpflichtigen Tätigkeit zusammenhängt, AG Kblz FamRZ **98**, 1038. Dieser Begriff ist zwar weit auslegbar. Er erfordert aber doch eine innere Verknüpfung, Düss MDR **86**, 158. Sie kann zB bei einer Scheidungs- und Scheidungsfolgesache nach §§ 133 ff FamFG fehlen, Düss MDR **86**, 158. Ein solcher Zu-

sammenhang kann bei VV 2502 bestehen. Er kann auch dann vorliegen, wenn zB eine Tätigkeit für ein gerichtliches Verfahren noch nicht oder nicht mehr erfolgt. Er kann bei VV 2503 nach einem vorsorglichen Widerspruch gegen einen Mahnbescheid nach § 694 ZPO bestehen, AG Regensb Rpfleger **06**, 416. Er kann fehlen, obwohl der Anwalt schon oder noch auch im Bezug auf ein gerichtliches Verfahren tätig ist, LG Mainz Rpfleger **87**, 160. Er kann dann fehlen, wenn es für dieselbe Tätigkeit einen weiteren Gebührenschuldner gibt.

Nr.	Gebührentatbestand	Gebühr oder Satz der Gebühr nach § 13 RVG
2502	**Beratungstätigkeit mit dem Ziel einer außergerichtlichen Einigung mit den Gläubigern über die Schuldenbereinigung auf der Grundlage eines Plans (§ 305 Abs. 1 Nr. 1 InsO):** Die Gebühr 2501 beträgt	70,00 €

1) **Systematik, Regelungszweck.** Vgl VV 2501. Die Verdoppelung der Gebührenhöhe gegenüber VV 2501 ist der einzige Zweck, Zweibr JB **08**, 423. Sie hat ihren Grund in der oft besonderen Mühe des Anwalts im Schuldenbereinigungsverfahren.   1

2) **Geltungsbereich: Beratung zwecks Schuldenbereinigung.** Mit dem Antrag auf die Eröffnung des Insolvenzverfahrens nach § 13 I InsO oder wie bei § 121 I 1 BGB unverzüglich danach muß der Schuldner unter anderem nach § 305 I Z 1 InsO eine Bescheinigung vorlegen, wonach man eine außergerichtliche Einigung mit dem Gläubigern über die Schuldenbereinigung auf der Grundlage eines Plans innerhalb der letzten sechs Monate vor dem Eröffnungsantrag erfolglos versucht hat. Für die Beratung durch den Anwalt im Rahmen einer bloßen Beratungshilfe zur Herbeiführung einer solchen außergerichtlichen Einigung gibt VV 2502 dem Anwalt eine Vergütung, AG Köln Rpfleger **99**, 497, Vallender MDR **99**, 529. Zum Beratungsbegriff VV 2501 Rn 4. Soweit es zu einer Tätigkeit auch oder nur nach VV 2503 amtliche Anmerkung I kommt, kann außerdem eine Geschäftsgebühr nach VV 2503 entstehen.   2

Zur Herbeiführung muß die Beratung dienen, nicht zur Verhinderung oder auch nur ausschließlich zur Verzögerung der Einigung, Enders JB **02**, 170. Dabei ist aber kein zu kleinlicher Maßstab zulasten des Anwalts erlaubt, Enders JB **02**, 170. Auch eine vorübergehende gewisse Verzögerung usw kann einer schließlichen Einigung förderlich und daher nach VV 2502 ausreichend sein.   3

Nr.	Gebührentatbestand	Gebühr oder Satz der Gebühr nach § 13 RVG
2503	**Geschäftsgebühr** .... I Die Gebühr entsteht für das Betreiben des Geschäfts einschließlich der Information oder die Mitwirkung bei der Gestaltung eines Vertrags. II ¹Auf die Gebühren für ein anschließendes gerichtliches oder behördliches Verfahren ist diese Gebühr zur Hälfte anzurechnen. ²Auf die Gebühren für ein Verfahren auf Vollstreckbarerklärung eines Vergleichs nach den §§ 796 a, 796 b und 796 c Abs. 2 Satz 2 ZPO ist die Gebühr zu einem Viertel anzurechnen.	85,00 €

Gliederung

1) Systematik	1
2) Regelungszweck	2
3) Geltungsbereich, amtliche Anmerkung I	3–6
A. Betreiben des Geschäfts, Hs 1	3
B. Mitwirkung bei Vertragsgestaltung, Hs 2	4
C. Ursächlichkeit der Anwaltstätigkeit, Hs 1, 2	5, 6

VV 2503

4) **Anrechnung, amtliche Anmerkung II** 7–23
   A. Grundsatz: Keine zu hohe Vergütung, S 1, 2 8–12
   B. Geschäftsgebühr, S 1, 2 13
   C. Zunächst außergerichtliches oder außerbehördliches Verfahren, S 1 14
   D. Anschließend gerichtliches oder behördliches Verfahren, S 1 15
   E. Dieselben Beteiligten, S 1, 2 16
   F. Derselbe Streit, S 1, 2 17
   G. Zeitlicher Zusammenhang, S 1, 2 18
   H. Zunächst außergerichtliches Verfahren, anschließend Vollstreckbarkeitsverfahren nach §§ 796 a, b, c ZPO, S 2 19
   I. Tätigkeit, S 1, 2 20–23
5) **Anrechnungshöhe, amtliche Anmerkung II** 24

1 **1) Systematik.** VV 2503 nennt demselben Begriff wie VV 2300. Die amtliche Anmerkung I stimmt mit der amtlichen Vorbemerkung 2.3 III überein. Damit nennt das Gesetz zwei verschiedene Tätigkeitsbereiche, nämlich zum einen das Betreiben des Geschäfts und zum anderen die Mitwirkung bei einer Vertragsgestaltung. Vgl dazu bei VV 2300. Beide Bereiche ergeben aber nur einmal eine Geschäftsgebühr. Sie entsteht nur gegenüber der Landeskasse als eine öffentlichrechtliche Vergütung oder Entschädigung. Vgl auch dazu bei VV 2300. Allerdings kann sie nach VV 1008 bei mehreren Auftraggebern nach § 7 erhöht anfallen, Naumb JB **10**, 473, Oldb JB **07**, 140, AG Kiel Rpfleger **10**, 128, aM LG Osnabr JB **00**, 141, AG Geldern JB **96**, 545, AG Kblz FamRZ **02**, 474 (aber auch mehrere Asylanten sind Streitgenossen nach §§ 59 ff ZPO). VV 2503 hat den Vorrang vor VV 2501.

2 **2) Regelungszweck.** Das Gesetz soll ersichtlich mit seinem System fester Gebühren eine kostenrechtliche Erleichterung bei der Abrechnung bewirken. Es nimmt in Kauf, daß die Festgebühr wie jede Gebühr solcher Art im einen Fall rasch entsteht, daß der Anwalt sie aber im anderen nur langsam und mühsam verdient.

3 **3) Geltungsbereich, amtliche Anmerkung I.** Es gelten dieselben Erwägungen wie bei VV 2300 Rn 3 ff. Maßgebend sind auch hier die Art und der Umfang des Auftrags (zum alten Recht) BGH AnwBl **83**, 512. Der Beratungshilfeantrag muß vor dem Beginn der Anwaltstätigkeit vorgelegen haben, AG Konst RR **07**, 209.

A. Betreiben des Geschäfts, Hs 1. Die Tätigkeit beginnt mit der auftragsgemäßen Entgegennahme der Information nicht nur zur Beratung, Köln JB **17**, 583. Der Umfang und die Schwierigkeit sowie die Zeitdauer usw sind freilich anders als bei VV 2300 hier unerheblich. Denn es entsteht eine Festgebühr.

4 **B. Mitwirkung bei Vertragsgestaltung, Hs 2.** Es gelten auch insofern dieselben Erwägungen wie bei VV 2300. Auch diese Tätigkeit beginnt mit der auftragsgemäßen Information. Auch hier sind der Umfang und die Schwierigkeit sowie die Zeitdauer usw unerheblich. Denn es entsteht ja eben eine Festgebühr.

5 **C. Ursächlichkeit der Anwaltstätigkeit, Hs 1, 2.** Die Tätigkeit des Anwalts muß für das Geschäft oder den Vertrag nach der amtlichen Anmerkung I zumindest mitursächlich gewesen sein, (zum alten Recht) LG Frankenth Rpfleger **87**, 338, Forstmann AnwBl **82**, 182. Diese Mitursächlichkeit braucht nicht so weit zu gehen wie eine Mitwirkung nach VV 1000, 1002. Eine besondere Bemühung ist nicht nötig, LG Aachen JB **99**, 20. Der Anwalt braucht also nicht noch beim Abschluß des Vertrages mitgewirkt zu haben. Er braucht aber auch nicht bei den Vertragsverhandlungen usw direkt mitgewirkt zu haben. Er braucht überhaupt nicht nach außen in Erscheinung getreten zu sein, aM Bbg MDR **16**, 422 (bloße Akteneinsicht).

Irgendeine Tätigkeit reicht aus, die dem Geschäft oder der Vertragsgestaltung förderlich war. Das gilt selbst dann, wenn die Tätigkeit diese Verfahrensbeendigung nicht oder nicht vorrangig oder nur vorübergehend bezweckte, Klinge AnwBl **81**, 167. Es muß also seine Tätigkeit nicht geradezu erforderlich gewesen sein, aM LG Kblz JB **03**, 366, AG Halle Rpfleger **12**, 266 (aber auch etwas nicht gerade Erforderliches kann zum Vertrag „führen"). In der Praxis sind freilich die Maßstäbe für die Ursächlichkeit bei VV 2503 einerseits und bei VV 1000, 1002 andererseits im wesentlichen dieselben.

6 Die bloße *Glaubhaftmachung* nach § 294 ZPO *reicht hier nicht aus*, LG Bielef Rpfleger **84**, 248, aM LG Dortm Rpfleger **86**, 321, AG Konst RR **07**, 211, von Bühren

MDR **98**, 89 (aber das Gesetz verlangt eine klare Sicherheit). Erst recht reicht nicht eine anwaltliche Versicherung, AG Konst RR **07**, 210.
Zu den Anforderungen bei *Zweifelsfragen* im Festsetzungsverfahren Forstmann AnwBl **82**, 183.

4) Anrechnung, amtliche Anmerkung II. Sie erfolgt nicht etwa nach § 58 II, III. Denn der Anwalt wird hier nicht nach VV Teilen 3–6 tätig. Das Gericht hat ihn ja auch nicht beigeordnet. Vielmehr gilt nur die amtliche Anmerkung II. Nach II 1 findet eine Anrechnung nur zur Hälfte statt, Stgt MDR **09**, 113, bei II 2 nur zu 25%. Die Gebühren des Anwalts aus der Staatskasse muß man absetzen von den späteren Ansprüchen aus einer weiteren Tätigkeit in derselben Angelegenheit, Enders JB **01**, 172. Man kann auch die Pauschale VV 7002 nicht anteilig anrechnen, Rn 13. 7

Eine Anrechnung wäre *verfassungswidrig*, BVerfG AnwBl **11**, 867.

A. Grundsatz: Keine zu hohe Vergütung, S 1, 2. Die Vorschriften enthalten Regelungen zur Verhinderung einer übermäßigen Vergütung des Anwalts, Meyer JB **00**, 630. Das gilt dann, wenn sich an seine Tätigkeit außerhalb eines gerichtlichen oder behördlichen Verfahrens eine Tätigkeit in derselben Angelegenheit in einem anschließenden gerichtlichen oder behördlichen Verfahren nach S 1 oder in einem Vollstreckbarkeitsverfahren nach S 2 anschließt. Dabei geht S 1 weiter als (jetzt) § 15 II, Kblz AnwBl **89**, 627 (sonst wäre S 1 überflüssig). 8

S 1 erfaßt zum einen den Fall, daß der Anwalt *zunächst nur* den *Auftrag zur* Durchführung einer *außergerichtlichen Beratungshilfe* usw erhielt und daß er erst nach dem Scheitern dieser Bemühungen den weiteren Auftrag erhält, *nun* ein gerichtliches Verfahren einzuleiten, Karlsr AnwBl **03**, 119, Meyer JB **00**, 630. Dann liegen zwar zwei Aufträge und daher auch zwei Angelegenheiten nach § 15 Rn 9 vor, KG VersR **76**, 642. Dennoch schreibt S 1 eine Anrechnung der Geschäftsgebühr und nur noch dieser vor, solange sich das gerichtliche Verfahren anschließt. Das übersieht Stgt JB **76**, 339. 9

S 1 erfaßt weiterhin den Fall, daß der Anwalt zwar zunächst eine außergerichtliche Beratungshilfe erteilen sollte, daß er jedoch *von vornherein* beim Scheitern seiner Bemühungen eine insoweit *bedingte Prozeßvollmacht* nach § 80 ZPO erhalten hatte, unklar BGH RR **88**, 1199. 10

S 1 erfaßt schließlich den Fall, daß der Anwalt zwar den Auftrag zur außergerichtlichen Beratungshilfe hatte, daß er aber *unabhängig* von ihrem Ergebnis *von vornherein* außerdem einen insoweit *unbedingten Prozeßauftrag* erhalten hatte. Dann würde die Verfahrensgebühr seine bisherige außergerichtliche Tätigkeit abgegolten haben, (je zum alten Recht) Mü RR **94**, 1484, AG Dortm JB **77**, 958. Daher ist insofern die Anrechnung der bisher verdienten Geschäftsgebühr angemessen. 11

Die *Praxis* rechnet entgegen dem Wortlaut von S 1 nicht so, daß sie die Gebühren VV 3100ff um die Geschäftsgebühr VV 2503 kürzt. Sie kürzt vielmehr die letztere Gebühr, (zum alten Recht) Ffm AnwBl **85**, 327, und auch sie nur zögernd, Ffm AnwBl **85**, 328. 12

Eine Anrechnung nach S 1, 2 findet statt, soweit die folgenden Voraussetzungen zusammentreffen.

B. Geschäftsgebühr, S 1, 2. Anrechenbar ist bestenfalls die Geschäftsgebühr, VV 2503, Drsd NJW **17**, 1185, OVG Lüneb JB **08**, 311. Eine Auslagenpauschale nach (jetzt) VV 7002 gehört nicht hierher, AG Hbg AnwBl **93**, 294, AG Kleve AnwBl **94**, 197, aM LG Bln Rpfleger **88**, 42. 13

C. Zunächst außergerichtliches oder außerbehördliches Verfahren, S 1. Der Anwalt muß nach S 1 in einem solchen Verfahren tätig geworden sein, Drsd NJW **17**, 1185, Enders JB **99**, 506. Es kommt nur darauf an, ob ein solches Verfahren stattfand und ob er in ihm tätig wurde, nach Rn 8–12 nicht darauf, ob sein Auftrag darauf beschränkt war oder weiterging. Lag schon von Anfang an ein behördliches Verfahren vor, ist S 2 unanwendbar, SG Hann JB **99**, 78. 14

D. Anschließend gerichtliches oder behördliches Verfahren, S 1. An das außergerichtliche oder außerbehördliche Verfahren muß sich ein gerichtliches oder behördliches Verfahren anschließen, Drsd NJW **17**, 1185, aM LG Hildesh RR **01**, 56 15 (auch bei umgekehrter Reihenfolge, dann entsprechende Anwendung. Aber der eindeutige Text deckt sie gerade nicht). Hier gelten im einzelnen die folgenden Regeln.

16 **E. Dieselben Beteiligten, S 1, 2.** Beide Verfahrensabschnitte müssen denselben Anwalt oder dieselbe echte Sozietät betreffen, KG RR **97**, 824. Beide Verfahren müssen auch denselben Gegner betreffen, Mü JB **95**, 86, AG Bonn AnwBl **01**, 246, Enders JB **99**, 507. Soweit der Anwalt insbesondere nur einen von zwei Schuldnern des Auftraggebers berät, findet dort keine Anrechnung der gegenüber dem nur außergerichtlich abgemahnten weiteren Schuldner entstandenen Gebühr statt, Mü MDR **89**, 273, LG Frankenth AnwBl **96**, 176, AG Nordhorn AnwBl **94**, 93, aM Mü RR **94**, 1484, LG Karlsr Rpfleger **94**, 41 (inkonsequent).

17 **F. Derselbe Streit, S 1, 2.** Beide Verfahrensabschnitte müssen ferner denselben Streit betreffen, Düss AnwBl **90**, 629, Mü JB **95**, 86, Enders JB **99**, 507. Es reicht aus, daß nur ein Teil des Anspruchs gegen denselben Schuldner zum Rechtsstreit führt, LG Bln VersR **83**, 763, oder nur einer von mehreren Ansprüchen, LG Augsb AnwBl **82**, 318, aM Ffm GRUR **87**, 654, AG Plön ZfS **88**, 10 (grenzen eine vorprozessuale Abmahntätigkeit von der prozessual folgenden zu stark ab).

18 **G. Zeitlicher Zusammenhang, S 1, 2.** Zwischen dem außergerichtlichen und dem gerichtlichen Verfahren muß schließlich ein gewisser zeitlicher Zusammenhang bestehen, KG VersR **76**, 642, Enders JB **99**, 508, Schmidt AnwBl **75**, 4. Soweit diese Voraussetzung vorliegt, ist es unerheblich, ob der Anwalt in demjenigen gerichtlichen oder behördlichen Verfahren tätig wird, das sich an das außergerichtliche oder außerbehördliche Verfahren unmittelbar anschließt, oder ob er erst in einem zeitlich nachfolgenden weiteren gerichtlichen oder behördlichen Folgeverfahren tätig wird, Hbg MDR **77**, 325. Nach einem außergerichtlichen Vergleich liegt nach § 779 BGB bei einer Notwendigkeit, die dort vereinbarten Leistungen gerichtlich geltend zu machen, nicht mehr derselbe Streit vor, Mü JB **95**, 86.

19 **H. Zunächst außergerichtliches Verfahren, anschließend Vollstreckbarkeitsverfahren nach §§ 796 a, b, c ZPO, S 2.** Eine Anrechnung muß in einem gegenüber S 1 verringerten Umfang von nur einem Viertel auch dann stattfinden, wenn der Anwalt im Verfahren auf die Vollstreckbarerklärung eines sog vollstreckbaren Anwaltvergleichs nach §§ 796 a, b, c II 2 ZPO irgendwie mitwirkt, VV 1000.

20 **I. Tätigkeit, S 1, 2.** Der Anwalt muß im anschließenden gerichtlichen oder behördlichen Verfahren nach S 1 oder im Vollstreckbarkeitsverfahren nach S 2 tätig geworden sein, Drsd NJW **17**, 1185, zB als Verkehrsanwalt des Widerklägers, LG Mü AnwBl **86**, 45. Zur Tätigkeit reicht irgendeine verfahrensfördernde Verhaltensweise aus, zB eine Akteneinsicht, KG Rpfleger **07**, 554. Soweit der Schuldner nach einer außergerichtlichen Verhandlung einen Teilbetrag gezahlt hat und der Auftraggeber den Rest eingeklagt hat, entstehen für den bezahlten Teil Gebühren nach VV 2300. Die Geschäftsgebühr ist auf die Gebühren für den eingeklagten Teil anrechenbar, KG VersR **76**, 642, LG Köln VersR **75**, 73. Zur Ermäßigung bei ratenweiser Prozeßkostenhilfe Drsd FamRZ **09**, 1858.

21 Wenn dagegen der Anwalt *zunächst in einem solchen gerichtlichen oder behördlichen Verfahren* tätig wurde, in dem er zB eine gerichtliche oder behördliche Genehmigung besorgt hat, erfolgt keine Anrechnung der dort verdienten Geschäftsgebühr auf die Gebühren für ein solches anschließendes gerichtliches Klageverfahren, für das der Auftraggeber diese Genehmigung benötigt, Enders JB **99**, 506. Denn die Gebühr VV 2503 ist nur für eine Tätigkeit des Anwalts in einem gerichtlichen oder behördlichen (Vor-)Verfahren entstanden, also nicht außerhalb eines solchen Verfahrens.

22 Dasselbe gilt dann, wenn der Anwalt beim Gericht die Bestellung eines *Pflegers oder Betreuers* beantragt und wenn sich ein solches streitiges gerichtliches Verfahren anschließt, in dem der Pfleger oder Betreuer den Auftraggeber vertritt. Denn es handelt sich dann jeweils um zwei getrennte Angelegenheiten nach § 15 Rn 7. Man darf uE sie § 15 V auch dann nicht anwenden, wenn der Anwalt die Aufträge nacheinander erhielt.

23 Eine *Anrechnung* nach S 1 erfolgt aber dann, wenn der Anwalt zB in einer Mietpreisangelegenheit eine Geschäftsgebühr VV 2503 verdient hat und nun den Auftrag

Vergütungsverzeichnis   **2503–2508 VV**

erhält, ein Verfahren vor einer Verwaltungsbehörde einzuleiten, sofern er diesen Auftrag anschließend erhielt, oder wenn es vorprozessual um das Erfüllungsverlangen ging, prozessual um einen Verzugsschaden, Kblz AnwBl 89, 626.
Eine solche Anrechnung erfolgt *nicht* auf die Gebühr für ein anschließendes gerichtliches Verfahren. Denn dann handelt es sich wieder um zwei verschiedene Angelegenheiten. Das Verwaltungsverfahren und das Nachprüfungsverfahren sind verschiedene Angelegenheiten nach § 17 Z 1.
5) Anrechnungshöhe, amtliche Anmerkung II. Es erfolgt keine volle Anrechnung. Vielmehr ist bei S 1 eine Anrechnung nur zur Hälfte statthaft. Bei S 2 ist sie sogar nur zu einem Viertel statthaft, beides von VV 2503. Vgl Rn 7.   24

Nr.	Gebührentatbestand	Gebühr oder Satz der Gebühr nach § 13 RVG
2504	Tätigkeit mit dem Ziel einer außergerichtlichen Einigung mit den Gläubigern über die Schuldenbereinigung auf der Grundlage eines Plans (§ 305 Abs. 1 Nr. 1 InsO): Die Gebühr 2503 beträgt bei bis zu 5 Gläubigern	270,00 €
2505	Es sind 6 bis 10 Gläubiger vorhanden: Die Gebühr 2504 beträgt	405,00 €
2506	Es sind 11 bis 15 Gläubiger vorhanden: Die Gebühr 2504 beträgt	540,00 €
2507	Es sind mehr als 15 Gläubiger vorhanden: Die Gebühr 2504 beträgt	675,00 €

Zu VV 2504–2507:

1) Systematik, Regelungszweck. Es gilt dasselbe wie bei VV 2502 Rn 1, 2.   1
2) Geltungsbereich. Während VV 2502 die Beratungsgebühr regelt, bestimmt   2
die Gruppe VV 2504–2507 die Höhe einer Geschäftsgebühr des VV 2503. Vgl daher zunächst die dortigen Anm. Es muß bei VV 2504 ein schriftlicher Plan vorliegen, KG Rpfleger 08, 647. Es ergeben sich lediglich für den bei VV 2502 Rn 3 ff geschilderten besonderen Geltungsbereich, mit der derjenige des VV 2504 übereinstimmt, eine vorrangige Staffelung nach der Zahl der Gläubiger, Ffm JB 08, 422. Dabei ist es ausreichend, wenn in irgendeinem Zeitpunkt während der von VV 2502, 2504 genannten Tätigkeitsart diejenige Gläubigerzahl vorhanden war, von der jeweils VV 2504–2507 sprechen. Es genügt also zB, daß kurz vor dem Abschluß der Einigung 16 Gläubiger vorhanden waren, um VV 2507 anzuwenden. Maßgebend ist die Gläubigerzahl, nicht die Forderungszahl, AG Hann JB 06, 531. Bei gesamtschuldnerisch haftenden Eheleuten zählen Gesamtgläubiger bei jedem der Ehepartner, Ffm RR 10, 1008. Ein Fast-Nullplan kann reichen, Stgt Rpfleger 17, 219.
Hinzutreten kann die Einigungsgebühr des VV 2508 als eine Erfolgsgebühr gegen-   3
über den bloßen Tätigkeitsgebühren des VV 2504–2507.
Kein Plan nach § 305 I Z 1 InsO sind Einzelschreiben an die Gläubiger des Auf-   4
traggebers, LG Hann JB 07, 251. Unanwendbar ist VV 2504 bei nur einem Gläubiger, Bbg MDR 10, 1158, oder bei einem sog starren Nullplan, Bbg MDR 10, 1158, aM Köln JB 16, 578, Nürnb MDR 17, 308.

Nr.	Gebührentatbestand	Gebühr oder Satz der Gebühr nach § 13 RVG
2508	Einigungs- und Erledigungsgebühr .... I Die Anmerkungen zu Nummern 1000 und 1002 sind anzuwenden. II Die Gebühr entsteht auch für die Mitwirkung bei einer außergerichtlichen Einigung mit den Gläubigern	150,00 €

VV 2508, Vorbem 3

Vergütungsverzeichnis

Nr.	Gebührentatbestand	Gebühr oder Satz der Gebühr nach § 13 RVG
	über die Schuldenbereinigung auf der Grundlage eines Plans (§ 305 Abs. 1 Nr. 1 InsO).	

1 **1) Systematik.** Es handelt sich um eine neben VV 2501–2507 mögliche zusätzliche Erfolgsgebühr. Sie ist also nicht nur neben der Geschäftsgebühr möglich, sondern auch neben der Beratungsgebühr, AG Aachen JB 06, 488. Letztere entsteht als eine Tätigkeitsgebühr schon mit der Bemühung um eine Einigung oder Erledigung. Die Gebühr VV 2508 entsteht aber erst durch einen solchen Erfolg, AG Kblz RR 06, 1367. VV 1000, 1002 sind nach der amtlichen Anmerkung II ausdrücklich zur Auslegung nur in ihren amtlichen Anmerkungen heranziehbar.

2 **2) Regelungszweck.** Wie bei VV 1000, 1002 belohnt das Gesetz eine Einigung. Aber auch eine Erledigung soll eine solche Anerkennung erhalten. Das paßt nach VV 1000 Rn 2 zum Leitbild einer fast um jeden Preis um eine Streitbeendigung ohne ein Urteil bemühten Rechtsordnung mit allen zugehörigen Anreizen wie Problemen.

3 **3) Geltungsbereich.** Die Vorschrift gilt für alle diejenigen Gebiete, auf denen eine Beratungshilfe zulässig ist und der Anwalt auch innerhalb einer Beratungshilfe tätig wird.

4 **4) Einigung oder Erledigung der Rechtssache, amtliche Anmerkung I.** Es gilt dasselbe wie bei VV 1000, 1002, LG Kaisersl Rpfleger 11, 448, AG Hann JB 06, 79 links, AG Kblz RR 06, 1367. Es muß kein gegenseitiges Nachgeben erfolgen, LG Mönchengladb JB 07, 306 links. Die Gebühr VV 2508 kann bei einer Einigung *und* Erledigung doppelt entstehen. Für die Einigung ist der Antragsteller darlegungspflichtig, AG Aachen JB 06, 488.

5 **5) Mitwirkung bei Einigung nach InsO, amtliche Anmerkung II.** Vgl zunächst VV 2502. Gegenüber der dortigen Beratungsgebühr regelt VV 2508 amtliche Anmerkung II die Auswirkung an einer im Lauf einer solchen bloßen Beratung mit den Gebühren VV 2504–2507 dann auch noch wirklich zustande gekommenen außergerichtlichen Einigung. Es findet keine Erhöhung nach der Gläubigerzahl statt, Stgt Rpfleger 08, 502.

Teil 3. Zivilsachen, Verfahren der öffentlich-rechtlichen Gerichtsbarkeiten, Verfahren nach dem Strafvollzugsgesetz, auch in Verbindung mit § 92 des Jugendgerichtsgesetzes, und ähnliche Verfahren

(Amtliche) Vorbemerkung 3:

I [1] Gebühren nach diesem Teil erhält der Rechtsanwalt, dem ein unbedingter Auftrag als Prozess- oder Verfahrensbevollmächtigter, als Beistand für einen Zeugen oder Sachverständigen oder für eine sonstige Tätigkeit in einem gerichtlichen Verfahren erteilt worden ist. [2] Der Beistand für einen Zeugen oder Sachverständigen erhält die gleichen Gebühren wie ein Verfahrensbevollmächtigter.

II Die Verfahrensgebühr entsteht für das Betreiben des Geschäfts einschließlich der Information.

III [1] Die Terminsgebühr entsteht sowohl für die Wahrnehmung von gerichtlichen Terminen als auch für die Wahrnehmung von außergerichtlichen Terminen und Besprechungen, wenn nichts anderes bestimmt ist. [2] Sie entsteht jedoch nicht für die Wahrnehmung eines gerichtlichen Termins nur zur Verkündung einer Entscheidung. [3] Die Gebühr für außergerichtliche Termine und Besprechungen entsteht für

1. die Wahrnehmung eines von einem gerichtlich bestellten Sachverständigen anberaumten Termins und

2. die Mitwirkung an Besprechungen, die auf die Vermeidung oder Erledigung des Verfahrens gerichtet sind; dies gilt nicht für Besprechungen mit dem Auftraggeber.

IV [1] Soweit wegen desselben Gegenstands eine Geschäftsgebühr nach Teil 2 entsteht, wird diese Gebühr zur Hälfte, bei Wertgebühren jedoch höchstens mit einem Gebührensatz von 0,75, auf die Verfahrensgebühr des gerichtlichen Verfahrens angerechnet. [2] Bei Betragsrahmengebühren beträgt der Anrechnungsbetrag höchstens 175,00 €. [3] Sind mehrere Gebühren entstanden, ist für die Anrechnung die zuletzt entstandene Gebühr maßgebend. [4] Bei einer Betragsrahmengebühr ist nicht zu berücksichtigen, dass der Umfang der Tätigkeit im gerichtlichen Verfahren infolge der vorangegangenen Tätigkeit geringer ist. [5] Bei einer wertabhängigen Gebühr erfolgt die Anrechnung nach dem Wert des Gegenstands, der auch Gegenstand des gerichtlichen Verfahrens ist.

V Soweit der Gegenstand eines selbstständigen Beweisverfahrens auch Gegenstand eines Rechtsstreits ist oder wird, wird die Verfahrensgebühr des selbstständigen Beweisverfahrens auf die Verfahrensgebühr des Rechtszugs angerechnet.

VI Soweit eine Sache an ein untergeordnetes Gericht zurückverwiesen wird, das mit der Sache bereits befasst war, ist die vor diesem Gericht bereits entstandene Verfahrensgebühr auf die Verfahrensgebühr für das erneute Verfahren anzurechnen.

VII Die Vorschriften dieses Teils sind nicht anzuwenden, soweit Teil 6 besondere Vorschriften enthält.

Abschnitt 1. Erster Rechtszug

(Amtliche) Vorbemerkung 3.1:

I Die Gebühren dieses Abschnitts entstehen in allen Verfahren, für die in den folgenden Abschnitten dieses Teils keine Gebühren bestimmt sind.

II Dieser Abschnitt ist auch für das Rechtsbeschwerdeverfahren nach § 1065 ZPO anzuwenden.

Nr.	Gebührentatbestand	Gebühr oder Satz der Gebühr nach § 13 RVG
3100	Verfahrensgebühr, soweit in Nummer 3102 nichts anderes bestimmt ist .... I Die Verfahrensgebühr für ein vereinfachtes Verfahren über den Unterhalt Minderjähriger wird auf die Verfahrensgebühr angerechnet, die in dem nachfolgenden Rechtsstreit entsteht (§ 255 FamFG). II Die Verfahrensgebühr für einen Urkunden- oder Wechselprozess wird auf die Verfahrensgebühr für das ordentliche Verfahren angerechnet, wenn dieses nach Abstandnahme vom Urkunden- oder Wechselprozess oder nach einem Vorbehaltsurteil anhängig bleibt (§§ 596, 600 ZPO). III Die Verfahrensgebühr für ein Vermittlungsverfahren nach § 165 FamFG wird auf die Verfahrensgebühr für ein sich anschließendes Verfahren angerechnet.	1,3

Gliederung

1) Systematik	1
2) Regelungszweck	2
3) Sachlicher Geltungsbereich	3, 3a
A. Grundsatz: Umfassende Anwendbarkeit	3
B. Beispiele zur Frage des sachlichen Geltungsbereichs	3a
4) Persönlicher Geltungsbereich	4–6
A. Prozeßbevollmächtigter oder Beistand usw	4
B. Beispiele zur Frage eines Prozeßbevollmächtigten usw ..	5, 6
5) Rechtszug	7, 8

VV 3100

Vergütungsverzeichnis

    6) Derselbe Gegenstand 9
    7) Verfahrensgebühr 10–53
       A. Grundsatz: Pauschale Gesamtabgeltung 10
       B. Auftrag 11
       C. Beispiele zur Frage eines Auftrages 12
       D. Entstehung 13
       E. Gebührenhöhe 14
       F. Fälligkeit 15
       G. Beispiele zur Frage einer Verfahrensgebühr 16–49
       H. Gegenstandswert 50
       I. Beispiele zur Frage des Gegenstandswert 51–53
    8) Anrechnung 54–62
       A. Bei einer Geschäftsgebühr, amtliche Vorbemerkung 3 IV 55
       B. Beispiele zur Frage der Anrechnung bei einer Geschäftsgebühr 56
       C. Beim selbständigen Beweisverfahren, amtliche Vorbemerkung 3 V 57
       D. Bei Zurückverweisung, amtliche Vorbemerkung 3 VI 58
       E. Nach vereinfachtem Unterhaltsverfahren, amtliche Anmerkung I 59
       F. Nach Urkunden- oder Wechselprozeß, amtliche Anmerkung II 60
       G. Nach Vermittlungsverfahren, amtliche Anmerkung III 61
       H. Unanwendbarkeit von VV 3100ff bei VV 6100ff, amtliche Vorbemerkung 3 VII 62

1   **1) Systematik.** VV 3100 ist eine der wichtigsten Vorschriften des RVG. Sie regelt zusammen mit VV 3104 den Kernbereich der anwaltlichen Tätigkeit vor Gericht im Regelfall. VV 3101, 3105 stellen demgegenüber solche vorrangigen Sonderregeln dar, die die Regelung des VV 3100 teils erweitern, teils beschränken, teilweise die dem Prozeß vorgeordneten und zugeordneten Begleitverfahren umfassen. VV 6100–6404 haben nach der amtlichen Vorbemerkung 3 VII den Vorrang.
    Die Gebühren sind Pauschgebühren nach Einl II A 9. Bereits der *Beginn einer Tätigkeit* nach dem jeweiligen Gebührentatbestand löst die volle Einzelgebühr aus.
    Die Gebühren sind *teilweise voneinander unabhängig*. Es entsteht stets die Verfahrensgebühr. Die Terminsgebühr kann bei einer entsprechenden Tätigkeit des Anwalts hinzukommen. Allerdings können nach der amtlichen Vorbemerkung 3 IV–VI sowie nach der amtlichen Anmerkung I–III verschiedene Anrechnungen auf die Verfahrensgebühr erfolgen.

2   **2) Regelungszweck.** Die Vorschrift bezweckt wie fast alle Regelungen des RVG einen Ausgleich zwischen den Grundsätzen einer Kostengerechtigkeit einerseits und einer Vereinfachung der Berechnung im Interesse der Prozeßwirtschaftlichkeit andererseits. Diesem Ziel dienen auch die Anrechnungsregeln in den bei Rn 1 genannten weiteren Vorschriften.

3   **3) Sachlicher Geltungsbereich.** Es gibt einen einfachen Grundsatz.
    A. Grundsatz: Umfassende Anwendbarkeit. VV 3100 gilt nach der amtlichen Vorbemerkung 3.1 II grundsätzlich für alle erstinstanzlichen von der amtlichen Überschrift des VV Teil 3 erfaßten Verfahrensarten.

3a   **B. Beispiele zur Frage des sachlichen Geltungsbereichs**
Adhäsionsverfahren: Anwendbar ist VV 3100 in ihm nach §§ 403ff StPO.
Arbeitsgerichtsverfahren: Anwendbar ist VV 3100 in einem Beschluß- wie Urteilsverfahren nebst Schiedsverfahren und Güteverfahren.
Arrest, einstweilige Verfügung: Anwendbar ist VV 3100 bei §§ 916ff, 935ff ZPO.
S auch „Schutzschrift".
Aufschiebende Wirkung: S „Verwaltungsakt".
Einstweilige Anordnung: Anwendbar ist VV 3100 bei einer solchen beliebiger Art etwa nach §§ 49ff FamFG.
Entschädigungsverfahren: Anwendbar ist VV im Bereich des § 13 StrEG.
S auch „Adhäsionsverfahren".
Europäisches Mahnverfahren: Anwendbar ist VV 3100 bei §§ 1087ff ZPO, Nürnb MDR **10**, 294.
Familiensache: Anwendbar ist VV 3100 bei ihr, Schneider NZFam **14**, 403. Dabei kann für ein vorangegangenes isoliertes FamFG-Verfahren das GNotKG anwendbar bleiben, Teil III dieses Buchs, Zweibr JB **06**, 425, aber auch das FamGKG an-

wendbar sein, Teil I B dieses Buchs; zu den Problemen Groß FPR **12**, 263, von König FPR **12**, 267.
Freiwillige Gerichtsbarkeit: Wegen einer Familiensache s dort. Im restlichen FamFG-Verfahren ist VV 3100 ebenfalls anwendbar.
Geschäftsführung ohne Auftrag: Anwendbar sein kann VV 3100 bei ihr nach §§ 677 ff BGB.
Schutzschrift: Anwendbar sein kann VV 3100 auf eine solche Tätigkeit nach zB §§ 945 a, b ZPO.
Schiedsrichterliches Verfahren: Anwendbar ist VV 3100 bei einer Tätigkeit nach zB §§ 1025 ff ZPO. Das gilt auch bei einer dortigen staatsgerichtlichen Handlung etwa nach § 1050 ZPO.
S auch „Vollstreckbarerklärung".
Selbständiges Beweisverfahren: Anwendbar ist VV 3100 bei §§ 485 ff ZPO.
Sozialgerichtsverfahren: Anwendbar ist VV 3100, LSG Essen JB **15**, 470.
Unzuständigkeit: Anwendbar bleibt VV 3100, solange das Verfahren noch vor einem der nach der amtlichen Überschrift des Teils 3 VV hierher gehörenden Gerichte anhängig ist.
Urkundenprozeß: Anwendbar ist VV 3100 bei §§ 592 ff ZPO.
Verwaltungsakt: Anwendbar ist VV 3100 bei seiner Aussetzung oder Aufhebung seiner Vollziehung oder bei der Anordnung oder Wiederherstellung einer aufschiebenden Wirkung.
Verwaltungsgerichtsverfahren: Anwendbar ist VV 3100 bei ihm nach der VwGO, soweit sie keine vorrangigen Sonderbestimmungen enthält, etwa in § 87 I VwGO, (zum alten Recht) VG Wiesb JB **99**, 587.
Vollstreckbarerklärung: Anwendbar ist VV 3100 bei einer Tätigkeit zB nach einem Schiedsspruch, §§ 1059 ff ZPO, Mü NJW **13**, 3187 (§ 1065 ZPO).
Wiederaufnahmeverfahren: Anwendbar ist VV 3100 bei §§ 578 ff ZPO.
Zwangsvollstreckung: Anwendbar ist VV 3100 bei §§ 704 ff ZPO.

4) Persönlicher Geltungsbereich. Der Anwalt verdient eine Verfahrensgebühr **4**
VV 3100 nur, sofern der Auftraggeber ihn bedingungslos zum ProzBev oder VerfBev oder Beistand bestellt hat, amtliche Vorbemerkung 3 I, Brdb JB **02**, 365, Bre MDR **03**, 1143, Meyer JB **08**, 16.

A. **Prozeßbevollmächtigter oder Beistand usw.** I übernimmt insofern den Begriff der Prozeßvollmacht nach § 80 ZPO und der entsprechenden Verfahrensvollmacht nach § 11 FamFG. Der Anwalt muß also für den ganzen Prozeß oder das ganze Verfahren mindestens in dieser Instanz und daher nicht nur für einzelne Prozeß- oder Verfahrenshandlungen oder -abschnitte innerhalb der Instanz einen unbedingten Auftrag haben. Der Auftraggeber muß ihn zu allen den Rechtsstreit oder das sonstige Verfahren betreffenden Parteiprozeßhandlungen nach BLAH Grdz 47 vor § 128 ZPO zwecks Angriffs oder Verteidigung ermächtigt haben, einschließlich derjenigen, die durch eine Widerklage nach BLAH Anh § 253 ZPO, einen Gegenantrag, eine Wiederaufnahme des Verfahrens nach §§ 578 ff ZPO und die Zwangsvollstreckung nach §§ 704 ff ZPO nötig werden. Er muß zur Bestellung eines Vertreters sowie eines Bevollmächtigten für die höheren Instanzen befugt sein. Er muß die Ermächtigung haben, das Verfahren durch einen etwa zulässigen Vergleich, eine Verzichtleistung auf den Streitgegenstand oder durch eine Anerkennung des von dem Gegner erhobenen Anspruchs zu beenden. Er muß schließlich die Erlaubnis zur Empfangnahme der vom Gegner zu erstattenden Kosten haben.

Eine *sonstige Tätigkeit* nach der amtlichen Vorbemerkung 3 I 1 scheint höchst unklar: Sie scheint jede Einzelbeauftragung und jede auf Einzelakte beschränkte Tätigkeit schon auch dem VV 3100 zuzuordnen. Indessen ergeben VV 3105 ff die richtige Abgrenzung auch hier: VV 3100 erfaßt nur denjenigen Anwalt, der auftragsgemäß für die ganze Instanz tätig wird.

B. **Beispiele zur Frage eines Prozeßbevollmächtigten usw** **5**
Beigeordneter Anwalt: VerfBev ist auch der nach §§ 138, 269 FamFG beigeordnete Anwalt. Der im Weg einer Prozeß- oder Verfahrenskostenhilfe nach §§ 121 ZPO, 76 FamFG beigeordnete Anwalt sowie ein nach §§ 78 b, c ZPO beigeordneter Notanwalt erhalten auch für eine unaufschiebbare Tätigkeit vor der Erteilung

VV 3100

der Vollmacht eine Vergütung in einer entsprechenden Anwendung des VV 3100. Darüber hinaus haben sie ohne eine Vollmacht keinen Anspruch nach VV 3100.

Beistand: Der Beistand eines Zeugen oder Sachverständigen nach § 90 ZPO ist zwar kein ProzBev oder VerfBev. Er steht diesem aber im Bereich VV 3100 ff nach der amtlichen Vorbemerkung 3 I gebührenmäßig gleich.

Beweisanwalt: *Kein* ProzBev oder VerfBev ist der bloße Beweisanwalt.

Rechtsmittelanwalt: ProzBev oder VerfBev ist auch der auf Grund seiner Vollmacht vom etwa gesonderten erstinstanzlichen ProzBev für ein Rechtsmittelverfahren gesondert beauftragte Anwalt.

Rechtsmittelverzicht: Die Regeln „Nach Verfahrensende" gelten zB beim Auftrag nur auf einen Rechtsmittelverzicht, Brdb JB **02**, 365, Ffm OLGR **93**, 290, KG JB **86**, 1366.

Terminsanwalt: *Kein* ProzBev oder VerfBev ist der bloße Terminsanwalt.

Unterbevollmächtigter: *Kein* ProzBev oder VerfBev ist der bloße Unterbevollmächtigte.

6 **Nach Verfahrensende:** Soweit der Auftrag erst nach dem Ende des Verfahrens wegen einzelner noch nach dem Urteil erforderlicher Bescheinigungen usw ergeht, handelt es sich unabhängig von einer etwa jetzt noch formell erteilten „Prozeßvollmacht" in Wahrheit doch nur um Einzeltätigkeiten nach VV 3400 ff, soweit nicht zB eine Beauftragung für die gesamte Zwangsvollstreckung vorliegt, VV 3309, 3310.

Verkehrsanwalt: *Kein* ProzBev oder VerfBev ist der bloße Verkehrsanwalt.

Vollmachtszeitpunkt: Es ist unerheblich, ob der Anwalt *vor* dem Prozeßbeginn oder erst *im Lauf des Prozesses* eine Prozeßvollmacht erhalten hat. Allerdings muß sein Auftrag auf die gesamte Führung des weiteren Verfahrens mindestens in dieser Instanz lauten.

Zustellungsbevollmächtigter: *Kein* ProzBev oder VerfBev ist der bloße Zustellungsbevollmächtigte.

Zwangsvollstreckung: S „Nach Verfahrensende".

7 **5) Rechtszug.** Die Verfahrensgebühr VV 3100 entsteht in demselben Rechtszug nur einmal. Sie gilt also nach §§ 15 II 2, 19 die gesamte einschlägige Tätigkeit des Anwalts in diesem Rechtszug ab.

8 Besondere Gebühren entstehen neben VV 3100 nur insoweit, als *Sondervorschriften* das ausdrücklich anordnen. Im Höchstfall können dem Anwalt in derselben Instanz wegen desselben Gegenstands mehrere Regelgebühren entstehen, nämlich die Verfahrensgebühr VV 3100, die Terminsgebühr VV 3104 und die Einigungsgebühr VV 1000 oder die Erledigungsgebühr VV 1002. Denkbar ist allerdings auch eine Erhöhung nach § 7, VV 1008. Der Umfang der Mühe sowie die Prozeßdauer bleiben bei allen diesen Gebühren grundsätzlich unberücksichtigt.

9 **6) Derselbe Gegenstand.** Wie sich aus der amtlichen Vorbemerkung 3 IV ergibt, erfolgt eine Anrechnung dort insoweit, als es unter anderem um denselben Gegenstand geht, KG JB **09**, 27, LSG Mü AnwBl **16**, 771. Auch unabhängig von dem Anrechnungsfall erhält der Anwalt für jeden selbständigen Gegenstand nach § 15 II 2 in einem Rechtszug die Verfahrensgebühr VV 3100. Das gilt unabhängig davon, ob für eine anwaltliche Tätigkeit wegen eines anderen Gegenstands in demselben Rechtszug weitere Gebühren nach einer anderen Vorschrift entstehen. Zum Begriff des Gegenstands § 9 Rn 12.

Der *Gegenstandswert* für die Gebühren braucht nicht jeweils derselbe zu sein, insbesondere dann, wenn es nur um eine Teilklage oder zB um eine Beweisaufnahme nur über einen Teil des Klaganspruchs geht.

10 **7) Verfahrensgebühr.** Es gibt fünf Hauptgesichtspunkte.

A. Grundsatz: Pauschale Gesamtabgeltung. Die Verfahrensgebühr ist eine Pauschgebühr nach Einl II A 9. Sie entsteht nach Rn 14 mit dem Beginn der auftragsgemäßen Tätigkeit. Sie gilt nach der amtlichen Vorbemerkung 3 II das Betreiben des Geschäfts und damit den gesamten Umfang der anwaltlichen Tätigkeit innerhalb dieser gebührenrechtlichen Angelegenheit nach § 15 Rn 9 bis zum Instanzende außerhalb eines Termins ab, (zum alten Recht) Bre MDR **03**, 1143. Das gilt grundsätzlich einschließlich der Besprechung oder Erläuterung des Instanzergebnisses und der Möglichkeit sowie des Sinns eines etwaigen Rechtsmittels, Saarbr RR **97**, 189. Sie vergütet insbesondere auch die auftragsgemäße Beschaffung oder Entgegennahme der Information sowie die Beratung, die Schriftsätze und Anträge, die Angabe von Beweismitteln. Das stellt die amtliche Vorbemerkung 3 II ausdrücklich klar. Die Erwähnung dieses Teils der anwaltlichen Tätigkeit bedeutet nur eine beispielhafte Erwähnung. Die Verfahrensgebühr gilt nach der amtlichen Vorbemerkung 7 I 1 auch die allgemeinen Geschäftsunkosten ab.

B. Auftrag. Man muß prüfen, ob der Anwalt einen unbedingten Auftrag zum Tätigwerden als ProzBev oder VerfBev gerade in diesem Verfahren und in dieser Instanz hatte, AG Coburg JB **07**, 641, also zur grundsätzlich umfassenden Erledigung aller den Auftraggeber betreffenden Pflichten und zur Wahrnehmung aller ihn betreffenden Rechte in diesem Verfahren. Maßgeblich ist also das Innenverhältnis zwischen dem Anwalt und dem Auftraggeber, Saarbr RR **97**, 189, AG Coburg JB **07**, 641, VG Dessau JB **99**, 79. 11

C. Beispiele zur Frage eines Auftrags 12

Gegnerische Behauptung: Sie schafft weder einen Auftrag noch übrigens eine zB für eine Zustellung nach § 172 ZPO erforderliche Vollmacht.

Bevollmächtigter: Der Auftrag kann durch einen Bevollmächtigten im Namen des Vollmachtgebers erfolgen, erst recht durch einen Generalbevollmächtigten. Die Vollmacht kann auch nachträglich erfolgen, Kblz JB **75**, 1210.

S auch „Genehmigung".

Beweislast: Der Anwalt muß das Ob, Wann und Wie der Auftragserteilung beweisen. Dazu reicht ein Gerichtsprotokoll oder eine Erwähnung in einer Gerichtsentscheidung nicht stets aus. Es kann aber natürlich auch dazu genügen. Das dortige Schweigen mag aber am Auftrag nichts ändern.

Form: Auch mündlich, telefonisch, durch Telefax oder elektronisch kann der Auftrag erfolgen. Das kann nach §§ 133, 157 BGB auch stillschweigend geschehen.

Genehmigung: Der Auftraggeber kann das Handeln des Anwalts nachträglich genehmigen, auch stillschweigend, Kblz JB **75**, 1210.

Gesetzlicher Vertreter: Der Auftrag kann durch einen gesetzlichen Vertreter im Namen des Vertretenen erfolgen.

Nachreichung: S „Genehmigung", Prozeßvollmacht".

Prokurist: S „Gesetzlicher Vertreter".

Protokoll: S „Beweislast".

Prozeßvollmacht: Ihr Zeitpunkt oder Umfang haben nur insofern eine Bedeutung, als die Vollmacht überhaupt vorliegen muß. Sie haben keine Bedeutung für die Frage, ob der Anwalt einen Auftrag zur Prozeßführung hatte, Hamm JB **97**, 311, Saarbr RR **97**, 189, AG Coburg JB **07**, 641. Deshalb reicht zB eine nachgereichte Vollmacht nach § 89 ZPO aus, Kblz JB **75**, 1211.

Umfang: Der Umfang des Auftrags ist natürlich insofern bedeutsam, als zB statt der Verfahrensgebühr VV 3100 evtl die geringere Verfahrensgebühr VV 3101 oder trotz einer nach außen umfassenden Vollmacht doch nur eine Gebühr für eine Einzeltätigkeit nach VV 3403 entstehen mag.

D. Entstehung. Die Gebühr VV 3100 entsteht nach der amtlichen Vorbemerkung 3 II, sobald der ProzBev oder VerfBev vor oder nach dem Prozeßbeginn irgendeine Tätigkeit zur Ausführung des prozeßbezogenen Auftrags vorgenommen hat, (zum alten Recht) Bre MDR **03**, 1143, (zum neuen Recht) Mü JB **10**, 255 (zu VV 3200), Meyer JB **11**, 575. Das gilt unabhängig vom Umfang dieser Tätigkeit und unabhängig davon, wann sich der Anwalt zum ProzBev bestellt hat, BGH ZIP **10**, 1415, ob die Anfangstätigkeit schon vor Gericht erfolgt ist, Hamm AnwBl **05**, 587, und ob nach der Anhängigkeit auch schon die Rechtshängigkeit eingetreten ist, KG MDR **88**, 1067, Kblz MDR **16**, 1476. 13

Jede Tätigkeit nach Rn 16 ff läßt an sich eine Verfahrensgebühr entstehen. Der Anwalt kann sie aber in demselben Rechtszug nach § 15 II 1, 2 in derselben Angelegenheit nach § 15 Rn 9 insgesamt nur einmal fordern.

S aber auch Rn 32 „Mahnschreiben".

E. Gebührenhöhe. Sie beträgt grundsätzlich 1,3 Gebühr. Sie kann aber nach VV 3101 auf 0,8 Gebühr absinken. Das alles gilt nach der amtlichen Vorbemerkung 3 I 2 auch beim Beistand eines Zeugen oder Sachverständigen. 14

VV 3100

Vergütungsverzeichnis

15 F. **Fälligkeit.** Sie richtet sich nach § 8.

16 G. **Beispiele zur Frage einer Verfahrensgebühr**
    Akteneinsicht: Sie kann die Verfahrensgebühr auslösen, Mü AnwBl **76**, 168.
    Antrag: Er kann die Verfahrensgebühr auslösen. Sie kann auch schon zB im Eilverfahren vor dem Erhalt eines gegnerischen Eilantrags entstehen, aM Naumb Rpfleger **16**, 444 (viel zu streng).
    Antragsrücknahme: Rn 35 „Prozeßerklärung".
    Anwaltszwang: Er ist grds unerheblich.
    Aufenthaltsermittlung: Die Verfahrensgebühr gilt sie meist ab, BGH BB **04**, 352, Zweibr MDR **98**, 1183.
    Aufruf der Sache: Rn 44 „Terminswahrnehmung".
    Auskunft: Ein auf ihre Erteilung beschränkter Auftrag kann nach VV 2100 ff die Verfahrensgebühr *nicht* auslösen. Bei einer Erweiterung des Auftrags kann eine Anrechnung nach VV 2100 amtliche Anmerkung II notwendig werden.

17 **Beitreibung der Urteilssumme:** Rn 48 „Zwangsvollstreckung".
    Beklagter: Natürlich kann auch die Tätigkeit für ihn die Verfahrensgebühr auslösen, Hbg JB **76**, 163, KG AnwBl **03**, 182, nach Rn 37 evtl auch im Prozeßkostenhilfeverfahren, VG Dessau JB **99**, 79.
    Belehrung: Die „Belehrung" des Auftraggebers über die Zulässigkeit und die Voraussetzungen einer Prozeßhandlung und insbesondere eines Rechtsbehelfs kann die Verfahrensgebühr auslösen.
    Beratung: Rn 39 „Rat".

18 **Berufung, Beschwerde, Revision:** Soweit der Prozeßgegner des Auftraggebers das Rechtsmittel eingelegt hat, entsteht für den Anwalt des Rechtsmittelgegners im allgemeinen schon dann die auch erstattungsfähige Verfahrensgebühr VV 3200 oder VV 3206, wenn er sofort einen Antrag auf die Zurückweisung des Rechtsmittels einreicht, BGH JB **13**, 484 (ohne Vorlage nach dem RsprEinhG, BLAH Anh § 140 GVG), Kblz JB **13**, 91, Mü AnwBl **14**, 92, aM BAG NJW **03**, 3796, Mü NJW **10**, 1371 links und MDR **10**, 1157, LAG Düss MDR **06**, 659 (aber das Prozeßrechtsverhältnis nach BLAH Grdz 4 vor § 128 ZPO schafft auch Rechte der Verteidigung). Das gilt unabhängig vom weiteren Verfahrensverlauf, BGH Rpfleger **14**, 103. Es gilt auch in einem einfachen Fall, LG Bln VersR **88**, 303, aM AG Aschaffenb FamRZ **92**, 1342, AG Dortm VersR **84**, 88 (aber ein Rechtsschutz besteht auch dann). Das gilt auch dann, wenn die Rechtsmittelbegründung noch nicht beim Gericht eingegangen ist, KG MDR **90**, 732, Kblz RR **00**, 1735, Oldb JB **92**, 682, aM BGH NJW **14**, 558, Mü JB **94**, 93, Nürnb AnwBl **97**, 501 (aber zumindest im Innenverhältnis ist also schon jetzt fast stets eine vergütungstypische Anwaltstätigkeit notwendig).

19 Diese Gebühr ist auch dann erstattungsfähig, wenn der Gegner das Rechtsmittel nur zur *Fristwahrung* eingelegt hatte, BGH NJW **03**, 756, aM BGH NJW **03**, 1324 rechts (ohne Vorlage nach § 132 GVG), Bbg FamRZ **00**, 624, Karlsr JB **05**, 544 (aber auch dann erhöht sich schon durch die Einlegung des gegnerischen Rechtsmittels das Risiko des Rechtsmittelbekl).

20 Der Anwalt des Rechtsmittelgegners kann jedoch nur denjenigen Gegenstandswert zugrunde legen, der sich mit Rücksicht auf den *gegnerischen* Rechtsmittelbegründung gestellten *Antrag* aus § 520 III Z 1 ZPO ergibt. Denn der Rechtsmittelführer braucht im Zeitpunkt der Einlegung des Rechtsmittels noch keinen bestimmten Antrag zu stellen, sondern er kann sich überlegen, in welchem Umfang er die Berufung anschließend durchführen will.

21 Soweit der Anwalt für diese Instanz keinen (Mit-)Auftrag hat, entsteht nach Rn 12, 13 *keine* Verfahrensgebühr, Saarbr RR **97**, 189. Soweit er lediglich vom Prozeßgegner des Auftraggebers das Ersturteil zugestellt erhält, weil der Auftraggeber noch keinen zweitinstanzlichen ProzBev bestellt hat, entsteht keine besondere Verfahrensgebühr.

22 **Besprechung:** Jede Besprechung mit dem Auftraggeber auf Grund seines Auftrags zur Tätigkeit als ProzBev nach § 81 ZPO oder mit dem Gegner, seinem ProzBev oder einem Dritten kann die Verfahrensgebühr auslösen. Allerdings gibt es im Fall der amtlichen Vorbemerkung 3 III bereits eine Terminsgebühr. Sie entsteht

Vergütungsverzeichnis **3100 VV**

nicht bei einer bloßen Zustimmung zum Ruhen des Verfahrens, BGH MDR **14**, 628.
Bestellungsanzeige: Die Verfahrensgebühr ist von dieser Anzeige bei Gericht nicht abhängig.
Beweismittel: Ihre Angabe kann die Verfahrensgebühr auslösen.
Beweistermin: Rn 44 „Terminswahrnehmung".
Eidesstattliche Versicherung: Die Verfahrensgebühr gilt den Entwurf, die Aufnah- 23 me und die Einreichung einer eidesstattlichen Versicherung ab, Ffm JB **85**, 1029, Köln JB **82**, 399, Nürnb Rpfleger **96**, 42. Das gilt unabhängig davon, welcher der Beteiligten sie abgegeben hat. Das ergibt sich daraus, daß man diese Art der Beschaffung eines Mittels der Glaubhaftmachung nach § 294 ZPO nicht anders behandeln kann als die Herbeischaffung eines anderen Beweismittels. Die Vertretung im Verfahren der eidesstattlichen Versicherung nach §§ 260, 261 BGB vor dem Prozeßgericht kann die Verfahrensgebühr auslösen.

Neben der Verfahrensgebühr kann eine *Terminsgebühr* VV 3104 entstehen, wenn das Gericht die eidesstattliche Versicherung aufnimmt, (zum alten Recht) LG Münster JB **77**, 959.
Einreichung: Diejenige zB einer Antragsschrift kann reichen, LSG Essen JB **15**, 470.
Einsicht: Rn 43 „Urkundeneinsicht".
Einspruch: Der Einspruch gegen ein Versäumnisurteil nach § 338 ZPO oder gegen 24 einen Vollstreckungsbescheid nach § 700 ZPO löst die Verfahrensgebühr aus, Mü MDR **92**, 617.
Einstellungsantrag: Er kann die Verfahrensgebühr auslösen.
Einwilligung: Rn 35 „Prozeßerklärung".
Einwohnermeldeamt: Rn 16 „Aufenthaltsermittlung".
Empfang der Streitsumme: Dieser Vorgang löst die Verfahrensgebühr *ebensowenig* wie eine Ablieferung der Streitsumme aus. Für eine solche Tätigkeit gilt vielmehr die Hebegebühr nach § 22.
Entgegennahme: Sie mag die Verfahrensgebühr evtl noch *nicht* auslösen, Mü JB **10**, 255 (zu VV 3200).
Erledigungserklärung: Rn 35 „Prozeßerklärung".
Ermittlung: Eine Ermittlungstätigkeit des Anwalts kann die Verfahrensgebühr auslö- 25 sen. Neben der bereits entstandenen Verfahrensgebühr entsteht für die Ermittlung zB der Anschrift eines Zeugen oder Sachverständigen keine zusätzliche Gebühr für denselben Anwalt.
Fremdsprachenkenntnis: Die Verfahrensgebühr gilt sie mit ab, auch wenn der An- 26 walt in der fremden Sprache eine Korrespondenz führt.

Eine Ausnahme von diesem Grundsatz kann gelten, wenn es sich um eine besonders genau zu übersetzende *schwierige Urkunde* usw handelt, Stgt Rpfleger **81**, 834 (abl Ott AnwBl **81**, 175), aM LG Mannh AnwBl **78**, 65.
Genehmigung: Die Verfahrensgebühr gilt eine Tätigkeit des Anwalts vor einer an- 27 deren Behörde als dem Verfahrensgericht, etwa vor dem Betreuungsgericht zur Erwirkung einer Genehmigung etwa des Verfahrensvergleichs *nicht* mit ab.
Gerichtsakten: Ihre Einsicht kann bereits die Verfahrensgebühr nach Rn 16 auslösen.
Gutachten: Es kann auch die Verfahrensgebühr auslösen, BVerwG Rpfleger **91**, 388, Ffm RR **87**, 380.
Handakten: Die Anlage der Handakten kann bereits die Verfahrensgebühr entstehen 28 lassen, aM Schlesw JB **78**, 384 (aber das ist bereits eine pflichtgemäße und durchaus sinnvolle Tätigkeit zwecks einer Vertragserfüllung).
Herbeischaffung eines Beweismittels: Der ein Beweismittel herbeischaffende Anwalt erhält dafür *keine* Sondergebühr. Das gilt unabhängig vom Umfang seiner Mühe. Freilich kann er entsprechende Auslagen haben und dann ersetzt fordern. S auch Rn 23 „Eidesstattliche Versicherung".
Hinterlegung: Die Verfahrensgebühr gilt eine Verhandlung mit der Hinterlegungsstelle sowie die Hinterlegung *nicht* mit ab. Insofern kann eine Gebühr nach (jetzt) VV 2300 entstehen, KG JB **77**, 501, Karlsr JB **89**, 74, Mü JB **90**, 866, aM Düss JB **92**, 400.

1833

29 **Informationsaufnahme:** Sie kann nach der amtlichen Vorbemerkung 3 II bereits die Verfahrensgebühr auslösen, Kblz JB **00**, 77, LSG Essen JB **15**, 470.
30 **Klagerücknahme:** Rn 35 „Prozeßerklärung".
Kostenfestsetzungsverfahren: Der Antrag des Anwalts auf eine Kostenfestsetzung nach § 104 ZPO kann die Verfahrensgebühr auslösen. Wegen einer Erinnerung oder Beschwerde VV 3500.
31 **Kündigung:** Ein die Klage vorbereitendes Kündigungsschreiben fällt unter (jetzt) § 19 I 2 Z 1, vgl VV 2300, Mü ZMR **85**, 299.
32 **Mahnschreiben:** Ein die Klage vorbereitendes Mahnschreiben, fällt unter (jetzt) § 19 I 2 Z 1, vgl VV 2300, Meyer JB **09**, 182. Stellt der ProzBev des Antragsgegners nach § 81 ZPO wegen einer Untätigkeit des Antragstellers den Antrag auf die Durchführung des streitigen Verfahrens nach § 697 ZPO, erhält er die Verfahrensgebühr, Hbg JB **93**, 95.
S auch Rn 48 „Zwangsvollstreckung".
Mahnverfahren Rn 24 „Einspruch", Rn 46 „Widerspruch".
33 **Nebenintervention:** Rn 42 „Streithilfe", „Streitverkündung".
Niederlegung des Mandats: Soweit der Anwalt lediglich dem Gericht die Niederlegung des Mandats mitteilt, entsteht *keine* Verfahrensgebühr, Hamm Rpfleger **77**, 458.
34 **Parteiwechsel:** Der Anwalt des Prozeßgegners erhält wegen der Maßgeblichkeit des Innenverhältnisses die Verfahrensgebühr nur *einmal*, Kblz AnwBl **85**, 44.
Privates Wissen: Die Verfahrensgebühr gilt das private Wissen des Anwalts und seine normalen Kenntnisse ab.
S auch Rn 26 „Fremdsprachenkenntnis".
35 **Prozeßerklärung:** Die Abgabe einer Prozeßerklärung nach BLAH § 297 ZPO Rn 5 kann die Verfahrensgebühr auslösen und sich auf diese Wirkung beschränken, soweit der Anwalt nicht zugleich in eine Verhandlung eintritt. Die Verfahrensgebühr kann zB durch die folgenden Vorgänge entstehen.
36 – **(Einwilligung):** S „– (Klagerücknahme)".
– **(Erledigterklärung):** Prozeßerklärung ist nach Rn 63 eine Erledigterklärung im Anschluß an die entsprechende gegnerische, Ffm MDR **84**, 63, Kblz RR **96**, 182. Auch eine einseitige Erledigterklärung nach BLAH § 91a ZPO Rn 168 (Kläger), 189 (Bekl) ist eine Prozeßhandlung. Sie ist kein bloßer Prozeßantrag. Denn nach ihr kann eine Sachentscheidung notwendig werden, BLAH § 91a ZPO Rn 170, 171.
– **(Klagerücknahme):** Prozeßerklärung ist eine Klagerücknahme nach § 269 ZPO, Ffm VersR **80**, 123, Kblz JB **96**, 370. Das gilt selbst dann, wenn sie nach der Verkündung des Urteils, aber vor der Einlegung eines Rechtsmittels erfolgt. Es reicht auch eine Einwilligung zur gegnerischen Klagerücknahme. Ferner reicht ein Kostenantrag nach der gegnerischen Klagerücknahme nach BLAH § 269 ZPO Rn 17, Bbg Rpfleger **08**, 668, LG Bln RR **97**, 61 (zu § 269 III 2, IV ZPO, ausf).
– **(Kostenantrag):** S 2 „– (Klagerücknahme)".
– **(Kostenlast):** S „– (Klagerücknahme)".
– **(Rechtsmittelrücknahme):** Es gilt zB bei § 516 ZPO dasselbe wie bei einer „– (Klagerücknahme)".
– **(Rechtsmittelverzicht):** Prozeßerklärung ist ein solcher Vorgang, Schlesw SchlHA **83**, 143.
– **(Rücknahmekenntnis):** Prozeßerklärung kann die Einreichung eines Schriftsatzes auch dann sein, wenn sie bei einer schuldlosen Unkenntnis der Rücknahme eines gegnerischen Antrags usw erfolgt, Kblz AnwBl **02**, 252, Naumb JB **03**, 419, Saarbr JB **15**, 190, strenger Kblz JB **01**, 414.
– **(Teilrücknahme):** Prozeßerklärung ist der Antrag des Klägers nach einer teilweisen Klagerücknahme zur Zahlung des Restbetrags (Wert ist dann dieser), Ffm AnwBl **83**, 567.
– **(Teilzahlung):** Prozeßerklärung kann die Ankündigung eines Klagabweisungsantrags sein, nachdem der Auftraggeber die Klagesumme teilweise gezahlt hat, bevor der Kläger eine Teil-Klagerücknahme erklärt oder bevor beide Parteien Teil-Erledigterklärungen abgegeben haben, Ffm Rpfleger **84**, 37 (es gilt der volle ursprüngliche Wert).

Vergütungsverzeichnis **3100 VV**

- **(Zuständigkeitsrüge):** Prozeßerklärung ist die Rüge einer Unzuständigkeit, Schlesw JB **97**, 87.
Prozeß- oder Verfahrenskostenhilfe: Soweit der Anwalt einen Auftrag zur Durch- 37 führung des Verfahrens hat und nun einen Antrag auf die Bewilligung einer Prozeß- oder Verfahrenskostenhilfe nach §§ 117 ZPO, 76 FamFG stellt, entsteht die Verfahrensgebühr schon durch diese Antragstellung, KG Rpfleger **07**, 669, Nürnb MDR **03**, 835. Das gilt auch beim Gegner, VG Dessau JB **99**, 79. Die Verfahrensgebühr entsteht auch dann, wenn der beigeordnete Anwalt vor einer Beauftragung durch den Begünstigten schon für sie aus einer prozessualen Fürsorge tätig wird, BAG BB **80**, 1428. Mit der Bewilligung der Prozeß- oder Verfahrenskostenhilfe nach §§ 119 ZPO, 76 FamFG entsteht für die in demselben Umfang bedingt eingereichte Klage oder den entsprechenden Antrag die Verfahrensgebühr, Mü MDR **88**, 972.
Dagegen begründet der bloße *Auftrag* zum Antrag auf die Bewilligung einer Pro- 38 zeß- oder Verfahrenskostenhilfe für sich noch keine Verfahrensgebühr. Vielmehr entsteht dann nur eine Gebühr aus VV 3334. Dasselbe gilt, wenn der Auftrag eine Anwaltstätigkeit zunächst nur im Prozeß- oder Verfahrenskostenhilfeverfahren erfordert, Karlsr JB **99**, 191.
Rat: Ein auf seine Erteilung beschränkter Auftrag kann die Verfahrensgebühr *nicht* 39 auslösen, § 34. Bei einer Erweiterung des Auftrags kann eine Anrechnung nach § 34 II notwendig werden.
Rechtsgutachten: Rn 27 „Gutachten".
Rechtsmittelbelehrung: Rn 17 „Belehrung".
Rechtsmittelrücknahme: Rn 35 „Prozeßerklärung".
Revision: Rn 18 „Berufung, Beschwerde, Revision".
Rücknahme: Rn 35 „Prozeßerklärung".
Säumnis: Der ProzBev des nach § 331 ZPO säumigen Bekl erhält die Verfahrensge- 40 bühr auch zB bei einem unechten Versäumnisurteil gegen den Kläger nach BLAH Üb 13 vor § 330 ZPO, Düss JB **02**, 474.
Schriftsatz: Die Anfertigung eines Schriftsatzes kann die Verfahrensgebühr auslösen.
Schriftverkehr: Seine Durchführung oder auch nur seine Einsicht kann bereits die Verfahrensgebühr auslösen, Stgt Just **79**, 104. Natürlich muß ein Schriftsatz eine wirksame Unterschrift nach BLAH § 129 ZPO Rn 9 ff haben, Mü MDR **82**, 418.
Schutzschrift: Es können bei ihr nach § 945 a I 2 ZPO je nach der Art des Auftrags VV 2300 oder VV 3100 ff anwendbar sein, BGH AnwBl **08**, 550, Hbg Rpfleger **15**, 733, Mü Rpfleger **07**, 685, aM Köln Rpfleger **95**, 518. Auch VV 3101 kann aber anwendbar sein, LG Düss GRUR-RR **17**, 167 (auch zu einer Ausnahme), aM Hbg MDR **07**, 493, Mü Rpfleger **07**, 685.
Selbständiges Beweisverfahren: Zum Verfahren nach §§ 485 ff ZPO, 113 I 2 41 FamFG Hambloch JB **14**, 624, Schneider NZFam **14**, 128 (je: Üb).
Sicherheitsleistung: Die Verfahrensgebühr gilt die Bestellung oder die Rückgabe einer prozessualen Sicherheit ab. Die Bestellung usw kann ihrerseits eine Verfahrensgebühr auslösen. Die Bestellung fällt allerdings immer unter die Verfahrensgebühr. Denn es handelt sich um eine zum Prozeßbetrieb gehörige Tätigkeit. Daneben kann unter Umständen eine Hebegebühr nach VV 1009 entstehen. § 19 I 2 Z 7 gilt auch das Verfahren nach §§ 109 oder 715 ZPO mit ab.
Spezialkenntnis: Sie löst grds keine besondere Gebühr aus, mit Ausnahme evtl einer Sprachkenntnis, Düss Rpfleger **83**, 367, Karlsr MDR **78**, 674.
Streithilfe: Sie gehört zum Prozeß, Kblz JB **82**, 723. 42
Streitverkündung: Sie gehört zu demjenigen Prozeß, in dem die Streitverkündung nach § 72 ZPO erfolgte. Deshalb gilt die Verfahrensgebühr sie ab. Beim Beitritt ohne einen eigenen Sachantrag kann VV 3101 gelten, Nürnb JB **94**, 671 (es kommt für VV 3100 darauf an, ob der Beitretende zumindest im Kern angedeutet hat, wie das Gericht entscheiden soll).
Streitwertantrag: Der Antrag, das Gericht möge den Kostenstreitwert nach § 63 GKG, § 57 FamGKG oder den Gegenstandswert nach §§ 23, 32 RVG festsetzen, kann die Verfahrensgebühr auslösen. Das gilt auch dann, wenn das Urteil bereits im Zeitpunkt der Antragstellung nach § 705 ZPO formell rechtskräftig ist.

VV 3100

43 **Überschreitung des Auftrags:** Soweit der Anwalt zwar im Rahmen der Prozeßvollmacht nach § 81 ZPO handelt, aber unter einer Überschreitung des im Innenverhältnis erhaltenen Auftrags, entsteht *keine* Verfahrensgebühr.
Unterrichtung des Auftraggebers: Sie kann die Verfahrensgebühr auslösen.
Unzuständigkeit: Auch die Klageinrichtung beim unzuständigen Gericht löst die Verfahrensgebühr aus, Hbg MDR **86**, 679.
Urkundeneinsicht: Eine solche Maßnahme kann die Verfahrensgebühr auslösen.
44 **Terminswahrnehmung:** Sie führt zur Vergütung nach VV 3104 in Verbindung mit der amtlichen Vorbemerkung 3 III.
45 **Vergleich:** Wegen der Mitwirkung des Anwalts beim Abschluß eines Vergleichs über einen außerhalb des Rechtsstreits anhängigen Anspruch vgl bei VV 1000. Im übrigen kann die Mitwirkung des Anwalts beim Vergleichsabschluß die Verfahrensgebühr auslösen, (zum alten Recht) Bre MDR **03**, 1143, daneben aber die Einigungsgebühr VV 1000.
Verkehr mit dem Gericht: Er kann die Verfahrensgebühr auslösen.
Verkehr mit dem Gerichtsvollzieher: Er kann die Verfahrensgebühr auslösen.
Verkehr mit der Partei: Er kann die Verfahrensgebühr auslösen.
Vormundschaftssache: Die Erwirkung einer betreuungsgerichtlichen Genehmigung eines Verfahrensvergleichs läßt die Verfahrensgebühr *nicht* entstehen.
46 **Widerklage:** Die Verfahrensgebühr für eine Widerklage nach BLAH Anh § 253 ZPO entsteht für den Anwalt des Widerklägers erst mit dem Auftrag zur Einlegung der Widerklage, nicht schon damit, daß der Widerkläger im Parteiprozeß ohne Anwaltszwang die Widerklage selbst einlegt, sofern in diesem Zeitpunkt noch ein Auftrag an den Anwalt fehlt. Die Geltendmachung einer Widerklage in einem anwaltlichen Schriftsatz gilt im allgemeinen nicht als eine bloße Ankündigung, sondern als die Erhebung der Widerklage.
Widerspruch: Der Widerspruch gegen den Mahnbescheid nach § 694 ZPO kann für denjenigen Anwalt, der auch für das streitige Verfahren nach § 697 ZPO der ProzBev ist, ab dem Übergang in das streitige Verfahren die Verfahrensgebühr auslösen, Hbg Rpfleger **14**, 228, Kblz Rpfleger **12**, 356. Eine Zahlung nach KV 1210, Teil I A dieses Buchs, reicht als ein stillschweigender Antrag auf ein streitiges Verfahren nur nach einer Anfrage, ob es erfolgen soll, sonst nicht, Mü MDR **97**, 890, Liebheit NJW **00**, 2240, aM LG Mü JB **05**, 540, Meyer JB **08**, 17.
47 **Widerspruchsklage:** Diejenige zB nach § 771 ZPO löst die Verfahrensgebühr aus.
Wiedereinsetzung: Dasjenige Verfahren nach §§ 233 ff ZPO kann die Verfahrensgebühr auslösen.
Zeugenanschrift: Ihre Mitteilung kann die Verfahrensgebühr auslösen.
Zeugenermittlung: Rn 16 „Aufenthaltsermittlung".
Zustellung: Die Verfahrensgebühr kann entstehen, sobald der Anwalt im Prozeß tätig wird. Das gilt selbst dann, wenn das Gericht in diesem Zeitpunkt die Klage noch nicht nach §§ 253, 261 ZPO zugestellt hatte, Hbg JB **76**, 193. Etwas anderes gilt nur, wenn er zB nur die Niederlegung des Mandats mitteilt, Hamm Rpfleger **77**, 458.
48 **Zwangsvollstreckung:** Diejenige anwaltliche Tätigkeit, die der Beitreibung der im Urteil dem Auftraggeber zugesprochenen Leistung dient, gehört grds *nicht* zum Erkenntnisverfahren, sondern zur Vollstreckungsinstanz nach §§ 704 ff ZPO, einschließlich der zugehörigen Mahnschreiben und dergleichen nach § 57. Das übersieht Kblz JB **16**, 413. Eine Stellungnahme zu einem Antrag nach § 769 ZPO kann reichen, Kblz MDR **16**, 1476.
49 **Zwischenantrag:** Die Geltendmachung eines Zwischenantrags in einem Schriftsatz gilt im allgemeinen nicht als seine bloße Ankündigung, sondern schon als seine Erhebung. Sie kann daher die Verfahrensgebühr auslösen.
50 **H. Gegenstandswert.** Die Verfahrensgebühr richtet sich nach dem Gegenstandswert. Maßgebend ist zunächst der Zeitpunkt der Entstehung der Verfahrensgebühr. Der spätere Verlauf des Rechtsstreits ist nach §§ 23 ff grundsätzlich unerheblich. Vgl freilich auch Rn 51.

51 **I. Beispiele zur Frage des Gegenstandswerts**
Beistand: Beim Beistand nach der amtlichen Vorbemerkung 3 I entscheidet das nach § 23 II 2 ermittelbare Interesse des Zeugen oder Sachverständigen.

3100 VV

Erledigung der Hauptsache: Der volle Gegenstandswert gilt auch dann für den Klägeranwalt, wenn eine teilweise oder volle wirksame Erledigung der Hauptsache nach § 91 a ZPO eintritt. Beim Anwalt des Bekl reicht es, daß er nur im Anschluß an eine außergerichtliche Erledigung der Hauptsache mit einem Antrag nach § 91 a ZPO erstmals dem Gericht gegenüber tätig wurde, Hamm JB 77, 663.
Hilfsaufrechnung: Man muß § 45 III GKG beachten, Teil I A dieses Buchs.
Hilfswiderklage: Rn 54 „Widerklage".
Höchstwert: Es entscheidet der höchste Gegenstandswert während der Tätigkeit. Soweit nicht das Verfahren nach § 251 ZPO ruht, kann man vermuten, daß der Anwalt eine auf den Rechtsstreit gerichtete Tätigkeit ausübt. Wenn der Kläger ihn also mit einer Klage in Höhe von 10 000 EUR beauftragt hatte und der Anwalt sie nur in Höhe von 5000 EUR einlegt, entsteht eine Verfahrensgebühr aus 10 000 EUR, aus 5000 EUR aber nur nach VV 3101. Wenn der Anwalt die Klageforderung später auf 15 000 EUR erhöht, ist der letztere Wert maßgeblich, Hamm JB 77, 552.   **52**
Klagerhöhung: Rn 52 „Höchstwert".
Klagerücknahme: Der volle Gegenstandswert gilt auch nach einer Klagerücknahme nach § 269 ZPO für den Klägeranwalt. Für den Beklagtenanwalt kommt es darauf an, ob er vor der Klagerücknahme tätig wurde.
Nur Kostenpunkt: Wenn der Anwalt nur im Kostenpunkt tätig wird, entsteht die Verfahrensgebühr nur nach dem Kostenwert, BPatG GRUR 84, 444, Köln JB 99, 246 (bei § 924 ZPO), Oldb MDR 77, 149, aM Mü AnwBl 05, 795, LG Bln RR 97, 61 (bei [jetzt] § 269 III 2, IV ZPO).
Mindestwert: Die Verfahrensgebühr kann nicht unter dem Betrag einer Terminsgebühr liegen. Für den ProzBev des Bekl nach § 81 ZPO ist mindestens der Wert des Klagantrags maßgebend.
Prozeßkostenhilfe: S „Rücknahme des Rechtsschutzgesuchs".   **53**
Prozeßvergleich: Bei der Einbeziehung eines in der Berufungsinstanz streitigen Teilbetrags in einen in der ersten Instanz nunmehr erfolgten Prozeßvergleich nach BLAH Anh § 307 ZPO ist der Gesamtbetrag maßgeblich.
Rechtsmittelinstanz: Hier ist der Antrag des Rechtsmittelklägers maßgeblich. Die Beschwer nach BLAH Grdz 14 ff vor § 511 ZPO ist nach § 47 I GKG maßgeblich, sofern kein Antrag erfolgte oder soweit ein Rechtsmittelantrag unzulässig war, Celle NdsRpfl 75, 138. Eine Einschränkung des Rechtsmittelantrags in der mündlichen Verhandlung bleibt für die Verfahrensgebühr bedeutungslos, KG AnwBl 77, 470. Bei wechselseitigen Rechtsmitteln ist die Summe der Werte nach § 45 II GKG, Teil I A dieses Buchs, dann maßgeblich, wenn die Rechtsmittel verschiedene Gegenstände haben.
S auch „Prozeßvergleich".
Rücknahme des Rechtsschutzgesuchs: Nur der Kostenwert gilt dann, wenn es zur Rücknahme der „Klage" vor deren Zustellung an den Gegner kommt. Das gilt selbst dann, wenn das Gericht zB den Klagentwurf im Prozeßkostenhilfeverfahren nach §§ 114 ff ZPO dem Gegner nur zur Kenntnis oder nur zur Stellungnahme zum Gesuch auf Prozeßkostenhilfe übersandt hatte, KG MDR 90, 935.
Trennung: Auch nach einer Prozeßtrennung nach § 145 ZPO bleiben die vor ihr nach § 15 IV verdienten Verfahrensgebühren erhalten, aM Düss JB 01, 136, RS 36 (je: Wahlrecht nach dem Verfahren vor der Trennung oder nach zwei Verfahren).
Verbindung: Bis zu einer eindeutigen Prozeßverbindung nach § 147 ZPO muß man die Verfahrensgebühren mehrerer bisher selbständiger Rechtsstreite getrennt berechnen, also auch deren Gegenstandswerte.
Verweisung: Der volle Gegenstandswert gilt auch dann, wenn der Anwalt den Auftrag erst nach einer Verweisung zB nach § 281 ZPO erhalten hatte, Ffm AnwBl 83, 567.
Widerklage: Zumindest für den ProzBev des Widerklägers nach BLAH Anh § 253 ZPO ist dieser höhere Wert maßgeblich. Bei einer Hilfswiderklage nach dort Rn 12 muß man § 45 I 2 GKG beachten, Teil I A dieses Buchs.

8) Anrechnung. Ihr Zweck ist die Vermeidung einer Doppelhonorierung,   **54**
FG Hann NVwZ-RR 10, 704, VGH Kassel NJW 06, 1992. Sie bezieht sich auf

VV 3100

das Innenverhältnis zwischen dem Auftraggeber und dem Anwalt, Naumb FamRZ **10**, 60, VGH Mannh NJW **08**, 2361, VGH Mü JB **08**, 27 (auch zu einer Ausnahme), OVG Münst NJW **06**, 1991. Sie kann auf die Verfahrensgebühr in vielerlei Form erfolgen. Sie hat den Vorrang vor § 15 III, Karlsr JB **12**, 357. Stets ist § 15a mitbeachtbar, Düss JB **11**, 581, Ffm FamRZ **13**, 323. Im wesentlichen gelten die folgenden Regeln, dazu Enders JB **07**, 449 (Üb). Vgl auch die amtliche Vorbemerkung 2.3 IV–VI.

55 **A. Bei einer Geschäftsgebühr, amtliche Vorbemerkung 3 IV**, dazu *Schneider* NJW **07**, 2001 (ausf krit): Die Vorschrift ist wegen ihres klaren Wortlauts kaum auslegbar, VG Minden NVwZ **07**, 568. Soweit es um denselben Gegenstand nach BLAH § 2 ZPO Rn 4 geht, hatte sich der Anwalt ja schon vorprozessual eingearbeitet, VG Minden NVwZ-RR **07**, 567.

Dabei *vermindert* sich nicht die schon entstandene Geschäftsgebühr, sondern die im späteren gerichtlichen Verfahren anfallende Verfahrensgebühr, BGH RR **12**, 313 (ohne Vorlage nach dem RsprEinhG, BLAH § 140 GVG, und nach § 132 GVG), BVerwG JB **09**, 594, KG JB **13**, 414, aM BGH GRUR-RR **11**, 288 rechts Mitte (ohne Vorlage nach dem RsprEinhG und nach § 132 GVG), Hbg JB **08**, 139, Oldb MDR **08**, 1185. Der Anwalt muß sie auch erhalten haben, Ffm JB **13**, 22. Dadurch verschlechtert sich die Stellung des Prozeßsiegers auch keineswegs stets. Denn zB eine Geschäftsgebühr infolge eines Schuldnerverzugs gehört nach Rn 56 „Kostenfestsetzung", „Vorbereitungskosten" zu den Vorbereitungskosten, schon wegen der sachlichrechtlichen wie prozessualen Kostenminderungspflicht, und damit zu den erstattbaren und nach §§ 103 ff ZPO mitfestsetzbaren Prozeßkosten der §§ 91 ff ZPO.

56 **B. Beispiele zur Frage der Anrechnung bei einer Geschäftsgebühr**
Abtretung: Eine Anrechnung erfolgt bei ihr wegen der vorgerichtlichen Tätigkeit für den bisherigen Gläubiger auf die Gebühr für den neuen, BGH NJW **12**, 781, Hamm RR **11**, 1566.
Altes Recht: *Keine* Anrechnung erfolgt bei einer Geschäftsgebühr nach altem Recht, Mü Rpfleger **05**, 572.
Angelegenheit: Eine Anrechnung erfolgt je selbständige Angelegenheit nach § 15 Rn 9, BGH MDR **14**, 1294, Bbg JB **08**, 640, Oldb MDR **08**, 1006 (VV 2503), aM Kblz JG **16**, 132, Oldb JB **09**, 21, VGH Mü NVwZ-RR **08**, 653.
Keine Anrechnung erfolgt bei einer solchen selbständigen Angelegenheit, die eine Vergütung gar nicht nach VV 2300–2510 erhält, sondern nach VV 3100 ff.
Anrechnungshöhe: Man darf die Geschäftsgebühr höchstens in dem in der amtlichen Vorbemerkung 3 IV jeweils genannten Umfang auf die Verfahrensgebühr des gerichtlichen Verfahrens anrechnen. Das gilt auch dann, wenn die außergerichtliche Tätigkeit erst an eine gerichtliche anschließt, zB nach einer abgeschlossenen Verhandlung über einen Mehrvergleich (IV 1 sagt nicht mehr „entstanden ist", sondern „entsteht"). Das Gericht ist dabei unabhängig von einem Gutachten einer Anwaltskammer, BGH NJW **08**, 3641.
Anwaltswechsel: *Keine* Anrechnung erfolgt nach einem Anwaltswechsel, BGH MDR **14**, 1294, Kblz FamRZ **09**, 1244, Mü NJW **09**, 1220. Das gilt insbesondere nach einem außerprozessualen solchen Wechsel, Kblz MDR **09**, 533.
Beratungshilfe: *Keine* Anrechnung erfolgt (jetzt) auch, soweit die vorgerichtliche Tätigkeit keine Geschäftsgebühr auslöste, sondern als Beratungshilfe erfolgte. Denn die amtliche Vorbemerkung 3 IV 1 nennt den ganzen VV-Teil 3.
Betragsrahmengebühr: Bei einer solchen nach Einl II A 12 beträgt der Anrechnungsbetrag nach der amtlichen Vorbemerkung IV 2 höchstens 175 EUR. Dabei muß man IV 4 mitbeachten.
Dritter: § 15a II, dazu BGH NJW **09**, 3101.
Eilverfahren: Eine Anrechnung erfolgt auch im Eilverfahren nach §§ 916 ff, 935 ff ZPO, 49 ff FamFG usw, KG JB **09**, 78 (jede Verfahrensart), Schneider NJW **09**, 2017 (Üb).
Ersatzanspruch: Eine Anrechnung erfolgt unabhängig von einem etwaigen sachlichrechtlichen Ersatzanspruch, BGH VersR **08**, 1667, Jena JB **09**, 24, Oldb JB **09**, 21, aM AG Bln-Mitte JB **15**, 576.
Gegenstand: S „Verschiedene Gegenstände", „Wert".

Honorarvereinbarung: *Keine* Anrechnung erfolgt bei einer Honorarvereinbarung nach § 3 a, BGH RVGreport **15**, 73, Hbg Rpfleger **15**, 304, KG JB **10**, 528 rechts, aM VG Ffm JB **12**, 420 (vgl aber Rn 55).
Kettenanrechnung: Schneider AnwBl **15**, 220 (Üb).
Klagevorbereitung: *Keine* Anrechnung erfolgt bei einer bloßen Tätigkeit zur Klagevorbereitung. Denn sie gehört nach § 19 I 2 Z 1 zum Rechtszug.
Kostenfestsetzung: Die in diesem ABC genannten Regeln gelten auch im Kostenfestsetzungsverfahren nach §§ 103 ff ZPO, BGH RR **08**, 1528, Köln Rpfleger **14**, 341 (auch zu Grenzen), BLAH § 103 ZPO Rn 19 „Geschäftsgebühr" (ausf). S auch „Vorbereitungskosten".
Mehrere Anwälte: *Keine* Anrechnung erfolgt, soweit zwei verschiedene Anwälte nach § 6 tätig waren. BGH FamRZ **10**, 370.
Mehrere Auftraggeber: Bei VV 1008 ist jede erhöhte Gebühr der Ausgangspunkt.
Mehrere Gebühren, dazu *Klüzener* JB **17**, 505 (Üb): Eine Anrechnung erfolgt auf der Basis der zuletzt für diesen Auftraggeber entstandenen Gebühr, amtliche Vorbemerkung 3 IV 3. BGH AnwBl **17**, 558 rechnet alle Geschäftsgebühren anteilig auf die Verfahrensgebühr an. Zum Problem allgemein Schneider AnwBl **17**, 616 und NZFam **17**, 339.
Pauschale: *Keine* Anrechnung erfolgt bei ihr nach Einl II A 9, BGH NJW **09**, 3364.
Prozeß- oder Verfahrenskostenhilfe, dazu *Schneider* NZFam **17**, 604 (Üb): Eine Anrechnung erfolgt auch bei einer solchen Lage nach §§ 114 ff ZPO, 76 FamFG, Bre JB **09**, 420, Ffm NJW **09**, 2964, Kblz MDR **09**, 773. Vgl auch Lappe Rpfleger **06**, 583. Sie erfolgt zunächst auf die Wahlanwaltstabelle, Brschw FamRZ **11**, 1684, und nur beim Übersteigen des sog Differenzbetrags weitergehend, Ffm JB **13**, 467, Mü Rpfleger **10**, 273.
Prozeßvergleich: Wegen Rn 55 erfolgt bei ihm nach BLAH Anh § 307 ZPO keine Anrechnung über mehr als 75%, Jena JB **12**, 142 links, aM Düss JB **12**, 141.
Prozeßwirtschaftlichkeit: Eine Anrechnung oder ihre Ablehnung darf nicht einfach nur auf Überlegungen zur Prozeßwirtschaftlichkeit nach BLAH Grdz 14 vor § 128 ZPO abstellen. Vgl vielmehr „Unstreitigkeit oder Titulierung" und „Vorbereitungskosten", aM VGH Mü JB **08**, 26.
Steuerberater: Eine Anrechnung erfolgt auch bei ihm, FG Düss JB **12**, 530, FG Hann NVwZ-RR **10**, 704.
Titulierung: S „Unstreitigkeit oder Titulierung".
Unstreitigkeit oder Titulierung: Die Anrechnung erfolgt schon wegen der Möglichkeit der Einstufung von Vorbereitungskosten als Prozeßkosten, s „Vorbereitungskosten", unabhängig von einer Unstreitigkeit oder Titulierung, BGH FamRZ **09**, 225, Bbg Rpfleger **09**, 474, Düss MDR **09**, 354, aM BGH NJW **11**, 862 (ohne Vorlage nach § 132 GVG), Mü JB **09**, 473.
Verfahrensart: Eine Anrechnung erfolgt in jeder Verfahrensart, KG JB **09**, 78.
Vergabe: Eine Anrechnung kann auch in einer Sache vor der Vergabekammer erfolgen, BGH NJW **10**, 76, KG JB **09**, 78 (jede Verfahrensart), aM Ffm JB **08**, 644.
Verschiedene Gegenstände: *Keine* Anrechnung erfolgt zwischen verschiedenen Gegenständen nach § 15 Rn 12, Mü JB **13**, 303, LG Mönchengladb NJW **06**, 705, Peter AnwBl **07**, 143 (je: erst Kündigung, dann Räumung; krit Schneider NZM **06**, 252), aM OVG Münst AnurBl **17**, 1006.
Versicherung: Eine Anrechnung einer Geschäftsgebühr auf die Verfahrensgebühr erfolgt nach einer außergerichtlichen Regulierungsbemühung auch dann, wenn nur der Versicherungsnehmer Bekl wurde, KG JB **13**, 415, Mü JB **12**, 244.
Vorbereitungskosten: Eine Anrechnung erfolgt hauptsächlich deshalb, weil die Geschäftsgebühr VV 2300 durchaus als ein Teil der Vorbereitungskosten nach BLAH § 103 ZPO Rn 17, 27 zu den folgenden Prozeßkosten zählen kann, BGH FamRZ **08**, 1346 rechts oben, KG JB **09**, 78, Oldb JB **07**, 35, aM BGH NJW **08**, 1324 (ohne Vorlage nach § 132 GVG (zustm Fölsch MDR **08**, 886, krit Schons AnwBl **08**, 136), Ffm NJW **05**, 759, OVG Lüneb NJW **08**, 535. Das gilt natürlich dann nicht, wenn zwei verschiedene Anwälte tätig waren, BGH FamRZ **10**, 370.
Keine Anrechnung erfolgt dann, wenn § 15 a II unanwendbar ist, Saarbr JB **16**, 488.

VV 3100

Wert: Die Anrechnung erfolgt nach dem Wert desjenigen Gegenstands, der auch Gegenstand des gerichtlichen Verfahrens ist, amtliche Vorbemerkung 3 IV 5, Kblz FamRZ **09**, 1089, Tomson NJW **07**, 296.

Zahlung: Eine Anrechnung erfolgt unabhängig davon, ob der Auftraggeber zB die bisherige Verfahrensgebühr schon bezahlt hatte, Ffm NJW **09**, 2964, aM Ffm (4. FamS) FamRZ **13**, 323, Mü JB **09**, 472 (aber im Gesetz steht auch bei § 15 a hierzu in Wahrheit gar nichts).

57 **C. Beim selbständigen Beweisverfahren, amtliche Vorbemerkung 3 V.** Soweit der Gegenstand des nach §§ 485 ff ZPO selbständigen Beweisverfahrens nach BLAH § 2 ZPO Rn 4 auch der Gegenstand eines Rechtsstreits ist oder wird, muß man die Verfahrensgebühr des Beweisverfahrens zunächst auf diejenige des jeweiligen Rechtszugs nach § 19 anrechnen, amtliche Vorbemerkung 3 V, BGH FamRZ **07**, 1006 (Altfall), Düss JB **10**, 422, Mü JB **09**, 475. Das setzt für beide Verfahren die Nämlichkeit des Anwalts (auch als Verkehrsanwalt) voraus, aM Hbg MDR **07**, 559, ferner die Nämlichkeit der Parteien nach BLAH Grdz 4 vor § 50 ZPO. Eine Stellung als bloßer Streithelfer nach §§ 66 ff ZPO im Hauptverfahren reicht, Celle JB **16**, 18 rechts unten. Unterschiedliche Bewertungen im Beweisverfahren einerseits und im Hauptprozeß andererseits ändern nichts an der grundsätzlichen Anrechenbarkeit.

Keine Anrechnung erfolgt dann, wenn der Antragsteller des Beweisverfahrens den Anspruch im späteren Prozeß als Bekl zur Hilfsaufrechnung nach BLAH § 145 ZPO Rn 13 stellt und wenn das Gericht nicht über ihn mitentscheidet, Hbg JB **89**, 976, KG JB **82**, 441. Ein Eilverfahren ist kein Hauptprozeß, KG JB **84**, 1243, Mü RR **99**, 655, Schlesw JB **87**, 1223, aM Kblz JB **95**, 481 (aber dann gäbe es nur einen „zweiten" Hauptprozeß). Keine Anrechnung erfolgt auch bei der Terminsgebühr. Das ergibt der klare Wortlaut der amtlichen Anmerkung 3 V. Denn sie nennt nur die Verfahrensgebühr.

58 **D. Bei Zurückverweisung, amtliche Vorbemerkung 3 VI.** Soweit das übergeordnete Gericht die Sache zB nach § 538 ZPO an ein untergeordnetes zurückverweist, das sich mit der Sache schon befaßt hatte, also nicht an ein neues anderes Gericht, muß man die vor dem früheren Gericht schon entstandene Verfahrensgebühr nach der amtlichen Vorbemerkung 3 VI grundsätzlich auf diejenige für das dort erneute Verfahren anrechnen. Das gilt auch im FamFG-Verfahren. Das gilt auch beim Verkehrsanwalt, Mü JB **92**, 167.

Unanwendbar mag diese Vorschrift freilich dann sein, wenn zwischen dem Ende des ersten Verfahrens und dem Beginn des zweiten mehr als zwei Kalenderjahre liegen, Mü AnwBl **06**, 588, oder bei einem erst jetzt neu beauftragten anderen Anwalt, Celle BauR **16**, 157.

59 **E. Nach vereinfachtem Unterhaltsverfahren, amtliche Anmerkung I.** Soweit ein vereinfachtes Verfahren über den Unterhalt eines Minderjährigen nach §§ 249 ff FamFG stattgefunden hatte, muß man nach der amtlichen Anmerkung I die dortige Verfahrensgebühr auf diejenige anrechnen, die in der nach § 17 Z 3 weiteren Angelegenheit des etwa nachfolgenden Rechtsstreits nach § 255 FamFG entsteht. Der Gegenstandswert ergibt sich in beiden Angelegenheiten nach § 15 Rn 9 aus § 42 GKG oder § 51 FamGKG, Teile I A, B dieses Buchs. Das gilt auch für den Verkehrsanwalt. Eine im Urkundenprozeß nach §§ 592 ff ZPO verdiente Gebühr bleibt unberührt. Vgl aber Rn 60.

60 **F. Nach Urkunden- oder Wechselprozeß, amtliche Anmerkung II.** Man muß die im Verfahren nach §§ 592–599 ZPO entstandene Verfahrensgebühr nach der amtlichen Anmerkung II auf diejenige für das Nachverfahren anrechnen, soweit es entweder infolge einer Abstandnahme des Klägers nach § 596 ZPO oder infolge eines Vorbehaltsurteils nach § 599 ZPO nur gemäß § 600 ZPO stattfindet.

61 **G. Nach Vermittlungsverfahren, amtliche Anmerkung III.** Man muß eine im Vermittlungsverfahren nach § 165 FamFG entstandene Verfahrensgebühr nach der amtlichen Anmerkung III auf diejenige für ein sich anschließendes Gerichtsverfahren anrechnen. Das kommt praktisch nur bei einem gegenüber dem Vermittlungsverfahren höheren Gegenstandswert des anschließenden Gerichtsverfahrens in Betracht. Das letztere muß in einem gewissen sachlichen und zeitlichen Zusammenhang mit dem ersteren stehen, um noch „anschließend" zu verlaufen, RS 18.

H. Unanwendbarkeit von VV 3100 ff bei VV 6100 ff, amtliche Vorbemerkung 3 VII. Da nach dieser Vorschrift VV 3100–3518 in den sonstigen Verfahren nach VV 6100–6404 gänzlich unanwendbar sind, entfällt natürlich auch insoweit jede Anrechnung.

62

Nr.	Gebührentatbestand	Gebühr oder Satz der Gebühr nach § 34 GKG
3101	1. Endigt der Auftrag, bevor der Rechtsanwalt die Klage, den ein Verfahren einleitenden Antrag oder einen Schriftsatz, der Sachanträge, Sachvortrag, die Zurücknahme der Klage oder die Zurücknahme des Antrags enthält, eingereicht oder bevor er einen gerichtlichen Termin wahrgenommen hat; 2. soweit Verhandlungen vor Gericht zur Einigung der Parteien oder der Beteiligten oder mit Dritten über in diesem Verfahren nicht rechtshängige Ansprüche geführt werden; der Verhandlung über solche Ansprüche steht es gleich, wenn beantragt ist, eine Einigung zu Protokoll zu nehmen oder das Zustandekommen einer Einigung festzustellen (§ 278 Abs. 6 ZPO); oder 3. soweit in einer Familiensache, die nur die Erteilung einer Genehmigung oder die Zustimmung des Familiengerichts zum Gegenstand hat, oder in einem Verfahren der freiwilligen Gerichtsbarkeit lediglich ein Antrag gestellt und eine Entscheidung entgegengenommen wird, beträgt die Gebühr 3100 .... ^{I} Soweit in den Fällen der Nummer 2 der sich nach § 15 Abs. 3 RVG ergebende Gesamtbetrag der Verfahrensgebühren die Gebühr 3100 übersteigt, wird der übersteigende Betrag auf eine Verfahrensgebühr angerechnet, die wegen desselben Gegenstands in einer anderen Angelegenheit entsteht. ^{II} Nummer 3 ist in streitigen Verfahren der freiwilligen Gerichtsbarkeit, insbesondere in Verfahren nach dem Gesetz über das gerichtliche Verfahren in Landwirtschaftssachen, nicht anzuwenden.	0,8

Gliederung

1) Systematik, Z 1–3	1
2) Regelungszweck, Z 1–3	2
3) Persönlicher Geltungsbereich, Z 1–3	3–5
4) Vorzeitige Beendigung des Auftrags, Z 1	6–59
A. Grundsatz: Enge Auslegung	6
B. Auftragsbeendigung	7, 8
C. Beispiele zur Frage einer Auftragsbeendigung, Z 1 ...	9
D. Vor Klage	10
E. Vor Einleitungsantrag	11
F. Vor Sachantrag	12
G. Vor Sachvortrag	13
H. Vor Klagerücknahme	14
I. Vor Antragsrücknahme	15
J. Vor Terminswahrnehmung	16
K. Terminsbeginn	17, 18
L. Verhandlungsbereitschaft	19, 20
M. Beispiele zur Frage einer vorzeitigen Beendigung, Z 1 ...	21–57
N. Gebührenhöhe, Z 1	58, 59
5) Einigung der Parteien oder Beteiligten oder mit Dritten, Z 2	60–66
A. Begriff	60

VV 3101

Vergütungsverzeichnis

B. Anwendungsbereich 61
C. Beispiele zur Frage einer Einigung usw, Z 2 62–65
D. Gebührenhöhe, Z 2 66
6) **Familiensache-Antrag usw, Z 3** 67
7) **Kostenerstattung, Z 1–3** 68–71
   A. Vor Klagezustellung 69, 70
   B. Nach Klagezustellung 71

1   **1) Systematik, Z 1–3.** Die Vorschrift ergänzt VV 3100 als eine vorrangige Sondervorschrift mit einer sog Differenzverfahrensgebühr. Sie bezieht sich also nur auf die Verfahrensgebühr, nicht auf die Terminsgebühr. Sie enthält zugleich eine Einschränkung des § 15 IV. Auch gegenüber jener Vorschrift ist VV 3101 vorrangig. Der vorzeitigen Beendigung des Auftrags steht auch eine vorzeitige Erledigung der Angelegenheit gleich. Denn auch sie erübrigt die weitere Durchführung des Auftrags, aM Mü NJW **80**, 106. Ähnliche Bestimmungen wie VV 3101 enthalten VV 3201, 3207, 3301 usw. VV 3101 kann zu VV 1000 hinzutreten, Stgt MDR **08**, 1067.

2   **2) Regelungszweck, Z 1–3.** Die Regelung soll eine an sich ja bereits mit der auftragsgemäßen Entgegennahme der Information entstandene Vergütung einschränken, soweit die Tätigkeit des Anwalts nicht nach außen hervortritt, Kblz JB **96**, 307, Nürnb JB **95**, 191, Buchwaldt NJW **94**, 639 (auch zum Schiedsrichter). Die Vorschrift gibt demgemäß diejenige Mindesttätigkeit des Anwalts an, die zur Auftragsannahme hinzukommen muß, damit er eine 0,8 Verfahrensgebühr verdient, Nürnb JB **05**, 191. Im übrigen gilt VV 3101 unabhängig vom tatsächlichen Umfang der Tätigkeit des Anwalts.

3   **3) Persönlicher Geltungsbereich, Z 1–3.** Die Vorschrift setzt wie VV 3100 voraus, daß der Anwalt ProzBev nach § 81 ZPO oder VerfBev ist, sei es des Klägers, des Bekl, eines Beteiligten, eines Streitgenossen nach §§ 59 ff ZPO oder eines Beigeladenen oder Streithelfers nach §§ 66 ff ZPO, Nürnb JB **94**, 671. Die Vorschrift ist auf den Verkehrsanwalt nach (jetzt) VV 3400 entsprechend anwendbar, Düss MDR **89**, 1112. Sie ist dann unanwendbar, wenn das Gericht die Verfahrensgebühr infolge eines geringeren gebührenmäßigen Gewichts des Verfahrens auf einen anderen Betrag als 1,3 Gebühr festgesetzt hat oder wenn es sich um eine feste Bruchteilsgebühr handelt.

4   Soweit der Anwalt nach seiner Beiordnung im Weg der *Prozeß- oder Verfahrenskostenhilfe* nach §§ 114 ff ZPO, 76 FamFG keine der in VV 3101 genannten Tätigkeiten ausübt, entscheidet der Umfang der Beiordnung nach §§ 44 ff darüber, ob eine vor ihr stattgefundene Tätigkeit noch unter die Beiordnung fällt. Das gilt etwa bei einer ausdrücklichen oder stillschweigenden Beiordnung für die Instanz. Die Beiordnung wirkt für die Berechnung grundsätzlich nach zurück, Schlesw SchlHA **87**, 142.

5   Es kommt also zB bei der Einreichung eines Rechtsmittels *vor der Beiordnung* unter Umständen nur 0,8 Verfahrensgebühr in Betracht.

6   **4) Vorzeitige Beendigung des Auftrags, Z 1.** Der folgende Grundsatz hat zahlreiche Auswirkungen.

    A. Grundsatz: Enge Auslegung. Man muß beim Vorliegen einer der in VV 3101 genannten Gründe im allgemeinen davon ausgehen, daß die Tätigkeit des Anwalts wesentlich geringer ist als bei einer nicht vorzeitigen Beendigung des Auftrags usw. Daher muß der Anwalt unter den Voraussetzungen der Vorschrift eine Verringerung der eigentlichen Gebühr hinnehmen. Als eine vorrangige Sonderregel gegenüber VV 3100 muß man VV 3101 eng auslegen. Diese Vorschrift enthält also eine abschließende Aufzählung der Voraussetzungen, Kblz Rpfleger **99**, 567. Es müssen sämtliche folgenden Voraussetzungen vorliegen.

7   **B. Auftragsbeendigung.** Der Auftrag muß natürlich zunächst einmal überhaupt wirksam entstanden sein. Er muß sodann geendet haben, bevor der Anwalt eine der Tätigkeiten Rn 10–20 begonnen hat. Die Art der Beendigung des Auftrags ist unerheblich. Das beendigende Ereignis muß sich zumindest auch auf diesen Verfahrensauftrag beziehen, BGH NJW **02**, 3712. Man muß je nach der Art des beendigenden Ereignisses prüfen, ob die Beendigung vor dem Beginn der Tätigkeit nach Rn 10–20 wirksam geworden ist.

8   Das *weitere Schicksal* des sachlichrechtlichen Anspruchs ist unerheblich.

1842

Es kann je nach der Art des beendigenden Ereignisses nach §§ 674, 675 I BGB auch darauf ankommen, ob der Anwalt eine Kenntnis hatte oder haben mußte, Hbg MDR **98**, 561, Kblz JB **98**, 537, Naumb JB **03**, 419.

C. Beispiele zur Frage einer Auftragsbeendigung, Z 1   9

Einspruchsrücknahme: Auftragsbeendigung ist die Rücknahme eines Einspruchs zB nach §§ 346, 700 IV 1 ZPO.
Erfüllung: Auftragsbeendigung ist eine Erfüllung.
Erledigung: Auftragsbeendigung ist jeder erledigende Vorgang.
Geschäftsunfähigkeit: Auftragsbeendigung ist der Eintritt der Geschäftsunfähigkeit des Auftraggebers nach § 672 BGB.
Insolvenz: Auftragsbeendigung ist eine Insolvenz des Auftraggebers, soweit der Auftrag die Insolvenzmasse betrifft.
Klagerücknahme: Auftragsbeendigung ist die Klagerücknahme nach § 269 ZPO, Hbg JB **75**, 1607.
Kündigung: Auftragsbeendigung ist natürlich auch eine wirksame Kündigung. Maßgebend ist ihr Zugang nach § 130 BGB. Es ist unerheblich, ob der Anwalt oder der Auftraggeber gekündigt haben und wer den Anlaß gegeben hat.
Mahnbescheids-„Rücknahme": Auftragsbeendigung für den Antragsgegner ist auch die Rücknahme des Antrags nach § 690 ZPO selbst dann, wenn auch der Auftraggeber (Antragsgegner) Widerspruch nach § 694 ZPO einlegen ließ, Kblz JB **10**, 257.
Rechtsmittelrücknahme: Auftragsbeendigung ist die Rücknahme eines Rechtsmittels zB nach §§ 516, 555 ZPO.
Tod: Auftragsbeendigung ist der Tod des Auftraggebers oder des Anwalts als Alleinbeauftragten.
Vergleich: Auftragsbeendigung ist ein gerichtlicher Vergleich nach § 278 VI ZPO oder nach BLAH Anh § 307 ZPO oder ein außergerichtlicher Vergleich nach § 779 BGB.
Zahlung: Auftragsbeendigung ist eine Zahlung.
Zeitablauf: Auftragsbeendigung kann ein Zeitablauf sein.

D. Vor Klage. Der Auftrag muß geendet haben, bevor der Anwalt eine dem § 253   10
ZPO entsprechende Klage ordnungsgemäß eingereicht hat. Eine „Klage" ohne einen Antrag oder eine Begründung ist nicht ordnungsgemäß, AG St Wendel JB **06**, 363, BLAH § 253 ZPO Rn 50ff. Es kommt auf den Zeitpunkt des Eingangs der Klage beim Gericht an, also auf denjenigen der Anhängigkeit, nicht auf den Zeitpunkt der Klagezustellung, also nicht auf den Zeitpunkt der Rechtshängigkeit nach § 261 ZPO. Der Auftrag muß geendet haben, bevor die Klage bei demjenigen Gericht eingegangen ist, an das sie nach dem Willen des Anwalts gehen sollte. Das gilt unabhängig davon, ob dieses Gericht sachlich und/oder örtlich wirklich zuständig war. Ein Eingang beim Gegner ist weder erforderlich noch ausreichend. Das Gericht braucht noch nichts veranlaßt zu haben, KG JB **85**, 1030. Es braucht auch noch kein etwa zB nach § 12 GKG, Teil I A dieses Buchs, erforderlicher Vorschuß eingegangen zu sein. Der bloße Sachvortrag in einer Schutzschrift nach § 945a I 2 ZPO läßt dennoch VV 3101 anwendbar bleiben, Hbg MDR **05**, 1196.

Die *Widerklage* nach BLAH Anh § 253 ZPO unterliegt denselben vorstehenden Regeln.

E. Vor Einleitungsantrag. Der Auftrag muß geendet haben, bevor der Anwalt   11
zB im FamFG-Verfahren den ein Verfahren einleitenden ordnungsgemäß unterschriebenen Antrag eingereicht hat, Karlsr FamRZ **14**, 1941 links, Mü MDR **82**, 118, AG Oberhausen JB **11**, 246. Das gilt auch beim Eilantrag nach §§ 920, 936 ZPO oder beim Antrag auf ein streitiges Verfahren nach einem Widerspruch gegen den Mahnbescheid nach § 697 ZPO, LG Kiel JB **98**, 360, Meyer JB **08**, 17, oder beim Antrag auf die Vollstreckbarerklärung eines Schiedsspruchs nach § 1060 ZPO. Es reicht aus, daß der Antrag gerade ein gerichtliches Verfahren in dieser Instanz einleiten sollte, BGH NJW **02**, 3712, also etwa das streitige Verfahren nach Rn 43 „Mahnverfahren". Auch hier ist wie bei Rn 10 der Eingang bei demjenigen Gericht maßgeblich, an das der Antrag adressiert war. Das gilt auch hier unabhängig davon, ob dieses Gericht in Wahrheit sachlich und/oder örtlich zuständig war.

12 F. Vor Sachantrag. Der Auftrag muß geendet haben, bevor der Anwalt zum Beginn oder im Verlauf des Verfahrens einen ordnungsgemäß unterschriebenen Schriftsatz mit zumindest auch einem Sachantrag eingereicht oder wiederholt hat. Zum Begriff des Sachantrags BLAH § 297 ZPO Rn 4 ff. Sachantrag ist also derjenige, der den Inhalt der gewünschten Sachentscheidung bestimmt und nach § 308 I ZPO usw begrenzt, BAG NJW **03**, 1548, KG Rpfleger **09**, 52 rechts, LG Mönchengladb Rpfleger **06**, 169. Das kann auch stillschweigend erfolgen, BGH NJW **92**, 839, Mü JB **91**, 227. Auch hier kommt es nur auf den Eingang beim Gericht an, KG JB **85**, 1030, nicht auf eine etwaige Zustellung oder formlose Übersendung durch das Gericht an den Antragsgegner oder auf eine sonstige Maßnahme des Gerichts. Auch hier kommt es auf den Eingang bei demjenigen Gericht an, an das der Schriftsatz adressiert war. Das gilt auch hier unabhängig davon, ob dieses Gericht sachlich und/oder örtlich zuständig war. Eine Begründung des Sachantrags ist kostenrechtlich entbehrlich. Eine förmliche Zustellung nach §§ 166 ff ZPO ist kein zwingendes Erfordernis, aM Hbg JB **83**, 1819 (aber es kommt allein auf den Inhalt und erst dann auf dessen Übermittlungsart an).

13 G. Vor Sachvortrag. Der Auftrag muß geendet haben, bevor der Anwalt einen eigenen Schriftsatz mit einem Sachvortrag eingereicht hat, Hbg MDR **79**, 211, Karlsr MDR **97**, 107, Mü JB **13**, 73. Seine Zustellung an den Gegner ist hier nicht erforderlich. Sachvortrag ist etwas anderes als der eigentliche Sachantrag nach Rn 12, Mü JB **09**, 478 (zu VV 3201). Ein Schriftsatz ohne jeden Sach*antrag* kann also dennoch einen Sach*vortrag* enthalten. Sachvortrag ist das Vorbringen eines jeden Angriffs- oder Verteidigungsmittels nach BLAH Einl III 70, also jede Ausführung zur Sache selbst. Sachvortrag ist nicht auch dasjenige, was nur zur Zuständigkeit oder zu einer sonstigen Zulässigkeitsfrage oder zu einer sonstigen bloßen Verfahrensfrage erfolgt, also zB eine Bitte um eine Terminierung oder Terminsverlegung, ein Aussetzungsantrag, eine Insolvenzmitteilung, die Bestellung eines ProzBev, aM GS 35. Sie fordert zwar nicht weniger Sorgfalt und hängt stets eng mit dem Streitgegenstand nach BLAH § 2 ZPO Rn 4 zusammen. Indessen muß man beim Vortrag ebenso wie beim Antrag eben zwischen demjenigen zur Sache und demjenigen zum Prozeßablauf unterscheiden. Hierher gehört auch nach Rn 27 „Arrest, einstweilige Verfügung" die Schutzschrift gegen einen erwarteten gegnerischen Eilantrag nach § 945 a I 2 ZPO, Düss Rpfleger **07**, 48, Nürnb MDR **05**, 1317, BLAH Grdz 7 ff vor § 128.

Eine *Bezugnahme*, sogar in einem anderen Schriftsatz, etwa in einem Prozeß- oder Verfahrenskostenhilfegesuch nach §§ 117 ZPO, 76 FamFG, kann bei einem engen zeitlichen und sachlichen Zusammenhang ausreichen, BGH NJW **92**, 840 links oben (großzügig), vgl freilich auch BGH NJW **92**, 840 links unten.

14 H. Vor Klagerücknahme. Der Auftrag muß geendet haben, bevor der Anwalt eine schriftsätzliche teilweise oder gänzliche Zurücknahme der Klage oder Widerklage nach § 269 ZPO oder des Rechtsschutzgesuchs erklärt hat, Hansens JB **86**, 495, oder bevor er nach Rn 15 die Rücknahme eines Widerspruchs gegen einen Mahnbescheid nach § 694 ZPO eingereicht hat, Mü JB **85**, 402. Der Anwalt braucht die Klagerücknahme nicht ausdrücklich als solche bezeichnet zu haben, BLAH § 269 ZPO Rn 22. Sie muß aber unbedingt sein. Im übrigen ist auch hier der Eingang beim Gericht maßgeblich. Es kommt also nicht darauf an, ob und wann das Gericht die Klagerücknahme dem Bekl zugestellt oder übersandt hat.

Hier kommt es wegen § 269 III 3 lt Hs ZPO befremdlicherweise evtl nicht mehr darauf an, ob der Schriftsatz bei demjenigen Gericht einging, bei dem die Klage derzeit nach § 261 ZPO wirklich *rechtshängig* war. Es ist unerheblich, ob dieses Gericht in jenem Zeitpunkt sachlich und/oder örtlich zuständig war. Der Eingang bei einem solchen Gericht, bei dem die Klage nicht schwebte, löst allerdings keine wirksame Klagerücknahme aus.

15 I. Vor Antragsrücknahme. Der Auftrag muß geendet haben, bevor der Anwalt einen Schriftsatz mit der Zurücknahme eines Antrags eingereicht hat. Auch hier kommt es lediglich auf den Eingang bei demjenigen Gericht an, an das der Anwalt seinen Schriftsatz adressiert hatte, nicht auf die Zustellung oder Übersendung durch dieses Gericht an den Antragsgegner. Sofern der Anwalt seinen Schriftsatz bei demjenigen Gericht eingereicht hat, bei dem das Verfahren bisher schwebte, kommt es nicht darauf an, ob dieses Gericht in diesem Zeitpunkt sachlich und/oder örtlich zuständig war. Die Mitteilung einer Aussöhnung nach VV 1001 Rn 8ff steht einer Rücknahme des (Scheidungs-)Antrags gleich. Auch hierher gehört die Rücknahme des Widerspruchs gegen den Mahnbescheid nach Rn 14, Mü JB **85**, 402.

J. Vor Terminswahrnehmung. Der Auftrag muß geendet haben, bevor der An- 16 walt einen gerichtlichen Termin wahrgenommen hat. Die Art des Termins ist unerheblich. Es genügt ein Güte- oder Sühne- oder Beweistermin auch vor dem nach §§ 361, 362 ZPO beauftragten oder ersuchten Richter. Auch ein Verkündungstermin reicht, aM GSchm 60 (aber VV 3100, auf das VV 3101 Bezug nimmt, schafft eine Verfahrensgebühr, und die Verkündung gehört nicht nur wegen des Anlaufs einer Frist usw zum Verfahren). Es kommt nicht darauf an, ob das Gericht den Termin in der Ladung usw richtig bezeichnet hat. Es kommt auch nicht darauf an, ob das Gericht eine Einlassungs- oder Ladungsfrist nach § 274 ZPO beachtet hat. Ein Termin des gerichtlich bestellten Sachverständigen ist wegen dessen Stellung als eines Gehilfen des Gerichts nach BLAH Üb 5 vor § 402 ZPO auf Grund der amtlichen Vorbemerkung 3 III ausreichend.

K. Terminsbeginn. Der Termin beginnt mit dem Aufruf der Sache im Sitzungs- 17 saal nach § 220 I ZPO. Ein vorheriger Aufruf dieser Sache vor dem Sitzungssaal ist auch dann unbeachtbar, wenn das Gericht zu dieser Terminsstunde nur diese Sache anberaumt hatte. Denn erst durch den Aufruf im Sitzungssaal gibt das Gericht durch den Vorsitzenden seine Bereitschaft und seinen Willen zu erkennen, sich jetzt dieser Sache zuzuwenden, BLAH § 220 ZPO Rn 5.

Wenn der Vorsitzende im Sitzungssaal gleichzeitig *mehrere* Sachen „aufrufen" läßt, 18 liegt noch kein Aufruf dieser Sache vor. Vielmehr muß der Vorsitzende die einzelne Sache unmittelbar vor der Beschäftigung mit ihr erneut im Sitzungssaal aufrufen.

L. Verhandlungsbereitschaft. Dementsprechend ist es erforderlich und ausrei- 19 chend, daß der Anwalt in diesem letzteren Zeitpunkt für die Partei gerade als der ProzBev nach § 81 ZPO und nicht nur als ein Terminsvertreter verhandlungsbereit im Sitzungssaal anwesend ist, Hamm MDR **78**, 151, Mü JB **94**, 542, oder daß er während des weiteren Verlaufs dieses Termins in einer solchen Absicht und Bereitschaft den Sitzungssaal betritt und sich als der ProzBev für die Partei dem Gericht gegenüber zu erkennen gibt. Es ist unter dieser Voraussetzung nicht erforderlich, daß der Anwalt einen Antrag stellt usw, KG MDR **88**, 787 (Vergleich). Der Anwalt des Streitverkündeten nach § 72 ZPO nimmt einen Termin aber erst dann für den Auftraggeber wahr, wenn dieser dem Rechtsstreit nach § 74 I ZPO beigetreten ist, Hamm MDR **75**, 943, Köln JB **14**, 377 links. Eine Vertagung alsbald nach einem Einzelaufruf etwa wegen der Abwesenheit eines entschuldigten Beteiligten ist unerheblich.

Eine Anwesenheit nur zum Zweck der *Mitteilung der Niederlegung* des Mandats oder 20 der Absicht, keinen Sachantrag zu stellen, ist keine Termins-„Wahrnehmung", Hamm Rpfleger **77**, 458, Mü JB **94**, 542. Es reicht aber die bloße Absicht eines Vergleichsabschlusses, KG MDR **88**, 787, oder eines Teilanerkenntnisses usw, KG JB **77**, 1379. Es ist unerheblich, ob sich der Termin auch auf einen bisher nicht nach § 261 ZPO rechtshängigen Anspruch erstrecken sollte und erstreckt hat. Es reicht aus, daß der Anwalt den Auftrag hatte, zumindest wegen desjenigen Anspruchs am Termin teilzunehmen, den er für den Auftraggeber durchsetzen oder abwehren sollte. Das Erscheinen trotz einer vorherigen Kenntnis vom Termin ist einer Terminsaufhebung reicht nicht. Ebensowenig reicht eine Erörterung mit dem Gericht außerhalb des Sitzungssaals oder Ortstermins, Kblz AnwBl **83**, 91, oder ein Telefonat mit dem Richter, Düss AnwBl **84**, 616, Mü Rpfleger **93**, 40. Es ist unerheblich, ob der Prozeßgegner oder dessen ProzBev erschienen ist.

M. Beispiele zur Frage einer vorzeitigen Beendigung, Z 1 21

Abmahnung: Sie kann dann zu Z 1 zählen, wenn auch schon ein Klagauftrag für den Fall des Scheiterns vorlag, LG Hbg GRUR-RR **09**, 199.

Akteneinsichtsantrag: Er ist *kein* Sachantrag, Hamm AnwBl **82**, 70.

Aktenlageverfahren: Ein Antrag auf eine Entscheidung nach der Aktenlage nach §§ 251a II, 331a ist *kein* Sachantrag.

Anerkenntnis: Es kann zu Z 1 zählen, Celle NdsRpfl **87**, 282, Drsd JB **98**, 470.
Ankündigung: Eine bloße Ankündigung selbst eines Sachantrags nach Rn 12 ist gerade noch *kein* solcher, Düss Rpfleger **00**, 567.

22 **Antragsrücknahme:** Vgl zunächst Rn 15. Zwar spricht Z 1 in seinem Wortlaut einerseits von der Stellung eines „Sachantrags", andererseits von der Zurücknahme „des Antrags", nicht des „Sachantrags". Indessen bringt das Wort „des" (Antrags) zum Ausdruck, daß es sich um die Zurücknahme eben eines Antrags der vorgenannten Art und daher eines Sachantrags nach Rn 12 handeln muß. Es reicht also nicht aus, daß der Schriftsatz nur die Zurücknahme eines Prozeßantrags enthält.

Die *Art* desjenigen Sachantrags, den der Anwalt im Schriftsatz zurücknimmt, ist unerheblich. Ein Sachantrag ist insbesondere derjenige auf eine *Klagabweisung*, Kblz VersR **78**, 353. Das gilt freilich erst, wenn der Anwalt des Bekl diesen Antrag nach der Rechtshängigkeit nach § 261 ZPO stellt, Köln JB **95**, 81, Mü MDR **82**, 418.

23 Auch der Antrag auf die Zurückweisung oder Verwerfung des *Rechtsmittels* oder Rechtsbehelfs reicht (für VV 3201) aus, Ffm RR **86**, 1320, Karlsr JB **94**, 159, Oldb MDR **06**, 418, aM Mü Rpfleger **97**, 540, Naumb FamRZ **01**, 1392, LAG Erfurt MDR **01**, 477 (aber aus der Sicht des Rechtsmittelbekl war der Sachantrag stets vorsorglich statthaft und sinnvoll).

24 Hierher gehört auch die *Rücknahme* eines Rechtsmittels, Brdb MDR **01**, 111, Jena FamRZ **04**, 47, Stgt Rpfleger **98**, 261, aM KG AnwBl **84**, 621, Nürnb MDR **00**, 415 (es bezeichnet sich als „herrschende Meinung", dazu grds BLAH Einl III 47).

Es kommt nicht darauf an, ob das Gericht den Antrag dem Gegner förmlich *zustellen* muß. Die Zurücknahme eines Sachantrags außerhalb eines Schriftsatzes fällt nicht unter Z 1. Das ergibt sich aus dem klaren Wortlaut, der „einen Schriftsatz" erfordert. Es ist unerheblich, ob der Schriftsatz eine förmliche Zustellung erfordert. Vgl allerdings Rn 26 „Arrest, einstweilige Verfügung".

Anwaltsbestellung: Die bloße Mitteilung einer Bestellung zum Anwalt ist *kein* Sachantrag nach Rn 12, Kblz JB **87**, 1365.

S auch Rn 54 „Verteidigungsanzeige".

25 **Arbeitsgerichtsverfahren:** Ein Gütetermin nach § 54 ArbGG ist ebenso wie ein Verhandlungstermin im Urteils- oder Beschlußverfahren ein Termin nach Z 1.

26 **Arrest, einstweilige Verfügung:** Das Verfahren über einen Antrag auf die Anordnung, Abänderung oder Aufhebung eines Arrests oder einer einstweiligen Verfügung nach §§ 920, 936 ZPO gilt zusammen mit dem Anordnungsverfahren nach § 16 Z 5 als dieselbe Angelegenheit nach § 15 Rn 9. Daher ist ein Anordnungsantrag *kein* Einleitungsantrag nach Rn 11. Indessen ist aus der Sicht des Antragsgegners ein Abänderungs- oder Aufhebungsantrag nach § 927 ZPO jedenfalls dann der Beginn des Verfahrens für ihn, wenn er sich zuvor noch nicht gewehrt hatte. Das gilt unabhängig davon, ob er sich zuvor hätte wehren können.

27 Z 1 kann auch dann anwendbar sein, wenn der Anwalt eine *Schutzschrift* nach § 945a I 2 ZPO im Auftrag des Antragsgegners vor dem Eingang des gegnerischen erwarteten und vielleicht auch hochgradig wahrscheinlichen Antrags auf den Erlaß eines Arrests oder einer einstweiligen Verfügung eingereicht hat, BGH NJW **03**, 1257 (zustm Teplitzky LMK **03**, 95), Hbg MDR **02**, 1153, KG WettbR **00**, 24, aM Düss JB **91**, 942, Kblz JB **90**, 1160, oder gar vor dessen Rücknahme, BGH BB **07**, 1136. Freilich zeigen sich hier die problematischen Folgen einer Zulassung der sog Schutzschrift auch kostenrechtlich. Bei ihrer Zulassung muß man aber auch insoweit konsequent bleiben. Ein Widerspruch ist grds ein Sachantrag, Mü MDR **91**, 165.

28 Legt der Anwalt einen *auf die Kosten beschränkten Widerspruch* gegen eine Beschlußverfügung nach BLAH § 924 ZPO Rn 9 ein, erhält er nicht etwa zusätzlich zu den nach dem Kostenwert entstehenden Gebühren (jetzt) eine erstattungsfähige 0,8 Gebühr nach dem Streitwert des Verfügungsanspruchs, BGH NJW **13**, 3104, Hbg JB **89**, 1737, Kblz Rpfleger **86**, 407, aM KG MDR **85**, 770, Köln JB **92**, 803 (aber es geht um einen Anspruchsverzicht).

Aussetzung: Der bloße Aussetzungsantrag zB nach §§ 148 ff ZPO ist *kein* Sachantrag nach BLAH § 297 ZPO Rn 5, sondern ein Prozeßantrag. Dasselbe gilt beim Aufnahmeantrag, Karlsr JB **97**, 138.

3101 VV

Beiladung: Es gilt dasselbe wie in Rn 49 „Streitverkündung".
Drittschuldnerklage: Z 1 kann anwendbar sein, LG Bonn JB **01**, 26. 29
Ehesache: Die Zustimmung zur Scheidung nach § 134 FamFG ist ein Sachantrag nach Rn 12, Ffm JB **81**, 1527, KG AnwBl **84**, 375. Der Antrag auf den Erlaß einer einstweiligen Anordnung nach §§ 49 ff FamFG leitet nach Rn 11 ein Verfahren ein, Oldb FamRZ **07**, 575. Die Ankündigung, keinen Antrag zu stellen, ist natürlich ihrerseits *kein* Sachantrag, Mü AnwBl **80**, 259.

Ein *Vergleich* im Hinblick auf eine Ehesache ist nach § 72 EheG (wegen einer Altehe), § 1585 c BGB rechtlich begrenzt zulässig. In ihn können die Parteien solche Streitpunkte einbeziehen, für die weder die sachliche noch die örtliche Zuständigkeit des angerufenen Gerichts besteht, BGH **48**, 336. Man muß ihn gebührenrechtlich evtl nach (jetzt) VV 1000 beurteilen, KG MDR **86**, 861, Kblz MDR **08**, 1423, aber auch evtl nach VV 1001 oder nach Rn 65.

Einspruch: Ein solcher zB nach §§ 338, 700 ZPO enthält meist einen Sachantrag, Mü AnwBl **92**, 400.
Einstweilige Anordnung: S „Ehesache".
Einstweilige Verfügung: Rn 26 „Arrest, einstweilige Verfügung".
Einzelrichter: Der Antrag auf eine Übertragung auf ihn oder zurück zB nach §§ 348 III, 348a II ZPO ist *kein* Sachantrag.
Erledigung der Hauptsache: Die Ankündigung einer Erledigterklärung nach 30 § 91 a ZPO in einem Schriftsatz bedeutet *nicht* stets ein Ende des Auftrags, Düss JB **83**, 1334, aM Hamm JB **85**, 873. Es kann trotz einer Erledigung der Hauptsache die Kostenfrage klärungsbedürftig sein, LG Bln RR **97**, 61.
Erörterungstermin: Die Wahrnehmung eines Erörterungstermins ist nach Rn 16–20 eine Terminswahrnehmung.
Erscheinen der Partei: Ein solcher Schriftsatz, in dem der Anwalt lediglich mitteilt, sein Auftraggeber sei am Erscheinen in einem Termin verhindert, enthält *keinen* Sachantrag nach Rn 12.
Fristverlängerung: Ein solcher Schriftsatz, in dem der Anwalt lediglich eine Fristver- 31 längerung beantragt oder vorsorglich gegen die etwaige Verlängerung einer Frist seine Bedenken anmeldet, enthält *keinen* Sachantrag nach Rn 12, Kblz AnwBl **87**, 338.
Haushaltssache: Ein Antrag dazu leitet nach Rn 11 ein Verfahren nach §§ 200 ff 32 FamFG ein.
Hilfsantrag: Er kann ein Sachantrag sein, auch wenn das Gericht nicht über ihn entscheidet, BGH **132**, 397 (Hilfswiderklage), LAG Köln AnwBl **02**, 185.
Klagabweisung: Vgl zunächst Rn 12. Der Klagabweisungsantrag ist ein Sachantrag, 33 Kblz VersR **78**, 353, Mü JB **91**, 227. Das gilt freilich erst dann, wenn der Anwalt des Bekl ihn nach der Rechtshängigkeit nach § 261 ZPO eingereicht hat, MDR **82**, 418 (fordert die Unterschrift des Anwalts), es sei denn, es liegt eine falsche, aber rechtskräftige Kostenentscheidung nach § 269 III, IV vor, Nürnb MDR **01**, 535.

Soweit der Anwalt die gegnerische Klage oder das gegnerische Rechtsmittel be- 34 antwortet, ohne zu wissen oder wissen zu müssen, daß der Gegner die Klage oder sein Rechtsmittel bereits zB nach § 516 ZPO *zurückgenommen* hat, entsteht die Gebühr VV 3100. Denn der Auftrag an den Anwalt des Bekl erlischt noch nicht durch den Eingang der gegnerischen Maßnahme beim Gericht, Hbg MDR **98**, 561, Köln JB **95**, 641, Naumb JB **03**, 419, aM Hamm RR **96**, 576, KG JB **01**, 251, Nürnb RR **05**, 473 ([jetzt] 0,8 Gebühr nach dem Wert der Hauptsache, evtl zuzüglich [jetzt] einer 1,3 Gebühr nach dem Wert der Kosten).

Soweit allerdings der klägerische Anwalt dem Anwalt des Bekl von der Klage- 35 rücknahme oder von der Rücknahme des Rechtsmittels eine *unmittelbare Kenntnis* gegeben hat, steht diese Mitteilung einer solchen durch das Gericht gleich, Hamm JB **75**, 1609. Damit endet dann grds auch der Auftrag des Anwalts des Bekl oder des Rechtsmittelbekl.

S auch Rn 54 „Verteidigungsanzeige".
Klagebeschränkung: Derjenige Schriftsatz, in dem der Anwalt des Klägers eine 36 „Beschränkung" der Klage vornimmt, enthält grds eine teilweise Klagerücknahme. Vgl daher Rn 11.
Klageinreichung: Vgl zunächst Rn 10. Man muß die folgenden Situationen unter- 37 scheiden.

VV 3101 Vergütungsverzeichnis

– **(Nur Klage):** Mit der bloßen Einreichung der Klageschrift nach § 253 ZPO zur Terminsbestimmung nach § 216 hat der Anwalt bereits die Gebühr VV 3100 verdient. Das gilt selbst dann, wenn das Gericht noch nichts weiter veranlaßt hat. Die Einreichung ist mit der Empfangnahme durch einen zuständigen und auch zur Vornahme des Eingangsvermerks befugten Beamten bewirkt, also durch die Annahme in der Briefannahmestelle oder durch den Urkundsbeamten der Geschäftsstelle. Die Einreichung beim unzuständigen Gericht reicht nach Rn 10 aus, selbst wenn die Klage dann erst verspätet beim zuständigen Gericht eingeht.

Nicht ausreichend ist eine bloße Absendung der Klage. Das gilt selbst dann, wenn der Eingang ohne ein Verschulden des Absenders unterbleibt, aM GS 20 (aber Z 1 spricht mit „Einreichung" erkennbar vom Zugang).

38 – **(Klage und Prozeßkostenhilfeantrag):** Es steht dem Antragsteller frei, eine Klage zusammen mit dem Antrag auf die Bewilligung einer Prozeßkostenhilfe nach § 117 ZPO oder später einzureichen, BGH RR **89**, 675, Köln NJW **94**, 3361, Zweibr RR **01**, 1653, sei es während des Verfahrens über seinen Antrag, sei es erst nach der Entscheidung über ihn. Durch die Klageeinreichung beginnt grds neben dem Verfahren auf die Bewilligung der Prozeßkostenhilfe auch der Rechtsstreit als solcher, Bbg JB **76**, 1195. Das ist im Interesse der Klarheit und wegen der weittragenden Rechtsfolgen der Klagerhebung nach §§ 253, 261 ZPO notwendig. Die Klage gilt nach § 167 ZPO als eingereicht.

39 – **(Bedingte Klage):** Der Kläger mag die Klage usw auch nur für den Fall der Bewilligung einer Prozeßkostenhilfe nach § 119 ZPO einreichen wollen. Das ist eine Bedingung, BGH FamRZ **07**, 1727, Naumb NJW **14**, 800, Zweibr JB **08**, 94, aM AG Luckenwalde FamRZ **06**, 1130, VG Neust/W NVwZ-RR **09**, 983 (je: nicht prozeßwirtschaftlich, zum Begriff BLAH Grdz 14 vor § 128 ZPO). Er muß diese Bedingung aber eindeutig zum Ausdruck bringen, BGH FamRZ **07**, 1727, Schlesw FamRZ **10**, 1360, Zweibr JB **08**, 94.

Er kann auch die Durchführung eines *Rechtsmittels* abhängig machen, BGH FamRZ **07**, 1727.

Unter diesen Voraussetzungen liegt dann noch keine Klageeinreichung vor. Deren Wirkung tritt erst dann ein, wenn das Gericht die Prozeßkostenhilfe in dem beantragten Umfang *bewilligt* hat und wenn es seine Bewilligungsentscheidung dem Antragsteller auch zumindest formlos nach § 329 II 1 ZPO mitgeteilt hat. Es ist allerdings eine solche Entscheidung möglich, die eine Terminsbestimmung enthält oder eine Frist in Lauf setzt. Eine solche Entscheidung muß das Gericht dem Betroffenen nach § 329 II 2 ZPO förmlich zustellen, es sei denn, daß es sich um die Ladung gerade des Klägers zum ersten Termin vor dem AG nach § 497 I 1 ZPO handelt.

40 – **(Beispiele zur Frage einer bedingten Klage):**
Abhängigkeit von Rechtsmittel: Es kann ausreichen, die Durchführung des Rechtsmittels derart abhängig zu machen, BGH FamRZ **07**, 1727.
Ankündigung: Trotz einer dem Wortlaut nach bloßen „Ankündigung" kann eine Auslegung nach BLAH Grdz 52 vor § 128 ZPO ergeben, daß die Parteiprozeßhandlung nach BLAH Grdz 47 vor § 128 ZPO in Wahrheit schon vorliegt, BGH FamRZ **90**, 995, LG Saarbr FamRZ **02**, 1261.
Auslegung: S „Ankündigung".
Beabsichtigung: Ausreichen kann es natürlich, in demselben Schriftsatz eine objektive Kombination von Klage und Prozeßkostenhilfegesuch dahin zu bezeichnen, er beantrage die Prozeßkostenhilfe „für die beabsichtigte Klage", BGH RR **00**, 879, aM LG Saarbr FamRZ **02**, 1261.
Bedingtheit: Ausreichen kann es natürlich von einer „bedingten Klage" zu schreiben, BGH MDR **03**, 1314, aM AG Luckenwalde FamRZ **06**, 1130.
Berufung: Wegen eines Antrags auf Prozeßkostenhilfe in Verbindung mit einer Berufung oder deren Begründung BLAH § 518 ZPO Rn 22, 23, BGH VersR **91**, 937, Ffm FamRZ **99**, 1150.

S auch „Entwurf".
Entwurf: Ausreichen kann die Kennzeichnung der Klageschrift nach § 253 ZPO als einen bloßen Entwurf, BGH RR **03**, 1558 (zur Klage) und RR **00**,

879 (zur Berufung), Karlsr FamRZ **03**, 1935 (dann ist sogar eine unterschriebene Klageschrift nur bedingt), aM LG Saarbr FamRZ **02**, 1260.
Gegenantrag: Ausreichen kann es, den eigenen Antrag von einem Gegenantrag abhängig zu machen, Brdb FamRZ **14**, 1722.
Klage und Prozeßkostenhilfegesuch: Ausreichen kann diese ausdrückliche Bezeichnung, Düss FamRZ **87**, 1281, Schlesw FamRZ **10**, 1360, VGH Mannh FamRZ **97**, 681. Indes insoweit Vorsicht, Kblz FamRZ **98**, 312, Köln FamRZ **97**, 375 (ein Antrag nach § 14 Z 1 GKG genügt als solche nicht), Zweibr RR **01**, 1653.
Im Prozeßkostenhilfe-Prüfungsverfahren: Ausreichen kann es, die Klageschrift nach § 253 ZPO „im Prozeßkostenhilfe-Prüfungsverfahren" einzureichen.
Rückwirkung: *Nicht* ausreichen kann eine Bitte um Rückwirkung, Köln JB **05**, 546, Mü MDR **97**, 1063.
Sodann-Antrag: Ausreichen kann es, erst „sodann" um zB die Klagezustellung nach § 270 zu bitten, Karlsr FamRZ **88**, 92.
Unterschrift: Ausreichen kann es, die Klageschrift entgegen §§ 129, 253 IV ZPO noch nicht zu unterzeichnen.
Vorab-Antrag: Ausreichen kann es, „vorab" um eine Prozeßkostenhilfe zu bitten, KG MDR **08**, 585, Karlsr FamRZ **89**, 716, Kblz MDR **04**, 177.
Widerspruch: *Nicht* ausreichen kann ein Antrag nach einem Widerspruch gegen den Mahnbescheid nach § 694 ZPO.
Klagerücknahme: Rn 14, Rn 33 ff „Klagabweisung". **41**
Klageweiterung: Ein Schriftsatz, der die Klage erweitert, gilt nach Rn 11 als ein das erweiterte Verfahren einleitender Antrag.
Kostenfestsetzung: Z 1 kann bei einer Beschränkung des Auftrags auf das Kostenfestsetzungsverfahren nach §§ 103 ff ZPO anwendbar sein, LG Bln JB **84**, 1034.
Landwirtschaftssache: Ein Antrag dazu kann ein Verfahren nach Rn 11 einleiten. **42**
Mahnverfahren: Der Antrag des Antragsgegners auf die Durchführung des streitigen **43** Verfahrens nach § 697 ZPO löst (jetzt) die Gebühr VV 3100 aus, Hbg MDR **94**, 520, Kblz MDR **94**, 521, LG Kiel JB **98**, 360, aM Mü MDR **01**, 296 (aber der Antragsgegner hatte das verständliche Recht, sich auf das streitige Verfahren sogleich mit dessen erster Ankündigung vorzubereiten). Dasselbe gilt beim Antrag des Antragstellers auf eine Überleitung ins streitige Verfahren, Hbg MDR **94**, 520, Schlesw JB **84**, 405, LG Kiel JB **98**, 360 und beim Klagabweisungsantrag auch vor dem Vorliegen einer Anspruchsbegründung, aM Bbg Rpfleger **08**, 668. Beim Auftrag erst nach einer Terminierung mag 0,8 Gebühr aus VV 3101 Z 1 nach dem Hauptsachewert und 1,3 Gebühr aus VV 3100 nach dem Kostenwert entstehen, AG Zwickau JB **05**, 251 (§ 15 III beachten).
S auch Rn 22 „Antragsrücknahme".
Nebenintervention: Rn 48 „Streithelfer". **44**
Niederlegung: Die bloße Mitteilung des Anwalts über die Niederlegung des Mandats ist *kein* Sachantrag, Hamm Rpfleger **77**, 458.
Patentanwalt: Nach einer Mitwirkungsanzeige kommt VV 3101 auch beim Patent- **45** anwalt in Betracht, Mü AnwBl **94**, 198.
Prozeß- oder Verfahrenskostenhilfe: Der Antrag auf die Bewilligung nach §§ 117 ZPO, 76 FamFG leitet nach Rn 11, 39 ein Verfahren ein, aM Saarbr JB **87**, 713. Ein nach §§ 118 I 3 Hs 2 ZPO, 76 FamFG im Prozeß- oder Verfahrenskostenhilfeverfahren geschlossener Vergleich fällt unter Z 2, Rn 60 ff.
S auch Rn 38, 39 „Klageinreichung".
Prozeßleitung: Ein Antrag zu ihr ist nach Rn 12 *kein* Sachantrag.
Rechtsbehelfsrücknahme: Rn 22 „Antragsrücknahme". **46**
Rechtsmittelbeantwortung: Rn 33 ff „Klagabweisung".
Rechtsmitteleinlegung: Derjenige Schriftsatz, mit dem der Anwalt ein Rechtsmittel zB nach § 519 I ZPO einlegt, leitet unabhängig von einem schon etwa beigefügten Rechtsmittelantrag oder gar dessen Begründung nach Rn 11 stets schon ein Verfahren nach VV 3335 ein, Hamm FamRZ **97**, 947, Mü Rpfleger **87**, 389, Zweibr JB **98**, 26.
S auch Rn 37 ff „Klageinreichung".

VV 3101   Vergütungsverzeichnis

Rechtsmittelrücknahme: Rn 22 „Antragsrücknahme".
47 **Rechtsmittelverzicht:** Soweit der Anwalt erst nach der Einreichung des Rechtsmittels als ProzBev tätig geworden ist, erhält er für die Erklärung eines Rechtsmittelverzichts zB nach § 515 ZPO in der mündlichen Verhandlung (jetzt) die Gebühr VV 3200 oder VV 3403, Schlesw SchlHA **83,** 143, aM Zweibr Rpfleger **77,** 112 (aber dann war es schon zum vollen Rechtsmittelverfahren gekommen).
Rechtsmittelzurückweisung: Die Gebühr VV 3200 des Anwalts des Rechtsmittelgegners ermäßigt sich, soweit das Gericht das Rechtsmittel zurückweist, bevor er einen Antrag gestellt hat, VG Dessau JB **99,** 79, aM Hbg MDR **03,** 1318.
Ruhen des Verfahrens: Ein derartiger Antrag nach § 251 ZPO ist *kein* Sachantrag, Düss JB **91,** 686.
48 **Sachantrag:** Vgl zunächst Rn 12. S ferner Rn 33 „Klagabweisung", Rn 41 „Klagerweiterung".
Schriftliches Verfahren: Ein Antrag auf seine Vornahme zB nach § 128 II ZPO ist *kein* Sachantrag.
Schutzschrift: Rn 26 „Arrest, einstweilige Verfügung".
Selbständiges Beweisverfahren: Z 1 ist bei §§ 485 ff ZPO anwendbar, Köln OLGR **00,** 162. Auch der Gegenantrag nach BLAH § 487 ZPO Rn 6 ist ein Sachantrag, Köln OLGR **00,** 162, Mü Rpfleger **00,** 425. Derjenige Anwalt, der keinen Gegenantrag stellt und keinen Termin wahrnimmt, kann die 0,8 Gebühr VV 3101 und bei § 494a II ZPO evtl auch 1,3 Gebühr aus dem Kosteninteresse verdienen, Mü Rpfleger **00,** 425.
Streithelfer: Sein Beitritt nach § 70 ZPO ist als solcher noch *kein* Sachantrag, Nürnb AnwBl **94,** 197. Er kann aber natürlich anschließend oder gleichzeitig einen Sachantrag stellen.
49 **Streitverkündung:** Der Anwalt vertritt den Streitverkündeten nach VV 3101 vor Gericht erst vom Zeitpunkt der Wirksamkeit des Beitritts des Streitverkündeten nach § 74 I ZPO an, Hamm MDR **75,** 943. Dazu reicht ungeachtet des § 70 ZPO eine bloße Beitrittserklärung nicht aus. Vielmehr ist kostenrechtlich auch ein Sachantrag des Streithelfers erforderlich, Nürnb AnwBl **94,** 197. Soweit er im Termin nur die Niederlegung des Mandats mitteilt, nimmt er den Termin *nicht* nach Rn 16–20 wahr, Hamm Rpfleger **77,** 458.
Streitwert: Der Festsetzungsantrag ist *kein* Sachantrag.
50 **Tatbestandsberichtigung:** Der Antrag nach § 320 ZPO leitet ein Verfahren nach Rn 11 ein.
Terminsbestimmung: Der bloße derartige Antrag zB nach § 216 ZPO ist *kein* Sachantrag, Karlsr MDR **93,** 1246.
S auch Rn 37 ff „Klageinreichung".
51 **Terminsverlegung:** Ein Antrag auf sie zB nach § 227 ZPO ist *kein* Sachantrag, Ffm AnwBl **82,** 376.
Terminswahrnehmung: Vgl zunächst Rn 16–20. Soweit der Anwalt im Termin nicht erscheint, nimmt er natürlich den Termin *nicht* wahr. Das gilt auch dann, wenn der Anwalt des Prozeßgegners lediglich nach § 227 ZPO usw eine Vertagung beantragt und erreicht.
Ein Termin bezieht sich zunächst nur auf die bisher *rechtshängigen* Ansprüche dieses Rechtsstreits. Die Einbeziehung eines anderen Anspruchs in dem Termin zustande kommenden Prozeßvergleich nach BLAH Anh § 307 ZPO löst dann, wenn der Anwalt einen Prozeßauftrag hatte, nur die 0,8 Verfahrensgebühr aus, diese aber sehr wohl, aM Drsd MDR **15,** 713.
S auch Rn 30 „Erörterungstermin", Rn 49 „Streitverkündung", Rn 53 „Vergleich".
Trennung: Ein derartiger Antrag ist *kein* Sachantrag.
52 **Unterbrechung:** Ein Antrag auf sie ist *kein* Sachantrag. Dasselbe gilt beim Aufnahmeantrag nach § 250 ZPO, Karlsr JB **97,** 138, aM GSchm 55 (aber bloße Verfahrensaufnahme zwingt noch nicht zu einem Sachantrag).
Urteilsempfang: Z 1 kann bei einer Beschränkung des Auftrags auf den Urteilsempfang anwendbar sein, LG Bln JB **84,** 1034.
Urteilsergänzung: Ein Antrag nach § 321 ZPO leitet ein Verfahren nach Rn 11 ein.
53 **Verbindung:** Ein derartiger Antrag nach § 147 ZPO ist *kein* Sachantrag.

1850

3101 VV

Verfahrenseinleitung: Vgl zunächst Rn 11. S ferner Rn 26 „Arrest, einstweilige Verfügung", Rn 29 „Einstweilige Anordnung", Rn 32 „Hausratssache", Rn 37 „Klageinreichung", Rn 41 „Klageerweiterung", Rn 42 „Landwirtschaftssache", Rn 45 „Prozeß- oder Verfahrenskostenhilfe", Rn 46 „Rechtsmitteleinlegung", Rn 50 „Tatbestandsberichtigung", Rn 52 „Urteilsergänzung", Rn 55 „Widerklage", „Wohnungseigentumssache", Rn 57 „Zwangsvollstreckung".
Vergleich: Zur Terminswahrnehmung genügt der Abschluß eines Prozeßvergleichs nach BLAH Anh § 307 ZPO ohne die Stellung eines weiteren Antrags. Vgl im übrigen Rn 60 ff.
S auch Rn 51 „Terminswahrnehmung".
Versäumnisurteil: Rn 29 „Einspruch".
Vertagung: Es ist unerheblich, wie der Termin endet, ob zB mit einer Vertagung nach § 227 ZPO dann, wenn der Anwalt nur zuvor verhandlungsbereit erschienen war.
S auch Rn 51 „Terminswahrnehmung".
Verteidigungsanzeige: Die bloße Anzeige der Verteidigungsabsicht nach § 276 I 1 **54** ZPO stellt *keinen* Sachantrag dar, Düss Rpfleger **00**, 567, Kblz AnwBl **87**, 338, aM GSchm 41 (aber die bloße Verteidigungsanzeige läßt nicht erkennen, ob der Bekl nicht nur Zeit gewinnen will).
Vertretungsanzeige: Die bloße Anzeige des Anwalts, daß er einen am Prozeß Beteiligten nach § 81 ZPO vertrete, enthält *keinen* Sachantrag, Düss Rpfleger **00**, 567.
Verweisungsantrag: Er kann zB bei § 281 ZPO ein Sachantrag sein, Bbg JB **87**, 1675, Schlesw AnwBl **97**, 125, aM LG Mönchengladb Rpfleger **06**, 169. Das gilt aber *nicht* bei einer bloß funktionellen Unzuständigkeit, Hbg JB **89**, 202.
Die bloße Zustimmung ist *kein* Sachauftrag, KG JB **87**, 709, Köln JB **86**, 1041.
Verwerfung des Rechtsmittels: Der Antrag auf die Verwerfung des Rechtsmittels enthält einen Sachantrag, Hamm AnwBl **78**, 138.
Vollstreckbarkeit: Der Antrag auf eine nicht schon von Amts wegen zu gewährende vorläufige Vollstreckbarkeit nach §§ 708 ff ZPO enthält einen Sachantrag. Das gilt auch insoweit, als das Gericht von Amts wegen entscheiden muß.
Vollstreckungsbescheid: Rn 29 „Einspruch".
Vollstreckungsschutzantrag: Derjenige nach § 712 ZPO ist ein Sachantrag, BGH FamRZ **03**, 598.
Widerklage: Der Widerklagantrag ist ein Sachantrag und darüber hinaus nach **55** Rn 10, 12 ein Klagantrag. Denn die Widerklage nach BLAH Anh § 253 ZPO ist eine richtige Klage, Hbg MDR **89**, 272, Gaul JZ **84**, 63, ein Angriff, nicht ein bloßes Angriffs- oder Verteidigungsmittel nach § 282 ZPO, BGH NJW **95**, 1224, Schneider MDR **77**, 796, oder nach § 296 ZPO, BGH NJW **95**, 1224, oder nach § 528 II ZPO, BGH NJW **87**, 2258, oder nach §§ 530, 531 ZPO, BGH NJW **95**, 1223. Er ist auch keine bloße Klagänderung nach § 263 ZPO, BGH RR **96**, 65 (zur Wider-Widerklage). Der Antrag auf die Abweisung einer Widerklage ist ein Antrag auf eine Klagabweisung nach Rn 33 ff.
S auch Rn 32 „Hilfsantrag".
Wiedereinsetzungsantrag: Derjenige zB nach § 236 ZPO ist ein Sachantrag. Dasselbe gilt vom zugehörigen Gegenantrag, Mü JB **94**, 603.
Zurückbehaltungsrecht: Seine Geltendmachung ist ein Sachantrag. **56**
Zurücknahme: Rn 22 „Antragsrücknahme", Rn 41 „Klagerücknahme", Rn 46 „Rechtsbehelfsrücknahme".
Zustellung: Einer Zustellung von Amts wegen nach §§ 166 ff ZPO steht eine Zustellung von Anwalt zu Anwalt nach § 195 ZPO und im gesetzlich zulässigen Umfang eine Zustellung im Parteibetrieb nach §§ 191 ff ZPO gleich.
Zwangsvollstreckung: VV 3101 ist bei §§ 704 ff ZPO *unanwendbar*. Denn **57** VV 3309 hat den Vorrang.

N. Gebührenhöhe, Z 1. Unter den Voraussetzungen Rn 7–57 erhält der Anwalt **58** selbst bei einer erheblich umfangreichen derart begrenzten Tätigkeit doch (jetzt) nur eine 0,8 Verfahrensgebühr, Hamm JB **03**, 22 rechts. Sie entsteht wie jede Verfahrensgebühr mit der auftragsgemäßen Entgegennahme der Information. VV 1008 bleibt anwendbar, LG Tüb AnwBl **84**, 506. In der Berufungsinstanz tritt die Erhöhung nach

VV 3101

VV 3201 ein. Soweit der Auftrag nur zu einem Teil endet, tritt die Ermäßigung auch nur für diesen Teil ein. Man muß also zB von den nicht erledigten 200 EUR eine 1,3 Gebühr errechnen, von den erledigten 100 EUR eine 0,8 Gebühr. Manchmal kann man den nicht erledigten Teil aus dem Gegenstandswert *betragsmäßig nicht aussondern*. Das gilt nach § 42 I GKG etwa dann, wenn in einem Unterhaltsstreit nach §§ 231 ff FamFG mehr als ein Jahresbetrag streitig ist und wenn der Bekl den Unterhalt für ein Jahr bezahlt hat, während der Rest streitig bleibt. Dann muß man eine 0,8 Gebühr vom Jahresbetrag + eine 0,8 Gebühr vom Gegenstandswert für die restlichen Monate berechnen, also die 1,3 Gebühr für den streitigen Betrag, für den überschießenden vorzeitig erledigten Betrag nur die 0,8 Gebühr, jedoch unter einer Berücksichtigung der Degression der Tabelle.

59 Die *Summe* der einzelnen Gebühren darf nach (jetzt) § 15 III nicht die Verfahrensgebühr nach dem Gesamtbetrag übersteigen, Düss MDR **83**, 764. Soweit nur die Hauptsache erledigt ist, entsteht demgemäß nach § 15 Rn 76 ff eine 0,8 Gebühr nach dem Wert der Hauptsache sowie eine 1,3 Gebühr nach dem Wert der Kosten.

60 **5) Einigung der Parteien oder Beteiligten oder mit Dritten, Z 2.** Möglich ist eine Einigung nur zwischen den Prozeßparteien nach BLAH Grdz 4 vor § 50 ZPO oder Beteiligten oder zwischen einer Partei oder einem Beteiligten und einem Dritten oder jeweils mehreren derartigen Beteiligten über bisher nicht rechtshängige Ansprüche. Es gibt zwei Prüfpunkte.
A. Begriff. Der Begriff Einigung geht hier ebenso wie bei VV 1000 weiter als derjenige des Vergleichs. Beim außergerichtlichen Vergleich nach § 779 BGB oder beim Prozeßvergleich nach BLAH Anh § 307 ZPO ist nach § 779 I BGB ein gegenseitiges Nachgeben erforderlich. Eine Einigung erfordert nach VV 1000 Rn 5 ff kein gegenseitiges Nachgeben, sondern nur einen streitbeendenden oder sonstigen und nicht nur bekräftigenden Vertrag ohne ein bloßes Anerkenntnis oder einen bloßen Verzicht. Natürlich fällt jeder Vergleich zugleich unter den Begriff Einigung, aber eben nicht umgekehrt. Das gilt in einer Ehesache nach §§ 121 ff FamFG und in einer anderen Sache. Jede Art von Vergleich enthält eine Einigung, auch der nach § 118 I 3 Hs 2 ZPO zustandegekommene.

61 **B. Anwendungsbereich.** Z 2 gilt nach Rn 60, sofern es sich um die Protokollierung einer Einigung in irgendeinem „normalen" Rechtsstreit handelt, auch im zugehörigen Prozeßkostenhilfeverfahren nach § 118 I 3 Hs 2 ZPO. Nötig ist zwar ein Antrag auf eine Einigungsprotokollierung, nicht aber das Zustandekommen einer solchen Einigung, Düss JB **81**, 70. Es reicht ja nach Z 2 Hs 2 sogar eine bloße Verhandlung vor Gericht. Auch ein Widerrufsvergleich nach BLAH Anh § 307 ZPO Rn 10 reicht deshalb bei VV 3101, Düss JB **81**, 70, Ffm JB **79**, 1664, Hamm JB **80**, 1517. In jedem Fall kommt es auf den Umfang des Auftrags an den Anwalt an.

62 **C. Beispiele zur Frage einer Einigung usw, Z 2**
Anderes Verfahren: Z 2 erfaßt eine Protokollierung oder Feststellung nach § 278 VI ZPO über eine solche Einigung, die man nur in einem anderen Verfahren erzielt und dort noch nicht ausreichend protokolliert hatte.
VV 1000 erfaßt nach der amtlichen Vorbemerkung 1 grds die Mitwirkung eines Anwalts an einer sonstigen Einigung in einem anderen Fall innerhalb des jetzigen Verfahrens, (zum alten Recht) Mü JB **94**, 25. Eine Ausnahme gilt nach der amtlichen Anmerkung V 1 Hs 1 beim Zustandekommen einer Einigung in einer Ehesache nach §§ 121 ff FamFG.
Soweit das Gericht einen solchen Anspruch als *verglichen* protokolliert, der bisher in der Vorinstanz oder in einem anderen Verfahren anhängig war und für den der Anwalt dort bereits die Gebühr VV 3100 verdient hat, ist (jetzt) VV 3101 unanwendbar, Mü (11. ZS) MDR **00**, 544, Nürnb MDR **04**, 1263, Zweibr Rpfleger **03**, 323, aM KG MDR **00**, 1459, Mü (LwS) MDR **99**, 704 (aber Verbindung nach § 147 ZPO bleibt auch insoweit Verbindung).
Außergerichtliche Einigung: Z 2 erfaßt eine Protokollierung oder Feststellung nach § 278 VI ZPO über eine bisher nur außergerichtliche Einigung nach § 779 BGB, KG MDR **88**, 787.
Dritter: Z 2 kann auch den Anspruch eines Dritten erfassen, zB eines Streithelfers nach §§ 66 ff ZPO oder eines Zeugen.

Ehesache: Vgl zunächst Rn 67. Soweit die Parteien einen Vergleich im Hinblick 63 auf eine Ehesache nach §§ 121 ff FamFG schließen, kann (jetzt) VV 2300 anwendbar sein, Kitzinger FamRZ **05**, 12. Es kommt darauf an, ob der Anwalt zunächst lediglich außergerichtlich verhandeln sollte. Man muß dann meist davon ausgehen, daß der Auftraggeber einen Wert darauf legte, das erzielte Ergebnis gerichtlich protokollieren zu lassen, schon um einen Vollstreckungstitel nach § 794 I Z 1 ZPO, § 86 FamFG zu erhalten und diesen nach § 323 a ZPO, § 239 FamFG bei einem Bedarf abändern lassen zu können. Der Auftrag zielte also zumindest stillschweigend grundsätzlich auf die Bearbeitung einer Angelegenheit des VV Teil 3 ab.

Einbeziehung: Rn 64 „Mehrwertvergleich".

Einigung erst vor Gericht: Z 2 Hs 2 erfaßt auch einen solchen zunächst außergerichtlich erhobenen Anspruch, über den eine Einigung erst in einer Verhandlung vor diesem Gericht erfolgte.

Mehrwertvergleich: Z 2 erfaßt den sog Mehrwertvergleich. Bei ihm beziehen die 64 Parteien nach (jetzt) Z 2 Hs 2 einen bisher zumindest in diesem Verfahren oder überhaupt nicht rechtshängigen Anspruch in der ersten oder zweiten Instanz in einen Prozeßvergleich nach BLAH Anh § 307 ZPO ein, Hbg MDR **79**, 506, Köln MDR **01**, 453 (abl Schneider), Enders JB **95**, 115, aM Mü AnwBl **93**, 579 (zu eng).

Protokollierung: Es kommt für die außergerichtliche Tätigkeit keine Gebühr nach VV 2300 in Betracht, wohl aber diejenige nach VV 1000 und für die Protokollierung der Einigung diejenige nach (jetzt) VV 3101 Z 2, Hamm AnwBl **80**, 363, Mü AnwBl **82**, 115, Schlesw SchlHA **75**, 202 (krit Ladda SchlHA **77**, 90), aM Ffm Rpfleger **89**, 516.

Wenn sich der Auftrag demgegenüber auf eine *außergerichtliche* Verhandlung beschränkt hatte, etwa um lediglich eine privatschriftliche Festlegung zu erhalten oder eine Einigung „nur" notariell zu protokollieren, ist nicht Z 2 maßgeblich, sondern es ist VV 2300 und unter Umständen (jetzt) VV 1000 anwendbar, Kblz VersR **87**, 207. Wenn es dann doch aus irgendeinem Grund zu einer gerichtlichen Protokollierung kommt, entstehen Gebühren nach Z 2, Meyer JB **08**, 463.

S auch bei den einzelnen weiteren Stichwörtern dieses ABC.

Bisher keine Rechtshängigkeit: Z 2 Hs 1 erfaßt eine Protokollierung oder Fest- 65 stellung nach § 278 VI ZPO über einen bisher noch nicht nach § 261 ZPO rechtshängig gewesenen Anspruch, KG MDR **88**, 787.

Rechtshängigkeit vor Einigung: Soweit der Anwalt bei der Durchsetzung oder Abwehr eines solchen Anspruchs tätig geworden ist, den der Gläubiger in diesem Verfahren bereits nach § 261 ZPO rechtshängig gemacht hatte, bevor dann eine Einigung der Parteien erfolgte, entfällt für diesen Anwalt VV 3101. Denn er hat durch seine vorangegangene Tätigkeit (jetzt) bereits die Gebühr VV 3100 verdient, KG Rpfleger **98**, 374, LAG Nürnb MDR **01**, 1079, OVG Bln JB **00**, 303 (abl Wedel), aM Düss JB **88**, 461, Hbg MDR **97**, 203 (je systemwidrig).

Keine Rechtshängigkeit mehr: Z 2 Hs 1 erfaßt eine Protokollierung oder Feststellung nach § 278 VI ZPO über einen zuvor nicht mehr nach § 261 ZPO rechtshängig gebliebenen Anspruch, KG MDR **88**, 787.

Streithelfer: Rn 62 „Dritter".
Vorinstanz: Rn 62 „Anderes Verfahren".
Widerruf: Rn 61.
Zeuge: Rn 62 „Dritter".

D. Gebührenhöhe, Z 2. Es entsteht nach dem eindeutigen Gesetzestext 0,8 Ge- 66 bühr, Enders JB **07**, 115 (ausf zur Streitfrage, ob 1,3 Gebühr). Man muß nach der amtlichen Anmerkung I auf die Geschäftsgebühr 2300 dann die durch die Protokollierung ausgelöste 0,8 Gebühr nach Z 2 *anrechnen*. Die Gebühr VV 2300 ist auch dann schon wegen § 11 VII meist nicht nach § 11 I ff festsetzbar. Auch auf die Gebühr VV 3100 kann eine Anrechnung nötig sein, Hamm JB **07**, 200. Beim Zusammentreffen mit § 15 III rechnet man zunächst die Geschäftsgebühr auf die wegen desselben Gegenstands nach § 15 Rn 2 entstandene Verfahrensgebühr an und prüft erst dann die Obergrenze des § 15 III, Stgt JB **09**, 246.

67 **6) Familiensache-Antrag usw, Z 3.** Es reicht auch aus, daß der VerBev in einer solchen Familiensache nach § 111 FamFG, die nur die Erteilung einer Genehmigung oder die Zustimmung des Familiengerichts zum Gegenstand hat, oder in einem sonstigen unstreitigen Verfahren der freiwilligen Gerichtsbarkeit nach dem FamFG auftragsgemäß lediglich einen Antrag zur Verfahrens- oder Sachlage mit oder ohne eine Begründung gestellt *und* dann die zugehörige Entscheidung entgegengenommen hat. Soweit er in einem solchen Verfahren von sich aus oder infolge einer Auftragserweiterung oder zB auf eine Veranlassung des Gerichts irgendwie darüber hinaus tätig geworden ist, ist VV 3100 anwendbar, Nürnb JB **05**, 191.

Unanwendbar ist Z 3 im streitigen FamFG-Verfahren und im Verfahren nach dem LwVG, amtliche Anmerkung II.

68 **7) Kostenerstattung, Z 1–3.** Wenn der Auftrag unter den Voraussetzungen des VV 3101 endet, ist keine Kostenerstattung möglich, Hamm Rpfleger **78**, 427 (wegen einer Berufung). Man muß die folgenden Situationen unterscheiden.

69 **A. Vor Klagezustellung.** Sofern das Gericht die Klage bei der Beendigung des Auftrags noch nicht nach § 253 I ZPO zugestellt hatte, mag noch keine Rechtshängigkeit nach § 261 I ZPO eingetreten sein. Infolgedessen kommt auch keine Klageänderung nach § 263 ZPO in Betracht. Zur Erzielung eines Erstattungsanspruchs muß der Gläubiger dann die bisherigen Anwaltskosten als die jetzige Hauptforderung in einer neuen Klage beziffert geltend machen. Er darf nicht die bisherige Klage noch zustellen lassen. Andernfalls treffen ihn mangels eines etwa möglichen günstigeren Kostenbeschlusses aus § 269 III 3, IV ZPO die Kosten jenes Rechtsstreits.

70 Wenn allerdings die Beendigung des Auftrags im Zeitraum *zwischen der Einreichung der Klage und deren Zustellung* durch das Gericht eingetreten war und wenn der Kläger die Zustellung und damit den Eintritt der Rechtshängigkeit nicht mehr verhindern konnte, muß man die Kostenerstattung wie bei Rn 71 beurteilen. Der Kläger kann aber auch dann die Anwaltskosten in einer besonderen weiteren Klage geltend machen.

71 **B. Nach Klagezustellung.** Wenn das Gericht die Klage bei der Beendigung des Auftrags bereits nach § 253 I ZPO zugestellt hatte, kann der Kläger seinen sachlichrechtlichen bezifferbaren Kostenanspruch unter den Voraussetzungen einer Klageänderung nach §§ 263, 264 ZPO an die Stelle des bisherigen Hauptanspruchs setzen. Wegen der Situation dann, wenn der Auftrag im Zeitraum zwischen der Einreichung und der Zustellung der Klage endete und wenn man die Zustellung nicht mehr verhindern konnte, gelten Rn 69, 70. Wenn ein Prozeßvergleich nach BLAH Anh § 307 ZPO die Erstattung der „Kosten des Vergleichs" nach § 99 ZPO besonders regelt, gehört die Gebühr nach VV 3101 zu diesen Kosten, Hamm JB **03**, 22 links, Mü Rpfleger **06**, 572, aM Köln JB **01**, 192 (aber die stets zulässige und notwendige Auslegung einer Parteiprozeßhandlung nach BLAH Grdz 52 vor § 128 ZPO legt die erstere Lösung näher). Bei einer verspäteten Tätigkeit entfällt die Erstattbarkeit, Schlesw JB **90**, 1621, LG Bln JB **87**, 707.

Im *hochschulrechtlichen* Zulassungsverfahren lehnt VG Bln NVwZ-RR **11**, 264 die Erstattbarkeit einer Gebühr VV 3100 evtl ab, bejaht aber 3101 für einen Klagabweisungsantrag vor einem inhaltlichen Klägervortrag.

Nr.	Gebührentatbestand	Gebühr oder Satz der Gebühr nach § 13 RVG
3102	Verfahrensgebühr für Verfahren vor den Sozialgerichten, in denen Betragsrahmengebühren entstehen (§ 3 RVG)	50,00 bis 550,00 €

Schrifttum: *Enders* JB 13, 618 (Üb).

1 **1) Systematik.** VV 3101 ist eine vorrangige Sondervorschrift gegenüber VV 3100. VV 3103 hat den Vorrang. Zur Verfahrensgebühr kann eine Terminsgebühr VV 3106 hinzutreten.

2) Regelungszweck. Es geht um eine Anpassung an den Grundsatz der Anwendbarkeit von Betragsrahmengebühren nach Einl II A 12 im sozialgerichtlichen Verfahren nach § 3.

3) Geltungsbereich. Vgl § 3.

4) Gebührenhöhe. § 14 ist anwendbar. Die Mittelgebühr beträgt 300 EUR im Normalfall, LSG Essen NZA-RR **08**, 606. Das Haftungsrisiko kann eine Erhöhung auf damals 355 EUR rechtfertigen, Klier NZS **04**, 472. Beim Streit um eine Erwerbsminderungsrente kann der Höchstbetrag durchaus infrage kommen, SG Detm AnwBl **08**, 638.

5) Anrechnung. Vgl VV 3100 Rn 55–58. Anrechenbar ist nur eine tatsächliche Zahlung auf die Geschäftsgebühr, LSG Mü JB **16**, 84.

6) Kostenerstattung. Über sie entscheidet das Gericht nach § 193 SGG, Teil II B dieses Buchs, im Urteil. Dabei sind die gesetzlichen Gebühren und Auslagen eines Anwalts nach § 193 III SGG stets erstattungsfähig. Nicht erstattungsfähig sind nach § 193 IV SGG die Aufwendungen der in § 184 I SGG nicht genannten Gebührenpflichtigen. Eine Kostenfestsetzung erfolgt auf einen Antrag nach § 197 SGG.

3103 *(aufgehoben)*

Nr.	Gebührentatbestand	Gebühr oder Satz der Gebühr nach § 13 RVG
3104	Terminsgebühr, soweit in Nummer 3106 nichts anderes bestimmt ist .... I Die Gebühr entsteht auch, wenn 1. in einem Verfahren, für das mündliche Verhandlung vorgeschrieben ist, im Einverständnis mit den Parteien oder Beteiligten oder gemäß § 307 oder § 495a ZPO ohne mündliche Verhandlung entschieden oder in einem solchen Verfahren ein schriftlicher Vergleich geschlossen wird, 2. nach § 84 Abs. 1 Satz 1 VwGO oder § 105 Abs. 1 Satz 1 SGG durch Gerichtsbescheid entschieden wird und eine mündliche Verhandlung beantragt werden kann oder 3. das Verfahren vor dem Sozialgericht, für das mündliche Verhandlung vorgeschrieben ist, nach angenommenen Anerkenntnis ohne mündliche Verhandlung endet. II Sind in dem Termin auch Verhandlungen zur Einigung über in diesem Verfahren nicht rechtshängige Ansprüche geführt worden, wird die Terminsgebühr, soweit sie den sich ohne Berücksichtigung der nicht rechtshängigen Ansprüche ergebenden Gebührenbetrag übersteigt, auf eine Terminsgebühr angerechnet, die wegen desselben Gegenstands in einer anderen Angelegenheit entsteht. III Die Gebühr entsteht nicht, soweit lediglich beantragt ist, eine Einigung der Parteien oder der Beteiligten oder mit Dritten über nicht rechtshängige Ansprüche zu Protokoll zu nehmen. IV Eine in einem vorausgegangenen Mahnverfahren oder vereinfachten Verfahren über den Unterhalt Minderjähriger entstandene Terminsgebühr wird auf die Terminsgebühr des nachfolgenden Rechtsstreits angerechnet.	1,2

Schrifttum: *Hansens,* Der Terminsvertreter in Zivilsachen, Festschrift für *Madert* (2006) 111; *Onderka,* Terminsgebühr nach dem RVG usw, Festschrift für *Madert* (2006) 177; *Weller,* Einzelfragen zur Terminsgebühr usw, Festschrift für *Madert* (2006) 231. Rechtpolitisch *Schneider* NJW **12**, 2711.

# VV 3104

Gliederung

1) Systematik ... 1
2) Regelungszweck ... 2
3) Geltungsbereich ... 3
4) Terminswahrnehmung ... 4–8
   A. Termin ... 4
   B. Beispiele zur Frage einer Terminswahrnehmung ... 5
   C. Gerichtlicher Termin, amtliche Vorbemerkung 3 III 1 Hs 1 ... 6
   D. Jedoch kein bloßer Verkündungstermin, amtliche Vorbemerkung 3 III 2 ... 7
   E. Sachverständigentermin, amtliche Vorbemerkung 3 III 1 Hs 2, III 3 Z 1 ... 8
5) Mitwirkung an Besprechung, amtliche Vorbemerkung 3 III 1 Hs 3, III 3 Z 2 ... 9–14
   A. Vermeidung oder Erledigung des Verfahrens ... 10
   B. Vermeidung ... 11
   C. Erledigung ... 12
   D. Beispiele zur Frage einer Erledigung ... 12a
   E. Mit oder ohne Gerichtsbeteiligung ... 13
   F. Keine bloße Besprechung mit Auftraggeber ... 14
6) Eigentlich mündliche Verhandlung vorgeschrieben, amtliche Anmerkung I Z 1 ... 15–18
   A. Grundsatz: Notwendigkeit ... 15
   B. Beispiele zur Frage eigentlicher Notwendigkeit mündlicher Verhandlung, I Z 1 ... 16–18
7) Tatsächlich keine mündliche Verhandlung, amtliche Anmerkung I Z 1 .. 19–26
   A. Einverständnis der Parteien, § 128 II ZPO, oder der Beteiligten ... 20
   B. Beispiele zur Frage eines Einverständnisses, I Z 1 ... 21–24
   C. Schriftliches Anerkenntnisurteil, § 307 ZPO ... 25
   D. Kleinverfahren, § 495 a S 2 ZPO ... 26
8) Erlaß einer Entscheidung, amtliche Anmerkung I Z 1 ... 27–29
9) Schriftlicher Vergleich, amtliche Anmerkung I Z 1 ... 30
10) Gerichtsbescheid, amtliche Anmerkung I Z 2 ... 31
11) Angenommenes Anerkenntnis vor Sozialgericht, amtliche Anmerkung I Z 3 ... 32
12) Anrechnung, amtliche Anmerkung II ... 33
13) Keine Terminsgebühr bei bloßem Protokollierungsantrag, amtliche Anmerkung III ... 34
14) Anrechnung, amtliche Anmerkung IV ... 35
15) Gebührenhöhe ... 36
16) Gegenstandswert ... 37–39
   A. Zeitpunkt ... 37
   B. Höhe ... 38
   C. Beispiele zur Frage einer Höhe ... 39

1 **1) Systematik.** VV 3104 gibt eine neben VV 3100 selbständige Vergütung, Kblz MDR **11**, 1323. Die Vorschrift gibt bereits dann eine erstinstanzliche Terminsgebühr, wenn die Voraussetzungen der amtlichen Vorbemerkung 3 III vorliegen. Diese Vorschrift verlangt keineswegs einen Sachantrag nach VV 3101 Rn 12 oder auch nur überhaupt einen Antrag im Termin, sondern nur die Wahrnehmung eines Termins, VGH Mü NVwZ-RR **08**, 504, oder gar nur die Mitwirkung an einer Besprechung ohne eine Gerichtsbeteiligung dann, wenn auch mit mindestens einem anderen als dem Auftraggeber. Es muß aber ein Gerichtsverfahren anhängig sein, LG Freibg JB **06**, 476, AG Düss JB **06**, 476. Das gilt auch zB im Mahnverfahren nach §§ 688 ff ZPO wegen § 12a, Brdb Rpfleger **07**, 508, Schons NJW **05**, 3123 (je zu § 321a ZPO).

Vorrang hat ausdrücklich VV 3106. Überhaupt keine Terminsgebühr entsteht im Fall der amtlichen Anmerkung III. Auch VV 3105 hat den Vorrang. Nach einem Mahnverfahren kann nach der amtlichen Vorbemerkung 3.3.2 eine Terminsgebühr theoretisch nochmals im streitigen Verfahren nach § 697 ZPO entstehen, (zum alten Recht) Enders JB **05**, 230, freilich nur in den Anrechnungsgrenzen der amtlichen Anmerkung IV und daher praktisch nicht, aM Brdb Rpfleger **07**, 508. Im Geltungsbereich VV Teil 6 ist VV 3104 nach der amtlichen Vorbemerkung 3 VII unanwendbar. VV 1000 ff sind anwendbar.

2 **2) Regelungszweck,** dazu *Onderka* (vor Rn 1): Die Terminsgebühr bezweckt eine Vereinfachung ohne eine Verdiensteinbuße, OVG Bln-Brdb JB **09**, 426. So muß man die Vorschrift auch handhaben. Das darf freilich nicht zu einer grenzenlosen Ausdehnung ihres Geltungsbereichs führen.

3104 VV

3) Geltungsbereich. Es ist derjenige der amtlichen Überschrift von Teil 3, also: **3**
Zivilsachen, arbeitsgerichtliches Urteilsverfahren, BAG NJW **06**, 3022, Verfahren der
öffentlichrechtlichen Gerichtsbarkeiten, Verfahren nach dem Strafvollzugsgesetz und
ähnliche Verfahren, VV 3100 Rn 3. VV 3104 gilt auch beim Anwalt des Streithelfers
nach §§ 66 ff ZPO, BGH NJW **06**, 3571, Hbg MDR **07**, 181 links oben. Wegen des
finanzgerichtlichen Verfahrens FG Karlsr JB **10**, 30.

4) Terminswahrnehmung. Eine Terminsgebühr entsteht nach der amtlichen **4**
Vorbemerkung 3 III für die Wahrnehmung eines der nachfolgenden gerichtlichen
oder vom gerichtlichen Sachverständigen anberaumten Termine.

A. Termin. Es reicht zB ein Termin mit einer Bild- und Tonübertragung nach
§ 128a ZPO, Enders JB **02**, 60. Es ist unerheblich, ob das Gericht eine Ladungsfrist
nach § 274 ZPO usw oder -form eingehalten hat, sofern es nun eben zum Aufruf
kommt, OVG Münst NJW **15**, 2602. Es ist unerheblich, ob nur der Vorsitzende oder
das Kollegium auftritt. Eine Vertagung im Saal statt eines Aufrufs gilt als eine solche
nach einem Aufruf. Der Termin beginnt nach § 220 I ZPO mit dem ausdrücklichen
oder in der Sachbehandlung liegenden stillschweigenden Aufruf im Sitzungsraum,
BGH NJW **11**, 389, VGH Mü NVwZ-RR **08**, 504, OVG Münst NJW **15**, 2602.

Maßgeblich ist zunächst der jetzt verfolgte *Terminszweck*. Er kann sich aber im
Terminsverlauf ändern. Erforderlich ist eine verhandlungsbereite Anwesenheit des
Anwalts im Termin, Karlsr NJW **10**, 1384, Mü JB **09**, 481, FG Düss JB **12**, 529. Die
bloße Anwesenheit reicht nur dann, wenn sie mitdenkend erfolgt, Bbg JB **92**, 741.
Deshalb muß der Anwalt sich natürlich des Charakters des Termins bewußt sein.
Denn nur dann vertritt der Anwalt den Auftraggeber „im" Termin. Sein Mitdenken
fehlt erst bei eindeutig entgegengesetzten Anzeichen. Erst bei solcherart Verdächtig-
keit muß der Anwalt beweisen, daß er mitdachte und daher im Termin vertrat.

Unerheblich ist, ob es im Termin zur Verhandlung nach Rn 5 oder zur Erörterung nach
Rn 6 oder zur Beweisaufnahme nach Rn 7 kommt oder nur zu prozessualen Punkten.

Nicht selbstverständlich ist das Ausreichen des „Mitdenkens" des Anwalts im Termin.
Das gilt schon wegen der faktischen Schwierigkeit zu erkennen, ob sein Kopf gerade
zumindest auch das Geschehen in diesem Termin und bei dieser Sache halbwegs mit-
verfolgt. Wenn er aber überhaupt erschienen ist, besteht meist dafür ein Anscheinsbeweis nach BLAH Anh § 286 ZPO Rn 15. Zwar scheint auch eigentlich irgendein
Antrag oder zumindest eine sachbezogene sonstige Äußerung notwendig. Schließlich
entsteht eine weitere 1,2 Gebühr. Es kann aber durchaus eine solche Situation bestehen, bei der zumindest vorläufiges aufmerksames Abwarten und Zuhören ratsam oder
doch nachvollziehbar ist, strenger LSG Essen AnwBl **15**, 350 (Austausch von Rede
und Gegenrede nötig). Der Vorsitzende und/oder der Gegner mögen zB zur Frage,
ob die Einlassungs- oder Ladungsfrist nach § 274 ZPO eingehalten wurde, oder zur
Zuständigkeit derart verhandeln, daß eine eigene Äußerung des Anwalts nicht unbedingt zweckmäßig scheint. Nach alledem ist erst recht zur Terminsgebühr nicht auch
ein Sachantrag nach VV 3101 Rn 12 stets nötig.

B. Beispiele zur Frage einer Terminswahrnehmung **5**

Abgelenktheit: *Keine* Terminswahrnehmung ist eine offensichtliche solche Verhaltensweise für eine nicht nur ganz kurze Zeit.

Ablehnung: Terminswahrnehmung ist eine Tätigkeit im Ablehnungsverfahren
nach §§ 42 ff oder 406 ZPO, LG Paderborn JB **15**, 35.

Antragstellung: Terminswahrnehmung kann auch ohne Antragstellung vorliegen,
solange der Anwalt nicht erklärt, er werde gar keinen Antrag stellen.
S auch „Vertagung", „Verweisung".

Beweisperson: *Keine* Terminswahrnehmung ist eine bloße Klärung der Personalien
oder Anschrift einer Beweisperson.

Erledigung der Hauptsache: *Keine* Terminswahrnehmung erfolgt beim Unterbleiben eines Aufrufs wegen einer Gesamterledigung vor dem Termin nach BLAH
§ 91a ZPO Rn 96 ff, Stgt JB **05**, 303.

Klagerücknahme: Terminswahrnehmung ist eine Rücknahme nach dem Terminsbeginn nach Rn 4. Denn sie ist etwas anderes als ein bloßer „Nichtauftritt".

Ladung: *Keine* Terminswahrnehmung ist eine bloße Entgegennahme der Ladung.

Lärmen: *Keine* Terminswahrnehmung ist ein bloßes Lärmen während seiner Dauer.
Nichtauftritt: *Keine* Terminswahrnehmung ist die bloße Erklärung, nicht auftreten oder verhandeln zu wollen.
Rechtsmittelverzicht: *Keine* Terminswahrnehmung ist ein bloßer solcher Verzicht zB nach § 515 ZPO nach der Verkündung der Endentscheidung.
Sachstandsanfrage: *Keine* Terminswahrnehmung ist eine bloße solche Anfrage, Köln JB **06**, 251.
Schlaf: *Keine* Terminswahrnehmung ist die Anwesenheit des Schlafenden (Ausnahme: Sekundenschlaf usw).
Störer: *Keine* Terminswahrnehmung ist ein bloßes Stören während seiner Dauer.
Telefonat: *Keine* Terminswahrnehmung ist nach der amtlichen Vorbemerkung 3 III lt Hs eine bloß telefonische Rücksprache usw außerhalb eines Termins, Drsd FamRZ **13**, 729, Köln MDR **09**, 1365, LAG Köln NZA-RR **11**, 437.
Terminsdauer: Terminswahrnehmung kann auch bei einer Tätigkeit nur während eines Teils der Terminsdauer vorliegen.
Terminsnachricht: *Keine* Terminswahrnehmung ist eine bloße Entgegennahme der Terminsnachricht oder -stunde.
Terminsverzögerung: *Keine* Terminswahrnehmung ist das Verlassen des Raumes wegen der Ankündigung einer Verzögerung des Terminsbeginns, Zweibr FamRZ **12**, 326.
Unbotmäßigkeit: *Keine* Terminswahrnehmung ist ein bloß stures derartiges Verhalten während seiner Dauer nach § 178 GVG.
Verfrühter Terminsbeginn: *Keine* Terminswahrnehmung ist das Erscheinen nach Schluß des verfrüht begonnenen Termins, Oldb NJW **11**, 3590.
Verkündung: Terminswahrnehmung kann auch dann vorliegen, wenn sich am Schluß der mündlichen Verhandlung nach §§ 136 IV, 296a ZPO die Verkündung nach einer sofortigen Beratung nach §§ 310 I 1 Hs 1, 329 ZPO oder gar ohne sie direkt anschließt, aM Mü JB **09**, 481 (aber eine Erklärung kann noch bis zum Verkündungsende beachtbar sein).
S auch „Wiedereröffnung".
Versäumnis: Terminswahrnehmung ist auch das Erscheinen usw trotz Abwesenheit des Gegners, Jena JB **15**, 521.
Vertagung: Terminswahrnehmung kann auch ein bloßer Vertagungsantrag zB nach § 227 ZPO sein.
Verweisung: Terminswahrnehmung kann auch ein bloßer Verweisungsantrag zB nach § 281 ZPO sein.
Vorgerichtliche Prüfung: *Keine* Terminswahrnehmung ist eine bloße solche Prüfung oder Besprechung, AG Ffm JB **06**, 252.
Wiedereröffnung: Terminswahrnehmung ist auch die Tätigkeit nach einer Wiedereröffnung nach § 156 ZPO.

6 **C. Gerichtlicher Termin, amtliche Vorbemerkung 3 III 1 Hs 1.** Ausreichend ist jeder gerichtliche Termin. Dazu zählt jede Terminsart bis auf einen bloßen Verkündungstermin nach Rn 6.

7 **D. Jedoch kein bloßer Verkündungstermin, amtliche Vorbemerkung 3 III 2.** Nicht ausreichend ist ein bloßer Verkündungstermin.

8 **E. Sachverständigentermin, amtliche Vorbemerkung 3 III 1 Hs 2, III 3 Z 1.** Ausreichend ist ferner ein gerade vom gerichtlich bereits zB nach § 404 ZPO wirksam bestellten Sachverständigen anberaumter und dann auch stattfindender außergerichtlicher Termin vor oder nach einem gerichtlichen Termin. Er kann unterschiedlichen Zwecken dienen, von der Klärung der Methode einer geplanten Untersuchung bis zur Information über solche Umstände, die ein Beteiligter dem Sachverständigen vielleicht zur Erleichterung seiner Beurteilung des vorgefundenen oder ermittelten Sachverhalts liefern könnte. Im übrigen gelten dieselben Erwägungen wie zum Verhandlungstermin. Es kommt auf die Umstände an, Zweibr RR **17**, 63. Die Terminsdauer und die Anwesenheitsdauer des Anwalts sind unerheblich.

Unzureichend ist eine Ortsbesichtigung nach § 273 II Z 4 ZPO durch einen noch nicht als Beweisperson bestellten, sondern nur vorbereitend geladenen Sachkundigen oder Privatgutachter, selbst wenn das Gericht später sein Gutachten verwendet.

Vergütungsverzeichnis **3104 VV**

5) **Mitwirkung an Besprechung, amtliche Vorbemerkung 3 III 1 Hs 3,** 9
III 3 Z 2, dazu *Klüsener* JB **16**, 225 (fiktive Terminsgebühr): Eine Terminsgebühr
entsteht auch für die Mitwirkung gerade des ProzBev oder VerfBev nach § 81 ZPO
oder des Verkehrsanwalts oder Terminsanwalts oder eines Beistands. Sie entsteht also
nicht schon für die Mitwirkung nur eines Dritten, etwa eines ProzBev einer weiteren
Partei, BAG NZA **13**, 396, oder eines vom ProzBev beauftragten Steuerberaters,
Köln JB **06**, 590. Sie entsteht für die Mitwirkung an einer notwendigen oder ratsamen und auch spontanen streitigen oder unstreitigen Besprechung beliebiger Dauer,
dabei an einer mündlichen oder fernmündlichen Erörterung, BGH NJW **07**, 1214,
LAG Ffm NZA-RR **07**, 37, FG Köln JB **13**, 82, aM OVG Bln-Brdb JB **09**, 426
(nicht beim Telefonat), oder einer elektronischen, Kblz MDR **07**, 985, aM BGH
NJW **10**, 381 (aber e-mail steht dem Teletext durchaus gleich), Henke AnwBl **07**,
857. Auch bei einer Abwesenheit des Gegners reicht eine Erörterung mit dem Gericht, KG MDR **08**, 1424, aM LAG Bln-Brdb NZA-RR **12**, 37. Das gilt nur
unter den nachfolgenden Bedingungen. Man darf sie freilich auch nicht überspannen,
BGH NJW **07**, 2858. Besprechung ist ein Erklärungsaustausch. Gegensatz ist eine
Korrespondenz oder auch ein einseitiges aufdrängendes Einreden, LAG Ffm NZA-RR **07**, 37. Mitwirkung ist dasselbe wie eine Terminsvertretung nach Rn 4.

Jede Art von Besprechung reicht, BGH FamRZ **07**, 812, Köln FamRZ **13**, 1062
(Jugendamt), auch eine spontan beschlossene, kurze, beiläufige, aber ernsthafte.
VV 1000 gilt dann allein, wenn erst eine Besprechung zur Einigung führte, BGH
NZM **17**, 440, Kblz JB **06**, 192. Sonst würden VV 1000 amtliche Anmerkung II und
VV 3104 dasselbe vergüten. Das ist nicht der Sinn beider Vorschriften, obwohl sie
nach ihrem bloßen Wortlaut zur Anwendung beider Gebühren führen könnten.
Auch hier gibt es freilich einen reichlichen Auseinandersetzungsstoff, OVG Lüneb
AnwBl **07**, 156. Beim Streit muß der Anwalt die Voraussetzungen im Einzelfall beweisen, Kblz NJW **05**, 2162 rechts oben.

A. **Vermeidung oder Erledigung des Verfahrens.** Die Besprechung muß ent- 10
weder eine Vermeidung oder eine Erledigung des Verfahrens nach VV Teil 3 bezwecken, BGH MDR **10**, 1219 links unten, Köln FamRZ **17**, 1337, LG Rostock
ZMR **07**, 747 (zustm Greiner), LAG Köln NZA-RR **17**, 673. Es muß also um eine
Zivilsache einschließlich (jetzt) einer FamFG-Sache gehen, Naumb FPR **08**, 185,
Oldb JB **07**, 199, Kitzinger FamRZ **05**, 13 (Unterhalt usw), auch um ein Mahnverfahren nach §§ 688 ff ZPO, LG Regensb JB **06**, 420, oder um ein Verfahren einer der
öffentlichrechtlichen Gerichtsbarkeiten oder um ein Verfahren nach dem Strafvollzugsgesetz oder um ein ähnliches Verfahren, also um praktisch alle Verfahren außer denjenigen, die VV Teile 4–6 regeln. Es mag also um die Vermeidung eines Verfahrens B
anläßlich einer Verfahrens A gehen, Rostock JB **07**, 137. Die amtliche Vorbemerkung 3 III setzt keinen auch nur teilweisen Einigungserfolg voraus, aber auch kein bloßes Vorgespräch, Karlsr JB **06**, 192, AG Ffm JB **06**, 252, und keinen auch nur anfänglichen Streit, sondern eine Erledigungszielsetzung, KG JB **12**, 191, Karlsr JB **06**, 192,
Stgt VersR **14**, 853.

Der *ernsthafte Versuch* nur dieses Anwalts reicht, selbst wenn der Gegner im Verlauf
keine entsprechende Zielsetzung zeigt, Kblz JB **12**, 526, aM Naumb AnwBl **07**, 725
(abl Schons 726), OVG Hbg NJW **06**, 1544, OVG Lüneb NJW **11**, 1620. So mag zB
die Klärung bestimmter Rahmenbedingungen reichen, BGH NJW **07**, 2858. Der
Anwalt muß gerade für dieses bevorstehende oder schon begonnene Verfahren der
ProzBev oder VerfBev nach VV 3100 Rn 4 oder Beistand sein, Kblz JB **06**, 192. Es
braucht noch keine Anhängigkeit oder Rechtshängigkeit nach § 261 ZPO vorzuliegen, sondern nur ein Prozeßauftrag, Bonnen MDR **05**, 1085, aM LG Hbg AnwBl
07, 727 (abl Nieberler). Es kann aber natürlich schon die Rechtshängigkeit eingetreten sein, Köln JB **06**, 247.

B. **Vermeidung.** Das ist eine Tätigkeit mit engstem Bezug zu derjenigen nach 11
VV 2300. Diese letztere Tätigkeit muß sich außergerichtlich abspielen und erfolgt
durchweg vor der Anhängigkeit, BGH MDR **10**, 1219 links unten (nach einem
Klagauftrag), Hamm RR **07**, 720, Nürnb JB **07**, 21 (vor einem Mahnantrag). Jedenfalls darf ein Verfahren noch nicht begonnen haben, LG Kref JB **14**, 527, LAG
Nürnb JB **11**, 589. Eine Klage oder Antragsschrift darf zwar fertig sein. Sie darf aber

1859

noch nicht beim Gericht vorliegen. Wenn der Anwalt aber nach der amtlichen Vorbemerkung 3 III ein gerichtliches Verfahren vermeiden soll, wird er praktisch so gut wie stets ebenfalls außergerichtlich tätig. Man sollte die Unterscheidung daher eher danach ausrichten, ob der Anwalt seine Vermeidungsversuche gerade als der ProzBev oder VerfBev oder Beistand oder nur als ein außergerichtlicher Bevollmächtigter vornimmt. Ein Einigungsversuch unmittelbar vor der Klageinreichung ist ausreichend.
Schon ein Auftrag zur evtl *nachfolgenden* Tätigkeit im Prozeß oder im sonstigen Gerichtsverfahren dürfte VV 3104 anwendbar und gegenüber VV 2300 vorrangig machen. Inzwischen hat sich auch an dieser Stelle einiger Zündstoff gesammelt. Wie hier BGH AnwBl **10**, 719 und MDR **10**, 1219 links unten, LG Memmingen NJW **06**, 1295, Bischof JB **04**, 297. Es geht ja auch um durchaus unterschiedlich hohe Vergütungen. VV 3104 steht im Teil 3, VV 2300 im Teil 2 des VV. Das sollte ein Hauptmerkmal der Abgrenzung sein.

12 **C. Erledigung.** Das ist nicht nur diejenige nach § 91 a ZPO, KG JB **07**, 413, sondern jede Art von Beilegung nach der Anhängigkeit oder gar Rechtshängigkeit nach § 261 ZPO, BGH MDR **10**, 1219 links unten, KG JB **07**, 587, Nürnb JB **07**, 21.

12a **D. Beispiele zur Frage einer Erledigung**
Ablehnung gegnerischen Vorschlags: *Unzureichend* ist die sofortige, Brdb AnwBl **14**, 1061.
Anerkenntnis: S „Information".
Einstellung der Zwangsvollstreckung: *Unzureichend* ist dieser Zweck, LAG Köln NZA-RR **17**, 673.
Erledigungserklärung: *Ausreichend* ist eine Anregung zur Abgabe solcher Erklärung, Hbg MDR **17**, 610.
Familiensache: *Schneider* NZFam **16**, 495 (Üb).
Rein formelle Tätigkeit: *Unzureichend* ist sie, OVG Lüneb NJW **09**, 460, OVG Saarlouis NVwZ-RR **14**, 206.
Fristverlängerung: *Unzureichend* ist eine Tätigkeit nur zu solchem Thema zB nach § 224 II ZPO.
Gegnerische Erklärung: *Ausreichend* ist ihre Entgegennahme zwecks ihrer Prüfung usw, BGH FamRZ **07**, 279, Stgt VersR **14**, 853, AG Kref JB **14**, 527.
Gesamtvergleich: *Ausreichend* ist eine neue Verhandlung wegen der Einbeziehung eines rechtskräftigen Titels in einen folgenden solchen Vergleich, Mü FamRZ **06**, 1696. Damit kommt man in die Nähe von VV 1000, einer Vorschrift, die nach der amtlichen Vorbemerkung 1 ja ausdrücklich auch neben VV 3104 gilt. Der Anwalt muß keine Ursache der späteren Entscheidung gesetzt haben, OVG Bre JB **08**, 531 rechts.
Bloße Information: *Unzureichend* ist sie, Köln MDR **13**, 248, LAG Bln-Brdb JB **13**, 191, OVG Bln-Brdb NJW **16**, 3546 (Anerkenntnis), auch ihre Einholung zum Sach- und Streitstand.
Kostenfestsetzung: *Ausreichend* ist die Erledigung eines solchen Verfahrens zB nach §§ 103 ff ZPO, Hbg MDR **07**, 181 rechts.
Prozessuales Vorgehen: *Unzureichend* ist eine nur darauf ergehende Abrede, BGH RR **14**, 959, Köln MDR **12**, 1439, LAG Bln-Brdb JB **13**, 191. Freilich kommt es auf die Umstände an.
Ratenzahlungen: *Unzureichend* ist eine Abrede nur zu solchen Leistungen, Kblz JB **11**, 590 rechts.
Rechtsmittelerledigung: *Ausreichend* ist eine solche, BGH AnwBl **12**, 286 links unten.
Rechtsmittelrücknahme: *Ausreichend* ist eine solche zB nach § 516 ZPO, Drsd RR **08**, 1667, LAG Ffm NZA-RR **07**, 38 (gegen Verzicht auf Kostenerstattung).
Rücknahme: *Ausreichend* ist die Anregung einer Antrags- oder Klagerücknahme nach § 269 ZPO, Kblz RR **14**, 1152, Köln MDR **17**, 180, Stgt VersR **14**, 853. S auch „Rechtsmittelrücknahme".
Ruhen des Verfahrens: *Unzureichend* ist eine bloße Zustimmung dazu nach § 251 ZPO, BGH RR **14**, 959, KG JB **12**, 191, Stgt JB **09**, 250.
Sicherheitsabsprache: *Unzureichend* ist eine Tätigkeit nur zu solchem Thema zB nach §§ 108 ff ZPO.

Vergütungsverzeichnis 3104 VV

Terminsverlegung: *Unzureichend* ist eine Tätigkeit nur zu solchem Thema nach § 227 ZPO.

E. Mit oder ohne Gerichtsbeteiligung. Die Besprechung mag mit oder ohne 13 jede Beteiligung des Gerichts stattfinden, um eine Terminsgebühr auch ohne einen Termin des Gerichts herbeizuführen, BGH AnwBl **12**, 286 links unten, Naumb FRR **08**, 185, Stgt VersR **14**, 853, strenger OVG Bre NJW **15**, 2603. Das kann zB bei einer Mediation nach § 34 so sein, Hamm AnwBl **06**, 287. Es ergibt sich aus dem Wort „auch" (ohne Beteiligung des Gerichts). Beteiligung ist die direkte auch nur teilweise oder zeitlich begrenzte Teilnahme am Gespräch. Diese Teilnahme läge bei den heutigen Telekommunikationsmöglichkeiten auch schon dann vor, wenn eine Gerichtsperson telefonisch oder per Telefax oder per Videokonferenz nach § 128a ZPO irgendwie zu mehr als etwa einer bloßen Absprache eines Gerichtstermins hinzutritt. Es reicht andererseits, daß das Gericht jedenfalls nicht an dem Vermeidungs- und/oder Erledigungsziel während dieser Besprechung beteiligt ist.

F. Keine bloße Besprechung mit Auftraggeber. Die Besprechung darf schließ- 14 lich nach der amtlichen Vorbemerkung 3 III 3 Z 2 Hs 2 nicht nur mit dem Auftraggeber des Anwalts stattfinden, Kblz AnwBl **05**, 794. Sie darf auch nicht nur mit dessen gesetzlichem Vertreter, Prokuristen, Geschäftsführer, sonstigem Bevollmächtigten, Boten, Verkehrsanwalt oder sonstigem Berater stattfinden. Denn dazu ist § 34 usw. Besprechungsteilnehmer darf und muß irgendein Dritter sein, sei es der Gegner oder dessen Bevollmächtigter, Angehöriger, Berater, eine Behörde, ein anderes Gericht als gerade das Prozeßgericht dieses Verfahrens, ein Zeuge, ein Sachverständiger, eine Versicherungsgesellschaft oder ein sonstiger Dritter.

Ein *Einverständnis* des Auftraggebers ist weder stets notwendig noch stets erforderlich. Der Anwalt darf aber bei einer auch von VV 3104 natürlich vorausgesetzten auftragsgemäßen Arbeit grundsätzlich nicht gegen den erklärten oder erkennbaren Willen des Auftraggebers gehandelt haben, allenfalls als ein Geschäftsführer ohne Auftrag nach dem mutmaßlichen Willen, §§ 677ff BGB.

6) Eigentlich mündliche Verhandlung vorgeschrieben, amtliche Anmer- 15 **kung, I Z 1.** Es muß sich um ein solches Verfahren handeln, für das das Gesetz grundsätzlich eine mündliche Verhandlung vorschreibt, BGH MDR **07**, 1454, BAG NJW **06**, 3022, Köln FamRZ **17**, 1337, aM Mü Rpfleger **12**, 355, Mahmoudi NJW **10**, 2173 (aber der Gesetzeswortlaut ist eindeutig, BLAH Einl III 39).

A. Grundsatz: Notwendigkeit. Im bürgerlichen Rechtsstreit ist die mündliche Verhandlung im Verfahren auf den Erlaß eines Urteils nach § 128 I ZPO grundsätzlich notwendig, LG Stgt NJW **05**, 3153. Das gilt auch dann, wenn es im Rahmen des Urteilsverfahrens zunächst um eine Verweisung geht, KG AnwBl **84**, 507.

B. Beispiele zur Frage eigentlicher Notwendigkeit mündlicher Verhand- 16 **lung, I Z 1**
Antrag: Anwendbar sein kann I Z 1 dann, wenn eine mündliche Verhandlung jedenfalls auf Antrag nötig ist, BGH NJW **12**, 459.
Arrest, einstweilige Anordnung oder Verfügung: Anwendbar sein kann I Z 1 in einem solchen Eilverfahren, in dem das Gericht durch Urteil entscheiden will oder muß. Denn dann ist nach §§ 922 I 1 Hs 1, 936 ZPO grds eine mündliche Verhandlung notwendig, Schneider NZFam **16**, 739. Wegen einer Ausnahme vgl § 495a S 1 (nicht S 2) ZPO. Ein ohne mündliche Verhandlung ergangenes Urteil reicht wegen seiner Wirksamkeit als Staatsakt nach BLAH Üb 10 vor § 300 ZPO, Zweibr RVGreport **15**, 20, aM Köln JB **12**, 653 links.
Unanwendbar ist I Z 1 in einem derartigen Beschlußverfahren nach §§ 922 I 1 Hs 2, 936 ZPO, aM Köln JB **12**, 21 (aber das ist systemwidrig), oder bei §§ 49ff FamFG, Köln FamRZ **17**, 1337, oder bei § 123 VwGO, OVG Münst NVwZ-RR **10**, 864.
S auch Rn 17 „Kostenwiderspruch".
Berufung: Rn 43 „Zulässigkeitsprüfung".
Berufungsrücknahme: *Unanwendbar* ist I Z 1 grds bei einer Berufungsrücknahme nach § 516 III ZPO, BGH MDR **07**, 1454, KG NZM **07**, 451 links oben, Stgt JB **98**, 23.

Beschlußverfahren: *Unanwendbar* ist I Z 1 grds bei einem solchen Verfahren, das nur auf einen Beschluß abzielt, BGH NJW **08**, 668, Karlsr RR **07**, 503, Meyer JB **12**, 70. Denn dann ist eine mündliche Verhandlung nach § 128 IV ZPO grds entbehrlich. S auch „FamFG".
Beschlußverwerfung: Rn 18 „Zulässigkeitsprüfung".
Beweisaufnahme: Anwendbar ist I Z 1 bei einer solchen mündlichen nach §§ 356 ff ZPO, OVG Münst NVwZ-RR **10**, 864.
Einspruch: *Unanwendbar* ist I Z 1 bei der Prüfung der Zulässigkeit eines Einspruchs gegen ein Versäumnisurteil nach § 341 II ZPO, Kblz JB **11**, 590 rechts, oder gegen einen Vollstreckungsbescheid nach dieser Vorschrift in Verbindung mit § 700 ZPO, Kblz JB **03**, 420, Köln Rpfleger **94**, 932, LG Marbg Rpfleger **96**, 377.
Erledigung der Hauptsache: *Unanwendbar* ist I Z 1 gemäß § 128 III ZPO nach beiderseits wirksamen vollen Erledigterklärungen, KG NJW **07**, 2194, Karlsr Rpfleger **07**, 49, Rostock MDR **08**, 1067, aM Köln Rpfleger **96**, 609 links.
Erörterung: *Unanwendbar* ist I Z 1 bei einem notwendigen bloßen Erörterungstermin etwa nach §§ 155, 175 FamFG, Karlsr FamRZ **14**, 1941 rechts, Mü Rpfleger **12**, 355, aM Stgt NJW **10**, 3524.
FamFG: *Unanwendbar* ist I Z 1 bei einem bloßen Erörterungstermin, Hamm JB **17**, 635, und zB bei einem Verfahren nach § 38 FamFG (auch § 32 I FamFG gibt nicht stets einen Terminszwang, Hamm JB **13**, 79, KG Rpfleger **13**, 53, Naumb JB **13**, 306, aM Keuter NJW **09**, 2923 je zum Sorgerechtsverfahren), oder nach § 51 II 2 FamFG. Bei § 54 II FamFG entsteht keine Terminsgebühr, aM Schneider NZFam **14**, 781 (aber eine Umwandlung findet nur „auf Antrag" statt). Bei § 68 III 2 FamFG entsteht *keine* Terminsgebühr, KG FamRZ **12**, 812. Das gilt auch bei § 113 I 2 FamFG, Hamm FamRZ **12**, 246 (selbst bei Versäumnisentscheidung im schriftlichen Verfahren). Bei § 155 II 1 FamFG kann I Z 1 anwendbar sein, Stgt MDR **11**, 200, aM Hamm FamRZ **13**, 1512, Schlesw NZFam **14**, 470 (aber es kommt auf die Umstände an). Unanwendbar ist I Z 1 ferner nach Rn 18 „Versorgungsausgleich" oder § 221 I FamFG (kein Erörterungstermin). Zu dieser Verfahrensart (teils von altem Recht) BGH NJW **03**, 3133, KG FamRZ **09**, 720 (veraltet zitierend), Kblz FGPrax **08**, 178.
Freigestellte mündliche Verhandlung: *Unanwendbar* ist I Z 1 in einer solchen Lage nach BLAH § 128 ZPO Rn 3, 4, LG Osnabr JB **11**, 641, VGH Mannh NJW **07**, 860. Dazu gehört jetzt grds das FamFG-Verfahren, s dort.
Kindschaftssache: S „FamFG".

17 **Klagerücknahme:** *Unanwendbar* ist I Z 1 dann, wenn der Bekl nach einer Klagerücknahme nach (jetzt) § 269 III 2, IV ZPO beantragt, durch einen Beschluß festzustellen, daß der Rechtsstreit als nicht anhängig geworden anzusehen sei, daß ein noch nicht rechtskräftiges Urteil wirkungslos sei und daß der Kläger verpflichtet sei, die Kosten zu tragen, Kblz JB **75**, 1083, Naumb RR **13**, 896.
Kleinverfahren: Wegen des Verfahrens nach § 495 a ZPO vgl Rn 26.
Kostenwiderspruch: *Unanwendbar* ist I Z 1 beim bloßen Kostenwiderspruch im Eilverfahren nach §§ 916 ff, 935 ff ZPO. Denn trotz § 924 II 2 ZPO sieht dann doch wegen §§ 128 III, 307 S 2 ZPO keine Notwendigkeit einer mündlichen Verhandlung vor, Ffm GRUR-RR **07**, 63, KG Rpfleger **08**, 100, BLAH § 925 ZPO Rn 4.
LwVG: *Unanwendbar* ist I Z 1 grds im dortigen ja durchweg vorliegenden Beschlußverfahren.
Mahnverfahren: *Unanwendbar* ist I Z 1 bei einer Rücknahme des Widerspruchs, Hbg MDR **16**, 361.
Mediation: *Unanwendbar* ist I 1 bei einer Mediation nach BLAH § 278 ZPO Rn 2, selbst wenn ein „Mediationsrichter" mitwirkt oder eine „gerichtsnahe" Mediation erfolgt (nicht gesetzliche, schillernde Begriffe), aM KG NJW **09**, 2754, Greifsw JB **07**, 136.
Normenkontrollverfahren: *Unanwendbar* ist I Z 1 in einem solchen Verfahren nach § 47 V 1 VwGO, VGH Mannh JB **95**, 421, OVG Münst Rpfleger **96**, 477, oder bei § 94 V 2 BVerfGG, BVerfG Rpfleger **73**, 243.
Prozeßkostenhilfeverfahren: *Unanwendbar* ist I Z 1 bei einer ja nicht stets vorgeschriebenen bloßen Erörterung nach § 118 I 3 ZPO, BGH NJW **12**, 1294, Brschw Rpfleger **08**, 427, Oldb Rpfleger **09**, 515, aM KG Rpfleger **07**, 669.
Revision: Rn 18 „Zulässigkeitsprüfung".

Unterhaltsverfahren: *Unanwendbar* ist I Z 1 im Vereinfachten Verfahren nach (jetzt) §§ 249 ff FamFG, Brdb FamRZ **09**, 1089.
Vergleich: *Unanwendbar* ist I Z 1 nach Rn 30 grds bei einem schriftlichen Vergleich 18
nach § 278 VI ZPO, aM Schneider NZFam **16**, 697.
Versäumnisverfahren: *Unanwendbar* ist I Z 1 beim sog unechten Versäumnisurteil nach § 331 III ZPO, VV 3105 Rn 7.
S aber auch Rn 16 „Einspruch", „FamFG".
Versorgungsausgleich: Anwendbar sein kann I Z 1, Rostock JB **12**, 192, aM Oldb JB **16**, 355.
Unanwendbar ist I Z 1 dann, wenn das FamG von einem Termin nach § 221 I FamFG absieht, Drsd FamRZ **13**, 729, Köln NZFam **15**, 282, Nürnb NZFam **14**, 854.
Verweisung: *Unanwendbar* ist I Z 1 bei einem Verweisungsverfahren nach § 281 I 1 ZPO, Karlsr JB **05**, 596.
Vorverfahren: *Unanwendbar* ist I Z 1 im schriftlichen Vorverfahren nach § 276 ZPO.
Wiedereinsetzung: *Unanwendbar* ist I Z 1 bei einem Beschluß nach § 238 I 2 ZPO.
Wohnungseigentum: Anwendbar ist I Z 1 nach § 44 WEG, LG Duisb ZMR **08**, 75, LG Hbg ZMR **08**, 76.
Zulässigkeitsprüfung: *Unanwendbar* ist I Z 1 bei der Prüfung der Zulässigkeit eines Rechtsmittels nach §§ 128 III, 522 I 3, II ZPO, großzügiger BGH AnwBl **12**, 286 links unten, ferner bei §§ 552 II, 556 V 1 ZPO, Drsd AGS **03**, 203, Nürnb AGS **03**, 161, oder bei der entsprechenden Prüfung eines anderen Rechtsbehelfs, zB eines Einspruchs nach Rn 16 „Einspruch".

7) Tatsächlich keine mündliche Verhandlung, amtliche Anmerkung I Z 1. 19
In einem Verfahren nach Rn 4–7 muß das Gericht im gesamten Verfahren tatsächlich ohne eine mündliche Verhandlung entschieden haben, LG Mönchengladb MDR **09**, 472. Insofern muß eine der folgenden abschließenden Voraussetzungen vorliegen, Kblz JB **08**, 196 links (also zB nicht bei Klagerücknahme vor Terminsbeginn), Nürnb JB **03**, 249 (also zB nicht bei § 522 II ZPO).

A. Einverständnis der Parteien, § 128 II ZPO, oder der Beteiligten. Das Ge- 20
richt mag mit einer wirksamen Zustimmung der Parteien nach BLAH Grdz 4 vor § 50 ZPO oder der sonstigen Beteiligten zB nach § 7 FamFG ohne eine mündl Verhandlung entschieden haben, Hbg MDR **07**, 181 links oben, LG Düss JB **06**, 363, DVG Saarlouis NVwZ-RR **18**, 79 (dort verneint). Im FamFG-Verf erfolgt eine wirksame Zustimmung, soweit die Beteiligten nach § 36 I 1 FamFG über den Verfahrensgegenstand verfügen können. Z 1 meint mit den Worten „im Einverständnis" die nach § 128 II ZPO oder nach § 101 II VwGO oder nach § 124 II SGG erforderliche „Zustimmung" der Parteien. Die Zustimmung ist eine einseitige, dem Gericht gegenüber erfolgende Parteiprozeßhandlung nach BLAH Grdz 47 vor § 128 ZPO. Sie muß unzweideutig sein, BVerwG NJW **81**, 1853.

B. Beispiele zur Frage eines Einverständnisses, I Z 1 21
Aktenlageentscheidung: Man darf einen Antrag auf eine Entscheidung nach Lage der Akten nach §§ 251 a, 331 a ZPO nicht als eine Zustimmung zum schriftlichen Verfahren umdeuten. Denn eine Entscheidung nach Lage der Akten ist etwas ganz anderes als eine schriftliche Entscheidung.
Anhörung: Vorliegen kann ein Einverständnis dann, wenn das Gericht in einem solchen Verfahren, für das das Gesetz an sich eine mündliche Verhandlung oder Erörterung vorschreibt, und bei einer klaren Sachlage zur Vermeidung eines Umwegs ohne eine mündliche Verhandlung nach einer Anhörung beider Parteien oder Beteiligten ohne deren erkennbaren Widerspruch entschieden hat, Düss JB **09**, 26, Ffm MDR **88**, 1068, Schlesw SchlHA **86**, 76.
Bedingung: *Kein* Einverständnis enthält eine nur bedingte Zustimmung, BAG BB **75**, 1486. Das gilt etwa „für den Fall, daß ein Beweisbeschluß ergeht".
Erklärungsinhalt: Vorliegen kann ein Einverständnis nach dem objektiven Erklä- 22
rungsinhalt, Zweibr FamRZ **99**, 456.
Erledigterklärungen: Vorliegen kann ein Einverständnis bei übereinstimmenden wirksamen Erledigterklärungen nach BLAH § 91 a ZPO Rn 96 ff, Meyer JB **16**, 126. Es ist dann aber nach § 91 a I ZPO auch gar nicht erforderlich.

23 **Form:** Das Einverständnis muß entweder in der mündlichen Verhandlung oder schriftlich erfolgen, um wirksam zu sein.
Nächste Entscheidung: Ein Einverständnis darf sich stets nur auf die nächste Entscheidung des Gerichts beziehen, BSG MDR **78**, 348.
Schweigen: S zunächst Rn 22 „Erklärungsinhalt". Vorliegen kann ein Einverständnis ausnahmsweise zB bei einer klaren Unzuständigkeit und beim Schweigen auf eine Anfrage des Gerichts, ob gegen eine Verweisung Bedenken bestehen, BGH **102**, 341, BLAH § 128 ZPO Rn 19. Auch kann dann im Schweigen eine nachträgliche Billigung liegen, Bbg JB **86**, 1362, Ffm MDR **88**, 1067, strenger Schlesw JB **85**, 1832, Zweibr JB **82**, 84.

Grundsätzlich *fehlt* aber beim Schweigen ein Einverständnis, Zweibr JB **82**, 84, Beuermann DRiZ **78**, 312, aM Kblz AnwBl **88**, 294, Stgt FamRZ **09**, 146 links. Wenn das Gericht der Partei geschrieben hat, es werde beim Schweigen auf seine Anfrage eine Zustimmung annehmen, ist das Schweigen der Partei nicht als eine wirksame Zustimmungserklärung umdeutbar, LG Nürnb-Fürth NJW **81**, 2586.

24 **Teileinverständnis:** Statthaft ist ein Einverständnis wegen desjenigen Teils des Prozeßstoffs, den das Gericht durch eine selbständige Entscheidung zB nach § 301 ZPO erledigen kann.
S auch Rn 23 „Nächste Entscheidung".
Zeitgrenze: Bei einer wirksamen Zustimmung ist ein Verstoß des Gerichts gegen die Dreimonatsfrist des § 128 II 3 ZPO unschädlich, BLAH Üb 19, 20 vor § 300 ZPO.

25 **C. Schriftliches Anerkenntnisurteil, § 307 ZPO.** Das Gericht mag mit oder ohne einen Antrag des Klägers ein Anerkenntnisurteil gefällt haben, Düss GRUR-RR **11**, 118, Karlsr JB **06**, 195, Oldb NJW **17**, 1251 (im Ergebnis zustm Schneider). Das gilt im FamFG-Verfahren auch bei einem Anerkenntnisbeschluß, Stgt FamRZ **17**, 971. Es gilt auch beim Vorbehaltsurteil nach §§ 302, 599 ZPO, Mü FamRZ **06**, 1474. Wegen seiner Voraussetzungen BLAH § 307 ZPO Rn 14 ff.

26 **D. Kleinverfahren, § 495 a S 2 ZPO.** Soweit eine mündliche Verhandlung im Ermessen des Gerichts steht (freigestellte mündliche Verhandlung), soweit also zB kein Antrag auf eine mündliche Verhandlung nach § 495 a S 2 ZPO vorliegt, ist sie zwar nicht nach Z 1 „vorgeschrieben". Dennoch ist die Vorschrift (jetzt) schon nach dem eindeutigen Wortlaut des Gesetzes insoweit grundsätzlich auch im sog Kleinverfahren nach § 495 a S 1 ZPO anwendbar, (je zum alten Recht) LG Mü JB **99**, 303, LG Stgt MDR **93**, 86. Mangels einer Verhandlung entsteht nur 0,5 Gebühr, AG Freising JB **08**, 142.

27 **8) Erlaß einer Entscheidung, amtliche Anmerkung I Z 1.** Das Gericht muß in einem jeden der Fälle Rn 14–25 eine Entscheidung getroffen haben. Es kommt dann nicht darauf an, ob der Anwalt beim Erlaß der Entscheidung noch ProzBev oder VerfBev nach §§ 81 ZPO, 113 FamFG war. Soweit keine Entscheidung ergeht, unterstellt Z 1 keine mündliche Verhandlung.
Entscheidung ist jede sachliche Vorbereitung oder Durchführung der instanzbeendenden Lösung.

28 Eine Entscheidung liegt *nicht* vor, sofern das Gericht eine solche Anordnung getroffen hat, die auch unabhängig von den in Z 1 genannten Voraussetzungen grundsätzlich nach § 128 IV ZPO nach § 227 III ZPO ohne eine mündliche Verhandlung ergehen kann, Kblz Rpfleger **03**, 539, LG Mü JB **99**, 303.

29 Es ist unerheblich, ob das Gericht seine Entscheidung noch zu treffen *durfte*, wie es sie eben getroffen *hat*, Ffm JB **78**, 1344, Stgt AnwBl **85**, 265. Es kommt auch nicht darauf an, ob das Gericht seine Entscheidung den Beteiligten ordnungsgemäß mitgeteilt hat. Eine Entscheidung nach Z 1 liegt zB dann nicht vor, wenn es um eine Sommersache geht oder wenn lediglich eine Vorbereitung nach § 273 ZPO erfolgt oder eine bloße Terminsladung oder wenn ein bloßer Feststellungsbeschluß nach § 278 VI ZPO vorliegt, Kblz JB **03**, 533. Im Verfahren nach dem Flurbereinigungsgesetz steht ein Ortstermin des beauftragten Berichterstatters einer mündlichen Verhandlung gleich.

30 **9) Schriftlicher Vergleich, amtliche Anmerkung I Z 1.** Die Vorschrift bezieht sich mangels einer Entscheidung nur auf einen solchen gerade mit oder ohne eine Besprechung zustandegekommenen und dann schriftlichen Vergleich, der gerade in einem Verfahren mit einer notwendigen mündlichen Verhandlung zustandekommt. Denn das meint Z 1 aE mit der Formulierung „in einem solchen Verfahren".

Deshalb zählt der nach § 278 VI ZPO zustandekommende Vergleich gerade in Wahrheit *nicht* hierher. Denn § 278 ZPO erfaßt nach BLAH § 278 ZPO Rn 5 *nicht* die „mündliche" Verhandlung. Der Gesetzgeber hätte das bei der Abfassung von Z 1 beachten können und müssen, BGH NJW **04**, 2311, Düss RR **06**, 1583 (für Hs 2), Naumb RR **06**, 504, aM BGH AnwBl **07**, 463 (ohne Vorlage nach dem RsprEinhG, BLAH Anh § 140 GVG, und nach § 132 GVG), BAG NJW **06**, 3022 (ohne Vorlage nach dem RsprEinhG), Celle AnwBl **13**, 772, (aber fast alle diese anderen Meinungen wirken mehr oder minder versteckt als vom gewünschten Ergebnis her sehr mitbestimmt, statt sich mit dem Kerngedanken auseinanderzusetzen, daß das Verfahren des § 278 VI ZPO der „mündlichen Verhandlung" gerade vorausgeht, um gerade sie zu ersparen). Freilich gilt die amtliche Vorbemerkung 3 III auch hier, Nürnb JB **05**, 530.

Ebensowenig reichen ein Arrestverfahren nach §§ 916 ff ZPO, ein Verfahren auf eine einstweilige Anordnung oder Verfügung nach §§ 49 FamFG, 935 ff ZPO, ein Kleinverfahren nach § 495a ZPO bis zum Antrag auf eine mündliche Verhandlung, Karlsr FamRZ **13**, 1423, VG Schlesw NVwZ-RR **07**, 216, oder ein Verfahren nach §§ 80, 123 VwGO.

Ein *Vergleich* und nicht nur eine Einigung nach VV 1000 müssen vorliegen. Er ist also ein irgendwie geartetes Nachgeben wie bei § 779 BGB nötig. Der Vergleich muß wirksam sein. Eine Widerrufsfrist muß also abgelaufen sein, eine Scheidung muß beim Folgenvergleich rechtskräftig sein, Bbg JB **80**, 1347. Der Vergleich kann auch einen noch nicht nach § 261 ZPO rechtshängigen weiteren Anspruch einbeziehen. Vgl dann freilich Rn 33.

10) Gerichtsbescheid, amtliche Anmerkung I Z 2. Ausreichend ist ferner die Zustellung der Anhörungsverfügung und sodann eine Entscheidung nach §§ 84 I 1, 2 VwGO oder nach § 105 I 1 SGG durch einen Gerichtsbescheid, also ohne eine an sich statthafte mündliche Verhandlung. 31

Nicht hierher gehören die Fälle, daß ein Gerichtsbescheid nach § 84 III Hs 2 VwGO oder nach § 105 III Hs 2 SGG als nicht ergangen gilt oder daß das LSG nach § 153 IV SGG die Berufung ohne eine mündliche Verhandlung einstimmig als unbegründet durch einen Beschluß zurückweist. Nicht hierher gehört ferner ein Beschlußverfahren nach § 93a II VwGO, BVerwG JB **08**, 142.

11) Angenommenes Anerkenntnis vor Sozialgericht, amtliche Anmerkung I Z 3. Ausreichend ist schließlich diese Situation nach § 101 II SGG. Der Anwalt braucht das Anerkenntnis oder dessen Annahme nicht persönlich erklärt zu haben. Auch ein Teilanerkenntnis und dessen Annahme kommen in Betracht. 32

12) Anrechnung, amtliche Anmerkung II. Sie setzt eine bereits entstandene Terminsgebühr voraus, Stgt JB **05**, 303, Meyer JB **10**, 631. Sie erfolgt zwecks einer Vermeidung doppelter Terminsgebühren bei einer Einbeziehung eines bisher entweder überhaupt nicht anhängigen Anspruchs, Kblz AnwBl **06**, 587, Mü AnwBl **06**, 587, oder eines doch jedenfalls nicht gerade „in diesem Verfahren" nach § 261 ZPO rechtshängigen Anspruchs gerade in eine „Verhandlung zur Einigung", Meyer JB **10**, 631, nicht notwendig zu einem Vergleich. Sie erfolgt aber natürlich erst recht dann, wenn die Verhandlung sogar zum Mitvergleich führt, Hamm JB **07**, 482, Stgt MDR **08**, 1067. Die Verhandlung muß „geführt worden" sein. Sie muß also tatsächlich stattgefunden haben, Stgt JB **05**, 303, LG Regensb JB **05**, 647. Die Anrechnung erfaßt die nach VV 3104 entstehende Gebühr nach dem Wert des bisher nicht hier rechtshängig gewesenen Anspruchs. Sie erfolgt nur unter den in der amtlichen Anmerkung II umständlich genannten engen Voraussetzungen in einem anderen Verfahren über dieselbe Angelegenheit nach §§ 15 ff. Sie setzt die Nämlichkeit der Parteien nach BLAH Grdz 4 vor § 50 ZPO und einen Auftrag zur Tätigkeit als ProzBev nach § 81 ZPO auch wegen dieser einbezogenen Ansprüche voraus, Meyer JB **11**, 407. 33

Keine eigene Terminsgebühr entsteht schon wegen des Verfahrens 1 dann, wenn der Gegenstand nur im Verfahren 2 anhängig war, BAG NZA **14**, 1105.

13) Keine Terminsgebühr bei bloßem Protokollierungsantrag, amtliche Anmerkung III. Eine Gebühr VV 3104 entfällt, soweit der Anwalt nur eine der dort genannten Einigungsarten zu protokollieren beantragt, wenn also keine Erörterung der 34 nicht nach § 261 ZPO rechtshängigen Ansprüche stattfindet, Karlsr FamRZ **11**, 1683, LAG Mü NZA-RR **15**, 329. Im Umkehrschluß läßt sich eine Miterörterung statt einer bloßen Protokollierung auch beim gar nicht anhängigen Anspruch vergüten, Mü AnwBl **06**, 587. Das schließt eine Terminsgebühr über solche Ansprüche in einem anderen Termin nicht aus.

Unanwendbar ist die amtliche Anmerkung III beim bloßen Protokollantrag wegen einer Einigung über einen bereits in diesem Verfahren rechtshängigen Anspruch.

35 **14) Anrechnung, amtliche Anmerkung IV.** Die Vorschrift entspricht für die Terminsgebühr den bei der Verfahrensgebühr geltenden Regelungen vor VV 3305 (Mahnverfahren) und VV 3100 amtliche Anmerkung I (vereinfachtes Unterhaltsverfahren). Die Terminsgebühr bei einer außergerichtlichen Besprechung zwecks einer Vermeidung oder Erledigung des Verfahrens soll in einem nachfolgenden Rechtsstreit nicht doppelt anfallen.

36 **15) Gebührenhöhe.** Soweit die Voraussetzungen Rn 4–27 vorliegen, entsteht je Angelegenheit eine 1,2 Terminsgebühr. Sie entsteht in demselben Rechtszug nach § 15 II 1, 2 insgesamt nach dort Rn 20 nur einmal. § 15 III ist anwendbar. Sie verringert oder ändert sich nur nach VV 3105, 3106. Sie erhöht sich um den Wert eines einbezogenen anderen Gegenstands, Mü FamRZ **09**, 1858.

Die Gebühr wird im Zeitpunkt der Entscheidung nach § 310 ZPO oder des Vergleichsabschlusses *fällig*. Der Anwalt braucht in diesem Zeitpunkt nicht mehr ein Verfahrensbevollmächtigter zu sein. Die Ordnungsmäßigkeit der Mitteilung der Entscheidung ist keine Voraussetzung ihrer Entstehung. Der Anwalt muß die Voraussetzungen der Terminsgebühr beweisen.

37 **16) Gegenstandswert.** Es gibt zwei Aspekte.

A. Zeitpunkt. Für die Wertberechnung ist bei § 128 II ZPO der Zeitpunkt des Eingangs der letzten erforderlichen Zustimmungserklärung maßgeblich. Im übrigen kommt es auf den Zeitpunkt des Eingangs desjenigen Schriftsatzes an, den das Gericht bei der Entscheidung noch verwertet hat, sofern dadurch eine Werterhöhung eingetreten ist, Ffm FamRZ **13**, 488 (Stufenklage). Die bloße Möglichkeit einer Erledigterklärung nach § 91a ZPO reicht keineswegs, aM BGH NJW **11**, 529 (aber es ist dann eben gerade nicht zu einer Terminsaufhebung gekommen, zumal ja offenblieb, ob sich der Gegner anschließen werde). Bei einer teilweisen schriftlichen Entscheidung gilt Entsprechendes. Beim schriftlichen Vergleich kommt es auf seinen Abschluß an, LAG Nürnb NZA-RR **09**, 558. Bei einer Lage nach der amtlichen Anmerkung I Z 2 kommt es auf den Entscheidungszeitpunkt an, bei der amtlichen Anmerkung I Z 3 auf den Zeitpunkt des Anerkenntnisses. Eine Werterhöhung nach der Anwaltstätigkeit erhöht seine Terminsgebühr nicht, Kblz JB **94**, 671, Köln JB **02**, 244.

38 **B. Höhe.** Der Höhe nach entscheidet der Wert desjenigen Gegenstands, zu dessen Erörterung oder Verhandlung das Gericht oder der Sachverständige den Termin anberaumt hat oder dessen höherer Betrag sich im Termin ergibt, Hamm JB **07**, 482, Mü JB **07**, 588 (Rest), Naumb FamRZ **08**, 1968.

39 **C. Beispiele zur Frage einer Höhe**

Anrechnung: Vgl die amtliche Anmerkung II.
Beweistermin: Es entscheidet dasjenige, über das die Beweisaufnahme stattfinden soll.
S auch „Teil des Klaggegenstands".
Hauptsachewert: Maßgeblich ist er und grds nicht nur der Kostenwert, Karlsr JB **08**, 417.
S auch „Kosten".
Kosten: Sie bleiben unbeachtbar, solange sie nicht zur restlichen Hauptsache geworden sind, BGH FamRZ **95**, 1137, Hamm RR **96**, 1279, Köln JB **92**, 115, aM Kblz JB **92**, 626.
S auch „Hauptsachewert".
Mehrere Verfahren: Bei ihrer Einbeziehung kann der Wert eines jeden Verfahrens und nicht eine Wertaddition maßgeblich sein, Mü MDR **10**, 532.
S auch „Verbindung".

Ohne Gerichtsbeteiligung: Bei einer solchen Besprechung entscheidet derjenige Anspruch, dessentwegen man das Verfahren von vornherein oder infolge seiner Einbeziehung in die Besprechung vermeiden oder erledigen möchte.
Stufenklage: S „Teil des Klaggegenstands".
Teil des Klaggegenstands: Er mag ausreichen, etwa bei einer Beweisaufnahme, Düss JB **86**, 1833, Ffm JB **83**, 1822, Mü JB **91**, 1087, oder bei einer Stufenklage nach § 254 ZPO, Hamm JB **97**, 139.
Verbindung: Eine solche nach § 147 ZPO im Verlauf des Termins läßt eine schon entstandene Gebühr und deren Gegenstandswert nach § 8 Rn 1 unverändert, BVerwG JB **10**, 249, OVG Lüneb JB **10**, 191, VGH Mü NVwZ-RR **08**, 504. S auch „Mehrere Verfahren".
Versäumnisurteil: Ein solches nach §§ 330 ff ZPO kann trotzdem 1,2 Gebühr entstehen lassen, ArbG Suhl JB **12**, 247.
Wahlrecht: Der Anwalt kann ein solches haben, BGH NJW **10**, 377 (bitte nachlesen).
Wertverringerung: Unbeachtbar ist eine solche erst im Terminsverlauf, Kblz JB **09**, 425.

Nr.	Gebührentatbestand	Gebühr oder Satz der Gebühr nach § 13 RVG
3105	**Wahrnehmung nur eines Termins, in dem eine Partei oder ein Beteiligter nicht erschienen oder nicht ordnungsgemäß vertreten ist und lediglich ein Antrag auf Versäumnisurteil, Versäumnisentscheidung oder zur Prozeß-, Verfahrens- oder Sachleitung gestellt wird: Die Gebühr 3104 beträgt**	**0,5**
	I **Die Gebühr entsteht auch, wenn** 1. **das Gericht bei Säumnis lediglich Entscheidungen zur Prozeß-, Verfahrens- oder Sachleitung von Amts wegen trifft oder** 2. **eine Entscheidung gemäß § 331 Abs. 3 ZPO ergeht.** II **§ 333 ZPO ist nicht entsprechend anzuwenden.**	

Schrifttum: *Onderka/Schneider* AnwBl **06**, 643 und 843 (je: Üb).

Gliederung

1) Systematik	1
2) Regelungszweck	2
3) Nur eine Partei oder ein Beteiligter erschienen oder vertreten	3
4) Säumnisfolgen	4–8
A. Entweder: Bloßer Antrag auf Versäumnisurteil oder -entscheidung oder zur Prozeß-, Verfahrens- oder Sachleitung	5
B. Oder: Entscheidung nur zur Prozeß-, Verfahrens- oder Sachleitung, amtliche Anmerkung I Z 1	6
C. Oder: Schriftliches Urteil, § 331 III ZPO, amtliche Anmerkung I Z 2	7, 8
5) Gebührenhöhe	9
6) Gegenstandswert	10

1) Systematik. Es handelt sich um eine gegenüber VV 3104 vorrangige Sondervorschrift. Sie gilt auch in der Güteverhandlung nach § 54 ArbGG. Ihr gegenüber ist VV 3106 wegen des dortigen Geltungsbereichs nochmals vorrangig. **1**

2) Regelungszweck. Die im Termin nach Art des VV 3105 gegenüber der Mühe bei VV 3104 deutlich geringeren Anforderungen sollen zu einer ebenfalls deutlich verringerten Vergütung führen. Das bedeutet nicht, daß man den Geltungsbereich dieser Sondervorschrift allzu weit ausdehnen darf. Eine genaue Protokollierung der tatsächlichen Terminsvorgänge nach § 160 II, IV 1 ZPO liegt im allseitigen Interesse. **2**

3) Nur eine Partei oder ein Beteiligter erschienen oder vertreten. Voraussetzung ist zunächst, daß in einem ordnungsgemäß anberaumten und aufgerufenen **3**

VV 3105

gerichtlichen Termin gerade auch zu einer mündlichen Verhandlung nur die von diesem verhandlungsbereiten Anwalt vertretene Partei oder der entsprechende Beteiligte persönlich erscheint oder eben ordnungsgemäß vertreten ist, während der Gegner gar nicht erscheint oder zB im Anwaltsprozeß oder -verfahren ohne einen ProzBev oder VerfBev nach §§ 81 ZPO, 113 FamFG auftritt. Der Bev des Erschienenen muß verhandlungsbereit anwesend sein und entsprechend auftreten. Die Säumigkeit eines Streitgenossen nach §§ 59 ff ZPO oder Streithelfers des einen oder anderen Beteiligten nach §§ 66 ff ZPO ist unerheblich.

Auch § 345 ZPO gehört hierher. Denn in VV 3105 liegt der Ton nicht auf dem Wort „eines" (Termins), sondern auf dem dort sinngemäß zu ergänzenden weiteren Wort „solchen", so daß man lesen muß: „nur eines solchen Termins". Dann aber gehört auch der zweite Termin hierher, nämlich derjenige des § 345 ZPO, Brdb JB **10**, 243, Nürnb MDR **08**, 1128, Hansens JB **04**, 251, aM BGH MDR **07**, 179 links, Kblz JB **15**, 577, Mü AnwBl **06**, 286 (je: inkonsequent).

Eine ordnungsgemäße Vertretung *fehlt*, soweit der ProzBev oder VerfBev von vornherein oder auch nach einem bloßen Hinweis des Gerichts auf eine etwaige Erfolglosigkeit noch vor einer Antragstellung oder wenigstens Erörterung nun lediglich sogleich natürlich als „Flucht in die Säumnis" und damit auch zwecks einer Kostenersparnis für den Auftraggeber erklärt, er „trete nicht auf" oder „stelle keine Anträge", aM Kblz NJW **05**, 1955 (zustm Henke AnwBl **05**, 433), Onderka Festschrift für Madert (2006) 179, Schneider AnwBl **04**, 138 (aber solche Äußerung ist nun wirklich keine „Wahrnehmung", sondern allenfalls eine Zuschauer-Beobachtung des Termins). Auch ein Hinweis auf § 78 ZPO ohne eine Schlüssigkeitserörterung nach BLAH § 253 ZPO Rn 32 usw läßt VV 3105 bestehen und macht nicht VV 3104 anwendbar, Köln NJW **07**, 1694.

Nicht hierher zählt der Fall, daß *beide* Parteien usw erscheinen, aber nicht verhandeln, auch wenn dann ein Versäumnisurteil oder ein Versäumnisbeschluß ergeht. Nicht hierher zählt ferner nach der amtlichen Anmerkung III der Fall des § 333 ZPO, daß also eine Partei usw zwar anwesend ist, aber nicht verhandelt, also keinen Sachantrag zB nach § 297 ZPO stellt, im Ergebnis ebenso Bischof JB **10**, 566. Dann gilt vielmehr VV 3104. Unanwendbar ist VV 3105 ferner bei zweimaliger Säumnis, Kblz Rpfleger **15**, 671 (auch dann VV 3104) oder bei einem vom beauftragten oder ersuchten Richter nach §§ 361, 362 ZPO oder vom Sachverständigen nach §§ 402 ff ZPO anberaumten Termin oder Beweistermin sowie bei einem streitigen Endurteil im Kleinverfahren nach § 495 a S 1 ZPO, Düss JB **09**, 364.

4 4) **Säumnisfolgen.** Weitere Voraussetzung ist, daß infolge der Säumnis nach Rn 3 wahlweise die eine oder die andere oder mehrere der nachfolgenden Situationen eintritt. Das alles gilt auch bei bloßer Teilsäumnis usw.

5 **A. Entweder: Bloßer Antrag auf Versäumnisurteil oder -entscheidung oder zur Prozeß-, Verfahrens- oder Sachleitung.** Es reicht, daß der Erschienene durch seinen Bev zulässigerweise nur beantragt, gegen den Gegner ein Versäumnisurteil oder einen Versäumnisbeschluß oder eine bloße Entscheidung zur Prozeß-, Verfahrens- oder Sachleitung zu erlassen, aM Ffm JB **17**, 528, oder daß der Bev nur einen derartigen Antrag stellt, etwa nach § 143 ZPO, § 113 I 2 FamFG, Hamm AnwBl **82**, 70, oder nach §§ 227, 246, 251 ZPO. Ist der Anwalt für einen Bekl tätig, geht es um ein Versäumnisurteil nach § 330 ZPO. Ist er für den Kläger tätig, geht es um seinen Antrag nach § 331 I 1 ZPO. Dieser Antrag lautet auf ein Versäumnisurteil. Ob das Gericht dann auch antragsgemäß nach § 331 II Hs 1 ZPO erläßt oder ob es die Klage trotz der Säumnis des Bekl nach § 331 II Hs 2 ZPO abweist, ist in diesem Antragsfall für VV 3105 unerheblich. Ein Zweites Versäumnisurteil nach § 345 ZPO genügt, AG Kaisersl JB **05**, 475. In einer Ehesache ist ein Versäumnisbeschluß gegen den Antragsgegner nach § 130 II FamFG unzulässig. Im Verfahren der Sozial- oder Verwaltungsgerichtsbarkeit ist ein Versäumnisurteil unstatthaft.

Zur *Prozeß-, Verfahrens- und Sachleitung* zählen Anträge zB nach §§ 227, 246 ff, 251, 299 ZPO und zugehörige Gegenanträge, Hamm AnwBl **82**, 70.

Protokoll-Lücken lassen sich auf andere Weise schließen, Düss AnwBl **93**, 353, Ffm AnwBl **80**, 508.

Vergütungsverzeichnis **3105, 3106 VV**

Nicht hierher gehören zB: Die Antrags- oder Klagerücknahme nach § 269 ZPO; die Einwilligung zur Klagerücknahme nach § 269 II 1 ZPO, Kblz JB **75**, 1082; der Antrag nach §§ 251a, 331a ZPO auf eine Entscheidung nach Lage der Akten. Nicht hierher gehört ferner eine Erörterung auch nur eines Teils der Klagansprüche. Insoweit kann eine volle Vergütung nach einem solchen Teilwert hinzutreten, BGH NJW **07**, 1692 (zustm Schneider), LAG Ffm NZA-RR **06**, 437.

B. Oder: Entscheidung nur zur Prozeß-, Verfahrens- oder Sachleitung, 6
amtliche Anmerkung I Z 1. Es reicht auch statt Rn 5, daß das Gericht bei der Säumnis nur eine Entscheidung zur Prozeß-, Verfahrens- oder Sachleitung erläßt, etwa auf eine Verweisung nach § 281 ZPO oder eine Vertagung nach § 227 ZPO oder auf das Ruhen des Verfahrens nach §§ 251a, 331a ZPO oder auf einen Beweisbeschluß nach §§ 358ff ZPO usw. Es ist dann unerheblich, ob die erschienene Partei durch ihren ProzBev einen wie immer gearteten Antrag gestellt oder ob das Gericht insoweit von Amts wegen entschieden hat. Maßgeblich ist, was das Gericht entschieden *hat*, nicht, wie es hätte entscheiden sollen, dürfen oder müssen, Ffm MDR **82**, 765.

Der Fall I Z 1 entsteht aber natürlich *nicht*, wenn das Gericht bei einer beiderseitigen Säumnis eine Entscheidung nur zur Prozeß-, Verfahrens- oder Sachleitung trifft oder nach Lage der Akten gemäß §§ 251a, 331a ZPO entscheidet. Denn dann entsteht ja überhaupt keine Terminsgebühr, amtliche Vorbemerkung 3 III.

C. Oder: Schriftliches Urteil, § 331 III ZPO, amtliche Anmerkung I Z 2. 7
Das Gericht mag schließlich im schriftlichen Vorverfahren wegen des Ausbleibens einer Verteidigungsanzeige des Bekl nach § 276 I 1 ZPO auf einen Antrag des Klägers die Entscheidung ohne eine mündliche Verhandlung getroffen haben, also nicht irrig ohne ihn, Düss MDR **84**, 950, Oldb MDR **08**, 887, aM BGH NJW **17**, 1483, Jena Rpfleger **06**, 289, Kblz WoM **97**, 1566, Mü JB **07**, 589.

Dann kann nicht nur ein *Versäumnisurteil gegen den Beklagten* nach § 331 II Hs 1 ZPO ergehen, sondern auch unter den Voraussetzungen des § 331 II Hs 2 ZPO (fehlende Schlüssigkeit der Klage) ein „unechtes Versäumnisurteil", also ein streitiges Endurteil, Düss MDR **84**, 950, BLAH § 331 ZPO Rn 24. Ein zu Unrecht ergangenes Urteil ist eine Entscheidung nach I Z 2, Mü JB **07**, 589.

Es kann auch ein solches Urteil ergehen, das teilweise ein Versäumnisurteil, 8
teilweise aber ein *unechtes Versäumnisurteil* ist. Z 2 erfaßt alle diese Fälle mit. Denn die Vorschrift setzt nur voraus, daß das Gericht nach § 331 III ZPO ohne eine mündliche Verhandlung „entschieden" hat. Auch ein unechtes Versäumnisurteil ist eine Entscheidung. Deshalb liegt beim unechten Versäumnisurteil auch keine Gesetzeslücke und daher kein Fall des VV 3104 amtliche Anmerkung I Z 1 vor, aM GS VV 3104 Rn 12.

Der Anwalt ist nach dem Eingang einer gegnerischen *Verteidigungsanzeige* nicht zur Zurücknahme des Antrags nach § 331 III ZPO verpflichtet, Stgt AnwBl **85**, 265.

5) Gebührenhöhe. Es entsteht eine 0,5 Gebühr. Eine Säumnis kann für den Auf- 9
traggeber kostengünstiger als ein Anerkenntnis sein, König NJW **05**, 1243. Es kann aber auch umgekehrt sein, Schroeder/Riechert NJW **05**, 2187.

6) Gegenstandswert. Er richtet sich gemäß § 23 nach dem Streitwert der Haupt- 10
sache, Ffm JB **82**, 1199, LG Düss JB **94**, 158.

Nr.	Gebührentatbestand	Gebühr oder Satz der Gebühr nach § 13 RVG
3106	Terminsgebühr in Verfahren vor den Sozialgerichten, in denen Betragsrahmengebühren entstehen (§ 3 RVG) .... ¹Die Gebühr entsteht auch, wenn 1. in einem Verfahren, für das mündliche Verhandlung vorgeschrieben ist, im Einverständnis mit den Parteien ohne mündliche Verhandlung entschieden oder in	50,00 bis 510,00 €

VV 3106, Vorbem 3.2 — Vergütungsverzeichnis

Nr.	Gebührentatbestand	Gebühr oder Satz der Gebühr nach § 13 RVG
	einem solchen Verfahren ein schriftlicher Vergleich geschlossen wird, 2. nach § 105 Abs. 1 Satz 1 SGG durch Gerichtsbescheid entschieden wird und eine mündliche Verhandlung beantragt werden kann oder 3. das Verfahren, für das mündliche Verhandlung vorgeschrieben ist, nach angenommenem Anerkenntnis ohne mündliche Verhandlung endet. ²In den Fällen des Satzes 1 beträgt die Gebühr 90% der in derselben Angelegenheit dem Rechtsanwalt zustehenden Verfahrensgebühr ohne Berücksichtigung einer Erhöhung nach Nummer 1008.	

1   1) **Geltungsbereich.** Die an sich auch vor den Sozialgerichten nach VV 3104 geregelte Terminsvertretung erfordert in den Fällen einer Betragsrahmengebühr nach § 3 auch hier eine Sonderregelung. Wegen der amtlichen Anmerkung Z 1–3 gilt dasselbe wie bei VV 3104 amtliche Anmerkung I Z –3. Es reicht daher, daß das Gericht im Einverständnis der Parteien nach § 124 II SGG ohne einen Termin durch ein Urteil entscheidet oder daß ohne eine an sich statthafte mündliche Verhandlung nach § 105 SGG ein Gerichtsbescheid ergeht oder daß das Verfahren nach § 101 II SGG mit Verhandlungszwang nach einem vom Kläger angenommenen Anerkenntnis oder Teilanerkenntnis des Bekl ohne eine mündliche Verhandlung endet, SG Kblz JB **09**, 311, SG Saarbr JB **12**, 361 und 362, SG Trier JB **12**, 526. Auch ein stillschweigendes Anerkenntnis reicht, SG Hildesh AnwBl **06**, 588 (Abhilfebescheid). Auch ein gerichtskostenfreies sozialgerichtliches Verfahren kann eine Terminsgebühr auslösen, SG Mannh RR **09**, 573. Ein schriftlicher Vergleich nach § 101 I 2 SGG oder nach § 202 SGG in Verbindung mit § 278 VI ZPO reicht, LSG Mü JB **15**, 468. Ein anderer Vergleich reicht nicht, LSG Mü JB **12**, 143, erst recht keine bloße Vergleichserörterung ohne das Gericht, aM LSG Erfurt JB **12**, 422.
Keine Terminsgebühr entsteht im Beschlußverfahren ohne mündliche Verhandlung nach § 86b IV SGG, LSG Essen JB **09**, 480.

2   2) **Gebührenhöhe.** § 14 ist anwendbar. Die Terminsdauer ist mitbeachtbar, LSG Darmst JB **14**, 413 (Durchschnitt: ca 30 Minuten). Die Mittelgebühr beträgt 280 EUR. Das Haftungsrisiko kann eine Erhöhung rechtfertigen, Klier NZS **04**, 473. Man muß prüfen, in welcher Höhe voraussichtlich eine Terminsgebühr entstanden wäre, SG Hann JB **10**, 529.

Abschnitt 2. Berufung, Revision, bestimmte Beschwerden und Verfahren vor dem Finanzgericht

(Amtliche) Vorbemerkung 3.2:

ᴵ Dieser Abschnitt ist auch in Verfahren vor dem Rechtsmittelgericht über die Zulassung des Rechtsmittels anzuwenden.

ᴵᴵ ¹Wenn im Verfahren auf Anordnung eines Arrests, zur Erwirkung eines Europäischen Beschlusses zur vorläufigen Kontenpfändung oder auf Erlass einer einstweiligen Verfügung sowie im Verfahren über die Aufhebung, den Widerruf oder die Abänderung der genannten Entscheidungen das Rechtsmittelgericht als Gericht der Hauptsache anzusehen ist (§ 943, auch i.V.m. § 946 Abs. 1 Satz 2 ZPO), bestimmen sich die Gebühren nach den für die erste Instanz geltenden Vorschriften. ²Dies gilt entsprechend im Verfahren der einstweiligen Anordnung und im Verfahren auf Anordnung oder Wiederherstellung der aufschiebenden Wirkung, auf Aussetzung oder Aufhebung der Vollziehung oder Anordnung der sofortigen Vollziehung eines Verwaltungsakts. ³Satz 1 gilt ferner entsprechend in Verfahren über einen Antrag nach § 169 Abs. 2 Satz 5 und 6, § 173 Abs. 1 Satz 3 oder nach § 176 GWB.

Vorbem 3.2, 3.2.1 VV

Vorbem. II 1 idF Art 13 Z 4a EuKoPfVODG v 21. 11. 16, BGBl 2591, in Kraft seit 18. 1. 17, Art 21 I G. In II 3 Umnumerierungen dch Art 2 IV G v 17. 2. 16, BGBl 203, in Kraft seit 18. 4. 16, Art 3 S 2 G. ÜbergangsR jeweils § 60 RVG.

1) Geltungsbereich, I, II. Die Vorschrift erfaßt in *I* nur dasjenige Zulassungsverfahren, das von vornherein gerade beim Rechtsmittelgericht abläuft, also nach § 566 II 1, V ZPO (Sprungrevision), § 78 IV AsylVfG, § 124a VwGO.   1

I erfaßt *nicht* dasjenige Zulassungsverfahren, in dem zunächst noch der Vorderrichter entscheidet, also nach § 544 ZPO, § 115 III FGO, § 106a SGG, § 133 VwGO.

Zu *II 1* OVG Bln-Brdb **NVwZ-RR** 17, 472.

II 3 erfaßt die zuvor in VV 3300, 3301 geregelten Bereiche im gerichtlichen Eilverfahren eines Vergabeverfahrens nach §§ 107ff GWB und nach §§ 946ff ZPO.

A. Wiederherstellung des Zuschlags, § 169 II 5 GWB. Im Vergabeverfahren   2
kann das Beschwerdegericht auf einen Antrag ein Verbot des Zuschlags nach § 169 I, II 2 GWB wiederherstellen. Einen bereits erteilten Zuschlag darf das Beschwerdegericht freilich nach § 169 II 2 Hs 2 in Verbindung mit § 168 I 2 GWB nicht aufheben.

B. Gestattung sofortigen Zuschlags, § 169 II 6 GWB. Wenn die Verga-   3
bekammer den Zuschlag nicht gestattet hat, darf das Beschwerdegericht auf einen Antrag des Auftraggebers unter den Voraussetzungen des § 169 II 1 GWB (Überwiegen eines Allgemeininteresses) nach § 169 II 3 GWB den sofortigen Zuschlag gestatten.

C. Verlängerung der aufschiebenden Wirkung, § 173 I 3 GWB. Hat die   4
Vergabekammer den Antrag auf eine Nachprüfung abgelehnt, darf das Beschwerdegericht auf einen Antrag des Beschwerdeführers die aufschiebende Wirkung bis zur Entscheidung über die sofortige Beschwerde verlängern, § 173 I 3 GWB. KG **AnwBl 05**, 367 kürzt (zum alten Recht) mithilfe einer sog teleologischen Reduktion von 2,3 auf 0,7 Gebühr (krit Schons).

D. Vorabentscheidung über den Zuschlag, § 176 GWB. Auf einen Antrag   5
des Auftraggebers darf das Gericht nach § 176 GWB unter einer Berücksichtigung der Erfolgsaussichten der sofortigen Beschwerde den weiteren Fortgang des Vergabeverfahrens und den Zuschlag gestatten.

Unterabschnitt 1. Berufung, bestimmte Beschwerden und Verfahren vor dem Finanzgericht

(Amtliche) Vorbemerkung 3.2.1:
  Dieser Unterabschnitt ist auch anzuwenden in Verfahren
1. vor dem Finanzgericht,
2. über Beschwerden
   a) gegen die den Rechtszug beendenden Entscheidungen in Verfahren über Anträge auf Vollstreckbarerklärung ausländischer Titel oder auf Erteilung der Vollstreckungsklausel zu ausländischen Titeln sowie über Anträge auf Aufhebung oder Abänderung der Vollstreckbarerklärung oder der Vollstreckungsklausel,
   b) gegen die Endentscheidung wegen des Hauptgegenstands in Familiensachen und in den Angelegenheiten der freiwilligen Gerichtsbarkeit,
   c) gegen die den Rechtszug beendenden Entscheidungen im Beschlussverfahren vor den Gerichten für Arbeitssachen,
   d) gegen die den Rechtszug beendenden Entscheidungen im personalvertretungsrechtlichen Beschlussverfahren vor den Gerichten der Verwaltungsgerichtsbarkeit,
   e) nach dem GWB,
   f) nach dem EnWG,
   g) nach dem KSpG,
   h) nach dem VSchDG,
   i) nach dem SpruchG,
   j) nach dem WpÜG,
   k) nach dem WRegG,

VV Vorbem 3.2.1, 3200   Vergütungsverzeichnis

3. über Beschwerden
   a) gegen die Entscheidung des Verwaltungs- oder Sozialgerichts wegen des Hauptgegenstands in Verfahren des vorläufigen oder einstweiligen Rechtsschutzes,
   b) nach dem WpHG,
   c) gegen die Entscheidung über den Widerspruch des Schuldners (§ 954 Abs. 1 Satz 1 ZPO) im Fall des Artikels 5 Buchstabe a der Verordnung (EU) Nr. 655/2014,
4. über Rechtsbeschwerden nach dem StVollzG, auch i. V. m. § 92 JGG.

Vorbem. Zunächst Z 3 c angefügt dch Art 13 Z 4 b EuKoPfVODG v 21. 11. 16, BGBl 2591, in Kraft seit 18. 1. 17, Art 21 I G. Sodann Z 2 k angefügt dch Art 2 VIII,G v 18. 7. 17, BGBl 2739, in Kraft nach Art 3 II 2 lt Hs seit dem Inkrafttreten der dort in Bezug genommenen RVO zu § 10 WRegG. ÜbergangsR jeweils § 60 RVG.

1   **1) Geltungsbereich, I, II.** Aus den Überschriften des Abschnitts 2 und vor der amtlichen Vorbemerkung 3.2.1 ergibt sich: Die Aufzählung in Z 1–4 ist abschließend, Köln Rpfleger **11**, 465. Z 1 erfaßt schon das erstinstanzliche Verfahren vor dem FG. Das ist eine Folge des Umstands, daß das FG einem Rechtsmittelgericht ähnlich ist und daß es im finanzgerichtlichen Verfahren nur eine einzige Tatsacheninstanz gibt. Z 2 umfaßt auch ein Verfahren nach § 119 II 1 FamFG, Schneider FamRZ **12**, 1783.

Nr.	Gebührentatbestand	Gebühr oder Satz der Gebühr nach § 13 RVG
3200	Verfahrensgebühr, soweit in Nummer 3204 nichts anderes bestimmt ist	1,6

Schrifttum: *Schneider* NZFam **15**, 752 (Rechenbeispiele).

1   **1) Systematik.** Es gelten zunächst die umfangreichen Vorschriften der amtlichen Vorbemerkung 3.2.1. Sodann gelten dieselben Regeln wie bei VV 3100. VV 3201 ist vorrangig. VV 3204 hat nochmals den Vorrang, VV 3500 hat einen Nachrang. Natürlich muß der Anwalt einen ausreichenden Auftrag erhalten haben, Kblz FamRZ **17**, 1156, Meyer JB **14**, 407 (sonst evtl Schadensersatzpflicht). Er mag freilich auch Streithelfer nach §§ 66 ff sein (selbständige Angelegenheit), Meyer JB **14**, 407.

2   **2) Regelungszweck.** Es gelten dieselben Erwägungen wie bei VV 3100. Die gegenüber jener Vorschrift erhöhte Gebühr trägt der oft erhöhten Verantwortung des Anwalts im Berufungs- oder Beschwerde- oder Rechtsbeschwerdeverfahren Geltung.

3   **3) Geltungsbereich.** Neben den in der Überschrift des Unterabschnitts 1 genannten Verfahren gilt VV 3200 auch nach der amtlichen Vorbemerkung 3.2.1 nur in den zahlreichen dort abschließend aufgeführten Verfahren vorwiegend der Beschwerde oder Rechtsbeschwerde, Köln Rpfleger **11**, 465. Die Vorschrift gilt zB für den Antrag auf eine Verwerfung oder Zurückweisung des Rechtsmittels, BGH MDR **18**, 58, Stgt JB **05**, 367, AG Hann RR **15**, 1536. Die Aufzählung dieser Vorbemerkung zeigt aber auch einen abschließenden Charakter, Mü JB **06**, 313. Das muß man mitbeachten.

4   **4) Gebührenhöhe.** Es entsteht eine 1,6 Gebühr mit der Einlegung der Berufung in ihrem Umfang, BGH MDR **18**, 58, LG Köln RR **12**, 1471. Das gilt wegen der amtlichen Vorbemerkung 3.2.1 Z 2 auch bei einer Beschwerde nach § 119 II 1 FamFG, Schneider FamRZ **12**, 1783. Die Gebühr kann sich nach VV 3201 verringern. Das gilt auch bei einer Aussetzung der Vollziehung, FG Hann JB **10**, 248. Eine Anrechnung wie nach VV 3100 amtliche Anmerkung II ordnet VV 3200 nicht an. Schneider NJW **14**, 2334 rät zu entsprechender Anwendung.
   Keine Verringerung erfolgt bei einer Rechtsmittelrücknahme zB nach § 516 ZPO *nach* einem Sachantrag nach BLAH § 297 ZPO Rn 4, BGH AnwBl **14**, 1060.

5   **5) Gegenstandswert.** Es gelten §§ 23 ff. Bei einer nachträglichen Rechtsmittelbeschränkung bleibt der Wert für eine vor ihr erfolgte Tätigkeit des Rechtsmittelgegners unverändert.

6) Kostenerstattung. Es gelten §§ 91 ff ZPO, Celle RR **15**, 1213, insbesondere 6
§ 97 ZPO usw. Wen der Gegner mit einem Rechtsmittel überzogen hat, der steht für
diesen Rechtszug in einem Prozeßrechtsverhältnis nach BLAH Grdz 4 vor § 128
ZPO, Mü MDR **87**, 1006 (anders vorher, LG Ffm AnwBl **90**, 100).
A. Grundsatz: Sofort ab Auftrag. Schon deshalb darf der Rechtsmittelgegner
grundsätzlich ohne weiteres und sofort einen Anwalt mit der erstattungsfähigen
Wahrnehmung seiner Interessen beauftragen, BGH RVGreport **15**, 26 (ohne Vorlage
nach dem RsprEinhG, BLAH Anh § 140 GVG), Mü AnwBl **14**, 92, LAG Köln
NZA-RR **16**, 383, aM BAG NJW **03**, 3796, Kblz FamRZ **14**, 1731, Mü NJW **10**,
1371 und MDR **10**, 1157 (aber das Prozeßrechtsverhältnis nach BLAH Grdz 4 vor
§ 128 ZPO schafft auch Rechte der Verteidigung).

B. Beispiele zur Frage einer Erstattbarkeit 7

Erforderlichkeit: Sie ist Voraussetzung der Erstattbarkeit wie stets, Kblz FamRZ **17**,
1156.
Fristwahrung: Erstattbarkeit besteht nach Rn 6 auch dann, wenn der Rechtsmittel-
gegner das Rechtsmittel nur zur Fristwahrung eingelegt hat, BGH NJW **03**, 756,
Kblz JB **07**, 89 rechts, Stgt JB **05**, 367, aM Bbg JB **88**, 1005, Brschw JB **98**, 35,
Kblz JB **15**, 585.
Vor Rechtsmittelbegründung: S „Zurückweisungsantrag".
Nach Rechtsmittelbegründungsfrist: Erstattbarkeit besteht auch dann, wenn ein
Verwerfungsantrag sogleich nach dem Ablauf der Begründungsfrist für das Rechts-
mittel zB nach § 520 II ZPO erfolgte, KG Rpfleger **08**, 537.
Untätigkeit des Gerichts: Erstattbarkeit besteht auch dann, wenn ein Verwerfungs-
antrag erst nach geraumer Untätigkeit des Gerichts erfolgte, Mü RR **11**, 432.
Verwerfungsantrag: S „Nach Rechtsmittelbegründungsfrist", „Untätigkeit des Ge-
richts"
Zurücknahme: Erstattbarkeit besteht auch dann, wenn der Gegner sein Rechtsmit-
tel später zB nach § 516 ZPO zurückgenommen hat, BGH Rpfleger **09**, 591, Celle
MDR **17**, 300, Mü FamRZ **11**, 498, aM Bre FamRZ **10**, 62, Köln JB **09**, 646.
Zurückweisungsantrag: Erstattbarkeit besteht bei ihm auch dann, wenn er vor der
Rechtsmittelbegründung zB nach § 520 I ZPO erfolgt ist, BGH (5. ZS) AnwBl
14, 92 (ohne Vorlage nach § 132 GVG), Köln MDR **10**, 1222, Mü AnwBl **14**, 92,
aM BGH (6. ZS) NJW **07**, 3723, KG Rpfleger **05**, 632, VG Oldb NVwZ-RR
08, 656.
Zurückweisungsbeschluß: Erstattbarkeit besteht evtl sogar nach einem solchen
Beschluß nach § 522 II 1 ZPO, Köln MDR **10**, 1222, Mü RR **11**, 1560, aM Celle RR **15**, 1213.
Zurückweisungshinweis: Erstattbarkeit besteht trotz eines Sachvortrags erst nach
einem Hinweis nach § 522 II 2 ZPO, BGH MDR **18**, 58, Kblz Rpfleger **07**, 115.

Nr.	Gebührentatbestand	Gebühr oder Satz der Gebühr nach § 13 RVG
3201	Vorzeitige Beendigung des Auftrags oder eingeschränkte Tätigkeit des Anwalts: Die Gebühr 3200 beträgt	1,1
	(1) ¹Eine vorzeitige Beendigung liegt vor	
	1. wenn der Auftrag endigt, bevor der Rechtsanwalt das Rechtsmittel eingelegt oder einen Schriftsatz, der Sachanträge, Sachvortrag, die Zurücknahme der Klage oder die Zurücknahme des Rechtsmittels enthält, eingereicht oder bevor er einen gerichtlichen Termin wahrgenommen hat, oder	
	2. soweit Verhandlungen vor Gericht zur Einigung der Parteien oder der Beteiligten oder mit Dritten über in diesem Verfahren nicht rechtshängige Ansprüche geführt werden; der Verhandlung über solche Ansprüche	

VV 3201, 3202

Nr.	Gebührentatbestand	Gebühr oder Satz der Gebühr nach § 13 RVG
	steht es gleich, wenn beantragt ist, eine Einigung zu Protokoll zu nehmen oder das Zustandekommen einer Einigung festzustellen (§ 278 Abs. 6 ZPO). [2] Soweit in den Fällen der Nummer 2 der sich nach § 15 Abs. 3 RVG ergebende Gesamtbetrag der Verfahrensgebühren die Gebühr 3200 übersteigt, wird der übersteigende Betrag auf eine Verfahrensgebühr angerechnet, die wegen desselben Gegenstands in einer anderen Angelegenheit entsteht. [II] Eine eingeschränkte Tätigkeit des Anwalts liegt vor, wenn sich seine Tätigkeit 1. in einer Familiensache, die nur die Erteilung einer Genehmigung oder die Zustimmung des Familiengerichts zum Gegenstand hat, oder 2. in einer Angelegenheit der freiwilligen Gerichtsbarkeit auf die Einlegung und Begründung des Rechtsmittels und die Entgegennahme der Rechtsmittelentscheidung beschränkt.	

1   1) **Geltungsbereich.** Die gegenüber VV 3200 vorrangige Sondervorschrift gilt in den in ihrer amtlichen Anmerkung genannten, abschließend aufgezählten Fällen. Diese entsprechen weitgehend den in VV 3101 Z 1–3 geregelten Situationen, Bre MDR **09**, 56, KG Rpfleger **09**, 52 rechts. Es genügt eine auftragsgemäße Entgegennahme der Information ohne ein Tätigwerden nach außen, KG JB **09**, 261, Karlsr MDR **12**, 553, Kblz JB **13**, 90 (der Anwalt kann den Auftrag schon erstinstanzlich erhalten haben). Erst recht reichten zB eine Prüfung, ob der Anwalt noch etwas veranlassen muß, KG JB **09**, 261. Eine Bitte, so vorzugehen, „wie der Anwalt es für richtig hält", kann ungenügend sein, Kblz FamRZ **16**, 660 links obere Mitte (streng). Es reicht aber eine Bitte an den Anwalt des Gegners, sich noch nicht beim Rechtsmittelgericht zu bestellen, KG JB **05**, 418, aM Kblz JB **17**, 593. Sie kann aber durch den Entschluß wegfallen, die Berufung doch noch bei einer Bewilligung von Prozeßkostenhilfe nach §§ 114 ff ZPO durchzuführen, Oldb FamRZ **08**, 914. Ein Zurückweisungsantrag vor der Zustellung der gegnerischen Rechtsmittelbegründung nach § 520 ZPO reicht, BGH FamRZ **07**, 1734, aM Kblz FamRZ **14**, 1331 (vgl aber BLAH § 91 ZPO Rn 139). Zur Beschwerde Köln FGPrax **07**, 215. § 19 I setzt Grenzen, Karlsr FamRZ **09**, 2026.

2   2) **Gebührenhöhe.** Es entsteht eine 1,1 Gebühr. Sie kann nach der amtlichen Anmerkung S 2 unter deren Voraussetzungen anrechenbar sein. Zur Begrenzung nach § 15 III Köln JB **16**, 193.

3   3) **Gegenstandswert.** Es gelten §§ 23 ff.

4   4) **Kostenerstattung.** Es gelten §§ 91 ff ZPO, Düss MDR **10**, 115 (auch bei einer Selbstvertretung), Karlsr JB **08**, 540, Naumb JB **10**, 645, insbesondere § 97 ZPO usw. Das setzt natürlich voraus, daß der Anwalt auftragsgemäß handelte, Kblz JB **07**, 89 links.

Nr.	Gebührentatbestand	Gebühr oder Satz der Gebühr nach § 13 RVG
3202	Terminsgebühr, soweit in Nummer 3205 nichts anderes bestimmt ist .... [I] Absatz 1 Nr. 1 und 3 sowie die Absätze 2 und 3 der Anmerkung zu Nummer 3104 gelten entsprechend.	1,2

Vergütungsverzeichnis   **3202, 3203 VV**

Nr.	Gebührentatbestand	Gebühr oder Satz der Gebühr nach § 13 RVG
	II Die Gebühr entsteht auch, wenn nach § 79a Abs. 2, § 90a oder § 94a FGO ohne mündliche Verhandlung durch Gerichtsbescheid entschieden wird.	

1) Geltungsbereich. Es gelten dieselben Erwägungen wie bei VV 3104 einschließlich der dortigen amtlichen Anmerkung, auf die VV 3202 amtliche Anmerkung verweist. Amtliche Vorbemerkung 3 III gilt auch hier, Mü Rpfleger **10**, 163, 94, aM BGH Rpfleger **07**, 574 (aber jene Vorschrift gilt allgemein). Die Regelung gilt nach der amtlichen Anmerkung I in Verbindung mit VV 3104 amtliche Anmerkung I Z 1, 3, II, III evtl auch dann, wenn im Sozialgerichtsverfahren nach § 105 I SGG oder im verwaltungsgerichtlichen Verfahren nach § 130a S 2 VwGO in Verbindung mit § 125 II 3 VwGO eine Zurückweisung der Berufung ohne eine mündliche Verhandlung durch einen Beschluß erfolgt. BGH NJW **07**, 2644 (abl Schons AnwBl **07**, 632) versagt die Terminsgebühr bei § 522 II ZPO, Düss BauR **11**, 1536 urteilt ebenso nach einer Rücknahme auf Grund eines Gerichtshinweises nach dieser Vorschrift (dann nur VV 3200). 1

Unanwendbar ist die amtliche Anmerkung I in Verbindung mit VV 3104 amtliche Anmerkung I Z 1 auf eine Beschlußverwerfung nach § 822 I, II ZPO oder bei einer bloßen Zustimmung zum Ruhen des Verfahrens, BGH MDR **14**, 628.

2) Gebührenhöhe. Soweit nicht der ausdrücklich als vorrangige Regelung bezeichnete Betragsrahmen VV 3205 gilt, entsteht eine 1,2 Gebühr. 2

3) Gegenstandswert. Es gelten §§ 23 ff. 3

4) Kostenerstattung. Es gelten §§ 91 ff ZPO, insbesondere § 97 ZPO usw. §§ 103 ff ZPO sind anwendbar, BGH NJW **08**, 2993. 4

Nr.	Gebührentatbestand	Gebühr oder Satz der Gebühr nach § 13 RVG
3203	Wahrnehmung nur eines Termins, in dem eine Partei oder ein Beteiligter, im Berufungsverfahren der Berufungskläger, im Beschwerdeverfahren der Beschwerdeführer, nicht erschienen oder nicht ordnungsgemäß vertreten ist und lediglich ein Antrag auf Versäumnisurteil, Versäumnisentscheidung oder zur Prozess-, Verfahrens- oder Sachleitung gestellt wird: Die Gebühr 3202 beträgt	0,5
	Die Anmerkung zu Nummer 3105 und Absatz 2 der Anmerkung zu Nummer 3202 gelten entsprechend.	

1) Geltungsbereich. Es gelten dieselben Erwägungen wie bei VV 3105 einschließlich dessen amtlicher Anmerkung, auf die VV 3203 amtliche Anmerkung verweist. Die Regelung gilt auch beim Anschlußrechtsmittel*kläger* zB nach § 524 ZPO. 1

Unanwendbar ist VV 3203 bei einer Säumnis des Rechtsmittel*bekl*.

2) Gebührenhöhe. Es entsteht eine 0,5 Gebühr. 2

3) Gegenstandswert. Es gelten §§ 23 ff. 3

4) Kostenerstattung. Es gelten §§ 91 ff ZPO, insbesondere § 97 ZPO usw. 4

VV 3204, 3205, Vorbem 3.2.2, 3206

Nr.	Gebührentatbestand	Gebühr oder Satz der Gebühr nach § 13 RVG
3204	Verfahrensgebühr für Verfahren vor den Landessozialgerichten, in denen Betragsrahmengebühren entstehen (§ 3 RVG)	60,00 bis 680,00 €
3205	Terminsgebühr in Verfahren vor den Landessozialgerichten, in denen Betragsrahmengebühren entstehen (§ 3 RVG)	50,00 bis 510,00 €
	¹Satz 1 Nr. 1 und 3 der Anmerkung zu Nummer 3106 gilt entsprechend. ²In den Fällen des Satzes 1 beträgt die Gebühr 75% der in derselben Angelegenheit dem Rechtsanwalt zustehenden Verfahrensgebühr ohne Berücksichtigung einer Erhöhung nach Nummer 1008.	

Zu VV 3204, 3205:

1 1) **Geltungsbereich.** Es gelten dieselben Erwägungen wie bei VV 3102, 3106. Die Verweisung in der amtlichen Anmerkung auf diejenige zu VV 3106 gilt nur zu deren S 1 Z 1, 3.

2 2) **Gebührenhöhe.** § 14 ist anwendbar. Im Normalfall ist die Mittelgebühr angemessen, BSG AnwBl **84**, 565, SG Augsb AnwBl **82**, 395, SG Stgt AnwBl **84**, 569. Die Mittelgebühren betragen bei VV 3204 = 370 EUR, bei VV 3205 = 280 EUR. Das jeweilige Haftungsrisiko kann eine Erhöhung bei VV 3204 und bei VV 3205 rechtfertigen, Klier NZS **04**, 473.

Unterabschnitt 2. Revision, bestimmte Beschwerden und Rechtsbeschwerden

(Amtliche) Vorbemerkung 3.2.2:

Dieser Unterabschnitt ist auch anzuwenden in Verfahren
1. über Rechtsbeschwerden
   a) in den in der Vorbemerkung 3.2.1 Nr. 2 genannten Fällen und
   b) nach § 20 KapMuG,
2. vor dem Bundesgerichtshof über Berufungen, Beschwerden oder Rechtsbeschwerden gegen Entscheidungen des Bundespatentgerichts und
3. vor dem Bundesfinanzhof über Beschwerden nach § 128 Abs. 3 FGO.

Nr.	Gebührentatbestand	Gebühr oder Satz der Gebühr nach § 13 RVG
3206	Verfahrensgebühr, soweit in Nummer 3212 nichts anderes bestimmt ist	1,6

1 1) **Geltungsbereich.** Es gelten dieselben Erwägungen wie erstinstanzlich bei VV 3100.
Nur Revisionsgebühren entstehen bei einer Revision nebst hilfsweiser Nichtzulassungsbeschwerde, BGH GRUR **15**, 304.

2 2) **Gebührenhöhe.** Zunächst muß man VV 3208 beachten. Mangels dessen Anwendbarkeit entsteht eine 1,6 Gebühr.

3 3) **Gegenstandswert.** Es gelten §§ 23 ff. Wenn eine unselbständige Anschlußrevision infolge einer Zurücknahme oder Verwerfung der Revision als unzulässig nach §§ 555, 552 I ZPO wirkungslos wird, muß man ihren Wert demjenigen der Revision hinzurechnen, BGH **72**, 339.

4 4) **Kostenerstattung.** Es gelten §§ 91 ff ZPO, insbesondere § 97 ZPO usw.

Vergütungsverzeichnis   **3207–3210 VV**

Nr.	Gebührentatbestand	Gebühr oder Satz der Gebühr nach § 13 RVG
3207	Vorzeitige Beendigung des Auftrags oder eingeschränkte Tätigkeit des Anwalts: Die Gebühr 3206 beträgt .... Die Anmerkung zu Nummer 3201 gilt entsprechend.	1,1
3208	Im Verfahren können sich die Parteien oder die Beteiligten nur durch einen beim Bundesgerichtshof zugelassenen Rechtsanwalt vertreten lassen: Die Gebühr 3206 beträgt	2,3
3209	Vorzeitige Beendigung des Auftrags, wenn sich die Parteien oder die Beteiligten nur durch einen beim Bundesgerichtshof zugelassenen Rechtsanwalt vertreten lassen können: Die Gebühr 3206 beträgt .... Die Anmerkung zu Nummer 3201 gilt entsprechend.	1,8

Zu VV 3207–3209:

1) Systematik. Es handelt sich um vorrangige Sondervorschriften gegenüber   1
VV 3206. Dabei haben VV 3208 den Vorrang vor VV 3206, VV 3209 einen Vorrang
vor VV 3206 und 3207. Noch spezieller ist VV 3212.

2) Regelungszweck. Es gelten bei VV 3207, 3209 dieselben Erwägungen wie bei   2
VV 3201 und bei VV 3208 dieselben Erwägungen wie bei VV 3206. Die höheren
Gebühren bei einer notwendigen Vertretung durch einen BGH-Anwalt nach § 78 I 3
ZPO rechtfertigen sich aus der besonderen Verantwortung und dem besonderen Ansehen dieser Anwaltsgruppe, Karlsr JB **99**, 86.

3) Geltungsbereich. Die Vorschriften gelten auch im Verfahren über eine un-   3
zulässige Revision und im Verfahren auf die Zulassung einer Sprungrevision nach
§ 16 Z 11 oder einer Sprungrechtsbeschwerde. Sie gelten über den Revisionsbereich
hinaus auch direkt für die zahlreichen Beschwerde- oder Rechtsbeschwerdeverfahren
nach der amtlichen Vorbemerkung 3.2.1 I, II, BGH RR **17**, 640 (dort im Einzelfall
verneint). Das ergibt sich aus der Verweisung in der amtlichen Vorbemerkung 3.2.2.
Wegen einer Verfassungsbeschwerde § 37 Rn 5.
Unanwendbar sind VV 3207–3209 bei einer Nichtzulassungsbeschwerde nach § 544
ZPO mit Ausnahme des Falls einer Sprungrevision nach § 566 ZPO.

4) Vorzeitige Verfahrensbeendigung usw, VV 3207, 3209. Es gelten entspre-   4
chend dieselben Regeln wie bei VV 3201 amtliche Anmerkung. Das ergeben die
Verweisungen in VV 3207 und 3209 jeweils amtliche Anmerkung.

5) Gebührenhöhen. Es gelten die jeweils in der Gebührenspalte genannten Satz-   5
rahmengebühren.

6) Gegenstandswert. Es gelten §§ 23 ff.   6

7) Kostenerstattung. Es gelten §§ 91 ff, insbesondere § 97 ZPO usw.   7

Nr.	Gebührentatbestand	Gebühr oder Satz der Gebühr nach § 13 RVG
3210	Terminsgebühr, soweit in Nummer 3213 nichts anderes bestimmt ist .... Absatz 1 Nr. 1 und 3 sowie die Absätze 2 und 3 der Anmerkung zu Nummer 3104 und Absatz 2 der Anmerkung zu Nummer 3202 gelten entsprechend.	1,5

VV 3211–3213

Nr.	Gebührentatbestand	Gebühr oder Satz der Gebühr nach § 13 RVG
3211	Wahrnehmung nur eines Termins, in dem der Revisionskläger oder Beschwerdeführer nicht ordnungsgemäß vertreten ist und lediglich ein Antrag auf Versäumnisurteil, Versäumnisentscheidung oder zur Prozess-, Verfahrens- oder Sachleitung gestellt wird: Die Gebühr 3210 beträgt .... Die Anmerkung zu Nummer 3105 und Absatz 2 der Anmerkung zu Nummer 3202 gelten entsprechend.	0,8

Zu VV 3210, 3211:

1   **1) Geltungsbereich.** Es gelten dieselben Erwägungen wie bei VV 3202, 3203 mit ihren Verweisungen auf VV 3104 amtliche Anmerkung und auf VV 3105 amtliche Anmerkung. Infolge dieser ersteren Verweisung entsteht die volle Terminsgebühr auch im Revisionsverfahren oder Rechtsbeschwerdeverfahren ohne eine mündliche Verhandlung nach §§ 128, 555 ZPO, §§ 70 ff FamFG, §§ 90, 121 FGO, §§ 124 II, 153 I, 165 SGG, §§ 101 II, 125 I, 141 VwGO. Das gilt freilich nicht, soweit der BGH die Revision oder Rechtsbeschwerde durch einen Beschluß nach §§ 552 I 2, 577 I 2 ZPO als unzulässig verwirft. VG Potsd JB 14, 21 gibt im Verfahren über eine Nichtzulassungsbeschwerde ohne mündliche Verhandlung keine Terminsgebühr.

2   **2) Gebührenhöhe.** Es entstehen die in den Gebührenspalten genannten Satzrahmengebühren.

Nr.	Gebührentatbestand	Gebühr oder Satz der Gebühr nach § 13 RVG
3212	Verfahrensgebühr für Verfahren vor dem Bundessozialgericht, in denen Betragsrahmengebühren entstehen (§ 3 RVG)	80,00 bis 880,00 €
3213	Terminsgebühr in Verfahren vor dem Bundessozialgericht, in denen Betragsrahmengebühren entstehen (§ 3 RVG) .... Satz 1 Nr. 1 und 3 sowie Satz 2 der Anmerkung zu Nummer 3106 gelten entsprechend.	80,00 bis 830,00 €

Zu VV 3212, 3213:

1   **1) Geltungsbereich.** Es gelten dieselben Erwägungen wie bei VV 3204, 3205, dort nebst Verweisung auf VV 3106 amtliche Anmerkung.

2   **2) Gebührenhöhe.** § 14 ist anwendbar. Im Normalfall ist die Mittelgebühr angemessen, BSG AnwBl **84**, 565, SG Augsb AnwBl **82**, 395, SG Stgt AnwBl **84**, 569. Der Umfang und/oder die Schwierigkeit können eine höhere Gebühr rechtfertigen, SG Duisb AnwBl **89**, 294, SG Münst AnwBl **85**, 387, SG Reutlingen AnwBl **86**, 110. Die Mittelgebühren betragen bei VV 3212 = 480 EUR, bei VV 3213 = 455 EUR. Bei einer Rente usw kann man evtl die Höchstgebühr ansetzen, LSG Erfurt JB **99**, 473, LSG Mainz NZS **98**, 207, SG Freib MDR **99**, 832. Das Haftungsrisiko kann eine Erhöhung bei VV 3212 und VV 3213 rechtfertigen, Klier NZS **04**, 473.

Abschnitt 3. Gebühren für besondere Verfahren

Unterabschnitt 1. Besondere erstinstanzliche Verfahren

(Amtliche) Vorbemerkung 3.3.1:
Die Terminsgebühr bestimmt sich nach Abschnitt 1.

Nr.	Gebührentatbestand	Gebühr oder Satz der Gebühr nach § 13 RVG
3300	Verfahrensgebühr 1. für das Verfahren vor dem Oberlandesgericht nach § 129 VGG, 2. für das erstinstanzliche Verfahren vor dem Bundesverwaltungsgericht, dem Bundessozialgericht, dem Oberverwaltungsgericht (Verwaltungsgerichtshof) und dem Landessozialgericht sowie 3. für das Verfahren bei überlangen Gerichtsverfahren und strafrechtlichen Ermittlungsverfahren vor den Oberlandesgerichten, den Landessozialgerichten, den Oberverwaltungsgerichten, den Landesarbeitsgerichten oder einem obersten Gerichtshof des Bundes	1,6

Vorbem. Z 1 geändert dch Art 8 G v 24. 5. 16, BGBl 1190, in Kraft seit 1. 6. 16, Art 7 S 1G, ÜbergangsR § 60 RVG.

1) Systematik, Z 1–3. Die Vorschrift enthält formell eine gegenüber VV 3100ff vorrangige Sonderregel. Der Sache nach bestehen infolge der uneingeschränkten Verweisungen aber nur Klarstellungen des Gleichrangs der hier erfaßten Tätigkeit mit derjenigen im normalen Zivilprozeßverfahren. VV 3301 hat den Vorrang. Neben VV 3300, 3301 gilt VV 3304.

2) Regelungszweck, Z 1–3. Die Tätigkeit auf einem der in Z 1–3 genannten Gebiete erfordert meist schon wegen der erheblichen wirtschaftlichen Auswirkungen Können, Erfahrung und Sorgfalt. Das sollte man bei der Auswirkung mitbeachten.

3) Geltungsbereich, Z 1–3. Es geht um zwei Anwendungsfälle.
A. Gesamtvertrag, Z 1. Eine juristische Person oder Personengemeinschaft kann als eine sog Verwertungsgesellschaft Nutzungsrechte, Einwilligungsrechte oder Vergütungsansprüche aus dem Urheberrecht für eine Rechnung mehrerer Urheber oder Inhaber verwandter Schutzrechte zur gemeinsamen Auswertung wahrnehmen.
Die Verwertungsgesellschaft ist dann nach § 12 des Gesetzes über die Wahrnehmung von Urheberrechten und verwandten Schutzrechten in bestimmten Grenzen verpflichtet, mit einer solchen Vereinigung, deren Mitglieder nach dem UrhG geschützte Werke oder Leistungen nutzen oder danach zur Zahlung von Vergütungen verpflichtet sind, einen *Gesamtvertrag* über die von ihr wahrgenommenen Rechte und Ansprüche zu angemessenen Bedingungen abzuschließen, soweit das nicht unzumutbar ist. Für Vertragsverhandlungen gilt VV 2100.
Soweit sich die Beteiligten über den Abschluß oder die Änderung eines solchen Vertrags *nicht einigen,* entscheidet die Schiedsstelle nach § 14 G. Für die Anwaltsvergütung ist in diesem Verfahrensabschnitt (jetzt) VV 2403 Z 4 anwendbar, Mü Rpfleger **94**, 316. Nach der Beendigung des Verfahrens vor der Schiedsstelle kann man bei § 14 I Z 1 G vor dem nach § 17 zuständigen Gericht klagen. Gegen die Entscheidung der Schiedsstelle nach § 129 VGG G kann der Betroffene die Entscheidung des OLG beantragen. Dieses entscheidet im Verfahren entspr §§ 253ff ZPO. Es besteht ein Anwaltszwang. Für dieses Verfahren gilt (jetzt) VV 3302 Z 1, Mü Rpfleger **94**, 316.

VV 3300, 3301, 3304, Vorbem 3.3.2, 3305 Vergütungsverzeichnis

4   **B. Erstinstanzlich BVerwG usw, Z 2.** Es kann auch zu einem erstinstanzlichen Verfahren vor dem OVG (VGH) oder dem BSG oder einem LSG oder vor dem BVerwG kommen, §§ 47 ff VwGO usw. Dort gilt Z 2. Das gilt auch im zugehörigen etwaigen Eilverfahren.

5   **C. Verfahren wegen Überlänge, Z 3.** Es geht um ein Verfahren nach G v 24. 11. 11, BGBl 2302, vor einem der in Z 3 abschließend aufgezählten Gerichte. Wegen eines solchen Verfahrens vor einem LSG oder vor dem BSG vgl zum Gegenstandswert § 3 I 3.

6   **4) Gebühren.** Es kam zunächst die in VV 3300 genannte Verfahrensgebühr entstehen. Unter den Voraussetzungen VV 3304 kann daneben eine Terminsgebühr entstehen. Das ergibt sich aus den amtlichen Vorbemerkungen 3 III, 3.3.1. Eine verminderte Terminsgebühr kann aus denselben Gründen nach VV 3105 entstehen. Schließlich kann es unter den Voraussetzungen VV 1000 zu einer Einigungsgebühr kommen. Es findet keine Anrechnung der vor der Schiedsstelle entstandenen Gebühren auf die Vergütung nach VV 3300 statt. Das ergibt sich aus dem Fehlen einer VV 2403 amtliche Anmerkung entsprechenden Vorschrift bei VV 3300.

7   **5) Gegenstandswert.** Maßgeblich ist § 23, GS 8, aM GSEMMR 6 (maßgeblich sei [jetzt] § 32. Aber es handelt sich um ein „gerichtliches Verfahren"). Vgl auch Rn 5.

8   **6) Kostenerstattung.** Es sind §§ 91 ff ZPO entsprechend anwendbar.

Nr.	Gebührentatbestand	Gebühr oder Satz der Gebühr nach § 13 RVG
3301	Vorzeitige Beendigung des Auftrags: Die Gebühr 3300 beträgt .... Die Anmerkung zu Nummer 3201 gilt entsprechend.	1,0

1   **1) Systematik, Regelungszweck.** Vgl VV 3300 Rn 1, 2.

2   **2) Geltungsbereich.** Vgl VV 3300 Rn 3.

3   **3) Vorzeitige Auftragsbeendigung.** Es gelten dieselben Regeln wie bei VV 3201, auf das die amtliche Anmerkung verweist. Vgl daher dort.

4   **4) Gebühren.** Es gelten mit der Abweichung zur Höhe dieselben Erwägungen wie bei VV 3300.

5   **5) Gegenstandswert, Kostenerstattung.** Vgl VV 3300 Rn 6.

Nr.	Gebührentatbestand	Gebühr oder Satz der Gebühr nach § 13 RVG
3304	*(aufgehoben)*	

Unterabschnitt 2. Mahnverfahren

(Amtliche) Vorbemerkung 3.3.2:
Die Terminsgebühr bestimmt sich nach Abschnitt 1.

Nr.	Gebührentatbestand	Gebühr oder Satz der Gebühr nach § 13 RVG
3305	Verfahrensgebühr für die Vertretung des Antragstellers .... Die Gebühr wird auf die Verfahrensgebühr für einen nachfolgenden Rechtsstreit angerechnet.	1,0

Schrifttum: *Bräuer*, Die Gebühren des Anwalts im Mahnverfahren, Festschrift für *Madert* (2006) 9.

Vergütungsverzeichnis **3305 VV**

Gliederung

1) Systematik	1–3
2) Regelungszweck	4
3) Gebühren	5–12
A. Begriff des Mahnverfahrens	5–8
B. Vertretung des Antragstellers	9
C. Beispiele zur Frage eines Mahnverfahrens	10–12
4) Anrechnung, amtliche Anmerkung	13
5) Kostenerstattung	14–18
6) Beispiele zur Frage einer Erstattbarkeit	19–28

1) Systematik, dazu *Hansens* Rpfleger **89**, 487: Das Mahnverfahren zB nach §§ 688 ff ZPO hat mit einer Mahnung nur bedingt zu tun. Es soll dem Gläubiger, hier Antragsteller genannt, auf einem verhältnismäßig raschen Weg entweder sein Geld oder einen Vollstreckungstitel beschaffen, den Vollstreckungsbescheid. Es zielt darauf ab, ein streitiges Verfahren zu erübrigen. Freilich erweist sich die Hoffnung des Antragstellers in der Praxis oft genug als verfehlt, der Antragsgegner werde keinen Widerspruch und gegen den Vollstreckungsbescheid auch keinen Einspruch einlegen. **1**

In den zahlreichen Fällen, in denen es zum anschließenden streitigen Verf als einer nach § 17 Z 2 besonderen Angelegenheit kommt, entsteht für den Anwalt des Kl nach VV 3305 wie für denjenigen des Bekl nach VV 3307 *zumindest* (jetzt) *eine Verfahrensgebühr,* Mü MDR **92**, 617. Sie entsteht nach der amtl. Vorbem 3 I mit dem unbedingten Auftrag, spätestens nach dort II mit der Tätigkeit, BGH WertpMitt **18**, 148. Sie gilt als eine Pauschgebühr nach Einl II A 9 die Tätigkeit mit einem Vorrang vor VV 3100 ab. Da die etwaige Tätigkeit im streitigen Verf nach § 697 ZPO infolge der voraufgegangenen Tätigkeit im Mahnverfahren durchweg nur noch eine meist etwas geringere Mühe und Verantwortung erfordert, rechtfertigt sich die in VV 3305 amtl Anm geregelte Anrechnung. **2**

Die Gebühr VV 3305 ist der Verfahrensgebühr VV 3100 *ähnlich,* die grundsätzlich zurücktritt, Ffm AnwBl **88**, 74. Das ist der Ausgangspunkt der Regelung in VV 3306. Diese Vorschrift verhindert auch zusammen mit VV 3101, daß unter den Voraussetzungen des VV 3306 im Mahnverfahren höhere Gebühren als dann entstehen, wenn der Gläubiger von vornherein eine Klage erhoben hätte. **3**

Eine *Terminsgebühr* kann nach der amtlichen Vorbemerkung 3.3.2 unter den Voraussetzungen des VV 3104 schon im Mahnverfahren entstehen, Henke AnwBl **05**, 569, später im streitigen Verfahren dann nochmals, VV 3104 Rn 2. VV 1000 ist anwendbar, ebenso VV 2300 ff.

2) Regelungszweck. Die Vorbereitung und Durchführung des Mahnverfahrens erfordern für den Anwalt des Antragstellers auch ohne eine gerichtliche Schlüssigkeitsprüfung wie bei BLAH § 253 ZPO Rn 32 fast dieselbe Mühe und auch dieselbe Verantwortung wie die Vorbereitung und Einlegung einer Klage. Das rechtfertigt die Zubilligung einer vollen Gebühr für die Tätigkeit im Verfahren über den Antrag. Darauf beruht die Regelung VV 3305. **4**

3) Gebühren. Es entsteht eine wertabhängige Pauschale von 1,0 Gebühr. Sie bleibt auch bei einer Antragsrücknahme oder -abweisung bestehen. VV 1008 ist anwendbar, Mü JB **94**, 424, Stgt MDR **77**, 852. Eine Ermäßigung kann sich aus VV 3306 ergeben, eine Anrechnung nach der amtlichen Anmerkung. Man sollte im übrigen nach den Abschnitten des Mahnverfahrens unterscheiden. **5**

A. Begriff des Mahnverfahrens. VV 3305 ff erfassen das Verfahren nach §§ 688–703 d ZPO, auch in einer Familienstreitsache nach §§ 112, 113 II FamFG, und dasjenige nach § 46a ArbGG, § 182a SGG. Es beginnt mit der Einreichung des Antrags auf den Erlaß eines Mahnbescheids.

Es endet: Mit der Zurücknahme des Mahnantrags; mit seiner Zurückweisung, § 691 ZPO I, II ZPO, sofern nicht eine Anfechtung der Zurückweisung nach § 691 III ZPO in Betracht kommt und erfolgt. Dann gelten VV 3500 ff; mit der Erhebung des Widerspruchs unabhängig davon, daß bei einem alsbaldigen Widerspruch die Rechtshängigkeit nach § 696 III ZPO bereits mit als mit der Zustellung des Mahnbescheids eingetreten gilt; mit der Wirksamkeit des Vollstreckungsbescheids nach § 699 ZPO, sofern nicht der Antragsgegner zuvor wirksam einen Widerspruch eingelegt und diesen nur später nach § 697 IV ZPO wirksam zurückgenommen hatte (dann lebt das Mahnverfahren infolge der Rücknahme des Widerspruchs wieder auf); nach der Einlegung des Einspruchs gegen den Vollstreckungsbescheid mit der nächsten gerichtlichen Maßnahme, §§ 700 III, 338 ff ZPO, Köln MDR 82, 945, BLAH § 703 ZPO Rn 1, aM Mü MDR 92, 617 (schon mit dem Erlaß des Vollstreckungsbescheids. Aber dann steht noch nicht fest, ob und wie das Verfahren weitergehen wird).

6 Der Antrag auf die Durchführung des *streitigen Verfahrens* nach § 696 I 1 ZPO zielt nicht mehr auf das Mahnverfahren ab. Trotzdem endet das Mahnverfahren nicht schon mit seinem Eingang beim Mahngericht, sondern erst beim Akteneingang beim Gericht des streitigen Verfahrens, BGH RR 95, 1336, Ffm MDR 04, 832, LG Mü NZM 10, 327, aM Mü RR 98, 504, LG Stgt RR 98, 648 („mit der Abgabe". Aber wann ist das genau?), Mü MDR 80, 501 (mit der Mitteilung der Abgabe), Düss RR 98, 1077, Mü MDR 92, 909 (mit Antragseingang), Karlsr FamRZ 91, 91, Köln MDR 85, 680 (mit dem Tätigwerden des Empfangsgerichts), Celle RR 94, 1276, Ffm RR 92, 448, Kblz OLGZ 91, 376 (je: mit der Zustellung der Anspruchsbegründung nach § 697 I ZPO. Aber alle diese Varianten überzeugen nicht. Denn erst ab dem Akteneingang kann das Gericht des streitigen Verfahrens tätig werden. Es muß freilich auch von diesem Augenblick an tätig werden). Das gilt selbst dann, wenn der Antragsteller ihn nach § 696 I 2 ZPO bereits in den Antrag auf den Erlaß des Mahnbescheids nach § 690 ZPO aufgenommen hatte. Dann ist die Gebühr mit dem Eintritt der Bedingung entstanden. Dasselbe gilt von einem bedingten Antrag auf eine Verweisung nach § 696 V ZPO und erst recht von dem mit dem Widerspruch verknüpften.

7 Dementsprechend beendet die *Rücknahme* des Antrags auch die Durchführung des streitigen Verfahrens nach § 696 IV ZPO das Mahnverfahren ebensowenig wie die Widerspruchsrücknahme nach § 697 IV ZPO. Denn in beiden Fällen endete das Mahnverfahren schon durch den Widerspruch.

8 Für das *Urkunden-, Wechsel- und Scheckmahnverfahren* gelten dieselben Abgrenzungsmerkmale. Eine Sonderregelung enthält VV 3308 lediglich für die unten zu erörternde Gebührenhöhe im Fall des § 703 a II Z 4 ZPO.

9 **B. Vertretung des Antragstellers.** §§ 3305, 3306 gelten nur für den Anwalt des Antragstellers. Er erhält die 1,0 Gebühr VV 3305 schon für die Tätigkeit im Verfahren über den Antrag auf den Erlaß des Mahnbescheids nach § 690 ZPO ab einer auftragsgemäßen Entgegennahme der Information bis zum Vollstreckungsbescheid, vgl dazu freilich auch VV 3508. Es handelt sich also nicht um eine Aktgebühr, sondern um eine Verfahrenspauschgebühr. Sie gilt als eine Pauschgebühr nach Einl II A 9 nach der amtlichen Vorbemerkung 3 II grundsätzlich die gesamte Tätigkeit im Verfahren zur Erzielung des Mahnbescheids und nach seinem Erlaß bis zum Ende des Mahnverfahrens nach Rn 5, 10 ff ab, Kblz JB 78, 1201. Zusätzlich können allerdings eine Einigungsgebühr VV 1000, eine Erhöhungsgebühr VV 1008, eine Beschwerdegebühr VV 3500 und eine Vollstreckungsgebühr VV 3309 entstehen, ferner eine Terminsgebühr VV 3104 in Verbindung mit den amtlichen Vorbemerkungen 3 III und 3.3.2.

10 **C. Beispiele zur Frage eines Mahnverfahrens**

Abgabe: Zum Mahnverfahren gehört ein Antrag auf eine Abgabe an ein anderes Gericht, soweit dieses als Mahngericht nach §§ 689, 690, 692, 693 ZPO tätig werden soll, Ffm AnwBl 99, 414. Das gilt für den diesen Antrag stellenden Anwalt auch dann, wenn er den Mahnantrag noch nicht selbst gestellt hatte, Ffm AnwBl 99, 413.

S auch „Bedenken des Gerichts", Rn 11 „Streitiges Verfahren".

Akteneingang: Rn 6.

Aktenversendung: Zum Mahnverfahren gehört ein an sich nicht erforderlicher zusätzlicher Antrag auf die Versendung oder Abgabe der Mahnakten an das Gericht des streitigen Verfahrens.

S auch Rn 11 „Streitiges Verfahren".

Anhörung des Antragsgegners: Der Anwalt des Antragsgegners im Mahnverfahren wird im allgemeinen *nicht* vor der Einlegung des Widerspruchs nach § 694 ZPO dem Gericht gegenüber tätig. Er erhält aber grds für das Mahnverfahren eine

Vergütungsverzeichnis **3305 VV**

Vergütung nach VV 3307. Das gilt auch, soweit das Gericht den Antragsgegner vor einer Entscheidung über den Mahnantrag zulässig oder unzulässigerweise tatsächlich anhört.
Antragsentwurf: Wenn der Anwalt nur den Antrag auf einen Mahnbescheid nach § 690 ZPO entwerfen oder nur das Formular ausfüllen soll und der Auftraggeber ihn selbst einreichen will, kann die Gebühr VV 3306 entstehen.
Aufenthaltsermittlung: Sie gehört zum Mahnverfahren.
Bedenken des Gerichts: Zum Mahnverfahren gehört alles, was der Anwalt auf Grund etwaiger Bedenken des Gerichts vor dem Erlaß eines Mahnbescheids tun muß, von der Beschaffung einer richtigen Anschrift des Antragsgegners über die verlangte oder abgelehnte Präzisierung des Anspruchs bis zur Klärung, ob man den Antrag an ein anderes Gericht weiterleiten muß.
S auch „Abgabe", Rn 11 „Unterlagen".
Beratung: Sie gehört natürlich zum Mahnverfahren.
Beschwerde: Rn 11 „Sofortige Erinnerung und Beschwerde".
Einreichung: Zum Mahnverfahren gehört natürlich die Einreichung des Mahnantrags nach § 690 ZPO nebst der Zahlung der erforderlichen Gerichtsgebühren.
Erinnerung: Rn 11 „Sofortige Erinnerung und Beschwerde".
Information: Zum Mahnverfahren gehört natürlich die auftragsgemäße Entgegennahme der Information in jeder Form und nicht nur vom Auftraggeber.   11
Nachreichung: S „Unterlagen".
Neuzustellung: Zum Mahnverfahren gehört der Antrag auf eine Zustellung nun an eine evtl erst jetzt bekanntgewordene neue Anschrift des Antragstellers.
Sofortige Erinnerung und Beschwerde: Sie gehört nicht zu VV 3305 ff, sondern zum vorrangigen VV 3500.
Stellungnahme: Eine solche zu einer Anfrage des Mahngerichts gehört zum Mahnverfahren.
Streitiges Verfahren: Zum Mahnverfahren gehört der nach § 696 I 2 ZPO bereits in den Mahnantrag aufgenommene vorsorgliche Antrag auf die Durchführung des streitigen Verfahrens nach einem Widerspruch des Antragsgegners nach § 696 I 1 ZPO. Eine Anspruchsbegründung für ein streitiges Verfahren fällt unter VV 3100.
Nicht zum Mahnverfahren gehört der erstmals nach dem gegnerischen Widerspruch eingereichte Antrag auf die Durchführung des streitigen Verfahrens nach Rn 6.
S auch Rn 10 „Aktenversendung".
Unterlagen: Zum Mahnverfahren gehört die freiwillige oder vom Gericht anheimgestellte Nachreichung von Unterlagen.
S auch Rn 10 „Bedenken des Gerichts".
Verweisung: *Nicht* zum Mahnverfahren gehört ein entgegen dem Wortlaut des § 696 V ZPO erforderlicher Verweisungsantrag. Denn er erfolgt erst im streitigen Verfahren.
Vollstreckungsbescheid: Zum Mahnverfahren gehört der mangels eines gegnerischen Widerspruchs gegen den Mahnbescheid oder nach einer Rücknahme des gegnerischen Widerspruchs gestellte Antrag auf einen Vollstreckungsbescheid nach § 699 I ZPO. Denn das Mahnverfahren lebt dann wieder auf. VV 3308 ist neben VV 3305 anwendbar.
Vorbereitung: Zum Mahnverfahren gehört die Vorbereitung und Abfassung des Mahnantrags nach § 690 ZPO einschließlich der Beschaffung der erforderlichen Formulare.
Widerspruchseinlegung: Zum Mahnverfahren gehört die Einlegung des Widerspruchs durch den Antragsgegner nach § 694 ZPO. Sie regelt VV 3307.   12
S aber auch „Widerspruchsmitteilung".
Widerspruchsmitteilung: Zum Mahnverfahren gehört die Empfangnahme der Mitteilung von einem Widerspruch und dem Zeitpunkt seines Eingangs nach § 695 S 1 ZPO sowie die Mitteilung über beides an den Auftraggeber, Rn 5. Das gilt trotz des Umstands, daß VV 3307 die Erhebung des Widerspruchs durch den Antragsgegner erfaßt. Denn VV 3305 betrifft den Anwalt des Antragstellers.
Widerspruchsrücknahme: Zum Mahnverfahren gehört die Rücknahme des Widerspruchs durch den Antragsgegner nach BLAH § 694 ZPO Rn 10. Man muß sie

1883

entsprechend VV 3307 behandeln. Sie ist also mitabgegolten. Wegen des anschließenden Antrags auf einen Vollstreckungsbescheid Rn 11 „Vollstreckungsbescheid".
Zurücknahme, Zurückweisung. Zum Mahnverfahren gehören die Zurücknahme oder die Zurückweisung des Mahnantrags nach § 691 ZPO. Bei einer Zurückweisung kann eine Anrechnung im etwa anschließenden Klageverfahren nach VV 3305 amtliche Anmerkung erfolgen.
Zustellungsmitteilung: Zum Mahnverfahren gehört die Empfangnahme der Mitteilung von der Zustellung des Mahnbescheids nach § 693 III ZPO und deren Weiterleitung an den Auftraggeber.

13 **4) Anrechnung, amtliche Anmerkung.** Sie erfolgt zwingend auf die Verfahrensgebühr für ein nachfolgendes zugehöriges streitiges Verfahren nach § 697 ZPO, BGH FamRZ **11**, 105 links oben. Vgl im übrigen § 17 Rn 4. Hierher gehört also auch ein Klageverfahren nach der Zurücknahme oder der Zurückweisung des Mahnantrags nach § 691 ZPO, Ffm JB **07**, 80, Hbg MDR **92**, 1091, aM Düss JB **07**, 81. Das gilt dort freilich nur für die erste Instanz. Dann erfolgt die Anrechnung aber auch auf die Verkehrsgebühr VV 3400 oder auf die 0,5 Verfahrensgebühr VV 3401. *Keine* Anrechnung erfolgt im Fall des § 15 V 2.

14 **5) Kostenerstattung.** Der Gläubiger hat ein Wahlrecht, ob er den Anspruch zunächst im Mahnverfahren geltend machen will und dann riskiert, daß ein anderes Gericht das streitige Verfahren entscheiden muß, §§ 696 ff ZPO, oder ob er sogleich im Klageweg vorgehen und damit ein solches Gericht anrufen will, das für den gesamten Rechtsstreit zuständig bleibt.
Diesen Umstand *übersehen* viele bei der Auseinandersetzung über die Erstattungsfähigkeit von Mahnkosten *zu Unrecht*, zB Düss AnwBl **88**, 652, Hbg AnwBl **88**, 297. Konsequent angewandt führt er dazu, daß eine Verweisung nach § 696 ZPO oft überhaupt nicht zulässig ist, BLAH § 696 ZPO Rn 28.

15 Das alles gilt auch trotz der nach §§ 690 I Z 5, 692 I 1 Hs 2 ZPO vorhandenen Möglichkeit, die *Abgabe* an ein zwischen den Parteien nach § 38 ZPO vereinbartes Gericht zu fordern. Denn an der Zwangszuständigkeit des Mahngerichts hat sich nichts geändert.

16 Selbst wenn eine *Verweisung notwendig* ist, sei es auch wegen §§ 690 I Z 5, 692 I Z 1 ZPO, ändert das nichts daran, daß zuvor zwar im Hinblick zur Verfahrensart sehr wohl ein *Wahlrecht* bestand, daß der Antragsteller es aber nicht kostenmäßig auf dem Rücken des Antragsgegners oder des Bekl ausüben durfte, Düss VersR **85**, 554, aM Düss Rpfleger **92**, 131, Hamm JB **91**, 1354, LG Wiesb NJW **92**, 1634 (aber jeder Rechtsmißbrauch ist auch hier unstatthaft, BLAH Einl III 54).

17 Der allgemein anerkannte Grundsatz, daß man die Prozeßkosten *so gering wie möglich* halten muß, BLAH § 91 ZPO Rn 29, ist auch in diesem Zusammenhang wichtig. Er schränkt das Wahlrecht des Gläubigers ein.

18 Denn unabhängig von einem solchen prozessualen Wahlrecht besteht eine sachlichrechtliche *Schadensminderungspflicht* des Gläubigers nach § 254 BGB. Sie nötigt ihn dazu, bei der Ausübung seiner prozessualen Rechte auf die Interessen des Gegners im zumutbaren Maße Rücksicht zu nehmen. Sein Anwalt braucht aber zB Ansprüche aus verschiedenen Sachverhalten nicht mit demselben Mahnantrag geltend zu machen, AG Nürtingen AnwBl **87**, 193.

19 **6) Beispiele zur Frage einer Erstattbarkeit**
Die nachfolgenden Nachweise beziehen sich teils auf das Recht vor dem 1. 1. 2000.
Alltagsgeschäft: Erstattbar sind Mahnkosten nach §§ 688 ff ZPO auch aus Anlaß eines Alltagsgeschäfts. Das gilt auch bei einer juristischen Person nach BLAH § 50 ZPO Rn 7, aM Nürnb MDR **99**, 1407 (aber gerade für ein solches Geschäft ist das Mahnverfahren ratsam).
Antragsgegnerkosten: Erstattbar sind evtl auch Anwaltskosten des Antragsgegners, Kblz JB **02**, 76. Das gilt selbst dann, wenn der Antragsteller nur ihm gegenüber eine Antragsrücknahme angekündigt hatte, aM LG Augsb Rpfleger **88**, 160, oder gar dann, wenn die Klagerücknahme nach § 269 ZPO erst nach der Abgabe in das streitige Verfahren nach § 696 I 1 ZPO erfolgte, KG JB **07**, 307, aM Bbg MDR **08**, 1425. Erstattungsfähig sind die Kosten des Anwalts des Antrags*gegners* wegen

Vergütungsverzeichnis **3305 VV**

eines von *ihm* gestellten Antrags auf ein streitiges Verfahren nach einer langen Unklarheit, wie sich der Antrag*steller* verhalten wird, Hbg Rpfleger **14**, 228, Kblz MDR **94**, 520, LG Hamm JB **99**, 29.
Antragsrücknahme: S „Antragsgegnerkosten".
Anwaltswechsel: Erstattbar sind Mahnkosten, soweit trotz der Vorhersehbarkeit eines Widerspruchs nach § 694 ZPO doch ein Anwaltswechsel nach Rn 28 notwendig wurde, etwa wegen eines Umzugs des Bekl, Schlesw SchlHA **87**, 100, grds aM Mü JB **16**, 295.
S auch Rn 23 „Rechtsbeistand".
Außergerichtlicher Einwand: *Nicht* erstattbar sind Mahnkosten schon wegen seines 20 bloßen Vorliegens unabhängig davon, ob er als begründet erscheint. Denn dann muß man mit einem Widerspruch nach § 694 ZPO eben rechnen, Brschw MDR **99**, 570, Mü MDR **93**, 285, Stgt AnwBl **85**, 269, solange kein Rechtsmißbrauch nach BLAH Einl III 54 besteht, Bbg JB **76**, 61.
Auswärtiger Anwalt: Rn 27 „Vertrauensanwalt".
Beweislast: Die Beweislast für die Unvorhersehbarkeit eines Widerspruchs liegt schon wegen des Erfordernisses einer Notwendigkeit von Kosten *beim Gläubiger,* Kblz MDR **79**, 320, Schlesw SchlHA **86**, 64, Zweibr JB **79**, 1323, aM Köln JB **79**, 213 und 715, Mü JB **82**, 405, Riecke MDR **99**, 84 (aber das Mahnverfahren darf nach Rn 16 nicht auf dem Rücken des Gegners Zusatzkosten auslösen). Dabei kann der Umstand zugunsten des Gläubigers sprechen, daß der Schuldner gegen sich ein Versäumnisurteil nach § 331 ZPO ergehen läßt, Bbg JB **90**, 1478, Hbg JB **96**, 38.
Derselbe Wohnsitz: *Nicht* erstattbar sind Mahnkosten dann, wenn die Parteien des 21 Mahnverfahrens denselben Wohnsitz hatten, Schlesw SchlHA **85**, 180, oder wenn sie in demselben LG-Bezirk wohnten, Schlesw JB **90**, 1471.
Floskel: *Nicht* erstattbar sind Mahnkosten schon bei einer nur floskelhaften Beschränkung der „Begründung" auf eine angebliche Unvorhersehbarkeit eines Widerspruchs nach § 694 ZPO. Das gilt zumindest nach einem vorausgegangenen gegnerischen Bestreiten, Hamm RR **00**, 211.
Keine Gerichtsmitteilung: Erstattbar können diejenigen Kosten sein, die dadurch entstehen, daß der ProzBev nach § 81 ZPO einen Vollstreckungsbescheid nach § 699 ZPO beantragt, weil die Widerspruchsfrist nach § 694 I ZPO abgelaufen ist und weil das Gericht ihn von einem inzwischen dort eingegangenen Widerspruch entgegen § 695 ZPO noch nicht benachrichtigt hat.
Gerichtsstandsbestimmung: Rn 22 „Mehrere Wohnsitze".
Klagerücknahme: Erstattbar bleibt eine Verfahrensgebühr nach einer Klagerück- 22 nahme nach § 269 ZPO im Anschluß an eine antragsgemäße Abgabe an das Gericht des streitigen Verfahrens nach § 696 ZPO und nach einer erst anschließenden Beauftragung des Anwalts des Bekl, Düss JB **94**, 431, Stgt MDR **90**, 557, LG Bln JB **97**, 138, aM KG MDR **02**, 1028.
S auch Rn 19 „Antragsgegnerkosten".
Mehrere Anwälte: Erstattbar sind die Kosten mehrerer Anwälte, soweit sie die Kosten eines einzelnen Anwalts nicht übersteigen, BAG NZA **14**, 55, oder wenn nach § 91 II 3 ZPO in der Person des Anwalts nach Rn 19 ein Wechsel eintreten mußte, Hamm Rpfleger **78**, 385, Kblz JB **78**, 1032, Stgt NJW **78**, 767, aM Bre Rpfleger **79**, 221 (aber diese Regel ist ein „eiserner" Grundsatz des Kostenrechts).
S auch Rn 25 „Überörtliche Sozietät".
Mehrere Wohnsitze: Erstattbar sind Mahnkosten mehrerer Anwälte dann, wenn die Antragsgegner an verschiedenen Orten wohnen und sie einen dortigen Anwalt beauftragen, selbst wenn zB der BGH das Prozeßgericht am anderen Ort nach § 36 ZPO als zuständig bestimmt, Düss AnwBl **81**, 506.
Prozeßauftrag: *Nicht* erstattbar sind Mahnkosten, soweit der Antragsgegner einen 23 unbedingten Prozeßauftrag erteilt hat, bevor er oder der Antragsteller einen Antrag auf die Durchführung des streitigen Verfahrens nach § 696 I 1 ZPO gestellt hatten, Köln JB **00**, 77, Schlesw SchlHA **81**, 72, aM Hbg MDR **94**, 520, KG MDR **02**, 1028 (aber der Sinn des Mahnverfahrens ist nach BLAH Grdz 2 vor § 688 ZPO unter anderem gerade die Vermeidung eines streitigen Verfahrens).

1885

Rechtsbeistand: Erstattbar sind evtl unter den Voraussetzungen Rn 19 „Anwaltswechsel" auch die Kosten eines Rechtsbeistands, Karlsr JB **06**, 35 rechts oben, Kblz KTS **85**, 121.
Nicht erstattbar sind Rechtsbeistandskosten neben Anwaltskosten, Stgt Rpfleger **09**, 278.

Schweigen: Erstattbar sein können Mahnkosten, soweit und solange der Antragsgegner schweigt, Kblz JB **78**, 238, Schlesw SchlHA **83**, 59, Stgt JB **78**, 438, aM Düss VersR **87**, 1019 (aber das Schweigen kann auch die bloße Hoffnung auf einen Zeitgewinn bedeuten).

24 **Sicherheitsleistung:** Erstattbar sind Mahnkosten, soweit der Schuldner eine Sicherheit nach § 108 ZPO geleistet hat, Düss AnwBl **85**, 590, Mü MDR **77**, 320.
S auch Rn 26 „Urkundenmahnbescheid".

Teilwiderspruch: *Nicht* erstattbar sind Mahnkosten, soweit der Antragsteller mit einem Teilwiderspruch nach § 694 I ZPO rechnen mußte, Mü MDR **88**, 416. Eine Verweisung nach § 696 V ZPO ist dann unerheblich.

Teilzahlung: Erstattbar sind Mahnkosten, soweit der Antragsgegner eine Teilzahlung geleistet hat, Zweibr JB **79**, 222.

25 **Termin:** Erstattbar sind Mahnkosten dann, wenn das Gericht ohne einen Antrag auf ein streitiges Verfahren nach § 696 I ZPO fälschlich nach § 216 ZPO einen Termin anberaumt hat.

Treuhandstelle: *Nicht* erstattbar sind Kosten einer von einer Bank zugezogenen genossenschaftlichen Treuhandstelle, Kblz Rpfleger **89**, 524.

Überörtliche Sozietät: *Nicht* erstattbar sind Mahnkosten dann, wenn *ein* Sozius am Ort A residiert, der andere am Ort B (nämlich beim Prozeßgericht), KG JB **96**, 140.

26 **Unbestreitbarkeit:** Erstattbar sind Mahnkosten, soweit der Hauptanspruch ersichtlich unbestreitbar ist, aM Düss BB **77**, 268 (abl Schmidt).

Unterbevollmächtigter: Erstattbar sind die Kosten eines Unterbevollmächtigten, soweit sie Terminskosten des ProzBev nach § 81 ZPO ersparen, Oldb MDR **03**, 778.

Urkundenmahnbescheid: Die Regeln Rn 24 „Sicherheitsleistung", Rn 25 „Teilzahlung" gelten auch beim Urkundenmahnbescheid nach § 703 a ZPO, Kblz JB **82**, 407, Mü JB **81**, 74, aM Düss VersR **86**, 921 (aber auch dann hat der Schuldner schon eingelenkt).
Etwas *anderes* gilt dann, wenn der Bekl zwar nicht den Urkundenanspruch bestreitet, wohl aber die zugrundeliegende Forderung, Mü MDR **87**, 61.
S auch Rn 19 „Außergerichtlicher Einwand".

27 **Versäumnisurteil:** Rn 20 „Beweislast".

Vertrauensanwalt: Erstattbar können auch die Kosten eines auswärtigen ständigen Vertrauensanwalts sein, BGH FamRZ **04**, 866, KG Rpfleger **86**, 491, Kblz JB **90**, 997, aM Nürnb NJW **98**, 389 (abl Schneider NJW **98**, 356, Schütt MDR **98**, 127. Aber es kann triftige Gründe für eine solche Vertrauenszusammenarbeit geben, BGH FamRZ **04**, 866. Diese muß der unterliegende Gegner respektieren. Er könnte ja ebenso gehandelt haben).
Freilich müssen auch solche Kosten *unvermeidbar* sein, Düss AnwBl **89**, 166, KG Rpfleger **79**, 68, Kblz Rpfleger **79**, 69, 70. Das kann auch bei einer Kapitalgesellschaft für eine Geschäftsforderung so sein, Düss Rpfleger **00**, 566. Erstattungsfähig können zB die Kosten einer notwendigen Reise zum Anwalt des Prozeßgerichts werden, Ffm JB **79**, 1666, KG JB **77**, 1732.

28 **Widerspruch:** Erstattbar sind Mahnkosten, soweit der Antragsteller *nicht* mit einem Widerspruch nach § 694 ZPO zu rechnen braucht, Hamm AnwBl **00**, 322, KG RR **01**, 59, Mü JB **02**, 428, aM Brdb MDR **01**, 1135.
Nicht erstattbar sind also Mahnkosten, soweit der Antragsteller mit einem Widerspruch rechnen muß, Hamm MDR **94**, 103, LG Augsb JB **99**, 942 (je: nach einer ergebnislosen Einschaltung eines Inkassobüros), Köln JB **93**, 682 (hohe Inkassokosten), Saarbr JB **91**, 248 (teilweise noch strenger), Stgt JB **91**, 1351 (Versicherung lehnt Zahlung ab), Zweibr JB **01**, 202, aM Brdb MDR **01**, 1135, Düss AnwBl **01**, 308, Hbg AnwBl **01**, 124 (je: stets Erstattungsfähigkeit), Kblz JB **04**, 143 (stellt auf die Möglichkeit einer schriftlichen Information ab), LG Mü MDR

98, 563 (nach Inkassobüro Erstattbarkeit wegen Säumnis. Aber die war nicht zu erwarten und besagt nichts, § 342 ZPO).

Zeitgewinn: *Nicht* erstattbar sind Mahnkosten selbst dann, wenn der Antragsteller mit einem Widerspruch nach § 694 ZPO nur zu dem Zweck einer Hinauszögerung der Zahlung rechnen muß, Düss MDR **85**, 504, Schlesw SchlHA **84**, 134, LG Halle JB **00**, 365 (abl Wedel), aM Düss AnwBl **82**, 24, Hbg JB **82**, 1359, ZöHe 13 „Mahnverfahren"). Natürlich darf kein Rechtsmißbrauch nach BLAH Einl III 54 entstehen.

Nr.	Gebührentatbestand	Gebühr oder Satz der Gebühr nach § 13 RVG
3306	**Beendigung des Auftrags, bevor der Rechtsanwalt den verfahrenseinleitenden Antrag oder einen Schriftsatz, der Sachanträge, Sachvortrag oder die Zurücknahme des Antrags enthält, eingereicht hat:** Die Gebühr 3305 beträgt	0,5

1) **Vorzeitige Beendigung des Auftrags.** Der Auftrag mag enden, bevor der 1 Anwalt den Antrag auf den Erlaß des Mahnbescheids nach § 690 ZPO beim Gericht eingereicht hat, sei es, daß der Antrag ganz unterbleibt oder daß die Partei den Antrag nunmehr selbst einreicht. Ferner kann der Anwalt erst nach der vom Auftraggeber noch selbst oder durch einen anderen Anwalt vorgenommenen Antragstellung einen solchen Auftrag erhalten haben, der jedoch vor der Einreichung eines Schriftsatzes mit einem Sachantrag oder -vortrag oder vor der Antragsrücknahme endete. Dann entsteht jeweils nach VV 3306 in Verbindung mit VV 3305 nur eine 0,5 Gebühr. Sie kann sich nach VV 1008 bei mehreren Auftraggebern erhöhen.

Soweit freilich der Anwalt alles zur Einreichung bis zur Absendung Erforderliche ge- 2 tan hat, dürfte VV 3305 anwendbar bleiben. Soweit der Anwalt im übrigen den Antrag auf den Erlaß des Mahnbescheids erst nach seinem Eingang beim Gericht noch auftragsgemäß zurücknimmt oder soweit das Gericht den Antrag zurückweist, entsteht die Gebühr VV 3305 voll. Allerdings erfolgt nach VV 3305 amtliche Anmerkung dann eine Anrechnung, wenn der Anwalt anschließend den Anspruch durch eine Klage auftragsgemäß geltend macht.

Nr.	Gebührentatbestand	Gebühr oder Satz der Gebühr nach § 13 RVG
3307	**Verfahrensgebühr für die Vertretung des Antragsgegners** .... Die Gebühr wird auf die Verfahrensgebühr für einen nachfolgenden Rechtsstreit angerechnet.	0,5

1) **Systematik, Regelungszweck.** Es gilt dasselbe wie bei VV 3305 Rn 1. Eine 1 dem VV 3306 beim Anwalt des Antragstellers entsprechende Ermäßigung entsteht nicht auch beim Anwalt des Antragsgegners. VV 1008 ist aber auch bei ihm gebührenerhöhend anwendbar.

2) **Mahnverfahren.** Vgl VV 3305 Rn 5–12. 2

3) **Vertretung des Antragsgegners.** Nur die Vertretung des Antragsgegners löst 3 VV 3307 aus. Es handelt sich wie bei VV 3305 um eine Verfahrenspauschgebühr nach Einl II A 9 für die Vertretung des Antragsgegners insgesamt, Bräuer Festschrift für Madert (2006) 41. Sie entsteht zB bereits mit der auftragsgemäßen Entgegennahme der Information, amtliche Vorbemerkung 3 II, und dann mit der Beratung zu den Erfolgsaussichten und damit zur Rechtslage, mit der Prüfung einer etwaigen Einigung, mit der wirksamen Widerspruchserhebung oder seiner Begründung, Kblz JB **78**, 1200, Saarbr NJW **76**, 1217, auch zur bloßen Unzulässigkeit des Mahnbescheids, und mit der Vertretung im Verfahren auf Erlaß des Vollstreckungsbescheids. Sie entsteht auch dann, wenn der Auftrag erst nach der Einlegung des Widerspruchs nach

VV 3307, 3308

§ 694 ZPO erfolgt. Der weitere Fortgang des Mahnverfahrens oder gar des streitigen Verfahrens ändert an ihr nichts mehr, Mü OLGZ **88**, 494. Vgl freilich Rn 7. Eine Terminsgebühr kann gesondert entstehen.
Widerspruch ist auch der nach § 703a II Z 4 ZPO beschränkte. Erst wegen der weiteren Tätigkeit kommt eine Gebühr VV 3308 in Betracht.

4 **4) Beispiele zur Frage einer Anwendbarkeit**
5 **Antrag auf streitiges Verfahren:** Bei § 696 I 1 ZPO kann VV 3100 auch dann gelten, wenn der Anwalt den Antrag mit dem Widerspruch verbindet, Hamm AnwBl **89**, 682.
Begründung: Es ist unerheblich, *ob* der Anwalt dem Widerspruch eine Begründung beifügt. Sie ist nach § 694 ZPO scheinbar entbehrlich, in Wahrheit aber ratsam, BLAH § 694 ZPO Rn 5. Die Beifügung einer Begründung läßt nicht etwa (jetzt) eine Verfahrensgebühr VV 3100 entstehen, Kblz JB **78**, 1201.
Einreichung: *Unanwendbar* ist VV 3307 bei der bloßen Einreichung eines Widerspruchs, solange das Mahngericht das Verfahren nicht alsbald nach § 696 I 1 ZPO an das Streitgericht abgibt. Denn bis dahin gibt es noch keine Rechtshängigkeit, Düss JB **05**, 474, aM Mü OLGZ **88**, 494.
Einspruch: *Unanwendbar* ist VV 3307 dann. Vielmehr gelten VV 3100 ff.
6 **Klagabweisungsantrag:** *Unanwendbar* ist VV 3307 schon durch eine vorangegangene vorsorgliche Ankündigung eines Klagabweisungsantrags, Kblz VersR **86**, 665, oder durch einen zusätzlichen Abweisungsantrag im Widerspruchsschriftsatz. Denn die Einreichung des Widerspruchs nach § 694 ZPO löst noch keine Rechtshängigkeit aus, Ffm Rpfleger **80**, 118, LG Hann JB **92**, 30, AG Hann Rpfleger **92**, 175, aM Düss MDR **93**, 1247, Ffm AnwBl **84**, 94, Mü AnwBl **83**, 520 (falls der künftige Kläger keinen Antrag auf die Durchführung des streitigen Verfahrens stellt), Mü AnwBl **86**, 208 (falls der Kläger den Mahnantrag nach dem Akteneingang beim Prozeßgericht zurücknimmt). Denn die Rechtshängigkeit gilt nach § 696 III ZPO erst dann rückwirkend als schon seit der Zustellung des Mahnbescheids nach § 693 ZPO eingetreten, wenn das Gericht die Sache alsbald nach der Erhebung des Widerspruchs nach § 696 I 1 ZPO abgibt.
7 **Mitteilung des Widerspruchs:** *Unanwendbar* ist VV 3307 auf den Anwalt des Antragstellers bei dessen Mitteilung des Widerspruchs an den Auftraggeber nach § 695 ZPO.
Verweisungsantrag: *Unanwendbar* ist VV 3307 (und stattdessen anwendbar VV 3100) dann, wenn der Anwalt des Antragsgegners zugleich mit dem Widerspruch eine Verweisung nach § 696 V ZPO beantragt hatte, Düss MDR **75**, 326, Saarbr JB **77**, 255, LG Hbg AnwBl **83**, 521. Denn VV 3307 gilt nur die Tätigkeit im Mahnverfahren ab, also nicht weitere Tätigkeiten im streitigen Verfahren wie § 697 ZPO, aM Bbg JB **09**, 305 (Anrechnung auf VV 3100).
S auch „Zulässigkeitsrüge".
Zulässigkeitsrüge: *Unanwendbar* ist VV 3307 dann, wenn der Antragsteller bereits eine Verweisung beantragt hatte.
S auch „Verweisungsantrag".
8 **5) Anrechnung, amtliche Anmerkung.** Es gilt dasselbe wie bei VV 3305 Rn 13, freilich nur bei einer Verfahrensgebühr (so der amtliche Text).
Keine Anrechnung erfolgt beim Anwaltswechsel zum streitigen Verfahren, Mü JB **16**, 296.
9 **6) Gegenstandswert.** Maßgeblich ist derjenige Betrag, in dessen Höhe ein Widerspruch ergeht, § 694 I ZPO, evtl also nur ein Teil des Mahnbescheidsbetrags. Es ist unerheblich, ob vor oder nach der Einlegung des Widerspruchs ein Abgabeantrag nach § 696 I 1, 2 ZPO erfolgt. Er allein läßt keine besondere Gebühr entstehen.

Nr.	Gebührentatbestand	Gebühr oder Satz der Gebühr nach § 13 RVG
3308	Verfahrensgebühr für die Vertretung des Antragstellers im Verfahren über den Antrag auf Erlass eines Vollstreckungsbescheids	0,5

3308 VV

Nr.	Gebührentatbestand	Gebühr oder Satz der Gebühr nach § 13 RVG
	¹Die Gebühr entsteht neben der Gebühr 3305 nur, wenn innerhalb der Widerspruchsfrist kein Widerspruch erhoben oder der Widerspruch gemäß § 703a Abs. 2 Nr. 4 ZPO beschränkt worden ist. ²Nummer 1008 ist nicht anzuwenden, wenn sich bereits die Gebühr 3305 erhöht.	

Gliederung

1) Systematik, Regelungszweck 1
2) Mahnverfahren 2
3) Antrag auf Vollstreckungsbescheid 3–8
   A. Auftrag auf Antragseinreichung 3
   B. Erst nach Widerspruchsfrist 4–6
   C. Keine Umdeutbarkeit verfrühten Antrags 7
   D. Unbeachtbarkeit des Antragsinhalts 8
4) Entweder: Kein rechtzeitiger Widerspruch, § 694 II ZPO 9–13
5) Oder: Beschränkter Widerspruch, § 703a II Z 4 ZPO 14
6) Einspruch; weitere Möglichkeiten 15
7) Gebührenhöhe 16
8) Gegenstandswert 17

1) Systematik, Regelungszweck. Es gilt dasselbe wie bei VV 3305 Rn 1. Vgl **1** auch Rn 4–6.

2) Mahnverfahren. Vgl VV 3305 Rn 5–12. **2**

3) Antrag auf Vollstreckungsbescheid. Für die Tätigkeit im Verfahren über den **3** Antrag auf den Erlaß des Vollstreckungsbescheids nach § 699 ZPO erhält nur der Anwalt des Antragstellers unter den Voraussetzungen der amtlichen Anmerkung eine 0,5 Gebühr. Es handelt sich wie bei VV 3305–3307 um eine Verfahrenspauschgebühr.

A. Auftrag auf Antragseinreichung. Es genügt zu ihrer Entstehung bereits der Auftrag zur ordnungsgemäßen Einreichung des Antrags auf einen Vollstreckungsbescheid, GS 2, aM Bbg JB **80**, 721 (erst die Einreichung löse die Gebühr aus. Aber stets reicht schon eine antragsgemäße Entgegennahme der Information). Der Auftrag kann stillschweigend erfolgen. Er liegt auch in der Mitteilung des Auftraggebers, der Antragsgegner habe trotz des Mahnbescheids nicht gezahlt.

B. Erst nach Widerspruchsfrist. Der Antrag ist ungeachtet eines frühen Auf- **4** trags nach § 699 I 2 ZPO erst nach dem Ablauf der Widerspruchsfrist des § 692 I Z 3 ZPO zulässig, also frühestens zwei Wochen nach der Zustellung desjenigen Mahnbescheids, über die der Antragsteller nach § 693 III ZPO eine Mitteilung erhalten hat. Wenn die Mitteilung falsch war, zählt die aus der Zustellungsurkunde errechenbare Widerspruchsfrist. Der Sinn dieser Regelung besteht darin, daß der Antragsteller abwarten soll, ob der Antragsgegner zahlt, Hbg MDR **83**, 143. Außerdem soll die Vorschrift alle Beteiligten einschließlich des Gerichts vor einem unnötigen und ja auch durch den Vollstreckungsbescheid bedingten Einspruch schützen.

Deshalb darf der Gläubiger den Antrag auch erst *nach* dem *Ablauf* der 2-Wochen- **5** Frist *absenden*, Hbg MDR **83**, 143, LG Stade NJW **81**, 2366, BLAH § 699 ZPO Rn 6, aM LG Bonn JB **79**, 1719, LG Brschw Rpfleger **78**, 263, LG Ffm NJW **78**, 767 (ausreichend sei der Eingang nach dem Ablauf der Zweiwochenfrist. Aber gerade der Antragsteller soll die Frist vor seinem Entschluß abwarten. Er kann die Frist ja auch wegen § 693 II ZPO selbst bequem errechnen).

Deshalb ist auch ein solcher Antrag unbeachtlich, den der Gläubiger *verfrüht* gestellt **6** hat, nämlich schon *zusammen mit* dem *Antrag* auf den Erlaß des Mahnbescheids.

C. Keine Umdeutbarkeit verfrühten Antrags. Man kann einen derart verfrüh- **7** ten Antrag auch keineswegs in einen aufschiebend bedingten Antrag auf den Erlaß des Vollstreckungsbescheids umdeuten. Denn dadurch könnte der Antragsteller § 699 I 2 ZPO glatt umgehen. Vielmehr ist eben nach dem Ablauf der 2-Wochen-Frist ein neuer oder erster vollständiger Antrag auf einen Vollstreckungsbescheid notwendig. Der Gläubiger muß ihn zumindest nach dem Fristablauf wiederholen. Er muß dabei eine zusätzliche Erklärung über eine etwaige Zahlung des Antragsgegners abgeben, LG

Bielef NJW **79**, 19, LG Darmst NJW **78**, 2205, AG Duisb Rpfleger **82**, 230, strenger LG Frankenth Rpfleger **79**, 72, LG Stade NJW **81**, 2366 (maßgeblich sei der Zeitpunkt der Unterschrift). Das Gericht soll diesen Antrag keineswegs von Amts wegen anfordern oder anregen. Mangels eines Antrags ist vielmehr § 701 ZPO anwendbar.

8 **D. Unbeachtbarkeit des Antragsinhalts.** Die Entstehung einer Gebühr VV 3308 ist davon unabhängig, ob ein im zulässigen Zeitraum eingereichter Antrag inhaltlich ausreichend ist, ob das Gericht den Vollstreckungsbescheid auch erläßt und ob nach seinem Erlaß noch ein solcher Widerspruch eingeht, den man ja nach § 694 II 1 ZPO als einen Einspruch behandeln muß. Zum notwendigen Inhalt BLAH § 699 ZPO Rn 8. Wenn freilich überhaupt kein eindeutiger Antrag auf einen Vollstreckungsbescheid vorliegt, ist VV 3308 schon aus diesem Grund unanwendbar.

9 **4) Entweder: Kein rechtzeitiger Widerspruch, § 694 II ZPO.** Sofern ein ausreichender Antrag vorliegt, muß entweder die eine oder die andere der folgenden weiteren Voraussetzungen Rn 9–13 oder Rn 14 hinzutreten.

Entweder darf der Schuldner gegen den Mahnbescheid innerhalb der gesetzlichen Widerspruchsfrist keinen Widerspruch erhoben haben. Nun unterbleibt allerdings ein Vollstreckungsbescheid nach § 694 I ZPO dann, wenn der Schuldner den Widerspruch zwar nach dem Ablauf der Widerspruchsfrist eingelegt hat, aber doch noch vor der „Verfügung" des Vollstreckungsbescheids durch ihre Hinausgabe, BLAH § 694 ZPO Rn 4. Man spricht dann noch nicht von einem „verspäteten" Widerspruch. Der letztere Ausdruck ist erst für denjenigen Widerspruch korrekt, der nach der Hinausgabe des Vollstreckungsbescheids beim Gericht eingeht und den es nach § 694 II 1 ZPO als einen Einspruch behandeln muß.

10 Sofern der Anwalt des Gläubigers den Antrag auf den Vollstreckungsbescheid also in einer Kenntnis eines wenn auch *nach dem Ablauf der 2-Wochen-Frist* beim Gericht eingegangenen Widerspruchs stellt, ist VV 3308 unanwendbar. Denn ein solcher Antrag ist wegen § 694 I ZPO zwecklos. Freilich hat der Anwalt keine Erkundigungspflicht. Er braucht nur die Widerspruchsfrist abzuwarten.

11 Erst recht entsteht dann nach Rn 4 und nach der amtlichen Anmerkung S 1 keine Gebühr VV 3308, wenn der Anwalt des Gläubigers auf Grund eines früheren Antrags den Antrag auf den Vollstreckungsbescheid schon *vor dem Ablauf der Widerspruchsfrist* einreicht, Bbg JB **80**, 721, Hbg MDR **83**, 143.

12 Andererseits kann die Gebühr VV 3308 dann entstehen, wenn der Anwalt den Antrag nach dem Fristablauf eingereicht hat, BGH JB **82**, 705, und wenn der Anwalt von einem *inzwischen doch noch eingegangenen* Widerspruch keine Kenntnis hatte, Hbg MDR **00**, 356, Hamm Rpfleger **96**, 421, Karlsr Rpfleger **96**, 421, aM Hbg MDR **83**, 142, Hamm JB **75**, 1085, RS 18.

13 Die wirksame rechtzeitige *Widerspruchsrücknahme* nach § 697 IV ZPO steht der Nichteinlegung gleich, Kblz AnwBl **89**, 296, Mü AnwBl **85**, 206, BLAH § 697 ZPO Rn 24.

14 **5) Oder: Beschränkter Widerspruch, § 703a II Z 4 ZPO.** Statt der Voraussetzung Rn 9–13 reicht es auch aus, daß der Schuldner den Widerspruch im Urkunden-, Wechsel- oder Scheckmahnverfahren auf den Antrag beschränkt hat, ihm die Ausführung seiner Rechte im Nachverfahren vorzubehalten.

15 **6) Einspruch; weitere Möglichkeiten.** Die Gebühr VV 3308 gilt auch die etwa nach § 699 IV 2 ZPO durchgeführte Zustellung des Vollstreckungsbescheids im Parteibetrieb sowie einen etwaigen Antrag auf eine Vollstreckungsklausel und die Tätigkeit bei der Anrufung des Richters gegen eine Entscheidung des Rpfl ab. Eine Erhöhung nach VV 1008 kommt nach der amtlichen Anmerkung S 2 nicht neben einer solchen nach VV 3305 in Betracht. Eine Tätigkeit in der Zwangsvollstreckung unterfällt VV 3309. Das gilt auch bei § 733 ZPO.

16 **7) Gebührenhöhe:** Es entsteht eine 0,5 Gebühr. VV 1008 ist grundsätzlich anwendbar. Das gilt jedoch nach der amtlichen Anmerkung S 2 nicht, wenn sich bereits die Gebühr VV 3305 wegen derselben Mehrzahl von Antragstellern erhöht. Eine Ermäßigung tritt anders als bei VV 3306 nicht ein.

17 **8) Gegenstandswert.** Er richtet sich nach der Höhe des Antrags auf einen Vollstreckungsbescheid, evtl also nur nach demjenigen Teil des Mahnbescheids, für den

der Antragsteller nun einen Vollstreckungsbescheid fordert. Auch eine nachträgliche Antragsermäßigung vermindert den Wert. Bei einer vorherigen Zurücknahme des Auftrags erfolgt keine Wertherabsetzung.

Unterabschnitt 3. Vollstreckung und Vollziehung

(Amtliche) Vorbemerkung 3.3.3:
I ¹Dieser Unterabschnitt gilt für
1. die Zwangsvollstreckung,
2. die Vollstreckung,
3. Verfahren des Verwaltungszwangs und
4. die Vollziehung eines Arrestes oder einstweiligen Verfügung, soweit nachfolgend keine besonderen Gebühren bestimmt sind. ²Er gilt auch für Verfahren auf Eintragung einer Zwangshypothek (§§ 867 und 870a ZPO).

II ¹Im Verfahren nach der Verordnung (EU) Nr. 655/2014 werden Gebühren nach diesem Unterabschnitt nur im Fall des Artikels 5 Buchstabe b der Verordnung (EU) Nr. 655/2014 erhoben. ²In den Fällen des Artikels 5 Buchstabe a der Verordnung (EU) Nr. 655/2014 bestimmen sich die Gebühren nach den für Arrestverfahren geltenden Vorschriften.

Vorbem. II angefügt dch Art 13 Z 4c EuKoPfVODG v 21. 11. 16, BGBl 2591, in Kraft seit 18. 1. 17, Art 21 I G, ÜbergangsR § 60 RVG.

Nr.	Gebührentatbestand	Gebühr oder Satz der Gebühr nach § 13 RVG
3309	Verfahrensgebühr	0,3
3310	Terminsgebühr	0,3
	Die Gebühr entsteht für die Teilnahme an einem gerichtlichen Termin, einem Termin zur Abgabe der Vermögensauskunft oder zur Abnahme der eidesstattlichen Versicherung.	

Zu VV 3309, 3310:

Gliederung

1) Systematik	1
2) Regelungszweck	2
3) Tätigkeit in der Zwangsvollstreckung oder Vollstreckung	3–47
A. Begriffe	3, 4
B. Abgrenzung zum Erkenntnisverfahren	5–7
C. Beispiele zur Frage der Entstehung einer Gebühr ...	8–47
4) Gebührenhöhe	48–51
A. Grundsatz: Möglichkeit mehrerer Gebühren	48
B. Verfahrensgebühr, VV 3309	49
C. Terminsgebühr, VV 3310	50
D. Einigungsgebühr, VV 1000	51
5) Gegenstandswert	52
6) Kostenerstattung	53, 54
A. Grundsatz: Erstattbarkeit notwendiger Kosten	53
B. Beispiele zur Frage einer Erstattbarkeit	54

1) Systematik. VV 3309, 3310 sind schwer überschaubar. Sie regeln nach der 1 amtlichen Vorbemerkung 3.3.3 die Vergütung des Anwalts im Zwangsvollstreckungsverfahren nach §§ 704ff ZPO, aus sonstigen Vollstreckungsverfahren zB nach §§ 86– 94, 96 FamFG, beim gerichtlichen Verfahren über einen Verwaltungszwang sowie bei der Vollziehung eines Arrestbefehls oder einer einstweiligen Verfügung nach §§ 929, 936 ZPO und bei §§ 867, 870a ZPO. Daneben gilt zB § 7, dort Rn 1. VV 1008 ist anwendbar, LG Köln MDR **05**, 1318, AG Singen JB **06**, 329.

VV 3333 enthält eine Spezialregelung für ein *Verteilungsverfahren* nach §§ 872ff ZPO *außerhalb der Zwangsversteigerung* und Zwangsverwaltung. Das Zwangsversteigerungs- und Zwangsverwaltungsverfahren ist in §§ 26, 27 VV 3311, 3312 besonders geregelt. Im *Erinnerungsverfahren* nach § 766 ist jetzt VV 3500 anwendbar, LG Bln-Wedding JB **00**, 545. Auch im Verfahren der sofortigen Beschwerde nach § 793 ZPO gilt VV 3500. Denn jene Vorschrift erfaßt jede Art von Beschwerdeverfahren.

2 **2) Regelungszweck.** Die Vorschriften dienen zusammen mit §§ 16–18 einer einigermaßen gerechten Erfassung und Bewertung der außerordentlich unterschiedlich gearteten und durchaus unterschiedlich schwierigen Tätigkeiten des Anwalts in den in Rn 1 genannten Verfahren. Im Bemühen um eine Kostengerechtigkeit ist eine auch in diesem Abwicklungsstadium zwecks Prozeßwirtschaftlichkeit nach BLAH Grdz 14 vor § 128 ZPO wünschenswerte, aber problematische Fallaufzählung entstanden. Sie verwirrt oft. Man sollte diese Unklarheiten nicht auf dem Rücken des Anwalts austragen.

3 **3) Tätigkeit in der Zwangsvollstreckung oder Vollstreckung.** Abgrenzung und Anwendbarkeit erfordern große Sorgfalt.

A. Begriffe. Die Vorschrift regelt die Tätigkeit des Anwalts in jeder Art von Zwangsvollstreckungsverfahren nach §§ 704ff ZPO, AG Singen JB **06**, 329, OVG Bautzen NVwZ-RR **09**, 702, oder Vollstreckungsverfahren nur nach §§ 86–94, 96 FamFG oder nach § 95 FamFG in Verbindung mit §§ 704ff ZPO. Das gilt mit Ausnahme der in VV 3311–3323 genannten Sonderfälle (Zwangsversteigerung, Zwangsverwaltung, Insolvenzverfahren, schiffahrtsrechtliches Verteilungsverfahren). Es muß sich allerdings um eine solche Zwangsvollstreckung oder Vollstreckung handeln, die auf Grund eines solchen Erkenntnisverfahrens erfolgt, für das VV Teil 3 gilt oder die sich nach den vorstehenden Regeln abwickelt.

4 *Hierher gehören zB:* das arbeitsgerichtliche Vollstreckungsverfahren zB nach §§ 62 ArbGG; das verwaltungsgerichtliche Vollstreckungsverfahren, VG Stgt NVwZ-RR **10**, 456; das Verfahren nach: §§ 109 II GenG, 31 LwVG, 198ff SGG, Teil II B dieses Buchs; nach §§ 89, 90, 201 II, 215 II 2, 257 I, II InsO, 93, 132, 162 ZVG, 124, 406b, 463, 464b S 3 StPO, 89, 90 GNotKG, Teil III dieses Buchs, BLAH § 794 ZPO Rn 45–55, LG Hagen DGVZ **80**, 175 (eine Gebühr kann der Notar nicht fordern, auch nicht als ein Verkehrsanwalt). Es kann sich auch um die Zwangsvollstreckung aus einem landesrechtlichen Titel handeln, § 801 ZPO, zB aus einem Vergleich vor dem Schiedsmann.

Ebenfalls unter VV 3309, 3310 fällt nach der amtlichen Vorbemerkung 3.3.3: Das Vollziehungsverfahren nach §§ 928ff, 936ff ZPO; das Verwaltungszwangsverfahren.

5 **B. Abgrenzung zum Erkenntnisverfahren.** VV 3309 gilt für jede Art von Tätigkeit des Anwalts im Zwangsvollstreckungs- oder Vollstreckungsverfahren, mag er mit der Durchführung dieses Verfahrens überhaupt oder nur mit einer einzelnen Tätigkeit darin betraut sein, LG Düss JB **07**, 527, Meyer JB **03**, 75. Wenn der Anwalt jedoch schon der ProzBev oder VerfBev nach § 81 ZPO im Erkenntnisverfahren war, gehören nach § 19 I 2 Z 11, 13, 16 gewisse Tätigkeiten in der Zwangsvollstreckung usw trotzdem noch zum Erkenntnisrechtszug. Diese Vorschrift hat dann den Vorrang, VG Stgt NVwZ-RR **10**, 456.

6 Andererseits gehören gewisse Tätigkeiten zur *Vorbereitung* einer Zwangsvollstreckung oder Vollstreckung schon nach der amtlichen Vorbemerkung 3 II für denjenigen Anwalt zur Zwangsvollstreckung oder Vollstreckung, der noch nicht im Erkenntnisverfahren als der ProzBev oder VerfBev tätig war, Hbg MDR **76**, 56, Mümmler JB **76**, 62.

Daraus ergibt sich: Der *verfahrensrechtliche* Begriff der Zwangsvollstreckung oder Vollstreckung deckt sich *nicht* völlig mit dem *gebührenrechtlichen*, Mü JB **78**, 1683. Man muß also jeweils prüfen, ob der Anwalt schon im Erkenntnisverfahren als der ProzBev oder VerfBev tätig war oder nicht. VV 3100ff vergüten die Tätigkeit für den Schuldner in einem Prozeß nach § 767 ebenso denjenigen in einem solchen gesonderten Erinnerungsverfahren, für das (jetzt) VV 3500 gilt, LG Bln AnwBl **87**, 499.

7 Im einzelnen muß man außerdem jeweils darauf achten, ob man die jeweilige Tätigkeit gegenüber einer sonstigen Tätigkeit des Anwalts sei es als der ProzBev oder VerfBev, sei es lediglich in der Zwangsvollstreckung als eine *besondere Angelegenheit* nach § 18 ansehen muß.

8 **C. Beispiele zur Frage der Entstehung einer Gebühr**
Abschiebung: Rn 11 „Ausländergesetz".

Abstandnahme: Eine Bitte um die Abstandnahme von einer vorläufigen Vollstreckung gibt dem ProzBev eine Gebühr nach (jetzt) VV 3309, Hamm JB **96**, 249.
Androhung: Schon die bloße Androhung einer bereits und noch zulässigen Vollstreckungsmaßnahme in einem Mahnschreiben gibt dem ProzBev oder VerfBev spätestens nach einer vom BVerfG NJW **99**, 778 reichlich großzügig angemessenen Frist zur „freiwilligen" (?) Zahlung eine Gebühr nach (jetzt) VV 3309, KG JB **01**, 211, Kblz MDR **95**, 753, Schlesw AnwBl **94**, 473, aM AG Schwäbisch-Hall DGVZ **81**, 92.
    Auch dann, wenn hinter dem Schuldner eine *Versicherung* steht, verlängert sich die etwa notwendige Bedenkzeit keineswegs automatisch. Der Gläubiger hat schon lange genug warten müssen, und die Versicherung kann sogar rascher als mancher Versicherungsnehmer ihre Entscheidung treffen, aM Düss JB **91**, 232 (drei Wochen seien immer noch zu kurz. Wie lange soll der Gläubiger dann noch warten?).
    Die Gebühr für die Erteilung des Vollstreckungsauftrags gilt nach der (jetzt) amtlichen Vorbemerkung 3 II eine *vorangegangene* Vollstreckungsandrohung ab, LG Kassel DGVZ **96**, 12, AG Bln-Charlottenb DGVZ **98**, 175, AG Münst DGVZ **06**, 31. Wegen der einer Verurteilung vorausgehenden Androhung eines Ordnungsgelds zB nach § 890 II ZPO, vgl § 19 Rn 55.
Arbeitsgerichtsverfahren: Auf die Vertretung im Verfahren zur Festsetzung eines Zwangs- oder Ordnungsgeldes nach § 23 BetrVG ist (jetzt) VV 3309 anwendbar, LAG Bln AnwBl **89**, 685.
Arrest, einstweilige Verfügung: § 19 Rn 24. Die Vollziehung des Arrests oder der einstweiligen Verfügung nach §§ 929, 936 ZPO und die Zwangsvollstreckung aus der Hauptsache nach §§ 704 ff ZPO sind verschiedene Angelegenheiten nach § 15 Rn 9, GSchm 157, aM Ffm JB **02**, 140, KG MDR **10**, 55, Kblz Rpfleger **03**, 269. Sie lösen jeweils eine Gebühr VV 3309 aus, Hamm JB **02**, 588, Köln JB **98**, 639, Mü AnwBl **98**, 348.
    Die Löschung einer Vormerkung löst *keine* Gebühr nach (jetzt) VV 3309 aus, Düss AnwBl **93**, 400, Schlesw JB **88**, 763. Es kommt dann VV 2300 in Betracht. Die Zustellung der einstweiligen Verfügung nach BLAH § 929 ZPO Rn 18 löst keine zusätzliche Gebühr VV 3309 aus, Brschw Rpfleger **06**, 44.
Aufenthaltsermittlung: Sie kann zur Zwangsvollstreckung gehören, BGH FamRZ **04**, 536, LG Konst Rpfleger **92**, 365, Hansens JB **87**, 809, aM AG Leverkusen AnwBl **87**, 294, AG Westerstede AnwBl **87**, 246.
Aufforderungsschreiben: Rn 8 „Androhung".
Aufhebung einer Vollstreckungsmaßnahme: § 19 Rn 56.
Auskunft: Diejenige aus dem Schuldnerverzeichnis nach §§ 882 fff ZPO kann zur Zwangsvollstreckung gehören, AG Wuppert DGVZ **11**, 35.
    S auch Rn 16 „Drittauskunft".
Ausländergesetz: Die Aussetzung der Abschiebung und die Erteilung einer Duldung zählen zur Zwangsvollstreckung, VGH Mannh AnwBl **00**, 138, aM OVG Bln NVwZ **98**, 992, OVG Bre NVwZ-RR **99**, 701 (je: VV 3100 ff).
Auslandsunterhaltsgesetz: VV 3309 gilt auch eine Tätigkeit des Anwalts im Rahmen der Beiordnung zwecks einer Zwangsvollstreckung nach § 6 AUG ab, AG Fürth JB **94**, 33.
Austauschpfändung: § 18 Rn 22.
Befriedigung des Gläubigers: Die Zwangsvollstreckung oder Vollstreckung endet mit der völligen Befriedigung des Gläubigers. Sämtliche Tätigkeiten bis zu diesem Zeitpunkt zählen zu ihr. Die Befriedigung tritt unter den folgenden Voraussetzungen ein.
    – **(Fahrnis):** Bei einer Zwangsvollstreckung usw in bewegliche Sachen nach §§ 803 ff ZPO tritt die Befriedigung durch die Auszahlung des Erlöses oder bei einer Ersteigerung durch den Gläubiger mit dem Zuschlag nach § 817 ZPO ein. Eine Einwendung des Schuldners nach § 766 ZPO begründet für den Anwalt des Gläubigers zwar keine neue Instanz. Denn sie betrifft ja gerade die bisherige Maßnahme. Dasselbe gilt bei einer Erinnerung gegen eine Entscheidung des Rpfl nach § 11 RPflG oder bei einer Dienstaufsichtsbeschwerde gegen den Gerichtsvollzieher. Der Anwalt des Schuldners tritt allerdings unter Umständen erst

1893

dann ins Verfahren ein. Im übrigen muß man bei einer Erinnerung stets VV 3500 beachten.

Das *Verteilungsverfahren* nach §§ 872 ff ZPO kann eine besondere Gebühr nach VV 3311 amtliche Anmerkung Z 2, VV 3317 amtliche Anmerkung auslösen.

13 – **(Forderung, sonstiges Recht):** Bei einer Zwangsvollstreckung usw in eine Forderung oder ein sonstiges Recht nach §§ 829 ff ZPO endet das Vollstreckungsverfahren mit der Überweisung an Zahlungs Statt oder bei einer Überweisung zur Einziehung mit der Zahlung des Drittschuldners nach § 840 ZPO, ferner mit der Ablieferung des Erlöses an den Gläubiger nach § 874 ZPO.

– **(Handlung, Unterlassung):** Das Vollstreckungsverfahren nach §§ 887 ff ZPO endet mit der Ahndung oder mit der Zurückweisung des Antrags. Jeder Antrag begründet eine neue Angelegenheit.

– **(Herausgabe einer Sache):** Bei einer Vollstreckung nach §§ 883 ff ZPO endet das Verfahren mit der Ablieferung der Sache an den Gläubiger und bei einer Räumung nach § 885 ZPO mit der Besitzeinweisung.

14 – **(Sonstige Fälle):** Die Zwangsvollstreckung usw endet ferner mit jeder sonstigen endgültigen Erledigung der Zwangsvollstreckungsmaßnahme, etwa: Mit einer Freigabe; mit der endgültigen Einstellung der Pfändung nach § 775 Z 1 ZPO.

Eine *einstweilige Anordnung* auf eine Einstellung zB nach §§ 707, 719 ZPO beendet die Vollstreckung nicht, selbst wenn die einstweilige Anordnung dahin lautet, daß das Gericht die Zwangsvollstreckungsmaßnahme gegen eine Sicherheitsleistung aufhebt. Soweit der ProzBev oder VerfBev im Zusammenhang etwa mit einem Rechtsmittel, einem Antrag auf eine Wiedereinsetzung nach §§ 233 ff ZPO oder einem solchen auf eine Wiederaufnahme des Verfahrens nach §§ 578 ff ZPO die vorläufige Einstellung der Zwangsvollstreckung usw beantragt, gelten VV 3100 ff diese Tätigkeit ab, es sei denn, daß darüber nach VV 3104 eine besondere mündliche Verhandlung stattfindet.

S auch Rn 20 „Einstellung der Zwangsvollstreckung", Rn 44 „Weiterer Vollstreckungsversuch".

15 **Beginn:** Die Zwangsvollstreckung usw beginnt mit dem Vollstreckungsauftrag, auch vor dem Ablauf der Wartefrist nach § 798 ZPO, AG Halle AnwBl **84**, 220 (zustm Chemnitz), oder mit dem Antrag nach § 754 ZPO. Sie beginnt auch mit einer Vorpfändung nach § 845 ZPO oder mit einem Pfändungsauftrag nach § 829 ZPO. Sie beginnt *nicht* schon mit der Erwirkung der Vollstreckungsklausel nach §§ 724 ff ZPO, Köln Rpfleger **93**, 373.

Berichtigung: § 19 Rn 23.
Beschlagnahme: Rn 36 „Räumung".
Besondere Verwertung: § 18 Rn 23.
Bürgschaft: Ihre Beschaffung reicht nach VV 2300 noch nicht, soweit sie vor einem Zulassungsantrag erfolgt, KG MDR **76**, 767. Ein Antrag auf ihre Zulassung genügt. Die Zustellung einer Bürgschaftsurkunde nach § 751 II ZPO zählt zur Zwangsvollstreckung, Köln JB **93**, 624, LG Landshut AnwBl **80**, 267.

16 **Dienstaufsichtsbeschwerde:** Eine Dienstaufsichtsbeschwerde gegen den Gerichtsvollzieher begründet für den Anwalt des Gläubigers keine neue Instanz. Denn sie betrifft gerade die bisherige Vollstreckungsmaßnahme.

Etwas anderes gilt für den Anwalt des Schuldners, der damit erst ins Verfahren tritt.

17 **Drittauskunft:** Eine solche nach § 802l ZPO kann bei einer Vermögensauskunft eine eigene Verfahrensgebühr auslösen, LG Ffm DGVZ **17**, 61.

Dritter: Ausreichen kann die Tätigkeit für einen Dritten, zB für einen Schein-Schuldner, LG Düss JB **07**, 527.

Drittschuldner: Die Erklärung des Drittschuldners nach § 840 ZPO zählt zur Zwangsvollstreckung usw, Köln JB **92**, 267. Die bloße Erinnerung des Anwalts an den Drittschuldner zwecks einer Auskunft nach § 840 I, II ZPO ist mit der Erwirkung des Pfändungs- und Überweisungsbeschlusses abgegolten, LG Hann JB **02**, 585.

Die gesonderte *Aufforderung des Gläubigers* an den Drittschuldner zur Auskunft oder Zahlung nach der Überweisung der Forderung an den Gläubiger nach § 836 III ZPO nebst einer Klagandrohung zählt *nicht* zur Zwangsvollstreckung usw. Der Anwalt erhält nach Rn 34 für eine solche Tätigkeit eine Vergütung nach (jetzt)

VV 2300, 3100ff, LG Hann JB **02**, 585, AG Düss JB **00**, 601, AG Köln JB **02**, 326, aM LG Bonn JB **01**, 26 (§ 32 I).
S auch Rn 31 „Mehrheit von Schuldnern oder Drittschuldnern".
Drittwiderspruchsklage: Es sind bei § 771 ZPO VV 3100 ff anwendbar.
Duldung: § 18 Rn 8.
Durchsuchungsanordnung: § 19 Rn 52. Der anschließende Fortsetzungsantrag des 18 Gläubigers begründet *keine* besondere Angelegenheit, Stgt DGVZ **86**, 26, AG Elmshorn DGVZ **83**, 175, AG Hann DGVZ **83**, 31.
Eidesstattliche Versicherung: § 18 Rn 28, 33. Die eidesstattliche Versicherung 19 nach §§ 802 c II ZPO, 94 FamFG zählt zur Zwangsvollstreckung usw, auch wenn es nicht mehr zur Ladung des Schuldners kommt, LG Hanau JB **89**, 1552, LG Köln JB **89**, 207, LG Mainz JB **84**, 1534, aM LG Detm Rpfleger **90**, 391. VV 3309 gilt auch die Anträge zwecks eines Haftbefehls und dessen Durchführung ab, LG Oldb JG **91**, 1003. Die Pfändung nach § 829 ZPO und die eidesstattliche Versicherung können verschiedene Angelegenheiten sein, LG Paderb DGVZ **84**, 13, AG Kblz DGVZ **84**, 62, Enders JB **99**, 2. Das gilt aber nur, wenn zB neue Tatsachen einen Erfolg versprechen, AG Fritzlar DGVZ **85**, 191.
Einstellung der Zwangsvollstreckung: Die endgültige Einstellung beendet schlecht- 20 hin die Angelegenheit. Eine einstweilige Pfändung nach § 775 Z 1 ZPO bedeutet ebenfalls die Beendigung der Zwangsvollstreckung.
Eine *einstweilige Anordnung* auf eine Einstellung zB nach §§ 709, 717 ZPO beendet die Vollstreckungsinstanz nicht, LG Bonn Rpfleger **90**, 226, LG Hbg DGVZ **86**, 188. Die einstweilige Anordnung beendet die Vollstreckungsinstanz selbst dann nicht, wenn sie auf eine Aufhebung der Vollstreckungsmaßnahme gegen eine Sicherheitsleistung lautet.
S ferner Rn 31 „Mehrheit von Schuldnern oder Drittschuldnern", Rn 45 „Wohnungsdurchsuchung, -wechsel".
Einstweilige Verfügung: Rn 11 „Arrest, einstweilige Verfügung".
Einwendung: Rn 21 „Erinnerung", Rn 41 „Vollstreckungsklausel".
Ende der Zwangsvollstreckung: Rn 12 „Befriedigung des Gläubigers".
Erinnerung: Eine Erinnerung nach § 766 ZPO begründet für den Anwalt des 21 Gläubigers zwar *keine* besondere Angelegenheit nach § 15 Rn 9. Denn sie betrifft gerade die bisherige Maßnahme, LG Bre JB **99**, 495. Das gilt unabhängig davon, wer die Erinnerung eingelegt hat, LG Ffm Rpfleger **84**, 478. Dasselbe gilt für eine Erinnerung gegen die Entscheidung des Rpfl nach § 11 RPflG.
Etwas anderes mag für denjenigen Anwalt des Schuldners gelten, der erst mit der Erinnerung in das Verfahren tritt, AG Eckernförde JB **09**, 533. Im übrigen muß man stets VV 3500 beachten.
Ermittlung: Die Ermittlung zB des Aufenthaltsorts des Schuldners kann unter (jetzt) VV 3309 fallen, aM LG Konst AnwBl **91**, 168 (§ 120 II).
Ersatzvornahme: Rn 40 „Vertretbare Handlung".
Erzwingung: Die Erzwingung einer Handlung ist gegenüber etwa der Sachpfändung nach §§ 808 ff ZPO oder der Forderungspfändung nach §§ 829 ff ZPO als eine verschiedenartige Maßnahme eine *besondere* Angelegenheit nach § 15 Rn 9.
Familiensache: Die zugehörige Vollstreckung nach §§ 86 ff FamFG löst auch insoweit 22 die Gebühr VV 3309 aus, als sie in einem FamFG-Verfahren erfolgt.
Feiertag: VV 3309, 3310 sind anwendbar, § 19 Rn 52.
Finanzgerichtliches Verfahren: VV 3309 gilt nach der Überschrift Teil 3 auch in ihm.
Freigabe: Die Zwangsvollstreckung endet mit einer Freigabe. Denn es handelt sich um eine endgültige Erledigung der Zwangsvollstreckungsmaßnahme.
Gebrauchsmuster, Marke: Der Antrag auf die Löschung eines Gebrauchsmusters 23 oder einer Marke auf Grund eines Urteils zählt *nicht* zur Zwangsvollstreckung usw. Denn das Urteil ersetzt die Einwilligung des Schuldners. Daher findet keine Zwangsvollstreckung usw mehr statt. Es gelten daher § 34, VV 2300.
Gegenstandswert: Rn 55 ff.
Gerichtsvollzieher: Man muß die folgenden Situationen unterscheiden. 24
– **(Auftrag):** Der Vollstreckungsauftrag nach § 754 ZPO zählt zur Zwangsvollstreckung usw, Düss VersR **81**, 737. Das gilt auch zB bei einer Sicherungsvoll-

streckung nach § 720a ZPO, Saarbr AnwBl **79**, 277, oder bei §§ 827 I 1, 848, 854 I 2, 855 ZPO.
- **(Bestimmung)**: § 19 Rn 54.
- **(Weigerung)**: Nur diejenigen Einzelmaßnahmen stehen in einem inneren Zusammenhang und bilden daher dieselbe Angelegenheit nach § 15 Rn 9, die eine einmal eingeleitete Maßnahme mit demselben Ziel der Befriedigung fortsetzen. Das gilt zB dann, wenn das Vollstreckungsgericht nach §§ 764, 802 ZPO eine Weigerung des Gerichtsvollziehers zur Vornahme einer Vollstreckungshandlung für unberechtigt erklärt hat und wenn der Gläubiger nun die Zwangsvollstreckung usw weiterführt.

Gesamtschuldner: Rn 31 „Mehrheit von Schuldnern oder Drittschuldnern".

25 **Grundbuch:** Man muß die folgenden Situationen unterscheiden. Für eine Beschwerde gelten VV 3500ff.
- **(Berichtigung)**: Die Berichtigung des Grundbuchs zählt *nicht* zur Zwangsvollstreckung usw. Denn sie endete bereits mit der Erteilung der vollstreckbaren Ausfertigung nach §§ 724ff ZPO. Die anschließenden Maßnahmen richten sich nach dem Grundbuchrecht und fallen unter § 34, VV 2300.
26 - **(Eintragung)**: Wegen der Eintragung einer Zwangshypothek § 18 Rn 44. Der Eintragungsantrag gehört zur Zwangsvollstreckung usw, ebenso entsprechende Eintragungen wie die Pfändung einer Hypothek nach § 830 ZPO, einer Reallast, Grund- oder Rentenschuld nach § 857 VI ZPO, und die Vorbereitungshandlungen, zB die Klausel, die Zustellung, die Forderungsverteilung nach § 867 II ZPO.

Nicht zur Zwangsvollstreckung usw gehört die Eintragung einer Vormerkung im Grundbuch auf Grund einer rechtskräftigen Entscheidung nach § 894 ZPO oder einer vorläufig vollstreckbaren Entscheidung nach § 895 ZPO oder einer einstweiligen Verfügung nach § 59, aM Köln JB **98**, 639. Die Vollziehung beruht auf dem Ersuchen des AG nach § 941 ZPO. Das gilt selbst dann, wenn der Antragsteller bereits im Gesuch auf den Erlaß der einstweilen Verfügung um ein Eintragungsersuchen nach § 941 ZPO gebeten hatte.

Die Zwangsvollstreckung usw *endet* mit der Erteilung einer vollstreckbaren Urteilsausfertigung nach §§ 724ff ZPO. Was danach kommt, richtet sich nach dem Grundbuchrecht und fällt unter (jetzt) § 34, VV 2300, 3101 amtliche Anmerkung Z 3, Ffm Rpfleger **79**, 222 (wegen der Löschung einer Vormerkung), Hamm JB **00**, 494, Köln JB **87**, 763.

27 **Handelsregister:** Eine Eintragung im Handelsregister usw gehört grds *nicht* zur Zwangsvollstreckung usw. Denn sie erfolgt meist von Amts wegen.

Herausgabe: VV 3309 kann nach einer ausreichenden Frist zur Übersendung usw entstehen, LG Mannh RR **13**, 576. Die Zwangsvollstreckung usw auf die Herausgabe einer Sache nach §§ 883ff ZPO endet mit der Ablieferung der Sache an den Gläubiger, bei einer Räumung nach § 885 ZPO, § 95 FamFG mit der Besitzeinweisung.

28 **Information:** Schon ihre auftragsgemäße Entgegennahme kann zur Zwangsvollstreckungstätigkeit zählen, LG Bonn JB **83**, 241.

Insolvenztabelle: Die Erwirkung der Berichtigung der Insolvenztabelle auf Grund eines Urteils, das die bestrittene Insolvenzforderung nach §§ 189, 201 InsO feststellt, gehört zur Zwangsvollstreckung, fällt aber unter VV 3313ff.

29 **Juristische Person des öffentlichen Rechts:** § 18 Rn 36.
30 **Kostenerstattung:** Rn 56ff.
31 **Mahnschreiben:** Rn 8 „Androhung".

Marke: Rn 23 „Gebrauchsmuster, Marke".

Mehrheit von Schuldnern oder Drittschuldnern: Die Vollstreckung gegen mehrere Schuldner oder Drittschuldner nach § 840 ZPO, auch gegen mehrere Eheleute, stellt stets *mehrere* Angelegenheiten nach § 15 Rn 9 dar. Das gilt selbst dann, wenn sie auf Grund desselben Vollstreckungstitels erfolgt, Ffm JB **04**, 133, Köln Rpfleger **01**, 149, AG Singen JB **06**, 329, aM LG Bln (81. ZK) AnwBl **84**, 218 (abl Schmidt), LG Wuppert JB **17**, 48, oder wenn die Zustellungen zB mehrerer Zahlungsverbote gleichzeitig erfolgen, Köln Rpfleger **01**, 149.

Man muß jedoch im allgemeinen den Auftrag dahin *auslegen,* daß der Anwalt die Zwangsvollstreckung usw nur dann fortsetzen soll, wenn und soweit sie bei dem

Vergütungsverzeichnis 3310 VV

ersten oder den ihm folgenden Schuldnern keinen Erfolg gehabt hat. Dann entstehen nur so viele Gebühren, wie solche Schuldner vorhanden sind, gegen die der Gläubiger bis zur vollen Befriedigung vollstrecken müßte.

Die Vertretung *mehrerer* Schuldner kann unabhängig davon sein, ob äußerlich zusammengefaßte Vollstreckungsschutzanträge zB nach § 765a ZPO vorliegen, die mehrere Angelegenheiten nach § 15 Rn 9 darstellen, Düss Rpfleger **83**, 331, LG Mannh Rpfleger **82**, 238.

Mehrheit von Vollstreckungstiteln: Es kommt auf den Auftrag an, zB darauf, ob der Anwalt schon auf Grund des zunächst vorhandenen Titels vollstrecken soll.

Nachtzeit: VV 3309, 3310 sind nach § 19 Rn 52 anwendbar. 32

Notfristzeugnis: Ungeachtet § 19 I 2 Z 9 kann VV 3309 anwendbar sein.

Offenbarungsversicherung: Rn 19 „Eidesstattliche Versicherung". 33

Ordnungsmittel: § 19 Rn 55. Jede Verhängung ist nach § 18 Rn 31 eine eigene Angelegenheit.

Pfändung: Es gibt viele Aspekte. 34
– **(Anderweitige Verwertung):** Anwendbar sind VV 3309, 3310 auf den Antrag auf eine solche Verwertung nach § 825 ZPO.
– **(Ausfallpfändung):** Rn 35 „– (Pfändungsarten)".
– **(Benachrichtigung):** Anwendbar sind VV 3309, 3310 auf eine Benachrichtigung des Auftraggebers vom Pfändungsergebnis.
– **(Drittschuldnererklärung):** Anwendbar sind VV 3309, 3310 auf eine Aufforderung nach § 840 I, II ZPO.
  Unanwendbar sind VV 3309, 3310 nach Rn 17 auf ein Verfahren gegen den nicht erklärungsbereiten Drittschuldner nach § 840 ZPO einschließlich der Mahnung, der Klageerhebung usw.
– **(Eingabe):** Anwendbar sind VV 3309, 3310 auf eine Eingabe an das Vollstreckungsgericht.
– **(Handlungserzwingung):** Rn 35 „– (Pfändungsarten)".
– **(Herausgabeanspruch):** Anwendbar sind VV 3309, 3310 bei der Pfändung eines Herausgabeanspruchs nach §§ 846ff ZPO. Es handelt sich zusammen mit der weiteren Vollstreckung bis zur Ablieferung des Erlöses um dieselbe Angelegenheit nach § 15.
– **(Mehrere Anträge):** S „– (Mehrere Forderungen usw)".
– **(Mehrere Forderungen usw):** Bei der Pfändung mehrerer Forderungen oder anderer Rechte nach § 829 ZPO entscheidet die Einheit des Akts, also die Verbindung des Antrags durch den Anwalt. Es ist nach § 15 V unerheblich, wieviele Schuldtitel vorliegen und wieviele Aufträge der Anwalt hat. Wenn er allerdings die Möglichkeit hatte, nur einen einzigen Antrag zu stellen, erhält er für die bloße Stellung mehrerer Anträge keine mehreren Gebühren, Düss MDR **93**, 701, Köln Rpfleger **01**, 150. Jedenfalls sind mehrere Gebühren nicht erstattungsfähig.
  Mehrere Pfändungen in *getrennten Akten* sind mehrere Angelegenheiten nach § 15 Rn 9, selbst wenn sie wegen derselben Forderung erfolgen.
– **(Nachpfändung):** S „– (Pfändungsarten)". 35
– **(Pfändungsarten):** *Verschiedenartig* und daher besondere Angelegenheiten nach § 15 Rn 9 sind zB die Sachpfändung, die Forderungspfändung und die Erzwingung einer Handlung oder eine Ausfall-Nachpfändung, Karlsr JB **80**, 1536.
– **(Termin):** Anwendbar sind VV 3309, 3310 auf den Antrag auf eine Terminsverlegung usw.
– **(Überweisung):** Anwendbar sind VV 3309, 3310 auf einen Antrag nach § 835 ZPO.
– **(Urkundenherausgabe):** Anwendbar sind VV 3309, 3310 auf einen Antrag nach § 836 III ZPO.
– **(Versteigerung):** Anwendbar sind VV 3309, 3310 (dieselbe Angelegenheit nach § 15 Rn 9) auf den Antrag auf eine Versteigerung zB bei der Pfändung einer beweglichen Sache oder einer Hypothek usw an einem Sonnabend, Sonntag oder Feiertag oder zur Nachtzeit oder an einem bestimmten Ort.
– **(Verzicht):** Anwendbar sind VV 3309, 3310 beim Verzicht nach § 843 ZPO, soweit der Anwalt nicht schon vorher in der Zwangsvollstreckung tätig war.

VV 3310

– **(Vorpfändung):** Anwendbar sind VV 3309, 3310 auf die Vorpfändung nach § 845 ZPO, Düss Rpfleger **93**, 208, Köln Rpfleger **01**, 150, Mümmler JB **87**, 1328.
36 **Räumung:** Die ordnungsbehördliche Wohnungsbeschlagnahme beendet die Zwangsvollstreckung nach § 885 ZPO usw nicht, LG Bonn Rpfleger **90**, 226, aM LG Heilbr JB **95**, 546.
Räumungsschutz: § 18 Rn 21.
Ratenzahlung: Die Mitwirkung des Anwalts zum Zweck des Abschlusses eines Ratenzahlungsvergleichs gehört zur Zwangsvollstreckung, Köln NJW **76**, 975, aM Bre JB **86**, 1203.
Rechtskraftzeugnis: Ungeachtet § 19 I 2 Z 9 kann bei § 706 ZPO VV 3309 anwendbar sein.
Rücknahme des Pfändungsantrags: § 19 Rn 56.
Schiffahrtsrechtliche Verteilungsordnung: Soweit nicht vorrangig VV 3313 ff gelten, ist VV 3309 anwendbar.
37 **Schuldneranschrift:** Rn 45 „Wohnunganfrage".
Schuldnerverzeichnis: § 18 Rn 39. Die Gebühr für die Erteilung des Vollstreckungsauftrags gilt eine Anfrage nach einer Eintragung ab, AG Dortm DGVZ **84**, 124, AG Mü DGVZ **95**, 14, AG Wesel DGVZ **90**, 77.
Sequester: § 19 Rn 53.
38 **Sicherheitsbestellung:** Ihre Kosten zB bei § 709 ZPO sind solche der Zwangsvollstreckung usw, Düss JB **07**, 525, Karlsr Rpfleger **97**, 232, LG Hanau AnwBl **83**, 47 (wegen der Sicherheitsleistung des Schuldners), AG Bln-Charlottenb AnwBl **83**, 48 (wegen einer Sicherheitsleistung des Gläubigers), aM Bbg JB **85**, 1502, Bre JB **87**, 547, Kblz JB **90**, 995. Vgl § 19 Rn 27.
Sicherungsvollstreckung: Die Sicherungsvollstreckung nach § 720a ZPO gehört zur Zwangsvollstreckung usw, Saarbr AnwBl **79**, 277. Die Aufforderung zur Sicherstellung reicht aus, eine Aufforderung zur Zahlung ist nicht erforderlich, LG Freibg Rpfleger **80**, 312. Der Titel und die Klausel müssen stets bereits nach § 750 ZPO zugestellt sein, Kblz AnwBl **92**, 549. Der Verwertungsauftrag löst keine weitere Auftragsgebühr aus, LG Wuppert DGVZ **86**, 121.
Sonntag: VV 3309, 3310 sind anwendbar. § 19 Rn 18.
Teilzahlungen: Rn 36 „Ratenzahlung".
39 **Umfang der Tätigkeit:** Er ist unerheblich, Ffm Rpfleger **83**, 502, Hamm JB **96**, 249.
Unkenntnis: Sie kann unschädlich sein, Kblz AnwBl **02**, 252.
Unterlassung: § 18 Rn 49, § 19 Rn 55.
Unvertretbare Handlung: § 18 Rn 28–30. Die Vorgänge nach § 888 ZPO gehören zur Zwangsvollstreckung usw.
Urteil: Rn 47 „Zustellung".
40 **Vermögensauskunft:** Rn 17 „Eidesstattliche Versicherung".
Vermögensverzeichnis: VV 3309 kann für den Antrag auf eine Kopie anwendbar sein, AG Neubrdb DGVZ **12**, 167.
Veröffentlichungsbefugnis: VV 3309, 3310 sind nach § 18 Rn 40 anwendbar.
Verteilungsverfahren: Vgl zunächst Rn 1. Das Verteilungsverfahren nach §§ 872 ff ZPO erhält nach VV 3311 amtliche Anmerkung Z 2, VV 3320 amtliche Anmerkung eine besondere Vergütung.
Vertretbare Handlung: Der Ermächtigungsantrag nach § 887 II ZPO zählt zur Zwangsvollstreckung usw. Vgl im übrigen § 18 Rn 27.
Verwaltung des gepfändeten Vermögensrechts: § 18 Rn 24.
Verwaltungszwangsverfahren: VV 3309 ist anwendbar, amtliche Vorbemerkung 2.4 I.
41 **Vollstreckbarerklärung:** Für diejenige eines ausländischen Titels zB nach §§ 722, 723 ZPO kann VV 3309 anwendbar sein.
Vollstreckungsabwehrklage: Es gelten bei § 767 ZPO VV 2300, BGH NJW **11**, 1603, VV 3100 ff.
Vollstreckungsandrohung: Rn 8 „Androhung".
Vollstreckungsanzeige: Diejenige nach § 882a ZPO zählt nach § 19 II Z 4 zur Zwangsvollstreckung usw, Ffm Rpfleger **81**, 158. Dasselbe gilt bei einer landes-

Vergütungsverzeichnis **3310 VV**

rechtlichen vergleichbaren Anzeige, Düss Rpfleger **86**, 109, aM Kblz MDR **90**, 733.
Vollstreckungsaufschub: Solche Schuldnerbitte gehört grds zur Zwangsvollstreckung, Hamm RR **96**, 763.
Vollstreckungsauftrag: Der Auftrag nach § 754 ZPO zählt zur Zwangsvollstreckung, LG Bln-Wedding JB **00**, 545, AG Meldorf Rpfleger **80**, 32.
Vollstreckungsklausel: § 18 Rn 36 ff. Ungeachtet § 19 I 2 Z 13 kann VV 3309 anwendbar sein.
Vollstreckungsschutz: § 18 Rn 21.
Vollstreckungsvoraussetzungen: Ihre auftragsgemäße Prüfung zB nach BLAH Grdz 14 vor § 704 ZPO zählt zur Zwangsvollstreckung. Die Voraussetzungen müssen noch nicht vorliegen, Ffm JB **88**, 786, aM Gerauer Rpfleger **87**, 477 (aber das Kostenrecht und das Verfahrensrecht haben nicht stets dieselben Begriffe).
Vorbereitung: Wegen § 19 I 2 Z 1 gehört sie zur Zwangsvollstreckung usw, soweit kein besonderes behördliches oder gerichtliches Verfahren stattfindet. Natürlich muß der Anwalt einen Auftrag auch über eine bloße Vorbereitung hinaus haben.
Vormerkung: Rn 26.
Vornahme einer Handlung: § 18 Rn 27.
Vorpfändung: Die Vorpfändung nach § 845 ZPO zählt zur Zwangsvollstreckung 42 usw. Denn sie wirkt wie ein bedingter Arrest und ist darum ein Akt der Zwangsvollstreckung. Für die nachfolgende Pfändung entsteht dann aber keine besondere Gebühr. Denn es handelt sich um dieselbe Angelegenheit nach § 15 Rn 9, Bbg JB **78**, 243, Köln Rpfleger **01**, 150.
    Allerdings können *zwei* Angelegenheiten dann vorliegen, wenn es sich um die Vorpfändung bei zwei Drittschuldnern nach § 840 ZPO handelt, AG Darmst AnwBl **76**, 301.
    Mehrere Vorpfändungen stellen allerdings bei einem *einheitlichen Auftrag* nur eine 43 Angelegenheit dar, LG Kempten JB **90**, 1050 (ein einheitlicher Auftrag könne auch erzielbar sein). Andernfalls können selbst dann mehrere Angelegenheiten vorliegen, wenn nur jeweils eine Pfändung folgt, Mümmler JB **75**, 1418. Soweit eine Vorpfändung zulässig ist, kann schon eine Zahlungsaufforderung ohne eine vorherige oder gleichzeitige Zustellung des Vollstreckungstitels die Vollstreckungsgebühr auslösen, Ffm VersR **83**, 564.
Weitere vollstreckbare Ausfertigung: Ihre Erwirkung nach § 733 ZPO ist eine 44 Vollstreckungshandlung nach der amtlichen Vorbemerkung 3.3.3 Z 1, Schneider DGVZ **11**, 26 (ausf).
Weiterer Vollstreckungsversuch: Soweit der erste Versuch zu keiner oder nur zu einer teilweisen Befriedigung des Gläubigers geführt hat, ist ein späterer gleicher Versuch keine Fortsetzung des alten Verfahrens, sondern dann eine *neue* Angelegenheit nach § 15 Rn 9, wenn kein Zusammenhang mit der früheren Vollstreckungsmaßnahme mehr besteht, Ffm Rpfleger **78**, 105, AG Obernbg DGVZ **94**, 78, Meyer JB **03**, 74. Das wird auch daraus deutlich, daß ein weiterer Vollstreckungsversuch ja in der Regel erst dann stattfindet, wenn zB der Schuldner inzwischen ein Vermögen erlangt haben soll oder wenn der Gläubiger sich aus einem anderen erst jetzt bekannt gewordenen Grund einen besseren Erfolg verspricht, Meyer JB **03**, 74.
    S aber auch Rn 45 „Wohnungsdurchsuchung, -wechsel".
Wohnungsanfrage: Sie gehört zur Zwangsvollstreckung usw, BGH MDR **84**, 45 776.
Wohnungsdurchsuchung, -wechsel: Dieselbe Angelegenheit nach § 15 Rn 9 liegt nur bei einem inneren Zusammenhang von Einzelmaßnahmen gleicher Art nach §§ 758, 758a ZPO vor. Nur solche Einzelmaßnahmen stehen im inneren Zusammenhang, die die einmal eingeleitete Maßnahme mit demselben Ziel der Befriedigung fortsetzen. Konnte ein Vollstreckungsversuch wegen eines Wohnungswechsels des Schuldners oder wegen anderer derartiger Umstände keinen Erfolg haben, bringt also ein neuer Versuch desselben Inhalts keine neue Gebühr zum Entstehen, LG Aachen DGVZ **85**, 114, LG Bbg DGVZ **99**, 93, LG Saarbr DGVZ **95**, 44. Das gilt, selbst wenn er sich auch an einen anderen (zweiten oder dritten usw) Gerichtsvollzieher richtet, Köln DGVZ **83**, 10, AG Ffm DGVZ **86**, 94, AG Fürth DGVZ **09**, 119.

1899

VV 3310

46 Dasselbe gilt dann, wenn das Gericht die Zwangsvollstreckung usw *vorläufig eingestellt* hat, LG Hbg DGVZ **86**, 188 (wegen Verweigerung der Durchsuchung). Hat aber der erste durchgeführte Versuch zu keiner oder nur zu einer teilweisen Befriedigung des Gläubigers geführt, ist ein späterer gleicher Versuch nach Rn 44 „Weiterer Vollstreckungsversuch" *keine* Fortsetzung des alten Verfahrens.

47 Zahlung: Für den nur mit der Zwangsvollstreckung usw beauftragten Anwalt entsteht die Gebühr VV 3309. Das gilt selbst dann, wenn es infolge der Zahlung des Schuldners nicht mehr zu einer weiteren Vollstreckungshandlung kommt als zB zu einer Aufforderung zur Sicherstellung usw, LG Bln-Wedding JB **00**, 545, AG Altona DGVZ **77**, 47, Schmidt AnwBl **75**, 395. Das Abwarten ist nur für die Erstattungsfähigkeit erheblich. Denn der Auftraggeber braucht ja den Auftrag nicht sofort zu erteilen.

Zug-um-Zug-Leistung: Die Vergütung nach VV 3309 kommt bei § 756 ZPO dann in Betracht, wenn sich der Schuldner beim Erhalt der Zahlungsaufforderung im Verzug mit der Annahme der Gegenleistung befindet, Hamm AnwBl **92**, 550.

Zustellung: § 19 Rn 29 ff. Der hier zwecks Zwangsvollstreckung usw mit der Zustellung beauftragte Anwalt erhält die Gebühr VV 3309, Celle AnwBl **08**, 550.

S aber auch Rn 11 „Arrest, einstweilige Verfügung".

Zwangshypothek: VV 3309, 3310 sind nach § 18 Rn 26 auf ihre Eintragung wie auf ihre Löschung anwendbar.

48 **4) Gebührenhöhe.** Der nachfolgende Grundsatz wirkt sich bei allen Gebührenarten aus.

A. Grundsatz: Möglichkeit mehrerer Gebühren. Jede der in VV 3309, 3310 genannten Gebühren kann für eine Tätigkeit in der Zwangsvollstreckung usw je eine 0,3 Gebühr entstehen. Sie kann für den Anwalt des Gläubigers wie für denjenigen des Schuldners entstehen lassen. Ffm Rpfleger **83**, 502. Sie kann auch für denjenigen eines Dritten entstehen. Wegen mehrerer Auftraggeber vgl § 7 und VV 1008, Schneider DGVZ **05**, 92, aM AG Offenbach DGVZ **05**, 47, AG Recklingh DGVZ **05**, 30. Eine Herabsetzung erfolgt nicht.

Der Anwalt muß eine gewisse Tätigkeit entwickeln. Er darf sich also *nicht nur rein passiv* verhalten. Mit dieser Einschränkung ist der Tätigkeitsumfang unerheblich, Ffm Rpfleger **83**, 502. Der Gläubiger kann die Art und den Umfang der Anwaltstätigkeit auch durch das Protokoll des Gerichtsvollziehers nach § 762 ZPO nachweisen, LG Essen Rpfleger **84**, 203, LG Hagen Rpfleger **84**, 203.

(Jetzt) § 34 ist *unanwendbar,* soweit der Anwalt einen Auftrag zur Zwangsvollstreckung usw hat, Enders JB **99**, 57.

49 **B. Verfahrensgebühr, VV 3309.** Sie entsteht nach der amtlichen Vorbemerkung 3 II mit der auftragsgemäßen Aufnahme der Information, LG Bonn DGVZ **94**, 120. Sie entsteht auch mit einer auf die Zwangsvollstreckung usw gerichteten Handlung, etwa mit der Aufforderung zur Zahlung, und zwar auch dann in Höhe einer 0,3 Gebühr, wenn der Schuldner nunmehr zahlt und wenn es daher nicht mehr zu einer Zwangsvollstreckung kommt. Als eine Tätigkeit des Anwalts des Schuldners genügen die bloße Entgegennahme des Pfändungsbeschlusses nach § 829 ZPO und die Weitergabe nicht.

50 **C. Terminsgebühr, VV 3310.** Soweit es in der Zwangsvollstreckung usw zu einem tatsächlich ordnungsgemäß begonnenen und noch nicht beendeten Termin nach der amtlichen Vorbemerkung 3 III vor dem Gericht zB nach §§ 765 a, 802 a ff, 887 ff ZPO kommt, kann auch die Terminsgebühr VV 3310 in Höhe einer 0,3 Gebühr entstehen. Die vertretungsbereite bloße Anwesenheit des Anwalts nur im Termin zur Vermögensauskunft vor dem Gerichtsvollzieher nach §§ 802 c ff ZPO kann nach VV 3310 amtliche Anmerkung Hs 2 genügen. Vgl im übrigen bei VV 3104. In derselben Angelegenheit nach § 15 Rn 9 entsteht die Terminsgebühr auch bei mehreren Terminen nach § 15 II 1 nur einmal.

Unanwendbar ist VV 3310 zB bei einer telefonischen oder mündlichen Besprechung oder Erörterung außerhalb eines der in der amtlichen Anmerkung genannten Termine. Das ergibt sich aus dem Wort „nur" in VV 3310 amtliche Anmerkung. Diese

Vorschrift verdrängt als eine Sonderregelung die amtliche Vorbemerkung 3 III. Dann kann ja auch VV 1000 anfallen.

D. Einigungsgebühr, VV 1000. Unter den Voraussetzungen von VV 1000 kann 51 auch bei einer in der Zwangsvollstreckung usw entstehenden Einigung eine besondere Einigungsgebühr entstehen, und zwar in voller Höhe, VV 1000 Rn 47 „Teilzahlungsvergleich", AG Traunst MDR **91**, 260. Wegen einer Zwischeneinigung VV 1000 Rn 56.

5) Gegenstandswert. Vgl § 25. 52
6) Kostenerstattung. Maßgeblich ist § 788 ZPO. 53
A. Grundsatz: Erstattbarkeit notwendiger Kosten. Erstattbarkeit besteht für diese Kosten einer Tätigkeit des Anwalts in der Zwangsvollstreckung, Saarbr BauR **11**, 1869, LG Düss AnwBl **81**, 75, LG Magdeb Rpfleger **91**, 218, aM Saarbr Rpfleger **81**, 321 (aber der Anwalt ist in *jeder* Angelegenheit der berufene Vertreter, § 1 BRAO).

B. Beispiele zur Frage einer Erstattbarkeit 54
Arbeitsgerichtsverfahren: *Keine* Erstattbarkeit bei § 12a I 1 ArbGG zB gegen einen Drittschuldner nach § 91 Rn 72 „Arbeitsgerichtsverfahren".
Bloße Erläuterung: *Keine* Erstattbarkeit für die bloße Erläuterung der Forderung gegenüber dem Schuldner, AG Heidelb DGVZ **00**, 173.
Freiwilligkeit: Erstattbarkeit, soweit der Schuldner „freiwillig" leistet, AG Ffm DGVZ **95**, 79, VV 1009 Rn 22, aM Düss JB **95**, 50, AG Bln-Neukölln DGVZ **95**, 13, AG Erlangen DGVZ **95**, 15 (aber auch solche „Freiwilligkeit" erfolgte in Wahrheit meist in einem direkten Zusammenhang mit einer Vollstreckung, nämlich zu ihrer Vermeidung).
Hebegebühr: Erstattbarkeit für diese Gebühr nach (jetzt) VV 1009, soweit die Einschaltung des Anwalts notwendig war, LG Mü DGVZ **07**, 43, AG Eisenhüttenstadt Rpfleger **05**, 384, AG Freibg JB **09**, 499, aM AG Cloppenb DGVZ **08**, 15 (zu streng). Es ist nach VV 1009 Rn 10 eine strenge Prüfung notwendig, Nürnb JB **92**, 107.
Hinterlegung: Erstattbarkeit für die Gebühr bei einem Hinterlegungsantrag.
Vermeidung einer Vollstreckung: Erstattbarkeit für die gerade zur Vermeidung entstandenen Kosten, aM LG Bln MDR **03**, 115 (aber dann liegt in Wahrheit eine Androhung der Vollstreckung und keine „freiwillige" Zahlung mehr vor).
Vor Vollstreckungsbeginn: Erstattbarkeit für die vor dem Beginn der Zwangsvollstreckung entstandenen Kosten, soweit sie gerade zur Herbeiführung der förmlichen Voraussetzungen der Vollstreckung entstanden, LG Bonn DGVZ **82**, 186.
Vor Vollstreckungsklausel: *Keine* Erstattbarkeit für eine Zahlungsaufforderung vor der Erwirkung der Vollstreckungsklausel nach §§ 724 ff, LAG Hamm MDR **84**, 1053.
Zu früh: *Keine* Erstattbarkeit generell bei einer verfrühten Tätigkeit, LG Saarbr RR **10**, 492 (während Verhandlungen über Zahlungseinzelheiten).
Zustellung des Titels: *Keine* Erstattbarkeit für eine Zahlungsaufforderung vor der Zustellung des Vollstreckungstitels, Bbg JB **77**, 505, Düss VersR **81**, 755. Die gleichzeitige Zustellung reicht aber aus, Düss VersR **81**, 737, LG Düss JB **08**, 175, aM LG Tüb MDR **82**, 327, LAG Ffm BB **99**, 1878 (aber die bloße Aufforderung darf wirklich der Titelzustellung sofort nachfolgen. Der Schuldner hat es immerhin zu ihr kommen lassen).

Das gilt erst recht dann, wenn der Schuldner eine angemessene *Zeit* zur freiwilligen Zahlung hatte, BGH BB **03**, 2428.

Unterabschnitt 4. Zwangsversteigerung und Zwangsverwaltung

Einführung

1) Systematik. Der Unterabschnitt 4 enthält die Gebühren für die Tätigkeit des 1 Anwalts im Zwangsversteigerungsverfahren, im Zwangsverwaltungsverfahren und im Verteilungsverfahren außerhalb einer Zwangsversteigerung oder Zwangsverwaltung nach §§ 872 ff ZPO.

VV Einf 3311, 3311 Vergütungsverzeichnis

Den Gegenstandswert regeln §§ 26, 27.

2 **2) Regelungszweck.** Man sollte die recht sorgfältige Differenzierung der Vergütungsmöglichkeiten und ihrer Grenzen schon wegen der ja durchweg hohen Gegenstandswerte eines solchen Verfahrens stets streng beachten, bei dem dem Schuldner ohnehin hohe Vermögensverluste drohen. Der Anwalt sowohl des Gläubigers als auch des Schuldners hat zwar eine erhebliche Mitverantwortung zwecks Verhütung einer Verschleuderung von Werten. Das Gesetz hat sie aber im allgemeinen bereits mitbedacht. Man darf es daher nicht allzu großzügig auslegen.

3 **3) Geltungsbereich.** Es gibt zwei Fallgruppen.
A. Anwendbarkeit. VV 3311, 3312 sind zunächst im Verfahren der Zwangsversteigerung und Zwangsverwaltung nach §§ 864, 866 I ZPO anwendbar. Das ZVG regelt die Einzelheiten dieser Verfahren. VV 3311, 3312 sind ferner in denjenigen besonderen Fällen anwendbar, die §§ 172 ff ZVG regeln und in denen andere gesetzliche Sondervorschriften das ZVG für anwendbar erklären.

4 **B. Unanwendbarkeit.** VV 3311, 3312 sind in folgenden Fällen unanwendbar: Es handelt sich um die Vollstreckung aus dem Zuschlagsbeschluß nach § 93 ZVG gegen den Grundstücksbesitzer, oder nach § 132 ZVG gegen den Ersteher, soweit es sich bei ihm nicht um eine Vollstreckung in das Grundstück handelt. Denn dann liegt eine gewöhnliche Zwangsvollstreckung vor. Insofern sind VV 3309, 3310 anwendbar; es handelt sich um ein Aufgebotsverfahren nach §§ 138, 140 ZVG. Insofern ist VV 3324 anwendbar; es handelt sich um die Eintragung einer Zwangshypothek. Insofern sind VV 3309, 3310 anwendbar.

5 *Weitere Fälle der Unanwendbarkeit:* Es handelt sich um eine freiwillige Versteigerung. Insofern ist VV 2300 anwendbar; der Anwalt wird nach § 1 II als Zwangsverwalter tätig. Dann setzt das Gericht seine Vergütung nach § 153 ZVG in Verbindung mit der VO vom 16. 2. 70, BGBl 185, fest. Soweit der Anwalt als ein Zwangsverwalter einen Prozeß führt, können in entsprechender Anwendung von § 1835 II BGB VV 3100 ff anwendbar sein; er wird nach § 7 II ZVG als ein Zustellungsvertreter tätig; nach § 135 ZVG als ein Vertreter zur Ermittlung eines unbekannten Berechtigten tätig.

Nr.	Gebührentatbestand	Gebühr oder Satz der Gebühr nach § 13 RVG
3311	Verfahrensgebühr	0,4
	Die Gebühr entsteht jeweils gesondert	
	1. für die Tätigkeit im Zwangsversteigerungsverfahren bis zur Einleitung des Verteilungsverfahrens;	
	2. im Zwangsversteigerungsverfahren für die Tätigkeit im Verteilungsverfahren, und zwar auch für eine Mitwirkung an einer außergerichtlichen Verteilung;	
	3. im Verfahren der Zwangsverwaltung für die Vertretung des Antragstellers im Verfahren über den Antrag auf Anordnung der Zwangsverwaltung oder auf Zulassung des Beitritts;	
	4. im Verfahren der Zwangsverwaltung für die Vertretung des Antragstellers im weiteren Verfahren einschließlich des Verteilungsverfahrens;	
	5. im Verfahren der Zwangsverwaltung für die Vertretung eines sonstigen Beteiligten im ganzen Verfahren einschließlich des Verteilungsverfahrens und	
	6. für die Tätigkeit im Verfahren über Anträge auf einstweilige Einstellung oder Beschränkung der Zwangsvollstreckung und einstweilige Einstellung des Verfahrens sowie für Verhandlungen zwischen Gläubiger und Schuldner mit dem Ziel der Aufhebung des Verfahrens.	

Vergütungsverzeichnis **3311 VV**

Gliederung

1) Verfahrensgebühr, amtliche Anmerkung Z 1 1–3
   A. Pauschale 1
   B. Beispiele zur Frage einer Anwendbarkeit, Z 1 .... 2, 3
2) Verteilungsgebühr, amtliche Anmerkung Z 2 4–6
3) Vertretung des Antragstellers im Anordnungsverfahren usw, amtliche Anmerkung Z 3 7–11
   A. Begriff des Antragstellers 7
   B. Anordnungsverfahren, Beitrittsverfahren 8–11
4) Vertretung des Antragstellers im weiteren Verfahren, amtliche Anmerkung Z 4 12
5) Vertretung eines sonstigen Beteiligten, amtliche Anmerkung Z 5 13
6) Einstweilige Einstellung usw, amtliche Anmerkung Z 6 14
7) Gegenstandswert, Z 1–6 15

1) Verfahrensgebühr, amtliche Anmerkung Z 1. Sie beträgt 0,4 Gebühr. Sie **1** ermäßigt sich nicht. Sie gilt als eine einheitliche Gebühr für den Anwalt eines jeden Beteiligten, Mümmler JB **83**, 1464 aM Meyer JB **99**, 73, oder eines nicht zu den Beteiligten zählenden Besitzers nach §§ 1000, 1001, 1003 BGB oder Bieters. Sie gilt unabhängig von der Zahl der Gläubiger oder der Schuldner, LG Münst Rpfleger **80**, 401.

A. Pauschale. Die Gebühr nach Z 1 gilt die gesamte Tätigkeit des Anwalts in demselben Verfahren ab, einschließlich eines Verfahrens nach §§ 30 aff, 180 II ZVG, unabhängig von seinem Umfang, Mümmler JB **78**, 1462. Denn Z 1 spricht nicht vom Umfang. Das gilt bis zur Einleitung des Verteilungsverfahrens, also nach § 105 ZVG bis zur Bestimmung des Verteilungstermins durch das Gericht. Sie erfaßt also auch ein erfolgloses Vollstreckungsschutzverfahren.

B. Beispiele zur Frage einer Anwendbarkeit, Z 1 **2**

Anderweitige Verwertung: S „Besondere Versteigerung".
Anmeldung: Anwendbar ist Z 1 für die Anmeldung eines Anspruchs zB nach § 114 I 2 ZVG.
Antragsrücknahme: Anwendbar ist Z 1 auf eine Antragsrücknahme nach § 29 ZVG.
Besonderer Verkündungstermin: Anwendbar ist Z 1 auf die Wahrnehmung eines solchen Termins nach § 87 ZVG.
Besondere Versteigerung: Anwendbar ist Z 1 auf einen Antrag nach § 65 I auf eine besondere Versteigerung oder anderweitige Verwertung.
Drittschuldnerverbot: Anwendbar ist Z 1 für einen Antrag nach § 22 II ZVG, dem Drittschuldner zu verbieten, an den Schuldner zu zahlen.
Einstellung wegen Überweisung: Anwendbar ist Z 1 auf einen Antrag nach § 75 ZVG auf eine solche Einstellung des Verfahrens.
Gerichtliche Verwaltung: Anwendbar ist Z 1 auf einen Antrag nach § 94 I ZVG auf eine gerichtliche Verwaltung.
Geringstes Gebot: Anwendbar ist Z 1 auf einen Antrag nach § 59 ZVG auf eine abweichende Feststellung des geringsten Gebots oder auf einen Antrag nach § 62 ZVG auf die Erörterung des geringsten Gebots.
Information: Anwendbar ist Z 1 schon für eine auftragsgemäße Entgegennahme der Information.
Mahnschreiben: *Unanwendbar* ist Z 1 auf ein bloßes derartiges Schreiben. Dann entsteht nur eine Gebühr 3403. Sie geht in einem anschließenden Verfahren in der Gebühr nach Z 1 auf. Wenn der Auftraggeber gleichzeitig mit dem Auftrag zur Absendung eines Mahnschreibens usw den Auftrag erteilt hatte, einen Antrag auf die Einleitung eines Zwangsversteigerungs- oder Zwangsverwaltungsverfahren zu stellen, gilt der letztere Auftrag grundsätzlich nur bedingt dann, wenn der Schuldner auf Grund des Mahnschreibens nicht zahlt.
Miete, Pacht: Anwendbar ist Z 1 auf einen Antrag auf Zustellung nach § 57 b I 2 ZVG oder auf Gerichtsermittlung nach § 57 b I 4 ZVG.
Neuer Versteigerungstermin: Anwendbar ist Z 1 auf einen Antrag nach § 85 I **3** ZVG auf einen solchen Termin.
Notfristzeugnis: Anwendbar ist Z 1 auf die Beschaffung eines solchen Zeugnisses.
Prozeßkostenhilfe: Anwendbar ist Z 1 auf einen solchen Antrag.

Rechtskraftzeugnis: Anwendbar ist Z 1 auf die Beschaffung eines solchen Zeugnisses nach § 706 ZPO.
Sicherungsmaßnahme: Anwendbar ist Z 1 für einen Antrag nach § 25 ZVG auf die Anordnung einer Sicherungsmaßnahme.
Teilungsversteigerung: Anwendbar ist Z 1 bei derjenigen nach § 180 ZVG Schneider/Thiel NZFam **18**, 67.
Terminsnachbereitung: Anwendbar ist Z 1 auf eine Tätigkeit zwischen dem Versteigerungstermin und der Bestimmung des Verteilungstermins.
Terminsvorbereitung: Anwendbar ist Z 1 auf eine solche Tätigkeit.
Vollstreckungsklausel: Anwendbar ist Z 1 auf die Beschaffung dieser Urkunde nach §§ 724ff ZPO.
Zuständigkeit: Anwendbar ist Z 1 für den Antrag auf eine Bestellung des zuständigen Gerichts nach § 2 ZVG.
Zustellung: Anwendbar ist Z 1 auf eine Tätigkeit zur Durchführung einer erforderlichen Zustellung nach §§ 166ff ZPO.

4   **2) Verteilungsgebühr, amtl Anm Z 2.** Für die Tätigkeit des Anwalts im Verteilungsverfahren nach §§ 105ff ZVG entsteht neben der Gebühr nach Z 1 eine weitere 0,4 Gebühr. Sie entsteht für jede Tätigkeit im Auftrag eines Beteiligten nach der Bestimmung des Verteilungstermins, zB durch die Einreichung einer Anspruchsberechnung nach § 106 ZVG, für die Vorbereitung einer Terminsteilnahme oder des Verteilungsplans oder für seine Prüfung, ferner für die Erhebung eines Widerspruchs oder für eine Vereinbarung nach § 91 II ZVG zu Protokoll oder für einen Antrag nach § 138 I ZVG. Die Verteilungsgebühr gilt die Tätigkeit bis zur Ausführung des Verteilungsplans ab. Sie gilt auch eine anderweitige Verteilung nach einem Widerspruchsprozeß gem § 882 ZPO ab.

5   Soweit unter der Mitwirkung des Anwalts nach §§ 143ff ZVG eine *außergerichtliche Verteilung* stattfindet, entsteht neben der 0,4 Gebühr für die allgemeine Tätigkeit im Verteilungsverfahren nach Z 2 Hs 1 evtl eine weitere 0,4 Gebühr nach Z 2 Hs 2, nicht aber nach VV 3312. Mitwirkung ist dasselbe wie bei VV 1000 Rn 57ff. Es kann zusätzlich auch die Einigungsgebühr VV 1000 entstehen, LG Bre AnwBl **93**, 44. Ebenso kann zusätzlich die Hebegebühr VV 1009 entstehen.

6   Eine *Teilnahme am Verteilungstermin* ist für die Verteilungsgebühr keine Voraussetzung, sofern der Anwalt vorher oder nachher im Verteilungsverfahren tätig wird. Da das Verteilungsverfahren ein besonderer und für sich vergüteter Verfahrensabschn ist, entsteht durch die Tätigkeit des Anwalts nur in diesem Verfahren nur eine Vergütung nach Z 2, nicht daneben die Verfahrensgebühr nach Z 1. Die Teilnahme am Verteilungstermin oder gar an mehreren solchen Terminen löst auch nicht etwa die Terminsgebühr VV 3312 aus, dort Rn 2. Die letztere entsteht also nur, soweit der Anwalt für einen Bieter auch außerhalb des Verteilungsverfahrens tätig wird.

7   **3) Vertretung des Antragstellers im Anordnungsverfahren usw, amtliche Anmerkung Z 3.** Es geht um die Zwangsverwaltung eines Grundstücks, eines Grundstücksbruchteils, eines Wohnungseigentums, eines grundstücksgleichen Rechts, nicht aber um diejenige eines Schiffs oder Schiffsbauwerks nach § 870a ZPO oder eines Luftfahrzeugs nach § 99 LuftFzG.
Keine Zwangsverwaltung sind: Eine bloße Sequestration nach § 25 ZVG, §§ 848, 855, 857 IV, 938 II ZPO; eine bloße Bewachung und Verwahrung eines Schiffs oder Luftfahrzeugs nach §§ 165, 171c II ZVG; eine bloße Sicherungsverwaltung nach § 94 ZVG; eine bloße Treuhandverwaltung nach der InsO.
A. Begriff des Antragstellers. Antragsteller ist jeder Gläubiger, der die Zwangsverwaltung nach §§ 146ff ZVG betreibt oder der einer angeordneten Zwangsverwaltung beitritt. Antragsberechtigt ist ferner der Insolvenzverwalter nach § 172 ZVG.

8   **B. Anordnungsverfahren, Beitrittsverfahren.** Für die auftragsgemäße Vertretung des Antragstellers im Verfahren über den Antrag auf die Anordnung der Zwangsverwaltung entsteht eine 0,4 Gebühr. Im Verfahren mit dem Ziel der Zulassung des Beitritts zu einer bereits angeordneten Zwangsverwaltung entsteht ebenfalls eine 0,4 Gebühr. In beiden Fällen ist der Umfang der Tätigkeit des Anwalts unerheblich, Köln JB **81**, 54, Wolicke NZM **01**, 665.

Vergütungsverzeichnis **3311, 3312 VV**

Die Gebühr *entsteht,* sobald der Anwalt in einer Ausführung des Auftrags etwas tut, zB die Information aufnimmt, Wolicke NZM **01,** 665, oder zunächst den Antrag beim Vollstreckungsgericht stellt, auch etwa „nur" zur Vollziehung einer einstweiligen Verfügung.

Die Gebühr entsteht *ferner dann,* wenn der Anwalt nach einer auftragsgemäßen **9** Vertretung im Zwangsversteigerungsverfahren und nach wiederholten vergeblichen Versteigerungsversuchen des Gerichts nunmehr im Auftrag des Gläubigers nach § 77 II ZVG den Antrag auf eine Fortsetzung des Versteigerungsverfahrens als Zwangsverwaltungsverfahren oder auf eine Zulassung seines dortigen Beitritts stellt.

Dann ist die Tätigkeit des Anwalts, die mit dem Antrag auf das Zwangsverwal- **10** tungsverfahren beginnt, auch *nicht* etwa durch die amtliche Anmerkung Z 1, 2 entstandenen Gebühren *abgegolten,* Wolicke NZM **01,** 665. Denn eine Zwangsverwaltung stellt gegenüber einer Zwangsversteigerung eine andere Angelegenheit dar. Daher ist die amtliche Anmerkung Z 3 auch bei gleichzeitigen Anträgen neben Z 1, 2 anwendbar.

Die Gebühr nach Z 3 gilt die *gesamte Tätigkeit* des Anwalts bis zur Anordnung der **11** Zwangsverwaltung oder bis zur Zulassung des Beitritts oder bis zur Ablehnung einer dieser Maßnahmen ab, Köln JB **81,** 54. VV 1008 ist anwendbar. Eine Ermäßigung tritt nicht ein, zB nicht dann, wenn der Auftrag vor der Antragseinreichung endet.

4) Vertretung des Antragstellers im weiteren Verfahren, amtliche Anmer- 12 kung Z 4. Für die Vertretung des Antragstellers nach der Anordnung der Zwangsverwaltung oder nach der Zulassung des Beitritts im weiteren Verfahren einschließlich des gerichtlichen oder außergerichtlichen Verteilungsverfahrens entsteht eine weitere 0,4 Gebühr und keine Mindestgebühr. Auch die 0,4 Gebühr entsteht, sobald der Anwalt irgendeine Tätigkeit zur Ausführung gerade dieses Auftrags vornimmt. Sie gilt die gesamte weitere Tätigkeit des Anwalts in diesem Verfahren unabhängig von seiner Dauer bis zu seiner Aufhebung ab, also auch die Wahrnehmung etwaiger Termine und Verteilungen zB nach §§ 156, 158 ZVG. Soweit der Anwalt nur in diesem weiteren Verfahren tätig wird, erhält er auch nur die Gebühr nach Z 4. Eine nach Z 3 entstandene Gebühr bleibt neben derjenigen nach Z 4 bestehen. VV 1008 ist anwendbar.

5) Vertretung eines sonstigen Beteiligten, amtliche Anmerkung Z 5. So- **13** weit der Anwalt einen anderen Beteiligten als den Antragsteller vertritt, entsteht eine 0,4 Gebühr und keine Mindestgebühr für die Vertretung im gesamten Zwangsverwaltungsverfahren. Das gilt unabhängig davon, ob der Anwalt nur im Anordnungsverfahren, im Beitrittsverfahren oder nur auch im weiteren Verfahren nach Z 4 tätig war. Diese Gebühr gilt auch die Vertretung des sonstigen Beteiligten im Verteilungsverfahren ab. Neben dieser Gebühr kann also für die Vertretung des sonstigen Beteiligten keine weitere Gebühr nach Z 3 entstehen. Sonstiger Beteiligter ist vor allem der Schuldner oder ein nach § 9 ZVG Berechtigter. VV 1008 ist anwendbar.

6) Einstweilige Einstellung usw, amtliche Anmerkung Z 6. Eine weitere 0,4 **14** Verfahrensgebühr entsteht für jedes der in Z 6 genannten Verfahren nach §§ 28 ff ZVG oder nach § 765a ZPO, aber grundsätzlich nicht bei einer Teilungsversteigerung nach § 180 ZVG. Denn sie findet nicht in einem Zwangsvollstreckungsverfahren im eigentlichen Sinn statt, Karlsr Rpfleger **94,** 223, LG Bln Rpfleger **93,** 297, LG Frankenth Rpfleger **84,** 375, aM Düss FamRZ **96,** 1441, KG NZM **98,** 452, LG Münst Rpfleger **02,** 639 (aber man kann nicht einfach zwei im Kern unterschiedliche und nur in den Abwicklungsformen ähnliche Verfahrensarten vermengen). Die Gebühr nach Z 6 entsteht wegen § 15 II je Instanz nur einmal.

7) Gegenstandswert, Z 1–6. Es gelten §§ 26, 27. **15**

Nr.	Gebührentatbestand	Gebühr oder Satz der Gebühr nach § 13 RVG
3312	Terminsgebühr .... ¹Die Gebühr entsteht nur für die Wahrnehmung eines Versteigerungstermins für einen Beteiligten. ²Im Übrigen	0,4

Nr.	Gebührentatbestand	Gebühr oder Satz der Gebühr nach § 13 RVG
	entsteht im Verfahren der Zwangsversteigerung und der Zwangsverwaltung keine Terminsgebühr.	

1 1) Versteigerungstermin. Für die Wahrnehmung gerade und nur des Versteigerungstermins nach §§ 66 ff ZVG entsteht neben der Verfahrensgebühr VV 3311 eine weitere 0,4 Gebühr. Sie erhöht sich auch dann nicht, wenn der Anwalt in demselben Verfahren mehrere Versteigerungstermine wahrnimmt. Das ergibt sich schon aus den Worten „eines Versteigerungstermins" in der amtlichen Anmerkung S 1, ferner aus § 15 II 1. Für die Entstehung der Terminsgebühr genügt die bloße vertretungsbereite Anwesenheit des Anwalts im Versteigerungstermin für einen Beteiligten.
Er braucht also keine darüber hinausgehende Tätigkeit im Termin vorzunehmen. Er braucht insbesondere *kein Gebot* abzugeben. Gibt er es aber ab, gilt VV 3312 das mit ab. Es kann sich dadurch allerdings der Gegenstandswert nach § 26 erhöhen. Der Anwalt braucht sich auch nicht zu irgendwelchen Vorgängen im Termin zu äußern. Der Anwalt, der erstmalig im Termin für den Auftraggeber tätig wird, erhält sowohl die Verfahrensgebühr nach VV 3311 als auch die Terminsgebühr nach VV 3312.

2 2) Vertretung gerade eines Beteiligten, amtliche Anmerkung S 1. Der Anwalt muß den Termin gerade für einen Beteiligten wahrnehmen. Diese Eigenschaft ergibt sich aus dem Verfahrensrecht, zB aus §§ 9, 163 III, 166, 172, 175 ZVG.
Kein Beteiligter sind zB: Der bloße Bieter; ein bloßer Bürge; ein bloßer Besitzer nach §§ 1000, 1001, 1003 BGB; ein nach § 61 ZVG Zahlungspflichtiger. Dann gilt VV 3311 amtliche Anmerkung Z 1.

3 3) Unanwendbarkeit, amtliche Anmerkung S 2. VV 3312 ist unanwendbar, soweit der Anwalt einen anderen Termin als den oder die Versteigerungstermin(e) wahrnimmt, also etwa einen Termin bei § 30b II 2 ZVG oder einen bloßen Verkündungstermin nach § 87 ZVG oder einen Termin zur Verhandlung über einen Einstellungsantrag nach §§ 28 ff ZVG oder einen Erörterungstermin nach § 62 ZVG oder einen Verteilungstermin nach §§ 105 ff ZVG oder eine außergerichtliche Verteilung nach §§ 143 ff ZVG. Auch eine bloße Terminsvorbereitung läßt VV 3312 nicht entstehen.

Unterabschnitt 5. Insolvenzverfahren, Verteilungsverfahren nach der Schifffahrtsrechtlichen Verteilungsordnung

(Amtliche) Vorbemerkung 3.3.5:

I Die Gebührenvorschriften gelten für die Verteilungsverfahren nach der SVertO, soweit dies ausdrücklich angeordnet ist.

II Bei der Vertretung mehrerer Gläubiger, die verschiedene Forderungen geltend machen, entstehen die Gebühren jeweils besonders.

III Für die Vertretung des ausländischen Insolvenzverwalters entstehen die gleichen Gebühren wie für die Vertretung des Schuldners.

Vorbem. III geändert dch Art 5 Z 1 G v 5. 6. 17, BGBl 1476, in Kraft seit 26. 6. 17, Art 9 I, ÜbergangsR § 60 RVG.

Schrifttum: *Keller,* Vergütung und Kosten im Insolvenzverfahren, 3. Aufl 2010.

Einführung

Gliederung

1) Systematik 1
2) Regelungszweck 2
3) Geltungsbereich 3, 4
4) Beispiele zur Frage einer Anwendbarkeit von VV 3313 ff 5
5) Kostenerstattung 6

Einf 3313 VV

1) Systematik. Der Unterabschnitt 5 enthält differenzierende vorrangige Sonderregeln. Die Bestimmungen der Abschnitte 1 und 2 ergänzen sie. Bei mehreren Aufträgen geht die amtliche Vorbemerkung 3.3.5 II als eine Sonderbestimmung dem § 7 und dem VV 1008 vor. § 34, VV 1000, 2300, 7000 ff sind anwendbar. VV 1009 ist unanwendbar. Der Unterabschnitt 5 regelt nur die Tätigkeit des Anwalts im Verfahren vor dem Gericht. Soweit der Anwalt auftragsgemäß eine außergerichtliche Tätigkeit ausübt, ist VV 2300 anwendbar. Das gilt selbst dann, wenn die Tätigkeit im Interesse des Insolvenzverfahrens erfolgt, zB bei einer Tätigkeit zwecks einer außergerichtlichen Schuldenbereinigung nach § 305 InsO, Enders JB **99**, 225.

2) Regelungszweck. Der im Insolvenzverfahren tätige Anwalt hat eine ungewöhnlich hohe Mitverantwortung an einem rechtlich, wirtschaftlich und nicht zuletzt auch psychisch vertretbaren Verfahrensablauf mit solchen Ergebnissen, die man allseits als einigermaßen erträglich annehmen kann. Deshalb sollte man die Gebührenvorschriften nicht zu kleinlich handhaben. Man sollte sie aber auch keineswegs zulasten der Masse zu großzügig anwenden, sondern man sollte sie eben möglichst maßvoll abgewogen auslegen.

3) Geltungsbereich. Der Unterabschnitt 5 erfaßt die Vertretung des Schuldners oder nach der amtlichen Vorbemerkung 3.3.5 III des ausländischen Insolvenzverwalters. VV 3313 ff gelten die gesamte Tätigkeit desjenigen Anwalts ab, der einen Auftrag für das ganze Insolvenzverfahren oder nur für eine einzelne Handlung hat. Die Vorschriften beziehen sich nicht auf jede anwaltliche derartige Tätigkeit.

Soweit VV 3313 ff unanwendbar sind, gilt evtl die *InsVV,* SchlAnh E dieses Buchs. § 5 I InsVV verweist freilich auf das RVG, soweit ein als Anwalt zugelassener Insolvenzverwalter eine solche Tätigkeit ausübt, die ein nicht als Anwalt zugelassener Verwalter angemessenerweise einem Anwalt übertragen hätte. Das kann zB bei einem Masseprozeß oder bei einzelnen Prozeßhandlungen gelten.

Die vorgenannten Bestimmungen gelten auch, soweit der Anwalt den Schuldner oder einen Gläubiger *außerhalb* des Insolvenzverfahrens und des schiffahrtsrechtlichen Verteilungsverfahrens vertritt. Soweit der Anwalt zunächst den Schuldner, nach der Aufnahme durch den Insolvenzverwalter aber diesen vertritt, liegen zwei Angelegenheiten vor.

4) Beispiele zur Frage einer Anwendbarkeit von VV 3313 ff

Absonderung: *Unanwendbar* sind VV 3313 ff auf eine Tätigkeit für einen nach §§ 49 ff InsO Absonderungsberechtigten. soweit ihm der Schuldner nicht auch persönlich haftet.

Aussonderung: *Unanwendbar* sind VV 3313 ff auf eine Tätigkeit für einen nach § 47 InsO Aussonderungsberechtigten, soweit ihm der Schuldner nicht auch persönlich haftet.

Beratung: *Unanwendbar* sind VV 3313 ff, soweit der Anwalt den Insolvenzverwalter nur berät. Dann ist § 34 anwendbar.

Bestellung: *Unanwendbar* sind VV 3313 ff auf das Bestellungsverfahren nach § 56 InsO.

Gläubiger: Anwendbar sind VV 3313 bei der Vertretung eines anderen Insolvenzgläubigers nach § 38 InsO.
  Unanwendbar sind VV 3313 ff auf eine Tätigkeit des Anwalts als Gläubiger.

Gläubigerausschuß: *Unanwendbar* sind VV 3313 ff auf den Anwalt als Mitglied des Gläubigerausschusses nach §§ 67 ff InsO.

Gläubigerbeirat: *Unanwendbar* sind VV 3313 nach § 1 Rn 41 auf den Anwalt als Mitglied des Gläubigerbeirats, vgl §§ 67 ff InsO.

Massegläubiger: *Unanwendbar* sind VV 3313 ff auf eine Tätigkeit des Anwalts für einen Massegläubiger nach §§ 53 ff InsO. Denn § 91 II 4 ZPO ist unanwendbar.

Nachlaßpfleger: VV 3313 ff sind (nur) bei einer anwaltstypischen Tätigkeit anwendbar, Schlesw NJW **13**, 3190.

Rechtsstreit: *Unanwendbar* sind VV 3313 ff, soweit der Insolvenzverwalter den Anwalt mit der Führung eines Prozesses beauftragt. Dann gelten § 34, VV 3100 ff.

Sachwalter: *Unanwendbar* sind VV 3313 ff auf den Sachwalter nach § 274 InsO.

Schiffahrtsrechtliches Verteilungsverfahren: *Unanwendbar* sind VV 3313 ff auf den Anwalt als Sachwalter im dortigen Verfahren.

VV Einf 3313, 3313–3316 Vergütungsverzeichnis

Treuhänder: *Unanwendbar* sind VV 3313 ff auf den Treuhänder nach § 292 InsO.
Vergütungsfestsetzung: *Unanwendbar* sind VV 3313 ff auf die Tätigkeit des Anwalts im Verfahren auf die Festsetzung seiner Vergütung durch das Insolvenzgericht nach §§ 63–65, 73 InsO.
Vorläufiger Insolvenzverwalter: *Unanwendbar* sind VV 3313 ff grds auf den Anwalt als vorläufigen Insolvenzverwalter nach § 22 InsO.
Wechsel des Auftraggebers: Wegen einer Tätigkeit zunächst im Auftrag des späteren Schuldners, dann im Auftrag des Insolvenzverwalters Mümmler JB 76, 277.
Zwangsvollstreckungshandlung: *Unanwendbar* sind VV 3313 ff, soweit der Anwalt nur im Zusammenhang mit einzelnen Vollstreckungshandlungen tätig wird. Dann gelten VV 3309, 3310. Das gilt zB bei einer eidesstattlichen Versicherung nach § 98 InsO.

6 **5) Kostenerstattung.** Ein Gläubiger kann diejenigen Anwaltskosten, die er im Zusammenhang mit seiner Teilnahme am Insolvenzverfahren bezahlen muß, nach § 39 I Z 2 InsO nur nachrangig in diesen Verfahren erstattet fordern. Er kann aber die Erstattung derjenigen Anwaltskosten fordern, die nach §§ 31 II, 32 III SVertO infolge eines Rechtsstreits im Zusammenhang mit der Teilnahme am schiffahrtsrechtlichen Verteilungsverfahren der Haftungssumme zur Last fallen. Soweit der Anwalt den Schuldner vertritt, handelt es sich lediglich um eine nicht bevorrechtigte Insolvenzforderung.

Nr.	Gebührentatbestand	Gebühr oder Satz der Gebühr nach § 13 RVG
3313	Verfahrensgebühr für die Vertretung des Schuldners im Eröffnungsverfahren .... Die Gebühr entsteht auch im Verteilungsverfahren nach der SVertO.	1,0
3314	Verfahrensgebühr für die Vertretung des Gläubigers im Eröffnungsverfahren .... Die Gebühr entsteht auch im Verteilungsverfahren nach der SVertO.	0,5
3315	Tätigkeit auch im Verfahren über den Schuldenbereinigungsplan: Die Verfahrensgebühr 3313 beträgt	1,5
3316	Tätigkeit auch im Verfahren über den Schuldenbereinigungsplan: Die Verfahrensgebühr 3314 beträgt	1,0

Zu VV 3313–3316:

Gliederung

1) Systematik 1
2) Regelungszweck 2
3) Geltungsbereich 3, 4
4) Gebühr 5–7
   A. Vertretung des Schuldners, VV 3313, 3315 5
   B. Vertretung eines Gläubigers, VV 3314, 3316 6
   C. Vertretung eines anderen Auftraggebers 7
5) Gegenstandswert 8

1 **1) Systematik.** § 28 ergänzt die Vorschriften. Sie regeln eigenständig neben VV 3317 ff und insoweit als eine von mehreren gleichrangigen Hauptregeln den zeitlich ersten Abschnitt des Insolvenzverfahrens mit seinen beiden Gestaltungsmöglichkeiten. Sie differenzieren daher zwischen der Tätigkeit für den Schuldner und den Gläubiger.

2 **2) Regelungszweck.** Die unterschiedlichen Staffelungen entsprechen nach Einf 2 vor VV 3313 zwar keineswegs stets den jeweiligen Verantwortungsgraden. Sie dienen aber erkennbar mittels einer Vereinfachung der Zweckmäßigkeit. Sie dienen im übri-

gen einer solchen Kostengerechtigkeit, wie sie das Gesetz nun einmal sieht. Man sollte sie auch bei der Auslegung strikt einhalten.

3) Geltungsbereich. Die Vorschriften erfassen die Tätigkeit des Anwalts im Ver- 3 fahren nach §§ 11 ff InsO über einen Antrag auf die Eröffnung des Insolvenzverfahrens. Die Gebühren VV 3313–3316 stehen dem Anwalt neben einer Gebühr nach VV 3317 ff zu. Es findet auch insofern keine Anrechnung statt. Die jeweilige Verfahrensgebühr gilt als eine Pauschale die gesamte Tätigkeit des Anwalts im Eröffnungsverfahren ab. Sie entsteht auch dann, wenn sich die Tätigkeit auftragsgemäß auf das Eröffnungsverfahren beschränkt. Die Gebühren VV 3313, 3314 entstehen nach ihren amtlichen Anmerkungen auch im Verteilungsverfahren nach der SVertO.

Das *Eröffnungsverfahren beginnt* mit der Einreichung des Antrags auf die Eröffnung, §§ 13–15 InsO. Es endet mit der Eröffnung nach § 27 I InsO, mit der Zurückweisung des Eröffnungsantrags als unzulässig oder unbegründet nach § 26 I InsO sowie mit der Rücknahme des Eröffnungsantrags nach § 13 II InsO. Zum Eröffnungsverfahren gehören sämtliche Tätigkeiten, die sich aus §§ 11 ff InsO sowie infolge der gerichtlichen Anordnung einer Sicherungsmaßnahme nach §§ 21 ff InsO ergeben.

Die Gebühr entsteht *mit jeder solchen Handlung* des Anwalts, die sich auf die Er- 4 füllung seines Auftrags richtet. Sie entsteht also zB bereits mit der Entgegennahme der Information oder mit der Anfertigung des Antrags. Infolgedessen entsteht dann keine Gebührenermäßigung, wenn es nicht zur Antragseinreichung kommt oder wenn der Anwalt im Eröffnungsverfahren auftragsgemäß nur einzelne Tätigkeiten vornimmt. Soweit der Auftraggeber allerdings lediglich im Zusammenhang mit einem erwogenen Insolvenzantrag einen Rat des Anwalts erbittet oder einen Insolvenzplan nach §§ 218 I, 229, 230 InsO vorbereitet, entsteht eine Gebühr nur nach § 34. (Jetzt) VV 2302 ist vorrangig, SchGei 2, Vallender MDR **99**, 598 (empfiehlt eine Honorarvereinbarung). Man muß sie nach § 34 II bei einem späteren Auftrag auf die Einreichung eines Insolvenzantrags anrechnen.

Ein *Beschwerdeverfahren* ist neben dem Eröffnungsverfahren nach VV 3500 ein besonderes Verfahren.

4) Gebühr. Erforderlich ist eine „Vertretung". Das ist eine schriftliche Erklärung 5 gegenüber dem Gericht oder die Wahrnehmung eines Gerichtstermins. Man muß die folgenden Fälle unterscheiden.

A. Vertretung des Schuldners, VV 3313, 3315. Hier entsteht nach VV 3313 für das Eröffnungsverfahren 1,0 Gebühr. Sie entsteht nach VV 3313 amtliche Anmerkung auch im Verteilungsverfahren nach der SVertO. Das gilt nach § 13 I 2 Hs 1 InsO sowohl dann, wenn der Schuldner den Eröffnungsantrag stellt, als auch nach § 13 I 2 Hs 2 InsO dann, wenn ein Gläubiger den Eröffnungsantrag stellt. Es reicht auch die Tätigkeit bei einer Anhörung etwa nach §§ 15 II 2, 317 II 2, III, 318 II 2, 332 III 2, 333 II 2, 357 I 2 InsO. Soweit es um das Insolvenzverfahren über das Vermögen einer juristischen Person usw nach §§ 11, 12, 15 InsO geht, tritt nach § 15 InsO an die Stelle des Schuldners der gesetzliche Vertreter usw. Das gilt auch dann, wenn es um die Vertretung derjenigen Vorstandsmitglieder usw geht, die den Antrag nicht selbst gestellt haben und die das Gericht nun nach § 14 InsO anhören muß. Der Anwalt mag auch einen ausländischen Insolvenzverwalter nach der amtlichen Vorbemerkung 3.3.5 III vertreten.

Soweit der Anwalt den Schuldner *auch* im gerichtlichen Verbraucherinsolvenzverfahren über den *Schuldenbereinigungsplan* nach §§ 305 ff InsO vertritt, erhöht sich nach VV 3315 die Verfahrensgebühr für die gesamte Tätigkeit auf eine 1,5 Gebühr. Bei einer Beschränkung nur auf eine Einzeltätigkeit im Verfahren über den Schuldenbereinigungsplan ist VV 3403 anwendbar. Bei einer nur außergerichtlichen Tätigkeit ist VV 2300 anwendbar. Sie ist evtl nach der amtlichen Vorbemerkung 3 IV 1 anrechenbar.

B. Vertretung eines Gläubigers, VV 3314, 3316. Hier entsteht nach VV 3314 6 im Eröffnungsverfahren 0,5 Gebühr. Auch dann kommt es nicht darauf an, ob der Schuldner oder ein Gläubiger oder gar derjenige Gläubiger den Insolvenzantrag gestellt haben, den der Anwalt vertritt. Zur Entstehung der Gebühr VV 3314 genügen eine auftragsgemäße Entgegennahme der Information, die auftragsgemäße Androhung des Insolvenzantrags, die Mitwirkung im Zulassungsverfahren und vor einer Sicherungsmaßnahme, die Entgegennahme des Eröffnungsbeschlusses oder ein Einzelauftrag etwa nach § 21 InsO. Eine Gebührenermäßigung entsteht ebensowenig wie bei Rn 4. Im Beschwerdeverfahren gelten VV 3500, 3513.

Soweit der Anwalt einen Gläubiger *auch* im gerichtlichen Verbraucherinsolvenzverfahren nach §§ 305 ff InsO vertritt, erhöht sich nach VV 3316 die Geschäftsgebühr auf 1,0. Bei einer nur außergerichtlichen Tätigkeit ist VV 2300 anwendbar. Sie ist evtl nach der amtlichen Vorbemerkung 3 IV 1 anrechenbar.

Für die Vertretung *mehrerer* Gläubiger, die verschiedene Forderungen erheben, entstehen die Gebühren jeweils gesondert nach dem jeweiligen aus § 28 II abgeleiteten Gegenstandswert, amtliche Vorbemerkung 3.3.5 II. Das gilt aber nicht bei der Tätigkeit für Gesamtgläubiger oder Gesamthandsgläubiger desselben Anspruchs. Dann gilt vielmehr VV 1008.

7 **C. Vertretung eines anderen Auftraggebers.** Hier gelten VV 3313–3316 nicht. Das ergibt sich bei VV 3313, 3314 aus dem Wortlaut, bei VV 3315, 3316 aus dem jeweiligen Wort „auch", das sich auf VV 3313, 3314 mitbezieht. Wegen VV 3317 dort Rn 6. Der Anwalt erhält bei der Vertretung eines anderen Antraggebers als des Gläubigers oder des Schuldners eine Vergütung wie folgt. Für einen Aussonderungsberechtigten können außergerichtlich nach VV 2300 und prozessual nach VV 3100 ff Gebühren entstehen, für einen Absonderungsberechtigten ebenso. Bei einer Ausfallforderung wird der Auftraggeber Gläubiger nach Rn 6.

8 **5) Gegenstandswert.** Es gilt (jetzt) § 28, (zum alten Recht) Enders JB **99**, 228.

Nr.	Gebührentatbestand	Gebühr oder Satz der Gebühr nach § 13 RVG
3317	**Verfahrensgebühr für das Insolvenzverfahren** .... **Die Gebühr entsteht auch im Verteilungsverfahren nach der SVertO und im Verfahren über Anträge nach Artikel 36 Abs. 9 der Verordnung (EU) 2015/848.**	1,0

Vorbem. (Amtliche) Anmerkung ergänzt dch Art 5 Z 2 G v 5. 6. 17, BGBl 1476, in Kraft seit 26. 6. 17, Art 9 I G, ÜbergangsR § 60 RVG.

Gliederung

1) **Systematik**	1
2) **Regelungszweck**	2
3) **Geltungsbereich**	3–6
A. Insolvenzverfahren	3
B. Pauschale	4, 5
C. Beispiele zur Frage einer Anwendbarkeit von VV 3317	6
4) **Gebühr**	7
5) **Gegenstandswert**	8

1 **1) Systematik.** Die Vorschrift steht eigenständig neben VV 3313–3316, 3318 ff. Sie unterscheidet im Gegensatz zu den eben erstgenannten Vorschriften nicht zwischen der Tätigkeit für den Gläubiger, für den Schuldner und für einen Dritten. Ergänzend gelten zB VV 1000 ff, 1009 und 2100 ff sowie 3313 oder 3314, 3318 oder 3319, 3321–3323 und für den Wert § 28.

2 **2) Regelungszweck.** Die Pauschalierung ist eine ziemlich grobe Bewertung. Sie enthält nicht einmal einen Rahmen. Sie mag daher wenig mit der Kostengerechtigkeit zu tun haben. Gleichwohl muß man den erkennbaren Sinn einer möglichsten Vereinfachung respektieren. Das gilt auch bei Auslegungs- oder Abgrenzungsfragen.

3 **3) Geltungsbereich.** Die Vorschrift erfaßt die gesamte Tätigkeit des Anwalts für den Schuldner oder Gläubiger im Insolvenzverfahren oder im schiffahrtsrechtlichen Verteilungsverfahren, soweit nicht VV 3313–3316, 3318, 3319, 3321–3323 vorrangige Sonderregeln bringen.

Vergütungsverzeichnis **3317 VV**

A. Insolvenzverfahren. VV 3317 gilt von demjenigen Augenblick ab, in dem das Insolvenzgericht den Eröffnungsbeschluß nach außen wirksam erläßt. Denn erst dann beginnt ein „Insolvenzverfahren". Entsprechendes gilt nach der amtlichen Anmerkung in Verbindung mit der amtlichen Vorbemerkung 3.3.5 I für das schiffahrtsrechtliche Verteilungsverfahren. VV 3313–3316 vergüten demgegenüber die Tätigkeit bis zum Erlaß des Eröffnungsbeschlusses.

Soweit der Anwalt bereits im *Eröffnungsverfahren* tätig wird, tritt die Verfahrensgebühr VV 3317 neben diejenige nach (jetzt) VV 3313, 3314, Enders JB **99**, 116. Soweit der Anwalt nur seit der Eröffnung des Insolvenzverfahrens tätig wird, entsteht neben der Verfahrensgebühr VV 3317 keineswegs schon deshalb die Gebühr nach VV 3313, 3314, weil ja stets ein Eröffnungsverfahren vorausgegangen war.

B. Pauschale. Die Verfahrensgebühr entsteht, sobald der Anwalt irgendwie nach der Eröffnung des Insolvenzverfahrens auftragsgemäß tätig wird. Das gilt unabhängig davon, für welchen Beteiligten und in welchem Umfang er tätig wird. Sie braucht nicht in einer „Vertretung" nach VV 3313–3316 Rn 5 bestehen. Sie kann zB mit der Entgegennahme der Information nach der Auftragserteilung wegen dieses Verfahrensabschnitts entstehen, Enders JB **99**, 116. 4

Sie gilt als eine Pauschale nach Einl II A 9 die *gesamte Tätigkeit* ab, soweit nicht nach dem Gesetz besondere Gebühren entstehen. Sie ähnelt also der Verfahrensgebühr VV 3100. 5

C. Beispiele zur Frage einer Anwendbarkeit von VV 3317 6
Absonderung: Es gilt dasselbe wie bei „Aussonderung".
Antrag: Anwendbar ist VV 3317 auf eine Antragstellung.
Außergerichtlich: *Unanwendbar* ist VV 3317, soweit VV 2300 gilt, es sei denn, der Auftraggeber verzichtete auf ein Vorrecht oder ist mit ihm ausgefallen und ist daher ein einfacher Insolvenzgläubiger geworden.
Außerhalb Insolvenz: *Unanwendbar* ist VV 3317, soweit der Anwalt außerhalb des Insolvenzverfahrens tätig wird.
Aussonderung: *Unanwendbar* ist VV 3317 bei der Vertretung eines Aussonderungsberechtigten nach §§ 49ff InsO, soweit ihm der Schuldner nicht auch persönlich haftet. Denn der Aussonderungsberechtigte will dann am Insolvenzverfahren ja gerade nicht teilnehmen, soweit er nicht auf sein Vorrecht verzichtet oder mit ihm ausfällt.
Berichtigung: Anwendbar ist VV 3317 auf eine Berichtigung der Insolvenztabelle nach § 183 II InsO.
Besprechung: Anwendbar ist VV 3317 auf eine Besprechung.
Eidesstattliche Versicherung: Anwendbar ist VV 3317 auf die Tätigkeit anläßlich einer eidesstattlichen Versicherung nach § 98 InsO oder nach § 153 II InsO.
Ersatzaussonderung: Es gilt dasselbe wie bei „Aussonderung".
Forderungsanmeldung: Anwendbar ist VV 3317 auf die innerhalb einer weitergehenden Tätigkeit im Insolvenzverfahren erfolgende Anmeldung einer Forderung.
Unanwendbar ist VV 3317 auf die bloße solche Anmeldung. Dann gilt VV 3320.
Forderungsprüfung: Anwendbar ist VV 3317 auf die Prüfung einer angemeldeten Forderung.
Information: Anwendbar ist VV 3317 auf die Entgegennahme der Information.
Massegläubiger: Es gilt dasselbe wie bei „Aussonderung".
Nachtragsverteilung: Anwendbar ist VV 3317 auf eine Mitwirkung an einer Nachtragsverteilung nach § 203 InsO.
Prozeß: S „Rechtsstreit".
Rechtsstreit: *Unanwendbar* ist VV 3317, soweit der Anwalt in einem Rechtsstreit tätig wird. Dann gelten VV 3100ff.
Schriftwechsel: Anwendbar ist VV 3317 auf einen Schriftwechsel.
Termin: Anwendbar ist VV 3317 auf die Wahrnehmung eines Termins.
Urteilseinreichung: Anwendbar ist VV 3317 auf die Einreichung eines solchen Urteils, das eine bestrittene Forderung als bestehend feststellt, sofern darin nicht eine bloße isolierte Forderungsanmeldung liegt.
Verhandlung: Anwendbar ist VV 3317 auf eine Verhandlung mit dem Insolvenzverwalter oder mit einem anderen Verfahrensbeteiligten.

Verteilungsverfahren: Anwendbar ist VV 3317 auf eine Mitwirkung am Verteilungsverfahren nach §§ 187 ff InsO.

Vertragserfüllung: *Unanwendbar* ist VV 3317 dann, wenn der Anwalt für einen Vertragspartner zwecks Erfüllung nach § 103 InsO tätig wird.

Zwangsvollstreckung: *Unanwendbar* ist VV 3317 bei einer Tätigkeit in der Zwangsvollstreckung aus einem Tabellenauszug nach § 201 II InsO. Dann gelten VV 3309, 3310.

7   **4) Gebühr.** Unabhängig vom Umfang der Tätigkeit im Insolvenzverfahren erhält der Anwalt als der Beauftragte des Gläubigers wie des Schuldners gleichermaßen und ebenso wie im Eröffnungsverfahren nach VV 3313 eine 1,0 Gebühr. Sie ermäßigt sich nach § 176 InsO auch nicht etwa bei einer vorzeitigen Erledigung des Auftrags, etwa vor dem Prüfungstermin. Sie ermäßigt sich ferner zB dann nicht, wenn die Tätigkeit des Anwalts erst einige Zeit nach der Eröffnung oder gar erst nach dem Prüfungstermin beginnt.

Bei einer Tätigkeit für *mehrere* Gläubiger, die verschiedene Forderungen erheben, entstehen nach der amtlichen Vorbemerkung 3.3.5 II die Gebühren jeweils besonders aus dem jeweiligen nach § 28 II ermittelten Gegenstandswert. Das gilt aber nicht bei der Tätigkeit für Gesamtgläubiger oder Gesamthandsgläubiger desselben Anspruchs. Dann gilt vielmehr VV 1008.

8   **5) Gegenstandswert.** Der Gegenstandswert richtet sich nach § 28 I, II, LG Münst VersR **10**, 108.

Nr.	Gebührentatbestand	Gebühr oder Satz der Gebühr nach § 13 RVG
3318	Verfahrensgebühr für das Verfahren über einen Insolvenzplan	1,0
3319	Vertretung des Schuldners, der den Plan vorgelegt hat: Die Verfahrensgebühr 3318 beträgt	3,0

Zu VV 3318, 3319:

Gliederung

1) Systematik 1
2) Regelungszweck 2
3) Geltungsbereich 3
4) Gebührenhöhe 4–6
   A. Verfahren über Insolvenzplan: Tätigkeit für Gläubiger usw, VV 3318 5
   B. Verfahren über Insolvenzplan: Vertretung des vorlegenden Schuldners, VV 3319   6
5) Gegenstandswert 7

1   **1) Systematik.** Es handelt sich einerseits um Ergänzungen zu VV 3313 ff, andererseits auch um eine selbständige Vorschrift für diejenigen Tätigkeiten, die auch dann anfallen können, wenn der Anwalt nicht im übrigen Insolvenzverfahren auftreten soll oder kann. Ergänzend gilt § 28 III für den Wert. Eine Einigungsgebühr VV 1000 kommt neben der spezielleren Regelung in VV 3318, 3319 nicht infrage.

2   **2) Regelungszweck.** Die Verfahren wegen des Insolvenzplans stellen insbesondere an das wirtschaftliche Einfühlungsvermögen des Anwalts einschließlich seiner Fähigkeit eines verhältnismäßig weiten Blicks in die Zukunft des Schuldners erhebliche Anforderungen. Die differenzierte Regelung in VV 3318, 3319 zeigt sowohl das Bemühen um eine angemessene Vergütung solcher Arbeit als auch in VV 3319 den Willen, ein Ausufern solcher „besonderer", „weiterer Gebühren" zu verhindern. Beides sollte man bei der Auslegung mitbedenken.

3   **3) Geltungsbereich.** Die Vorschriften gelten für das Verfahren über einen Insolvenzplan nach §§ 217 ff InsO. Es ist nach § 218 I, II InsO unerheblich, ob der Insolvenzverwalter oder der Schuldner den Plan vorlegt, ob das zugleich mit, vor oder nach der Eröffnung des Insolvenzverfahrens geschieht und ob die Gläubigerversammlung den Verwalter zur Ausarbeitung beauftragt hat. VV 3318, 3319 gelten vom Be-

ginn der ersten auftragsgemäßen Tätigkeit an, zB ab der Entgegennahme der Information. Sie erfassen die Tätigkeit des Anwalts im gesamten Verfahren über den Insolvenzplan bis zur Klärung der Frage, ob eine Versagung der Bestätigung des Insolvenzplans nach § 252 I InsO rechtskräftig ist oder ob das Insolvenzgericht das Verfahren nach der Bestätigung des Insolvenzplans aufhebt oder ob ein Rechtsmittel gegen die Entscheidung nach §§ 248 ff InsO infrage kommt. Sie erfassen darüber hinaus auch das gesamte Verfahren nach §§ 254–269 InsO. Denn auch dieses zählt ja noch zum Insolvenzplan und seiner Abwicklung, aM RS 125. Der Anwalt mag für den Schuldner tätig sein oder für den Insolvenzverwalter, für einen Gläubiger oder für einen weiteren Beteiligten.

4) Gebührenhöhe. Man muß eine ganze Reihe unterschiedlicher Situationen unterscheiden. Sie sind teils direkt vorrangig in VV 3318, 3319, teils anderswo geregelt. 4

A. Verfahren über Insolvenzplan: Tätigkeit für Gläubiger usw, VV 3318. 5
Soweit der Anwalt nur im Verfahren nach Rn 3 und dort nur für einen Gläubiger, für den Insolvenzverwalter oder für einen weiteren an diesem Verfahrensabschnitt Beteiligten tätig wird, also nicht für den Schuldner, erhält er bereits hierfür eine besondere 1,0 Gebühr. Sie tritt also zu etwaigen weiteren Gebühren nach VV 3313–3316, 3320 ff hinzu. Die Tätigkeit braucht nicht in einer „Vertretung" nach VV 3313–3316 Rn 5 zu bestehen. Der Tätigkeitsumfang ist unerheblich.

Bei einer Tätigkeit für *mehrere* Gläubiger, die verschiedene Forderungen erheben, entstehen die Gebühren nach der amtlichen Vorbemerkung 3.3.5 II jeweils besonders.

B. Verfahren über Insolvenzplan: Vertretung des vorlegenden Schuldners, 6
VV 3319. Soweit der Anwalt nur im Verfahren nach Rn 3 und dort gerade denjenigen Schuldner nach VV 3313–3316 Rn 5 „vertritt", der den Insolvenzplan nach § 215 I InsO vorlegt, erhält er bereits hierfür eine 3,0 Gebühr. Es ist unerheblich, ob der Schuldner den Insolvenzplan bereits zusammen mit dem Eröffnungsantrag nach § 218 I 2 InsO oder erst später auch § 218 I 3 InsO vorlegt. Ebenso unerheblich ist, ob der Anwalt an der Erstellung des Insolvenzplans mitgewirkt hat. Es genügt, daß er im Verfahren denjenigen Schuldner irgendwie vertritt, der den Plan vorlegt, Enders JB **99**, 117. Soweit der Anwalt wegen des Insolvenzplans des Schuldners nur außergerichtlich tätig wird, ist VV 3319 unanwendbar und (jetzt) VV 2300 anwendbar, Enders JB **99**, 117. Die 3,0 Gebühr tritt zu etwaigen weiteren Gebühren nach VV 3313–3316, 3320 ff hinzu. Der Vertretungsumfang ist unerheblich.

5) Gegenstandswert. Der Gegenstandswert richtet sich nach § 28. 7

Nr.	Gebührentatbestand	Gebühr oder Satz der Gebühr nach § 13 RVG
3320	Die Tätigkeit beschränkt sich auf die Anmeldung einer Insolvenzforderung: Die Verfahrensgebühr 3317 beträgt .... Die Gebühr entsteht auch im Verteilungsverfahren nach der SVertO	0,5

1) Systematik. Die Vorschrift enthält eine gegenüber VV 3315, 3316 vorrangige 1 Sonderregelung für eine auftragsgemäße bloße Einzeltätigkeit gerade nur der Anmeldung einer Insolvenzforderung. Sie wird ergänzt durch § 28 und durch die amtliche Vorbemerkung 3.3.5. (Jetzt) VV 3313, 3314 bleiben unberührt, Enders JB **99**, 169. Natürlich bleiben auch (jetzt) VV 3100 ff anwendbar, Enders JB **99**, 170.

2) Regelungszweck. Klar erkennbarer Zweck ist eine Kostendämpfung. Man 2 kann ohnehin meinen, eine 0,5 Gebühr sei im ziemlich begrenzten Geltungsbereich nach Rn 3 schon recht großzügig bemessen, verglichen mit dem Arbeitsgrad und der Vergütung nach VV 3317. Das muß man bei der Auslegung deutlich mitbeachten.

3) Geltungsbereich. Die Vorschrift gilt nach der amtlichen Anmerkung auch im 3 Verteilungsverfahren nach der SVertO. Sie gilt nur bei der Vertretung eines Gläubigers. Sie gilt nur insoweit, als der Anwalt lediglich den Auftrag zur Anmeldung der

VV 3320, 3321 Vergütungsverzeichnis

Insolvenzforderung nach § 174 I InsO oder zu ihrem Entwurf oder ihrer Unterzeichnung hatte und demgemäß auch nur diese Tätigkeit vornimmt, Enders JB **99**, 169. Unter dieser Voraussetzung gilt VV 3320 aber auch die zugehörige Beratung des Gläubigers mit ab. Ein auf eine Beratung beschränkter Auftrag löst aber nicht die Gebühr nach VV 3320 aus, sondern nach VV 2100 ff zB diejenige nach § 34.

4   Eine über die gleichzeitig erfolgte Anmeldung einer Insolvenzforderung hinausgehende Vertretung fällt (jetzt) unter VV 3317, Enders JB **99**, 169. Das gilt auch dann, wenn man den zunächst bloßen Anmeldeauftrag später erweitert hat. Der Anmeldung der Insolvenzforderung steht die Einreichung eines solchen Urteils gleich, das eine bestrittene Forderung zur Tabelle feststellt, §§ 179–181 InsO. Hatte der Anwalt zunächst nur die Forderung angemeldet und dann nur noch das Urteil eingereicht, erhält er die Gebühr VV 3317 nur einmal, Enders JB **99**, 170, aM RS 4 (zweimal). Die Gebühr VV 3313, 3314 kann neben derjenigen nach VV 3317 entstehen.

5   **4) Gebühr.** Unter den Voraussetzungen von Rn 1, 2 entsteht eine 0,5 Gebühr. Soweit der Anwalt mehrere solche Aufträge wegen verschiedener Forderungen erhält und durchführt, die sich jeweils auf die Anmeldung einer Insolvenzforderung beschränken, kann nach der amtlichen Vorbemerkung 3.3.5 II die 0,5 Gebühr mehrfach entstehen.

6   **5) Gegenstandswert.** Der Gegenstandswert richtet sich nach § 28 I, II, LG Münst VersR **10**, 108 (also nicht nach § 28 III), oder nach § 29.

Nr.	Gebührentatbestand	Gebühr oder Satz der Gebühr nach § 13 RVG
3321	**Verfahrensgebühr für das Verfahren über einen Antrag auf Versagung oder Widerruf der Restschuldbefreiung** I Das Verfahren über mehrere gleichzeitig anhängige Anträge ist eine Angelegenheit. II Die Gebühr entsteht auch gesondert, wenn der Antrag bereits vor Aufhebung des Insolvenzverfahrens gestellt wird.	0,5

1   **1) Antrag auf Versagung oder Widerruf der Restschuldbefreiung.** Die Vorschrift erfaßt das Verfahren über einen Antrag auf eine Versagung oder einen Widerruf der Restschuldbefreiung, §§ 289, 296–298, 300, 303 InsO. Es ist unerheblich, ob der Anwalt für den antragsberechtigten Insolvenzgläubiger oder für einen anderen an diesem Verfahrensabschnitt Beteiligten tätig wird, Enders JB **99**, 170, etwa für eine der anzuhörenden Personen (Treuhänder, Schuldner). VV 3321 erfaßt die Tätigkeit im gesamten jeweiligen Verfahren einschließlich der Prüfung, ob man gegen die Entscheidung des Insolvenzgerichts ein Rechtsmittel einlegen soll. Es ist dabei keine „Vertretung" nach VV 3313–3316 Rn 6 erforderlich.

2   **2) Gebührenhöhe.** Soweit der Anwalt im Verfahren über einen Antrag nach Rn 1 tätig wird, erhält er bereits hierfür eine 0,5 Gebühr. Sie entsteht beim Antrag vor der Aufhebung des Insolvenzverfahrens, aber nach dem klaren Wortlaut der amtlichen Anmerkung II auch dann gesondert, wenn der Antrag auf eine Versagung oder auf den Widerruf erst nach der Aufhebung des Insolvenzverfahrens beim Insolvenzgericht eingeht, Enders JB **99**, 170. Das Insolvenzverfahren endet rechtlich erst mit dem Eintritt der formellen Rechtskraft der entsprechenden Gerichtsentscheidung, nicht schon mit ihrer Verkündung oder sonstigen Mitteilung. Die Gebühr gilt das gesamte Verfahren einschließlich der Prüfung ab, ob man ein Rechtsmittel einlegen soll, Enders JB **99**, 170. Bei einem nach der Beendigung eines ersten Verfahrens folgenden weiteren Verfahren kann die Gebühr erneut anfallen.

3   **3) Antragsmehrheit, amtliche Anmerkung I.** Das Verfahren über mehrere gleichzeitig anhängige Anträge ist nur eine einzige Angelegenheit. Das stellt die amtliche Anmerkung I klar.

4   **4) Gegenstandswert.** Er richtet sich nach § 28 III.

Nr.	Gebührentatbestand	Gebühr oder Satz der Gebühr nach § 13 RVG
3322	Verfahrensgebühr für das Verfahren über Anträge auf Zulassung der Zwangsvollstreckung nach § 17 Abs. 4 SVertO	0,5
3323	Verfahrensgebühr für das Verfahren über Anträge auf Aufhebung von Vollstreckungsmaßregeln (§ 8 Abs. 5 und § 41 SVertO)	0,5

Zu VV 3322, 3323:

1) Systematik. Über das schiffahrtsrechtliche Verteilungsverfahren § 59 GKG Rn 1, 2, Teil I A dieses Buchs. VV 3313, 3314, 3317, 3320, 3322, 3323 bilden nach der amtlichen Vorbemerkung 3.3.5 I formell vorrangige Sonderregeln. Sie sind der Sache nach keine durchweg eigenen Lösungen. Davon machen VV 3322, 3323 Ausnahmen. — 1

2) Regelungszweck. Auch hier besteht natürlich die Notwendigkeit einer angemessenen Vergütung. Man darf nicht durch zu enge Auslegung zusätzliche Vergütungsprobleme schaffen. — 2

3) Geltungsbereich. Die Vorschriften erfassen nur die Berufstätigkeit des Anwalts im Zusammenhang mit in ihnen genannten Verfahren nach der SVertO, sei es für den Antragsteller (Schuldner), einen Gläubiger oder einen am Verfahren beteiligten Dritten. Es ist keine „Vertretung" nach VV 3313–3316 Rn 5 erforderlich. — 3

Die Vorschriften sind nach § 1 Rn 46 unanwendbar, soweit der Anwalt als *Sachwalter* nach § 9 SVertO tätig wird. Wegen der Tätigkeit eines Anwalts für diesen Sachwalter Einf 3 vor VV 3313.

    A. Zulassung der Zwangsvollstreckung, VV 3322. Vgl § 18 Rn 59. — 4

    B. Antrag auf Aufhebung usw, VV 3323. Vgl § 18 Rn 60. — 5

4) Gebührenhöhe. Es entsteht jeweils eine 0,5 Verfahrensgebühr. Sie entsteht für jeden Auftrag gesondert, also bei einer Vertretung mehrerer Gläubiger mit verschiedenen Forderungen mehrfach, amtliche Vorbemerkung 3.3.5 II. — 6

5) Gegenstandswert. Es gilt § 29. — 7

Unterabschnitt 6. Sonstige besondere Verfahren

(Amtliche) Vorbemerkung 3.3.6:
¹Die Terminsgebühr bestimmt sich nach Abschnitt 1, soweit in diesem Unterabschnitt nichts anderes bestimmt ist. ²Im Verfahren über die Prozesskostenhilfe bestimmt sich die Terminsgebühr nach den für dasjenige Verfahren geltenden Vorschriften, für das die Prozesskostenhilfe beantragt wird.

Nr.	Gebührentatbestand	Gebühr oder Satz der Gebühr nach § 13 RVG
3324	Verfahrensgebühr für das Aufgebotsverfahren	1,0

    Schrifttum: *Klüsener* JB **16**, 281 (Üb).

Gliederung

1) Systematik	1
2) Regelungszweck	2
3) Geltungsbereich	3, 4
A. Anwendbarkeit	3
B. Unanwendbarkeit	4
4) Gebühren	5, 6
A. Verfahrensgebühr	5
B. Terminsgebühr, amtliche Vorbemerkung 3.3.6 ...	6

VV 3324

5) Gegenstandswert 7
6) Kostenerstattung 8

1   **1) Systematik.** Die Vorschrift enthält zusammen mit der Terminsgebühr VV 3332 und der dazugehörigen amtlichen Vorbemerkung 3.3.6 vorrangige Sonderregeln. Für den Begriff Verfahrensgebühr ist allerdings der Sache nach die entsprechende Vorschrift VV 3100 mit maßgeblich. VV 1000, 1008 sind anwendbar.

2   **2) Regelungszweck.** Zwecks Kostengerechtigkeit stellt die Vorschrift den Anwalt wegen seiner meist schwierigen Arbeit in VV 3324 besser als in anderen Verfahrensarten des Unterabschnitts 6. Das mag zwar den tatsächlichen Problemen wenig gerecht werden. Man muß diese Lösung aber hinnehmen, wie oft bei Pauschalgebühren. Man darf sie auch nicht im Auslegungsweg unterlaufen.

3   **3) Geltungsbereich.** Man trifft zweckmäßig die folgende Unterscheidung.

   A. Anwendbarkeit. Die Vorschrift regelt die Vergütung des Anwalts in einem Aufgebotsverfahren nach §§ 433 ff FamFG. Es ist unerheblich, ob das FamFG für dieses Verfahren nach dem Bundesrecht oder nach dem Landesrecht gilt. Es kommt auch nicht darauf an, ob der Anwalt den Antragsteller, einen Antragsgegner oder einen sonstigen Beteiligten vertritt, der ein Recht anmeldet. Die Vorschrift gilt darüber hinaus für jedes gerichtliche Aufgebotsverfahren im Bereich des Teils 3, vgl dessen amtliche Überschrift.

4   **B. Unanwendbarkeit.** Die Vorschrift ist in folgenden Fällen unanwendbar: Es handelt sich um geht um eine private Aufforderung an den Nachlaßgläubiger nach § 2061 BGB im Gegensatz zum amtlichen Aufgebot nach §§ 454 ff FamFG. Dann ist VV 2300 anwendbar; es geht um die Kraftloserklärung einer Aktie nach § 72 AktG, um die Kraftloserklärung einer Vollmacht nach § 176 BGB, um die Kraftloserklärung eines Erbscheins nach § 2361 BGB, um das Verfahren wegen einer Todeserklärung. Dann ist VV 2300 anwendbar; es geht um eine Tätigkeit nach dem Ende des gerichtlichen Aufgebotsverfahrens.

5   **4) Gebühren.** Es gibt mehrere Gebührenarten.

   A. Verfahrensgebühr. Die Vorschrift ist mit VV 3100 vergleichbar. Sie gilt nach der amtlichen Vorbemerkung 3 II den Betrieb dieses Aufgebotsverfahrens einschließlich der Zahlungssperre nach § 480 FamFG bis auf den Geltungsbereich der Terminsgebühr VV 3332 ab. Es handelt sich also um eine Pauschgebühr nach Einl II A 9. Sie entsteht, sobald der Anwalt eine Tätigkeit im Hinblick auf ein Aufgebotsverfahren beginnt, zB bereits mit der auftragsgemäßen Entgegennahme der Information. Der weitere Ablauf des Verfahrens ist für die Entstehung der Verfahrensgebühr grundsätzlich unerheblich. Mehrere Anträge usw innerhalb desselben Verfahrens begründen nach § 15 II 1 nur eine einzige Verfahrensgebühr. Jedes zunächst einzelne Verfahren läßt seine Gebühren auch nach einer etwa erfolgten Verbindung bestehen. Natürlich liegt ab einer solchen Verbindung nur noch *ein* Verfahren vor. Das Aufgebotsverfahren endet mit dem Ausschließungsbeschluß nach § 439 FamFG. Eine erst anschließende Tätigkeit gehört nicht mehr zum Aufgebotsverfahren.

   Vorzeitige Auftragsbeendigung führt allerdings nach VV 3337 zur Ermäßigung der Verfahrensgebühr auf 0,5 Gebühr.

6   **B. Terminsgebühr, amtliche Vorbemerkung 3.3.6.** Neben VV 3324 entsteht unter den Voraussetzungen der amtlichen Vorbemerkung 3 III und VV 3332 evtl eine Terminsgebühr. Der Anwalt braucht also nicht während der gesamten Terminsdauer mitgewirkt zu haben. Der weitere Ablauf des Verfahrens ist unerheblich. Vgl auch die amtliche Vorbemerkung 3.3.6.

   Vorzeitige Auftragsbeendigung kann auch hier nach VV 3337 zur Ermäßigung der Terminsgebühr auf 0,5 Gebühr führen.

7   **5) Gegenstandswert.** Maßgebend ist das Interesse des Auftraggebers am Aufgebot. Man muß es nach § 3 ZPO ermitteln, Anh I § 48 GKG, Teil I A dieses Buchs. Denn das FamGKG ist auf das Aufgebotsverfahren unanwendbar. Es kommt auf das Objekt des Aufgebots an. Bei der Ausschließung eines Grundeigentümers ist der Wert des Grundstücks maßgeblich, beim Ausschluß eines Schiffseigners der Wert des Schiffes.

Vergütungsverzeichnis **3324–3326 VV**

Bei einem Inhaberpapier kommt es auf den Betrag der Forderung an. Bei einer Hypothek, Grundschuld oder Rentenschuld sind grundsätzlich 10–20% des Werts ansetzbar, soweit nicht der Grundstückswert usw geringer ist, LG Bln Rpfleger **88**, 549. Bei der Kraftloserklärung einer Urkunde kann der Kurswert maßgeblich sein. Bei einer Zahlungssperre kann man 20% der Hauptsache ansetzen. Man muß stets mitbeachten, daß ein Aufgebot nicht das Recht selbst geltend macht, sondern nur dessen Fortbestand sichern soll.

6) Kostenerstattung. Sie richtet sich nach §§ 80 ff FamFG.   8

Nr.	Gebührentatbestand	Gebühr oder Satz der Gebühr nach § 13 RVG
3325	Verfahrensgebühr für Verfahren nach § 148 Abs. 1 und 2, §§ 246 a, 319 Abs. 6 des Aktiengesetzes, auch i. V. m. § 327 e Abs. 2 des Aktiengesetzes, oder nach § 16 Abs. 3 UmwG	0,75

1) Systematik, Regelungszweck. Es handelt sich um eine für ihren Geltungsbereich vorrangige Sonderregel. Ihre Notwendigkeit oder zumindest Zweckmäßigkeit folgt aus der besonderen Art der dort genannten Verfahrensarten und den erheblichen Anforderungen an den Anwalt in diesem Geltungsbereich. Als eine Sonderbestimmung ist VV 3325 eng auslegbar. Die Auslegungsgrundsätze zu VV 3100 bleiben freilich trotz des Fehlens einer Verweisung dem Grunde nach auf VV 3100 unberührt.   1

2) Geltungsbereich. Die Vorschrift gilt in den in § 53 GKG Rn 11, Teil I A dieses Buchs, erläuterten Fällen der §§ 148 I, II, 246 a, 319 VI AktG, auch in Verbindung mit § 327 e II AktG, ferner des § 16 III UmwG. Die Verfahrensgebühr entsteht bei jeder auftragsgemäßen Tätigkeit im Verfahren zur Herbeiführung eines Beschlusses über die Zulässigkeit der Eintragung einer Verschmelzung oder Eingliederung oder Übertragung in das Handelsregister usw. Die Gebühr entsteht ab einer auftragsgemäßen Entgegennahme der Information unabhängig vom Umfang der Tätigkeit. Auftraggeber kann jeder Verfahrensbeteiligte sein. Die Verfahrensgebühr gilt als eine Pauschale nach Einl II A 9 das ganze Verfahren ab.   2
Unanwendbar ist VV 3325 auf ein Klageverfahren oder auf ein Eintragungsverfahren. Dann gelten jeweils VV 3100 ff. Bei einer sofortigen Beschwerde nach § 319 VI 5 AktG, § 16 III 5 UmwG sind VV 3500 ff anwendbar.

3) Gebühren. Der Anwalt erhält 0,75 Gebühr. Es kann daneben eine 0,5 Terminsgebühr VV 3332 und theoretisch eine Einigungsgebühr VV 1000 entstehen, aM GSchm 6. VV 1008 ist anwendbar. Eine Anrechnung erfolgt nicht. Das Hauptsacheverfahren ist eine besondere Angelegenheit.   3
Vorzeitige Beendigung des Auftrags kann nach VV 3337 zur Ermäßigung auf 0,5 Gebühr führen.

4) Gegenstandswert. Es gelten §§ 23, 53 I 1 Z 4, 5, I 2 GKG, Teil I A dieses Buchs. Man muß den Wert also nach § 3 ZPO bestimmen, Anh I § 48 GKG. Meist reichen 10% des Grund- oder Stammkapitals des übertragenden oder 10% des Vermögens, RS 144.   4

5) Fälligkeit; Kostenschuldner. Die Fälligkeit richtet sich nach § 8.   5
Kostenschuldner ist wie stets der Auftraggeber.

6) Kostenerstattung. Die Erstattungsfähigkeit richtet sich nach §§ 91 ff ZPO.   6

Nr.	Gebührentatbestand	Gebühr oder Satz der Gebühr nach § 13 RVG
3326	Verfahrensgebühr für Verfahren vor den Gerichten für Arbeitssachen, wenn sich die Tätigkeit auf eine gerichtliche Entscheidung über die Bestimmung einer Frist (§ 102 Abs. 3 des Arbeitsgerichtsgesetzes), die	

VV 3326, 3327

Nr.	Gebührentatbestand	Gebühr oder Satz der Gebühr nach § 13 RVG
	Ablehnung eines Schiedsrichters (§ 103 Abs. 3 des Arbeitsgerichtsgesetzes) oder die Vornahme einer Beweisaufnahme oder einer Vereidigung (§ 106 Abs. 2 des Arbeitsgerichtsgesetzes) beschränkt	0,75

1 **1) Systematik. Regelungszweck.** Es handelt sich um eine vorrangige Sonderregelung. Ergänzend sind §§ 16 Z 11, 36 I Z 2 sowie VV 3100 ff, 3327 anwendbar. Bezweckt wird nach § 16 Z 9 eine gesonderte Vergütung der abschließend genannten eng auslegbaren Tätigkeiten, falls der Anwalt im arbeitsgerichtlichen Verfahren eben nur eine dieser Tätigkeiten ausübt und nicht als VerfBev gemäß § 36 I Z 2 nach VV 3100 ff und insbesondere auch nach VV 3104 tätig wird. Als Verfahrensgebühr gilt VV 3326 auch dann nur einmal, wenn mehrere dieser letzteren Einzeltätigkeiten zusammentreffen. Wegen einer Terminsgebühr vgl VV 3332.

2 **2) Geltungsbereich.** Die Vorschrift erfaßt jede der folgenden Situationen.
A. Fristbestimmung, § 102 III 1. Alt. ArbGG. Es geht um folgendes: Nicht die Streitparteien, sondern die Parteien des Schiedsvertrags haben die Mitglieder des Schiedsgerichts zu ernennen, aber nicht ernennt. Ein Beteiligter beantragt nun beim Vorsitzenden des mangels eines Schiedsvertrags sonst zuständigen ArbG nach § 102 II Z 2, III ArbGG eine Fristsetzung zur Bildung des Schiedsgerichts.

3 **B. Fristbestimmung, § 102 III 2. Alt. ArbGG.** Es kann auch um im folgenden gehen: Das Schiedsgericht verzögert sein Verfahren. Ein Beteiligter beantragt nun eine dem Fall Rn 2 entsprechende Fristsetzung.

4 **C. Ablehnung eines Schiedsrichters, § 103 III ArbGG.** Es kann sich ferner um folgendes handeln: Ein Mitglied des Schiedsgerichts ist nach § 103 II ArbGG für befangen erklärt worden, und nun muß das ArbG nach § 103 III ArbGG über das Ablehnungsgesuch entscheiden.

5 **D. Beweisaufnahme, Vereidigung, § 106 II ArbGG.** Es kann schließlich um eine erforderliche, aber dem Schiedsgericht nicht mögliche Beweisaufnahme nach § 106 II 1 ArbGG gehen oder nach § 106 II 2 ArbGG um eine ihm ja verwehrte Beeidigung eines Zeugen oder Sachverständigen oder um eine eidliche Parteivernehmung. Eine eidesgleiche Bekräftigung steht dem Eid hier gleich.

6 **3) Gebührenhöhe.** Es entsteht als Verfahrensgebühr nach Rn 1 insgesamt nur einmal eine 0,75 Gebühr. Sie entsteht mit der auftragsgemäßen Entgegennahme der Information. Sie gilt als eine Pauschale nach Einl II A 9 die gesamte auftragsgemäße Einzeltätigkeit ab. Es ist unerheblich, ob der Anwalt in diesem gerichtlichen Verfahren auch nach außen tätig wird und welcher Verfahrensbeteiligte sein Auftraggeber ist. Wegen der Terminsgebühr gilt VV 3332.
Vorzeitige Beendigung des Auftrags kann nach VV 3337 zur Ermäßigung auf 0,5 Gebühr führen.

7 **4) Fälligkeit.** Sie richtet sich nach § 8.

8 **5) Kostenschuldner.** Das ist der Auftraggeber, wie stets.

Nr.	Gebührentatbestand	Gebühr oder Satz der Gebühr nach § 13 RVG
3327	Verfahrensgebühr für gerichtliche Verfahren über die Bestellung eines Schiedsrichters oder Ersatzschiedsrichters, über die Ablehnung eines Schiedsrichters oder über die Beendigung des Schiedsrichteramts, zur Unterstützung bei der Beweisaufnahme oder bei der Vornahme sonstiger richterlicher Handlungen anlässlich eines schiedsrichterlichen Verfahrens	0,75

3327 VV

Gliederung

1) Systematik, Hs 1–4 1
2) Regelungszweck, Hs 1–4 2
3) Geltungsbereich, Hs 1–4 .... 3, 4
4) Beschränkung auf Einzeltätigkeit, Hs 1–4 5–9
   A. Bestellung eines Schiedsrichters oder Ersatzschiedsrichters, Hs 1 6
   B. Ablehnung eines Schiedsrichters, Hs 2 7
   C. Beendigung des Schiedsrichteramts, Hs 3 8
   D. Unterstützung bei Beweisaufnahme, sonstige richterliche Handlung, Hs 4 9
5) Gebühren, Hs 1–4 10–13
   A. Verfahrensgebühr, V 3327 11
   B. Terminsgebühr, VV 3332 12
   C. Einigungsgebühr, VV 1000 13
6) Gegenstandswert, Hs 1–4 14
7) Kostenerstattung, Hs 1–4 15

1) Systematik, Hs 1–4. Die Vorschrift enthält eine gegenüber § 34 vorrangige **1** Sonderregelung in ihrem Geltungsbereich. Innerhalb des Geltungsbereichs faßt sie die mit je 0,75 Gebühr vergüteten Tätigkeiten zusammen. Daneben muß man die Ermäßigung auf 0,5 Gebühr bei einer vorzeitigen Auftragsbeendigung nach VV 3336 beachten. Daneben bleiben alle allgemeinen Vorschriften des RVG anwendbar.

2) Regelungszweck, Hs 1–4. Er besteht in einer angemessen, aber auch nicht **2** ausufernden Vergütung derjenigen Tätigkeiten im Zusammenhang mit Verfahren nach §§ 796a–c ZPO einerseits, §§ 1025ff ZPO andererseits, die erfahrungsgemäß eine erhebliche Arbeit mit sich bringen. Vgl ferner Rn 3.

3) Geltungsbereich, Hs 1–4. VV 3327 erfaßt nur diejenige Anwaltstätigkeit, die **3** im Zusammenhang mit einem zumindest schiedsrichterlichen Verfahren nach §§ 1025ff ZPO nun vor dem Staatsgericht erfolgt. VV 3327 erfaßt alle Tätigkeiten im schiedsrichterlichen Verfahren. Man sollte die Vorschrift entsprechend weit auslegen.

Unanwendbar ist VV 3327 auf den für das gesamte schiedsrichterliche Verfahren gemäß § 36 I Bevollmächtigten, § 16 Z 8. Ebensowenig gilt VV 3327 bei der Vollstreckbarerklärung eines Schiedsspruchs nach §§ 1059ff ZPO oder eines Anwaltsvergleichs nach § 796a ZPO. Dann gelten VV 3100ff, Kblz MDR **10**, 778.

Es kommt *nicht* auf den Schwierigkeitsgrad und nicht auf den Erfolg an, soweit **4** nicht VV 3100ff insoweit Besonderheiten aufweisen. Denn VV 3327 enthält keine Erfolgsgebühren, sondern Verfahrensgebühren. Mehrere Verfahren I können mehrere Gebühren(gruppen) auslösen, wie stets, aM RS 148.

4) Beschränkung auf Einzeltätigkeit, Hs 1–4. Es ergeben sich die folgenden **5** Aspekte.

A. Bestellung eines Schiedsrichters oder Ersatzschiedsrichters, Hs 1. Es **6** geht nur um eine Bestellung nach §§ 1034 II, 1035 III, IV, 1039 ZPO. Es gilt dasselbe wie § 16 Rn 23.

B. Ablehnung eines Schiedsrichters, Hs 2. Es geht nur um eine Ablehnung **7** nach § 1037 III ZPO. Es gilt dasselbe wie § 16 Rn 24.

C. Beendigung des Schiedsrichteramts, Hs 3. Es geht nur um eine Beendi- **8** gung nach § 1038 I 2 ZPO. Es gilt dasselbe wie § 16 Rn 25.

D. Unterstützung bei Beweisaufnahme, sonstige richterliche Handlung, **9** **Hs 4.** Es geht nur um einen Vorgang nach § 1050 ZPO. Es gilt dasselbe wie bei § 16 Rn 26.

5) Gebühren, Hs 1–4. Es können nebeneinander die folgenden Gebühren entste- **10** hen.

A. Verfahrensgebühr, VV 3327. Sie entsteht mit jeder auftragsgemäßen Tätigkeit **11** des Anwalts für einen Verfahrensbeteiligten. Sie gilt den gesamten Geschäftsbetrieb ab der auftragsgemäßen Einholung der Information für das Verfahren ab. Es ist nicht erforderlich, daß die Tätigkeit im Verfahren nach außen in Erscheinung tritt.

Soweit sich der Auftrag des Anwalts vor der Einreichung des schriftlichen Antrags oder vor seiner Formulierung in einer mündlichen Verhandlung *erledigt*, muß man die

VV 3327, 3328

Ermäßigung nach VV 3337 beachten. Der Anwalt des Antragsgegners erhält dann die volle Verfahrensgebühr, wenn er einen solchen Schriftsatz eingereicht hat, der den in VV 3337 I genannten Merkmalen entspricht. Soweit das Gericht durch einen Beschluß entscheidet, entsteht keine weitere Gebühr.

12   **B. Terminsgebühr, VV 3332.** Sie entsteht unter den Voraussetzungen VV 3332 in jedem der in VV 3327 genannten Verfahren vor dem Staatsgericht. Das gilt zB bei der Wahrnehmung eines Termins mit der Vernehmung eines Zeugen oder Sachverständigen.

13   **C. Einigungsgebühr, VV 1000.** Schließlich kann eine Einigungsgebühr nach VV 1000 entstehen. Die Parteien müssen sich allerdings in der Sache selbst einig werden. Eine Einigung nur über die Vollstreckbarkeit ist unzulässig und unwirksam. Sie kann keine Einigungsgebühr auslösen.

Ein solcher *Schiedsspruch mit vereinbartem Wortlaut* nach § 1053 ZPO, den dort I selbst als „Vergleich" bezeichnet, zählt nur indirekt hierher. Soweit die Parteien vor dem Staatsgericht eine Einigung über den dortigen Verfahrensgegenstand hinaus erzielen, mag das Gericht sie zwar protokollieren. Sie unterfällt aber wohl meist den Vergütungsregeln der Schiedsvereinbarung.

14   **6) Gegenstandswert, Hs 1–4.** Vgl bei einer Ablehnung Anh I nach § 48 GKG: § 3 ZPO Rn 11, 97, Teil I A dieses Buchs, aM RS 150. Im übrigen ist der Gegenstandswert des schiedsrichterlichen Verfahrens und bei einer Beweisanordnung ihr nach § 3 ZPO zu schätzender Wert maßgebend.

15   **7) Kostenerstattung, Hs 1–4.** Soweit das Schiedsgericht oder beim Anwaltsvergleich die Parteien eine Kostengrundentscheidung treffen, ist diese maßgeblich und unter einer Mitbeachtung von §§ 91 ff ZPO auslegbar, insbesondere von § 98 ZPO.

Nr.	Gebührentatbestand	Gebühr oder Satz der Gebühr nach § 13 RVG
3328	**Verfahrensgebühr für Verfahren über die vorläufige Einstellung, Beschränkung oder Aufhebung der Zwangsvollstreckung oder die einstweilige Einstellung oder Beschränkung der Vollstreckung und die Anordnung, dass Vollstreckungsmaßnahmen aufzuheben sind** [1]Die Gebühr entsteht nur, wenn eine abgesonderte mündliche Verhandlung hierüber oder ein besonderer gerichtlicher Termin stattfindet. [2]Wird der Antrag beim Vollstreckungsgericht und beim Prozessgericht gestellt, entsteht die Gebühr nur einmal.	0,5

Gliederung

1) Systematik	1
2) Regelungszweck	2
3) Geltungsbereich	3
4) Vorläufige Einstellung usw	4, 5
A. Abgesonderte mündliche Verhandlung oder besonderer gerichtlicher Termin	4
B. Erscheinen des Anwalts	5
5) Gebühren	6–8
A. Verfahrensgebühr, VV 3328	6
B. Terminsgebühr, VV 3332	7
C. Einigungsgebühr, VV 1000	8
6) Gegenstandswert	9
7) Kostenerstattung	10

1   **1) Systematik.** Nach § 19 I 2 Z 11 gehört die vorläufige Einstellung, Beschränkung oder Aufhebung der Zwangsvollstreckung zum Rechtszug, soweit nicht hierüber eine abgesonderte mündliche Verhandlung stattfindet, Naumb JB **02**, 531, VGH Kassel NJW **08**, 679. Der ProzBev nach § 81 ZPO erhält also mangels einer beson-

deren mündlichen Verhandlung zwecks einer Kostendämpfung keine besondere Gebühr, Naumb JB **02**, 531, VGH Kassel NJW **08**, 679. Das gilt nach VV 3101 Z 1 auch dann, wenn sich sein Auftrag vorzeitig erledigt. Demgegenüber regelt VV 3328 zusammen mit VV 3332 eine diesbezügliche besondere mündliche Verhandlung nach der ZPO oder einen besonderen gerichtlichen Termin im FamFG-Verfahren. Es handelt sich insofern um eine vorrangige Sonderregelung. Das folgt auch aus der gegenüber § 19 I 2 Z 11 klärenden amtlichen Anmerkung S 1. Die Vorschrift ist deshalb eng auslegbar, Brdb Rpfleger **95**, 383, Mü AnwBl **95**, 197.

2) Regelungszweck. Die Vorschrift bezweckt eine mit den besonderen Anforderungen an eine Verhandlung oder einen Termin mit ihren Notwendigkeiten einer raschen Reaktion verbundene angemessene Vergütung einer solchen Zusatztätigkeit. 2

3) Geltungsbereich. Soweit das Gericht der Hauptsache und entweder nur dieses oder zumindest auch dieses also über die vorläufige Einstellung, Beschränkung oder Aufhebung der Zwangsvollstreckung eine abgesonderte mündliche Verhandlung oder im FamFG-Verfahren einen besonderen Termin anordnet, ist VV 3328 anwendbar. Die Vorschrift bezieht sich dann auf jede Einstellung- usw im Gesamtbereich VV Teil 3, zB nach §§ 707, 719, 769, 770, 771 III, 785, 786, 805 IV, 810 II, 924 III ZPO. Sie gilt auch dann, wenn eine mündliche Verhandlung dem Gericht freisteht, sofern sie dann nur eben stattfindet, zB bei §§ 570 III, 732 II, 1065 II ZPO. 3

Unanwendbar ist VV 3328 allerdings auf ein Verfahren nach § 718 ZPO. Vielmehr gilt dann nach Rn 2 stets (jetzt) § 19 I 2 Z 11, Hamm MDR **75**, 501, Mü AnwBl **95**, 197. Das entspricht dem Ausnahmecharakter des VV 3328.

4) Vorläufige Einstellung usw. Es müssen die folgenden Voraussetzungen zusammentreffen. 4

A. Abgesonderte mündliche Verhandlung oder besonderer gerichtlicher Termin. Grundsätzlich muß das Gericht über die vorläufige Einstellung, Beschränkung oder Aufhebung der Zwangsvollstreckung nach Rn 1 gerade eine abgesonderte mündliche Verhandlung oder einen besonderen Termin angeordnet haben. Diese abgesonderte Verhandlung oder dieser besondere Termin müssen auch tatsächlich stattgefunden haben, Naumb JB **02**, 531.

Soweit *keine* abgesonderte mündliche Verhandlung oder kein besonderer Termin stattfindet, kann der Anwalt nach VV 3328 allerdings für denjenigen Anwalt entstehen, der einen Auftrag nur wegen des Verfahrens auf die vorläufige Einstellung usw hat, LG Stade RR **13**, 128. Sofern er später einen Auftrag wegen der Hauptsache erhält, muß man dann allerdings § 15 V beachten, LG Stade RR **13**, 128.

B. Erscheinen des Anwalts. Der Anwalt muß in der vom Gericht angeordneten abgesonderten mündlichen Verhandlung oder im besonderen Termin auch vertretungsbereit erscheinen. Das ergibt sich aus der amtlichen Anmerkung S 1. Sofern er lediglich auftragsgemäß eine Information entgegennimmt und außerdem nur etwa auch den Antrag auf eine vorläufige Einstellung usw gefertigt und eingereicht hat, ist VV 3328 unanwendbar. Sofern sich der Auftrag vor dem Beginn der abgesonderten mündlichen Verhandlung oder des besonderen Termins erledigt hat, ist VV 3103 Z 1 nach der amtlichen Vorbemerkung 3.1 I anwendbar (keine Besonderheit im Abschnitt 4). Es reicht aus, daß der Anwalt beim Beginn der abgesonderten mündlichen Verhandlung usw anwesend und zur Mitwirkung an der Verhandlung usw bereit ist. 5

5) Gebühren. Es kann jede der folgenden Gebühren entstehen. 6
A. Verfahrensgebühr, VV 3328. Eine 0,5 Gebühr entsteht, sobald eine abgesonderte mündliche Verhandlung oder ein besonderer Termin stattfindet. Diese „Verfahrensgebühr" des VV 3328 ist gleichwohl keine Terminsgebühr. Sie unterliegt daher nicht den Bedingungen der amtlichen Vorbemerkung 3 III. Das tut erst die „Terminsgebühr" VV 3332. Soweit der Anwalt oder der Gegner einen Antrag beim Vollstreckungs- und beim Prozeßgericht oder Familiengericht gestellt hatte, zB nach §§ 769 II, 771 III ZPO, erhält der Anwalt die 0,5 Verfahrensgebühr nach der amtlichen Anmerkung S 2 nur einmal. Das erklärt sich daraus, daß der Anwalt für seine Tätigkeit beim Vollstreckungsgericht bereits eine Verfahrensgebühr VV 3309 verdient hat.

VV 3328, 3329 Vergütungsverzeichnis

Er erhält diese Gebühr VV 3309 allerdings auch bei einer abgesonderten *mündlichen Verhandlung* oder einem besonderen Termin nicht nochmals. Daher entsteht dann nur die Terminsgebühr VV 3331 zusätzlich.

Im übrigen erhält der Anwalt nach § 19 I 2 Z 11 eine besondere Gebühr für die *Einstellung* usw auch bei einer sonstigen Tätigkeit in der Vollstreckungsinstanz. Die Verfahrensgebühr entfällt nach Rn 1, VV 3101 Z 1 dann, wenn sich der Auftrag vor dem Erscheinen des Anwalts in der abgesonderten mündlichen Verhandlung oder im besonderen Termin erledigt.

Unanwendbar ist VV 3337 mit der dortigen Ermäßigung. Denn jene Vorschrift nennt nicht auch VV 3328.

7 B. **Terminsgebühr, VV 3332.** Diese Vorschrift erfaßt auch VV 3328. Für die Terminsgebühr gilt die amtliche Vorbemerkung 3 III. Vgl im einzelnen bei VV 3332.

8 C. **Einigungsgebühr, VV 1000.** Sie kann stets hinzutreten.

9 6) **Gegenstandswert.** Vgl Anh I nach § 48 GKG: § 3 ZPO Rn 145, Teil I A dieses Buchs.

10 7) **Kostenerstattung.** Im Rahmen von §§ 91 ZPO, 80 ff FamFG sind die Kosten als Teil der Prozeß- oder Verfahrenskosten erstattungsfähig, Mü Rpfleger 87, 36.

Nr.	Gebührentatbestand	Gebühr oder Satz der Gebühr nach § 13 RVG
3329	Verfahrensgebühr für Verfahren auf Vollstreckbarerklärung der durch Rechtsmittelanträge nicht angefochtenen Teile eines Urteils (§§ 537, 558 ZPO)	0,5

1 1) **Systematik.** Das Berufungsgericht muß wegen § 705 ZPO ein nicht oder nicht unbedingt für vorläufig vollstreckbar erklärtes Ersturteil, soweit die Berufungsanträge es nicht anfechten, auf Grund eines Antrags durch einen Beschluß für vorläufig vollstreckbar erklären, § 537 I 1 ZPO, Mü MDR 92, 1087. Entsprechendes gilt für den nicht angefochtenen Teil eines Berufungsurteils, § 558 S 1 ZPO. Nur diese beiden Fälle unterfallen VV 3329, nicht eine sonstige vorläufige Vollstreckbarerklärung.

Dann ist für die Tätigkeit des Anwalts in dem Verfahren auf die Vollstreckbarerklärung des nicht angefochtenen Teils des Urteils VV 3329 anwendbar. Das gilt auch dann, wenn der Rechtsmittelkläger das zunächst nur auf einen *Teil des Ersturteils* erstreckte Rechtsmittel auf einen anderen Teil des Ersturteils ausdehnt.

Wenn er dagegen das Rechtsmittel nachträglich auf das *ganze Ersturteil* ausdehnt oder wenn die Parteien den ganzen nicht angefochtenen Urteilsteil in einen Vergleich einbeziehen, ist (jetzt) § 19 I 2 Z 9 anwendbar, Mü MDR 92, 1087.

2 2) **Regelungszweck.** Die Vorschrift bezweckt eine ausreichende Vergütung für eine zusätzliche Tätigkeit des Rechtsmittelanwalts. Das muß man bei der an sich nötigen engen Auslegung dieser Sondervorschrift mitbeachten.

3 3) **Geltungsbereich.** Vgl Rn 1. Den Auftrag kann jeder Verfahrensbeteiligte erteilen.

4 4) **Gebühr.** Im Verfahren auf die Vollstreckbarerklärung des nicht angefochtenen Teils des Ersturteils erhält der Anwalt eine 0,5 Verfahrensgebühr. Diese Gebühr entsteht mit der ersten auftragsgemäßen Tätigkeit, meist mit der Entgegennahme der Information. Sie ist vom Umfang der Tätigkeit unabhängig. Sie gilt als eine Pauschale nach Einl II A 9 grundsätzlich die gesamte Tätigkeit im Verfahren auf die Vollstreckbarerklärung ab. Düss AnwBl 80, 159, ebenso zur Vorauflage § 15 III. Bei einer Rechtsmittelerweiterung findet eine Anrechnung von VV 3329 auf die im Rechtsmittelverfahren zur Hauptsache nun erhöhten Gebühren nach §§ 15 II, 19 I 2 Z 9 statt.

5 Eine *Terminsgebühr* kann freilich nach VV 3332 hinzutreten. Eine *Einigungsgebühr* kann unter den Voraussetzungen VV 1000, 3101 Z 2 entstehen. Dann ist freilich

Vergütungsverzeichnis **3329, 3330 VV**

VV 3329 daneben unanwendbar, Hbg MDR **82**, 945. Es tritt keine Ermäßigung ein, Mü JB **93**, 156.

5) Gegenstandswert. Maßgeblich ist der Wert desjenigen nicht angefochtenen **6** Teils des Ersturteils, auf den sich der Antrag auf eine Vollstreckbarerklärung im Zeitpunkt der Entscheidung des Gerichts erstreckt, (je zum alten Recht) LG Bonn JB **01**, 252, GSchm 12, aM Ffm JB **96**, 312, Hamm FamRZ **94**, 248 (nur ein Bruchteil).

6) Kostenerstattung. Sie ergibt sich aus der notwendigen oder doch mindestens **7** zulässigen und ratsamen gesonderten Kostengrundentscheidung des Beschlusses des Rechtsmittelgerichts im Verfahren nach § 537 I oder § 558 S 1 ZPO, Mü JB **93**, 156, Schlesw SchlHA **80**, 188.

Nr.	Gebührentatbestand	Gebühr oder Satz der Gebühr nach § 13 RVG
3330	**Verfahrensgebühr für Verfahren über eine Rüge wegen Verletzung des Anspruchs auf rechtliches Gehör**	in Höhe der Verfahrensgebühr für das Verfahren, in dem die Rüge erhoben wird, höchstens 0,5, bei Betragsrahmengebühren höchstens 220,00 €

Gliederung

1) Systematik	1
2) Regelungszweck	2
3) Geltungsbereich	3
4) Gebühren	4–6
A. Verfahrensgebühr	4
B. Terminsgebühr	5
C. Einigungsgebühr	6
5) Gegenstandswert	7
6) Kostenerstattung	8

1) Systematik. Es handelt sich um eine neben § 19 I 2 Z 5 Hs 2 stehende und in **1** ihrem Geltungsbereich vorrangige Sondervorschrift.

2) Regelungszweck. Die Vorschrift dient der Kostengerechtigkeit. Auch der nur **2** in ihrem Geltungsbereich tätige Anwalt arbeitet nicht umsonst. Das nicht gerade einfache Verfahren wegen Verletzung des Anspruchs auf rechtliches Gehör richtet sich nach den in § 12a Rn 4 aufgezählten Vorschriften. Es erfordert ein erhebliches Maß an Behutsamkeit, Vorsicht einerseits, Entschlossenheit des Anwalts andererseits gegenüber einem solchen Gericht, dem er immerhin einen schon der Rechtsnatur nach schweren Verstoß gegen prozessuale Grundpflichten (Beachtung des § 103 I GG) vorwerfen muß. Das erfordert eine angemessene Vergütung. Demgemäß muß man die Vorschrift auslegen.

3) Geltungsbereich. Der Anwalt darf nicht schon im bisherigen Verfahren als **3** der ProzBev oder als ein VerfBev nach § 81 ZPO tätig gewesen sein oder jetzt oder anschließend tätig werden, Enders JB **02**, 58 (Ausnahme: Terminsgebühr). Denn dann würden VV 3100ff seine Tätigkeit im Verfahren des § 12a nach §§ 15 II, 19 I 2 Z 5 Hs 2 mit abgelten. Andererseits braucht der Anwalt nicht im gesamten Verfahren des § 12a tätig geworden zu sein. Es genügt vielmehr zB ein Antrag oder ein

VV 3300–3332 Vergütungsverzeichnis

Tätigkeitsabschnitt in einem späteren Abschnitt dieses Verfahrens. Der Anwalt mag auch nur Verkehrsanwalt oder bei VV 3332 Terminsanwalt gewesen sein. Man muß dann aber § 15 VI beachten. Es ist unerheblich, ob der Anwalt den Rügeführer oder einen anderen Prozeßbeteiligten vertritt. Der Ausgang des Verfahrens ist ebenfalls unerheblich. Die Gebühr kann also auch bei einer Unstatthaftigkeit der Gehörsrüge entstehen, soweit der Anwalt nicht gesetzwidrig oder vertragswidrig handelt.

4 **4) Gebühren.** Es können zumindest die folgenden Gebühren entstehen. Eine Ermäßigung tritt nicht ein. VV 1008 ist anwendbar. Eine erneute Rüge löst erneut Gebühren aus, nicht aber eine bloße Anschlußrüge. Eine Ermäßigung nach VV 3337 findet nicht statt. Denn jene Vorschrift nennt VV 3330, 3332 nicht mit.

A. Verfahrensgebühr. Die Gebühr VV 3330 entsteht nach der amtlichen Vorbemerkung 3 II für das Betreiben des Geschäfts einschließlich einer auftragsgemäßen Einholung der Information. Darauf verweist die Gebührenspalte zusätzlich. Das Verfahren beginnt frühestens mit dem Erlaß der angeblich beanstandungsbedürftigen Entscheidung. Es endet mit der Verwerfung oder Zurückweisung der Rüge oder mit der Anordnung der Fortführung des Prozesses oder Verfahrens. Vgl im übrigen die Anmerkungen zu VV 3100. Die Höhe beträgt 0,5 Gebühr und bei einer Betragsrahmengebühr nach Einl II A 12 höchstens 220 EUR.

5 **B. Termingebühr.** Nach VV 3332 entsteht zusätzlich gerade schon und noch im Rügeverfahren eine Termingebühr unter den Voraussetzungen VV 3104. Eine Verhandlung erst nach der Beendigung des Rügeverfahrens macht für den ProzBev oder VerfBev VV 3104 wie sonst anwendbar.

6 **C. Einigungsgebühr.** Sie kann unter den Voraussetzungen VV 1000 entstehen.

7 **5) Gegenstandswert.** Man muß grundsätzlich den Wert der Hauptsache zugrundelegen, den die angefochtene Entscheidung betrifft. Bei gegenseitigen Rügen muß man deren Wert addieren.

8 **6) Kostenerstattung.** Beim Erfolg der Rüge gibt es neben der Kostengrundentscheidung des Hauptprozesses abgesehen von evtl § 96 ZPO, § 113 I 2 FamFG keine für das Rügeverfahren gesonderte Kostengrundentscheidung und folglich grundsätzlich keine Notwendigkeit eines besonderen Gegenstandswerts. Beim Mißerfolg ist nach §§ 91 ff ZPO, §§ 80 ff FamFG die etwa ergangene Kostengrundentscheidung maßgeblich. Vgl freilich § 91 II 3 ZPO.

Nr.	Gebührentatbestand	Gebühr oder Satz der Gebühr nach § 13 RVG
3331	Terminsgebühr in Verfahren über eine Rüge wegen Verletzung des Anspruchs auf rechtliches Gehör	in Höhe der Terminsgebühr für das Verfahren, in dem die Rüge erhoben wird, höchstens 0,5, bei Betragsrahmengebühren höchstens 220,00 €
3332	Terminsgebühr in den in Nummern 3324 bis 3329 genannten Verfahren	0,5

Zu VV 3331, 3332:

Vergütungsverzeichnis **3331–3333 VV**

1) Systematik. Die Vorschriften gelten zusätzlich zu VV 3324–3329 als eine der 1
Höhe nach vorrangige Sonderregelung. Ergänzend gilt die amtliche Vorbemerkung
3 III.

2) Regelungszweck. Die Vorschriften bezwecken eine den Verfahrensge- 2
bühren entsprechende Dämpfung der Kosten im Bereich der isolierten Anwaltstätigkeit nur auf den jeweiligen Einzelgebieten. So sollte man die Vorschriften handhaben.

3) Geltungsbereich. Vgl die entsprechenden Anm zu VV 3324–3329. Die Ter- 3
minsgebühr entsteht also für die Wahrnehmung einer jeden Art von Aufgebotstermin als der Vertreter des Antragstellers, eines Antragsgegners oder eines sonstwie Beteiligten. Der Termin kann nach § 32 FamFG stattfinden. Die Terminsgebühr ist grundsätzlich vom verhandlungsbereiten Erscheinen im Termin abhängig. Freilich reicht auch nach der amtlichen Vorbemerkung 3 III Hs 2 die Mitwirkung an einer Besprechung zwecks einer Vermeidung oder Erledigung des Verfahrens ohne eine Beteiligung des Gerichts und mit einem anderen Beteiligten als nur dem Auftraggeber.

Unerheblich ist, ob es zu einer streitigen oder unstreitigen oder einseitigen Verhandlung oder Erörterung kommt und ob nur Prozeß- oder Verfahrensanträge oder auch ein Sachantrag erfolgen.

Unanwendbar ist VV 3332 also zB dann, wenn das Gericht nach § 319 VI 3 AktG, § 16 III 3 UmwG ohne eine mündliche Verhandlung nach § 128 IV ZPO entscheidet.

4) Gebührenhöhe. Aus den Erwägungen Rn 2 entsteht jeweils nur eine 0,5 Ge- 4
bühr, auch wenn es in demselben Verfahren zu mehreren Terminen kommt.

5) Gegenstandswert. Es gelten dieselben Erwägungen wie bei den zugehörigen 5
Verfahrensgebühren VV 3324–3329.

Nr.	Gebührentatbestand	Gebühr oder Satz der Gebühr nach § 13 RVG
3333	Verfahrensgebühr für ein Verteilungsverfahren außerhalb der Zwangsversteigerung und der Zwangsverwaltung .... ¹Der Wert bestimmt sich nach § 26 Nr. 1 und 2 RVG. ²Eine Terminsgebühr entsteht nicht.	0,4

1) Systematik, Regelungszweck. Es handelt sich um eine Ergänzung mit einem 1
Auffangcharakter und derselben Zielsetzung wie §§ 26 ff, aber auch zur Vermeidung einer zu geringen Gesamtvergütung. Das muß man bei der Auslegung mitbeachten. VV 3309 ist anwendbar. Im etwa folgenden Prozeß nach § 878 ZPO sind VV 3100 ff anwendbar.

2) Geltungsbereich. Die Vorschrift erfaßt ein Verteilungsverfahren bei einer Ent- 2
eignung nach Artt 52, 109 EGBGB, also nach Artt 53 I, 53a II EGBGB die Festsetzung der Entschädigung des Grundstückseigentümers, falls ein am Grundstück Berechtigter einen Widerspruch gegen die Zahlung erhebt, und nach Art 53a EGBGB einen entsprechenden Entschädigungsanspruch des Eigentümers eines eingetragenen Schiffs- oder Schiffsbauwerks.

Hierher gehören ferner: Ein Verteilungsverfahren nach §§ 827, 853, 854, 858 V, 872–877, 882 ZPO; ein Entschädigungsanspruch wegen der Beschädigung eines Grundstücks durch Bergbau nach Art 67 II EGBGB; ein Entschädigungsanspruch zB nach § 119 III BauGB oder nach § 55 BLG; ein Verfahren nach § 75 II FlBereinigG; ein Verteilungsverfahren nach § 54 III LandbeschaffungsG; ein Vergleich nach der SVertO vorbehaltlich VV 3313 ff.

Unanwendbar ist VV 3333, soweit die vorrangigen VV 3311, 3313 ff für das Verteilungsverfahren anwendbar sind, amtliche Vorbemerkung 3.3.5 I, oder soweit es sich

VV 3333, 3334   Vergütungsverzeichnis

um eine nach VV 3100 ff vergütbare Tätigkeit in einem Widerspruchs- oder Bereicherungsprozeß nach § 878 ZPO handelt.

3   **3) Verfahrensgebühr.** Der Anwalt erhält für die Mitwirkung im gesamten Verteilungsverfahren eine 0,4 Gebühr. Sie entsteht mit der auftragsgemäßen Entgegennahme der Information, natürlich auch mit einem Antrag etwa nach Art 53 I 2 EGBGB, ferner zB mit der Entgegennahme einer Aufforderung zur Einreichung einer Berechnung nach § 873 ZPO, mit einer Terminswahrnehmung nach § 876 ZPO, mit einem Widerspruch nach § 877 ZPO oder mit einer anderweitigen Verteilung nach § 882 ZPO. Sie braucht aber nicht nach außen zu wirken. Eine Gebührenermäßigung tritt nicht ein. Die Gebühr gilt nach der amtlichen Vorbemerkung 3 II das Betreiben des Geschäfts einschließlich der Information ab. Sie bleibt auch bei einer außergerichtlichen Einigung bestehen. Dann kann auch VV 1000 anwendbar sein. Eine Terminsgebühr entsteht nach der amtlichen Anmerkung S 2 nicht. Eine Gebührenverringerung nach VV 3337 erfolgt nicht. Denn jene Vorschrift nennt VV 3333 nicht mit.

4   **4) Gegenstandswert.** Der Gegenstandswert richtet sich infolge der Verweisung auf § 26 Z 1, 2 nach der Person des Vertretenen. Vgl § 26 Rn 14. § 25 ist unanwendbar, aM RS 185 (aber die Verweisung der amtlichen Anmerkung S 1 ist eindeutig und vorrangig auch bei §§ 872 ff ZPO).

5   **5) Beschwerde.** Auf das Beschwerdeverfahren ist VV 3500 anwendbar.

Nr.	Gebührentatbestand	Gebühr oder Satz der Gebühr nach § 13 RVG
3334	**Verfahrensgebühr für Verfahren vor dem Prozessgericht oder dem Amtsgericht auf Bewilligung, Verlängerung oder Verkürzung einer Räumungsfrist (§§ 721, 794 a ZPO), wenn das Verfahren mit dem Verfahren über die Hauptsache nicht verbunden ist**	**1,0**

Gliederung

1) Systematik	1
2) Regelungszweck	2
3) Geltungsbereich	3, 4
A. Prozeßgericht, § 721 ZPO	3
B. Amtsgericht, § 794 a ZPO	4
4) Gebührenhöhe	5–7
A. Verfahrensgebühr	5
B. Terminsgebühr	6
C. Einigungsgebühr	7
5) Gegenstandswert	8
6) Kostenerstattung	9

1   **1) Systematik.** Die Vorschrift bildet eine Ergänzung zu §§ 16 ff, VV 3100 ff. Sie stellt insoweit eine vorrangige Sonderregel dar. Neben ihr muß man bei einer vorzeitigen Auftragsbeendigung die Ermäßigung auf 0,5 Gebühr nach VV 3337 beachten.

2   **2) Regelungszweck.** Das „selbständige" Verfahren wegen einer Räumungsfrist hat praktisch oft eine ganz erhebliche Bedeutung. Denn es bietet vor der letzten Hilfsmöglichkeit nach § 765 a ZPO mit ihrer Anwaltsvergütung nach VV 3309, 3310 die auch psychische, aber natürlich zunächst materiell einzige Chance, dem drohenden Umzug noch vorerst zu entgehen und damit eventuell auch Zeit zur Nachfinanzierung und deshalb zur Fortsetzung des bisherigen Wohnverhältnisses zu gewinnen. Auch für den geplagten Gläubiger haben §§ 721, 794 a ZPO oft eine sehr erhebliche Bedeutung, sei es, daß er die Räume dringend für sich benötigt, sei es, daß er auf Einkünfte aus ihr angewiesen ist oder daß ihn andere Mieter drängen. Das alles muß man bei der Auslegung mitbeachten.

3   **3) Geltungsbereich.** Eine Gebühr nach VV 3334 kommt dann in Betracht, wenn entweder die Voraussetzungen Rn 3 oder diejenigen Rn 4 vorliegen.

Vergütungsverzeichnis **3334 VV**

A. Prozeßgericht, § 721 ZPO. Es muß sich um ein Verfahren vor dem Prozeßgericht nach dem Ende des Räumungsprozesses etwa wegen eines Räumungsanerkenntnisses und eines entsprechenden Urteils oder nach einer eindeutigen Abtrennung jetzt nur noch auf die Bewilligung, Verlängerung oder Verkürzung einer Räumungsfrist nach § 721 III 1 ZPO handeln. Das Gericht darf das Verfahren aber mit demjenigen über die Hauptsache nicht nach § 147 ZPO verbunden haben. Vielmehr muß das Gericht seinen Willen geäußert haben, das Räumungsfristverfahren getrennt vom etwaigen Hauptprozeß zu führen. Daher kommt dann, wenn es um die erstmalige Bewilligung der Räumungsfrist geht, nur das selbständige Verfahren nach § 721 II ZPO in Betracht, LG Bln JB **95**, 530, nicht das unselbständige nach § 721 I 1, 2 ZPO, LG Ffm Rpfleger **84**, 287, und auch nicht dasjenige nach § 721 I 3 ZPO in Verbindung mit § 321 ZPO (Ergänzung der Entscheidung). In den letzteren Fällen sind § 19 I 2 V, VV 3100ff anwendbar, LG Ffm Rpfleger **84**, 287. Das gilt auch dann, wenn der Anwalt im verbundenen Verfahren einen Räumungsfristantrag in einem gesonderten Schriftsatz stellt und wenn das Gericht im verbundenen Verfahren nur äußerlich gesondert und nicht in einem gesonderten Verfahren entscheidet. Auch eine bloße Ergänzung des Urteils reicht nicht.

Es kommt nicht darauf an, ob der Antrag nach § 721 II 1, III 1 ZPO *rechtzeitig* vorliegt und ob bei einer Fristversäumung nach § 721 II 2, III 2 ZPO ein Wiedereinsetzungsverfahren stattfindet. Die Tätigkeit des Anwalts in einem solchen Wiedereinsetzungsverfahren verursacht nach § 58 II keine besondere Vergütung. Ein etwa nach § 765a ZPO stattfindendes Verfahren vor dem Vollstreckungsgericht fällt nicht unter VV 3334, sondern nach dem ausdrücklichen Wortlaut des § 18 I Z 6 unter jene insoweit vorrangige Sondervorschrift.

B. Amtsgericht, § 794a ZPO. Es kann sich auch um das Verfahren im Anschluß 4 an einen Räumungsvergleich vor dem AG der Belegenheit des Wohnraums handeln. Es kommt nicht darauf an, ob der Antrag innerhalb der Frist nach § 794a I 2 Hs 2, II 1 ZPO vorliegt und ob bei einer Fristversäumung ein Wiedereinsetzungsverfahren nach § 794a I 2 Hs 2, II 2 ZPO stattfindet. Die Tätigkeit des Anwalts in einem solchen Wiedereinsetzungsverfahren verursacht nach § 19 I 1 keine besondere Vergütung. Wegen eines Verfahrens nach § 765a ZPO vor dem AG Rn 1, 2.

4) Gebührenhöhe. Es können Gebühren in unterschiedlicher Höhe entstehen. 5

A. Verfahrensgebühr. Eine 1,0 Gebühr entsteht mit der auftragsgemäßen Entgegennahme der Information, erst recht mit der Einreichung des Antrags auf die Bewilligung, Verlängerung oder Verkürzung der Räumungsfrist. Sofern der Anwalt erstmalig im zugehörigen Wiedereinsetzungsverfahren tätig wird, entsteht die Verfahrensgebühr mit der Einreichung des Wiedereinsetzungsantrags.

Wenn der Anwalt nach der Erledigung des Antrags auftragsgemäß einen *weiteren* Antrag auf eine weitere Bewilligung, Verlängerung oder Verkürzung der Räumungsfrist stellt, liegt insoweit eine besondere Angelegenheit nach § 15 Rn 9 vor. Sie kann nach § 18 I Z 6 alle Gebühren VV 3100ff erneut auslösen. Bei einer vorzeitigen Auftragsbeendigung ermäßigt sich die Verfahrensgebühr nach VV 3337 auf 0,5 Gebühr.

B. Terminsgebühr. Sie kann nach der amtlichen Vorbemerkung 3.3.6 zusätzlich 6 entstehen. Sie richtet sich nach VV 3104ff.

C. Einigungsgebühr. Sie kann nach VV 1000 entstehen, sofern sich die Parteien 7 im Räumungsfristverfahren einigen. Sie entsteht nicht etwa nur zu 0,5 Gebühr. Denn VV 3334 erwähnt VV 1000 nicht mit.

5) Gegenstandswert. Vgl Anh I nach § 48 GKG: § 3 ZPO Rn 93 „Räumungs- 8 frist", Teil I A dieses Buchs, sowie § 23. Das gilt auch bei einer Urteilsergänzung.

6) Kostenerstattung. Sie ergibt sich aus der zugehörigen und stets notwendigen 9 Kostengrundentscheidung, §§ 91 ff ZPO. § 788 ZPO ist nicht direkt anwendbar, aber bei gerichtlicher Entscheidung notgedrungen mit maßgeblich.

VV 3335

Nr.	Gebührentatbestand	Gebühr oder Satz der Gebühr nach § 13 RVG
3335	Verfahrensgebühr für das Verfahren über die Prozesskostenhilfe	in Höhe der Verfahrensgebühr für das Verfahren, für das die Prozesskostenhilfe beantragt wird, höchstens 1,0, bei Betragsrahmengebühren höchstens 420,00 €

Gliederung

1) Systematik 1
2) Regelungszweck 2–5
3) Sachlicher Geltungsbereich 6, 7
4) Persönlicher Geltungsbereich 8
5) Gebührenhöhe 9–17
   A. Grundsatz: Möglichkeit mehrerer Gebühren 9
   B. Verfahrensgebühr bei Vertretung des Antragstellers 10
   C. Verfahrensgebühr bei Vertretung des Antragsgegners 11–13
   D. Verfahrensgebühr im Aufhebungsverfahren 14
   E. Terminsgebühr 15
   F. Einigungs-, Aussöhnungsgebühr 16
   G. Gebührenschuldner 17
6) Gegenstandswert 18
7) Kostenerstattung 19

1   **1) Systematik.** Um den Geltungsbereich der Vorschrift richtig erfassen zu können, muß man einerseits § 16 Z 2, 3, VV 3100 ff und andererseits das Verhältnis zwischen dem Prozeßkostenhilfeverfahren nach §§ 114 ff ZPO und dem Hauptprozeß nach §§ 253 ff ZPO berücksichtigen. Soweit das Gericht den Anwalt zum ProzBev für den Hauptprozeß nach § 81 ZPO bestellt hat, ist seine Tätigkeit im zugeordneten Prozeßkostenhilfeverfahren grundsätzlich nach § 16 Z 2 dieselbe Angelegenheit nach § 15 Rn 9. Sie führt daher nach § 15 II 1 neben VV 3100 ff zu keiner besonderen Vergütung, BGH FamRZ 08, 982 links unten. Das gilt nach Rn 6 sowohl dann, wenn das Prozeßkostenhilfeverfahren dem Hauptprozeß zeitlich vorangeht, als auch dann, wenn es gleichzeitig mit der Klageinreichung oder erst später beginnt, Karlsr Rpfleger 99, 213. VV 3336 hat den Vorrang. Das ergibt VV 3334 Hs 2. VV 1003, 1008, 3104 sind anwendbar.

2   **2) Regelungszweck.** Die Vorschrift ist erforderlich, um eine angemessene Vergütung dann zu sichern, wenn der Anwalt in einem Prozeßkostenhilfeverfahren tätig wird, ohne in diesem Zeitabschnitt schon oder noch der ProzBev nach § 81 ZPO zu sein. Das gilt zB dann, wenn der Auftraggeber zunächst abwarten will, ob und in welchem Umfang ihm das Gericht eine Prozeßkostenhilfe bewilligt, bevor er überhaupt einen Auftrag zur Klageinreichung erteilt, Bbg JB 83, 1659, Ffm FamRZ 91, 1218, KG JB 89, 1551. Es ist aber auch möglich, daß der Auftraggeber dem Anwalt etwa zunächst nur für einen Teil seiner Ansprüche einen bedingten oder unbedingten Prozeßauftrag erteilt und ihn im übrigen nur mit der Einleitung eines Prozeßkostenhilfeverfahrens beauftragt.

Vergütungsverzeichnis **3335 VV**

Es ist auch möglich, daß zB der erstinstanzliche Anwalt den Auftrag erhält, beim 3
OLG für die *Berufungsinstanz* nur eine Prozeßkostenhilfe zu beantragen, während der
Auftraggeber für die Durchführung der Berufung oder für die Abwehr der gegnerischen
Berufung einen anderen Anwalt als seinen ProzBev beauftragen will. Auch dann kann
eine Vergütung des erstinstanzlichen Anwalts nach VV 3335 in Betracht kommen.

Der Anwalt tritt auch dann nur im Prozeßkostenhilfeverfahren auf, wenn er zwar 4
eine als „Klage" bezeichnete Schrift einreicht, aber zugleich eindeutig lediglich für die
„beabsichtigte Klage" usw um eine Prozeßkostenhilfe bittet, BGH RR **00**, 879, Kblz
MDR **04**, 177, Zweibr RR **01**, 1653, aM Ffm JB **91**, 1645, Karlsr Rpfleger **99**, 212.

Allerdings können Gebühren sowohl nach VV 3100ff als auch nach VV 3335 *ne-* 5
beneinander entstehen, (zum alten Recht) KG MDR **91**, 263 (auch zu einer Ausnahme).
Das kann zB dann geschehen, wenn das Gericht lediglich im Prozeßkostenhilfeverfahren nach § 118 I 3 ZPO eine mündliche Verhandlung durchführt, nicht aber im
Hauptprozeß. Es kann auch geschehen, daß der Anwalt einen Prozeßauftrag und
gleichzeitig einen Auftrag zur Beschaffung einer Prozeßkostenhilfe hatte, Bbg JB **83**,
1659, Mü JB **79**, 1013, etwa bei einem solchen Eilverfahren nach §§ 916ff, 935ff
ZPO, daß im letzteren Verfahren eine Verhandlung stattfand und daß das Gericht sodann die Prozeßkostenhilfe verweigert und die Partei daraufhin keine Klage nach
§§ 253, 261 ZPO erhebt. Sie mag freilich trotzdem klagen wollen, KG JB **89**, 1551.

Für die Abgrenzung zwischen einem *bedingten* und einem unbedingten Auftrag
gibt die ja meist sofort unterschriebene Prozeßvollmacht kaum genug her, Ffm JB **91**,
1645. Der Anwalt ist für den weitergehenden Auftrag beweispflichtig, Ffm JB **91**,
1645, KG JB **89**, 1551.

3) Sachlicher Geltungsbereich. Vgl zunächst Rn 1–5. VV 3335 ist grundsätzlich 6
auf sämtliche im VV Teil 3 amtliche Überschrift geregelten Verfahren anwendbar, auch
auf ein Prozeßkostenhilfeverfahren bei §§ 37, 38 auf ein solches Verfahren im Bereich
der freiwilligen Gerichtsbarkeit. Allerdings gibt Hs 2 dem VV 3336 den Vorrang.

Die Bewilligung der Prozeßkostenhilfe nach § 120 ZPO und die Änderung oder 7
Aufhebung der Bewilligung nach § 124 ZPO stellen auch nach VV 3335 dieselbe Angelegenheit nach § 16 Rn 4 dar, AG Trier AnwBl **15**, 361. Das gilt nach I 2 in mehreren Verfahren dieser Art, etwa in der Bewilligung nach § 119 ZPO und der
Aufhebung nach § 124 ZPO. Die Verfahrensgebühr VV 3335 entsteht in demselben
Rechtszug nach § 15 II 1 nur einmal. Demgegenüber ist das Beschwerdeverfahren
nach § 127 ZPO eine besondere Angelegenheit nach § 15 Rn 9. Dort können Gebühren nach VV 3500, 3501 entstehen, und zwar auch für den ProzBev nach § 81 ZPO.

Unanwendbar ist VV 3335 in einem der in VV Teile 4ff geregelten Verfahren.

4) Persönlicher Geltungsbereich. Die Vorschrift gilt für den ProzBev nach § 81 8
ZPO. Der Verkehrsanwalt, der Termins- und der Beweisvertreter erhalten dasselbe
wie der ProzBev. Stets ist der Umfang der Beiordnung nach § 121 ZPO maßgebend,
Kblz FamRZ **06**, 1694.

5) Gebührenhöhe. Es entsteht eine Gebühr in Höhe derjenigen für ein Hauptsa- 9
cheverfahren, zB bei VV 3309 0,3 Gebühr. Höchstens entsteht 1,0 Gebühr und
bei einer Betragsrahmengebühr nach Einl II A 12 der Betrag von 420 EUR. Beides klärt
(jetzt) der Gesetzestext. Natürlich kann nach Rn 10 die Ermäßigung nach VV 3337
eintreten.

Im übrigen hat der folgende Grundsatz sechs Auswirkungen.

A. Grundsatz: Möglichkeit mehrerer Gebühren. Soweit VV 3335 überhaupt
nach Rn 1–8 anwendbar ist, kann neben der Verfahrensgebühr VV 3335 keine Terminsgebühr entstehen. Denn sie bestimmt sich nach der amtlichen Vorbemerkung
3.3.6 nach VV 3100–3106, da der Unterabschnitt 6 nichts anderes bestimmt. VV 3104,
3105, 3106 sind also auch anwendbar. Eine Ermäßigung bei einer vorzeitigen Beendigung des Auftrags oder einer nichtstreitigen Verhandlung entsteht nach VV 3337.

B. Verfahrensgebühr bei Vertretung des Antragstellers. Die Gebühr VV 3335 10
entsteht mit der auftragsgemäßen Entgegennahme der Information, Enders JB **97**,
450. Sie entsteht zumindest mit der Einreichung des Antrags auf die Bewilligung
einer Prozeßkostenhilfe nach § 117 ZPO. Im Verfahren auf die Aufhebung der Bewilligung nach § 124 ZPO entsteht für den Anwalt der bisher begünstigten Partei

1929

VV 3335

dieselbe mit der Einreichung der Stellungnahme zur beabsichtigten Aufhebung. Allerdings bilden das Verfahren auf die Bewilligung und dasjenige auf die Aufhebung der Bewilligung nach § 16 Z 3 dieselbe Angelegenheit nach § 15 Rn 9. Daher kann die Verfahrensgebühr in demselben Rechtszug nach Rn 7 insgesamt nur einmal entstehen. Wohl aber kann im Beschwerdeverfahren neben einer erstinstanzlichen Vergütung die Beschwerdegebühr VV 3500 entstehen.

Vorzeitige Auftragsbeendigung führt nach VV 3337 zur Ermäßigung der Verfahrensgebühr auf 0,5 Gebühr.

11   **C. Verfahrensgebühr bei Vertretung des Antragsgegners.** Vor der Bewilligung der Prozeßkostenhilfe muß das Gericht dem Prozeßgegner des Antragstellers nach § 118 I 1 ZPO grundsätzlich eine Gelegenheit zur Stellungnahme geben. Dieser grundsätzliche Anhörungszwang scheint nicht selbstverständlich zu sein. Denn das Verfahren auf die Bewilligung einer Prozeßkostenhilfe verläuft zwischen dem Antragsteller und dem Staat, nicht zwischen dem ersteren und dem Prozeßgegner. Das wird insbesondere dann deutlich, wenn während des Verfahrens noch keine Klage eingeht.

12   § 118 I 1 ZPO stellt indessen klar, daß grundsätzlich eine *Anhörungspflicht* besteht, wie die Worte „ist dem Gegner Gelegenheit zur Stellungnahme zu geben" zeigen, Schultz MDR **81**, 525. Im übrigen ist der Prozeßgegner insofern beteiligt, als man ihn auf Grund der Bewilligung der Prozeßkostenhilfe in ein gerichtliches Verfahren verwickeln kann, BGH **89**, 65, Köln MDR **80**, 407, ohne daß er sich sonst gegen die Bewilligung wehren könnte. Es handelt sich ja überhaupt um ein prozeßähnliches Verfahren.

13   Schon aus diesen Gründen, aber auch mit Rücksicht auf den allgemein anerkannten Grundsatz, daß *kein Anwalt umsonst tätig* zu werden braucht, erhält auch der Anwalt des Prozeßgegners des Antragstellers eine Verfahrensgebühr, soweit die Voraussetzungen Rn 1–8 vorliegen und soweit er mit oder ohne eine Aufforderung des Gerichts nach § 118 I 1 ZPO eine schriftliche oder mündliche Stellungnahme zum Prozeßkostenhilfeantrag abgibt, Kblz JB **01**, 414, aM KG MDR **90**, 935, Karlsr JB **99**, 191 (aber gerade Treu und Glauben sprechen für einen möglichst umfassenden Abwehrauftrag). Daran ändert sich nach Rn 11 auch nichts dadurch, daß noch keine wirksame Klageschrift vorliegen mag, Düss JB **81**, 1017, Karlsr OLGR **98**, 228. Die Verfahrensgebühr entsteht mit der auftragsgemäßen Entgegennahme der Information, Enders JB **97**, 450.

14   **D. Verfahrensgebühr im Aufhebungsverfahren.** Soweit es um die Aufhebung der Bewilligung geht, muß das Gericht unter den Voraussetzungen des § 124 ZPO trotz dieser nach ihrem Wortlaut bloßen Kannvorschrift ohne ein Ermessen von Amts wegen tätig werden. Sie ist ja in Wahrheit eine bloße Zuständigkeitsregelung. Ein „Antrag" des Prozeßgegners auf eine Aufhebung der Bewilligung ist also nur eine Anregung. Gleichwohl erhält der Anwalt für die Einreichung einer solchen Anregung unabhängig von ihrer Bezeichnung die Gebühr VV 3335. Freilich ist auch insofern die Stellungnahme zum gegnerischen Prozeßkostenhilfeantrag und die Anregung zur Aufhebung der Bewilligung dieselbe Angelegenheit nach § 15 Rn 9. Daher entsteht auch für den Anwalt des Prozeßgegners in demselben Rechtszug die Verfahrensgebühr grundsätzlich nach §§ 15 II, 16 Z 3 nur einmal, Rn 1–4. Eine Ausnahme kann nach § 15 V 2 gelten.

15   **E. Terminsgebühr.** Sie kann für den Anwalt des Antragstellers wie für denjenigen seines Prozeßgegners nach der amtlichen Vorbemerkung 3.3.6 entstehen, (zum alten Recht) KG AnwBl **81**, 73. Das gilt, sofern das Gericht eine besondere mündliche Verhandlung über den Prozeßkostenhilfeantrag nach § 118 I 3 ZPO oder über die Aufhebung der Bewilligung angeordnet hat und sofern der Anwalt die Bedingungen der amtlichen Vorbemerkung 3 III erfüllt, soweit er also vertretungsbereit anwesend ist. Man muß genau prüfen, ob die Verhandlung zumindest auch im Bewilligungsverfahren stattfindet.

16   **F. Einigungs-, Aussöhnungsgebühr.** Sie kann bei § 118 I 3 ZPO gesondert jeweils nach VV 1000, 1001, 1003 entstehen, die ja nach der amtlichen Vorbemerkung 1 auch für VV Teil 3 gelten, Hamm Rpfleger **09**, 37, Stgt MDR **17**, 1452 (nur VV 1003). Natürlich kommt es auf den Umfang der Beiordnung an, KG MDR **91**, 263. Eine Verfahrensgebühr VV 3100 kann sich neben der Einigungsgebühr VV 1000 im Fall VV 3101 Z 2 verringern.

G. Gebührenschuldner. Gebührenschuldner des Anwalts ist bei VV 3335 grundsätzlich nur sein Auftraggeber, nicht etwa die Staatskasse, Bbg JB **86**, 1251. Erst im Hauptsacheverfahren muß sich der nach § 121 ZPO beigeordnete Anwalt wegen § 122 I Z 3 ZPO nach §§ 45, 49 an die Staatskasse wenden. Allerdings kann sich ausnahmsweise eine Bewilligung auf eine Einigungs- und auf die Verfahrensgebühr VV 3335 erstrecken, Mü Rpfleger **87**, 173. Das bindet dann die Staatskasse, Mü RR **04**, 65. Eine etwaige Differenz zwischen einer späteren Gebühr nach § 49 und derjenigen nach VV 3335 wird gegen den Mittellosen festgesetzt. 17

6) Gegenstandswert. Es gilt § 23 a. 18

7) Kostenerstattung. Vgl BLAH § 91 ZPO Rn 153, 154 „Prozeßkostenhilfe". 19
Es gibt also grundsätzlich wegen § 118 I 4 ZPO keine Kostenerstattung, BVerfG NJW **12**, 3293, Ffm RR **97**, 1085, nach § 127 IV auch nicht in der Beschwerdeinstanz, Mü RR **01**, 1437. Das Gericht kann eine zu Unrecht ergangene echte Kostenentscheidung ungeachtet ihrer Anfechtungsmöglichkeiten im Kostenfestsetzungsverfahren nach §§ 103 ff ZPO nicht mehr überprüfen.
Wenn sich aber ein Prozeß *anschließt*, sind die erstinstanzlichen Kosten des Prozeßkostenhilfeverfahrens des schließlich den Prozeß gewinnenden Antragstellers ein Teil der Prozeßkosten, Bbg JB **87**, 900, Köln FamRZ **98**, 836 (nicht über die Beiordnung hinaus), Stgt JB **86**, 936, aM Düss MDR **87**, 941, Kblz JB **87**, 1412, Zweibr VersR **87**, 493 (aber nun zählt das Prozeßkostenhilfeverfahren zum Hauptprozeß).

Nr.	Gebührentatbestand	Gebühr oder Satz der Gebühr nach § 13 RVG
3336	(aufgehoben)	
3337	**Vorzeitige Beendigung des Auftrags im Fall der Nummern 3324 bis 3327, 3334 und 3335:** Die Gebühren 3324 bis 3327, 3334 und 3335 betragen höchstens .... Eine vorzeitige Beendigung liegt vor, 1. wenn der Auftrag endigt, bevor der Rechtsanwalt den das Verfahren einleitenden Antrag oder einen Schriftsatz, der Sachanträge, Sachvortrag oder die Zurücknahme des Antrags enthält, eingereicht oder bevor er einen gerichtlichen Termin wahrgenommen hat, oder 2. soweit lediglich beantragt ist, eine Einigung der Parteien oder der Beteiligten zu Protokoll zu nehmen oder soweit lediglich Verhandlungen vor Gericht zur Einigung geführt werden.	0,5

1) **Systematik.** Die Vorschrift bringt in ihrem Geltungsbereich nach Rn 3 eine 1
gegenüber VV 3101 formell speziellere und daher vorrangige Regelung fast desselben Inhalts wie die Grundvorschrift VV 3101. Daher werden hier nur die wenigen Abweichungen näher dargestellt. Grundsätzlich gelten alle Ausführungen zu VV 3101 hier entsprechend.

2) **Regelungszweck.** Er ist derselbe wie bei VV 3101, dort Rn 2. 2

3) **Geltungsbereich.** Innerhalb von VV Teil 3 mit dem aus seiner amtlichen Überschrift erkennbar riesigen Anwendungsgebiet gilt VV 3337 nur in denjenigen Bereichen, die die Vorschrift im Haupttext ausdrücklich nennt, also VV 3324–3327, 3334, 3335. VV 3101 tritt als allgemeinere Norm gegenüber VV 3337 zurück, Rn 1. VV 3337 kann zB bei einem Vergleich im bloßen Prozeßkostenhilfeverfahren gelten, Mü AnwBl **08**, 74. 3

Nr.	Gebührentatbestand	Gebühr oder Satz der Gebühr nach § 13 RVG
3338	Verfahrensgebühr für die Tätigkeit als Vertreter des Anmelders eines Anspruch zum Kapital-Musterverfahren (§ 10 Abs. 2 KapMuG)	0,8

Abschnitt 4. Einzeltätigkeiten

(Amtliche) Vorbemerkung 3.4:

Für in diesem Abschnitt genannte Tätigkeiten entsteht eine Terminsgebühr nur, wenn dies ausdrücklich bestimmt ist.

Nr.	Gebührentatbestand	Gebühr oder Satz der Gebühr nach § 13 RVG
3400	Der Auftrag beschränkt sich auf die Führung des Verkehrs der Partei oder des Beteiligten mit dem Verfahrensbevollmächtigten: Verfahrensgebühr .... Die gleiche Gebühr entsteht auch, wenn im Einverständnis mit dem Auftraggeber mit der Übersendung der Akten an den Rechtsanwalt des höheren Rechtszugs gutachterliche Äußerungen verbunden sind.	in Höhe der dem Verfahrensbevollmächtigten zustehenden Verfahrensgebühr, höchstens 1,0, bei Betragsrahmengebühren höchstens 420,00 €

Gliederung

1) Systematik 1
2) Regelungszweck 2
3) Sachlicher Geltungsbereich 3–5
4) Persönlicher Geltungsbereich 6–14
   A. Rechtsanwalt; Rechtsbeistand 6
   B. Auftrag 7
   C. Auftragsgrenzen 8–10
   D. Beschränkung auf bloßen Verkehr 11
   E. Abgrenzung zur Beratung 12–14
5) Verkehrsgebühr, I 15–37
   A. Grundsatz: Pauschale Gesamtabgeltung 15
   B. Auftragserweiterung 16
   C. Vergleich 17
   D. Gebührenhöhe 18–20
   E. Gegenstandswert 21
   F. Beispiele zur Frage einer Verkehrsgebühr 22–37
6) Gutachtliche Äußerung, amtliche Anmerkung 38–47
   A. Geltungsbereich 38, 39
   B. Aktenübersendung 40–42
   C. Bisher kein Prozeß- oder Verfahrensbevollmächtigter 43
   D. Einverständnis des Auftraggebers 44
   E. Gutachtliche Äußerung 45
   F. Gleichzeitigkeit von Aktenübersendung und Äußerung 46, 47
7) Kostenerstattung im Zivilprozeß 48–128
   A. Maßgeblichkeit der ZPO 48
   B. Zumutbarkeitsfragen 49

Vergütungsverzeichnis **3400 VV**

C. Reisekosten 50
D. Erstattungsgrenzen 51, 52
E. Beispiele zur Frage einer Erstattungsfähigkeit 53–128

1) Systematik. Zum Verständnis der Vorschrift muß man die folgenden Begriffe 1
unterscheiden: Der ProzBev oder VerfBev nach VV 3100 ff hat grundsätzlich den Auftrag, die Interessen des Auftraggebers für den ganzen Rechtsstreit dieser Instanz vor dem Prozeß- oder Verfahrensgericht wahrzunehmen. Der Verkehrsanwalt oder Korrespondenzanwalt nach VV 3400 ist weder der ProzBev oder VerfBev, LAG Nürnb JB **06**, 260, noch dessen Unterbevollmächtigter, sondern ein weiterer Bevollmächtigter, Bbg JB **94**, 544, Köln GRUR **88**, 724. Er vermittelt lediglich den Verkehr des Auftraggebers mit dem ProzBev oder VerfBev, BGH NJW **88**, 1079, Ffm AnwBl **80**, 462, LAG Düss Rpfleger **06**, 267. Bei der Auftragserteilung an den Verkehrsanwalt braucht noch kein ProzBev oder VerfBev vorhanden zu sein. Vgl dann freilich VV 3405 Z 1. VV 1000 ist anwendbar. Auch VV 1008 ist anwendbar, Düss AnwBl **81**, 240, Hbg JB **79**, 1310, Stgt JB **88**, 62. Das gilt freilich nur, soweit gerade auch oder nur der Verkehrsanwalt mehrere Auftraggeber vertritt.

Der *Terminsanwalt* nach VV 3401 nimmt die Interessen des Auftraggebers für deren ProzBev oder VerfBev oder ohne einen solchen nur in einem einzelnen Termin wahr oder übt ihre Parteirechte nur in ihm aus, ohne einen weitergehenden Auftrag zu haben und ohne daher der ProzBev oder VerfBev zu sein. Der Beweisanwalt nach VV 3401 nimmt die Interessen des Auftraggebers nur in einer Beweisaufnahme wahr. Er hat keinen weitergehenden Prozeßauftrag und ist daher ebenfalls nicht der ProzBev oder VerfBev.

Vorzeitige Auftragserledigung führt nach VV 3404 zur Ermäßigung.

Im Verfahren nach § 3 vor den *Sozialgerichten* muß man die Halbierung nach der amtlichen Vorbemerkung 3.4.II beachten, jedoch auch deren S 2.

2) Regelungszweck. Die Vorschrift bezweckt eine angemessene Vergütung des- 2
jenigen Anwalts, der in einer sehr schwierigen Stellung zwischen dem Auftraggeber und dem ProzBev oder VerfBev eine manchmal undankbare, meist verantwortungsvolle „stille", aber durchaus prozeßmitentscheidende Aufgabe bewältigen muß und dessen Kosten im Zusammenhang mit Erstattungsfragen nach Rn 48 ff oft erheblich umstritten sind.

3) Sachlicher Geltungsbereich. VV 3400 betrifft die Vergütung des Verkehrs- 3
anwalts in allen im VV Teil 3 geregelten Verfahren. Die Vorschrift gilt auch im Eilverfahren nach §§ 916 ff, 935 ff ZPO. Die Vergütung des bloßen Termins- oder Beweisanwalts regelt VV 3401. Die amtliche Anmerkung enthält eine vorrangige Sonderregelung bei einer gutachterlichen Äußerung in Verbindung mit der Übersendung der Handakten an den ProzBev oder VerfBev des höheren Rechtszugs. Weitere auch für den Verkehrsanwalt vorrangige Sonderregeln enthalten VV 3309, 3329, 3335, 3336, 3500.

Zur *Bestellung* eines Verkehrsanwalts kann es evtl sogar dann kommen, wenn sich 4
das Prozeß- oder Verfahrensgericht an demselben Ort befindet, an dem auch der Verkehrsanwalt sein Büro hat, Düss MDR **76**, 406, aM Düss JB **95**, 643 (aber es steht einem Auftraggeber im Innenverhältnis frei, etwa ihren Vertrauensanwalt sogar an demselben Ort nur als einen Verkehrsanwalt tätig werden zu lassen, aus welchen Gründen auch immer). Zur Bestellung eines Verkehrsanwalts kommt es aber vor allem dann, wenn das Prozeß- oder Verfahrensgericht auswärts liegt. Es ist für die Eigenschaft als Verkehrsanwalt grundsätzlich unerheblich, ob derselbe Anwalt vorher für diesen Rechtsstreit ProzBev usw war. Diese Frage wird nur bei der Gebührenhöhe erheblich.

Es ist unerheblich, ob eine größere *Entfernung* zwischen dem Sitz des Prozeßge- 5
richts usw und dem (Wohn-)Sitz des Auftraggebers oder ein anderer Umstand den Anlaß zur Beauftragung des Verkehrsanwalts bildet, etwa der Umstand, daß er ständige Vertrauensanwalt oder zB der Syndikus ist oder den Streitstoff aus einem Vorprozeß kennt, aM Düss AnwBl **97**, 569.

4) Persönlicher Geltungsbereich. Es müssen die folgenden Voraussetzungen zu- 6
sammentreffen.

1933

VV 3400

A. Rechtsanwalt; Rechtsbeistand. Es muß ein Anwalt nach § 1 I tätig werden. Ein Dritter reicht nicht, auch nicht ein juristisch geschulter, Hbg JB **93**, 157. Soweit eine der in § 5 genannten Personen tätig wird, steht sie auch im Geltungsbereich des VV 3400 dem Anwalt grundsätzlich gleich. Freilich muß man beachten, ob nicht in Wahrheit eine „Vertretung" im Sinn von VV 3401 vorliegt.

Unanwendbar ist VV 3400, soweit der Anwalt in einer eigenen nur ihn selbst betreffenden persönlichen Angelegenheit tätig wird, Rostock JB **01**, 194, oder ob er als eine Partei kraft Amts nach BLAH Grdz 8 vor § 50 ZPO zB als Insolvenzverwalter oder in einer der übrigen in § 1 II genannten Eigenschaften amtiert, Mü JB **94**, 546, Rostock MDR **01**, 115, Stgt JB **98**, 142. Das gilt auch beim ausländischen Anwalt, Mü AnwBl **87**, 245. Derjenige Anwalt, der zB über einen Unfall seiner Ehefrau dem ProzBev usw eine Information erteilt, handelt nicht als Anwalt, sondern als Ehemann auf Grund seiner Beistandspflicht, Hamm JB **92**, 98, Köln JB **83**, 1047, Schlesw JB **86**, 1370, aM Schlesw JB **92**, 170, GSchm 32. Der Verkehrsanwalt braucht nicht am Wohnsitz oder Sitz der Prozeßpartei usw oder in deren Nähe zu residieren, GSchm 21, aM Düss RR **97**, 190. Er kann früher der ProzBev usw gewesen sein oder es später werden.

Der *Rechtsbeistand* kann Verkehrsanwalt sein.

7 **B. Auftrag.** Der Verkehrsanwalt muß seinen diesbezüglichen Auftrag neben demjenigen des gegenwärtigen oder künftigen ProzBev oder VerfBev als ein weiterer Bevollmächtigter der Partei usw unmittelbar von ihr erhalten und muß ihn für den jeweiligen ganzen Rechtszug angenommen, also einen Vertrag geschlossen haben, BGH NJW **91**, 2085, Bauer/Fröhlich FamRZ **83**, 123. Die Partei kann den Auftrag allerdings auch stillschweigend erteilen, BGH NJW **91**, 2084. Das kann etwa dadurch geschehen, daß sie den Anwalt um seine Beratung oder Hilfe bei einem auswärtigen Prozeß mit einem Anwaltszwang bittet oder daß sie sich weiterhin an ihren erstinstanzlichen Anwalt wendet und ihn bittet, einen Rechtsmittelanwalt zu bestellen oder laufend zu informieren, BGH NJW **91**, 2084. Man muß aber auch dann die Umstände schon wegen des Problems des etwaigen Fehlens einer Erstattungsfähigkeit streng prüfen, BGH NJW **91**, 2084, Düss MDR **85**, 774, Kblz MDR **93**, 181 und 695. In einer eigenen Sache kann man nicht Verkehrsanwalt sein, Rn 6.

Die Befugnis nach § 81 ZPO, § 113 I 2 FamFG zur Bestellung eines ProzBev usw für den *höheren Rechtszug* bedeutet als solche noch keinen Auftrag, als ein Verkehrsanwalt tätig zu werden.

8 **C. Auftragsgrenzen.** Ein Anwalt ist dann nicht als ein Verkehrsanwalt beauftragt, wenn er die früher als Anwalt der Ehefrau erworbenen Kenntnisse aus seiner außergerichtlichen Tätigkeit für sie gegenüber ihrem jetzigen Prozeßgegner nun ihrem ProzBev usw mitteilt, Hamm Rpfleger **92**, 37, Kblz JB **84**, 758, Schlesw JB **86**, 884. Ein nächster Angehöriger erteilt im Zweifel dem Anwalt keinen Auftrag als einem Verkehrsanwalt, Schlesw JB **92**, 170.

9 Der im Weg der Prozeß- oder Verfahrenskostenhilfe nach §§ 121 I ZPO, 76 FamFG beigeordnete *erstinstanzliche* Anwalt muß den Auftraggeber aber jedenfalls im Zweifel darauf hinweisen, daß sich seine Beiordnung grundsätzlich nicht auf eine Tätigkeit als Verkehrsanwalt erstreckt, daß also die letztere Tätigkeit einen besonderen Auftrag und besondere Kosten erfordert, BGH NJW **91**, 2084, Kblz RR **93**, 695. Von diesem Grundsatz gilt nur nach § 121 III Hs 2 ZPO, § 76 FamFG eine Ausnahme. Sie erfordert einen besonderen zusätzlichen Beiordnungsbeschluß zugunsten des Verkehrsanwalts. Sie setzt voraus, daß „besondere Umstände" seine Beiordnung erfordern. Dazu ist ein objektiver Maßstab notwendig, BLAH § 121 ZPO Rn 65.

10 Der *Unterbevollmächtigte* des ProzBev usw, der also seinen Auftrag nicht von der Prozeßpartei usw erhält, sondern nur von deren ProzBev oder VerfBev oder von deren Verkehrsanwalt, läßt sich nicht nach VV 3400 beurteilen, sondern allenfalls nach § 5 oder nach VV 3401, Ffm JB **98**, 305.

Kein Verkehrsanwalt ist auch derjenige Sozius einer überörtlichen Sozietät, der die Information aufnimmt und an das beim Prozeßgericht usw tätige Mitglied seiner Sozietät weiterleitet. Seine Tätigkeit erhält die Vergütung durch die Verfahrensgebühr der Sozietät, Brdb MDR **99**, 635, KG JB **96**, 110, Mü JB **96**, 139, aM Düss RR **95**, 376, Ffm RR **94**, 128 (aber Sozien arbeiten *füreinander*).

D. Beschränkung auf bloßen Verkehr. Der Anwalt darf und muß auftragsge- 11
mäß lediglich den Verkehr der Partei usw mit dem schon bestellten oder noch zu
bestellenden ProzBev usw führen, Hbg MDR **97**, 888. Zur Abgrenzung Rn 1–4.
Der Sozius ist nach § 6 Rn 4 ebenfalls ProzBev, auch der überörtliche.

Zu der bloßen Vermittlung des Verkehrs *gehören* zB: Die etwaige Auswahl, aM
BGH NJW **91**, 2084, sowie dann zumindest die Bestellung des ProzBev usw, Düss
MDR **80**, 768, Stgt Just **75**, 148; die Aufnahme der möglichst umfassenden Information, Ffm JB **98**, 305; die Verarbeitung der Information; ihre Weiterleitung an den
ProzBev oder VerfBev, Ffm MDR **91**, 257; die Aufrechterhaltung der Verbindung,
Ffm MDR **91**, 257; eine gewisse Überwachung, BGH VersR **88**, 418, freilich nur bis
zum Beginn der Tätigkeit des ProzBev usw, BGH VersR **90**, 801.

Die Vermittlung des Verkehrs mag *schriftlich, elektronisch, mündlich oder telefonisch* erfolgen, Mümmler JB **79**, 626. Sie mag auch in der Weise geschehen, daß der Verkehrsanwalt dem ProzBev usw Schriftsätze übersendet, die bis auf die Unterschrift fertig
sind.

E. Abgrenzung zur Beratung. Der Verkehr muß sich immer auf den Prozeß als 12
Ganzes beziehen. Eine Beratung der Partei usw kann und wird meist, braucht aber
nicht dazuzugehören.

Die bloße Beratung des Auftraggebers dazu, ob sie überhaupt einen Rechtsstreit
usw (weiter) führen soll, oder die bloße Sammlung und Prüfung des Prozeßstoffs ist
keine Führung des Verkehrs mit dem ProzBev usw, Ffm MDR **91**, 257, LAG Bre DB
03, 2448 (Rechtsschutzversicherungsanwalt). Sie löst allenfalls eine Beratungsgebühr
nach § 34 aus. Entsprechendes gilt bei einer bloßen Besprechung der im Rechtsstreit
ergangenen Entscheidung mit dem Auftraggeber oder dann, wenn sich der Anwalt
darauf beschränkt, den Auftraggeber über die Möglichkeit eines Rechtsmittels zu
belehren oder ihr einen oder mehrere andere Anwälte als ProzBev usw vorzuschlagen, (zum alten Recht) BGH MDR **91**, 798, Schneider MDR **01**, 1032, oder sie
über die Notwendigkeit der Beiziehung eines Verkehrsanwalts zu beraten, oder wenn
er lediglich seine Handakten an den ProzBev usw übersendet, § 19 I 2 Z 17, oder
wenn es nur um die Vergütung des ProzBev usw geht. Auch eine Teilnahme an einer
Verhandlung oder Beweisaufnahme vor dem Prozeßgericht ist keine Aufgabe des
Verkehrsanwalts, Bbg JB **88**, 1000. Auch eine Strafanzeige gehört nicht hierher, KG
JB **83**, 1251. Vgl aber auch Rn 40–42, 46 ff.

Demgegenüber ist die *Entgegennahme der Information* zum Zweck der Beauftragung 13
eines auszuwählenden ProzBev usw bereits eine Tätigkeit nach (jetzt) VV 3400,
Ffm AnwBl **80**, 462.

Soweit der Anwalt eine Tätigkeit ausübt, die zwar *mehr* darstellt *als die bloße Vermitt-* 14
lung des Verkehrs mit dem ProzBev usw, andererseits aber nicht die Tätigkeit eines
ProzBev selbst ist, können nach den einschlägigen anderen Vorschriften des RVG
zusätzlich zu VV 3400 weitere Gebühren entstehen.

5) Verkehrsgebühr, I. Man muß zahlreiche Aspekte beachten. 15

A. Grundsatz: Pauschale Gesamtabgeltung. Unter den Voraussetzungen
Rn 5–14 kann die Verkehrsgebühr nach VV 3400 entstehen. Sie ist eine Verfahrensgebühr. Sie entspricht weitgehend einer Gebühr VV 3100. Sie gilt als Pauschale nach
Einl II A 9 den gesamten Verkehr mit dem ProzBev usw während dieses Gebührenrechtszugs ab, insbesondere jede Tätigkeit, die sonst durch eine Verfahrensgebühr abgegolten würde, Düss JB **80**, 1367, zB die auftragsgemäße Informationsaufnahme, ihre
Weiterleitung, eine oder mehrere Besprechungen mit dem Auftraggeber, seine Belehrung oder Beratung, Ffm JB **98**, 305, Mümmler JB **79**, 626, eine Prozeß- oder Verfahrenskostenhilfe, den Schriftwechsel, Besprechungen, eine Zeugenermittlung, eine
Akteneinsicht nach der amtlichen Vorbemerkung 3 II, und eine Aktenauswertung.
Sie kann nach § 15 II in derselben Angelegenheit nach § 15 Rn 9 und in demselben
Rechtszug nur einmal entstehen. Daher kann der Verkehrsanwalt in demselben
Rechtszug nicht neben der Verkehrsgebühr eine Verfahrensgebühr eines ProzBev usw
verdienen, Ffm JB **88**, 1338. Eine etwa schon entstandene Verkehrsgebühr läßt sich
auf eine etwa entstehende Verfahrensgebühr des ProzBev usw anrechnen.

B. Auftragserweiterung. Auch der Verkehrsanwalt kann dann, wenn sein *Auftrag* 16
über die bloße Vermittlung des Verkehrs mit dem Auftraggeber *hinausgeht*, weitere

Gebühren erhalten. Das gilt trotz der amtlichen Vorbemerkung 3.4 auch für eine Terminsgebühr nach VV 3402. Er wird dann freilich meist nicht als ein Verkehrsanwalt tätig, sondern zB nur als ein Terminsanwalt nach (jetzt) VV 3401, Düss VersR **85**, 743. Er kann auch für die beratende oder vermittelnde Mitwirkung an einer Einigung mit oder ohne einen Vergleichscharakter (jetzt) eine Einigungsgebühr VV 1000 erhalten, Düss MDR **99**, 119, Oldb JB **93**, 155, Zweibr JB **94**, 607 (zustm Mümmler), aM Ffm JB **86**, 759, LAG Düss Rpfleger **06**, 268, LAG Nürnb JB **06**, 260 (aber [jetzt] VV 1000 gilt uneingeschränkt). Für eine Einigungsgebühr reichen *nicht:* Die Übermittlung eines Vorschlags; allgemeine Erwägungen, Hbg JB **81**, 706, Schlesw JB **80**, 1668; eine bloße Mitanwesenheit, Ffm JB **86**, 757.

17   **C. Vergleich.** Soweit die Parteien oder Beteiligten in einen Vergleich solche Ansprüche einbeziehen, die der Gegenstand eines anderen gerichtlichen Verfahrens außer eines selbständigen Beweisverfahrens waren, kann der Verkehrsanwalt eine Gebühr nach VV 1003 erhalten. Die bloße Wahrnehmung „eines", also eines jeden Termins führt zur Halbierung nach VV 3401.

18   **D. Gebührenhöhe.** § 14 ist bei einer Rahmengebühr nach Einl II A 12 anwendbar. Es kommt darauf an, wie hoch die Verfahrensgebühr des schon vorhandenen oder erst noch zu bestellenden ProzBev oder VerfBev. Die Verkehrsgebühr ist grundsätzlich ebenso hoch. Sie kann aber höchstens eine 1,0 Gebühr betragen, bei einer Betragsrahmengebühr nach Einl II A 12 höchstens 420 EUR. Das gilt auch im höheren Rechtszug. Im übrigen muß man die vorrangige Sondervorschrift VV 3404 mit ihren gegenüber VV 3400 halbierten beiden Höchstbeträgen beachten. In Verfahren nach § 3 vor dem SG oder LSG muß man die Halbierung nach der amtlichen Vorbemerkung 3.4 II 1, 2 beachten. Bei einer vorzeitigen Auftragsbeendigung kann eine Gebührenverminderung nach VV 3405 Z 1 entstehen.

19   Soweit der Auftraggeber und der ProzBev usw nach §§ 3a, 4 eine vom Gesetz abweichende Vergütung *vereinbart* haben, erhält der Verkehrsanwalt die gesetzliche Tabellengebühr für jene Instanz, sofern nicht auch er mit dem Auftraggeber eine Gebührenvereinbarung getroffen hat. Soweit sich der Auftrag des Verkehrsanwalts vorzeitig erledigt, entsteht die Gebühr VV 3400 nur zur Hälfte, (jetzt) VV 3404, Düss MDR **89**, 1112, Stgt JB **76**, 1667. Das gilt auch dann, wenn die Arbeit des Verkehrsanwalts umfangreich war. Dann muß man natürlich in der Rechtsmittelinstanz die Halbierung von der an sich dort geltenden Verfahrensgebühr vornehmen.

20   Zur Problematik von *Gebührenteilungsabreden* zwischen dem Verkehrsanwalt und dem ProzBev usw Mü RR **91**, 1460 (kein Einfluß auf den Honoraranspruch gegen den Auftraggeber), Holst AnwBl **84**, 351, Wloszczynski AnwBl **84**, 352. Im Zweifel darf man nur die Gebühren zB hälftig teilen, während man die Auslagen getrennt behandeln muß, LG Stgt MDR **88**, 508.

21   **E. Gegenstandswert.** Der Gegenstandswert kann derselbe sein wie derjenige der Verfahrensgebühr des ProzBev oder VerfBev. Soweit der Verkehrsanwalt im Gegensatz zum ProzBev usw nur einen oder einige der Beteiligten vertritt, ist der Anteil des Auftraggebers maßgeblich. Soweit er nur wegen eines Teils der Gegenstände tätig wird, ist auch nur dieser Teil der Gegenstandswert. Erhöht sich der Gegenstandswert, errechnet man die Verkehrs- oder Verfahrensgebühr von diesem höheren Wert unter Anrechnung der bisher verdienten Gebühr. Der Gegenstandswert kann beim Verkehrsanwalt auch von vornherein höher sein als beim ProzBev usw.

22   **F. Beispiele zur Frage einer Verkehrsgebühr.** Die nachfolgende Darstellung betrifft nur das Innenverhältnis zwischen dem Auftraggeber und dem Verkehrsanwalt, nicht die in Rn 48 ff erörterte Frage der Erstattungsfähigkeit im Außenverhältnis zwischen dem Auftraggeber und seinem Gegner.

Abgabe: Rn 23 „Anrechnung".
Abraten vom Widerruf: Rn 34 „Vergleich".
Akteneinsicht: Die Verkehrsgebühr gilt sie mit ab.

23   **Anrechnung:** Die Verkehrsgebühr kann nicht höher sein als (jetzt) die Verfahrensgebühr, Stgt JB **75**, 1472. Der Verkehrsanwalt kann auch nicht neben der Gebühr VV 3400 noch eine Verfahrensgebühr erhalten, und zwar weder eine volle noch

Vergütungsverzeichnis **3400 VV**

einen Bruchteil. Infolgedessen ist eine Anrechnung erforderlich, falls der Verkehrsanwalt zum ProzBev usw wird und umgekehrt, etwa infolge einer Abgabe oder Verweisung, Bbg JB **77**, 553, Ffm MDR **88**, 869. Wegen des Mahnverfahrens Rn 30 „Mahnverfahren".
Nicht abgegolten wird neben der Tätigkeit im Zivilverfahren eine vorbereitende oder begleitende Strafanzeige nach BLAH § 91 ZPO Rn 12, 13, KG AnwBl **83**, 564. Soweit sich nach der Abgabe oder Verweisung derjenige Gegenstandswert erhöht, durch den sich auch die Verfahrensgebühr erhöhen würde, kann sich die Verkehrsgebühr erhöhen.

Arrest, einstweilige Verfügung: VV 3400 gilt auch im Eilverfahren nach §§ 916 ff, 24 935 ff ZPO. Die Verkehrsgebühr gilt die Aufnahme einer eigenen eidesstattlichen Versicherung nach §§ 294, 920 II ZPO ab.

Außergerichtliche Tätigkeit: Es gelten § 34, VV 2300.

Beratung: Die Verkehrsgebühr gilt mit ab. 25

Beschwerde: Soweit der Verkehrsanwalt im Beschwerdeverfahren als ein bloßer Verkehrsanwalt tätig ist, erhält er die Gebühr VV 3400. Soweit er direkt tätig ist, erhält er die Vergütung nach VV 3500.

Beweisaufnahme: Auch denjenigen Verkehr, der sich auf die Beweisaufnahme nach §§ 355 ff ZPO bezieht, gilt die Verkehrsgebühr ab, Mü AnwBl **82**, 440. Das gilt zB: Für die Empfangnahme des Beweisbeschlusses; für seine Prüfung; für die Besprechung mit dem Auftraggeber über die Durchführung und Auswirkung des Beschlusses; für die Tätigkeit im Zusammenhang mit der Ermittlung und der Ladung eines Zeugen.

Demgegenüber entsteht bei einer Vertretung im Beweisaufnahmeverfahren eine Gebühr *nach* (jetzt) VV 3401 unter den dortigen Voraussetzungen, aM Schlesw JB **83**, 1527. Das Gericht muß jedoch den Verkehrsanwalt auch für die Beweisaufnahme beigeordnet haben, Düss JB **81**, 563. Freilich kann der Verkehrsanwalt dann nicht die in VV 3401 außerdem geregelte 0,5 Verfahrensgebühr erhalten. Für die Wahrnehmung mehrerer Beweistermine in demselben Rechtszug entsteht die Gebühr VV 3401 wiederholt. Denn diese Vorschrift spricht von „einem" Termin.

Eidesstattliche Versicherung: Rn 24 „Arrest, einstweilige Verfügung". 26

Eigene Sache: Der Anwalt kann nach Rn 6 nicht in einer eigenen Sache ein Verkehrsanwalt sein.

Erörterung: Unter den Voraussetzungen VV 3104–3106 kommt die Terminsgebühr auch für den Verkehrsanwalt in Betracht, Rn 34 „Vergleich".

Gegenstandswert: Rn 21. 27

Gesetzlicher Vertreter: Der Anwalt kann jedenfalls nicht als der alleinige gesetzliche Vertreter nach § 51 ZPO ein Verkehrsanwalt sein, KG MDR **76**, 761, Mü JB **82**, 1034, Stgt JB **98**, 487, aM KG MDR **87**, 679.

Handakte: Rn 12, 41, 44. 28

Insolvenzverwalter: Rn 6. 29

Kostenerstattung: Rn 48 ff.

Kostenfestsetzung: Die Verkehrsgebühr gilt den Antrag mit ab. Soweit der Verkehrsanwalt gegen den Festsetzungsbeschluß nach § 104 ZPO die Erinnerung einlegt, erhält er die Erinnerungsgebühr VV 3500.

S auch Rn 25 „Beschwerde".

Liquidator: Rn 27 „Gesetzlicher Vertreter", Köln JB **78**, 69 und 241, aM Düss JMBl-NRW **78**, 46.

Mahnverfahren: Die in VV 3305, 3307 bestimmten Gebühren lassen sich bei 30 §§ 688 ff ZPO auf die Verfahrensgebühr und daher auch auf die Verkehrsgebühr unter den Voraussetzungen der dortigen amtlichen Anmerkungen anrechnen.

S auch Rn 23 „Anrechnung".

Prozeß- oder Verfahrenskostenhilfe: Neben der Verkehrsgebühr kann eine Ge- 31 bühr nach VV 3334 für die Verschaffung einer Prozeß- oder Verfahrenskostenhilfe nach §§ 114 ff ZPO, 76 FamFG entstehen.

Rechtsmittelaussicht: Rn 12. 32

Schiedsrichterliches Verfahren: VV 3400 gilt bei §§ 1025 ff ZPO *nicht*. Denn § 36 I verweist nur auf VV 3100–3213.

Schriftwechsel: Die Verkehrsgebühr gilt ihn ab.

1937

VV 3400

Stoffsammlung: Diese bloß interne Tätigkeit ohne Vermittlung an den ProzBev usw ist nach Rn 12 *kein* Fall des VV 3400.
Sühnetermin: Für seine Wahrnehmung kann die Gebühr VV 3401 entstehen.
Termin: Die Verkehrsgebühr kann nach Rn 16 seine Wahrnehmung abgelten, Ffm AnwBl 81, 450. Sie kann aber auch eine Terminsgebühr auslösen.
Überörtliche Sozietät: Übernimmt der auswärtige Sozius die Entgegennahme der Information, die Beratung und die Sammlung des Prozeßstoffs, gelten *nicht* VV 3400 ff, sondern (jetzt) VV 3100 ff, BGH NJW 91, 49, Brdb AnwBl 99, 413, Mü AnwBl 02, 436. Das gilt auch bei einer internationalen Sozietät, KG AnwBl 01, 301, Mü AnwBl 94, 198. Es gilt auch bei einer Verweisung zB nach § 281 ZPO, Brdb AnwBl 99, 413, Ffm MDR 99, 385, Mü AnwBl 02, 436, aM Düss MDR 94, 1253, Ffm (6. ZS) RR 94, 128.
Überwachung: Die Verkehrsgebühr gilt sie ab, BGH FamRZ 88, 941.
33 **Urkundenprozeß:** Die Verfahrensgebühr und daher auch die Verkehrsgebühr im Zusammenhang mit einem Urkunden- oder Wechselprozeß nach §§ 592 ff, 602 ZPO läßt sich nach VV 3100 amtliche Anmerkung II auf dieselbe Gebühr des ordentlichen Verfahrens nach einer Abstandnahme vom Urkunden- oder Wechselprozeß nach § 596 ZPO anrechnen.
Urteil: Die Verkehrsgebühr gilt seine Erörterung ab.
34 **Verfassungsgericht:** VV 3400 gilt vor ihm *nicht*. Denn § 37 verweist nicht auch auf VV Teil 3 Abschnitt 4.
Vergleich: Die Verkehrsgebühr gilt *nicht* diejenige Tätigkeit des Verkehrsanwalts ab, die sich auf einen Vergleich zwischen den Parteien oder Beteiligten und insbesondere auf den Vergleichsabschluß bezieht. Vielmehr kann für eine solche Tätigkeit unter den Voraussetzungen VV 1000 neben der Verkehrsgebühr eine Einigungsgebühr entstehen, (je zum alten Recht) Oldb JB 92, 100, Schlesw SchlHA 82, 143. Das gilt unabhängig davon, ob auch der ProzBev usw eine Einigungsgebühr erhält.
35 **Verweisung:** Rn 23 „Anrechnung", Rn 32 „Überörtliche Sozietät".
Vorschuß: *Keine* Tätigkeit nach VV 3400 liegt in der bloßen Erörterung eines Vorschusses des ProzBev usw nach § 10, Ffm JB 98, 305. Dann mag VV 3403 anwendbar sein.
Vorzeitige Auftragsbeendigung: VV 3404.
Zeugenladung: Rn 25 „Beweisaufnahme".
36 **Zurücknahme der Berufung:** Der erstinstanzliche Anwalt des Berufungsbekl, der mit Erfolg den Antrag auf eine Kostenauferlegung nach § 516 III 1 ZPO gestellt hat, erhält die zugehörige Verfahrensgebühr nach dem Kostenwert, Ffm AnwBl 80, 462.
37 **Zurückverweisung:** Bei einer Zurückverweisung nach § 21 entsteht die Verkehrsgebühr nur insoweit neu, als auch die Verfahrensgebühr des ProzBev usw neu entstehen würde, Mü JB 92, 167.
Zuständigkeit: Die Verkehrsgebühr gilt ihre Bestimmung ab, Ffm AnwBl 81, 450, Kblz AnwBl 92, 549.
Zwangsvollstreckung: Es gilt bei §§ 704 ff ZPO VV 3309.

38 **6) Gutachtliche Äußerung, amtliche Anmerkung.** Es empfiehlt sich, in den folgenden Schritten vorzugehen.

A. Geltungsbereich. Die Vorschrift enthält eine vorrangige Sonderregelung. Das ergibt sich aus dem Umstand, daß sich auf eine solche Tätigkeit bezieht, die der Anwalt gerade als Verkehrsanwalt ausübt, während sich andere Vorschriften auf die Tätigkeit eines Anwalts schlechthin beziehen. Zwar spricht die amtliche Anmerkung ebensowenig wie der Haupttext von VV 3400 ausdrücklich vom „Verkehrsanwalt". Jedoch deutet der Zusammenhang darauf hin, daß auch die amtliche Anmerkung lediglich eine Tätigkeit des Anwalts als Verkehrsanwalt zB meint.

39 Zwar kann ein Anwalt auch dann im Einverständnis mit dem Auftraggeber die Handakten an einen anderen Anwalt zB des höheren Rechtszugs übersenden und dabei eine gutachterliche Äußerung abgeben, wenn *er nicht* Verkehrsanwalt ist, weil zB die Partei den Verkehr mit dem ProzBev usw des höheren Rechtszugs direkt oder über einen anderen als den bisherigen erstinstanzlichen Anwalt führen will. Dann ist die amtliche Anmerkung unanwendbar. Man muß dann die Frage, ob für die gutachtliche Äußerung eine Vergütung entsteht, nach § 34 entscheiden.

Die amtliche Anmerkung ist dann anwendbar, wenn der Verkehrsanwalt nach Rn 38 die folgenden *Voraussetzungen* erfüllt. Sie geht VV 2101 vor.

B. Aktenübersendung. Der Verkehrsanwalt muß seine Handakten an den Proz- 40 Bev usw des höheren Rechtszugs in diesem Rechtsstreit senden, also an denjenigen der Beschwerde-, Berufungs- oder Revisionsinstanz. Zwar spricht die amtliche Anmerkung nur von den „Akten", meint aber natürlich nur die Handakten, nicht etwa diejenigen Prozeßakten, die der erstinstanzliche Anwalt etwa noch in Händen hat. Diese muß er ja ohnehin an das Gericht übersenden.

Es kommt nicht darauf an, ob der Anwalt seine *gesamten* Handakten oder nur die- 41 jenigen Teile übersendet, die er und/oder der Auftraggeber und/oder der etwa gesonderte Anwalt des höheren Rechtszugs für derzeit erforderlich halten. Andererseits reicht die Übersendung einzelner weniger Blätter aus einer umfangreichen erstinstanzlichen Handakte nicht aus. Es muß schon so viel zur Versendung kommen, daß der Anwalt des höheren Rechtszugs ein einigermaßen umfassendes Bild von den Vorgängen im Innenverhältnis zwischen dem Auftraggeber und dem erstinstanzlichen Anwalt erhalten kann.

Die Herausgabe der Handakten *an den Auftraggeber* fällt nicht unter die amtliche 42 Anmerkung. Unabhängig davon, daß die letztere nur die Übersendung an den beauftragten oder schon tätigen Verfahrensbevollmächtigten des höheren Rechtszugs nennt, zählt nach § 19 I 2 Z 17 die Herausgabe der Handakten an den Auftraggeber zum bisherigen Rechtszug. Eine Aktenübersendung wegen eines *Anwaltswechsels* an einen Anwalt nicht einer höheren, sondern einer anderen Instanz zB wegen der Abgabe oder einer Verweisung oder Zurückverweisung gehört ebensowenig zu der amtlichen Anmerkung.

C. Bisher kein Prozeß- oder Verfahrensbevollmächtigter. Der die Hand- 43 akten an den anderen Anwalt übersendende Anwalt darf bisher kein ProzBev nach § 81 ZPO gewesen sein. Denn die Übersendung durch den ProzBev usw etwa infolge einer Verweisung oder Abgabe an ein anderes gleichrangiges oder niedrigeres Gericht oder wegen einer entsprechenden Zurückverweisung nach § 21 I zählt nach § 19 I 2 Z 17 zum Rechtszug. Denn die gutachterliche Äußerung ändert nichts an § 19 I 2 Z 17, aM GSchm 124.

D. Einverständnis des Auftraggebers. Der Auftraggeber muß nicht nur mit der 44 Übersendung der Handakten an den Anwalt des höheren Rechtszugs ausdrücklich oder eindeutig stillschweigend einverstanden sein, sondern außerdem mit der gutachtlichen Äußerung, die die amtliche Anmerkung vergüten soll. Die Notwendigkeit des Einverständnisses auch mit der gutachtlichen Äußerung ergibt sich aus dem Sinn dieser Vorschrift.

Das Einverständnis *kann dann vorliegen, wenn* der Auftraggeber von der gutachtlichen Äußerung und der Tatsache ihrer Mitübersendung an den anderen Anwalt ohne Kenntnis hat, ohne ihr rechtzeitig zu widersprechen. Der bei einer Prozeßkostenhilfe beigeordnete erstinstanzliche Anwalt muß die Partei über die etwaige Vergütungspflicht einer gutachtlichen Äußerung aufklären.

Das Einverständnis liegt *nicht* schon dann vor, wenn der Auftraggeber mit der Einlegung des Rechtsmittels einverstanden ist oder gar den übersendenden Anwalt beauftragt, einen ProzBev usw für den höheren Rechtszug zu bestellen. Auch die bloße Prozeß- oder Verfahrensvollmacht auch für den höheren Rechtszug reicht nicht aus, BGH JB **91**, 1647.

E. Gutachtliche Äußerung. Der übersendende Anwalt muß unter den Voraus- 45 setzungen Rn 40–44 eine gutachtliche Äußerung mit der Übersendung der Handakten verbinden. Eine solche Äußerung ist mehr als ein bloßer Rat oder eine Auskunft nach § 34 I 1. Sie braucht andererseits nicht alle Merkmale eines schriftlichen Gutachtens nach § 34 I 1 zu erfüllen. Wenn der Anwalt allerdings nur den bisherigen Sachverhalt wiedergibt, ist das keine Äußerung nach der amtlichen Anmerkung. Am ehesten entspricht die Äußerung nach der letzteren Vorschrift der Ausarbeitung eines schriftlichen Gutachtens über die Aussichten eines Rechtsmittels nach VV 2101.

F. Gleichzeitigkeit von Aktenübersendung und Äußerung. Der Anwalt muß 46 die gutachtliche Äußerung mit der Übersendung der Akten „verbinden". Es reicht also nicht aus, daß er die Äußerung nur gegenüber dem Auftraggeber anfertigt und nur diesem übersendet. Es reicht auch nicht aus, daß er die Äußerung zwar an den Anwalt des höheren Rechtszugs schickt, aber erst zeitlich nach der Übersendung der Handakten. Eine auf Grund eines bloßen Versehens zeitlich rasch nachfolgende Übersendung erfüllt noch das Merkmal der Gleichzeitigkeit, wenn der Verfahrensbevollmächtigte die gutachterliche Äußerung praktisch sogleich mitverwerten kann.

47   Die amtliche Anmerkung ist auch dann unanwendbar, wenn der Anwalt des höheren Rechtszugs *später* einen Schriftwechsel zwischen dem erstinstanzlichen Anwalt und dem Auftraggeber in die Hände bekommt, in dem eine gutachtliche Äußerung des Anwalts über die Rechtsmittelaussichten liegt.

48   **7) Kostenerstattung im Zivilprozeß.** Ein Grundsatz hat zahlreiche Auswirkungen.

A. Maßgeblichkeit der ZPO. Die Erstattungsfähigkeit der Kosten desjenigen Anwalts (nicht eines Dritten, Rn 5), der am Wohnsitz des Auftraggebers oder in dessen nächster Nähe residiert und der deshalb „nur" den Verkehr mit dem ProzBev führt, Rn 11, (zum alten Recht) Düss RR **97**, 190, richtet sich nicht nach § 91 II 1 ZPO. Denn diese Vorschrift regelt die Kosten desjenigen Anwalts, der die Partei vor dem Prozeßgericht vertritt. Die Erstattungsfähigkeit richtet sich vielmehr nach § 91 I ZPO.

Es kommt also darauf an, ob die Kosten des Verkehrsanwalts zu einer zweckentsprechenden Rechtsverfolgung oder Rechtsverteidigung *notwendig* sind, BGH JB **10**, 369, Brdb MDR **09**, 175 links, Naumb RR **12**, 431. In diesem Zusammenhang muß man die allgemeine Pflicht jeder Partei beachten, die Kosten im Rahmen des Verständigen möglichst niedrig zu halten, BLAH § 91 ZPO Rn 29. Man muß alle Umstände beachten, BGH BB **05**, 294, Kblz Rpfleger **03**, 148, Mü MDR **93**, 1130, aM ThP § 91 ZPO Rn 27 (grds keine Erstattungsfähigkeit. Das ist zu streng).

49   **B. Zumutbarkeitsfragen.** Die Gerichte stellen darauf ab, ob man es der Partei zumuten kann, den auswärtigen ProzBev persönlich zu unterrichten, Brdb FamRZ **02**, 254, Düss AnwBl **93**, 39 und 40, Hamm AnwBl **00**, 323. In diesem Zusammenhang prüfen die Gerichte sowohl das Alter, den Gesundheitszustand und die Persönlichkeit der Partei sowie die Art und Größe ihres Unternehmens als auch die Art, Schwierigkeit und den Umfang des Prozeßstoffs, Düss OLGR **95**, 76, Hbg JB **02**, 319. Nicht jedes Unternehmen muß eine Rechtsabteilung halten, BGH VersR **05**, 1305.

Eine *gebildete Partei* ist zu einer schriftlichen Unterrichtung des ProzBev eher in der Lage als eine ungebildete, Ffm AnwBl **85**, 211, Kblz JB **78**, 1068, LG Münst JB **02**, 372, aM LG Mü AnwBl **84**, 619 (aber im allgemeinen fördert eine Bildung die Ausdrucksfähigkeit auch in der Schriftform. Es kommt natürlich darauf an, was man unter einer Bildung verstehen will). Das gilt erst recht für eine von einem Volljuristen vertretene Partei, Kblz VersR **83**, 644. Soweit eine schriftliche oder mündliche Unterrichtung ausreicht, sind die Kosten des Verkehrsanwalts nicht erstattungsfähig.

50   **C. Reisekosten.** Unabhängig davon, ob eine schriftliche Information des ProzBev möglich wäre, hat eine Partei aber grundsätzlich ein schutzwürdiges Interesse daran, den ProzBev persönlich kennenzulernen, Ffm AnwBl **85**, 211, Schlesw SchlHA **82**, 158, LG Kblz AnwBl **82**, 24. Deshalb sind die Reisekosten des Verkehrsanwalts bis zur Höhe von ersparten Reisekosten der Partei grundsätzlich erstattungsfähig, BGH JB **10**, 369, KG VersR **08**, 271, Mü JB **07**, 595 rechts unten, aM Kblz JB **91**, 1519, Köln JB **93**, 682, Mü MDR **93**, 1130 (beim Alltagsfall. Aber gerade dann kann es sinnvoll sein, seinen Anwalt über alle bloße Routine hinaus im Gespräch zu interessieren). Der Rpfl muß die ersparten Reisekosten von Amts wegen ermitteln, Hamm AnwBl **83**, 559. Die Partei kann neben Verkehrsanwaltskosten grundsätzlich keine eigenen Reisekosten zur Information des ProzBev nach § 81 ZPO erstattet fordern, Mü MDR **87**, 333. Vgl im übrigen Rn 88–92.

51   **D. Erstattungsgrenzen.** Die Mehrkosten wegen eines auswärtigen Verkehrsanwalts sind grundsätzlich *nicht* erstattungsfähig, Ffm Rpfleger **88**, 163. Die Kosten eines solchen Verkehrsanwalts, den die Partei einschaltet, obwohl er an demselben Ort residiert wie der ProzBev nach § 81 ZPO, sind nicht erstattungsfähig, Düss MDR **76**, 406.

1940

Man sollte die Erstattungsfähigkeit *weder zu streng noch zu großzügig* beurteilen. Stets 52
muß man mitbedenken, daß jetzt jeder überhaupt als Anwalt Zugelassene außer vor
dem BGH vor jedem deutschen Gericht postulationsfähig ist.

E. Beispiele zur Frage einer Erstattungsfähigkeit. Im Rahmen der grundsätz- 53
lichen Regeln Rn 48–52 läßt sich die Erstattungsfähigkeit im einzelnen etwa wie
folgt beurteilen.

Abschreibungsgesellschaft: Die Einschaltung eines solchen Verkehrsanwalts, der 54
zentral die Stoffsammlung und die rechtliche Aufarbeitung usw beim Anspruch auf
rückständige Einlagen vornimmt, ist *nicht* notwendig, Mü AnwBl 91, 276.

Alter: Das hohe Lebensalter der Partei kann die Hinzuziehung eines Verkehrsanwalts
zwecks einer Vermeidung von Reisen zum ProzBev nach § 81 ZPO eher als notwendig erscheinen lassen, Bbg JB 77, 672, Hbg JB 90, 888.

Arbeitsersparnis: *Nicht* ausreichend ist dieser Parteiwunsch, Naumb RR 12, 431. 55

Arbeitsgerichtsverfahren: Die Kosten des vor der Verweisung an das ordentliche
Gericht als ProzBev nach § 81 ZPO tätig gewesenen jetzigen Verkehrsanwalts sind
erstattungsfähig, soweit sie jetzt noch erforderlich sind, Hbg JB 83, 771.

Arrest, einstweilige Anordnung oder Verfügung: Die Kosten des Eilverfahrens 56
nach §§ 916 ff, 935 ff ZPO usw sind schon wegen § 945 ZPO eher als sonst erstattungsfähig, Ffm Rpfleger 88, 163 (links und rechts), Hbg JB 88, 1191, Stgt Just 82,
262, aM Karlsr GRUR 90, 223, Kblz FamRZ 88, 471, Mü AnwBl 98, 485 (die
Erstattungsfähigkeit hänge davon ab, daß man mit einem Widerspruch nicht rechnen müsse. Aber das Eilverfahren erlaubt keine solche im Mahnverfahren eher angebrachte Unterscheidung).

Es kommt auch hier auf die *Zumutbarkeit* einer direkten Information des ProzBev nach § 81 ZPO oder des VerfBev nach § 11 FamFG an, Hbg JB 88, 1031, Mü
AnwBl 85, 47, Schlesw JB 79, 1668.

Man kann dabei auch hier auf die Entfernung vom Gerichtsort und auf die
Reisezeit der Partei abstellen, Ffm AnwBl 85, 46 links.

– **(Auslandsfall):** S „– (Mehrheit von Kanzleien)", Rn 59 ff. 57
– **(Berufungsinstanz):** Erstattbar sind auch diese Kosten nach §§ 511 ff ZPO. Das
gilt auch für die Kosten einer Tätigkeit vor dem Eingang der gegnerischen Berufungsbegründung nach § 520 II 1 ZPO.
– **(Beschwerdeinstanz):** Erstattbar sind auch diese Kosten nach §§ 567 ff ZPO,
Karlsr JB 75, 1471.
– **(Entfernung vom Gerichtsort):** S „– (Zumutbarkeit)", Ffm AnwBl 85, 46 links.
– **(Hauptprozeß):** Die Erstattbarkeit wegen seiner Kosten pflegt derjenigen des
zugehörigen Eilverfahrens zu folgen, Köln AnwBl 80, 76. Evtl muß das Gericht
die Kosten auf das Hauptverfahren und das Eilverfahren verteilen, Kblz JB 92, 470.
– **(Mehrheit von Kanzleien):** Erstattbar sein kann die Einschaltung von zwei
Kanzleien, keineswegs aber diejenige von drei oder mehr Kanzleien, auch nicht
im Auslandsfall, Nürnb AnwBl 88, 653.
– **(Ratsgebühr):** Erstattbar sind zumindest ihre Kosten nach § 34.
– **(Reisezeit):** S „– (Entfernung vom Gerichtsort)".
– **(Sommerzeit):** S „– (Verteidigung)".
– **(Spezialrecht):** Rn 103.
– **(Verteidigung):** Erstattbar sind im Rahmen der „– (Zumutbarkeit)" auch die
Kosten einer Verteidigung, aM Stgt JB 76, 812, Das gilt insbesondere in der
Sommerzeit vom 1. 7.–31. 8. nach § 227 III 2 Z 1 ZPO, Karlsr JB 75, 1470,
enger Hbg JB 75, 657.
– **(Zumutbarkeit):** Es kommt auch hier auf die Zumutbarkeit einer direkten Information des ProzBev nach § 81 ZPO oder des VerfBev nach § 11 FamFG an,
Hbg JB 88, 1031, Mü AnwBl 85, 47, Schlesw JB 79, 1668.

Arzthaftung: Es ist *nicht* schon wegen solcher Rechtsfragen stets ein Verkehrsanwalt 58
notwendig, Kblz NJW 06, 1072 links.

Auslandsberührung: Hier muß man zunächst das EU-Recht beachten. Im übrigen
muß man die folgenden Fallgruppen unterscheiden.

– **(Ausländischer Verkehrsanwalt):** Seine Kosten sind grds erstattungsfähig, so- 59
weit seine Hinzuziehung erforderlich ist, BGH NJW 12, 938, Düss AnwBl 93,

39 (je: nicht, soweit die Information eines inländischen ProzBev zumutbar ist), KG Rpfleger **08**, 598, Mü JB **11**, 265, großzügiger Stgt AnwBl **85**, 211, ZöHe § 91 ZPO Rn 13 „Ausländischer Anwalt".

Man muß das *Ob* der Erstattung nach dem deutschen Recht prüfen, BGH FamRZ **05**, 1671, Stgt RR **04**, 1582, demgegenüber aber die *Höhe* der erstattungsfähigen Anwaltskosten nach dem ausländischen Recht, Ffm AnwBl **95**, 378, Mankowski AnwBl **05**, 708, aM Stgt RR **04**, 1582. Bei einer reinen Gebührenklage mag ein ausländischer Anwalt eher entbehrlich sein, KG MDR **09**, 1313.

60 – **(Ausländischer Verkehrsanwalt: Arrest, einstweilige Verfügung):** Rn 56 „Arrest, einstweilige Anordnung oder Verfügung".

– **(Ausländischer Verkehrsanwalt: Ausländische Beweisaufnahme):** Erstattbar sein können seine Kosten auch dann, etwa bei § 363 ZPO, BGH FamRZ **05**, 1670.

– **(Ausländischer Verkehrsanwalt: Deutschkenntnis):** Erstattbar sind grds seine Kosten, insbesondere wenn er auch deutsch sprechen kann, Kblz NJW **78**, 1751.

– **(Ausländischer Verkehrsanwalt: Gebührenklage):** Eher *nicht* erstattbar sind seine Kosten bei einer reinen solchen Klage, KG MDR **09**, 1313.

– **(Ausländischer Verkehrsanwalt: Gegenseitigkeitsvereinbarung):** S „– (Honorarvereinbarung)".

– **(Ausländischer Verkehrsanwalt: Honorarvereinbarung):** Eine solche Abrede zwischen dem ausländischen Verkehrsanwalt und dem Auftraggeber ist für die Kostenerstattungspflicht nicht stets maßgeblich, Hbg MDR **80**, 589, großzügiger Ffm Rpfleger **87**, 216. Man darf aber auch nicht schematisch die Erstattung auf den nach deutschem Recht erstattungsfähigen Betrag beschränken, Mankowski NJW **05**, 2349, aM BGH NJW **05**, 1373, Mü MDR **98**, 1054, LG Köln AnwBl **82**, 532 (aber auch hier sollten die Umstände mitbeachtbar sein). Auf das Bestehen einer Gegenseitigkeitsvereinbarung der beteiligten Staaten kommt es nicht an.

– **(Ausländischer Verkehrsanwalt: Informationsreise):** Erstattbar sein können seine Kosten auch dann, wenn eine Informationsreise der Partei vom Ausland zum ProzBev nach § 81 ZPO billiger gewesen wäre, Ffm GRUR **86**, 336, Stgt JB **81**, 870.

– **(Ausländischer Verkehrsanwalt: Schwierige Rechtsfragen):** Erstattbar können seine Kosten dann sein, wenn es um schwierige Rechtsfragen geht, Karlsr JB **90**, 64, strenger Hbg OLGR **99**, 288 (Partei im Inland).

– **(Ausländischer Verkehrsanwalt: Sozius):** Bei einem ausländischen Sozius einer überörtlichen Deutschen Sozietät ist eine Erstattbarkeit wegen der Kosten des ersteren als Verkehrsanwalt *nicht* statthaft, Rostock MDR **11**, 394.

– **(Ausländischer Verkehrsanwalt: Übersetzung):** Nicht erstattbar sind Kosten einer Übersetzung in die Sprache der ausländischen Partei evtl insoweit, als neben einem deutschen ProzBev einen ausländischen Verkehrsanwalt hat, BPatG GRUR **83**, 265, aM BPatG GRUR **92**, 689 (–?–), Hbg Rpfleger **96**, 370 (aber es kommt eben stets auf die Notwendigkeit an).

61 – **(Inländischer Verkehrsanwalt):** Auch seine Kosten sind grds erstattungsfähig, Ffm JB **08**, 539, Kblz BauR **14**, 1048 links unten, Mü JB **11**, 265, aM Nürnb JB **98**, 597 (zu eng). Das gilt auch für den inländischen Vertrauensanwalt, LG Detm AnwBl **09**, 149. Es gilt auch zugunsten eines EU-Ausländers, Hbg MDR **00**, 664.

Freilich setzt die Erstattungsfähigkeit auch hier die *Notwendigkeit seiner Hinzuziehung* voraus, Düss Rpfleger **97**, 188, Ffm Rpfleger **92**, 85, Kblz JB **00**,146.

62 Man muß auch hier das *Ob* der Erstattung nach dem deutschen Recht beurteilen, Stgt RR **04**, 1582, demgegenüber aber die *Höhe* der erstattungsfähigen Kosten nach dem ausländischen Recht prüfen, Ffm AnwBl **95**, 378, Mü AnwBl **95**, 378, aM Stgt RR **04**, 1582. Die Reisekosten der Partei sind hier ausnahmsweise zusätzlich erstattungsfähig, Ffm Rpfleger **88**, 163.

63 – **(Inländischer Verkehrsanwalt: Arrest, einstweilige Verfügung):** Rn 56 „Arrest, einstweilige Verfügung".

– **(Inländischer Verkehrsanwalt: Mehr als bloßes Bestreiten):** Erstattbar sind seine Kosten dann, wenn solche Lage besteht, Hamm AnwBl **85**, 591, Kblz

Vergütungsverzeichnis **3400 VV**

AnwBl **95**, 267 (Hongkong, schwieriges Recht), Stgt AnwBl **85**, 211, aM Bbg JB **78**, 857 (evtl nur eine Ratsgebühr erstattbar), Celle JB **76**, 1667, Düss Rpfleger **83**, 368 (aber auch hier kommt es ganz auf den Einzelfall an).
- **(Inländischer Verkehrsanwalt: Dolmetscher):** Erstattbar sind die Kosten des ersteren dann, wenn daher ein letzterer entbehrlich wird, Düss JB **87**, 1551.
- **(Inländischer Verkehrsanwalt: Eigene Sache):** *Nicht* erstattbar sind seine   64 Kosten in einem solchen Fall, Mü AnwBl **87**, 245.
- **(Inländischer Verkehrsanwalt: Gerichtsstand an seinem Sitz):** *Nicht* erstattbar sind seine Kosten dann, wenn ein solcher Gerichtsstand auch nur infragekommt, Hbg MDR **99**, 443.
- **(Inländischer Verkehrsanwalt: Inländische Parteiniederlassung):** *Nicht* erstattbar sind seine Kosten dann, wenn die ausländische sprachkundige, geschäfts- oder sogar prozeßerfahrene Partei eine solche inländische Niederlassung hat, die eine schriftliche Information des ProzBev hätte vornehmen können, Hbg MDR **86**, 61, Köln JB **86**, 1028, LG Freibg AnwBl **81**, 162, aM Kblz AnwBl **89**, 683 rechts unten (aber der Grundsatz geht auch hier dahin, die Kosten niedrig halten zu müssen).
- **(Inländischer Verkehrsanwalt: Inlandstermin):** Erstattbar sind seine Kosten   65 *nicht stets* schon dann, wenn die Partei bei seiner Teilnahme neben dem ProzBev dem Verkehrsanwalt besonders vertraut, Bbg JB **86**, 438.
- **(Inländischer Verkehrsanwalt: Parteireise):** Erstattbar sind seine Kosten, soweit durch ihn eine Parteireise entbehrlich wird, Hamm AnwBl **85**, 591, Kblz JB **91**, 245, noch großzügiger Ffm AnwBl **87**, 406.
- **(Inländischer Verkehrsanwalt: Übersetzung):** *Nicht* erstattbar sind seine Kosten, soweit er nur, wenn auch notwendigerweise, Schriftsätze einer ausländischen Partei übersetzt, aM Düss MDR **87**, 851 (aber das ist keine typische Anwaltsaufgabe).
- **(Inländischer Verkehrsanwalt: Umsatzsteuer):** § 25 Rn 21 ff.
- **(Ausländer im Inland):** Er darf grds die Kosten eines inländischen oder aus-   66 ländischen Verkehrsanwalts erstattet fordern, Ffm AnwBl **84**, 619, Hbg JB **86**, 1085, Stgt AnwBl **82**, 25.
  Man muß einen Ausländer dann wie einen Inländer behandeln, wenn er sich   67 regelmäßig in Deutschland geschäftlich aufhält oder wenn er regelmäßig mit Inländern geschäftliche Beziehungen unterhält und wie ein Inländer *am deutschen Rechtsverkehr teilnimmt,* Düss Rpfleger **97**, 188, Karlsr JB **93**, 352, Kblz VersR **88**, 1164. Das gilt auch bei der Wahrnehmung einer eigenen Angelegenheit, Mü AnwBl **87**, 245.
- **(Inländerprobleme):** Man kann die Erstattungsfähigkeit der Kosten eines in-   68 ländischen oder ausländischen Verkehrsanwalts dann bejahen, wenn es sich um Spezialfragen eines ausländischen Rechtsgebiets handelt. Freilich darf man auch dann die Erstattbarkeit keineswegs schematisch annehmen, Hbg RR **00**, 876 (nur bei Zeitdruck; streng). Ein vorübergehender Auslandsaufenthalt des Inländers gibt nicht stets einen Erstattungsanspruch, Ffm Rpfleger **82**, 311.
  S auch Rn 86 „Hausanwalt", Rn 103 „Spezialrecht", Rn 109 „Unternehmen", Rn 114 „Urkundenprozeß".

Behinderung: Sie kann einen Verkehrsanwalt erlauben, Kblz MDR **93**, 484, Oldb   69 AnwBl **83**, 558, Stgt AnwBl **83**, 567.

Beiderseitige Verkehrsanwälte: Ob ihre Einschaltung schon wegen der Beiderseitigkeit notwendig war, läßt sich nur von Fall zu Fall klären. Freilich ist dann eher eine gewisse Großzügigkeit ratsam.

Berufung: Im Berufungsverfahren nach §§ 511 ff ZPO gelten strengere Maßstäbe   70 als in der ersten Instanz. Denn es liegt schon eine tatsächliche und rechtliche Würdigung durch das Erstgericht nach § 313 III ZPO vor, BGH BB **06**, 1656, Brdb FamRZ **02**, 254, Kblz VersR **88**, 839, aM Ffm AnwBl **81**, 506, Köln BB **00**, 277 (je: dieser Grundsatz gelte nur, falls derselbe Anwalt wie in der ersten Instanz tätig werde. Aber es kommt darauf an, daß das *Gericht* bereits sorgfältig geprüft hatte).
  Deshalb kommt es auch nicht nur darauf an, daß die Kosten des Verkehrsanwalts   71 nur *gering* über den sonst entstandenen Kosten einer Informationsreise der Partei und

1943

VV 3400 Vergütungsverzeichnis

einer Parteireise zu einem Beweistermin nach §§ 355 ff ZPO lagen, aM LG Stgt AnwBl **85**, 214 (aber es handelt sich zunächst nur um das Ob). Auch muß man mitbeachten, daß jetzt jeder überhaupt als Anwalt Zugelassene außer vor dem BGH vor jedem deutschen Gericht nach BLAH § 78 ZPO Rn 23 ff postulationsfähig ist. Man darf die Anforderungen aber auch nicht überspannen, Stgt AnwBl **84**, 380, Dinslage AnwBl **83**, 563. Jedenfalls können die Kosten des Verkehrsanwalts ausnahmsweise erstattungsfähig sein, Hbg MDR **02**, 542.

Unter diesen Voraussetzungen können sogar diejenigen Kosten des Verkehrsanwalts des Berufungsbekl erstattungsfähig sein, die durch seine Tätigkeit *vor* dem Eingang der *Berufungsbegründung* nach § 520 ZPO entstehen, Ffm AnwBl **80**, 462, aM Hamm JB **84**, 1835, ZöHe § 3 ZPO Rn 13 „Berufung" (aber auch hier gilt der Grundgedanke der Erstattbarkeit gewisser Vorbereitungskosten zumindest entsprechend). Im übrigen sind die Kosten des Verkehrsanwalts bis zur Höhe der dadurch ersparten an sich zweckmäßigen Informationsreise der Partei zum Berufungsanwalt erstattungsfähig, BGH BB **06**, 1656, aM Schlesw JB **80**, 1854 (aber eine Informationsreise wäre stets erstattungsfähig gewesen).

72 – **(Alter)**: S „– (Information)".
– **(Behinderung)**: S „– (Information)".
– **(Vor Berufungsbegründung)**: Rn 71.
– **(Besondere Bedeutung)**: Erstattbarkeit besteht bei einer besonderen Bedeutung der Sache für auch nur eine der Parteien, Schlesw SchlHA **84**, 151.
– **(Geschäftsfähigkeit)**: Erstattbarkeit besteht beim Streit um die Geschäftsfähigkeit einer Partei, Kblz JB **91**, 243.
– **(Grundbucheinsicht)**: *Keine* Erstattbarkeit besteht, soweit der ProzBev trotz einer starken beruflichen Belastung ein auswärtiges Grundbuch selbst einsehen kann, soweit das (noch) nur dort möglich ist, Schlesw SchlHA **80**, 218. Das gilt entsprechend erst recht bei elektronischer Einsichtsmöglichkeit.
– **(Information)**: Erstattbarkeit besteht dann, wenn die Partei ihren Anwalt nicht oder nur schlechter selbst informieren kann, Ffm JB **92**, 407, Hbg JB **90**, 888 (Alter, Behinderung), Kblz VersR **87**, 996 (Krankheit) und 1225 (Vorprozeß).
– **(Informationsreise)**: S zunächst Rn 71, 88. Erstattbarkeit besteht bis zur Höhe der dadurch ersparten an sich zweckmäßigen Informationsreise(n) der Partei zum Berufungsanwalt, BGH BB **06**, 1656, aM Schlesw JB **80**, 1854 (aber eine Informationsreise wäre stets erstattungsfähig gewesen).

73 – **(Krankheit)**: Rn 342 „– (Information)".
– **(Lebenswichtiger Prozeß)**: Erstattbarkeit, Kblz VersR **88**, 839.
– **(Neues Problem)**: Erstattbarkeit besteht bei einem neuen Problem, Ffm WRP **92**, 312, Hbg MDR **02**, 542, Hamm JB **87**, 270.
– **(Neue Tatsache)**: Erstattbarkeit besteht bei einem neuen Tatsachenvortrag nach § 531 II 1 ZPO, Ffm Rpfleger **99**, 463, Hbg MDR **02**, 542. S auch „– (Schwierige Sache)".
– **(Schwierige Sache)**: Erstattbarkeit besteht bei einer unübersichtlichen oder umfangreichen und daher oder ohnehin schwierigen Sache, Ffm JB **92**, 333, Hbg JB **90**, 888, Kblz VersR **87**, 1225. Das gilt auch bei einer geschäftsgewandten Partei, LG Stgt AnwBl **84**, 101, und auch dann, wenn auch kein neuer Tatsachenvortrag nach § 531 II 1 ZPO erfolgt.
– **(Streitverkündung)**: Erstattbarkeit besteht dann, wenn eine Streitverkündung nach § 72 ZPO erst während der Berufungsfrist nach § 517 ZPO erfolgt, Kblz MDR **88**, 193.

74 – **(Umfang)**: Rn 73 „– (Schwierige Sache)".
– **(Unübersichtliche Sache)**: Rn 73 „– (Schwierige Sache)".
– **(Vergleich)**: Erstattbarkeit besteht dann, wenn erst die Einschaltung eines Verkehrsanwalts einen Vergleich nach § 779 BGB oder nach BLAH Anh § 307 ZPO ermöglicht.
– **(Vorprozeß)**: Rn 70 „– (Information)".

75 **Beschwerde:** Wenn eine Partei gegen einen Kostenfestsetzungsbeschluß nach § 104 ZPO nur teilweise eine sofortige Erinnerung oder Beschwerde eingelegt hat, tritt auch wegen des Rests evtl *keine* Bindung wegen der Erstattungsfähigkeit der Verkehrsanwaltskosten ein, KG MDR **77**, 937.

3400 VV

Betreuer: Seine Gebühr ist nach Rn 74 meist *nicht* erstattungsfähig, Mü RR **97**, 1286, Stgt JB **98**, 487.
Bierbezugsvertrag: Ffm MDR **92**, 193.
Dolmetscher: Die Kosten des Verkehrsanwalts sind insoweit erstattungsfähig, als sich dadurch Dolmetscherkosten vermeiden ließen, Kblz JB **00**, 145.
Dritter: Rn 116 „Vergleich".
Drittort: Auch die Kosten eines Verkehrsanwalts am dritten Ort (weder am Sitz des Prozeßgerichts noch am Wohnort der Partei) können erstattungsfähig sein, aM Hbg MDR **03**, 1019 (aber auch dann kann zB Rn 86 gelten).
Ehegatte: Es kommt auch hier auf die Umstände an. Der Ehegatte eines für ihn 76 vorprozessual tätig gewesenen Richters mag einen Verkehrsanwalt einschalten dürfen, Hbg MDR **92**, 616, strenger Kblz JB **84**, 758, Köln JB **83**, 1047, Schlesw SchlHA **86**, 144. Das gilt auch für denjenigen eines Anwalts. Auch der Ehegatte eines Richters mag einen Verkehrsanwalt haben dürfen, Hbg MDR **92**, 616.
Ehesache: Soweit eine Beiordnung erfolgt ist, zB nach § 121 III ZPO in Verbindung mit § 76 FamFG, sind die Kosten des Verkehrsanwalts erstattungsfähig. Sie können darüber hinaus erstattungsfähig sein, KG FamRZ **82**, 1227, strenger Kblz JB **83**, 758, Köln JB **83**, 1047.
S auch Rn 97 „Prozeßkostenhilfe".
Eigene Sache: Hier muß man die folgenden Fallgruppen unterscheiden. 77
– **(Gesetzliche Vertretung):** Derjenige Anwalt, der als ein gesetzlicher Vertreter nach § 51 ZPO auftritt, kann die Kosten eines Verkehrsanwalts insoweit erstattet fordern, als ein nicht rechtskundiger Vertreter einen Anwalt hinzuziehen dürfte, Düss BB **77**, 1575, Kblz VersR **81**, 865, Schlesw SchlHA **79**, 60, oder soweit die Information nicht zum Aufgabenkreis des gesetzlichen Vertreters zählt, KG MDR **87**, 679. Im übrigen besteht *keine* Erstattungsfähigkeit, Düss MDR **80**, 320, Stgt JB **98**, 142. Nach diesen Grundsätzen muß man die Erstattungsfähigkeit dann beurteilen, wenn der Anwalt in einer der folgenden Eigenschaften auftritt:
– als **Betreuer**, Rn 75;
– als **Pfleger**, Düss BB **77**, 1575, KG Rpfleger **76**, 248, aM Stgt JB **76**, 192; 78
– als **Vereinsvorstand**, Düss MDR **80**, 320, Ffm MDR **78**, 62, KG MDR **87**, 79 679;
– als **Vormund**, Kblz VersR **81**, 865, Schlesw SchlHA **79**, 60.
Soweit die Tätigkeit des Anwalts über diejenige *hinausgeht*, die er als ein ge- 80 setzlicher Vertreter wahrnehmen muß, kann die Erstattungsfähigkeit vorliegen, Düss BB **77**, 1575.
– **(Partei kraft Amts):** Derjenige Anwalt, der als eine Partei kraft Amts nach 81 BLAH Grdz 8 vor § 50 ZPO handelt, kann grds *keine* Kosten eines Verkehrsanwalts erstattet fordern. Denn man kann die Rechtslage dann nicht anders als dann beurteilen, wenn er in einer eigenen Sache handelt, Mü OLGR **94**, 36. Es gehört ja zu den Amtspflichten, die nun einmal vorhandenen Kenntnisse und daher eben auch die Rechtskenntnisse im Interesse des Vertretenen und im Rahmen der für die Amtsführung als eine Partei kraft Amts erhaltenen generellen Vergütung wahrzunehmen.
Demgemäß *fehlt* eine Erstattungsfähigkeit zB dann, wenn der Anwalt in folgenden Eigenschaften auftritt:
– als **Insolvenzverwalter**, Ffm GRUR **88**, 487, KG Rpfleger **81**, 411, Stgt 82 Rpfleger **83**, 501, aM Karlsr KTS **78**, 260;
– als **Liquidator**, Köln JB **78**, 71;
– als **Nachlaßverwalter**, Ffm Rpfleger **80**, 69;
– als **Testamentsvollstrecker**, Stgt AnwBl **80**, 360;
– als **sonstiger Vermögensverwalter**, aM Köln AnwBl **83**, 562.
– **(Persönliche Angelegenheit):** Derjenige Anwalt, der sich nach § 91 II 3 ZPO in 83 einer persönlichen Angelegenheit selbst vertritt, kann grds *keine* Kosten eines Verkehrsanwalts erstattet fordern. Denn er könnte einen auswärtigen ProzBev nach § 81 ZPO mündlich oder schriftlich informieren, BGH NJW **08**, 1087, Mü AnwBl **87**, 245, Rostock MDR **01**, 115 (billigt freilich eine Auslagenpauschale von [jetzt ca] 20 EUR zu). Das alles gilt auch bei einem ausländischen Anwalt, Mü AnwBl **87**, 245.

Einigung: Rn 16 „Vergleich".
Einstellung: Rn 121 „Vollstreckungsabwehrklage".
Einstweilige Verfügung: Rn 56 „Arrest, einstweilige Verfügung".
Entfernung: Sie ist nur *sehr bedingt* ein ausreichender Maßstab, aM Köln BB **00**, 277 (ab 40 km. Das mag praktisch so sein, vergröbert aber zu sehr).
Erlaßvertrag: Er ist unklar, Kblz RR **12**, 1017 (ziemlich konstruiert).
84 **Factoring Bank:** Sie kann grds *schriftlich* informieren, Kblz VersR **89**, 929.
Finanzmakler: Er kann grds *schriftlich* informieren, Kblz VersR **89**, 929.
Fischereirecht: Rn 104 „Spezialrecht".
Gebührenvereinbarung: Höhere als die gesetzlichen Gebühren sind (noch) allenfalls bei demjenigen ausländischen Verkehrsanwalt erstattungsfähig, der keine solchen kennt und zB auf einer Stundensatzbasis abrechnen darf, Ffm AnwBl **90**, 48.
S auch Rn 79.
Gegnerverhalten: Eine Erstattungsfähigkeit kann dann vorliegen, wenn sich der Gegner direkt an den Verkehrsanwalt gewandt hat, Bbg JB **87**, 1577, Hamm JB **88**, 492, Hansens JB **89**, 145.
85 **Gerichtsstandswahl:** Man darf sie auch im an sich erlaubten Bereich *nicht* kostenmäßig ohne einen sachlich vertretbaren Grund auf dem Rücken des Gegners ausüben. Man muß also die Kosten niedrig halten, Drsd Rpfleger **06**, 44, KG Rpfleger **76**, 323, Köln MDR **76**, 496, großzügiger Hbg MDR **99**, 638, KG MDR **08**, 653, Mü JB **94**, 477 (aber Kostensparsamkeit ist ein selbstverständliches Gebot).
Geschäftsfähigkeit: Ein Streit um ihr Vorliegen kann zur Erstattungsfähigkeit führen, Kblz JB **91**, 243.
Gewerblicher Rechtsschutz: Rn 104 „Spezialrecht".
86 **Hausanwalt:** Rn 109 „Unternehmen". Die dortigen Regeln können auch zB beim langjährigen Vertrauensanwalt gelten, Hbg MDR **05**, 1317, Kblz AnwBl **92**, 548, Köln JB **02**, 591.
Ein Unternehmen darf aber *nicht stets* von vornherein auf Kosten des Gegners einen Hausanwalt beauftragen, Zweibr MDR **09**, 1366. Seine Reisekosten sind dann nicht erstattbar, wenn ein Mitarbeiter des Unternehmers praktisch alles rechtskundig bearbeitet hatte, AG Sulingen JB **14**, 200.
87 **Immobilienfirma:** Sie kann grds *schriftlich* informieren, Kblz VersR **89**, 929.
88 **Informationsreise:** Die Kosten eines Verkehrsanwalts sind grds jedenfalls bis zur Höhe derjenigen Kosten erstattungsfähig, die für *eine* Informationsreise der Partei je Instanz zu dem ProzBev nach § 81 ZPO notwendig sind, BGH BB **03**, 72, Düss BB **97**, 2397, Hamm AnwBl **00**, 323.
89 Es kann auch zumindest ein *geringer Betrag darüber hinaus* erstattungsfähig sein, Bbg JB **91**, 103 (Drittort), Karlsr AnwBl **82**, 248, Köln AnwBl **83**, 189. Das gilt insbesondere dann, wenn die Information des ProzBev durch die Partei deshalb ausreicht, weil der Verkehrsanwalt vor dem Prozeßbeginn bereits tätig war, KG JB **76**, 204, Bbg JB **77**, 1410.
90 Bei einem tatsächlich oder rechtlich *schwierigen Fall* kann man eine Erstattungsfähigkeit auch in Höhe derjenigen Beträge bejahen, die für *mehrere* Informationsreisen der Partei zum ProzBev notwendig würden, Ffm AnwBl **85**, 211, LG Wiesb AnwBl **99**, 180. Die Reisekosten sind, falls überhaupt, wie bei einem Zeugen nach dem JVEG erstattungsfähig, Teil V dieses Buchs, Düss BB **97**, 2397.
91 Man darf eine Erstattungsfähigkeit allerdings *keineswegs schematisch* annehmen, Ffm JB **88**, 486, Hamm MDR **88**, 61, etwa sobald die Partei zur Unterrichtung des ProzBev mehr als einen halben Arbeitstag brauchen würde, Kblz MDR **94**, 630, Mü AnwBl **88**, 69, aM Ffm Rpfleger **85**, 212 (aber man muß trotz aller Prozeßwirtschaftlichkeit nach BLAH Grdz 14 vor § 128 ZPO doch alle Umstände mitbeachten).
92 Ebensowenig darf man die Erstattungsfähigkeit schematisch verneinen, sofern die Informationsreise zB nur *einen vollen Tag dauern* würde, aM Celle Rpfleger **84**, 287. Man darf auch keine Grenze der Erstattbarkeit bei einer starren Entfernung zählen, aM Ffm OLGR **00**, 123 (50km), Köln MDR **00**, 234 (40 km). In einer einfachen Sache mag nicht einmal ein Betrag in Höhe einer Informationsreise erstattungsfähig sein, Ffm AnwBl **84**, 508, Schlesw SchlHA **78**, 23. Es kommt eben darauf an, ob eine telefonische oder schriftliche Information des ProzBev ausrei-

1946

chen würde, Düss AnwBl **99**, 288, Kblz JB **76**, 96, zB durch einen auswärtigen Sozius einer überörtlichen Anwaltsozietät, Rn 109.
S auch Rn 48 sowie Rn 95 „Niederlassung".
Inkassobüro: Es muß grds den ProzBev *schriftlich* informieren können, LG Saarbr JB **87**, 753.
Insolvenzverwalter: Rn 81.
Klagerücknahme: Die Kosten des Verkehrsanwalts können auch dann erstattungs- 93 fähig sein, wenn es wegen einer Klagerücknahme nach § 269 ZPO nicht mehr zur Bestellung eines ProzBev nach § 81 ZPO kommt, Karlsr JB **97**, 144, Mü AnwBl **78**, 110.
Kontakt: Mangels seiner Notwendigkeit ist er unbeachtbar, Schlesw AnwBl **96**, 477.
Krankenversicherung: Rn 119 „Versicherungsgesellschaft".
Krankheit: Eine Erkrankung kann zur Erstattungsfähigkeit führen, Kblz JB **91**, 243.
Leasing: In der Regel muß der Leasinggeber den ProzBev nach § 81 ZPO *schriftlich* 94 informieren können, Kblz VersR **88**, 583, LG Hanau Rpfleger **91**, 173.
Lebensalter: Rn 54 „Alter".
Lohnsteuerverein: Er muß grds den ProzBev nach § 81 ZPO *schriftlich* informieren können, Bbg JB **87**, 1701.
Mahnverfahren: § 43 Rn 39 ff.
Mehrheit von Anwälten: BLAH § 91 ZPO Rn 124.
Milchwirtschaft: Rn 103 „Spezialrecht".
Nachlaßverwalter: Rn 81. 95
Niederlassung: Soweit sie nach § 21 ZPO vorliegt, kommt die Erstattung *weder* von Verkehrsanwaltskosten *noch* von fiktiven Informationsreisekosten in Betracht, Mü Rpfleger **88**, 162.
Parallelprozeß: Die Möglichkeit der Information in ihm kann die Erstattungsfähig- 96 keit *ausschließen*, Bbg JB **91**, 705.
Passivlegitimation: Die Kosten ihrer vorprozessualen Klärung durch den späteren Verkehrsanwalt sind grds *nicht* erstattungsfähig, Karlsr Rpfleger **99**, 435.
Patent: Rn 103 „Spezialrecht".
Pfleger: Rn 77.
Prozeßkostenhilfe: Soweit eine Beiordnung nach § 121 III ZPO erfolgt ist, sind die 97 Kosten des Verkehrsanwalts grds erstattungsfähig, Nürnb RR **87**, 1202, aM Hamm MDR **83**, 584, Kblz MDR **99**, 445 (aber man muß dem beigeordneten Anwalt dieselben Möglichkeiten zubilligen wie einem anderen ProzBev nach § 81 ZPO). Sie können darüber hinaus erstattungsfähig sein. Man muß aber ihre Notwendigkeit wie sonst prüfen, Ffm AnwBl **82**, 381, Kblz JB **90**, 733. Vgl freilich auch § 127 IV ZPO.
S auch Rn 76 „Ehesache".
Prozeßstandschaft: Die nur in ihr beteiligte Partei nach BLAH Grdz 26 vor § 50 ZPO kann die Kosten des Verkehrsanwalts als des Trägers des sachlichen Rechts *nicht* erstattet fordern, Kblz Rpfleger **86**, 449.
Prozeßvergleich: Rn 116 „Vergleich".
Ratsgebühr: Manche halten die Gebühr nach § 34 neben den fiktiven Kosten einer 98 Informationsreise für erstattungsfähig, Karlsr JB **96**, 39, Stgt AnwBl **82**, 439, strenger JB **92**, 681, Düss JR **96**, 423, kritischer Düss JB **99**, 533.
S auch § 20 ZPO.
Rechtskundigkeit: Eine Erstattungsfähigkeit kommt beim Verkehrsanwalt eines Rechtsunkundigen in Betracht, Hbg JB **91**, 1516, Karlsr Just **92**, 126.
Ein Referendar kann kurz vor dem Assessorexamen die Information grds *selbst* geben, Kblz VersR **87**, 914. Besitzt eine juristische Person ein rechtskundiges Organ, kann sie *schriftlich* informieren, Kblz GRUR **87**, 941.
S auch Rn 77 „Eigene Sache", Rn 109 „Unternehmen".
Reisekosten: Rn 50, 88–92.
Revision: Die Kosten eines solchen Anwalts, der für die Partei mit dem beim BGH 99 zugelassenen ProzBev nach § 81 ZPO korrespondiert oder dessen Schriftsätze prüft, sind grds *nicht* erstattungsfähig, BGH NJW **15**, 634, Hbg VersR **14**, 766, Nürnb MDR **11**, 264. Denn ein neues tatsächliches Vorbringen ist grds unzulässig, und

VV 3400 Vergütungsverzeichnis

der beim BGH zugelassene ProzBev ist zu einer rechtlichen Beurteilung meist voll geeignet, Drsd MDR **98**, 1372, Hamm AnwBl **03**, 185, Köln BB **00**, 277.

100 – **(Äußerung gegenüber BGH):** Erstattbarkeit besteht evtl dann, wenn es um eine Äußerung gegenüber dem BGH geht, KG AnwBl **98**, 103, Mü MDR **84**, 950, aM Karlsr JB **97**, 484, Saarbr RR **97**, 198, Stgt AnwBl **82**, 199.
  S auch „– (Keine BGH-Zulassung)".

– **(Aufklärungspflicht):** Erstattbarkeit besteht dann, wenn zB bei einem schwierigen Sachverhalt der Vorwurf eines Verstoßes gegen § 139 ZPO besteht, Ffm AnwBl **76**, 219, Zweibr VersR **76**, 475, aM Karlsr JB **99**, 86 (aber eine solche Situation erfordert stets eine intensive Fühlungnahme mit dem Anwalt der Vorinstanz).

– **(Keine BGH-Zulassung):** S zunächst grds Rn 99.
  Erstattbarkeit besteht aber ausnahmsweise bei einer vom BGH angeforderten Stellungnahme, aM Hbg AnwBl **80**, 35, Mü AnwBl **78**, 471 (aber dann *muß* der Verkehrsanwalt reagieren).
  S auch „– (Äußerung gegenüber BGH)".

– **(Nichtzulassungsbeschwerde):** Erstattbarkeit besteht bei der Prüfung einer noch nicht eingelegten Nichtzulassungsbeschwerde nach § 544 ZPO, Ffm JB **08**, 539.

101 – **(Revisionsaussichten):** Erstattbarkeit besteht bei einem schwierigen Briefwechsel des bisherigen ProzBev mit dem Revisionsanwalt über die Aussichten der Revision.

– **(Schwierige Rechtslage):** Erstattbarkeit besteht bei einer außergewöhnlich schwierigen Rechtslage.

– **(Tatsächliche Aufklärung):** Erstattbarkeit besteht bei der Notwendigkeit einer tatsächlichen Aufklärung, Hamm AnwBl **03**, 185, Nürnb AnwBl **05**, 152, LG Hanau AnwBl **80**, 166.

– **(Terminsteilnahme):** Erstattbarkeit besteht bei ihrer Anordnung auch ohne persönliche Parteiladung, LAG Hamm NZA-RR **12**, 656 rechts.

– **(Verbraucherzentrale):** Der Grundsatz der *Nichterstattbarkeit* gilt auch hier, Hbg VersR **14**, 766.

– **(Vergleichsverhandlung):** Erstattbarkeit besteht, soweit der BGH an frühere Vergleichsverhandlungen anknüpft.

– **(Versicherungsfall):** LG Coburg VersR **16**, 844 läßt eine Erstattbarkeit von der Ansässigkeit des Verkehrsanwalts im LG-Bezirk der Versicherung abhängen (?).

102 **Scheckprozeß:** Es ist *nicht* schon wegen dieser Prozeßart nach § 602 ZPO ein Verkehrsanwalt nötig, Bbg JB **78**, 1022, auch nicht bei einem Scheck eines Kaufmanns, Düss JB **81**, 75 (zu einem Wechsel), Kblz AnwBl **89**, 683 rechts oben (zu einem Scheck).
S auch Rn 114.
Selbständiges Beweisverfahren: Eine Kostenübernahme durch einen Vergleich nach Rn 116 umfaßt evtl auch die Kosten des selbständigen Beweisverfahrens nach §§ 485 ff ZPO, Hbg MDR **86**, 591, Saarbr RR **13**, 316.
Sozietät: Rn 109 „Überörtliche Sozietät".
Sparkasse: Sie kann grds *schriftlich* informieren, Kblz VersR **89**, 929.

103 **Spezialrecht:** Ein Allgemeinjurist kann heute oft einen Spezialisten nicht mehr entbehren. Deshalb muß man die Erstattungsfähigkeit bei ausgefallenen Rechtsfragen großzügig bejahen, Hamm JB **84**, 439, Kblz AnwBl **82**, 1173.
Freilich darf das auch bei rechtlichen Spezialfragen *keineswegs schematisch* geschehen, BVerfG NJW **93**, 1460, Mü AnwBl **85**, 47, Schlesw SchlHA **82**, 60.
Diese Grundsätze sind zB auf *folgende Rechtsgebiete* anwendbar:

104 – **(Architektenrecht):** AG Kref BauR **10**, 251;
– **(Betriebsrentenrecht):** LAG Düss AnwBl **81**, 505, und zugehöriges Insolvenzrecht, LAG Düss AnwBl **80**, 267;
– **(EEG-Recht):** Nürnb NJW **14**, 2967 (zustm Mayer 2915);
– **(Europarecht):** Ffm MDR **92**, 193;
– **(Fischereirecht):** Stgt AnwBl **81**, 196;
– **(Heilmittelrecht):** Karlsr AnwBl **98**, 540;
– **(Internationales Privat- und Prozeßrecht):** Kblz VersR **82**, 1173;

- **(Internetrecht)**: aM Düss AnwBl **99**, 289 (dort verneint);
- **(Kartellrecht)**: Ffm MDR **92**, 193;
- **(Allgemeine Bedingungen für die Kraftverkehrsversicherung)**;
- **(Lebensmittelrecht)**: Karlsr AnwBl **98**, 540;
- **(Milchwirtschaftsrecht)**;
- **(Patentrecht)**: BPatG GRUR **11**, 463, Kblz GRUR **87**, 941 rechts.
 Der Verzicht auf einen Patentanwalt führt aber *nicht* schon zur Erstattbarkeit der Kosten eines Verkehrsanwalts, Düss Rpfleger **86**, 278;
- **(Scheckrecht)**: Köln MDR **85**, 243;
- **(Spanisches Recht)**: Kblz VersR **82**, 1173;
- **(Termingeschäftsrecht)**: Düss JB **96**, 538;
- **(Verfassungsrecht)**: aM Karlsr MDR **90**, 159;
- **(Waffenrecht)**: VGH Mannh JB **96**, 92;
- **(Waldrecht)**: aM Stgt AnwBl **81**, 505 (abl Schmidt);
- **(Wettbewerbsrecht)**: Kblz GRUR **87**, 941 links, Mü Rpfleger **90**, 314 (Wettbewerbsverein), aM Kblz BB **87**, 1494, Mü AnwBl **98**, 485 (je: Wettbewerbsverein).

Sprachkenntnisse: Ein in Deutschland tätiges Unternehmen muß sprachkundige Mitarbeiter haben, Köln JB **11**, 651.

Strafprozeß: Eine Akteneinsicht in Strafakten durch den Verkehrsanwalt kann bei deren Verwertung zur Erstattbarkeit führen, Düss JB **93**, 484.

Streitgenosse: Die Kosten des Verkehrsanwalts eines Streitgenossen nach §§ 59 ff ZPO können durchaus erstattungsfähig sein, Düss AnwBl **83**, 190, Hbg MDR **84**, 588. Es kommt aber auch hier selbst bei einem gemeinsamen Verkehrsanwalt auf die Notwendigkeit seiner Einschaltung an, Bbg AnwBl **85**, 215, Düss (10. ZS) Rpfleger **84**, 32, Mü MDR **91**, 256, großzügiger Düss (21. ZS) JB **83**, 1094.

Die Kosten des Verkehrsanwalts können unter dieser Voraussetzung insoweit erstattungsfähig sein, als sie nicht diejenigen Kosten übersteigen, die dann angefallen wären, wenn *jeder Streitgenosse* einen *eigenen* ProzBev nach § 81 ZPO bestellt hätte, Mü MDR **91**, 256, aM Düss Rpfleger **84**, 33, Hbg MDR **84**, 588, Kblz VersR **85**, 672 (aber jeder darf seinen eigenen Prozeß führen).

Die Erstattungsfähigkeit läßt sich jedenfalls dann bejahen, wenn ein Verkehrsanwalt die Bestellung eines *gemeinsamen ProzBev* erleichtert, Celle JB **77**, 66, Düss AnwBl **83**, 190, Schlesw SchlHA **79**, 181, aM Düss (10. ZS) Rpfleger **84**, 32, Hbg JB **77**, 1005 (aber es kommt auf eine Gesamtbetrachtung an).

Streithelfer: Die notwendigen Kosten eines Verkehrsanwalts können auch zugunsten des Streithelfers nach §§ 66 ff ZPO erstattungsfähig sein, Ffm AnwBl **78**, 68.

Streitverkündung: Erfolgt sie nach § 72 ZPO erst während einer Rechtsmittelfrist zB nach §§ 517, 548, 569 I 1 ZPO, kann die Kürze der Zeit usw einen Verkehrsanwalt rechtfertigen, Kblz VersR **88**, 193.

Teilzahlungsbank: Sie muß grds den ProzBev nach § 81 ZPO *schriftlich* informieren können, Saarbr JB **87**, 895.

Überörtliche Sozietät, dazu *Bischof* JB **98**, 60, *Herrlein* Rpfleger **95**, 399 (je: Üb): Man muß die Frage der Notwendigkeit der Hinzuziehung eines Verkehrsanwalts unabhängig davon klären, ob der Verkehrsanwalt und der ProzBev nach § 81 ZPO eine überörtliche Sozietät bilden, Brdb MDR **99**, 635, strenger Hbg MDR **96**, 532, KG MDR **00**, 669, Schlesw JB **95**, 32 (aber es kommt trotz der Gesamtgläubiger- und -schuldnerschaft von Sozien doch auch auf deren tatsächliche Funktionen und deren Teilungen an).

Unternehmen: Auch hier kommt es darauf an, ob eine fernmündliche oder schriftliche Unterrichtung des ProzBev nach § 81 ZPO zumutbar ist, Düss AnwBl **93**, 40 (Sprachprobleme), Kblz VersR **07**, 1580 links, Köln BB **00**, 277. Dabei muß man auch die Bedeutung des Rechtsstreits und seine tatsächliche oder rechtliche Problematik beachten, ferner die Größe des Unternehmens und damit evtl die Tatsache, daß es über juristisch geschulte Mitarbeiter verfügt, zB in einer eigenen Rechtsabteilung, BGH BB **05**, 294, Düss Rpfleger **06**, 512, Köln BB **00**, 277, aM Kblz VersR **07**, 1580 rechts.

Ein *größeres* Unternehmen kann Kosten im allgemeinen *nicht* erstattet fordern, Bbg JB **94**, 959, Ffm JB **93**, 292, Köln AnwBl **02**, 116. Ein *kleineres* auf die Arbeitskraft des Inhabers zugeschnittenes Unternehmen kann die Kosten eines Verkehrsanwalts oft erstattet fordern, Nürnb AnwBl **89**, 113. Das gilt allerdings *nicht* in jeder Alltagsfrage, Düss AnwBl **84**, 380, Ffm AnwBl **84**, 378, Kblz VersR **85**, 273.

111 – **(Auslandsberührung)**: Rn 58.
– **(Bank)**: *Keine* Erstattbarkeit besteht grds bei einer Bank. Sie muß meist jedenfalls beim Streit über eine Alltagsfrage ihres Arbeitsgebiets ohne einen Verkehrsanwalt auskommen, Bbg JB **77**, 1006, Köln BB **00**, 277, Schlesw AnwBl **88**, 356.
– **(Bearbeiterwechsel)**: *Keine* Erstattbarkeit besteht grds schon wegen dieses Vorgangs, falls er ständig erfolgt. Das liegt schon wegen eines ständigen solchen Wechsels vor, aM Kblz RR **96**, 315 (aber das begünstigt eine bloße Mißorganisation). Es gilt auch bei einem schwierigen Fall.
– **(Existenzielle Bedeutung)**: *Keine automatische* Erstattbarkeit liegt selbst bei einem solchen Prozeß vor Kblz JB **92**, 26.
– **(Filiale)**: S „– (Zweigniederlassung)".
– **(GmbH)**: *Keine automatische* Erstattbarkeit liegt bei dieser Unternehmensform vor. Denn sie muß sich ähnlich wie eine Bank organisieren, Düss VersR **87**, 1019, KG JB **77**, 63 (Geschäftsführer ist Anwalt).
– **(Hausanwalt)**: Erstattbarkeit kann dann bestehen, wenn er besser als die Partei den ProzBev nach § 81 ZPO informieren kann, Bbg JB **88**, 1362 (Fremdsprache), Celle GRUR-RR **05**, 72, Mü JB **07**, 371.
Eine Erstattbarkeit besteht aber *keineswegs stets*, Celle GRUR-RR **05**, 72, Kblz JB **92**, 26, OVG Lüneb JB **87**, 607. Andernfalls würde jeder Gegner eines Unternehmens stets mit doppelten Kosten rechnen müssen, LG Bayreuth JB **76**, 1379.
S auch „– (Existenzielle Bedeutung)".

112 – **(Informationsreise)**: Rn 88.
– **(Organisationsmangel)**: Rn 111 „– (Bearbeiterwechsel)".
– **(Schwieriger Prozeß)**: Erstattbarkeit kann ausnahmsweise auch bei einem an sich nicht zu diesem Kreis zählenden Unternehmen in einem tatsächlich oder rechtlich schwierigen Prozeß bestehen, Düss BB **89**, 399, Ffm AnwBl **80**, 263, Hbg JB **02** 319.
S aber auch Rn 111 „– (Bearbeiterwechsel)".
– **(Spezialrecht)**: Rn 103.

113 – **(Versicherung)**: Die Regeln Rn 111 „– (Bank)" gelten entsprechend für ein Versicherungsunternehmen, Hbg MDR **88**, 782, Kblz Rpfleger **75**, 99, Schlesw JB **82**, 411, aM Ffm VersR **77**, 921, Mü VersR **09**, 1095.
– **(Versorgungskasse)**: Die Regeln Rn 111 „– (Bank)" gelten entsprechend für eine Versorgungskasse, Kblz VersR **75**, 958.
– **(Wettbewerbsverband)**: Die Regeln Rn 111 „– (Bank)" gelten entsprechend für einen Wettbewerbsverband, Stgt JB **83**, 1836.
– **(Zweigniederlassung)**: *Keine* Erstattbarkeit besteht dann, wenn die Zweigniederlassung am Prozeßort klagt, für den Verkehrsanwaltsaufwand mit der Kanzlei am Ort der Hauptverwaltung. Das gilt selbst dann, wenn in Wahrheit die Hauptverwaltung den Prozeß führt, Ffm JB **96**, 39, Köln JB **00**, 277, Stgt JB **92**, 688. *Keine* Erstattbarkeit besteht ferner dann, wenn man die Zweigniederlassung an ihrem Sitz verklagt, wegen der Verkehrsanwaltskosten am Ort der Hauptniederlassung oder gar an einem dritten Ort, Hbg MDR **88**, 782, Kblz VersR **86**, 171, Köln VersR **93**, 1172.

114 **Urkundenprozeß**: Es ist *nicht* schon wegen dieser Prozeßart nach §§ 592 ff ZPO ein Verkehrsanwalt nötig, Bbg JB **78**, 1022 (wegen eines Schecks). Die Verkehrsgebühr des auswärtigen Vertrauensanwalts des ausländischen Klägers kann zB in Höhe einer 0,2 Ratsgebühr selbst dann erstattungsfähig sein, wenn ein deutschsprachiges Schuldanerkenntnis vorliegt, Kblz VersR **84**, 545.
S auch Rn 102 „Scheckprozeß", Rn 126 „Wechselprozeß".

115 **Verein**: Ein Verein zur Bekämpfung des unlauteren Wettbewerbs ist grds in der Lage, den ProzBev nach § 81 ZPO *schriftlich* zu informieren, Karlsr JB **89**, 102, Mü BB **90**, 950, Stgt JB **83**, 1836.
Vereinsvorstand: Rn 79.
Verfassungsrecht: Rn 103 „Spezialrecht".

116 **Vergleich**: Die Einigungsgebühr eines Verkehrsanwalts kann in der Übernahme „sämtlicher Kosten" nach BLAH § 98 ZPO Rn 53 stecken, Düss MDR **99**, 118,

Kblz JB **00**, 477 (krit Gottwald FamRZ **01**, 843), Saarbr JB **87**, 700 (Auslegungsfrage). Sie steckt nicht in den Wörtern „dieses Vergleichs" für die Revisionsinstanz, KG RR **07**, 212. Sie ist grds nur in demjenigen Umfang erstattungsfähig, in dem der Verkehrsanwalt an der Einigung mitwirken muß, Brdb MDR **99**, 1349, Düss MDR **91**, 258, Schlesw SchlHA **88**, 146, aM Ffm AnwBl **84**, 101, Mü AnwBl **83**, 558 (abl Schmidt), LG Freibg AnwBl **84**, 98 (sie sei neben derjenigen des ProzBev nach § 81 ZPO nie erstattbar. Aber das verkennt die gar nicht seltene Notwendigkeit der Mitwirkung auch gerade des Verkehrsanwalts, der „seine" Partei am besten kennt). Das gilt unabhängig davon, ob sie gegenüber dem Auftraggeber entstanden ist, Mü MDR **81**, 681, aM Ffm AnwBl **82**, 248.

Die Mitwirkung des Verkehrsanwalts ist zB dann notwendig, wenn sich der Prozeßgegner direkt an den Verkehrsanwalt zu *Vergleichsverhandlungen* wendet und wenn der letztere am Zustandekommen der Einigung mitwirkt, Hbg AnwBl **88**, 356, Kblz MDR **84**, 587, Schlesw SchlHA **87**, 191, aM Schlesw AnwBl **96**, 477, oder bei einer völligen Schreibungewandtheit der Partei, Hbg MDR **83**, 1034. 117

Eine Verhandlung des Verkehrsanwalts mit einem solchen *Dritten,* der sich an den Auswirkungen des Prozeßvergleichs wirtschaftlich beteiligen soll, kann als solche *keine* Erstattungsfähigkeit der Einigungsgebühr VV 1000 begründen.

Verkehrsunfallsache: Im Normalfall ohne besondere Umstände sind die Kosten des Verkehrsanwalts *nicht* erstattungsfähig, Düss JB **91**, 88. 118

Vermögensverwalter: Rn 81.

Versicherungsgesellschaft: Wenn eine auswärtige Versicherungsgesellschaft für die am Gerichtsort wohnende Partei einen auswärtigen Anwalt benannt hat, sind seine Kosten grds *nicht* erstattungsfähig, Kblz JB **07**, 370, Schlesw JB **82**, 411. Allenfalls können Kosten bis zur Höhe der Reisekosten des ProzBev nach § 81 ZPO erstattbar sein, Bbg JB **14**, 28. Davon kann bei einer ausländischen Versicherungsgesellschaft dann eine Ausnahme gelten, wenn sie eine Vielzahl von internationalen Autoverschiebungen aus Deutschland verfolgt, Kblz VersR **94**, 196. Vom vorgenannten Grundsatz kann ferner in einem tatsächlich oder rechtlich schwierigen Fall eine Ausnahme gelten, BGH RR **04**, 1724, Ffm AnwBl **80**, 263. 119

Rationalisierungserwägungen reichen freilich *nicht* zur Erstattungsfähigkeit aus, Hbg MDR **88**, 782. Eine umfassende Tätigkeit in einem großen Komplex kann aber im Einzelfall zur Erstattfähigkeit führen, Karlsr VersR **89**, 715. Die Grenze der Erstattbarkeit liegt dort, wo eine schriftliche Information ausreicht, Celle RR **09**, 557. S auch BLAH § 91 ZPO Rn 132 ff.

Versorgungskasse: Sie kann grds *schriftlich* informieren, Kblz VersR **89**, 929.

Vertrauensanwalt: Rn 86 „Hausanwalt". 120

Verwandtschaft: Eine nahe Verwandtschaft zum Verkehrsanwalt steht der Erstattungsfähigkeit grds nicht entgegen, Schlesw JB **92**, 170.

Verweisung: Soweit es sich nicht um Mehrkosten nach § 281 III 2 ZPO handelt, kommt eine Erstattung der Verfahrensgebühr des ersten Anwalts als Verkehrsgebühr in Betracht, aM Hbg MDR **97**, 888 (aber man muß die Umstände der Verweisung beachten).

Verwertungsgesellschaft: Sie muß sich so ausstatten, daß sie den ProzBev nach § 81 ZPO *selbst* informieren kann, Ffm MDR **85**, 327.

Vollstreckungsabwehrklage. Erhält ihr Bekl nur 5 Tage Zeit zur Stellungnahme zum Einstellungsantrag, ist die Hinzuziehung eines Verkehrsanwalts gerechtfertigt, Kblz VersR **88**, 643. 121

Vormund: Rn 80.

Vorprozeß: Keine Partei muß zur Ersparung sonst anfallender Kosten eines Verkehrsanwalts den Anwalt des Vorprozesses stets erneut zum ProzBev bestellen, Hbg AnwBl **80**, 372. 122

– **(Akteneinsicht):** Erstattbarkeit besteht dann, wenn der Verkehrsanwalt seine Kenntnis erst durch eine Einsicht in solche (Straf-)Akten usw erworben hat, die der Partei selbst nicht zugänglich waren. 123

– **(Auskunft):** Erstattbarkeit besteht dann, wenn der Verkehrsanwalt wegen seiner Beschäftigung mit dem Streitstoff vor dem Prozeß oder in einem anderen Prozeß eine umfassendere Auskunft geben kann als die Partei selbst, Bbg JB **80**, 285, 1369, Ffm JB **83**, 276, Kblz VersR **82**, 1173.

VV 3400, 3401

124 – **(Einfacherer Sachverhalt):** Erstattbarkeit besteht nur nach einer Abwägung der Umstände zugunsten des Verkehrsanwalts, Hamm AnwBl **82**, 378.
– **(Gemeinsamer Prozeßbevollmächtigter):** Erstattbarkeit besteht dann, wenn der Verkehrsanwalt die Bestellung eines gemeinsamen ProzBev nach § 81 ZPO oder VerfBev nach § 11 FamFG erleichtert, Celle JB **77**, 66, Düss Rpfleger **76**, 105, Schlesw SchlHA **79**, 181, aM Hbg JB **77**, 1105 (aber es kommt auf eine Gesamtabwägung an).
– **(Gleiche Kostenhöhe):** Erstattbarkeit besteht, soweit vorprozessuale Kosten der Partei nahezu ebensohoch gewesen wären wie die Einschaltung des Verkehrsanwalts, Bbg JB **77**, 1140. Natürlich darf man auch dann nur nach einer Abwägung der Umstände entscheiden, Düss JB **75**, 627.
125 – **(Schwieriger Fall):** Erstattbarkeit besteht dann, wenn der Verkehrsanwalt den ProzBev des Folgeprozesses über einen schwierigen Vorprozeß informiert, etwa bei einer Erbauseinandersetzung.
– **(Vorbereitung des Folgeprozesses):** Erstattbarkeit besteht dann, wenn der Verkehrsanwalt den Folgeprozeß maßgeblich vorbereitet hat, Düss NJW **76**, 2065, zumal oft dazu viele Rücksprachen notwendig sein mochten, KG Rpfleger **75**, 143, aM Hamm Rpfleger **76**, 106.
126 **Wahrnehmungsgesellschaft:** Rn 120 „Verwertungsgesellschaft"
127 **Wasserrecht:** Rn 103 „Spezialrecht".
Wechselprozeß: Es ist *nicht* schon wegen dieser Prozeßart nach § 605a ZPO ein Verkehrsanwalt nötig, Bbg JB **78**, 1022 (zu einem Scheck), auch nicht bei einem Wechsel eines Kaufmanns, Düss JB **81**, 75, Karlsr Just **90**, 362, Kblz AnwBl **89**, 683 rechts oben (zu einem Scheck).
S auch Rn 102 „Scheckprozeß", Rn 114 „Urkundenprozeß".
Widerklage: Man darf die Erstattungsfähigkeit von Kosten des Verkehrsanwalts nicht für die Klage und die Widerklage nach BLAH Anh § 253 ZPO unterschiedlich beurteilen, sofern beide Klagen denselben Sachverhalt betreffen, Stgt JB **76**, 1075.
Wirtschaftsverband: Soweit Prozesse zu seinen Aufgaben zählen, sind Verkehrsanwaltskosten für ihn grds *nicht* notwendig, Stgt JB **02**, 536.
128 **Zeitaufwand:** Rn 88 „Informationsreise".

Nr.	Gebührentatbestand	Gebühr oder Satz der Gebühr nach § 13 RVG
3401	Der Auftrag beschränkt sich auf die Vertretung in einem Termin im Sinne der Vorbemerkung 3 Abs. 3: Verfahrensgebühr	in Höhe der Hälfte der dem Verfahrensbevollmächtigten zustehenden Verfahrensgebühr

Gliederung

1) Systematik	1
2) Regelungszweck	2
3) Auftrag	3
4) Tätigkeitsumfang	4–8
A. Mündliche Verhandlung oder Erörterung	5
B. Ausführung der Partei- oder Beteiligtenrechte	6
C. Mündliche Verhandlung oder Erörterung und Beweisaufnahme	7
D. Unterbevollmächtigter	8
5) Gebührenhöhe	9
6) Gegenstandswert	10
7) Kostenerstattung	11, 12

1 **1) Systematik.** Die Vorschrift betrifft in jeder Instanz denjenigen sog Terminsanwalt, der weder der ProzBev oder VerfBev nach VV 3100 ff noch lediglich ein Ver-

kehrsanwalt nach VV 3400 ist. Die Partei kann dem Anwalt aber durchaus mehr als die Vertretung in einem Termin übertragen haben, selbst wenn das erst kurz vor einem Termin geschehen ist und wenn sein an sich über diesen Termin hinausgegangener Auftrag dann aus irgendeinem Grund mit oder kurz nach dem Terminsende ebenfalls endete. Die Partei kann ihm zB auch noch weitere Geschäfte übertragen haben. Das Wort „beschränkt sich" bedeutet lediglich eine Abgrenzung gegenüber der Tätigkeit des ProzBev usw einerseits und des Verkehrsanwalts andererseits. Maßgeblich sind also die Art und der Umfang des Auftrags, aM Hbg MDR **86**, 596 (aber es kommt immer zunächst auf die Art und den Umfang eines Auftrags an).

Nur die *Verfahrensgebühr* ist der Gegenstand von VV 3401. Daneben können VV 1000 (Einigungsgebühr), VV 3402 (Terminsgebühr) anwendbar sein.

2) Regelungszweck. Diejenige Tätigkeit, deren Vergütung VV 3401 regelt, ist mit einer oft prozeßentscheidenden Hauptverantwortung verbunden. Das gilt zB dann, wenn der Anwalt in Sekunden entscheiden muß, ob er es wegen seiner Wahrhaftigkeitspflicht als ein Organ der Rechtspflege nach § 138 ZPO, § 1 BRAO dennoch verantworten kann, ein unvermutetes, aber aus der Sicht des Gerichts für den Auftraggeber keineswegs unzumutbares gegnerisches neues Vorbringen direkt zu bestreiten und damit den Gegner zum Beweis zu nötigen, oder ob er nur mit einem „persönlichen derzeitigen" Nichtwissen reagieren und damit die für den Auftraggeber vernichtenden Wirkungen eines unzulässigen Nichtbestreitens nach § 138 III, IV ZPO riskieren kann. Dieser Verantwortung wird VV 3401 nur bedingt gerecht. Andererseits darf die Kostenlast nicht schon deshalb für den Prozeßverlierer allzu hoch werden, weil sich eine Partei eines Terminsvertreters bedient, statt den ProzBev auch vor Gericht erscheinen zu lassen. Alles das sollte man bei der Auslegung mitbeachten.

3) Auftrag. Es müssen die Voraussetzungen Rn 3–8 zusammentreffen.

Der Anwalt muß im *Auftrag* handeln. Der Auftrag darf sich weder auf die Tätigkeit als ein bloßer Verkehrsanwalt beschränken noch den umfassenden Prozeß- oder Verfahrensauftrag enthalten.

Den Auftrag mag die Partei persönlich oder ihr ProzBev usw erteilen, BGH NJW **01**, 753. Im letzteren Fall ist aber trotz des nur nach außen maßgeblichen § 81 ZPO mit seiner Befugnis zur Bestellung eines Unterbevollmächtigten doch im Innenverhältnis das *Einverständnis* der Partei einzuholen erforderlich, Nürnb JB **02**, 476. Zu diesem Begriff VV 3400 Rn 44. Es kann nach BLAH Grdz 51 vor § 128 ZPO stillschweigend erfolgen. Es liegt wohl meist dann nicht vor, wenn zB bei einem Streitwert von 18 000 EUR der ProzBev und das Gericht nur 135 km voneinander entfernt residieren, AG Neuruppin AnwBl **99**, 123.

Wer die Vertretung in der *mündlichen Verhandlung oder Erörterung* vom Prozeß usw übertragen erhält, ist ein Erfüllungsgehilfe des ProzBev, BGH NJW **01**, 753. Er verdient die Gebühr für den ProzBev, BGH NJW **01**, 753. Die interne Vergütungspflicht richtet sich dann ohne eine Bindung an VV 3401 nach der Gebührenabsprache zwischen dem ProzBev und dem Terminsanwalt. Sie kann ohne einen Verstoß gegen § 49b BRAO unter der (jetzt) in VV 3401 vorgesehenen Summe liegen, BGH AnwBl **06**, 673. „Kollegialiter" bedeutet aber nicht: unentgeltlich, LG Arnsb RR **01**, 1144.

Mangels einer solchen internen Absprache erhält der Terminsanwalt eine Gebühr in Höhe der Hälfte der dem ProzBev oder VerfBev zustehenden Verfahrensgebühr, BGH AnwBl **06**, 673. Soweit der Anwalt nur im Auftrag des ProzBev usw als dessen Vertreter nach § 5 tätig wird, erhält er eine Vergütung nur vom ProzBev.

4) Tätigkeitsumfang. Es ist erforderlich und ausreichend, daß sich der Auftrag auf die Vertretung in einem Termin nach der amtlichen Vorbemerkung 3 III erstreckt und beschränkt. Nach dieser amtlichen Vorbemerkung 3 III Hs 1 zählt nur ein solcher Termin, den das Gericht gerade als einen Verhandlungs-, Erörterungs- oder Beweisaufnahmetermin oder den der Sachverständige anberaumt hatte. Allerdings kann man auch einen Gütetermin zB nach § 278 II–V ZPO als einen Erörterungstermin erachten. Auch ein Termin im Beschwerdeverfahren zählt hierher, ebenso ein solcher in der Zwangsvollstreckung. Auch ein außergerichtlicher Termin zwecks einer Vermeidung oder Erledigung des Gerichtsverfahrens zählt nach der amtlichen Vorbemerkung 3 III Hs 1 hierher, Wielgoss JB **06**, 353, abgesehen von einer Besprechung mit dem Auftraggeber, Hs 2. Insbesondere gilt das folgende.

VV 3401

5   A. Mündliche Verhandlung oder Erörterung. Der Anwalt mag den Auftrag haben, die Partei usw in der mündlichen Verhandlung oder Erörterung zu vertreten. Dieser Auftrag umfaßt diejenige Tätigkeit, für die der ProzBev usw eine Terminsgebühr nach VV 3402 in Verbindung mit VV 3104 erhalten würde. Sie ermächtigt also auch zu einer wirksamen Stellung von Sachanträgen nach BLAH § 297 ZPO Rn 4. Freilich ist die Antragstellung nicht mehr notwendig. Es genügt vielmehr der Auftrag zu einer vertretungsbereiten und aufmerksamen Anwesenheit, also zur Wahrnehmung der Interessen des Auftraggebers. Ein Auftrag zur bloßen Beobachtung reicht nicht.

Nicht erforderlich ist das tatsächliche Stattfinden des Termins. Denn VV 3401 schafft eine Verfahrensgebühr. Zu ihr kann ja die Terminsgebühr VV 3402 hinzutreten. Noch weniger erforderlich ist eine Erreichung des Terminszwecks. Auch eine Vertagung im Termin reicht, auch aus rein prozessualen Gründen.

6   B. Ausführung der Partei- oder Beteiligtenrechte. Der Auftrag mag sich auch darauf beschränken, die Parteirechte in einer mündlichen Verhandlung usw auszuführen. Der Anwalt handelt bei der bloßen Ausführung der Parteirechte derart, daß die Partei oder der ProzBev im Parteiprozeß, der letztere im Anwaltsprozeß, die Sachanträge stellt und erwirkt und daß das Gericht dem nach VV 3401 beauftragten Anwalt nach § 137 IV ZPO gestattet, zusätzlich das Wort zu nehmen.

Diese Situation empfiehlt sich insbesondere dann, wenn es um sachlichrechtliche oder prozessuale *Spezialfragen* geht oder wenn die Partei ihren Vertrauens- oder Hausanwalt auch im Termin hinzuziehen möchte. Vgl auch § 53 II BRAO und BGH MDR **76**, 570, BLAH § 78 ZPO Rn 29. Einem Mitglied der *Anwaltskammer* nach § 209 BRAO kann der Anwalt den Vortrag nicht wirksam überlassen. Das alles gilt auch in der mündlichen Verhandlung vor dem BGH.

7   C. Mündliche Verhandlung oder Erörterung und Beweisaufnahme. Der Auftrag kann sich schließlich auch auf die Vertretung in der mündlichen Verhandlung oder Erörterung und in der mit ihr verbundenen Beweisaufnahme erstrecken. Das ist der Regelfall bei einer Beweisaufnahme vor dem Prozeßgericht nach § 370 I ZPO anders als bei einer Beweisaufnahme vor dem beauftragten oder ersuchten Richter nach § 370 II ZPO. Diese Art von Auftrag kennzeichnet sich dadurch, daß der Anwalt zwar weder der ProzBev noch ein bloßer Verkehrsanwalt ist, daß er aber andererseits mehr tun als nur in der Beweisaufnahme tätig werden soll.

Soweit der ProzBev oder die Partei dem Anwalt nur die Ausführung der *Parteirechte usw* übertragen und soweit der ProzBev im Verhandlungstermin selbst verhandelt hat, erhält der letztere nach VV 3402 die Terminsgebühr VV 3104 und der Vorlage wegen einer zusätzlichen „Vertretung" die Terminsgebühr VV 3401.

8   D. Unterbevollmächtigter. Soweit er als solcher zulässig ist, kann ihn der Hauptbevollmächtigte im Einverständnis mit der Partei bestellen. Er erhält dann eine Verfahrensgebühr oder Terminsgebühr VV 3400, 3401, KG FamRZ **04**, 1741.

9   5) Gebührenhöhe. § 14 ist bei einer Rahmengebühr nach Einl II A 12 anwendbar. Unter den Voraussetzungen Rn 2–8 entsteht die jeweilige Hälfte der einem VerfBev zustehenden Verfahrensgebühr. Zusätzlich kann nach VV 3402 in Verbindung mit VV 3401 eine Terminsgebühr nach der amtlichen Vorbemerkung 3.4 I entstehen. Die Verfahrensgebühr entsteht mit der auftragsgemäßen Entgegennahme der Information. Sie entsteht je Angelegenheit nach § 15 Rn 9 und Rechtszug nach § 15 II nur einmal. Das gilt auch im Verhältnis zu (jetzt) VV 3400, 3403 ff, Hbg MDR **86**, 596. Eine Ermäßigung für den Fall, daß sich der Auftrag vor der mündlichen Verhandlung oder Erörterung erledigt, findet nach VV 3405 Z 2 statt. Gebührenschuldner ist auch dann der Auftraggeber, wenn der ProzBev usw in ihrem Einverständnis den Anwalt nach VV 3401 beauftragt hat. Ein ausländischer Anwalt erhält eine Vergütung nach seinem Recht.

Bei § 3 vor den Sozialgerichten muß man die Ermäßigungen von VV 3400, 3401 unter den Voraussetzungen der amtlichen Vorbemerkung 3.4 II mitbeachten.

10   6) Gegenstandswert. Er bestimmt sich nach dem Gegenstand des Termins. Bei einer Erhöhung oder Ermäßigung kommt es auf ihren Zeitpunkt an und ist § 15 III beachtbar.

7) Kostenerstattung. Soweit es sich um einen Parteiprozeß handelt und der nach VV 3401 tätige Anwalt der einzige Anwalt der Partei ist, gilt § 91 II 1 ZPO. Andernfalls ist (jetzt) § 91 II 2 ZPO anwendbar, BGH FamRZ **03**, 442 (zitiert falsch), LG Itzehoe Rpfleger **82**, 442. Grundsätzlich sind die Kosten des Vertreters nicht erstattungsfähig, soweit er nur in der Verhandlung vertreten hat oder dort nur die Rechte der Partei ausgeführt hat, Hamm JB **77**, 68, Mü MDR **02**, 174, LG Kleve AnwBl **80**, 513, aM Schlesw SchlHA **81**, 134 (aber dann dürfte kaum jemals eine Notwendigkeit auch dieser Zusatzkosten vorliegen). 11

Die *Obergrenze* der Erstattungsfähigkeit liegt im allgemeinen etwa bei den Kosten eines ProzBev, BGH NJW **03**, 898, und eines notwendigen Verkehrsanwalts, Bbg JB **82**, 121, Ffm MDR **01**, 55, Mü AnwBl **82**, 532, aM Schmel MDR **03**, 795 (aber das Gebot möglichst geringer Kosten gilt uneingeschränkt). Allerdings können auch dann diejenigen Kosten erstattungsfähig sein, die die Partei für eine sonst notwendig gewordene Reise zur Information des Anwalts erspart hat, Düss JB **01**, 256, Mü JB **93**, 485.

Die Kosten der Wahrnehmung eines *Beweistermins* sind auch dann grundsätzlich erstattungsfähig, wenn der Anwalt zugleich die Verhandlung geführt und/oder Parteirechte ausgeführt hat. Denn jede Partei hat das unbedingte Recht der Wahrnehmung eines Beweistermins. Ihre Mitwirkung in diesem Termin kann das ganze Ergebnis ändern. Die Partei darf den Beweistermin grundsätzlich durch einen Anwalt wahrnehmen lassen, Schlesw SchlHA **80**, 78. Das gilt insbesondere dann, wenn es sich um einen schwierigen Stoff handelt und wenn die Partei nicht absehen kann, wie sich zB ein Zeuge verhalten wird. Soweit im Termin nur *Zuständigkeitsfragen* anstehen, entfällt die Erstattungsfähigkeit, Hbg MDR **86**, 596. 12

Nr.	Gebührentatbestand	Gebühr oder Satz der Gebühr nach § 13 RVG
3402	Terminsgebühr in dem in Nummer 3401 genannten Fall	in Höhe der einem Verfahrensbevollmächtigten zustehenden Terminsgebühr

1) Systematik, Regelungszweck. Vgl VV 3104 Rn 1, 2. 1

2) Geltungsbereich; Terminswahrnehmung. Vgl zunächst VV 3401 Rn 3–8. 2 Ergänzend gilt folgendes.

Neben einer Gebühr nach VV 3401 kann auch eine Gebühr für die Wahrnehmung eines anderen als des zur mündlichen Verhandlung oder Erörterung oder zur Beweisaufnahme bestimmten Termins entstehen.

A. Begriff. Der Begriff Terminswahrnehmung ist derselbe wie in VV 3101. 3 Der Begriff *mündliche Verhandlung* ist derselbe wie bei VV 3104. Eine „mündliche" 4 Verhandlung fehlt zB bei einem Gütetermin nach § 278 ZPO oder bei einem bloßen Erörterungstermin nach der ZPO. Ein Erörterungstermin nach § 32 I 1 FamFG reicht aber.

B. Gerichtstermin. Allerdings muß man zunächst prüfen, ob das Gericht den Ter- 5 min überhaupt zur mündlichen Verhandlung oder ob das FamFG ihn zur Erörterung „bestimmt" hatte. Das ergibt sich zunächst aus der Original-Terminsverfügung in den Gerichtsakten. Wenn freilich die Geschäftsstelle oder Kanzlei in der Ladung an die Partei oder den Beteiligten oder deren Anwalt den Zweck des Termins falsch angegeben hatte, wenn sie also etwa einen Beweis- und Verhandlungstermin irrig als einen bloßen Erörterungstermin bezeichnet hatte, kann diese irrige Bezeichnung zur Entstehung der Gebühr ausreichen, sofern es tatsächlich auch nur zur bloßen Erörterung kommt.

Wenn andererseits die Ladung den Termin als einen *Beweis- und/oder Verhandlungstermin* angab und wenn es dann aber im Termin nur zu einer bloßen Erörterung gekommen ist, hat das Gericht im Ergebnis den Termin nur zu einem anderen Zweck als zur mündlichen Verhandlung oder zur Beweisaufnahme bestimmt. Auch dann kann eine Gebühr 3403 entstehen.

6 Soweit das Gericht während des Termins seine *Zweckrichtung ändert* und ihn zu einem Verhandlungs- und/oder Beweistermin ausweitet, kommt es darauf an, ob der Anwalt auch noch von dieser Zweckänderung an tätig war. Falls nicht, ist VV 3402 anwendbar.

7 **C. Sachverständigentermin usw.** Es reicht aus, daß der Anwalt einen nicht vom Gericht anberaumten Termin wahrnimmt, der aber im Hinblick auf den Rechtsstreit und daher doch „in einem gerichtlichen Verfahren" stattfindet, etwa eine vom Sachverständigen anberaumte Ortsbesichtigung oder eine Besprechung, soweit sie zu einem Verfahren der im Teil 3 genannten Art erfolgt. Wenn die Besprechung nicht zu dem Rechtsstreit erfolgt, ist VV 2100 anwendbar.

8 **D. Abgeltungsumfang.** Die Gebühr VV 3402 gilt nicht nur die Terminswahrnehmung ab, sondern auch eine vor oder nach dem Termin stattfindende Besprechung und Beratung oder sonstige Vorbereitung, die Benachrichtigung des Termins und die Mitteilung seines Ergebnisses an die Partei oder den ProzBev oder VerfBev. Man kann VV 3402 auch dann anwenden, wenn der Anwalt nach der Verkündung des Urteils einen Rechtsmittelverzicht zum Protokoll erklärt, Brdb JB **02**, 365.

Die Gebühr *entsteht* mit der Beauftragung und mit dem Beginn der Tätigkeit des Anwalts im Hinblick auf den Termin oder den Beginn der Besprechung.

Neben der Gebühr kann auch die *Einigungsgebühr* unter den Voraussetzungen (jetzt) VV 1000 entstehen, KG MDR **86**, 861.

9 **3) Gebührenhöhe.** Vgl VV 3104. Wer als ProzBev der Hauptpartei und in Untervollmacht auch für deren Streithelfer auftritt, erhält eine Terminsgebühr nur einmal, Brdb MDR **10**, 898.

Nr.	Gebührentatbestand	Gebühr oder Satz der Gebühr nach § 13 RVG
3403	Verfahrensgebühr für sonstige Einzeltätigkeiten, soweit in Nummer 3406 nicht anderes bestimmt ist ...... Die Gebühr entsteht für sonstige Tätigkeiten in einem gerichtlichen Verfahren, wenn der Rechtsanwalt nicht zum Prozess- oder Verfahrensbevollmächtigten bestellt ist, soweit in diesem Abschnitt nichts anderes bestimmt ist.	0,8

Gliederung

1) Systematik	1
2) Regelungszweck	2
3) Sachlicher Geltungsbereich	3
4) Persönlicher Geltungsbereich	4
5) Sonstige Einzeltätigkeiten im gerichtlichen Verfahren	5
6) Schriftsatzanfertigung	6–8
A. Schriftsatzbegriff	6
B. Eigene Inhaltsleistung	7
C. Anfertigung	8
7) Schriftsatzunterzeichnung	9–49
A. Grundsatz: Notwendigkeit eigenhändiger und handschriftlicher Unterzeichnung	9
B. Verantwortungsübernahme	10
C. Keine Überspannung	11
D. Zulässigkeit der Nutzung moderner Übermittlungswege	12
E. Beispiele zur Frage einer ausreichenden Unterschrift	13–49
8) Schriftsatzeinreichung	50
9) Terminwahrnehmung	51
10) Sonstige Tätigkeiten vor Gericht	52
11) Gebührenhöhe	53–55
A. Volle Durchführung des Auftrags, I	53

Vergütungsverzeichnis **3403 VV**

B. Vorzeitige Auftragsbeendigung, II 54
C. Einfaches Schreiben, III 55
12) Gegenstandswert 56
13) Kostenerstattung 57

1) Systematik. Die Vorschrift stellt eine Auffangregelung dar, Köln JB **10**, 655. **1**
Sie enthält Vergütungen für einige formell mit den Worten „sonstige Tätigkeiten" in
der amtlichen Anmerkung nicht abschließend genannte Tätigkeiten.
Es sind zunächst VV 3100 ff, 3305 ff, 3309 f, 3324 ff, 3400 vorrangig, Ffm AnwBl
81, 450, Köln JB **88**, 465, aM Düss JB **85**, 93. Ferner sind VV 3401, 3402, 3404–
3406 vorrangig. Vorrangig sind auch diejenigen Vorschriften, die dann anwendbar
sind, wenn der Anwalt einen Auftrag für das ganze Verfahren hat, BGH NJW **06**,
2267. VV 3403 ist ferner dann unanwendbar, wenn das Revisionsgericht dem Berufungsanwalt den Schriftwechsel über den Streitwert zuleitet, Mü AnwBl **78**, 471.
VV 1000, 1003, 1008 sind anwendbar. § 19 I 2 Z 9 hat Vorrang, Köln JB **13**, 81.

2) Regelungszweck. Die Vorschrift soll Lücken ausfüllen. Sofern weder vorran- **2**
gige andere Vorschriften noch VV 3403 anwendbar sind, muß man die Vergütung
nach dem allgemein anerkannten Grundsatz bestimmen, daß der Anwalt nicht umsonst tätig werden muß.

3) Sachlicher Geltungsbereich. Die Tätigkeit muß sich auf eine Zivilsache oder **3**
ein anderes gerichtliches Verfahren des VV Teil 3 beziehen. Es ist insofern unerheblich, ob ein solches Verfahren bereits anhängig ist oder ob es erst anhängig werden
soll, ob der Anwalt zB erst während eines vom Gegner des Auftraggebers in Gang
gesetzten Verfahrens nach (jetzt) § 11 einen Auftrag erhält, FG Kassel NJW **77**, 168.
Sofern diese Voraussetzung fehlt, können § 34, VV 2300 ff anwendbar sein. Ausreichend ist zB die Tätigkeit nur nach §§ 103 ff ZPO, VG Potsd Rpfleger **09**, 700.

4) Persönlicher Geltungsbereich. Der Anwalt darf grundsätzlich kein ProzBev **4**
oder VerfBev für diese Instanz sein, amtliche Anmerkung, BGH ZIP **13**, 2427, Bbg
BauR **12**, 1685. Denn ein solcher Bevollmächtigter erhält für die in VV 3402 genannten Tätigkeiten die Vergütung nach VV 3100 ff. Dazu kann auch der gemeinsame Vertreter im Spruchverfahren zählen, BGH ZIP **13**, 2427. Eine nach VV 3403
vergütbare Einzeltätigkeit kann sich ausnahmsweise aus einem derart begrenzten und
erst nach der instanzbeendenden Entscheidung ergangenen Auftrag ergeben. Zum
sog Scheinbekl Mü MDR **10**, 113.

5) Sonstige Einzeltätigkeit im gerichtlichen Verfahren. Es kommt jede in VV **5**
3400 ff nicht besonders geregelte und deshalb „sonstige" bloße Einzeltätigkeit gerade in
einem gerichtlichen Verfahren in Betracht, zB die Prüfung oder Nichtprüfungsaufgabe
bis einer Nichtzulassungsbeschwerde, Bbg BauR **12**, 1585, Hbg MDR **14**, 1115, Köln
Rpfleger **17**, 244 links, aM BGH WertpMitt **13**, 2172 (viel zu sehr vom gewünschten
Ergebnis her?). Das gilt zB aus der Feder eines BGH-Anwalts durch einen Nicht-BGH-
Anwalt, BGH NJW **12**, 2735, Köln Rpfleger **11**, 181, Mü AnwBl **10**, 68. Das braucht
nicht direkt gegenüber dem Gericht zu geschehen. Es kann vielmehr auch eine Tätigkeit gegenüber dem Gegner ausreichen, etwa eine Einigungsbemühung, oder gegenüber einem Dritten, etwa eine Anschriftsermittlung, BGH JB **04**, 191 und 315, aM
Hbg Rpfleger **16**, 749. Die Tätigkeit beginnt mit der auftragsgemäßen Entgegennahme der Information. Das alles gilt insbesondere in den folgenden typischen Situationen.

6) Schriftsatzanfertigung. Der Anwalt mag unter den Voraussetzungen Rn 1–4 **6**
einen Schriftsatz angefertigt oder unterzeichnet oder eingereicht haben.

A. Schriftsatzbegriff. Schriftsatz ist jedes Schreiben, auch ein ganz einfaches
Schreiben, auch ein solches, das nur dem äußeren Betrieb eines Verfahrens dient,
Kblz JB **91**, 229, also auch ein Schreiben nach VV 2302. Diese Vorschrift erfaßt nämlich nur ein eigenes Schreiben des Anwalts, kein fremdes. VV 2302 läßt für ein eigenes einfaches Schreiben nur 0,3 Gebühr entstehen. Dann aber kann man nicht die
Einreichung eines lediglich fremden Schriftsatzes nach VV 3403 amtliche Anmerkung
mit grundsätzlich 0,8 Gebühr vergüten. Denn das wäre eine unverhältnismäßig höhere Vergütung einer gegenüber VV 2302 geringeren geistigen Tätigkeit.

1957

7   **B. Eigene Inhaltsleistung.** Deshalb muß man über VV 2302 die Vorschrift des VV 3403 amtliche Anmerkung Z 1 dahin auslegen, daß der Schriftsatz ein eigener sein muß. Diese Qualität kann er allerdings auch dann haben, wenn der Anwalt ein formularmäßig verfaßtes oder entworfenes Schreiben benutzt, unterzeichnet oder einreicht. Schon der Entwurf eines solchen Formulars, das der Anwalt dann massenhaft benutzen kann, kann ja eine sehr erhebliche Mühe darstellen. Die Verwendung des Formulars erfordert bei der an sich erforderlichen Sorgfalt nochmals eine Überlegung, ob das Formular überhaupt anwendbar ist, VV 2302 Rn 3 ff.

Es reicht auch aus, daß ein *anderer* als der Anwalt oder seine ständigen Mitarbeiter das Schreiben entworfen haben, sofern der Anwalt sich zumindest durch seine Unterschrift und nicht nur durch die anschließende Aushändigung oder Einreichung zum Inhalt bekennt und für ihn die Verantwortung übernimmt. Inhaltlich kann zB der Hinweis auf eine anderweitige *Rechtshängigkeit* ausreichen, Hbg JB **94**, 492.

8   **C. Anfertigung.** Es reicht aus, daß der Anwalt ein Schreiben nach Rn 5–7 angefertigt hat. Die formularmäßige Anfertigung oder die Benutzung zuvor angefertigter Formulare reicht nach Rn 5–7 aus. Freilich liegt in der Benutzung eines weder vom Anwalt noch von seinen Mitarbeitern gefertigten Formulars keine Anfertigung, sondern allenfalls eine Unterzeichnung oder Einreichung.

9   **7) Schriftsatzunterzeichnung.** Es reicht auch aus, daß der Anwalt einen Schriftsatz nach Rn 5–7 zwar nicht angefertigt, wohl aber wenigstens unterzeichnet hat.

A. Grundsatz: Notwendigkeit eigenhändiger und handschriftlicher Unterzeichnung, dazu *Hansens* JB **10**, 448: Zunächst gilt § 130a ZPO, BLAH dort Rn 8. Den bestimmenden Schriftsatz muß grundsätzlich derjenige Anwalt eigenhändig und mit dem vollen Nachnamen handschriftlich unterschreiben, der ihn nach § 130 Z 6 ZPO überhaupt einreicht, BVerfG NJW **07**, 3117 (Ausnahme: Einscannung beim Computerfax), BGH FamRZ **05**, 434, Kblz VersR **82**, 275, und zwar in deutscher Sprache nach § 184 GVG, FG Saarbr NJW **89**, 3112 (auch zu einer Ausnahme). Daher reicht auch nicht eine persönliche Abgabe eines solchen Schriftsatzes auf der Geschäftsstelle aus, der keine Unterschrift hat, BGH NJW **80**, 291.

10 **B. Verantwortungsübernahme.** Es soll schon aus dem Schriftsatz selbst erkennbar sein und feststehen, daß kein bloßer Entwurf vorliegt, auch kein versehentlich etwa vom Büropersonal vor der Genehmigung durch den Verfasser usw und daher zu früh in den Postweg gegebener „auf Verdacht" abgezeichneter Text, wie es in der Praxis durchaus vorkommt, Schmidt BB **99**, 1127. Vielmehr soll feststehen, daß es sich um eine prozessual gewollte Parteiprozeßhandlung nach BLAH Grdz 47 vor § 128 ZPO oder Erklärung handelt. Es soll feststehen, daß sie vom Unterzeichner herrührt und daß er für ihren gesamten Inhalt nach eigener Prüfung die zivilrechtliche, strafrechtliche, berufsrechtliche und sonstige volle Verantwortung übernimmt, BGH NJW **13**, 1967, BAG NZA **13**, 1272, Zweibr VersR **10**, 46, aM Ffm NJW **77**, 1246, Kuntz-Schmidt NJW **87**, 1301 (aber die in Rn 9 genannte Form ist eigentlich selbstverständlich. Daran ändert das unerfreuliche Bild Rn 13 ff ebensowenig etwas wie zB das kaum noch überblickbare Fallrecht bei § 233 ZPO zu einer sorgfältigen Ausformung der dortigen Voraussetzungen). Von der Übernahme der Verantwortung kann man grundsätzlich bei einer einwandfreien Unterschrift ausgehen, BGH MDR **05**, 527 links, BAG NJW **90**, 2706. Ein erst späterer Verantwortungsvorbehalt kann unschädlich sein, BGH RR **98**, 575. Eine Scannerunterschrift kann ausreichen, Rn 41.

Verantwortung in Papierform ist gerade angesichts rasanter Zunahme der elektronischen Akte ein durchaus zeitgemäßes Prinzip geblieben. Wenn ein falscher Tastendruck ganze Dateien in Hundertstelsekundenschnelle löschen läßt, wenn selbst Papier weder 2000 noch auch nur 5 Jahre dasjenige sicher lesbar läßt, das man ihm anvertraut hat, dann heißt es Achtung vor der herkömmlichen Schriftform und Unterschrift durchaus bewahren. Formfragen brauchen stets eine grundsätzlich strenge Handhabung. Sie läßt sich beim Papier wahrscheinlich am ehesten erreichen und bewahren.

11 **C. Keine Überspannung,** dazu *Schneider* NJW **98**, 1844: Indessen darf man die Anforderungen an das Unterschriftserfordernis auch nicht überspannen, BVerfG NJW **02**, 3534, BGH NJW **12**, 3379 links, Naumb MDR **05**, 1432. Das gilt etwa bei einer

Verschiedenartigkeit der Unterschriften eines Anwalts, die natürlich sind, BGH VersR **02**, 590. Überhaupt ist beim Anwalt seine Sorgfaltspflicht als ein Organ der Rechtspflege auch zu seinen Gunsten mitbeachtbar, BGH NJW **01**, 2888. Das Prozeßrecht dient zwar auch der Rechtssicherheit, BLAH Einl III 43. Man muß daher oft strenge Formerfordernisse stellen. Das Prozeßrecht ist aber kein Selbstzweck, BLAH Einl III 10. Deshalb darf man es nicht so handhaben, daß sachlichrechtliche Ansprüche schlechterdings undurchsetzbar werden, BVerfG **78**, 126. Es meint sogar, man solle eine „durchaus wünschenswerte Großzügigkeit" zeigen. Damit geht es sehr weit, strenger denn auch BVerfG NJW **98**, 1853), BGH **97**, 285 (kein Selbstzweck), BAG NJW **76**, 1285 (eine bloße Unterschrift der rechtzeitig eingereichten Vollmacht reicht aber nicht aus), Karlsr FamRZ **88**, 82 (im Parteiprozeß kann eine solche Durchschrift reichen, auf der die Unterschrift der nicht anwaltlich vertretenen Partei durchgedruckt vorhanden ist). Im einzelnen bestehen zwischen den verschiedenen Prozeßordnungen erhebliche Unterschiede, OGB BGH **75**, 349, BAG NJW **01**, 316, BVerwG NJW **89**, 1315.

D. Zulässigkeit der Nutzung moderner Übermittlungswege, dazu *Fritzsche/* **12** *Malzer* DNotZ **95**, 3 (rechtspolitisch), *Kuhn,* Rechtshandlungen mittels EDV und Telekommunikation, 1991: Ein gerichtliches Gewohnheitsrecht läßt auch bei einem fristgebundenen Schriftsatz und erst recht bei einem unbefristeten bestimmenden Schriftsatz nach Rn 6 grundsätzlich diejenige Übermittlungsart zu, die sich aus dem Fortschritt der Technik und der Eilbedürftigkeit zwingend ergibt, zB beim Scanner nach Rn 41 oder beim Telefax nach Rn 44, BGH RR **97**, 250. Freilich muß man je nach dem Übermittlungsweg unterschiedliche Sorgfaltsanforderungen beachten, zB beim Computerfax, BGH NJW **98**, 3649.

E. Beispiele zur Frage einer ausreichenden Unterschrift **13**
Ablichtung, Kopie: Zwar muß man grds eine ordnungsgemäß unterzeichnete Urschrift als Original des Schriftsatzes einreichen. Indessen kann es ausnahmsweise ausreichen, daß man eine diesen Anforderungen nicht genügende nicht oder fehlerhaft unterzeichnete Urschrift zusammen mit einer diesen Anforderungen entsprechenden ordnungsgemäß unterschriebenen Ablichtung oder Kopie einreicht. Die Stelle der Urschrift kann insbesondere eine eigenhändig und handschriftlich beglaubigte Ablichtung oder Abschrift einnehmen, BGH NJW **12**, 1739, LG Kiel SchlHA **87**, 43.
S auch Rn 15 „Begleitschreiben", „Beiheftung", Rn 28 „Kopie", Rn 38 „Prozeßvollmacht".
Abschleifer: Er kann unschädlich sein, BGH NJW **15**, 3104.
Absicht der Unterschrift: Man muß aus dem Schriftsatz erkennen können, daß der Unterzeichner auch die Absicht hatte, eine volle Unterschrift zu leisten und nicht nur mit einem Namenskürzel (Paraphe) nach Rn 31 abzuzeichnen, BGH MDR **17**, 227.
S auch Rn 26, Rn 30 „Nachahmung", Rn 41.
Adelsname: Ein vor dem 14. 8. 1919 erworbener Adelstitel ist nach Art 109 III Weimarer Reichsverfassung als ein Bestandteil des Namens bestehen geblieben. Das gilt auch seit dem Inkrafttreten des GG zumindest als ein Gewohnheitsrecht. Daher darf und muß der Adlige einen Schriftsatz unter einer Hinzufügung des Adelsprädikats unterschreiben, wenn er eine ganz korrekte Unterschrift vornehmen will. Die Praxis verstößt ständig und vielfach gegen diese Anforderungen. Immerhin ist der Nichtgebrauch eines Adelsprädikats im formellen Rechtsverkehr keine bloß gesellschaftliche Attitüde, sondern ein Formverstoß. Er könnte bei streng formgebundenen Schriftsätzen durchaus erheblich sein, falls zumindest auch der verbleibende Namensbestandteil nach den übrigen Regeln einen Mangel hat.
S auch Rn 19 „Doppelname".
Aktenzeichen: Unschädlich ist ein selbst vorwerfbares falsches Aktenzeichen, BVerfG NJW **13**, 925.
Amtlich bestellter Vertreter: Der Umstand, daß er nach § 53 VII BRAO diesel- **14**
ben anwaltliche Befugnisse wie der vertretene Anwalt hat, gibt ihm *nicht* das Recht, nur mit dem Namen des Vertretenen oder zwar unter seinem eigenen Namen, jedoch insofern nicht nach den für ein Handeln im eigenen Namen notwendigen

Regeln zu unterzeichnen. Der Zusatz unter dem eigenen Namen „als amtlich bestellter Vertreter für ..." ist korrekt.
Der bloße Zusatz „im Auftrag" kann *unzureichend* sein, Rn 14 „Im Auftrag".
Anderer Name: Es besteht der Grundsatz der Notwendigkeit einer eigenhändigen handschriftlichen Unterzeichnung desjenigen, der nach dem Inhalt des Schriftsatzes sein Absender sein soll oder will und der mit der Unterschrift die inhaltliche Verantwortung übernimmt. Daher ist eine Unterzeichnung zwar mit einer Genehmigung des wahren Absenders, jedoch durch einen anderen nur mit dem fremden Namen bedenklich. Das gilt unabhängig davon, ob dieser andere mit seinem eigenen Namen denselben Schriftsatz wirksam unterzeichnen könnte. Selbst bei einer Blankounterschrift nach Rn 16 handelt es sich ja immerhin um eine echte eigenhändige Unterschrift mit dem eigenen Namen. Sofern ganz ausnahmsweise im Zeitpunkt des Zugangs des Schriftsatzes oder etwa zulässig in einem späteren etwa heilenden Zeitpunkt feststeht, daß derjenige die inhaltliche Verantwortung übernahm oder übernimmt, dessen Namen der Unterzeichner benutzte, mag der Vorgang unschädlich bleiben. Dasselbe gilt dann, wenn der Anwalt unter dem Namen des Vertretenen unterzeichnet, BGH VersR **76**, 689 und 830. Zurückhaltung bleibt ratsam.
Anwaltszwang: In seinem Bereich nach § 78 ZPO genügt die Unterschrift des Anwalts. Er braucht sich nicht als ein solcher zu bezeichnen, LAG Ffm DB **97**, 938.
Arrest, einstweilige Verfügung: Rn 37 „Parallelprozeß".
Aufkleben: Dasjenige einer Unterschrift reicht *nicht*, BGH WertpMitt **15**, 2023.
Im Auftrag: Ausreichen kann die Unterschrift „für XY", etwa mit Zusatz „nach Diktat verreist", BGH NJW **03**, 2028.
Grundsätzlich *unzureichend* ist eine Unterschrift nur „im Auftrag" oder „i. A." (statt: „in Vertretung"), BGH MDR **17**, 52, LG Rostock MDR **03**, 1134 (je auch wegen einer Ausnahme), Deichfuß NJW **16**, 3135, etwas großzügiger beim Sozius BGH NJW **13**, 237 rechts, aM BGH FamRZ **13**, 1963, Späth VersR **78**, 605 (aber ob zB eine Berufung nach § 519 ZPO vorliegt, darf nicht so unklar sein, daß das Gericht erst noch dazu eine Rückfrage halten müßte).
S auch Rn 14 „Amtlich bestellter Vertreter", „Anderer Name", Rn 28 „I. V", Rn 48 „Vertreter".

15 **Beglaubigung:** Soweit nach Rn 13 „Ablichtung, Kopie" die Unterzeichnung nur einer Ablichtung oder Abschrift ausreicht, ist die Beglaubigung dieser Kopie nicht unbedingt notwendig. Immerhin ist diese Frage noch nicht vollständig geklärt. Eine eigenhändig und handschriftlich beglaubigte Ablichtung oder Abschrift kann die Stelle der Urschrift einnehmen, BGH AnwBl **08**, 546, BAG NZA **06**, 260, Naumb MDR **05**, 1432. Das gilt selbst dann, wenn die beglaubigte Ablichtung oder Abschrift bei den Akten verbleibt. Die Unterschrift des Anwalts unter einem Beglaubigungsvermerk gilt als seine Unterschrift unter der Urschrift, BAG NZA **93**, 655, Naumb MDR **05**, 1432.
S auch Rn 40.
Begleitschreiben: Für die Wirksamkeit zB einer Rechtsmittelbegründung nach § 520 ZPO kann die Unterzeichnung (nur) eines beigehefteten Begleitschreibens genügen, BGH FamRZ **09**, 1057 links. Indessen ist Vorsicht ratsam. Es kommt auf den Text des Begleitschreibens an. Er muß vor dem Ablauf zB der Berufungsfrist nach § 517 ZPO für das Berufungsgericht unzweideutig ergeben, daß sein Unterzeichner die eigentliche Schrift ebenfalls schon und noch einreichen will und für deren Inhalt auch die volle Verantwortung übernimmt, BGH FamRZ **06**, 1269.
S aber auch „Beiheftung", Rn 16 „Bezugnahme".
Behörde: Rn 19 „Dienstsiegel".
Beiheftung: Die bloße Beiheftung einer nichtunterschriebenen Schrift, etwa einer Rechtsmittelbegründung nach § 520 ZPO, an eine unterschriebene Schrift, etwa an die Rechtsmittelschrift nach § 519 ZPO, genügt den Anforderungen an die nur beigeheftete Eingabe *nicht*, Kirberger Rpfleger **76**, 238.
S aber auch „Begleitschreiben", Rn 16 „Bezugnahme".

16 **Bezugnahme:** Es kann nach Rn 15 „Begleitschreiben" ausreichen, daß der Unterzeichner eines Begleitschreibens in ihm eindeutig auf die nicht ordnungsgemäß

unterzeichnete Eingabe Bezug nimmt. Es kann auch ausreichen, in einem weiteren Schreiben auf eine nicht unterzeichnete Anspruchsbegründung des Mahnverfahrens nach § 690 I Z 2 ZPO Bezug zu nehmen, selbst wenn sie erst nach der Abgabe an das Gericht des streitigen Verfahrens nach § 696 I ZPO eingeht, BGH **84**, 136. Es kann auch genügen, auf ein paralleles Arrest- oder Verfügungsverfahren nach §§ 916 ff, 935 ff ZPO Bezug zu nehmen, soweit man den dort unterzeichneten Schriftsatz im jetzigen Prozeß in einer Ablichtung oder Abschrift vorlegt. Ausreichend ist auch die Bezugnahme auf ein vom Anwalt selbst unterzeichnetes Prozeßkostenhilfegesuch nach § 117 I ZPO oder auf einen nicht unterzeichneten Schriftsatz als „Rechtsmittelschrift". Vgl auch § 137 III ZPO.

Nicht ausreichend ist es, daß ein ProzBev nach § 81 ZPO im Anwaltsprozeß nach BLAH § 78 ZPO Rn 1 auf die Unterschrift nur der Partei nach BLAH Grdz 4 vor § 50 ZPO unter der Klageschrift nach § 253 IV ZPO oder auf diejenige eines Dritten Bezug nimmt, BGH **92**, 251. Grundsätzlich reicht auch nicht die Bezugnahme des Anwalts auf einen solchen Schriftsatz, den ein anderer Anwalt unterschrieben hat, (zum alten Recht) BGH NJW **90**, 3087. In einer solchen Bezugnahme kann aber nach BLAH Grdz 52 vor § 128 ZPO eine Genehmigung liegen, BGH NJW **90**, 3087.

S auch Rn 15 „Begleitschreiben", „Beiheftung".
Blankounterschrift: Die Verwendung einer Blankounterschrift mit einer nachfolgenden Fertigung der eigentlichen Schrift durch einen Beauftragten ist nur in einem unvorhersehbaren Fall und nur auf Grund einer ansich auf jeden Einzelfall bezogenen Anleitung und Überwachung zulässig, BAG DB **83**, 1052, Mü NJW **89**, 1166.

Die weisungsgemäße Fertigstellung eines blanko unterschriebenen Schriftsatzes reicht aus, eine nur *stichwortartige* Vorgabe. reicht aber *nicht,* BGH NJW **05**, 2709, Mü NJW **89**, 1166.
Bleistift: Er ersetzt *weder* Tinte *noch* den Kugelschreiber. Denn er ist seiner Natur nach „kurzlebig". Man kann ihn zu leicht verwischen oder ausradieren und verfälschen.
Briefkopf: Selbst ein eigenhändiger ist *keine* Unterschrift, Düss FamRZ **02**, 547.
Buchstaben: Die Unterschrift muß zeigen, daß der Unterzeichner für den gesamten Inhalt des Schriftsatzes die volle Verantwortung übernimmt und ihn auch endgültig einreichen will. Das muß man bei der oft nicht einfachen Frage beachten, ob die etwa noch erkennbaren Buchstaben des Namens des Unterzeichners ausreichen. Es genügt freilich, daß jeder, der den Namen bereits kennt, ihn aus der Unterschrift herauslesen kann. Man muß allerdings auch herauslesen können, daß der Unterzeichner eindeutig beabsichtigte, seinen vollen Namen zu schreiben, BAG NJW **05**, 3775, und daß er nicht nur eine bloße Namensabkürzung (Paraphe) nach Rn 31 vornehmen wollte.

Es reicht *nicht* aus, nur mit dem Anfangsbuchstaben zu unterzeichnen, LAG Bln NJW **02**, 990, oder nur mit einem anderen erkennbaren einzelnen Buchstaben oder eben nur mit einer solchen Buchstabenfolge, die sich als eine bewußte und *gewollte Namensabkürzung* darstellt, BGH NJW **85**, 1227, LAG Düss BB **90**, 562. Eine Auflösung des Schriftbilds in willkürliche Striche und Linien ohne charakteristische Merkmale ist nicht ausreichend, BGH NJW **82**, 1467, BAG BB **77**, 899. Eine ausreichende Unterschrift fehlt also auch dann, wenn man überhaupt keine Buchstaben mehr erkennen kann, BGH NJW **85**, 1227, aM BGH NJW **92**, 243 ohne Vorlage nach § 132 GVG (zu großzügig), oder nur einen einzelnen, BFH NJW **87**, 343.

S auch Rn 41 „Schlangenlinie".
Büropersonal: Man muß unterscheiden. Grundsätzlich reicht die Unterschrift eines Mitarbeiters des Anwalts im Anwaltsprozeß nur dann aus, wenn er seinerseits ein Anwalt ist. Er muß also überhaupt zur Anwaltschaft zugelassen sein. Soweit er dann allerdings nur „im Auftrag", statt „in Vertretung" unterzeichnet, kann nach Rn 14 „Im Auftrag" selbst diese Unterschrift unzulänglich sein. Dieselben Regeln gelten bei einer Übermittlung durch Telefax, Telekopie und die ihnen gleichstehenden Arten technischer Übermittlung zumindest für die Aufgabeschrift (Original beim Absender).

S auch Rn 14 „Anderer Name".
Computerfax, dazu *Salamon* NZA **09**, 1249: Es zählt hierher, BGH RR **15**, 625. Eine eingescannte Unterschrift reicht, BVerfG NJW **07**, 3117, BGH FamRZ **15**, 253.

Eine pdf-Datei per e-mail reicht *nicht,* BGH NJW **08**, 2649, großzügiger Bacher NJW **09**, 1548, Köhler MDR **09**, 357.
S auch Rn 19 „Digitale Signatur", Rn 44 „Telefax".

19 **Dienstsiegel:** BGH (GmS) **75**, 348 hält zB im Verfahren nach dem SGG eine Revisionsschrift einer Behörde oder einer Körperschaft oder Anstalt des öffentlichen Rechts dann für ausreichend, wenn der Verfasser nur maschinenschriftlich unterzeichnet hat und wenn ein handschriftlicher Beglaubigungsvermerk des dazu zuständigen Beamten mit der oder ohne die Beifügung eines Dienstsiegels beiliegt, LG Köln JB **91**, 1410.

Grundsätzlich dürfte ein bloßes Dienstsiegel aber *keineswegs* ausreichen, sonstige Mängel der Unterzeichnung auszugleichen. Selbst wenn feststeht, daß der Unterzeichner der alleinige Verwahrer des Dienstsiegels war, ist nicht sicher, daß die Beidrückung ein Ausdruck gerade der Übernahme der inhaltlichen Verantwortung und des endgültigen Absendewillens war.

Digitale Signatur, dazu *Richtlinie* 1999/93/EG, ABl L 13 v 19. 1. 00: Es gilt der gegenüber § 129 vorrangige § 130a ZPO, BLAH dort Rn 4 zur Benutzung der Signaturkarte durch einen Dritten (Anwaltsgehilfen). Wegen der VwGO VG Ffm NJW **02**, 2488.
S auch Rn 44 „Telefax".

„**Nach Diktat verreist**": Das reicht *nicht,* KG BB **02**, 2152, aM BGH RR **12**, 1142.

Doppelname: Es reicht aus, daß sein Träger den einen Bestandteil lesbar geschrieben hat, den anderen aber gar nicht, BGH NJW **96**, 997, Karlsr JB **00**, 207, oder daß er diesen letzteren nur abgekürzt hat, BAG DB **88**, 920. Denn die Unterschrift soll nur sicherstellen, daß das Schriftstück auch vom Unterzeichner stammt, BGH NJW **96**, 997. Freilich muß das gesamte Schriftbild klar ergeben, wer unterzeichnet hat. Wenn zB in einer Sozietät einer der Anwälte einen solchen Namen trägt, der in demjenigen eines anderen einen Bestandteil bildet (etwa bei Verwandten oder Eheleuten), kann zweifelhaft sein, ob die Wiedergabe nur des „gemeinsamen" Namens beim Träger des Doppelnamens ausreicht. Das gilt selbst dann, wenn er seinen weiteren Namensbestandteil andeutet. Das hätte BGH NJW **96**, 997 miterörtern sollen. Es kommt auf die Gesamtumstände an.
S auch Rn 13 „Adelsname".

Druck: Eine gedruckte Unterschrift reicht *nicht,* selbst wenn sie eine Wiedergabe der Handschrift zeigt.

Durchschrift: S zunächst Rn 13 „Ablichtung, Kopie", Rn 15 „Beglaubigung". Im Parteiprozeß nach BLAH § 78 ZPO Rn 1 kann eine solche Durchschrift ausreichen, auf der es die Unterschrift der nicht anwaltlich vertretenen Partei durchgedruckt gibt, Karlsr FamRZ **88**, 82.
S ferner Rn 47 „Überspannung".

20 **Eigenhändigkeit:** Rn 9. S ferner Rn 49 „Willenlosigkeit".

Einschreiben: Selbst dasjenige mit Rückschein ersetzt *nicht* die Unterschrift, BVerwG NJW **91**, 120.

Einstweilige Verfügung: Rn 37 „Parallelprozeß".

Elektronische Übermittlung: §§ 130a–d ZPO.

e-mail: §§ 130a–d ZPO.

Empfangsbescheinigung: Diejenige des Gerichts kann eine Anwaltsunterschrift ersetzen, Ffm NJW **77**, 1246.

Endgültigkeit: Rn 9. Es muß stets erkennbar sein, daß es sich um eine endgültige Erklärung handelt, BGH MDR **17**, 227, BAG NJW **82**, 1016. Daran kann bei einer bloßen Namensabkürzung (Paraphe) nach Rn 31 ein Zweifel bestehen, auch wenn die Übung vorherrscht, Schriftsätze nur noch recht flüchtig zu unterzeichnen. Es kommt auch dann auf die Umstände an. Derjenige Anwalt, dessen Art der „Unterzeichnung" der Richter kennt, mag eher zu erkennen geben, daß er den Schriftsatz endgültig einreichen will, als ein unbekannter.

Entzifferbarkeit: Rn 26.

Ergänzung: Eine nur mündliche oder telefonische reicht *nicht,* BGH NJW **97**, 3383.

Erkennbarkeit: Rn 26.

Erklärungen beider Parteien: Übereinstimmende Erklärungen beider Parteien nach BLAH Grdz vor § 50 ZPO, die Unterschrift sei ein bloßes Handzeichen nach

Rn 31, binden das Gericht nicht, BGH NJW **78**, 1255. Ebensowenig können sie das Gericht dann aber durch übereinstimmende Erklärungen dahin binden, es handle sich um eine volle Unterschrift.
Faksimilie: Rn 34. 21
Fehlen: Man muß evtl klären, was der Absender bezweckte, LG Stgt Rpfleger **12**, 700 (im Zweifel Zurückweisung –?–. Dann besser: Fristsetzung zur Nachholung).
Firma: Sie reicht aus, § 17 I HGB.
Fotokopie: Rn 19 „Durchschrift". 22
Fremder Name: Rn 14 „Anderer Name".
Frist: Soweit ein Schriftsatz fristgebundene Erklärungen enthält, muß auch seine 23 Unterschrift innerhalb der Frist ordnungsgemäß erfolgen. Das ist selbstverständlich. Eine Nachreichung einer ordnungsgemäßen Unterschrift nach dem Fristablauf reicht also nicht. Es mag dann allenfalls ein Wiedereinsetzungsgesuch nach §§ 233 ff ZPO möglich sein. Nur in diesem letzteren Zusammenhang kommt es also auf die Frage an, ob der Einreicher mit einem rechtzeitigen Eingang gerechnet hat, rechnen konnte, das ihm Zumutbare zur Fristeinhaltung getan hatte usw.

Generell gilt: Der Eingang am letzten Tag der Frist nach dem Dienstschluß reicht, BVerfG **41**, 323. Der Eingang auf einer gemeinsamen Empfangsstelle mehrerer Behörden kann ausreichen. BVerfG **69**, 385, BGH RR **88**, 894 (die Weitergabe durch Boten wahrt keine Frist), BGH NJW **90**, 990 (das Schriftstück ist nur bei demjenigen Gericht eingereicht, an das es adressiert ist). Soweit das Postamt am Gerichtsort die Telekopie aufnimmt (empfängt) und fristgerecht als eine Postsendung an das Gericht weitergibt, ist das Verfahren ordnungsgemäß, BGH **87**, 63, BAG NJW **84**, 199, BFH NJW **82**, 2520. Dasselbe gilt, soweit ein Brief usw fristgerecht in das Postfach des Gerichts kommt, BGH NJW **86**, 2646.

Unzureichend ist eine ohne jede Inhaltsprüfung erfolgende Unterschrift in letzter Minute, BGH RR **06**, 342.
S auch Rn 44 „Telefax", „Telefonische Einreichung, Übermittlung", Rn 45.
„Für", dazu *Conrad* MDR **14**, 877 (Üb): Die Unterzeichnung „für" einen anderen 24 Anwalt kann genügen, BGH RR **12**, 1142, BAG NJW **90**, 2706.
Genehmigung durch Auftraggeber: Rn 14 „Anderer Name", „Im Auftrag", Rn 16 „Blankounterschrift".
Handschriftlichkeit: Vgl zunächst Rn 9. S ferner Rn 17 „Buchstaben", Rn 21 25 „Faximile", Rn 41.
Handzeichen: Rn 31–33.
Heilung: Eine Nachholung der Unterschrift oder eine Vervollständigung oder Verbesserung bisher mangelhafter Schriftzüge ist grds zulässig, LSG Schlesw MDR **84**, 260, ebenso wie eine ausdrückliche Genehmigung des bisher nicht ordnungsgemäß unterschriebenen Schriftsatzes durch den Einreicher (Unterzeichner) in einer weiteren schriftlichen oder mündlichen, fernmündlichen oder sonstigen Erklärung. Man muß durch den Nachholakt klarstellen, daß man für den mangelhaften Erstvorgang die inhaltliche volle Verantwortung übernimmt und daß man ihn auch endgültig einreichen wollte, BGH AnwBl **06**, 76. Das gilt selbst beim Fehlen der letzten Seite, BGH NJW **09**, 2311. Bei einem fristgebundenen Schriftsatz gelten Einschränkungen: Grundsätzlich ist nach Rn 23 keine rückwirkende Heilung möglich, BGH VersR **80**, 331, BAG NJW **88**, 210, aM List DB **83**, 1672. Es gibt auch keine Wiedereinsetzung außerhalb der Möglichkeiten BLAH § 233 ZPO Rn 164 ff, BGH NJW **87**, 957. Das Gericht hat insofern keine Hinweis*pflicht* nach § 139 ZPO, BGH NJW **82**, 1467. Es sollte aber eine rechtzeitige Nachholung ermöglichen.
Herauslesenkönnen: Vgl zunächst Rn 9 und BVerfG NJW **98**, 1853. Es genügt, 26 daß gegen den Ursprung der Unterschrift kein begründeter Verdacht besteht, daß vielmehr jeder, der den Namen kennt, ihn aus der Unterschrift auch als einen eindeutig beabsichtigten vollen Namenszug und nicht nur als eine evtl beabsichtigte bloße Namensabkürzung (Paraphe) nach Rn 31 herauslesen kann, BGH MDR **17**, 227 und 417, BAG NJW **01**, 316, Ffm MDR **05**, 919. Es muß immerhin ein individuell gestalteter Namensteil vorliegen, der in der Unterscheidung gegenüber anderen Unterschriften zuläßt und der die Absicht einer vollen Unterschrift erkennen läßt, BGH AnwBl **17**, 331 rechts.

Nicht ausreichend ist eine Unterzeichnung nur mit dem Anfangsbuchstaben oder einer anderen bewußten und gewollten Namensabkürzung (Paraphe), oder gar eine Auflösung des Schriftbilds in willkürliche Striche und Linien ohne charakteristische Merkmale, so daß man keine Buchstaben mehr erkennen kann, BGH MDR **17**, 227 (ohne Vorlage nach § 132 GVG), aM BGH NJW **92**, 243 (zu großzügig), oder daß zB man von zehn zum Namen gehörenden Buchstaben nur einen einzigen entziffern kann, BFH NJW **87**, 343.

S auch Rn 17 „Buchstaben", Rn 31 „Namensabkürzung", Rn 41 „Schlangenlinie".

Hinnahme: Eine langjährige Hinnahme der objektiv unzureichenden Unterschrift mag bei diesem Gericht eine plötzliche Beanstandung in diesem ersten solchen Fall unzulässig machen, LAG Bln MDR **04**, 52.

27 **„I. A.":** Rn 14 „Im Auftrag", Rn 27 „I. V".
Identität: Rn 30 „Nämlichkeit".
Individualität: Vgl zunächst Rn 9. Es muß mindestens ein individuell gestalteter Namensteil vorliegen, der eine Unterscheidung gegenüber anderen Unterschriften zuläßt, der auch die Absicht einer vollen Unterschrift erkennen läßt, BGH MDR **17**, 227 und 417, BAG NJW **01**, 316, und der die Nachahmung durch einen beliebigen Dritten mindestens erschwert, BGH FamRZ **15**, 854, Ffm MDR **05**, 919, Nürnb NJW **89**, 235. Das gilt selbst dann, wenn der Verfasser ihn nur flüchtig geschrieben hat, BGH VersR **89**, 167 und 588. Diese Anforderung ist aber auch unerläßlich. Die lediglich bewußte und gewollte Namensabkürzung (Paraphe) nach Rn 31 reicht *nicht* aus.

S auch Rn 17 „Buchstaben", Rn 26, Rn 31 „Namensabkürzung", Rn 41 „Schlangenlinie".
„I. V.": Dieser Zusatz läßt die Unterschrift wirksam, BGH AnwBl **12**, 659 und 660 rechts unten, BAG NJW **87**, 3279, Kblz VersR **91**, 1034 (anders als „i. A."), LAG Ffm DB **02**, 1116 (im Arbeitsrecht reicht auch „i. A."). Ein einmaliger Zusatz reicht, BGH NJW **91**, 1175.

28 **Kenntnis des Namenszugs:** Rn 26.
Klagefrist: Mangels einer ausreichenden Unterschrift reicht es nach Rn 23 allenfalls dann, wenn ein in der Frist nachgereichter Schriftsatz ergibt, daß die ursprüngliche Eingabe mit dem Wissen und Wollen des Verfassers erfolgt war, LAG Hamm BB **90**, 1708.
Klebestreifen: *Nicht* ausreichend ist eine so angeklebte Unterschrift, BFH DB **83**, 2041.
Kopie: Im Parteiprozeß nach BLAH § 78 ZPO Rn 1 kann eine solche Durchschrift ausreichen, auf der die Unterschrift der nicht anwaltlich vertretenen Partei durchgedruckt vorhanden ist, Karlsr FamRZ **88**, 82.

Trotz des Verbots einer Überspannung nach Rn 11 reicht aber *nicht* jede Durchschrift (Kopie) aus. Es kommt auf die Umstände an. Ein solcher Abzug oder eine solche Fotokopie, deren Original (Matrize) eine eigenhändige Unterschrift hat, reicht nach Rn 34 meist ebenfalls *nicht* aus.
Kreuz: Es ist jedenfalls beim Schreibgewandten natürlich *keine* Unterschrift, Karlsr NJW **90**, 2475.
Kugelschreiber: Er ist statt Tinte ausreichend. Das gilt trotz der Möglichkeit, ihn zu „killen". Denn er beherrscht die Praxis.

29 **Längere Zeit:** Sie stärkt das Vertrauendürfen auf die Anerkennung des Ausreichens einer Signatur, BGH FamRZ **15**, 854.
Lesbarkeit: Rn 26 „Herauslesenkönnen".
Lichtpause: Sie reicht nach Rn 15 *nicht*.
Mängelheilung: Rn 25 „Heilung".
Mahnverfahren: § 690 II, III Hs 2 ZPO.
Maschinenschrift: Wegen des grundsätzlichen Erfordernisses der eigenhändigen und handschriftlichen Unterzeichnung Rn 9, 10, BFH **106**, 4, Bbg FamRZ **13**, 480 rechts. Im Parteiprozeß nach BLAH § 78 ZPO Rn 1 kann es immerhin ausreichen, daß eine solche Durchschrift vorliegt, auf der die Unterschrift der nicht anwaltlich vertretenen Partei durchgedruckt vorhanden ist, Karlsr FamRZ **88**, 82. Im Verfahren nach dem SGG ist eine Revisionsschrift einer Behörde oder einer Körperschaft

oder Anstalt des öffentlichen Rechts dann ausreichend, wenn der Verfasser nur maschinenschriftlich unterzeichnet hat und wenn ein handschriftlicher Beglaubigungsvermerk des dazu zuständigen Beamten mit einer oder ohne eine Beifügung des Dienstsiegels beiliegt, BGH (GmS) **75**, 348. Bei einer bloßen „Ablichtung oder Abschrift" muß immerhin die Unterschrift wiederum ihrerseits grds handschriftlich, wenn auch nicht notwendig stets beglaubigt, vorhanden sein, BGH **92**, 255, BAG NJW **09**, 3596, LG Kiel SchlHA **87**, 43.

S auch Rn 13 „Abschrift", Rn 21, 22, 45, 46.

Nachahmung: Es soll schon aus dem Schriftsatz selbst erkennbar sein und feststehen, daß eine prozessual gewollte endgültige Erklärung vorliegt und daß sie auch vom Unterzeichner herrührt. Daher muß zumindest ein individuell gestalteter Namensteil vorliegen, der unter anderem die Nachahmung durch einen beliebigen Dritten mindestens erschwert, BGH MDR **17**, 227, Ffm NJW **93**, 3079, Nürnb NJW **89**, 235. Das gilt, selbst wenn der Verfasser ihn nur flüchtig geschrieben hat, BGH FamRZ **97**, 610. 30

S auch Rn 26, 31–33, 41–43.

Nachholung: Rn 25 „Heilung".

Nämlichkeit (Identität): Man muß nach Rn 9 grds schon aus dem Schriftsatz selbst erkennen können, daß die Erklärung unter anderem vom Unterzeichner herrührt, BGH MDR **17**, 227, und daß er für ihren gesamten Inhalt die volle Verantwortung übernimmt. Es genügt nach Rn 26, daß gegen den Ursprung der Unterschrift kein begründeter Verdacht besteht, daß vielmehr jeder, der den Namen kennt, ihn aus der Unterschrift auch als einen eindeutig beabsichtigten vollen Namenszug und nicht nur als eine evtl beabsichtigte bloße Namensabkürzung herauslesen kann.

S auch Rn 19 „Doppelname", Rn 21, 22, Rn 25 „Heilung", Rn 44 „Telefonische Einlegung, Übermittlung", Rn 45, 46.

Namensabkürzung (Paraphe): Dem in Rechtsprechung und Lehre klaren Grundsatz der Notwendigkeit einer eigenhändigen und handschriftlichen Unterzeichnung mit dem vollen Namen als einer Gewähr für die Übernahme der vollen inhaltlichen Verantwortung und der Absicht der endgültigen Einreichung nach Rn 9, 10 steht eine in der Praxis weitverbreitete Übung der Unterzeichnung mit einer bloßen mehr oder minder knappen oder klaren Namensabkürzung auch unter bestimmenden Schriftsätzen gegenüber. Dieser Mißstand ist eine Quelle erheblicher im folgenden Verfahren sowohl durch die Gerichte als auch durch die übrigen Prozeßbeteiligten. Viele übersehen ihn glatt oder überlesen ihn. Nun dient zwar das Prozeßrecht den Parteien und nicht umgekehrt. Der Prozeß ist nach BLAH Einl III 10 kein Selbstzweck. Immerhin gibt es nach Rn 5 unverzichtbare formelle Mindestanforderungen, insbesondere beim bestimmenden Schriftsatz. Beides muß man nach BLAH Einl 36ff in die Abwägung einbeziehen. Dabei kommt es auf das äußere Erscheinungsbild an, BGH NJW **94**, 55. 31

– **(Absicht des ganzen Namens):** Ausreichend ist ein paragraphenähnlicher Schriftzug, der eindeutig den ganzen Namen darstellen soll, BGH MDR **17**, 227, BAG NJW **01**, 316. 32

– **(Anfangsbuchstaben):** *Nicht* ausreichend ist ein Zeichen mit nur dem oder den Anfangsbuchstaben, BFH BB **96**, 520 (zustm Woerner).

S auch „– (Einzelbuchstaben)".

– **(Begleitpapier):** *Nicht* ausreichend ist ein Handzeichen nur auf einem Begleitpapier, BGH VersR **01**, 915.

– **(Bewußte Abkürzung):** *Nicht* ausreichend ist eine solche Buchstabenfolge, die sich als eine bewußte und gewollte bloße Namensabkürzung darstellt, BGH MDR **17**, 227, Ffm NJW **93**, 3079, LAG Düss BB **90**, 562.

– **(Echtheit):** Ausreichend ist ein solcher Schriftzug, der gegen den Ursprung der Unterschrift keinen begründeten Verdacht zuläßt.

– **(Einzelbuchstaben):** *Nicht* ausreichend ist ein Zeichen mit nur *einem* erkennbaren Buchstaben, BGH RR **07**, 351, Ffm NJW **93**, 3079, LAG Düss BB **90**, 562.

S auch „– (Anfangsbuchstaben)".

- **(Erkennbarkeit):** Ausreichend ist nach Rn 26 ein solcher Schriftzug, bei dem jeder Kenner des Namens ihn als hier eindeutig beabsichtigten vollen Namenszug und nicht nur als eine evtl bloße Abkürzung herauslesen kann.
  Nicht ausreichend ist ein solches Zeichen, bei dem man keine Buchstaben mehr erkennen kann, BGH NJW **85**, 1227.
- **(Flüchtigkeit):** Rn 33 „– (Unnachahmlichkeit)".
- **(Genehmigung):** *Nicht* ausreichend ist eine nachträgliche Versicherung, man habe die unzulänglich unterzeichnete Schrift früher einreichen wollen, sofern man nicht aus dieser späteren Erklärung bei ihrer Auslegung nach BLAH Grdz 52 vor § 128 ZPO eine Nachholung oder Genehmigung des gesamten Inhalts der ursprünglichen Schritt ableiten kann und muß.
  S auch Rn 33 „– (Heilung)".
33 - **(Heilung):** Sie ist nach Rn 23 „Frist", Rn 25 „Heilung" bei einem fristgebundenen Schriftsatz *nicht* stets rückwirkend möglich.
- **(Herauslesbarkeit):** Rn 32 „– (Erkennbarkeit)".
- **(Individualität):** Ausreichend ist ein individuell gestalteter Namensteil aus Buchstaben der üblichen Schrift, BGH NJW **85**, 1227, LG Düss MDR **88**, 149, oder wenigstens aus deren Andeutungen, BGH VersR **89**, 167 (großzügig).
  Nicht ausreichend ist demgemäß ein Zeichen ohne einen individuellen Charakter, BGH VersR **84**, 142, BFH BB **84**, 1089, LG Heidelb VersR **78**, 357.
- **(Nachholung):** Rn 32 „– (Genehmigung)".
- **(Striche und Linien):** *Nicht* ausreichend ist eine Auflösung des Schriftbilds in willkürliche Striche und Linien ohne charakteristische Merkmale, BGH NJW **82**, 1467, BAG BB **77**, 899.
  S auch Rn 32 „– (Erkennbarkeit)".
34 - **(Unnachahmlichkeit):** Ausreichend ist ein solcher Schriftzug, der eine Nachahmung durch einen Dritten mindestens erschwert, BGH FamRZ **97**, 610, Nürnb NJW **89**, 235. Das gilt selbst bei flüchtiger Schreibweise, BGH FamRZ **97**, 610.
- **(Unterscheidbarkeit):** Ausreichend ist ein solcher Schriftzug, den man von anderen unterscheiden kann, BGH MDR **17**, 227, BAG NJW **01**, 316.
  S auch Rn 32 „– (Absicht des ganzen Namens)".
35 **Namensstempel (Faksimile),** dazu *Salomon* NZA **09**, 1249: Ein Namensstempel reicht grds *weder* in der Form von Druckbuchstaben *noch* in der Form einer von einem Original abkopierten handschriftlichen Form des Schriftzugs aus, BGH NJW **98**, 3649, BAG NJW **09**, 3597, VG Wiesb NJW **94**, 537 (zum Telefax). Soweit überhaupt keine Unterschrift erforderlich ist, kann freilich ein Namensstempel beliebiger Art nicht schädlich sein. Er mag vielmehr ein Anzeichen dafür sein, daß der Unterzeichner die Schrift einreichen wollte und daß er die inhaltliche Verantwortung übernimmt. Indessen kommt es auch hier auf die Umstände an.
36 **Parallelprozeß:** Grundsätzlich muß die Unterschrift unter demjenigen Schriftsatz stehen, dessen Original beim Prozeßgericht vorliegt und der sich auf diesen und keinen anderen Prozeß bezieht. Das gilt jedenfalls, solange keine Verbindung mehrerer Verfahren nach § 147 ZPO stattgefunden hat. Ab einer Verbindung und bis zur Trennung nach § 145 ZPO ist es unerheblich, ob die Geschäftsstelle den Schriftsatz richtig eingeheftet hat. Maßgeblich ist, an welches Gericht und zu welchem Prozeß er sich richtete oder richten sollte. Das gilt selbst dann, wenn der Absender das derzeitige oder frühere Aktenzeichen irrig falsch angegeben hat. Es kann ausreichen, auf einen parallelen Arrest- oder Verfügungsprozeß nach §§ 916 ff, 935 ff ZPO Bezug zu nehmen, soweit der dort unterzeichnete Schriftsatz im jetzigen Verfahren in Abschrift vorliegt.
Paraphe: Rn 31.
37 **Personal:** Rn 18.
Postamt: Rn 21, 22, Rn 44 „Telefonische Einlegung, Übermittlung", Rn 45, 46.
Postfach: Rn 21, 24, Rn 44 „Telefonische Einlegung, Übermittlung", Rn 45, 46.
Private Aufnahme: Die Absendung eines Telefax vom Privatanschluß eines Dritten kann genügen, BAG NJW **89**, 1822. Die Weitergabe eines solchen Schreibens durch einen privaten Boten wahrt keine Frist, BGH RR **88**, 894. Eine Übermittlung an einen privaten Teilnehmer und die Weiterleitung durch ihn können genügen, VGH Mü BB **77**, 568.
S auch Rn 23 „Frist".

Private Übermittlung: S „Private Aufnahme".

„Pro absente": Das genügt keineswegs, aM Düss WertpMitt 17, 713 (aber das klärt die wahre Verantwortungsübernahme durch Eigenhändigkeit des zu Übernehmenden gerade nicht).

Prozeßkostenhilfe: Soweit der Anwalt seinen Schriftsatz mangelhaft unterzeichnet 38 hatte, kann es ausreichen oder heilen, daß er auf ein von ihm selbst unterzeichnetes Prozeßkostenhilfegesuch in demselben Verfahren nach § 117 ZPO Bezug nimmt. Freilich kann grds keine rückwirkende Heilung dadurch eintreten, Rn 23 „Frist", Rn 25 „Heilung".

Prozeßvollmacht: Die Unterschrift nur unter der gleichzeitig eingereichten Vollmacht reicht für den unzulänglich unterzeichneten Schriftsatz *nicht* aus, BAG NJW 76, 1285.

Rechtsmittelbegründung: Für die Wirksamkeit der Rechtsmittelbegründung zB 39 nach §§ 520, 551, 571, 575 ZPO kann die Unterzeichnung (nur) des beigehefteten Begleitschreibens genügen, BGH NJW 86, 1760.

Die Beiheftung einer nicht unterschriebenen Berufungsbegründung nach § 520 ZPO an eine unterschriebene Berufungsschrift genügt den Anforderungen an eine Berufungsbegründung *nicht*, Kirberger Rpfleger 76, 238. Wegen der Überprüfbarkeit in der Revisionsinstanz Rn 55.

S auch Rn 13 „Abschrift", Rn 23 „Frist".

Rechtsmittelschrift: Eine Berufung ist auch dann wirksam eingelegt, wenn die 40 Urschrift ohne eine Unterschrift und eine richtig beglaubigte Ablichtung oder Abschrift eingehen, BGH NJW 08, 1020. Dasselbe gilt für eine Revisionsschrift nach § 549 ZPO. Es reicht auch aus, daß ein Anwalt eine nicht unterschriebene Berufungsschrift nach § 519 ZPO zum Berufungsgericht bringt und sich dort die Einlegung der Berufung bescheinigen läßt, Ffm NJW 77, 1246.

Es reicht aber *nicht* aus, wenn diese Bescheinigung fehlt, BGH NJW 80, 292. Es reicht auch nicht aus, wenn lediglich eine beglaubigte Ablichtung oder Abschrift ohne eine unterschriftslose Urschrift eingeht, BAG BB 78, 1573. Nicht ausreichend ist ferner eine Unterzeichnung durch einen Dritten „i. A.". Das gilt selbst auf einem Briefbogen der Partei, LG Rostock MDR 03, 1134 (zur sofortigen Beschwerde).

S auch Rn 13 „Ablichtung, Kopie", Rn 15 „Beglaubigung", Rn 23 „Frist", Rn 36, Rn 39 „Rechtsmittelbegründung".

Revision: Rn 55.

Sachbearbeiter: Rn 18, 36, Rn 43 „Sozius". 41

Scanner: Er kann ausreichen, BVerfG NJW 07, 3117, OGB NJW 00, 2340, BGH NJW 08, 2650 (ohne Vorlage nach § 132 GVG), aM BGH NJW 06, 3785 (zum Faxversand), LG Ingolstadt DGVZ 03, 39 (zu § 753. Aber dort darf es keine höheren Anforderungen geben).

S auch Rn 19 „Digitale Signatur", Rn 44 „Telefax".

Schlangenlinie usw: Es soll nach Rn 9 grds bereits aus dem Schriftsatz selbst erkennbar sein und feststehen, daß kein bloßer Entwurf vorliegt, sondern daß der Unterzeichner eine prozessual gewollte Erklärung endgültig einreichen will und für ihren gesamten Inhalt die volle Verantwortung übernimmt. Daher ist es trotz des Verbots einer Überspannung nach Rn 11 im allgemeinen erforderlich, daß ein individuell gestalteter Namenszug vorliegt, der eine Unterscheidung gegenüber anderen Unterschriften zuläßt und die Absicht einer vollen Unterschrift erkennen läßt, BGH NJW 05, 3775, Köln NJW 05, 3789 (BGB), und der die Nachahmung durch einen beliebigen Dritten mindestens erschwert, BGH FamRZ 15, 854, Nürnb NJW 89, 235. Das gilt selbst dann, wenn er nur flüchtig geschrieben worden ist, BGH MDR 17, 227. Es genügt nach Rn 26, daß gegen den Ursprung der Unterschrift kein begründeter Verdacht besteht, daß vielmehr jeder, der den Namen kennt, ihn aus der Unterschrift als einen eindeutig beabsichtigten vollen Namenszug und nicht nur als eine evtl beabsichtigte bloße Namensabkürzung herauslesen kann.

Auf diesen Boden ist eine Auflösung des Schriftbilds in willkürliche Striche und 42 Linien ohne charakteristische Merkmale *nicht* ausreichend, BGH NJW 82, 1467, BAG BB 77, 899. Eine ausreichende Unterschrift *fehlt* also dann, wenn man keine Buchstaben mehr erkennen kann, BGH NJW 85, 1227, oder wenn man von zehn zum Namen gehörenden Buchstaben nur einen einzigen entziffern kann, BFH NJW **87**, 343, oder wenn der Schriftzug keinen individuellen Charakter mehr hat, BGH VersR **84**, 142, BFH BB **84**, 1089, LG Heidelb VersR **78**, 357. Aus den in Rn 31–33 zur Namensabkürzung entwickelten Erwägungen ergibt sich, daß eine bloße *Schlangenlinie* oder 2 Striche nebst Haken usw erst recht keine ausreichende Unterschrift darstellt, Köln NJW **08**, 3649. Das gilt selbst dann, wenn sie einer schlechten Gewohnheit des Anwalts wie manchen Richters entsprechen mag. Es kommt auch nicht darauf an, daß das Gericht oder der Prozeßgegner diese Unsitte des Absenders bereits kennen und daß der Briefkopf immerhin eindeutig ist. Die Art und Weise der Unterschrift soll eben mitklären, daß der Unterzeichner nicht nur einen bloßen Entwurf abzeichnen oder eine vorläufige Unterschrift vornehmen wollte, sondern daß er eine endgültige prozessual wirksame Erklärung abgeben und die volle Verantwortung in jeder Beziehung übernehmen wollte. Das läßt sich bei einer bloßen Schlangenlinie beim besten Willen nicht sagen. Es ist unter diesen Umständen unerheblich, ob die Linie mehr in „Schlangen"-Form oder in willkürlichen Ab- und Aufstrichen und dergleichen besteht.

Man muß unter einer Beachtung aller Umstände *abwägen,* auch den bisherigen Prozeßverlauf und die dort 43 vorliegenden „Unterschriften" dieses Absenders. Diese Abwägung darf weder zu streng noch zu großzügig sein.

43 **Schreibhilfe:** Sie ist unschädlich, sofern es nicht um eine willenlose rein passiv bleibende Person geht, BGH NJW **81**, 1901.

Schreibmaschine: Sie reicht nach Rn 15, Rn 29 „Maschinenschrift" *nicht.*

Schriftliches Verfahren: Das schriftliche Verfahren nach § 128 II ZPO oder nach § 495a S 1 ZPO verlangt streng genommen bei jedem Schriftsatz die Unterschrift. Denn das Gericht darf in diesem Verfahren keine solche Parteierklärung berücksichtigen, deren Echtheit nicht feststeht. Doch kann das Fehlen der Unterschrift im schriftlichen Verfahren nach Rn 5 zweckmäßigerweise insoweit unschädlich sein, als es sich nicht um einen bestimmenden Schriftsatz im Sinne des § 129 ZPO handelt. Zur letzteren Gruppe gehört allerdings auch schon der Antrag auf ein schriftliches Verfahren. Wie das schriftliche Verfahren muß man auch das schriftliche Vorverfahren beurteilen.

Sozius: Ausreichend ist grds seine Unterschrift, BGH NJW **10**, 3667.

44 **Telefax,** dazu *Bodendorf,* Vorab per Fax, eine zweifelhafte Methode, Festschrift für Schütze (1999) 129; *Hennecke* NJW **98**, 2194; *Liwinska* MDR **00**, 500; *Maniotis* ZZP **112**, 315 (je: Üb): *Schnittmann,* Telefaxübermittlung im Zivilrecht usw, 1999: Zunächst darf man das Telefax nicht mit der elektronischen Übermittlung nach § 130a ZPO verwechseln. Beim Telefax gelten im wesentlichen folgende Regeln.

– **(Absender):** Evtl reicht sogar eine maschinenschriftliche Absenderangabe, LG Köln NJW **05**, 79.

– **(Computerfax):** Es reicht auch eine eingescannte Unterschrift (Computerfax) mit einer Datei, OGB NJW **00**, 2340 (zustm Wirges AnwBl **02**, 88, verfassungsrechtlich krit Düwell NJW **00**, 3334), BGH FamRZ **08**, 1348 links Mitte (ohne Vorlage nach § 132 GVG), strenger BGH (11. ZS) NJW **05**, 2087 (nach dem oben genannten OGB!? Die moderne Technik erzwingt die vorgenannte großzügigere Haltung ohnehin).
  S auch „– (Vermerk)".

– **(Digitale Signatur):** Rn 19.

– **(Formularzwang):** Dann kann ein Telefax *unzulässig* sein, LG Hagen Rpfleger **92**, 167.

– **(Frist):** Das Telefax wahrt auch eine Frist, BVerfG MDR **00**, 836, Kblz MDR **04**, 409, LG Wiesb NJW **01**, 3636, aM LG Bln NJW **00**, 3291 (nur bei einem zusätzlichen ebenfalls rechtzeitigen Schriftsatz. Aber gerade das letztere würde die moderne Technik übergehen).

– **(Namensstempel):** Rn 34.

– **(Paraphe):** Eine solche nach Rn 31 reicht *nicht,* BAG BB **97**, 947 (ohne Vorlage nach dem RsprEinhG, BLAH Anh § 140 GVG), aM BGH DB **96**, 557 (vgl aber Rn 31 ff).

– **(Postulationsfähigkeit):** Der Absender muß als ProzBev nach § 78 postulationsfähig sein, (zum alten Recht) Kblz MDR **04**, 409.

– **(Scanner):** S „– (Computerfax)".

- **(Schriftform):** Das Telefax wahrt die Schriftform, BVerfG NJW **87**, 2067, BAG NJW **01**, 989 (beim außergerichtlichen Schreiben), LG Köln NJW **05**, 79, FG Hbg NJW **01**, 99 (beim sog bestimmenden Schriftsatz nach Rn 5).
- **(Unterschrift):** Der Absender muß die Kopiervorlage unterschreiben, BGH FamRZ **98**, 425 (dann reichen deren Übermittlung an das eigene Büro und von dort weiter an den Empfänger), Kblz MDR **04**, 409, LG Wiesb NJW **01**, 3636. *Nicht* reicht grds das Fehlen einer Unterschrift, aM LG Köln NJW **05**, 79, AG Kerpen NJW **04**, 2761. Denn man darf den Grundgedanken Rn 10 nicht aufweichen, BGH NJW **98**, 3650. Ausnahmsweise kann das Fehlen unschädlich sein, soweit die Übernahme der Verantwortung anderswie eindeutig klar ist, BGH NJW **05**, 2087 (in dieser Frage großzügig widersprüchlich zu seiner Haltung zu demselben Urteil beim Computerfax, s dort).
  S auch „– (Computerfax)", „– (Paraphe)".
- **(Vermerk):** Die beim „– (Computerfax)" genannte eingescannte Unterschrift läßt sich evtl durch den Vermerk ersetzen, die Unterzeichnung könne wegen der gewählten Übertragungsart nicht erfolgen, Brschw NJW **04**, 2024 (reichlich großzügig).
- **(Verstümmelung):** Rn 48.

Telefonische Einlegung, Übermittlung: Wegen des grundsätzlichen Erfordernisses einer eigenhändigen handschriftlichen Unterschrift nach Rn 9, 10 reicht grds *nicht einmal* eine persönliche Abgabe eines nicht unterzeichneten Schriftsatzes auf der Geschäftsstelle aus, BGH NJW **80**, 291. Auch eine telefonische „Klarstellung" reicht nicht aus, BGH MDR **09**, 707. Noch weniger reicht folglich eine nur telefonische Einreichung einer dem Inhalt nach einen bestimmenden „Schriftsatz" darstellenden Erklärung. Das gilt auch dann, wenn der Empfänger eine amtliche Notiz über das Telefonat anfertigt. Von der lediglich telefonischen Einreichung muß man den Fall unterscheiden, daß man den Schriftsatz per Telefax usw einreicht oder übermittelt oder zustellt und daß man auf diesem Übermittlungsweg auch (nicht: nur!) das Telefon einschaltet. Zur grundsätzlichen Zulässigkeit dieser letzteren Übermittlungswege Rn 44 „Telefax". 45

Telekopie: Rn 20 „Elektronische Übermittlung", Rn 44 „Telefax". 46

Titel: Der akademische oder sonstige Titel ist nach Rn 13 „Adelsname" kein Bestandteil des bürgerlichen Namens mit Ausnahme der früheren Adelstitel. Daher ist seine Aufnahme in die Unterschrift überhaupt nicht erforderlich. Sofern sie erfolgt, ist daher ihre etwaige Unvollständigkeit oder sonstige Mangelhaftigkeit unerheblich, soweit die Nämlichkeit des Unterzeichners feststeht.

Übergabe: Selbst die persönliche ersetzt grds *nicht* die Unterschrift, BGH VersR **83**, 271, Mü NJW **79**, 2570 (Ausnahme nach Eingangsbescheinigung, Ffm NJW **77**, 1246). 47

Übermittlung: Rn 36 „Nicht zugelassener Anwalt", Rn 37 „Private Aufnahme, Übermittlung", Rn 44 „Telefonische Einlegung, Übermittlung".

Überspannung: Rn 11.

Untervertreter: „I. V." vor der Unterschrift kann reichen, BGH AnwBl **12**, 659 und 660 rechts unten.

Untervollmacht: Sie kann ausreichen, soweit der Unterbevollmächtigte erkennbar die Verantwortung (mit-)übernimmt, BGH NJW **03**, 2028, BAG NJW **90**, 2706.

Urheberschaft: Es soll nach Rn 9 schon aus dem Schriftsatz selbst erkennbar sein, feststehen, daß die Erklärung vom Unterzeichner herrührt und daß er für ihren gesamten Inhalt die zivilrechtliche, strafrechtliche, berufsrechtliche Verantwortung übernimmt. Ein Zusatz eines nach außen als Sozius auftretenden Anwalts mit dem Hinweis auf die Eigenschaft eines anderen als des Sachbearbeiters läßt dennoch die Übernahme der Verantwortung des Unterschreibenden durchweg erkennen, BAG NJW **87**, 3297 (offen für den im Briefkopf oder der Vollmacht nicht Erwähnten). Es genügt, daß gegen den Ursprung der Unterschrift kein begründeter Verdacht besteht. Sie soll nur sicherstellen, daß das Schriftstück auch vom Unterzeichner stammt.

Verantwortlichkeit: Es soll nach Rn 9 schon aus dem Schriftsatz selbst erkennbar sein und feststehen, daß der Unterzeichner für den gesamten Inhalt des Schriftsat- 48

zes die zivilrechtliche, strafrechtliche, berufsrechtliche Verantwortung übernimmt, BAG NZA 13, 1272.
S auch Rn 31–33.
Verfasserschaft: Rn 47 „Urheberschaft".
Verstümmelung: Ein unlesbares oder verstümmeltes Telefax reicht nur insoweit aus, als erst der Empfänger diese Fehler verantworten muß, so schon (zum Fernschreiben) BGH FamRZ 91, 548, BVerwG NJW 91, 1193.
Beim Telefax bestätigt der sog Übertragungsbericht *nicht* den Inhalt und das Fehlen einer etwaigen Störung des Empfangsgeräts, Köln NJW 89, 594. Überhaupt besteht wegen der vorhandenen Manipulationsmöglichkeiten zumindest ein Anlaß zu einer genauen Überprüfung im Einzelfall, ob dieser Übermittlungsweg ausreicht, LAG Hamm NJW 88, 3286.
Vertreter: Rn 14 „Amtlich bestellter Vertreter", „Anderer Name", Rn 28 „I. V.", Rn 35 „Nämlichkeit", Rn 43 „Sozius", Rn 46 „Urheberschaft".
Vervielfältigung: Eine nur vervielfältigte Unterschrift reicht nach Rn 15 *nicht*.

49 **Vorname:** Er reicht *nicht* aus, BGH BB 03, 328 (zu § 13 BeurkG), Karlsr JB 00, 2070.
Weiterleitung: Rn 21, 22, 23, 45, 46.
Widersprüchlichkeit: Ungeachtet einer Gerichtsbemühung nach § 139 ZPO reicht sie *nicht* als Entschuldigungsgrund, BGH RR 06, 343.
Willenlosigkeit: Rn 43 „Schreibhilfe".
Zeitnot: Sie reicht *keineswegs* als Entschuldigungsgrund, BGH NJW 89, 395.
Zweite Unterschrift: Sie reicht aus, selbst wenn ein solches Schriftstück nach der Einreichung an den Anwalt zurückgeht, Schlesw VersR 83, 65 (zu § 519 ZPO).

50 **8) Schriftsatzeinreichung.** Es reicht aus, daß der Anwalt einen ordnungsgemäßen Schriftsatz nach Rn 5–7 *einreicht,* auch wenn er ihn persönlich weder angefertigt noch unterschrieben hat. Die Einreichung muß grundsätzlich beim Gericht erfolgen. Das ergibt sich daraus, daß VV 3403 im Teil 3 steht. Von dieser Regel gilt nur insofern eine Ausnahme, als es sich um eine solche Tätigkeit handeln mag, die sich auf ein bevorstehendes gerichtliches Verfahren bezieht und noch außergerichtlich ist. Nur insofern mag die Aushändigung an den Auftraggeber oder an einen Dritten genügen, etwa an den Verhandlungsgegner. Man muß aber sorgfältig prüfen, ob sich der Auftrag auf die außergerichtliche Tätigkeit beschränkt. Dann ist nämlich nur § 34 anwendbar.
In demselben Rechtszug entsteht nach (jetzt) § 15 II, VI die Gebühr nach VV 3403 amtliche Anmerkung auch dann *nur einmal* zu 0,8, wenn der Anwalt mehrere Schriftsätze anfertigt oder unterzeichnet oder einreicht, sofern sie dieselbe Angelegenheit behandeln, BGH 93, 16.

51 **9) Terminswahrnehmung.** Nach der amtlichen Vorbemerkung 3.4 I entsteht keine Terminsgebühr. Denn es gibt im Abschnitt 4 „Einzeltätigkeiten" eine Terminsgebühr nur bei VV 3402.

52 **10) Sonstige Tätigkeit vor Gericht.** Die Beispiele Rn 5–24 sind nach Rn 1, 2 nicht abschließend. Hierher können zB auch die folgenden Einzeltätigkeiten zählen: Eine Ablehnung des Richters nach § 42 ZPO, Schneider MDR **01**, 131, oder eines Sachverständigen nach § 406 ZPO; eine Mitwirkung an einer Einigung; die Entgegennahme einer Entscheidung; eine Gegenvorstellung nach BLAH Grdz 6 vor § 567 ZPO; ein Hinweis an das Gericht, Hbg JB **94**, 492; ein Kostenantrag, etwa nach § 91 a, § 269 IV, § 516 III ZPO; ein Kostenfestsetzungsantrag nach § 104 ZPO; ein Rechtsmittelverzicht zB nach § 515 ZPO, Brdb FamRZ **02**, 1503, KG JB **86**, 1366, Mü MDR **75**, 153, aM Schlesw JB **83**, 1657; eine Schutzschrift nach § 945 a I 2 ZPO; ein Wiedereinsetzungsgesuch nach §§ 233 ff ZPO; die Erwirkung eines Rechtskraftzeugnisses nach § 706 I ZPO.

53 **11) Gebührenhöhe.** Man muß die folgenden Situationen unterscheiden.
A. Volle Durchführung des Auftrags. Soweit der Anwalt den Auftrag nach I Z 1 oder 2 voll durchführt, entsteht für jede der in den Rn 5–25 genannten Tätigkeitsgruppen je 0,8 Gebühr. Nach § 15 VI liegt die Obergrenze bei der Gebühr des VerfahrensBev für eine gleiche Tätigkeit, Karlsr JB **90**, 349. Eine weitere Grenze folgt aus VV 3404 und aus Rn 27.

B. Vorzeitige Auftragsbeendigung. Soweit der Auftrag endet, bevor der Anwalt zB den Schriftsatz ausgehändigt oder eingereicht oder bevor der Termin begonnen hat, erhält er nur nach VV 3405 amtliche Anmerkung eine Gebühr. Wegen des Begriffs der vorzeitigen Auftragsbeendigung VV 3101. Unter einer Aushändigung muß man die körperliche Empfangnahme des Schriftsatzes durch den Empfänger verstehen. Bei einer Übersendung per Post kommt es also auf den Eingang beim Empfänger an. Denn erst er steht der körperlichen Übergabe gleich. Das ergibt sich auch beim Vergleich mit dem Begriff Einreichung. Denn er setzt den Eingang beim Gericht voraus. Zum Begriff des Terminsbeginns VV 3104. 54

C. Einfaches Schreiben. Vgl VV 3404. 55

12) Gegenstandswert. Es gilt dasselbe wie bei VV 3404 Rn 6 56

13) Kostenerstattung. Es gilt dasselbe wie bei VV 3404 Rn 7, KG MDR 14, 309, Mü AnwBl 10, 68, Nürnb MDR 11, 264. Es kann auch eine Tätigkeit vor gegnerischer Begründung erstattbar sein. Denn auch dann kann sie durchaus sinnvoll sein, aM BGH NJW 14, 559. 57

Nr.	Gebührentatbestand	Gebühr oder Satz der Gebühr nach § 13 RVG
3404	Der Auftrag beschränkt sich auf ein Schreiben einfacher Art: Die Gebühr 3403 beträgt .... Die Gebühr entsteht insbesondere, wenn das Schreiben weder schwierige rechtliche Ausführungen noch größere sachliche Auseinandersetzungen enthält.	0,3

1) Systematik. Während VV 2302 ein Schreiben einfacher Art im Bereich einer außergerichtlichen Tätigkeit erfaßt, behandelt VV 3404 einen gleichartigen Auftrag im Bereich gerichtlicher Verfahren nach der Überschrift von VV Teil 3. Im übrigen gelten die Erwägungen bei VV 2302 entsprechend. Insbesondere gilt wegen einer Anrechnung die amtliche Vorbemerkung 3 IV. 1

2) Regelungszweck. Es gelten die Erwägungen VV 2302 Rn 2 entsprechend. 2

3) Schreiben einfacher Art. Es gelten die Erwägungen VV 2302 Rn 3–7 entsprechend. 3
Soweit diese Tätigkeit des Anwalts für ein Berufungs- oder Revisionsverfahren erfolgt, muß man unverändert 0,3 Gebühr nach § 13 I ansetzen. Denn die frühere Staffelung nach Instanzen ist entfallen. 4
Schreiben für den Verfahrensbetrieb nach VV 2302, lassen jetzt ebenfalls 0,3 Gebühr 5 entstehen, und zwar nach VI je Angelegenheit nach § 15 II nur einmal. Das gilt auch dann, wenn der Anwalt insofern für ein Berufungs- oder Revisionsverfahren tätig wird. Ein Prozeßkostenhilfegesuch geht über VV 3404 hinaus.

4) Gegenstandswert. Man muß denjenigen Wert ansetzen, der sich aus dem Gegenstand des Schriftsatzes oder des Termins ergibt. 6

5) Kostenerstattung. Soweit der Anwalt im übrigen in diesem Rechtszug nicht 7 tätig wurde, ergibt sich die Erstattungsfähigkeit nach den Grundsätzen § 91 II 1 ZPO. Andernfalls ist § 91 II 3 ZPO anwendbar.

Nr.	Gebührentatbestand	Gebühr oder Satz der Gebühr nach § 13 RVG
3405	Endet der Auftrag 1. im Fall der Nummer 3400, bevor der Verfahrensbevollmächtigte beauftragt oder der Rechtsanwalt gegenüber dem Verfahrensbevollmächtigten tätig geworden ist,	

VV 3405, 3406, Vorbem 3.5

Nr.	Gebührentatbestand	Gebühr oder Satz der Gebühr nach § 13 RVG
	2. im Fall der Nummer 3401, bevor der Termin begonnen hat: Die Gebühren 3400 und 3401 betragen .... Im Fall der Nummer 3403 gilt die Vorschrift entsprechend.	höchstens 0,5, bei Betragsrahmengebühren höchstens 210,00 €

1   **1) Vorzeitiges Auftragsende.** Die Vorschrift nimmt den Grundgedanken VV 3101, 3201, 3301 auch für den Abschnitt 4 auf. Vgl daher bei VV 3101.

2   **2) Gebührenhöhe.** § 14 ist bei einer Rahmengebühr nach Einl II A 12 anwendbar. Es entsteht sowohl bei VV 3400 als auch bei VV 3401 höchstens 0,5 Gebühr und bei einer Betragsrahmengebühr nach Einl II A 12 eine Höchstgebühr von 210 EUR. Dasselbe gilt nach der amtlichen Anmerkung bei VV 3403 „entsprechend", also entsteht auch dort statt 0,8 nicht etwa 0,4, sondern 0,5 Gebühr.
Bei § 3 vor den Sozialgerichten muß man die Ermäßigung von VV 3405 unter den Voraussetzungen der amtlichen Vorbemerkung 3.4 II mitbeachten.

Nr.	Gebührentatbestand	Gebühr oder Satz der Gebühr nach § 13 RVG
3406	Verfahrensgebühr für sonstige Einzeltätigkeiten in Verfahren vor Gerichten der Sozialgerichtsbarkeit, wenn Betragsrahmengebühren entstehen (§ 3 RVG) .... Die Anmerkung zu Nummer 3403 gilt entsprechend.	30,00 bis 340,00 €

1   **1) Systematik.** Es handelt sich um eine gegenüber VV 3403 vorrangige Spezialvorschrift.

2   **2) Regelungszweck.** Es gilt dasselbe wie bei VV 3403.

3   **3) Geltungsbereich: § 3 RVG.** Es muß sich um eine bloße Einzeltätigkeit im Bereich eines Verfahrens der Sozialgerichtsbarkeit handeln, in dem das GKG nach § 3 RVG unanwendbar ist usw. Vgl daher dort. Die amtliche Anmerkung macht diejenige zu VV 3403 entsprechend anwendbar. Der Verkehrsanwalt fällt nicht unter VV 3406, Mankowski AnwBl 05, 708.

4   **4) Gebührenhöhe.** Es entsteht eine Verfahrensgebühr von 30–340 EUR. § 14 ist anwendbar. Die Mittelgebühr beträgt also 185 EUR. Es gibt keine Ermäßigung. Vielmehr darf und muß man eine vorzeitige Beendigung der Tätigkeit beim Rahmen nach § 14 I mitbeachten.

Abschnitt 5. Beschwerde, Nichtzulassungsbeschwerde und Erinnerung

(Amtliche) Vorbemerkung 3.5:

Die Gebühren nach diesem Abschnitt entstehen nicht in den in Vorbemerkung 3.1 Abs. 2 und in den Vorbemerkungen 3.2.1 und 3.2.2 genannten Beschwerdeverfahren.

Vergütungsverzeichnis 3500 VV

Nr.	Gebührentatbestand	Gebühr oder Satz der Gebühr nach § 13 RVG
3500	Verfahrensgebühr für Verfahren über die Beschwerde und die Erinnerung, soweit in diesem Abschnitt keine besonderen Gebühren bestimmt sind	0,5

Gliederung

1) Systematik	1
2) Regelungszweck	2
3) Geltungsbereich	3
4) Verfahrensgebühr	4
5) Gebührenhöhe	5
6) Gegenstandswert	6
7) Kostenerstattung	7

1) Systematik. Es handelt sich in Wahrheit um eine bloße Auffangvorschrift. Das 1 deutet schon der Wortlaut an. Das ergibt sich ferner aus der umfangreichen Aufzählung in den amtlichen Vorbemerkungen 3.2.1 und 3.2.2. Sie betrifft ja wesentlich ebenfalls das Beschwerdeverfahren. Das klärt auch die Überschrift des Unterabschnitts 1. VV 1003 ist anwendbar, auch wenn die Einigung nur das Beschwerdeverfahren beendet. Auch VV 1008 ist anwendbar und erhöht von 0,5 auf 0,8 Gebühr, Drsd JB **05**, 656, Mü JB **06**, 313.

2) Regelungszweck. Die Vorschrift dient auch in ihrem Auffangbereich einer 2 angemessenen Vergütung für eine solche Tätigkeit, die sich mit einer immerhin schon entstandenen erstinstanzlichen gerichtlichen Entscheidung auseinandersetzen muß, ob verteidigend oder bekämpfend. Im Geltungsbereich muß man eine Auffangklausel stets weit auslegen. Denn der Anwalt soll natürlich nicht umsonst arbeiten müssen.

3) Geltungsbereich. Die Vorschrift erfaßt fast jedes zum Kreis von VV Teil 3 ge- 3 hörige und im Teil 3 nicht nach der amtlichen Vorbemerkungen 3.5 vorrangig anderswo geregelte Beschwerdeverfahren, BGH JB **13**, 483, Düss MDR **09**, 956, Köln JB **12**, 653, oder Erinnerungsverfahren, LG Mönchengladb Rpfleger **06**, 210. Das gilt auch zB für die Erinnerung gegen eine solche Entscheidung des Rpfl nach § 11 II 1 RPflG, die ja nach § 18 I Z 3 grundsätzlich eine besondere Angelegenheit nach § 15 Rn 9 bildet. Es gilt ferner zB bei §§ 42, 406 ZPO, Kblz JB **13**, 306, bei § 335 HGB, Köln MDR **15**, 246, beim Kostenansatz, bei der Kostenfestsetzung, im Prozeß- oder Verfahrenskostenhilfeverfahren und in der Zwangsvollstreckung für eine Erinnerung nach § 766 ZPO, § 95 FamFG, (zum alten Recht) Bischof JB **06**, 347, oder für eine Beschwerde nach §§ 72a, 78, 92a ArbGG oder nach § 15 II BNotO, BGH MDR **11**, 199, BAG JB **11**, 87, KG FGPrax **09**, 235, oder nach §§ 58ff FamFG, Köln Rpfleger **11**, 465, LSG Erfurt JB **13**, 426, aM Hamm MDR **13**, 816 (vgl aber § 56 Rn 11), oder nach § 123 VwGO, OVG Magdeb JB **12**, 299, sowie im Erbscheinerteilungsverfahren oder in einem vergleichbaren Verfahren, Mü MDR **07**, 620.

4) Verfahrensgebühr. Erforderlich und ausreichend ist irgendeine Tätigkeit 4 zwecks einer Prüfung der Erfolgsaussicht, Rostock MDR **06**, 1194. Die Gebühr entsteht jeweils mit der auftragsgemäßen Entgegennahme der Information, erst recht mit der Einlegung des Rechtsbehelfs oder Rechtsmittels auch beim Erstgericht, selbst beim unzuständigen, oder mit der Prüfung des gegnerischen Rechtsbehelfs oder Rechtsmittels, Stgt JB **98**, 190, AG Meißen JB **05**, 594, OVG Lüneb NJW **10**, 103.

Ein *eigener Schriftsatz* oder ein Antrag des Rechtsmittelgegners ist also *nicht* erforderlich, BGH JB **13**, 483, Kblz JB **13**, 306, Rostock MDR **06**, 1194, aM Schlesw SchlHA **89**, 131, Stgt JB **84**, 566, VGH Mannh JB **99**, 362 (aber schon die auftragsgemäße Prüfung gehört zur Verfahrenstätigkeit). Die Beschwerdegebühr entsteht nicht nur für den mit dem gesamten Beschwerdeverfahren beauftragten Anwalt, sondern auch bei einer entsprechenden bloßen Einzeltätigkeit.

Bei einer *vorzeitigen Erledigung* des Auftrags tritt keine Ermäßigung ein.

1973

VV 3500–3502

Bei § 573 ZPO entsteht eine Gebühr VV 3500 wegen der Zugehörigkeit des Verfahrens gegen die Entscheidung des nach §§ 361, 362 ZPO beauftragten oder ersuchten Richters oder des Urkundsbeamten der Geschäftsstelle zum Rechtszug nach § 19 I 2 Z 5 nur dann, wenn sich die Tätigkeit des Anwalts auftragsgemäß auf das Erinnerungsverfahren beschränkt. Wegen der entsprechenden Geltung von § 19 I 2 Z 5 gilt dasselbe im Erinnerungsverfahren nach § 178 SGG, § 151 VwGO.

Unanwendbar ist VV 3500 beim Anwalt des Rechtsmittelgegners, soweit er das Rechtsmittel oder gar erst die Rechtsmittelentscheidung ohne eine Prüfung nur entgegennimmt und evtl an seinen Auftraggeber weiterleitet, Kblz JB **13**, 306, LG Hann JB **85**, 1503, LG Köln JB **00**, 581, aM Saarb RR **12**, 766 (schon dann VV 3500), oder dann, wenn der Auftraggeber gar nicht am Beschwerdeverfahren beteiligt war, Kblz MDR **06**, 1377.

5   **5) Gebührenhöhe.** Es entsteht für grundsätzlich jede Art von Beschwerdeverfahren (Ausnahme § 16 Z 10) und für jede selbständige Beschwerde auch bei einer einheitlichen Entscheidung eine 0,5 Verfahrensgebühr. Beschwerden gegen eine Beschlußverwerfung der Berufung und gegen die Versagung einer Wiedereinsetzung sind aber nicht gegeneinander selbständig. Dasselbe gilt meist bei gegenseitigen Beschwerden, solange beide anhängig bleiben. Hinzutreten kann eine Terminsgebühr VV 3513. Die Verfahrensgebühr entsteht auch bei einer Abhilfe durch das Erstgericht oder bei einer sonstiger Erledigung, OVG Bre JB **88**, 605.

Die Beschwerde gegen eine *Abhilfe* durch das Erstgericht bildet ein neues Verfahren. Der Kostenansatz und die Kostenfestsetzung lassen eine einmalige Erinnerungsgebühr nach § 16 Z 10a nur einmal entstehen, Beschwerdegebühren aber nach § 16 Z 10b mehrmals. Die Beschwerdegebühr entsteht auch bei mehreren Bewertungen in derselben Angelegenheit nach § 15 Rn 9 und in diesem Erinnerungsrechtszug nach § 15 II nur einmal.

6   **6) Gegenstandswert.** Es gelten §§ 23 ff. Maßgeblich ist grundsätzlich das Interesse des Beschwerdeführers, VGH Mannh NJW **09**, 1692 links, Ausnahme VV 3335 amtliche Anmerkung I Hs 1 (50% des Hauptsachewerts).

7   **7) Kostenerstattung.** Es gelten §§ 91 ff ZPO, §§ 80 ff, 113 I 2 FamFG, insbesondere § 97 ZPO usw, BGH JB **13**, 483.

Nr.	Gebührentatbestand	Gebühr oder Satz der Gebühr nach § 13 RVG
3501	**Verfahrensgebühr für Verfahren vor den Gerichten der Sozialgerichtsbarkeit über die Beschwerde und die Erinnerung, wenn in den Verfahren Betragsrahmengebühren entstehen (§ 3 RVG), soweit in diesem Abschnitt keine besonderen Gebühren bestimmt sind**	20,00 bis 210,00 €

1   **1) Geltungsbereich.** Die an sich auch vor den Sozialgerichten geltende Regelung VV 3500 erfordert bei einer Betragsrahmengebühr nach § 3 eine Sonderregelung.

2   **2) Gebührenhöhe.** § 14 ist anwendbar. Die Mittelgebühr beträgt 115 EUR. Hinzutreten kann die Terminsgebühr VV 3515.

Nr.	Gebührentatbestand	Gebühr oder Satz der Gebühr nach § 13 RVG
3502	**Verfahrensgebühr für das Verfahren über die Rechtsbeschwerde**	1,0

1   **1) Systematik.** Es handelt sich am eine gegenüber VV 3500, 3401 vorrangige Sondervorschrift. Ihr geht VV 3503 vor. Sie gilt auch bei § 17a IV 4 GVG, LSG Darmst RVGreport **15**, 22. Im Rechtsbeschwerdeverfahren nach § 1065 ZPO gelten

nach der amtlichen Vorbemerkung 3.5 in Verbindung mit der amtlichen Vorbemerkung 3.1 II vorrangig VV 3100 ff. Im Rechtsbeschwerdeverfahren in einer Familiensache oder Lebenspartnerschaftssache, nach dem LwVG und im Beschlußverfahren vor den Arbeitsgerichten gelten nach der amtlichen Vorbemerkung 3.5 in Verbindung mit den amtlichen Vorbemerkungen 3.2.1 und 3.2.2 vorrangig VV 3200 ff. Dasselbe gilt in den dort genannten Fällen von Rechtsbeschwerden.

2) Regelungszweck. Die Verdoppelung der Gebühr VV 3502 gegenüber der "normalen" Beschwerdegebühr ist eine Folge derjenigen meist erheblich größeren Mühe und Sorgfalt, die der Anwalt zur Vertretung im Rechtsbeschwerdeverfahren aufwenden muß, um Erfolg zu haben. Das muß man bei der Auslegung mitbeachten. 2

3) Rechtsbeschwerde. Die Verfahrensgebühr VV 3502 vergütet nach der amtlichen Vorbemerkung 3 II ab der auftragsgemäßen Entgegennahme der Information unabhängig von der Statthaftigkeit, Zulässigkeit und Begründetheit der Rechtsbeschwerde die gesamte Tätigkeit im nun einmal beantragten Verfahren. Das gilt auch zB bei einer Beratung durch den erstmals im Rechtsbeschwerdeverfahren tätigen Anwalt. VV 3502 umfaßt auch den Schriftverkehr, die Begründung der Rechtsbeschwerde und deren Beantwortung. 3
Keine Rechtsbeschwerde ist eine weitere Beschwerde im FamFG-Verfahren, Celle MDR 12, 680 (dann gilt VV 3500).

4) Gebührenhöhe. Es entsteht eine 1,0 Gebühr. Sie kann bei einer vorzeitigen Auftragsbeendigung nach VV 3503 auf 0,5 Gebühr sinken. Hinzutreten kann eine Terminsgebühr unter den Voraussetzungen VV 3516. 4

5) Gegenstandswert. Es gilt § 23. Maßgeblich ist grundsätzlich das Interesse des Rechtsbeschwerdeführers, Ausnahme evtl (selten) VV 3335 amtliche Anmerkung I Hs 1 (50% des Hauptsachewerts). 5

6) Kostenerstattung. Es gelten §§ 91ff, §§ 80ff, 113 I 2 FamFG, insbesondere § 97 ZPO. 6

Nr.	Gebührentatbestand	Gebühr oder Satz der Gebühr nach § 13 RVG
3503	Vorzeitige Beendigung des Auftrags: Die Gebühr 3502 beträgt .... Die Anmerkung zu Nummer 3201 ist entsprechend anzuwenden.	0,5

1) Vorzeitige Auftragsbeendigung. Es gelten dieselben Regeln wie bei VV 3201 amtliche Anmerkung. Das ergibt sich aus der Verweisung in VV 3503 amtliche Anmerkung. 1

Nr.	Gebührentatbestand	Gebühr oder Satz der Gebühr nach § 13 RVG
3504	Verfahrensgebühr für das Verfahren über die Beschwerde gegen die Nichtzulassung der Berufung, soweit in Nummer 3511 nichts anderes bestimmt ist ...... Die Gebühr wird auf die Verfahrensgebühr für ein nachfolgendes Berufungsverfahren angerechnet.	1,6

1) Geltungsbereich. Soweit das Gericht eine Berufung nicht wie etwa erforderlich zugelassen hat, kann es unabhängig von der Statthaftigkeit eines Rechtsmittels gegen eine solche Entscheidung zu einem Beschwerdeverfahren kommen, weil eben der Beschwerdeführer versucht, doch noch eine Berufungszulassung zu erreichen. 1

VV 3504–3506

Für die Vertretung im Verfahren der Nichtzulassungsbeschwerde gilt VV 3504, freilich ausdrücklich nur hilfsweise neben VV 3511. Im Nichtzulassungsverfahren nach der amtlichen Vorbemerkung 3.5 in Verbindung mit der amtlichen Vorbemerkung 3.2.1 gelten vorrangig VV 3200 ff.

2   **2) Gebührenhöhe.** Es entsteht wegen der oft erheblichen Mühe und Sorgfalt bei einer solchen Tätigkeit eine 1,6 Gebühr. Zusätzlich kann eine Terminsgebühr unter den Voraussetzungen VV 3514 entstehen. Eine Ermäßigung kann nach VV 3505 eintreten.

3   **3) Gegenstandswert.** Es gelten §§ 23 ff.

4   **4) Anrechnung, amtliche Anmerkung.** Soweit die Nichtzulassungsbeschwerde Erfolg hat, muß man die Gebühr VV 3504 auf die im anschließenden Berufungsverfahren entstehende Verfahrensgebühr VV 3200 anrechnen, also nicht auf eine Terminsgebühr.

Nr.	Gebührentatbestand	Gebühr oder Satz der Gebühr nach § 13 RVG
3505	Vorzeitige Beendigung des Auftrags: Die Gebühr 3504 beträgt .... Die Anmerkung zu Nummer 3201 ist entsprechend anzuwenden.	1,0

1   **1) Vorzeitige Auftragsbeendigung.** Es gelten dieselben Regeln wie bei VV 3201 amtliche Anmerkung. Das ergibt sich aus der Verweisung in VV 3505 amtliche Anmerkung.

Nr.	Gebührentatbestand	Gebühr oder Satz der Gebühr nach § 13 RVG
3506	Verfahrensgebühr für das Verfahren über die Beschwerde gegen die Nichtzulassung der Revision oder über die Beschwerde gegen die Nichtzulassung einer der in der Vorbemerkung 3.2.2 genannten Rechtsbeschwerden, soweit in Nummer 3512 nichts anderes bestimmt ist .... Die Gebühr wird auf die Verfahrensgebühr für ein nachfolgendes Revisions- oder Rechtsbeschwerdeverfahren angerechnet.	1,6

1   **1) Systematik.** Es handelt sich um eine Spezialvorschrift für (nur) den BGH-Anwalt, BGH FamRZ 07, 637 links oben, KG MDR 14, 309. Bei einer vorzeitigen Auftragsbeendigung hat aber VV 3507 mit seiner Ermäßigung den Vorrang vor VV 3506. Bei § 3 vor einem LSG hat VV 3511 den Vorrang. Vor dem BSG hat bei § 3 VV 3512 den Vorrang. VV 3506, 3506 sind in dem einer Revision gleichstehenden Rechtsbeschwerdeverfahren nach § 92 a ArbGG oder nach § 74 V GWB mitanwendbar. VV 3508 hat den Vorrang.

2   **2) Regelungszweck.** Auch VV 3506 fußt auf der Erkenntnis, daß das hier behandelte Verfahren durchweg besondere Schwierigkeiten und demgemäß eine erhöhte Verantwortung des Anwalts mit sich bringt. Das muß man angemessen entgelten.

3   **3) Geltungsbereich.** Die Vorschrift erfaßt das Verfahren über eine Nichtzulassungsbeschwerde nach § 544 ZPO, BGH FamRZ 07, 637 links oben, und über eine Rechtsbeschwerde nach der amtlichen Vorbemerkung 3.2.2. Das gilt vor dem BAG, LAG Ffm NZA-RR 06, 601. Das Verfahren beginnt mit der auftragsgemäßen Entgegennahme der Information und zumindest mit der Einreichung der Beschwerdeschrift, selbst wenn sie nicht innerhalb der Notfrist nach § 544 I 2 ZPO

Vergütungsverzeichnis **3506–3508 VV**

erfolgt. Es endet mit der stattgebenden oder ablehnenden Entscheidung des BGH oder infolge der Rücknahme beiderseits wirksamer Erledigterklärungen usw.

4) Gebührenhöhe. Es entsteht eine 1,6 Gebühr. Sie ist als eine Verfahrensgebühr 4
erfolgsunabhängig. Beim notwendigen BGH-Anwalt beträgt die Verfahrensgebühr nach VV 3508 2,3 Gebühr. Eine Terminsgebühr kann nach VV 3513 hinzutreten, Rn 1. Bei einer vorzeitigen Auftragsbeendigung wirkt VV 3507 ermäßigend.

5) Anrechnung auf das Revisions- oder Rechtsbeschwerdeverfahren. Nach 5
§ 544 IV 1 ZPO findet das Beschwerdeverfahren nach einer Stattgabe als Revisions- oder Rechtsbeschwerdeverfahren statt. Dieser letztere Abschnitt läßt weitere Gebühren entstehen, VV 3206 ff. Auf einen Teil dieser Gebühren muß man die Verfahrensgebühr VV 3506 anrechnen, Kitzinger FamRZ 05, 13, nämlich auf die Verfahrensgebühr VV 3206, amtliche Anmerkung und zwar in voller Höhe, evtl freilich nur in der nach VV 3507 ermäßigten, dort vollen Höhe, dortige amtliche Anmerkung. Die Regelung gilt auch bei § 92a ArbGG, § 74 V GWB, amtliche Anmerkung. Andere Gebühren werden nicht derart verrechnet.

6) Gegenstandswert. Es gelten §§ 23 ff. 6

Nr.	Gebührentatbestand	Gebühr oder Satz der Gebühr nach § 13 RVG
3507	**Vorzeitige Beendigung des Auftrags:** Die Gebühr 3506 beträgt .... Die Anmerkung zu Nummer 3201 ist entsprechend anzuwenden.	1,1

1) Systematik. Die Vorschrift ergänzt VV 3506 durch eine vorrangige Sonderregelung. VV 3509 hat Vorrang. Vgl auch VV 3511, 3512. 1

2) Regelungszweck. Wie stets bei einer Ermäßigung nach Art des VV 3507 usw 2
muß man im allgemeinen davon ausgehen, daß die Tätigkeit des Anwalts wesentlich geringer ist als bei einer nicht vorzeitigen Beendigung des Auftrags. Dieser allgemeinen Erfahrung folgt die Notwendigkeit einer geringeren Vergütung auch dann, wenn der Anwalt im Einzelfall fast denselben Grad und Umfang von Arbeit, Mühe und Können bis zur vorzeitigen Beendigung aufwenden mußte. Die Prozeßwirtschaftlichkeit nach BLAH Grdz 14 vor § 128 ZPO rechtfertigt eine solche Vergröberung des Maßstabs einigermaßen, wenn auch keineswegs stets überzeugend. Auch ein alsbaldiges vorzeitiges Ende erbringt immerhin noch 1,1 Gebühr.

3) Geltungsbereich. Es gelten dieselben Erwägungen wie bei jeder vorzeitigen 3
Auftragsbeendigung, VV 3101 Z 1. Natürlich muß nach VV 3506 Rn 3 ein Verfahren über eine Nichtzulassungsbeschwerde nach § 544 ZPO überhaupt begonnen haben.

4) Gebührenhöhe. Die vorzeitige Auftragsbeendigung führt nicht zur Halbierung 4
der nach VV 3506 entstehenden 1,6 Gebühr, sondern zur Ermäßigung auf immerhin nach 1,1 Gebühr, also zum Nachlaß von nur ca einem Drittel. Das geschieht wie bei VV 3505 erfolgsunabhängig. Eine Terminsgebühr kann nach VV 3513 ff hinzutreten.

5) Anrechnung auf das Revisionsverfahren. Infolge der Verweisung von 5
VV 3307 amtliche Anmerkung auf diejenige zu VV 3506 gelten die Erwägungen VV 3506 Rn 5 hier entsprechend.

6) Gegenstandswert. Es gelten §§ 23 ff. 6

Nr.	Gebührentatbestand	Gebühr oder Satz der Gebühr nach § 13 RVG
3508	In dem Verfahren über die Beschwerde gegen die Nichtzulassung der Revision können sich die Parteien nur durch einen beim Bundesgerichtshof zugelassenen Rechtsanwalt vertreten lassen: Die Gebühr 3506 beträgt	2,3

1977

Nr.	Gebührentatbestand	Gebühr oder Satz der Gebühr nach § 13 RVG
3509	Vorzeitige Beendigung des Auftrags, wenn sich die Parteien nur durch einen beim Bundesgerichtshof zugelassenen Rechtsanwalt vertreten lassen können: Die Gebühr 3506 beträgt .... Die Anmerkung zu Nummer 3201 ist entsprechend anzuwenden.	1,8
3510	Verfahrensgebühr für Beschwerdeverfahren vor dem Bundespatentgericht 1. nach dem Patentgesetz, wenn sich die Beschwerde gegen einen Beschluss richtet, a) durch den die Vergütung bei Lizenzbereitschaftserklärung festgesetzt wird oder Zahlung der Vergütung an das Deutsche Patent- und Markenamt angeordnet wird, b) durch den eine Anordnung nach § 50 Abs. 1 PatG oder die Aufhebung dieser Anordnung erlassen wird, c) durch den die Anmeldung zurückgewiesen oder über die Aufrechterhaltung, den Widerruf oder die Beschränkung des Patents entschieden wird, 2. nach dem Gebrauchsmustergesetz, wenn sich die Beschwerde gegen einen Beschluss richtet, a) durch den die Anmeldung zurückgewiesen wird, b) durch den über den Löschungsantrag entschieden wird, 3. nach dem Markengesetz, wenn sich die Beschwerde gegen einen Beschluss richtet, a) durch den über die Anmeldung einer Marke, einen Widerspruch oder einen Antrag auf Löschung oder über die Erinnerung gegen einen solchen Beschluss entschieden worden ist oder b) durch den ein Antrag auf Eintragung einer geographischen Angabe oder einer Ursprungsbezeichnung zurückgewiesen worden ist, 4. nach dem Halbleiterschutzgesetz, wenn sich die Beschwerde gegen einen Beschluss richtet, a) durch den die Anmeldung zurückgewiesen wird, b) durch den über den Löschungsantrag entschieden wird, 5. nach dem Designgesetz, wenn sich die Beschwerde gegen einen Beschluss richtet, a) durch den die Anmeldung eines Designs zurückgewiesen worden ist, b) durch den über den Löschungsantrag gemäß § 36 DesignG entschieden worden ist, c) durch den über den Antrag auf Feststellung oder Erklärung der Nichtigkeit gemäß § 34a DesignG entschieden rden ist, 6. nach dem Sortenschutzgesetz, wenn sich die Beschwerde gegen einen Beschluss des Widerspruchsausschusses richtet	1,3

Vergütungsverzeichnis **3510 VV**

Gliederung

1) Systematik, Z 1–6	1
2) Regelungszweck, Z 1–6	2
3) Geltungsbereich, Z 1–6	3, 4
A. Anwendbarkeit	3
B. Unanwendbarkeit	4
4) Gebührenarten, Z 1–6	5–8
A. Verfahrensgebühr	5
B. Terminsgebühr	6
C. Einigungsgebühr	7
D. Erledigungsgebühr	8
5) Beschwerdeverfahren, Z 1–6	9–19
A. Vergütungsfestsetzung, Zahlungsanordnung (§ 23 IV PatG), Z 1 a	10
B. Geheimpatent (§ 50 I, II PatG), Z 1 b	11
C. Zurückweisung, Aufrechterhaltung, Widerruf, Beschränkung des Patents (§ 73 PatG), Z 1 c	12
D. Zurückweisung, Löschung des Gebrauchsmusters (§ 18 GebrMG), Z 2 a, b	13
E. Anmeldung, Widerspruch, Löschungsantrag, Erinnerung (§§ 61, 64 MarkenG), Z 3 a	14
F. Zurückweisung bei geographischer Angabe oder Ursprungsbezeichnung (§ 130 IV MarkenG), Z 3 b	15
G. Zurückweisung, Löschung einer Topographie (§ 4 IV 3 Halbleitergesetz, § 18 II GebrMG), Z 4 a, b	16
H. Zurückweisung einer Anmeldung, Entscheidung über Löschungs- oder Nichtigkeitsantrag (§§ 16 V 3, 34 a, 36 DesignG), Z 5	17
I. Entscheidung (§ 34 I SortSchG), Z 6	18
J. Terminsgebühr, Z 1–6	19
6) Gebührenhöhe, Z 1–6	20
7) Kostenerstattung, Z 1–6	21
8) Verfahrenskostenhilfe, Z 1–6	22–24
A. Grundsatz: Zulässigkeit	22
B. Rechtsanwalt	23
C. Patentanwalt	24

1) Systematik, Z 1–6. Die Vorschrift enthält formell gegenüber VV 3100 ff, 3500 ff **1** vorrangige Sonderregeln. Wegen der weitgehenden Verweisungen handelt es sich aber der Sache nach um bloße Klarstellungen.

2) Regelungszweck, Z 1–6. Die gebührenrechtliche Gleichstellung der in VV **2** 3510 erfaßten Verfahren mit dem Zivilprozeß dient trotz aller deutlichen Unterschiede beider Verfahrensarten der Vereinfachung und damit der prozessualen Zweckmäßigkeit. Man sollte die in Bezug genommenen Vorschriften so auslegen, wie bei ihnen dargelegt.

3) Geltungsbereich, Z 1–6. Man kann zwei Bereiche unterscheiden. **3**

A. Anwendbarkeit. § 66 betrifft alle Beschwerdeverfahren vor dem BPatG auf den in Z 1–6 genannten Gebieten. Z 1–6 regeln alle diese Verfahren in einer Anlehnung an den Zivilprozeß.

B. Unanwendbarkeit. Folgende Verfahrensarten fallen nicht unter § 66: Der Pa- **4** tentverletzungsstreit in einer Patentstreitsache nach §§ 143 ff PatG. Dem in einem solchen Streit mitwirkenden Patentanwalt muß man die Gebühren nach VV 3510 und außerdem nach § 143 III PatG seine notwendigen Auslagen erstatten. Es gilt also insoweit keine weitergehende Begrenzung der Erstattungsfähigkeit. Das gilt selbst bei einer Nämlichkeit des Patentanwalts und des ProzBev, BGH GRUR 03, 639. Der Anwalt erhält eine Vergütung unmittelbar nach VV 3100 ff, 3500 ff; das entsprechende Streitverfahren nach § 24 GebrMG; die markenrechtliche Löschungsklage nach § 55 MarkenG; das Anmeldungsverfahren, sei es das Prüfungsverfahren, sei es das Widerspruchsverfahren nach § 42 MarkenG. Für das Anmeldeverfahren ist VV 2300 anwendbar.

4) Gebührenarten, Z 1–6. Grundsätzlich können sämtliche Gebühren in einer **5** entsprechenden Anwendung der übrigen Vorschriften dieses Abschnitts 5 entstehen.

A. Verfahrensgebühr. Sie entsteht nach VV 3510 bei jeder auftragsgemäßen Tätigkeit des Anwalts als ProzBev nach der amtlichen Vorbemerkung 3 II. Sie entsteht also schon mit der auftragsgemäßen Aufnahme der Information oder der Anfertigung eines Schriftsatzes. Unabhängig davon, daß die Klage nach § 81 VI PatG prozessual

VV 3510 Vergütungsverzeichnis

als nicht erhoben gilt, falls der Kläger die Gerichtsgebühr nicht zahlt, erhält der Anwalt die Verfahrensgebühr bereits mit der Einreichung der Beschwerde.

6   B. **Terminsgebühr.** Sie entsteht nach VV 3516 wegen des nach § 73 I 1 MarkenG, § 87 I PatG geltenden Untersuchungsgrundsatzes schon dann, wenn der Anwalt in einem Verhandlungstermin Ausführungen zur Wahrung der Rechte des Auftraggebers macht. Es kommt also nicht darauf an, ob er einen Sachantrag stellt.

7   C. **Einigungsgebühr.** Unter den Voraussetzungen VV 1000 kann auch eine Einigungsgebühr entstehen.

8   D. **Erledigungsgebühr.** Sie kommt nach VV 1002 in Betracht, soweit die Parteien keinen wirksamen Vergleich schließen können.

9   **5) Beschwerdeverfahren, Z 1–6.** Die Gebühren können im Beschwerdeverfahren vor dem BPatG entstehen, soweit es sich um eine der in Z 1–6 abschließend genannten Situation handelt. In den sonstigen Fällen gelten VV 3500 ff.

10   A. **Vergütungsfestsetzung, Zahlungsanordnung (§ 23 IV PatG), Z 1 a.** Es handelt sich um die Beschwerde gegen die Festsetzung einer angemessenen Vergütung bei einer Lizenzbereitschaftserklärung oder um die Anordnung der Zahlung der Vergütung an das Deutsche Patent- und Markenamt.

11   B. **Geheimpatent (§ 50 I, II PatG), Z 1 b.** Es handelt sich um die Beschwerde gegen die Anordnung der Prüfungsstelle, daß die Veröffentlichung eines Patents für eine solche Erfindung unterbleibe, die ein Staatsgeheimnis ist, sowie um die Aufhebung dieser Anordnung, soweit deren Voraussetzungen entfallen sind.

12   C. **Zurückweisung, Aufrechterhaltung, Widerruf, Beschränkung des Patents (§ 73 PatG), Z 1 c.** Es handelt sich um die Beschwerde gegen einen solchen Beschluß, durch den die Prüfstelle nach § 48 PatG eine Anmeldung zurückgewiesen oder durch den die Patentabteilung nach § 61 PatG über die Aufrechterhaltung, den Widerruf oder die Beschränkung des Patents entschieden hat.

13   D. **Zurückweisung, Löschung des Gebrauchsmusters (§ 18 GebrMG), Z 2 a, b.** Es handelt sich um die Beschwerde gegen einen solchen Beschluß der Gebrauchsmusterstelle, durch den sie die Anmeldung eines Gebrauchsmusters zurückgewiesen oder über einen Löschungsantrag entschieden hat.

14   E. **Anmeldung, Widerspruch, Löschungsantrag, Erinnerung (§§ 61, 64 MarkenG), Z 3 a.** Es handelt sich um die Beschwerde an das Patentgericht gegen einen Beschluß des Patentamts über die Anmeldung einer Marke nach §§ 32 ff MarkenG, über einen Widerspruch nach § 42 MarkenG, über einen Antrag auf eine Löschung nach §§ 53 ff MarkenG, oder über die Erinnerung gegen einen solchen Beschluß.

15   F. **Zurückweisung bei geographischer Angabe oder Ursprungsbezeichnung (§ 130 IV MarkenG), Z 3 b.** Es handelt sich um die Beschwerde gegen einen solchen Beschluß des Patentamts nach § 130 V MarkenG, durch den dieses einen Antrag auf Eintragung einer geographischen Angabe oder einer Ursprungsbezeichnung zurückgewiesen hat.

16   G. **Zurückweisung, Löschung einer Topographie (§ 4 IV 3 Halbleitergesetz, § 18 II GebrMG), Z 4 a, b.** Es handelt sich um eine Beschwerde gegen einen solchen Beschluß der Topographiestelle des Patentamts, durch den sie die Anmeldung einer Topographie nach § 1 I Halbleiterschutzgesetz zurückgewiesen oder über einen Löschungsantrag entschieden hat.

17   H. **Zurückweisung einer Anmeldung, Entscheidung über Löschungs- oder Nichtigkeitsantrag (§§ 16 V 3, 34 a, 36 DesignG), Z 5.** Es handelt sich um die Beschwerde an das Patentgericht nach § 23 IV DesignG gegen die Zurückweisung der Anmeldung eines Designs nach §§ 16 V 3 DesignG oder um die Beschwerde gegen die stattgebende oder abweisende Entscheidung über einen nach §§ 34 a, 36 I Z 3 DesignG gestellten Nichtigkeits- oder Löschungsantrag.

18   I. **Entscheidung (§ 34 I SortSchG), Z 6.** Es handelt sich um eine Beschwerde gegen einen Entschluß des Widerspruchsausschusses nach § 18 III SortSchG.

19   J. **Terminsgebühr, Z 1–6.** Eine Terminsgebühr kann nach VV 3516 hinzutreten.

20   **6) Gebührenhöhe, Z 1–6.** Im Verfahren vor dem BGH entstehen nach VV 3510 je 1,3 Gebühren.

1980

7) Kostenerstattung, Z 1–6. Wegen der Kostenerstattung und des Kostenfestsetzungsverfahrens §§ 80 I 2, 84 II 2, 99 I, 109 I 1 PatG, §§ 71, 90 MarkenG, vgl auch § 48 GKG: Anh III § 144 PatG Rn 17, Teil I A dieses Buchs. 21

8) Verfahrenskostenhilfe, Z 1–6. Der folgende Grundsatz gilt bei zwei Arten von Bevollmächtigten. 22

A. Grundsatz: Zulässigkeit. Auch im Verfahren vor dem Patentgericht und dem BGH kommt eine Verfahrenskostenhilfe nach §§ 129 ff PatG, § 82 I 1 MarkenG (nur betr Patentgericht) in Betracht. Nach § 133 PatG kann das Gericht nach der Wahl des Beteiligten einen Patentanwalt oder einen Rechtsanwalt beiordnen. Im Rechtsbeschwerdeverfahren vor dem BGH kommt allerdings nach § 138 III PatG nur die Beiordnung eines dort zugelassenen Anwalts in Betracht.

B. Rechtsanwalt. Für die Erstattung der Kosten eines beigeordneten Anwalts sind §§ 45 ff anwendbar. Das ergibt sich aus den inzwischen mehrfach geänderten § 1 Z 1, 2, §§ 8, 9 G vom 18. 7. 53, BGBl 654. Die Staatskasse haftet bei einer Herabsetzung des Streitwerts nach § 142 MarkenG, § 144 PatG dem Anwalt nicht nach dem herabgesetzten, sondern nach dem ursprünglichen vollen Streitwert. 23

C. Patentanwalt. Für die Erstattung der Gebühr des beigeordneten Patentanwalts in einer Patentstreitsache gilt die Regelung der §§ 45 ff entsprechend. 24

Nr.	Gebührentatbestand	Gebühr oder Satz der Gebühr nach § 13 RVG
3511	Verfahrensgebühr für das Verfahren über die Beschwerde gegen die Nichtzulassung der Berufung vor dem Landessozialgericht, wenn Betragsrahmengebühren entstehen (§ 3 RVG) .... Die Gebühr wird auf die Verfahrensgebühr für ein nachfolgendes Berufungsverfahren angerechnet.	60,00 bis 680,00 €

1) Gebührenhöhe. § 14 ist anwendbar. Die Mittelgebühr beträgt 370 EUR.   1

2) Anrechnung, amtliche Anmerkung: Sie erfolgt auf eine Verfahrensgebühr VV 3204.   2

Nr.	Gebührentatbestand	Gebühr oder Satz der Gebühr nach § 13 RVG
3512	Verfahrensgebühr für das Verfahren über die Beschwerde gegen die Nichtzulassung der Revision vor dem Bundessozialgericht, wenn Betragsrahmengebühren entstehen (§ 3 RVG) .... Die Gebühr wird auf die Verfahrensgebühr für ein nachfolgendes Revisionsverfahren angerechnet.	80,00 bis 880,00 €

1) Gebührenhöhe. § 14 ist anwendbar. Die Mittelgebühr beträgt 480 EUR.   1

2) Anrechnung, amtliche Anmerkung. Sie erfolgt auf eine Verfahrensgebühr VV 3212.   2

Nr.	Gebührentatbestand	Gebühr oder Satz der Gebühr nach § 13 RVG
3513	Terminsgebühr in den in Nummer 3500 genannten Verfahren	0,5

VV 3513–3517   Vergütungsverzeichnis

1   **1) Systematik.** VV 3514 hat den Vorrang.

2   **2) Geltungsbereich.** Die Terminsgebühr entsteht nach der amtlichen Vorbemerkung 3 III unter den dortigen Voraussetzungen. Sie entsteht auch im Abhilfeverfahren vor dem Gericht der Vorinstanz. Die Terminsgebühr kann nach der amtlichen Vorbemerkung 3 III Hs 2 auch dann entstehen, wenn der Anwalt an einer Besprechung mit einem anderen als dem Auftraggeber zwecks einer Vermeidung oder Erledigung des Beschwerde- oder Erinnerungsverfahrens ohne eine Beteiligung des erstinstanzlichen Gerichts oder des Beschwerdegerichts mitwirkt. Das alles gilt auch im verwaltungsgerichtlichen Verfahren, OVG Hbg NVwZ-RR **94**, 300, OVG Münst JB **88**, 476. Es findet keine Herabsetzung wegen einer vorzeitigen Auftragsbeendigung statt.

Nr.	Gebührentatbestand	Gebühr oder Satz der Gebühr nach § 13 RVG
3514	In dem Verfahren über die Beschwerde gegen die Zurückweisung des Antrags auf Anordnung eines Arrests, des Antrags auf Erlass eines Europäischen Beschlusses zur vorläufigen Kontenpfändung oder des Antrags auf Erlass einer einstweiligen Verfügung bestimmt das Beschwerdegericht Termin zur mündlichen Verhandlung: Die Gebühr 3513 beträgt	1,2
3515	Terminsgebühr in den in Nummer 3501 genannten Verfahren	20,00 bis 210,00 €

Zu VV 3514, 3515:

Vorbem. Fassg VV 3514 dch Art 13 Z 4 d EuKoPfVODG v 21. 11. 16, BGBl 2591, in Kraft seit 18. 1. 17, Art 21 I G, ÜbergangsR § 60 RVG.

1   **1) Gebührenhöhe.** Bei VV 3515 ist § 14 anwendbar. Die Mittelgebühr beträgt 115 EUR.

Nr.	Gebührentatbestand	Gebühr oder Satz der Gebühr nach § 13 RVG
3516	Terminsgebühr in den in Nummern 3502, 3504, 3506 und 3510 genannten Verfahren	1,2

1   **1) Terminsnotwendigkeit.** Die Terminsgebühr entsteht nur dann, wenn ausnahmsweise eine mündliche Verhandlung über die Nichtzulassungsbeschwerde stattfindet, BGH FamRZ **07**, 637 links oben.

Nr.	Gebührentatbestand	Gebühr oder Satz der Gebühr nach § 13 RVG
3517	Terminsgebühr in den in Nummer 3511 genannten Verfahren	50 bis 510,00 €

1   **1) Gebührenhöhe.** § 14 ist anwendbar. Die Mittelgebühr beträgt 280 EUR.

Vergütungsverzeichnis 3518, Vorbem 4, 4.1 VV

Nr.	Gebührentatbestand	Gebühr oder Satz der Gebühr nach § 13 RVG
3518	Terminsgebühr in den in Nummer 3512 genannten Verfahren	60,00 bis 660,00 €

1) **Gebührenhöhe.** § 14 ist anwendbar. Die Mittelgebühr beträgt 360 EUR. 1

Teil 4. Strafsachen

(Amtliche) Vorbemerkung 4:
I Für die Tätigkeit als Beistand oder Vertreter eines Privatklägers, eines Nebenklägers, eines Einziehungs- oder Nebenbeteiligten, eines Verletzten, eines Zeugen oder Sachverständigen und im Verfahren nach dem Strafrechtlichen Rehabilitierungsgesetz sind die Vorschriften entsprechend anzuwenden.

II Die Verfahrensgebühr entsteht für das Betreiben des Geschäfts einschließlich der Information.

III ¹Die Terminsgebühr entsteht für die Teilnahme an gerichtlichen Terminen, soweit nichts anderes bestimmt ist. ²Der Rechtsanwalt erhält die Terminsgebühr auch, wenn er zu einem anberaumten Termin erscheint, dieser aber aus Gründen, die er nicht zu vertreten hat, nicht stattfindet. ³Dies gilt nicht, wenn er rechtzeitig von der Aufhebung oder Verlegung des Termins in Kenntnis gesetzt worden ist.

IV Befindet sich der Beschuldigte nicht auf freiem Fuß, entsteht die Gebühr mit Zuschlag.

V Für folgende Tätigkeiten entstehen Gebühren nach den Vorschriften des Teils 3:
1. im Verfahren über die Erinnerung oder die Beschwerde gegen einen Kostenfestsetzungsbeschluss (§ 464 b StPO) und im Verfahren über die Erinnerung gegen den Kostenansatz und im Verfahren über die Beschwerde gegen die Entscheidung über diese Erinnerung,
2. in der Zwangsvollstreckung aus Entscheidungen, die über einen aus der Straftat erwachsenen vermögensrechtlichen Anspruch oder die Erstattung von Kosten ergangen sind (§§ 406 b, 464 b StPO), für die Mitwirkung bei der Ausübung der Veröffentlichungsbefugnis und im Beschwerdeverfahren gegen eine dieser Entscheidungen.

Abschnitt 1. Gebühren des Verteidigers

(Amtliche) Vorbemerkung 4.1:
I Dieser Abschnitt ist auch anzuwenden auf die Tätigkeit im Verfahren über die im Urteil vorbehaltene Sicherungsverwahrung und im Verfahren über die nachträgliche Anordnung der Sicherungsverwahrung.

II ¹Durch die Gebühren wird die gesamte Tätigkeit als Verteidiger entgolten. ²Hierzu gehören auch Tätigkeiten im Rahmen des Täter-Opfer-Ausgleichs, soweit der Gegenstand nicht vermögensrechtlich ist.

Schrifttum: *Burhoff* (Hrsg), RVG in Straf- und Bußgeldsachen, 4. Aufl 2014; *Madert*, Rechtsanwaltsvergütung in Straf- und Bußgeldsachen, 5. Aufl 2004; *Mertens/Stuff*, Verteidigervergütung, 2010; *Mück*, Verteidigervergütung, 2. Aufl 2015; *Reisert*, Anwaltsgebühren im Straf- und Bußgeldrecht, 2011.

VV 4100, 4101

Unterabschnitt 1. Allgemeine Gebühren

Nr.	Gebührentatbestand	Gebühr oder Satz der Gebühr nach § 13 oder § 49 RVG	
		Wahlanwalt	gerichtlich bestellter oder beigeordneter Rechtsanwalt
4100	Grundgebühr	40,00 bis 360,00 €	160,00 €
	I Die Gebühr entsteht neben der Verfahrensgebühr für die erstmalige Einarbeitung in den Rechtsfall nur einmal, unabhängig davon, in welchem Verfahrensabschnitt sie erfolgt.		
	II Eine wegen derselben Tat oder Handlung bereits entstandene Gebühr 5100 ist anzurechnen.		
4101	Gebühr 4100 mit Zuschlag	40,00 bis 450,00 €	192,00 €

Zu VV 4100, 4101:

Schrifttum: *Klüsener* JB **16**, 561 (Üb).

Gliederung

1) Systematik 1, 2
2) Regelungszweck 3, 4
3) Sachlicher Geltungsbereich: Ersteinarbeitung 5–7
   A. Einmaligkeit 5
   B. Information 6, 7
4) Gebührenhöhe ohne Zuschlag, VV 4100 .... 8, 9
   A. Wahlanwalt 8
   B. Bestellter oder beigeordneter Anwalt 9
5) Zuschlag: Nicht auf freiem Fuß, VV 4101 10–12
6) Beispiele zur Frage einer Anwendbarkeit von VV 4101 11
7) Kostenerstattung 12

1 **1) Systematik.** Wie im Teil 5 (Bußgeldsachen, VV 5100) erhält der Anwalt als Verteidiger auch in Strafsachen aller Arten und Verfahrensabschnitte eine Grundgebühr zur Abgeltung der auftragsgemäß erhaltenen Information und seiner ersten Einarbeitung, amtliche Anmerkung I Hs 1.
Sie entsteht nach VV 4100 amtliche Anmerkung I nur einmal dann, wenn die auftragsgemäße Tätigkeit gerade als Vollverteidiger beginnt, Köln JB **07**, 484, AG Kblz JB **06**, 366. Das gilt nach der amtlichen Anmerkung I Hs 2 grundsätzlich unabhängig davon, in welchem *Verfahrensabschnitt* die letztere erfolgt, Ffm NJW **05**, 378 (auch zur Ausnahme beim Übergangsrecht). Es gilt auch unabhängig davon, vor welchem Gericht das Verfahren etwa schon anhängig ist oder werden kann. Die Grundgebühr entsteht ferner neben einer Verfahrensgebühr, Burhoff RVGReport **13**, 334, nach VV 4100 amtliche Anmerkung I Hs 1 unabhängig davon, ob die Verfahrensgebühr für einen ganzen Verfahrensabschnitt entsteht, VV 4104, 4106 usw. Sie entsteht auch unabhängig davon, ob zusätzliche Gebühren nach VV 4140, 4141 entstehen. Denn sie ist nach der amtlichen Überschrift des Unterabschnitts 1 eine „allgemeine Gebühr". Wegen des Vorrangs des Teils 3 vgl die amtliche Vorbemerkung 4 V Z 1, 2. Im übrigen gilt Teil 1, soweit nicht Teil 4 speziellere Regeln nennt. Nach der amtlichen Vorbemerkung 4 I gilt Teil 4 auch für den Anwalt eines Zeugen, Hamm JB **08**, 84. Auch der Anwalt eines Zeugenbeistands zählt hierher, Mü JB **08**, 367, LG Drsd Rpfleger **10**, 236 (ausf).

2 *Nicht erfaßt* ist die Anwaltstätigkeit nach Abschnitt 2 (Strafvollstreckung), Schlesw JB **05**, 252, oder nach Abschnitt 3 (Einzeltätigkeiten). Denn die Grundgebühr steht nur im Abschnitt 1 und dort sogar nur im Unterabschnitt 1. Daran ändert auch dessen bei einer isolierten Betrachtung irreführende Überschrift „Allgemeine Gebühren" nichts. Abschnitte 2, 3 stehen gleichrangig neben Abschnitt 1 und nicht etwa im Rang unter diesem. Für Tätigkeiten nur nach Abschnitt 2 oder 3 erhält der Anwalt also keine Grundgebühr, ebensowenig wie in den Fällen der amtlichen Vorbemerkung 4 V Z 1, 2. Denn sie verweisen auf Teil 3. Keine Grundgebühr erhält derjenige Anwalt, den das Gericht nur als den Vertreter des Verteidigers oder Beistands des Nebenklägers für einen Tag der Hauptverhandlung beigeordnet hat, Celle Rpfleger **06**, 669, KG JB **11**, 479, Kblz JB **13**, 85, aM Jena JB **11**, 478, Karlsr Rpfleger **08**, 664.

2) Regelungszweck. Die Einführung einer Grundgebühr macht das Gesetz keineswegs einfacher. Indessen ist der begrüßenswerte Wille erkennbar, die Mühe des Anwalts selbst dann angemessen zu vergüten, wenn sich an die Einholung der Erstinformation sowie an die auftragsgemäße Ersteinarbeitung und an den Aufwand bis zum Mandatsende keine nennenswerte Tätigkeit mehr anschließt, Jena Rpfleger **05**, 277. Denn der Anwalt könnte sonst als Wahlanwalt vor dem Beginn der auftragsgemäßen Verteidigertätigkeit oder als ein bestellter oder beigeordneter Anwalt vor diesen Maßnahmen des Gerichts ohne eine gesetzliche Regelung gar keine Verteidigervergütung fordern, wenn auch evtl eine Beratervergütung nach § 34. Er würde dann evtl eine erhebliche auftragsgemäße Erstarbeit umsonst leisten müssen, etwa eine erste Akteneinsicht, Marberth-Kubicki AnwBl **04**, 572. 3

Ob freilich die Grundgebühr schon für die Ersteinarbeitung auch dann anfallen kann, wenn der Mandant einen Auftrag erkennbar noch nicht erteilen, sondern erst einmal z B das *Kostenrisiko* abschätzen möchte, das ist eine weitere Frage.

Kostenloser Voranschlag von Chancen und Kosten- und/oder Sach-Risiken darf ebensowenig zu einer Ausnutzung des Anwalts wie zu einer solchen des möglichen Mandanten führen. Das muß man bei der Handhabung und Auslegung der Vorschriften zur Grundgebühr unbedingt mitbeachten. 4

Man kann die Grenzen nur bei einer Mitanwendung auch des *Zumutbarkeitsgedankens* als eines allgemeinen Rechtsprinzips brauchbar ziehen. Kein Mandant kann vom Anwalt vor einer Auftragserteilung eine umfangreiche Arbeit ohne jede Honorarchance erwarten. Kein Anwalt kann verlangen, daß sich ein Besucher schon nach der zweiten oder fünften Minute des Erstgesprächs dazu entschließen kann, alle weiteren Minuten bereits nicht ganz unbeträchtlich bezahlen zu müssen, selbst wenn er dann unverschuldet doch keinen Auftrag erteilt. Würde und Anstand müssen helfen, die richtige Linie zur Grundgebühr zu finden. Streng genommen hängt schon das Ob einer Grundgebühr von der Beantwortung der vorstehenden Fragen ab. In der Praxis ergibt sich aber nach Rn 8 eine Abwägung erst bei der Gebührenhöhe.

3) Sachlicher Geltungsbereich: Ersteinarbeitung. Man muß mehrere Aspekte beachten. Die Ersteinarbeitung muß nach dem 30. 6. 04 begonnen haben, LG Kblz JB **05**, 649. 5

A. Einmaligkeit. Die Grundgebühr entsteht nach Rn 1 grundsätzlich für jeden Anwalt desselben Auftraggebers nach der amtlichen Anmerkung I Hs 1 je „Rechtsfall nur einmal". Das gilt nach VV 4100 amtliche Anmerkung I Hs 2 unabhängig davon, in welchem Verfahrensabschnitt der Anwalt tätig ist. Diese Begrenzung gilt nicht etwa nur innerhalb der jeweiligen Instanz und auch nicht etwa nur innerhalb derselben Tätigkeitsart. Sie gilt vielmehr innerhalb derselben Strafsache vom Beginn des Ermittlungsverfahrens nach §§ 160 ff StPO bis zum Ende der Revisionsinstanz nach § 358 StPO oder des Wiederaufnahmeverfahrens nach § 373 a StPO, also im gesamten Abschnitt 1 des Teils 4, mithin von VV 4100 bis VV 4146, Ffm RVGreport **15**, 23 (Strafvollstreckung), Kblz JB **14**, 592. Denn sie leitet diesen Abschnitt ein. Sie gilt daher nicht nur für den Verteidiger. Ihn nennt die amtliche Überschrift des Abschnitts 1. Sie gilt auch für den Beistand oder Vertreter eines Privatklägers nach §§ 374 ff StPO usw. Ihn stellt die amtliche Vorbemerkung 4 I dem Verteidiger kostenrechtlich gleich. Sie entsteht nach einer Verfahrenstrennung nicht nochmals.

B. Information. Der Anwalt erhält die Grundgebühr nur nach der Annahme des Auftrags. Er erhält sie dann aber schon für die auftragsgemäße Entgegennahme oder Beschaffung der Erstinformation, Jena Rpfleger **05**, 277. Denn mit ihr beginnt nach 6

VV 4100 amtliche Anmerkung I Hs 1 die auftragsgemäße Ersteinarbeitung. Damit ist der Arbeitsaufwand ab der Annahme des Auftrags beim Erstgespräch gemeint, Jena Rpfleger **05**, 277, auch die erste Akteneinsicht nach § 147 StPO, Jena Rpfleger **05**, 277. Demgegenüber fallen die erst nach der Auftragsannahme eingeholten oder erbetenen oder erhaltenen weiteren Informationen evtl bereits unter die Vergütung für die in VV 4102 ff genannten Tätigkeitsarten, aM Marberth-Kubicki AnwBl **04**, 572. Das ergibt sich aus der amtlichen Vorbemerkung 4 II wegen der jeweiligen Verfahrensgebühr oder aus der amtlichen Vorbemerkung 4.1 I für alle Gebühren.

7   *Ergänzend* kann in den Fällen VV 4102 eine Terminsgebühr entstehen. Über ihr Verhältnis zu den übrigen Terminsgebühren VV 4108 usw vgl bei VV 4102.

8   **4) Gebührenhöhe ohne Zuschlag, VV 4100.** Die Grundgebühr entsteht unabhängig von dem Rang des Strafgerichts. Sie entsteht nach VV 4100 amtliche Anmerkung II Hs 1 je „Rechtssache", also je Ermittlungsverfahren nach §§ 160 ff StPO. Sie kann daher vor einer Verbindung in jeder später verbundenen Sache entstehen, Marberth-Kubicki AnwBl **04**, 572. Bei einer Trennung entstehen aber keine neuen Grundgebühren für den schon vorher tätig gewordenen Anwalt. Eine Anrechnung erfolgt nach VV 4100 amtliche Anmerkung II mit der etwa wegen derselben Tat oder Handlung bereits nach VV 5100 entstandenen Gebühr, etwa dann, wenn zunächst nur eine Ordnungswidrigkeit vorgelegen haben sollte. Man muß mehrere Merkmale unterscheiden.

A. **Wahlanwalt.** Bei ihm ist die Grundgebühr eine Betragsrahmengebühr nach Einl II A 12. Stets ist bei ihm daher § 14 mitbeachtbar. In seinem Rahmen ist die Abwägung Rn 3, 4 praktischerweise am ehesten zufriedenstellend möglich. Freilich entsteht dann bei ihm wenigstens eine Mindestgebühr. Das ist aber auch bei einem nur geringen Anwaltsaufwand vertretbar. Eine solche Mindestvergütung ist heutzutage ja zB auch bei vielen Handwerkern sogar schon im Stadium der Vertragsanbahnung üblich. Allerdings steht der Wahlanwalt bei einer bloßen Mindestgebühr wesentlich schlechter da als ein bestellter oder beigeordneter Anwalt. Das muß man im Rahmen der Abwägung nach § 14 mitbeachten.

Die *Mittelgebühr* ist der Regelfall. Man darf und muß § 14 mitbeachten, LG Kblz JB **14**, 302. Sie beträgt ohne Zuschlag 200 EUR. Eine Anrechnung der Gebühr VV 5100 ist möglich, amtliche Anmerkung II.

9   **B. Bestellter oder beigeordneter Anwalt,** dazu *Fromm* JB **15**, 173 (Üb): Er erhält eine Festgebühr. Das gilt auch für den als Vertreter des Pflichtverteidigers beigeordneten Anwalt, Saarbr RVGreport **15**, 65. Billigt man ihm also bei der Erwägung Rn 3, 4 überhaupt eine Grundgebühr zu, entsteht sie auch ohne Zuschlag in Höhe von immerhin 160 EUR. Der Pflichtverteidiger nach §§ 141, 397 a StPO kann auf die Grundgebühr ganz oder teilweise verzichten. § 49 b I BRAO steht nicht entgegen, Bbg NJW **06**, 1536.

10 **5) Zuschlag: Nicht auf freiem Fuß, VV 4101.** Er kommt sowohl beim Wahlanwalt nach § 138 StPO infrage (Erhöhung des Gebührenrahmens, Mittelgebühr beim Wahlanwalt 240 EUR), als auch beim nach § 141 StPO bestellten oder beigeordneten Anwalt (Erhöhung der Festgebühr auf 192 EUR). Die Voraussetzungen eines Zuschlags ergeben sich aus der amtlichen Vorbemerkung 4 IV. Danach steht dem Anwalt dann ein Zuschlag ohne ein Ermessen des Gerichts dann zu, wenn sich der Auftraggeber in dem fraglichen Verfahrensabschnitt nicht auf freiem Fuß befindet.

11 **6) Beispiele zur Frage einer Anwendbarkeit von VV 4101**
Auftragsübernahme: Anwendbar ist VV 4101 erst ab diesem Zeitpunkt, aM Marberth-Kubicki AnwBl **04**, 572 (aber erst eine auftragsgemäße Tätigkeit kann diese Gebühr auslösen). Genauer: Maßgebend ist der unmittelbar auf die Auftragsübernahme folgende Beginn auftragsgemäßer Tätigkeit des Verteidigers, also der Beginn der Entgegennahme auftragsgemäßer Information und der sonstigen Ersteinarbeitung.
Freigang: Anwendbar ist VV 4101 auch dann, wenn eine Freigangsmöglichkeit besteht, AG Kblz JB **07**, 82, aM LG Wuppert JB **09**, 533.
Maßgeblichkeit dieser Sache: Natürlich kommt es auf die gerade in dieser Sache bestehenden Verhältnisse an, großzügiger (je zum alten Recht) BVerfG Rpfleger

Vergütungsverzeichnis **4100–4103 VV**

96, 124, Saarbr Rpfleger **97**, 275, LG Köln JB **95**, 640 (aber dann wäre gar keine saubere Abgrenzung möglich).

Nebenklage: Anwendbar ist VV 4101 bei einem Nebenklägervertreter nach §§ 317 II, 397a StPO nur dann, wenn gerade dessen Auftraggeber inhaftiert ist, Düss JB **06**, 535, Hamm Rpfleger **07**, 502 (andernfalls gilt nur § 14).

Offener Vollzug: Anwendbar ist VV 4101 auch beim offenen Vollzug, KG JB **07**, 644.

Therapie: Anwendbar ist VV 4101 auch dann, wenn sich der Betroffene freiwillig einer stationären Therapie außerhalb einer geschlossenen Anstalt unterzieht, aM Kotz JB **10**, 406 (aber das ist rechtlich nur eine Erleichterung der Haft).

Unterbringung: Anwendbar ist VV 4101 auch bei dem gegen seinen Willen in einer geschlossenen Anstalt Untergebrachten, AG Lippstadt JB **00**, 640.

Vollzugsaussetzung: Anwendbar ist VV 4101 auch dann, wenn zwar ein Haftbefehl nach § 114 StPO besteht, wenn das Gericht aber seinen Vollzug nach §§ 116 ff StPO ausgesetzt hat.

Vorläufige Festnahme: Anwendbar ist VV 4101 auch dann, wenn nur eine wirksame vorläufige Festnahme nach §§ 127 ff StPO vorliegt, KG JB **07**, 643.

Nur zeitweise nicht auf freiem Fuß: Anwendbar ist VV 4101 auch dann, wenn sich der Auftraggeber während der auftragsgemäßen Tätigkeit seines Anwalts nur zeitweise nicht auf freiem Fuß befindet, (je nach altem Recht) Düss JB **99**, 193 (Haft bei Beauftragung, frei bei Verhandlung), KG JB **97**, 247, aM Karlsr JB **17**, 523. Denn es kommt auf eine Gesamtabwägung an. Man muß den zeitlichen Haftanteil angemessen berücksichtigen, großzügiger Düss JB **97** 473 (abl Enders).

7) Kostenerstattung. Sie richtet sich nach §§ 464 a ff StPO, LG Bochum JB **07**, 12 38, LG Kblz JB **09**, 198.

Nr.	Gebührentatbestand	Gebühr oder Satz der Gebühr nach § 13 oder § 49 RVG	
		Wahlanwalt	gerichtlich bestellter oder beigeordneter Rechtsanwalt
4102	**Terminsgebühr für die Teilnahme an** 1. richterlichen Vernehmungen und Augenscheinseinnahmen, 2. Vernehmungen durch die Staatsanwaltschaft oder eine andere Strafverfolgungsbehörde, 3. Terminen außerhalb der Hauptverhandlung, in denen über die Anordnung oder Fortdauer der Untersuchungshaft oder der einstweiligen Unterbringung verhandelt wird, 4. Verhandlungen im Rahmen des Täter-Opfer-Ausgleichs sowie 5. Sühneterminen nach § 380 StPO ..... ¹Mehrere Termine an einem Tag gelten als ein Termin. ²Die Gebühr entsteht im vorbereitenden Verfahren und in jedem Rechtszug für die Teilnahme an jeweils bis zu drei Terminen einmal.	40,00 bis 300,00 €	136,00 €
4103	Gebühr 4102 mit Zuschlag	40,00 bis 375,00 €	166,00 €

Zu VV 4102, 4103:

1987

VV 4102, 4103

Gliederung

1) Systematik 1–4
2) Regelungszweck 5
3) Terminsarten, VV 4102 Z 1–5 6
4) Richterlicher Vernehmungs- oder Augenscheinstermin, Z 1 7–13
   A. Vernehmung 8
   B. Augenschein 9
   C. Termin 10
   D. Erscheinen 11
   E. Teilnahme 12
   F. Tag 13
5) Staatsanwaltschaftlicher Vernehmungstermin usw, Z 2 14
6) Hafttermin außerhalb Hauptverhandlung, Z 3 15
7) Täter-Opferausgleich, Z 4 16
8) Sühnetermin, Z 5 17
9) Gebührenhöhe 18
10) Kostenerstattung 19

1   **1) Systematik.** Terminsgebühren sind wesentliche Bestandteile der Gesamtvergütung des Anwalts nach dem RVG. Auch Teil 4 nennt eine ganze Reihe von Terminsgebühren. Es überrascht daher zunächst, daß eine solche Gebühr zusätzlich im Abschnitt „Allgemeine Gebühren" auftaucht. Das scheint teilweise überflüssig. Die Erklärung gibt aber der Text von VV 4102. Danach entsteht die in diesem Unterabschnitt genannte Terminsgebühr in Wahrheit nur für einen der dort unter Z 1–5 abschließend aufgezählten Termine außerhalb einer Hauptverhandlung nach §§ 226ff StPO in einem beliebigen Verfahrensabschnitt.

2   *Außerhalb* heißt nicht etwa: nur vor oder nach der Hauptverhandlung. Vielmehr kann einer der bei VV 4102, 4103 genannten Termine *auch während* des Haupt*verfahrens*, außerhalb der Haupt*verhandlung* stattfinden, etwa ein besonderer Haftprüfungstermin. Indessen entsteht die Terminsgebühr VV 4102, 4103 nicht etwa zusätzlich zu derjenigen Terminsgebühr, die der Anwalt zB nach VV 4108, 4109 verdient. Denn die letztere entsteht nur während der Hauptverhandlung.

3   *Unanwendbar* sind VV 4102, 4103 auch, soweit der Anwalt nicht gerade als der Verteidiger oder als ein ihm gleichgestellter Beistand oder Vertreter tätig wird. Denn dann gilt der ganze Abschnitt 1 „Gebühren des Verteidigers" überhaupt nicht, sondern nur Abschnitt 2. Dieser Abschnitt enthält keinen Unterabschnitt 1 „Allgemeine Gebühren". Natürlich können auch dort Terminsgebühren entstehen, aber eben nur unter den dortigen Voraussetzungen VV 4202, 4203, 4206, 4207. Der Abschnitt 3 bringt überhaupt keine Terminsgebühr.

4   *Die Hauptverhandlung* läßt jedenfalls keine Gebühr VV 4102, 4103 entstehen. Denn dann gelten die spezielleren Terminsgebühren VV 4108, 4109 usw. Sie entstehen ja „je Hauptverhandlungstag".

5   **2) Regelungszweck.** Die Terminsgebühr entsteht nach der amtlichen Vorbemerkung 4 III 1 zwar in erster Linie für die Teilnahme an einem Termin. Nach ihrem S 2 entsteht sie aber auch schon für das bloße Erscheinen zu einem dann gar nicht stattfindenden Termin. Das gilt nach der amtlichen Vorbemerkung 4 III 3 natürlich nur dann, wenn der Anwalt körperlich anwesend war, um teilzunehmen, Mü RVGreport 15, 66, und nur eben bis zum Erscheinen nichts von der Terminsabsetzung wissen konnte. In Wahrheit liegt der Grund für solche besondere Vergütung also zumindest auch in der Mühe der Vorbereitung auf einen Termin.

Erst unter einer Mitbeachtung der Verantwortung zur *Vorbereitung* und sodann der Teilnahme läßt sich der volle Regelungszweck erkennen. Demgemäß muß man die Vorschriften handhaben. Die Vorbereitung wie die Teilnahme können sich auch bei einer sorgfältigen Arbeit in einem nur geringen Aufwand mit wenig mehr Mühe als einem aufmerksamen Zuhören erschöpfen. Sie können aber auch einen ganz außergewöhnlichen hohen Einsatz fordern, bei der bei demjenigen Mandanten, der unter dem frischen Haftbefehl zusammenzubrechen droht, zumal wenn man ihn in bedenklicher Weise behandelt hat.

6   **3) Terminsarten, VV 4102 Z 1–5.** Die Vorschrift enthält amtlich abschließend genannte Terminsarten, LG Osnabr JB **11**, 640. Jede löst eine Terminsgebühr aus. Es können mehrere Terminsarten zusammentreffen. Es kann dieselbe Terminsart mehrfach stattfinden. Es kann schließlich eine Kombination dieser beiden Situationen eintreten. Das alles kann sich nach Rn 2 außerhalb oder vor oder nach einem Hauptverhandlungstermin ereignen. In jedem dieser Fälle kann eine gesonderte Terminsgebühr VV 4102, 4103 entstehen. Nach der amtlichen Vorbemerkung 4 III 2, 3 entsteht die Terminsgebühr evtl trotz des Wegfalls eines zunächst anberaumten Termins.

Unanwendbar ist VV 4102 auf einen nur vom Sachverständigen anberaumten Termin, aM LG Brschw JB **11**, 525.

4) Richterlicher Vernehmungs- oder Augenscheinstermin, Z 1. Es genügt 7 das Erscheinen zum oder die Teilnahme am richterlichen Vernehmungs- oder Augenscheinstermin außerhalb der Hauptverhandlung zB nach §§ 115, 115a StPO. Auch die richterliche Vernehmung eines Zeugen oder sonstigen Beteiligten reicht aus, etwa diejenige eines erst als Zeuge in Betracht kommenden Nachbarn.

Unanwendbar ist Z 1 bei einem Augenschein des gerichtlich bestellten Sachverständigen, aM LG Freibg/Br RVGreport **15**, 24 (aber er ist nicht gerade ein Richter, sondern dessen Gehilfe).

A. Vernehmung. Das ist derselbe Begriff wie in der StPO, zB dort §§ 161a, 163a. 8 Die Form der Vernehmung ist unerheblich, solange gerade ein Richter sie vornimmt und solange sie im Weg eines Termins stattfindet. Auch der Termin vor dem beauftragten oder ersuchten Richter zählt hierher.

B. Augenschein. Das ist die richterliche unmittelbare Sinneswahrnehmung, eine 9 Kenntnisnahme von der äußeren Beschaffenheit einer Sache nach § 90 BGB, eines Menschen oder Tieres oder eines Vorgangs. Eine Kenntnisnahme vom Gedankeninhalt eines Schriftstücks ist ein Urkundenbeweis wie nach §§ 415 ff ZPO. Eine Kenntnisnahme von der Bekundung eines Menschen ist ein Zeugenbeweis wie nach §§ 373 ff ZPO oder Sachverständigenbeweis wie nach §§ 402 ff ZPO. Der Unterschied liegt darin, daß der Augenschein im Schwerpunkt nicht einen gedanklichen Inhalt übermittelt, Redeker NJW **84**, 2394. Der Augenschein kann alle Sinne beanspruchen, das Gesicht, den Geruch, das Gefühl, den Geschmack, das Gehör, den Tastsinn, bis auf die Augen jeweils auch eines blinden Richters, Ffm MDR **10**, 1021, Schulze MDR **95**, 670.

C. Termin. Das ist ein voraus gerichtlich bestimmter Zeitpunkt und Ort, mag 10 die Bestimmung auch äußerst kurzfristig erfolgen sein, etwa nur wenige Minuten vorher. Auch eine Videovernehmung nach der Art einer Videoverhandlung nach § 130a ZPO mag ausreichen, auch eine solche per UMTS-Technik usw. Auch eine formfehlerhafte Vernehmung bleibt eine Vernehmung. Dasselbe gilt beim Augenschein. Die Dauer ist für das Entstehen der Terminsgebühr unerheblich. Die Dauer wird natürlich bei der Bemessung der Gebührenhöhe beachtlich.

D. Erscheinen. Ein solches nach der amtlichen Vorbemerkung 4 III 2 zum dann 11 nicht stattfindenden Termin ist das körperliche Eintreffen mit dem Ziel einer Teilnahme, Mü NJW **08**, 1607. Der Wegfall des Termins ohne ein Verschulden des Erschienenen beeinträchtigt die Terminsgebühr nicht, LG Bonn JB **07**, 590, LG Osnabr JB **08**, 649. Nicht ausreichend ist die ahnungslose zufällige Ortsanwesenheit aus einem anderen Anlaß. Nicht ausreichend ist der Weg zum Termin (Gericht), Mü NJW **08**, 1607. Nicht ausreichend ist ferner das körperliche Eintreffen gerade zwecks einer Nichtteilnahme oder im Fall der amtlichen Vorbemerkung 4 III 3. Das darf man freilich nicht verwechseln mit dem Eintreffen zur möglichen Verhinderung des Termins über eine bloße Feststellung der Anwesenheit vor wem hinaus. Bei einer Videokonferenz und dergleichen mag der Anwalt auch ohne seine körperliche Anwesenheit teilnehmen wollen und können.

E. Teilnahme. Sie kann sich im auftragsgemäßen aufmerksamen stillen Zuhören 12 erschöpfen. Es genügt, daß der Vernehmende wenigstens einen Beteiligten zur Person oder Sache anspricht, sei es durch eine Frage, einen Vorhalt, eine Geste, das Abspielen eines Tonbands usw. Eine Gegenäußerung des Vernommenen ist ebensowenig erforderlich wie eine solche des Anwalts. Das bloße Dasitzen ohne ein auftragsgemäßes Zuhören ist keine Teilnahme. Ein unziemliches Verhalten, eine Androhung von Ordnungsmitteln und dergleichen ändern nichts an der Teilnahme. Wer sich entfernt oder entfernt wird, nimmt bis zum Wiedereintreffen und befugten Wiederzuhören nicht an der Vernehmung teil.

VV 4102, 4103

13 **F. Tag.** Das ist jeder Kalendertag von 0-24 Uhr, unabhängig von seinem Charakter. Jeder derart angebrochene Tag zählt voll. Mehrere Termine an demselben Tag gelten als nur *ein* Termin nach VV 4102 amtliche Anmerkung S 1. Nach der amtlichen Anmerkung S 2 entsteht die Terminsgebühr im vorbereitenden Verfahren und in jedem Rechtszug für die Teilnahme an jeweils bis zu drei Tagen einmal.

14 **5) Staatsanwaltschaftlicher Vernehmungstermin usw, Z 2.** Die Regeln Rn 7–10 gelten ebenso bei einem Vernehmungstermin nach §§ 160 ff StPO vor der Staatsanwaltschaft oder vor der Polizei oder vor einer anderen Strafverfolgungsbehörde, etwa vor dem Finanzamt, soweit gerade ein Straftatverdacht und nicht nur der Verdacht einer Ordnungswidrigkeit zum Termin geführt hat und soweit der Verteidiger am Termin teilnehmen darf und teilnimmt. Bei einem Straftatverdacht bleibt es unerheblich, ob sich dieser Verdacht bestätigt oder nicht.

Kein Vernehmungstermin ist eine mündliche Erörterung eines Verdachts vor der Ermittlungsbehörde vor Beginn eines Verfahrens, AG Köln JB **10**, 474.

15 **6) Hafttermin außerhalb Hauptverhandlung, Z 3.** Eine Vergütung erfolgt auch für das Erscheinen zu oder für die Teilnahme an einem solchen Termin, in dem eine Verhandlung über die Anordnung oder Fortdauer der Untersuchungshaft nach §§ 114 ff StPO stattfindet, soweit das außerhalb der Hauptverhandlung nach §§ 226 ff StPO geschieht, Rn 2,4. Es reicht also ein zusätzlicher Haftprüfungstermin nach § 117 StPO im Hauptverfahren aus, LG Hbg JB **10**, 304, LG Potsd JB **11**, 417. Das gilt, solange eben die eigentliche Hauptverhandlung noch nicht oder nicht mehr läuft. Er mag auch noch einem anderen Zweck dienen, solange er eben nicht im Rahmen der Hauptverhandlung abläuft. Untersuchungshaft ist dasselbe wie bei §§ 112 ff StPO. Wegen der Begriffe Termin Rn 8, Erscheinen Rn 9, Teilnahme, Tag Rn 10. Ein Verhandeln im Termin und nicht nur am Telefon ist erforderlich. Es reicht aber auch bei einer nur kurzen Dauer aus. Eine bloße Verkündung reicht nicht aus, Hamm JB **06**, 136, wohl aber eine anschließende Erörterung der Dauer des gerade verkündeten Haftbefehls.

Unanwendbar ist Z 3 bei einem bloßen Verkündungstermin ohne jede Verhand-lung auch nur zu einer Nebenfrage wie bei Rn 13, 14, oder bei einem bloßen Antrag auf eine Akteneinsicht und auf eine Aktenübergabe, Hamm JB **06**, 641, oder bei einer Besprechung nach § 160 b StPO ohne Haftprüfung, LG Ansbach Rpfleger **11**, 460.

16 **7) Täter-Opfer-Ausgleich, Z 4.** Eine Vergütung erfolgt ferner für das Erscheinen zu oder für die Teilnahme an einem Termin zwecks einer Verhandlung im Rahmen des Täter-Opfer-Ausgleichs nach § 155 a StPO. Wegen der Begriffe Termin Rn 8, Erscheinen Rn 9, Teilnahme, Tag Rn 10, Verhandeln Rn 12.

Unanwendbar ist Z 4 bei einem bloßen Telefongespräch oder bei einem bloßen Verkündungstermin wie bei Rn 12.

17 **8) Sühnetermin, Z 5.** Schließlich kann es um einen Sühnetermin nach § 380 StPO gehen. Wegen des Erscheinens Rn 9, wegen der Teilnahme Rn 10, Teilnahme Rn 12.

Unanwendbar ist Z 5 bei einem bloßen Verkündungstermin wie bei Rn 12, 13.

18 **9) Gebührenhöhe.** Es gelten dieselben Erwägungen wie bei VV 4100, 4101, dort Rn 8–12. Die Mittelgebühr ist der Ausgangspunkt, LG Brschw JB **11**, 525. Sie beträgt beim Wahlanwalt ohne Zuschlag 170 EUR, mit Zuschlag, also unter den Voraussetzungen der amtlichen Vorbemerkung 4 IV (dazu VV 4100, 4101 Rn 10–12), 207,50 EUR. Nach VV 4102 amtliche Anmerkung S 1 gelten mehrere tatsächliche Termine derselben oder unterschiedlichen Arten an demselben Tag gebührenrechtlich als nur ein Termin. Man darf und muß dann aber den erhöhten Arbeitsaufwand im Rahmen von (jetzt) § 14 mitbeachten, Hamm JMBlNRW **80**, 116. Die Terminsgebühr entsteht nach VV 4102 amtliche Anmerkung S 2 im vorbereitenden Verfahren und in jedem Rechtszug für die Teilnahme an jeweils bis zu drei Terminen nur einmal. Sie gilt zB einen Beweisantrag mit ab, Hamm JB **06**, 591 rechts Mitte.

Die *Zuschlagsgebühr* VV 4103 unterliegt ebenfalls den vorstehenden Regeln VV 4102 amtliche Anmerkung S 1, 2. Es genügt, daß der Beschuldigte an einem Teil der mehreren Termine inhaftiert war.

19 **10) Kostenerstattung.** Sie richtet sich auch hier nach §§ 464 a ff StPO.

Unterabschnitt 2. Vorbereitendes Verfahren

(Amtliche) Vorbemerkung 4.1.2:
Die Vorbereitung der Privatklage steht der Tätigkeit im vorbereitenden Verfahren gleich.

Nr.	Gebührentatbestand	Gebühr oder Satz der Gebühr nach § 13 oder § 49 RVG	
		Wahlanwalt	gerichtlich bestellter oder beigeordneter Rechtsanwalt
4104	Verfahrensgebühr .... Die Gebühr entsteht für eine Tätigkeit in dem Verfahren bis zum Eingang der Anklageschrift, des Antrags auf Erlass eines Strafbefehls bei Gericht oder im beschleunigten Verfahren bis zum Vortrag der Anklage, wenn diese nur mündlich erhoben wird.	40,00 bis 290,00 €	132,00 €
4105	Gebühr 4104 mit Zuschlag	40,00 bis 362,50 €	161,00 €

Zu VV 4104, 4105:

Gliederung

1) Systematik	1, 2
2) Regelungszweck	3
3) Geltungsbereich	4–10
A. Grundsatz: Pauschale Gesamtabgeltung	5
B. Vorbereitendes Verfahren	6–10
4) Gebührenhöhe	11
5) Kostenerstattung	12

1) Systematik. Zusätzlich zur stets entstehenden Grundgebühr nach VV 4100, **1** 4101 bringen VV 4104, 4105 im vorbereitenden Verfahren nach §§ 158 ff StPO eine Verfahrensgebühr. Zu ihr kann eine einer Terminsgebühr nach VV 4102, 4103 hinzutreten. Das scheint nur bei einer oberflächlichen Prüfung unzulässig. Zwar bestimmt die amtliche Vorbemerkung 4.1 II 1, daß die „gesamte Tätigkeit" des Verteidigers entgolten wird. Eine Verfahrensgebühr scheint den gesamten Verfahrensabschnitt zu erfassen. Indessen spricht die amtliche Vorbemerkung 4.1 II 1 auch von „den Gebühren", also evtl von mehreren. Anders wäre auch gar nicht die Existenz einer Terminsgebühr bereits im Unterabschn 1 „Allgemeine Gebühren" verständlich. Es bleibt also beim möglichen Nebeneinander der drei strafrechtlichen Arten Grundgebühr, Verfahrensgebühr und Terminsgebühr schon im vorbereitenden Verfahren, KG JB 09, 311 (Hilfsgeltung).

Hinzutreten können *Zusatzgebühren* nach VV 4141 ff, auch wenn der Beschuldigte **2** nicht während des ganzen vorbereitenden Verfahrens nach §§ 127 ff StPO vorläufig festgenommen oder inhaftiert ist, sondern nur während eines Teils der anwaltlichen Tätigkeit. Hinzutreten können aber nicht Einzelgebühren nach VV 4300 ff. Denn die letzteren kommen nur insoweit infrage, als der Anwalt gerade nicht der Verteidiger oder ein ihm nach der amtlichen Vorbemerkung 4 I gleichgestellter Beistand oder Vertreter ist, wie das Abschnitt 1 mit seiner Überschrift „Gebühren des Verteidigers" voraussetzt. VV 1000 kann ebenso bei einer Einigung hinzutreten, wie es ohnehin stets die Vorschriften des Teils 1 und darüber hinaus zB beim Wahlanwalt § 14 tun.

2) Regelungszweck. Es ist eine deutliche Vereinfachung der Vergütung im vor- **3** bereitenden Verfahren vorhanden. Die frühere Differenzierung nach der voraussichtlichen späteren Gerichtsordnung ist entfallen. Jede Vereinfachung führt auch zu einer

VV 4104, 4105

gewissen Vergröberung. Diese ist eine gesetzliche Absicht. Beim Wahlanwalt nach §§ 137, 138 StPO läßt sich eine ausreichende Differenzierung schon mithilfe des Gebührenrahmens des § 14 erreichen. Beim nach §§ 141, 397a StPO beigeordneten oder bestellten Anwalt enthält das Gesetz ja im gesamten Teil 4 nur noch Festgebühren nach Einl II A 14. Auch sie sind immerhin noch durch die Einführung eines Zuschlags bei allen Gebühren unter den Voraussetzungen der amtlichen Vorbemerkung 4 IV differenziert. Man darf diese ganze Regelung wegen ihres Vereinfachungszwecks auch entsprechend handhaben und muß sie keineswegs durch zusätzliche Ziselierungen erschwerend auslegen.

4 3) **Geltungsbereich.** Den in der Überschrift des Unterabschnitts 2 genannten Oberbegriff des von VV 4104, 4105 erfaßten Abschnitts des Strafverfahrens umschreibt die amtliche Anmerkung zu VV 4104 verbindlich. Dabei kommt es nach Rn 2 nicht auf den Rang des bevorstehenden, drohenden oder möglichen Strafgerichts an.

5 A. **Grundsatz: Pauschale Gesamtabgeltung.** VV 4104, 4105 umfassen nach der amtlichen Vorbemerkung 4 II das Betreiben des Geschäfts einschließlich der Information. Sie entstehen also bereits mit deren auftragsgemäßer Entgegennahme. Freilich fällt die Erstinformation bei der „erstmaligen Einarbeitung" nach VV 4100 amtliche Anmerkung I Hs 1 unter die Grundgebühr VV 4100. Daher meint die amtliche Vorbemerkung 4 II nur die nachfolgende weitere Information.

VV 4104, 4105 umfassen ferner nach der amtlichen Vorbemerkung 4.1 II 1: Die *gesamte* Verteidigertätigkeit, die Sammlung der Beweismittel; jede Ermittlung, Köln JB **09**, 255 (auch zu einer Ausnahme), also jede Antragstellung; ein Prozeßkostenhilfeantrag nebst der zugehörigen Verfahren nach §§ 379, 404 StPO, §§ 114ff ZPO; jede Einreichung eines Schriftsatzes oder einer Erklärung; eine Besprechung mit dem Beschuldigten, LG Hanau AnwBl **84**, 263, oder mit einer Behörde; eine solche weitere Akteneinsicht, die sich an die evtl unter VV 4100 fallende erste anschließt, Marberth-Kubicki AnwBl **04**, 572; eine etwa erfolglose Bemühung um sie oder um eine außergerichtliche Einigung; einen Besuch in der Untersuchungshaftanstalt; die Tätigkeit im Haftprüfungsverfahren nach § 117 StPO ohne die Vertretung im Haftprüfungstermin, LG Hbg JB **10**, 304. Die letztere fällt unter VV 4102 Z 3.

Eine *Terminsgebühr* kann neben VV 4104, 4105 unter den Voraussetzungen VV 4102, 4103 entstehen.

6 B. **Vorbereitendes Verfahren.** Das vorbereitende Verfahren beginnt mit dem Anfang eines polizeilichen oder steuer- oder zollbehördlichen strafrechtlichen und nicht etwa zumindest zunächst nur bußgeldrechtlichen Ermittlungsverfahrens zB nach §§ 158ff, 163 StPO, LG Essen AnwBl **76**, 308 (die Entscheidung betrifft eine Nebenklage). Es muß sich nach § 163 II StPO allerdings um eine solche Sache handeln, die die zunächst zuständige Ermittlungsbehörde zur abschließenden Entscheidung an die Staatsanwaltschaft weiterleiten muß. Andernfalls kann VV Teil 5 anwendbar sein. Die Vorbereitung eines erst mit der Einreichung der Anklageschrift nach § 381 StPO beginnenden gerichtlichen Privatklageverfahrens steht nach der amtlichen Vorbemerkung 4.1.2 der Tätigkeit im vorbereitenden Verfahren gleich.

7 Zum vorbereitenden Verfahren gehört ferner das *Ermittlungsverfahren* vor der Staatsanwaltschaft nach §§ 160 ff StPO. Es umfaßt auch eine vorläufige Entziehung der Fahrerlaubnis nach § 111a StPO, AG Hof JB **11**, 253. Es endet mit einer Einstellung nach §§ 153 a ff StPO oder mit dem Eingang der Anklageschrift nach § 151 StPO beim Gericht, VV 4104 amtliche Anmerkung Hs 1.

Nicht hierher zählt das Rehabilitationsverfahren, Jena JB **12**, 145.

8 Im *Strafbefehlsverfahren* nach §§ 407 ff StPO endet das vorbereitende Verfahren dementsprechend mit dem Eingang des Antrags auf den Erlaß des Strafbefehls beim Gericht, VV 4104 amtliche Anmerkung Hs 2, Hamm Rpfleger **02**, 172. Die Tätigkeit der Prüfung einer etwaigen Einspruchseinlegung nach § 410 StPO gehört schon zum gerichtlichen Verfahren, RS 46, aM AG Wiesb AnwBl **85**, 651 (aber VV 4104 amtliche Anmerkung Hs 2 lautet eindeutig).

9 Das *beschleunigte* Verfahren nach §§ 417 ff StPO endet gebührenrechtlich nach VV 4104 amtliche Anmerkung Hs 3 mit dem Vortrag der Anklage dann, wenn sie nach § 418 III StPO nur mündlich erfolgt, sonst mit dem Eingang der Anklageschrift.

Vergütungsverzeichnis **4104–4107 VV**

Endet nach einer Anklage das Strafverfahren durch ein Prozeßurteil und erhebt die **10**
Staatsanwaltschaft *erneut Anklage,* liegt dazwischen logisch zwingend ein neues vorbereitendes Verfahren nach §§ 160 ff StPO, aM LG Dortm Rpfleger **92**, 131.

4) Gebührenhöhe. Man muß zwei Merkmale unterscheiden. Sie richten sich **11**
im vorbereitenden Verfahren nach Rn 2 einerseits nach der Anwaltsart, andererseits nach der Tätigkeitsart, nicht aber nach dem Rang des Gerichts. Die Verfahrensgebühr ist beim Wahlanwalt eine Rahmengebühr. Man muß stets bei ihm § 14 mitbeachten.

Die *Mittelgebühr* des Wahlanwalts beträgt ohne Zuschlag 165 EUR, mit Zuschlag (also unter den Voraussetzungen der amtlichen Vorbemerkung 4 IV) 201,25 EUR. Beim beigeordneten oder bestellten Anwalt entsteht eine Festgebühr. Auch sie hat ohne Zuschlag eine geringere Höhe als mit solchem.

5) Kostenerstattung. Sie richtet sich nach §§ 464a ff StPO. **12**

Unterabschnitt 3. Gerichtliches Verfahren

Erster Rechtszug

		Gebühr oder Satz der Gebühr nach § 13 oder § 49 RVG	
Nr.	Gebührentatbestand	Wahlanwalt	gerichtlich bestellter oder beigeordneter Rechtsanwalt
4106	Verfahrensgebühr für den ersten Rechtszug vor dem Amtsgericht	40,00 bis 290,00 €	132,00 €
4107	Gebühr 4106 mit Zuschlag	40,00 bis 362,50 €	161,00 €

Zu VV 4106, 4107:

Gliederung

1) Systematik 1
2) Regelungszweck 2
3) Sachlicher Geltungsbereich 3, 4
   A. Verfahrensabschnitt 3
   B. Schöffengericht, Jugendschöffengericht, Strafrichter, Jugendrichter 4
4) Persönlicher Geltungsbereich 5
5) Gebührenhöhe 6
6) Kostenerstattung 7

1) Systematik. Zusätzlich zur Grundgebühr VV 4100 oder VV 4101 entsteht für **1**
den Wahlanwalt nach § 137 StPO wie für den Pflichtanwalt nach § 141 StPO in der ersten Instanz vor Gericht mindestens eine Verfahrensgebühr nach VV 4106 oder VV 4107. Das gilt auch dann, wenn das Gericht den Pflichtanwalt erst während der Hauptverhandlung bestellt und wenn er nur in ihr tätig ist, aM Kblz AnwBl **05**, 587 (abl Schneider). Sie vergütet nach der amtlichen Vorbemerkung 4 II das gesamte „Betreiben des Geschäfts" gerade als Verteidiger usw außerhalb der Hauptverhandlung nach §§ 226 ff StPO, AG Sinzig JB **08**, 249. Sie ist also eine Pauschgebühr nach Einl II A 9. Sie gilt auch die Vorbereitung der Hauptverhandlung nach §§ 212 ff StPO ab, Jena JB **05**, 476. Hinzutreten können eine Terminsgebühr nach VV 4108 ff sowie eine Vergütung nach VV 4141–4146 sowie eine Auslagenersatz nach VV 7000 ff. Dagegen sind VV 4300–4304 nach der amtlichen Vorbemerkung 4.3 I gerade nicht für den Verteidiger anwendbar. Mitbeachtbar sein kann VV 1000, soweit zB im Privatklageverfahren nach §§ 374 ff StPO eine Einigung zustandekommt. Denn für die Tätigkeit des Anwalts als ein Beistand oder Vertreter eines Privatklägers

1993

VV 4104–4107

usw nach § 378 StPO sind VV 4100 ff entsprechend anwendbar, amtliche Vorbemerkung 4 I.

2 **2) Regelungszweck.** Das ständige Nebeneinander von Grund- und Verfahrensgebühr einerseits und die Abstufung der erstinstanzlichen Verfahrensgebühr mit oder ohne Zuschlag und sodann nach der Gerichtsordnung in drei Rangstufen (VV 4106, 4112, 4118) dienen einer möglichst differenzierten und feinfühligen Vergütung. Sie schafft einen Rahmen. Ihn füllen dann die Gebührenspannen für den Wahlanwalt nach § 137 StPO in Verbindung mit dem bei ihm stets mitbeachtlichen § 14 im einzelnen nach den Gesamtumständen noch feiner aus.

Bei dieser letzteren Bemessung muß man also stets auch darauf Rücksicht nehmen, daß der Anwalt ja außer der Verfahrensgebühr bereits eine *Grundgebühr* erhält. Das darf natürlich nicht dazu führen, etwa bei der Verfahrensgebühr stets innerhalb ihres Einzelrahmens weniger zuzubilligen als beim Rahmen der Grundgebühr. Anderseits zwingt das Gesetz nicht dazu, wegen etwa der Mittel-Grundgebühr auch die Mittel-Verfahrensgebühr als eine allein richtige Bemessung zu erachten.

3 **3) Sachlicher Geltungsbereich.** Man sollte zwei Merkmale unterscheiden.

A. Verfahrensabschnitt. Man erkennt ihn am besten durch den Vergleich mit VV 4104 oder VV 4105. Die Gesamttätigkeit des Verteidigers im Verfahren bis zum Eingang der Anklageschrift nach § 170 I StPO, des Antrags auf den Erlaß eines Strafbefehls beim Gericht nach §§ 407 I 2, 408 I 1 StPO oder im beschleunigten Verfahren nach §§ 417 ff StPO bis zum Vortrag der Anklage gehört zum dortigen Geltungsbereich nach VV 4101 amtliche Anmerkung. Das gilt auch dann, wenn in jenem Verfahrensabschnitt einzelne richterliche Handlungen erfolgen, etwa eine richterliche Vernehmung im Ermittlungsverfahren nach § 162 StPO. Schließlich zählt die Tätigkeit in jedem Termin zum Bereich VV 4108–4111.

4 **B. Schöffengericht, Jugendschöffengericht, Strafrichter, Jugendrichter.** Hierher gehören die Verfahren vor dem Schöffengericht nach § 28 GVG, vor dem erweiterten Schöffengericht nach § 29 II GVG, vor dem Jugendschöffengericht nach § 40 JGG, vor dem Einzelrichter in Strafsachen nach § 25 GVG und vor dem Jugendrichter nach § 39 JGG.

5 **4) Persönlicher Geltungsbereich.** Der Anwalt muß wie bei VV 4100, 4101 usw entweder der Verteidiger nach § 137 StPO sein (direkte Anwendbarkeit, amtliche Überschrift des Abschnitts 1) oder als Beistand oder Vertreter eines Privatklägers nach § 378 StPO, eines Nebenklägers nach § 397a StPO, eines Einziehungs- oder Nebenbeteiligten nach §§ 430 ff StPO, eines Verletzten, eines Zeugen oder Sachverständigen und im Verfahren nach dem StRehaG tätig sein (entsprechende Anwendung nach der amtlichen Vorbemerkung 4 I). Es darf also insbesondere nicht auftragsgemäß nur eine Einzeltätigkeit vornehmen sollen (Anwendung von VV 4300, es sei denn, zur Verteigung oder Vertretung tritt eine Einzeltätigkeit hinzu: Dann Anrechnung von VV 4300 auf VV 4104 ff nach der amtlichen Vorbemerkung 4.3 III). Eine Bestellung zum Pflichtverteidiger nach § 498b StPO macht zum Vollvertreter, Düss Rpfleger **08**, 595. Der Terminsvertreter kann die Terminsgebühr erhalten, nicht aber die Grundgebühr, KG JB **05**, 536.

6 **5) Gebührenhöhe.** Man muß zwei Merkmale unterscheiden. Sie richten sich einerseits nach der Anwaltart, andererseits nach der Tätigkeitsart. Die Verfahrensgebühr ist beim Wahlanwalt eine Rahmengebühr. Stets muß man bei ihm § 14 mitbeachten.

Die *Mittelgebühr* beim Wahlanwalt beträgt ohne Zuschlag 165 EUR, mit Zuschlag (also unter den Voraussetzungen der amtlichen Vorbemerkung 4 IV) 201,25 EUR. Beim beigeordneten oder bestellten Anwalt entsteht eine Festgebühr. Auch sie hat ohne Zuschlag eine geringere Höhe als, mit solchem.

7 **6) Kostenerstattung.** Sie richtet sich nach §§ 464a ff StPO.

Nr.	Gebührentatbestand	Gebühr oder Satz der Gebühr nach § 13 oder § 49 RVG	
		Wahlanwalt	gerichtlich bestellter oder beigeordneter Rechtsanwalt
4108	Terminsgebühr je Hauptverhandlungstag in den in Nummer 4106 genannten Verfahren	70,00 bis 480,00 €	220,00 €
4109	Gebühr 4108 mit Zuschlag	70,00 bis 600,00 €	268,00 €

Zu VV 4108 4109:

Gliederung

1) Systematik 1
2) Regelungszweck 2
3) Geltungsbereich 3
4) Hauptverhandlung 4–15
   A. Grundsatz: Pauschale Gesamtabgeltung 4–6
   B. Hauptverhandlungsbegin 7
   C. Beispiele zur Frage eines Hauptverhandlungsbeginns 8–12
   D. Ende durch Urteile 13
   E. Ende durch Einstellungsbeschluß 14
   F. Ende durch Verweisung 15
5) Gebührenhöhe 16
6) Kostenerstattung 17

1) **Systematik.** Zur Grundgebühr VV 4100, 4101 und Zur Verfahrensgebühr 1
4106, 4107 kann eine Terminsgebühr nach 4108, 4109 hinzutreten. Dies letzteren
Vorschriften beziehen sich nach ihrem klaren Wortlaut nur auf die Hauptverhandlung, Celle JB 17, 467. Demgegenüber bezieht sich die Terminsgebühr VV 4102,
4103 nur auf die in VV 4102 Z 1–5 genannten Terminsarten. Beide Terminsgruppen
schließen sich gegenseitig aus. Falls das Gericht innerhalb der Hauptverhandlung nach
§§ 226 ff StPO auch zB über die Anordnung oder Fortsetzung der Untersuchungshaft
nach §§ 118 ff StPO verhandelt, geht VV 4108, 4109 als eine in Wahrheit speziellere
Vorschrift vor. Andernfalls würde der Anwalt dann sogar zweimal Terminsgebühren
erhalten. Das ist nicht der Sinn des Gesetzes. Zusatzgebühren können aber nach
VV 4141 ff entstehen.

2) **Regelungszweck.** Es gelten dieselben Erwägungen wie bei der Verfahrensgebühr. Vgl daher VV 4106, 4107 Rn 2. 2

3) **Geltungsbereich.** Auch insofern gilt dasselbe wie bei der Verfahrensgebühr. 3
Vgl daher VV 4106, 4107 Rn 3–5.

4) **Hauptverhandlung.** Man muß mehrere Gesichtspunkte beachten. 4

A. **Grundsatz: Pauschale Gesamtabgeltung.** Auch die Terminsgebühr gibt
eine Pauschale nach Einl II A 9 für die gesamte Tätigkeit des Anwalts in diesem Verfahrensabschnitt vor dem vollbesetzten Spruchgericht, und zwar beim amtlichen
Vorbemerkung 4.1 II nicht nur als Verteidiger, sondern auch in den ihm gebührenrechtlich gleichstehenden anderen Tätigkeitsarten der amtlichen Vorbemerkung 4 I,
also im Bereich VV 4106, 4107 Rn 5. Unberührt bleibt die Möglichkeit einer oder
mehrerer Zusatzgebühren nach VV 4141 ff.

Erscheinen zum anberaumten Termin mit einer auftragsgemäßen Teilnahmebereitschaft 5
reicht zur Entstehung einer Terminsgebühr nach der amtlichen Vorbemerkung 4 III 2
selbst dann aus, wenn das Gericht zwar anberaumt hatte, wenn er nun
aber doch nach der amtlichen Vorbemerkung 4 zu vertretenden Gründen nicht stattfindet. Das kann
nach der amtlichen Vorbemerkung 4 III 3 natürlich dann nicht gelten, wenn der
Anwalt beim Erscheinen im Gericht bereits weiß, daß das Gericht den Termin abgesetzt hatte. Selbst eine Benachrichtigung zB auf dem Weg zum Sitzungssaal etwa per

VV 4108, 4109 Vergütungsverzeichnis

Handy ist insofern schädlich, mögen auch Auslagen entstanden und erstattbar sein. Es ist unerheblich, ob es sich um den ersten oder um einen Folgetermin handelt.

6 Soweit der Verteidiger zwar während der Hauptverhandlung nach §§ 243 ff StPO tätig war, aber nicht in ihr, also nur *außerhalb des Sitzungssaales* etwa zwecks einer Beratung oder Beschaffung eines Beweismittels, entsteht jedenfalls keine Gebühr VV 4108, 4109, Celle JB **17**, 467. Ein Termin vor einem zB nach § 225 StPO beauftragten oder ersuchten Richter ist keine Hauptverhandlung, Düss AnwBl **80**, 463. Seine Vergütung erfolgt vielmehr nach VV 4102 Z 2. Auch eine Tätigkeit während einer Unterbrechung oder Aussetzung der Hauptverhandlung reicht für VV 4108, 4109 nicht aus. Die Gebühr nach diesen Vorschriften gilt auch einen Besuch in der Untersuchungshaftanstalt oder eine Akteneinsicht oder die Fertigung einer Abschrift oder Ablichtung oder eine sonstige Vorbereitung ab, Oldb JB **07**, 529. Die Wiederaufnahme des Verfahrens erbringt eine Vergütung nach VV 4136 ff.

7 **B. Hauptverhandlungsbeginn.** Die Hauptverhandlung beginnt nach § 243 I StPO mit dem Aufruf der Sache, Köln AnwBl **02**, 113, LG Freibg AnwBl **95**, 626. Sobald dieser Aufruf in der Gegenwart des Verteidigers stattfindet, hat er die volle Terminsgebühr verdient. Es kommt darauf an, ob die Hauptverhandlung gerade für diesen Verteidiger erst an diesem Tag beginnt, Düss JB **03**, 535. Auch wenn der Anwalt erst am objektiv späteren Tag der Hauptverhandlung anwesend sei, verdiente er nach einer anderen Meinung an diesem Tag die Terminsgebühr, unabhängig vom Zeitpunkt seiner Bestellung, Kblz AnwBl **90**, 1630. Die Feststellung der Anwesenheit genügt, LG Freibg AnwBl **95**, 626. Eine Verhandlung zur Sache ist nicht erforderlich.

8 **C. Beispiele zur Frage eines Hauptverhandlungsbeginns**
Ablehnungsantrag: Ein Antrag auf die Ablehnung eines Richters nach §§ 24 ff StPO ist nur nach dem Beginn der Hauptverhandlung nach § 243 I StPO zulässig. Das gilt selbst dann, wenn der Ablehnungsgrund schon vor dem Beginn der Hauptverhandlung bestand und wenn infolgedessen zweifelsfrei feststeht, daß der Verteidiger wegen des Ablehnungsantrags nicht zur Sache verhandelt.
Anwesenheit: Der Nachweis der erforderlichen Anwesenheit des Verteidigers hängt nur bei einer nach § 140 StPO notwendigen Verteidigung von einem entsprechenden Protokollvermerk ab, LG Köln Rpfleger **83**, 502.
9 **Aufhebung:** Eine Terminsaufhebung nach dem Aufruf läßt eine Terminsgebühr unberührt.
Ausscheiden: Die Terminsgebühr des Pflichtverteidigers nach § 141 StPO bleibt dann unberührt, wenn er gleich nach dem Aufruf nach § 243 I StPO deshalb ausscheidet, weil der Angeklagte einen Wahlverteidiger nach § 137 StPO bestellt, LG Saarbr AnwBl **85**, 152.
Keine Terminsgebühr entsteht beim Ausscheiden vor dem Aufruf, Ffm JB **12**, 422.
Außerhalb der Hauptverhandlung: *Keine* Terminsgebühr entsteht nach Rn 6 für eine Tätigkeit zwar während, aber außerhalb der Hauptverhandlung nach §§ 226 ff StPO.
Aussetzung: *Keine* Terminsgebühr entsteht für eine Tätigkeit nur während einer Aussetzung der Hauptverhandlung oder des ganzen Verfahrens.
10 Einspruchsrücknahme: Die Terminsgebühr bleibt unberührt, falls der Angeklagte den Einspruch gegen den Strafbefehl nach § 410 StPO nach dem Aufruf der Sache zurücknimmt, LG Hbg StrV **91**, 481.
Fortsetzung: Bei einer Terminsfortsetzung an demselben Tag liegt nur *ein* Terminstag vor, Hamm JMBlNRW **80**, 116.
Ladung: Eine Terminsgebühr bleibt unberührt, falls das Gericht die Hauptverhandlung vor oder nach ihrem Aufruf deshalb vertagt, weil es den anwesenden Verteidiger nicht ordnungsgemäß geladen hatte und weil er diesen Umstand auch rügt.
11 Nichterscheinen des Angeklagten: Die Terminsgebühr bleibt dann unberührt, wenn zwar der Verteidiger erschienen ist, nicht aber der Angeklagte, § 230 StPO.
S auch Rn 12 „Vertagung".

Nichterscheinen in späterer Verhandlung: Die Terminsgebühr bleibt dann unberührt, wenn der Verteidiger (nur) in einer späteren Verhandlung nicht mehr auftritt, LG Bln JB **83**, 1050, LG Freibg AnwBl **95**, 626, LG Saarbr AnwBl **85**, 152.

Nichterscheinen des Zeugen: Die Terminsgebühr bleibt dann unberührt, wenn zwar der Verteidiger erschienen ist, nicht aber der Zeuge, LG Bln JB **83**, 1049, LG Hbg StrV **91**, 481, LG Saarbr AnwBl **85**, 152.
S auch Rn 12 „Vertagung".

Strafbefehl: Rn 10 „Einspruchsrücknahme".

Trennung: Wenn das Gericht verbundene Sachen nach dem gemeinsamen Aufruf 12 trennt, können die Gebühren ab der Trennung mehrfach entstehen, Bre MDR **75**, 514. Dann kommt es nicht darauf an, in welchem Zeitpunkt nach dem Aufruf die Trennung stattfindet, Bre MDR **75**, 514.

Unterbrechung: *Keine* Terminsgebühr entsteht für eine Tätigkeit nur während einer Unterbrechung der Hauptverhandlung oder des ganzen Verfahrens, Celle JB **17**, 467.
Eine kurze *Pause* ist keine Unterbrechung.

Verbindung: Soweit das Gericht erst nach dem Beginn der Hauptverhandlung mit dieser Sache weitere Sachen mindestens stillschweigend nach § 237 StPO verbindet, hat in jeder dieser Sachen eine Hauptverhandlung begonnen. Daher bleiben die bis zur Verbindung in jedem Einzelverfahren entstandenen Gebühren erhalten, Köln AnwBl **02**, 113, aM Saarbr JB **99**, 471, LG Wuppert JB **75**, 1610. Erst ab einer Verbindung kann nur eine einheitliche Gebühr entstehen, aM Celle JB **11**, 526.

Vertagung: Wenn das Gericht schon *vor* dem Aufruf der Sache feststellt, daß die Beteiligten nicht oder nicht vollständig erschienen sind, und deshalb eine Vertagung anordnet, hat die Hauptverhandlung zwar nicht begonnen, LG Schweinfurt JB **80**, 573. Indessen kann die Terminsgebühr nach der amtlichen Vorbemerkung 4 III 2, 3 trotzdem entstehen. Eine Vertagung *nach* dem Aufruf läßt eine Terminsgebühr unberührt.
S auch Rn 10 „Ladung".

Nicht ausreichend sind zB: Eine Tätigkeit während, aber außerhalb der Hauptverhandlung nach Rn 6; eine solche während einer Aussetzung oder Unterbrechung der Hauptverhandlung. Ihre kurze Pause ist keine Unterbrechung. Bei einer Terminsfortsetzung an demselben Tag liegt nur *ein* Terminstag vor, Hamm JMBlNRW **80**, 116.

D. Ende durch Urteil. Die Hauptverhandlung endet gebührenrechtlich zunächst 13 durch die vollständige Verkündung eines Urteils nebst seiner Begründung und der vorgeschriebenen Rechtsmittelbelehrung nach § 260 I StPO, Celle JB **17**, 467, Düss AnwBl **11**, 318. Soweit kein Beteiligter gegen dieses Urteil ein Rechtsmittel einlegt, endet der Rechtszug bereits mit der Verkündung des Urteils gebührenrechtlich. Soweit ein Rechtsmittel erfolgt, endet der Rechtszug für den bisherigen Verteidiger gebührenrechtlich nach § 19 I 2 Z 10 Hs 1 erst mit dessen Einlegung. Die Rechtsmittelbegründung zB nach § 317 StPO gehört zum nächsten Rechtszug, LG Kref NJW **76**, 2275.

E. Ende durch Einstellungsbeschluß. Die Hauptverhandlung endet ferner mit 14 einem Einstellungsbeschluß zB nach § 153 II oder nach § 153a II StPO.

F. Ende durch Verweisung. Die Hauptverhandlung endet auch mit dem wirk- 15 samen Erlaß einer solchen Entscheidung nach § 270 StPO, durch die sich das Gericht für unzuständig erklärt und das Verfahren daher an ein anderes Gericht verweist, Hbg MDR **81**, 519. Vgl auch Rn 16 ff. Das Verfahren vor dem verweisenden und vor demjenigen Gericht, an das die Verweisung erfolgt, ist dann nach § 20 I derselbe Rechtszug. Soweit der Gebührentatbestand noch nicht abgeschlossen war, kann der höhere Rahmen anwendbar sein, Hbg MDR **90**, 361. Eine Zurückverweisung führt nach § 20 I zu einem neuen Rechtszug.

5) Gebührenhöhe. Man muß drei Merkmale unterscheiden. Sie richten sich ei- 16 nerseits nach der Terminsdauer, andererseits nach der Tätigkeitsart und schließlich nach der Anwaltsart. Je angebrochenen Terminstag (0–24 Uhr unabhängig davon, ob Werk- oder Feier- oder Sonntag) mit einer Teilnahme dieses Verteidigers als solchem entsteht diesem eine Terminsgebühr. Das gilt selbst dann, wenn die Urteilsverkündung um 24 Uhr des vorangegangenen Terminstags noch nicht vollständig nach Rn 13 endete. Die Gebühr ist beim Wahlanwalt eine Betragsrahmengebühr nach Einl II A 12. Stets muß man bei ihm § 14 mitbeachten, AG Hbg-Wandsbek JB **12**, 26, LSG Schlesw AnwBl **17**, 449 (Wartezeit bei mehr als 15 Minuten). Wichtig ist dabei die Terminsdauer im Bereich bis zu 5 Stunden, Düss JB **17**, 468. Beim längeren Termin gelten VV 4110, 4111. Das übersieht LG Kblz JB **09**, 253. Unerheblich ist, ob es sich um einen Fortsetzungstermin handelt. Man kann bei 27 Minuten noch gerade unter der Mittelgebühr bleiben, LG Kblz Rpfleger **09**, 698, und bei 30 Minuten und durchschnittlichen Merkmalen die Mittelgebühr schon anwenden, AG Trier JB **05**, 419, aM LG Kblz JB **10**, 475 (35 Minuten), und sie bei 155 Minuten steigern, AG Betzdorf JB **07**, 311, sie bei 115 Minuten noch beibehalten, AG Westerburg JB **07**, 310. Man kann aber auch einmal unter der Mittelgebühr bleiben, AG Kblz JB **05**, 33. Das gilt erst recht bei nur 25 Minuten, AG Westerburg JB **07**, 311, oder bei nur 20 Minuten Terminsdauer, LG Kblz **06**, 364 (140 EUR), AG Andernach JB **05**, 594, oder bei nur 16 Minuten, AG Kblz JB **05**, 594.

Die *Mittelgebühr* beim Wahlanwalt beträgt ohne Zuschlag 275 EUR, mit Zuschlag (also unter den Voraussetzungen der amtlichen Vorbemerkung 4 IV) 335 EUR. Beim *beigeordneten* oder bestellten Anwalt entsteht eine Festgebühr nach Einl II A 14. Auch sie hat ohne Zuschlag eine geringere Höhe als mit einem solchen. Je Terminstag kann eine unterschiedliche Höhe der Terminsgebühr angemessen sein. Ob ein Zuschlag entsteht, muß man für jeden Terminstag gesondert prüfen. Dabei kommt es auf den Zustand nicht beim Tagesbeginn, sondern beim Terminsbeginn und beim Terminsende an.

Die Stundendauer pro Terminstag darf man nur nach VV 4110, 4111 berücksichtigen.

17 6) **Kostenerstattung**, dazu *Meyer* JB **09**, 126 (Üb): Sie richtet sich nach §§ 464 a ff StPO. Nach einem unentschuldigten Ausbleiben im Termin gibt auch ein Freispruch keinen Erstattungsanspruch, AG Kblz NJW **07**, 3083.

Nr.	Gebührentatbestand	Gebühr oder Satz der Gebühr nach § 13 oder § 49 RVG	
		Wahlanwalt	gerichtlich bestellter oder beigeordneter Rechtsanwalt
4110	Der gerichtlich bestellte oder beigeordnete Rechtsanwalt nimmt mehr als 5 und bis 8 Stunden an der Hauptverhandlung teil: Zusätzliche Gebühr neben der Gebühr 4108 oder 4109		110,00 €
4111	Der gerichtlich bestellte oder beigeordnete Rechtsanwalt nimmt mehr als 8 Stunden an der Hauptverhandlung teil: Zusätzliche Gebühr neben der Gebühr 4108 oder 4109		220,00 €

Zu VV 4110, 4111:

1 1) **Überlange Stundendauer pro Terminstag**, dazu *Fromm* JB **14**, 564 (Üb): Die Vorschriften erfassen eine überlange Stundendauer der Hauptverhandlung. Sie gelten je Terminstag neu. Das folgt daraus, daß sie auf VV 4108, 4109 verweisen und daß das Gesetz dort „je Hauptverhandlungstag" rechnet. Wenn also zB die Hauptverhandlung am Montag von 9 bis 10 Uhr dauerte, am Dienstag von 9 bis 15 Uhr, muß man die Terminsgebühr für Montag nach VV 4108, 4109 berechnen, für Dienstag nach VV 4110, nicht etwa für beide Tage zusammen nur einmal nach VV 4110. Auch hier rechnet der Terminstag ohne Rücksicht auf einen Werk- oder

Vergütungsverzeichnis **4110–4113 VV**

Feiertag von 0–24 Uhr. Innerhalb der Stundenberechnung ist der anberaumte Beginn und der gerichtlich angeordnete Schluß der Verhandlung maßgebend, Celle JB **16**, 574, Düss JB **06**, 641, Kblz NJW **06**, 1150. Daher rechnet die erste Terminsstunde bei einer Terminsanberaumung zu 9,00 Uhr auch dann von 9,00 Uhr an, wenn der Anwalt bereits dann anwesend ist und wenn das Gericht die Sache erst um 9,10 Uhr aufruft usw, Karlsr Rpfleger **05**, 627, Stgt Rpfleger **06**, 36, LG Bln JB **06**, 28.

2) Pause. Eine Pause an demselben Tag läßt grundsätzlich die „Uhr weiterlaufen", Düss JB **06**, 641, Jena JB **12**, 144, KG JB **10**, 363 links, aM Celle JB **16**, 574 (Abzug bei über einer Stunde oder bei der Mittagspause), Hamm Rpfleger **06**, 433. Eine Verschiebung des tatsächlichen Terminsbeginns zu Beginn oder nach einer Pause läßt grundsätzlich ebenfalls die Uhr weiterlaufen. Das gilt auch zur Mittagszeit, Brschw AnwBl **17**, 672, AG Betzdorf JB **09**, 427, aM Celle JB **14**, 301, Jena JB **12**, 144. Alles andere würde zu unfruchtbaren Streitereien führen, Kblz NJW **06**, 1149, aM Zweibr Rpfleger **06**, 669 (schon bei 90 Minuten: Verkürzung). Ob bei einer extrem langen „Pause" zB von 9.30 Uhr–15.00 Uhr an demselben Tag eine Ausnahme gerechtfertigt wäre, muß man nach den Umständen entscheiden, Stgt Rpfleger **06**, 36. Auch eine solche Unterbrechung zählt nicht mit, die der Verteidiger für eine andere Sache erhält, Kblz NJW **06**, 1150. 2

3) Erscheinen. Natürlich setzt die gesamte Stundenberechnung voraus, daß der Anwalt nach VV 4102, 4103 Rn 11 erschienen war, Karlsr Rpfleger **05**, 627. Es wäre verfehlt, dem erst zum Beginn der fünften Stunde erschienenen Anwalt nur deshalb die höhere Gebühr zuzubilligen, weil das Gericht sechs Stunden lang tagte, aM KG JB **11**, 480. Freilich spielt das alles beim zB nach § 141 StPO beigeordneten oder bestellten Anwalt nur theoretisch eine Rolle. Es ist ratsam, bei ihm die Uhrzeiten im Protokoll festzuhalten. Bei Zweifeln gelten die prozessualen Auslegungsregeln. Reisezeiten zählen nicht mit, LG Magdeb JB **06**, 196 (zu VV 4122). 3

4) Bestellter oder beigeordneter Anwalt. Nur für ihn gelten VV 4110, 4111. Der Wahlanwalt nach § 137 StPO beruft sich auf § 14 und verlangt die angemessene Beachtung der Stundendauer je Terminstag innerhalb seines Rahmens oder hat ein Stundenhonorar nach § 3a wirksam vereinbart. 4

5) Kostenerstattung. Sie richtet sich nach §§ 464a ff StPO. 5

Nr.	Gebührentatbestand	Gebühr oder Satz der Gebühr nach § 13 oder § 49 RVG	
		Wahlanwalt	gerichtlich bestellter oder beigeordneter Rechtsanwalt
4112	Verfahrensgebühr für den ersten Rechtszug vor der Strafkammer .... Die Gebühr entsteht auch für Verfahren 1. vor der Jugendkammer, soweit sich die Gebühr nicht nach Nummer 4118 bestimmt, 2. im Rehabilitierungsverfahren nach Abschnitt 2 StrRehaG.	50,00 bis 320,00 €	148,00 €
4113	Gebühr 4112 mit Zuschlag	50,00 bis 400,00 €	180,00 €

Zu VV 4112, 4113:

1) Systematik. Es gelten dieselben Erwägungen wie bei VV 4106 Rn 1. VV 4118, 4119 haben als Spezialregelungen den Vorrang. Zur Verfahrensgebühr kann eine Terminsgebühr VV 4114–4117 hinzutreten. 1

2) Regelungszweck. Auch insofern gilt dasselbe wie bei VV 4106 Rn 2. 2

VV 4113–4115

3 3) **Sachlicher Geltungsbereich.** Auch hier muß man zwei Merkmale unterscheiden.

  A. **Verfahrensabschnitt.** Es gelten dieselben Erwägungen wie bei VV 4106 Rn 3.

4 B. **Strafkammer.** VV 4112, 4113 erfassen das Verfahren im ersten Rechtszug vor der Großen Strafkammer des LG, § 74 I GVG, mit Ausnahme desjenigen nach §§ 74a und c GVG. Diese letzteren Verfahren (Staatsschutz- und Wirtschaftsstrafkammer) gehören zu VV 4118, 4119. Dorthin zählt auch die Jugendkammer, soweit sie in einer derjenigen Sache entscheidet, die die amtliche Anmerkung zu VV 4106 aufzählt. Die restlichen Sachen der Jugendkammer gehören nach VV 4112 amtliche Anmerkung Z 1 zu VV 4112, 4113. Es vergütet auch ein vorbereitendes Verfahren mit, KG Rpfleger **15**, 598. Ferner gehört hierher nach VV 4112 amtliche Anmerkung Z 2 ein Rehabilitierungsverfahren nach Abschnitt 2 StrRehaG. Maßgeblich ist jeweils, vor welchem Gericht das Hauptverfahren tatsächlich stattfindet, Bbg JB **79**, 1527, Hbg JB **99**, 81.

5 4) **Persönlicher Geltungsbereich.** Es gelten dieselben Überlegungen wie bei VV 4106 Rn 5.

6 5) **Gebührenhöhe.** Beim Wahlanwalt ist § 14 anwendbar. Auch hier gilt grundsätzlich dasselbe wie bei VV 4106 Rn 6.

Die *Mittelgebühr* beim Wahlanwalt beträgt ohne Zuschlag 185 EUR, mit Zuschlag (also unter den Voraussetzungen der amtlichen Vorbemerkung 4 IV) 225 EUR. Beim beigeordneten oder bestellten Anwalt entsteht auch hier eine Festgebühr. Auch sie hat ohne Zuschlag eine geringere Höhe als mit solchem.

7 6) **Kostenerstattung.** Sie richtet sich auch hier nach §§ 464a ff StPO.

Nr.	Gebührentatbestand	Gebühr oder Satz der Gebühr nach § 13 oder § 49 RVG	
		Wahlanwalt	gerichtlich bestellter oder beigeordneter Rechtsanwalt
4114	Terminsgebühr je Hauptverhandlungstag in den in Nummer 4112 genannten Verfahren	80,00 bis 560,00 €	256,00 €
4115	Gebühr 4114 mit Zuschlag	80,00 bis 700,00 €	312,00 €

Zu VV 4114, 4115:

1 1) **Systematik.** Es gelten dieselben Erwägungen wie bei VV 4108, 4109 Rn 1.

2 2) **Regelungszweck.** Auch hier gilt dasselbe wie bei VV 4108, 4109 Rn 2.

3 3) **Geltungsbereich.** Auch insofern gilt dasselbe wie bei VV 4108, 4109 Rn 3 mit seiner Verweisung auf VV 4106, 4107 Rn 3–5.

4 4) **Hauptverhandlung.** Es gelten dieselben Erwägungen wie bei VV 4108, 4109, Rn 6–15.

5 5) **Gebührenhöhe.** Auch insofern gelten die Erwägungen VV 4108, 4109 Rn 16 grundsätzlich ebenso. Beim Wahlanwalt ist § 14 anwendbar.

Die *Mittelgebühr* beim Wahlanwalt beträgt ohne Zuschlag 320 EUR, mit Zuschlag (also unter den Voraussetzungen der amtlichen Vorbemerkung 4 IV) 390 EUR. Beim beigeordneten oder bestellten Anwalt entsteht auch hier eine Festgebühr. Auch sie hat ohne Zuschlag eine geringere Höhe als mit solchem. Je Terminstag kann eine unterschiedliche Höhe der Terminsgebühr angemessen sein.

6 6) **Kostenerstattung.** Sie richtet sich auch hier nach §§ 464a ff StPO.

Vergütungsverzeichnis **4116–4119 VV**

Nr.	Gebührentatbestand	Gebühr oder Satz der Gebühr nach § 13 oder § 49 RVG	
		Wahlanwalt	gerichtlich bestellter oder beigeordneter Rechtsanwalt
4116	Der gerichtlich bestellte oder beigeordnete Rechtsanwalt nimmt mehr als 5 und bis 8 Stunden an der Hauptverhandlung teil: Zusätzliche Gebühr neben der Gebühr 4114 oder 4115		128,00 €
4117	Der gerichtlich bestellte oder beigeordnete Rechtsanwalt nimmt mehr als 8 Stunden an der Hauptverhandlung teil: Zusätzliche Gebühr neben der Gebühr 4114 oder 4115		256,00 €

Zu VV 4116, 4117:

1) Überlange Stundendauer pro Terminstag. Es gelten dieselben Erwägungen 1
wie bei VV 4110, 4111 Rn 1, 2, auch zur etwaigen Pause.

2) Bestellter oder beigeordneter Anwalt. Hier gilt dasselbe wie bei VV 4110, 2
4111 Rn 3. Karlsr JB **16**, 194 hält VV 4116 beim bestellten Verteidiger dann für unanwendbar, wenn er Wahlverteidigergebühren beansprucht (?).

3) Kostenerstattung. Sie richtet sich auch hier nach §§ 464 a ff StPO. 3

Nr.	Gebührentatbestand	Gebühr oder Satz der Gebühr nach § 13 oder § 49 RVG	
		Wahlanwalt	gerichtlich bestellter oder beigeordneter Rechtsanwalt
4118	Verfahrensgebühr für den ersten Rechtszug vor dem Oberlandesgericht, dem Schwurgericht oder der Strafkammer nach den §§ 74 a und 74 c GVG	100,00 bis 690,00 €	316,00 €
	Die Gebühr entsteht auch für Verfahren vor der Jugendkammer, soweit diese in Sachen entscheidet, die nach den allgemeinen Vorschriften zur Zuständigkeit des Schwurgerichts gehören.		
4119	Gebühr 4118 mit Zuschlag	100,00 bis 862,50 €	385,00 €

Zu VV 4118, 4119:

1) Systematik. Es gelten dieselben Erwägungen wie bei VV 4106 Rn 1. 1

2) Regelungszweck. Auch insofern gilt dasselbe wie bei VV 4106 Rn 2. 2

3) Sachlicher Geltungsbereich. Auch hier muß man zwei Merkmale unter- 3
scheiden.

A. Verfahrensabschnitt. Es gelten dieselben Erwägungen wie bei VV 4106 Rn 3.

B. OLG, Strafkammer nach §§ 74 a, c GVG. VV 4118, 4119 erfassen das Ver- 4
fahren im ersten Rechtszug vor dem Strafsenat des OLG, vor der Großen Strafkammer des LG nach §§ 74 a und 74 c GVG (Staatsschutz- und Wirtschaftsstrafkammer).

2001

VV 4118–4122

Das Verfahren vor einer anderen Großen Strafkammer zählt zu VV 4112, 4113. Vgl zur Abgrenzung VV 4112, 4113 Rn 4. Ferner gehört das in VV 4118 amtliche Anmerkung genannte Verfahren vor der Jugendkammer hierher, LG Köln MDR 89, 844.

5   **4) Persönlicher Geltungsbereich.** Es gelten dieselben Überlegungen wie bei VV 4106, 4107 Rn 5. Es reicht nach VV 4112, 4113 Rn 4, daß für einen von mehreren Angeklagten die Große Strafkammer des LG zuständig ist, zumal es ja nur darauf ankommt, vor welchem Gericht das Hauptverfahren tatsächlich stattfindet.

6   **5) Gebührenhöhe.** Auch hier gilt grundsätzlich dasselbe wie bei VV 4106 Rn 6.
Die *Mittelgebühr* beim Wahlanwalt beträgt ohne Zuschlag 395 EUR, mit Zuschlag (also unter den Voraussetzungen der amtlichen Vorbemerkung 4 IV) 481,25 EUR. Beim beigeordneten oder bestellten Anwalt entsteht auch hier eine Festgebühr. Auch sie hat ohne Zuschlag eine geringere Höhe als mit solchem.

7   **6) Kostenerstattung.** Sie richtet sich auch hier nach §§ 464a ff StPO.

Nr.	Gebührentatbestand	Gebühr oder Satz der Gebühr nach § 13 oder § 49 RVG	
		Wahlanwalt	gerichtlich bestellter oder beigeordneter Rechtsanwalt
4120	Terminsgebühr je Hauptverhandlungstag in den in Nummer 4118 genannten Verfahren	130,00 bis 930,00 €	424,00 €
4121	Gebühr 4120 mit Zuschlag	130,00 bis 1162,50 €	517,00 €

Zu VV 4120, 4121:

1   **1) Systematik.** Es gelten dieselben Erwägungen wie bei VV 4108, 4109 Rn 1.

2   **2) Regelungszweck.** Auch hier gilt dasselbe wie bei VV 4108, 4109 Rn 2.

3   **3) Geltungsbereich.** Auch insofern gilt dasselbe wie bei VV 4108, 4109 Rn 3 mit seiner Verweisung auf VV 4106, 4107 Rn 3–5.

4   **4) Hauptverhandlung.** Es gelten dieselben Erwägungen wie bei VV 4108, 4109, dort Rn 6–15.

5   **5) Gebührenhöhe.** Auch insofern gelten die Erwägungen VV 4108, 4109 Rn 16 grundsätzlich ebenso. Beim Wahlanwalt ist § 14 anwendbar.
Die *Mittelgebühr* beim Wahlanwalt beträgt ohne Zuschlag 530 EUR, mit Zuschlag (also unter den Voraussetzungen der amtlichen Vorbemerkung 4 IV) 646,25 EUR. Beim beigeordneten oder bestellten Anwalt entsteht auch hier eine Festgebühr. Auch sie hat ohne Zuschlag eine geringere Höhe als mit solchem. Je Terminstag kann eine unterschiedliche Höhe der Terminsgebühr angemessen sein.

6   **6) Kostenerstattung.** Sie richtet sich auch hier nach §§ 464a ff StPO.

Nr.	Gebührentatbestand	Gebühr oder Satz der Gebühr nach § 13 oder § 49 RVG	
		Wahlanwalt	gerichtlich bestellter oder beigeordneter Rechtsanwalt
4122	Der gerichtlich bestellte oder beigeordnete Rechtsanwalt nimmt mehr als 5		

Vergütungsverzeichnis   **4122–4129 VV**

Nr.	Gebührentatbestand	Gebühr oder Satz der Gebühr nach § 13 oder § 49 RVG	
		Wahlanwalt	gerichtlich bestellter oder beigeordneter Rechtsanwalt
	und bis 8 Stunden an der Hauptverhandlung teil: Zusätzliche Gebühr neben der Gebühr 4120 oder 4121		212,00 €
4123	Der gerichtlich bestellte oder beigeordnete Rechtsanwalt nimmt mehr als 8 Stunden an der Hauptverhandlung teil: Zusätzliche Gebühr neben der Gebühr 4120 oder 4121		424,00 €

Zu VV 4122, 4123:

1) **Überlange Stundendauer pro Terminstag.** Es gelten dieselben Erwägungen wie bei VV 4110, 4111 Rn 1, 2, auch zur etwaigen Pause. **1**

2) **Bestellter oder beigeordneter Anwalt.** Auch hier gilt dasselbe wie bei VV 4110, 4111 Rn 3. **2**

3) **Kostenerstattung.** Sie richtet sich auch hier nach §§ 464 a ff StPO. **3**

Berufung

Nr.	Gebührentatbestand	Gebühr oder Satz der Gebühr nach § 13 oder § 49 RVG	
		Wahlanwalt	gerichtlich bestellter oder beigeordneter Rechtsanwalt
4124	Verfahrensgebühr für das Berufungsverfahren	80,00 bis 560,00 €	256,00 €
	Die Gebühr entsteht auch für Beschwerdeverfahren nach § 13 StrRehaG.		
4125	Gebühr 4124 mit Zuschlag	80,00 bis 700,00 €	312,00 €
4126	Terminsgebühr je Hauptverhandlungstag im Berufungsverfahren	80,00 bis 560,00 €	256,00 €
	Die Gebühr entsteht auch für Beschwerdeverfahren nach § 13 StrRehaG.		
4127	Gebühr 4126 mit Zuschlag	80,00 bis 700,00 €	312,00 €
4128	Der gerichtlich bestellte oder beigeordnete Rechtsanwalt nimmt mehr als 5 und bis 8 Stunden an der Hauptverhandlung teil: Zusätzliche Gebühr neben der Gebühr 4126 oder 4127		128,00 €
4129	Der gerichtlich bestellte oder beigeordnete Rechtsanwalt nimmt mehr als		

VV 4124–4129 Vergütungsverzeichnis

Nr.	Gebührentatbestand	Gebühr oder Satz der Gebühr nach § 13 oder § 49 RVG	
		Wahlanwalt	gerichtlich bestellter oder beigeordneter Rechtsanwalt
	8 Stunden an der Hauptverhandlung teil: Zusätzliche Gebühr neben der Gebühr 4126 oder 4127		256,00 €

Zu VV 4124–4129:

Gliederung

1) **Systematik**	1
2) **Regelungszweck**	2
3) **Verfahrensgebühr, VV 4124, 4125**	3–7
A. Grundsatz: Pauschale Gesamtabgeltung	3, 4
B. Abgeltungsbereich im einzelnen	5–7
4) **Terminsgebühr, VV 4126–4129**	8, 9
A. Beginn, Ende	8
B. Abgeltungsbereich	9
5) **Gebührenhöhe**	10–12
A. Verfahrensgebühr	10
B. Terminsgebühr	11, 12
6) **Kostenerstattung**	13

1   **1) Systematik.** Die Vorschriften gelten für denjenigen nach § 137 StPO gewählten Verteidiger, der die Verteidigung für das gesamte Berufungsverfahren durchführen soll, und für den dazu nach § 141 StPO gerichtlich bestellten oder beigeordneten Anwalt. Es handelt sich beim Wahlanwalt um Betragsrahmengebühr nach Einl II A 12 und bei beiden Arten von Verteidigern um Pauschgebühren nach Einl II A 9. Das Berufungsverfahren beginnt nach Rn 6 mit der Einlegung der Berufung nach § 314 I StPO und für den erstinstanzlichen Verteidiger nach § 19 I 2 Z 10 Hs 1 mit der ersten Tätigkeit nach der Berufungseinlegung. Die Pauschgebühren gelten nach der amtlichen Vorbemerkung 4.1 II 1 die gesamte Tätigkeit im Berufungsrechtszug ab. Der Umfang der Anfechtung des Urteils läßt sich nur bei § 14 berücksichtigen. Neben den Pauschgebühren 4124–4129 sind VV 4300 ff grundsätzlich nicht anwendbar. Die Gebühren VV 4124, 4126 gelten nach ihren amtlichen Anmerkungen auch für das Beschwerdeverfahren nach § 13 StrRehaG.

Freilich ist zB *VV 4300* ausnahmsweise dann anwendbar, wenn sich der Auftrag auf die Einlegung, Begründung oder Beantwortung der Berufung beschränkt und wenn den Anwalt insofern nicht die amtliche Vorbemerkung 4.1 II 1 beurteilt. Der jetzt erstmals in diesem Verfahren tätige Verteidiger erhält auch die Grundgebühr VV 4100.

Das Beschwerdeverfahren nach §§ 304 ff StPO gehört gebührenrechtlich *nicht zur 2. Instanz,* sondern zur 1. Instanz.

2   **2) Regelungszweck.** Wie bei VV 4100 dienen auch bei VV 4124–4129 die Rahmengebühren nach Einl II A 12, 13 einerseits der Vereinfachung, andererseits der Möglichkeit und Notwendigkeit, den außerordentlich unterschiedlichen Anforderungen im Einzelfall einigermaßen gerecht zu werden. Bei der Ermittlung des richtigen Betrags muß man beim Wahlverteidiger nach § 137 StPO stets § 14 mit seinen von der Rechtsprechung und Lehre entwickelten zahlreichen Aspekten voll beachten.

3   **3) Verfahrensgebühr, VV 4124, 4125.** Der folgende Grundsatz hat eine Reihe von Auswirkungen.

A. Grundsatz: Pauschale Gesamtabgeltung. Wie für das erstinstanzliche Verfahren enthalten die Vorschriften für das Berufungsverfahren eine Sonderregelung für eine auftragsgemäße Tätigkeit innerhalb oder außerhalb einer Hauptverhandlung nach §§ 324 ff StPO, also vor ihr oder während der Hauptverhandlung oder nach ihr. Hierher zählt ferner, daß der Verteidiger lediglich das Rechtsmittel gegen das Ersturteil einlegt, aM LG Hann JB **14**, 190 (nicht, soweit er dieses Rechtsmittel vom Verhalten der Staatsanwaltschaft abhängig macht. Das ist ganz systemwidrig). Weiterhin zählt die Berufungsbegründung nach § 317 StPO hierher, ebenso die Erwiderung auf die Berufung der Staatsanwaltschaft.

Außerdem gelten VV 4124, 4125 dann, wenn *überhaupt keine Hauptverhandlung* vor dem Berufungsgericht stattfindet. Diese Situation kann zB dann eintreten, wenn der Berufungsführer die Berufung vor dem Beginn der Hauptverhandlung nach § 302 StPO zurücknimmt, aM KG JB **12**, 471 (aber das Berufungsverfahren hatte begonnen), und dann auch die Zusatzgebühr VV 4141 amtliche Anmerkung I Z 3 erhalten kann. Die Situation kann ferner dann eintreten, wenn das Berufungsgericht die Berufung durch einen Beschluß als unzulässig nach § 322 I 1 StPO verwirft. 4

B. Abgeltungsbereich im einzelnen. Die Gebühren VV 4124, 4125 entstehen mit jeder Tätigkeit, die sich auf die Ausführung des Auftrags der Verteidigung in der Berufungsinstanz richtet. Soweit der Verteidiger bereits im ersten Rechtszug tätig war, gelten VV 4100 ff nach § 19 I 2 Z 10 Hs 1 noch die Einlegung der Berufung nach § 314 StPO einschließlich der diesbezüglichen Beratung ab. Die neue Gebühreninstanz beginnt für diesen Verteidiger also erst nach der Einlegung der Berufung. 5

Soweit der Angeklagte den Verteidiger aber erstmals für die Berufungsinstanz bestellt oder beauftragt hat, verdient er die Gebühr bereits mit der Aufnahme der auftragsgemäßen *Information* zur Einlegung der Berufung, LG Kref NJW **76**, 2275. Diese Tätigkeit fällt dann nach § 19 I 2 Z 10 Hs 2 in die Berufungsinstanz. 6

Soweit die *Staatsanwaltschaft* eine Berufung eingelegt hat, entsteht die Gebühr des Verteidigers stets mit der auftragsgemäßen Aufnahme der Information zur Entgegnung. Das gilt auch dann, wenn die Staatsanwaltschaft die Berufung nach § 302 StPO zurücknimmt, bevor das Gericht sie dem Angeklagten mitgeteilt hat, LG Köln JB **11**, 307, LG Verden AnwBl **77**, 321, oder bevor die Staatsanwaltschaft die Berufung nach § 317 StPO begründet hat, LG Bln AnwBl **87**, 53, LG Düss AnwBl **83**, 461, LG Flensb JB **82**, 1363, aM Düss JB **99**, 193, LG Ansbach JB **80**, 402, LG Detm JB **17**, 585, LG Wuppert JB **80**, 1208 (aber auch dann hat der Verteidiger evtl schon ganz erhebliche Leistungen erbracht. Sie verdienen eine Vergütung). 7

4) Terminsgebühr, VV 4126–4129. Es gibt zwei Aspekte. 8

A. Beginn, Ende. Die Hauptverhandlung beginnt wie diejenige der ersten Instanz mit dem Aufruf der Sache nach §§ 324 I 1, 243 I 1 StPO. Eine Unterbrechung für gut zwei Stunden kann unschädlich sein, LG Hbg JB **10**, 304. Sie endet ebenso wie diejenige der ersten Instanz mit dem Urteil nach § 328 StPO. Nach der amtlichen Vorbemerkung 4 III 2 entsteht die Terminsgebühr auch dann, wenn der Anwalt zu einem anberaumten Termin auftragsgemäß erscheint, der dann aber aus einem nicht vom Anwalt zu vertretenden Grund nicht stattfindet, LG Potsd Rpfleger **15**, 598, es sei denn, der Anwalt habe von diesem Umstand rechtzeitig Kenntnis erhalten, sei es auch erst auf dem Weg zum Termin per Handy (dann erhält er die Fahrtkosten ersetzt).

B. Abgeltungsbereich. Eine Terminsgebühr gilt die gesamte Tätigkeit des Verteidigers ab. Hierher gehört auch die Wahrnehmung eines Termins vor einem beauftragten Richter, LG Düss MDR **81**, 1041. Eine Terminsgebühr gilt aber nicht eine solche Tätigkeit ab, die im Berufungsverfahren außerhalb der zweitinstanzlichen Hauptverhandlung stattfindet. Denn dann ist VV 4141 anwendbar. 9

5) Gebührenhöhe. Man muß mehrere Merkmale unterscheiden. Sie richten sich teils nach der Anwaltsart, teils nach der Tätigkeitsart, teils nach der Tätigkeitsdauer. 10

A. Verfahrensgebühr. Sie ist beim Wahlanwalt eine Rahmengebühr. Stets muß man bei ihm § 14 mitbeachten.

Die *Mittelgebühr* beim Wahlanwalt beträgt ohne Zuschlag 360 EUR, mit Zuschlag (also unter den Voraussetzungen der amtlichen Vorbemerkung IV zu Teil 4) 390 EUR. Beim beigeordneten oder bestellten Anwalt entsteht eine Festgebühr. Auch sie hat ohne Zuschlag eine geringere Höhe als mit solchem.

B. Terminsgebühr. Sie ist beim Wahlanwalt ebenfalls eine zusätzliche Rahmengebühr nach Einl II A 12, 13. Auch bei ihr ist stets § 14 mitbeachtbar. 3½ Stunden Terminsdauer können selbst bei einer Beschränkung auf das Strafmaß die Mittelgebühr 11

VV 4124–4135 Vergütungsverzeichnis

rechtfertigen, LG Wiesb JB 07, 27. Auch 2–2,5 Stunden können die Mittelgebühr auslösen, 50 Minuten nur eine zweifache Mindestgebühr, LG Hann JB 11, 304. Das gilt erst recht bei einer erst am Schluß der Beweisaufnahme erklärten Beschränkung, AG Kblz JB 08, 321. Die Mittelgebühr beim Wahlanwalt beträgt ohne Zuschlag 360 EUR, mit Zuschlag 390 EUR, wie bei der Verfahrensgebühr.

12 Beim nach § 141 StPO *beigeordneten oder bestellten* Anwalt entsteht stets eine Festgebühr nach Einl II A 14. Auch sie ist ohne Zuschlag niedriger als mit Zuschlag. Die Festgebühr der so ermittelten Höhe kann sich aber zusätzlich infolge einer Terminsdauer von über 5 Stunden nach VV 4128 oder sogar VV 4129 um den dort jeweils ausgewiesenen weiteren Festbetrag erhöhen. Dieser letztere Erhöhungsbetrag entsteht dann in jeweils derselben Höhe unabhängig davon, ob die Terminsgebühr des VV 4126 oder des VV 4127 entstanden ist. Längere Terminsdauer ergibt also nicht einen weiteren Zuschlag.

13 **6) Kostenerstattung.** Sie richtet sich nach §§ 464a ff StPO. Wenn die Staatsanwaltschaft ihre Berufung nach § 302 StPO vor deren Begründung nach § 317 StPO zurücknimmt, erhält der Angeklagte keine Erstattung seiner Anwaltskosten des Berufungsverfahrens, Bre NJW 12, 1621, LG Bochum JB 07, 38 (abl Madert), LG Kblz JB 09, 198.

Revision

Nr.	Gebührentatbestand	Gebühr oder Satz der Gebühr nach § 13 oder § 49 RVG	
		Wahlanwalt	gerichtlich bestellter oder beigeordneter Rechtsanwalt
4130	Verfahrensgebühr für das Revisionsverfahren	120,00 bis 1110,00 €	492,00 €
4131	Gebühr 4130 mit Zuschlag	120,00 bis 1387,50 €	603,00 €
4132	Terminsgebühr je Hauptverhandlungstag im Revisionsverfahren	120,00 bis 560,00 €	272,00 €
4133	Gebühr 4132 mit Zuschlag	120,00 bis 700,00 €	328,00 €
4134	Der gerichtlich bestellte oder beigeordnete Rechtsanwalt nimmt mehr als 5 und bis 8 Stunden an der Hauptverhandlung teil: Zusätzliche Gebühr neben der Gebühr 4132 oder 4133		136,00 €
4135	Der gerichtlich bestellte oder beigeordnete Rechtsanwalt nimmt mehr als 8 Stunden an der Hauptverhandlung teil: Zusätzliche Gebühr neben der Gebühr 4132 oder 4133		272,00 €

Zu VV 4130–4135:

Gliederung

1) Systematik	1
2) Regelungszweck	2
3) Verfahrensgebühr, VV 4130, 4131	3–8

Vergütungsverzeichnis **4130–4135 VV**

A. Anwendbarkeit 3
B. Beispiele zur Frage einer Anwendbarkeit 4–8
4) **Terminsgebühr, VV 4132–4135** 9–11
  A. Pauschale Gesamtabspaltung 9
  B. Eintägige Hauptverhandlung 10
  C. Mehrtägige Hauptverhandlung 11
5) **Gebührenhöhe** 12–14
  A. Verfahrensgebühr 12
  B. Terminsgebühr 13, 14
6) **Kostenerstattung** 15

1) Systematik. Die Vorschriften bestimmen die Vergütung desjenigen Anwalts, **1**
dem der Angeklagte die Verteidigung im gesamten Revisionsverfahren nach §§ 333 ff
StPO übertragen hat. Es handelt sich nach § 14 auch hier beim Wahlanwalt nach
§ 137 StPO um Betragsrahmengebühren nach Einl II A 12. Neben ihnen können
keine Gebühren nach VV 4300 ff entstehen, wohl aber Zusatzgebühren nach
VV 4141 ff, Hamm JB 07, 30. Soweit der Anwalt schon in einem früheren Rechtszug
tätig war, treten die Gebühren VV 4130 ff zu den früher entstandenen hinzu, Hamm
RR 07, 72. Dabei muß man aber § 19 I 2 Z 10 beachten, Hamm RR 07, 72. Es
kommt also bei der Einlegung der Revision nach § 341 I StPO darauf an, ob der Anwalt seine Verteidigertätigkeit mit ihr und der mitabgegoltenen Beratung darüber beginnt. Dann ist es unerheblich, ob er auch schon eine vollständige Revisionsbegründung nach § 344 StPO fertigt oder einreicht. Er kann dann auch die Grundgebühr
VV 4100 erhalten. Der Umfang der Anfechtung mit Revision ist nur im Rahmen von
§ 14 erheblich.

Die Beratung des Auftraggebers über die *Aussichten der gegnerischen Revision* läßt
nicht etwa nur die Gebühren nach § 34 entstehen, sondern ebenfalls diejenigen
VV 4130, 4131. Denn § 34 hat nach der amtlichen Vorbemerkung 2.I den Vorrang.
Das gilt aber ebenfalls nur in den Grenzen von § 19 I 2 Z 10, Hamm RR 07, 72.

2) Regelungszweck. Es gelten dieselben Erwägungen wie bei VV 4124–4129 **2**
Rn 2.

3) Verfahrensgebühr, VV 4130, 4131. Es lassen sich zwei Fallgruppen bilden. **3**

A. Anwendbarkeit. Die Vorschriften sind anwendbar, soweit der Verteidiger innerhalb oder außerhalb der Hauptverhandlung nach § 351 StPO tätig wird oder soweit eine Hauptverhandlung vor dem Revisionsgericht überhaupt nicht stattfindet.
Das gilt zB dann, wenn das Revisionsgericht die Revision zB durch einen Beschluß
nach § 349 I StPO als unzulässig oder nach § 349 II StPO als offensichtlich unbegründet verwirft oder wenn es nach § 349 IV StPO das angefochtene Urteil aufhebt.

B. Beispiele zur Frage einer Anwendbarkeit **4**
Beratung: Die Verfahrensgebühr entsteht nach Rn 5 auch, sofern der Verteidiger
  dem Angeklagten noch vor dem Eingang der gegnerischen Revisionsbegründung
  nach § 344 StPO eine auf der Kenntnis des Ablaufs der Hauptverhandlung nach
  § 351 StPO beruhende Beratung erteilt, Celle Rpfleger **85**, 376.
Entgegennahme gegnerischer Revisionsschrift: Die Verfahrensgebühr entsteht
  bereits dann, wenn der Verteidiger die Revisionsschrift der Staatsanwaltschaft nach
  § 341 StPO entgegennimmt, Kblz Rpfleger **76**, 218, aM Celle Rpfleger **95**, 517,
  LG Köln Rpfleger **14**, 636 (aber dann beginnt bereits voll die Verantwortung des
  Verteidigers).
Erfolgsaussichtsprüfung: Die Verfahrensgebühr entsteht nach Rn 3 bereits dann,
  wenn der Verteidiger die Erfolgsaussicht der gegnerischen Revision prüft, selbst
  wenn er anschließend keine Gegenerklärung nach § 347 StPO einreicht, Zweibr
  Rpfleger **81**, 411.
Pflichtverteidiger: Bei ihm nach § 141 StPO entsteht die Vergütung unabhängig **5**
  davon, ob ein Wahlverteidiger nach § 137 StPO auf sie wirksam verzichten kann
  und will, Jena JB **06**, 365.
Protokoll: Die Verfahrensgebühr entsteht auch, sofern der Verteidiger nur eine Abschrift oder Ablichtung des Hauptverhandlungsprotokolls nach §§ 271, 272, 324
  StPO anfordert, aM Bbg AnwBl **83**, 44 (abl Schmidt).

6 **Rechtsmitteleinlegung:** Die Verfahrensgebühr entsteht *nicht,* soweit sich die Tätigkeit des Verteidigers auf eine nach VV 4302 Z 1 abgegoltene Einlegung des Rechtsmittels nach § 341 I StPO beschränkt, Bbg AnwBl **83**, 44.

Revisionsbegründung: Die Verfahrensgebühr entsteht auch dann, wenn der Verteidiger die Revision nach § 344 StPO begründet, Hamm RR **07**, 72. Das gilt auch dann, wenn es vor der Urteilszustellung erfolgt, Hamm JB **07**, 30. Der Umstand, daß ein solcher Verwerfungsantrag in jenem Verfahrensstadium nicht notwendig ist, berührt nur die etwaige Erstattungsfähigkeit. Man muß sie ohnehin von Fall zu Fall prüfen, LG Cottbus JB **07**, 416 (Beratung des Nebenklägers).

Revisionserwiderung: Die Verfahrensgebühr entsteht auch dann, wenn der Verteidiger den Antrag auf eine Verwerfung der gegnerischen Revision zwar nach der Zustellung der Revisionsschrift gestellt hat, aber vor dem Zugang einer Revisionsbegründung nach § 344 StPO, aM (zum alten Recht) Düss JB **98**, 424 (aber die Verantwortung des Verteidigers begann nach Rn 6 bereits mit der Entgegennahme der Revisionsschrift), oder dann, wenn der Verteidiger auf eine vor der Urteilszustellung eingereichte Revisionsbegründung der Staatsanwaltschaft nach § 341 StPO zB mit einer Rüge der Verletzung des sachlichen Rechts erwidert, Stgt Rpfleger **92**, 538.

Revisionsrücknahme: Wenn die Staatsanwaltschaft oder der Angeklagte die Revision nach § 302 StPO zurücknimmt, kann eine Gebühr VV 4130 entfallen, Karlsr JB **17**, 524. Evtl entsteht nach der amtlichen Anmerkung I Z 3 aber auch die Zusatzgebühr VV 4141.

7 **Sprungrevision:** Die Verfahrensgebühr entsteht auch dann, wenn der Verteidiger nach § 335 I StPO eine Sprungrevision einlegt und begründet, die Staatsanwaltschaft aber nach § 335 III StPO eine Berufung nach § 306 I StPO einlegt und das Gericht daher die Revision nach § 335 III StPO als Berufung behandeln muß, LG Aachen Rpfleger **91**, 432.

8 **Verwerfung:** Die Verfahrensgebühr entsteht auch dann, wenn der Verteidiger schon vor der Zustellung der gegnerischen Revision beantragt, diese nach § 349 StPO zu verwerfen, LG Hbg AnwBl **78**, 321.

9 **4) Termingebühr, VV 4132–4135.** Man muß zwei Hauptverhandlungsgruppen unterscheiden.

A. Pauschale Gesamtabgeltung. Zum Begriff der Hauptverhandlung nach §§ 350, 351 StPO, ihrem Beginn und ihrem Ende vgl zunächst bei VV 4114. Die Hauptverhandlung im Revisionsverfahren beginnt allerdings nach § 351 I 1 StPO erst mit dem Vortrag des Berichterstatters. Es reicht wie bei VV 4114, 4126 nach der amtlichen Vorbemerkung 4 III 2 sogar aus, daß der Verteidiger zum anberaumten Termin vertretungsbereit erscheint, selbst wenn dieser dann aus einem nicht vom Anwalt zu vertretenden Grund nicht stattfindet.

10 **B. Eintägige Hauptverhandlung, I.** Zum Begriff vgl zunächst bei VV 4114. Anders als bei VV 4106 ff (erste Instanz) hängt die Frage, welcher Gebührenrahmen anwendbar ist, nicht davon ab, vor welchem Gericht die Hauptverhandlung im Revisionsverfahren stattfindet.

11 **C. Mehrtägige Hauptverhandlung.** Je Terminstag entstehen dieselben Termingebühren.

12 **5) Gebührenhöhe.** Man muß wie bei VV 4124–4129 mehrere Merkmale unterscheiden. Sie richten sich wie dort teils nach der Anwaltsart, teils nach der Tätigkeitsart, teils nach der Tätigkeitsdauer.

A. Verfahrensgebühr. Sie ist beim Wahlanwalt nach § 137 StPO eine Betragsrahmengebühr nach Einl II A 12. Stets muß man bei ihm § 14 mitbeachten. Die *Mittelgebühr* beim Wahlanwalt beträgt ohne Zuschlag 615 EUR, mit Zuschlag (also unter den Voraussetzungen der amtlichen Vorbemerkung 4 IV) 753,75 EUR. Beim beigeordneten oder bestellten Anwalt entsteht eine Festgebühr. Auch sie hat ohne Zuschlag eine geringere Höhe als mit solchem.

13 **B. Termingebühr.** Sie ist beim Wahlanwalt ebenfalls eine zusätzliche Betragsrahmengebühr. Auch bei ihr ist stets § 14 mitbeachtbar.

Vergütungsverzeichnis **4130–4135, Vorbem. 4.1.4, 4136–4140 VV**

Die *Mittelgebühr* beim Wahlanwalt beträgt ohne Zuschlag 340 EUR, mit Zuschlag 410 EUR.

Beim nach § 141 StPO *beigeordneten oder bestellten* Anwalt entsteht stets eine Festgebühr nach Einl II A 14. Auch sie ist ohne Zuschlag niedriger als mit Zuschlag. Die Festgebühr der so ermittelten Höhe kann sich aber zusätzlich infolge einer Terminsdauer von über 5 Stunden nach VV 4134 oder sogar VV 4135 um den dort jeweils ausgewiesenen weiteren Festbetrag erhöhen. Dieser letztere Erhöhungsbetrag entsteht dann in jeweils derselben Höhe unabhängig davon, ob die Terminsgebühr des VV 4132 oder des VV 4133 entstanden ist. Eine längere Terminsdauer ergibt also nicht einen weiteren Zuschlag. 14

6) Kostenerstattung. Sie richtet sich nach §§ 464a ff StPO. Nach einer Revisionsrücknahme der Staatsanwaltschaft nach § 302 StPO vor deren Begründung ist die Verfahrensgebühr VV 4130 erstattbar, LG Zweibr JB **06**, 247, aM KG Rpfleger **10**, 696, LG Kblz JB **08**, 155. 15

Unterabschnitt 4. Wiederaufnahmeverfahren

(Amtliche) Vorbemerkung 4.1.4:
Eine Grundgebühr entsteht nicht.

Nr.	Gebührentatbestand	Gebühr oder Satz der Gebühr nach § 13 oder § 49 RVG	
		Wahlanwalt	gerichtlich bestellter oder beigeordneter Rechtsanwalt
4136	Geschäftsgebühr für die Vorbereitung eines Antrags		in Höhe der Verfahrensgebühr für den ersten Rechtszug
	Die Gebühr entsteht auch, wenn von der Stellung eines Antrags abgeraten wird.		
4137	Verfahrensgebühr für das Verfahren über die Zulässigkeit des Antrags		in Höhe der Verfahrensgebühr für den ersten Rechtszug
4138	Verfahrensgebühr für das weitere Verfahren		in Höhe der Verfahrensgebühr für den ersten Rechtszug
4139	Verfahrensgebühr für das Beschwerdeverfahren (§ 372 StPO)		in Höhe der Verfahrensgebühr für den ersten Rechtszug
4140	Terminsgebühr für jeden Verhandlungstag		in Höhe der Terminsgebühr für den ersten Rechtszug

Zu VV 4136–4140:

1) Systematik, Regelungszweck. Vgl § 17 Rn 39, 40. § 4 ist anwendbar. 1

2) Geltungsbereich. Vgl § 17 Rn 41, 42. 2

3) Keine Grundgebühr, amtliche Vorbemerkung 4.1.4. Es entsteht bei §§ 359 ff StPO keine Grundgebühr. Denn sie war ja schon für irgendeinen etwa damals schon tätigen Anwalt im früheren Verfahren entstanden. 3

4) Geschäftsgebühr, VV 4136. Sie ist an sich systemfremd. Indessen wäre der Begriff Verfahrensgebühr für die bloße Vorbereitung eines Wiederaufnahmeantrags 4 nach § 366 StPO verfehlt, mag eine solche Vorbereitung nach § 364b StPO nun zum Antrag führen oder nach der amtlichen Anmerkung zum Abraten von ihm und trotzdem eine Vergütung erfordern. Die Geschäftsgebühr entsteht auch beim Anwalt des Antragsgegners, also beim Verteidiger im Verfahren etwa des Privatklägers nach §§ 374 ff StPO oder Nebenklägers nach §§ 395 ff StPO oder der Staatsanwaltschaft. Sie entsteht mit der auftragsgemäßen Entgegennahme der Information, Stgt Rpfleger **06**, 337.

5 **5) Verfahrensgebühr, VV 4137–4139.** Sie entsteht gesondert zunächst für das Zulässigkeitsverfahren nach § 17 Rn 41 mit der auftragsgemäßen Entgegennahme der Information oder der sonstigen zugehörigen Tätigkeit, Stgt Rpfleger **06**, 337. Sie entsteht sodann für das weitere erstinstanzliche Verfahren nach § 17 Rn 42 bis zur Entscheidung des Gerichts nach §§ 368 I, II, 370 StPO und schließlich für ein etwaiges Beschwerdeverfahren nach § 37 S 2 StPO. Auch die Verfahrensgebühr kann beim Anwalt auch des Antragsgegners wie nach Rn 4 entstehen.

6 **6) Terminsgebühr, VV 4140.** Sie entsteht zusätzlich in jedem Verfahrensabschnitt neben der Verfahrensgebühr unter den Voraussetzungen der amtlichen Vorbemerkung 4 III. Auch eine Terminsgebühr kann beim Anwalt auch des Antragsgegners wie nach Rn 4 entstehen.

7 **7) Gebührenhöhe, VV 4136–4140.** Sie richtet sich in jeder Gebührenart nach einer erstinstanzlichen Gebühr. Die letztere ist auch dann maßgeblich, wenn das Berufungs- oder Revisionsgericht nach § 367 StPO über den Wiederaufnahmeantrag entscheiden muß. Es gelten also für die Geschäftsgebühr und für die Verfahrensgebühr VV 4106, 4107, für die Terminsgebühr VV 4108, 4109 entsprechend. Beim Wahlanwalt ist § 14 anwendbar. Bei der Geschäftsgebühr erfolgt die Anknüpfung an eine Verfahrensgebühr.

8 **8) Erneute Hauptverhandlung.** Mit der Anordnung einer nochmaligen Hauptverhandlung nach § 373 StPO beginnt nach § 17 Z 12 ein neuer Gebührenrechtszug mit einer Vergütung nach den für ihn zuständigen Vorschriften für den nun stattfindenden Instanz vor dem dafür nun zuständigen Gericht ohne irgendeine Anrechnung früher entstandener Gebühren, Stgt Rpfleger **06**, 337.

Unterabschnitt 5. Zusätzliche Gebühren

Nr.	Gebührentatbestand	Gebühr oder Satz der Gebühr nach § 13 oder § 49 RVG	
		Wahlanwalt	gerichtlich bestellter oder beigeordneter Rechtsanwalt
4141	Durch die anwaltliche Mitwirkung wird die Hauptverhandlung entbehrlich: Zusätzliche Gebühr .... ¹ ¹Die Gebühr entsteht, wenn 1. das Strafverfahren nicht nur vorläufig eingestellt wird oder 2. das Gericht beschließt, das Hauptverfahren nicht zu eröffnen oder 3. sich das gerichtliche Verfahren durch Rücknahme des Einspruchs gegen den Strafbefehl, der Berufung oder der Revision des Angeklagten oder eines anderen Verfahrensbeteiligten erledigt; ist bereits ein Termin zur Hauptverhandlung bestimmt, entsteht die Gebühr nur, wenn der Einspruch, die Berufung oder die Revision früher als zwei Wo-	in Höhe der Verfahrensgebühr	

Vergütungsverzeichnis   **4141 VV**

Nr.	Gebührentatbestand	Gebühr oder Satz der Gebühr nach § 13 oder § 49 RVG	
		Wahlanwalt	gerichtlich bestellter oder beigeordneter Rechtsanwalt
	chen vor Beginn des Tages, der für die Hauptverhandlung vorgesehen war, zurückgenommen wird; oder 4. das Verfahren durch Beschluss nach § 411 Abs. 1 Satz 3 StPO endet. ²Nummer 3 ist auf den Beistand oder Vertreter eines Privatklägers entsprechend anzuwenden, wenn die Privatklage zurückgenommen wird. II ¹Die Gebühr entsteht nicht, wenn eine auf die Förderung des Verfahrens gerichtete Tätigkeit nicht ersichtlich ist. ²Sie entsteht nicht neben der Gebühr 4147. III ¹Die Höhe der Gebühr richtet sich nach dem Rechtszug, in dem die Hauptverhandlung vermieden wurde. ²Für den Wahlanwalt bemisst sich die Gebühr nach der Rahmenmitte. ³Eine Erhöhung nach Nummer 1008 und der Zuschlag (Vorbemerkung 4 Abs. 4) sind nicht zu berücksichtigen.		

Vorbem. Die Kopfleiste der Gebührenspalte enthält im BGBl bei dieser Nr des VV einen offensichtlichen Druckfehler (Fehlen der rechten Hälfte) im Gegensatz zu der BGBl-Fassg von VV 4147 (dort wieder wie im ganzen Teil 7 richtig).

Schrifttum: Burhoff RVGreport **15**, 3 und 42 (je: sehr ausf).

Gliederung
1) Systematik 1
2) Regelungszweck 2
3) Geltungsbereich, amtliche Anmerkung I 3–7
   A. Nicht nur vorläufige Einstellung, I Z 1 3
   B. Beispiele zur Frage einer Anwendbarkeit von I Z 1 4
   C. Ablehnung der Eröffnung des Hauptverfahrens, I Z 2 5
   D. Rücknahme des Einspruchs usw, I Z 3 6
   E. Beschluss bei § 411 I 3 StPO, I Z 4 7
4) Auf Einstellung oder Erledigung gerichtete Tätigkeit, amtliche Anmerkung II 8–11
   A. Ausreichen der Zielrichtung 9
   B. Schweigen 10
   C. Abgrenzung 11
5) Gebührenhöhe, amtliche Anmerkung III 12
6) Kostenerstattung 13

1) Systematik. Die Vorschrift schafft zur Verfahrensgebühr eine zusätzliche Erfolgsgebühr, AG Betzdorf JB **08**, 589. Man nennt sie auch Befriedungsgebühr, Celle Rpfleger **14**, 337, KG Rpfleger **17**, 116. Sie ist daher auch nach der amtlichen Anmerkung II 2 neben der Grundgebühr VV 4100 anwendbar, aber nicht neben einer Terminsgebühr, AG Mü JB **11**, 26, und nicht neben der Einigungsgebühr KV 4147. Teil 1 ist ebenfalls anwendbar, soweit nicht VV 4141 als eine Spezialvorschrift den Vorrang hat. § 14 ist nach Rn 12 nicht mitbeachtbar.   **1**

2) Regelungszweck. Der Tendenz des RVG folgend, einvernehmliche Lösungen zu fördern, Fischer NJW **12**, 267, bringt die Vorschrift einen beträchtlichen Anreiz zur fördernden Mitwirkung des Verteidigers auf breiter Front seiner Tätigkeitsmöglichkeiten, Celle Rpfleger **14**, 337, KG JB **05**, 533. Das erfordert eine großzügige   **2**

Auslegung zu seinen Gunsten. Es erlaubt aber keine Maßlosigkeit und daher keine allzu ängstliche Handhabung der amtlichen Anmerkung II.

3   3) **Geltungsbereich, amtliche Anmerkung I.** Man muß mehrere nebeneinander bestehende erste Voraussetzungen und stets außerdem zwei weitere Bedingungen beachten, die zusammentreffen müssen. Auch eine nach § 229 StPO neu beginnende Hauptverhandlung kann unter VV 4141 fallen, nicht aber eine nur unterbrochene oder fortgesetzte, Fischer NJW **12**, 267.

A. Nicht nur vorläufige Einstellung, I Z 1. Eine volle jeweilige Verfahrensgebühr entsteht zusätzlich, soweit das Gericht als eine von mehreren nebeneinander möglichen ersten Voraussetzungen das Verfahren insgesamt und nicht nur wegen einzelner Vorwürfe nicht nur vorläufig, sondern ohne eine Hauptverhandlung endgültig eingestellt hat, LG Potsd Rpfleger **13**, 649, AG Hbg-Wandsbek JB **02**, 30, AG Lemgo JB **09**, 254.

Nicht ausreichend ist demgegenüber eine Einstellung erst nach dem Beginn einer Hauptverhandlung zB nach §§ 226 ff StPO, BGH MDR **11**, 1014, LG Kempten JB **03**, 365, AG Kblz JB **00**, 473, aM LG Ffo JB **02**, 524, LG Hbg JB **01**, 301, Burhoff JB **11**, 287 (aber VV 4141 Haupttext grenzt den Geltungsbereich eindeutig ein und ab). Nicht ausreichend ist die bloße Rücknahme der Klage, wohl aber diejenige nebst endgültiger Einstellung, Köln JB **10**, 362.

Es kommt bei einer danach *rechtzeitigen* Einstellung nicht darauf an, *wer* eingestellt hat (Gericht oder Staatsanwaltschaft), sondern nur darauf, *daß* eine Einstellung vorliegt. Daher ist nach Rn 4 auch und vor allem eine Einstellung mangels eines genügenden Anlasses zur Erhebung einer Anklage ausreichend. Ebenso reicht aber eine solche Einstellung aus einem anderen Grund aus, die eben endgültig erfolgt, AG Magdeb Rpfleger **00**, 514 (Tod des Beschuldigten), die also nicht etwa von einer Auflage, einem Vorbehalt usw abhängt. Diese Lage kann auch nach der Anklageerhebung eintreten, Düss StrV **00**, 92, LG Aachen AGS **99**, 59, LG Darmst AGS **96**, 126. Eine endgültige Zustimmung macht eine vorher nicht endgültige Einstellung nur dann zu einer endgültigen nach Z 1, wenn keinerlei Bedingungen oder Auflagen mehr vorhanden sind.

4   **B. Beispiele zur Frage einer Anwendbarkeit von I Z 1**

§ 43 I OWiG: Anwendbar sein kann I Z 1, soweit die Staatsanwaltschaft die Sache zwecks Ahndung als bloße Ordnungswidrigkeit an die Verwaltungsbehörde abgibt. Denn es reicht eine Einstellung des „Strafverfahrens", Schneider NJW **13**, 3769. BGH NJW **10**, 1209 (zum alten Recht) ist überholt.

§ 153 I StPO: Anwendbar ist I Z 1 bei einer Einstellung wegen Geringfügigkeit vor Klageerhebung.
Unanwendbar ist I Z 1, soweit das Ermittlungsverfahren wegen einer anderen Tat weitergeht und zur Anklagereife führt.

§ 153 a I StPO: Anwendbar ist I Z 1 bei einer Einstellung gegen Auflagen und Weisungen vor Klageerhebung.
Unanwendbar ist I Z 1, soweit das Ermittlungsverfahren wegen einer anderen Tat weitergeht und zur Anklagereife führt.

§ 153 a II StPO: *Unanwendbar* ist I Z 1 bei einer Einstellung gegen Auflagen und Weisungen nach Klagerhebung.

§ 153 b I StPO: Anwendbar ist I Z 1 beim Absehen von der öffentlichen Klage.

§ 153 c I, II StPO: Anwendbar ist I Z 1 bei der Nichtverfolgung einer Auslandstat.

§ 153 d I StPO: Anwendbar ist I Z 1 beim Absehen von der Strafverfolgung einer politischen Straftat.

§ 153 e I StPO: Anwendbar ist I Z 1 beim Absehen von der Strafverfolgung bei einer tätigen Reue.

§ 154 I StPO: Anwendbar ist I Z 1 beim Absehen von der Verfolgung einer unwesentlichen Nebenstraftat, aM AG Kblz JB **01**, 139 (mit Recht abl Schneider).

§ 154 II StPO: Anwendbar ist I Z 1 bei einer Einstellung wegen einer unwesentlichen Nebenstraftat nach Erhebung der öffentlichen Klage, Stgt Rpfleger **10**, 444, LG Hbg JB **01**, 301, AG Rheinbach JB **02**, 469.

§ 154 a StPO: *Unanwendbar* ist I Z 1, soweit es um eine Beschränkung der Strafverfolgung geht.

§ 154 b I–III StPO: Anwendbar ist I Z 1 beim Absehen von einer öffentlichen Klage wegen Auslieferung und Landesverweisung.
§ 154 c StPO: Anwendbar ist I Z 1 beim Absehen von der Verfolgung des Opfers einer Nötigung oder Erpressung.
§ 154 d S 1 StPO: *Unanwendbar* ist I Z 1 bei einer Fristbestimmung zwecks Durchführung eines zugehörigen bürgerlichen oder Verwaltungsstreitverfahrens.
§ 154 d S 3 StPO: Anwendbar ist I Z 1 bei einer Einstellung wegen Fristablaufs nach einem zugehörigen anheimgestellten bürgerlichen oder Verwaltungsstreitverfahren.
§ 170 II 1 StPO: Anwendbar ist I Z 1 bei einer Einstellung mangels genügenden Anlasses zur öffentlichen Klage, Düss Rpfleger **99**, 149 links, LG Zweibr JB **02**, 307.
§ 205 StPO: *Unanwendbar* ist I Z 1 bei einer vorläufigen Einstellung wegen Abwesenheit usw des Angeschuldigten.
§ 407 StPO: Anwendbar ist I Z 1 bei der Rücknahme des Antrags auf einen Strafbefehl, LG Osnabr JB **99**, 131 (spricht irrig von einer „Rücknahme des Strafbefehls" durch den Staatsanwalt), AG Urach JB **07**, 361.

C. Ablehnung der Eröffnung des Hauptverfahrens, I Z 2. Statt der Voraus- 5 setzungen Rn 3, 4 reicht es jetzt als gleichwertige andere erste Voraussetzung der vollen zusätzlichen Gebühr auch aus, daß das Gericht nach § 204 StPO beschließt, das Hauptverfahren nicht zu eröffnen. Es kommt nicht auf die Unanfechtbarkeit oder Rechtskraft an, aM Rostock JB **12**, 470 (aber entstanden ist entstanden). Die Gebühr entsteht mit der Bekanntmachung des Ablehnungsbeschlusses nach § 204 II StPO oder doch mit seinem Herausgehen aus dem inneren Geschäftsbetrieb, also auch mit seiner zB telefonischen Mitteilung an den Verteidiger. Z 1 und Z 2 können zusammentreffen und dann doppelte Zusatzgebühren auslösen, (zum alten Recht) LG Offenbg Rpfleger **99**, 38.
Nicht ausreichend ist eine Tätigkeit nur von der Erhebung der Anklage nach § 170 I StPO, AG Betzdorf JB **08**, 589, oder beim Fehlen einer Hauptverhandlungsmöglichkeit zB im Rehabilitierungsverfahren, KG Rpfleger **17**, 116.

D. Rücknahme des Einspruchs usw, I Z 3. Statt der Voraussetzungen Rn 3–5 6 reicht es als eine gleichwertige andere erste Voraussetzung der vollen Zusatzgebühr auch aus, daß sich ein gerichtliches Verfahren durch die Rücknahme des Einspruchs gegen einen bereits erlassenen Strafbefehl nach §§ 302, 410 I StPO oder durch die Rücknahme der Berufung oder Revision des Angeklagten nach § 302 StPO erledigt, Celle Rpfleger **14**, 337, AG Wittlich JB **06**, 590, oder daß es sich durch die entsprechende Rücknahme eines anderen Verfahrensbeteiligten erledigt, also infolge einer Rechtsmittelrücknahme der Staatsanwaltschaft oder des Privatklägers nach §§ 374 ff StPO oder des Nebenklägers nach §§ 395 ff StPO. Es ist dann auch Hs 1 nicht mehr erforderlich, daß das Gericht im Zeitpunkt der Einspruchsrücknahme usw bereits nach § 213 StPO einen Hauptverhandlungstermin bestimmt hatte. Es müssen aber bestimmte Anhaltspunkte dafür vorliegen, daß der BGH eine Hauptverhandlung plante, Brdb JB **07**, 484, Rostock JB **12**, 301, Stgt JB **07**, 200. Auf neue rechtliche Gesichtspunkte kommt es nach dem klaren Wortlaut der Z 3 nicht an, aM Düss JB **08**, 85. Bei einer Berufungsrücknahme müssen die Akten noch nicht beim Berufungsgericht eingegangen sein, Celle Rpfleger **14**, 337 (anders bei einer Revisionsrücknahme).
Die Rücknahme muß strafprozessual *wirksam* erfolgt sein, um die Gebühr nach Z 3 auslösen zu können. Infolge der Rücknahme muß sich das gegen diesen Angeklagten oder anderen Verfahrensbeteiligten anhängige gerichtliche Verfahren vollständig erledigt haben. Eine Teilrücknahme reicht nicht aus. Der Verfahrensfortgang gegen andere Angeklagte oder Verfahrensbeteiligte schadet nicht. Freilich kann der Verteidiger nur wegen des rücknehmenden Beteiligten eine Gebühr nach Z 3 beanspruchen.
Es gibt bei I Z 3 eine *Zeitgrenze*. War das letztere freilich schon geschehen, muß die Rücknahmeerklärung nach Hs 2 beim zuständigen Gericht vor oder nach einer Vertagung jedenfalls nun früher als zwei Wochen vor dem Beginn desjenigen Tages eingehen, den das Gericht für die Hauptverhandlung vorgesehen hatte. Das gilt bei einer Rücknahme jedes beliebigen Beteiligten, Drsd Rpfleger **11**, 176.

Ausreichen kann ein Anhaltspunkt für die eigentliche Notwendigkeit einer Hauptverhandlung, Oldb JB **11**, 254. Dabei kommt es nicht darauf an, ob das Gericht den Termin vor oder versehentlich noch nach dem Eingang der Einspruchsrücknahme bestimmt hatte, AG Köln JB **97**, 193. Hatte es einen Montag zur Hauptverhandlung vorgesehen, muß die Rücknahmeerklärung am Montag zwei Wochen vorher eingegangen sein. § 43 II StPO ist nämlich als Ausdruck eines allgemeinen Rechtsgedankens auch bei VV 4141 zumindest entsprechend anwendbar. Auch § 44 StPO (Wiedereinsetzung) ist aus denselben Erwägungen zumindest entsprechend anwendbar. Z 3 ist auch bei § 411 I 3 StPO entsprechend anwendbar, Schneider AnwBl **06**, 275.

Unanwendbar ist Z 3 dann, wenn der Verteidiger bewirkt, dass der Verurteilte das Urteil oder den Strafbefehl hinnimmt und kein Rechtsmittel einlegt, Nürnb Rpfleger **09**, 645.

7   **E. Beschluss bei § 411 I 3 StPO, I Z 4.** Eine Gebühr entsteht auch dann, wenn das Verfahren nach einem auf die Höhe der Tagessätze beschränkten Einspruch ohne Hauptverhandlung durch Beschluß endet.

8   **4) Auf Einstellung oder Erledigung gerichtete Tätigkeit, amtliche Anmerkung II.** Bei Rn 3–7 ist jeweils eine weitere Voraussetzung, daß der Anwalt als Verteidiger eine auf die Einstellung oder Erledigung gerichtete Tätigkeit vorgenommen hat. Allerdings ist nicht (mehr) ein Beitrag mitursächlicher Art erforderlich, Stgt Rpfleger **10**, 444, aM RS 109. Schon gar nicht ist eine intensive und zeitaufwendige Tätigkeit nötig, Stgt Rpfleger **10**, 444.

9   **A. Ausreichen der Zielsetzung.** Denn VV 4141 spricht nicht von einer „Mitwirkung" und fordert auch nicht eine „Förderung", sondern begnügt sich mit einer auf eine solche Förderung lediglich „gerichteten" eigenständigen Tätigkeit in tatsächlicher oder rechtlicher Beziehung. Dazu genügt aber die bloße Förderungsabsicht auch dann, wenn sie keinen Erfolg hatte. Zwar wäre eine objektiv gänzlich unbrauchbare Tätigkeit wohl kaum nach der amtlichen Anmerkung II eine „ersichtlich" auf eine Förderung „gerichtete" Tätigkeit. Nicht ausreichend ist auch das Fehlen jeder Ursächlichkeit der Anwaltstätigkeit zB für eine Rechtsmittelrücknahme der Staatsanwaltschaft nach § 302 StPO, Drsd Rpfleger **11**, 176, KG JB **12**, 466.

Dennoch bleibt praktisch jeder gut gemeinte *ernsthafte Versuch* ausreichend, KG JB **12**, 466. Das gilt erst recht wegen der verneinenden Stilform der amtlichen Anmerkung. Sie gibt dem Auftraggeber oder der Staatskasse die Beweislast der Unersichtlichkeit einer Förderungsrichtung, (je zum alten Recht) AG Hbg-Wandsbek JB **02**, 30, AG Offenbach Rpfleger **99**, 38, AG Unna MDR **98**, 1313. Damit wird es dem Gebührenschuldner praktisch fast nie möglich, um die Zusatzgebühr VV 4141 aus solchen Erwägungen herumzukommen.

Das gilt unabhängig davon, ob den *Hauptanstoß* zur Einstellung, zur Nichteröffnung oder zur Erledigung auch das Gericht oder die Staatsanwaltschaft gegeben hat, Düss AGS **99**, 121, LG Arnsberg JB **07**, 82, LG Düss JB **07**, 83. Man kann eine Förderung durch den Verteidiger sogar vermuten, Düss Rpfleger **03**, 41, Stgt Rpfleger **10**, 444. Eine Schutzschrift kann ausreichen, AG Hbg-Wandsbek JB **02**, 30, auch ein Gespräch mit dem Gericht oder dem Staatsanwalt, AG Lörrach AGS **99**, 70, oder eine Aktivität zwecks einer Verjährung, LG BadBad AGS **01**, 38, LG Schwerin DAR **00**, 333, oder zwecks einer Verweisung, LG Mühlhausen StrV **00**, 439.

Bei einer *Revisionsrücknahme* nach § 302 StPO ist es unerheblich, ob sie vor oder nach einer Revisionsbegründung nach § 344 StPO erging, Saarbr JB **07**, 29 (abl. Madert), aM Hamm JB **07**, 30, KG JB **05**, 533 (erst nach der Begründung. Aber die amtliche Anmerkung I Z 3 stellt nur auf die Erledigung des gerichtlichen Verfahrens infolge der Rücknahme und nicht darauf ab, ob und weshalb diese Erledigung gerade durch den Wegfall einer Verhandlung usw erfolgt).

10 **B. Schweigen.** Gezieltes Schweigen ist oft keine auf eine Förderung gerichtete Tätigkeit, so schon (zum alten Recht) AG Achern DGVZ **01**, 304. Freilich kann auch ein bloßes Schweigen das Ergebnis eines intensiven Durch- und Mitdenkens sein. Beim Schweigen kommt es also auf die erkennbaren Umstände an, wie stets in einer vergleichbaren Lage. Auch eine bloße Bitte um eine Akteneinsicht mag nach Rn 11 unzureichend sein. Aber auch das ist eine Fallfrage.

C. Abgrenzung. In diesem Zusammenhang darf man natürlich vom Verteidiger 11
nicht erwarten, daß er die Interessen *des Angeklagten* hinter die Förderung des gerichtlichen Verfahrens zurückdrängt. Daher ist nicht etwa schon ein zeitlich normales Zuwarten oder Ausnutzen einer gesetzlichen oder richterlichen Frist usw schädlich. Vielmehr sind erst überlange Bearbeitungszeiten schädlich, ebenso übertrieben zahlreiche Entlastungsbeweisanträge, sinnlose Ablehnungsgesuche usw. Auch lästige Anträge eines Verteidigers können aber in Wahrheit verfahrensfördernd sein. Das darf man bei der amtlichen Anmerkung II nicht zu kleinlich beurteilen. Eine Verfahrensförderung kann auch darin liegen, Rechtsfehler des Gerichts vermeiden zu helfen usw. Der bloße Rat, ein Aussageverweigerungsrecht zB nach §§ 136, 163a StPO geltend zu machen, ist freilich meist keine Förderung des Verfahrens, ebensowenig die bloße Meldung als der Verteidiger nebst einer Akteneinsichtsbitte, AG Hann JB 06, 313.

5) Gebührenhöhe, amtliche Anmerkung III. Es entsteht für jede Art von Ver- 12
teidiger eine Zusatzgebühr für jeden der Tätigkeitsbereiche Rn 3–7. Sie hat dieselbe Höhe wie die zugehörige Verfahrensgebühr des Rechtszugs, also wie diejenige Gebühr, die für das Betreiben desjenigen Verfahrensabschnitts gilt, in dem der Anwalt die Entbehrlichkeit einer Hauptverhandlung miterreicht, amtliche Anmerkung III 1. Der Sache nach ähnelt VV 4141 also sehr einer Erfolgsgebühr. Die Gebühr entfällt freilich trotz eines derartigen Erfolgs dann, wenn die Zeitschranke der amtlichen Anmerkung I Z 3 Hs 2 überschritten ist. § 14 ist beim Wahlanwalt nach § 137 StPO nicht beachtbar. Denn die amtliche Anmerkung III 2 stellt die Rahmenhöhe und damit praktisch ebenfalls wie beim nach § 141 StPO bestellten oder beigeordneten Anwalt eine Art Festgebühr als verbindlich an, KG Rpfleger **17,** 117. III 3 schließt eine Erhöhung nach VV 1008 und einen Zuschlag aus.
Es gibt *keinen Zuschlag*. Das stellt VV 4141 Gebührenspalte im Klammerzusatz klar.

6) Kostenerstattung. Sie richtet sich nach §§ 464a ff StPO. 13

Nr.	Gebührentatbestand	Gebühr oder Satz der Gebühr nach § 13 oder § 49 RVG	
		Wahlanwalt	gerichtlich bestellter oder beigeordneter Rechtsanwalt
4142	**Verfahrensgebühr bei Einziehung und verwandten Maßnahmen**	1,0	1,0
	ᴵ Die Gebühr entsteht für eine Tätigkeit für den Beschuldigten, die sich auf die Einziehung, dieser gleichstehende Rechtsfolgen (§ 439 StPO), die Abführung des Mehrerlöses oder auf eine diesen Zwecken dienende Beschlagnahme bezieht.		
	ᴵᴵ Die Gebühr entsteht nicht, wenn der Gegenstandswert niedriger als 30,00 € ist.		
	ᴵᴵᴵ Die Gebühr entsteht für das Verfahren des ersten Rechtszugs einschließlich des vorbereitenden Verfahrens und für jeden weiteren Rechtszug.		

Vorbem. Amtl Anm I geändert dch Art 6 XXIV G v 13. 4. 17, BGBl 872, in Kraft seit 1. 7. 17, Art 8 G, ÜbergangsR § 60 RVG.

Gliederung

1) Systematik 1
2) Regelungszweck 2
3) Sachlicher Geltungsbereich 3–5
   A. Einziehung usw 3
   B. Beschlagnahme 4
   C. Fahrverbot, Fahrerlaubnisentzug 5
4) Persönlicher Geltungsbereich 6, 7
   A. Anwendbarkeit 6

VV 4142   Vergütungsverzeichnis

    B. Unanwendbarkeit 7
    5) Gebührenhöhe 8
    6) Gegenstandswert 9
    7) Kostenerstattung 10

1   **1) Systematik.** Die von VV 4142 erfaßten Tätigkeiten erhalten dann eine zusätzliche Vergütung, Meyer JB **05**, 356, wenn der Anwalt „für den Beschuldigten" tätig wird. Eine solche Tätigkeit kann allerdings auch in einem objektiven Verfahren vorliegen, zB nach §§ 430ff StPO, 7 WStrG. § 4, VV 4100ff bleiben anwendbar.

2   **2) Regelungszweck.** Die Vorschrift soll sicherstellen, daß der Anwalt für diejenigen Tätigkeiten eine angemessene Vergütung erhält, die sich auf die dort genannten gerichtlichen Maßnahmen beziehen, wenn dergleichen also auch nur drohen kann, KG Rpfleger **09**, 50. Denn es handelt sich insofern oft um besonders teure Objekte. Deshalb bestimmt die Vorschrift, daß eine volle Zusatzgebühr als Verfahrensgebühr entsteht, KG JB **05**, 531, und zwar nach dem oft hohen Gegenstandswert. Denn der Anwalt setzt sich für das Eigentum des Auftraggebers ein, KG JB **05**, 532. Soweit freilich etwa bei einem einfachen Einbruchswerkzeug nur ein Bagatellwert infrage kommt, entsteht nach der amtlichen Anmerkung II überhaupt keine Zusatzgebühr. Das dient der Vereinfachung und Kostendämpfung. Allerdings darf dieses Ziel nicht dazu führen, den gesetzlichen Grenzwert von 30 EUR auch dann als nicht erreicht zu beurteilen, wenn der Wert in Wahrheit deutlich höher liegt, und umgekehrt.

3   **3) Sachlicher Geltungsbereich.** Man muß drei Verfahrensarten unterscheiden. Hinzutreten kann als „verwandte" Maßnahme ein Adhäsionsverfahren, Drsd JB **17**, 128.

   A. Einziehung usw. In Betracht kommt zunächst eine solche Tätigkeit des Anwalts für den Beschuldigten, die sich auf eine auch nur möglicherweise drohende Einziehung nach §§ 430ff StPO oder auf eine dieser gleichstehende Rechtsfolge nach § 439 StPO bezieht, Krause JB **06**, 118, also auf den Verfall oder auf die Vernichtung zB nach §§ 98, 110 UrhG oder auf die Unbrauchbarmachung oder auf die Abführung eines Mehrerlöses zB nach §§ 8, 10 WStrG (nicht nach § 9 WStrG) oder auf die Beseitigung eines sonstigen gesetzwidrigen Zustands. Es genügt eine außergerichtliche Beratung, Karlsr Rpfleger **07**, 683, etwa zwecks einer Zustimmung zur Einziehung, KG JB **05**, 532. Als Verfall kommt nur ein solcher nach §§ 73ff StGB in Betracht, nicht der Fall, daß eine Sicherheit nach § 124 I StPO deswegen verfällt, weil sich der Angeschuldigte der Untersuchung oder der Verurteilte dem Antritt der erkannten Freiheitsstrafe entzieht. In einem Verfahren der letzteren Art gelten die Gebühren VV 4100ff die Tätigkeit des Verteidigers durch außerhalb der Hauptverhandlung nach §§ 226ff StPO ab. Ein Wertersatz etwa nach dem Landesforstrecht gehört nicht hierher.

   Nicht hierher zählt eine sog Rückgewinnungshilfe, Hamm JB **17**, 355, KG JB **09**, 30.

4   **B. Beschlagnahme.** Es mag sich auch um eine solche Tätigkeit des Anwalts für den Beschuldigten handeln, die sich auf eine gerade den Zwecken Rn 3 dienende vorläufige oder endgültige Beschlagnahme zB nach §§ 111b, c StPO bezieht. Das ist nicht so, soweit es sich um einen derjenigen in §§ 94 I, 99 StPO genannten Gegenstände handelt, die als Beweismittel für die Untersuchung von Bedeutung sein können, oder soweit es um eine Vermögensbeschlagnahme nach §§ 290, 443 StPO geht. Eine darauf bezügliche Tätigkeit gelten VV 4100ff ab.

5   **C. Fahrverbot, Fahrerlaubnisentzug.** Es mag sich schließlich um eine solche Tätigkeit des Anwalts für den Beschuldigten handeln, die sich auf ein Fahrverbot nach § 44 StGB oder auf die Entziehung der Fahrerlaubnis nach §§ 69ff StGB erstreckt. Das erwähnt die amtliche Anmerkung I zwar nicht ausdrücklich. Es fällt aber der Sache nach als eine der Einziehung verwandte Maßnahme nach §§ 442ff StPO ebenfalls unter diese Auffangvorschrift. Denn alles hat einen Kostenwert, aM Kblz JB **06**, 247. Daher reicht auch eine Drogenbeschlagnahme, aM Kblz JB **06**, 255. Hierher gehört eine solche Tätigkeit, die die Abwendung, die Verkürzung, eine sonstige Begrenzung oder eine frühere Beendigung solcher Maßnahmen anstrebt. Bei einem Fahrverbot

Vergütungsverzeichnis **4142–4144 VV**

nach § 25 StVG gilt VV 4142 ebenfalls. Es reicht aus, daß der Anwalt insoweit im vorbereitenden Verfahren nach §§ 160 ff StPO bei der Polizei oder bei der Ordnungsbehörde oder bei einer anderen Verwaltungsstelle oder bei der Staatsanwaltschaft tätig wird.

4) Persönlicher Geltungsbereich. Es gibt zwei Fallgruppen. 6

A. Anwendbarkeit. VV 4142 gilt: Für den Wahlverteidiger nach § 137 StPO (nicht im Bußgeldverfahren, denn VV 5115 ff enthalten keine vergleichbare Regelung), Karlsr Rpfleger **07**, 683; für den Beistand nach §§ 149, 378 StPO; für den Vertreter eines Privatklägers nach § 378 StPO oder des Nebenklägers nach §§ 395 ff StPO, einer Finanzbehörde, eines Einziehungs- oder Nebenbeteiligten nach § 433 StPO, eines Verletzten, eines Zeugen oder Sachverständigen nach der amtlichen Vorbemerkung 4 I; für den Pflichtverteidiger nach § 141 StPO.

B. Unanwendbarkeit. VV 4142 gilt nicht bei einer Einzelgebühr, VV 4300 ff. 7 Das gilt selbst dann wenn sich die dort vorrangig geregelte Einzeltätigkeit auf eines der in VV 4142 genannten Verfahren bezieht.

5) Gebührenhöhe. Der Wahlverteidiger nach § 137 und der zB nach § 141 StPO 8 bestellte oder beigeordnete Anwalt erhalten dieselben Gebühren. Es besteht nach Rn 2 dann 1,0 Gebühr, wenn der Gegenstandswert mindestens 30 EUR beträgt. Unter den Voraussetzungen der amtlichen Vorbemerkung 4 IV müßte eigentlich ein Zuschlag entstehen. Diesen müßte das Gesetz aber ähnlich wie zB bei VV 4101 je Normalgebühr gesondert ausweiten. Das ist hinter VV 4142 nicht geschehen. Folglich ist im Ergebnis hier kein Zuschlag möglich. Nach der amtlichen Anmerkung III entsteht die Verfahrensgebühr für den ersten Rechtszug einschließlich des vorbereitenden Verfahrens und außerdem gesondert für jeden weiteren Rechtszug neu. Sie ist eine zusätzliche Gebühr, läßt also VV 4100 ff unberührt. Beim Wahlanwalt ist die Tabelle § 13 maßgeblich, beim bestellten oder beigeordneten Anwalt die Tabelle § 49.

6) Gegenstandswert. Er richtet sich nach §§ 2 I, 22 ff, §§ 3 ff ZPO, Anh I § 48 9 GKG, Teil I A dieses Buchs. Maßgebend ist also der objektive Verkehrswert, Bbg JB **07**, 201, Ffm JB **07**, 201, nach wirtschaftlichem Interesse, BGH RVGreport **15**, 36, im Zeitpunkt der Anwaltstätigkeit, Karlsr Rpfleger **07**, 683. Jeder Gegenstand hat einen Wert, aM Brdb Rpfleger **10**, 392 (aber kein Anwalt muß mangels eines Gegenstandswerts umsonst arbeiten). Notfalls entsteht die Mindestgebühr nach § 13 II.

7) Kostenerstattung. Sie erfolgt nach §§ 464 a ff StPO. 10

Nr.	Gebührentatbestand	Gebühr oder Satz der Gebühr nach § 13 oder § 49 RVG	
		Wahlanwalt	gerichtlich bestellter oder beigeordneter Rechtsanwalt
4143	Verfahrensgebühr für das erstinstanzliche Verfahren über vermögensrechtliche Ansprüche des Verletzten oder seines Erben	2,0	2,0
	I Die Gebühr entsteht auch, wenn der Anspruch erstmalig im Berufungsverfahren geltend gemacht wird.		
	II Die Gebühr wird zu einem Drittel auf die Verfahrensgebühr, die für einen bürgerlichen Rechtsstreit wegen desselben Anspruchs entsteht, angerechnet.		
4144	Verfahrensgebühr im Berufungs- und Revisionsverfahren über vermögensrechtliche Ansprüche des Verletzten oder seines Erben	2,5	2,5

Zu VV 4143, 4144:

Schrifttum: *Fromm* NJW **13**, 1721 (Üb).

VV 4143, 4144

Gliederung

1) Systematik	1–5
2) Regelungszweck	6
3) Tätigkeit im Entschädigungsverfahren	7–15
A. Voraussetzungen	7
B. Gebühr in erster Instanz, VV 4143	8, 9
C. Wiederholte Erhebung im Berufungsverfahren, VV 4144	10
D. Gebühr im Revisionsverfahren, VV 4144	11
E. Erstmalige Erhebung im Berufungsverfahren, VV 4143 amtliche Anmerkung I	12
F. Gegenstandswert	13
G. Fälligkeit	14
H. Kostenerstattung	15
4) Anrechnung, VV 4143 amtliche Anmerkung II	16–22
A. Grundsatz: Prozeßbevollmächtigter im Zivilprozeß	16, 17
B. Ausgangswert	18
C. Keine Mindestsumme	19
D. Derselbe Rechtszug	20, 21
E. Gegenstandswert	22

1   **1) Systematik.** Die Vorschriften sind neben VV 4100 ff anwendbar, sofern der Verletzte oder sein Erbe einen aus der Straftat des Beschuldigten entstehenden vermögensrechtlichen Anspruchs im sog Adhäsionsverfahren nach §§ 403 ff StPO geltend machen und sofern der Anwalt sowohl als der Verteidiger nach der amtlichen Vorbemerkung 4 I zur Abwehr einer Bestrafung usw als auch als ein Bevollmächtigter zur Abwehr dieses vermögensrechtlichen Anspruchs im Strafverfahren oder als ein Beistand oder Vertreter des Privatklägers nach § 378 StPO oder eines Nebenklägers nach §§ 395 ff StPO tätig wird. Die Bestellung zum Pflichtverteidiger erfaßt nicht stets das Adhäsionsverfahren, Drsd JB **14**, 134, Jena Rpfleger **08**, 529, Kblz JB **14**, 356. Soweit der Anwalt nur zur Abwehr des vermögensrechtlichen Anspruchs im Strafverfahren tätig wird, sind VV 4143, 4144 ohnehin anwendbar. In beiden Fällen muß man daneben VV 1000 beachten.

2   Sofern das Strafgericht den vermögensrechtlichen Anspruch *nicht* zuerkennt und infolgedessen nach § 406 III 2 StPO ein bürgerlicher Rechtsstreit folgt und soweit der als Verteidiger tätig gewesene Anwalt auch in diesem Folgeprozeß nunmehr als ein ProzBev des dortigen Bekl nach § 81 ZPO tätig wird, ist VV 4143 amtliche Anmerkung II anwendbar.

3   Sofern der Verletzte oder sein Erbe den aus einer Straftat entstandenen vermögensrechtlichen Anspruch gegen den Beschuldigten überhaupt nicht im Verfahren nach §§ 403 ff StPO verfolgen, sondern insoweit von vornherein nur einen *bürgerlichen Rechtsstreit* nach der ZPO beginnen, sind VV 4143, 4144 überhaupt nicht anwendbar. Vielmehr sind dann VV 3100 ff direkt und allein anwendbar.

4   Im Verfahren nach dem *StrEG* sind VV 4143, 4144 für die Tätigkeit des Anwalts als Verteidiger entsprechend anwendbar. Denn sonst entstünde eine Vergütungslücke.

5   Für das *Beschwerdeverfahren* nach §§ 8 III, 9 II StrEG entsteht nur unter den Voraussetzungen der amtlichen Vorbemerkung 4 V eine besondere Gebühr. Im Rechtsstreit nach § 13 StrEG erhält der Anwalt als ProzBev nach § 81 ZPO Gebühren nach VV 3100 ff unabhängig davon, ob das vorangegangene Verfahren schon geendet hat. Es findet dann allerdings eine Anrechnung nach VV 4143 amtliche Anmerkung II statt. Im Verfahren nach §§ 10–12 StrEG entstehen Gebühren nach VV 2300, 2301 ohne eine Anrechnung. Denn es handelt sich um ein behördliches Verfahren. Wegen der Kostenerstattung in diesem Verfahren BGH **68**, 88, Meyer JB **76**, 561.

6   **2) Regelungszweck.** Das in der Praxis nicht sehr oft vorkommende Zusatzverfahren ersetzt einen sonst etwa notwendigen Zivilprozeß. Schon deshalb darf man VV 4143, 4144 nicht zu eng auslegen. Zwar folgt das strafrechtliche Schadensersatzverfahren nach § 404 StPO ganz denselben Regeln wie das zivilrechtliche. Es erfordert aber vom Anwalt eher größere als kleinere Fähigkeiten gegenüber dem Zivilprozeß. Das gilt, zumal so mancher Strafrichter mangels einer ständigen auch zivilrechtlichen Arbeit in Wahrheit deutlich weniger sachkundig verfährt als ein erfahrener Zivilrichter. Man muß auch diese im Ergebnis höhere Verantwortung des Anwalts bei der Auslegung mitbeachten. Die Vergütung soll ein Anreiz zum Betreiben des in VV 4143,

4144 genannten Verfahrens sein. VV 3100 ff sind freilich grundsätzlich wie sonst auslegbar.

3) Tätigkeit im Entschädigungsverfahren. Es gibt zahlreiche Aspekte. 7

A. Voraussetzungen. VV 4143, 4144 erfassen den Fall, daß der Verletzte oder sein Erbe nach §§ 403 ff StPO gegen den Beschuldigten einen aus der Straftat entstandenen vermögensrechtlichen Anspruch vor dem Strafgericht anhängig macht und daß der Anwalt sowohl im eigentlichen Strafverfahren als auch im sog Adhäsionsverfahren nach §§ 403 ff StPO tätig wird, sei es als Pflichtverteidiger nach § 141 StPO, Saarbr Rpfleger 99, 507, oder als der Wahlverteidiger nach § 137 StPO, sei es als ein Vertreter oder Beistand des Privatklägers nach § 378 StPO oder des Nebenklägers nach §§ 395 ff StPO. Die Bestellung zum Pflichtverteidiger umfaßt nach Rn 1 nicht stets auch das Adhäsionsverfahren.

Vermögensrechtlich ist wie bei BLAH § 1 ZPO Rn 11 jeder Anspruch, der entweder auf einer vermögensrechtlichen Beziehung beruht oder auf Geld oder Geldeswert geht, ohne Rücksicht auf seinen Ursprung und Zweck. Es entscheidet die Natur desjenigen Rechts, dessen Schutz der Kläger verlangt. Der Anspruch kann sich also zwar auf ein nichtvermögensrechtliches Verhältnis gründen. Er ist gleichwohl dann vermögensrechtlich, wenn er eine vermögenswerte Leistung zum Gegenstand hat, § 48 GKG Rn 6 ff, Teil I A dieses Buchs.

B. Gebühr in erster Instanz, VV 4143. Der Anwalt erhält evtl neben der Ver- 8 teidigergebühr VV 4100 ff und auch anstelle der in VV 3100 ff bestimmten Gebühren eine 2,0 Gebühr. Das gilt auch bei der erstmaligen Geltendmachung im strafrechtlichen Berufungsverfahren nach Rn 12. Es gilt ferner dann, wenn es zu einem Wiederaufnahmeverfahren nach § 406 c StPO kommt. Die Gebühr ist eine einheitliche Pauschgebühr nach Einl II A 9. Sie entsteht mit der auftragsgemäßen Entgegennahme der Information, Jena NJW 10, 456. Sie gilt nach der amtlichen Vorbemerkung 4.1 II 1 seine gesamte Tätigkeit im Verfahren nach §§ 403 ff StPO ab, Jena NJW 10, 456. Das gilt, soweit dieses Verfahren vor dem Strafgericht abläuft. Es gilt unabhängig von einer Anhängigkeit, Jena NJW 10, 456, und vom Umfang des gerichtlichen Verfahrens und der Anwaltstätigkeit. Es gilt also auch dann, wenn der Antragsteller den Antrag zurücknimmt oder wenn das Gericht nach § 405 StPO von einer Entscheidung absieht. Soweit sich ein Verfahren vor dem Zivilgericht nach § 406 III 2 StPO anschließt, ist VV 4143 amtliche Anmerkung II anwendbar. VV 1003 ist anwendbar, Nürnb JB 14, 135, ebenso VV 1008.

Neben der eben erwähnten Gebühr VV 4143 kann bei einer gerichtlichen Eini- 9 gung nach BLAH Anh § 307 ZPO oder außergerichtlichen Einigung nach § 779 BGB eine *Einigungsgebühr* nach VV 1000 entstehen, Nürnb JB 14, 135. Der Anwalt verdient die Gebühr VV 4143 schon mit jeder auf die Ausführung des Auftrags abzielenden Tätigkeit ab der auftragsgemäßen Entgegennahme der Information und nicht erst mit einer Tätigkeit gegenüber dem Gericht, sei es um den Anspruch abzuwehren, sei es um ihn geltend zu machen. Denn eine „Verfahrensgebühr" setzt zwar ein gerichtliches Verfahren voraus. Sie kann aber allgemein schon mit jeder verfahrensbezogenen Tätigkeit entstehen, wie zB bei VV 3100 Rn 29. Soweit der Anwalt im Zusammenhang mit dem vermögensrechtlichen Anspruch auftragsgemäß nur außergerichtlich tätig wird, können VV 2300 ff anwendbar sein.

C. Wiederholte Erhebung im Berufungsverfahren, VV 4144. Soweit der 10 Verletzte oder sein Erbe den vermögensrechtlichen Anspruch schon im ersten Rechtszug geltend gemacht hatten und soweit sie ihn nun im Berufungsverfahren nach §§ 312 ff StPO wiederholen, entsteht für die Tätigkeit des Anwalts eine 2,5 Gebühr. Dasselbe gilt dann, wenn das Rechtsmittelgericht durch einen Beschluß nach § 406 a II StPO entscheidet. Die 2,5 Gebühr entsteht selbst dann, wenn dieser Anwalt erstmalig im Berufungsverfahren tätig wird. Außerdem kann bei einer gerichtlichen oder außergerichtlichen Einigung eine Einigungsgebühr VV 1000, 1003, 1004 entstehen.

D. Gebühr im Revisionsverfahren, VV 4144. Im Revisionsverfahren kommt 11 der Antrag kaum in Betracht. Evtl entsteht eine 2,5 Gebühr. Außerdem kann wie bei Rn 9 bei einer gerichtlichen oder außergerichtlichen Einigung eine Einigungsgebühr VV 1000, 1003, 1004 entstehen.

12 E. Erstmalige Erhebung im Berufungsverfahren, VV 4143 amtliche Anmerkung I. Soweit der Verletzte oder sein Erbe den vermögensrechtlichen Anspruch erstmals im strafrechtlichen Berufungsverfahren nach §§ 312 ff StPO geltend macht, entsteht nach VV 4143 amtliche Anmerkung I für die Tätigkeit des Anwalts in diesem Zusammenhang im Berufungsverfahren nur eine 2,0 Gebühr. Außerdem kann wie bei Rn 9 bei einer gerichtlichen oder außergerichtlichen Einigung eine Einigungsgebühr VV 1000 entstehen.

13 F. Gegenstandswert. Er richtet sich wie bei VV 3100 ff nach §§ 2 I, 23 in Verbindung mit §§ 3 ff ZPO, Anh I § 48 GKG, Teil I A dieses Buchs. Er richtet sich also nach dem Antrag nach § 404 I StPO und nach dem GKG, zB nach §§ 39 ff GKG, Hbg JB 84, 54.

14 G. Fälligkeit. Die jeweils entstehende Gebühr wird fällig, sobald der Anwalt eine der in Rn 6, 7 genannten Tätigkeiten beginnt.

15 H. Kostenerstattung. Vgl § 472 a StPO. Die Kostenfestsetzung erfolgt nach § 464 b StPO. Im Erinnerungsverfahren gegen einen Kostenansatz oder gegen einen Kostenfestsetzungsbeschluß muß man die amtliche Vorbemerkung 4 V Z 1 beachten. Für die Vertretung bei der Zwangsvollstreckung auf Grund eines Kostenfestsetzungsbeschlusses nach § 464 b StPO in Verbindung mit §§ 704 ff, 794 I Z 2 ZPO muß man die amtliche Vorbemerkung 4 V Z 2 beachten.

16 4) Anrechnung, VV 4143 amtliche Anmerkung II. Dem Grundsatz folgen vier Fallgruppen.

A. Grundsatz: Prozeßbevollmächtigter im Zivilprozeß. Vgl zunächst Rn 1–5. Eine Anrechnung kommt allerdings nur dann in Betracht, wenn derselbe Anwalt im Anschluß an seine Verteidiger-, Beistands- oder Vertretertätigkeit im Strafverfahren nun auch als ProzBev nach § 81 ZPO in dem nach § 406 III 2 StPO dem Strafverfahren erst nachfolgenden bürgerlichen Rechtsstreit tätig wird. Ein Anwaltswechsel ist nur dann unschädlich, wenn er nach § 91 ZPO notwendig war, BLAH dort Rn 124 ff. Soweit der Anwalt zwar im Strafverfahren der Verteidiger usw war, im bürgerlichen Rechtsstreit aber nur eine Einzeltätigkeit vornehmen soll, ist er nicht ProzBev nach VV 4143 amtliche Anmerkung II.

17 Im übrigen muß es sich in dem nach § 406 III 2 StPO folgenden bürgerlichen Rechtsstreit um *denselben Anspruch* und damit Streitgegenstand nach BLAH § 2 ZPO Rn 4 handeln, den der Verletzte oder sein Erbe bereits im Strafverfahren nach §§ 403 ff StPO geltend gemacht hatten. Freilich mag die rechtliche Begründung des Anspruchs im nachfolgenden bürgerlichen Rechtsstreit wechseln, etwa zwischen einer Geschäftsführung ohne Auftrag nach § 677 ff BGB und einer unerlaubten Handlung nach §§ 823 ff BGB.

18 B. Ausgangswert. Soweit überhaupt nach Rn 16, 17 eine Anrechnung in Betracht kommt, muß man nach II 1 die zur Abwehr des Anspruchs im Strafverfahren entstandene Gebühr an sich zu einem Drittel auf die im nachfolgenden bürgerlichen Rechtsstreit anfallende Verfahrensgebühr und nur auf diese anrechnen, also nicht auch auf eine Terminsgebühr VV 3104, wohl aber auf eine Erledigungsgebühr VV 3103. Denn auch sie ist eine Verfahrensgebühr. Das ergibt sich aus der Verweisung in VV 3101 auf VV 3100 a fallenden Einzelgebühren, bis die zwei Drittel verbraucht sind.

19 C. Keine Mindestsumme. Bei der Anrechnung nach Rn 18 muß dem Anwalt nicht ein Mindestteil derjenigen Gebühren verbleiben, die ihm auf Grund seiner Tätigkeit im nachfolgenden bürgerlichen Rechtsstreit zustehen.

20 D. Derselbe Rechtszug. Eine Anrechnung findet nur insoweit statt, als der Anwalt wegen des vermögensrechtlichen Anspruchs sowohl im Strafverfahren als auch im nachfolgenden selbständigen bürgerlichen Rechtsstreit jeweils in derselben Instanz tätig wird. Soweit also der Anwalt im Adhäsionsverfahren nach §§ 403 ff StPO auch in der zweiten Instanz tätig war, erfolgt in der ersten Instanz des nachfolgenden Zivilprozesses eine Anrechnung nur der in erster Instanz des Adhäsionsverfahrens entstandenen Gebühr VV 4143.

Vergütungsverzeichnis **4143–4146 VV**

Soweit der Anwalt in beiden Verfahrensarten jeweils in *mehreren Rechtszügen* tätig war, muß man die Adhäsionsgebühr eines jeden Rechtszugs auf die Gebühren VV 3100 ff des entsprechenden Rechtszugs des Zivilprozesses anrechnen.

Soweit aber der Verletzte oder sein Erbe im Strafverfahren den vermögensrechtlichen Anspruch *erstmals in der Berufungsinstanz* nach §§ 312 ff StPO geltend gemacht hatten, entspricht dieser Rechtszug beim gemäß § 406 III 2 StPO nachfolgenden selbständigen bürgerlichen Rechtsstreit dort dem ersten Rechtszug. 21

E. Gegenstandswert. Wenn der Gegenstandswert des im nachfolgenden bürgerlichen Rechtsstreit geltend gemachten Anspruchs geringer ist als der Wert desselben Anspruchs, den der Verletzte oder sein Erbe im Strafverfahren erhoben hatten, kann man auch nur einen entsprechend geringen Gebührenbetrag aus dem Strafverfahren anrechnen. Dasselbe gilt im umgekehrten Fall. 22

Nr.	Gebührentatbestand	Gebühr oder Satz der Gebühr nach § 13 oder § 49 RVG	
		Wahlanwalt	gerichtlich bestellter oder beigeordneter Rechtsanwalt
4145	Verfahrensgebühr für das Verfahren über die Beschwerde gegen den Beschluss, mit dem nach § 406 Abs. 5 Satz 2 StPO von einer Entscheidung abgesehen wird	0,5	0,5

1) Systematik. Die Vorschrift ergänzt für das Verfahren nach § 406 V 2 StPO die Vergütungsregelung für die Beschwerdeinstanz. Nach dieser letzteren Bestimmung sieht das Gericht von einer Entscheidung über einen Antrag des Verletzten oder seines Erben auf die Zuerkennung eines vermögensrechtlichen Anspruchs infolge einer Straftat ab, sobald es nach einer Anhörung des Antragstellers die Voraussetzungen für eine Entscheidung nach §§ 403 ff StPO für nicht gegeben hält. Das Gericht erklärt ein solches Absehen durch einen Beschluß nach § 406 V 2 Hs 2 StPO. Gegen diesen Beschluß ist nach § 406 a I 1 StPO unter den dortigen Voraussetzungen die sofortige Beschwerde statthaft. Für dieses Beschwerdeverfahren gilt VV 4145 beim Verteidiger. 1

2) Regelungszweck. Es soll eine dem Beschwerdeverfahren mit seinen ja stark auch in sachlichrechtliche und prozessuale Fragen des etwaigen Entschädigungsanspruchs reichenden Anforderungen an den Verteidiger angemessene Vergütung entstehen. 2

3) Geltungsbereich. Vgl Rn 1. 3

4) Gebührenhöhe. Es entsteht für jede Art von Verteidiger eine 0,5 Festgebühr. 4

5) Gegenstandswert. Er richtet sich gemäß §§ 2 I, 22 ff nach den allgemeinen Regeln, also nach der Höhe des Entschädigungsanspruchs, §§ 3 ff ZPO, Anh I nach § 48 GKG, Teil I A dieses Buchs. 5

6) Fälligkeit, Kostenschuldner. Es gelten die allgemeinen Regeln. 6

Nr.	Gebührentatbestand	Gebühr oder Satz der Gebühr nach § 13 oder § 49 RVG	
		Wahlanwalt	gerichtlich bestellter oder beigeordneter Rechtsanwalt
4146	Verfahrensgebühr für das Verfahren über einen Antrag auf gerichtliche Entscheidung oder über die Beschwerde gegen eine den Rechtszug beendende Entscheidung nach § 25 Abs. 1 Satz 3 bis 5, § 13 StRehaG	1,5	1,5

VV 4146   Vergütungsverzeichnis

Gliederung

1) Systematik	1
2) Regelungszweck	2
3) Sachlicher Geltungsbereich	3
4) Persönlicher Geltungsbereich	4, 5
5) Gebührenhöhe	6–8
A. 1,5 Gebühr	6
B. Vergütung für jede Instanz gesondert	7
C. Umfassende Abgeltung	8
6) Gegenstandswert	9, 10
7) Fälligkeit, Kostenschuldner	11

1   **1) Systematik.** Die Vorschrift ergänzt für das gerichtliche Verfahren die Regeln zur Vergütung im Verwaltungsverfahren über soziale Ausgleichsleistungen nach §§ 16 ff, 25 StrRehaG.

2   **2) Regelungszweck.** VV 4146 enthält nicht eine Betragsrahmengebühr nach Einl II A 12, sondern eine sog Wertgebühr nach Einl II A 10. Folglich ist § 14 hier beim Wahlanwalt nach § 137 StPO unanwendbar. Auch der nach § 141 StPO bestellte oder beigeordnete Verteidiger erhält eine Wertgebühr. Der Zweck ist die Vereinfachung der Berechnung ohne die mit einer bloßen Festgebühr verbundene Vergröberung.

3   **3) Sachlicher Geltungsbereich.** Die Vorschrift erfaßt nur das Verfahren über den Antrag auf eine gerichtliche Entscheidung oder über eine Beschwerde wegen einer oder mehrerer sozialer Ausgleichsleistungen. Das ergibt sich aus der Bezugnahme nur auf § 25 I 3–5 StrRehaG. Die weitere Verweisung auch auf § 13 StrRehaG meint nicht etwa, daß VV 4146 auch im Beschwerdeverfahren gegen eine Rehabilitierungsentscheidung anwendbar wäre. Vielmehr verdeutlicht der Hinweis auch auf § 13 StrRehaG nur die sich aus der Verweisung auf § 25 I 3–5 StrRehaG ohnehin ergebende Verweisung der letzteren Vorschrift auf den Abschnitt 2 des StrRehaG und damit auf § 13 StrRehaG.

4   **4) Persönlicher Geltungsbereich.** Die Vorschrift erfaßt nach der amtlichen Vorbemerkung 4 I aE die Anwaltstätigkeit als Verteidiger, insofern freilich für jeden an einem gerichtlichen Verfahren nach Abschnitt 3 (§§ 16–25 StrRehaG) Beteiligten, also zB auch für einen Hinterbliebenen nach § 18 III StrRehaG (Ehegatte, Kinder, Eltern).

5   Wegen des in Wahrheit *Unberechtigten* gilt VV 4146 nicht.

6   **5) Gebührenhöhe.** VV 4146 regelt nur die Verfahrensgebühr. Eine Grund- und eine Terminsgebühr sind daneben möglich, VV 4100–4104. VV 4146 gibt je nach der amtlichen Überschrift des Unterabschnitts 5 nur eine „zusätzliche Gebühr". Man muß drei Aspekte beachten.

A. 1,5 Gebühr. Der Anwalt erhält als Wahlverteidiger wie als bestellter oder beigeordneter Anwalt eine 1,5 Gebühr. Sie gilt nach der amtlichen Vorbemerkung 4 II alle zum Betreiben des Geschäfts erforderlichen Tätigkeiten ab.

7   **B. Vergütung für jede Instanz gesondert.** Aus dem Wort „oder" in VV 4146 ergibt sich: Die Vergütung fällt für die erste Instanz und für die Beschwerdeinstanz gesondert an. Innerhalb einer jeden Instanz muß man grundsätzlich wie sonst rechnen.

8   **C. Umfassende Abgeltung.** In jeder der vorgenannten Instanzen entsteht die 1,5 Gebühr nur einmal.

9   **6) Gegenstandswert.** Es gelten gemäß §§ 2 I, 22 ff die allgemeinen Regeln. Das gilt sowohl für die in §§ 16 ff StrRehaG genannten einzelnen Arten von sozialen Ausgleichsleistungen als auch für deren Zusammentreffen nach § 23 StrRehaG oder für eine Anrechnung nach §§ 21 ff StrRehaG.

10   Es handelt sich um *vermögensrechtliche* Ansprüche nach § 48 GKG Rn 5–8, Teil I A dieses Buchs. Daher gelten § 3 ff ZPO, Anh I § 48 GKG, und ist § 48 II GKG unanwendbar. VV 4145 erfaßt nicht eine vermögensrechtliche Aufhebung der DDR-Entscheidung nach §§ 1–15 StrRehaG.

11   **7) Fälligkeit, Kostenschuldner.** Es gelten die allgemeinen Regeln. Das vereinfachte Festsetzungsverfahren ist grundsätzlich statthaft, da jedenfalls keine Rahmengebühr vorliegt.

Nr.	Gebührentatbestand	Gebühr oder Satz der Gebühr nach § 13 oder § 49 RVG	
		Wahlanwalt	gerichtlich bestellter oder beigeordneter Rechtsanwalt
4147	Einigungsgebühr im Privatklageverfahren bezüglich des Strafanspruchs und des Kostenerstattungsanspruchs: Die Gebühr 1000 entsteht .... ¹Für einen Vertrag über sonstige Ansprüche entsteht eine weitere Einigungsgebühr nach Teil 1. ²Maßgebend für die Höhe der Gebühr ist die im Einzelfall bestimmte Verfahrensgebühr in der Angelegenheit, in der die Einigung erfolgt. ³Eine Erhöhung nach Nummer 1008 und der Zuschlag (Vorbemerkung 4 Abs. 4) sind nicht zu berücksichtigen.	in Höhe der Verfahrensgebühr	

1) Systematik. Die Vorschrift paßt nur gequält an diese Stelle des VV. Denn sie stellt systematisch eine Ergänzung des VV 1000 dar und gehört eigentlich dorthin. Sie kam nur deshalb zum Teil 4, weil der nach § 141 StPO bestellte oder beigeordnete Anwalt nicht zum Teil 1 paßt. Jedenfalls bringt sie eine gegenüber VV 1000 formell vorrangige Regelung. Das ändert nichts am Charakter einer Einigungsgebühr nach jener Muttervorschrift, auf die VV 4147 ja auch ausdrücklich Bezug nimmt. Auch VV 4100–4136 bleiben unberührt. VV 4141 tritt nach der amtlichen Anmerkung II 2 zurück. 1

2) Regelungszweck. Es geht praktisch nur darum, eine Regelung auch für den bestellten oder beigeordneten Anwalt zu finden, damit kein Vergütungsloch entsteht. Dieses Ziel ist der Anlaß der ganzen formell eigenständigen Regelung geworden. Sie ist aber der Sache nach ebenso auslegbar wie VV 1000, dort Rn 2. Eine bloße erfolglose Bemühung des Anwalts um eine Einigung unterfällt nicht VV 4147, sondern zB VV 4102 Z 5, 4104, 4106. 2

3) Einigung bei Privatklage wegen Strafe und Kostenerstattung. Der Vergleich des Hauptextes und der amtlichen Anmerkung zeigt am deutlichsten den Umfang und die Grenzen des Geltungsbereichs. Es muß zunächst ein Privatklageverfahren nach §§ 374 ff StPO vorliegen. Sodann muß es gerade auch oder nur um den Strafanspruch und/oder um den Anspruch auf eine Kostenerstattung gehen. 3
Soweit es um einen *sonstigen* Anspruch im Privatklageverfahren geht, etwa um einen mitzuvergleichenden bürgerlichrechtlichen Schadensersatzanspruch, kommt nach der amtlichen Anmerkung S 1–3 eine weitere Einigungsgebühr direkt nach VV 1000 infrage.
Schließlich muß zumindest auch infolge der Mitwirkung des Anwalts eine *Einigung* nach VV 1000 zustandegekommen sein. Gerade der Strafanspruch oder der Anspruch auf eine Kostenerstattung muß also eine wirksame Einigung finden. Es muß also entweder eine Privatklage unterbleiben oder ein solches Verfahren enden. Es darf also noch keine Rechtskraft vorliegen. Denn die Gebühr VV 4147 ist eine Erfolgs- und keine bloße Verfahrens- oder Terminsgebühr. Sie ist nach der amtlichen Überschrift des Unterabschnitts 5 ja auch stets eine zusätzliche Gebühr.

4) Gebührenhöhe. Beim Wahlverteidiger nach § 137 StPO ist stets § 14 mitbeachtlich. Im Rechtsmittelverfahren läßt sich eine höhere Vergütung innerhalb des Rahmens bewilligen. Insofern kann man VV 4147 nur bedingt mit VV 1000, 4144 vergleichen. Das übersieht Schneider AnwBl 05, 205. 4

5) Kostenerstattung. Es gelten §§ 464 ff StPO nach Maßgabe der Einigung. 5

VV Vorbem 4.2, 4200–4203

Abschnitt 2. Gebühren in der Strafvollstreckung

(Amtliche) Vorbemerkung 4.2:
Im Verfahren über die Beschwerde gegen die Entscheidung in der Hauptsache entstehen die Gebühren besonders.

Nr.	Gebührentatbestand	Gebühr oder Satz der Gebühr nach § 13 oder § 49 RVG	
		Wahlanwalt	gerichtlich bestellter oder beigeordneter Rechtsanwalt

4200	Verfahrensgebühr als Verteidiger für ein Verfahren über
	1. die Erledigung oder Aussetzung der Maßregel der Unterbringung
	  a) in der Sicherungsverwahrung,
	  b) in einem psychiatrischen Krankenhaus oder
	  c) in einer Entziehungsanstalt,
	2. die Aussetzung des Restes einer zeitigen Freiheitsstrafe oder einer lebenslangen Freiheitsstrafe oder
	3. den Widerruf einer Strafaussetzung zur Bewährung oder den Widerruf der Aussetzung einer Maßregel der Besserung und Sicherung zur Bewährung ....
		60,00 bis 670,00 €	292,00 €

4201	Gebühr 4200 mit Zuschlag	60,00 bis 837,50 €	359,00 €
4202	Terminsgebühr in den in Nummer 4200 genannten Verfahren	60,00 bis 300,00 €	144,00 €
4203	Gebühr 4202 mit Zuschlag	60,00 bis 375,00 €	174,00 €

Zu *VV 4200–4203:*

Gliederung

1) Systematik, VV 4200 Z 1–3 .... 1, 2
2) Regelungszweck, VV 4200 Z 1–3 3
3) Erledigung oder Aussetzung von Unterbringung, VV 4200 Z 1 4
4) Aussetzung von Strafrest zeitlicher oder lebenslanger Freiheitsstrafe, VV 4200 Z 2 5
5) Widerruf der Aussetzung von Strafe usw, VV 4200 Z 3 6
6) Gebührenhöhe, VV 4200–4203 7
7) Kostenerstattung, VV 4200–4203 8

1 **1) Systematik, VV 4200 Z 1–3.** Im Abschnitt 2 regeln VV 4200–4203 diejenige Tätigkeiten, die VV 4200 Z 1–3 abschließend nennt. Die Auffangvorschriften VV 4204–4207 erfassen die sonstigen Verfahren *in* der Strafvollstreckung nach §§ 449 ff StPO. Beide Gruppen gelten nur für den gerade als Verteidiger tätigen Anwalt, KG JB 05, 251. Soweit er nicht in einer solchen Eigenschaft arbeitet, kommt im Bereich der Strafvollstreckung eine Vergütung nach VV 4301 Z 6 infrage. Stets gelten neben VV 4200 §§ 1 ff sowie die amtlichen Vorbemerkungen 4. VV 4200 entsteht nach der amtlichen Vorbemerkung 4 II für das Betreiben des Geschäfts einschließlich der Information. Diese Gebühr entsteht also mit deren auftragsgemäßer Entgegennahme.

Vor der Strafvollstreckung gelten VV 4200 ff *nicht*, sondern zB bei § 23 EGGVG VV 3100 usw, Zweibr Rpfleger **11**, 116.

Eine *Grundgebühr* VV 4100, 4101 fällt für den nur in der Strafvollstreckung tätigen Verteidiger *nicht* an. Denn VV 4100, 4101 stehen im Abschnitt 1, nicht im gleichrangigen Abschnitt 2. Daher hilft es auch nicht, daß die amtliche Überschrift des Abschnitts 1 „Gebühren des Verteidigers" bei einer vordergründigen Prüfung nahelegen würde, die im Abschnitt 1 Unterabschnitt 1 „Allgemeine Gebühren" geregelte Grundgebühr auch dem Verteidiger in der Strafvollstreckung zuzubilligen. Natürlich erhält er die Grundgebühr, soweit er als Verteidiger auch in den im Abschnitt 1 erfaßten Verfahrensabschnitten tätig war.

2) Regelungszweck, VV 4200 Z 1–3. Die Tätigkeit in der Strafvollstreckung kann außerordentlich verantwortungsbeladen sein. Das gilt schon wegen der oft eintretenden Notwendigkeit eines oder mehrerer Gutachten etwa zur Frage einer physischen und/oder einer psychischen Belastung des Verurteilten. Die Verteidigertätigkeit kann auch ihrerseits deshalb zumindest psychisch besonders anstrengend sein. Das gilt auch gegenüber Angehörigen oder Freunden des Verurteilten. Daher ist zwecks einer Kostengerechtigkeit eine ausdrückliche Regelung notwendig. Sie dient zugleich der Rechtssicherheit. Sie ist obendrein zweckmäßig. Denn sie zwingt nicht zu einer gequälten Unterordnung unter allgemeinere Begriffe. Dessen ungeachtet sind VV 4200–4203 als Spezialvorschriften eng auslegbar. Was sie nicht erfassen, läßt sich immerhin nach VV 4204–4207 oder eben nach VV 4301 Z 6 vergüten.

3) Erledigung oder Aussetzung von Unterbringung, VV 4200 Z 1. Die Vorschrift gilt dann, wenn es um ein Verfahren geht, in dem eine Maßnahme der Unterbringung des Verurteilten entweder in der Sicherungsverwahrung nach § 67d II, III StGB oder in einem psychiatrischen Krankenhaus nach § 463 III StPO in Verbindung mit den dort genannten Bestimmungen der StPO und des StGB oder in einer Entziehungsanstalt nach § 67d I, IV StGB erledigt sein oder ausgesetzt werden soll. Dabei ist es ausreichend, daß der Verteidiger irgendwie zugunsten des Verurteilten gerade in diesem Verfahrensabschnitt tätig ist. Auf seinen Erfolg oder Mißerfolg stellt das Gesetz mit seiner Verfahrensgebühr nicht ab. VV 4200 gilt auch im Verfahren nach § 67e StGB, Jena JB **06**, 367 links, KG Rpfleger **09**, 49. Es entsteht auch bei mehreren Terminen die Terminsgebühr VV 4203 nur einmal, Kblz Rpfleger **11**, 346.

Befindet sich der Verurteilte in demjenigen Teil dieses Verfahrensabschnitts, in dem der Verteidiger tätig wird, nach VV 4100, 4101 Rn 10 *nicht auf freiem Fuß*, tritt zur Verfahrensgebühr VV 4200 die Zuschlagsgebühr VV 4201 nach der amtlichen Vorbemerkung 4 IV hinzu. Im Verfahren über die Beschwerde gegen die Entscheidung in der Hauptsache erhält der Anwalt die vorstehenden Gebühren nach der amtlichen Vorbemerkung 4.2 besonders. Eine Terminsgebühr ohne oder mit Zuschlag kann hinzutreten. Sie entsteht unter den Voraussetzungen der amtlichen Vorbemerkung 4 III. Wegen §§ 67d, e StGB VV 4302 Rn 15 „Unterbringung".

4) Aussetzung von Strafrest zeitlicher oder lebenslanger Freiheitsstrafe, VV 4200 Z 2. Diese Vorschrift erfaßt den Fall, daß nach §§ 57, 57a StGB eine Aussetzung in Betracht kommt. Wie bei Z 1 handelt es sich auch hier nicht um eine Erfolgs-, sondern um eine Verfahrensgebühr und evtl dazu um eine Terminsgebühr jeweils mit oder ohne Zuschlag. Auch im übrigen gelten die Erwägungen Rn 4 hier entsprechend. Hierher gehört auch die Festsetzung der Mindestdauer einer lebenslangen Freiheitsstrafe, KG JB **11**, 590.

5) Widerruf der Aussetzung von Strafe usw, VV 4200 Z 3. Diese Vorschrift gilt schließlich für den Widerruf einer Strafaussetzung zur Bewährung nach § 56f StGB oder einer zur Bewährung ausgesetzten Maßregel der Besserung und Sicherung nach § 67g StGB. Auch in diesem Bereich handelt es sich nicht um Erfolgsgebühren. Auch hier kann zur Verfahrensgebühr mit oder ohne Zuschlag eine Terminsgebühr mit oder ohne Zuschlag hinzutreten. Rn 4 gilt auch hier entsprechend.

VV 4200–4207 Vergütungsverzeichnis

7   **6) Gebührenhöhe, VV 4200–4203.** Hierher zählt auch das Verfahren nach §§ 63, 64, 67h StGB, Drsd Rpfleger **12**, 712. Man muß zwischen der jeweiligen Festgebühr eines bestellten oder beigeordneten Anwalts und dem Rahmen unterscheiden, den die Vorschriften jeweils dem Wahlverteidiger zubilligen. Bei ihm muß man stets § 14 mitbeachten. Ein Zeitzuschlag ist bei VV 4202, 4203 nicht vorgesehen.
   Mittelgebühr beim Wahlanwalt sind die folgenden Beträge: VV 4200: 365 EUR; VV 4201: 448,75 EUR; VV 4202: 180 EUR; VV 4203: 217,50 EUR.
   In der *Beschwerdeinstanz* entstehen alle Gebühren nach der amtlichen Vorbemerkung 4.2 gesondert in denselben Höhen, also evtl nochmals.

8   **7) Kostenerstattung, VV 4200–4203.** Sie richtet sich wie sonst nach §§ 464ff StPO.

Nr.	Gebührentatbestand	Gebühr oder Satz der Gebühr nach § 13 oder § 49 RVG	
		Wahlanwalt	gerichtlich bestellter oder beigeordneter Rechtsanwalt
4204	Verfahrensgebühr für sonstige Verfahren in der Strafvollstreckung	30,00 bis 300,00 €	132,00 €
4205	Gebühr 4204 mit Zuschlag	30,00 bis 375,00 €	162,00 €
4206	Terminsgebühr für sonstige Verfahren ..	30,00 bis 300,00 €	132,00 €
4207	Gebühr 4206 mit Zuschlag	30,00 bis 375,00 €	162,00 €

Zu VV 4204–4207:

1   **1) Systematik.** Es handelt sich um Auffangvorschriften für alle diejenigen Tätigkeiten des Verteidigers, die einerseits *in* der Strafvollstreckung nach §§ 449ff StPO erfolgen, die aber andererseits nicht zum abgeschlossenen Kreis der in VV 4200–4203 geregelten Tätigkeiten zählen. Hierzu zählt auch eine Tätigkeit sowohl vor der Strafvollstreckungskammer als auch im Beschwerdeverfahren nach § 67a StGB, Drsd JB **17**, 195. Wegen einer Tätigkeit *vor* der Strafvollstreckung VV 4200–4203 Rn 1.

2   **2) Regelungszweck.** Als bloße Auffangvorschriften sind VV 4204–4207 zwecks einer Vermeidung von Honorierungslücken weit auslegbar.

3   **3) Sonstige Strafvollstreckung.** Es geht um den weiten Tätigkeitsbereich nach Rn 1. Er umfaßt alle technischen Arten der Tätigkeiten, alle Orte und Zeitpunkte, alle Schwierigkeits- und Aufwandsgrade, alle beteiligten Personen vom Verurteilten über seine Angehörigen bis zum letzten oder künftigen Arbeitgeber, zum Arzt, Psychologen oder Geistlichen.

4   **4) Gebührenhöhen.** Für den Wahlanwalt nach § 137 StPO muß man stets § 14 beachten. Es betragen die Mittelgebühren beim Wahlanwalt ohne Zuschlag jeweils 165 EUR, beim Zuschlag jeweils 202,50 EUR. Der Zuschlag entsteht auch hier nach der amtlichen Vorbemerkung 4 IV dann, wenn sich der Verurteilte nicht auf freiem Fuß befindet.
   In der *Beschwerdeinstanz* entstehen alle Gebühren nach der amtlichen Vorbemerkung 4.2 gesondert in denselben Höhen, also evtl nochmals.

5   **5) Kostenerstattung.** Es gelten dieselben Erwägungen wie bei VV 4200–4203.

Abschnitt 3. Einzeltätigkeiten

(Amtliche) Vorbemerkung 4.3:

¹ Die Gebühren entstehen für einzelne Tätigkeiten, ohne dass dem Rechtsanwalt sonst die Verteidigung oder Vertretung übertragen ist.

II Beschränkt sich die Tätigkeit des Rechtsanwalts auf die Geltendmachung oder Abwehr eines aus der Straftat erwachsenen vermögensrechtlichen Anspruchs im Strafverfahren, so erhält er die Gebühren nach den Nummern 4143 bis 4145.

III ¹ Die Gebühr entsteht für jede der genannten Tätigkeiten gesondert, soweit nichts anderes bestimmt ist. ² § 15 RVG bleibt unberührt. ³ Das Beschwerdeverfahren gilt als besondere Angelegenheit.

IV Wird dem Rechtsanwalt die Verteidigung oder die Vertretung für das Verfahren übertragen, werden die nach diesem Abschnitt entstandenen Gebühren auf die für die Verteidigung oder Vertretung entstehenden Gebühren angerechnet.

Nr.	Gebührentatbestand	Gebühr oder Satz der Gebühr nach § 13 oder § 49 RVG	
		Wahlanwalt	gerichtlich bestellter oder beigeordneter Rechtsanwalt
4300	Verfahrensgebühr für die Anfertigung oder Unterzeichnung einer Schrift 1. zur Begründung der Revision, 2. zur Erklärung auf die von dem Staatsanwalt, Privatkläger oder Nebenkläger eingelegte Revision oder 3. in Verfahren nach den §§ 57a und 67e StGB .... Neben der Gebühr für die Begründung der Revision entsteht für die Einlegung der Revision keine besondere Gebühr.	60,00 bis 670,00 €	292,00 €

1) Systematik, Z 1–3. Die systematisch verfehlt vorgezogene Vorschrift läßt sich 1 ebenso wie VV 4302 Rn 1 beurteilen. § 4, VV 1008 sind anwendbar.

2) Regelungszweck, Z 1–3. Es gelten dieselben Erwägungen wie bei VV 4302 2 Rn 2.

3) Revisionsbegründung usw, Z 1–3. Der Anwalt darf kein Verteidiger nach 3 §§ 137 ff StPO sein, Stgt Rpfleger **11**, 459. Er darf nach der amtlichen Vorbemerkung I auch kein Beistand oder Vertreter des Privatklägers nach § 378 StPO oder eines Nebenklägers nach §§ 395 ff StPO sein, KG JB **05**, 251. Soweit ein solcher Anwalt eine schriftliche Revisionsbegründung nach § 344 StPO oder eine schriftliche Erklärung oder Erwiderung auf eine gegnerische Revision nach § 347 StPO anfertigt und/oder unterzeichnet, kann eine Gebühr nach Z 1, 2 entstehen. Das gilt auch dann, wenn die gegnerische Revision vom Privatkläger oder Nebenkläger stammt. Soweit der Anwalt diese Tätigkeit als Verteidiger oder im Auftrag des Nebenklägers für das Revisionsverfahren durchführt, muß man die amtliche Vorbemerkung 4.3 III beachten. Eine ausdehnende Auslegung ist unzulässig. Denn die Vorschrift hat einen Ausnahmecharakter. Daher ist (jetzt) VV 4300 auf die Erstattung einer Ordnungswidrigkeitsanzeige nach § 121 BetrVG unanwendbar, aM LAG Kiel AnwBl **01**, 186.

Z 3 bezieht sich auf die Anfertigung und/oder Unterzeichnung einer Schrift im Verfahren über eine Aussetzung der Vollstreckung des Rests einer lebenslangen Freiheitsstrafe zur Bewährung nach § 57a StGB oder im Verfahren zur Überprüfung, ob eine weitere Vollstreckung der Unterbringung in einer Entziehungsanstalt, in einem psychiatrischen Krankenhaus oder in der Sicherungsverwahrung nach § 67e StGB erfolgen muß.

4   Soweit der Anwalt lediglich in der *vorangegangenen Instanz* Verteidiger war, für das Revisionsverfahren aber nur noch mit der Einzeltätigkeit nach VV 4300 beauftragt ist, ist VV 4300 anwendbar.

5   Sofern das Revisionsverfahren mit einem *Freispruch* des Angeklagten endet, ist die Gebühr VV 4300 erstattungsfähig.

6   Soweit der Anwalt die *Revision begründet,* gilt die Gebühr VV 4300 nach der amtlichen Anmerkung eine etwa vorangegangene Tätigkeit der Einlegung der Revision außerhalb der Verteidigung mit ab. Soweit der Anwalt das Rechtsmittel noch als Verteidiger eingelegt hatte und erst anschließend einen auf die Revisionsbegründung oder auf die Erklärung zur gegnerischen Revision begrenzten Auftrag ausführt, gelten die in der Vorinstanz entstandenen Verteidigergebühren die Einlegung der Revision nicht ab. Denn die amtliche Vorbemerkung 4.1 II nennt die Rechtsmitteleinlegung nicht mit.

7   *Unanwendbar* ist Z 1 auf eine solche Schrift, die nicht einmal formell und äußerlich die Mindestanforderungen an eine gesetzmäßige Revisionsbegründung usw erfüllt.

8   **4) Gebührenhöhe, Z 1–3.** Es gelten dieselben Erwägungen wie bei VV 4302 Rn 17, 18. Beim Wahlanwalt nach § 137 StPO ist § 14 anwendbar.
Die *Mittelgebühr* beim Wahlanwalt beträgt 365 EUR.

9   **5) Kostenerstattung, Z 1–3.** Es gelten dieselben Erwägungen wie bei VV 4302 Rn 19, 20.

Nr.	Gebührentatbestand	Gebühr oder Satz der Gebühr nach § 13 oder § 49 RVG	
		Wahlanwalt	gerichtlich bestellter oder beigeordneter Rechtsanwalt
4301	Verfahrensgebühr für 1. die Anfertigung oder Unterzeichnung einer Privatklage, 2. die Anfertigung oder Unterzeichnung einer Schrift zur Rechtfertigung der Berufung oder zur Beantwortung der von dem Staatsanwalt, Privatkläger oder Nebenkläger eingelegten Berufung, 3. die Führung des Verkehrs mit dem Verteidiger, 4. die Beistandsleistung für den Beschuldigten bei einer richterlichen Vernehmung, einer Vernehmung durch die Staatsanwaltschaft oder eine andere Strafverfolgungsbehörde oder in einer Hauptverhandlung, einer mündlichen Anhörung oder bei einer Augenscheinseinnahme, 5. die Beistandsleistung im Verfahren zur gerichtlichen Erzwingung der Anklage (§ 172 Abs. 2 bis 4, § 173 StPO) oder 6. sonstige Tätigkeiten in der Strafvollstreckung	40,00 bis 460,00 €	200,00 €

Vergütungsverzeichnis   **4301 VV**

Nr.	Gebührentatbestand	Gebühr oder Satz der Gebühr nach § 13 oder § 49 RVG	
		Wahlanwalt	gerichtlich bestellter oder beigeordneter Rechtsanwalt
	Neben der Gebühr für die Rechtfertigung der Berufung entsteht für die Einlegung der Berufung keine besondere Gebühr.		

Gliederung

```
 1) Systematik, Z 1–6 ..................................................................  1
 2) Regelungszweck, Z 1–6 ...........................................................  2
 3) Privatklage, Z 1 ......................................................................  3
 4) Berufungsbegründung usw, Z 2 ...............................................  4, 5
 5) Verkehr mit dem Verteidiger usw, Z 3 ......................................  6, 7
 6) Beistandsleistung, Z 4 ............................................................  8–10
    A. Jede Beistandslast ..............................................................  9
    B. Beispiele zur Frage einer Anwendbarkeit von Z 4 .................  10
 7) Anklageerzwingung, Z 5 .........................................................  11
 8) Strafvollstreckung, Z 6 ...........................................................  12
 9) Gebührenhöhe, Z 1–6 .............................................................  13
10) Kostenerstattung, Z 1–6 .........................................................  14
```

1) Systematik, Z 1–6. Die systematisch verfehlt vorgezogene Vorschrift läßt sich **1**
ebenso wie VV 4302 Rn 1 beurteilen. Beide Vorschriften gelten nebeneinander.
VV 1008 ist anwendbar. Eine Anrechnung erfolgt unter den Voraussetzungen der
amtlichen Vorbemerkung 4.3 IV.

2) Regelungszweck, Z 1–6. Es gelten dieselben Erwägungen wie bei VV 4302 **2**
Rn 2.

3) Privatklage, Z 1. Hierher zählt nach der amtlichen Vorbemerkung 4.3 I die **3**
Anfertigung und/oder Unterzeichnung der privaten Anklageschrift nach § 381 StPO,
ohne daß der Anwalt die weitere Vertretung im Privatklageverfahren ausführen soll.

Unanwendbar ist Z 1, soweit der Anwalt vor einem nach § 380 StPO notwendigen
Sühneversuch tätig wurde. Hatte er einen durch das Scheitern solchen Versuchs bedingten Auftrag, mögen VV 4104 oder 4106 anwendbar sein.

4) Berufungsbegründung usw, Z 2. Soweit der nicht zum Verteidiger bestellte **4**
Anwalt den Auftrag erhält und ausführt, eine schriftliche Berufungsbegründung nach
§ 317 StPO oder eine schriftliche Berufungserwiderung für den Angeklagten anzufertigen und/oder zu unterzeichnen, kann eine Gebühr nach Z 2 entstehen. Es muß
sich um eine solche Schrift handeln, die wenigstens äußerlich den Anforderungen
einer Berufungsrechtfertigung oder Berufungsbeantwortung genügt. Ein sachlicher
Mangel einer solchen formell vorliegenden Schrift ist aber unerheblich. Es kann sich
auch um die Beantwortung einer nur vom Staatsanwalt oder nur vom Privatkläger
oder nur vom Nebenkläger eingelegten Berufung handeln. Soweit eine derartige
Gebühr nach Z 2 entsteht, gilt sie die Gebühr für die Einlegung der Berufung mit ab,
amtliche Anmerkung.

Die *Rechtfertigung eines Rechtsmittels* nach §§ 317, 344 StPO gehört gebührenrecht- **5**
lich nach § 19 I 2 Z 10 nicht mehr zum bisherigen Rechtszug. Deshalb entsteht eine
Gebühr nach Z 2 auch für denjenigen Anwalt, der im ersten Rechtszug Verteidiger
war, der aber anschließend nur noch den Auftrag zur Rechtfertigung oder Berufungsbeantwortung erhalten hat. Andererseits muß man nach der amtlichen Vorbemerkung 4.3 II die Gebühr für eine solche Tätigkeit bei denjenigen Anwalt, der auch
im Berufungsverfahren Verteidiger sein soll, auf die Verteidigergebühr anrechnen.

Unanwendbar ist Z 2 auf die bloße Einlegung einer Berufung nach § 314 StPO. Das
ergibt sich aus dem klaren Wortlaut der amtlichen Anmerkung und auch aus demjenigen von Z 2 selbst.

2029

VV 4301

6 **5) Verkehr mit dem Verteidiger usw, Z 3.** Die Führung des Verkehrs mit dem Verteidiger nach §§ 137 ff StPO und mit den ihm nach der amtlichen Vorbemerkung 4 I gleichstehenden Personen durch einen anderen Anwalt kann zu einer Gebühr nach Z 3 führen. Diese ähnelt der Verkehrsgebühr VV 3400. Infolge ihres Pauschcharakters nach § 15 I, II gilt sie die gesamte Tätigkeit desjenigen Anwalts, der mit dem Verteidiger im Kontakt steht, für diesen Rechtszug ab. Sie kann im nächsten Rechtszug neu entstehen.

7 Zur Führung des Verkehrs gehört nicht die *Wahrnehmung eines Termins*. Für diese Tätigkeit kann eine besondere Gebühr nach Rn 8 entstehen.

8 **6) Beistandsleistung, Z 4.** Sofern derjenige Anwalt, der nicht der Verteidiger ist, für den Beschuldigten oder wegen der amtlichen Vorbemerkung 4 I für einen Privat- oder Nebenkläger oder sonstigen Verfahrensbeteiligten bei einer Vernehmung oder Verhandlung oder bei einer Augenscheinseinnahme innerhalb oder außerhalb der Hauptverhandlung eine Beistandsleistung zB nach § 378 StPO erbringt, kann eine Gebühr nach Z 4 entstehen.

9 **A. Jede Beistandsart.** Es ist unerheblich, ob ein Richter oder ein Beamter der Staatsanwaltschaft oder ein Polizeibeamter oder der Mitarbeiter einer anderen Strafverfolgungsbehörde die Vernehmung oder den Termin oder die Augenscheinsnahme durchführen und ob es um die Vernehmung des Beschuldigten oder eines Zeugen geht, Oldb JB **07**, 202 (zustm Lohle), oder um die Vernehmung eines Sachverständigen. Die Beistandsleistung muß freilich gerade für den Beschuldigten und nicht für eine dieser anderen Personen erfolgen.

Die Gebühr entsteht *mit jeder auftragsgemäßen Tätigkeit*, zB mit der Informationsaufnahme und mit der Terminsvorbereitung. Daher ist der anschließende etwaige Terminswegfall nur im Rahmen von § 14 beachtbar.

10 **B. Beispiele zur Frage einer Anwendbarkeit von Z 4**
Augenschein: Anwendbar ist Z 4 bei einem Augenschein nach § 225 StPO.
Beauftragter Richter: Anwendbar ist Z 4 bei einer Vernehmung vor dem beauftragten Richter nach § 223 StPO.
Bewährungsfrist: Anwendbar ist Z 4 bei einer Beistandleistung des früheren Verteidigers in einem Anhörungstermin wegen des Widerrufs einer Bewährungsfrist, LG Kiel JB **03**, 199.
Ermittlungsrichter: Anwendbar ist Z 4 bei einer Vernehmung vor dem Ermittlungsrichter nach § 162 StPO.
Ersuchter Richter: Anwendbar ist Z 4 bei einer Vernehmung vor dem ersuchten Richter nach § 223 StPO.
Haftbefehl: Anwendbar ist Z 4 bei einer mündlichen Verhandlung über einen Haftbefehl nach § 118 StPO.
Haftprüfung: Anwendbar ist Z 4 bei einem Haftprüfungstermin nach § 117 StPO.
Nebenklage: Anwendbar ist Z 4 bei einer Beistandleistung in einem Verfahren auf Grund einer Nebenklage nach §§ 395 ff StPO.
Privatklage: Anwendbar ist Z 4 bei einer Beistandleistung in einem Verfahren auf Grund einer Privatklage nach §§ 374 ff StPO.
Staatsanwaltschaft: Anwendbar ist Z 4 bei einer Vernehmung vor der Staatsanwaltschaft nach § 163a III StPO.
Unterbringungsbefehl: Anwendbar ist Z 4 bei einer Prüfung oder Verhandlung wegen eines Unterbringungsbefehls nach § 126a StPO.
Zeugenbeiordnung: Anwendbar ist Z 4 bei der Beiordnung für die Vernehmung eines Zeugen nach § 68b StPO, Düss JB **09**, 255, Köln JB **16**, 472, Mü JB **14**, 359, aM Drsd NJW **09**, 455 (VV 4100 usw).

11 **7) Anklageerzwingung, Z 5.** Ferner kann für denjenigen Anwalt, der kein Verteidiger ist, wegen seiner Beistandleistung zugunsten des Antragstellers oder des Beschuldigten im Verfahren zur gerichtlichen Erzwingung der Anklage nach §§ 172 II–IV, 173 StPO eine Pauschgebühr nach Z 5 entstehen. Auf eine Beschwerde gegen die Einstellung des Verfahrens an den vorgesetzten Beamten der Staatsanwaltschaft nach § 172 I StPO ist demgegenüber VV 4302 Z 1 anwendbar. Die Gebühr nach

Z 5 gilt auch die Teilnahme des Anwalts an einer gerichtlichen Ermittlung im Rahmen von § 173 III StPO ab.

8) Strafvollstreckung, Z 6. Für denjenigen Anwalt, der kein Verteidiger ist, kann für jede Einzeltätigkeit aus demjenigen Gebiet, für das bei einem Verteidiger VV 4200–4207 gelten, eine Gebühr nach Z 6 entstehen.

Hierher zählen ein Antrag zB: Auf eine Strafaussetzung nach §§ 56 ff StGB, §§ 21 ff, 88 JGG, §§ 260 IV 2, 453 StPO; auf einen Strafaufschub nach §§ 455 ff StPO; auf eine Teilzahlung oder Stundung nach § 42 StGB, § 459 a StPO; auf die Aussetzung einer Reststrafe nach §§ 57, 58 StGB, § 454 StPO; auf die Aufhebung einer Fahrerlaubnissperrzeit nach § 69 a VII StGB.

9) Gebührenhöhe, Z 1–6. Es gelten dieselben Erwägungen wie bei VV 4302 Rn 17, 18. Beim Wahlanwalt nach § 137 StPO ist § 14 anwendbar.

Die *Mittelgebühr* beim Wahlanwalt beträgt 260 EUR.

10) Kostenerstattung, Z 1–6. Es gelten dieselben Erwägungen wie bei VV 4302 Rn 19, 20.

Nr.	Gebührentatbestand	Gebühr oder Satz der Gebühr nach § 13 oder § 49 RVG	
		Wahlanwalt	gerichtlich bestellter oder beigeordneter Rechtsanwalt
4302	Verfahrensgebühr für 1. die Einlegung eines Rechtsmittels, 2. die Anfertigung oder Unterzeichnung anderer Anträge, Gesuche oder Erklärungen oder 3. eine andere nicht in Nummern 4300 oder 4301 erwähnte Beistandsleistung	30,00 bis 290,00 €	128,00 €

Gliederung

1) Systematik, Z 1–3 1–6
2) Regelungszweck, Z 1–3 7
3) Einlegung eines Rechtsmittels, Z 1 8–11
4) Anderer Antrag, Z 2, 3 12
5) Beispiele zur Frage einer Anwendbarkeit von Z 1–3 13–15
6) Gemeinsame Einzelfragen, Z 1–3 16
7) Gebührenhöhe, Z 1–3 .... 17, 18
8) Erstattungsfähigkeit, Z 1–3 .... 19, 20

1) Systematik, Z 1–3. Die Vorschrift ist nur dann anwendbar, wenn der beauftragte Anwalt kein Verteidiger nach §§ 137 ff StPO für das ganze Strafverfahren ist, AG Kblz JB 07, 86. Wenn der Anwalt als Verteidiger unter anderem Tätigkeiten der in VV 4302 genannten Art ausübt, sind sie nach der amtlichen Vorbemerkung 4.1 II 1 durch die nach VV 4100 ff entstandenen Gebühren mit abgegolten, (zum alten Recht) LG Flensb JB 78, 865.

Das gilt auch für eine *mit der* bisherigen *Verteidigung zusammenhängende* Tätigkeit, etwa für einen Antrag auf eine bedingte Entlassung. Eine Strafvollstreckungsmaßnahme zB nach §§ 67 d II, 67 e StGB gehört hierher, Ffm JB 00, 306, Hamm JB **01**, 641, ebenso eine Tätigkeit nach § 68 b StPO als Zeugenbeistand, Düss JB **01**, 27.

Wenn der Beschuldigte überhaupt keinen Verteidiger für das gesamte Verfahren bestellt hatte, sondern wenn ihn nur in *einzelnen Beziehungen* ein Anwalt vertritt, ist aber VV 4302 anwendbar.

Die Vorschrift hat als eine *Auffangklausel* einen *Pauschcharakter* nach § 15 I. Sie gilt also nach der amtlichen Vorbemerkungen 4 II, 4.1 II 1 die gesamte auftragsgemäße Tätigkeit und daher auch eine zugehörige Nebentätigkeit mit ab, insbesondere die Aufnahme der Information, die Beratung des Auftraggebers und den etwaigen Schriftwechsel mit ihm. Den Arbeitsumfang muß man nach § 14 berücksichtigen. Ein Zuschlag wegen einer Inhaftierung kommt hier nicht in Betracht. Denn VV 4302 nennt keine Zuschlagsgebühr.

5 *Ergänzende Regeln* nennt § 7 I für den Fall, daß mehrere Auftraggeber vorliegen. VV 4302 ist nach der amtlichen Vorbemerkung 4 I auch im Privatklageverfahren nach §§ 374 ff StPO oder Nebenklageverfahren nach §§ 395 ff StPO anwendbar. Nach VV 4300 amtliche Anmerkung entsteht neben der Gebühr VV 4300 Z 1 (Revisionsbegründung nach § 344 StPO) die Gebühr VV 4302 nicht.

6 Soweit sich die Tätigkeit des Anwalts auf die Geltendmachung oder Abwehr eines aus der Straftat entstandenen *vermögensrechtlichen Anspruchs* nach §§ 403 ff StPO beschränkt, sind VV 4142 ff anwendbar. Soweit sich die Tätigkeit des Anwalts auf ein Wiederaufnahmeverfahren nach §§ 359 ff StPO oder auf ein Gnadengesuch nach § 452 StPO oder auf seine Mitwirkung bei der Ausübung einer Veröffentlichungsbefugnis beschränkt, gelten VV 4137 ff. (Jetzt) VV 4302 ist ferner dann unanwendbar, wenn das Gericht dem Verteidiger nach § 145 IV StPO Kosten auferlegt, Stgt MDR **82**, 166.

Die Gebühr VV 4302 entsteht *mit jeder* auf die Ausführung des Auftrags gerichteten *Tätigkeit*. Es ist unerheblich, ob der Anwalt diese Tätigkeit voll beendet, Mü Rpfleger **77**, 377. VV 1008 ist anwendbar.

7 **2) Regelungszweck, Z 1–3.** Die Vorschrift dient einerseits der Kostendämpfung, andererseits wegen der Pauschalierung der Vereinfachung. Sie dient damit unterschiedlichen gleichbeachtlichen Zwecken. Man sollte beide bei der Auslegung und bei der konkreten Bezifferung innerhalb der Rahmen nach § 14 sehen.

8 **3) Einlegung eines Rechtsmittels, Z 1.** Derjenige Anwalt, der die Verteidigung insgesamt übernommen hat, erhält wegen § 19 I 2 Z 10 neben der Gebühr VV 4125 oder VV 4131 für die Einlegung des Rechtsmittels zB nach §§ 314 I, 341 I StPO nach der amtlichen Vorbemerkung 4.1 II 1 keine besondere Vergütung. Z 1 erfaßt demgegenüber den Fall, daß der Anwalt den Auftrag zur Einlegung eines Rechtsmittels erhält, ohne zuvor zum Verteidiger geworden zu sein, LG Flensb JB **77**, 229, AG Kblz JB **07**, 86.

9 *Zu den Rechtsmitteln gehören* außer der Berufung und der Revision auch der Einspruch gegen den Strafbefehl nach § 410 StPO sowie die Beschwerde nach §§ 304 ff StPO, LG Bln AnwBl **86**, 161, AG Kblz JB **07**, 86. Das gilt auch für eine solche Beschwerde gegen einen Beschluß nach § 268 a StPO, die der Anwalt nach der Rechtskraft des Urteils einlegt, AG Münsingen MDR **81**, 1041, oder für die Beschwerde eines Zeugen gegen ein Ordnungsmittel nach § 304 II StPO, Düss Rpfleger **82**, 442.

10 Eine Beschwerde im Verfahren der *Zwangsvollstreckung* nach § 406 b StPO in Verbindung mit §§ 704 ff ZPO auf Grund dieser Entscheidung nach der amtlichen Vorbemerkung 4 V Z 2 Hs 1 gehört nicht hierher. Das Wiederaufnahmeverfahren ist in VV 4136–4140 geregelt. Freilich gilt Z 1 nach Rn 12 ff dann, wenn sich der Auftrag zB auf die Anfertigung des Wiederaufnahmeantrags beschränkt.

11 Soweit der Anwalt eine Revision nicht nur einlegt, sondern sie auch gleichzeitig oder anschließend nach § 344 StPO *begründet*, entsteht allerdings allenfalls eine Gebühr nach VV 4300 Z 1. Soweit er eine Beschwerde nicht nur einlegt, sondern sie auch sogleich oder gesondert begründet, entsteht nur die Gebühr nach Z 1.

12 **4) Anderer Antrag usw, Z 2, 3.** Soweit der Anwalt, der die gesamte Verteidigung führt, auch einen anderen Antrag als ein Rechtsmittel, ferner ein Gesuch oder eine Erklärung anfertigt oder unterzeichnet, gelten VV 4100 ff diese Tätigkeit ab. Soweit der Anwalt, der keine Vollverteidigung führt, derartige andere Anträge, Gesuche und Erklärungen usw anfertigt oder unterzeichnet oder eine andere nicht in VV 4300, 4301 erwähnte Beistandsleistung erbringt, ist Z 1 anwendbar.

Die *Generalklausel* in (jetzt) Z 3, Düss Rpfleger **82**, 442, schließt auch andere etwaige Auffangklauseln aus.

Vergütungsverzeichnis **4302 VV**

5) Beispiele zur Frage einer Anwendbarkeit von Z 1–3 13

Akteneinsicht: Sie kann zu Z 1–3 zählen.
Anschlußerklärung: Zu Z 1–3 zählt die Anschlußerklärung des Nebenklägers nach § 396 StPO, KG AnwBl **83**, 563, LAG Kiel AnwBl **01**, 185.
Anzeige: Rn 14 „Strafanzeige".
Aussetzung: S „Bewährung", „Haftvollzug", Rn 14 „Strafrest".
Beistandsleistung: Zu Z 1–3 zählt die Beistandsleistung etwa nach § 80 III JGG, Mümmler JB **84**, 505, oder nach § 378 StPO oder bei einer Zeugenvernehmung, Düss JMBlNRW **80**, 35, aM Hamm JB **00**, 532, LG Potsd Rpfleger **03**, 469.
Berufung: Ihre Einlegung nach § 317 StPO oder ihre Rücknahme nach § 302 StPO zählt zu Z 1.
Beschwerde: Ihre Einlegung nach § 306 StPO oder Rücknahme nach § 302 StPO zählt zu Z 1.
Beschwerdebegründung: Zu Z 1–3 zählt eine Beschwerdebegründung nach Rn 9.
Besprechung: Zu Z 1–3 zählt eine mündliche Besprechung.
Bewährung: Zu Z 1–3 zählt ein Antrag auf eine Strafaussetzung zur Bewährung nach § 56 StGB, Hamm JB **96**, 641 (vor der Strafvollstreckungskammer), Mü Rpfleger **77**, 377.
Beweisantrag: Zu Z 1–3 zählt ein Beweisantrag zB nach § 244 StPO.
Bürge: Eine Maßnahme nach § 123 III StPO zählt zu Z 2. Eine solche nach § 116a StPO zählt zu *VV 2300*.
DNA-Test: Zu Z 1–3 zählt die Tätigkeit (nur) in diesem Verfahren, LG Potsd NJW **03**, 3001.
Einspruch: Seine Einlegung nach § 410 StPO oder seine Rücknahme nach § 302 StPO zählt *nicht* zu Z 1. Denn der Vorderrichter bleibt für diesen bloßen Rechtsbehelf zuständig. Daher zählt der Einspruch zu Z 2.
Entschädigung: Zu Z 1–3 zählt eine Tätigkeit im Grundverfahren nach § 9 StrEG.
  Nicht hierher rechnet eine Tätigkeit im Betragsverfahren nach § 10 StrEG, LG Bbg JB **84**, 65 (VV 2400).
Fahrerlaubnis: Zu Z 1–3 zählt eine Beschwerde gegen die vorläufige Entziehung nach § 25 StVG oder ein Antrag auf vorzeitige Aufhebung der Sperre.
Fristgewährung: Rn 15 „Zahlungsfrist".
Haftentlassung: Zu Z 1–3 zählt ein Antrag auf eine Haftentlassung.
Haftvergünstigung: Zu Z 1–3 zählt ein Antrag auf eine Haftvergünstigung.
Haftvollzug: Zu Z 1–3 zählt ein Antrag nach § 123 III StPO.
Kostenfestsetzung: Zu Z 1–3 kann die Tätigkeit im Kostenfestsetzungsverfahren nach §§ 464b ff StPO zählen, LG Kref AnwBl **79**, 120.
Nebenkläger: S „Anschlußerklärung".
Ordnungsmittel: Zu Z 1–3 zählt der Antrag, ein Ordnungsmittel aufzuheben, sei es 14 gegen einen Zeugen, gegen einen Sachverständigen oder gegen einen sonstigen Beteiligten etwa nach § 176 GVG, Düss AnwBl **83**, 135, Karlsr MDR **92**, 894, LG Frankenth JB **86**, 1675.
Privatklage: Bei einer Beschränkung des Auftrags auf die Anfertigung oder Unterzeichnung einer Privatklage nach §§ 374 ff StPO enthält *VV 4301* eine gegenüber VV 4302 vorrangige Sonderregelung.
Prozeßkostenhilfe: Zu Z 1–3 zählt ein Antrag auf die Bewilligung einer Prozeßkostenhilfe zB nach §§ 272, 379, 397a, 404 StPO.
Rat: Er unterfällt *§ 34 I 1*.
Rechtsmittelrücknahme: Zu Z 1–3 zählt die Erklärung der Rücknahme eines Rechtsmittels nach § 302 StPO.
Revision: Ihre Einlegung nach § 344 StPO zählt zu Z 1.
Sachverständiger: S „Ordnungsmittel".
Sicherheitsleistung: Zu Z 1–3 zählt ein Antrag, eine Sicherheitsleistung nach § 123 StPO freizugeben, Düss AnwBl **83**, 135.
Strafantrag: Zu Z 1–3 zählt ein Strafantrag zB nach § 158 StPO.

Strafanzeige: Zu Z 1–3 zählt eine Strafanzeige nach § 158 StPO, KG AnwBl **83**, 563.
Strafaufschub: Zu Z 1–3 zählt ein Gesuch auf die Gewährung eines Strafaufschubs, §§ 455, 456 StPO.
Strafaussetzung: Rn 13 „Bewährung", Rn 14 „Strafrest".
Strafbefehlsverfahren: *Nicht* hierher zählt eine Tätigkeit in diesem Verfahren nach §§ 407 ff StPO (dann arbeitet der Verteidiger als Vollverteidiger), AG Oberhausen JB **12**, 423.
Straferlaß: Zu Z 1–3 zählt ein Verfahren auf einen Straferlaß nach § 56 g StGB.
Strafrest: Zu Z 1–3 zählt ein Antrag auf eine Aussetzung des Strafrests nach § 57 StGB.
Strafvollzug: S bei den einzelnen Tätigkeitsarten.

15 **Unterbringung:** Vgl zunächst VV 4200 Rn 1 (Verteidiger), VV 4300 Rn 3 (Nichtverteidiger). Nur für die letzere Gruppe gilt: Zu Z 1–3 zählt ein strafrechtliches Nebenverfahren auf eine Unterbringung nach §§ 67 d, e StGB, Jena Rpfleger **04**, 584, (je zum neuen Recht) KG JB **05**, 251, aM (je zum alten Recht) Schlesw JB **05**, 252, Stgt Rpfleger **94**, 312, LG Marbg JB **00**, 305.
Untersuchungshaft: Rn 13 „Haftvollzug".
Verwaltungsverfahren: Die Tätigkeit im Verwaltungsverfahren einschließlich einer Beschwerde, das einem gerichtlichen Verfahren nach §§ 109 ff StVollzG vorangeht, fällt unter (jetzt) VV 2300, Karlsr JB **79**, 857.
Verwarnung: Zu Z 1–3 zählt ein Antrag auf eine Verwarnung mit einem Strafvorbehalt nach § 59 StGB.
Vorsprache: Zu Z 1–3 zählt eine Vorsprache im Interesse des Beschuldigten.
Widerruf: Zu Z 1–3 zählt ein Verfahren wegen des Widerrufs einer Strafaussetzung zur Bewährung oder eines Strafrests nach §§ 56 f, 57 StGB, Düss JB **86**, 1674, Kblz JB **80**, 87, Mü Rpfleger **77**, 377.
Wiederaufnahme: Zu Z 1–3 zählt ein isoliert in Auftrag gegebener Wiederaufnahmeantrag, Rn 12, soweit nicht die vorrangigen VV 4136 ff anwendbar sind.
Zahlungsfrist: Zu Z 1–3 zählt ein Antrag auf die Gewährung einer Frist zur Zahlung einer Geldstrafe nach § 42 StGB, Schmidt AnwBl **77**, 500 (insofern kommt Z 1 auch dann in Betracht, wenn der Anwalt vorher als Verteidiger tätig war).
Zeuge: Rn 13 „Beistandsleistung", Rn 14 „Ordnungsmittel".

16 **6) Gemeinsame Einzelfragen, Z 1–3.** Eine Ratsgebühr nach § 34 bleibt neben einer Gebühr nach Z 1 bestehen.

17 **7) Gebührenhöhe, Z 1–3.** Bei Rn 8–16 entsteht für den Wahlanwalt nach § 137 StPO der in der linken Gebührenspalte genannte Betragsrahmen. Beim Wahlanwalt ist § 14 anwendbar. Die Mittelgebühr beim Wahlanwalt beträgt 160 EUR. Der nach § 141 StPO bestellte oder beigeordnete Anwalt erhält die in der rechten Spalte genannte Festgebühr. Wegen einer Mehrheit von einzelnen Tätigkeiten gilt die amtliche Vorbemerkung 4.3 III 1, 2 in Verbindung mit § 15 VI. Wegen der Anrechnung auf eine später entstehende Verteidigervergütung oder auf die späteren Gebühren der Vertretung oder Beistandsleistung zugunsten eines Privatklägers nach § 378 StPO, eines Nebenklägers nach § 395 ff StPO oder eines sonstigen Beteiligten muß man die amtliche Vorbemerkung 4.3 IV beachten.

18 Bei einer *vorzeitigen Erledigung des Auftrags* oder der Angelegenheit nach dem Beginn der jeweiligen Einzeltätigkeit des Anwalts bleibt nach § 15 IV die jeweilige Gebühr VV 4302 bestehen. Denn eine Sonderregelung fehlt.

19 **8) Erstattungsfähigkeit, Z 1–3.** Man muß sie wie sonst beurteilen. Die Kosten eines nur mit einer Einzeltätigkeit beauftragten weiteren Anwalts können erstattungsfähig sein, soweit dieselbe Tätigkeit beim Verteidiger zu höheren Gebühren geführt hätte, strenger LG Potsd JB **14**, 317.

20 *Strafanzeigekosten* können zu den Vorbereitungskosten eines Zivilprozesses nach BLAH § 91 ZPO Rn 270 ff zählen, KG AnwBl **83**, 363, LG Ffm MDR **82**, 759.

Vergütungsverzeichnis 4303 VV

Nr.	Gebührentatbestand	Gebühr oder Satz der Gebühr nach § 13 oder § 49 RVG	
		Wahlanwalt	gerichtlich bestellter oder beigeordneter Rechtsanwalt
4303	Verfahrensgebühr für die Vertretung in einer Gnadensache .... Der Rechtsanwalt erhält die Gebühr auch, wenn ihm die Verteidigung übertragen war.	30,00 bis 300,00 €	

Gliederung

1) Systematik 1
2) Regelungszweck 2
3) Geltungsbereich 3–5
4) Gebühr 6
5) Beispiele zur Frage einer Gebühr 7

1) Systematik. Die Vorschrift regelt in einer Alleinstellung, freilich beim Verteidiger nach der amtlichen Anmerkung als eine Ergänzung zu seiner sonstigen Vergütung und unabhängig von deren Art und Höhe die Anwaltstätigkeit für jeden etwa an einer Gnadensache nach § 452 StPO Beteiligten vor jeder in Betracht kommenden Stelle. VV 1008 ist anwendbar. **1**

2) Regelungszweck. Zwar soll nicht schon derjenige Anwalt einen Anspruch auf eine Gebühr nach VV 4303 haben, der eine Eingabe als Gnadengesuch nach § 452 StPO bezeichnet, in Wahrheit aber der Sache nach einen Antrag oder Rechtsbehelf etwa nach dem StVollzG oder nach §§ 23 ff EGGVG stellen oder ein Verfahren nach dem VerwVfG oder nach der VwGO einleiten will usw. Immerhin regelt das Gesetz das Gnadenrecht und sein Verfahren nicht derart umfassend, daß man es stets mühelos von anderen Formen der Vergünstigung abgrenzen kann. Das sollte man bei der Auslegung mitbedenken. Die amtliche Anmerkung dient der Klarstellung, daß der Anwalt beim Gnadenverfahren über seine Aufgaben als der Verteidiger hinausgeht. **2**

3) Geltungsbereich. VV 4303 erfaßt nur eine solche Gnadensache, über die nach einer Gnadenordnung eine etwa bei einem Gericht bestehende Gnadenstelle oder eine Regierungsstelle des Bundes oder des Landes nach § 452 StPO entscheidet. **3**

Soweit es sich um eine solche Gnadensache handelt, die sich an ein *Gericht* oder eine *Vollstreckungsbehörde* oder an den Vollstreckungsleiter richtet oder über die eine solche Stelle entscheidet, handelt es sich um eine Tätigkeit nach VV 4302 Z 1. Daher kann die dortige Einzelgebühr entstehen, soweit die Verteidigergebühren die Tätigkeit nicht abgelten. Zu den also nicht nach VV 4303 behandelbaren Gnadensachen zählt eine solche nach § 57 StGB (Aussetzung des Strafrests) oder eine Sache nach §§ 453 ff StPO, 88 JGG, sofern der Anwalt nicht gerade die Entscheidung der Gnadenstelle beantragt, oder eine Sache des Anwalts gegenüber einer Verwaltungsstelle (Justizbehörde) zB wegen einer Anordnung beschränkter Auskunft oder wegen der Löschung einer Eintragung. Dann mag zB VV 2300 anwendbar sein. **4**

Für den *Pflichtverteidiger* nach § 141 StPO gilt VV 4303 ebenfalls dem Grunde nach. Denn § 49 I 1 gibt auch ihm Gebühren. Freilich enthält die rechte Gebührenspalte der Höhe nach eine vor der linken Spalte vorrangige Festgebühr. Dasselbe gilt nach § 53 für den sonst beigeordneten Anwalt. **5**

4) Gebühr. Die Vergütung gilt die gesamte Vertretung in der Gnadensache einschließlich eines Beschwerdeverfahrens ab, auch die Beratung des Auftraggebers, einen Schriftwechsel, eine Befragung, die Einholung einer Auskunft oder einer Beschäftigungszusage, die Besuche in der Justizvollzugsanstalt. Daran ändert auch die amtliche Vorbemerkung 4.3 II 1 nichts, aM RS 31. Sie gibt dem Anwalt zwar eine gesonderte Gebühr „für jede der genannten Tätigkeiten". Sie meint aber mit **6**

2035

VV 4303, 4304   Vergütungsverzeichnis

den letzteren Worten die Gesamtheit der zu einer Nr des VV erforderlichen Einzelakte.

Die *Mittelgebühr* beim Wahlanwalt nach § 137 StPO ist 165 EUR. Sie gilt (jetzt) entsprechend auch beim bestellten Anwalt (Streichung früherer Extragebühr).

7 **5) Beispiele zur Frage einer Gebühr**
Außerhalb Gnadensache: Auch der vorher nur mit einer oder mehreren Einzeltätigkeiten außerhalb der Gnadensache beauftragte Anwalt erhält neben der Vergütung VV 4302 für die auftragsgemäße Tätigkeit innerhalb der Gnadensache zusätzlich die Gebühr VV 4303.

Beginn: Die Vertretung in einer Gnadensache entsteht mit jeder auf die Ausführung des Auftrags gerichteten Tätigkeit, beginnend mit der auftragsgemäßen Informationsaufnahme.

Einzeltätigkeit: Soweit der Anwalt nur für eine oder mehrere solche Tätigkeiten einen Auftrag hat, erhält er eine Vergütung nach §§ 4302, *nicht* nach VV 4303. S aber auch „Außerhalb Gnadensache".

Mehrere Verurteilte: Die Tätigkeit für sie kann die Gebühr mehrfach entstehen lassen. Denn dann liegen mehrere Angelegenheiten nach § 15 Rn 9 vor. Daher ist auch § 7 I unanwendbar.

Neues Gnadengesuch: Soweit der Anwalt nach der Ablehnung eines Gnadengesuchs im Auftrag des Verurteilten ein neues Gesuch mit demselben oder einem anderen Ziel erreicht, entsteht die Gebühr VV 4303 erneut. Denn es liegt dann eine weitere Angelegenheit nach § 15 Rn 9 vor.

Vorher Verteidiger: Auch derjenige Anwalt, den der Verurteilte vorher zu seinem Verteidiger bestellt hatte, erhält die Gebühr VV 4303. Denn die Gnadensache ist eine besondere Angelegenheit nach § 15 Rn 9. Das stellt auch die amtliche Anmerkung klar.

Wahlanwalt: § 14 ist wie sonst anwendbar.

Nr.	Gebührentatbestand	Gebühr oder Satz der Gebühr nach § 13 oder § 49 RVG	
		Wahlanwalt	gerichtlich bestellter oder beigeordneter Rechtsanwalt
4304	Gebühr für den als Kontaktperson beigeordneten Rechtsanwalt (§ 34 a EGGVG)		3500,00 €

1 **1) Systematik.** Es handelt sich um eine vorrangige Sondervorschrift. Sie tritt durchweg in ihrem Geltungsbereich zu den sonstigen Vergütungen hinzu. Sie mag aber auch ohne diese anwendbar sein. Jede der im Abschnitt 3 genannten Tätigkeiten löst nach der amtlichen Vorbemerkung 4.3 II 1 eine gesonderte Gebühr aus. § 15 bleibt nach der amtlichen Vorbemerkung 4.3 II 2 unberührt.

2 **2) Regelungszweck.** Die seelische Belastung des als eine Kontaktperson beigeordneten Anwalts wird durchweg so enorm sein, daß man VV 4304 stets großzügig auslegen sollte.

3 **3) Geltungsbereich.** Das Gericht muß den Anwalt nach § 34 a I, III EGGVG beigeordnet haben, also gerade als eine Kontaktperson und nicht als den Verteidiger, zumal sich beide Funktionen nach § 34 a III 2 EGGVG ausschließen. Eine formell als eine Beiordnung oder dergleichen gemeinte und bezeichnete Maßnahme des nach § 34 a III 1, 2 EGGVG zuständigen Präsidenten des LG oder seines Vertreters ist freilich gebührenrechtlich eine Beiordnung, auch wenn er das Verbot der Doppelfunktion mißachtet hat.

4 **4) Grundsatz: Pauschale Festgebühr.** Der Anwalt erhält als eine beigeordnete Kontaktperson einen Festbetrag als Pauschgebühr von 3500 EUR aus der Staatskasse. Daher kann er die Gebühr nicht nach § 52 vom Gefangenen fordern. Dieser Betrag gilt vor allem unabhängig vom Umfang und der Schwierigkeit der Kontakttätigkeit.

Er umfaßt zB auch eine solche während einer mehrtägigen Hauptverhandlung, soweit dann überhaupt eine Kontaktsperre besteht. Eine Erhöhung kommt unter den Voraussetzungen des § 51 in Betracht.

5) Anrechnung. Nach der amtlichen Vorbemerkung 4.3 II muß man die Gebühr 5 VV 4304 auf eine Verteidigergebühr anrechnen.

6) Auslagen. Neben der normalen oder der höheren Gebühr erhält der Anwalt 6 als eine Kontaktperson den Ersatz seiner Auslagen nach VV 7000 ff. Er erhält sie auch bei einer besonders umfangreichen Tätigkeit nur im gesetzlichen Umfang ersetzt.

7) Festsetzung. Für sie ist nach § 55 III der Urkundsbeamte der Geschäftsstelle 7 desjenigen LG zuständig, in dessen Bezirk die Justizvollzugsanstalt liegt. Die Festsetzung auch der Normalgebühr erfolgt nur auf einen Antrag.

8) Geltung des übrigen RVG. Es gelten im übrigen die Bestimmungen des RVG, 8 soweit nicht VV 4304 als eine Sondervorschrift den Vorrang hat. Sie gelten in Wahrheit nicht nur sinngemäß, sondern direkt. Denn auch als eine Kontaktperson wird der Anwalt nach § 1 Rn 6 als Anwalt tätig. Nur einen solchen darf das Gericht ja überhaupt als eine Kontaktperson beiordnen. Anwendbar sind zB: § 8 (Fälligkeit); § 51, oben Rn 4; § 55 III (Vorschuß); § 11 I–VII (Festsetzung); VV 7008 (Umsatzsteuer).

Teil 5. Bußgeldsachen

(Amtliche) Vorbemerkung 5:

I Für die Tätigkeit als Beistand oder Vertreter eines Einziehungs- oder Nebenbeteiligten, eines Zeugen oder eines Sachverständigen in einem Verfahren, für das sich die Gebühren nach diesem Teil bestimmen, entstehen die gleichen Gebühren wie für einen Verteidiger in diesem Verfahren.

II Die Verfahrensgebühr entsteht für das Betreiben des Geschäfts einschließlich der Information.

III ¹Die Terminsgebühr entsteht für die Teilnahme an gerichtlichen Terminen, soweit nichts anderes bestimmt ist. ²Der Rechtsanwalt erhält die Terminsgebühr auch, wenn er zu einem anberaumten Termin erscheint, dieser aber aus Gründen, die er nicht zu vertreten hat, nicht stattfindet. ³Dies gilt nicht, wenn er rechtzeitig von der Aufhebung oder Verlegung des Termins in Kenntnis gesetzt worden ist.

IV Für folgende Tätigkeiten entstehen Gebühren nach den Vorschriften des Teils 3:
1. für das Verfahren über die Erinnerung oder die Beschwerde gegen einen Kostenfestsetzungsbeschluss, für das Verfahren über die Erinnerung gegen den Kostenansatz, für das Verfahren über die Beschwerde gegen die Entscheidung über diese Erinnerung und für Verfahren über den Antrag auf gerichtliche Entscheidung gegen einen Kostenfestsetzungsbescheid und den Ansatz der Gebühren und Auslagen (§ 108 OWiG), dabei steht das Verfahren über den Antrag auf gerichtliche Entscheidung dem Verfahren über die Erinnerung oder die Beschwerde gegen einen Kostenfestsetzungsbeschluss gleich,
2. in der Zwangsvollstreckung aus Entscheidungen, die über die Erstattung von Kosten ergangen sind, und für das Beschwerdeverfahren gegen die gerichtliche Entscheidung nach Nummer 1.

Schrifttum: *Burhoff,* RVG in Straf- und Bußgeldsachen, 4. Aufl 2014; *Madert,* Rechtsanwaltsvergütung in Straf- und Bußgeldsachen, 5. Aufl 2004; *Reisert,* Anwaltsgebühren im Straf- und Bußgeldrecht, 2. Aufl 2014.

Gliederung

1) Systematik	1
2) Regelungszweck	2
3) Sachlicher Geltungsbereich	3
4) Persönlicher Geltungsbereich	4
5) Bußgeldverfahren	5

VV Vorbem 5, 5.1

1 1) Systematik. §§ 35 ff OWiG, 121 BetrVG usw regeln das Bußgeldverfahren. Ob es sich um eine Ordnungswidrigkeit oder um eine Straftat handelt, richtet sich nach § 1 I OWiG danach, ob das Gesetz die Handlung mit einer Geldbuße oder mit einer Strafe bedroht. Soweit das Gesetz beide Rechtsfolgen androht, ist nach § 21 I OWiG nur das Strafgesetz anwendbar. Das Strafgericht kann dann eine im OWiG angedrohte Nebenfolge anordnen. Es verfolgt die Tat nach § 21 II OWiG als eine bloße Ordnungswidrigkeit, falls es keine Strafe verhängt. Trotz eines Übergangs vom Bußgeld- zum Strafverfahren nach § 81 OWiG liegt dann nur eine einzige Angelegenheit nach (jetzt) § 15 I 1 vor, Lappe NJW **76**, 1251.

Teil 5 des VV ähnelt im Aufbau dem Teil 4 (Strafsachen). Daher lassen sich die Regeln zu VV 4100–4304 meist zumindest ergänzend mitverwerten.

Mitanwendbar sind zB §§ 1 ff, 4, 41–43, 45–48, VV 1008, KG JB **91**, 533, ferner zB § 34, VV 7000 ff.

2 2) Regelungszweck. Die von VV 5100–5200 bezweckte angemessene Vergütung in einer Bußgeldsache war von Anfang an und ist bis heute ein Stein des Anstoßes. Denn der Umfang, die Bedeutung und die Schwierigkeit der Tätigkeit des Verteidigers in einem solchen oft nur vordergründig alltäglichen Verfahren lassen sich außerordentlich unterschiedlich beurteilen. Das ändert nichts an der grundsätzlichen Richtigkeit einer Sondervorschrift, mag diese auch zu allgemein verweisen.

3 3) Sachlicher Geltungsbereich. Es ist gebührenrechtlich maßgebend, ob die Verwaltungsbehörde das Verfahren als ein Bußgeldverfahren tatsächlich *betreibt,* nicht, ob das Verhalten des Betroffenen auch in Wahrheit nach Rn 1 nur eine Ordnungswidrigkeit *ist.* Zu diesem Verfahrensabschnitt zählt trotz des irreführenden Gesetzeswortlauts offenbar nahezu das gesamte Vorverfahren der §§ 53–62, 65–66 OWiG, also auch das Verfahren der Polizei, ob sie die Sache also nach §§ 53, 105 I OWiG statt an die Staatsanwaltschaft an die Verwaltungsbehörde abgibt oder abgeben muß, Lappe NJW **76**, 1251. Soweit objektiv eine Straftat *und* zugleich eine Ordnungswidrigkeit vorliegt, richtet sich die Vergütung wegen § 21 OWiG nach VV 4100 ff, nicht nach VV 5100 ff.

4 4) Persönlicher Geltungsbereich. VV 5100 ff gelten für denjenigen Anwalt, der über eine nach VV 5200 vergütbare Einzeltätigkeit hinaus einen Auftrag für mindestens einen ganzen Verfahrensabschnitt hat. Das Gesetz nennt ihn hier der Verteidiger. Die Vorschriften gelten in Verbindung mit § 60 OWiG, §§ 42 ff gelten auch für den von der Verwaltungsbehörde bestellten Verteidiger und für den Anwalt eines Verfallsbeteiligten, LG Oldb JB **13**, 135.

Die Tätigkeit als ein *Beistand* für einen Zeugen oder Sachverständigen oder als ein Vertreter für einen Einziehungs- oder Nebenbeteiligten steht nach der amtlichen Vorbemerkung 5 I der Verteidigertätigkeit gleich. Vorrangig gelten nach der amtlichen Vorbemerkung 5 IV in den dort Z 1, 2 genannten Fällen VV 3100 ff.

5 5) Bußgeldsache. VV 5100 ff umfassen das gesamte Bußgeldverfahren nach Rn 1. Sie erfassen auch die Anzeige einer Ordnungswidrigkeit nach § 121 BetrVG, aM (zum alten Recht) LAG Kiel AnwBl **01**, 185 (VV 5100 ff sind speziellere Vorschriften). Was man unter diesem Begriff verstehen muß, bestimmt das Gesetz nicht direkt. In der amtlichen Vorbemerkung 5 I findet man nur scheinbar einen indirekten Hinweis. Zum Bußgeldverfahren nach VV 5100 ff zählt in Wahrheit das gesamte Verfahren bis zu seiner wie immer gearteten und in welchem Stadium auch immer erfolgenden Beendigung. Denn Teil 5 umfaßt ja auch den gerichtlichen Teil des Gesamtverfahrens wegen einer Ordnungswidrigkeit. Es geht also nach Rn 1 keineswegs nur um das Verfahren vor der Verwaltungsbehörde und um das anschließende Verfahren bis zum Akteneingang beim Gericht.

Abschnitt 1. Gebühren des Verteidigers

(Amtliche) Vorbemerkung 5.1:

I Durch die Gebühren wird die gesamte Tätigkeit als Verteidiger entgolten.

II ¹**Hängt die Höhe der Gebühren von der Höhe der Geldbuße ab, ist die zum Zeitpunkt des Entstehens der Gebühr zuletzt festgesetzte Geldbuße maß-**

Vergütungsverzeichnis　　　　　　　　　　　　　**Vorbem 5.1, 5100 VV**

gebend. ²Ist eine Geldbuße nicht festgesetzt, richtet sich die Höhe der Gebühren im Verfahren vor der Verwaltungsbehörde nach dem mittleren Betrag der in der Bußgeldvorschrift angedrohten Geldbuße. ³Sind in einer Rechtsvorschrift Regelsätze bestimmt, sind diese maßgebend. ⁴Mehrere Geldbußen sind zusammenzurechnen.

Unterabschnitt 1. Allgemeine Gebühr

Nr.	Gebührentatbestand	Gebühr oder Satz der Gebühr nach § 13 oder § 49 RVG	
		Wahlanwalt	gerichtlich bestellter oder beigeordneter Rechtsanwalt
5100	Grundgebühr .... ¹ Die Gebühr entsteht neben der Verfahrensgebühr für die erstmalige Einarbeitung in den Rechtsfall nur einmal, unabhängig davon, in welchem Verfahrensabschnitt sie erfolgt. ¹¹ Die Gebühr entsteht nicht, wenn in einem vorangegangenen Strafverfahren für dieselbe Handlung oder Tat die Gebühr 4100 entstanden ist.	30,00 bis 170,00 €	80,00 €

Gliederung

1) Systematik 1
2) Regelungszweck 2
3) Geltungsbereich 3
4) Gebührenhöhe 4–9
   A. Grundsatz: Ausgangspunkt Mittelgebühr 5, 6
   B. Ausnahmen 7–9

1) Systematik. VV 5100 gilt wie überhaupt VV 5100–5116 nach der amtlichen Vorbemerkung 5.1 I nur für denjenigen Anwalt, der für das ganze Verfahren und daher „als Verteidiger" tätig wird. Sonst gilt VV 5200 mit dessen amtlicher Anmerkung I. Wie im Teil 4 (Strafsachen, dort VV 4100) erhält der für das gesamte Verfahren als gewählter oder nach § 141 StPO, §§ 46, 60 OWiG bestellter Verteidiger tätige Anwalt auch in Bußgeldsachen als „allgemeine" Gebühr nach der amtlichen Überschrift des Unterabschnitts neben einer Verfahrensgebühr eine Grundgebühr zur Abgeltung der erstmaligen Einarbeitung. Vgl VV 4100 Rn 1. Sie vergütet also die auftragsgemäße Beschaffung und Entgegennahme der Erstinformation und das erste Aktenstudium.

Sie *entsteht je Verteidiger* je Angelegenheit nach der amtlichen Anmerkung I Hs 1 nur einmal. Sie entsteht mit der auftragsgemäßen Entgegennahme der Information. Sie entsteht an sich nach der amtlichen Anmerkung I Hs 2 unabhängig davon, in welchem Verfahrensabschnitt und in wie vielen sich der Anwalt erstmalig in die Angelegenheit einarbeitet. Sie entsteht daher evtl auch dann, wenn der Anwalt erst vor Gericht tätig zu werden beginnt oder wenn der Auftraggeber bis zur Verhandlung schweigt, Düss JB **17**, 586. Sie entsteht aber nach der amtlichen Anmerkung I nur dann, wenn eine Verfahrensgebühr hinzutritt, nämlich nur „neben" dieser. Sie entsteht andererseits unabhängig davon, ob auch eine Terminsgebühr hinzutritt und ob die Verfahrensgebühr für einen ganzen Verfahrensabschnitt entsteht. Sie entsteht andererseits unabhängig davon, ob auch zusätzliche Gebühren nach VV 5113, 5114 entstehen. Denn sie ist nach der Überschrift des Unterabschnitts 1 eine „allgemeine Gebühr". Wegen des Vorrangs des Teils 3 vgl die amtliche Vorbemerkung 5 V Z 1, 2. Im übrigen gilt VV Teil 1, soweit nicht Teil 5 speziellere Regeln nennt.

Einzeltätigkeiten unterfallen VV 5200.

VV 5100, Vorbem 5.1.2
Vergütungsverzeichnis

Keine Grundgebühr nach VV 5100 fällt nach der amtlichen Anmerkung II dann an, wenn derselbe Verteidiger für seine Tätigkeit in einem vorangegangenen Strafverfahren für dieselbe Handlung oder Tat bereits schon die Grundgebühr VV 4100 verdient hatte. Diese Vorschrift hat den Vorrang vor § 17 Z 10.

2   2) **Regelungszweck.** Es gelten dieselben Erwägungen wie bei einer Strafsache, VV 4100 Rn 2.

3   3) **Geltungsbereich.** Vgl Einf 3, 4 vor VV 5100. Die in der amtlichen Vorbemerkung 5 V Z 1, 2 genannten Tätigkeiten fallen nicht unter VV 5100 ff, sondern unter VV 3100 ff. Die Beistandstätigkeit für einen Zeugen oder Sachverständigen fällt nach der amtlichen Vorbemerkung 5 I unter diejenige des Verteidigers.

4   4) **Gebührenhöhe.** Es gibt keine Abhängigkeit von der Höhe der Geldbuße. Für den Wahlverteidiger muß man wegen seiner Betragsrahmengebühren aber doch stets § 14 mitbeachten, LG Düss JB **07**, 85, AG Neust/W JB **14**, 531. Damit treten die Probleme der Abwägung nach § 14 bereits bei der Grundgebühr in einer Bußgeldsache unverändert auf. Beachtbar sind die amtliche Vorbemerkung 5 IV und die amtliche Vorbemerkung 5.1 II. „Zuletzt festgesetzt" nach dort II 1 meint den jeweiligen Verfahrensabschnitt.

5   A. **Grundsatz: Ausgangspunkt Mittelgebühr.** Ausgangspunkt ist beim Wahlverteidiger grundsätzlich die Mittelgebühr des jeweils in Betracht kommenden Rahmens, keineswegs grundsätzlich ein geringerer Betrag, LG Potsd JB **13**, 641, LG Düss JB **07**, 84, AG Fürstenwalde JB **07**, 418. Denn die Sach- und Rechtslage ist durch die Umwandlung der Verkehrsdelikte zu Ordnungswidrigkeiten keineswegs einfach geworden, AG Mü AnwBl **07**, 90, aM Mümmler JB **81**, 517. Eine andersartige Ordnungswidrigkeit weist ohnehin oft einen komplizierten Tatbestand auf, zB so manches „Umweltdelikt".

6   Im übrigen gibt VV 5100 eine *eigene* Gebühr. Die früheren diesbezüglichen Streitfragen sind überholt. Die Mittelgebühr beim Wahlanwalt ist 100 EUR.

7   B. **Ausnahmen.** Freilich kann auch bei einer durchschnittlichen Ordnungswidrigkeit im Ergebnis einmal ein Betrag über oder auch unter dem Mittelwert des einschlägigen Rahmens angemessen sein, LG Düss JB **17**, 357, LG Gött JB **02**, 418, LG Kblz JB **08**, 144. Das letztere gilt aber keineswegs schon dann, wenn das Gericht einen Zeugen oder Sachverständigen vernimmt, AG Hann JB **07**, 312, oder wenn das Gericht neben einem Bußgeld keine weitere Rechtsfolge verhängt hat, aM LG Bonn Rpfleger **03**, 42, LG Magdeb AnwBl **99**, 705 (aber das Bußgeld ist bereits die typische Hauptfolge). Eine Bedeutung haben oft die Gefahr eines Fahrverbots, LG Düss JB **07**, 85, LG Gera JB **00**, 581, AG Lüdinghausen JB **99**, 132, aM AG Saarlouis AnwBl **05**, 796, oder die Eintragung in der Verkehrssünderkartei, LG Rottweil Rpfleger **93**, 368 (Parkverstoß), AG Aschaffenb JB **02**, 579, AG Eilenburg JB **10**, 35 rechts, aM AG Saarlouis AnwBl **05**, 796, oder die Notwendigkeit eines Gutachtens, AG Mü AnwBl **07**, 90. Rechenbeispiel: LG Osnabr JB **08**, 143.

8   In einer *besonders umfangreichen oder schwierigen* Bußgeldsache ist für den bestellten Verteidiger § 48 anwendbar. Wegen einer Binnenschiffahrtssache Nürnb JB **77**, 956.

9   Nach einem *vorangegangenen Strafverfahren* mit einer dort entstandenen Gebühr VV 4100 gibt es für das nach § 43 OWiG etwa nachfolgende Bußgeldverfahren *keine* (nochmalige) Grundgebühr. Das stellt die amtliche Anmerkung II klar.

Unterabschnitt 2. Verfahren vor der Verwaltungsbehörde

(Amtliche) Vorbemerkung 5.1.2:

I Zu dem Verfahren vor der Verwaltungsbehörde gehört auch das Verwarnungsverfahren und das Zwischenverfahren (§ 69 OWiG) bis zum Eingang der Akten bei Gericht.

II Die Terminsgebühr entsteht auch für die Teilnahme an Vernehmungen vor der Polizei oder der Verwaltungsbehörde.

Vergütungsverzeichnis   **5101–5106 VV**

Nr.	Gebührentatbestand	Gebühr oder Satz der Gebühr nach § 13 oder § 49 RVG	
		Wahlanwalt	gerichtlich bestellter oder beigeordneter Rechtsanwalt
5101	Verfahrensgebühr bei einer Geldbuße von weniger als 60,00 €	20,00 bis 110,00 €	52,00 €
5102	Terminsgebühr für jeden Tag, an dem ein Termin in den in Nummer 5101 genannten Verfahren stattfindet	20,00 bis 110,00 €	52,00 €
5103	Verfahrensgebühr bei einer Geldbuße von 60,00 bis 5000,00 €	30,00 bis 290,00 €	128,00 €
5104	Terminsgebühr für jeden Tag, an dem ein Termin in den in Nummer 5103 genannten Verfahren stattfindet	30,00 bis 290,00 €	128,00 €
5105	Verfahrensgebühr bei einer Geldbuße von mehr als 5000,00 €	40,00 bis 300,00 €	136,00 €
5106	Terminsgebühr für jeden Tag, an dem ein Termin in den in Nummer 5105 genannten Verfahren stattfindet	40,00 bis 300,00 €	136,00 €

Zu VV 5101–5106:

Vorbem. VV 5101, 5103 geändert dch Art 5 Z 2 G v 17. 7. 15, BGBl 1332, in Kraft seit 25. 7. 15, Art 10 G, ÜbergangsR § 60 RVG.

Gliederung

1) Systematik	1
2) Regelungszweck	2
3) Geltungsbereich	3–10
A. Ermittlungsverfahren	3
B. Verwarnungsverfahren	4
C. Zwischenverfahren	5
D. Einstellung	6
E. Bußgeldbescheid	7
F. Anschließendes Verfahren bis zum Akteneingang bei Gericht	8, 9
G. Pauschgebühr	10
4) Gebührenhöhe	11–14
A. Abwägung, § 14	11
B. Mittelgebühren	12
C. Terminsgebühren je Tag	13
D. Höhe der Geldbuße	14
5) Tätigkeiten in mehreren Verfahrensabschnitten	15

1) Systematik. VV 5102–5106 behandeln zusätzlich zur Grundgebühr VV 5100 **1** Vergütungen im Verfahren vor der Verwaltungsbehörde, VV 5107 ff regeln dasjenige vor Gericht. VV 5100 gilt nach den amtlichen Vorbemerkungen 5 und 5.1 auch vor der Verwaltungsbehörde. Außerdem gilt Teil 1, soweit nicht VV 5101 ff vorrangige Spezialregelungen treffen. Man muß also sehr aufpassen, um nichts zu übersehen.

2) Regelungszweck. Vgl Einf 2 zu Teil 5. Wie der Zahlenvergleich zum Verfah- **2** rensabschnitt vor dem AG zeigt, bewertet das RVG die Anwaltstätigkeit vor der Verwaltungsbehörde weitgehend ebenso hoch wie diejenige vor dem AG. Das entspricht der praktischen Bedeutung: Die Hauptenergie sollte sich darauf richten, es gar nicht mehr zum gerichtlichen Verfahren kommen zu lassen. Demgemäß darf man beim

VV 5101–5106

Wahlanwalt auch nicht vom Grundsatz der Anwendung der Mittelgebühr nach Einf 5, 6 zu Teil 5 nur deshalb gar nach unten abweichen, weil es sich „erst" um das Verfahren vor der Verwaltungsbehörde handelt.

3   3) **Geltungsbereich.** VV 5101–5106 sind in den folgenden Verfahrensabschnitten anwendbar. Die Verfahrensgebühr entsteht in derselben Instanz nur einmal. Die Terminsgebühr kann je Terminstag entstehen.

A. **Ermittlungsverfahren.** Das Verfahren beginnt mit dem Eingang einer Anzeige oder mit der Aufnahme von Ermittlungen von Amts wegen bei der Polizei, bei einer Verwaltungsbehörde oder bei einer Staatsanwaltschaft wegen des Anfangsverdachts einer Ordnungswidrigkeit, sofern die letztere Behörde die Sache wegen des Fehlens eines Straftatverdachts demnächst nach § 43 OWiG an die Verwaltungsbehörde abgibt.

Soweit die *Staatsanwaltschaft* aber die Verfolgung nach §§ 62, 63 OWiG übernimmt, entstehen Gebühren wie in einem strafrechtlichen Ermittlungsverfahren.

4   B. **Verwarnungsverfahren.** Zum Verfahren vor der Verwaltungsbehörde zählt auch die Tätigkeit im Verwarnungsverfahren bis zu demjenigen Zeitpunkt, in dem der Betroffene ein Verwarnungsgeld nach § 56 IV OWiG zahlt. Das folgt aus der amtlichen Vorbemerkung 5.1.2 I Hs 1.

5   C. **Zwischenverfahren.** Zum Verfahren vor der Verwaltungsbehörde zählt nach der amtlichen Vorbemerkung 5.1.2 I Hs 2 auch die Tätigkeit im Zwischenverfahren bis zu demjenigen Zeitpunkt, in dem die Polizei oder Verwaltungsbehörde die Sache nach § 69 OWiG an die Staatsanwaltschaft abgibt, sofern diese das Verfahren nach § 41 OWiG übernimmt.

6   D. **Einstellung.** Zur Tätigkeit vor der Verwaltungsbehörde zählt ferner der Abschnitt bis zum Zugang einer Einstellungsnachricht wegen Geringfügigkeit nach § 47 II OWiG oder wegen des Fehlens einer Ordnungswidrigkeit mangels einer Tat, Rechtswidrigkeit, Schuld oder Verfolgbarkeit. Die Beratung des Betroffenen darüber, ob, wann und wie er ein Rechtsmittel gegen einen solchen Bescheid einlegen soll, zählt mit zum Verfahren vor der Verwaltungsbehörde. Das ergibt sich einerseits daraus, daß die Vorschriften zur Prüfung der Erfolgsaussicht eines Rechtsmittels VV 2200–2203 nach der amtlichen Vorbemerkung 2 III nicht für das in Teil 5 geregelte Bußgeldverfahren gelten, andererseits daraus, daß nach § 19 I 2 Z 10 sogar die anschließende Einlegung eines Rechtsmittels durch den bisherigen Verteidiger noch zum bisherigen Verfahrensabschnitt zählen würde.

7   E. **Bußgeldbescheid.** Zur Tätigkeit vor der Verwaltungsbehörde zählt der Abschnitt bis zur Zustellung eines Bußgeldbescheids nach §§ 66, 67 OWiG. Das folgt aus der amtlichen Vorbemerkung 5.1.2 I Hs 2 (Grenze erst beim Akteneingang beim Gericht). VV 5101 ff gelten die Beratung des Auftraggebers darüber mit ab, ob und in welchem Umfang er einen Einspruch einlegen soll, (je zum alten Recht) LG Limburg AnwBl **77**, 277, LG Lüneb AnwBl **77**, 424, LG Regensb AnwBl **77**, 228.

8   F. **Anschließendes Verfahren bis zum Akteneingang bei Gericht.** Auch die gesamte Tätigkeit des Anwalts im sog Zwischenverfahren nach § 69 OWiG ab dem Ende des Verfahrens vor der Verwaltungsbehörde bis zum Akteneingang beim Gericht fällt unter VV 5101–5106. Das gilt unabhängig davon, ob der Anwalt bereits im vorangegangenen Verfahrensabschnitt als Verteidiger tätig war. Das ergibt sich aus der amtlichen Vorbemerkung 5.1.2 I Hs 2. Maßgeblich ist der erste Posteingangsstempel. VV 5101–5106 gelten daher unter den genannten Voraussetzungen zB die Einlegung des Einspruchs gegen den Bußgeldbescheid nach § 67 OWiG und eben auch die Tätigkeit im Zwischenverfahren nach § 69 OWiG ab.

Soweit der Anwalt sowohl im Verfahren vor der Verwaltungsbehörde als auch im anschließenden Verfahren bis zum Akteneingang beim Gericht tätig wird, erhält er für diesen *Gesamtabschnitt* die Vergütung nach der amtlichen Vorbemerkung 5.1 I natürlich nur einmal. Die Vergütung nach VV 5107 ff kann nur für seine etwaige Tätigkeit im späteren Verfahren hinzutreten.

9   VV 5101–5106 gelten für die Einlegung des *Einspruchs* also auch dann, wenn die Tätigkeit des Anwalts als Verteidiger mit dieser Maßnahme erst beginnt. Denn der Einspruch ist kein Rechtsmittel nach § 19 I 2 Z 10, sondern ein Rechtsbehelf.

G. Pauschgebühr. Jede Gebühr VV 5101–5106 ist eine Pauschgebühr. Sie entsteht jeweils mit der auftragsgemäßen Entgegennahme der Information. Sie gilt in ihrem Bereich nach der amtlichen Vorbemerkung 5 I die gesamte Tätigkeit des Anwalts ab. Die Auslagen sind stets gesondert ansetzbar, LG Wuppert JB **78**, 1341. Es erfolgt nach § 11 VIII 1 eine gerichtliche Festsetzung beim Wahlverteidiger nur dann, wenn er lediglich die Mindestgebühr fordert. 10

4) Gebührenhöhe. Es gibt vier Aspekte. 11

A. Abwägung, § 14. Für den Wahlverteidiger muß man wegen seiner Betragsrahmengebühren nach Einl II A 12 stets § 14 mitbeachten. Es gelten daher dieselben Erwägungen wie bei VV 5100 Rn 4–9. Soweit es um eine Terminsgebühr geht, muß man zunächst nach der amtlichen Vorbemerkung 5 III beachten, daß schon die bloße auftragsgemäß zuhörende Teilnahme am Termin reichen kann. Zwar spricht diese Vorbemerkung nur von einem „gerichtlichen" Termin etwa bei einer richterlichen Zeugenvernehmung nach § 48 OWiG. Diese Vorbemerkung scheint also für das Verfahren vor der Verwaltungsbehörde gerade noch nicht zu passen. Indessen gilt der Grundgedanke einer Terminsgebühr, vgl bei VV 3104, auch hier. Im Gegensatz zur früheren Verhandlungsgebühr ist also kein Sachantrag mehr erforderlich. Natürlich muß ein etwaiges stilles Zuhören sachbezogen sein. Nach der amtlichen Vorbemerkung 5.1.2 II reicht die Teilnahme an einer Vernehmung vor der Polizei oder vor der Verwaltungsbehörde. Die Mittelgebühr, Ausnahmen und einen Zuschlag wegen eines Fahrverbots muß man wie bei VV 5100 Rn 5–9 beurteilen, AG Bielef JB **11**, 524.

B. Mittelgebühren. Die Mittelgebühren beim Wahlverteidiger sind folgende Beträge: 12
bei VV   5101:   65 EUR;
         5102:   65 EUR;
         5103: 160 EUR;
         5104: 160 EUR;
         5105: 170 EUR;
         5106: 170 EUR.

C. Terminsgebühren je Tag. Je Tag kann eine Terminsgebühr entstehen, und zwar in unterschiedlicher Höhe. Denn der Schwierigkeitsgrad usw kann von Tag zu Tag wechseln. Nach der amtlichen Vorbemerkung 5 III 2 entsteht eine Terminsgebühr auch dann, wenn der Anwalt zu einem anberaumten Termin erscheint, wenn dieser aber nicht stattfindet. Das gilt jedenfalls, solange der Anwalt nicht diesen Termin schuldhaft „platzen" läßt. 13

D. Höhe der Geldbuße. Sie ist als der Ausgangspunkt der Eingruppierung ein trotz der amtlichen Vorbemerkung 5.1 II unscharfer Begriff. Denn „zuletzt festgesetzt" ist rein sprachlich mehrdeutig: Es kann ein etwa rechtskräftig festgestellter Betrag sein. Es kann aber auch um denjenigen Betrag gehen, den die Verwaltungsbehörde am Ende des Verfahrens vor ihr festgesetzt hatte, selbst wenn diese Festsetzung dann im weiteren Verlauf des Gesamtverfahrens höher oder niedriger ausgefallen sein sollte. Die Ansichten der Verfasser der amtlichen Begründungen der Entwürfe ist nicht bindend. Der Sinn und Zweck der Vorschrift deuten eher auf denjenigen Betrag hin, den das Gericht am Ende des Gesamtverfahrens festgesetzt hat, falls es überhaupt noch zu einem Verfahren vor Gericht gekommen ist. 14

Mangels Festsetzung einer Geldbuße bei der Auftragserteilung ist nach der amtlichen Vorbemerkung 5.1 II 2, 3 im Verfahren vor der Verwaltungsbehörde der mittlere Betrag der gesetzlich angedrohten Geldbuße und beim Vorhandensein eines gesetzlichen Regelsatzes dieser maßgebend. Man darf und muß nach der amtlichen Vorbemerkung 5.1 II 4 mehrere Geldbußen zusammenrechnen.

5) Tätigkeiten in mehreren Verfahrensabschnitten. Soweit der Anwalt sowohl im Verfahren bis zum Akteneingang beim Gericht nach VV 5101–5106 als auch im anschließenden gerichtlichen nach VV 5107ff tätig wird, können die jeweiligen Gebühren nebeneinander ohne eine Anrechnung aufeinander entstehen. Dasselbe gilt, soweit ein Strafverfahren selbständig hinzutritt. Etwas anderes gilt, soweit das Bußgeldverfahren im Strafverfahren aufgeht. 15

2043

VV Vorbem 5.1.3, 5107–5112

Unterabschnitt 3. Gerichtliches Verfahren im ersten Rechtszug

(Amtliche) Vorbemerkung 5.1.3:

¹ Die Terminsgebühr entsteht auch für die Teilnahme an gerichtlichen Terminen außerhalb der Hauptverhandlung.

² Die Gebühren dieses Unterabschnitts entstehen für das Wiederaufnahmeverfahren einschließlich seiner Vorbereitung gesondert; die Verfahrensgebühr entsteht auch, wenn von der Stellung eines Wiederaufnahmeantrags abgeraten wird.

Nr.	Gebührentatbestand	Gebühr oder Satz der Gebühr nach § 13 oder § 49 RVG	
		Wahlanwalt	gerichtlich bestellter oder beigeordneter Rechtsanwalt
5107	Verfahrensgebühr bei einer Geldbuße von weniger als 60,00 €	20,00 bis 110,00 €	52,00 €
5108	Terminsgebühr je Hauptverhandlungstag in den in Nummer 5107 genannten Verfahren	20,00 bis 240,00 €	104,00 €
5109	Verfahrensgebühr bei einer Geldbuße von 60,00 bis 5000,00 €	30,00 bis 290,00 €	128,00 €
5110	Terminsgebühr je Hauptverhandlungstag in den in Nummer 5109 genannten Verfahren	40,00 bis 470,00 €	204,00 €
5111	Verfahrensgebühr bei einer Geldbuße von mehr als 5000,00 €	50,00 bis 350,00 €	160,00 €
5112	Terminsgebühr je Hauptverhandlungstag in den in Nummer 5111 genannten Verfahren	80,00 bis 560,00 €	256,00 €

Zu VV 5107–5112:

Vorbem. VV 5107, 5109 geändert dch Art 5 Z 2 G v 17. 7. 15, BGBl 1332, in Kraft seit 25. 7. 15, Art 10 G, ÜbergangsR § 60 RVG.

Gliederung

1) Systematik	1
2) Regelungszweck	2
3) Geltungsbereich	3
4) Gebührenhöhe	4–7
A. Abwägung, § 14	4
B. Mittelgebühren	5
C. Terminsgebühren je Tag	6
D. Höhe der Geldbuße	7
5) Tätigkeiten in mehreren Verfahrensabschnitten	8

1 **1) Systematik.** VV 5107–5112 behandeln das gerichtliche Verfahren vor dem AG sowie nach §§ 81, 83 GWB, §§ 60, 62 WpÜG, §§ 95, 98 EnWG vor dem OLG. VV 5113, 5114 umfassen demgegenüber das Verfahren vor dem Rechtsbeschwerdegericht. VV 5115–5200 geben ergänzende Regeln. Außerdem gilt auch für das Verfahren vor dem AG Teil 1, soweit nicht VV 5107–5112 vorrangige Spezialregelungen

Vergütungsverzeichnis **5107–5112 VV**

treffen. Man muß also auch in diesem Verfahrensabschnitt systematisch sehr aufpassen, zumal die amtlichen Vorbemerkungen 5, 5.1 weitere ergänzende Bestimmungen enthalten.

2) Regelungszweck. Vgl Einf 2 zu Teil 5. Das RVG behandelt die Anwaltstätigkeit vor dem AG keineswegs stets höher als diejenige vor der Verwaltungsbehörde. Beim Wahlanwalt darf man keineswegs vom Grundsatz der Anwendung der Mittelgebühr nach Einf 5, 6 zu Teil 5 nur deshalb gar nach unten abweichen, weil es sich „nur" um ein amtsgerichtliches Verfahren handelt. Das gilt auch wegen der oft ja ganz außerordentlichen wirtschaftlichen Bedeutung so mancher formell bloßen Bußgeldsache. 2

3) Geltungsbereich. VV 5107–5112 gelten ab dem Akteneingang beim AG nach § 69 IV 2 OWiG bis zur Beendigung dieser Instanz. Die Einlegung eines Rechtsmittels beim Vorderrichter gehört für den erstinstanzlichen Verteidiger zu dieser Vorinstanz. Die Verteidigung gegen das Rechtsmittel gehört ebenso wie dessen Begründung zur Rechtsmittelinstanz. Nach der amtlichen Vorbemerkung 5.1.3 II gelten die Vorschriften ähnlich dem Strafverfahren mit VV 4136–4140 außerdem im Wiederaufnahmeverfahren einschließlich seiner Vorbereitung einschließlich eines Rats nach der amtlichen Vorbemerkung 5.1.3 II Hs 2, von einem Wiederaufnahmeantrag abzusehen, und natürlich auch einschließlich der Abwicklung des Wiederaufnahmeverfahrens. In den von der amtlichen Vorbemerkung 5 IV Z 1, 2 genannten Verfahrensabschnitten, die eigentlich zur ersten Instanz zählen, sind aber VV 3100ff als vorrangige Vorschriften anwendbar. Wenn im gerichtlichen Verfahren eine Hauptverhandlung entbehrlich wird, kommt nach der amtlichen Überschrift des Unterabschnitts 5 „zusätzlich" eine Vergütung nach VV 5115 in Betracht. Bloße Einzeltätigkeiten erhalten auch im Verfahren vor dem AG nur nach VV 5200 eine Vergütung. 3

4) Gebührenhöhe. Es gibt vier Aspekte. 4

A. Abwägung, § 14. Für den Wahlverteidiger muß man auch vor Gericht stets § 14 mitbeachten, LG Mü JB **13**, 86. Es gelten daher dieselben Erwägungen, wie bei VV 5100 Rn 4–9. Soweit es um eine Terminsgebühr geht, muß man zunächst nach der amtlichen Vorbemerkung 5 III beachten, daß schon die bloße auftragsgemäß zuhörende Teilnahme am Termin reichen kann. Im Gegensatz zur früheren Verhandlungsgebühr ist also kein Sachantrag mehr erforderlich. Außerdem entsteht eine Terminsgebühr nach der amtlichen Vorbemerkung 5.1.3 I auch für die Teilnahme an einem gerichtlichen Termin außerhalb einer Hauptverhandlung, zB bei einer Vernehmung vor den Beauftragten oder ersuchten Richter oder bei einem Augenschein. Natürlich muß ein etwaiges stilles Zuhören sachbezogen sein.

Schließlich erhält der Anwalt eine Terminsgebühr nach der amtlichen Vorbemerkung 5 III 1–3 auch dann, wenn er zu einem anberaumten Termin erscheint und wenn dieser dann aus solchen Gründen *nicht stattfindet,* die der Anwalt nicht verschuldet hat, und wenn das Gericht oder die Verwaltungsbehörde ihn auch nicht rechtzeitig von der Terminsaufhebung oder -verlegung in Kenntnis gesetzt hat, sei es auch nur wenige Minuten vor dem Terminsbeginn per Handy. In diesem letzteren Fall erhält der Anwalt natürlich seine Auslagen erstattet. Der Anwalt darf den Termin freilich nicht vorwerfbar „platzen" lassen. Die Mittelgebühr und die Ausnahmen lassen sich wie bei VV 5100 Rn 5–9 beurteilen, LG Dessau-Roßlau JB **09**, 427. Bei nur 10 Minuten Termindauer sind zB bei VV 5112 450 EUR zuviel, LG Kblz JB **08**, 589, aber zB 135 EUR angemessen, LG Dessau-Roßlau JB **09**, 427. Bei nur 3 Minuten gibt LG Kblz Rpfleger **13**, 48 nur 80 EUR.

B. Mittelgebühren. Die Mittelgebühren für den Wahlverteidiger sind folgende Beträge: 5
  bei VV 5107: 65 EUR;
    5108: 130 EUR;
    5109: 160 EUR;
    5110: 255 EUR;
    5111: 200 EUR;
    5112: 320 EUR.

VV 5107–5115 Vergütungsverzeichnis

6 **C. Terminsgebühren je Tag.** Je Tag gibt es eine Terminsgebühr und kann sie unterschiedlich hoch entstehen. Denn der Schwierigkeitsgrad usw kann von Tag zu Tag wechseln.

7 **D. Höhe der Geldbuße.** Sie ist ein auch vor Gericht nach der amtlichen Vorbemerkung 5.1 II 1, 3 zu bestimmender Begriff.

8 **5) Tätigkeiten in mehreren Verfahrensabschnitten.** Es gilt dasselbe wie bei VV 5101–5106 Rn 15.

Unterabschnitt 4. Verfahren über die Rechtsbeschwerde

Nr.	Gebührentatbestand	Gebühr oder Satz der Gebühr nach § 13 oder § 49 RVG	
		Wahlanwalt	gerichtlich bestellter oder beigeordneter Rechtsanwalt
5113	Verfahrensgebühr	80,00 bis 560,00 €	256,00 €
5114	Terminsgebühr je Hauptverhandlungstag	80,00 bis 560,00 €	256,00 €

Zu VV 5113, 5114:

1 **1) Systematik.** Es gilt dasselbe wie bei VV 5107–5112 Rn 1.

2 **2) Regelungszweck.** Es gilt dasselbe wie bei VV 5107–5112 Rn 2.

3 **3) Geltungsbereich.** Die Vorschrift erfaßt nur das Rechtsbeschwerdeverfahren nach §§ 79 ff OWiG.

4 **4) Gebührenhöhe.** Es gilt grundsätzlich dasselbe wie bei VV 5107–5112 Rn 4 ff. Die Gebühren sind nicht von der Höhe der verhängten Geldbuße abhängig. Beim Wahlanwalt ist § 14 anwendbar.
Die *Mittelgebühren* beim Wahlanwalt sind folgende Beträge:
bei VV 5113: 320 EUR;
         5114: 320 EUR.

5 **5) Tätigkeiten in mehreren Verfahrensabschnitten.** Es gilt dasselbe wie bei VV 5101–5106 Rn 15.

Unterabschnitt 5. Zusätzliche Gebühren

Nr.	Gebührentatbestand	Gebühr oder Satz der Gebühr nach § 13 oder § 49 RVG	
		Wahlanwalt	gerichtlich bestellter oder beigeordneter Rechtsanwalt
5115	Durch die anwaltliche Mitwirkung wird das Verfahren vor der Verwaltungsbehörde erledigt oder die Hauptverhandlung entbehrlich: Zusätzliche Gebühr .... ¹ Die Gebühr entsteht, wenn 1. das Verfahren nicht nur vorläufig eingestellt wird oder 2. der Einspruch gegen den Bußgeldbescheid zurückgenommen wird oder		in Höhe der jeweiligen Verfahrensgebühr

Vergütungsverzeichnis 5115 VV

Nr.	Gebührentatbestand	Gebühr oder Satz der Gebühr nach § 13 oder § 49 RVG	
		Wahlanwalt	gerichtlich bestellter oder beigeordneter Rechtsanwalt
	3. der Bußgeldbescheid nach Einspruch von der Verwaltungsbehörde zurückgenommen und gegen einen neuen Bußgeldbescheid kein Einspruch eingelegt wird oder 4. sich das gerichtliche Verfahren durch Rücknahme des Einspruchs gegen den Bußgeldbescheid oder der Rechtsbeschwerde des Betroffenen oder eines anderen Verfahrensbeteiligten erledigt; ist bereits ein Termin zur Hauptverhandlung bestimmt, entsteht die Gebühr nur, wenn der Einspruch oder die Rechtsbeschwerde früher als zwei Wochen vor Beginn des Tages, der für die Hauptverhandlung vorgesehen war, zurückgenommen wird, oder 5. das Gericht nach § 72 Abs. 1 Satz 1 OWiG durch Beschluss entscheidet. II Die Gebühr entsteht nicht, wenn eine auf die Förderung des Verfahrens gerichtete Tätigkeit nicht ersichtlich ist. III ¹Die Höhe der Gebühr richtet sich nach dem Rechtszug, in dem die Hauptverhandlung vermieden wurde. ²Für den Wahlanwalt bemisst sich die Gebühr nach der Rahmenmitte.		

Gliederung

1) Systematik	1
2) Regelungszweck	2
3) Geltungsbereich	3–10
A. Einstellung, amtliche Anmerkung I Z 1	4
B. Rücknahme des Einspruchs vor der Verwaltungsbehörde, amtliche Anmerkung I Z 2	5
C. Rücknahme des Bußgeldbescheids usw, amtliche Anmerkung I Z 3	6
D. Rücknahme des Einspruchs oder der Rechtsbeschwerde, amtliche Anmerkung I Z 4	7
E. Zeitgrenze	8
F. Beschlußentscheidung, amtliche Anmerkung I Z 5	9
G. Zusammentreffen, amtliche Anmerkung I Z 1–5	10
4) Gebührenhöhe, amtliche Anmerkung III	11–14
A. Abwägung, § 14	11
B. Mittelgebühr	12
C. Mindestgebühr	13
D. Höchstgebühr	14

1) Systematik. Die Vorschrift ähnelt ein wenig der Erledigungsgebühr VV 1002. **1**
Sie entspricht VV 4141. Sie tritt nach der amtlichen Überschrift des Unterabschnitts 5 zusätzlich zu den Gebühren VV 5100–5114 auf, nicht etwa an deren Stelle, Enders JB **06**, 449. Sie ist im Gegensatz zur Verfahrens- und Terminsgebühr eine Erfolgsgebühr.
Der Erfolg muß auch gerade „durch die *Mitwirkung*" des Anwalts eingetreten sein, und die amtliche Anmerkung II verdeutlicht zusätzlich, daß zumindest ein „ersichtlicher Beitrag" des Anwalts zum Erfolgseintritt einer Voraussetzung der Zusatzgebühr ist. Seine Tätigkeit muß also irgendwie mitursächlich für das Ergebnis sein, AG Köln

VV 5115

JB 10, 140. Dabei mag es sich um eine Tätigkeit im Tatsächlichen oder Rechtlichen handeln. Freilich reicht ein Beitrag „zur Förderung des Verfahrens". Das ist weniger als „zur Erledigung" usw, BGH NJW 09, 368. Damit spannt VV 5115 den Rahmen sehr weit. Die bloße Meldung als Verteidiger und die bloße Akteneinsicht mögen meist noch keine Mitwirkung sein, AG Hann JB 06, 79 rechts, AG Köln JB 10, 140. Der Rat, sich nicht zu äußern, kann aber sehr wohl ausreichen (Fallfrage), AG Hbg-Barmbek JB 11, 366, aM AG Hann JB 06, 79 rechts.

2 **2) Regelungszweck.** Der Tendenz des RVG folgend soll eine Mithilfe zu einer Vereinfachung, Verkürzung, Einigung usw belohnt werden. Das soll für den Anwalt ein Anreiz zu einer zielgerichteten derartigen Bemühung sein. Er soll auch dazu beitragen, daß weniger Termine stattfinden müssen. Die Anreize zum Rechtsmittel(verdienst) sollen geringer werden. Eine mögliche Mediation steht als Idee im Hintergrund. Ob das alles dem Rechtsfrieden wirklich nachhaltiger dient als eine sauber begründete streitige Entscheidung, ist eine andere Frage. Jedenfalls ist eine weite Auslegung ratsam. Sie darf aber nicht uferlos werden. Die Grenzen in der amtlichen Anmerkung II dürfen nicht dadurch völlig verwischen, daß man jeden winzigen Satz des Anwalts als einen bereits „ersichtlichen Beitrag zur Förderung" wertet.

3 **3) Geltungsbereich.** Die Vorschrift gilt sowohl neben VV 5101–5106 und damit vor der Verwaltungsbehörde als auch vor Gericht nach VV 5107 ff auch im Rechtsbeschwerdeverfahren, soweit es dort ausnahmsweise zu einer Hauptverhandlung kommen sollte. Es gibt scheinbar nur zwei Voraussetzungen, nämlich entweder die Erledigung des Verwaltungsverfahrens oder die Entbehrlichkeit einer Hauptverhandlung. In Wahrheit präzisiert aber die amtliche Anmerkung I Z 1–5 den Geltungsbereich und schränkt ihn zugleich durch diese Präzisierung ein. Die in Rn 1 angesprochene Ursächlichkeit der Anwaltstätigkeit nach der amtlichen Anmerkung II stellt auch eine weitere Einschränkung des Geltungsbereichs dar.

Nach einem *Übergang vom Ermittlungsverfahren* zum Ordnungswidrigkeitenverfahren kann neben VV 4141 auch VV 5115 anwendbar sein. Denn es liegen dann nach § 17 Z 10 zwei verschiedene Angelegenheiten vor, und VV 5100 amtliche Anmerkung II bezieht sich nur auf die Grundgebühr VV 4100, nicht auf VV 4141.

4 **A. Einstellung, amtliche Anmerkung I Z 1.** Die Zusatzgebühr entsteht dann, wenn gerade infolge die Mitwirkung des Anwalts das Verfahren insgesamt und nicht nur teilweise nicht nur vorläufig, sondern endgültig eingestellt wird, LG Potsd JB 13, 190. Diese Einstellung mag im Verwaltungsverfahren erfolgen, VV 5101–5106 Rn 6, BGH NJW 11, 1605, oder im weiteren Verlauf des Gesamtverfahrens. Die Begründung einer endgültigen Einstellung ist unerheblich, ebenso die Frage, wer die Kosten tragen soll. Die Zusatzgebühr entsteht, sobald die endgültige Einstellung wirksam verkündet oder mitgeteilt ist. Daher berührt eine Aufhebung dieser Entscheidung die schon entstandene Zusatzgebühr nicht mehr.

Unanwendbar ist I Z 1, soweit der Auftraggeber nur auf einen Anwaltsrat vom Aussagerecht Gebrauch macht, RS 61, aM BGH JW 11, 1605 (aber auch das ist eine evtl mitursächliche Tätigkeit).

5 **B. Rücknahme des Einspruchs vor der Verwaltungsbehörde, amtliche Anmerkung I Z 2.** Die Zusatzgebühr entsteht auch dann, wenn der Auftraggeber infolge einer Mitwirkung des Anwalts seinen Einspruch gegen den Bußgeldbescheid bereits gegenüber der Verwaltungsbehörde wirksam zurücknimmt. Die Rücknahme muß bei Z 2 also vor dem Akteneingang beim Gericht wirksam geworden sein. Denn für eine erst spätere Rücknahme gilt Z 4.

6 **C. Rücknahme des Bußgeldbescheids usw, amtliche Anmerkung I Z 3.** Die Zusatzgebühr entsteht ferner dann, wenn die Verwaltungsbehörde infolge der Mitwirkung des Anwalts den Bußgeldbescheid nach einem Einspruch zurücknimmt. Dann darf der Betroffene allerdings nicht gegen einen etwaigen neuen zugehörigen Bußgeldbescheid wieder Einspruch eingelegt haben. Mit dieser Einschränkung soll unterbleiben, daß der Anwalt eine Zusatzgebühr nur wegen eines Pyrrhussieges verdient, also zB nur deshalb, weil der erste Bußgeldbescheid formell irgendwie fehlerhaft war und die Behörde ihn nur deshalb formell aufheben mußte, wenn er anschließend aber mit einer besseren Begründung oder in einwandfreier Form sogleich

doch wieder ergeht und wenn deshalb diesmal auch kein Einspruch sinnvoll ist. Schon ein unzulässiger oder unbegründeter neuer Einspruch wäre schädlich.

D. Rücknahme des Einspruchs oder der Rechtsbeschwerde, amtliche Anmerkung I Z 4. Die Zusatzgebühr entsteht ferner dann, wenn sich durch die Mitwirkung des Anwalts das gerichtliche Verfahren infolge der Rücknahme des Einspruchs oder der Rechtsbeschwerde eines Beteiligten erledigt. Dieser Verfahrensabschnitt schließt an denjenigen Z 2 an. Er beginnt mit dem Akteneingang beim Gericht. Freilich endet die Möglichkeit der Zusatzgebühr zeitlich in diesem Verfahrensabschnitt bald. Die Zusatzgebühr setzt voraus, daß der Betroffene oder Beteiligte den Einspruch oder die Rechtsbeschwerde entweder vor der Anberaumung einer Hauptverhandlung oder doch wenigstens früher als zwei Wochen vor dem Beginn desjenigen Tages zurücknimmt, den das Gericht für die Hauptverhandlung vorgesehen hatte. 7

E. Zeitgrenze. Für die Rücknahme ist deren *Eingang* auf der Posteingangsstelle des objektiv für die Hauptverhandlung zuständigen AG maßgeblich, nicht die Vorlage auf seiner Geschäftsstelle und erst recht nicht die Vorlage beim Richter. Immerhin kann der Zeitraum bis zur Anberaumung des Hauptverhandlungstermins monatelang sein. Eine Vertagung früher als zwei Wochen vor dem bisher vorgesehenen Termin ist unschädlich, eine spätere Vertagung ist schädlich. Das Wort „oder" am Schluß von Z 2 bedeutet nicht etwa, daß statt der rechtzeitigen Rücknahme auch ein Beschluß schon nach Z 4 ausreicht. Vielmehr steht die Situation hinter dem Schlußwort „oder" in einer neben Z 4 eigenständigen Z 5. 8

Die Zeitgrenze der Z 4 hat ihren Hintergrund in der beim GKG als unerquicklich erkannten und deshalb abgeschafften Erwägung, daß es dem Gericht erspart werden solle, sich vor dem Termin einzuarbeiten. Das setzt voraus, daß der Amtsrichter sich erst so spät einarbeitet. Er muß aber bereits ab dem Akteneingang mitdenken, ein „Kopfgutachten" erstellen, den Umfang etwaiger Zeugenladungen usw bedenken und sich auch im übrigen so weit einarbeiten, daß er bereits bei der Terminsanberaumung alles zur Beendigung der Instanz in diesem Termin voraussichtlich Notwendige veranlassen kann. Die Zeitgrenze hat also eine sowohl dogmatisch als auch praktisch zweifelhafte Berechtigung.

F. Beschlußentscheidung, amtliche Anmerkung I Z 5. Die Zusatzgebühr entsteht schließlich dann, wenn durch die Mitwirkung des Anwalts das Gericht dazu übergeht, nach § 72 I 1 OWiG durch einen Beschluß zu entscheiden, daß es also eine Hauptverhandlung für entbehrlich hält und auch tatsächlich ohne einen Widerspruch der Staatsanwaltschaft oder des Betroffenen zur Entscheidung kommt, statt doch noch zum Termin überzugehen. Hier hängt die Entstehung der Zusatzgebühr also vom Endergebnis des gerichtlichen Verfahrens dieser Instanz ab. Fallbeispiele bei Henke AnwBl 06, 842. 9

G. Zusammentreffen, amtliche Anmerkung I Z 1–5. Da jede Situation Rn 4–9 für sich allein reicht, kann es auch zum Zusammentreffen kommen. Dann entsteht aber je Instanz in derselben Angelegenheit für denselben Anwalt die Zusatzgebühr nach § 15 II 1 doch insgesamt nur einmal. 10

4) Gebührenhöhe, amtliche Anmerkung III. Aus der Verweisung in beiden Gebührenspalten auf die jeweilige Verfahrensgebühr ergibt sich: Es kommt nach der amtlichen Anmerkung III 1 auf den Rechtszug an. 11

A. Abwägung, § 14. Es gelten dieselben Erwägungen wie in den Abschnitten VV 5101–5106 und VV 5107–5112 sowie theoretisch VV 5113, 5114. Die Mittelgebühren nach der amtlichen Anmerkung III 2 sind dieselben wie in den vorgenannten Abschnitten.

B. Mittelgebühr. Die Gebühr des Wahlanwalts „bemißt sich" nach der Fassung der amtlichen Anmerkung III 2 nach der Rahmenmitte. Es gilt dasselbe wie bei VV 4149 Rn 12, aM 44. Aufl. 12

C. Mindestgebühr. Es mag also zB die Mindestgebühr als Zusatzgebühr ausreichen, wenn praktisch fast nur das Gericht erreicht hatte, daß der Betroffene etwa doch noch gestand, sodaß eine Verhandlung entbehrlich wurde. Freilich sind dann die Grenzen zu derjenigen Lage fließend, in der nach der amtlichen Anmerkung II 13

VV 5115, 5116 Vergütungsverzeichnis

überhaupt keine Zusatzgebühr mehr entsteht. Es ist eine behutsame Abwägung dazu nötig, ob man die eine oder die andere dieser letzteren Situationen annehmen soll.

14   **D. Höchstgebühr.** Die Höchstgebühr des Rahmens mag angemessen sein, wenn der Anwalt dem Verwaltungsbeamten oder dem Richter wie einem lahmen Esel zureden mußte, sich schließlich dann doch zur erhofften Entscheidung durchzuringen, oder auch dann, wenn der Anwalt dieselbe Energie und Geduld gegenüber einem störrischen Mandanten aufwenden mußte.

Nr.	Gebührentatbestand	Gebühr oder Satz der Gebühr nach § 13 oder § 49 RVG	
		Wahlanwalt	gerichtlich bestellter oder beigeordneter Rechtsanwalt
5116	**Verfahrensgebühr bei Einziehung und verwandten Maßnahmen**	1,0	1,0
	^I Die Gebühr entsteht für eine Tätigkeit für den Betroffenen, die sich auf die Einziehung oder dieser gleichstehende Rechtsfolgen (§ 46 Abs. 1 OWiG, § 439 StPO) oder auf eine diesen Zwecken dienende Beschlagnahme bezieht.		
	^{II} Die Gebühr entsteht nicht, wenn der Gegenstandswert niedriger als 30,00 € ist.		
	^{III 1} Die Gebühr entsteht nur einmal für das Verfahren vor der Verwaltungsbehörde und für das gerichtliche Verfahren im ersten Rechtszug. ² Im Rechtsbeschwerdeverfahren entsteht die Gebühr besonders.		

Vorbem. Amtl Anm I geändert dch Art 6 XXIV G v. 13. 4. 17, BGBl 872, in Kraft seit 1. 7. 17, Art 8 G, ÜbergangsR § 60 RVG.

1   **1) Systematik.** Die Vorschrift bringt eine dem VV 4142 für Strafsachen entsprechende weitere Zusatzgebühr. Das ergibt sich aus der amtlichen Überschrift des Unterabschnitts 5. VV 5116 hat als eine Spezialnorm formell den Vorrang. Sie verdrängt ja aber inhaltlich keine anderen Gebühren. § 15 bleibt anwendbar.

2   **2) Regelungszweck.** Wie bei VV 5115, dort Rn 2, soll eine oft besonders anstrengende Anwaltstätigkeit mit einer weiteren Auswirkung auf die wirtschaftliche Lage des Auftraggebers eine gebührende Vergütung finden. Der Wegfall eines Rahmens ändert nichts daran, daß man diese zumindest wirtschaftliche Bedeutung zwar nicht über § 15 beachten darf und muß, wohl aber über die Ermittlung des Gegenstandswerts nach §§ 22 ff. Dabei ist weder eine Kleinlichkeit noch eine allzu großzügige Bewertung ratsam. Beim Kleinstwert unter 25 EUR entfällt die Zusatzgebühr nach der amtlichen Anmerkung II ja ohnehin ganz.

3   **3) Geltungsbereich.** Ihn umschreibt die amtliche Anmerkung I näher. Es geht also wegen der Verweisung in § 46 I OWiG um eine Einziehung nach §§ 430 ff StPO, §§ 22 ff, 123 I OWiG, um einen Verfall nach § 29 a OWiG, Fromm JB 08, 509, um eine Unbrauchbarmachung nach § 123 II 1 Z 2 OWiG, um eine Vernichtung oder um die Beseitigung eines gesetzwidrigen Zustands nach §§ 144 IV, 145 IV MarkenG und damit um die einer Einziehung ähnlichen oder sonstwie gleichstehenden Maßnahmen nach § 439 StPO, ferner um eine der Einziehung usw dienende Beschlagnahme etwa nach § 46 I OWiG, §§ 111 b, c StPO. Ob das Verfahren schon und noch einem dieser Zwecke dient, mag man nur schwer klären brauchen. Immerhin reicht es für die Zusatzgebühr aus, daß sich die Tätigkeit des Anwalts auf solche Möglichkeiten „bezieht".

4   *Bezugnahme* ist ein weiter Begriff. Sie mag schon dann vorliegen, wenn der Anwalt vorsorglich auftragsgemäß mitprüft, ob eine Einziehung oder eine zugehörige Be-

Vergütungsverzeichnis **5116, 5200 VV**

schlagnahme drohen oder gar bevorstehen könnte. Andererseits darf man nun auch nicht jede solche Erwägung schon als eine Tätigkeit nach VV 5116 einstufen, solange es noch wirklich keinen objektiven Anhaltspunkt dafür gibt, daß die Behörde oder das Gericht dergleichen auch nur halbwegs ernsthaft erwägen. Man darf also eine nach Rn 2 weder kleinliche noch allzu großzügige Beurteilung der Gefahrlage vornehmen.

Unanwendbar ist VV 5116 bei einer solchen Sicherstellung oder Beschlagnahme, die nur einer Beweissicherung nach § 46 I OWiG, § 94 StPO dient.

4) Gebührenhöhe. Vgl zunächst Rn 2. Es entsteht eine Wertgebühr. Beim Wahlanwalt ist die Tabelle des § 13 maßgeblich, beim bestellten oder beigeordneten Anwalt gilt die Tabelle des § 49. Nach der amtlichen Anmerkung III 1 entsteht die Zusatzgebühr im Verfahrens-Gesamtabschnitt Verwaltungsbehörde und Gerichtsverfahren erster Instanz nur einmal. Das hat den Vorrang vor §§ 16ff. Im Rechtsbeschwerdeverfahren entsteht die Gebühr nach der amtlichen Anmerkung III 2 gesondert. 5

5) Gegenstandswert. Es gelten §§ 2 I, 23. Maßgebend ist der Wert des einzuziehenden Gegenstands. Ihn muß man nach §§ 3, 6 ZPO ermitteln, Anh I § 48 GKG, Teil I A dieses Buchs. Mangels eines Gegenstandswerts entscheidet das wirtschaftliche oder sonstige Interesse des Betroffenen an der Nichtdurchführung der Einziehung oder verwandten Maßnahme. 6

30 EUR ist der notwendige Mindestwert, um nach der amtlichen Anmerkung II die Gebühr VV 5116 überhaupt entstehen zu lassen. Das bedeutet natürlich nicht, daß man stets mindestens 30 EUR als den Wert ansetzen dürfte. Vielmehr muß man den Wert wie sonst anhand der genannten wahren Verhältnisse ermitteln.

Abschnitt 2. Einzeltätigkeiten

Nr.	Gebührentatbestand	Gebühr oder Satz der Gebühr nach § 13 oder § 49 RVG	
		Wahlanwalt	gerichtlich bestellter oder beigeordneter Rechtsanwalt
5200	Verfahrensgebühr	20,00 bis 110,00 €	52,00 €
	I Die Gebühr entsteht für einzelne Tätigkeiten, ohne dass dem Rechtsanwalt sonst die Verteidigung übertragen ist.		
	II ¹Die Gebühr entsteht für jede Tätigkeit gesondert, soweit nichts anderes bestimmt ist. ²§ 15 RVG bleibt unberührt.		
	III Wird dem Rechtsanwalt die Verteidigung für das Verfahren übertragen, werden die nach dieser Nummer entstandenen Gebühren auf die für die Verteidigung entstehenden Gebühren angerechnet.		
	IV Der Rechtsanwalt erhält die Gebühr für die Vertretung in der Vollstreckung und in einer Gnadensache auch, wenn ihm die Verteidigung übertragen war.		

Gliederung

1) Systematik 1
2) Regelungszweck 2
3) Geltungsbereich: Einzeltätigkeit 3
4) Gebührenart und -höhe 4, 5
   A. Beim Wahlanwalt: Rahmengebühr 4
   B. Gesonderte Gebühr je Tätigkeit 5

2051

VV 5200

5) Anrechnung beim Verteidiger 6
6) Vollstreckungssache, Gnadensache 7

1 **1) Systematik.** Es handelt sich um eine den VV 4300–4302 für Strafsachen entsprechende Regelung mit einer Auffangklausel grundsätzlich (Ausnahme Rn 3) nur zugunsten desjenigen Anwalts, der nicht die Verteidigung zumindest für einen ganzen Verfahrensabschnitt durchführt, sondern nach der amtlichen Anmerkung I nur eine oder mehrere in diesem Abschnitt anfallende Einzeltätigkeiten. VV 5200 steht also anstelle von VV 5100–5116. Grundsätzlich gilt entweder die letztere Gruppe, oder es gilt VV 5200. Ergänzend ist auch bei VV 5200 Teil 1 anwendbar.

2 **2) Regelungszweck.** Dem Grundgedanken folgend, daß kein Anwalt umsonst arbeiten soll, muß das RVG auch im Teil 5 dafür sorgen, daß der Anwalt für jede denkbare Tätigkeit eine angemessene Vergütung erhält. Je weiter man Vorbereitungs- und Abwicklungsarbeiten eines Verteidigers oder eines Beistands für Zeugen oder Sachverständige usw als von dessen Gebühren mitabgegolten ansieht, desto weniger muß man VV 5200 anwenden.

Andererseits kommt es auf *die Art und den Umfang* des Auftrags und erst dann auf die Art und der Umfang der auftragsgemäßen Arbeit an. Wer keinen Verteidigerauftrag hat, fällt unter VV 5200. Wer der Verteidiger vor der Verwaltungsbehörde oder vor Gericht war, erhält seine Vergütung grundsätzlich jedenfalls auch dann nicht nach VV 5200, wenn er tatsächlich nur Einzeltätigkeiten ausgeübt hat. Das muß man beim Verteidiger im Rahmen des § 14 mitbedenken. Es ist also im Ergebnis auch bei VV 5200 weder eine zu strenge noch eine zu großzügige Auslegung ratsam.

3 **3) Geltungsbereich: Einzeltätigkeit.** Es mag zB um eine Nachforschung gehen, um einen Beweisantrag, um einen Augenschein, um eine Besprechung oder eine Rücksprache mit einem Gegner oder der Verwaltungsbehörde, um die Einholung einer Auskunft, um einen Antrag oder um einen sonstigen Schriftsatz, auch um die Einlegung oder Rücknahme des Einspruchs, eines Rechtsmittels, zB einer Rechtsbeschwerde, eines Wiedereinsetzungs- oder Wiederaufnahmeantrags, um eine Beistandsleistung, um eine Rechtsmittelbegründung oder -erwiderung, um ein Vollstreckungs- oder Gnadengesuch usw. Im letzteren Fall bestimmt die amtliche Anmerkung IV, daß VV 5200 sogar auch dem Verteidiger zusteht.

4 **4) Gebührenart und -höhe.** Der Anwalt erhält weder eine Grundgebühr noch eine Terminsgebühr, sondern nur eine Verfahrensgebühr. Sie entsteht mit der auftragsgemäßen Entgegennahme der Information. Sie gilt als eine Pauschale diese bestimmte Einzeltätigkeit voll ab. Es gibt mehrere Aspekte.

A. Beim Wahlanwalt: Rahmengebühr. Wer nicht amtlich bestellt oder beigeordnet ist, erhält eine Betragsrahmengebühr nach Einl II A 12. Bei ihrer Bemessung muß man § 14 und nach der amtlichen Anmerkung II 2 auch § 15 beachten.

Die *Mittelgebühr* beim Wahlanwalt beträgt 65 EUR. Sie kann je Tätigkeitsart unterschiedlich hoch ausfallen.

5 **B. Gesonderte Gebühr je Tätigkeit.** Nach der amtlichen Anmerkung II 1 entsteht je Einzeltätigkeit grundsätzlich eine gesonderte Gebühr, soweit das Gesetz nichts anderes bestimmt. Das gilt auch bei gleichartigen zeitlich aufeinander folgenden Tätigkeiten, anders als etwa bei VV 3403. Es kann also für den Nichtverteidiger zu einer erheblichen Summierung kommen. Daher besteht dann ein Anlaß zur Aufmerksamkeit, wenn ein Anwalt eine ganze Reihe solcher Einzeltätigkeiten berechnet, die beträchtlich mehr einbringen als eine Verteidigung. Jeglicher Rechtsmißbrauch ist auch hier wie stets unstatthaft. Man muß ihn aber grundsätzlich beweisen. Ein Anscheinsbeweis wie nach BLAH Anh § 286 ZPO Rn 15 wird nicht leicht gelingen. Er läßt sich aber auch keineswegs in der einen oder anderen Richtung von vornherein ausschließen.

6 **5) Anrechnung beim Verteidiger.** Natürlich kann es dahin kommen, daß der Anwalt zunächst nur Einzeltätigkeiten vornehmen soll, daß der Auftraggeber ihm dann aber doch noch die Verteidigung überträgt oder daß der Auftraggeber den Verteidiger vor dem Abschluß einer auftragsgemäßen Arbeit bittet, nicht mehr die Verteidigung selbst fortzuführen (etwa weil der Betroffene sich nun selbst verteidigen möchte oder

2052

Vergütungsverzeichnis **5200, Vorbem 6, 6.1.1, 6100, 6101 VV**

damit einen anderen Anwalt beauftragt), wohl aber noch Einzeltätigkeiten auszuführen. Dann ordnet die amtliche Anmerkung III eine Anrechnung von VV 5200 auf die vorangegangene oder anschließende Verteidigervergütung an. Auslagen entstehen nur nach VV 7000 ff. Zur Ausnahme bei einer Vollstreckungs- oder Gnadensache Rn 7.

6) Vollstreckungssache, Gnadensache. Die amtliche Anmerkung IV trifft eine 7 den VV 4200–4203, 4303 für Strafsachen entsprechende vorrangige Sonderregelung. Auch der Verteidiger erhält für die Vertretung in der Vollstreckungs- oder Gnadensache stets auch die Gebühr VV 5200. Es findet hier also in einer Abweichung von Rn 6 keine Anrechnung statt.

Teil 6. Sonstige Verfahren

(Amtliche) Vorbemerkung 6:

I Für die Tätigkeit als Beistand für einen Zeugen oder Sachverständigen in einem Verfahren, für das sich die Gebühren nach diesem Teil bestimmen, entstehen die gleichen Gebühren wie für einen Verfahrensbevollmächtigten in diesem Verfahren.

II Die Verfahrensgebühr entsteht für das Betreiben des Geschäfts einschließlich der Information.

III ¹Die Terminsgebühr entsteht für die Teilnahme an gerichtlichen Terminen, soweit nichts anderes bestimmt ist. ²Der Rechtsanwalt erhält die Terminsgebühr auch, wenn er zu einem anberaumten Termin erscheint, dieser aber aus Gründen, die er nicht zu vertreten hat, nicht stattfindet. ³Dies gilt nicht, wenn er rechtzeitig von der Aufhebung oder Verlegung des Termins in Kenntnis gesetzt worden ist.

Abschnitt 1. Verfahren nach dem Gesetz über die internationale Rechtshilfe in Strafsachen und Verfahren nach dem Gesetz über die Zusammenarbeit mit dem Internationalen Strafgerichtshof

Unterabschnitt 1. Verfahren vor der Verwaltungsbehörde

(Amtliche) Vorbemerkung 6.1.1:

Die Gebühr nach diesem Unterabschnitt entsteht für die Tätigkeit gegenüber der Bewilligungsbehörde in Verfahren nach Abschnitt 2 Unterabschnitt 2 des Neunten Teils des Gesetzes über die internationale Rechtshilfe in Strafsachen.

Nr.	Gebührentatbestand	Gebühr	
		Wahlverteidiger oder Verfahrensbevollmächtigter	gerichtlich bestellter oder beigeordneter Rechtsanwalt
6100	Verfahrensgebühr	50,00 bis 340,00 €	156,00 €

Unterabschnitt 2. Gerichtliches Verfahren

Nr.	Gebührentatbestand	Gebühr	
		Wahlverteidiger oder Verfahrensbevollmächtigter	gerichtlich bestellter oder beigeordneter Rechtsanwalt
6101	Verfahrensgebühr	100,00 bis 690,00 €	316,00 €

VV 6101, 6102

Vergütungsverzeichnis

Nr.	Gebührentatbestand	Gebühr	
		Wahlverteidiger oder Verfahrensbevollmächtigter	gerichtlich bestellter oder beigeordneter Rechtsanwalt
6102	Terminsgebühr je Verhandlungstag	130,00 bis 930,00 €	424,00 €

Zu VV 6100–6102:

Gliederung

1) Systematik 1
2) Regelungszweck 2
3) Sachlicher Geltungsbereich 3
4) Persönlicher Geltungsbereich 4
5) Verfahrensgebühr, VV 6100, 6101 .... 5, 6
    A. Pauschale 5
    B. Gebührenhöhe 6
6) Terminsgebühr, VV 6102 7–10
    A. Termin 8
    B. Gebührenhöhe 9
    C. Unanwendbarkeit 10
7) Auslagen 11
8) Kostenerstattung 12

1 **1) Systematik.** Es handelt sich jeweils um kein eigentliches Strafverfahren, sondern um ein Verfahren eigener Art. VV 6100–6102 beziehen sich nur auf die Beistandsleistung bei einer Auslieferung, Weiterlieferung, Durchbeförderung, Durchlieferung, bei der Herausgabe von Gegenständen als Beweismittel usw nach den Vorschriften des IStHG und des IStGHG. Ergänzend sind §§ 14, 15 ff beachtbar. § 4 ist anwendbar, ebenso VV 1008.

2 **2) Regelungszweck.** Die durch die amtliche Vorbemerkung 6 II als eine jeweilige Pauschale klargestellten Gebühren, im einzelnen Rahmengebühren, sollen zwecks Ermittlung des Angemessenen wie bei einer Verteidigergebühr einen Spielraum lassen. Man muß die enormen Spannweiten beachten, die zwischen einem „unauffälligen Normalfall" und einer der manchmal nahezu weltweites Aufsehen mit scharfen politischen Folgen verursachenden Lagen entstehen können. Auch das muß man abwägen.

3 **3) Sachlicher Geltungsbereich.** Die Vorschrift gilt nicht nur bei einer Beistandsleistung, sondern auch bei einer anderen Tätigkeit für den Beschuldigten oder für einen Einziehungsinteressenten, insbesondere bei einer Rechtshilfehandlung nach §§ 48 ff IStHG, also im Auslieferungsverfahren nach § 40 IStHG, im Durchlieferungsverfahren nach § 45 IStHG, bei der Entscheidung über die Zulässigkeit der Vollstreckung einer Auslandsstrafe nach § 53 IStHG, bei einer Durchbeförderung nach § 65 IStHG und bei der Klärung eines Vollstreckungsersuchens nach § 71 IStHG sowie bei Eingehenden wie bei Ausgehenden Ersuchen nach §§ 86 ff IRG. Das klärt für Zeugen und Sachverständige die amtliche Vorbemerkung 6 I, II. VV 6100–6102 gelten für die gewählten und für den bestellten Anwalt. Für den letzteren gelten zusätzlich §§ 45 ff. VV 6100–6102 sind auf den zum Beistand nach § 40 IStHG gewählten Hochschullehrer nur bei einer Vereinbarung anwendbar.

Ergänzend muß man die *allgemeinen Vorschriften* heranziehen. Insbesondere ist § 7 bei einer Mehrheit von Auftraggebern nach § 7 Rn 2 ff anwendbar, sofern es sich um ein einheitliches Verfahren handelt. Dann ist also VV 1008 anwendbar. Ein Auslieferungsverfahren und ein Durchlieferungsverfahren sind getrennte Verfahren und Angelegenheiten. Bei verschiedenen Verfahrenszielen entstehen getrennte Gebühren. Jede Angelegenheit läßt neue Gebühren entstehen, etwa bei § 35 IStHG.

4 **4) Persönlicher Geltungsbereich.** Die Vorschriften gelten für den Wahlanwalt wie für den bestellten oder beigeordneten Anwalt. Sie gelten nach der amtlichen Vorbemerkung 6 I auch für einen Anwalt als den nach § 31 III IStHG in Verbindung mit § 138 StPO statthaften Beistand eines Beschuldigten oder Verfolgten oder eines Zeugen oder Sachverständigen. Die Gebühren sind nach § 14 beim gewählten Anwalt Betragsrahmengebühren. Sie haben nach Rn 2 einen Pauschcharakter. Sie entstehen dann, wenn der Anwalt anstelle des Verfolgten oder Beteiligten, also als sein Vertreter, oder neben ihm auftritt. Sie entstehen als Festgebühren bei dem nach §§ 40 II, 45 VI IStHG beigeordneten Anwalt. Sie lassen sich bei ihm nach § 51 I 1 erhöhen. Dann kommt ein Vorschuß nach § 47 und auch eine Anrechnung nach § 58 III in Betracht.

5) Verfahrensgebühr, VV 6100, 6101. Es gibt keine Grundgebühr. Die Verfahrensgebühr entsteht mit jeder Tätigkeit, die der Anwalt zur Ausführung des Auftrags vornimmt. Sie entsteht nach der amtlichen Vorbemerkung 6 II schon mit der auftragsgemäßen Aufnahme der Information.

A. Pauschale. Die Verfahrensgebühr gilt die Tätigkeit im gesamten Verfahren außerhalb einer mündlichen Verhandlung von der ersten Beistandsleistung gegenüber dem Gericht nach VV 6101 oder einer Behörde nach VV 6100 bis zu seiner Beendigung ab, amtliche Vorbemerkung 6 II. Zu ihr kann nach Rn 7 die Terminsgebühr VV 6102 hinzutreten.

Sie *umfaßt* also *auch* folgende Tätigkeiten: Die Akteneinsicht; den schriftlichen oder mündlichen Verkehr mit dem Verfolgten oder mit anderen Beteiligten, etwa mit dem Gericht oder mit der Staatsanwaltschaft oder der ausländischen Behörde, bei einer Herausgabe eines Gegenstands also mit jedem, der ein Recht am Gegenstand nach § 38 IV IStHG geltend macht; eine Einwendung gegen den Haftbefehl; die schriftliche Verhandlung mit einer Behörde; die Beistandsleistung bei der vorläufigen oder endgültigen Auslieferungshaft; die Hilfe bei einer Vernehmung; den Beistand bei einer Einverständniserklärung nach § 41 IStHG; die Einreichung eines Schriftsatzes; die Vorbereitung einer mündlichen Verhandlung; eine Beistandsleistung gegenüber dem BGH nach § 42 IStHG; die Entgegennahme einer Rücknahme des Ersuchens oder des Ablehnungsbeschlusses; eine Abwicklungstätigkeit.

B. Gebührenhöhe. Der Anwalt verdient die Gebühr VV 6100, 6101 grundsätzlich auch dann, wenn der Verfolgte ihn nur mit einer *Einzeltätigkeit* beauftragt hat, zB mit einem Einwand gegen einen Haftbefehl, oder wenn der Anwalt lediglich die mündliche Verhandlung vor dem nach § 29 I IStHG zuständigen OLG vorbereitet hat, zu der es dann aus einem beliebigen Grund nicht kommt. Dann tritt also keine Ermäßigung ein. Wohl aber muß man den geringeren Arbeitsumfang ebenso wie natürlich einen besonders großen Umfang oder eine besondere rechtliche oder tatsächliche Schwierigkeit im Rahmen des § 14 berücksichtigen. Bei einer mündlichen Verhandlung vor dem OLG nach §§ 30ff IStHG tritt nach Rn 8 die Gebühr VV 6102 zu derjenigen VV 6101 hinzu.

Die *Mittelgebühr* beim Wahlanwalt ist bei VV 6100 195 EUR und bei VV 6101 395 EUR.

Bei einem *bloßen Rat* oder einer bloßen Auskunft liegt *keine* Beistandsleistung nach VV 6100, 6101 vor, sondern eine Tätigkeit nach § 34 I 1 Hs 1.

6) Terminsgebühr, VV 6102. Die Gebühr VV 6102 tritt neben diejenige nach VV 6100, 6101. Das gilt auch dann, wenn der Verfolgte den Auftrag nur für die Vertretung in der mündlichen Verhandlung erteilt hat. Für die Beistandsleistung in der mündlichen Verhandlung vor Gericht nach §§ 28, 30 III, 31 IStHG entsteht also eine weitere Gebühr, Jena JB **08**, 82 (auch bei § 28 IStHG), aM Brdb RPfleger **10**, 48, Oldb Rpfleger **09**, 590, Rostock JB **09**, 364 (je: nicht bei § 28 II IStHG). Sie entsteht nochmals für jeden weiteren Verhandlungstag, auch wenn dort nur eine Verkündung erfolgt. Das alles gilt auch bei einer Vertagung während der Verhandlung. Dabei kann man für jeden Verhandlungstag ein anderes Ergebnis aus dem Betragsrahmen ansetzen müssen, wenn man die Verhältnisse an diesem Tag nach § 14 anders beurteilen muß. Bei einer Vertagung vor dem Beginn der Verhandlung entsteht allerdings zunächst keine Terminsgebühr. Sie entsteht dann erst mit der Beistandsleistung im neuen Verhandlungstermin. VV 6102 kommt im Gegensatz zu VV 6100, 6101 auch bei einer Anordnung einer neuen Verhandlung nach § 33 IStHG in Betracht.

Keine Verhandlung ist eine bloße Anhörung, Stgt JB **11**, 134 (verwechselt VV 6101 mit 6102).

8   A. Termin. Es reicht nach der amtlichen Vorbemerkung 6 III 2 aus, daß der Anwalt auftragsgemäß *zu der Verhandlung erscheint,* Kblz JB **08**, 313 rechts oben, selbst wenn diese dann ohne seine Vorkenntnis nicht stattfindet. Die Verhandlung beginnt mit der Erörterung der Sache. Auch ein Termin von einer Behörde reicht aus. Denn Teil 6 steht selbständig neben den Teilen 3–5. Eine Anhörung vor dem Ermittlungsrichter nach § 28 IStHG reicht aber nicht aus, Kblz JB **08**, 313 rechts oben, Oldb Rpfleger **09**, 590.

9   B. Gebührenhöhe. Die Mittelgebühr für den Wahlanwalt vor Gericht ist 530 EUR. Ein Zuschlag erfolgt nicht. VV 1008 ist aber anwendbar. Der Anwalt braucht sich in der Verhandlung nicht zu äußern. Er muß nur auftragsgemäß verhandlungsbereit sein.

10   C. Unanwendbarkeit. Für die bloße Mitwirkung bei einer Vernehmung *außerhalb* der mündlichen Verhandlung oder bei einer anderen Beweiserhebung vor dem beauftragten oder ersuchten Richter außerhalb der mündlichen Verhandlung des Spruchgerichts entsteht keine Gebühr VV 6102, Oldb JB **09**, 312. Denn die Terminsgebühr setzt nach der amtlichen Vorbemerkung 6 III 1 einen gerade gerichtlichen Termin voraus. Die Terminsgebühr entfällt unter den Voraussetzungen der amtlichen Vorbemerkung 6 III 3. Sie entsteht nicht beim bloßen Verkündungstermin, Bbg JB **07**, 484, Hamm JB **06**, 424, Oldb JB **09**, 312, aM Hufnagel JB **07**, 458.

11   7) Auslagen. Es gelten § 46 für den beigeordneten Anwalt und VV 7000 ff für den Wahlanwalt.

12   8) Kostenerstattung. Eine Erstattung der notwendigen Auslagen des Verfolgten im Verfahren ist nach § 77 IStHG statthaft, BGHSt **32**, 227, Kblz MDR **83**, 691, GSEMMR **49**, aM Hbg NJW **80**, 1239.

Abschnitt 2. Disziplinarverfahren, berufsgerichtliche Verfahren wegen der Verletzung einer Berufspflicht

(Amtliche) Vorbemerkung 6.2:

I Durch die Gebühren wird die gesamte Tätigkeit im Verfahren abgegolten.

II Für die Vertretung gegenüber der Aufsichtsbehörde außerhalb eines Disziplinarverfahrens entstehen Gebühren nach Teil 2.

III Für folgende Tätigkeiten entstehen Gebühren nach Teil 3:
1. für das Verfahren über die Erinnerung oder die Beschwerde gegen einen Kostenfestsetzungsbeschluss, für das Verfahren über die Erinnerung gegen den Kostenansatz und für das Verfahren über die Beschwerde gegen die Entscheidung über diese Erinnerung,
2. in der Zwangsvollstreckung aus einer Entscheidung, die über die Erstattung von Kosten ergangen ist, und für das Beschwerdeverfahren gegen diese Entscheidung.

Schrifttum: *Hartung* NJW **05**, 3093 (Üb).

Gliederung

1) Systematik, I–III	1
2) Regelungszweck, I–III	2
3) Sachlicher Geltungsbereich, I–III	3
4) Persönlicher Geltungsbereich, I–III	4
5) Anwendbare Vorschriften, I–III	5

1   1) Systematik, I–III. Zu den Disziplinar- oder Dienstordnungsverfahren zählen die Verfahren nach dem Bundesdisziplinargesetz (BDG) vom 9. 7. 01, BGBl 1510, zuletzt geändert am 15. 12. 04, BGBl 3396, 3403, zum Teil in Verbindung mit dem DRiG und der BNotO, nach der Wehrdisziplinarordnung (WDO) idF vom 16. 8. 01, BGBl 2093, zuletzt geändert am 9. 12. 04, BGBl 3220, 3229, und die Verfahren nach den Landesdisziplinarordnungen sowie das Verfahren nach §§ 58 ff ZDG vom 28. 9. 94, BGBl 2811, zuletzt geändert am 27. 9. 04, BGBl 2358. Hierher zählt auch eine

Vergütungsverzeichnis   **Vorbem 6.2, 6200 VV**

vorläufige Diensthebung und die Einbehaltung von Bezügen nach §§ 38 I 1, 63 I BDG, BVerwG NVwZ-RR 10, 166.

2) Regelungszweck, I–III. Wie im artähnlichen Strafverfahren bezwecken die 2 ziemlich weitgespannten Rahmengebühren über den für den Wahlanwalt stets mitbeachtlichen § 14 auch im Disziplinarverfahren usw die Möglichkeit, je nach dem Aufsehen, der persönlichen Betroffenheit, den wirtschaftlichen Begleitmerkmalen usw die zahlreichen Umstände mitzuberücksichtigen. Sie können die Tätigkeit des Anwalts bald verhältnismäßig einfach oder auch wieder ganz außerordentlich schwierig gestalten. Das gilt, zumal im Disziplinarverfahren usw auch die zumindest wirtschaftlichen Folgen für die Angehörigen des Auftraggebers voll ins Gewicht fallen dürften. Auch sie sollten bei der Auslegung und Abwägung mitbeachtlich sein.

3) Sachlicher Geltungsbereich, I–III. Der Abschnitt regelt die Tätigkeit in den 3 mehreren einander ähnlichen Verfahrensarten nach Rn 1. Die jeweilige Gebühr gilt die gesamte auftragsgemäße Tätigkeit des Anwalts im Verfahren ab.

Nicht hierher zählen: Eine Richteranklage nach Art 98 II GG. Insofern gilt § 37 I; ein akademisches oder religiöses Disziplinarverfahren. Insofern gelten VV 2300, 2301; ein Verfahren gegen einen Bundesverfassungsrichter nach § 105 BVerfGG.

4) Persönlicher Geltungsbereich, I–III. Der Abschnitt gilt sowohl für den 4 Wahlverteidiger als auch für den gerichtlich bestellten Verteidiger.

5) Anwendbare Vorschriften, I–III. Man muß zunächst prüfen, ob wegen der 5 Verweisungen in II, III vorrangig die dort genannten Teile 2 oder 3 anwendbar sind. Falls der Anwalt also nur einen Rat erteilt, ist § 34 anwendbar. Eine Gebührenvereinbarung ist nach § 4 zulässig. Ferner sind nach der amtlichen Vorbemerkung 4.1 I I 1, VV 4300–4303, 7000 ff anwendbar zB §§ 5, 7, 14, 43, 51, VV 1000, 1002, 1008.

Bei einer *Anwendbarkeit* von VV 6200 ff gilt die jeweilige Gebühr nach I die gesamte Tätigkeit im Verfahren ab der auftragsgemäßen Entgegennahme der Information ab. Nach II gelten vorrangig VV 2100 ff für die Vertretung gegenüber der Aufsichtsbehörde außerhalb eines Disziplinarverfahrens. III verweist in seinen Fällen vorrangig auf VV 3100 ff. Ein Gegenstandswert entfällt bei einer Festgebühr nach Einl II A 14, BVerwG NVwZ-RR 10, 166.

Unterabschnitt 1. Allgemeine Gebühren

Nr.	Gebührentatbestand	Gebühr	
		Wahlverteidiger oder Verfahrensbevollmächtigter	gerichtlich bestellter oder beigeordneter Rechtsanwalt
6200	Grundgebühr .... Die Gebühr entsteht neben der Verfahrensgebühr für die erstmalige Einarbeitung in den Rechtsfall nur einmal, unabhängig davon, in welchem Verfahrensabschnitt sie erfolgt.	40,00 bis 350,00 €	156,00 €

1) Systematik. Es gelten zur Grundgebühr dieselben Erwägungen wie bei 1 VV 4100, 5100. Die Grundgebühr entsteht in allen Fällen des Abschnitts 2. Sie kann daher auch zB entstehen, wenn der Anwalt den Auftrag erst in der Rechtsmittelinstanz erhält. Sie entsteht auch für eine bloße Einzeltätigkeit, Hartung NJW **05**, 3094. Sie entsteht freilich insgesamt nur einmal, amtliche Anmerkung. Die amtliche Vorbemerkung 6.2 II, III gilt vorrangig.

2) Regelungszweck. Es gelten ebenfalls dieselben Erwägungen wie bei VV 4100, 2 5100.

VV 6200–6202   Vergütungsverzeichnis

3   **3) Gebührenhöhe.** Beim Wahlanwalt ist jeweils § 14 mitbeachtbar. Die für die auftragsgemäße Informationsaufnahme geschaffene Grundgebühr kann danach zu einer von der Bemessung der Einzelfaktoren der Verfahrens- oder Terminsgebühr abweichenden Abwägung führen. Denn die Informationsaufnahme kann eine andere Mühe und Zeit kosten als die weitere Tätigkeit.
Die *Mittelgebühr* beim Wahlanwalt ist 195 EUR.

Nr.	Gebührentatbestand	Gebühr	
		Wahlverteidiger oder Verfahrensbevollmächtigter	gerichtlich bestellter oder beigeordneter Rechtsanwalt
6201	Terminsgebühr für jeden Tag, an dem ein Termin stattfindet .... Die Gebühr entsteht für die Teilnahme an außergerichtlichen Anhörungsterminen und außergerichtlichen Terminen zur Beweiserhebung.	40,00 bis 370,00 €	164,00 €

1   **1) Systematik.** Zwar steht die Vorschrift im Unterabschnitt 1 mit der Überschrift „Allgemeine Gebühren". Wie aber ihre amtliche Anmerkung zeigt, gilt sie in Wahrheit keineswegs auch für alle folgenden Unterabschnitte, sonder nur für denjenigen zum außergerichtlichen Termin vor oder während oder ohne ein gerichtliches Verfahren, Hartung NJW 05, 3095. Dort ergänzt sie VV 6202. Sie hätte besser dort Platz gefunden. Sie hat den Vorrang vor Teil 2. Denn sie regelt ein Spezialgebiet. Vorrangig gilt die amtliche Vorbemerkung 6.2 II, III.

2   **2) Regelungszweck.** Auch im außergerichtlichen Termin eines der in VV 6200 ff geregelten Verfahren soll eine angemessene Vergütung schon für die bloß auftragsgemäß zuhörende und erst recht für eine weitergehende Teilnahme erfolgen. Das gilt unabhängig von der Terminsart und -dauer und für jeden Tag extra.

3   **3) Geltungsbereich.** Ihn umschreibt die amtliche Anmerkung verbindlich. Danach gilt VV 6201 nur für außergerichtliche Termine zur Anhörung oder Beweisaufnahme (Beweissicherung) im Gebiet des Abschnitts 2 und nicht dort, wo die amtliche Vorbemerkung 6.2 II, III andere Vorschriften vorgehen läßt. VV 6101 gilt nicht für die Teilnahme an einer Anhörung nach § 28 IRG, Drsd Rpfleger 07, 341.

4   **4) Gebührenhöhe.** Beim Wahlanwalt ist § 14 anwendbar. Je Tag kann dabei ein anderes Resultat herauskommen, je nach dem Schwierigkeitsgrad usw gerade an diesem Tag der Erörterung oder Beweiserhebung.
Die *Mittelgebühr* beim Wahlanwalt ist 205 EUR.

Unterabschnitt 2. Außergerichtliches Verfahren

Nr.	Gebührentatbestand	Gebühr	
		Wahlverteidiger oder Verfahrensbevollmächtigter	gerichtlich bestellter oder beigeordneter Rechtsanwalt
6202	Verfahrensgebühr .... [1] Die Gebühr entsteht gesondert für eine Tätigkeit in einem dem gerichtlichen Verfahren vorausgehenden und der Überprüfung der Verwaltungsentscheidung die-	40,00 bis 290,00 €	132,00 €

Nr.	Gebührentatbestand	Gebühr	
		Wahlverteidiger oder Verfahrensbevollmächtigter	gerichtlich bestellter oder beigeordneter Rechtsanwalt
	nenden weiteren außergerichtlichen Verfahren. II Die Gebühr entsteht für eine Tätigkeit in dem Verfahren bis zum Eingang des Antrags oder der Anschuldigungsschrift bei Gericht.		

1) **Systematik.** Schon für die außer- oder vorgerichtliche Tätigkeit gibt es eine 1
Gebühr zusätzlich zur Grundgebühr VV 6200. Zu beiden kann die Terminsgebühr
VV 6201 hinzutreten. Die amtliche Vorbemerkung 6.2 II, III gilt vorrangig.

2) **Regelungszweck.** Entsprechend den Grundgedanken des RVG soll auch hier 2
die oft ja umfangreiche und schwierige Arbeit durch eine zur Grundgebühr stets hinzutretende Pauschale auch ohne eine Terminsvergütung im Verfahren ohne eine Verhandlung usw zu einer ausreichenden Gesamtvergütung führen.

3) **Geltungsbereich.** Ihn umschreibt die amtliche Anmerkung I, II verbindlich. 3
Auch hier muß man wieder die vorrangige anderweitige Zuweisung durch die amtliche Vorbemerkung 6.2 II, III beachten.

Das behördliche Disziplinarverfahren und das Verfahren nach der WDO beginnt nach §§ 17 I BDG, 32 WDO mit einer *schriftlichen Verfügung* der Einleitungsbehörde. Ihm folgt nach der amtlichen Anmerkung I, II das sog Widerspruchsverfahren. Es geht einem etwaigen gerichtlichen Disziplinarverfahren voraus. Der Beschuldigte kann nach § 1 I in Verbindung mit § 3 BDG und mit § 14 VwVfG einen Anwalt als seinen Verteidiger hinzuziehen. Die Gebühr entsteht mit jeder Tätigkeit zum Zweck der Ausführung des Auftrags bis zum Eingang des Antrags oder der Anschuldigungsschrift beim Gericht. Es ist für VV 6202 unerheblich, ob der Anwalt nach der Einleitung auch im gerichtlichen Verfahren tätig wird. VV 6202 gilt auch eine Tätigkeit im Verfahren vor dem Dienstvorgesetzten ab.

Hierher gehört auch ein nach § 18 I BDO vom Beamten beantragtes behördliches Disziplinarverfahren.

Es ist unerheblich, ob diesem Verfahrensabschnitt ein gerichtliches Disziplinarverfahren nach § 52 BDO, § 58 WDO folgt. Die Gebühr entsteht allerdings nur dann, wenn sich die Tätigkeit des Verteidigers auf das Verfahren vor dem Dienstvorgesetzten beschränkt. Soweit es zum gerichtlichen Disziplinarverfahren kommt, sind nach VV 6202 amtliche Anmerkung II nur VV 6203 ff anwendbar. Soweit es wegen des Eingangs eines Antrags oder der Anschuldigungsschrift zur Disziplinarverfügung kommt, kann zusätzlich (jetzt) VV 6215 anwendbar sein, VG Schlesw AnwBl 02, 113.

Eine Gebühr nach VV 6202 gilt die Tätigkeit im zugehörigen Verfahren wegen einer *Beschwerde* oder einer weiteren Beschwerde mit ab.

4) **Gebührenhöhe.** Neben der Grundgebühr VV 6200 ist für den Wahlanwalt jeweils § 14 anwendbar. 4

Die *Mittelgebühr* beim Wahlanwalt ist 165 EUR.

5) **Kostenerstattung.** Die Kostengrundentscheidung des Dienstvorgesetzten nach 5
§ 37 BDG bildet die Grundlage einer Erstattungsfähigkeit.

Unterabschnitt 3. Gerichtliches Verfahren

Erster Rechtszug

(Amtliche) Vorbemerkung 6.2.3:
   Die nachfolgenden Gebühren entstehen für das Wiederaufnahmeverfahren einschließlich seiner Vorbereitung gesondert.

VV 6203–6206

Nr.	Gebührentatbestand	Gebühr	
		Wahlverteidiger oder Verfahrensbevollmächtigter	gerichtlich bestellter oder beigeordneter Rechtsanwalt
6203	Verfahrensgebühr	50,00 bis 320,00 €	148,00 €
6204	Terminsgebühr je Verhandlungstag	80,00 bis 560,00 €	256,00 €
6205	Der gerichtlich bestellte Rechtsanwalt nimmt mehr als 5 und bis 8 Stunden an der Hauptverhandlung teil: Zusätzliche Gebühr neben der Gebühr 6204		128,00 €
6206	Der gerichtlich bestellte Rechtsanwalt nimmt mehr als 8 Stunden an der Hauptverhandlung teil: Zusätzliche Gebühr neben der Gebühr 6204		256,00 €

Zu VV 6203–6206:

1 **1) Geltungsbereich.** Die Vorschriften erfassen nur das justizförmige gerichtliche Verfahren vor einem Berufsgericht wegen der Verletzung einer Berufspflicht. Es beginnt erst mit dem Antrag auf eine gerichtliche Voruntersuchung, also noch nicht mit einem Einspruch gegen eine Rüge. Für das Wiederaufnahmeverfahren einschließlich seiner Vorbereitung gelten VV 6203–6215 nach der amtlichen Vorbemerkung 6.2.3 gesondert.

2 *Berufsgericht* ist zB: Das Ehrengericht der Rechtsanwälte; der Anwaltsgerichtshof; der Senat für Anwalts-, Patentanwalts- oder Notarsachen beim BGH; ein landesrechtliches Architekten-, Ärzte-, Zahnärzte-, Tierärzte- oder Apothekergericht; eine Kammer oder ein Senat nach dem StBerG oder nach der Wirtschaftsprüferordnung.

3 *Kein Berufsgericht* ist zB: Ein Studentengericht; ein Sportgericht. Dann mögen § 34, VV 2300 anwendbar sein.

Das *Disziplinarverfahren* beginnt mit einer Disziplinarklage nach § 52 BDG. Zum ersten Rechtszug gehört nicht die Einlegung eines Rechtsmittels. Denn § 19 I 2 Z 10 erfaßt nicht auch VV Teil 6.

Unanwendbar ist die Terminsgebühr VV 6204–6206 außerhalb der Verhandlung vor dem Spruchgericht, etwa bei einer Verhandlung oder Beweisaufnahme vor dem Untersuchungsführer.

Keine Berufspflicht betrifft zB ein Zulassungs-, Wahlanfechtungs- oder Verwaltungsaktanfechtungsverfahren beliebiger Art, Hartung NJW 05, 3094.

4 **2) Gebührenhöhe.** Neben der Grundgebühr VV 6200 ist für den Wahlanwalt jeweils § 14 anwendbar.

Die *Mittelgebühr* beim Wahlanwalt ist bei VV 6203 = 185 EUR, bei VV 6204 = 320 EUR. Je Tag kann § 14 zu einem anderen Resultat führen. VV 6201 ist neben VV 6204 unanwendbar (letztere Vorschrift ist Spezialnorm).

VV 6205, 6206 entsprechen VV 4111, 4112. Vgl daher dort.

Im *Wiederaufnahmeverfahren* nebst seiner Vorbereitung entstehen VV 6203–6206 nach der amtlichen Vorbemerkung 6.2.3 gesondert.

5 **3) Kostenerstattung.** Die gesetzliche Vergütung des Anwalts ist auf Grund einer gerichtlichen Kostengrundentscheidung nach § 78 II, III BDG oder nach §§ 195 ff BRAO nach SchlAnh H dieses Buchs erstattungsfähig. Das gilt auch zugunsten eines sich selbst vertretenden Anwalts, EGH Kblz AnwBl 81, 415, aM BGH BRAK-Mitt

Vergütungsverzeichnis **6203–6214 VV**

03, 24, EGH Stgt AnwBl **83**, 331 (aber es müssen auch hier die allgemeinen Regeln zur Selbstvertretung anwendbar sein).
Nicht erstattungsfähig ist eine nach § 4 zulässige vereinbarte höhere Vergütung.

Zweiter Rechtszug

Nr.	Gebührentatbestand	Gebühr	
		Wahlverteidiger oder Verfahrensbevollmächtigter	gerichtlich bestellter oder beigeordneter Rechtsanwalt
6207	Verfahrensgebühr	80,00 bis 560,00 €	256,00 €
6208	Terminsgebühr je Verhandlungstag	80,00 bis 560,00 €	256,00 €
6209	Der gerichtlich bestellte Rechtsanwalt nimmt mehr als 5 und bis 8 Stunden an der Hauptverhandlung teil: Zusätzliche Gebühr neben der Gebühr 6208		128,00 €
6210	Der gerichtlich bestellte Rechtsanwalt nimmt mehr als 8 Stunden an der Hauptverhandlung teil: Zusätzliche Gebühr neben der Gebühr 6208		256,00 €

Zu VV 6207–6210:

1) Geltungsbereich. VV 6207, 6208 sind im Verfahren über ein Rechtsmittel ab 1
dessen Einlegung anwendbar.

2) Gebührenhöhe. Neben der Grundgebühr VV 6200 ist für den Wahlanwalt je- 2
weils § 14 anwendbar.
Die *Mittelgebühr* beim Wahlanwalt ist bei VV 6207 = 320 EUR, bei VV 6208 ebenfalls = 320 EUR. Je Tag kann § 14 zu einem anderen Resultat führen.
VV *6209, 6210* entsprechen VV 4111, 4112. Vgl daher dort.

Dritter Rechtszug

Nr.	Gebührentatbestand	Gebühr	
		Wahlverteidiger oder Verfahrensbevollmächtigter	gerichtlich bestellter oder beigeordneter Rechtsanwalt
6211	Verfahrensgebühr	120,00 bis 1100,00 €	492,00 €
6212	Terminsgebühr je Verhandlungstag	120,00 bis 550,00 €	268,00 €
6213	Der gerichtlich bestellte Rechtsanwalt nimmt mehr als 5 und bis 8 Stunden an der Hauptverhandlung teil: Zusätzliche Gebühr neben der Gebühr 6212		134,00 €
6214	Der gerichtlich bestellte Rechtsanwalt nimmt mehr als 8 Stunden an der Hauptverhandlung teil:		

VV 6211–6216

Nr.	Gebührentatbestand	Gebühr Wahlverteidiger oder Verfahrensbevollmächtigter	Gebühr gerichtlich bestellter oder beigeordneter Rechtsanwalt
6215	Zusätzliche Gebühr neben der Gebühr 6212 .... Verfahrensgebühr für das Verfahren über die Beschwerde gegen die Nichtzulassung der Revision .... Die Gebühr wird auf die Verfahrensgebühr für ein nachfolgendes Revisionsverfahren angerechnet.	268,00 € 70,00 bis 1100,00 €	472,00 €

Zu VV 6211–6215:

1 **1) Geltungsbereich.** VV 6211–6214 kommen für ein Verfahren nach § 79 III DRiG zur Anwendung. VV 6215 erfaßt ein Verfahren nach § 81 II DRiG.

2 **2) Gebührenhöhe.** Neben der Grundgebühr VV 6200 ist für den Wahlanwalt bei VV 6211, 6212 jeweils § 14 anwendbar.
Die *Mittelgebühr* beim Wahlanwalt ist bei VV 6211 = 610 EUR, bei VV 6212 = 335 EUR, bei VV 6215 = 585 EUR. Je Tag kann § 14 zu einem anderen Resultat führen.
VV 6213, 6214 entsprechen VV 4111, 4112. Vgl daher dort. VV 6215 zieht die Folgerung daraus, daß das Revisionsverfahren und das Verfahren über die Beschwerde gegen die Nichtzulassung des Rechtsmittels nach § 17 Z 9 verschiedene Angelegenheiten sind. Die amtliche Anmerkung ordnet eine Anrechnung an.

Unterabschnitt 4. Zusatzgebühr

Nr.	Gebührentatbestand	Gebühr Wahlverteidiger oder Verfahrensbevollmächtigter	Gebühr gerichtlich bestellter oder beigeordneter Rechtsanwalt
6216	Durch die anwaltliche Mitwirkung wird die mündliche Verhandlung entbehrlich: Zusätzliche Gebühr .... [I] Die Gebühr entsteht, wenn eine gerichtliche Entscheidung mit Zustimmung der Beteiligten ohne mündliche Verhandlung ergeht oder einer beabsichtigten Entscheidung ohne Hauptverhandlungstermin nicht widersprochen wird. [II] Die Gebühr entsteht nicht, wenn eine auf die Förderung des Verfahrens gerichtete Tätigkeit nicht ersichtlich ist. [III] [1] Die Höhe der Gebühr richtet sich nach dem Rechtszug, in dem die Hauptverhandlung vermieden wurde. [2] Für den Wahlanwalt bemisst sich die Gebühr nach der Rahmenmitte.	in Höhe der jeweiligen Verfahrensgebühr	

Vergütungsverzeichnis **6216, 6300 VV**

Gliederung

1) Systematik	1
2) Regelungszweck	2
3) Voraussetzungen, amtliche Anmerkung I, II	3–6
A. Entweder: Einverständlich Entscheidung ohne Verhandlung, I Hs 1	4
B. Oder: Kein Widerspruch gegen Entscheidung ohne Hauptverhandlungstermin, I Hs 2	5
C. Stets: Förderung des Verfahrens, II	6
4) Gebührenhöhe, amtliche Anmerkung III	7

1) Systematik. Die Vorschrift belohnt die vom Anwalt zumindest irgendwie spürbar mitverursachte Entbehrlichkeit einer an sich gesetzlich notwendigen Verhandlung mit einer Gebühr in der Höhe einer weiteren Verfahrensgebühr dieses Rechtszugs. VV 6216 tritt also neben VV 6203, 6207, 6211. Das kann zB bei § 59 BDO oder bei § 112 WDO geschehen. VV 6216 ähnelt VV 4141. Vgl daher auch dort.   **1**

2) Regelungszweck. Er besteht in der Erhöhung der Chance, ohne eine mündliche Verhandlung zum Verfahrensende dieser Instanz zu kommen. So muß man die Vorschrift auch auslegen.   **2**

3) Voraussetzungen, amtliche Anmerkung I, II. Es muß die eine oder die andere der beiden folgenden Bedingungen erfüllt sein. Es darf eine dritte Bedingung nicht eingetreten sein.   **3**

A. Entweder: Einverständlich Entscheidung ohne Verhandlung, I Hs 1. Das Gericht muß entweder im Verfahren mit einer an sich notwendigen mündlichen Verhandlung gerade mit einer Zustimmung aller Beteiligten ohne eine Verhandlung eine Entscheidung beliebiger Art und Form getroffen haben. Die Zustimmungen müssen wirksam erfolgt sein, bevor die Entscheidung erging. Sie brauchen nicht ausdrücklich, müssen aber eindeutig erfolgt sein.   **4**

B. Oder: Kein Widerspruch gegen Entscheidung ohne Hauptverhandlungstermin, I Hs 2. Es reicht auch statt Rn 4 aus, daß gegen die Absicht des Gerichts, ohne einen Hauptverhandlungstermin zu entscheiden, kein Widerspruch einging. Die Absicht muß allen Widerspruchsberechtigten bekannt geworden sein, sei es auch formlos und kurzfristig. Eine Absicht nach dem Terminsbeginn reicht nicht. Denn Hs 2 spricht nicht von „Hauptverhandlung", sondern vom Hauptverhandlungs- „Termin". Das Verhalten aller Widerspruchsberechtigten muß eindeutig gewesen sein. Eine Belehrung ist zwar nicht formell, praktisch aber wohl meist eine Bedingung der Annahme einer Unterlassung des Widerspruchs.   **5**

C. Stets: Förderung des Verfahrens, II. Ungeachtet der sprachlich doppelten Verneinung meint die amtliche Anmerkung II der Sache nach: Nur dann entsteht eine Gebühr nach VV 6216, wenn ersichtlich irgendeine Verfahrensförderung bis zum nach I maßgeblichen Zeitpunkt durch den Anwalt erfolgt. Die Verneinungsform bedeutet nur eine Beweislast für das Fehlen solcher Förderung zu Lasten des Auftraggebers.   **6**

4) Gebührenhöhe, amtliche Anmerkung III. Beim Wahlanwalt ist § 14 anwendbar. Maßgeblich für die Verfahrensgebühr ist nach III 1 zunächst der jeweilige Rechtszug und in ihm nach III 2 beim Wahlanwalt die Mittelgebühr, nicht etwa die Hälfte der Höchstgebühr.   **7**

Abschnitt 3. Gerichtliche Verfahren bei Freiheitsentziehung und in Unterbringungssachen

Nr.	Gebührentatbestand	Gebühr	
		Wahlverteidiger oder Verfahrensbevollmächtigter	gerichtlich bestellter oder beigeordneter Rechtsanwalt
6300	Verfahrensgebühr in Freiheitsentziehungssachen nach § 415 FamFG, in Unterbringungssachen nach § 312 FamFG und in Verfahren über eine freiheitsent-		

2063

VV 6300–6303

Nr.	Gebührentatbestand	Gebühr Wahlverteidiger oder Verfahrensbevollmächtigter	Gebühr gerichtlich bestellter oder beigeordneter Rechtsanwalt
	ziehende Unterbringung oder eine freiheitsentziehende Maßnahme nach § 151 Nr. 6 und 7 FamFG	40,00 bis 470,00 €	204,00 €
	Die Gebühr entsteht für jeden Rechtszug.		
6301	Terminsgebühr in den Fällen der Nummer 6300	40,00 bis 470,00 €	204,00 €
	Die Gebühr entsteht für die Teilnahme an gerichtlichen Terminen.		
6302	Verfahrensgebühr in sonstigen Fällen ...	20,00 bis 300,00 €	128,00 €
	Die Gebühr entsteht für jeden Rechtszug des Verfahrens über die Verlängerung oder Aufhebung einer Freiheitsentziehung nach den §§ 425 und 426 FamFG oder einer Unterbringungsmaßnahme nach den §§ 329 und 330 FamFG.		
6303	Terminsgebühr in den Fällen der Nummer 6302	20,00 bis 300,00 €	128,00 €
	Die Gebühr entsteht für die Teilnahme an gerichtlichen Terminen.		

ThUG § 20. Vergütung des Rechtsanwalts. [1] In Verfahren nach diesem Gesetz über die Anordnung, Verlängerung oder Aufhebung der Therapieunterbringung erhält der Rechtsanwalt Gebühren in entsprechender Anwendung von Teil 6 Abschnitt 3 des Vergütungsverzeichnisses zum Rechtsanwaltsvergütungsgesetz.

III [1]Der beigeordnete Rechtsanwalt erhält für seine Tätigkeit nach rechtskräftigem Abschluss eines Verfahrens nach Absatz 1 bis zur ersten Tätigkeit in einem weiteren Verfahren eine Verfahrensgebühr nach Nummer 6302 des Vergütungsverzeichnisses zum Rechtsanwaltsvergütungsgesetz. [2]Die Tätigkeit nach Satz 1 ist eine besondere Angelegenheit im Sinne des Rechtsanwaltsvergütungsgesetzes.

Schrifttum: *Kotz* JB 11, 348 (Üb); *Marschner/Volckart*, Freiheitsentziehung und Unterbringung, 4. Aufl 2001.

Zu VV 6300–6303:

Vorbem. VV 6300 im Tatbestand geändert dch Art 4 Z 3 G v 17. 7. 17, BGBl 2424, in Kraft seit 1. 10. 17, Art 5 G, ÜbergangsR § 60 RVG.

Gliederung

1) Systematik, VV 6300–6303	1
2) Regelungszweck, VV 6300–6303	2
3) Geltungsbereich, VV 6300–6303	3
4) Erstmalige Freiheitsentziehung, VV 6300, 6301	4–12
A. Verfahrensähnliche Gebühr, VV 6300	4, 5
B. Beispiele zur Frage einer Gebühr VV 6300	6, 7
C. Terminsgebühr, VV 6301	8–12
5) Verlängerung oder Aufhebung der Freiheitsentziehung usw, VV 6302, 6303	13, 14

Vergütungsverzeichnis **6300–6303 VV**

6) Einzelne Tätigkeiten, VV 6300–6303 15
7) Beiordnung, VV 6300–6303 16–19
8) Unterbringungsmaßnahme, VV 6300–6303 .... 20, 21
9) Auslagen, VV 6300–6303 22
10) Kostenerstattung, VV 6300–6303 23

1) Systematik, VV 6300–6303. §§ 151, 312, 415 ff FamFG regeln die Freiheits- **1**
entziehung oder Unterbringung bundeseinheitlich. Auch die Länder haben eine Reihe von Gesetzen und Verordnungen zu beiden Gebieten erlassen. Sie sind bei Marschner/Volckart (s oben) und bei Schlegelberger/Friedrich, Das Recht der Gegenwart (Loseblattsammlung), zusammengestellt, BayObLG Rpfleger **80**, 119. VV 6300–6303 enthalten eine der besonders hohen Verantwortung des Anwalts entsprechende Besoldung seiner Vergütung. Wegen der entsprechenden Anwendbarkeit nach § 20 I, III ThUG vgl dessen Text vor der Vorbem.

2) Regelungszweck, VV 6300–6303. Die Unterbringung eines Menschen ge- **2**
gen seinen Willen ohne seine Strafschuld ist für ihn, die Angehörigen und manchen weiteren Menschen ein wohl fast immer dem wirklich verantwortungsbewußt tätigen Anwalt seine ganze Kraft abfordernder Vorgang. Bei dieser Arbeit können eine auch nur kleine Unkonzentration, eine Gleichmütigkeit oder eine Unbedachtheit lebensbedrohliche, mindestens seelisch grausame Auswirkungen für die Beteiligten haben. Ob die in VV 6300–6303 zur Verfügung gestellten und nach § 14 ausfüllungsbedürftigen Rahmen diese Grundsituation auch nur im Ansatz ausreichend würdigen, läßt sich bezweifeln. Das muß man bei der Auslegung erheblich mitwürdigen.

3) Geltungsbereich, VV 6300–6303. Die Regelung gilt, soweit das Familien- **3**
oder Betreuungsgericht im Bereich von Teil 3 des VV entscheidet, BGH JB **12**, 529, Nürnb RR **12**, 1407, LG Marbg JB **00**, 74. Hierher zählt auch ein gerichtliches Abschiebungsverfahren einschließlich der Abschiebungshaft, BGH JB **12**, 528, BayObLG **88**, 228, Düss JB **81**, 234. Der Teil 1 ist ergänzend anwendbar, zB § 7.
Nicht hierher zählt ein Strafverfahren, (jetzt) VV 4100 ff, Köln JB **97**, 84, daher auch nicht das Verfahren nach § 81 StPO, soweit es um die strafrechtliche Beurteilung geht, auch nicht dasjenige nach §§ 63, 67 d II, 67 e StGB. Hier gilt VV Teil 4, Ffm AGS **00**, 71, Hamm StrV **94**, 501, Köln StrV **97**, 37, aM Düss JB **85**, 234, Stgt Rpfleger **94**, 126 (aber Teil 4 ist spezieller).
VV 6300–6303 erfassen nach der amtlichen Überschrift zum Abschnitt 3 „Gerichtliche Verfahren" auch nicht diejenige Tätigkeit des Anwalts gegenüber der Verwaltungsbehörde, die die Freiheitsentziehung *vorbereitet,* zum Zweck eines entgegenstehenden Antrags, oder die Tätigkeit des Anwalts gegenüber der Verwaltungsbehörde, soweit diese eine freiheitsentziehende Maßnahme vornimmt, zB bei einer Ersatzzwangshaft. Insofern kann eine Gebühr nach (jetzt) § 34, VV 2300, 2301 entstehen, BayObLG **88**, 229. Nur insofern kommt die Festsetzung eines Gegenstandswerts in Betracht, BayObLG **88**, 229, Schneider/Thiel NJW **13**, 26, aM BGH NJW **12**, 3234. Sie ist auf die Gebühren VV 6300–6303 nicht anrechenbar. Denn die amtliche Vorbemerkung 2 III macht Teil 2 unanwendbar.
VV 6300–6303 sind *unanwendbar, soweit* der Anwalt zB als ein *Betreuer, Pfleger oder Verfahrenspfleger* tätig wird, § 1 Rn 38 „Betreuer", Rn 45 „Pfleger", Rn 49 „Verfahrenspfleger".

4) Erstmalige Freiheitsentziehung, VV 6300, 6301. Im gerichtlichen Verfah- **4**
ren über eine Freiheitsentziehung können mehrere Gebühren zusammentreffen.

A. Verfahrensähnliche Gebühr, VV 6300. Es entsteht zunächst für die Tätigkeit des Anwalts im Verfahren im allgemeinen eine Gebühr. Sie setzt voraus, daß der Anwalt den Auftrag für die Vertretung im Verfahren vom Betreffenden oder von der Verwaltungsbehörde erhalten hat. Sie entsteht unabhängig vom Umfang seiner Tätigkeit für jedes Handeln zur Ausführung seines umfassenden Auftrags. Das gilt selbst dann, wenn er in einer Unkenntnis des Umstands tätig wird, daß der Auftraggeber inzwischen entlassen wurde oder verstorben ist, LG Aachen AnwBl **75**, 102.
Die Gebühr ist zwar *keine* Verfahrensgebühr nach *VV 3100.* Sie ist *ihr aber ähnlich,* **5**
LG Bln JB **76**, 1084. Sie gilt nach der amtlichen Vorbemerkung 6 II die Tätigkeit des

2065

VV 6300-6303

Anwalts nach § 15 I für den ganzen Rechtszug mit Ausnahme der durch VV 6301 erfaßten Tätigkeit ab. Die *Mittelgebühr* beim Wahlanwalt ist 255 EUR. Eine Höchstgebühr kann zB im Rechtsbeschwerdeverfahren infragekommen, LG Saarbr JB **13**, 472.

6   **B. Beispiele zur Frage einer Gebühr VV 6300**
Abschiebehaft: Rn 7 „Sofortiger Vollzug".
Anordnung: VV 6300 umfaßt das Anordnungsverfahren.
Nach Beendigung der Entziehung: Manche lassen eine Gebühr nach (jetzt) VV 6300 auch im Verfahren auf die Feststellung der Rechtswidrigkeit einer bereits beendeten Freiheitsentziehung entstehen, LG Bln JB **76**, 1085.
Beschwerde: VV 6300 gilt im Beschwerdeverfahren nach Rn 7 erneut, BayOblG Rpfleger **80**, 120, Düss JB **88**, 730, LG Detm Rpfleger **86**, 154, aM RS 47.
Beschwerdegebühr: Die Beschwerdegebühr nach Rn 5 entsteht, sobald der Anwalt seine Tätigkeit im Beschwerdeverfahren beginnt, auch zB für eine Besprechung über die vom Auftraggeber eingelegte Beschwerde, LG Bonn AnwBl **84**, 326. Das gilt unabhängig von dessen weiterem Verlauf, LG Aurich NdsRpfl **76**, 259, LG Kiel AnwBl **83**, 332, LG Oldb NdsRpfl **82**, 85. Vgl freilich Rn 15 ff.
Einstweilige Freiheitsentziehung: VV 6300 umfaßt die Tätigkeit im Zusammenhang mit einer einstweiligen Anordnung der Freiheitsentziehung, LG Bln Rpfleger **86**, 197, LG Mü FamRZ **98**, 1036
Genehmigung: VV 6300 umfaßt das Genehmigungsverfahren bei der Unterbringung eines Mündels, §§ 1631 ff, 1800 BGB.
Information: VV 6300 umfaßt die Informationsaufnahme ab Auftragserteilung, LG Aachen AnwBl **75**, 102.
Mehrere Auftraggeber: (Jetzt) VV 1008 ist anwendbar, Hansens JB **89**, 903.
7   **Rechtszug:** VV 6300 gilt je Rechtszug, § 15 II 2, VV 6300 amtliche Anmerkung.
Sofortige oder weitere Beschwerde: Eine sofortige Beschwerde gegen eine vorläufige Unterbringung begründet einen neuen Rechtszug, LG Oldb AnwBl **76**, 404, ebenso eine weitere Beschwerde, BayOblG Rpfleger **80**, 120.
Sofortiger Vollzug: VV 6300 umfaßt auch einen sofortigen Vollzug, LG Kblz RR **98**, 787 (Abschiebehaft).
Unterbringung: VV 6300 umfaßt sowohl eine einstweilige als auch eine endgültige Unterbringung, BGH MDR **12**, 1004, LG Bln Rpfleger **86**, 197.
Verwaltung während Gerichtsverfahren: VV 6300 umfaßt eine Verhandlung mit der Verwaltungsbehörde während des Gerichtsverfahrens, LG Oldb NdsRpfl **87**, 156.
Verwaltungsmaßnahme: VV 6300 umfaßt das Verfahren auf eine gerichtliche Entscheidung über eine solche Verwaltungsmaßnahme, die eine Freiheitsentziehung darstellt.
Wahlanwalt: Bei ihm ist § 14 anwendbar.

8   **C. Terminsgebühr, VV 6301.** Neben der Verfahrensgebühr VV 6300 kann nach VV 6301 amtliche Anmerkung eine Gebühr für die Teilnahme des Anwalts an jedem gerichtlichen Termin beliebiger Art entstehen. Das gilt zB nach der amtlichen Vorbemerkung 6 I bei einer mündlichen Anhörung derjenigen Person, der die Freiheit entzogen werden soll, sowie bei der ersten oder wiederholten mündlichen Vernehmung eines Zeugen oder Sachverständigen, auch als dessen Beistand.
VV 6301 gilt die *gesamte* Tätigkeit des Anwalts in diesem Zusammenhang mit einer Gebühr ab. Sie entsteht also auch dann nur einmal, wenn es sowohl zur Vernehmung desjenigen kommt, dem die Freiheit entzogen werden soll, als auch zur Vernehmung eines Zeugen oder Sachverständigen, oder wenn das Gericht in demselben Rechtszug mehrere Anhörungen oder Vernehmungen derselben Person vornimmt, LG Bln JB **86**, 395, großzügiger Stgt JB **94**, 602 („Rechtszug" = einzelne Überprüfung).
9   Zur Entstehung der Terminsgebühr genügt die *auftragsgemäße teilnahmebereite Anwesenheit* im Termin, Göppinger FamRZ **79**, 92. Denn es gibt keine Verhandlungsgebühr.
10   Die Terminsgebühr *entsteht*, sobald das Gericht in Anwesenheit des Anwalts mit dem Aufruf der Sache im Saal und nicht erst mit der Anhörung oder Vernehmung beginnt, natürlich erst recht im letzteren Fall, LG Aachen AnwBl **75**, 103. Sie entsteht

Vergütungsverzeichnis **6300–6303 VV**

auch dann, wenn das Gericht den Termin vertagt. Wenn das Gericht im 2. Rechtszug eine Vernehmung wiederholt, kann die Terminsgebühr erneut entstehen.

Es genügt *nicht*, daß der Anwalt zB den Auftraggeber von einer bevorstehenden 11 Vernehmung *informiert* oder daß er nach einer Vernehmung den Unterzubringenden aufsucht oder daß er nach dem Termin einen Antrag etwa auf die Vornahme einer Beeidigung stellt oder ein schriftliches Gutachten überprüft, LG Osnabr JB **82**, 1205.

Auch die Terminsgebühr entsteht in *jedem Rechtszug neu*, soweit es auch dort zu ei- 12 ner Anhörung oder Vernehmung kommt und soweit der Anwalt auftragsgemäß gerade an diesem Termin teilnimmt. Es ist dann unerheblich, ob das Gericht denselben oder einen anderen anhört oder vernimmt.

Die *Mittelgebühr* beim Wahlanwalt ist 255 EUR.

5) Verlängerung oder Aufhebung der Freiheitsentziehung usw, VV 6302, 13 **6303.** Nach gesetzlichen Fristabläufen muß das Gericht über die Fortdauer der Freiheitsentziehung entscheiden. In diesem Verfahrensabschnitt entstehen dieselben Gebühren wie bei (jetzt) VV 6300, 6301, LG Kblz JB **00**, 305. Sie gelten die gesamte Tätigkeit in diesem Verfahrensabschnitt des Rechtszugs einschließlich einer einstweiligen Anordnung ab. Sie entstehen wegen § 15 II auch dann nur einmal, wenn während der Dauer der Freiheitsentziehung zugleich mit einem Verfahren über eine etwa von Amts wegen erwogene Fortdauer ein Antrag auf die Aufhebung der Freiheitsentziehung erfolgt. Sie entstehen also auch im Verfahren über die Aufhebung oder Verlängerung einer Unterbringungsmaßnahme nach §§ 329, 330, 425, 426 FamFG, und zwar auch dann nur einmal, wenn das Gericht zugleich von Amts wegen und auf Grund eines Antrags entscheidet. Das alles bestätigt VV 6302 amtliche Anmerkung. Die Gebühr entsteht auch im Verfahren auf den Widerruf einer vorläufigen Entlassung, LG Osnabr JB **82**, 1002, und im Verfahren über einen Urlaub und dessen Widerruf, (zum alten Recht) Hansens JB **89**, 903. Beim Wahlanwalt ist § 14 anwendbar.

Die *Mittelgebühr* beim Wahlanwalt ist jeweils 160 EUR.

Die Gebühren entstehen in *jedem Rechtszug*, VV 6302 amtliche Anmerkung. Sie 14 entstehen also auch in allen zugehörigen Beschwerdeverfahren sowie im Verfahren über eine etwaige weitere Beschwerde jeweils neu, LG Bonn AnwBl **74**, 326. Soweit das Verfahren über die Fortdauer oder über einen Aufhebungsantrag usw bereits abgeschlossen ist, entsteht bei jeder neuen Prüfung oder bei jedem neuen Aufhebungsantrag eine neue Gebühr. Denn insofern liegt dann jeweils eine neue Angelegenheit nach § 15 Rn 9 vor. Im Überprüfungsverfahren nach § 67 e StGB sind nach Rn 2 VV 4100 ff anwendbar.

6) Einzelne Tätigkeiten, VV 6300–6303. Soweit der Anwalt einen Auftrag für 15 die Vertretung im gesamten Verfahren erhalten hat, gelten die Gebühren nach VV 6300–6303 als Pauschgebühren grundsätzlich alle Einzeltätigkeiten mit ab. Daneben kann allerdings eine Einzelgebühr nach VV 4302 entstehen, soweit es sich um eine solche Tätigkeit handelt, die nicht zum Verfahren gehört. Das gilt etwa nach § 10 III FEVG dann, wenn sich der Anwalt nur dafür einsetzt, daß der Auftraggeber einen Urlaub erhält, oder soweit es sich um die Weitergabe eines Aufhebungsbeschlusses handelt.

7) Beiordnung, VV 6300–6303. Eine Beiordnung ist zum Teil nach dem Lan- 16 desrecht möglich, LG Kiel AnwBl **83**, 332. Dann erhält der Anwalt die in der rechten Gebührenspalte jeweils genannte Festgebühr. Die Gebühr entsteht mit der ersten Tätigkeit nach der Beiordnung, LG Aachen AnwBl **75**, 103. Kostenschuldner ist die Staatskasse, Oldb FamRZ **96**, 1346. §§ 47, 52, 58 III sind anwendbar.

Der beigeordnete Anwalt erhält nach VV 6300 amtliche Anmerkung die Gebühr 17 *für jeden Rechtszug neu*, LG Oldb AnwBl **76**, 404, zB die Beschwerdegebühr auch ohne eine besondere diesbezügliche Beiordnung, Ffm AnwBl **83**, 335, LG Detm Rpfleger **86**, 154 (zustm Scharmer), LG Kiel AnwBl **84**, 332. Das gilt auch dann, wenn er im Beschwerdeverfahren tätig wird, ohne sich einer vom Betroffenen selbst eingelegten unzulässigen Beschwerde anzuschließen, LG Bonn AnwBl **84**, 326. Legt der Anwalt neben der sofortigen Beschwerde gegen die Anordnung der Abschiebehaft eine Beschwerde gegen die Anordnung der sofortigen Vollziehbarkeit ein, entsteht für die letztere keine besondere Gebühr, LG Kblz Rpfleger **98**, 130.

Wegen des *Betreuers* oder *Verfahrenspflegers* Rn 3. 18

19 Im *Festsetzungsverfahren* nach §§ 55, 56 erfolgt keine Nachprüfung der Zulässigkeit einer Beiordnung, LG Hann AnwBl **93**, 193. Soweit der Anwalt ausdrücklich eine Festsetzung nach VV 6300–6303 beantragt, ist derjenige Rpfl für die wie auch immer lautende Entscheidung zuständig, dessen Gericht den Anwalt zugezogen hat, Hamm FamRZ **95**, 486.

20 **8) Unterbringungsmaßnahme, VV 6300–6303.** Im Verfahren über die Genehmigung einer mit einer Freiheitsentziehung verbundenen Unterbringung nach § 312 FamFG sind folgende Vorschriften entsprechend anwendbar: Die Verfahrensgebühr VV 6300 entsteht, sobald der Anwalt in irgendeinem Abschnitt des Verfahrens nach § 312 FamFG tätig wird. Von dieser Regel gelten Ausnahmen nach VV 6302 in Verbindung mit der zugehörigen amtlichen Anmerkung. Die Terminsgebühr VV 6301 ist ebenfalls in allen Fällen des § 312 FamFG anwendbar. Wegen einer Strafvollstreckungsmaßnahme Rn 3.

21 Die Verfahrensgebühr VV 6302 kommt bei einer *Verlängerung* oder dann in Betracht, wenn es um die *Aufhebung* einer erstmaligen oder verlängerten Unterbringungsmaßnahme gerade nach dem jetzt allein genannten § 312 FamFG handelt. Die Terminsgebühr VV 6301 kann ebenfalls entstehen. Bei einer Bestellung des Anwalts zum Pfleger sind nicht VV 6300–6303 anwendbar, sondern § 1 II, vgl § 1 Rn 49. Vgl im übrigen Rn 1–19, 22.

22 **9) Auslagen, VV 6300–6303.** Es gelten VV 7000 ff. Das gilt auch für Reisekosten. Sie fallen meist schon deshalb an, weil sich der Anwalt nahezu ausnahmslos natürlich vom körperlichen und vor allem vom seelischen Befinden des untergebrachten Auftraggebers vor Ort ein genaueres Bild machen muß, nicht etwa nur telefonisch beim Arzt. Das gilt auch während einer Unansprechbarkeit des Auftraggebers.

23 **10) Kostenerstattung, VV 6300–6303.** Eine Kostenerstattung erfolgt durch den Urkundsbeamten der Geschäftsstelle, soweit das Gericht einen Antrag der Verwaltungsbehörde auf eine Freiheitsentziehung abgelehnt hat. Das Gericht muß dann der zur zweckentsprechenden Rechtsverfolgung notwendigen Auslagen derjenigen Gebietskörperschaft auferlegen, der die Verwaltungsbehörde angehört, soweit nach dem Ergebnis des Verfahrens kein begründeter Anlaß zur Antragstellung vorhanden gewesen war, (je zum alten Recht) Ffm AnwBl **83**, 335, LG Detm Rpfleger **86**, 154, LG Kiel AnwBl **84**, 332.

Abschnitt 4. Gerichtliche Verfahren nach der Wehrbeschwerdeordnung

(Amtliche) Vorbemerkung 6.4:

[I] Die Gebühren nach diesem Abschnitt entstehen in Verfahren auf gerichtliche Entscheidung nach der WBO, auch i. V.m. § 42 WDO, wenn das Verfahren vor dem Truppendienstgericht oder vor dem Bundesverwaltungsgericht an die Stelle des Verwaltungsrechtswegs gemäß § 82 SG tritt.

[II] [1] Soweit wegen desselben Gegenstands eine Geschäftsgebühr nach Nummer 2302 für eine Tätigkeit im Verfahren über die Beschwerde oder über die weitere Beschwerde vor einem Disziplinarvorgesetzten entstanden ist, wird diese Gebühr zur Hälfte, höchstens jedoch mit einem Betrag von 175,00 €, auf die Verfahrensgebühr des gerichtlichen Verfahrens vor dem Truppendienstgericht oder dem Bundesverwaltungsgericht angerechnet. [2] Sind mehrere Gebühren entstanden, ist für die Anrechnung die zuletzt entstandene Gebühr maßgebend. [3] Bei der Bemessung der Verfahrensgebühr ist nicht zu berücksichtigen, dass der Umfang der Tätigkeit infolge der vorangegangenen Tätigkeit geringer ist.

1 **1) Systematik.** Die Vorschriften stellen eine eigenständige Sonderregelung dar. Diese knüpft freilich weitgehend an das verwandte Disziplinarverfahren an. Wegen der in Bezug genommenen Betragsrahmengebühr ist auch bei VV 6400–6406 stets mitanwendbar. VV 6404 ist eine ergänzende Auffangklausel. Eine Grundgebühr entsteht in diesen Fällen nicht.

2 **2) Regelungszweck.** Zwar spielt sich das Verfahren VV 6400–6405 in aller Regel äußerlich unauffällig ab. Auch sind Rechtsfolgen der in einem solchen Verfahren

Vergütungsverzeichnis **Vorbem 6.4, 6400–6403 VV**

denkbaren Art nach deutschem Verständnis in der Regel wohl nicht so „ehrenrührig" wie oft zB nach dem vergleichbaren amerikanischen Recht. Dennoch sollte man weder die psychologische noch die sonstige Bedrückung des Auftraggebers unterschätzen, wenn es um die Auslegung und Abwägung zwecks einer Angemessenheit der Vergütung geht.

3) Geltungsbereich. Die Gebühren VV 6400–6405 entstehen nur in einem Verfahren vor dem Truppendienstgericht oder vor dem BVerwG. Die Vorschriften erfassen auch nicht eine Petition an den Wehrbeauftragten des Deutschen Bundestags. Zuständig ist erstinstanzlich das Truppendienstgericht in Münster (Nord) oder München (Süd), ErrV v 16. 5. 06, BGBl 1262.

Nr.	Gebührentatbestand	Gebühr	
		Wahlverteidiger oder Verfahrensbevollmächtigter	gerichtlich bestellter oder beigeordneter Rechtsanwalt
6400	Verfahrensgebühr für das Verfahren auf gerichtliche Entscheidung	80,00 bis 680,00 €	
6401	Terminsgebühr je Verhandlungstag in den in Nummer 6400 genannten Verfahren	80,00 bis 680,00 €	
6402	Verfahrensgebühr für das Verfahren auf gerichtliche Entscheidung vor dem Bundesverwaltungsgericht, im Verfahren über die Rechtsbeschwerde oder im Verfahren über die Beschwerde gegen die Nichtzulassung der Rechtsbeschwerde	100,00 bis 790,00 €	
	Die Gebühr für ein Verfahren über die Beschwerde gegen die Nichtzulassung der Rechtsbeschwerde wird auf die Gebühr für ein nachfolgendes Verfahren über die Rechtsbeschwerde angerechnet.		
6403	Terminsgebühr je Verhandlungstag in den in Nummer 6402 genannten Verfahren	100,00 bis 790,00 €	

Zu VV 6400–6403:

1) Geltungsbereich, VV 6400–6403. Vgl amtliche Vorbemerkung 6.4 Rn 1–3. Die Vorschriften entgelten den für das gesamte Verfahren beauftragten Anwalt. Demgegenüber gilt VV 6500 für den nur mit einer oder mehreren Einzeltätigkeiten beauftragten Anwalt. § 14 ist anwendbar.

2) Verfahrensgebühr, VV 6400, 6402. Es gibt keine Grundgebühr. Eine Verfahrensgebühr entsteht jeweils schon dann, wenn das Gericht entsprechend dem für dieses Verfahren geltenden Grundsatz ohne eine mündliche Verhandlung entscheidet.
Die *Mittelgebühr* beim Wahlverteidiger oder Verfahrensbevollmächtigten ist bei VV 6400 = 380 EUR, bei VV 6402 = 445 EUR.

3) Terminsgebühr, VV 6401, 6403. Sie entsteht grundsätzlich dann, wenn der Anwalt auftragsgemäß einen anberaumten Termin beliebiger Art wahrnimmt, sei

es auch nur durch bloße zuhörende Anwesenheit. Sie entsteht für jeden Terminstag.
Die *Mittelgebühr* beim Wahlverteidiger oder VerfBev ist bei VV 6401 = 380 EUR, bei VV 6403 = 445 EUR.
Eine Terminsgebühr entsteht nicht in den Fällen der amtlichen Vorbemerkung 6 III 3.

Abschnitt 5. Einzeltätigkeit und Verfahren auf Aufhebung einer Disziplinarmaßnahme

Nr.	Gebührentatbestand	Gebühr	
		Wahlverteidiger oder Verfahrensbevollmächtigter	gerichtlich bestellter oder beigeordneter Rechtsanwalt
6500	Verfahrensgebühr	20,00 bis 300,00 €	128,00 €
	ᴵ Für eine Einzeltätigkeit entsteht die Gebühr, wenn dem Rechtsanwalt nicht die Verteidigung oder Vertretung übertragen ist.		
	ᴵᴵ ¹ Die Gebühr entsteht für jede einzelne Tätigkeit gesondert, soweit nichts anderes bestimmt ist. ² § 15 RVG bleibt unberührt.		
	ᴵᴵᴵ Wird dem Rechtsanwalt die Verteidigung oder Vertretung für das Verfahren übertragen, werden die nach dieser Nummer entstandenen Gebühren auf die für die Verteidigung oder Vertretung entstehenden Gebühren angerechnet.		
	ᴵⱽ Eine Gebühr nach dieser Vorschrift entsteht jeweils auch für das Verfahren nach der WDO vor einem Disziplinarvorgesetzten auf Aufhebung oder Änderung einer Disziplinarmaßnahme und im gerichtlichen Verfahren vor dem Wehrdienstgericht.		

1 **1) Systematik.** Es handelt sich um eine Auffangklausel. Sie gilt neben VV 6400–6405 nach der amtlichen Anmerkung I, II 1 nur hilfsweise, nämlich bei „Einzeltätigkeiten" und in Verfahren auf die Aufhebung oder Änderung einer Disziplinarmaßnahme, also bei einer Begrenzung des Auftrags auf die letztere.

2 **2) Regelungszweck.** Im Geltungsbereich Rn 3 soll der Anwalt keineswegs umsonst arbeiten müssen. Deshalb ist die Auffangklausel zur Anwendbarkeit weit auslegbar. Zur Gebührenhöhe Rn 4.

3 **3) Geltungsbereich.** Die in der amtlichen Anmerkung I–IV genannten Tätigkeiten ändern nichts daran, daß VV 6500 nur innerhalb des in der amtlichen Überschrift des Abschnitts 5 genannten Gebiets gilt, also *nicht* etwa als eine Auffangklausel im Gesamtgebiet einer anwaltlichen Tätigkeit.

4 **4) Gebührenhöhe.** Auch hier ist für den Wahlverteidiger oder VerfBev § 15 anwendbar, amtliche Anmerkung II 2. Vgl im übrigen bei VV 6400–6405. VV 1008, 2101 sind anwendbar.
Die *Mittelgebühr* beim Wahlverteidiger oder VerfBev ist 160 EUR.
Eine *Anrechnung* richtet sich nach der amtlichen Anmerkung III.

5 **5) Kostenerstattung.** Sie richtet sich nach der Kostengrundentscheidung des Gerichts.

Teil 7. Auslagen

(Amtliche) Vorbemerkung 7:

I ¹Mit den Gebühren werden auch die allgemeinen Geschäftskosten entgolten. ²Soweit nachfolgend nichts anderes bestimmt ist, kann der Rechtsanwalt Ersatz der entstandenen Aufwendungen (§ 675 i. V. m. § 670 BGB) verlangen.

II Eine Geschäftsreise liegt vor, wenn das Reiseziel außerhalb der Gemeinde liegt, in der sich die Kanzlei oder die Wohnung des Rechtsanwalts befindet.

III ¹Dient eine Reise mehreren Geschäften, sind die entstandenen Auslagen nach den Nummern 7003 bis 7006 nach dem Verhältnis der Kosten zu verteilen, die bei gesonderter Ausführung der einzelnen Geschäfte entstanden wären. ²Ein Rechtsanwalt, der seine Kanzlei an einen anderen Ort verlegt, kann bei Fortführung eines ihm vorher erteilten Auftrags Auslagen nach den Nummern 7003 bis 7006 nur insoweit verlangen, als sie auch von seiner bisherigen Kanzlei aus entstanden wären.

Gliederung

1) Systematik, I–III	1, 2
2) Regelungszweck, I–III	3
3) Allgemeine Geschäftskosten, I	4, 5
A. Grundsatz: Unabhängigkeit vom Einzelauftrag	4
B. Beispiele zur Frage allgemeiner Geschäftskosten, I	5
4) Geschäftsreise, II	6
5) Reise für mehrere Geschäfte, III 1	7–11
A. Begriff mehrerer Geschäfte	9
B. Kostenverteilung	10
C. Mehrheit von Auftraggebern	11
6) Verlegung der Kanzlei, III 2	12–15
A. Strenge Auslegung	12–14
B. Unanwendbarkeit auf Gebühren	15

1) Systematik, I–III. Der Vertrag zwischen dem Anwalt und dem Auftraggeber stellt nach Grdz 12 vor § 1 grundsätzlich einen Geschäftsbesorgungsvertrag nach § 675 I BGB dar. Auf einen solchen Vertrag ist unter anderem nach der ausdrücklichen Verweisung in § 675 I BGB und nach der entsprechend lautenden klarstellenden amtlichen Vorbemerkung 7 I 2 auch § 670 BGB anwendbar, BVerfG 65, 74, OVG Münst AnwBl 91, 593, Chemnitz AnwBl 88, 406. 1

BGB § 670. Ersatz von Aufwendungen. Macht der Beauftragte zum Zwecke der Ausführung des Auftrags Aufwendungen, die er den Umständen nach für erforderlich halten darf, so ist der Auftraggeber zum Ersatz verpflichtet.

Das RVG regelt also den Umfang des Auslagenanspruchs *nicht abschließend,* Zweibr AnwBl 85, 162. Auch kommt bei einer Geschäftsführung ohne Auftrag ein Aufwendungsersatz nach § 683 BGB infrage. Zwar nennt VV Teil 7 lediglich in seiner amtlichen Überschrift den Begriff Auslagen, den § 1 I 1 als Teil des Oberbegriffs Vergütung anführt. Auch § 670 BGB nennt den Begriff Auslagen nicht ausdrücklich. Auslagen nach § 1 I nennt aber III mehrfach. VV 7000ff gelten je Angelegenheit nach § 15 Rn 9, BGH FamRZ 04, 1721 links oben (zu § 17 Z 2). 2

I 1 stellt klar, daß der Anwalt die *„allgemeinen Geschäftskosten"* nicht neben den Gebühren gesondert in Rechnung setzen darf. Die Vorschrift „vergißt" dabei aber den ebenfalls vorrangigen § 7 II zu erwähnen. VV 7008 enthält die Regelung der Frage, in welchem Umfang der Anwalt seine Umsatzsteuer vom Auftraggeber erstattet fordern kann. Insofern umfaßt VV 7008 auch eine die Gebühren und nicht nur eine die Auslagen betreffende Regelung.

2) Regelungszweck, I–III. Die Absätze der Vorschrift dienen unterschiedlichen Zielen. I ist zwecks Rechtssicherheit unentbehrlich. Andernfalls wären die Probleme einer gerechten Abgeltung von Unkosten bei der anwaltlichen Tätigkeit wesentlich umfangreicher. Man könnte sie praktisch kaum noch bewältigen. Deshalb darf und muß man I weit auslegen. II dient nur zur Klarstellung des einen Hauptbegriffs von 3

VV 7003–7006. Man darf die Vorschrift weder zu streng noch zu großzügig handhaben. III dient einer Begrenzung der Kosten. Man muß diesen Absatz daher eng auslegen.

4 **3) Allgemeine Geschäftskosten, I.** Vgl zunächst Rn 1, 2.
A. Grundsatz: Unabhängigkeit vom Einzelauftrag. Zu den allgemeinen Kosten zählen die unabhängig von einem bestimmten Einzelauftrag anfallenden Geschäftskosten.

Aufwendungen können nach Rn 1, 2 aber auch nach §§ 670, 675 I, 683 BGB berechenbar sein. Dabei kommt es auf die Erforderlichkeit im Zeitpunkt der Entstehung der einzelnen Auslagen an. Man muß also bei einem späteren Streit darüber eine rückschauende Betrachtung und Entscheidung vornehmen.

5 **B. Beispiele zur Frage allgemeiner Geschäftskosten, I**
Aktenversendung: *Keine* Allgemeinkosten sind die im Einzelfall notwendigen Versendungskosten, auch nicht für die Pauschale nach KV 9003, FamKV 2003, Teile I A, B dieses Buchs, Naumb BauR **12**, 2011, AG Mü JB **95**, 544.
Beweissicherung: *Keine* Allgemeinkosten sind Fotos usw zwecks Beweissicherung für diesen Einzelauftrag, AG Hamm AnwBl **75**, 251.
Büromaterial: Allgemeinkosten sind seine Unkosten, Hbg MDR **13**, 1477 (Papier).
Elektronisches Gerät: Allgemeinkosten sind seine Aufwendungen auch dann, wenn der Anwalt es aus Anlaß eines Einzelfalls kauft. Das gilt auch zB wegen Kosten im Zusammenhang mit der zu § 130a II 2 ZPO erlassenen ERVV.
S auch „Telekommunikation".
Ermittlung: *Keine* Allgemeinkosten sind die im Einzelfall notwendigen Ermittlungskosten etwa von Personalien oder Anschriften, LG Hann AnwBl **89**, 687, oder Detektivkosten oder Registerkosten oder Datenbankabfragekosten.
Fachliteratur: Allgemeinkosten sind die Aufwendungen der Anschaffung oder des Studiums, Bbg JB **78**, 1188, Schlesw JB **79**, 373. Das gilt selbst dann, wenn der Anwalt die Fachliteratur zwar aus Anlaß eines Einzelauftrags anschafft oder studiert, sie aber auch zu weiteren Zwecken wenigstens objektiv benutzen könnte, BVerfG **41**, 230, LG Aurich ZfS **88**, 10.

Freilich gilt das *kaum* bei einer voraussichtlich wirklich nur für diesen Einzelauftrag nötigen Anschaffung.
Fahrten: Allgemeinkosten sind die Fahrtkosten am Kanzleiort.
Formulare: Allgemeinkosten sind diese Kostenarten, zB für einen Antrag oder für eine Vollmacht oder bei einer Beratungshilfe, Schlesw SchlHA **81**, 159, oder bei einer Prozeßkostenhilfe nach § 117 III, IV ZPO.
Fortbildung: Allgemeinkosten sind die Aufwendungen für die Fortbildung des Anwalts und seiner Mitarbeiter.
Gehälter: Allgemeinkosten sind alle Gehälter und Löhne der Mitarbeiter. Das gilt auch dann, wenn ein Mitarbeiter zeitweise fasst oder überhaupt nur die Aufträge eines oder weniger Kunden bearbeitet. Hier kommt es aber auf die Umstände an.
Gerichtsvollzieherkosten: *Keine* Allgemeinkosten sind solche im Einzelfall nur für ihn verauslagten Kosten.
Internetanschluß: Er gehört zu den Allgemeinkosten, AG Montabaur JB **11**, 474.
Juris-Datei: S „Fachliteratur", „Telekommunikation", LG Aurich ZfS **88**, 10, SG Bln AnwBl **94**, 367.
Kanzleieinrichtung: Allgemeinkosten sind die Anschaffungs- und Unterhaltungskosten der Kanzleieinrichtung wie Möbel, Maschinen usw.
Kanzleifahrzeug: Allgemeinkosten sind seine Gesamtkosten für den täglichen Normalbetrieb, also mit Ausnahme besonderer weiter Fahrten nur anläßlich des Einzelauftrags.
Kopien: *Keine* Allgemeinkosten sind die nur für diesen Einzelauftrag gefertigten Kopien nach VV 1000 Rn 32 „Notwendigkeit der Anlage". Vgl aber auch Rn 33 „Notwendigkeit der Kopie".
Kreditauskunft: Allgemeinkosten sind meist solche Aufwendungen.
Maschinen: S „Kanzleieinrichtung".

Miete: Allgemeinkosten sind die Gesamtkosten der Büromiete, BPatG GRUR **91**, 130, einschließlich ihrer Nebenkosten für Strom, Wasser, Abwasser, Müll, Reinigung und der Mieterreparaturen und -renovierungen.
Möbel: S „Kanzleieinrichtung".
Papier: Allgemeinkosten sind die Papierkosten.
Personal: Allgemeinkosten sind die Personalkosten.
Porto: Allgemeinkosten sind die Normalkosten für Porto, evtl auch für einen Eilbrief usw.
Telekommunikation: Allgemeinkosten sind die generellen Aufwendungen einer Telefon-, Telefax-, EDV-, Internetanlage, besonderes elektronisches Anwaltspostfach, ERVV. Auch eine Datenbank zählt hierher.
S auch „Elektronisches Gerät".
Übersetzung: *Keine* Allgemeinkosten sind Aufwendungen für eine Übersetzung im Einzelfall.
Umschläge: Allgemeinkosten sind diese Kostenarten.
Verpackung: Allgemeinkosten sind die Verpackungsaufwendungen, selbst wenn sie ungewöhnlich aufwendig sind.
Versicherungen: Allgemeinkosten sind die Prämien der generellen und nicht nur für den Einzelauftrag abgeschlossenen Versicherungen.
Vordrucke: S „Formulare".
Vorschuß: *Keine* Allgemeinkosten sind Zahlungen als Vorschuß auf Gerichtskosten im Einzelfall.

4) Geschäftsreise, II. Vgl VV 7003–7006 Rn 3–10. **6**

5) Reise für mehrere Geschäfte, III 1, dazu *Schneider* JB **17**, 617 (Üb): Die **7** Vorschrift klärt in einer Ergänzung zu VV 7003–7006 zwecks Rechtssicherheit eine Selbstverständlichkeit. Damit dient die Vorschrift natürlich auch der Gerechtigkeit. Ihre sorgfältige Handhabung hilft gerade auf ihrem empfindlichen Anwendungsgebiet vor allem dann vor einer Schädigung des Ansehens der Anwaltschaft, wenn der Auftraggeber nicht von einem Gegner eine Erstattung fordern kann. Die Vorschrift verhindert eine sonst praktisch oft kaum durchführbare centgenaue Prüfung der Zugehörigkeit der Reisekosten zum einen oder anderen Auftrag.

Die Vorschrift bezieht sich auf *sämtliche* in VV 7003–7006 genannten Kosten. Sie **8** setzt aber voraus, daß der Anwalt in dieser Eigenschaft reist, also im Auftrag eines Vertragspartners, aM BFH AnwBl **16**, 438. Bei einer Geschäftsreise kommt es auf den tatsächlichen Abreiseort an, Düss RR **12**, 765, Karlsr Rpfleger **16**, 607. Auch eine Rundreise zählt hierher. Soweit ein Anwaltsnotar zur Erledigung einer anwaltlichen Aufgabe und einer notariellen Tätigkeit reist, findet die Verteilung der Reisekosten unter einer Berücksichtigung der Entfernung und des Zeitaufwands statt. Die Verteilung der Tage- und Abwesenheitsgelder findet dann nach KVfG 32 000 ff statt, Teil III dieses Buchs.

III 1 gilt *nicht,* soweit der Anwalt zB als ein *Zeuge oder Sachverständiger* oder in einer der in § 1 II genannten Eigenschaften oder in eigener Sache reist.

A. Begriff mehrerer Geschäfte. Der Begriff „Geschäft" ist derselbe wie der Be- **9** griff der „Angelegenheit" in § 15. Es muß sich also um dieselbe Reise zur Erledigung mehrerer Angelegenheiten für denselben Auftraggeber handeln. Wegen mehrerer Auftraggeber Rn 11.

B. Kostenverteilung. Man muß die nach III 1 ersatzfähigen Kosten zunächst **10** insgesamt für sämtliche Geschäfte berechnen. Anschließend muß man diejenigen Kosten nach III 1 errechnen, die für jedes einzelne dieser Geschäfte entstanden sind oder wären. Der Auftraggeber muß denjenigen Anteil der Gesamtkosten der Reise des Anwalts tragen, der dem Verhältnis der Kosten für die einzelnen Geschäfte entspricht.

Beispiel: Die Reise des Anwalts hat insgesamt 200 EUR gekostet. Zur Erledigung des Geschäfts A waren Kosten von 100 EUR notwendig. Zur Erledigung des Geschäfts B waren solche von 150 EUR notwendig. Diese Einzelkosten stehen im Verhältnis 2:3. Daher muß man die tatsächlich entstandenen Gesamtkosten von 200 EUR im Verhältnis 2:3 teilen. Auf das Geschäft A entfallen also 80 EUR, auf das Geschäft B 120 EUR.

VV Vorbem 7, 7000

Eine *Honorarvereinbarung* mit einem der Auftraggeber nach § 3a ändert am Verfahren nichts. Der eine Auftraggeber haftet nach seiner Honorarvereinbarung, die anderen haften nach III 1.

11 **C. Mehrheit von Auftraggebern.** Soweit der Anwalt für mehrere Auftraggeber in derselben Angelegenheit nach § 15 Rn 9 tätig wird, für sie also dasselbe Geschäft durchführt, ist nicht III 1 anwendbar, sondern (jetzt) § 7 II, RS 6, aM (zum alten Recht) SchGei 2.

12 **6) Verlegung der Kanzlei, III 2.** „Kanzlei" erfaßt auch eine Zweigstelle, Drsd NJW **11**, 869, aM Kblz MDR **15**, 860. Die Vorschrift bringt eine Kostenentlastung des Auftraggebers wie seines evtl erstattungspflichtigen Gegners vor solchen Beträgen, die allein im Organisationsbereich seines Anwalts begründet sind.

A. Strenge Auslegung. Dabei soll es zur Vermeidung eines Streits nicht darauf ankommen, ob der Anwalt die Kanzleiverlegung schon bei der Auftragsannahme plante und ob er das dem Auftraggeber auch mitgeteilt hatte. Deshalb muß man die Vorschrift streng auslegen. Das läßt auch schon ihr Wort „nur" erkennen.

13 Es muß sich um eine solche Verlegung der Kanzlei handeln, die aus der *politischen* Gemeinde A in die politische Gemeinde B erfolgt. Der Anwalt muß schon vor dem Beginn dieser Verlegung den Auftrag angenommen haben. Er muß ihn nach dem Beginn der Verlegung fortgeführt haben.

14 Unter diesen Voraussetzungen kann er Reisekosten und Abwesenheitsgelder nur in derjenigen *Höhe* vom Auftraggeber ersetzt fordern, in der sie auch von seiner bisherigen Kanzlei aus entstanden wären. Soweit die Reisekosten und Abwesenheitsgelder infolge der Kanzleiverlegung geringer werden, kann der Anwalt nur die geringeren Endkosten ersetzt fordern.

15 **B. Unanwendbarkeit auf Gebühren.** Die Vorschrift ist auf Gebühren unanwendbar. Das ergibt sich aus dem klaren Wortlaut „Auslagen". Er läßt keine derart weite Auslegung zu, aM Brdb MDR **95**, 858. Eine Honorarvereinbarung nach § 4 ist auch im Bereich von III 2 möglich. Sie ist aber wegen etwaiger Mehrkosten bei der Kostenerstattung nach § 91 II 1 ZPO unbeachtbar.

Nr.	Auslagentatbestand	Höhe
7000	Pauschale für die Herstellung und Überlassung von Dokumenten:	
	1. für Kopien und Ausdrucke	
	a) aus Behörden- und Gerichtsakten, soweit deren Herstellung zur sachgemäßen Bearbeitung der Rechtssache geboten war,	
	b) zur Zustellung oder Mitteilung an Gegner oder Beteiligte und Verfahrensbevollmächtigte aufgrund einer Rechtsvorschrift oder nach Aufforderung durch das Gericht, die Behörde oder die sonst das Verfahren führende Stelle, soweit hierfür mehr als 100 Seiten zu fertigen waren,	
	c) zur notwendigen Unterrichtung des Auftraggebers, soweit hierfür mehr als 100 Seiten zu fertigen waren,	
	d) in sonstigen Fällen nur, wenn sie im Einverständnis mit dem Auftraggeber zusätzlich, auch zur Unterrichtung Dritter, angefertigt worden sind:	
	für die ersten 50 abzurechnenden Seiten je Seite	0,50 €
	für jede weitere Seite	0,15 €
	für die ersten 50 abzurechnenden Seiten in Farbe je Seite	1,00 €
	für jede weitere Seite in Farbe	0,30 €

Vergütungsverzeichnis **7000 VV**

Nr.	Auslagentatbestand	Höhe
	2. Überlassung von elektronisch gespeicherten Dateien oder deren Bereitstellung zum Abruf anstelle der in Nummer 1 Buchstabe d genannten Kopien und Ausdrucke: je Datei	1,50 €
	für die in einem Arbeitsgang überlassenen, bereitgestellten oder in einem Arbeitsgang auf denselben Datenträger übertragenen Dokumente insgesamt höchstens	5,00 €
	I ¹Die Höhe der Dokumentenpauschale nach Nummer 1 ist in derselben Angelegenheit und in gerichtlichen Verfahren in demselben Rechtszug einheitlich zu berechnen. ²Eine Übermittlung durch den Rechtsanwalt per Telefax steht der Herstellung einer Kopie gleich.	
	II Werden zum Zweck der Überlassung von elektronisch gespeicherten Dateien Dokumente im Einverständnis mit dem Auftraggeber zuvor von der Papierform in die elektronische Form übertragen, beträgt die Dokumentenpauschale nach Nummer 2 nicht weniger, als die Dokumentenpauschale im Fall der Nummer 1 betragen würde.	

Gliederung

1) Systematik, Z 1, 2	1
2) Regelungszweck, Z 1, 2	2
3) Geltungsbereich, Z 1, 2	3
4) Notwendige Kopie und Ausdruck aus Akten, Z 1 a	4–23
A. Aus Behörden- oder Gerichtsakte	5
B. Gebotenheit: Objektiver Maßstab	6, 7
C. Beispiele zur Frage einer Gebotenheit, I Z 1 a	8–23
5) Zustellung usw bei mehr als 100 Seiten, Z 1 b	24–29
A. Grundlage: Rechtsvorschrift oder amtliche Aufforderung, Hs 1	24
B. Beteiligter, Hs 1	25
C. Rechtsvorschrift, Hs 1	26
D. Mehr als 100 Seiten nötig, Hs 2	27
E. Ermessen, Hs 2	28
F. Maßgeblicher Zeitpunkt, Hs 2	29
6) Unterrichtung des Auftraggebers bei mehr als 100 Seiten, Z 1 c	30
7) Zusätzliche Kopie oder zusätzlicher Ausdruck im Einverständnis mit dem Auftraggeber, Z 1 d	31–36
A. Zusätzliche Fertigung: Mehr als Vertragspflicht	31
B. Beispiele zur Frage einer Zusätzlichkeit, Z 1 d	32–35
C. Einverständnis des Auftraggebers	36
8) Elektronisch gespeicherte Datei, Z 2	37
9) Höhe der Dokumentenpauschale, Z 1, 2	38
10) Kostenerstattung, Z 1, 2	39–61
A. Grundsatz: Keine zu weite Großzügigkeit	39
B. Notwendigkeit	40
C. Beispiele zur Frage einer Erstattungsfähigkeit, Z 1, 2	41–61

1) Systematik Z 1, 2. Während § 91 ZPO nach Rn 38 ff die Erstattungsfähigkeit 1 im Außenverhältnis der Parteien zueinander regelt, erfaßt VV 7000 die Ersatzfähigkeit im Innenverhältnis zwischen dem Auftraggeber und seinem Anwalt, Rostock JB 01, 194. Zum Verhältnis zwischen den allgemeinen Geschäftsunkosten und der Dokumentenpauschale amtliche Vorbemerkung 7 Rn 1–5. VV 7000 gibt dem Anwalt nicht wegen jeder Ablichtung einen Ersatzanspruch gegen den Auftraggeber, sondern zwecks einer Vereinfachung nur dann, wenn die Voraussetzungen Z 1 a oder diejenigen Z 1 b, c oder diejenigen Z 1 d oder eine Kombination dieser Fälle vorliegen. Andere Ablichtungen gelten als allgemeine Geschäftsunkosten nach der amtlichen Vorbemerkung 7 I. Das ergibt sich schon aus dem Wort „nur" in Z 1 d oder dem

VV 7000

Vergütungsverzeichnis

Wort „soweit" in (jetzt) Z 1 a, Spruth Rpfleger **89**, 383. Zeichnungen im Patentanmeldeverfahren sind keine bloßen Auslagen, BPatG GRUR **91**, 130.
Indessen enthält § 7 II 1 Hs 2 eine gegenüber VV 7000 S 1 Z 1 b teilweise vorrangige *Sonderregelung*. Der Anwalt muß in seiner Kostenberechnung die Höhe der Auslagen wegen der Pauschale im einzelnen nachweisen, § 10 II 1. § 464 b StPO ist mitbeachtbar, KG JB **09**, 316 (sog gemischte Berechnung).

2   2) **Regelungszweck, Z 1, 2.** Die Vorschrift stellt die Bemühung dar, einerseits die wirklich notwendige oder sonst gerechtfertigte Abgeltung echter Unkosten des Einzelfalls zu sichern, andererseits den allzu „großzügigen" Gebrauch der Kopiermöglichkeiten auf Kosten des Auftraggebers und damit evtl auf Kosten eines diesem erstattungspflichtigen Dritten zu verhindern. Diese Abwägung muß man trotz der heute vielfach unentbehrlichen und ständig in Ausweitung befindlichen Vervielfältigungsmöglichkeiten mit allen ihren geradezu segensreichen Arbeitserleichterungen stets bei der Auslegung vornehmen. Es ist daher eine weder zu strenge noch zu weite Anwendung ratsam.

3   3) **Geltungsbereich, Z 1, 2.** Die Vorschrift gilt im außergerichtlichen wie gerichtlichen Gesamtbereich anwaltlicher Tätigkeit aller Gerichtsbarkeiten, auch vor den Sozialgerichten usw. Sie gilt auch beim beigeordneten oder bestellten Anwalt und bei einer Beratungshilfe. VV 7000 ist auf Auslagen der Partei auch dann anwendbar, wenn sie eine Behörde ist, Hamm Rpfleger **82**, 439, sonst nicht, Nürnb AnwBl **75**, 68. Die Vorschrift gilt je Angelegenheit nach § 15 Rn 9, BGH FamRZ **04**, 1721 links oben (zu § 17 Z 2). Sie kann auch beim Ausbleiben eines Auftrags gelten.

4   4) **Notwendige Kopie und Ausdruck aus Akten, Z 1 a.** Unabhängig von den Voraussetzungen Z 1 b–d kann ein Ersatzanspruch entstehen, soweit der Anwalt die Kopie oder den Ausdruck der elektronischen Fassung aus einer Behörden- oder Gerichtsakte zur sachgemäßen Bearbeitung gerade dieser Rechtssache vornehmen mußte, Celle JB **16**, 240, Hbg MDR **17**, 972 (also nicht zB für Parallelsachen), Nürnb JG **17**, 579. Die Herstellungsart ist unerheblich. Hierher zählt zB auch eine Fotokopie, BGH NJW **14**, 1668, oder ein Telefax, amtliche Anmerkung S 2, oder ein Einscannen, Bbg NJW **06**, 3504, KG AnwBl **16**, 360 rechts oben und Mitte, Klüsener JB **16**, 3, aM Elberling/Schaaz StraFo **14**, 195, Meyer JB **14**, 127 (aber die Herstellungsart ist eben unerheblich). Ein Foto ist ebenfalls vernünftigerweise eine Kopie, aM GS 13 (§§ 670, 675 BGB). Das gilt auch für die Unterrichtung und den sonstigen Schriftwechsel mit dem Auftraggeber. Eine Abschrift sollte auch nach der Streichung dieses Begriffs einer Kopie durchaus gleichstehen, zumal sie viel mehr Mühe verursacht. Die Herstellungsart der Kopie ist also unerheblich. Auch im Empfangsgerät des Telefax entsteht eine Kopie, aM KG JB **07**, 589 (aber was denn sonst?) Auch ein sog weiterer Ausdruck zählt hierher.
Eine *Urschrift* zählt natürlich *nicht* zum Begriff Kopie. Das gilt auch beim Schriftwechsel. Die Urschriften sind unabhängig von ihrer Zahl und ihrem Umfang mit den sonstigen Gebühren abgegolten, KG JB **75**, 346.

5   A. **Aus Behörden- oder Gerichtsakte.** Es muß sich um eine solche Kopie handeln, die der Anwalt gerade aus einer Behörden- oder Gerichtsakte vorgenommen hat. Es kann sich auch um ein zum Aktenbestandteil gewordenes Dokument handeln, etwa um einen Aktenvermerk oder um eine Dokumentationssammlung des Gerichts, OVG Bre AnwBl **88**, 253 (über relevante Parallelvorgänge), OVG Münst JB **89**, 973, oder um ein Strafregister oder um einen Auszug aus der Verkehrssünderkartei.
Nicht ausreichend ist eine Kopie eines gegnerischen Schriftsatzes aus einer Handakte eines anderen Anwalts oder aus einer Handakte des Auftraggebers, LG Bln AnwBl **95**, 625, oder eines privaten Dritten. Das gilt selbst dann, wenn es sich dabei um die Kopie einer solchen Urkunde handelt, die sich im Original oder in einer weiteren Kopie in einer Behörden- oder Gerichtsakte befindet. Es reicht also zB nicht aus, daß der Anwalt die in einer polizeilichen Ermittlungsakte im Original vorhandene Unfallskizze nicht aus jener Akte kopiert, sondern aus der Handakte der Versicherungsgesellschaft des Auftraggebers oder eines Dritten.
Das gilt selbst dann, wenn diese Kopie zur sachgemäßen Bearbeitung der Rechtssache sehr wohl notwendig ist. Andernfalls würden auch Kopien dritten oder vierten Grades noch „aus Behörden- oder Gerichtsakten" stammen. Damit würde die Ersatz-

Vergütungsverzeichnis **7000 VV**

fähigkeit nur noch von der Leserlichkeit der Kopie abhängen. Das ist aber nicht der dem Sinn von Z 1 a.

B. Gebotenheit: Objektiver Maßstab. Die Kopie aus der Behörden- oder Ge- 6
richtsakte muß zur sachgemäßen Bearbeitung der Rechtssache erforderlich gewesen sein, Brschw JB **99**, 301, Düss VersR **86**, 770, Hbg JB **78**, 1511. Einen ähnlichen Maßstab enthält der vorrangige § 7 II 1 Hs 1. Eine bloße Erleichterung oder Bequemlichkeit reicht nicht.

Es kommt weder auf die Ansicht des Anwalts noch auf diejenige des Auftraggebers oder dessen vielleicht geringere Kosten der Kopie an, sondern auf einen objektiven Maßstab, also auf den Standpunkt eines *vernünftigen*, sachkundigen *Dritten*, Düss JB **00**, 360, Rostock JB **14**, 638, VG Sigmaringen NVwZ-RR **03**, 910. Dabei hat der Anwalt allerdings einen gewissen und auch nicht zu engen, sondern eher großzügigeren Ermessensspielraum, Düss JB **00**, 360, LG Essen JB **11**, 474 (ganze Akte), OVG Oldb NVwZ-RR **02**, 78. Er muß ihn freilich auch pflichtgemäß handhaben, Kblz Rpfleger **03**, 469, AG Kblz JB **01**, 426, AG Besigheim JB **01**, 431. Er muß also ein gesetzliches oder gerichtliches Gebot einhalten.

Der Anwalt ist insbesondere *nicht vom Einverständnis des Auftraggebers abhängig*. Zwar 7
soll nicht schon eine bloße Bequemlichkeit oder eine auch nur eventuell künftige Arbeitserleichterung zum Ersatzanspruch führen. Anderseits hat der Anwalt aber eine ziemlich weitgehende Informationspflicht. Es kann auch gerade eine vorbeugende Maßnahme zu einer sachgemäßen Bearbeitung durchaus gehören, LG Essen JB **11**, 474. Freilich kann eine Vereinbarung helfen, spätere Unstimmigkeiten zB über die Kopie einer ganzen Akte zu vermeiden. Dabei ist die Einhaltung von § 4 ratsam.

Nicht erheblich ist die *Zahl* der Auftraggeber, soweit nur die Voraussetzungen Rn 4–7 im übrigen vorliegen, aM Stgt RR **00**, 1726 (aber auf diese Zahl kommt es gerade umgekehrt erst bei [jetzt] § 7 II 1 Hs 1 und bei VV 7000 Z 1 b an). Unerheblich ist nach Rn 1 auch eine etwaige Erstattbarkeit.

C. Beispiele zur Frage einer Gebotenheit, Z 1 a 8

Aktenauszug: Rn 13 „Eintritt in Rechtsstreit".
Aktenbeiziehung: Eine Kopie mag *nicht* geboten sein, soweit der Anwalt Teile sol- 9
cher Akten kopiert, deren Beiziehung er beantragt hat und erwarten kann, VG Köln AnwBl **89**, 109.
Akteneinsicht: Rn 11 „Einsichtnahme".
Beiziehung: Rn 9 „Aktenbeiziehung". 10
Beschleunigung: Eine Kopie kann geboten sein, soweit sich der Anwalt durch sie eine Beschleunigung erhofft, KG Rpfleger **75**, 107.
Beschluß: Rn 15 „Gerichtsakte".
Beweislast: Sie liegt beim Anwalt, Celle JB **16**, 240.
Bußgeldakte: Es gilt dasselbe wie bei Rn 19 „Strafakte".
Digitalisierung: Man muß dem Anwalt zumuten, zunächst am Bildschirm zu klären, was er auch noch ausdrucken muß, Rostock JB **14**, 439. Nach Erhalt einer kompletten Digitalfassung hat er grds nicht einen Anspruch auf zusätzliche Kopien, LG Osnabr JB **15**, 246.
Einsichtnahme: Kopien können zB bei § 299 ZPO geboten sein, soweit der Anwalt 11
eine Akte nur vorübergehend behalten darf, Hbg MDR **75**, 935, oder soweit er ein Buch aus einer Akte nur vorübergehend einsehen kann.
Einsparung: Eine Kopie kann geboten sein, soweit der Anwalt hofft, durch sie spä- 12
tere Kosten einzusparen, LG Essen AnwBl **77**, 73 (wegen einer notariellen Urkunde).
Eintritt in Rechtsstreit: Kopien mögen geboten sein, soweit der Anwalt anläßlich 13
des Eintritts seines Auftraggebers in einen anhängigen Rechtsstreit einen Auszug aus der Prozeßakte anfertigt, Düss VersR **79**, 871.
Empfangsbekenntnis: Seine Kopie kann sehr sinnvoll sein, um Fristfragen vorzu- 14
beugen.
Entlegenheit der Literatur: Kopien können ausnahmsweise geboten sein, soweit es um eine nur schwer zugängliche Literatur geht, Schlesw JB **81**, 386, etwa um den Bericht eines Pressedienstes, VG Köln AnwBl **89**, 109.

Grundsätzlich *fehlt* aber die Gebotenheit. Es handelt sich vielmehr um allgemeine Kosten, Bbg JB **78**, 1188, Schlesw JB **79**, 373.

Entscheidungserheblichkeit: Rn 23 „Wertlosigkeit".

15 **Gerichtsakte:** Eine Kopie ist *nicht* geboten, soweit der Anwalt einen Anspruch nach KV 9000 II, Teil I A dieses Buchs, auf kostenfreie Kopien hat. Mag er sie anfordern, Mü AnwBl **81**, 507.

Gesamte Akte: Zwar braucht der Anwalt nicht Blatt für Blatt auf seinen Kopierbedarf zu prüfen, Düss JB **00**, 360.

Kopien mögen aber *nicht* geboten sein, soweit der Anwalt einfach die gesamte Akte kopiert, ohne zu prüfen, welche ihrer Teile er überhaupt noch zur weiteren vertragsgemäßen Tätigkeit benötigt, Düss JB **00**, 360. OVG Hbg AnwBl **87**, 291.

S auch Rn 7, Rn 24 „Zweckmäßigkeit".

Gutachten: Rn 15 „Gerichtsakte".

Kenntnis des Gerichts oder des Gegners: Kopien sind grds *nicht* geboten, soweit der Adressat sie inhaltlich wie in der Form schon kennt, Brschw JB **99**, 300, Hbg MDR **17**, 972, Hamm JB **02**, 202, aM Ffm AnwBl **85**, 204, Mü Rpfleger **82**, 438, LAG Hamm AnwBl **84**, 316.

16 **Protokoll:** Rn 15 „Gerichtsakte".

Prozentsatz: Man darf *nicht schematisch* die Gebotenheit von Kopien danach beurteilen, ob die Kosten dafür einen bestimmten Prozentsatz der Anwaltsgebühren überschritten.

17 **Rechtsmittelanwalt:** Es gilt dasselbe wie bei Rn 13 „Eintritt in Rechtsstreit".

Registerauszug: Man muß prüfen, ob eine Kopie oder ein Auszug aus einem Handels-, Straf-, Vereinsregister usw oder aus der Verkehrssünderkartei geboten war.

Sachaufklärung: Kopien können zu ihrem Zweck geboten sein, LG Duisb AnwBl **03**, 373.

Sachvortrag: Kopien sind dann *nicht* geboten, wenn sie den Sachvortrag nur ersetzen sollen, BVerfG NJW **97**, 2668, Brschw JB **99**, 300, Drsd JB **99**, 301.

18 **Schwierigkeit des Zugangs:** Rn 14 „Entlegenheit der Literatur".

Selbständiges Beweisverfahren: Es gilt bei §§ 485 ff ZPO dasselbe wie bei Rn 13 „Eintritt in Rechtsstreit".

19 **Ständiger Bedarf:** Kopien können geboten sein, soweit der Anwalt ein Gutachten ständig benötigt, LG Bln MDR **82**, 327.

Strafakte: Man darf dem Anwalt nicht verwehren, statt bloßer Notizen Kopien zu fertigen, sobald es um mehr als einen ganz schlichten Vorgang geht, Ffm AnwBl **78**, 183. Das gilt auch zur Kenntnisnahme durch den Beschuldigten, Bode MDR **81**, 287, oder durch eine Versicherung. Es gilt ferner zB für die Verwendung in einem zugehörigen Zivilprozeß, Hbg MDR **75**, 935, LG Essen VersR **76**, 251. Bei Erhalt einer e-Akte darf er nicht einfach alles kopieren, Rostock JB **15**, 23 (über 53 000 Seiten).

Streithelfer: Sein ProzBev zB nach § 81 ZPO darf für sich und den Antragsgeber Kopien der vor dem Beitritt gewechselten Schriftsätze anfertigen, soweit er sie nicht von der unterstützten Partei erhält, Düss VersR **79**, 870.

Streitverkündung: Eine Kopie kann bei § 72 ZPO geboten sein, soweit der Anwalt durch sie eine sonst notwendige Streitverkündung vermeiden will, AG Wuppert Rpfleger **81**, 368.

S auch Rn 13 „Eintritt in Rechtsstreit".

20 **Umfang:** Kopien können geboten sein, soweit die Angelegenheit einen besonderen Umfang hat, Celle AnwBl **12**, 199, LG Fulda AnwBl **78**, 109. Das kann zB bei einer Verteidigung gelten, Celle AnwBl **12**, 199, Hbg Rpfleger **75**, 331, LG Bonn AnwBl **75**, 102.

Nicht geboten ist eine derartige Sammlung, auf die der Anwalt wegen ihres Umfangs nach § 131 III ZPO Bezug nehmen darf.

Unstreitigkeit: Eine Kopie ist *nicht* geboten, soweit sie nur Unstreitiges belegen soll und auch nicht zu dessen Abgrenzung oder Klarstellung dient, Mü AnwBl **83**, 569.

Urteil: Rn 15 „Gerichtsakte".

21 **Vergleich:** Rn 15 „Gerichtsakte".

Verlustgefahr: Eine Kopie kann geboten sein, soweit das Original verlorenzugehen droht, KG Rpfleger **75**, 107. Eine solche Gefahr ist freilich bei einer Behörden-

Vergütungsverzeichnis **7000 VV**

oder Gerichtsakte kaum vorhanden, wohl aber zB dann, wenn die routinemäßige Vernichtung dieses Aktenteils bevorstehen könnte.
Versorgungsausgleich: Rn 23 „Wichtigkeit der Unterlage".
Verteidigung: Kopien können geboten sein, soweit es sich um eine Pflichtverteidigung handelt, Karlsr JB **75**, 618, LG Karlsr AnwBl **79**, 281. 22
S auch Rn 20 „Umfang".
Verwaltungssache: Kopien können geboten sein, soweit es sich um einen Auszug für die Handakten handelt, OVG Bre AnwBl **88**, 253, OVG Münst JB **89**, 973, VG Sigmaringen NVwZ-RR **03**, 910.
Vorübergehender Zeitraum: Rn 11 „Einsichtnahme".
Wertlosigkeit: Eine Kopie mag dann *nicht* geboten sein, wenn sie keinen Informationswert hat oder zB nach BLAH § 300 ZPO Rn 6 entscheidungsunerheblich ist, VG Stade AnwBl **85**, 54. 23
Wichtigkeit der Unterlage: Eine Kopie kann geboten sein, soweit es sich um eine für den Anwalt oder den Auftraggeber besonders wichtige Unterlage handelt, Schlesw AnwBl **86**, 547, etwa im Verfahren über einen Versorgungsausgleich, Köln AnwBl **82**, 114.
Zustellungsurkunde: Es gilt dasselbe wie bei Rn 14 „Empfangsbekenntnis".
Zweckmäßigkeit: Die bloße Zweckmäßigkeit läßt es noch *nicht* als auch wirklich geboten erscheinen, Kopien herzustellen, Schlesw SchlHA **89**, 145, aM LG Düss AnwBl **83**, 42 (zustm Chemnitz. Aber etwas Zweckmäßiges ist noch nicht schon deshalb auch bereits „geboten").
S auch Rn 15 „Gesamte Akte".

5) Zustellung usw bei mehr als 100 Seiten, Z 1 b. Unabhängig von den Voraussetzungen Z 1 a, c, d kann der Anwalt auch dann den Ersatz seiner Auslagen fordern, wenn die beiden folgenden Voraussetzungen zusammentreffen. 24

A. Grundlage: Rechtsvorschrift oder amtliche Aufforderung, Hs 1. Die Dokumentenpauschale entsteht dann, wenn der Anwalt Kopien (zum Begriff krit Reckin AnwBl **15**, 69) beliebiger Vorlagen zur Zustellung oder Mitteilung an Gegner oder sonstige Beteiligte oder deren Bevollmächtigte gerade nur oder auch zumindest auch gerade auf Grund entweder einer Rechtsvorschrift angefertigt hat, LG Memmingen Rpfleger **07**, 288, oder auf Grund einer gerichtlichen oder behördlichen oder sonstigen amtlichen Aufforderung oder Anweisung oder Obliegenheit und nicht nur von sich aus oder wegen einer Anheimgabe oder Bitte des Auftraggebers oder des Gegners oder dessen ProzBev zB nach § 81 ZPO. Hierher gehören zB Anlagen des eigenen Schriftsatzes, Karlsr RR **99**, 437, Kblz MDR **01**, 534, insofern auch LG Hann JB **15**, 34, aM Düss AGS **00**, 22, Karlsr MDR **00**, 1998.

B. Beteiligter, Hs 1. Beteiligt ist zB auch ein Streithelfer nach §§ 66 ff ZPO, ein Streitverkündeter nach § 72 ZPO, ein Nebenkläger nach §§ 395 ff StPO, ein Äußerungsberechtigter, BVerfG AGS **96**, 68, ein Beigeladener zB nach Anh § 72 ZPO, eine Wohnungseigentümergemeinschaft, Mü AnwBl **78**, 109, Schlesw JB **83**, 1091, es sei denn, der Verwalter vertritt sie, BGH NJW **81**, 282. 25
Nicht Beteiligter ist aber das Gericht oder eine Versicherungsgesellschaft mit Ausnahme des Haftpflichtversicherers, Mü AnwBl **87**, 97, Stgt JB **85**, 122, oder des Rechtsschutzversicherers.
Verfahrensbevollmächtigter ist natürlich derjenige jedes Beteiligten, *nicht* aber der Termins- oder Verkehrsanwalt.

C. Rechtsvorschrift, Hs 1. Das sind zB §§ 133, 253 V ZPO, §§ 64 II 1, 77 I 3 FGO, § 93 S 1 SGG, §§ 86 V, 88 II VwGO, Brdb Rpfleger **91**, 160. Auch eine nicht gerade gesetzliche Vorschrift kann eine Rechtsvorschrift sein. Es reicht nur eine solche Rechtsvorschrift, die zur Anfertigung zwingt („zu fertigen waren") und sie nicht bloß anheimgibt oder gestattet. 26
Maßgeblich ist also der gesetzliche oder amtliche Anstoß. Ihn darf man nur bei seiner Eindeutigkeit wenigstens als eine Mitursache annehmen. Liegt er vor, schadet eine Bitte des Gegners usw nichts. Im Umfang einer Notwendigkeit ist ein Einverständnis des Auftraggebers unnötig.

D. Mehr als 100 Seiten nötig, Hs 2. Die Dokumentenpauschale entsteht selbst unter der Voraussetzung Rn 24 nur dann, wenn gerade schon nach Z 1 b innerhalb 27

2079

derselben Angelegenheit nach § 15 Rn 9 zu ihrem Zweck über 100 Seiten „zu fertigen waren", also insgesamt je Auftraggeber oder für einen jeden weiteren Verfahrensbeteiligten notwendig wurden. Man darf hier eine Notwendigkeit nach Z 1 c nicht mitbeachten. Bis zur Gesamtzahl von 100 bleiben die Kopien für den Auftraggeber kostenfrei, Hbg MDR **11**, 1014. Die allgemeinen Geschäftsunkosten gelten sie nämlich nach der amtlichen Vorbemerkung 7 I 1 ab.

28 **E. Ermessen, Hs 2.** Notwendig ist die Unterrichtung nach demselben Maßstab Rn 16 ff. Der Anwalt hat also auch hier ein nicht zu enges, sondern eher großzügiges Ermessen, Hbg MDR **07**, 244. Die Anfertigung muß freilich gerade zur Zustellung oder Mitteilung an die in Z 1 b Genannten und an den Auftraggeber und nicht zu anderen Zwecken notwendig gewesen sein. Nach § 133 I ZPO mag wegen der gemäß § 172 ZPO notwendigen Zustellung an den ProzBev nach § 81 ZPO nur *eine* Ablichtung notwendig sein, Hamm JB **02**, 202, aM Mü JB **83**, 386, Enders JB **99**, 283 (aber Wortlaut und Sinn des Gesetzes sind eindeutig). Jede Angelegenheit nach § 15 Rn 9ff zählt gesondert. Es müssen also bei jeder Angelegenheit mehr als 100 Kopien nötig sein, also bei jedem Auftraggeber, der zahlen soll. Das gilt auch bei einer gesetzlichen Anrechenbarkeit.

29 **F. Maßgeblicher Zeitpunkt, Hs 2.** Es müssen insgesamt im *Zeitpunkt der Anfertigung* schon und noch mehr als 100 Kopien gerade zu diesem Zweck notwendig gewesen sein. Soweit die Gesamtzahl 101 oder mehr betrug, ist die Anfertigung einer jeden Kopie usw unter den übrigen Voraussetzungen von Z 1 vergütbar, Hbg MDR **07**, 244. Nicht etwa findet eine Vergütung nur für die 101., 102., 103. Kopie usw statt, es sei denn, daß nur sie notwendig war.
Dabei stellt § 7 II 2 Hs 2 klar, daß der Anwalt die insgesamt entstandenen Auslagen fordern kann. Die Höhe der Pauschale richtet nach VV 7000 Z 1 aE in Verbindung mit der amtlichen Anmerkung. In derselben Angelegenheit nach § 15 Rn 9ff und in demselben Rechtszug nach § 15 Rn 52 darf man daher zB nicht zweimal für die ersten 50 Kopien je 0,50 EUR berechnen. Wegen der Kostenerstattung Rn 37.

30 **6) Unterrichtung des Auftraggebers bei mehr als 100 Seiten, Z 1 c.** Unabhängig von Z 1 a, b und d kann die Pauschale auch dann entstehen, wenn gerade schon nach Z 1 c zur notwendigen Unterrichtung „des" Auftraggebers mehr als 100 Seiten zu fertigen waren, also notwendig wurden. Man darf hier eine Notwendigkeit nach Z 1 b nicht mitbeachten. Auch hier bleiben die ersten 100 Exemplare kostenfrei. Die Vorschrift stellt anders als Z 1 b nur auf den einzelnen Auftraggeber ab, der zahlen soll. Das gilt hier wie bei Z 1 b auch bei gesetzlicher Anrechenbarkeit. Nach § 7 II 1 Hs 2 kann bei einer Mehrheit von Auftraggebern die Dokumentenpauschale auch insoweit entstehen, als sie nur durch die Unterrichtung mehrerer Auftraggeber entstanden ist. Das bedeutet. Der Anwalt: Z 1 c ist auch dann nur einmal anwendbar, wenn über 100 Kopien erst infolge einer notwendigen Unterrichtung mehrerer Auftraggeber entstanden.
Notwendig wird die Unterrichtung nach Rn 16 ff, 25 nach demselben Maßstab wie bei Z 1 b. Notwendig ist die Kenntnisgabe jedes eigenen wie gegnerischen Schriftsatzes mit seinen dem Auftraggeber noch nicht bekannten Anlagen. Soweit ein Sachverständiger nicht genug Gutachtenkopien lieferte, ist auch deren Anfertigung notwendig, Schlesw AnwBl **86**, 547, SG Hbg AnwBl **94**, 302, SG Münst AnwBl **93**, 44.
Unanwendbar ist Z 1 c bei Kopien für eine hinter dem Auftraggeber tätige Person, etwa für den Termins- oder Verkehrsanwalt oder den Versicherer mit Ausnahme des Haftpflichtversicherers. Auch eine Ablichtung für die Handakten des Anwalts fällt nicht unter Z 1 c, Hamm JB **02**, 202, Stgt JB **82**, 1193, aM Mü JB **83**, 386.

31 **7) Zusätzliche Kopie oder zusätzlicher Ausdruck im Einverständnis mit dem Auftraggeber, Z 1 d.** Es müssen die folgenden Voraussetzungen zusammentreffen.
A. Zusätzliche Fertigung: Mehr als Vertragspflicht. Der Anwalt muß die Kopie zusätzlich gefertigt haben. Eine zusätzliche Anfertigung liegt nur dann vor, wenn der Anwalt mehr getan als nur seine gesetzliche Pflicht erfüllt hat, BVerfG NJW **96**, 382, BGH NJW **03**, 1128, Karlsr JB **98**, 596. Allerdings kann sich die Zusätzlichkeit auch dann ergeben, wenn der Anwalt durch denselben Fertigungsvorgang auch seine gesetzliche Mindestpflicht erfüllt, aM Naumb JB **94**, 218. Man kann nicht

die in (jetzt) Z 1 b, c genannte Zahl von Auftraggebern einfach auf Z 1 d als weitere Bedingung übertragen, aM (zum alten Recht) Stgt JB **00**, 247 (abl Enders).
Unerheblich ist bei Z 1 d die Zahl der angefertigten Kopien.

B. Beispiele zur Frage einer Zusätzlichkeit, Z 1 d 32

Anlage: Rn 31 „Notwendigkeit der Anlage".
Arbeitgeber: Die Zusätzlichkeit kann bei der Unterrichtung des Arbeitgebers vorliegen.
Arrest, einstweilige Verfügung: Die Zusätzlichkeit kann bei §§ 916ff, 935ff ZPO zwecks einer Zustellung vorliegen, Kblz JB **91**, 823.
Auskunft: Die Zusätzlichkeit kann zwecks einer Unterrichtung zB des Auftraggebers vorliegen.
Behörde: Die Zusätzlichkeit kann bei der Unterrichtung mehrerer Dienststellen vorliegen, Nürnb AnwBl **75**, 191, Schlesw JB **89**, 632, OVG Kblz NVwZ-RR **10**, 336.
Beteiligter: Rn 33 „Gegner".
Dritter: Die Zusätzlichkeit kann vorliegen, soweit der Anwalt eine Kopie einem anderen als dem Auftraggeber oder dessen Verkehrsanwalt anfertigt, etwa dem Versicherer, Ffm AnwBl **78**, 144, Hbg JB **78**, 1511, LG Darmst AnwBl **82**, 217, oder im Rechtsstreit wegen einer Angelegenheit nach dem NATO-Truppenstatut zur Unterrichtung des Entsendestaates.
Durchschlagszahl: Die Zusätzlichkeit kann vorliegen, soweit ein einmaliger Schreibgang nicht ausreicht, Karlsr AnwBl **76**, 344, Mü Rpfleger **78**, 152, Schlesw SchlHA **83**, 143. Freilich hat dieses Problem im Zeitalter von Fotokopie, Telefax, Drucker usw an praktischer Bedeutung verloren.
Eigener Schriftsatz: Die Zusätzlichkeit kann *fehlen,* soweit der Anwalt seinem Auf- 33 traggeber oder dessen Verkehrsanwalt eine Kopie des eigenen Schriftsatzes gibt. Denn nur dann kann der Auftraggeber usw eine Nachprüfung vornehmen, Hamm VersR **81**, 69, aM LG Aachen AnwBl **81**, 451 (zu eng).
Fachliteratur: Rn 35 „Schrifttum".
Freiwilligkeit der Anfertigung: Rn 4.
Gegner: Die Zusätzlichkeit kann vorliegen, soweit der Gegner nicht genügende Abschriften oder Kopien übersandt hat, deren Kosten der eigene Auftraggeber dann nach § 91 ZPO, §§ 80ff, 113 I 2 FamFG erstatten fordern kann, Karlsr AnwBl **86**, 546, Mü JB **82**, 1190, LG Aachen AnwBl **81**, 451, aM Düss JB **86**, 875, RS 5 (zu eng).
Die Zusätzlichkeit *fehlt,* soweit der Anwalt für jeden Prozeßgegner eine Abschrift oder Kopie und für dessen ProzBev eine weitere beifügt.
Gericht: Die Zusätzlichkeit kann vorliegen, soweit das Gericht weitere Kopien wünscht.
Gutachten: Die Zusätzlichkeit kann zwecks einer Unterrichtung zB des Auftraggebers vorliegen.
Haftpflichtversicherer: Rn 32 „Dritter".
Handakte: Die Zusätzlichkeit kann *fehlen,* soweit der Anwalt eine Kopie für die eigene Handakte anfertigt, Ffm Rpfleger **80**, 399, Hbg AnwBl **78**, 431.
Mitverwendung: Rn 35 „Überdruck".
NATO-Truppenstatut: Die Zusätzlichkeit kann bei der Unterrichtung des Entsende- 34 staats nach dem NATO-Truppenstatut vorliegen.
Nebenintervenient: Rn 33 „Gegner".
Notwendigkeit der Anlage: Die Zusätzlichkeit kann vorliegen, soweit der Anwalt einem Schriftsatz eine notwendige Anlage beifügt, Karlsr MDR **02**, 665, Köln MDR **87**, 678, Mü JB **99**, 300, aM Drsd JB **00**, 1629, VGH Kassel AnwBl **84**, 52 (zu eng). Die Notwendigkeit kann auch gerade dann bestehen, wenn die Anlage einen besonderen Schriftsatz erspart, aM Mü MDR **10**, 114 (aber Rn 2 gilt auch dann).
S aber auch „Notwendigkeit der Kopie".
Notwendigkeit der Kopie: Die Zusätzlichkeit kann *fehlen,* soweit der Anwalt eine solche Kopie fertigt, die er im Rahmen des Vertrages ohnehin vornehmen muß, Hbg MDR **81**, 58 und 593, LG Kblz RR **02**, 134, aM Brdb AnwBl **96**, 172, AG Lpz JB **98**, 84 (je zu großzügig), oder soweit er sie nach der allgemeinen

anwaltlichen Übung ohnehin vornimmt, Rn 4, LG Mü Rpfleger **89**, 383 (zustm Spruth).
S aber auch „Notwendigkeit der Anlage".
Patentanwalt: Rn 32 „Dritter".
Rechtsschutzversicherer: Rn 32 „Dritter".

35 **Sachaufklärung:** Die Zusätzlichkeit kann vorliegen, soweit der Anwalt eine solche Kopie fertigt, die der weiteren Sachaufklärung dient und das Verfahren abkürzen kann, Düss GRUR **99**, 372, Kblz JB **99**, 300, LG Duisb AnwBl **03**, 373.
Sachzusammenhang: Die Zusätzlichkeit kann vorliegen, soweit der Anwalt eine solche Kopie fertigt, die nicht zur Sache selbst gehört.
Schrifttum: Seine Anschaffung zählt nach der amtlichen Vorbemerkung 7 Rn 4 zu den allgemeinen Geschäftskosten. Kopien aus Fachzeitschriften oder allgemein zugänglichen Datenbanken sind nur ausnahmsweise erstattbar, Kblz MDR **07**, 1347.
Steuerberater: Rn 32 „Dritter".
Strafakte: Die Zusätzlichkeit kann mit der Folge auch einer Erstattungsfähigkeit vorliegen, soweit es um Kopien für den Beschuldigten geht, Bode MDR **81**, 287.
Streitgenosse: Die Zusätzlichkeit kann vorliegen, soweit der Anwalt Kopien für die selbständig vertretenen Streitgenossen des Auftraggebers nach §§ 59 ff ZPO anfertigt, LAG Hamm MDR **88**, 524.
Streitverkündeter: Rn 33 „Gegner".
Terminsanwalt: Rn 32 „Dritter".
Überdruck: Die Zusätzlichkeit kann vorliegen, soweit der Anwalt ein Überstück zwar unaufgefordert anfertigt und an das Gericht übersendet, soweit das Gericht dieses Überstück dann aber doch mitverwendet, BVerfG **65**, 75.
Unterbevollmächtigter: Die Zusätzlichkeit kann je nach den Umständen vorliegen oder *fehlen*, soweit der Anwalt für einen nach VV 3401 Unterbevollmächtigten eine Abschrift oder Ablichtung herstellt, strenger Hamm VersR **81**, 69.
Verkehrsanwalt: Rn 32 „Dritter".
Versicherung: Rn 32 „Dritter".
Weitere Ablichtung für Auftraggeber: Die Zusätzlichkeit kann vorliegen, soweit der Anwalt für den Auftraggeber eine weitere Abschrift oder Ablichtung anfertigt, Ffm JB **82**, 744, Düss VersR **86**, 770.
Zahl der Auftraggeber: Rn 31.
Zweck der Ausfertigung: Er ist unerheblich.

36 **C. Einverständnis des Auftraggebers.** Zusätzlich zu der Voraussetzung Rn 32–35 muß ein Einverständnis des Auftraggebers gerade mit der zusätzlichen Fertigung der Abschrift oder Kopie vorgelegen haben. Das Einverständnis kann ausdrücklich oder stillschweigend vorliegen, Kblz JB **99**, 300. Es mag vor der Anfertigung oder später ergangen sein, Mü NJW **82**, 817. Man muß nach den Umständen unter einer Berücksichtigung der Zweckmäßigkeit des Vorgehens des Anwalts prüfen, ob man das Einverständnis des Auftraggebers als erteilt ansehen darf, Hamm AnwBl **78**, 320, FG Kassel AnwBl **76**, 46. Der Auftrag reicht nicht stets aus.

Man darf und muß nach Z 1a durchweg dann ein Einverständnis *unterstellen*, wenn die Anfertigung zur sachgemäßen Bearbeitung notwendig war. Denn diese Vorschrift soll nicht einengen, Kblz JB **99**, 300. Freilich reicht ein allgemeines Einverständnis mit der Prozeßführung nicht aus, schon wegen eigener Kopierer. Allerdings müßte die Vorlage zu einem solchen Eigenkopierer kommen. Das kann beträchtliche Zeit und Geld kosten. Schon deshalb sollte man auch insoweit nicht zu strenge Anforderungen an das Einverständnis stellen. Man muß das Einverständnis grundsätzlich bei jedem Auftraggeber gesondert prüfen. Eine Ausnahme mag zB bei Eheleuten oder mehreren Gesellschaftern oder Gemeinschaftern gelten.

Beim *Pflichtverteidiger* nach § 141 StPO mag ein „Auftraggeber" in Gestalt des Beschuldigten usw fehlen. Anstelle dieses Partners tritt aber die Staatskasse. Das übergeht Düss NJW **08**, 2058.

Eine *Unterstellung* des Einverständnisses ist *zB in folgenden Situationen* möglich: Es handelt sich um ein umfangreiches oder schwieriges Verfahren; der Auftraggeber befindet sich im Ausland; es handelt sich um eine notwendige Kopie für den Streitgenossen nach §§ 59 ff ZPO und für dessen ProzBev nach § 81 ZPO; der Anwalt erteilt dem

Auftraggeber eine weitere Kopie seines Schriftsatzes; es geht um Kopien der Bußgeld- oder Strafakten zur Verwendung im Schadensersatzprozeß oder umgekehrt.

8) Elektronisch gespeicherte Datei, Z 2. Nur soweit es um die Überlassung 37 einer elektronisch gespeicherter Datei statt Abschriften oder Kopien oder Ausdrucken nach Z 1 d oder um eine Bereitstellung zum Abruf solcher Dateien geht, gilt vorrangig Z 2. Die Vorschrift gilt „anstelle" von Z 1 d. Das setzt verständigerweise voraus, daß alle Bedingungen von Z 1 d bis eben auf die elektronische Speicherform vorliegen müssen, Henke AnwBl 05, 208. Hierher kann auch eine Datei aus dem besonderen elektronischen Anwaltspostfach zählen. Zum Problem Brschw JB **16**, 82, Enders JB **12**, 561.
Nicht hierher gehört das Telefax. Nicht hierher gehört ferner der bloße Empfang einer Datei.

9) Höhe der Dokumentenpauschale, Z 1, 2. Ihre Höhe beträgt nach der amt- 38 lichen Anmerkung S 1 je Angelegenheit nach § 15 Rn 9, Meyer JB **13**, 9, und je etwaigem Rechtszug nach § 15 Rn 52 bei Z 1 a–d je angefangene Seite und bei Z 1 b, c erst ab solcher Seite 101 ff unabhängig von der Art der Herstellung 0,50 EUR (in Farbe 1,00 EUR, krit Enders JB **14**, 113, Hansens RVGReport **13**, 450) und für die ersten 50 abzurechnenden Seiten und 0,15 EUR (in Farbe 0,30 EUR) für jede weitere Seite sowie bei Z 2 je Datei 1,50 EUR, je Arbeitsgang höchstens 5 EUR. Bei einer Übertragung von Papier in die elektronische Form gilt dasselbe, amtliche Anmerkung II. Fotokopien zählen aber nicht höher, aM GS 59 (= Vervielfältigung von Fotos. Aber das verwischt die Grenzen). Das gilt unabhängig vom Marktpreis, LG Mü JB **97**, 484. Natürlich wäre eine willkürliche Aufspaltung in mehrere Dateien als eine Arglist unbeachtbar. Ein umfangreiches Dokument kann aber bei der Herstellung mehrere Dateien erhalten haben. Dann darf der Anwalt sie bei einer Überlassung auch alle einzeln berechnen. Gesamtschuldner gelten als nur ein einziger Schuldner. § 7 II bleibt beachtbar.
Eine *Gebührenanrechnung* gilt nicht auch bei Auslagen.

10) Kostenerstattung, Z 1, 2. Der nachfolgende Grundsatz hat vielerlei Folgen. 39
A. Grundsatz: Keine zu weite Großzügigkeit. Man muß auch bei den hier genannten Auslagen ebenso wie bei sonstigen Auslagen des Anwalts zwischen der Ersatzfähigkeit der Forderung gegenüber dem Auftraggeber im Innenverhältnis und der Erstattungsfähigkeit gegenüber dem Prozeßgegner des Auftraggebers nach §§ 91 ff ZPO unterscheiden, BVerfG **65**, 74. Insgesamt ist zwar keine Kleinlichkeit erlaubt, Enders JB **99**, 281. Andererseits ist nur eine nicht allzu weitgehende Großzügigkeit ratsam, Mü Rpfleger **83**, 86, LG Hann AnwBl **83**, 462, LAG Hamm AnwBl **84**, 316, aM LG Traunstein JB **92**, 603 (großzügiger). Allgemeinkosten nach Vorbem VV 7000 Rn 9 sind nur begrenzt erstattbar, Brschw JB **16**, 82.
Insbesondere gilt eine Notwendigkeit der nicht allzu weitgehenden Großzügigkeit bei einer Kopie aus einer Straf- oder Bußgeldakte für den zugehörigen Schadensersatzprozeß, LG Darmst AnwBl **82**, 217, LG Essen AnwBl **75**, 441, oder bei Fotokopien des Parteischriftwechsels im Verwaltungsverfahren, SG Düss AnwBl **83**, 40. Zu großzügig bejaht Ffm AnwBl **85**, 205 allgemein die Erstattungsfähigkeit auch wegen solcher Fotokopien, deren Originale sich beim Prozeßgegner befinden (sollen). Natürlich ist auch jede Engstirnigkeit verfehlt.

B. Notwendigkeit. In diesem Zusammenhang muß man unabhängig von Ein- 40 verständnis des Auftraggebers stets prüfen, ob die Aufwendungen nicht bloß zweckmäßig, sondern sogar nach §§ 91 ff ZPO usw *notwendig* waren, BVerfG **61**, 209 (allgemein), Brschw JB **99**, 301, Köln NJW **08**, 1330. Das gilt natürlich jetzt nur noch, soweit die Notwendigkeit nicht schon bei der Entstehung des Anspruchs im Innenverhältnis gegenüber dem Auftraggeber zum Auslagentatbestand gehört. Soweit man sie dort bejahen mußte, ergibt sie sich grundsätzlich damit auch nach §§ 91 ff ZPO, 80 ff, 113 I 2 FamFG usw, (je zum alten Recht) Mü MDR **89**, 367, aM KG MDR **87**, 678 (aber trotz der Notwendigkeit, Kosten niedrig zu halten, gibt § 91 II 1 ZPO einen Erstattungsanspruch in Höhe „gesetzlicher" Auslagen).
Der Antragsteller muß die *danach noch verbleibende* Notwendigkeit zB bei Z 1 d (Einverständnis des Auftraggebers) nun im Außenverhältnis darlegen, Brschw JB **99**,

301, Drsd JB **99**, 301, Ffm AnwBl **83**, 186. Er muß sie auch schon bei einem allgemeinen nicht nur ganz floskelhaften Bestreiten des Prozeßgegners nach § 294 ZPO glaubhaft machen, Brdb JB **99**, 300, Karlsr AnwBl **00**, 264, LAG Ffm MDR **01**, 598, aM Kblz MDR **01**, 534 (Bestreiten je Kopie nötig. Das ist eine Überforderung). Das Gericht braucht die Notwendigkeit nicht bei jedem einzelnen Dokument zu prüfen, Ffm AnwBl **85**, 204, Mü AnwBl **83**, 569, aM Ffm AnwBl **83**, 186 (aber das wäre eine fast groteske Überspannung).

Eine Notwendigkeit *fehlt* meist dann, wenn eine billigere Lösung möglich ist, Köln Rpfleger **87**, 433. Freilich kann zB ein Zeitdruck eine teurere Lösung rechtfertigen.

Für die Erstattungsfähigkeit ist der Zeitpunkt der Herstellung der Kopie maßgeblich, nicht der Erstattungszeitpunkt, Hamm AnwBl **78**, 320, LG Köln AnwBl **79**, 75.

41 **C. Beispiele zur Frage einer Erstattungsfähigkeit, Z 1, 2**

Arrest, einstweilige Anordnung oder Verfügung: Eine Erstattungsfähigkeit kann vorliegen, soweit es sich um ein Verfahren auf den Erlaß eines Arrests oder einer einstweiligen Anordnung oder Verfügung nach §§ 916 ff, 935 ff ZPO, 49 ff FamFG handelt, LG Ffm JB **76**, 471.

Audiodatei: Eine Erstattungsfähigkeit *fehlt,* soweit ein Einverständnis nach VV 7000 Z 2 fehlt, Köln NJW **08**, 1330.

Auftraggeber: Eine Erstattungsfähigkeit *fehlt,* soweit es sich um eine Kopie für den Auftraggeber handelt.

Auskunft: Eine Erstattungsfähigkeit *fehlt,* soweit es sich um die Kopie einer Auskunft zB einer Behörde handelt, Bbg JB **86**, 68.

Auszug: Rn 58 „Vollständige Akte".

42 Bedeutungslosigkeit: Eine Erstattungsfähigkeit *fehlt,* soweit es sich um eine wahllose bedeutungslose Kopie oder gar um deren Vielzahl handelt, LG Essen JMBl-NRW **79**, 104.

Beschleunigung: Eine Erstattungsfähigkeit kann vorliegen, soweit eine Abschrift oder Kopie zur Beschleunigung des Prozesses eher beitragen kann als das Original, KG Rpfleger **75**, 107.

43 Bezugnahme des Anwalts: Eine Erstattungsfähigkeit kann vorliegen, soweit eine Anlage wegen einer Bezugnahme auf sie in einem vorbereitenden Schriftsatz nach § 131 ZPO erforderlich ist und soweit sie nicht eine nach § 253 II Z 2 ZPO notwendige direkte Darstellung in der Klageschrift ersetzen soll, Drsd RR **99**, 148, Ffm Rpfleger **75**, 31, BLAH § 91 ZPO Rn 187, aM Ffm JB **78**, 1342.

Bezugnahme des Gerichts: Eine Erstattungsfähigkeit kann vorliegen, soweit das Gericht in einer Entscheidung auf eine Antragsanlage Bezug nimmt, Ffm Rpfleger **75**, 31.

44 Dritter: Eine Erstattungsfähigkeit *fehlt,* soweit es sich um die Information eines nicht einmal wirtschaftlich am Prozeß beteiligten Dritten handelt.

45 Einstweilige Verfügung: Rn 40 „Arrest, einstweilige Verfügung".

Erste Kopie: Eine Erstattungsfähigkeit *fehlt,* soweit es sich um die erste Kopie eines eigenen Schriftsatzes an den Auftraggeber handelt.

46 Fachliteratur: Rn 60 „Zitiermöglichkeit".

Fotokopie: Eine Erstattungsfähigkeit kann *fehlen,* soweit es billigere Kopien gibt, Ffm MDR **01**, 773.

S aber auch Rn 48 „Herstellungart", Rn 52 „Preis".

47 Gerichtlich bestelltes Gutachten: Eine Erstattungsfähigkeit liegt grds vor, soweit der Anwalt das Gutachten zB nach §§ 402 ff ZPO für den Auftraggeber kopieren muß, SG Hbg AnwBl **94**, 302.

Gesamtbild: Eine Erstattungsfähigkeit kann vorliegen, soweit das Gesamtbild einer Urkunde wichtig ist, Schlesw JB **81**, 385.

S auch Rn 52 „Sachvortrag".

Grundbuchauszug: Eine Erstattungsfähigkeit kann bei ihm vorliegen, Düss Rpfleger **09**, 344.

48 Handakte: Eine Erstattungsfähigkeit *fehlt,* soweit es sich um eine Kopie für die eigene Handakte handelt.

Handschriftlicher Auszug: Man kann ihn grds *keineswegs* dann fordern, wenn es nicht um eine ganz kurze Partie geht.

Vergütungsverzeichnis **7000 VV**

Herstellungsart: Wegen § 91 II 1 ZPO, der auf die „gesetzlichen" Auslagen verweist, und wegen Z 1 kommt es trotz des Grundsatzes der Notwendigkeit nicht darauf an, ob zB die Partei die Auslagen hätte billiger herstellen können als der ProzBev nach § 81 ZPO, Düss RR **96**, 576, Mü MDR **89**, 367, aM Köln MDR **87**, 678 (aber § 91 II 1 ZPO enthält eine bewußte Vereinfachung).
S aber auch Rn 46 „Fotokopie".
Kostenfreie Erteilung: Eine Erstattungsfähigkeit kann *fehlen,* soweit der Anwalt 49
dem Auftraggeber nach dem Vertrag ohnehin eine Ablichtung kostenfrei erteilen muß.
Kostennachteil: Rn 52 „Preis".
Mehrheit von Auftraggebern: Rn 25. 50
Mehrheit von Beteiligten und Gegnern: Rn 25.
Nähere Befassung: Eine Erstattungsfähigkeit kann vorliegen, soweit sich der An- 51
walt mit einer Unterlage näher befassen muß, etwa mit einem Gutachten, OVG Lüneb AnwBl **84**, 322.
Pflichtverteidiger: Rn 35. 52
Preis: Eine Erstattungsfähigkeit kann *fehlen,* soweit der Auftraggeber umfangreiche nicht notwendige Kopien billiger beschaffen könnte, zB für wenige Cent je Stück. Dann ist nur dieser Betrag erstattungsfähig, LG Mü Rpfleger **89**, 383 (zustm Spruth).
S aber auch Rn 48 „Herstellungsart".
Privatgutachten: Eine Erstattungsfähigkeit kann vorliegen, soweit es sich um die Kopie eines erstattungsfähigen, eingereichten Privatgutachtens zB nach BLAH § 91 ZPO Rn 103 ff handelt, OVG Lüneb AnwBl **84**, 322.
Protokoll: Eine Erstattungsfähigkeit *fehlt,* soweit es sich um eine Protokollkopie handelt.
Prozeßgegner: Eine Erstattungsfähigkeit *fehlt,* soweit es sich um eine Kopie für den Prozeßgegner handelt.
Prozeß- oder Verfahrenskostenhilfe: § 46 Rn 18 ff.
Rechtsmittelinstanz: Eine Erstattungsfähigkeit *fehlt* grds, AG Siegburg JB **02**, 203 (anders, wenn der Auftraggeber einen Schriftsatz der ersten Instanz erst während der höheren erhielt), großzügiger Brdb AGS **03**, 497.
Sachvortrag: Eine Erstattungsfähigkeit kann vorliegen, soweit die Unterlage der Verdeutlichung des Sachvortrags dient, Karlsr RR **02**, 1002.
S auch Rn 47 „Gesamtbild".
Scheckprozeß: Rn 55 „Urkundenprozeß". 53
Schriftsatzanlage: Eine Erstattungsfähigkeit *fehlt* grds, BGH NJW **03**, 241, Ffm AGS **03**, 396, Mü AGS **03**, 300. Das trifft auch beim Verkehrsanwalt zu, AG Mü AGS **03**, 349.
Ständige Benötigung: Eine Erstattungsfähigkeit kann vorliegen, soweit der ProzBev eine Unterlage ständig benötigt, zB ein Gutachten, LG Bln MDR **82**, 327.
Strafverfahren: Auch bei ihm besteht eine Erstattungsfähigkeit nur wegen notwendiger Auslagen.
Streitgenossen: Eine Erstattungsfähigkeit kann vorliegen, soweit es sich um unge- 54
wöhnlich viele Streitgenossen nach §§ 59 ff ZPO handelt, Mü Rpfleger **78**, 152, Schlesw SchlHA **83**, 143, oder soweit es um eine Kopie für den selbständig vertretenen Streitgenossen des Auftraggebers geht, LAG Hamm MDR **88**, 524.
Unersetzbarkeit: Eine Erstattungsfähigkeit kann vorliegen, soweit das Original 55
unersetzbar ist, Bbg JB **81**, 1679, LG Bln Rpfleger **82**, 159, LG Ffm AnwBl **82**, 319.
Urkundenprozeß: Eine Erstattungsfähigkeit kann vorliegen, soweit es um eine Urkundenkopie (Doppel für den Gegner) im Urkunden-, Scheck- oder Wechselprozeß nach §§ 592 ff ZPO geht, Kblz BB **89**, 2288.
Urschrift: Eine Erstattungsfähigkeit *fehlt,* soweit es sich um die Urschrift für das Gericht handelt.
Urteil: Eine Erstattungsfähigkeit *fehlt,* soweit es sich um eine Urteilskopie handelt.
Verhalten der Partei: Eine Erstattungsfähigkeit kann vorliegen, soweit Kopien für 56
das Verhalten der Partei im Prozeß wichtig sind, Ffm MDR **78**, 498.

Veröffentlichung: Reichlich engherzig *versagt* LAG Hamm MDR **81**, 789 die Erstattungsfähigkeit der Kosten einer Kopie einer unveröffentlichten Entscheidung schlechthin.

57 **Versicherungsgesellschaft:** Eine Erstattungsfähigkeit kann unter dem Stichwort Vorbereitungskosten vorliegen, BLAH § 91 ZPO Rn 270 ff, soweit es sich um die Information einer Versicherungsgesellschaft handelt, Düss AnwBl **83**, 557, LG Flensb AnwBl **79**, 391. Das gilt jedenfalls, soweit der Auftraggeber die Prozeßführung seinem Haftpflichtversicherer überlassen mußte. Freilich darf das nicht einfach auf Kosten des Prozeßgegners geschehen. Daher mag eine Einzelfallprüfung notwendig sein.

Nicht erstattungsfähig ist die Anfertigung, soweit die Versicherung überhaupt nur prüfen will, ob sie den Prozeß aufnimmt, Kblz JB **81**, 136.

58 **Vollständige Akte:** Eine Erstattungsfähigkeit kann dann vorliegen, wenn man dem Beschuldigten zubilligen muß, sich selbst zu informieren, LG Landsh JB **04**, 26.

Eine Erstattungsfähigkeit *fehlt,* soweit es sich um die Kopie einer vollständigen Akte handelt, wenn ein Auszug gereicht hätte, Ffm MDR **78**, 498, Hbg JB **78**, 1511.

Vorprozeß: Eine Erstattungsfähigkeit kann vorliegen, soweit die Akten eines Vorprozesses schwer erreichbar sind, Hbg MDR **75**, 935.

59 **Wechselprozeß:** Rn 55 „Urkundenprozeß".

Wohnungseigentümer: Eine Erstattungsfähigkeit kann *fehlen,* soweit über den Verwalter hinaus jeder Miteigentümer einer großen Gemeinschaft alle Unterlagen erhalten hat, Kblz JB **06**, 88 recht.

Wortlaut: Eine Erstattungsfähigkeit kann vorliegen, soweit es auf den Wortlaut einer Urkunde ankommt, VG Arnsberg AnwBl **84**, 323.

S auch Rn 60 „Zitiermöglichkeit".

60 **Zitiermöglichkeit:** Eine Erstattungsfähigkeit *fehlt* nach noch verbreiteter Beurteilung, soweit es sich um die Kopie einer solchen Entscheidung handelt, die der Anwalt auch zitieren konnte, statt ihren Wortlaut beizufügen, Schlesw SchlHA **82**, 60, LAG Hamm MDR **81**, 789, ArbG Kblz BB **84**, 1556, aM LAG Köln JB **84**, 872 (aber dann war die Kopie nicht notwendig).

Dabei kommt es allerdings auch auf die einigermaßen normale *Erreichbarkeit* der Fundstelle an, Mümmler JB **83**, 491. Diese sinkt bei den meisten Gerichten infolge Mittelkürzungen und Überlastung ständig. Außerdem sind dort viele Zeitschriften im Printformat monatelang irgendwie praktisch unerreichbar im Umlauf. Die Anforderungen an den Anwalt, sich stets auf dem neuesten Stand zu halten, werden sogar vom BGH bei sich selbst leider keineswegs mehr ebenso streng gehandhabt. Das alles läßt eine gewisse Großzügigkeit bei der Bejahung der Erstattungsfähigkeit ratsam werden. Die heutigen Bildschirmnutzungsmöglichkeiten helfen oft entscheidend.

61 **Zustellung:** Eine Erstattungsfähigkeit kann vorliegen, soweit eine Anlage zum Zweck der Zustellung eines vorbereitenden Schriftsatzes nach § 133 ZPO erforderlich ist, Karlsr AnwBl **86**, 184, Kblz JB **91**, 537, LG Mü MDR **91**, 256.

Eine Erstattungsfähigkeit kann *fehlen,* soweit es um Kopien für eine Zustellung geht, die vermeidbar ist, Mü MDR **87**, 418.

Nr.	Auslagentatbestand	Höhe
7001	Entgelte für Post- und Telekommunikationsdienstleistungen	in voller Höhe
	Für die durch die Geltendmachung der Vergütung entstehenden Entgelte kann kein Ersatz verlangt werden.	
7002	Pauschale für Entgelte für Post- und Telekommunikationsdienstleistungen	20% der Gebühren – höchstens 20,00 €
	ᴵ Die Pauschale kann in jeder Angelegenheit anstelle der tatsächlichen Auslagen nach 7001 gefordert werden.	
	ᴵᴵ Werden Gebühren aus der Staatskasse gezahlt, sind diese maßgebend.	

Zu VV 7001, 7002:

Gliederung

1) Systematik	1
2) Regelungszweck	2
3) Persönlicher Geltungsbereich	3
4) Wahlrecht	4–8
A. Entweder tatsächliche Unkosten	4
B. Oder Pauschale	5
C. Je Angelegenheit	6
D. Beispiele zur Frage des Wahlrechts	7, 8
5) Keine Ab- oder Aufrundung; keine Anrechnung	9
6) Kostenerstattung	10, 11

1) Systematik. Die Vorschriften gelten grundsätzlich für alle im Zusammenhang mit der Ausführung eines einzelnen Anwaltsauftrags entstandenen dort genannten Unkosten bei der gesetzlichen Vergütung. Dazu zählen auch Einschreiben, Rückscheine, Zustellungsurkunden, Päckchen, Pakete, notwendige oder doch ratsame Express- und Eilsendungen, Telefon, Telefax, Köln JB **02**, 591, elektronisches Medium, Ffm JB **17**, 414, zB e-mail, Einzelfallkosten eines besonderen elektronischen Anwaltspostfachs, Telegrammkosten oder sog Funkbotenkosten, aM Köln JB **02**, 591 (Fahrradkurier), LG Ffm Rpfleger **84**, 433, GSchm 4 (aber auch Eilsendungen sind Post- oder Telekommunikationsdienstleistungen). Nicht dazu gehören nach VV 7001 amtliche Anmerkung die Entgelte für die Geltendmachung der Vergütung, also zB für das Porto der Rechnung und der Mahnungen. Natürlich würden aber diesbezügliche Prozeßkosten erstattbar sein. Juris-Recherchekosten und allgemeine Anschaffungs-, Grundgebühren oder Unterhaltungskosten gehören nach der amtlichen Vorbemerkung 7 I nicht hierher, SG Bln AnwBl **94**, 367. Bei einer Vergütungsvereinbarung gilt § 3a vorrangig auch wegen der sonst in VV 7001, 7002 geregelten Auslagen, Naumb Rpfleger **11**, 119, LG Kblz AnwBl **84**, 206 (zustm Madert).

Das gilt selbst dann, wenn ein *Einzelauftrag Anlaß* zur Anschaffung usw war, es sei denn, die Anschaffung wird nur für ihn gemacht. Fracht- oder Expreßgutkosten zählen ebenfalls nicht hierher, sondern nach §§ 670ff BGB. Solche Aktenversendungskosten, die nicht beim Gericht entstehen (dann gilt KV 9003, Teil I dieses Buchs), sondern beim Anwalt, zB zur Rücksendung, fallen unter (jetzt) VV 7001, 7002, AG Bln-Tiergarten AnwBl **95**, 571, AG Lpz JB **05**, 547, AG Nordhorn JB **95**, 305, aM GS 6.

Im Rahmen einer *Beratungshilfe* nach dem BerHG gibt es keinen Auslagenersatz, VV 2600 amtliche Anmerkung S 1. Man muß im übrigen von den in VV 7001, 7002 genannten Unkosten die in VV amtliche Vorbemerkung 7 I genannten nicht gesondert ersatzfähigen „allgemeinen Geschäftsunkosten" unterscheiden. Zu den letzteren gehören die Stammgebühren für die Telefonanlage des Anwalts, LG Münst JB **76**, 1202.

2) Regelungszweck. VV 7001, 7002 dienen einer einigermaßen gerechten und zugleich im kleineren Durchschnittsfall recht praktikablen zweckmäßigen Abgeltung typischer „besonderer" Geschäftsunkosten. Sie sollten also gerade nicht im Topf der „allgemeinen" nach der amtlichen Vorbemerkung 7 I untergehen. Vorsicht vor der Gefahr und Versuchung, Post- und Telekommunikationskosten zunächst nach VV 7001, 7002 ersetzt zu fordern, dann aber auch noch steuerlich als Betriebskosten abzusetzen. Die Pauschsätze dienen der Vereinfachung und sind keine versteckten weiteren Gebühren. Das alles muß man bei der Auslegung mitbeachten.

3) Persönlicher Geltungsbereich. VV 7001, 7002 gelten nach Rn 8 auch für einen beigeordneten oder bestellten Anwalt. Sie gelten auch für einen Patentanwalt, Ffm JB **78**, 532. Sie gelten aber nicht für den gemeinsamen Vertreter nach § 306 IV 7 AktG, für den das Gericht die Vergütung festgesetzt hat, BayObLG JB **96**, 193.

Unanwendbar sind VV 7001, 7002 bei § 1 II. Insbesondere erhält der Anwalt als Betreuer usw nach VV 7001, 7002 nicht zusätzlich neben demjenigen nach dem BGB, BayObLG AnwBl **96**, 346, es sei denn, dieses verweist auf das RVG, weil der Betreuer usw einen Anwalt braucht, BVerfG FamRZ **00**, 1280, BayObLG Rpfleger **02**, 441. Ferner sind VV 7001, 7002 unanwendbar, soweit der Anwalt nur für den Auftraggeber Post weiterleitet, von Eicken AGS **99**, 160 (§ 670 BGB).

VV 7001, 7002

Erst recht unanwendbar ist VV 7002 auf die Aufwendungen einer Behörde, aM VG Gelsenkirchen JB **14**, 83 (meint) wohl KV 9000 ff, Teil I A dieses Buchs).

4 **4) Wahlrecht.** Der Anwalt oder der ihm zB nach § 162 II 3 VwGO Gleichstehende hat bei jedem Auftrag innerhalb jeder Angelegenheit nach § 15 Rn 9 welcher Art auch immer ein gesondertes Wahlrecht im Rahmen eines grundsätzlich nicht überprüfbaren Ermessens, VG Gera JB **10**, 657, solange kein Rechtsmißbrauch vorliegt.

A. Entweder tatsächliche Unkosten. Der Anwalt kann die tatsächlich entstandenen Unkosten nach VV 7001 fordern und muß sie dann in seiner Handakte einzeln vermerken und in seiner Kostenberechnung nach § 10 II 2 (nur) mit dem Gesamtbetrag aufführen sowie beim Bestreiten des Auftraggebers einzeln darlegen und beweisen. Er darf sie nach § 10 Rn 13 dann zu ihrer tatsächlichen Höhe ersetzt fordern, soweit er sie für notwendig halten durfte. Die Kosten der Geltendmachung der konkret berechneten Entgelte sind nach VV 7001 amtliche Anmerkung nicht ersetzbar.

5 **B. Oder Pauschale.** Der Anwalt kann aber auch statt dessen wegen der vor der Beendigung dieser Angelegenheit irgendwie entstandenen ersatzfähigen Auslagen bei irgendeiner Art von Telekommunikation, AG Bln-Schöneb JB **14**, 357 (e-mail), und zwar insgesamt einen Pauschsatz von 20% der normalen gesetzlichen und nicht etwa zB nach § 44 verminderten Gebühren fordern, AG Oschatz FamRZ **07**, 1671. Das gilt in den Grenzen von Arglist gerade auch dann, wenn die tatsächlichen Unkosten nicht annähernd die Pauschale erreichen, AG Aachen JB **05**, 475. Es genügt die Entstehung von einmal Porto oder Telefon, LG Bln JB **85**, 1343, AG Osnabr NdsRpfl **86**, 257. Sie ist natürlich auch notwendig, AG Montabaur JB **11**, 474, aM Franz/Dordat NJW **18**, 11 (aber dann gibt es keine Grenze nach der amtlichen Anmerkung I).

6 **C. Je Angelegenheit.** Die Vorschrift gilt in jeder Angelegenheit nach § 15 Rn 9, Schneider NJW **13**, 3768. In derselben Angelegenheit und im gerichtlichen Verfahren in demselben Rechtszug nach § 15 Rn 52 kann er jedoch unabhängig von der Zahl der Gebührenschuldner den Pauschsatz *nur einmal* und mit höchstens 20 EUR fordern. Das gilt auch im Eilverfahren nach §§ 916 ff, 935 ff ZPO, §§ 76 ff FamFG, KG RR **09**, 1438, und in einer Strafsache, Saarbr Rpfleger **07**, 342, LG Potsd Rpfleger **15**, 230, oder in einem Bußgeldverfahren, LG Hbg JB **05**, 644, auch beim Verwaltungs- und anschließenden Gerichtsverfahren, LG Potsd JB **13**, 367, AG Kempen JB **14**, 302, und innerhalb derselben Angelegenheit bei mehreren Auftraggebern. Dabei muß man § 7 II beachten. Freilich berechnet man dann unter einer Mitbeachtung von VV 1008 bis zu insgesamt eben 20 EUR.

Die Vorschrift erleichtert dem Anwalt die Abrechnung insbesondere dann, wenn die *tatsächlichen Postunkosten nur gering* sind, AG Magdeb JB **05**, 651. Auslagen sind *keine* Gebühren nach § 1 I 1, LG Bln JB **98**, 256, FG Greifsw JB **95**, 587, VG Dessau Rpfleger JB **95**, 314 (abl Hoffmann), aM FG Cottbus EFG **95**, 633.

7 **D. Beispiele zur Frage des Wahlrechts**

Abgabe: Nach einer Abgabe entsteht evtl nach § 20 S 2 (nicht S 1!) ein neuer Rechtszug und daher ein neues Wahlrecht.

Angelegenheit: Der Pauschsatz ist für jede gebührenrechtliche besondere Angelegenheit extra zulässig, VV 7002 amtliche Anmerkung, KG Rpfleger **78**, 391, Kblz JB **02**, 583, Schmidt AnwBl **84**, 438. Ob infolge einer Verbindung zB nach § 147 ZPO oder infolge einer Trennung nach § 146 ZPO verschiedene Angelegenheiten vorliegen, muß man nach den Gesamtumständen klären, LG Bln JB **85**, 1343, aM Schlesw JB **86**, 1045.

Zum Begriff *derselben Angelegenheit* § 15 Rn 9 ff, §§ 16, 17, 20, 21, Meyer JB **06**, 414.

Anrechnung: Nach dem Gesetz können zwar *Gebühren* aufeinander anrechenbar sein. Dann errechnen sich die „gesetzlichen Gebühren" nur nach dem Ergebnis der Anrechnung.

Nicht aber erfolgt auch beim *Pauschsatz* als einer Auslagenart eine Anrechnung, KG Rpfleger **00**, 238, LG Oldb Rpfleger **02**, 49, AG Nürtingen JB **03**, 417, aM Hansens JB **87**, 1744, Schmidt AnwBl **84**, 438 (nur *eine* Pauschale), Enders JB **15**, 507, Schneider MDR **91**, 928 (je: *vor* Anrechnung).

Vergütungsverzeichnis **7001, 7002 VV**

Anwaltswechsel: Der Pauschsatz kann mehrfach anfallen, soweit ein Anwaltswechsel notwendig wird, Oldb JB **82**, 718, BLAH § 91 ZPO Rn 124 „Mehrheit von Prozeßbevollmächtigten. A. Anwaltswechsel".
Beiordnung, Bestellung: Rn 8 „Pflichtverteidiger".
Beratungshilfe: Auch der bei einer Beratungshilfe nach dem BerHG tätige Anwalt kann nach VV 7001, 7002 vorgehen, Bbg JB **07**, 645, Nürnb JB **07**, 210, freilich nicht bei VV 2500. Ausgangspunkt ist nur die Gebühr der Beratungshilfe, Brdb JB **10**, 198, Hamm FamRZ **09**, 721 (§ 55), und nicht einer fiktiven Wahlanwaltstätigkeit, Bbg JB **07**, 645, AG Salzgitter JB **08**, 29, aM Nürnb JB **10**, 40. VV 2501, 2503 sind anwendbar, aM LG Bln JB **87**, 1869, AG Gronau JB **85**, 400. Ausgangsgebühr ist *seine* Gebühr und nicht diejenige eines Wahlanwalts, Drsd MDR **09**, 415, Nürnb Rpfleger **08**, 504, LG Bln Rpfleger **08**, 505. Maßgeblich ist die amtliche Anmerkung II.
Einforderung: Eine Rechnungslegung ist nicht notwendig, sondern nur eine schriftliche Geltendmachung, Minwegen JB **05**, 421.
    S auch Rn 8 „Versicherung".
Höchstbetrag: Er liegt je Pauschale in allen Arten von Tätigkeit bei (jetzt) 20 EUR, Düss WoM **07**, 66. Er kann also je Angelegenheit und daher mehrmals anfallen. Andernfalls würde die Pauschale gerade bei einer umfangreicheren Tätigkeit ihren Sinn verfehlen.
    S auch Rn 8 „Umsatzsteuer".
Instanz: Rn 8 „Rechtszug".
Nachforderung: Eine Pauschalforderung schließt auch dann eine Nachforderung für dieselbe Instanz aus, wenn sich herausstellt, daß die tatsächlichen Unkosten in jener Instanz wesentlich höher waren, aM LG Bln Rpfleger **88**, 42, GS 40 (aber der Pauschsatz soll ja gerade eine etwaige Abweichung der tatsächlichen Kosten von der Pauschale nach oben wie unten abgelten).
Patentanwalt: Auch der Patentanwalt hat ein Wahlrecht nach Rn 3. 8
Pflichtverteidiger: Auch derjenige nach § 140 StPO hat ein Wahlrecht. Der Anwalt soll auch in einer solchen Funktion diese Abrechnungserleichterung ausnutzen dürfen. Deshalb ist § 46 nicht anwendbar. Daraus ergibt sich zugleich, daß man die 20% nicht von den Gebühren des Pflichtverteidigers oder von den gekürzten Gebühren der §§ 45, 49 errechnen darf, sondern daß man sie von den nach § 13 berechneten gesetzlichen Gebühren ermitteln muß, Düss JB **87**, 703, KG JB **80**, 1198. Maßgeblich ist die amtliche Anmerkung II.
Prozeßkostenhilfe: Es gilt bei §§ 114 ff ZPO, 76 ff FamFG dasselbe wie beim „Pflichtverteidiger".
Rahmengebühr: Das Wahlrecht besteht auch bei einer solchen nach Einl II A 12, 13. Dann berechnet man zunächst die nach 14 angemessene Gebühr und von ihr 20%.
Rat: Das Wahlrecht besteht auch bei einem nur mündlichen Rat, aM AG Kblz FamRZ **04**, 1806, Mümmler JB **94**, 589 (aber auch dann können zB Telefonspesen entstanden sein usw, AG Kblz AGS **04**, 158).
Rechtszug: Zum Begriff § 15 Rn 52. Soweit § 19 direkt oder entsprechend anwendbar ist, kommt die Pauschale nur einmal in Betracht.
    S auch Rn 7 „Abgabe", Rn 8 „Verweisung".
Trennung: Rn 7 „Angelegenheit".
Übergangsrecht: Es gilt nichts Besonderes, § 60 Rn 1, 34.
Umsatzsteuer: Sie tritt stets hinzu, auch zum Höchstbetrag.
Verbindung: Rn 7 „Angelegenheit".
Versicherung: Soweit der Anwalt nur den Pauschsatz fordert, braucht er seine Entstehung anders als bei sonstigen Auslagen nicht nach § 104 II ZPO zu versichern. Es muß aber natürlich zumindest ein einzelner Posten dieser Auslagenart entstanden sein, um solche Versicherung zu erlauben.
Verweisung: Nach einer Verweisung entsteht evtl nach § 20 S 2 (nicht S 1!) ein neuer Rechtszug und daher ein neues Wahlrecht.
Zurückverweisung: Nach ihr entsteht gemäß § 21 I ein neuer Rechtszug und daher ein neues Wahlrecht.

5) Keine Ab- oder Aufrundung; keine Anrechnung. Es gibt keine Ab- oder 9
Aufrundung. Zwar erfaßt § 1 I 1 auch die Auslagen. Die Abschnitte 1–9 des RVG

enthalten aber aus den Gründen § 13 Rn 7 keine Ab- oder Aufrundungsvorschrift mehr. Man muß also jede einzelne Auslage centgenau errechnen und dann evtl ebenso centgenau addieren. Es gibt auch anders als bei Gebühren keinen direkten Mindestbetrag einer Auslage. Er kann sich freilich bei einer Anwendung des Pauschsatzes indirekt daraus ergeben, daß sich der Pauschbetrag aus einer Gebühr errechnet. Das alles gilt sowohl dann, wenn der Anwalt die in VV 7001 genannten Unkosten in ihrer tatsächlichen Höhe ersetzt fordert, als auch dann, wenn er einen Pauschsatz nach VV 7002 geltend macht. § 13 II gilt nur für Gebühren, nicht für Auslagen und daher auch nicht für VV 7002. Bei der Hebegebühr VV 1009 handelt es sich nicht um eine Auslage, sondern um eine echte Gebühr.

Es findet mangels einer gesetzlichen Vorschrift *keine Anrechnung* statt, AG Bln-Schöneb JB **14**, 357, AG Hbg AnwBl **93**, 293, Meyer JB **06**, 415. Die Pauschale errechnet sich aus den Gebühren *vor* einer etwaigen dortigen Anrechenbarkeit, Köln Rpfleger **94**, 432, LG Bln JB **82**, 1351, AG Hbg AnwBl **93**, 293, aM LG Bln Rpfleger **88**, 42, LG Bonn **91**, 65, Hansens JB **87**, 1744 (aber „Gebühr" ist diejenige vor Anrechnungen).

10   6) **Kostenerstattung.** Wegen des Unterschieds zwischen dem Ersatzanspruch im Innenverhältnis zum Auftraggeber und dem Kostenerstattungsanspruch des Auftraggebers gegenüber seinem Prozeßgegner im Außenverhältnis VV 7008 Rn 16 ff. Die vom Anwalt dem Auftraggeber berechneten Pauschalen sind grundsätzlich voll erstattungsfähig. Höhere Beträge hängen von der Notwendigkeit ab, wie sonst bei § 91 ZPO, §§ 80 ff, 113 I 2 FamFG. Jedoch erleichtert § 104 II 2 ZPO die Geltendmachung der Auslagen des ProzBev, auch des Beweis-, Termins- oder Verkehrsanwalts, aM GS 49 (aber § 104 II 2 ZPO spricht schlicht von „einem" Rechtsanwalt). Das gilt zum Grund und zur Höhe, aM Ffm JB **82**, 555, Hbg JB **81**, 454 (aber § 104 II 2 ZPO spricht schlicht von Entstehung „dieser ... erwachsenen" Auslagen). Angemessene tatsächliche Auslagen sind erstattungsfähig, BVerwG AnwBl **15**, 99, Mü MDR **92**, 1004. Man darf wohl meist eine Angemessenheit unterstellen, Hbg JB **81**, 454, VGH Mannh JB **90**, 1001, aM Ffm AnwBl **82**, 202. Die bloße Versicherung des Anwalts zur Entstehung reicht, es sei denn, die Notwendigkeit ist streitig. Notwendig ist die Versicherung desjenigen Anwalts, bei dem die Auslagen entstanden sind, etwa des Beweis- oder Verkehrsanwalts, Karlsr JB **75**, 206. Beim notwendigen Anwaltswechsel können die Pauschalen mehrfach erstattungsfähig sein, Oldb JB **82**, 718.

11   *Fernsprechkosten* sind grundsätzlich erstattungsfähig, (jetzt) VV 7001, Mü Rpfleger **82**, 311. Das gilt insbesondere für ein solches Telefonat, das erforderlich wird, um einen Verkehrsanwalt zu vermeiden, Karls JB **75**, 206, oder um Zeit zu gewinnen, oder das eine schnellere und genauere Information ermöglicht, Mü MDR **92**, 1004. Portokosten sind ebenfalls grundsätzlich erstattungsfähig. Das gilt jedenfalls, soweit sie zur Vorbereitung nötig waren, aber auch zB für die portopflichtige Rücksendung eines Empfangsbekenntnisses, Schneider NJW **97**, 1430. Für eine Mitteilung an den Rechtsschutzversicherer ist eine Auslagenpauschale nicht erstattungsfähig, AG Düss VersR **86**, 1202. Die unmittelbar dem Postwesen dienenden Umsätze der Deutschen Post AG sind dabei nach § 4 Z 11b UStG umsatzsteuerfrei. Auch Kurierkosten für einen Aktenrücktransport können erstattbar sein, aM VG Hbg JB **08**, 153 (aber auch sie können notwendig gewesen sein). Dasselbe gilt bei Inkassokosten, AG Neuruppin MDR **11**, 456.

Nr.	Auslagentatbestand	Höhe
7003	Fahrtkosten für eine Geschäftsreise bei Benutzung eines eigenen Kraftfahrzeugs für jeden gefahrenen Kilometer	0,30 €
	Mit den Fahrtkosten sind die Anschaffungs-, Unterhaltungs- und Betriebskosten sowie die Abnutzung des Kraftfahrzeugs abgegolten.	
7004	Fahrtkosten für eine Geschäftsreise bei Benutzung eines anderen Verkehrsmittels, soweit sie angemessen	

Vergütungsverzeichnis   7001–7004 VV

Nr.	Auslagentatbestand	Höhe
	sind	in voller Höhe
7005	Tage- und Abwesenheitsgeld bei einer Geschäftsreise	
	1. von nicht mehr als 4 Stunden	25,00 €
	2. von mehr als 4 bis 8 Stunden	40,00 €
	3. von mehr als 8 Stunden	70,00 €
	Bei Auslandsreisen kann zu diesen Beträgen ein Zuschlag von 50% berechnet werden.	
7006	Sonstige Auslagen anlässlich einer Geschäftsreise, soweit sie angemessen sind	in voller Höhe

Zu VV 7003–7006:

Gliederung

1) Systematik, VV 7003–7006	1
2) Regelungszweck, VV 7003–7006	2
3) Sachlicher Geltungsbereich: Geschäftsreise, VV 7003–7006	3–8
A. Begriff, amtliche Vorbemerkung 7 II	3
B. Gemeindegrenzen	4
C. Kanzleiverlegung	5
D. Nur als Anwalt	6
E. Auftrag	7
F. Erforderlichkeit	8
4) Persönlicher Geltungsbereich: Anwaltseigenschaft, VV 7003–7006 ...	9, 10
5) Kraftfahrzeug, VV 7003	11–19
A. Zulässigkeit	11
B. Eigenes Kraftfahrzeug	12
C. Halter	13
D. Gebrauch	14, 15
E. Kraftfahrzeugbegriff	16
F. Pauschale	17, 18
G. Tatsächliche Entfernung	19
6) Anderes Verkehrsmittel, VV 7004	20–26
A. Zulässigkeit	20
B. Verhältnismäßigkeit	21, 22
C. Direkte Fahrtkosten	23
D. Kein Ersatz von Allgemeinkosten	24
E. Zugang, Abgang	25, 26
7) Tage- und Abwesenheitsgeld, VV 7005	27–35
A. Ermessen	27
B. Pauschale	28, 29
C. Notwendiger Zeitaufwand	30
D. Mittag, Sonntag	31
E. Nur im Wirkungskreis	32
F. Inlandsreise	33
G. Auslandsreise, amtliche Anmerkung	34, 35
8) Sonstige Reisekosten, zB Übernachtungskosten, VV 7006	36–39
A. Zulässigkeit	36
B. Notwendigkeit	37, 38
C. Bequemlichkeit	39
9) Fälligkeit, VV 7003–7006	40
10) Kostenerstattung, VV 7003–7006	41–53
A. Grundsatz: Notwendigkeit im Außenverhältnis	41–46
B. Prozeß- oder Verfahrenskostenhilfe	47, 48
C. Arbeitsverfahren	49
D. Finanzgerichtsverfahren	50
E. Sozialgerichtsverfahren	51
F. Verwaltungsgerichtsverfahren	52, 53

1) Systematik, VV 7003–7006. Die Kosten einer Geschäftsreise des Anwalts oder   **1** seines Vertreters nach § 5 sind echte Auslagen. Der Anwalt hat daher zwecks einer

VV 7003–7006 Vergütungsverzeichnis

Kostengerechtigkeit auch einen Anspruch gegenüber dem Auftraggeber auf ihren Ersatz. Man muß von diesem das Innenverhältnis berührenden Ersatzanspruch den etwaigen Erstattungsanspruch des Auftraggebers gegenüber seinem Prozeßgegner unterscheiden. VV 7003–7006 regeln den Fall, daß der Anwalt eine Reise nur zur Erledigung eines *einzelnen* Geschäfts vornimmt. VV amtliche Vorbemerkung 7 III 1 regelt demgegenüber den Ersatzanspruch wegen der Kosten einer solchen Reise, die mehreren Geschäften dient. VV amtliche Vorbemerkung 7 III 2 enthält eine Einschränkung, falls der Anwalt seine Kanzlei nach der Annahme eines Auftrags an einen anderen Ort verlegt. Für den im Weg der Prozeß- oder Verfahrenskostenhilfe beigeordneten Anwalt enthält § 46 eine vorrangige Sonderregelung des Ersatzes von Reisekosten. Wegen des Ersatzes von Reisekosten einer anderen Person als des Vertreters nach § 5 muß der Anwalt eine nach § 3 a statthafte und oft ratsame Vereinbarung mit dem Auftraggeber treffen. Bei einer Reise für mehrere Auftraggeber gilt die amtliche Vorbemerkung 7 II 1. Bei mehreren Angelegenheiten gilt die amtliche Vorbemerkung 7 III 1.

2 **2) Regelungszweck, VV 7003–7006.** Die Vorschriften dienen ähnlich wie bei KVfG 32 000 ff, Teil III dieses Buchs, einer weder zu großzügigen noch zu engstirnigen Abwägung der Interessen der Vertragspartner und auch des evtl erstattungspflichtigen Gegners des Auftraggebers bei der Bemessung der Entschädigung. Das geschieht auf einem solchen Teilgebiet der Auslagen, auf dem man eine gewisse Mißbrauchsgefahr bannen, aber auch eine dem Organ der Rechtspflege würdegemäße Handhabung vornehmen muß. Der Anwalt soll zwar jedem Einzelauftrag seine volle Arbeitskraft widmen. Er muß gleichzeitig aber schon wegen seiner faktisch weitgehenden Abhängigkeit zB von der gerichtlichen Terminierung oft zum aufwendigeren, weil schnelleren oder erträglicheren Reisemittel greifen, um seine Aufgaben auch anderen Mandanten gegenüber erfüllen zu können. Das alles sollte man bei der Auslegung mitbeachten.

3 **3) Sachlicher Geltungsbereich: Geschäftsreise, VV 7003–7006,** dazu *Schneider* AnwBl **10,** 512 (Üb): Es empfehlen sich mangels einer vorrangigen zulässigen Vereinbarung nach § 4 drei Prüfschritte.

A. Begriff, amtliche Vorbemerkung 7 II. Der Anwalt oder sein Vertreter nach § 5 muß eine Geschäftsreise ausgeführt haben. Sie liegt nach der VV amtlichen Vorbemerkung 7 II dann vor, wenn der Anwalt sowohl nach außerhalb der Gemeinde seines Büros als auch nach außerhalb der politischen Gemeinde seiner davon etwa verschiedenen Wohnung gereist ist. Das gilt unabhängig von der tatsächlichen Entfernung. Verkehrskosten jeder Art innerhalb der Gemeinde sind allerdings allgemeine Geschäftsunkosten nach der amtlichen Vorbemerkung 7 I, LG Bln JB **80,** 1078. Eine Mindestentfernung ist nicht vorgeschrieben.

4 **B. Gemeindegrenzen.** Zusammengehörige Nachbargemeinden sind nicht dieselbe Gemeinde nach der amtlichen Vorbemerkung 7 II. Eine Gebietsneugliederung kann aus zwei Orten einen einzigen machen, LG Bln JB **80,** 1078, AG Geldern JB **87,** 67, aM AG Attendorf JB **78,** 537. Insbesondere ist auch die Fahrt zwischen dem Büro oder der Wohnung und dem Gericht oder der Behörde nicht keine Geschäftsreise. Das gilt auch bei einer größeren Entfernung in einer Großstadt, LG Bln JB **80,** 1078, aM *Reck* Rpfleger **10,** 258 (aber der Gesetzestext ist eindeutig, BLAH Einl III 39). Es gilt dann auch bei außergewöhnlichen Umständen und daher bei besonders teuren Verkehrsmitteln. Es gilt auch beim Auseinanderfallen von Wohn- und Kanzleiort. Vgl allerdings auch § 29 BRAO, dort aber auch III. Die Nachbarortsregelungen des Reisekostenrechts für Beamte sind unanwendbar, LG Itzehoe Rpfleger **82,** 442. Es kommt innerhalb der politischen Gemeindegrenzen auf eine natürliche Betrachtungsweise an, auf die Verkehrsanschauung, Düss Rpfleger **90,** 390, AG Nürnb AnwBl **84,** 509.

Zwischen Orten in *verschiedenen Bundesländern* ohne eine aneinandergrenzende Bebauung findet eine Geschäftsreise statt, Hbg MDR **83,** 589. Bei einer Zweigstelle oder einem auswärtigen Sprechtag nach § 28 BRAO sind VV 7003–7006 nur insoweit anwendbar, als der Anwalt an diesem Tag dort keine Sprechstunde hat. Wohl aber kann eine Vergütung für eine Reise zu einer auswärtigen Zweigstelle des Gerichts oder zu einem Gerichtstag entstehen, Ffm MDR **99**, 958, Mü RR **00**, 443, aM LG Passau Rpfleger **84**, 202 (vgl aber Rn 2).

C. Kanzleiverlegung. Bei der Verlegung der Kanzlei an einen anderen Ort kann 5 der Anwalt nach der amtlichen Vorbemerkung 7 III 2 zur Fortführung eines ihm vorher erteilten Auftrags Auslagen nach VV 7003–7006 nur insoweit verlangen, als sie auch von seiner bisherigen Kanzlei aus entstanden wären. Dabei kommt es nicht auf den Verlegungsgrund an.

D. Nur als Anwalt. Soweit der Anwalt als ein *Zeuge oder Sachverständiger* reist, 6 entsteht keine Vergütung durch einen Auslagenersatz nach VV 7003–7006, sondern allenfalls eine Entschädigung oder Vergütung nach dem JVEG, Teil V dieses Buchs. Das gilt auch insoweit, als er über seine Wahrnehmungen als Anwalt aussagen soll.

E. Auftrag. Der Anwalt muß nach § 1 Rn 7 die Geschäftsreise nach § 670 BGB 7 gerade im Auftrag des Vertragspartners oder im Rahmen seiner Bestellung oder in einer eigenen Sache unternommen haben, Rostock JB **01**, 194. Zwar enthalten VV 7003–7006 diese Voraussetzung nicht ausdrücklich im Gesetzestext. Sie ergibt sich aber aus § 670 BGB.

F. Erforderlichkeit. Der Anwalt muß also die Reise bei deren Beginn den Um- 8 ständen nach für erforderlich halten dürfen. Diese Erforderlichkeit kann der beigeordnete oder bestellte Anwalt nach § 46 II vor dem Reiseantritt gerichtlich klären lassen. Auch ein abschlägiger Bescheid kann aber in Wahrheit doch die Erforderlichkeit zumindest zu einem späteren Zeitpunkt aus freilich dann darzulegenden Gründen entstehen lassen. Ein ausdrücklicher Reiseauftrag braucht nur insoweit vorzuliegen, als sich die Notwendigkeit der Reise nicht schon aus der Art des Grundauftrags erkennbar ergeben hat. Ein Informations- oder Besprechungs- oder Einsichtszweck oder eine auswärtige Beweisaufnahme kann ausreichen, selbst bei höheren Kosten als denjenigen eines auswärtigen Untervertreters.

Im Zweifel entscheidet zwar das objektive wohlverstandene Interesse des Auftraggebers. Der Anwalt muß aber seine Tätigkeit für den Auftraggeber so kostengünstig wie möglich abwickeln. Er muß daher evtl vor dem Reiseantritt mit dem Auftraggeber besprechen, ob er diese Reise durchführen soll. Evtl sind Reisekosten nach Rn 42ff nur in Höhe von geringeren unterstellten Vertreterkosten gegenüber dem Prozeßgegner des Auftraggebers erstattungsfähig. Es kann erforderlich sein, wegen einer etwaigen Terminsaufhebung oder -verlegung bis zum Nachmittag des Vortags erreichbar zu bleiben, Stgt AGS **03**, 246, aM Mü AGS **04**, 150. Natürlich ist dergleichen eine Fallfrage und nur unter besonderen Umständen notwendig. Eine unvorhersehbare Umterminierung reicht nicht, GS 10, aM Köln MDR **03**, 170. In einer eigenen Sache ist § 91 II 3 ZPO beachtbar.

Es kann zB darauf ankommen, ob die persönliche Wahrnehmung eines auswärtigen Termins sachlich notwendig und billiger wird als die Beauftragung eines Untervertreters, LG Bayreuth JB **80**, 1348. Das kann bei einem Sozius vor Ort durchaus zweifelhaft sein, aM BVerwG AnwBl **17**, 1006 (gegen einen Grundsatz der Erstattbarkeit). In der Erteilung einer Prozeßvollmacht liegt noch nicht stets die Ermächtigung zur persönlichen Wahrnehmung aller Termine. Es kommt nicht darauf an, ob die Geschäftsreise Erfolg hatte. Der Anspruch gegenüber dem Auftraggeber kann auch dann bestehen, wenn der Anwalt etwa den auswärtigen Termin schuldlos versäumte.

4) Persönlicher Geltungsbereich: Anwaltseigenschaft, VV 7003–7006. Die 9 Reise muß auch gerade durch den Anwalt und gerade bei einer anwaltlichen Tätigkeit nach § 1 Rn 22ff und für sie stattfinden. Zum Anwaltsbegriff § 1 I. Eine eigene Sache kann reichen, Mü RR **12**, 889. Dem Anwalt stehen die in § 5 genannten Personen für den Ersatzanspruch nach den Umständen des Einzelfalls grundsätzlich weitgehend gleich. Andere Vertreter stehen dem Anwalt nicht gleich. Daher sind VV 7003–7006 dann unanwendbar und ist eine Vereinbarung nach § 3a notwendig.

Soweit der Anwalt in einer der in *§ 1 II* genannten Eigenschaften reist, sind 10 VV 7003–7006 unanwendbar. Das ergibt sich aus dem eindeutigen Wortlaut des § 1 II 1 („Dieses Gesetz gilt nicht ..."). Der Anwalt mag dann einen Anspruch nach §§ 670, 675 I, 1835 BGB haben, den § 1 II 2 unberührt läßt. Er kann im übrigen

VV 7003–7006

nach den für sein dortiges Vertragsverhältnis geltenden Vereinbarungen und den für seine dortige Eigenschaft geltenden gesetzlichen Vorschriften einen Ersatzanspruch haben.

11 **5) Kraftfahrzeug, VV 7003.** Es gibt drei Aspekte.

A. Zulässigkeit. Der Anwalt kann grundsätzlich nach seinem pflichtgemäßen eigenen Ermessen entscheiden, ob er eine Geschäftsreise im eigenen Kraftfahrzeug durchführen will. Er braucht also den Auftraggeber dazu nicht um dessen Billigung zu bitten. Er braucht nicht stets zu prüfen, ob die Benutzung eines anderen Verkehrsmittels billiger würde. Er kann vielmehr ein solches auch dann nehmen, wenn es teurer ist, Bbg JB **81**, 1350, Saarbr RR **09**, 1008, AG Norden JB **00**, 76. Er darf allerdings durch die Benutzung des eigenen Kraftfahrzeugs keinen Mißbrauch treiben. Er darf also keine unverhältnismäßig hohen Kosten ohne einen sachlich vertretbaren Grund entstehen lassen, Bbg JB **81**, 1350, Kblz JB **75**, 348.

Wenn er gegen diesen Grundsatz *verstößt,* hat er für die durch die Benutzung des eigenen Kraftfahrzeugs entstandenen Mehrkosten keinen Ersatzanspruch. Es reicht aber aus, daß man die bloße Zweckmäßigkeit der Reise im eigenen Kraftfahrzeug nicht leugnen kann. Das gilt selbst dann, wenn ihre Notwendigkeit zweifelhaft sein mag.

12 **B. Eigenes Kraftfahrzeug.** Ein Ersatzanspruch nach VV 7003 setzt ferner voraus, daß der Anwalt gerade das eigene Kraftfahrzeug benutzt hat. Es kommt auf die Haltereigenschaft und nicht auf das sachlichrechtliche Eigentum an. Denn die Kilometerpauschale in VV 7003 ist gerade deshalb notwendig, weil eben der Halter andernfalls die wahren anteiligen Kosten gerade dieser Reise nur mit unverhältnismäßigen Schwierigkeiten darlegen könnte.

13 **C. Halter.** Halter ist nämlich derjenige, der das Kraftfahrzeug für seine eigene Rechnung im Gebrauch hat und die Verfügungsgewalt darüber besitzt, die ein solcher Gebrauch voraussetzt. Halter und Eigentümer brauchen nicht identisch zu sein. Ein Leasing reicht aus.

14 **D. Gebrauch.** Ein Gebrauch für die eigene Rechnung liegt dann vor, wenn man nicht nur die Vorteile, sondern auch wirtschaftlichen Nachteile einkalkulieren muß. Wenn sich mehrere Personen die Unterhaltungskosten und die Gebrauchsmöglichkeit des Kraftfahrzeugs teilen, sind sie jeder für sich Halter. Zu den Betriebskosten zählen insbesondere Steuern und Versicherungen.

Wer lediglich Benzin, Öl, darüber hinaus vielleicht Garagengeld zahlen muß, während im übrigen ein *Angehöriger,* ein Freund oder ein Dritter das Kraftfahrzeug unterhalten, ist wahrscheinlich nicht oder nur neben dem anderen Halter. Im einzelnen läßt sich diese Frage nur danach beurteilen, wie man die übrigen Merkmale des § 7 StVG beurteilen muß.

15 In keinem Fall begründet schon der *bloße Gebrauch* für die eigene Rechnung die Haltereigenschaft. Hinzu kommen muß die Verfügungsgewalt über das Kraftfahrzeug. Hier ist nicht eine rechtliche, sondern eine tatsächliche Verfügungsgewalt notwendig. Sie braucht nicht unbegrenzt lange anzudauern, sondern kann auf wenige Tage oder Stunden begrenzt sein. Derjenige Anwalt hat die Verfügungsgewalt, der sich ein Kraftfahrzeug auch nur für einen Nachmittag gemietet hat, aM GS 15 (aber auch ein Mieter hat den Wagen derzeit meist für die eigene Rechnung im Gebrauch und besitzt die tatsächliche Verfügungsgewalt). Eine andere Frage ist die, ob der Vermieter gleichzeitig ebenfalls noch eine tatsächliche Verfügungsgewalt behalten hat und daher Mithalter ist.

16 **E. Kraftfahrzeugbegriff.** „Kraftfahrzeug" ist ein solches von § 1 II StVG. Hierher gehören also auch ein Motorrad, ein Moped oder ein Mofa. Denn auch dann würde die Ermittlung der wahren anteiligen Fahrtkosten dieselben Schwierigkeiten bereiten wie bei einem vierrädrigen Kraftwagen.

Nicht hierher zählt aber ein Fahrrad ohne einen Hilfsmotor. Dann mag VV 7004 gelten.

17 **F. Pauschale.** Unter den Voraussetzungen Rn 11–16 erhält der Anwalt für jeden tatsächlich oder üblicherweise gefahrenen km des im eigenen Kraftfahrzeug zurückgelegten Wegs derzeit 0,30 EUR. Wie VV 7003 durch das Wort „gefahren" klarstellt, muß man die Strecken des Hinwegs und des Rückwegs zusammenrechnen.

Es handelt sich um einen Pauschalbetrag. Er enthält unabhängig vom tatsächlichen 18
Verbrauch und damit von der Wagengröße eine *nahezu abschließende Regelung*. Er steht
im Gegensatz zu den von VV 7004 erfaßten tatsächlichen Aufwendungen. Er gilt
nach VV 7003 amtliche Anmerkung unabhängig von der Wagengröße und von den
tatsächlichen Aufwendungen auch die Anschaffungs-, Unterhaltungs- und Betriebskosten sowie die Abnutzung des Kraftfahrzeugs ab. Daneben kommen nach VV 7003
die gerade aus Anlaß dieser Geschäftsreise regelmäßig anfallenden baren Auslagen in
Betracht, insbesondere die Parkgebühren und Mautkosten, etwa in einem Tunnel
oder auf einer gebührenpflichtigen Autobahn oder Straße.

G. Tatsächliche Entfernung. Maßgeblich ist nicht etwa die Entfernung von 19
Ortsmitte zu Ortsmitte, sondern eben die zB am Kilometerzähler abgelesene tatsächliche Wegstrecke und nicht eine fiktive, aM (zum alten Recht) Oldb JB **91**, 73. Der
Anwalt braucht nicht den kürzesten Weg zu wählen. Er darf vielmehr einen zweckmäßigen, verkehrsüblichen Weg nehmen, etwa einen maßvollen Umweg über eine Autobahn, Hamm JB **81**, 1681, KG AGS **04**, 12, VG Würzb JB **00**, 77. Erst recht ist ein
notwendiger Umweg einrechenbar. Maßgeblich ist die Strecke vom und zum Kanzlei-
oder (Haupt-)Gerichtspunkt oder zum sonstigen Geschäftsort, nicht zur Wohnung.
Einen angebrochenen km darf der Anwalt zum vollen aufrunden.

6) Anderes Verkehrsmittel, VV 7004. Auch hier gibt es drei Gesichtspunkte. 20
Eine Kombination von verschiedenen Verkehrsmitteln ist natürlich im Grundsatz
erlaubt, LG Bln JB **99**, 526.

A. Zulässigkeit. Auch bei der Benutzung eines anderen Verkehrsmittels als des
eigenen Kraftfahrzeugs kommt es grundsätzlich nicht darauf an, ob der Anwalt anstelle des tatsächlich benutzten Verkehrsmittels ein anderes hätte benutzen können. Er
hat also im Rahmen eines pflichtgemäßen Ermessens die Wahl, ob er zB das Flugzeug, den Zug oder das eigene Kraftfahrzeug benutzt, aM Stgt JB **05**, 367 (stellt irrig
nur auf VV 7003 ab).

B. Verhältnismäßigkeit. Indessen muß er ebenso wie vor der Benutzung des ei- 21
genen Kraftfahrzeugs auch vor der Benutzung eines anderen Verkehrsmittels prüfen,
ob die Benutzung unverhältnismäßig teurer würde, §§ 670, 675 I BGB, LG Lpz JB
01, 586. Freilich braucht er die Notwendigkeit des tatsächlich gewählten Verkehrsmittels grundsätzlich nicht im Einzelfall darzulegen. Vielmehr müßte der Auftraggeber beweisen, daß der Anwalt insofern mißbräuchlich handelte. Ein Mißbrauch liegt
auch dann nicht vor, wenn die Benutzung des tatsächlich gewählten Verkehrsmittels
wenigstens zweckmäßig sein konnte.

Die Benutzung eines *Flugzeugs* ist zB jedenfalls dann gerechtfertigt, wenn der An- 22
walt dadurch trotz der oft langen Anfahrten und der Check-In-Dauern doch noch im
Ergebnis erhebliche Zeit einsparen konnte, Kblz JB **13**, 145, wenn er zB an demselben
Tag hin- und zurückreisen konnte, LG Freibg NJW **03**, 3360, LG Lpz JB **01**, 586, VG
Lpz JB **00**, 359. Das gilt auch dann, wenn dieser Zeitgewinn nicht demjenigen Auftraggeber zugute kommt, für den er die Reise durchführt, sondern anderen Auftraggebern oder der Freizeit des Anwalts. Freilich muß der Anwalt gerade dann, wenn es um
einen bloßen Zeitgewinn geht, den Grundsatz der Verhältnismäßigkeit besonders beachten. Auch die Benutzung eines Schiffs kann erforderlich sein, Hansens JB **88**, 1265.

C. Direkte Fahrtkosten. Der Anwalt kann unter den Voraussetzungen Rn 20–22 23
anstelle einer Pauschale die tatsächlichen Aufwendungen ersetzt fordern, freilich nur,
soweit diese angemessen sind.

„*Angemessen*" meint weder luxuriös noch schäbig, sondern den Umständen angepaßt, also auch unter einer Berücksichtigung des Gegenstandswerts, der Stellung des
Anwalts, seines Auftraggebers usw. Das gilt auch dann, wenn der Anwalt bei Bahn-
fahrten oder bei weiten Auslandsflügen zB die 1. statt der 2. Klasse und wenn er die
Businessklasse statt der Economyklasse benutzt, aM Düss RR **09**, 1423. Sein Berufsstand erlaubt ihm grundsätzlich ebenso wie zB dem Gebührennotar nach KVfG
32007–32009 Rn 9, Teil III dieses Buchs, die Benutzung der 1. Klasse, Köln Rpfleger **10**, 549, VG Freibg AnwBl **96**, 589. Der Anwalt muß allerdings eine Fahrpreis-
ermäßigung insoweit nutzen, als sie sich nicht auf den Reisekomfort nachteilig auswirkt.

VV 7003–7006 Vergütungsverzeichnis

Das Wahlrecht gilt jedenfalls bei Langstrecken auch im *Flugzeug*. Bei Kurzstrecken kann allerdings die Benutzung der 2. Klasse oder der Economyclass ausreichen, Ffm AnwBl **76**, 306, Köln Rpfleger **10**, 549, LG Freibg NJW **03**, 3360, oder sogar eine Bahnfahrt, Kblz JB **10**, 430. Dann erhält der Anwalt die Mehrkosten der Benutzung der 1. Klasse nicht ersetzt. Der Pflichtverteidiger darf nicht schlechter dastehen als ein Wahlverteidiger, aM Ffm AnwBl **76**, 306. Er braucht keinen Billigflug zu buchen, BVerwG JB **89**, 1456.

Zu den tatsächlichen angemessenen Aufwendungen zählen *Zuschläge* für die Benutzung von besonders schnellen Zügen usw jedenfalls dann, wenn zB durch ihre Benutzung ein Zeitgewinn eintrat oder wenn etwa das Reisen in einem klimatisierten und unter anderem deshalb teureren Zug für den Anwalt angenehmer war, oder die Prämien einer Flugversicherung, Düss AnwBl **78**, 471, Mü JB **83**, 12, LG Ffm AnwBl **82**, 472, aM Bbg JB **79**, 1030, Nürnb JG **79**, 374 und 1030. Ferner zählen hierher Platzkarten, Bettkarten, Kabinenkosten, Liegegebühren usw. Ein nachträglich erhöhter Zuschlag kann nach den Umständen mangels eines Verschuldens angemessen sein, VG Freib AnwBl **96**, 589.

24 **D. Kein Ersatz von Allgemeinkosten.** Zu diesen zählt der Preis einer Bahncard, Karlsr Rpfleger **00**, 129, VG Ansbach AnwBl **01**, 185, VG Freib AnwBl **96**, 589, aM Kblz Rpfleger **94**, 85, LG Würzb AGS **99**, 53, OVG Münst NJW **06**, 1897 (Bahncard 100).

25 **E. Zugang, Abgang.** Zu den tatsächlichen angemessenen Aufwendungen zählen die Kosten für den Weg zwischen der Wohnung oder dem Büro und dem Bahnhof, Flughafen sowie zwischen diesen Punkten der Reise und dem eigentlichen Reiseziel und zurück. Zu diesen Kosten zählen auch diejenigen eines tatsächlich benutzten Taxi, LG Bln JB **99**, 526, RS 30, aM Hamm AnwBl **82**, 488, LG Flensb JB **76**, 1651. Hierher zählen ferner die Kosten eines Trinkgelds oder der Aufbewahrung, Beförderung und Versicherung des Gepäcks, Düss AnwBl **78**, 471, LG Ffm AnwBl **78**, 472, aM Bbg JB **79**, 1030, RS 10.

26 Demgegenüber zählen die Kosten der *Verpackung des Gepäcks* zu den nicht ersatzfähigen allgemeinen Geschäftskosten, VV amtliche Vorbemerkung 7 I. Das gilt grundsätzlich auch für einen Koffer, eine Aktentasche usw. Wenn es sich um die Beförderung besonders wichtiger Dokumente handelt, mag die Anschaffung eines Koffers mit einem aufwendigen Schloß oder mit einer anderen Diebstahlssicherung im Einzelfall ausnahmsweise zu den Reiseaufwendungen zählen.

Für eine solche Strecke, die der Anwalt mit dem eigenen *Fahrrad* oder gar als *Fußgänger* zurücklegt, erhält er weder im Rahmen des Zugangs oder Abgangs zur sonstigen Fahrt noch dann, wenn er die gesamte Fahrt derart durchführt, eine Entschädigung nach I.

27 **7) Tage- und Abwesenheitsgeld, VV 7005.** Es empfiehlt sich die folgende Prüfreihenfolge.
A. Ermessen. Der Anwalt hat einen pflichtgemäßen Ermessensraum. Das gilt nicht nur bei der Entscheidung, ob er überhaupt eine Geschäftsreise durchführen will, sondern auch bei der Entscheidung, wie lang diese Geschäftsreise dauern soll. Er muß allerdings auch insofern nach §§ 670, 675 I BGB den in Rn 11, 20–22 genannten Verhältnismäßigkeitsgrundsatz berücksichtigen. Auch in diesem Punkt liegt die Beweislast für eine mißbräuchliche zeitliche Ausdehnung der Reise beim Auftraggeber. Die bloße Zweckmäßigkeit der Dauer der Reise reicht aus, um den Anspruch auf ein Tage- und Abwesenheitsgeld zu begründen.

28 **B. Pauschale.** Das Tage- und Abwesenheitsgeld ist eine Pauschale. Sie dient der leichteren Abrechnung. Sie gibt eine Entschädigung dafür, daß sich der Anwalt seinem Wirkungskreis vorübergehend im Interesse dieses Auftraggebers entziehen muß, BayObLG MDR **87**, 870.

29 Soweit eine Geschäftsreise *außergewöhnlich hohe Kosten* verursacht, die der Anwalt aus dem Tage- und Übernachtungsgeld nicht bezahlen kann, muß er eine entsprechende Vereinbarung mit dem Auftraggeber nach § 4 herbeiführen. Nur in einem seltenen Ausnahmefall kann er sich auch ohne eine solche Vereinbarung auf die Grundsätze der Geschäftsführung ohne Auftrag nach §§ 677 ff BGB berufen.

C. Notwendiger Zeitaufwand. Die Pauschale entsteht jeweils nur für den tatsächlich benötigten Zeitraum, nicht für einen „Fahrplan"-Zeitraum. Dabei enthält VV 7005 allerdings Stufen der Abwesenheitsdauer. Sowie die tatsächlich benötigte Dauer der Abwesenheit die nächsthöhere Stufe erreicht hat, entsteht die volle für diese Stufe vorgesehene Pauschale. Das ist eine Folge des Grundsatzes, eine solche Entschädigung überhaupt auf Grund einer Pauschale zu gewähren. Wenn der Anwalt für eine solche Geschäftsreise, für die er mehrere Tage verwenden könnte, nur einen geringeren Zeitraum benötigt, hat er auch nur für den geringeren Zeitraum einen Anspruch auf ein Tage- und Abwesenheitsgeld. 30

D. Mittag, Sonntag. Andererseits erhält er eine solche Entschädigung auch zB für die Dauer einer um das Mittagessen am Terminort verlängerten Zeitspanne dann, wenn der Termin bis zum Mittag dauert, VG Stgt AnwBl **84**, 323 und 562, oder für eine Ortsabwesenheit an einem Sonntag dann, wenn diese Abwesenheit etwa deshalb notwendig war, weil der Termin am Montagmorgen lag. Das gilt sowohl dann, wenn es sich um den ersten Termin handelt, als auch dann, wenn der Anwalt seine auswärtige Tätigkeit etwa an einem Freitag und am folgenden Montag vornehmen muß und wenn er in der Zwischenzeit nach seinem pflichtgemäßen Ermessen nicht an den eigenen Wohnort zurückkehrt. 31

E. Nur im Wirkungskreis. Man muß das Tage- und Abwesenheitsgeld von oder bis zu demjenigen Zeitpunkt an berechnen, in dem der Anwalt infolge der Reise seinen Wirkungskreis verlassen muß oder wieder erreichen kann. Das ist grundsätzlich der Zeitraum von demjenigen Zeitpunkt an, in dem er das Büro oder seine Wohnung verläßt, um die Reise anzutreten, bis zur Rückkehr dorthin, VG Stgt AnwBl **84**, 323 und 562. Die früher übliche Berechnung nach der Zugabfahrt usw hat sich durch die Zusammenfassung des Tage- und Abwesenheitsgelds erledigt. Das Reisemittel ist für VV 7005 unerheblich. 32

F. Inlandsreise. Bei einer Inlandsreise von bis zu 4 Stunden entsteht ein Tage- und Abwesenheitsgeld von 25 EUR. Bei mehr als 4 Stunden, aber höchstens 8 Stunden Abwesenheit entsteht ein solches von 40 EUR, bei einer Abwesenheit von mehr als 8 Stunden ein solches von 70 EUR. Jeder dieser Beträge ist für jeden angefangenen Kalendertag (0–24 Uhr) erneut ansetzbar, Düss Rpfleger **93**, 463. Für einen Sonnabend, einen Sonntag oder gesetzlichen Feiertag entsteht kein höheres Tage- und Abwesenheitsgeld. Übliche Essenszeiten zählen mit, VG Stgt AnwBl **84**, 562, ebenso etwaige Verspätungen der Verkehrsmittel, Autobahnstaus usw. 33

G. Auslandsreise, amtliche Anmerkung. Eine Auslandsreise liegt vor, sobald der Anwalt die deutschen Grenzen überschreitet. 34

Bei einer Auslandsreise tritt *keine automatische Erhöhung* des Tage- und Abwesenheitsgelds ein. Denn VV 7005 amtliche Anmerkung begründet nur die Zulässigkeit eines Zuschlags bis zu 50% auf das für eine Inlandsreise anfallende Tage- und Abwesenheitsgeld. Man muß unter einer Berücksichtigung aller Umstände prüfen, ob und in welcher Höhe innerhalb dieses Rahmens ein Zuschlag berechtigt ist, GS 31. Denn der eindeutige Wortlaut „kann" heißt nicht „ist" und stellt eindeutig keine bloße Zuständigkeitsregelung dar. Er gilt auch zB Paßgebühren oder Visagebühren ab. Es ist weder ein zu großzügiger noch ein zu kleinlicher Maßstab erlaubt. Zwar soll der Anwalt keine unnötigen Kosten verursachen. Er darf aber auch im Ausland standesgemäß reisen. Bei voraussichtlich höheren Kosten als den gesetzlichen ist eine Honorarverabredung nach § 4 notwendig. 35

8) Sonstige Reisekosten, zB Übernachtungskosten, VV 7006. Es empfiehlt sich die folgende Prüfung. 36

A. Zulässigkeit. Die Vorschrift schafft für alle über VV 7003–7005 hinaus anfallenden „sonstigen Auslagen" eine Auffangklausel. Solche Klauseln sind weit auslegbar. Hierher mögen zB zählen: Eine Maut; eine Autobahngebühr; Fährkosten. Es geht aber im Kern meist um die Übernachtungskosten. Der Anwalt hat im Rahmen seines pflichtgemäßen Ermessens nach Rn 11, 20, 27 einen gewissen Spielraum für die Entscheidung, ob und wie oft er auf der Geschäftsreise übernachtet, LG Flensb JB **76**, 1650. Er muß nach §§ 670, 675 I BGB auch insofern einen Mißbrauch vermeiden. Auch insofern hat der Auftraggeber die Beweislast. Die bloße Zweckmäßigkeit einer auswärtigen Übernachtung reicht für den Ersatzanspruch aus, erst recht ein sonst unzumutbar früher Aufstehzeitpunkt usw, KG AGS **03**, 499, Karlsr OLGR **04**, 20, Mü AGS **04**, 150, oder wenn vor dem Termin dort noch eine Besprechung nötig ist, Ffm JB **85**, 1090. Andererseits spricht VV 7006 nur von „angemessen", nicht von „erforderlich". Auch dasjenige kann noch angemessen sein, was nicht unbedingt erforderlich ist. Es kommt im Ermessensraum auf die Gesamtumstände an.

37 **B. Notwendigkeit.** Sofern die Übernachtung nach Rn 36 überhaupt zulässig war, hat der Anwalt den Anspruch auf den Ersatz der tatsächlich entstandenen und auch notwendigen Übernachtungskosten, soweit auch sie angemessen sind, Karlsr AnwBl **86**, 110, strenger Kblz JB **11**, 648 (höchstens 80 EUR). Der Anwalt hat auch bei der Wahl des Hotels usw einen gewissen Ermessensspielraum, Drsd AGS **03**, 24 (Mittelklassehotel). Freilich ist die Benutzung eines Luxushotels nach Rn 23 nur ausnahmsweise berechtigt, Karlsr AnwBl **86**, 110.

38 Das kann zB dann vorliegen, wenn es sich um einen Auftrag mit einem sehr *hohen Gegenstandswert* oder um eine Verhandlung mit einem in einem solchen Hotel abgestiegenen und nur dort verhandlungsbereiten Partner handelt oder wenn eben der Auftraggeber mit der Benutzung eines solchen Hotels einverstanden war oder dort ebenfalls wohnt. Eine kostenlose Übernachtung bei Freunden usw erbringt kein Übernachtungsgeld. Dasselbe gilt bei der Benutzung eines Schlafwagens. Dessen Kosten gehören ja zu VV 7004. Die grundsätzliche Befugnis des Anwalts zur Benutzung der 1. Klasse eines Beförderungsmittels ist wegen des Massenbetriebs auf jedem öffentlichen Verkehrsmittel eher gerechtfertigt als die Benutzung der obersten Kategorie von Hotels.

39 **C. Bequemlichkeit.** Andererseits darf auch ein junger noch nicht weit bekannter Anwalt eine gewisse Bequemlichkeit und zB ein Zimmer mit einem eigenen Direktwahltelefon, mit Telefax und evtl mit einem Internetanschluß wählen, auch ein solches mit einem eigenen Fernsehgerät. Denn die ständige Information und eine ungestörte Kontaktmöglichkeit zum eigenen Büro zählen zu den allgemeinen Berufsaufgaben jedes Anwalts.

Der Anwalt muß die *Nebenkosten* der Übernachtung, etwa das ihm gesondert berechnete Frühstück, vom Tagegeld bestreiten, Düss RR **12**, 1470, KG Rpfleger **94**, 430, Karlsr AnwBl **86**, 110. Er kann aber die Kosten der Zimmerbestellung oder von Bettkarten oder Trinkgelder bei den Übernachtungskosten berücksichtigen. Auch Gepäck- oder Telefonkosten können zu den erlaubten Nebenkosten zählen ferner zB eine Kurtaxe, eine Reiseversicherung. Parkgebühren zählen zu den Kfz-Kosten, Rn 18.

40 9) **Fälligkeit, VV 7003–7006.** Sie richtet sich nach § 8 I. Ein Vorschuß ist nach § 9 möglich. Die Einforderbarkeit ergibt sich aus § 10.

41 10) **Kostenerstattung, VV 7003–7006.** Es gibt sechs Aspekte.

A. Grundsatz: Notwendigkeit im Außenverhältnis. Man muß zwischen dem Ersatzanspruch des Anwalts nach VV 7003–7006 im Innenverhältnis gegenüber seinem Auftraggeber und dem Kostenerstattungsanspruch des Auftraggebers gegenüber dem Prozeßgegner im Außenverhältnis unterscheiden, den zB § 91 ZPO regelt.

42 In allen Verfahrensordnungen gilt der Grundsatz, daß eine Partei die Prozeßkosten möglichst gering halten muß. Daher muß der Prozeßgegner der siegenden Partei auch nur solche Reisekosten ihres Anwalts erstatten, die zur zweckentsprechenden Rechtsverfolgung oder Rechtsverteidigung *notwendig* waren, BPatG Rpfleger **95**, 40, LG Kblz FamRZ **03**, 242. § 91 I 2 ZPO stellt für seinen Geltungsbereich klar, daß unter dieser Voraussetzung auch die notwendigen Reisekosten erstattungsfähig sind, Mü AGS **01**, 239, OVG Kblz Rpfleger **01**, 373. Das gilt zB bei einem auswärtigen Beweistermin.

43 Das gilt auch zugunsten desjenigen Anwalts, der am Sitz der *auswärtigen Abteilung* des Prozeßgerichts residiert, Mü MDR **99**, 1348. § 91 II 2 ZPO stellt überdies (jetzt) klar, daß auch die Reisekosten desjenigen Anwalts erstattungsfähig sind, der nicht im Bezirk des Prozeßgerichts niedergelassen ist und am Ort des Prozeßgerichts auch nicht wohnt, soweit die Zuziehung zur zweckentsprechenden Rechtsverfolgung oder Rechtsverteidigung notwendig war, (teils zum alten Recht) Naumb JB **06**, 87, Saarbr RR **09**, 1008, LG Kblz FamRZ **03**, 242 (Ausnahme: ersparte Informationsreise der Partei), aM Kblz JB **10**, 600. Das gilt auch in einer eigenen Sache des Anwalts, BGH

NJW 03, 1534. Erstattbar sind solche Kosten, die diejenigen eines erlaubten Anwaltswechsels nicht übersteigen, Bbg MDR **14**, 870.

Eine *Vereinbarung* zwischen dem Auftraggeber und seinem Anwalt über die Ersatz- 44 fähigkeit von Reisekosten im Innenverhältnis ist für die Erstattungsfähigkeit im Außenverhältnis grundsätzlich unbeachtbar. Der Anwalt kann im Innenverhältnis auf die Geltendmachung der nicht erstattungsfähigen Reisekosten für Fahrten zwischen dem Wohn- oder Praxis- und dem Gerichtsort verzichten, Chemnitz AnwBl **84**, 198. Ein Widerruf des Verzichts ist möglich. Er wirkt aber nicht zurück, Zweibr JB **97**, 529.

Man muß prüfen, ob die Zuziehung gerade dieses Anwalts überhaupt *notwendig* war, 45 AG Emmendingen WoM **89**, 426. Man muß ferner prüfen, ob dieser Anwalt gerade zur Erledigung dieses Auftrags diese Reise vornehmen mußte.

Insgesamt ist ein *großzügiger Maßstab* ratsam, aM LG Flensb JB **76**, 1651. Frühstücks- 46 kosten können mit 10% der Übernachtungskosten absetzbar sein, Düss RR **12**, 1470.

B. Prozeß- oder Verfahrenskostenhilfe. Das Verfahren zu ihrer Bewilligung ist 47 kein Prozeß. Es läßt für eine Kostenentscheidung in der ersten Instanz keinen Raum, auch nicht bei einem vollen Erfolg der Beschwerdeinstanz, Köln NJW **75**, 1286, BLAH § 91 ZPO Rn 153 und § 127 ZPO Rn 20, sondern nur bei einer teilweisen oder völligen Verwerfung oder Zurückweisung der sofortigen Beschwerde nach KV 1811.

Wenn sich aber ein Prozeß anschließt, sind die Kosten des Verfahrens zur Bewilli- 48 gung der Prozeßkostenhilfe usw ein *Teil der Prozeßkosten*, Ffm Rpfleger **79**, 111, Karlsr AnwBl **78**, 462, aM Kblz Rpfleger **75**, 99 (inkonsequent). In diesem Umfang besteht auch eine grundsätzliche Erstattungspflicht.

C. Arbeitsgerichtsverfahren. Vgl Grdz 5 vor § 11 in ArbGG, Teil II A dieses Buchs. 49

D. Finanzgerichtsverfahren. Die zum Zivilprozeß dargelegten Grundsätze gel- 50 ten auch im Verfahren vor den Finanzgerichten nach § 139 III FGO.

E. Sozialgerichtsverfahren. Die zum Zivilprozeß dargelegten Grundsätze gelten 51 nach § 193 III SGG Rn 2, Teil II B dieses Buchs auch im Verfahren vor den Sozialgerichten. Kosten, die ein Beteiligter nach § 109 SGG endgültig tragen muß, sind gemäß § 193 II SGG nicht erstattungsfähig, Wilde/Homann NJW **81**, 1070.

F. Verwaltungsgerichtsverfahren. In diesem Verfahren sind die Auslagen eines 52 Anwalts nach § 162 II VwGO ebenfalls erstattungsfähig, VG Karlsr AnwBl **82**, 208. Wegen der Reisekosten ist § 91 II 1 ZPO ergänzend nach § 173 VwGO anwendbar. Eine Erstattung findet also nur insofern statt, als die Zuziehung eines auswärtigen Anwalts notwendig war, etwa wegen seiner Spezialkenntnisse oder Vertrautheit mit dem Stoff, OVG Lüneb AnwBl **83**, 279, VGH Mannh JB **90**, 250, VG Freibg AnwBl **82**, 29, aM BVerwG JB **89**, 1456, VG Karlsr AnwBl **82**, 208.

Auch in diesen Verfahren ist eine *gewisse Großzügigkeit* ratsam. Das gilt zB bei einer 53 Reise zum BVerwG, OVG Kblz NJW **82**, 1796.

Nr.	Auslagentatbestand	Höhe
7007	Im Einzelfall gezahlte Prämie für eine Haftpflichtversicherung für Vermögensschäden, soweit die Prämie auf Haftungsbeträge von mehr als 30 Mio. € entfällt ..	in voller Höhe
	Soweit sich aus der Rechnung des Versicherers nichts anderes ergibt, ist von der Gesamtprämie der Betrag zu erstatten, der sich aus dem Verhältnis der 30 Mio. € übersteigenden Versicherungssumme zu der Gesamtversicherungssumme ergibt.	

1) Systematik. Eine allgemein für alle etwaigen Einzelfälle vom Anwalt abge- 1 schlossene Versicherung gehört mit ihrer Prämie zu den allgemeinen Geschäftskosten nach der amtlichen Vorbemerkung 7 I. Von diesem Grundsatz macht VV 7007 eine eng auslegbare Ausnahme.

VV 7007, 7008   Vergütungsverzeichnis

2   **2) Regelungszweck.** Die Vorschrift bezweckt ein gewisses Gegengewicht zu der bei einer gesetzlichen Vergütung geltenden Wertobergrenze in § 22 II, Zimmermann AnwBl **06**, 55. Dieser Sinn leuchtet freilich nicht recht ein. Wenn der Anwalt einen Auftrag mit einer Haftung von weit über 30 Millionen EUR übernehmen soll, wird er vermutlich eine Vereinbarung nach § 3 a abschließen, um sich nicht mit Gebühren nach einem Haftungsbetrag von höchstens 30 Millionen EUR zufrieden geben zu müssen. Dann aber wird er auch die etwa vorsorglich abgeschlossene Versicherung aus dem vereinbarten Honorar ohne eine besondere Mühe mitbezahlen können. Immerhin soll er seine Haftung wenigstens indirekt mit Hilfe von VV 7007 teilweise auf den Auftraggeber und dieser im Erfolgsfall nach §§ 91 ff ZPO usw auf den Gegner abwälzen können. Ob es dem Gesetzgeber damit gelingt, den Anwalt bei einer Haftung von über 30 Millionen EUR zur Tätigkeit nur gegen eine gesetzliche Vergütung zu bewegen, ist fraglich.

3   **3) Einzelfallprämie.** Es geht nur um eine im Einzelfall nicht nur zahlbare, sondern auch tatsächlich gezahlte Prämie. Der Anwalt muß ihre derartige Zahlung beweisen. Sie muß gerade eine Vermögensschaden-Haftpflichtversicherung betreffen. Es genügt, daß sie zugunsten seiner Sozietät besteht. Sie reicht auch dann, wenn ein solcher Mitarbeiter fehlerhaft handelte, für den der Anwalt haftet.

4   **4) Auslagenhöhe.** VV 7007 erfaßt zusammen mit seiner amtlichen Anmerkung sowie mit der amtlichen Vorbemerkung 7 I nur denjenigen Prämienteil, der auf eine Haftung je Auftraggeber über mehr als 30 Millionen EUR oder über mehr als 100 Millionen EUR insgesamt bei mehr als 3 Auftraggebern entfällt, und im Zweifel nur den entsprechenden Bruchteil der Gesamtprämie. Der Anwalt sollte sich eine abweichende Berechnung des Versicherers also in einer für die amtliche Anmerkung ausreichenden Klarheit ausstellen lassen. Der Versicherer dürfte im Zweifel ohne weiteres dazu fähig und deshalb auch vertraglich mitverpflichtet sein. Bei mehreren Auftraggebern gilt in den vorgenannten Grenzen § 7 II.

5   **5) Kostenerstattung.** Nach § 91 II ZPO ist die nach VV 7007 korrekt gezahlte Prämie als Teil der gesetzlichen Auslagen erstattungsfähig.

Nr.	Auslagentatbestand	Höhe
7008	**Umsatzsteuer auf die Vergütung**	in voller Höhe
	Dies gilt nicht, wenn die Umsatzsteuer nach § 19 Abs. 1 UStG unerhoben bleibt.	

Schrifttum: *Kögler/Block/Pauly*, Die Besteuerung von Rechtsanwälten und Anwaltsgesellschaften, 3. Aufl 2009.

Gliederung

1) Umsatzsteuer	1–23
A. Grundsatz	1
B. Beispiele zur Frage der Entstehung einer Umsatzsteuer	2–7
C. Ersatzfähigkeit der Umsatzsteuer	8
D. Beispiele zur Frage einer Ersatzfähigkeit von Umsatzsteuer	9–11
E. Höhe der Umsatzsteuer	12–15
F. Kostenerstattung	16, 17
G. Beispiele zur Frage einer Kostenerstattung	18–23

1   **1) Umsatzsteuer.** Es sind vier Prüfschritte ratsam. Wegen der Angabe der allgemeinen Steuernummer in der Kostenrechnung § 10 Rn 17.

A. Grundsatz. Die Vorschrift gibt dem Anwalt einen gesetzlichen Anspruch auf den Ersatz der auf seine Vergütung nach dem UStG entfallenden Umsatzsteuer (Mehrwertsteuer), BVerwG JB **20**, 476. Es ist unerheblich, ob der Auftraggeber, die Staatskasse oder ein Dritter die Vergütung zahlt, etwa eine Versicherungsgesellschaft, und ob es sich um eine Pauschale handelt, LAG Mainz FamRZ **97**, 14. Zur gesetzlichen Vergütung zählen nach § 1 I 1 auch die Auslagen in ihrem zu ersetzenden Umfang, BDiszG MDR **87**, 467, KG AnwBl **83**, 333, Hansens JB **88**, 1271, evtl die auf

Vergütungsverzeichnis **7008 VV**

eine nach § 12 II Z 7c UStG ermäßigte Umsatzsteuer, etwa bei einem Gutachten nach § 34 I 1, VV 2103, Rn 13. Das gilt, sofern eine Umsatzsteuer nicht nach dem Gesetz entfällt.
Bei einer *Grundstückssache* ist nach § 3a II Z 1 UStG die Belegenheit maßgeblich. *Im übrigen* kommt es auf den Sitz des Auftraggebers an. Bei einer natürlichen Person mit einem Wohnsitz in der EU entscheidet der Kanzleisitz des Anwalts und entsteht folglich eine Umsatzsteuer, Mü Rpfleger **93**, 127, Schlesw OLGR **00**, 146. Beim Nicht-EU-Auftraggeber entsteht keine Umsatzsteuer, Karlsr AnwBl **93**, 42, LG Bln JB **88**, 1497. Beim Unternehmer mit einem Betrieb in Deutschland entsteht für den Anwalt eine Umsatzsteuer, Kblz Rpfleger **89**, 477, sonst keine. Das gilt unabhängig davon, ob EU oder Nicht-EU, Bbg JB **87**, 67, Ffm AnwBl **83**, 324, Kblz JB **91**, 245. Zum gesonderten Ausweis der Umsatzsteuer gegenüber dem ausländischen Auftraggeber Hansch AnwBl **87**, 527 (Üb). Zum Übergangsrecht Schneider NJW **07**, 325 und 1035.

B. Beispiele zur Frage der Entstehung einer Umsatzsteuer 2

Abwickler: Rn 4 „Erbe".
Aktenversendungspauschale: Rn 3 „Durchlaufendes Geld".
Angestellter Anwalt: VV 7008 gilt *nicht* im Verhältnis des angestellten Anwalts zum arbeitgebenden, Düss AnwBl **87**, 200.
Auslandsberührung, dazu *Schneider* NZFam **17**, 980 (Üb): VV 7008 gilt *nicht* bei einem kraft Gesetzes umsatzsteuerfreien Vorgang zB bei einem Ausländer mit einem Sitz oder Wohnsitz außerhalb der EU, Karlsr AnwBl **93**, 42.
Berechnung: Natürlich muß man bei der Erstellung der Berechnung nach § 10 die 3 Umsatzsteuer von der vollen Vergütung errechnen.
 Beispiel: Gebühren und Auslagen: 10 000 EUR. Erhaltener Vorschuß: 5000 EUR. Anspruch nach VV 7008: 19% von 10 000 EUR (und nicht etwa nur von restlichen 5000 EUR) = 1900 EUR.
Durchlaufendes Geld: Es ist *nicht* umsatzsteuerpflichtig, LG Mannh JB **08**, 533, Strezinger NJW **08**, 1257.
 Kein bloß durchlaufender Posten ist die Aktenversendungspauschale, OVG Lüneb NJW **10**, 1393, Henke AnwBl **07**, 224, aM AG Dessau AnwBl **97**, 239.
Eigene Betriebssache: In einer eigenen betriebsbezogenen Angelegenheit ist der 4 Anwalt zwar ebenfalls an sich umsatzsteuerpflichtig, LG Bln Rpfleger **98**, 173, AG Bielef AnwBl **84**, 223. Er hat aber keinen Ersatzanspruch gegen sich selbst. Er kann also in seiner Steuererklärung keinen solchen Erstattungsanspruch konstruieren, BFH **120**, 333, Mü MDR **03**, 177, Zweibr MDR **98**, 800 (je: keine Umsatzsteuer bei beruflicher Tätigkeit, zB bei einer Klage auf die Vergütung). Zum Begriff des Eigenverbrauchs BFH NJW **77**, 408, Hbg AGS **02**, 83, Zweibr MDR **98**, 800. Beim Zusammentreffen einer eigenen und einer fremden Angelegenheit kann man im Zweifel eine steuerliche Aufteilung zu je 50% annehmen, LG Bln Rpfleger **98**, 173.
Eigene Privatsache: Bei einer rein privaten Tätigkeit entsteht eine Umsatzsteuer, BGH AGS 276, Hbg JB **86**, 873, Hamm AnwBl **86**, 452.
Einigungsstelle: VV 1008 gilt *nicht* im Verhältnis des Anwalts als des Beisitzers einer Einigungsstelle, BAG DB **89**, 232 (man kann natürlich eine Erstattbarkeit vereinbaren).
Erbe: Der Erbe des Anwalts ist wegen der aus der Tätigkeit des Erblassers noch vereinnahmten Gebühren und Auslagen nach §§ 53 IX, 55 III 1 BRAO umsatzsteuerpflichtig, auch wenn wegen des Tods ein Abwickler bestellt ist. Ein sonstiger Praxisabwickler zählt nicht hierher.
Ersparte Aufwendungen: Rn 5 „Fiktive Kosten".
Factoring: VV 7008 gilt *nicht* bei einem kraft Gesetzes umsatzsteuerfreien derartigen 5 Geschäft, Düss JB **94**, 114.
Fiktive Kosten: Sie sind *nicht* umsatzsteuerpflichtig, Kblz AnwBl **79**, 116 (ersparte Aufwendungen).
Gesetzliche Umsatzsteuerfreiheit: VV 7008 gilt natürlich *nicht* in solcher Lage.
Honorarvereinbarung: Soweit der Anwalt eine Honorarvereinbarung nach (jetzt) § 3a getroffen hat, kann er die Umsatzsteuer vom Auftraggeber nur unter der Voraussetzung ersetzt fordern, daß er auch diese Ersatzpflicht vereinbart hat, Karlsr

2101

VV 7008

OLGZ **79**, 230, LG Kblz AnwBl **84**, 206, aM SwH 2 (stets [jetzt] VV 7008), RS 6 (im Zweifel [jetzt] VV 7008). In einer vereinbarten Pauschale steckt im Zweifel bereits die Umsatzsteuer, Karlsr OLGZ **90**, 230. Bei einer Vereinbarung, es sei „die gesetzliche Vergütung" als Mindestbetrag usw geschuldet, kommt die Umsatzsteuer hinzu.

Kleinunternehmer: Ein Anspruch *entfällt* nach Rn 10 nach der amtlichen Anmerkung, soweit die Umsatzsteuer beim sog nichtoptierenden Kleinunternehmer nach § 19 I UStG unerhoben bleibt.

Kredit: VV 7008 gilt *nicht* in einem kraft Gesetzes umsatzsteuerfreien Kreditverhältnis, Düss MDR **94**, 217, Hbg MDR **91**, 904 (Ausnahme Hbg JB **91**, 816).

6   **Sozietät:** S „Steuerschuldner".

Steuerschuldner: Der Anwalt ist Steuerschuldner nach § 13 II UStG. Das gilt auch dann, wenn er gemäß § 14 UStG berechtigt und auf Grund des Verlangens des Auftraggebers verpflichtet ist, in seiner Gebührenberechnung die Umsatzsteuer gesondert auszuweisen. Das gilt auch dann, wenn er persönlich nach § 15 UStG zum Vorsteuerabzug berechtigt ist. Ohne die Regelung in VV 7008 würde der Anwalt schlechter als nach dem alten Umsatzsteuerrecht dastehen. Das soll das Gesetz verhindern. Zur Lage in einer Sozietät Sterzinger NJW **08**, 3677 (Üb).

Streitgenossen: Bei Streitgenossen nach §§ 59ff ZPO wegen desselben Gegenstands nach § 15 Rn 12 ist maßgeblich, in welcher Höhe der Anwalt den einzelnen nach VV 1008 beanspruchen kann. Bei verschiedenen Gegenständen kommt es auf die Berechtigung zum Vorsteuerabzug bei jedem Streitgenossen an, LG Bln JB **97**, 428.

7   **Vergütungsvereinbarung:** Rn 5 „Honorarvereinbarung".

Versicherung: VV 7008 gilt *nicht* in einem kraft Gesetzes umsatzsteuerfreien Versicherungsverhältnis, Düss MDR **92**, 307, Hbg JB **92**, 28, Schlesw JB **92**, 682.

Verzugszinsen: Sie sind *nicht* umsatzsteuerpflichtig, EuGH NJW **83**, 505, Ffm NJW **83**, 394, Hansens JB **83**, 325.

Vorschuß: Ein nach § 9 geforderter und gezahlter Vorschuß ist zunächst evtl *keine* Vergütung nach VV 7008, sondern schon aus steuerrechtlichen Gründen ein zinsloses Darlehen, Lindner AnwBl **89**, 26, aM Grezesch AnwBl **89**, 660, Raisch AnwBl **89**, 659, Streck AnwBl **89**, 645 (aber es kann durchaus eine zumindest teilweise Rückzahlungspflicht entstehen). Das ändert natürlich nichts an der Notwendigkeit seiner Einbeziehung in die schließlich steuerpflichtige Gesamtvergütung, BFH BStBl II **82**, 593.

8   **C. Ersatzfähigkeit der Umsatzsteuer,** dazu *Otto* AnwBl **83**, 150: Man muß wie stets die Frage der Ersatzfähigkeit im Verhältnis zwischen dem Anwalt und seinem Auftraggeber und die Frage der Erstattungsfähigkeit im Verhältnis des Auftraggebers zu seinem Prozeßgegner unterscheiden. Zur letzteren Rn 16ff. Der Anwalt kann die gesamte auf seine Vergütung entfallende Umsatzsteuer ersetzt fordern. Da § 1 I 1 unter Vergütung Gebühren und Auslagen versteht, muß der Auftraggeber also die auf sämtliche Gebühren und Auslagen anfallenden und vom Anwalt als Steuerschuldner zu bezahlenden Umsatzsteuern ersetzen.

9   **D. Beispiele zur Frage einer Ersatzfähigkeit von Umsatzsteuer**

Auslagen: Ersetzen muß der Auftraggeber die Umsatzsteuer auf alle Auslagen nach VV 9000ff.

Betreuer: *Nicht* zu VV 7008 zählt diejenige Vergütung, die der Anwalt nicht als solcher erzielt hat, sondern in einer der in § 1 II genannten Eigenschaften, etwa: Als Betreuer, Pfleger oder Vormund nach § 3 I VBVG, Anh § 1 JVEG, Teil V dieses Buchs (zusätzlich Umsatzsteuer nach § 1 I 3 VBVG möglich), es sei denn, daß das Gericht den Anwalt gerade wegen seiner Berufsstellung und wegen seiner Rechtskenntnis zum Vormund usw bestellt hat, BGH NJW **75**, 210, BFH **132**, 136.

Dokumentenpauschale: Rn 8 „Auslagen".

Erfolgsaussichtsprüfung: Ersetzen muß der Auftraggeber die Umsatzsteuer auf die Gebühr VV 2103.

Gebühren: Ersetzen muß der Auftraggeber die Umsatzsteuer auf alle Gebühren.

7008 VV

Gläubigerausschuß: *Nicht* zu VV 7008 zählt eine solche Vergütung, die der Anwalt nur als ein Mitglied dieses Gremiums erhält, soweit nicht auch ein solches einen Anwalt einschalten müßte.

Hausverwalter: *Nicht* zu VV 7008 zählt diejenige Vergütung, die der Anwalt nur als Hausverwalter erhält, FG Mü EFG **81**, 53, soweit nicht auch ein solcher einen Anwalt einschalten müßte.

Honorarvereinbarung: Ersetzen muß der Auftraggeber die Umsatzsteuer für eine nach § 3a vereinbarte Vergütung.

Insolvenzverwalter: *Nicht* zu VV 7008 zählt diejenige Vergütung, die der Anwalt nur als Insolvenzverwalter erhält, soweit nicht auch ein solcher einen Anwalt einschalten müßte. 10

Kleinunternehmer: Ein nicht optierender Kleinunternehmer mit einem nach § 19 I UStG errechneten Umsatz im Vorjahr von höchstens 16 620 EUR und einem voraussichtlichen diesjährigen Umsatz von grundsätzlich höchstens 50 000 EUR ist *umsatzsteuerfrei*, soweit er nicht dem Finanzamt gegenüber auf die Anwendung des § 19 I UStG verzichtet hat. Er kann daher vom Auftraggeber weder den Ersatz einer Umsatzsteuer noch einen Ausgleichsbetrag fordern und hat nach Rn 6 auch nicht die Möglichkeit eines Vorsteuerabzugs.

Nachlaßverwalter: *Nicht* zu VV 7008 zählt eine solche Vergütung, die der Anwalt nur als Nachlaßverwalter erhält, soweit nicht auch ein solcher einen Anwalt einschalten müßte.

Pfleger: Rn 8 „Betreuer", aM FG Münst EFG **81**, 53.

Reisekosten: Rn 8 „Auslagen".

Schiedsrichter: *Nicht* zu VV 7008 zählt eine solche Vergütung, die der Anwalt nur als Schiedsrichter erhält, soweit nicht auch ein solcher einen Anwalt einschalten müßte.

Schriftstellerische Tätigkeit: Ersetzen muß der Auftraggeber die Umsatzsteuer für eine auftragsgemäße anwaltliche schriftstellerische Tätigkeit.

Taxi: Ersetzen muß der Auftraggeber die Umsatzsteuer für ein Taxi und nicht nur für ein öffentliches Verkehrsmittel, LG Bln JB **99**, 526. 11

Telekommunikation: Rn 8 „Auslagen".

Testamentsvollstrecker: *Nicht* zu VV 7008 zählt diejenige Vergütung, die der Anwalt nur als Testamentsvollstrecker erhält, soweit nicht auch ein solcher einen Anwalt einschalten müßte.

Treuhänder: *Nicht* zu VV 7008 zählt eine solche Vergütung, die der Anwalt nur als Treuhänder erhält, soweit nicht auch ein solcher einen Anwalt einschalten müßte.

Vormund: Rn 8 „Betreuer".

Vorschuß: Ersetzen muß der Auftraggeber die auf einen Vorschuß anfallende Umsatzsteuer, soweit der Anwalt ihn nicht als fremdes Geld behandelt hat, sondern ihn mit anderen Einnahmen vermischt hat.

Zinsen: *Nicht* zu VV 7008 zählen Zinsen, Rn 7 „Verzugszinsen".

Zwangsverwalter: *Nicht* zu VV 7008 zählt eine solche Vergütung, die der Anwalt nur als Zwangsverwalter erhält, soweit nicht auch ein solcher einen Anwalt einschalten müßte.

E. Höhe der Umsatzsteuer. Die Steuer beträgt grundsätzlich seit 1. 1. 07 19%, soweit der Anwalt „nur" freiberuflich tätig ist, Stgt WoM **08**, 428. 12

Die Steuer beträgt jedoch nach § 12 II Z 7c UStG nur 7%, soweit der Anwalt eine 13 solche Leistung erbringt, die zumindest auch nicht nur völlig der freiberuflichen Tätigkeit untergeordnet ein *nach dem UrhG geschütztes Werk* darstellt, und soweit der Anwalt dem Auftraggeber auch gerade ein Nutzungsrecht einräumt. Diese Situation kann zwar zB bei einem wissenschaftlich begründeten Gutachten nach § 34 I 1, VV 2103 vorliegen. Das gilt auch dann, wenn der Anwalt es im Auftrag des Mandanten für einen Rechtsstreit erstattet. § 45 I UrhG steht nicht entgegen. Freilich ist diese Nutzungsrechtseinräumung nicht die Regel, Bundesfinanzminister DB **82**, 572.

Für den Steuersatz ist nach § 13 I Z 1 UStG grundsätzlich der Zeitpunkt der 14 *Fälligkeit* der Vergütung nach § 8 maßgeblich, Kblz JB **99**, 304, OVG Münst DGVZ **09**, 933, Enders JB **07**, 131, aM Düss JB **93**, 289, FG Saarbr EFG **84**, 253, Meyer MDR **93**, 10 (Zeitpunkt der Leistungsausführung). Der Zeitpunkt der Leistungsausführung fällt freilich meist mit der Fälligkeit zusammen, Düss MDR **83**, 142, Kblz JB **07**, 316, Stgt WoM **08**, 428. Bei einer Teilleistung kommt es im bloßen Vorschußfall auf dessen Abrechnungszeitpunkt an, Düss MDR **83**, 142, Kblz Rpfleger **83**, 175, Schlesw JB **83**, 233, aM Henke AnwBl **06**, 754 (Endabrechnung. Aber auch ein Vorschuß ist ein Leistungsentgelt).

15 Ein Ersatzanspruch besteht nach Rn 23 nicht wegen der auf die *Zinsen* entfallenden Umsatzsteuer.

16 **F. Kostenerstattung.** Man muß den in VV 7008 geregelten Ersatzanspruch im Innenverhältnis zwischen dem Anwalt und dem Auftraggeber nach Rn 8 ff von dem etwaigen Erstattungsanspruch des Auftraggebers gegenüber seinem Prozeßgegner nach § 91 ZPO oder dem Erstattungsanspruch des beigeordneten Anwalts gegenüber dem Prozeßgegner des Auftraggebers nach § 126 ZPO unterscheiden.

17 Im *Außenverhältnis nach § 91 II ZPO* kann ein Erstattungsanspruch wegen der Umsatzsteuer grundsätzlich nur bestehen, soweit der Auftraggeber die gerade wegen dieses Streitgegenstands nach BLAH § 2 ZPO Rn 4 tatsächlich entstandene Umsatzsteuer nach § 104 II 3 ZPO zweifelsfrei *nicht als Vorsteuer abziehen* kann, BVerfG NJW **96**, 383 (es meint, der Gesetzgeber habe inzwischen gegen den BFH entschieden. Das Gegenteil ist richtig), BGH AnwBl **12**, 664, Düss JB **02**, 590. Es reicht nicht die bloße Angabe solcher Tatsachen, aus denen sich das Fehlen der Berechtigung zum Vorsteuerabzug ergeben soll oder kann, Brschw MDR **95**, 321, OVG Greifsw MDR **96**, 753. Ebensowenig reicht die Erklärung, der Antragsteller wolle keine Vorsteuer geltend machen, KG AnwBl **95**, 151, Mü MDR **95**, 102. Eine Ausnahme von diesem Grundsatz gilt in einer eigenen Anwaltssache, BGH GRUR **05**, 272, BFH **120**, 333, Mü MDR **03**, 177, aM LG Bln Rpfleger **77**, 220. Die Erklärung muß nachvollziehbar begründet sein.

18 **G. Beispiele zur Frage einer Kostenerstattung**
Anmeldung: *Nicht* erstattbar ist Umsatzsteuer schon auf Grund ihrer bloßen Anmeldung ohne eine nachvollziehbare Begründung, Celle NdsRpfl **95**, 105, Jena OLGR **95**, 227, aM AG Bln-Charlottenb JB **96**, 428 (abl Hansens).
Auftraggeber Auslandsunternehmen: Eine solche ausländische Partei, die ein Unternehmen ist und ihren Sitz im Ausland hat, kann zu dem Kostenanspruch ihres inländischen Anwalts als ProzBev oder Verkehrsanwalt vor einem inländischen Gericht grundsätzlich nicht die Erstattung von Umsatzsteuer fordern, Kblz JB **91**, 246, LG Ffm AnwBl **86**, 406, AG Hof Rpfleger **02**, 536. Eine Ausnahme kann dann gelten, wenn die Partei im EU-Ausland wohnt und nicht als Unternehmerin auftritt, Düss RR **93**, 704, Zweibr Rpfleger **99**, 41. Zum gesonderten Ausweis der Umsatzsteuer gegenüber einem ausländischen Auftraggeber Hansch AnwBl **87**, 527 (Üb).

19 **Gegner Ausländer:** Erstattbar sein kann die Umsatzsteuer des Anwalts auch dann, wenn der Gegner des Auftraggebers als Ausländer nicht umsatzsteuerpflichtig ist, Ffm Rpfleger **84**, 116, Kblz NJW **92**, 641.
Auslandsbezug: Schneider MDR **06**, 374 (Üb).

20 **Eigene Berufssache:** *Nicht* erstattbar ist die Umsatzsteuer grds, soweit der Anwalt in einer eigenen beruflichen und nicht privaten Angelegenheit tätig war, BFH **120**, 133, Düss JB **94**, 299, LG Bre Rpfleger **91**, 390, aM Düss MDR **93**, 483, LG Bln Rpfleger **77**, 220.
Eigene Privatsache: Erstattbar ist die Umsatzsteuer beim sog Eigenverbrauch bei der Vertretung in einer eigenen Privatangelegenheit, Hamm AnwBl **86**, 452, OVG Münst AnwBl **89**, 399, aM Hamm MDR **85**, 683.

21 **Fälligkeit:** Maßgebend ist stets der Zeitpunkt der Fälligkeit.
Fiktive Umsatzsteuer: *Nicht* erstattbar ist eine solche Forderung, Kblz AnwBl **79**, 116.

22 **Prozeßkostenhilfe:** Im Außenverhältnis nach § 126 ZPO kann der beigeordnete Anwalt vom Prozeßgegner des Auftraggebers die Umsatzsteuer unabhängig von einer Berechtigung des Auftraggebers zum Vorsteuerabzug erstattet fordern, Düss JB **93**, 29, Kblz MDR **97**, 889. Auch die entsprechende Berechtigung des erstattungspflichtigen Prozeßgegners ist hier unerheblich, Karlsr MDR **92**, 191.
Steuersatz: Auch für die Erstattbarkeit ist der Steuersatz nach Rn 14 maßgebend.

Streitgenossen: Bei solchen unterliegenden Streitgenossen nach §§ 59 ff ZPO, von 23
denen nur einer zum Abzug von Vorsteuer berechtigt ist, kann der Sieger in derselben Angelegenheit nach § 15 Rn 9 und bei gleichem Gegenstand nach § 15 Rn 12 wegen ihrer gesamtschuldnerischen Haftung nach seinem Belieben auch den nicht zum Abzug Berechtigten in Anspruch nehmen und insoweit die Umsatzsteuer erstattet fordern, BGH NJW **06**, 774, Hamm Rpfleger **92**, 220, LG Aachen Rpfleger **94**, 127, aM Bbg JB **93**, 89, Schlesw JB **97**, 644, Stgt Rpfleger **96**, 82 (aber man muß aus dem Wahlrecht des § 421 S 1 BGB dann auch hier die Konsequenzen ziehen). Bei unterschiedlichen Gegenständen kommt nur die Erstattung des im Innenverhältnis anfallenden Anteils in Betracht, LG Bln JB **97**, 428.

Verzugszinsen: *Nicht* erstattbar ist eine ja gar nicht entstehende Umsatzsteuer nach Rn 7 „Verzugszinsen".

Keine Vorsteuer des Gegners: Erstattbar sein kann die Umsatzsteuer des Anwalts auch dann, wenn der Gegner des Auftraggebers nicht Vorsteuer abziehen kann, Karlsr MDR **92**, 191.

XI. Gesetz über Kosten der Gerichtsvollzieher (Gerichtsvollzieherkostengesetz – GvKostG)

vom 19. 4. 01, BGBl 623, zuletzt geändert durch Art 12 EuKoPfVODG v 21. 11. 16, BGBl 2591

Grundzüge

Schrifttum: (teils zum alten Recht): *Glenk* NJW **14**, 2315 (Stellung des Gerichtsvollziehers); *Meyer,* GvKostG, (Kommentar) 2005; *Meyer* JB **13**, 530; *Richter* DGVZ **13**, 169 (je: Üb zum 2. KostRModG); *Schröder-Kay,* Das Kostenwesen der Gerichtsvollzieher, 13. Aufl 2014, bearbeitet von *Gerlach und Winter; Richter* DGVZ **13**, 169 (Üb); *Winterstein,* Das Pfändungsverfahren des Gerichtsvollziehers, 1994; *Zuhn,* „Winterstein" Gerichtsvollzieherkostenrecht, (Kommentar, Loseblattausgabe), 12. Aufl seit 2013. Rechtspolitisch *Schönrock* DGVZ **14**, 249 und **16**, 243.

Gliederung

1) **Geschichtliches; Rechtspolitik**	1–7
2) **(Amtliche) Inhaltsübersicht**	8
3) **Regelungszweck**	9
4) **Grundsatzfragen**	10–19
A. Begriffe	10
B. Bundesrechtliche und ergänzende landesrechtliche Regelungen	11
C. Durchführungsbestimmungen der Länder (DB-GvKostG)	12
D. Staatskasse als Gläubiger	13
E. Bürokosten	14
F. Amtshandlung	15
G. Beitreibung	16
H. Vorschuß	17
I. Nichterhebung	18
J. Stundung	19

Schrifttum: *Seip* DGVZ **01**, 17, 40 und 70 (je: Üb).

1) Geschichtliches; Rechtspolitik. Über die Entwicklung bis Dezember 2016 **1–7** unterrichtet die 47. Aufl.

Weitere Änderungen ergaben sich bisher nicht.

2) (Amtliche) Inhaltsübersicht   **8**

Abschnitt 1. Allgemeine Vorschriften

	§§
Geltungsbereich	1
Kostenfreiheit	2
Auftrag	3
Rechtsbehelfsbelehrung	3a
Vorschuss	4
Kostenansatz, Erinnerung, Beschwerde, Gehörsrüge	5
Nachforderung	6
Nichterhebung von Kosten wegen unrichtiger Sachbehandlung	7
Verjährung, Verzinsung	8
Höhe der Kosten	9

Abschnitt 2. Gebührenvorschriften

Abgeltungsbereich der Gebühren	10
Tätigkeit zur Nachtzeit, an Sonnabenden, Sonn- und Feiertagen	11
Siegelungen, Vermögensverzeichnisse, Proteste und ähnliche Geschäfte	12

Abschnitt 3. Auslagenvorschriften

Erhöhtes Wegegeld	12a

Abschnitt 4. Kostenzahlung

Kostenschuldner	13
Fälligkeit	14
Entnahmerecht	15
Verteilung der Verwertungskosten	16
Verteilung der Auslagen bei der Durchführung mehrerer Aufträge	17

GvKostG Grdz vor § 1 XI. G über Kosten der GVz

Abschnitt 5. Übergangs- und Schlussvorschriften

§§
Übergangsvorschrift 18
Übergangsvorschrift aus Anlass des Inkrafttretens dieses Gesetzes 19
(aufgehoben) 20

Anlage. Kostenverzeichnis

9 **3) Regelungszweck.** Infolge der eigenartigen Kombination von einem festen Grundgehalt und je nach der Arbeitskraft hinzutretenden wechselnd hohen Gebühren, soweit sie dem Gerichtsvollzieher zufließen, läßt sich die Frage einer insgesamt angemessenen Vergütung nicht allein nach dem GvKostG beantworten. Immerhin zeigt dessen Gebührensystem die Bemühung um leistungs- und verantwortungsgerechte Sätze. Ihre Richtigkeit ist freilich im einzelnen vielfach diskutabel.

Die *Auslegung* sollte sowohl vor einer zur Oberflächlichkeit führenden Unterbezahlung als auch vor dem Gefühl bewahren, daß zunächst oft ein vorschußpflichtiger Gläubiger und im Ergebnis dann der Schuldner nun auch noch in der Zwangsvollstreckung übermäßig zur Kasse gebeten wird. Der Gerichtsvollzieher ist zwar wie der Anwalt ein Organ der Rechtspflege. Er ist aber kein reiner Freiberufler. Auch das sollte man bedenken.

10 **4) Grundsatzfragen.** Man muß zahlreiche Aspekte beachten.

A. Begriffe. Auch das GvKostG spricht nach § 1 I von Kosten und versteht darunter Gebühren und Auslagen.

Grundlage sind die Besoldungsgesetze. Die Verordnungen geben dem Gerichtsvollzieher einen entsprechenden Anspruch nur gegenüber dem Dienstherrn, BVerwG NJW **83**, 897, nicht gegenüber derjenigen Partei, auf deren Antrag er tätig wird, Bach DGVZ **90**, 166, und auch nicht gegenüber deren Prozeßgegner. Zu Einzelfragen Kühn DGVZ **98**, 73.

11 **B. Bundesrechtliche und ergänzende landesrechtliche Regelungen.** Im Gegensatz zu § 1 RVG, aber in Übereinstimmung mit § 1 I 1 GKG, § 1 S 1 FamGKG und mit §§ 1 I GNotKG, 1 I 2 JVEG, Teile I A, B, III, V dieses Buchs, entsteht nach dem GvKostG ausdrücklich kein Vergütungsanspruch, soweit das Gesetz ihn nicht ausdrücklich vorsieht. Das gilt auch für Auslagen. Eine Tätigkeit des Gerichtsvollziehers ist also kostenfrei, soweit das GvKostG nicht etwas anderes vorschreibt, LG Gießen DGVZ **89**, 185. Es besteht mithin wie im gesamten Kostenrecht schon wegen des Wortes „nur" in § 1 I auch ein Analogieverbot zulasten eines etwaigen Kostenschuldners, BVerfG **34**, 366, Lappe Rpfleger **84**, 339, Schröder-Kay 3, aM Lorenz DGVZ **98**, 184 (mit rechtshistorischer Argumentation. Zu ihrer Problematik BLAH Einl III 42).

Länderrecht gilt nur ergänzend und in einigen Bundesländern, zB nach § 12 Im KVG v 301, 410, 411:

Baden-Württemberg:
Bayern:
Berlin:
Brandenburg:
Bremen:
Hamburg: GVVergO v 16. 12. 15, GVBl 408;
Hessen: GVVergO zuletzt v. 24. 7. 17, GVBl 274;
Mecklenburg-Vorpommern:
Niedersachsen:
Nordrhein-Westfalen:
Rheinland-Pfalz: VO v. 29. 3. 17, GVBl 83;
Saarland:
Sachsen:
Sachsen-Anhalt:
Schleswig-Holstein: VO v 7. 12. 16, GVBl 960;
Thüringen: VO zuletzt v 24. 10. 16, GVBl 521.

Grdz vor § 1 GvKostG

C. Durchführungsbestimmungen der Länder (DB-GvKostG). Sie und die 12
Gerichtsvollzieherordnung (GVO) und die Geschäftsanweisung für Gerichtsvollzieher
(GVGA) in der jeweiligen bundeseinheitlichen Neufassung zum 1. 9.
13, zB in Schleswig-Holstein SchlHA 324, sind landesrechtliche Verwaltungsbestimmungen zur Ergänzung des Gesetzes. Sie binden den Gerichtsvollzieher bis zu einer abweichenden Weisung des Gläubigers als des Herrn der Zwangsvollstreckung nach BLAH Grdz 7 vor § 704 ZPO oder bis zur Rechtskraft oder vorläufigen Vollstreckbarkeit einer abweichenden Entscheidung des Gerichts, VGH Mü DGVZ **04**, 25, und die mit dem Gesetz befaßten Verwaltungsstellen, Köhler DGVZ **81**, 179 (zum alten Recht). Sie binden aber nicht das Gericht, obwohl sie ihm wertvolle Dienste leisten, LG Frankenth DGVZ **04**, 187, LG Kblz DGVZ **82**, 77 (zum alten Recht). Die DB-GvKostG sind bundeseinheitlich unter dem 1. 5. 01 eingefügt worden (Vorgänger: Gerichtsvollzieherkostengrundsätze – GvKostGr –). Sie wurden mehrfach geändert, zuletzt rückwirkend zum 1. 1. 14. Sie sind in den Bundesländern wie folgt veröffentlicht worden. Mehrere Anpassungen an das 2. KostRModG sind rückwirkend zum 1. 1. 13 und sodann zum 1. 1. 14 erfolgt.

Baden-Württemberg: VwV zuletzt vom 30. 11. 15, Just **16**, 30;
Bayern: Bek zuletzt vom 20. 12. 13, JMBl **14**, 8;
Berlin: AV zuletzt vom 20. 12. 13, ABl **14**, 63;
Brandenburg: AV zuletzt vom 7. 1. 14, JMBl 6;
Bremen: AV v 31. 5. 01, 5653;
Hamburg: AV zuletzt vom 23. 12. 13, JVBl **14**, 7;
Hessen: RdErl zuletzt vom 16. 12. 14, JMBl **15**, 12;
Mecklenburg-Vorpommern: VwV zuletzt vom 29. 7. 14, ABl 981;
Niedersachsen: AV zuletzt vom 18. 12. 13, NdsRpfl **14**, 10;
Nordrhein-Westfalen: AV zuletzt vom 20. 12. 13, JMBl **14**, 12;
Rheinland-Pfalz: VV zuletzt vom 8. 12. 15, GVBl 437;
Saarland: AV zuletzt vom 20. 12. 13, ABl 32;
Sachsen: VwV zuletzt vom 11. 12. 13, JMBl 327;
Sachsen-Anhalt: AV zuletzt vom 19. 12. 13, JMBl **14**, 21;
Schleswig-Holstein: AV zuletzt vom 27. 11. 17, SchlHA 458;
Thüringen: VO zuletzt v 9. 9. 15, GVBl 146.

Die DB-GvKostG sind in den einschlägigen Stellen nachfolgend abgedruckt. Dabei ist die für Schleswig-Holstein veröffentlichte Fassung zugrundegelegt worden.

D. Staatskasse als Gläubiger. Die gesetzlichen öffentlichrechtlichen Gebühren 13
der Tätigkeit des Gerichtsvollziehers fließen in die Staatskasse. Sie ist ihr unmittelbarer Gläubiger, BGH DGVZ **01**, 75, BVerwG NVwZ-RR **10**, 445, LG Konst DGVZ **02**, 139. Die Fassung des Gesetzes trägt diesem Rechtsverhältnis Rechnung. Das Gesetz bezeichnet sich demgemäß auch nicht mehr als eine Gebührenordnung „für" die Gerichtsvollzieher. Es regelt nur die Rechtsbeziehungen zwischen der Staatskasse und dem Kostenschuldner, nicht jedoch das Rechtsverhältnis zwischen der Staatskasse und dem Gerichtsvollzieher, BVerwG NJW **83**, 897. Nicht der Gerichtsvollzieher „erhält" die Gebühr. Sie wird vielmehr „erhoben". Daher ist er auch weder aktivnoch passivlegitimiert. § 34 ZPO ist ihn betreffend gegenstandslos, BLAH dort Rn 5.

E. Bürokosten, dazu BVerwG DGVZ **82**, 151, *Götze/Füßer* DGVZ **05**, 17 (Üb), 14
krit), *Lienau* DGVZ **02**, 129, *Redaktion* DGVZ **03**, 142 (auch rechtspolitisch): Der Bund und die Länder billigen den Gerichtsvollziehern dienst- und besoldungs-, nicht also kostenrechtlich Anteile an den von diesen vereinnahmten Gebühren zur Abgeltung ihrer Bürokosten zu:

Bund: VO vom 8. 7. 76, BGBl 1783;
Baden-Württemberg: VO vom 18. 11. 75, GBl 832, zuletzt geändert am 3. 12. 10, GBl 1043;
Bayern: VO vom 25. 11. 87, GVBl 447, zuletzt geändert am 29. 11. 07, GVBl 827; dazu BVerwG NVwZ **04**, 1337;
Berlin: VO vom 4. 12. 87, GVBl 2734, zuletzt geändert am 12. 11. 08, GVBl 404;
Brandenburg: AV vom 21. 9. 92, JMBl 154, geändert am 23. 12. 97, JMBl 200;
Bremen: VO vom 3. 11. 87, GBl 287, zuletzt geändert am 7. 8. 14, GBl 96;

Hamburg: VO vom 19. 12. 78, GVBl 425, zuletzt geändert am 16. 12. 15, GVBl 408;
Hessen: VO vom 23. 12. 86, GVBl 454, zuletzt geändert am 13. 12. 12, GVBl **13**, 3;
Mecklenburg-Vorpommern: VO vom 2. 9. 92, GVBl 557, zuletzt geändert am 5. 7. 10, GVBl 406;
Niedersachsen: VO vom 22. 3. 89, GVBl 65, zuletzt geändert am 5. 7. 16, GVBl 143; vgl auch OVG Lüneb DGVZ **05**, 155;
Nordrhein-Westfalen: VO vom 23. 12. 86, GVBl 746, zuletzt geändert am 25. 8. 14, GVBl 491;
Rheinland-Pfalz: VO vom 22. 2. 89, GVBl 59, zuletzt geändert am 27. 11. 13, GVBl 504;
Saarland: VO vom 18. 11. 88, ABl 1290, zuletzt geändert am 3. 9. 08, ABl 1546;
Sachsen: VO vom 7. 10. 92, GVBl 480, zuletzt geändert am 27. 7. 09, GVBl 479. Das ist dort verfassungsgemäß, OVG Bautzen DGVZ **06**, 8;
Sachsen-Anhalt: VO vom 17. 3. 92, GVBl 165, zuletzt geändert am 24. 10. 08, GVBl 376;
Schleswig-Holstein: VO vom 13. 5. 77, GVBl 347, zuletzt geändert am 3. 9. 14, GVBl 227;
Thüringen: VO vom 17. 6. 92, GVBl 350, geändert am 18. 8. 09, GVBl 751.

15   F. **Amtshandlung.** Der Gerichtsvollzieher steht also entgegen dem Wortlaut von § 3 und entgegen dem Wortlaut von § 754 I ZPO („Vollstreckungsauftrag") in keinem bloßen Auftragsverhältnis zur Partei, sondern handelt nach § 3 Rn 3 ff auf deren Veranlassung oder nach § 3 Rn 5 von Amts wegen als ein Beamter durch eine Amtshandlung, BGH **142**, 80, BVerwG NJW **83**, 897 und 899, VG Freibg NVwZ-RR **05**, 598 (ausf), BLAH § 753 ZPO Rn 1 ff und Üb 3 vor § 154 GVG. Deshalb darf er auch keinen sachlichrechtlichen Honorarvertrag mit der einen, der anderen oder mit beiden Parteien schließen. Zumindest braucht er eine Genehmigung des Dienstvorgesetzten oder des Gerichts, aM Schneider DGVZ **82**, 37.

Er kann aber zB als der Vertreter des Fiskus einen privatrechtlichen *Lagervertrag* mit einem Dritten abschließen, BGH **142**, 80, BLAH § 885 ZPO Rn 29. Zu seinem eigenartigen Verhältnis zwischen der Dienstaufsicht und dem Bezirksrevisor bei der Kostenberechnung Polzius DGVZ **02**, 33 (Üb). Eine Dienstanweisung läßt sich verwaltungsgerichtlich überprüfen, VGH Mü DGVZ **03**, 123, VG Freibg NVwZ-RR **05**, 598 (ausf), aM VGH Mü DGVZ **04**, 25 (!?). Eine Haftung kommt nach Art 34 GG, § 839 I, III BGB in Betracht, Kühn DGVZ **93**, 71. Der Gerichtsvollzieher kann bei einer Überlastung nach der Dringlichkeit vorgehen und planvoll die Arbeit anwachsen lassen, muß das aber anzeigen, BVerfG NVwZ-RR **08**, 505. Wegen einer Rückforderung des als Bürokostenentschädigung gewährten Gebührenanteils infolge einer rückwirkenden Schlechterstellung des Gerichtsvollziehers VG Halle DGVZ **07**, 87.

16   G. **Beitreibung.** Die Beitreibung der Kosten des Gerichtsvollziehers erfolgt im Verwaltungszwangsverfahren durch die Gerichtskasse. Das gilt, soweit die Kosten nach § 1 I Z 7 JBeitrG, Teil IX A dieses Buchs, selbständig oder gleichzeitig mit einem nach dem JBeitrG vollstreckbaren Anspruch bei dem Auftraggeber oder bei dem Ersatzpflichtigen beigetrieben werden.

Wenn der Gerichtsvollzieher auf Grund eines Vollstreckungstitels zugunsten des Auftraggebers vollstreckt, treibt er gleichzeitig die *Kosten* der Vollstreckung nach § 788 I 1 ZPO, § 95 FamFG bei. Soweit er Kosten der Vollstreckung einzieht, unterliegt er grundsätzlich uneingeschränkt der Dienstaufsicht, BVerwG NJW **83**, 898. Die Dienstaufsicht kann sich evtl sogar teilweise auf Richtlinien zur Rechtmäßigkeit einer Gebührenerhebung erstrecken, VGH Mü DGVZ **03**, 21. Freilich bestehen hier klare Grenzen durch das GvKostG als ein vorrangiges Bundesgesetz. Diese Grenzen muß auch der Dienstgesetzte selbstverständlich respektieren. Der Gerichtsvollzieher darf nicht seine Eigenverantwortlichkeit verlieren, BVerwG NJW **83**, 898. Eine rechtswidrige Anweisung kann einen Folgenbeseitigungsanspruch des Gerichtsvollziehers auslösen, VG Mü DGVZ **03**, 27.

17   H. **Vorschuß.** Eine Sicherung des Anspruchs auf die Bezahlung der Kosten des Gerichtsvollziehers liegt darin, daß er seine Amtshandlung im Rahmen des § 4 von der Zahlung eines Vorschusses in Höhe der voraussichtlichen Kosten abhängig machen darf.

Abschnitt 1. Allgemeine Vorschriften   **Grdz vor § 1, § 1 GvKostG**

I. Nichterhebung. Die Niederschlagung von Gebühren oder Auslagen ist nach § 7 möglich. 18

J. Stundung. Eine Stundung kann nach der VO vom 20. 3. 35 in Verbindung mit §§ 76 III, 94 JKassO durch den Behördenvorstand derjenigen Gerichtskasse erfolgen, der die Kosten zufließen. Der Gerichtsvollzieher kann eine Stundung nicht persönlich gewähren. Eine Prozeß- oder Verfahrenskostenhilfe befreit im gerichtlich festgesetzten Umfang nach § 122 I Z 1 a ZPO, §§ 76 ff FamFG den Auftraggeber nach § 3 I 1 auch von den Kosten für eine Zustellung oder für eine Vollstreckungshandlung. Dem Gerichtsvollzieher werden aber seine vereinnahmten Barauslagen nach § 7 II GVO überlassen. Vgl auch § 16 GvKostG. 19

Abschnitt 1. Allgemeine Vorschriften

Geltungsbereich

1 ^I Für die Tätigkeit des Gerichtsvollziehers, für die er nach Bundes- oder Landesrecht sachlich zuständig ist, werden Kosten (Gebühren und Auslagen) nur nach diesem Gesetz erhoben.

^{II} Landesrechtliche Vorschriften über die Kosten der Vollstreckung im Verwaltungszwangsverfahren bleiben unberührt.

DB-GvKostG Nr. 1. Die Gerichtsvollzieherkosten (GV-Kosten) werden für die Landeskasse erhoben.

Gliederung

1) Systematik, I, II	1
2) Regelungszweck, I, II	2
3) Sachlicher Geltungsbereich, I, II	3, 4
A. Tätigkeit gerade als Gerichtsvollzieher	3
B. Sachliche Zuständigkeit	4
4) Persönlicher Geltungsbereich, I, II	5
5) Kosten, I	6–8
A. Pauschalen	6
B. Enge Auslegung	7
C. Einziehung, Beitreibung	8

1) Systematik, I, II. Zum bundesrechtlich abschließenden Charakter des Gesetzes Grdz 11 vor § 1. Der landesrechtliche Vorbehalt ändert an der bundesrechtlich abschließenden Regelung nach Art 74 I Z 1 GG nichts. 1

2) Regelungszweck, I, II. Schon aus dem Wortlaut von § 1 folgt die Notwendigkeit einer einschränkenden Auslegung zulasten des Kostenschuldners und die Befugnis einer weiten Auslegung zu seinen Gunsten, AG Augsb JB 02, 94. Das entspricht auch dem klaren Zweck der Kostendämpfung und dem Ziel der Rechtssicherheit. Das Gesetz dient nicht der Existenzsicherung des Gerichtsvollziehers, sondern ergänzt diese anderweitig geschaffene Sicherheit. 2

Unrichtige Sachbehandlung darf nicht auch noch auf direkte Kosten der Parteien stattfinden. Sie haben dort indirekt genug Ärger und Aufwand infolge einer sachlichen Unzuständigkeit des Vollstreckungsorgans mit seinen ja zunächst einmal trotz aller Fehlerhaftigkeit gültigen Staatsakten. Auch deshalb ist entsprechend dem ohnehin vorhandenen Grundgedanken nach Grdz 8 vor § 1 eine solche Auslegung notwendig, die beim auch nur gering begründeten Zweifel zugunsten des jeweiligen Kostenschuldners ausfällt.

3) Sachlicher Geltungsbereich, I, II. Es müssen zwei Voraussetzungen zusammentreffen. 3

A. Tätigkeit gerade als Gerichtsvollzieher. Das GvKostG gilt nur, soweit der Gerichtsvollzieher als solcher kraft Gesetzes oder auf Grund einer Verwaltungsvorschrift tätig wird. Das gilt unabhängig davon, ob diese eine Gebühr vorsieht. Freilich gehört dann auch ein Nebengeschäft gerade der amtlichen Tätigkeit dazu. Mangels einer Gebühren- oder Auslagenvorschrift wird der Gerichtsvollzieher in dieser amtlichen Eigenschaft kostenlos tätig.

Das GvKostG gilt also *nicht*, soweit er als ein Treuhänder oder Sequester zB nach § 938 ZPO amtiert, also bei einer selbständigen Verwaltung und Verwahrung, BGH Rpfleger

2111

GvKostG § 1   XI. G über Kosten der GVz

01, 140, LG Mönchengladb DGVZ **82**, 122, Gleußner DGVZ **96**, 33. Das gilt selbst dann, wenn diese Bestellung durch das Gesetz erfolgt, Bre JB **99**, 327. Dann gelten die Vergütungsordnung für Insolvenzverwalter, SchlAnh E dieses Buchs, und hilfsweise evtl §§ 675, 612, 632 BGB entsprechend, BLAH § 938 ZPO Rn 24. Der Antragsgegner oder die Landeskasse haften insoweit nicht, Stgt DGVZ **94**, 87, LG Offenb DGVZ **90**, 11.

Soweit der Gerichtsvollzieher allerdings bei einer Tätigkeit als Treuhänder wiederum *als Vollstreckungsorgan* tätig wird, gilt im Rahmen des § 788 ZPO und des § 95 FamFG wiederum das GvKostG, Schmidt KTS **83**, 637, aM Düss ZIP **93**, 135, LG Trier DGVZ **96**, 29, Meyer 4 (aber er wird auch bei einer „freiwilligen" Mitübernahme doch amtlich tätig). Er darf dann zB einen Vorschuß nur im Rahmen von § 4 fordern.

4 **B. Sachliche Zuständigkeit.** Das GvKostG sieht auch Kostenvorschriften für solche Geschäfte vor, die der Gerichtsvollzieher nur in einzelnen Bundesländern vornehmen darf. Das gilt zB: Für die öffentliche Verpachtung an den Meistbietenden nach KVGv 301; für das tatsächliche Angebot einer Leistung nach KVGv 410; für eine Beurkundung des Leistungsangebots nach KVGv 411; für eine Siegelung oder eine Entsiegelung nach § 12 I; für die Aufnahme eines Vermögensverzeichnisses nach § 12 I; für die Mitwirkung als Urkundsperson bei einer solchen Aufnahme nach § 12 I; für die Empfangnahme einer Wechsel- oder Schecksumme nach § 12 II.

Wenn der Gerichtsvollzieher ein derartiges Geschäft in einem solchen Bundesland vornimmt, das eine solche Tätigkeit dem Gerichtsvollzieher *nicht übertragen* hat, überschreitet er seine Befugnis. Es liegt dann eine unrichtige Sachbehandlung vor. I schließt aber § 7 aus, indem I dann von vornherein keine Kosten entstehen läßt, also keinen Kostenanspruch der Staatskasse zuläßt, auch keinen Auslagenanspruch der Staatskasse, sondern allenfalls einen solchen des Gerichtsvollziehers wegen der Portokosten der Rücksendung nach § 7 II GVO. Zugleich ergibt sich aus dieser Regelung, daß man aus dem GvKostG keine Zuständigkeitsregelung herleiten kann.

5 **4) Persönlicher Geltungsbereich, I, II.** Das GvKostG ist nach Grdz 1 vor § 1 eine bundeseinheitliche Kodifikation des Kostenrechts für die Tätigkeit des Gerichtsvollziehers. Das Entgelt für seine Tätigkeit richtet sich also grundsätzlich nur nach I, II. Wie sich auch aus der allgemeinen Fassung und aus § 11 II JBeitrG ergibt, Teil IX A dieses Buchs, gilt II dann, wenn der Gerichtsvollzieher im Verwaltungszwangsverfahren tätig wird, also auch für andere Behörden als diejenigen der Justiz.

Soweit in den Bundesländern *Vollstreckungsbeamte* der Justizverwaltung im Verwaltungszwangsverfahren für andere als die Justizbehörden tätig werden, gilt II, VG Mü DGVZ **03**, 27 (Erhebung für die Landeskasse), zB in Baden-Württemberg nach § 3 LJustKG. Vgl im übrigen auch die EBAO, Teil IX B dieses Buchs.

6 **5) Kosten, I.** Auch das GvKostG unterscheidet in § 1 I wie § 1 I 1 GKG, § 1 S 1 FamGKG, Teile I A, B dieses Buchs, unter dem Oberbegriff Kosten die Unterbegriffe Gebühren nach KVGv 100 ff, und Auslagen nach KVGv 700 ff. Dem entspricht in § 1 I 1 RVG, Teil X dieses Buchs, der Oberbegriff Vergütung mit den Unterbegriffen Gebühren und Auslagen.

A. Pauschalen. Die Gebühren haben einen Pauschcharakter nach Einl II A 9. Sie gelten also auch Vorbereitungsmaßnahmen und Nebentätigkeiten mangels einer besonderen Bestimmung, zB KVGv 430, bis auf den etwa gesetzlich zusätzlich anrechenbaren zeitlichen Mehraufwand mit ab. Das zeigt KVGv 500. Sie entstehen aber nach KVGv 600 ff nicht für eine erfolglose Amtshandlung oder bei einer vorzeitigen Erledigung des Auftrags, sofern das Gesetz nichts Gegenteiliges bestimmt. Auslagen nach Einl II B 5 können ebenfalls einen Pauschcharakter haben.

7 **B. Enge Auslegung.** Kosten entstehen nur, soweit eine gesetzliche Vorschrift nach dem Bundes- oder Landesrecht zugrundeliegt, AG Solingen DGVZ **09**, 67, OVG Bln DGVZ **83**, 91. Das bedeutet: Man muß das Gesetz eng auslegen, soweit es Gebühren oder Auslagen entstehen läßt, dagegen weit auslegen, soweit es eine Kostenfreiheit, Ausnahmen von der Erstattungspflicht usw nennt. Denn nur so läßt sich das Kostenrisiko übersehen, wie es wegen des Rechtsstaatsprinzips erforderlich ist, BVerfG **34**, 366. Eine Analogie zulasten eines Kostenschuldners ist grundsätzlich unstatthaft, Lappe Rpfleger **84**, 337. Von einer Gebühr darf man nicht nochmals eine Gebühr erheben. Der Gerichtsvollzieher muß bei einer Wahlmöglichkeit zwischen

Abschnitt 1. Allgemeine Vorschriften §§ 1, 2 GvKostG

einer kostenpflichtigen und einer kostenfreien Vorgehensweise pflichtgemäß abwägen und meist die letztere Form wählen.

C. Einziehung, Beitreibung. Für die Einziehung der Kosten des Gerichtsvoll- 8 ziehers entsteht im allgemeinen keine Gebühr. Allerdings ist die Hebegebühr nach KVGv 430 grundsätzlich ausgenommen. Auch soweit eine Geldstrafe, Geldbuße, ein Ordnungs- oder Zwangsgeld beigetrieben werden, gilt wegen der Kosten des Gerichtsvollziehers nach § 11 II JBeitrG, Teil IX A dieses Buchs das GvKostG. Soweit statt des Gerichtsvollziehers ein Vollziehungsbeamter der Justiz eine Beitreibung vornimmt, wird er nach § 6 III JBeitrG anstelle des Gerichtsvollziehers tätig. Dann gilt nach § 11 II JBeitrG das GvKostG entsprechend.

Kostenfreiheit

2 ^{I} ^{1}Von der Zahlung der Kosten sind befreit der Bund, die Länder und die nach dem Haushaltsplan des Bundes oder eines Landes für Rechnung des Bundes oder eines Landes verwalteten öffentlichen Körperschaften oder Anstalten, bei einer Zwangsvollstreckung nach § 885 der Zivilprozessordnung wegen der Auslagen jedoch nur, soweit diese einen Betrag von 5000 Euro nicht übersteigen. ^{2}Bei der Vollstreckung wegen öffentlich-rechtlicher Geldforderungen ist maßgebend, wer ohne Berücksichtigung des § 252 der Abgabenordnung oder entsprechender Vorschriften Gläubiger der Forderung ist.

^{II} ^{1}Bei der Durchführung des Zwölften Buches Sozialgesetzbuch sind die Träger der Sozialhilfe, bei der Durchführung des Zweiten Buches Sozialgesetzbuch die nach diesem Buch zuständigen Träger der Leistungen, bei der Durchführung des Achten Buches Sozialgesetzbuch die Träger der öffentlichen Jugendhilfe und bei der Durchführung der ihnen obliegenden Aufgaben nach dem Bundesversorgungsgesetz die Träger der Kriegsopferfürsorge von den Gebühren befreit. ^{2}Sonstige Vorschriften, die eine sachliche oder persönliche Befreiung von Kosten gewähren, gelten für Gerichtsvollzieherkosten nur insoweit, als sie ausdrücklich auch diese Kosten umfassen.

^{III} Landesrechtliche Vorschriften, die in weiteren Fällen eine sachliche oder persönliche Befreiung von Gerichtsvollzieherkosten gewähren, bleiben unberührt.

^{IV} Die Befreiung von der Zahlung der Kosten oder der Gebühren steht der Entnahme der Kosten aus dem Erlös (§ 15) nicht entgegen.

Gliederung

1) Systematik, I–IV	1
2) Regelungszweck, I–IV	2
3) Befreiung, I	3, 4
A. Grundsatz und Grenzen	3
B. Beispiele zur Frage einer Befreiung, I	4
4) Befreiung, II, III	5, 6
A. Grundsatz und Grenzen	5
B. Beispiele zur Frage einer Befreiung, II, III	6
5) Rechtsfolgen der Befreiung, I–IV	7

1) Systematik, I–IV. Die Kosten des Gerichtsvollziehers fließen nach Grdz 10 **1** vor § 1 der Staatskasse wegen der Tätigkeit eines Gerichtsorgans zu. Daher sind Vorschriften über eine Kostenbefreiung erforderlich. § 2 enthält unterschiedliche Arten von Befreiung. Teilweise gilt eine völlige Freiheit von Kosten nach § 1 I, also von Gebühren und Auslagen, teilweise gilt lediglich eine Gebührenfreiheit. Einzelheiten Krauthausen DGVZ **84**, 4.

Unanwendbar ist § 2 bei einer Prozeß- oder Verfahrenskostenhilfe. Dann gelten zB §§ 122 ff ZPO, 76 ff FamFG vorrangig. Auch eine Stundung nach §§ 4 a ff InsO zählt nicht hierher, ebensowenig ein Kostenerlaß.

2) Regelungszweck, I–IV. Ungeachtet der Notwendigkeit einer Auslegung des **2** GvKostG grundsätzlich zugunsten des jeweiligen Kostenschuldners nach Grdz 8 vor § 1, § 1 Rn 2 dient § 2 doch auch der öffentlichen Hand zwecks einer Dämpfung *ihrer* Kosten. Das darf nun aber auch nicht dazu führen, trotz des in der Zwangsvollstreckung bestehenden Gewaltmonopols gerade seinen Träger auch noch im Zweifel von Kosten zu befreien. Daher ist bei der im Ergebnis tragbaren Regelung, Mügler

GvKostG § 2

BB 92, 798, eine weder zu strenge noch zu großzügige Prüfung der etwaigen Kostenfreiheit und ihrer Unterformen ratsam.

3 **3) Befreiung, I.** *I 1* stimmt inhaltlich weitgehend mit § 2 I GKG und mit § 2 FamGKG überein, Teile I A, B dieses Buchs, dort insbesondere § 2 GKG Rn 8 ff (Fallaufzählung).

A. Grundsatz und Grenzen. Der Bund und die Länder sind von sämtlichen Gebühren und weitgehend auch von den Auslagen des Gerichtsvollziehers befreit, ohne daß das Gesetz das besonders hervorheben muß, BGH 89, 85. Lediglich bei der Zwangsräumung nach § 885 ZPO endet die Auslagenfreiheit, soweit die in I 1 Hs 2 genannte Freigrenze überschritten ist. Daher darf man nur die sie überschreitenden Auslagen erheben. Die grundsätzliche Kostenfreiheit gilt unabhängig davon, ob der Befreite den Gerichtsvollzieher des eigenen oder eines anderen Landes beauftragt.

Sie gilt für *öffentlich- wie privatrechtliche* Angelegenheiten, AG Moers Rpfleger 03, 270. Sie gilt nur, soweit der Bund oder die Länder als Partei auftreten, LG Osnabr DGVZ **07**, 40, AG Altenkirchen DGVZ **90**, 191, AG Bersenbrück DGVZ **91**, 15. Sie gilt ferner nur, soweit sämtliche und nicht nur einzelne Einnahmen und Ausgaben im Haushaltsplan des Bundes oder des Landes stehen, LG Bonn DGVZ **16**, 108, LG Stralsund DGVZ **11**, 34. Soweit eine Körperschaft oder Anstalt einen eigenen Haushalt hat, der nicht im Haushaltsplan des Bundes oder eines Landes erscheint, ist sie nicht kostenbefreit. Das Bundeseisenbahnvermögen ist wie bei § 2 GKG und bei § 2 FamGKG befreit, dort Rn 7, Teile I A, B dieses Buchs.

I 2 klärt, daß bei der Vollstreckung wegen einer öffentlichrechtlichen Geldforderung derjenige eine Kostenfreiheit hat, der ohne eine Berücksichtigung von § 252 AO usw Gläubiger ist. Danach gilt diejenige Körperschaft als Gläubigerin des zu vollstreckenden Anspruchs, der die Vollstreckungsbehörde angehört, LG Lpz DGVZ **05**, 27, LG Ulm DGVZ **05**, 28, AG Ludwigslust DGVZ **05**, 78 (Anspruchsübergang), aM AG Cottbus DGVZ **01**, 79, AG Hildesh DGVZ **04**, 191. Die Unterstellung des § 252 AO, daß die vollstreckende Behörde Gläubiger ist, bewirkt also keine Gebührenfreiheit.

4 **B. Beispiele zur Frage einer Befreiung, I**
Allgemeine Ortskrankenkasse: S „Sozialversicherungsträger".
Amtsnotar: I befreit zB einen solchen badischen Notar *nicht*, AG Mosbach DGVZ **08**, 66.
Berlin: I 1 befreit Berlin in sämtlichen Angelegenheiten, BGH Rpfleger **55**, 157.
Bremen: I 1 befreit Bremen nur in einer Landesangelegenheit, nicht in einer städtischen Sache, BGH Rpfleger **55**, 156.
Bundesagentur für Arbeit: I befreit sie *nicht*, AG Mosbach DGVZ **76**, 158, AG Staufen DGVZ **76**, 63.
Bundesanstalt für vereinigungsbedingte Sonderaufgaben: I befreit sie *nicht*, Müller DGVZ **96**, 58, aM AG Neuruppin DGVZ **96**, 78.
Bundesbank: I befreit sie und ihre Landesstellen *nicht*. Denn sie erscheinen nur bei einer Gewinnabführung im Haushalt.
Bundesversicherungsanstalt für Angestellte: I 1 befreit sie *nicht*. Denn sie hat einen eigenen Haushalt.
Deutsche Bahn AG: I 1 befreit sie *nicht*.
Deutsche Genossenschaftsbank: I befreit sie *nicht*. Denn sie hat einen eigenen Haushalt.
Deutsche Post AG: I 1 betreibt sie *nicht*.
Deutsche Postbank AG: I 1 befreit sie *nicht*.
Deutsches Rotes Kreuz: I befreit es *nicht*, AG Heidelb DGVZ **97**, 46.
Deutsche Telekom AG: I 1 befreit sie *nicht*.
Fernsehanstalt: I befreit sie *nicht*.
Forstverwaltung: I 1 befreit die Zentralstelle in Rheinland-Pfalz *nicht*, AG Pirmasens DGVZ **14**, 47.
Gemeinde: I 1 befreit *nicht* eine Gemeinde, Rn 1 (enge Auslegung), AG Brschw DGVZ **98**, 46. Hier ist das Landesrecht maßgeblich.
Hamburg: I 1 befreit Hamburg in sämtlichen Angelegenheiten, BGH Rpfleger **55**, 156.

Abschnitt 1. Allgemeine Vorschriften § 2 GvKostG

Hauptzollamt: Der Sozialversicherungsträger kann wegen seiner Stellung als Gläubiger einer wirklich öffentlichrechtlichen Forderung nach I 2 eine Befreiung auch dann erreichen, wenn er seine Forderung durch die Einschaltung zB des Hauptzollamts vollstreckt, so schon AG Cottbus DGVZ **01,** 79. Anders liegt es bei einer Vollstreckung durch das Hauptzollamt im Auftrag eines Landesarbeitsamtes, AG Mönchengladb DGVZ **03,** 159.
Hochschule: I 1 befreit eine Hochschule unter den Voraussetzungen Rn 3. Der Landeshaushalt muß also ihr Vermögen mitverwalten, Hamm DGVZ **09,** 18, AG Dietz DGVZ **01,** 95.
Kapitalgesellschaft: I 1 befreit sie *nicht,* selbst wenn sie voll der öffentlichen Hand gehört.
Landesförderinstitut: Dasjenige in Mecklenburg-Vorpommern ist *nicht* kostenfrei, LG Stralsund DGVZ **11,** 34.
Landeshauptmannschaft (Österreich): I 1 befreit sie *nicht,* AG Calv DGVZ **16,** 260.
Landratsamt: I 1 befreit *nicht* ein solches Amt, AG Bautzen DGVZ **09,** 19, AG Freyung DGVZ **86,** 31.
Räumung: Rn 3.
Rundfunkanstalt: I befreit sie *nicht.*
Sozialhilfeträger: I befreit ihn grds *nicht,* LG Mönchengladb JB **09,** 657.
Sozialversicherungsträger: I befreit ihn mit den Ausnahmen Rn 5, 6 grds *nicht.*
Stadtgemeinde: S „Gemeinde".
Studentenwerk: I 1 befreit dasjenige in NRW *nicht,* LG Bonn DGVZ **16,** 108.
Zustellungskosten: Soweit ein siegender Kläger die Kosten für eine Zustellung *ausgelegt* hatte, muß der unterliegende Bund oder das unterliegende Land sie ihm erstatten.

4) Befreiung, II, III. Es gibt auch hier einen Grundsatz und Grenzen. 5
A. Grundsatz und Grenzen. Sonstige bundesrechtliche Vorschriften, die eine sachliche oder persönliche Befreiung von Kosten gewähren, gelten nach II 2 für Gerichtsvollzieherkosten nur insoweit, als sie ausdrücklich auch diese Kosten umfassen, AG Wittenberg DGVZ **09,** 19 (wegen des Deutschen Roten Kreuzes), zB nach § 9 AUG in Verbindung mit § 122 I Z 1a ZPO, Üb 8 vor § 22 GKG, Teil I A dieses Buchs. Das ist kaum je so, zB nicht bei § 64 SGB X, AG Freyung DGVZ **86,** 31. Denn die Kostenbefreiungsvorschriften des Bundes regeln im allgemeinen die Gerichtsvollzieherkosten nicht mit.
Europarechtliche Vorschriften stehen bundesrechtlichen gleich. Das gilt zB bei Art 11 VO (EG) Nr 1393/2007 über die Zustellungskosten, dazu BLAH Einf 3 vor § 1067 ZPO.
Landesrechtliche Vorschriften, die eine sachliche oder persönliche Befreiung von Gerichtsvollzieherkosten enthalten, bleiben nach III unberührt. Die Vorschrift stimmt mit § 2 III 2 GKG und mit § 2 II FamGKG, Teile I A, B dieses Buchs, inhaltlich überein. Eine landesrechtliche Kostenfreiheit wirkt nur in diesem Bundesland, LG Ulm DGVZ **05,** 28, AG Bonn DGVZ **07,** 95, AG Neu-Ulm DGVZ **08,** 67, also nicht in einem anderen oder im Bund. Vgl die Länderübersicht bei § 2 GKG Rn 15. Auch die Kirche und ihre Körperschaften können landesrechtlich hierher zählen, AG Burgwedel DGVZ **09,** 103 (nennt irrig § 3 III statt § 2 III).

B. Beispiele zur Frage einer Befreiung, II, III 6
Berufsgenossenschaft: *Nicht* kostenfrei ist sie, aM AG Hanau DGVZ **89,** 122 (abl Schriftleitung).
Einschaltung eines Befreiten: *Nicht* kostenfrei wird nach Rn 3 grds ein Nichtbefreiter durch eine solche Maßnahme, AG Castrop-Rauxel DGVZ **92,** 142.
Krankenkasse: S „Offenbarungstermin".
Kreisverwaltung: *Nicht* kostenfrei ist sie wegen einer Vollstreckung im Landesauftrag, AG Spaichingen DGVZ **89,** 78.
Kriegsopferfürsorge: *Nur* gebührenfrei sind nach II 1 Hs 4 ihre Träger. Das gilt aber auch nur, soweit sie ihre Aufgaben nach dem BVG erfüllen.
Offenbarungstermin: *Nicht* gebührenfrei ist eine gesetzliche Krankenkasse, soweit sie nur eine Ladung zu ihm beantragt, AG Osnabr DGVZ **89,** 31 (abl Krauthausen Rpfleger **89,** 344).

2115

SGB VIII: Nur gebührenfrei sind nach II 1 Hs 3 die Träger der öffentlichen Jugendhilfe, also im wesentlichen bei einem Unterhaltsanspruch nach § 39 SGB VIII, nicht etwa bei einem bürgerlichrechtlichen Anspruch nach § 13 GVG usw.

SGB XII: Nur gebührenfrei, also nicht auslagenfrei, sind bei seiner Durchführung und daher nicht bei einem bürgerlichrechtlichen Anspruch zB nach § 13 GVG die nach dem SGB II zuständigen Leistungsträger nach II 1 Hs 1, Krauthausen DGVZ **84**, 4. Sozialhilfeträger sind die örtlichen und überörtlichen, von den Kommunen oder von den Ländern bestimmten Behörden.

Nicht gebührenfrei ist der Empfänger der Sozialhilfe, also auch nicht der Ersatzpflichtige zB nach dem SGB XII usw.

Zweckverband: *Nicht* kostenfrei ist er, AG Worms DGVZ **96**, 127.

7 **5) Rechtsfolgen der Befreiung, I–IV.** Bei einer sachlichen Gebührenbefreiung entstehen keine Gebühren. Bei einer persönlichen Kostenfreiheit entsteht zwar ein Kostenanspruch. Der Staat kann ihn aber dem Kostenbefreiten gegenüber nicht geltend machen, Hbg MDR **93**, 183, LG Saarbr DGVZ **80**, 43. Der Gerichtsvollzieher darf aber nach IV wegen der „Kosten" und daher also auch wegen seiner Auslagen zB nach § 15 vorgehen, der nach § 15 Rn 1 unberührt bleibt. Die Landeskasse (Bezirksrevisor) kann durch eine sie im Ergebnis mit Kosten belastende Maßnahme zB der Zwangsvollstreckung beschwert sein. Dann darf sie entsprechend ein Rechtsmittel einlegen, Düss DGVZ **99**, 155. Wegen einer Rückzahlung § 8 IV, vgl auch § 2 GKG Rn 24, Teil I A dieses Buchs.

Auftrag

3 ^I ¹Ein Auftrag umfasst alle Amtshandlungen, die zu seiner Durchführung erforderlich sind; einem Vollstreckungsauftrag können mehrere Vollstreckungstitel zugrunde liegen. ²Werden bei der Durchführung eines Auftrags mehrere Amtshandlungen durch verschiedene Gerichtsvollzieher erledigt, die ihren Amtssitz in verschiedenen Amtsgerichtsbezirken haben, gilt die Tätigkeit jedes Gerichtsvollziehers als Durchführung eines besonderen Auftrags. ³Jeweils verschiedene Aufträge sind die Zustellung auf Betreiben der Parteien, die Vollstreckung einschließlich der Verwertung und besondere Geschäfte nach Abschnitt 4 des Kostenverzeichnisses, soweit sie nicht Nebengeschäft sind. ⁴Die Vollziehung eines Haftbefehls ist ein besonderer Auftrag.

^{II} ¹Es handelt sich jedoch um denselben Auftrag, wenn der Gerichtsvollzieher gleichzeitig beauftragt wird,
1. einen oder mehrere Vollstreckungstitel zuzustellen und hieraus gegen den Zustellungsempfänger zu vollstrecken,
2. mehrere Zustellungen an denselben Zustellungsempfänger oder an Gesamtschuldner zu bewirken oder
3. mehrere Vollstreckungshandlungen gegen denselben Vollstreckungsschuldner oder Verpflichteten (Schuldner) oder Vollstreckungshandlungen gegen Gesamtschuldner auszuführen.

²Der Gerichtsvollzieher gilt auch dann als gleichzeitig beauftragt, wenn
1. der Auftrag zur Abnahme der Vermögensauskunft mit einem Vollstreckungsauftrag verbunden ist (§ 807 Absatz 1 der Zivilprozessordnung), es sei denn, der Gerichtsvollzieher nimmt die Vermögensauskunft nur deshalb nicht ab, weil der Schuldner nicht anwesend ist, oder
2. der Auftrag, eine gütliche Erledigung der Sache zu versuchen, in der Weise mit einem Auftrag auf Vornahme einer Amtshandlung nach § 802a Absatz 2 Satz 1 Nummer 2 oder Nummer 4 der Zivilprozessordnung verbunden ist, dass diese Amtshandlung nur im Fall des Scheiterns des Versuchs der gütlichen Einigung vorgenommen werden soll.

³Bei allen Amtshandlungen nach § 845 Absatz 1 der Zivilprozessordnung handelt es sich um denselben Auftrag. ³Absatz 1 Satz 2 bleibt unberührt.

^{III} ¹Ein Auftrag ist erteilt, wenn er dem Gerichtsvollzieher oder der Geschäftsstelle des Gerichts, deren Vermittlung oder Mitwirkung in Anspruch genommen wird, zugegangen ist. ²Wird der Auftrag zur Abnahme der Vermögensauskunft mit einem Vollstreckungsauftrag verbunden (§ 807 Abs. 1 der Zivilprozessord-

Abschnitt 1. Allgemeine Vorschriften § 3 GvKostG

nung), gilt der Auftrag zur Abnahme der Vermögensauskunft als erteilt, sobald die Voraussetzungen nach § 807 Abs. 1 der Zivilprozessordnung vorliegen.

IV ¹Ein Auftrag gilt als durchgeführt, wenn er zurückgenommen worden ist oder seiner Durchführung oder weiteren Durchführung Hinderungsgründe entgegenstehen. ²Dies gilt nicht, wenn der Auftraggeber zur Fortführung des Auftrags eine richterliche Anordnung nach § 758 a der Zivilprozessordnung beibringen muss und diese Anordnung dem Gerichtsvollzieher innerhalb eines Zeitraumes von drei Monaten zugeht, der mit dem ersten Tag des auf die Absendung einer entsprechenden Anforderung an den Auftraggeber folgenden Kalendermonats beginnt. ³Satz 2 ist entsprechend anzuwenden, wenn der Schuldner zu dem Termin zur Vermögensauskunft nicht erscheint oder die Abgabe der Vermögensauskunft ohne Grund verweigert und der Gläubiger innerhalb des in Satz 2 genannten Zeitraums einen Auftrag zur Vollziehung eines Haftbefehls erteilt. ⁴Der Zurücknahme steht es gleich, wenn der Gerichtsvollzieher dem Auftraggeber mitteilt, dass er den Auftrag als zurückgenommen betrachtet, weil damit zu rechnen ist, die Zwangsvollstreckung werde fruchtlos verlaufen, und wenn der Auftraggeber nicht bis zum Ablauf des auf die Absendung der Mitteilung folgenden Kalendermonats widerspricht. ⁵Der Zurücknahme steht es auch gleich, wenn im Falle des § 4 Abs. 1 Satz 1 und 2 der geforderte Vorschuss nicht bis zum Ablauf des auf die Absendung der Vorschussanforderung folgenden Kalendermonats beim Gerichtsvollzieher eingegangen ist.

DB-GvKostG Nr. 2. ᴵ ¹Gibt die Gerichtsvollzieherin oder der Gerichtsvollzieher einen unvollständigen oder fehlerhaften Auftrag zurück, so ist der Auftraggeber darauf hinzuweisen, dass der Auftrag als abgelehnt zu betrachten ist, wenn er nicht bis zum Ablauf des auf die Rücksendung folgenden Monats ergänzt oder berichtigt zurückgereicht wird. ²Wird der Mangel innerhalb der Frist behoben, so liegt kostenrechtlich kein neuer Auftrag vor. ³Die Sätze 1 und 2 gelten nicht, wenn der Auftrag zurückgegeben wird, weil die Anschrift des Schuldners unzutreffend und die zutreffende Anschrift der Gerichtsvollzieherin oder dem Gerichtsvollzieher nicht bekannt ist und auch nicht ermittelt werden kann.

ᴵᴵ ¹Bei bedingt erteilten Aufträgen gilt der Auftrag mit Eintritt der Bedingung als erteilt. ²§ 3 Abs. 2 Satz 2 GvKostG bleibt unberührt.

ᴵᴵᴵ Es handelt sich grundsätzlich um denselben Auftrag, wenn die Gerichtsvollzieherin oder der Gerichtsvollzieher gleichzeitig beauftragt wird, einen oder mehrere Vollstreckungstitel zuzustellen, aufgrund der Titel Vollstreckungshandlungen gegen den Schuldner auszuführen und beim Vorliegen der Voraussetzungen nach § 807 Abs. 1 ZPO die Vermögensauskunft abzunehmen.

ᴵⱽ ¹Verbindet der Gläubiger den Vollstreckungsauftrag mit dem Auftrag zur Abnahme der Vermögensauskunft (§ 807 Abs. 1 ZPO), so liegt kostenrechtlich derselbe Auftrag auch dann vor, wenn der Schuldner der sofortigen Abnahme der Vermögensauskunft widerspricht. ²Scheitert die sofortige Abnahme nur deshalb, weil der Schuldner abwesend ist, handelt es sich um zwei Aufträge.

ⱽ ¹Bei der Zustellung eines Pfändungs- und Überweisungsbeschlusses an mehrere Drittschuldner handelt es sich um mehrere Aufträge. ²Die Zustellung an Drittschuldner und Schuldner sind ein Auftrag. ³Satz 1 gilt für die Zustellung eines Europäischen Beschlusses zur vorläufigen Kontenpfändung entsprechend.

ⱽᴵ ¹Mehrere Aufträge liegen vor, wenn der Auftraggeber lediglich als Vertreter (z. B. als Inkassounternehmen, Hauptzollamt, Rechtsanwältin oder Rechtsanwalt) für mehrere Gläubiger tätig wird; maßgebend ist die Zahl der Gläubiger. ²Es handelt sich jedoch um denselben Auftrag, wenn mehrere Gläubiger, denen die Forderung gemeinschaftlich zusteht (z. B. Gesamtgläubiger – § 428 BGB –, Mitgläubiger – § 432 BGB –, Gesamthandsgemeinschaften), aufgrund eines gemeinschaftlich erwirkten Titels die Vollstreckung oder die Zustellung des Titels beantragen.

ⱽᴵᴵ Nebengeschäfte im Sinne des § 3 Abs. 1 Satz 3 GvKostG sind insbesondere
a) die Entgegennahme einer Zahlung im Zusammenhang mit einem Vollstreckungsauftrag oder einem sonstigen selbständigen Auftrag; dies gilt auch

GvKostG § 3

dann, wenn im Zeitpunkt der Entgegennahme der Zahlung das Hauptgeschäft bereits abschließend erledigt ist,
b) die Einholung von Auskünften bei einer der in den §§ 755, 8021 ZPO genannten Stellen,
c) das Verfahren zur gütlichen Erledigung der Sache (§ 802 b ZPO), es sei denn, der Gerichtsvollzieher wurde isoliert mit dem Versuch der gütlichen Erledigung der Sache beauftragt (§ 802 a Abs. 2 Satz 2 ZPO).

VIII [1] Stellt die Gerichtsvollzieherin oder der Gerichtsvollzieher fest, dass der Schuldner in einen anderen Amtsgerichtsbezirk verzogen ist, sind die bis zum Zeitpunkt der Auftragsabgabe fällig gewordenen Gebühren und Auslagen anzusetzen. [2] Ist der Schuldner innerhalb des Amtsgerichtsbezirks verzogen, sind die entstandenen Gebühren und Auslagen der übernehmenden Gerichtsvollzieherin oder dem übernehmenden Gerichtsvollzieher zum Zweck des späteren Kostenansatzes (§ 5 Abs. 1 Satz 1 GvKostG) mitzuteilen. [3] Satz 3 der Vorbemerkung zum 6. Abschnitt des Kostenverzeichnisses bleibt unberührt. [4] Hat die abgebende Gerichtsvollzieherin oder der abgebende Gerichtsvollzieher einen Vorschuss gemäß § 4 GvKostG erhoben, sind die durch Abrechnung des Vorschusses bereits eingezogenen Gebühren und Auslagen der übernehmenden Gerichtsvollzieherin oder dem übernehmenden Gerichtsvollzieher mitzuteilen.

Vorbem. Offenbarer Redaktionsfehler des Gesetzgebers: Wegen des neuen Abschnitts 3 (§ 12 a) muß es statt „4" richtig heißen: „5". II 1 Z 3 geändert, II 2 eingefügt, dadch bisheriger II 2 zu II 3 dch Art 12 Z 1 a, b EuKoPfVODG v 21. 11. 16, BGBl 2591, in Kraft seit 26. 11. 16, Art 21 III 1 G, ÜbergangsR § 18 GvKostG.

Schrifttum: *Herrfurth* DGVZ 17, 25 (krit).

Gliederung

1) **Systematik, I–IV**	1
2) **Regelungszweck, I–IV**	2
3) **Auftrag, I 1**	3–5
A. Veranlassung des Gläubigers	4
B. Abgrenzung zur Amtshandlung	5
4) **Mehrheit von Gerichtsvollziehern, I 2**	6–9
A. An sich: Durchführung (nur) eines Auftrags	6
B. Erledigung mehrerer Amtshandlungen	7
C. Verschiedene Gerichtsvollzieher verschiedener Bezirke	8
D. Rechtsfolge: Je Gerichtsvollzieher gesonderter Auftrag	9
5) **Unterstellung mehrerer Aufträge, I 3, 4**	10–15
A. Parteizustellung, I 3 Hs 1	11
B. Vollstreckung einschließlich Verwertung, I 3 Hs 2	12
C. Besondere Geschäfte außer Nebengeschäften, I 3 Hs 3	13, 14
D. Haftbefehlsvollziehung, I 4	15
6) **Unterstellung desselben Auftrags, II 1, 2**	16–24
A. Zustellung eines oder mehrerer Titel nebst Vollstreckung, II 1 Z 1	17
B. Mehrere Zustellungen an denselben Empfänger oder an Gesamtschuldner, II 1 Z 2	18
C. Ausführung mehrerer Vollstreckungshandlungen, II 1 Z 3	19
D. Mehrheit von Vollstreckungen, II 1 Z 3	20
E. Verbindung von Vermögensauskunft und Vollstreckungsauftrag, II 2 Z 1 Hs 1	21
F. Abwesenheit des Schuldners, II 2 Z 1 Hs 2	22
G. Gütliche Einigung, hilfsweise Vermögensauskunft und Vollstreckungsauftrag, II 2 Z 2	23
H. Vorpfändung, II 2	24
I. Rechtsfolge: Nur ein einziger Auftrag	25
7) **Mehrheit von Gerichtsvollziehern (bei II 1), II 3**	26
8) **Auftragszeitpunkt, III**	27–30
A. Auftragszugang, III 1	28, 29
B. Vermögensauskunft, III 2	30
9) **Unterstellung der Auftragsdurchführung, IV**	31–49
A. Echte Auftragsrücknahme, IV 1 Hs 1	32
B. Rücknahmebegriff, IV 1 Hs 1	33
C. Rücknahmeform, IV 1 Hs 1	34
D. Hinderungsgründe, IV 1 Hs 2	35
E. Abwägung, IV 1 Hs 2	36
F. Kein Hinderungsgrund bei rechtzeitiger Durchsuchungsanordnung usw, IV 2	37
G. Wohnungsdurchsuchung, IV 2	38

Abschnitt 1. Allgemeine Vorschriften § 3 GvKostG

H. Vollstreckung zur Nachtzeit usw, IV 2 39
I. Wartezeitraum, IV 2 40
J. Nichterscheinen, Verweigerung einer Vermögensauskunft, IV 3 41
K. Mitteilung der Fruchtlosigkeit ohne Widerspruch, IV 4 42
L. Wahrscheinlichkeit von Fruchtlosigkeit, IV 4 43
M. Mitteilung des Gerichtsvollziehers, IV 4 44
N. Kein rechtzeitiger Widerspruch des Auftraggebers, IV 4 45
O. Vergebliche Vorschußanforderung, IV 5 .... 46, 47
P. Verspäteter Vorschußeingang 48
Q. Unterzahlung 49

1) Systematik, I–IV. Die Vorschrift enthält als eine Ergänzung zu den An- 1
spruchsnormen Festlegungen und Umschreibungen der dort verwendeten Begriffe. Sie
steht neben § 10 in einem gegenseitigen Verhältnis der inhaltlichen Bezugnahmen.
Neben dem Zentralbegriff Auftrag bestimmt § 3 auch die weiteren ständig wiederkehrenden Begriffe. Beim Gebrauch dieser Begriffe herrscht im GvKostG allerdings keine
völlige Einheitlichkeit. Das wirkt gelegentlich verwirrend, Lappe DGVZ **12**, 91.

Das *Rechtsverhältnis* klärt § 3 weder zwischen dem Gerichtsvollzieher und seinem
Auftraggeber noch zwischen dem Gerichtsvollzieher und dem Staat abschließend. Zu
diesen Fragen Grdz 10 ff vor § 1 sowie BLAH § 753 ZPO Rn 1 ff, § 754 ZPO Rn 3 ff.
§ 1 regelt vielmehr nur Einzelfragen des Verhältnisses zwischen dem Auftraggeber und
dem Gerichtsvollzieher, auch bei der Hinzuziehung eines auswärtigen Kollegen.

2) Regelungszweck, I–IV. Die Vorschrift bezweckt eine zentrale begriffliche Zu- 2
sammenfassung und damit eine Vereinfachung und Vereinheitlichung. Sie dient also in
erster Linie der Zweckmäßigkeit. Sie verdient insofern grundsätzlich eine großzügige
Auslegung auch zugunsten des Gerichtsvollziehers. Freilich fordern Gesetzesbegriffe
auch eine im Kern strikte strenge Handhabung. Die einzelnen Teile der Vorschrift begünstigen bald eher den Auftraggeber, bald eher den Gerichtsvollzieher oder den ja
hinter ihm stehenden Staat. Das alles sollte man bei der Auslegung durch eine stets behutsame Abwägung mitbeachten. Im Zweifel ist wie stets schon wegen des Worts
„nur" in § 1 I eine für den Kostenschuldner freundliche Anwendung notwendig, AG
Augsb JB **02**, 94. Sehr krit Herrfurth DGVZ **16**, 120 („Dornröschenschlaf" -?-).

3) Auftrag, I 1. Die Bestimmung führt zunächst den Zentralbegriff Auftrag ein, 3
ohne ihn zu definieren. Sie setzt vielmehr nach Rn 1 eine Kenntnis des Umstands
voraus, daß das Gesetz auch anderswo das Rechtsverhältnis zwischen dem Gläubiger
und dem Gerichtsvollzieher als einen Auftrag bezeichnet, zB in §§ 753, 754 ZPO,
obwohl dieser Begriff jedenfalls mit Blick auf §§ 662 ff BGB nicht paßt.

A. Veranlassung des Gläubigers. Immerhin wird aus I 1 deutlich, daß der Ge- 4
richtsvollzieher nicht von Amts wegen tätig wird, sondern eben nur auf eine Veranlassung des Gläubigers, und daß auch kein bloßer Antrag erforderlich ist, sondern ein
Auftrag, also eine formfreie und bei einer Schriftlichkeit wirksam unterzeichnete, bei
einer elektronischen Übermittlung wirksam signierte weitergehende Willensentschließung des Gläubigers mit dem unbedingt erklärten Ziel einer oder mehrerer
bestimmter Vollstreckungshandlungen des Gerichtsvollziehers, Düss JB **10**, 326, Ort
DGVZ **01**, 112. Denn der Gläubiger ist in gesetzlichen Grenzen sogar Herr einer
Zwangsvollstreckung, BLAH Grdz 6 ff vor § 704 ZPO. Mehrere Menschen mögen
nur *ein* Gläubiger mit nur *einem* Auftrag sein, AG Gießen DGVZ **04**, 79 (WEG).

Der *Auftragsumfang* ergibt sich aus §§ 753, 754 ZPO. Er unterliegt einer Auslegung, BLAH Grdz 52 vor § 128 ZPO. Das gilt auch bei einem bedingten Auftrag:
Soll der Gerichtsvollzieher von vornherein beim Bedingungseintritt weiter tätig werden, liegt nur *ein* Auftrag vor, AG Medebach DGVZ **17**, 212. Eine Kostenverrechnung kann einen Beitreibungsauftrag bedeuten. LG Düss DGVZ **08**, 175. Ein Widerspruch gegen eine Auftragsablehnung ist kein neuer Auftrag, AG Biberach JB **15**, 660.

B. Abgrenzung zur Amtshandlung. Amtshandlung nennen I 1, 2 das not- 5
wendige Mittel der „Durchführung" des Auftrags. Anderswo spricht das Gesetz dann
von einer „Vollstreckungshandlung", zB in § 2 I Z 3. Auch finden sich Begriffe wie
„Vollstreckungsauftrag" in I 1 Hs 2, III 2. Die Terminologie ist also mannigfaltig und
nicht ganz einheitlich. Dabei stellt I 1 Hs 2 klar, daß auch eine Mehrheit von Vollstreckungstiteln nichts am Vorliegen nur eines einzigen Vollstreckungsauftrags ändern
muß. Die frühere diesbezügliche Streitfrage ist damit beseitigt.

2119

GvKostG § 3

Oberbegriff ist aber stets der Auftrag, Unterbegriff ist die Amtshandlung im weiteren und die Vollstreckungshandlung im engeren Sinn. Demgemäß bezieht sich „Durchführung" meist auf den Oberbegriff. Natürlich kann zur Durchführung des einzelnen Auftrags bereits eine Mehrzahl von Amtshandlungen notwendig sein. Auch das stellen I 1, 2 klar. Ferner können demselben Auftrag mehrere Vollstreckungstitel zugrundeliegen. Das stellt I 1 Hs 2 klar, krit SchrKWi KVGv 205 Rn 14.

6 **4) Mehrheit von Gerichtsvollziehern, I 2.** In einer Abweichung von dem in I 1 festgelegten Grundsatz, daß mehrere Amtshandlungen gleichwohl demselben Auftrag zugehören können (nicht müssen), ordnet I 2 an, daß mehrere Amtshandlungen ausnahmsweise dann als je ein gebührenmäßig gesonderter Auftrag gelten (Fiktion), wenn drei Voraussetzungen zusammentreffen. I 2 gilt auch nach II 3 in den Fällen II 1, 2.

A. An sich: Durchführung (nur) eines Auftrags. Es muß sich, systematisch betrachtet, an sich um die Durchführung nur eines einzigen Auftrags nach Rn 1, 3, 4 handeln, also zB nicht um zeitlich deutlich in Abständen erteilte Anweisungen desselben oder gar verschiedener Gläubiger. Der Gerichtsvollzieher darf diesen Auftrag auch noch nicht vollständig durchgeführt, beendet haben, sondern es muß noch eine Situation „bei der Durchführung" vorliegen.

7 **B. Erledigung mehrerer Amtshandlungen.** Es muß jetzt wenigstens eine weitere Amtshandlung nach Rn 4 erforderlich sein, sei es in der Zwangsvollstreckung (Vollstreckungshandlung), sei es außerhalb dieser.

8 **C. Verschiedene Gerichtsvollzieher verschiedener Bezirke.** Es muß schließlich dahin kommen, daß verschiedene Gerichtsvollzieher mit Amtssitzen in verschiedenen Amtsgerichtsbezirken tätig werden müssen und auch tatsächlich tätig werden, aus welchen Gründen auch immer, etwa wegen eines Wegzugs des Schuldners, Drumann JB 03, 515. Es reicht also nicht aus, daß derselbe Gerichtsvollzieher eine seiner Amtshandlungen berechtigt oder unberechtigt außerhalb desjenigen AG-Bezirks vornimmt, in dem er seinen (Haupt-)Amtssitz hat, oder daß die verschiedenen Gerichtsvollzieher berechtigt oder unberechtigt in demselben AG-Bezirk tätig werden, in dem jeder seinen (Haupt-)Amtssitz hat. Maßgebend ist der Zeitpunkt der Erledigung der jeweiligen einzelnen Amts- oder Vollstreckungshandlung.

Eine *Reise* des Gerichtsvollziehers zur Erledigung einer Amtshandlung an einen Ort außerhalb seines Bezirks, kann dann zur Anwendung von I 2 führen, wenn ein an diesem anderen Ort oder im dortigen AG-Bezirk amtierender Kollege ebenfalls tätig wird. Denn auch dann liegt im Ergebnis eine Erledigung mehrerer Amtshandlungen durch verschiedene Gerichtsvollzieher vor, die eben ihren Amtssitz in verschiedenen AG-Bezirken haben.

9 **D. Rechtsfolge: Je Gerichtsvollzieher gesonderter Auftrag.** Unter den Voraussetzungen Rn 6–8 erhält nicht etwa einer der beteiligten Gerichtsvollzieher oder gar jeder von ihnen das Recht und die Pflicht, einfach doppelte Gebühren oder Auslagen anzusetzen. Vielmehr gilt nach I 2 jeder Gerichtsvollzieher als insoweit gesondert mit dieser Amtshandlung beauftragt. Er darf und muß insoweit unabhängig vom anderen seine Gebühren wie Auslagen berechnen.

10 **5) Unterstellung mehrerer Aufträge, I 3, 4.** Die Vorschriften geben für vier Fallgruppen verbindliche Anweisungen dahin, daß stets eine Mehrheit von Aufträgen vorliegt, AG Wiesb DGVZ **11**, 115. Das gilt unabhängig davon, ob die Systematik des I 1, 2 solche Zuordnung zulassen würde. Als Spezialvorschriften sind I 3, 4 eng auslegbar.

11 **A. Parteizustellung, I 3 Hs 1.** Jede Zustellung durch den Gerichtsvollzieher auf ein Betreiben der Partei nach §§ 192–194 ZPO gilt neben jeder weiteren Tätigkeit grundsätzlich als ein besonderer Auftrag und nicht nur als eine gesonderte Amtshandlung innerhalb eines einheitlichen Auftrags. Das gilt unabhängig davon, welcher Art, Dauer, Schwierigkeit und Örtlichkeit solche weiteren Amtshandlungen wären oder sind. Ausnahmen: II 1, 2.

12 **B. Vollstreckung einschließlich Verwertung, I 3 Hs 2.** Jede Vollstreckung mit einer oder ohne eine zugehörige Verwertung beliebiger Art gilt neben der weiteren Tätigkeit grundsätzlich ebenfalls als ein besonderer Auftrag und nicht nur als eine gesonderte Amtshandlung innerhalb eines einheitlichen Auftrags. Das gilt unabhängig

Abschnitt 1. Allgemeine Vorschriften § 3 GvKostG

davon, welcher Art usw solche weiteren Amtshandlungen wären oder sind. Ausnahme: II 1, 2.

C. Besondere Geschäfte außer Nebengeschäften, I 3 Hs 3. Jedes Geschäft 13 nach KVGv 400–440, das kein bloßes Nebengeschäft ist, gilt neben jeder weiteren Tätigkeit ebenfalls als ein besonderer Auftrag und nicht nur als eine gesonderte Amtshandlung innerhalb eines einheitlichen Auftrags. Das gilt auch hier unabhängig davon, welcher Art usw solche weiteren Amtshandlungen wären oder sind.

„Nebengeschäft" ist ein im GvKostG nicht amtlich festgelegter Begriff. Er bringt eine 14 neue Unsicherheit.

D. Haftbefehlsvollziehung, I 4. Schließlich gilt auch jede Vollziehung eines 15 Haftbefehls zB nach § 802 g II ZPO als ein besonderer Auftrag und nicht nur als eine gesonderte Amtshandlung innerhalb eines einheitlichen Auftrags, AG Westerburg DGVZ **04**, 174. Auch das gilt unabhängig davon, welcher Art usw solche weiteren Amtshandlungen wären oder sind.

6) Unterstellung desselben Auftrags, II 1, 2, dazu *Spandl/Carl* DGVZ **18**, 7 16 (gütliche Einigung usw.): Während das Gesetz in einer Abweichung von I 1 in den von I 2–4 vorrangig erfaßten Fällen nach Rn 6–15 gesonderte Aufträge fingiert, bestimmt II 1, 2 umgekehrt, daß dann nur ein und derselbe Auftrag vorliegt. Dann entsteht dieselbe Gebührenart nur einmal. Das setzt zunächst stets voraus, daß der Gl denselben Gerichtsvollzieher mit mehreren Amtshandlungen innerhalb desselben Auftrags auch gleichzeitig betraut hat, LG Kblz MDR **02**, 848. Man muß eine Gleichzeitigkeit ebenso wie in § 10 III 1 beurteilen, dort Rn 15, AG Wuppert DGVZ **07**, 159. Fehlt die Gleichzeitigkeit, ist II 1, 2 schon deshalb unanwendbar, Kessel DGVZ **03**, 11, Meyer 3, aM LG Gött DGVZ **03**, 9, LG Köln DGVZ **03**, 10. Andernfalls muß wahlweise eine der in II 1, 2 genannten folgenden Voraussetzungen vorliegen. Die Vorschrift zählt sie abschließend auf, AG Recklingh DGVZ **01**, 155, AG Witzenhausen DGVZ **01**, 173, Spring JB **02**, 9 (Üb). Auch ein von mehreren gemeinschaftlich erstrittener Titel reicht, etwa bei einer Wohnungseigentümergemeinschaft, AG Gießen DGVZ **04**, 79. Freilich können verschiedene Forderungen mehrerer Gl selbst bei nur *einem* Vollstreckungstitel mehrere Aufträge zur Folge haben, AG Haßfurt DGVZ **06**, 144.

A. Zustellung eines oder mehrerer Titel nebst Vollstreckung, II 1 Z 1. Der 17 gleichzeitig erteilte Auftrag mag dahin gehen, einen oder mehrere Vollstreckungstitel nach § 750 ZPO zuzustellen und gerade hieraus gegen denselben Zustellungsempfänger zu vollstrecken, LG Bln JB **03**, 545, LG Karlsr DGVZ **04**, 31. Zur Vollstreckung kann zB die Pfändung und die Abnahme der Vermögensauskunft nach §§ 802 c ff zählen. Das gilt erst recht bei der Zustellung eines Urteils und des zugehörigen Kostenfestsetzungsbeschlusses nach § 104 ZPO, LG Lüneb NdsRpfl **02**, 170, LG Wuppert JB **02**, 265, AG Hbg-Blankenese MDR **02**, 56 (je zum alten Recht).

Es reicht also *nicht* aus, daß zB der Gerichtsvollzieher aus mehreren Titeln eines oder gar mehrerer Gläubiger gegen verschiedene Schuldner vollstrecken soll, AG Hann-Münden DGVZ **03**, 77. Es reicht ferner nicht aus, daß Zustellungen zwar gegenüber mehreren einfachen, nicht Gesamtschuldnern erfolgen können, daß aber ein Vollstreckungsauftrag derzeit noch gegenüber keinem von diesen einfachen Schuldnern erfolgt ist. Es reicht auch nicht aus, daß der Zustellungs- und ein Vollstreckungsauftrag nicht nach § 10 Rn 15 gleichzeitig erfolgen, AG Bonn DGVZ **07**, 79. Es reicht schließlich nicht aus, daß zum Zustellungsauftrag die Weisung zu einer anderen Amtshandlung als einer Vollstreckung erfolgt oder daß ein bloßer Vollstreckungsauftrag nebst einer Weisung zu einer anderen Amtshandlung als der Zustellung gerade des zugehörigen Vollstreckungstitels gerade an diesen Schuldner erfolgt oder daß der Gerichtsvollzieher beim einen Schuldner zustellen, beim anderen vollstrecken soll.

Unschädlich wäre dagegen, daß die Zustellung des Titels und der Beginn der eigentlichen Vollstreckung zeitlich auseinanderfallen sollen oder gar müssen, solange eben nur der Gläubiger den Auftrag zu beidem gleichzeitig erteilt hat.

B. Mehrere Zustellungen an denselben Empfänger oder Gesamtschuld- 18 **ner, II 1 Z 2.** Der gleichzeitig erteilte Auftrag mag auch dahin gehen, mehrere Zustellungen an denselben Zustellungsempfänger oder an Gesamtschuldner nach § 750 ZPO zu bewirken, um gerade aus diesem Titel zu vollstrecken, LG Bln JB **03**, 545,

GvKostG § 3   XI. G über Kosten der GVz

LG Karlsr DGVZ **04**, 31. Ob Gesamtschuldner vorliegen, muß man wie stets nach §§ 421 ff BGB beurteilen. Es ist nicht erforderlich, daß der Auftrag auf Zustellungen an sämtliche Gesamtschuldner ergeht, wohl aber, daß Zustellungen mindestens an zwei Gesamtschuldner erfolgen soll. Ob sie dann auch tatsächlich mindestens in diesem Umfang stattfinden, kann man erst im Rahmen von KVGv 600 ff klären. Das ist aber für II 1 Z 2 unerheblich.

Eine *nicht gleichzeitig* an *mindestens zwei* Zustellungsempfänger oder an zwei Schuldner erfolgende Weisung fällt nicht unter Z 2. Unerheblich ist, ob der Gläubiger und/oder der Gerichtsvollzieher die Gesamtschuldnerschaft erkannten, ob der Titel sie korrekt als solche bezeichnet usw. Es reicht, daß bei einer objektiven auch nachträglichen Wertung im Zeitpunkt der Auftragserteilung Gesamtschuldner vorlagen. Im Zweifel mag der Gläubiger nach § 319 ZPO vorgehen.

Keine Gesamtschuldner sind der Schuldner und sein Drittschuldner nach § 840 ZPO. Es liegt dann aber nach Rn 17 eine Mehrheit von Zustellungsempfängern vor, AG Bergheim usw DGVZ **02**, 12, AG Recklingh DGVZ **01**, 155, AG Witzenhausen DGVZ **01**, 173, aM VG Freibg DGVZ **04**, 169. Daher ist II 1 Z 2 auch dann anwendbar.

19   **C. Ausführung mehrerer Vollstreckungshandlungen, II 1 Z 3.** Der gleichzeitig erteilte Auftrag mag schließlich zu einer der von Z 3 erfaßten Arten zählen. Hier muß man wiederum im einzelnen wie folgt unterscheiden.

20   **D. Mehrheit von Vollstreckungen, II 1 Z 3.** Es mag sich darum handeln, auf Grund desselben Titels nach Rn 17 mehrere Vollstreckungshandlungen nach KVGv 200 ff gegen denselben Vollstreckungsschuldner oder Verpflichteten (Schuldner) oder gegen Gesamtschuldner nach §§ 421 ff BGB „auszuführen". Das ist eine sprachliche Abweichung von dem Grundbegriff „durchführen" in I 1. Sie meint aber dasselbe. Es muß nicht derselbe Vollstreckungstitel vorliegen.

21   **E. Verbindung von Vermögensauskunft und Vollstreckungsauftrag, II 2 Z 1 Hs 1.** Es mag sich insbesondere darum handeln, daß der Gerichtsvollzieher sowohl eine Vollstreckung vornehmen als auch eine Vermögensauskunft des Schuldners dann einholen soll, wenn die dafür geforderten Voraussetzungen des § 802 c ZPO vorliegen. Der „Vollstreckungsauftrag" mag sich seinerseits auf die Vornahme einer einzelnen, einer wiederholten, einer Mehrzahl von Vollstreckungshandlungen erstrecken. Hierher kann auch eine Ergänzung oder Nachbesserung nach (jetzt) § 802 d ZPO gehören, LG Ffo JB **04**, 217, LG Verden JB **02**, 158, AG Bre JB **04**, 159. Wesentlich ist eine Verbindung mit § 807 I ZPO.

Dabei kommt es aber *nicht* darauf an, ob der Gerichtsvollzieher tatsächlich nach § 807 I vorgeht oder ob er von sich aus oder auf Grund eines berechtigten oder unberechtigten Widerspruchs des Schuldners von solcher Verbindung auch nur zunächst absieht, AG Dieburg DGVZ **01**, 184, aM AG Bad Saulgau DGVZ **01**, 185 (aber es kommt hier auf den Auftrag und nicht auf dessen Durchführung allein an). Vielmehr ist notwendig und ausreichend, daß der Gläubiger diese Verbindung von vornherein erbeten hat, Kessel DGVZ **03**, 86, AG Neuwied JB **04**, 386. Daraus folgt: Soweit der Gerichtsvollzieher von Amts wegen nach § 807 I ZPO vorgeht, ohne zumindest auch einen entsprechenden gleichzeitigen unbedingten Mitauftrag des Gläubigers zu haben, ist II 2 Z 1 Hs 1 unanwendbar.

22   **F. Abwesenheit des Schuldners, II 2 Z 1 Hs 2.** Sie als der alleinige Grund für die derzeitige Nichtabnahme der Vermögensauskunft hat zur Folge, daß in einer Abweichung von Hs 1 nun doch wieder *keine* Nämlichkeit des Auftrags vorliegt, Kessel DGVZ **03**, 86. Ein telefonischer Widerspruch des Schuldners gehört nicht hierher, Kessel DGVZ **03**, 87, ebensowenig theoretisch der Umstand, daß sich ergibt, daß der Schuldner die Vermögensauskunft schon gegeben hatte, AG Meißen JB **04**, 669, AG Neuwied JB **04**, 386, AG Saalgau DGVZ **01**, 185. Dann gilt freilich KVGv 604 amtliche Anmerkung, dort Rn 22.

23   **G. Gütliche Einigung, hilfsweise Vermögensauskunft und Vollstreckungsauftrag, II 2 Z 2.** Derselbe gleichzeitige Auftrag liegt auch dann vor, wenn der Gerichtsvollzieher zunächst nach § 802 a II 1 Z 1 eine gütliche Einigung versuchen und nur bei deren Scheitern nach § 802 a II 1 Z 2 oder Z 4 vorgehen soll.

Abschnitt 1. Allgemeine Vorschriften　　　　　　　　　　　　§ 3 GvKostG

H. Vorpfändung, II 2. Alle Amtshandlungen des Gerichtsvollziehers nach § 845 I 24
ZPO gelten als Bestandteile desselben Auftrags. Das gilt unabhängig davon, wie, wo
und wann, wie oft und mit welchem Aufwand er für diesen Auftraggeber und auf
Grund dieser Bitte des Auftraggebers tätig wird. Natürlich gelten spätere Bitten nicht
mehr als derselbe Auftrag.

I. Rechtsfolge: Nur ein einziger Auftrag. Soweit die Voraussetzung Rn 16 25
und außerdem eine der wahlweisen Voraussetzungen Rn 17 oder 18 oder 19–21, 23
vorliegen, „handelt es sich um denselben Auftrag", also nicht um eine Auftragsmehrheit, AG Landsberg DGVZ **03**, 79. Wohl aber handelt es sich evtl um eine Mehrheit
von Amtshandlungen oder Vollstreckungshandlungen mit den zugehörigen Auswirkungen auf die Gebühren oder Auslagen, AG Göpp DGVZ **02**, 63, AG Hann
DGVZ **02**, 62. Nur bei Rn 22 bleibt es bei einer Auftragsmehrheit.

7) Mehrheit von Gerichtsvollziehern (bei II 1), II 3. Die Vorschrift stellt klar, 26
daß unter den Voraussetzungen Rn 6–8 die in Rn 9 genannten Rechtsfolgen auch bei
II 1, 2 eintreten. Es liegt also auch dann je Gerichtsvollzieher ein gesonderter Auftrag vor.

8) Auftragszeitpunkt, III. Diese Vorschrift hat eine Bedeutung vor allem für das 27
in §§ 18, 19 geregelte Übergangsrecht. Sie kann aber auch bei einer Nichterledigung
nach KVGv 600–604 eine Bedeutung erhalten. Für die Entstehung einer Gebühr
kommt es auf den auftragsgemäßen Beginn derjenigen Tätigkeit an, für die in § 14
S 1 geregelte Gebührenfälligkeit auf die dortigen späteren Zeitpunkte, für die in § 14
S 2 geregelte Auslagenfälligkeit auf deren Entstehung und damit durchweg jedenfalls
noch nicht auf den Zeitpunkt der Auftragserteilung. Denn selbst erste auftragsgemäße
Auslagen folgen zumindest eine logische Sekunde nach dem Auftragserhalt.

A. Auftragszugang, III 1. Ein Auftrag nach Rn 3 ist erteilt, sobald er zugegan- 28
gen ist, wie nach § 130 I 1, III BGB bei einer empfangsbedürftigen Willenserklärung.
Daher dürfte auch § 130 I 2 BGB entsprechend anwendbar sein. Der Auftrag wird
also dann nicht wirksam, wenn vorher oder gleichzeitig sein Widerruf zugeht. Auch
§ 130 II BGB dürfte entsprechend beachtbar sein, soweit den Auftrag nicht der anwesende Gläubiger erteilt.
Zugang bedeutet wie bei § 130 I 1 BGB das Gelangen in den Bereich des Empfängers,
sodaß dieser unter normalen Umständen vom Inhalt Kenntnis nehmen kann, BGH **83**,
930. Es reichen also auch der Einwurf in den Briefkasten, das Einlegen ins Postfach, ein
Eingang beim Telefax-Empfangsgerät, das Besprechen des Anrufbeantworters usw.

Richtiger Empfänger sind nach III 1 wahlweise der Gerichtsvollzieher oder die Ge- 29
schäftsstelle desjenigen Gerichts, deren Vermittlung oder Mitwirkung man in Anspruch
nimmt. Das ist nicht nur die Gerichtsvollzieherverteilungsstelle desjenigen AG, in
dessen Bezirk der Gerichtsvollzieher seinen (Haupt-)Amtssitz hat, sondern jede jede
Geschäftsstelle eines jeden Gerichts, soweit der Auftraggeber nur ihre Vermittlung
oder Mitwirkung erbittet.

Das bedeutet unter anderem in einer Abweichung von § 129 a II 2 ZPO: Die Mitwirkung bei der Auftragserteilung tritt bereits dann ein, wenn das ordnungsgemäß unterschriebene oder signierte Auftragsschreiben usw bei demjenigen Gericht eingeht, das das
Schreiben an den Gerichtsvollzieher oder seine Verteilungsstelle weiterleiten soll. Nach
dem Wortlaut von III 1 wäre andererseits der Eingang auf der Posteingangsstelle noch
nicht eindeutig ausreichend. Denn sie ist evtl keine „Geschäftsstelle". In der Praxis dürfte
aber stets der Posteingangsstempel ausreichen, sei es derjenige der Posteingangsstelle, sei
es derjenige der Verteilungsstelle. Der ältere derartige Stempel hat den Vorrang.

B. Vermögensauskunft, III 2. In einer Abweichung von III 1 bestimmt III 2 als 30
eine vorrangige und daher eng auslegbare Spezialvorschrift: Bei § 807 I ZPO mit
seiner Verbindung des Auftrags zur Abnahme der eidesstattlichen Versicherung mit
einem Vollstreckungsauftrag im Weg einer sofortiger Versicherung gilt als Auftragszeitpunkt die Versicherungsreife nach § 802 c ZPO. Vgl zu dieser Situation zunächst
Rn 21 und wegen der Versicherungsreife BLAH § 802 c ZPO Rn 4–14. Es müssen
also vorliegen: Eine Zulässigkeit der Vollstreckung; die Erfolglosigkeit des Pfändungsversuchs, SchrKWi KVGv 270 Rn 24, oder die Sinnlosigkeit einer Pfändung;
eine Wohnungsabwesenheit je nach dem Einzelfall. Das bloße Nachbesserungsverfahren gehört zum Auskunftsverfahren nach § 802 c ZPO, LG Verden JB **02**, 159.

2123

GvKostG § 3

Kein einheitlicher Auftrag liegt nach III 2 in Verbindung mit II 1 Z 3 Hs 2 dann vor, wenn der Schuldner abwesend ist, AG Lpz DGVZ 09, 119.

31 **9) Unterstellung der Auftragsdurchführung, IV.** Grundsätzlich hat der Gerichtsvollzieher den Auftrag durchgeführt und sind damit die Gebühren nach § 14 S 1 dann fällig, wenn der Gerichtsvollzieher alle auf Grund dieses Auftrags notwendigen Vollstreckungshandlungen ordnungsgemäß vorgenommen hat, mag das nun zur Befriedigung des Auftraggebers geführt haben oder nicht, mag also ein weiterer Auftrag bevorstehen oder nicht.

Er *gilt* unabhängig von der vorstehend genannten Entwicklung aber nach IV unter den dortigen Voraussetzungen als durchgeführt. Daher tritt die Gebührenfälligkeit ein. Als eine vorrangige Spezialvorschrift ist IV eng auslegbar. Die Vorschrift enthält eine abschließende Aufzählung, soweit sie eine Unterstellung bringt, also in S 1, 4 und 5. Dabei stellt die Vorschrift auf zwei Umstände ab, die ihrerseits voneinander unabhängig sind und von denen der erste seinerseits wieder entweder tatsächlich vorliegen oder als eingetreten gelten muß.

32 **A. Echte Auftragsrücknahme, IV 1 Hs 1.** Soweit der Gläubiger einen Auftrag zurückgenommen hat, gilt dieser Auftrag kostenrechtlich gleichwohl als durchgeführt. Andernfalls hätte es der Auftraggeber in der Hand, den Gerichtsvollzieher beliebig lange und viel umsonst arbeiten zu lassen, von KVGv 600–604 abgesehen. Das könnte nicht rechtens sein.

33 **B. Rücknahmebegriff, IV 1 Hs 1.** Rücknahme ist ein im Gesetz nicht näher umschriebener Begriff. Eine Erklärung oder Handlung muß eindeutig den Willen gerade dieses Auftraggebers beinhalten, der Gerichtsvollzieher solle diesen Auftrag nicht mehr weiter bearbeiten, er solle ihn also endgültig und nicht nur vorübergehend liegen lassen. Der Rücknahmegrund ist unbeachtbar. Eine teilweise Rücknahme ist zulässig, soweit sie sich auf einen abtrennbaren Teil dieses Auftrags bezieht. Die Abtrennbarkeit ist dabei nicht kostenrechtlich, sondern prozeßrechtlich gemeint. Denn das Kostenrecht folgt dem Prozeßrecht, nicht umgekehrt. Die Rücknahme mag auch bedeuten, daß der Gerichtsvollzieher einzelne Amtshandlungen unterlassen muß, die er innerhalb eines fortbestehenden Auftrags von Amts wegen vornehmen müßte. Denn der Gläubiger bleibt im Kern der Herr der Zwangsvollstreckung, BLAH Grdz 37, 38 vor § 704 ZPO (auch zu den Grenzen der Parteiherrschaft). Hierher kann auch eine Ratenzahlungserlaubnis des Gläubigers nebst Zahlungen direkt an ihn und nicht über den Gerichtsvollzieher gehören.

34 **C. Rücknahmeform, IV 1 Hs 1.** Eine Form ist für die Wirksamkeit der Rücknahme nicht notwendig, auch keine Frist oder sonstige Bedingung. Die Rücknahme kann also ausdrücklich oder stillschweigend erfolgen. Das Gesamtverhalten ist wie bei jeder Parteiprozeßhandlung nach Treu und Glauben unter einer Beachtung von Wortlaut wie Sinn und Zweck auslegbar. Man muß es notfalls erfragen. „Widerruf" dürfte durchweg eine Rücknahme bedeuten, auch „Fallenlassen" des Auftrags oder eine Bitte um eine unerledigte Rücksendung des Auftrags, auch eine „Abstandnahme" vom Auftrag. „Derzeitiges Ruhenlassen" kann einen ganz anderen Sinn als eine Rücknahme haben, vgl zB § 806 b ZPO. Es mag auch zB in Wahrheit ein bloßer Unterbrechungsantrag vorliegen.

35 **D. Hinderungsgründe, IV 1 Hs 2.** Der Auftrag gilt unabhängig von Rn 32, 33 auch dann als durchgeführt, wenn oder soweit seiner Durchführung von vornherein oder im Verlauf der Erledigung „Hinderungsgründe entgegenstehen". Das ist eine etwas andere Formulierung als diejenige in der amtlichen Vorbemerkung vor KVGv 600. Denn dort spricht das Gesetz von solchen „Umständen", „die weder in der Person des Gerichtsvollziehers liegen noch von seiner Entschließung abhängig sind". Der Sache nach dürfte aber jeweils dasselbe vorliegen. Es darf also kein Verschulden des Gerichtsvollziehers vorliegen, weder ein auch nur bedingter Vorsatz noch eine auch nur leichte unbewußte Fahrlässigkeit nach § 276 I 1 BGB.

Es darf aber auch nicht nur ein *vorübergehendes* Problem bei der weiteren Durchführung auftreten, das sich mit einem zumutbaren Aufwand in einer vertretbaren Zeit einigermaßen lösen ließe, LG Lüneb DGVZ 04, 156. Denn andernfalls könnte der Gerichtsvollzieher seine Arbeit bereits dann als beendet ansehen, wenn zB ein Name

Abschnitt 1. Allgemeine Vorschriften § 3 GvKostG

oder ein Telefonanschluß oder ein Bankkonto oder eine Adresse auf den ersten Blick fehlen oder falsch zu sein scheinen. Das kann nicht der Sinn der Vorschrift sein.

E. Abwägung, IV 1 Hs 2. Eine vernünftige Abwägung ist notwendig, bevor 36 man von Hinderungsgründen sprechen darf. Zwar braucht der Gerichtsvollzieher keine solchen Erforschungen durchzuführen, die eine Sache des Auftraggebers wären, AG Lpz DGVZ **04**, 46. Er braucht nicht etwa nach einem Wegzug des Schuldners alle technisch möglichen Erkundigungen nach der neuen Vorschrift anzustellen, AG Augsb DGVZ **06**, 30, AG Hbg DGVZ **02**, 47. Der Gläubiger muß dann binnen ca 1 Jahr oder binnen der vom Gerichtsvollzieher gesetzten angemessenen Frist handeln, Kessel JB **04**, 65. Aber auch der Gerichtsvollzieher darf und muß in zumutbaren Grenzen kooperativ handeln, LG Lüneb DGVZ **04**, 156. Er muß dabei auch das Ansehen seines Amts miteinsetzen, um dem Gläubiger zum Erfolg zu verhelfen. Soweit es dabei um einen zusätzlichen Zeitaufwand geht, mag KVGv 500 helfen.

Verschulden des Auftraggebers kann einen Hinderungsgrund darstellen. Das gilt zB bei einer Widersprüchlichkeit des Auftrags, AG Gütersloh DGVZ **17**, 151. Dann natürlich muß auch der Auftraggeber nach Kräften zum Erfolg des Gerichtsvollziehers beizutragen helfen. Er muß zB eine Vollmachtsanforderung erfüllen oder zumindest in einer angemessenen Frist den etwaigen Hinderungsgrund angeben, LG Lüneb DGVZ **04**, 156. Er muß einen vom Gerichtsvollzieher nach § 4 korrekt angeforderten Vorschuß in der gesetzten Frist und vollständig zahlen, AG Neumünster JB **03**, 549. Eine gewisse Nachlässigkeit des Auftraggebers bedeutet aber keineswegs automatisch auch schon einen Hinderungsgrund nach IV 1 Hs 2. Denn der Gerichtsvollzieher mag das Problem leichter lösen können. Auch hier hilft eine Gesamtabwägung.

F. Kein Hinderungsgrund bei rechtzeitiger Durchsuchungsanordnung 37 **usw, IV 2.** Soweit es um eine solche Amtshandlung geht, die von einer richterlichen Anordnung nach § 758a ZPO abhängt, muß man die gegenüber IV 1 Hs 2 vorrangige Sondervorschrift des IV 2 beachten. Sie ist als solche eng auslegbar.

G. Wohnungsdurchsuchung, IV 2. Sie ist der erste der beiden Anwendungs- 38 fälle. Die richterliche Anordnung ist nach § 758a I 1 ZPO unter den von Rspr und Lehre entwickelten Voraussetzungen notwendig. Sie nach § 758a I 2 ZPO entbehrlich, soweit ihre Einholung den Durchsuchungserfolg gefährden würde. Sie kommt nach § 758a II ZPO nicht in Betracht, soweit es um eine Räumung oder Herausgabe von Räumen oder um die Vollstreckung eines Haftbefehls geht. Vgl im einzelnen BLAH § 758a ZPO Rn 4–14.

H. Vollstreckung zur Nachtzeit usw, IV 2. Sie ist der zweite der beiden An- 39 wendungsfälle. Dabei spricht § 758a IV ZPO, auf den IV 2 verweist, neben der Nachtzeit von „Sonn- und Feiertagen", nicht auch ausdrücklich vom Sonnabend, den § 11 mit seiner Gebührenverdoppelung ausdrücklich ebenfalls benennt. Andererseits steht jedenfalls bei der Berechnung prozessualer Fristen der Sonnabend nach § 222 II ZPO dem Sonn- oder Feiertag gleich. Im Ergebnis sollte daher auch die Vollstreckung an einem Sonnabend derjenigen an einem Sonn- oder Feiertag gleichstehen und daher eine richterliche Erlaubnis brauchen, BLAH § 758a ZPO Rn 17 ff. Die Nachtzeit ist in § 758a IV 2 ZPO amtlich festgelegt.

I. Wartezeitraum, IV 2. Eine rechtzeitige Beibringung der danach etwa erforderli- 40 chen jeweiligen richterlichen Anordnung ist eine weitere Voraussetzung von IV 2. Maßgeblich ist der Zugang beim Gerichtsvollzieher. An dieser Stelle findet sich eine von III 1 abweichende Bestimmung. Dort genügt auch der Zugang bei der in Rn 18 geschilderten Geschäftsstelle. Hier scheint nach Rn 36 nur der Zugang beim Gerichtsvollzieher selbst zu genügen, zumal eine enge Auslegung notwendig ist. Das hat auch seinen Sinn. Denn nun läuft ja bereits anders als bis zur Auftragserteilung die Vollstreckung.

Drei Monate sind der von IV 2 bestimmte Wartezeitraum. Er beginnt nicht mit dem Zugang der Anforderung einer richterlichen Anordnung, sondern bereits mit dem ersten Tag des auf die Absendung der Anforderung des Gerichtsvollziehers an den Auftraggeber auf die Beibringung einer richterlichen Anordnung folgenden Kalendermonats. Das dient der Beweiserleichterung. Es klappt aber natürlich so nur dann, wenn sich der Gerichtsvollzieher das Absendedatum notiert hat und wenn er es

2125

notfalls auch beweisen kann. Den Poststempel wird der Gläubiger meist nicht mehr aufbewahrt haben. Auf ihn käme es außerdem nur indirekt an. Denn eine Absendung meint wohl bereits den Einwurf in den Briefkasten. Die Beweisprobleme verschieben sich also in Wahrheit nur von dem Eingangs- auf den Absendezeitpunkt. Es gelten die zum Eingang von Rspr und Lehre aufgestellten Regeln der Beweislast nach BLAH Anh § 286 ZPO Rn 151 ff „Rechtsgeschäft".

Absendung + 3 Kalendermonate bestimmt das Gesetz. Hat die Absendung also am 2. 1. stattgefunden, endet die Frist erst mit dem Ablauf des 30. 4., falls das weder ein Sonnabend noch ein Sonntag ist, sonst frühestens mit dem Ablauf des 2. 5., weil der 1. 5. ein Feiertag ist. Das Fristende ist 24 Uhr.

41 **J. Nichterscheinen, Verweigerung einer Vermögensauskunft, IV 3.** Der Auftrag gilt entsprechend IV 2 auch dann nicht als durchgeführt, wenn der Auskunftsschuldner zum Abgabetermin nach § 802 f I ZPO nicht erscheint oder wenn er zwar erscheint, aber die Abgabe der Auskunft grundlos verweigert *und* wenn der Gläubiger binnen des 3-Monatszeitraumes nach Rn 40 einen Auftrag zur Vollziehung des Haftbefehls nach § 802 g II ZPO erteilt.

42 **K. Mitteilung der Fruchtlosigkeit ohne Widerspruch, IV 4.** Die Vorschrift stellt die erste von zwei Ergänzungen von IV 1 Hs 1 dar. Sie ermöglicht es dem Gerichtsvollzieher, durch ein eigenes Handeln unter bestimmten Voraussetzungen eine Auftragsdurchführung mit der Gebührenfälligkeit nach § 14 S 1 herbeizuführen. Es müssen die folgenden Bedingungen zusammentreffen.

43 **L. Wahrscheinlichkeit von Fruchtlosigkeit, IV 4.** Sie ist die erste Voraussetzung. Es muß mit einem fruchtlosen Verlauf der Zwangsvollstreckung „zu rechnen sein". Das ist keine Gewißheit. Denn auch der Gerichtsvollzieher kann nicht mit letzter Sicherheit wissen, ob eine Vollstreckungshandlung einen über die Kosten hinausgehenden Erfolg haben kann. Es reicht aber natürlich auch keine floskelhafte vage Vermutung der Fruchtlosigkeit. Vielmehr muß für sie doch insoweit eine überwiegende Wahrscheinlichkeit sprechen, ähnlich wie bei § 803 II ZPO, BLAH dort Rn 13, 14. Bisherige Vollstreckungsversuche auf Grund anderer Aufträge desselben oder anderer Gläubiger können als eine Grundlage der Wahrscheinlichkeit ausreichen. Auch dann ist aber eine nachvollziehbare Begründung erforderlich.

44 **M. Mitteilung des Gerichtsvollziehers, IV 4.** Seine Mitteilung, er betrachte den Auftrag wegen der Befürchtung der Fruchtlosigkeit nach Rn 43 als zurückgenommen, ist die zweite Voraussetzung. Der Gerichtsvollzieher muß in einer für den Auftraggeber nachvollziehbaren Weise seine Befürchtung darlegen, ohne jede Einzelheit darstellen zu müssen. Seine Mitteilung muß dazu geeignet sein, dem Auftraggeber dessen Entschließung nach Rn 45 zu ermöglichen, ob er der Mitteilung widersprechen soll. Eine bestimmte Form ist nicht notwendig. In einem klaren Fall mag zB ein Telefonanruf genügen. Immerhin muß auch dann eine Begründung erfolgen. Die bloße Mitteilung unter einer floskelhaften Beschränkung auf den Text von IV 4 reicht nicht.

45 **N. Kein rechtzeitiger Widerspruch des Auftraggebers, IV 4,** dazu *Mroß* DGVZ **13**, 252: Dieser Umstand ist die letzte Voraussetzung von IV 4. Der Auftraggeber muß seinen Widerspruch nicht so bezeichnen. Es genügt die erkennbare Ansicht, der Gerichtsvollzieher solle mit seinen Vollstreckungsbemühungen fortfahren. Das Anerbieten eines weiteren Vorschusses ist jedenfalls nicht bei IV 4 erforderlich, solange der Gerichtsvollzieher ihn nicht angefordert hat.

Ein Monat ist der in IV 4 bestimmte Widerspruchszeitraum. Er beginnt mit dem Ersten des auf die Absendung der Mitteilung des Gerichtsvollziehers folgenden Kalendermonats. Insofern entspricht die Fristberechnung derjenigen des längeren Zeitraums von IV 2 nach Rn 40. Der Zugang des Widerspruchs ist zur Wirksamkeit notwendig.

46 **O. Vergebliche Vorschußanforderung, IV 5.** Die Vorschrift stellt eine weitere Ergänzung von IV 1 Hs 1 dar. Auch sie ermöglicht es dem Gerichtsvollzieher, durch ein eigenes Handeln unter bestimmten Voraussetzungen eine Auftragsdurchführung mit der Gebührenfälligkeit nach § 14 S 1 herbeizuführen. Es müssen die folgenden Voraussetzungen zusammentreffen.

47 *Notwendigkeit von Vorschuß* nach § 4 I 1 oder 2, ist die erste Voraussetzung einer Lage, die einer Auftragsrücknahme gleichsteht.

Abschnitt 1. Allgemeine Vorschriften §§ 3–4 GVKostG

P. Verspäteter Vorschußeingang. Er ist die weitere Voraussetzung. Der Gerichtsvollzieher muß eine ordnungsgemäße Vorschußanforderung abgesandt haben. Auf die Absendung muß ein voller Kalendermonat gefolgt sein. Für die Rechtzeitigkeit ist der „Eingang beim Gerichtsvollzieher" notwendig und ausreichend. Eine Überweisung ist am Tag der Gutschrift (Wertstellung) auf dem Konto eingegangen. Eine unrichtig verspätete Wertstellung seitens der Bank ist im Verhältnis zwischen dem Gerichtsvollzieher und dem Auftraggeber unschädlich. Mag sich der Gerichtsvollzieher im Innenverhältnis deshalb mit seiner Bank auseinandersetzen. Bei einer Zahlung durch einen Scheck usw gelten die im Scheckrecht üblichen Daten für den Eingang als maßgeblich. 48

Q. Unterzahlung. Eine völlig unerhebliche Unterzahlung schadet nach Treu und Glauben nicht, eine nicht mehr ganz unerhebliche ist schädlich. Ein minimaler Fristverstoß mag nach Treu und Glauben unschädlich sein, obwohl man Fristen an sich streng beurteilen muß. Man kann hier evtl den Tag der Aufgabe zur Überweisung usw als ausreichend ansehen, wenn er noch in der Frist lag, ähnlich wie bei den insoweit vergleichbaren Situationen des § 167 ZPO. 49

Rechtsbehelfsbelehrung

3a Jede Kostenrechnung und jede anfechtbare Entscheidung hat eine Belehrung über den statthaften Rechtsbehelf sowie über die Stelle, bei der dieser Rechtsbehelf einzulegen ist, über deren Sitz und über die einzuhaltende Form zu enthalten.

1) Systematik. Die Vorschrift entspricht wörtlich § 5b GKG, Teil I A dieses Buchs. Vgl daher dort. 1

Vorschuss

4 I ¹Der Auftraggeber ist zur Zahlung eines Vorschusses verpflichtet, der die voraussichtlich entstehenden Kosten deckt. ²Die Durchführung des Auftrags kann von der Zahlung des Vorschusses abhängig gemacht werden. ³Die Sätze 1 und 2 gelten nicht, wenn der Auftrag vom Gericht erteilt wird oder dem Auftraggeber Prozess- oder Verfahrenskostenhilfe bewilligt ist. ⁴Sie gelten ferner nicht für die Erhebung von Gebührenvorschüssen, wenn aus einer Entscheidung eines Gerichts für Arbeitssachen oder aus einem vor diesem Gericht abgeschlossenen Vergleich zu vollstrecken ist.

II ¹Reicht ein Vorschuss nicht aus, um die zur Aufrechterhaltung einer Vollstreckungsmaßnahme voraussichtlich erforderlichen Auslagen zu decken, gilt Absatz 1 entsprechend. ²In diesem Fall ist der Auftraggeber zur Leistung eines weiteren Vorschusses innerhalb einer Frist von mindestens zwei Wochen aufzufordern. ³Nach Ablauf der Frist kann der Gerichtsvollzieher die Vollstreckungsmaßnahme aufheben, wenn die Aufforderung verbunden mit einem Hinweis auf die Folgen der Nichtzahlung nach den Vorschriften der Zivilprozessordnung zugestellt worden ist und die geforderte Zahlung nicht bei dem Gerichtsvollzieher eingegangen ist.

III In den Fällen des § 3 Abs. 4 Satz 2 bis 5 bleibt die Verpflichtung zur Zahlung der vorzuschießenden Beträge bestehen.

DB-GvKostG Nr. 3. ¹ Ein Vorschuss soll regelmäßig nicht erhoben werden bei
a) Aufträgen von Behörden oder von Körperschaften, Anstalten und Stiftungen des öffentlichen Rechts, auch soweit ihnen keine Kostenfreiheit zusteht,
b) Aufträgen, deren Verzögerung dem Auftraggeber einen unersetzlichen Nachteil bringen würde,
c) Aufträgen zur Erhebung von Wechsel- oder Scheckprotesten.

II Bei der Einforderung des Vorschusses ist der Auftraggeber darauf hinzuweisen, dass der Auftrag erst durchgeführt wird, wenn der Vorschuss gezahlt ist und dass der Auftrag als zurückgenommen gilt, wenn der Vorschuss nicht bis zum Ablauf des auf die Absendung der Vorschussanforderung folgenden Kalendermonats bei der Gerichtsvollzieherin oder dem Gerichtsvollzieher eingegangen ist.

2127

GvKostG § 4 XI. G über Kosten der GVz

III **Für die Einhaltung der Fristen** nach § 3 Abs. 4 Satz 5 und § 4 Abs. 2 Satz 2 GvKostG ist bei einer Überweisung der Tag der Gutschrift auf dem Dienstkonto und bei der Übersendung eines Schecks der Tag des Eingangs des Schecks unter der Voraussetzung der Einlösung maßgebend.

IV **Die Rückgabe der von dem Auftraggeber eingereichten Schriftstücke** darf nicht von der vorherigen Zahlung der Kosten abhängig gemacht werden.

V **Bei länger dauernden Verfahren** (z. B. Ratenzahlung, Ruhen des Verfahrens) können die Gebühren bereits vor ihrer Fälligkeit (§ 14 GvKostG) vorschussweise erhoben oder den vom Schuldner gezahlten Beträgen (§ 15 Abs. 2 GvKostG) entnommen werden.

Gliederung

1) Systematik, I–III	1
2) Regelungszweck, I–III	2
3) Grundsatz: Schon anfängliche Pflicht zur Einforderung und Zahlung von Kostenvorschuß, I 1, 2	3
4) Ausnahmen: Entfallen der anfänglichen Vorschußpflicht, I 3, 4	4–8
A. Auftrag des Gerichts, I 3 Hs 1	4
B. Prozeß- oder Verfahrenskostenhilfe, I 3 Hs 2	5
C. Arbeitssache, I 4	6
D. Beispiele weiteren Entfallens einer Vorschußpflicht, I 3, 4	7, 8
5) Anfänglicher Kostenvorschuß, I	9–11
A. Maßgeblichkeit der voraussichtlichen Kosten	9
B. Vorschuß bei Räumung	10
C. Vorschuß im Auskunftsverfahren	11
6) Weiterer Auslagenvorschuß, II	12–17
A. Zulässigkeit, II 1	12
B. Fristsetzung, II 2	13, 14
C. Zahlungsaufforderung, II 2, 3	15
D. Hinweis auf Folgen der Nichtzahlung, II 2, 3	16
E. Zustellung, II 2, 3	17
7) Aufhebung von Vollstreckungsmaßnahme, II 3	18, 19
8) Fortbestehen der Vorschußpflicht, III	20
9) Art des Vorschusses; Einforderung, I–III	21
10) Rechtsbehelfe, I–III	22–29
A. Erinnerung nach § 5 II, III	22
B. Erinnerung nach § 766 ZPO	23
C. Verfahren des Erstgerichts	24
D. Zurückverweisung	25
E. Sofortige Beschwerde, Rechtsbeschwerde	26
F. Antrag auf gerichtliche Entscheidung	27, 28
G. Dienstaufsichtsbeschwerde	29

1 **1) Systematik, I–III.** § 4 gibt dem Gerichtsvollzieher in einer Abweichung von § 14 das Recht, vom Auftraggeber erstmalig und evtl sogar wiederholt grundsätzlich einen Vorschuß für seine voraussichtlichen Gebühren und Auslagen zu verlangen und seine Tätigkeit von der Zahlung dieses Vorschusses abhängig zu machen, AG Coburg DGVZ 95, 14. Der Auftraggeber muß also vorleisten, auch als Notar, LG Aschaffenb DGVZ 95, 76. Wegen der Ausnahmen Rn 4–8.

2 **2) Regelungszweck, I–III.** Die Vorschrift dient der Sicherung des Kosteneingangs und der Wirtschaftlichkeit der Kostenüberwachung. Das muß bei der Auslegung mitbeachten. Freilich gilt auch die Erkenntnis, daß § 4 immerhin wohl den Grundsatz einer Vorleistungspflicht des Gerichtsvollziehers aufstellt, dort Rn 2. Eine Ausnahmevorschrift ist aber im allgemeinen zurückhaltend auslegbar.

3 **3) Grundsatz: Schon anfängliche Pflicht zur Einforderung und Zahlung von Kostenvorschuß, I 1, 2.** Die Vorschrift stellt in I 1 klar, daß für den Auftraggeber eine Vorschußpflicht besteht. Mit dem Wort „kann" gibt I 2 aber auch dem Gerichtsvollzieher nicht etwa nur ein Ermessen, sondern stellt in dessen Zuständigkeit und macht ihm grundsätzlich auch die Einforderung eines Vorschusses zur Amtspflicht, LG Frankenth DGVZ 04, 187, LG Kassel DGVZ 03, 25, LG Kost DGVZ 01, 45. Denn es handelt sich nach Rn 2 um eine Sicherung solcher Gelder, die dem Staat zustehen. Auch ein Gebührenfreier muß einen Vorschuß zahlen, LG Cottbus DGVZ 15, 151. Der Gerichtsvollzieher darf und muß auch dann einen Vorschuß fordern, wenn sich der Gläubiger dazu erbietet, die Handlung auf eigene Kosten vorzunehmen,

2128

Abschnitt 1. Allgemeine Vorschriften § 4 GvKostG

etwa eine Räumung zu veranlassen, LG Köln DGVZ 02, 169, AG Stockach DGVZ 93, 31, Brossette NJW 89, 965. Er braucht aber zB dann keinen Vorschuß zu fordern, wenn der Kostenschuldner mit ziemlicher Sicherheit zahlen wird, SchrKGe 3.

Die Pflicht zur Vorschußeinforderung umfaßt nach II das *Verbot der Fortsetzung einer Amtshandlung,* soweit der Vorschuß nicht eingeht oder verbraucht ist, Ffm DGVZ **82**, 61, LG Aachen DGVZ **89**, 23, SchrKGe 8, aM AG Villach-Schwenningen DGVZ **00**, 15, Meyer 2.

4) Ausnahmen: Entfallen der anfänglichen Vorschußpflicht, I 3, 4. Der 4 Gerichtsvollzieher erhebt nur dann keinen Vorschuß, wenn einer der folgenden Fälle eintritt.

A. Auftrag des Gerichts, I 3 Hs 1. Eine Vorschußzahlung entfällt, soweit das Gericht den Gerichtsvollzieher nach § 13 III beauftragt.

B. Prozeß- oder Verfahrenskostenhilfe, I 3 Hs 2. Eine Vorschußpflicht ent- 5 fällt ferner, soweit der Auftraggeber und nicht etwa nur dessen Gegner gerade für die Zwangsvollstreckung nach § 119 ZPO gegen oder ohne eine Ratenzahlung eine Prozeßkostenhilfe oder nach §§ 76ff FamFG eine entsprechende Verfahrenskostenhilfe erhalten hat. Denn sie verpflichtet den Gerichtsvollzieher nach § 122 I Z 1 a ZPO, § 76 FamFG, § 60 III GVO zur vorläufig unentgeltlichen Vornahme von Amtshandlungen. Das gilt unabhängig davon, ob eine solche Amtshandlung im Namen der mittellosen Partei oder im Namen des ihr beigeordneten Anwalts vornehmen soll und wann er von der Prozeß- oder Verfahrenskostenhilfe erfährt.

Infolgedessen darf der Gerichtsvollzieher nach § 50 RVG, Teil X dieses Buchs, auch dann keinen Vorschuß anfordern, wenn der beigeordnete Anwalt die über die von der Staatskasse erstatteten hinausgehenden Gebühren *(Differenzkosten)* auf Grund eines für die mittellose Partei erlassenen Kostenfestsetzungsbeschlusses beitreibt. Allerdings ist ein Vorschuß insoweit erforderlich, als der beigeordnete Anwalt die Gebühren im eigenen Namen für sich beitreibt. Das gilt nach § 1 Rn 3 auch bei einer Sequestration.

Irrig erhobene Vorschüsse muß der Gerichtsvollzieher dem objektiv durch die Prozeß- oder Verfahrenskostenhilfe Begünstigten zurückzahlen, AG Hann DGVZ **93**, 60.

C. Arbeitssache, I 4. Ein Gebührenvorschuß entfällt für eine Vollstreckungs- 6 handlung auf Grund einer Entscheidung eines Gerichts der Arbeitsgerichtsbarkeit oder auf Grund eines vor einem solchen Gericht abgeschlossenen Prozeßvergleichs. Ein Auslagenvorschuß bleibt zulässig.

D. Beispiele weiteren Entfallens einer Vorschußpflicht, I 3, 4 7
Anstalt: S „Zahlungsbereitschaft".
Auslagen: Ein Vorschuß entfällt dann, wenn es um Auslagen für eine Amtshandlung zugunsten eines solchen Auftraggebers geht, der nur eine Gebührenfreiheit nach § 2 GKG hat, Teil I A dieses Buchs.
  Wenn der Gerichtsvollzieher in einem der Fälle dieses ABC erwarten muß, daß er *höhere* Auslagen haben wird, kann ihm die *Dienstbehörde* den erforderlichen Vorschuß darauf zahlen. Sie entscheidet insofern nach ihrem pflichtgemäßen Ermessen. Ihre Entscheidung ist für den Schuldner unanfechtbar.
Nach Auftragsdurchführung: Ein Vorschuß entfällt bei einer Amtshandlung nach der Durchführung des Auftrags nach § 3.
Auftragsüberschreitung: Ein Vorschuß entfällt dann, wenn der Gerichtsvollzieher eine den Auftrag überschreitende Amtshandlung vornimmt, LG Landau JB **17**, 204, AG Bln-Köpenik JB **13**, 442, AG Stralsund JB **17**, 547.
Behörde: S „Zahlungsbereitschaft".
Eilfall: Ein Vorschuß entfällt bei einem solchen Eilfall, bei dem eine Verzögerung der Amtshandlung dem Auftraggeber einen unersetzlichen Nachteil bringen würde. Ob eine solche Lage vorliegt, muß der Gerichtsvollzieher von Amts wegen prüfen.
Gebührenfreiheit: Ein Vorschuß entfällt dann nach § 2 GKG, Teil I A dieses Buchs.
Körperschaft: S „Zahlungsbereitschaft". 8
Kostenfreiheit: Ein Vorschuß entfällt bei einer solchen des Auftraggebers nach § 2, BGH **89**, 85, also zB *nicht* bei einer Stadtgemeinde usw nach § 2 Rn 3, AG Brschw DGVZ **98**, 460.

GvKostG § 4 XI. G über Kosten der GVz

Protokollkopie: Ein Vorschuß entfällt bei einem Antrag auf deren Erteilung nach § 760 ZPO, AG Bln-Wedding DGVZ **86**, 78, AG Eschwege DGVZ **84**, 191, AG Ffm DGVZ **85**, 93, aM AG Augsb DGVZ **87**, 126 (aber der Gerichtsvollzieher muß sie kostenfrei erteilen).
Räumungsbeschränkung: Ein Vorschuß entfällt bei einem Auftrag nach § 885a ZPO, LG Aachen DGVZ **15**, 110.
Scheck- oder Wechselprotest: Ein Vorschuß entfällt beim Auftrag auf dessen Erhebung.
Stiftung: S „Zahlungsbereitschaft".
Vermögensauskunft: Ein Vorschuß entfällt bei einem Auftrag auf einen Termin nach (jetzt) § 802f ZPO, LG Amberg DGVZ **06**, 181.
Zahlungsbereitschaft: Ein Vorschuß entfällt dann, wenn man mit Sicherheit erwarten kann, daß der Kostenschuldner nach § 13 die Kosten nach der Durchführung des Auftrags bezahlen wird. Das gilt etwa dann, wenn eine Behörde oder eine Körperschaft, Anstalt oder Stiftung des öffentlichen Rechts der Auftraggeber ist, auch wenn sie insofern keine Kostenfreiheit hat.

9 **5) Anfänglicher Kostenvorschuß, I.** Der Gerichtsvollzieher muß wie bei § 121 I 1 BGB unverzüglich handeln, also ohne eine ihm vorwerfbare Verzögerung.
Man muß den Vorschuß nach Rn 21 *bar* oder durch eine Überweisung leisten. Der Gerichtsvollzieher kann eine angemessene Zahlungsfrist setzen und evtl eine Fristverlängerung bewilligen. Er muß das aber beim Erstvorschuß nicht tun. Mangels eines Vorschusses gilt ja § 3 IV 4, 5.
Die *Zahlungsfrist* beträgt nach § 3 IV 5 einen Monat. Sie beginnt mit dem auf die Absendung der Zahlungsanforderung folgenden Kalendermonat. Ihr ergebnisloser Ablauf hat nach § 3 IV 5 die Unterstellung der Auftragsrücknahme zur zwingenden Folge.

A. Maßgeblichkeit der voraussichtlichen Kosten. Der Gerichtsvollzieher muß den anfänglichen Vorschuß nicht etwa nach der Höhe der beizutreibenden Summe oder nach dem Auftragswert berechnen, sondern so, daß er die nach § 788 I ZPO voraussichtlich notwendigen Kosten des gesamten Auftrags mit sämtlichen Amtshandlungen deckt, LG Bln DGVZ **86**, 156, AG Coburg DGVZ **95**, 14, AG Strausberg DGVZ **10**, 239, also nur die gesetzlichen Gebühren und die Auslagen, KVGv 700ff, Alisch DGVZ **79**, 6, auch zB für einen Dolmetscher, AG Worms DGVZ **95**, 31. Der Gerichtsvollzieher muß die im Zeitpunkt des Auftragseingangs voraussichtlichen Auslagen nach KVGv 700ff nach seinem pflichtgemäßen Ermessen schätzen. Bei einer Räumung können zB mindestens (jetzt ca) 200 EUR nötig sein, AG Lpz DGVZ **09**, 469, oder auch 400–500 EUR, LG Ffm WoM **89**, 444, AG Bln-Wedding NZM **04**, 720 (beim Transport in eine Pfandkammer evtl wesentlich mehr). 3000 EUR sind sehr viel, LG Heidelb DGVZ **09**, 169.
Stets muß er die *kostengünstigste* Möglichkeit erwägen, soweit auch sie zum Ziel führt, LG Stgt DGVZ **90**, 172, AG Pinneb DGVZ **77**, 28.
Innerhalb *desselben Auftrags* darf der Gerichtsvollzieher den Vorschuß von allen Auftraggebern insgesamt nur einmal fordern und muß sie entsprechend informieren.

10 **B. Vorschuß bei Räumung.** Bei einer Zwangsvollstreckung aus einem Räumungstitel ist die Ausschöpfung aller geringeren Mittel nach §§ 758, 758a ZPO nötig, AG Pinneb DGVZ **77**, 28. Daher muß der Gerichtsvollzieher nach § 885 III ZPO auch denjenigen Betrag als Vorschuß anfordern, den er voraussichtlich benötigen wird, um das Räumungsgut zu marktüblichen Preisen zum Lagerraum *zu* überführen, LG Kassel DGVZ **05**, 11, LG Mannh NZM **99**, 956, LG Siegen DGVZ **94**, 76. Lagerkosten braucht er sich wegen § 885 IV ZPO aber nur für etwa zwei Monate vorschießen zu lassen. Bei Geschäftsunterlagen kann die Aufbewahrung länger notwendig sein, LG Bln DGVZ **04**, 140, LG Ffm DGVZ **02**, 76, SchrKGe 26, aM LG Kblz DGVZ **06**, 27, AG Hbg-Harbg DGVZ **04**, 173, AG Bad Schwalbach DGVZ **02**, 189.
Der Gläubiger braucht allerdings nach einer *Einstellung* der Zwangsvollstreckung keinen Vorschuß wegen der Kosten eines Rücktransports von Räumungsgut in die Schuldnerräume zu leisten, LG Flensb DGVZ **91**, 118, AG Bochum DGVZ **92**, 31, aM Schilken DGVZ **93**, 2. Er kann einen Vorschuß für den Zeitraum bis zur Übergabe an einen Sequester fordern, nicht für die Zeit danach, nach § 1 Rn 3 auch dann

nicht, wenn er selbst der Sequester sein soll. Bei einer freiwilligen Teilräumung muß der Gerichtsvollzieher den Vorschuß anpassen, LG Kassel DGVZ **05**, 10.

Das gilt auch dann, wenn sich der *Gläubiger* erbietet, den Transport durchzuführen, AG Brakel DGVZ **84**, 158, AG Lörrach DGVZ **05**, 109, Brossette NJW **89**, 965, oder wenn man eine Wiedereinweisung des Schuldners durch die Obdachlosenbehörde erwarten muß, LG Waldshut-Tiengen DGVZ **90**, 93, LG Wuppert DGVZ **91**, 26, AG Schönau DGVZ **89**, 45. Der Gerichtsvollzieher muß die einem Vermieterpfandrecht unterliegenden Sachen bei einer ihm bekannten Ausübung dieses Rechts zurücklassen. Sie verursachen daher keine Kosten und keinen Vorschuß, BGH DGVZ **06**, 23, AG Bln-Wedding NZM **04**, 720, AG Philippsburg DGVZ **05**, 12 (je: erst recht nicht bei einer entsprechenden Auftragsbeschränkung). Der Gläubiger kann keine Vorschußminderung wegen eines eindeutig gar nicht bestehenden Vermieterpfandrechts fordern, LG BadBad DGVZ **03**, 24.

C. Vorschuß im Auskunftsverfahren. Der Gerichtsvollzieher braucht zum 11
Transport des nach § 802g II ZPO Verhafteten nicht den eigenen Pkw zu benutzen, sondern kann eine Hilfsperson mit einem Kfz heranziehen und dafür einen Vorschuß fordern, LG Kassel DGVZ **03**, 25, AG Ffm DGVZ **98**, 15.

Der Gerichtsvollzieher darf die Verhaftung einer solchen Schuldnerin, die ein *Kind versorgen* muß, nicht von einem Vorschuß für eine monatelange Haft abhängig machen, AG Friedberg DGVZ **89**, 175. Muß der Gerichtsvollzieher ein Tier des Verhafteten versorgen, muß der Gläubiger dafür einen Vorschuß leisten, LG Aachen DGVZ **89**, 23 (zustm Gilleßen), LG Stgt DGVZ **90**, 122, AG Oldb DGVZ **91**, 174.

6) Weiterer Auslagenvorschuß, II. Man muß mehrere Gesichtspunkte unter- 12
scheiden.

A. Zulässigkeit, II 1. Wenn der zunächst vom Gerichtsvollzieher erforderte Vorschuß nicht ausreicht, weil er die Auslagen (nur sie!) zu niedrig geschätzt hat oder weil er weitere als die zunächst vorausgesehenen Amtshandlungen vornehmen muß, muß der Gerichtsvollzieher wie bei § 121 I 1 BGB unverzüglich einen weiteren Auslagenvorschuß nachfordern, LG Osnabr DGVZ **80**, 12. Vor der Zahlung darf der Gerichtsvollzieher dann nicht weiter amtieren, Ffm DGVZ **82**, 57, LG Aachen DGVZ **89**, 23.

Allerdings kommt nach II 1 ein weiterer Vorschuß eben nur insoweit in Betracht, als der bisherige die *Auslagen* nicht deckt, also nicht schon dann, wenn nur der bisherige Gebührenvorschuß nicht mehr ausreicht. In diesem letzteren Fall gilt nur I. Der weitere Auslagenbedarf muß auch über einen ganz unerheblichen Betrag voraussichtlich hinausgehen. Er muß also mindestens etwa 50 EUR übersteigen. Unter diesen Voraussetzungen kann der Gerichtsvollzieher wegen der Verweisung in II 1 auf I ebenso wie beim anfänglichen Vorschuß vorgehen und muß das nach Rn 3 auch tun.

Unzulässig ist allerdings auch ein weiterer Vorschuß wegen der Verweisung in II 1 auf I und damit auch auf I 3, 4 in den Fällen Rn 4–8. Der Gerichtsvollzieher muß dem Kostenschuldner dabei nach Rn 14 dieselben Hinweise wie bei der ersten Vorschußanforderung geben. Unzulässig ist ein weiterer Vorschuß natürlich erst recht, sobald sich ergibt, daß ein zuvor angeforderter Vorschuß gar nicht mehr oder nur noch teilweise nötig ist, AG Bln-Wedding DGVZ **04**, 158, AG Hbg-Harburg DGVZ **04**, 173.

B. Fristsetzung, II 2. (Nur) beim weiteren Vorschuß gilt die Monatsfrist des § 3 13
IV 5 nicht. Der Gerichtsvollzieher muß aber für einen weiteren Auslagenvorschuß dem Auftraggeber eine Frist von mindestens zwei Wochen setzen. Die Frist errechnet sich wie bei § 222 ZPO, nach dem BGB.

> **BGB § 187. Fristbeginn.** I Ist für den Anfang einer Frist ein Ereignis oder ein in den Lauf eines Tages fallender Zeitpunkt maßgebend, so wird bei der Berechnung der Frist der Tag nicht mitgerechnet, in welchen das Ereignis oder der Zeitpunkt fällt.
>
> **BGB § 188. Fristende.** I ...
>
> II Eine Frist, die nach Wochen ... bestimmt ist, endigt im Falle des § 187 Abs. 1 mit dem Ablauf desjenigen Tages der letzten Woche ..., welcher durch seine Benennung oder seine Zahl dem Tage entspricht, in den das Ereignis oder der Zeitpunkt fällt, ...

2131

GvKostG § 4   XI. G über Kosten der GVz

14 Eine *Fristabkürzung* ist nur dann zulässig, wenn die Restfrist mindestens zwei Wochen beträgt. Eine Fristverlängerung ist zulässig und manchmal notwendig, Ffm DGVZ 82, 57, Alisch DGVZ 80, 79. Sie darf aber nicht zum Nachteil des Auftraggebers ohne dessen Anhörung und bei einem langen Verlängerungszeitraum nicht ohne dessen Einwilligung erfolgen.

15 **C. Zahlungsaufforderung, II 2, 3.** Eine klare Aufforderung zur Zahlung des genau bezifferten oder wenigstens dem Mindestbetrag nach bestimmten Auslagenvorschusses ist eine Voraussetzung der Wirksamkeit. Der Gerichtsvollzieher muß auch wenigstens im Kern nachvollziehbar darlegen, weshalb die Voraussetzungen eines weiteren Vorschusses vorliegen. Denn auch die Rechtsbehelfsinstanz muß die Gesetzmäßigkeit nachprüfen können. Nicht erforderlich ist eine bis in jede Einzelheit gehende Begründung. Rechtsbehelfsbelehrung, Verstoß: §§ 8 a, 59 II 2.

16 **D. Hinweis auf Folgen der Nichtzahlung, II 2, 3.** Der Gerichtsvollzieher muß nicht schon nach II 2 auf die Folgen einer Nichtzahlung hinweisen. Er kann sich mit einer bloßen Aufforderung begnügen. Das gilt etwa dann, wenn er sicher sein kann, einen weiteren Auslagenvorschuß zu erhalten.

Vollstreckungseinstellung kommt aber nach II 3 nur dann in Betracht, wenn der Gerichtsvollzieher auf diese mögliche Rechtsfolge einer nicht vollständigen und fristgemäßen weiteren Vorschußzahlung hingewiesen hat. Dabei muß er die evtl einzustellende Maßnahme nachvollziehbar genau bezeichnen, wenn auch nicht unbedingt in jeder Einzelheit. Es empfiehlt sich dringend, den Wortlaut des Hinweises in einer Kopie in der Handakte zu behalten.

17 **E. Zustellung, II 2, 3.** Eine Form der Aufforderung nebst einer Fristsetzung schreibt nicht schon II 2 vor. Der Gerichtsvollzieher kann beides mündlich, fernmündlich, durch Telefax, einfachen Brief oder entsprechend §§ 130 a–d ZPO elektronisch bewirken. Er ist für die gesetzmäßige Vornahme sowohl der Aufforderung als auch der Mindestfristsetzung beweispflichtig.

Förmliche Zustellung ist aber jedenfalls dann notwendig, wenn die in II 3 genannte Rechtsfolge einer Aufhebung der Vollstreckungsmaßnahme eintreten soll. Das ergibt sich eben aus II 3. Die Zustellung muß „nach den Vorschriften der Zivilprozeßordnung" erfolgen, also nach §§ 166 ff ZPO. Die Zustellungsurkunde hat die Beweiskraft des § 418 ZPO. Der volle Beweis ihrer Unrichtigkeit ist zulässig, aber auch notwendig, BLAH § 418 ZPO Rn 8 ff.

18 **7) Aufhebung von Vollstreckungsmaßnahme, II 3.** Die einzige Rechtsfolge einer ordnungsgemäßen vergeblichen Aufforderung zum weiteren Vorlagenvorschuß ist die Befugnis, diejenige Vollstreckungsmaßnahme aufzuheben, zu deren Vornahme oder Fortführung der Gerichtsvollzieher einen weiteren Vorschuß benötigt. Der Gerichtsvollzieher „kann" so vorgehen. Das stellt nicht nur in seine Zuständigkeit, sondern in sein pflichtgemäßes Ermessen. Nur in diesem Rahmen haben der Gläubiger wie der Schuldner Einflußmöglichkeiten. Der Gerichtsvollzieher muß mitbedenken, daß er kein unvertretbares Kostenrisiko der Staatskasse herbeiführen darf. Dieses Risiko könnte bei erfahrungsgemäß oft sehr hohen Folgekosten entstehen, etwa bei der Einlagerung von Räumungsgut usw. Soweit der Auftraggeber die Fortsetzung der Vollstreckung betreibt, muß der Gerichtsvollzieher den bisher erhaltenen Vorschuß mitverwerten.

19 Der Gerichtsvollzieher mag die *übrige* Zwangsvollstreckung fortsetzen müssen, soweit sie eben keinen weiteren Vorschuß gerade auch auf *ihre* Auslagen erfordert. Auch kann zwar eine nicht ganz vollständige Zahlung eines weiteren Vorschusses mag dann eine Aufhebung verbieten, wenn der gezahlte Betrag den Auslagenrest voraussichtlich wenigstens einigermaßen deckt. Denn auch der Gerichtsvollzieher muß wie jeder Amtsträger den Verhältnismäßigkeitsgrundsatz beachten, der bei jeder Zwangsvollstreckung gilt, BLAH Grdz 34 vor § 704 ZPO.

20 **8) Fortbestehen der Vorschußpflicht, III.** Wegen § 3 IV 2–4 vgl die dortigen Anmerkungen.

21 **9) Art des Vorschusses; Einforderung, I–III.** Der Kostenschuldner muß den Vorschuß in bar oder durch eine Überweisung leisten, LG Frankenth DGVZ 04, 188. Einen Scheck kann der Gerichtsvollzieher zurückweisen, ebenso eine „Zahlung" durch

2132

Abschnitt 1. Allgemeine Vorschriften§ 4 GvKostG

Kosten- oder Briefmarken usw. Eine Sicherheitsleistung ist nicht notwendig. Die Einforderung des Vorschusses erfolgt wie bei § 121 I 1 BGB unverzüglich entweder bei der Übergabe des Auftrags mündlich oder auf Grund einer vom Gerichtsvollzieher angefertigten Kostenrechnung. Die Einforderung erfolgt schon beim anfänglichen Vorschuß mit dem Hinweis, daß der Gerichtsvollzieher den Auftrag erst nach dem Eingang des Vorschusses erledigen darf und daß er den Auftrag insoweit als zurückgenommen ansehen muß, als der Kostenschuldner den Vorschuß nicht zahlt. Eine Erhebung durch eine Postnachnahme ist unzulässig, sofern nicht der Auftraggeber um sie gebeten hatte.

Bei einer *Mehrheit* von Auftraggebern muß der Gerichtsvollzieher den vollen Vorschuß von jedem fordern. Er muß zugleich verdeutlichen, daß der Eingang *eines* Gesamtbetrages genügt und daß die Auftraggeber sich insoweit untereinander verständigen können.

Soweit der Kostenschuldner den anfänglichen Vorschuß *nicht zahlt*, muß der Gerichtsvollzieher diejenigen Unterlagen an den Auftraggeber zurücksenden, deren Rückgabe er nicht von der vorherigen Zahlung der endgültigen Kosten abhängig machen darf. Dann gilt der Auftrag als erledigt, sofern nichts weiter geschieht. Es findet nicht etwa eine Einziehung des Vorschusses statt.

10) Rechtsbehelfe, I–III. Das Bild ist verwirrend. Man muß stets Art 19 IV GG mitbeachten. Rechtsbehelfsbelehrung, Verstoß: §§ 8 a, 59 II 2. 22

A. Erinnerung nach § 5 II, III. § 4 enthält keinen Hinweis auf den zulässigen Rechtsbehelf. Indessen gibt § 5 III jedem Kostenschuldner die in § 5 II genannten Rechtsbehelfe oder Rechtsmittel.

B. Erinnerung nach § 766 ZPO. Zulässig ist ferner vorrangig eine Erinnerung nach § 766 ZPO, soweit es sich um eine Zwangsvollstreckung handelt, KG DGVZ 81, 153, AG Bln-Tempelhof DGVZ 84, 44, Gaul ZZP 87, 275. Auch der Bezirksrevisor kann beschwerdeberechtigt sein. Der Gerichtsvollzieher ist nicht beschwerdeberechtigt, LG Rottweil DGVZ 89, 73. 23

Die Erinnerung richtet sich gegen die *Art und Weise* der Vollstreckung, weil der Gerichtsvollzieher seine Amtshandlung von einem Vorschuß oder einem Vorschuß in dieser Höhe abhängig macht, AG Geilenkirchen DGVZ 97, 30. Erinnerungstätigt ist jeder Betroffene, evtl also auch die Staatskasse, vertreten durch den Bezirksrevisor. Der Gerichtsvollzieher hat nach Rn 23 kein eigenes Erinnerungsrecht.

C. Verfahren des Erstgerichts. Das Gericht muß den Erinnerungsgegner vor einer ihm nachteiligen Entscheidung nach Art 103 I GG anhören. Über die Erinnerung entscheidet dasjenige AG als Vollstreckungsgericht, in dessen Bezirk die Zwangsvollstreckung stattfinden soll oder stattgefunden hat, § 764 II ZPO. Das ergibt sich auch aus der Bestätigung dieser Zuständigkeit in § 5 II 1. 24

Im Vollstreckungsgericht ist nach § 20 I Z 17 II RPflG der *Amtsrichter* zuständig. Der Amtsrichter übersendet die Erinnerung aber zunächst an den Gerichtsvollzieher oder den sonstigen Gegner dieses Verfahrens. Der Gerichtsvollzieher ist zu einer Stellungnahme verpflichtet. Denn es handelt sich zugleich um eine dienstliche Äußerung. Da auch die Staatskasse an Erinnerungsverfahren beteiligt ist, muß der Amtsrichter nach Art 103 I GG, § 766 II ZPO auch ihre Stellungnahme einholen. Er kann im übrigen eine mündliche Verhandlung anordnen. Er ist zu ihr aber nicht verpflichtet.

D. Zurückverweisung. Soweit der Amtsrichter die Erinnerung dem LG vorlegt, statt über sie selbst zu entscheiden, muß das LG die Sache an das AG zurückverweisen. 25

E. Sofortige Beschwerde; Rechtsbeschwerde. Rechtsbehelfsbelehrung, Verstoß: §§ 8 a, 59 II 2. Gegen die Entscheidung des Amtsrichters nach § 766 ZPO ist die sofortige Beschwerde nach §§ 567 ff, 793 ZPO zulässig, LG Kassel DGVZ 03, 25. Ein Mindestbeschwerdewert braucht nicht vorzuliegen, LG Cottbus DGVZ 15, 151. Denn es handelt sich um einen besonderen Rechtsbehelf des Vollstreckungsverfahrens, nicht um eine Kostenbeschwerde nach § 567 II ZPO. Beschwerdeberechtigt ist nach Art 103 I GG auch die durch den Bezirksrevisor vertretene Staatskasse, die am Erinnerungsverfahren beteiligt ist. Der Gerichtsvollzieher ist nicht beschwerdeberechtigt, LG Rottweil DGVZ 89, 74. Der Beschwerdeführer muß nach § 569 I ZPO eine Notfrist nach § 224 I 2 ZPO von grundsätzlich zwei Wochen beachten. 26

GvKostG §§ 4, 5

Eine *Rechtsbeschwerde* ist unter den Voraussetzungen §§ 574 ff ZPO möglich, BGH NJW 06, 848.

27 **F. Antrag auf gerichtliche Entscheidung.** In anderen Fällen als denjenigen nach Rn 18–21 kommt auch bei einer Rückforderung eines noch nicht auf fällige Kosten des Gerichtsvollziehers verrechneten Vorschusses ein Antrag auf eine gerichtliche Entscheidung in Betracht. Denn es handelt sich bei der Anforderung des Vorschusses durch den Gerichtsvollzieher nach § 30a EGGVG, Teil XII B dieses Buchs, um einen Verwaltungsakt im Bereich der Justizverwaltung beim Vollzug des GvKostG. Man stellt den Antrag an sich bei demjenigen AG, in dessen Bezirk die für die Einziehung des Anspruchs zuständige Kasse ihren Sitz hat. Bei § 4 gibt es eigentlich eine solche Kasse nicht. Daher ist praktisch dasjenige AG zuständig, bei dem der Gerichtsvollzieher tätig ist.

28 Gegen die Entscheidung des AG ist die *Beschwerde* an das LG zulässig, soweit der erforderliche Beschwerdewert von 200 EUR überschritten ist, § 30a EGGVG, Teil XII B dieses Buchs, in Verbindung mit § 83 I 2 GNotKG, Teil III dieses Buchs. Beschwerdeberechtigt sein können der Auftraggeber des Gerichtsvollziehers und der Bezirksrevisor als Vertreter der Staatskasse.

29 **G. Dienstaufsichtsbeschwerde.** Der Kostenschuldner kann ohne die Einhaltung einer Frist eine Dienstaufsichtsbeschwerde an den Dienstvorgesetzten des Gerichtsvollziehers einlegen, also an den Präsidenten oder Direktor des AG. Denn der Gerichtsvollzieher ist ein Landesbeamter im Justizdienst. Gegen die Entscheidung ist eine weitere Dienstaufsichtsbeschwerde an die nächsthöhere Aufsichtsbehörde statthaft usw. Die Dienstaufsicht sollte nur mit einer Zurückhaltung von einer gerichtlichen Entscheidung abweichen.

Kostenansatz, Erinnerung, Beschwerde, Gehörsrüge

5 I ¹Die Kosten werden von dem Gerichtsvollzieher angesetzt, der den Auftrag durchgeführt hat. ²Der Kostenansatz kann im Verwaltungswege berichtigt werden, solange nicht eine gerichtliche Entscheidung getroffen ist.

II ¹Über die Erinnerung des Kostenschuldners und der Staatskasse gegen den Kostenansatz entscheidet, soweit nicht nach § 766 Abs. 2 der Zivilprozessordnung das Vollstreckungsgericht zuständig ist, das Amtsgericht, in dessen Bezirk der Gerichtsvollzieher seinen Amtssitz hat. ²Auf die Erinnerung und die Beschwerde ist § 66 Absatz 2 bis 8 des Gerichtskostengesetzes, auf die Rüge wegen Verletzung des Anspruchs auf rechtliches Gehör ist § 69a des Gerichtskostengesetzes entsprechend anzuwenden.

III Auf die Erinnerung des Kostenschuldners gegen die Anordnung des Gerichtsvollziehers, die Durchführung des Auftrags oder die Aufrechterhaltung einer Vollstreckungsmaßnahme von der Zahlung eines Vorschusses abhängig zu machen, und auf die Beschwerde ist Absatz 2 entsprechend anzuwenden.

IV Für Verfahren nach den Absätzen 1 bis 3 sind die Vorschriften der Zivilprozessordnung über die elektronische Akte und über das elektronische Dokument anzuwenden.

DB-GvKostG Nr. 4. I ¹Solange eine gerichtliche Entscheidung oder eine Anordnung im Dienstaufsichtswege nicht ergangen ist, hat die Gerichtsvollzieherin oder der Gerichtsvollzieher auf Erinnerung oder auch von Amts wegen unrichtige Kostenansätze richtigzustellen (vgl. Nr. 7 Abs. 4). ²Soweit einer Erinnerung abgeholfen wird, wird sie gegenstandslos.

II ¹Hilft die Gerichtsvollzieherin oder der Gerichtsvollzieher einer Erinnerung des Kostenschuldners nicht oder nicht in vollem Umfang ab, so ist sie mit den Vorgängen der Bezirksrevisorin oder dem Bezirksrevisor vorzulegen. ²Dort wird geprüft, ob der Kostenansatz im Verwaltungsweg zu ändern ist oder ob Anlass besteht, für die Landeskasse ebenfalls Erinnerung einzulegen. ³Soweit der Erinnerung nicht abgeholfen wird, veranlasst die Bezirksrevisorin oder der Bezirksrevisor, dass die Erinnerung mit den Vorgängen unverzüglich dem Gericht vorgelegt wird.

III Alle gerichtlichen Entscheidungen über Kostenfragen hat die Gerichtsvollzieherin oder der Gerichtsvollzieher der zuständigen Bezirksrevisorin oder

Abschnitt 1. Allgemeine Vorschriften § 5 GvKostG

dem zuständigen Bezirksrevisor mitzuteilen, sofern diese nicht nach Absatz 2 an dem Verfahren beteiligt waren.

Gliederung

1) Systematik, I–IV	1
2) Regelungszweck, I–IV	2
3) Kostenansatz, I	3, 4
A. Zuständigkeit des Gerichtsvollziehers, I 1	3
B. Berichtigung im Verwaltungsweg, I 2	4
4) Erinnerung gegen Vollstreckungskosten, II 1, 2	5
5) Erinnerung gegen sonstige Gerichtsvollzieherkosten, II 1, 2	6
6) (Erst-)Erinnerungsberechtigte, II 1	7–10
A. Kostenschuldner	7
B. Staatskasse	8
C. Gerichtsvollzieher	9
D. Beigeordneter Anwalt	10
7) Gegenstand der (Erst-)Erinnerung, II 1	11–13
8) Abgrenzung zur Vollstreckungserinnerung, II 1	14
9) Form- und Fristfreiheit; Wert, II 1	15, 16
10) Beschwer bei (Erst-)Erinnerung im einzelnen, II 1	17–24
A. Gegen Kostenansatz	18
B. Gegen Wertfestsetzung	19
C. Gegen Auslagenhöhe	20
D. Gegen Überzahlung	21
E. Gegen Zahlungspflicht	22
F. Beispiele zur Frage weiterer Fälle einer Beschwer	23, 24
11) Verfahren bei (Erst-)Erinnerung, II 1, 2	25–30
A. Verfahren des Gerichtsvollziehers	25
B. Zuständigkeit des Gerichts	26
C. Einlegung	27
D. Verhandlung	28
E. Entscheidung	29
F. Abänderung von Amts wegen	30
12) Statthaftigkeit der Beschwerde, II 2	31–35
A. Zulässigkeit, II 2 (§ 66 II 1 GKG)	31
B. Entweder: Beschwerdewert, II 2 (§ 66 II 1 GKG)	32
C. Oder: Beschwerdezulassung wegen grundsätzlicher Bedeutung, II 2 (§ 66 II 2 GKG)	33
D. Keine Beschwerde an Obersten Gerichtshof des Bundes, II 2 (§ 66 II 3 GKG)	34
E. Keine neue Beschwerde, II 2 (§ 66 II 1, 2 GKG)	35
13) Gegen Rechtspfleger mangels Beschwerdewert: Befristete Zweiterinnerung, II 2 (§ 11 II 1 RPflG, § 66 II 1 GKG)	36, 37
14) Einlegung der (Erst-)Erinnerung oder Beschwerde, II 2 (§§ 5 a, 66 V GKG)	38–40
A. Form: Schriftlich zu Protokoll, elektronisch usw, II 2 (§§ 5 a, 66 V 1 GKG)	38
B. Zuständigkeit: Gericht, II 2 (§ 66 V 2 GKG)	39
C. Keine Frist, II 2 (§ 66 II–VIII GKG)	40
15) Entscheidung über die Beschwerde, II 2 (§ 66 III, VI, VII GKG)	41–46
A. Abhilfemöglichkeit durch Amtsgericht, II 2 (§ 66 III 1 GKG)	41
B. Zuständigkeit des LG oder OLG, II 2 (§ 66 III 2 GKG)	42
C. Grundsatz: Keine aufschiebende Wirkung, II 2 (§ 66 VII 1 GKG)	43
D. Ausnahme: Anordnung aufschiebender Wirkung, II 2 (§ 66 VII 2 GKG)	44
E. Weiteres Verfahren, II 4 (§ 66 VI GKG)	45
F. Entscheidung, II 2 (§ 66 VI GKG)	46
16) Keine Notwendigkeit eines Bevollmächtigten, II 2 (§ 66 V 1 Hs 1 GKG)	47
17) Weitere Beschwerde, II 2 (§ 66 IV GKG)	48
18) Anhörungsrüge, II 2	49
19) Kosten, II 2 (§ 66 VIII GKG)	50
20) Rechtsbehelfe gegen Vorschuß, III	51
21) Elektronik, IV	52

1) Systematik, I–IV. Die Rechnungsaufstellung über die Gebühren und die Auslagen des Gerichtsvollziehers ist kein Kostenansatz. Eine Vorschußberechnung des Gerichtsvollziehers ist kein Kostenansatz. Bei einer Entnahme nach § 15 kann ein Kostenansatz vorliegen. I klärt die Zuständigkeit und eine etwaige Berichtigung im Verwaltungsverfahren. 1

Soweit ein Kostenansatz vorliegt, kommt eine *Erinnerung* in Betracht, unabhängig von § 766 ZPO, Celle DGVZ **16**, 158. Sie kann sich nach II, III gegen die Berechti-

GvKostG § 5   XI. G über Kosten der GVz

gung des Ansatzes überhaupt oder auch nur gegen eine Vorschußanordnung oder gegen die Höhe der Einzelposten richten. Soweit es nicht um den Kostenansatz geht, sondern um eine unrichtige Sachbehandlung, ist § 7 anwendbar. Eine „Erinnerung" kann als solche unzulässig, aber als eine Anregung nach § 7 auslegbar sein, BGH RR **97**, 832.

2   **2) Regelungszweck, I–IV.** Die Vorschrift hat klarstellende Funktionen. Sie dient mit der Eröffnung von Rechtsbehelfsmöglichkeiten der Kostengerechtigkeit. Sie ist insofern weit auslegbar. Sie dient mit der Verfahrensregelung der Rechtssicherheit. Diese fordert aber eine strikte strenge Handhabung. Die Verweisungen auf andere Gesetze sind alles andere als sonderlich hilfreich. Man muß eben nach Grdz 8 vor § 1, § 1 Rn 2 die dort entwickelten Auslegungsregeln im Rahmen des Grundsatzes einer Auslegung zugunsten des Kostenschuldners mitübernehmen.

3   **3) Kostenansatz, I.** Man muß zwei Umstände beachten. *Kein* Kostenansatz ist ein bloßer Hinweis des Gerichtsvollziehers auf seine Kosten, AG Augsb DGVZ **13**, 59. Rechtsbehelfsbelehrung, Verstoß: §§ 8 a, 59 II 2.

     A. Zuständigkeit des Gerichtsvollziehers, I 1. Der Kostenansatz ist die Erteilung der Rechnung, wie bei § 19 GKG und bei § 18 FamGKG, Teile I A, B, Teil I dieses Buchs, in Verbindung mit §§ 4 ff KostVfg, Teil VII A dieses Buchs. I 1 macht denjenigen Gerichtsvollzieher zuständig, der den Auftrag durchgeführt hat. Das ist nach § 3 III 1 nicht stets derjenige Gerichtsvollzieher, der einen Auftrag erhalten hat. Denn dieser erstere Gerichtsvollzieher kann örtlich unzuständig gewesen sein und den Auftrag deshalb abgegeben haben oder andere Kollegen eingeschaltet haben müssen. Dann ist der zuletzt tätige Gerichtsvollzieher zuständig, soweit es um denselben Bezirk geht. Die Durchführung oder Erledigung nach § 3 I 1, 2 ist die auftragsgemäße Beendigung. Unter den Voraussetzungen des § 3 IV gilt ein Auftrag als durchgeführt. Das löst ebenfalls die Zuständigkeit dieses Gerichtsvollziehers zum Kostenansatz aus.

4   **B. Berichtigung im Verwaltungsweg, I 2.** Der Kostenansatz läßt sich nach I 2 im Verwaltungsweg von Amts wegen berichtigten, solange nicht eine gerichtliche Entscheidung vorliegt und solange noch eine Nachforderung wegen eines irrigen Ansatzes nach § 6 zulässig ist. Diese Regelung entspricht dem § 19 V GKG, Teil I A dieses Buchs. Die in § 19 GKG genannten Verfahrenseinzelheiten gelten hier entsprechend. Man muß die Berichtigung dem Kostenschuldner zumindest insoweit mitteilen, als die Berichtigung ihn benachteiligt, Saarbr Rpfleger **01**, 461.

5   **4) Erinnerung gegen Vollstreckungskosten, II 1, 2.** Es kann um den Ansatz von notwendigen Vollstreckungskosten des Gerichtsvollziehers nach § 788 ZPO gehen, LG Gießen DGVZ **89**, 184, AG Lpz DGVZ **15**, 137, BLAH § 788 ZPO Rn 4, 19 ff. Dann ist nur die Erinnerung nach § 766 II ZPO statthaft. Über sie entscheidet nach §§ 764 II ZPO, 62 II ArbGG, 31 LwVG das Vollstreckungsgericht, also dasjenige AG, in dessen Bezirk die Zwangsvollstreckung stattfinden soll oder stattgefunden hat. Gegen die Entscheidung des Vollstreckungsgerichts ist die sofortige Beschwerde nach § 793 ZPO an das LG statthaft. Der Beschwerdewert muß 200 EUR übersteigen, II 2 in Verbindung mit § 66 II 1 GKG, Teil I A dieses Buchs. Eine Rechtsbeschwerde ist nach II 2 in Verbindung mit § 66 III 3 GKG unstatthaft, BGH RR **09**, 424. Der Bezirksrevisor vertritt dabei die Staatskasse nach Rn 8.

6   **5) Erinnerung gegen sonstige Gerichtsvollzieherkosten, II 1, 2.** II 1 ergibt schon in seinem Wortlaut, daß § 766 II ZPO den Vorrang hat. Diese letztere Vorschrift gilt also nach Rn 5, soweit es sich um Vollstreckungskosten nach § 788 ZPO handelt, LG Gießen DGVZ **89**, 184, aM BGH DGVZ **08**, 187 (aber der klare Wortlaut ergibt keineswegs eine Beschränkung auf die Zuständigkeit. Bei einem klaren Wortlaut darf man nichts anderes hineindeuten, BLAH Einl III 39).

Die *Erinnerung* nach § 5 kommt demgegenüber also nur bei einem Ansatz von solchen Gerichtsvollzieherkosten in Betracht, die keine Vollstreckungskosten sind, LG Brschw DGVZ **83**, 118, OVG Lüneb DGVZ **81**, 111. Für diese Erinnerung gilt das zu § 66 II–VIII GKG Ausgeführte entsprechend, Teil I A dieses Buchs. Daher entsprechen die folgenden Rn dem § 66 GKG Rn 2 ff weitgehend. Auch die angegebenen Fundstellen können sich auf § 66 GKG beziehen.

Der Rechtsbehelf ist ähnlich wie bei § 55 RVG, Teil X dieses Buchs, lediglich die von der befristeten Zweiterinnerung nach Rn 37 unterschiedliche *Erst-Erinnerung,* also

Abschnitt 1. Allgemeine Vorschriften § 5 GvKostG

eine gegen den Kostenansatz erhobene Eingabe, BFH Rpfleger 92, 365. Sie führt zu einer Nachprüfung des Ansatzes durch das Gericht, BGH NJW 84, 871. Da es sich um eine im Rahmen des Gerichtsaufbaus erhobene Abgabe handelt, liegt insofern mittelbar doch ein beschränkter „Rechtsweg" vor. § 5 hat den Vorrang vor der bloßen Auffangbestimmung des § 30a EGGVG, Teil XII B dieses Buchs, Köln JB 99, 261.

6) (Erst-)Erinnerungsberechtigte, II 1. Zur Einlegung der (Erst-)Erinnerung nach I sind die folgenden Beteiligten berechtigt. 7

A. Kostenschuldner. Der Kostenschuldner kann die (Erst-)Erinnerung einlegen, BGH NJW 84, 871, BFH Rpfleger 92, 365, LG Wuppert JB 92, 480. Der Kostenschuldner ergibt sich aus § 13. Den Kostenschuldner muß nach §§ 4 I, 7, 8, 27 I–III KostVfg, Teil VII A dieses Buchs grundsätzlich als solchen die Kostenrechnung benennen, Düss Rpfleger 85, 255, Schlesw JB 81, 403, aM Mü MDR 90, 62 (aber seine Benennung sollte selbstverständlich sein).

Es ist nicht erforderlich, daß das Gericht *gerade diesen Kostenschuldner* über seine Benennung hinaus auch bereits zur Zahlung aufgefordert, ihm also die Kostenrechnung auch bereits übersandt hat, BayObLG JB 75, 492, Mü MDR 90, 62, VG Wiesb DRiZ 94, 346, aM Düss Rpfleger 85, 255, Schlesw JB 81, 403 (aber Kostenschuldner ist man nicht kraft einer Rechnung, sondern kraft Gesetzes oder Urteils oder kraft einer Übernahme).

Auch der *zu Unrecht* in Anspruch Genommene ist zur (Erst-)Erinnerung berechtigt, VGH Mannh JB 99, 205. Freilich muß die Kostenrechnung nach außen wirksam geworden und daher wenigstens einem Beteiligten zugegangen sein, Mü JB 90, 357. (Erst-)Erinnerungsberechtigt ist unter Umständen auch derjenige Versicherer, der für den Kostenschuldner unmittelbar an die Staatskasse gezahlt hat, Düss VersR 83, 251 (er hat aber keinen eigenen sachlichrechtlichen Rückzahlungsanspruch nur wegen einer Streitwertherabsetzung).

Derjenige *bemittelte Streitgenosse* eines Beteiligten, dem das Gericht eine Prozeßkostenhilfe bewilligt hat, ist nicht mit einer Kostenrechnung zur Zahlung der Kosten des dem Unterstützten beigeordneten Anwalts heranziehbar. Der bemittelte Streitgenosse kann höchstens sachlichrechtlich haften. Der Kostenschuldner kann sich zulässigerweise vertreten lassen, BGH Rpfleger 92, 365, Stgt JB 75, 1102. Dann muß je nach der Verfahrensart evtl eine schriftliche Vollmacht vorliegen, zB nach § 64 III 1 FGO, BFH Rpfleger 92, 365.

Der *nicht* in der Kostenrechnung als Kostenschuldner Benannte darf grundsätzlich keine Erinnerung einlegen, BGH JB 78, 517, Mü JB 79, 122, aM Düss MDR 83, 321 (Versicherer zahlt für Kostenschuldner).

B. Staatskasse. Die Staatskasse ist zur Einlegung der (Erst-)Erinnerung berechtigt, LG Gießen DGVZ 89, 184 (auch bei § 766 II ZPO), LG Kblz MDR 78, 584. Sie wird durch den Bezirksrevisor oder den Leiter des Rechnungsamts vertreten, LG Lüneb DGVZ 81, 125. Die Staatskasse kann auch eine Verjährung des Anspruchs des im Verfahren der Prozeßkostenhilfe beigeordneten Anwalts geltend machen. Sie soll allerdings nur bei einer grundsätzlichen Streitfrage eine (Erst-)Erinnerung einlegen, soweit es etwa wegen einer grundsätzlichen Bedeutung der Frage als angemessen erscheint, eine gerichtliche Entscheidung herbeizuführen, KG Rpfleger 77, 227 (zum GKG). In anderen Fällen soll die Staatskasse den Weg der Anweisung zur Berichtigung im Verwaltungsverfahren nach § 45 KostVfg, Teil VII A dieses Buchs wählen. Das kann theoretisch auch noch bis zur Gerichtsentscheidung im Erinnerungsverfahren geschehen. 8

Die Staatskasse kann sowohl dann die (Erst-)Erinnerung einlegen, wenn ihr der Kostenansatz als zu *niedrig* erscheint, LG Gießen JB 90, 114, als auch dann, wenn er ihr als *zu hoch* erscheint, KG Rpfleger 77, 227 (zum GKG), LG Gießen JB 90, 114. Im letzteren Fall ist die Erinnerung keineswegs eine solche zugunsten des Schuldners, sondern eine solche zugunsten der eigenen sonst mit einer Rückforderung bedrohten Kasse, LG Gießen DGVZ 89, 184.

Eine *Abänderung* im Aufsichtsweg hat ganz andere Voraussetzungen und Folgen als eine gerichtliche Entscheidung.

Das Gericht muß dem Bezirksrevisor auch dann eine Gelegenheit zur Stellungnahme geben, wenn er keinen eigenen Antrag gestellt hat. Das gilt jedenfalls nach Art 103 I GG vor einer der Landeskasse nachteiligen Entscheidung.

2137

GvKostG § 5 XI. G über Kosten der GVz

9 C. **Gerichtsvollzieher.** Der Gerichtsvollzieher hat ein (Erst-)Erinnerungsrecht, soweit seine eigenen Belange verletzt sind, KG DGVZ **78**, 112, LG Wetzlar DGVZ **95**, 127, Geißler DGVZ **85**, 132, aM LG Ffm DGVZ **93**, 75, AG Königstein DGVZ **93**, 74, Meyer 26, 45 (aber auch dann verdient er ungeachtet seiner Amtsstellung einen Rechtsschutz). Die persönlichen Interessen des Gerichtsvollziehers sind nicht schon dann verletzt, wenn er nur als ein Vollstreckungsorgan betroffen wird, LG Düss NJW **79**, 1990.

Das Gericht muß die Erinnerung dem Gerichtsvollzieher zur Prüfung vorlegen, ob er der Erinnerung *abhelfen* will. Hilft er nicht ab, muß er die Erinnerung dem Bezirksrevisor vorlegen, Polzius/Kessel DGVZ **02**, 35. Dieser muß prüfen, ob er den Kostenansatz im Verwaltungsweg ändern soll oder muß oder ob er für die Staatskasse ebenfalls eine Erinnerung einlegen muß. Soweit der Gerichtsvollzieher der Erinnerung nicht abgeholfen und der Bezirksrevisor den Kostenansatz auch nicht geändert hat, trifft nach II 1 dasjenige Vollstreckungsgericht die Entscheidung, in dessen Bezirk der Gerichtsvollzieher seinen Amtssitz hat. Das Vollstreckungsgericht wird durch den Amtsrichter tätig.

10 D. **Beigeordneter Anwalt.** Der im Verfahren der Prozeßkostenhilfe beigeordnete Anwalt kann nach § 56 I 1 RVG, Teil X dieses Buchs ebenfalls die (Erst-)Erinnerung einlegen. Freilich handelt es sich in diesem Fall um Parteikosten. Sie stehen nur äußerlich im Kostenansatz.

11 **7) Gegenstand der (Erst-)Erinnerung, II 1.** Die (Erst-)Erinnerung richtet sich gegen den Kostenansatz. Dieser besteht in der Aufstellung der Kostenrechnung des Gerichtsvollziehers, die er auch zugunsten der Staatskasse aufgestellt hat. Die Kostenrechnung muß außer der Bezeichnung der Sache folgende Einzelheiten enthalten: Sie muß dem Auftrag entsprechen, Köln BGVZ **16**, 13; sie muß den Kostenansatz im einzelnen darstellen; sie muß einen etwa gezahlten Kostenvorschuß nennen, Stgt Rpfleger **81**, 163; sie muß die angewendete Vorschrift bezeichnen; sie muß den Gesamtbetrag der Kosten nennen; sie muß nach § 27 I, II, III KostVfg, Teil VII A dieses Buchs den Namen und die Anschrift der Kostenschuldner angeben.

12 Der Kostenansatz ist eine *Einheit*. Deshalb begründet die Unrichtigkeit eines einzelnen Postens nicht die Erinnerung, soweit das Gesamtergebnis richtig ist. Freilich gilt das nur in rechnerischer Hinsicht. Ein offensichtlicher bloßer Rechenfehler läßt sich entsprechend § 319 ZPO berichtigen. Die (Erst-)Erinnerung kann aber auch zum Ziel haben, statt einer Rückerstattung lediglich eine Berichtigung des Kostensatzes vorzunehmen, KG Rpfleger **83**, 326, Kblz JB **93**, 425, oder die Nichterhebung von Gerichtskosten nach § 7 zu erreichen. Ein Kostenansatz kann nach Rn 7 unabhängig davon vorliegen, ob auch schon eine Zahlungsaufforderung ergangen ist.

13 *Auslagen* umfassen auch die Vergütung der Zeugen und Sachverständigen, KVGv 703, BGH NJW **84**, 871.

14 **8) Abgrenzung zur Vollstreckungserinnerung, II 1.** Gegen die Art und Weise der Kostenerhebung in der Zwangsvollstreckung und vor allem gegen die Art der Beitreibung ist nicht die (Erst-)Erinnerung nach § 5 statthaft, sondern die Vollstreckungserinnerung nach § 6 I Z 1 JBeitrG, Teil IX A dieses Buchs, in Verbindung mit § 766 ZPO. Diese Vollstreckungserinnerung richtet sich an das Vollstreckungsgericht. Das gilt nicht bei einer bloßen Zustellung, AG Augsb JB **06**, 610.

Gegen seine Entscheidung ist die *sofortige Beschwerde* nach § 793 ZPO statthaft.

Als *Vollstreckungsgericht* ist dasjenige nach §§ 764, 828 II ZPO zuständig. Es entscheidet nach § 20 I Z 17 a RPflG durch den Richter. In diesem Verfahren entstehen Kosten nach § 788 ZPO. Vgl im übrigen § 167 I 2 VwGO.

15 **9) Form- und Fristfreiheit; Wert, II 1.** Die (Erst-)Erinnerung *vor* dem Erlaß der Kostenrechnung ist als Rechtsbehelf nach Rn 18 unzulässig verfrüht. Man kann sie aber als eine Anregung zu einer bestimmten Art der Kostenberechnung umdeuten. Die Erinnerung ist *nach* dem Erlaß der Kostenrechnung nicht an eine Form oder an eine Frist gebunden. Sie wird nicht durch einen Zeitablauf unzulässig, auch nicht durch die Auftragserledigung.

Freilich ist wie stets eine *Verwirkung* beim Zusammentreffen des sog Zeitmoments und des sog Umstandsmoments möglich, Ffm JB **78**, 100. Diese kann vor oder nach einer Verjährung eintreten. Sie bewirkt im Gegensatz zum bloßen Leistungsverweige-

Abschnitt 1. Allgemeine Vorschriften § 5 GvKostG

rungsrecht der Verjährung einen sachlichrechtlichen Anspruchsuntergang. Das Gericht muß ihn deshalb auch von Amts wegen beachten.

Die (Erst-)Erinnerung wird durch eine *Bezahlung* der Kosten nicht unzulässig, solange keine Verjährung eingetreten ist. Man braucht bei der (Erst-)Erinnerung auch noch keine Wertgrenze und noch keinen Mindestwert wie bei der Beschwerde zu beachten.

Die (Erst-)Erinnerung *erledigt sich* für die erinnernde Partei, soweit der Gerichts- 16 vollzieher der (Erst-)Erinnerung nach § 35 II KostVfg, Teil VII A dieses Buchs stattgibt. Eine Zahlungspflicht besteht trotz der (Erst-)Erinnerung weiter, solange nicht auf Grund des Antrags des Erinnerungsführers die Einziehung eingestellt worden ist.

10) Beschwer bei (Erst-)Erinnerung im einzelnen, II 1. Die (Erst-)Erinne- 17 rung rügt eine den Erinnerungsführer beschwerende Verletzung des Kostenrechts irgendwelcher Art bei der Aufstellung der Kosten, BGH RR **98**, 503, Düss JB **85**, 1065. Eine den Erinnerungsführer im Ergebnis begünstigende Berechnung beschwert ihn natürlich nicht, Karlsr JB **01**, 315, ebensowenig beschwert den Erstschuldner die Inanspruchnahme des Zweitschuldners. Die (Erst-)Erinnerung kann sich insbesondere auf die folgenden Situationen erstrecken.

A. Gegen Kostenansatz. Die (Erst-)Erinnerung kann sich gegen die Zuständigkeit 18 des Kostenbeamten richten. Sie kann sich gegen den Kostenansatz richten, BGH NJW **92**, 1458, Köln JB **99**, 260, LG Lübeck JB **14**, 552. Sie ist nicht schon vor der Aufstellung des Kostenansatzes zulässig, aM KG Rpfleger **77**, 227 (aber es gibt keinen Rechtsbehelf gegen eine noch gar nicht vorhandene Entscheidung). Zum Kostenansatz gehören auch die Berücksichtigung der KostVfg, Teil VII A dieses Buchs, BGH NJW **92**, 1458, Kblz Rpfleger **88**, 384, Köln JB **99**, 260, aM LG Paderb JB **79**, 565, und der Wertansatz des Kostenbeamten sowie die Fälligkeit der Kosten. Soweit der Kostenansatz auf einer irrigen Annahme des Streitwerts beruht, kann sich die (Erst-)Erinnerung auch auf diesen Fehler stützen. Die (Erst-)Erinnerung der Landeskasse kann zu einer Nachforderung nach § 6 führen, Düss Rpfleger **95**, 421.

B. Gegen Wertfestsetzung. Soweit das Gericht den Streitwert nach § 63 GKG, 19 Teil I A dieses Buchs, festgesetzt hat, muß man zunächst diesen Festsetzungsbeschluß mit der Beschwerde angreifen, Oldb JB **92**, 169. Eine „(Erst-)Erinnerung" ist dann evtl als eine Beschwerde auslegbar, Oldb JB **92**, 169. Erst anschließend an das Beschwerdeverfahren wird die (Erst-)Erinnerung statthaft. Man kann die Eingabe aber evtl auch als einen Antrag auf eine neue Wertfestsetzung umdeuten.

C. Gegen Auslagenhöhe. Die (Erst-)Erinnerung kann sich auch gegen die Not- 20 wendigkeit und Höhe von Auslagen richten, BGH NJW **00**, 1128, Drsd RR **01**, 862, aM Düss (10. ZS) RR **98**, 1694, Düss (1. StrS) AnwBl **83**, 462, VG Wiesb DRiZ **94**, 346 (aber II 1 gilt gegen „die Kosten"). Dann darf man aber nach Rn 23 grundsätzlich (Ausnahme: § 7) nicht diejenige Anordnung, die die Auslagen verursacht hat, mit der (Erst-)Erinnerung nach § 5 bemängeln, Düss AnwBl **83**, 462, Kblz JB **93**, 425. Denn die (Erst-)Erinnerung ist grundsätzlich nicht auch oder nur gegen die Kostengrundentscheidung statthaft, BGH NJW **92**, 1458. Eine „Erinnerung" ist dann nach Rn 1 umdeutbar.

Die (Erst-)Erinnerung ist auch zur Nachprüfung der Berechtigung einer Auslagenforderung einer am Ermittlungsverfahren beteiligten *anderen Behörde* statthaft. Denn der Kostenbeamte würde durch ein solches Verfahren evtl Art 19 IV GG verletzen, BVerfG NJW **70**, 853.

D. Gegen Überzahlung. Zulässig ist auch eine (Erst-)Erinnerung zur Prüfung 21 der Frage, ob Zeugen- oder Sachverständigengelder überzahlt worden sind, Kblz VersR **88**, 297. Vgl auch § 4 JVEG, Teil V dieses Buchs. Unzulässig ist die Einwendung aus dem Mandatsverhältnis, die eine ausgeurteilte Kostentragungspflicht betrifft, BGH RR **98**, 503.

E. Gegen Zahlungspflicht. Die (Erst-)Erinnerung kann sich auch gegen eine Frage 22 der Zahlungspflicht richten, also gegen die Notwendigkeit von Vollstreckungskosten oder auch gegen die Heranziehung einer solchen Person, die kein Kostenschuldner ist, Kblz JB **93**, 425, Polzius/Kessel DGVZ **02**, 34, vor allem also einer Partei kraft Amts als eines persönlichen Kostenschuldners. Die (Erst-)Erinnerung kann sich ferner gegen die Reihenfolge der Inanspruchnahme mehrerer Kostenschuldner richten.

GvKostG § 5   XI. G über Kosten der GVz

23 **F. Beispiele zur Frage weiterer Fälle einer Beschwer**
Anspruch: Eine (Erst-)Erinnerung ist statthaft, soweit es um den Anspruch selbst geht.
S auch „Verjährung".
Aufrechnung: Eine (Erst-)Erinnerung ist statthaft, soweit es um die Aufrechnung mit einer Gegenforderung geht, falls der Gegner die letztere anerkannt oder das Gericht sie nach § 8 I JBeitrG, Teil IX A dieses Buchs, festgestellt hat.
Aufschiebende Einwendung: Nach § 8 II JBeitrG, Teil IX A dieses Buchs, läßt sich eine solche nach §§ 781–784, 786 ZPO nur durch eine Klage geltend machen, Mü JB **94**, 112.
Auftragserteilung: Eine (Erst-)Erinnerung ist *unstatthaft*, soweit es nur darum geht, ob man überhaupt einen Auftrag erteilt hatte, Kblz VersR **85**, 672.
Auswärtiger Termin: Eine (Erst-)Erinnerung ist *unstatthaft*, soweit sie sich nur nach § 5 gegen die Notwendigkeit eines solchen Termins richtet, Kblz VersR **85**, 672.
Duldungspflicht: Eine (Erst-)Erinnerung ist statthaft, soweit es um eine Verpflichtung zur Duldung einer Vollstreckung geht.
Erfüllung: Eine (Erst-)Erinnerung ist statthaft, soweit es um die vom Erinnerungsführer zu beweisende Bezahlung der Kostenschuld geht.
Ermessen: Eine (Erst-)Erinnerung ist nur insoweit statthaft, als es um einen Ermessensmißbrauch geht, Meyer JB **03**, 462.
24 **Kostengrundentscheidung:** Eine (Erst-)Erinnerung ist *unstatthaft*, soweit sie nur die dem Kostenansatz ja zugrundeliegende sog Kostengrundentscheidung nach BLAH Üb 35 vor § 91 ZPO angreift. Das folgt aus Rn 20. Sie ist ja auch nach § 5 die Grundlage des Verfahrens. Sie bindet den Kostenbeamten wie auch das Rechtsmittelgericht, Ffm AnwBl **88**, 179. Allenfalls ist dann § 7 anwendbar.
Nachforderung: Eine (Erst-)Erinnerung ist statthaft, soweit es um eine unberechtigte Nachforderung nach § 6 geht.
Offensichtlicher Gesetzesverstoß: § 7.
Prozeß-, Verfahrenskostenhilfe: Eine (Erst-)Erinnerung ist *unstatthaft*, soweit es um deren Bewilligung nach § 119 ZPO oder § 76 FamFG oder um deren Aufhebung nach § 124 ZPO, § 76 FamFG geht. Das gilt, obwohl diese Vorschriften Teil des Kostenrechts sind.
Unhaltbarkeit: Wegen einer völligen Unhaltbarkeit der Entscheidung § 7.
Verjährung: Eine (Erst-)Erinnerung ist statthaft, soweit es um die Verjährung nach § 8 geht.
Vorschußanordnung: Vgl III.

25 **11) Verfahren bei (Erst-)Erinnerung,** II 1, 2. Man muß zwei Stadien unterscheiden.
A. Verfahren des Gerichtsvollziehers. Zunächst darf und muß der Gerichtsvollzieher prüfen, ob und wieweit er der (Erst-)Erinnerung abhelfen will. Er darf den Kostenansatz auch von Amts wegen ändern, auch zum Nachteil des Erinnerungsführers. Das letztere wäre natürlich keine Abhilfe.
Mangels einer Abhilfe muß der Gerichtsvollzieher die Akten wie bei § 121 I 1 BGB unverzüglich mit einer begründeten Nichtabhilfeerklärung dem Gericht vorlegen. Fehlt eine solche nachprüfbare Erklärung, gibt das Gericht die Akten dem Gerichtsvollzieher zur Nachholung zurück. Liegt die ausreichende Nichtabhilfeerklärung dem Gericht vor, gelten für dessen Verfahren dann die folgenden Regeln.

26 **B. Zuständigkeit des Gerichts.** Zur Entscheidung über die (Erst-)Erinnerung ist dasjenige Amtsgericht zuständig, in dessen Bezirk der Gerichtsvollzieher seinen Amtssitz hat, aM BayObLG Rpfleger **93**, 485 (aber das ist der nächstliegende Anknüpfungspunkt). Das gilt nicht § 766 II ZPO anwendbar ist. In diesem letzteren Fall des Ansatzes von Vollstreckungskosten entscheidet nach Rn 5 das Vollstreckungsgericht der §§ 764 II, 802 ZPO. Bei einer Entscheidung des Einzelrichters nach §§ 348, 348a ZPO oder des Vorsitzenden der Kammer für Handelssachen nach § 349 ZPO in der Hauptsache ist sein Gericht zuständig.
Der *Rechtspfleger* entscheidet nach § 4 RPflG über die (Erst-)Erinnerung (zur befristeten Zweiterinnerung Rn 37), soweit er für das zugrunde liegende Geschäft zu-

2140

Abschnitt 1. Allgemeine Vorschriften § 5 GvKostG

ständig ist, Niederée DRpflZ **84**, 45, vgl aber auch § 81 VI 1 Hs 2 GNotKG, Teil III dieses Buchs.
Soweit das Verfahren in erster Instanz bei *mehreren* Gerichten anhängig war, gilt die Sonderregelung II 2.
Es gibt *keine* ohnehin abgeschaffte *Durchgriffserinnerung,* so schon Mü Rpfleger **78**, 111. Wenn der Bezirksrevisor die (Erst-)Erinnerung einer Prozeßpartei für begründet erklärt, prüft das Gericht nur noch, ob § 7 anwendbar ist, LG Bln MDR **80**, 678.

C. Einlegung. Vgl Rn 38, 39. 27

D. Verhandlung. Das Gericht kann auf Grund einer freigestellten mündlichen 28 Verhandlung entscheiden. Sie kommt aber praktisch kaum vor. Das Gericht muß dem Betroffenen nach Artt 2 I, 20 III GG (Rpfl), BVerfG **101**, 404, Art 103 I GG (Richter) vor einer ihm nachteiligen Entscheidung das rechtliche Gehör geben.

E. Entscheidung. Sie ergeht durch einen Beschluß. Er braucht nach § 122 II 29 VwGO grundsätzlich eine Begründung, BLAH § 329 ZPO Rn 4. Er ergeht nach II 2 (§ 66 VIII 1 Hs 1 GKG, Teil I A dieses Buchs), § 11 IV RPflG gebührenfrei. Er ist aber nicht auslagenfrei, Ffm JB **78**, 1848. Rechtsbehelfsbelehrung, Verstoß: §§ 8 a, 59 II 2.
Das Gericht *teilt* den Beschluß dem (Erst-)Erinnerungsführer *formlos mit.* Ein (Erst-)Erinnerungsgegner fehlt. Bei einer Änderung zulasten der Staatskasse macht das Gericht dem zur Vertretung der Staatskasse zuständigen Beamten nach §§ 43, 44 KostVfg, Teil VII A dieses Buchs eine formlose Mitteilung. Eine förmliche Zustellung ist nach § 329 II 1 ZPO, §§ 53 I FGO, 56 I VwGO nicht erforderlich.
Es findet nach II 2 (§ 66 VIII 2 GKG) *keine Kostenerstattung* statt.

F. Abänderung von Amts wegen. Eine Abänderung des Beschlusses von Amts 30 wegen ist unstatthaft. Allerdings ist eine bloße Berichtigung offenbarer Schreib- oder Rechenfehler usw entsprechend § 319 ZPO zulässig.

12) Statthaftigkeit der Beschwerde, II 2. Es gelten die folgenden Regeln. 31

A. Zulässigkeit, II 2 (§ 66 II 1 GKG). Gegen den Beschluß des Gerichts über die (Erst-)Erinnerung gibt es eine eigenständige vorrangige Regelung, BGH NJW **84**, 871. Es ist eine einfache nicht fristgebundene Beschwerde zulässig nach II 2 in Verbindung mit § 67 II 1 GKG, Teil I A dieses Buchs, Düss JB **95**, 45, soweit der in Rn 32 erörterte Beschwerdewert vorliegt. Eine Anschlußbeschwerde ist denkbar, Kirchner NJW **76**, 592.
Die Beschwerde ist auch dann statthaft, wenn sonstige Beschwerden durch ein *Spezialgesetz* entfallen, zB bei den Verwaltungsgerichten in Wehrpflicht- und Lastenausgleichsachen, aM Mü BayVBl **94**, 411. Denn II 2 in Verbindung mit §§ 67 II ff GKG bezieht sich nur auf das Verfahren, nicht auf die Statthaftigkeit der Beschwerde, Rn 38.
Beschwerdeberechtigt sind dieselben Beteiligten wie bei der (Erst-)Erinnerung nach Rn 7–10, aM LG Lübeck JB **14**, 552, LG Mannh JB **14**, 665 (je: evtl nicht beim Gerichtsvollzieher. Zu formell).

B. Entweder: Beschwerdewert, II 2 (§ 66 II 1 GKG). Die Beschwerde setzt 32 nach II 2 in Verbindung mit § 66 II 1 GKG, Teil I A dieses Buchs entweder voraus, daß der Wert des Beschwerdegegenstands 200 EUR übersteigt. Es muß also der abschließende Beschluß im (Erst-)Erinnerungsverfahren, nicht etwa der ursprüngliche Ansatz, den Beschwerdeführer um mehr als 200 EUR beschweren, Schneider JB **75**, 1424. Man kann auch nicht durch eine nachträgliche Antragserweiterung den Mindestbeschwerdewert herbeirechnen. Das alles gilt auch bei der Anordnung eines Vorschusses und ferner bei einem Rechtsmißbrauch, Schlesw SchlHA **88**, 39.
Soweit der Beschwerdewert *fehlt,* ist gegen eine vom *Richter* erlassene Entscheidung mangels einer Zulassung nach Rn 33 kein Rechtsmittel statthaft. Gegen eine vom *Rechtspfleger* erlassene Entscheidung ist aber nach Rn 37 die befristete Zweiterinnerung statthaft.

C. Oder: Beschwerdezulassung wegen grundsätzlicher Bedeutung, II 2 33 **(§ 66 II 2 GKG).** Die Beschwerde ist auch dann statthaft, wenn das Gericht der angefochtenen Entscheidung die Beschwerde wegen einer grundsätzlichen Bedeutung der zur Entscheidung stehenden Frage über den vorliegenden Einzelfall hinaus nach seinem pflichtgemäßen nicht anfechtbaren Ermessen in den Grenzen des Willkürverbots nach II 2 in Verbindung mit § 66 II 2 GKG, Teil I A dieses Buchs, bereits in seinem Beschluß zugelassen hat, LG Kblz FamRZ **05**, 1583. Vgl dazu auch bei § 66 GKG. Eine nachträgliche Zulassung ist wegen der klaren Worte „in dem Beschluß" in § 66 II 2 GKG nicht statthaft, SchrKGe 27. Das übersieht Meyer 41. Die erstinstanzliche Zulassung bindet das Beschwerdegericht nach II 2 in Verbindung mit § 66 III 4 GKG. Es ist keine Nichtzulassungsbeschwerde statthaft.

34 **D. Keine Beschwerde am Obersten Gerichtshof des Bundes, II 2 (§ 66 II 3 GKG).** Eine Beschwerde an einem Obersten Gerichtshof des Bundes nach Art 95 GG ist nach II 2 in Verbindung mit § 66 III 3 GKG, Teil I A dieses Buchs, nicht statthaft, BGH 67, 346, LG Karlsr DGVZ **04**, 31. Das gilt für die Erstentscheidung eines OLG, LAG, BAG DB **97**, 884, oder eines FG, LSG oder OVG oder VGH. Vgl freilich auch §§ 190, 192 VwGO.
Weitere Beschwerde findet nur unter den Voraussetzungen II 2 in Verbindung mit § 66 IV GKG statt.

35 **E. Keine neue Beschwerde, II 2 (§ 66 II 1, 2 GKG).** Eine neue Beschwerde ist wegen der zugesprochenen oder aberkannten Posten der Kostenrechnung nach dem Abschluß des Beschwerdeverfahrens nicht mehr statthaft, Mü MDR **83**, 585.

36 **13) Gegen Rechtspfleger mangels Beschwerdewert: Befristete Zweiterinnerung, II 2 (§ 11 II 1 RPflG, § 66 II 1 GKG).** Rechtsbehelfsbelehrung, Verstoß: §§ 8 a, 59 II 2. Soweit der Rpfl über die (Erst-) Erinnerung nach Rn 26 entschieden hat und soweit eine Beschwerdemöglichkeit nach II 2 in Verbindung mit § 66 II 1 GKG, Teil I A dieses Buchs, wegen des Nichterreichens des Beschwerdewerts nach Rn 32 entfällt, muß man wie in den vergleichbaren Fällen § 11 RPflG beachten, also wie bei § 4 JVEG, Teil V dieses Buchs, § 55 RVG, Teil X dieses Buchs.

37 Nach dieser Vorschrift findet dann aus den bei § 11 RVG Rn 88, Teil X dieses Buchs, erläuterten verfassungsrechtlichen Gründen eine befristete Erinnerung in dem dort Rn 106–126 erläuterten besonderen Verfahren statt. Über sie entscheidet mangels einer Abhilfe durch den Rpfl sein Richter abschließend. Sie ist also in Wahrheit auch hier eine Zweiterinnerung.

38 **14) Einlegung der (Erst-)Erinnerung oder Beschwerde, II 2 (§§ 5 a, 66 V GKG).** Man muß drei Aspekte beachten.
A. Form: Schriftlich, zu Protokoll, elektronisch usw, II 2 (§§ 5 a, 66 V 1 GKG). Erinnerung wie Beschwerde sowie jeder weitere Antrag und jede weitere Erklärung beliebiger Art sind nach Rn 39 schriftlich, zu Protokoll der Geschäftsstelle oder elektronisch usw einlegbar. Es ist also keine besondere Form notwendig. Eine korrekte Bezeichnung des Rechtsmittels ist ratsam, aber nicht notwendig. Daher ist eine unrichtige Bezeichnung als solche meist unschädlich. Es besteht kein Anwaltszwang.

39 **B. Zuständigkeit: Gericht, II 2 (§ 66 V 2 GKG).** Zur Entgegennahme zuständig ist nach Rn 25–27 bei der (Erst-)Erinnerung derjenige Gerichtsvollzieher, dessen Kostenansatz man rügt, und sodann der Urkundsbeamte der Geschäftsstelle bei demjenigen Gericht, das für die Entscheidung über die (Erst-)Erinnerung nach der Nichtabhilfe des Gerichtsvollziehers nunmehr zuständig ist. Das gilt sowohl für die Einlegung der (Erst-)Erinnerung als auch für die Einlegung der Beschwerde. Man muß die letztere also stets beim „judex a quo" einlegen. §§ 129 a, 130 a ZPO gelten entsprechend nach II 2 in Verbindung mit § 66 V 1 Hs 2 GKG, Teil I A dieses Buchs. Örtlich ist jedes AG zur Entgegennahme und zur unverzüglichen Weiterleitung an das richtige Gericht zuständig. Mit einer Zustimmung des Erklärenden kann man ihm die Übermittlung des Protokolls überlassen.

40 **C. Keine Frist, II 2 (§ 66 II–VIII GKG).** (Erst-)Erinnerung wie Beschwerde sind nach II 2 in Verbindung mit § 5 III 3 GKG, Teil I A dieses Buchs, nicht an eine Frist gebunden.

41 **15) Entscheidung über die Beschwerde, II 2 (§ 66 III, VI, VII GKG).** Man muß sechs Gesichtspunkte beachten.

Abschnitt 1. Allgemeine Vorschriften § 5 GvKostG

A. Abhilfemöglichkeit durch Amtsgericht, II 2 (§ 66 III 1 GKG). Dasjenige Gericht, das nach Rn 25–27 über die (Erst-)Erinnerung entschieden hat, „hat" evtl der Beschwerde abzuhelfen. Es muß daher zunächst in seiner eigenen Zuständigkeit prüfen, ob es ganz oder teilweise der Beschwerde abhelfen muß. Dabei kann es notwendig werden, dem Beschwerdegegner vor einer Abhilfe ein rechtliches Gehör nach Art 103 I GG zu geben, auch um eine Anhörungsrüge nach Rn 48 zu vermeiden. Das Gericht muß daher seine Nichtabhilfe begründen. Bloße Leerfloskeln wie „aus den zutreffenden Gründen der angefochtenen Entscheidung, an denen das Beschwerdevorbringen nichts ändert" usw können zumindest dann unzureichend sein, wenn nicht eindeutig erkennbar ist, daß das AG selbst die Begründung der angefochtenen Entscheidung auch wirklich überprüft hat.

Deshalb ist wenigstens eine zusätzliche eigene *Kurzbegründung* oder zumindest eine Formulierung wie die folgende ratsam: „aus den zutreffenden Gründen der im einzelnen jetzt auch hier überprüften angefochtenen Entscheidung". Das hat mit einer vermeidbaren Schreibarbeit nichts zu tun, wohl aber mit einer vermeidbaren Zurückverweisung durch das Beschwerdegericht.

B. Zuständigkeit des LG oder OLG, II 2 (§ 66 III 2 GKG). Über die Beschwerde entscheidet mangels einer Abhilfe durch den Vorderrichter unabhängig vom Instanzenweg der Hauptsache grundsätzlich das LG und bei § 119 GVG das OLG nach II 2 in Verbindung mit § 66 III 2 GKG, Teil I A dieses Buchs. Im Beschwerdegericht entscheidet der Einzelrichter nach II 2 in Verbindung mit § 66 VI 1 GKG, soweit er nicht nach § 66 VI 2 GKG das Beschwerdeverfahren dem Kollegium überträgt. Beides ist nach II 2 in Verbindung mit § 66 VI 4 GKG unanfechtbar. 42

C. Grundsatz: Keine aufschiebende Wirkung, II 2 (§ 66 VII 1 GKG). (Erst-) Erinnerung und Beschwerde haben grundsätzlich keine aufschiebende Wirkung. Das ergibt sich aus II 2 in Verbindung mit § 66 VII 1 GKG, Teil I A dieses Buchs. Diese Regelung ist als Grundsatz weit auslegbar. Daher ist von ihr nicht schon wegen einer „normalen" wirtschaftlichen Benachteiligung des Beschwerdeführers eine Abweichung zulässig. 43

D. Ausnahme: Anordnung aufschiebender Wirkung, II 2 (§ 66 VII 2 G KG). Ausnahmsweise ist die Anordnung der aufschiebenden Wirkung der Beschwerde (also nicht der Ersterinnerung) zulässig, soweit die Beschwerde überhaupt statthaft ist, BGH NJW 92, 1458. Sie kann auf einen Antrag oder von Amts wegen erfolgen. Sie kann nach II 2 in Verbindung mit § 66 VII 2 GKG, Teil I A dieses Buchs, ganz oder teilweise geschehen. Diese letzte Möglichkeit bedeutet ein pflichtgemäßes Ermessen, Mü MDR 85, 333. Seine Ausübung gehört auch beim Fehlen eines Antrags zu den Amtspflichten. Deshalb sollte das Beschwerdegericht die Unterlassung einer Anordnung in den Akten wenigstens stichwortartig begründen, falls kein Antrag vorliegt. 44

Zuständig ist der Vorsitzende des Erstgerichts oder des Beschwerdegerichts, soweit nicht der Einzelrichter tätig ist. Das Kollegium ist also nicht zuständig. Ein Aufschub in vollem Umfang erfordert noch triftigere Gründe als nur teilweiser. Der Beschluß nach II 2 in Verbindung mit § 66 VII 2 GKG ist unanfechtbar, Mü MDR 85, 333. Die Zuständigkeit endet mit der Aktenvorlage beim nächsthöheren Gericht.

E. Weiteres Verfahren, II 2 (§ 66 VI GKG). Das Beschwerdegericht entscheidet auf Grund einer freigestellten mündlicher Verhandlung. Es muß wegen Art 103 I GG dem Beschwerdeführer eine angemessene Frist zur etwa von ihm angekündigten, wenn auch nicht vorgeschriebenen Beschwerdebegründung setzen und darf nicht vor dem Fristablauf entscheiden, BVerfG Rpfleger **58**, 261. Es muß außerdem den Beschwerdegegner vor einer ihm nachteiligen Entscheidung anhören, BVerfG **34**, 346. Eine bisher unstatthafte Beschwerde wird freilich durch eine Gehörsverletzung nicht statthaft, BFH BStBl II **77**, 628. Vgl aber Rn 18. Man kann die Beschwerde auch auf neue Tatsachen stützen. Das Beschwerdegericht entscheidet grundsätzlich durch den Einzelrichter und erst nach dessen etwaiger Übertragung in voller Besetzung. Im übrigen gelten nach II 2 in Verbindung mit § 66 VI GKG, Teil I A dieses Buchs, die in der jeweiligen Verfahrensordnung einschlägigen Beschwerdevorschriften, also zB §§ 567 ff ZPO. 45

2143

GvKostG § 5

46 **F. Entscheidung, II 2 (§ 66 VI GKG).** Das Gericht entscheidet stets ohne seine ehrenamtlichen Richter durch einen Beschluß. Der Beschluß verwirft die Beschwerde als unstatthaft oder unzulässig, weist sie als unbegründet zurück oder gibt ihr dadurch statt, daß er entweder das Verfahren zurückverweist oder den Gerichtsvollzieher unter einer Aufhebung der bisherigen Entscheidung(en) anweist, den Kostenansatz zu ändern oder zu berichtigen. Das Beschwerdegericht kann statt einer solchen Anweisung auch selbst den Kostenansatz entsprechend neu fassen. Die Entscheidung braucht nach § 122 VwGO grundsätzlich eine Begründung, BLAH § 329 ZPO Rn 4. Das Gericht teilt den Beschluß dem Beschwerdeführer nach § 329 I 2 ZPO formlos mit. Wegen der Kosten Rn 47–49.

47 **16) Keine Notwendigkeit eines Bevollmächtigten, II 2 (§ 66 V 1 Hs 1 GKG).** Im Verfahren über die (Erst-)Erinnerung und über die Beschwerde ist keine Mitwirkung eines Bevollmächtigten notwendig. Das gilt unabhängig von einem etwaigen Anwaltszwang im Hauptverfahren, OVG Bautzen JB **98**, 94. Es gilt sowohl im Nichtabhilfeverfahren als auch im Verfahren vor dem Beschwerdegericht, auch vor einem obersten Bundesgericht. Es besteht also weder ein Anwaltszwang noch ein Zwang zur Einschaltung eines sonstigen Bevollmächtigten, soweit nicht das letztere zB wegen Zweifeln an der Geschäftsfähigkeit notwendig ist. Das alles gilt nicht nur für die Einlegung der (Erst-)Erinnerung oder Beschwerde, sondern für das gesamte Verfahren, also auch für eine mündliche Verhandlung vor dem Beschwerdegericht und für eine Rücknahmeerklärung.

48 **17) Weitere Beschwerde, II 2 (§ 66 IV GKG).** Rechtsbehelfsbelehrung, Verstoß: §§ 8 a, 59 II 2. Unter den Voraussetzungen II 2 in Verbindung mit § 66 IV 1–4 GKG, Teil I A dieses Buchs, kommt eine weitere Beschwerde als Rechtsbeschwerde wegen einer Rechtsverletzung nach §§ 546, 547 ZPO nach ihrer Zulassung durch das LG als Beschwerdegericht wegen einer grundsätzlichen Bedeutung wie bei Rn 33 in Betracht, Ffm DGVZ **16**, 83, Schlesw DGVZ **17**, 212. Die Zulassung bindet. Sie kann nach II 2 in Verbindung mit § 66 IV 1 nicht nachträglich erfolgen. Eine Nichtzulassung ist nach II 2 in Verbindung mit § 66 III 4 Hs 2, IV 3 GKG unanfechtbar.

49 **18) Anhörungsrüge, II 2.** Die Vorschrift verweist auf § 69 a GKG, Teil I A dieses Buchs. Vgl daher dort, Teil I dieses Buchs.

50 **19) Kosten, II 2 (§ 66 VIII GKG).** Das Verfahren über die (Erst-)Erinnerung und über die Beschwerde ist nach II 2 in Verbindung mit § 66 VIII 1 GKG, Teil I A dieses Buchs, grundsätzlich gerichtsgebührenfrei, BGH NJW **84**, 871. Das Verfahren über eine befristete Zweiterinnerung ist nach § 11 IV RPflG ebenfalls gebührenfrei. Eine Auslagenfreiheit entsteht allerdings jeweils nicht.
Wegen der *Anhörungsrüge* vgl Rn 48.
Eine *Kostenerstattung* findet nach II 2 in Verbindung mit §§ 66 VIII 2, 69 a VI GKG *nicht* statt. Diese Vorschrift soll neuen Streit verhindern helfen, BGH NJW **93**, 2542. Sie ist mit dem GG vereinbar, Mü MDR **77**, 502. Etwa zu berechnende Auslagen trägt der Zahlungspflichtige. Dahin gehören vor allem die durch eine amtliche Ermittlung verursachten Kosten. Alle Ermittlungen geschehen hier von Amts wegen.
II 2 in Verbindung mit § 5 VIII GKG *gilt ausnahmsweise nicht* bei einer schon wegen § 66 IV GKG eindeutig unzulässigen weiteren Beschwerde gegen eine Entscheidung des LG als Beschwerdegericht über Kosten. Vielmehr gilt dann (jetzt) KV 1811, BGH NJW **03**, 70, Hamm JB **93**, 292 (zum alten Recht).
Es ergebt keine Entscheidung über eine *Kostenrückzahlung*. Eine solche Rückzahlung müssen die Kostenbeamten oder die Aufsichtsbehörde veranlassen, Kblz JB **77**, 1430. Der Kassenleiter verfügt sie nach § 91 JKassO. Sie ist also eine reine Verwaltungstätigkeit.

51 **20) Rechtsbehelfe gegen Vorschuß, III.** Rechtsbehelfsbelehrung, Verstoß: §§ 8 a, 59 II 2. Dieser Absatz der Vorschrift enthält für den Fall einer Erinnerung oder Beschwerde gegen die Anordnung des Gerichtsvollziehers auf die Zahlung eines Vorschusses nach § 4 eine Verweisung auf II.

52 **21) Elektronik, IV.** Für solche Akten und Dokumente gilt die ZPO, zB dort §§ 130 a–d, 292 a, 299 III, 299 a, 371.

Abschnitt 1. Allgemeine Vorschriften § 6 GvKostG

Nachforderung

6 Wegen unrichtigen Ansatzes dürfen Kosten nur nachgefordert werden, wenn der berichtigte Ansatz vor Ablauf des nächsten Kalenderjahres nach Durchführung des Auftrags dem Zahlungspflichtigen mitgeteilt worden ist.

Gliederung

1) Systematik	1
2) Regelungszweck	2
3) Nachforderung	3
4) Unrichtiger Ansatz	4
5) Durchführung des Auftrags	5
6) Auftragsabgrenzung	6, 7
7) Mitteilung	8
8) Verstoß	9

1) Systematik. § 6 stimmt mit § 20 GKG, § 19 I FamGKG, Teile I A, B dieses **1** Buchs, inhaltlich und mit §§ 20, 52 GNotKG, Teil III dieses Buchs, fast wörtlich überein. Vgl daher auch die dortigen Anm. Eine Hinausschiebung sieht § 6 nicht vor. Die Jahresfrist des § 6 ist eine von Amts wegen beachtbare Ausschlußfrist. Sie beginnt nach einer ordnungsgemäßen Mitteilung nach Rn 8 mit dem ersten Tag desjenigen Jahres, das auf die Durchführung dieses gesamten Auftrags folgt, und endet mit dem Ablauf seines 31. 12. Nach § 6 kann man aber Kosten ohne die dort genannte zeitliche Beschränkung dann nachfordern, wenn ein Beteiligter über den Wert arglistig getäuscht hat. Eine Einwendung aus § 6 ist rechtssystematisch eine Erinnerung. Man muß das Verbot einer Nachforderung anders als eine Verjährung nach Rn 2 von Amts wegen beachten.

2) Regelungszweck. Die Vorschrift soll verhindern, daß die Staatskasse einen **2** Kostenschuldner noch eine erhebliche Zeit nach der Beendigung der Tätigkeit des Gerichtsvollziehers mit einer solchen Kostennachforderung behelligen kann, deren etwaige Verjährung nach § 8 III 1 Hs 2 das Gericht ja nicht von Amts wegen berücksichtigt. Sie dient damit dem Rechtsfrieden selbst auf Kosten der Gerechtigkeit im engeren Sinn. Das muß man bei der Auslegung mitbeachten.

3) Nachforderung. Eine Nachforderung liegt nur dann vor, wenn gerade dieser **3** Kostenschuldner schon eine solche Kostenforderung erhalten hatte, die objektiv rechtskräftig ist und die er auch subjektiv für endgültig halten durfte. Dazu zählt nicht eine bloße Vorschußforderung nach § 4 mit oder ohne eine Kostenberechnung oder -schätzung. Wer selbst nach Rn 1 zB eine Täuschung beging oder sonst unredlich war, erhält den Schutz des § 6 nicht.
Keine Nachforderung liegt gegenüber demjenigen von mehreren Kostenschuldnern vor, der noch keine Kostenforderung erhalten hatte. Eine Nachforderung nach § 6 fehlt auch, soweit der neue Gesamtbetrag trotz einer Auswechslung von Einzelposten nicht über den früheren hinausgeht.

4) Unrichtiger Ansatz. Ein unrichtiger Ansatz liegt wegen des begrenzten Zwecks **4** von § 6 und deshalb anders als bei § 7 im Rahmen von § 6 nur dann vor, wenn der Gerichtsvollzieher den fraglichen Betrag schon früher hätte fordern können und müssen, zB bei einem früher zu niedrigen Wert oder bei einem früher zu geringen Gebührensatz oder beim Übersehen einer Gebühr oder eines Zeitzuschlags oder von Auslagen.

5) Durchführung des Auftrags. Für die Zulässigkeit einer Nachforderung kommt **5** es auf den Zeitpunkt des Endes der Durchführung des Auftrags des Gerichtsvollziehers an. Eine Auftragsdurchführung läßt sich nach §§ 3 IV 1, 14 S 1 beurteilen. Es können mehrere Aufträge vorliegen. Dann muß man die Ausschlußfrist nach Rn 1 für jeden Auftrag gesondert berechnen. Ein und derselbe Auftrag kann aber auch mehrere Amtshandlungen notwendig machen. Entscheidend ist also die endgültige Durchführung des Gesamtauftrags einschließlich aller Nebengeschäfte, also zB der Hinterlegung oder Verteilung des Erlöses. Entscheidend ist nicht die Beendigung oder Erledigung einer einzelnen von mehreren Amtshandlungen, allenfalls diejenige der letzten zum Auftrag zählenden Amtshandlung. Die Rechtzeitigkeit der Nachfor-

2145

derung hängt vom Ablauf desjenigen Kalenderjahres ab, das demjenigen Kalenderjahr folgt, in dem der Auftrag beendet war.

Nicht zu diesen *Nebengeschäften* gehören aber der Kostenansatz nach § 5 und die Einforderung der Gerichtsvollzieherkosten. Ebensowenig gehört die büromäßige Erledigung nach der GVO und der GVGA zur Durchführung der Nebengeschäfte nach § 6.

6   **6) Auftragsabgrenzung.** Im übrigen muß man also prüfen, ob ein einheitlicher Gesamtauftrag oder nur eine Zusammenfassung *mehrerer selbständiger* Aufträge vorliegt. Wenn zB der Gläubiger dem Gerichtsvollzieher einen Auftrag erteilt, aus einem auf die Zahlung einer Geldsumme lautenden Vollstreckungstitel die Zwangsvollstreckung zu betreiben, enthält dieser Auftrag mehrere Einzelaufträge auf die Zustellung der Vollstreckungsklausel, die Pfändung und die Pfandverwertung.

Die *Zustellung* gehört nicht zur Zwangsvollstreckung. Demgegenüber bilden die Pfändung und die Pfandverwertung eine Einheit. Ein einheitlicher Gesamtauftrag liegt auch dann vor, wenn der Gerichtsvollzieher auf Grund desselben Vollstreckungstitels eine Pfändung bei mehreren Schuldnern durchführt. Kein einheitlicher Auftrag liegt dann vor, wenn der Gerichtsvollzieher für mehrere aus demselben Vollstreckungstitel berechtigte Gläubiger eine Pfändung durchführt.

7   Man muß nach den *Umständen* entscheiden, inwieweit man nach einer zunächst erfolglosen Pfändung für deren Wiederholung einen neuen Auftrag annehmen kann.

8   **7) Mitteilung.** Maßgeblich für die Fristeinhaltung ist eine gesetzmäßige Mitteilung des berichtigten Kostenansatzes gerade an diesen Zahlungspflichtigen. Sie kann schriftlich entsprechend § 5a GKG, Teil I A dieses Buchs, elektronisch, mündlich, telefonisch, auch durch Telefax erfolgen. Für eine rechtzeitige ordnungsgemäße Mitteilung ist die Staatskasse beweispflichtig.

Es gibt *keinen Anscheinsbeweis* nach BLAH Anh § 286 Rn 15 für den Zugang eines einfachen Briefs, BGH NJW **78**, 886, Hamm RR **95**, 363, LAG Düss JB **04**, 389, aM BVerfG NJW **92**, 2217 (Absendung und Fehlen einer postalischen Rücksendung „als unzustellbar" = Beweisanzeichen für Zugang, also praktisch als Anscheinsbeweis, grundsätzlich problematisch, BLAH Anh § 286 ZPO Rn 153, 154), LG Hbg VersR **92**, 85 (bei einer Reihe von Schreiben in engem zeitlichen Abstand), Schneider MDR **84**, 281 (aber Vorsicht gegenüber Statistiken der dort mitgeteilten Art: Sie weisen zB nicht aus, wieviele nicht als „Verlust" gemeldete Briefe tatsächlich doch nicht oder doch „falsch" zugingen, wie leider auch manche Gerichtserfahrung beweist. Mancher Bürger hält es mit Recht für meist sinnlos, sich zu beschweren. Er erscheint schon deshalb nicht in solchen Statistiken). Eine Mitteilung an den Erblasser wirkt auch gegenüber seinen Erben.

9   **8) Verstoß.** Ein Verstoß gibt die Erinnerung nach § 5 II, III.

Nichterhebung von Kosten wegen unrichtiger Sachbehandlung

7 [I] Kosten, die bei richtiger Behandlung der Sache nicht entstanden wären, werden nicht erhoben.

[II] [1] Die Entscheidung trifft der Gerichtsvollzieher. [2] § 5 Abs. 2 ist entsprechend anzuwenden. [3] Solange nicht das Gericht entschieden hat, kann eine Anordnung nach Absatz 1 im Verwaltungsweg erlassen werden. [4] Eine im Verwaltungsweg getroffene Anordnung kann nur im Verwaltungsweg geändert werden.

DB-GvKostG Nr. 5. [1] Hilft die Gerichtsvollzieherin oder der Gerichtsvollzieher einem Antrag des Kostenschuldners auf Nichterhebung von GV-Kosten wegen unrichtiger Sachbehandlung nicht oder nicht in vollem Umfang ab, so ist die Entscheidung dem Kostenschuldner mitzuteilen. [2] Erhebt dieser gegen die Entscheidung Einwendungen, so legt die Gerichtsvollzieherin oder der Gerichtsvollzieher die Vorgänge unverzüglich mit einer dienstlichen Äußerung der unmittelbaren Dienstvorgesetzten oder dem unmittelbaren Dienstvorgesetzten (§ 1 Satz 3 GVO) vor. [3] Von dort wird die Bezirksrevisorin oder der Bezirksrevisor beteiligt; die Nichterhebung der Kosten nach § 7 Abs. 2 Satz 3 GvKostG im Verwaltungsweg wird angeordnet, wenn die Voraussetzungen hierfür erfüllt sind. [4] Anderenfalls wird zunächst geprüft, ob der Kostenschuldner eine Ent-

Abschnitt 1. Allgemeine Vorschriften　　　　　　　　　　　　§ 7 GvKostG

scheidung im Verwaltungswege oder eine gerichtliche Entscheidung begehrt. ⁵Nach dem Ergebnis der Prüfung entscheidet die Dienstvorgesetzte oder der Dienstvorgesetzte entweder selbst oder legt die Vorgänge mit der Äußerung der Gerichtsvollzieherin oder des Gerichtsvollziehers dem Amtsgericht (§ 7 Abs. 2 i. V. m. § 5 Abs. 2 GvKostG) zur Entscheidung vor.

Gliederung

1) Systematik, I, II	1
2) Regelungszweck, I, II	2
3) Geltungsbereich, I, II	3
4) Unrichtige Sachbehandlung, I	4, 5
A. Grundsatz: Nur beim schweren offenbaren Fehler	4
B. Beispiele zur Frage einer unrichtigen Sachbehandlung, I	5
5) Entscheidung des Gerichtsvollziehers, II 1	6
6) Erinnerung usw, II 2	7
7) Verwaltungsweg, II 3, 4	8

1) Systematik, I, II. Die Vorschrift schafft als notwendiges Gegenstück zu den Kostenentstehungsregeln eine Korrekturmöglichkeit bei einem fehlerhaften Amtsverhalten durch eine Vernichtung des zuvor formell stets entstandenen Kostenanspruchs. Sie ist zwingend. Sie entspricht weitgehend §§ 21 I 1 GKG, 20 FamGKG, 21 GNotKG, Teile I A, B, III dieses Buchs. Sie ist ihnen gegenüber vorrangig, aM AG Bad Neuenahr DGVZ **06**, 183. Der Gerichtsvollzieher muß § 7 auch von Amts wegen beachten. II 3, 4 entspricht fast wörtlich § 21 II 2, 3 GKG, § 20 II 2 FamGKG, § 21 GNotKG, BVerwG NJW **83**, 898, Köln DGVZ **89**, 138, LG Bln DGVZ **83**, 41. 1

Ein *Erlaß* von Gerichtsvollzieherkosten kommt unabhängig von § 7 nach den im Teil VII D dieses Buchs dargestellten und kommentierten Landesgesetzen infrage. Der Gerichtsvollzieher leitet einen etwaigen derartigen Antrag unverzüglich entsprechend weiter.

2) Regelungszweck, I, II. Die Vorschrift erfaßt „Kosten", also nach § 1 I Gebühren wie Auslagen. Sie bezweckt ebenso wie die in Rn 1 genannten vergleichbaren Regelungen anderer Kostengesetze im Interesse der Kostengerechtigkeit die Befreiung des Kostenschuldners von Kosten infolge eines fehlerhaften Verhaltens des Gerichtsvollziehers. Man darf § 7 aber nicht zu weit auslegen, ebensowenig wie § 21 GKG, § 20 FamGKG, § 21 GNotKG, Teile I A, B, III dieses Buchs. Einen über Kosten hinausgehenden Schaden muß man im Weg einer Amtshaftung geltend machen. 2

3) Geltungsbereich, I, II. Es muß sich um den Fehler einer Amtsperson handeln, also des Gerichtsvollziehers oder/und des Gerichts, AG Erfurt DGVZ **00**, 158, auch der jeweiligen Mitarbeiter, auch der Justizverwaltung. Der Gerichtsvollzieher muß nicht zu diesem Gericht gehören. Der Fehler eines sonstigen Beteiligten ist unerheblich, LG Bln DGVZ **75**, 42. Der Fehler mag sich auf das sachliche Recht oder auf das Verfahrensrecht beziehen, auch auf eine bloße Verwaltungsbestimmung, etwa der GVO oder der GVGA, LG Bln JB **00**, 376, oder der (jetzt) DB-GvKostG, LG Bln JB **00**, 549. 3

4) Unrichtige Sachbehandlung, I. Ein gar nicht ganz selbstverständlicher Grundsatz in der praktischen Entwicklung ähnlich den in Rn 1 genannten vergleichbaren Vorschriften hat vielerlei Auswirkungen. 4

A. Grundsatz: Nur beim schweren offenbaren Fehler. Es muß ein schwerer Fehler vorliegen, Köln DGVZ **16**, 14, AG Rastatt DGVZ **00**, 31. Er muß stets offensichtlich und eindeutig sein, Celle DGVZ **17**, 111, Ffm DGVZ **16**, 84, AG Wiesb DGVB **17**, 115. Ein offensichtliches Versehen reicht aus. Ein Verschulden ist nicht erforderlich. Eine vertretbare Handlung ist nicht „unrichtig", LG Bln DGVZ **77**, 120.

Der Fehler muß für die Kosten *ursächlich* gewesen sein, LG Bln DGVZ **91**, 142. Nur der insoweit entstandene Mehrbetrag bleibt unerhoben, LG Bln DGVZ **91**, 142, LG Düss JB **00**, 666.

B. Beispiele zur Frage einer unrichtigen Sachbehandlung, I 5
Abschrift: Unrichtig ist ihre Erteilung ohne Zulässigkeitsprüfung, Celle DGVZ **16**, 158.

2147

GvKostG § 7

XI. G über Kosten der GVz

Andere Verwertungsart: Unrichtig ist es, dem Gläubiger zu einem Übereignungsantrag nach § 825 ZPO zu raten und trotzdem sofort einen Versteigerungstermin anzuberaumen, LG Bln DGVZ **82**, 41.
Auftragsüberschreitung: Unrichtig ist eine gebührenpflichtige Handlung dann, wenn der Auftraggeber sie nur „gebührenfrei" beantragt hatte, AG Herford JB **10**, 667.
Beteiligtenklärung: Unrichtig sein kann ihre Unterlassung, AG Lpz JB **15**, 663.
Desinfektion: Unrichtig sein kann die Erhebung überhöhter solcher Kosten, AG Augsb DGVZ **08**, 141.
Ermessen: Unrichtig ist eine Sachbehandlung erst bei einer klaren Überschreitung der Ermessensgrenzen, Ffm DGVZ **16**, 84, AG Darmst DGVZ **03**, 159, AG Wiesb DGVZ **17**, 115. Das gilt auch bei der Art einer Zustellung, AG Esslingen JB **13**, 443. Sie darf durchaus persönlich erfolgen, Celle DGVZ **17**, 111 (auch bei § 802 f IV ZPO), AG Homburg DGVZ **15**, 29.
Gerichtsfehler: Unrichtig sein kann die Sachbehandlung des Gerichtsvollziehers auch nach einer ebenfalls unrichtigen Auskunft des Gerichts, AG Erfurt DGVZ **00**, 158.
Gütliche Einigung: Unrichtig sein kann ihr Versuch ohne Anhalt für Erfolg, AG Düss DGVZ **18**, 21.
Lagerkosten: S „Räumung". Ein stillschweigender Lagervertrag ist aber zulässig, LG Hann DGVZ **78**, 186.
Nachbesserung: Unrichtig sein kann die Erhebung von Kosten eines Nachbesserungsverfahrens nach einer ebenfalls unrichtigen Behandlung eines Vermögensverzeichnisses nach (jetzt) § 802 f V, VI ZPO, LG Verden JB **15**, 664, AG Bln-Tiergarten DGVZ **02**, 77, AG Perleberg DGVZ **15**, 262. Vgl auch Sturm JB **04**, 62. Unrichtig ist eine Umdeutung in einen Neuauftrag, LG Bre JB **17**, 325, AG Hameln JB **17**, 608.
Offenbarungsverfahren: S „Nachbesserung", „Vorpfändung".
Pfändung: Unrichtig ist die Einleitung eines Vermögensauskunftsverfahrens nach §§ 802 c ff ZPO vor einer Lohnpfändung, AG Rastatt DGVZ **00**, 31, oder die Unterlassung einer Klärung vor einer Pfändung dazu, ob schon eine zugehörige eidesstattliche Versicherung vorliegt, AG Homburg DGVZ **00**, 94.
Räumung: Wenn es um die Notwendigkeit von Kosten eines Umzugsunternehmens zwecks einer Räumung nach § 885 ZPO oder zwecks einer Einlagerung von Räumungsgut geht, können schon Unklarheiten zur Nichterhebung von diesbezüglichen Kosten führen, LG Hbg DGVZ **99**, 185, AG Hann DGVZ **08**, 46 (Vorsicht!). Wußte das Büro des Gerichtsvollziehers von einem Antrag des Gläubigers auf eine Aufhebung der Räumung, mußte der Gerichtsvollzieher den Spediteur abbestellen, AG Bochum DGVZ **06**, 125. Der Gerichtsvollzieher muß die Notwendigkeit der Lagerkosten nicht nur anhand des Versteigerungserlöses bedenken, sondern auch anhand des Werts der Sachen für den Schuldner, Hbg MDR **00**, 602, LG Ffm DGVZ **89**, 92, AG Bln DGVZ **77**, 29. Bei § 759 ZPO können Zeugen auch neben einem Schlosser ratsam sein, AG Wiesb DGVZ **17**, 115.
Rechtsprechungsänderung: Unrichtig sein kann die Nichtbeachtung selbst einer erst kürzlichen Rechtsprechung, Celle DGVZ **16**, 158.
Spediteurskosten: S „Räumung".
Terminierung: S „Andere Verwertungsart".
Unzulässigkeit: Sie darf der Gerichtsvollzieher nicht ungeprüft lassen, Karlsr DGVZ **16**, 230.
Vermögensauskunft: Unrichtig ist die Umdeutung eines bloßen Ergänzungsantrags nach § 802 c ZPO in einen Neuauftrag, AG Hameln JB **17**, 608.
Verwaltungsverstoß: Unrichtigkeit kann *fehlen*, soweit der Gerichtsvollzieher nur gegen eine Verwaltungsanordnung und nicht gegen das Gesetz verstößt.
Vorpfändung: Unrichtig sein kann eine Überschreitung der von der Anordnung nach § 845 ZPO erfaßten Forderungsarten, AG Kblz DGVZ **10**, 239.
Weisungswidrigkeit: Unrichtig ist eine Ablehnung entgegen einer nach § 766 ZPO erhaltenen Weisung, AG Bad Neuenahr DGVZ **06**, 183.
Widersprüchlichkeit: Unrichtig sein kann natürlich ein widersprüchliches Verhalten, LG Bln JB **00**, 549.
Zustellung: S „Ermessen".

Abschnitt 1. Allgemeine Vorschriften §§ 7–9 GvKostG

5) Entscheidung des Gerichtsvollziehers, II 1. Der Gerichtsvollzieher darf 6 und muß nach II 1 selbst entscheiden. Deshalb muß man ihm einen späteren Antrag, eine spätere Anregung oder eine spätere Erwägung zunächst zu seiner Entscheidung vorlegen. Die Entscheidung ergeht durch eine Verfügung oder besser einen Beschluß. Diesen muß der Gerichtsvollzieher nachvollziehbar begründen. Denn seine Entscheidung ist nach II 2 in Verbindung mit § 5 II angreifbar. Er muß seine Entscheidung dem Antragsteller mitteilen. Rechtsbehelfsbelehrung, Verstoß: §§ 8a, 59 II 2.

Infolge dieser Zuständigkeit ist der Gerichtsvollzieher befugt und nach §§ 319, 329 ZPO auch wegen des nach Rn 1 zwingenden § 7 verpflichtet, einen irrigen Kostenansatz von Amts wegen zu *berichtigen*. Wenn er einen Irrtum selbst feststellt oder einen Hinweis auf ihn erhält, darf er die Kosten insoweit nicht mehr selbst erheben.

Mit der Anordnung der *Nichterhebung* verliert der Gerichtsvollzieher in ihrem Umfang seine Gebühren und bei einem Verschulden auch den Anspruch auf einen Auslagenersatz. Die Entscheidung wirkt gegen jedermann, auch gegen die Staatskasse. Der Gerichtsvollzieher muß evtl eine entsprechend berichtigte neue Kostenrechnung anfertigen und zuviel erhobene Kosten zurückzahlen.

6) Erinnerung usw, II 2. Gegen die Entscheidung ist die Erinnerung nach II 2, 7 § 5 II entsprechend statthaft, BGH DGVZ 08, 187. Zu ihr ist auch der Bezirksrevisor für die Staatskasse befugt. Der Gerichtsvollzieher braucht ihn aber nicht schon deshalb von seiner Entscheidung auch nur formlos zu benachrichtigen.

7) Verwaltungsweg, II 3, 4. Die Justizverwaltung „kann", das heißt: darf und muß 8 evtl, nur solange und soweit selbst entscheiden, wie das Gericht nicht bereits nach I, II 1, 2 tätig oder befaßt ist, AG Blieskastel DGVZ 00, 94. Soweit die Justizverwaltung eine Nichterhebung ablehnt, bleibt natürlich der Weg nach I, II 1, 2 offen. Soweit die Justizverwaltung eine Nichterhebung anordnet, ist diese Maßnahme nach II 3, 4 nur im Verwaltungsweg abänderbar.

Verjährung, Verzinsung

8 I ¹Ansprüche auf Zahlung von Kosten verjähren in vier Jahren nach Ablauf des Kalenderjahres, in dem die Kosten fällig geworden sind.

II ¹Ansprüche auf Rückerstattung von Kosten verjähren in vier Jahren nach Ablauf des Kalenderjahres, in dem die Zahlung erfolgt ist. ²Die Verjährung beginnt jedoch nicht vor dem in Absatz 1 bezeichneten Zeitpunkt. ³Durch die Einlegung eines Rechtsbehelfs mit dem Ziel der Rückerstattung wird die Verjährung wie durch Klageerhebung gehemmt.

III ¹Auf die Verjährung sind die Vorschriften des Bürgerlichen Gesetzbuchs anzuwenden; die Verjährung wird nicht von Amts wegen berücksichtigt. ²Die Verjährung der Ansprüche auf Zahlung von Kosten beginnt auch durch die Aufforderung zur Zahlung oder durch eine dem Kostenschuldner mitgeteilte Stundung erneut. ³Ist der Aufenthalt des Kostenschuldners unbekannt, so genügt die Zustellung durch Aufgabe zur Post unter seiner letzten bekannten Anschrift. ⁴Bei Kostenbeträgen unter 25 Euro beginnt die Verjährung weder erneut noch wird sie oder ihr Ablauf gehemmt.

IV Ansprüche auf Zahlung und Rückerstattung von Kosten werden nicht verzinst.

1) Systematik, Regelungszweck, I–III. § 8 stimmt fast wörtlich mit §§ 5 GKG, 1 7 FamGKG, 6 GNotKG überein. Die Fälligkeit der Kosten nach § 14 ist in I für denjenigen Zeitpunkt entscheidend, von dem ab die Verjährungsfrist nach § 6 Rn 5–7 zu laufen beginnt. Auch eine Verwirkung nach § 242 BGB ist denkbar. IV, der §§ 5 IV GKG, 7 IV FamGKG entspricht, klärt eine vorübergehend aufgetretene Streitfrage, aM LG Drsd ZIP **12**, 2521 (aber der Gesetzestext ist eindeutig).

Höhe der Kosten

9 Kosten werden nach dem Kostenverzeichnis der Anlage zu diesem Gesetz erhoben, soweit nichts anderes bestimmt ist.

1) Systematik. Der den §§ 3 II GKG, 3 FamGKG, Teile I A, B dieses Buchs, 1 nachgebildete § 9 verweist wie das GKG auf ein amtliches Kostenverzeichnis. In diesem Buch heißen das Kostenverzeichnis des GKG „KV", des FamGKG „KVFam",

2149

GvKostG §§ 9, 10   XI. G über Kosten der GVz

des GNotKG „KVfG" und dasjenige des GvKostG „KVGv". Das RVG enthält ein Vergütungsverzeichnis, das dem KV und dem KVGv funktionell entspricht. Es heißt in diesem Buch „VV".
Die *formelle Einschränkung* in Hs 2 ist auf den ersten Blick bedeutungslos. Denn das KVGv regelt sowohl die Gebühren als auch die Auslagen umfassend. Gemeint sind aber etwaige noch verbliebene landesrechtliche Besonderheiten.

2   **2) Regelungszweck.** Die Verwendung eines KVGv soll einer Vereinheitlichung der Kostengesetze dienen. Ob sie als System sonderliche Vorteile gegenüber der früheren Lösung gebracht hat, läßt sich unterschiedlich beurteilen. Wichtiger ist die im KVGv als Grundsatz vorhandene Vereinfachung durch Festgebühren. Diese dienen der Prozeßwirtschaftlichkeit wie der Rechtssicherheit, manchmal auf Kosten der Kostengerechtigkeit. Immerhin läßt sich ein solches System rasch und elegant den wirtschaftlichen Veränderungen anpassen. Auch fallen die Probleme um die richtige Bezifferung eines Werts insoweit weg.

3   **3) Kostenverzeichnis (KVGv), Anlage zu § 9.** Das KVGv ist hinter § 20 abgedruckt und erläutert.

Abschnitt 2. Gebührenvorschriften

Abgeltungsbereich der Gebühren

10   **I** [1] Bei Durchführung desselben Auftrags wird eine Gebühr nach derselben Nummer des Kostenverzeichnisses nur einmal erhoben. [2] Dies gilt nicht für die nach Abschnitt 6 des Kostenverzeichnisses zu erhebenden Gebühren, wenn für die Erledigung mehrerer Amtshandlungen Gebühren nach verschiedenen Nummern des Kostenverzeichnisses zu erheben wären. [3] Eine Gebühr nach dem genannten Abschnitt wird nicht neben der entsprechenden Gebühr für die Erledigung der Amtshandlung erhoben.

II [1] Ist der Gerichtsvollzieher beauftragt, die gleiche Vollstreckungshandlung wiederholt vorzunehmen, sind die Gebühren für jede Vollstreckungshandlung gesondert zu erheben. [2] Dasselbe gilt, wenn der Gerichtsvollzieher auch ohne ausdrückliche Weisung des Auftraggebers die weitere Vollstreckung betreibt, weil nach dem Ergebnis der Verwertung der Pfandstücke die Vollstreckung nicht zur vollen Befriedigung des Auftraggebers führt oder Pfandstücke bei dem Schuldner abhanden gekommen oder beschädigt worden sind. [3] Gesondert zu erheben sind
1. eine Gebühr nach Abschnitt 1 des Kostenverzeichnisses für jede Zustellung,
2. eine Gebühr nach Nummer 430 des Kostenverzeichnisses für jede Zahlung,
3. eine Gebühr nach Nummer 440 oder Nummer 441 des Kostenverzeichnisses für die Erhebung von Daten bei jeder der in den §§ 755 und 8021 der Zivilprozessordnung genannten Stellen und
4. eine Gebühr nach Nummer 600 des Kostenverzeichnisses für jede nicht erledigte Zustellung.

III [1] Ist der Gerichtsvollzieher gleichzeitig beauftragt, Vollstreckungshandlungen gegen Gesamtschuldner auszuführen, sind die Gebühren nach den Nummern 200, 205, 260, 261, 262 und 270 des Kostenverzeichnisses für jeden Gesamtschuldner gesondert zu erheben. [2] Das Gleiche gilt für die in Abschnitt 6 des Kostenverzeichnisses bestimmten Gebühren, wenn Amtshandlungen der in den Nummern 205, 260, 261, 262 und 270 des Kostenverzeichnisses genannten Art nicht erledigt worden sind.

Vorbem. Offenbar zweimal dasselbe Redaktionsversehen des Gesetzgebers wie bei § 3 I 3: Es muß hier statt „6" richtig heißen „7". II 3 Z 3 idF Art 12 Z 2 EuKoPfVODG v 21. 11. 16, BGBl 2591, in Kraft seit 26. 11. 16, Art 21 III 1 G. ÜbergangsR jeweils § 18 GvKostG.

Gliederung

1) Systematik, I–III	1
2) Regelungszweck, I–III	2
3) Geltungsbereich, I–III	3
4) Durchführung desselben Auftrags: Grundsätzlich nur einmal dieselbe Gebühr, I 1	4, 5

Abschnitt 2. Gebührenvorschriften   § 10 GvKostG

    A. Derselbe Auftrag 4
    B. Dieselbe Nummer des Kostenverzeichnisses 5
  5) **Abweichung bei Nichterledigung, I 2** 6, 7
    A. Nichterledigte Amtshandlung 6
    B. Eigentlich verschiedene Nummern des Kostenverzeichnisses 7
  6) **Kein Nebeneinander von KVGv 600–604 und anderen Nummern des Kostenverzeichnisses, I 3** 8, 9
  7) **Wiederholung einer Vollstreckungshandlung, II 1** 10, 11
  8) **Weitere Vollstreckung, II 2** 12, 13
    A. Mit oder ohne ausdrückliche Weisung 12
    B. Keine Befriedigung oder Abhandenkommen oder Beschädigung 13
  9) **Zustellung, deren Nichterledigung, Entgegennahme einer Zahlung, Auskunft, II 3 Z 1–4** 14
10) **Gesamtschuldner, III 1, 2** 15–17
    A. Gleichzeitigkeit des Auftrags, III 1 15
    B. Ausführung von Vollstreckungshandlungen, III 1 16
    C. Gesonderte Gebühren je Gesamtschuldner, III 1, 2 17

1) Systematik, I–III. Die Vorschrift stellt auf der Basis des § 3 und in Verbindung **1** mit dem KVGv einem Grundsatz zahlreiche in ihrem jeweiligen Geltungsbereich und in ihrer Rangordnung untereinander nur mühsam durchschaubare Ausnahmen gegenüber. Sie sind so mannigfaltig, daß man sogar mit gutem Grund vom Nebeneinander gleichrangiger Regeln sprechen kann. Diese Umstände zwingen dazu, immer wieder die ganze Vorschrift durchzusehen, um zu erkennen, welcher ihrer Teile im konkreten Einzelfall anwendbar ist. Keine Meisterleistung des Gesetzgebers, Lappe DGVZ **12**, 91.

2) Regelungszweck, I–III. Die Vorschrift bezweckt insgesamt natürlich eine **2** möglichst differenzierte Abgeltung je nach dem Aufwand und Schwierigkeitsgrad dann, wenn mehr als eine einzelne Amtshandlung oder eine Handlungsart mehrfach oder für oder gegen mehrere Beteiligte vorkommt. Es wird das Bestreben deutlich, die Beteiligten weder zu günstig noch zu nachteilig zu behandeln. Diese Bemühung um eine Kostengerechtigkeit ist bei der Auslegung mitbeachtbar, auch wenn sie in der Handhabung der Vorschrift viel Mühe bedeutet. Man sollte nun aber auch keineswegs zur Vermeidung jeder etwa verbleibenden Härte noch mehr Komplikationen aus dem Gesetzestext herausarbeiten.

3) Geltungsbereich, I–III. § 10 gilt nur für Gebühren, nicht auch für Auslagen **3** des Gerichtsvollziehers. Freilich können das Wegegeld und die Auslagenpauschale des KVGv 713 mitbetroffen sein. Jeder Absatz dieser Vorschrift enthält einen einigermaßen in sich geschlossenen Kreis von Tätigkeiten des Gerichtsvollziehers. Dabei enthalten I 2, 3 ebenso wie II, III jeweils speziellere Formen der Tätigkeit mit einem Vorrang vor I 1. Daher sind stets mehrere Prüfungsschritte notwendig.

4) Durchführung desselben Auftrags: Grundsätzlich nur einmal dieselbe 4 Gebühr, I 1. Grundsätzlich erhält der Gerichtsvollzieher beim Zusammentreffen der folgenden Voraussetzungen insgesamt nur *eine* Gebühr.

A. Derselbe Auftrag. Er muß zunächst zur Durchführung desselben Auftrags tätig werden, LG Wuppert Rpfleger **02**, 88, AG Überlingen JB **03**, 385 (auch beim Übersenden einer schon erfolgten Durchführung). Wann derselbe Auftrag vorliegt, ergibt sich aus § 3 I, II. I 1 regelt nur die Kostenfolgen, Otto JB **01**, 67. Auch mehrere Vollstreckungstitel mögen nach § 3 Rn 17 zu doch nur einem einzigen Auftrag geführt haben, LG Kblz MDR **02**, 848. Auch eine Ergänzung oder Nachbesserung der Offenbarungsversicherung zählt nach § 3 Rn 21 noch zu demselben Auftrag. Wann er durchgeführt ist oder als durchgeführt gilt, ergibt sich aus § 3 IV.

Unanwendbar ist I 1 bei mehreren Aufträgen. Dann zählt jeder gesondert.

B. Dieselbe Nummer des Kostenverzeichnisses. Innerhalb desselben Auftrags **5** muß zur Durchführung dieselbe Art von Amtshandlung mehrfach erforderlich geworden sein. Es muß daher an sich jeweils eine Gebühr nach demselben Nr des KVGv entstanden sein, AG Überlingen JB **03**, 385. Das gilt auch dann, wenn diese Nr mehrere Möglichkeiten aufweist, etwa dann, wenn KVGv 221 sowohl die Wegnahme als auch die Entgegennahme erfaßt. Für I 1 ist maßgeblich nur die äußere Einordnung unter derselben Nr des KVGv.

2151

GvKostG § 10   XI. G über Kosten der GVz

Unanwendbar ist I 1 bei der Anwendung verschiedener Nr des KVGv, zB beim Zusammentreffen einer Pfändung nach KVGv 205 mit einer Wegnahme nach KVGv 221. Dann gilt die Vorschrift vielmehr für jede dieser Nr. Die Anwendung mehrerer Nr kann also zu mehreren Gebühren führen.

6 **5) Abweichung bei Nichterledigung, I 2.** In einer Abweichung von Rn 4, 5 kommen auch bei der Durchführung desselben Auftrags mehrere Gebühren beim Zusammentreffen der folgenden Voraussetzungen in Betracht.

A. Nichterledigte Amtshandlung. Es muß sich um einen derjenigen Vorgänge handeln, die KVGv 600–604 erfassen, also um eine oder mehrere Nichterledigungen infolge solcher Umstände, die weder in der Person des Gerichtsvollziehers liegen noch von seiner Entschließung abhängig sind, amtliche Vorbemerkung vor KVGv 600 S 1.

7 **B. Eigentlich verschiedene Nummern des Kostenverzeichnisses.** Es muß außerdem eine solche Lage eingetreten sein, bei der im unterstellten Erledigungsfall für mehrere Amtshandlungen Gebühren nach verschiedenen Nr des KVGv außerhalb von KVGv 600–604 anfallen würden. Der Begriff der Amtshandlung richtet sich nach § 3 I 1, 2.

8 **6) Kein Nebeneinander von KVGv 600–604 und anderen Nummern des Kostenverzeichnisses, I 3.** Die Regelung Rn 7 und nur sie tritt aber dann nicht ein, wenn eine Gebühr nach KVGv 600–604 neben einer solchen Gebühr entstehen würde, die für die Erledigung der Amtshandlung anfallen würde. Diese Vorschrift ist kaum noch verständlich. Gemeint ist im Kern: Der in Rn 4, 5 dargestellte Grundsatz, daß innerhalb desselben Auftrags dieselbe Gebühr nur einmal entsteht, tritt wieder in Kraft, soweit eben innerhalb desselben Auftrags eine Nichterledigung und eine Erledigung derselben einzelnen Amtshandlung zusammentreffen, etwa zunächst ein oder mehrere vergebliche Pfändungsversuche, dann aber eine erfolgreiche Pfändung.

9 *Keine Gebührenüberhebung* ist das Ziel dieser Regelung. Ob sie dem Aufwand an Zeit und Mühe entspricht, ist fraglich. Freilich kann zumindest der Zeitaufwand über I 2 in Verbindung mit KVGv 500 oft zu einer gesonderten Vergütung führen.

10 **7) Wiederholung einer Vollstreckungshandlung, II 1.** In einer Abweichung vom Grundsatz Rn 4, 5 entstehen innerhalb desselben Auftrags sogar innerhalb derselben Nr des KVGv zwei oder mehr Gebühren, soweit der Auftrag auf die wiederholte Vornahme der gleichen Vollstreckungshandlung lautete. Vollstreckungshandlung ist zunächst jede Amtshandlung nach KVGv 200–270 (Abschnitt „Vollstreckung"), aber vernünftigerweise auch nach KVGv 300–310 (Abschnitt „Verwertung", die ja mit zur Vollstreckung gehört, weil sie ebenfalls zur Befriedigung des Gläubigers führen soll). Natürlich darf die erste Amtshandlung nicht wegen nach § 7 Rn 5 „Nachbesserung" unrichtig gewesen sein.

11 Schon ein *einziger* Auftrag nach § 3 I reicht, soweit er eben von vornherein auf eine notfalls wiederholte Vollstreckungshandlung erging. Hat der Gläubiger eine Wiederholung erst durch einen gesonderten weiteren Auftrag erbeten, ist eine weitere Gebühr schon nach § 3 I entstanden.

„*Gleiche*" Vollstreckungshandlung ist weiter gefaßt als „dieselbe", meint aber natürlich nur: dieselbe Zielrichtung, dieselbe Art des Vorgehens.

Je einzelne Vollstreckungshandlung (Amtshandlung zwecks Vollstreckung) entsteht bei ihrer Wiederholung eine Gebühr, und zwar eben aus derselben KVGv-Nr. Insoweit hat II 1 als Spezialvorschrift den Vorrang vor I.

12 **8) Weitere Vollstreckung, II 2.** Auch dann, wenn der Gerichtsvollzieher ohne eine Wiederholung der gleichen Vollstreckungshandlung nach Rn 10 die Vollstreckung auf eine andere Weise fortsetzt, können in einer Abweichung vom Grundsatz Rn 4, 5 innerhalb desselben Auftrags sogar im Bereich derselben Nr des KVGv mehrere Gebühren entstehen, soweit die folgenden Voraussetzungen zusammentreffen.

A. Mit oder ohne ausdrückliche Weisung. Es ist unerheblich, ob der Gerichtsvollzieher mit oder ohne eine ausdrückliche Weisung handelt. Das kommt schon im Wort „auch" in II 2 zum Ausdruck. Es reicht, daß derselbe Auftrag vorliegt und daß er die „weitere" Vollstreckung betreibt.

13 **B. Keine Befriedigung oder Abhandenkommen oder Beschädigung.** Bisher darf entweder noch keine volle Befriedigung des Auftraggebers erfolgt sein oder

es muß beim Schuldner ein Pfandstück abhanden gekommen oder beschädigt worden sein. In einer dieser letzteren beiden Lagen ist es unerheblich, ob die ordnungsgemäße Verwertung zur vollständigen Befriedigung des Auftraggebers hätte führen können. Es reicht vielmehr aus, daß eben wegen eines Verlusts oder einer Beschädigung keine Befriedigung mehr möglich ist.

9) Zustellung, deren Nichterledigung, Entgegennahme einer Zahlung, Auskunft, II 3 Z 1–4. Die Gebühren KVGv 100–102, 440, 441, 600 sowie die Hebegebühr KVGv 430 entstehen stets für jede Zustellung oder deren Nichterledigung, für die Einholung jeder Datenerhebung nach §§ 755, 802l ZPO und für jede Zahlung gesondert. Das gilt unabhängig von der Höhe der einzelnen Zahlung und von ihrem Prozentsatz zur Gesamtforderung. Man kann eine binnen kürzester Zeit folgende Zahlung je nach den Umständen grundsätzlich als eine weitere, die Gebühr KVGv 430 erneut auslösende Zahlung oder ausnahmsweise als einen Bestandteil der vorangegangenen Zahlung bewerten. 14

Dabei kommt es zB darauf an, ob der Zahlende diese sogleich nachfolgende weitere Zahlung bei der vorangehenden *angekündigt* hat, ob er etwa nur das restliche Geld aus dem Pkw oder aus einen anderem Raum holen wollte, oder ob er sich bei der Bereitstellung um einen Teilbetrag geirrt hatte und diesen nun sofort ebenfalls herbeischaffen will und herbeischafft. Ein neuer Zahlungsentschluß dürfte jedenfalls durchweg auch eine weitere Zahlung nach II 3 auslösen.

10) Gesamtschuldner, III 1, 2. Bestimmte Gebühren entstehen auch innerhalb desselben Auftrags in einer Abweichung von Rn 4, 5 ff mehrfach, soweit die folgenden Voraussetzungen zusammentreffen. 15

A. Gleichzeitigkeit des Auftrags, III 1. Der Gerichtsvollzieher muß wegen der Gesamtschuldner den Auftrag gleichzeitig erhalten haben, also nicht nacheinander. Ob eine Gleichzeitigkeit vorliegt, muß man nach den Umständen beurteilen. Derselbe Tag bedeutet durchweg eine Gleichzeitigkeit, AG Wuppert DGVZ **07**, 159. Wenige Tage dürften meist noch gleichzeitig sein, LG Gött DGVZ **03**, 9 (zu § 3), Kessel DGVZ **07**, 68. 6 Wochen sind zuviel Zeitabstand, AG Bonn DGVZ **07**, 79. Hat der Auftraggeber den Namen eines weiteren oder mehrerer weiterer Gesamtschuldner offensichtlich zunächst mitzuteilen vergessen und holt er diese Information unverzüglich nach, dürfte oft ein gleichzeitiger Auftrag vorliegen.

Teilt er ihn mit, er habe sich nun doch noch entschlossen, zusätzlich gegen einen weiteren Gesamtschuldner vorzugehen, liegt *keine* Gleichzeitigkeit mehr vor. Beschränkt er den Auftrag endgültig von vornherein auf einen Teil der objektiv vorhandenen oder möglichen Gesamtschuldner, dürfte eine Gleichzeitigkeit vorliegen. Ob Gesamtschuldner vorliegen, muß man wie stets nach §§ 421 ff BGB beurteilen. Die Verbindung einer Unbedingtheit und Bedingtheit etwa bei § 845 ZPO reicht nicht zur Gleichzeitigkeit, AG Ffm DGVZ **02**, 31.

B. Ausführung von Vollstreckungshandlungen, III 1. Der gleichzeitige Auftrag muß sich auf die Ausführung einer oder mehrerer Vollstreckungshandlungen gegen die in Rn 15 genannten Gesamtschuldner richten. Es muß nicht bei jedem der betroffenen Gesamtschuldner um dieselbe Art von Vollstreckungshandlung gehen. Denn III 1 spricht nur schlechthin von Vollstreckungshandlungen. Daher kann der Auftrag auch auf die Vornahme wiederholter Vollstreckungshandlungen nach II 1 oder auf weitere solche Handlungen nach II 2 lauten. In beiden Fällen hat bei Gesamtschuldnern III 1 als eine Spezialvorschrift den Vorrang vor II 1, 2. 16

C. Gesonderte Gebühren je Gesamtschuldner, III 1, 2. Unter den Voraussetzungen Rn 15, 16 entstehen die Gebühren KVGv 205, 260, 261, 262, 270 für jeden Gesamtschuldner gesondert. Das gilt nach III 1 bei einer der Durchführung und nach III 2 bei einer Nichterledigung, sofern die dann zusätzlichen Bedingungen der amtlichen Vorbemerkung vor KVGv 600 vorliegen. 17

Tätigkeit zur Nachtzeit, an Sonnabenden, Sonn- und Feiertagen

11 Wird der Gerichtsvollzieher auf Verlangen zur Nachtzeit (§ 758a Abs. 4 Satz 2 der Zivilprozessordnung) oder an einem Sonnabend, Sonntag oder Feiertag tätig, so werden die doppelten Gebühren erhoben.

GvKostG § 11   XI. G über Kosten der GVz

Gliederung
1) Systematik 1
2) Regelungszweck 2
3) Geltungsbereich 3–7
   A. Nachtzeit 3
   B. Sonnabend, Sonn- und Feiertag 4
   C. Verlangen des Beteiligten 5
   D. Gerichtliche Genehmigung 6
   E. Versuch 7
4) Gebührenverdoppelung 8
5) Auslagenersatz 9

1   **1) Systematik.** Die in § 11 geregelte Verdoppelung nur der Gebühren und daher nicht auch der Auslagen tritt bei jeder solchen gebührenpflichtigen Hauptgeschäfts-Amtshandlung des Gerichtsvollziehers ein, die er persönlich und nicht etwa durch eine Hilfskraft in den genannten Zeiträumen vornimmt. Das gilt innerhalb wie außerhalb der Zwangsvollstreckung. Sie erfaßt nicht die vom Gerichtsvollzieher ordnungsgemäß benötigte und veranlaßte Tätigkeit seiner Hilfskräfte. Für diese gilt Rn 9.

2   **2) Regelungszweck.** Die Vorschrift berücksichtigt die oft beträchtliche Mehrarbeit oder Erschwernis, die eine Amtshandlung zu den genannten Zeiten erfahrungsgemäß verursacht.

3   **3) Geltungsbereich.** Man muß mehrere Zeiträume unterscheiden. Die Bedingungen Rn 3 oder 4 sind wahlweise ausreichend. Sie können aber natürlich auch zusammentreffen. Stets müssen außerdem beide Bedingungen Rn 5, 6 vorliegen.

   A. Nachtzeit. Der Gerichtsvollzieher muß entweder zur Nachtzeit tätig geworden sein, zB nach § 758a IV ZPO. Sie läuft nach § 758a IV 2 ZPO, § 33 GVGA ganzjährig von 21^{00} bis 6^{00} Uhr. Das gilt auch außerhalb der ZPO.

4   **B. Sonnabend, Sonn- und Feiertag.** Es reicht auch aus, daß der Gerichtsvollzieher nach Rn 8 auch nur teilweise, an einem Sonnabend, Sonn- oder Feiertag tätig geworden ist. Ein Sonnabend ist ja wegen der Arbeitszeitverkürzung für die meisten Menschen arbeitsfrei. Daher bringt er eine dem Sonntag oder Feiertag vergleichbare Mehrarbeit für den Gerichtsvollzieher mit sich. Die folgenden Hinweise gelten auch beim Notar nach KVfG 26 000ff, Teil III dieses Buchs. Maßgebend ist der Ort der Vollstreckungshandlung, BAG NJW **89**, 1181.

   In *ganz Deutschland* gelten folgende Tage als Feiertage: Neujahr; Karfreitag; Ostermontag; 1. Mai; Himmelfahrt; Pfingstmontag; 3. Oktober (Nationalfeiertag); 1. und 2. Weihnachtstag (nicht aber auch der 24. Dezember als solcher, OVG Hbg NJW **93**, 1941).

   Der *Sonnabend* vor Ostern ist kein Feiertag. Ebensowenig ist derjenige durch eine etwaige Verwaltungsanordnung bestimmte Sonnabend ein Feiertag, an dem nur ein Sonntagsdienst stattfindet.

   Je nach dem *Landesrecht* gelten ferner folgende Tage als Feiertage. Dabei ist maßgeblich derjenige Ort, an dem die Prozeßhandlung erfolgen soll, BAG NJW **89**, 1181, und sodann der Sitz der jeweils im Einzelfall zuständigen auswärtigen Abteilung usw, BAG NJW **89**, 1181: Heilige Drei Könige (6. 1.); Epiphanias (5. 2.); Fronleichnam (19. 6.); Friedensfest; Mariä Himmelfahrt (15. 8.), VGH Mü NJW **97**, 2130; Reformationstag (31. 10.); Allerheiligen (1. 11.). Hinzu kommen einige lokale Besonderheiten.

   Die *Länder* haben die bei KVfG 26000 Rn 4, Teil III dieses Buchs, aufgeführten und hier ebenso geltenden Feiertagsgesetze erlassen.

5   **C. Verlangen des Beteiligten.** In jedem der beiden Fälle Rn 3 oder Rn 4 oder Rn 6 muß der Gerichtsvollzieher gerade auf Grund des entsprechenden vorherigen Verlangens eines Beteiligten tätig geworden sein. Das Verlangen mag sich auf eine einzelne Amtshandlung oder auf alle zur endgültigen Erledigung des Auftrags notwendigen Maßnahmen beziehen. Es kann auch im Verlangen mehrerer Beteiligter vorliegen, LG Aachen JB **03**, 213. Dieses Verlangen muß nicht ausdrücklich, aber eindeutig sein. Es kann sich auch aus einem Verhalten des Beteiligten ergeben, etwa

2154

Abschnitt 2. Gebührenvorschriften §§ 11, 12 GvKostG

aus einer Zahlung an einem solchen Tag, LG Aachen JB **03**, 213. Eine besondere Form ist also nicht erforderlich. Eine spätere Genehmigung reicht nicht aus.

§ 11 ist also unanwendbar, soweit der Gerichtsvollzieher eine Amtshandlung zu den dort genannten Zeiten *ohne ein vorheriges Verlangen* vornimmt. Wenn er nur ein Nebengeschäft zu diesen Zeiten vornimmt, löst das die Verdoppelung nicht aus. Es ist jeweils unerheblich, ob der Schuldner oder der sonstige Betroffene eine Einwendung erhebt.

Unerheblich ist, ob derjenige Einwendungen hat, bei dem der Gerichtsvollzieher die Amtshandlung vornimmt.

D. Gerichtliche Genehmigung. Es muß außerdem eine etwa nach dem Gesetz 6 erforderliche gerichtliche Genehmigung etwa nach § 758a ZPO unabhängig von einer etwaigen Anregung des Gerichtsvollziehers rechtzeitig wirksam vorliegen. Andernfalls wäre die Amtshandlung des Gerichtsvollziehers insofern unwirksam. Er dürfte nach § 7 I schon deshalb weder eine Gebühr noch gar eine doppelte Gebühr erheben. Das gilt grundsätzlich auch dann, wenn er eine persönliche Zustellung ohne die erforderliche Genehmigung vorgenommen hat. Diese Zustellung kann aber nach § 758a IV 2 ZPO dennoch dann gültig geworden sein, wenn der Empfänger die Annahme nicht verweigert. Dann darf der Gerichtsvollzieher eine Gebühr und daher auch ihre Verdoppelung nach § 11 fordern. Eine Zustellung durch die Übergabe an die Post usw oder durch die Aufgabe zur Post, KVGv 101, ist von der Zeit unabhängig.

E. Versuch. Eine Verdoppelung der Gebühr zB nach KVGv 270 kommt dann 7 nicht in Betracht, wenn der Gerichtsvollzieher die Durchführung einer Maßnahme nach § 11 versucht hat, wenn der Versuch aber mißlungen ist. Dann gilt vielmehr die eigene Gebühr KVGv 604.

4) Gebührenverdoppelung. Es entsteht eine doppelte Gebühr und nicht etwa 8 zweimal eine einfache Gebühr. Das gilt für die Grundgebühr immer, auch wenn nur ein Teil der Amtshandlung in die Nachtzeit oder auf einen Sonnabend, Sonn- oder Feiertag fällt. Die Verdoppelung gilt für den Zeitzuschlag nur insoweit, als die nach KVGv 500 zusätzlich höher bewertbaren Stunden in die in § 11 genannten Zeiträume fallen, KVGv 500 Rn 7.

Wenn der Gerichtsvollzieher die Amtshandlung sowohl während der Nachtzeit als auch an einem Sonn- oder Feiertag vornimmt, darf er gleichwohl nur eine Verdoppelung der Gebühren fordern, nicht etwa ihre Vervierfachung.

5) Auslagenersatz. Der Anspruch auf den Ersatz der Auslagen nach KVGv 700ff 9 steht dem Gerichtsvollzieher unabhängig davon zu, ob die mit den Auslagen verbundene Handlung in die in § 11 genannten Zeiträume gefallen ist. Insoweit erhöht sich die Vergütung nur, falls eben Auslagen am Sonntag usw höher sind.

Siegelungen, Vermögensverzeichnisse, Proteste und ähnliche Geschäfte

12 [1]**Die Gebühren für Wechsel- und Scheckproteste, für Siegelungen und Entsiegelungen, für die Aufnahme von Vermögensverzeichnissen sowie für die Mitwirkung als Urkundsperson bei der Aufnahme von Vermögensverzeichnissen bestimmen sich nach den für Notare geltenden Regelungen des Gerichts- und Notarkostengesetzes.**

1) Systematik. Die Vorschrift gilt grundsätzlich nur für Gebühren. Für die Auslagen 1 gelten KVGv 700ff. Voraussetzung für das Entstehen einer Gebühr nach § 12 ist nach § 1 I, daß der Gerichtsvollzieher nach der jeweiligen landesgesetzlichen Regelung sachlich und örtlich zuständig ist.

2) Regelungszweck. Die Vorschrift dient der Vereinfachung. Sie gelingt formell 2 mithilfe der Verweisungstechnik. Die in Bezug genommenen Bestimmungen anderer Gesetze sind so auslegbar wie zB zum GNotKG, Teil III dieses Buchs, bei den einzelnen Vorschriften in Teil III dieses Buchs dargestellt. Der Sache nach muß man das Ziel beachten, die Vergütung der Tätigkeiten des Gerichtsvollziehers denjenigen des Gerichts oder des Notars in jenen anderen Fällen zwecks einer Kostengerechtigkeit anzugleichen.

2155

GvKostG §§ 12, 12a   XI. G über Kosten der GVz

3   **3) Entsprechende Anwendung des GNotKG.** Die im § 12 genannten Amtsgeschäfte können auch vom Gericht oder vom Urkundsbeamten der Geschäftsstelle oder vom Notar erfolgen. § 12 gleicht die Gebühren für die Tätigkeit des Gerichtsvollziehers deshalb denjenigen Gebühren an, die für jene anderen Amtspersonen im GNotKG gelten, Teil III dieses Buchs. § 11 ist anwendbar. Soweit das GNotKG, Teil III dieses Buchs, es erlaubt oder unanwendbar ist, darf und muß der Gerichtsvollzieher den Wert nach seinem pflichtgemäßen Ermessen ohne eine Bindung an die Wünsche des Auftraggebers ansetzen, BayObLG JB **92**, 343. Die übrigen §§ enthalten die Vorschriften über die Gebührenhöhe. Vgl die dortigen Erläuterungen. Auch die Tabellen zu § 34 GNotKG sind anwendbar. Sie sind im SchlAnh D dieses Buchs abgedruckt. Die Vorbereitung einer freiwilligen Versteigerung wird nach KVGv 300 vergütet.

4   Neben den Gebühren können *Auslagen* nach KVGv 700 ff entstehen. Ein Wegegeld nach § 12, KVGv 711 läßt sich bei einem Wechsel- oder Scheckprotest auf die nach dem GNotKG anfallende Wegegebühr anrechnen. Der Gerichtsvollzieher darf allerdings nur die jeweils die andere Gebühr übersteigende Wegegebühr erheben.

5   **4) Rechtsmittel.** Es gilt § 5. Rechtsbehelfsbelehrung, Verstoß: §§ 8 a, 59 II 2.

Abschnitt 3. Auslagenvorschriften

Erhöhtes Wegegeld

12a ᴵ Die Landesregierungen werden ermächtigt, durch Rechtsverordnung eine höhere Stufe nach Nummer 711 des Kostenverzeichnisses für Wege festzusetzen, die von bestimmten Gerichtsvollziehern in bestimmte Regionen des Bezirks eines Amtsgerichts zurückzulegen sind, wenn die kürzeste öffentlich nutzbare Wegstrecke erheblich von der nach der Luftlinie bemessenen Entfernung abweicht, weil ein nicht nur vorübergehendes Hindernis besteht.

ᴵᴵ Eine erhebliche Abweichung nach Absatz 1 liegt vor, wenn die kürzeste öffentlich nutzbare Wegstrecke sowohl vom Amtsgericht als auch von Geschäftszimmer des Gerichtsvollziehers mindestens doppelt so weit ist wie die nach der Luftlinie bemessene Entfernung.

ᴵᴵᴵ In der Rechtsverordnung ist die niedrigste Stufe festzusetzen, bei der eine erhebliche Abweichung nach Absatz 2 nicht mehr vorliegt.

ᴵⱽ Die Landesregierungen können die Ermächtigung durch Rechtsverordnung auf die Landesjustizverwaltung übertragen.

1   **1) Geltungsbereich, I–IV.** Vgl zunächst bei KVGv 711. Die Ermächtigungen nach § 12 a schaffen Vorrang. Das gilt zunächst auch dann, wenn sie die Ermächtigungsregeln I–IV nicht einhalten. Man muß dann die VO wie sonst bekämpfen.

2   **2) Ermächtigungen, I–IV.** Es sind bisher die folgenden Verordnungen ergangen:
   Baden-Württemberg:
   Bayern:
   Berlin:
   Brandenburg:
   Bremen:
   Hamburg:
   Hessen:
   Mecklenburg-Vorpommern:
   Niedersachsen:
   Nordrhein-Westfalen:
   Rheinland-Pfalz:

Abschnitt 4. Kostenzahlung   §§ 12a, 13 GvKostG

Saarland:
Sachsen:
Sachsen-Anhalt:
Schleswig-Holstein:
Thüringen:

Abschnitt 4. Kostenzahlung

Kostenschuldner

13 I ¹Kostenschuldner sind
1. der Auftraggeber,
2. der Vollstreckungsschuldner für die notwendigen Kosten der Zwangsvollstreckung und
3. der Verpflichtete für die notwendigen Kosten der Vollstreckung.
²Schuldner der Auslagen nach den Nummern 714 und 715 des Kostenverzeichnisses ist nur der Ersteher.

II Mehrere Kostenschuldner haften als Gesamtschuldner.

III Wird der Auftrag vom Gericht erteilt, so gelten die Kosten als Auslagen des gerichtlichen Verfahrens.

DB-GvKostG Nr. 6. ¹ Von Prozess- oder Verfahrensbevollmächtigten oder sonstigen Vertretern des Auftraggebers sollen Kosten nur eingefordert werden, wenn sie sich zur Zahlung bereit erklärt haben.

II ¹Können die GV-Kosten wegen Bewilligung von Prozess- oder Verfahrenskostenhilfe auch vom Auftraggeber nicht erhoben werden, so teilt die Gerichtsvollzieherin oder der Gerichtsvollzieher die nicht bezahlten Kosten ohne Rücksicht auf die aus der Landeskasse ersetzten Beträge dem Gericht mit, das die Sache bearbeitet hat (vgl. § 57 GVO). ²Das Gleiche gilt bei gerichtlichen Aufträgen.

III ¹Genießt der Auftraggeber Kostenfreiheit, so sind die nicht bezahlten Kosten nach Absatz 2 der zuständigen Gerichtskasse oder der an Stelle der Gerichtskasse zuständigen Vollstreckungsbehörde mitzuteilen; diese hat die Einziehung der Kosten zu veranlassen. ²Die in einem Verfahren nach der Einforderungs- und Beitreibungsanordnung entstandenen Kosten sind jedoch zu den Sachakten mitzuteilen. ³Bei Gebührenfreiheit des Auftraggebers sind etwaige Auslagen von diesem einzufordern.

IV Mitteilungen nach den Absätzen 2 oder 3 können unterbleiben, wenn die Kosten voraussichtlich auch später nicht einbezogen werden können.

V In den Sonderakten oder – bei Zustellungs- und Protestaufträgen – in Spalte 8 des Dienstregisters I ist zu vermerken, dass die Kostenmitteilung abgesandt oder ihre Absendung gemäß Absatz 4 unterblieben ist.

Gliederung

1) Systematik, I–III	1
2) Regelungszweck, I–III	2
3) „Auftraggeber": Veranlassungsschuldner, I 1 Z 1	3–7
A. Grundsatz: Öffentlichrechtliches Verhältnis	3
B. Antragsform	4
C. Veranlassung	5
D. Beispiele zur Frage eines „Auftraggebers", I 1 Z 1	6, 7
4) Vollstreckungsschuldner, Verpflichteter, I 1 Z 2, 3	8–10
A. Zweitschuldner	8
B. Vollstreckungsbegriff	9
C. Haftungsaufteilung	10
5) Auslagenschuldner, I 2	10a
6) Mehrheit von Kostenschuldnern, II	11

GvKostG § 13 XI. G über Kosten der GVz

7) Auftrag durch das Gericht, III 12
8) Rechtsmittel, I–III 13

1 **1) Systematik, I–III.** § 13 bestimmt, wer dem Staat die Kosten schuldet. Denn die Kostenlast entsteht nach Grdz 10 vor § 1 zugunsten des den Staats, nicht des Gerichtsvollziehers. Der Gerichtsvollzieher ist also kein Kostengläubiger, obwohl I Z 1 vom „Auftraggeber" spricht. Soweit III anwendbar ist, sind I, II unanwendbar.
Eine Haftung als *Übernahmeschuldner*, wie sie zB in § 29 Z 2 GKG, § 24 Z 2 FamGKG vorkommt, Teile I A, B dieses Buchs, ist zwar nach dem GvKostG nicht direkt vorgesehen. Sie ist aber unter den Voraussetzungen eines echten Vertrages mit dem Kostengläubiger nach §§ 328 ff BGB denkbar, auch bei einer Einzugsermächtigung des Gläubigers an den Gerichtsvollzieher, AG Eschwege DGVZ **06**, 141. Die Übernahmehaftung läßt eine gesetzliche Haftung des Kostenschuldners aber bestehen. Daher entsteht dann nach Rn 11 eine Haftung mehrerer Kostenschuldner nach II als Gesamtschuldner.

2 **2) Regelungszweck, I–III.** Ein solches Gesetz, das man nach Grdz 8 vor § 1, § 1 Rn 2 durchweg kostenschuldnerfreundlich behandeln soll, muß natürlich erst recht in seiner den Kreis der Kostenschuldner festlegenden Spezialvorschrift dieselbe Auslegung erhalten, und zwar in allen ihren Teilen. Freilich darf das auch nicht dazu führen, daß man für nun einmal entstandene Kosten überhaupt keinen Kostenschuldner finden kann.

3 **3) „Auftraggeber": Veranlassungsschuldner, I 1 Z 1.** Ein Grundsatz spiegelt sich in zahlreichen Einzelfragen.
A. Grundsatz: Öffentlichrechtliches Verhältnis. Da der Staat dem „Auftraggeber" den Gerichtsvollzieher zur Durchführung der Zwangsvollstreckung zur Verfügung stellt, besteht nach Grdz 13 vor § 1 ein öffentlichrechtliches Verhältnis. Es besteht aber nicht ein privatrechtliches Auftragsverhältnis zwischen dem Gläubiger und dem Gerichtsvollzieher, etwa nach §§ 662 ff BGB. I Z 1 gleicht also seinem Inhalt nach dem § 22 I 1 GKG, Teil I A dieses Buchs. Der „Auftrag" ist in Wahrheit ein Antrag, LG Hbg DGVZ **83**, 124, BLAH § 733 ZPO Rn 3 ff. Die Zusammenfassung mehrerer Aufforderungen oder einer Aufforderung zu mehreren Tätigkeiten in demselben Schreiben usw macht diese Mehrheit von „Aufträgen" nicht zu einem einzelnen. Ein und derselbe „Auftrag" kann aber die Notwendigkeit mehrerer Amtshandlungen oder Maßnahmen umfassen.

4 **B. Antragsform.** Es besteht eine Formfreiheit. Auch ein telefonischer, elektronischer, per Telefax erteilter oder mündlicher, sogar stillschweigender Auftrag kann wirksam sein. Die Art und der Umfang des Auftrags, etwa gesetzlich zulässige Bedingungen usw lassen sich notfalls durch eine Auslegung nach § 242 BGB ermitteln, soweit nach dem Gesetz überhaupt beachtbar. Natürlich darf und muß der Gerichtsvollzieher klarstellen, ob und welcher Auftrag vorliegt.
Es hängt dabei von den *Umständen* ab, ob er eine handschriftliche Unterschrift oder elektronische Signatur fordern muß usw, Riecke DGVZ **02**, 49, und ob zB eine Niederlegung von Vollstreckungsunterlagen auf der Verteilungsstelle für Gerichtsvollzieher ausreicht. Freilich ist eine Aushändigung der vollstreckbaren Ausfertigung meist ein Auftrag. Einzelheiten BLAH zu § 754 ZPO. Der Auftrag muß die Personalien des Vollstreckungsschuldners nach § 750 ZPO so ergeben, daß der Gerichtsvollzieher damit keine besondere Mühe hat. Man kann ihm natürlich die üblichen kleineren Bemühungen zumuten, zB eine Nachfrage bei einem Nachbarn oder Mitbewohner. Eine Wohnungsermittlung über das Einwohnermeldeamt geht aber zu weit.
Unanwendbar ist § 13 bei einer von Amts wegen erfolgenden Amtshandlung, Köln JB **17**, 659.

5 **C. Veranlassung.** Als ein Kostenschuldner kommt nur diejenige Partei selbst in Betracht, die die Veranlassung zur Tätigkeit des Gerichtsvollziehers gegeben hat und der man daher die Auftragserteilung zurechnen darf und muß, BGH DGVZ **06**, 49, KG DGVZ **17**, 78. Das kann natürlich auch eine Partei kraft Amts nach BLAH Grdz 8, 9 vor § 50 ZPO oder die öffentliche Hand sein, AG Bersenbrück DGVZ **91**, 15, AG Cloppenb DGVZ **96**, 47. Kein Auftraggeber ist ihr gesetzlicher Vertreter nach § 51 ZPO, auch nicht nach § 252 AO, AG Bersenbrück DGVZ **91**, 15, auch nicht

Abschnitt 4. Kostenzahlung § 13 GvKostG

ihr ProzBev nach § 81 ZPO, Weis AnwBl **07**, 569, sofern sich diese letzteren Personen nicht etwa persönlich zur Zahlung bereit erklärt haben, DB-GvKostG Z 6 I, Bohnenkamp JB **07**, 571.

Die Partei schuldet nur alle diejenigen Gebühren und Auslagen, die zu einer ordnungsgemäßen und zweckmäßigen Durchführung ihres Auftrags nach dem Gesetz und nicht etwa nur nach der Vorstellung des Auftraggebers *notwendigerweise* entstehen, BGH FGPrax **08**, 448, KG DGVZ **17**, 78, LG Bln JB **00**, 548, aM Meyer 7 (sog parteiobjektiver Maßstab, zu großzügig). Die Haftung entsteht unabhängig von einem Erfolg oder Mißerfolg des Gerichtsvollziehers, LG Kassel DGVZ **03**, 140. Notwendig sind alle innerhalb eines ordnungsgemäß ausgeübten Ermessens entstandenen Kosten, LG Brschw DGVZ **83**, 118. Man darf und muß die Regeln zur Notwendigkeit nach §§ 91, 788 ZPO mitbeachten, BGH FGPrax **08**, 448, Hamm Rpfleger **75**, 75, Köln Rpfleger **86**, 240.

D. Beispiele zur Frage eines „Auftraggebers", I 1 Z 1   6

Abschrift, Kopie: Anwendbar ist I Z 1 auch dann, wenn der Gerichtsvollzieher dem Schuldner kraft Gesetzes nach § 763 II ZPO eine Abschrift oder Kopie erteilt, AG Bln-Tempelhof DGVZ **84**, 45, AG Münst DGVZ **02**, 95, oder soweit ein Beteiligter nach § 760 ZPO eine Abschrift oder Kopie gleich welcher Herstellungsart verlangt, AG Bln-Wedding DGVZ **86**, 78, AG Neuwied DGVZ **92**, 174, AG Wiesb DGVZ **94**, 158. Der Gerichtsvollzieher darf dabei die mit der Abschrift oder Ablichtung verfolgten Zwecke nicht prüfen.

Unanwendbar ist Z 1 auf eine solche Dokumentenpauschale usw, die dadurch entsteht, daß der Gerichtsvollzieher anderen *Personen* als denjenigen eine Kopie erteilt, die eine solche kraft Gesetzes fordern können, AG Bln-Wedding DGVZ **86**, 78, AG Ffm DGVZ **85**, 93, AG Neuwied DGVZ **92**, 174, aM AG Augsb DGVZ **87**, 126.

Antragsrücknahme: Für I Z 1 kommt es darauf an, ob der Antrag bisher zulässig und einigermaßen erfolgversprechend war, etwa bis zur Leistung des Schuldners oder bis zur Verjährung (ihre Einrede hing vom Schuldner ab).

Aussichtslosigkeit: *Unanwendbar* ist I Z 1 bei den Kosten eines von vornherein aussichtslosen Vollstreckungsversuchs.

Dokumentenpauschale: S „Abschrift, Ablichtung".

Einlagerung: S zunächst Rn 7 „Verwahrung".

Der Gläubiger haftet aber *nicht* für die Kosten der an einer Überführung anschließenden eigentlichen Einlagerung, BGH FGPrax **08**, 448, LG Mannh DGVZ **97**, 186, AG Ffm DGVZ **87**, 159, aM Hamm DGVZ **01**, 7, LG Duisb NZM **98**, 303, AG Erkelenz DGVZ **00**, 159.

Kostenfreiheit: Bei einer Kostenfreiheit des Auftraggebers muß der Gerichtsvollzieher § 2 beachten, ferner Nr 3.2 DB-PKHG, Teil VII B 5 dieses Buchs. Daher muß die Staatskasse oder der Gerichtsvollzieher erhaltene Kosten evtl zurückzahlen, BVerfG JB **01**, 204, AG Dortm DGVZ **96**, 79, AG Wiesb JB **91**, 1233, aM AG Leverkusen DGVZ **80**, 83, AG Bad Neuenahr-Ahrweiler DGVZ **90**, 94, AG Trier DGVZ **88**, 142 (vgl aber § 122 I ZPO).

Protokoll: S „Abschrift, Ablichtung", Rn 7 „Schuldner".

Prozeßkostenhilfe: Eine Prozeßkostenhilfe für den Auftraggeber ist nur dann beachtbar, wenn das Gericht sie nach § 119 ZPO für die Zwangsvollstreckung bewilligt hat. Diese muß der Begünstigte dem Gerichtsvollzieher auf dessen Verlangen nach § 84 Z 2 GVO nachweisen, es sei denn, der ProzBev oder die Geschäftsstelle haben den Auftrag erteilt oder vermittelt. Bei ihr bleibt der Auftraggeber zwar ein Kostenschuldner. Der Gerichtsvollzieher muß aber § 15 III 2 und DB-GvKostG Z 6 II beachten. Das gilt auch ohne eine Vorlage des Bewilligungsbeschlusses, AG Pinneb DGVZ **77**, 142. Die Landeskasse zieht die Beträge ein, soweit das Gericht die Bewilligung nach § 124 ZPO aufgehoben hat. Sie verbleiben ihr dann nach § 77b GVO voll.

Hat der Gläubiger den Hinweis auf eine Prozeßkostenhilfe *unterlassen*, sie nachträglich aber nachgewiesen, muß der Gerichtsvollzieher seine vom Gläubiger erhobenen Kosten an diesen erstatten. Er kann die durch die Erhebung entstandenen Mehrkosten nach § 15 III 2 nicht abziehen.

GvKostG § 13   XI. G über Kosten der GVz

7 Räumung: „Auftraggeber" ist auch der Räumungsgläubiger bei § 885 ZPO. Der Zwangsverwalter bleibt auch nach der Aufhebung des Zwangsverwaltungsverfahrens Kostenschuldner, AG Brühl DGVZ **09**, 171.
S dazu bei den Stichwörtern zu den Räumungs-Einzelfragen.
Schuldner: „Auftraggeber" kann auch der Schuldner sein. Das gilt zB bei seinem Antrag auf ein Protokoll nach 760 ZPO, AG Münst DGVZ **02**, 95.
Spediteur: S „Verwahrung".
Unzulässigkeit: *Unanwendbar* ist I Z 1 bei den Kosten eines von vornherein unzulässigen Vollstreckungsversuchs.
Verjährung: § 8 Rn 1.
Vernichtung: Es gilt dasselbe wie bei einer „Versteigerung".
Versteigerung: Der Gläubiger schuldet *nicht* nach I Z 1 die Gebühren oder Auslagen einer Versteigerung von Räumungsgut nach § 885 IV 2 ZPO, Zweibr DGVZ **98**, 9, LG Ffm DGVZ **02**, 77, AG Leverkusen DGVZ **96**, 44, aM LG Kblz DGVZ **06**, 78, LG Mü WoM **98**, 500, AG Bre DGVZ **99**, 63 (aber vor der Entfernung aller Sachen liegt keine vollständige Besitzaufgabe = Räumung vor).
Verwahrung: „Auftraggeber" ist der Gläubiger als Antragsteller auch für die Kosten einer geeigneten Verwahrung der bei einer Räumung nach § 885 ZPO herausgeholten Sachen, Jena JB **99**, 436, AG Geilenkirchen DGVZ **97**, 30 (Pkw-Unterstellkosten), LG Ffm DGVZ **06**, 115, LG Kassel DGVZ **03**, 140 (je: Spediteur). Der Gläubiger haftet auch für die Kosten der Übergabe an den Schuldner nach der Verwahrung, LG Bln JB **00**, 548, LG Kblz DGVZ **94**, 91, AG Sinzig DGVZ **92**, 58. Denn erst anschließend ist die Räumung vollendet, Brosette NJW **89**, 965.
S aber Rn 6 „Einlagerung".
Verwirkung: § 8 Rn 1.
Zwangsverwalter: S „Räumung".

8 4) Vollstreckungsschuldner, Verpflichteter, I Z 2, 3. Vgl zunächst §§ 29 I 4 GKG, 27 GNotKG, Teile I A, III dieses Buchs. Der Schuldner ist dem Gläubiger gegenüber verpflichtet, nur die nach § 788 ZPO, § 95 FamFG notwendigen Kosten der Vollstreckung zu tragen, BLAH § 788 ZPO Rn 19 ff. Der Gläubiger kann diese Kosten festsetzen lassen. Eine solche Festsetzung ist allerdings grundsätzlich nicht erforderlich. Denn nach § 788 I ZPO, § 95 FamFG sind die notwendigen Kosten der Vollstreckung zugleich mit dem zur Vollstreckung stehenden Anspruch beitreibbar, soweit die Vollstreckungskosten nach § 91 ZPO notwendige Kosten waren. Der Gerichtsvollzieher muß daher auch seine Kosten vom Schuldner beitreiben. Ein als Gesamtschuldner in der Hauptsache Verurteilter haftet auch wegen der notwendigen Vollstreckungskosten als Gesamtschuldner, LG Kassel DGVZ **02**, 172, LG Lübeck DGVZ **86**, 119, LG Stgt Rpfleger **93**, 38 (je auch zu Ausnahmen).
Kein Vollstreckungsschuldner ist der gesetzliche Vertreter, auch soweit er eine Offenbarungsversicherung für den Vertretenen abgeben muß. Das gilt auch bei einer juristischen Person und bei einer Einmanngesellschaft. Ein vorzuführender Zeuge ist ebenfalls kein Vollstreckungsschuldner. Insofern gilt III.

A. Zweitschuldner. Der Auftraggeber kommt also praktisch nur als ein Zweitschuldner in Betracht. I Z 2 stellt außerdem eine unabhängig von I Z 1 geltende unmittelbare Verpflichtung des Vollstreckungsschuldners der Staatskasse gegenüber fest. Für die Fälligkeit gilt (jetzt) § 14, Ffm DGVZ **82**, 60 (zum alten Recht). Über eine Einwendung gegen die Notwendigkeit von Vollstreckungskosten muß der Schuldner das Gericht nach § 766 II ZPO entscheiden lassen.

9 B. Vollstreckungsbegriff. Aus dem beigetriebenen Betrag muß man nach § 16 in erster Linie die Kosten der Vollstreckung decken. Zum Beginn der Vollstreckung und zu ihrem Ende BLAH Grdz 51–53 vor § 704 ZPO. Die bloße Zustellung des Vollstreckungstitels macht den Empfänger noch nicht zum Vollstreckungsschuldner. Bei einer Prozeß- oder Verfahrenskostenhilfe nach §§ 114 ff ZPO, 76 FamFG gilt § 15 III 2. Nach dem Ende der Vollstreckung muß der frühere Begünstigte als Veranlasser für einen weiteren Auftrag haften, AG Dortm DGVZ **89**, 79 (Protokollabschrift).

C. Haftungsaufhebung. Wenn ein Gericht den Vollstreckungstitel rückwirkend 10 aufhebt, erlischt die Haftung des Vollstreckungsschuldners ebenfalls rückwirkend. Daher muß der Gläubiger dem Schuldner den beigetriebenen Betrag einschließlich der Kosten der Vollstreckung nach § 788 ZPO zurückerstatten. Das gilt allerdings nicht bei einem Verzicht des Gläubigers auf seine Rechte. Es gilt ferner nicht bei der Aufhebung einer einzelnen Vollstreckungsmaßnahme und nicht bei § 927 ZPO, sofern die einzelne Vollstreckungs- oder die Eilmaßnahme nicht von Anfang an unberechtigt war. Bei der Klage eines Dritten nach § 771 ZPO darf man die Herausgabe nicht wegen der Erstattung der Kosten des Gerichtsvollziehers verweigern, Alisch DGVZ **79**, 6.

5) Auslagenschuldner, I 2. Die bloße Ersteherhaftung gilt nur bei KVGv 714, 10a 715.

6) Mehrheit von Kostenschuldnern, II. Vgl zunächst §§ 31 I GKG, 26 I Fam- 11 GKG, 32 GNotKG, Teile I A, B, III dieses Buchs. Der Auftraggeber und der Vollstreckungsschuldner haften wegen derselben Kosten grundsätzlich gemeinsam, Düss DGVZ **06**, 200, und zwar als Gesamtschuldner nach §§ 421, 426, 427 BGB usw. Vgl aber auch Rn 8–10. Wenn der Gerichtsvollzieher mehrere Vollstreckungsaufträge durch dieselbe Amtshandlung durchführt, liegt durchweg nach § 3 II Z 3 rechtlich doch nur *ein* Auftrag vor und kann eine gesamtschuldnerische Haftung entstehen. Natürlich haftet für Sonderwünsche nur derjenige, der sie äußert.

7) Auftrag durch das Gericht, III. Das Gericht kann dem Gerichtsvollzieher 12 den Auftrag zur Vornahme einer ganzen Reihe von Amtshandlungen geben. Es kann zB den Auftrag erteilen, Grundstückszubehör zu versteigern, KVGv 300, an den Meistbietenden zu verpachten, KVGv 301, eine unbewegliche Sache an den Zwangsverwalter zu übergeben, KVGv 242, jemanden zu verhaften oder vorzuführen, KVGv 270, ein Schiff usw zu bewachen oder zu verwahren, KVGv 400, den Mieter oder Pächter eines Grundstücks festzustellen, KVGv 401, oder eine Amtshandlung zum Zweck der Sicherung eines Nachlasses vorzunehmen, § 12 I.

III *ergänzt* die Auslagenbestimmungen des GKG, des FamGKG und des GNotKG, Teile I A, B, III dieses Buchs. Die Vorschrift hat nach Rn 1 den Vorrang vor I, II. Die Staatskasse kann also die Gebühren und Auslagen des Gerichtsvollziehers dem Kostenschuldner des gerichtlichen Verfahrens nach § 19 KostVfg, Teil VII A dieses Buchs, als Auslagen eben dieses Verfahrens in Rechnung stellen, obwohl die Staatskasse diese Kosten nicht verauslagt hat. Der Kostenbeamte zieht solche Kosten des Gerichtsvollziehers nach § 24 VII 1 KostVfg ein. Sie heißen nach § 24 VII 1 KostVfg durchlaufende Gelder. Der Gerichtsvollzieher erhält sie nach § 32 KostVfg. Der Gerichtsvollzieher verfährt dann so, als ob er diese Beträge selbst eingezogen hätte.

8) Rechtsmittel, I–III. Man kann zB wegen der Frage der Notwendigkeit von 13 Vollstreckungskosten die Erinnerung nach §§ 766, 793 ZPO einlegen.

Fälligkeit

14 ^{1}Gebühren werden fällig, wenn der Auftrag durchgeführt ist oder länger als zwölf Kalendermonate ruht. ^{2}Auslagen werden sofort nach ihrer Entstehung fällig.

DB-GvKostG Nr. 7. I ^{1}Die Gerichtsvollzieherin oder der Gerichtsvollzieher stellt über jeden kostenpflichtigen Auftrag alsbald nach Fälligkeit der Kosten in den Akten eine Kostenrechnung auf. ^{2}Darin sind die Kostenvorschriften, eine kurze Bezeichnung des jeweiligen Gebührentatbestands, die Bezeichnung der Auslagen, die Beträge der angesetzten Gebühren und Auslagen sowie etwa empfangene Vorschüsse anzugeben. ^{3}Sofern die Höhe der Kosten davon abhängt, sind auch der Wert des Gegenstandes (§ 12 GvKostG) und die Zeitdauer des Dienstgeschäfts, beim Wegegeld und bei Reisekosten gemäß Nr. 712 KV auch die nach Nr. 18 Abs. 1 maßgebenden Entfernungen anzugeben. ^{4}Die Urschrift der Kostenrechnung ist unter Angabe von Ort, Tag und Amtsbezeichnung eigenhändig zu unterschreiben. ^{5}Die dem Kostenschuldner zuzuleitende Reinschrift der Kostenrechnung ist mit der Unterschrift oder dem Dienststempel zu versehen, die auch maschinell erzeugt sein können. ^{6}Die Reinschrift der

Kostenrechnung ist dem Kostenschuldner unter Beifügung der gemäß § 3a GvKostG vorgeschriebenen Rechtsbehelfsbelehrung zu übermitteln.

II ¹Ist über die Amtshandlung eine Urkunde aufzunehmen, so ist die Kostenrechnung auf die Urkunde zu setzen und auf alle Abschriften zu übertragen. ²Bei der Zustellung eines Pfändungs- und Überweisungsbeschlusses an einen Drittschuldner ist die Abschrift der Kostenrechnung entweder auf die beglaubigte Abschrift des Pfändungs- und Überweisungsbeschlusses oder auf die mit dieser zu verbindenden Abschrift der Zustellungsurkunde zu setzen.

III Wird dem Kostenschuldner weder die Urschrift noch die Abschrift einer Urkunde ausgehändigt, so muss die Kostenrechnung außer den in Absatz 1 genannten Angaben auch die Geschäftsnummer und eine kurze Bezeichnung der Sache enthalten; eine Abschrift der Kostenrechnung gegebenenfalls mit Zahlungsaufforderung ist dem Kostenschuldner umgehend mitzuteilen.

IV ¹Bei unrichtigem Kostenansatz stellt die Gerichtsvollzieherin oder der Gerichtsvollzieher eine berichtigte Kostenrechnung auf und zahlt den etwa überzahlten Betrag zurück. ²Dieser Betrag wird in den laufenden Geschäftsbüchern unter besonderer Nummer als Minusbuchung von den Kosten abgesetzt.

V Bei der Nachforderung von Kosten ist § 6 GvKostG, bei der Zurückzahlung von Kleinbeträgen § 59 GVO zu beachten.

DB-GvKostG Nr. 8. ¹ ¹Kosten im Betrag von weniger als 2,50 Euro sollen nicht für sich allein eingefordert, sondern vielmehr gelegentlich kostenfrei oder zusammen mit anderen Forderungen eingezogen werden. ²Kleinbeträge, die hiernach nicht eingezogen werden können, sind durch einen Vermerk bei der Kostenrechnung in den Sonderakten zu löschen. ³Die der Gerichtsvollzieherin oder dem Gerichtsvollzieher nach den geltenden Bestimmungen (§ 7 Abs. 3 GVO) aus der Landeskasse zu ersetzenden Beträge sind in die Spalten 12 und 13 des Kassenbuchs II einzutragen. ⁴Der Buchungsvorgang ist dort in Spalte 14 durch den Buchstaben K zu kennzeichnen. ⁵Bei im Dienstregister I verzeichneten Aufträgen sind dort in Spalte 5 die Kosten durch Minusbuchung zu löschen, die aus der Landeskasse zu ersetzenden Auslagen in Spalte 7 einzutragen und der Buchungsvorgang durch den Buchstaben K in Spalte 8 zu kennzeichnen. ⁶Auch wenn Beträge gelöscht sind, können sie später nach Satz 1 eingezogen werden.

II Die GV-Kosten können insbesondere erhoben werden
a) durch Einlösung eines übersandten oder übergebenen Schecks;
b) durch Einziehung im Lastschriftverfahren;
c) durch Aufforderung an den Kostenschuldner, die Kosten innerhalb einer Frist, die regelmäßig zwei Wochen beträgt, unter Angabe der Geschäftsnummer an die Gerichtsvollzieherin oder den Gerichtsvollzieher zu zahlen,
d) ausnahmsweise durch Nachnahme, wenn dies zur Sicherung des Eingangs der Kosten angebracht erscheint.

DB-GvKostG Nr. 9. ¹ ¹Zahlt ein Kostenschuldner die angeforderten GV-Kosten nicht fristgemäß, so soll er gemahnt werden. ²Die Mahnung kann unterbleiben, wenn damit zu rechnen ist, dass der Kostenschuldner sie unbeachtet lässt. ³War die Einziehung der Kosten durch Nachnahme versucht, so ist nach Nr. 8 Abs. 2 Buchstabe c zu verfahren; einer Mahnung bedarf es in diesem Falle nicht.

II ¹Die Gerichtsvollzieherin oder der Gerichtsvollzieher beantragt bei der für den Wohnsitz oder Sitz des Kostenschuldners zuständigen Gerichtskasse oder bei der an Stelle der Gerichtskasse zuständigen Vollstreckungsbehörde die zwangsweise Einziehung der rückständigen Kosten, falls eine Mahnung nicht erforderlich ist oder der Schuldner trotz Mahnung nicht gezahlt hat (vgl. § 57 GVO). ²Bei einem Rückstand von weniger als 25 Euro soll ein Antrag nach Satz 1 in der Regel nur gestellt werden, wenn Anhaltspunkte für die Annahme vorliegen, dass bei der Gerichtskasse oder Vollstreckungsbehörde noch weitere Forderungen gegen den Kostenschuldner bestehen; Nr. 8 Abs. 1 Satz 2 bis 6 gilt entsprechend. ³Der Kosteneinziehungsantrag ist mit dem Abdruck des Dienststempels zu versehen, der auch maschinell erzeugt sein kann. ⁴In den Sonderakten oder – bei Zustellungs- und Protestaufträgen – in Spalte 8 des Dienstregisters I ist der Tag der Absendung des Antrags zu vermerken und anzugeben, warum kein Kostenvorschuss erhoben ist. ⁵Zahlt der Kostenschuld-

Abschnitt 4. Kostenzahlung § 14 GvKostG

ner nachträglich oder erledigt sich der Kosteneinziehungsantrag aus anderen Gründen ganz oder teilweise, so ist dies der Gerichtskasse oder Vollstreckungsbehörde unverzüglich mitzuteilen.

III Die eingegangenen Beträge sind in folgender Reihenfolge auf die offenstehenden Kosten anzurechnen, sofern sie zu ihrer Tilgung nicht ausreichen:
a) Wegegelder und Reisekosten gemäß Nr. 712 KV,
b) Dokumentenpauschalen,
c) sonstige Auslagen,
d) Gebühren.

IV ¹Die Gerichtsvollzieherin oder der Gerichtsvollzieher löscht die rückständigen Kosten, wenn
a) die Kostenforderung nicht oder nicht in voller Höhe einziehbar ist, insbesondere die Gerichtskasse oder Vollstreckungsbehörde mitgeteilt hat, dass der Versuch der zwangsweisen Einziehung ganz oder zum Teil erfolglos verlaufen sei, und
b) nach der Mitteilung der Gerichtskasse oder Vollstreckungsbehörde oder der eigenen Kenntnis keine Anhaltspunkte dafür vorhanden sind, dass die Kosten in Zukunft einziehbar sein werden.
²Die Gerichtsvollzieherin oder der Gerichtsvollzieher löscht die Beträge durch Vermerk bei der Kostenrechnung in den Sonderakten und stellt gleichzeitig die zu erstattenden Auslagen in die Spalten 12 und 13 des Kassenbuchs II ein. ³Bei Zustellungs- und Protestaufträgen sind die Beträge durch Minusbuchung in Spalte 5 des Dienstregisters I zu löschen und die zu erstattenden Auslagen dort in Spalte 7 einzustellen.

Gliederung

1) Systematik, S 1, 2	1
2) Regelungszweck, S 1, 2	2
3) Geltungsbereich für Gebühren, S 1	3–6
A. Auftragsdurchführung, S 1 Hs 1	3, 4
B. Rücknahme, Hindernisse, S 1 Hs 1, 2	5
C. Ruhen des Auftrags, S 1 Hs 2	6
4) Geltungsbereich für Auslagen: Entstehung, S 2	7

1) Systematik, S 1, 2. Man muß die Fälligkeit und damit die Einziehbarkeit und 1 nach § 8 I den Verjährungsbeginn von der Entstehung der Kosten unterscheiden. Über die Entstehung enthält das GvKostG keine ausdrückliche Vorschrift. Die Gebühren entstehen mit der Erfüllung des gebührenrechtlichen Tatbestands des Kostenverzeichnisses, sofern nicht I 1 das Entstehen ausschließt. Die Auslagen entstehen mit der Ausgabe des entsprechenden Betrags oder zB bei KVGv 710 mit der Erfüllung des auslagenrechtlichen Tatbestands des Kostenverzeichnisses. Als Angabe gilt noch nicht der Vorgang des Telefonats auch bei einer erst nachfolgenden Rechnung, aM SchrKGe 8 (aber dann steht der Betrag meist erst mit dem Rechnungserhalt fest). Die Entstehung und die Fälligkeit können, müssen aber nicht zeitlich zusammenfallen.

Von der Fälligkeit unabhängig sind das Entnahmerecht nach § 15 und eine Vorschußverrechnung.

2) Regelungszweck, S 1, 2. Die Vorschrift dient in einer Abgrenzung von § 4 2 dem Gedanken einer Vorleistungspflicht des Gerichtsvollziehers und damit des Staats als dem Gegenstück zu seinem Gewaltmonopol. Wie weit freilich in der Praxis § 4 vorherrscht, ist eine andere Frage. Jedenfalls ist auch bei § 14 nach Grdz 8 vor § 1, § 1 Rn 2 eine Auslegung zugunsten des Kostenschuldners notwendig.

3) Geltungsbereich für Gebühren, S 1. Man muß zwei Fallgruppen unter- 3 scheiden.

A. Auftragsdurchführung, S 1 Hs 1. Die Vorschrift bindet die Fälligkeit im Interesse der Kostenklarheit an die tatsächliche oder nach § 3 IV unterstellte Durchführung des gesamten Auftrags und nicht an die Erledigung einzelner Amtshandlungen innerhalb desselben Auftrags. Wenn der Auftrag mehrere gebührenpflichtige Amtshandlungen umfaßt, tritt die Fälligkeit der Gebühren also nicht bei jeder einzelnen Amtshandlung ein, sondern erst mit der Erledigung aller zugehörigen Amtshandlungen, so schon Ffm DGVZ **82,** 60.

4 Allerdings gilt nach § 2 I 2 unter den dortigen Voraussetzungen die Tätigkeit eines jeden von mehreren Gerichtsvollziehern als ein besonderer Auftrag. Demgegenüber ergibt sich bei § 2 II 1 Z 1–3 das Vorliegen nur eines einzigen Auftrags. § 2 IV nennt Fälle, in denen ein Auftrag als durchgeführt gilt.

Eine *büromäßige* Erledigung des Vollstreckungsauftrags nach der GVO ergibt für sich allein noch keine Durchführung nach § 14. Es kommen dann §§ 4, 15 in Betracht.

5 **B. Rücknahme, Hindernisse, S 1 Hs 1, 2.** Der Auftrag kann dennoch nach § 3 IV als durchgeführt gelten. Das kann auch beim Tod des Schuldners eintreten, ferner bei seinem unbekannten Aufenthalt.

6 **C. Ruhen des Auftrags, S 1 Hs 2.** Die Fälligkeit einer Gebühr tritt unabhängig von der Auftragsdurchführung auch ein, soweit der Auftrag länger als zwölf Kalendermonate ruht. Das kann zB dann so sein, wenn der Gläubiger mit dem Schuldner eine Ratenzahlungsvereinbarung getroffen und deshalb den Gerichtsvollzieher gebeten hat, die Vollstreckung vorläufig nicht fortzuführen. Darüber hinaus reicht jedes tatsächliche Nichtbetreiben der Amtstätigkeit, gleich aus welchem Grund und ob schuldhaft oder nicht. Ausreichen können zB das Eröffnung eines Insolvenzverfahrens beim Schuldner oder eine Einstellung nach § 775 ZPO. Eine endgültige Unauffindbarkeit reicht, eine vorläufige nicht, Drumann JB 03, 510, Kessel JB 04, 65. Der Schuldner braucht nicht gehofft zu haben, der Gerichtsvollzieher werde nicht mehr tätig werden. Ein Vorschuß nach § 4 kommt bis zur Fälligkeit infrage.

Kein Ruhen liegt vor, soweit der Gerichtsvollzieher eine auftragsgemäße Tätigkeit überhaupt noch nicht begonnen hat oder soweit er einen objektiv durchgeführten Auftrag aus irgendeinem Irrtum heraus nun erneut „durchzuführen" beginnt.

Kalendermonat ist der erste bis letzte Tag. Hat das Ruhen am ersten oder vor dem letzten Tag des Kalendermonats begonnen, tritt die Fälligkeit erst nach 12 vollen folgenden Kalendermonaten ein.

7 **4) Geltungsbereich für Auslagen: Entstehung, S 2.** Sie werden sofort nach ihrer Entstehung fällig. Zur Auslagenentstehung reicht die tatsächliche Zahlung durch den Gerichtsvollzieher, nicht aber eine Fälligkeit der bloßen Zahlungspflicht. Denn dann würde über S 2 ein weitergehender Vorschuß fällig als nach § 4. Das ist nicht der Sinn von S 2.

Entnahmerecht

15 [I] [1] Kosten, die im Zusammenhang mit der Versteigerung oder dem Verkauf von beweglichen Sachen, von Früchten, die vom Boden noch nicht getrennt sind, sowie von Forderungen oder anderen Vermögensrechten, ferner bei der öffentlichen Verpachtung an den Meistbietenden und bei der Mitwirkung bei einer Versteigerung durch einen Dritten (§ 825 Abs. 2 der Zivilprozessordnung) entstehen, können dem Erlös vorweg entnommen werden. [2] Dies gilt auch für die Kosten der Entfernung von Pfandstücken aus dem Gewahrsam des Schuldners, des Gläubigers oder eines Dritten, ferner für die Kosten des Transports und der Lagerung.

[II] Andere als die in Absatz 1 genannten Kosten oder ein hierauf zu zahlender Vorschuss können nicht bei der Ablieferung von Geld an den Auftraggeber oder bei der Hinterlegung von Geld für den Auftraggeber entnommen werden.

[III] [1] Die Absätze 1 und 2 gelten nicht, soweit § 459 b der Strafprozessordnung oder § 94 des Gesetzes über Ordnungswidrigkeiten entgegensteht. [2] Sie gelten ferner nicht, wenn dem Auftraggeber Prozess- oder Verfahrenskostenhilfe bewilligt ist. [3] Bei mehreren Auftraggebern stehen die Sätze 1 und 2 einer Vorwegentnahme aus dem Erlös (Absatz 1) nicht entgegen, wenn deren Voraussetzungen nicht für alle Auftraggeber vorliegen. [4] Die Sätze 1 und 2 stehen einer Entnahme aus dem Erlös auch nicht entgegen, wenn der Erlös höher ist als die Summe der Forderungen aller Auftraggeber.

Gliederung

1) Systematik, I–III	1, 2
2) Regelungszweck, I–III	3

Abschnitt 4. Kostenzahlung **§ 15 GvKostG**

3) **Geltungsbereich I, II** 4–6
   A. Versteigerung usw, I 1 4
   B. Gewahrsamsentfernung, Transport- und Lagerkosten, I 2 5
   C. Geldablieferung, Hinterlegung II 6
4) **Besonderheiten, III** 7–12
   A. Nebenfolge, III 1 7
   B. Prozeß- oder Verfahrenskostenhilfe, III 2 .... 8, 9
   C. Mehrheit von Auftraggebern, III 3 10
   D. Erlösüberschuß, III 4 11
   E. Erlösunterschuß 12
5) **Rechtsbehelfe, I–III** 13

1) Systematik, I–III. Das Entnahmerecht bedeutet keine allgemeine Haftung des 1
Erlöses selbst. Es ist auch nicht auf ihn beschränkt. Entscheidend bleibt immer die
Haftung des Kostenschuldners. Bei mehreren Gläubigern kommt eine anteilsmäßige
Kürzung des Erlöses in Betracht. Soweit der Gläubiger von den Kosten frei ist, bleibt
nach § 2 IV der § 15 unberührt. Das gilt auch beim Einzug von eingezogenen oder
dem Staat verfallenden Sachen, Otto JB **01**, 63.

Das Entnahmerecht ist *nicht* von der *Fälligkeit* der Kosten nach § 14 abhängig. Es 2
genügt vielmehr deren Entstehung. Vor der Entstehung ist freilich das Einverständnis
des Auftraggebers erforderlich. Die Befugnis des Gerichtsvollziehers nach § 15 zwingt
ihn grundsätzlich auch zum Vorgehen nach § 15, Ffm Rpfleger **75**, 325. Eine
schuldhafte Nichtausübung des Entnahmerechts und der Entnahmepflicht kann nach
§ 7 II GVO dazu führen, daß der Gerichtsvollzieher keine Auslagen aus der Staatskasse erhält, und daß er der Staatskasse auch für ihren Ausfall haftet. Einen vorrangigen
Sonderfall für die Prozeßkostenhilfe behandelt III 2.

§ 15 gibt grundsätzlich *kein Zurückbehaltungsrecht* an Urkunden usw. Wegen einer
Ausnahme beim Räumungsgut BLAH § 885 ZPO Rn 29 (Streitfrage). Bei der
Zwangsvollstreckung in Sachen unter einem Eigentumsvorbehalt des kostenfreien
Gläubigers bleibt § 15 ohne eine Rücksicht auf die Eigentumsfrage anwendbar,
aM BGH DGVZ **84**, 39 (aber der Gerichtsvollzieher klärt grundsätzlich kein Eigentum).

§ 15 ist unanwendbar, soweit das Gericht dem Gerichtsvollzieher einen Auftrag erteilt
hat. Denn die durch einen solchen Auftrag verursachten Kosten gelten als solche des
gerichtlichen Verfahrens nach § 13 III und werden nach § 13 Rn 12 dementsprechend eingezogen. Der Gerichtsvollzieher muß den Erlös daher dann voll an das Gericht abführen.

2) Regelungszweck, I–III. Die Vorschrift dient der Erleichterung der Kostener- 3
hebung und der Sicherung der Staatskasse wie der Stellung des Gerichtsvollziehers.
Diese Vorrangfunktion ist nur insoweit überzeugend, als es sich immerhin um eine
staatliche Hilfe zugunsten eines meist privaten Gläubigers handelt. Er ist aber auch auf
das staatliche Gewaltmonopol angewiesen. Daher darf man bei der Auslegung auch
unter ihrer Mitbeachtung der Erwägungen Grdz 8 vor § 1 keineswegs nur zugunsten
des Gerichtsvollziehers vorgehen.

3) Geltungsbereich, I, II. Das Entnahmerecht beschränkt sich auf die in § 15 4
genannten Situationen. Es umfaßt dann alle Kosten, also nach § 1 I 1 alle Gebühren
und Auslagen des Gerichtsvollziehers. Man muß die folgenden Fallgruppen unterscheiden.

A. Versteigerung usw, I 1. Der Gerichtsvollzieher darf nach I 1 ähnlich wie der
Notar bei KVfG 23700 Anm II, Teil III dieses Buchs, nur die im KVGv 300–310 bestimmten Gebühren und zugehörigen Auslagen nach KVGv 700 ff dem Erlös vorweg
entnehmen. Das gilt für alle solchen Kosten, zB auch solche für erfolglose oder weitere
Termine. Es muß sich also um eine Versteigerung, einen Verkauf, eine Verpachtung,
eine Verwertung nach § 825 ZPO usw oder eine Mitwirkung der im KVGv 300–310
genannten Art gehandelt haben. Es muß einen solchen Gelderlös erbracht haben, den
der Gerichtsvollzieher selbst erhalten hat. Dabei erfolgt keine weitere Differenzierung,
aM Meyer JB **10**, 234 (aber III 1 nennt nicht auch § 459 g II StPO).

B. Gewahrsamsentfernung, Transport- und Lagerkosten, I 2. Es muß sich 5
um ein solches Nebengeschäft handeln, für das der Gerichtsvollzieher im Rahmen

2165

eines Hauptgeschäfts nach § 1 I zuständig ist. Die Entfernung des Pfandstücks muß aus dem Gewahrsam des Schuldners, des Gläubigers oder eines Dritten geschehen. Ferner zählen hierher die Kosten des Transports und der Lagerung der in I 2 genannten Pfandstücke.

6 C. **Geldablieferung, Hinterlegung II.** Der Gerichtsvollzieher darf sonstige Gebühren und Auslagen auch auf Grund einer Amtshandlung nach KVGv 220 sowie einen hierauf nach § 4 erforderlichen Vorschuß auch nach II dann entnehmen, wenn er Geld erhalten hat und es nun eigentlich gerade an den Auftraggeber abliefern muß. Dem Auftraggeber steht sein *Bevollmächtigter* nach der GVGA oder ein solcher *Dritter* gleich, der für den Auftraggeber oder aus einem von dem Auftraggeber abgeleiteten Recht Geld empfangen darf, etwa nach einer Abtretung oder Pfändung und Überweisung. Ferner steht eine Hinterlegung aus einem solchen Grund gleich, der in der Person des Auftraggebers liegt, LG Saarbr DGVZ 80, 43. Eine derartige Hinterlegung steht aber einer Geldablieferung dann nicht gleich, wenn sie erfolgt, weil die Empfangsberechtigung des Auftraggebers nicht sicher ist.

Der Gerichtsvollzieher hat *kein Entnahmerecht,* soweit er den ihm übergebenen Betrag an einen solchen Dritten abführen soll, der nicht nach den vorstehenden Regeln dem Auftraggeber gleichsteht, zB bei §§ 293, 294 BGB, 220 II StPO. Denn dann könnte der Gerichtsvollzieher den Auftrag nicht ordnungsgemäß durchführen. Ein Entnahmerecht fehlt ferner, soweit bei der besonderen Verwertungsart kein Gelderlös entstanden ist, sondern soweit eine andersartige Befriedigung des Gläubigers erfolgte. Freilich kann ein Entnahmerecht insoweit entstehen, als der Gerichtsvollzieher einen vom Dritten nicht angenommenen Betrag nun dem Auftraggeber aushändigen müßte.

7 **4) Besonderheiten, III.** Auch hier muß man mehrere Fallgruppen unterscheiden.

A. **Nebenfolge, III 1.** § 459 b StPO und § 94 OWiG schränken nach III 1 das Entnahmerecht bei einer Einziehung einer Geldstrafe, einer Geldbuße oder einer zur Geldzahlung verpflichtenden Nebenfolge ein, I, II gelten in diesen von den eben genannten Vorschriften anderer Gesetze bereits gesondert geregelten Fällen nicht. Denn man muß widersprüchliche Vorschriften vermeiden. Dabei erfolgt keine weitere Differenzierung, aM Meyer JB **10**, 234 (aber III 1 nennt nicht auch § 459 g II StPO).

8 B. **Prozeß- oder Verfahrenskostenhilfe, III 2.** Nur soweit das Gericht dem Gläubiger eine Prozeß- oder Verfahrenskostenhilfe nach §§ 114 ff ZPO, 76 FamFG bewilligt hat, befreit ihn das nach § 122 I Z 1 a ZPO auch von den durch die Tätigkeit des Gerichtsvollziehers verursachten Kosten, AG Dortm DGVZ **89**, 79. Das gilt solange, bis das Gericht etwa die Prozeß- oder Verfahrenskostenhilfe nach § 124 ZPO, § 95 FamFG aufhebt. Aber bei einer Vollstreckung gegenüber dem Gegner ergibt sich die Möglichkeit, von diesem neben der Forderung auch die Kosten nach § 788 ZPO, § 95 FamFG beizutreiben.

Die *Beitreibung* der Kosten des Gerichtsvollziehers kann darüber hinaus nach Grdz 14 vor § 1 auch nach § 125 I ZPO in Verbindung mit § 1 I Z 7 JBeitrG erfolgen, Teil IX A dieses Buchs. Eine Beitreibung der Hauptforderung des Gläubigers kann natürlich nur nach der ZPO erfolgen.

9 Wenn sich ergibt, daß der *Erlös nicht ausreicht,* um die Hauptforderung und die Kosten des Gerichtsvollziehers zu decken, würde man nach dem Entnahmerecht von I, II den Erlös stets um die Kosten des Gerichtsvollziehers voll kürzen müssen. Ein mittelloser Gläubiger würde also unter Umständen leer ausgehen. III 2 schränkt deshalb I, II grundsätzlich ein, soweit nicht im Ergebnis wegen III 3, 4 doch wieder ein Entnahmerecht nach I, II besteht.

Hat der Gläubiger *vor* der Bewilligung der Prozeß- oder Verfahrenskostenhilfe einen Auftrag zur Zwangsvollstreckung erteilt und hat er die hierdurch entstandenen Kosten bezahlt, kann er auf Grund einer nachträglichen Prozeß- oder Verfahrenskostenhilfe keine Kostenrückzahlung fordern, AG Trier DGVZ **88**, 142.

10 C. **Mehrheit von Auftraggebern, III 3.** Trotz des Vorliegens der Voraussetzungen Rn 7 oder 8 darf und muß der Gerichtsvollzieher dann nach Rn 4, 5 vorgehen, wenn er von mehreren Auftraggebern nicht alle nach § 459 b StPO oder nach § 94 OWiG behandeln darf oder wenn nicht alle eine Prozeßkostenhilfe erhalten. Der

Abschnitt 4. Kostenzahlung §§ 15–17 GvKostG

Zweck der Regelung ist es, dem Gerichtsvollzieher umständliche Berechnungen zu ersparen. Das Gesetz nimmt eine gewisse Schlechterstellung der „eigentlich" Begünstigten hin.

Die Entnahme darf auch nach § 2 IV auch zum *Nachteil* eines *Kostenfreien* erfolgen. Natürlich darf sie erst recht zu seinem Vorteil geschehen, nämlich dann, wenn sie zB nur zum Nachteil eines Vollstreckungsschuldners erfolgt, LG Saarbr DGVZ **80**, 43, AG Itzehoe DGVZ **94**, 126.

D. Erlösüberschuß, III 4. Trotz eines Vorliegens der Voraussetzungen Rn 7 oder 8 darf und muß der Gerichtsvollzieher auch dann nach Rn 4, 5 vorgehen, wenn der Erlös höher ist als die Summe der Forderungen aller Auftraggeber. Denn dann erleidet kein Auftraggeber einen Nachteil, soweit sich der Gerichtsvollzieher auf eine Entnahme im Bereich des Erlösüberschusses beschränkt. Genau diese gegenüber I, III engere Grenze zieht III 4 denn auch bei einer folgerichtigen Auslegung. Sie ist also notwendig. 11

E. Erlösunterschuß. Es gilt § 16. 12

5) Rechtsbehelfe, I–III. Es gelten dieselben Regeln wie beim Vorschuß nach § 4, dort Rn 22–29. 13

Verteilung der Verwertungskosten

16 Reicht der Erlös einer Verwertung nicht aus, um die in § 15 Abs. 1 bezeichneten Kosten zu decken, oder wird ein Erlös nicht erzielt, sind diese Kosten im Verhältnis der Forderungen zu verteilen.

1) Systematik. Die Vorschrift ergänzt § 15 I. Sie hat in ihrem Geltungsbereich den Vorrang vor § 15 und vor § 13 II. Sie steht gleichberechtigt neben § 17. 1

2) Regelungszweck. Bei einer Mehrheit von Auftraggebern soll ein Gläubiger mit einer Kleinforderung nicht unangemessen hohe Kosten des Gerichtsvollziehers tragen müssen, wie es bei einer Gesamthaftung oder auch schon bei einer Haftung nach bloßen Kopfteilen vorkommen könnte. Zur Verhütung einer solchen Kostenungerechtigkeit nimmt das Gesetz eine gewisse Mehrarbeit des Gerichtsvollziehers als ihm zumutbar hin. So sollte man es auch auslegen. 2

3) Geltungsbereich: § 15 I. § 16 erfaßt nur die in § 15 I bezeichneten Gebühren und Auslagen nach § 1 I. Vgl dazu § 15 Rn 4, 5. Die Vorschrift gilt für Gebühren nach KVGv 300, 301, 302, 310, 604.
Nicht hierher gehört eine Geldablieferung anderer als der in § 15 I genannter Kosten nach § 15 II. Andere Kosten als diejenigen nach § 15 I fallen unter § 17. 3

4) Erlösunterschuß, Ausbleiben von Erlös. Während § 15 die Fälle eines die Kosten deckenden oder übersteigenden Erlöses regelt, ist in § 16 eine Voraussetzung, daß es mehrere Auftraggeber gibt und daß entweder kein die Kosten deckender oder überhaupt kein Erlös zustandekommt. Ein völlig unzureichender Erlös gilt als sein Ausbleiben. 4

5) Kostenverteilung. Unter den Voraussetzungen Rn 3, 4 findet eine Kostenverteilung und keine Gesamthaftung der Kostenschuldner statt, insofern abweichend von § 13 II. Die Kostenverteilung erfolgt aber auch nicht etwa nach Kopfteilen, sondern aus den in Rn 2 genannten Gründen im Verhältnis der Forderungen. Der Gläubiger der doppelt so hohen Forderung muß auch einen doppelt so hohen Kostenanteil zahlen usw. 5

Verteilung der Auslagen bei der Durchführung mehrerer Aufträge

17 ¹Auslagen, die in anderen als den in § 15 Abs. 1 genannten Fällen bei der gleichzeitigen Durchführung mehrerer Aufträge entstehen, sind nach der Zahl der Aufträge zu verteilen, soweit die Auslagen nicht ausschließlich bei der Durchführung eines Auftrags entstanden sind. ²Das Wegegeld (Nummer 711 des Kostenverzeichnisses) und die Auslagenpauschale (Nummer 716 des Kostenverzeichnisses) sind für jeden Auftrag gesondert zu erheben.

2167

GvKostG § 17   XI. G über Kosten der GVz

1   **1) Systematik, S 1, 2.** Als eine weitere Begrenzung zu §§ 15, 16 behandelt die Vorschrift als eine Auffangbestimmung die gerade nicht in § 15 I genannten Fälle. Unter diesen letzteren Fällen regelt § 17 auch nur die Auslagenverteilung, behandelt also nicht Gebührenfragen. Dabei stellt S 2 klar, daß beim Wegegeld und bei einer Auslagenpauschale KVGv 711, 714 den Vorrang haben. § 17 hat den Vorrang vor § 13 II.

2   **2) Regelungszweck, S 1, 2.** Ebenso wie bei § 16 soll eine ungerechte Verteilung von Unkosten bei einer Mehrheit von Aufträgen unabhängig von der Zahl der Auftraggeber unterbleiben. Der Gerichtsvollzieher soll Auslagen grundsätzlich nicht mehrfach verlangen dürfen. Deshalb findet keine Gesamthaftung der Auftraggeber statt. Vielmehr bestimmt S 1 Hs 1 eine Aufteilung nach der Zahl der Auftraggeber. Das ist meist die in § 16 gerade vermiedene Kopfteilhaftung, also ein evtl wesentlich gröberer Maßstab. Um allzu grobe Ergebnisse zu verhindern, läßt S 1 Hs 2 denjenigen oder diejenigen Mit-Auftraggeber allein für die Auslagen haften, die nur bei der Durchführung seines oder ihrer Mitaufträge entstanden sind. S 2 verstärkt den Gedanken der gesonderten Haftung je nach der Mitauftragsart und dem Haftungsumfang.

Das alles bleibt wiederum nicht ohne *Probleme*. Bei der Auslegung sollte man die oben genannten Ziele wesentlich beachten. Eine Vereinfachung (Zweckmäßigkeit) und eine Differenzierung (Kostengerechtigkeit) haben in § 17 beide ihr Gewicht.

3   **3) Geltungsbereich: Auslagen außerhalb § 15 I, S 1, 2.** Vgl zu dieser Vorschrift § 15 Rn 3, 4. Es handelt sich also bei § 17 um eine Auffangbestimmung nach Rn 1. Infolgedessen ist der Geltungsbereich weit auslegbar.

4   *Gleichzeitigkeit* der Ausführung mehrer Aufträge nach § 3 ist eine weitere Voraussetzung. Nicht die Erteilung muß gleichzeitig erfolgen, sondern gerade die Ausführung. Die Gleichzeitigkeit besteht, soweit und solange mindestens zwei Aufträge schon und noch vorliegen, sei es teilweise, von völlig unbedeutenden Schlußmaßnahmen bei einer allzu engen Auslegung abgesehen. Auch eine längere schuldlose oder schuldhafte Unterbrechung mag nichts an dem Durchführungszustand ändern. Freilich kommt es insoweit auf die Umstände an.

5   **4) Auslagenverteilung nach Auftragszahl, S 1 Hs 1.** Grundsätzlich muß der Gerichtsvollzieher die Auslagenhaftung unter den Voraussetzungen Rn 3, 4 nach der Auftragszahl aufteilen, bei § 16 nach der jeweiligen Förderungshöhe. Hat jeder Gläubiger hier *einen* Auftrag erteilt, führt das zur Kopfteilhaftung. Hat ein oder haben andere Gläubiger mehrere Aufträge erteilt, ist die jeweilige Auftragszahl maßgeblich. Es kommt keineswegs auf die Art und die Höhe der einzelnen Forderung an.

6   **5) Einzelhaftung, S 1 Hs 2.** Vom Grundsatz Rn 5 gilt eine Ausnahme, soweit Auslagen ausschließlich bei nur einem von mehreren Aufträgen entstehen. Dabei kann dergleichen auch bei mehreren Aufträgen vorkommen, soweit es eben noch weitere Aufträge gleichzeitig durchzuführen gilt. Zur Ausschließlichkeit Rn 4. Derjenige, der sich auf eine Ausschließlichkeit beruft, ist in Wahrheit dafür beweispflichtig. Das ergibt sich bei einer vernünftigen Auslegung des im Wortlaut unnötig unklar gewordenen Textes von S 1 Hs 2. Denn der Gerichtsvollzieher müßte hier eine Ausnahmevorschrift anwenden. Ausnahmen muß der dadurch Begünstigte beweisen.

7   **6) Wegegeld, Auslagenpauschale, S 2.** Soweit es nur um das in KVGv 711 geregelte Wegegeld oder nur um die in KVGv 716 bestimmte Auslagenpauschale geht, findet bei einer Mehrheit von Aufträgen entgegen dem Grundsatz Rn 2 keine wie immer geartete Verteilung statt. Vielmehr muß der Gerichtsvollzieher diese Beträge für jeden Auftrag gesondert erheben. Das stellt S 2 klar. Hat derselbe Auftraggeber mehrere Aufträge nach § 3 an den Gerichtsvollzieher erteilt, darf und muß dieser schon gegenüber diesem Auftraggeber das Wegegeld oder die Auslagenpauschale entsprechend mehrfach erheben.

Abschnitt 5. Übergangs- und Schlussvorschriften

Übergangsvorschrift

18 [I] [1]Die Kosten sind nach bisherigem Recht zu erheben, wenn der Auftrag vor dem Inkrafttreten einer Gesetzesänderung erteilt worden ist, Kosten der in § 15 Abs. 1 genannten Art jedoch nur, wenn sie vor dem Inkrafttreten einer Gesetzesänderung entstanden sind. [2]Wenn der Auftrag zur Abnahme der Vermögensauskunft mit einem Vollstreckungsauftrag verbunden ist, ist der Zeitpunkt maßgebend, zu dem der Vollstreckungsauftrag erteilt ist.
[II] Absatz 1 gilt auch, wenn Vorschriften geändert werden, auf die dieses Gesetz verweist.

Gliederung

1) Systematik, I, II	1
2) Regelungszweck, I, II	2
3) Geltungsbereich, I, II	3–7
A. Grundsatz: Maßgeblichkeit der Auftragserteilung, I 1 Hs 1	3, 4
B. Maßgeblichkeit der Kostenentstehung, I 1 Hs 2	5
C. Maßgeblichkeit des Vollstreckungsauftrags, I 2	6
D. Änderung anderer Vorschriften, II	7

1) Systematik, I, II. Die Vorschrift geht zwar § 19 in der äußeren Reihenfolge 1 voraus. Sie ist ihm gegenüber systematisch aber nach § 19 Rn 1 nachrangig. Sie regelt ebenso wie die vergleichbaren Vorschriften in den anderen Kostengesetzen eine nur scheinbar rein rechtstechnische Frage. In Wahrheit ist sie ein Ausdruck schwieriger Anknüpfungsprobleme. Die jetzige Fassung mit ihrem Charakter als „Ewigkeitsnorm" ändert trotz solcher Eleganz nichts an der Tatsache, daß jeder denkbare Anknüpfungspunkt wie zB hier der Zeitpunkt der unbedingten Auftragserteilung und teilweise auch der Entstehungszeitpunkt oder der Zeitpunkt des „Vollstreckungs"-Auftrags einen Streit über die Brauchbarkeit hervorrufen kann.

2) Regelungszweck, I, II. Ausgehend von den Erwägungen in Rn 1 dient die 2 Vorschrift der Vereinfachung und damit sowohl der Zweckmäßigkeit als auch der Rechtssicherheit. Jeder dieser Aspekte erfordert eine etwas andere Auslegung. Daher muß man sich bemühen, beide Aspekte zu verbinden und dabei auch stets den Grundsatz mitzubeachten, daß das GvKostG nach Grdz 8 vor § 1, § 1 Rn 2 für den Kostenschuldner günstig sein soll.

3) Geltungsbereich, I, II. Man muß drei verschiedene Fallgruppen unterschei- 3 den.

A. Grundsatz: Maßgeblichkeit der Auftragserteilung, I 1 Hs 1. Die Vorschrift lehnt sich an § 60 I 1 RVG an, Teil X dieses Buchs. Sie weicht aber von § 134 GNotKG ab, soweit er auf die Fälligkeit abstellt. I 1 Hs 1 läßt grundsätzlich dasjenige Recht maßgeblich sein, das zur Zeit einer jeden Auftragserteilung gilt. Maßgeblich ist der Eingang des einzelnen selbständigen und vollständigen ordnungsgemäß gefaßten vollziehbaren unbedingten Auftrags beim Gerichtsvollzieher oder bei derjenigen Geschäftsstelle, die den Auftrag vermittelt oder dabei nach § 3 Rn 29 mitwirkt, oder bei der Gerichtsvollzieherverteilungsstelle des AG nach § 3 III 1, Krauthausen DGVZ **95**, 84, Müller DGVZ **94**, 111 (ausf), großzügiger Winterstein DGVZ **95**, 24.

Nach dem vorstehenden Recht muß der Gerichtsvollzieher *sämtliche* Amtshandlungen dieses Auftrags und nicht nur die unmittelbaren, sondern auch die mittelbaren berechnen, SchrKWi 5, aM Müller DGVZ **94**, 112 (aber das ergäbe endlose Abgrenzungsprobleme).

Die *Person* des Auftraggebers ist unerheblich. Es kommt wie nach § 60 RVG Rn 8 auf den unbedingten endgültigen Auftrag an. Bei einer Vorpfändung gilt der Auftrag nach DB-GvKostG Z 2 II erst mit dem Bedingungseintritt als erteilt. Bei mehreren Aufträgen kommt es auf ihre Selbständigkeit an. Bei einer Erweiterung desselben Auftrags ist maßgeblich, wann der Erweiterungsauftrag erfolgte, Winterstein DGVZ

95, 24. Der Gerichtsvollzieher muß grundsätzlich stets auftragsgemäß tätig werden. Daher ist der Eingangszeitpunkt des Auftrags maßgeblich. Da der Gläubiger seinen Auftrag auch beim Gericht einreichen kann, genügt auch der dortige Eingang, Winterstein DGVZ 95, 24. Die Nachreichung einer notwendigen Vollmacht usw mag nichts an der von Anfang an endgültigen Auftragserteilung ändern.

4   Bei *mehreren Aufträgen* entstehen insoweit keine Probleme. Denn jeder Auftrag führt zu einer gesonderten Vergütung. Vgl im übrigen § 3.

5   **B. Maßgeblichkeit der Kostentstehung, I 1 Hs 2.** In einer Abweichung vom Grundsatz Rn 3, 4 kommt es nach I 1 Hs 2 bei jedem einzelnen Auftrag auf den Zeitpunkt der Entstehung von Gebühren oder Auslagen an, soweit es sich um Kosten der in § 15 I genannten Art handelt, dort Rn 4, 5, also um Kosten der Versteigerung, Gewahrsamsentfernung, des Transports oder der Lagerung.

Entstehung darf man nicht mit der in § 14 geregelten Fälligkeit verwechseln. Zu den Begriffen § 14 Rn 1.

„*Nur*" in I 1 Hs 2 bedeutet: Hs 1 bleibt insoweit beachtlich, als man die Entstehung je Auftrag gesondert prüfen muß.

6   **C. Maßgeblichkeit des Vollstreckungsauftrags, I 2.** In einer teilweisen Abweichung vom Grundsatz Rn 3, 4 kommt es nach I 2 auf den Zeitpunkt der Erteilung des Vollstreckungsauftrags an, soweit der Gläubiger ihn mit einem Auftrag zur Abnahme der Vermögensauskunft nach §§ 802b ff ZPO usw verbunden hat. Man muß die Auftragserteilung wie bei Rn 3 beurteilen. Es kommt also anders als bei § 3 III 2 hier vorrangig nicht auf denjenigen Zeitpunkt an, der bei einem isolierten Auftrag auf eine Abnahme der eidesstattlichen Versicherung als der Zeitpunkt einer solchen isolierten Auftragserteilung gelten würde. Der Zeitpunkt der Erteilung des Vollstreckungsauftrags mag vor oder nach demjenigen zur Vermögensauskunft gelegen haben. Maßgeblich ist ab einer Verbindung nur der zeitlich erste Auftrag.

Unanwendbar ist I 2 nach einer Auftragstrennung usw.

7   **D. Änderung anderer Vorschriften, II.** Die vorstehenden Regeln Rn 1 gelten auch dann, wenn eine Gesetzesänderung auch oder nur eine solche Vorschrift betrifft, die in einem anderen Gesetz als dem GvKostG steht, etwa im GKG oder FamGKG oder in der ZPO, auf die zB § 5 II 1 GvKostG verweist.

Übergangsvorschrift aus Anlass des Inkrafttretens dieses Gesetzes

19 [I] [1]Die Kosten sind vorbehaltlich des Absatzes 2 nach dem Gesetz über Kosten der Gerichtsvollzieher in der im Bundesgesetzblatt Teil III, Gliederungsnummer 362-1, veröffentlichten bereinigten Fassung, zuletzt geändert durch Artikel 2 Abs. 5 des Gesetzes vom 17. Dezember 1997 (BGBl. I S. 3039), zu erheben, wenn der Auftrag vor dem Inkrafttreten dieses Gesetzes erteilt worden ist; § 3 Abs. 3 Satz 1 und § 18 Abs. 1 Satz 2 sind anzuwenden. [2]Werden solche Aufträge und Aufträge, die nach dem Inkrafttreten dieses Gesetzes erteilt worden sind, durch dieselbe Amtshandlung erledigt, sind die Gebühren insoweit gesondert zu erheben.

[II] Kosten der in § 15 Abs. 1 genannten Art sind nach neuem Recht zu erheben, soweit sie nach dem Inkrafttreten dieses Gesetzes entstanden sind.

Gliederung

1) Systematik, I, II	1
2) Regelungszweck, I, II	2, 3
3) Geltungsbereich, I, II	4–7
A. Grundsatz: Auftragszeitpunkt, I 1	4
B. Auftragsmehrheit aber dieselbe Amtshandlung, I 2	5
C. Versteigerung, Gewahrsamsentfernung usw, I 1, II	6, 7

1   **1) Systematik, I, II.** § 19 enthält eine gegenüber § 18 vorrangige Sonderregelung aus Anlaß des Inkrafttretens des GvKostG nF und des gleichzeitigen Außerkrafttretens der aF, das sich aus Art 4 I 2 GvKostRNeuOG ergibt.

§ 19 ist *notwendig,* weil § 18 als eine Dauer-Übergangsvorschrift nur bei einer Gesetzes*änderung* gilt, nicht bei einem ganz neuen Gesetz.

§ 20 enthält eine gegenüber §§ 18, 19 *eigenständige* Regelung lediglich zur Gebührenhöhe, wenn auch wahrscheinlich nur für eine weitere Übergangszeit.

2) Regelungszweck, I, II. Die Vorschrift bezweckt eine praktische und einfache Regelung aus Anlaß des Inkrafttretens der völlig umstrukturierten Neufassung des GvKostG. Sie lehnt sich freilich inhaltlich an § 18 mit seiner Dauerregelung für die weitere Zukunft an. Man könnte auch besser, aber der Reihenfolge von §§ 18, 19 nicht entsprechend sagen: § 18 übernimmt dann den Inhalt des § 19 im Grundsatz, wenn § 19 „ausgedient" hat.

Auftragserteilung ist also auch hier der wesentliche Anknüpfungspunkt. Sie richtet sich nach § 3 III 1, dort Rn 19–21. Diese Lösung entspricht den Übergangsvorschriften anderer Kostengesetze. Sie trägt daher zur Einheitlichkeit des Kostenrechts und folglich zur Rechtssicherheit bei. Das sollte man bei der Auslegung anläßlich der auch jetzt wieder vorhandenen Probleme mitbeachten.

3) Geltungsbereich, I, II. Man muß drei Fallgruppen unterscheiden.

A. Grundsatz: Auftragszeitpunkt, I 1. Es kommt zunächst darauf an, ob man den Auftrag vor oder nach dem Inkrafttreten des GvKostG nF erteilt hat. Art 4 GvKostRNeuOG, enthält für verschiedene Vorschriften unterschiedliche Zeitpunkte des Inkrafttretens, dort genannt. Daher muß man klären, welche Vorschrift des GvKostG nF jeweils infrage kommt.

Zur *Auftragserteilung* Rn 3. Zu §§ 3 III 2, 18 I 2 s dort.

B. Auftragsmehrheit, aber dieselbe Amtshandlung, I 2. Soweit der Gerichtsvollzieher mehrere Aufträge durch dieselbe Amtshandlung erledigt, darf und muß er die Gebühren insoweit gesondert erheben, also evtl teils nach dem alten Recht, teils nach dem neuen. Auch in diesem Zusammenhang kommt es also auf den Zeitpunkt der Auftragserteilung an, nicht auf denjenigen der Erledigung des jeweiligen Auftrags wie in Rn 4.

C. Versteigerung, Gewahrsamsentfernung usw, I 1, II. Schließlich gilt eine innerhalb von § 19 vorrangige Sonderregelung, soweit es sich um Kosten der in § 15 I genannten Art handelt, dort Rn 4, 5. Dann kommt es nicht auf die Auftragserteilung an, sondern auf die Entstehung dieser Kosten. Dabei muß man wie stets innerhalb des Oberbegriffs Kosten nach der amtlichen Definition des § 1 I zwischen Gebühren und Auslagen unterscheiden. Beide können zu unterschiedlichen Zeitpunkten entstehen. Sogar innerhalb der einen wie anderen Kategorie können mehrere Entstehungszeitpunkte eintreten, je nach der Art und dem Umfang der zur Auftragserledigung notwendig gewordenen Schritte.

Entstehung ist kein im Gesetz bestimmter Begriff. Die Entstehung und die Fälligkeit sind zweierlei, § 14 Rn 1. § 14 S 2 nennt zwar den Begriff Entstehung, umschreibt ihn aber nicht näher. Eine vernünftige Auslegung ergibt: Auslagen entstehen mit ihrer Vornahme und nicht etwa schon mit der Verpflichtung, sie vorzunehmen. Gebühren entstehen mit dem Beginn derjenigen Tätigkeit, für die sie gelten. Eine unmittelbare Vorbereitung zählt zum Beginn, eine mittelbare nicht. Erforderlich und ausreichend ist also ein unmittelbares Ansetzen zur Tätigkeit. Ein Eintreffen an Ort und Stelle wird vom GvKostG an keiner Stelle erwähnt. Es ist aber natürlich ein Anzeichen zum Beginn und damit zur Entstehung.

20 *(aufgehoben)*

Anlage (zu § 9)

Kostenverzeichnis
(KVGv)

Vorbem. Die Abkürzung KVGv ist nichtamtlich. Vgl § 9 Rn 1.

(Amtliche) Gliederung

	KVGv-Nr.
Abschnitt 1. Zustellung auf Betreiben der Parteien (§ 191 ZPO)	100–102
Abschnitt 2. Vollstreckung	200–270
Abschnitt 3. Verwertung	300–310
Abschnitt 4. Besondere Geschäfte	400–430
Abschnitt 5. Zeitzuschlag	500
Abschnitt 6. Nicht erledigte Amtshandlung	600–604
Abschnitt 7. Auslagen	700–715

Abschnitt 1. Zustellung auf Betreiben der Parteien (§ 191 ZPO)

(Amtliche) Vorbemerkung 1:

I Die Zustellung an den Zustellungsbevollmächtigten mehrerer Beteiligter gilt als eine Zustellung.

II Die Gebühr nach Nr. 100 oder 101 wird auch erhoben, wenn der Gerichtsvollzieher die Ladung zum Termin zur Abnahme der Vermögensauskunft (§ 802f ZPO) oder den Pfändungs- und Überweisungsbeschluss an den Schuldner (§ 829 Abs. 2 Satz 2, auch i. V. m. § 835 Abs. 3 Satz 1 ZPO) zustellt.

Nr.	Gebührentatbestand	Gebühr
100	Persönliche Zustellung durch den Gerichtsvollzieher	10,00 €

Schrifttum: *Schultze/Tenner*, Zustellungsrecht, 2. Aufl 2014.

DB-GvKostG Nr. 10. Für Zustellungen von Amts wegen wird keine Zustellungsgebühr erhoben.

Gliederung

1) Systematik	1
2) Regelungszweck	2
3) Geltungsbereich	3–5
A. Persönliche Zustellung	3
B. Wirksamkeit der Zustellung	4
C. Zustellung der Terminladung, § 802f ZPO und des Pfändungs- und Überweisungsbeschlusses, §§ 829 II 2, 835 III 1 ZPO	5
4) Gebührenhöhe	6–10
A. Einzelzustellung	6
B. Zustellung an mehrere Personen usw	7
C. Zustellung an einen Vertreter mehrerer Personen	8
D. Zustellung mehrerer Dokumente an eine Person	9
E. Zustellung am Sonnabend, Sonntag, Feiertag	10
5) Nichterledigung	11
6) Fälligkeit	12
7) Kostenschuldner	13
8) Kostenerstattung	14

1) Systematik. Die Vorschrift schafft eine möglichst einfache Regelung der Vergütung des wichtigen Aufgabenbereiches einer Zustellung. Sie erhält wegen der Gebühren durch KVGv 101 und wegen der Auslagen durch KVGv 701, 711 Ergänzungen. KVGv 700 gilt entsprechend für jede Zustellung durch Bedienstete der Verwaltungsbehörde im Verfahren nach dem OWiG anstelle der tatsächlichen Aufwendungen nach § 107 III Z 3 OWiG. Eine Zustellung und weitere Vollstreckungs-Amtshandlungen lösen mehrere Gebühren aus.   **1**

Nur noch *auf Betreiben der Parteien* ist nach Rn 3 eine Zustellung gebührenpflichtig, AG Schwäbisch Hall DGVZ **16**, 89. Für eine Zustellung von Amts wegen etwa nach § 168 II ZPO durch den Gerichtsvollzieher entstehen keine Gebühren, DB-GvKostG Z 10, sondern allenfalls Auslagen, AG Heidelb JB **03**, 213. Sie werden dann aber ein Teil der Gerichtskostenrechnung. Zur ersten Zustellungsart zählt eine Räumungsmitteilung, AG Köln DGVZ **04**, 175, Heinze DGVZ **04**, 164. Zur letzteren Zustellungsart zählt die Übergabe des Haftbefehls von Amts wegen an den Verhafteten nach (jetzt) § 802 g II 2, AG Westerburg DGVZ **03**, 142, Kessel DGVZ **04**, 51, aM AG Northeim DGVZ **03**, 15 (in sich widersprüchlich: Verweisung auf § 170 ZPO), Blaskowitz DGVZ **04**, 57, SchrKWi 3 (aber die Entstehungsgeschichte interessiert weniger, BLAH Einl III 42, und § 802 g I 2 ZPO befreit nur vom Erfordernis einer wie immer gearteten Zustellung des Haftbefehls vor seiner Vollziehung. Das besagt nichts über die Art der zulässig bleibenden Zustellung). Auf Betreiben der Parteien erfolgt eine Zustellung nach § 802 f I, IV ZPO, Ffm DGVZ **16**, 84, AG Lpz DGVZ **15**, 137. Eine Zustellung nach § 882 c ZPO erfolgt von Amts wegen, Celle JB **16**, 429, Stgt DGVZ **16**, 181, LG Lüneb DGVZ **15**, 173 (ausf), aM AG Lichtenberg DGVZ **15**, 234, AG Stadthagen DGVZ **16**, 63 und 87. Zum Problem Seip DGVZ **16**, 74 (ausf.).

2 2) **Regelungszweck.** Das System von Festgebühren nach Einl II A 14 dient der Vereinfachung. Ihre Höhen bezwecken Kostendämpfungen. Man sollte aber im Rahmen der wenigen Auslegungsmöglichkeiten trotz des Grundsatzes einer dem Kostenschuldner freundlichen Behandlung nach Grdz 8 vor § 1, § 1 Rn 2 auch sehen, daß so manche Zustellung nur mit einer ziemlichen Mühe und mit einem nicht geringen Zeitaufwand stattfindet.

3 3) **Geltungsbereich.** Es sind mehrere Prüfschritte erforderlich.

A. Persönliche Zustellung. Die Vorschrift erfaßt nur diejenige Zustellung, die der Gerichtsvollzieher selbst auf ein Betreiben der Parteien nach §§ 192 ff ZPO durchführt, Düss DGVZ **15**, 81, AG Otterndorf DGVZ **16**, 88, AG Pinneberg DGVZ **15**, 27, Hornung DGVZ **07**, 60. Das gilt auch bei einem Auftrag zur Zustellung von Anwalt zu Anwalt nach § 195 ZPO. Alle anderen Zustellungsarten fallen allenfalls unter KVGv 101. Der Gerichtsvollzieher kann nach § 15 II 1 GVGA zwischen mehreren in Betracht kommenden Zustellungsarten grundsätzlich nach seinem pflichtgemäßen Ermessen wählen, Stgt JG **16**, 364, LG Wuppert JB **17**, 493, AG Esslingen JB **13**, 443, aM Kblz DGVZ **15**, 252, krit Mroß (grundsätzlich wegen § 788 ZPO nur Postzustellung), soweit er nicht ausnahmsweise persönlich zustellen muß, AG Meißen JB **04**, 668. Das gilt etwa bei einem besonderen Eilbedürfnis zB bei §§ 929, 936 ZPO oder dann, wenn eine persönliche Zustellung billiger wird, AG Meißen JB **04**, 668, Oestreich DGVZ **85**, 110, Seip DGVZ **85**, 139, sie nicht stört und wenn auch der Auftraggeber sie beantragt hat. Wegen der Zustellung in der Bundeswehr vgl den bei BLAH SchlAnh II abgedruckten Erlaß.

4 **B. Wirksamkeit der Zustellung.** Für das Entstehen der Zustellungsgebühr als einer Erfolgsgebühr ist grundsätzlich die Wirksamkeit der Zustellung zumindest nach § 189 ZPO eine Voraussetzung. Dazu muß der Gerichtsvollzieher das zuzustellende Schriftstück wie nach § 166 I ZPO bekanntgegeben und dazu grundsätzlich auch tatsächlich nach § 192 ZPO übergeben haben, Coenen DGVZ **04**, 69. Vgl aber auch Rn 3. Er hat seine Zustellungsgebühr nur dann verdient, wenn er seine Amtshandlung richtig vorgenommen hat. Denn für diese Amtshandlung sieht das Gesetz die Gebühr vor. Mangels einer Zustellbarkeit kann KVGv 600 anwendbar sein.

Die Zustellungsgebühr entsteht andererseits für die *bloße Zustellung*. Daneben entsteht natürlich für jede gesonderte Amtshandlung sogar innerhalb desselben Auftrags nach §§ 3 II Z 1, 10 I 1 die jeweilige zugehörige Gebühr zB für jede Vollstreckungshandlung nach §§ 704 ff ZPO. Der Gerichtsvollzieher darf ein Wegegeld freilich nur einmal verlangen, KVGv 711. Er prüft nicht, ob eine zulässige Zustellung auch zweckmäßig oder gar notwendig ist, AG Ratingen DGVZ **03**, 175.

5 **C. Zustellung der Terminsladung nach § 802 f ZPO und des Pfändungs- und Überweisungsbeschlusses, §§ 829 II 2, 835 III 1 ZPO.** Die amtliche Vorbemerkung II vor KVGv 100 stellt klar, daß die Zustellungsgebühr auch dann entsteht, wenn der Gerichtsvollzieher auf Grund eines Auftrags dem Schuldner den

XI. G über Kosten der GVz **100 KVGv**

Pfändungs- und Überweisungsbeschluß nach § 829 II 2 ZPO auch in Verbindung mit § 835 III 1 ZPO zustellt, AG Heidelb JB 03, 213, oder wenn der Gerichtsvollzieher nach § 802 f ZPO nun für das Erscheinen des Schuldners zum Auskunftstermin nach § 802 f I 1 ZPO dadurch sorgt, daß er ihm die Ladung nach § 802 f IV ZPO persönlich zustellt, wie er es nach § 15 II 1 Z 1 GVGA bei einer Eilbedürftigkeit auch tun soll. Das gilt nach § 802 f IV 1 Hs 2 ZPO auch dann, wenn der Schuldner einen ProzBev nach § 81 ZPO bestellt hat. Wegen der Zustellung des Haftbefehls Rn 1. Der Gerichtsvollzieher braucht nicht zu klären, ob ein Auftrag nach § 802 a II 1 ZPO infolge eines Auftrags nach § 829 ZPO erledigt ist, AG Ratingen DGVZ 03, 175.

4) Gebührenhöhe. Man muß mehrere Fallgruppen unterscheiden. § 11 ist jeweils anwendbar. 6

A. Einzelzustellung. Hier entsteht die in KVGv 100 genannte Festgebühr je Zustellungsauftrag unabhängig von der Bedeutung des zugestellten Dokuments für die gesamte Zustellungstätigkeit und unabhängig vom Gewicht oder von den Maßen des Dokuments oder seinem Wert usw einschließlich der Nebengeschäfte nur einmal. Auslagen können natürlich gesondert entstehen. Wegen des Wegegelds KVGv 711. Eine einzige Zustellung liegt auch im Fall Rn 9 vor.

B. Zustellung an mehrere Personen. Für jede Zustellung entsteht eine Gebühr. Bei Zustellungen an mehrere Personen entstehen also selbst dann mehrere Gebühren, wenn die Zustellungen auf Grund eines einheitlichen Auftrags desselben Auftraggebers erfolgen. Es ist unerheblich, ob der Gerichtsvollzieher für die mehreren Adressaten eine einheitliche gemeinsame Zustellungsurkunde verwendet. Wenn der Gerichtsvollzieher einem Beteiligten mehrere Zustellungen in verschiedenen Rechtsangelegenheiten zustellt oder wenn er in derselben Rechtsangelegenheit an denselben Adressaten mehrere äußerlich getrennte und nicht verbundene Schriftstücke zu derselben Zeit zustellt, entstehen ebenfalls mehrere Gebühren. Wenn jemand nach § 11 III 3 GVGA einerseits persönlich und andererseits als der Vertreter eines anderen beteiligt ist, muß der Gerichtsvollzieher ihr in ihrer Eigenschaft als Vertreter besonders zustellen. Infolgedessen entstehen auch dann zwei Gebühren. 7

C. Zustellung an einen Vertreter mehrerer Personen. Wenn der Gerichtsvollzieher dem Vertreter mehrerer Beteiligter für jeden Vertretenen eine Ausfertigung oder eine beglaubigte Abschrift oder Ablichtung übergibt oder übergeben läßt, zB dem gesetzlichen Vertreter oder dem ProzBev, liegen ebenfalls mehrere Zustellungen vor. Dieser Fall tritt aber nur selten ein. Denn es genügt nach §§ 170 III, 191 ZPO, § 11 II 1 GVGA die Übergabe eines Schriftstücks an den Vertreter, und der Gerichtsvollzieher muß ohnehin die Kosten stets möglichst gering halten. In diesem letzteren Fall entsteht auch nur eine Zustellgebühr. 8

Wenn der Gerichtsvollzieher einem Zustellungsbevollmächtigten mehrerer Beteiligten zustellt, bestimmt die amtliche Vorbemerkung I vor KVGv 100, daß die Gebühr *nur für eine Zustellung* entsteht. Die Dokumentenpauschale kann aber nach KVGv 700 amtliche Anmerkung II Z 3 für jede der Zustellungen entstehen.

D. Zustellung mehrerer Dokumente an eine Person. Nur *eine* Zustellgebühr entsteht auch dann, wenn der Gerichtsvollzieher demselben Beteiligten mehrere Dokumente nach §§ 750 II, 751 II ZPO zustellt oder zustellen läßt, die dieselbe Rechtsangelegenheit betreffen. Das gilt freilich nur, falls die Schriftstücke durch eine äußere Verbindung als zusammengehörig gekennzeichnet sind oder falls der Auftraggeber nach § 12 II GVGA eine gemeinsame Zustellung beantragt hat, KG DGVZ 11, 174 (abl Winterstein). 9

Auslagen richten sich nach KVGv 700 ff.

E. Zustellung am Sonnabend, Sonntag, Feiertag, § 11. Im übrigen entsteht kein Zeitzuschlag. Denn KVGv 100 verweist nicht auf KVGv 500. 10

5) Nichterledigung. KVGv 600. 11

6) Fälligkeit. § 14 S 1. 12

7) Kostenschuldner. § 13. 13

8) Kostenerstattung. Der Gegner muß die notwendigen Kosten erstatten, § 91 ZPO. 14

2175

KVGv 101

XI. G über Kosten der GVz

Nr.	Gebührentatbestand	Gebühr
101	Sonstige Zustellung	3,00 €

DB-GvKostG Nr. 10. Text bei KVGv 100.

Gliederung

1) Systematik 1
2) Regelungszweck 2
3) Geltungsbereich: Sonstige Zustellung 3, 4
4) Gebührenhöhe 5
5) Nichterledigung 6
6) Fälligkeit 7
7) Kostenschuldner 8
8) Kostenerstattung 9

1   **1) Systematik.** Die Vorschrift erfaßt alle Zustellungen, die nicht unter KVGv 100 fallen, die der Gerichtsvollzieher also nach KVGv 100 Rn 3 nicht persönlich vornimmt oder nicht persönlich vornehmen darf. Auch KVGv 101 vergütet aber nur eine Zustellung gerade auf Betreiben der Partei nach §§ 192 ff ZPO. Das ergibt sich aus der amtlichen Überschrift vor KVGv 100–101.

Unanwendbar sind daher beide Vorschriften auf eine solche Zustellung, die der Gerichtsvollzieher von Amts wegen vornimmt oder vornehmen läßt, Kblz MDR **16**, 423, AG Lüb JB **16**, 664, aM AGe Geldern, Gernsbach, Kleve, Kblz, Stgt-Bad Cannst, Villach-Schwenningen DGVZ **15**, 27. Zur Abgrenzung dieser Begriffe KVGv 100 Rn 1.

2   **2) Regelungszweck.** Es gelten dieselben Erwägungen wie bei KVGv 100. Man darf KVGv 101 als eine bloße Auffangvorschrift nicht zu eng auslegen.

3   **3) Geltungsbereich: Sonstige Zustellung.** KVGv 101 erfaßt in den Grenzen Rn 1 den verbleibenden Gesamtbereich einer solchen Zustellung, die der Gerichtsvollzieher nicht persönlich bewirkt. Infrage kommen vor allem an die folgenden Zustellungsarten.

– *Aufgabe zur Post.* In Betracht kommt eine Zustellung durch die Aufgabe zur Post nach § 194 ZPO, insbesondere auf Weisung des Auftraggebers, LG Stralsund JB **16**, 213.

– *Von Anwalt zu Anwalt.* In Betracht kommt auch eine Zustellung von Anwalt zu Anwalt nach § 195 ZPO. Der Gerichtsvollzieher handelt dann im Auftrag eines Anwalts.

4   Bei einer Zustellung durch eine *Aufgabe zur Post* nach Rn 3 ist die Gebühr entstanden, sobald der Gerichtsvollzieher die Sendung der Post ordnungsgemäß übergeben hat. Die Gebühr entsteht also auch dann, wenn die Sendung als unzustellbar zurückkommt. Für diese Arten der Zustellung und für eine Zustellung im Auftrag eines Anwalts von Anwalt zu Anwalt nach Rn 3 entsteht die Festgebühr. Sie gilt die gesamte Zustellungstätigkeit des Gerichtsvollziehers einschließlich aller zugehörigen Nebentätigkeiten ab. Eine Verdoppelung nach § 11 kommt bei II kaum je in Betracht, allenfalls bei einer Zustellung von Anwalt zu Anwalt.

Daneben muß der Auftraggeber nach VII *Auslagen* (Porto) ersetzen, also auch die Dokumentenpauschale für etwa erforderliche Abschriften oder Ablichtungen sowie die Beglaubigungsgebühr.

5   **4) Gebührenhöhe.** Es entsteht die Festgebühr. Wegen mehrer Zustellungen usw gelten dieselben Erwägungen wie bei KVGv 100 Rn 7–9. Am Sonnabend, Sonntag, Feiertag gilt auf ein Verlangen des Auftraggebers § 11. KVGv 500 ist unanwendbar.

Auslagen richten sich nach KVGv 700 ff.

6   **5) Nichterledigung.** KVGv 600.
7   **6) Fälligkeit.** § 14 S 1.
8   **7) Kostenschuldner.** § 13.
9   **8) Kostenerstattung.** KVGv 100 Rn. 14.

XI. G über Kosten der GVz   **102, 200 KVGv**

Nr.	Gebührentatbestand	Gebühr
102	Beglaubigung eines Schriftstückes, das dem Gerichtsvollzieher zum Zwecke der Zustellung übergeben wurde (§ 192 Abs. 2 ZPO) je Seite .... Eine angefangene Seite wird voll berechnet.	Gebühr in Höhe der Dokumentenpauschale

DB-GvKostG Nr. 10a. Für die Beglaubigung der von der Gerichtsvollzieherin oder dem Gerichtsvollzieher selbst gefertigten Abschriften wird keine Beglaubigungsgebühr erhoben.

1) Systematik, Regelungszweck. Die Vorschrift regelt den Fall, daß der Gerichsvollzieher eine Zustellung veranlassen soll. Die Vorschrift gilt bei jeder Zustellungsart nach KVGv 100, 101. Sie bezweckt eine angemessene Vergütung der Beglaubigungsarbeit des Gerichtsvollziehers wegen seiner Verantwortung für die Richtigkeit der gerade von ihm erfolgten Beglaubigung, also nicht bei einer vom Einreicher vorgenommenen, etwa von einem Anwalt, AG Osnabr DGVZ **14**, 46. Dabei geht es um eine echte Gebühr, Meyer JB **03**, 295. Die in Bezug genommene Vorschrift für die Dokumentenpauschale nach KVGv 700 gilt für die Gebühr KVGv 102. Wegen DB-GvKostG Nr 10a entsteht dort keine Beglaubigungsgebühr. Wohl aber entstehen bei einer erforderlichen Herstellung oder Ergänzung, Hundertmark JB **03**, 461, zusätzlich zu KVGv 102 Auslagen nach KVGv 700, Meyer JB **03**, 295 und 462, aM SchrKWi 65 (aber DB-GvKostG Nr 10a verbietet nur eine Beglaubigungs-*Gebühr*).   1

2) Gebührenhöhe. Sie macht denselben und nach Rn 1 weiteren Betrag aus wie die Dokumentenpauschale. Vgl daher die Darstellung bei KVGv 700. Jede angefangene Seite rechnet voll, amtliche Anmerkung zu KVGv 102.   2

Auslagen richten sich nach KVGv 700 ff.

3) Nichterledigung. Es gibt dazu keine besondere Regelung. Denn KVGv 600–604 erwähnen KVGv 102 nicht mit. Die unverschuldete Nichterledigung der Zustellung läßt eine korrekt entstandene Beglaubigungsgebühr bestehen.   3

4) Fälligkeit. § 14 S 1, nicht S 2. Denn es handelt sich um eine zur Auslagenregelung hinzutretende echte Gebühr, Rn 1.   4

5) Kostenschuldner. § 13.   5

Abschnitt 2. Vollstreckung

Nr.	Gebührentatbestand	Gebühr
200	Amtshandlung nach § 845 Abs. 1 Satz 2 ZPO (Vorpfändung)	16,00 €

Schrifttum: *Hintzen*, Vollstreckung durch den Gerichtsvollzieher, 3. Aufl 2008.

1) Systematik, Regelungszweck. Das Gesetz vergütet zwecks einer Kostengerechtigkeit die gerade vom Gerichtsvollzieher vorgenommene Benachrichtigung und Aufforderung nach § 845 I 2 ZPO besonders, während KVGv 100, 101 die Zustellung nach § 845 I 1 ZPO abgelten. Eine ohne die auftragsgemäße Mitwirkung des Gerichtsvollziehers erfolgte Benachrichtigung ist unwirksam, LG Hechingen DGVZ **86**, 188. Sie läßt daher auch keine Gebühr nach KVGv 200 entstehen. Erforderlich ist ein Auftrag gerade zur Vorpfändung, AG Ffm DGVZ **02**, 31. Er muß nach § 845 I 2 ZPO ausdrücklich erfolgen. Der allgemeine Vollstreckungsantrag reicht nur unter besonderen Umständen (Auslegungsfrage). Der Gerichtsvollzieher darf und muß evtl dazu beim Auftraggeber nachfragen.   1

Ein *stillschweigender* Auftrag reicht also *nicht* aus, ebensowenig ein bloß angenommenes Einverständnis des Gläubigers. Gerade die Existenz des KVGv 200 gegenüber 205 zeigt aber, daß sehr wohl ein unbedingter selbständiger Auftrag vorliegen kann, Ort DGVZ **01**, 112, aM AG Ffm DGVZ **02**, 31, Meyer 1, Seip DGVZ **01**, 113. Bei einem anderen Vermögensrecht nach § 857 I ZPO ist § 845 I 2 ZPO wegen § 857 VII ZPO nach § 9 unanwendbar. Folglich ist dann auch KVGv 200 unanwendbar. § 11 ist anwendbar.

2 2) **Gebührenhöhe.** Es entsteht für die Durchführung des Auftrags und damit für die Anfertigung der Vorpfändungsbenachrichtigung die in KVGv 200 bestimmte Festgebühr. Der Gerichtsvollzieher darf sie je Auftrag unabhängig von der Zahl der Benachrichtigungen und der Aufforderungen nur einmal erheben, es sei denn, daß aus sachlichen Gründen getrennte Vorpfändungen stattfinden. Bei verschiedenen Forderungen von Gesamtschuldnern können mehrere Festgebühren entstehen, Hornung Rpfleger **79**, 284. Daneben entsteht ein Anspruch auf den Ersatz von Zustellungsgebühren nach KVGv 100, 101 und von Auslagen zwar nicht wegen des Originals, wohl aber wegen der Abschriften oder Ablichtungen von der Benachrichtigung nach KVGv 700 ff.

Ein *auf die Zustellung* der vom Gläubiger angefertigten Benachrichtigung *beschränkter Auftrag* läßt natürlich keine Gebühr KVGv 200 entstehen, sondern nur diejenige KVGv 100, 101.

Auslagen richten sich nach KVGv 700 ff.

3 3) **Nichterledigung.** KVGv 604 zählt KVGv 200 nicht mehr mit auf. Daher entsteht insoweit keine Gebühr mehr.

4 4) **Fälligkeit.** § 14 S 1.

5 5) **Kostenschuldner.** § 13.

Nr.	Gebührentatbestand	Gebühr
205	Bewirkung einer Pfändung (§ 808 Abs. 1, 2 Satz 2, §§ 809, 826 oder 831 ZPO) .... Neben dieser Gebühr wird gegebenenfalls ein Zeitzuschlag nach Nummer 500 erhoben.	26,00 €

DB-GvKostG Nr. 11. [I] [1]Für eine Anschlusspfändung wird dieselbe Gebühr erhoben wie für eine Erstpfändung. [2]Durch die Gebühr wird auch die Zustellung des Pfändungsprotokolls durch die nachpfändende Gerichtsvollzieherin oder den nachpfändenden Gerichtsvollzieher an die erstpfändende Gerichtsvollzieherin oder den erstpfändenden Gerichtsvollzieher (§ 826 Abs. 2 ZPO, § 116 Abs. 2 GVGA) abgegolten.

[II] Für die Hilfspfändung (§ 106 GVGA) wird die Gebühr nicht erhoben.

Schrifttum: *Winterstein*, Das Pfändungsverfahren des Gerichtsvollziehers, 1994.

Gliederung

1) Systematik	1
2) Regelungszweck	2
3) Geltungsbereich: Pfändung	3
4) Pfändungsarten	4–6
A. Pfändung beweglicher Sachen	4
B. Anschlußpfändung	5
C. Pfändung einer Wechselforderung usw	6
5) Gebührenhöhe	7, 8
A. Grundsatz: Festgebühr	7
B. Zeitzuschlag, amtliche Anmerkung	8
6) Durchführung mehrerer Aufträge	9
7) Pfändung bei Gesamtschuldnern	10–12
A. Volle Sicherung des Gläubigers	10
B. Verteilung der Forderung	11
C. Ergänzungspfändung	12

XI. G über Kosten der GVz **205 KVGv**

    8) Pfändung bei anderer Personenmehrheit 13
    9) Arrestvollziehung... 14
  10) Nichterledigung 15
  11) Fälligkeit 16
  12) Kostenschuldner 17

1) Systematik. Die Vorschrift setzt die Erfolgsgebühr für die wirksam vorgenommene Pfändung fest. Das ergibt sich jetzt endlich schon aus dem Wort „Bewirkung" im Gesetzestext.   **1**

Die Gebühr entsteht auch für eine *Doppel- oder Anschlußpfändung* nach § 826 I ZPO, § 116 II GVGA. Sie gilt dann nach § 826 II ZPO die Gebühr für die Zustellung an denjenigen Gerichtsvollzieher ab, der zuerst gepfändet hat. Die Zustellung ist dann ein Nebengeschäft. Die Pfändungsgebühr gilt alle zur Pfändung gehörigen Nebengeschäfte ab. KVGv 205 erfaßt als ein Nebengeschäft etwa eine Austauschpfändung nach §§ 811a, b ZPO oder eine Entfernung des Pfandstücks nach Rn 3. Für die Abschrift oder Ablichtung des Protokolls entsteht aber die Dokumentenpauschale nach KVGv 700. Das gilt auch bei einer Anschlußpfändung durch einen anderen Gerichtsvollzieher, nicht freilich bei einer solchen durch denselben Gerichtsvollzieher. Eine sog Nach- oder Ausfallpfändung ist kostenrechtlich eine weitere selbständige Pfändung.

Unanwendbar ist KVGv 205 nach Rn 4 auf eine bloße Hilfspfändung zur Sicherstellung von Dokumenten, die eine Forderung beweisen.

2) Regelungszweck. Die Vorschrift bezweckt eine solche Vergütung, die einer der wichtigsten und schwierigsten Tätigkeiten des Gerichtsvollziehers einigermaßen gerecht wird. Angesichts der Verantwortung schon beim Beginn einer Pfändung und erst recht bei der Prüfung des überhaupt Pfändbaren läßt sich die Angemessenheit der Festgebühr durchaus bezweifeln. Andererseits muß man auch hier den das ganze GvKostG durchziehenden Grundsatz einer Auslegung zugunsten des Kostenschuldners nach Grdz 8 vor § 1, § 1 Rn 2 beachten. Das alles erfordert eine maßvolle Abwägung, soweit für sie überhaupt Raum bleibt.   **2**

3) Geltungsbereich: Pfändung. Die Pfändungsgebühr entsteht durch den wirksam erfolgten Pfändungsvorgang. Das ist bei der Pfändung einer beweglichen Sache durchweg die Anlegung der Pfandmarke, vgl auch § 854 BGB. Es ist für die Entstehung der Pfändungsgebühr unerheblich, ob der Schuldner nach der Pfändung zahlt. Wenn der Gerichtsvollzieher im Zusammenhang mit der Pfändung das Pfandstück sofort wegschafft, gilt die Pfändungsgebühr das mit ab. Die Gebühr KVGv 221 entsteht dann nicht. Denn die Wegschaffung gehört dann noch zur Pfändung, § 808 I ZPO.   **3**

Bei einer *Unpfändbarkeit* der Sache ist meist KVGv 604 in Verbindung mit der amtlichen Vorbemerkung von KVGv 600 anwendbar, nicht § 7 I.

4) Pfändungsarten. Im einzelnen muß man die folgenden Pfändungsarten unterscheiden.   **4**

A. Pfändung beweglicher Sachen. Diese Pfändung erfolgt nach §§ 808, 809 ZPO, evtl an verschiedenen Stellen im Bezirk des Gerichtsvollziehers nach § 10 II 1. Auch eine Austauschpfändung nach §§ 811a, b ZPO, §§ 74, 75 GVGA zählt hierher (gebührenfreies Nebengeschäft).

Nicht hierher gehört die sog Hilfspfändung, BLAH § 808 ZPO Rn 4, § 106 GVGA. Bei der Hilfspfändung nimmt der Gerichtsvollzieher ein Papier vorläufig in seinen Besitz, das zwar den Bestand einer Forderung beweist, das aber nicht selbst der Träger des Rechts ist. Das gilt zB: Bei einem Sparkassenbuch; bei einem Pfandschein; bei einem Versicherungsschein; bei einem Depotschein; bei einem Hypothekenbrief; bei einem Grund- oder Rentenschuldbrief, der nicht auf den Inhaber lautet. Dann kommt KVGv 211 in Betracht.

Für die *Wegnahme eines solchen Papiers* entsteht eine Gebühr nicht nach KVGv 205, sondern nach KVGv 221, soweit der Gläubiger den Pfändungsbeschluß über die dem Papier zugrunde liegende Forderung vorlegt, bevor der Gerichtsvollzieher das Papier an den Schuldner zurückgegeben hat. Das muß er im übrigen spätestens nach zwei Wochen tun. Der Kostenschuldner muß dann aber die entstandenen Auslagen bezahlen.

KVGv 205

Ein *Grundschuld- oder Rentenschuldbrief,* der auf den Inhaber lautet, ist ein Wertpapier, §§ 808, 821 ZPO. Der Gerichtsvollzieher pfändet ihn also wie eine bewegliche Sache.

5 **B. Anschlußpfändung.** Diese Pfändung erfolgt nach § 826 I ZPO, § 116 GVGA. Sie gilt nach DB-GvKostG Z 11 I 2 auch die Zustellung nach § 826 II ZPO ab.

6 **C. Pfändung einer Wechselforderung usw.** Hierher gehört auch die Pfändung einer Forderung nach § 831 ZPO aus einem anderen Papier, das man durch ein Indossament übertragen kann.

7 **5) Gebührenhöhe.** Man muß zwei Situationen unterscheiden.

A. Grundsatz: Festgebühr. Es entsteht eine Festgebühr. Sie ist eine Erfolgsgebühr. Sie setzt also nach Rn 1 eine wirksam vorgenommene Pfändung voraus, LG Kblz RR **02**, 1365, AG Dortm pp DGVZ **01**, 171, Seip DGVZ **02**, 11. Sie ist unabhängig vom Betrag der beizutreibenden Forderung und vom Wert der Pfandsache.

Bei einer *Anschlußpfändung* nach § 826 I ZPO, § 116 GVGA entsteht nach DB-GvKostG Z 11 I 1 dieselbe Gebühr wie bei einer Erstpfändung. Der Gerichtsvollzieher mag eine Nachpfändung vornehmen, weil die bisherige Pfändung die Forderung des Gläubigers nicht deckt, BLAH § 803 ZPO Rn 12. Dann handelt es sich nach § 10 II 2 um eine neue Amtshandlung, LG Augsb DGVZ **95**, 154, LG Regensb JB **75**, 249. Sie löst demgemäß eine neue Festgebühr aus. § 7 ist anwendbar.

Wenn der Gerichtsvollzieher erklärtermaßen und eindeutig nur wegen einer *Teilforderung* des Gläubigers pfänden soll, muß das eindeutig zum Ausdruck kommen. Dann bleibt es bei der Festgebühr, LG Augsb DGVZ **95**, 154.

Die Höhe der Gebühr ändert sich auch dann nicht, wenn die *Pfändung zum Teil erfolglos* bleibt. Denn KVGv 604 ist nach Rn 1 nur bei einer völlig erfolglosen Pfändung anwendbar. Wenn der Gerichtsvollzieher nur einen einzelnen bestimmten Gegenstand pfänden soll, soll er auch grundsätzlich nur wegen desjenigen Teils der Forderung des Gläubigers pfänden, der dem gewöhnlichen Verkaufswert dieses Gegenstands entspricht. Das gilt freilich nur, sofern sich nicht aus dem Auftrag des Gläubigers etwas anderes ergibt.

Bei einer Pfändung am *Sonnabend, Sonn- oder Feiertag* oder nachts nach § 758a ZPO, § 33 III GVGA, ist § 11 anwendbar. Es entsteht also eine doppelte einheitliche Festgebühr.

8 **B. Zeitzuschlag, amtliche Anmerkung.** Unter den Voraussetzungen von KVGv 500, auf den KVGv 205 in der amtlichen Anmerkung verweist, kann zur Festgebühr ein Zeitzuschlag hinzutreten.

9 **6) Durchführung mehrerer Aufträge.** Wenn der Gerichtsvollzieher in demselben Amtsgerichtsbezirk durch dieselbe Pfändung mehrere Vollstreckungsaufträge verschiedener Gläubiger gegen denselben Schuldner nach § 827 III ZPO, §§ 116, 117 GVGA durchführt, entsteht die Pfändungsgebühr mehrfach. Denn § 3 II Z 3 Hs 1 ist unanwendbar, weil nicht nur „derselbe Titel" vorliegt, und § 10 I 1 ist unanwendbar, weil nicht nur „derselbe Auftrag" vorliegt. Das setzt allerdings „gleichzeitige" Aufträge voraus.

Nur einmal entsteht dagegen die Pfändungsgebühr nach § 3 I 1 Hs 2 dann, wenn derselbe Gläubiger den Gerichtsvollzieher auf Grund mehrerer Vollstreckungstitel beauftragt hat, LG Kblz MDR **02**, 848, krit SchrKWi 14.

10 **7) Pfändung bei Gesamtschuldnern.** Hier muß man die folgenden Situationen unterscheiden.

A. Volle Sicherung des Gläubigers. Der Auftrag des Gläubigers kann gleichzeitig dahin gehen, daß der Gerichtsvollzieher ihn bei jedem Schuldner durch die Pfändung voll sichern soll. Das ist nach § 421 BGB zulässig, ohne daß eine Überpfändung vorliegt, BLAH § 803 ZPO Rn 10. Dann liegen ebensoviele Pfändungen wie Gesamtschuldner vor, LG Ellwangen DGVZ **81**, 78. Für jede dieser Amtshandlungen entsteht nach § 10 III 1 Hs 2 eine Pfändungsgebühr. Das Wegegeld entsteht bei jedem Vollstreckungsakt.

11 **B. Verteilung der Forderung.** Der Gläubiger kann den Auftrag an den Gerichtsvollzieher gleichzeitig auch so erteilen, daß der Gläubiger die Gesamtforderung auf die einzelnen Gesamtschuldner betragsmäßig aufteilt und den Gerichtsvollzieher veranlaßt,

XI. G über Kosten der GVz **205, 206 KVGv**

bei jedem der Gesamtschuldner nur wegen der so verteilten einzelnen Teilforderung zu pfänden. Dann entsteht die Pfändungsgebühr ebenfalls gegenüber jedem Gesamtschuldner. Denn § 10 III 1 Hs 2 behandelt diesen Fall ebenso wie denjenigen Rn 10.

C. Ergänzungspfändung. Der Gläubiger kann schließlich den Vollstreckungsauftrag so erteilen, daß der Gerichtsvollzieher bei diesem Gesamtschuldner nur wegen desjenigen Teils der Ursprungsforderung pfänden soll, für den der Gläubiger durch vorangegangene Pfändungen bei den anderen Gesamtschuldnern noch keine Deckung erhalten hat. Dann entsteht durch die Pfändung bei dem ersten der insgesamt in Anspruch genommenen Gesamtschuldner eine Gebühr nach KVGv 205. Durch die Pfändung bei jedem folgenden Gesamtschuldner entsteht die Pfändungsgebühr ebenfalls. Denn dann liegt nach § 10 I 1 jeweils ein neuer zeitlich nachfolgender Auftrag vor, kein einheitlicher. § 10 III 1 Hs 2, der dasselbe Ergebnis hätte, ist hier unanwendbar, soweit die Ergänzungsaufträge nicht „gleichzeitig" erfolgen. 12

8) Pfändung bei anderer Personenmehrheit. Wenn es sich nicht um die Pfändung bei Gesamtschuldnern handelt, liegen zwar meist innerhalb desselben Auftrags nach § 3 II Z 3 Hs 1 verschiedene Amtshandlungen vor. Aber wegen § 10 I entsteht die Pfändungsgebühr nur einmal. § 10 II 1 ist unanwendbar. Denn es erfolgt keine „wiederholte" Pfändung. Das gilt zB nach § 1362 BGB, § 739 ZPO bei der Pfändung gegen solche Ehegatten, die im gesetzlichen Güterstand und nicht getrennt leben, LG Osnabr DGVZ **81**, 78. Das gilt auch bei der nichtehelichen Lebensgemeinschaft oder bei einer sonstigen Form von Hausgemeinschaft. 13

9) Arrestvollziehung. Es gelten für die eigentliche Pfändung keine Besonderheiten, auch nicht bei Pfändung eines im Schiffsregister eingetragenen Schiffs oder eines im Schiffsbauregister eingetragenen Schiffsbauwerks nach § 931 I ZPO, und bei der Pfändung eines solchen ausländischen Schiffs, das man registrieren müßte, wenn es ein deutsches Schiff wäre. Das gilt ferner bei der Pfändung eines nicht registrierten Schiffs. Auch bei einem ausländischen Luftfahrzeug kommt nach § 106 III LuftfzRG, § 115 GVGA eine Arrestpfändung in Betracht. Die Zwangsversteigerung eines Grundstücks usw richtet sich nach §§ 162, 171 ZVG. 14

Bei einer bloßen *Teilvollstreckung* des Arrests entsteht ebenfalls die Festgebühr.

10) Nichterledigung. KVGv 205 gilt nach Rn 1, 3, 7, sobald der Gerichtsvollzieher irgend etwas wirksam gepfändet hat. Bei einer gänzlichen oder teilweisen Erfolglosigkeit gelten KVGv 604 in Verbindung mit § 10 II 2 Hs 1, III 2, AG Hbg DGVZ **02**, 47, AG Münst DGVZ **02**, 95, AG Neust/W MDR **02**, 786. Diese Vorschriften können zu einer mehrfachen Vergütung nach KVGv 604 führen. Vgl bei den eben genannten Vorschriften. 15

11) Fälligkeit. § 14 S 1. 16

12) Kostenschuldner. § 13. 17

Nr.	Gebührentatbestand	Gebühr
206	Übernahme beweglicher Sachen zum Zwecke der Verwertung in den Fällen der §§ 847 und 854 ZPO	16,00 €

1) Systematik. Die Übernahme ist wegen § 1 I nur in den beiden in KVGv 206 genannten Fällen gebührenpflichtig, also auch nicht bei der Übergabe an andere Person nach § 825 ZPO, AG Bre DGVZ **77**, 127, oder bei einer Abgabe des Auftrags aus Zweckmäßigkeitserwägungen. Denn ein Wechsel in der Person des Beamten kann grundsätzlich keine Gebühr veranlassen, amtliche Vorbemerkung S 2 vor KVGv 600. Denn nur der Staat erhält die Gebühr. Eine Ausnahme gilt bei KVGv 210. 1

Die für die Übernahme verwendete *Zeit* beeinflußt die Höhe der Gebühr nicht, ebensowenig die Zahl der übernommenen Sachen. Denn ein Zeitzuschlag nach KVGv 500 setzt seine Erwähnung bei der fraglichen Gebühr vor, und KVGv 206 erwähnt KVGv 500 nicht.

2) Regelungszweck. Die Vorschrift hat als eine vorrangige Spezialregelung auch eine klarstellende Funktion. Sie dient der Rechtssicherheit. Bei der Auslegung muß 2 man nach dem Grundsatz einer für den Kostenschuldner günstigen Lösung nach Grdz 8 vor § 1, § 1 Rn 2 verfahren.

3 3) **Geltungsbereich.** In Betracht kommt nur die Übernahme einer beweglichen Sache durch den Gerichtsvollzieher von dem zur Herausgabe bereiten Drittschuldner nach § 840 ZPO, also nicht bei dessen Verweigerung der Herausgabe. Die Gebühr entsteht nur bei Pfändung des Anspruchs auf Herausgabe nach §§ 847, 854 ZPO, § 124 GVGA, und zwar zum Zweck der Verwertung. Die Übernahmegebühr gilt auch die Entfernung der Sache ab. Daher ist KVGv 206 anwendbar. Nicht aber ist hier KVGv 220 anwendbar. § 11 ist anwendbar. Die *Verwertung* selbst unterfällt *nicht* dem KVGv 206.

4 4) **Nichterledigung.** KVGv 604.
5 5) **Fälligkeit.** § 14 S 1.
6 6) **Kostenschuldner.** § 13.

Nr.	Gebührentatbestand	Gebühr
207	Versuch einer gütlichen Erledigung der Sache (§ 802 b ZPO)	16,00 €
	Die Gebühr entsteht auch im Fall der gütlichen Erledigung.	
208	Der Gerichtsvollzieher ist gleichzeitig mit einer auf eine Maßnahme nach § 802a Abs. 2 Satz 1 Nr. 2 oder Nr. 4 ZPO gerichteten Amtshandlung beauftragt: Die Gebühr 207 ermäßigt sich auf	8,00 €

Zu KVGv 207, 208:

Vorbem. Fassgen Art 12 Z 3 a EuKoPfVODG v 21. 11. 16, BGBl 2591, in Kraft seit 26. 11. 16, Art 21 III 1 G, ÜbergangsR § 18 GvKostG.

Schrifttum: *Richter/Zuhn* DGVZ **17**, 29; *Waldschmidt* JB **17**, 510 (je: Üb).

1 1) **Geltungsbereich.** Die Vorschriften erfassen die Tätigkeit des Gerichtsvollziehers bei der Erfüllung seiner „Soll"-Aufgabe nach § 802b I ZPO, in jeder Verfahrenslage auf eine gütliche Erledigung bedacht zu sein. Die Form des Güterverzichts ist unerheblich, Schlesw DGVZ **17**, 212. Es muß ein klarer Güteauftrag vorliegen, AG Heilbr DGVZ **17**, 154, AG Wuppert JB **16**, 605. Eine bloße Zahlungsaufforderung reicht nicht, Düss JB **17**, 606. Ein ausdrücklicher Auftrag dazu ist nicht nötig, LG Mönchengladb DGVZ **15**, 61, AG Achern DGVZ **14**, 271, AG Drsd DGVZ **15**, 234. Andererseits spricht eine kürzlich erfolgte Vermögensauskunft gegen den Auftrag einer gütlichen Einigung, AG Wuppert JB **17**, 553. Schon der bloße „Versuch" solcher Erledigung reicht nach dem Haupttext, LG Mönchengladb DGVZ **13**, 61. Überflüssigerweise gibt die amtl Anm zu KVGv 207 die Gebühr erst recht beim Erfolg des Versuchs. Nicht etwa gibt sie dann die Gebühr ein zweites Mal.

2 2) **Festgebühr.** Sie gilt als Pauschale die Gesamtarbeit des Gerichtsvollziehers nach § 802b ZPO ab, LG Düss JB **16**, 591, also auch: Den Erledigungsversuch bei Nichtzustellung einer Ladung zur Vermögensauskunft nach § 802b I ZPO, AG Karlsr DGVZ **17**, 182; die Aufstellung eines Tilgungsplans, AG Drsd DGVZ **15**, 234; die Einräumung einer Tilgung durch Teilleistungen (Ratenzahlung) nach § 802b II 1 ZPO auch bei Nichtbenutzung der GVFV, AG Mannh DGVZ **17**, 180, aber *nicht* beim *klaren Ausschluß* einer Zahlungsvereinbarung, LG Hamm DGVZ **17**, 178, AG Heidelb DGVZ **17**, 181; einen Vollstreckungsaufschub nach § 802b II 2 ZPO, freilich nicht mehr nach dem Ende des Auftrags, AG Mönchengladb JB **17**, 261; eine Gläubigerunterrichtung nach § 802b III 1 ZPO; die Tätigkeit auf Grund eines Widerspruchs des Gläubigers nach § 802b III 2, 3 ZPO. Eine Gläubigeranweisung zur Reihenfolge kann als isolierter Güteauftrag gelten, AG Wolfenbüttel DGVZ **16**, 136.

XI. G über Kosten der GVz **207, 208, 210 KVGv**

Nur 8,00 € Gebühr entsteht nach KVGv 208 dann, wenn der Gerichtsvollzieher zugleich, Düss JB **16**, 604, aM AG Wuppert JB **16**, 605, einen Gläubigerauftrag dahin bearbeitet, entweder nach § 802a II 1 Z 2 ZPO eine Vermögensauskunft des Schuldners gemäß § 802c ZPO einzuholen, Köln DGVZ **14**, 199, oder nach § 802a II 1 Z 4 ZPO eine Pfändung und Verwertung körperlicher Sachen des Schuldners gemäß §§ 808ff ZPO zu betreiben oder nach § 882c I ZPO vorzugeben, AG Esslingen DGVZ **17**, 155. Ein bedingter Auftrag ist nur dann nach KVGv 208 „gleichzeitig", wenn die Bedingung schon eingetreten ist, Düss JB **16**, 326, AG Langen JB **16**, 386, AG Calw DGVZ **14**, 46, AG Mü DGVZ **13**, 247, AG Pforzh DGVZ **13**, 219 (krit Mroß), aM Herrfurth DGVZ **17**, 80. Zum Problem Mroß DGVZ **15**, 55, Rauch DGVZ **14**, 7 (je: ausf).

3) **Fälligkeit.** § 14 S 1. 3

4) **Kostenschuldner.** § 13. 4

Nr.	Gebührentatbestand	Gebühr
210	Übernahme des Vollstreckungsauftrags von einem anderen Gerichtsvollzieher, wenn der Schuldner unter Mitnahme der Pfandstücke in einen anderen Amtsgerichtsbezirk verzogen ist	16,00 €

1) **Systematik.** Vgl zunächst KVGv 206. Auch KVGv 210 macht wegen § 1 I nur 1
den von der ersteren Vorschrift ausdrücklich genannten Fall gebührenpflichtig. Es gibt aus demselben Gründen wie KVGv 206 Rn 1 keinen Zeitzuschlag. § 11 ist anwendbar.

2) **Regelungszweck.** Es gelten dieselben Erwägungen wie bei KVGv 206 Rn 2. 2

3) **Geltungsbereich.** Es müssen die folgenden Voraussetzungen zusammentreffen. 3

A. **Umzug des Schuldners.** Der Schuldner muß unter einer Mitnahme der in seinem Gewahrsam belassenen Pfandstücke in den Zuständigkeitsbereich eines anderen Gerichtsvollziehers gerade im Bezirk eines anderen AG verzogen sein. Es kommt auch ein derartiger Weiterauszug oder ein Rückumzug in Betracht.

Unanwendbar ist KVGv 210 also bei einem Umzug oder Rückumzug des Schuldners innerhalb desselben AG-Bezirks oder bei einem Wechsel des Gerichtsvollziehers aus einem anderen Grund innerhalb desselben AG-Bezirks.

B. **Übernahme des Vollstreckungsauftrags.** Der für den Bezirk des anderen 4
AG zuständige Gerichtsvollzieher muß den Vollstreckungsauftrag übernehmen. Das erfolgt im allgemeinen mit der Annahme des Übernahmeersuchens. Es ist für die Übernahme kein Erscheinen des neuen Gerichtsvollziehers usw erforderlich.

Es genügt *nicht*, daß sich der Auftrag zB dadurch erledigt, daß der Schuldner vor dem Tätigwerden des neuen Gerichtsvollziehers zahlt, sei es auch in Raten, oder daß der neue Gerichtsvollzieher die Übernahme aus irgendeinem Grund ablehnt.

C. **Erforderlichkeit der Vollstreckung.** Die weitere Vollstreckung muß noch 5
erforderlich sein.

D. **Unanwendbarkeit.** KVGv 210 ist auf andere Fälle nicht anwendbar. Die Vor- 6
schrift gilt also in folgenden Situationen nicht: Es findet innerhalb des Bezirks desselben AG ein Wechsel des Gerichtsvollziehers statt; es liegt nach KVGv 206 Rn 1 ein Fall des § 825 II ZPO vor; der Gerichtsvollzieher überführt das Pfandstück in den Bezirk eines anderen Gerichtsvollziehers, aM AG Bre DGVZ **77**, 127 (zum alten Recht).

E. **Entstehung.** Die Gebühr *entsteht* mit der Übernahme durch den neuen Ge- 7
richtsvollzieher. Eine Inbesitznahme durch diesen ist nicht erforderlich. Die Gebühr entsteht nur für den übernehmenden Gerichtsvollzieher. Wenn er die Übernahme ablehnt, kann er keine Gebühr verlangen, weder nach KVGv 210 noch nach KVGv 604.

8   4) **Nichterledigung.** KVGv 604.
9   5) **Fälligkeit.** § 14 S 1.
10 6) **Kostenschuldner.** § 13.

Nr.	Gebührentatbestand	Gebühr
220	Entfernung von Pfandstücken, die im Gewahrsam des Schuldners, des Gläubigers oder eines Dritten belassen waren .... ¹Die Gebühr wird auch dann nur einmal erhoben, wenn die Pfandstücke aufgrund mehrerer Aufträge entfernt werden. ²Neben dieser Gebühr wird gegebenenfalls ein Zeitzuschlag nach Nummer 500 erhoben.	16,00 €

DB-GvKostG Nr. 12. ¹Die Gebühr wird ohne Rücksicht auf die Zahl der entfernten Sachen und die Zahl der Aufträge erhoben.
 ᴵᴵ Bei der Berechnung der Zeitdauer (vgl. Nr. 15) ist auch die Zeit zu berücksichtigen, die erforderlich ist, um die Sachen von dem bisherigen an den neuen Standort zu schaffen.
 ᴵᴵᴵ ¹Werden Arbeitshilfen hinzugezogen, so genügt es, wenn die Gerichtsvollzieherin oder der Gerichtsvollzieher ihnen an Ort und Stelle die nötigen Weisungen gibt und ihnen die weitere Durchführung überlässt. ²Dabei rechnet nur die Zeit, während welcher die Gerichtsvollzieherin oder der Gerichtsvollzieher zugegen ist.

Gliederung

1) Systematik 1
2) Regelungszweck 2
3) Geltungsbereich 3–5
   A. Gewahrsam des Schuldners, des Gläubigers oder eines Dritten 3
   B. Nachträgliche Entfernung 4
   C. Anwesenheit des Gerichtsvollziehers 5
4) Gebührenhöhe 6
5) Nichterledigung 7
6) Fälligkeit 8
7) Kostenschuldner 9

1   **1) Systematik.** Die Vorschrift gilt die nachträgliche Entfernung des Pfandstücks ab. Für einen erfolglosen Versuch gelten § 3 IV 1, KVGv 604. Das gilt auch etwa dann, wenn jemand das Pfandstück vernichtet oder weggebracht hatte. Leistet der Schuldner vor der Entfernung, kann KVGv 420 anwendbar sein.
    Die Entfernungsgebühr entsteht *neben* der Pfändungsgebühr KVGv 205, neben der Übernahmegebühr KVGv 206 und neben der Verwertungsgebühr zB KVGv 300. Denn jene Bestimmung vergütet die Übernahme vom Drittschuldner und die sich anschließende Entfernung nach KVGv 206 Rn 3. KVGv 220 behandelt aber die Entfernung aus dem Gewahrsam. Das ist eine andere Art des Vorgehens. Deshalb kommt es nicht darauf an, daß KVGv 220 auch den Gewahrsam des Drittschuldners wie jedes Dritten erfaßt. Allerdings ist eine Entfernung nach der Übernahme des Vollstreckungsauftrags durch den anderen Gerichtsvollzieher nach KVGv 210 denkbar. Die Gebühr KVGv 220 kann neben derjenigen für die Mitwirkung bei einer Verwertung nach § 825 ZPO nach KVGv 310 entstehen.

2   **2) Regelungszweck.** Auch und gerade eine nachträgliche Entfernung zu dem in KVGv 220 genannten Zweck kann dem Gerichtsvollzieher eine über den Zeitaufwand usw erheblich hinausgehende Mühe verursachen. Denn sie zerstört Hoffnungen des Schuldners. Sie kann bei einer unvorhergesehenen Vornahme eine auch für die psychische Situation verheerende Wirkung auslösen. Das sollte man bei der Auslegung ebenso wie den Grundsatz nach Grdz 8 vor § 1, § 1 Rn 2 beachten, daß gerade dann eine den Kostenschuldner möglichst schonende Behandlung notwendig bleibt.

3) Geltungsbereich. Die Vorschrift erfaßt einen Vorgang in oder außerhalb einer Zwangsvollstreckung. Die Gebühr entsteht nur, wenn die folgenden Voraussetzungen zusammentreffen.

A. Gewahrsam des Schuldners, des Gläubigers oder eines Dritten. Der Gerichtsvollzieher muß das Pfandstück bei der Pfändung zunächst für eine gewisse Zeit und nicht nur aus technischen Gründen ganz vorübergehend im Gewahrsam des Schuldners, des Gläubigers oder eines herausgabebereiten Dritten belassen haben, etwa in demjenigen des Drittschuldners nach §§ 808 II, 809 ZPO.

B. Nachträgliche Entfernung. Der Gerichtsvollzieher muß das Pfandstück später und nicht schon unmittelbar nach der Pfändung aus irgendeinem Grund aus dem Gewahrsam des Schuldners, des Gläubigers oder eines Dritten entfernt haben, zB wegen einer Gefährdung der Rechte des Gläubigers nach § 808 II ZPO oder eines herausgabebereiten Dritten nach § 809 ZPO, § 70 GVGA, oder wegen einer vorläufigen oder endgültigen Austauschpfändung nach §§ 811 a, b ZPO, §§ 74, 75 GVGA, oder wegen der Anordnung einer besonderen Verwertung nach § 825 ZPO.

Nicht hierher gehört die Herbeischaffung des Pfandstücks aus der eigenen Pfandkammer oder derjenigen eines anderen Gerichtsvollziehers.

C. Anwesenheit des Gerichtsvollziehers. Der Gerichtsvollzieher muß persönlich an Ort und Stelle sein. Das ergibt sich schon aus dem Wort „Entfernung". Er kann die Entfernung entweder persönlich vornehmen oder sie einer Hilfskraft überlassen. Er muß dann aber nach DB-GvKostG Z 12 III an Ort und Stelle seine Anweisungen geben.

Nicht hierher gehört ein Transport durch den Schuldner ohne eine Mitwirkung des Gerichtsvollziehers zur Pfandkammer.

Die Gebühr *entsteht* mit der Entfernung aus dem Gewahrsam des Schuldners.

4) Gebührenhöhe. Es entsteht grundsätzlich die in KVGv 220 genannte Festgebühr. Es kommt nach der amtlichen Anmerkung S 1 nicht darauf an, wie viele Aufträge desselben oder mehrerer Auftraggeber der Gerichtsvollzieher bei der Entfernung durchführt, wieviele Stücke der Gerichtsvollzieher entfernt und wieviel Zeit er dazu benötigt, DB-GvKostG Z 12 I. Evtl verteilt der Gerichtsvollzieher die Festgebühr auf die etwa mehreren Auftraggeber nach §§ 15, 16. Bei einer Entfernung während der Nachtzeit oder während eines Sonnabends, Sonn- oder Feiertags ist § 11 anwendbar. Neben der Festgebühr kommt nach der amtlichen Anmerkung S 2 evtl ein Zeitzuschlag nach KVGv 500 in Betracht. Auslagen können zB für einen Transportwagen und/oder für einen Gehilfen entstehen. Sie können als notwendige Kosten der Zwangsvollstreckung nach § 788 ZPO erstattungsfähig sein.

In die *Dauer der Amtshandlung* einrechnen muß man auch die Zeit für die Verbringung der Sache vom Schuldnergewahrsam zum neuen Standort. Wenn der Gerichtsvollzieher nach Rn 4 eine Hilfskraft hinzuzieht, darf man nur diejenige Zeit ansetzen, während der sich der Gerichtsvollzieher persönlich an Ort und Stelle aufgehalten hat.

5) Nichterledigung. KVGv 604.

6) Fälligkeit. § 14 S 1.

7) Kostenschuldner. § 13.

Nr.	Gebührentatbestand	Gebühr
221	Wegnahme oder Entgegennahme beweglicher Sachen durch den zur Vollstreckung erschienenen Gerichtsvollzieher	26,00 €
	Neben dieser Gebühr wird gegebenenfalls ein Zeitzuschlag nach Nummer 500 erhoben.	

DB-GvKostG Nr. 13. [1] Im Fall der Hilfspfändung (§ 106 GVGA) wird die Gebühr nur erhoben, wenn der Gläubiger den Pfändungsbeschluss über die dem Papier zugrunde liegende Forderung vorlegt, bevor die Gerichtsvollzieherin oder der Gerichtsvollzieher das Papier an den Schuldner zurückgegeben hat.
[2] Sonst werden nur die Auslagen erhoben.

Gliederung

1) Systematik	1
2) Regelungszweck	2
3) Wegnahme, Entgegennahme	3–5
A. Wegnahme	3
B. Entgegennahme	4
C. Weitere Voraussetzungen	5
4) Gebührenhöhe	6
5) Beispiele zur Frage der Gebührenhöhe	7, 8
6) Nichterledigung	9
7) Fälligkeit	10
8) Kostenschuldner	11

1 **1) Systematik.** Die Vorschrift gilt bei einer Wegnahme oder Sequestration oder der Entgegennahme einer beweglichen Sache jeder Art durch den Gerichtsvollzieher oder ihres Versuchs. Sie gilt also nicht nur bei der Wegnahme nach der ZPO, sondern auch bei der Wegnahme auf Grund einer Einziehung, die ein Strafgericht ausgesprochen hat, oder auf Grund einer sonstigen bundes- oder landesgerichtlichen Vorschrift. Sie gilt aber nicht bei einer Entfernung eines Gegenstands außerhalb einer Zwangsvollstreckung. Dann gilt nach Rn 4 KVGv 420. KVGv 205 gilt nach Rn 5 neben KVGv 221.
   Bei einer *Person* gilt KVGv 230, bei einem *Schiff* KVGv 241. Bei einer *unbeweglichen Sache* gilt KVGv 242.

2 **2) Regelungszweck.** Die Vorschrift bezweckt eine Berücksichtigung der besonderen Verantwortung des Gerichtsvollziehers bei einer der dort geregelten gleichwertigen Handlungen, zu denen meist eine zumindest vorübergehende Verwahrung, Bewachung usw gehört.

3 **3) Wegnahme, Entgegennahme.** Man muß zwei Situationen unterscheiden.
   A. Wegnahme. Die Gebühr entsteht bei der zwangsweisen Wegnahme oder Sequestration einer beweglichen Sache zwecks ihrer Herausgabe an den Gläubiger nach Rn 5. Das ist eine körperliche Sache, auch eine Menge bestimmter beweglicher Sachen oder eine Menge vertretbarer Sachen oder von Wertpapieren nach §§ 883, 884, 897 ZPO, § 104 GVGA. Bei der Hilfspfändung nach BLAH § 808 Rn 4 entsteht die Gebühr nur dann, wenn der Gläubiger den Vollstreckungstitel vorlegt, zB den Pfändungsbeschluß über die dem Papier zugrunde liegende Forderung, bevor der Gerichtsvollzieher das Papier an den Schuldner zurückgeschickt hat. Die Wegnahme kann auch beim Drittschuldner dann erfolgen, wenn ein Vollstreckungstitel gegen ihn vorliegt.
   Ist das nicht so, kann die Gebühr nach KVGv 206 entstehen. Denn der Geltungsbereich von KVGv 206 ist nach §§ 847, 854 ZPO spezieller für die Übernahme einer beweglichen Sache von dem zur Herausgabe bereiten Drittschuldner. Nicht aber entsteht dann eine Gebühr aus KVGv 221.

4 **B. Entgegennahme.** Die Gebühr entsteht auch dann, wenn der Schuldner an den zur Vornahme der Vollstreckungshandlung erschienenen Gerichtsvollzieher freiwillig leistet. Diesen Vorgang bezeichnet KVGv 221 als „Entgegennahme" im Gegensatz zur zwangsweisen „Wegnahme". Der Gerichtsvollzieher muß aber gerade „zur Vollstreckung" erschienen sein, also um die Sache wegzunehmen und dann zu versteigern, nach § 825 ZPO zu verkaufen oder dem Gläubiger zu übergeben. Er muß also auf demjenigen Grundstück und in demjenigen Raum eingetroffen sein, auf und in dem er die Amtshandlung vornehmen soll.
   Solange er sich noch im Geschäftszimmer oder *auf dem Weg* zu diesem Grundstück oder Raum befindet, entsteht die Gebühr KVGv 221 nicht. Wenn der Schuldner bei einer anderen Gelegenheit an ihn leistet oder wenn der Schuldner leistet, bevor der Gerichtsvollzieher zur Wegnahme an Ort und Stelle erschienen ist, ist nach Rn 9 KVGv 604 anwendbar.
   KVGv 220 und nicht KVGv 221 ist dann anwendbar, wenn der Gerichtsvollzieher ein Pfandstück aus in dem Gewahrsam des Schuldners, des Gläubigers oder eines Dritten zum *Zweck der Versteigerung* oder aus einem anderen Grunde *wegschafft*. Wenn er das Pfandstück außerhalb der Versteigerung wegschafft, gilt KVGv 420.

5 **C. Weitere Voraussetzungen.** Die Wegnahme muß gerade auf Grund eines Herausgabe- oder Einziehungstitels zum Zweck der Übergabe an den Gläubiger erfol-

XI. G über Kosten der GVz **221, 230 KVGv**

gen. Sofern es sich um ein Einziehungsurteil handelt, geschieht sie zum Zweck der Übergabe an den Staat nach §§ 883, 884, 897 ZPO. Die Gebühr gilt das gesamte Wegnahmeverfahren ab. Daher gilt sie auch die Übergabe ab. Das gilt selbst dann, wenn die Übergabe nicht direkt im Anschluß an die Wegnahme erfolgt oder wenn sie an einen anderen Gläubiger erfolgt. Soweit nicht getrennt lebende Eheleute als Gesamtschuldner herausgeben müssen, liegt nach § 3 II Z 3 Hs 1 nur ein einziger Auftrag vor. Die Pfändung und die Wegnahme sind verschiedene Amtshandlungen. Dasselbe gilt beim Zusammentreffen einer Verhaftung, einer Räumung usw und einer Wegnahme. Bei § 883 II ZPO erfordert die Abnahme der eidesstattlichen Versicherung einen besonderen Auftrag. Er liegt nicht stets auch im Wegnahmeauftrag.

4) Gebührenhöhe. Es entsteht eine Festgebühr. Sie entsteht unabhängig von der Zahl der weg- oder entgegengenommenen Sachen. Denn in KVGv 221 fehlt ein Zusatz wie im vergleichbaren KVGv 230 bei der dort amtlichen Anmerkung S 2. Die Gebühr entsteht auch unabhängig von dem Wert oder dem Umfang der weggenommenen Sache. Ein Zeitzuschlag nach KVGv 500 ist möglich, amtliche Anmerkung. 6

5) Beispiele zur Frage der Gebührenhöhe 7
Beendigung: Sie tritt dann ein, wenn der Gerichtsvollzieher das Protokoll abgeschlossen und die Sache evtl dem Gläubiger oder einem Dritten übergeben hat.
Feiertag: S „Nachtzeit usw".
Hilfskraft: Der Zeitaufwand ihrer Hinzuziehung rechnet mit, sobald und solange der Gerichtsvollzieher selbst an Ort und Stelle anwesend ist, soweit er der Hilfskraft die Durchführung nach seinen Weisungen überläßt. Im übrigen rechnet der Zeitaufwand voll mit.
S aber auch „Polizei".
Hin- und Rückweg: Sie rechnen *nicht* mit. Das folgt aus der amtlichen Anmerkung zu KVGv 500.
Mehrheit von Wegnahmestellen: Wenn der Gerichtsvollzieher die Wegnahme *an mehreren Stellen* innerhalb des Bezirks desselben AG durchführt, entsteht nur eine Gebühr. Die Wege zählen dann aber mit. Das gilt allerdings nicht, wenn der Gerichtsvollzieher die Wegnahme unterbricht und nicht unverzüglich fortsetzt. Dann darf er die Unterbrechungszeit nicht mitrechnen.
Nachtzeit usw: Bei einer Wegnahme zur Nachtzeit oder an einem Sonnabend, Sonn- oder Feiertag nach § 758a ZPO und nach § 33 III GVGA muß man nach § 11 die Wegnahmegebühr verdoppeln. Dabei ist unerheblich, wann das Gericht seine Erlaubnis erteilt hat.
Polizei: Der Aufwand für ihre Hinzuziehung rechnet grds mit. 8
S aber auch „Hilfskraft".
Protokollaufnahme: Ihre Dauer rechnet mit.
Sonnabend, Sonntag: S „Nachtzeit usw".
Tätigkeitsbeginn: Die Tätigkeit des Gerichtsvollziehers beginnt mit seinem Eintreffen an derjenigen Stelle, an der die Wegnahme nach Rn 4 erfolgen soll.
Übergabe: Der Zeitaufwand für die Übergabe des Weggenommenen an den Gläubiger oder einen Dritten rechnet mit.

6) Nichterledigung. Der Gerichtsvollzieher hat den Versuch unternommen, sobald er nach § 758 ZPO die Räumlichkeit nach der Sache durchsucht hat, ohne sie aufgefunden zu haben. Er muß diesen Vorgang im Protokoll vermerken. Wenn er nur irgendetwas findet, mag es auch nur wenig sein, entsteht für diesen Teil die Gebühr nach KVGv 221, evtl nach KVGv 500 erhöht. Die letztere entsteht dann also auch nicht für den Rest. Bei einer völligen Nichterledigung aus anderen Gründen als den in KVGv 604 Rn 5–7 genannten gilt KVGv 604 nicht. 9

7) Fälligkeit. § 14 S 1. 10
8) Kostenschuldner. § 13. 11

Nr.	Gebührentatbestand	Gebühr
230	Wegnahme oder Entgegennahme einer Person durch den zur Vollstreckung erschienenen Gerichtsvollzieher	52,00 €

KVGv 230

XI. G über Kosten der GVz

Nr.	Gebührentatbestand	Gebühr
	¹Neben dieser Gebühr wird gegebenenfalls ein Zeitzuschlag nach Nummer 500 erhoben. ²Sind mehrere Personen wegzunehmen, werden die Gebühren für jede Person gesondert erhoben.	

Gliederung

1) Systematik	1
2) Regelungszweck	2
3) Geltungsbereich	3–5
A. Wegnahme	3
B. Entgegennahme	4
C. Mehrere Personen	5
4) Gebührenhöhe	6, 7
5) Nichterledigung	8
6) Fälligkeit	9
7) Kostenschuldner	10

1 **1) Systematik.** Die Vorschrift ist nach §§ 1632, 1800 BGB bei der Wegnahme einer jeden Person, zB eines Kindes oder eines Mündels, anwendbar. Das gilt sowohl dann, wenn ein Herausgabetitel gegenüber einem Dritten vorliegt, als auch dann, wenn ein Herausgabetitel gegen den anderen Elternteil vorliegt.

2 **2) Regelungszweck.** Die Vorschrift bezweckt die Berücksichtigung einer gegenüber der ohnehin schon verantwortungsbeladenen Wegnahme einer Sache nochmals erheblich gesteigerten Verantwortung und psychischen Belastung des Gerichtsvollziehers beim oft dramatischen Eingriff in die Freiheit eines Menschen, auch wenn das nur kurzzeitig geschieht.

Die bloße *Entgegennahme* nach Rn 4 kann allerdings geringere Belastungen des Gerichtsvollziehers mit sich bringen. Da sie sich aber evtl erst nach einem langen quälenden „Wegnahme"-Hin und Her ermöglicht, steht sie aus Gründen der Zweckmäßigkeit der Wegnahme gleich.

3 **3) Geltungsbereich.** Wie beim vergleichbare KVGv 221 müssen mehrere Voraussetzungen vorliegen.

A. Wegnahme. Die Wegnahme muß begonnen haben. Sie beginnt mit dem Eintreffen des Gerichtsvollziehers an derjenigen Stelle, an der die Wegnahme oder Entgegennahme erfolgen soll, wie bei KVGv 221 Rn 4. Die Wegnahme muß ferner beendet sein. Sie endet mit der Fertigung des Protokolls und der Übergabe des Weggenommenen, des Betreuten, des Kindes oder Mündels an den Berechtigten oder einen von ihm zulässig bestimmten Dritten. Wenn die weggenommene Person entweicht, entsteht nach Rn 6 nicht die Gebühr nach KVGv 230, sondern evtl diejenige nach KVGv 601.

4 **B. Entgegennahme.** Erfaßt wird wie bei KVGv 221 auch die Entgegennahme einer Person. Sie liegt vor, wenn der Mensch sich freiwillig dem Gerichtsvollzieher anvertraut, sei es aus seiner eigenen Entschließung, sei es aus derjenigen des Sorgeberechtigten usw. Wenn freilich der Wegzunehmende der Entscheidung des Sorgeberechtigten usw erkennbar widerspricht, liegt wohl meist keine Entgegennahme vor, sondern eine Wegnahme. Die Entgegennahme muß gerade an dem zur Vollstreckung bestimmten Ort erfolgen. Sie darf nicht zB im Geschäftszimmer des Gerichtsvollziehers geschehen. Er muß auch gerade zur Vollstreckung erschienen sein.

5 **C. Mehrere Personen.** Die Wegnahme eines jeden Kindes ist eine besondere Amtshandlung. Für die Wegnahme mehrerer Personen entstehen also nach der amtlichen Anmerkung S 2 mehrere Gebühren. Beim Zusammentreffen einer Wegnahme und einer andersartigen Amtshandlung gilt dasselbe wie bei KVGv 221 Rn 5.

6 **4) Gebührenhöhe.** Es entsteht eine Festgebühr. Sie entsteht trotz einer ungleich schwächeren Belastung auch bei der bloßen Entgegennahme in derselben Höhe. Bei einer völligen Nichterledigung gilt KVGv 601. Ein Zeitzuschlag nach KVGv 500 ist nach der amtlichen Anmerkung S 1 möglich. § 11 ist anwendbar.

XI. G über Kosten der GVz **230, 240 KVGv**

Wenn der Gerichtsvollzieher *mehrere Personen* wegnimmt, entstehen nach der amtlichen Anmerkung S 2 mehrere Gebühren. Auch der Zeitzuschlag kann bei mehreren Amtshandlungen mehrfach entstehen. Denn KVGv 500 knüpft nicht an den Auftrag an, sondern an die Zahl der zu seiner Erledigung vorgenommenen Amthandlungen. Das kommt aber dann nicht in Betracht, wenn sich die Wegnahme der nächsten Person unverzüglich an die frühere Wegnahme anschließt. Wenn der Gerichtsvollzieher die Wegnahmehandlung für die erste Person abgeschlossen und diese Person dem Berechtigten übergeben hat, kann für die nächste von neuem begonnene Wegnahme auch der Zeitzuschlag entstehen. 7

Die *Entgegennahme* nach Rn 4 ist zwar in der amtlichen Anmerkung S 2 zu KVGv 230 nicht gesondert miterwähnt. Sie ist aber nach dem Sinn und Zweck wohl mitgemeint, obwohl ja bei der Entgegennahme keine Belastung wie bei der echten Wegnahme entsteht.

5) Nichterledigung. KVGv 601. 8

6) Fälligkeit. § 14 S 1. 9

7) Kostenschuldner. § 13. 10

Nr.	Gebührentatbestand	Gebühr
240	Entsetzung aus dem Besitz unbeweglicher Sachen oder eingetragener Schiffe oder Schiffsbauwerke und die Einweisung in den Besitz (§ 885 ZPO) .... Neben dieser Gebühr wird gegebenenfalls ein Zeitzuschlag nach Nummer 500 erhoben.	98,00 €

1) Systematik. Die Vorschrift erfaßt gegenüber KVGv 221 einen Sonderfall der Wegnahme. Sie ist also eine vorrangige Spezialvorschrift. Gleichrangig neben ihr stehen KVGv 241, 242, 250. § 11 bleibt anwendbar, ebenso KVGv 430. 1

2) Regelungszweck. Die Regelung bezweckt eine Berücksichtigung der meist komplizierten mit erheblichen technischen Problemen verbundenen und viel Verantwortung fordernden Spezialhandlungen im Geltungsbereich dieser Vorschrift. Dem dient auch die Zulassung eines Zeitzuschlags in der amtlichen Anmerkung. 2

3) Geltungsbereich: Besitzentsetzung. Unter diese Vorschrift fällt eine Räumung, also die Entsetzung aus dem Besitz einer unbeweglichen Sache nach § 856 BGB, § 885 I ZPO, §§ 128, 130 GVGA, also aus einem Grundstück oder Grundstücksteil (Wohnung oder sonstiger Raum) nach § 93 ZVG, ferner die Entsetzung aus dem Besitz eines eingetragenen Schiffs oder Schiffsbauwerks. Demgegenüber regelt KVGv 241 die Wegnahme eines solchen ausländischen Schiffs, das als ein deutsches Schiff eingetragen sein müßte. Der Gerichtsvollzieher schafft eine solche bewegliche Sache, die nicht Gegenstand der Zwangsvollstreckung ist, sofern es sich nicht um Zubehör nach §§ 79, 98 BGB handelt, nach § 885 II ZPO weg, falls er die Vollstreckung auch insofern durchführen soll und soweit nicht ein Dritter wegen eines Pfand- oder Zurückbehaltungsrechts widerspricht. Bei § 885a III ZPO dokumentiert der Gerichtsvollzieher im Interesse beider Parteien, Richter DGVZ **13**, 173. 3

Die Gebühr *entsteht* bereits mit der Entsetzung aus dem Besitz. Sie erfordert also nicht auch die Inbesitznahme durch den Gerichtsvollzieher und die Einweisung des Gläubigers in den Besitz. Sie entsteht auch dann voll, wenn der Schuldner den Besitz freiwillig aufgegeben hat. Denn die Gebühr gilt auch die Einweisung in den Besitz oder die Übergabe an den Gläubiger ab. Dabei zählt die Zeit zwischen der Inbesitznahme und Besitzeinweisung nicht mit (Unterbrechung). Die Amtshandlung beginnt mit der Ankunft vor Ort. Sie endet mit der Protokollunterschrift vor Ort. Vgl aber auch Rn 4.

Die Vorschrift gilt auch bei einer gleichzeitigen Entsetzung im Auftrag *mehrerer* Gläubiger.

KVGv 240–243　　　　　　　　　　　　　　　　　XI. G über Kosten der GVz

4　4) **Gebührenhöhe.** Die Festgebühr gilt unabhängig von der Größe oder Zahl oder dem Wert der Sachen. Zur Festgebühr tritt wegen der Verweisung in der amtlichen Anmerkung unter den Voraussetzungen von KVGv 500 ein Zeitzuschlag hinzu. Dabei muß man auch den Zeitaufwand zur Wegschaffung einer solchen beweglichen Sache mitrechnen, die nicht Gegenstand der Zwangsvollstreckung ist.

5　5) **Nichterledigung.** KVGv 602 Hs 1.

6　6) **Fälligkeit.** § 14 S 1.

7　7) **Kostenschuldner.** § 13.

Nr.	Gebührentatbestand	Gebühr
241	In dem Protokoll sind die frei ersichtlichen beweglichen Sachen zu dokumentieren und der Gerichtsvollzieher bedient sich elektronischer Bildaufzeichnungsmittel (§ 885a Abs. 2 ZPO): Die Gebühr 240 erhöht sich auf	108,00 €

1　1) **Geltungsbereich.** Vgl BLAH § 885a ZPO Rn 6–8.

Nr.	Gebührentatbestand	Gebühr
242	Wegnahme ausländischer Schiffe, die in das Schiffsregister eingetragen werden müssten, wenn sie deutsche Schiffe wären, und ihre Übergabe an den Gläubiger ..	130,00 €
	Neben dieser Gebühr wird gegebenenfalls ein Zeitzuschlag nach Nummer 500 erhoben.	

1　1) **Systematik.** Die Vorschrift erfaßt einen Sonderfall gegenüber KVGv 221 und ist daher ihm gegenüber vorrangig. Sie steht gleichrangig neben KVGv 240, 243, 250.

2　2) **Regelungszweck.** Es gelten dieselben Erwägungen wie bei KVGv 240 Rn 2.

3　3) **Geltungsbereich: Wegnahme und Übergabe bei ausländischem Schiff.** KVGv 242 erfaßt nur die Wegnahme eines solchen ausländischen Schiffs, das in das Schiffsregister dann eingetragen werden müßte, wenn es ein deutsches Schiff wäre, und seine Übergabe an den Gläubiger. Andernfalls ist auf das ausländische Schiff KVGv 205 anwendbar.

4　4) **Gebührenhöhe.** Zur Festgebühr tritt wegen der Verweisung in der amtlichen Anmerkung unter den Voraussetzungen von KVGv 500 ein Zeitzuschlag hinzu. § 11 ist anwendbar, auch neben KVGv 500.

5　5) **Nichterledigung.** KVGv 602 Hs 2.

6　6) **Fälligkeit.** § 14 S 1.

7　7) **Kostenschuldner.** § 13.

Nr.	Gebührentatbestand	Gebühr
243	Übergabe unbeweglicher Sachen an den Verwalter im Falle der Zwangsversteigerung oder Zwangsverwaltung	98,00 €
	Neben dieser Gebühr wird gegebenenfalls ein Zeitzuschlag nach Nummer 500 erhoben.	

XI. G über Kosten der GVz **243, 250 KVGv**

1) Systematik. Die Vorschrift erfaßt einen Sonderfall gegenüber KVGv 221. Sie 1
ist daher ihm gegenüber vorrangig. Sie steht gleichrangig neben KVGv 240, 243,
250. KVGv 430 bleibt anwendbar.

2) Regelungszweck. Es gelten dieselben Erwägungen wie bei KVGv 240 Rn 2. 2

3) Geltungsbereich: Übergabe an den Verwalter. Die Vorschrift ist dann an- 3
wendbar, wenn der Gerichtsvollzieher eine unbewegliche Sache an den Verwalter
übergibt. Das gilt aber nur dann, wenn das Vollstreckungsgericht bei einer Zwangsversteigerung oder Zwangsverwaltung eines Grundstücks nach §§ 94 II, 150 II ZVG
den Gerichtsvollzieher auch dahin beauftragt hat. Die Gebühr entsteht mit dem Vollzug der Übergabe durch die Unterschrift unter dem anschließenden Protokoll.

4) Gebührenhöhe. Zur Festgebühr tritt wegen der Verweisung in der amtlichen 4
Anmerkung unter den Voraussetzungen von KVGv 500 ein Zeitzuschlag hinzu. § 11
ist anwendbar, auch neben KVGv 500.

5) Nichterledigung. Es entsteht keine Gebühr. Denn KVGv 600–604 enthalten 5
keine Bezugnahme auf KVGv 243. Man muß sie als abschließende Regelung eng
auslegen.

6) Fälligkeit. § 14 S 1. 6

7) Kostenschuldner. § 13. 7

Nr.	Gebührentatbestand	Gebühr
250	Zuziehung zur Beseitigung des Widerstandes (§ 892 ZPO) oder zur Beseitigung einer andauernden Zuwiderhandlung gegen eine Anordnung nach § 1 GewSchG (§ 96 Abs. 1 FamFG) sowie Anwendung von unmittelbarem Zwang auf Anordnung des Gerichts im Fall des § 90 FamFG .... Neben dieser Gebühr wird gegebenenfalls ein Zeitzuschlag nach Nummer 500 erhoben.	52,00 €

1) Systematik. Die Vorschrift erfaßt drei Sonderfälle gegenüber KVGv 221. Sie ist 1
daher ihm gegenüber vorrangig. Sie steht gleichrangig neben KVGv 240–242.

2) Regelungszweck. Es gelten dieselben Erwägungen wie bei KVGv 240 Rn 2. 2

3) Geltungsbereich: Beseitigung des Widerstands und einer andauernden 3
Zuwiderhandlung des Schuldners usw. Die Gebühr entsteht insoweit, als der
Gerichtsvollzieher einen Widerstand des Schuldners gegen die Vornahme einer sol-
chen Handlung beseitigen soll, die der Schuldner dulden muß, zB nach §§ 887, 890,
892 ZPO. Ferner erfaßt KVGv 250 einen Verstoß gegen § 1 GewSchG und eine
Zwangsanwendung nach § 90 FamFG. Vgl aber auch KVGv 230. Eine Gebühr
KVGv 250 entsteht nur insoweit, als der Gerichtsvollzieher amtiert. Die Vorschrift
gilt auch, soweit der Gerichtsvollzieher aus Anlaß der Durchsuchung einer Wohnung
nach § 758 III ZPO einen Widerstand vorfindet.
Es ist für die Entstehung der Gebühr ausreichend, daß der Gerichtsvollzieher zur
Beseitigung des Widerstands *erscheint*. Es ist also unerheblich, ob er oder ein anderer
den Widerstand des Schuldners gegen ihn tatsächlich brechen.
Unanwendbar ist KVGv 250 bei § 758 I, II ZPO. Denn die im Text der ersteren
Vorschrift allein genannten Vorschriften verweisen nicht auch auf § 758 I, II ZPO.
Dann aber gilt das Wort „nur" in § 1 I 1 GvKostG.

4) Gebührenhöhe. Zur Festgebühr tritt wegen der Verweisung in der amtlichen 4
Anmerkung unter den Voraussetzungen von KVGv 500 ein Zeitzuschlag hinzu. § 11
ist anwendbar, auch zusätzlich zu KVGv 500.

5) Nichterledigung. KVGv 604. 5

6) Fälligkeit. § 14 S 1. 6

7) Kostenschuldner. § 13. 7

Nr.	Gebührentatbestand	Gebühr
260	Abnahme der Vermögensauskunft nach den §§ 802 c, 802 d Abs. 1 oder nach § 807 ZPO	33,00 €

Gliederung

1) Systematik	1
2) Regelungszweck	2
3) Geltungsbereich	3
4) Abnahme der Versicherung	4
5) Ergänzung	5
6) Erzwingung	6
7) Festgebühr	7
8) Verbindung mit Vollstreckungsauftrag	8
9) Fälligkeit	9
10) Kostenschuldner	10

1 **1) Systematik.** Infolge der Überleitung der früheren Zuständigkeit des Rpfl zur Abnahme der prozessualen eidesstattlichen Versicherung zwecks Vermögensauskunft in die Zuständigkeit des Gerichtsvollziehers zur Bekräftigung einer Vermögensauskunft nach §§ 802 c, d I ZPO oder nach § 807 ZPO regelt jetzt das GvKostG die Kostenfolge. KVGv 260, 261 bestimmen die Gebührenhöhe. Alle weiteren Bestimmungen des GvKostG bleiben daneben voll anwendbar, zB KVGv 700 ff. KVGv 270 bleibt unberührt, Winterstein DGZV **99**, 40.

2 **2) Regelungszweck.** Die Abnahme der eidesstattlichen Versicherung ist eine evtl außerordentlich anstrengende zeitraubende und viel Fingerspitzengefühl sowohl gegenüber dem Schuldner als auch gegenüber dem Gläubiger erfordernde Tätigkeit. Sie verlangt auch viel Kenntnis der Rspr und Lehre. Der Gerichtsvollzieher muß dabei auch mit demjenigen Gericht zusammenarbeiten, dem er angehört. Das alles vergüten KVGv 260, 261 immer noch schmal. Soweit zu einer Auslegung der im Vereinfachungsinteresse so knapp gefaßten Vorschrift Raum bleibt, darf alle solche Mühe trotz des Grundsatzes einer dem Kostenschuldner günstigen Anwendung nach Grdz 8 vor § 1, § 1 Rn 2 nicht ganz außer acht bleiben.

Zweck ist eine möglichst einfache der Prozeßwirtschaftlichkeit wie der Rechtssicherheit dienende Fassung der Vergütung. Das muß man bei der Auslegung mitbeachten, ungeachtet der von Gilleßen/Kühn (zum alten Recht) DGZV **00**, 3 beklagten praktischen Schwierigkeiten.

3 **3) Geltungsbereich.** Die Vorschrift erfaßt nur dasjenige Verfahren auf eine solche eidesstattliche Versicherung, für deren nach § 3 III 2, 3 auftragsgemäße Abnahme gerade der Gerichtsvollzieher zuständig ist, also das in §§ 802 c, 802 d I, 807 ZPO, § 234 AO und nach der InsO geregelte der Auskunftsversicherung, AG Neuruppin DGZV **02**, 175 (wegen [jetzt] § 802 d ZPO).

Nicht hierher gehören alle nicht auftragsgemäßen Verfahren. Zu ihnen gehört nach § 7 Rn 5 „Auftragsüberschreitung" ein nur als gebührenfrei erteilter Auftrag. Nicht hierher gehören ferner alle Verfahren, soweit der Rpfl oder der Richter oder ein Vollzugsbeamter zur Abnahme zuständig sind, zB die sachlichrechtliche eidesstattliche Versicherung, soweit das Verfahren nach § 889 ZPO stattfindet. Wegen § 1 I 1 GKG, Teil I A dieses Buchs, gilt eine Gebührenfreiheit zumindest, soweit nicht andere Bestimmungen eingreifen. Soweit ein solches Verfahren nach § 83 II FamFG stattfindet, gilt des GNotKG, Teil III dieses Buchs. Die insolvenzrechtliche eidesstattliche Versicherung fällt unter das KV des GKG, Teil I A dieses Buchs. Das Ersuchen eines Versicherungsträgers auf die Abnahme einer eidesstattlichen Versicherung ist ein Ersuchen um die Vornahme einer gerichtlichen Rechtshilfehandlung. Es ist allenfalls zB nach § 2 GKG kostenpflichtig, dort Rn 10, Teil I A dieses Buchs.

4 **4) Abnahme der Versicherung.** Gebührenpflichtig ist nicht mehr das gesamte Verfahren vor dem Gerichtsvollzieher als Ganzes unabhängig von seinem Ausgang. Vielmehr entsteht die Gebühr nur für die eigentliche „Abnahme" der eidesstattlichen Versicherung. Sie ist also eine sog Aktgebühr. Soweit ein solches Verfahren nach Rn 7 insgesamt beendet war, entsteht die Gebühr KVGv 260 nicht, AG Meißen JB

07, 444 (sondern allenfalls KVGv 261, 270, 604) und nun derselbe Gläubiger oder ein anderer gegen denselben Schuldner einen neuen Auftrag zur Abnahme der eidesstattlichen Versicherung erteilt, entsteht die Gebühr evtl neu. § 11 ist anwendbar, nicht aber KVGv 500.

5) Ergänzung. Das bloße Ergänzungsverfahren nach (jetzt) § 802 d ZPO fällt 5 nach § 10 I 1 mit unter die bisherige Pauschgebühr, soweit es vor demselben Gerichtsvollzieher stattfindet, LG Halle DGVZ **17**, 135, AG Bre JB **07**, 498, AG Rahden JB **06**, 269. Es liegt nämlich dann keine „Wiederholung" der ganzen Vollstreckungshandlung vor, LG Drsd JB **05**, 609, AG Bre JB **05**, 608, AG Stgt DGVZ **15**, 117. Das gilt zB beim Verdacht, daß der Schuldner bewußt unrichtige oder unvollständige Angaben gemacht hat, LG Münst DGVZ **02**, 186, AG Hadamar DGVZ **00**, 141, Winterstein DGVZ **04**, 119. Daher ist § 10 II 1 unanwendbar. Der Gerichtsvollzieher darf auch einen bloßen Nachbesserungsantrag des Gläubigers nicht als einen echten Wiederholungsauftrag nach (jetzt) § 802 d ZPO auslegen, LG Drsd JB **05**, 609, LG Halle DGVZ **17**, 135, AG Solingen DGVZ **09**, 67, aM AG Heidelb JB **07**, 327, AG Münst DGVZ **04**, 63. Ein vom jeweils zuständigen Gerichtsvollzieher im Weg einer etwa zulässigen Amtshilfe hinzugezogener anderer Gerichtsvollzieher erhält nach § 3 I 2 evtl eine gesonderte Vergütung.

6) Erzwingung. § 10 I 1 erfaßt also das Erzwingungsverfahren nach § 802 g ZPO 6 mit, eine Terminsbestimmung auch dann, wenn sie im Ergänzungsverfahren stattfindet, so schon LG Frankenth Rpfleger **84**, 194. Eine Einsicht in das Schuldnerverzeichnis richtet sich nicht nach KVGv 260, sondern nach KV 2114, 2115, Teil I A dieses Buchs. Denn es besteht zwar beim AG des Gerichtsvollziehers, nicht aber bei ihm selbst. Dasselbe gilt für die an sein AG weiterzuleitenden Handakten mit den Protokollen usw nach der Beendigung seines Verfahrens.

7) Festgebühr. Es entsteht eine Festgebühr nach Einl II A 14. Sie entsteht auch 7 dann nur einmal, wenn derselbe Gläubiger wegen mehrerer Vollstreckungstitel die Abnahme der Offenbarungsversicherung fordert, LG Karlsr DGVZ **04**, 30, AG Ahaus JB **02**, 42. Bei mehreren Gläubigern entstehen natürlich mehrere Festgebühren, Viertelhausen DGVZ **02**, 53.

8) Verbindung mit Vollstreckungsauftrag. Der Gläubiger mag den nach 8 § 802a II Z 2 ZPO erteilten Auftrag zur Abnahme der Vermögensauskunft mit einem gleichzeitigen Vollstreckungsauftrag zu einer Sachpfändung nach §§ 754, 808 ZPO verbinden.

Nicht ausreichend ist ein nur *bedingter* Auftrag des Gläubigers, etwa nur für den Fall, daß die sonstige Zwangsvollstreckung erfolglos bleibe, falls die Bedingung nicht mehr eintritt, Kessel DGVZ **03**, 86, Winterstein DGVZ **99**, 40 (anders, wenn der Gerichtsvollzieher den Auftrag nach § 900 ZPO ablehnt).

9) Fälligkeit. Die Gebühr *entsteht* bereits mit dem Auftragseingang, AG Stgt 9 DGVZ **99**, 190. Winterstein DGVZ **99**, 38, Die Gebühr wird nach § 14 S 1 fällig, sobald der Gerichtsvollzieher den Auftrag durchgeführt hat, wenn er also die eidesstattliche Versicherung abgenommen hat oder wenn der Auftrag länger als zwölf Kalendermonate ruht. Zum Begriff der Durchführung § 3 IV 1, 3, 4.

10) Kostenschuldner. § 13. 10

Nr.	Gebührentatbestand	Gebühr
261	Übermittlung eines mit eidesstattlicher Versicherung abgegebenen Vermögensverzeichnisses an einen Drittgläubiger (§ 802 d Abs. 1 Satz 2, Abs. 2 ZPO)	33,00 €

1) Geltungsbereich. Die neue eng auslegbare Vorschrift erfaßt eine sehr spezielle 1 Tätigkeit des Gerichtsvollziehers. Aus der Bezugnahme auf § 802 d I 2, II ZPO folgt: Der Gläubiger muß nach einer ersten Vermögensauskunft des Schuldners gemäß § 802 c ZPO zwar solche Tatsachen angegeben haben, die auf eine wesentliche Veränderung (Verbesserung) der Vermögensverhältnisse des Schuldners hinauslaufen

KVGv 261, 262

konnten. Es darf dergleichen aber nicht nach § 802 d I 1 ZPO in Verbindung mit 294 ZPO zumindest glaubhaft und daher überwiegend wahrscheinlich geworden sein, oder es muß eine nähere Prüfung ergeben haben, daß die Tatsachen überhaupt nicht auf eine solche Veränderung schließen lassen.

Gerade deshalb muß die in § 802 d I 2 ZPO mit dem Einleitungswort „Andernfalls" bestimmte Lage eingetreten sein, auf die KVGv 261 abstellt. Anwendbar ist KVGv 261 auch nach einer bedingten und daher unwirksamen Rücknahme des Auskunftsantrags, AG Dortm DGVZ **14**, 72.

Unanwendbar ist KVGv 261 bei einem Erstantrag nach § 802 d I 2 ZPO, LG Arnsberg DGVZ **14**, 18, oder nach einem ja wirksam möglichen Verzicht des Gläubigers auf eine Übermittlung, LG Bochum DGVZ **14**, 261, LG Erfurt DGVZ **15**, 205, aM KG DGVZ **15**, 207 (aber der Gläubiger ist nach BLAH Grdz 7 vor § 704 ZPO der Herr der Zwangsvollstreckung). Zur Anrechnung von KVGv 261 auf eine Nichterledigungsgebühr KVGv 260 Richter DGVZ **16**, 172.

2   **2) Übermittlung an Drittgläubiger.** Der Gerichtsvollzieher muß in der Lage Rn 1 das bisher alleinige Vermögensverzeichnis des Schuldners gerade einem „Drittgläubiger" und nicht nur dem (Erst-)Gläubiger übermittelt haben, und zwar entweder als Ausdruck nach § 802 d I 2 ZPO oder als elektronisches Dokument nach § 802 d II ZPO unter den dortigen Bedingungen. Den Begriff Drittgläubiger bestimmt weder KVGv 261 noch die ZPO. Gemeint ist ein weiterer Gläubiger, der den Gerichtsvollzieher gegenüber dem Schuldner noch nicht ebenfalls mit einer Vollstreckung beauftragt hat, aber ein Rechtsschutzinteresse daran hat, die bisherige Vermögensauskunft mitzuerhalten.

3   **3) Festgebühr.** Sie ist eine Pauschale zur Abgeltung aller Übermittlungsarbeit, aber nicht auch einer weiteren Tätigkeit. Die Festgebühr entsteht auch bei einem unstatthaft beschränkten Auftrag, AG Mühldorf DGVZ **13**, 194, und anders als beim Erstgläubiger nach Rn 1 auch dann beim Drittgläubiger, wenn der Erstgläubiger verzichtet hatte, Düss DGVZ **14**, 265. Sie entsteht aber nicht nach einem Verzicht des Gläubigers auf die Übersendung, aM Schlesw DGVZ **15**, 90, AG Bln-Schöneb JB **15**, 268 (aber der Gläubiger ist Herr der Zwangsvollstreckung).

4   **4) Fälligkeit.** § 13 S 1.

5   **5) Kostenschuldner.** § 14.

Nr.	Gebührentatbestand	Gebühr
262	Abnahme der eidesstattlichen Versicherung nach § 836 Abs. 3 oder § 883 Abs. 2 ZPO	38,00 €

1   **1) Systematik, Regelungszweck.** Die Vorschrift ergänzt den § 260. Sie dient demselben Zweck, vgl insofern dort.

2   **2) Geltungsbereich.** Es geht nur um zwei abschließend aufgezählte Bereiche.
    A. Auskunft, Urkundenherausgabe, § 836 III ZPO. Der Schuldner muß dem Gläubiger die zur Geltendmachung der Forderung nötige Auskunft erteilen und ihm zugehörige Urkunden herausgeben, BLAH § 836 ZPO Rn 5 ff. Andernfalls muß der Schuldner nach § 836 III 2 auf Gläubigerantrag die Auskunft zu Protokoll geben und seine Angaben eidesstattlich versichern.

3   **B. Nichtherausgabe beweglicher Sache, § 883 II ZPO.** Gibt der Schuldner eine bewegliche Sache pflichtwidrig nicht heraus, muß er auf Gläubigerantrag zu Protokoll eidesstattlich versichern, daß er die Sache nicht besitze und auch nicht wisse, wo sie sich befinde.

4   **3) Abnahmeverfahren.** Dieses regeln §§ 836 III 3–5, 883 II 2, 3 und die dort genannten weiteren ZPO-Vorschriften. Vgl im übrigen bei KVGv 260.

5   **4) Gebührenhöhe.** Es entsteht je Abnahmeverfahren eine Festgebühr.

Nr.	Gebührentatbestand	Gebühr
270	Verhaftung, Nachverhaftung, zwangsweise Vorführung	39,00 €

Schrifttum: *Hippler/Winterstein,* Vermögensoffenbarung, eidesstattliche Versicherung und Verhaftung, 3. Aufl 2005.

Gliederung

1) Systematik	1, 2
2) Regelungszweck	3
3) Verhaftung, Nachverhaftung	4–8
A. Sicherung	4
B. Erzwingung der Aussage oder eidesstattlichen Versicherung	5
C. Unvertretbare Handlung	6
D. Persönlicher Arrest	7
E. Ordnungsmaßnahme	8
4) Vorführung	9, 10
A. Ausgebliebener Zeuge	9
B. Insolvenzschuldner	10
5) Gebührenhöhe	11–13
A. Verhaftung, Nachverhaftung	11
B. Beispiele zur Frage einer Verhaftung oder Nachverhaftung	12
C. Vorführung	13
6) Nichterledigung	14–17
A. Voraussetzungen	15
B. Beispiele zur Frage einer Nichterledigungsgebühr	16
C. Gebührenhöhe	17
7) Fälligkeit	18
8) Kostenschuldner	19

1) Systematik. Die Vorschrift läßt eine Festgebühr für die Verhaftung, eine **1** Nachverhaftung und die Vorführung in allen denjenigen Fällen entstehen, in denen der Gerichtsvollzieher als Vollstreckungsorgan tätig wird, auch nach § 11 II JBeitrG, Teil IX A dieses Buchs. Es ist insofern unerheblich, aus welchem Rechtsgrund der Gerichtsvollzieher derart vorgehen soll. Es ist ferner unerheblich, ob er die Amtshandlung auf Grund eines Antrags der Partei oder im amtlichen Auftrag vornimmt. Der Gerichtsvollzieher darf aber ohne einen Auftrag keine Gebühr KVGv 270 erheben und auch nicht zB einen bloßen Ergänzungsantrag in einen weiteren Hauptauftrag umdeuten, AG Bre JB **04**, 388 rechts. Die Gebühr gilt auch die anschließende Ablieferung zur Haft ab. Das ergibt sich schon daraus, daß das Gesetz für diese Ablieferung keine besondere Gebühr festsetzt. KVGv 260 bleibt unberührt, Winterstein DGVZ **99**, 40 (zum alten Recht).

Für eine *andere* Vollstreckungsmaßnahme, die der Gerichtsvollzieher neben einer **2** Verhaftung, Nachverhaftung, Vorführung oder Ablieferung vornimmt, können besondere Gebühren entstehen. Treffen ein Pfändungs- und ein Verhaftungsauftrag zusammen, liegt der letztere meist nur hilfsweise vor. Daher wird KVGv 270 nach § 3 Rn 30 erst nach sinnlosen Pfändungsversuch anwendbar.

2) Regelungszweck. Die Regelung bezweckt eine angemessene Vergütung des **3** gerade mit einem zumindest vorübergehenden Freiheitsentzug des Schuldners verbundenen hohen Verantwortung des Gerichtsvollziehers.

3) Verhaftung, Nachverhaftung. Man muß fünf Fallgruppen unterscheiden. **4**

A. Sicherung. Hierher gehört die Verhaftung des Schuldners nach § 98 II InsO, vgl auch §§ 4, 21 III, 153 II InsO. Der Gerichtsvollzieher wird insofern im amtlichen Auftrag tätig.

B. Erzwingung der Aussage oder eidesstattlichen Versicherung. Hierher **5** gehört weiter die Verhaftung eines Zeugen zur Erzwingung seiner grundlos verweigerten Aussage nach § 390 II ZPO, § 148 GVGA. Ferner gehört hierher eine Verhaftung zur Erzwingung der vom Schuldner verweigerten Abgabe der eidesstattlichen Versicherung nach §§ 802g, 836, 883, 889 ZPO, § 144 GVGA, AG Wesel JB **14**, 443. Im Fall § 802g ZPO muß der Gerichtsvollzieher einen Haftbefehl nach § 802g

II 2 ZPO dem Schuldner übergeben und ihm anheimstellen, entweder die Versicherung abzugeben oder eingeliefert zu werden, Blaskowitz DGVZ **04**, 55, Seip DGVZ **04**, 183. Auch die Nachverhaftung in einer Zwangshaft nach § 146 GVGA, Rn 11 gehört hierher.

6 **C. Unvertretbare Handlung.** Hierher gehört ferner eine Verhaftung des Schuldners zur Erzwingung seiner unvertretbaren Handlung nach §§ 888, 890 ZPO, § 144 GVGA.

7 **D. Persönlicher Arrest.** Hierher gehört weiter eine Verhaftung des Schuldners zur Vollziehung seines persönlichen Arrests nach §§ 918, 933 ZPO, § 152 GVGA.

8 **E. Ordnungsmaßnahme.** Hierher gehört schließlich die Verhaftung einer Person zur Vollstreckung eines nach §§ 380, 890 ZPO, § 178 GVG gegen sie als eine Partei oder einen Zeugen verhängten Ordnungsmittels. Der Gerichtsvollzieher wird hier im amtlichen Auftrag tätig.

9 **4) Vorführung.** Hier sind zwei Fallgruppen vorhanden.

A. Ausgebliebener Zeuge. Hierher gehört die Vorführung eines ausgebliebenen Zeugen nach § 380 II ZPO.

10 **B. Insolvenzschuldner.** Hierher gehört ferner die Vorführung eines Schuldners nach § 98 II InsO.

11 **5) Gebührenhöhe.** Man muß zwei Aspekte beachten.

A. Verhaftung, Nachverhaftung. Es entsteht je Verhafteten eine Festgebühr. § 11 ist anwendbar. Der Betrag gilt die gesamte Tätigkeit des Gerichtsvollziehers unabhängig vom Umfang seiner Mühe ab, einschließlich der Vorführung vor dem Gericht und der Einlieferung in die Haftanstalt. Es gibt keinen Zeitzuschlag. Denn KVGv 270 verweist nicht auf KVGv 500, wie es nach diesem erforderlich wäre. Es kommt also auf den Zeitaufwand nicht an. Freilich ist § 11 anwendbar. KVGv 270 umfaßt auch das Aufsuchen des Schuldners. Vorgänge *nach* der Verhaftung lassen KVGv 270 unberührt.

12 **B. Beispiele zur Frage einer Verhaftung oder Nachverhaftung**

Aufhebung des Haftbefehls: Unberührt bleibt KVGv 270 von solcher Maßnahme nach § 802c III ZPO.

Auslagen: Sie entstehen gesondert nach KVGv 700ff, zB für eine Beförderung nach KVGv 707 oder als eine Dokumentenpauschale nach KVGv 700 oder als Wegegeld nach KVGv 711.

Außerkraftsetzung des Haftbefehls: Es gilt dasselbe wie bei einer „Aufhebung des Haftbefehls".

Beförderungskosten: S „Auslagen".

Bereitschaft nach Verhaftung: Unberührt bleibt KVGv 270 bei einer Bereitschaft nach § 802i I ZPO zur Vermögensauskunft erst nach der Verhaftung, AG Hildesh DGVZ **05**, 30, AG Strausberg DGVZ **05**, 31.

Dokumentenpauschale: S „Auslagen".

Ergänzungsauftrag: Er gehört nach Rn 1 *nicht* zu KVGv 270.

Flucht: Unberührt bleibt KVGv bei einer Flucht des Verhafteten vor seiner Einlieferung, SchrKWi 11.

Freilassung: Unberührt bleibt KVGv 270 bei einer Zahlung erst nach der Verhaftung und einer Freilassung auf Wunsch des Gläubigers, Winterstein DGVZ **99**, 40.

Freiwilligkeit: Allenfalls KVGv 604 gilt beim freiwilligen Erscheinen des Schuldners und dessen sofortiger Zahlung vor dem Terminsbeginn und vor der Bekanntgabe des Haftbefehls, AG Bre JB **07**, 158, AG Wesel JB **14**, 443, Meyer 46, aM Seip DGVZ **04**, 184 (aber es erfolgt kein direkter Zwang).

Mehrheit von Beteiligten: Wenn der Gerichtsvollzieher im Auftrag mehrerer Gläubiger eine einzelne Person verhaftet, liegen wegen § 3 I 4 mehrere Aufträge vor. Wenn der Gerichtsvollzieher durch dieselbe Handlung mehrere Personen verhaftet, gilt ebenfalls § 3 I 4. Es liegen also auch dann mehrere Aufträge vor. Daher ist § 10 unanwendbar. Die Gebühr entsteht also mehrfach. Soweit nur eine Person

XI. G über Kosten der GVz **270 KVGv**

der gesetzliche Vertreter mehrerer Schuldner (Gesellschafter usw) ist, liegt nur *eine* Verhaftung vor, aM SchrKWi 20 (aber das würde zu einer unmäßigen Verteuerung zB bei einer großen Gesellschaft führen). Die gleichzeitig für mehrere Gläubiger erfolgende Verhaftung löst die Gebühr nach § 3 II Z 3 nur einmal aus, Brück DGVZ **78**, 150, Hantke DGVZ **78**, 86, aM AG Westerburg DGVZ **04**, 174, Meyer 49.

Nachverhaftung: Für eine Nachverhaftung entsteht je nach der verhafteten Person ebenfalls die Festgebühr nach Rn 5. Eine Nachverhaftung liegt vor, soweit der Gerichtsvollzieher einen bereits Inhaftierten auf Grund eines anderen Haftbefehls nochmals förmlich in der Haftanstalt für verhaftet erklärt. Der Gerichtsvollzieher muß dem Verhafteten dann nach § 146 GVGA den weiteren Haftbefehl bekanntgeben.

S aber auch „Nochmalige Verhaftung".

Nochmalige Verhaftung: Von einer Nachverhaftung muß man eine nochmalige Verhaftung desselben Schuldners auf Grund desselben oder eines anderen Haftbefehls im Anschluß an seine vorherige Freilassung unterscheiden. Das gilt selbst dann, wenn die erneute Verhaftung unmittelbar nach der Freilassung erfolgt. Diese nochmalige Verhaftung läßt eine neue Gebühr entstehen. Das gilt auch im Anschluß an eine natürlich nicht unter KVGv 270 fallende Untersuchungs- oder Strafhaft, an die sich nur eine erste Verhaftung nach Rn 2–8 anschließt. Dann entsteht nach § 146 GVGA eine erste Verhaftungsgebühr.

Verhaftungsort: Anwendbar ist KVGv 270 auch bei einer Verhaftung im Büro des Gerichtsvollziehers zwecks Vermögensauskunft, AG Aalen, DGVZ **15**, 24.

Versuch: Ihn vergütet allenfalls KVGv 604.

Vorführung: Rn 10. Unberührt bleibt KVGv 270 bei einer Vorführung nach (jetzt) § 149 GVGA, AG Hildesh DGVZ **05**, 30.

Vorladung: Anwendbar bleibt KVGv 270 bei einer Verhaftung des zu diesem Zweck vorgeladenen und erschienenen Schuldners, AG Augsb DGVZ **03**, 191.

Wegegeld: S „Auslagen".

Zahlung: S „Freilassung".

C. Vorführung. Die Gebühr entsteht auch für die zwangsweise Vorführung nach Rn 9, 10. Das kann auch dadurch geschehen, daß er dem Schuldner vertraut und sich mit ihm erst am Gericht usw trifft, um ihn dort „abzuliefern". **13**

Wenn der Verhaftete oder der zum Zweck der Vorführung Festgenommene *entweicht*, bevor der Gerichtsvollzieher ihn zur Ablieferung bringt oder vorführt, entsteht die Gebühr KVGv 604, falls den Gerichtsvollzieher keine Schuld trifft, falls der Grund also nicht in seiner Person liegt. Andernfalls ist § 7 anwendbar. Wenn sich der Gesamtauftrag zB durch eine Erfüllung seitens des Schuldners nach dessen Verhaftung erledigt, bleibt die Gebühr KVGv 270 bestehen. Andernfalls kann KVGv 604 anwendbar sein.

6) Nichterledigung. Man muß zwei Fragen klären. § 11 ist auch hier anwendbar, nicht aber KVGv 500. **14**

A. Voraussetzungen. Es ist KVGv 604 anwendbar, dort Rn 23. Über die Höhe der Gebühr entscheidet also der Umstand, ob der Auftrag aus einem solchen Grund unterblieben ist, der in der Person des Gerichtsvollziehers liegt oder von seiner Entschließung abhängt. Dann entsteht keine Gebühr. **15**

Die Gebühr entsteht auch nur, falls sich der Auftrag endgültig und nicht nur vorerst erledigt.

B. Beispiele zur Frage einer Nichterledigungsgebühr **16**

Andere Amtshandlung: *Keine* Nichterledigungsgebühr KVGv 604 entsteht dann, wenn der Gerichtsvollzieher zunächst eine andere Amtshandlung vorrangig vornimmt.

Auftragsabgabe: Wenn der Gerichtsvollzieher einen Auftrag an einen anderen Gerichtsvollzieher im Bezirk desselben AG oder außerhalb des Bezirks abgibt, entstehen die Gebühren nur bei dem übernehmenden Gerichtsvollzieher.

Auftragsrücknahme: Die Nichterledigungsgebühr KVGv 604 entsteht dann, wenn der Gerichtsvollzieher erst an Ort und Stelle vor der Verhaftung usw erfährt, daß der Gläubiger den Auftrag zurückgenommen hat.

KVGv 270, Vorbem 3, 300

Einstellung der Vollstreckung: Die Nichterledigungsgebühr KVGv 604 entsteht dann, wenn das Gericht die Zwangsvollstreckung nach § 775 ZPO einstellt.

Erkrankung: *Keine* Nichterledigungsgebühr KVGv 604 entsteht dann, wenn der Gerichtsvollzieher erkrankt.

Haftentlassung: Die Nichterledigungsgebühr KVGv 604 entsteht dann, wenn man auf einen Gläubigerantrag den Schuldner vor der Abgabe seiner eidesstattlichen Versicherung nach §§ 802c ff ZPO aus der Haft entläßt, AG Bln-Wedding DGVZ 92, 142.

Hafthindernis: Die Nichterledigungsgebühr KVGv 604 entsteht dann, wenn sich die Unzulässigkeit der Haft nach § 802h ZPO ergibt.

Tod: Die Nichterledigungsgebühr KVGv 604 entsteht dann, wenn der Schuldner vor der Verhaftung usw stirbt.

Unauffindbarkeit: Die Nichterledigungsgebühr KVGv 604 entsteht nach Rn 11 dann, wenn der Schuldner für den Gerichtsvollzieher trotz zumutbarer Bemühung unauffindbar ist.

Daher kann die Gebühr *nicht* schon dann entstehen, wenn der Gerichtsvollzieher der Person nicht gleich habhaft wird, sondern nur dann, wenn diese in der Wohnung überhaupt nicht wohnt oder sie so meidet, daß der Gerichtsvollzieher sie nicht ergreifen kann, oder wenn sie an der Arbeitsstelle nicht mehr arbeitet.

Vermögensauskunft: Die Nichterledigungsgebühr KVGv 604 entsteht nach Rn 11 dann, wenn der Schuldner seine eidesstattliche Versicherung nach §§ 802c ff ZPO vor seiner Verhaftung usw doch noch ableistet, AG Hildesh DGVZ **05**, 30, Wiedemann DGVZ **04**, 129.

Vorschuß-Nichtzahlung: Die Nichterledigungsgebühr KVGv 604 entsteht dann, wenn der Gläubiger den Vorschuß nach § 4 I 2 nicht gezahlt und der Gerichtsvollzieher daher den Auftrag zurückgibt.

Wegzug: Die Nichterledigungsgebühr KVGv 604 entsteht für den bisherigen Gerichtsvollzieher dann, wenn der Schuldner vor der Verhaftung usw aus dem Bezirk dieses Gerichtsvollziehers wegzieht.

Zahlung: Die Nichterledigungsgebühr KVGv 604 entsteht dann, wenn der Schuldner oder für ihn ein Dritter noch vor der Verhaftung des Schuldners usw zahlt. Dann kann die Hebegebühr KVGv 430 entstehen.

17 **C. Gebührenhöhe.** KVGv 604, Rn 23. Wegen der neuen Bundesländer § 20.
18 **7) Fälligkeit.** Es gilt § 14 S 1.
19 **8) Kostenschuldner.** Es gilt § 13.

Abschnitt 3. Verwertung

(Amtliche) Vorbemerkung 3:

[1]Die Gebühren werden bei jeder Verwertung nur einmal erhoben. [2]Dieselbe Verwertung liegt auch vor, wenn der Gesamterlös aus der Versteigerung oder dem Verkauf mehrerer Gegenstände einheitlich zu verteilen ist oder zu verteilen wäre und wenn im Falle der Versteigerung oder des Verkaufs die Verwertung in einem Termin, bei einer Versteigerung im Internet in einem Ausgebot, erfolgt.

Nr.	Gebührentatbestand	Gebühr
300	Versteigerung, Verkauf oder Verwertung in anderer Weise nach § 825 Abs. 1 ZPO von – beweglichen Sachen, – Früchten, die noch nicht vom Boden getrennt sind, – Forderungen oder anderen Vermögensrechten	52,00 €
	[1]Neben dieser Gebühr wird gegebenenfalls ein Zeitzuschlag nach Nummer 500 erhoben. [2]Dies gilt nicht bei einer Versteigerung im Internet.	

XI. G über Kosten der GVz **300 KVGv**

Gliederung

1) Systematik	1
2) Regelungszweck	2
3) Geltungsbereich: Versteigerung, Verkauf oder sonstige Verwertung	3–7
A. Grundsatz	3
B. Pauschale	4
C. Mehrere Versteigerungen	5
D. Nur *eine* Verwertung	6
E. Mehrere Verwertungen	7
4) Gebührenhöhe	8–11
5) Nichterledigung	12
6) Fälligkeit	13
7) Kostenschuldner	14

1) Systematik. Die Verwertungsgebühren entstehen nach §§ 817a, 821, 825 I 1 ZPO bei einer Verwertung anläßlich einer Zwangsvollstreckung nach der ZPO oder nach dem ZVG, auch soweit ein freihändiger Verkauf stattfindet, Richter DGVZ 13, 173, ferner nach § 108 ZVG (wegen § 825 II ZPO KVGv 310). Die Verwertungsgebühren kommen ferner nach § 1 I in Betracht, soweit das Bundes- oder Landesrecht den Gerichtsvollzieher zu einer Versteigerung außerhalb der Zwangsvollstreckung oder für den freihändigen Verkauf usw zuständig macht. Es reicht auch die Verwertung einer im Strafverfahren eingezogenen Sache nach §§ 63, 64 StrVollstrO.

Das gilt zB: Bei der Versteigerung einer hinterlegungsunfähigen Sache nach § 383 III BGB; beim Pfandverkauf nach § 1235 I BGB; bei einer Auseinandersetzung unter Miterben nach §§ 2042, 753 BGB; bei einer Versteigerung oder beim Verkauf von Waren wegen des Annahmeverzugs des Gläubigers nach § 373 HGB; bei einer Versteigerung oder des Verkaufs solcher Sachen, die verpfändet waren, oder von anderen Sachen nach §§ 1219 BGB, 379, 388, 391, 437 HGB dann, wenn ihr Verderb droht oder wenn man eine wesentliche Wertminderung befürchten muß; bei der Versteigerung einer Fundsache nach §§ 966, 979 BGB, §§ 180 ff GVGA. Die Gebühren KVGv 300–310 entstehen aber auch bei einer der Verwertung nach KVGv 300 ähnlichen öffentlichen Verpachtung an den Meistbietenden nach KVGv 301.

Die *amtliche Vorbemerkung* vor KVGv 300 stellt eine gegenüber § 10 I vorrangige Sonderregelung dar. Während § 10 I je Auftrag nur einmal je KVGv vergütet, hebt KVGv 300 in der amtlichen Vormerkung auf „jede Verwertung" ab und legt das näher dar. Verwertungsgebühren sind von Auftragszahl unabhängig.

2) Regelungszweck. Die Vorschrift dient der Vereinfachung. Sie ersetzt die früheren landesrechtlichen Vorschriften, vgl auch jetzt § 30a EGGVG, Teil XII B dieses Buchs. 2

3) Geltungsbereich: Versteigerung, Verkauf oder sonstige Verwertung. 3 Man muß zwei Hauptaspekte unterscheiden.

A. Grundsatz. Über den Umfang der Anwendbarkeit von I Rn 1, 2. I stimmt mit KVGv 205 teilweise überein. KVGv 300 ist zB anwendbar: Auf die Versteigerung nach §§ 814 ff, 824, 847, 857, 885 IV, 930 III ZPO; auf diejenige außerhalb der Zwangsvollstreckung, etwa nach §§ 180 ff GVGA; auf den freihändigen Verkauf innerhalb der Zwangsvollstreckung nach § 821 ZPO, § 108 ZVG, oder außerhalb der Zwangsvollstreckung nach §§ 180 ff GVGA; auf den Fall des § 825 I ZPO, soweit es um eine Versteigerung oder einen freihändigen Verkauf geht.

Eine *Versteigerung* ist nicht nur bei einer beweglichen Sache möglich, etwa einer Aktie oder einem anderen Wertpapier, bei Früchten auf dem Halm, sondern sie ist auch bei einer Forderung und anderen Vermögensrechten möglich, zB: Bei einer Grundschuld; bei einer Hypothek; bei dem Anteil einer Gesellschaft mit beschränkter Haftung; bei einem Recht aus einem Patent; bei einem Verlagsrecht; bei einem Urheberrecht; bei einer Lizenz beim Bergwerksanteil (Kux); bei einer Schiffspart.

B. Pauschale. Die Festgebühr ist eine Aktgebühr. Sie umfaßt die Vorbereitung, 4 Bekanntmachung, Durchführung und Abwicklung einschließlich der Empfangnahme, der Ablieferung, der Hinterlegung, der Aufbewahrung und der Abrechnung. Das gilt nach Rn 10 freilich nur, soweit nicht zusätzliche Sonderregeln bestehen. Auslagen entstehen gesondert. Die Gebühr entsteht dann, wenn der Gerichtsvollzieher die Verwertung abgeschlossen hat. Für jede Verwertung entsteht eine Gebühr nach der amtlichen Vorbemerkung vor KVGv 300, dort auch zur Abgrenzung des Begriffs Verwertung. Jeder Termin zählt also besonders. Es ist unerheblich, warum der Gerichtsvollzieher die Verwertung nicht schon im ersten Termin vorgenommen hat. Wenn es sich aber in Wahrheit um dieselbe Verwertung handelt, liegt nur eine einzige Versteigerung vor. Das gilt zB dann, wenn der Gerichtsvollzieher Sachen in verschiedenen Räumen bei derselben Gelegenheit verwertet oder wenn er Gegenstände auf dem Hof und Früchte auf dem Felde verwertet oder wenn er die Versteigerung am ersten Tag nicht beenden konnte und sie daher am nächsten Tag fortsetzt.

5 **C. Mehrere Versteigerungen.** Sie liegen dann vor, wenn der Gerichtsvollzieher die Verwertung deshalb unterbrochen hat, weil die Vollstreckung eingestellt wurde oder weil er dem Schuldner den Rest der Forderung gestundet hat. Das gilt ebenso dann, wenn er einen weiteren Termin für dasselbe Pfandstück neu anberaumt hat, weil er das Stück im ersten Termin nicht verwerten konnte.

6 **D. Nur *eine* Verwertung.** Nur eine einzige Verwertung und demgemäß auch nur eine Festgebühr entsteht rechtlich nach § 827 III ZPO dann, wenn der Gerichtsvollzieher bei demselben Schuldner mehrere Sachen gemeinsam gepfändet hat, mag er das auch auf Grund mehrerer Schuldtitel für einen oder mehrere Gläubiger getan haben, und wenn er sie nun gleichzeitig versteigert. Das gilt auch im Fall einer Anschlußpfändung.

7 **E. Mehrere Verwertungen.** Sie liegen dann vor, wenn der Gerichtsvollzieher die Versteigerung zwar an demselben Tag durchführt, das Aufgebot und den Erlös aber deshalb gesondert behandeln muß, weil er solche Gegenstände versteigert, die er in verschiedenen Sachen zu verschiedenen Zeiten gepfändet hat. Die gemeinsam vorgenommene Versteigerung ist dann nur eine zeitliche Zusammenfassung mehrerer rechtlich auseinanderzuhaltender Versteigerungen. Deshalb gilt dann nur der Grundsatz Rn 4. Allerdings ist nach der amtlichen Vorbemerkung S 2 nur eine einzige Verwertung vorhanden, soweit der Gerichtsvollzieher den Gesamterlös einheitlich verteilen muß und wenn bei der Versteigerung oder beim Verkauf die Verwertung in demselben Termin oder in demselben Internet-Ausgebot erfolgt.

8 **4) Gebührenhöhe.** Die Festgebühr gilt für jede Verwertung besonders. Ein Zeitzuschlag kann wegen der Verweisung in der amtlichen Anmerkung zu KVGv 500 S 1 eintreten, nicht aber nach deren S 2 bei einer Versteigerung im Internet. Bei einer Verwertung zur Nachtzeit oder an einem Sonnabend, Sonn- oder Feiertag auf einen Antrag eines Beteiligten gilt § 11.

9 Neben der Gebühr können *Auslagen* nach KVGv 700 ff entstehen. Die Unkosten der Beschaffung des Versteigerungsraums usw können unter KVGv 713 fallen.

10 Die Gebühr gilt nicht nur die Versteigerung als solche ab, sondern auch die *damit zusammenhängenden Nebengeschäfte*, insbesondere die Vorbereitung, die öffentliche Bekanntmachung, die Empfangnahme, die Aufbewahrung, die Abrechnung und die Ablieferung des Geldes. Die letztere liegt auch dann vor, wenn der Gerichtsvollzieher auf eine Anordnung des Vollstreckungsgerichts nach § 825 II ZPO die Versteigerung durch eine andere Person durchführen läßt, die dem Gerichtsvollzieher den Erlös übergibt. Denn KVG 430 ist deshalb auch unanwendbar, weil die Empfangnahme usw bei der ordnungsgemäßen Durchführung des Auftrags entsteht.

11 Für die *Entfernung aus dem Gewahrsam* des Schuldners entsteht nach KVGv 420 eine besondere Gebühr.
Auslagen richten sich nach KVGv 700 ff.

12 **5) Nichterledigung.** KVGv 604.

13 **6) Fälligkeit.** § 14 S 1. Maßgeblich ist noch nicht der Zuschlag, sondern erst die Übergabe an den Ersteher, SchrKWi 9.

14 **7) Kostenschuldner.** § 13.

XI. G über Kosten der GVz **301, 302 KVGv**

Nr.	Gebührentatbestand	Gebühr
301	Öffentliche Verpachtung an den Meistbietenden .... Neben dieser Gebühr wird gegebenenfalls ein Zeitzuschlag nach Nummer 500 erhoben.	52,00 €

1) **Systematik.** Es gelten dieselben Erwägungen wie bei KVGv 300 Rn 1. Die Vorschriften stehen gleichberechtigt nebeneinander. 1

2) **Regelungszweck.** Auch hier gelten dieselben Erwägungen wie bei KVGv 00. 2

3) **Geltungsbereich: Öffentliche Verpachtung.** Die Vorschrift ist nach § 1 I anwendbar, soweit der Gerichtsvollzieher nach dem Landesrecht zu einer öffentlichen Verpachtung an einen Meistbietenden befugt ist und in diesem Rahmen handelt. 3

4) **Gebührenhöhe.** Es gelten dieselben Erwägungen wie bei KVGv 300 Rn 8 ff. Auch ein Zeitzuschlag ist möglich. Denn die amtliche Anmerkung zu KVGv 301 verweist auf KVGv 500. KVGv 302 bleibt anwendbar. 4

5) **Nichterledigung.** KVGv 604. 5

6) **Fälligkeit.** § 14 S 1. 6

7) **Kostenschuldner.** § 13. 7

Nr.	Gebührentatbestand	Gebühr
302	Anberaumung eines neuen Versteigerungs- oder Verpachtungstermins oder das nochmalige Ausgebot bei einer Versteigerung im Internet .... ¹ Die Gebühr wird für die Anberaumung eines neuen Versteigerungs- oder Verpachtungstermins nur erhoben, wenn der vorherige Termin auf Antrag des Gläubigers oder des Antragstellers oder nach den Vorschriften der §§ 765 a, 775, 802 b ZPO nicht stattgefunden hat oder wenn der Termin infolge des Ausbleibens von Bietern oder wegen ungenügender Gebote erfolglos geblieben ist. ᴵᴵ Die Gebühr wird für das nochmalige Ausgebot bei einer Versteigerung im Internet nur erhoben, wenn das vorherige Ausgebot auf Antrag des Gläubigers oder des Antragstellers oder nach den Vorschriften der §§ 765 a, 775, 802 b ZPO abgebrochen worden ist oder wenn das Ausgebot infolge des Ausbleibens von Geboten oder wegen ungenügender Gebote erfolglos geblieben ist.	10,00 €

1) **Systematik.** Es gelten dieselben Erwägungen wie bei KVGv 300 Rn 1. Vgl auch Rn 7. Die amtliche Anmerkung klärt, daß KVGv 302 nur in den dort abschließend bestimmten Fällen eines neuen Termins anwendbar ist, Richter DGVZ 13, 174. 1

2) **Regelungszweck.** Es gelten dieselben Erwägungen wie KVGv 300 Rn 2. Der neue Termin oder das nochmalige Ausgebot bei einer Versteigerung im Internet nach § 814 II Z 2 ZPO soll dann ein zusätzliches Entgelt erbringen, wenn der ursprüngliche aus Gründen entfallen mußte, die man dem Gerichtsvollzieher nicht zurechnen kann. Wegen der abschließenden Aufzählung in der amtlichen Anmerkung muß man die gesamte Vorschrift eng auslegen, soweit eine Zahlungspflicht infrage kommt. 2

3) **Neuer Termin oder nochmaliges Ausgebot.** Die Gebühr ist ein Entgelt für die Anberaumung eines neuen Termins oder für die Herstellung eines nochmaligen Ausgebots bei einer Versteigerung im Internet. Nicht schon der Antrag, sondern erst 3

die Anberaumung des Termins usw bringt die Gebühr zur Entstehung. Es muß eine der folgenden Voraussetzungen vorliegen.

4   **A. Terminswegfall oder Ausgebotsabbruch auf Antrag.** Der Gerichtsvollzieher muß den alten Versteigerungs- oder Verpachtungstermin und nicht etwa einen Termin zu einem freihändigen Verkauf auf Grund eines Antrags des Gläubigers oder des Antragstellers zwar angesetzt haben. Dieser frühere Termin darf aber dann doch zulässigerweise ebenfalls auf einen Antrag des Gläubigers oder des Antragstellers nicht stattgefunden haben. Eine andere Terminsart ist unbeachtbar. Soweit der Gerichtsvollzieher einen neuen Termin von Amts wegen anberaumt, ist KVGv 302 unanwendbar.

Bei einer *Internetversteigerung* nach § 814 II Z 2 ZPO entspricht dem Terminswegfall ein antragsgemäßer Abbruch des Ausgebots.

5   **B. Einstellung.** Oder: Der vorgenannte Termin oder das vorgenannte Ausgebot muß wegen des Nachweises eines Einstellungsgrundes nach den §§ 765a, 775, 802b ZPO unterblieben sein.

6   **C. Kein Bieter, ungenügendes Gebot.** Oder: Der vorgenannte Termin oder das vorgenannte Ausgebot muß infolge des Ausbleibens von Bietern oder Geboten oder wegen ungenügender Gebote erfolglos geblieben sein.

7   **D. Gemeinsames.** Nur wenn einer der vorgenannten Gründe und nicht ein anderer zur bisherigen Nichtverwertung geführt hat, löst die Anberaumung eines neuen Termins oder ein nochmaliges Ausgebot die Gebühr aus. Es reichen also zB nicht aus: Ein Termin zu einem freihändigen Verkauf; ein Termin wegen der Mitwirkung durch einen anderen nach § 825 II ZPO; ein erster Termin. Die Gebühr KVGv 302 kann neben den Gebühren KVGv 300, 301 entstehen. Sie setzt bei Rn 4 und Rn 5 nicht voraus, daß sich der Gerichtsvollzieher damals an Ort und Stelle begeben hatte.

8   **4) Gebührenhöhe.** Es entsteht eine Festgebühr. Die Gebühr entsteht nach der amtlichen Vorbemerkung 3 S 1 unabhängig von der Zahl der Aufträge auch dann nur einmal, wenn es sich um die Versteigerung mehrerer gemeinsam gepfändeter Sachen handelt. Dann ist es unerheblich, ob mehrere Gläubiger den Antrag gestellt haben. Es gibt beim Termin mangels amtlicher Erwähnung in KVGv 302 und beim Ausgebot wegen der amtlichen Anmerkung zu KVGv 300 S 2 keinen Zeitzuschlag nach KVGv 500. § 11 ist praktisch unanwendbar.

9   **5) Nichterledigung.** KVGv 600–604 sind unanwendbar, da sie nicht auch KVGv 302 erwähnen.

10 **6) Fälligkeit.** § 14 S 1.

11 **7) Kostenschuldner.** § 13.

Nr.	Gebührentatbestand	Gebühr
310	**Mitwirkung bei der Versteigerung durch einen Dritten (§ 825 Abs. 2 ZPO)** .... Neben dieser Gebühr wird gegebenenfalls ein Zeitzuschlag nach Nummer 500 erhoben.	16,00 €

1   **1) Systematik.** Es gelten dieselben Erwägungen wie bei KVGv 300 Rn 2.

2   **2) Regelungszweck.** Es gelten dieselben Erwägungen wie bei KVGv 300 Rn 2.

3   **3) Geltungsbereich: Andere Peson als Versteigerer.** Der Gerichtsvollzieher kann nach § 825 I 1 ZPO die Verwertung einer gepfändeten Sache in anderer Weise oder an einem anderen Ort als nach §§ 814 ff ZPO auf einen Antrag des Gläubigers oder des Schuldners bestimmen. Dann entsteht für den Gerichtsvollzieher bei seiner eigenen Mitwirkung an einer von ihm angeordneten Versteigerung nach § 816 ZPO eine Mitwirkungsgebühr nach KVGv 310.

Unanwendbar ist KVGv 310 auf eine Verwertung nach § 825 II ZPO. Für sie kommt KVGv 300 in Betracht, dort Rn 1.

XI. G über Kosten der GVz **310, 400, 401 KVGv**

4) Gebührenhöhe. Es gelten dieselben Erwägungen wie bei KVGv 300 Rn 4. 4
Ein Zeitzuschlag ist möglich. Denn die amtliche Anmerkung verweist auf KVGv 500.
§ 11 ist anwendbar.

5) Nichterledigung. KVGv 604. 5

6) Fälligkeit. § 14 S 1. 6

7) Kostenschuldner. § 13. 7

Abschnitt 4. Besondere Geschäfte

Nr.	Gebührentatbestand	Gebühr
400	Bewachung und Verwahrung eines Schiffes, eines Schiffsbauwerks oder eines Luftfahrzeugs (§§ 165, 170, 170a, 171, 171c, 171g, 171h ZVG, § 99 Abs. 2, § 106 Abs. 1 Nr. 1 des Gesetzes über Rechte an Luftfahrzeugen) .... Neben dieser Gebühr wird gegebenenfalls ein Zeitzuschlag nach Nummer 500 erhoben.	98,00 €

1) Systematik. Die Vorschrift gilt nur in den dort ausdrücklich abschließend ge- 1
nannten Fällen im Auftrag des Vollstreckungsgerichts. Dazu zählt freilich auch die
bloße Beschlagnahme nebst der Übergabe zur Bewachung und Verwahrung an eine
ihm bezeichnete Person. Das kann auch er selbst sein. Wenn ein Schiff oder Luftfahrzeug gepfändet worden ist, gilt KVGv 205 seine Bewachung und Verwahrung ab. Die
Entsetzung aus dem Besitz eines eingetragenen Schiffs oder Schiffsbauwerks im Auftrag
des Gläubigers fällt unter KVGv 240. Die Gebühr KVGv 400 entsteht also nicht etwa
zusätzlich. Die Gebühren entstehen je bewachtes Schiff usw.
Unanwendbar ist KVGv 400 auf eine Tätigkeit des Gerichtsvollziehers als ein Sequester nach § 1 Rn 3 oder bei KVGv 240.

2) Regelungszweck. Zwar kann der Gerichtsvollzieher ein jedes der genannten 2
Objekte praktisch nur mithilfe der Polizei usw „bewachen und verwahren", um den
Auftrag der Sicherung zu erfüllen. Dennoch verbleibt bei ihm ein gehöriges Maß von
planerischer, organisatorischer und psychischer Verantwortung. Diese entlohnt KVGv
400 immer noch nicht gerade fürstlich. Das muß man ungeachtet des Grundsatzes
einer Auslegung zugunsten des Kostenschuldners nach Grdz 8 vor § 1, § 1 Rn 2
durchaus mitbeachten.

3) Geltungsbereich. Die Festgebühr entsteht für die Bewachung und Verwah- 3
rung. Man darf diese Begriffe weder zu großzügig noch zu streng auslegen. Ihr Zusammentreffen läßt doch nur eine einzige Gebühr entstehen, soweit es sich um denselben Auftrag handelt.

4) Gebührenhöhe. Die Festgebühr entsteht unabhängig von der Größe oder dem 4
Wert des Objekts je Auftrag nur einmal, Rn 3. Mehrere Objekte bedeuten mehrere
Aufträge. Ein Zeitzuschlag nach KVGv 500 ist möglich. Denn die amtliche Anmerkung verweist auf KVGv 500. § 11 ist anwendbar.

5) Nichterledigung. KVGv 604. 5

6) Fälligkeit. § 14 S 1. 6

7) Kostenschuldner. § 13. 7

Nr.	Gebührentatbestand	Gebühr
401	Feststellung der Mieter oder Pächter von Grundstücken im Auftrag des Gerichts je festgestellte Person	7,00 €

KVGv 401

Nr.	Gebührentatbestand	Gebühr
	Die Gebühr wird auch erhoben, wenn die Ermittlungen nicht zur Feststellung eines Mieters oder Pächters führen.	

1 1) **Systematik.** Die Vorschrift bestimmt eine Festgebühr. § 3 ist anwendbar, ebenso § 11. Die amtliche Anmerkung hat den Vorrang vor KVGv 600–604.

2 2) **Regelungszweck.** Die Aufgabe an den Gerichtsvollzieher zur Feststellung eines Mieters oder Pächters, stellt sich nur dann, wenn eine solche Ermittlung mit den sonst üblichen Methoden nicht möglich war. Wer an die berüchtigten Hamburger „Hafenstraßen"-Vorgänge denkt, kann ermessen, vor welchen Problemen und auch eventuell trotz aller Polizeihilfe verbleibenden persönlichen Gefahren sich der Gerichtsvollzieher in diesem Tätigkeitsbereich sehen kann. Muß er Dutzende von Hausbesetzern identifizieren, wachsen nicht nur die Festgebühren, sondern noch eher die Gefährdungen. Das alles kann zur kräftigen Unterbezahlung führen. Auch die Suche nach dem Verbleib eines einzelnen „harmlosen" Mieters kann viel Zeit und Kraft fordern. Man sollte solche Umstände bei der Auslegung mitbeachten.

3 3) **Geltungsbereich.** Es geht darum, daß der Rpfl im Zwangsversteigerungsverfahren den Gerichtsvollzieher nach § 57b I 4 Hs 2 ZVG auf Grund des Antrags eines Gläubigers mit der Feststellung der Mieter und Pächter beauftragt. Es genügt aber auch ein gerichtlicher Auftrag dieser Art außerhalb der Zwangsversteigerung.

4 4) **Gebührenhöhe.** Für die Feststellung eines jeden Mieters und eines jeden Pächters entsteht die Festgebühr. Sie entsteht unabhängig von der Zahl der Miet- oder Pachtverträge für jede festgestellte Person in derselben Höhe, unabhängig von der Gesamtzahl der Personen. Besteht eine Partei aus mehreren Personen, etwa bei Eheleuten oder Lebenspartnern als gemeinsamen Mitmietern, entsteht für die Feststellung einer jeden Person eine Gebühr. Man darf aber solche Personen nicht hinzurechnen, die ihr Benutzungsrecht lediglich von einem Mieter oder Pächter ableiten, etwa seine Familienangehörigen oder Untermieter. § 11 ist anwendbar.

Nur *ein* Auftrag nach § 3 I 1 liegt dann vor, wenn es um die gleichzeitige Feststellung der Mieter auch mehrerer Grundstücke geht. Ein späterer gleichartiger Auftrag ist rechtlich neu.

5 5) **Nichterledigung.** Wenn die Ermittlungen des Gerichtsvollziehers ohne einen Erfolg geblieben sind, weil Mieter oder Pächter nicht vorhanden sind oder weil er sie nicht feststellen konnte, entsteht nach der amtlichen Anmerkung gleichwohl dieselbe Festgebühr wie im Erfolgsfall. Diese Gebühr kann nicht nur dann entstehen, wenn der Auftrag überhaupt ohne ein Verschulden des Gerichtsvollziehers unerledigt bleibt, sondern auch dann, wenn der Gerichtsvollzieher einen oder mehrere Mieter festgestellt hat, wenn sein Auftrag aber dahin geht, noch weitere Mieter festzustellen. Die Gebühr kann also evtl mehrmals entstehen, aM SchrKWi 6.

6 Es ist allerdings stets erforderlich, daß der Gerichtsvollzieher überhaupt einen *Auftrag* zur Feststellung erhalten hat. Dann kommt es freilich auch wegen des Vorrangs der amtlichen Anmerkung zu KVGv 401 vor der amtlichen Vorbemerkung zu KVGv 600–604 nach Rn 1 nicht darauf an, ob sich der Gerichtsvollzieher schon an Ort und Stelle begeben hat. Erforderlich und ausreichend ist der Beginn von „Ermittlungen" zwecks einer Feststellung. Erledigt sich der Auftrag auf andere Weise, entsteht keine Gebühr.

7 6) **Fälligkeit.** § 14 S 1.

8 7) **Kostenschuldner.** § 13.

XI. G über Kosten der GVz **410, 411 KVGv**

Nr.	Gebührentatbestand	Gebühr
410	Tatsächliches Angebot einer Leistung (§§ 293, 294 BGB) außerhalb der Zwangsvollstreckung	16,00 €

Zu KVGv 410, 411:

DB-GvKostG Nr. 14. [I] [1]Die in den Nrn. 410, 411 KV bestimmten Gebühren werden nur erhoben, wenn die Gerichtsvollzieherin oder der Gerichtsvollzieher mit dem Angebot der Leistung oder der Beurkundung des Leistungsangebots außerhalb eines Auftrags zur Zwangsvollstreckung besonders beauftragt war. [2]Ein Leistungsangebot im Rahmen eines Vollstreckungsauftrags nach § 756 ZPO oder die Beurkundung eines solchen Angebots ist Nebengeschäft der Vollstreckungstätigkeit (vgl. § 45 Abs. 4 GVGA).

[II] Gebühren werden nicht erhoben, wenn die Gerichtsvollzieherin oder der Gerichtsvollzieher nach Landesrecht für die Amtshandlung sachlich nicht zuständig ist.

1) **Systematik.** Die Gebühr kann nur dann entstehen, wenn der Gerichtsvollzieher nach der jeweiligen landesgesetzlichen Regelung sachlich und örtlich zuständig ist, § 1 I. § 11 ist anwendbar. Auslagen sind stets nach KVGv 700 ff ersetzbar. **1**

2) **Regelungszweck.** Die von der Vorschrift vergütete Tätigkeit des Gerichtsvollziehers scheint einfach. Sie gestaltet sich aber in der Praxis manchmal doch ziemlich kompliziert. Das gilt unabhängig davon, ob und inwieweit zB eine Kontrolle von Mangelfreiheit zumindest zu Nebenpflichten dieser Angebotsart zählt. Auch wenn nach Rn 1 natürlich ein Auslagenersatz wie sonst hinzutritt, kann etwa bei einer besonders verderblichen oder zerbrechlichen wertvollen Sache viel an Begleitschutz, Sorgfalt, Pflege erforderlich sein. Im Rahmen einer Auslegung darf und muß man auch solche Umstände mitberücksichtigen. **2**

3) **Geltungsbereich: Leistungsangebot.** Es muß sich um das tatsächliche Angebot einer Leistung gegenüber dem Gläubiger außerhalb der Zwangsvollstreckung nach §§ 293, 294 BGB handeln. Der Schuldner muß den Gerichtsvollzieher mit diesem tatsächlichen Leistungsangebot beauftragt haben. Der Gerichtsvollzieher muß dafür nach dem Landesrecht zuständig sein. **3**

Keine Gebühr KVGv 410 entsteht daher dann, wenn der Gerichtsvollzieher im Rahmen eines Vollstreckungsauftrags Zug um Zug gegen die Leistung des Schuldners eine Leistung des Gläubigers nach § 756 ZPO anbietet. Denn es handelt sich dann nach DB-GvKostG Z 14 I 2 um ein gebührenfreies Nebengeschäft.

4) **Gebührenhöhe.** Die Festgebühr ist unabhängig von der Art und dem Umfang der tatsächlich angebotenen Leistung und unabhängig von der Dauer der Amtshandlung. Denn KVGv 410 enthält nicht eine für den Zeitzuschlag erforderliche Verweisung auf KVGv 500. Daneben kann eine Hebegebühr nach KVGv 430 entstehen. Auch das gilt aber nur außerhalb der Zwangsvollstreckung. KVGv 410 gilt eine Entgegennahme zwecks tatsächlichen Angebots mit ab. § 11 ist anwendbar. **4**

5) **Nichterledigung.** KVGv 604. **5**

6) **Fälligkeit.** § 14 S 1. **6**

7) **Kostenschuldner.** § 13. **7**

Nr.	Gebührentatbestand	Gebühr
411	Beurkundung eines Leistungsangebots .... Die Gebühr entfällt, wenn die Gebühr nach Nummer 410 zu erheben ist.	7,00 €

DB-GvKostG Nr. 14. S. bei KVGv 410.

KVGv 411, 420, 430

1   1) **Systematik.** Es gelten dieselben Erwägungen wie bei KVGv 410 Rn 1. Neben KVGv 410 entfällt KVGv 411 nach der amtlichen Anmerkung.
2   2) **Regelungszweck.** Auch hier gelten dieselben Erwägungen wie bei KVGv 410 Rn 2.
3   3) **Geltungsbereich: Beurkundung des Leistungsangebots.** Wenn sich der Auftrag auf die Beurkundung des Leistungsangebots außerhalb der Zwangsvollstreckung beschränkt, entsteht die Festgebühr. Wenn der Gerichtsvollzieher die Leistung tatsächlich anbietet und dieses Angebot beurkundet, erhält er ebenfalls die Festgebühr. Auch dann muß es sich aber um einen Auftrag außerhalb der Zwangsvollstreckung handeln und muß der Gerichtsvollzieher dafür nach dem Landesrecht zuständig sein. Denn es handelt sich sonst wie bei KVGv 410 um ein gebührenfreies Nebengeschäft.
4   4) **Gebührenhöhe.** Es gelten zunächst dieselben Erwägungen wie bei KVGv 410 Rn 4. Indessen entfällt nach der amtlichen Anmerkung die Gebühr nach KVGv 411 neben derjenigen KVGv 410. § 11 ist anwendbar.
5   5) **Nichterledigung.** KVGv 603.
6   6) **Fälligkeit.** § 14 S 1.
7   7) **Kostenschuldner.** § 13.

Nr.	Gebührentatbestand	Gebühr
420	Entfernung von Gegenständen aus dem Gewahrsam des Inhabers zum Zwecke der Versteigerung oder Verwahrung außerhalb der Zwangsvollstreckung	16,00 €

1   1) **Systematik.** Die Vorschrift enthält eine Ergänzung zu KVGv 220. Die dortigen Erläuterungen lassen sich daher ergänzend auch hier beachten.
2   2) **Regelungszweck.** Wie bei KVGv 220 soll auch KVGv 420 die oft beträchtliche Mühe und Arbeit des Gerichtsvollziehers bei der Entfernung von Gegenständen wenigstens ansatzweise und pauschal vergüten, wenn es schon aus Zweckmäßigkeitsgründen auf die Art, den Zustand und die Zahl der Gegenstände ebensowenig ankommt wie auf die erforderliche Wegstrecke. Sie hat natürlich bei den Auslagen eine Bedeutung.
3   3) **Geltungsbereich.** Es muß sich um ein solches Nebengeschäft handeln, für das der Gerichtsvollzieher im Rahmen eines Hauptgeschäfts außerhalb der Zwangsvollstreckung nach dem Landesrecht zuständig ist, etwa für eine freiwillige Versteigerung nach KVGv 300. Die Entfernung des Pfandstücks muß aus dem Gewahrsam des Gläubigers, des Schuldners oder eines Dritten geschehen. Ferner zählen hierher die Kosten des Transports und der Lagerung der Pfandstücke.
4   4) **Gebührenhöhe.** Die Festgebühr kann nach § 10 I 1 (Ausnahme: § 10 I 2) je Auftrag grundsätzlich nur einmal entstehen, unabhängig von der Zahl der entfernten Gegenstände. § 11 ist anwendbar. Es gibt keinen Zeitzuschlag. Die Gebühren für das Hauptgeschäft bleiben natürlich bestehen. § 10 II ist mangels „Vollstreckungshandlung" unanwendbar.
5   5) **Nichterledigung.** KVGv 604.
6   6) **Fälligkeit.** § 14 S 1.
7   7) **Kostenschuldner.** § 13.

Nr.	Gebührentatbestand	Gebühr
430	Entgegennahme einer Zahlung, wenn diese nicht ausschließlich auf Kosten nach diesem Gesetz entfällt, die bei der Durchführung des Auftrags entstanden sind	4,00 €

XI. G über Kosten der GVz — 430 KVGv

Nr.	Gebührentatbestand	Gebühr
	[1]Die Gebühr wird auch erhoben, wenn der Gerichtsvollzieher einen entgegengenommenen Scheck selbst einzieht oder einen Scheck aufgrund eines entsprechenden Auftrags des Auftraggebers an diesen weiterleitet. [2]Die Gebühr wird nicht bei Wechsel- oder Scheckprotesten für die Entgegennahme der Wechsel- oder Schecksumme (Artikel 84 des Wechselgesetzes, Artikel 55 Abs. 3 des Scheckgesetzes) erhoben.	

Gliederung

1) Systematik 1
2) Regelungszweck 2
3) Geltungsbereich 3–8
   A. Entgegennahme einer Zahlung, Hs 1 3
   B. Unerheblichkeit der Zahlungsart 4
   C. Nichterledigung 5
   D. Keine Zahlung ausschließlich auf Kosten nach GvKostG, Hs 2 .... 6, 7
   E. Keine Hebegebühr bei Artt 84 WG, 55 III ScheckG 8
4) Gebührenhöhe 9
5) Nichterledigung 10
6) Fälligkeit 11
7) Kostenschuldner 12

1) Systematik. Die Vorschrift gibt eine Gebühr für die Annahme, die Aufbewahrung und die Ablieferung von Geld außer Kosten nach dem GvKostG, also sowohl im Rahmen einer Zwangsvollstreckung als auch irrtümlich nach ihrem Abschluß oder überhaupt außerhalb einer solchen. Das gilt nach I 1 freilich nur dann, wenn der Gerichtsvollzieher für diese Maßnahmen nach dem Bundes- oder Landesrecht sachlich zuständig ist, Bratfisch Rpfleger **85**, 44. Denn das bloße Gebührenrecht kann seine sachliche Zuständigkeit nicht erweitern. KVGv 205 bleibt anwendbar. Wegen des Verhältnisses zu anderen Gebühren Rn 6, 7. Eine geplante Erfolgsgebühr ist nicht Gesetz geworden, Richter DGVZ **13**, 174.   1

2) Regelungszweck. Die mit der Annahme, Verwahrung und Weiterleitung von Geld anderer Menschen verbundene Mühe und Verantwortung löst auch beim Notar nach KVfG 25300, 25301, Teil III dieses Buchs, eine besondere Vergütung aus. Dasselbe gilt nach VV 1009, Teil X dieses Buchs, beim Anwalt. In Anlehnung an diesen Grundgedanken gibt KVGv 430 dem Gerichtsvollzieher eine Hebegebühr. Man kann die genannten vergleichbaren Vorschriften zur Auslegung mit heranziehen. Die Festgebühr soll die Möglichkeit verstärken, eine Forderung nach §§ 802 b ff ZPO in Raten zu bezahlen.   2

3) Geltungsbereich. Die Hebegebühr kann im Gesamtgebiet einer Zwangsvollstreckung entstehen. Man muß drei Voraussetzungen prüfen.   3

A. Entgegennahme einer Zahlung, Hs 1. Die Hebegebühr entsteht nur, soweit der Schuldner oder gerade für ihn ein Dritter freiwillig gerade an den Gerichtsvollzieher oder an von ihm Bevollmächtigten vor oder nach dessen Eintreffen an Ort und Stelle zahlt, BGH Rpfleger **11**, 334, wenn auch zwecks Abwendung der Vollstreckung nach §§ 712 I, 720, 923 ZPO. Denn nur dann liegt eine „Entgegennahme" im Gegensatz zu einer Beitreibung, einer Entnahme, Wegnahme, Abnahme vor. Das gilt bei einer Zahlung auf die Hauptforderung, auf Zinsen oder auf Kosten des Gläubigers. Wegen der Kosten nach dem GvKostG Rn 6.

Keine Hebegebühr entsteht, soweit der Schuldner oder gerade für ihn ein Dritter direkt an den Gläubiger zahlt. Es entsteht also auch dann keine Hebegebühr, soweit der Gerichtsvollzieher eine Beitreibung vornimmt oder Geld pfändet. Das gilt auch dann, wenn er den Erlös der Vollstreckung bei der Verwertung durch einen anderen nach § 825 ZPO von diesem erhält. Eine Hebegebühr entsteht auch nicht, soweit der Gerichtsvollzieher einen anläßlich der Zwangsvollstreckung hinterlegten Betrag rückerhebt und auszahlt.

4   B. Unerheblichkeit der Zahlungsart. Für die Entstehung der Hebegebühr ist es unerheblich, ob die Zahlung in bar oder durch eine Kreditkarte oder per Scheck usw erfolgte. Das ergibt sich aus der amtlichen Anmerkung S 1. Eine Leistung anderer Art auch zB durch einen Wechsel steht einer Zahlung danach aber nicht gleich. Auch eine Geldpfändung steht einer Zahlung nicht gleich. Die Gebühr entsteht auch dann, wenn der Gerichtsvollzieher den Scheck der Bank persönlich mit Erfolg vorlegt, ihn also nach der amtlichen Anmerkung S 1 Hs 1 „selbst einzieht". Ferner reicht es nach der amtlichen Anmerkung S 1 Hs 2 aus, daß er einen Scheck an den Auftraggeber weiterleitet, soweit gerade auch zu einer solchen Maßnahme ein Auftrag gerade des Auftraggebers vorliegt (im Zweifel: ja).

Das *gilt nicht* schon dann, wenn der Gerichtsvollzieher die bloße Weiterleitung lediglich auf Bitten oder auf eine Anregung des Schuldners oder eines Dritten als des Scheckinhabers oder -ausstellers vornimmt. Zur Annahme einer anderen Ersatzerfüllung benötigt der Gerichtsvollzieher die Erlaubnis des Gläubigers.

5   C. Nichterledigung. Neben der Hebegebühr können nach KVGv 600–604 Gebühren bei einer Nichterledigung entstehen.

6   D. Keine Zahlung ausschließlich auf Kosten nach GvKostG, Hs 2. Der Gerichtsvollzieher darf eine Hebegebühr trotz des Vorliegens der Voraussetzungen Rn 3–5 dann nicht erheben, wenn die Zahlung oder Scheckhingabe ausschließlich auf solche Kosten einschließlich Vorschuß nach dem GvKostG erfolgt, die gerade bei der Durchführung dieses Auftrags entstanden sind.

7   „Ausschließlich" ist etwas anderes als „auch". Deshalb entsteht die Hebegebühr nach Rn 3 dann, wenn eine Zahlung zu einem nicht völlig unerheblichen Teil auf die Hauptforderung oder auf eine Nebenforderung einschließlich der Kosten des Gläubigers erfolgt. Dabei muß der Gerichtsvollzieher eine etwaige Anweisung des Schuldners nach den Grundsätzen des § 367 BGB in dessen zumindest entsprechender Anwendung beachten.

BGB § 367. Anrechnung auf Zinsen und Kosten. I Hat der Schuldner außer der Hauptleistung Zinsen und Kosten zu entrichten, so wird eine zur Tilgung der ganzen Schuld nicht ausreichende Leistung zunächst auf die Kosten, dann auf die Zinsen und zuletzt auf die Hauptleistung angerechnet.

II Bestimmt der Schuldner eine andere Anrechnung, so kann der Gläubiger die Annahme der Leistung ablehnen.

Diese BGB-Vorschrift *paßt* freilich *nur bedingt.* Denn der Gerichtsvollzieher ist nicht ein bloßer Vertreter des Gläubigers. Er darf auch nach der ZPO eine bedingte Leistung des Schuldners nicht so frei behandeln wie der Gläubiger selbst. Außerdem wird eine Aufspaltung wie nach § 367 BGB gerade bei KVGv 430 kaum infragekommen. Denn Hs 2 führt ja eben gerade dann nicht zum Verbot der Hebegebühr, wenn die Zahlung nicht nur zu einem ganz geringen Teil auf die Haupt- oder Nebenforderung erfolgt. Ob und was der Schuldner bestimmt hat, muß man indes wie bei § 365 HGB vermitteln.

8   E. Keine Hebegebühr bei Artt 84 WG, 55 III ScheckG. Schließlich entsteht keine Hebegebühr bei der Empfangnahme der Wechsel- oder Schecksumme nach Artt 84 WG, 55 III ScheckG. Das ergibt sich aus der amtlichen Anmerkung S 2 zu KVGv 430.

9   4) Gebührenhöhe. Es entsteht eine Festgebühr. Sie entsteht nach § 10 II 3 für jede einzelne Zahlung an den Gerichtsvollzieher, auch für jede gleichzeitige Teilzahlung unabhängig von der jeweiligen Höhe. Das gilt selbst dann, wenn die Zahlung geringer als die Festgebühr ist. Sie gilt die gesamte Tätigkeit einschließlich einer Hinterlegung usw ab, BGH Rpfleger **11**, 334. Daher entsteht insofern kein Wegegeld nach KVGv 711. § 11 ist anwendbar. Es gibt keinen Zeitzuschlag.

Keine Hebegebühr entsteht bei einer Aufforderung des Drittschuldners zur Erklärung oder bei der Ladung eines Zeugen oder Sachverständigen nach § 220 StPO.

10   5) Nichterledigung. KVGv 600–604 sind unanwendbar. Denn sie erwähnen KVGv 430 nicht mit.

6) **Fälligkeit.** § 14 S 1   11
7) **Kostenschuldner.** § 13.   12

Nr.	Gebührentatbestand	Gebühr
440	Erhebung von Daten bei einer der in § 755 Abs. 2, § 8021 Abs. 1 ZPO genannten Stellen .... Die Gebühr entsteht nicht, wenn die Auskunft nach § 882 c Abs. 3 Satz 2 ZPO eingeholt wird.	13,00 €
441	Erhebung von Daten bei einer der in § 755 Abs. 1 ZPO genannten Stellen .... Die Gebühr entsteht nicht, wenn die Auskunft nach § 882 c Abs. 3 Satz 2 ZPO eingeholt wird.	5,00 €
442	Übermittlung von Daten nach § 8021 Abs. 4 ZPO	5,00 €

Zu KVGv 440–442:
Vorbem. Fassgen Art 12 Z 3 b EuKoPfVODG v 21. 11. 16, BGBl 2591, in Kraft seit 26. 11. 16, Art. 21 III 1 G, ÜbergangsR § 18 GvKostG.

1) Geltungsbereich. Die speziell und deshalb eng auslegbaren Vorschriften erfas-   1
sen jede Datenerhebung oder -übermittlung nach §§ 755, 8021 ZPO bei jeder dort genannten Stelle, Richter DGVZ 13, 174, mit Ausnahme einer Auskunft nach § 882 c III 2 ZPO. Daher reicht die Einholung sowohl bei einer gesetzlichen Rentenversicherung nach § 8021 I 1 Z 1 ZPO als auch bei dem Bundeszentralamt für Steuern oder bei einem Kreditinstitut nach § 8021 I 1 Z 2 ZPO als auch beim Kraftfahrt-Bundesamt nach § 8021 I 1 Z 3 ZPO.
   Keine Gebühr KVGv 440 oder 441 entsteht dagegen nach der amtlichen Anmer-   2
kung im Fall des § 882c II 2 ZPO, also dann, wenn der Gerichtsvollzieher einzelne Daten nach § 882 b II Z 1–3 ZPO noch nicht kennt und deshalb Auskünfte bei einer Stelle nach § 755 I, II 1 Z 1 ZPO einholt. Es handelt sich um Personalien des Schuldners. Auskunftspflichtig sind dazu die Meldebehörden und das Ausländerzentralregister.

2) Festgebühr. Sie entsteht für jede Maßnahme nach Rn 1 gesondert. Sie gilt die   3
für gerade diese Einzelauskunft erforderliche Tätigkeit einschließlich etwaiger gerade diesbezüglicher Rückfragen usw ab.

3) Fälligkeit. § 13 S 1.   4
4) Kostenschuldner. § 14.   5

Abschnitt 5. Zeitzuschlag

Nr.	Gebührentatbestand	Gebühr
500	Zeitzuschlag, sofern dieser bei der Gebühr vorgesehen ist, wenn die Erledigung der Amtshandlung nach dem Inhalt des Protokolls mehr als 3 Stunden in Anspruch nimmt, für jede weitere angefangene Stunde .. Maßgebend ist die Dauer der Amtshandlung vor Ort.	20,00 €

DB-GvKostG Nr. 15. [1] [1]Bei der Berechnung des Zeitaufwandes für eine Amtshandlung ist auch die Zeit für die Aufnahme des Protokolls, für die Zuziehung von weiteren Personen oder für die Herbeiholung polizeilicher Unterstützung mit einzurechnen. [2]Dagegen darf weder die Zeit für Hin- und Rückweg noch die Zeit, die vor der Amtshandlung zur Herbeischaffung von Transportmitteln verwendet worden ist, in die Dauer der Amtshandlung eingerechnet werden (vgl. auch Nr. 12 Abs. 2 und 3).

KVGv 500

XI. G über Kosten der GVz

II ¹Bei der Wegnahme von Personen oder beweglichen Sachen rechnet die für die Übergabe erforderliche Zeit mit. ²Nr. 12 Abs. 2 und 3 gilt entsprechend.

Gliederung

1) Systematik	1
2) Regelungszweck	2
3) Geltungsbereich	3–6
A. Zeitzuschlag bei Gebühr vorgesehen	3
B. Mehr als drei Stunden	4
C. Maßgeblichkeit des Protokolls	5, 6
4) Gebührenhöhe	7
5) Nichterledigung	8
6) Fälligkeit	9
7) Gebührenschuldner	10

1 **1) Systematik.** KVGv 500 regelt die Dauer einer Amtshandlung gebührenrechtlich zentral. Diese Vorschrift tritt einerseits stets nur zu einer anderen Gebührenvorschrift hinzu. Sie ist andererseits eben auch nur dann anwendbar, wenn eine solche andere Gebührenvorschrift auf KVGv 500 verweist. Mangels einer solchen Verweisung ist also die Dauer der Amtshandlung unerheblich. Dieses System ist in sich abgeschlossen.

2 **2) Regelungszweck.** Der Hauptzweck einer Vereinfachung der Kostenregelung darf nicht dazu führen, daß die Dauer einer Amtshandlung völlig unerheblich ist. Deshalb muß zur Kostengerechtigkeit wenigstens in solchen Fällen ein Zeitzuschlag erfolgen, in denen gerade die Dauer der Amtshandlung für die Mühe des Gerichtsvollziehers erfahrungsgemäß einen erheblichen Maßstab gibt. Dabei soll der Gerichtsvollzieher allerdings nur in einer übersehbaren Reihe von Situationen und auch dann nur bei einem recht erheblichen Zeitaufwand zum Mittel der Gebührenerhöhung greifen dürfen. Das alles muß man bei der Auslegung mitbedenken.

3 **3) Geltungsbereich.** Es müssen drei Voraussetzungen zusammentreffen.

A. Zeitzuschlag bei Gebühr vorgesehen. Zunächst muß eine Vorschrift des KVGv ausdrücklich einen Zeitzuschlag als zulässig erklären. Das ergibt sich abschließend bei KVGv 205, 220, 221, 230, 240, 241, 242, 250, 300, 301, 310, 400, dort aus den jeweiligen amtlichen Anmerkungen.

4 **B. Mehr als drei Stunden.** Die jeweilige einzelne Amtshandlung muß mehr als drei Stunden bis zur Erledigung beanspruchen. Ein Auftrag kann nach § 3 I 1, 2 mehrere Amtshandlungen umfassen, auch nach § 3 II Z 3 mehrere Vollstreckungshandlungen. Maßgebend ist auch dann die Dauer der jeweiligen einzelnen Amtshandlung. Es zählt nach der amtlichen Anmerkung nur die Zeit vor Ort.

5 **C. Maßgeblichkeit des Protokolls.** Es ist zwar erforderlich, genügt aber noch nicht, daß der Gerichtsvollzieher durch seine Amtshandlung die im Gesetz angegebene Zeitdauer tatsächlich überschritten hat. Vielmehr muß er die Überschreitung auch im Protokoll angegeben haben, und zwar zumindest wegen der Gebührenhöhe korrekt, auch bei etwaigen Unterbrechungen. Denn die amtliche Anmerkung meint natürlich die ständige Anwesenheit. Das übersieht LG Bln DGVZ **99**, 119 (zum alten Recht). Eine bloße Angabe in der Kostenberechnung genügt nicht. Eine Angabe nach Stunden genügt. Jede angefangene Stunde zählt voll. Wegen der Berechnung des Zeitaufwandes DB-GvKostG Nr 15 und wegen des Protokolls § 63 GVGA.

6 Soweit im Protokoll eine *Zeitangabe fehlt*, muß man die Sache so behandeln, als ob eine Überschreitung der im Gesetz angegebenen Zeit nicht stattgefunden hätte. Eine Protokollberichtigung ist aber zulässig.

7 **4) Gebührenhöhe.** Es entsteht im Zeitraum von mehr als drei Stunden Dauer die in KVGv 500 genannte Festgebühr je angefangene Protokoll-Stunde nach Rn 5. Eine zusätzliche Verdoppelung am Sonnabend, Sonn- oder Feiertag kommt für diejenigen Amtshandlungen in Betracht, deren Dauer mit dem nach KVGv 500 berechenbaren Teil auf einen Sonnabend usw fällt. Man errechnet dann zunächst die ohne § 11 anfallenden Gebühren unter einer Beachtung von KVGv 500 und verdoppelt sodann nach § 11 diesen Betrag. Denn diese Vorschrift meint „die" anderweitig, wie sonst errechneten „Gebühren". Das gilt auch, soweit nur eine Nichterledigungsgebühr nach KVGv 604 als Ausgangszahl infragekommt.

5) **Nichterledigung.** KVGv 600ff. 8
6) **Fälligkeit.** § 14 S 1. 9
7) **Kostenschuldner.** § 13. 10

Abschnitt 6. Nicht erledigte Amtshandlung

(Amtliche) Vorbemerkung 6:
[1] Gebühren nach diesem Abschnitt werden erhoben, wenn eine Amtshandlung, mit deren Erledigung der Gerichtsvollzieher beauftragt worden ist, aus Rechtsgründen oder infolge von Umständen, die weder in der Person des Gerichtsvollziehers liegen noch von seiner Entschließung abhängig sind, nicht erledigt wird. [2] Dies gilt insbesondere auch, wenn nach dem Inhalt des Protokolls pfändbare Gegenstände nicht vorhanden sind oder die Pfändung nach § 803 Abs. 2, §§ 812, 851b Abs. 4 Satz 3 ZPO zu unterbleiben hat. [3] Eine Gebühr wird nicht erhoben, wenn der Auftrag an einen anderen Gerichtsvollzieher abgegeben wird oder hätte abgegeben werden können.

Nr.	Gebührentatbestand	Gebühr
	Nicht erledigte	
600	– Zustellung (Nummern 100 und 101)	3,00 €
601	– Wegnahme einer Person (Nummer 230)	26,00 €
602	– Entsetzung aus dem Besitz (Nummer 240), Wegnahme ausländischer Schiffe (Nummer 242) oder Übergabe an den Verwalter (Nummer 243)	32,00 €
603	– Beurkundung eines Leistungsangebots (Nummer 411)	6,00 €
604	– Amtshandlung der in den Nummern 205 bis 207, 210 bis 221, 250 bis 301, 310, 400, 410 und 420 genannten Art	15,00 €
	[1] Die Gebühr für die nicht abgenommene Vermögensauskunft wird nicht erhoben, wenn diese deshalb nicht abgenommen wird, weil der Schuldner sie innerhalb der letzten drei Jahre bereits abgegeben hat (§ 802d Abs. 1 Satz 1 ZPO. [2] Für einen nicht erledigten Versuch einer gütlichen Erledigung der Sache wird in dem in Nummer 208 genannten Fall eine Gebühr nicht erhoben.	

Zu KVGv 600–604:

Vorbem. KVGv 604 im Text geändert, Anm S 2 angefügt dch Art 12 Z 3c EuKoPf-VODG v 21. 11. 16, BGBl 2591, in Kraft seit 26. 11. 16, Art 21 III 1 G, ÜbergangsR § 18 GVKostG.

Gliederung

1) Systematik, amtliche Vorbemerkung S 1–3 1
2) Regelungszweck, amtliche Vorbemerkung S 1–3 2
3) Geltungsbereich, amtliche Vorbemerkung S 1–3 3–9
   A. Nichterledigung, S 1 3
   B. Nichterledigung aus Rechtsgründen, S 1 Hs 1 4
   C. Nichterledigung aus tatsächlichen Gründen unabhängig vom Gerichtsvollzieher, S 1 Hs 2 5
   D. Beispiele zur Frage einer Nichterledigung nach S 1 Hs 2 6
   E. Nichterledigung wegen Fehlens pfändbarer Gegenstände usw, S 2 Hs 1 7
   F. Nichterledigung wegen Pfändungsverbots, S 2 Hs 2 8
   G. Keine Abgabe(-möglichkeit) an anderen Gerichtsvollzieher, S 3 ... 9

KVGv 600–604

4) **Gebührenhöhe, KVGv 600–604** 10–29
   A. Zustellung, KVGv 600 11
   B. Wegnahme einer Person, KVGv 601 12
   C. Entsetzung aus dem Besitz, Wegnahme eines ausländischen Schiffs, Übergabe an den Verwalter, KVGv 602 13
   D. Beurkundung eines Leistungsangebots, KVGv 603 14
   E. Pfändung, KVGv 604 15
   F. Übernahme beweglicher Sachen, KVGv 604 16
   G. Übernahme des Vollstreckungsauftrags wegen Wegzugs des Schuldners, KVGv 604 17
   H. Entfernung von Pfandstücken, KVGv 604 18
   I. Weg-, Entgegennahme beweglicher Sachen, KVGv 604 19
   J. Widerstandsbeseitigung, KVGv 604 20
   K. Vermögensauskunft, KVGv 604 .... 21, 22
   L. Verhaftung, Nachverhaftung usw, KVGv 604 23
   M. Versteigerung, Verkauf von Sachen, KVGv 604 24
   N. Öffentliche Verpachtung, KVGv 604 25
   O. Mitwirkung bei Versteigerung durch Dritten, KVGv 604 26
   P. Bewachung und Verwahrung eines Schiffs usw, KVGv 604 27
   Q. Tatsächliches Leistungsangebot, KVGv 604 28
   R. Entfernung von Gegenständen aus Gewahrsam usw, KVGv 604 29
5) **Fälligkeit, KVGv 600–604** 30
6) **Gebührenschuldner, KVGv 600–604** 31

1   **1) Systematik, amtliche Vorbemerkung S 1–3.** Die Vorschrift erfaßt alle Fälle einer endgültigen Nichterledigung. Damit knüpft sie an den Erledigungsbegriff des § 3 I 1 an. Die dortigen Voraussetzungen einer Erledigung gelten also auch hier. Allerdings löst nicht jede bloße Nichterledigung eine Gebühr nach KVGv 600–604 aus. Vielmehr muß eine der folgenden Voraussetzungen vorliegen. Es darf auch kein Fall nach S 3 vorliegen.

2   **2) Regelungszweck, amtliche Vorbemerkung S 1–3.** Der Zweck ist zunächst eine Zusammenfassung der Fälle einer Gebührenpflicht trotz einer Nichterledigung. Sodann bezweckt die Vorschrift nach § 4 GKG, Teil I A dieses Buchs, auch eine konsequente Beachtung des Grundsatzes, daß bei einer Verweisung keine doppelten Gebühren anfallen, AG Wetzlar JB **04**, 150, Drumann JB **03**, 515. Schließlich ist die Zahl der gebührenpflichtigen Fälle der Nichterledigung gering. Das dient der Kostendämpfung und führt den Grundsatz des § 1 I aus, wonach „nur" in den gesetzlich genannten Fällen eine Gebühr entstehen darf, AG Bre JB **05**, 608. Daher muß man KVGv 600–604 eher streng als zu großzügig auslegen, soweit es um eine Gebührenpflicht geht.

3   **3) Geltungsbereich, amtliche Vorbemerkung S 1–3.** Man muß den Grundbegriff der Nichterledigung beachten und dann zusätzlich prüfen, ob eine der folgenden weiteren Voraussetzungen vorliegt oder fehlt.

A. Nichterledigung, S 1. Es muß der Gerichtsvollzieher den Auftrag zur Erledigung einer Amtshandlung erhalten haben. Er darf sie aber eben gerade nicht erledigt haben. Das muß man bei jeder einzelnen derartigen Amtshandlung unter einer Beachtung ihrer Gesamtumstände prüfen.

Amtshandlung ist derselbe Begriff wie bei § 3 I 1. Auftrag ist wiederum derselbe Begriff wie bei § 3 I 1.

Nichterledigung ist alles zwischen dem auftragsgemäßen Beginn der Amtshandlung und der vollständigen Beendigung sämtlicher auftragsgemäß notwendig notwendigen Maßnahmen innerhalb dieser einzelnen Amtshandlung. Allerdings muß man auch § 3 IV mit seinem dort kommentierten komplizierten Geflecht derjenigen Voraussetzungen beachten, unter denen ein Auftrag und daher auch eine einzelne Amtshandlung zwar nicht „durchgeführt", also erledigt *ist*, wohl aber als durchgeführt *gilt*, etwa wegen einer Nichtzahlung des angeforderten Vorschusses § 3 Rn 46. Was als erledigt gilt, stellt keine bloße Nichterledigung mehr dar.

Wann im einzelnen eine Erledigung eingetreten ist oder als eingetreten gilt, läßt sich natürlich nur von Auftrag zu Auftrag und dort von Amtshandlung zu Amtshandlung nach den jeweiligen Umständen klären. Bei einer Beachtung des Grundsatzes nach § 1 I („nur"), daß man im Zweifel zugunsten des Kostenschuldners entscheiden muß, und unter einer Berücksichtigung des Umstands, daß bei einer bloßen Nichterledigung durchweg geringere oder gar keine Gebühren als bei einer Erledigung anfallen, darf man eine Nichterledigung eher annehmen als eine Erledigung.

B. Nichterledigung aus Rechtsgründen, S 1 Hs 1. Die Nichterledigung nach Rn 3 muß entweder aus Rechtsgründen erfolgt sein, AG Hbg DGVZ **07**, 191, oder sie muß aus den Gründen Rn 6 eingetreten sein. Rechtsgrund oder rechtlicher Grund ist der Gegensatz zu tatsächlichen Umständen. Sie können freilich auch rechtliche Wirkungen haben. Das gilt etwa bei einer Naturkatastrophe mit der Folge des vorübergehenden Wegfalls des Funktionierens staatlicher Organe oder der Post usw. Als Rechtsgrund kommen etwa in Betracht: Eine Unzulässigkeit oder Unbegründetheit des Gläubigerauftrags, AG Verden DGVZ **03**, 77; die Unpfändbarkeit aller Sachen des Schuldners zB nach § 811 ZPO; die Zwecklosigkeit einer Pfändung nach §§ 803 II, 812 ZPO; ein Fall des § 851 b IV 3 ZPO; eine Maßnahme des Vollstreckungsgerichts nach § 765 a ZPO; die Einleitung eines Insolvenzverfahrens beim Schuldner nach §§ 21 II, 88 InsO; eine Amtsenthebung; die Auflösung eines Bezirks; eine Änderung der Gesetzgebung; eine Verfassungswidrigkeit, insbesondere ihre Feststellung durch das BVerfG. Auf ein Verschulden oder Vertretenmüssen kommt es hier nicht an. Die Rechtsgründe können objektiv von Anfang an bestanden haben oder später entstanden sein.

C. Nichterledigung aus tatsächlichen Gründen unabhängig vom Gerichtsvollzieher, S 1 Hs 2. Die Nichterledigung nach Rn 3 mag zwar nicht aus Rechtsgründen nach Rn 5 eingetreten sein, aber infolge von solchen tatsächlichen Umständen, die weder in der Person des Gerichtsvollziehers lagen noch von seiner Entschließung abhängig waren, etwa wegen Unbekanntheit des Aufenthaltsorts des Schuldners, AG Wittenberg DGVZ **14**, 70. Anders ausgedrückt: Die Nichterledigung muß schon wegen des nach Rn 1 fortgeltenden § 7 unabhängig von dem Gerichtsvollzieher erfolgt sein.

D. Beispiele zur Frage einer Nichterledigung nach S 1 Hs 2

Auftragsrücknahme: § 3 Rn 32, 33.
Aussetzung: *Unanwendbar* sind KVGv 600 ff dann, wenn der Gerichtsvollzieher das Verfahren ohne zwingenden Grund auch nur kurzfristig aussetzt oder einstellt, ohne den Auftrag zurückzugeben, AG Fürstenwalde JB **02**, 432.
Aussichtslosigkeit: Anwendbar sind KVGv 600 ff dann, wenn der Gerichtsvollzieher eine Weiterführung der Vollstreckung für aussichtslos hält und auch halten darf und sie deshalb beendet, AG Hbg-Altona DGVZ **01**, 154.
Dritter: Anwendbar sind KVGv 600 ff dann, wenn ein Dritter eine Sache nicht herausgeben will und wenn der Gerichtsvollzieher ihn dazu auch nicht zwingen kann, aber auch dann, wenn ein Dritter für den Schuldner geleistet hat. Dann kann auch KVGv 430 anwendbar sein.
Einstellung der Zwangsvollstreckung: Anwendbar sind KVGv 600 ff bei einer solchen Maßnahme nach § 775 ZPO.
S aber auch „Aussetzung".
Fristablauf: Anwendbar sein können KVGv 600 ff dann, wenn der Auftrag nach einem Fristablauf als erledigt gilt.
§ 3 IV GvKostG: *Unanwendbar* sind KVGv 600 ff in allen in jener Vorschrift aufgeführten Lagen. Denn dann gilt der Auftrag ja nach Rn 4 gerade als bereits durchgeführt.
Nachbesserungsauftrag: Ein unberechtigter zählt *nicht* hierher, AG Bln-Pankow-Weißensee JB **16**, 611 (zustm Schmidt).
Ratenzahlung: S „Ruhen des Verfahrens".
Ruhen des Verfahrens: Unanwendbar sind KVGv 600 ff dann, wenn und solange der Pfändungsauftrag wegen bisher noch nicht vollständiger Ratenzahlungen nach § 806 b ZPO nur ruht.
Schuldneradresse: Anwendbar sind KVGv 600 ff dann, wenn die vom Gläubiger angegebene Schuldneranschrift nicht (mehr) zutrifft und wenn der Gerichtsvollzieher keine neue Anschrift kennt und ja auch nach BLAH § 754 ZPO Rn 3 nicht

ermitteln muß, AG Fürstenwalde JB **02**, 432, AG Hbg DGVZ **02**, 47, AG Lpz DGVZ **04**, 46.

Stundung: *Unanwendbar* sind KVGv 600 ff dann, wenn der Gerichtsvollzieher dem Schuldner ohne eine gesetzlich notwendige Erlaubnis des Gläubigers eine Stundung gewährt, sei es auch erst auf Grund einer Unterredung mit dem Schuldner an Ort und Stelle.

Tod: Anwendbar sind KVGv 600 ff dann, wenn der Schuldner verstorben ist.

Unbegründetheit: Anwendbar sind KVGv 600 ff dann, wenn der Auftrag sich nach seiner Prüfung als unbegründet erweist, AG Alfeld JB **04**, 39, AG Verden DGVZ **03**, 77, Seip JB **04**, 466, aM LG Verden JB **03**, 543 (zustm Drumann).
S auch „Weigerung".

Vermögensauskunft: *Unanwendbar* sind KVGv 600 ff dann, wenn sich herausstellt, daß der Schuldner die Vermögensauskunft, die ihm der Gerichtsvollzieher abnehmen sollte, schon in den letzten drei Jahren anderswo abgegeben hat oder daß der Antrag auf eine Vermögensauskunft sonstwie unberechtigt war, (je zum alten Recht) AG Gütersloh DGVZ **04**, 94, AG Strausberg DGVZ **05**, 131, AG Magdeb DGVZ **02**, 79, oder nach KVGv 270 Rn 15 dann, wenn er sie vor der Verhaftung doch noch abgibt, oder wenn der Gerichtsvollzieher seine Unzuständigkeit hätte erkennen können, AG Wetzlar JB **04**, 151, oder wenn es um eine Nachbesserung der Vermögensauskunft geht, LG Bre JB **16**, 489, AG Saulgau JB **15**, 552, AG Warendorf JB **15**, 331, oder wenn der Auftrag dahin ging, erst nach der Vermögensauskunft und dem Vorliegen pfändbarer Sachen zu pfänden, Stgt DGVZ **17**, 42, LG Kblz DGVZ **14**, 176, aM AG Linz DGVZ **14**, 127, oder nach der amtlichen Anmerkung zu KVGv 604 S 2 dann, wenn der Gerichtsvollzieher bei § 802 II 1 Z 2 oder Z 4 keine gütliche Einigung erzielte.
S auch „Ruhen des Verfahrens".

Vorschuß: Anwendbar sind KVGv 600 ff dann, wenn der Gläubiger den vom Gerichtsvollzieher nach § 4 ordnungsgemäß erforderten Vorschuß nicht zahlt.

Weigerung: Anwendbar sind KVGv 600 ff dann, wenn sich der Gerichtsvollzieher mit Recht weigert, den Auftrag auszuführen, AG Worms DGVZ **98**, 46.

Unanwendbar sind KVGv 600 ff natürlich dann, wenn der Gerichtsvollzieher den Auftrag ohne einen zwingenden Grund ablehnt, LG Ffo JB **04**, 217, AG Bottrop DGVZ **04**, 94, aM AG Bre JB **04**, 159.
S auch „Unbegründetheit".

7   **E. Nichterledigung wegen Fehlens pfändbarer Gegenstände usw, S 2 Hs 1.** Die Vorschrift ordnet die Anwendung von KVGv 600 ff auch für den Fall an, daß der Gerichtsvollzieher keine pfändbaren Gegenstände vorfindet, Schlesw DGVZ **15**, 229, AG Bre JB **02**, 263, AG Weiden DGVZ **01**, 172, oder daß er eine Pfändung nach § 803 II ZPO deshalb unterlassen muß, weil kein Überschuß über die Vollstreckungskosten erkennbar ist, oder wenn man nach § 812 ZPO erst demnächst eine Pfändbarkeit erwarten kann, oder weil es nach § 851 b IV 3 ZPO um eine offenkundige Unpfändbarkeit von Miet- oder Pachtzinsen geht, (jetzt) Meyer 8, aM AG Nienburg usw DGVZ **01**, 168.

8   **F. Nichterledigung wegen Pfändungsverbots, S 2 Hs 2.** Die Vorschrift ordnet die Anwendung von KVGv 600 ff auch für den Fall an, daß eine Pfändung auf Grund einer Gerichtsentscheidung nach einer der Vorschriften §§ 803 II, 812, 851 b IV 3 ZPO unterbleiben muß, AG Lippstadt DGVZ **01**, 159.

9   **G. Keine Abgabe(-möglichkeit) an anderen Gerichtsvollzieher, S 3.** Auch wenn die Voraussetzungen Rn 3, 4 und entweder 5 oder 6 oder 7 vorliegen, scheitert eine Nichterledigungsgebühr doch nach S 3 dann, wenn der erste Gerichtsvollzieher seinen Auftrag an einen anderen Gerichtsvollzieher abgibt oder hätte abgeben können oder gar müssen. Diese Frage muß man also stets mitklären.

Abgabe ist die endgültige Weiterleitung zwecks einer weiteren oder vollständigen Durchführung durch einen anderen Kollegen. Die Gründe der Abgabe sind unerheblich. Insbesondere kommt es auf kein Verschulden oder Vertretenmüssen an. Daher ist auch eine Nachlässigkeit des Auftraggebers unerheblich. Das gilt etwa bei der Auftragserteilung an einen örtlich nicht zuständigen Gerichtsvollzieher. Auch ein etwaiges Verschulden der Gerichtsvollzieher-Verteilungsstelle ist unbeachtbar. Maßgeblich ist allein, *daß* eine Abgabe erfolgt, nicht *warum*.

Abgabemöglichkeit, -pflicht steht der tatsächlich erfolgten Abgabe nach S 3 gleich. Daher muß man mangels einer bisherigen Abgabe stets auch prüfen, ob eine Abgabe wirksam in Betracht kommt oder sogar notwendig wäre, vor allem wegen einer Unzuständigkeit oder wegen einer Unzumutbarkeit, also wegen einer sog Inkompatabilität des Beamten, einer richterlichen Befangenheit vergleichbar, etwa dann, wenn der Gerichtsvollzieher gegen einen nahen Verwandten vorgehen müßte.

Unanwendbar ist S 3 dann, wenn die Abgabe nur teilweise erfolgt oder wenn der Auftrag teilbar ist.

4) Gebührenhöhe, KVGv 600–604. Nur in den folgenden abschließend genannten Fällen kommt eine Nichterledigungsgebühr in Betracht. Mehrere der folgenden Gebühren können mehrmals entstehen, AG Diepholz DGVZ **01**, 138, AG Wittenberg DGVZ **14**, 70 (abl Seip), zB unter den Voraussetzungen des § 10 I 2, 3, III 2, AG Witzenhausen DGVZ **01**, 137. Ein Zeitzuschlag nach KVGv 500 ist dort möglich, wo auch die Durchführungsgebühr ihn erlaubt. § 11 ist anwendbar. 10

A. Zustellung, KVGv 600. Es muß entweder nach KVGv 100 um den vergeblichen Versuch einer Zustellung durch den Gerichtsvollzieher gehen, AG Lpz DGVZ **04**, 46, oder um eine sonstige Zustellung nach KVGv 101. Im letzteren Fall ist die Nichterledigungsgebühr ebenso hoch wie diejenige für Erledigung. Eine Zurücknahme des Auftrags fehlt rechtlich nach § 3 III 1 bei ihrem Eingang nach der Absendung des zuzustellenden Dokuments. AG Wuppert DGVZ **07**, 174 sieht keinen Grund für eine Unterscheidung des Gebührenanspruchs bei erfolgreichen und erfolglos versuchten Zustellungen. 11

B. Wegnahme einer Person, KVGv 601. Es mag auch nach KVGv 230 um den vergeblichen Versuch der Wegnahme einer Person gehen. Hier halbiert sich die Erledigungsgebühr. 12

C. Entsetzung aus dem Besitz, Wegnahme eines ausländischen Schiffs, Übergabe an den Verwalter, KVGv 602. Es mag weiterhin nach KVGv 240 um den vergeblichen Versuch gehen, eine Person aus dem Besitz zu entsetzen, oder nach KVGv 242 um die Wegnahme eines ausländischen Schiffs, oder nach KVGv 243 um die Übergabe an den Verwalter. Auch hier halbiert sich jeweils die Erledigungsgebühr. 13

D. Beurkundung eines Leistungsangebots, KVGv 603. Es kann ferner nach KVGv 411 um die unerledigte Beurkundung eines Leistungsangebots gehen. Das Übersehen SchrKWi KVGv 411 Rn 11. Hier bleibt die Nichterledigungsgebühr in derselben Höhe wie diejenige bei Erledigung. 14

E. Pfändung, KVGv 604. Es kann nach KVGv 205 um einen gescheiterten Pfändungsversuch nach §§ 829 ff ZPO gehen. § 7 I ist nach KVGv 205 Rn 1 unanwendbar. Die Nichterledigungsgebühr beträgt rd zwei Drittel der Erledigungsgebühr. 15

F. Übernahme beweglicher Sachen, KVGv 604. Es kann nach KVGv 206 um den vergeblichen Versuch der Übernahme einer beweglichen Sache zwecks ihrer Verwertung nach §§ 847, 854 ZPO gehen. Die Nichterledigungsgebühr bleibt der Höhe nach dieselbe wie bei einer Erledigung. 16

Unanwendbar ist die Vorschrift bei der Nichterledigung einer bloßen Benachrichtigung über eine bevorstehende Pfändung, SchrKWi 37.

G. Übernahme des Vollstreckungsauftrags wegen Wegzugs des Schuldners, KVGv 604. Es kann sich nach KVGv 210 darum handeln, daß ein Versuch scheiterte, den Vollstreckungsauftrag von einem anderen Gerichtsvollzieher dann zu übernehmen, wenn der Schuldner unter einer Mitnahme der Pfandstücke in einen anderen Amtsgerichtsbezirk verzogen ist. Dieser Fall fällt nicht unter die in der amtlichen Vorbemerkung zu KVGv 600–604 S 3 genannte Abgabe. Denn die Übernahme wegen eines Schuldnerumzugs ist etwas anderes als eine Abgabe und nicht nur die Kehrseite einer Abgabe, obwohl ihr natürlich sehr ähnlich. Andernfalls würden sich die amtliche Vorbemerkung S 3 und KVGv 604 in Verbindung mit KVGv 210 widersprechen. 17

KVGv 600–604   XI. G über Kosten der GVz

18   **H. Entfernung von Pfandstücken, KVGv 604.** Es kann sich nach KVGv 220 um den vergeblichen Versuch handeln, ein Pfandstück zu entfernen, das der Gerichtsvollzieher im Gewahrsam des Schuldners, des Gläubigers oder eines Dritten belassen hatte. Die Nichterledigungsgebühr bleibt der Höhe nach gegenüber einer Erledigung unverändert.

19   **I. Weg-, Entgegennahme beweglicher Sachen, KVGv 604.** Es kann sich nach KVGv 221 um den vergeblichen Versuch der Wegnahme oder Entgegennahme einer beweglichen Sache durch den zur Vollstreckung beauftragten, wenn auch eben evtl gerade noch nicht an Ort und Stelle erschienenen Gerichtsvollziehers handeln. Die Nichterledigung kostet 50% der Erledigung.

20   **J. Widerstandsbeseitigung, KVGv 604.** Es kann sich nach § 892 ZPO, KVGv 250 um den vergeblichen Versuch handeln, den Widerstand des Schuldners gegen die Vornahme einer Handlung durch eine Zuziehung des Gerichtsvollziehers zu beseitigen. Die Nichterledigungsgebühr beträgt rd 25% der Erledigungsgebühr.

21   **K. Vermögensauskunft, KVGv 604.** Es kann sich um den vergeblichen Versuch handeln, im Verfahren nach §§ 802b ff ZPO usw dem Schuldner nach KVGv 260 eine Vermögensauskunft abzunehmen. Die Nichterledigungsgebühr beträgt rd 40% der Erledigungsgebühr. Hierher zählt auch das bloße Nachbesserungsverfahren (Ergänzungspflicht), AG Ffm DGVZ **03**, 13, AG Gütersloh DGVZ **04**, 94, AG Münst DGVZ **04**, 63, aM AG Bre JB **17**, 158, AG Bre-Blumenthal JB **15**, 51, AG Hbg-Bergdorf JB **15**, 497. Die Nichterledigung einer gütlichen Einigung bleibt nach der amtlichen Anmerkung S 2 im Fall KVGv 208 gebührenlos. KVGv 205 kann hinzutreten, AG Limburg DGVZ **14**, 71. Auch ein Pfändungsauftrag nach Abnahme der Vermögensauskunft kann hierher zählen, LG Bonn DGVZ **15**, 114.

22   Auch die Nichterledigungsgebühr *entfällt* nach (jetzt) §§ 802d I 1 ZPO dann ganz, wenn es nur deshalb nicht zur erneuten Abgabe der Vermögensauskunft kommt, weil der Schuldner die Vermögensauskunft innerhalb der letzten drei Jahre bereits abgegeben hatte, AG Alfeld JB **04**, 39, AG Osnabr DGVZ **05**, 46 (ausreichend ist ein anderes Verfahren), AG Tettnang DGVZ **01**, 159, aM AG Duisb DGVZ **16**, 191. Das ergibt sich aus KVGv 604 amtliche Anmerkung, krit SchrKWi 36 (auch rechtspolitisch). Das hätten AG Höxter DGVZ **06**, 191, AG Neuwied JB **04**, 386 mitprüfen müssen.

23   **L. Verhaftung, Nachverhaftung usw, KVGv 604.** Es kann sich nach KVGv 270 um den vergeblichen Versuch einer Verhaftung, Nachverhaftung oder zwangsweisen Vorführung handeln. Die Nichterledigungsgebühr beträgt rd ein Drittel der Erledigungsgebühr.

24   **M. Versteigerung, Verkauf von Sachen, KVGv 604.** Es kann sich nach KVGv 300 um den vergeblichen Versuch einer Versteigerung oder eines Verkaufs von beweglichen Sachen oder solcher Früchten handeln, die noch nicht vom Boden getrennt sind, oder von Forderungen oder anderen Vermögensrechten. Die Nichterledigungsgebühr beträgt rd 25% der Erledigungsgebühr.

25   **N. Öffentliche Verpachtung, KVGv 604.** Es kann sich nach KVGv 301 um den vergeblichen Versuch einer öffentlichen Verpachtung an den Meistbietenden handeln. Die Nichterledigungsgebühr beträgt rd 25% der Erledigungsgebühr.

26   **O. Mitwirkung bei Versteigerung durch Dritten, KVGv 604.** Es kann sich nach KVGv 301 um den vergeblichen Versuch einer Mitwirkung bei der Versteigerung durch einen Dritten bis zu ihrem Erfolg handeln. Die Nichterledigungsgebühr ist ebenso hoch wie die Erledigungsgebühr.

27   **P. Bewachung und Verwahrung eines Schiffs, usw, KVGv 604.** Es kann sich nach KVGv 400 um den vergeblichen Versuch der Bewachung und Verwahrung eines Schiffs, eines Schiffsbauwerks oder eines Luftfahrzeugs nach §§ 165, 170, 170a, 171, 171c, 171g, 171h ZVG, § 99 II, § 106 I Z 1 LuftfG handeln. Die Nichterledigungsgebühr beträgt rd ein Achtel der Erledigungsgebühr.

28   **Q. Tatsächliches Leistungsangebot, KVGv 604.** Es kann sich nach KVGv 410 um den vergeblichen Versuch eines tatsächlichen Angebots einer Leistung nach

§§ 293, 294 BGB außerhalb der Zwangsvollstreckung handeln. Die Nichterledigungsgebühr ist ebenso hoch wie die Erledigungsgebühr.

R. Entfernung von Gegenständen aus Gewahrsam usw, KVGv 604. Es kann 29 sich schließlich nach KVGv 420 um den vergeblichen Versuch handeln, Gegenstände aus dem Gewahrsam des Inhabers zum Zweck der Versteigerung oder Verwahrung außerhalb der Zwangsvollstreckung zu entfernen. Die Nichterledigungsgebühr ist ebenso hoch wie die Erledigungsgebühr.

5) Fälligkeit, KVGv 600–604. Nach § 14 S 1 wird eine Gebühr dann fällig, 30 wenn der Gerichtsvollzieher seinen Auftrag durchgeführt hat oder wenn der Auftrag länger als zwölf Kalendermonate ruht. Der Durchführung steht nach § 3 IV 1, 3 gleich, daß der Gerichtsvollzieher dem Auftrageber mitteilt, daß er den Auftrag als zurückgenommen betrachte, weil er damit rechne, daß die Zwangsvollstreckung fruchtlos verlaufen werde usw. Im übrigen muß man im Geltungsbereich von KVGv 600–604 natürlich den Abbruch des vergeblichen Versuchs als den Fälligkeitszeitpunkt der Nichterledigungsgebühr annehmen.

Eine *nur vorläufige* Unterbrechung der Bemühung um eine auftragsgemäße Erledigung reicht nicht. Ein bloßer Zeitablauf reicht ohne die vorgenannte Voraussetzungen des § 3 IV ebenfalls nicht, solange man ihn nicht vernünftigerweise als ein endgültiges Scheitern der Bemühungen bewerten muß.

6) Gebührenschuldner, KVGv 600–604. § 13. 31

Abschnitt 7. Auslagen

Nr.	Auslagenbestand	Höhe
700	Pauschale für die Herstellung und Überlassung von Dokumenten:	
	1. Kopien und Ausdrucke,	
	a) die auf Antrag angefertigt oder per Telefax übermittelt werden,	
	b) die angefertigt werden, weil der Auftraggeber es unterlassen hat, die erforderliche Zahl von Mehrfertigungen beizufügen:	
	für die ersten 50 Seiten je Seite	0,50 €
	für jede weitere Seite	0,15 €
	für die ersten 50 Seiten in Farbe je Seite	1,00 €
	für jede weitere Seite in Farbe	0,30 €
	2. Überlassung von elektronisch gespeicherten Dateien oder deren Bereitstellung zum Abruf anstelle der in Nummer 1 genannten Kopien und Ausdrucke:	
	je Datei	1,50 €
	für die in einem Arbeitsgang überlassen, bereitgestellten oder in einem Arbeitsgang auf denselben Datenträger übertragenen Dokumente insgesamt höchstens	5,00 €
	[I] Die Höhe der Dokumentenpauschale nach Nummer 1 ist bei Durchführung eines jeden Auftrags und für jeden Kostenschuldner nach § 13 Abs. 1 Nr. 1 GvKostG gesondert zu berechnen; Gesamtschuldner gelten als ein Schuldner.	
	[II] Werden zum Zweck der Überlassung von elektronisch gespeicherten Dateien Dokumente zuvor auf Antrag von der Papierform in die elektronische Form übertragen, beträgt die Dokumentenpauschale nach Nummer 2 nicht weniger als die Dokumentenpauschale im Fall der Nummer 1 betragen würde.	

Nr.	Auslagenbestand	Höhe
III	§ 191a Abs. 1 Satz 5 GVG bleibt unberührt.	
IV	¹Eine Dokumentenpauschale für die erste Kopie oder den Ausdruck des Vermögensverzeichnisses und der Niederschrift über die Abgabe der Vermögensauskunft wird von demjenigen Kostenschuldner nicht erhoben, von dem die Gebühr 260 oder 261 zu erheben ist. ²Entsprechendes gilt, wenn anstelle der in Satz 1 genannten Kopien oder Ausdrucke elektronisch gespeicherte Dateien überlassen werden (§ 802d Abs. 2 ZPO).	

Vorbem. Amtliche Anmerkung III angepaßt dch Art 12 Z 3 d EuKoPfVODG v 21. 11. 16, BGBl 2591, in Kraft seit 26. 11. 16, Art 21 III 1 G, ÜbergangsR § 18 GvKostG.

Gliederung

1) **Systematik, Z 1, 2** 1, 2
2) **Regelungszweck, Z 1, 2** 3
3) **Geltungsbereich, Z 1, 2** 4–10
   A. Auf Auftrag angefertigte Kopie usw, Z 1 a 4
   B. Nicht: Ausfertigung von Amts wegen, Z 1 a 5
   C. Per Telefax übermittelte Kopie usw, Z 1 a 6
   D. Fehlende Kopie usw, Z 1 b 7
   E. Elektronisch gespeicherte Dateien, Z 2 8
   F. Keine Auslagen beim Blinden, Sehbehinderten oder Behinderten, amtliche Anmerkung II, III 9
   G. Eventuell keine Auslagen bei Vermögensverzeichnis nebst Protokoll, amtliche Anmerkung III 10
4) **Auslagenhöhe, Z 1, 2, amtliche Anmerkung I, II** 11
5) **Fälligkeit, Z 1, 2** 12
6) **Kostenschuldner, Z 1, 2** 13

1 **1) Systematik Z 1, 2.** Die Vorschrift zählt im einzelnen diejenigen Fälle auf, in denen der Gerichtsvollzieher Auslagen vom Schuldner der Gerichtsvollzieherkosten erheben darf. „Auslage" ist eine tatsächliche Aufwendung und nicht eine Mühewaltung, auch nicht eine Vergütung wegen ersparter Aufwendungen. Die Vergütung des Gerichtsvollziehers für die übrige Schreibarbeit richtet sich nicht nach KVGv 700, sondern nach den Verwaltungsanordnungen der Länder. Sowohl die Herstellung als auch die Überlassung lassen nach dem eindeutigen Text Auslagen entstehen. Die Aufzählung des GvKostG ist erschöpfend, BVerwG NJW **83**, 898. Sie läßt für ein Ermessen keinen Raum, BVerwG NJW **83**, 898.

2 In *allen anderen Fällen* kann der Gerichtsvollzieher also für sein Schreibwerk vom Betroffenen keine Vergütung verlangen. Es ist insoweit auch nicht etwa die Auffangvorschrift KVGv 713 anwendbar. Denn sie umfaßt nicht die Grundkosten des Gerichtsvollziehers nach dort Rn 1. Auch KVGv 701 gilt insoweit nicht. Er kann also insbesondere keine Vergütung für das Ausfüllen einer Aufschrift auf einer Zustellungsurkunde oder für die Anschrift auf einem Briefumschlag oder für die Mitteilung fordern, daß der Schuldner die eidesstattliche Versicherung zu verweigern berechtigt ist, Meyer JB **99**, 408, oder für die Reinschrift einer Versteigerungsbekanntmachung oder für die gesamte durch die Amtstätigkeit veranlaßte Schreibarbeit, also für alle Urschriften und den Schriftwechsel.

Daher kann der Gerichtsvollzieher auch keine Auslage für die zu den Protestsammelakten zu nehmende beglaubigte Kopie oder Abschrift des Wechsel- und Scheckprotests fordern. Ebensowenig kann er eine Auslage für eine Abschrift des Zustellungsersuchens an die Post oder für eine Kopie der Bescheinigung über die Übergabe an die Post fordern.

3 **2) Regelungszweck, Z 1, 2.** Die Regelung bezweckt eine aus praktischen Gründen pauschalierte, um der Kostengerechtigkeit willen aber auch differenzierte Regelung. Mit der Arbeit des Gerichtsvollziehers entsteht eine Fülle von Schreibwerk. Es

soll als Auslagen deutlich werden, um dem Kostenschuldner gegenüber auch der Bezeichnung nach als ein bloßer Aufwendungsersatz dazustehen, auch wenn es sich um zu versteuernde weitere Einnahmen des Gerichtsvollziehers handelt. Die Urschrift der Akte ist stets auslagenfrei, SchrKWi 12. Vermeidbare Auslagen können eine unrichtige Sachbehandlung nach § 7 Rn 2 sein.

3) Geltungsbereich, Z 1, 2. Man muß sechs Fallgruppen von Auslagen unterscheiden. Trotzdem ist wegen des Worts „nur" in § 1 I nach § 1 Rn 2 eine enge Auslegung notwendig, vgl auch § 104 I 3 GVGA.

A. Auf Antrag angefertigte Kopie usw, Z 1 a. Eine Pauschale entsteht, soweit es sich um eine solche Kopie oder einen solchen Ausdruck der elektronischen Fassung handelt, die der Gerichtsvollzieher persönlich oder durch einen Mitarbeiter oder durch die Geschäftsstelle nicht schon von Amts wegen angefertigt hat, sondern erst auf Grund eines jeden eindeutigen, wenn auch nicht notwendig ausdrücklichen Antrags, LG Mönchengladb DGVZ **14**, 24, AG Haßfurt DGVG **08**, 80, AG Weiden DGVZ **08**, 82, aM SchrKWi 15. Er kann die Auslage nur für denjenigen Umfang ersetzt fordern, den der Antrag nannte. Hierher gehört auch die auf einen unterstellbaren Schuldnerantrag erfolgende Abschrift oder Kopie eines Annahmeantrags bei der Hinterlegungsstelle, SchrKWi 24. Mehrere beantragte Kopie usw lassen die Pauschale mehrfach entstehen. Ein Antrag umfaßt im Zweifel auch einen erfolglosen Vollstreckungsversuch.

Eine *Abschrift oder Kopie* läßt sich ebenso wie bei KV 9000 Rn 1 beurteilen. Teil I dieses Buchs.

B. Nicht: Anfertigung von Amts wegen, Z 1 a. Nicht hierher zählt zB die nur kraft Gesetzes von Amts wegen notwendige Kopie oder Abschrift, Seip DGVZ **01**, 17, oder eine freiwillige unaufgeforderte Kopie usw des Protokolls über eine Aufforderung oder eine Mitteilung aus Anlaß einer Vollstreckungshandlung an den Schuldner nach § 763 II ZPO, falls er jene nicht mündlich ausführen kann, BVerwG DGVT **82**, 151, AG Neuwied DGVZ **93**, 175. Das Gesetz schreibt keine Zuleitung an den Gläubiger vor. Daher kann der Gläubiger nur dann zahlungspflichtig werden, wenn er die Übersendung eindeutig vorher beantragt hatte.

Eine bloße *widerspruchslose Annahme* ohne einen vorangegangenen Übersendungsauftrag reicht nicht aus, um die Zahlungspflicht des Gläubigers zu begründen, BVerwG NJW **83**, 898.

Ferner gehören *nicht* hierher: Die von Amts wegen notwendige Übersendung der Protokollablichtung usw bei einer Anschlußpfändung durch einen anderen Gerichtsvollzieher nach § 826 II ZPO; die von Amts wegen dem Schuldner zu übergebende beglaubigte Kopie usw des Haftbefehls; eine von Amts wegen erfolgende Zustellungsurkunde; eine Tätigkeit im Auftrag der Vollstreckungsbehörde nach der JBeitrO, Teil IX A dieses Buchs.

C. Per Telefax übermittelte Kopie usw, Z 1 a. Auslagen sind auch insoweit erstattungspflichtig, als es sich um eine nach dem pflichtgemäßen Ermessen des Gerichtsvollziehers per Telefax übermittelte Kopie usw handelt. Dann reicht aber nach KVGv 713 Rn 8 „von Amts wegen" nicht eine von Amts wegen übermittelte Kopie usw aus. Es ist unerheblich, wer der Adressat war. Es kommt auch nicht darauf an, ob gerade der Telefax-Weg erforderlich war. Ausreichend ist, daß der Gerichtsvollzieher eben diesen Weg gegangen ist.

Nicht hierher zählt die nicht als solche direkt beantragte Telefax-Übermittlung einer *Urschrift* der Urkunde. Das gilt auch dann, wenn die Kopiervorlage anschließend per Post nachfolgt. Wegen § 9 zählt auch eine e-mail nicht hierher. Nicht hierher zählt ferner der bloße Beglaubigungsvermerk, Hundertmark JB **03**, 461, Meyer JB **03**, 462.

D. Fehlende Kopie usw, Z 1 b. Die Vorschrift erfaßt schon eine erste Kopie oder einen ersten Ausdruck, die der Gläubiger dem Gerichtsvollzieher entgegen einer gesetzlichen Pflicht vollständig zu übergeben versäumt hat, zB § 192 II 2 Hs 2 ZPO. Diese darf der Gerichtsvollzieher anfertigen, zB um zB die Zustellung durchführen zu können, AG Bln-Charlottenb DGVZ **81**, 43, Kessel DGVZ **04**, 116 (Forderungsaufstellung bei Offenbarungsversicherung). In diesem Rahmen ist eine Kopie usw ausla-

genpflichtig, AG Sinzig DGVZ **00**, 142. Ein „normaler Geschäftsgang" beim Auftraggeber liefert keinen Anscheinsbeweis dafür, daß er im Einzelfall ausreichende Kopie usw fertigte, LG Bonn DGVZ **04**, 45.
Unanwendbar ist Z 1 b auf die Herstellung des Originals.

8 E. **Elektronisch gespeicherte Dateien, Z 2.** Wenn der Gerichtsvollzieher anstelle einer der in Z 1 a, b genannten Kopien oder Ausdrucke der elektronischen Fassungen eine elektronisch gespeicherte Datei überläßt oder zum Abruf bereitstellt, tritt vorrangig die Regelung der Z 2 nebst der amtlichen Anmerkung III 2 ein. Bei einem zusätzlich überlassenen Ausdruck gilt Z 1 neben Z 2.
Unanwendbar ist Z 2 auf die Überlassung eines Datenträgers. Bei ihm gilt § 4 V, VI JVKostO, Teil VIII A dieses Buches.

9 F. **Keine Auslagen beim Blinden, Sehbehinderten oder Behinderten, amtliche Anmerkung II, III.** Auslagen entstehen nicht, soweit es um diejenigen Kosten geht, die dadurch entstehen, daß man nach § 191 a I 1, 25 GVG einem Blinden, Sehbehinderten oder Behinderten ein für ihn bestimmtes gerichtliches Schriftstück auch in einer für ihn wahrnehmbaren Form deshalb zugänglich macht, weil das zur Wahrnehmung seiner Rechte im Verfahren erforderlich ist.

10 G. **Eventuell keine Auslagen bei Vermögensverzeichnis nebst Protokoll, amtliche Anmerkung III.** Nicht auslagenpflichtig ist die Erteilung der ersten Ablichtung eines Vermögensverzeichnisses nach §§ 802c V, 802k ZPO und der Niederschrift über die Abgabe der Vermögensauskunft entsprechend §§ 159ff ZPO. Das gilt freilich nur gegenüber demjenigen Kostenschuldner nach § 13, von dem der Gerichtsvollzieher bereits die Gebühr KVGv 260 oder 261 erheben muß. Weitere Ablichtungen und jede Art von Ablichtung für andere Beteiligte fallen nicht unter III.

11 **4) Auslagenhöhe, Z 1, 2, amtliche Anmerkung I, II.** Die Regelung entspricht weitgehend derjenigen des KV 9000, des KVFam 2000 und des KVfG 31000, Teile I A, B III dieses Buchs. Beides ergibt sich aus dem Haupttext von KVGv 700 Z 1, 2. Dabei entfallen also auf die ersten 50 Seiten und für jede weitere angefangene Seite unabhängig von ihrer Herstellungsart und von ihrem Inhalt sowie vom Zeitaufwand die in I Z 1, 2 und in der amtlichen Anmerkung III jeweils genannte Pauschalen. Jede Pauschale fällt je Auftrag an. Eine Seite mit bloß internen Vermerken usw oder nur mit der Kostenrechnung zählt nicht mit.
Mehrheit von Kostenschuldnern nach § 13 I Z 1 bedeutet eine gesonderte Auslagenerhebung gegenüber jedem, amtliche Anmerkung I 1. Gesamtschuldner nach §§ 421ff BGB gelten aber nach der amtlichen Anmerkung I Hs 2 als nur ein Kostenschuldner.

12 **5) Fälligkeit, Z 1, 2.** § 14 S 2. Einen Vorschuß kann der Gerichtsvollzieher nur vom Gläubiger als dem Auftraggeber nach § 4 fordern, nicht zB vom Schuldner, der eine Ablichtung verlangt.

13 **6) Kostenschuldner, Z 1, 2.** Vgl zunächst Rn 10 und sodann § 13.

Nr.	Auslagentatbestand	Höhe
701	Entgelte für Zustellungen mit Zustellungsurkunde	in voller Höhe

1 **1) Systematik.** Während KVGv 100, 101 die Zustellungsgebühren regeln, behandelt KVGv 701 die Auslagen, und zwar nur in seinem Geltungsbereich nach Rn 3. Sonstige Zustellungsauslagen entstehen unter den Voraussetzungen von KVGv 713. Diese Auffangvorschrift gilt nur nachrangig. Sie erfaßt keine sonstigen Post- oder Telekommunikationsentgelte. Vgl insofern KVGv 713.

2 **2) Regelungszweck.** Bei der förmlichen Zustellung mit einer Zustellungsurkunde nach § 182 ZPO entstehen nicht unerhebliche Portokosten, sowohl bei der Deutschen Post AG als auch bei den etwa in diesem Bereich tätigen zulässigen anderen Zustelldiensten. Diese Kosten können sich bei mehreren Zustellungen an denselben oder an verschiedene Adressaten erheblich erhöhen. Daher entstehen sie nicht als

eine schwer schätzbare Pauschale, sondern in ihrer tatsächlichen Höhe. Denn nur das dient der Kostengerechtigkeit.

3) Geltungsbereich: Zustellung mit Zustellungsurkunde. Es muß sich um eine solche förmliche Zustellung handeln, bei der eine Urkunde nach §§ 176 I, 182, 191, 194 ZPO entsteht und zum Zustellungsnachweis dient, und zwar eine Urkunde der Deutschen Post AG oder eines ihr gleichstehend betriebenen Unternehmens mit der Beweiskraft der §§ 168 I 2, 182 I 2, 418 ZPO. Auch die Ladung zur Abgabe einer Offenbarungsversicherung fällt unter KVGv 701, AG Bernau DGVZ **01**, 136, ebenso evtl die Zustellung einer Eintragungsanordnung nach § 882c II ZPO, zum Problem AG Bln-Charlottenb DGVZ **16**, 161, AG Duisb DGVZ **16**, 160, AG Singen DGVZ **16**, 184; vgl aber auch Stgt DGVZ **16**, 182 rechts.

Andere Zustellungsarten zB durch ein Einschreiben mit oder ohne einen Rückschein muß man allenfalls nach KVGv 713 behandeln. 3

4) Auslagenhöhe. Es entstehen die vollen tatsächlichen und auch erforderliche Entgelte. Nicht zu den Auslagen nach KVGv 701 zählen: Das Papier, sei es der Urkunde, sei es des Umschlags oder gar des Inhalts; die Kosten des Transports zum Beförderungs-Annahmepunkt (Briefkasten, Postamt). Auch Abholkosten sollte man nicht berücksichtigen. Natürlich kommen auch Auslagen infolge einer unrichtigen Sachbehandlung nach § 7 nicht infrage. 4

5) Fälligkeit. § 14 S 2. 5

6) Auslagenschuldner. § 13. 6

Nr.	Auslagenbestand	Höhe
702	Auslagen für öffentliche Bekanntmachungen und Einstellung eines Ausgebots auf einer Versteigerungsplattform zur Versteigerung im Internet	in voller Höhe
	Auslagen werden nicht erhoben für die Bekanntmachung oder Einstellung in einem elektronischen Informations- und Kommunikationssystem, wenn das Entgelt nicht für den Einzelfall oder nicht für ein einzelnes Verfahren berechnet wird.	

1) Systematik. In der Reihe KVGv 700 ff stellt die Vorschrift eine insbesondere gegenüber KVGv 701 selbständige Regelung dar. Sie kann zu den anderen Auslagenvorschriften hinzutreten.

Soweit die Vollstreckungsbehörde nach dem *JBeitrG* den Gerichtsvollzieher mit einer Versteigerung beauftragt, gelten §§ 91 ff GVGA. 1

2) Regelungszweck. Die Vorschrift soll die Auslagen dämpfen. Wie bei KVGv 701, 703 ff dient die Regelung zwar einer vollen Entschädigung. Sie gibt sich dort aber im Gegensatz zu den Festbeträgen von KVGv 700 nicht mit einer Pauschalierung zufrieden, obwohl das technisch einfacher wäre. 2

3) Geltungsbereich: Bekanntmachungskosten. Die Vorschrift erfaßt alle dort abschließend genannten Vorgänge einer Internetversteigerung, auch alle sonstigen durch eine öffentliche Bekanntmachung innerhalb oder außerhalb einer Zwangsvollstreckung dem Gerichtsvollzieher tatsächlich entstandenen und kraft Gesetzes oder nach dem pflichtgemäßen Ermessen des Gerichtsvollziehers zur erforderlichen Auslagen. Das gilt auch für diejenigen Auslagen, die dadurch entstehen, daß die Bekanntmachung über einen Anschlag oder einen Aufruf usw an einem Bekanntmachungsbrett usw erfolgt oder daß die Bekanntmachung einer Terminsverlegung oder -aufhebung in dem unvermeidbaren Umfang erfolgt. 3

4) Auslagenhöhe, Grenzen. Der Kostenschuldner muß nur eine Pauschale zahlen. Die amtliche Anmerkung nennt eine Ausnahme. § 7 bleibt beachtbar. Wegen eines Vorschusses § 4. 4

5) Fälligkeit. § 14 S 2. 5

6) Kostenschuldner. § 13. 6

KVGv 703, 704   XI. G über Kosten der GVz

Nr.	Auslagentatbestand	Höhe
703	Nach dem JVEG an Zeugen, Sachverständige, Dolmetscher und Übersetzer zu zahlende Beträge .... I Die Beträge werden auch erhoben, wenn aus Gründen der Gegenseitigkeit, der Verwaltungsvereinfachung oder aus vergleichbaren Gründen keine Zahlungen zu leisten sind. II Auslagen für Gebärdensprachdolmetscher (§ 186 Abs. 1 GVG) und für Übersetzer, die zur Erfüllung der Rechte blinder oder sehbehinderter Personen herangezogen werden (§ 191 a Abs. 1 GVG), werden nicht erhoben.	in voller Höhe

1   **1) Systematik.** Es gelten dieselben Erwägungen wie bei KVGv 702 Rn 1. Vgl auch KVGv 704 Rn 1, 3 aE.

2   **2) Regelungszweck.** Es ist selbstverständlich, daß der Gerichtsvollzieher den vollen Ersatz der von ihm verauslagten Kosten nach der ZPO oder nach dem JVEG erhalten muß, Teil V dieses Buchs, aber natürlich auch nicht mehr. Soweit die in KVGv 703 genannten Personen aus der Staatskasse oder zunächst von anderen Verfahrensbeteiligten eine Vergütung oder Entschädigung erhielten, bekommt der Gerichtsvollzieher keinen Auslagenersatz. § 13 JVEG mit seiner besonderen Vergütung ist anwendbar. Soweit gar kein Gericht im Sinn dieser Vorschrift vorhanden oder zuständig ist, tritt der Gerichtsvollzieher an dessen Stelle.

3   **3) Geltungsbereich: Zahlung an einen Zeugen, Sachverständigen, Dolmetscher oder Übersetzer.** Die Vorschrift erfaßt die Zuziehung (nur) eines notwendigen Zeugen nach § 759 ZPO, § 62 II GVGA, AG Dieburg JB **16**, 320, auch zweier solcher Zeugen neben dem Schlosser, AG Wiesb DGVZ **88**, 14. Das JVEG gibt einen Anhalt für die Notwendigkeit, möglichst einen in der Nähe wohnenden Zeugen auszuwählen. Der Gerichtsvollzieher darf dem Zeugen eine Entschädigung nur auf dessen Verlangen zahlen. Derjenige Polizist, den der Gerichtsvollzieher nach § 758 III ZPO zur Brechung des Widerstands herangezogen hat, ist kein Zeuge, sondern leistet nur Amtshilfe.
    Entsprechendes gilt für die Zuziehung eines *Sachverständigen* nach § 813 ZPO, grundsätzlich auch eines Dolmetschers oder eines Übersetzers nach § 14 JVEG, Teil V dieses Buchs, und für dessen jeweilige Vergütung, AG Leverkusen DGVZ **02**, 189 (auch zur Vorschußpflicht des Gläubigers). Die Auslagen entstehen auch in den Fällen der amtlichen Anmerkung I.
    Ausnahmsweise entsteht nach der amtlichen Anmerkung II keine Auslagenpflicht bei den für den Blinden oder Sehbehinderten tätigen Gebärdendolmetscher oder Übersetzer im Rahmen seiner Tätigkeit nach §§ 186, 191 a I GVG.

4   **4) Auslagenhöhe.** Der Kostenschuldner muß die nach dem JVEG, Teil V dieses Buchs, zahlbare und tatsächlich gezahlte Vergütung oder Entschädigung erstatten, Kessel DGVZ **04**, 117. Der Gerichtsvollzieher muß sie nach Grund und Höhe aktenkundig machen. Eine Vereinbarung kommt im Rahmen von § 13 JVEG infrage.
    Gegen die Höhe der gewährten Vergütung oder Entschädigung ist die *Erinnerung* nach § 766 ZPO zulässig. Die Beweisperson kann die Festsetzung nach § 4 JVEG beantragen. Der Kostenschuldner kann nach § 5 vorgehen.

5   **5) Fälligkeit.** § 14 S 2.

6   **6) Kostenschuldner.** § 13.

Nr.	Auslagentatbestand	Höhe
704	An die zum Öffnen von Türen und Behältnissen sowie an die zur Durchsuchung von Schuldnern zugezogenen Personen zu zahlende Beträge	in voller Höhe

XI. G über Kosten der GVz **704–706 KVGv**

1) Systematik. Es gelten dieselben Erwägungen wie bei KVGv 702 Rn 1. Die 1
Vorschrift steht selbständig neben KVGv 703. Sie hat im eigenen Geltungsbereich
nach Rn 3 den Vorrang vor KVGv 703. Vgl aber auch Rn 3 aE.

2) Regelungszweck. Es gelten dieselben Erwägungen wie bei KVGv 702 Rn 2. 2

3) Geltungsbereich: Zuziehung einer Person. Die Vorschrift erfaßt den Fall, 3
daß der Gerichtsvollzieher im Rahmen von §§ 758, 758a ZPO zur Öffnung einer
Tür oder eines Behältnisses oder zur Durchsuchung eines Schuldners oder einer
Schuldnerin eine Person passenden Geschlechts hinzuzieht und sie nach den ortsüblichen Handwerkersätzen vergütet. Die Anordnung muß wirksam und rechtmäßig
sein. Das ist zB nach § 758 ZPO nicht schon bei einem Haftbefehl nach § 802g ZPO
so, BLAH § 758 ZPO Rn 18 „Haftbefehl". Wegen der Entschädigung der bei einer
körperlichen Durchsuchung hinzugezogenen Person gilt KVGv 703 entsprechend.

4) Auslagenhöhe. Der Kostenschuldner muß die vollen tatsächlichen und nach 4
§§ 631, 632 BGB auch berechtigten Auslagen ersetzen, LG Kassel DGVZ 03, 42
(§ 649 BGB ist anwendbar). Die Öffnung muß so schonend wie möglich gewesen
sein. Der Gerichtsvollzieher muß von einer etwa möglichen Verjährungseinrede auch
zugunsten des Kostenschuldners Gebrauch machen, Meyer 15. § 7 bleibt beachtbar.

5) Fälligkeit. § 14 S 2. 5

6) Kostenschuldner. § 13. 6

Nr.	Auslagentatbestand	Höhe
705	Kosten für die Umschreibung eines auf den Namen lautenden Wertpapiers oder für die Wiederinkurssetzung eines Inhaberpapiers	in voller Höhe

1) Systematik. Es gelten dieselben Erwägungen wie bei KVGv 702. 1

2) Regelungszweck. Es gelten dieselben Erwägungen wie bei KVGv 702 Rn 2. 2

3) Geltungsbereich: Umschreibung. Gemeint ist eine Umschreibung oder 3
Wiederinkurssetzung nach den §§ 822ff ZPO, § 105 GVGA. Eine Gebühr entsteht
dann nicht, da es sich um ein Nebengeschäft des Veräußerungsgeschäfts des KVGv
300.

4) Auslagenhöhe. Der Kostenschuldner muß die vollen tatsächlichen Auslagen 4
ersetzen. § 7 bleibt anwendbar.

5) Fälligkeit. § 14 S 2. 5

6) Kostenschuldner. § 13. 6

Nr.	Auslagentatbestand	Höhe
706	Kosten, die von einem Kreditinstitut erhoben werden, weil ein Scheck des Schuldners nicht eingelöst wird ...	in voller Höhe

1) Systematik. Es gelten dieselben Erwägungen wie bei KVGv 702. 1

2) Regelungszweck. Die Vorschrift bewerkt ebenso wie KVGv 701ff eine Frei- 2
stellung des Gerichtsvollziehers von solchen Kosten der genannten Art, die man einem oder mehreren Anträgen zurechnen könnte und die man nicht zu den Gemeinkosten rechnen sollte. Als eine vorrangige Spezialvorschrift ist KVGv 706 eher eng
auslegbar. Vgl aber auch Rn 3.

3) Geltungsbereich: Scheckprotest – Bankspesen. Es geht um solche Kosten 3
eines Kreditinstituts, die es gerade deshalb nach seinen Geschäftsbedingungen erheben darf und erhebt, weil der Schuldner seinen Scheck nicht eingelöst hat. Man
muß den Scheck eines solchen Dritten, den der Schuldner zur Einlösung übergeben
hat, dem von ihm selbst ausgestellten trotz der Notwendigkeit einer an sich strengen
Auslegung nach Rn 2 doch im Ergebnis wohl gleichstellen.

Unanwendbar ist KVGv 706 auf einen anderen Scheckvorgang als den der Nichteinlösung oder auf einen Wechselvorgang. Denn der Gesetzgeber hat nicht eindeutig bloß vergessen, auch ihn mitzuerwähnen. Im Zweifel ist das Gesetz ohnehin unanwendbar. Das zeigt das Wort „nur" in § 1 I.

4   **4) Auslagenhöhe.** Der Kostenschuldner muß die vollen tatsächlichen Auslagen dieses bestimmten Einzelvorgangs ersetzen, nicht aber darüber hinausgehende anteilige allgemeine Kontokosten usw. § 7 bleibt unberührt.

5   **5) Fälligkeit.** § 14 S 2.

6   **6) Kostenschuldner.** § 13.

Nr.	Auslagentatbestand	Höhe
707	An Dritte zu zahlende Beträge für die Beförderung von Personen, Tieren und Sachen, das Verwahren von Tieren und Sachen, das Füttern von Tieren, die Beaufsichtigung von Sachen sowie das Abernten von Früchten	in voller Höhe
	Diese Vorschrift ist nicht anzuwenden bei dem Transport von Sachen oder Tieren an den Ersteher oder an einen von diesem benannten Dritten im Rahmen der Verwertung.	

1   **1) Systematik.** Es gelten dieselben Erwägungen wie bei KVGv 702 Rn 1. KVGv 710, 713, 714 haben Vorrang.

2   **2) Regelungszweck.** Es gelten dieselben Erwägungen wie bei KVGv 702 Rn 2.

3   **3) Geltungsbereich.** Es gibt zwei Leistungsbereiche.

A. Beförderung. Wegen der Personenbeförderung im eigenen Beförderungsmittel des Gerichtsvollziehers KVGv 710. Bei der Beförderung einer Sache kommt hauptsächlich diejenige zur Pfandkammer und von ihr weg in Betracht. Die Spediteurkosten einer solchen Beförderung stellen den Höchstsatz der möglichen Auslagen dar. Vgl die vorrangigen KVGv 713, 714.

Der Gerichtsvollzieher braucht *nicht den „billigsten"* Spediteur zu beauftragen, sondern darf nach seinem pflichtgemäßen Ermessen einen ihm als zuverlässig bekannten wählen, LG Kblz DGVZ **97**, 30, LG Saarbr DGVZ **85**, 92, BLAH § 885 ZPO Rn 27 „Spediteur", strenger LG Mannh DGVZ **97**, 154 (Beamtenpflichten bei Auftragsvergabe. Aber das ist meist schon zeitlich undurchführbar). Er darf freilich auch nicht vermeidbar hohe Kosten entstehen lassen, Hbg MDR **00**, 602, Mü MDR **00**, 602, AG Ffm NZM **04**, 359. In Betracht kommen auch die Kosten eines bloßen Beförderungsversuchs, BVerwG DGVZ **82**, 156, AG Ettlingen DGVZ **98**, 15, AG Flensb DGVZ **05**, 131 (selbst wenn nur der Auftraggeber wußte, daß der Schuldner schon geräumt hatte. Dann freilich muß der Gläubiger die Kosten nach § 788 ZPO selbst zahlen). In Betracht kommen also auch evtl Ausfall-Bereitstellungskosten einschließlich der Umsatzsteuer, LG Düss DGVZ **06**, 58, LG Ffm DGVZ **06**, 115, LG Kassel DGVZ **03**, 140.

Das gilt freilich *nicht* für solche Bereitstellungskosten, die erst nach einer Auftragsrücknahme entstanden, LG Augsb DGVZ **09**, 117. Nicht hierher gehören ferner bloße Vorbereitungskosten, LG Kblz DGVZ **87**, 58, AG Itzehoe DGVZ **84**, 123.

4   **B. Verwahrung, Beaufsichtigung.** Eine Verwahrung und Beaufsichtigung wird durch die Versteigerungskosten abgegolten, soweit der Gerichtsvollzieher die Sache zum Zweck der Versteigerung verbringt. Wenn der Gerichtsvollzieher eine eigene Pfandkammer hat, kann er angemessene Kosten berechnen, auch angemessene Versicherungskosten. Hamburg erhebt 1‰ des Sachwerts für jeden Tag der Lagerung; ein angefangener Tag rechnet als volle Mindestgebühr [jetzt wohl ca] 0,50 EUR (früher 1 DM). Eine Unterstellung eines Kraftfahrzeugs (nicht auch eines Kraftrads) in der Garage des Versteigerungshauses (§ 3 VO) läßt sich ebenso berechnen. Eine Unterstellung in der nicht zur Pfandkammer gehörenden Garage des Gerichtsvollziehers darf man nicht nach KVGv 707 berechnen, LG Gießen DGVZ **89**, 185.

XI. G über Kosten der GVz **707–709 KVGv**

Sonstige Abtransport- oder Lagerkosten fallen unter § 788 ZPO, nicht unter KVGv 707, Düss JB **96**, 89, Hamm JB **97**, 160, KG RR **87**, 574. Wegen eines Vorschusses § 4.

4) Auslagenhöhe. Der Kostenschuldner muß im Rahmen des nach Rn 3, 4   **5**
Notwendigen die vollen tatsächlichen Auslagen ersetzen. § 7 bleibt unberührt.

5) Fälligkeit. § 14 S 2.   **6**

6) Kostenschuldner. § 13.   **7**

Nr.	Auslagentatbestand	Höhe
708	An deutsche Behörden für die Erfüllung von deren eigenen Aufgaben zu zahlende Gebühren sowie diejenigen Auslagen, die diesen Behörden, öffentlichen Einrichtungen oder deren Bediensteten als Ersatz für Auslagen der in den Nummern 700 und 701 bezeichneten Art zustehen	in voller Höhe

1) Systematik. Es gelten dieselben Erwägungen wie bei KVGv 702 Rn 1.   **1**

2) Regelungszweck. Es gelten dieselben Erwägungen wie bei KVGv 702 Rn 2.   **2**

3) Geltungsbereich: Behördenauslagen. Die Vorschrift vergütet alle Auslagen   **3**
einer deutschen Behörde bei Erfüllung eigener Aufgaben und bei KVGv 700, 701. Die Vorschrift besagt nicht, daß der Gerichtsvollzieher verpflichtet wäre, eine Anfrage nach §§ 755, 8021 I 1 ZPO zu halten.

4) Auslagenhöhe. Der Kostenschuldner muß die vollen erforderlichen und auch   **4**
tatsächlich entstandenen Auslagen ersetzen. Dazu zählen auch Verwaltungsgebühren. § 7 bleibt unberührt.

5) Fälligkeit. § 14 S 2.   **5**

6) Kostenschuldner. § 13.   **6**

Nr.	Auslagentatbestand	Höhe
709	Kosten für Arbeitshilfen	in voller Höhe

1) Systematik. Es gelten dieselben Erwägungen wie bei KVGv 702.   **1**

2) Regelungszweck. Es gelten dieselben Erwägungen wie bei KVGv 702.   **2**

3) Geltungsbereich: Arbeitshilfe. Die Zuziehung einer Arbeitshilfe muß im   **3**
Rahmen des Amtsgeschäfts nach dem pflichtgemäßen Ermessen des Gerichtsvollziehers nicht nur ratsam oder hilfreich, sondern auch notwendig sein. Sie muß sich also auch in angemessenen Grenzen halten. Hierher können Vergütungen für eine Hilfskraft bei einer Räumung zählen, AG Drsd JB **07**, 440, AG Osnabr DGVZ **12**, 34 (Spediteur), oder diejenigen bei der Wegnahme einer Sache, beim Transport einer Person oder einer Sache, bei der Versteigerung, bei der Bewachung oder Verwahrung eines Schiffs oder bei der Verwahrung eines gepfändeten Pkw gehören, AG Bergheim DGVZ **13**, 39.

Die Hinzuziehung einer Arbeitshilfe ist *notwendig*, soweit der Gerichtsvollzieher die Arbeit wegen ihres Umfangs oder mangels einer eigenen Fachkunde usw nicht ohne eine Beeinträchtigung seiner Aufgabe allein leisten kann.

Nicht hierher gehört die Hinzuziehung aus einem solchen Grund, der nur in der Person des Gerichtsvollziehers liegt, etwa seiner Krankheit, AG Erfurt DGVZ **97**, 47 (Notarzt) oder zwecks einer Erleichterung oder eines Zeitgewinns. Das muß man freilich von Fall klären. Der Arzt kann auch der Klärung der Vollstreckbarkeit dienen.

2225

4   **4) Auslagenhöhe.** Der Kostenschuldner muß die vollen tatsächlichen notwendigen Auslagen ersetzen. § 7 bleibt unberührt.
5   **5) Fälligkeit.** § 14 S 2.
6   **6) Kostenschuldner.** § 13.

Nr.	Auslagentatbestand	Höhe
710	Pauschale für die Benutzung von eigenen Beförderungsmitteln des Gerichtsvollziehers zur Beförderung von Personen und Sachen je Fahrt	6,00 €

DB-GvKostG Nr. 17. [I] Die Pauschale nach Nr. 710 KV wird nur erhoben, wenn die Beförderung der Erledigung einer Amtshandlung dient und durch die Benutzung des eigenen Beförderungsmittels die ansonsten erforderliche Benutzung eines fremden Beförderungsmittels vermieden wird.

[II] Der Name einer mitgenommenen Person und der Grund für die Beförderung durch die Gerichtsvollzieherin oder den Gerichtsvollzieher sind in den Akten zu vermerken.

1   **1) Systematik.** Es gelten dieselben Erwägungen wie bei KVGv 702 Rn 1. KVGv 711 hat den Vorrang, dort Rn 2. KVGv 710 kann aber neben KVGv 711, 712 entstehen.

2   **2) Regelungszweck.** Es gelten grundsätzlich dieselben Erwägungen wie bei KVGv 702 Rn 2. Es besteht eine bundeseinheitliche Regelung zwecks einer Vermeidung von regionalen Zersplitterungen. Aus Vereinfachungsgründen ist aber nicht die tatsächliche Höhe der Auslagen maßgeblich.

3   **3) Geltungsbereich: Beförderungsmittel des Gerichtsvollziehers.** Der Gerichtsvollzieher darf nach seinem pflichtgemäßen Ermessen in den Grenzen von § 7 ein eigenes Beförderungsmittel zur Personen- oder Sachbeförderung benutzen. Das gilt auch bei einer Mitnahme einer anderen Sicherungsperson, AG Pirma DGVZ **14**, 26. Die Art des Beförderungsmittels ist unerheblich. Er ist dazu aber nicht verpflichtet. Soweit er zB seinen Pkw benutzt, ist KVGv 710 anwendbar. Das gilt auch bei der Mitnahme einer jeden „Person", auch einer Hilfskraft oder des Schuldners auf der Fahrt zur Haftanstalt. Voraussetzung ist aber nach DB-GvKostG Nr 17 I, daß die Beförderung wirklich der Durchführung eines Auftrags oder einer Amtshandlung dient und daß sonst ein fremdes Beförderungsmittel notwendig würde. Eine solche Notwendigkeit mag sich aus der Größe oder dem Umfang oder dem Wert oder der Zahl usw ergeben. Es kommt auf die Zumutbarkeit an. Dazu zählt der Rückweg nach Rn 5, 6 nicht stets. Die Länge der Strecke ist für die Pauschale je Fahrt unerheblich geworden. „Sache" meint jeden beförderungsbedürftigen Gegenstand zB nach einer Sachpfändung und auch ein Tier, nicht aber Kleingegenstände wie Schmuck, Geld usw (Ausnahme: Werttransport). Bei der Beförderung mehrerer Sachen muß man evtl den Pauschsatz verteilen. Neben dem Pauschsatz entsteht das Wegegeld nach KVGv 711.

Für die Beförderung einer Sache im *eigenen Beförderungsmittel* des Gerichtsvollziehers besteht dieselbe Regelung.

Für eine nur *versuchte* Beförderung einer Person oder einer Sache im eigenen Beförderungsmittel entstehen keine Auslagen.

Nicht hierher gehören diejenigen unter KVGv 711 fallenden Kosten, die keine Fahrzeugkosten sind.

4   **4) Auslagenhöhe.** Es entsteht je tatsächlich erfolgte und auch notwendige Fahrt und nicht etwa nur je Auftrag eine Festgebühr als Pauschale. Sie gilt unabhängig von der Zahl der dabei durchgeführten Aufträge, vom Fahrzeugtyp, von der Fahrtdauer und Fahrtstrecke und Fahrtlänge, von der Zahl der beförderten Personen und Sachen. Eine bloße Fahrtunterbrechung bleibt unbeachtbar, auch wenn sie länger andauert, unabhängig von ihrem Grund. Maßgeblich ist nur, ob der Gerichtsvollzieher das ur-

sprüngliche Fahrtziel noch anstrebt. Evtl muß der Gerichtsvollzieher die Pauschale auf mehrere Aufträge verteilen.

KVGv 710 erwähnt die zugehörige *Rückfahrt* nicht ausdrücklich als solche mit. Man kann trefflich darüber streiten, ob sie zur „Fahrt" zählt oder nicht. Das gilt zumindest dann, wenn der Gerichtsvollzieher auch auf der Rückfahrt dieselben Personen oder Sachen so befördert, aus welchem Grund auch immer. Das dürfte aber auch dann gelten, wenn er allein oder nur mit seinen Hilfskräften zurückfährt. Natürlich muß auch die Rückfahrt eine Amtshandlung und daher notwendig sein. 5

In einer solchen nach dem Wortlaut zweifelhaften Lage kommt es wie stets auf den *Sinn* der Vorschrift an. Auch er ist nicht klar. Immerhin gehört ja eine Rückfahrt fast stets „dazu". Deshalb spricht manches dafür, die Pauschale für die Hin- und Rückfahrt innerhalb derselben Amtshandlung nur einmal zu geben, SchrKWi 3. 6

5) Fälligkeit. § 14 S 2. 7

6) Kostenschuldner. § 13. 8

Nr.	Auslagentatbestand	Höhe
711	Wegegeld je Auftrag für zurückgelegte Wegstrecken, wenn sich aus einer Rechtsverordnung nach § 12a GvKostG nichts anderes ergibt,	
	– Stufe 1: bis zu 10 Kilometer	3,25 €
	– Stufe 2: von mehr als 10 Kilometern bis 20 Kilometer	6,50 €
	– Stufe 3: von mehr als 20 Kilometern bis 30 Kilometer	9,75 €
	– Stufe 4: von mehr als 30 Kilometern bis 40 Kilometer	13,00 €
	– Stufe 5: von mehr als 40 Kilometern	16,25 €

[I] Das Wegegeld wird erhoben, wenn der Gerichtsvollzieher zur Durchführung des Auftrags Wegstrecken innerhalb des Bezirks des Amtsgerichts, dem der Gerichtsvollzieher zugewiesen ist, oder innerhalb des dem Gerichtsvollzieher zugewiesenen Bezirks eines anderen Amtsgerichts zurückgelegt hat.

[II] [1]Maßgebend ist die Entfernung von dem Amtsgericht, dem der Gerichtsvollzieher zugewiesen ist, zum Ort der Amtshandlung, wenn nicht die Entfernung vom Geschäftszimmer des Gerichtsvollziehers geringer ist. [2]Werden mehrere Wege zurückgelegt, ist der Weg mit der weitesten Entfernung maßgebend. [3]Die Entfernung ist nach der Luftlinie zu messen.

[III] Wegegeld wird nicht erhoben für

1. die sonstige Zustellung (Nummer 101),
2. die Versteigerung von Pfandstücken, die sich in der Pfandkammer befinden, und
3. im Rahmen des allgemeinen Geschäftsbetriebes zurückzulegende Wege, insbesondere zur Post und zum Amtsgericht.

[IV] [1]In den Fällen des § 10 Abs. 2 Satz 1 und 2 GvKostG wird das Wegegeld für jede Vollstreckungshandlung, im Falle der Vorpfändung für jede Zustellung an einen Drittschuldner gesondert erhoben. [2]Zieht der Gerichtsvollzieher Teilbeträge ein (§ 802b ZPO), wird das Wegegeld für den Einzug des zweiten und sodann jedes weiteren Teilbe-

Nr.	Auslagentatbestand	Höhe
	trages je einmal gesondert erhoben. ³Das Wegegeld für den Einzug einer Rate entsteht bereits mit dem ersten Versuch, die Rate einzuziehen.	

Zu KVGv 711, 712:
DB-GvKostG Nr. 18. **I** ¹Die Höhe des Wegegeldes nach Nr. 711 KV hängt davon ab, in welcher Entfernungszone der Ort der am weitesten entfernt stattfindenden Amtshandlung liegt, sofern sich aus einer Rechtsverordnung nach § 12a GvKostG nicht anderes ergibt. ²Für jede Amtshandlung kommen zwei Entfernungszonen in Betracht. ³Mittelpunkt der ersten Entfernungszone ist das Hauptgebäude des Amtsgerichts und zwar auch dann, wenn sich die Verteilungsstelle (§ 22 GVO) in einer Nebenstelle oder Zweigstelle des Amtsgerichts befindet. ⁴Mittelpunkt der zweiten Entfernungszone ist das Geschäftszimmer der Gerichtsvollzieherin oder des Gerichtsvollziehers. ⁵Maßgebend ist in beiden Fällen die (einfache) nach der Luftlinie zu messende Entfernung vom Mittelpunkt zum Ort der Amtshandlung. ⁶Die kürzere Entfernung ist entscheidend, sofern sich aus einer Rechtverordnung nach § 12a GvKostG nicht anderes ergibt.

II Neben dem Wegegeld werden andere durch die auswärtige Tätigkeit bedingte Auslagen, insbesondere Fähr- und Brückengelder sowie Aufwendungen für eine Übernachtung oder einen Mietkraftwagen nicht angesetzt.

III Wird eine Amtshandlung von der Vertretungskraft der Gerichtsvollzieherin oder des Gerichtsvollziehers vorgenommen, so gilt Folgendes:
a) Sind die Gerichtsvollzieherin oder der Gerichtsvollzieher und die Vertretungskraft demselben Amtsgericht zugewiesen, so ist für die Berechnung des Wegegeldes in den Fällen der Nr. 711 KV das Geschäftszimmer der Vertretungskraft maßgebend.
b) ¹Sind die Gerichtsvollzieherin oder der Gerichtsvollzieher und die Vertretungskraft nicht demselben Amtsgericht zugewiesen, so liegt bei Amtshandlungen der Vertretungskraft im Bezirk der Gerichtsvollzieherin oder des Gerichtsvollziehers ein Fall der Nr. 712 KV nicht vor. ²Für die Berechnung des Wegegeldes ist in diesem Fall das Amtsgericht maßgebend, dem die vertretene Gerichtsvollzieherin oder der vertretene Gerichtsvollzieher zugewiesen ist. ³Unterhält die Vertretungskraft im Bezirk dieses Amtsgerichts ein Geschäftszimmer, so ist für die Vergleichsberechnung nach Absatz 1 von diesem auszugehen.

Gliederung

1) **Systematik** 1–3
   A. Begriff, Rangfragen 1
   B. Abgeltungsumfang 2
   C. Persönlicher Erhalt nach Festsetzung 3
2) **Regelungszweck** 4
3) **Geltungsbereich** 5–11
   A. Notwendigkeit 5
   B. Grundsatz: Je Auftrag nur einmal Wegegeld 6–8
   C. Ausnahme: Kein Wegegeld, amtliche Anmerkung III .. 9
   D. Weitere Ausnahme: Je Vollstreckungshandlung oder Vorpfändungszustellung an Drittschuldner Wegegeld, amtliche Anmerkung IV 1 10
   E. Weitere Ausnahme: Je Einzug von Teilbetrag Wegegeld, amtliche Anmerkung IV 2 11
4) **Auslagenhöhe** 12–16
   A. Luftlinie, amtliche Anmerkung I 3 12
   B. Grundsatz: Entfernung Amtsgericht – Ziel, amtliche Anmerkung II 1 Hs 1 13
   C. Ausnahme: Geringere Entfernung Gerichtsvollzieher – Ziel, amtliche Anmerkung II 1 Hs 2 14
   D. Mehrheit von Wegen: Weiteste Entfernung, amtliche Anmerkung II 2 15
   E. Auslagenstaffelung 16
5) **Fälligkeit** 17
6) **Auslagenschuldner** 18

XI. G über Kosten der GVz **711 KVGv**

1) Systematik. Die Vorschrift regelt nachrangig hinter § 12 a bundesrechtlich das 1
sog Wegegeld.

A. Begriff, Rangfragen. Es ist keine Gebühr und kein Einkommen, sondern ein Auslagenersatz, SchrKWi 1. Davon spricht man beim pauschalen Ersatz von Auslagen für Wege *innerhalb* des Bezirks, den KVGv 711 näher umschreibt. Bei einem Weg außerhalb dieses Bezirks spricht man demgegenüber von *Reisekosten,* besser vom *Reisewegegeld.* Dieses regelt KVGv 712. Dabei geht KVGv 712 vor, sobald ein Ziel außerhalb des in KVGv 711 geregelten Bezirks liegt.

Nicht etwa sind dann KVGv 711, 712 nebeneinander anwendbar. Das wäre schon rechnerisch kaum ohne einen zu großen Aufwand möglich. Denn der Gerichtsvollzieher müßte sonst die Kosten der Fahrkarte usw von der Grenze des in KVGv 711 geregelten Bezirks an mühsam auf der Landkarte ermitteln und anteilige Kosten errechnen. Das ist nach Rn 2 gerade nicht der Sinn. Nur KVGv 712 mit seinem Abstellen auf die vollen tatsächlichen Kosten ist also anwendbar, sobald der Weg über die Bezirksgrenze des KVGv 711 hinausführt.

KVGv 711 hat nachrangig nach § 12 a den *Vorrang* vor KVGv 710. Denn auch bei der Benutzung des eigenen Kraftwagens findet eine „zurückgelegte Wegstrecke" ihre bei KVGv 711 eben nur anstelle der tatsächlichen Reisekosten entstehende pauschale Vergütung, aM OVG Lüneb JB **06**, 497, Meyer 30. Das Wegegeld des KVGv 711 ist im Gegensatz zu KVGv 712 eine Auslagenpauschale. Sie gilt nach Rn 5 dann, wenn der Gerichtsvollzieher zur Vornahme einer Amtshandlung nach dem Bundes- und Landesrecht einen im Geltungsbereich liegenden Weg auf beliebige Art und Weise tatsächlich zurücklegt, auch als Zustellungsorgan (Ausnahme: Rn 9) oder als Vollziehungsbeamter nach § 6 III JBeitrG, Teil IX A dieses Buchs.

Die Vorschrift gilt also *nicht,* soweit der Gerichtsvollzieher aus einem anderen Grund unterwegs ist, etwa als ein Zeuge, Sachverständiger, Sequester oder in einer Staatsdienstsache, zB zum Dienstantritt oder bei einer Versetzung.

B. Abgeltungsumfang: Das Wegegeld gilt den gesamten Wegeaufwand ab, OVG 2
Lüneb JB **06**, 497, Meyer 31, Winterstein JB **04**, 63, aM Krauthausen DGVZ **93**, 24 (Vorbereitungshandlung gesondert), also nicht nur das Fahrgeld, so AG Neuwied DGVZ **99**, 190 (zum alten Recht), sondern auch das Übernachtungsgeld sowie andere, durch die auswärtige Tätigkeit bedingte Auslagen, zB: Ein Bergbahn-, Fähroder Brückengeld, OVG Lüneb JB **06**, 497; Aufwendungen für ein öffentliches Verkehrsmittel, für ein Taxi oder für einen Mietkraftwagen; Aufwendungen für einen eigenen Kraftwagen (KVGv 710 tritt zurück); sachlich sinnvolle Vorbereitungen, etwa eine Besichtigung vor einer Räumung, Krauthausen DGVZ **93**, 23, Irlbeck DGVZ **93**, 72 (str); *nicht* dagegen zB eine Kaskoversicherung des Gerichtsvollziehers, VG Aachen DGVZ **93**, 79.

C. Persönlicher Erhalt nach Festsetzung. Der Gerichtsvollzieher erhält seine 3
Entschädigung persönlich durch die Überlassung der Beträge nach der Festsetzung durch die Dienstbehörde, es sei denn, die Beträge waren nicht einziehbar oder die Auslagen sind in einer solchen Sache entstanden, für die das Gericht eine Prozeßkostenhilfe bewilligt hatte. Der Gerichtsvollzieher kann nach § 9 GVO auch einen Reisekostenzuschuß dann erhalten, wenn die Beträge die tatsächlichen Auslagen nicht decken.

2) Regelungszweck. Eine Pauschale hat Vor- und Nachteile. Bei im allgemeinen 4
begrenzten Kosten wie im Geltungsbereich von KVGv 711 ist eine Pauschalierung eher vertretbar. Die Vorschrift enthält zudem in ihrer amtlichen Anmerkung eine nähere Ausgestaltung. Sie fordert bei allem Bemühen um eine Vereinfachung doch im Interesse der Kostengerechtigkeit schon wieder zahlreiche zusätzliche Prüfungen. Auch sie dienen unter anderem der Verhinderung der nach früherem Recht vielfach beobachteten Wegegeld-Zusatzeinkünfte zu hoher Art. Das alles sollte man bei der Auslegung im Weg einer bedachtsamen Abwägung mitbeachten. Man sollte in Zweifel eine eher für den Auslagenschuldner günstigere Lösung suchen, wie § 1 I sie mit dem Wort „nur" auferlegt.

3) Geltungsbereich. Man muß mehrere Prüfungsschritte vornehmen. 5

KVGv 711

A. Notwendigkeit. Das Wegegeld kann nur insoweit entstehen, als der Gerichtsvollzieher den Weg zur Vornahme gerade dieser bestimmten einzelnen auftragsgemäßen Amtshandlung tatsächlich zurückgelegt *hat,* so schon AG Lippstadt DGVZ **01**, 159, AG Tettnang DGVZ **01**, 159. Das stellt der Gesetzestext jetzt klar, auch in der amtlichen Anmerkung I, III 3, Kessel DGVZ **13**, 236. Wegegeld kann auch bei einer von Amts wegen notwendigen Amtshandlung entstehen, KG DGVZ **17**, 79, Köln JB **17**, 659.

Es *reicht also nicht* aus, daß der Auftraggeber wünscht, der Gerichtsvollzieher möge diesen Weg nehmen. Bei einer persönlichen Zustellung muß dieser Weg notwendig gewesen sein, AG Aalen DGVZ **01**, 138, AG Altenburg DGVZ **01**, 138, AG Neuwied DGVZ **94**, 190, aM AG Solingen DGVZ **14**, 178 (ein Wahlrecht reiche). Der Gerichtsvollzieher kann zB eine Freigabe oder eine Terminsaufhebung auch schriftlich oder telefonisch usw erklären.

Der Gerichtsvollzieher muß sich aus dem Dienstzimmer entfernt haben. Dienstzimmer kann auch zB derjenige Raum im AG sein, den dessen Vorstand diesem und etwa auch weiteren Gerichtsvollziehern zur Abnahme von Vermögensauskunftsversicherungen zur Verfügung gestellt hat, SchrKWi 22. Er muß den Weg gerade zu dem Zweck unternommen haben, *diese Amtshandlung vorzunehmen,* Kessel DGVZ **13**, 236. Die bloße Absicht genügt. Eine nur allgemeine Wegstrecke reicht selbst dann nicht aus, wenn sie auch einer gewissen Vorbereitung auf die bestimmte einzelne auftragsgemäße Amtshandlung dienen sollte. Freilich verschwimmen die Grenzen. Der Weg zur Einsicht in das Schuldnerverzeichnis oder zur Post kann durchaus für diesen Einzelfall bestimmt und notwendig sein, aM SchrKWi 20. Auf den Erfolg kommt es nicht an Man muß die Abhebung von Raten nach der amtlichen Anmerkung IV 2 beurteilen.

Wenn sich das Geschäft *unterwegs erledigt,* darf der Gerichtsvollzieher das Wegegeld nur für denjenigen Teil des Gesamtwegs erheben, den er bis zum Erledigungszeitpunkt und für den anschließend notwendigen Rückweg antreten mußte.

6 **B. Grundsatz: Je Auftrag nur einmal Wegegeld.** Der Haupttext von KVGv 711 stellt den Grundsatz auf, daß die Pauschale nur einmal „je Auftrag" entsteht, OVG Lüneb JB **06**, 497, Winterstein JB **04**, 64. Erst die amtliche Anmerkung IV 1, 2 stellt auf „jede Vollstreckungshandlung" oder auf jeden „Einzug" ab. Sie gilt nur in den dortigen Ausnahmefällen.

7 *„Auftrag"* ist der in § 3 geregelte Begriff. Er kann nach § 3 I 1 also mehrere Amtshandlungen umfassen. Trotzdem ergibt sich aus KVGv 711 innerhalb desselben Auftrags nur eine einmalige Pauschale. Das gilt nach § 3 II mit Ausnahme von § 3 II Z 3 lt Hs insbesondere bei einer gesetzlichen Fiktion nur eines Auftrags, Kessel DGVZ **03**, 87. Die Mehrheit von Amtshandlungen findet nur indirekt eine Berücksichtigung, nämlich dadurch, daß dann für die gestaffelte Höhe der einmaligen Pauschale das am weitesten entfernte Ziel maßgeblich ist.

8 *Auftragsmehrheit* hat auch mehrmals eine Pauschale zur Folge. Diese muß man für jeden Auftrag gesondert berechnen. Anschließend muß man die Pauschalen addieren. Nicht etwa wäre eine Addition von größten jeweiligen Entfernungen erlaubt.

Schuldnermehrheit ist nach § 3 je nach Umständen einen Auftragsmehrheit oder nicht. Dasselbe gilt von Gläubigermehrheit.

9 **C. Ausnahme: Kein Wegegeld, amtliche Anmerkung III.** Ein Wegegeld darf in einer Abweichung vom Grundsatz Rn 6–8 schließlich nach der amtlichen Anmerkung III überhaupt nicht entstehen, soweit es nur um einen der drei folgenden Wege geht:
– *Sonstige Zustellung, Z 1,* KVGv 101, also diejenige Zustellung gleich welcher Art, die der Gerichtsvollzieher nicht persönlich vornimmt. Hier gilt KVGv 100;
– *Versteigerung von Pfandstücken, die sich in der Pfandkammer befinden, Z 2,* also nicht nur die Versteigerung von Sachen, die anderswo lagern;
– *allgemeiner Geschäftsbetrieb, Z 3,* also insbesondere Wege zur Post oder zum Gericht. Das gilt auch im Eilfall. Denn auch er gehört zum Geschäftsalltag des Gerichtsvollziehers.

Enge Auslegung dieser weiteren Ausnahmen ist wie stets notwendig. Soweit der Weg auch einem anderen Zweck innerhalb desselben Auftrags dient, ist der übrige Teil von KVGv 711 wie sonst anwendbar.

XI. G über Kosten der GVz **711 KVGv**

D. Weitere Ausnahme: Je Vollstreckungshandlung oder Vorpfändungszustellung an Drittschuldner Wegegeld, amtliche Anmerkung IV 1. In einer Abweichung vom Grundsatz Rn 6–8 entsteht nach der amtlichen Anmerkung IV 1 bei § 10 II 1, 2 das Wegegeld ausnahmsweise für jede gleichartige Vollstreckungshandlung unabhängig von ihrem Erfolg, AG Aschaffenb usw DGVZ **01**, 156, und bei einer Vorpfändung nach § 845 ZPO für jede Zustellung an einen Drittschuldner. Damit übernimmt KVGv 711 für diesen Teil der Auslagen dieselbe Regelung, wie sie für die Gebühren gilt, soweit der Gerichtsvollzieher auftragsgemäß die gleiche Vollstreckungshandlung etwa der Kassenpfändung einmal oder mehrmals wiederholt oder soweit er auch ohne eine ausdrückliche Weisung die weitere Vollstreckung deshalb betreibt, weil er bisher keine volle Befriedigung erzielt hatte oder weil zB ein Pfandstück abhanden gekommen oder beschädigt worden war. Man muß alle diese Voraussetzungen streng prüfen, wie jede Ausnahme.

E. Weitere Ausnahme: Je Einzug von Teilbetrag Wegegeld, amtliche Anmerkung IV 2. In einer Abweichung vom Grundsatz Rn 6–8 entsteht nach der amtlichen Anmerkung IV 2 als eine weitere Ausnahme das Wegegeld beim Vorgehen nach § 802 b II ZPO ab dem Einzug eines zweiten Teilbetrags für ihn und jeden weiteren Einzug gesondert. Der Einzug des ersten Teilbetrags fällt (jetzt) unter die amtliche Anmerkung IV 3. Es genügt also der erste Einzugsversuch(sbeginn).

4) Auslagenhöhe. Es sind mehrere Prüfschritte erforderlich. Dabei gibt es keinen Unterschied zwischen einem Orts- und einem Auswärtswegegeld nach KVGv 711, sondern nur denjenigen zwischen KVGv 711 und 712. Die gesamte Regelung gilt nachrangig hinter § 12 a, also nur mangels einer dortigen vorrangigen Verordnung eines Bundeslandes.

A. Luftlinie, amtliche Anmerkung I 3. Die Höhe der Pauschale hängt nach der amtlichen Anmerkung II 3 grundsätzlich von der Länge der einfachen Luftlinie ab. Dabei ist eine gewisse Schätzung praktisch unentbehrlich. Sie darf aber nicht allzu grob ausfallen. Immerhin kann man mit einem Lineal auf jeder überall erhältlichen Karte die Luftlinie ziemlich genau ermitteln. Das Gesetz hält das für zumutbar.

Unerheblich sind also: Die Straßenführung; Umleitungen; Baustellen; Einbahnstraßen; Sperrungen; die Verkehrsdichte; die Erfahrung über Staus. Ob man in krassen Einzelfällen großzügiger vorgehen darf, etwa bei Lawinen, Überschwemmungen, Ausfall von Brücken, Eisenbahnunglücken usw, ist eine andere Frage. Dabei spielt der Verhältnismäßigkeitsgrundsatz ebenso eine Rolle wie etwa der ganz ungewöhnliche Zeitaufwand, die Notwendigkeit kurzfristiger Verschiebungen anderer umfangreicher Termine und dergleichen.

B. Grundsatz: Entfernung Amtsgericht – Ziel, amtliche Anmerkung II 1 Hs 1. Man muß nach der amtlichen Anmerkung II 1 Hs 1 zunächst die Entfernung vom AG zum weitesten Ziel des Amtshandlungsorts und nicht etwa zu einer Ortsmitte ermitteln. Befindet sich das AG in verschiedenen Gebäuden, sollte dasjenige maßgeblich sein, in dem der Präsident oder Direktor sein Dienstzimmer hat. Denn er leitet auch die Tätigkeit des Gerichtsvollziehers und läßt sich am einfachsten lokalisieren. Es ist weniger sinnvoll, etwa von der Gerichtsvollzieher-Verteilungsstelle auszugehen, zumal es bei großen Amtsgerichten davon mehrere in verschiedenen Gebäuden geben kann. Immerhin wäre auch dieser Ausgangspunkt vertretbar.

C. Ausnahme: Geringere Entfernung Gerichtsvollzieher – Ziel, amtliche Anmerkung II 1 Hs 2. Sollte sich im Vergleich ergeben, daß die Luftlinie vom Geschäftszimmer des Gerichtsvollziehers zum weitesten Ziel geringer ist als diejenige nach Rn 13, dann ist nur die Entfernung vom Geschäftszimmer maßgeblich. Hat der Gerichtsvollzieher mehrere Geschäftszimmer, entscheidet seine Zentrale. Sie mag in der Wohnung oder außerhalb von ihr liegen.

D. Mehrheit von Wegen: Weiteste Entfernung, amtliche Anmerkung II 2. Wenn überhaupt ein Wegegeld anfällt, kommt es nach der amtlichen Anmerkung II 2 auch bei einer Mehrheit von Wegen innerhalb desselben Auftrags nach Rn 6–9 oder ausnahmsweise derselben Vollstreckungshandlung nach Rn 10 auf den Weg mit der

10

11

12

13

14

15

2231

weitesten Entfernung an. Der Gerichtsvollzieher muß die Entfernung nach Rn 12–14 erwähnen.

16 **E. Auslagenstaffelung.** Erst wenn man nach Rn 12–15 die maßgebliche Entfernung ermittelt hat, kann man die richtige der vier im Haupttext von KVGv 711 gestaffelten Pauschalen ablesen. Es handelt sich jeweils um einen Festbetrag.
Es gibt *keine Ermäßigung* in den neuen Bundesländern.

17 5) **Fälligkeit.** § 14 S 2.

18 6) **Auslagenschuldner.** § 13.

Nr.	Auslagentatbestand	Höhe
712	Bei Geschäften außerhalb des Bezirks des Amtsgerichts, dem der Gerichtsvollzieher zugewiesen ist, oder außerhalb des dem Gerichtsvollzieher zugewiesenen Bezirks eines anderen Amtsgerichts, Reisekosten nach den für den Gerichtsvollzieher geltenden beamtenrechtlichen Vorschriften	in voller Höhe

DB-GvKostG Nr. 18. Bei KVGv 711.

1 1) **Systematik.** Es handelt sich um das sog Reisewegegeld. Dieses steht im Gegensatz zum sog Auswärtswegegeld des KVGv 711. Andere Auslagenvorschriften nach §§ 700ff bleiben unberührt. KVGv 712 hat den Vorrang vor KVGv 711, dort Rn 11.

2 2) **Regelungszweck.** Da die übrigen Auslagevorschriften die Unkosten des Gerichtsvollziehers in den seltenen Fällen des KVGv 712 nicht angemessen abdecken, muß man diese Vorschrift zwecks einer Kostengerechtigkeit zwar im Geltungsbereich als Sonderregel eng deuten. Man darf sie aber bei der Bemessung der Reisekosten eher etwas großzügiger auslegen. Natürlich darf der Gerichtsvollzieher nicht auf Kosten anderer übersteuert reisen. Es empfiehlt ich eine weder kleine noch zu kleinliche Abwägung, soweit für sie ein Ermessen nach dem Reisekostenrecht bleibt.

3 3) **Geltungsbereich.** Vgl zunächst Rn 1, 2. „Geschäft" ist eine auftragsgemäße Amtshandlung nach § 3. Infrage kommt vor allem eine Vorführung einer Partei oder eines Zeugen von auswärts zB nach § 380 II ZPO. Es können infolge mehrerer Amtshandlungen auch mehrere „Geschäfte" vorliegen. Der Ersatz der Kosten mehrerer Reisen oder einer Reiseerweiterung hängt wie stets von der Notwendigkeit ab.
„*Außerhalb*" meint das Gegenteil von „innerhalb" nach KVGv 711.

4 4) **Reisekostenhöhe.** Maßgeblich sind auch im Außenverhältnis Staat – Kostenschuldner die für den Gerichtsvollzieher in seinem Innenverhältnis zum Dienstherrn geltenden beamtenrechtlichen Vorschriften des BRKG oder eines etwaigen LRKG. Dazu zB bundesrechtlich das G v 26. 5. 05, BGBl 1418, ferner zB Meyer-Fricke, Reisekosten im öffentlichen Dienst (Loseblattausgabe). Bei der Amtshandlung einer Vertretungskraft des Gerichtsvollziehers gilt DB-GvKostG Nr 18 IV a, b, abgedruckt bei KVGv 711, zumindest entsprechend.
Die Reisekosten werden *in voller Höhe* ersetzt. Dabei kann es im Rahmen einer nach dem Reisekostenrecht etwa anzustellenden Ermessens zu einer Abwägung nach Rn 2 kommen.

5 5) **Nichterledigung.** Trotz einer Nichterledigung des Geschäfts sind die Reisekosten ansetzbar. Denn KVGv 600–604 erfassen nur Gebühren, nicht auch Auslagen.

6 6) **Fälligkeit.** § 14 S 2.

7 7) **Kostenschuldner.** § 13.

XI. G über Kosten der GVz   **713–716 KVGv**

Nr.	Auslagentatbestand	Höhe
713	**Pauschale für die Dokumentation mittels geeigneter elektronischer Bildaufzeichnungsmittel (§ 885 a Abs. 2 Satz 2 ZPO)** .... Mit der Pauschale sind insbesondere die Aufwendungen für die elektronische Datenaufbewahrung abgegolten.	5,00 €

Vorbem. Kürzel € dch Art 12 Z 3 e EuKoPfVODG v 21. 11. 16, BGBl 2591, klargestellt.

1) Geltungsbereich. Vgl BLAH § 885 a ZPO Rn 6–8.   1

Nr.	Auslagentatbestand	Höhe
714	**An Dritte zu zahlende Beträge für den Versand oder den Transport von Sachen oder Tieren im Rahmen der Verwertung an den Ersteher oder an einen von diesem benannten Dritten und für eine von dem Ersteher beantragte Versicherung für den Versand oder den Transport**	in voller Höhe
715	**Kosten für die Verpackung im Fall der Nummer 714** ..	in voller Höhe – mindestens 3,00 €

Zu KVGv 714, 715:

1) Geltungsbereich. Die neuen Vorschriften regeln im Anschluß an KVGv 707   1
und ihm gegenüber als Spezialbestimmungen vorrangig die Auslagen für Verpackung und Versand oder Transport einschließlich einer etwa beantragten Versicherung im Fall einer Verwertung zugunsten eines Erstehers. Das mag ein Käufer oder der Meistbietende bei einer Versteigerung sein.

Unanwendbar sind KVGv 714, 715 bei solchen Auslagen, die nur beim Versand oder Transport zum Gläubiger entstehen, soweit dieser nicht eben auch durch Kauf etwa nach § 825 ZPO oder durch einen Zuschlag nach dem ZVG erwirbt.

2) Auslagenhöhen. Zu zahlen sind bei KVGv 714 sämtliche Auslagen, bei KVGv   2
715 mindestens 3,00 EUR.

3) Fälligkeit. § 14 S 2.   3

4) Auslagenschuldner. § 13.   4

Nr.	Auslagentatbestand	Höhe
716	**Pauschale für sonstige bare Auslagen je Auftrag**	20% der zu erhebenden Gebühren – mindestens 3,00 €, höchstens 10,00 €

Gliederung

1) Systematik 1
2) Regelungszweck 2
3) Geltungsbereich: Sonstige Auslagen 3–14
   A. Auslagen 3
   B. Keine Allgemeinkosten 4, 5

C. Barauslagen 6
D. Sonstige Auslagen 7
E. Beispiele zur Frage einer Anwendbarkeit 8–14
4) **Auslagenhöhe** 15–17
  A. Berechnung je Auftrag 15
  B. Prozentsatz von Gebühren 16
  C. Mindest- und Höchstbetrag 17
5) **Fälligkeit** 18
6) **Auslagenschuldner** 19

1 **1) Systematik.** Es handelt sich um eine nur hilfsweise mangels einer Anwendbarkeit von KVGv 700–712 beachtbare Auffangvorschrift. Sie ist aber nicht unbegrenzt anwendbar. Auch bei ihr müssen „bare Auslagen" vorliegen. Das ist nach Rn 4 etwas anderes als solche Unkosten, die zum Allgemeinbetrieb des Gerichtsvollziehers gehören und bereits durch seine Gebühren mitabgegolten werden.

2 **2) Regelungszweck.** Die Vorschrift soll vereinfachen und damit der Prozeßwirtschaftlichkeit auch in der Endphase eines Verfahrens dienen. Sie bezweckt außerdem auch im Bereich wirklicher Barunkosten des Einzelfalls eine Kostengerechtigkeit. Der Gerichtsvollzieher darf sie aber nicht als einen bequemen Weg zur Erzielung aller möglichen Nebeneinkünfte mißbrauchen, AG Meißen JB 06, 330. Er darf Allgemeinkosten nicht als Barauslagen umdeuten. Nur in diesen Grenzen ist KVGv 716 als eine Auffangregel weit auslegbar.

3 **3) Geltungsbereich: Sonstige bare Auslagen.** Die Vorschrift hat nach Rn 1 mit ihrer Pauschale nur als eine Auffangbestimmung Bedeutung. Im Rahmen der zunächst beachtlichen KVGv 700–712 gelten teilweise kompliziertere Regeln. Man muß vier Prüfungsschritte vornehmen.

A. **Auslagen.** Den Begriff bestimmt zwar das GvKostG nirgends, auch nicht in § 1 I. Er ist aber der Sache nach eindeutig. Es muß sich um wirkliche Unkosten des Einzelfalls handeln. Sie müssen noch nicht entstanden sein, um begrifflich als Auslagen zu gelten. Denn § 4 I 1 gibt ein Vorschußrecht auch auf Auslagen, nämlich auf alle „voraussichtlich entstehenden Kosten". Es muß sich aber eben um solche Beträge handeln, die gerade der Durchführung dieses bestimmten Auftrags dienen.

4 B. **Keine Allgemeinkosten.** Es darf sich nicht um solche Unkosten handeln, die schon unabhängig vom Einzelauftrag zur Aufrechterhaltung des Betriebs des Gerichtsvollziehers mehr oder weniger regelmäßig entstehen werden oder entstanden sind. Es werden solche Aufwendungen auch nicht dadurch zu Auslagen nach KVGv 716, daß sie dann auch im Einzelfall nützlich oder notwendig sind, etwa die Hausklingel oder die Telefon-Grundgebühr.

5 *Die Abgrenzung* solcher allgemeiner Geschäftsunkosten von Barauslagen kann ähnliche Probleme mit sich bringen wie zB bei § 57 RVG, dort Rn 4ff, VV amtliche Vorbemerkung 7 I, Teil X dieses Buchs. Die dortigen Erfahrungen sind nach Rn 2 auch hier mitverwertbar. Leitgedanke muß der Regelungszweck sein.

6 C. **Barauslagen.** Die Vorschrift ersetzt nur „bare" Auslagen. Auch die Zahlung mit einer Kreditkarte ist eine Barauslage. Alle unbaren fallen jedenfalls nicht unter KVGv 716. Eine Überweisung, ein Scheck, ein Wechsel, eine Gegenleistung in Naturalien sind keine Barauslagen. Hier ist eine klare, strenge Auslegung möglich und notwendig. Die Währung ist unerheblich.

7 D. **Sonstige Auslagen.** Es muß sich schließlich um solche baren Auslagen des Einzelfalls handeln, die nicht bereits unter KVGv 700–712 fallen. Denn das Wort „sonstige" klärt nach Rn 1, 2 die bloße Hilfsfunktion der Auffangvorschrift.

8 E. **Beispiele zur Frage einer Anwendbarkeit**
Ablichtung, Kopie: Es gilt KVGv 700.
  Unanwendbar ist KVGv 716 zB auf eine von Amts wegen gefertigte Kopie, auf eine Abschrift oder Ablichtung der Zustellungsurkunde nach § 829 II 2 ZPO oder nach § 845 I 2 ZPO.
Allgemeinkosten: Rn 4.

XI. G über Kosten der GVz **716 KVGv**

von Amts wegen: *Unanwendbar* ist die Vorschrift, soweit es um die Auslagen für eine von Amts wegen angefertigte oder übermittelte Abschrift oder Ablichtung geht. Denn KVGv 700 zeigt in seiner amtlichen Anmerkung II Z 1 durch die Beschränkung auf eine antragsgemäße Anfertigung oder Übermittlung, daß die auf Grund einer gesetzlichen Vorschrift vorgenommene Anfertigung oder Übermittlung gerade nicht auslagenpflichtig sein soll. Sonst hätte das Gesetz dort nicht die Worte „auf Antrag" benutzt, die sich sowohl auf eine Anfertigung als auch auf eine Übermittlung beziehen.
Anzeige: *Unanwendbar* ist die Vorschrift auf eine Anzeige nach §§ 827, 854 ZPO.
Bankdienst: Anwendbar ist die Vorschrift auf solche Entgelte, die durch Bankdienstleistungen anfallen. Dazu gehören etwa: Überweisungskosten; Kosten der Einrichtung oder Auflösung eines Anderkontos; Abbuchungskosten; Kontoauszugskosten. Alle solche Spesen müssen aber tatsächlich entstanden sein. **9**
  Unanwendbar ist die Vorschrift, soweit es sich um generelle Kontoführungskosten oder etwa um das allgemeine Schreibwerk mit der Bank handelt, oder soweit es um die in KVGv 706 vorrangig geregelten Kosten einer Nichteinlösung eines Schecks geht.
Benachrichtigung: *Unanwendbar* ist die Vorschrift auf die zu den Allgemeinkosten zählenden Benachrichtigungen zB des Drittschuldners und des Schuldners nach § 845 I 2 ZPO oder auf die vor der Verhaftung erforderliche Anzeige an die vorgesetzte Behörde des zu Verhaftenden nach der ZPO oder auf die bei einer Hinterlegung zu erstattende Anzeige an das Vollstreckungsgericht nach §§ 827, 854 ZPO.
Dienstvorgesetzter: Rn 9 „Benachrichtigung". **10**
Drittschuldner: *Unanwendbar* ist die Vorschrift auf die Aufnahme der von dem Drittschuldner bei der Zustellung eines Pfändungsbeschlusses oder nachträglich abgegebenen Erklärungen nach § 840 ZPO.
  S auch Rn 9 „Benachrichtigung".
Formular: Anwendbar ist die Vorschrift auf Auslagen für Formulare aller Art und Herstellung. Durch die bundeseinheitliche Erfassung in KVGv 716 ist die Zulässigkeit früherer landesgesetzlicher Regelungen entfallen.
Gemeinkosten: Rn 8 „Allgemeinkosten".
Haftbefehl: Rn 9 „Benachrichtigung", Rn 13 „Verhaftung".
Hinterlegungsanzeige: Rn 9 „Benachrichtigung". **11**
Neuer Auftrag: Er macht KVGv 716 erneut anwendbar, AG Strausberg DGVZ 05, 131 (unberechtigter Auftrag auf eine bloße Nachbesserung bei § 807 ZPO).
Nichterledigung: Anwendbar ist die Vorschrift unabhängig davon, ob auch Gebühren entstehen.
Pfändungsbeschluß: Rn 10 „Drittschuldner", Rn 14 „Zustellung".
Post: Rn 12 „Telekommunikation".
Schuldner: Rn 9 „Benachrichtigung". **12**
Telefax: Rn 8 „von Amts wegen".
Telekommunikation: Anwendbar ist die Vorschrift auf alle über die Grundgebühren hinausgehenden Einzelentgelte für Telekommunikationsleistungen, ausgenommen Zustellungen mit Zustellungsurkunde. Denn sie fallen unter KVGv 701.
  S aber auch Rn 8 „Allgemeinkosten".
Verhaftung: *Unanwendbar* ist die Vorschrift auf dem Schuldner zu übergebende Abschrift oder Ablichtung des Haftbefehls. Denn sie zählt zu den in KVGv 700 nicht mitgenannten Begleit- und zu den Allgemeinkosten. **13**
  S auch Rn 9 „Benachrichtigung".
Vordruck: Rn 10 „Formular".
Vorpfändung: Rn 9 „Benachrichtigung".
Zustellung: Rn 13 „Telekommunikation". **14**

4) **Auslagenhöhe.** Maßgeblich sind drei Aspekte. **15**

A. **Berechnung je Auftrag.** Die Vorschrift stellt „je Auftrag" eine Auslagenpflicht klar. Für den Begriff Auftrag ist § 3 maßgeblich, AG Bergheim DGVZ 02, 31, AG Goßlar DGVZ 10, 19, AG Lpz DGVZ 09, 119. Ein Auftrag kann also zB mehrere Amtshandlungen nach § 10 umfassen. Er braucht aber überhaupt keine gebühren-

KVGv 716   XI. G über Kosten der GVz

pflichtige Amtshandlung zu erfordern. Dann gilt die Mindestsumme von 3,00 EUR, SchrKWi 5. Soweit jede Amtshandlung eine oder mehrere Gebühren auslöst, scheint es daher doch nur einmal einen Auslagenersatz zu geben, so LG Bln JB **03**, 545. Das ist aber in Wahrheit ein *Irrtum*. Denn KVGv 716 gibt einen Bruchteil „der zu erhebenden Gebühren". Schon durch diese Mehrzahl kommt zum Ausdruck, daß eventuell mehrere Bruchteile eben aus mehreren Gebühren entstehen können, obwohl nur ein einziger Auftrag vorliegt. In Wahrheit erfolgt also innerhalb des Auftrags eine Berechnung je anwendbare Gebühr. Das ist eine alles andere als einfache Rechnungsweise. Das Gesetz zwingt aber dazu.

16 **B. Prozentsatz von Gebühren.** Wie in Rn 9 dargestellt, muß man zunächst diejenigen etwaigen Gebühren ermitteln, die innerhalb des Auftrags entstehen. Sodann muß man von jeder Einzelgebühr 20% errechnen. Man muß diese einzelnen Bruchteilsbeträge anschließend addieren, um die vorläufige Höhe der Auslagenpauschale zu finden. Bei der Gebührenfreiheit nur eines von mehreren Kostenschuldnern bleibt es bei der Berechnung gegenüber auch diesem Schuldner, Düss DGVZ **06**, 200.

17 **C. Mindest- und Höchstbetrag.** Nach der Erledigung des Rechenwerks nach Rn 15, 16 muß man abschließend beachten, daß KVGv 716 für das vorläufige Ergebnis einen absoluten Mindest- wie Höchstbetrag vorschreibt, AG Hbg-Harbg DGVZ **03**, 126. Dabei ist der Gesetzestext nicht eindeutig. Man könnte ihn so lesen, daß man den Mindest- wie Höchstbetrag bei einer etwaigen Mehrzahl von Gebühren für jede Einzelgebühr berücksichtigen müßte. Dem in Rn 2 dargestellten Vereinfachungszweck würde eine solche weitere Komplikation aber direkt widersprechen. Das Rechenwerk des KVGv 716 ist schon kompliziert genug geraten.
Ergebnis: Erst nach einer Addition der 20%-Bruchteile ergibt sich die Notwendigkeit und Befugnis, den absoluten Mindest- und Höchstbetrag zu beachten. Das allein wird auch den Grundgedanken einer für den Kostenschuldner freundlichen Auslegung gerecht.
Die *Ablehnung* eines Auftrags führt zur Mindestgebühr, AG Ffm DGVZ **03**, 13.

18 5) **Fälligkeit.** § 14 S 2.

19 6) **Auslagenschuldner.** § 13. Ist der Gläubiger ohnehin kein Kostenschuldner, hilft seine Kostenfreiheit dem Schuldner nicht, LG Wuppert DGVZ **07**, 173.

XII. A. Einführungsgesetz zum Rechtsdienstleistungsgesetz (RDGEG)

v 12. 12. 07, BGBl 2840 zuletzt geändert dch Art 8 G v 12. 5. 17, BGBl 1121

(Auszug)

Vergütung der registrierten Personen

4 ^I ¹Das Rechtsanwaltsvergütungsgesetz gilt für die Vergütung der Rentenberaterinnen und Rentenberater (registrierte Personen nach § 10 Abs. 1 Satz 1 Nr. 2 des Rechtsdienstleistungsgesetzes) sowie der registrierten Erlaubnisinhaber mit Ausnahme der Frachtprüferinnen und Frachtprüfer entsprechend. ²Richtet sich ihre Vergütung nach dem Gegenstandswert, haben sie den Auftraggeber vor Übernahme des Auftrags hierauf hinzuweisen.

^{II} ¹Den in Absatz 1 Satz 1 genannten Personen ist es untersagt, geringere Gebühren und Auslagen zu vereinbaren oder zu fordern, als das Rechtsanwaltsvergütungsgesetz vorsieht, soweit dieses nichts anderes bestimmt. ²Die Vereinbarung eines Erfolgshonorars (§ 49 b Abs. 2 Satz 1 der Bundesrechtsanwaltsordnung) ist unzulässig, soweit das Rechtsanwaltsvergütungsgesetz nichts anderes bestimmt; Verpflichtungen, die Gerichtskosten, Verwaltungskosten oder Kosten anderer Beteiligter zu tragen, sind unzulässig. ³Im Einzelfall darf besonderen Umständen in der Person des Auftraggebers, insbesondere dessen Bedürftigkeit, Rechnung getragen werden durch Ermäßigung oder Erlass von Gebühren oder Auslagen nach Erledigung des Auftrags.

^{III} Für die Erstattung der Vergütung der in Absatz 1 Satz 1 genannten Personen und der Kammerrechtsbeistände in einem gerichtlichen Verfahren gelten die Vorschriften der Verfahrensordnungen über die Erstattung der Vergütung eines Rechtsanwalts entsprechend.

^{IV} ¹Die Erstattung der Vergütung von Personen, die Inkassodienstleistungen erbringen (registrierte Personen nach § 10 Abs. 1 Satz 1 Nr. 1 des Rechtsdienstleistungsgesetzes), für die Vertretung im Zwangsvollstreckungsverfahren richtet sich nach § 788 der Zivilprozessordnung. ²Ihre Vergütung für die Vertretung im gerichtlichen Mahnverfahren ist bis zu einem Betrag von 25 Euro nach § 91 Abs. 1 der Zivilprozessordnung erstattungsfähig.

^V Die Inkassokosten von Personen, die Inkassodienstleistungen erbringen (registrierte Personen nach § 10 Absatz 1 Satz 1 Nummer 1 des Rechtsdienstleistungsgesetzes), für außergerichtliche Inkassodienstleistungen, die eine nicht titulierte Forderung betreffen, sind nur bis zur Höhe der einem Rechtsanwalt nach den Vorschriften des Rechtsanwaltsvergütungsgesetzes zustehenden Vergütung erstattungsfähig.

RDG § 10. Rechtsdienstleistungen aufgrund besonderer Sachkunde. ^I ¹Natürliche und juristische Personen sowie Gesellschaften ohne Rechtspersönlichkeit, die bei der zuständigen Behörde registriert sind (registrierte Personen), dürfen aufgrund besonderer Sachkunde Rechtsdienstleistungen in folgenden Bereichen erbringen:
1. Inkassodienstleistungen (§ 2 Abs. 2 Satz 1),
2. Rentenberatung auf dem Gebiet der gesetzlichen Renten- und Unfallversicherung, des sozialen Entschädigungsrechts, des übrigen Sozialversicherungs- und Schwerbehindertenrechts mit Bezug zu einer gesetzlichen Rente sowie der betrieblichen und berufsständischen Versorgung,
3. Rechtsdienstleistungen in einem ausländischen Recht; ist das ausländische Recht das Recht eines Mitgliedstaates der Europäischen Union, eines anderen Vertragsstaates des Abkommens über den Europäischen Wirtschaftsraum oder der Schweiz, darf auch auf dem Gebiet des Rechts der Europäischen Union und des Rechts des Europäischen Wirtschaftsraums beraten werden.

RDGEG § 4 XII. A. RDGEG

² Die Registrierung kann auf einen Teilbereich der in Satz 1 genannten Bereiche beschränkt werden, wenn sich der Teilbereich von den anderen in den Bereich fallenden Tätigkeiten trennen lässt und der Registrierung für den Teilbereich keine zwingenden Gründe des Allgemeininteresses entgegenstehen.

II, III (hier nicht abgedruckt)

Vorbem. § 10 I 2 RDG, § 4 V 2 EGRDG zunächst geändert dch Artt 142, 143 VO v 31. 8. 15, BGBl 1474, in Kraft seit 8. 9. 15, Art 627 I VO. V 2, 3 sodann aufgehoben dch Art 8 Z 2 G v 12. 5. 17, BGBl 1121, in Kraft seit 18. 5. 17, Art 20 I 1 G.

Schrifttum: *Kleine-Cosack* BB **07**, 2637 (Üb zum RDG).

Gliederung

1) Systematik, I–V	1
2) Regelungszweck, I–V	2
3) Sachlicher Geltungsbereich, I–V	3
4) Persönlicher Geltungsbereich, I–V	4–8
A. Registrierte Person oder Erlaubnisinhaber: Grundsätzlich nach RVG, I 1 Hs 1	4
B. Ausnahmen, I 1 Hs 2	5–8
5) Wertgebühren I 2	9
6) Gebührenvereinbarung, II	10
7) Kostenerstattung, III–V	11–15
A. Grundsatz: Anwendbarkeit der jeweiligen Verfahrensordnung, III	11
B. Inkasso im Mahn- und Zwangsvollstreckungsverfahren, IV	12
C. Außergerichtliches Inkasso, V	13
D. Höchstens RVG-Vergütung, V 1	14
E. Rechtsverordnung, V 2, 3	15

1 **1) Systematik, I–V.** § 4 enthält in I 1 den persönlichen Geltungsbereich, in I 2, II die Kostenregelung im Verhältnis zwischen dem Gläubiger und seinem Auftraggeber, in III, IV diejenige im Verhältnis zwischen dem Auftraggeber und dessen Gegner, also die Erstattungsfähigkeit der Kosten des Gläubigers, und in V eine Regelung der Erstattbarkeit von Inkassokosten.

2 **2) Regelungszweck, I–V.** Die Vorschrift bezweckt eine angemessene Vergütung einer solchen Berufsgruppe, deren Tätigkeit ungeachtet ihrer nicht immer ganz klaren Stellung ebenso vielfältig wie verantwortungsvoll neben die anwaltliche Tätigkeit tritt. Durch die Verweisung auf das RVG soll klar werden, daß der Berater natürlich auch nicht höhere Vergütungen erhalten kann als der Volljurist. Beides muß man bei der Auslegung mitbeachten.

3 **3) Sachlicher Geltungsbereich, I–V.** Den sachlichen Geltungsbereich grenzt § 4 nur indirekt ab, indem er auf den Umfang der jeweils erteilten Erlaubnis zur Rechtsberatung oder auf deren Geschäftsbereich mit abstellt. Insbesondere gibt es keine Sonderregelung für die Sozialgerichtsbarkeit. Soweit § 4 unanwendbar ist und auch das RVG oder sonstige Kosten-Spezialvorschriften fehlen, muß man die Kostenfragen sowohl im Innen- als auch im Außenverhältnis nach dem jeweils anwendbaren sachlichen Recht entscheiden, also zB nach §§ 611 ff, 675 ff BGB, begrenzt auch nach §§ 91 ff ZPO (pauschale Anwaltsvergütung), KG AnwBl **91**, 349.

4 **4) Persönlicher Geltungsbereich, I–V.** Es gibt einen Grundsatz mit Ausnahmen.

A. Registrierte Personen oder Erlaubnisinhaber: Grundsätzlich nach RVG, I 1 Hs 1. Im Verhältnis zwischen dem Rechtsberater und seinem Auftraggeber ist das RVG, Teil X dieses Buchs, grundsätzlich auf jeden anwendbar, der die Rechtsberatung ausüben darf. Es ist unerheblich, ob es eine natürliche oder eine juristische Person ist, eine Einzelperson oder eine Personenmehrheit, ob er die Beratung begrenzt oder unbegrenzt erteilen darf, ob sich die Begrenzung aus dem RBerG usw ergibt.

5 **B. Ausnahmen, I 1 Hs 2.** Während die Anwendbarkeit des RVG grundsätzlich dem Umfang der Rechtsberatungsbefugnis folgt, macht I 1 für eine Berufsgruppe im

XII. A. RDGEG   § 4 RDGEG

Verhältnis zwischen dem Berater und seinem Auftraggeber das RVG unanwendbar und läßt lediglich auch im Außenverhältnis zwischen dem Auftraggeber und dessen Gegner die jeweilige Verfahrensordnung für die Kostenerstattung gelten. I 1 Hs 2 ist als Sonderregel eng auslegbar.

Das RVG ist auf *Frachtprüfer* unanwendbar. Das gilt, soweit der Frachtprüfer die 6 Prüfung von Frachtrechnungen und die Verfolgung der sich hierbei ergebenden Frachterstattungsansprüche vornimmt (beschränkter Erlaubnisbereich). Soweit er eine der in IV genannten Tätigkeiten ausübt, ist IV anwendbar.

Das RVG ist ferner auf ein *Inkassobüro* evtl nur entsprechend anwendbar. Denn es 7 zählt nicht zu den in I 1 in Verbindung mit § 10 I 1 Z 2 RDG Genannten, sondern zu dort Z 1. Nur ein insoweit registrierter Erlaubnisinhaber kann nach dem RVG vorgehen. Das gilt für jeden Inkassounternehmer für die außergerichtliche Einziehung von Forderungen (beschränkter Erlaubnisbereich). Soweit der Inkassounternehmer andere Tätigkeiten ausübt, ist § 4 schon deshalb unanwendbar, weil er sich dann nicht im Bereich seiner Rechtsberatung bewegt.

Wenn ein Erlaubnisinhaber eine *sachlich unbeschränkte Erlaubnis* hat, etwa als ein 8 Rechtsbeistand, und nun die außergerichtliche Einziehung von Forderungen ausschließlich oder als einen Teil seiner Tätigkeit betreibt, muß man besonders sorgfältig prüfen, ob die Rechtsberatungserlaubnis wirklich umfassend fortgilt, etwa nach dem Übergangsrecht, oder ob sie inzwischen in Wahrheit zur Unanwendbarkeit des RVG führt. Wegen der Verbreitung der Inkassobüros können nach Rn 3 auch insofern erhebliche Probleme entstehen. Im Zweifel ist das RVG unanwendbar.

5) **Wertgebühren, I 2.** Die Vorschrift entspricht § 49b V BRAO, abgedruckt bei 9 § 3a RVG, Teil X dieses Buchs.

6) **Gebührenvereinbarung, II.** Die Vorschrift verbietet eine Gebührenvereinba- 10 rung keineswegs schlechthin. Sie verbietet vielmehr nur ein Erfolgshonorar irgendwelcher Art, soweit das RVG nichts anderes bestimmt. Vgl dazu §§ 3a–4b RVG, Teil X dieses Buchs. Im übrigen ist das RVG weitgehend anwendbar, soweit es überhaupt anwendbar ist. Eine Vereinbarung ist daher nach II 2 Hs 2, § 134 BGB grundsätzlich nichtig, soweit sie eine Verpflichtung des Rechtsdienstleisters enthält, Gerichtskosten Verwaltungskosten oder Kosten anderer Beteiligter zu tragen.

Alle *Umgehungsversuche* fallen unter II 1, 2.

7) **Kostenerstattung, III–V.** Es gibt zwei Aspekte.   11
A. Grundsatz: Anwendbarkeit der jeweiligen Verfahrensordnung. III. Die Vorschrift gibt immer dann, wenn der Berater im Rahmen eines Gerichtsverfahrens tätig geworden ist, für die Erstattungsfähigkeit die sinngemäße Anwendbarkeit der jeweiligen Verfahrensordnung.

B. Inkasso im Mahn- und Zwangsvollstreckungsverfahren, IV. Die Vor- 12 schrift macht in *S 1* § 788 ZPO in der Zwangsvollstreckung anwendbar, LG Darmst DGVZ **17**, 94, und in *S 2* § 91 ZPO im Mahnverfahren bis zum Betrag von 25 EUR anwendbar, dazu Goebel MDR **08**, 542 (krit, ausf).

C. Außergerichtliches Inkasso, V, dazu auch *Jäckle* NJW **13**, 1393 (Verzugs- 13 schaden). Diese Spezialregelung gilt bei einer noch nicht titulierten Forderung. Es darf also noch kein Vollstreckungstitel bestehen. Die Inkassotätigkeit darf auch nicht irgendwie gerichtlich erfolgen.

D. Höchstens RVG-Vergütung, V 1. Die Anwaltsvergütung nach dem RVG, 14 Teil X dieses Buchs, bildet die Obergrenze der Erstattbarkeit.

E. Rechtsverordnung, V 2, 3. Sie ist wie folgt ergangen: Sie gilt nur gegenüber 15 einer Privatperson nach § 11a II RDG.

B. Anfechtung von Verwaltungsakten
(§ 30a EGGVG)

(§-Überschrift nicht amtlich)

Anfechtung von Verwaltungsakten

EGGVG 30a I ¹Verwaltungsakte, die im Bereich der Justizverwaltung beim Vollzug des Gerichtskostengesetzes, des Gesetzes über Kosten in Familiensachen, des Gerichts- und Notarkostengesetzes, des Gerichtsvollzieherkostengesetzes, des Justizvergütungs- und -entschädigungsgesetzes oder sonstiger für gerichtliche Verfahren oder Verfahren der Justizverwaltung geltender Kostenvorschriften, insbesondere hinsichtlich der Einforderung oder Zurückzahlung ergehen, können durch einen Antrag auf gerichtliche Entscheidung auch dann angefochten werden, wenn es nicht ausdrücklich bestimmt ist. ²Der Antrag kann nur darauf gestützt werden, dass der Verwaltungsakt den Antragsteller in seinen Rechten beeinträchtige, weil er rechtswidrig sei. ³Soweit die Verwaltungsbehörde ermächtigt ist, nach ihrem Ermessen zu befinden, kann der Antrag nur darauf gestützt werden, dass die gesetzlichen Grenzen des Ermessens überschritten seien, oder dass von dem Ermessen in einer dem Zweck der Ermächtigung nicht entsprechenden Weise Gebrauch gemacht worden sei.

II ¹Über den Antrag entscheidet das Amtsgericht, in dessen Bezirk die für die Einziehung oder Befriedigung des Anspruchs zuständige Kasse ihren Sitz hat. ²In dem Verfahren ist die Staatskasse zu hören. ³Die §§ 7a, § 81 Absatz 2 bis 8 und § 84 des Gerichts- und Notarkostengesetzes gelten entsprechend.

III ¹Durch die Gesetzgebung eines Landes, in dem mehrere Oberlandesgerichte errichtet sind, kann die Entscheidung über das Rechtsmittel der weiteren Beschwerde nach Absatz 1 und 2 sowie nach § 81 des Gerichts- und Notarkostengesetzes, über den Antrag nach § 127 des Gerichts- und Notarkostengesetzes, über das Rechtsmittel der Beschwerde nach § 66 des Gerichtskostengesetzes, nach § 57 des Gesetzes über Kosten in Familiensachen, nach § 81 des Gerichts- und Notarkostengesetzes und nach § 4 des Justizvergütungs- und -entschädigungsgesetzes einem der mehreren Oberlandesgerichte oder anstelle eines solchen Oberlandesgerichts einem obersten Landesgericht zugewiesen werden. ²Dies gilt auch für die Entscheidung über das Rechtsmittel der weiteren Beschwerde nach § 33 des Rechtsanwaltsvergütungsgesetzes, soweit nach dieser Vorschrift das Oberlandesgericht zuständig ist.

IV *(Überholtes Übergangsrecht)*

Vorbem. II 3 idF Art 20 G v 29. 6. 15, BGBl 1042, in Kraft seit 4. 7. 15, Art 22 II G. Nach § 42 EGGVG idF Art 13 Z 3 des 2. KostRModG ist § 30a EGGVG auf Verwaltungsakte im Bereich „der Kostenordnung" (so der amtliche Text) auch nach dem Inkrafttreten des GNotKG weiter anzuwenden, dazu § 136 GNotKG.

Gliederung

1) Systematik, I–IV	1
2) Regelungszweck, I–IV	2
3) Geltungsbereich, I	3–10
A. Verwaltungsakt der Justiz	3
B. Beispiele zur Frage einer Anwendbarkeit, I	4–9
C. Weitere Einzelfragen	10
4) Verfahren auf gerichtliche Entscheidung, I, II	11–16
A. Antrag, II 1	11
B. Zuständigkeit, II 1	12, 13
C. Weiteres Verfahren, II 2, 3	14
D. Beschluß, II 2, 3	15
E. Kosten, II 2, 3	16
5) Weitere Beschwerde usw, III	17

XII. B. Anfechtung von VerwAkten § 30a EGGVG

1) Systematik, I–IV. Da die Festsetzung und Einziehung der Gerichtskosten eine 1
Verwaltungstätigkeit ist, erfolgt sie häufig durch einen Verwaltungsakt, zB beim Kostenansatz nach § 66 GKG, § 57 FamGKG, § 18 GNotKG, Teile I A, B, III dieses Buchs, bei der Festsetzung einer Entschädigung nach § 4 JVEG, Teil V dieses Buchs, in den Fällen des JVKostG, Teil VIII A dieses Buchs, der Vergütung eines im Weg der Prozeßkostenhilfe beigeordneten Anwalts nach (jetzt) § 55 RVG, Teil X dieses Buchs, AG Lübeck Rpfleger **84**, 75 (zustm Lappe), bei einer Nichterhebung von Kosten nach § 21 GKG, § 20 FamGKG, Teil I B dieses Buchs, und § 21 GNotKG usw. Nach Art 19 IV GG muß man einen solchen Verwaltungsakt gerichtlich überprüfen lassen können. Dabei hat § 30a freilich eine bloße Auffangfunktion. Das gilt zB gegenüber den vorrangigen (jetzt) § 66 GKG, § 57 FamGKG, Köln JB **99**, 261, oder gegenüber dem ebenfalls vorrangigen § 18 GNotKG, Hamm RR **01**, 1656, oder gegenüber dem ebenfalls vorrangigen (jetzt) § 56 I, II RVG, Köln RR **03**, 575. § 30a hat aber den Vorrang vor §§ 23 ff.

Deshalb sehen die Kostengesetze oft durch besondere Bestimmungen die Möglichkeit der *Anrufung des Instanzgerichts* vor. Diese Möglichkeit heißt meist Erinnerung.

2) Regelungszweck, I–IV. Die Vorschrift soll etwaige Lücken schließen (je zum 2
alten Recht) BVerwG Rpfleger **82**, 38, Köln RR **03**, 575, OVG Bln Rpfleger **83**, 416. Die Vorschrift enthält also eine Generalklausel für die Anfechtbarkeit von Verwaltungsakten auf dem Gebiet des Kostenrechts, LG Frankenth Rpfleger **81**, 373. Die Vorschrift eröffnet einheitlich kraft besonderer Zuweisung den Rechtsweg zum Zivilgericht. Ohne sie wären auf Grund der verwaltungsgerichtlichen Generalklausel allgemein die Verwaltungsgerichte zuständig. Die Überschneidungen der Zuständigkeit mit ihren Nachteilen schließt § 30a aus, BVerwG Rpfleger **82**, 38, OVG Bln Rpfleger **83**, 416. Die dadurch begründete Zuständigkeit des AG wird nach § 40 I 1 VwGO durch die VwGO nicht berührt. Sie ist auch nach § 23 III nicht auf das OLG übergegangen.

3) Geltungsbereich, I. Es lassen sich zahlreiche Anwendungsfälle erkennen. 3
A. Verwaltungsakt der Justiz. „Justizverwaltung" nach § 1 ist nur die Verwaltung des ordentlichen Gerichts, OVG Bln Rpfleger **83**, 415. Anfechtbar ist nach dieser Vorschrift nur solcher Verwaltungsakt, der im Bereich der Justizverwaltung beim Vollzug eines Kostengesetzes ergangen ist. Verwaltungsakt ist nach § 35 VwVfG jede solche Verfügung, Entscheidung oder andere hoheitliche Maßnahme, die eine Behörde zur Regelung eines Einzelfalls auf dem Gebiet des öffentlichen Rechts trifft und die auf eine unmittelbare Rechtswirkung nach außen gerichtet ist.

B. Beispiele zur Frage einer Anwendbarkeit, I 4
Angebot: I ist anwendbar, soweit es um den Auftrag zur Beurkundung eines Angebots geht.
Aufrechnung der Staatskasse: I ist bei ihr *unanwendbar*. Denn dann gilt zB § 18 GNotKG, Teil III dieses Buchs, BFH BStBl **87** II 54, BVerwG NJW **83**, 776.
Auskunft: Rn 6 „Notar".
Dienstaufsicht: Rn 6 „Kostenansatz".
Einforderung, Rückzahlung: I ist anwendbar, soweit es um einen Bescheid über 5
die Einforderung und Rückzahlung geht, LG Frankenth Rpfleger **81**, 373.
Erlaß von Kosten: I ist *unanwendbar*, soweit es um den Erlaß von Kosten eines VG geht, OVG Bln Rpfleger **83**, 415, aM BVerwG Rpfleger **82**, 37, Oldb NdsRpfl **97**, 52 (je: zu großzügig).
Gerichtsvollzieher: Rn 9 „Vorschuß".
Hinterlegung: I ist anwendbar, soweit es um den Auftrag zur Mitwirkung bei einer Hinterlegung geht.
Kostenansatz: I ist *unanwendbar,* soweit es um die ablehnende Verwaltungsentschei- 6
dung über einen Kostenansatz nach § 19 III, V GKG, § 18 FamGKG, § 18 GNotKG geht, Teile I A, B, III dieses Buchs. Denn dann ist ohnehin die Erinnerung zulässig. I ist ferner unanwendbar, soweit es um die Anordnung der Dienstaufsichtsbehörde geht, den Kostenansatz zu ermäßigen oder erhaltene Gebühren oder Auslagen zurückzuzahlen. Denn diese Anordnung ergeht nicht „beim Vollzug", sondern sie betrifft nur das Verhältnis zwischen dem Gerichtsvollzieher und dem Dienstherrn, BVerwG NJW **83**, 897, Mü Rpfleger **76**, 336, VG Köln DGVZ **82**, 10.

Kostenvorschuß: Rn 9 „Vorschuß".
Notar: I ist anwendbar, soweit es um die Weigerung eines Notars geht, seine Auskunftspflicht zu erfüllen.
Prozeßkostenhilfe: I ist anwendbar, soweit es um die Stundung von Raten auf Grund einer solchen Prozeßkostenhilfe geht, die der Antragsteller erst nach dem Abschluß der Instanz beantragt hat, Hbg MDR **83**, 234.

7 **Reisekosten:** I ist anwendbar, soweit es um die Festsetzung einer Reisekostenentschädigung geht, soweit diese nicht nach § 25 JVEG Anh A, Teil V dieses Buchs, durch einen Akt der Rechtsprechung erfolgt.
Sachzusammenhang: I ist bei ihm *unanwendbar*. Denn dann gilt zB § 18 GNotKG, Teil III dieses Buchs, BGH NJW **80**, 1106.
Scheckprotest: I ist anwendbar, soweit es um den Auftrag zur Vornahme eines Scheckprotests geht.
Siegelung, Entsiegelung: I ist anwendbar, soweit es um den Auftrag zu einer Siegelung oder Entsiegelung geht.
Stundung: Es gilt dasselbe wie bei Rn 5 „Erlaß von Kosten".
Unterliegensgebühr: I ist anwendbar, soweit es sich um eine Maßnahme der Justizbeitreibungsstelle des BGH im Rahmen einer Unterliegensgebühr nach § 34 II BVerfGG handelt, aM AG Karlsr Rpfleger **92**, 40 (aber das Gericht muß auch zB die Verzögerungsgebühr nach § 38 GKG besonders auferlegen).

8 **Verfassungsgerichtsverfahren:** Rn 7 „Unterliegensgebühr".
Verjährung: I ist anwendbar, soweit es um die Anfechtung der Verjährungseinrede der Staatskasse geht.
Verkaufsauftrag: I ist anwendbar, soweit es sich um einen Verkaufsauftrag außerhalb der Zwangsvollstreckung handelt.
Verpachtung: I ist anwendbar, soweit es sich um den Auftrag zu einer öffentlichen Verpachtung gegen ein Höchstgebot handelt.
Versteigerungsauftrag: I ist anwendbar, soweit es sich um einen Versteigerungsauftrag außerhalb der Zwangsvollstreckung handelt.

9 **Vorschuß:** I ist anwendbar, soweit es um die Anforderung eines Vorschusses nach § 4 GvKostG geht, Teil XI dieses Buchs.
Wechselprotest: I ist anwendbar, soweit es um den Auftrag zur Vornahme eines Wechselprotests geht.
Willenserklärung: I ist anwendbar, soweit es sich um den Auftrag zur Bekanntgabe einer empfangsbedürftigen Willenserklärung handelt oder soweit es um den Auftrag zur Mitwirkung bei der Formulierung einer Willenserklärung geht.
Zustellungsauftrag: I ist anwendbar, soweit es sich um einen Zustellungsauftrag außerhalb einer Zwangsvollstreckung handelt.

10 **C. Weitere Einzelfragen.** Soweit eine Kostenvorschrift unmittelbar oder wegen einer Verweisung auch außerhalb der eigentlichen Justizverwaltung anwendbar ist, gilt die Generalklausel zugunsten des AG nicht. Dann entscheidet kraft Zusammenhangs das Erstgericht über die Anfechtung, soweit eine Sondervorschrift fehlt. Es kommt nicht darauf an, ob das Gericht der Aufsicht des Justizministers untersteht, OVG Bln Rpfleger **83**, 415. „Justizverwaltung" nach § 1 ist nur die Verwaltung des ordentlichen Gerichts, OVG Bln Rpfleger **83**, 415.

11 **4) Verfahren auf gerichtliche Entscheidung, I, II.** Es empfiehlt sich diese Prüfreihenfolge.

A. Antrag, II 1. Eine Anfechtung nach Rn 3 erfordert einen Antrag auf eine gerichtliche Entscheidung. Der Antrag ist der verwaltungsgerichtlichen Anfechtungsklage nachgebildet. Der Antragsteller kann jeden Antrag und jede Beschwerde schriftlich oder zum Protokoll des Urkundsbeamten der Geschäftsstelle anbringen. Es besteht daher auch beim LG und beim OLG nach II 3 in Verbindung mit § 81 V GNotKG, Teil III dieses Buchs, in Verbindung mit § 78 III Hs 2 ZPO entsprechend kein Anwaltszwang. Auch die Staatskasse kann beschwerdeberechtigt sein.

12 **B. Zuständigkeit, II 1.** Über den Antrag entscheidet nach dieser gegenüber der allgemeinen VwGO vorrangigen Vorschrift wegen ihres klaren Wortlauts nach BLAH Einl III 39 stets auch zB nach einer Strafsache das Zivilgericht, Nürnb AnwBl **90**, 49,

XII. B. Anfechtung von VerwAkten § 30a EGGVG

aM Bbg JB **80**, 89, Mü Rpfleger **78**, 338. Örtlich zuständig ist nach II 1 dasjenige AG, in dessen Bezirk die für die Einziehung oder Befriedigung des Anspruchs zuständige Kasse ihren Sitz hat, Nürnb AnwBl **90**, 49, also nicht das VG, BVerwG Rpfleger **82**, 37. Notfalls erfolgt eine Zuständigkeitsbestimmung durch das gemeinschaftliche obere Gericht, Nürnb AnwBl **90**, 49. Das Gericht muß nach II 2 den Bezirksrevisor als den Vertreter der Staatskasse anhören. Im übrigen regelt das Gesetz das Verfahren des AG nicht näher. Da der Gesetzgeber die Anwendung der verwaltungsgerichtlichen Verfahrensvorschriften nicht angeordnet hat, muß das Gericht sein Verfahren entsprechend dem FamFG gestalten, wie es jetzt § 29 II EGGVG vorsieht.

Entsprechend § 81 II 1 GNotKG, Teil III dieses Buchs, ist bei einem *Beschwerdegegenstand* von mehr als 200 EUR die unbefristete Beschwerde an das LG zulässig, eventuell nach II 3 in Verbindung mit § 81 IV 1 GNotKG die weitere Beschwerde an das OLG. Ein Landesgesetz kann die Zulässigkeit zur Entscheidung über eine weitere Beschwerde einem einzigen OLG zuweisen, III. Eine Beschwerde an den BGH ist nach II 3 in Verbindung mit § 81 III 3 GNotKG nicht statthaft. 13

C. Weiteres Verfahren, II 2, 3. Das Gericht muß daher den angefochtenen Verwaltungsakt nach I 2, 3 auf etwaige Rechtsfehler einschließlich etwaiger Ermessensfehler (Mißbrauch oder Nichtausübung) überprüfen. Als ein Rechtsfehler gilt auch die Annahme eines unrichtigen Sachverhalts. Obwohl das Gesetz schweigt, darf das AG nicht nur den angefochtenen Verwaltungsakt aufheben. Soweit es sich nicht um eine Ermessensentscheidung der Verwaltung handelt, darf das Gericht also im Fall der Spruchreife wie bei BLAH § 300 ZPO Rn 6 die beantragte Rechtsfolge nach § 28 II selbst aussprechen. 14

D. Beschluß, II 2, 3. Die Entscheidung erfolgt durch einen Beschluß. Das Gericht muß ihn nach BLAH § 329 ZPO Rn 4 begründen. Es muß ihn verkünden oder den Parteien zustellen. Eine Anhörungsrüge ist nach II 3 entsprechend § 131 GNotKG möglich, Teil III dieses Buchs. Wegen der Rechtsbehelfsbelehrung II 3 in Verbindung mit § 7a GNotKG sowie § 28 IV. Verstoß: § 28 II 2. 15

E. Kosten, II 2, 3. Es entstehen keine Gerichtsgebühren. Für die Anwaltsgebühren gelten VV 3100 ff. Wegen des Geschäftswerts gilt § 36 GNotKG, Teil III dieses Buchs. Falls der Geschäftswert zB bei einem Kostenbetrag nicht feststeht, muß das Gericht ihn nach seinem pflichtgemäßen Ermessen bestimmen, notfalls nach den Grundsätzen des § 36 III GNotKG. Es findet nach II 3 in Verbindung mit § 81 VIII 2 GNotKG keine Kostenerstattung statt. 16

5) Weitere Beschwerde usw, III. Die Vorschrift ermöglicht es den Ländern, in den genannten Kostenangelegenheiten die Zuständigkeit für die Entscheidung über einen Antrag nach § 127 GNotKG, Teil III dieses Buchs, oder über eine Beschwerde oder über eine weitere Beschwerde einem von mehreren Oberlandesgerichten oder einem Obersten Landesgericht zu übertragen. 17

Schlußanhang

Schrifttum (zum Teil zum alten Recht): *Bäuerle*, Kostentabelle für Notare, 32. Aufl 2016; *Deutscher Anwaltsverlag*, Kostentafeln, 33. Aufl 2013; *Dospil/Hanhörster*, Tabellen für die Rechtspraxis, 2000; *Drummen/Perau*, Gebührentabelle für Notare, 3. Aufl 2002; *Hansens/Braun*, ZAP-Vergütungstabellen, 2004; *Höver*, Gebührentabellen, 37. Aufl 2017; *Hülsmann*, Gebührentabellen, usw, 3. Aufl 2004; *Lappe/Hellstab*, Gebührentabellen für Rechtsanwälte, 24. Aufl 2013; *Lutje*, Gebührenrechner 2.3 (2007); *Mayer*, Gebührenkalkulator, 6. Aufl 2016; *Otto*, Gebührentabellen, 24. Aufl 2013; *Patzelt*, Schwarzwälder Gebührentabelle, 32. Aufl 2013; *Schmeckenbecher*, Kostenübersichtstabellen, 24. Aufl 2014; *Schneider*, Gebührentabellen, 4. Aufl 2014; *Wolf*, Gesamtkostentabellen, 2004.

A. Gebührentabelle für Gerichtskosten, § 34 I 3 GKG
(Anlage 2)

Streitwert bis ... €	Gebühr ... €	Streitwert bis ... €	Gebühr ... €
500	35,00	50 000	546,00
1 000	53,00	65 000	666,00
1 500	71,00	80 000	786,00
2 000	89,00	95 000	906,00
3 000	108,00	110 000	1026,00
4 000	127,00	125 000	1146,00
5 000	146,00	140 000	1266,00
6 000	165,00	155 000	1386,00
7 000	184,00	170 000	1506,00
8 000	203,00	185 000	1626,00
9 000	222,00	200 000	1746,00
10 000	241,00	230 000	1925,00
13 000	267,00	260 000	2104,00
16 000	293,00	290 000	2283,00
19 000	319,00	320 000	2462,00
22 000	345,00	350 000	2641,00
25 000	371,00	380 000	2820,00
30 000	406,00	410 000	2999,00
35 000	441,00	440 000	3178,00
40 000	476,00	470 000	3357,00
45 000	511,00	500 000	3536,00

B. Gebührentabelle für Gerichtskosten, § 28 I 3 FamGKG
(Anlage 2)

Verfahrenswert bis ... €	Gebühr ... €	Verfahrenswert bis ... €	Gebühr ... €
500	35,00	50 000	546,00
1 000	53,00	65 000	666,00
1 500	71,00	80 000	786,00
2 000	89,00	95 000	906,00
3 000	108,00	110 000	1026,00
4 000	127,00	125 000	1146,00
5 000	146,00	140 000	1266,00
6 000	165,00	155 000	1386,00
7 000	184,00	170 000	1506,00
8 000	203,00	185 000	1626,00
9 000	222,00	200 000	1746,00
10 000	241,00	230 000	1925,00
13 000	267,00	260 000	2104,00
16 000	293,00	290 000	2283,00
19 000	319,00	320 000	2462,00
22 000	345,00	350 000	2641,00
25 000	371,00	380 000	2820,00
30 000	406,00	410 000	2999,00
35 000	441,00	440 000	3178,00
40 000	476,00	470 000	3357,00
45 000	511,00	500 000	3536,00

C. Gebührentabellen A, B zu § 34 III GNotKG (Anlage 2)

Geschäfts-wert bis ... €	Gebühr Tabelle A ... €	Gebühr Tabelle B ... €	Geschäfts-wert bis ... €	Gebühr Tabelle A ... €	Gebühr Tabelle B ... €
500	35,00	15,00	750 000	4 436,00	1 335,00
1 000	53,00	19,00	800 000	4 616,00	1 415,00
1 500	71,00	23,00	850 000	4 796,00	1 495,00
2 000	89,00	27,00	900 000	4 976,00	1 575,00
3 000	108,00	33,00	950 000	5 156,00	1 655,00
4 000	127,00	39,00	1 000 000	5 336,00	1 735,00
5 000	146,00	45,00	1 050 000	5 516,00	1 815,00
6 000	165,00	51,00	1 100 000	5 696,00	1 895,00
7 000	184,00	57,00	1 150 000	5 876,00	1 975,00
8 000	203,00	63,00	1 200 000	6 056,00	2 055,00
9 000	222,00	69,00	1 250 000	6 236,00	2 135,00
10 000	241,00	75,00	1 300 000	6 416,00	2 215,00
13 000	267,00	83,00	1 350 000	6 596,00	2 295,00
16 000	293,00	91,00	1 400 000	6 776,00	2 375,00
19 000	319,00	99,00	1 450 000	6 956,00	2 455,00
22 000	345,00	107,00	1 500 000	7 136,00	2 535,00
25 000	371,00	115,00	1 550 000	7 316,00	2 615,00
30 000	406,00	125,00	1 600 000	7 496,00	2 695,00
35 000	441,00	135,00	1 650 000	7 676,00	2 775,00
40 000	476,00	145,00	1 700 000	7 856,00	2 855,00
45 000	511,00	155,00	1 750 000	8 036,00	2 935,00
50 000	546,00	165,00	1 800 000	8 216,00	3 015,00
65 000	666,00	192,00	1 850 000	8 396,00	3 095,00
80 000	786,00	219,00	1 900 000	8 576,00	3 175,00
95 000	906,00	246,00	1 950 000	8 756,00	3 255,00
110 000	1 026,00	273,00	2 000 000	8 936,00	3 335,00
125 000	1 146,00	300,00	2 050 000	9 116,00	3 415,00
140 000	1 266,00	327,00	2 100 000	9 296,00	3 495,00
155 000	1 386,00	354,00	2 150 000	9 476,00	3 575,00
170 000	1 506,00	381,00	2 200 000	9 656,00	3 655,00
185 000	1 626,00	408,00	2 250 000	9 836,00	3 735,00
200 000	1 746,00	435,00	2 300 000	10 016,00	3 815,00
230 000	1 925,00	485,00	2 350 000	10 196,00	3 895,00
260 000	2 104,00	535,00	2 400 000	10 376,00	3 975,00
290 000	2 283,00	585,00	2 450 000	10 556,00	4 055,00
320 000	2 462,00	635,00	2 500 000	10 736,00	4 135,00
350 000	2 641,00	685,00	2 550 000	10 916,00	4 215,00
380 000	2 820,00	735,00	2 600 000	11 096,00	4 295,00
410 000	2 999,00	785,00	2 650 000	11 276,00	4 375,00
440 000	3 178,00	835,00	2 700 000	11 456,00	4 455,00
470 000	3 357,00	885,00	2 750 000	11 636,00	4 535,00
500 000	3 536,00	935,00	2 800 000	11 816,00	4 615,00
550 000	3 716,00	1 015,00	2 850 000	11 996,00	4 695,00
600 000	3 896,00	1 095,00	2 900 000	12 176,00	4 775,00
650 000	4 076,00	1 175,00	2 950 000	12 356,00	4 855,00
700 000	4 256,00	1 255,00	3 000 000	12 536,00	4 935,00

D. Tabelle für Rechtsanwaltsgebühren,
Anlage zu § 13 I 3 RVG (Anlage 2)

Gegenstandswert bis ... €	Gebühr ... €	Gegenstandswert bis ... €	Gebühr ... €
500	45,00	50 000	1 163,00
1 000	80,00	65 000	1 248,00
1 500	115,00	80 000	1 333,00
2 000	150,00	95 000	1 418,00
3 000	201,00	110 000	1 503,00
4 000	252,00	125 000	1 588,00
5 000	303,00	140 000	1 673,00
6 000	354,00	155 000	1 758,00
7 000	405,00	170 000	1 843,00
8 000	456,00	185 000	1 928,00
9 000	507,00	200 000	2 013,00
10 000	558,00	230 000	2 133,00
13 000	604,00	260 000	2 253,00
16 000	650,00	290 000	2 373,00
19 000	696,00	320 000	2 493,00
22 000	742,00	350 000	2 613,00
25 000	788,00	380 000	2 733,00
30 000	863,00	410 000	2 853,00
35 000	938,00	440 000	2 973,00
40 000	1 013,00	470 000	3 093,00
45 000	1 088,00	500 000	3 213,00

E. Insolvenzrechtliche Vergütungsverordnung (InsVV)

Vom 19. August 1998, BGBl 2205, zuletzt geändert dch Art 3 G v 13. 4. 17, BGBl 866

Schrifttum: *Blersch*, Insolvenzrechtliche Vergütungsverordnung, 2000; *Eickmann*, InsO-Vergütungsrecht, 2. Aufl 2001; *Haarmeyer/Mock* Insolvenzrechtliche Vergütung (InsVV), 5. Aufl 2014; *Heym*, Vergütungsverträge nach der InsVV, 2. Aufl 2011; *Keller*, Vergütung und Kosten im Insolvenzverfahren, 4. Aufl 2016; *Leonhardt/Smid/Zeuner/Amberger* (Hrsg), InsVV, 2014; *Lissner* JB **14**, 458 (Sonderinsolvenzverwalter); *Lorenz*, InsVV – GKG – RVG, 3. Aufl 2016; *Smid* ZIP **14**, 1714 (Tituliewrung); *Stephan/Riedel*, InsVV, 2010; *Zimmer*, InsVV, 2017. Rechtspolitisch krit *Keller* ZIP **14**, 2014.

Erster Abschnitt. Vergütung des Insolvenzverwalters

Berechnungsgrundlage

1 ^{I 1}Die Vergütung des Insolvenzverwalters wird nach dem Wert der Insolvenzmasse berechnet, auf die sich die Schlußrechnung bezieht. ²Wird das Verfahren nach Bestätigung eines Insolvenzplans aufgehoben oder durch Einstellung vorzeitig beendet, so ist die Vergütung nach dem Schätzwert der Masse zur Zeit der Beendigung des Verfahrens zu berechnen.

^{II} Die maßgebliche Masse ist im einzelnen wie folgt zu bestimmen:
1. ¹Massegegenstände, die mit Absonderungsrechten belastet sind, werden berücksichtigt, wenn sie durch den Verwalter verwertet werden. ²Der Mehrbetrag der Vergütung, der auf diese Gegenstände entfällt, darf jedoch 50 vom Hundert des Betrages nicht übersteigen, der für die Kosten ihrer Feststellung in die Masse geflossen ist. ³Im übrigen werden die mit Absonderungsrechten belasteten Gegenstände nur insoweit berücksichtigt, als aus ihnen der Masse ein Überschuß zusteht.
2. Werden Aus- und Absonderungsrechte abgefunden, so wird die aus der Masse hierfür gewährte Leistung vom Sachwert der Gegenstände abgezogen, auf die sich diese Rechte erstreckten.
3. Steht einer Forderung eine Gegenforderung gegenüber, so wird lediglich der Überschuß berücksichtigt, der sich bei einer Verrechnung ergibt.
4. ¹Die Kosten des Insolvenzverfahrens und die sonstigen Masseverbindlichkeiten werden nicht abgesetzt. ²Es gelten jedoch folgende Ausnahmen:
    a) Beträge, die der Verwalter nach § 5 als Vergütung für den Einsatz besonderer Sachkunde erhält, werden abgezogen.
    b) Wird das Unternehmen des Schuldners fortgeführt, so ist nur der Überschuß zu berücksichtigen, der sich nach Abzug der Ausgaben von den Einnahmen ergibt.
5. Ein Vorschuß, der von einer anderen Person als dem Schuldner zur Durchführung des Verfahrens geleistet worden ist, und ein Zuschuß, den ein Dritter zur Erfüllung eines Insolvenzplans geleistet hat, bleiben außer Betracht.

Schrifttum: *Riedel* Rpfleger **14**, 69 (Rspr-Üb).

1 **1) Insolvenzmasse, I.** Das Verhältnis zwischen § 63 InsO und der InsVV ist teilweise unklar. Es scheinen sich zB § 63 I 2 InsO und § 1 I InsVV zumindest teilweise zu überschneiden, und zwar mit voneinander abweichenden Ausgangspunkten, aber auch mit Übereinstimmungen. Nach allgemeinen Grundsätzen sollte das spätere Gesetz im Zweifel den Vorrang haben, ebenso das noch speziellere. Das dürfte die InsVV sein.

Maßgebend ist bei I 1, 2 die zur Befriedigung aller Masse- und Insolvenzgläubiger notwendige Summe, BGH ZIP **12**, 532. Man kann dabei nach § 287 ZPO schätzen, BGH ZIP **17**, 1628. Eine Steuervergütung rechnet dazu, BGH Rpfleger **08**, 154. Zur Delegierbarkeit LG Potsd ZIP **09**, 391, AG Hann ZIP **15**, 2385. Ein Massezufluß zwischen Schlußtermin und Schlußverteilung erhöht die Masse, BGH WertpMitt **14**,

E. Insolvenzrechtliche Vergütungsverordnung §§ 1–3 InsVV

323 (notfalls Ergänzung der Berechnung). Eine Umsatzsteuererstattung ist begrenzt beachtbar, BGH WertpMitt **15**, 617. Eine Vergütungsvereinbarung braucht eine einstimmige Zustimmung in sämtlichen Gruppen des Insolvenzplans, LG Münst ZIP **16**, 1175. Eine knappe Kostenunterdeckung kann unschädlich sein, LG Hbg ZIP **16**, 1553. Mangels eines Überschusses besteht kein beachtbarer Vorgang, BGH Rpfleger **16**, 672.

2) **Mehrbetrag, II Z 1 S 2.** Die Vorschrift gilt nicht bei einem freihändigen Verkauf, BGH WertpMitt **16**, 1305, LG Heilbr Rpfleger **07**, 106 (spricht irrig von I). Zur Berechnung bei II Z 4 S 2 BGH MDR **07**, 913. 2

3) **Abzug, II 2 Z 4 a.** Die Regelung ist verfassungsgemäß, BGH ZIP **11**, 2117. 3

4) **Überschuß, II Z 4 b.** Die Vorschrift gilt auch für den vorläufigen Insolvenzverwalter, BGH WertpMitt **17**, 963 (ausf), oder für einen stillen Verwalter, BGH ZIP **16**, 1543. Ein Kündigungslohn kann eine Ausgabe sein, BGH MDR **09**, 168. Zur Berücksichtigung von laufenden Kosten der Fortführung bei der Vergütung des Verwalters BGH ZIP **11**, 1835, Kblz ZIP **14**, 386. Man muß die infolge einer Betriebsfortführung entstandene Einkommensteuer mitabziehen, BGH ZIP **15**, 230. 4

Regelsätze

2 ¹ Der Insolvenzverwalter erhält in der Regel
1. von der ersten 25 000 Euro
   der Insolvenzmasse   40 vom Hundert,
2. von dem Mehrbetrag bis zu
   50 000 Euro   25 vom Hundert,
3. von dem Mehrbetrag bis zu
   250 000 Euro   7 vom Hundert,
4. von dem Mehrbetrag bis zu
   500 000 Euro   3 vom Hundert,
5. von dem Mehrbetrag bis zu
   25 000 000 Euro   2 vom Hundert,
6. von dem Mehrbetrag bis zu
   500 000 000 Euro   1 vom Hundert,
7. von dem darüber hinaus-
   gehenden Betrag   0,5 vom Hundert.

II ¹ Haben in dem Verfahren nicht mehr als 10 Gläubiger ihre Forderungen angemeldet, so soll die Vergütung in der Regel mindestens 1000 Euro betragen. ²Von 11 bis zu 30 Gläubigern erhöht sich die Vergütung für je angefangene 5 Gläubiger um 150 Euro. ³Ab 31 Gläubiger erhöht sich die Vergütung je angefangene 5 Gläubiger um 100 Euro.

1) **Geltungsbereich, I, II.** § 13 hat Vorrang vor II 1. Die Regelung ist verfassungsgemäß, BGH MDR **08**, 882. Sie verstößt noch nicht gegen den Anspruch auf angemessene Vergütung trotz zwischenzeitlicher Entwertung, BGH Rpfleger **15**, 297. Es kommt auf die Gläubigerzahl und nicht auf eine Befassung mit den Einzelforderungen an, BGH ZIP **11**, 132. Eine Gebietskörperschaft ist auch bei mehreren Forderungen aus unterschiedlichen Rechtsverhältnissen nur *eine* Gläubigerin, BGH WertpMitt **11**, 1279. II Z 3 setzt bei einer Gegenforderung ihre Aufrechenbarkeit voraus, BGH ZIP **10**, 436. Auch die Staatskasse muß evtl mehr als den Mindestbetrag zahlen, LG Gera ZIP **12**, 2076. AG Köln ZIP **17**, 834 gibt dem vorläufigen Insolvenzverwalter mindestens 1000 EUR.

Unanwendbar ist § 2 auf den vorinsolvenzrechtlichen Sanierungsberater. Zu seiner Vergütung Mock ZIP **14**, 445 (ausf).

Zu- und Abschläge

3 ¹ Eine den Regelsatz übersteigende Vergütung ist insbesondere festzusetzen, wenn

a) die Bearbeitung von Aus- und Absonderungsrechten einen erheblichen Teil der Tätigkeit des Insolvenzverwalters ausgemacht hat, ohne daß ein entsprechender Mehrbetrag nach § 1 Abs. 2 Nr. 1 angefallen ist,
b) der Verwalter das Unternehmen fortgeführt oder Häuser verwaltet hat und die Masse nicht entsprechend größer geworden ist,
c) die Masse groß war und die Regelvergütung wegen der Degression der Regelsätze keine angemessene Gegenleistung dafür darstellt, daß der Verwalter mit erheblichem Arbeitsaufwand die Masse vermehrt oder zusätzliche Masse festgestellt hat,
d) arbeitsrechtliche Fragen zum Beispiel in bezug auf das Insolvenzgeld, den Kündigungsschutz oder einen Sozialplan den Verwalter erheblich in Anspruch genommen haben oder
e) der Verwalter einen Insolvenzplan ausgearbeitet hat.

II Ein Zurückbleiben hinter dem Regelsatz ist insbesondere gerechtfertigt, wenn
a) ein vorläufiger Insolvenzverwalter im Verfahren tätig war,
b) die Masse bereits zu einem wesentlichen Teil verwertet war, als der Verwalter das Amt übernahm,
c) das Insolvenzverfahren vorzeitig beendet wird oder das Amt des Verwalters vorzeitig endet,
d) die Masse groß war und die Geschäftsführung geringe Anforderungen an den Verwalter stellte,
e) die Vermögensverhältnisse des Schuldners überschaubar sind und die Zahl der Gläubiger oder die Höhe der Verbindlichkeiten gering ist oder
f) der Schuldner in ein Koordinationsverfahren einbezogen ist, in dem ein Verfahrenskoordinator nach § 269 e der Insolvenordnung bestellt worden ist.

Vorbem. f) angefügt dch Art 3 Z 3 G v 13. 4. 17, BGBl 866, in Kraft seit 21. 4. 18, Art 10 G.

1 1) **Zuschläge, I.** Die Vorschrift hat den Vorrang vor § 2 II, BGH ZIP **15**, 1034. Es handelt sich um sehr unterschiedliche Situationen. § 2 gilt auch bei § 12, AG Potsd ZIP **15**, 1799. Zu den Möglichkeiten generell BGH WertpMitt **17**, 2037, Riedel Rpfleger **13**, 123. Das Beschwerdegericht darf nicht über den Beschwerdeantrag hinausgehen, BGH Rpfleger **07**, 103 rechts. Zur „kalten" Zwangsverwaltung LG Heilbr ZIP **12**, 2077.
A. Aus- und Absonderungsrecht, I a. Zur Erheblichkeit BGH MDR **07**, 358 und 857 sowie MDR **08**, 106.

2 **B. Unternehmensfortführung usw, I b.** Es ist meist mehr als eine Mobiliarverwaltung nötig, BGH Rpfleger **08**, 97. Die Verwaltung eines Einzelobjekts kann reichen, BGH MDR **08**, 589 links unten. Man muß bei einer Massevermehrung einen Vergleich mit/ohne sie vornehmen, BGH MDR **08**, 589 links unten. Auch die Nichterfüllung einer Mitwirkungspflicht des Schuldners kann reichen, BGH MDR **08**, 589 links unten. Nicht die Länge der Zeitdauer reicht, sondern erst eine entsprechend lange Tätigkeit, BGH ZIP **10**, 2057. Ein Umschlagen von Qualität in Quantität ist eine ziemlich kühne Forderung von LG Aurich ZIP **13**, 2213. Denn das kann trotz unklarer Gesetzesworte kaum der allein maßgebliche Sinn eines Zuschlags sein. Es müssen Hs 1, 2 zusammentreffen, BGH NZA-RR **07**, 373. Zur Ermittlung eines Anfechtungsanspruchs AG Hbg ZIP **16**, 1553.

3 **C. Große Masse, I c.** Die Vorschrift gilt jedenfalls, bei mehr als 250 000 EUR, BGH WertpMitt **12**, 2338.

4 **D. Arbeitsrechtliche Fragen, I d.** Zu einer langen Verfahrensdauer LG Aachen ZIP **09**, 576.

5 **E. Insolvenzplan, I e.**

6 2) **Abschläge, II.** Auch hier handelt es sich um ganz unterschiedliche Lagen.
A. Vorläufiger Verwalter, II a. Zu dieser Abschlagsmöglichkeit BGH JB **07**, 267 und Rpfleger **08**, 97. Generell auch BGH WertpMitt **16**, 1989.
II a gilt *nicht,* soweit der Insolvenzverwalter im Eröffnungsverfahren nur ein Sachverständiger war, BGH MDR **09**, 1249.

7 **B. Bereits wesentliche Verwaltung, II b.** Zu dieser Abschlagsmöglichkeit BGH Rpfleger **06**, 429.

C. **Vorzeitiges Ende,** II c. 8
D. **Große Masse,** II d. Zu dieser Abschlagsmöglichkeit BGH ZIP **07**, 539, AG 9 Gött Rpfleger **12**, 98 (je: Lottogewinn), BGH ZIP **16**, 1450 (rechtsgrundlose Bereicherung).
E. **Überschaubarkeit,** II e, BGH WertpMitt **17**, 825 (praktisch bloßer Treuhänder). 10
F. **Koordinationsverfahren,** II f. 11

Geschäftskosten. Haftpflichtversicherung

4 I ¹Mit der Vergütung sind die allgemeinen Geschäftskosten abgegolten. ²Zu den allgemeinen Geschäftskosten gehört der Büroaufwand des Insolvenzverwalters einschließlich der Gehälter seiner Angestellten, auch soweit diese anläßlich des Insolvenzverfahrens eingestellt worden sind. ³Unberührt bleibt das Recht des Verwalters, zur Erledigung besonderer Aufgaben im Rahmen der Verwaltung für die Masse Dienst- oder Werkverträge abzuschließen und die angemessene Vergütung aus der Masse zu zahlen.

II Besondere Kosten, die dem Verwalter im Einzelfall, zum Beispiel durch Reisen, tatsächlich entstehen, sind als Auslagen zu erstatten.

III ¹Mit der Vergütung sind auch die Kosten einer Haftpflichtversicherung abgegolten. ²Ist die Verwaltung jedoch mit einem besonderen Haftungsrisiko verbunden, so sind die Kosten einer angemessenen zusätzlichen Versicherung als Auslagen zu erstatten.

1) **Allgemeine Geschäftskosten,** I. Zu ihnen gehören auch Kosten des eigenen 1 Büropersonals, BGH BB **06**, 1817, ferner evtl Kosten einer zusätzlichen Haftpflichtversicherung des Verwalters, LG Gießen ZIP **12**, 1677, nicht aber Kosten eines Informationssystems, BGH WertpMitt **16**, 1494.

Einsatz besonderer Sachkunde

5 I Ist der Insolvenzverwalter als Rechtsanwalt zugelassen, so kann er für Tätigkeiten, die ein nicht als Rechtsanwalt zugelassener Verwalter angemessenerweise einem Rechtsanwalt übertragen hätte, nach Maßgabe des Rechtsanwaltsvergütungsgesetzes Gebühren und Auslagen gesondert aus der Insolvenzmasse entnehmen.

II Ist der Verwalter Wirtschaftsprüfer oder Steuerberater oder besitzt er eine andere besondere Qualifikation, so gilt Absatz 1 entsprechend.

1) **Verweisung auf RVG,** I, II. Vgl dazu BGH Rpfleger **08**, 520 rechts (nicht 1 höher als RVG). LG Brschw ZIP **12**, 838 (evtl Zuschlag von 50%).

Nachtragsverteilung. Überwachung der Erfüllung eines Insolvenzplans

6 I ¹Für eine Nachtragsverteilung erhält der Insolvenzverwalter eine gesonderte Vergütung, die unter Berücksichtigung des Werts der nachträglich verteilten Insolvenzmasse nach billigem Ermessen festzusetzen ist. ²Satz 1 gilt nicht, wenn die Nachtragsverteilung voraussehbar war und schon bei der Festsetzung der Vergütung für das Insolvenzverfahren berücksichtigt worden ist.

II ¹Die Überwachung der Erfüllung eines Insolvenzplans nach den §§ 260 bis 269 der Insolvenzordnung wird gesondert vergütet. ²Die Vergütung ist unter Berücksichtigung des Umfangs der Tätigkeit nach billigem Ermessen festzusetzen.

1) **Vergütungshöhe,** I. Es gibt keinen Regelsatz, sondern eine Gesamtabwägung 1 des Einzelfalls nach dem Wert des I 1, BGH Rpfleger **07**, 104 rechts unten. Es entsteht keine zusätzliche Vergütung schon wegen eines Masseeinflusses nach Verfahrensende ohne Nachtragsverteilung, BGH ZIP **11**, 2116, großzügiger BGH WertpMitt **17**, 911 (ohne Vorlage nach § 132 GVG). Eine Kürzung der Vergütung des Insolvenzverwalters ist nicht schon deshalb statthaft, weil er als vorläufiger Verwalter zu viel bekommen hatte, BGH ZIP **13**, 2164.

Umsatzsteuer

7 Zusätzlich zur Vergütung und zur Erstattung der Auslagen wird ein Betrag in Höhe der vom Insolvenzverwalter zu zahlenden Umsatzsteuer festgesetzt.

Festsetzung von Vergütung und Auslagen

8 I ¹Die Vergütung und die Auslagen werden auf Antrag des Insolvenzverwalters vom Insolvenzgericht festgesetzt. ²Die Festsetzung erfolgt für Vergütung und Auslagen gesondert. ³Der Antrag soll gestellt werden, wenn die Schlußrechnung an das Gericht gesandt wird.

II In dem Antrag ist näher darzulegen, wie die nach § 1 Abs. 2 maßgebliche Insolvenzmasse berechnet worden ist und welche Dienst- oder Werkverträge für besondere Aufgaben im Rahmen der Insolvenzverwaltung abgeschlossen worden sind (§ 4 Abs. 1 Satz 3).

III ¹Der Verwalter kann nach seiner Wahl anstelle der tatsächlich entstandenen Auslagen einen Pauschsatz fordern, der im ersten Jahr 15 vom Hundert, danach 10 vom Hundert der Regelvergütung, höchstens jedoch 250 Euro je angefangenen Monat der Dauer der Tätigkeit des Verwalters beträgt. ²Der Pauschsatz darf 30 vom Hundert der Regelvergütung nicht übersteigen.

1   1) **Gebührenhöhe, I–III.** Die Mindestvergütung ist verfassungsgemäß, BGH MDR **08**, 884 rechts. Dasselbe gilt für III 1, BFH ZIP **13**, 34. Voraussetzung ist eine Eröffnung des Insolvenzverfahrens, BGH RR **10**, 560, LG Duisb ZIP **10**, 1360. Die Feststellung der Vergütung kann für den Vergütungsanspruch in sachliche Rechtskraft geraten, nicht aber für die Berechnungsgrundlage, BGH ZIP **10**, 1403 (!?). Eine Ergänzung der Festsetzung ist statthaft, BGH ZIP **17**, 1630. Eine erhebliche Belastung läßt sich mit einem Zuschlag ausgleichen, BGH WertpMitt **10**, 1420. Die Übertragung von Zustellungen ist nach dem Aufwand angemessen schätzbar und vergütbar, BGH MDR **15**, 1042 (1,80 EUR je Zustellung). Das Wort „danach" in III meint *jedes* Folgejahr, BGH MDR **04**, 1324. Man darf und muß eine Zeitspanne verminderten Aufwands mitbeachten, BGH MDR **08**, 1181. Zur Angreifbarkeit der Festsetzung BGH WertpMitt **16**, 1608 (ausf). Offensteht der ordentliche Rechtsweg, BGH RR **10**, 561.

Vorschuß

9 ¹Der Insolvenzverwalter kann aus der Insolvenzmasse einen Vorschuß auf die Vergütung und die Auslagen entnehmen, wenn das Insolvenzgericht zustimmt. ²Die Zustimmung soll erteilt werden, wenn das Insolvenzverfahren länger als sechs Monate dauert oder wenn besonders hohe Auslagen erforderlich werden. ³Sind die Kosten des Verfahrens nach § 4a der Insolvenzordnung gestundet, so bewilligt das Gericht einen Vorschuss, sofern die Voraussetzungen nach Satz 2 gegeben sind.

1   Bem. Zum Prinzip BGH WertpMitt **16**, 1613. Zur Amtspflichtverletzung des Insolvenzgerichts bei der Versagung eines Vorschusses BGH ZIP **14**, 2299.

Zweiter Abschnitt.
Vergütung des vorläufigen Insolvenzverwalters, des Sachwalters und des Insolvenzverwalters im Verbraucherinsolvenzverfahren

Grundsatz

10 Für die Vergütung des vorläufigen Insolvenzverwalters, des Sachwalters und des Insolvenzverwalters im Verbraucherinsolvenzverfahren gelten die Vorschriften des Ersten Abschnitts entsprechend, soweit in den §§ 11 bis 13 nichts anderes bestimmt ist.

Vergütung des vorläufigen Insolvenzverwalters

11 **I** ¹Für die Berechnung der Vergütung des vorläufigen Insolvenzverwalters ist das Vermögen zugrunde zu legen, auf das sich seine Tätigkeit während des Eröffnungsverfahrens erstreckt. ²Vermögensgegenstände, an denen bei Verfahrenseröffnung Aus- oder Absonderungsrechte bestehen, werden dem Vermögen nach Satz 1 hinzugerechnet, sofern sich der vorläufige Insolvenzverwalter in erheblichem Umfang mit ihnen befasst. ³Sie bleiben unberücksichtigt, sofern der Schuldner die Gegenstände lediglich auf Grund eines Besitzüberlassungsvertrages in Besitz hat.

II Wird die Festsetzung der Vergütung beantragt, bevor die von Absatz 1 Satz 1 erfassten Gegenstände veräußert wurden, ist das Insolvenzgericht spätestens mit Vorlage der Schlussrechnung auf eine Abweichung des tatsächlichen Werts von dem der Vergütung zugrunde liegenden Wert hinzuweisen, sofern die Wertdifferenz 20 vom Hundert bezogen auf die Gesamtheit dieser Gegenstände übersteigt.

III Art, Dauer und Umfang der Tätigkeit des vorläufigen Insolvenzverwalters sind bei der Festsetzung der Vergütung zu berücksichtigen.

IV Hat das Insolvenzgericht den vorläufigen Insolvenzverwalter als Sachverständigen beauftragt zu prüfen, ob ein Eröffnungsgrund vorliegt und welche Aussichten für eine Fortführung des Unternehmens des Schuldners bestehen, so erhält er gesondert eine Vergütung nach dem Justizvergütungs- und -entschädigungsgesetz.

InsO § 26a. Vergütung des vorläufigen Insolvenzverwalters. **I** ¹Wird das Insolvenzverfahren nicht eröffnet, setzt das Insolvenzgericht die Vergütung und die zu erstattenden Auslagen des vorläufigen Insolvenzverwalters durch Beschluss fest.

II ¹Die Festsetzung erfolgt gegen den Schuldner, es sei denn, der Eröffnungsantrag ist unzulässig oder unbegründet und den antragstellenden Gläubiger trifft ein grobes Verschulden. ²In diesem Fall sind die Vergütung und die zu erstattenden Auslagen des vorläufigen Insolvenzverwalters ganz oder teilweise dem Gläubiger aufzuerlegen und gegen ihn festzusetzen. ³Ein grobes Verschulden ist insbesondere dann anzunehmen, wenn der Antrag von vornherein keine Aussicht auf Erfolg hatte und der Gläubiger dies erkennen musste. ⁴Der Beschluss ist dem vorläufigen Verwalter und demjenigen, der die Kosten des vorläufigen Insolvenzverwalters zu tragen hat, zuzustellen. ⁵Die Vorschriften der Zivilprozessordnung über die Zwangsvollstreckung aus Kostenfestsetzungsbeschlüssen gelten entsprechend.

III ¹Gegen den Beschluss steht dem vorläufigen Verwalter und demjenigen, der die Kosten des vorläufigen Insolvenzverwalters zu tragen hat, die sofortige Beschwerde zu. ²§ 567 Absatz 2 der Zivilprozessordnung gilt entsprechend.

InsO § 63. Vergütung des Insolvenzverwalters. **III** ¹Die Tätigkeit des vorläufigen Insolvenzverwalters wird gesondert vergütet. ²Er erhält in der Regel 25 Prozent der Vergütung des Insolvenzverwalters bezogen auf das Vermögen, auf das sich seine Tätigkeit während des Eröffnungsverfahrens erstreckt. ³Maßgebend für die Wertermittlung ist der Zeitpunkt der Beendigung der vorläufigen Verwaltung oder der Zeitpunkts, ab dem der Gegenstand nicht mehr der vorläufigen Verwaltung unterliegt. ⁴Beträgt die Differenz des tatsächlichen Werts der Berechnungsgrundlage der Vergütung zu dem der Vergütung zugrunde gelegten Wert mehr als 20 Prozent, so kann das Gericht den Beschluss über die Vergütung des vorläufigen Insolvenzverwalters bis zur Rechtskraft der Entscheidung über die Vergütung des Insolvenzverwalters ändern.

InsO § 65. Verordnungsermächtigung. Das Bundesministerium der Justiz und für Verbraucherschutz wird ermächtigt, die Vergütung und die Erstattung der Auslagen des vorläufigen Insolvenzverwalters und des Insolvenzverwalters sowie das hierfür maßgebliche Verfahren durch Rechtsverordnung zu regeln.

Schrifttum: *Amery/Kästner,* ZIP 13, 2041 (ausf); *Andres* Rpfleger **06**, 517 (Üb).

1 **1) Systematik, Regelungszweck, I–IV.** Die Vorschrift ist verfassungsgemäß, Bork/Muthorst ZIP **10**, 1635, Graeber ZIP **11**, 1702. Zu I 1 BGH **175**, 49. Die Vorschrift galt auch bis zum 29. 2. 12 mangels Eröffnung des Insolvenzverfahrens, BGH RR **10**, 561, AG Gött ZIP **10**, 1043. Wegen der Lage seit 1. 3. 12 vgl AG Hbg ZIP **14**, 237 (evtl 60% einer Vergütung des endgültigen Verwalters, wie bei § 12), Riedel Rpfleger **14**, 69 (25%), § 26 a InsO, abgedruckt vor Rn 1.

2 **2) Beispiele zur Frage einer Anwendbarkeit, I–IV**
Abschlag: Es kann auch ein solcher ausreichen, BGH Rpfleger **07**, 220.
Absonderung, Aussonderung: Zum Insolvenzvermögen zählt nach I 2 ein Gegenstand mit einem solchen Recht nur dann, wenn sich der vorläufige Insolvenzverwalter mit ihm in einem erheblichen und nicht nur „nennenswerten" Umfang befaßt hat, BGH NJW **06**, 2988 und 2992, krit Vallender NJW **06**, 2959, AG Hamm ZIP **17**, 2486, aM AG Gött Rpfleger **07**, 43. BGH NJW **13**, 533 hält die Vorschrift bei Aussonderbarkeit für nichtig (?). Vgl auch dort 536.
S auch „Nutzungsüberlassung".
Abtretung: S „Sicherungsabtretung".
Anfechtungsanspruch: Er kann unter § 11 fallen, LG Köln ZIP **09**, 631.
S aber auch „Ist"-Masse.
Forderung: Auch sie kann natürlich zum Vermögen zählen, BGH Rpfleger **07**, 220.
S aber auch „Ist"-Masse.
Immobilienberücksichtigung: AG Hbg ZIP **17**, 936 = 1079 (ausf).
Interims-Manager: Zu seiner Einschaltung BGH ZIP **10**, 1909 (zustm Prasser).
„Ist"-Masse: Entscheidend ist sie, BGH ZIP **10**, 2107 (ein erst mit der Eröffnung entstehender Anfechtungsanspruch zählt daher nicht hierher).
Nutzungsüberlassung: Nach I 2 ist „erheblich" auch eine Bemühung zur Klärung des kapitalersetzenden Charakters einer Nutzungsüberlassung, BGH Rpfleger **06**, 622.
Rechtsweg: Maßgebend ist der ordentliche nach § 13 GVG, BGH RR **10**, 561.
Rückwirkung: Sie kann statthaft sein, Amery/Kästner ZIP **13**, 2049.
„Schwacher" vorläufiger Verwalter: Auch er mag einen Zuschlag dann beanspruchen dürfen, wenn sich für ihn erhebliche Erschwernisse ergeben, BGH NJW **06**, 2701.
Sicherungsabtretung: BGH ZIP **13**, 468 bezieht eine sicherungsabgetretene Forderung nicht ein.
Verjährung: Das Gericht prüft sie *nicht* von Amts wegen, LG Gießen ZIP **09**, 2398.
Verwirkung: Sie besteht nicht bei einer Tätigkeit im schon eröffneten Verfahren, BGH WertpMitt **17**, 2029.
Zuständigkeit: Zuständig ist grds der Rpfl, falls sich nicht der Richter die Entscheidung vorbehalten hat, BGH ZIP **10**, 2161.
S auch „Rechtsweg".

Vergütung des Sachwalters

12 ^I Der Sachwalter erhält in der Regel 60 vom Hundert der für den Insolvenzverwalter bestimmten Vergütung.

^{II} Eine den Regelsatz übersteigende Vergütung ist insbesondere festzusetzen, wenn das Insolvenzgericht gemäß § 277 Abs. 1 der Insolvenzordnung angeordnet hat, daß bestimmte Rechtsgeschäfte des Schuldners nur mit Zustimmung des Sachwalters wirksam sind.

^{III} § 8 Abs. 3 gilt mit der Maßgabe, daß an die Stelle des Betrags von 250 Euro der Betrag von 125 Euro tritt.

Schrifttum: *Lissner* Rpfleger **17**, 125; *Schur* ZIP **14**, 757 (je: Üb).

1 **Bem.** Zu I AG Potsd ZIP **15**, 1799. III idF Art 12 Z 3 a, b des vor § 1 genannten G. AG Köln ZIP **17**, 981 wendet § 12 auf einen vorläufigen Sachwalter entsprechend an. Ein etwaiger Zuschlag errechnet sich nicht vom 25%-Regelbruchteil des vorläufigen Verwalters, sondern man verändert diesen Regelbruchteil entsprechend dem

E. Insolvenzrechtliche Vergütungsverordnung §§ 12–14 InsVV

Einzelfall angemessen, LG Bonn ZIP **14**, 694. Man kann beim vorläufigen Sachwalter 15% der Vergütung des Insolvenzverwalters ansetzen, LG Bonn ZIP **14**, 694, AG Essen ZIP **15**, 1041, aber auch 25% AG Wuppert ZIP **15**, 541.

Vergütung des Insolvenzverwalters im Verbraucherinsolvenzverfahren

13 Werden in einem Verfahren nach dem Neunten Teil der Insolvenzordnung die Unterlagen nach § 305 Absatz 1 Nummer 3 der Insolvenzordnung von einer geeigneten Person oder Stelle erstellt, ermäßigt sich die Vergütung nach § 2 Absatz 2 Satz 1 auf 800 Euro.

1) Geltungsbereich. Es geht nur um das Verbraucherinsolvenzverfahren nach §§ 304ff InsO und hier nur um die Verzeichnisse nach § 305 I Z 3 über Vermögen und Einkommen, eine Übersicht, ein Gläubigerverzeichnis und ein Forderungsverzeichnis. Deren Vorlage ist Schuldneraufgabe. Deren vorangegangene Erstellung kann auch durch Dritte erfolgt sein. 1

2) Ermäßigung. Es gibt zwei Aspekte. 2

A. Erstellungsperson(en). Alle in Rn 1 genannten Verzeichnisse müssen gerade zumindest im Kern entweder von einer solchen natürlichen oder juristischen Person oder von einer solchen „Stelle" stammen, die dazu „geeignet" ist. Ob eine Eignung vorliegt, muß das Gericht entscheiden und sich dazu evtl ergänzend vortragen lassen und evtl auch darüber hinaus von Amts wegen ermitteln. Bei fortbestehendem Zweifel keine Eignung. Die Verzeichnisse müssen formell wie inhaltlich ausreichen und vollständig sein, soweit derzeit erkennbar. Eine Ergänzung mag binnen gesetzter ausreichender Frist genügen.

B. Ermäßigung auf 800 EUR. Sie bezieht sich nur auf § 2 II 1 InsVV, also auf die dortige Ausgangsgebühr. 800 EUR treten als Festgebühr an die Stelle der dort genannten Mindestregelgebühr von 1000 EUR. Eine einfache Steuererklärung fällt unter die Regelvergütung des Insolvenzverwalters/Treuhänders, BGH ZIP **13**, 2413. 3

Dritter Abschnitt.
Vergütung des Treuhänders nach § 293 der Insolvenzordnung

Grundsatz

14 I Die Vergütung des Treuhänders nach § 293 der Insolvenzordnung wird nach der Summe der Beträge berechnet, die auf Grund der Abtretungserklärung des Schuldners (§ 287 Abs. 2 der Insolvenzordnung) oder auf andere Weise zur Befriedigung der Gläubiger des Schuldners beim Treuhänder eingehen.

II Der Treuhänder erhält

1. von der ersten 25 000 Euro	5 vom Hundert,
2. von dem Mehrbetrag bis 50 000 Euro	3 vom Hundert und
3. von dem darüber hinausgehenden Betrag	1 vom Hundert.

III ¹Die Vergütung beträgt mindestens 100 Euro für jedes Jahr der Tätigkeit des Treuhänders. ²Hat er die durch Abtretung eingehenden Beträge an mehr als 5 Gläubiger verteilt, so erhöht sich diese Vergütung je 5 Gläubiger um 50 Euro.

1) Geltungsbereich, I–III. Zum Verhältnis von I, II zu III BGH WertpMitt **11**, 274. 1

Überwachung der Obliegenheiten des Schuldners

15 I ¹Hat der Treuhänder die Aufgabe, die Erfüllung der Obliegenheiten des Schuldners zu überwachen (§ 292 Abs. 2 der Insolvenzordnung), so erhält er eine zusätzliche Vergütung. ²Diese beträgt regelmäßig 35 Euro je Stunde.

II ¹Der Gesamtbetrag der zusätzlichen Vergütung darf den Gesamtbetrag der Vergütung nach § 14 nicht überschreiten. ²Die Gläubigerversammlung kann eine abweichende Regelung treffen.

Festsetzung der Vergütung. Vorschüsse

16 I ¹Die Höhe des Stundensatzes der Vergütung des Treuhänders, der die Erfüllung der Obliegenheiten des Schuldners überwacht, wird vom Insolvenzgericht bei der Ankündigung der Restschuldbefreiung festgesetzt. ²Im übrigen werden die Vergütung und die zu erstattenden Auslagen auf Antrag des Treuhänders bei der Beendigung seines Amtes festgesetzt. ³Auslagen sind einzeln anzuführen und zu belegen. ⁴Soweit Umsatzsteuer anfällt, gilt § 7 entsprechend.

II ¹Der Treuhänder kann aus den eingehenden Beträgen Vorschüsse auf seine Vergütung entnehmen. ²Diese dürfen den von ihm bereits verdienten Teil der Vergütung und die Mindestvergütung seiner Tätigkeit nicht überschreiten. ³Sind die Kosten des Verfahrens nach § 4a der Insolvenzordnung gestundet, so kann das Gericht Vorschüsse bewilligen, auf die Satz 2 entsprechend Anwendung findet.

1   1) **Geltungsbereich, I, II.** Zum Verfahren AG Duisb Rpfleger **09**, 520.

Vierter Abschnitt.
Vergütung der Mitglieder des Gläubigerausschusses

Berechnung der Vergütung

17 I ¹Die Vergütung der Mitglieder des Gläubigerausschusses beträgt regelmäßig zwischen 35 und 95 Euro je Stunde. ²Bei der Festsetzung des Stundensatzes ist insbesondere der Umfang der Tätigkeit zu berücksichtigen.

II ¹Die Vergütung der Mitglieder des vorläufigen Gläubigerausschusses für die Erfüllung der ihm nach § 56a und § 270 Absatz 3 der Insolvenzordnung zugewiesenen Aufgaben beträgt einmalig 300 Euro. ²Nach der Bestellung eines vorläufigen Insolvenzverwalters oder eines vorläufigen Sachwalters richtet sich die weitere Vergütung nach Absatz 1.

1   1) **Geltungsbereich, I, II.** Der „vor-vorläufige" Ausschuß im Eröffnungsverfahren und der vorläufige im eröffneten sind verschieden vergütbar, letzterer zB mit grundsätzlich 65 EUR, AG Konst ZIP **15**, 1841 (evtl viel mehr). Der Anwalt und der Rechtsbeistand erhalten grundsätzlich dieselbe Vergütung, BGH MDR **07**, 981 rechts. Es kommt aber auch eine gegenüber einem Stundensatz niedrigere Pauschale infrage, BGH MDR **10**, 49. Zum Verfahren AG Duisb Rpfleger **09**, 522.

Bei II 2 ist der Zeitaufwand und der Tätigkeitsumfang maßgebend, LG Aurich ZIP **13**, 1342, zum Problem Zimmer ZIP **13**, 1309 (ausf).

Unanwendbar ist § 17 beim Rpfl als Zwangsverwalter ohne Genehmigung, BGH MDR **10**, 105.

Auslagen. Umsatzsteuer

18 I Auslagen sind einzeln anzuführen und zu belegen.
II Soweit Umsatzsteuer anfällt, gilt § 7 entsprechend.

Bem. Zu den Auslagen können Versicherungsprämien zählen, BGH ZIP **12**, 877.

Fünfter Abschnitt.
Übergangs- und Schlußvorschriften

Übergangsregelung

19 ^I Auf Insolvenzverfahren, die vor dem 1. Januar 2004 eröffnet wurden, sind die Vorschriften dieser Verordnung in ihrer bis zum Inkrafttreten der Verordnung vom 4. Oktober 2004 (BGBl. I S. 2569) am 7. Oktober 2004 geltenden Fassung weiter anzuwenden.

^{II} Auf Vergütungen aus vorläufigen Insolvenzverwaltungen, die zum 29. Dezember 2006 bereits rechtskräftig abgerechnet sind, sind die bis zum Inkrafttreten der Zweiten Verordnung zur Änderung der Insolvenzrechtlichen Vergütungsverordnung vom 21. Dezember 2006 (BGBl. I S. 3389) geltenden Vorschriften anzuwenden.

^{III} Auf Insolvenzverfahren, die vor dem 1. März 2012 beantragt worden sind, sind die Vorschriften dieser Verordnung in ihrer bis zum Inkrafttreten des Gesetzes vom 7. Dezember 2011 (BGBl. I S. 2582) am 1. März 2012 geltenden Fassung weiter anzuwenden.

^{IV} Auf Insolvenzverfahren, die vor dem 1. Juli 2014 beantragt worden sind, sind die Vorschriften dieser Verordnung in ihrer bis zum Inkrafttreten des Gesetzes vom 15. Juli 2013 (BGBl. I S. 2379) am 1. Juli 2014 geltenden Fassung weiter anzuwenden.

Bem. Zum Sequester BGH ZIP **09**, 84. Zum Alt- und Übergangsrecht BGH ZIP **16**, 1601.

Inkrafttreten

20 Diese Verordnung tritt am 1. Januar 1999 in Kraft.

Bem. Wegen § 19 III vgl dort.

F. Vergütung des InsO-Verfahrenskoordinators

Aus der Insolvenzordnung (InsO)
(Ergänzung zum G vom 13. 4. 17, BGBl 866)

Vergütung des Verfahrenskoordinators

269g [1] [1]Der Verfahrenskoordinator hat Anspruch auf Vergütung für seine Tätigkeit und auf Erstattung angemessener Auslagen. [2]Der Regelsatz der Vergütung wird nach dem Wert der zusammengefassten Insolvenzmassen der in das Koordinationsverfahren einbezogenen Verfahren über gruppenangehörige Schuldner berechnet. [3]Dem Umfang und der Schwierigkeit der Koordinationsaufgabe wird durch Abweichungen vom Regelsatz Rechnung getragen. [4]Die §§ 64 und 65 gelten entsprechend.

[II] Die Vergütung des Verfahrenskoordinators ist anteilig aus den Insolvenzmassen der gruppenangehörigen Schuldner zu berichten, wobei im Zweifel das Verhältnis des Werts der einzelnen Massen zueinander maßgebend ist.

Vorbem. Eingefügt dch Art 1 Z 6 G v. 13. 4. 17, BGBl 866, in Kraft seit 21. 4. 18, Art 10 G, ÜbergangsR BLAH Einl III 78, nicht § 19 InsVV.

Gliederung

1) Systematik, I, II	1
2) Regelungszweck, I, II	2
3) Sachlicher Geltungsbereich, I, II	3
4) Persönlicher Geltungsbereich, I, II	4, 5
A. Unabhängige Person, I	4
B. Anwalt, I	5
5) Vergütungsumfang, I 1–3	6
6) Verfahren, I 4	7
7) Berichtigung, II	8

1 **1) Systematik, I, II.** Es handelt sich um eine Ergänzung zu der Einrichtung des Verfahrenskoordinators nach § 269e InsO im Koordinationsverfahren nach §§ 269d ff InsO. I, II regeln nur die Vergütung jeder solchen Person, die das Koordinationsgericht zu dieser Funktion bestellt hat. Die Aufgaben des Koordinators regelt § 269f InsO. Zum Anwalt als Koordinator Rn 5.

2 **2) Regelungszweck, I, II.** Natürlich braucht ein Verfahrenskoordinator nicht umsonst tätig zu werden. Eine an sich naheliegende Übernahme der Regelungen für die anderen Amtsträger nach der InsO ist nicht erfolgt. Ob das zweckmäßig war, läßt sich unterschiedlich bewerten.

3 **3) Sachlicher Geltungsbereich, I, II.** Die Vorschrift erfaßt nur das Koordinationsverfahren nach §§ 269d ff InsO, freilich von der Bestellung des Koordinators nach § 269e I InsO an bis zur Beendigung des Festsetzungsverfahrens nach I 4 und darüber hinaus bis zur tatsächlichen Befriedigung des Koordinators. Das gilt im Verfahren mit wie ohne Vorlage eines Koordinationsplans nach § 269f I 2 InsO.

4 **4) Persönlicher Geltungsbereich, I, II.** Man kann zwei Gruppen unterscheiden.

A. Unabhängige Person, I. Das Koordinationsgericht darf jede nach § 269e I 1, 2 InsO statthafte unabhängige Person bestellen. Nur ein nach § 269e I 3 InsO gruppenangehöriger Schuldner ist als Koordinator unstatthaft und erhält daher keine Vergütung nach § 269g InsO.

5 **B. Anwalt, I.** Auch er kann nach § 269e I 1, 2 InsO statthaft sein. Auch dann ist § 269g anwendbar. Denn § 1 II 2 RVG, Teil X dieses Buchs, macht das RVG auf ihn als Verfahrenskoordinatoren unanwendbar. Es handelt sich nämlich um eine nach dieser Vorschrift „ähnliche Tätigkeit". Zwar hat der Koordinator nicht dieselben Aufgaben wie die übrigen dort aufgezählten Amtsträger im Insolvenzverfahren. Das Koordinationsgericht darf aber dieses Amt auch einem Nichtanwalt übertragen, und es

F. Vergütung des InsO-Verfahrenskoordinators § 269g InsO

gibt eben andere Vergütungsbestimmungen für den Koordinator, eben § 269g, auch in Verbindung mit den nach I 4 entsprechend anwendbaren §§ 64, 65 InsO. Daher besteht kaum ein Bedürfnis nach einer auch nur entsprechenden Anwendung des RVG. Folglich kann eine etwaige derartige Problematik unerörtert bleiben.

5) Vergütungsumfang, I 1–3. Die Vorschrift spricht nicht von Gebühren, son- 6 dern von Vergütung. Sie meint damit aber nicht die dort ausdrücklich neben der Vergütung genannten Auslagen, sondern setzt sie in I 1 neben die Vergütung.

Regelsatz ist nach I 2 der Ausgangsbegriff bei der Bemessung der Vergütungshöhe. Ihn bemißt man nach I 2 nach dem Wert der zusammengefaßten Insolvenzmassen aller in das Koordinationsverfahren einbezogenen Verfahren über gruppenangehörige Schuldner. Die Gruppenangehörigkeit ergibt sich aus § 3e InsO.

Abweichung vom Regelsatz ist nach I 3 evtl statthaft und notwendig, soweit der Umfang und/oder die Schwierigkeit der nach § 269f erforderlichen und auch tatsächlich stattgefundenen Tätigkeit des Koordinators solche Abweichung nach oben oder unten nicht nur ratsam oder empfehlenswert machen, sondern direkt erfordern. Denn nach I 3 „wird Rechnung getragen". Das ist eine zwingende Folge, kein bloßes Ermessen. Freilich wird pflichtgemäße Abwägung und damit derartiges Ermessen praktisch unvermeidbare Voraussetzung einer dann zwingenden Abweichung vom Regelsatz.

6) Verfahren, I 4. Die entsprechend anwendbaren §§ 64, 65 InsO ergeben das 7 Festsetzungsverfahren einschließlich der Beachtbarkeit einer VO des BMJV und der Rechtsmittel.

7) Berichtigung, II. Die Vorschrift schafft einen schon nach ihrem Wortlaut kla- 8 ren Zwang zur etwaigen Vornahme. Sie muß natürlich wie bei § 121 I 1 BGB unverzüglich und daher ohne vorwerfbares Zögern erfolgen.

G. Vergütung nach der Zwangsverwalterverordnung (ZwVwV)

Aus der Zwangsverwalterverordnung (ZwVwV) vom 19. 12. 03, BGBl 2804

Schrifttum: *Empfehlungen* Arbeitsgruppen der Interessengemeinschaft Zwangsverwaltung Rpfleger **04**, 653 (ausf); *Haarmeyer/Wutzke/Förster/Hintzen*, Handbuch zur Zwangsverwaltung, 2. Aufl 2005; *Huetzen/Wolf* Rpfleger **04**, 129 (Üb).

Vergütung und Auslagenersatz

17 ^{I} ^{1}Der Verwalter hat Anspruch auf eine angemessene Vergütung für seine Geschäftsführung sowie auf Erstattung seiner Auslagen nach Maßgabe des § 21. ^{2}Die Höhe der Vergütung ist an der Art und dem Umfang der Aufgabe sowie an der Leistung des Zwangsverwalters auszurichten.

^{II} Zusätzlich zur Vergütung und zur Erstattung der Auslagen wird ein Betrag in Höhe der vom Verwalter zu zahlenden Umsatzsteuer festgesetzt.

^{III} ^{1}Ist der Verwalter als Rechtsanwalt zugelassen, so kann er für Tätigkeiten, die ein nicht als Rechtsanwalt zugelassener Verwalter einem Rechtsanwalt übertragen hätte, die gesetzliche Vergütung eines Rechtsanwalts abrechnen. ^{2}Ist der Verwalter Steuerberater oder besitzt er eine andere besondere Qualifikation, gilt Satz 1 sinngemäß.

1 1) **Verweisung auf RVG, III.** Vgl dazu BGH NZM **04**, 880. Eine Prozeßkostenhilfe für den Gläubiger steht der Festsetzung nicht entgegen, LG Saarbr Rpfleger **12**, 95. Soweit der Anwalt vom RVG Gebrauch macht, kann er keine Vergütung nach anderen Vorschriften fordern, BGH MDR **05**, 536.

Regelvergütung

18 ^{I} ^{1}Bei der Zwangsverwaltung von Grundstücken, die durch Vermieten oder Verpachten genutzt werden, erhält der Verwalter als Vergütung in der Regel 10 Prozent des für den Zeitraum der Verwaltung an Mieten oder Pachten eingezogenen Bruttobetrags. ^{2}Für vertraglich geschuldete, nicht eingezogene Mieten oder Pachten erhält er 20 Prozent der Vergütung, die er erhalten hätte, wenn diese Mieten eingezogen worden wären. ^{3}Soweit Mietrückstände eingezogen werden, für die der Verwalter bereits eine Vergütung nach Satz 2 erhalten hat, ist diese anzurechnen.

^{II} Ergibt sich im Einzelfall ein Missverhältnis zwischen der Tätigkeit des Verwalters und der Vergütung nach Absatz 1, so kann der in Absatz 1 Satz 1 genannte Prozentsatz bis auf 5 vermindert oder bis auf 15 angehoben werden.

^{III} ^{1}Für die Fertigstellung von Bauvorhaben erhält der Verwalter 6 Prozent der von ihm verwalteten Bausumme. ^{2}Planungs-, Ausführungs- und Abnahmekosten sind Bestandteil der Bausumme und finden keine Anrechnung auf die Vergütung des Verwalters.

1 1) **Systematik, I–III.** §§ 18, 19 schließen einander aus, BGH RR **09**, 1168.

2 2) **Mißverhältnis, II.** Der Zwangsverwalter muß bei I 1 tatsächlich Mieten usw erhalten haben, BGH NZM **12**, 574. Ein Mißverhältnis liegt bei einer Unangemessenheit vor, BGH RR **08**, 464. Es zwingt zur Anpassung, BGH RR **08**, 464. Regelfall ist eine nicht gewerbliche Nutzung, LG Gera NZM **09**, 760. Beim Gewerberaum kommt eine Erhöhung der Regelvergütung nach I gemäß II infrage, LG Erfurt Rpfleger **07**, 278, ebenso bei ständigen Abmahnungen, aufwendigen Abrechnungen usw, LG Erfurt Rpfleger **07**, 278, LG Saarbr Rpfleger **17**, 573, vielen Mietern, LG Ffm Rpfleger **11**, 548 (3%) oder vielen Reparaturen usw, LG Kblz Rpfleger **13**, 285 (1%). Der Zwangsverwalter muß bei II den notwendigen Zeitaufwand nachvollziehbar darlegen, BGH NZM **08**, 223. Eine Verfahrensaufhebung führt nicht zum Verlust des Vergütungsanspruchs, LG Heilbr Rpfleger **09**, 693.

Abweichende Berechnung der Vergütung

19 ^I ^1Wenn dem Verwalter eine Vergütung nach § 18 nicht zusteht, bemisst sich die Vergütung nach Zeitaufwand. ^2In diesem Fall erhält er für jede Stunde der für die Verwaltung erforderlichen Zeit, die er oder einer seiner Mitarbeiter aufgewendet hat, eine Vergütung von mindestens 35 Euro und höchstens 95 Euro. ^3Der Stundensatz ist für den jeweiligen Abrechnungszeitraum einheitlich zu bemessen.

^II Der Verwalter kann für den Abrechnungszeitraum einheitlich nach Absatz 1 abrechnen, wenn die Vergütung nach § 18 Abs. 1 und 2 offensichtlich unangemessen ist.

1) Systematik, I, II. §§ 18, 19 schließen einander aus, BGH RR **09**, 1168.   1

2) Zeitvergütung, I, II. Vgl zunächst BGH Rpfleger **07**, 100. Der Mittelsatz   2 läßt sich mit 65 EUR bemessen, LG Mühlhausen Rpfleger **17**, 728 (reichlich breit). Es kommt darauf an, ob der Zeitaufwand die Regelvergütung um mindestens 25% übersteigt, BGH NZM **08**, 100, oder um 30%, LG Heilbr Rpfleger **06**, 616. Es kommt bei mehreren nicht vermieteten Eigentumswohnungen nicht schon deshalb eine Vergütung unterhalb des Mittelsatzes nach I infrage, weil sie in demselben Gebäude liegen, BGH Rpfleger **07**, 276. Der Zwangsverwalter muß bei II eine nachvollziehbare Darstellung des Zeitaufwands vorlegen, BGH NZM **08**, 223.

Unanwendbar sind I, II bei einem vom Zwangsverwalter verschuldeten Zeitaufwand, BGH NZM **08**, 143.

Mindestvergütung

20 ^I Ist das Zwangsverwaltungsobjekt von dem Verwalter in Besitz genommen, so beträgt die Vergütung des Verwalters mindestens 600 Euro.

^II Ist das Verfahren der Zwangsverwaltung aufgehoben worden, bevor der Verwalter das Grundstück in Besitz genommen hat, so erhält er eine Vergütung von 200 Euro, sofern er bereits tätig geworden ist.

1) Mehrheit von Grundstücken, I, II. Die Mindestvergütung fällt für die gesamte Tätigkeit des Verwalters während des Zwangsverwaltungsverfahrens an, BGH   1 WoM **06**, 464. Sie fällt mehrfach an, soweit die mehreren Grundstücke keine wirtschaftliche Einheit bilden, BGH NZM **06**, 234. Das gilt auch bei Mieteinnahmen, BGH NZM **07**, 301, LG Wuppert Rpfleger **08**, 273. Eine Eigentumswohnung mit 1 bis 2 Garagenplätzen ist nur ein einziges Objekt, BGH MDR **14**, 1048. Sie entsteht auch bei Mieteinnahmen unter 600 EUR, LG Saarbr Rpfleger **12**, 645.

Auslagen

21 ^I ^1Mit der Vergütung sind die allgemeinen Geschäftskosten abgegolten. ^2Zu den allgemeinen Geschäftskosten gehört der Büroaufwand des Verwalters einschließlich der Gehälter seiner Angestellten.

^II ^1Besondere Kosten, die dem Verwalter im Einzelfall, zum Beispiel durch Reisen oder die Einstellung von Hilfskräften für bestimmte Aufgaben im Rahmen der Zwangsverwaltung, tatsächlich entstehen, sind als Auslagen zu erstatten, soweit sie angemessen sind. ^2Anstelle der tatsächlich entstandenen Auslagen kann der Verwalter nach seiner Wahl für den jeweiligen Abrechnungszeitraum eine Pauschale von 10 Prozent seiner Vergütung, höchstens jedoch 40 Euro für jeden angefangenen Monat seiner Tätigkeit, fordern.

^III ^1Mit der Vergütung sind auch die Kosten einer Haftpflichtversicherung abgegolten. ^2Ist die Verwaltung jedoch mit einem besonderen Haftungsrisiko verbunden, so sind die durch eine Höherversicherung nach § 1 Abs. 4 begründeten zusätzlichen Kosten als Auslagen zu erstatten.

1) Pauschale, II 2. Der Zwangsverwalter kann sie ohne Nachweis der Entstehung   1 tatsächlicher Auslagen fordern, LG Kassel JB **04**, 608. Hierher zählen zB Kosten eines

Hausmeisters oder einer Buchhalterin, aber nicht eines Institutsverwalters nach § 150 a II ZVG, LG Bln Rpfleger **14**, 152 (krit Strauß). Anwaltskosten können Auslagen sein, BGH NJW **09**, 3104. Eine Grenze bildet freilich Arglist.

Festsetzung

22 ¹Die Vergütung und die dem Verwalter zu erstattenden Auslagen werden im Anschluss an die Rechnungslegung nach § 14 Abs. 2 oder die Schlussrechnung nach § 14 Abs. 3 für den entsprechenden Zeitraum auf seinen Antrag vom Gericht festgesetzt. ²Vor der Festsetzung kann der Verwalter mit Einwilligung des Gerichts aus den Einnahmen einen Vorschuss auf die Vergütung und die Auslagen entnehmen.

1   1) **Entnahmerecht**, S 2. Zu ihm Drasdo NJW **11**, 1782.

H. Gebühren nach der Bundesrechtsanwaltsordnung (BRAO)

Aus der Bundesrechtsanwaltsordnung (BRAO) v 1. 8. 59, BGBl 565, zuletzt geändert dch Art 3 G v 30. 10. 17, BGBl 3618

Schrifttum: *Hennsler/Prütting*, BRAO, 4. Aufl 2014; *Kleine-Cosack*, BRAO, 7. Aufl 2015.

Gerichtskosten

193 [1] In verwaltungsrechtlichen Anwaltssachen werden Gebühren nach dem Gebührenverzeichnis der Anlage zu diesem Gesetz erhoben. [2] Im Übrigen sind die für Kosten in Verfahren vor den Gerichten der Verwaltungsgerichtsbarkeit geltenden Vorschriften des Gerichtskostengesetzes entsprechend anzuwenden, soweit in diesem Abschnitt nichts anderes bestimmt ist.

Streitwert

194 [I] [1] Der Streitwert bestimmt sich nach § 52 des Gerichtskostengesetzes. [2] Er wird von Amts wegen festgesetzt.

[II] [1] In Verfahren, die Klagen auf Zulassung zur Rechtsanwaltschaft oder deren Rücknahme oder Widerruf betreffen, ist ein Streitwert von 50 000 Euro anzunehmen. [2] Unter Berücksichtigung der Umstände des Einzelfalls, insbesondere des Umfangs und der Bedeutung der Sache sowie der Vermögens- und Einkommensverhältnisse des Klägers, kann das Gericht einen höheren oder einen niedrigeren Wert festsetzen.

[III] Die Festsetzung ist unanfechtbar; § 63 Abs. 3 des Gerichtskostengesetzes bleibt unberührt.

Gerichtskosten

195 [1] Im anwaltsgerichtlichen Verfahren, im Verfahren über den Antrag auf Entscheidung des Anwaltsgerichts über die Rüge (§ 74a Abs. 1) und im Verfahren über den Antrag auf Entscheidung des Anwaltsgerichtshofs gegen die Androhung oder die Festsetzung eines Zwangsgelds (§ 57 Abs. 3) werden Gebühren nach dem Gebührenverzeichnis der Anlage zu diesem Gesetz erhoben. [2] Im Übrigen sind die für Kosten in Strafsachen geltenden Vorschriften des Gerichtskostengesetzes entsprechend anzuwenden.

Anlage
(zu § 193 Satz 1 und § 195 Satz 1)

Gebührenverzeichnis

(Amtliche) Gliederung

Teil 1. Anwaltsgerichtliche Verfahren
Abschnitt 1. Verfahren vor dem Anwaltsgericht 1110–1120
   Unterabschnitt 1. Anwaltsgerichtliches Verfahren erster Instanz 1110–1112
   Unterabschnitt 2. Antrag auf gerichtliche Entscheidung über die Rüge 1120
Abschnitt 2. Verfahren vor dem Anwaltsgerichtshof 1210–1230
   Unterabschnitt 1. Berufung 1210, 1211
   Unterabschnitt 2. Beschwerde 1220
   Unterabschnitt 3. Antrag auf gerichtliche Entscheidung über die Androhung oder die Festsetzung eines Zwangsgelds 1230
Abschnitt 3. Verfahren vor dem Bundesgerichtshof 1310–1332
   Unterabschnitt 1. Revision 1310, 1311
   Unterabschnitt 2. Beschwerde 1320, 1321
   Unterabschnitt 3. Verfahren wegen eines bei dem Bundesgerichtshof zugelassenen Rechtsanwalts 1330–1332

Abschnitt 4. Rüge wegen Verletzung des Anspruchs auf rechtliches Gehör		1400
Teil 2. Gerichtliche Verfahren in verwaltungsrechtlichen Anwaltssachen		
Abschnitt 1. Erster Rechtszug		2110–2121
Unterabschnitt 1. Anwaltsgerichtshof		2110, 2111
Unterabschnitt 2. Bundesgerichtshof		2120, 2121
Abschnitt 2. Zulassung und Durchführung der Berufung		2200–2204
Abschnitt 3. Vorläufiger Rechtsschutz		2310–2331
Unterabschnitt 1. Anwaltsgerichtshof		2310, 2311
Unterabschnitt 2. Bundesgerichtshof als Rechtsmittelinstanz in der Hauptsache		2320, 2321
Unterabschnitt 3. Bundesgerichtshof		2330, 2331
Abschnitt 4. Rüge wegen Verletzung des Anspruchs auf rechtliches Gehör		2400

Teil 1. Anwaltsgerichtliche Verfahren

Nr.	Gebührentatbestand	Gebührenbetrag oder Satz der jeweiligen Gebühr 1110 bis 1112

(Amtliche) Vorbemerkung 1:

^{I} Im anwaltsgerichtlichen Verfahren bemessen sich die Gerichtsgebühren vorbehaltlich des Absatzes 2 für alle Rechtszüge nach der rechtskräftig verhängten Maßnahme.

^{II} Wird ein Rechtsmittel oder ein Antrag auf anwaltsgerichtliche Entscheidung nur teilweise verworfen oder zurückgewiesen, so hat das Gericht die Gebühr zu ermäßigen, soweit es unbillig wäre, den Rechtsanwalt damit zu belasten.

^{III} ^{1}Im Verfahren nach Wiederaufnahme werden die gleichen Gebühren wie für das wiederaufgenommene Verfahren erhoben. ^{2}Wird jedoch nach Anordnung der Wiederaufnahme des Verfahrens das frühere Urteil aufgehoben, gilt für die Gebührenerhebung jeder Rechtszug des neuen Verfahrens mit dem jeweiligen Rechtszug des früheren Verfahrens zusammen als ein Rechtszug. ^{3}Gebühren werden auch für Rechtszüge erhoben, die nur im früheren Verfahren stattgefunden haben.

Abschnitt 1. Verfahren vor dem Anwaltsgericht

Unterabschnitt 1. Anwaltsgerichtliches Verfahren erster Instanz

1110	Verfahren mit Urteil bei Verhängung einer oder mehrerer der folgenden Maßnahmen: 1. einer Warnung, 2. eines Verweises, 3. einer Geldbuße	240,00 €
1111	Verfahren mit Urteil bei Verhängung eines Vertretungs- und Beistandsverbots nach § 114 Abs. 1 Nr. 4 des Bundesrechtsanwaltsordnung	360,00 €
1112	Verfahren mit Urteil bei Ausschließung aus der Rechtsanwaltschaft	480,00 €

Unterabschnitt 2. Antrag auf gerichtliche Entscheidung über die Rüge

1120	Verfahren über den Antrag auf gerichtliche Entscheidung über die Rüge nach § 74a Abs. 1 der Bundesrechtsanwaltsordnung: Der Antrag wird verworfen oder zurückgewiesen	160,00 €

Nr.	Gebührentatbestand	Gebührenbetrag oder Satz der jeweiligen Gebühr 1110 bis 1112

Abschnitt 2. Verfahren vor dem Anwaltsgerichtshof

Unterabschnitt 1. Berufung

1210	Berufungsverfahren mit Urteil	1,5
1211	Erledigung des Berufungsverfahrens ohne Urteil .... Die Gebühr entfällt bei Zurücknahme der Berufung vor Ablauf der Begründungsfrist.	0,5

Unterabschnitt 2. Beschwerde

1220	Verfahren über Beschwerden im anwaltsgerichtlichen Verfahren, die nicht nach anderen Vorschriften gebührenfrei sind: Die Beschwerde wird verworfen oder zurückgewiesen Von dem Rechtsanwalt wird eine Gebühr nur erhoben, wenn gegen ihn rechtskräftig eine anwaltsgerichtliche Maßnahme verhängt worden ist.	50,00 €

Unterabschnitt 3. Antrag auf gerichtliche Entscheidung über die Androhung oder die Festsetzung eines Zwangsgelds

1230	Verfahren über den Antrag auf gerichtliche Entscheidung über die Androhung oder die Festsetzung eines Zwangsgelds nach § 57 Abs. 3 der Bundesrechtsanwaltsordnung: Der Antrag wird verworfen oder zurückgewiesen	200,00 €

Abschnitt 3. Verfahren vor dem Bundesgerichtshof

Unterabschnitt 1. Revision

1310	Revisionsverfahren mit Urteil oder mit Beschluss nach § 146 Abs. 3 Satz 1 der Bundesrechtsanwaltsordnung i. V. m. § 349 Abs. 2 oder Abs. 4 StPO	2,0
1311	Erledigung des Revisionsverfahrens ohne Urteil und ohne Beschluss nach § 146 Abs. 3 Satz 1 der Bundesrechtsanwaltsordnung i. V. m. § 349 Abs. 2 oder Abs. 4 StPO .... Die Gebühr entfällt bei Zurücknahme der Revision vor Ablauf der Begründungsfrist.	1,0

Unterabschnitt 2. Beschwerde

1320	Verfahren über die Beschwerde gegen die Nichtzulassung der Revision: Die Beschwerde wird verworfen oder zurückgewiesen	1,0
1321	Verfahren über sonstige Beschwerden im anwaltsgerichtlichen Verfahren, die nicht nach anderen Vorschriften gebührenfrei sind: Die Beschwerde wird verworfen oder zurückgewiesen Von dem Rechtsanwalt wird eine Gebühr nur erhoben, wenn gegen ihn rechtskräftig eine anwaltsgerichtliche Maßnahme verhängt worden ist.	50,00 €

Nr.	Gebührentatbestand	Gebührenbetrag oder Satz der jeweiligen Gebühr 1110 bis 1112
	Unterabschnitt 3. Verfahren wegen eines bei dem Bundesgerichtshof zugelassenen Rechtsanwalts	
1330	Anwaltsgerichtliches Verfahren mit Urteil bei Verhängung einer Maßnahme	1,5
1331	Verfahren über den Antrag auf gerichtliche Entscheidung über die Androhung oder die Festsetzung eines Zwangsgelds nach § 57 Abs. 3 i. V. m. § 163 Satz 2 der Bundesrechtsanwaltsordnung: Der Antrag wird verworfen oder zurückgewiesen	240,00 €
1332	Verfahren über den Antrag auf gerichtliche Entscheidung über die Rüge nach § 74 a Abs. 1 i. V. m. § 163 Satz 2 der Bundesrechtsanwaltsordnung: Der Antrag wird verworfen oder zurückgewiesen	240,00 €
	Abschnitt 4. Rüge wegen Verletzung des Anspruchs auf rechtliches Gehör	
1400	Verfahren über die Rüge wegen Verletzung des Anspruchs auf rechtliches Gehör: Die Rüge wird in vollem Umfang verworfen oder zurückgewiesen	50,00 €

Teil 2. Gerichtliche Verfahren in verwaltungsrechtlichen Anwaltssachen

Nr.	Gebührentatbestand	Gebührenbetrag oder Satz nach § 34 GKG
	Abschnitt 1. Erster Rechtszug	
	Unterabschnitt 1. Anwaltsgerichtshof	
2110	Verfahren im Allgemeinen	4,0
2111	Beendigung des gesamten Verfahrens durch 1. Zurücknahme der Klage: a) vor dem Schluss der mündlichen Verhandlung, b) wenn eine solche nicht stattfindet, vor Ablauf des Tages, an dem das Urteil, der Gerichtsbescheid oder der Beschluss in der Hauptsache der Geschäftsstelle übermittelt wird, c) im Fall des § 112 c Abs. 1 Satz 1 der Bundesrechtsanwaltsordnung i. V. m. § 93 a Abs. 2 VwGO vor Ablauf der Erklärungsfrist nach § 93 a Abs. 2 Satz 1 VwGO, 2. Anerkenntnis- oder Verzichtsurteil, 3. gerichtlichen Vergleich oder 4. Erledigungserklärungen nach § 112 c Abs. 1 Satz 1 der Bundesrechtsanwaltsordnung i. V. m. § 161 Abs. 2 VwGO, wenn keine Entscheidung über die Kosten ergeht oder die Entscheidung einer zuvor mitgeteilten Einigung der Beteiligten über die Kostentragung oder der Kostenübernahmeerklärung eines Beteiligten folgt.	

Nr.	Gebührentatbestand	Gebührenbetrag oder Satz nach § 34 GKG
	es sei denn, dass bereits ein anderes als eines der in Nummer 2 genannten Urteile, ein Gerichtsbescheid oder Beschluss in der Hauptsache vorausgegangen ist: Die Gebühr 2110 ermäßigt sich auf............................ Die Gebühr ermäßigt sich auch, wenn mehrere Ermäßigungstatbestände erfüllt sind.	2,0
	Unterabschnitt 2. Bundesgerichtshof	
2120	Verfahren im Allgemeinen	5,0
2121	Beendigung des gesamten Verfahrens durch 1. Zurücknahme der Klage: a) vor dem Schluss der mündlichen Verhandlung, b) wenn eine solche nicht stattfindet, vor Ablauf des Tages, an dem das Urteil oder der Gerichtsbescheid der Geschäftsstelle übermittelt wird, c) im Fall des § 112 c Abs. 1 Satz 1 der Bundesrechtsanwaltsordnung i. V. m. § 93 a Abs. 2 VwGO vor Ablauf der Erklärungsfrist nach § 93 a Abs. 2 Satz 1 VwGO, 2. Anerkenntnis- oder Verzichtsurteil, 3. gerichtlichen Vergleich oder 4. Erledigungserklärungen nach § 112 c Abs. 1 Satz 1 der Bundesrechtsanwaltsordnung i. V. m. § 161 Abs. 2 VwGO, wenn keine Entscheidung über die Kosten ergeht oder die Entscheidung einer zuvor mitgeteilten Einigung der Beteiligten über die Kostentragung oder der Kostenübernahmeerklärung eines Beteiligten folgt, es sei denn, dass bereits ein anderes als eines der in Nummer 2 genannten Urteile, ein Gerichtsbescheid oder Beschluss in der Hauptsache vorausgegangen ist: Die Gebühr 2120 ermäßigt sich auf .... Die Gebühr ermäßigt sich auch, wenn mehrere Ermäßigungstatbestände erfüllt sind.	3,0
	Abschnitt 2. Zulassung und Durchführung der Berufung	
2200	Verfahren über die Zulassung der Berufung: Soweit der Antrag abgelehnt wird	1,0
2201	Verfahren über die Zulassung der Berufung: Soweit der Antrag zurückgenommen oder das Verfahren durch anderweitige Erledigung beendet wird .. Die Gebühr entsteht nicht, soweit die Berufung zugelassen wird.	0,5
2202	Verfahren im Allgemeinen	5,0
2203	Beendigung des gesamten Verfahrens durch Zurücknahme der Berufung oder der Klage, bevor die Schrift zur Begründung der Berufung bei Gericht eingegangen ist: Die Gebühr 2202 ermäßigt sich auf .... Erledigungserklärungen nach § 112 c Abs. 1 Satz 1 der Bundesrechtsanwaltsordnung i. V. m. § 161 Abs. 2 VwGO	1,0

Nr.	Gebührentatbestand	Gebührenbetrag oder Satz nach § 34 GKG
	stehen der Zurücknahme gleich, wenn keine Entscheidung über die Kosten ergeht oder die Entscheidung einer zuvor mitgeteilten Einigung der Beteiligten über die Kostentragung oder der Kostenübernahmeerklärung eines Beteiligten folgt.	
2204	Beendigung des gesamten Verfahrens, wenn nicht Nummer 2203 erfüllt ist, durch	
	1. Zurücknahme der Berufung oder der Klage a) vor dem Schluss der mündlichen Verhandlung, b) wenn eine solche nicht stattfindet, vor Ablauf des Tages, an dem das Urteil oder der Beschluss in der Hauptsache der Geschäftsstelle übermittelt wird, oder c) im Fall des § 112c Abs. 1 Satz 1 der Bundesrechtsanwaltsordnung i. V. m. § 93a Abs. 2 VwGO vor Ablauf der Erklärungsfrist nach § 93a Abs. 2 Satz 1 VwGO,	
	2. Anerkenntnis- oder Verzichtsurteil,	
	3. gerichtlichen Vergleich oder	
	4. Erledigungserklärungen nach § 112c Abs. 1 Satz 1 der Bundesrechtsanwaltsordnung i. V. m. § 161 Abs. 2 VwGO, wenn keine Entscheidung über die Kosten ergeht oder die Entscheidung einer zuvor mitgeteilten Einigung der Beteiligten über die Kostentragung oder der Kostenübernahmeerklärung eines Beteiligten folgt,	
	es sei denn, dass bereits ein anderes als eines der in Nummer 2 genannten Urteile oder ein Beschluss in der Hauptsache vorausgegangen ist: Die Gebühr 2202 ermäßigt sich auf	3,0
	Die Gebühr ermäßigt sich auch, wenn mehrere Ermäßigungstatbestände erfüllt sind.	

Abschnitt 3. Vorläufiger Rechtsschutz

(Amtliche) Vorbemerkung 2.3:

[I] Die Vorschriften dieses Abschnitts gelten für einstweilige Anordnungen und für Verfahren nach § 112c Abs. 1 Satz 1 der Bundesrechtsanwaltsordnung i. V. m. § 80 Abs. 5 und § 80a Abs. 3 VwGO.

[II] [1]Im Verfahren über den Antrag auf Erlass und im Verfahren über den Antrag auf Aufhebung einer einstweiligen Anordnung werden die Gebühren jeweils gesondert erhoben. [2]Mehrere Verfahren nach § 112c Abs. 1 Satz 1 der Bundesrechtsanwaltsordnung i. V. m. § 80 Abs. 5 und 7 und § 80a Abs. 3 VwGO gelten innerhalb eines Rechtszugs als ein Verfahren.

Unterabschnitt 1. Anwaltsgerichtshof

2310	Verfahren im Allgemeinen	2,0
2311	Beendigung des gesamten Verfahrens durch	
	1. Zurücknahme des Antrags a) vor dem Schluss der mündlichen Verhandlung oder,	

H. Gebühren nach der BRAO   **2311–2331 GV BRAO**

Nr.	Gebührentatbestand	Gebührenbetrag oder Satz nach § 34 GKG
	b) wenn eine solche nicht stattfindet, vor Ablauf des Tages, an dem der Beschluss der Geschäftsstelle übermittelt wird,	
	2. gerichtlichen Vergleich oder	
	3. Erledigungserklärungen nach § 112c Abs. 1 Satz 1 der Bundesrechtsanwaltsordnung i. V. m. § 161 Abs. 2 VwGO, wenn keine Entscheidung über die Kosten ergeht oder die Entscheidung einer zuvor mitgeteilten Einigung der Beteiligten über die Kostentragung oder der Kostenübernahmeerklärung eines Beteiligten folgt,	
	es sei denn, dass bereits ein Beschluss über den Antrag vorausgegangen ist:	
	Die Gebühr 2310 ermäßigt sich auf	0,75
	Die Gebühr ermäßigt sich auch, wenn mehrere Ermäßigungstatbestände erfüllt sind.	
	Unterabschnitt 2. Bundesgerichtshof als Rechtsmittelgericht in der Hauptsache	
2320	Verfahren im Allgemeinen	1,5
2321	Beendigung des gesamten Verfahrens durch	
	1. Zurücknahme des Antrags	
	a) vor dem Schluss der mündlichen Verhandlung oder,	
	b) wenn eine solche nicht stattfindet, vor Ablauf des Tages, an dem der Beschluss der Geschäftsstelle übermittelt wird,	
	2. gerichtlichen Vergleich oder	
	3. Erledigungserklärungen nach § 112c Abs. 1 Satz 1 der Bundesrechtsanwaltsordnung i. V. m. § 161 Abs. 2 VwGO, wenn keine Entscheidung über die Kosten ergeht oder die Entscheidung einer zuvor mitgeteilten Einigung der Beteiligten über die Kostentragung oder der Kostenübernahmeerklärung eines Beteiligten folgt,	
	es sei denn, dass bereits ein Beschluss über den Antrag vorausgegangen ist:	
	Die Gebühr 2320 ermäßigt sich auf	0,5
	Die Gebühr ermäßigt sich auch, wenn mehrere Ermäßigungstatbestände erfüllt sind.	
	Unterabschnitt 3. Bundesgerichtshof	
	(Amtliche) Vorbemerkung 2.3.3: Die Vorschriften dieses Unterabschnitts gelten, wenn der Bundesgerichtshof auch in der Hauptsache erstinstanzlich zuständig ist.	
2330	Verfahren im Allgemeinen	2,5
2331	Beendigung des gesamten Verfahrens durch	
	1. Zurücknahme des Antrags	
	a) vor dem Schluss der mündlichen Verhandlung oder,	

Nr.	Gebührentatbestand	Gebührenbetrag oder Satz nach § 34 GKG
	b) wenn eine solche nicht stattfindet, vor Ablauf des Tages, an dem der Beschluss der Geschäftsstelle übermittelt wird, 2. gerichtlichen Vergleich oder 3. Erledigungserklärungen nach § 112 c Abs. 1 Satz 1 der Bundesrechtsanwaltsordnung i. V. m. § 161 Abs. 2 VwGO, wenn keine Entscheidung über die Kosten ergeht oder die Entscheidung einer zuvor mitgeteilten Einigung der Beteiligten über die Kostentragung oder der Kostenübernahmeerklärung eines Beteiligten folgt, es sei denn, dass bereits ein Beschluss über den Antrag vorausgegangen ist: Die Gebühr 2330 ermäßigt sich auf .... Die Gebühr ermäßigt sich auch, wenn mehrere Ermäßigungstatbestände erfüllt sind.	1,0
	Abschnitt 4. Rüge wegen Verletzung des Anspruchs auf rechtliches Gehör	
2400	Verfahren über die Rüge wegen Verletzung des Anspruchs auf rechtliches Gehör: Die Rüge wird in vollem Umfang verworfen oder zurückgewiesen	50,00 €

I. Gebühren nach der Patentanwaltsordnung (PatAnwO)

Aus der Patentanwaltsordnung (PatAnwO) v 7. 9. 66, BGBl 557, zuletzt geändert dch Art 5 G v 30. 10. 17, BGBl 3618

Gerichtskosten

146 ¹In verwaltungsrechtlichen Patentanwaltssachen werden Gebühren nach dem Gebührenverzeichnis der Anlage zu diesem Gesetz erhoben. ²Im Übrigen sind die für Kosten in Verfahren vor den Gerichten der Verwaltungsgerichtsbarkeit geltenden Vorschriften des Gerichtskostengesetzes entsprechend anzuwenden, soweit in diesem Abschnitt nichts anderes bestimmt ist.

Streitwert

147 ᴵ ¹Der Streitwert bestimmt sich nach § 52 des Gerichtskostengesetzes. ²Er wird von Amts wegen festgesetzt.

ᴵᴵ ¹In Verfahren, die Klagen auf Zulassung zur Patentanwaltschaft oder deren Rücknahme oder Widerruf betreffen, ist ein Streitwert von 50 000 Euro anzunehmen. ²Unter Berücksichtigung der Umstände des Einzelfalls, insbesondere des Umfangs und der Bedeutung der Sache sowie der Vermögens- und Einkommensverhältnisse des Klägers, kann das Gericht einen höheren oder einen niedrigeren Wert festsetzen.

ᴵᴵᴵ Die Festsetzung ist unanfechtbar; § 63 Absatz 3 des Gerichtskostengesetzes bleibt unberührt.

Gerichtskosten

148 ¹Im berufsgerichtlichen Verfahren, im Verfahren über den Antrag auf Entscheidung des Landgerichts über die Rüge (§ 70a Abs. 1) und im Verfahren über den Antrag auf Entscheidung des Landgerichts gegen die Androhung oder die Festsetzung eines Zwangsgelds (§ 50 Abs. 3) werden Gebühren nach dem Gebührenverzeichnis der Anlage zu diesem Gesetz erhoben. ²Im Übrigen sind die für Kosten in Strafsachen geltenden Vorschriften des Gerichtskostengesetzes entsprechend anzuwenden.

Anlage
(zu § 146 Satz 1 und § 148 Satz 1)

Gebührenverzeichnis

(Amtliche) Gliederung

Teil 1. Berufsgerichtliches Verfahren

Abschnitt 1. Verfahren vor dem Landgericht	1110–1121
Unterabschnitt 1. Berufsgerichtliches Verfahren erster Instanz	1110, 1111
Unterabschnitt 2. Antrag auf gerichtliche Entscheidung über die Androhung oder die Festsetzung eines Zwangsgelds oder über die Rüge	1120, 1121
Abschnitt 2. Verfahren vor dem Oberlandesgericht	1210–1220
Unterabschnitt 1. Berufung	1210, 1211
Unterabschnitt 2. Beschwerde	1220
Abschnitt 3. Verfahren vor dem Bundesgerichtshof	1310–1321
Unterabschnitt 1. Revision	1310, 1311
Unterabschnitt 2. Beschwerde	1321
Abschnitt 4. Rüge wegen Verletzung des Anspruchs auf rechtliches Gehör	1400

PatAnwO GV Vorbem 1, 1110–1121   I. Gebühren n. d. PatAnwO

Teil 2. Gerichtliche Verfahren in verwaltungsrechtlichen Patentanwaltssachen
Abschnitt 1. Erster Rechtszug 2110–2121
  Unterabschnitt 1. Oberlandesgericht 2110, 2111
  Unterabschnitt 2. Bundesgerichtshof 2120, 2121
Abschnitt 2. Zulassung und Durchführung der Berufung 2200–2204
Abschnitt 3. Vorläufiger Rechtsschutz 2310–2331
  Unterabschnitt 1. Oberlandesgericht 2310, 2311
  Unterabschnitt 2. Bundesgerichtshof als Rechtsmittelinstanz in der Hauptsache 2320, 2321
  Unterabschnitt 3. Bundesgerichtshof 2330, 2331
Abschnitt 4. Rüge wegen Verletzung des Anspruchs auf rechtliches Gehör 2400

Nr.	Gebührentatbestand	Gebührenbetrag oder Satz der jeweiligen Gebühr 1110 und 1111

Teil 1. Berufsgerichtliches Verfahren

(Amtliche) Vorbemerkung 1:

[I] Im berufsgerichtlichen Verfahren bemessen sich die Gerichtsgebühren vorbehaltlich des Absatzes 2 für alle Rechtszüge nach der rechtskräftig verhängten Maßnahme.

[II] Wird ein Rechtsmittel oder ein Antrag auf berufsgerichtliche Entscheidung nur teilweise verworfen oder zurückgewiesen, so hat das Gericht die Gebühr zu ermäßigen, soweit es unbillig wäre, den Patentanwalt damit zu belasten.

[III] [1] Im Verfahren nach Wiederaufnahme werden die gleichen Gebühren wie für das wiederaufgenommene Verfahren erhoben. [2] Wird jedoch nach Anordnung der Wiederaufnahme des Verfahrens das frühere Urteil aufgehoben, gilt für die Gebührenerhebung jeder Rechtszug des neuen Verfahrens mit dem jeweiligen Rechtszug des früheren Verfahrens zusammen als ein Rechtszug. [3] Gebühren werden auch für Rechtszüge erhoben, die nur im früheren Verfahren stattgefunden haben.

Abschnitt 1. Verfahren vor dem Landgericht

Unterabschnitt 1. Berufsgerichtliches Verfahren erster Instanz

1110	Verfahren mit Urteil bei Verhängung einer oder mehrerer der folgenden Maßnahmen: 1. einer Warnung, 2. eines Verweises, 3. einer Geldbuße	240,00 €
1111	Verfahren mit Urteil bei Ausschließung aus der Patentanwaltschaft	480,00 €

Unterabschnitt 2. Antrag auf gerichtliche Entscheidung über die Androhung oder die Festsetzung eines Zwangsgelds oder über die Rüge

1120	Verfahren über den Antrag auf gerichtliche Entscheidung über die Androhung oder die Festsetzung eines Zwangsgelds nach § 50 Abs. 3 der Patentanwaltsordnung: Der Antrag wird verworfen oder zurückgewiesen	160,00 €
1121	Verfahren über den Antrag auf gerichtliche Entscheidung über die Rüge nach § 70 a Abs. 1 der Patentanwaltsordnung: Der Antrag wird verworfen oder zurückgewiesen	160,00 €

Nr.	Gebührentatbestand	Gebührenbetrag oder Satz der jeweiligen Gebühr 1110 und 1111
	Abschnitt 2. Verfahren vor dem Oberlandesgericht	
	Unterabschnitt 1. Berufung	
1210	Berufungsverfahren mit Urteil	1,5
1211	Erledigung des Berufungsverfahrens ohne Urteil	0,5
	Die Gebühr entfällt bei Zurücknahme der Berufung vor Ablauf der Begründungsfrist.	
	Unterabschnitt 2. Beschwerde	
1220	Verfahren über Beschwerden im berufsgerichtlichen Verfahren, die nicht nach anderen Vorschriften gebührenfrei sind: Die Beschwerde wird verworfen oder zurückgewiesen	50,00 €
	Von dem Patentanwalt wird eine Gebühr nur erhoben, wenn gegen ihn rechtskräftig eine berufsgerichtliche Maßnahme verhängt worden ist.	
	Abschnitt 3. Verfahren vor dem Bundesgerichtshof	
	Unterabschnitt 1. Revision	
1310	Revisionsverfahren mit Urteil oder mit Beschluss nach § 128 Abs. 3 Satz 1 der Patentanwaltsordnung i. V. m. § 349 Abs. 2 oder Abs. 4 StPO	2,0
1311	Erledigung des Revisionsverfahrens ohne Urteil und ohne Beschluss nach § 128 Abs. 3 Satz 1 der Patentanwaltsordnung i. V. m. § 349 Abs. 2 oder Abs. 4 StPO	1,0
	Die Gebühr entfällt bei Zurücknahme der Revision vor Ablauf der Begründungsfrist.	
	Unterabschnitt 2. Beschwerde	
1320	Verfahren über die Beschwerde gegen die Nichtzulassung der Revision: Die Beschwerde wird verworfen oder zurückgewiesen	1,0
1321	Verfahren über sonstige Beschwerden im berufsgerichtlichen Verfahren, die nicht nach anderen Vorschriften gebührenfrei sind: Die Beschwerde wird verworfen oder zurückgewiesen	50,00 €
	Von dem Patentanwalt wird eine Gebühr nur erhoben, wenn gegen ihn rechtskräftig eine berufsgerichtliche Maßnahme verhängt worden ist.	
	Abschnitt 4. Rüge wegen Verletzung des Anspruchs auf rechtliches Gehör	
1400	Verfahren über die Rüge wegen Verletzung des Anspruchs auf rechtliches Gehör: Die Rüge wird in vollem Umfang verworfen oder zurückgewiesen	50,00 €

Nr.	Gebührentatbestand	Gebührenbetrag oder Satz der Gebühr nach § 34 GKG

Teil 2. Gerichtliche Verfahren in verwaltungsrechtlichen Patentanwaltssachen

Abschnitt 1. Erster Rechtszug

Unterabschnitt 1. Oberlandesgericht

2110	Verfahren im Allgemeinen	4,0
2111	Beendigung des gesamten Verfahrens durch	

1. Zurücknahme der Klage:
   a) vor dem Schluss der mündlichen Verhandlung,
   b) wenn eine solche nicht stattfindet, vor Ablauf des Tages, an dem das Urteil, der Gerichtsbescheid oder der Beschluss in der Hauptsache der Geschäftsstelle übermittelt wird,
   c) im Fall des § 94b Abs. 1 Satz 1 PAO i. V. m. § 93a Abs. 2 VwGO vor Ablauf der Erklärungsfrist nach § 93a Abs. 2 Satz 1 VwGO,
2. Anerkenntnis- oder Verzichtsurteil,
3. gerichtlichen Vergleich oder
4. Erledigungserklärungen nach § 94b Abs. 1 Satz 1 PAO i. V. m. § 161 Abs. 2 VwGO, wenn keine Entscheidung über die Kosten ergeht oder die Entscheidung einer zuvor mitgeteilten Einigung der Beteiligten über die Kostentragung oder der Kostenübernahmeerklärung eines Beteiligten folgt,

es sei denn, dass bereits ein anderes als eines der in Nummer 2 genannten Urteile, ein Gerichtsbescheid oder Beschluss in der Hauptsache vorausgegangen ist:
Die Gebühr 2110 ermäßigt sich auf 2,0
Die Gebühr ermäßigt sich auch, wenn mehrere Ermäßigungstatbestände erfüllt sind.

Unterabschnitt 2. Bundesgerichtshof

2120	Verfahren im Allgemeinen	5,0
2121	Beendigung des gesamten Verfahrens durch	

1. Zurücknahme der Klage:
   a) vor dem Schluss der mündlichen Verhandlung,
   b) wenn eine solche nicht stattfindet, vor Ablauf des Tages, an dem das Urteil oder der Gerichtsbescheid der Geschäftsstelle übermittelt wird,
   c) im Fall des § 94b Abs. 1 Satz 1 PAO i. V. m. § 93a Abs. 2 VwGO vor Ablauf der Erklärungsfrist nach § 93a Abs. 2 Satz 1 VwGO,
2. Anerkenntnis- oder Verzichtsurteil,
3. gerichtlichen Vergleich oder
4. Erledigungserklärungen nach § 94b Abs. 1 Satz 1 PAO i. V. m. § 161 Abs. 2 VwGO, wenn keine Entscheidung über die Kosten ergeht oder die Entscheidung einer zuvor mitgeteilten Einigung der Beteiligten über die Kostentragung oder der Kostenübernahmeerklärung eines Beteiligten folgt,

Nr.	Gebührentatbestand	Gebührenbetrag oder Satz der Gebühr nach § 34 GKG
	es sei denn, dass bereits ein anderes als eines der in Nummer 2 genannten Urteile, ein Gerichtsbescheid oder Beschluss in der Hauptsache vorausgegangen ist: Die Gebühr 2120 ermäßigt sich auf	3,0
	Die Gebühr ermäßigt sich auch, wenn mehrere Ermäßigungstatbestände erfüllt sind.	
	Abschnitt 2. Zulassung und Durchführung der Berufung	
2200	Verfahren über die Zulassung der Berufung: Soweit der Antrag abgelehnt wird	1,0
2201	Verfahren über die Zulassung der Berufung: Soweit der Antrag zurückgenommen oder das Verfahren durch anderweitige Erledigung beendet wird ..	0,5
	Die Gebühr entsteht nicht, soweit die Berufung zugelassen wird.	
2202	Verfahren im Allgemeinen	5,0
2203	Beendigung des gesamten Verfahrens durch Zurücknahme der Berufung oder der Klage, bevor die Schrift zur Begründung der Berufung bei Gericht eingegangen ist: Die Gebühr 2202 ermäßigt sich auf	1,0
	Erledigungserklärungen nach § 94b Abs. 1 Satz 1 PAO i. V. m. § 161 Abs. 2 VwGO stehen der Zurücknahme gleich, wenn keine Entscheidung über die Kosten ergeht oder die Entscheidung einer zuvor mitgeteilten Einigung der Beteiligten über die Kostentragung oder der Kostenübernahmeerklärung eines Beteiligten folgt.	
2204	Beendigung des gesamten Verfahrens, wenn nicht Nummer 2203 erfüllt ist, durch	
	1. Zurücknahme der Berufung oder der Klage a) vor dem Schluss der mündlichen Verhandlung, b) wenn eine solche nicht stattfindet, vor Ablauf des Tages, an dem das Urteil oder der Beschluss in der Hauptsache der Geschäftsstelle übermittelt wird, oder c) im Fall des § 94b Abs. 1 Satz 1 PAO i. V. m. § 93a Abs. 2 VwGO vor Ablauf der Erklärungsfrist nach § 93a Abs. 2 Satz 1 VwGO,	
	2. Anerkenntnis- oder Verzichtsurteil,	
	3. gerichtlichen Vergleich oder	
	4. Erledigungserklärungen nach § 94b Abs. 1 Satz 1 PAO i. V. m. § 161 Abs. 2 VwGO, wenn keine Entscheidung über die Kosten ergeht oder die Entscheidung einer zuvor mitgeteilten Einigung der Beteiligten über die Kostentragung oder der Kostenübernahmeerklärung eines Beteiligten folgt,	
	es sei denn, dass bereits ein anderes als eines der in Nummer 2 genannten Urteile oder ein Beschluss in der Hauptsache vorausgegangen ist: Die Gebühr 2202 ermäßigt sich auf	3,0
	Die Gebühr ermäßigt sich auch, wenn mehrere Ermäßigungstatbestände erfüllt sind.	

Nr.	Gebührentatbestand	Gebührenbetrag oder Satz der Gebühr nach § 34 GKG
	Abschnitt 3. Vorläufiger Rechtsschutz	
	(Amtliche) Vorbemerkung 2.3: [I] Die Vorschriften dieses Abschnitts gelten für einstweilige Anordnungen und für Verfahren nach § 94b Abs. 1 Satz 1 PAO i. V. m. § 80 Abs. 5 und § 80a Abs. 3 VwGO. [II] [1]Im Verfahren über den Antrag auf Erlass und im Verfahren über den Antrag auf Aufhebung einer einstweiligen Anordnung werden die Gebühren jeweils gesondert erhoben. [2]Mehrere Verfahren nach § 94b Abs. 1 Satz 1 PAO i. V. m. § 80 Abs. 5 und 7 und § 80a Abs. 3 VwGO gelten innerhalb eines Rechtszugs als ein Verfahren.	
	Unterabschnitt 1. Oberlandesgericht	
2310	Verfahren im Allgemeinen	2,0

2311	Beendigung des gesamten Verfahrens durch
	1. Zurücknahme des Antrags
	   a) vor dem Schluss der mündlichen Verhandlung oder,
	   b) wenn eine solche nicht stattfindet, vor Ablauf des Tages, an dem der Beschluss der Geschäftsstelle übermittelt wird,
	2. gerichtlichen Vergleich oder
	3. Erledigungserklärungen nach § 94b Abs. 1 Satz 1 PAO i. V. m. § 161 Abs. 2 VwGO, wenn keine Entscheidung über die Kosten ergeht oder die Entscheidung einer zuvor mitgeteilten Einigung der Beteiligten über die Kostentragung oder der Kostenübernahmeerklärung eines Beteiligten folgt,
	es sei denn, dass bereits ein Beschluss über den Antrag vorausgegangen ist:
	Die Gebühr 2310 ermäßigt sich auf ....
	Die Gebühr ermäßigt sich auch, wenn mehrere Ermäßigungstatbestände erfüllt sind.
		0,75

	Unterabschnitt 2. Bundesgerichtshof als Rechtsmittelgericht in der Hauptsache	
2320	Verfahren im Allgemeinen	1,5

2321	Beendigung des gesamten Verfahrens durch
	1. Zurücknahme des Antrags
	   a) vor dem Schluss der mündlichen Verhandlung oder,
	   b) wenn eine solche nicht stattfindet, vor Ablauf des Tages, an dem der Beschluss der Geschäftsstelle übermittelt wird,
	2. gerichtlichen Vergleich oder
	3. Erledigungserklärungen nach § 94b Abs. 1 Satz 1 PAO i. V. m. § 161 Abs. 2 VwGO, wenn keine Entscheidung über die Kosten ergeht oder die Entscheidung einer zuvor mitgeteilten Einigung der Beteiligten über die Kostentragung oder der Kostenübernahmeerklärung eines Beteiligten folgt,
	es sei denn, dass bereits ein Beschluss über den Antrag vorausgegangen ist:	

Nr.	Gebührentatbestand	Gebührenbetrag oder Satz der Gebühr nach § 34 GKG
	Die Gebühr 2320 ermäßigt sich auf	0,5
	Die Gebühr ermäßigt sich auch, wenn mehrere Ermäßigungstatbestände erfüllt sind.	
	Unterabschnitt 3. Bundesgerichtshof	
	(Amtliche) Vorbemerkung 2.3.3: Die Vorschriften dieses Unterabschnitts gelten, wenn der Bundesgerichtshof auch in der Hauptsache erstinstanzlich zuständig ist.	
2330	Verfahren im Allgemeinen	2,5
2331	Beendigung des gesamten Verfahrens durch 1. Zurücknahme des Antrags a) vor dem Schluss der mündlichen Verhandlung oder, b) wenn eine solche nicht stattfindet, vor Ablauf des Tages, an dem der Beschluss der Geschäftsstelle übermittelt wird, 2. gerichtlichen Vergleich oder 3. Erledigungserklärungen nach § 94b Abs. 1 Satz 1 PAO i. V. m. § 161 Abs. 2 VwGO, wenn keine Entscheidung über die Kosten ergeht oder die Entscheidung einer zuvor mitgeteilten Einigung der Beteiligten über die Kostentragung oder der Kostenübernahmeerklärung eines Beteiligten folgt, es sei denn, dass bereits ein Beschluss über den Antrag vorausgegangen ist: Die Gebühr 2330 ermäßigt sich auf	1,0
	Die Gebühr ermäßigt sich auch, wenn mehrere Ermäßigungstatbestände erfüllt sind.	
	Abschnitt 4. Rüge wegen Verletzung des Anspruchs auf rechtliches Gehör	
2400	Verfahren über die Rüge wegen Verletzung des Anspruchs auf rechtliches Gehör: Die Rüge wird in vollem Umfang verworfen oder zurückgewiesen	50,00 €

J. Gebühren nach dem Steuerberatungsgesetz (StBerG)

Aus dem Steuerberatungsgesetz (StBG) idF v 4. 11. 75, BGBl 2735, zuletzt geändert dch Art 8 G v 30. 10. 17, BGBl 3618

Gerichtskosten

146 ¹Im berufsgerichtlichen Verfahren und im Verfahren über den Antrag auf Entscheidung des Landgerichts über die Rüge (§ 82 Abs. 1) werden Gebühren nach dem Gebührenverzeichnis der Anlage zu diesem Gesetz erhoben. ²Im Übrigen sind die für Kosten in Strafsachen geltenden Vorschriften des Gerichtskostengesetzes entsprechend anzuwenden.

Anlage
(zu § 146 Satz 1)

Gebührenverzeichnis

(Amtliche) Gliederung

Abschnitt 1. Verfahren vor dem Landgericht	110–120
Unterabschnitt 1. Berufsgerichtliches Verfahren erster Instanz	110–112
Unterabschnitt 2. Antrag auf gerichtliche Entscheidung über die Rüge	120
Abschnitt 2. Verfahren vor dem Oberlandesgericht	210–220
Unterabschnitt 1. Berufung	210, 211
Unterabschnitt 2. Beschwerde	220
Abschnitt 3. Verfahren vor dem Bundesgerichtshof	310–321
Unterabschnitt 1. Revision	310, 311
Unterabschnitt 2. Beschwerde	320, 321
Abschnitt 4. Rüge wegen Verletzung des Anspruchs auf rechtliches Gehör	400

Nr.	Gebührentatbestand	Gebührenbetrag oder Satz der jeweiligen Gebühr 110 bis 112

(Amtliche) Vorbemerkung:

¹ Im berufsgerichtlichen Verfahren bemessen sich die Gerichtsgebühren vorbehaltlich des Absatzes 2 für alle Rechtszüge nach der rechtskräftig verhängten Maßnahme.

ᴵᴵ Wird ein Rechtsmittel oder ein Antrag auf berufsgerichtliche Entscheidung nur teilweise verworfen oder zurückgewiesen, so hat das Gericht die Gebühr zu ermäßigen, soweit es unbillig wäre, den Steuerberater oder Steuerbevollmächtigten damit zu belasten.

ᴵᴵᴵ ¹Im Verfahren nach Wiederaufnahme werden die gleichen Gebühren wie für das wiederaufgenommene Verfahren erhoben. ²Wird jedoch nach Anordnung der Wiederaufnahme des Verfahrens das frühere Urteil aufgehoben, gilt für die Gebührenerhebung jeder Rechtszug des neuen Verfahrens mit dem jeweiligen Rechtszug des früheren Verfahrens zusammen als ein Rechtszug. ³Gebühren werden auch für Rechtszüge erhoben, die nur im früheren Verfahren stattgefunden haben.

Abschnitt 1. Verfahren vor dem Landgericht

Unterabschnitt 1. Berufsgerichtliches Verfahren erster Instanz

110	Verfahren mit Urteil bei Verhängung einer oder mehrerer der folgenden Maßnahmen:

J. Gebühren nach dem StBerG 110–321 GV StBerG

Nr.	Gebührentatbestand	Gebührenbetrag oder Satz der jeweiligen Gebühr 110 bis 112
	1. einer Warnung, 2. eines Verweises, 3. einer Geldbuße 4. eines befristeten Berufsverbots	240,00 €
112	Verfahren mit Urteil bei Ausschließung aus dem Beruf	480,00 €

Unterabschnitt 2. Antrag auf gerichtliche Entscheidung über die Rüge

120	Verfahren über den Antrag auf gerichtliche Entscheidung über die Rüge nach § 82 Abs. 1 StBerG: Der Antrag wird verworfen oder zurückgewiesen	160,00 €

Abschnitt 2. Verfahren vor dem Oberlandesgericht

Unterabschnitt 1. Berufung

210	Berufungsverfahren mit Urteil	1,5
211	Erledigung des Berufungsverfahrens ohne Urteil .... Die Gebühr entfällt bei Zurücknahme der Berufung vor Ablauf der Begründungsfrist.	0,5

Unterabschnitt 2. Beschwerde

220	Verfahren über Beschwerden im berufsgerichtlichen Verfahren, die nicht nach anderen Vorschriften gebührenfrei sind: Die Beschwerde wird verworfen oder zurückgewiesen Von dem Steuerberater oder Steuerbevollmächtigten wird eine Gebühr nur erhoben, wenn gegen ihn rechtskräftig eine berufsgerichtliche Maßnahme verhängt worden ist.	50,00 €

Abschnitt 3. Verfahren vor dem Bundesgerichtshof

Unterabschnitt 1. Revision

310	Revisionsverfahren mit Urteil oder mit Beschluss nach § 130 Abs. 3 Satz 1 StBerG i. V. m. § 349 Abs. 2 oder Abs. 4 StPO	2,0
311	Erledigung des Revisionsverfahrens ohne Urteil und ohne Beschluss nach § 130 Abs. 3 Satz 1 StBerG i. V. m. § 349 Abs. 2 oder Abs. 4 StPO .... Die Gebühr entfällt bei Zurücknahme der Revision vor Ablauf der Begründungsfrist.	1,0

Unterabschnitt 2. Beschwerde

320	Verfahren über die Beschwerde gegen die Nichtzulassung der Revision: Die Beschwerde wird verworfen oder zurückgewiesen	1,0
321	Verfahren über sonstige Beschwerden im berufsgerichtlichen Verfahren, die nicht nach anderen Vorschriften gebührenfrei sind: Die Beschwerde wird verworfen oder zurückgewiesen Von dem Steuerberater oder Steuerbevollmächtigten wird eine Gebühr nur erhoben, wenn gegen ihn rechtskräftig eine berufsgerichtliche Maßnahme verhängt worden ist.	50,00 €

Nr.	Gebührentatbestand	Gebührenbetrag oder Satz der jeweiligen Gebühr 110 bis 112
	Abschnitt 4. Rüge wegen Verletzung des Anspruchs auf rechtliches Gehör	
400	Verfahren über die Rüge wegen Verletzung des Anspruchs auf rechtliches Gehör: Die Rüge wird in vollem Umfang verworfen oder zurückgewiesen	50,00 €

K. Gebühren nach der Wirtschaftsprüferordnung (WiPrO)

Aus der Wirtschaftsprüferordnung (WiPrO) idF v 5. 11. 75, BGBl 2803, zuletzt geändert dch Art 9 G v 30. 10. 17, BGBl 3618

Gerichtskosten

122 [1] Im gerichtlichen Verfahren nach diesem Gesetz werden Gebühren nach dem Gebührenverzeichnis der Anlage zu diesem Gesetz erhoben. [2] Im Übrigen sind die für Kosten in Strafsachen geltenden Vorschriften des Gerichtskostengesetzes entsprechend anzuwenden.

Anlage
(zu § 122 Satz 1)

Gebührenverzeichnis

(Amtliche) Gliederung

Abschnitt 1. Verfahren vor dem Landgericht	110–123
Unterabschnitt 1. Verfahren über Anträge auf berufsgerichtliche Entscheidung	110–117
Unterabschnitt 2. Verfahren über Anträge auf Entscheidung des Gerichts	120–123
Abschnitt 2. Verfahren vor dem Oberlandesgericht	210–222
Unterabschnitt 1. Berufung	210, 211
Unterabschnitt 2. Beschwerde	220–222
Abschnitt 3. Verfahren vor dem Bundesgerichtshof	310–322
Unterabschnitt 1. Revision	310, 311
Unterabschnitt 2. Beschwerde	320–322
Abschnitt 4. Rüge wegen Verletzung des Anspruchs auf rechtliches Gehör	400
Abschnitt 5. Verfahren über den Antrag auf Aufhebung eines vorläufigen Tätigkeits- oder Berufsverbot nach § 120 der Wirtschaftsprüferordnung	500

Nr.	Gebührentatbestand	Gebührenbetrag oder Satz der jeweiligen Gebühr 110 bis 114

(Amtliche) Vorbemerkung:

I [1] In Verfahren über Anträge auf berufsgerichtliche Entscheidung werden, soweit nichts anderes bestimmt ist, Gebühren nur erhoben, soweit auf Zurückweisung des Antrags auf berufsgerichtliche Entscheidung oder auf Verurteilung zu einer oder mehrerer der in § 68 Abs. 1 und § 68a der Wirtschaftsprüferordnung genannten Maßnahmen entschieden wird. [2] Die Gebühren bemessen sich nach der rechtskräftig verhängten Maßnahme, die Gegenstand der Entscheidung im Sinne des Satzes 1 ist. [3] Maßgeblich ist die Maßnahme, für die die höchste Gebühr bestimmt ist.

II Im Rechtsmittelverfahren ist Absatz 1 entsprechend anzuwenden.

III Wird ein Antrag auf berufsgerichtliche Entscheidung, ein Antrag auf Entscheidung des Gerichts oder ein Rechtsmittel nur teilweise verworfen oder zurückgewiesen, so hat das Gericht die Gebühr zu ermäßigen, soweit es unbillig wäre, den Berufsangehörigen damit zu belasten.

IV [1] Im Verfahren nach Wiederaufnahme werden die gleichen Gebühren wie für das wiederaufgenommene Verfahren erhoben. [2] Wird jedoch nach Anordnung der Wiederaufnahme des Verfahrens das frühere Urteil aufgehoben, gilt für die Gebührenerhebung jeder Rechtszug des neuen Verfahrens mit dem jeweiligen Rechtszug des früheren Verfahrens zusammen als ein Rechtszug. [3] Gebühren werden auch für Rechtszüge erhoben, die nur im früheren Verfahren stattgefunden haben.

Nr.	Gebührentatbestand	Gebührenbetrag oder Satz der jeweiligen Gebühr 110 bis 114
	Abschnitt 1. Verfahren vor dem Landgericht	
	Unterabschnitt 1. **Verfahren über Anträge auf berufsgerichtliche Entscheidung**	
110	Erteilung einer Rüge nach § 68 Abs. 1 Satz 2 Nr. 1 oder einer Feststellung nach § 68 Abs. 1 Satz 2 Nr. 7 der Wirtschaftsprüferordnung jeweils	160,00 €
111	Verhängung einer Geldbuße nach § 68 Abs. 1 Satz 2 Nr. 2 der Wirtschaftsprüferordnung	240,00 €
112	Verhängung eines Tätigkeitsverbots nach § 68 Abs. 1 Satz 2 Nr. 3 oder Nr. 4 oder eines Berufsverbots nach § 68 Abs. 1 Satz 2 Nr. 5 der Wirtschaftsprüferordnung jeweils	360,00 €
113	Ausschließung aus dem Beruf nach § 68 Abs. 1 Satz 2 Nr. 6 der Wirtschaftsprüferordnung	480,00 €
114	Erlass einer Untersagungsverfügung nach § 68a der Wirtschaftsprüferordnung	60,00 €
115	Zurückweisung des Antrags auf berufsgerichtliche Entscheidung durch Beschluss nach § 86 Abs. 1 der Wirtschaftsprüferordnung	0,5
116	Zurücknahme des Antrags auf berufsgerichtliche Entscheidung vor Beginn der Hauptverhandlung	0,25
	[1] Die Gebühr bemisst sich nach der Maßnahme, die Gegenstand des Verfahrens war. [2] Maßgeblich ist die Maßnahme, für die die höchste Gebühr bestimmt ist.	
117	Zurücknahme des Antrags auf berufsgerichtliche Entscheidung nach Beginn der Hauptverhandlung	0,5
	[1] Die Gebühr bemisst sich nach der Maßnahme, die Gegenstand des Verfahrens war. [2] Maßgeblich ist die Maßnahme, für die die höchste Gebühr bestimmt ist.	

Unterabschnitt 2. Verfahren über Anträge auf Entscheidung des Gerichts

(Amtliche) Vorbemerkung 1.2:

[I] Die Gebühren entstehen für jedes Verfahren gesondert.

[II] Ist in den Fällen der Nummern 120 und 123 das Zwangs- oder Ordnungsgeld geringer als die Gebühr, so ermäßigt sich die Gebühr auf die Höhe des Zwangs- oder Ordnungsgeldes.

120	Verfahren über einen Antrag auf Entscheidung des Gerichts über die Androhung oder die Festsetzung eines Zwangsgeldes nach § 62a Abs. 3 Satz 1 der Wirtschaftsprüferordnung: Der Antrag wird verworfen oder zurückgewiesen	160,00 €
121	Verfahren über einen Antrag auf Entscheidung des Gerichts über eine vorläufige Untersagungsverfügung nach § 68b Satz 4 i.V.m. § 62a Abs. 3 Satz 1 der Wirtschaftsprüferordnung: Der Antrag wird verworfen oder zurückgewiesen	100,00 €
122	Verfahren über einen Antrag auf Entscheidung des Gerichts über die Verhängung eines Ordnungsgeldes nach § 68c Abs. 2 i.V.m. § 62a Abs. 3 Satz 1 der Wirtschaftsprüferordnung: Der Antrag wird verworfen oder zurückgewiesen	360,00 €

Nr.	Gebührentatbestand	Gebührenbetrag oder Satz der jeweiligen Gebühr 110 bis 114
123	Verfahren über einen Antrag auf Entscheidung des Gerichts über die Notwendigkeit der Zuziehung eines Bevollmächtigten nach § 68 Abs. 6 Satz 4 der Wirtschaftsprüferordnung: Der Antrag wird verworfen oder zurückgewiesen	100,00 €
	Abschnitt 2. Verfahren vor dem Oberlandesgericht **Unterabschnitt 1. Berufung**	
210	Berufungsverfahren mit Urteil	1,5
211	Erledigung des Berufungsverfahrens ohne Urteil	0,5
	[1] Die Gebühr bemisst sich nach der Maßnahme, die Gegenstand des Verfahrens war. [2] Maßgeblich ist die Maßnahme, für die die höchste Gebühr bestimmt ist. [3] Die Gebühr entfällt bei Zurücknahme der Berufung vor Ablauf der Begründungsfrist.	
	Unterabschnitt 2. Beschwerde	
220	Verfahren über eine Beschwerde gegen die Verwerfung eines Antrags auf berufsgerichtliche Entscheidung (§ 86 Abs. 1 der Wirtschaftsprüferordnung): Die Beschwerde wird verworfen oder zurückgewiesen .	1,0
221	Verfahren über eine Beschwerde gegen den Beschluss, durch den ein vorläufiges Tätigkeits- oder Berufsverbot verhängt wurde, nach § 118 Abs. 1 der Wirtschaftsprüferordnung: Die Beschwerde wird verworfen oder zurückgewiesen .	250,00 €
222	Verfahren über sonstige Beschwerden im berufsgerichtlichen Verfahren, die nicht nach anderen Vorschriften gebührenfrei sind: Die Beschwerde wird verworfen oder zurückgewiesen .	50,00 €
	Von dem Berufsangehörigen wird eine Gebühr nur erhoben, wenn gegen ihn rechtskräftig eine der in § 68 Abs. 1 und § 68a der Wirtschaftsprüferordnung genannten Maßnahmen verhängt worden ist.	
	Abschnitt 3. Verfahren vor dem Bundesgerichtshof **Unterabschnitt 1. Revision**	
310	Revisionsverfahren mit Urteil oder mit Beschluss nach § 107a Abs. 3 Satz 1 der Wirtschaftsprüferordnung i. V. m. § 349 Abs. 2 oder Abs. 4 StPO	2,0
311	Erledigung des Revisionsverfahrens ohne Urteil und ohne Beschluss nach § 107a Abs. 3 Satz 1 der Wirtschaftsprüferordnung i. V. m. § 349 Abs. 2 oder Abs. 4 StPO	1,0
	[1] Die Gebühr bemisst sich nach der Maßnahme, die Gegenstand des Verfahrens war. [2] Maßgeblich ist die Maßnahme, für die die höchste Gebühr bestimmt ist. [3] Die Gebühr entfällt, wenn die Revision vor Ablauf der Begründungsfrist zurückgenommen wird.	

Nr.	Gebührentatbestand	Gebührenbetrag oder Satz der jeweiligen Gebühr 110 bis 114
	Unterabschnitt 2. Beschwerde	
320	Verfahren über die Beschwerde gegen die Nichtzulassung der Revision nach § 107 Abs. 3 Satz 1 der Wirtschaftsprüferordnung: Die Beschwerde wird verworfen oder zurückgewiesen	1,0
321	Verfahren über eine Beschwerde gegen den Beschluss, durch den ein vorläufiges Tätigkeits- oder Berufsverbot verhängt wurde, nach § 118 Abs. 1 der Wirtschaftsprüferordnung: Die Beschwerde wird verworfen oder zurückgewiesen	300,00 €
322	Verfahren über sonstige Beschwerden im berufsgerichtlichen Verfahren, die nicht nach anderen Vorschriften gebührenfrei sind: Die Beschwerde wird verworfen oder zurückgewiesen	50,00 €
	Von dem Berufsangehörigen wird eine Gebühr nur erhoben, wenn gegen ihn rechtskräftig eine der in § 68 Abs. 1 und § 68 a der Wirtschaftsprüferordnung genannten Maßnahmen verhängt worden ist.	
	Abschnitt 4. Rüge wegen Verletzung des Anspruchs auf rechtliches Gehör	
400	Verfahren über die Rüge wegen Verletzung des Anspruchs auf rechtliches Gehör: Die Rüge wird in vollem Umfang verworfen oder zurückgewiesen	50,00 €
	Abschnitt 5. Verfahren über den Antrag auf Aufhebung eines vorläufigen Tätigkeits- oder Berufsverbots nach § 120 der Wirtschaftsprüferordnung	
500	Verfahren über den Antrag auf Aufhebung eines vorläufigen Tätigkeits- oder Berufsverbots nach § 120 Abs. 3 Satz 1 der Wirtschaftsprüferordnung: Der Antrag wird in vollem Umfang verworfen oder zurückgewiesen	50,00 €

L. Gebühren nach der Bundesnotarordnung (BNotO)
(§§-Überschriften nichtamtlich)

Aus der Bundesnotarordnung (BNotO) v 24. 2. 61, BGBl 98, zuletzt geändert dch Art 4 G v 30. 10. 17, BGBl 3618

Gerichtskosten

111f ¹In verwaltungsrechtlichen Notarsachen werden Gebühren nach dem Gebührenverzeichnis der Anlage zu diesem Gesetz erhoben. ²Im Übrigen sind die für Kosten in Verfahren vor den Gerichten der Verwaltungsgerichtsbarkeit geltenden Vorschriften des Gerichtskostengesetzes entsprechend anzuwenden, soweit in diesem Gesetz nichts anderes bestimmt ist.

Streitwert

111g I ¹Der Streitwert bestimmt sich nach § 52 des Gerichtskostengesetzes. ²Er wird von Amts wegen festgesetzt.

II ¹In Verfahren, die Klagen auf Bestellung zum Notar oder die Ernennung zum Notarassessor, die Amtsenthebung, die Entfernung aus dem Amt oder vom bisherigen Amtssitz oder die Entlassung aus dem Anwärterdienst betreffen, ist ein Streitwert von 50 000 Euro anzunehmen. ²Unter Berücksichtigung der Umstände des Einzelfalls, insbesondere des Umfangs und der Bedeutung der Sache sowie der Vermögens- und Einkommensverhältnisse des Klägers, kann das Gericht einen höheren oder einen niedrigeren Wert festsetzen.

III Die Festsetzung ist unanfechtbar; § 63 Abs. 3 des Gerichtskostengesetzes bleibt unberührt.

Anlage
(zu § 111 f Satz 1)

Gebührenverzeichnis

(Amtliche) Gliederung

Abschnitt 1. Erster Rechtszug	110–121
Unterabschnitt 1. Oberlandesgericht	110, 111
Unterabschnitt 2. Bundesgerichtshof	120, 121
Abschnitt 2. Zulassung und Durchführung der Berufung	200–204
Abschnitt 3. Vorläufiger Rechtsschutz	310–331
Unterabschnitt 1. Oberlandesgericht	310, 311
Unterabschnitt 2. Bundesgerichtshof als Rechtsmittelinstanz in der Hauptsache	320, 321
Unterabschnitt 3. Bundesgerichtshof	330, 331
Abschnitt 4. Rüge wegen Verletzung des Anspruchs auf rechtliches Gehör	400

Nr.	Gebührentatbestand	Gebührenbetrag oder Satz der Gebühr nach § 34 GKG
	Abschnitt 1. Erster Rechtszug	
	Unterabschnitt 1. Oberlandesgericht	
110	Verfahren im Allgemeinen	4,0
111	Beendigung des gesamten Verfahrens durch 1. Zurücknahme der Klage a) vor dem Schluss der mündlichen Verhandlung,	

Nr.	Gebührentatbestand	Gebührenbetrag oder Satz der Gebühr nach § 34 GKG
	b) wenn eine solche nicht stattfindet, vor Ablauf des Tages, an dem das Urteil, der Gerichtsbescheid oder der Beschluss in der Hauptsache der Geschäftsstelle übermittelt wird, c) im Fall des § 111 b Abs. 1 Satz 1 der Bundesnotarordnung i. V. m. § 93 a Abs. 2 VwGO vor Ablauf der Erklärungsfrist nach § 93 a Abs. 2 Satz 1 VwGO, 2. Anerkenntnis- oder Verzichtsurteil, 3. gerichtlichen Vergleich oder 4. Erledigungserklärungen nach § 111 b Abs. 1 Satz 1 der Bundesnotarordnung i. V. m. § 161 Abs. 2 VwGO, wenn keine Entscheidung über die Kosten ergeht oder die Entscheidung einer zuvor mitgeteilten Einigung der Beteiligten über die Kostentragung oder der Kostenübernahmeerklärung eines Beteiligten folgt, es sei denn, dass bereits ein anderes als eines der in Nummer 2 genannten Urteile, ein Gerichtsbescheid oder Beschluss in der Hauptsache vorausgegangen ist: Die Gebühr 110 ermäßigt sich auf .... Die Gebühr ermäßigt sich auch, wenn mehrere Ermäßigungstatbestände erfüllt sind.	2,0
	Unterabschnitt 2. Bundesgerichtshof	
120	Verfahren im Allgemeinen	5,0
121	Beendigung des gesamten Verfahrens durch 1. Zurücknahme der Klage: a) vor dem Schluss der mündlichen Verhandlung, b) wenn eine solche nicht stattfindet, vor Ablauf des Tages, an dem das Urteil oder der Gerichtsbescheid der Geschäftsstelle übermittelt wird, c) im Fall des § 111 b Abs. 1 Satz 1 der Bundesnotarordnung i. V. m. § 93 a Abs. 2 VwGO vor Ablauf der Erklärungsfrist nach § 93 a Abs. 2 Satz 1 VwGO, 2. Anerkenntnis- oder Verzichtsurteil, 3. gerichtlichen Vergleich oder 4. Erledigungserklärungen nach § 111 b Abs. 1 Satz 1 der Bundesnotarordnung i. V. m. § 161 Abs. 2 VwGO, wenn keine Entscheidung über die Kosten ergeht oder die Entscheidung einer zuvor mitgeteilten Einigung der Beteiligten über die Kostentragung oder der Kostenübernahmeerklärung eines Beteiligten folgt, es sei denn, dass bereits ein anderes als eines der in Nummer 2 genannten Urteile, ein Gerichtsbescheid oder Beschluss in der Hauptsache vorausgegangen ist: Die Gebühr 120 ermäßigt sich auf .... Die Gebühr ermäßigt sich auch, wenn mehrere Ermäßigungstatbestände erfüllt sind.	3,0

Nr.	Gebührentatbestand	Gebührenbetrag oder Satz der Gebühr nach § 34 GKG
	Abschnitt 2. Zulassung und Durchführung der Berufung	
200	Verfahren über die Zulassung der Berufung: Soweit der Antrag abgelehnt wird	1,0
201	Verfahren über die Zulassung der Berufung: Soweit der Antrag zurückgenommen oder das Verfahren durch anderweitige Erledigung beendet wird ..	0,5
	Die Gebühr entsteht nicht, soweit die Berufung zugelassen wird.	
202	Verfahren im Allgemeinen	5,0
203	Beendigung des gesamten Verfahrens durch Zurücknahme der Berufung oder der Klage, bevor die Schrift zur Begründung der Berufung bei Gericht eingegangen ist: Die Gebühr 202 ermäßigt sich auf	1,0
	Erledigungserklärungen nach § 111b Abs. 1 Satz 1 der Bundesnotarordnung i. V. m. § 161 Abs. 2 VwGO stehen der Zurücknahme gleich, wenn keine Entscheidung über die Kosten ergeht oder die Entscheidung einer zuvor mitgeteilten Einigung der Beteiligten über die Kostentragung oder der Kostenübernahmeerklärung eines Beteiligten folgt.	
204	Beendigung des gesamten Verfahrens, wenn nicht Nummer 203 erfüllt ist, durch	
	1. Zurücknahme der Berufung oder der Klage	
	a) vor dem Schluss der mündlichen Verhandlung,	
	b) wenn eine solche nicht stattfindet, vor Ablauf des Tages, an dem das Urteil oder der Beschluss in der Hauptsache der Geschäftsstelle übermittelt wird, oder	
	c) im Fall des § 111b Abs. 1 Satz 1 der Bundesnotarordnung i. V. m. § 93a Abs. 2 VwGO vor Ablauf der Erklärungsfrist nach § 93a Abs. 2 Satz 1 VwGO,	
	2. Anerkenntnis- oder Verzichtsurteil,	
	3. gerichtlichen Vergleich oder	
	4. Erledigungserklärungen nach § 111b Abs. 1 Satz 1 der Bundesnotarordnung i. V. m. § 161 Abs. 2 VwGO, wenn keine Entscheidung über die Kosten ergeht oder die Entscheidung einer zuvor mitgeteilten Einigung der Beteiligten über die Kostentragung oder der Kostenübernahmeerklärung eines Beteiligten folgt,	
	es sei denn, dass bereits ein anderes als eines der in Nummer 2 genannten Urteile oder ein Beschluss in der Hauptsache vorausgegangen ist: Die Gebühr 202 ermäßigt sich auf	3,0
	Die Gebühr ermäßigt sich auch, wenn mehrere Ermäßigungstatbestände erfüllt sind.	

Nr.	Gebührentatbestand	Gebührenbetrag oder Satz der Gebühr nach § 34 GKG
	Abschnitt 3. Vorläufiger Rechtsschutz	
	(Amtliche) Vorbemerkung 3:	
	[I] Die Vorschriften dieses Abschnitts gelten für einstweilige Anordnungen und für Verfahren nach § 111b Abs. 1 Satz 1 der Bundesnotarordnung i. V. m. § 80 Abs. 5 und § 80a Abs. 3 VwGO.	
	[II] [1]Im Verfahren über den Antrag auf Erlass und im Verfahren über den Antrag auf Aufhebung einer einstweiligen Anordnung werden die Gebühren jeweils gesondert erhoben. [2]Mehrere Verfahren nach § 111b Abs. 1 Satz 1 der Bundesnotarordnung i. V. m. § 80 Abs. 5 und 7 und § 80a Abs. 3 VwGO gelten innerhalb eines Rechtszugs als ein Verfahren.	
	Unterabschnitt 1. Oberlandesgericht	
310	Verfahren im Allgemeinen..	2,0
311	Beendigung des gesamten Verfahrens durch 1. Zurücknahme des Antrags a) vor dem Schluss der mündlichen Verhandlung oder, b) wenn eine solche nicht stattfindet, vor Ablauf des Tages, an dem der Beschluss der Geschäftsstelle übermittelt wird, 2. gerichtlichen Vergleich oder 3. Erledigungserklärungen nach § 111b Abs. 1 Satz 1 der Bundesnotarordnung i. V. m. § 161 Abs. 2 VwGO, wenn keine Entscheidung über die Kosten ergeht oder die Entscheidung einer zuvor mitgeteilten Einigung der Beteiligten über die Kostentragung oder der Kostenübernahmeerklärung eines Beteiligten folgt, es sei denn, dass bereits ein Beschluss über den Antrag vorausgegangen ist: Die Gebühr 310 ermäßigt sich auf .... Die Gebühr ermäßigt sich auch, wenn mehrere Ermäßigungstatbestände erfüllt sind.	0,75
	Unterabschnitt 2. Bundesgerichtshof als Rechtsmittelgericht in der Hauptsache	
320	Verfahren im Allgemeinen..	1,5
321	Beendigung des gesamten Verfahrens durch 1. Zurücknahme des Antrags a) vor dem Schluss der mündlichen Verhandlung oder, b) wenn eine solche nicht stattfindet, vor Ablauf des Tages, an dem der Beschluss der Geschäftsstelle übermittelt wird, 2. gerichtlichen Vergleich oder 3. Erledigungserklärungen nach § 111b Abs. 1 Satz 1 der Bundesnotarordnung i. V. m. § 161 Abs. 2 VwGO, wenn keine Entscheidung über die Kosten ergeht oder die Entscheidung einer zuvor mitgeteilten Einigung der Beteiligten über die Kostentragung oder der Kostenübernahmeerklärung eines Beteiligten folgt,	

Nr.	Gebührentatbestand	Gebührenbetrag oder Satz der Gebühr nach § 34 GKG
	es sei denn, dass bereits ein Beschluss über den Antrag vorausgegangen ist: Die Gebühr 320 ermäßigt sich auf .... Die Gebühr ermäßigt sich auch, wenn mehrere Ermäßigungstatbestände erfüllt sind.	0,5
	Unterabschnitt 3. Bundesgerichtshof *(Amtliche) Vorbemerkung 3.3:* Die Vorschriften dieses Unterabschnitts gelten, wenn der Bundesgerichtshof auch in der Hauptsache erstinstanzlich zuständig ist.	
330	Verfahren im Allgemeinen	2,5

331	Beendigung des gesamten Verfahrens durch
	1. Zurücknahme des Antrags
	   a) vor dem Schluss der mündlichen Verhandlung oder,
	   b) wenn eine solche nicht stattfindet, vor Ablauf des Tages, an dem der Beschluss der Geschäftsstelle übermittelt wird,
	2. gerichtlichen Vergleich oder
	3. Erledigungserklärungen nach § 111b Abs. 1 Satz 1 der Bundesnotarordnung i. V. m. § 161 Abs. 2 VwGO, wenn keine Entscheidung über die Kosten ergeht oder die Entscheidung einer zuvor mitgeteilten Einigung der Beteiligten über die Kostentragung oder der Kostenübernahmeerklärung eines Beteiligten folgt,
	es sei denn, dass bereits ein Beschluss über den Antrag vorausgegangen ist:
	Die Gebühr 330 ermäßigt sich auf ....
	Die Gebühr ermäßigt sich auch, wenn mehrere Ermäßigungstatbestände erfüllt sind.
		1,0

	Abschnitt 4. Rüge wegen Verletzung des Anspruchs auf rechtliches Gehör	
400	Verfahren über die Rüge wegen Verletzung des Anspruchs auf rechtliches Gehör: Die Rüge wird in vollem Umfang verworfen oder zurückgewiesen	50,00 €

M. Testamentsregister-Gebührensatzung (ZTR-GebS)

vom 24. 11. 11, DNotZ **11**, 882

Schrifttum: *Panz* Rpfleger **12**, 664 (Üb zum Register)

Gebühren

1 ^I Die Bundesnotarkammer erhebt als Registerbehörde Gebühren für die Aufnahme von Verwahrangaben in das Zentrale Testamentsregister nach § 34 a Absatz 1 Satz 1 und Satz 2 BeurkG, § 347 Absatz 1 Satz 1 FamFG und § 78 b Absatz 4 Satz 1 BNotO.

^{II} ¹Je Registrierung (§ 3 Absatz 1 Satz 3 ZTRV) beträgt die Gebühr 15 €. ²Wird die Gebühr unmittelbar durch die Registerbehörde vom Kostenschuldner erhoben, beträgt sie 18 € je Registrierung. ³Keine Gebühr wird erhoben, wenn ein Verwahrdatensatz innerhalb von sieben Tagen nach der Registrierung gemäß § 5 Satz 1 Nr. 1 ZTRV gelöscht wird.

^{III} Zahlt der Kostenschuldner die Gebühr nach Absatz 2 Satz 2 nicht innerhalb von zwei Monaten nach der Registrierung, erhöht die Registerbehörde die Gebühr um 8 €, wenn sie trotz Androhung der Erhöhung nicht innerhalb von zehn Tagen vollständig bezahlt wird.

Bem. Testamentsregister-Verordnung (ZTRV) v 11. 7. 11, BGBl 1386, geändert zuletzt dch Art 6 I Z 1–6 G v 1. 6. 17, BGBl 1396, in Kraft seit 9. 6. 17, Art 11 Z 4 G.

Kostenschuldner, Fälligkeit und Vorschuss

2 ^I ¹Kostenschuldner ist der jeweilige Erblasser (§ 78 e Absatz 2 Satz 1 Nr. 2 BNotO). ²Der Melder übermittelt mit jeder Registrierung eine ladungsfähige Anschrift des Kostenschuldners an die Registerbehörde, soweit diese nicht darauf verzichtet.

^{II} Die Gebühr ist mit der Registrierung der Verwahrangaben für den jeweiligen Erblasser nach § 3 Absatz 1 Satz 3 ZTRV sofort fällig.

^{III} Wird die Gebühr durch den Melder entgegengenommen (§ 78 e Absatz 5 BNotO), kann er vom Kostenschuldner die Zahlung eines die Eintragungsgebühr deckenden Vorschusses verlangen.

Art der Gebührenerhebung durch Notare

3 ^I ¹Gebühren für die Registrierung von Verwahrangaben, die durch notarielle Melder übermittelt werden, nimmt der jeweilige Notar für die Registerbehörde entgegen (§ 78 e Absatz 5 BNotO). ²Die Registerbehörde zieht die nach Satz 1 entgegenzunehmenden Gebühren vom notariellen Melder auf der Grundlage einer Sammelabrechnung frühestens am zehnten Tag des Folgemonats ein. ³Der Notar erteilt der Registerbehörde eine entsprechende Einzugsermächtigung für ein inländisches Bankkonto. ⁴Die Registerbehörde kann einen Melder von dem Entgegennahme- und Abrechnungsverfahren nach diesem Absatz ganz oder teilweise freistellen und die Gebühren unmittelbar vom Kostenschuldner erheben.

^{II} ¹Kann der Notar eine der Registerbehörde abgerechnete und eingezogene Gebühr nicht erlangen, obwohl er deren Zahlung vom Kostenschuldner verlangt und mindestens einmal angemahnt hat, wird ihm diese auf Antrag zurückerstattet. ²Die Gebühr wird sodann nach § 1 Absatz 2 Satz 2 neu festgesetzt und unmittelbar durch die Registerbehörde vom Kostenschuldner erhoben.

Art der Gebührenerhebung bei Gerichten und Konsulaten

4 ^I Einzelheiten des Entgegennahme- und Abrechnungsverfahrens bei gerichtlichen und konsularischen Meldern werden in Verwaltungsvereinbarungen mit der Registerbehörde getroffen.

II ¹Nimmt ein Konsulat oder ein Gericht für die Registerbehörde Gebühren entgegen, ohne dass eine entsprechende Vereinbarung nach Absatz 1 besteht, gilt § 3 entsprechend. ²Die Entgegennahme ist der Registerbehörde zuvor anzuzeigen.

Unrichtige Sachbehandlung, Ermäßigung und Absehen von der Gebührenerhebung

5 ¹ Eine Gebühr, die bei richtiger Behandlung der Sache nicht entstanden wäre, wird nicht erhoben.

II Die Registerbehörde kann Gebühren ermäßigen oder von der Erhebung von Gebühren absehen, wenn ihr dies durch besondere Umstände des Einzelfalls geboten erscheint, insbesondere wenn und soweit die Gebührenerhebung eine unzumutbare Härte für den Kostenschuldner darstellen würde oder wenn der mit der Erhebung der Gebühr verbundene Verwaltungsaufwand außer Verhältnis zur Höhe der zu erhebenden Gebühr stünde.

Inkrafttreten

6 Diese Satzung tritt am 1. 1. 2012 in Kraft.

N. Vorsorgeregister-Gebührensatzung (VRegGebS)

v 31. 1. 05, DNotZ **05**, 81 geändert am 2. 12. 05, DNotZ **06**, 2

Schrifttum: *Görk* DNotZ **06**, 6 (Üb); zum Zentralen Testamentsregister *Panz* Rpfleger 12, 664.

Gebührenverzeichnis

1 ¹Für Eintragungen in das Zentrale Vorsorgeregister sowie die Änderung, Ergänzung oder Löschung von Einträgen werden Gebühren nach dem Gebührenverzeichnis der Anlage zu dieser Satzung erhoben. ²Auslagen werden daneben nicht erhoben.

Gebührenschuldner

2 ᴵ Zur Zahlung der Gebühren ist verpflichtet:
1. der Antragsteller;
2. derjenige, der für die Gebührenschuld eines anderen kraft Gesetzes haftet.

ᴵᴵ Mehrere Gebührenschuldner haften als Gesamtschuldner.

Fälligkeit

3 Die Gebühren werden mit der Beendigung der beantragten Amtshandlung fällig.

Registrierte Person oder Einrichtung

4 ᴵ Wird der Antrag auf Eintragung oder Änderung, Ergänzung oder Löschung eines Eintrags von einer bei der Bundesnotarkammer registrierten Person oder Einrichtung für den Vollmachtgeber übermittelt oder im Namen des Vollmachtgebers gestellt, werden nach Maßgabe des Gebührenverzeichnisses (Anlage zu § 1 Satz 1) ermäßigte Gebühren erhoben.

ᴵᴵ ¹Registrieren lassen können sich Personen oder Einrichtungen, zu deren beruflicher, satzungsgemäßer oder gesetzlicher Tätigkeit es gehört, entsprechende Anträge für den Vollmachtgeber zu übermitteln oder im Namen des Vollmachtgebers zu stellen. ²Insbesondere können sich Notare, Rechtsanwälte, Betreuungsvereine und Betreuungsbehörden registrieren lassen.

ᴵᴵᴵ ¹Die Registrierung erfolgt durch Anmeldung bei der Bundesnotarkammer. ²Bei der Anmeldung hat die Person oder Einrichtung hinreichend ihre Identität und die Erfüllung der Voraussetzungen des Absatzes 2 nachzuweisen. ³Darüber hinaus hat die Person oder Einrichtung zu erklären, dass sie die Abwicklung des Verfahrens für die Vollmachtgeber, für die sie Anträge übermittelt oder in deren Namen sie Anträge stellt, übernimmt, insbesondere dass sie die Gebührenzahlung auf deren Rechnung besorgt.

ᴵⱽ ¹Die Registrierung erlischt, wenn die Voraussetzungen des Absatzes 2 nicht mehr vorliegen. ²Sie erlischt auch, wenn die registrierte Person oder Einrichtung die Abwicklung des Verfahrens für die Vollmachtgeber nicht mehr übernimmt; dies gilt nicht, wenn lediglich die Gebührenzahlung für den Vollmachtgeber nicht besorgt wird.

ⱽ Die Bundesnotarkammer kann die Registrierung aufheben, wenn die registrierte Person oder Einrichtung länger als sechs Monate keinen Antrag für einen Vollmachtgeber übermittelt oder im Namen eines Vollmachtgebers gestellt hat.

Unrichtige Sachbehandlung

5 Gebühren, die bei richtiger Behandlung nicht entstanden wären, werden nicht erhoben.

Ermäßigung, Absehen von Gebührenerhebung

6 Die Bundesnotarkammer kann Gebühren ermäßigen oder von der Erhebung von Gebühren absehen, wenn dies durch die besonderen Umstände des Einzelfalls geboten erscheint, insbesondere wenn die volle Gebührenerhebung für den Gebührenschuldner eine unzumutbare Härte darstellen würde oder wenn der mit der Erhebung der Gebühr verbundene Verwaltungsaufwand außer Verhältnis zu der Höhe der zu erhebenden Gebühr stünde.

Übergangsregelung

7 Für die Eintragung von Angaben zu notariell beglaubigten oder beurkundeten Vorsorgevollmachten sowie die Änderung, Ergänzung oder Löschung solcher Eintragungen wird keine Gebühr erhoben, wenn die Eintragung, Änderung, Ergänzung oder Löschung vor dem Inkrafttreten dieser Satzung beantragt wurde.

Inkrafttreten

8 Diese Satzung tritt am 1. März 2005 in Kraft.

Gebührenverzeichnis

Anlage
(zu § 1 Satz 1)

Nr.	Gebührentatbestand	Gebührenbetrag

(Amtliche) Vorbemerkung:

[I] Die Erhöhungs- und Ermäßigungstatbestände sind nebeneinander anwendbar, soweit nicht ein anderes bestimmt ist.

[II] Beantragt ein Bevollmächtigter innerhalb von einem Monat nach Erhalt der Benachrichtigung über eine Eintragung die Änderung oder Löschung des ihn betreffenden Eintrags, so werden für die Änderung oder Löschung des Eintrags von dem Bevollmächtigten keine Gebühren erhoben.

	1. Persönliche Übermittlung des Antrags	
10	Eintragung einer Vorsorgevollmacht in das Zentrale Vorsorgeregister sowie Änderung, Ergänzung oder Löschung eines Eintrags	18,50 €
11	Der Antrag wird elektronisch über eine der hierfür vorgehaltenen technischen Schnittstellen übertragen: Die Gebühr 10 ermäßigt sich um	3,00 €
	2. Übermittlung oder Stellung des Antrags durch eine registrierte Person oder Einrichtung (§ 4)	
20	Eintragung einer Vorsorgevollmacht in das Zentrale Vorsorgeregister sowie Änderung, Ergänzung oder Löschung eines Eintrags	16,00 €
	Erklärt die registrierte Person oder Einrichtung, die den Antrag auf Eintragung, Änderung, Ergänzung oder Löschung übermittelt oder stellt, dass die Gebühren unmittelbar bei dem Vollmachtgeber erhoben werden sollen, so fällt an Stelle der Gebühr 20 die Gebühr 10 an; der Gebührentatbestand der Nummer 21 einschließlich der Anmerkung zu Nummer 21 finden entsprechende Anwendung.	

Nr.	Gebührentatbestand	Gebührenbetrag
21	Der Antrag wird elektronisch über eine der hierfür vorgehaltenen technischen Schnittstellen übertragen: Die Gebühr 20 ermäßigt sich um .... Die Gebühr 20 entfällt, wenn der Antrag elektronisch über eine der hierfür vorgehaltenen technischen Schnittstellen übertragen wird und nur die Änderung oder Ergänzung eines bestehenden Eintrags einer Vorsorgevollmacht betrifft.	5,00 €

3. Gemeinsame Erhöhungs- und Ermäßigungstatbestände

Nr.	Gebührentatbestand	Gebührenbetrag
	Die Eintragung, Änderung, Ergänzung oder Löschung betrifft mehr als einen Bevollmächtigten oder vorgeschlagenen Betreuer:	
31	– Die Gebühr 10 und die Gebühr 20 erhöhen sich für jeden weiteren Bevollmächtigten oder vorgeschlagenen Betreuer um	3,00 €
32	– Wird der Antrag elektronisch über eine der hierfür vorgehaltenen technischen Schnittstellen automatisiert übertragen, erhöhen sich die Gebühr 10 und die Gebühr 20 in Abweichung von Gebühr 31 für jeden weiteren Bevollmächtigten oder vorgeschlagenen Betreuer um	2,50 €
35	Die Gebühr wird durch Lastschrifteinzug gezahlt: Die Gebühr 10 und die Gebühr 20 ermäßigen sich um	2,50 €

4. Zurückweisung eines Antrags

Nr.	Gebührentatbestand	Gebührenbetrag
40	Zurückweisung eines Antrags auf Eintragung oder auf Änderung, Ergänzung oder Löschung eines Eintrags	18,50 €

Sachverzeichnis

Fette römische Zahlen = Teile des Buches, zB **I A** = GKG
Magere arabische ein- bis dreistellige Zahlen = §§, zB **I A** 13 = § 13 GKG
sowie in XI: Nr des KVGv
Magere arabische vierstellige Zahlen nebst **I A** = Nr des KV zum GKG,
zB **I A** 1100 = Nr 1100 des KV zum GKG, KVFam = KV zum FamGKG
Magere arabische fünfstellige Zahlen nebst **III** = Nr des KVfG zum GNotKG
Magere vierstellige Zahlen nebst **VIII A** Nr des KV zum JVKostG
Magere vierstellige Zahlen nebst **X** = Nr. des VV zum RVG
Anm = amtliche Anmerkung; Rn = Randnummer; Vorb = amtliche Vorbemerkung

Einl: Einleitung	VII. DVKostG
I. A: GKG	VIII A. JVKostG
I. B: FamGKG	VIII B. HinterlO
II. A: ArbGG	IX. Beitreibung
II. B: SGG	X. RVG
II. C: PatKostG	XI. GvKostG
III. GNotKG	XII A. RDGEG
IV. LwVG	XII B. EGGVG
V. JVEG	SchlAnh A–N
VI. GVG	

Abänderung I A 1120, **I B** 31, 1710, **III** 57, 90, **X** 3335
Abbestellung V 1 Rn 44
Abbruchverfügung I A 52 Anh I
Abernten XI 707
Abfassung von Willenserklärung XI 410
Abführung des Mehrlöses I A Vorb 3.4, 4.2, **X** 4143
Abgabe I A 12, **I B** 6, **III** 5, **X** 20
Abgabenfreiheit III 2 Anh
Abgaberecht I A 52 Anh I
Abgeltungsbereich X 15, **XI** 10
Abhängigmachung I A 10, 14, **I B** 14, **III** 12, 13, 15, 16
Abhilfeverfahren I A 66, **X** 17 Z 1
Ablehnung I A 48 Anh I, 52 Anh I, II, 1624, **X** 16, 19
Ablichtung s „Kopie"
Ablieferung von Geld III 25300
Abmahnung I A 48 Anh III
Abnahme I A 48 Anh I
Abrufverfahren III 32011, **VIII A** 1, 14, 1140, 1141
Abrundung X 2
Abschätzung I A 64
Absehen von Kostenansatz s Nichterhebung
Absehen von Wertermittlung VII A 10 a
Absprachen im Strafverfahren **X** 14 Rn 2
Abstammung I A 48 Anh I, **I B** 1, 47, **V** Anh II 2, 10 Anl
Abtretung des Kostenerstattungsanspruchs (StPO) X 43
Abtretung des Vergütungsanspruchs X 4
Abwesenheitsentschädigung V 6, 15, 19
Abwesenheitsgeld III 32008, **X** 7005 ff
Abwicklungstätigkeit X 19
Abzug III 38
Adoption I B 1, **III** 101, Vorb 2.1, 2.1.3, 2.2.1, 2.4.1, 21201
Änderung des Kostenansatzes **VII A** 36; der Kostenhaftung **VII A** 37; der Wertfestsetzung **I A** 63, **I B** 55

Aktenauskunft VIII A 1401
Akteneinsicht I A 9000, **I B** 2000, **III** 1 Anh, 31000, **VIII A** 2 Anl, 2000
Aktenversendung I A 9, 28, 9003, **I B** 11, 18, 2003, **III** 1 Anh, 31003
Aktenverwahrer III Vorb 2
Aktiengesellschaft III 1, 13500 ff
Aktienrechtliche Klage I A 51 Anh IV, 53; 1640 ff
Allgemeine Geschäftsbedingungen I A 48 Anh I
Allgemeine Geschäftskosten III 1 Anh, Vorb 3.2
Allgemeiner Vertreter X 5
Alternative Streitbeilegung s VSBG
Alterssicherung I A 49
Amtlicher Ausdruck s Ausdruck
Amtshandlung, XI 3, 500
Amtshilfe II A 12, **VII B** 2
Amtsverhältnis I A 42, 52
von Amts wegen III 58, Vorb 1.3
Änderung der Wertfestsetzung I A 63
Androhung von Ordnungs- oder Zwangsgeld usw s Ordnungsgeld
Anerkennung eines Auslandstitels **I A** 1510 ff; **I B** 1710; **III** Vorb 2; im Verhältnis zu Österreich **I** 1513
Anerkenntnisentscheidung I A 1211 usw, **I B** 111 usw
Anerkennungs- und Vollstreckungsausführungsgesetz I A 1, 22, **III** 148 a, **X** 19
Anfechtung I A 48 Anh IV, Anh I, **III** 12410, 15300, **XII B**
Anfechtungsklage I A 51 Anh IV, 52
Anfertigung einer Schrift III 23, **X** 4300, 4301
Angebot III 97, Vorb 2.1.1, 211101, Vorb 2.1.2, **XI** 410, 411, 603
Angelegenheit X 15 ff
Anhörungsrüge I A 69 a, 1700, 2500, 3900, 4500, 5400, 6400, 7400, 8500, **I B** 61, 1800, **III** 25, 84, 131, 19110 ff, **V** 4 a, **X** 12 a, 3330, **XI** 5

2295

Sachverzeichnis

fette röm. Zahlen = Abschn. arab. Zahlen

Ankaufsrecht III 51
Anklageerzwingung X 4301
Anmeldung III 105, 21201, X 3320; s Handelsregister
Annahme eines Angebots III Vorb 2.1.1
Annahme als Kind s Adoption
Anrechnung I A 1210 Anm usw, I B 1220 Anm usw, III Vorb 2.4.1, X 15a, 58, 2120, 2102, 2501 usw
Anrecht I 49
Anschlußpfändung XI 205
Anspruch gegen Beschuldigten X 52
Anspruchsübergang X 59
Antrag I 48 Anh II, 66, III 127, 21201, X 4302
Antragsentgegennahme III 1 Anh
Antragsrücknahme I A 1211, 1221, 1222, 1231 usw, I B 1221 usw, III 14401, VIII A 4, X 3101, 3201 usw, s auch Klagerücknahme
Antragsschuldner I B 23, III 22, 26, 29
Antragstellung III 1 Anh, Vorb 2.1, 2.4.1
Antragsübermittlung III Vorb 2.1
Antragszurückweisung III 14400
Anwaltsgemeinschaft X 6, 7
Anwaltsgerichtliches Verfahren SchlAnh H
Anwaltsvergleich I A 2118 ff, III 23800, X 1000, 2300; s auch „Vergleich"
Anwaltszwang I A 66, I B 57, III 81, X 11, 33
Anzeige des Vorerben usw III 112
Apostille III 25207
Arbeitnehmererfindung I A 12
Arbeitsgericht I A 1, 2, II A
Arbeitsgerichtsbarkeit I A 1, 2, 11, 63, 8100 ff, II A
Arbeitshilfe XI 709
Arbeitssache I A 1, 2, 11, 22, 42, II A, X 23, 3326
Arrest I A 48 Anh I, 51, 52 Anh II, 53, 1410 ff, 8310 ff, X 16, 17, 3309, 3310, XI 205
Arztattest V 7
Arztrecht I A 52 Anh I, V 10 mit Anl
Assessor X 5 Rn 7
Asylgesetz I A 52 Anh, X 30
Atomrecht I A 52 Anh I
Aufbewahrung der Handakten X 10
Auffangwert I A 52, I B 42, III 36, X 23
Aufgebot III 15212
Aufgebotsverfahren III 15212, VIII A 3, X 16, 3324
Aufhebung der Ehe III 99; der Entscheidung I A 30, I B 31, III 57, des Vertrags III 21102, der Zwangsvollstreckung X 3328
Auflage I A 52 Anh I, III 22200
Auflassung III 21100, Wert I A 48 Anh I
Aufopferung I A 48 Anh I
Aufrechnung I A 45, 48 Anh II, I B 39
Aufrundung X 2
Aufschiebende Wirkung I A 66, 5210 ff; I B 57, X 17
Aufsichtsrat III 75
Aufsuchen III 1 Anh
Auftrag III 4, X 8, 15, 3101 usw, XI 3
Auftragslosigkeit III 1 Anh
Auftragsschuldner III 29
Aufwandsentschädigung V 6, 8, 15, 19, X 46
Augenschein I A 48 Anh I (§ 3 ZPO), X 4301, 4302
Ausdruck I A 28, III 1 Anh, 17000, VIII A 2000, V 7, X 7000, XI 700

Auseinandersetzung III 31, 41, Vorb 1.2.2, Vorb 2.3
Ausfertigung I A 28, 9000 ff, I B 2000, III 18000 ff, 31000, 32000 ff, VIII A 2000
Ausgangswert I A 52
Ausgleichsanspruch I A 52 Anh II
Ausgleichsleistung X 4146
Auskunfterteilung I A 48 Anh I, I B 50, VIII A 3, 1401, X 34, XI 708
Auskunftspflicht III 39
Auskunftsrecht I B 45, III 90 Anh I
Ausländerrecht I A 52 Anh I
Ausländischer Anwalt X Grdz vor 1, 2200
Ausländische Behörde, Einrichtung oder Person I A 9014, 9015, 9016, I B 2011, 2012, III Vorb 2.2.1.1, 2.2.1.2, VIII A 1, 2
Ausländische Entscheidung I A 24, 1510, VIII A 1
Ausländische Insolvenz I A 24
Ausländische Partei I A 9005 Rn 1, I B 2005, Rn 1
Ausländisches Register III Vorb 2.2.1.1
Ausländischer Vollstreckungstitel I A 1510 ff, I B 1710, X 19, Vb 3.2.1
Ausländischer Zeuge und Sachverständiger V 8, 19
Auslagen I A 9, 17, 27, 9000 ff, I B 11, 16, 2000 ff, II B 191, III 14, 31000 ff, VIII A 2000 ff, X 46, 7000 ff
Auslagenersatz VII B 4
Auslagenfreiheit I A 2, I B 2, III Vorb 2, 1 Anh, 2
Auslandsadoption VIII A 1332 ff
Auslandsbezug I B 1710 ff, VIII A 1310 ff
Auslandskostengesetz I A 9012, I B 2010, III 31012
Auslandsrecht III 25203
Auslandsreisekosten I A 9006
Auslandsunterhaltsgesetz I A 1, 22 I 1; 2119; I B 1711, 1713; X 18 I Z 6; 19 I 2 Z 5, 9; 2503
Auslieferung 23805, X 6100 ff
Auslosung III 23200
Ausscheidung eines Grundstücks III 1 Anh
Ausschlagung der Erbschaft III 103
Ausschließungsklage I A 48 Anh I
Ausschußsitzung V 15
Außergerichtliche Beratung X 34
Außergerichtliche Sache X 4, 2100 ff
Außergerichtlicher Vergleich X 1000
Außergerichtliche Verhandlung X 19
Außergerichtliche Vertretung X 34, 2300 ff
außerhalb der Gerichtsstelle I A 9006, III 31006
außerhalb des Gerichtsvollzieherbezirks XI 712
außerhalb der Notargeschäftsstelle III 1 Anh, 26002, 26003
außerhalb der Hauptverhandlung X 4102, 4104, 4141 ff
Aussetzung I A 48 Anh I, 52 Anh I, II, 2113, 3830, I B 11, III 9, X 11, 19, 4200
Aussichtsprüfung X 2101
Aussöhnung X 1001
Austauschpfändung X 18
Austauschvertrag III 21100
Auswärtiges Geschäft III 26002, 26003
Automatisches Abrufverfahren III 32011, VIII A 1
Auszahlungsvoraussetzung III 22200
AVAG I A 1, 1512, I B 1711

1–3stellig = §§ bzw. Nr. KVGv, 4- oder 5stellig = Nr. KV **Sachverzeichnis**

Baden-Württemberg III 135
BAföG I A 52 Anh I
Bahneinheit I A 57, 2230, III 1 Anh
Barauslagen XI 714
Baugesetzbuch, Kostenfreiheit III 2 Anh
Baulandsache I A 48 Anh I
Baurechtliche Angelegenheit I A 52 Anh I
Beamtenrechtliche Sache I A 49, 52 Anh I
Beanstandung III 1 Anh, Vorb 2.1, 22123, Vorb 2.4.1, VII A 50
Beaufsichtigung XI 707
Beauftragter Richter X 19
Bedeutung der Angelegenheit I A 48, 51, X 14
Bedingter Anspruch I A 48 Anh I
Beendigung der Angelegenheit III 9, X 8
Beendigung des Auftrags X 15, 3101 usw
Beendigung des Verfahrens I A 1211 usw
Beförderung I A 9008, 9009, I B 2007, III 31008, 31009, XI 707, 710
Befreiung von Haftung I A 48 Anh I
Befund V 10 Anl
Beglaubigung III 1 Anh, 121, Vorb 2.4.1, VII A 17, VIII A 1310, 1400, XI 102
Begleitperson V 7
Behörde I A 9013 ff, III 31013, V 1
Beigeladener I A 32, 38, 49 a, 50, 51 a, 52 Anh I
Beigeordneter Rechtsanwalt I A 9007, II A 11 a, VII B 6, X 39, 44 ff, 59 a
Beigeordneter Vertreter X 45
Beisitzer V 1, 15 ff
Beistandleistung X 4200, 6100
Beistandschaft III 11100, V 1 Anh II, X 45, 53, 54, 59 a, 4301
Beitreibung III 89, IX
Beitritt I A 49 a
Bekanntmachung I A 24, 70 a, III 1 Anh, 133, 31004, VIII A 25, X 59 b, XI 410, 702
Belastung III 38, 14130
Belehrung über Rechtsbehelf s Rechtsbehelfsbelehrung
Belehrungspflicht bei Wertgebühr X Grdz 17
Benachrichtigung von einer Vorpfändung XI 200
Beobachtung I A 9011
Beratung III 120, X 34, 2501
Beratungshilfe X 44, 55, 2500 ff,
Berechnung III 19, X 10
Bergwerkseigentum III Vorb 1.4
Berichtigung der Festsetzung V 4 Rn 20
Berichtigung des Grundbuch III 14110 ff
Berichtigung des Kostenansatzes I A 19, I B 18, III 18, VII A 35, 39, 43
Berufsgenossenschaft X 3, 3102, 3106 usw
Berufsgericht V 1, X 6200 ff, SchlAnh H–L
Berufsordnung X 3 a vor Rn 1
Berufsständisches Organ III 1 Anh
Berufsvormund V 1 Anh
Berufszulassung I A 52 Anh I, II
Berufung bei einem Arrest usw I A 1412 ff; 1420 ff; im bürgerlichen Rechtsstreit I A 1220 ff; und StPO I A 3120, 3200 usw, X 3200 ff; Verfahrensgebühr I A 1220; Wert I A 47, 48 Anh I
Bescheinigung I A 22, 1512, I B 1711, III 1 Anh, 17004, VII A 17, VIII A 1311, 1401
Beschleunigung VII B 1
Beschleunigungsrüge X 19
Beschluß von Gesellschaftsorganen III 108
Beschränkung der ZwV X 3328, 3331

Beschwerde, Anwaltsgebühr X 3200 ff, 3500 ff; im bürgerlichen Rechtsstreit I A 1200 ff, 1253 ff, 1430 ff, 1810 ff, 3500 ff; Entschädigungsfestsetzung V 4; und Erinnerung III 81; im Familienverfahren I B 57 ff, 1120 usw, freiwillige Gerichtsbarkeit III 129; gegen Festsetzung der Vergütung aus Staatskasse X 56; Frist I A 68; Gebührenfreiheit III 1 Anh; Gegenstand I A 66; Gerichtsvollzieher XI 5; Höfesache IV 36 Anh; Hinterlegung VIII B 25; Insolvenz I A 58, X 3500; JVEG V 4; Kostenansatz I A 61, III 81, VII A 45, XI 5; Landwirtschaftssache IV 40; Notargebühr III 156; Patentsache II C 11, X 3510; Prozeßkostenhilfe X 55; Registersache III 131 b; SVertO I A 2440, X 3500; StPO I A 3420, 3600, 3601; X 56, 3506, 3508; Verzögerungsgebühr I A 69, I B 60; Vorrang I A, I B 1, Vorauszahlung usw I A 67, I B 58, III 8; Wert I A 48 Anh I, 50; Wertfestsetzung I A 8, 63, 64, 68, I B 59, 66 ff, III 78, X 32, 33; Zwangsliquidation I A 2240 f
Beschwerdewert I A 66 ff, I B 57 ff
Beseitigung beim Urheberschutz I A 49, von Widerstand XI 250
Besitz I A 48 Anh I (§ 6 ZPO)
Besondere Angelegenheit X 18
Besondere Prüfung I A 2340, 2430, VII A 46
Besondere Schwierigkeit I A 66, X 51
Besondere Vergütung V 13
Besonderer Umfang X 51, 1010
Besondere Verrichtung V 10
Bestätigung I A 22, 1513, I B 1712
Bestellter Rechtsanwalt I A 9007, VII B 6, X 40, 45, 52, 54
Bestellung eines Erbbaurechts III 43
Bestellung eines Pflegers III Vorb 1
Bestellung eines Schiedsrichters I A 1623
Bestreiten des Werts I A 64
Betagter Anspruch I A 48 Anh I
Betragsrahmengebühr Einl II A 12
Betreuung III 23, 63, 11100 ff, 22200 ff, V 1 Rn 29, 1 Anh I, II 4, X 1
Betriebsprüfung I A 52 Anh II
Betriebsrat I A 48 Anh I
Betriebsverfassungsgesetz X 17, 23
Beurkundung III 1 Anh, 30, 31, 86, 97 ff, 21100 ff, VIII A 1311, XI 411, 603
Bevollmächtigter I A 52 Anh I
Bevollmächtigung s Vollmacht
Bewachung I A 9009, I B 2009, XI 400
Bewährungsfrist X 4200 ff
Bewegliche Sache III 46
Beweisaufnahme I A 2, III 46
Beweisgebühr X 1010
Beweissicherung I A 7300; s auch selbständiges Beweisverfahren
Beweisterminvertreter X 3330
Bezeichnung III 19
Bindung I A 66
Blinder III 1 Anh
Blutgruppenbestimmung V 10 Anl
Bodenverkehrsgenehmigung I A 52 Anh I
Brief III 14120, 25202
Buchauskunft VIII A 1401
Bürgerlicher Rechtsstreit, Fälligkeit I A 7; Fristen XI 4; Gebühren I A 1110 ff, X 3100 ff; Vorauszahlung usw I A 12; Wert I A 48 ff
Bürokosten XI Grdz 1 Rn 14
Bürovorsteher X 5 Rn 10
Bund I A 2, I B 2, III 2, XI 2

2297

Sachverzeichnis

fette röm. Zahlen = Abschn. arab. Zahlen

Bundesagentur für Arbeit X 3104
Bundesamt für Justiz VIII A 1200, **X** 59 a
Bundeseisenbahnvermögen I A 2, **I B** 2, **III** 2, **XI** 2
Bundesfinanzhof I A 6112
Bundesgerichtshof I A 66, 1214, 1250 ff
Bundeshaushaltsordnung I A 38 Anh
Bundesinteresse I A 38
Bundeskasse X 45
Bundesleistungsgesetz III 15212
Bundesnotarordnung III 25 200, SchlAnh L
Bundespräsident X 37
Bundesrechtsanwaltsordnung X 3 a, SchlAnh H
Bundesreisekostengesetz V 6 Rn 6
Bundessozialgericht I A 7114, **II B** 197 b
Bundessozialhilfegesetz XI 2
Bundesverfassungsgericht I A 38 Anh, **I B** 32 Anh, **X** 37
Bundesverwaltungsgericht I A 5114 ff
Bundeszentralregister VIII A 3, 1130 ff
Bußgeld s OWiG
Bußgeldverfahren I A 8, 27, 4110 ff, 9016, **X** 17, 51, 5100 ff

CCBE: X 3 a
Datei I A 9000, **I B** 2000, **III** 17002, **V** 7, 23, **VIII A** 2000, 2002
Dauer der Amtshandlung XI 500
Dauer eines Rechts III 52
Dauerbetreuung III 11100, **VII A** 14
Dauernutzungsrecht III 52, Vorb 1.4.1.2
Dauerpflegschaft I B 10, **III** 11100, **VII A** 14
Dauervertrag I A 48 Anh I
Dauerwohnrecht I A 48 Anh I, **III** 52
Derselbe Beurkundungsgegenstand III 109
Design I A 1, 51 mit Anh II, 1252 Anh, **III** 15123
Deutsche Post I A 2, **I B** 2, **III** 2, **XI** 2
Dieselbe Angelegenheit X 15, 16
Dienstbarkeit III 52, Vorb 1.4.1.2
Dienstkraftfahrzeug I A 9006, **I B** 2006
Dienstverhältnis I A 42, 49, 52
Dienstvertrag I A 99, **X** Grdz vor 1
Dienstvorgesetzter X 6400 ff
Differenzgebühr X 50 Rn 6
Dispache III 68
Disziplinargericht X 6200 ff
Dokumentation XI 241, 713
Dokumentenpauschale I A 9, 19, 28, 9000, **I B** 11, 18, 23, 2000, **III** 1 Anh, 9, 18, 26, 31000, 32000, **VIII A** 7, **X** 7, 7000, **XI** 700
Dolmetscher I A 9005, **I B** 2005, **III** 31005, 32010, **V** 8 ff
Doppelbuchung III 1 Anh
Dritter I A 2115, 2116, 9009, **I B** 1601, 2009, **III** 31009, **V** 23
Duldung der Zwangsvollstreckung I A 48 Anh I
Durchführung des streitigen Verfahrens I A 1211 usw
Durchführungsvorschriften VII A, B, XI laufend
Durchlaufendes Geld VII A 38, **IX B** 14
Durchschnitt X 2300 Rn 24, 25
Durchsuchung I A 52 Anh I, 9009, **III** 31009, **XI** 250, 704

EDV-Anlage V 23
EG-Verbraucherschutzssache I A 1, 50

Ehefähigkeitszeugnis VIII A 1, 1330
Ehesache I B 1, 43, 1110 ff, 1320 ff, **X** 18, 21, 39, 42, 1001, 1003 ff
Ehevertrag III 100
Ehewohnung I B 48, **X** 18, 48
Ehrenamtlicher Richter I A 9005 Anm, **V** 1, 15 ff, **VI**
Ehrengericht X 6400 ff
Eid III 23300
Eidesstattliche Versicherung, Beitreibung **IX A** 7; Gebühr **I A** 2114 ff, **I B** 1603, **III** Vorb 1, 1.2, 12210, 15212, 18004, 23300, **X** 17, 3309, **XI** 260, 262, 270; Vorauszahlung **I A** 12, 18; Wert **I A** 44, 48 Anh I
Eigentumseintragung III 14110 ff
Einfaches Schreiben X 2303, 3404
Einforderung III 19, **VII A** 31, **X** 19
Einforderungs- und Beitreibungsanordnung IX B
Einführungsgesetz III 1, 134 Anh, **XII A, B**
Einführungstagung VI A 8
Eingruppierung I A 42 Anh
Einheitliche Feststellung von Einkünften I A 52 Anh II
Einheitswert, Gebühr **VII A** 15; Wert **I A** 48 Anh I, 52 Anh II, 54; in der Zwangsversteigerung usw **I A** 26
Einigung zu Protokoll X 1000
Einigungsgebühr X 1000 ff, 2608, 4147
Einigungsstelle X 2303
Einkommensteuer I A 52 Anh II, **V** 6 Rn 4
Einkommensverhältnisse I A 48, **I B** 43, **X** 14
Einlegung des Rechtsmittels X 19
Einlieferung VII B 3
Einmaligkeit der Gebühr I A 35, 42 Anh, **I B** 29, **III** 55, 93, **X** 15
Einreichung von Schriftsatz X 3402
Einschreiben I A 9002, **I B** 2002, **III** 1 Anh, 31002
Einseitige Erklärung III 21100 ff
Einsicht I A 2115
Einspruch I A 1211 usw, 3910, 4111, 4112, **X** 17, 3305 ff, 4104, 4105, 5115
Einstellung des Verfahrens IX A 9, **X** 4141, 5115
Einstweilige Anordnung I A 53, 6210, **III** 1 Anh, 62, Vorb 1, 16110 ff, in einer Ehe- und Kindschaftssache s dort sowie **I A** 5210, **I B** 41, 1410 ff, **X** 18, 23; und FGO **I A** 53, 6210 ff; und Prozeßkostenhilfe **X** 17, 24, 48; und VwGO **I A** 53, 5210
Einstweiliger Rechtsschutz s Arrest, einstweilige Anordnung, Verfügung
Einstweilige Regelung I A 53, **I B** 41, 1410 ff
Einstweilige Unterbringung I A 9011, **X** 4102
Einstweilige Verfügung I A 51, 53, 1253, 1410, 8310 ff, **X** 16, 17, 48, 9309
Eintragung III 55, 68, 69, 14110 ff; s Handelsregister
Eintragungsantrag III 14110
Eintragungsvermerk III 1 Anh
Einvernehmen mit ausländischem Anwalt **X** 2200, 2201
Einwendung gegen Kostenberechnung I A 66, **I B** 57, **III** 127, **VIII A** 23, 24, **X** 11
Einwendung gegen Wertfestsetzung I A 63
Einwohnermeldestelle XI 708
Einzelne Rechtshandlung I B 46, **III** 11103, 11105, 12312
Einzelpflegschaft I B 46

1–3stellig = §§ bzw. Nr. KVGv, 4- oder 5stellig = Nr. KV **Sachverzeichnis**

Einzelrichter I A 66, I B 57, III 81, V 4, X 33
Einzeltätigkeit X 3402, 4300 ff, 5200, 6400
Einziehung, Gebühr I A 3410 ff, 4210 ff, II A 12, III Vorb 1.2.2, 12215, X 4142, 5116; Wert I A V b 3.1
Eisenbahn s. Bundeseisenbahnvermögen
Elektronische Bearbeitung I A 5 a, 28, 66, 9000, 9003, I B 8, 2000, 2003, III 7, 31000, 32002, V 4 b, 7, VIII A 15, 1123, 2000, X 11, 12 a, 7000, XI 241, 700, 713
Elterliche Sorge I A 1 Rn 13, I B 1320 ff
Endgültige Wertfestsetzung I A 63
Energiesicherungsgesetz III 15212
Energiewirtschaftsgesetz I A 1, 50, Vorb 1.2.2
Entbehrlichkeit der Hauptverhandlung X 4141
Enteignung I A 48 Anh I, 52 Anh I
Entfernung aus Gewahrsam XI 220, 420
Entgegennahme III 1 Anh, XI 221, 230, 430
Entlassung aus Mithaft III 44, 14141
Entlassung des Testamentsvollstreckers III 65
Entnahmerecht XI 15
Entschädigung V 15 ff, VI
Entschädigungsverfahren I A 3700, VIII A 3, X 61 a Anh, 89 Rn 6
Entscheidungsformel III 11201, 12222, 12321, 12422, 12532, 15122, 15125, 15222, 16112, 16122, 16124, 16212, 16224, 19111, 19114
Entscheidungsschuldner I A 29, 31, I B 24, III 9, 27, VIII A 17
Entsetzung XI 240, 602
Entsiegelung III 23503
Entwurf III 119, Vorb 2.1.3, 24100 ff
Entziehung III 1 Anh „Verein", X 51, 3334, 4200 ff
Erbauseinandersetzung III 31, 41
Erbausschlagung III 18, 102
Erbbaurecht III 1, 43, Vorb 1.4, 1.4.1.2
Erbbiologisches Gutachten V 10 Anl
Erbe, Kostenhaftung III 24
Erbeneintragung III 1 Anh, 102, 14110
Erbenermittlung III 1 Anh
Erbenhaftung III 6
Erbrechtlicher Anspruch I A 48 Anh I, III 102
Erbschaftsverkauf III 23
Erbschein III 40, 12210 ff, Vorb 1.5.1
Erbvertrag III 23, 114, 21201, 23100
Erbverzicht III 102
Erfolgsaussichtsprüfung X 2100
Erfolgshonorar X 4 a, XII IX
Erfolgsunabhängige Vergütung X 4
an Erfüllungs Statt X 4
Ergänzung einer Erklärung III 21110, Vorb 2.1.3, 2.4.1
Erhebung von Geld usw III 25300
Erhöhung von Miete usw I A 41
Erinnerung I A 1, 66, 67, I B 1, 57, II C 11, III 81 ff, VII A 45, X 11, 16, 18, 19, 55, 56, 3500, XI 5
Erklärung III 97, 103, Vorb 2.1
Erlaß I A 52 Anh II, VII A 40, VII D
Erlaubnisträger XII IX
Erledigung der Angelegenheit I B 11, III 9, X 15
Erledigung des Auftrags X 8, XI 600 ff
Erledigung der Hauptsache I A 48 Anh I, 63, 1211 usw, I B 1111 usw
Erledigung der Rechtssache I 1002, 2502 ff
Erledigung durch Vergleich I A 45

Erlöschen des Vereins III 1 Anh, 13101
Erlöschen des Vergütungs- oder Entschädigungsanspruchs V 2
Erlöschen der Zahlungspflicht I A 30, I B 25, III 1 Anh, 28
Ermächtigung I B 61a
Ermäßigung I A 69 b, 1211 usw, I B 61 a, 1111 usw, II B 186, III 91, VIII A 10
Ermessen I A 48 Anh I (§ 3 ZPO), 51, III 36, X 3 a, 4, 14
Ermittlungsverfahren I A 12 a, X 17
Ernennung des Testamentsvollstreckers III 65
Erneute Beurkundung III Vorb 2.1.3
Eröffnung I A 2310, III 18, 12101, VII A 39, X 3313, 3314
Eröffnungsverfahren I A 2310, 2311, X 3313, 3314
Errichtung eines Bauwerks usw III 50
Ersetzung einer Erklärung I B 36, III 60
Erstattung IV 45
Erstberatung X 2100 Rn 8
Ersteher I A 26, III 31
Erstschuldner I A 31, III 33
Ersuchen III 1 Anh, VII A 33, XI bei 1
Ersuchter Richter X 19, 3331
ERVV s „Elektronische Bearbeitung"
Erwerbsrecht III 51
Erzwingung der Anklage X 4302
Europäisches Insolvenzverfahren I A 1, 23, 58, 2360 ff, X 3317
Europäisches Mahnverfahren I A 1, 12
Europäischer Rechtsanwalt X 2200, 2201
Europäische Union X 38
Europäischer Vollstreckungstitel I A 1, 12, 22, 1510, 1512, 1513, 1521, 2118, 8401, III 23 805, X 18 Z 8, 19 I 2 Z 9
Europäischer Zahlungsbefehl I A 1, 1100
Fälligkeit I A 6 ff, 52 Anh II, I B 9–11, II B 185, II C 3, III 8 ff, IV 43, VIII A 6 ff, X 8, XI 14
Fahrerlaubnis I A 19, 52 Anh I, X 4143
Fahrtenbuchauflage I A 52 Anh I
Fahrtkosten V 5, 8, 15, 19, III 32006 ff, X 7003 ff, XI 710
Fahrverbot X 4143
FamFG I B 1, II 1, V 1 Anh II, VIII A 1, 1331
FamGKG I B, III 1
Familienregister III 13500
Familiensache I B 1 ff, III 1, VII A 14
Familienstiftung III 13500
Familienstreitsache I B 1120 usw
Farbkopie I A 9000, I B 2000, III 31000, 32000, XI 700
Fehlerhafte Vergütungsvereinbarung X 4 b
Feiertag III 26000, X 19, XI 11
Festgebühr Einl II A 14
Festsetzung V 4, VII B 5, VIII A 4, X 4, 11, 32 ff, 55; s auch Wertfestsetzung
Feststellung von Mieter oder Pächter XI 401
Feststellungsklage I A 48 Anh I, 52
FEVG III 15212
FGO I A 1, 52, 53, 63, 1000 ff, 6110 ff, X 3100 ff
Finanzbehörde III Vorb 2.2.1.1, V 1
Firma III 23, 58, 105, 13500
Flurbereinigung I A 52 Anh I, X 15 Rn 29
Förderung des Verfahrens X 4141, 5115
Folgesache s Ehesache, Scheidungssache

2299

Sachverzeichnis

fette röm. Zahlen = Abschn. arab. Zahlen

Forderung I A 48 Anh I, XI 300
Forderungsanmeldung III 12410
Forderungsfeststellung I A 48 Anh II
Forderungspfändung I A 12, 2111
Forderungsüberweisung I A 2111
Forschungsvorhaben VIII A 22
Forstwirtschaft III 48
Fortbildungstagung V 15
Fortdauer der Vorschußpflicht I A 18, I B 17, III 17
Fortführung I B 6, III 1 Anh „Verein"
Fortgesetzte Gütergemeinschaft III 40
Fortsetzung von Miete I A 41
Foto V 12
Fotokopie I A 9000, I B 2000, III 31000, 32000, V 7, X 7000; s auch Auslagen
Frachtprüfer XII IX
Freie Verwertung X 19
Freigabe I A 48 Anh I
Freihändige Verwertung X 18
Freiheitsstrafe I A Vorb 3.1
Freiwillige Gerichtsbarkeit I A 1, I B, III
Freiwillige Versteigerung III 117, 21101, 23600 ff
Freiwillige Zahlung X 4
Fremdsprachige Erklärung III 26001
Früchte I A 43, 48 Anh I (§ 4 ZPO), 52 Anh II, 68, I B 37, III 37, XI 205, 300
Führungszeugnis VIII A 3
Fütterung III 31009

Gebrauchsmuster I A 1, 48, 51 Anh II, 1250 ff, 1252 Anh, 1253, III 15213, X 3510
Gebühren, Begriff Einl I A Rn 9 ff
Gebührenberechnung X 10
Gebührenermäßigung I A 51 Anh III, 69 b, I B 61 a, III 91
Gebührenfreiheit I A 2, 12, 14, 63, 66, I B 2, 15 usw, III 1 Anh, 2, 16, Vorb 2, IV 33 Vorb, VII A 11, 18, VIII A 2, X 11, 33, 55, 56, XI 2
Gebührenklage X 11
Gebührenrechnung X 10
Gebührensatzung zum Vorsorgeregister SchlAnh M
Gebührenschuldner s Kostenschuldner
Gebührentabellen I A 34, I B 28, III 34, X 13, – SchlAnh A–D
Gebührenteilung II B 187, X 3400
Gebührenvereinbarung III 125, 126, X 3 a– 4 b, 34, XII IX
Gebührenverringerung: I A 51 Anh III
Gebührenverzeichnis II C 2 Anl, III 58 Anh, VIII B 1 mit Anl, SchlAnh H–N
Gebührenvorschuß s Vorschuß
Gebührenwegfall I A 69 b, I B 61 a
Gefangener V 20
Gefälligkeitsgutachten X 34 Rn 20
Gegenseitiger Vertrag I A 48 Anh I
Gegenstand, Begriff X 7 Rn 27, 28
Gegenständlich beschränkter Erbschein III 40
Gegenständlich beschränkte Gebührenfreiheit VII A 11
Gegenstandsloses Recht III 1 Anh, 14140
Gegenstandswert X 2, 22 ff; Belehrung X Grdz 17
Gegenvormund V 1 Anh II 1
Gegenvorstellung I A 63 Rn 66, 68 Rn 22
Gehalt I A 42
Gehör, rechtliches s „Anhörungsrüge", „rechtliches Gehör"

Geld III 25300
Geldauflage IX B 18
Geldbuße I A Vorb 3.1, 3117, IX A 1, IX B 1 ff, s auch OWiG
Geldforderung I A 48 Anh I, I B 35
Geldrente I A 42
Geldstrafe I A Vorb 3.1, IX A 1, B 1 ff
Geldverwahrung III 1 Anh, 25300, 25301
Geltungsbereich I A 1, I B 1, III 1, V 1, IX A 1, X 1
Gemeinkosten des Sachverständigen V 12
Gemeinsamer Vertreter X 40
Gemeinnützig I A 48 Anh I, III 61
Gemeinschaftliches Testament III Vorb 2.1.1, 2.1.2
Genehmigung I B 36, III 60, Vorb 1.5.1
Genetische Abstammungsuntersuchung III 94
Genossenschaft I A 48 Anh I, III 58, Vorb 1.3, VII A 14
Gerichtlich bestellter Verteidiger X 45 ff
Gerichtliche Entscheidung nach AktG X 57
Gerichtlicher Vergleich I A 1211 usw, 1900, I B 1221 usw, III 17005, X 1000 ff
Gerichtliches Verfahren III 127 ff
Gerichtsersuchen III 1 Anh
Gerichtskasse, Ersuchen VII A 33 ff
Gerichtskosten Einl II B Rn 1, I A, 16, III 55 ff, VII D, IX A 1
Gerichts- und Notarkostengesetz III 26003
Gerichtsstelle I A 9006, I B 2006, III 26002, 26003
Gerichtsverfassungsgesetz VI
Gerichtsvollzieher, Einl II B Rn 15, IV 49, V 1, VII A 21, IX A 1, X 19, XI
Geringfügige Forderung (EG) I A 1, 12, 1211 usw
Gesamtgut III 64, 12310 ff
Gesamthaftung I A 31, 32, I B 26, 27, III 70, X 7, 15
Gesamthand III 70, 14110
Gesamtrecht III 18
Gesamtschuldner s Gesamthaftung
Gesamtstrafe I A Vorb 3.1
Geschäftsbestimmung III 15210
Geschäftsgebühr X 2300 ff, 2503
Geschäftsreise III 1 Anh, Vorb 3.2, 32006 ff, X 7003 ff
Geschäftsstelle I A 66, I B 57, III 81, V 4, X 11, 33
Geschäftsunkosten X Vorb VV 7 Rn 4
Geschäftswert III 3, 19, 35, 79, 80 ff, X 19
Geschäftszeit III 26002, 26003
Geschichtliches, Einl I; sowie I A Grdz vor § 1, entsprechend bei II–XII
Gesellschaft I A 48 Anh I, III 1, 120
Gesellschafterliste III Vorb 2.2.1.1
Gesellschaftsanteil VII 54
Gesellschaftsvertrag III 1 Anh, 107, Vorb 2.1
Gesetzlicher Schuldner I A 29, I B 21 ff, III 23, 27, VIII A 17
Gesprächsdolmetscher III 1 Anh
Gesuch III 1 Anh
Gewahrsam XI 220
Gewalt X 18
Gewaltschutz I B 1, 21, 49
Gewerbe I A 52 Anh I
Gewerbesteuer I A 52 Anh II
Gewerbezentralregister VIII A 3, 1130 ff
Gewerblicher Rechtsschutz I A 1, 48 Anh I, 51 mit Anh, 1250 ff mit Anh

2300

1–3stellig = §§ bzw. Nr. KVGv, 4- oder 5stellig = Nr. KV **Sachverzeichnis**

GKG I A
Gläubigerausschuß I A 9018, **X** 1, SchlAnh E
Gläubigerbeirat **X** 1
Glaubhaftmachung I A 14, I B 15, **III** 16
Gnadensache **VIII** A 3, **X** 4303
GNotKG **III**
GOÄ **V** 10 Anl
Grenzüberschreitende Prozeßkostenhilfe I A 28, **III** 27, **X** 46
Grenzüberschreitende Zwangsvollsteckung I A 1510 ff
Gründungsprüfung **III** 123, 25206
Grundbegriffe Einl II A
Grundbuchberichtigung **III** 14110
Grundbuchblatt, Anlage **III** 1 Anh
Grundbuch-Datenabruf **III** 1 Anh
Grundbucheinsicht **III** 1 Anh
Grundbuchsache **III** 69
Grunddienstbarkeit I A 48 Anh I: 7, **III** 52
Grundgebühr **X** 4100, 5100, 6200
Grundpfandrecht **III** 53
Grundrecht **X** 37
Grundsätzliche Bedeutung I A 66 ff, I B 57 ff, **III** 81
Grundschuld **III** 53, Vorb 1.4.1.2, s auch Hypothek
Grundschuldbrief **III** 71, 14124, **VII** A 20
Grundsteuer I A 52 Anh I, II
Grundstück **III** 46 ff; s auch Versteigerung
Grundstücksgleiches Recht I A 56, **III** 49; s auch Zwangsversteigerung
Grundstücksrecht **III** 53, 69
Grundstücksveräußerung **IV** 36
Grundstücksversteigerung **III** 116
Grundstückswert **III** 46 Anh
Gütergemeinschaft **III** 40, 12210 ff
Güterrecht I B 1, 52, **III** 100, **X** 45
Güterrechtsregister **III** 13200, 13201
Güteverfahren **X** 17, 2303
Gutachten **V**, **X** 4, 14, 34, 2103
GVG in **VI**

Haager Zivilprozeßübereinkommen I A 1510 Anh
Haft I A 41, 2113, 9010, 9011, I B 2008, 2009, **III** 31010, **VII** A 12
Haftbefehl I A 2113, 9010
Haftpflichtversicherung **III** 1 Anh, 32012, 32013, **X** 14, 7007
Haftung I A 52 Anh II, **III** 22 ff, **X** Grdz vor 1
Haftungsrisiko **X** 14
Haftungsübernahme **III** 16
Halbleiterschutzgesetz I A 1, 51, **III** 15213, **X** 5410
Handakte **X** 10, 19
Handelsregister **III** 58, 105, Vorb 1.3
Handelsrichter **VI**
Handelsvertreter I A 48 Anh I
Handwerk I A 52 Anh I
Handzeichen **III** 1 Anh, 121
Hauptverhandlung **X** 4108 ff usw
Hauptversammlung **III** 120
Hausfrau **V** 16, 21
Haushaltsführung **V** 15, 17, 19, 21
Haushaltssache I B 1, 48, **X** 3100 ff
Haverie s Dispache
Hebegebühr **III** 25300, 25301, **X** 1009, **XI** 430
Heim I A 9011
Hemmung der Verjährung **X** 8
Herabsetzung der Vergütung **X** 4
Heranziehung **V** 1

Herausgabe I A 1 Rn 15; 12, 22, 41, 48 Anh I, I B 45, **III** 12100
Herstellung des Einvernehmens **X** 2200, 2201
Hilfsanspruch I A 45, 48, I B 39
Hilfsaufrechnung I A 45
Hilfshaftung I A 31, I B 26
Hilfskraft **V** 12
Hilfspfändung **XI** 205
Hinterlegung **VIII** B, **X** 1009
Hinweispflicht auf Wertgebühr **X** Grdz 17
Hochschullehrer **X** 5 Rn 11
Hochschulzulassung I A 52 Anh I
Höchstgebühr **III** 35, 11103
Höchstwert I A 39, 48, 52, I B 43, **III** 106, Vorb 1.2, **X** 22
Höfesache **III** 1, 23, 48, 12410, 15110, **IV** 36 Anh
Höhe der Kosten I A 3
Hofanfallsausschlagung **III** 1 Anh
Honorar des Sachverständigen usw **V** 8 ff
Honorarvereinbarung **X** 3 a–4 b
Hotel **V** 5, **X** 7006
Hypothek **III** 53, **VII** A 20
Hypothekenbrief **III** 71, **VII** A 20

Immission I A 48 Anh I
Immobiliarwert **III** 46, 46 Anh, Vorb 1.4.1.2
Information **III** Vorb 2.1
Inhaberpapier **XI** 705
Inhaltsänderung **III** Vorb 2.2.1.1
Inkassobüro **XII** IX
Inländische Behörde, Einrichtung oder Person I A 9013, 9015, 9016
InsO I A 1
Insolvenz I A 1, 23, 24, 33, 48 Anh II, 52 Anh I, 58, 2310 ff, 2360 ff, 3010, 9017, **III** 1 Anh, Vorb 1.3, **VII** A 14, **VII** B 5, F, **X** 1, 28, 3313 ff, **X** 3313 ff, SchlAnh E, F
Insolvenzverwalter I A 9017, **X** 1, SchlAnh E
Instanz I A 35 Rn 2
Internationales Erbrechtsverfahrensgesetz I 1, 5, 52, 1512, **III** 13, 18, 40, 62, 67, 69, 70, 98, KfVG laufend, **X** 19
Internationales Familienrechtsverfahrensgesetz I B 13, 21, 1710, **III** 1, **V** 11 Rn 3, **X** 19
Internationales Privatrecht **X** Grdz vor 1
Internationale Rechtshilfe I A 1, **VII** A 1, 4–19, 20, **X** 6100 ff
Internetversteigerung **XI** Vorb KVGv 3, KVGv 300, 302, 702
Irriger Ansatz I A 20, I B 19

Jagdrecht I A 48 Anh I
Jahresbericht **VII** A 52
Jahresgebühr **III** 8, 11101 ff, 12310 ff, **VIII** A 6, 1120 ff
Jugendgerichtsgesetz I A 1, 60, 68, I B 1
Jugendhilfe I A 9011
Jugendkammer **X** 4118
Jugendstrafe I A Vorb 3.1
Jugendwohlfahrtsgesetz I A 52 Anh I
Juristische Person **X** 19
Justizbeamter **VII** A 1311
Justizbeitreibungsgesetz **VIII** A 16, **IX** A
Justizverwaltungsabgabe **VII** D, **IX** A 1
Justizverwaltungsakt, Nachprüfung **III** 1, 15300
Justizverwaltungskosten **VII** A 53 ff, **VIII** A
JVEG I A 9005, I B 2005, **III** 1 Anh, 31005, **V**, **XI** 703

Sachverzeichnis

fette röm. Zahlen = Abschn. arab. Zahlen

Kammer für Handelssachen **VI**
Kanzleiverlegung **X** Vorb VV 7
Kapitalanleger-Musterverfahren **I A** 1, 5, 9, 12, 17, 22, 51 a, 66, 1210, 1211, 1821, 1902, 9000–9002, 9018, **V** 13, **X** 15, 16, 23 a, 41 a, 1003, 3338
Kartellsache **I A** 1, 50, 51, Vorb 1.2.2, 1630, **X** 3300
Kassation s Rehabilitierung
Kauf **III** 47
Kilometerpauschale **V** 5
Kindergeld **I A** 52
Kindesherausgabe **I B** 21, 45, 1710
Kindschaftssache **I B** 1, 45, 46, 1310 ff, 1410 ff, **X** 18
Klagefeststellung **I A** 52 Anh I
Klageeinreichung **I A** 48 Anh I (§ 4 ZPO)
Klagenhäufung **I A** 52 Anh I, II
Klagerücknahme **I A** 1211 usw, **X** 3101 usw
Klagerweiterung **I A** 12
Klagerzwingung **I A** 3200, **X** 53
Klagezustellung **I A** 12
Klarstellung eines Rangs **III** Vorb 1.4
Kleinbetrag **VII** E
Kleinverfahren **I A** 1211
Körperschaft **II B** 184
Körperverletzung **I A** 42
Kohlendioxid-Speicherung **I A** 1
Kommanditgesellschaft s Gesellschaft
Kommanditist **III** 13500
Kommunalrecht **I A** 52 Anh I
Kontaktperson **X** 55, 4304
Koordinator **I A** 23, SchlAnh F
Kopie **I A** 28, 2114, 9000, **I B** 2000, **III** 1 Anh, 17000 ff, 31000, 32000, 32001, **V** 7, **X** 7000, 7009, 9000, **XI** 700; s auch Auslagen
Korrespondentanwalt s Unterbevollmächtigter, Verkehrsanwalt
Kostbarkeit **III** 25301
Kosten, Begriff **Einl II**; Wert **I A** 48 Anh I
Kosten als Nebenforderung **I A** 43, **I B** 37
Kostenansatz **Einl II** 4, **I A** 19, 66, 67, **I B** 18, **II C** 8, **III** 18, 81, **VII A** 4 ff, 13 ff, 35, **B** 1, **X** 3500, **XI** 5
Kostenausgleich **VII B** 2
Kostenbeamter **VII A**
Kostenberechnung **III** 19
Kostenerhebung **III** 18 ff, 88 ff
Kostenerlaß **VII A** 40
Kostenerstattung **I A** 63, 66, **I B** 57, **II B** 193, **III** 1 Anh, 81, 83, **IV** 45, **V** 5 ff, **X** laufend
Kostenfestsetzung **II B** 197, **III** 1 Anh, 83, **X** 16, 3500
Kostenforderung, Änderung **VII A** 36
Kostenfreiheit **I A** 2, **I B** 2, **II B** 183, 197 a, **III** 1 Anh, 2, 144, Vorb 2, **IV** 33 Vorb, 42, **VIII A** 2, 3, **XI** 2
Kostenhaftung **I A** 22 ff, **I B** 21 ff, **III** 22 ff, **VIII A** 13 ff
Kostennachricht **VII A** 32 ff
Kostenprüfung **VII A** 41 ff
Kostenrechnung **III** 19, **VII A** 4 ff, 27, 29, 30, 34, **IX B** 4
Kostenschuldner **I A** 22 ff, **I B** 21 ff, **II B** 189, **II C** 4, **III** 22, **IV** 47, **VII A** 7 ff, **VIII A** 13 ff, **XI** 13
Kostensicherung **VII A** 22, 23
Kostenteilung **II B** 194
Kostenübername **I A** 2, 29, **I B** 24
Kostenverfügung **Einl II B** 6, **VII A**

Kostenverteilung **II B** 192, **XI** 15
Kostenverzeichnis **I A** 3 nebst Anlage 1 (nach 72); **I B** 3 nebst Anlage 1 (nach § 63); **III** 3 nebst Anlage 1, **XI** 9 mit Anl
Kostenvorschuß s Vorschuß
Kraftfahrzeug s Fahrtkosten
Kraftfahrzeugsteuer **I A** 52 Anh II
Kraftloserklärung **III** 1, Vorb 1.2.2, 12215, 15212
Kreditinstitute-Reorganisationsgesetz **I A** 23 a, 53 a, 1650
Kriegsopferfürsorge **I A** 52 Anh I
Kündigung **I A** 42, **X** 3404
Kündigungsschutzklage **I A** 42
Kurzfassung **III** 1 Anh
Kux **I A** 2210 ff, **III** 49

Ländervereinbarungen **VII** B–D
Land **I A** 2, **I B** 2, **III** 2, **XI** 2
Landbeschaffungsgesetz **III** 15212
Landesjustizverwaltungskostengesetz: **VIII A, B**
Landeskasse **X** 45
Landesrecht **I A** 2, 69 b, **I B** 61 a, **III** 1, Vorb 2.3, **VII B** ff, **VIII A** 1
Landessozialgericht **I A** 7112
Landpachtvertrag **III** 1 Anh, Vorb 1.5.1
Landwirt **I A** 49, **IV**
Landwirtschaftssache **III** 48, 76, Vorb 1.2, 15110 ff, **IV**
Lastenausgleich **I A** 52 Anh 1
Leasing **I A** 48 Anh I
Lebensmitteluntersuchung **V** 10 Anl
Lebenspartnerschaft **I A** laufend, **I B** laufend, **III** 52, Vorb 1.2.5.1, **VII A** 14, **X** laufend
Legalisation **III** 1 Anh, 25207
Leiche **I A** 9009, **V** 10 Anl
Leistungsangebot **XI** 410, 411, 603
Leistungsklage **I A** 52, 52 Anh I
Leistungsrecht **III** 52
Lichtbild **V** 12
Liquidation **III** 1 Anh „Verein", 13101
Löschung **I A** 48 Anh I, **III** 1 Anh, 13100, 13400, 14110 ff, 14140, 14142, 14219, Vorb 2.2.1.1
Löschungsanspruch **III** 13700
Löschungsvormerkung **III** 1 Anh, 14130, 14150
Lösung von Geldbetrag und Kosten **IX B** 15
Lohn **I A** 41
Lohnsteuerhilfeverein **I A** 52 Anh II
Luftfahrzeug s Schiff, Zwangsversteigerung, Zwangsverwaltung

Mahnung **VIII A** 1, 16, 1403, **IX B** 7, **X** 12, 2302, 3402
Mahnverfahren **I A** 12, 1100, 8100 ff, **I B** 21, 1220, **X** 17, 3305 ff
Mandant s Auftraggeber
Marke **I A** 1, 51 mit Anh, 1252 Anh, **III** 15213, **X** 3510
Maßregel der Besserung und Sicherung **I A** Vorb 3.1, 3110 ff, 4200 ff, **VIII A** 3
Mediation **X** 34, 3104 Rn 5
Mehrere Angeschuldigte **I A** Vorb 3.1
Mehrere Ansprüche **I A** 48 Anh I (§ 5 ZPO)
Mehrere Aufträge **XI** 3, 10, 17
Mehrere Auftraggeber **X** 7, 22, 1008
Mehrere Beschuldigte **I A** Vorb 3.1 Rn 22 ff
Mehrere Betreute **III** 11101, 11103
Mehrere Erklärungen **I B** 36, **III** 60

1–3stellig = §§ bzw. Nr. KVGv, 4- oder 5stellig = Nr. KV **Sachverzeichnis**

Mehrere Geschäfte X Vorb 7
Mehrere Grundstücke III Vorb 1.4, **VII A** 16
Mehrere Grundstücksrechte III 63
Mehrere Kostenschuldner I A 31, **I B** 26, III 32, **IV** 47, **VIII A** 18, **XI** 13
Mehrere Rechte III Vorb 1.4
Mehrere Rechtsanwälte X 6
Mehrere Streitgegenstände I A 39
Mehrere Verfügungen von Todes wegen III 12101
Mehrfertigung s Auslagen, Kopie, Ausdruck
Mehrwertsteuer s Umsatzsteuer
Menschenrechte, Gerichtshof X 38 a
Miete I A 41, 48 Anh I (§ 8 ZPO), III 52, **X** 3333
Mieter, Feststellung XI 401
Mieterhöhung I A 41
Mietpreisrecht I A 52 Anh I
Mietvertrag III 99
Milchmengengarantie I A 52 Anh I
Minderjähriger I A 1120, **I B** 21, **X** 17
Mindestgebühr I A 34, **I B** 28, III 34, KVfG laufend, **X** 13, 1009
Mindestunterhalt I A 42
Mindestvermögen III 1 Anh, Vorb 1.1, 11101
Mindestwert I A 48, 52, 63
Mißbrauchsgebühr I A 38 Anh, **I B** 32 Anh, 43, **VIII A** 1222
Mitarbeiter V 1
Mitbestimmung III 1, 13500 ff
Miteigentum III 14110 ff
Mitfahrer V 5
Mithaft III 1 Anh, 44, 14141
Mitteilung VII A 33
Mittelloser I A 9008, **I B** 2007, III 31008, **V** 25 Anh
Mitwirkung bei Aussöhnung X 1001; **bei Bewertung** III 95; **bei Einigung oder Vergleich** X 1000; **bei Vermögensverzeichnis** III 23502
Modernisierung I A 41
Musterverfahren s Kapitalanleger-Musterverfahren

Nachbarklage I A 52 Anh I
Nacherbfolge III 23, 12410
Nachforderung I A 20, **I B** 19, III 20, **XI** 6
Nachlaßgericht III 103, 12411, 12412
Nachlaßinventar III 23, 31, 12410
Nachlaßpflegschaft III 64, 12310 ff
Nachlaßsache III 12100 ff
Nachlaßsicherung III 12310 ff
Nachlaßverbindlichkeit III 24
Nachlaßverwaltung III 12310 ff, **X** 1
Nachprüfung von Anordnungen der Justiz III 134 Anh, **X** Vorb VV 3.2.1
Nachträgliche Gesamtstrafe I A Vorb VV 3.1
Nachverfahren X 17
Nachverhaftung XI 270
Nachträgliche Erteilung III 71
Nachtzeit III 58, **X** 19, **XI** 11
Nachzahlung X 19
Name I A 48 Anh I
Nebenforderung I A 43, 48 Anh I (§ 4 ZPO), 52 Anh I, **I B** 37
Nebengegenstand III 37
Nebengeschäft III 35, **X** 19
Nebenintervenient s Streithelfer
Nebenklage I A 16, 3510 ff, **X** 53, Vorb VV 4
Nebenkosten bei Miete usw I 41

Neufassung I A 70 a, III 133, **VIII A** 25, **X** 59 b
Nichtbetrieb I B 11, III 9, Vorb 2.1.3
Nichtehelichkeit I A 53
Nichteinlösung XI 706
Nichterhebung I A 21, **I B** 20, **II B** 190, **II C** 9, III 21, **VII A** 10 a, 44, **VIII A** 11, 12, **XI** 7
Nichterledigung XI 600 ff
Nichtigkeitsklage I A 51 Anh IV
Nichtvermögensrechtlicher Streit I A 48, **I B** laufend, III 36
Nichtvorlagebeschwerde I A 52 Anh I
Nichtzahlung II C 6
Nichtzulassungsbeschwerde I A 47, 52 Anh I, 1242, 1243, 5500 ff, 6500 ff, 7500 ff, **X** 17, 3504 ff
Niederschlagung I A 21, **I B** 20, **II B** 190, **II C** 9, III 21, **XI** 7
Niederschrift III 1 Anh, Vorb 1, Vorb 2.1, **VII A** 51
Niedrigere Vergütung X 4
Nießbrauch I A 48 Anh I
Normenkontrolle I A 52 Anh I, **X** 37
Notanwalt I A 48 Anh I
Notar III 29 ff, 85 ff, 21100 ff, **VII A** 56
Notarauftrag III 4
Notariatsverwalter III Vorb 2
Notarielles Verfahren III 85
Notarkosten III 1 ff, 85 ff
Notarrechtliches Verfahren SchlAnh L
Notbestellung III 13500 ff
Notfristzeugnis X 19
Nutzung I A 41, 43, 48 Anh I (§ 4 ZPO), **I B** 37, III 37, 52
Nutzungsverhältnis I A 41

Obdachloser I A 52 Anh I
Obduktion V 10 Anl
Oberlandesgericht I A 66, 1212
Oberster Gerichtshof I A 66, **I B** 57
Oberverwaltungsgericht I A 5112 ff
Obligatorisches Güteverfahren X 2403
Öffentliche Anstalt, Kasse I A 2, **III** 1 Anh
Öffentliche Bekanntmachung I A 24, 9004, **I B** 2004, III 31004
Öffentliches Interesse I A 38, **VIII A** 11
Öffentliche Klage I A 9015
Öffentliche Stelle V 1
Öffentliche Zustellung III 1, 15212
Öffentlichrechtliches Verhältnis I A 42, 52
Öffentlichrechtlicher Vertrag III 126, **VIII A** 21, 22
Öffnung XI 704
Örtliche Zuständigkeit s Zuständigkeit
Österreich I A 1514, **I B** 1713
Offizialverfahren I A 3110 ff
ohne bestimmten Geschäftswert III 36
ohne Tatbestand usw I A 1211 usw
online-Beratung X 1 Rn 14 „Rechtsdienstleister"
Ordnungsgeld III 13310 ff, 18003, **VIII A** 1200, 1201, **IX A** 1, **B** 1 ff, **X** 18, 19
Ordnungshaft I A 7009, **I B** 2009, III 1 Anh, 18003
Ordnungsrecht I A 52 Anh I
Ordnungswidrigkeit (VwGO) **I A** 52 Anh I; s auch OWiG
Ordnungs- und Zwangsmittel I A 48 Anh I, III 31010, 31011, **X** 18
Organbeschluß III 108

2303

Sachverzeichnis

fette röm. Zahlen = Abschn. arab. Zahlen

OWiG I A 1, 8, 4110 ff; Beitreibung **IX** 1; Fälligkeit **I A** 8, 9; Gebühren **I A** 1, 4110 ff, **X** 57, 5100 ff; Kostenansatz bei Staatsanwaltschaft **I A** 19; Kostenschuldner **I A** 27, 29, 30; Vollstreckung **VIII A** 3; Wert **I A** 65; s auch Staatsanwaltschaft

Pacht I A 41, 48 Anh I (§ 8 ZPO), **III** 99
Pachtkreditgesetz III 1, 1 Anh, 17004
Pächter, Feststellung XI 401
Paraphe III 1 Anh, 121
Partei, politische X 37
Parteizustellung XI 100
Partnerschaftsregister III 58, Vorb 1.3
Patentanwalt, Beiordnung **X** 45 Rn 6; Erfolgshonorar bei **X** 4 a
Patentanwaltsordnung X 4 a, SchlAnh I
Patentgesetz I A 51 Anh I, 1252 Anh Rn 5
Patentkostengesetz II C
Patentsache I A 1, 51 Anh Rn 5, 1253, **III** 15213, **IX A, X** 3510
Pauschalgebühr, -honorar, -vergütung Einl **II A** 9, **X** 4, 42, 51 Rn 91, **XI** 713, 714
Pauschalsystem I A Üb vor 48
Pauschgebühr X laufend
Person, Wegnahme **XI** 230, 601
Personalkosten V 12
Personalvertretung I A 52 Anh I
Personenbeförderung I A 9008, **I B** 2007, **III** 31008, **XI** 707
Personensorge X 48
Personenstandssache III 1, 1 Anh, 15212
Pfändung I A 12, 48 Anh I, 2111, **X** 19, **XI** 205
Pfandrecht, Wert **I A** 48 Anh I (§ 6 ZPO), **III** 53
Pfleger III Vorb 1
Pflegschaft I B 1313, **III** 1 Anh, 23, 64, 11100 ff, 12310, **X** 1
Pflichtteil III 102, 12520
Pflichtverteidiger X 45, 4100 ff
Pkw s Fahrtkosten
Plan III 107
Polizei I A 52 Anh I, **V** 1
Postentgelt I A 9001, 9002, **I B** 2002, 2003, **III** 1 Anh, 32004, 32005, **X** 7001, 7002 ff, **XI** 713
Postgesetz I A 9002 Rn 1
Preisklausel III 52
Privatklage I A 16, 3310 ff, **X** 53, Vorb 4, 4301, 4147
Prokura III 1 Anh, 58, 13100 ff, 21100 ff
Protest III 23400, 23401
Prozeßkostenhilfe I A 14, Üb 2–4 vor 22, 28, 31, 42, 48 Anh I, 52 Anh I, 9007, **II A** 11 a, **III** 2, **VII A** 9, **B** 5, **IX A** 1, **X** 4, 12, 16, 23 a, 45 ff, 3335, 3336, **XI** 4
Prozeßkostenvorschuß I A 1420, 1421
Prozeßpfleger X 1, 41
Prozeßverfahren I A 1210 ff
Prozeßvergleich I A 1211 usw, 1900, **III** 17005, **X** 1000
Prüfung der Erfolgsaussicht X 2100 ff
Prüfungsbeamter VII A 47
Prüfungsgebühr III 22100 ff, **IX A** 1
Prüfungsrecht I A 52 Anh I
Prüfungstermin I A 2340, 2430
Psychiatrisches Krankenhaus X 4200 ff
Psychosozialer Prozeßbegleiter I A 3150–3152, **X** 1 Rn 213

Rahmengebühr, Begriff **Einl II A** Rn 12, **III** 92, **VIII A** 4, **X** 11, 14
Rang III 45
Rangbereinigung III 1 Anh
Rangbescheinigung III 122, 25201
Rasterfahndung V 23
Rat III 24200 ff, **X** 34, 2500 ff
Räumung I A 41, **X** 3334
Raum I A 9009, **III** 31009
Reallast III 52, Vorb 1.4.1.2
Rechnung X 10
Rechnungsbeamter s Rechnungsgebühren
Rechnungslegung I A 44, 48 Anh I
Rechtliches Gehör I A 69 a, 1700, 2500, 3920, 4500, 5400, 6400, 7400, 8500, **I B** 61, 1800, **III** 25, **X** 19
s auch „Anhörungsrüge"
Rechtsanwaltsgesellschaft X 1 Rn 6, 5 Rn 14, 7 Rn 6, 8
Rechtsanwaltskammer X 1, 4, 14
Rechtsanwaltskosten Einl II B Rn 9; **X**
Rechtsanwaltsvergütung X
Rechtsbehelfsbelehrung I A 5 b, 68, **I B** 8 a, 59, **III** 7 a, 83 **II** 2, **V** 4 c, **VIII** 13, 22, **X** 12 c, 33, 52, **XI** 8 a, 59
Rechtsberatung III
Rechtsbeschwerde I A 51 a, 1230 ff, 1252 Anh, 1255, 1256 usw, 1820, **I B** 1130, 1213, 1225, 1316, 1325, 1720, 1820, 1920, 2122 ff, 2242, **III** 129, 11300 usw, **X** 3502 usw
Rechtsdienstleistungsgesetz XII A
Rechtsfähigkeit III 1 Anh „Verein"
Rechtsgeschäft III 60, Vorb 2.2.1.1
Rechtshängigkeit I A 48 Anh I
Rechtshilfe I A 9014, **I B** 2012, **III** 31014, **VIII A** 1, 2, 19, 20, 1320 ff, **X** 6100 ff
Rechtskraftzeugnis III 1 Anh, **X** 19
Rechtsmitteleinlegung I A 16, 48 Anh I (§ 4 ZPO), **X** 19, 4300
Rechtsmittelschrift X 19
Rechtsmittelverfahren, Kostenansatz, **I A** 19, Kostenschuldner **III** 25, Wert **I A** 47, 62, **I B** 40, **III** 61
Rechtsmittelzulässigkeit I A 62
Rechtsmittelzulassung I A 47
Rechtspfleger X 11, 18, 19
Rechtsverletzung I A 66
Rechtsverordnung III 58
Rechtswahl III 104
Rechtszug X 15, 19
Reederei III 14210 ff
Referendar VII B 4, **X** 5
Regierungsmitglied X 37
Register III 58, 69, 105, 106, 13100 ff, 17004, **VIII A** 1130 ff
Registerabdruck III 25210 ff
Registerblatt III 1 Anh „Verein",
Registereinsicht III 1 Anh
Registerpfandrecht III 53, 14310 ff
Registraturbeamter VII A 3
Registrierte Person XII A
Rehabilitierung X 4125, 4126
Reisekosten I A 9005 ff, **I B** 2006 ff, **III** 31008, **V** 5, 25 Anh, **VI X** 46, 7008, **XI** 712
Rente III 24, 52
Rentenanwartschaft X 19
Rentenschuld III 53, 14110 ff, **VII A** 20
Rentenschuldbrief III 71
Rentenversicherung I A 49
Reorganisation I A 23 a
Restitutionsklage I A 12, 22

1–3stellig = §§ bzw. Nr. KVGv, 4- oder 5stellig = Nr. KV **Sachverzeichnis**

Restschuldbefreiung I A 23, 2350, X 3321
Reststrafe, Aussetzung X 4200
Revision, im bürgerlichen Rechtsstreit I A 1230 ff, 3206 usw, und FGO I A 6120 ff; und StPO I A 3130 ff usw, X 3206 usw, 4130, 4300; und VwGO I A 5114 ff; Wert I A 47
Richter VIII A 2 Anl, X 19
Richterliche Vernehmung X 4102
Rückerstattung I A 5, 48 Anh I, I B 7, VIII A 5
Rückgabe III 114, 23100, VII A 34, X 19, XI bei 1
Rücknahme s Zurücknahme
Rücktritt III 21201
Rückzahlung II C 10, X 58
Ruhen des Verfahrens I B 11, III 9, X 8
Ruhestand I A 52
Rundfunkgebühr I A 52 Anh I
RVG X

Saarland Einl I, XII XI 9
Sache I A 9009, III 46 ff, 31009, XI 221, 707
Sachenrechtsbereinigungsgesetz III 24103 Anh I–III
Sachliche Zuständigkeit s Zuständigkeit
Sachverständiger I A 48 Anh I (§ 3 ZPO), 64, 9005, I B 2005, III 31005, V, VIII A 2 Anl, X 19, XI 703
Sachverständiger Zeuge I A 9005, V 2 Rn 3; 10
Sachwalter X 1, SchlAnh E
Sachwert I A 48 Anh I (§ 6 ZPO)
Sanierung und Reorganisation I 23 a, 53 a, X 24
Satzrahmengebühr Einl II A 13
Satzung III 107
Schadensersatz III 90
Schätzung des Werts I A 48 Anh I, 51 Anh III, 64, I B 56, III 80, 12510, 23601, XI 33
Scheckprotest III 23400, XI 12, 706
Scheidungsfolgesache I A 1, 12, 16, 46, 48, 1310 ff, I B 6, X 3100 ff
Scheidungssache Ehesache
Schiedsgericht I A 48 Anh I, 53, 1620 ff, X 1, 16, 17, 36, 3327
Schiedsspruch I A 1620 ff, III 23801, X Vorb VV 3.1
Schiedsstelle X 2303
Schiedsvereinbarung I A 1330 ff, X Vorb VV 3.1
Schiff I A 56, 9009, III 14210, XI 17, 28, 85; 240, 242, 400, s auch Zwangsversteigerung, Zwangsverwaltung
Schiffahrtsrechtliche Verteilungsordnung I A 1, 13, 25, 59, 2410 ff, VII B 7, X 18, 29, 3313 ff
Schiffsbauregister III 14210 ff
Schiffsbauwerk s Schiff
Schiffsbrief III 14210 ff
Schiffseigentümer, Vertreter III Vorb 1.1, Vorb 1.4
Schiffsflagge III 1 Anh
Schiffshypothek s Hypothek
Schiffskennzeichen III 1 Anh
Schiffspart I A 2111
Schiffsregister III 18, VIII A 1150 ff
Schiffsurkunde III 18
Schiffszertifikat III 18
Schlußkostenrechnung I A 20
Schlußvorschriften I A 71 ff, I B 62 ff, III 132 ff, V 24, 25, X 60, XI 18, 19
Schmerzensgeld I A 48 Anh I
Schöffe V 15 ff

Schreiben einfacher Art X 2302, 3404
Schreibgebühr III 32000 ff
Schriftliches Verfahren I A 1211 usw
Schriftlichkeit der Vergütungsvereinbarung X 4
Schriftsatz X laufend
Schriftzeichengesetz I A 1, 51
Schuldenbereinigung X 2501 ff, 3315 ff
Schuldnerverzeichnis VII A 54, X 18
Schuldübernahme III Vorb 2.2.1.1
Schule I A 52 Anh I
Schutzrecht X 3302
Schutzschrift VIII A 15 a, 1160, X 19
Schwerbehinderter I A 52 Anh I
Schwierigkeit I A 14, X 14, 2300, 2301
SE-Ausführungsgesetz III 1
Seemannsamt X 17, 2303
Selbständiges Beweisverfahren Geb I A 1610 usw, 5300, 6300, 8400, I B 1503, X Vorb VV 5, 3100 ff; Wert I A 48 Anh I
Selbständige Familiensache I B 1310 ff
Selbständige Familienstreitsache I B 1210 ff
Selbstvertretung des Anwalts X 1 Rn 35
Sequester X 19
Serienentwurf III Vorb 2.4.1
SGG I A 1, 52 mit Anh III, II B
Sicherheit I A 48 Anh I, III 53, X 18
Sicherstellung I A 10, 48 Anh (§ 6 ZPO), 51 Anh, IV, III 11 ff, 53, 56, VII A 23, VIII A 8
Sicherung des Nachlasses III 115, 12310 ff, 23500
Sicherungsanordnung I A 1211, 1222, 1223, 1232, X 19
Sicherungsübereignung III 53
Sicherungsverwahrung I A Vorb 3.1, 2 Rn 13, X 17, 52, 62, 4200, 6300–6303
Siegelung III 115, 12310 ff, 23500, XI 12
Sofortige Beschwerde s Beschwerde
Sofortige Vollziehung X 17
Soldat I A 52 Anh I
Sondereigentum III 14110 ff
Sonderprüfer III 72
Sonnabend s Sonntag
Sonntag III 26000, X 19, XI 11
Sorgerecht I B 45
Sortenschutzsache I A 1, 51, 1252 Anh, III 15213, X 3510 Rn 17
Soziale Ausgleichsleistung X 4144, 4146
Sozialgerichtsbarkeit I A 1, 52 mit Anh III, 53, 7110, II B, IX 2, X 3, 48, 52, 1005, 2102, 2400, 3102 usw, 7110 ff
Sozialhilfe I A 52 Anh I
Sozialklausel I A 41
Sprechtag III 87
Spruchverfahrensgesetz III 1, 74, X 31
Sprungrechtsbeschwerde I B 1140, 1216, 1228, 1319, 1328, 1930
Sprungrevision I A 1240 ff, X 19, 3200 usw
Staatsanwaltschaft I A 1, 19, 66, V 1, X 59 a, 4102
Staatskasse I A 9007, V 4, VII B 6, X 45, 55, 59
Standesregister III 15212
Stationierungsschaden I A 48 Anh I
Steuerberater I A 52 Anh II, VII B 6 C, X 1 Rn 14, bei 4 a, 35 mit Anh
Steuerberatungsgesetz X 4 a, SchlAnh J
Steuererklärung I A 52, X 25
Steuersache X 35
Stiftung III 67
Strafaussetzung X 4200 ff

2305

Sachverzeichnis

fette röm. Zahlen = Abschn. arab. Zahlen

Strafbefehl I A 3118
Strafkammer X 4112 usw
Strafprozeßordnung I A 1, 16, 33
Strafrechtliche Rechtshilfe VIII A 19, 20
Strafsache I A 1, 8, 3110 ff, Fälligkeit I A 8, III 3110 ff, VII A 14, X 42 ff, 4100 ff
Strafverfolgung VIII A 3, X 60, 65, 4144
Strafverfolgungsbehörde X 4102
Strafvollstreckung X 4200 ff
Strafvollzugsgesetz I A 1, 60, 65, 68, 3810 ff, IX A 10, X Vb 3.2.1
Streitgenosse I A 32, 48 Anh I, 49 a, I B 27, X 7 Rn 19
Streithelfer I A 38
Streitiges Verfahren I A 1211 usw, X 17
Streitverfahren I A 22
Streitwert s Wert
Streitwertbegünstigung I A 51, aber auch I A 51 Anh III Rn 1
Strukturierte Daten III 22114, 22125
Stufenantrag, Stufenklage I A 44, I B 38
Stundensatz, einheitliche Bemessung V 8, 9, 13, 15
Stundung I A 21, 52 Anh II, 9018, I B 20, III 125201, Vorb 2.4.1, VII D, F, IX A 9
Sühnetermin X 4102
Sühneversuch X Vorb VV 4, 4.1
SVertO I A 1, 25, 2410 ff, X 29, 3313 ff
Syndikusanwalt X 1

Tabellen SchlAnh A–D
Tagegeld I A 9005, 9006, I B 2006, 2007, III 1 Anh, 32005, V 5, 15, VI, X 7005 ff
Täter-Opfer-Ausgleich X 4102
Tatbestandsberichtigung X 19
Teil des Streit- oder Verfahrensgegenstandes I A 36, I B 30, III 26, 56, X 15
Teilbetreuung III 11101
Teileigentum III 1 Anh 42, 14112
Teilnachlaßpflegenhaft III 12311
Teilungssache III 118 a, 23900 ff, 6
Teilungsversteigerung III 116, 23600–23603
Telegramm I A 9001, I B 2001, III 31001, XI 713
Telekommunikationsentgelt III 32005, V 23, X 7001, 7002
Terminsanwalt X 3401 ff
Terminsgebühr X 3104 usw
Terminsverlegung I A 21, I B 20, VII A 10 a
Terminswahrnehmung X 3104 usw, 3402
Testament III 18, 23, Vorb 2.1.1, VII A 39, X 2100, 2400
Testamentsregister SchlAnh M
Testamentvollstreckung III 40, 65, Vorb 1.2.2, 12210 ff, 12410, 12420 ff, X 1
Textform X 3 a
Therapieunterbringung I 2 Rn 13, X 52, 61, 6300–6303
Tier I A 9009, III 31009, XI 707
Todeserklärung III 1
Tötung I A 42
Topographie I A 51, X 3510
Transsexueller III 1, 15210
Trennung I A 48 Anh I
Treuhänder I A 9017, III 22201, X 1, Schl-Anh E
Truppendienstgericht X 6400 ff
Türöffnung XI 250, 704

Übereinstimmungszweck III 1 Anh
Übergabe unbeweglicher Sache XI 24, 243
Übergabevertrag IV 36 Anh
Übergang auf Staatskasse I A 9007, X 59
Übergangsrecht I A 71–73, I B Grdz 2 vor 1, 63, II C 13 ff, III 134 ff, V 24, 25, VIII A 25 ff, X 60, 61, XI 18, 19
Überlange Hauptverhandlung X 4110 usw
Überlanges Verfahren I A 11, 12 a, 52, KV 1212–1215, 6112, 6113, 7112–7115, 8112–8115, 8233–8235, X 3, 3300
Übermittlung III 1 Anh, Vorb 2.1, 22124, Vorb 2.4.1
Übernachtungsgeld I A 1905, I B 2006, 2007, V 5, 6 Rn 6; 24, 25, VI, X 7003 ff
Übernahme XI 206, 210
Übernahmepflicht X Einf vor 2500
Übernahmeschuldner I A 29, 31, I B 24, III 3, 27, 29, VIII A 17
Überprüfung III Vorb 2.1.3, 2.1.4
Übersetzer I A 9005 Rn 1 ff, I B 2005, III 1 Anh, 31005, 32010, V 8 ff, VIII A 2 Anl, XI 703
Überstaatliche Einrichtung VIII A 1
Übertragung in andere Form III 31000, VIII A 1123
Übertragung des Verfahrens I A 66, I B 57, III 81, X 33
Überweisung I A 12, 2111
Umfang der Beiordnung X 48
Umfang der Beweisaufnahme X 1010
Umfang der Kostenprüfung VII A 48
Umfang der Sache I A 48, X 14, 2300, 2301
Umgang mit dem Kind I A 1 Rn 14; 48, I B 21, 45, 1310, 1710
Umgangspflegschaft I B 4, 2014
Umlegung I A 48 Anh I
Umsatzsteuer I A 52 Anh II, III 1 Anh, 32014, V 12, X 7008
Umschreibung XI 705
Umstellung III 64 Anh
Umwandlung I A 52, 53, 1640 ff, III 1, 13500 ff, X 3325, 3331
Umweltschutz I A 48 Anh I, 52 Anh I
Unanfechtbarkeit I A 66
Unangemessene Höhe der Vergütungsvereinbarung X 3 a
Unbare Zahlweise VII G
Unbedenklichkeitsbescheinigung III Vorb 2.2.1.1
Unbewegliche Sache XI 243
Unbilligkeit X 14
Unbrauchmachung I A Vorb KV 3.1, 3430, X 4143
Unersetzbarer Schaden I A 14
Unfall I A 48 Anh I
Unlauterer Wettbewerb I A 51 mit Anh III
Unrichtiger Ansatz I A 66, I B 57, III 20, VII A 44, XI 5, 7
Unrichtigkeit des Grundbuchs III 1 Anh
Unrichtige Sachbehandlung I A 21, I B 20, II C 9, III 21, VII A 44, VIII A 11, 12, XI 7
Unrichtige Wertangabe I A 64
Untätigkeitsklage (FGO) I A 52 Anh II
Unterbevollmächtigter X 6 Rn 12, 7 Rn 20, 25, 1000 Rn 77, 3400
Unterbrechung I B 11, III 9
Unterbringung I A 9011, III 26 V 1 Anh II 5, X 42, 1120, 4102, 6300 ff
Unterhalt I B 1, 51, 1210 ff, X 48
Unterlassung I A 48 Anh I, III, 64, III 31009, X 18, 64
Unterlassungsklagengesetz I A 48

2306

1–3stellig = §§ bzw. Nr. KVGv, 4- oder 5stellig = Nr. KV **Sachverzeichnis**

Unternehmensrechtliches Verfahren III 67, 13500 ff
Unternehmensregister VIII A 15, 1120 ff
Unterschrift III 1 Anh, 121, Vorb 2, X 3403
Unterschriftsbeglaubigung III 1 Anh, 121
Untersuchung I A 9009, III 31009, V 10 Anl
Untersuchungshaft X 4102
Unterzeichnung einer Schrift X 4300, 4301
Unübersichtliches Grundbuch III 1 Anh
Unübersichtlicher Rang III 1 Anh
Unvermögen des Kostenschuldners VII A 10
Unvertretbare Handlung I A 2111, X 18
Unwahre Anzeige I A 3200, 4300
Unwirksamkeitsbescheinigung III Vorb 2.2.1.1
Unzuständigkeit s Zuständigkeit
Urheberrecht I A 48 Anh III, III 1, 15213, 15300, X 3302
Urkunde III 21100 ff, 24100 ff
Urkundsbeamter X 11, 16, 19, 55, 3331
Urkundsbeteiligter III 30
Urkundsprozeß X 17
Urkundszeuge III 32010
Ursächlichkeit I A 21
Urteil ohne Tatbestand usw I A 1211, 1222 usw
Urteilsberichtigung X 19
Urteilsverfahren I A 8210 ff

Vaterschaft I B 47, III 1 Anh, Vorb 2
Veränderung einer Belastung III 14130
Veränderung eines Rechts III 97, Vorb 1.4
Veräußerungsrecht III 51
Verbindlichkeit III 38
Verbindung I A 48
Verbraucherstreitbeilegung VIII C
Verbund I B 44
Verdienstausfall V 15, 18, 19, 22
Verein III 1 Anh
Vereinbarte Vergütung V 14
Vereinbarung, der Gebühr III 125, 126, des Honorars V 13, 14, X 3 a–4 a
Vereinfachtes Verfahren I B 1210 ff, X 17
Vereinigung III 1 Anh, 14160
Vereinigung mehrerer Grundstücke III 69
Vereinsregister III 13100, 13101, X 1
Vereinssache III 67
Verfahren vor dem Rechtspfleger X 3331
Verfahren vor dem Urkundsbeamten X 3331
Verfahrensbeistand I B 21, 2013, V 1 Anh II 1, 2, 3, 86
Verfahrensgebühr I A 1100 usw, I B 1110 usw, X 3100 usw, 4104 usw
Verfahrenskoordinator I A 23, SchlAnh F
Verfahrenskostenhilfe I B laufend, III 16, 26, VII A 9, X 3510 Rn 27
Verfahrenspflegschaft I A 46, 9016, I B 2014, III 1 Anh, 31015, V 1 Anh II 4, 5, X 1
Verfahrensvergleich III 17005
Verfahrenswert I B 3
Verfall I A Vorb KV 3.1, 3430, X 4143
Verfassungsbeschwerde I A 69 a Rn 66
Verfassungsgericht X 37
Verfügung von Todes wegen III 18, 102, 12100, 21101; s auch Testament
Verfügungsbeschränkung III 50, 51
Verfügungsgeschäft III 21102
Vergabestreit I A 50
Vergleich I A 29, 31, 45, 48 Anh I, 1211 usw, 1900, 5600, 7600, I B 24, 1111 usw, 1500,

II B 195, III 1 Anh, 9, 22, 17005, X 1000 ff; s auch „Anwaltsvergleich"
Vergleichsschuldner III 22
Vergütung, Festsetzung V 4, X 4, 11
Vergütung, Insolvenzverwalter usw SchlAnh E
Vergütung, Verfahrenskoordinator I A 23, SchlAnh F
Vergütung, Vereinbarung V 13, 14, X 3 a–4 b
Vergütungsverzeichnis X 2, 1000 ff
Verhaftung XI 26, 36, 270
Verhandlungsschluß I A 48 Anh I (§ 4 ZPO), 1211 usw
Verhandlungsvertreter X 3401
Verjährung I A 5, I B 7, II C 12, III 6, V 2, VII A 37, VIII A 5, X 8, 11, 52, XI 8
Verkauf XI 21
Verkehr mit dem Verfahrensbevollmächtigten X 3400
Verkehr mit dem Verteidiger X 4200 ff
Verkehrsanwalt X 3400
S auch Unterbevollmächtigter
Verkehrsdaten III 1, 15213
Verkehrsflächenbereinigungsgesetz III 46
Verkehrswert I A 49 a, III 46
Verlosung III 23200
Verlustigkeitsbeschluß I A 48 Anh I
Vermerk von Grundbuchrechten III 14160
Vermittlung einer Auseinandersetzung III 116, 148; der Sachenrechtsbereinigung III 24103
Vermittlungsverfahren III 24103, X 17
Vermögensauskunft, s eidesstattliche Versicherung
Vermögensgesetz, Wert I A 52
Vermögensrechtlicher Anspruch (StPO) I A 3410, X 4143, (ZPO) I A 48
Vermögensteuer I A 52 Anh II
Vermögensverhältnisse I A 48, I B 43, X 14
Vermögensverzeichnis I A 44, 48, III 1 Anh, 115, 12510, 23500, XI 12, 260
Vermögenszuordnung I A 52 Anh I A
Vernehmung III 23300, X 4102, 4301
Vernichtung I A Vorb KV 3.1, 3430, X 4143
Veröffentlichung I A 48 Anh I, I B 2004, X 18, V b 4, XI 702
Verordnungsermächtigung I A 69 b, I B 61a, III 58
Verpachtung XI 301
Verpfändungsvertrag III 126
Verpflichtungserklärung III Vorb 2.2.1.1
Verpflichtungsklage I A 52
Versäumnisurteil I A 1211 usw, X 3101 usw
Verschiedene Angelegenheiten III 110, X 15, 17
Verschiedene Gebührensätze III 94
Verschollenheit III 1, 15210
Verschulden des beigeordneten oder bestellten Anwalts X 54
Versendung I A 9003, I B 11, 2003, III 31003
Versicherung I A 48 Anh I
Versorgungsausgleich I B 1, 50, 1320 ff
Verspätungszuschlag II C 7
Versteigerung III 116, 117, 12510, 21101, 23600 ff, XI 300
Versteigerungstermin I A 54, III 116, 117, 12510, 23600 ff, X 2113, 3312, XI 302, 310
Vertagung I A 38, VII A 10 a
Verteidiger VII B 4, X 42 ff, 4100 ff; s auch Pflichtverteidiger
Verteilung III 1, Vorb 3.3.1

2307

Sachverzeichnis

fette röm. Zahlen = Abschn. arab. Zahlen

Verteilungsverfahren I A 13, 25, 29, 48 Anh I, 54, 59, 1610, 2117, 2215, 2420, **III** 1, **VII B** 7, **X** 18, 26, 27, 3311
Vertrag III 97
Vertragsangebot, -annahme III Vorb 2.1.1
Vertragsaufhebung III 21102
Vertragsbeurkundung III 1 Anh
Vertragsstrafe III 37 ff, Vorb 2.1.1, 21101
Vertrauensperson V 1
Vertretbare Handlung I A 2111, **I B** 1601, **III** Vorb 1.1, 18002, **X** 18
Vertreter III Vorb 1.4, **V** 7, **VII B** 4, **X** 5, 19
Vertretungsberechtigung III 25200
Vertriebenenausweis I A 52 Anh I
Verurteilung, Wert **I A** 48 Anh I
Vervollständigung X 19
Verwahrung III 114, 124, 12100, 23100, 25300, **XI** 400, 707
Verwaltungsakt I A 52, **III** 1, **X** 17, 19, 1002, **XII B**
Verwaltungsbehörde V 1, 21, **X** 45, 57, 5101 ff
Verwaltungsgerichtliches Verfahren I A 1, 52 mit Anh I, 5110 ff, **X** 16, 17, 3302
Verwaltungsgerichtshof s Oberverwaltungsgericht
Verwaltungszwang X 17, 3302
Verwarnung I A Vorb KV 3.1
Verweigerung I A 2119
Verweisung I A 4, **I B** 6, **III** 5, **VII A** 6, **VII B** 2, **X** 16 ff
Verwendung des Erlöses XI 4
Verwerfung einer Beschwerde s Beschwerde
Verwertung I A 2113, **XI** 16, 300 ff
Verwertungsgesellschaftengesetz (VVG): I A 48 Anh IV
Verwirkung I A 66 Rn 15, **III** 81 Rn 8
Verzicht III 1 Anh „Verein", Vorb 2.2.1.1
Verzichtsentscheidung I A 1211 usw, **I B** 1111 usw
Verzinsung I A 5, **I B** 7, **II C** 12, **III** 6, 88, **VIII A** 5, **XI** 8
Verzögerung I A 14, 38, 69, 1901, 5601, 6600, 7601, 8700, **I B** 15, 32, 60, 1501
Verzugszinsen I A 48 Anh I
Videokonferenz I A 9019, **I B** 2015
Vollmacht II 38, 41, 66, **III** 1, 98, 15212
Vollmachtsbestätigung III Vorb 2.2.1.1
Vollstreckbare Ausfertigung I A 2110, **I B** 1600, **III** 18000
Vollstreckbarerklärung I A 1510 ff, 2118, **I B** 1710, **III** 23800, **X** 19, 3329, 3331
Vollstreckung I A 52 Anh II, **I B** 1600 ff, **VIII A** 3, **IX A**, **X** 3309, 3310
Vollstreckungsabwehrklage I A 48 Anh I
Vollstreckungsbehörde II A 12, **IX A** 2, **IX B** 2 ff
Vollstreckungsbescheid I A 12, **X** 3305 ff
Vollstreckungshandlung XI 3
Vollstreckungshilfe I A 3910 ff
Vollstreckungsklausel I A 48 Anh I, 1510 ff, **I B** 1710, **X** 18, 19
Vollstreckungsmaßnahme X 18, 19
Vollstreckungsschuldner I A 29, **III** 27, **IX A** 4, **XI** 13
Vollstreckungsschutz I A 2112, **X** 18
Vollziehung X 18, 3309, 3310, **XI** 205
Vollzug III 1 Anh, 112, 113, 22110
von Amts wegen III 69, 87
Vorauszahlung I A 10 ff, 67, **I B** 12 ff, 58, **II C** 5, **III** 82, **VIII A** 8

Vorbehaltene Sicherungsverwahrung I A Vorb KV 3.1, **X** 17
Vorbereitende Tätigkeit I A 9015, **III** 118, Vorb 2.1, **X** 19
Vorbereitende Verfahren X 19, 4100 ff
Vordruck II A 11 a, **VII A** 20, **XI** 713
Vorerbe s Nacherbschaft
Vorführung XI 270
Vorkaufsrecht I A 48 Anh I, 52 Anh I, **III** 47, Vorb 1.4.1.2, Vorb 2.2.1.1
Vorläufige Anordnung IV 39, **X** 17
Vorläufige Betreuung III Vorb 1.1.8
Vorläufige Einstellung X 19, 3328, 3331
Vorläufiger Insolvenzverwalter I A 9017, SchlAnh E
Vorläufiger Rechtsschutz (FGO) I A 5210 ff, 6210 ff; **(SGB) I A** 7210 ff; **(VwGO) I** 5210 ff
Vorläufige Wertfestsetzung I A 63, **I B** 55
Vorlage I A 66
Vormerkung I A 48 Anh I, **III** 1 Anh, 45, 14150
Vormund, Vergütung **V** 1 Rn 29, 1 Anh I
Vormundschaft I A 9018, **I B** laufend, 1311, **III** 11100 ff, **VII A** 14, **X** 1
Vornahme einer Handlung X 19
Vorpfändung XI 200
Vorrang s Hypothek
Vorrecht I A 48 Anh I
Vorschuß I A 10 ff, 16, 17, 18, 67, **I B** 12 ff, **II C** 5, **III** 13 ff, **V** 3, **VII A** 24, **VIII A** 8, **X** 9, 47, 58, **XI** 4
Vorsorgeregister SchlAnh N
Vorverfahren X 17, 4100 ff
Vorwegleistung I A 10, 12, **I B** 12, **III** 13 ff
Vorzeitige Beendigung oder Erledigung III 21300 ff, **X** 15, 3101, 3201 usw, **III** 21300 ff
VSBG VIII A 16 a, 1220– 1222 mit Anh **X** 34 Rn 9
VVG III 1
VwGO I A 1, 52, 1210 usw

Waffe I A 52 Anh I
Wahlausschuß V 1
Wahlschuld I A 48 Anh I
Wahlversammlung III 23200
Wahlverteidiger s Verteidiger
Wechsel I A 48 Anh I (§ 4 ZPO), **XI** 17, 23400, **X** 17
Wechselprotest III 23400, **XI** 12
Wechselprovision I A 48 Anh I (§ 4 ZPO)
Wechselprozeß X 17
Wechselseitige Rechtsmittel I A 45, **I B** 39
Wegegeld III 31006, 32006, **V** 5, **XI** 12, 711, 712
Wegfall I A 69 b, **I B** 61 a, **II C** 10
Wegnahme XI 221, 230, 240, 242, 601
Wehrrecht I A 52 Anh I, **X** 6400 ff, **XI** 221, 230
Weitere Beschwerde I A 66, **I B** 57, **III** 1 Anh, 81, **V** 4, **X** 33
Weitere Vergütung V 50, 55
Weitere vollstreckbare Ausfertigung I A 12, 2110, **I B** 1600, **III** 18001, 23804, **X** 18
Weiteres Zeugnis III 12213
Werkzeug V 12
Wert I A 3, 39 ff, 48 Anh, 51 Anh, 52 Anh I–IV, **I B** 33 ff, **III** 46 ff, **X** 2, 19, 22 ff, **XII** IX 1; s auch Geschäfts-, Streitwert
Wertabschätzung I A 64, **I B** 55, **III** 36 ff
Wertänderung I A 40, **I B** 34
Wertangabe I A 61, 63, 64, **I B** 53, **III** 77

1–3stellig = §§ bzw. Nr. KVGv, 4- oder 5stellig = Nr. KV **Sachverzeichnis**

Wertbegünstigung I A 48, 51
Wertberechnung I A 40, 48, I B 34, III 19
Werterhöhung I A 40
Wertermittlungsverfahren III 46 Anh, VII A 10 b,
Wertfestsetzung I A 61 ff, I B 53 ff, III 77 ff, X 11, 19, 32 ff
Wertgebühr Einl II A Rn 10, I A 34, I B 28, III 34, X Grdz 17; 13, 23, 49
Wertklassen Einl II A Rn 11
Wertpapier I A 1, III 25301, XI 705
Wertpapierhandelsgesetz I A 1, 22, 50, Vorb 1.2.2, 1630 ff, X Vorb VV 3.2.1
Wertpapiererwerbs- und Übernahmegesetz I A 1, 50, 53, Vorb 1.2.2, 1630, III 1, 73, 13500 ff, X 31 a
Wertschätzung s Schätzung des Werts
Wertteil I A 36
Wertvorschriften I A 39 ff, I B 33 ff
Wettbewerbsbeschränkung I A 1, 50, 1640 ff, X 3300
Widerantrag, Widerklage I A 12, 16, 45, 48 Anh I (§ 5 ZPO), 52 Anh I, I B 14, 39, X 16, 48
Widerruf der Strafaussetzung X 4200 ff
Widerruf des Testaments III 21201
Widerspruch I A 12, 1211 usw, III 1 Anh, 14151, X 3305
Widerspruchsklage I A 48 Anh I
Widerstand XI 230, 250, 270
Wiederaufnahme I A 16, 3140, 3141, 3340, 3450 usw, II B 188, X 17, 45, 46, 4136 ff
Wiedereinsetzung I A 68, V 2, X 32
Wiederinkurssetzung XI 705
Wiederkauf III Vorb 2.2.1.1
Wiederkehrende Nutzungen und Leistungen I A 42, 48 Anh I (§ 9 ZPO), III 52
Willenserklärung III 15212, XI 410
Wirksamkeitsbescheinigung III Vorb 2.2.11
Wirtschaftsprüfer, Erfolgshonorar bei I 4 a
Wirtschaftsprüferordnung X 4 a, SchlAnh K
Wohngeld I A 52 Anh I
Wohnraum I A 41, X 19, 3309
Wohnungsbau VII A 14
Wohnungsbindungsgesetz I A 52 Anh I
Wohnungseigentum I A 49 a, III 1 Anh, 42, 14112, X 3100 ff
Wohnungserbbaurecht III 42
Wohnungsgrundbuch III 14112
Wohnungszuweisungssache I B 1

Zahlung an Gerichtsvollzieher XI 430
Zahlung an Rechtsanwalt X 1009
Zahlungserleichterung IX B 12
Zahlungsfrist II C 6, 7
Zahlungskontengesetz I A 1 Z 21
Zahlungsnachweis IX A 9
Zahlungsschwierigkeit I A 14, I B 15
Zahlungssperre III 15212, X 16, 3324
Zahlungsunfähigkeit VII A 10
Zahlungsvereinbarung X 31 b, 1000
Zeit, Sicherstellung III 1 Anh
Zeit der Bewertung III 96
Zeit des Kostenansatzes VII A 13 ff
Zeitaufwand V 8, 9
Zeitpunkt der Wertberechnung I A 40, 48 Anh: 4, I B 34, III 59
Zeitvergütung X 4
Zeitversäumnis II B 191, V 15, 19, 20
Zeitzuschlag XI 500

Zentrales Vorsorgeregister s Vorsorgeregister
Zeuge I A 9005, I B 2005, III 23302, 31005, IV 49, V, XI 703
Zeugenbeistand X 45, 59 a
Zeugnis I A 48 Anh I, III 40, 41, Vorb 1.2.2, 12210 ff, 17004, VIII A 1402
Zinsen I A 5, 43, 48 Anh I (§ 4 ZPO), 52 Anh II, I B 37, III 37, 89, XI 8
Zivilsache I A 1100 ff, X 3100 ff
ZPO I A 12, Üb 6 vor 22, 29 Rn 36, X 28 vor 1
Zolltarifauskunft I A 52 Anh II
Zulässigkeit des Rechtsmittels I A 62
Zulassung des Rechtsmittels I A 47, 66, 5120, 5500 usw, X 16
Zulassungsgebühr IX A 1
Zurückbehaltung III 11, VII A 25, VIII A 9
Zurückforderung X 4
Zurücknahme I A 1211, 1221 usw, I B 1111 usw, III 9, 14400, X 3101, 3200 usw, 5115
Zurückverweisung I A 22, 37, I B 31, III 57, X 21
Zurückweisung I A 37, 52 Anh II, III 14400; s auch Beschwerde
Zurückzahlung I A 2, 4, 30, I B 2, III 90, IX B 13
Zusammenhang X 19
Zusammenrechnung I A 39, 45, 48 Anh I (§ 5 ZPO), I B 33, III 35, X 22
Zusätzliche Gebühr III 26000 ff, X 1010, 5115
Zuschlag I A 7, 26, 54, 2214 ff, III 1 Anh, 23603, X 3311, 3312, usw
Zuschreibung III 1 Anh, 14160
Zuständigkeit I A 48 Anh I, 62, 66, I B 57 ff, VII A 5 ff, X 19, XI 1
Zustellung I A 2 Rn 18, 9002, III 1 Anh, 31002, IX A 3, X 19, XI 100 ff, 600
Zustellungsauslagen I A 9002
Zustellungsersuchen I A 3, 34, VIII A 1321
Zustellungsgebühr I A 1902, I B 2002, III 31002, XI 100, 101
Zustellungsurkunde I A 9002, I B 2002, XI 701
Zustimmung III 98, 21201, Vorb 2.2.1.1, X 11
Zuweisung III 23, 63, Vorb 1.1, 15110
Zuziehung XI bei 1
ZVG I A 1
Zwangsgeld III 13310 ff, 17006, 18003, IX A 1, B 1 ff, 1502, 1602, X 18
Zwangshaft I A 9010, I B 1502, 1602, 2008, III 31010, 17006, X 18
Zwangshypothek X 18
Zwangsliquidation I A 26, 57, 2230 ff
Zwangslizenz I A 1253
Zwangsmaßnahme I B 1502
Zwangsmittel I B 1602
Zwangsversteigerung, -verwaltung I A 1, 7, 15, 20, 26, 54, 55, 56, 2210 ff, VII A 24, X 1, 26, 27, 3311, 3312, XI 243
Zwangsverwalterverordnung SchlAnh G
Zwangsvollstreckung I A 12, 29, 40, 48 Anh I, 2110 ff, X 19, 25, 3328
Zweiter Notar III Anh 1, 25205, 32010
Zweitschuldner I A 31, I B 26
Zwischenstaatlicher Vertrag I A 1510 ff
Zwischenstreit I A 48 Anh I, X 19
Zwischenverfügung III 1 Anh